# 五十音《こじゅうおん》さくいん

・辞典《じてん》にのっている言葉《ことば》は、五十音順《こじゅうおんじゅん》…えお順《じゅん》）にならんでいます。
・数字《すうじ》…

# 色《いろ》のいろいろ

## 色《いろ》の三原色《さんげんしょく》

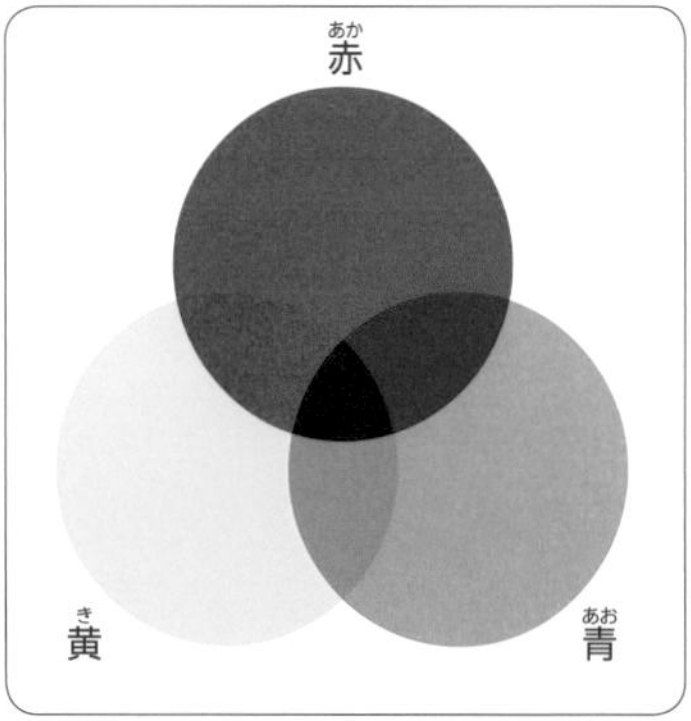


## 光《ひかり》の三原色《さんげんしょく》

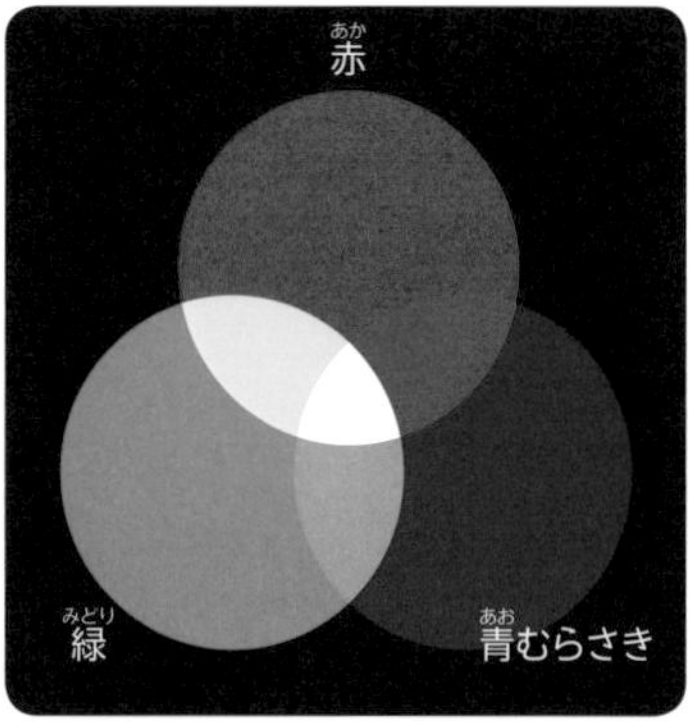


## 色《いろ》の三要素《さんようそ》

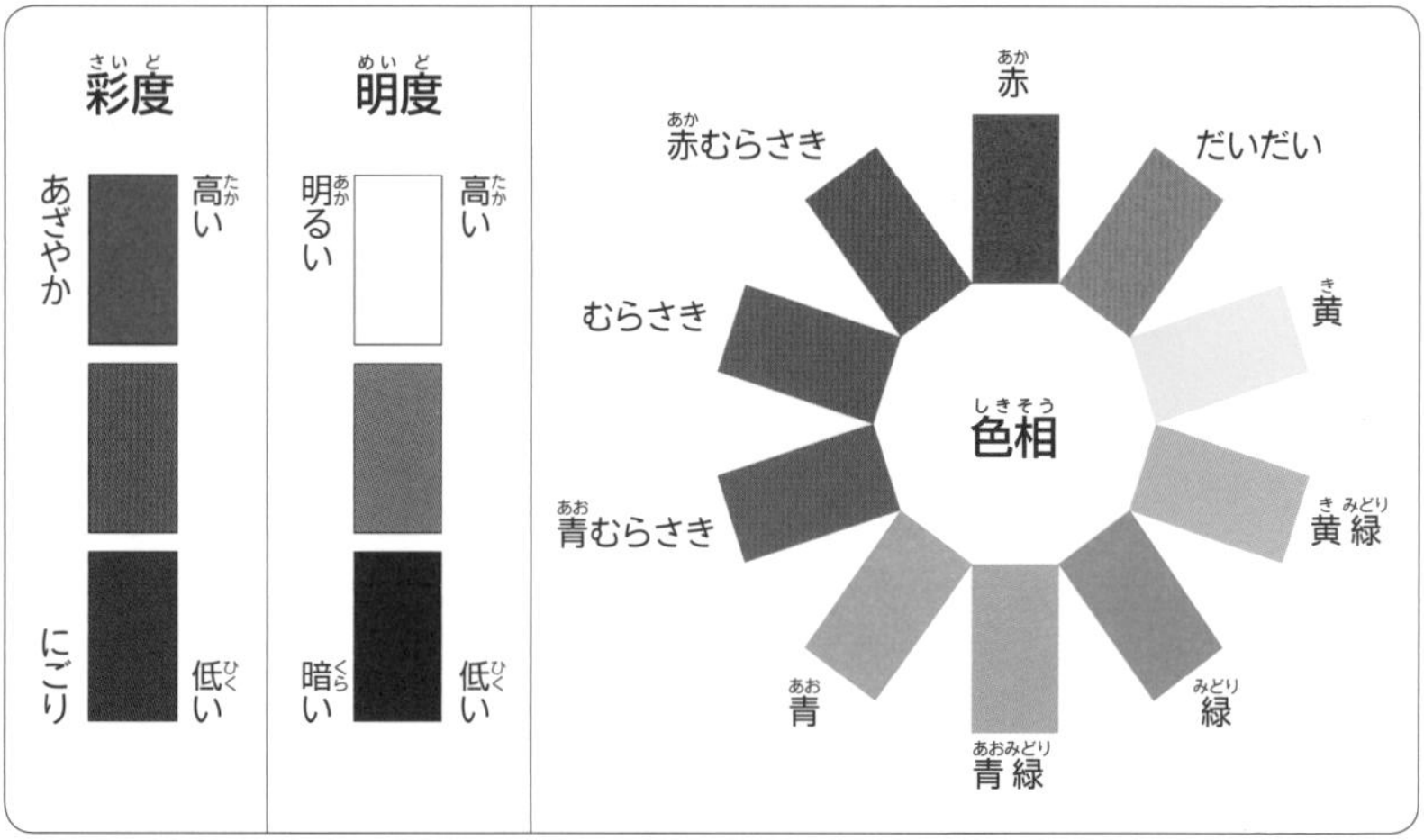


## プリズムの光《ひかり》

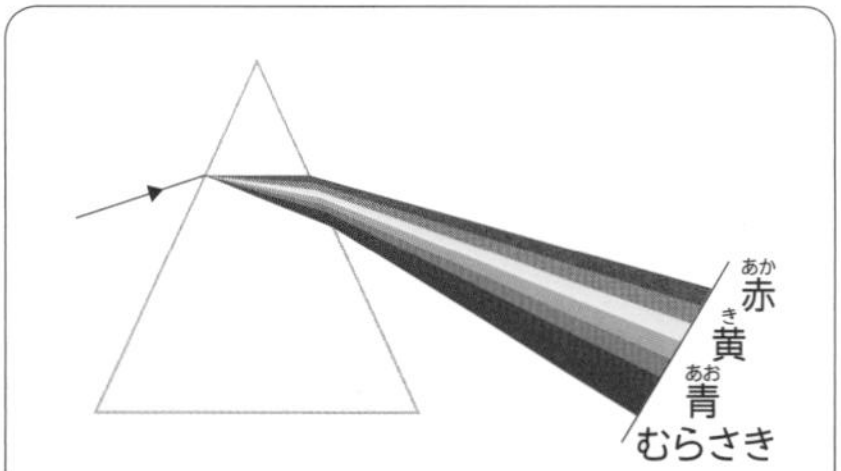


## 五輪《ごりん》

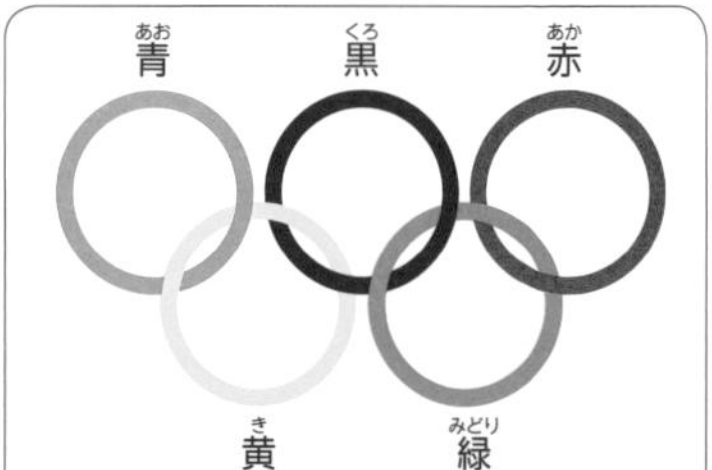

三省堂 例解小学

# 国語辞典

オンライン
辞書つき
オールカラー

編 田近洵一

第八版

三省堂

■編者
田近洵一
▼東京学芸大学名誉教授
元早稲田大学教授

■編集委員
近藤　章
▼名古屋芸術大学名誉教授
牛山　恵
▼都留文科大学名誉教授
岩﨑　淳
▼学習院大学教授
本橋幸康
▼埼玉大学准教授

■読書案内
宮川健郎
▼武蔵野大学名誉教授



■校正のご協力をいただいた方
小西明子
皆川優子

■特典ポスター・イラスト
くらべちづる

■本文・コラム・イラスト
いしかわみき
磯村仁穂
川瀬ホシナ
くらべちづる
たかえみちこ
土田菜摘
のはらあこ
福島康子
藤井美智子
マリマリマーチ
脇田悦朗

■地図
ジェイ・マップ

■画像提供
アフロ
イメージナビ
毎日新聞社

■装画
あさいとおる

■装丁・紙面設計・特典設計
グリッド(有)
八十島博明
石川幸彦

■原稿を書かれた先生方
井上彩里
枝　康弘
大貫眞弘
小田隆拓
神杉　明
菊地優美
杉山里奈
玉田琴乃
彦島康美
美谷島秀明
深瀬雄幹
藤倉遼介
本橋真知子
山崎仁美
山田真由
横田　朋
脇坂健介
渡邉知慶

東大寺南大門　仁王像・吽形　写真：アフロ
金閣　鹿苑寺 蔵
銀閣　提供 慈照寺
鳥獣戯画（模本）出典：ColBase
ピカソ　© 2023 - Succession Pablo Picasso - BCF (JAPAN)
法隆寺・夢殿　法隆寺 蔵、撮影：飛鳥園
森鷗外　文京区立森鷗外記念館所蔵

# 令和《れいわ》の時代《じだい》の、新《あたら》しい辞典《じてん》　手元《てもと》において、上手《じょうず》に使《つか》おう

田近洵一《たぢかじゅんいち》

これからは人工知能《じんこうちのう》(AI《エーアイ》)の時代《じだい》だと言《い》われます。でも、AI《エーアイ》の時代《じだい》になっても、言葉《ことば》を使《つか》うのは私《わたし》たち人間《にんげん》です。どんな時代《じだい》になっても、私《わたし》たちは人《ひと》の言《い》うことを言葉《ことば》で理解《りかい》し、心《こころ》に思《おも》うことを言《こと》葉《ば》で表現《ひょうげん》するのです。ですから、言葉《ことば》を正確《せいかく》に使《つか》うことは、これまでも、そしてこれからも、とても大事《だいじ》なことなのです。

この『三省堂《さんせいどう》　例解小学国語辞典《れいかいしょうがくこくごじてん》』は、新《あたら》しい令和《れいわ》の時代《じだい》にも対《たい》応《おう》することのできる、幅《はば》が広《ひろ》く、しっかりした中身《なかみ》の辞典《じてん》です。まず、この辞典《じてん》には、皆《みな》さんに必要《ひつよう》だと思《おも》われる四万《まん》五百語《ひゃくご》もの言《こと》葉《ば》が、広《ひろ》く集《あつ》められています。小学校《しょうがっこう》の「国語《こくご》」の教科書《きょうかしょ》はもちろん、社会科《しゃかいか》や理科《りか》など、すべての教科書《きょうかしょ》から、大事《だいじ》な言葉《ことば》を集《あつ》めました。また、新聞《しんぶん》やテレビからも、コンピューター関係《かんけい》の言葉《ことば》や、人名《じんめい》、地名《ちめい》など、新《あたら》しい時代《じだい》に必要《ひつよう》だと思《おも》われる言葉《ことば》は、落《お》とさないようにして取《と》り上《あ》げました。

見出《みだ》し語《ご》として取《と》り上《あ》げた言葉《ことば》には、意味《いみ》が分《わ》かりやすく説明《せつめい》してあり、例として用例《ようれい》がそえてあります。それに参考や注意がついていて、言葉《ことば》の使《つか》い方《かた》について気《き》をつけることが書《か》いてあります。また、対には反対《はんたい》の意味《いみ》の言葉《ことば》、類には似《に》ている意味《いみ》の言葉《ことば》、関連にはつながりのある言葉《ことば》が上《あ》げられています。

この辞典《じてん》は、特《とく》に言葉《ことば》と言葉《ことば》との使《つか》い方《かた》の上《うえ》での関係《かんけい》を大事《だいじ》にしています。そして、筋道《すじみち》だった考《かんが》えを進《すす》めていく上《うえ》で気《き》をつけなければならないことや、自分《じぶん》の考《かんが》えや気持《きも》ちを表《あらわ》すときに役《やく》に立《た》つような言葉《ことば》の使《つか》い方《かた》を、コラムで取《と》り上《あ》げています。それが、「ことばの勉強室《べんきょうしつ》」「使《つか》い分《わ》け」「表現《ひょうげん》の広場《ひろば》」「ことばの窓《まど》」「ことばを広《ひろ》げよう!」の例解《れいかい》コラムです。それに、この第《だい》八版《はん》では、考《かんが》える(思《し》考《こう》する)ことを支《ささ》える言葉《ことば》のはたらきに重点《じゅうてん》を置《お》いたコラム「考《かんが》えるためのことば」を入《い》れました。

この辞典《じてん》は、漢字《かんじ》の学習《がくしゅう》にも役立《やくだ》ちます。小学校《しょうがっこう》で習《なら》う一〇二六字《じ》の学習漢字《がくしゅうかんじ》(学年配当漢字《がくねんはいとうかんじ》)については、見出《みだ》しを大《おお》きくし、筆順《ひつじゅん》や部首《ぶしゅ》、音《おん》と訓《くん》、意味《いみ》、それを使《つか》った熟語《じゅくご》など、大事《だいじ》なことがすべてわかるようにしました。また、学習漢字《がくしゅうかんじ》だけでなく、常用《じょうよう》漢字《かんじ》もすべて取《と》り上《あ》げました。そして、小学校《しょうがっこう》の一年生《いちねんせい》でも使《つか》えるように、すべての漢字《かんじ》にふりがな(ルビ)をつけました。

なお、この第《だい》八版《はん》では、読書《どくしょ》への案内《あんない》を、日本児童文学学会《にほんじどうぶんがくがっかい》会長《かいちょう》の宮川健郎先生《みやかわたけおせんせい》に書《か》いていただきました。ぜひ読《よ》んでください。皆《みな》さんが、この辞典《じてん》を手元《てもと》に置《お》いて、楽《たの》しい言葉《ことば》の勉強《べんきょう》を上手《じょうず》にしてくださることを心《こころ》から願《ねが》っています。

最後《さいご》になりましたが、この辞典《じてん》が刊行《かんこう》できたのは、担当《たんとう》してくださった細見雅彦《ほそみまさひこ》氏《し》をはじめ、三省堂辞書出版部《さんせいどうじしょしゅっぱんぶ》の方々《かたがた》のおかげです。心《こころ》から感謝申《かんしゃもう》し上《あ》げたいと思《おも》います。

# 上手《じょうず》な辞典《じてん》の使《つか》い方《かた》

この辞典《じてん》では、**言葉《ことば》の意味《いみ》や使《つか》い方《かた》**がわかります。
**漢字《かんじ》の意味《いみ》や使《つか》い方《かた》**がわかります。
意味《いみ》や使《つか》い方《かた》の他《ほか》に、次《つぎ》のようなこともわかります。
**送《おく》りがな　品詞《ひんし》　使《つか》い方《かた》の注意《ちゅうい》　参考《さんこう》になること**
**対義語《たいぎご》と類義語《るいぎご》　関連語《かんれんご》**

**例解《れいかい》コラム**には、言葉《ことば》の使《つか》い方《かた》のヒントがいっぱいです。
**ことばの勉強室《べんきょうしつ》**……国語《こくご》の学習《がくしゅう》の基礎知識《きそちしき》
**使《つか》い分《わ》け**……漢字《かんじ》による言葉《ことば》の使《つか》い分《わ》け
**表現《ひょうげん》の広場《ひろば》**……適切《てきせつ》な言葉《ことば》の使《つか》い方《かた》
**ことばの窓《まど》**……似《に》ている意味《いみ》の言葉《ことば》
**ことばを広《ひろ》げよう!**…気持《きも》ちや動作《どうさ》を表《あらわ》す言葉《ことば》のいろいろ

## ● 辞典《じてん》の引《ひ》き方《かた》

1 見出《みだ》し語《ご》は、**五十音順《ごじゅうおんじゅん》**(=あいうえお順《じゅん》)に並《なら》べてあります。一字《いちじ》めが同《おな》じ場合《ばあい》は、二字《にじ》めの五十音順《ごじゅうおんじゅん》、二字《にじ》めも同《おな》じ場合《ばあい》は、三字《さんじ》めの五十音順《ごじゅうおんじゅん》です。

2 **カタカナの長音《ちょうおん》**(=長《なが》くのばす音《おん》)は、その前《まえ》の音《おん》を長《なが》くのばしたときの母音《ぼいん》「あ・い・う・え・お」に置《お》きかえて並《なら》べてあります。
[例《れい》]「アーチ」は、「ああち」に置《お》きかえて引《ひ》きます。

3 **清音《せいおん》**が先《さき》で、**濁音《だくおん》・半濁音《はんだくおん》**の順《じゅん》に並《なら》べてあります。
[例《れい》]「はん(班)」=清音《せいおん》→「ばん(番)」=濁音《だくおん》→「パン」=半濁音《はんだくおん》

4 **直音《ちょくおん》**が先《さき》で、**拗音《ようおん》・促音《そくおん》**をあとに並《なら》べてあります。
[例《れい》]「ひよう(費用)」=直音《ちょくおん》→「ひょう(表)」=拗音《ようおん》
「いつか」=直音《ちょくおん》→「いっか(一家)」=促音《そくおん》

5 **ひらがな**を先《さき》に、**カタカナ**をあとに並《なら》べてあります。
[例《れい》]「くらす(暮らす)」→「クラス」

6 同《おな》じ音《おん》のときは次《つぎ》のように並《なら》べてあります。
(1) 漢字《かんじ》の書《か》き方《かた》を示《しめ》した言葉《ことば》を先《さき》に、かなだけの言葉《ことば》をあとに
[例《れい》]きじ【記事】→きじ
(2) 漢字《かんじ》の書《か》き方《かた》を示《しめ》した言葉《ことば》は、【 】の中《なか》の漢字《かんじ》が常用漢字《じょうようかんじ》表《ひょう》にあるものを先《さき》に、常用漢字《じょうようかんじ》表《ひょう》にない読《よ》み方《かた》の漢字《かんじ》や常用《じょうよう》漢字でない漢字《かんじ》をあとに
[例《れい》]うま【馬】→うま【△午】
さかな【魚】→さかな【▲肴】
(3) 【 】の中《なか》の字数《じすう》が少《すく》ない順《じゅん》に
[例《れい》]おこる【怒る】(二字《じ》)→おこる【起こる】(三字《じ》)

(4) 字数《じすう》が同《おな》じときは【　】の中《なか》の漢字《かんじ》の画数《かくすう》が少《すく》ない順《じゅん》に。一字《いちじ》めの画数《かくすう》が同《おな》じときは、二字《にじ》めの画数《かくすう》が少《すく》ない順《じゅん》に。二字《にじ》めも同《おな》じ場合《ばあい》は、三字《さんじ》めの画数《かくすう》が少《すく》ない順《じゅん》に

**例**《れい》　あいしょう【相△性】（「相」は9画《かく》）

→あいしょう【愛。称】（「愛」は13画《かく》、「称」は10画《かく》）

→あいしょう【愛唱】（「愛」は13画《かく》、「唱」は11画《かく》）

(5) 人名《じんめい》・地名《ちめい》・作品名《さくひんめい》はいちばんあとに

7 あとの「●**漢字《かんじ》の学習《がくしゅう》**」のところで説明《せつめい》する、特別《とくべつ》の見出《みだ》しの漢字《かんじ》は、同《おな》じ音《おん》の見出《みだ》しの最初《さいしょ》に置《お》いてあります。

8 特別《とくべつ》の見出《みだ》しの漢字《かんじ》が、一字《いちじ》で単語《たんご》になる場合《ばあい》は、漢字《かんじ》の見出《みだ》しのすぐあとに、単語《たんご》の見出《みだ》しを置《お》いてあります。

## ● 見出《みだ》し語《ご》でわかること

・**重要語句**《じゅうようごく》

◎のマークのついた赤《あか》い色《いろ》の見出《みだ》し語《ご》は、重要《じゅうよう》な言葉《ことば》です。

・**国語学習用語**《こくごがくしゅうようご》

✤のマークのついた見出《みだ》し語《ご》は、国語《こくご》の学習《がくしゅう》でだいじな言葉《ことば》です。

・**四字熟語**《よじじゅくご》

■のマークのついた見出《みだ》し語《ご》は、四字熟語《よじじゅくご》です。

・**カタカナの言葉**《ことば》

外来語《がいらいご》や外国《がいこく》から来《き》た動植物名《どうしょくぶつめい》など。

## ● 見出《みだ》し語《ご》の書《か》き表《あらわ》し方《かた》

1 見出《みだ》し語《ご》の下《した》の【　】は漢字《かんじ》の書《か》き表《あらわ》し方《かた》です。

(1) しるしのない漢字《かんじ》は、小学校《しょうがっこう》で習《なら》う常用漢字《じょうようかんじ》（学習漢字《がくしゅうかんじ》）

(2) 。の漢字《かんじ》は、小学校《しょうがっこう》で習《なら》わない常用漢字《じょうようかんじ》

(3) △の漢字《かんじ》は、学習漢字《がくしゅうかんじ》でも、小学校《しょうがっこう》では習《なら》わない読《よ》み方《かた》

(4) ▲の漢字《かんじ》は、常用漢字《じょうようかんじ》でも、常用漢字表《じょうようかんじひょう》にない読《よ》み方《かた》

**あう**【会う】　**あまがさ**【雨。傘】

**かいどう**【△街道】　**あぜくらづくり**【▲校倉造り】

(5) ◆の漢字《かんじ》は、常用漢字《じょうようかんじ》ではない漢字《かんじ》

**あり**【◆蟻】　**うるうどし**【◆閏年】

(6) 〈　〉で囲《かこ》んであるのは、二《ふた》つ以上《いじょう》の漢字《かんじ》に特別《とくべつ》にあてられた読《よ》み方《かた》（△▲のしるしは、他《ほか》の漢字《かんじ》と同《おな》じ）

**あす**【〈明日〉】　**いなか**【△〈田舎〉】

**あじさい**【▲〈紫陽花〉】

2 〖　〗には、人名《じんめい》・地名《ちめい》・作品名《さくひんめい》の書《か》き表《あらわ》し方《かた》を示《しめ》してあります。

**かながわけん**〖神奈川県〗［地名］

3 外来語《がいらいご》には、もとになっている言語名《げんごめい》を示《しめ》し、英語《えいご》の場合《ばあい》は、そのつづりが示《しめ》してあります。

**アイス**〔英語 ice〕　**アルカリ**〔オランダ語〕

4 カタカナの言葉《ことば》の中《なか》で、日本《にっぽん》で作《つく》られた言葉《ことば》には、〔日本《にっぽん》でできた英語《えいご》ふうの言葉《ことば》。〕と示《しめ》してあります。

## 品詞《ひんし》の示《しめ》し方《かた》

1　見出《みだ》し語《ご》の下《した》に、品詞名《ひんしめい》が、次《つぎ》のように示《しめ》してあります。

名……名詞《めいし》　代名……代名詞《だいめいし》　動……動詞《どうし》
形……形容詞《けいようし》　形動……形容動詞《けいようどうし》　副……副詞《ふくし》
連体……連体詞《れんたいし》　接……接続詞《せつぞくし》　感……感動詞《かんどうし》
助……助詞《じょし》　助動……助動詞《じょどうし》

2　名詞《めいし》や副詞《ふくし》に「する」をつけて動詞《どうし》になるものは、名 動-する や 副 動-する などと示《しめ》してあります。

**はってん【発展】**名 動-する……発展《はってん》(名詞《めいし》)
発展《はってん》する(動詞《どうし》)

3　副-と は、いつも「と」がつく副詞《ふくし》で、副(-と) は、「と」のない形《かたち》でも使《つか》われることを示《しめ》します。

**さんさん** 副-と……さんさんとかがやく(副詞《ふくし》)
**おいおい** 副(-と)……おいおいわかるよ(副詞《ふくし》)
おいおいとわかるよ(副詞《ふくし》)

4　「お祭《まつ》り」の「お」、「うち破《やぶ》る」の「うち」などのように、言《こと》葉《ば》の前《まえ》について意味《いみ》をそえる言葉《ことば》には、〔ある言葉《ことば》の前《まえ》につけて〕と示《しめ》してあります。
また、「暑《あつ》がる」の「がる」、「美《うつく》しさ」の「さ」などのように、言葉《ことば》のあとについて意味《いみ》をそえる言葉《ことば》には、〔ある言葉《ことば》のあとにつけて〕と示《しめ》してあります。

## 言葉《ことば》の意味《いみ》と使《つか》い方《かた》

言葉《ことば》の意味《いみ》は、できるだけやさしく書《か》いてあります。なるべく多《おお》くの語《ご》に、その言葉《ことば》の使《つか》い方《かた》の用例《ようれい》をそえ、また、国語《こくご》や算数《さんすう》で使《つか》う言葉《ことば》には「例《たと》えば、…のこと」「…など」と丁寧《ていねい》に説明《せつめい》しました。

1　一《ひと》つの見出《みだ》し語《ご》にいくつかの意味《いみ》がある場合《ばあい》には、❶…❷…❸…と分けて説明《せつめい》しています。

★**あける【明ける】**動 ❶朝《あさ》になる。例 夜《よ》が明ける。❷新《あたら》しい年《とし》になる。例 年《とし》が明ける。対(❶・❷)暮《く》れる。❸ある期間《きかん》が終《お》わる。例 梅雨《つゆ》が明ける。⇩めい【明】1166ページ

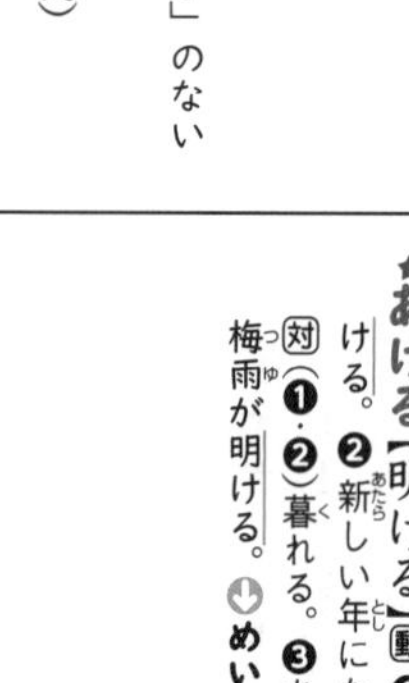


2　一《ひと》つの見出《みだ》し語《ご》でも、ちがう品詞《ひんし》として使《つか》われる場合《ばあい》、意味《いみ》が大《おお》きくちがう場合《ばあい》、また、漢字《かんじ》の書《か》き表《あらわ》し方《かた》がちがう場合《ばあい》は、一 二 として、区別《くべつ》してあります。

**いくら【。幾ら】**一 名　二 副
**オーケー【OK】**一 名 動-する　二 感
**うけつけ** 一【受け付け】名 動-する　二【受付】名

漢字《かんじ》の見出《みだ》し語《ご》では、二《ふた》つ以上《いじょう》の音《おん》があり、それぞれの音《おん》で意味《い》が大《おお》きくちがう場合《ばあい》に、一 二 として区別《くべつ》してあります。

**が【画】**一〔「ガ」と読《よ》んで〕　二〔「カク」と読《よ》んで〕

3　見出《みだ》し語《ご》の使《つか》い方《かた》がわかるように、例として用例《ようれい》があげられています。用例《ようれい》の中《なか》で見出《みだ》し語《ご》にあたるところは、横《よこ》に線《せん》を引《ひ》いてあります。

(1)　動詞《どうし》・形容詞《けいようし》・形容動詞《けいようどうし》（＝活用《かつよう》する言葉《ことば》）の用例《ようれい》は、活用《かつよう》した形《かたち》で使《つか》われている場合《ばあい》もあります。

(2)　見出《みだ》し語《ご》の【　】の中《なか》が漢字《かんじ》で書《か》かれていても、ふつう「かな」で書《か》くことが多《おお》い言葉《ことば》は、用例《ようれい》をかな書《が》きにしています。

4　言葉《ことば》と言葉《ことば》の関係《かんけい》やつながりは、次《つぎ》のような記号《きごう》のあとに示《しめ》してあります。

類　見出《みだ》し語《ご》とよく似《に》た意味《いみ》の言葉《ことば》（＝類義語《るいぎご》）。

対　見出《みだ》し語《ご》と対立《たいりつ》する意味《いみ》を持《も》つ言葉《ことば》（＝対義語《たいぎご》）。反対《はんたい》の意味《いみ》になる言葉《ことば》（＝反対語《はんたいご》）や、対《つい》になる言葉《ことば》も含《ふく》む。

関連　見出《みだ》し語《ご》とたがいにつながりのある言葉《ことば》が三《みっ》つ以上《いじょう》あるとき。

参考　見出《みだ》し語《ご》について、知《し》っておくとよいことがら。

注意　見出《みだ》し語《ご》について、特《とく》に注意《ちゅうい》すること。

敬語　見出《みだ》し語《ご》を敬語《けいご》として使《つか》うときに、別《べつ》の言葉《ことば》になる場合《ばあい》の説明《せつめい》。

## 漢字《かんじ》の学習《がくしゅう》

小学校《しょうがっこう》で習《なら》う漢字《かんじ》（＝学習漢字《がくしゅうかんじ》）一〇二六字《じ》と、その他《た》の常用漢字《じょうようかんじ》のすべてを、特別《とくべつ》の見出《みだ》しとしてあります。

1　学習漢字《がくしゅうかんじ》の見出《みだ》し語《ご》は、その漢字《かんじ》をいちばんふつうに読《よ》んだ音《おん》のところ、音《おん》のないものは訓《くん》のところに並《なら》べてあります。そこには、記号《きごう》を使《つか》って次《つぎ》のようなことが示《しめ》してあります。

**画数《かくすう》　部首《ぶしゅ》と部首名《ぶしゅめい》　習《なら》う学年《がくねん》　音《おん》と訓《くん》**

**筆順《ひつじゅん》　意味《いみ》　熟語《じゅくご》　用例《ようれい》　訓《くん》の使《つか》い方《かた》**

**しょ【書】** 画数 10　部首 日（いわく）　2年
音 ショ　訓 か-く
筆順

❶かく。かいたもの。熟語 書記《しょき》。書写《しょしゃ》。書道《しょどう》。書類《しょるい》。清書《せいしょ》。投書《とうしょ》。辞書《じしょ》。著書《ちょしょ》。読書《どくしょ》。❷本《ほん》。熟語 書店《しょてん》。書物《しょもつ》。❸文字《もじ》。文字《もじ》の書《か》き方《かた》。熟語 書体《しょたい》。行書《ぎょうしょ》。
《訓の使い方》**か-く** 例 手紙《てがみ》を書く。

**しょ【書】** 名 ❶書《か》くこと。書《か》いたもの。例 書を習《なら》う。良寛《りょうかん》さんの書。❷手紙《てがみ》。例 書を送《おく》る。❸本《ほん》。例 書を読《よ》む。

「意味《いみ》・用法《ようほう》など

- 画数《かくすう》
- 部首《ぶしゅ》
- 学年《がくねん》
- ↑音《おん》と訓《くん》
- ↑筆順《ひつじゅん》
- ↑熟語《じゅくご》
- ↑訓《くん》の使《つか》い方《かた》とその用例《ようれい》
- ↑一字《いちじ》で単語《たんご》になる場合《ばあい》

2　学習漢字《がくしゅうかんじ》でない常用漢字《じょうようかんじ》は、学習漢字《がくしゅうかんじ》のあとに並《なら》べてあります。（習《なら》う学年《がくねん》と筆順《ひつじゅん》・訓《くん》の使《つか》い方《かた》はありません）

# 例解《れいかい》コラム

## ことばの勉強室《べんきょうしつ》

国語学習《こくごがくしゅう》のために、知《し》っておきたいことがあるよ。

例解 ことばの勉強室

**対義語《たいぎご》について**

「広《ひろ》い」の対義語《たいぎご》は「せまい」一《ひと》つである。ところが、「高《たか》い」には、二《ふた》つの対義《たいぎ》語《ご》がある。

あの山《やま》は高《たか》い。⇕低《ひく》い。

値段《ねだん》が高《たか》い。⇕安《やす》い。

また、次《つぎ》の三《みっ》つの言葉《ことば》の対義語《たいぎご》は、すべて「ぬぐ」である。

着物《きもの》を着《き》る。

げたをはく。　→ ぬぐ。

ぼうしをかぶる。

## 使《つか》い分《わ》け

同《おな》じ音《おん》や訓《くん》で漢字《かんじ》がちがう場合《ばあい》、どう使《つか》い分《わ》けたらいいのかがわかるんだね。

例解 使い分け

**温《あたた》かい と 暖《あたた》かい**

温《あたた》かいご飯《はん》。

温《あたた》かい家庭《かてい》。

温《あたた》かい手《て》。

暖《あたた》かい春《はる》の日《ひ》。

暖《あたた》かい部屋《へや》。

暖《あたた》かい地方《ちほう》。

## 表現《ひょうげん》の広場《ひろば》

意味《いみ》のよく似《に》た言葉《ことば》の使《つか》い方《かた》のちがいがわかるね。

例解 表現の広場

**上《あ》がる と 上《のぼ》る のちがい**

| | 高《たか》い台《だい》の上《うえ》に | ますます成績《せいせき》が | 船《ふね》で川《かわ》を | 京《きょう》の都《みやこ》に |
|---|---|---|---|---|
| 上《あ》がる | ○ | ○ | × | × |
| 上《のぼ》る | ○ | × | ○ | ○ |

## ことばの窓《まど》

同《おな》じようなことを言《い》うのに、どんな言葉《ことば》があるか、どのように使《つか》われるかがわかるね。

例解 ことばの窓

**味《あじ》を表《あらわ》す言葉《ことば》**

砂糖《さとう》が入《はい》ってあまい。

おしるこがあまったるい。

カレーライスがからい。

塩《しお》を入《い》れすぎてしょっぱい。からい。

こいお茶《ちゃ》を飲《の》むとしぶい。

コーヒーは苦《にが》い。

レモンをかじると酸《す》っぱい。酸《す》い。

## ことばを広《ひろ》げよう!

自分《じぶん》の気持《きも》ちを書《か》くときなど、どのような言葉《ことば》を使《つか》ったらいいか、考《かんが》えるヒントになるよ。

例解 ことばを広げよう!

**話《はな》す**
いろいろな「話《はな》す」

**言《い》う**　言《い》い出《だ》す　切《き》り出《だ》す　おっしゃる
**伝《つた》える**　告《つ》げる　申《もう》す
**語《かた》る**　語《かた》らう　語《かた》り合《あ》う　語《かた》り明《あ》かす　語《かた》り伝《つた》える
**述《の》べる**　説《と》く　論《ろん》じる
ささやく
**しゃべる**　漏《も》らす

**対話《たいわ》**　対談《たいだん》　座談《ざだん》　会談《かいだん》
**会話《かいわ》**　雑談《ざつだん》　懇談《こんだん》　談話《だんわ》
**会議《かいぎ》**
**討議《とうぎ》**　討論《とうろん》　弁論《べんろん》
**発言《はつげん》**　質疑《しつぎ》
口外《こうがい》　口述《こうじゅつ》

**口《くち》に出《だ》す**
**口《くち》にする**　口《くち》を切《き》る
**口《くち》を開《ひら》く**
**口《くち》をきく**　口《くち》を出《だ》す　口《くち》をはさむ　口《くち》を滑《すべ》らす
**異口同音《いくどうおん》**
**立《た》て板《いた》に水《みず》**　口八丁手八丁《くちはっちょうてはっちょう》
**話《はなし》が弾《はず》む**　話《はなし》に花《はな》が咲《さ》く　かんで含《ふく》める

**すらすら**
**はきはき**　きっぱりと　ずばずば　ずけずけ　べらべら　ぺらぺら　せかせか
**だらだら**　くどくど　ぶつぶつ
**ぼそぼそ**　のらりくらり
**ぼつりぼつり**
**しみじみ**
**ひそひそ**

## 考《かんが》えるためのことば

自分《じぶん》の考《かんが》えを整理《せいり》したりまとめたりするときに、どのような言葉《ことば》を使《つか》ったらいいか、考《かんが》えるヒントになるよ。

例解 考えるためのことば

**【比較《ひかく》】を表《あらわ》すときに使《つか》う言葉《ことば》**
たがいに比《くら》べること

くだけた表現《ひょうげん》 ↔ あらたまった表現《ひょうげん》
相違点《そういてん》 ↔ 共通点《きょうつうてん》

| 相違点《そういてん》 | | | 共通点《きょうつうてん》 |
|---|---|---|---|
| 違《ちが》う　食《く》い違《ちが》う　ずれる　異《こと》なる　別《べつ》　相違《そうい》 | …より～　…のほうが～　…と比《くら》べて～　一方《いっぽう》～　他方《たほう》～ | そっくり　似《に》ている　同《おな》じような　近《ちか》い　重《かさ》なる　同様《どうよう》　同然《どうぜん》　類似《るいじ》 | 同《おな》じ　等《ひと》しい　一緒《いっしょ》　共通《きょうつう》　イコール　同一《どういつ》　等価《とうか》 |

コラムのさくいんは、ふろく[1]ページにあります。

# あ

ア a

**あ【亜】** 画数 7 部首 二(に)

音 ア 訓 ―

❶次《つ》ぐ。次《つぎ》の。二番《にばん》めの。熟語 亜寒帯《あかんたい》。亜熱帯《あねったい》。❷アジアのこと。熟語 欧亜《おうあ》(=ヨーロッパとアジア)。参考 ❷は漢字《かんじ》で「亜細亜《アジア》」と書《か》いたことから。

**あ** 感 ふと気《き》がついたり、おどろいたりしたときに、出《で》る言葉《ことば》。例 あ、そうか。

**ああ** 副 あのように。例 ぼくも、ああすればよかった。↓こそあどことば 467ページ

**ああ言《い》えばこう言《い》う** いいかげんな理《り》くつをならべて、言《い》いのがれをする。

**ああ** 感 ❶強《つよ》く感《かん》じたときに出《で》る言葉《ことば》。例 ああ、うれしい。❷そのとおりだと思《おも》うときや返事《へんじ》をするときに言《い》う言葉《ことば》。例「君《きみ》も行《い》くかい。」「ああ、行《い》くよ。」

**アーカイブ**〔英語 archive〕名 (コンピューターなどで)データを安全《あんぜん》な場所《ばしょ》に保存《ほぞん》すること。また、保存《ほぞん》されたデータ。

**アーケード**〔英語 arcade〕名 商店街《しょうてんがい》の道《みち》の上《うえ》に取《と》りつけた、屋根《やね》のようなおおい。また、それでおおわれた通《とお》り。

**アース**〔英語 earth〕名 洗濯機《せんたくき》などの、電気機器《でんききき》から地面《じめん》へ電気《でんき》が流《なが》れるようにした仕《し》かけ。感電《かんでん》を防《ふせ》いだりする。

**アーチ**〔英語 arch〕名 ❶れんがや石《いし》を積《つ》み上《あ》げて、弓形《ゆみがた》に作《つく》ったもの。門《もん》・橋《はし》・ダムなどに利用《りよう》される。❷骨組《ほねぐ》みをスギの葉《は》などでかざった弓形《ゆみがた》の門《もん》。会場《かいじょう》などの入《い》り口《ぐち》に作《つく》る。❸〔ボールが飛《と》ぶようすから〕野球《やきゅう》・ソフトボールで、ホームランのこと。

〔アーチ❶〕

**アーチェリー**〔英語 archery〕名 西洋式《せいようしき》の弓《ゆみ》。また、それを使《つか》ってするスポーツ。洋弓《ようきゅう》。

**アーティスティック スイミング**〔英語 artistic swimming〕名 水中《すいちゅう》で、音楽《おんがく》に合《あ》わせて泳《およ》ぎながらおどり、美《うつく》しさや正確《せいかく》さを争《あらそ》う競技《きょうぎ》。

**アーティスト**〔英語 artist〕名 芸術家《げいじゅつか》。特《とく》に、音楽家《おんがくか》や歌手《かしゅ》などをいうことが多《おお》い。アーチスト。

**アート**〔英語 art〕名 芸術《げいじゅつ》。美術《びじゅつ》。

**アーム**〔英語 arm〕名 ❶(人《ひと》の)うで。例 アームバンド。❷うでのような形《かたち》のもの。例 アームライト。

**アーメン**〔ヘブライ語〕感 名〔キリスト教《きょう》で〕祈《いの》りなどのあとに、となえる言葉《ことば》。

**アーモンド**〔英語 almond〕名 モモに似《に》た実《み》をつける落葉樹《らくようじゅ》。種《たね》はナッツの一種《いっしゅ》。例 アーモンドチョコレート。

**アール**〔フランス語〕名 メートル法《ほう》で、土地《とち》の広《ひろ》さの単位《たんい》の一《ひと》つ。一アールは一〇〇平方《へいほう》メートル。記号《きごう》は「a」。

**アール【R・r】**〔数字《すうじ》の前《まえ》につけて〕年齢制限《ねんれいせいげん》。例 R15の映画《えいが》。

**あい【愛】** 画数 13 部首 心(こころ) 4年

音 アイ 訓 ―

筆順

❶かわいがる。かわいく思《おも》う。熟語 愛玩《あいがん》。愛犬《あいけん》。愛情《あいじょう》。最愛《さいあい》。恋愛《れんあい》。対 憎《ぞう》。❷大切《たいせつ》にする。熟語 愛護《あいご》。愛着《あいちゃく》。博愛《はくあい》。友愛《ゆうあい》。❸好《この》む。おもしろいと思《おも》う。熟語 愛好《あいこう》。愛読書《あいどくしょ》。参考「愛媛県《えひめけん》」のようにも読《よ》む。↓あいする 4ページ

**°あい【愛】** 名 ❶人《ひと》や物《もの》をかわいいと思《おも》う、温《あたた》かい気持《きも》ち。例 子《こ》を思《おも》う親《おや》の愛。❷大切《たいせつ》に思《おも》う気持《きも》ち。例 学問《がくもん》への愛。

**あい【哀】** 画数 9 部首 口(くち)

音 アイ 訓 あわ-れ あわ-れむ

あわれ。あわれむ。悲《かな》しむ。かわいそうに思《おも》う。熟語 哀願《あいがん》。悲哀《ひあい》。

**あい【挨】** 画数 10 部首 扌(てへん)

音 アイ 訓 ―

おす。そばに寄《よ》る。熟語 挨拶《あいさつ》。

**あい【曖】** 画数 17 部首 日(ひへん)

この欄《らん》には、世界《せかい》の国《くに》と日本《にっぽん》の都道府県《とどうふけん》について、簡単《かんたん》な特徴《とくちょう》を示《しめ》しています。494ページからは、左側《ひだりがわ》のページに百人一首《ひゃくにんいっしゅ》、右側《みぎがわ》のページにその訳《やく》をのせています。

音アイ 訓―― 日《ひ》が雲《くも》に包《つつ》まれて、くらい。熟語曖昧《あいまい》。

**あい【相】**〔ある言葉《ことば》の前《まえ》につけて〕❶「たがいに」「いっしょに」の意味《いみ》を表《あらわ》す。例相打《う》ち。❷言葉《ことば》の調子《ちょうし》を整《ととの》えたり、強《つよ》めたりする。例相変《か》わらず。↓そう【相】741ページ

**あい【藍】**名 ❶秋《あき》に、赤《あか》い小《ちい》さな花《はな》を穂《ほ》のようにつける、タデの仲間《なかま》の草《くさ》。葉《は》や茎《くき》から、こい青色《あおいろ》の染料《せんりょう》をとる。❷こい青色《あおいろ》の染料《せんりょう》。また、その青《あお》い色《いろ》。↓らん【藍】1376ページ

**あいいく【愛育】**名 動する かわいがって育《そだ》てること。

**あいいろ【藍色】**名 こい青色《あおいろ》。

**あいうえおじゅん【あいうえお順】**名 ↓ごじゅうおんじゅん 465ページ

**あいうち【相打ち・相討ち】**名〔武芸《ぶげい》などで〕両方《りょうほう》が同時《どうじ》に相手《あいて》を打《う》つこと。引《ひ》き分《わ》けになること。

**アイエイチ【IH】**名〔「誘導加熱《ゆうどうかねつ》」という意味《いみ》の英語《えいご》の頭文字《かしらもじ》。〕電気《でんき》で加熱《かねつ》して調理《ちょうり》する設備《せつび》。従来《じゅうらい》の電熱《でんねつ》ヒーターとちがって、鉄《てつ》なべの下《した》に置《お》いたコイルから磁力線《じりょくせん》を発《はっ》生《せい》させ、なべ自体《じたい》を発熱《はつねつ》させて調理《ちょうり》する。

**アイエーイーエー【IAEA】**名〔「国《こく》際原子力機関《さいげんしりょくきかん》」という意味《いみ》の英語《えいご》の頭文《かしらも》字《じ》。〕原子力《げんしりょく》の平和的利用《へいわてきりよう》をすすめ、軍事的利《ぐんじてきり》用《よう》を防《ふせ》ぐためにつくられた国際機関《こくさいきかん》。

**アイエスオー【ISO】**名〔「国際標準《こくさいひょうじゅん》化機構《かきこう》」という意味《いみ》の英語《えいご》の頭文字《かしらもじ》。〕工業《こうぎょう》や農業《のうぎょう》の製品《せいひん》の大《おお》きさや形《かたち》・品質《ひんしつ》などの基準《きじゅん》を、世界共通《せかいきょうつう》にするために作《つく》られた機関《きかん》。

**アイエムエフ【IMF】**名〔「国際通貨基《こくさいつうかき》金《きん》」という意味《いみ》の英語《えいご》の頭文字《かしらもじ》。〕各国《かっこく》の経済《けいざい》の安定《あんてい》と成長《せいちょう》をはかり、必要《ひつよう》に応《おう》じて支援《しえん》をおこなう国連《こくれん》の機関《きかん》。

**アイエルオー【ILO】**名〔「国際労働機《こくさいろうどうき》関《かん》」という意味《いみ》の英語《えいご》の頭文字《かしらもじ》。〕働《はたら》く人《ひと》の権《けん》利《り》を守《まも》るためにつくられた国連《こくれん》の機関《きかん》。

**アイオーシー【IOC】**名〔「国際《こくさい》オリンピック委員会《いいんかい》」という意味《いみ》の英語《えいご》の頭文字《かしらもじ》。〕オリンピック大会《たいかい》を開《ひら》いたり、オリンピック精神《せいしん》を広《ひろ》めたりする機関《きかん》。

**あいかぎ【合い鍵】**名 その錠《じょう》に合《あ》わせて作《つく》った、もう一《ひと》つの鍵《かぎ》。

**あいかわらず【相変わらず】**副 今《いま》までと同《おな》じように。いつものように。例彼《かれ》は相変わらず薄着《うすぎ》だ。

**あいがん【哀願】**名 動する かわいそうだと思《おも》わせるようにして、人《ひと》にたのむこと。

**あいがん【愛玩】**名 動する〔小《ちい》さな動物《どうぶつ》などを〕かわいがること。例愛玩動物《どうぶつ》。

**あいぎ【合い着】**名 合《あ》い服《ふく》。

**あいきどう【合気道】**名 柔道《じゅうどう》に似《に》た武道《ぶどう》の一《ひと》つ。おもに体《からだ》の関節《かんせつ》など弱《よわ》いところを攻《せ》めたり、相手《あいて》の勢《いきお》いを利用《りよう》したりして、投《な》げたりおさえたりする。

**アイキュー【IQ】**名〔「知能指数《ちのうしすう》」という意味《いみ》の英語《えいご》の頭文字《かしらもじ》。〕↓ちのうしすう 826ページ

**あいきょう【愛敬】**名 ❶にこにこして、かわいらしいこと。例愛きょうをふりまく。❷人当《ひとあ》たりがよいこと。類愛想《あいそ》。

**あいくち【合口】**名 つばのない短《みじか》い刀《かたな》。

**あいくち【合い口】**名 相性《あいしょう》。例合い口のいい相手《あいて》と組《く》む。

**あいくるしい【愛くるしい】**形 たいへんかわいらしい。例愛くるしい赤《あか》ちゃん。

**あいけん【愛犬】**名 かわいがっている犬《いぬ》。

**あいこ**名 おたがいに勝《か》ち負《ま》けのないこと。引《ひ》き分《わ》け。例これで、あいこだ。

**あいこ【愛顧】**名〔ふつう、「ご愛顧《あいこ》」の形《かたち》で〕客《きゃく》が店《みせ》などをひいきにすること。例ご愛顧をたまわり、厚《あつ》くお礼申《れいもう》し上《あ》げます。

**あいご【愛護】**名 動する かわいがってだいじに守《まも》ること。例動物愛護週間《どうぶつあいごしゅうかん》。

**あいこう【愛好】**名 動する とても好《す》きで、楽《たの》しんだり親《した》しんだりすること。例クラシック音楽《おんがく》を愛好する。

**あいこく【愛国】**名 自分《じぶん》の国《くに》をだいじに思《おも》うこと。

**あいこくしん【愛国心】**名 自分《じぶん》の国《くに》を大《たい》切《せつ》に思《おも》う心《こころ》。例愛国心を育《そだ》てる。

**あいことば【合い言葉】**名 ❶仲間《なかま》だけにわかる合図《あいず》の言葉《ことば》。例「山《やま》」と言《い》えば「川《かわ》」が、合い言葉だ。❷みんなの目当《めあ》てとする言葉《ことば》。例クラスの合い言葉。

**アイコン**〔英語 icon〕名〔コンピューターで〕内容《ないよう》を選択《せんたく》するため、画面上《がめんじょう》に表《あらわ》した小《ちい》さ

さかん。首都《しゅと》レイキャビク。人口約《じんこうやく》36万人《まんにん》。略称《りゃくしょう》ISL。

な図《ず》や絵《え》。例 アイコンをクリックする。

**アイコンタクト**〔英語 eye contact〕名 たがいに目《め》と目《め》を合《あ》わせることで、相手《あいて》に気持《きも》ちを伝《つた》えたり合図《あいず》を送《おく》ったりすること。

**°あいさつ【挨拶】**名 動‐する ❶人《ひと》と会《あ》ったり別《わか》れたりするときのおじぎや、そのときの言《こと》葉《ば》。❷集《あつ》まりや手紙《てがみ》などの初《はじ》めと終《お》わりに、改《あらた》まって話《はな》したり書《か》いたりする言葉《ことば》。例 開《かい》会《かい》の挨拶。

**あいじ【愛児】**名 かわいがっている自分《じぶん》の子ども。例 愛児の顔《かお》が目《め》にうかぶ。

**アイシー【ＩＣ】**名 〔「集積回路《しゅうせきかいろ》」という意《い》味《み》の英語《えいご》の頭文字《かしらもじ》。〕さまざまな部品《ぶひん》から配《はい》線《せん》までを一《ひと》つに組《く》みこんで、非常《ひじょう》に小《ちい》さいところにたくさんの回路《かいろ》を作《つく》ったもの。小型《こがた》で軽《かる》く、計算機《けいさんき》やコンピューターなどに使《つか》われる。集積回路《しゅうせきかいろ》。例 ＩＣカード。

例解 ことばの窓

**挨拶《あいさつ》の言葉《ことば》**

人《ひと》に会《あ》う…おはよう(ございます)。こんにちは。こんばんは。
人《ひと》と別《わか》れる…さようなら。
家《いえ》を出《で》る…行《い》ってきます。
人《ひと》を送《おく》りだす…行《い》ってらっしゃい。
家《いえ》に帰《かえ》る…ただいま。
帰《かえ》って来《き》た人《ひと》をむかえる…お帰《かえ》りなさい。
よその家《いえ》へ行《い》く…ごめんください。
客《きゃく》をむかえる…いらっしゃいませ。
礼《れい》を言《い》う…ありがとう(ございます)。
あやまる…ごめんなさい。すみません。

**アイシーカード【ＩＣカード】**名 ＩＣ《アイシー》を組《く》みこんだカード。自由《じゆう》に記録《きろく》ができるので、キャッシュカード・プリペイドカードなどに使《つか》われる。

**アイシーティー【ＩＣＴ】**名 〔「情報通信技術《じょうほうつうしんぎじゅつ》」という意味《いみ》の英語《えいご》の頭文字《かしらもじ》。〕コンピューターやインターネットによる情報《じょうほう》の活用《かつよう》をすすめる技術《ぎじゅつ》。例 ＩＣＴ教育《きょういく》。

**アイシーユー【ＩＣＵ】**名 〔「集中《しゅうちゅう》して世話《せわ》をする所《ところ》」という意味《いみ》の英語《えいご》の頭文字《かしらもじ》。〕病院《びょういん》で、重症《じゅうしょう》の患者《かんじゃ》を入《い》れて治療《ちりょう》する部屋《へや》。二十四時間《にじゅうよじかん》、看護《かんご》と治療《ちりょう》に当《あ》たる。集中治療室《しゅうちゅうちりょうしつ》。

**あいしゅう【哀愁】**名 なんとなくもの悲《がな》しい感《かん》じ。例 哀愁のあるメロディー。

**あいしょう【相△性】**名 たがいの性格《せいかく》や気《き》持《も》ちが合《あ》うこと。例 二人《ふたり》は相性がよい。

**あいしょう【愛称】**名 親《した》しい気持《きも》ちをこめて呼《よ》ぶ、呼《よ》び名《な》。ニックネーム。例 新《あたら》しい列車《れっしゃ》の愛称を募集《ぼしゅう》する。

**あいしょう【愛唱】**名 動‐する 好《す》きでいつもよく歌《うた》うこと。例 愛唱歌《か》。

**あいじょう【愛情】**名 人《ひと》や物《もの》をかわいいと思《おも》う、やさしい気持《きも》ち。大切《たいせつ》に思《おも》う温《あたた》かな心《こころ》。例 子《こ》どもに愛情をそそぐ。

**アイス**〔英語 ice〕名 ❶氷《こおり》。例 アイススケート。❷(氷《こおり》で)冷《ひ》やしたもの。例 アイスコーヒー。❸「アイスクリーム」の略《りゃく》。

**°あいず【合図】**名 動‐する 前《まえ》もって決《き》めた方《ほう》法《ほう》で知《し》らせること。または、知《し》らせるための目《め》じるし。例 手《て》で合図する。

**アイスキャンディー** 名 〔日本《にっぽん》でできた英語《えいご》ふうの言葉《ことば》。〕ジュースなどを棒《ぼう》の形《かたち》にこおらせた菓子《かし》。

**アイスクリーム**〔英語 ice cream〕名 牛《ぎゅう》乳《にゅう》・砂糖《さとう》・卵《たまご》の黄身《きみ》などをかき混《ま》ぜて、こおらせた食《た》べ物《もの》。アイス。

**アイススケート**〔英語 ice skate〕名 ⬇ スケート 681ページ

**アイスブレイク**〔英語 ice break〕名 〔集《しゅう》会《かい》などで〕かんたんなゲームなどをして雰囲《ふんい》気《き》を和《やわ》らげ、緊張《きんちょう》を解《と》きほぐすこと。

**アイスホッケー**〔英語 ice hockey〕名 スケートをはいて氷《こおり》の上《うえ》でするホッケー。一《いち》チーム六名《ろくめい》の選手《せんしゅ》たちが、スティックを使《つか》ってゴムの円板《えんばん》を相手《あいて》のゴールに打《う》ちこみ、得点《とくてん》を争《あらそ》う競技《きょうぎ》。

〔アイスホッケー〕



世界の国 アイスランド 世界《せかい》でいちばん北《きた》にある、北大西洋《きたたいせいよう》の島国《しまぐに》。北海道《ほっかいどう》よりやや広《ひろ》く、火山《かざん》が多《おお》い。牧畜《ぼくちく》と漁業《ぎょぎょう》が

◦あいする【愛する】動 ❶かわいがる。例 子《こ》を愛する。対 憎《にく》む。❷好《す》きだ。好《この》む。例 音《おん》楽《がく》を愛する。❸大切《たいせつ》に思《おも》う。例 自然《しぜん》を愛する。

あいせき【相席】名 動-する 飲食店《いんしょくてん》などで、知《し》らない人《ひと》と同《おな》じテーブルにつくこと。例「混《こ》んでいますから、相席でお願《ねが》いします。」

アイゼン〔ドイツ語〕名 登山用具《とざんようぐ》。すべり止《ど》めのために、登山靴《とざんぐつ》などの底《そこ》につける、とがったつめのついた金具《かなぐ》。

あいそ【愛想△】名〔「あいそう」ともいう。〕❶人《ひと》にいい感《かん》じを与《あた》える顔《かお》つきや言葉《ことば》。人当《ひとあ》たり。例 愛想のない返事《へんじ》。類 愛敬《あいきょう》。❷もてなし。例 何《なん》のお愛想もできませんでした。

愛想《あいそ》がいい 人《ひと》にいい感《かん》じを与《あた》える態度《たいど》をとる。

愛想《あいそ》を尽《つ》かす あきれて、相手《あいて》にするのがいやになる。例 言《い》い訳《わけ》ばかりしていると、そのうち愛想を尽かされるよ。

あいそう【愛想】名 ⇩あいそ 4ページ

あいぞう【愛憎°】名 愛《あい》することと、にくむこと。

あいそわらい【愛想△笑い】名 相手《あいて》に気《き》に入《い》ってもらおうとする、わざとらしい笑《わら》い。

◦あいだ【間】名 ❶二《ふた》つのものにはさまれた部《ぶ》分《ぶん》。例 木《き》と木《き》との間を通《とお》りぬける。❷ある場所《ばしょ》までのへだたり。例 学校《がっこう》と家《いえ》との間は約《やく》一《いち》キロメートルある。❸ある時刻《じこく》までの時間《じかん》。例 二時《にじ》から三時《さんじ》までの間に来《く》る。❹ひと続《つづ》きの時間《じかん》。例 長《なが》い間お世話《せわ》になった。❺人《ひと》と人《ひと》との関係《かんけい》。例 友達《ともだち》との間がうまくいかない。❻ある仲間《なかま》の中《なか》。例 子《こ》どもの間ではやっているゲーム。❼真《ま》ん中《なか》。中間《ちゅうかん》。例 間を取《と》る。⇩かん【間】270ページ

あいたいする【相対する】動 ❶二《ふた》つのものが、たがいに向《む》かい合《あ》う。例 二人《ふたり》は相対してすわった。❷たがいに反対《はんたい》の立場《たちば》になる。例 相対する意見《いけん》がぶつかる。

あいだがら【間柄°】名 人《ひと》と人《ひと》との関係《かんけい》。例 親子《おやこ》の間柄。

あいたくちがふさがらない【開いた口が塞°がらない】 おどろいたりあきれたりして、ものが言《い》えないようす。例 彼《かれ》のでたらめには、開いた口がふさがらない。

あいちけん【愛知県】地名 中部地方《ちゅうぶちほう》の南《なん》西部《せいぶ》にある県《けん》。県庁《けんちょう》は名古屋市《なごやし》にある。

あいちゃく【愛着】名 心《こころ》が引《ひ》かれて、はなれたくないと思《おも》う気持《きも》ち。あいじゃく。例 この自転車《じてんしゃ》にはとても愛着がある。

あいちょう【哀°調】名 (音楽《おんがく》や詩《し》で感《かん》じられる)なんとなく悲《かな》しくさびしい調子《ちょうし》。

あいちょうしゅうかん【愛鳥週間】名 野鳥《やちょう》をだいじにする心《こころ》を育《そだ》てる週間《しゅうかん》。五《ご》月十日《がつとおか》からの一週間《いっしゅうかん》。バードウイーク。

あいつ 代名〔くだけた言《い》い方《かた》。〕❶あの人《ひと》。例 あいつは、いいやつだ。❷あの物《もの》。例 あいつを買《か》いたい。

あいついで【相次いで】副 一《ひと》つ終《お》わると、また次《つぎ》に。次々《つぎつぎ》に。例 相次いで病人《びょうにん》が出《で》る。

あいつうじる【相通じる】動 ❶たがいに似《に》ている。例 国《くに》がちがっても、相通じるところがある。❷わかり合《あ》う。つながり合《あ》う。例 友達《ともだち》どうし気持《きも》ちが相通じる。

あいつぐ【相次ぐ】動 次《つぎ》から次《つぎ》へと続《つづ》く。例 交通事故《こうつうじこ》が相次ぐ。

あいづちをうつ【相づちを打つ】 人《ひと》の話《はなし》を聞《き》きながら、うなずいたり受《う》け答《こた》えをしたりする。参考 刀《かたな》を造《つく》るとき、赤《あか》く焼《や》いた鉄《てつ》を、二人《ふたり》が代《か》わる代《が》わるつちで打《う》ち合《あ》うことからできた言葉《ことば》。

◦あいて【相手】名 ❶ものごとをいっしょにするときの、もう一方《いっぽう》の人《ひと》。例 遊《あそ》び相手。❷争《あらそ》ったりするときの、もう一方《いっぽう》の側《がわ》。例 相手チーム。

アイデア〔英語 idea〕名 考《かんが》え。思《おも》いつき。工《く》夫《ふう》。アイディア。例 グッドアイデア〔=いい考《かんが》え〕だ。アイデアを募集《ぼしゅう》する。

アイディア〔英語 idea〕名 ⇩アイデア 4ページ

アイティー【IT】名〔「情報技術《じょうほうぎじゅつ》」という意味《いみ》の英語《えいご》の頭文字《かしらもじ》。〕コンピューターを中心《ちゅうしん》とした情報技術《じょうほうぎじゅつ》。例 IT社会《しゃかい》。

アイディー【ID】名〔「身元確認《みもとかくにん》」という意味《いみ》の英語《えいご》を略《りゃく》した言葉《ことば》。〕❶身分《みぶん》を証明《しょうめい》す

る企《き》業《ぎょう》が多《おお》い。首《しゅ》都《と》ダブリン。人口約《じんこうやく》510万人《まんにん》。略称《りゃくしょう》IRL。

ること。例 IDカード。❷個人《こじん》を見分《みわ》ける番号《ばんごう》。暗証番号《あんしょうばんごう》。

**アイティーきき【IT機器】** 名 パソコンやスマホなど、情報《じょうほう》のやりとりに使《つか》われる器械《きかい》や器具《きぐ》。

**あいてどる【相手取る】** 動（争《あらそ》いなどの）相手《あいて》とする。例 横綱《よこづな》を相手取って優勝《ゆうしょう》を争《あらそ》う。

**アイテム**〔英語 item〕名 項目《こうもく》。品目《ひんもく》。製品《せいひん》。例 人気《にんき》アイテム。

**アイデンティティー**〔英語 identity〕名 自分《じぶん》はこのようなもので、他人《たにん》とはちがうという意識《いしき》。

**あいとう【哀悼】** 名 動-する 人《ひと》の死《し》を悲《かな》しむこと。例 哀悼の気《き》持《も》ちを表《あらわ》す。

**あいどく【愛読】** 名 動-する 好《す》きでよく読《よ》むこと。例 推理小説《すいりしょうせつ》を愛読する。

**あいどくしょ【愛読書】** 名 好《す》きでよく読《よ》み、大切《たいせつ》にしている本《ほん》。例 愛読書を紹介《しょうかい》する。

**アイドリング**〔英語 idling〕名 動-する 自動車《じどうしゃ》のエンジンを、停車中《ていしゃちゅう》もかけたままにしておくこと。

**アイドル**〔英語 idol〕名 みんなのあこがれになっている人《ひと》。人気者《にんきもの》。

**°あいにく** 副 形動 都合《つごう》が悪《わる》く、残念《ざんねん》なようす。運悪《うんわる》く。例 あいにく留守《るす》だった。

**アイヌ** 名 北海道《ほっかいどう》やサハリンに昔《むかし》から住《す》んでいる民族《みんぞく》。

**あいのて【合いの手】** 名 ❶歌《うた》やおどりの間《あいだ》にはさむ手拍子《てびょうし》やかけ声《ごえ》。例 合いの手を入《い》れる。❷会話《かいわ》の間《あいだ》にはさむ、ちょっとした言葉《ことば》。

**あいのり【相乗り】** 名 動-する（別々《べつべつ》の客《きゃく》が）一《ひと》つの乗《の》り物《もの》にいっしょに乗《の》ること。

**アイバンク**〔英語 eye bank〕名 自分《じぶん》が死《し》んだあと、目《め》の不自由《ふじゆう》な人《ひと》に目《め》の角膜《かくまく》をゆずるために、登録《とうろく》しておく組織《そしき》。

**あいはんする【相反する】** 動 たがいに対立《たいりつ》する。例 相反する意見《いけん》がある。

**アイピーエスさいぼう【iPS細胞】** 名 体《からだ》のさまざまな細胞《さいぼう》になる能力《のうりょく》をもった細胞《さいぼう》。この細胞《さいぼう》を使《つか》って、病気《びょうき》やけがで失《うしな》われた細胞《さいぼう》をあらたにつくり出《だ》し、治療《ちりょう》する研究《けんきゅう》がすすんでいる。

**あいふく【合い服】** 名 暑《あつ》さ寒《さむ》さのきびしくない、春《はる》や秋《あき》に着《き》る服《ふく》。合《あ》い着《ぎ》。

**あいべや【相〈部屋〉】** 名 ❶旅館《りょかん》などで、他《ほか》の人《ひと》といっしょに、同《おな》じ部屋《へや》に泊《と》まること。❷寮《りょう》や病院《びょういん》などで、二人《ふたり》以上《いじょう》が同《おな》じ部屋《へや》を使《つか》うこと。

**あいぼう【相棒】** 名 いっしょにものごとをする相手《あいて》。仲間《なかま》。パートナー。

**あいま【合間】** 名 ものごとが、再《ふたた》び始《はじ》まるまでの短《みじか》い間《あいだ》。例 作業《さぎょう》の合間に休《やす》む。

**合間《あいま》を縫《ぬ》う** 合間《あいま》にできた短《みじか》い時間《じかん》を使《つか》って、ほかのことをする。例 仕事《しごと》の合間を縫って練習《れんしゅう》する。

**°あいまい【曖昧】** 形動 はっきりしないようす。例 曖昧な返事《へんじ》。記憶《きおく》が曖昧だ。

**アイマスク**〔英語 eye mask〕名 明《あか》るいところで眠《ねむ》るためなどに使《つか》う、目《め》をおおうもの。

**あいみたがい【相身互い】** 名 同《おな》じような身《み》の上《うえ》の人《ひと》どうしが分《わ》かり合《あ》って、助《たす》け合《あ》うこと。おたがいさま。例 困《こま》ったときは相身互いだよ。

**あいよう【愛用】** 名 動-する 気《き》に入《い》って、いつもよく使《つか》うこと。例 愛用のラケット。

**あいらしい【愛らしい】** 形 かわいらしい。例 赤《あか》ちゃんの笑顔《えがお》は愛らしい。

**あいろ【隘路】** 名 ❶〔山《やま》あいなどの〕せまい道《みち》。❷実行《じっこう》するのをさまたげる問題《もんだい》。例 人手《ひとで》不足《ふそく》がいちばんのあい路だ。

**アイロン**〔英語 iron〕名 熱《ねつ》で、布《ぬの》・服《ふく》などのしわをのばしたり、折《お》り目《め》をつけたりする道具《どうぐ》。例 アイロンをかける。参考「鉄《てつ》」の意味《いみ》の英語《えいご》からできた言葉《ことば》。

**アインシュタイン** 人名（男）（一八七九～一九五五）ドイツ生《う》まれの科学者《かがくしゃ》。「相対性理論《そうたいせいりろん》」などを発表《はっぴょう》し、現代《げんだい》の物理学《ぶつりがく》のもとを作《つく》った。ノーベル物理学賞《ぶつりがくしょう》を受賞《じゅしょう》。世界《せかい》の平和《へいわ》を守《まも》る運動《うんどう》にもつくした。

**°あう【合う】** 動 ❶集《あつ》まって一《ひと》つになる。例 ここで二《ふた》つの川《かわ》の流《なが》れが合う。対 離《はな》れる。分《わ》かれる。❷ぴったり形《かたち》にはまる。例 足《あし》に合った靴《くつ》。❸同《おな》じになる。例 意見《いけん》が合う。答《こた》えが合う。❹よくあてはまる。例 その服《ふく》に



世界の国 アイルランド　イギリスの西《にし》にある国《くに》。北海道《ほっかいどう》の8割ほどの大《おお》きさ。酪農《らくのう》がさかんで、最近《さいきん》は海外《かいがい》から進出《しんしゅつ》す

**例解 ↔ 使い分け**

**合《あ》うと会《あ》うと遭《あ》う**

| 合う | 会う | 遭う |
| --- | --- | --- |
| 目《め》と目《め》が合《あ》う。<br>箱《はこ》の大《おお》きさが合《あ》う。<br>話《はなし》が合《あ》う。 | 友達《ともだち》に会《あ》う。<br>公園《こうえん》で会《あ》う。 | 夕立《ゆうだち》に遭《あ》う。<br>事故《じこ》に遭《あ》う。<br>ひどい目《め》に遭《あ》う。 |

合うネクタイ。❺つりあう。損《そん》にならない。例千円《せんえん》で売《う》っては合わない〔=損《そん》をする〕。❻〔ある言葉《ことば》のあとにつけて〕そのことを、たがいにする。例話《はな》し合う。⇩ごう【合】429ページ

°**あう【会う】**動 人《ひと》と顔《かお》をあわせる。出《で》あう。例道《みち》で先生《せんせい》と会う。対別《わか》れる。敬語 へりくだった言《い》い方《かた》は、「お目《め》にかかる」。⇩かい【会】193ページ

**会《あ》うは別《わか》れの始《はじ》め** 出会《であ》いがあれば、その後《あと》にかならず別《わか》れがくるものだ。

**あう【遭°う】**動（思《おも》いがけないものごとに）たまたま出《で》あう。例事故《じこ》に遭う。⇩そう【遭】743ページ

**アウェー**〔英語 away〕名（サッカーなどで）相手《あいて》チームの本拠地《ほんきょち》。また、そこで行《おこな》う試《し》合《あい》。対ホーム。

°**アウト**〔英語 out〕名 ❶野《や》球《きゅう》・ソフトボールで、バッターやランナーが攻撃《こうげき》の資格《しかく》を失《うしな》うこと。対セーフ。❷（テニスなどで）ボールがコートの外《そと》に出《で》ること。❸外側《そとがわ》。例アウトコーナー。アウトドア。対（❷・❸）イン。

**アウトコース** 名〔日本《にっぽん》でできた英語《えいご》ふうの言葉《ことば》。〕❶〔野《や》球《きゅう》・ソフトボールで〕投手《とうしゅ》の投《な》げた球《たま》が、ホームプレートの、打者《だしゃ》から見《み》て遠《とお》いほうを通《とお》るコース。外角《がいかく》。❷〔競走《きょうそう》で〕外側《そとがわ》のコース。対（❶・❷）インコース。

**アウトドア**〔英語 outdoor〕名 野外《やがい》。屋外《おくがい》。例アウトドア用品《ようひん》。対インドア。

**アウトプット**〔英語 output〕名 コンピューターや電気《でんき》の出力《しゅつりょく》。特《とく》に、コンピューターから、処理《しょり》された結果《けっか》を外《そと》に出《だ》すこと。対インプット。

**アウトライン**〔英語 outline〕名 ❶ものごとのあらまし。例計画《けいかく》のアウトラインを話《はな》す。❷物《もの》の外側《そとがわ》の線《せん》。輪郭《りんかく》。

**アウトレット**〔英語 outlet〕名 特定《とくてい》のブランドの在庫品《ざいこひん》などを、とても安《やす》く売《う》る店《みせ》。アウトレットショップ。アウトレットストア。

**アウトロー**〔英語 outlaw〕名 法律《ほうりつ》などに構《かま》わず、思《おも》うままに生《い》きる者《もの》。乱暴者《らんぼうもの》。無法者《むほうもの》。

**あうんのこきゅう【阿吽の呼吸】** 二人《ふたり》でいっしょに一《ひと》つのことをするとき、たがいの気持《きも》ちや調子《ちょうし》がぴたりと合《あ》うこと。例力士《りきし》があうんの呼吸で立《た》ち上《あ》がった。

**あえぎあえぎ** 副 苦《くる》しそうに息《いき》をしているようす。例山道《やまみち》をあえぎあえぎ登《のぼ》る。

**あえぐ** 動 ❶苦《くる》しそうに息《いき》をする。例石段《いしだん》をあえぎながら上《のぼ》る。❷苦《くる》しむ。例貧《まず》しい暮《く》らしにあえぐ。

**あえて** 副 ❶無理《むり》に。わざわざ。例雨《あめ》の中《なか》をあえて出《で》かけた。❷別《べつ》に。特《とく》に。例あえて言《い》い訳《わけ》はしない。注意❷は、あとに「ない」などの打《う》ち消《け》しの言葉《ことば》がくる。

**あえない** 形 あっけない。はかない。例あえない最期《さいご》をとげる〔=あっけなく死《し》ぬ〕。

**あえる** 動 野菜《やさい》・魚《さかな》などに、みそ・酢《す》・ごまなどを加《くわ》えて混《ま》ぜ合《あ》わせる。

**あえん【亜°鉛°】**名 青白《あおじろ》い色《いろ》をしている金属《きんぞく》。空気《くうき》にあたると、表面《ひょうめん》がさびるので灰色《はいいろ》に見《み》える。めっきの材料《ざいりょう》に使《つか》う。

°**あお【青】**名 ❶よく晴《は》れた空《そら》のような色《いろ》。❷緑色《みどりいろ》や水色《みずいろ》などの色《いろ》。例青葉《ば》。青虫《むし》。❸若《わか》い。ものごとに慣《な》れていない。例青くさい考《かんが》え。⇩せい【青】698ページ

**青《あお》は藍《あい》より出《い》でて藍《あい》より青《あお》し**〔タデの仲間《なかま》のアイという草《くさ》からとる染料《せんりょう》の青《あお》は、原料《げんりょう》のアイよりも青《あお》いことから〕先生《せんせい》よりも、弟子《でし》や教《おし》え子《ご》のほうがすぐれていること。出藍《しゅつらん》の誉《ほま》れ。参考 昔《むかし》の中国《ちゅうごく》の書物《しょもつ》にある言葉《ことば》から。

**あおあお【青青】**副（-と）あざやかな青《あお》や緑《みどり》が一面《いちめん》に広《ひろ》がっているようす。例草木《くさき》が青々とし げっている。

ている。1991年《ねん》のソ連《れん》の解体《かいたい》で独立《どくりつ》した。首都《しゅと》バクー。人口約《じんこうやく》1,030万人《まんにん》。略称《りゃくしょう》AZE。

**あおあらし**【青嵐。】㊔ 青葉《あおば》の美《うつく》しいころに吹《ふ》く風《かぜ》。

○**あおい**【青い】㊎ ❶よく晴《は》れた空《そら》のような色《いろ》をしている。㊕海《うみ》が青い。❷顔色《かおいろ》が悪《わる》い。㊕青い顔《かお》をしている。❸実《み》などが熟《じゅく》していない。㊕まだ青いバナナ。❹まだ一人前《いちにんまえ》でない。⇩**せい**【青】698ページ

**あおい**【葵◆】㊔ 暖《あたた》かい地方《ちほう》の庭《にわ》などに植《う》える草花《くさばな》。タチアオイ・モミジアオイなど種類《しゅるい》が多《おお》い。夏《なつ》、赤《あか》・ピンク・白《しろ》などの花《はな》が咲《さ》く。

■**あおいきといき**【青息吐息。】㊏ 非常《ひじょう》に困《こま》って、苦《くる》しいようす。

**あおうなばら**【青〈海原△〉】㊔ 青《あお》く広々《ひろびろ》とした海《うみ》。㊕島《しま》かげ一《ひと》つ見《み》えない青海原。

**あおがえる**【青蛙◆】㊔ ❶アマガエル・トノサマガエルなど、体《からだ》が緑《みどり》色《いろ》のカエルのこと。❷アオガエル科《か》の緑《みどり》色《いろ》のカエル。木《き》の上《うえ》にのぼってすむ。

**あおかび**【青かび】㊔ パン・もちなどの食《た》べ物《もの》に生《は》える、青《あお》みがかったかび。

**あおき こんよう**〘青木昆陽〙㊟（男）（一六九八～一七六九）江戸《えど》時代《じだい》の中《なか》ごろの学《がく》者《しゃ》。飢饉《ききん》に備《そな》えて、カンショ〔＝サツマイモ〕を植《う》えることをすすめ、「かんしょ先生《せんせい》」と呼《よ》ばれた。

**あおぎみる**【仰。ぎ見る】㊋ ❶顔《かお》を上《あ》げて上《うえ》のほうを見《み》る。㊕頂《ちょうじょう》上を仰ぎ見る。❷うやまう。㊕師《し》と仰ぎ見て教《おし》えを受《う》ける。

○**あおぐ**【仰。ぐ】㊋ ❶顔《かお》を上《うえ》に向《む》けて見《み》る。㊕星空《ほしぞら》を仰ぐ。❷敬《うやま》う。とうとぶ。㊕心《こころ》の師《し》と仰ぐ。❸目上《めうえ》の人《ひと》の教《おし》えや、指図《さしず》を求《もと》める。㊕先生《せんせい》の教《おし》えを仰ぐ。❹一気《いっき》に飲《の》む。㊕毒《どく》を仰ぐ。⇩**ぎょう**【仰】334ページ

○**あおぐ** ㊋ うちわやせんすなどを動《うご》かして風《かぜ》を起《お》こす。あおる。

**あおくさ**【青草。】㊔ 青々《あおあお》とした草《くさ》。

**あおくさい**【青臭い】㊎ ❶青草《あおくさ》のようなにおいがする。❷考《かんが》え方《かた》が幼《おさな》い。㊕青臭いことを言《い》う人《ひと》だ。

**あおくなる**【青くなる】 こわかったり、ひどく心配《しんぱい》したりして、顔《かお》から血《ち》が引《ひ》く。㊕財布《さいふ》がないのに気《き》づいて青くなった。

**あおざかな**【青魚】㊔ 背中《せなか》の青《あお》い魚《さかな》。イワシ・サバ・サンマなど。

**あおざめる**【青ざめる】㊋ 血《ち》の気《け》がなくなって顔色《かおいろ》が青白《あおじろ》くなる。

**あおじそ**【青じそ】㊔ シソの一種《いっしゅ》。葉《は》が緑《みどり》色《いろ》で、「大葉《おおば》」として料理《りょうり》に使《つか》う。

**あおじゃしん**【青写真】㊔ 計画《けいかく》や見通《みとお》し。㊕青写真を描《えが》く。㊖設計図《せっけいず》などの写《うつ》しを青地《あおじ》に白《しろ》く表《あらわ》したことから。

**あおじろい**【青白い】㊎ ❶青《あお》みがかって白《しろ》い。㊕青白い月《つき》の光《ひかり》。❷（顔色《かおいろ》などが）血《ち》の気《け》がなくて、青《あお》ざめている。㊕青白い顔《かお》をした病人《びょうにん》。

**あおしんごう**【青信号】㊔ ❶「通《とお》ってよい」「安全《あんぜん》だ」という意味《いみ》の、青《あお》または緑《みどり》色《いろ》の交通《こうつう》の合図《あいず》。❷ものごとを進《すす》めてよい、という意味《いみ》を表《あらわ》す合図《あいず》。㊓（❶・❷）赤信号《あかしんごう》。

**あおすじをたてる**【青筋を立てる】〔ひどくおこったときなどに、額《ひたい》の血管《けっかん》が目《め》立《だ》って見《み》えることから〕かんかんになっておこる。

**あおぞら**【青空】㊔ ❶青《あお》く晴《は》れわたった空《そら》。❷屋《や》根《ね》のないこと。㊕青空市場《いちば》。

**あおぞらきょうしつ**【青空教室】㊔ 屋《や》根《ね》のない、屋外《おくがい》でひらく教室《きょうしつ》。

**あおた**【青田】㊔ イネが青々《あおあお》としている田《た》んぼ。また、イネが実《みの》る前《まえ》の田《た》んぼ。

**あおだいしょう**【青大将】㊔ 林《はやし》や畑《はたけ》、また家《いえ》の中《なか》にもすみつくヘビ。長《なが》さは一メートルから二メートルぐらいで、日本《にっぽん》ではもっとも大《おお》きい。性質《せいしつ》はおとなしく、毒《どく》はない。

**あおたけ**【青竹】㊔ 青々《あおあお》とした竹《たけ》。あおだけ。

**あおてんじょう**【青天井△】㊔ ❶青空《あおぞら》。青《あお》空《ぞら》を天井《てんじょう》にたとえた言葉《ことば》。❷ものの値段《ねだん》や相場《そうば》がどこまでも上《あ》がっていくこと。

**あおな**【青菜】㊔ こい緑《みどり》色《いろ》の葉《は》の野菜《やさい》。ホウレンソウ・コマツナなど。菜《な》っ葉《ぱ》。

**青菜《あおな》に塩《しお》**〔青《あお》菜《な》に塩《しお》をふりかけると、しおれてしまうことから〕急《きゅう》に元気《げんき》がなくなってしまうこと。㊕先生《せんせい》にしかられて、青菜に塩みたいにしょげる。

**あおにさい**【青二才】㊔ 年《とし》が若《わか》くて、ものごとに慣《な》れていない人《ひと》。

**あおのり**【青のり】㊔ 浅《あさ》い海《うみ》や河口《かこう》の近《ちか》



世界の国 アゼルバイジャン 西《にし》アジア、カスピ海沿岸《かいえんがん》の国《くに》。日本《にっぽん》の4分の1。石油《せきゆ》や天然《てんねん》ガスの開発《かいはつ》が進《すす》められ

くの岩《いわ》などに付《つ》く、緑色《みどりいろ》の海藻《かいそう》。かおりがよく、干《ほ》して食《た》べる。↓かいそう(海藻)202ページ

**あおば【青葉】** 名 夏《なつ》の初《はじ》めごろの、あざやかな緑《みどり》の木《き》の葉《は》。若葉《わかば》。

**あおびょうたん【青びょうたん】** 名 ひょろっとやせていて、顔色《かおいろ》のよくない人《ひと》。注意 男《おとこ》の人《ひと》をあざけって言《い》うことが多《おお》い。

**あおみ【青味】** 名 青《あお》く感《かん》じられるようす。例 青味をおびた池《いけ》。

**あおみどり【青緑】** 名 青《あお》みがかった緑色《みどりいろ》。例 青緑色《いろ》の美《うつく》しい海《うみ》。

**あおみどろ** 名 池《いけ》や沼《ぬま》、水田《すいでん》などの水《みず》の中《なか》に、夏《なつ》のころに生《は》える緑色《みどりいろ》のモ。髪《かみ》の毛《け》のように細《ほそ》く、長《なが》さ一メートルにもなる。

**あおむき【仰向き】** 名 ↓あおむけ 8ページ

**あおむく【仰向く】** 動 顔《かお》を上《うえ》に向《む》ける。対 うつむく。

**あおむけ【仰向け】** 名 体《からだ》の、胸《むね》のあるほうを上《うえ》に向《む》けること。あおむき。例 あおむけに寝《ね》る。対 うつぶせ。

**あおむし【青虫】** 名 モンシロチョウなどの幼虫《ようちゅう》。緑色《みどりいろ》をした虫《むし》で、キャベツなどの葉《は》を食《た》べる。

**あおもの【青物】** 名 ❶緑色《みどりいろ》をした野菜《やさい》をまとめていう言葉《ことば》。❷背中《せなか》の青《あお》い魚《さかな》。サバ・イワシ・サンマなど。

**あおものいちば【青物市場】** 名 野菜《やさい》や果物《くだもの》を売《う》り買《か》いする市場《いちば》。青果市場《せいかいちば》。

**あおもりけん【青森県】** 地名 東北地方《とうほくちほう》のもっとも北《きた》にある県《けん》。県庁《けんちょう》は青森市《あおもりし》にある。

**あおりをくう【あおりを食う】** 思《おも》わぬ影響《えいきょう》を受《う》ける。あおりを受ける。例 台風《たいふう》のあおりを食って、野菜《やさい》の値段《ねだん》が上《あ》がる。

**°あおる** 動 ❶(うちわなどで)風《かぜ》を起《お》こして火《ひ》の勢《いきお》いをさかんにする。あおぐ。❷風《かぜ》がふいて物《もの》を動《うご》かす。例 風《かぜ》でカーテンがあおられる。❸けしかける。そそのかす。例 周《まわ》りで、けんかをあおる。❹顔《かお》を上《うえ》に向《む》けて一気《いっき》に飲《の》む。例 酒《さけ》をあおる。

**°あか【赤】** 一 名 燃《も》える火《ひ》や夕焼《ゆうや》けのような色《いろ》。例 赤信号《しんごう》。二〔ある言葉《ことば》の前《まえ》につけて〕「まったく」「ひどい」という意味《いみ》を表《あらわ》す。例 赤はだか。赤はじ。↓せき【赤】712ページ

**赤の他人《たにん》** 自分《じぶん》とはまったく関係《かんけい》のない人《ひと》。例 顔《かお》は似《に》ていても赤の他人だ。

**あか** 名 ❶皮膚《ひふ》の上《うえ》にたまったよごれ。❷水《すい》中《ちゅう》にたまったよごれ。例 水《みず》あか。

**あかあか【赤赤】** 副(と) 真《ま》っ赤《か》なようす。例 赤々と燃《も》える火《ひ》。

**あかあか【明明】** 副(と) 非常《ひじょう》に明《あか》るいようす。例 電灯《でんとう》があかあかとともる。

**°あかい【赤い】** 形 燃《も》える火《ひ》や夕焼《ゆうや》けのような色《いろ》をしている。例 赤いリンゴ。↓せき【赤】712ページ

**あかいえか** 名 日本《にっぽん》の家《いえ》の周《まわ》りで、もっともふつうに見《み》られるカ。日本脳炎《にほんのうえん》などの病《びょう》気《き》をうつすことがある。

**あかいしさんみゃく【赤石山脈】** 地名 山梨《やまなし》・長野《ながの》・静岡《しずおか》の三《みっ》つの県《けん》の境《さかい》に連《つら》なる山《さん》脈《みゃく》。北岳《きただけ》・赤石岳《あかいしだけ》など三〇〇〇メートルをこえる峰《みね》がある。南《みなみ》アルプス。

**あかいはね【赤い羽根】** 名 毎年《まいとし》十月《じゅうがつ》に行《おこな》われる共同募金《きょうどうぼきん》で、お金《かね》を出《だ》したしるしにわたす羽根《はね》。

**アカウント**〔英語 account〕名 コンピューターやインターネットを利用《りよう》できる資格《しかく》。また、その資格を表《あらわ》す文字《もじ》や記号《きごう》。

**あかがね** 名 銅《どう》のこと。略《りゃく》して、「あか」ともいう。〔古《ふる》い言《い》い方《かた》。〕参考 鉄《てつ》は「くろがね」、金《きん》は「こがね」、銀《ぎん》は「しろがね」ともいう。

**あかがみ【赤紙】** 名 戦争中《せんそうちゅう》、軍隊《ぐんたい》に兵隊《へいたい》を集《あつ》めるために、個人《こじん》あてに送《おく》った文書《ぶんしょ》。赤い用紙《ようし》を使《つか》ったことから言《い》う。召集令状《しょうしゅうれいじょう》。〔俗《ぞく》な言《い》い方《かた》。〕

**あかぎれ** 名 寒《さむ》さで、手《て》や足《あし》の皮膚《ひふ》にできるひび割《わ》れ。

**あがく** 動 楽《らく》になろうと、じたばたする。もがく。例 今《いま》さらあがいてもむだだ。

**あかげのアン【赤毛のアン】** 作品名 カナダの女性作家《じょせいさっか》、モンゴメリーが書《か》いた小説《しょうせつ》。少女《しょうじょ》アンがたくましく成長《せいちょう》していく姿《すがた》をえがいている。

**あかご【赤子】** 名 赤《あか》んぼう。

**赤子《あかご》の手《て》をひねる** 弱《よわ》い者《もの》を、たいした力《ちから》を使《つか》わずに負《ま》かす。赤子《あかご》の手《て》をねじる。例 彼《かれ》にはこの問題《もんだい》は赤子の手をひねるようなものだ。

が進《すす》んでいる。首都《しゅと》カブール。人口約《じんこうやく》3,890万人《まんにん》。略称《りゃくしょう》AFG。



あいうえお かきくけこ さしすせそ たちつてと なにぬねの はひふへほ まみむめも や ゆ よ らりるれろ わ を ん

**あかさび【赤さび】** 名 水《みず》や空気《くうき》にふれて、鉄《てつ》などの表面《ひょうめん》にできる赤茶色《あかちゃいろ》のさび。

**あかし【証】** 名 ❶確《たし》かな証拠《しょうこ》。例 二人《ふたり》の友《ゆう》情《じょう》のあかし。❷悪《わる》いことをしていないという証明《しょうめい》。例 身《み》のあかしを立《た》てる。

**あかじ【赤字】** 名 ❶赤《あか》い字《じ》。赤《あか》インクなどで書《か》いた字《じ》。例 まちがいを、赤字で直《なお》す。❷入《はい》ったお金《かね》より、出《で》たお金《かね》のほうが多《おお》いこと。例 今月《こんげつ》は赤字だ。対 黒字《くろじ》。参考 ❷は、帳《ちょう》簿《ぼ》などに、マイナスの数字《すうじ》を赤《あか》い字《じ》で書《か》くことから。

**アカシア** 名 ❶オーストラリアやアフリカに多《おお》い、常緑《じょうりょく》の高木《こうぼく》。❷ハリエンジュの木《き》のこと。野山《のやま》に生《は》え、枝《えだ》にとげがある。街路《がいろ》樹《じゅ》としても植《う》えられ、初夏《しょか》に白《しろ》い花《はな》がふさのように咲《さ》く。ニセアカシア。

**あかしお【赤潮】** 名 プランクトンが急《きゅう》に増《ふ》えたために、赤茶色《あかちゃいろ》になった海水《かいすい》。川《かわ》や湖《みずうみ》にも起《お》こる。魚《さかな》や貝《かい》がたくさん死《し》ぬ。

**あかしんごう【赤信号】** 名 ❶「通《とお》ってはいけない」という意味《いみ》の、赤色《あかいろ》の交通《こうつう》の合図《あいず》。❷ものごとがうまくいかなくなったり危《あぶ》なくなったりするという意味《いみ》を表《あらわ》す合図《あいず》。例 貯《ちょ》水池《すいち》の水《みず》は赤信号だ。対（❶・❷）青信号《あおしんごう》。

◦**あかす【明かす】** 動 ❶かくしていたことをはっきりさせる。うちあける。例 手《て》品《じな》の種《たね》を明かす。対 かくす。❷朝《あさ》まで寝《ね》ないでいる。例 夜《よ》通《どお》し語《かた》り明かす。⇩めい【明】1285ページ

**あかだまつち【赤玉土】** 名 園芸用《えんげいよう》に作《つく》った土《つち》。赤土《あかつち》をくだいて粒《つぶ》のようにしたもの。

**あかちゃける【赤茶ける】** 動 日《ひ》に焼《や》けたりして、うすよごれた茶色《ちゃいろ》になる。例 赤茶けた古《ふる》いノート。

**あかちゃん【赤ちゃん】** 名 赤《あか》んぼうを、親《した》しみをこめて呼《よ》ぶ言葉《ことば》。

**あかつき【暁】** 名 ❶夜明《よあ》けごろ。明《あ》け方《がた》。類 あけぼの。❷〔「…のあかつきには」の形《かたち》で〕望《のぞ》みがかなったときには。例 合格《ごうかく》のあかつきにはお祝《いわ》いをしよう。参考 ふつう❷は、かな書《が》きにする。⇩ぎょう【暁】334ページ

**あがったり【上がったり】** 名 商売《しょうばい》などが、うまくいかなくなること。例 不景《ふけい》気《き》で店《みせ》は上がったりだ。

**あかつち【赤土】** 名 鉄分《てつぶん》を含《ふく》んだ、赤茶色《あかちゃいろ》のねばり気《け》のある土《つち》。

**アカデミー**〔英語 academy〕名 学問《がくもん》や芸術《げいじゅつ》の中心的《ちゅうしんてき》な役割《やくわり》を果《は》たす人《ひと》の集《あつ》まり。また、そのような役割《やくわり》の大学《だいがく》や研究《けんきゅう》機関《きかん》。

**あかとんぼ【赤とんぼ】** 名 野原《のはら》を飛《と》ぶ、赤《あか》やだいだい色《いろ》をした小《ちい》さいトンボ。アキアカネ・ナツアカネなど。⇩とんぼ 956ページ

**あかぬける【あか抜ける】** 動 （姿《すがた》・形《かたち》、できばえなどが）すっきりとして美《うつく》しい。例 服装《ふくそう》があか抜けている。

**あかね【茜】** 名 野山《のやま》に生《は》えるつる草《くさ》。茎《くき》は四《し》角《かく》で、つるにとげがあり、秋《あき》、小《ちい》さく白《しろ》い花《はな》が咲《さ》く。根《ね》を染《そ》め物《もの》に使《つか》う。

**あかねいろ【茜色】** 名 少《すこ》し黒《くろ》みがかった赤色《あかいろ》。例 夕《ゆう》焼《や》けの空《そら》があかね色に染《そ》まる。参考「アカネ」の根《ね》からとった汁《しる》で染《そ》めた色《いろ》。

**あかはじ【赤恥】** 名 ひどい恥《はじ》。あかっぱじ。

**赤恥《あかはじ》をかく** 人前《ひとまえ》でひどい恥《はじ》をかく。

**あかはだか【赤裸】** 名 体《からだ》にまったく衣《い》服《ふく》をつけていないこと。まるはだか。

**アカペラ**〔イタリア語〕名 ❶楽器伴奏《がっきばんそう》なしで歌《うた》うこと。❷楽器伴奏《がっきばんそう》のない合唱《がっしょう》曲《きょく》。

**あかぼう【赤帽】** 名 むかし鉄道《てつどう》の駅《えき》で、旅《りょ》行客《こうきゃく》の手荷物《てにもつ》を、客《きゃく》に代《か》わって運《はこ》ぶ仕事《しごと》をしていた人《ひと》。赤《あか》い帽子《ぼうし》をかぶっていた。ポーター。

**あかまつ【赤松】** 名 山《やま》や林《はやし》に生《は》え、庭《にわ》にも植《う》える高木《こうぼく》。葉《は》は針《はり》のように細《ほそ》く、幹《みき》は赤《あか》みがかっている。マツタケはこの林《はやし》に生《は》える。

**あかみ【赤身】** 名 ❶けものの肉《にく》の赤《あか》いところ。❷カツオやマグロなど、魚《さかな》の赤《あか》い肉《にく》。対 白身《しろみ》。

**あかみ【赤み】** 名 赤《あか》い感《かん》じの色《いろ》。例 ほおに赤みがさす。

**あかみがかる【赤みがかる】** 動 うっすらと赤《あか》くなる。例 空《そら》が赤みがかる。

**あがめる** 動 尊《とうと》いものとして、大切《たいせつ》にする。敬《うやま》う。例 神《かみ》をあがめる。

**あからがお【赤ら顔】** 名（日《ひ》に焼《や》けたり酒《さけ》を飲《の》んだりして）赤《あか》みがかった顔《かお》。

**あからさま** 形動 少《すこ》しもかくさず、外《そと》に表《あらわ》すようす。例 あからさまに文句《もんく》を言《い》う。



世界の国 アフガニスタン　西南《せいなん》アジアの内陸《ないりく》にある国《くに》。遊牧民《ゆうぼくみん》が多《おお》く、牧畜《ぼくちく》がさかん。鉱物資源《こうぶつしげん》が豊富《ほうふ》で、石油《せきゆ》の採掘《さいくつ》

**あからむ**【赤らむ】動 赤《あか》くなる。例 桜《さくら》のつぼみが赤らむ。はずかしさで顔《かお》が赤らむ。⇩せき【赤】712ページ

**あからむ**【明らむ】動 明《あか》るくなる。例 東《ひがし》の空《そら》が明らみ始《はじ》めた。⇩めい【明】1285ページ

**あからめる**【赤らめる】動 はずかしさで、顔《かお》を赤《あか》くする。例 ぽうっと、顔《かお》を赤らめてうつむいた。⇩せき【赤】712ページ

∘**あかり**【明かり】名 ❶暗《くら》い中《なか》での明《あか》るい光《ひかり》。例 月《つき》明かり。❷明《あか》るく照《て》らす電灯《でんとう》やろうそくなどの光《ひかり》。例 明かりをつける。⇩めい【明】1285ページ

**あがり**【上がり】一名 ❶高《たか》くなること。例 温度《おんど》の上がり下《さ》がり。対 下《さ》がり。❷作《つく》っていたものができ上《あ》がること。また、そのできばえ。例 染《そ》め物《もの》の色《いろ》の上がりがいい。❸もうけ。収入《しゅうにゅう》。例 店《みせ》の上がり。❹ものごとが終《お》わること。例 すごろくの上がり。二〔ある言葉《ことば》のあとにつけて〕その状態《じょうたい》が終《お》わったことを表《あらわ》す。例 雨上《あめあ》がり。やみ上がり。

**あがりかまち**【上がりかまち】名 家《いえ》の上《あ》がり口《ぐち》の床《ゆか》にわたした横木《よこぎ》。あがりがまち。例 上がりかまちに腰《こし》をおろす。

**あがりこむ**【上がり込む】動 かってに中《なか》まで入《はい》りこむ。例 友達《ともだち》の家《いえ》に上がり込んで、おしゃべりをしている。

**あかりとり**【明かり採り】名 中《なか》を明《あか》るくするため、外《そと》から光《ひかり》を採《と》り入《い》れる窓《まど》。明かり窓《まど》。

**あかりまど**【明かり窓】名 ⇩あかりとり 10ページ

**あがりゆ**【上がり湯】名 ふろから上《あ》がるとき、体《からだ》を流《なが》すために使《つか》う、きれいな湯《ゆ》。

∘**あがる**【上がる】動 ❶下《した》から上《うえ》のほうへ行《い》く。高《たか》い所《ところ》へ移《うつ》る。例 二階《にかい》へ上がる。対 下《さ》がる。下《お》りる。❷水中《すいちゅう》から陸《りく》に移《うつ》る。例 プールから上がる。❸〔値段《ねだん》、地位《ちい》が〕高《たか》くなる。例 百円《ひゃくえん》上がる。三位《さんい》に上がる。対 下《さ》がる。落《お》ちる。❹〔ものごとが〕うまくなる。例 腕前《うでまえ》が上がる。対 落《お》ちる。❺入学《にゅうがく》する。進級《しんきゅう》する。例 小学校《しょうがっこう》に上がる。五年生《ごねんせい》に上がる。❻のぼせて、ぼうっとなる。例 人前《ひとまえ》では上がる。❼よい結果《けっか》が得《え》られる。例 効果《こうか》が上がる。❽ものごとが終《お》わる。例 雨《あめ》が上がる。❾「食《く》う」「食《た》べる」「飲《の》む」の敬《うやま》った言《い》い方《かた》。例 何《なに》を上がりますか。❿「訪《たず》ねる」のへりくだった言《い》い方《かた》。例 お願《ねが》いに上がる。⓫〔ある言葉《ことば》のあとにつけて〕すっかり、そのようになる。例 晴《は》れ上がる。⇩じょう【上】624ページ

**あがる**【挙がる】動 ❶現《あらわ》れる。見《み》つかる。例 名《な》が挙がる。証拠《しょうこ》が挙がる。❷とらえられる。つかまる。例 犯人《はんにん》が挙がる。⇩きょ【挙】330ページ

**あがる**【揚がる】動 ❶高《たか》くのぼる。例 たこが揚がる。❷油《あぶら》の中《なか》で、揚《あ》げ物《もの》ができる。例 天《てん》ぷらが揚がる。❸高《たか》まって強《つよ》くなる。例 意気《いき》が揚がる。❹陸《りく》に移《うつ》る。例 港《みなと》にサンマが揚がる。⇩よう【揚】1349ページ

**例解 ! 表現の広場**

**上《あ》がる と 上《のぼ》る のちがい**

| | 上《あ》がる | 上《のぼ》る |
|---|---|---|
| 高《たか》い台《だい》の上《うえ》に | ○ | ○ |
| ますます成績《せいせき》が | ○ | × |
| 船《ふね》で川《かわ》を | × | ○ |
| 京《きょう》の都《みやこ》に | × | ○ |

∘**あかるい**【明るい】形 ❶光《ひかり》が十分《じゅうぶん》にあって、物《もの》がはっきり見《み》える。例 明るい部屋《へや》。❷黒《くろ》や灰色《はいいろ》を含《ふく》まず、色《いろ》がすんでいる。例 明るい黄色《きいろ》の服《ふく》。❸晴《は》れ晴《ば》れとして、ほがらかだ。例 あの人《ひと》はいつも明るい。❹よく知《し》っている。くわしい。例 先生《せんせい》は虫《むし》のことに明るい。❺希望《きぼう》がもてる。例 明るい社会《しゃかい》。対（❶〜❺）暗《くら》い。⇩めい【明】1285ページ

**あかるみ**【明るみ】名 明《あか》るい所《ところ》。明《あか》るい感《かん》じ。対 暗《くら》がり。

**明《あか》るみに出《で》る** ❶明《あか》るい所《ところ》に出《で》る。例 トンネルをぬけて明るみに出た。❷知《し》られたくないことが、世間《せけん》に知《し》られる。例 事件《じけん》が明るみに出る。

**あかるむ**【明るむ】動 だんだんと明《あか》るくなる。例 東《ひがし》の空《そら》が明るむ。⇩めい【明】1285ページ

**あかんこ**〔阿寒湖〕地名 北海道《ほっかいどう》の東部《とうぶ》にある湖《みずうみ》。マリモは特別天然記念物《とくべつてんねんきねんぶつ》。

**あかんべ** 名 目《め》の下《した》を指《ゆび》で押《お》し下《さ》げ、まぶたの裏《うら》の赤《あか》いところを見《み》せて、ふざけたり「い

の工業国《こうぎょうこく》・農業国《のうぎょうこく》。首都《しゅと》ワシントン。人口《じんこう》約《やく》3億《おく》3,200万人《まんにん》。略称《りゃくしょう》USA。漢字《かんじ》で「米」と書《か》くこともある。

やだ」という気持《きも》ちを表《あらわ》したりすること。

**あかんましゅうこくりつこうえん**〔阿寒摩周国立公園〕 地名 北海道《ほっかいどう》の東《とう》部《ぶ》にある国立公園《こくりつこうえん》。阿《あ》寒《かん》湖《こ》・摩《ま》周《しゅう》湖《こ》などの湖《みずうみ》や火山《かざん》の風景《ふうけい》、季節《きせつ》ごとに変《か》わる針葉樹《しんようじゅ》林《りん》の景色《けしき》で知《し》られる。↓こくりつこうえん 457ページ

**あかんたい**【亜°寒帯】名 温帯《おんたい》と寒帯《かんたい》との間《あいだ》にある地帯《ちたい》。冬《ふゆ》が長《なが》くて寒《さむ》さも厳《きび》しい。冷《れい》帯《たい》。対 亜熱帯《あねったい》。

**あかんぼう**【赤ん坊°】名 生《う》まれたばかりの子《こ》ども。赤《あか》ちゃん。赤子《あかご》。

**○あき**【秋】名 季節《きせつ》の名《な》で、ふつう九《く》・十《じゅう》・十《じゅう》一月《いちがつ》の三《さん》か月《げつ》。実《みの》りの秋《あき》ともいい、紅葉《こうよう》が美《うつく》しい季節《きせつ》。関連 春《はる》。夏《なつ》。冬《ふゆ》。参考 昔《むかし》の暦《こよみ》では、七《しち》・八《はち》・九月《くがつ》を秋《あき》とした。↓しゅう【秋】592ページ

**秋《あき》の夜長《よなが》** 夜《よる》の時間《じかん》が長《なが》くなったように感《かん》じられる秋《あき》の夜《よる》。例 秋の夜長をコオロギが鳴《な》きとおしている。

**○あき**【空き】名 ❶空《あ》いている所《ところ》。例 座席《ざせき》にまだ空きがある。❷空《あ》いている時間《じかん》。ひま。例 空き時間《じかん》。❸中《なか》に何《なに》もないこと。からっぽ。例 空きびん。空き箱《ばこ》。

**あき**【飽°き】名 いやになること。例 同《おな》じものばかり食《た》べていると飽きがくる。

**あき**〔安芸〕 地名 昔《むかし》の国《くに》の名《な》の一《ひと》つ。今《いま》の広《ひろ》島県《しまけん》の西部《せいぶ》にあたる。

**あきあかね**【秋茜◆】名 ↓あかとんぼ 9ページ

**あきあき**【飽°き飽°き】名 動-する すっかりいやになること。例 同《おな》じ話《はなし》ばかりで飽き飽きした。

**あきかぜ**【秋風】名 秋《あき》にふくすずしい風《かぜ》。例 秋風が立《た》つ〔=秋風《あきかぜ》がふき始《はじ》める〕。

**あきかん**【空き缶°】名 空《から》の缶《かん》。

**あきくさ**【秋草】名 秋《あき》に花《はな》の咲《さ》く草《くさ》。ハギ・キキョウなど。

**あきぐち**【秋口】名 秋《あき》になったばかりのころ。例 秋口は雨《あめ》の日《ひ》が多《おお》い。

**あきさめ**【秋雨】名 秋《あき》に降《ふ》る冷《つめ》たい雨《あめ》。秋《あき》の雨《あめ》。例 秋雨前線《ぜんせん》。対 春雨《はるさめ》。

**あきさめぜんせん**【秋雨前線】名 九月《くがつ》中《なか》ごろから十月《じゅうがつ》中《なか》ごろにかけて、日本《にっぽん》の上《じょう》空《くう》にとどまり、秋《あき》の長雨《ながあめ》を降《ふ》らせる前線《ぜんせん》。

**あきす**【空き巣】名 〔「空《あ》き巣《す》ねらい」の略《りゃく》。〕留《る》守《す》をねらって入《はい》るどろぼう。

**あきたいぬ**【秋田犬】名 秋《あき》田《た》県《けん》原産《げんさん》の犬《いぬ》。大形《おおがた》で番犬《ばんけん》などにする。あきたけん。

**あきたけん**〔秋田県〕 地名 東《とう》北《ほく》地方《ちほう》の北《ほく》西部《せいぶ》、日本海《にほんかい》に面《めん》する県《けん》。県庁《けんちょう》は秋《あき》田《た》市《し》にある。

**あきたりない**【飽°き足りない】形 満足《まんぞく》できない。あき足《た》らない。例 この点《てん》数《すう》にはあき足りない。

**あきち**【空き地】名 使《つか》われていない土地《とち》。

**あきっぽい**【飽°きっぽい】形 すぐ興味《きょうみ》をなくして、いやになりやすい。あきやすい。例 何《なに》をやっても飽きっぽい。

**あきない**【商△い△】名 物《もの》の売《う》り買《か》い。商売《しょうばい》。

**あきなう**【商△う】動 物《もの》を売《う》ったり買《か》ったりする。商売《しょうばい》をする。↓しょう【商】621ページ

**あきのななくさ**【秋の七草】名 秋《あき》の野《の》に咲《さ》く花《はな》を代表《だいひょう》する、七《なな》種類《しゅるい》の草《くさ》。ハギ・ススキ（オバナ）・クズ・オミナエシ・フジバカマ・ナデシコ・キキョウ。対 春《はる》の七草《ななくさ》。

〔あきのななくさ〕

**あきのひはつるべおとし**【秋の日はつるべ落とし】〔つるべを井戸《いど》に落《お》とすように〕秋《あき》の夕日《ゆうひ》は速《はや》くしずんで、日《ひ》が暮《く》れやすいということ。

**あきばこ**【空き箱】名 空《から》の箱《はこ》。

**あきばれ**【秋晴れ】名 秋《あき》の、気持《きも》ちよく晴《は》



世界の国 アメリカ合衆国《がっしゅうこく》 北《きた》アメリカ大陸《たいりく》の南半分《みなみはんぶん》を占《し》め、48州《しゅう》とアラスカ、ハワイの50州《しゅう》からなる。世界最大《せかいさいだい》

れわたった天気《てんき》。秋日和《あきびより》。

**あきびより【秋〈日和〉】** 名 ↓あきばれ 11ページ

**あきま【空き間】** 名 ❶すきま。❷何《なに》もなく空《あ》いている所《ところ》。空《あ》いている部屋《へや》。

**あきまつり【秋祭り】** 名 秋《あき》にする、神社《じんじゃ》の祭《まつ》り。農作物《のうさくぶつ》がよくとれたのを祝《いわ》ったり感《かん》謝《しゃ》したりして行《おこな》われる。

**あきめく【秋めく】** 動 秋《あき》らしくなる。例 日《ひ》ごとに秋めいてくる。対 春《はる》めく。

**あきや【空き家】** 名 人《ひと》が住《す》んでいない家《いえ》。

**あきよしだい〖秋吉台〗** 地名 山口県《やまぐちけん》の西《せい》部《ぶ》にある石灰岩《せっかいがん》の台地《だいち》。日本《にっぽん》で最大《さいだい》のカルスト地形《ちけい》で、鍾乳洞《しょうにゅうどう》が多《おお》い。特別天然記念物《とくべつてんねんきねんぶつ》の秋芳洞《あきよしどう》がある。

**◦あきらか【明らか】** 形動 疑《うたが》いなくはっきりしているようす。例 明らかにまちがいだ。

↓めい【明】 1285ページ

**◦あきらめる【諦める】** 動 もうだめだと思《おも》って、やめる。例 雨《あめ》で登山《とざん》をあきらめた。

↓てい【諦】 873ページ

**◦あきる【飽きる】** 動 ❶十分《じゅうぶん》すぎて、ほしくなくなる。例 ごちそうに飽きる。❷長《なが》く続《つづ》くので、いやになる。例 勉強《べんきょう》に飽きる。❸〔動作《どうさ》を表《あらわ》す言葉《ことば》のあとにつけて〕いやになるほど…する。例 食《た》べあきる。 ↓ほう【飽】 1191ページ

**あきれかえる【あきれ返る】** 動 あまりにひどいので、すっかりあきれてしまう。

**アキレスけん【アキレス腱】** 名 ❶かかとの骨《ほね》とふくらはぎの筋肉《きんにく》をつなぐ筋《すじ》。歩《ある》くときに、かかとを上《あ》げ下《さ》げするはたらきをする。❷ただ一《ひと》つの弱点《じゃくてん》。例 飽《あ》きやすさが兄《あに》のアキレスけんだ。類 弁慶《べんけい》の泣《な》き所《どころ》。参考 ギリシャ神話《しんわ》の英雄《えいゆう》アキレスが、ただ一《ひと》つの弱点《じゃくてん》である❶を弓《ゆみ》で射《い》られて死《し》んだという伝説《でんせつ》から。↓からだ❶ 262ページ

**あきれはてる【あきれ果てる】** 動 あまりにひどくて、すっかりおどろいてしまう。

**◦あきれる** 動 あまりにもひどいことや、思《おも》ってもいないことにおどろいて、どうしてよいかわからなくなる。例 ごみの多《おお》さにあきれた。

**あきんど【〈商人〉】** 名 商人《しょうにん》。〔古《ふる》い言《い》い方《かた》。〕

**あく【悪】** 画数 11 部首 心（こころ） 3年

音 アク オ 訓 わる-い

筆順 一 𠀎 亓 亞 亜 亜 悪 悪

一〔「アク」と読《よ》んで〕❶わるい。熟語 悪人《あくにん》。罪悪《ざいあく》。善悪《ぜんあく》。対 善《ぜん》。❷いやな感《かん》じがする。熟語 悪臭《あくしゅう》。悪夢《あくむ》。❸下手《へた》である。熟語 悪筆《あくひつ》。悪文《あくぶん》。二〔「オ」と読《よ》んで〕❶にくむ。きらう。熟語 嫌悪《けんお》。憎悪《ぞうお》。❷体《からだ》がぞくぞくする。熟語 悪寒《おかん》。参考 一❶には「悪知恵《わるぢえ》」「悪者《わるもの》」のような熟語《じゅくご》もある。

《訓の使い方》 わる-い 例 機嫌《きげん》が悪い。

**あく【悪】** 名 わるいこと。よくないこと。例 悪をほろぼす。対 善《ぜん》。

**あく【握】** 画数 12 部首 扌（てへん）

音 アク 訓 にぎ-る

にぎる。つかむ。熟語 握手《あくしゅ》。握力《あくりょく》。把握《はあく》。

**◦あく【空く】** 動 ❶空間《くうかん》やすき間《ま》ができる。例 席《せき》が空く。❷使《つか》わなくなる。ひまになる。例「本《ほん》が空いたら貸《か》してね。」対 手《て》が空く。（❶・❷）ふさがる。❸からになる。例 空いたドラム缶《かん》。↓くう【空】 358ページ

**◦あく【明く】** 動 閉《と》じていたものが開《ひら》いて、見《み》えるようになる。例 ひなの目《め》が明く。↓めい【明】 1285ページ

**◦あく【開く】** 動 ❶閉《し》まっていたものが、ひらく。例 戸《と》が開く。❷始《はじ》まる。例 芝居《しばい》の幕《まく》が開く。店《みせ》が開く〔＝商売《しょうばい》を始《はじ》める〕。対（❶・❷）閉《し》まる。閉《と》じる。↓かい【開】 194ページ

**あく【〈灰汁〉】** 名 ❶灰《はい》を水《みず》にとかしたときの、上《うえ》のほうのすんだ水《みず》。❷野菜《やさい》の中《なか》に含《ふく》まれているしぶい味《あじ》。例 タケノコのあくをぬく。❸（性質《せいしつ》や文章《ぶんしょう》などに見《み》られる）その人《ひと》の特別《とくべつ》なくせ。例 あくの強《つよ》い人《ひと》。

**アクアラング** 名 ↓スキューバ 680ページ

**あくい【悪意】** 名 人《ひと》をにくむ気持《きも》ち。意地《いじ》の悪《わる》い心《こころ》。対 好意《こうい》。善意《ぜんい》。

**あくうん【悪運】** 名 ❶運《うん》が悪《わる》いこと。例 悪運続《つづ》きで気《き》の毒《どく》だ。❷悪《わる》いことをしても、その罰《ばつ》を受《う》けずにすむこと。例 悪運の強《つよ》い

（首長《しゅちょう》が治《おさ》める国《くに》）からなる。石油《せきゆ》を産出《さんしゅつ》。首都《しゅと》アブダビ。人口約《じんこうやく》990万人《まんにん》。略称《りゃくしょう》UAE。

男《おとこ》。

**あくえいきょう【悪影響】** 名 悪《わる》い影響《えいきょう》。例 けむりが環境《かんきょう》に悪影響を及《およ》ぼす。

**あくぎょう【悪行】** 名 悪《わる》い行《おこな》い。例 悪行の限《かぎ》りを尽《つ》くす〔=悪《わる》い行《おこな》いをいくつもする〕。

**あくじ【悪事】** 名 悪《わる》いこと。例 悪事をはたらく〔=悪《わる》いことをする〕。

**悪事《あくじ》千里《せんり》を走《はし》る** 悪《わる》い行《おこな》いや評判《ひょうばん》は、すぐに遠《とお》くまで知《し》れわたる。

**あくしつ【悪質】** 名 形動 ❶品物《しなもの》の質《しつ》がよくないこと。対 良質《りょうしつ》。❷たちが悪《わる》いようす。例 悪質ないたずらだ。

**アクシデント**〔英語 accident〕名 思《おも》いがけないできごと。事故《じこ》。例 アクシデントに見《み》舞《ま》われる。

**○あくしゅ【握手】** 名 動-する ❶挨拶《あいさつ》や親《した》しみ、喜《よろこ》びを示《しめ》すために手《て》を握《にぎ》り合《あ》うこと。❷仲直《なかなお》りすること。

**あくしゅう【悪臭】** 名 いやなにおい。

**あくしゅう【悪習】** 名 悪《わる》い習慣《しゅうかん》。例 朝《あさ》ねぼうの悪習をあらためる。

**あくしゅみ【悪趣味】** 名 品《ひん》のよくないことを好《この》む傾向《けいこう》。

**あくじゅんかん【悪循環】** 名 悪《わる》い結果《けっか》が原因《げんいん》でまた悪《わる》い結果《けっか》を生《う》み、それがくり返《かえ》されること。例 悪循環に陥《おちい》る。

**あくしょ【悪書】** 名 悪《わる》い影響《えいきょう》を与《あた》える本《ほん》。

**アクション**〔英語 action〕名 ❶体《からだ》の動《うご》き。行動《こうどう》。活動《かつどう》。例 アクションをおこす。❷俳《はい》優《ゆう》の演技《えんぎ》。特《とく》に、はげしい動《うご》き。

**あくせい【悪声】** 名 いやな感《かん》じを与《あた》えるような声《こえ》。対 美声《びせい》。

**あくせい【悪性】** 名（病気《びょうき》などの）たちが悪《わる》いこと。例 悪性のかぜがはやる。対 良性《りょうせい》。

**あくせい【悪政】** 名 国民《こくみん》のためにならない悪《わる》い政治《せいじ》。対 善政《ぜんせい》。

**あくせく** 副(-と) 動-する 次々《つぎつぎ》に小《ちい》さなことに追《お》われて、いそがしそうなようす。例 一年《いちねん》じゅうあくせくと働《はたら》く。

**アクセサリー**〔英語 accessory〕名 ❶身《み》につけるかざり。ブローチ・指輪《ゆびわ》など。❷自動《じどう》車《しゃ》やカメラなどの付属品《ふぞくひん》。

**アクセス**〔英語 access〕━ 名 動-する〔コンピューターなどで〕データの書《か》きこみや読《よ》み出《だ》しをすること。例 インターネットにアクセスする。━ 名 目的地《もくてきち》につながる道路《どうろ》や鉄道《てつどう》。例 アクセスがよい。

**アクセル** 名〔英語《えいご》の「アクセレーター」の略《りゃく》。〕自動車《じどうしゃ》で、足《あし》でふんで速《はや》さをかげんする仕《し》かけ。例 アクセルをふむ〔=加速《かそく》する〕。

■**あくせんくとう【悪戦苦闘】** 名 動-する 厳《きび》しさや苦《くる》しさに打《う》ちかとうと、死《し》にものぐるいで闘《たたか》うこと。例 ふぶきと悪戦苦闘しながら山《やま》を下《お》りた。

✤**アクセント**〔英語 accent〕名 ❶〔国語《こくご》で〕一《ひと》つの言葉《ことば》のうちで、特《とく》に高《たか》く発音《はつおん》するところ。言葉《ことば》の中《なか》でどこを高《たか》く発音《はつおん》するかはだいたい決《き》まっているが、地域《ちいき》によってちがっていることがある。❷ある部分《ぶぶん》を強調《きょうちょう》すること。例 白《しろ》いえりで、服装《ふくそう》にアクセントをつける。❸〔音楽《おんがく》で〕その部分《ぶぶん》を強調《きょうちょう》して演奏《えんそう》すること。

**あくせんみにつかず【悪銭身につかず】** よくない方法《ほうほう》で手《て》に入《い》れたお金《かね》は、むだ遣《づか》いしがちで、すぐになくなるものだ。

**あくた【芥】** 名 ごみ。例 ちりあくた。

**あくたい【悪態】** 名 にくまれ口《ぐち》。例 悪態を

例解 ❗ ことばの勉強室

## アクセントについて

「おいしいカキを食《た》べたよ。」これだけでは、海《うみ》のカキか木《き》になるカキか、はっきりしない。しかし、下《した》のようなアクセントで発音《はつおん》してみれば、区別《くべつ》がつく。

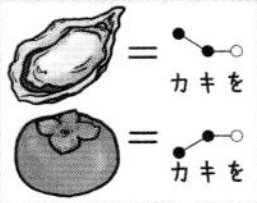


同《おな》じ音《おん》の言葉《ことば》でも、アクセントのちがいで区別《くべつ》のつく場合《ばあい》がある。

次《つぎ》の場合《ばあい》はどうだろう。

あめが降《ふ》る。／あめをなめる。

音《おと》がする。／墨《すみ》をする。

――の付《つ》いている部分《ぶぶん》を高《たか》く発音《はつおん》すると、同《おな》じ音《おん》の他《ほか》の言葉《ことば》と区別《くべつ》することができる。



世界の国 アラブ首長国連邦《しゅちょうこくれんぽう》 アラビア半島《はんとう》の北東《ほくとう》、ペルシャ湾《わん》に面《めん》した国《くに》。北海道《ほっかいどう》くらいの大《おお》きさ。七《なな》つの首長国《しゅちょうこく》

つく。

**あくたがわ りゅうのすけ**〔芥川龍之介〕 人名 (男)(一八九二～一九二七)大正《たいしょう》時代《じだい》の小説家《しょうせつか》。夏目漱石《なつめそうせき》に認《みと》められ、「蜘蛛《くも》の糸《いと》」「杜子春《とししゅん》」「羅生門《らしょうもん》」などを書《か》いた。

〔あくたがわりゅうのすけ〕

**あくだま**【悪玉】 名 ❶悪者《わるもの》。(ドラマなどの)悪人《あくにん》の役《やく》。 例 悪玉を演《えん》じる。❷悪《わる》いはたらきをするもの。 例 悪玉菌《きん》(＝人《ひと》の体内《たいない》で害《がい》をおよぼす細菌《さいきん》)。 対 (❶・❷)善玉《ぜんだま》。

**あくたれ**【悪たれ】 名 ❶悪《わる》いいたずらをしたり、悪口《わるくち》を言《い》ったりすること。また、その人《ひと》。❷にくまれ口《ぐち》。

**アクティブ**〔英語 active〕 形動 積極的《せっきょくてき》で活《かつ》動的《どうてき》なようす。 例 学習《がくしゅう》にアクティブに取《と》り組《く》む。

**あくてんこう**【悪天候】 名 雨《あめ》や風《かぜ》が強《つよ》くてよくない天気《てんき》。 例 悪天候をついて出発《しゅっぱつ》する。 類 荒天《こうてん》。 対 好天《こうてん》。

**あくどい** 形 ❶色《いろ》や味《あじ》などがこすぎて、いやな感《かん》じがする。 例 あくどい色《いろ》の絵《え》。❷やり方《かた》がひどい。たちが悪《わる》い。 例 だましてお金《かね》まで取《と》るなんて、あくどいやり方《かた》だ。

**あくとう**【悪党】 名 人《ひと》の道《みち》に外《はず》れて、悪《わる》いことをする人《ひと》。また、その仲間《なかま》。

**あくとく**【悪徳】 名 人《ひと》の道《みち》に外《はず》れた悪《わる》い行《おこな》い。 例 悪徳商人《しょうにん》。

**あくにん**【悪人】 名 心《こころ》や行《おこな》いの悪《わる》い人《ひと》。悪《わる》者《もの》。 対 善人《ぜんにん》。

**あぐねる** 動 ⬇あぐむ 14ページ。 例 さがしあぐねる。思《おも》いあぐねる。

**あくび**【〈▲欠伸〉・▲欠】 名 ねむいときやつかれたとき、たいくつなときなどに、ひとりでに口《くち》が開《あ》いて出《で》る大《おお》きな息《いき》。

✤**あくび** 名 漢字《かんじ》の部首《ぶしゅ》で、「つくり」の一《ひと》つ。「歌《か》」「欲《よく》」などの「欠」の部分《ぶぶん》。

**あくひつ**【悪筆】 名 字《じ》が下手《へた》なこと。また、下手《へた》な字《じ》。 対 達筆《たっぴつ》。

**あくひょう**【悪評】 名 よくないうわさ。悪《わる》い評判《ひょうばん》や批評《ひひょう》。 例 悪評がたつ。 類 不評《ふひょう》。 対 好評《こうひょう》。

**あくふう**【悪風】 名 悪《わる》い習慣《しゅうかん》。

**あくぶん**【悪文】 名 意味《いみ》がわかりにくい文《ぶん》章《しょう》。下手《へた》な文章《ぶんしょう》。 対 名文《めいぶん》。

**あくま**【悪魔】 名 ❶人《ひと》の心《こころ》を迷《まよ》わせ、悪《わる》いことをさせる魔物《まもの》。❷人間《にんげん》とは思《おも》えないような、ひどい悪者《わるもの》。

°**あくまでも** 副 どこまでも。最後《さいご》まで。 例 決《き》めたことは、あくまでもやりとおす。

**あくみょう**【悪名】 名 ⬇あくめい 14ページ

**あくむ**【悪夢】 名 いやな夢《ゆめ》。おそろしい夢《ゆめ》。

**悪夢《あくむ》から覚《さ》める** 自分《じぶん》の行《おこな》いが悪《わる》かったことに気《き》づく。

**あぐむ** 動 〔ある言葉《ことば》のあとにつけて〕なかなか思《おも》うようにならない。もてあます。あぐねる。 例 考《かんが》えあぐむ。待《ま》ちあぐむ。

**あくめい**【悪名】 名 悪《わる》いうわさや評判《ひょうばん》。あくみょう。 例 悪名が高《たか》い。

**あくやく**【悪役】 名 ❶(劇《げき》や映画《えいが》などで)悪《あく》人《にん》の役《やく》。❷人《ひと》からにくまれる役目《やくめ》。

**あくゆう**【悪友】 名 よくない友達《ともだち》。 対 良《りょう》友《ゆう》。 参考 仲《なか》のよい友達《ともだち》のことを、親《した》しみをこめていうことがある。

**あくよう**【悪用】 名 動する もともとの使《つか》い方《かた》から外《はず》れて、よくないことに使《つか》うこと。 例 豊富《ほうふ》な知識《ちしき》を悪用して、人《ひと》をだます。

**あぐら** 名 両足《りょうあし》を前《まえ》に組《く》んで楽《らく》にすわること。また、そのすわり方《かた》。

**あぐらをかく** ❶足《あし》を前《まえ》に組《く》んですわる。❷いい気《き》になって、のんびりとしている。 例 評判《ひょうばん》の上《うえ》にあぐらをかく。

**あくらつ**【悪辣】 形動 やり方《かた》がひどく、たちが悪《わる》いようす。あくどいようす。

**あくりょう**【悪霊】 名 人《ひと》に災《わざわ》いを与《あた》えるとされる、死《し》んだ人《ひと》のたましい。

**あくりょく**【握力】 名 手《て》で物《もの》を握《にぎ》りしめる力《ちから》。 例 握力をつける。

**アクリル**〔ドイツ語〕 名 ❶アクリル樹脂《じゅし》。ガラスのようにすきとおったプラスチック。自《じ》動車《どうしゃ》の窓《まど》・レンズ・接着剤《せっちゃくざい》などに使《つか》われる。❷「❶」で作《つく》った繊維《せんい》。しわになりにくく、毛《もう》布《ふ》やカーテンなどに使《つか》われる。

**あくる**【明くる】 連体 その次《つぎ》の。 例 明くる朝《あさ》。明くる日《ひ》。明くる年《とし》。 ⬇めい【明】 1285ページ

**アクロバット**〔英語 acrobat〕 名 とんぼ返《がえ》

む人《ひと》が多《おお》い。石油《せきゆ》・天然《てんねん》ガスなどの資源《しげん》が豊富《ほうふ》。首都《しゅと》アルジェ。人口約《じんこうやく》4,400万人《まんにん》。略称《りゃくしょう》 ALG。

りなどの難《むずか》しい業《わざ》を、身軽《みがる》にやって見《み》せる曲《きょく》芸《げい》。軽業《かるわざ》。

**あげあしをとる**【揚げ足を取る】ちょっとした言葉遣《ことばづか》いや言《い》いまちがいをとらえて困《こま》らせる。例人《ひと》の揚げ足を取る。

**あけがた**【明け方】名 夜《よる》が明《あ》けようとするころ。対暮《く》れ方《がた》。

**あげく**【挙げ句・揚げ句】名 すべてが終《お》わったあと。その結果《けっか》。例迷《まよ》ったあげく、やめた。参考ふつう、かな書《が》きにする。

**あげくの果て** 結《けっ》局《きょく》のところ。その結《けっ》果《か》。例あげくの果てにけんかになった。

**あけくれ**【明け暮れ】一名 朝《あさ》と晩《ばん》。二副 明《あ》けても暮《く》れても。いつも。例明け暮れ子《こ》どものことを心配《しんぱい》している。

**あけくれる**【明け暮れる】動 ❶一日《いちにち》一日《にち》が過《す》ぎる。例病人《びょうにん》の看病《かんびょう》で明け暮れる。❷何《なに》かに夢《む》中《ちゅう》になって過《す》ごす。例読《どく》書《しょ》に明け暮れる。

**あげしお**【上げ潮】名 ❶海《うみ》の水《みず》が満《み》ちてくること。類満《み》ち潮《しお》。対引《ひ》き潮《しお》。❷勢《いきお》いがよくなること。例調《ちょう》子《し》が上げ潮になってきた。

**あけすけ** 形動 何事《なにごと》にも、遠慮《えんりょ》やかくしだてがないようす。例あけすけにものを言《い》う。

**あげぞこ**【上げ底】名 入《い》れ物《もの》の底《そこ》を、見《み》かけよりも高《たか》くすること。実際《じっさい》よりなかみを多《おお》く見《み》せかけることのたとえ。

**あけそめる**【明け初△める】動 夜《よる》が明《あ》け始《はじ》める。例東《ひがし》の空《そら》が明け初める。

**あけたて**【開けたて】名動-する (戸《と》や窓《まど》など を)開《あ》けたり閉《し》めたりすること。例ふすまを静《しず》かに開けたてする。

**あけち みつひで**〖明智光秀〗人名(男) (一五二八～一五八二)戦《せん》国《ごく》時《じ》代《だい》の武《ぶ》将《しょう》。織《お》田《だ》信《のぶ》長《なが》に仕《つか》えたが、のちに京《きょう》都《と》の本《ほん》能《のう》寺《じ》に信《のぶ》長《なが》をおそい、自《じ》害《がい》させた。間《ま》もなく自《じ》身《しん》も山《やま》崎《ざき》の戦《たたか》いで敗《やぶ》れ、殺《ころ》された。

**あけっぱなし**【開けっ放し】名形動 ❶開《あ》けたままにしておくこと。戸《と》や窓《まど》などを開《あ》けたままにしておくこと。❷かくしたりせず、ありのままを見《み》せること。例開けっ放しなものの言《い》い方《かた》。

**あけっぴろげ**【開けっ広げ】名形動 開《あ》けたままにすること。ありのままを見《み》せてかくさないこと。また、そのようす。例開けっぴろげな性《せい》格《かく》。類ざっくばらん。

**あげて**【挙げて】副 みんないっしょになって。残《のこ》らず。例町《まち》を挙げて、応《おう》援《えん》した。

**あけてもくれても**【明けても暮れても】毎《まい》日《にち》毎《まい》日《にち》。いつも。あけくれ。例明けても暮れても本《ほん》ばかり読《よ》んでいた。

**あけのみょうじょう**【明けの明星△】名 明《あ》け方《がた》、東《ひがし》の空《そら》にかがやいて見《み》える金《きん》星《せい》のこと。対宵《よい》の明《みょう》星《じょう》。

**あげはちょう** 名 黄《き》色《いろ》や黒《くろ》の模《も》様《よう》のある、美《うつく》しい羽《はね》をもつ大形《おおがた》のチョウ。キアゲハ・クロアゲハなど種《しゅ》類《るい》が多《おお》い。幼《よう》虫《ちゅう》はミカンやサンショウの葉《は》を食《た》べる。⬇ちょう 838ページ

**あけはなす**【開け放す】動 窓《まど》や戸《と》などをいっぱいにあける。

**あけび** 名 山《さん》野《や》に生《は》える、つるのある木《き》。秋《あき》、だ円形《えんけい》のあまい実《み》をつける。つるでかごをつくったりする。

**あけぼの**【曙◆】名 ❶夜《よ》明《あ》け。明《あ》け方《がた》。類暁《あかつき》。❷新《あたら》しい時《じ》代《だい》の始《はじ》まり。例AI《エーアイ》時《じ》代《だい》のあけぼの。

**あげもの**【揚げ物】名 油《あぶら》であげた食《た》べ物《もの》。フライ・天《てん》ぷらなど。

**°あける**【空ける】動 ❶空《くう》間《かん》やすき間《ま》を作《つく》る。例すわる場《ば》所《しょ》を空ける。❷使《つか》わなくする。ひまにする。例午《ご》後《ご》の時《じ》間《かん》を空けておく。対(❶・❷)ふさぐ。❸空《から》にする。例バケ

**例解 ⟷ 使い分け**

**空《あ》けると明《あ》けると開《あ》ける**

家《いえ》を空《あ》ける。
席《せき》を空《あ》ける。
バケツの水《みず》を空《あ》ける。

夜《よ》が明《あ》ける。
年《とし》が明《あ》ける。
梅《つ》雨《ゆ》が明《あ》ける。

戸《と》を開《あ》ける。
店《みせ》を開《あ》ける。
幕《まく》を開《あ》ける。

あ いうえお かきくけこ さしすせそ たちつてと なにぬねの はひふへほ まみむめも や ゆ よ らりるれろ わ を ん



世界の国 アルジェリア アフリカ北西部《ほくせいぶ》、地《ち》中《ちゅう》海《かい》に面《めん》した国《くに》。国《くに》の大部分《だいぶぶん》がサハラ砂漠《さばく》で、地《ち》中《ちゅう》海《かい》に面《めん》した部分《ぶぶん》に住《す》

例解 ⇔ 使い分け

**上《あ》げる と 挙《あ》げる と 揚《あ》げる**

たなに上《あ》げる。
値《ね》段《だん》を上《あ》げる。
スピードを上《あ》げる。

手《て》を挙《あ》げる。
例《れい》を挙《あ》げる。
全《ぜん》力《りょく》を挙《あ》げる。
式《しき》を挙《あ》げる。

たこを揚《あ》げる。
旗《はた》を揚《あ》げる。
てんぷらを揚《あ》げる。

ツの水《みず》を空ける。⇩くう【空】358ページ

**あける【明ける】** 動 ❶朝《あさ》になる。例夜《よ》が明ける。❷新《あたら》しい年《とし》になる。例年《とし》が明ける。対(❶・❷)暮《く》れる。❸ある期《き》間《かん》が終《お》わる。例梅《つ》雨《ゆ》が明ける。⇩めい【明】1285ページ

**あける【開ける】** 動 ❶(閉《と》じていたものを)ひらく。例戸《と》を開ける。❷(営《えい》業《ぎょう》などを)始《はじ》める。例明《あ》日《す》から店《みせ》を開ける。対(❶・❷)閉《し》める。閉《と》じる。ふさぐ。⇩かい【開】194ページ

**あげる【上げる】** 動 ❶上《うえ》へやる。高《たか》くする。例頭《あたま》を上げる。対下《さ》げる。❷高《たか》い所《ところ》に移《うつ》す。例本《ほん》を棚《たな》に上げる。対下《さ》げる。下《お》ろす。❸(値《ね》段《だん》を)高《たか》くする。例運《うん》賃《ちん》を上げる。対下《さ》げる。❹(地《ち》位《い》や勢《いきお》い、程《てい》度《ど》を)高《たか》くする。例一《いち》位《い》に上げる。温《おん》度《ど》を上げる。成《せい》績《せき》を上げる。対下《さ》げる。落《お》とす。❺進《しん》学《がく》させる。例中《ちゅう》学《がく》に上げる。❻大《おお》きな音《おと》や声《こえ》を出《だ》す。例さけび声《ごえ》を上げる。❼よい結《けっ》果《か》を得《え》る。例成《せい》果《か》を上げる。❽終《お》わりにする。例一《いち》日《にち》で仕《し》事《ごと》を上げる。❾「やる」「あたえる」の丁《てい》寧《ねい》な言《い》い方《かた》。例一《ひと》つだけあげる。❿〔「…てあげる」の形《かたち》で〕「してやる」のへりくだった言《い》い方《かた》。例道《みち》を教《おし》えてあげる。⓫〔ある言《こと》葉《ば》のあとにつけて〕へりくだる意《い》味《み》を表《あらわ》す。例申《もう》し上げる。参考 ふつう❾・❿は、かな書《が》きにする。⇩じょう【上】624ページ

**あげる【挙げる】** 動 ❶上《うえ》のほうへのばす。例手《て》を挙げる。対下《お》ろす。❷取《と》り出《だ》して示《しめ》す。例例《れい》を挙げて話《はな》す。❸全《ぜん》部《ぶ》出《だ》しきる。例全《ぜん》力《りょく》を挙げる。❹式《しき》などをする。例結《けっ》婚《こん》式《しき》を挙げる。❺つかまえる。例犯《はん》人《にん》を挙げる。❻(戦《たたか》いを)起《お》こす。例兵《へい》を挙げる。⇩きょ【挙】330ページ

**あげる【揚げる】** 動 ❶高《たか》くかかげる。例旗《はた》を揚げる。対降《お》ろす。❷油《あぶら》に入《い》れて、揚《あ》げ物《もの》を作《つく》る。例フライを揚げる。❸船《ふね》から陸《りく》に荷《に》物《もつ》を移《うつ》す。例船《ふね》の荷《に》物《もつ》を揚げる。⇩よう【揚】1349ページ

**あけわたす【明け渡す】** 動 自《じ》分《ぶん》の住《す》んでいた所《ところ》を立《た》ちのいて、人《ひと》に渡《わた》す。

**あご【顎】** 名 顔《かお》の下《した》のほうの部《ぶ》分《ぶん》。口《くち》の上《うえ》と下《した》にあって、物《もの》をかむはたらきをする。ふつうは、下《した》あごのこと。⇩がく【顎】220ページ

**顎《あご》が落《お》ちる** 食《た》べものが、とてもおいしいことのたとえ。ほっぺたが落《お》ちる。

**顎《あご》が干《ひ》上《あ》がる** 収《しゅう》入《にゅう》がなくなって、生《せい》活《かつ》ができなくなる。

**顎《あご》で使《つか》う** 〔あごをちょっと動《うご》かして、人《ひと》を使《つか》うことから〕いばった態《たい》度《ど》で人《ひと》に仕《し》事《ごと》をさせる。

**顎《あご》を出《だ》す** つかれたようすを見《み》せる。例少《すこ》し走《はし》っただけで、あごを出した。

**アコーディオン** 〔英語 accordion〕名 楽《がっ》器《き》の一《ひと》つ。胸《むね》の前《まえ》にかかえ、蛇《じゃ》腹《ばら》をのび縮《ちぢ》みさせ、鍵《けん》盤《ばん》やボタンをおして音《おと》を出《だ》す。手《て》風《ふう》琴《きん》。

**あこがれ【憧れ】** 名 (そうなりたい、そうしたいと)望《のぞ》むこと。また、その気《き》持《も》ち。

**憧《あこが》れの的《まと》** そうなりたいと強《つよ》く望《のぞ》んでいる目《め》当《あ》て。例あの選《せん》手《しゅ》は子《こ》どもたちのあこがれの的だ。

**あこがれる【憧れる】** 動 あるものごとに、強《つよ》く心《こころ》を引《ひ》かれる。例都《と》会《かい》にあこがれる。⇩しょう【憧】623ページ

**あこぎ** 形動 欲《よく》ばりで、思《おも》いやりのないようす。例あこぎなやり方《かた》で金《かね》をもうける。

**あこやがい** 名 暖《あたた》かな海《うみ》にすむ二《に》枚《まい》貝《がい》。形《かたち》はホタテガイに似《に》ている。真《しん》珠《じゅ》をとるために養《よう》殖《しょく》もしている。

**あさ【麻】** 名 茎《くき》の皮《かわ》をはいで繊《せん》維《い》をとる草《くさ》。

エノスアイレス。人《じん》口《こう》約《やく》4,500万《まん》人《にん》。略《りゃく》称《しょう》ARG。

また、その繊維《せんい》で作《つく》った糸《いと》や布《ぬの》。葉《は》は手《て》のひらのような形《かたち》で、高《たか》さ二《に》メートルくらいになる。種《たね》は鳥《とり》のえさになる。⇩ま【麻】1222ページ

◦**あさ**【朝】名 夜《よる》が明《あ》けてからしばらくの間《あいだ》または、昼《ひる》までの間《あいだ》。例 朝日《ひ》。対 晩《ばん》。夕《ゆう》。⇩ちょう【朝】837ページ

**あざ**【字】名 町《まち》や村《むら》の地名《ちめい》を、さらに細《こま》かく分《わ》けたときの名前《なまえ》。⇩じ【字】539ページ

**あざ** 名 (ぶつけたりしたときに)皮膚《ひふ》にできる、赤《あか》・青《あお》・むらさき色《いろ》などの部分《ぶぶん》。例 転《ころ》んでひざにあざができた。

◦**あさい**【浅い】形 ❶底《そこ》や奥《おく》までの距離《きょり》が短《みじか》い。例 川《かわ》の浅い所《ところ》をわたる。❷色《いろ》や密度《みつど》がうすい。例 浅い緑色《みどりいろ》。❸程度《ていど》がふつう以下《いか》であるようす。例 ねむりが浅い。浅いつきあい。❹日数《にっすう》がたっていない。例 春《はる》が浅い。知《し》り合《あ》ってから日《ひ》が浅い。❺少《すく》ない。足《た》りない。例 理解《りかい》が浅い。考《かんが》えが浅い。対 (❶〜❸・❺)深《ふか》い。⇩せん【浅】726ページ

**あさいち**【朝市】名 朝早《あさはや》く開《ひら》かれる、野菜《やさい》や魚《さかな》などを売《う》る市《いち》。

**あさおき**【朝起き】名 早起《はやお》き。

**朝起《あさお》きは三文《さんもん》の得《とく》** ⬇早起《はやお》きは三文《さんもん》の得《とく》1061ページ

**あさがお**【朝顔】名 昔《むかし》から親《した》しまれてきた草花《くさばな》。夏《なつ》の朝、らっぱの形《かたち》の青《あお》・白《しろ》・むらさき・ピンクなどの花《はな》が咲《さ》き、昼《ひる》ごろにしぼむ。

**あさがた**【朝方】名 朝のうち。例 朝方、雨《あめ》が降《ふ》った。対 夕方《ゆうがた》。

**あさぎり**【朝霧】名 明《あ》け方《がた》のきり。例 高原《こうげん》に朝霧が立ちこめる。対 夕霧《ゆうぎり》。夜霧《よぎり》。

**あさぐろい**【浅黒い】形 (皮膚《ひふ》の色《いろ》などが)うす黒《ぐろ》い。例 浅黒い顔《かお》。

**あさげ**【朝げ】名 朝の食事《しょくじ》。朝食《ちょうしょく》。朝飯《あさめし》。〔古《ふる》い言《い》い方《かた》。〕関連 昼《ひる》げ。夕げ。

**あざける**【嘲る】動 人《ひと》をばかにして、笑《わら》ったり悪口《わるぐち》を言《い》ったりする。例 ひとの失敗《しっぱい》をあざけるのはよそう。⇩ちょう【嘲】838ページ

**あさごはん**【朝ご飯】名 朝《あさ》の食事《しょくじ》。朝食《ちょうしょく》。

**あさせ**【浅瀬】名 川《かわ》や海《うみ》で、水《みず》の浅《あさ》い所《ところ》。例 浅瀬に船《ふね》が乗《の》り上《あ》げる。

◦**あさって** 名 あしたの次《つぎ》の日《ひ》。明後日《みょうごにち》。関連 ⬇きょう(今日)333ページ

**あさっぱら**【朝っぱら】名 朝の早《はや》い時《じ》間《かん》。早朝《そうちょう》。〔くだけた言《い》い方《かた》。〕例 朝っぱらからやかましい。

**あさつゆ**【朝露】名 朝《あさ》、草《くさ》の葉《は》などにたまっているつゆ。対 夜露《よつゆ》。

**あさなぎ**【朝なぎ】名 朝《あさ》の海辺《うみべ》で、一時《いちじ》風《かぜ》がやんで静《しず》かになること。対 夕《ゆう》なぎ。

**あさなゆうな**【朝な夕な】副 朝《あさ》に夕《ゆう》に。毎日《まいにち》。例 朝な夕な母《はは》を思《おも》い出《だ》す。

**あさね**【朝寝】名 動-する 朝《あさ》、おそくまで寝《ね》ていること。朝寝坊《あさねぼう》。

**あさねぼう**【朝寝坊】名 動-する 朝《あさ》、起《お》きるのがおそい人《ひと》。また、朝寝《あさね》すること。例 明日《あす》は日曜日《にちようび》だから朝寝坊できる。

**朝寝坊《あさねぼう》の宵《よい》っ張《ば》り** 朝《あさ》はおそくまで寝《ね》ていて、夜《よる》はおそくまで起《お》きていること。

**あさはか**【浅はか】形動 考《かんが》えが足《た》りないようす。例 あさはかな考《かんが》え。

**あさはん**【朝飯】名 ⬇あさめし 18ページ。対 夕飯《ゆうはん》。

**あさばん**【朝晩】一 名 朝《あさ》と晩《ばん》。例 朝晩の歯《は》みがき。二 副 いつも。いつでも。例 朝晩考《かんが》え続《つづ》けた。類(一・二)朝夕《あさゆう》。

**あさひ**【朝日】名 朝のぼる太陽《たいよう》。また、その光《ひかり》。対 夕日《ゆうひ》。

**あさぼらけ**【朝ぼらけ】名 夜明《よあ》け。あけぼの。〔古《ふる》い言《い》い方《かた》。〕

**あさましい**【浅ましい】形 ❶みじめで、情《なさ》けない。例 あさましい姿《すがた》。❷やり方《かた》や考《かんが》え方《かた》がいやしい。例 あさましい行《おこな》い。

**あさまだき**【朝まだき】名 朝《あさ》のまだ明《あ》け切《き》らないころ。早朝《そうちょう》。〔古《ふる》い言《い》い方《かた》。〕

**あさまやま**【浅間山】地名 長野県《ながのけん》と群馬《ぐんま》県《けん》との境《さかい》にある火山《かざん》。ふもとに溶岩《ようがん》が流《なが》れてできた鬼押出《おにおしだし》があり、特別天然記念物《とくべつてんねんきねんぶつ》に指定《してい》されている。

**あざみ** 名 野山《のやま》に生《は》える草花《くさばな》。葉《は》は、やや厚《あつ》くて切《き》れこみがあり先《さき》にとげがある。ノアザミは春《はる》に、ヤマアザミは秋《あき》に、赤《あか》むらさき色《いろ》の花《はな》をつける。

〔あざみ〕




世界の国 アルゼンチン 南《みなみ》アメリカの南部《なんぶ》、大西洋側《たいせいようがわ》の国《くに》。小麦《こむぎ》やトウモロコシなどの農業《のうぎょう》と牧畜《ぼくちく》がさかん。首都《しゅと》ブ

**あさみどり【浅緑】**[名] うすい緑《みどり》色《いろ》。[対]深《ふか》緑《みどり》。

**あざむく【欺く】**[動] ❶うそをついて人《ひと》をだます。[例]敵《てき》を欺く。❷他《ほか》のものと思《おも》いちがいさせる。[例]球場《きゅうじょう》の照明《しょうめい》は昼《ひる》を欺く明《あか》るさだ。⇩**ぎ【欺】**297ページ

**あさめし【朝飯】**[名] 朝《あさ》の食事《しょくじ》。朝《あさ》ご飯《はん》。あさはん。[関連]昼飯《ひるめし》。夕飯《ゆうめし》。

**あさめしまえ【朝飯前】**[名] たやすいこと。[例]こんな問題《もんだい》なら朝飯前だ。[類]お茶《ちゃ》の子《こ》さいさい。

**あさもや【朝もや】**[名] 朝《あさ》たちこめるもや。[対]夕《ゆう》もや。

°**あざやか【鮮やか】**[形動] ❶(色《いろ》や形《かたち》が)はっきりして、美《うつく》しいようす。[例]木々《きぎ》の鮮やかな緑《みどり》。❷(やり方《かた》などが)すばらしく上手《じょうず》なようす。[例]鮮やかな腕前《うでまえ》。鮮やかに得点《とくてん》をする。⇩**せん【鮮】**728ページ

**あさやけ【朝焼け】**[名] 日《ひ》の出前《でまえ》に、東《ひがし》の空《そら》が赤《あか》く見《み》えること。[対]夕焼《ゆうや》け。

**朝焼《あさや》けは雨《あめ》 夕焼《ゆうや》けは晴《は》れ** 朝《あさ》、日《ひ》の出前《でまえ》に東《ひがし》の空《そら》が赤《あか》く焼《や》けたように見《み》えたら、その日《ひ》は雨《あめ》になる。夕方《ゆうがた》、西《にし》の空《そら》が赤《あか》く見《み》えたら翌日《よくじつ》は晴《は》れになる。

**あさゆう【朝夕】**一[名] 朝《あさ》と夕方《ゆうがた》。[例]朝夕はひんやりしてきた。二[副] いつも。[例]朝夕顔《かお》を合《あ》わせる。[類](一・二)朝晩《あさばん》。

**あざらし** [名] おもに寒《さむ》い地方《ちほう》の海《うみ》にすむけもの。体《からだ》は短《みじか》い毛《け》でおおわれている。足《あし》はひれのような形《かたち》で泳《およ》ぎがうまい。

〔あざらし〕

**あさり** [名] 浅《あさ》い海《うみ》の砂地《すなじ》にすむ二枚貝《にまいがい》。貝《かい》がらの表面《ひょうめん》にはいろいろな模様《もよう》がある。みそ汁《しる》などにして食《た》べる。⇩にまいがい 992ページ

**あさる** [動] ❶食《た》べ物《もの》をさがしまわる。[例]犬《いぬ》がごみ箱《ばこ》をあさる。❷ほしい物《もの》をさがしまわる。[例]古本屋《ふるほんや》で本《ほん》をあさる。

**あざわらう【あざ笑う】**[動] 人《ひと》をばかにして笑《わら》う。[例]臆病者《おくびょうもの》をあざ笑う。

°**あし【足】**[名] ❶人《ひと》や動物《どうぶつ》の体《からだ》で、立《た》ったり歩《ある》いたりするときに使《つか》う部分《ぶぶん》。❷足首《あしくび》から下《した》の部分《ぶぶん》。[対](❶・❷)手《て》。❸歩《ある》くこと。走《はし》ること。[例]足が速《はや》い。❹行《い》き来《き》すること。[例]客《きゃく》の足がとだえる。⇩**そく【足】**752ページ

**足《あし》が重《おも》い** ❶足《あし》がだるい。❷気《き》が進《すす》まない。[例]試験会場《しけんかいじょう》へ行《い》くのは足が重い。

**足《あし》がすくむ** おどろいたり、こわがったりして、動《うご》けなくなる。[例]屋上《おくじょう》から下《した》を見《み》ると足がすくむ。

**足《あし》が地《ち》に着《つ》かない** ❶うれしくて落《お》ち着《つ》かない。❷〔考《かんが》えや行《おこな》いが〕うわついていて、落《お》ち着《つ》きがない。

**足《あし》がつく** 何《なに》かが手《て》がかりとなって、犯人《はんにん》がわかる。[例]指紋《しもん》から足がつく。

**足《あし》が出《で》る** 予定《よてい》よりお金《かね》がかかって、足《た》りなくなる。[例]百円《ひゃくえん》足が出る。

**足《あし》が鈍《にぶ》る** ❶歩《ある》き方《かた》が、だんだんおそくなる。❷行《い》くのがいやになる。

**足《あし》が早《はや》い** ❶歩《ある》いたり走《はし》ったりするのがはやい。足《あし》が速《はや》い。❷食《た》べ物《もの》がくさりやすい。[例]生魚《なまざかな》は足が早い。❸売《う》れ行《ゆ》きがよい。

**足《あし》が棒《ぼう》になる** 長《なが》く歩《ある》いたり、立《た》ち続《つづ》けたりして、ひどく足《あし》がつかれる。[例]一日《いちにち》じゅう歩《ある》いて、足が棒になった。

**足《あし》が向《む》く** 自然《しぜん》にそちらのほうへ行《い》く。[例]休日《きゅうじつ》にはつい公園《こうえん》に足が向く。

**足《あし》に任《まか》せて** どこというあてもなく、気《き》ままに。[例]足に任せて歩《ある》く。

**足《あし》の踏《ふ》み場《ば》もない** 散《ち》らかっていて、足《あし》を入《い》れるすき間《ま》もない。

**足《あし》を洗《あら》う** よくない仕事《しごと》や、悪《わる》い行《おこな》いをきっぱりやめる。

**足《あし》を奪《うば》われる** 事故《じこ》などで、電車《でんしゃ》やバスなどが止《と》まる。

**足《あし》をすくわれる** すきを突《つ》かれて、ひどくやられる。[例]慎重《しんちょう》にやらないと足をすくわれる。

**足《あし》を止《と》める** 立《た》ち止《ど》まる。[例]めずらしい花《はな》を見《み》つけて足を止めた。



の栽培《さいばい》がさかん。首都《しゅと》ティラナ。人口約《じんこうやく》280万人《まんにん》。略称《りゃくしょう》ALB。

**足《あし》を取《と》られる** 思《おも》うように歩《ある》けない。例どろんこ道《みち》に足を取られる。

**足《あし》を伸《の》ばす** 楽《らく》な姿勢《しせい》でゆったり休《やす》む。

**足《あし》を延《の》ばす** 予定《よてい》していなかった先《さき》まで行《い》く。例となりの街《まち》まで足を延ばす。

**足《あし》を運《はこ》ぶ** わざわざ出《で》かけて行《い》く。訪《たず》ねていく。例何回《なんかい》も足を運ぶ。

**足《あし》を引《ひ》っ張《ぱ》る** ものごとの進行《しんこう》のじゃまをする。例失敗《しっぱい》ばかりして足を引っ張る。

**足《あし》を踏《ふ》み入《い》れる** 入《はい》り込《こ》む。例深《ふか》い森《もり》に足を踏み入れる。

**足《あし》を棒《ぼう》にする** つかれて足《あし》の感覚《かんかく》がなくなるほど、あちこち歩《ある》き回《まわ》る。例足を棒にして探《さが》し回《まわ》る。

**足《あし》を向《む》けて寝《ね》られない** お世《せ》話《わ》になった人《ひと》への感謝《かんしゃ》の気《き》持《も》ちをあらわす言葉《ことば》。例先生《せんせい》には足を向けて寝られない。

**✤○あし【脚】**名 ❶体《からだ》を支《ささ》えている部分《ぶぶん》。❷物《もの》の下《した》のほうにあって、それを支《ささ》える部分《ぶぶん》。例テーブルの脚。❸〔国語《こく ご》で〕漢字《かんじ》を組《く》み立《た》てる部分《ぶぶん》の一《ひと》つ。「兄《けい》」の「儿〔ひとあし〕」や「熱《ねつ》」の「灬〔れんが・れっか〕」など、漢字《かんじ》の下《した》の部分《ぶぶん》にあたり、部首《ぶしゅ》ともなる。↓ふろく(2)ページ

/↓きゃく【脚】320ページ

**あし【芦・葦】**名 池《いけ》や川《かわ》の水《みず》ぎわに生《は》える草《くさ》。葉《は》はササに似《に》ている。茎《くき》で「すだれ」「よしず」を作《つく》る。ヨシ。

**○あじ【味】**一名 ❶食《た》べたり、飲《の》んだりしたときに舌《した》で感《かん》じる、あまい・からい・苦《にが》いなどの感《かん》じ。例味をみる。❷おもしろみ。味《あじ》わい。例味のある話《はなし》。❸(ものごとをしたときの)気《き》持《も》ち。例優勝《ゆうしょう》の味。二形動 気《き》がきいているようす。例味なことを言《い》う。↓み【味】1247ページ

**味《あじ》が落《お》ちる** まずくなる。

**味《あじ》もそっけもない** つまらない。愛想《あいそ》がない。例味もそっけもない返事《へんじ》。

**味《あじ》を覚《おぼ》える** うまくいった体験《たいけん》から、もののおもしろみが分《わ》かるようになる。

**味《あじ》を占《し》める** 一度《いちど》うまくいったので、またやれそうな気《き》がする。例たくさんつれたのに味を占めて、またつりに行《い》った。

**味《あじ》をみる** 味《あじ》つけのぐあいを確《たし》かめる。

**あじ【鰺】**名 暖《あたた》かな海《うみ》にすむ魚《さかな》。背中《せなか》は青《あお》く、腹《はら》は白《しろ》い。体《からだ》の側線《そくせん》に沿《そ》って硬《かた》いうろこがある。↓だんりゅうぎょ818ページ

**アジア** 地名 六大州《ろくだいしゅう》の一《ひと》つ。ユーラシア大陸《たいりく》からヨーロッパ州《しゅう》を除《のぞ》いて、周辺《しゅうへん》の島々《しまじま》を含《ふく》めた地域《ちいき》。東《ひがし》は日本《にっぽん》、西《にし》はトルコ、北《きた》はロシアのシベリア、南《みなみ》はインドネシアまで。

**あしあと【足跡】**名 〔「そくせき」とも読《よ》む。〕❶歩《ある》いたあとに残《のこ》る足《あし》のあと。❷たどった道筋《みちすじ》。例犯人《はんにん》の足跡を追《お》う。❸今《いま》までにやってきたこと。例研究《けんきゅう》の足跡。

**あしおと【足音】**名 ❶歩《ある》くときの足《あし》の音《おと》。❷近《ちか》づいてくる気配《けはい》。例春《はる》の足音。

**足音《あしおと》を忍《しの》ばせる** 足音《あしおと》がしないように、こっそり歩《ある》く。

**あしおどうざん〖足尾銅山〗**地名 栃木《とちぎ》県《けん》日光《にっこう》市《し》足尾町《あしおまち》にあった銅《どう》の鉱山《こうざん》。明治《めいじ》時《じ》代《だい》、ここから流《なが》れ出《で》た鉱毒《こうどく》が公害《こうがい》をひき起《お》こした。

**あしか**名 北太平洋《きたたいへいよう》などに群《む》れを作《つく》ってすむけもの。頭《あたま》に小《ちい》さな耳《みみ》がある。雄《おす》は二メートルほどになる。足《あし》はひれのようになっている。↓あざらし18ページ

**あしかが たかうじ〖足利尊氏〗**人名 (男)(一三〇五～一三五八)室町幕府《むろまちばくふ》の初代《しょだい》将軍《しょうぐん》。後醍醐天皇《ごだいごてんのう》を助《たす》けて鎌倉幕府《かまくらばくふ》をたおした。のち、京都《きょうと》に幕府《ばくふ》を開《ひら》いた。

**あしかが よしまさ〖足利義政〗**人名 (男)(一四三六～一四九〇)足利義満《あしかがよしみつ》の孫《まご》。室《むろ》町幕府《まちばくふ》の第八代将軍《だいはちだいしょうぐん》。京都《きょうと》の東山《ひがしやま》に銀閣《ぎんかく》を建《た》て、茶《ちゃ》や生《い》け花《ばな》などの東山文化《ひがしやまぶんか》を育《そだ》てた。

**あしかが よしみつ〖足利義満〗**人名 (男)(一三五八～一四〇八)足利尊氏《あしかがたかうじ》の孫《まご》。室《むろ》

例解 ことばの窓

**味《あじ》を表《あらわ》す言葉《ことば》**

砂糖《さとう》が入《はい》ってあまい。
おしるこがあまったるい。
カレーライスがからい。
塩《しお》を入《い》れすぎてしょっぱい。からい。
こいお茶《ちゃ》を飲《の》むとしぶい。
コーヒーは苦《にが》い。
レモンをかじると酸《す》っぱい。酸《す》い。

あ いうえお
かきくけこ
さしすせそ
たちつてと
なにぬねの
はひふへほ
まみむめも
や ゆ よ
らりるれろ
わ を ん



世界の国 アルバニア バルカン半島《はんとう》の南西部《なんせいぶ》にある国《くに》。南北《なんぼく》に細長《ほそなが》く、近畿地方《きんきちほう》よりややせまい。小麦《こむぎ》やトウモロコシ

町幕府《まちばくふ》の第三代将軍《だいさんだいしょうぐん》。京都《きょうと》の北山《きたやま》に金閣《きんかく》を建《た》て、能楽《のうがく》や和歌《わか》などの北山文化《きたやまぶんか》を育《そだ》てた。

**あしがかり【足掛かり】**名 ❶（よじのぼるときなどに）足《あし》をかけ、体《からだ》を支《ささ》える所《ところ》。足《あし》場《ば》。❷ものごとを始《はじ》めるきっかけ。例 解決《かいけつ》の足がかり。

**あしかけ【足掛け】**名 年月《ねんげつ》を数《かぞ》える数《かぞ》え方《かた》。初《はじ》めと終《お》わりのはんぱの月日《つきひ》も一《いち》として数《かぞ》える。例《たと》えば四月三十日《しがつさんじゅうにち》から六月十日《ろくがつとおか》までとすると、足《あし》かけ三《さん》か月《げつ》となる。例 工事《こうじ》は足かけ三年《さんねん》かかった。

**あしかけあがり【足掛け上がり】**名 鉄棒遊《てつぼうあそ》びの一《ひと》つ。片方《かたほう》の足《あし》を鉄棒《てつぼう》にかけ、もう片方《かたほう》の足《あし》を前後《ぜんご》に強《つよ》く振《ふ》って、そのはずみでうえに上《あ》がる。

**あしかせ【足かせ】**名 ❶昔《むかし》、罪人《ざいにん》の足《あし》にはめて、自由《じゆう》に動《うご》けないようにしたもの。❷行動《こうどう》をさまたげるもの。例 細《こま》かすぎるきまりが、練習《れんしゅう》の足かせになる。

**あしがため【足固め】**名 これからのために、しっかりと準備《じゅんび》をしておくこと。例 優勝《ゆうしょう》のための足固めをする。類 地固《じがた》め。

**あしからず** 悪《わる》く思《おも》わないで。よろしく。例 あしからずご了承《りょうしょう》ください。

**あしがる【足軽】**名 昔《むかし》、ふだんは雑役《ざつえき》をし、いくさのときには兵士《へいし》となった、身分《みぶん》の低《ひく》い武士《ぶし》。

**あしくび【足首】**名 かかとの上《うえ》の、少《すこ》し細《ほそ》くなっている部分《ぶぶん》。

**あじけない【味気ない】**形 おもしろみがない。あじきない。例 味気ない生活《せいかつ》。

**あしげにする【足蹴にする】** ❶足《あし》でける。❷人《ひと》にひどいしうちをする。例 友達《ともだち》を足蹴にするなんてひどい。

**あしこし【足腰】**名 足《あし》と腰《こし》。体《からだ》を支《ささ》えるだいじなところ。例 ランニングで足腰をきたえる。

**あじさい【〈紫陽花〉】**名 庭《にわ》に植《う》える木《き》。葉《は》は楕円形《だえんけい》で大《おお》きく、梅雨《つゆ》のころに小《ちい》さな青《あお》むらさき色《いろ》などの花《はな》がまるく集《あつ》まって咲《さ》く。めしべがなく、種《たね》はできない。

**あししげく【足繁く】**副 あるところにくり返《かえ》し行《い》くようす。例 足繁く通《かよ》う店《みせ》。

**アシスタント**〔英語 assistant〕名 手助《てだす》けをする人《ひと》。助手《じょしゅ》。

**アシスト**〔英 assist〕名 動-する ❶手助《てだす》けをすること。例 研究《けんきゅう》をアシストする。❷（サッカーなどで、ボールをパスして）シュートを助《たす》けること。

**あしずりうわかいこくりつこうえん【足摺宇和海国立公園】**地名 高知《こうち》県《けん》の足摺岬《あしずりみさき》から、愛媛県《えひめけん》の宇和海《うわかい》（＝愛媛県《えひめけん》西部《せいぶ》の海《うみ》）にかけての国立公園《こくりつこうえん》。海中公園《かいちゅうこうえん》がある。⬇こくりつこうえん 457ページ

**あしずりみさき【足摺岬】**地名 高知県《こうちけん》の南西部《なんせいぶ》から太平洋《たいへいよう》につき出《だ》したみさき。

**あした【朝】**名 朝《あさ》。〔古《ふる》い言《い》い方《かた》。〕対 夕《ゆう》べ。

**あした【〈明日〉】**名 今日《きょう》の次《つぎ》の日《ひ》。明日《あす》。明日《みょうにち》。関連 ⬇きょう（今日）333ページ

**あしだ【足駄】**名 歯《は》の高《たか》い下駄《げた》。高下駄《たかげた》。

**あしだい【足代】**名 乗《の》り物《もの》に乗《の》るときに、かかるお金《かね》。交通費《こうつうひ》。

**あじつけ【味付け】**名 動-する（料理《りょうり》や食品《しょくひん》に）味《あじ》をつけること。例 味付けのり。

**あしでまとい【足手まとい】**名 何《なに》かをするとき、そばにいてじゃまになること。また、その人《ひと》。「あしてまとい」「手足《てあし》まとい」ともいう。

**アジト**〔ロシア語〕名 かくれが。秘密《ひみつ》の本部《ほんぶ》。

**あしどめ【足止め】**名 動-する 外出《がいしゅつ》をさせないようにすること。その場所《ばしょ》から動《うご》けないこと。例 大雨《おおあめ》で宿《やど》に足止めをくった。

**あしどり【足取り】**名 ❶足《あし》の運《はこ》びぐあい。歩《ある》いた道筋《みちすじ》。例 足どりも軽《かる》く出《で》かける。❷例 犯人《はんにん》の足どりをつかむ。

**あしながおじさん** 一 作品名 アメリカの女性作家《じょせいさっか》ウェブスターが書《か》いた小説《しょうせつ》。孤児《こじ》の少女《しょうじょ》ジュディが資産家《しさんか》「あしながおじさん」の援助《えんじょ》で成長《せいちょう》していく物語《ものがたり》。二 名 子《こ》どもの進路《しんろ》を助《たす》けるために資金援助《しきんえんじょ》をする人《ひと》。

**あしながばち【足長蜂】**名 体《からだ》に黒《くろ》と明《あか》るい茶色《ちゃいろ》のしまがある足《あし》の長《なが》いハチ。ハスの実《み》のような巣《す》を木《き》の枝《えだ》などに作《つく》る。⬇はち（蜂）1047ページ

**あしなみ【足並み】**名 ❶たくさんの人《ひと》が、いっしょに歩《ある》くときの調子《ちょうし》。歩調《ほちょう》。例 足並みをそろえて行進《こうしん》する。❷（いっしょにもの



1991年《ねん》のソ連《れん》の解体《かいたい》で独立《どくりつ》した。首都《しゅと》エレバン。人口約《じんこうやく》300万人《まんにん》。略称《りゃくしょう》ARM。

ごとをするときの)人々《ひとびと》の気《き》持《も》ち。また、進《すす》め方《かた》。例 作《さ》業《ぎょう》の足並みをそろえる。

**あしならし【足慣らし】** 名 ❶前《まえ》もって、足《あし》の調《ちょう》子《し》を整《ととの》えること。例 足慣らしに軽《かる》く走《はし》る。❷前《まえ》もって、やってみること。例 足慣らしに模《も》擬《ぎ》試《し》験《けん》を受《う》ける。

**あしのこ〖芦ノ湖〗** 地名 神《か》奈《な》川《がわ》県《けん》の南《なん》西《せい》部《ぶ》にある湖《みずうみ》。箱《はこ》根《ね》山《やま》の火《か》口《こう》原《げん》湖《こ》である。

**あしば【足場】** 名 ❶高《たか》い所《ところ》に上《あ》がるときに足《あし》を置《お》く所《ところ》。足《あし》がかり。例 ビル工《こう》事《じ》の足場。❷足《あし》下《もと》のぐあい。例 雨《あめ》降《ふ》りで足場が悪《わる》い。❸ものごとをするときの準《じゅん》備《び》。例 来《らい》年《ねん》へ向《む》けて足場を固《かた》める。❹交《こう》通《つう》の便《べん》。例 買《か》い物《もの》に出《で》るのに足場がいい。

**あしばや【足早】** 形動 歩《ある》き方《かた》が早《はや》いようす。例 足早に立《た》ち去《さ》る。

**あしびょうし【足拍°子】** 名 足《あし》を踏《ふ》み鳴《な》らして取《と》る拍《ひょう》子《し》。対 手《て》拍《びょう》子《し》。

**あしぶみ【足踏°み】** 名 動-する ❶同《おな》じ所《ところ》で、歩《ある》くように足《あし》を上《あ》げ下《さ》げすること。❷ものごとが、思《おも》うように進《すす》まないこと。例 工《こう》事《じ》は雨《あめ》のため足踏みしている。

**あしまかせ【足任せ】** 名 ❶気《き》の向《む》くままに歩《ある》くこと。❷力《ちから》の続《つづ》く限《かぎ》り歩《ある》くこと。

**あじみ【味見】** 名 動-する 味《あじ》をみるために、少《すこ》し口《くち》に入《い》れてみること。

°**あしもと【足下・足^元】** 名 ❶足《あし》のすぐそば。足《あし》の辺《あた》り。例 足下が暗《くら》い。❷歩《ある》き方《かた》。例 足下がふらつく。❸身《み》近《ぢか》なこと。すぐそば。例 足下に火《ひ》がつく。

**足《あし》下《もと》から鳥《とり》が立《た》つ** 突《とつ》然《ぜん》思《おも》いがけないことが起《お》こる。また、あわててものごとを始《はじ》めるようす。例 おどろいて、足下から鳥が立つように飛《と》び出《だ》した。

**足《あし》下《もと》に火《ひ》がつく** 危《き》険《けん》が自《じ》分《ぶん》の身《み》の回《まわ》りにせまってくる。例 試《し》験《けん》が近《ちか》づいて、足下に火がついたように勉《べん》強《きょう》する。

**足《あし》下《もと》にも及《およ》ばない** 相《あい》手《て》がとてもすぐれていて、比《くら》べものにならない。例 必《ひっ》死《し》に努《ど》力《りょく》したが、彼《かれ》の足下にも及ばなかった。

**足《あし》下《もと》を見《み》られる** 弱《よわ》いところを見《み》ぬかれる。例 相《あい》手《て》に足下を見られた。

**あしゅ【亜°種】** 名 〔動《どう》植《しょく》物《ぶつ》で〕よく似《に》ていながら、すこしちがいがある種《しゅ》類《るい》。

**あしゅら【阿^修°羅】** 名 〔仏《ぶっ》教《きょう》で〕仏《ほとけ》の教《おし》えの守《まも》り神《かみ》。

**あしらう** 動 ❶相《あい》手《て》をいいかげんに扱《あつか》う。例 鼻《はな》であしらわれる。❷うまく取《と》り合《あ》わせる。例 料《りょう》理《り》に花《はな》をあしらう。

**あじわい【味わい】** 名 ❶食《た》べ物《もの》を口《くち》に入《い》れたときのうまみ。味《あじ》。❷ものごとのよさやおもしろみ。例 日《に》本《ほん》的《てき》な味わい。

°**あじわう【味わう】** 動 ❶よい味《あじ》を楽《たの》しむ。例 ごちそうを味わう。❷ものごとのおもしろみを感《かん》じ取《と》って、楽《たの》しむ。例 詩《し》を味わう。❸喜《よろこ》びや苦《くる》しみを感《かん》じ取《と》る。例 悲《かな》しみを味わう。

↓み【味】1247ページ

°**あす【〈明日〉】** 名 今《きょ》日《う》の次《つぎ》の日《ひ》。明《あし》日《た》。明《みょう》日《にち》。関連 ↓きょう(今日)333ページ。参考「明《あ》日《す》」は、特《とく》別《べつ》に認《みと》められた読《よ》み方《かた》。

**あすか〖飛鳥・明日香〗** 地名 奈《な》良《ら》盆《ぼん》地《ち》の南《なん》部《ぶ》にある地《ち》方《ほう》。飛《あす》鳥《か》寺《てら》や高《たか》松《まつ》塚《づか》古《こ》墳《ふん》など飛《あす》鳥《か》時《じ》代《だい》の史《し》跡《せき》が多《おお》い。

**あすかじだい【〈飛鳥〉時代】** 名 六《ろく》〜七《なな》世《せい》紀《き》の時《じ》代《だい》。奈《な》良《ら》県《けん》の飛《あす》鳥《か》地《ち》方《ほう》に都《みやこ》があった。聖《しょう》徳《とく》太《たい》子《し》が活《かつ》躍《やく》し、遣《けん》隋《ずい》使《し》などによって、中《ちゅう》国《ごく》の仏《ぶっ》教《きょう》文《ぶん》化《か》が伝《つた》えられた。

°**あずかる【預かる】** 動 ❶他《ほか》の人《ひと》の物《もの》を、引《ひ》き受《う》けて守《まも》る。例 荷《に》物《もつ》を預かる。❷仕《し》事《ごと》を引《ひ》き受《う》ける。例 会《かい》計《けい》を預かっている。❸ものごとを決《き》めないままにしておく。例 勝《しょう》負《ぶ》を預かる。

↓よ【預】1347ページ

**あずかる** 動 ❶かかわりをもつ。関《かん》係《けい》する。例 相《そう》談《だん》にあずかる。❷(よい扱《あつか》いを)してもらう。例 おほめにあずかる。

**あずき【〈小^豆〉】** 名 畑《はたけ》やあぜに作《つく》る作《さく》物《もつ》。豆《まめ》は黒《くろ》みがかった赤《あか》色《いろ》のものが多《おお》く、赤《せき》飯《はん》やあんを作《つく》るのに使《つか》う。参考「小《あず》豆《き》」は、特《とく》別《べつ》に認《みと》められた読《よ》み方《かた》。

°**あずける【預ける】** 動 ❶自《じ》分《ぶん》の物《もの》を、そこに置《お》いてもらう。例 お金《かね》を預ける。❷ものごとの収《おさ》め方《かた》を任《まか》せる。例 勝《しょう》負《ぶ》を預ける。結《けつ》論《ろん》を預ける。

↓よ【預】1347ページ

**アスパラガス** 〔英語 asparagus〕 名 西《せい》洋《よう》野《や》菜《さい》の一《ひと》つ。若《わか》い茎《くき》を食《しょく》用《よう》にする。アスパラ。

**アスファルト** 〔英語 asphalt〕 名 原《げん》油《ゆ》からとれる、黒《くろ》くてねばり気《け》のあるもの。道《みち》の舗《ほ》



世界の国 アルメニア 西《にし》アジアの内《ない》陸《りく》にある国《くに》。鉱《こう》物《ぶつ》資《し》源《げん》が多《おお》く、鉄《てっ》鉱《こう》石《せき》やボーキサイトがとれる。ワインでも有《ゆう》名《めい》。

装《そう》などに使《つか》う。

**アスベスト**〔オランダ語〕名 岩石《がんせき》を綿《わた》のように加工《かこう》したもの。電気《でんき》を通《とお》しにくく熱《ねつ》に強《つよ》いが、吸《す》いこむと体《からだ》に害《がい》がある。石綿《いしわた》。

**あずま**【東】名〔昔《むかし》、京都《きょうと》から見《み》て〕東《ひがし》の地《ち》方《ほう》。東国《とうごく》。おもに関東地方《かんとうちほう》。

✤**あずまうた**【東歌】名「万葉集《まんようしゅう》」や「古今和《こきんわ》歌集《かしゅう》」に収《おさ》められた東国地方《とうごくちほう》〔=今《いま》の関東地《かんとうち》方《ほう》〕の和歌《わか》。自然《しぜん》で飾《かざ》らない歌《うた》のよさがある。「多摩川《たまがわ》にさらす手作《てづく》りさらさらに何《なに》そこの児《こ》のここだ愛《かな》しき」など。

**あずまや**【東屋】名〔庭園《ていえん》や公園《こうえん》などで〕休憩《きゅうけい》などのためにつくった、壁《かべ》のないかんたんな小屋《こや》。

**アスリート**〔英語 athlete〕名 運動選手《うんどうせんしゅ》。特《とく》に、陸上競技《りくじょうきょうぎ》の選手《せんしゅ》。類 スポーツマン。

**アスレチック**〔英語 athletic〕名 体育《たいいく》。運《うん》動《どう》。例 フィールドアスレチック。

**アスレチッククラブ**〔英語 athletic club〕名 運動器具《うんどうきぐ》やプールなどをそなえ、健康《けんこう》や美容《びよう》のためのトレーニングができる、会員制《かいいんせい》の施設《しせつ》。

°**あせ**【汗】名 暑《あつ》いときや運動《うんどう》をしたあとに、皮膚《ひふ》から出《で》る塩気《しおけ》を含《ふく》んだ水分《すいぶん》。体温《たいおん》を調《ちょう》節《せつ》するなどのはたらきがある。例 汗をかく。汗の結晶《けっしょう》〔=努力《どりょく》によって得《え》たもの〕。⇩ かん【汗】272ページ

**あぜ**【畦】名 田《た》と田《た》の区切《くぎ》りに、土《つち》を盛《も》り上《あ》げて作《つく》った細《ほそ》い仕切《しき》り。⇩ あぜみち 22ページ

**アセアン**【ASEAN】名〔「東南《とうなん》アジア諸国連合《しょこくれんごう》」という意味《いみ》の英語《えいご》の頭文字《かしらもじ》。〕タイ・インドネシア・シンガポール・フィリピン・マレーシアなど、十《じっ》か国《こく》からなる地域協力《ちいききょうりょく》の仕組《しく》み。

**あぜくらづくり**【校倉造り】名 三角形《さんかくけい》をした角材《かくざい》を、「井《い》」の字《じ》のように組《く》み上《あ》げて、壁《かべ》を造《つく》った昔《むかし》の建物《たてもの》の造《つく》り方《かた》。東大寺《とうだいじ》の正倉《しょうそう》院《いん》などがあり、倉《くら》として使《つか》われた。

〔あぜくらづくり〕

**アセスメント**〔英語 assessment〕名 ❶事前《じぜん》に調査《ちょうさ》し、評価《ひょうか》すること。❷環境《かんきょう》アセスメント。ある事業《じぎょう》が環境《かんきょう》に与《あた》える影響《えいきょう》を、前《まえ》もって調《しら》べて判断《はんだん》をくだすこと。

**あせだく**【汗だく】形動 汗《あせ》をびっしょりかくようす。例 汗だくになって荷物《にもつ》を片《かた》づける。

**アセチレン**〔英語 acetylene〕名 無色《むしょく》で有毒《ゆうどく》のガス。燃《も》えると強《つよ》い光《ひかり》と熱《ねつ》を出《だ》す。溶接用《ようせつよう》のバーナーなどに使《つか》われる。

**あせばむ**【汗ばむ】動 汗《あせ》がにじみ出《で》る。例 今日《きょう》は汗ばむほどの陽気《ようき》だ。

**あせまみれ**【汗まみれ】名 形動 汗《あせ》びっしょりになっているようす。例 汗まみれになって働《はたら》く。

**あせみず**【汗水】名 水《みず》のように流《なが》れ出《で》る汗《あせ》。例 汗水垂《た》らして働《はたら》く。

**あせみずく**【汗みずく】名 形動 体《からだ》じゅうが、汗《あせ》でびっしょりぬれているようす。

**あぜみち**【畦道】名〔田《た》と田《た》の間《あいだ》の〕あぜになっている細《ほそ》い道《みち》。

**あせみどろ**【汗みどろ】名 形動 全身《ぜんしん》びっしょりと汗《あせ》をかいているようす。例 汗みどろになって練《れん》習《しゅう》した。

**あせも** 名 汗《あせ》のために、皮膚《ひふ》にできる赤《あか》い小《ちい》さな吹《ふ》き出物《でもの》。あせぼ。

〔あぜみち〕

**あせり**【焦り】名 早《はや》くしようとして、気持《きも》ちがいらいらすること。

**あせる**【焦る】動 早《はや》くどうにかしようと思《おも》っていらいらする。気《き》をもむ。例 ものごとは、焦ると失敗《しっぱい》することが多《おお》い。⇩ しょう【焦】623ページ

**あせる** 動 色《いろ》がうすくなる。あざやかでなくなる。例 日《ひ》に焼《や》けて色《いろ》のあせたカーテン。

**あぜん**【唖然】副(-と) おどろきあきれて、声《こえ》も出《で》ないようす。例 見《み》たこともない光景《こうけい》を前《まえ》に、あぜんとした。参考「あぜんたる面持《おもも》ち」などと使《つか》うこともある。

**あそくじゅうこくりつこうえん**〖阿蘇くじゅう国立公園〗地名 熊本《くまもと》県《けん》と大分県《おおいたけん》にまたがる国立公園《こくりつこうえん》。阿蘇山《あそさん》やくじゅう連山《れんざん》などがある。⇩ こくりつこうえん

富《ふ》。首都《しゅと》ルアンダ。人口約《じんこうやく》3,080万人《まんにん》。略称《りゃくしょう》ANG。

457ページ

**○あそこ**【代名】❶あの場所《ばしょ》。例 あそこまで行《い》こう。❷あのとき。あの部分《ぶぶん》。例 あそこはよくやった。❸ものごとの程度《ていど》。例 あそこまで言《い》うのはひどい。⇩こそあどことば 467ページ

**あそさん**【阿蘇山】地名 熊本県《くまもとけん》の北東部《ほくとうぶ》にある火山《かざん》。二重式火山《にじゅうしきかざん》で、世界最大級《せかいさいだいきゅう》のカルデラがある。

**あそばす**【遊ばす】動 ❶遊《あそ》ばせる。例 子《こ》どもを公園《こうえん》で遊ばす。❷「する」の敬《うやま》った言《い》い方《かた》。例 外国《がいこく》へご旅行《りょこう》あそばす。参考 ふつう❷は、かな書《が》きにする。

**○あそび**【遊び】名 おもしろいことや、好《す》きなことをして楽《たの》しむこと。遊《あそ》ぶこと。

**あそびうた**【遊び歌】名 わらべうたの一《ひと》つ。子《こ》どもが遊《あそ》ぶときにうたう歌《うた》。手遊《てあそ》び歌《うた》・手《て》まり歌《うた》・絵《え》かき歌《うた》など。

**あそびはんぶん**【遊び半分】名 ものごとを一生懸命《いっしょうけんめい》にしないこと。

**あそびほうける**【遊びほうける】動 遊《あそ》びに夢中《むちゅう》になる。例 宿題《しゅくだい》もせずに遊びほうけている。

例解 ! 表現の広場

**与《あた》えると授《さず》けると恵《めぐ》むのちがい**

| | 与《あた》える | 授《さず》ける | 恵《めぐ》む |
|---|---|---|---|
| お金《かね》を | ○ | ○ | ○ |
| 賞状《しょうじょう》を | ○ | ○ | × |
| 犬《いぬ》にえさを | ○ | × | × |
| 感動《かんどう》を | ○ | × | × |

**○あそぶ**【遊ぶ】動 ❶おもしろいことや、好《す》きなことをして楽《たの》しむ。例 なわ跳《と》びで遊ぶ。❷仕事《しごと》がなくて、ひまでいる。例 お客《きゃく》がなくて、店《みせ》の人《ひと》が遊んでいる。❸利用《りよう》されていない。例 遊んでいる土地《とち》。❹見物《けんぶつ》や旅行《りょこう》をする。例 京都《きょうと》に遊ぶ。⇩ゆう【遊】1334ページ

**あだ**【仇】名 ❶うらみを返《かえ》す、にくい相手《あいて》。かたき。例 あだ討《う》ち。❷害《がい》を与《あた》えること。例 恩《おん》をあだで返《かえ》す。

**あだ** 名形動 むだ。例 せっかくの好意《こうい》があだになる。

**あたい**【価】名 物《もの》の値段《ねだん》。代金《だいきん》。例 品物《しなもの》の価。⇩か【価】189ページ

**あたい**【値】名 ❶値打《ねう》ち。例 値をつけられない。❷〔算数《さんすう》で〕計算《けいさん》して出《で》た答《こた》えの数字《すうじ》。⇩ち【値】819ページ

**値千金《あたいせんきん》** 非常《ひじょう》に値打《ねう》ちがあること。例 最終回《さいしゅうかい》に、値千金のホームランが出《で》た。

**あたいする**【値する】動 それだけの値打《ねう》ちがある。例 賞《しょう》に値する。

**あだうち**【あだ討ち】名 仕返《しかえ》しすること。かたきうち。

**○あたえる**【与える】動 ❶(目上《めうえ》の人《ひと》が目下《めした》の人に)ものをやる。さずける。例 お金《かね》を与える。対 奪《うば》う。❷受《う》けさせる。こうむらせる。例 損害《そんがい》を与える。敬語 ❶の丁寧《ていねい》な言《い》い方《かた》は、「あげる」。⇩よ【与】1347ページ

**あたかも** 副 まるで。ちょうど。例 あたかもふぶきのように桜《さくら》の花《はな》が散《ち》る。注意 ふつう、あとに「のように」「のようだ」「のごとく」などの言葉《ことば》がくる。

**あたたか**【温か】形動 ❶冷《つめ》たくもなく熱《あつ》すぎることもなく、体《からだ》にほどよく感《かん》じるようす。例 温かなご飯《はん》。❷心《こころ》がやさしいようす。例 温かな気持《きも》ち。⇩おん【温】185ページ

**あたたか**【暖か】形動 寒《さむ》くもなく暑《あつ》くもなく、体《からだ》にほどよく感《かん》じるようす。例 今日《きょう》は暖かだ。⇩だん【暖】811ページ

**○あたたかい**【温かい】形 〔「あったかい」ともいう。〕❶水《みず》や食《た》べ物《もの》などの温度《おんど》が、熱《あつ》くも冷《つめ》たくもなくちょうどよい。対 ぬるい。❷思《おも》いやりがある。例 温かい心《こころ》の人《ひと》。対 冷《つめ》たい。関連 熱《あつ》い。ぬるい。冷たい。⇩おん【温】185ページ

**○あたたかい**【暖かい】形 〔「あったかい」と

例解 ↔ 使い分け

**温《あたた》かいと暖《あたた》かい**

温《あたた》かいご飯《はん》。
温《あたた》かい家庭《かてい》。
温《あたた》かい手《て》。

暖《あたた》かい春《はる》の日《ひ》。
暖《あたた》かい部屋《へや》。
暖《あたた》かい地方《ちほう》。



世界の国 アンゴラ アフリカ南西部《なんせいぶ》、大西洋《たいせいよう》に面《めん》する国《くに》。コーヒー栽培《さいばい》がさかんで、ダイヤや鉄《てつ》などの地下資源《ちかしげん》も豊《ほう》

もいう。」❶気候《きこう》や気温《きおん》などが、暑《あつ》くも寒《さむ》くもなくちょうどよい。例暖かい春《はる》。対涼《すず》しい。❷豊《ゆた》かだ。例ふところが暖かい〔＝お金《かね》を十分《じゅうぶん》持《も》っている〕。関連暑《あつ》い。涼《すず》しい。寒《さむ》い。↓だん【暖】811ページ

**○あたたまる【温まる】**動❶温《あたた》かくなる。冷《つめ》たくなくなる。例ふろに入《はい》って体《からだ》が温まる。対冷《ひ》える。❷心《こころ》がなごやかになる。例心《こころ》の温まる話《はなし》だ。↓おん【温】185ページ

**○あたたまる【暖まる】**動暖《あたた》かくなる。寒《さむ》くなくなる。例日《ひ》が当《あ》たって室内《しつない》が暖まる。対冷《ひ》える。↓だん【暖】811ページ

**○あたためる【温める】**動❶温《あたた》かくする。冷《つめ》たくなくする。例ミルクを温める。対冷《ひ》やす。❷鳥《とり》が卵《たまご》を、大切《たいせつ》にかかえる。例ニワトリが卵《たまご》を温める。❸発表《はっぴょう》せずに手《て》もとに置《お》く。例アイデアを温める。↓おん【温】185ページ

**○あためる【暖める】**動暖《あたた》かくする。寒《さむ》くなくする。例空気《くうき》を暖める。対冷《ひ》やす。↓だん【暖】811ページ

**アタック**〔英語 attack〕名動-する❶攻《せ》めること。攻撃《こうげき》すること。❷困難《こんなん》に立《た》ち向《む》かうこと。例頂上《ちょうじょう》にアタックする。

**アタッシュケース**〔英語 attache case〕名書類《しょるい》などを入《い》れる箱形《はこがた》の手《て》さげかばん。

**あたってくだけろ【当たって砕けろ】**思《おも》いきってやってみろ。例当たって砕けろの気持《きも》ちで会社《かいしゃ》をつくった。

**あだな【あだ名】**名ほんとうの名前《なまえ》の他《ほか》に、その人《ひと》の特徴《とくちょう》などをとらえてつけた呼《よ》び名《な》。ニックネーム。

**あたふた**副(-と)動-するばたばたとあわてて。例あたふたと家《いえ》を飛《と》び出《だ》した。

**アダプター**〔英語 adapter〕名性能《せいのう》や規格《きかく》などのちがう機器《きき》をつなぐために使《つか》う器具《きぐ》。

**○あたま【頭】**名❶首《くび》から上《うえ》の部分《ぶぶん》。例頭を上《あ》げる。❷額《ひたい》の上《うえ》の髪《かみ》の毛《け》の生《は》えている部《ぶ》分《ぶん》。例頭にこぶができる。❸いちばん上《うえ》の部《ぶ》分《ぶん》。例くぎの頭。❹初《はじ》め。先《さき》。例頭から数《かぞ》える。❺「❷」の部《ぶ》分《ぶん》の毛《け》。例頭をかる。❻考《かんが》える力《ちから》。例頭がいい。❼人数《にんずう》。例頭をそろえる。↓とう【頭】904ページ

**頭《あたま》が上《あ》がらない** ひけ目《め》や恩《おん》があるので、いばれない。例父《ちち》には頭が上がらない。

**頭《あたま》が痛《いた》い** どうしたらよいか悩《なや》む。例お金《かね》のやりくりで頭が痛い。

**頭《あたま》が固《かた》い** その場《ば》その場《ば》にあった考《かんが》え方《かた》ができない。例頭が固くて応用《おうよう》がきかない。

**頭《あたま》が切《き》れる** 考《かんが》えることがすばやくて、するどい。

**頭《あたま》隠《かく》して尻《しり》隠《かく》さず** 自分《じぶん》では欠点《けってん》などをかくしたつもりだが、まだ一部分《いちぶぶん》が見《み》えていること。

**頭《あたま》が下《さ》がる** 感心《かんしん》させられる。例たいへんまじめな人《ひと》で頭が下がる。

**頭《あたま》が低《ひく》い** いばったりせず、だれに対《たい》しても丁寧《ていねい》である。例会長《かいちょう》は、頭が低い人《ひと》だ。類腰《こし》が低《ひく》い。

**頭《あたま》が古《ふる》い** 考《かんが》え方《かた》が古《ふる》い。

**頭《あたま》が真《ま》っ白《しろ》になる** 落《お》ち着《つ》きをうしなって、何《なに》も考《かんが》えられなくなる。

**頭《あたま》から湯気《ゆげ》を立《た》てる** かんかんになって怒《おこ》る。

**頭《あたま》に入《い》れる** おぼえておく。例残《のこ》り時間《じかん》を頭に入れて、作業《さぎょう》を始《はじ》める。

**頭《あたま》にくる** かっとなる。例いたずらをされて頭にくる。

**頭《あたま》に血《ち》が上《のぼ》る** 興奮《こうふん》して、かっとなる。

**頭《あたま》を痛《いた》める** どうしたらよいかと、なやむ。例進学《しんがく》のことで頭を痛める。

**頭《あたま》を抱《かか》える** どうしたらよいかわからず、困《こま》る。例事故《じこ》の多《おお》さに頭を抱える。

**頭《あたま》をかく** ちょっとはずかしがる。

**頭《あたま》をかすめる** 考《かんが》えが、ちらっとうかぶ。例疑《うたが》いが一瞬《いっしゅん》、頭をかすめた。

**頭《あたま》を下《さ》げる** ❶お辞儀《じぎ》をする。❷あやまる。例許《ゆる》してくれと、頭を下げた。

**頭《あたま》を絞《しぼ》る** 精《せい》いっぱい考《かんが》える。例むずかしいクイズに頭を絞る。

**頭《あたま》を悩《なや》ます** どうしたらよいか悩《なや》む。例環境問題《かんきょうもんだい》に頭を悩ます。

**頭《あたま》を働《はたら》かせる** いろいろと考《かんが》えて、工夫《くふう》する。例頭を働かせて勝《か》った。

な産業《さんぎょう》は観光《かんこう》で、砂糖《さとう》や綿花《めんか》もとれる。首都《しゅと》セントジョンズ。人口約《じんこうやく》10万人《まんにん》。略称《りゃくしょう》ANT。

**頭《あたま》を離《はな》れない** 忘《わす》れられない。頭を離れない。例 卒業《そつぎょう》の日《ひ》の、あのひと言《こと》が頭を離れない。

**頭《あたま》をひねる** あれこれ工夫《くふう》しながら考《かんが》える。例 難《むずか》しいパズルに頭をひねる。

**頭《あたま》を冷《ひ》やす** 興奮《こうふん》をしずめ、落《お》ち着《つ》かせる。例 頭を冷《ひ》やしてもう一度《いちど》考《かんが》える。

**頭《あたま》をもたげる** ❶かくれていた気持《きも》ちが現《あらわ》れる。例 ずるい考《かんが》えが頭をもたげる。❷力《ちから》を持《も》ってくる。目立《めだ》つようになる。例 新《あたら》しいリーダーが頭をもたげる。

**あたまうち【頭打ち】** 名 それ以上《いじょう》に上《あ》がらなくなること。例 今年《ことし》になって売《う》り上《あ》げが頭打ちだ。

**あたまかず【頭数】** 名 人数《にんずう》。例 頭数をそろえる。注意「頭数」を「とうすう」と読《よ》むと、ちがう意味《いみ》になる。

**あたまきん【頭金】** 名 分《わ》けて払《はら》う代金《だいきん》の一部《いちぶ》として、前《まえ》もって払《はら》っておくお金《かね》。

**あたまごし【頭越し】** 名 ❶前《まえ》の人《ひと》の頭《あたま》の上《うえ》を越《こ》して、何《なに》かをすること。例 頭越しにのぞきこむ。❷(関係《かんけい》する)人《ひと》をさしおいて、ものごとを進《すす》めること。例 意見《いけん》も聞《き》かずに頭越しに決《き》めてしまう。

**あたまごなし【頭ごなし】** 名 わけも聞《き》かないで、いきなり決《き》めつけること。例 頭ごなしにしかりつける。

**あたまでっかち【頭でっかち】** 名 ❶頭《あたま》が大《おお》きいこと。❷上《うえ》のほうが、下《した》とくらべて大《おお》きいようす。❸理《り》くつばかり言《い》って、何《なに》もしないこと。また、そのような人《ひと》。

**あたまわり【頭割り】** 名 人数《にんずう》で割《わ》って、わり当《あ》てを決めること。例 食事代《しょくじだい》は頭割りにして、一人《ひとり》千円《せんえん》です。

**アダム** 人名(男) 聖書《せいしょ》(旧約聖書《きゅうやくせいしょ》)で、神《かみ》がつくった最初《さいしょ》の人間《にんげん》。禁《きん》じられていた木《こ》の実《み》を食《た》べたため、妻《つま》のイブとともにエデンの園《その》(=楽園《らくえん》)から追放《ついほう》されたという。⬇イブ 84ページ

**◦あたらしい【新しい】** 形 ❶作《つく》られたり始《はじ》まったりしてから、まだあまり時間《じかん》がたっていない。例 新しい家《いえ》。新しい時代《じだい》。❷今《いま》までにない。例 新しい考《かんが》え。❸生《い》き生《い》きしている。例 新しい魚《さかな》。対(❶〜❸)古《ふる》い。⬇しん【新】655ページ

**あたらずさわらず【当たらず障△らず】** (どちらにも)さしさわりのないように、どっちつかずの態度《たいど》をとること。例 当たらず障らずの返事《へんじ》をしておく。

**あたらずといえどもとおからず【当たらずといえども遠からず】** 当《あ》たってはいないが、まちがいと言《い》うほどでもない。例 あなたの予想《よそう》は、当たらずといえども遠からずでしたね。

**◦あたり【辺り】** 一 名 近《ちか》く。周《まわ》り。例 辺りを見回《みまわ》す。二〔ある言葉《ことば》のあとにつけて〕❶…ごろ。例 先週《せんしゅう》あたりから気温《きおん》が下《さ》がった。❷例《たと》えば…など。例 彼《かれ》あたりならやれる。参考 ふつう二は、かな書《が》きにする。⬇へん【辺】1182ページ

**あたり【当たり】** 一 名 ❶ぶつかること。例 体当《たいあ》たり。❷ねらったとおりに、うまくいくこと。例 当たりのくじを引《ひ》く。対 外《はず》れ。❸人《ひと》とつきあったり、物《もの》にさわったりしたときの感《かん》じ。例 当たりのやわらかい人《ひと》。❹手《て》がかり。見当《けんとう》。例 犯人《はんにん》の当たりをつける。❺野球《やきゅう》・ソフトボールなどで、打撃《だげき》の調子《ちょうし》。例 当たりが出《で》てきた。二〔ある言葉《ことば》のあとにつけて〕…に対《たい》して。例 一人《ひとり》当たり五本《ごほん》ずつ配《くば》る。

**あたりさわり【当たり障△り】** 名 ぐあいの悪《わる》いこと。さしさわり。例 当たり障りのない意見《いけん》を言《い》う。

**あたりちらす【当たり散らす】** 動 わけもなく、乱暴《らんぼう》にふるまう。八《や》つ当《あ》たりする。例 くやしくて当たり散らす。

**あたりどし【当たり年】** 名 ❶作物《さくもつ》が、たくさんとれる年《とし》。豊年《ほうねん》。例 今年《ことし》はスイカの当たり年だ。❷よいことの多《おお》い年《とし》。

**あたりはずれ【当たり外れ】** 名 予想《よそう》が当《あ》たることと外《はず》れること。うまくいったり、いかなかったりすること。例 商売《しょうばい》は当たり外れがあるものだ。

**あたりまえ【当たり前】** 名 形動 ❶わかりきっていること。当然《とうぜん》。例 借《か》りた物《もの》は返《かえ》すのがあたりまえだ。❷ふつうであること。例 ごくあたりまえの人《ひと》。

**◦あたる【当たる】** 動 ❶ぶつかる。例 車《くるま》がへいに当たる。❷命中《めいちゅう》する。例 的《まと》に当たる。



世界の国 アンティグア・バーブーダ カリブ海《かい》の東《ひがし》にある三《みっ》つの島《しま》からなる国《くに》。総面積《そうめんせき》は種子島《たねがしま》よりややせまい。主《おも》

対外《はず》れる。❸ねらったとおりうまくいく。例予想《よそう》が当《あ》たる。対外《はず》れる。❹(光《ひかり》・風《かぜ》などを)受《う》けるようにする。例日光《にっこう》に当たる。❺ちょうど当《あ》てはまる。例一《ひと》つが十円《じゅうえん》に当たる。❻その方角《ほうがく》にある。例駅《えき》は学校《がっこう》の北《きた》に当たる。❼仕事《しごと》などを引《ひ》き受《う》ける。例交通《こうつう》整理《せいり》に当たる。❽立《た》ち向《む》かう。例敵《てき》に当たる。❾確《たし》かめる。調《しら》べる。例辞書《じしょ》に当たる。❿ひどい目《め》にあわせる。例みんながぼくに当たる。⓫体《からだ》に害《がい》を受《う》ける。例暑《あつ》さにあたる。参考⓫は、ふつうかな書《が》きにする。⇩とう【当】903ページ

**当《あ》たるも八卦《はっけ》当《あ》たらぬも八卦《はっけ》** 占《うらな》いというものは、当《あ》たることもあり、当《あ》たらないこともあるものだ。

**アダルト**〔英語 adult〕名 おとな。成人《せいじん》。例アダルトファッション。

**あちこち** 代名 あちらや、こちら。あっち。

○**あちら** 代名 ❶向《む》こうのほう。例東《ひがし》は、あちらです。❷あの方《かた》。あの人《ひと》。例あちらは山田《やまだ》さんです。❸外国《がいこく》。例あちらに留学《りゅうがく》する。⇩こそあどことば 467ページ

**あちらこちら** あちらでもこちらでも。例あちらこちらで花《はな》が開《ひら》き始《はじ》めた。

**あつ【圧】** 画数5 部首土(つち) 5年

筆順 圧 圧 圧 圧 圧

音アツ 訓—

おさえつける。おす。熟語圧力《あつりょく》。圧縮《あっしゅく》。圧倒《あっとう》。気圧《きあつ》。血圧《けつあつ》。⇩あっする 27ページ

**あつ【圧】** 名 おさえつける力《ちから》。例圧をかける。

**あっ** 感 おどろいたり、感心《かんしん》したりしたときに思《おも》わず出《で》る声《こえ》。例あっ、火事《かじ》だ。

**あっと言《い》わせる** (あっと声《こえ》をあげるほど)感心《かんしん》させたり、おどろかせたりする。例世界《せかい》じゅうをあっと言わせる大記録《だいきろく》。

**あつあつ【熱熱】** 形動 ❶とても熱《あつ》いこと。例熱々のおでん。❷愛《あい》し合《あ》っているようす。例二人《ふたり》は熱々の仲《なか》です。

○**あつい【厚い】** 形 ❶物《もの》の表《おもて》と裏《うら》との間《あいだ》のはばがある。例厚い本《ほん》。❷心《こころ》がこもっている。例友情《ゆうじょう》に厚い。対(❶・❷)薄《うす》い。⇩こう【厚】424ページ

○**あつい【暑い】** 形 空気《くうき》の温度《おんど》が高《たか》い。例夏《なつ》は暑い。対寒《さむ》い。関連暖《あたた》かい。涼《すず》しい。寒《さむ》い。⇩しょ【暑】618ページ

○**あつい【熱い】** 形 ❶物《もの》の温度《おんど》が高《たか》い。例お湯《ゆ》が熱い。対冷《つめ》たい。関連温《あたた》かい。ぬるい。冷《つめ》たい。❷感動《かんどう》している。例胸《むね》が熱くなる。⇩ねつ【熱】1004ページ

**あっか【悪化】** 名 動する ようすが悪《わる》くなること。例病気《びょうき》が悪化する。対好転《こうてん》。

**あつかい【扱い】** 名 あつかうこと。また、あつかい方《かた》。例薬《くすり》の扱いに気《き》をつける。

**あつかう【扱】** 画数6 部首扌(てへん)

音— 訓あつか-う

人《ひと》や物《もの》をうまく使《つか》う。

○**あつかう【扱う】** 動 ❶使《つか》う。例機械《きかい》を扱う。❷受《う》け持《も》つ。例お金《かね》の出《だ》し入《い》れを扱う。❸世話《せわ》をする。例お客様《きゃくさま》を親切《しんせつ》に扱う。

**あつかましい【厚かましい】** 形 はずかしいことを、はずかしいとも思《おも》わない。ずうずうしい。例厚かましい人《ひと》。

**あつがみ【厚紙】** 名 厚《あつ》い紙《かみ》。ボール紙《がみ》など。対薄紙《うすがみ》。

**あつがり【暑がり】** 名 形動 人《ひと》よりもよけいに暑《あつ》いと感《かん》じること。また、そのような人《ひと》。例暑がりで、夏《なつ》が苦手《にがて》だ。対寒《さむ》がり。

**あっかん【圧巻】** 名 本《ほん》や映画《えいが》・劇《げき》などの中《なか》

例解⇔使い分け

**熱《あつ》いと暑《あつ》いと厚《あつ》い**

お湯《ゆ》は熱《あつ》い。
熱《あつ》いコーヒー。
熱《あつ》い思《おも》い。

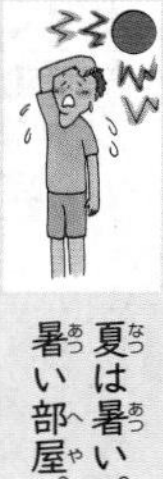

夏《なつ》は暑《あつ》い。
暑《あつ》い部屋《へや》。

この本《ほん》は厚《あつ》い。
厚《あつ》い壁《かべ》。
厚《あつ》いもてなし。

われている。首都《しゅと》アンドラ・ラ・ベリャ。人口約《じんこうやく》79,000人。略称《りゃくしょう》AND。

で、いちばんすぐれている部分《ぶぶん》。例 最後《さいご》の戦《たたか》いの場面《ばめん》は圧巻だった。

**あっかん【悪漢】** 名 悪《わる》いことをする者《もの》。悪《わる》者《もの》。例 悪漢におそわれる。

**あつぎ【厚着】** 名 動-する 衣《い》服《ふく》を何《なん》枚《まい》も重《かさ》ねて着《き》ること。対 薄《うす》着《ぎ》。

**あつくるしい【暑苦しい】** 形 息《いき》苦《ぐる》しいほど暑《あつ》い。また、そのように見《み》える。例 暑苦しい部《へ》屋《や》。暑苦しい服《ふく》装《そう》。

**あっけない** 形 張《は》り合《あ》いがない。もの足《た》りない。例 あっけなく勝《しょう》負《ぶ》がついた。

**あっけにとられる** おどろき、あきれて、ぼんやりする。例 あまりの早《はや》業《わざ》に、みんなあっけにとられた。

**あっこう【悪口】** 名 わるくち。

■**あっこうぞうごん【悪口雑言】** 名 さんざん悪《わる》口《ぐち》を言《い》ってののしること。例 ここぞとばかりに悪口雑言を浴《あ》びせる。

**あつさ【厚さ】** 名 厚《あつ》い程《てい》度《ど》。厚《あつ》み。

**あつさ【暑さ】** 名 ❶暑《あつ》い程《てい》度《ど》。例 この暑さにはまいった。❷夏《なつ》の暑《あつ》い天《てん》候《こう》。例 暑さに負《ま》けるな。対（❶・❷）寒《さむ》さ。

**例解 ことばの窓**
**暑《あつ》さ の意《い》味《み》で**
真《ま》夏《なつ》の猛《もう》暑《しょ》に見《み》まわれる。
地《じ》面《めん》が炎《えん》暑《しょ》で焼《や》けつく。
この酷《こく》暑《しょ》で夏《なつ》バテした。
立《りっ》秋《しゅう》が過《す》ぎても残《ざん》暑《しょ》が厳《きび》しい。

**暑《あつ》さ寒《さむ》さも彼《ひ》岸《がん》まで**〔夏《なつ》の暑《あつ》いのも秋《あき》の彼《ひ》岸《がん》まで、冬《ふゆ》の寒《さむ》いのも春《はる》の彼《ひ》岸《がん》までということから〕彼《ひ》岸《がん》を過《す》ぎれば、すごしやすい気《き》候《こう》になる。

**あっさく【圧搾】** 名 動-する 力《ちから》を加《くわ》えて、中《なか》のものをおし縮《ちぢ》めること。圧《あっ》縮《しゅく》。

**あっさくくうき【圧搾空気】** 名 ⇩あっしゅくくうき 27ページ

**°あっさり** 副(-と) 動-する ❶さっぱりして、しつこくないようす。例 あっさりした味《あじ》。❷簡《かん》単《たん》に。例 あっさりとあきらめる。

**あつじ【厚地】** 名 厚《あつ》みのある布《ぬの》。

**あっしゅく【圧縮】** 名 動-する ❶強《つよ》い力《ちから》でおし縮《ちぢ》めること。圧《あっ》搾《さく》。例 圧縮した空《くう》気《き》。❷量《りょう》や割《わり》合《あい》を減《へ》らすこと。例 費《ひ》用《よう》を圧縮する。❸コンピューターで、データの内《ない》容《よう》を変《か》えずに容《よう》量《りょう》を小《ちい》さくすること。

**あっしゅくくうき【圧縮空気】** 名 圧《あつ》力《りょく》を加《くわ》えて、体《たい》積《せき》をおし縮《ちぢ》めた空《くう》気《き》。ふくらむ力《ちから》が強《つよ》いので、自《じ》動《どう》ドアやブレーキなどの機《き》械《かい》を動《うご》かすことに利《り》用《よう》する。圧《あっ》搾《さく》空《くう》気《き》。

**あっしょう【圧勝】** 名 動-する 大《おお》きな差《さ》をつけて勝《か》つこと。例 十《じっ》点《てん》差《さ》で圧勝した。

**あっする【圧する】** 動 ❶力《ちから》を加《くわ》えておさえつける。❷相《あい》手《て》をおさえる。例 敵《てき》を圧する勢《いきお》い。

**あっせい【圧政】** 名 力《ちから》で人《ひと》々《びと》を従《したが》わせる政《せい》治《じ》。

**あっせん【斡旋】** 名 動-する 両《りょう》方《ほう》の間《あいだ》に入《はい》って、うまくゆくように世《せ》話《わ》をすること。例 勤《つと》め口《ぐち》をあっせんする。

**あったかい** 形 ⇩あたたかい（温かい）23ページ／（暖かい）23ページ

**あっち** 代名「あちら」のくだけた言《い》い方《かた》。例 あっちへ行《い》こう。関連 こっち。そっち。どっち。

**あっちこっち** あちらこちら。例 あっちこっちにごみが散《ち》らばっている。

**あづちももやまじだい【安土桃山時代】** 名 十《じゅう》六《ろく》世《せい》紀《き》末《まつ》の約《やく》三〇年《ねん》間《かん》。織《お》田《だ》信《のぶ》長《なが》が室《むろ》町《まち》幕《ばく》府《ふ》をたおしてから、豊《とよ》臣《とみ》秀《ひで》吉《よし》が死《し》ぬまで、または徳《とく》川《がわ》家《いえ》康《やす》が関《せき》ケ《が》原《はら》の戦《たたか》いに勝《か》って天《てん》下《か》をとるまで。

**あつで【厚手】** 名 厚《あつ》く作《つく》ってあるもの。例 厚手の靴《くつ》下《した》。厚手の紙《かみ》。対 薄《うす》手《て》。

**あっというま【あっという間】** ほんのわずかの間《あいだ》。例 あっという間に宿《しゅく》題《だい》を終《お》わらせた。

**あっとう【圧倒】** 名 動-する 強《つよ》い力《ちから》で相《あい》手《て》を倒《たお》すこと。例 敵《てき》を圧倒する。

**あっとうてき【圧倒的】** 形動 比《くら》べものにならないほど、他《ほか》よりすぐれているようす。例 圧倒的に強《つよ》い。

**アットホーム**〔英語 at home〕形動 自《じ》分《ぶん》の家《いえ》にいるような、くつろいだようす。家《か》庭《てい》的《てき》。例 気《き》楽《らく》でアットホームな集《しゅう》会《かい》。

**アットマーク** 名〔日《に》本《ほん》でできた英《えい》語《ご》ふう



世界の国 アンドラ　フランスとスペインの国《こっ》境《きょう》にある小《ちい》さな国《くに》。種《たね》子《が》島《しま》よりやや広《ひろ》い。観《かん》光《こう》業《ぎょう》が中《ちゅう》心《しん》だが、林《りん》業《ぎょう》も行《おこな》の言葉《ことば》。」❶電子《でんし》メールのアドレスに使《つか》う記《き》号《ごう》。「@」。❷品物《しなもの》一個《いっこ》あたりのねだんを表《あらわ》す記号《きごう》。「@」。

**あっぱく【圧迫】** 名 動-する ❶強《つよ》くおさえつけること。例 胸《むね》が圧迫される。❷力《ちから》でおさえること。例 自由《じゆう》を圧迫する。

**あっぱれ** 一 形動 たいへんみごとなようす。例 あっぱれな仕事《しごと》ぶりだ。二 感 立派《りっぱ》だとほめたたえるときに言《い》う言葉《ことば》。例 あっぱれ、よくやった。注意 目《め》上《うえ》の人《ひと》に対《たい》しては使《つか》わない。

**アップ** 〔英語 up〕名 動-する ❶上《あ》がること。上《あ》げること。例 料《りょう》金《きん》がアップする。対 ダウン。❷〔英語《えいご》の「クローズアップ」の略《りゃく》。〕（カメラで）一部分《いちぶぶん》を大《おお》きく写《うつ》すこと。例 顔《かお》をアップでとる。対 ルーズ。❸〔英語《えいご》の「アップロード」の略《りゃく》。〕（コンピューターで）データを大《おお》もとのコンピューターに転送《てんそう》すること。

**あっぷあっぷ** 副 動-する ❶水《みず》におぼれそうになって、もがいているようす。❷困《こま》って苦《くる》しんでいるようす。例 お金《かね》がなくて毎日《まいにち》あっぷあっぷしている。

**アップダウン** 名 動-する 〔日本《にっぽん》でできた英《えい》語《ご》ふうの言葉《ことば》。〕❶上《あ》がったり下《さ》がったりすること。例 物価《ぶっか》がアップダウンする。❷（道《どう》路《ろ》や地面《じめん》が）高《たか》くなったり低《ひく》くなったりしていること。例 アップダウンのあるコース。

**アップデート** 〔英語 update〕名 動-する （コンピューターで）ソフトウェアなどの内容《ないよう》を、新《あたら》しいものに更新《こうしん》・修正《しゅうせい》すること。

**アップテンポ** 〔英語 up-tempo〕名 （音《おん》楽《がく》で）曲《きょく》のテンポが軽《かろ》やかで速《はや》いこと。

**アップリケ** 〔フランス語〕名 いろいろな形《かたち》に切《き》りぬいた布《ぬの》を、他《ほか》の布《ぬの》にぬいつけたり、はりつけたりする手芸《しゅげい》。また、そのようにして作《つく》ったもの。

**アップロード** 〔英語 upload〕名 動-する ↓アップ❸ 28ページ

**あつぼったい【厚ぼったい】** 形 （布《ぬの》や紙《かみ》などが）厚《あつ》くて、重《おも》そうな感《かん》じだ。例 厚ぼったい布地《ぬのじ》のコート。

**あつまり【集まり】** 名 ❶集《あつ》まること。例 集まりが悪《わる》い。❷集会《しゅうかい》。例 集まりを開《ひら》く。

**°あつまる【集まる】** 動 （たくさんのものが）一《ひと》つの所《ところ》に寄《よ》り合《あ》う。例 入《い》り口《ぐち》に集まる。同情《どうじょう》が集まる。↓しゅう【集】593ページ

**あつみ【厚み】** 名 厚《あつ》いこと。厚《あつ》さ。例 本《ほん》の厚み。

**あつみはんとう〔渥美半島〕** 地名 愛《あい》知《ち》県《けん》の南部《なんぶ》、伊勢湾《いせわん》の入《い》り口《ぐち》につき出《で》た半島《はんとう》。

**°あつめる【集める】** 動 （たくさんのものを）一《ひと》つの所《ところ》に寄《よ》せ合《あ》わせる。例 人《ひと》を集める。注目《ちゅうもく》を集める。↓しゅう【集】593ページ

**あつものにこりてなますをふく【あつものに懲りてなますを吹く】** 一回《いっかい》の失敗《しっぱい》にこりて、必要《ひつよう》以上《いじょう》に用心深《ようじんぶか》くすること。参考 スープの熱《あつ》いのにこりた人《ひと》が、冷《つめ》たいなますを吹《ふ》いて食《た》べたという、中《ちゅう》国《こく》の古《ふる》い話《はなし》から。

例解 ことばの窓
**集《あつ》める の意味《いみ》で**
切《き》手《て》を収集《しゅうしゅう》する。
草花《くさばな》を採集《さいしゅう》する。
参加者《さんかしゃ》を募集《ぼしゅう》する。
班長《はんちょう》を招集《しょうしゅう》する。
みんなの力《ちから》を結集《けっしゅう》する。

**あつらえ** 名 たのんで作《つく》ったもの。また、作《つく》ること。例 あつらえの服《ふく》。対 出来合《できあ》い。

**あつらえむき【あつらえ向き】** 形動 希《き》望《ぼう》したとおりで、ちょうどいいようす。例 遠《えん》足《そく》にはあつらえ向きの天気《てんき》だ。

**あつらえる** 動 たのんで、自分《じぶん》の思《おも》うような品物《しなもの》を作《つく》らせる。注文《ちゅうもん》する。例 洋服《ようふく》をあつらえる。

**あつりょく【圧力】** 名 ❶物《もの》をおしつける力《ちから》。空気《くうき》の圧力《あつりょく》を気圧《きあつ》、水《みず》の圧力《あつりょく》を水圧《すいあつ》という。❷相手《あいて》に強《つよ》くはたらきかけること。例 議会《ぎかい》に圧力をかける。

**あて【当て】** 名 ❶目当《めあ》て。例 あてもなく歩《ある》きまわる。❷たのみ。例 他人《たにん》はあてにならない。❸見《み》こみ。例 借《か》りられるあてもない。

**当《あ》てが外《はず》れる** ものごとが見《み》こみどおりにいかなくなる。例 ほうびがもらえると思《おも》っていたのに、あてが外れた。

**当《あ》てにする** たよりにする。例 お年玉《としだま》をあ

主《おも》な産業《さんぎょう》。遊牧民《ゆうぼくみん》も多《おお》い。首都《しゅと》サヌア。人口約《じんこうやく》2,980万人《まんにん》。略称《りゃくしょう》 YEM。

てにする。

**あて**【宛て】〔ある言葉《ことば》のあとにつけて〕❶わりあて。…あたり。例一人《ひとり》宛て五枚《ごまい》。❷届《とど》け先《さき》。例先生《せんせい》宛ての年賀状《ねんがじょう》。

**あてがう** 動 ❶割《わ》り当《あ》てて、あたえる。例本《ほん》を一冊《いっさつ》ずつあてがう。❷ぴったりとくっつける。例傷口《きずぐち》にガーゼをあてがう。

**あてこすり**【当てこすり】名 遠《とお》回《まわ》しに人《ひと》の悪口《わるくち》や皮肉《ひにく》を言《い》うこと。当《あ》てつけ。

**あてこする**【当てこする】動 遠《とお》回《まわ》しに皮肉《ひにく》を言《い》う。例当てこするような、いやなほめ方《かた》。

**あてこむ**【当て込む】動 そうなるだろうと当《あ》てにする。例お年玉《としだま》を当て込む。

**あてさき**【宛先】名 手《て》紙《がみ》や荷《に》物《もつ》などを送《おく》る相手《あいて》の名前《なまえ》や住所《じゅうしょ》。宛名《あてな》。

✤**あてじ**【当て字】名〔国語《こくご》で〕❶漢字《かんじ》のもとの意味《いみ》に関係《かんけい》なく、音《おん》や訓《くん》を借《か》りてある語《ご》を書《か》き表《あらわ》したもの。また、その漢字《かんじ》。「てんぷら」を「天婦羅《てんぷら》」、「めでたい」を「目出度《めでた》い」と書《か》くなど。❷漢字《かんじ》の読《よ》みに関係《かんけい》なく、意味《いみ》を当《あ》てはめて書《か》き表《あらわ》したもの。また、その漢《かん》字《じ》。「いなか」を「田舎」、「みやげ」を「土産」、「のり」を「海苔」と書《か》くなど。参考「宛《あ》て字《じ》」とも書《か》く。

**あてずっぽう**【当てずっぽう】名 形動 しっかりした理由《りゆう》やよりどころがないようす。でたらめ。例あてずっぽうに答《こた》える。

**あてつけ**【当て付け】名 当《あ》てつけること。いやがらせ。例当てつけにわざと困《こま》ったふりをする。

**あてつけがましい**【当て付けがましい】形 あてつけるような態度《たいど》である。例当てつけがましい言《い》い方《かた》。

**あてつける**【当て付ける】動 ❶何《なに》かにかこつけて、それとなく悪《わる》く言《い》ったり、態度《たいど》に表《あらわ》したりする。❷仲《なか》のいいところを見《み》せつける。

**あてどもなく**【当てどもなく】はっきりした目当《めあ》てもなく。例あてどもなく歩《ある》く。

**あてな**【宛名】名 手《て》紙《がみ》や荷《に》物《もつ》などに書《か》く、相手《あいて》の名前《なまえ》や住所《じゅうしょ》。宛先《あてさき》。

**あてぬの**【当て布】名 ❶衣類《いるい》をじょうぶにするために当《あ》てる布《ぬの》。❷アイロンをかけるときに、衣類《いるい》の上《うえ》に当《あ》てる布《ぬの》。❸けがのときなどに、傷口《きずぐち》に当《あ》てる布《ぬの》。

**アテネ** 地名 ギリシャの首都《しゅと》。古代《こだい》ギリシャの文化《ぶんか》を伝《つた》える遺跡《いせき》が多《おお》い。

**あてはずれ**【当て外れ】名 ものごとが見《み》こみや期待《きたい》どおりにならないこと。当《あ》てが外《はず》れること。例彼《かれ》にたのんだが当て外れに終《お》わった。

**あてはまる**【当てはまる】動 あるものに、ちょうどうまく合《あ》う。例かっこの中《なか》に当てはまる言葉《ことば》を探《さが》す。

**あてはめる**【当てはめる】動 あるものに、うまく合《あ》うようにする。例別《べつ》の場《ば》合《あい》に当てはめて考《かんが》える。

**あでやか** 形動 品《ひん》がよくて美《うつく》しいようす。例あでやかな舞姿《まいすがた》。

# あてる【宛】

画数 8　部首 宀（うかんむり）

音 ―― 訓 あ-てる

ある人《ひと》に向《む》ける。

**あてる**【宛てる】動 手《て》紙《がみ》や荷《に》物《もつ》などを、ある人《ひと》に向《む》けて送《おく》る。例兄《あに》に宛てて手《て》紙《がみ》を書《か》く。注意「宛名《あてな》」「宛先《あてさき》」などには、ふつう送《おく》りがなを付《つ》けない。

◦**あてる**【当てる】動 ❶ぶつける。例頭《あたま》を柱《はしら》に当てる。❷命中《めいちゅう》させる。例矢《や》を的《まと》に当て

例解 ⇔ 使い分け

**当《あ》てる と 充《あ》てる と 宛《あ》てる**

矢《や》を的《まと》に当《あ》てる。
腰《こし》に手《て》を当《あ》てる。
答《こた》えを当《あ》てる。

お金《かね》を本代《ほんだい》に充《あ》てる。
あいた時間《じかん》を読書《どくしょ》に充《あ》てる。

先生《せんせい》に宛《あ》てた手紙《てがみ》。

世界の国 イエメン　アラビア半島《はんとう》の南西端《なんせいたん》にある国《くに》。1990年《ねん》に南北《なんぼく》イエメンが統合《とうごう》してできた。石油《せきゆ》とコーヒー豆《まめ》が

る。❸ねらったとおりになる。例一等賞《いっとうしょう》を当てる。対(❷・❸)外《はず》す。❹くっつける。あてがう。例ハンカチを口《くち》に当てる。❺光《ひかり》や風《かぜ》などを受《う》けるようにする。例日《ひ》に当てる。❻あてはめる。例漢字《かんじ》を当てる。❼仕事《しごと》などをさせる。例守備《しゅび》に当てる。❽名前《なまえ》を言《い》って、指《さ》す。例手《て》をあげた人《ひと》に当てる。↓とう【当】903ページ

**あてる【充てる】** 動 ふり向《む》ける。割《わ》り当《あ》てる。例練習《れんしゅう》に充てる。↓じゅう【充】594ページ

**○あと【後】** 一 名 ❶背中《せなか》のほう。後《うし》ろ。例後からついて行《い》く。対前《まえ》。先《さき》。❷これから先《さき》。のち。例あとで電話《でんわ》する。対前《まえ》。❸(時間《じかん》やものごとの)残《のこ》り。例あとは明日《あす》やろう。二 副 さらに。その上《うえ》に。例あと五分《ごふん》かかる。参考 一❸と二は、ふつう、かな書《が》きにする。↓ご【後】421ページ

**後《あと》がない** これ以上《いじょう》、先《さき》がない。例いま攻《せ》めなければ後がない。

**後《あと》にも先《さき》にも** それより前《まえ》にもそれより後《あと》にも。例後にも先にも、これほどの選手《せんしゅ》はいない。

**後《あと》の祭《まつ》り** 間《ま》に合《あ》わないこと。手《て》おくれ。例今《いま》ごろかけつけても後の祭りだ。

**後《あと》は野《の》となれ山《やま》となれ** 今《いま》さえよければ、あとはどうなってもかまわない。

**後《あと》を追《お》う** ❶追《お》いかけて、ついて行《い》く。❷なくなった人《ひと》をしたって、自分《じぶん》も死《し》ぬ。

**後《あと》を絶《た》たない** いつまでも続《つづ》いている。例交通事故《こうつうじこ》は、後を絶たない。

**後《あと》を引《ひ》く** ❶終《お》わったあとも、その影響《えいきょう》が残《のこ》る。例エラーが後を引いて元気《げんき》がない。❷(食《た》べ物《もの》などを)ほしいという気持《きも》ちがずっと残《のこ》る。例このクッキーはおいしくて、後を引く。

**あと【痕】** 名 (傷《きず》などを受《う》けて)残《のこ》っているしるし。例傷《きず》痕。弾丸《だんがん》の痕。↓こん【痕】488ページ

**○あと【跡】** 名 ❶残《のこ》ったしるし。例字《じ》を消《け》した跡がある。車《くるま》の通《とお》った跡。❷前《まえ》に何《なに》かがあった所《ところ》。例お城《しろ》の跡。❸ゆくえ。例跡をくらます。❹親《おや》などが残《のこ》したもの。↓せき【跡】714ページ

**跡《あと》を継《つ》ぐ** ものごとを受《う》けつぐ。例親《おや》の仕《し》事《ごと》の跡を継ぐ。

**あど** 名 〔狂言《きょうげん》で〕脇役《わきやく》。また、それを演《えん》じる人《ひと》。ふつう「アド」と書《か》く。対シテ。

**あとあし【後足】** 名 後《うし》ろのほうの足《あし》。後《うし》ろ足《あし》。対前足《まえあし》。

**後足《あとあし》で砂《すな》をかける** 去《さ》りぎわに、相手《あいて》によけいな迷惑《めいわく》をかける。例後足で砂をかけるようにして、家《いえ》を出《で》て行《い》った。

**あとあじ【後味】** 名 ❶食《た》べたあとに残《のこ》る味《あじ》。❷ものごとがすんだあとの感《かん》じ。例ごまかして勝《か》ったのでは、後味が悪《わる》い。

**あとあと【後後】** 名 ずっとあと。これから先《さき》。例くやしさが後々まで残《のこ》る。

**あとおし【後押し】** 名 動-する ❶後《うし》ろから押《お》すこと。❷はげましたり、手《て》助《だす》けをしたりすること。尻押《しりお》し。例友達《ともだち》の後押しをする。

**あとがき【後書き】** 名 本《ほん》や手紙《てがみ》などの、終《お》わりに書《か》く言葉《ことば》。対前書《まえが》き。

**○あとかたづけ【後片付け・跡片付け】** 名 何《なに》かしたあとを片付《かたづ》けること。あと始末《しまつ》。例食事《しょくじ》のあとかたづけをする。

**あとかたもない【跡形もない】** (あったものが)あとに何《なに》も残《のこ》らないようす。

**あとがま【後釜】** 名 やめた人《ひと》のあとに、その地位《ちい》につく人《ひと》。〔くだけた言《い》い方《かた》。〕例社長《しゃちょう》の後釜はだれだろう。

**あとからあとから【後から後から】** つぎつぎに。例後から後から証拠《しょうこ》が見《み》つかる。

**あとくされ【後腐れ】** 名 ものごとがすんだあとに、めんどうなことが残《のこ》ること。例後

例解 ↔ 使い分け

**後《あと》と跡《あと》**

後《あと》からついて行《い》く。
ふるさとを後《あと》にする。
後《あと》のかたづけをたのむ。

動物《どうぶつ》の歩《ある》いた跡《あと》。
人《ひと》が住《す》んでいた跡《あと》。
タイヤの跡《あと》が残《のこ》る。

らなる。工業《こうぎょう》が発達《はったつ》していて、農業《のうぎょう》もさかん。首都《しゅと》ロンドン。人口《じんこう》約《やく》6,700万人《まんにん》。略称《りゃくしょう》GBR。漢字《かんじ》で「英」と書《か》くこと

腐れのないように、事前《じぜん》に話《はな》し合《あ》う。

**あとくち【後口】** 名 ❶⬇あとあじ30ページ。❷申《もう》し込《こ》みなどで、順番《じゅんばん》があとのこと。

**あどけない** 形 むじゃきで、かわいらしい。例 赤《あか》ちゃんのあどけない笑顔《えがお》。類 いとけない。

**あとさき【後先】** 名 ❶前《まえ》と後《うし》ろ。例 後先になって歩《ある》く。❷ものごとの前《まえ》とあと。また、その順序《じゅんじょ》。例 後先も考《かんが》えない。

**後先《あとさき》になる** 順序《じゅんじょ》がぎゃくになる。例 話《はなし》が後先になって、わかりにくい。

**あとじさり【後じさり】** 名 動-する ⬇あとずさり31ページ

**あとしまつ【後始末・跡始末】** 名 ものごとのきまりをつけること。あと片付《かたづ》け。例 会場《かいじょう》のあとしまつをする。

**あとずさり【後ずさり】** 名 動-する 前向《まえむ》きのままで、後《うし》ろに下《さ》がること。あとじさり。例 こわくて思《おも》わず後ずさりする。

**あとち【跡地】** 名 建物《たてもの》などをとりこわしたあとの土地《とち》。例 学校《がっこう》の跡地に公園《こうえん》ができる。

**あとつぎ【跡継ぎ】** 名 ❶家《いえ》のあとをつぐ人《ひと》。跡取《あとと》り。❷前《まえ》の人《ひと》の仕事《しごと》や役目《やくめ》を受《う》けつぐ人《ひと》。

**あとづけ【後付け】** 名 ❶手紙《てがみ》で、本文《ほんぶん》のあとに付《つ》ける日付《ひづけ》や本人《ほんにん》の名前《なまえ》、あて名《な》など。❷本《ほん》や雑誌《ざっし》で、本文《ほんぶん》のあとに付《つ》ける後書《あとが》きや付録《ふろく》、索引《さくいん》など。❸あとから付《つ》け加《くわ》えること。例 後付けの理由《りゆう》。

**あととり【跡取り】** 名 家《いえ》の跡継《あとつ》ぎ。

**アドバイス** 〔英語 advice〕名 動-する ちょっとしたことを教《おし》えて助《たす》けること。また、その言葉《ことば》。助言《じょげん》。例 先生《せんせい》のアドバイス。

**あとばらい【後払い】** 名 動-する 代金《だいきん》をあとで払《はら》うこと。対 先払《さきばら》い。前払《まえばら》い。

**アドバルーン** 名〔日本《にっぽん》でできた英語《えいご》ふうの言葉《ことば》。〕広告《こうこく》をつけて高《たか》く揚《あ》げる気球《ききゅう》。

**アトピー** 〔英語 atopy〕名〔「アトピー性《せい》皮膚《ひふ》炎《えん》」の略《りゃく》。〕アレルギーなどのある人《ひと》に、いろいろな刺激《しげき》が加《くわ》わって、皮膚《ひふ》が赤《あか》くなったり、ぶつぶつができたりすること。

**アドベンチャー** 〔英語 adventure〕名 冒《ぼう》険《けん》。

**あとまわし【後回し】** 名 順番《じゅんばん》をかえて、あとのほうに回《まわ》すこと。類 先送《さきおく》り。

**あともどり【後戻り】** 名 動-する ❶道《みち》を引《ひ》き返《かえ》すこと。❷よいほうへ向《む》かっていたことが、それまでより悪《わる》くなること。例 一度《いち ど》上《あ》がった成績《せいせき》が後戻りした。

**アトラクション** 〔英語 attraction〕名 おもなもよおしの他《ほか》にそえる、演芸《えんげい》などの出《だ》し物《もの》。

**アトランダム** 〔英語 at random〕形動 手当《てあ》たりしだいにするようす。例 名簿《めいぼ》からアトランダムに選《えら》び出《だ》す。

**アトリエ** 〔フランス語〕名 画家《がか》や、彫刻家《ちょうこくか》などが仕事《しごと》をする部屋《へや》。

**アドリブ** 〔英語 ad lib〕名 雰囲気《ふんいき》や流《なが》れに合《あ》わせて、その場《ば》で思《おも》いついたしぐさや言葉《ことば》を自由《じゆう》に表《あらわ》すこと。

**アドレス** 〔英語 address〕名 ❶住所《じゅうしょ》。あて名《な》。❷インターネット上《じょう》で、電子《でんし》メールやホームページがある場所《ばしょ》を示《しめ》すもの。住所《じゅうしょ》や電話番号《でんわばんごう》にあたる。例 メールアドレス。

**°あな【穴】** 名 ❶くぼんだ所《ところ》。例 庭《にわ》に穴をほる。❷向《む》こうまでつきぬけている部分《ぶぶん》。例 壁《かべ》に穴を開《あ》ける。❸弱《よわ》いところ。例 チームの穴をうめる。❹損《そん》。不足《ふそく》。例 会計《かいけい》に穴があく。⬇けつ【穴】400ページ

**穴《あな》があったら入《はい》りたい** かくれたくなるほど、はずかしくてたまらない。

**穴《あな》のあくほど見《み》る** じっと見続《みつづ》ける。

**穴《あな》をあける** ❶損《そん》を出《だ》す。例 会費《かいひ》に穴をあける。❷(担当《たんとう》の人《ひと》が休《やす》んだりして)空《あ》いたところができる。例 舞台《ぶたい》に穴をあける。

**あなうめ【穴埋め】** 名 動-する ❶穴《あな》をうめること。❷足《た》りないところを補《おぎな》うこと。例 遊《あそ》んだ穴埋めに働《はたら》く。

**°アナウンサー** 〔英語 announcer〕名 ラジオやテレビなどで、ニュースの原稿《げんこう》を読《よ》むなどする人《ひと》。アナ。

**✤アナウンス** 〔英語 announce〕名 動-する マイクを使《つか》って、みんなに知《し》らせること。放送《ほうそう》。例 場内《じょうない》アナウンス。

**あながち** 副 必《かなら》ずしも。まんざら。例 弟《おとうと》の考《かんが》えも、あながちまちがいではない。注意



世界の国 イギリス ヨーロッパの西《にし》にある国《くに》。イングランド・ウェールズ・スコットランド・北《きた》アイルランドの四地域《よんちいき》かもある。

あとに、「ない」などの打《う》ち消《け》しの言葉《ことば》がくる。

✤**あなかんむり** 名 漢字《かんじ》の部首《ぶしゅ》で、「かんむり」の一《ひと》つ。「空《くう》」「究《きゅう》」などの「穴」の部分《ぶぶん》。

**あなぐら【穴蔵・穴倉】** 名 地中《ちちゅう》にほって造《つく》った、物《もの》をしまっておく所《ところ》。

**アナグラム**〔英語 anagram〕名 言葉《ことば》の文字《もじ》の順序《じゅんばん》を入《い》れ替《か》えて、べつの言葉《ことば》をつくる遊《あそ》び。たとえば「とけい」と「けいと」など。

**あなた【〈彼方〉】** 代名 向《む》こうのほう。あちら。かなた。〔古《ふる》い言《い》い方《かた》。〕例 山《やま》のあなた。

○**あなた【〈貴方〉】** 代名 相手《あいて》を指《さ》して言《い》う言葉《ことば》。例 あなたと私《わたし》。注意 目上《めうえ》の人《ひと》には使《つか》わない。

**あなどる【侮る】** 動 軽《かる》く見《み》る。見《み》くびる。例 子《こ》どもだからと侮ってはいけない。↓ぶ【侮】 1124ページ

**あなば【穴場】** 名〔観光地《かんこうち》や釣《つ》り場《ば》などで〕あまり人《ひと》に知《し》られていない、いい場所《ばしょ》。

**アナログ**〔英語 analog〕名 数《かず》や量《りょう》を、数字《すうじ》ではなく、連続的《れんぞくてき》に変化《へんか》する角度《かくど》や長《なが》さで表《あらわ》すこと。対 デジタル。参考 二本《にほん》の針《はり》の角度《かくど》で時刻《じこく》を表《あらわ》す時計《とけい》を、アナログ式《しき》の時計《とけい》という。

○**あに【兄】** 名 年上《としうえ》の、男《おとこ》のきょうだい。対 弟《おとうと》。関連 弟《おとうと》。姉《あね》。妹《いもうと》。↓かぞく(家族) 236ページ／↓けい【兄】 386ページ

**あにき【兄貴】** 名 ❶「兄《あに》」を、親《した》しんで呼《よ》ぶ言葉《ことば》。❷兄《あに》のようにつきあう年上《としうえ》の人《ひと》。

**あにでし【兄弟子】** 名 自分《じぶん》より先《さき》に、同《おな》じ師匠《ししょう》や先生《せんせい》の弟子《でし》になった人《ひと》。

**アニメ** 名〔英語《えいご》の「アニメーション」の略《りゃく》。〕↓アニメーション 32ページ

**アニメーション**〔英語 animation〕名 かいた絵《え》や人形《にんぎょう》を、動《うご》きに従《したが》って一《ひと》こま一《ひと》こま撮影《さつえい》し、それを映《うつ》して実際《じっさい》に動《うご》いているように見《み》せる映像《えいぞう》。動画《どうが》。アニメ。

**あによめ【兄嫁】** 名 兄《あに》の妻《つま》。

○**あね【姉】** 名 年上《としうえ》の、女《おんな》のきょうだい。対 妹《いもうと》。関連 兄《あに》。弟《おとうと》。妹《いもうと》。↓かぞく(家族) 236ページ／↓し【姉】 536ページ

**あねったい【亜熱帯】** 名 熱帯《ねったい》と温帯《おんたい》との間《あいだ》にあたる地帯《ちたい》。対 亜寒帯《あかんたい》。

○**あの** 連体 ❶遠《とお》くのものを指《さ》す言葉《ことば》。向《む》こうの。例 あの山《やま》。❷話《はな》し手《て》も聞《き》き手《て》も知《し》っているものごとを指《さ》す言葉《ことば》。例 あの話《はなし》をしよう。↓こそあどことば 467ページ

**あのよ【あの世】** 名 人《ひと》が死《し》んでから行《い》くと考《かんが》えられている世界《せかい》。

**アパート** 名〔英語《えいご》の「アパートメントハウス」の略《りゃく》。〕それぞれに人《ひと》が住《す》めるように中《なか》を区切《くぎ》って、貸《か》すように造《つく》った建物《たてもの》。

**あばく【暴く】** 動 ❶うめてある物《もの》をほり出《だ》す。例 墓《はか》を暴く。❷人《ひと》に知《し》られたくないことをさぐり出《だ》して、みんなに知《し》らせる。例 秘《ひ》密《みつ》を暴く。↓ぼう【暴】 1192ページ

**あばた** 名 天然痘《てんねんとう》にかかって顔《かお》にできた、おできのあと。また、それに似《に》た顔《かお》のくぼみ。

**あばたもえくぼ** 好《す》きな相手《あいて》となれば、どんな欠点《けってん》も長所《ちょうしょ》に見《み》える。

**あばらぼね【あばら骨】** 名 ↓ろっこつ 1417ページ

**あばらや【あばら家】** 名 粗末《そまつ》な家《いえ》。荒《あ》れ果《は》てた家《いえ》。

**アパルトヘイト**〔アフリカーンス語〕名 南《みなみ》アフリカ共和国《きょうわこく》で行《おこな》われていた、黒人《こくじん》を差別《さべつ》し隔離《かくり》する制度《せいど》。一九九一年《ねん》に廃止《はいし》された。参考 アフリカーンス語《ご》は、南《みなみ》アフリカ共和《きょうわ》国《こく》で使《つか》われている言葉《ことば》。

○**あばれる【暴れる】** 動 ❶乱暴《らんぼう》なことをする。例 教室《きょうしつ》で暴れてはいけない。❷思《おも》う存《ぞん》分《ぶん》自由《じゆう》なことをする。例 決勝《けっしょう》では暴れてみせる。↓ぼう【暴】 1192ページ

**あばれんぼう【暴れん坊】** 名 乱暴《らんぼう》な行《おこな》いをする人《ひと》。

**アピール**〔英語 appeal〕名 動-する うったえる。呼《よ》びかける。注目《ちゅうもく》させる。例 戦争反対《せんそうはんたい》のアピール。若《わか》い人《ひと》にアピールする歌《うた》。

**あびせる【浴びせる】** 動 ❶水《みず》などを、勢《いきお》いよくかける。例 水《みず》を浴びせる。❷言葉《ことば》を投《な》げかける。例 次々《つぎつぎ》に質問《しつもん》を浴びせる。❸攻撃《こうげき》を加《くわ》える。例 ひと太刀《たち》浴びせる。↓よく【浴】 1356ページ

**あひる【〈家鴨〉】** 名 川《かわ》や池《いけ》の近《ちか》くで飼《か》う、カモに似《に》た水鳥《みずとり》。大《おお》きな水《みず》かきのある足《あし》が、体《からだ》の後《うし》ろのほうにあり、よたよたと歩《ある》く。

○**あびる【浴びる】** 動 ❶水《みず》などを体《からだ》にかけ

首都《しゅと》エルサレム。人口約《じんこうやく》950万人《まんにん》。略称《りゃくしょう》ISR。

る。例シャワーを浴びる。❷体《からだ》にたくさん受《う》ける。例朝日《あさひ》を浴びる。❸受《う》ける。例拍《はく》手《しゅ》を浴びる。

**あぶ【虻】**名 ハエに似《に》た形《かたち》の昆虫《こんちゅう》。雌《めす》が人《ひと》や馬《うま》・牛《うし》などの血《ち》をすうものもいる。↓よく【浴】1356ページ

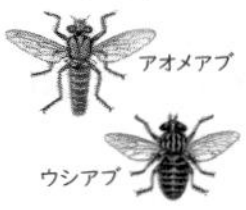

〔あぶ〕

**アフガニスタン** 地名 アジアの西部《せいぶ》、イランの東《ひがし》にある国《くに》。首都《しゅと》はカブール。

**あぶく** 名 ↓あわ（泡）45ページ

**アフターケア**〔英語 aftercare〕名 ❶病《びょう》気《き》が治《なお》ったあと、体《からだ》の手《て》入《い》れをしたり、動《うご》く訓《くん》練《れん》をしたりすること。❷アフターサービス。

**アフターサービス** 名〔日本《にっぽん》でできた英《えい》語《ご》ふうの言葉《ことば》。〕会社《かいしゃ》や商店《しょうてん》が、売《う》った品物《しなもの》の面倒《めんどう》をある期間《きかん》みること。アフターケア。

**アフタヌーン**〔英語 afternoon〕名 ❶午後《ごご》。❷女性《じょせい》の礼服《れいふく》。アフタヌーンドレス。

**°あぶない【危ない】**形 ❶よくないことが起《お》こりそうで気《き》がかりだ。例命《いのち》が危ない。❷悪《わる》くなりそうだ。例明日《あす》の天気《てんき》は危ない。❸確《たし》かでない。例来《く》るかどうか危ないものだ。↓き【危】290ページ

**危《あぶ》ない橋《はし》を渡《わた》る** 危《あぶ》ないと知《し》りながら、かまわずにする。例危ない橋を渡ってひともうけする。

**あぶなく【危なく】**副 ❶もう少《すこ》しで。あやうく。例危なく乗《の》りおくれるところだった。❷やっとのことで。例おぼれかけて危なく助《たす》かった。

**あぶなげない【危なげない】**形 はらはらするところがない。例危なげない勝《しょう》利《り》。

**あぶなっかしい【危なっかしい】**形 見《み》るからに危《あぶ》ない感《かん》じがする。例よちよちと危なっかしい足《あし》どりだ。

**アブノーマル**〔英語 abnormal〕形動 正《せい》常《じょう》でないようす。対ノーマル。

**あぶはちとらず【虻蜂取らず】**〔アブとハチの両方《りょうほう》を同時《どうじ》につかまえようとして、しくじることから〕両方《りょうほう》を得《え》ようとして、かえってどちらも得《え》られない。類二兎《にと》を追《お》う者《もの》は一兎《いっと》をも得《え》ず。

**あぶみ** 名 馬《うま》のくらの両側《りょうがわ》にたらして、乗《の》る人《ひと》が足《あし》を掛《か》けられるようにした器具《きぐ》。↓くら（鞍）375ページ

**°あぶら【油】**名 植物《しょくぶつ》・鉱物《こうぶつ》からとった、水《みず》と混《ま》ざらない、燃《も》えやすい液体《えきたい》。例ごま油。機《き》械《かい》に油をさす。↓ゆ【油】1333ページ

**油《あぶら》を売《う》る** 仕事中《しごとちゅう》に、むだ話《ばなし》をして時間《じかん》を過《す》ごす。なまける。

**油《あぶら》を絞《しぼ》る** あやまちや失敗《しっぱい》を厳《きび》しくせめたてる。例ずる休《やす》みがわかって、油をしぼられた。

**あぶら【脂】**名 動物《どうぶつ》の体《からだ》の中《なか》にある脂肪《しぼう》。↓し【脂】538ページ

**脂《あぶら》がのる** ❶魚《さかな》などが、脂肪《しぼう》が増《ふ》えておいしくなる。例脂がのったサンマ。❷仕《し》事《こと》に調《ちょう》子《し》が出《て》てきて、うまく進《すす》む。

**あぶらあげ【油揚げ】**名 薄《うす》く切《き》った豆《とう》腐《ふ》を油《あぶら》であげた食《た》べ物《もの》。あぶらげ。あげ。

**あぶらあせ【脂汗】**名 苦《くる》しいときなどに、体《からだ》からにじみ出《で》る汗《あせ》。

**あぶらいため【油いため】**名 食物《しょくもつ》を油《あぶら》でいためて調《ちょう》理《り》すること。また、その料理《りょうり》。

**あぶらえ【油絵】**名 油《あぶら》でといた絵《え》の具《ぐ》で、板《いた》やキャンバスにかいた絵《え》。

**あぶらがみ【油紙】**名 油《あぶら》をしみこませて、水《みず》を通《とお》さないようにした紙《かみ》。

**あぶらぎる【脂ぎる】**動 脂肪《しぼう》でぎらぎらしている。例脂ぎった額《ひたい》。

**あぶらけ【油気】**名 油《あぶら》を含《ふく》んでいること。例油気のない髪《かみ》の毛《け》。

**あぶらけ【脂気】**名 脂《あぶら》を含《ふく》んでいること。例脂気のないはだ。

**あぶらげ** 名 ↓あぶらあげ 33ページ

例解 ↔ 使い分け

**油《あぶら》と脂《あぶら》**

油《あぶら》でいためる。
油《あぶら》をタンクに入《い》れる。

牛肉《ぎゅうにく》の脂《あぶら》。
脂《あぶら》がのった魚《さかな》。



世界の国 イスラエル 地中海東岸《ちちゅうかいとうがん》にある国《くに》。小麦《こむぎ》・ジャガイモなどの農業《のうぎょう》のほか、工業《こうぎょう》でも高《たか》い技術《ぎじゅつ》をもっている。

**あぶらぜみ【油ぜみ】** 名 夏《なつ》、ふつうに見《み》られるセミ。やや大形《おおがた》で、体《からだ》は黒《くろ》く羽《はね》は茶色《ちゃいろ》である。⬇せみ 724ページ

**あぶらっこい【脂っこい】** 形 （食《た》べ物《もの》などの）脂気《あぶらけ》が強《つよ》い。例 脂っこい料理《りょうり》。参考「油《あぶら》っこい」とも書《か》く。

**あぶらでり【油照り】** 名 うすぐもりで風《かぜ》がなく、じりじりとむし暑《あつ》い天気《てんき》。

**あぶらな【油菜】** 名 畑《はたけ》に作《つく》る作物《さくもつ》。春《はる》、黄色《きいろ》の花《はな》〔＝ナノハナ〕が咲《さ》く。種《たね》から、菜種油《なたねあぶら》をとる。

**あぶらねんど【油粘土】** 名 ねん土《ど》に油《あぶら》などをまぜたもの。工作《こうさく》の材料《ざいりょう》に使《つか》う。

**あぶらみ【脂身】** 名 肉《にく》の、脂肪《しぼう》の多《おお》い部分《ぶぶん》。

**あぶらむし【油虫】** 名 ❶「ゴキブリ」のこと。❷「アリマキ」のこと。

**アプリ** 名 〔英語《えいご》の「アプリケーションソフトウエア」の略《りゃく》。〕コンピューターやスマートフォンで、文書作成《ぶんしょさくせい》やゲームなどいろいろな作業《さぎょう》に使《つか》うソフトウエアー。アプリケーション。

**アフリカ** 地名 六大州《ろくだいしゅう》の一《ひと》つ。アフリカ大陸《たいりく》と、周辺《しゅうへん》の島々《しまじま》を含《ふく》む地域《ちいき》。東《ひがし》はインド洋《よう》、西《にし》は大西洋《たいせいよう》、北《きた》は地中海《ちちゅうかい》に面《めん》している。エジプト・ケニアなどがある。

**アプリケーション** 〔英語 application〕名 ⬇アプリ 34ページ

**あぶりだし【あぶり出し】** 名 ミカンのしるや薬《くすり》で紙《かみ》に字《じ》や絵《え》をかき、かわかしてから火《ひ》であぶると、字《じ》や絵《え》が見《み》えてくるもの。

**あぶりだす【あぶり出す】** 動 （「あぶり出《だ》し」のように）かくされていたものごとを、しだいに明《あか》るみに出《だ》す。例 調査《ちょうさ》によって真実《しんじつ》をあぶり出す。

**°あぶる** 動 ❶火《ひ》にあてて、温《あたた》める。例 たき火《び》で手《て》をあぶる。❷火《ひ》にあてて、軽《かる》く焼《や》く。例 するめをあぶる。

**アフレコ** 名 〔英語《えいご》の「アフターレコーディング」の略《りゃく》。〕テレビ・映画《えいが》などで、先《さき》に映像《えいぞう》だけを撮影《さつえい》しておき、後《あと》からそれに合《あ》わせて音声《おんせい》を吹《ふ》き込《こ》むこと。

**°あふれる** 動 ❶いっぱいになって、こぼれる。例 大雨《おおあめ》で、川《かわ》の水《みず》があふれる。❷満《み》ちている。いっぱいである。例 町《まち》に人《ひと》が満《み》ちあふれている。

**あぶれる** 動 （限《かぎ》られた数《かず》からはみ出《だ》して）仕事《しごと》などにありつけない。例 職《しょく》にあぶれる。

**アプローチ** 〔英語 approach〕一 名 動-する 目《め》当《あ》てとするものに近《ちか》づくこと。接近《せっきん》。また、その方法《ほうほう》。例 科学的《かがくてき》なアプローチを試《こころ》みる。二 名 ある地点《ちてん》までの道筋《みちすじ》。例 ふもとまでのアプローチが長《なが》い。

**あべこべ** 名 形動 逆《ぎゃく》になっていること。

**あべの なかまろ** 『阿倍仲麻呂』 人名 （男）（六九八～七七〇）奈良時代《ならじだい》の文人《ぶんじん》・歌人《かじん》。唐《とう》〔＝中国《ちゅうごく》〕へ留学《りゅうがく》し、そのまま一生《いっしょう》を唐《とう》で過《す》ごした。「天《あま》の原《はら》ふりさけみれば春日《かすが》なる三笠《みかさ》の山《やま》に出《い》でし月《つき》かも」などの歌《うた》がある。

**あへん【阿片】** 名 ケシの実《み》からつくる麻薬《まやく》。痛《いた》み止《ど》めなどに使《つか》うが、むやみに使《つか》うと中毒《ちゅうどく》になる。

**アポ** 名 （面会《めんかい》などの）約束《やくそく》。アポイントメント。例 会長《かいちょう》に会《あ》うアポをとる。

**アポイントメント** 〔英語 appointment〕名 ⬇アポ 34ページ

**あほうどり** 名 北太平洋《きたたいへいよう》の島《しま》にすむ大《おお》きな鳥《とり》。体《からだ》は白《しろ》く、翼《つばさ》と尾《お》の一部《いちぶ》が黒《くろ》い。数《かず》が少《すく》なく、特別天然記念物《とくべつてんねんきねんぶつ》として保護《ほご》されている。

**アボカド** 〔英語 avocado〕名 洋《よう》ナシに似《に》た形《かたち》の、黒《くろ》っぽい緑色《みどりいろ》をした果物《くだもの》。脂肪分《しぼうぶん》が多《おお》く、「森《もり》のバター」とも言《い》われる。

**アボリジニ** 〔英語 Aborigine〕名 オーストラリア大陸《たいりく》の先住民《せんじゅうみん》。

**あま【天】**「天《てん》」の意味《いみ》を表《あらわ》す。例 天の川《がわ》。天下《あまくだ》り。⬇てん【天】 890ページ

**°あま【尼】** 名 ❶仏《ほとけ》に仕《つか》える女《おんな》のお坊《ぼう》さん。❷キリスト教《きょう》で、神《かみ》に仕《つか》える女《おんな》の人《ひと》。修道女《しゅうどうじょ》。⬇に【尼】 982ページ

**あま【雨】**「雨《あめ》」の意味《いみ》を表《あらわ》す。例 雨雲《あまぐも》。雨具《あまぐ》。⬇う【雨】 98ページ

**あま【〈海女〉・〈海士〉】** 名 海《うみ》にもぐって、海藻《かいそう》や貝《かい》などをとる仕事《しごと》をしている人《ひと》。参考「海女《あま》」「海士《あま》」は、特別《とくべつ》に認《みと》められた読《よ》み方《かた》。女《おんな》の人《ひと》は「海女《あま》」、男《おとこ》の人《ひと》は「海士《あま》」と書《か》く。

培《ばい》もさかん。首都《しゅと》ローマ。人口約《じんこうやく》6,000万人《まんにん》。略称《りゃくしょう》 ITA。漢字《かんじ》で「伊」と書《か》くこともある。

**あま【亜麻】** 名 夏《なつ》、白《しろ》かうす青色《あおいろ》の花《はな》をつける一年草《いちねんそう》。茎《くき》の繊維《せんい》で織物《おりもの》をつくり、種《たね》からは亜《あ》麻《ま》仁《に》油《あぶら》をとる。

**アマ** 名〔英語《えいご》の「アマチュア」の略《りゃく》。〕⇩アマチュア 35ページ。対プロ。

**あまあし【雨足・雨脚】** 名 ❶雨《あめ》が降《ふ》ったり、通《とお》り過《す》ぎたりしていくようす。例雨足が速《はや》い。❷降《ふ》る雨《あめ》が線《せん》を引《ひ》いたように見《み》えるもの。例激《はげ》しい雨足。雨足が強《つよ》い。

**◦あまい【甘い】** 形 ❶砂《さ》糖《とう》のような味《あじ》がする。例甘いお菓《か》子《し》。❷厳《きび》しくない。例子《こ》どもに甘い。対(❶・❷)辛《から》い。❸心《こころ》がうっとりとするようだ。例甘い音《ね》色《いろ》。❹心《こころ》を迷《まよ》わせる。例甘い言《こと》葉《ば》に注《ちゅう》意《い》する。⇩かん【甘】272ページ

**◦あまえる【甘える】** 動 ❶わがままを言《い》ったり、なれなれしくしたりする。例母《はは》に甘える。❷人《ひと》の親《しん》切《せつ》に寄《よ》りかかる。例ご好《こう》意《い》に甘える。⇩かん【甘】272ページ

**あまえんぼう【甘えん坊】** 名 甘《あま》えてばかりいる子《こ》。甘《あま》えんぼ。甘《あま》ったれ。

**あまおと【雨音】** 名 雨《あめ》の降《ふ》る音《おと》。あめおと。

**あまがえる【雨蛙】** 名 草《くさ》むらや木《き》の上《うえ》にいて虫《むし》などを食《た》べる緑《みどり》色《いろ》のカエル。雄《おす》は、雨《あめ》の前《まえ》によく鳴《な》く。⇩かえる(蛙) 210ページ

**あまがさ【雨傘】** 名 雨《あめ》のときにさすかさ。

**あまがっぱ【雨がっぱ】** 名 ⇩かっぱ 248ページ

**あまぐ【雨具】** 名 雨《あめ》のときに身《み》につけるもの。傘《かさ》・雨《あま》靴《ぐつ》・レーンコートなど。

**あまくさしょとう【天草諸島】** 地名 熊《くま》本《もと》県《けん》の南《なん》西《せい》部《ぶ》、八《やつ》代《しろ》海《かい》の西《にし》にある島《しま》々《じま》。雲《うん》仙《ぜん》天《あま》草《くさ》国《こく》立《りつ》公《こう》園《えん》の一《いち》部《ぶ》である。

**あまくさ しろう【天草四郎】** 人名(男)(一六二一〜一六三八)島《しま》原《ばら》・天《あま》草《くさ》一《いっ》揆《き》の中《ちゅう》心《しん》とされた少《しょう》年《ねん》。本《ほん》名《みょう》は益《ます》田《だ》時《とき》貞《さだ》。キリスト教《きょう》の禁《きん》止《し》や高《たか》い年《ねん》貢《ぐ》に苦《くる》しむ農《のう》民《みん》とともに、幕《ばく》府《ふ》軍《ぐん》と戦《たたか》って死《し》んだ。

**あまくだり【天下り】** 名 ❶神《かみ》が天《てん》から地《ち》上《じょう》におりてくること。❷役《やく》人《にん》が役《やく》所《しょ》をやめたあと、その役《やく》所《しょ》と関《かん》係《けい》のある会《かい》社《しゃ》などに勤《つと》めること。

**あまくち【甘口】** 名 (料《りょう》理《り》や酒《さけ》などの味《あじ》が)同《おな》じ種《しゅ》類《るい》の、他《ほか》のものと比《くら》べて甘《あま》みが強《つよ》いこと。対辛《から》口《くち》。

**あまくみる【甘く見る】** たいしたことはないと思《おも》う。例世《よ》の中《なか》を甘く見てはいけない。

**あまぐも【雨雲】** 名 雨《あめ》を降《ふ》らす雲《くも》。例雨雲が低《ひく》く垂《た》れこめる。⇩くも(雲) 373ページ

**あまごい【雨乞い】** 名 日《ひ》照《て》りが続《つづ》いて困《こま》るとき、雨《あめ》が降《ふ》るように神《かみ》や仏《ほとけ》に祈《いの》ること。

**あまさ【甘さ】** 名 あまい程《てい》度《ど》。

**あまざけ【甘酒】** 名 もち米《ごめ》のかゆにこうじを混《ま》ぜて作《つく》った、甘《あま》い飲《の》み物《もの》。

**あまざらし【雨ざらし】** 名 雨《あめ》にぬれたままになっていること。例雨ざらしの車《くるま》。

**◦あます【余す】** 動 ❶(多《おお》すぎて)残《のこ》す。例ごちそうを余す。❷〔「余《あま》すところ」の形《かたち》で〕残《のこ》っている。例夏《なつ》休《やす》みも、余すところあと三《みっ》日《か》になった。⇩よ【余】1346ページ

**余《あま》すところなく** 残《のこ》らず。例思《おも》っていたことは、余すところなくやった。

**あまずっぱい【甘酸っぱい】** 形 あまくてすっぱい。例甘酸っぱいみかん。

**アマゾンがわ【アマゾン川】** 地名 南《みなみ》アメリカのアンデス山《さん》脈《みゃく》から東《ひがし》に流《なが》れ、ブラジルの北《ほく》部《ぶ》で大《たい》西《せい》洋《よう》に注《そそ》ぐ大《おお》きな川《かわ》。

**あまた** 副 たくさん。例引《ひ》く手《て》あまた〔=さそいが多《おお》い〕。

**あまだれ【雨垂れ】** 名 のき先《さき》などから、ぽとぽと落《お》ちる雨《あめ》のしずく。

**雨《あま》垂《だ》れ石《いし》をうがつ** 〔雨《あま》垂《だ》れも長《なが》い年《ねん》月《げつ》たつと、石《いし》に穴《あな》をあけることがあるように〕小《ちい》さなことでも根《こん》気《き》よく続《つづ》ければ、大《おお》きな結《けっ》果《か》を生《う》むものだ。

**あまちゃ【甘茶】** 名 四《し》月《がつ》八《よう》日《か》の花《はな》祭《まつ》りに、釈《しゃ》迦《か》の誕《たん》生《じょう》を祝《いわ》って像《ぞう》にかける、甘《あま》みのあるお茶《ちゃ》。アマチャノキの葉《は》から作《つく》る。

**アマチュア** 〔英語 amateur〕名 職《しょく》業《ぎょう》でなく、好《す》きでものごとをする人《ひと》。しろうと。アマ。対プロフェッショナル。

**あまつさえ** 副 そのうえ。さらに。〔改《あらた》まった言《い》い方《かた》。〕例雪《ゆき》になり、あまつさえ電《でん》車《しゃ》も止《と》まった。

**あまったるい【甘ったるい】** 形 ❶たいへん甘《あま》い。いやになるほど甘《あま》い。❷甘《あま》えてい



世界の国 イタリア 地《ち》中《ちゅう》海《かい》につきでた南《みなみ》ヨーロッパの国《くに》。機《き》械《かい》工《こう》業《ぎょう》や美《び》術《じゅつ》工《こう》芸《げい》が発《はっ》達《たつ》し、ブドウやオリーブなどの栽《さい》

る。例 甘ったるい声《こえ》。

**あまったれる【甘ったれる】** 動 ひどく甘《あま》える。例 甘ったれている子《こ》ども。

**あまつぶ【雨粒】** 名 雨《あめ》のしずく。あめつぶ。

**あまてらすおおみかみ〖天照大神〗** 人名（女）「古事記《こじき》」などに出《で》てくる、日本《にっぽん》の神話《しんわ》でもっとも位《くらい》が高《たか》い神《かみ》。日《ひ》〔=太陽《たいよう》〕の女《め》神《がみ》で、伊勢神宮《いせじんぐう》に祭《まつ》られている。

**あまど【雨戸】** 名 雨《あめ》や風《かぜ》を防《ふせ》ぐために、障《しょう》子《じ》やガラス戸《ど》の外側《そとがわ》につける戸《と》。

**あまどい【雨樋】** 名 ⬇とい（樋）❶ 902ページ／いえ❶ 55ページ

**あまとう【甘党】** 名 甘《あま》いものが大好《だいす》きな人《ひと》。対 辛党《からとう》。

**あまねく** 副 すみからすみまで。広《ひろ》く。例 あまねく知《し》れわたる。

**あまのがわ【天の川】** 名 晴《は》れた夜空《よぞら》に、川《かわ》のように見《み》える光《ひかり》の帯《おび》。たくさんの星《ほし》や星《せい》雲《うん》の集《あつ》まり。銀河《ぎんが》。参考 七夕《たなばた》の伝説《てんせつ》がある。

**あまのじゃく【天邪鬼】** 名 ❶人《ひと》の言《い》うことやすることに、わざと反対《はんたい》したり、じゃまをしたりする人《ひと》。へそ曲《ま》がり。つむじ曲《ま》がり。❷昔話《むかしばなし》に出《で》てくる鬼《おに》。

**あまのはしだて〖天橋立〗** 地名 京都府《きょうとふ》の北部《ほくぶ》、宮津湾《みやづわん》にある砂《すな》が積《つ》もってできた細《ほそ》長《なが》い陸地《りくち》。日本三景《にほんさんけい》の一《ひと》つ。

**あまみ【甘み】** 名 あまい感《かん》じ。あまさ。例 甘みが強《つよ》い。

**あまみおおしま〖奄美大島〗** 地名 鹿児《かご》島県《しまけん》の薩南諸島《さつなんしょとう》にある大《おお》きな島《しま》。

**あまみぐんとうこくりつこうえん〖奄美群島国立公園〗** 地名 鹿児島県《かごしまけん》の最南部《さいなんぶ》にある国立公園《こくりつこうえん》。亜熱帯《あねったい》のゆたかな自《し》然《ぜん》と、そこに生《い》きる人々《ひとびと》の文化《ぶんか》が生《う》み出《だ》した景観《けいかん》が、島々《しまじま》に残《のこ》されている。

**あまみず【雨水】** 名 雨《あめ》がたまった水《みず》。

**あまもよう【雨模様】** 名 ⬇あめもよう 38ページ

**あまもり【雨漏り】** 名 動する 家《いえ》の中《なか》に雨水《あまみず》が垂《た》れてくること。

**あまやかす【甘やかす】** 動 かわいがりすぎて、わがままにさせる。⇩かん【甘】272ページ

**あまやどり【雨宿り】** 名 動する のき下《した》や木《き》の下《した》などで、雨《あめ》のやむのを待《ま》つこと。例 にわか雨《あめ》に降《ふ》られて雨宿りする。

**◦あまり【余り】** 一 名 ❶残《のこ》り。例 ご飯《はん》の余り。❷〔算数《さんすう》の〕割《わ》り算《ざん》で、割《わ》りきれないで残《のこ》った数《かず》。❸〔「…のあまり」の形《かたち》で〕度《ど》が過《す》ぎて、別《べつ》のことが起《お》こること。例 感激《かんげき》のあまり、泣《な》きだした。二 形動 〔「あんまり」とも言《い》う。〕ひどく度《ど》をこしているようす。例 あまりな言《い》い方《かた》におどろく。三 副 〔「あんまり」とも言《い》う。〕❶たいへん。非常《ひじょう》に。例 あまり寒《さむ》いので、家《いえ》の中《なか》にいた。❷それほど。たいして。例 あまりうれしくない。四〔数《かず》を表《あらわ》す言葉《ことば》のあとにつけて〕それより少《すこ》し数《かず》が多《おお》いこと。例 二年《ねん》余りすぎた。参考 ふつう 一❸と 二と 三は、かな書《が》きにする。注意 三❷は、あとに「ない」などの打《う》ち消《け》しの言葉《ことば》がくる。

**あまりに【余りに】** 副 ふつう以上《いじょう》に。たいへん。例 その言《い》い方《かた》はあまりにもひどい。

**◦あまる【余る】** 動 ❶よぶんにある。残《のこ》る。例 お金《かね》が余る。❷〔算数《さんすう》の〕割《わ》り算《ざん》で、割《わ》りきれないで残《のこ》る。❸自分《じぶん》の力《ちから》ではできない。例 手《て》に余る。❹程《てい》度《ど》をこえている。例 身《み》に余る光栄《こうえい》。⇩よ【余】1346ページ

**あまん きみこ** 人名（女）（一九三一～　）童話作家《どうわさっか》。「車《くるま》のいろは空《そら》の色《いろ》」をはじめ、ほのぼのとしたファンタジー作品《さくひん》が多数《たすう》ある。

**あまんじる【甘んじる】** 動 しかたなく、文句《もんく》を言《い》わないで受《う》け入《い》れる。あまんずる。例 今《いま》の生活《せいかつ》に甘んじる。

**あまんずる【甘んずる】** 動 ⬇あまんじる 36ページ

**◦あみ【網】** 名 糸《いと》や針金《はりがね》などで、目《め》をあらく編《あ》んだもの。虫《むし》や魚《さかな》・けものなどをとるのに使《つか》う。例 金網《かなあみ》。⇩もう【網】1298ページ

**網《あみ》の目《め》のよう** 細《こま》かくはりめぐらされているようす。例 網の目のように、用水路《ようすいろ》が広《ひろ》がっている。

**網《あみ》を張《は》る** ❶鳥《とり》や魚《さかな》をとる網《あみ》をしかける。❷つかまえる準備《じゅんび》をして、待《ま》ちかまえる。例 駅《えき》で網を張っていたら、犯人《はんにん》が現《あらわ》れた。

**アミーバ** 名 ⬇アメーバ 37ページ

**あみがさ【編み笠】** 名 イグサやワラなど

が、今《いま》は石油《せきゆ》が経済《けいざい》の中心《ちゅうしん》。首都《しゅと》バグダッド。人口約《じんこうやく》3,960万人《まんにん》。略称《りゃくしょう》IRQ。

で編《あ》んでつくった笠《かさ》。➡かさ〔笠〕 229ページ

**あみだ【阿弥陀】** 名 ❶人《ひと》の死後《しご》を救《すく》うという仏《ほとけ》。阿弥陀仏《あみだぶつ》。阿弥陀如来《あみだにょらい》。❷帽子《ぼうし》などを、頭《あたま》の後《うし》ろのほうにかぶること。例 帽子《ぼうし》をあみだにかぶる。❸人数分《にんずうぶん》の縦線《たてせん》に横線《よこせん》を入《い》れて引《ひ》かせるくじ。あみだくじ。

**あみだくじ【阿弥陀くじ】** 名 くじの一《ひと》つ。くじを引《ひ》く人《ひと》の数《かず》だけ縦線《たてせん》を引《ひ》いて、線《せん》の端《はし》に当《あ》たりはずれを書《か》き、線《せん》と線《せん》の間《あいだ》へ適当《てきとう》に横線《よこせん》を書《か》き入《い》れたもの。縦線《たてせん》を上《うえ》から下《した》へ、横線《よこせん》があれば必《かなら》ず曲《ま》がりながらたどっていくと、その先《さき》に書《か》いてある当《あ》たりはずれがわかる。

**あみだす【編み出す】** 動 ❶編《あ》み始《はじ》める。❷〔新《あたら》しいものごとを〕考《かんが》え出《だ》す。例 今《いま》までなかった方法《ほうほう》を編み出す。

**あみだな【網棚】** 名 乗《の》り物《もの》で、荷物《にもつ》をのせられるように、網《あみ》を張《は》ったりパイプをわたしたりして作《つく》った棚《たな》。

**あみど【網戸】** 名 網《あみ》を張《は》った戸《と》。風通《かぜとお》しをよくし、虫《むし》が入《はい》るのを防《ふせ》ぐ。

**アミノさん【アミノ酸】** 名 たんぱく質《しつ》を作《つく》っている化合物《かごうぶつ》。食《た》べ物《もの》に含《ふく》まれるたんぱく質《しつ》は体《からだ》の中《なか》でアミノ酸《さん》となって吸収《きゅうしゅう》され、再《ふたた》び血《ち》や筋肉《きんにく》などのたんぱく質《しつ》となる。

**あみのめ【網の目】** 名 網《あみ》の一《ひと》つ一《ひと》つのすき間《ま》。あみめ。

**あみめ【網目】** 名 ❶➡あみのめ 37ページ。❷網《あみ》のようになったもよう。例 網目もよう。

**あみめ【編み目】** 名 毛糸《けいと》などを編《あ》んだものの、すき間《ま》。

**あみもと【網元】** 名 船《ふね》や網《あみ》を持《も》ち、大勢《おおぜい》の漁師《りょうし》をやとって漁業《ぎょぎょう》をする人《ひと》。

**あみもの【編み物】** 名 毛糸《けいと》などを編《あ》んで、手袋《てぶくろ》やセーターなどを作《つく》ること。また、編《あ》んだ物《もの》。

**アミューズメント** 〔英語 amusement〕 名 楽《たの》しみ。娯楽《ごらく》。例 アミューズメントパーク〔＝遊園地《ゆうえんち》〕。

**アミラーゼ** 〔ドイツ語〕 名 酵素《こうそ》の一《ひと》つ。でんぷんなどを消化《しょうか》して糖《とう》にする。唾液《だえき》などに含《ふく》まれる。ジアスターゼ。

**あむ【編む】** 動 ❶糸《いと》・竹《たけ》・針金《はりがね》・髪《かみ》の毛《け》などを、たがいちがいに組《く》み合《あ》わせる。例 竹《たけ》でかごを編む。❷文章《ぶんしょう》などを集《あつ》めて本《ほん》にする。編集《へんしゅう》する。➡へん【編】 1183ページ

**アムンゼン** 人名 (男) (一八七二～一九二八)ノルウェーの探検家《たんけんか》。一九一一年《ねん》に人類《じんるい》で初《はじ》めて南極点《なんきょくてん》に着《つ》いた。一九二八年《ねん》に北極《ほっきょく》で行方不明《ゆくえふめい》になった。

**あめ【天】** 名 空《そら》。てん。➡てん【天】 890ページ

**あめ【雨】** 名 ❶空気中《くうきちゅう》の水蒸気《すいじょうき》が、高《たか》い空《そら》で冷《ひ》やされて水《みず》のしずくになって落《お》ちてくるもの。❷「❶」の降《ふ》る日《ひ》。例 明日《あす》は雨だ。❸続《つづ》けざまに降《ふ》りかかること。例 フラッシュの雨。
参考 他《ほか》の言葉《ことば》の前《まえ》につくと「雨水《あまみず》」のように「あま」、あとにつくと「春雨《はるさめ》」のように「さめ」と読《よ》むことがある。➡う【雨】 98ページ

**雨《あめ》が降《ふ》ろうが槍《やり》が降《ふ》ろうが** どんな困難《こんなん》が起《お》きようとも。例 雨が降ろうが槍が降ろうが約束《やくそく》どおり出《で》かけます。

**雨《あめ》降《ふ》って地《じ》固《かた》まる** 〔雨《あめ》が降《ふ》ったあと、地面《じめん》が固《かた》くなるように〕もめごとなどがあったあと、前《まえ》よりもよい状態《じょうたい》になること。

**あめ【飴】** 名 なめたりしゃぶったりして食《た》べるあまい菓子《かし》。例 あめ玉《だま》。水《みず》あめ。

**あめあがり【雨上がり】** 名 雨《あめ》がやんだあと。あまあがり。

**あめいろ【飴色】** 名 水《みず》あめのようにすきとおった、うす茶色《ちゃいろ》。

**アメーバ** 〔ドイツ語〕 名 池《いけ》や沼《ぬま》などにいて、顕微鏡《けんびきょう》でやっと見《み》えるくらいの小《ちい》さい動物《どうぶつ》。体《からだ》は一《ひと》つの細胞《さいぼう》でできていて、形《かたち》を自由《じゆう》に変《か》える。アミーバ。

**あめかんむり** 名 漢字《かんじ》の部首《ぶしゅ》で、「かんむ

例解 ことばの窓

**雨《あめ》を表《あらわ》す言葉《ことば》**

春雨《はるさめ》が音《おと》もなく降《ふ》っている。
梅雨《つゆ》のころはじとじととしてむし暑《あつ》い。
稲光《いなびかり》とともに雷雨《らいう》になった。
学校《がっこう》の帰《かえ》りに夕立《ゆうだち》にあった。
雪《ゆき》まじりのみぞれが降《ふ》りだした。
霧雨《きりさめ》で山《やま》がかすんでいる。
通《とお》り雨《あめ》だからすぐ晴《は》れるだろう。
豪雨《ごうう》のあと川《かわ》があふれた。





世界の国 イラク　アラビア半島北部《はんとうほくぶ》にある国《くに》。古代《こだい》のメソポタミア文明《ぶんめい》が生《う》まれた地《ち》。昔《むかし》は農作物《のうさくぶつ》がたくさんとれた

り」の一つ《ひと》。「雪《せつ》」「雲《うん》」などの「雨」の部分《ぶぶん》。天《てん》気《き》に関係《かんけい》する字《じ》が多《おお》い。

**アメダス**【AMeDAS】名〔「地《ち》域《いき》気《き》象《しょう》観《かん》測《そく》システム」という意味《いみ》の英語《えいご》の頭《かしら》文字《もじ》。〕全《ぜん》国《こく》の観測所《かんそくじょ》から、雨量《うりょう》や風向《ふうこう》・風速《ふうそく》・気温《きおん》などの情報《じょうほう》を自動的《じどうてき》に集《あつ》め、コンピューターを使《つか》って天気予報《てんきよほう》をするための仕《し》かけ。

**あめだま**【飴玉】名 丸《まる》い形《かたち》のあめ。

**アメフト** 名 ⬇アメリカンフットボール 38ページ

**あめふり**【雨降り】名 雨《あめ》が降《ふ》ること。雨《う》天《てん》。

**あめもよう**【雨模様】名 雨《あめ》が降《ふ》りそうな空《そら》のようす。あまもよう。

**アメリカ** 地名 ❶太平洋《たいへいよう》と大西洋《たいせいよう》とにはさまれた大陸《たいりく》。南北《なんぼく》アメリカ大陸《たいりく》を合《あ》わせていう。❷アメリカ合衆国《がっしゅうこく》のこと。

**アメリカがっしゅうこく**〖アメリカ合衆国〗地名 北《きた》アメリカ大陸《たいりく》の中央部《ちゅうおうぶ》にある国《くに》。首都《しゅと》はワシントン。五〇州《しゅう》からなる。一七七六年《ねん》にイギリスから独立《どくりつ》した。アメリカ。米国《べいこく》。USA《ユーエスエー》。

**アメリカざりがに** 名 池《いけ》や田《た》んぼにすむ、大《おお》きなはさみをもった体《からだ》の赤《あか》いエビ。昭《しょう》和《わ》時代《じだい》の初《はじ》めにアメリカ合衆国《がっしゅうこく》から日本《にっぽん》に入《はい》ってきた。現在《げんざい》では、野外《やがい》に放《はな》すことが法《ほう》律《りつ》で禁《きん》じられている。

**アメリカしろひとり** 名 北《きた》アメリカ原産《げんさん》で、春《はる》から夏《なつ》に見《み》られる体《からだ》の白《しろ》いガ。幼虫《ようちゅう》はサクラなどの葉《は》を食《た》べる害虫《がいちゅう》。

**アメリカンフットボール**〔英語 American football〕名 ラグビーとサッカーをもとにして、アメリカで考《かんが》えられた球技《きゅうぎ》。一チーム一一人《にん》が、楕円形《だえんけい》のボールを持《も》ったり、投《な》げたり、けったりして敵《てき》の陣地《じんち》に持《も》ちこみ、得点《とくてん》を争《あらそ》う。アメフト。

**あめんぼ** 名 川《かわ》や池《いけ》の水面《すいめん》にういて、長《なが》い足《あし》ですべるように動《うご》く昆虫《こんちゅう》。体《からだ》は細長《ほそなが》く棒《ぼう》のようで、黒《くろ》やこげ茶色《ちゃいろ》をしている。

〔あめんぼ〕

**あや**【綾】名 ❶きれいな模様《もよう》。特《とく》に、ななめに交《まじ》わった線《せん》の模様《もよう》。❷入《い》りくんだ事情《じじょう》。例 事件《じけん》のあやを解明《かいめい》する。❸言葉《ことば》のたくみな言《い》い回《まわ》し。例 言葉《ことば》のあやにだまされる。

°**あやうい**【危うい】形 あぶない。危険《きけん》である。例 命《いのち》が危うい。⬇き【危】 290ページ

**あやうく**【危うく】副 ❶もう少《すこ》しで。あぶなく。例 危うく命《いのち》を落《お》とすところだった。❷やっとのことで。例 危うくセーフ。

**あやかる** 動 幸《しあわ》せな人《ひと》やものごとにまねて、自分《じぶん》もそうなる。例 おじいさんにあやかって、ぼくも長生《ながい》きしたい。

**あやしい**【妖しい】形 不思議《ふしぎ》で、心《こころ》が引《ひ》きつけられる。例 妖しい魅力《みりょく》。⬇よう【妖】 1349ページ

°**あやしい**【怪しい】形 ❶気味《きみ》が悪《わる》い。へんだ。例 怪しい物音《ものおと》がした。❷疑《うたが》わしい。信《しん》用《よう》できない。例 彼《かれ》の言《い》うことは、どうも怪しい。⬇かい【怪】 194ページ

°**あやしむ**【怪しむ】動 怪《あや》しいと思《おも》う。疑《うたが》う。例 ほんとうかどうか怪しむ。⬇かい【怪】 194ページ

**あやす** 動 (小《ちい》さな子《こ》どもの)機嫌《きげん》をとる。例 泣《な》く子《こ》をあやす。

**あやつりにんぎょう**【操り人形】名 ❶手《て》・足《あし》・頭《あたま》などをつった糸《いと》をあやつって動《うご》かす仕《し》かけの人形《にんぎょう》。直接《ちょくせつ》、手《て》や指《ゆび》で動《うご》かす人形《にんぎょう》もある。マリオネット。❷力《ちから》のある人《ひと》の言《い》うとおりに行動《こうどう》する人《ひと》のたとえ。

〔あやつりにんぎょう〕

°**あやつる**【操る】動 ❶糸《いと》をつけて、うまく動《うご》かす。例 人形《にんぎょう》を操る。❷自分《じぶん》の思《おも》うように、動《うご》かす。例 船《ふね》を操る。❸言葉《ことば》を上手《じょうず》に使《つか》う。例 英語《えいご》を自由《じゆう》に操る。❹かげにいて、人《ひと》を思《おも》いどおりに動《うご》かす。例 悪《わる》いやつに操られている。⬇そう【操】 742ページ

**あやとり**【綾取り】名 輪《わ》にした毛糸《けいと》やひもを左右《さゆう》の指《ゆび》にかけて、いろいろな形《かたち》を作《つく》る遊《あそ》び。相手《あいて》と取《と》り合《あ》ったり、一人《ひとり》で楽《たの》しんだりする。

**あやぶむ**【危ぶむ】動 悪《わる》くなるのではないかと心配《しんぱい》する。不安《ふあん》に思《おも》う。例 あしたの天《てん》気《き》が危ぶまれる。⬇き【危】 290ページ

**あやふや** 形動 はっきりしないようす。曖《あい》昧《まい》。例 あやふやな返事《へんじ》。

ヘラン。人口約《じんこうやく》8,400万人《まんにん》。略称《りゃくしょう》 IRI。

**あやまち【過ち】** 名 ❶まちがうこと。例過ちを改《あらた》める。❷うっかりしてやった失敗《しっぱい》。過《か》失《しつ》。↓か【過】189ページ

**あやまつ【過つ】** 動 ❶まちがう。例過たずに答《こた》える。❷やりそこなう。例過ってコップを割《わ》った。↓か【過】189ページ

**°あやまり【誤り】** 名 まちがい。やりそこない。例誤りを正《ただ》す。

**°あやまる【誤る】** 動 (行《こう》動《どう》や判《はん》断《だん》などを)まちがえる。例方《ほう》法《ほう》を誤る。↓ご【誤】421ページ

**°あやまる【謝る】** 動 許《ゆる》してくださいとお願《ねが》いする。わびる。例「ごめんなさい」と謝った。↓しゃ【謝】582ページ

**あやめ【〈菖蒲〉】** 名 野《の》山《やま》に生《は》え、庭《にわ》にも植《う》える草《くさ》花《ばな》。夏《なつ》の初《はじ》めに、むらさきや白《しろ》の花《はな》が咲《さ》く。葉《は》は細《ほそ》長《なが》くとがっていて、ハナショウブに似《に》ている。花《はな》びらに網《あみ》の目《め》のようなもようがある。

〔あやめ〕

**あやめる【殺める】** 動 殺《ころ》す。害《がい》を加《くわ》える。〔古《ふる》い言《い》い方《かた》。〕例人《ひと》を殺める。

**あゆ【鮎】** 名 きれいな川《かわ》にすむ魚《さかな》。夏《なつ》、鵜《う》飼《か》いやつりなどでとる。かおりがよく食《しょく》用《よう》にする。↓たんすいぎょ815ページ

**あゆみ【歩み】** 名 ❶歩《ある》くこと。❷進《すす》みぐあい。例六年《ねん》間《かん》の歩みをふり返《かえ》る。

**あゆみよる【歩み寄る】** 動 ❶歩《ある》いて近《ちか》づく。❷たがいにゆずり合《あ》って、考《かんが》えを近《ちか》づける。例歩み寄って解《かい》決《けつ》する。

**°あゆむ【歩む】** 動 ❶歩《ある》く。❷進《すす》む。例わが国《くに》の歩んだ道《みち》。↓ほ【歩】1187ページ

**あら【粗】** 名 ❶悪《わる》いところ。欠《けっ》点《てん》。例作《つく》り方《かた》にあらが目《め》立《だ》つ。❷魚《さかな》を料《りょう》理《り》したあとに残《のこ》った、骨《ほね》や頭《あたま》の部《ぶ》分《ぶん》。参考ふつう、かな書《が》きにする。

**アラート**〔英語 alert〕名 ❶警《けい》告《こく》。警《けい》報《ほう》。❷コンピューターシステムなどが、利《り》用《よう》者《しゃ》に注《ちゅう》意《い》するために表《ひょう》示《じ》するメッセージのこと。

**アラーム**〔英語 alarm〕名 ❶危《き》険《けん》などを知《し》らせる警《けい》報《ほう》。また、その装《そう》置《ち》。❷目《め》覚《ざ》まし時《ど》計《けい》。例アラームを七《しち》時《じ》にセットする。

**あらあらしい【荒荒しい】** 形 たいへん荒《あら》っぽい。例荒々しい足《あし》音《おと》。

**°あらい【荒い】** 形 ❶勢《いきお》いが激《はげ》しい。例波《なみ》が荒い。❷乱《らん》暴《ぼう》である。例言《こと》葉《ば》遣《づか》いが荒い。↓こう【荒】427ページ

**°あらい【粗い】** 形 ❶すき間《ま》が大《おお》きい。まばらである。例網《あみ》の目《め》が粗い。対細《こま》かい。❷ざらざらしている。例手《て》ざわりが粗い。対なめらか。❸大《おお》ざっぱである。粗《そ》末《まつ》だ。例考《かんが》え方《かた》が粗い。対細《こま》かい。↓そ【粗】740ページ

**あらいおとす【洗い落とす】** 動 洗《あら》ってきれいにする。

**あらいぐま【洗い熊】** 名 タヌキに似《に》た動《どう》物《ぶつ》。尾《お》に黒《くろ》いしまがある。えさを洗《あら》って食《た》べるようなしぐさをする。

**あらいざらい【洗いざらい】** 副 残《のこ》らず。何《なに》もかも。例洗いざらい話《はな》す。

**あらいざらし【洗いざらし】** 名 何《なん》度《ど》も洗《あら》って色《いろ》があせていること。例洗いざらしのシャツ。

**あらいながす【洗い流す】** 動 水《みず》や湯《ゆ》などをかけて、余《よ》分《ぶん》なものを取《と》りのぞく。

**あらいば【洗い場】** 名 ❶(ふろ場《ば》の)体《からだ》を洗《あら》う所《ところ》。❷食《しょっ》器《き》洗《あら》いや洗《せん》濯《たく》をする所《ところ》。

**あらい はくせき**〖新井白石《えどじだい》〗人名(男)(一六五七〜一七二五)江《え》戸《ど》時《じ》代《だい》の政《せい》治《じ》家《か》・学《がく》者《しゃ》。幕《ばく》府《ふ》の政《せい》治《じ》や経《けい》済《ざい》の立《た》て直《なお》しに力《ちから》をつくした。西《せい》洋《よう》の事《じ》情《じょう》を調《しら》べて、「西《せい》洋《よう》紀《き》聞《ぶん》」などを書《か》いた。

例解 ↔ 使い分け

**荒《あら》い と 粗《あら》い**

台《たい》風《ふう》で波《なみ》が荒《あら》い。
気《き》が荒《あら》い人《ひと》。

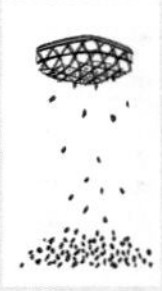

網《あみ》の目《め》が粗《あら》い。
仕《し》事《ごと》が粗《あら》い。



世界の国 イラン 昔《むかし》はペルシャとよばれた、西《せい》南《なん》アジアの国《くに》。国《こく》土《ど》の大《だい》部《ぶ》分《ぶん》を高《こう》原《げん》がしめる。石《せき》油《ゆ》を産《さん》出《しゅつ》する。首《しゅ》都《と》テ

**あらいもの【洗い物】** 名 洗《あら》わなければならない衣類《いるい》や食器《しょっき》。また、それを洗《あら》うこと。

○**あらう【洗う】** 動 ❶水《みず》やお湯《ゆ》で、よごれを落《お》とす。❷波《なみ》などが寄《よ》せる。例 岸《きし》を洗う波《なみ》。❸くわしく調《しら》べてはっきりさせる。例 事故《じこ》の原因《げんいん》を洗う。⇩**せん**【洗】726ページ

**あらうみ【荒海】** 名 波《なみ》のあらい海《うみ》。例 荒海に乗《の》り出《だ》す。

**あらがう【抗う】** 動 力《ちから》のあるものにさからう。抵抗《ていこう》する。例 世《よ》の中《なか》の流《なが》れにあらがう。

**あらかじめ** 副 前《まえ》もって。前々《まえまえ》から。例 行《い》き先《さき》を、あらかじめ決《き》める。

**あらかせぎ【荒稼ぎ】** 名 動-する ❶荒《あら》っぽいやり方《かた》で、一度《いちど》に大金《たいきん》をかせぐこと。❷わずかの間《あいだ》に大金《たいきん》をかせぐこと。

**あらかた** 副 だいたい。おおかた。例 仕事《しごと》もあらかたかたづいた。

**あらかべ【粗壁】** 名 下地《したじ》のままで、まだ仕《し》上《あ》げの塗《ぬ》りをしていない壁《かべ》。

**アラカルト** 〔フランス語〕名 (コース料理《りょうり》ではなく)客《きゃく》が自由《じゆう》に選《えら》んで注文《ちゅうもん》する料理《りょうり》。

**あらぎょう【荒行】** 名 お坊《ぼう》さんなどがおこなうきびしい修行《しゅぎょう》。滝《たき》に打《う》たれたり、けわしい山道《やまみち》を歩《ある》き続《つづ》けたりする。

**あらくれ【荒くれ】** 名 あらっぽくて、乱暴《らんぼう》な人《ひと》。荒《あら》くれ者《もの》。

**あらけずり【荒削り・粗削り】** 一 名 ざっとけずること。例 荒削りの柱《はしら》。二 形動 十《じゅう》分《ぶん》でないようす。大《おお》ざっぱ。例 荒削りな文《ぶん》章《しょう》。

**あらさがし【粗探し】** 名 動-する 人《ひと》の失敗《しっぱい》や欠点《けってん》をさがし出《だ》そうとすること。例 人《ひと》の粗探しはやめよう。

## あらし【嵐】

画数 12 部首 山(やま)

音 ― 訓 あらし

風《ふう》雨《う》が強《つよ》いこと。

**あらし【嵐】** 名 ❶強《つよ》い風《かぜ》。例 砂《すな》嵐〔=砂《すな》を吹《ふ》き飛《と》ばす激《はげ》しい風《かぜ》〕。❷激《はげ》しい風《かぜ》と雨《あめ》。暴《ぼう》風《ふう》雨《う》。例 一日《いちにち》じゅう嵐が吹《ふ》き荒《あ》れる。

**嵐《あらし》の前《まえ》の静《しず》けさ** (嵐《あらし》が来《く》る前《まえ》に、一《いち》時《じ》風《かぜ》が収《おさ》まるように)何事《なにごと》かが起《お》こる前《まえ》の、気《き》味《み》の悪《わる》いほど静《しず》かなようす。

○**あらす【荒らす】** 動 ❶めちゃくちゃにする。乱暴《らんぼう》に散《ち》らかす。こわす。例 犬《いぬ》が花壇《かだん》を荒らした。❷ぬすみをする。例 どろぼうが留守《るす》を荒らす。⇩**こう**【荒】427ページ

**アラスカ** 地名 北《きた》アメリカ大陸《たいりく》の北西部《ほくせいぶ》にある、アメリカ合衆国《がっしゅうこく》でいちばん大《おお》きい州《しゅう》。

✤**あらすじ【粗筋】** 名 話《はなし》や物語《ものがたり》などの、だいたいの筋《すじ》。例 話《はなし》のあら筋をつかむ。

○**あらそい【争い】** 名 争《あらそ》うこと。もめごと。けんか。例 争いが絶《た》えない。

○**あらそう【争う】** 動 ❶たがいに相手《あいて》に勝《か》とうとする。競争《きょうそう》する。例 勝《か》ち負《ま》けを争う。❷取《と》り合《あ》う。例 地《ち》位《い》を争う。❸けんかをする。例 兄弟《きょうだい》が争うのはやめよう。❹ゆっくりしていられない。例 一刻《いっこく》を争う。⇩**そう**【争】741ページ

**あらそえない【争えない】** だれが見《み》てもはっきりしている。例 年齢《ねんれい》は争えない。

**あらた【新た】** 形動 新《あたら》しいようす。例 気《き》持《も》ちを新たにする。⇩**しん**【新】655ページ

**あらたか** 形動 効《き》きめが、はっきりあらわれているようす。〔古《ふる》い言《い》い方《かた》。〕例 効能《こうのう》あらたかな薬《くすり》。

**あらだてる【荒立てる】** 動 ❶あらくする。例 声《こえ》を荒立てる。❷いっそう、面倒《めんどう》なことにする。例 事《こと》を荒立てる。

○**あらたまる【改まる】** 動 ❶新《あたら》しくなる。例 年《とし》が改まる。❷前《まえ》よりもよいものになる。例 心《こころ》が改まる。例 態度《たいど》が改まる。❸よそゆきのようすに変《か》わる。例 改まった言《こと》葉《ば》遣《づか》い。

例解 ! ことばの勉強室

### あら筋《すじ》について

物語《ものがたり》などを読《よ》んだら、あら筋《すじ》をしっかりとらえるようにしよう。

◎だれが
◎いつ
◎どこで
◎どんなことをして
◎どうなったか
◎そのわけは

こんな項目《こうもく》を頭《あたま》においてまとめるとよい。

成長《せいちょう》している。首都《しゅと》ニューデリー。人口約《じんこうやく》14億《おく》700万人《まんにん》は世界第《せかいだい》2位《い》。略称《りゃくしょう》IND。

**あらためて**【改めて】副 ❶また今度《こんど》。例 改めてうかがいます。❷初《はじ》めてのことのように。例 改めて言《い》うまでもない。

↓かい【改】193ページ

**°あらためる**【改める】動 ❶新《あたら》しくする。❷変《か》えて前《まえ》よりもよくする。例 規則《きそく》を改める。例 心《こころ》を改める。❸調《しら》べる。例 荷物《にもつ》を改める。❹よそ行《い》きのようすに変《か》える。例 身《み》なりを改める。↓かい【改】193ページ

**あらっぽい**【荒っぽい】形 乱暴《らんぼう》だ。あらあらしい。例 言葉《ことば》が荒っぽい。

**あらっぽい**【粗っぽい】形 大《おお》ざっぱだ。例 作《つく》り方《かた》が粗っぽい。

**あらて**【新手】名 ❶新《あたら》しく仲間《なかま》に入《はい》ってきた人《ひと》。新人《しんじん》。例 新手を加《くわ》える。❷新《あたら》しいやり方《かた》。例 新手を考《かんが》え出《だ》す。

例解 ことばの窓

**改《あらた》める の意味《いみ》で**

機械《きかい》を改良《かいりょう》する。
方法《ほうほう》を改善《かいぜん》する。
法律《ほうりつ》を改正《かいせい》する。
制度《せいど》を改革《かいかく》する。
教科書《きょうかしょ》を改訂《かいてい》する。
内閣《ないかく》を改造《かいぞう》する。
お店《みせ》を改装《かいそう》する。
悪《わる》い点《てん》を是正《ぜせい》する。
気分《きぶん》を一新《いっしん》する。

**あらなみ**【荒波】名 ❶荒《あ》れくるった波《なみ》。❷苦《くる》しみや、つらさ。例 世《よ》の中《なか》の荒波。

**あらなわ**【荒縄】名 わらで作《つく》った太《ふと》い縄《なわ》。

**アラビアすうじ**【アラビア数字】名〔算数《さんすう》で〕計算《けいさん》などに使《つか》う、0・1・2・3・4・5・6・7・8・9の一〇個《こ》の数字《すうじ》。算用数字《さんようすうじ》。関連 漢数字《かんすうじ》。ローマ数字《すうじ》。参考 インドで考《かんが》え出《だ》され、アラビア人《じん》がヨーロッパに伝《つた》えたので、この名《な》がある。↓すうじ 676ページ

**アラビアはんとう**〖アラビア半島〗地名 アジアの南西部《なんせいぶ》にあり、世界《せかい》でもっとも大《おお》きい半島《はんとう》。東《ひがし》はペルシャ湾《わん》、西《にし》は紅海《こうかい》、南《みなみ》はアラビア海《かい》に面《めん》する。サウジアラビア・クウェートなどの国々《くにぐに》がある。

**アラビアンナイト** 作品名 ↓せんやいちやものがたり 738ページ

**アラブ**〔英語 Arab〕名 ❶アラビア半島《はんとう》を中心《ちゅうしん》に、西《にし》アジアから北《きた》アフリカにわたる地域《ちいき》。❷「❶」の地域《ちいき》に住《す》み、アラビア語《ご》を話《はな》す人々《ひとびと》。アラブ人《じん》。アラビア人《じん》。

**あらまき**【新巻き・荒巻き】名 秋《あき》にとれたサケに塩《しお》をふって、丸《まる》ごと塩《しお》づけにしたもの。

**あらまし** 一 名 だいたいの筋《すじ》。あら筋《すじ》。例 計画《けいかく》のあらましを話《はな》す。二 副 おおよそ。だいたい。例 仕事《しごと》はあらましできた。

**あらもの**【荒物】名 ほうき・ちり取《と》り・ざるなど、家庭《かてい》で使《つか》う日用品《にちようひん》や台所道具《だいどころどうぐ》。雑貨《ざっか》。

**あらものや**【荒物屋】名 荒物《あらもの》を売《う》る店《みせ》。

**°あらゆる** 連体 ある限《かぎ》りの。すべての。例 地《ち》球《きゅう》のあらゆる生物《せいぶつ》を守《まも》る。

**あらりょうじ**【荒療治】名 動-する ❶病気《びょうき》やけがの、荒《あら》っぽい手当《てあ》て。❷思《おも》いきった処置《しょち》。例 古《ふる》い校則《こうそく》に荒療治を加《くわ》える。

**あられ** 名 ❶空中《くうちゅう》の水蒸気《すいじょうき》が急《きゅう》に冷《ひ》やされて落《お》ちてくる、小《ちい》さな氷《こおり》のかたまり。❷もちを小《ちい》さく切《き》ってかわかし、いって味《あじ》をつけた菓子《かし》。例 ひなあられ。

**あらわ** 形動 ❶はっきりと見《み》えるようになるようす。むきだし。例 はだがあらわになる。❷かくそうとせずはっきりさせるようす。例 敵意《てきい》をあらわにする。

**✣°あらわす**【表す】動 気《き》持《も》ちや考《かんが》えなどを、

例解 ↔ 使い分け

**表《あらわ》す と 現《あらわ》す と 著《あらわ》す**

喜《よろこ》びを顔《かお》に表《あらわ》す。
文字《もじ》で表《あらわ》す。
変化《へんか》をグラフに表《あらわ》す。

姿《すがた》を現《あらわ》す。
正体《しょうたい》を現《あらわ》す。

書物《しょもつ》を著《あらわ》す。
作品《さくひん》を著《あらわ》す。

あ いうえお かきくけこ さしすせそ たちつてと なにぬねの はひふへほ まみむめも やゆよ らりるれろ わをん



世界の国 インド インド半島《はんとう》を国土《こくど》とする国《くに》。仏教《ぶっきょう》が生《う》まれた地《ち》。農業《のうぎょう》や工業《こうぎょう》のほか、コンピューター関係《かんけい》の産業《さんぎょう》が

言葉《ことば》や表情《ひょうじょう》に出《だ》したり、絵《え》や音楽《おんがく》などにしたりする。例感謝《かんしゃ》の心《こころ》を表す。→ひょう【表】1110ページ

○**あらわす【現す】** 動 かくれていたものが、その姿《すがた》や形《かたち》を見《み》えるようにする。例太陽《たいよう》が姿《すがた》を現す。対隠《かく》す。→げん【現】409ページ

○**あらわす【著す】** 動 本《ほん》を書《か》いて世《よ》に出《だ》す。例童話《どうわ》の本《ほん》を著す。→ちょ【著】835ページ

**あらわれ【表れ】** 名 気《き》持《も》ちなどが、表面《ひょうめん》に出《で》てくること。例やさしさの表れ。

**あらわれ【現れ】** 名 見《み》えなかったり、かくれていたりしたものが出《で》てくること。例優《ゆう》勝《しょう》は努《ど》力《りょく》の現れである。

○**あらわれる【表れる】** 動 考《かんが》えや気《き》持《も》ちなどが表面《ひょうめん》に出《で》る。例この手《て》紙《がみ》には、やさしい気《き》持《も》ちが表れている。→ひょう【表】1110ページ

○**あらわれる【現れる】** 動 見《み》えなかったりかくれていたりしたものが、見《み》えてくる。例月《つき》が現れる。対隠《かく》れる。→げん【現】409ページ

**あらんかぎり【有らん限り】** 名副 あるだけ全部《ぜんぶ》。ありったけ。例あらんかぎりの声《こえ》を張《は》り上《あ》げる。

**あり【蟻】** 名 土《つち》の中《なか》や、たおれた木《き》の中《なか》などに巣《す》を作《つく》る昆虫《こんちゅう》。種類《しゅるい》が多《おお》い。卵《たまご》をうむ女王《じょおう》アリを中心《ちゅうしん》に、雄《おす》アリと働《はたら》きアリが集《あつ》まって生活《せいかつ》している。

**蟻《あり》のはい出《で》る隙《すき》もない** （アリが抜《ぬ》け出《だ》すすき間《ま》もないくらいに）警戒《けいかい》が非常《ひじょう》にきびしい。例テロに備《そな》えて、ありのはい出るすきもないほどの警戒態勢《けいかいたいせい》だ。

**ありあけ【有り明け】** 名 月《つき》がまだ空《そら》に残《のこ》ったまま、夜《よ》が明《あ》けようとするころ。

**有《あ》り明《あ》けの月《つき》** 夜《よ》明《あ》けに、まだ空《そら》に残《のこ》っている月《つき》。「有明《ありあけ》の月《つき》」とも書《か》く。

**ありあけかい【有明海】** 地名 九州《きゅうしゅう》の西《せい》部《ぶ》、島原半島《しまばらはんとう》の奥《おく》の湾《わん》。潮《しお》の満《み》ち干《ひ》が大《おお》きい。

**ありあまる【有り余る】** 動 多《おお》すぎるほどある。例力《ちから》が有り余っている。

**ありあり** 副(-と) はっきりと。例幼《おさな》い日《ひ》の思《おも》い出《で》が、ありありと目《め》にうかぶ。

**ありあわせ【有り合わせ】** 名 ちょうど、その場《ば》にあるもの。例有り合わせのもので料理《りょうり》する。

**アリーナ** 〔英語 arena〕名 周囲《しゅうい》に観客席《かんきゃくせき》のある室内競技場《しつないきょうぎじょう》や劇場《げきじょう》。また、その観客席《かんきゃくせき》。

**ありうる【有り得る】** 動 ありそうだ。あると考《かんが》えられる。ありえる。例それはありうる話《はなし》だ。参考ふつう、かな書《が》きにする。

**ありえない【有り得ない】** あるはずがない。例そんなばかなことはありえない。参考ふつう、かな書《が》きにする。

**ありえる【有り得る】** 動 →ありうる42ページ

**ありか【在りか】** 名 ある場所《ばしょ》。例宝《たから》のありか。参考ふつう、かな書《が》きにする。

**ありかた【在り方】** 名 どのようにあればよいかということ。例学級会《がっきゅうかい》のあり方を話《はな》し合《あ》う。

○**ありがたい【有り難い】** 形 ❶もったいない。とうとい。例ありがたい教《おし》え。❷感謝《かんしゃ》したい気《き》持《も》ちだ。例休《やす》みが続《つづ》いてありがたい。参考ふつう、かな書《が》きにする。

**ありがたみ【有り難み】** 名 ありがたいと思《おも》う感《かん》じ。例親《おや》のありがたみがわかる。

**ありがためいわく【有り難迷惑】** 名形動 ありがたいようで、かえって迷惑《めいわく》なようす。例度《ど》が過《す》ぎた助言《じょげん》はありがた迷惑だ。

**ありがち** 形動 よくあるようす。例計算《けいさん》まちがいはありがちなことだ。

○**ありがとう** 感 お礼《れい》を言《い》うときの言葉《ことば》。

**ありがね【有り金】** 名 現在《げんざい》、手《て》もとにあるお金《かね》。例有り金をはたく。

**ありきたり** 名形動 ありふれていること。例ありきたりの話《はなし》。

**ありさま【有り様】** 名 ようす。ものごとの状態《じょうたい》。例暮《く》らしのありさま。参考ふつう、かな書《が》きにする。

**ありじごく【蟻地獄】** 名 ❶ウスバカゲロウの幼虫《ようちゅう》。地面《じめん》にすりばち形《がた》の穴《あな》をほって、すべり落《お》ちてくるアリなどを食《た》べる。❷「❶」が作《つく》った穴《あな》。

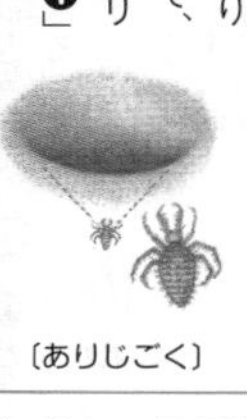

〔ありじごく〕

源《げん》が豊富《ほうふ》で、石油精製《せきゆせいせい》や金属工業《きんぞくこうぎょう》もさかん。首都《しゅと》ジャカルタ。人口《じんこう》約《やく》２億《おく》7,000万人《まんにん》。略称《りゃくしょう》INA。

**ありしひ【在りし日】** 名 ❶（その人《ひと》が）まだ生《い》きていたころ。生前《せいぜん》。例 ありし日をしのぶ。❷ずっと前《まえ》のころ。昔《むかし》。例 ありし日の思《おも》い出《で》。

**アリストテレス** 人名（男）（紀《き》元《げん》前《ぜん》三八四～紀《き》元《げん》前《ぜん》三二二）古《こ》代《だい》ギリシャの哲《てつ》学《がく》者《しゃ》・科《か》学《がく》者《しゃ》。プラトン（＝哲《てつ》学《がく》者《しゃ》。ソクラテスの弟《で》子《し》）の弟《で》子《し》で、アレキサンダー大《だい》王《おう》を教《きょう》育《いく》した。天《てん》文《もん》・文《ぶん》学《がく》・数《すう》学《がく》などギリシャのそれまでの学《がく》問《もん》をまとめた。

**ありつく** 動 求《もと》めていたものが、やっと自《じ》分《ぶん》のものになる。例 食《しょく》事《じ》にありつく。

**ありったけ** 名 副 持《も》っている全《ぜん》部《ぶ》。ある限《かぎ》り。例 ありったけの声《こえ》でさけぶ。

**ありとあらゆる** 連体 全《ぜん》部《ぶ》の。すべての。例 ありとあらゆる方《ほう》法《ほう》。

**ありのまま** 名 副 ほんとうにあるとおり。あるがまま。例 ありのままに話《はな》す。

**アリバイ**〔英語 alibi〕名 事《じ》件《けん》が起《お》こったとき、その場《ば》所《しょ》にいなかったということの証《しょう》明《めい》。例 彼《かれ》にはアリバイがある。

**ありふれた** 連体 どこにでもある。めずらしくない。例 ありふれた話《はなし》。

**ありまき** 名 草《くさ》や木《き》の芽《め》などにたかっている小《ちい》さな昆《こん》虫《ちゅう》。しりから出《だ》すあまい液《えき》に、アリが集《あつ》まってくる。アブラムシ。

**ありゅう【亜゜流】** 名 一《いち》流《りゅう》の人《ひと》のまねをするだけの人《ひと》。また、そのような作《さく》品《ひん》。

**ありゅうさんガス【亜゜硫゜酸ガス】** 名 無《む》色《しょく》で、強《つよ》い刺《し》激《げき》のあるにおいがする有《ゆう》毒《どく》な気《き》体《たい》。イオウを燃《も》やすとでき、公《こう》害《がい》の原《げん》因《いん》となる。二《に》酸《さん》化《か》イオウ。

**ありわらの なりひら『在原業平』** 人名（男）（八二五～八八〇）平《へい》安《あん》時《じ》代《だい》前《ぜん》期《き》の歌《か》人《じん》。作《さく》品《ひん》は「古《こ》今《きん》和《わ》歌《か》集《しゅう》」などに多《おお》く採《と》られ、「百《ひゃく》人《にん》一《いっ》首《しゅ》」にも「ちはやぶる神《かみ》代《よ》も聞《き》かず竜《たつ》田《た》川《がわ》から紅《くれない》に水《みず》くくるとは」がある。「伊《い》勢《せ》物《もの》語《がたり》」の主《しゅ》人《じん》公《こう》だとされる。

**°ある【有る】** 動 ❶ものごとが存《そん》在《ざい》する。ありさまが見《み》える。例 教《きょう》科《か》書《しょ》がある。人《ひと》通《どお》りがある。❷感《かん》じられる。認《みと》めることができる。例 おもしろみがある。距《きょ》離《り》がある。❸持《も》っている。そなえている。例 財《ざい》産《さん》がある。家《いえ》に広《ひろ》い庭《にわ》がある。❹行《おこな》われる。起《お》こる。例 お祭《まつ》りがある。火《か》事《じ》があった。❺〔「…てある」「…である」の形《かたち》で〕その状《じょう》態《たい》が続《つづ》いていることを表《あらわ》す。例 壁《かべ》に絵《え》がかけてある。高《たか》く積《つ》んである。❻〔「…てある」「…である」の形《かたち》で〕動《どう》作《さ》が終《お》わっていることを表《あらわ》す。例 とっくに調《しら》べてある。ひと通《とお》り読《よ》んである。❼〔「…である」の形《かたち》で〕「…だ」の意《い》味《み》を表《あらわ》す。例 富《ふ》士《じ》山《さん》は日《にっ》本《ぽん》一《いち》の山《やま》である。対（❶～❼）ない。参考 ふつう、かな書《が》きにする。敬語 丁《てい》寧《ねい》な言《い》い方《かた》は、「あります」「ございます」。↓ゆう【有】1334ページ

**°ある【在る】** 動 ❶物《もの》がそこに位《い》置《ち》している。例 角《かど》に大《おお》きなビルがある。❷ある地《ち》位《い》や状《じょう》態《たい》にいる。例 会《かい》長《ちょう》の職《しょく》にある。❸いる。例 孫《まご》が二《ふた》人《り》ある。対（❶～❸）ない。参考 ふつう、かな書《が》きにする。敬語 丁《てい》寧《ねい》な言《い》い方《かた》は、「あります」「ございます」。↓ざい【在】497ページ

**°ある** 連体 はっきりしないものごとを指《さ》して言《い》う言《こと》葉《ば》。例 ある日《ひ》。ある時《とき》。ある人《ひと》。

**°あるいは** 一 副 もしかすると。例 明《あ》日《す》は、あるいは雨《あめ》かもしれない。二 接 または。例 青《あお》あるいは緑《みどり》。

**あるがまま【在るがまま】** 実《じっ》際《さい》にある、そのまま。かくしたりかざったりしない、ごく自《し》然《ぜん》なありさま。ありのまま。例 あるがままの姿《すがた》を見《み》せる。

**アルカリ**〔オランダ語〕名 アルカリ性《せい》の性《せい》質《しつ》をもつ物《もの》。水《みず》にとけやすい。水《すい》酸《さん》化《か》ナトリウム・水《すい》酸《さん》化《か》カルシウムなど。対 酸《さん》。

**アルカリせい【アルカリ性】** 名 赤《あか》いリトマス試《し》験《けん》紙《し》を青《あお》くする性《せい》質《しつ》。関連 中《ちゅう》性《せい》。酸《さん》性《せい》。

**あるきまわる【歩き回る】** 動 あちこちを歩《ある》いて動《うご》く。例 学《がっ》校《こう》じゅうを歩き回る。

**アルキメデス** 人名（男）（紀《き》元《げん》前《ぜん》二八七ごろ～紀《き》元《げん》前《ぜん》二一二ごろ）古《こ》代《だい》ギリシャの数《すう》学《がく》者《しゃ》・物《ぶつ》理《り》学《がく》者《しゃ》。「円《えん》の面《めん》積《せき》の求《もと》め方《かた》」「てこの原《げん》理《り》」「アルキメデスの原《げん》理《り》」などを発《はっ》見《けん》した。

**°あるく【歩く】** 動 ❶（人《ひと》や動《どう》物《ぶつ》が）足《あし》を動《うご》かして進《すす》む。あゆむ。❷野《や》球《きゅう》・ソフトボールで、フォアボールで塁《るい》に出《で》る。↓ほ【歩】1187ページ

**アルコール**〔オランダ語〕名 米《こめ》やイモなどか





世界の国 インドネシア 東南《とうなん》アジアのジャワ・スマトラ・カリマンタンなどの島《しま》からなる国《くに》。米《こめ》がとれるほか、地下《ちかし》資

ら作《つく》る、燃《も》えやすい液体《えきたい》。酒《さけ》のおもな成分《せいぶん》で、消毒《しょうどく》や燃料《ねんりょう》などにも使《つか》う。

**アルコールランプ** 名 〔日本《にっぽん》でできた英《えい》語《ご》ふうの言葉《ことば》。〕ガラスの容器《ようき》に入《はい》ったアルコールを木綿《もめん》などのしんで吸《す》い上《あ》げ、燃《も》やす器《き》具《ぐ》。理科《りか》の実験《じっけん》などで使《つか》う。⬇じっけんきぐ 565ページ

**アルゴリズム** 〔英語 algorithm〕名 ❶計算《けいさん》の手《て》順《じゅん》や規則《きそく》。❷コンピューターを使《つか》って問題《もんだい》を解決《かいけつ》する手順《てじゅん》。

**あるじ** 名 一家《いっか》や店《みせ》をまとめている人《ひと》。主人《しゅじん》。例 店《みせ》のあるじ。

**アルゼンチン** 地名 南《みなみ》アメリカ大陸《たいりく》の南《なん》部《ぶ》にある国《くに》。首都《しゅと》はブエノスアイレス。西《にし》はチリに、東《ひがし》は大西洋《たいせいよう》に面《めん》する。

**アルタイル** 名 わし座《ざ》の中《なか》で、もっとも明《あか》るい星《ほし》。天《あま》の川《がわ》をはさんで、こと座《ざ》のベガ〔＝織《しょく》女星《じょせい》〕と向《む》かい合《あ》う。牽牛星《けんぎゅうせい》。彦星《ひこぼし》。

**アルツハイマーびょう【アルツハイマー病】** 名 脳《のう》が縮《ちぢ》んで、脳全体《のうぜんたい》のはたらきが悪《わる》くなる病気《びょうき》。

**アルト** 〔イタリア語〕名 〔音楽《おんがく》で〕歌《うた》うときの、女《おんな》の人《ひと》のいちばん低《ひく》い声《こえ》の範囲《はんい》。また、その声《こえ》で歌《うた》う女《おんな》の人《ひと》。対 ソプラノ。

**アルバイト** 〔ドイツ語〕名 動-する 主《おも》な仕事《しごと》以《い》外《がい》にする仕事《しごと》。また、学生《がくせい》などがお金《かね》を得《え》るためにする仕事《しごと》。バイト。例 コンビニでアルバイトする。

**アルバム** 〔英語 album〕名 ❶写真《しゃしん》や切手《きって》などをはっておく帳面《ちょうめん》。例 卒業《そつぎょう》アルバム。❷いくつかの曲《きょく》を集《あつ》めたCD《シーディー》など。例 お気《き》に入《い》りの歌手《かしゅ》のアルバム。

**アルファ** 〔ギリシャ語〕名 ❶ギリシャ文字《もじ》の最初《さいしょ》の字《じ》。「α」と書《か》く。❷はっきりしない数《かず》を表《あらわ》す言葉《ことば》。例 千円《せんえん》プラスアルファ。❸〔野《や》球《きゅう》・ソフトボールで〕最終回《さいしゅうかい》が終《お》わらずに、勝敗《しょうはい》が決《き》まったときに用《もち》いる言葉《ことば》。

**アルファベット** 〔英語 alphabet〕名 ローマ字《じ》を、A《エー》・B《ビー》・C《シー》…というふうにZ《ゼット》まで順《じゅん》に並《なら》べたもの。二六文字《もじ》ある。

**アルプス** 地名 ❶ヨーロッパ大陸《たいりく》の中《ちゅう》部《ぶ》、スイス・フランス・イタリア・オーストリアにまたがる山脈《さんみゃく》。モンブラン・マッターホルンなどの山々《やまやま》が連《つら》なる。氷河《ひょうが》があり、風景《ふうけい》もよい。❷日本《にほん》アルプスのこと。

**アルプスのしょうじょ〘アルプスの少女〙** 作品名 スイスの女性作家《じょせいさっか》、ヨハンナ＝スピリが書《か》いた小説《しょうせつ》。アルプスで育《そだ》った少《しょう》女《じょ》ハイジが、周囲《しゅうい》の人々《ひとびと》との交流《こうりゅう》を通《とお》して、成長《せいちょう》していく姿《すがた》を描《えが》いた。

**アルマイト** 名 〔日本《にっぽん》でできた英語《えいご》ふうの言《こと》葉《ば》。〕アルミニウムの表面《ひょうめん》を酸化《さんか》させて、じょうぶにしたもの。食器《しょっき》などをつくる。

**あるまじき【有るまじき】** そうあってはならない。例 学生《がくせい》として、あるまじき行《おこな》いだ。

**アルミ** 名「アルミニウム」の略《りゃく》。⬇アルミニウム 44ページ

**アルミニウム** 〔英語 aluminium〕名 軽《かる》くてさびにくい銀色《ぎんいろ》の金属《きんぞく》。窓《まど》わくや、食器《しょっき》などに使《つか》われる。酸《さん》に弱《よわ》い。アルミ。

**アルミホイル** 名 〔日本《にっぽん》でできた英語《えいご》ふうの言葉《ことば》。〕アルミニウムを薄紙《うすがみ》のようにしたもの。食品《しょくひん》を包《つつ》んだりするのに使《つか》う。アルミ箔《はく》。

**°あれ** 代名 ❶遠《とお》く離《はな》れているものを指《さ》す言葉《ことば》。例 あれが富士山《ふじさん》だ。❷よく知《し》っている、以《い》前《ぜん》のことを指《さ》す言葉《ことば》。例 あれから十年《じゅうねん》たった。❸目下《めした》の人《ひと》を指《さ》す言葉《ことば》。例 あれはよい男《おとこ》だ。⬇こそあどことば 467ページ

**アレキサンダーだいおう〘アレキサンダー大王〙** 人名 （男）（紀元前《きげんぜん》三五六～紀元前《きげんぜん》三二三）古代《こだい》ギリシャのマケドニアの王《おう》。ギリシャからインド北部《ほくぶ》までを征服《せいふく》して大帝国《だいていこく》を築《きず》いた。アレクサンドロス。

**あれくるう【°荒れ°狂う】** 動 ひどく荒《あ》れる。例 荒れ狂う波《なみ》。

**アレグロ** 〔イタリア語〕名 〔音楽《おんがく》で〕曲《きょく》を演奏《えんそう》する速《はや》さを表《あらわ》す言葉《ことば》。「速《はや》く」「快活《かいかつ》に」の意《い》味《み》。

**あれこれ** 代名 副(-と) あれやこれや。いろいろ。例 あれこれと考《かんが》えをめぐらす。

**あれち【°荒れ地】** 名 農作物《のうさくぶつ》などの作《つく》れそうにない、荒《あ》れた土地《とち》。例 荒れ地を農地《のうち》に変《か》える。

**あれの【°荒れ野】** 名 草《くさ》がおいしげって、荒《あ》れたままの野原《のはら》。



都《と》カンパラ。人口約《じんこうやく》4,420万人《まんにん》。略称《りゃくしょう》UGA。

**あれはてる【荒れ果てる】** 動 すっかりいたんで荒《あ》れてしまう。例 荒れ果てた家《いえ》。

**あれほど** 名 副 あんなに。あれだけ。あれくらい。例 あれほど注《ちゅう》意《い》したのに。

**あれもよう【荒れ模様】** 名 形動 ❶(天《てん》気《き》が)荒《あ》れてきそうなようす。また、荒《あ》れているようす。例 海《うみ》は荒れ模様だ。❷その場《ば》の雰《ふん》囲《い》気《き》や人《ひと》の心《こころ》が、ひどく乱《みだ》れそうなようす。例 父《ちち》は荒れ模様だ。

**あれやこれや** あれだのこれだの。いろいろ。例 あれやこれや文《もん》句《く》ばかり言《い》う。

**あれよあれよ** 感 思《おも》いがけないことにおどろいているようすを表《あらわ》す言《こと》葉《ば》。例 あれよあれよというちに見《み》えなくなった。

**°あれる【荒れる】** 動 ❶風《かぜ》や雨《あめ》がひどくなる。例 海《うみ》も山《やま》も荒れる。❷手《て》がつけられないようになる。乱《みだ》れる。例 気《き》持《も》ちが荒れる。対(❶・❷)静《しず》まる。❸手《て》入《い》れをしないで、きたなくなる。例 花《か》壇《だん》が荒れる。❹なめらかでなくなる。例 手《て》が荒れる。⇩こう【荒】427ページ

**アレルギー** 〔ドイツ語〕名 生《せい》物《ぶつ》がある特《とく》定《てい》の物《ぶっ》質《しつ》に対《たい》して示《しめ》す異《い》常《じょう》な反《はん》応《のう》。人《ひと》によって、薬《くすり》や食《た》べ物《もの》、花《か》粉《ふん》などに対《たい》して、皮《ひ》膚《ふ》がかゆくなったり、ぶつぶつができたりすること。

**アレンジ** 〔英語 arrange〕名 動-する ❶うまく配《はい》置《ち》すること。例 花《か》びんに花《はな》をアレンジする。❷編《へん》曲《きょく》すること。脚《きゃく》色《しょく》すること。例 校《こう》歌《か》を合《がっ》奏《そう》用《よう》にアレンジする。❸準《じゅん》備《び》をととのえること。例 会《かい》議《ぎ》をアレンジする。

**アロエ** 〔オランダ語〕名 熱《ねっ》帯《たい》植《しょく》物《ぶつ》の一《ひと》つ。葉《は》はぶ厚《あつ》くて細《ほそ》長《なが》くとがり、ふちにとげがある。「医《い》者《しゃ》いらず」ともいわれて、胃《い》の薬《くすり》などに使《つか》われる。

**アロハ** 〔ハワイ語〕一 感 ハワイの挨《あい》拶《さつ》の言《こと》葉《ば》。「ようこそ」「さようなら」などの意《い》味《み》で使《つか》う。二 名 ⇩アロハシャツ 45ページ

**アロハシャツ** 〔英語 aloha shirt〕名 はでな色《いろ》や模《も》様《よう》のある、えりの開《ひら》いた半《はん》そでシャツ。ハワイから始《はじ》まった。アロハ。

**°あわ【泡】** 名 ❶液《えき》体《たい》の中《なか》に空《くう》気《き》が入《はい》って、丸《まる》くふくれた玉《たま》。あぶく。例 泡がたつ。❷(口《くち》から出《で》る)つば。例 泡を飛《と》ばしてしゃべる。⇩ほう【泡】1190ページ

**泡《あわ》を食《く》う** びっくりしてあわてる。例 泡を食ってにげだす。

**あわ【粟】** 名 畑《はたけ》に作《つく》る作《さく》物《もつ》。秋《あき》、穂《ほ》のように小《ちい》さな黄《き》色《いろ》い実《み》がなる。キビやヒエの実《み》と混《ま》ぜて鳥《とり》のえさなどにする。

〔あわ〕

**あわ【安房】** 地名 昔《むかし》の国《くに》の名《な》の一《ひと》つ。今《いま》の千《ち》葉《ば》県《けん》の南《なん》部《ぶ》にあたる。

**あわ【阿波】** 地名 昔《むかし》の国《くに》の名《な》の一《ひと》つ。今《いま》の徳《とく》島《しま》県《けん》にあたる。

**あわい【淡い】** 形 ❶(色《いろ》や味《あじ》などが)うすい。例 淡いピンク。❷かすかである。例 淡い望《のぞ》みをいだく。⇩たん【淡】810ページ

**あわさる【合わさる】** 動 合《あ》うようにいっしょになる。例 ふたが合わさる。

**あわじ【淡路】** 地名 昔《むかし》の国《くに》の名《な》の一《ひと》つ。今《いま》の兵《ひょう》庫《ご》県《けん》の淡《あわ》路《じ》島《しま》にあたる。

**あわじしま【淡路島】** 地名 兵《ひょう》庫《ご》県《けん》の南《なん》部《ぶ》、瀬《せ》戸《と》内《ない》海《かい》にある島《しま》。

**あわす【合わす】** 動 ⇩あわせる(合わせる) 45ページ／⇩ごう【合】429ページ

**あわせ** 名 裏《うら》地《じ》をつけた和《わ》服《ふく》。対 ひとえ。

**あわせもつ【併せ持つ】** 動 両《りょう》方《ほう》をいっしょにそなえている。例 体《たい》操《そう》選《せん》手《しゅ》の、確《たし》かさと美《うつく》しさをあわせ持った演《えん》技《ぎ》。

**°あわせる【合わせる】** 動 〔「あわす」ともいう。〕❶物《もの》と物《もの》を一《ひと》つに重《かさ》ねる。くっつける。例 両《りょう》手《て》を合わせる。❷足《た》して一《ひと》つにする。いっしょにする。例 二《に》と三《さん》を合わせると五《ご》になる。二《ふた》人《り》のお金《かね》を合わせる。❸同《おな》じにする。そろえる。例 心《こころ》を合わせる。時《と》計《けい》を合わせる。❹同《おな》じかどうか比《くら》べる。例 答《こた》えを合わせる。⇩ごう【合】429ページ

**合《あ》わせる顔《かお》がない** 相《あい》手《て》に悪《わる》いという気《き》持《も》ちがあって会《あ》いにくい。合《あ》わす顔《かお》がない。例 みんなに合わせる顔がない。参考「会《あ》わせる顔《かお》がない」とも書《か》く。

**°あわせる【会わせる】** 動 面《めん》会《かい》させる。会《あ》うようにしむける。例 妹《いもうと》に会わせる。

**°あわせる【併せる】** 動 二《ふた》つ以《い》上《じょう》のものを



世界の国 ウガンダ　アフリカ中《ちゅう》央《おう》部《ぶ》にある国《くに》。本《ほん》州《しゅう》よりやや広《ひろ》い。国《こく》土《ど》の大《だい》部《ぶ》分《ぶん》が高《こう》原《げん》。コーヒー・綿《めん》花《か》がとれる。首《しゅ》

一《ひと》つにする。［例］いくつかの町《まち》と村《むら》を併せて、新《あたら》しく市《し》ができる。⇩へい【併】1172ページ

**あわせる**【遭わせる】［動］(よくない目《め》に)出《で》あわせる。［例］ひどい目《め》に遭わせる。

**あわただしい**【慌ただしい】［形］短《みじか》い時《じ》間《かん》の中《なか》でやることがいろいろあり、いそがしくて落《お》ち着《つ》かない。⇩こう【慌】428ページ

**あわだつ**【泡立つ】［動］あわができる。

**あわだてる**【泡立てる】［動］かき回《まわ》して、あわができるようにする。

**あわてふためく**【慌てふためく】［動］たいへんあわてる。取《と》り乱《みだ》す。［例］敵《てき》は慌てふためいてにげていった。

**あわてもの**【慌て者】［名］よくあわてる人《ひと》。落《お》ち着《つ》きのない人《ひと》。

°**あわてる**【慌てる】［動］❶おどろいて、まごまごする。［例］火《か》事《じ》で慌てる。❷ひどく急《いそ》ぐ。［例］慌てて答《こた》えを書《か》く。⇩こう【慌】428ページ

**あわてんぼう**【慌てん坊】［名］ひどく急《いそ》いで、落《お》ち着《つ》きのない人《ひと》。あわて者《もの》。

**あわび**［名］岩《いわ》の多《おお》い海《かい》底《てい》にいる巻《ま》き貝《がい》。貝《かい》がらは平《ひら》たく、小《ちい》さなこぶが並《なら》ぶ。食《しょく》用《よう》にする。⇩まきがい1227ページ

**あわや**［副］危《あぶ》なく。今《いま》にも。［例］「あわや衝《しょう》突《とつ》」と、きもを冷《ひ》やした。

**あわゆき**【泡雪】［名］あわのようにとけやすい雪《ゆき》。

**あわゆき**【淡雪】［名］うすく降《ふ》り積《つ》もった雪《ゆき》。［例］春《はる》の淡雪。⇩ゆき(雪)1340ページ

**あわよくば**［副］うまくいったら。［例］あわよくば全《ぜん》勝《しょう》もと、意《い》気《き》ごむ。

°**あわれ**【哀れ】［名］［形動］❶かわいそうなようす。［例］独《ひと》りぼっちで哀れだ。❷みじめなようす。［例］哀れな姿《すがた》。❸しみじみとした感《かん》じ。［例］旅《たび》のあわれを味《あじ》わう。［参考］ふつう❸は、かな書《が》きにする。⇩あい【哀】1ページ

**あわれみ**【哀れみ】［名］かわいそうだと思《おも》う気《き》持《も》ち。［例］哀れみをかける。

**あわれみぶかい**【哀れみ深い】［形］心《こころ》の底《そこ》から、かわいそうに思《おも》っている。

°**あわれむ**【哀れむ】［動］かわいそうに思《おも》う。［例］生《い》き物《もの》を哀れむ。⇩あい【哀】1ページ

**あん**【安】［画数］6 ［部首］宀(うかんむり) 3年

［音］アン ［訓］やす-い

筆順

❶おだやか。危《あぶ》なげがない。［熟語］安《あん》全《ぜん》。安《あん》定《てい》。❷やすい。［熟語］安《あん》価《か》。安《やす》値《ね》。❸心《しん》配《ぱい》がない。やすめる。［熟語］安《あん》心《しん》。安《あん》息《そく》。不《ふ》安《あん》。

《訓の使い方》**やす-い**［例］値《ね》段《だん》が安い。

**あん**【案】［画数］10 ［部首］木(き) 4年

［音］アン ［訓］——

筆順

考《かん》え。計《けい》画《かく》。［熟語］案《あん》外《がい》。提《てい》案《あん》。名《めい》案《あん》。立《りつ》案《あん》。議《ぎ》案《あん》。⇩あんじる48ページ

**あん**【案】［名］考《かん》え。もとになる計《けい》画《かく》。［例］クラス会《かい》の案をねる。

**あん**【暗】［画数］13 ［部首］日(ひへん) 3年

［音］アン ［訓］くら-い

筆順

❶光《ひかり》がなくて見《み》えない。くらい。［熟語］暗《あん》黒《こく》。暗《あん》室《しつ》。［対］明《めい》。❷表《ひょう》面《めん》に出《だ》さず、頭《あたま》の中《なか》でする。［熟語］暗《あん》記《き》。暗《あん》算《ざん》。❸人《ひと》に知《し》られない。かくれて見《み》えない。［熟語］暗《あん》号《ごう》。暗《あん》示《じ》。

《訓の使い方》**くら-い**［例］暗い夜《よる》。

**あん**【行△】［熟語］行《あん》脚《ぎゃ》。行《あん》灯《どん》。⇩こう【行】424ページ

**あん**【餡◆】［名］❶アズキなどを煮《に》て、砂《さ》糖《とう》を入《い》れて練《ね》ったもの。あんこ。❷まんじゅうなどの中《なか》に入《い》れるもの。［例］肉《にく》まんじゅうのあん。❸くず粉《こ》などで、とろみを出《だ》したもの。［例］くずあん。

**あんい**【安易】［形動］❶いいかげんなようす。［例］考《かん》え方《かた》が安易だ。❷簡《かん》単《たん》にできるようす。［例］安易な仕《し》事《ごと》。

**あんうん**【暗雲】［名］❶今《いま》にも雨《あめ》が降《ふ》ってきそうな黒《くろ》い雲《くも》。❷悪《わる》いことが起《お》こりそうなようす。［例］両《りょう》国《こく》の間《あいだ》に暗雲がたちこめる。

**あんか**【安価】［名］［形動］値《ね》段《だん》が安《やす》いこと。［類］廉《れん》価《か》。［対］高《こう》価《か》。

**あんか**【行火△】［名］炭《すみ》火《び》などを入《い》れて、手《て》足《あし》をあたためるために使《つか》う小《こ》型《がた》の暖《だん》房《ぼう》器《き》具《ぐ》。

出《しゅつ》し、重《じゅう》化《か》学《がく》工《こう》業《ぎょう》も発《はっ》達《たつ》している。首《しゅ》都《と》キーウ。人《じん》口《こう》約《やく》4,160万《まん》人《にん》。略《りゃく》称《しょう》UKR。

**アンカー**〔英語 anchor〕名 ❶(船《ふね》の)いかり。❷リレー競技《きょうぎ》で、いちばん終《お》わりに走《はし》る人《ひと》、または、泳《およ》ぐ人《ひと》。

°**あんがい【案外】** 副 形動 思《おも》っていたこととちがうようす。思《おも》いの外《ほか》。例 案外たやすくできた。類 意外《いがい》。

**あんかけ【餡◆掛け°】** 名 かたくり粉《こ》などでとろみをつけた汁《しる》を掛《か》けた料理《りょうり》。例 あんかけうどん。

**あんき【暗記】** 名 動-する (書《か》いたものを見《み》ないで)そらで言《い》えるように覚《おぼ》えること。

**あんぎゃ【行△脚°】** 名 動-する ❶仏教《ぶっきょう》で、修行《しゅぎょう》のために、お坊《ぼう》さんが各地《かくち》をめぐり歩《ある》くこと。❷あちらこちら旅《たび》をすること。例 世界各地《せかいかくち》を行脚する。

**あんきょ【暗渠◆】** 名 地面《じめん》の下《した》に作《つく》った水《みず》の通《とお》り道《みち》。

**アングラ** 名〔英語《えいご》の「アンダーグラウンド」の略《りゃく》。〕❶映画《えいが》や演劇《えんげき》で、実験的《じっけんてき》に新《あたら》しい方法《ほうほう》をこころみる芸術運動《げいじゅつうんどう》。❷出所《でどころ》がよくわからないこと。例 アングラ資金《しきん》。

**あんぐり** 副(-と) 口《くち》を大《おお》きく、ぽかんと開《あ》けているようす。

**アングル**〔英語 angle〕名 見《み》る角度《かくど》。例 カメラアングル〔=撮影《さつえい》するときのカメラの角《かく》度《ど》〕。

**アンケート**〔フランス語〕名 たくさんの人《ひと》に同《おな》じことを尋《たず》ねて、人《ひと》の考《かんが》えなどを調《しら》べる方法《ほうほう》。例 アンケートを取《と》る。

**あんけん【案件】** 名 会議《かいぎ》などで取《と》り上《あ》げるべきことがら。例 重要案件《じゅうようあんけん》を審議《しんぎ》する。

**あんこ【餡◆子】** 名 ❶↓あん(餡)❶ 46ページ。❷中《なか》につめるもの。

**あんこう** 名 やや深《ふか》い海《うみ》の底《そこ》にすむ魚《さかな》。体《からだ》は平《ひら》たくて、口《くち》が大《おお》きい。頭《あたま》にある長《なが》いひれで小魚《こざかな》をさそって食《た》べる。なべ料理《りょうり》にする。

〔あんこう〕

**あんごう【暗号】** 名 仲間《なかま》だけがわかるように決《き》めた、秘密《ひみつ》の記号《きごう》。例 数字《すうじ》を使《つか》って、暗号を作《つく》る。

**あんごうしさん【暗号資産】** 名 インターネット上《じょう》で使《つか》われるお金《かね》のようなもの。仮想通貨《かそうつうか》。

**アンコール**〔フランス語〕名 演奏者《えんそうしゃ》に、もう一度《いちど》やってほしいとたのむこと。

**アンコールワット** 地名 カンボジアにある遺跡《いせき》。十二世紀前半《じゅうにせいきぜんはん》に建《た》てられた石造《いしづく》りの大寺院《だいじいん》で、世界遺産《せかいいさん》になっている。

**あんこく【暗黒】** 名 形動 ❶まっくら。くらやみ。❷道徳《どうとく》が乱《みだ》れ、悪《あく》がはびこること。例 暗黒時代《じだい》。

**あんさつ【暗殺】** 名 動-する 考《かんが》え方《かた》のちがう人《ひと》を、ひそかにねらって殺《ころ》すこと。

**あんざん【安産】** 名 無事《ぶじ》に子《こ》を産《う》むこと。

**あんざん【暗算】** 名 動-する〔算数《さんすう》で〕頭《あたま》の中《なか》でする計算《けいさん》。対 筆算《ひっさん》。

**あんざんがん【安山岩】** 名 火成岩《かせいがん》のうちの火山岩《かざんがん》の一《ひと》つ。斑点《はんてん》があって美《うつく》しい。建築用《けんちくよう》に使《つか》われる。

**アンサンブル**〔フランス語〕名 ❶少《すく》ない人数《にんずう》でする合唱《がっしょう》・合奏《がっそう》。❷調和《ちょうわ》のとれた組《く》み合《あ》わせ。例 ブラウスとカーディガンのアンサンブル。

**あんじ【暗示】** 名 動-する ❶それとなく、わからせること。例 態度《たいど》で暗示する。❷知《し》らないうちに、信《しん》じこませること。例 暗示にかかる〔=信《しん》じてしまう〕。

**あんしつ【暗室】** 名 外《そと》から光《ひかり》が入《はい》らないようにつくった部屋《へや》。

**あんじゅう【安住】** 名 動-する ❶何《なん》の心配《しんぱい》もなく、安心《あんしん》して住《す》むこと。例 安住の地《ち》。❷今《いま》の状態《じょうたい》に満足《まんぞく》すること。例 今《いま》の立場《たちば》に安住する。

✤**あんしょう【暗唱】** 名 動-する〔文章《ぶんしょう》や詩《し》・歌《うた》などを〕(書《か》いたものを見《み》ないで)その通《とお》りにそらで言《い》うこと。

**あんしょう【暗礁°】** 名 海《うみ》の中《なか》にかくれていて見《み》えない岩《いわ》。

**暗礁《あんしょう》に乗《の》り上《あ》げる** ❶船《ふね》が岩《いわ》に乗《の》り上《あ》げて動《うご》けなくなる。❷思《おも》いがけないことで仕事《しごと》が進《すす》まなくなる。例 両国《りょうこく》の交渉《こうしょう》が暗礁に乗り上げる。

**あんしょうばんごう【暗証番号】** 名 本人《ほんにん》であることを証明《しょうめい》するために届《とど》けておく、秘密《ひみつ》の数字《すうじ》や文字《もじ》。カードで支払《しはら》うときやお金《かね》をおろすときなどに使《つか》う。



世界の国 ウクライナ 1991年《ねん》のソ連《れん》の解体《かいたい》で独立《どくりつ》した、東《ひがし》ヨーロッパの国《くに》。小麦《こむぎ》の大産地《だいさんち》で、石炭《せきたん》や鉄鉱石《てっこうせき》なども産《さん》

**あんじる【案じる】** 動 〔「あんずる」ともいう。〕❶心配《しんぱい》する。例 将来《しょうらい》を案じる。❷考《かんが》える。例 一計《いっけい》を案じる。

°**あんしん【安心】** 名 動-する 形動 心配《しんぱい》がないこと。ほっとすること。例 できあがったので安心した。対 不安《ふあん》。心配《しんぱい》。

**あんず【杏】** 名 春《はる》の初《はじ》め、葉《は》が出《で》る前《まえ》にピンク色《いろ》の花《はな》が咲《さ》く果樹《かじゅ》。実《み》はウメに似《に》て、初夏《しょか》に黄色《きいろ》く熟《じゅく》すとあまずっぱくなる。

**あんずる【案ずる】** 動 ⇩あんじる 48ページ

**案《あん》ずるより産《う》むがやすし** やる前《まえ》にあれこれと考《かんが》えているよりも、やってみれば思《おも》ったほど難《むずか》しくない。例 案ずるより産むがやすしだ。チャンスなんだから、やってみよう。

**あんせい【安静】** 名 形動 静《しず》かにして、体《からだ》を休《やす》めること。例 病気《びょうき》で安静にしている。

°**あんぜん【安全】** 名 形動 危《あぶ》なくないこと。例 安全な遊《あそ》び場所《ばしょ》。航海《こうかい》の安全。対 危険《きけん》。

**あんぜんき【安全器】** 名 ⇩ブレーカー 1161ページ

**あんぜんしゅうかん【安全週間】** 名 事故《じこ》を起《お》こしたり、けがをしたりしないように、特《とく》に気《き》をつけ合《あ》う一週間《いっしゅうかん》。

**あんぜんせい【安全性】** 名 食《た》べ物《もの》などの、安全《あんぜん》である度合《どあ》い。

**あんぜんちたい【安全地帯】** 名 ❶安全《あんぜん》な場所《ばしょ》。❷歩行者《ほこうしゃ》の安全《あんぜん》のために、車《くるま》が入《はい》れないようにした区域《くいき》。

**あんぜんピン【安全ピン】** 名 細長《ほそなが》いだ円形《えんけい》に曲《ま》げて、危《あぶ》なくないように先《さき》をおおいかくすようにつくった留《と》め針《ばり》。

**あんぜんべん【安全弁】** 名 ❶〔ボイラーなどで〕中《なか》の蒸気《じょうき》の圧力《あつりょく》が高《たか》くなりすぎると、自動的《じどうてき》に蒸気《じょうき》を外《そと》に出《だ》す装置《そうち》。❷危険《きけん》な状態《じょうたい》にならないようにするための、ものやしくみ。

**あんぜんほしょう【安全保障】** 名 外国《がいこく》から攻《せ》められたりしないよう、国《くに》の安全《あんぜん》や平和《へいわ》を守《まも》ること。

**あんぜんほしょうじょうやく【安全保障条約】** 名 国《くに》が外国《がいこく》からおかされないように、他《ほか》の国《くに》との間《あいだ》で結《むす》ぶ条約《じょうやく》。安保《あんぽ》条約《じょうやく》。日本《にっぽん》はアメリカと、日米安全保障《にちべいあんぜんほしょう》条約《じょうやく》を結《むす》んでいる。

**あんぜんほしょうりじかい【安全保障理事会】** 名 国連《こくれん》の主要機関《しゅようきかん》の一《ひと》つ。国際社会《こくさいしゃかい》の平和《へいわ》と安全《あんぜん》を守《まも》ることを目的《もくてき》とし、一五の国連加盟国《こくれんかめいこく》で構成《こうせい》されている。

**あんぜんマップ【安全マップ】** 名 事故《じこ》や犯罪《はんざい》が起《お》こりやすい場所《ばしょ》を、写真《しゃしん》や絵《え》を使《つか》って表《あらわ》した地図《ちず》。地域安全《ちいきあんぜん》・安心《あんしん》マップ。

**あんそく【安息】** 名 心《こころ》や体《からだ》を安《やす》らかにして、静《しず》かに休《やす》むこと。

**あんそくび【安息日】** 名 仕事《しごと》を休《やす》んで、お祈《いの》りなどをする日《ひ》。キリスト教《きょう》では日曜《にちよう》日《び》。

✤**アンソロジー** 〔英語 anthology〕 名 ある主《しゅ》題《だい》や形式《けいしき》などに基《もと》づいて、詩《し》や文章《ぶんしょう》を選《えら》んで集《あつ》めたもの。

**あんだ【安打】** 名 野球《やきゅう》・ソフトボールで、打《う》ったバッターが、相手《あいて》のエラーによらずに塁《るい》に出《で》ること。ヒット。

**アンダーライン** 〔英語 underline〕 名 横書《よこが》きの文《ぶん》で、文《ぶん》や言葉《ことば》の下《した》に引《ひ》く線《せん》。

**あんたい【安泰】** 名 形動 何事《なにごと》もなくて、心《しん》配《ぱい》がないこと。

**あんたん【暗澹】** 副(-と) ❶うす暗《ぐら》くて、きみが悪《わる》いようす。例 空《そら》は暗澹として雲行《くもゆ》きがあやしい。❷見通《みとお》しが立《た》たず、希望《きぼう》を失《うしな》っているようす。例 暗澹とした気分《きぶん》。参考 「暗《あん》澹《たん》たる思《おも》い」のように使《つか》うこともある。

**アンダンテ** 〔イタリア語〕 名 〔音楽《おんがく》で〕曲《きょく》を演《えん》奏《そう》する速《はや》さを表《あらわ》す言葉《ことば》。「歩《ある》くくらいの速《はや》さで」「ゆるやかに」の意味《いみ》。

**あんち【安置】** 名 動-する 仏像《ぶつぞう》や遺体《いたい》を、大切《たいせつ》に置《お》いておくこと。例 本堂《ほんどう》に仏像《ぶつぞう》を安置する。

**アンチ** 〔英語 anti〕 〔ある言葉《ことば》の前《まえ》につけて〕「…でない」「…に反対《はんたい》」の意味《いみ》を表《あらわ》す。例 アンチエージング〔=老化《ろうか》をふせぐこと〕。

■**あんちゅうもさく【暗中模索】** 名 動-する 〔暗《くら》やみの中《なか》で手《て》さぐりすることから〕手《て》がかりがないまま、あれこれとやってみること。

**あんちょく【安直】** 形動 ❶料金《りょうきん》が手《て》ごろなようす。例 昼《ひる》は安直な定食《ていしょく》で済《す》ます。❷

を産出《さんしゅつ》し、化学工業《かがくこうぎょう》もさかん。首都《しゅと》タシケント。人口約《じんこうやく》3,440万人《まんにん》。略称《りゃくしょう》UZB。

気軽《きがる》に、簡単《かんたん》にするようす。例 考《かんが》え方《かた》が安直で信用《しんよう》できない。

**あんちょこ** 名 教科書《きょうかしょ》の解説《かいせつ》や答《こた》えなどが書《か》いてある、手軽《てがる》な参考書《さんこうしょ》。〔古《ふる》い言《い》い方《かた》。〕

**アンツーカー** 〔フランス語〕名 陸上《りくじょう》競技《きょうぎ》場《じょう》のトラックなどに使《つか》われる、レンガ色《いろ》の人工《じんこう》の土《つち》。水《みず》はけがよく、雨天《うてん》でもぬかるみにならない。

**。あんてい【安定】** 名 動-する ❶つり合《あ》いが取《と》れて、すわりがよいこと。例 この花《か》びんは安定している。❷激《はげ》しい変化《へんか》がないこと。例 物価《ぶっか》が安定する。

**アンデスさんみゃく〖アンデス山脈〗** 地名 南《みなみ》アメリカ大陸《たいりく》の西部《せいぶ》を太平洋《たいへいよう》に沿《そ》って連《つら》なる、世界《せかい》でもっとも長《なが》い山脈《さんみゃく》。長《なが》さ約《やく》八五〇〇キロメートル。

**アンテナ** 〔英語 antenna〕名 ラジオ・テレビなどの電波《でんぱ》を、出《だ》したり受《う》けたりするための装置《そうち》。

**アンテナショップ** 〔英語 antenna shop〕名 ❶売《う》れ行《ゆ》きなどを見《み》ようと、会社《かいしゃ》などが直接《ちょくせつ》開《ひら》いている店《みせ》。❷その地方《ちほう》の特産物《とくさんぶつ》を、他《ほか》の地方《ちほう》にも売《う》り広《ひろ》めようと作《つく》った店《みせ》。

**アンデルセン** 人名 (男)(一八〇五～一八七五)デンマークの童話《どうわ》作家《さっか》。「マッチ売《う》りの少女《しょうじょ》」「人魚姫《にんぎょひめ》」など、数多《かずおお》くの作品《さくひん》を書《か》いた。「童《どう》話《わ》の父《ちち》」とよばれる。

〔アンデルセン〕

**あんてん【暗転】** 名 動-する ❶劇《げき》で、幕《まく》を下《お》ろさずに、舞台《ぶたい》を暗《くら》くして場面《ばめん》を変《か》えること。❷ものごとが悪《わる》いほうへ変《か》わること。例 運命《うんめい》が急《きゅう》に暗転した。

**あんど【安堵】** 名 動-する 心配《しんぱい》ごとがなくなって、安心《あんしん》すること。例 けがが軽《かる》くてあんどした。

**あんどう ひろしげ〖安藤広重〗** 人名 ➡うたがわひろしげ 106ページ

**アンドロイド** 〔英語 android〕名 人間《にんげん》そっくりにつくったロボット。

**アンドロメダざ【アンドロメダ座】** 名 秋《あき》の夕方《ゆうがた》ごろ、三《みっ》つの明《あか》るい星《ほし》が天頂《てんちょう》をかざる星座《せいざ》。ギリシャ神話《しんわ》のアンドロメダ姫《ひめ》に見立《みた》てたもの。

**あんどん【行灯】** 名 昔《むかし》、わくの中《なか》の皿《さら》に油《あぶら》を入《い》れてともし、部屋《へや》を明《あか》るくした道具《どうぐ》。

〔あんどん〕

**。あんな** 形動 あのようであるようす。あのような。例 あんな言《い》い方《かた》はよくない。関連 こんな。そんな。どんな。

**。あんない【案内】** 名 動-する ❶道《みち》や場《ば》所《しょ》を教《おし》え、そこに連《つ》れて行《い》くこと。例 会場《かいじょう》へ案内する。❷ようすを説明《せつめい》して知《し》らせること。例 旅行《りょこう》案内。❸知《し》らせ。通知《つうち》。例 入学式《にゅうがくしき》の案内。

**あんないず【案内図】** 名 目的地《もくてきち》への行《い》き方《かた》や道《みち》などのようすをかいた地図《ちず》。

**あんないやく【案内役】** 名 案内《あんない》する役目《やくめ》の人《ひと》。例 旅行《りょこう》の案内役を頼《たの》まれる。

**あんに【暗に】** 副 それとなく。遠《とお》まわしに。例 秘密《ひみつ》を暗ににおわせる。

**アンネのにっき〖アンネの日記〗** 作品名 ユダヤ人《じん》の少女《しょうじょ》アンネ=フランクの日記《にっき》。第二次世界大戦中《だいにじせかいたいせんちゅう》、ナチスの迫害《はくがい》をのがれてオランダのアムステルダムにかくれ住《す》んだ二年間《にねんかん》の生活《せいかつ》が書《か》かれていて、心《こころ》の成《せい》長《ちょう》がしのばれる。

**あんのじょう【案の定】** 副 思《おも》った通《とお》り。例 大雪《おおゆき》のため、案の定バスがおくれた。

**あんのん【安穏】** 名 形動 何事《なにごと》もなく、おだやかなようす。例 日々《ひび》を安穏に暮《く》らす。

**あんば【鞍馬】** 名 器械体操《きかいたいそう》に使《つか》う器具《きぐ》の一《ひと》つ。馬《うま》の背《せ》のような形《かたち》で、上《うえ》に二《ふた》つの取《と》っ手《て》がついた台《だい》。また、その上《うえ》で両腕《りょううで》で体《からだ》を支《ささ》えて演技《えんぎ》をする、男子《だんし》の競技種目《きょうぎしゅもく》。

**あんばい【塩梅】** 名 ❶味《あじ》のつけ方《かた》。例 煮物《にもの》のあんばいをみる。❷体《からだ》やものごとのぐあい。例 体《からだ》のあんばいが悪《わる》い。

**アンパイア** 〔英語 umpire〕名 野球《やきゅう》・ソフトボールなどの審判員《しんぱんいん》。参考 他《ほか》の競技《きょうぎ》では、レフェリーということが多《おお》い。

**アンバランス** 〔英語 unbalance〕名 形動 つり合《あ》いがとれていないこと。ふつりあい。例 上着《うわぎ》とシャツがアンバランスだ。

**あんパン** 名 中《なか》にあんを入《い》れたパン。

**あんぴ【安否】** 名 無事《ぶじ》かどうかということ。



世界の国 ウズベキスタン 1991年《ねん》のソ連《れん》の解体《かいたい》で独立《どくりつ》した、中央《ちゅうおう》アジアの国《くに》。綿花《めんか》のほか天然《てんねん》ガスや石油《せきゆ》、石炭《せきたん》など

例 友達《ともだち》の安否をたずねる。

**アンプル**〔フランス語〕名 注射液《ちゅうしゃえき》を入《い》れたガラス製《せい》の小《ちい》さい容器《ようき》。

**アンペア**〔英語 ampere〕名 電流《でんりゅう》の強《つよ》さの単《たん》位《い》。記号《きごう》は「A」。

**あんぽじょうやく**【安保条約】名 ➡ あんぜんほしょうじょうやく 48ページ

**あんま**【按摩】名 マッサージのこと。また、マッサージを仕事《しごと》としている人《ひと》。〔古《ふる》い言《い》い方《かた》。〕

**あんまく**【暗幕】名 部屋《へや》を暗《くら》くするために下《さ》げる黒《くろ》い幕《まく》。

**あんまり**〔「あまり」を強《つよ》めた言《い》い方《かた》。〕 一 形動 度《ど》をこして、ひどいようす。例 その言《い》い方《かた》はあんまりだ。 二 副 ❶たいへん。例 あんまり暑《あつ》いので、帰《かえ》ってきた。❷それほど。例 この本《ほん》はあんまりおもしろくない。注意 二❷は、あとに「ない」などの打《う》ち消《け》しの言葉《ことば》がくる。

**あんみん**【安眠】名 動-する ぐっすり眠《ねむ》ること。例 安眠をさまたげる。

**あんもく**【暗黙】名 だまっていて、何《なに》も言《い》わないこと。例 暗黙の了解《りょうかい》〔=言葉《ことば》に出《だ》さず、だまって納得《なっとく》すること〕。

**アンモナイト** 名 一億年《いちおくねん》から二億年《におくねん》も前《まえ》に栄《さか》えた海《うみ》の貝《かい》。タコやイカの祖先《そせん》にあたる。カタツムリに似《に》たからを持《も》ち、その化石《かせき》が古《ふる》い地層《ちそう》から出《で》てくる。アンモン貝《がい》。➡ かせき 235ページ

**アンモニア**〔英語 ammonia〕名 においの強《つよ》い無《む》色《しょく》の気体《きたい》。化学肥料《かがくひりょう》の原料《げんりょう》になる。

**あんや**【暗夜】名 まっ暗《くら》な夜《よる》。闇夜《やみよ》。

**あんやく**【暗躍】名 動-する 人《ひと》に知《し》られないところで悪事《あくじ》をたくらみ、活動《かつどう》すること。例 スパイが暗躍する。類 画策《かくさく》。

**あんらく**【安楽】名 形動 心《こころ》も体《からだ》もゆったりとして、楽《たの》しいこと。例 安楽に暮《く》らす。

**あんらくし**【安楽死】名 動-する 苦《くる》しんでいて助《たす》かる見込《みこ》みのない病人《びょうにん》が、本人《ほんにん》の意《い》思《し》にしたがって、苦《くる》しみをへらす処置《しょち》を受《う》けて死《し》をむかえること。

# い

イ i

**い【以】** 画数 5 部首 人(ひと) 4年

音 イ 訓 —

筆順

❶ある基《き》準《じゅん》になるところ。…から。熟語 以《い》下《か》。以外《いがい》。以後《いご》。以降《いこう》。以上《いじょう》。以前《いぜん》。以内《いない》。以《い》来《らい》。❷…で。…によって。熟語 以心伝心《いしんでんしん》。

**い【衣】** 画数 6 部首 衣(ころも) 4年

音 イ 訓 ころも

筆順

体《からだ》につける着物《きもの》。熟語 衣服《いふく》。衣類《いるい》。着衣《ちゃくい》。羽《は》衣《ころも》。

**い【位】** 画数 7 部首 亻(にんべん) 4年

音 イ 訓 くらい

筆順

❶おかれている場所《ばしょ》。熟語 位置《いち》。方位《ほうい》。❷身《み》分《ぶん》。熟語 上位《じょうい》。地位《ちい》。品位《ひんい》。❸目盛《めも》りに表《あらわ》れる量《りょう》。熟語 水位《すいい》。❹人《ひと》を敬《うやま》う言《い》い方《かた》。熟語 各《かく》位《い》。❺順番《じゅんばん》や数字《すうじ》のくらい取《ど》り。例 十《じゅう》の位《くらい》。❻数《かず》や量《りょう》を表《あらわ》すもとになる名前《なまえ》。熟語 単位《たんい》。

**い【囲】** 画数 7 部首 囗(くにがまえ) 5年

音 イ 訓 かこ-む かこ-う

筆順

❶かこむこと。熟語 包囲《ほうい》。❷周《まわ》り。かこみ。熟語 胸囲《きょうい》。周囲《しゅうい》。範囲《はんい》。

《訓の使い方》かこ-む 例 テーブルを囲む。かこ-う 例 金網《かなあみ》で囲う。

**い【医】** 画数 7 部首 匸(かくしがまえ) 3年

音 イ 訓 —

筆順

❶病《びょう》気《き》を治《なお》すこと。熟語 医院《いいん》。医学《いがく》。医療《いりょう》。❷病《びょう》気《き》を治《なお》す人《ひと》。医者《いしゃ》のこと。熟語 医師《いし》。校《こう》医《い》。獣医《じゅうい》。名医《めいい》。

出国《しゅっこく》。首都《しゅと》モンテビデオ。人口約《じんこうやく》350万人《まんにん》。略称《りゃくしょう》URU。

**い【医】** 名 病気《びょうき》やけがを治《なお》すこと。医術《いじゅつ》。

**医《い》は仁術《じんじゅつ》** 医術《いじゅつ》は思《おも》いやりの心《こころ》で行《おこな》うもの。

## い【委】 画数 8 部首 女(おんな) 3年

音 イ 訓 ゆだ-ねる

筆順

❶任《まか》せる。熟語 委員《いいん》。委任《いにん》。❷くわしい。熟語 委細《いさい》。

《訓の使い方》**ゆだ-ねる** 例 仕事《しごと》を人《ひと》に委ねる。

## い【胃】 画数 9 部首 月(にくづき) 6年

音 イ 訓 —

筆順

口《くち》から食道《しょくどう》でつながっている消化器官《しょうかきかん》。胃《い》ぶくろ。熟語 胃液《いえき》。胃腸《いちょう》。

**い【胃】** 名 食《た》べたものをこなすところ。胃《い》ぶくろ。例 食《た》べ過《す》ぎで胃をこわす。↓ないぞう(内臓) 959ページ

## い【異】 画数 11 部首 田(た) 6年

音 イ 訓 こと

筆順

❶ちがう。別《べつ》の。熟語 異議《いぎ》。異種《いしゅ》。異常《いじょう》。異《い》性《せい》。例 考《かんが》えを異《こと》にする。対 同《どう》。❷変《へん》な。めずらしい。熟語 異変《いへん》。異様《いよう》。特異《とくい》。❸よその。熟語 異国《いこく》。

**い【異】** 一 名 他《ほか》とちがうこと。対 同《どう》。二 形動 不思議《ふしぎ》だ。例 縁《えん》は異なもの。

**異《い》を唱《とな》える** 反対《はんたい》の意見《いけん》を言《い》う。

## い【移】 画数 11 部首 禾(のぎへん) 5年

音 イ 訓 うつ-る うつ-す

筆順

❶場所《ばしょ》や位置《いち》を変《か》える。熟語 移転《いてん》。移動《いどう》。転《てん》移《い》。❷時間《じかん》がたつ。熟語 推移《すいい》。

《訓の使い方》**うつ-る** 例 都《みやこ》が移る。**うつ-す** 例 席《せき》を移す。

## い【意】 画数 13 部首 心(こころ) 3年

音 イ 訓 —

筆順

❶気持《きも》ち。考《かんが》え。熟語 意志《いし》。意見《いけん》。敬意《けいい》。決《けつ》意《い》。❷わけ。熟語 意義《いぎ》。意味《いみ》。大意《たいい》。

**い【意】** 名 こころ。気持《きも》ち。例 賛成《さんせい》の意を表《あらわ》す。

**意《い》に介《かい》する** 気《き》にする。気《き》にかける。例 言《い》われても意に介さない。

**意《い》にかなう** 望《のぞ》みどおりになる。気《き》に入《い》る。例 意にかなった相手《あいて》を見《み》つける。

**意《い》に沿《そ》う** その人《ひと》の気持《きも》ちに合《あ》うようにする。例 母《はは》の意に沿うように努力《どりょく》する。

**意《い》のまま** 自分《じぶん》の思《おも》うとおりに。例 ボートを意のままに操縦《そうじゅう》する。

**意《い》を決《けっ》する** きっぱりと決心《けっしん》する。例 意を決して先生《せんせい》に進言《しんげん》した。

**意《い》を尽《つ》くす** 気《き》持《も》ちを十分《じゅうぶん》に言《い》い表《あらわ》す。例 意を尽くした挨拶《あいさつ》。

**意《い》を強《つよ》くする** (励《はげ》まされたりして)自分《じぶん》の考《かんが》えに自信《じしん》をもつ。例 同《おな》じ意見《いけん》の人《ひと》もいて、意を強くした。

## い【遺】 画数 15 部首 辶(しんにょう) 6年

音 イ △ユイ 訓 —

筆順

❶あとにのこす。のこる。熟語 遺産《いさん》。遺書《いしょ》。遺族《いぞく》。遺言《ゆいごん》。❷忘《わす》れる。熟語 遺失物《いしつぶつ》。

## い【依】 画数 8 部首 亻(にんべん)

音 イ エ 訓 —

❶寄《よ》りかかる。たのみにする。熟語 依頼《いらい》。帰《き》依《え》〔=神《かみ》や仏《ほとけ》を信《しん》じてその力《ちから》にすがる〕。❷よりどころにする。熟語 依拠《いきょ》〔=よりどころとする〕。❸もとのまま。熟語 依然《いぜん》。

## い【威】 画数 9 部首 女(おんな)

音 イ 訓 —

❶人《ひと》をおそれさせる。熟語 威圧《いあつ》。威力《いりょく》。権《けん》威《い》。猛威《もうい》。❷おごそか。熟語 威儀《いぎ》。威厳《いげん》。

**い【威】** 名 人《ひと》をおそれさせる力《ちから》。例 虎《とら》の威を借《か》るきつね。



世界の国 ウルグアイ 南《みなみ》アメリカ南東部《なんとうぶ》、大西洋《たいせいよう》に面《めん》する国《くに》。日本《にっぽん》の約半分《やくはんぶん》の面積《めんせき》。牧畜《ぼくちく》がさかんで、羊毛《ようもう》と牛肉《ぎゅうにく》の産《さん》

**い【為】** 画数 9 部首 灬（れんが）
音 イ 訓 ―
する。行《おこな》う。熟語 行為《こうい》。人為《じんい》。

**い【畏】** 画数 9 部首 田（た）
音 イ 訓 おそ-れる
おそれつつしむ。かしこまる。熟語 畏敬《いけい》（＝おそれ多《おお》い気持《きも》ちでうやまうこと）。例 神《かみ》を畏《おそ》れる。

**い【尉】** 画数 11 部首 寸（すん）
音 イ 訓 ―
軍人《ぐんじん》の階級《かいきゅう》の一《ひと》つ。将校《しょうこう》のいちばん下《した》の階級《かいきゅう》。熟語 大尉《たいい》。

**い【萎】** 画数 11 部首 艹（くさかんむり）
音 イ 訓 な-える
草木《くさき》がしおれる。おとろえつかれる。熟語 萎《い》縮《しゅく》。例 気持《きも》ちが萎《な》える。

**い【偉】** 画数 12 部首 亻（にんべん）
音 イ 訓 えら-い
えらい。すぐれている。熟語 偉人《いじん》。偉大《いだい》。例 偉《えら》い人《ひと》の伝記《でんき》。

**い【椅】** 画数 12 部首 木（きへん）
音 イ 訓 ―
寄《よ》りかかりのある腰《こし》かけ。熟語 椅子《いす》。

**い【彙】** 画数 13 部首 彑（けいがしら）
音 イ 訓 ―
種類《しゅるい》に分《わ》けて集《あつ》める。同類《どうるい》のものの集《あつ》まり。熟語 語彙《ごい》。参考「彙《い》」は「彚《い》」とも書《か》く。

**い【違】** 画数 13 部首 辶（しんにょう）
音 イ 訓 ちが-う ちが-える
❶ちがう。まちがえる。同《おな》じでない。熟語 相《そう》違《い》。❷従《したが》わない。熟語 違反《いはん》。違法《いほう》。

**い【維】** 画数 14 部首 糸（いとへん）
音 イ 訓 ―
❶つなぎとめる。結《むす》びつける。熟語 維持《いじ》。❷糸《いと》。筋《すじ》。熟語 繊維《せんい》。❸これ。ただ。意味《いみ》を強《つよ》める言葉《ことば》。熟語 維新《いしん》。

**い【慰】** 画数 15 部首 心（こころ）
音 イ 訓 なぐさ-める なぐさ-む
なぐさめる。いたわる。心《こころ》を楽《たの》しませる。熟語 慰安《いあん》。慰問《いもん》。慰霊《いれい》。慰労《いろう》。例 病人《びょうにん》を慰《なぐさ》める。

**い【緯】** 画数 16 部首 糸（いとへん）
音 イ 訓 ―
❶よこいと。織物《おりもの》の横糸《よこいと》。熟語 経緯《けいい》。❷東西《とうざい》の線《せん》。熟語 緯度《いど》。北緯《ほくい》。

**い【易】** 熟語 安易《あんい》。容易《ようい》。対 難《なん》。⇩**えき【易】** 127ページ

**い【唯】** 熟語 唯唯諾諾《いいだくだく》（＝おとなしく従《したが》うこと）。⇩**ゆい【唯】** 1333ページ

**い【井】** 井《い》戸《ど》。⇩**せい【井】** 697ページ

**井《い》の中《なか》のかわず**（「井《い》（＝井戸《いど》）の中《なか》のかわず（＝カエル）大海《たいかい》を知《し》らず」の略《りゃく》。）広《ひろ》い世《よ》の中《なか》のことを知《し》らず、考《かんが》えのせまい人《ひと》のたとえ。世間《せけん》知《し》らず。

**い【亥】** 名 十二支《じゅうにし》の十二《じゅうに》番《ばん》め。いのしし。↓じゅうにし 601ページ

**いあつ【威圧】** 名 動-する 力《ちから》でおどして、おさえつけること。例 敵《てき》を威圧する。

**いあてる【射当てる】** 動 ❶矢《や》をはなって目標《もくひょう》に当《あ》てる。❷ねらったものを自分《じぶん》のものにする。例 一等賞《いっとうしょう》を射当てる。

**いあわせる【居合わせる】** 動 ちょうどその場《ば》にいる。例 そこに居合わせた人《ひと》。

**いあん【慰安】** 名 動-する なぐさめたり、楽《たの》しませたりすること。例 慰安旅行《りょこう》。

**イー【E・e】** 名 ❶（方角《ほうがく》の）東《ひがし》。対 W《ダブリュー》。❷「電子《でんし》」「インターネット」のこと。例 Eメール。

**いい** 形「よい」の、くだけた言《い》い方《かた》。例 いい品物《しなもの》。それがいい。対 悪《わる》い。

**いいあい【言い合い】** 名 言《い》いあらそい。口《くち》げんか。例 ささいなことで言い合いになる。

**いいあう【言い合う】** 動 ❶たがいに言《い》う。例 意見《いけん》を言い合う。❷口《くち》げんかをする。言《い》い争《あらそ》う。例 悪口《わるくち》を言い合う。

か、林業《りんぎょう》や漁業《ぎょぎょう》もさかん。首都《しゅと》キト。人口約《じんこうやく》1,770万人《まんにん》。略称《りゃくしょう》ECU。

**いいあらそう**【言い争う】動 自分《じぶん》のほうが正《ただ》しいと言《い》い合《あ》う。口《くち》げんかをする。例 兄《あに》とゲームの順番《じゅんばん》で言い争う。

○**いいあらわす**【言い表す】動 考《かんが》えやようすを、言葉《ことば》で表現《ひょうげん》する。例 このうれしさを言い表すのは難《むずか》しい。

**いいあわせたように**【言い合わせたように】 前《まえ》もって打《う》ち合《あ》わせたように。申《もう》し合《あ》わせたように。例 言い合わせたように、みんなが反対《はんたい》した。

○**いいえ** 感 そうではない。いえ。〔相手《あいて》の言葉《ことば》を打《う》ち消《け》したり、断《ことわ》ったりするときに使《つか》う、丁寧《ていねい》な言《い》い方《かた》。〕例「いいえ、知《し》りません。」対 はい。

**いいえてみょう**【言い得て妙°】 じつにうまく言《い》い表《あらわ》している。例 滝《たき》のような雨《あめ》とは言い得て妙だ。

**いいおとす**【言い落とす】動 言《い》わなければならないことを、言《い》い忘《わす》れる。例 言い落としていたことを思《おも》い出《だ》す。

**いいかえ**【言い換°え】名 言《い》い換《か》えること。また、その言葉《ことば》。

**いいかえす**【言い返す】動 ❶口答《くちごた》えをする。例 負《ま》けずに言い返す。❷もう一度《いちど》くり返《かえ》して言《い》う。

✤**いいかえる**【言い換°える】動 同《おな》じ意味《いみ》のことを、他《ほか》の言葉《ことば》で言《い》う。例 やさしい言葉《ことば》で言い換える。

**いいがかり**【言いがかり】名 無理《むり》なことやありもしないことを言《い》って、人《ひと》を困《こま》らせること。例 言いがかりをつける。

**いいかげん**【いい加減】一 名 形動 ❶ちょうどよい程度《ていど》。例 いいかげんにやめろ。❷よく考《かんが》えないで、無責任《むせきにん》なこと。なげやり。例 いいかげんな返事《へんじ》。二 副 かなり。例 いいかげんいやになった。

**いいかた**【言い方】名 表現《ひょうげん》のしかた。言葉遣《ことばづか》い。言《い》いよう。例 言い方に注意《ちゅうい》する。

**いいかねる**【言いかねる】動 ❶言《い》いにくいことなので、言《い》えない。例「絶対《ぜったい》にするな」とは言いかねる。❷〔「言《い》いかねない」の形《かたち》で〕言《い》うかもしれない。言《い》いそうだ。例 彼《かれ》なら言いかねない。

**いいかわす**【言い交△わす】動 ❶言葉《ことば》のやりとりをする。例「また会《あ》おう」と、言い交わした。❷口《くち》で約束《やくそく》し合《あ》う。

**いいき**【いい気】 自分《じぶん》一人《ひとり》で、得意《とくい》になっているようす。例 こちらの気《き》も知《し》らないで、いい気なものだ。

**いい気《き》になる** 得意《とくい》になる。

**いいきかせる**【言い聞かせる】動 〔目《め》下《した》の者《もの》に〕なるほどと、わかるように話《はな》す。例「二度《にど》とするな」と言い聞かせる。

**いいきみ**【いい気味】 胸《むね》がすっとするいい気分《きぶん》。〔にくい相手《あいて》の失敗《しっぱい》や不幸《ふこう》を喜《よろこ》んで言《い》う。〕例 あいつが負《ま》けたとはいい気味だ。

✤**いいきり**【言い切り】名 言《い》い切《き》ること。文《ぶん》がそこで終《お》わること。例 言い切りの形《かたち》。

**いいきる**【言い切る】動 ❶こうだと、はっきり言《い》う。例 あしたは雨《あめ》だと言い切る。❷言《い》い終《お》わる。例 行《い》く先《さき》を言い切らないうちに、電話《でんわ》が切《き》れた。

**いいぐさ**【言い草】名 ❶言《い》い方《かた》。言《い》った言葉《ことば》。例 ひどい言いぐさだ。❷言《い》い訳《わけ》。例 そんな言いぐさは通用《つうよう》しない。

**いいくるめる**【言いくるめる】動 自分《じぶん》の都合《つごう》のいいように、うまく言《い》ってごまかす。例 妹《いもうと》を言いくるめて、やめさせた。

**いいこめる**【言い込°める】動 言葉《ことば》で相手《あいて》をやりこめる。言《い》い負《ま》かす。例 弟《おとうと》に言い込められる。

**イージーオーダー** 名 〔日本《にっぽん》でできた英語《えいご》ふうの言葉《ことば》。〕用意《ようい》した型《かた》から客《きゃく》の体《からだ》に合《あ》ったものを選《えら》び、それに合《あ》わせて服《ふく》などを仕立《した》てること。

**いいしぶる**【言い渋°る】動 言《い》おうか、言《い》うまいかと迷《まよ》って、なかなか言《い》わない。例 おわびの言葉《ことば》を言い渋っている。

**いいしれぬ**【言い知れぬ】 言葉《ことば》では表《あらわ》せない。例 言い知れぬ喜《よろこ》び。

**いいすぎる**【言い過ぎる】動 言《い》わないでいいことまで言《い》う。例 言い過ぎて人《ひと》を困《こま》らせる。

**イースター** 〔英語 Easter〕名 死《し》んだキリストが、生《い》き返《かえ》ったことを祝《いわ》う祭《まつ》り。復活祭《ふっかつさい》。

**いいすてる**【言い捨てる】動 相手《あいて》の返事《へんじ》を待《ま》たずに、自分《じぶん》の言《い》いたいことだけ言《い》





世界の国 エクアドル　南《みなみ》アメリカ北西部《ほくせいぶ》、太平洋《たいへいよう》に面《めん》する国《くに》。本州《ほんしゅう》よりやや広《ひろ》い。バナナやコーヒーなどがとれるほ

う。例「勝手《かって》にしろ」と言い捨てる。

**イースト**〔英語 yeast〕名 パンをふくらませたりするのに使《つか》う酵母《こうぼ》。

**いいそえる【言い添える】**動 言《い》い足《た》りないところを、つけ加《くわ》えて言《い》う。例 お礼《れい》の言葉《ことば》を言い添える。

**いいそこなう【言い損△なう】**動 ❶まちがえて言《い》う。例 答《こた》えを言い損なう。❷言《い》う機会《きかい》をなくしてしまう。例 先日《せんじつ》のお礼《れい》を言い損なった。

**いいそびれる【言いそびれる】**動 言《い》おうと思《おも》いながら、言《い》わないでしまう。言《い》いはぐれる。例 自分《じぶん》の気持《きも》ちを言いそびれた。

**いいたいほうだい【言いたい放題】**言《い》いたいだけ勝手《かって》に言《い》うようす。思《おも》うぞんぶんに言《い》うようす。例 言いたい放題文句《もんく》を言《い》う。

**いいだす【言い出す】**動 ❶口《くち》に出《だ》して言《い》う。例 一度《いちど》言い出したらきかない。❷初《はじ》めに言《い》う。例 言い出した人《ひと》から始《はじ》める。

**いいたてる【言い立てる】**動 一《ひと》つ一《ひと》つ取《と》り立《た》てて言《い》う。例 欠点《けってん》を言い立てる。

**いいつかる【言い付かる】**動 言《い》いつけられる。例 留守番《るすばん》を言いつかった。

**いいつぐ【言い継ぐ】**動 ❶言葉《ことば》を続《つづ》ける。❷次《つぎ》から次《つぎ》へと、語《かた》り伝《つた》える。例 昔《むかし》から言い継いできた話《はなし》。

**いいつくす【言い尽くす】**動 言《い》いたかったことを残《のこ》らず言《い》う。例 言葉《ことば》では言い尽くせない苦《くる》しさ。

**いいつくろう【言い繕う】**動 自分《じぶん》のまちがいなどを、しゃべってごまかす。例 うまく言いつくろって、責任《せきにん》をのがれる。

**いいつけ【言い付け】**名 指図《さしず》。命令《めいれい》。例 先生《せんせい》の言いつけを守《まも》る。

**◦いいつける【言い付ける】**動 ❶命令《めいれい》する。例 掃除《そうじ》を言いつける。❷告《つ》げ口《ぐち》をする。例 先生《せんせい》に言いつける。

**◦いいつたえ【言い伝え】**名 昔《むかし》から言葉《ことば》で伝《つた》えられてきた話《はなし》。伝説《でんせつ》。例 鬼《おに》がすむという言い伝え。

**いいつたえる【言い伝える】**動 ❶あとに残《のこ》るように話《はな》して聞《き》かせる。例 昔話《むかしばなし》を言い伝える。❷ことづけをする。例 電話《でんわ》で言い伝える。

**イーティーシー【ETC】**名〔「自動料《じどうりょう》金徴収《きんちょうしゅう》システム」という意味《いみ》の英語《えいご》の頭文字《かしらもじ》。〕高速道路《こうそくどうろ》の通行料金《つうこうりょうきん》を、料金所《りょうきんじょ》を通《とお》るだけで自動的《じどうてき》に払《はら》うことができるしくみ。

**いいなおす【言い直す】**動 ❶もう一度《いちど》くり返《かえ》して言《い》う。❷ほかの言《い》い方《かた》で、あらためて言《い》う。例 説明不足《せつめいぶそく》だったので言い直す。

**いい なおすけ**〔井伊直弼〕人名（男）（一八一五～一八六〇）江戸幕府《えどばくふ》の大老《たいろう》。アメリカと貿易《ぼうえき》するための通商条約《つうしょうじょうやく》を結《むす》んだが、反対《はんたい》する者《もの》たちを弾圧《だんあつ》したために、江戸《えど》城《じょう》桜田門外《さくらだもんがい》で暗殺《あんさつ》された。

**いいなずけ**名 結婚《けっこん》を約束《やくそく》した相手《あいて》。婚約《こんやく》者《しゃ》。フィアンセ。

**いいならわし【言い習わし】**名 昔《むかし》から、よく言《い》われてきたことがらや言葉《ことば》。例「朝《あさ》ぎりの日《ひ》は晴《は》れる」という言い習わしがある。

**いいなり【言いなり】**名 相手《あいて》の言《い》うとおり。言《い》うがまま。言《い》うなり。例 コーチの言いなりになって練習《れんしゅう》する。

**いいにくい【言いにくい】**形 ❶話《はな》しにくい。例「来《こ》い」とは言いにくい。❷言《い》うのが難《むずか》しい。例 早口言葉《はやくちことば》は言いにくい。

**いいぬける【言い抜ける】**動 うまく話《はな》してごまかす。言《い》いのがれる。

**いいね【言い値】**名 売《う》る人《ひと》がつけた値段《ねだん》。例 言い値で買《か》う。

**いいのがれ【言い逃れ】**名 うまく話《はなし》をしてごまかすこと。また、その言葉《ことば》。言《い》いぬけ。例 言い逃れをせずにあやまる。

**いいのがれる【言い逃れる】**動 うまく言《い》って、その場《ば》をごまかす。言《い》い抜《ぬ》ける。

**いいのこす【言い残す】**動 ❶あとに残《のこ》る人《ひと》に言《い》っておく。例 母《はは》は「気《き》をつけてね」と言い残して出《で》かけた。❷全部《ぜんぶ》を言《い》わないで残《のこ》す。例 言い残したことがある。

**いいはなつ【言い放つ】**動 思《おも》ったことを、遠慮《えんりょ》なしに言《い》う。きっぱりと言《い》う。例 彼《かれ》は、「必《かなら》ず勝《か》つ」と言い放った。

**いいはる【言い張る】**動 どこまでも言《い》い通《とお》す。例 知《し》らない、と言い張る。

**イーブイ【EV】**名〔「電気《でんき》の自動車《じどうしゃ》」とい

し、ナイル川流域《がわりゅういき》では米《こめ》や綿花《めんか》を栽培《さいばい》している。首都《しゅと》カイロ。人口約《じんこうやく》1億人《おくにん》。略称《りゃくしょう》EGY。

う意味《いみ》の英語《えいご》の頭文字《かしらもじ》。〕電気自動車《でんきじどうしゃ》。

**いいふくめる【言い含める】** 動 よくわかるように言《い》って聞《き》かせる。例 行儀《ぎょうぎ》よくしているように言い含める。

**いいふらす【言い触らす】** 動 多《おお》くの人《ひと》に言《い》って回《まわ》る。例 悪口《わるくち》を言いふらす。

**いいふるす【言い古す】** 動 昔《むかし》からよく言《い》われて、めずらしくなくなる。例 言い古された決《き》まり文句《もんく》。

**いいぶん【言い分】** 名 言《い》いたいこと。文句《もんく》。例 ぼくの言い分も聞《き》いてくれ。

**いいまかす【言い負かす】** 動 議論《ぎろん》をして、相手《あいて》を負《ま》かす。

**いいまわし【言い回し】** 名 言葉《ことば》の言《い》い表《あらわ》し方《かた》。例 気《き》のきいた言い回し。

**イーメール【Eメール】** 名 コンピューターなどを使《つか》って、メッセージやデータなどのやりとりをする仕組《しく》み。電子《でんし》メール。メール。例 Eメールで送信《そうしん》する。

**いいもらす【言い漏らす】** 動 言《い》わなくてはならないことを、言《い》い落《お》としてしまう。例 だいじな点《てん》を言いもらした。

**例解 ! 表現の広場**

**言《い》うと語《かた》ると話《はな》すと述《の》べるのちがい**

| | 言《い》う | 語《かた》る | 話《はな》す | 述《の》べる |
|---|---|---|---|---|
| 大《おお》きな声《こえ》で | ○ | ○ | ○ | ○ |
| 反対意見《はんたいいけん》を | ○ | × | × | ○ |
| 日本語《にほんご》を | × | × | ○ | × |
| 昔《むかし》の思《おも》い出《で》を | × | ○ | ○ | × |

**イーユー【EU】** 名 〔「ヨーロッパ連合《れんごう》」という意味《いみ》の英語《えいご》の頭文字《かしらもじ》。〕ヨーロッパの国々《くにぐに》が、共同《きょうどう》で国《くに》の安全《あんぜん》をはかったり経済《けいざい》を運営《うんえい》したりしようとする組織《そしき》。

**いいよどむ【言いよどむ】** 動 すらすらと言葉《ことば》が出《で》ない。例 突然指名《とつぜんしめい》されて、しばらく言いよどんでいた。

**∘いいわけ【言い訳】** 名 動-する そうなってしまった訳《わけ》を話《はな》すこと。弁解《べんかい》。例 おくれた言い訳をする。

**いいわたす【言い渡す】** 動 言《い》って、正式《せいしき》に知《し》らせる。例 判決《はんけつ》を言い渡す。

**いいん【医院】** 名 医者《いしゃ》が病人《びょうにん》やけが人《にん》をみて、治《なお》すところ。参考 病院《びょういん》より小《ちい》さい。

**∘いいん【委員】** 名 みんなから選《えら》ばれて、ものごとを決《き》めたり、みんなの代《か》わりになって仕事《しごと》をしたりする役《やく》の人《ひと》。

**いいんかい【委員会】** 名 委員《いいん》が集《あつ》まって、相談《そうだん》したりものごとを決《き》めたりする会《かい》。

**∘いう【言う】** 動 ❶言葉《ことば》で表《あらわ》す。話《はな》す。例 意見《いけん》を言う。❷多《おお》くの人《ひと》が言葉《ことば》に出《だ》す。例 日本《にっぽん》一《いち》だと言われている。❸音《おと》を立《た》てる。例 戸《と》ががたがたいう。❹名《な》がついている。呼《よ》ばれている。例 これはモミという木《き》だ。参考 ふつう❸・❹は、かな書《が》きにする。敬語 敬《うやま》った言《い》い方《かた》は「おっしゃる」。へりくだった言《い》い方《かた》は「申《もう》す」「申《もう》し上《あ》げる」。⇩げん【言】 408ページ

**言《い》うに事欠《ことか》いて** ほかに言《い》うこともあるだろうに。例 言うに事欠いて親《おや》にあんな口《くち》をきくなんて、よくないよ。

**言《い》うは易《やす》く行《おこな》うは難《かた》し** 口《くち》で言《い》うのは簡単《かんたん》だが、いざ実行《じっこう》するとなると難《むずか》しいものだ。参考 中国《ちゅうごく》の古《ふる》い書物《しょもつ》にある言葉《ことば》から。

**いうことなし【言うことなし】** 文句《もんく》のつけようがない。例 味《あじ》つけも見《み》た目《め》も言うことなしだ。

**いうなり【言うなり】** ❶言《い》うとすぐ。例 「さよなら」と言うなりかけだした。❷⇩いいなり 54ページ。⇩なり 977ページ

**いうまでもない【言うまでもない】** わざわざ言《い》わなくてもわかっている。例 信《しん》号《ごう》を守《まも》るのは言うまでもないことだ。

**∘いえ【家】** 名 ❶人《ひと》の住《す》む建物《たてもの》。❷自分《じぶん》のうち。例 家に帰《かえ》る。❸家庭《かてい》。例 家のために働《はたら》く。

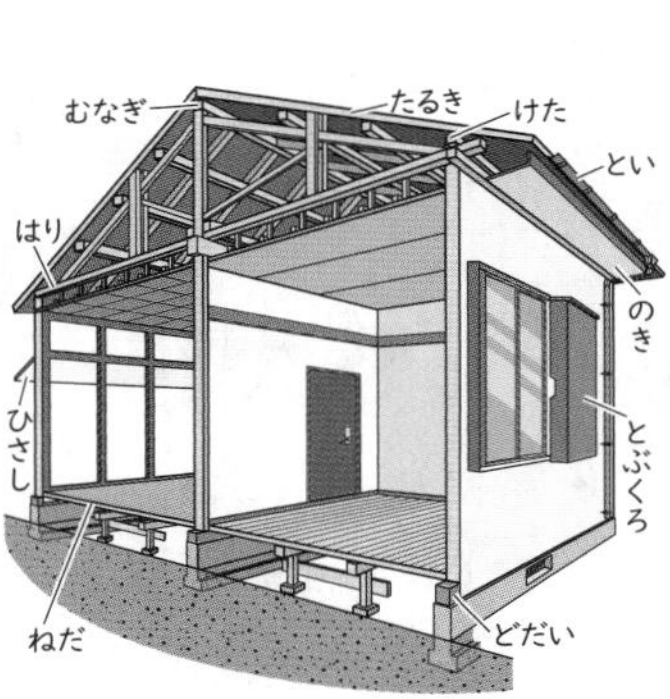

〔いえ❶〕



世界の国 エジプト アフリカ北東部《ほくとうぶ》、地中海《ちちゅうかい》と紅海《こうかい》に面《めん》した国《くに》。世界《せかい》でいちばん古《ふる》い文明《ぶんめい》が生《う》まれた地《ち》。石油《せきゆ》を産出《さんしゅつ》

❹親《おや》から子《こ》へと、昔《むかし》から続《つづ》いている家族《かぞく》のつながり。例 子《こ》どもが家をつぐ。↓か【家】189ページ

**いえい【遺影】**名 なくなった人《ひと》の姿《すがた》をうつした写真《しゃしん》や肖像画《しょうぞうが》。

**いえがら【家柄】**名 ずっと続《つづ》いてきた、その家《いえ》の血筋《ちすじ》や地位《ちい》。

**いえき【胃液】**名 胃《い》から出《で》るすっぱい液《えき》。おもにたんぱく質《しつ》を消化《しょうか》する。

**いえじ【家路】**名 家《いえ》への帰《かえ》り道《みち》。例 家路につく〔=家《いえ》へ帰《かえ》る〕。家路を急《いそ》ぐ。

**いえじゅう【家中】**名 ❶家《いえ》の中《なか》全体《ぜんたい》。例 家じゅうをさがす。❷家《いえ》の人《ひと》全部《ぜんぶ》。例 家じゅうで誕生日《たんじょうび》を祝《いわ》う。

**イエス**〔英語 yes〕感 はい。うん。そうだ。〔受《う》け答《こた》えの言葉《ことば》。〕対 ノー。

**イエス=キリスト** 人名（男）（紀《き》元《げん》前《ぜん》四ごろ～紀《き》元《げん》三〇ごろ）キリスト教《きょう》を開《ひら》いた人《ひと》。現在《げんざい》のパレスチナ南部《なんぶ》に生《う》まれた。人々《ひとびと》に博《はく》愛《あい》の心《こころ》を説《と》いたが、反対者《はんたいしゃ》のために十字架《じゅうじか》にかけられて死《し》んだ。

**いえで【家出】**名 動-する 帰《かえ》らないと決《き》めて、だまって家《いえ》を出《で》ること。

**いえなみ【家並み】**名 ↓やなみ974ページ

**いえもと【家元】**名 おどり・生《い》け花《ばな》・茶《ちゃ》の湯《ゆ》などで、その流派《りゅうは》のやり方《かた》を、正《ただ》しく受《う》け伝《つた》えている家《いえ》。また、その人《ひと》。

**いえやしき【家屋敷】**名 家《いえ》と、その土《と》地《ち》。例 家屋敷を売《う》りはらって引《ひ》っ越《こ》す。

**いえる【癒える】**動 病気《びょうき》やけがが治《なお》る。〔少《すこ》し古《ふる》い言《い》い方《かた》。〕例 病《やまい》がいえる。↓ゆ【癒】1333ページ

**イエローカード**〔英語 yellow card〕名 サッカーなどで、反則《はんそく》をした選手《せんしゅ》に警告《けいこく》するため、審判《しんぱん》が示《しめ》す黄色《きいろ》いカード。

**いおう【〈硫黄〉】**名 黄色《きいろ》くて、もろい鉱物《こうぶつ》。空気《くうき》中《ちゅう》では青《あお》い炎《ほのお》を出《だ》して燃《も》える。マッチ・火薬《かやく》などを作《つく》るのに使《つか》う。参考「硫黄《いおう》」は、特《とく》別《べつ》に認《みと》められた読《よ》み方《かた》。

**いおとす【射落とす】**動 ❶弓《ゆみ》矢《や》でえものをうち落《お》とす。❷手《て》に入《い》れる。例 運《うん》よく一《いっ》等賞《とうしょう》を射落とした。

**いおり【庵】**名 お坊《ぼう》さんや、風流《ふうりゅう》な人《ひと》が住《す》む、粗末《そまつ》で小《ちい》さい家《いえ》。

**イオン**〔ドイツ語〕名 電気《でんき》をおびた原子《げんし》や原《げん》子《し》の群《む》れ。陽《よう》イオンと陰《いん》イオンとがある。

**。いか【以下】**名 ❶その数《かず》を含《ふく》んで、そこから下《した》。例 十歳《じっさい》以下の子《こ》ども。類 未満《みまん》。❷程度《ていど》や段階《だんかい》が、それよりも下《した》であること。例 ぼくの実力《じつりょく》はきみ以下だよ。❸それよりあとのこと。例 以下は省略《しょうりゃく》する。対（❶～❸）以《い》上《じょう》。参考「十歳《じっさい》以下《いか》」は一〇を含《ふく》むが、「十《じっ》歳《さい》未満《みまん》」は一〇を含《ふく》まない。

**いか【医科】**名 医学《いがく》に関《かん》する学科《がっか》。

**いか【〈烏賊〉】**名 海《うみ》にすむ動物《どうぶつ》。スルメイカ・ヤリイカ・ホタルイカなど種類《しゅるい》が多《おお》い。胴《どう》は細長《ほそなが》いふくろの形《かたち》で、一〇本《ぽん》の足《あし》が頭《あたま》の部《ぶ》分《ぶん》から出《で》ている。敵《てき》にあうと、すみをはいてにげる。

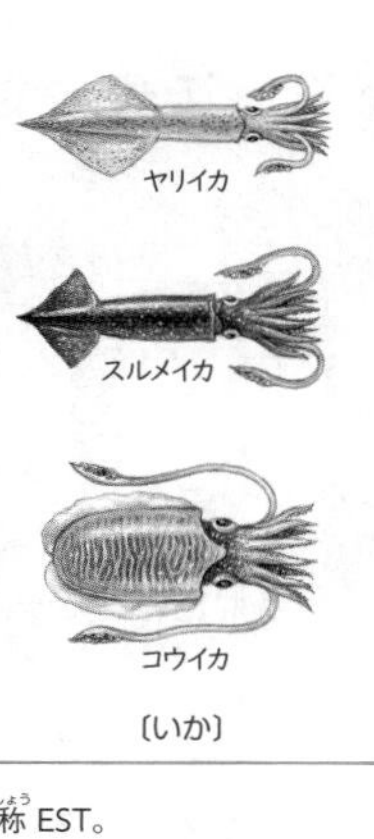

〔いか〕

**いが**名 クリの実《み》を包《つつ》んでいる外側《そとがわ》の皮《かわ》。たくさんのとげがある。

**いが【伊賀】** 地名 昔《むかし》の国《くに》の名《な》の一《ひと》つ。今《いま》の三《み》重《え》県《けん》の北西部《ほくせいぶ》にあたる。

**。いがい【以外】**名（あるものの）ほか。例 これ以外に方法《ほうほう》はない。

**。いがい【意外】**名 形動 思《おも》ってもいなかったようす。例 意外に易《やさ》しかった。類 案外《あんがい》。

**いがい【遺骸】**名 死《し》んだ人《ひと》の体《からだ》。なきがら。類 遺体《いたい》。

**いかいよう【胃潰瘍】**名 胃《い》のかべの内側《うちがわ》が、ただれる病気《びょうき》。

**いかが**副 ❶どのよう。どう。〔相手《あいて》にたずねるときに使《つか》う。〕例「具合《ぐあい》はいかがですか。」❷どうですか。〔相手《あいて》に物《もの》をすすめるときに使《つか》う。〕例「お茶《ちゃ》はいかがですか。」

**いかがわしい**形 ❶あやしい。疑《うたが》わしい。例 いかがわしい話《はなし》。❷下品《げひん》でよくない。例 いかがわしいテレビ番組《ばんぐみ》。

**いかく【威嚇】**名 動-する おどすこと。例 大《おお》きな音《おと》でカラスを威嚇する。

業《ぎょう》が発達《はったつ》していて、農業《のうぎょう》では麦《むぎ》やジャガイモがとれる。首都《しゅと》タリン。人口約《じんこうやく》130万人《まんにん》。略称《りゃくしょう》EST。

**いがく【医学】**㊔ けがや病気《びょうき》を治《なお》したり、予防《よぼう》したりすることを研究《けんきゅう》する学問《がくもん》。例 医学博士《はくし》。類 医術《いじゅつ》。

**いがぐり【いが栗】**㊔ ❶いがに包《つつ》まれたままのクリの実《み》。❷髪《かみ》を短《みじか》く丸刈《まるが》りにした頭《あたま》。いがぐり頭《あたま》。

**いかさま** ㊔ ごまかし。いんちき。

**°いかす【生かす】**動 ❶生《い》きているようにする。例 魚《さかな》を池《いけ》に生かしておく。❷役立《やくだ》つように、うまく使《つか》う。例 習《なら》ったことを生活《せいかつ》に生かす。対(❶・❷)殺《ころ》す。⇩せい【生】697ページ

**いかだ【筏】**㊔ 木材《もくざい》を何本《なんぼん》も結《むす》び合《あ》わせて、水《みず》にうかべたもの。木材《もくざい》を運《はこ》んだり、舟《ふね》の代《か》わりにしたりする。

〔いかだ〕

**いがた【鋳型】**㊔ いろいろな形《かたち》の鋳物《いもの》を造《つく》るために、とかした金属《きんぞく》を流《なが》しこむ型《かた》。

**いかだながし【筏流し】**㊔ いかだに乗《の》って川《かわ》を下《くだ》ること。また、それをする人《ひと》。

**いかつい** 形 いかめしい。ごつい。例 いかつい顔《かお》をした男《おとこ》。

**いかなる** 連体 どんな。どういう。例 いかなることがあろうとも出《で》かける。

**いかに** 副 ❶どのように。例 夏休《なつやす》みをいかに過《す》ごすか。❷どんなに。例 いかに急《いそ》いでも無理《むり》だ。注意 ❷は、あとに「ても」「でも」などの言葉《ことば》がくる。

**いかにも** 副 ❶なるほど。例 いかにもそうだ。❷まったく。例 いかにも子《こ》どもらしい絵《え》。❸まるで。例 いかにも知《し》らないようなふり。注意 ❷・❸は、あとに「らしい」「ようだ」などの言葉《ことば》がくる。

**いかほど** 副 ❶どれぐらい。例 値段《ねだん》はいかほどですか。❷どれほど。どんなに。例 父《ちち》の苦《くる》しさはいかほどだったろう。

**いがみあう【いがみ合う】**動 にくみ合《あ》って争《あらそ》う。例 あの二人《ふたり》は、いつもいがみ合っている。

**いかめしい** 形 立派《りっぱ》すぎて、近《ちか》よりにくい。例 いかめしい顔《かお》つき。

**いかものぐい【いかもの食い】**㊔ ふつうでは食《た》べないようなものを、好《この》んで食《た》べること。また、好《この》んで食《た》べる人《ひと》。

**いかよう** 形動 どんなふうにもなるようす。どのよう。例 いかようにもお作《つく》りします。

**いからす【怒らす】**動 ❶(人《ひと》を)おこらせる。❷角《かど》ばったようすを作《つく》る。いかめしくする。例 肩《かた》をいからして歩《ある》く。

**°いかり【怒り】**㊔ おこること。腹《はら》を立《た》てること。また、そういう気持《きも》ち。例 怒りを爆発《ばくはつ》させる。

**怒《いか》り心頭《しんとう》に発《はっ》する** 心《こころ》の底《そこ》から怒《いか》りがこみ上《あ》げてくる。

**怒《いか》りを買《か》う** 相手《あいて》をおこらせてしまう。例 うそがばれて、父《ちち》の怒りを買った。

**いかり【錨】**㊔ 船《ふね》をとめておくために、くさりにつけて海《うみ》にしずめるおもり。例 いかりをおろす〈=船《ふね》を留《と》める〉。

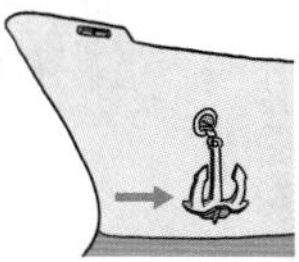
〔いかり〕

**いかりくるう【怒り狂う】**動 おこって、見《み》さかいがなくなる。例 怒り狂った人々《ひとびと》が押《お》しよせる。

**°いかる【怒る】**動 ❶腹《はら》を立《た》てる。おこる。例 顔《かお》を真《ま》っ赤《か》にして怒る。❷角《かど》ばる。例 肩《かた》がいかった人《ひと》。参考 ふつう❷は、かな書《が》きにする。⇩ど【怒】902ページ

**いかん【遺憾】**㊔ 形動 思《おも》いどおりにいかなくて、残念《ざんねん》なこと。例 遺憾の意《い》を表《あらわ》す〈=残《ざん》念《ねん》だという気持《きも》ちを表《あらわ》す〉。

**遺憾《いかん》に堪《た》えない** 残念《ざんねん》でならない。例 ひと言《こと》の反省《はんせい》もないのは、遺憾に堪えない。

**いがん【胃がん】**㊔ 胃《い》にできるがん。

**いかんなく【遺憾なく】** 心残《こころのこ》りがないよう、十分《じゅうぶん》に。例 実力《じつりょく》を遺憾なく発揮《はっき》した。

**いき【域】** 画数 11 部首 土(つちへん) 6年

音 イキ 訓 —

筆順

限《かぎ》られた場所《ばしょ》。範囲《はんい》。熟語 区域《くいき》。地域《ちいき》。流域《りゅういき》。

**いき【域】**㊔ 程度《ていど》。範囲《はんい》。例 名人《めいじん》の域に達《たっ》する。試《こころ》みの域を出《で》ない。

あいうえお かきくけこ さしすせそ たちつてと なにぬねの はひふへほ まみむめも やゆよ らりるれろ わをん



世界の国 エストニア 東《ひがし》ヨーロッパ、バルト海沿岸《かいえんがん》の国《くに》。九州《きゅうしゅう》よりやや広《ひろ》い。1991年《ねん》にソ連《れん》から分離《ぶんり》・独立《どくりつ》した。エ

**°いき**【息】㊔ 動物《どうぶつ》が酸素《さんそ》を取《と》るために、空気《くうき》を吸《す》ったり、はいたりすること。また、その空気《くうき》。例 冬《ふゆ》の朝《あさ》は、はく息が白《しろ》い。まだ息がある。⬇**そく**【息】753ページ

**息《いき》が合《あ》う** 調子《ちょうし》や気持《きも》ちが合《あ》う。例 歌《うた》う人《ひと》とおどる人《ひと》の息が合う。

**息《いき》が上《あ》がる** (運動《うんどう》の後《あと》などで)息《いき》がはやくなる。例 試合直後《しあいちょくご》で息が上がっている。

**息《いき》がかかる** 有力者《ゆうりょくしゃ》などの助《たす》けを受《う》けている。例 社長《しゃちょう》の息がかかった新入社員《しんにゅうしゃいん》。

**息《いき》が切《き》れる** ❶息《いき》をするのが苦《くる》しい。例 急《きゅう》な登《のぼ》りで息が切れる。❷ものごとを、それ以上続《いじょうつづ》けられなくなる。

**息《いき》が絶《た》える** 息《いき》が止《と》まる。死《し》ぬ。

**息《いき》が詰《つ》まる** ❶呼吸《こきゅう》が苦《くる》しくなる。❷ひどく緊張《きんちょう》する。例 かた苦《くる》しい会《かい》で息がつまる。

**息《いき》が弾《はず》む** 息《いき》をするのが速《はや》くなる。例 マラソンの後《あと》なので息が弾んでいる。

**息《いき》が長《なが》い** (「息《いき》の長《なが》い」ともいう。)❶一《ひと》つのことを長《なが》い間続《あいだつづ》ける。例 息が長い番組《ばんぐみ》。❷文《ぶん》の初《はじ》めから終《お》わりまでが長《なが》い。例 息が長い文《ぶん》。

**息《いき》の下《した》** 息《いき》づかいが弱々《よわよわ》しくて、死《し》にそうなようす。例 苦《くる》しい息の下で、わが子《こ》の名《な》を呼《よ》んだ。

**息《いき》の長《なが》い** ⬇息《いき》が長《なが》い 58ページ

**息《いき》も絶《た》え絶《だ》え** いまにも息《いき》が止《と》まりそうなようす。例 マラソン走者《そうしゃ》が、息も絶え絶えにゴールインした。

**息《いき》もつかずに** ひと息《いき》に。例 ペットボトルを、息もつかずに飲《の》み干《ほ》した。

**息《いき》もつかせず** 息《いき》をする間《ま》も与《あた》えないほどすばやく。例 息もつかせず獲物《えもの》におそいかかる。

**息《いき》を切《き》らす** (走《はし》って)息《いき》を、はあはあいわせる。例 息を切らして走《はし》って来《く》る。

**息《いき》を凝《こ》らす** 息《いき》をするのをおさえて、じっとしている。例 息をこらして待《ま》つ。

**息《いき》を殺《ころ》す** 息《いき》を止《と》めるようにして、じっとしている。例 息を殺して見守《みまも》る。

**息《いき》をつく暇《ひま》もない** ひと休《やす》みするひまもない。例 息をつく暇もなく、つぎつぎに客《きゃく》が入《はい》ってくる。

**息《いき》を詰《つ》める** しばらく息《いき》を止《と》めて、じっとしている。

**息《いき》をのむ** おどろいて、はっとする。例 あまりのこわさに思《おも》わず息をのんだ。

**息《いき》を弾《はず》ませる** あらあらしく息《いき》をする。例 息を弾ませながら、走《はし》ってきた。

**息《いき》を引《ひ》き取《と》る** 息《いき》が絶《た》える。死《し》ぬ。

**息《いき》を潜《ひそ》める** 息《いき》をおさえて、じっとしている。例 息を潜めてようすをうかがう。

**息《いき》を吹《ふ》き返《かえ》す** 生《い》き返《かえ》る。

**息《いき》を抜《ぬ》く** 仕事《しごと》などの途中《とちゅう》で、ひと休《やす》みする。緊張《きんちょう》をゆるめる。

**いき**【粋】㊔㊏ ❶あかぬけていて、しゃれていること。❷人《ひと》の気持《きも》ちがよくわかり、気《き》がきいていること。対(❶・❷)野暮《やぼ》。⬇**すい**【粋】670ページ

**いき**【意気】㊔ 張《は》り切《き》った気持《きも》ち。気力《きりょく》。例 何事《なにごと》も、その意気でやろう。

**いき**【生き】㊔ ❶生《い》きていること。活気《かっき》があること。例 生き死《し》に。❷新《あたら》しいこと。例 生きのいい若者《わかもの》たち。

**生《い》きがいい** 新鮮《しんせん》だ。例 この魚《さかな》はとれたてで生きがいい。

**°いき**【行き】㊔ (「ゆき」ともいう。)行《い》くこと。行《い》く途中《とちゅう》。例 行きはバス、帰《かえ》りは電車《でんしゃ》。対 帰《かえ》り。

**いき**〖壱岐〗㊞ ❶長崎県《ながさきけん》の一部《いちぶ》で、玄界灘《げんかいなだ》にある壱岐《いき》の島《しま》を中心《ちゅうしん》とする島々《しまじま》。壱岐諸島《いきしょとう》。❷昔《むかし》の国《くに》の名《な》の一《ひと》つ。今《いま》の壱岐諸島《いきしょとう》にあたる。

**いぎ**【威儀】㊔ (式《しき》などで)服装《ふくそう》や態度《たいど》が、礼儀《れいぎ》どおりできちんとしていること。例 威儀を正《ただ》す。

**いぎ**【異議】㊔ ちがった考《かんが》えや意見《いけん》。反対《はんたい》の意見《いけん》。例 異議をとなえる。類 異存《いぞん》。異論《いろん》。

✤**いぎ**【意義】㊔ ❶言葉《ことば》や文《ぶん》などが表《あらわ》しているもの。わけ。例 言葉《ことば》の意義。❷値打《ねう》ち。例 意義のある仕事《しごと》。類(❶・❷)意味《いみ》。

**いきあう**【行き会う】㊍ (「ゆきあう」ともいう。)人《ひと》と、出会《であ》う。

**いきあたりばったり**【行き当たりばったり】㊔㊏ (「ゆきあたりばったり」ともいう。)そのときの思《おも》いつきでものごとをす

るようす。出《で》たとこ勝負《しょうぶ》。

**いきあたる**【行き当たる】動〔「ゆきあたる」ともいう。〕❶進《すす》んで行《い》って、つき当《あ》たる。例へいに行き当たる。❷行《ゆ》きづまる。例困《こま》った問題《もんだい》に行き当たる。

**いきいき**【生き生き】副(-と)動-する 元気《げんき》があふれているようす。例君《きみ》は、いつも生き生きとしている。

**いきうつし**【生き写し】名（姿《すがた》やようすが）他《ほか》の人《ひと》にとてもよく似《に》ていること。うり二《ふた》つ。例兄《あに》は父《ちち》に生き写しだ。

**いきうまのめをぬく**【生き馬の目を抜く】〔生《い》きている馬《うま》の目《め》を抜《ぬ》くほど〕ずるがしこくて、抜《ぬ》け目《め》がないことのたとえ。

**いきうめ**【生き埋め】名 生《い》きたまま、土《つち》や雪《ゆき》の中《なか》に埋《う》まること。また、埋《う》めること。例山《やま》がくずれて生き埋めになる。

**°いきおい**【勢い】一名 ❶動《うご》くときの速《はや》さや強《つよ》さ。例激《はげ》しい勢いで流《なが》れる川《かわ》。❷人《ひと》を従《したが》わせる力《ちから》。勢力《せいりょく》。例勢いをふるう。❸成《な》り行《ゆ》き。例時《とき》の勢いには勝《か》てない。❹はずみ。例かけ出《だ》した勢いで人《ひと》にぶつかった。二副 自然《しぜん》に。どうしても。例食《た》べないと、いきおい体《からだ》も弱《よわ》ってくる。参考 ふつう二は、かな書《が》きにする。↓せい【勢】699ページ

**いきおいこむ**【勢い込む】動 何《なに》かをしようとふるいたつ。例勢い込んで出《で》かける。

**いきおいづく**【勢い付く】動 元気《げんき》がよくなる。例最初《さいしょ》に得点《とくてん》して勢いづいた。

**いきがい**【生きがい】名 生《い》きていく張《は》り合《あ》い。例仕事《しごと》に生きがいを感《かん》じる。

**いきかう**【行き交う】動 ↓ゆきかう 1341ページ

**°いきかえり**【行き帰り】名〔「ゆきかえり」ともいう。〕行《い》きと帰《かえ》り。往復《おうふく》。

**いきかえる**【生き返る】動 もとのように元気《げんき》になる。よみがえる。

**いきがかり**【行きがかり】名〔「ゆきがかり」ともいう。〕すでにものごとが始《はじ》まっていて、いまさら中止《ちゅうし》にできないこと。例行きがかり上《じょう》、断《ことわ》れない。

**いきがけ**【行きがけ】名〔「ゆきがけ」ともいう。〕行《い》く途中《とちゅう》。例学校《がっこう》の行きがけに立《た》ち寄《よ》る。対帰《かえ》りがけ。

**いきかた**【生き方】名 生《い》きてゆく態度《たいど》。生活《せいかつ》のしかた。例自分《じぶん》の生き方。

**いきかた**【行き方】名〔「ゆきかた」ともいう。〕乗《の》り物《もの》や道順《みちじゅん》など、そこへ行《い》くための方法《ほうほう》。例駅《えき》への行き方がわからない。

**いきき**【行き来】名動-する ↓ゆきき 1341ページ

**いきぎれ**【息切れ】名動-する ❶息《いき》が苦《くる》しくなること。❷ものごとが長続《ながつづ》きしないこと。例味方《みかた》の援助《えんじょ》が息切れする。

**いきぐるしい**【息苦しい】形 ❶息《いき》をするのが苦《くる》しい。例けむりで息苦しい。❷周《まわ》りのようすが、重々《おもおも》しくて苦《くる》しく感《かん》じる。例えらい人《ひと》がたくさんいて息苦しい。

**いきごみ**【意気込み】名 力《ちから》の入《い》れ方《かた》。張《は》り切《き》り方《かた》。例チームの意気込みがちがう。

**いきごむ**【意気込む】動 力《ちから》を入《い》れてやる。張《は》り切《き》る。例こんどこそと意気込む。

**いきさき**【行き先】名 ↓ゆきさき 1341ページ

**いきさつ** 名 このようになったわけ。事情《じじょう》。例事件《じけん》のいきさつを話《はな》す。

**いきじびき**【生き字引】名（辞書《じしょ》のように）何《なん》でもよく知《し》っている人《ひと》。物知《ものし》り。

■**いきしょうちん**【意気消沈】名動-する がっかりして元気《げんき》がなくなること。例試合《しあい》に負《ま》け、意気消沈した。

**いきすぎ**【行き過ぎ】名〔「ゆきすぎ」ともいう。〕❶通《とお》り過《す》ぎること。❷程度《ていど》をこえてすること。例やり方《かた》に行き過ぎがある。

**いきすぎる**【行き過ぎる】動〔「ゆきすぎる」ともいう。〕❶通《とお》り過《す》ぎる。例まちがえて駅《えき》を行き過ぎた。❷度《ど》をこえる。やりすぎる。例行き過ぎた態度《たいど》。

**いきせききって**【息せき切って】副 息《いき》をはあはあいわせるほど、ひどく急《いそ》いでいるようす。例息せききってかけつける。

**いきだおれ**【行き倒れ】名〔「ゆきだおれ」ともいう。〕道《みち》ばたで倒《たお》れたり死《し》んだりすること。また、その人《ひと》。

**いきたここちもしない**【生きた心地もしない】あまりに怖《こわ》くて、自分《じぶん》が生《い》きているような気《き》がしない。例めったにない大地震《だいじしん》で、生きた心地もしなかった。

**いきち**【生き血】名 生《い》きている人《ひと》や動物《どうぶつ》の



世界の国 エスワティニ　アフリカ南部《なんぶ》にある国《くに》。農業国《のうぎょうこく》で、砂糖《さとう》、米《こめ》、パイナップルなどがとれる。2018年《ねん》にスワジ

血《ち》。例 生き血を吸《す》うという魔物《まもの》。

**いきちがい**【行き違い】［名］〔「ゆきちがい」ともいう。〕❶たがいに会《あ》うつもりで出《で》かけたのに、途中《とちゅう》で出会《であ》えないこと。❷くいちがい。例 意見《いけん》の行き違いが起《お》こる。

**いきちがう**【行き違う】［動］〔「ゆきちがう」ともいう。〕❶たがいに出会《であ》わない。❷くいちがう。例 話《はなし》が行き違う。

**いきづかい**【息遣い】［名］息《いき》をするようす。息《いき》のしかた。例 息遣いがあらい。

**いきつぎ**【息継ぎ】［名］［動する］❶歌《うた》ったり泳《およ》いだりする途中《とちゅう》で、息《いき》をすること。❷仕事《しごと》などの合間《あいま》にちょっと休《やす》むこと。

**いきつく**【行き着く】［動］〔「ゆきつく」ともいう。〕目当《めあ》ての所《ところ》に着《つ》く。例 家《いえ》に行き着く。

**いきづく**【息づく】［動］❶息《いき》をする。❷生《い》きている。例 古《ふる》い伝統《でんとう》が息づいている町《まち》。

**いきつけ**【行きつけ】［名］〔「ゆきつけ」ともいう。〕いつもよく行《い》くところ。例 行きつけの喫茶店《きっさてん》。

**いきづまる**【息詰まる】［動］緊張《きんちょう》が続《つづ》き、息《いき》がつまって苦《くる》しいように感《かん》じる。例 息詰まるような接戦《せっせん》。

**いきづまる**【行き詰まる】［動］⬇ゆきづまる 1341ページ

**いきつもどりつ**【行きつ戻りつ】［名］［動する］⬇ゆきつもどりつ 1341ページ

■**いきとうごう**【意気投合】［名］［動する］相手《あいて》と気持《きも》ちがぴったり合《あ》うこと。例 話《はな》しているうちに、すっかり意気投合した。

**いきどおり**【憤り】［名］腹《はら》を立《た》てること。いかり。例 ずるい人《ひと》には憤りを感《かん》じる。

**いきどおる**【憤る】［動］腹《はら》を立《た》てる。おこる。例 不正《ふせい》を憤る。⇩ふん【憤】 1165ページ

**いきとしいけるもの**【生きとし生けるもの】この世《よ》に生《い》きているすべてのもの。例 生きとし生けるものの幸《しあわ》せを願《ねが》う。

**いきとどく**【行き届く】［動］〔「ゆきとどく」ともいう。〕すみずみまで気《き》を配《くば》る。例 注《ちゅう》意《い》がよく行き届く。

**いきどまり**【行き止まり】［名］〔「ゆきどまり」ともいう。〕そこから先《さき》へは、行《い》けないこと。また、その場所《ばしょ》。

**いきながらえる**【生き長らえる】［動］生《い》き続《つづ》ける。生《い》きのびる。

**いきなやむ**【行き悩む】［動］⬇ゆきなやむ 1342ページ

○**いきなり**［副］急《きゅう》に。突然《とつぜん》。出《だ》しぬけに。例 犬《いぬ》がいきなり飛《と》びついてきた。

**いきぬき**【息抜き】■一［名］［動する］仕事《しごと》などの合間《あいま》に、ひと休《やす》みすること。例 息抜きに散歩《さんぽ》する。■二［名］空気《くうき》を入《い》れかえる小窓《こまど》。

**いきぬく**【生き抜く】［動］苦《くる》しさをがまんして生《い》き続《つづ》ける。

**いきのこる**【生き残る】［動］〔仲間《なかま》は死《し》んだのに〕死《し》なずに助《たす》かる。

**いきのね**【息の根】［名］呼吸《こきゅう》。命《いのち》。例 息の根が止《と》まるほどびっくりした。

**息《いき》の根《ね》を止《と》める** ❶殺《ころ》す。❷二度《にど》と立《た》ち上《あ》がれないように、相手《あいて》をやっつける。

**いきのびる**【生き延びる】［動］死《し》ぬかもしれなかった命《いのち》が助《たす》かる。例 火事《かじ》で焼《や》け出《だ》されたが、なんとか生き延びた。

**いきば**【行き場】［名］〔「ゆきば」ともいう。〕行《い》って落《お》ち着《つ》ける場所《ばしょ》。例 行き場がなくてうろついている。

**いきはじ**【生き恥】［名］生《い》きているために受《う》ける恥《はじ》。例 おめおめと生き恥をさらす。

**いぎぶかい**【意義深い】［形］値打《ねう》ちがある。例 意義深い話《はなし》をうかがった。

**いきぼとけ**【生き仏】［名］仏《ほとけ》のように、親《しん》切《せつ》で思《おも》いやりのある、立派《りっぱ》な人《ひと》。

**いきまく**【息巻く】［動］激《はげ》しい勢《いきお》いで言《い》う。例「きっと勝《か》つぞ」と息巻く。

○**いきもの**【生き物】［名］生《い》きているもの。生《せい》物《ぶつ》。特《とく》に、動物《どうぶつ》のこと。

**いきょう**【異郷】［名］生《う》まれた土地《とち》ではない、よその土地《とち》。

**いぎょう**【偉業】［名］のちまで残《のこ》るような、立派《りっぱ》な仕事《しごと》。例 偉業を成《な》しとげる。

**いぎょう**【遺業】［名］死《し》んだ人《ひと》があとに残《のこ》した仕事《しごと》。例 父《ちち》の遺業を受《う》けつぐ。

**いきょうと**【異教徒】［名］自分《じぶん》とちがった宗《しゅう》教《きょう》を信《しん》じている人《ひと》たち。

■**いきようよう**【意気揚揚】［副］（-と）得意《とくい》なようす。例 一位《いちい》を取《と》って、意気揚々と引《ひ》きあげる。参考「意《い》気《き》揚々《ようよう》たる態度《たいど》」などと使《つか》

花《か》がとれる。首都《しゅと》アディスアベバ。人口《じんこう》約《やく》1億《おく》1,800万人《まんにん》。略称《りゃくしょう》ETH。

うこともある。

**イギリス** 地名 ヨーロッパ西部《せいぶ》、北大西洋《きたたいせいよう》にある島国《しまぐに》。英国《えいこく》。首都《しゅと》はロンドン。海底《かいてい》トンネルでフランスとつながる。古《ふる》くから議会《ぎかい》政治《せいじ》が行《おこな》われた。

**いきりたつ【いきり立つ】** 動 激《はげ》しくおこる。例「ふざけるな」といきり立った。

°**いきる【生きる】** 動 ❶命《いのち》がある。例百《ひゃく》まで生きる。対死《し》ぬ。❷生活《せいかつ》する。例生きるために働《はたら》く。❸生《い》き生《い》きしている。例この作《さく》文《ぶん》は会《かい》話《わ》が生きている。❹役《やく》に立《た》つ。例これまでの苦《く》労《ろう》が生きる。❺いちだんとよくなる。例塩《しお》の入《い》れ具《ぐ》合《あい》で味《あじ》が生きる。❻野《や》球《きゅう》・ソフトボールで、セーフになる。対（❸～❻）死《し》ぬ。❼〔「…に生《い》きる」の形《かたち》で〕そのことに打《う》ちこむ。例音《おん》楽《がく》に生きる。⬇せい【生】697ページ

**いきわかれ【生き別れ】** 名 親《おや》子《こ》や兄《きょう》弟《だい》などが、生《い》きたまま別《わか》れ別《わか》れになること。

**いきわたる【行き渡°る】** 動 〔「ゆきわたる」ともいう。〕全《ぜん》体《たい》に、もれなく届《とど》く。例注《ちゅう》意《い》が行き渡る。

**いく【育】** 画数 8 部首 月（にくづき） 3年

音 イク 訓 そだ-つ そだ-てる はぐく-む

筆順

そだつ。そだてる。熟語 育《いく》児《じ》。育《いく》成《せい》。教《きょう》育《いく》。飼《し》育《いく》。体《たい》育《いく》。発《はっ》育《いく》。

《訓の使い方》 **そだ-つ** 例ひなが育つ。**そだ-てる** 例草《くさ》花《ばな》を育てる。**はぐく-む** 例自《じ》立《りつ》心《しん》を育む。

**いく【幾°】** 〔名《めい》詞《し》の上《うえ》について〕数《かず》が多《おお》いこと、また、はっきりしないことを表《あらわ》す。例幾多《た》の。幾度《ど》。幾分《ぶん》。⬇き【幾】295ページ

°**いく【行く】** 動 〔「ゆく」ともいう。〕❶そこから遠《とお》ざかる。例あっちへ行く。対来《く》る。❷目《め》当《あ》ての所《ところ》に出《で》かける。例学《がっ》校《こう》へ行く。対帰《かえ》る。❸歩《ある》く。例山《やま》道《みち》を行く。❹時《とき》が過《す》ぎる。例行く年《とし》。❺ものごとが進《すす》む。例うまくいく。❻〔「…ていく」の形《かたち》で〕ある動《どう》作《さ》や状《じょう》態《たい》が続《つづ》いていることを表《あらわ》す。例生《い》きていく。参考 ふつう❺・❻は、かな書《が》きにする。敬語 敬《うやま》った言《い》い方《かた》は、「いらっしゃる」「おいでになる」。へりくだった言《い》い方《かた》は、「まいる」。⬇こう【行】424ページ

**いく【逝°く】** 動 ⬇ゆく（逝く）1342ページ／⬇せい【逝】700ページ

**いくえい【育英】** 名 すぐれた青《せい》少《しょう》年《ねん》を、学《がく》費《ひ》などの援《えん》助《じょ》をしながら教《きょう》育《いく》すること。例育英資《し》金《きん》。

**いくえにも【幾重にも°】** 副 ❶たくさん重《かさ》なって。例幾重にも連《つら》なる山々《やまやま》。❷くり返《かえ》し。心《こころ》から。例幾重にもおわびします。

**いくさ【△戦】** 名 戦《たたか》い。戦《せん》争《そう》。〔古《ふる》い言《い》い方《かた》。〕⬇せん【戦】727ページ

**いぐさ** 名 湿《しっ》地《ち》に生《は》え、水《すい》田《でん》にも植《う》える草《くさ》。茎《くき》は緑《みどり》色《いろ》で細《ほそ》長《なが》く、畳《たたみ》表《おもて》やござを作《つく》る。イ。トウシンソウ。

**いくさき【行く先】** 名 ⬇ゆくさき 1342ページ

**いくじ【育児】** 名 子《こ》どもを育《そだ》てること。

**いくじ【△〈意気地〉】** 名 ものごとをやりとげようとする、しっかりとした気《き》持《も》ち。気《き》力《りょく》。例意気地のない人《ひと》。参考「意《い》気《く》地《じ》」は、特《とく》別《べつ》に認《みと》められた読《よ》み方《かた》。

**いくじなし【△〈意気地〉なし】** 名 しっかりとした強《つよ》い気《き》持《も》ちのない人《ひと》。弱《よわ》虫《むし》。

**いくすえ【行く末】** 名 ⬇ゆくすえ 1342ページ

**いくせい【育成】** 名 動-する 育《そだ》てて、立《りっ》派《ぱ》にすること。例青《せい》少《しょう》年《ねん》の育成。類養《よう》成《せい》。

**いくた【幾多°】** 副 数《かず》多《おお》く。たくさん。〔改《あらた》まった言《い》い方《かた》。〕例これまでも、幾多の苦《く》難《なん》を乗《の》り越《こ》えてきた。

**いくたび【幾度°△】** 名 ⬇いくど 61ページ。例幾たびも失《しっ》敗《ぱい》した。

°**いくつ【幾°つ】** 名 ❶どれほどの数《かず》。例石《いし》がいくつあるか。❷何《なん》歳《さい》。例年《とし》はいくつですか。

**いくて【行く手】** 名 ⬇ゆくて 1342ページ

**いくど【幾°度】** 名 何《なん》度《ど》。何《なん》回《かい》。いくたび。例本《ほん》を幾度も読《よ》み返《かえ》す。

■**いくどうおん【異口同音】** 名 多《おお》くの人《ひと》が、口《くち》をそろえて同《おな》じことを言《い》うこと。例全《ぜん》員《いん》が異口同音に反《はん》対《たい》した。

**いくとし【行く年】** 名 ⬇ゆくとし 1342ページ

**いくにち【幾°日】** 名 ❶何《なん》日《にち》。例あと幾日かかりますか。❷どの日《ひ》。例四《し》月《がつ》の幾日から

世界の国 エチオピア アフリカ北東部《ほくとうぶ》、紅海《こうかい》に面《めん》する国《くに》。アフリカで最《もっと》も古《ふる》い独立国《どくりつこく》。牧畜《ぼくちく》がさかんで、コーヒーや綿《めん》

始《はじ》まりますか。

**いくぶん【幾分】** 副 いくらか。ある程《てい》度《ど》。参考 ふつう、かな書《が》きにする。

例 体《からだ》の調《ちょう》子《し》がいくぶんよくなった。

**○いくら【幾ら】** 一 名 どれほど。例 本《ほん》は一《いっ》冊《さつ》いくらですか。二 副 どんなに。例 いくら考《かん》えてもわからない。参考 ふつう 一・二 とも、かな書《が》きにする。注意 二 は、あとに「ても」「でも」などの言《こと》葉《ば》がくる。

**いくらなんでも【幾ら何でも】** 副 どう考《かん》えても。例 置《お》き去《ざ》りにするなんて、いくら何でもひどすぎる。

**いくらも【幾らも】** 副 ❶たいして。あまり。例 お金《かね》はいくらも残《のこ》っていない。❷たくさん。例 こんなことはいくらもある。注意 ❶は、あとに「ない」などの打《う》ち消《け》しの言《こと》葉《ば》がくる。

**○いけ【池】** 名 地《じ》面《めん》をほって水《みず》をためた所《ところ》。また、くぼんだ地《じ》面《めん》に雨《あま》水《みず》や地《ち》下《か》水《すい》がたまった所《ところ》。湖《みずうみ》ほど広《ひろ》くはなく、沼《ぬま》より水《みず》が澄《す》んでいる。⇩ち【池】819ページ

**いけがき【生け垣】** 名 家《いえ》の周《まわ》りに木《き》を植《う》えて作《つく》ったかき根《ね》。

**いけす【生けす】** 名 とってきた魚《さかな》を、海《うみ》や川《かわ》の中《なか》に囲《かこ》って生《い》かしておく所《ところ》。陸《りく》上《じょう》に水《すい》槽《そう》を作《つく》る場《ば》合《あい》もある。

**いげた【井桁】** 名 ❶「井《い》」の字《じ》の形《かたち》に組《く》んだ井《い》戸《ど》の囲《かこ》い。❷「井《い》」の字《じ》の形《かたち》。例 キャンプファイアー用《よう》に、薪《まき》を井桁に組《く》む。

**いけどり【生け捕り】** 名 生《い》き物《もの》を生《い》け捕《ど》ること。例 クマを生け捕りにする。

**いけどる【生け捕る】** 動 生《い》きたまま、つかまえる。例 イノシシを生け捕る。

**○いけない** 形 ❶よくない。悪《わる》い。例 体《からだ》の具《ぐ》合《あい》がいけない。❷…してはならない。例 ここで遊《あそ》んではいけない。❸困《こま》る。例 気《き》が散《ち》っていけない。❹〔「…なければいけない」の形《かたち》で〕する必《ひつ》要《よう》がある。（…なければ）ならない。例 信《しん》号《ごう》は守《まも》らなければいけない。

**いけにえ** 名 ❶生《い》きたままのけものなどを、神《かみ》に供《そな》えること。また、その生《い》き物《もの》。❷（あることのために）犠《ぎ》牲《せい》になること。

**いけばな【生け花】** 名 草《くさ》花《ばな》や木《き》の枝《えだ》を切《き》って、花《か》びんなどにさすこと。また、そのようにかざる技《ぎ》術《じゅつ》や作《さ》法《ほう》。お花《はな》。華《か》道《どう》。

**いける【生ける】** 動 草《くさ》花《ばな》や木《き》の枝《えだ》などを、花《か》びんなどの器《うつわ》にさす。⇩せい【生】697ページ

**いける【行ける】** 動 ❶行《い》くことができる。例 一《ひと》人《り》で行ける。❷上《じょう》手《ず》にできる。例 英《えい》会《かい》話《わ》もいける。❸おいしい。うまい。例 この料《りょう》理《り》はいける。参考 ふつう❷・❸は、かな書《が》きにする。

**いける** 動 土《つち》や灰《はい》の中《なか》にうめる。例 球《きゅう》根《こん》を土《つち》の中《なか》にいける。

**✤○いけん【意見】** 一 名 ものごとに対《たい》する考《かん》え。思《おも》っていること。例 自《じ》分《ぶん》の意見。類 見《けん》解《かい》。二 名 動する 人《ひと》に注《ちゅう》意《い》し、説《せっ》教《きょう》すること。例 父《ちち》に意見された。

**いけん【違憲】** 名 憲《けん》法《ぽう》にそむいていること。対 合《ごう》憲《けん》。

**いげん【威厳】** 名 立《りっ》派《ぱ》で重《おも》々《おも》しい感《かん》じがすること。例 どことなく威厳がある。

**✤いけんぶん【意見文】** 名 理《り》由《ゆう》や根《こん》拠《きょ》を示《しめ》しながら、自《じ》分《ぶん》の意《い》見《けん》を述《の》べる文《ぶん》章《しょう》。類 論《ろん》説《せつ》文《ぶん》。

**○いご【以後】** 名 ❶その時《とき》を含《ふく》んで、それからあと。例 五《ご》時《じ》以後〔＝五《ご》時《じ》から〕は家《いえ》にいる。類 以《い》降《こう》。対 以《い》前《ぜん》。❷これからのち。今《こん》後《ご》。例 以後気《き》をつけます。

**いご【囲碁】** 名 ⇩ご（碁）422ページ

**いこい【憩い】** 名 ゆっくりと、休《やす》むこと。例 憩いのひととき。⇩けい【憩】388ページ

**いこう【以降】** 名 その時《とき》を含《ふく》んで、それからずっと。例 三《みっ》日《か》以降〔＝三《みっ》日《か》から〕、通《つう》行《こう》止《ど》めにします。類 以《い》後《ご》。対 以《い》前《ぜん》。

**いこう【威光】** 名 自《し》然《ぜん》に人《ひと》を従《したが》わせるような力《ちから》。例 社《しゃ》長《ちょう》の威光。

**いこう【移行】** 名 動する ようすが移《うつ》り変《か》わること。例 新《あたら》しい制《せい》度《ど》に移行する。

**いこう【意向】** 名 （どうしたらよいかという）考《かん》え。例 先《せん》生《せい》の意向を聞《き》く。

**いこう【憩う】** 動 体《からだ》や心《こころ》を、ゆったりと休《やす》ませる。例 温《おん》泉《せん》で憩う。⇩けい【憩】388ページ

**イコール** 〔英語 equal〕名 ❶〔算《さん》数《すう》で〕式《しき》の両《りょう》方《ほう》の数《かず》が同《おな》じであることを表《あらわ》す記《き》号《ごう》。等《とう》号《ごう》。記《き》号《ごう》は「＝」。例《たと》えば、「1＋1＝2」などと使《つか》う。❷同《おな》じであること。

550万《まん》人《にん》。略《りゃく》称《しょう》ERI。

**いこく**【異国】名 よその国《くに》。外国《がいこく》。例 異国ふうの話《はな》し方《かた》。

**いこくじょうちょ**【異国情緒】名 どことなく外国《がいこく》ふうのようすや感《かん》じ。いこくじょうしょ。例 異国情緒にあふれた港町《みなとまち》。

**いごこち**【居△〈心地〉】名 そこにいるときの気持《きも》ち。例 この家《いえ》は居心地がいい。

**いこじ**【意固地】名形動 つまらないことに意地《いじ》を張《は》るようす。がんこ。えこじ。

**いこつ**【遺骨】名 死《し》んだ人《ひと》の骨《ほね》。

**いざ** 一感〔人《ひと》をさそったり、何《なに》かを始《はじ》めたりするときに言《い》う言葉《ことば》。〕さあ。では。〔古《ふる》い言《い》い方《かた》。〕例 いざ、さらば。二副 いよいよ。さて。例 いざ自分《じぶん》の番《ばん》となるとあわててしまう。

**いざという時《とき》** 何《なに》かたいへんなことや、だいじなことが起《お》こったとき。例 いざという時のために訓練《くんれん》する。

**いさい**【委細】名 ❶細《こま》かく、くわしいこと。例 委細はあとで話《はな》す。❷（細《こま》かいことまで）すべて。例 委細承知《しょうち》した。

**いさい**【異彩】名 他《ほか》とはちがう、目立《めだ》ったところ。

**異彩《いさい》を放《はな》つ** 目立《めだ》ってすぐれている。例 彼《かれ》の絵《え》は会場《かいじょう》でも異彩を放っていた。

**いさかい** 名 言《い》い争《あらそ》い。ちょっとしたけんか。〔古《ふる》い言《い》い方《かた》。〕

**いさぎよい**【潔△い】形 ❶卑怯《ひきょう》なところがなく、りっぱだ。例 潔く責任《せきにん》をとる。❷ものごとにこだわらず、思《おも》い切《き》りがよい。例 潔くあきらめる。⇩けつ【潔】400ページ

**いさく**【遺作】名 死《し》んだ人《ひと》が残《のこ》した、まだ発表《はっぴょう》していない作品《さくひん》。

**いざこざ** 名 小《ちい》さな争《あらそ》い。もめごと。例 いざこざが絶《た》えない。

**いささか** 副 少《すこ》しばかり。ちょっと。例 この暑《あつ》さには、いささかまいった。

°**いさましい**【勇ましい】形 ❶何事《なにごと》もおそれないようす。勇敢《ゆうかん》な。例 勇ましい行動《こうどう》。❷活発《かっぱつ》な。心《こころ》をふるいたたせるようなようす。例 勇ましい行進曲《こうしんきょく》。

**いさみあし**【勇み足】名 ❶すもうで、勢《いきお》いで足《あし》が土俵《どひょう》の外《そと》に出《で》て負《ま》けること。❷調《ちょう》子《し》に乗《の》ってやりすぎること。例 勇み足で、つい言《い》い過《す》ぎてしまった。

**いさみたつ**【勇み立つ】動 大《おお》いに、張《は》り切《き》る。例 選手《せんしゅ》たちは勇み立った。

**いさむ**【勇む】動 心《こころ》がふるいたつ。例 今日《きょう》こそはと勇んで出《で》かけた。⇩ゆう【勇】1334ページ

**いさめる** 動（目上《めうえ》の人《ひと》や友達《ともだち》の）よくないところを改《あらた》めるように注意《ちゅうい》する。例 友達《ともだち》の言葉《ことば》づかいをいさめる。参考 目下《めした》の人《ひと》には、「いましめる」を使《つか》う。

**いざよい**【△〈十六夜〉】名 昔《むかし》の暦《こよみ》で、十六《じゅうろく》日《にち》の夜《よる》。満月《まんげつ》の次《つぎ》の日《ひ》の夜《よる》。また、その夜《よる》の月《つき》。

**いさりび**【いさり火】名 光《ひかり》で魚《さかな》を集《あつ》めるために、漁船《ぎょせん》が夜《よる》ともす明《あ》かり。

**いさん**【遺産】名 ❶死《し》んだ人《ひと》が残《のこ》した財産《ざいさん》。❷昔《むかし》の人《ひと》が作《つく》り上《あ》げたすぐれたもの。例 ピラミッドは古代《こだい》文化《ぶんか》の遺産だ。

°**いし**【石】名 ❶岩《いわ》の小《ちい》さいもの。例 小《こ》石。❷（建物《たてもの》などの）材料《ざいりょう》となる石材《せきざい》。例 石を切《き》り出《だ》す。❸宝石《ほうせき》。❹碁石《ごいし》。❺じゃんけんの形《かたち》の一《ひと》つ。「ぐう」のこと。⇩せき【石】712ページ

**石《いし》にかじりついても** どんな苦労《くろう》をしても。何《なに》が何《なん》でも。例 この仕事《しごと》は石にかじりついても、やりぬくつもりだ。

**石《いし》の上《うえ》にも三年《さんねん》**〔冷《つめ》たい石《いし》の上《うえ》でも三年《さんねん》もすわっていれば、温《あたた》かくなるということから〕じっとしんぼうしていれば、よい結果《けっか》が得《え》られるということ。

**いし**【医師】名 病気《びょうき》やけがを治《なお》すことを職業《しょくぎょう》とする人《ひと》。医者《いしゃ》。

°**いし**【意志】名 ❶何《なに》かをやりとげようとする心《こころ》。例 意志の強《つよ》い人《ひと》。❷はっきりとした考《かんが》え。例 住民《じゅうみん》の意志を伝《つた》える。類 意思《いし》。

**いし**【意思】名 心《こころ》の中《なか》で思《おも》っていること。考《かんが》え。例 賛成《さんせい》の意思表《ひょう》示《じ》をする。類 意志《いし》。

**いし**【遺志】名 死《し》んだ人《ひと》が、生《い》きていたときに持《も》っていた望《のぞ》み。例 父《ちち》の遺志をつぐ。

**いじ**【意地】名 ❶気立《きだ》て。性質《せいしつ》。例 意地の悪《わる》い人《ひと》。❷自分《じぶん》の考《かんが》えをおし通《とお》そうとする心《こころ》。

世界の国 エリトリア　アフリカ東北部《とうほくぶ》、紅海《こうかい》に面《めん》する国《くに》。1993年《ねん》にエチオピアから独立《どくりつ》した。首都《しゅと》アスマラ。人口約《じんこうやく》

例 意地を通《とお》す。

**意地《いじ》が汚《きたな》い** ❶やたらにほしがる。❷やたらに食《た》べたがる。参考「意地《いじ》汚《きたな》い」とも言《い》う。

**意地《いじ》になる** 自分《じぶん》の思《おも》うとおりにしようとする。例 意地になって反対《はんたい》する。

**意地《いじ》を張《は》る** 自分《じぶん》の考《かんが》えを、おし通《とお》そうとする。例 弟《おとうと》は、やめろと言《い》えば言《い》うほど意地を張ってやめようとしない。

**いじ【維持】** 名 動-する そのままの状態《じょうたい》を持《も》ち続《つづ》けること。例 健康《けんこう》を維持する。

**いじ【遺児】** 名 親《おや》が死《し》んで、あとに残《のこ》された子《こ》ども。

**いしあたま【石頭】** 名 ❶石《いし》のようにかたい頭《あたま》。❷がんこで、融通《ゆうずう》がきかないこと。また、そのような人《ひと》。がんこ者《もの》。

**いしうす【石臼】** 名 ❶大《おお》きな石《いし》をくりぬいて作《つく》ったうす。❷石《いし》で作《つく》ったひきうす。米《こめ》などをひいて粉《こな》にする。

**いしおの【石斧】** 名 石《いし》で作《つく》ったおの。石器《せっき》時代《じだい》に、狩《か》りや武器《ぶき》に使《つか》った。

**いしがき【石垣】** 名 ❶大《おお》きな石《いし》を積《つ》み重《かさ》ねて壁《かべ》のようにしたもの。例 お城《しろ》の石垣。❷石《いし》を積《つ》んで作《つく》ったへい。

**いしかりがわ〘石狩川〙** 地名 北海道《ほっかいどう》の中《ちゅう》部《ぶ》を流《なが》れる川《かわ》。石狩平野《いしかりへいや》を西《にし》へ流《なが》れて日本海《にほんかい》に注《そそ》ぐ。

**いしかりへいや〘石狩平野〙** 地名 北海《ほっかい》道《どう》の中西部《ちゅうせいぶ》、石狩川《いしかりがわ》の下流《かりゅう》に広《ひろ》がる平野《へいや》。

**いしかわけん〘石川県〙** 地名 中部地方《ちゅうぶちほう》の日本海《にほんかい》に面《めん》する県《けん》。県庁《けんちょう》は金沢市《かなざわし》にある。

**いしかわ たくぼく〘石川啄木〙** 人名 (男)(一八八六～一九一二)明治時代《めいじじだい》の詩人《しじん》・歌人《かじん》。貧《まず》しい生活《せいかつ》を送《おく》りながら、三行《さんぎょう》書《が》きの独自《どくじ》の短歌《たんか》を作《つく》った。短歌《たんか》に「はたらけど/はたらけど猶《なお》わが生活楽《くらしらく》にならざり/ぢっ《じっ》と手《て》を見《み》る」など、歌集《かしゅう》に「一握《いちあく》の砂《すな》」「悲《かな》しき玩具《がんぐ》」がある。(歌《うた》の中《なか》の「/」は、行《ぎょう》が変《か》わるところ。)

〔いしかわたくぼく〕

**。いしき【意識】** 名 動-する ❶周《まわ》りのものごとや自分《じぶん》のことに気《き》づくこと。また、気《き》づく心《こころ》のはたらき。例 意識を失《うしな》う。❷心《こころ》に感《かん》じること。例 優勝《ゆうしょう》を意識する。

**意識《いしき》が高《たか》い** 関心《かんしん》を持《も》って、そのことについて考《かんが》えている。例 政治《せいじ》についての意識が高い。

**いじきたない【意地汚い】** 形 (お金《かね》や食《た》べ物《もの》などについて)むやみに欲《よく》ばるようす。例 お金《かね》に意地汚くて、きらわれる。参考「意《い》地《じ》が汚《きたな》い」とも言《い》う。

**いしきてき【意識的】** 形動 自分《じぶん》でわかっていて、わざとするようす。例 意識的に何《なに》も知《し》らないふりをする。

**いしく【石工】** 名 石《いし》を切《き》り出《だ》したり、石《いし》を細工《さいく》したりするのを仕事《しごと》としている人《ひと》。

**いじくる** 動 いじる。〔くだけた言《い》い方《かた》。〕

**いしけり【石蹴り】** 名 地面《じめん》にかいた丸《まる》や四角《しかく》に石《いし》をけり入《い》れて勝《か》ち負《ま》けをあらそう、子《こ》どもの遊《あそ》び。

**いじける** 動 ❶縮《ちぢ》こまって、元気《げんき》がなくなる。例 こんな寒《さむ》さで体《からだ》がいじける。❷だめだと思《おも》いこんで、気《き》が弱《よわ》くなる。例 いじけていないで、できるまでやる。

**いじげん【異次元】** 名 われわれが生《い》きている現実《げんじつ》の世界《せかい》とは、まったく別《べつ》の世界《せかい》。例 異次元の世界《せかい》に迷《まよ》いこむ。

**いしころ【石ころ】** 名 小《ちい》さな石《いし》。

**いしずえ【礎】** 名 ❶建物《たてもの》の、土台《どだい》にする石《いし》。❷ものごとの大《おお》もと。基礎《きそ》。例 国《くに》の礎となる法律《ほうりつ》。類 (❶・❷)礎石《そせき》。⬇そ【礎】740ページ

**いしだたみ【石畳】** 名 平《ひら》たい石《いし》を一面《いちめん》にしいてある所《ところ》。例 石畳の道《みち》。

**いしだ みつなり〘石田三成〙** 人名 (男)(一五六〇～一六〇〇)安土桃山時代《あづちももやまじだい》の武将《ぶしょう》。豊臣秀吉《とよとみひでよし》に仕《つか》えた。関《せき》ケ《が》原《はら》の戦《たたか》いで、西軍《せいぐん》を率《ひき》いて徳川家康《とくがわいえやす》と戦《たたか》ったが、敗《やぶ》れた。

**いしだん【石段】** 名 石《いし》で作《つく》った階段《かいだん》。

**いしつ【異質】** 名 形動 性質《せいしつ》がちがうこと。例 異質の文化《ぶんか》。対 同質《どうしつ》。

**いしづちさん〘石鎚山〙** 地名 愛媛県《えひめけん》にある、四国《しこく》でいちばん高《たか》い山《やま》。高《たか》さは一九八二メートル。山伏《やまぶし》の修行《しゅぎょう》で知《し》られる。

**いじっぱり【意地っ張り】** 名 形動 自分《じぶん》の考《かんが》えをおし通《とお》そうとすること。また、そういう人《ひと》。

がとれる。首都《しゅと》サンサルバドル。人口約《じんこうやく》650万人《まんにん》。略称《りゃくしょう》 ESA。

**いしつぶつ【遺失物】**㊔ 落《お》としたり、置《お》き忘《わす》れたりした物《もの》。

**いじどうくん【異字同訓】**㊔ ⬇どうくんいじ63ページ

■**いしはくじゃく【意志薄弱】**形動 ものごとをやりぬく意志《いし》が弱《よわ》いようす。例 意志薄弱でしんぼうできない。

**いしばし【石橋】**㊔ 石《いし》で造《つく》った橋《はし》。

**石橋《いしばし》をたたいて渡《わた》る**〔丈《じょう》夫《ぶ》な石《いし》の橋《はし》でも、たたいて確《たし》かめてから渡《わた》るように〕非《ひ》常《じょう》に用《よう》心《じん》深《ぶか》いこと。

**いしむろ【石室△】**㊔ ⬇せきしつ714ページ

**いじめ**㊔ 相《あい》手《て》が困《こま》ることをしたり、いやがることを言《い》ったりして、苦《くる》しめること。例 弱《よわ》い者《もの》いじめはひきょうだ。

**いじめる**動 自《じ》分《ぶん》よりも弱《よわ》い相《あい》手《て》を苦《くる》しめたり、困《こま》らせたりする。

°**いしゃ【医者】**㊔ 病《びょう》気《き》やけがを治《なお》すことを職《しょく》業《ぎょう》にしている人《ひと》。参考 正《せい》式《しき》には、「医《い》師《し》」という。

**医《い》者《しゃ》の不《ふ》養《よう》生《じょう》**〔体《からだ》をだいじにと言《い》っている医《い》者《しゃ》が、自《じ》分《ぶん》の体《からだ》はだいじにしないことがあるように〕わかっていても、自《じ》分《ぶん》ではなかなか実《じっ》行《こう》できないこと。類 紺《こう》屋《や》の白《しろ》ばかま。

**いしゃりょう【慰謝料°】**㊔ 相《あい》手《て》に与《あた》えた苦《くる》しみや損《そん》害《がい》に対《たい》して、つぐないとしてはらうお金《かね》。

**いしゅ【異種】**㊔ ちがった種《しゅ》類《るい》。例 グッピーとメダカは異種の魚《さかな》である。対 同《どう》種《しゅ》。

**いしゅう【異臭°】**㊔ 変《へん》なにおい。いやなにおい。例 異臭が鼻《はな》をつく。

**いじゅう【移住】**㊔動-する よその土《と》地《ち》に移《うつ》り、そこで生《せい》活《かつ》すること。

**いしゅく【萎°縮】**㊔動-する ❶しなびて、縮《ち》むこと。❷元《げん》気《き》がなくなること。例 しくじって気《き》持《も》ちが萎縮する。

**いしゅつ【移出】**㊔動-する 国《こく》内《ない》の他《ほか》の土《と》地《ち》へ、品《しな》物《もの》を送《おく》り出《だ》すこと。対 移《い》入《にゅう》。

**いじゅつ【医術】**㊔ 病《びょう》気《き》やけがなどを治《なお》す技《ぎ》術《じゅつ》。類 医《い》学《がく》。

**いしょ【遺書】**㊔ 人《ひと》に伝《つた》えたいことを、死《し》ぬ前《まえ》に書《か》き記《しる》した手《て》紙《がみ》や文《ぶん》章《しょう》。

**いしょう【衣装△】**㊔ 着《き》物《もの》。衣《い》服《ふく》。例 民《みん》族《ぞく》衣装。

**いしょう【異称】**㊔ 別《べつ》の名《な》前《まえ》。例 日《にち》輪《りん》草《そう》はヒマワリの異称だ。

**いしょう【意匠°】**㊔ 物《もの》の形《かたち》・模《も》様《よう》・色《いろ》などについて、工《く》夫《ふう》すること。デザイン。例 意匠をこらす〔＝いろいろ工《く》夫《ふう》する〕。

°**いじょう【以上】**㊔ ❶その数《かず》を含《ふく》んで、そこから上《うえ》。例 五《ご》人《にん》以上〔＝五《ご》人《にん》から上《うえ》〕。対 以《い》内《ない》。❷程《てい》度《ど》や段《だん》階《かい》が、それよりも上《うえ》であること。例 予《よ》想《そう》以上の人《ひと》出《で》。❸これまで述《の》べたこと。例 以上の通《とお》り。対（❶〜❸）以《い》下《か》。❹〔文《ぶん》章《しょう》などの終《お》わりに書《か》く言《こと》葉《ば》。〕おしまい。❺〔ある言《こと》葉《ば》のあとにつけて〕…からには。例 決《き》めた以上は、実《じっ》行《こう》しよう。参考「五《ご》分《ふん》以《い》上《じょう》」は、五《ご》分《ふん》も含《ふく》まれる。五《ご》分《ふん》を含《ふく》めないときは、「五《ご》分《ふん》をこえる」と言《い》う。

**いじょう【異状】**㊔ ふだんとはちがった状《じょう》態《たい》。別《べつ》状《じょう》。例 検《けん》査《さ》では異状がなかった。参考 ふつう、よくない状《じょう》態《たい》をいう。

**いじょう【異常】**㊔形動 ふつうとちがう、特《とく》別《べつ》なようす。例 今《こ》年《とし》の夏《なつ》の天《てん》気《き》は異常だ。対 正《せい》常《じょう》。

**いじょうきしょう【異常気象】**㊔ ふつうの年《とし》とはちがう、特《とく》別《べつ》な天《てん》候《こう》の変《へん》化《か》。いつもの年《とし》にはない暑《あつ》さ・寒《さむ》さ、雨《う》量《りょう》、台《たい》風《ふう》の数《かず》など。

**いしょく【衣食】**㊔ ❶着《き》る物《もの》と食《た》べる物《もの》。❷暮《く》らし。生《せい》活《かつ》。例 衣食に困《こま》る。

**いしょく【委嘱°】**㊔動-する 仕《し》事《ごと》や役《やく》目《め》を、人《ひと》にたのんで任《まか》せること。

**いしょく【異色】**㊔ 他《ほか》と比《くら》べて目《め》立《だ》ったちがいのあること。例 異色の作《さく》品《ひん》。

例解 ⟷ 使い分け

**異《い》状《じょう》と異《い》常《じょう》**

異《い》状《じょう》なし。
体《からだ》に異《い》状《じょう》はない。

今《こ》年《とし》は異《い》常《じょう》に暑《あつ》い。
異《い》常《じょう》乾《かん》燥《そう》。

世界の国　エルサルバドル　太《たい》平《へい》洋《よう》に面《めん》する中《ちゅう》央《おう》アメリカの国《くに》。農《のう》業《ぎょう》国《こく》で、コーヒーやサトウキビ、トウモロコシなど

**いしょく【移植】** 名 動‐する ❶草《くさ》や木《き》を、他《ほか》の場所《ばしょ》に植《う》えかえること。❷体《からだ》の一部《いちぶぶん》分を、他《ほか》の部《ぶ》分《ぶん》や他《ほか》の人《ひと》に移《うつ》しかえること。例皮《ひ》膚《ふ》を移植する。

**いしょくじゅう【衣食住】** 名 着《き》る物《もの》と食《た》べる物《もの》と住《す》む家《いえ》。生活《せいかつ》に必要《ひつよう》なもの。例衣食住に困《こま》らない暮《く》らし。

**いじらしい** 形 (子《こ》どもなどの)一生懸命《いっしょうけんめい》なようすが、いかにもけなげで心《こころ》を打《う》たれる。例泣《な》くまいと、がまんしている子《こ》の姿《すがた》がいじらしい。

**°いじる** 動 ❶指《ゆび》でさわったり、動《うご》かしたりする。例おもちゃをいじる。❷(楽《たの》しみながら)手《て》入《い》れや世《せ》話《わ》などをする。例庭《にわ》をいじる。❸あちこち手《て》を加《くわ》えたり、変《か》えてみたりする。例文章《ぶんしょう》をいじる。

**いしわた【石綿】** 名 ⇩アスベスト 22ページ

**°いじわる【意地悪】** 名 形動 人《ひと》のいやがることや困《こま》ることを、わざとすること。また、そういう人《ひと》。例そんな意地悪をしなくてもいいじゃないか。

**いしん【威信】** 名 人《ひと》をおそれさせるような力《ちから》と、人《ひと》から寄《よ》せられる信頼《しんらい》。例会長《かいちょう》としての威信を失《うしな》う。

**いしん【維新】** 名 ❶すべてが変《か》わり、新《あたら》しくなること。❷「明治維新《めいじいしん》」のこと。

**いじん【異人】** 名 ❶外国《がいこく》の人《ひと》。〔古《ふる》い言《い》い方《かた》。〕❷ほかの人《ひと》。例同名異人《どうめいいじん》。

**いじん【偉人】** 名 偉《えら》い人《ひと》。世《よ》の中《なか》のためになることをした人《ひと》。例偉人伝《でん》。

■**いしんでんしん【以心伝心】** 名 言葉《ことば》に出《だ》さなくても、気持《きも》ちが通《つう》じ合《あ》うこと。例ぼくと彼《かれ》とは、以心伝心の仲《なか》だ。

**°いす【椅子】** 名 ❶腰《こし》かけ。例社長《しゃちょう》の椅子。例長《なが》椅子。❷地《ち》位《い》。ポスト。

**いず【伊豆】** 地名 昔《むかし》の国《くに》の名《な》の一《ひと》つ。今《いま》の静《しず》岡県《おかけん》の伊《い》豆《ず》半《はん》島《とう》と、東京都《とうきょうと》の伊《い》豆《ず》諸《しょ》島《とう》にあたる。

**いすくまる【居すくまる】** 動 (おどろきやおそろしさで)そのまま動《うご》けなくなる。例いきなりどなられていすくまる。

**いずこ** 代名 どこ。どちら。〔古《ふる》い言《い》い方《かた》。〕例旅人《たびびと》は、いずこへか去《さ》った。

**いずしょとう【伊豆諸島】** 地名 伊《い》豆《ず》半《はん》島《とう》の南《なん》東《とう》にある島《しま》々《じま》。東京都《とうきょうと》の一《いち》部《ぶ》で、南《みなみ》は鳥《とり》島《しま》まで続《つづ》く火《か》山《ざん》列《れっ》島《とう》。そのうち、大島《おおしま》・利《と》島《しま》・新島《にいじま》・神津島《こうづしま》・三宅島《みやけじま》・御蔵島《みくらじま》・八丈島《はちじょうじま》の七島《しちとう》を伊《い》豆《ず》七島《しちとう》という。

**いずはんとう【伊豆半島】** 地名 静《しず》岡県《おかけん》の東《とう》部《ぶ》にある大《おお》きな半島《はんとう》。

**いずまい【居ずまい】** 名 すわっている姿《し》勢《せい》。例居ずまいを正《ただ》す〔=きちんとすわり直《なお》す〕。

**いずみ【泉】** 名 ❶地《ち》中《ちゅう》から水《みず》がわき出《で》ている所《ところ》。❷ものごとの生《う》まれる源《みなもと》。例本《ほん》は知《ち》識《しき》の泉だ。⇩せん【泉】726ページ

**いずみ【和泉】** 地名 昔《むかし》の国《くに》の名《な》の一《ひと》つ。今《いま》の大阪《おおさか》府《ふ》の南《なん》部《ぶ》にあたる。

**いずも【出雲】** 地名 昔《むかし》の国《くに》の名《な》の一《ひと》つ。今《いま》の島《しま》根《ね》県《けん》の東《とう》部《ぶ》にあたる。

**いずものおくに【出雲阿国】** 人名 (女)安土《あづち》桃山《ももやま》時《じ》代《だい》の巫《み》女《こ》で、歌《か》舞《ぶ》伎《き》の創《そう》始《し》者《しゃ》といわれる。京《きょう》都《と》賀《か》茂《も》川《がわ》の河《か》原《わら》で見《み》せた念仏《ねんぶつ》踊《おど》り(念《ねん》仏《ぶつ》をとなえながらの踊《おど》り)が評判《ひょうばん》を呼《よ》んだ。これが今《いま》の歌《か》舞《ぶ》伎《き》の始《はじ》まりとされる。

**イスラエル** 地名 アジアの西《せい》部《ぶ》、地中海《ちちゅうかい》の東《ひがし》にある国《くに》。首《しゅ》都《と》はエルサレム。

**イスラムきょう【イスラム教】** 名 キリスト教《きょう》、仏教《ぶっきょう》とともに、世《せ》界《かい》三《さん》大《だい》宗《しゅう》教《きょう》の一《ひと》つ。七《なな》世《せい》紀《き》初《はじ》め、アラビア半島《はんとう》でムハンマドが始《はじ》めた、唯一《ゆいいつ》の神《かみ》アッラーを信《しん》じる宗《しゅう》教《きょう》。回教《かいきょう》。

**いずれ** ━代名 どれもみんな。どちら。例いずれもりっぱな作品《さくひん》だ。━副 ❶どうせ。どっちみち。例いずれわかることだ。❷近《ちか》いうちに。例いずれうかがいます。

**いずれにしても** どっちにしても。例いずれにしても負《ま》けは負《ま》けだ。

**いすわる【居座る】** 動 ❶すわりこんで動《うご》かない。例テレビの前《まえ》に居座る。❷同《おな》じ場《ば》所《しょ》や地《ち》位《い》に居《い》続《つづ》ける。例低《てい》気《き》圧《あつ》が居座る。会《かい》長《ちょう》の座《ざ》に居座る。

**いせ【伊勢】** 地名 昔《むかし》の国《くに》の名《な》の一《ひと》つ。今《いま》の三《み》重《え》県《けん》の北東部《ほくとうぶ》にあたる。

**いせい【威勢】** 名 勢《いきお》いがあること。元《げん》気《き》。例売《う》り出《だ》しの威勢のいいかけ声《ごえ》。

**いせい【異性】** 名 男《おとこ》から見《み》て女《おんな》、女《おんな》から見《み》

などの地下資源《ちかしげん》も豊富《ほうふ》。首都《しゅと》キャンベラ。人口約《じんこうやく》2,560万人《まんにん》。略称《りゃくしょう》AUS。

て男《おとこ》のこと。例 異性の友達《ともだち》。対 同性《どうせい》。

**いせえび** 名 岩《いわ》の多《おお》い海底《かいてい》にいるエビ。大《おお》きなものは三〇センチメートルにもなる。体《からだ》は赤褐色《せきかっしょく》で、長《なが》いひげがある。⇩えび 132ページ

**いせき【移籍】** 名 動-する ❶本籍《ほんせき》を移《うつ》すこと。❷他《ほか》のチームや団体《だんたい》に選手《せんしゅ》などが移《うつ》ること。例 スター選手《せんしゅ》が移籍する。

**いせき【遺跡】** 名 歴史的《れきしてき》な出来事《できごと》や建物《たてもの》のあった場所《ばしょ》。

**いせしまこくりつこうえん〔伊勢志摩国立公園〕** 地名 三重県《みえけん》の志摩半島《しまはんとう》を中心《ちゅうしん》とした国立公園《こくりつこうえん》。リアス式海岸《しきかいがん》の風景《ふうけい》が美《うつく》しい。⇩こくりつこうえん 457ページ

**いせじんぐう【伊勢神宮】** 名 三重県《みえけん》の伊勢市《いせし》にある神社《じんじゃ》。天照大神《あまてらすおおみかみ》と豊受大神《とようけのおおかみ》をまつる。

**いせつ【移設】** 名 動-する 建物《たてもの》や設備《せつび》などを、他《た》の場所《ばしょ》にもっていって、作《つく》りつけること。例 信号機《しんごうき》を、見《み》やすい場所《ばしょ》に移設する。

**いせつ【異説】** 名 今《いま》までとはちがう考《かんが》え。例 異説を唱《とな》える。対 通説《つうせつ》。定説《ていせつ》。

**いせわん〔伊勢湾〕** 地名 愛知県《あいちけん》と三重県《みえけん》とに囲《かこ》まれた湾《わん》。

**いせん【緯線】** 名 赤道《せきどう》に平行《へいこう》な、緯度《いど》を表《あらわ》す線《せん》。地球上《ちきゅうじょう》の南北《なんぼく》の位置《いち》をわかりやすくするために考《かんが》えられたもの。赤道《せきどう》より南《みなみ》を南緯《なんい》、北《きた》を北緯《ほくい》という。対 経線《けいせん》。

**いぜん【以前】** 名 ❶その時《とき》を含《ふく》んで、それより前《まえ》。例 七《しち》時《じ》以前〔=七《しち》時《じ》を入《い》れてそれより前《まえ》〕。対 以後《いご》。以降《いこう》。❷前《まえ》。もと。昔《むかし》。例 以前に住《す》んでいた家《いえ》。

**いぜん【依然】** 副(-と) 前《まえ》と変《か》わらず。例 事故《じこ》が依然として多《おお》い。参考「旧態依然《きゅうたいいぜん》たる姿《すがた》」などと使《つか》うこともある。

**いそ【磯】** 名 海岸《かいがん》の波打《なみう》ちぎわで、岩《いわ》の多《おお》い所《ところ》。例 いそ伝《づた》いに歩《ある》く。

**いそあそび【磯遊び】** 名 春《はる》、磯《いそ》に出《で》て魚介類《ぎょかいるい》をとったりして遊《あそ》ぶこと。ひな祭《まつ》りのころによく行《おこな》われる。

**いそいそ** 副(-と) 動-する 楽《たの》しくて、うきうきと心《こころ》がはずんでいるようす。例 遠足《えんそく》にいそいそと出《で》かけていった。

**いそうろう【居候】** 名 よその家《いえ》に住《す》んで世話《せわ》になっている人《ひと》。

**いそがしい【忙しい】** 形 することが多《おお》くて、ゆっくりするひまがない。例 忙しくて新聞《しんぶん》も読《よ》めない。⇩ぼう【忙】1192ページ

**いそがばまわれ【急がば回れ】** 〔急《いそ》ぐからといって危険《きけん》な近道《ちかみち》をするよりも〕急《いそ》ぐときこそ、遠回《とおまわ》りになっても安全《あんぜん》な道《みち》を選《えら》んだほうが、結局《けっきょく》は早《はや》く行《い》ける。

**いそぎ【急ぎ】** 名 急《いそ》ぐこと。例 急ぎの仕事《しごと》。

**いそぎあし【急ぎ足】** 名 急《いそ》いで歩《ある》くこと。また、そのようす。例 急ぎ足で駅《えき》へ向《む》かう。

**いそぎんちゃく** 名 浅《あさ》い海《うみ》の岩《いわ》につく動物《どうぶつ》。体《からだ》は短《みじか》い筒形《つつがた》で、口《くち》の周《まわ》りにあるたくさんの触手《しょくしゅ》でえさをとる。

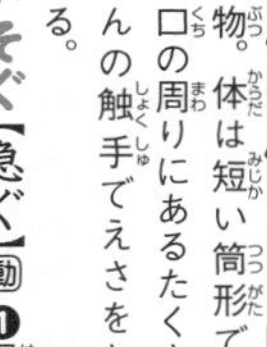
〔いそぎんちゃく〕

**いそぐ【急ぐ】** 動 ❶早《はや》く終《お》わるようにする。例 仕事《しごと》を急ぐ。❷早《はや》く行《い》こうとする。早《はや》く歩《ある》く。例 道《みち》を急ぐ。⇩きゅう【急】323ページ

**いぞく【遺族】** 名 死《し》んだ人《ひと》の、あとに残《のこ》された家族《かぞく》。

**いそしむ** 動 はげむ。精《せい》を出《だ》す。例 勉学《べんがく》にいそしむ。

**イソップものがたり〔イソップ物語〕** 作品名 紀元前《きげんぜん》六〇〇年《ねん》ごろ、ギリシャ人《じん》のイソップが書《か》いたといわれる話《はなし》を集《あつ》めたもの。動物《どうぶつ》や物《もの》にたとえて、教《おし》えを説《と》いた物語《ものがたり》で、「うさぎとかめ」「ありときりぎりす」「北風《きたかぜ》と太陽《たいよう》」などがある。

**いそん【依存】** 名 動-する 他《ほか》のものにたよること。「いぞん」ともいう。例 石油《せきゆ》は輸入《ゆにゅう》に依存している。

**いぞん【異存】** 名 ちがう考《かんが》え。反対意見《はんたいいけん》。例 今《いま》の意見《いけん》に異存はない。類 異議《いぎ》。異論《いろん》。

**いた【板】** 名 材木《ざいもく》を、うすく平《たい》らに切《き》ったもの。また、そのような形《かたち》のもの。例 板ガラス。トタン板。⇩はん【板】1070ページ

**板《いた》につく** 地位《ちい》や仕事《しごと》、服装《ふくそう》などがなじんで、その人《ひと》にぴったり合《あ》う。例 司会《しかい》ぶり





世界の国 オーストラリア 南太平洋《みなみたいへいよう》にある大陸《たいりく》を国土《こくど》とする国《くに》。農業《のうぎょう》と牧畜《ぼくちく》がさかんで、金《きん》やダイヤモンド、鉄鉱石《てっこうせき》

が板についてきた。

**いたい**【遺体】名 死《し》んだ人《ひと》の体《からだ》。例 遭難者《そうなんしゃ》の遺体が見《み》つかる。類 遺骸《いがい》。参考「死体《したい》」よりも丁寧《ていねい》な言《い》い方《かた》。

◦**いたい**【痛い】形 ❶体《からだ》を打《う》ったり切《き》ったりさしたりして、つらい。例 おなかが痛い。❷心《こころ》に苦《くる》しみを感《かん》じて、つらい。例 思《おも》い出《だ》しても胸《むね》が痛い。⇩**つう**【痛】848ページ

**痛《いた》い所《ところ》を突《つ》く** 弱《よわ》いところや不十分《ふじゅうぶん》なところを突《つ》く。例 痛い所を突かれて、言《い》い返《かえ》せなかった。

**痛《いた》い目《め》に遭《あ》う** つらい思《おも》いをさせられる。痛《いた》い目《め》を見《み》る。例 戸《と》じまりを忘《わす》れたために痛い目にあった。

**痛《いた》い目《め》を見《み》る** ⇩いたいめにあう68ページ

**いだい**【偉大】形動 たいへんすぐれて、りっぱなようす。

**イタイイタイびょう**【イタイイタイ病】名 富山県《とやまけん》神通川《じんずうがわ》流域《りゅういき》で発生《はっせい》した公害《こうがい》病《びょう》。骨《ほね》がもろくなって骨折《こっせつ》がおこり、はげしい痛《いた》みに苦《くる》しむことから、この名《な》がある。上流《じょうりゅう》にある岐阜県《ぎふけん》神岡鉱山《かみおかこうざん》から出《て》た、カドミウムという鉱毒《こうどく》が原因《げんいん》。

**いたいけ** 形動 幼《おさな》くてかわいらしいようす。弱々《よわよわ》しくていじらしいようす。例 戦争《せんそう》で親《おや》をなくしたいたいけな子《こ》どもたちの姿《すがた》。参考「いたいけない」とも言《い》う。

**いたいたしい**【痛痛しい】形 かわいそうで見《み》ていられない。例 やけどのあとが痛々しい。

**いたがき たいすけ**〖板垣退助〗人名（男）（一八三七～一九一九）明治《めいじ》時代《じだい》の政治《せいじ》家《か》。自由《じゆう》と権利《けんり》を求《もと》める自由民権運動《じゆうみんけんうんどう》の指導《しどう》者《しゃ》で、国会《こっかい》を作《つく》ることを政府《せいふ》に求《もと》めた。一八八一年《ねん》に日本《にっぽん》で初《はじ》めての政党《せいとう》を作《つく》った。

**いたく**【委託】名 動-する 仕事《しごと》などを人《ひと》にたのんで、任《まか》せること。例 研究《けんきゅう》の一部《いちぶ》を委託する。

**いたく** 副 ひじょうに。たいへんに。〔古《ふる》い言《い》い方《かた》。〕例 名演奏《めいえんそう》にいたく感動《かんどう》しました。

**いだく**【抱く】動 ❶両手《りょうて》でかかえこむ。例 わが子《こ》を抱く。❷心《こころ》の中《なか》に、ある思《おも》いを持《も》つ。例 夢《ゆめ》を抱く。⇩**ほう**【抱】1190ページ

**いたくもかゆくもない**【痛くもかゆくもない】何《なに》をされても、まったく平気《へいき》だ。例 一点《いってん》ぐらいとられたって、痛くもかゆくもない。

**いたくもないはらをさぐられる**【痛くもない腹を探られる】何《なに》も悪《わる》いことをしていないのに、疑《うたが》いをかけられる。

**いたけだか**【居丈高】形動 相手《あいて》をおさえつけてしまうようなようす。例 居丈高な態度《たいど》をとる。

**いたしかたない**【致し方ない】「しかたがない」の改《あらた》まった言《い》い方《かた》。いたしかたがない。例 こうなってはいたしかたない。

**いたしかゆし**【痛しかゆし】〔かけば痛《いた》いし、かかなければかゆいということから〕どちらにしても、うまい具合《ぐあい》にいかないこと。例 あちらを立《た》てればこちらが立《た》たずで、痛しかゆしの状況《じょうきょう》だ。

**いたじき**【板敷き】名 板《いた》の張《は》ってある床《ゆか》。板《いた》の間《ま》。

**いたす**【致す】動「する」の、へりくだった言《い》い方《かた》。例 掃除《そうじ》をいたします。参考 ふつう、かなで書《か》き、「…いたします」の形《かたち》で使《つか》われることが多《おお》い。⇩**ち**【致】819ページ

◦**いたずら**【▲〈悪戯〉】名 動-する 形動 ふざけて、人《ひと》の迷惑《めいわく》になるようなことをすること。例 いたずら書《が》き。

**いたずらに** 副 むだに。何《なん》の役《やく》にも立《た》たずに。例 いたずらに時間《じかん》が過《す》ぎる。

**いただき**【頂】名 山《やま》などのいちばん高《たか》い所《ところ》。類 頂上《ちょうじょう》。対 麓《ふもと》。⇩**ちょう**【頂】837ページ

**いただきます**【頂きます】ものを食《た》べ始《はじ》めるときの言葉《ことば》。感謝《かんしゃ》の気持《きも》ちをこめて言《い》う。参考 ふつう、かな書《が》きにする。

**いただきもの**【頂き物】名 人《ひと》からもらった物《もの》。「もらい物《もの》」の丁寧《ていねい》な言《い》い方《かた》。

◦**いただく**【頂く】動 ❶頭《あたま》にのせる。例 雪《ゆき》を頂いた山《やま》。❷目上《めうえ》の人《ひと》としてむかえる。例 彼《かれ》を会長《かいちょう》に頂く。❸「もらう」の、へりくだった言《い》い方《かた》。例 ごほうびを頂く。❹「食《た》べる」「食《く》う」「飲《の》む」の、へりくだった言《い》い方《かた》。また、丁寧《ていねい》に言《い》うときも用《もち》いる。例 ごちそうを頂く。いただきます〔＝食事《しょくじ》の前《まえ》の挨《あい》

ん。3分《ぶん》の2が山《やま》で、観光客《かんこうきゃく》もおおぜい訪《おとず》れる。首都《しゅと》ウィーン。人口《じんこう》約《やく》890万人《まんにん》。略称《りゃくしょう》AUT。

拶《さつ》〕。❺〔「…ていただく」の形《かたち》で〕（目上《めうえ》の人《ひと》に）してもらう。例 先生《せんせい》に本《ほん》を読《よ》んでいただく。↓ちょう【頂】837ページ

**いただけない**【頂けない】 感心《かんしん》できない。承知《しょうち》できない。例 あの言《い》い方《かた》はいただけない。

**いたたまれない** 形 そこにいることが、とてもがまんできない。いたたまらない。例 はずかしくて、いたたまれない。

**いたち** 名 山《やま》や野原《のはら》にすむ小形《こがた》の動物《どうぶつ》。体《からだ》は茶色《ちゃいろ》で足《あし》が短《みじか》く、尾《お》は長《なが》い。夜活動《よるかつどう》してネズミなどを食《た》べる。敵《てき》に追《お》いつめられると、くさいにおいを出《だ》してにげる。

〔いたち〕

**いたちごっこ** 名 たがいに同《おな》じことをくり返《かえ》すばかりで、いつまでもきりがないこと。〔二人《ふたり》で相手《あいて》の手《て》の甲《こう》をつねり合《あ》う遊《あそ》びの名《な》から。〕例 ああ言《い》えばこう言《い》うで、口《くち》げんかのいたちごっこだ。

**いたって**【至って】 副 とても。きわめて。例 祖父《そふ》はいたって元気《げんき》です。

**いたで**【痛手】 名 ❶体《からだ》や心《こころ》に受《う》ける深《ふか》い傷《きず》。例 足《あし》に痛手を負《お》う。❷大《おお》きな損害《そんがい》。例 台風《たいふう》で作物《さくもつ》に痛手を受《う》けた。

**いだてん**【韋駄天】 名 〔たいへん足《あし》の速《はや》い神《かみ》の名《な》から〕たいそう足《あし》の速《はや》いこと。また、その人《ひと》。例 韋駄天走《ばし》り。

**いたのま**【板の間】 名 床《ゆか》が板《いた》になっている部屋《へや》。

**いたばさみ**【板挟み】 名 対立《たいりつ》している二《ふた》つのものの間《あいだ》に立《た》って、どちらにつくこともできずに困《こま》ること。例 スポーツと勉強《べんきょう》との板挟みに苦《くる》しむ。

**いたばり**【板張り】 名 板《いた》を張《は》ること。また、張《は》った場所《ばしょ》。例 板張りの廊下《ろうか》。

**いたべい**【板塀】 名 木《き》の板《いた》でつくった塀《へい》。

**いたまえ**【板前】 名 日本料理《にほんりょうり》を作《つく》ることを仕事《しごと》にしている人《ひと》。参考「板《いた》」は、まな板《いた》のこと。

**いたましい**【痛ましい】 形 気《き》の毒《どく》で、かわいそうだ。例 見《み》るも痛ましい事故《じこ》。

**いたみ**【痛み】 名 ❶痛《いた》いと感《かん》じること。例 傷《きず》の痛み。❷苦《くる》しみやなやみ。例 友《とも》をなくした心《こころ》の痛み。

**いたみ**【傷み】 名 ❶こわれていること。例 家《いえ》の傷みがひどい。❷食《た》べ物《もの》が傷《きず》ついたり、くさったりすること。例 生物《なまもの》は傷みが早《はや》い。

**いたむ**【悼む】 動 人《ひと》の死《し》を、なげき悲《かな》しむ。例 友《とも》の死《し》を悼む。↓とう【悼】904ページ

**いたむ**【痛む】 動 ❶体《からだ》の一部分《いちぶぶん》が、痛《いた》いと感《かん》じる。例 傷《きず》が痛む。❷苦《くる》しく思《おも》う。つらく思《おも》う。例 心《こころ》が痛む。↓つう【痛】848ページ

**いたむ**【傷む】 動 ❶物《もの》に傷《きず》がつく。少《すこ》しこわれる。例 機械《きかい》が傷む。❷食《た》べ物《もの》がくさったり、傷《きず》がついたりする。例 バナナが傷む。↓しょう【傷】621ページ

**いため**【板目】 名 板《いた》の木目《もくめ》がまっすぐでなく、山《やま》や波《なみ》の形《かたち》になったもの。対 正目《まさめ》。↓もくめ 1302ページ

**いためつける**【痛めつける】 動 ひどい目《め》にあわせる。例 敵《てき》を痛めつける。

**いためる**【痛める】 動 ❶体《からだ》のある部分《ぶぶん》を、痛《いた》くする。例 肩《かた》を痛める。❷心《こころ》を苦《くる》しめる。心配《しんぱい》する。例 子《こ》どものことで胸《むね》を痛める。↓つう【痛】848ページ

**いためる**【傷める】 動 ❶物《もの》に傷《きず》をつける。例 本《ほん》を傷める。❷食《た》べ物《もの》をくさらせたり、傷《きず》をつけたりする。例 メロンを傷めてしまった。↓しょう【傷】621ページ

**いためる** 動 （肉《にく》や野菜《やさい》などを）油《あぶら》をひいたなべでかき混《ま》ぜながら熱《ねっ》する。例 キャベツともやしをいためる。

### 例解 ↔ 使い分け

**痛《いた》むと傷《いた》むと悼《いた》む**

足《あし》が痛《いた》む。
頭《あたま》がずきずきと痛《いた》む。

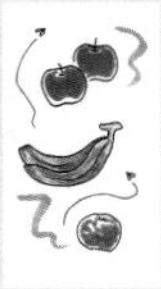

果物《くだもの》が傷《いた》む。
ご飯《はん》が傷《いた》む。

友人《ゆうじん》の死《し》を悼《いた》む。

世界の国 オーストリア ヨーロッパ中央部《ちゅうおうぶ》、アルプスの東《ひがし》にある国《くに》。北海道《ほっかいどう》と同《おな》じくらいの広《ひろ》さ。農業《のうぎょう》と牧畜《ぼくちく》がさか

**いたらぬ【至らぬ】** 連体 考《かんが》えなどが、行《い》き届《とど》かない。至《いた》らない。例 至らぬ者《もの》ですが、よろしく。

**いたり【至り】** 名 ❶この上《うえ》ないこと。例 感《かん》激《げき》の至り。❷結《けっ》果《か》。例 若《わか》気《げ》の至り。

**イタリア** 地名 ヨーロッパ南《なん》部《ぶ》、地《ち》中《ちゅう》海《かい》につき出《で》た半《はん》島《とう》とシチリア島《とう》などからなる国《くに》。首《しゅ》都《と》はローマ。古《こ》代《だい》ローマ文《ぶん》明《めい》が栄《さか》えた。

°**いたる【至る】** 動 ❶ある所《ところ》に行《い》き着《つ》く。例 京《きょう》都《と》を経《へ》て大《おお》阪《さか》に至る。❷その状《じょう》態《たい》になる。例 やっと完《かん》成《せい》に至った。❸その時《とき》になる。例 今《いま》に至るまで返《へん》事《じ》がない。➡し【至】536ページ

**いたるところ【至る所】** 名 副 あちらでもこちらでも。例 至る所で虫《むし》が鳴《な》く。

**いたれりつくせり【至れり尽くせり】** 何《なに》から何《なに》まで、よく行《い》き届《とど》いているようす。例 至れり尽くせりのもてなし。

**いたわしい** 形 気《き》の毒《どく》で、かわいそうだ。

°**いたわる** 動 ❶やさしく親《しん》切《せつ》にする。例 病《びょう》人《にん》をいたわる。❷温《あたた》かい気《き》持《も》ちでなぐさめる。例 負《ま》けた選《せん》手《しゅ》をいたわる。

**いたん【異端】** 名 学《がく》問《もん》や思《し》想《そう》・宗《しゅう》教《きょう》などの分《ぶん》野《や》で、一《いっ》般《ぱん》に正《ただ》しいとされているものから外《はず》れていること。例 地《ち》動《どう》説《せつ》は異端の説《せつ》だといわれた時《じ》代《だい》がある。

**いち【一】** 画数 1 部首 一（いち） 1年

音 イチ イツ 訓 ひと ひと-つ

筆順 一

❶ひとつ。熟語 一《いち》言《ごん》一《いっ》句《く》。万《まん》一《いち》。一《ひと》月《つき》〔＝一《いっ》か月《げつ》〕。❷はじめ。熟語 一《いち》年《ねん》生《せい》。一《いち》次《じ》試《し》験《けん》。❸いちばんすぐれたもの。熟語 一《いち》流《りゅう》。世《せ》界《かい》一《いち》。❹同《おな》じ。熟語 一《いち》様《よう》。統《とう》一《いつ》。❺すべて。全《ぜん》体《たい》。熟語 一《いち》同《どう》。一《いっ》式《しき》。❻わずか。ほんの少《すこ》し。熟語 一《いっ》見《けん》。一《いっ》考《こう》。

**いち【一】** 名 ❶〔数《かず》を表《あらわ》す言《こと》葉《ば》。〕ひとつ。例 一《いっ》回《かい》。一たす三《さん》。❷はじめ。ひとつめ。例 一《いっ》階《かい》。一から出《で》直《なお》す。

**一《いち》か八《ばち》か** うまくいくかどうか、思《おも》い切《き》ってやってみる。例 一か八かの勝《しょう》負《ぶ》に出《で》る。

**一《いち》から十《じゅう》まで** 何《なに》から何《なに》まで全《ぜん》部《ぶ》。例 一から十までお世《せ》話《わ》になった。

**一《いち》にも二《に》にも** 何《なに》よりもいちばんに。例 勝《か》つためには、一にも二にも練《れん》習《しゅう》だ。

**一《いち》も二《に》もなく** あれこれ言《い》うまでもなく。例 一も二もなく賛《さん》成《せい》した。

**一《いち》を聞《き》いて十《じゅう》を知《し》る** 一《ひと》つ聞《き》いただけで、その全《ぜん》体《たい》がすぐわかるほど、かしこい。

**いち【壱】** 画数 7 部首 士（さむらい）

音 イチ 訓 ――

金《きん》額《がく》などを書《か》くときに、読《よ》みちがえたり書《か》きかえられたりしないように、数《すう》字《じ》「一《いち》」の代《か》わりに使《つか》う字《じ》。例 壱《いち》万《まん》円《えん》。

**いち【市】** 名 決《き》まった日《ひ》に人《ひと》が集《あつ》まって、物《もの》を売《う》ったり買《か》ったりすること。また、その場《ば》所《しょ》。例 日《にち》曜《よう》日《び》には、週《しゅう》に一《いち》度《ど》の市が立《た》つ。➡し【市】536ページ

°**いち【位置】** 名 動-する ❶その物《もの》がある場《ば》所《しょ》。例 机《つくえ》の位置。❷地《ち》位《い》。立《たち》場《ば》。例 責《せき》任《にん》者《しゃ》の位置にある。

■**いちいせんしん【一意専心】** 名 一《ひと》つのことだけに集《しゅう》中《ちゅう》すること。例 一意専心練《れん》習《しゅう》に励《はげ》む。

**いちいち** 副 一《ひと》つ一《ひと》つ。残《のこ》らず。例 いちいち言《い》い訳《わけ》をする。

**いちいん【一因】** 名 一《ひと》つの原《げん》因《いん》。例 練《れん》習《しゅう》不《ぶ》足《そく》も負《ま》けた一因だ。

**いちいん【一員】** 名 仲《なか》間《ま》の一《ひと》人《り》。例 チームの一員に加《くわ》わる。

**いちえん【一円】** 名 ❶その辺《あた》り一《いっ》帯《たい》。例 関《かん》東《とう》一円に被《ひ》害《がい》が出《で》た。❷➡えん（円）❷135ページ

°**いちおう【一応】** 副 ❶ひと通《とお》り。だいたい。例 一応できあがった。❷ともかく。念《ねん》のため。例 一応調《しら》べてみる。

**いちおし【一押し・一推し】** 名 いちばんよいものとして、人《ひと》にすすめるもの。例 先《せん》生《せい》の一押しの小《しょう》説《せつ》。注意「一押し」を「ひとおし」と読《よ》むと、ちがう意《い》味《み》になる。

**いちがいに【一概に】** 副 ひとまとめにして。ひとくちに。例 一概に悪《わる》いとは言《い》えない。注意 あとに「ない」などの打《う》ち消《け》しの言《こと》葉《ば》がくる。

**いちがんとなる【一丸となる】** 力《ちから》や

スカット。人口約《じんこうやく》460万人《まんにん》。略称《りゃくしょう》OMA。

心《こころ》を合《あ》わせて一《ひと》つにまとまる。例 クラスが一丸となってがんばった。

**いちく【移築】**名 動-する 建物《たてもの》をそのままの形《かたち》で、別《べつ》の場所《ばしょ》に建《た》て替《か》えること。

**いちぐう【一隅】**名 片《かた》すみ。すみ。

**いちぐん【一群】**名 (群《む》れの)ひとかたまり。例 ガンの一群が飛《と》んでいく。

**いちげい【一芸】**名 一《ひと》つの技術《ぎじゅつ》や芸能《げいのう》。

**一芸《いちげい》に秀《ひい》でる** 何《なに》か一《ひと》つの技術《ぎじゅつ》や芸能《げいのう》にすぐれている。

**いちげき【一撃】**名 動-する 一度《いちど》の攻撃《こうげき》。例 一撃のもとにたおす。

**いちげん【一言】**名 動-する ⬇ いちごん 71ページ

■**いちげんこじ【一言〈居士〉】**名 何《なに》についても、ひと言《こと》自分《じぶん》の意見《いけん》を言《い》わずにはいられない人《ひと》。

**いちご【苺】**名 畑《はたけ》やビニルハウスに作《つく》る作物《さくもつ》。春《はる》に白《しろ》い花《はな》が咲《さ》き、実《み》は熟《じゅく》すと赤《あか》くなって食《た》べられる。ストロベリー。

■**いちごいちえ【一期一会】**名 一生《いっしょう》に一度《いちど》だけの大切《たいせつ》な出会《であ》い。参考 もとは茶道《さどう》で使《つか》われた言葉《ことば》。

**いちごん【一言】**名 動-する 〔「いちげん」ともいう。〕ひと言《こと》。また、それを言《い》うこと。例 一言ご挨拶《あいさつ》申《もう》し上《あ》げます。

**一言《いちごん》もない** ひと言《こと》も言《い》い返《かえ》すことができない。例 そう言《い》われては一言もない。

■**いちごんいっく【一言一句】**名 ❶一《ひと》つ一《ひと》つの言葉《ことば》。一言一句も聞《き》きもらさない。❷わずかな言葉《ことば》。一言半句《いちごんはんく》。例

■**いちごんはんく【一言半句】**名 ⬇ いちごんいっく❷ 71ページ

**いちざ【一座】**名 ❶同《おな》じ場所《ばしょ》にいる全部《ぜんぶ》の人《ひと》。例 一座を見《み》わたす。❷芝居《しばい》などをする団体《だんたい》。例 サーカスの一座。

**いちじ【一次】**名 第一回《だいいっかい》。例 一次試験《しけん》を突破《とっぱ》する。

**いちじ【一時】**名 ❶時刻《じこく》の一《ひと》つ。例 午後《ごご》一時発《はつ》。❷そのとき。例 大雪《おおゆき》で一時はどうなることかと思《おも》った。❸しばらくの間《あいだ》。例 一時中止《ちゅうし》します。❹そのときだけ。例 一時しのぎの言《い》い訳《わけ》。

■**いちじいっく【一字一句】**名 一《ひと》つ一《ひと》つの文字《もじ》や言葉《ことば》。例 一字一句に注意《ちゅうい》する。

**いちじがばんじ【一事が万事】** 一《ひと》つのことが、他《ほか》のすべてのことに当《あ》てはまるということ。例 一事が万事この調子《ちょうし》である。

**いちじきん【一時金】**名 その一回《いっかい》だけ、まとめて支払《しはら》われるお金《かね》。

**いちじく【〈無花果〉】**名 葉《は》は大《おお》きく、秋《あき》に、暗《くら》いむらさき色《いろ》をした、つぼのような形《かたち》のあまい実《み》がなる木《き》。たくさんの花《はな》を実《み》の内《うち》側《がわ》につける。

〔いちじく〕

**いちじだいをきずく【一時代を築く】** 大成功《だいせいこう》をおさめて、他《ほか》とちがう一区切《ひとくぎ》りの時代《じだい》をつくる。例 絶大《ぜつだい》な人気《にんき》で一時代を築いた映画《えいが》スター。

■**いちじつせんしゅう【一日千秋】**名 〔一日《いちにち》が千年《せんねん》もの長《なが》さに感《かん》じられるほど〕非常《ひじょう》に待《ま》ち遠《どお》しいこと。「いちにちせんしゅう」ともいう。例 一日千秋の思《おも》いで帰《かえ》りを待《ま》つ。

**いちじつのちょう【一日の長】** 他《ほか》の人《ひと》より、知識《ちしき》や技《わざ》が少《すこ》しだけすぐれていること。「いちにちのちょう」ともいう。例 泳《およ》ぎなら、彼《かれ》のほうに一日の長がある。

**いちじてき【一時的】**名 形動 そのときだけ。しばらく。例 流行《りゅうこう》は一時的なものだ。

**いちじに【一時に】**副 ⬇ いちどきに 72ページ

**いちじゅん【一巡】**名 動-する ひと回《まわ》りして元《もと》にもどること。例 校内《こうない》を一巡する。

**いちじるしい【著しい】**形 (ちがいや差《さ》が)目立《めだ》ってはっきりしているようす。例 進歩《しんぽ》のあとが著しい。⬇ちょ【著】835ページ

**いちず** 形動 ただ一《ひと》つのことだけを思《おも》いつめているようす。例 父《ちち》は仕事《しごと》いちずに生《い》きてきた。類 一筋《ひとすじ》。

**いちぞく【一族】**名 同《おな》じ血筋《ちすじ》の人《ひと》たち。例 一族そろって長生《ながい》きだ。類 一門《いちもん》。

**いちぞん【一存】**名 自分《じぶん》一人《ひとり》の考《かんが》え。例 私《わたし》の一存では決《き》められない。

**いちだい【一代】**名 ❶ある人《ひと》の一生《いっしょう》。例 一代記《き》。❷ある人《ひと》がその地位《ちい》にいる間《あいだ》。例 一

代で会社《かいしゃ》を大《おお》きくした。❸ある時代《じだい》。[例]一代の名人《めいじん》。

**いちだいじ【一大事】**[名] たいへんなこと。大事件《だいじけん》。[例]一大事が起《お》こった。

**いちだん【一団】**[名] ひとかたまり。一《ひと》つの集《あつ》まり。一群《いちぐん》。[例]小学生《しょうがくせい》の一団。

**いちだん【一段】**[一][名] (階段《かいだん》などの)一《ひと》つの段《だん》。[二][副](-と) なおいっそう。ひときわ。[例]寒《さむ》さが一段と厳《きび》しい。

**いちだんらく【一段落】**[名][動-する] ものごとのひと区切《くぎ》り。また、ひと区切《くぎ》りつくこと。[例]仕事《しごと》が一段落した。

**いちづける【位置づける】**[動] 全体《ぜんたい》の中《なか》の、どこに位置《いち》するかを決《き》める。[例]町《まち》の復《ふっ》興《こう》を重点課題《じゅうてんかだい》に位置づける。

○**いちど【一度】**[名] 一回《いっかい》。いっぺん。[例]一度も見《み》ていない。一度ならず〔=何度《なんど》も〕聞《き》いた。

**いちどう【一同】**[名] 全部《ぜんぶ》の人《ひと》。みんな。[例]親戚《しんせき》一同が集《あつ》まった。

**いちどう【一堂】**[名] 一《ひと》つの建物《たてもの》。また、同《おな》じ場所《ばしょ》。

**一堂《いちどう》に会《かい》する** 多《おお》くの人々《ひとびと》が一《いっ》か所《しょ》に集《あつ》まる。

**いちどきに【一時に】**[副] 同時《どうじ》に。いっぺんに。いちじに。[例]いちどきに電話《でんわ》が殺到《さっとう》する。

**いちどく【一読】**[名][動-する] 一度《いちど》読《よ》むこと。ひと通《とお》り読《よ》むこと。[例]一読にあたいする本《ほん》。

**いちどに【一度に】**[副] そろって同時《どうじ》に。[例]大勢《おおぜい》の人《ひと》が一度に押《お》しかける。

**いちなんさってまたいちなん【一難去ってまた一難】** 一《ひと》つ切《き》りぬけたと思《おも》ったら、またすぐ別《べつ》の災難《さいなん》が降《ふ》りかかってくること。

**いちにち【一日】**[名] ❶午前《ごぜん》〇時《れいじ》から、午後《ごご》十二《じゅうに》時《じ》まで。または、二四時間《じかん》。❷朝《あさ》から晩《ばん》まで。[例]一日雨《あめ》が降《ふ》っていた。❸ある日《ひ》。[例]夏休《なつやす》みの一日、海《うみ》で遊《あそ》んだ。❹月《つき》の最初《さいしょ》の日《ひ》。ついたち。

**一日《いちにち》の長《ちょう》** [↓]いちじつのちょう 71ページ

■**いちにちせんしゅう【一日千秋】**[名] [↓]いちじつせんしゅう 71ページ

**いちにをあらそう【一二を争う】** 一《いち》位《い》か二《に》位《い》かを争《あらそ》う。[例]一二を争うすばらしいできばえ。

**いちにん【一任】**[名][動-する] だれかにすべて任《まか》せること。[例]議長《ぎちょう》に一任する。

✤**いちにんしょう【一人称】**[名]〔国語《こくご》で〕「私《わたし》」「ぼく」など、話《はな》し手《て》や書《か》き手《て》が自分《じぶん》自《じ》身《しん》を指《さ》す言葉《ことば》。[関連]二人称《ににんしょう》。三人称《さんにんしょう》。

**いちにんまえ【一人前】**[名] ❶一人分《ひとりぶん》の分量《ぶんりょう》。[例]すし一人前。❷大人《おとな》と同《おな》じようであること。人並《ひとな》み。[例]何《なん》でも一人前にできる。[対]半人前《はんにんまえ》。

**いちねん【一年】**[名] ❶一月《いちがつ》から十二月《じゅうにがつ》までの十二《じゅうに》か月間《げっかん》。平年《へいねん》は三六五日《にち》、うるう年《どし》は三六六日《にち》になる。❷あるときから十二《じゅうに》か月《げつ》。[例]あれから一年たった。

**一年《いちねん》の計《けい》は元旦《がんたん》にあり** 〔一《いち》年《ねん》の計画《けいかく》は、元旦《がんたん》に立《た》てるのがよいように〕最初《さいしょ》に計画《けいかく》を立《た》てることがだいじだ。

**いちねん【一念】**[名] 一《ひと》つのことを、心《こころ》に深《ふか》く思《おも》いこむこと。また、その思《おも》い。[例]合格《ごうかく》したい一念でがんばった。

**いちねんそう【一年草】**[名] 春《はる》に種《たね》から芽《め》を出《だ》して、花《はな》が咲《さ》き実《み》を結《むす》んで、秋《あき》にはかれてしまう草《くさ》。ヒマワリ・アサガオなど。[関連]二年草《にねんそう》。多年草《たねんそう》。

■**いちねんほっき【一念発△起】**[名][動-する] あることを成《な》しとげようと決心《けっしん》すること。[例]一念発起してまじめに練習《れんしゅう》を始《はじ》めた。

○**いちば【市場】**[名] ❶商人《しょうにん》が集《あつ》まって、魚《さかな》や野菜《やさい》などを売《う》り買《か》いする所《ところ》。市《いち》。[例]青物《あおもの》市場。❷食《た》べ物《もの》や日用品《にちようひん》などの小売店《こうりてん》が、一《いっ》か所《しょ》に集《あつ》まって品物《しなもの》を売《う》っている所《ところ》。マーケット。[参考]❶は「市場《しじょう》」ともいう。

**いちばまち【市場町】**[名] 昔《むかし》、市《いち》が立《た》った場所《ばしょ》が町《まち》となった所《ところ》。三重県《みえけん》の四日市《よっかいち》市《し》など、今《いま》も地名《ちめい》として残《のこ》っている。

**いちはやく【いち早く】**[副] す早《ば》く。まっ先《さき》に。[例]いち早く先生《せんせい》に知《し》らせた。

○**いちばん【一番】**[一][名] ❶順番《じゅんばん》の第一《だいいち》。一《いち》位《い》。❷勝負事《しょうぶごと》やゲームの、一回《いっかい》の取《と》り組《く》み。[例]この一番で優勝《ゆうしょう》が決《き》まる。❸この時《とき》とばかりに。[例]ここ一番。❹もっともよいこと。[例]寝《ね》るのが一番。[二][副] もっとも。[例]この曲《きょく》

学工業《がくこうぎょう》もさかん。首都《しゅと》アムステルダム。人口約《じんこうやく》1,750万人《まんにん》。略称《りゃくしょう》NED。

がいちばん好《す》きだ。参考 ふつう二は、かな書《が》きにする。

**いちばんどり【一番鶏▲】** 名 明《あ》け方《がた》、いちばん先《さき》に鳴《な》くニワトリ。また、その声《こえ》。

**いちばんのり【一番乗り】** 名 動-する いちばん早《はや》く、目指《めざ》す所《ところ》に乗《の》りこむこと。例 待《ま》ち合《あ》わせ場所《ばしょ》に一番乗りした。

**いちばんぼし【一番星】** 名 夕方《ゆうがた》、いちばん早《はや》く目《め》につく星《ほし》。宵《よい》の明星《みょうじょう》。

■**いちびょうそくさい【一病息災】** 名 病気《びょうき》を一《ひと》つくらいもっているほうが、気《き》をつけながら暮《く》らすから、かえって長生《ながい》きするということ。参考「無病息災《むびょうそくさい》」からできた言《こと》葉《ば》。

**いちぶ【一分】** 名 ❶一割《いちわり》の十分《じゅうぶん》の一《いち》。一《いち》パーセント。❷昔《むかし》の尺貫法《しゃっかんほう》で、長《なが》さの単位《たんい》。一《いっ》寸《すん》の十分《じゅうぶん》の一《いち》。約《やく》三ミリメートル。❸ほんのわずか。例 一分のすきもない守備《しゅび》。

**いちぶ【一部】** 名 ❶全体《ぜんたい》の中《なか》の、ある部分《ぶぶん》。例 機械《きかい》の一部を取《と》りかえる。対 全部《ぜんぶ》。❷新《しん》聞《ぶん》や雑誌《ざっし》などを数《かぞ》えるときの、一《ひと》つ。

■**いちぶしじゅう【一部始終】** 名 ものごとの、始《はじ》めから終《お》わりまでの全部《ぜんぶ》。例 一部始終を話《はな》す。

**いちふじにたかさんなすび【一富士二鷹三〈茄子〉】** 夢《ゆめ》で、特《とく》に初夢《はつゆめ》で見《み》ると縁起《えんぎ》がよいとされる、富士山《ふじさん》・(鳥《とり》の)タカ・(野菜《やさい》の)ナスの三《みっ》つを並《なら》べて、調子《ちょうし》よくとなえた文句《もんく》。

**いちぶぶん【一部分】** 名 全体《ぜんたい》の中《なか》の、ある一《ひと》つの部分《ぶぶん》。わずかな部分《ぶぶん》。

**いちぼう【一望】** 名 動-する ひと目《め》で見《み》わたすこと。例 山《やま》から村《むら》が一望できる。

■**いちぼうせんり【一望千里】** 名 広々《ひろびろ》として見《み》はらしがいいこと。例 一望千里の大《だい》草原《そうげん》。

■**いちぼくいっそう【一木一草】** 名 一本《いっぽん》の木《き》や一本《いっぽん》の草《くさ》。いちもくいっそう。例 一木一草に命《いのち》がある。

**いちまいいわ【一枚岩】** 名 ❶平《たい》らで大《おお》きな岩《いわ》。❷(組織《そしき》が)がっちりまとまっていること。例 一枚岩の団結《だんけつ》をほこる。

**いちまつ【一抹】** 名 ほんの少《すこ》し。例 一抹の寂《さび》しさ。

**一抹《いちまつ》の不安《ふあん》** ほんの少《すこ》しだけの不安《ふあん》。

**いちみ【一味】** 名 よくないことをする、同《おな》じ仲間《なかま》。例 すりの一味。

**いちめい【一名】** 名 ❶一人《ひとり》。❷別《べつ》の名《な》。例 パリは一名「花《はな》の都《みやこ》」といわれる。類 別名《べつめい》。

**いちめい【一命】** 名 いのち。例 一命を取《と》りとめる〔＝命《いのち》が助《たす》かる〕。

**いちめん【一面】** 名 ❶ものごとの一《ひと》つの面《めん》。一方《いっぽう》の面《めん》。例 やさしい一面もある。❷どこもみな。辺《あた》り全体《ぜんたい》。例 野原《のはら》は一面の花《はな》ざかり。❸新聞《しんぶん》の第一《だいいち》ページ。

**いちめんてき【一面的】** 名 形動 見方《みかた》・考《かんが》え方《かた》が、一《ひと》つの面《めん》にかたよっているようす。例 きみの判断《はんだん》は一面的で納得《なっとく》できない。

**いちもうさく【一毛作】** 名 同《おな》じ田畑《たはた》で、一年《いちねん》に一回《いっかい》だけ作物《さくもつ》を作《つく》ること。

■**いちもうだじん【一網打尽】** 名 〔網《あみ》で、すべての魚《さかな》を一度《いちど》にとってしまうことから〕一度《いちど》に全部《ぜんぶ》つかまえてしまうこと。

**いちもくおく【一目置く】** 相手《あいて》が自分《じぶん》より上《うえ》だと思《おも》って敬意《けいい》をはらう。参考 碁《ご》で、強《つよ》い相手《あいて》と当《あ》たるとき、始《はじ》めから石《いし》を一《ひと》つ打《う》っておくことから。

**いちもくさんに【一目散に】** 副 わき目《め》もふらずに行《い》くようす。まっしぐら。一散《いっさん》に。例 一目散に逃《に》げだした。

■**いちもくりょうぜん【一目瞭然】** 名 ひと目《め》見《み》ただけで、はっきりわかること。例 実力《じつりょく》の差《さ》は、一目瞭然だ。

**いちもん【一文】** 名 ❶昔《むかし》のお金《かね》で、いちばん低《ひく》い単位《たんい》。❷ごくわずかのお金《かね》。例 一文の値打《ねう》ちもない。

**いちもん【一門】** 名 ❶同《おな》じ血筋《ちすじ》の人々《ひとびと》。例 平家《へいけ》の一門。類 一族《いちぞく》。❷同《おな》じ先生《せんせい》から教《おし》えを受《う》けた仲間《なかま》。

■**いちもんいっとう【一問一答】** 名 動-する 一《ひと》つの質問《しつもん》に、一《ひと》つ答《こた》えるという形《かたち》で、質問《しつもん》と答《こた》えをくり返《かえ》すこと。

**いちもんじ【一文字】** 名 「一《いち》」の字《じ》のように、横《よこ》にまっすぐなこと。真一文字《まいちもんじ》。例 口《くち》を一文字に結《むす》ぶ。

**いちもんなし【一文無し】** 名 お金《かね》をまったく持《も》っていないこと。また、そのような

世界の国 オランダ ヨーロッパ西北部《せいほくぶ》にある国《くに》。国土《こくど》の4分《ぶん》の1は海面《かいめん》より低《ひく》い。チューリップ栽培《さいばい》が有名《ゆうめい》で、石油化《せきゆか》

人《ひと》。文無《もんな》し。

**いちや【一夜】** 名 ❶ひと晩《ばん》。例 野原《のはら》で一夜を過《す》ごす。❷ある夜《よ》。例 冬《ふゆ》の一夜。

**いちやく【一躍】** 副 一足飛《いっそくと》びに。いっぺんに。例 一躍有名《ゆうめい》になる。

**いちやづけ【一夜漬け】** 名 ❶ひと晩《ばん》つけただけのつけもの。❷間《ま》に合《あ》わせに、仕事《しごと》や勉強《べんきょう》をすること。

**いちゅう【意中】** 名 心《こころ》の中《なか》で思《おも》っていること。心中《しんちゅう》。例 意中の人《ひと》〔=この人《ひと》だと心《こころ》に決《き》めている人《ひと》〕。

**いちよう【一様】** 形動 どれも同《おな》じで、変《か》わらないようす。例 みんな一様にだまりこんでいる。

**いちょう【胃腸】** 名 胃《い》と腸《ちょう》。食《た》べ物《もの》をこなし、吸収《きゅうしゅう》するところ。

**いちょう【〈銀杏〉】** 名 葉《は》は扇形《おうぎがた》で、秋《あき》になると黄葉《こうよう》する木《き》。街路樹《がいろじゅ》などに植《う》える。実《み》は「ぎんなん」といって食《た》べられる。

**いちょうぎり【〈銀杏〉切り】** 名 大根《だいこん》やにんじんなどを縦《たて》に四《よ》つ割《わ》りにし、はしからうすく切《き》ること。また、その切《き》り方《かた》。切《き》った形《かたち》がいちょうの葉《は》に似《に》ている。

■**いちようらいふく【一陽来復】** 名 ❶冬《ふゆ》が去《さ》り、春《はる》が来《く》ること。❷悪《わる》いことが続《つづ》いたあとに、やっとよいことがめぐって来《く》ること。

**いちよく【一翼】** 名 一《ひと》つの役割《やくわり》。

**一翼《いちよく》をになう** 大《おお》きな仕事《しごと》などの一部分《いちぶぶん》を受《う》けもつ。例 チーム優勝《ゆうしょう》の一翼をになう。

**いちらん【一覧】** 一 名 動する ひと通《とお》り見《み》ること。例 書類《しょるい》を一覧する。二 名 ひと目《め》でわかるようにまとめたもの。例 一覧表《ひょう》。

**いちり【一理】** 名 一《ひと》つの理屈《りくつ》。それなりの理由《りゆう》。例 あなたの話《はなし》にも一理はある。

■**いちりいちがい【一利一害】** 名 利益《りえき》もあるが、害《がい》もあること。例 スマホに頼《たよ》るのも一利一害だ。

**いちりつ【一律】** 名 形動 変化《へんか》がなく、すべてが同《おな》じようす。例 運賃《うんちん》が一律に十円《じゅうえん》上《あ》がる。

**いちりづか【一里塚】** 名 ❶江戸時代《えどじだい》、おもな街道《かいどう》に一里《いちり》〔=約《やく》三・九キロメートル〕ごとに作《つく》った道《みち》のりの目《め》じるし。土《つち》を盛《も》り上《あ》げ、木《き》を植《う》えて作《つく》った。❷目標《もくひょう》を達成《たっせい》するまでの一《ひと》つの段階《だんかい》。

**いちりゅう【一流】** 名 ❶その方面《ほうめん》で、もっともすぐれていること。例 一流のピアニスト。❷他《ほか》の人《ひと》とはちがう独特《どくとく》なこと。例 あの人《ひと》一流のやり方《かた》だ。

**いちりょうじつ【一両日】** 名 一日《いちにち》か、二日《ふつか》。例 一両日お待《ま》ちください。

**いちりん【一輪】** 名 ❶車《くるま》の輪《わ》一《ひと》つ。例 一輪車《しゃ》。❷開《ひら》いた花《はな》の一《ひと》つ。例 アサガオ一輪。

**いちりんざし【一輪挿し】** 名 一《いち》、二本《にほん》の花《はな》をさす小《ちい》さな花《か》びん。

**いちりんしゃ【一輪車】** 名 ❶車輪《しゃりん》が一《ひと》つでハンドルなしの乗《の》り物《もの》。❷車輪《しゃりん》が一《ひと》つだけの、手押《てお》し車《ぐるま》。

**いちるののぞみ【一縷の望み】** わずかにのこる希望《きぼう》。例 一縷の望みをいだいて調査《ちょうさ》を続行《ぞっこう》した。

**いちれい【一礼】** 名 動する 軽《かる》く、お辞儀《じぎ》をすること。例 一礼して下《さ》がる。

**いちれい【一例】** 名 一《ひと》つのたとえ。一《ひと》つの例《れい》。例 一例をあげて、説明《せつめい》する。

**いちれん【一連】** 名 ひとつながりのもの。例 一連のできごと。

**いちろ【一路】** 一 名 ひと筋《すじ》の道《みち》。二 副 まっすぐに。例 船《ふね》は一路東《ひがし》へ進《すす》む。

**いつ【逸】** 画数 11 部首 ⻌（しんにょう）

音 イツ 訓 ―

❶手《て》に入《い》れそこなう。すりぬける。熟語 逸脱《いつだつ》。❷世《よ》の中《なか》に知《し》られていない。なくなる。熟語 逸話《いつわ》。散逸《さんいつ》〔=散《ち》らばって、わからなくなる〕。❸気《き》ままに楽《たの》しむ。熟語 安逸《あんいつ》〔=気楽《きらく》に過《す》ごすこと〕。❹すぐれている。熟語 逸品《いっぴん》。秀逸《しゅういつ》。⬇いっする 77ページ

**いつ【一】** 名 〔数《かず》を表《あらわ》す言葉《ことば》。〕一《ひと》つ。例 心《こころ》を一にする〔=気持《きも》ちを合《あ》わせ一《ひと》つにする〕。⬇いち【一】70ページ

**いつ【五】** 名 いつつ。五《ご》。例 五日《か》。⬇ご【五】421ページ

°**いつ** 代名 ❶はっきり決《き》められない時《とき》を指《さ》す言葉《ことば》。例 いつ来《き》ましたか。❷いつもの時《とき》。例

名《めい》。金《きん》も多《おお》く産出《さんしゅつ》し、かつては黄金海岸《おうごんかいがん》とよばれた。首都《しゅと》アクラ。人口約《じんこうやく》2,820万人《まんにん》。略称《りゃくしょう》GHA。

いつの年《とし》よりも雨《あめ》が多《おお》い。

**いつか**【五日】名 ❶月《つき》の五番《ごばん》めの日《ひ》。例 五《ご》月《がつ》五日はこどもの日《ひ》。❷五日間《ごにちかん》。

°**いつか** 副 ❶いつだったか。この前《まえ》。例 いつか来《き》たことがある。❷そのうち。いずれ。例 またいつか会《あ》おう。❸知《し》らないうちに。いつの間《ま》にか。例 いつか雨《あめ》は上《あ》がっていた。

**いっか**【一家】名 ❶一《ひと》つの家《いえ》。家庭《かてい》。例 一家そろって出《で》かける。❷家族《かぞく》みんな。例 一家を支《ささ》える。❸世《よ》の中《なか》から認《みと》められた存在《そんざい》。

**一家《いっか》を支《ささ》える** 家族《かぞく》を養《やしな》い、面倒《めんどう》をみる。例 十五《じゅうご》の時《とき》から働《はたら》いて、一家を支えた。

**一家《いっか》を成《な》す** 学問《がくもん》や芸術《げいじゅつ》などで認《みと》められた存在《そんざい》になる。例 風景画《ふうけいが》で一家を成す。

**いっか**【一過】名 動-する さっと通《とお》り過《す》ぎること。例 台風《たいふう》一過、青空《あおぞら》が広《ひろ》がった。

**いっかく**【一角】名 一《ひと》つのすみ。一部分《いちぶぶん》。例 町《まち》の一角にある花屋《はなや》。

■**いっかくせんきん**【一攫千金】名 いちどに大《おお》もうけをすること。例 一攫千金をねらって宝《たから》くじを買《か》う。

**いっかつ**【一括】名 動-する 一《ひと》つにまとめること。例 資料《しりょう》を一括して出《だ》す。

**いっかつ**【一喝】名 動-する ひと声《こえ》、大《おお》きな声《こえ》でしかりつけること。例 父《ちち》の一喝で静《しず》かになった。大声《おおごえ》で一喝する。

**いっかん**【一貫】名 動-する 変《か》わらない考《かんが》えや方法《ほうほう》でやり通《とお》すこと。例 終始《しゅうし》一貫した考《かんが》え。

**いっかん**【一環】名 つながりをもつひとまとまりのものの中《なか》の一《ひと》つ。例 美化運動《びかうんどう》の一環として草《くさ》むしりをする。

**いっかんのおわり**【一巻の終わり】 続《つづ》いていたものごとが、すべて終《お》わること。ものごとの結末《けつまつ》がつくこと。例 ここで失敗《しっぱい》したら一巻の終わりだ。

**いっき**【一揆】名 昔《むかし》、農民《のうみん》たちが代官《だいかん》や領主《りょうしゅ》に対《たい》して、年貢《ねんぐ》を軽《かる》くしてもらうなどのために、力《ちから》を合《あ》わせて起《お》こした争《あらそ》い。

■**いっきいちゆう**【一喜一憂】名 動-する 喜《よろこ》んだり心配《しんぱい》したりすること。例 得点《とくてん》の経過《けいか》に、一喜一憂する。

**いっきうち**【一騎打ち・一騎討ち】名 一対一《いったいいち》で勝《か》ち負《ま》けを争《あらそ》うこと。

■**いっきとうせん**【一騎当千】名 〔一人《ひとり》で千人《せんにん》を相手《あいて》にして戦《たたか》えるほど〕すばらしく強《つよ》いこと。例 一騎当千のつわもの。

**いっきに**【一気に】副 ひと息《いき》に。いっぺんに。例 一気に坂《さか》をかけ上《あ》がる。

**いっきゅう**〘一休〙人名（男）（一三九四～一四八一）室町時代《むろまちじだい》の中《なか》ごろのお坊《ぼう》さん。禅《ぜん》の教《おし》えを説《と》いた。とんちがうまかったといわれるが、「一休《いっきゅう》とんち話《ばなし》」はのちに作《つく》られたものである。

**いっきょ**【一挙】副-に いっぺんに。一度《いちど》に。例 問題《もんだい》を一挙にかたづける。

■**いっきょいちどう**【一挙一動】名 一《ひと》つ一《ひと》つの動作《どうさ》。一挙手一投足《いっきょしゅいっとうそく》。例 一挙一動を見守《みまも》る。

**いっきょしゅいっとうそく**【一挙手一投足】名 ⇩いっきょいちどう 75ページ

■**いっきょりょうとく**【一挙両得】名 一《ひと》つのことをして、二《ふた》つのよい結果《けっか》を得《え》ること。例 楽《たの》しい上《うえ》に勉強《べんきょう》になるとは、一挙両得だ。類 一石二鳥《いっせきにちょう》。

**いつく**【居つく】動 同《おな》じ所《ところ》にずっといる。住《す》みつく。例 野良猫《のらねこ》が居ついて困《こま》る。

**いつくしま**〘厳島〙地名 広島県《ひろしまけん》の西部《せいぶ》、広島湾《ひろしまわん》にある島《しま》。全体《ぜんたい》が世界遺産《せかいいさん》の厳島神社《いつくしまじんじゃ》の境内《けいだい》である。日本三景《にほんさんけい》の一《ひと》つ。宮島《みやじま》。

**いつくしみ**【慈しみ】名 だいじにしてかわいがる気持《きも》ち。

**いつくしむ**【慈しむ】動 だいじにして、かわいがる。例 わが子《こ》を慈しむ。⇩じ【慈】540ページ

**いっけいをあんじる**【一計を案じる】 一《ひと》つのはかりごと〔＝ものごとがうまくいくようなやり方《かた》〕を考《かんが》え出《だ》す。

**いっけん**【一見】一 名 動-する ちょっと見《み》ること。一度《いちど》見《み》ること。例 一見して弟《おとうと》のしわざだとわかった。二 副 ちょっと見《み》たところ。例 一見丈夫《じょうぶ》そうに見《み》える。

**いっけんや**【一軒家】名 ❶周《まわ》りに家《いえ》がなく、一軒《いっけん》だけ建《た》っている家《いえ》。例 野中《のなか》の一軒家。❷（集合住宅《しゅうごうじゅうたく》などでなく）独立《どくりつ》して建《た》っている家《いえ》。

**いっこう**【一向】副(-に) 少《すこ》しも。全然《ぜんぜん》。例



世界の国 ガーナ アフリカ西部《せいぶ》、ギニア湾沿《わんぞ》いの国《くに》。南北《なんぼく》に細長《ほそなが》く、本州《ほんしゅう》と同《おな》じくらいの大《おお》きさ。カカオの生産《せいさん》が有《ゆう》

いっこうに気《き》にしない。［参考］ふつう、かな書《が》きにする。［注意］あとに「ない」などの打《う》ち消《け》しの言葉《ことば》がくる。

**いっこう【一行】**［名］連《つ》れだって行《い》く仲間《なかま》。［例］見学《けんがく》の一行に加《くわ》わる。［注意］「一行」を「いちぎょう」と読《よ》むと、ちがう意味《いみ》になる。

**いっこう【一考】**［名］［動-する］（どうするか）考《かんが》えてみること。［例］一考を要《よう》する。

**いっこういっき【一向一揆】**［名］戦国時代《せんごくじだい》に起《お》こった一揆《いっき》。仏教《ぶっきょう》の一向宗《いっこうしゅう》のお坊《ぼう》さんたちを中心《ちゅうしん》に農民《のうみん》が加《くわ》わり、大名《だいみょう》などの支配者《しはいしゃ》に立《た》ち向《む》かった。

**いっこく【一刻】**［名］❶わずかな時間《じかん》。一時《いっとき》。［例］一刻も早《はや》く会《あ》いたい。❷昔《むかし》の時間《じかん》で、約《やく》三〇分《ぶん》。

**一刻《いっこく》を争《あらそ》う** 少《すこ》しの時間《じかん》もむだにできない。［例］出血多量《しゅっけつたりょう》で、一刻を争う状態《じょうたい》だ。

**いっこく【一国・一刻】**［形動］自分《じぶん》の考《かんが》えを変《か》えようとしない、がんこなようす。［例］うちの父《ちち》は一刻者《もの》で困《こま》る。

**いっこだて【一戸建て】**［名］一軒一軒《いっけんいっけん》独立《どくりつ》して建《た》てた家《いえ》。また、そのような建《た》て方《かた》。

**いっさ【一茶】**［人名］↓こばやしいっさ 479ページ

**°いっさい【一切】**［一］［名］すべて。全部《ぜんぶ》。［例］一切を任《まか》せる。［二］［副］まったく。全然《ぜんぜん》。［例］私《わたし》はいっさい知《し》りません。［参考］ふつう［二］は、かな書《が》きにする。［注意］［二］は、あとに「ない」などの打《う》ち消《け》しの言葉《ことば》がくる。

**いつざい【逸材】**［名］とびぬけてすぐれた才能《さいのう》をもった人《ひと》。［例］彼《かれ》はまれに見《み》る逸材だ。

**■いっさいがっさい【一切合切・一切合財】**［名］［副］何《なに》もかもすべて。全部《ぜんぶ》。［例］火事《かじ》で、一切合切焼《や》けてしまった。

**いっさくじつ【一昨日】**［名］昨日《きのう》の前《まえ》の日《ひ》。おととい。［関連］↓きょう（今日）333ページ

**いっさくねん【一昨年】**［名］昨年《さくねん》の前《まえ》の年《とし》。おととし。［関連］↓きょう（今日）333ページ

**いっさんかたんそ【一酸化炭素】**［名］炭《すみ》などの炭素《たんそ》が、十分《じゅうぶん》燃《も》えないときに出《で》る気体《きたい》。色《いろ》もにおいもなく、有毒《ゆうどく》。記号《きごう》は「CO《シーオー》」。

**いっさんに【一散に】**［副］わき目《め》もふらず。一目散《いちもくさん》に。［例］一散にかけ出《だ》す。

**いっし【一糸】**［名］ひとすじの糸《いと》。

**一糸《いっし》まとわず** 何《なに》も着《き》ないで。はだかで。［例］風呂場《ふろば》から一糸まとわず現《あらわ》れた。

**一糸《いっし》乱《みだ》れず** 乱《みだ》れたところがなく、きちんとそろって。［例］一糸乱れず行進《こうしん》する。

**いつしか**［副］いつの間《ま》にか。知《し》らないうちに。［例］いつしか夜《よ》もふけていた。

**いっしき【一式】**［名］ひとそろい。そろったもの全部《ぜんぶ》。［例］工作《こうさく》の道具《どうぐ》一式。

**いっしゅ【一首】**［名］短歌《たんか》の数《かぞ》え方《かた》で、一《ひと》つの短歌《たんか》。［例］百人《ひゃくにん》一首。

**いっしゅ【一種】**［一］［名］❶その種類《しゅるい》の中《なか》の一《ひと》つ。［例］クジラは哺乳類《ほにゅうるい》の一種だ。❷同《おな》じ種類《しゅるい》。ある種類《しゅるい》。［例］かげ口《ぐち》も一種のいやがらせだ。［例］一種独特《どくとく》の絵《え》。［二］［副］どことなく、ちがうようす。

**いっしゅう【一周】**［名］［動-する］ひと回《まわ》り。［例］運動場《うんどうじょう》を一周する。

**いっしゅう【一蹴】**［名］［動-する］❶相手《あいて》を簡単《かんたん》にうち負《ま》かすこと。［例］第一戦《だいいっせん》は五対〇《ごたいれい》で一蹴した。❷（要求《ようきゅう》などを）まったく受《う》け入《い》れないこと。［例］仲間《なかま》の意見《いけん》を一蹴する。

**いっしゅうき【一周忌】**［名］死後《しご》、一年《いちねん》たって行《おこな》う法事《ほうじ》。

**いっしゅん【一瞬】**［名］ほんのちょっとの間《あいだ》。［例］ほんの一瞬の出来事《できごと》。

**°いっしょ【一緒】**［名］❶ひとまとめにすること。［例］玉《たま》ねぎと肉《にく》をいっしょにいためる。❷集《あつ》まって、ひとまとまりになること。［例］みんなでいっしょに遊《あそ》ぶ。❸〔「ごいっしょする」の形《かたち》で〕相手《あいて》とともに行《い》く。

**°いっしょう【一生】**［名］生《う》まれてから死《し》ぬまで。一生涯《いっしょうがい》。［例］虫《むし》の一生。

**一生《いっしょう》をささげる** 死《し》ぬまで、あることのためにつくす。［例］歴史研究《れきしけんきゅう》に一生をささげる。

**いっしょう【一笑】**［名］［動-する］ちょっと笑《わら》う。にっこりする。

**一笑《いっしょう》に付《ふ》す** 笑《わら》って済《す》ませる。問題《もんだい》にしない。［例］多《おお》くの批判《ひはん》を一笑に付して、平気《へいき》でいる。

**いっしょうがい【一生涯】**［名］生《う》まれてから死《し》ぬまでの間《あいだ》。一生《いっしょう》。生涯《しょうがい》。

口約《こうやく》56万人《まんにん》。略称《りゃくしょう》CPV。



あいうえお かきくけこ さしすせそ たちつてと なにぬねの はひふへほ まみむめも やゆよ らりるれろ わをん

**いっしょうけんめい【一生懸命】** 形動 副 ありったけの力《ちから》を出《だ》して熱心《ねっしん》にするようす。例 一生懸命に練《れん》習《しゅう》する。参考「一所《いっしょ》懸《けん》命《めい》」から変《へん》化《か》した言葉《ことば》。

**いっしょく【一色】** 名 ❶一《ひと》つの色《いろ》。❷全体《ぜんたい》が同《おな》じ種類《しゅるい》や傾向《けいこう》であること。例 テレビはこのところ選挙《せんきょ》一色だ。

**いっしょくそくはつ【一触即発】** 名 ちょっと触《さわ》っただけでも爆発《ばくはつ》しそうなほど、非常《ひじょう》に危険《きけん》な状態《じょうたい》にあるようす。

**いっしょけんめい【一所懸命】** 形動 副 ❶武士《ぶし》が領《りょう》地《ち》を命《いのち》のように大切《たいせつ》にするようす。❷↓いっしょうけんめい 77ページ

**いっしをむくいる【一矢を報いる】** 仕返《しかえ》しをする。反撃《はんげき》する。例 強敵《きょうてき》にやっと一矢を報いた。

**いっしん【一心】** 名 ❶二人《ふたり》以上《いじょう》の人《ひと》の考《かんが》えが一《ひと》つになること。❷一《ひと》つのことだけに心《こころ》を向《む》けること。例 遊《あそ》びたい一心で宿題《しゅくだい》をする。

**いっしん【一身】** 名 自分《じぶん》一人《ひとり》。自分《じぶん》の体《からだ》。例 注目《ちゅうもく》を一身に集《あつ》める。

**一身《いっしん》をささげる** あることのために、自分《じぶん》の力《ちから》を出《だ》しつくして働《はたら》く。例 幼児《ようじ》教育《きょういく》に一身をささげる。

**いっしん【一新】** 名 動する すっかり新《あたら》しくすること。また、新《あたら》しくなること。例 気《き》持《も》ちを一新してやり直《なお》す。

**いっしんいったい【一進一退】** 名 動する ❶進《すす》んだり、あともどりしたりすること。例 一進一退の攻防《こうぼう》。❷よくなったり、悪《わる》くなったりすること。例 病状《びょうじょう》が一進一退する。

**いっしんじょう【一身上】** 名 自分《じぶん》の身《み》の上《うえ》に関係《かんけい》すること。例 一身上の都合《つごう》。

**いっしんどうたい【一心同体】** 名 二人《ふたり》以上《いじょう》の人《ひと》の考《かんが》えや行《おこな》いが、まるで一人《ひとり》の人《ひと》のように同《おな》じになること。

**いっしんに【一心に】** 副 一《ひと》つのことに心《こころ》を集中《しゅうちゅう》させるようす。例 一心に勉強《べんきょう》する。

**いっしんふらん【一心不乱】** 名 わき目《め》もふらず、一《ひと》つのことにはげむこと。例 一心不乱に勉強《べんきょう》する。

**いっすい【一睡】** 名 動する ちょっとねむること。ひとねむり。例 朝《あさ》まで一睡もできなかった。

**いっする【逸する】** 動 ❶とらえそこなう。のがす。例 チャンスを逸する。❷外《はず》れる。例 礼儀《れいぎ》を逸する。

**いっすん【一寸】** 名 ❶↓すん【寸】❶ 696ページ。❷とても短《みじか》いこと。とても小《ちい》さいこと。

**一寸《いっすん》先《さき》は闇《やみ》** これからどうなるかは、ちょっと先《さき》のことでもまったくわからない。

**一寸《いっすん》の光陰《こういん》軽《かろ》んずべからず** (短《みじか》い人生《じんせい》だから)わずかな時間《じかん》でも、むだにしてはならない。

**一寸《いっすん》の虫《むし》にも五分《ごぶ》の魂《たましい》** どんなに小《ちい》さくて弱《よわ》いものにも、それなりの意地《いじ》がある。

**いっせい【一世】** 名 ❶人《ひと》の一生《いっしょう》。❷その時代《じだい》。例 一世の名人《めいじん》。❸同《おな》じ名前《なまえ》の第一代《だいいちだい》の王《おう》や法王《ほうおう》。例 ナポレオン一世。❹移民《いみん》した最初《さいしょ》の代《だい》の人《ひと》。

**一世《いっせい》を風靡《ふうび》する** 広《ひろ》く知《し》れわたって、流行《りゅうこう》する。例 一世を風靡したスポーツカー。

**○いっせい【一斉】** 一 名 たくさんのものが、そろうようす。同時《どうじ》。例 一斉取《と》りしまり。二 副に 同時《どうじ》に。例 いっせいに叫《さけ》ぶ。

**いっせいちだい【一世一代】** 名 一生《いっしょう》に一度《いちど》。例 一世一代の大仕事《おおしごと》をする。

**いっせきにちょう【一石二鳥】** 名 （一《ひと》つの石《いし》を投《な》げて二羽《にわ》の鳥《とり》を落《お》とすということから）ある一《ひと》つのことをして、同時《どうじ》に二《ふた》つの効果《こうか》を上《あ》げること。例 早寝《はやね》早起《はやお》きをはじめたら、体調《たいちょう》もいいし、時間《じかん》の余裕《よゆう》もできて一石二鳥だ。類 一挙両得《いっきょりょうとく》。

**いっせきをとうじる【一石を投じる】** 意見《いけん》や問題《もんだい》を投《な》げかける。例 古代史《こだいし》の研究《けんきゅう》に一石を投じるような発見《はっけん》。

**いっせつ【一節】** 名 音楽《おんがく》や文章《ぶんしょう》の、ひと区《く》切《ぎ》り。例 校歌《こうか》の一節を口《くち》ずさむ。

**いっせつ【一説】** 名 ある意見《いけん》。例 一説によれば、この大石《おおいし》は昔《むかし》の墓《はか》らしい。

**いっせん【一線】** 名 ❶一本《いっぽん》の線《せん》。例 一線に並《なら》ぶ。❷はっきりした区《く》切《ぎ》り。例 一線を越《こ》





世界の国 カーボベルデ アフリカの西方《せいほう》、大西洋上《たいせいようじょう》の島々《しまじま》からなる国《くに》。農業《のうぎょう》と漁業《ぎょぎょう》が産業《さんぎょう》の中心《ちゅうしん》。首都《しゅと》プライア。人《じん》

える。❸力《ちから》を出《だ》して働《はたら》く場《ば》所《しょ》。第《だい》一線《いっせん》。例社《しゃ》会《かい》の一線で活《かつ》躍《やく》する。

**一線《いっせん》を画《かく》する** はっきり区《く》別《べつ》する。例これまでとは一線を画するできばえ。

○**いっそ** 副 (このままでいるよりも)むしろ。かえって。例そんなにいやなら、いっそやめてしまいなさい。

**いっそう【一掃】** 名動‐する すっかり、なくすこと。例不《ふ》安《あん》を一掃する。

○**いっそう【一層】** 副 この上《うえ》。もっと。例なおいっそう努《ど》力《りょく》してほしい。

**いっそくとび【一足飛び】** 名 順《じゅん》序《じょ》をふまないで、飛《と》びこえていくこと。例一足飛びに冬《ふゆ》になる。

**いつぞや** 副 いつだったか。先《さき》ごろ。例いつぞやはお世《せ》話《わ》になりました。

○**いったい【一体】** ㊀名 ❶一《ひと》つにまとまること。また、一《ひと》つのまとまり。例みんなが一体となって運《うん》動《どう》会《かい》を盛《も》り上《あ》げた。❷仏《ぶつ》像《ぞう》などを数《かぞ》える言《こと》葉《ば》。例一体の仏《ぶつ》像《ぞう》。㊁副 ❶疑《ぎ》問《もん》の気《き》持《も》ちを表《あらわ》す言《こと》葉《ば》。ほんとうに。例いったいどうしたんだ。❷〔「いったいに」の形《かたち》で〕全《ぜん》体《たい》として。一《いっ》般《ぱん》に。例いったいに子《こ》どもはケーキが好《す》きだ。参考ふつう㊁は、かな書《が》きにする。

**いったい【一帯】** 名 この辺《あた》り全《ぜん》体《たい》。一《いち》面《めん》。例ここら一帯はお茶《ちゃ》の産《さん》地《ち》だ。

**いったいぜんたい【一体全体】** 副 強《つよ》い疑《ぎ》問《もん》の気《き》持《も》ちを表《あらわ》す言《こと》葉《ば》。ほんとうに。例一体全体どうしたんだ。

**いつだつ【逸脱】** 名動‐する 本《ほん》筋《すじ》からはずれること。例ルールを逸脱した行《おこな》い。

**いったん【一旦】** 副 一《いち》度《ど》。ひとたび。例一旦停《てい》止《し》。一旦うちに帰《かえ》る。

**いったん【一端】** 名 ❶一《いっ》方《ぽう》のはし。かたはし。例ひもの一端。❷ものごとの一《いち》部《ぶ》分《ぶん》。例考《かんが》えの一端を述《の》べる。

○**いっち【一致】** 名動‐する ぴったり合《あ》うこと。例意《い》見《けん》が一致した。類合《がっ》致《ち》。

**いっちゅうや【一昼夜】** 名 まる一《いち》日《にち》。

■**いっちょういっせき【一朝一夕】** 名 わずかの月《つき》日《ひ》。例外《がい》国《こく》語《ご》は一朝一夕では身《み》につかない。

■**いっちょういったん【一長一短】** 名 いいところもあり、悪《わる》いところもあること。例人《ひと》は、それぞれに一長一短がある。

**いっちょうら【一張羅】** 名 たった一《いち》枚《まい》の、よそ行《い》きの衣《い》服《ふく》。また、たった一《いち》枚《まい》しかない衣《い》服《ふく》。例一張羅を着《き》て出《で》かける。

**いっちょくせん【一直線】** 名 ❶まっすぐな一《いっ》本《ぽん》の線《せん》。❷まっすぐ。例一直線につき進《すす》む。

○**いつつ【五つ】** 名 ❶〔数《かず》を表《あらわ》す言《こと》葉《ば》。〕ご。❷五《ご》歳《さい》。⇩ご【五】421ページ

**いっつい【一対】** 名 二《ふた》つでひと組《く》みになるもの。対《つい》。例一対のひな人《にん》形《ぎょう》。

**いって【一手】** 名 ❶多《おお》くのことを、自《じ》分《ぶん》一《ひと》人《り》ですること。例仕《し》事《ごと》を一手に引《ひ》き受《う》ける。❷一《ひと》つの方《ほう》法《ほう》。例押《お》しの一手でがんばる。❸碁《ご》や将《しょう》棋《ぎ》で、石やこまを一《いっ》回《かい》打《う》ったり動《うご》かしたりすること。例一手先《さき》をよむ。

**いってい【一定】** 名動‐する 一《ひと》つに決《き》まっていること。例一定の長《なが》さに切《き》る。

**いってき【一滴】** 名 ひとしずく。例一滴の水《みず》もむだにしない。

**いってきます【行って来ます】** 感 出《で》かけるときに言《い》うあいさつの言《こと》葉《ば》。参考ていねいに言《い》うときは「行《い》ってまいります」。

**いってつ【一徹】** 名形動 自《じ》分《ぶん》の考《かん》えを最《さい》後《ご》まで押《お》し通《とお》そうとすること。頑《がん》固《こ》。例父《ちち》は一徹なところがある。

**いってらっしゃい【行ってらっしゃい】** 感 出《で》かけていく人《ひと》にかけるあいさつの言《こと》葉《ば》。参考ていねいに言《い》うときは「行《い》ってらっしゃいませ」。

**いってん【一天】** 名 大《おお》空《ぞら》。例一天にわかにかき曇《くも》る〔=急《きゅう》に空《そら》全《ぜん》体《たい》が曇《くも》ってくる〕。

**いってん【一点】** 名 ❶一《ひと》つの点《てん》。例一点に集《あつ》まる。❷ごくわずか。例一点の疑《うたが》いもない。❸得《とく》点《てん》の一《ひと》つ。例一点差《さ》で勝《か》つ。❹品《しな》物《もの》などの一《ひと》つ。例入《にゅう》選《せん》作《さく》は一点だけだ。

**いってん【一転】** 名動‐する ❶ひと転《ころ》がり。❷ようすがすっかり変《か》わること。例態《たい》度《ど》が一転する。類一《いっ》変《ぺん》。

**いってんばり【一点張り】** 名 一《ひと》つのことをおし通《とお》すこと。例「知《し》らない」の一点張りではこまる。

産《さん》している。ボーキサイトも豊《ほう》富《ふ》に産《さん》出《しゅつ》する。首《しゅ》都《と》ジョージタウン。人《じん》口《こう》約《やく》79万《まん》人《にん》。略《りゃく》称《しょう》GUY。

**いっとう**【一等】名 (順《じゅん》位《い》の)いちばん上《うえ》。例 かけっこで一等になる。

**いっとうしょう**【一等賞】名 一等《いっとう》になること。一等《いっとう》になったほうび。

**いっとうせい**【一等星】名 恒星《こうせい》を、目《め》で見《み》える明《あか》るさにより六等級《ろくとうきゅう》に分《わ》けた中《なか》で、もっとも明《あか》るく見《み》える星《ほし》。

■**いっとうりょうだん**【一刀両断】名 動-する ものごとを思《おも》い切《き》って始末《しまつ》すること。例 難題《なんだい》を一刀両断に解決《かいけつ》する。

**いっとき**【一時】名 ❶わずかな時間《じかん》。ひととき。片時《かたとき》。例 一時も忘《わす》れたことがない。❷ある一時期《いちじき》。例 一時、行方《ゆくえ》不明《ふめい》だった。❸昔《むかし》の時間《じかん》の分《わ》け方《かた》で、今《いま》の二時間《にじかん》のこと。

**いつとはなしに** いつの間《ま》にか。例 傷《きず》あとも、いつとはなしに消《き》えてしまった。

**いつになく** いつもとちがって。例 あの子《こ》はいつになく元気《げんき》がない。

**いつのまに**【いつの間に】 気《き》づかずにいたが、いつ。例 いつの間に作《つく》ったのか。

○**いつのまにか**【いつの間にか】 知《し》らないうちに。例 雨《あめ》はいつの間にか上《あ》がっていた。

**いっぱ**【一派】名 ❶(学《がく》問《もん》や芸術《げいじゅつ》などで)同《おな》じ考《かんが》えをもっている人《ひと》たちの集《あつ》まり。❷仲間《なかま》。グループ。例 いたずらは、あの一派のしわざだ。

○**いっぱい**【一杯】［一］名 一《ひと》つの入《い》れ物《もの》に入《はい》るだけの量《りょう》。例 コップ一杯の水《みず》。［二］副 形動 ❶あふれるほど多《おお》いようす。例 会場《かいじょう》は人《ひと》でいっぱいだ。❷ありったけ。ぎりぎり。例 力《ちから》いっぱいがんばる。参考 ふつう［二］は、かな書《が》きにする。

**一杯《いっぱい》食《く》わす** うまくだます。一杯《いっぱい》食《く》わせる。例 まんまと一杯食わす。

**いっぱく**【一泊】名 動-する 自分《じぶん》の家《いえ》でない所《ところ》に、ひと晩《ばん》泊《と》まること。例 高原《こうげん》のホテルで一泊する。

○**いっぱん**【一般】名 ❶ありふれていること。ふつう。例 一般の人《ひと》。対 特殊《とくしゅ》。❷全体《ぜんたい》に行《い》きわたっていること。例 世間《せけん》一般に知《し》れわたる。

**いっぱんか**【一般化】名 動-する ❶全体《ぜんたい》に当《あ》てはめること。例 問題《もんだい》を一般化して考《かんが》える。❷広《ひろ》く行《い》きわたること。例 スマホが一般化した。

**いっぱんてき**【一般的】形動 ❶広《ひろ》く行《い》きわたっているようす。例 一般的な考《かんが》え方《かた》。❷ものごとを全体《ぜんたい》としてまとめて言《い》うようす。例 本《ほん》は一般的に安《やす》い。

**いっぱんろん**【一般論】名 全体《ぜんたい》に通《つう》じることがらを、まとめて取《と》りあげる議論《ぎろん》。例 一般論として意見《いけん》を述《の》べる。

**いっぴつ**【一筆】名 ❶ひと筆《ふで》で書《か》くこと。❷簡単《かんたん》な文章《ぶんしょう》や手紙《てがみ》。例 一筆したためる(＝手紙《てがみ》を書《か》く)。

**いっぴん**【逸品】名 すぐれた物《もの》。

**いっぷうかわった**【一風変わった】 ふつうとは、ちょっとちがった。例 一風変わった身《み》なり。

**いっぷく**【一服】名 動-する ❶お茶《ちゃ》・薬《くすり》などの一回分《いっかいぶん》。また、それを飲《の》むこと。❷ひと休《やす》み。例 ここらで一服しよう。

**いっぺん**【一片】名 ❶一枚《いちまい》。ひとひら。例 一片の花《はな》びら。❷ひときれ。例 一片の肉《にく》。❸ほんの少《すこ》し。わずか。例 一片の愛情《あいじょう》もない。

**いっぺん**【一変】名 動-する すっかり変《か》わること。例 ようすが一変した。類 一転《いってん》。

**いっぺん**【一遍】［一］名 一度《いちど》。一回《いっかい》。例 もういっぺんやってみる。［二］副-に いちどきに。例 いっぺんに食《た》べてしまう。

**いっぺん**【一編】名 詩《し》や小説《しょうせつ》などを数《かぞ》えるときの言葉《ことば》。例 一編の小説《しょうせつ》。

**いっぺんとう**【一辺倒】名 一《ひと》つのほうにだけ、かたよること。例 スポーツ一辺倒。

**いっぽ**【一歩】名 ❶足《あし》を一回《いっかい》ふみ出《だ》すこと。一足《ひとあし》。❷ほんの少《すこ》し。例 一歩も譲《ゆず》らない。

○**いっぽう**【一方】［一］名 ❶一《ひと》つの方角《ほうがく》。一《ひと》つの方面《ほうめん》。例 空《そら》の一方から雲《くも》がわく。❷片方《かたほう》。例 一方は山《やま》、一方は谷《たに》だ。❸それだけであること。例 値段《ねだん》は上《あ》がる一方だ。［二］接 他《ほか》の面《めん》では。例 賛成《さんせい》が多《おお》い。一方、反対《はんたい》もある。

**いっぽう**【一報】名 動-する 簡単《かんたん》に知《し》らせること。また、その知《し》らせ。例 出張先《しゅっちょうさき》から一報が入《はい》った。

**いっぽうつうこう**【一方通行】名 ❶

世界の国 ガイアナ 南《みなみ》アメリカ北東部《ほくとうぶ》にある国《くに》。本州《ほんしゅう》よりややせまい。農業《のうぎょう》が中心《ちゅうしん》で、サトウキビなどを大規模《だいきぼ》に生車《くるま》や人《ひと》を一《ひと》つの方向《ほうこう》にだけ進《すす》ませること。❷相手《あいて》の意見《いけん》を聞《き》かないで、自分《じぶん》の考《かんが》えなどを伝《つた》えること。例 話《はな》し合《あ》いは一方通行に終《お》わった。

**いっぽうてき**【一方的】形動 ❶一方《いっぽう》にかたよっているようす。例 一方的な試合《しあい》。❷自分勝手《じぶんかって》であるようす。例 一方的な考《かんが》えは認《みと》めない。

**いっぽんぎ**【一本気】名 形動 思《おも》いこんだら、どこまでもつらぬこうとする性質《せいしつ》。例 一本気な人《ひと》。

**いっぽんしょうぶ**【一本勝負】名 一回《いっかい》だけで勝負《しょうぶ》が決《き》まる試合《しあい》。やり直《なお》しのきかない試合《しあい》。参考 もとは柔道《じゅうどう》や剣道《けんどう》の試合《しあい》から。

**いっぽんだち**【一本立ち】名 動-する 人《ひと》の助《たす》けをかりないで、自分《じぶん》の力《ちから》でやっていくこと。例 一本立ちして店《みせ》を開《ひら》いた。

■**いっぽんぢょうし**【一本調子】名 形動 始《はじ》めから終《お》わりまで、少《すこ》しも変化《へんか》がないこと。いっぽんちょうし。例 話《はなし》が一本調子でつまらない。

**いっぽんづり**【一本釣り°】名 動-する ❶網《あみ》でなく、釣《つ》り糸《いと》一本《いっぽん》で魚《さかな》を捕《と》ること。例 カツオの一本釣り。❷とくべつに目《め》をつけた人《ひと》を引《ひ》き抜《ぬ》くこと。例 一本釣りで、いきなり一軍《いちぐん》に加《くわ》わった。

**いっぽんとる**【一本取る】一回勝《いっかいか》つ。例 大接戦《だいせっせん》のすえ、やっと一本取った。

**いっぽんやり**【一本槍】名 一《ひと》つの方法《ほうほう》だけで押《お》し通《とお》すこと。例 まる暗記《あんき》一本槍では、実力《じつりょく》はつかない。

°**いつも** ━副 どんなときでも。常《つね》に。例 いつもにこにこしている。━名 ふつうの場合《ばあい》。ふだん。例 いつもとちがう。

**いつわ**【逸話°】名 世《よ》の中《なか》にあまり知《し》られていない、おもしろい話《はなし》。エピソード。

**いつわり**【偽り°】名 ほんとうでないこと。うそ。例 父《ちち》の話《はなし》に偽りはない。対 ほんとう。まこと。

**いつわる**【偽る°】動 うそを言《い》う。だます。例 病気《びょうき》だと偽って休《やす》む。↓ぎ【偽】296ページ

**イデオロギー**〔ドイツ語〕名 政治《せいじ》や社会《しゃかい》に対《たい》する、その人《ひと》の基本的《きほんてき》な考《かんが》え方《かた》。

**いてざ**【射手座】名 夏《なつ》、南《みなみ》の空《そら》に見《み》える星《せい》座《ざ》。上半身《じょうはんしん》は弓《ゆみ》を射《い》る人《ひと》の姿《すがた》、下半身《かはんしん》はけものの形《かたち》に見立《みた》てている。

**いでたち** 名 何《なに》かをしようとするときの身《み》なり。例 お祭《まつ》りのいでたちが似合《にあ》う。

**いてつく**【▲凍て付く】動 こおりつく。例 凍てついた道《みち》はすべりやすい。

**いてもたってもいられない**【居ても立ってもいられない】気《き》になって、じっとしていられない。

**いでゆ**【△出で湯】名 温泉《おんせん》。例 出で湯の里《さと》。

**いてん**【移転】名 動-する 場所《ばしょ》を変《か》えること。引《ひ》っこすこと。例 店《みせ》を移転する。類 転居《てんきょ》。

**いでん**【遺伝】名 動-する 親《おや》の特徴《とくちょう》や性質《せいしつ》が、子《こ》や、そのあとの子孫《しそん》に伝《つた》わること。

**いでんし**【遺伝子】名 染色体《せんしょくたい》の中《なか》にあって、遺伝《いでん》のはたらきをする物質《ぶっしつ》。↓せんしょくたい733ページ／ディーエヌエー873ページ

°**いと**【糸】名 ❶繭《まゆ》・綿《わた》・毛《け》などの繊維《せんい》を引《ひ》きのばして、よりをかけたもの。例 木綿《もめん》糸。毛《け》糸。❷細《ほそ》くて長《なが》いもの。例 クモの糸。❸琴《こと》や三味線《しゃみせん》などに、音《おと》を出《だ》すために張《は》るもの。弦《げん》。↓し【糸】536ページ

**糸《いと》を引《ひ》く** ❶細長《ほそなが》くのびる。例 なっとうが糸を引く。❷自分《じぶん》はおもてに出《で》ないで、かげで人《ひと》を動《うご》かす。例 うらで親分《おやぶん》が糸を引いて、子分《こぶん》に言《い》わせている。

**いと**【意図°】名 動-する （あることをしようとする）考《かんが》え。例 相手《あいて》の意図をさぐる。

**いど**【井戸】名 穴《あな》をほって、地下水《ちかすい》をつるべやポンプでくみ上《あ》げるようにしたもの。

**いど**【緯度°】名 地球《ちきゅう》上《じょう》のある地点《ちてん》を南北《なんぼく》の位置《いち》で表《あらわ》したもの。地球《ちきゅう》の赤道面《せきどうめん》からその地点《ちてん》までの角度《かくど》。赤道《せきどう》を〇度《れいど》、北極《ほっきょく》と南極《なんきょく》を九〇度《ど》とする。北《きた》を北緯《ほくい》、南《みなみ》を南緯《なんい》という。対 経度《けいど》。↓けいど（経度）394ページ

**いとう** 動 ❶いやだと思《おも》う。例 世《よ》をいとう。寒《さむ》さもいとわずに働《はたら》く。❷だいじにする。例 わが身《み》をいとう。

°**いどう**【移動】名 動-する 場所《ばしょ》を変《か》えること。例 机《つくえ》を左《ひだり》に移動する。

**いどう**【異同】名 ちがい。異《こと》なるところ。例 昨年《さくねん》との異同を調《しら》べる。

や天然《てんねん》ガスの採掘《さいくつ》も行《おこな》われている。首都《しゅと》アスタナ。人口約《じんこうやく》1,920万人《まんにん》。略称《りゃくしょう》KAZ。

**いどう【異動】** 名 動-する (会社《かいしゃ》や役所《やくしょ》で)地位《ちい》や仕事《しごと》が変《か》わること。例 人事異動《じんじいどう》がある。

**いどうせいこうきあつ【移動性高気圧】** 名 春《はる》や秋《あき》に西《にし》から移動《いどう》してくる高気圧《こうきあつ》。これにおおわれている間《あいだ》は、よい天気《てんき》が続《つづ》く。⬇こうきあつ 432ページ

**いとう ひろぶみ〖伊藤博文〗** 人名 (男)(一八四一〜一九〇九)明治時代《めいじじだい》の政治家《せいじか》。大日本帝国憲法《だいにっぽんていこくけんぽう》を作《つく》ることに力《ちから》をつくし、最初《さいしょ》の内閣総理大臣《ないかくそうりだいじん》となった。

〔いとうひろぶみ〕

**いとおしい** 形 かわいらしい。いとしい。

**例解⇔使い分け**

**移動《いどう》と異同《いどう》と異動《いどう》**

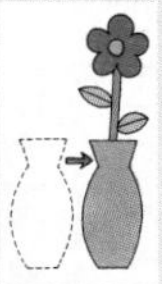
位置《いち》が移動《いどう》する。教室《きょうしつ》を移動《いどう》する。

二《ふた》つの異同《いどう》を調《しら》べる。昨年《さくねん》と異同《いどう》はない。

人事異動《じんじいどう》で課長《かちょう》になった。

例 いとおしいわが子《こ》。

**いとおしむ** 動 ❶かわいがる。例 わが子《こ》をいとおしむ。❷だいじにする。例 命《いのち》をいとおしむ。

**いときりば【糸切り歯】** 名 ⬇けんし(犬歯)413ページ

**いとぐち【糸口】** 名 ❶巻《ま》いてある糸《いと》のはし。❷ものごとの手《て》がかり。始《はじ》まり。例 問題《もんだい》を解《と》く糸口となった。

**いとぐるま【糸車】** 名 繭《まゆ》や綿《わた》から細《ほそ》い糸《いと》を取《と》り出《だ》し、より合《あ》わせるのに使《つか》う、手回《てまわ》しの車《くるま》。糸《いと》くり車《ぐるま》。

**いとけない** 形 幼《おさな》くてかわいい。例 いとけない幼児《ようじ》。類 あどけない。

**◦いとこ** 名 その人《ひと》の両親《りょうしん》のきょうだいの子《こ》ども。その人《ひと》からみて「おじさん」「おばさん」の子《こ》どものこと。⬇かぞく(家族)236ページ

**いどころ【居所】** 名 いる場所《ばしょ》。例 彼《かれ》の居所をつきとめる。

**いとしい** 形 かわいらしくてたまらない。好《す》きでたまらない。例 いとしいわが子《こ》。

**いとてき【意図的】** 形動 こうしようと決《き》めて、わざとするようす。例 意図的に食事《しょくじ》を減《へ》らす。

**いとでんわ【糸電話】** 名 紙《かみ》コップと紙《かみ》コップを糸《いと》でつなぎ、音《おと》の振動《しんどう》を伝《つた》えて話《はなし》をする子《こ》どもの遊《あそ》び道具《どうぐ》。

**いとなみ【営み】** 名 ものごとをすること。仕事《しごと》。例 日々《ひび》の営み〔=毎日《まいにち》の暮《く》らし〕。

**いとなむ【営む】** 動 ❶ものごとをする。何《なに》か仕事《しごと》をする。例 本屋《ほんや》を営む。❷行《おこな》う。例 団体生活《だんたいせいかつ》を営む。⬇えい【営】123ページ

**いとのこ【糸鋸】** 名 板《いた》を切《き》りぬいたり曲線《きょくせん》に切《き》ったりするための、細《ほそ》い刃《は》ののこぎり。

**いどばたかいぎ【井戸端会議】** 名 〔昔《むかし》、女《おんな》の人《ひと》たちが井戸《いど》のそばで洗濯《せんたく》などをしながら世間話《せけんばなし》をしたことから〕大勢《おおぜい》の人《ひと》が集《あつ》まっておしゃべりすること。

**✤いとへん** 名 漢字《かんじ》の部首《ぶしゅ》で、「へん」の一《ひと》つ。「紙《し》」「綿《めん》」「線《せん》」などの「糸」の部分《ぶぶん》。繊維《せんい》や、物《もの》のつながりに関係《かんけい》する字《じ》が多《おお》い。

**いとま** 名 ❶余裕《よゆう》。ひま。例 いそがしくて、休《やす》むいとまもない。❷休《やす》み。例 いとまをもらう。❸別《わか》れること。例 おいとまします。

**いとまき【糸巻き】** 名 糸《いと》を巻《ま》きつけておくもの。

**いとまごい【いとま乞い】** 名 動-する 別《わか》れの挨拶《あいさつ》をすること。

**◦いどむ【挑む】** 動 ❶戦《たたか》いや争《あらそ》いを仕《し》かける。例 相手《あいて》に勝負《しょうぶ》を挑む。❷やりとげようと、立《た》ち向《む》かう。例 難《むずか》しい問題《もんだい》に挑む。⬇ちょう【挑】837ページ

**いとめる【射止める】** 動 ❶弓《ゆみ》や、鉄砲《てっぽう》などをうって、相手《あいて》をたおす。例 一発《いっぱつ》で、クマを射止めた。❷ねらったものを手《て》に入《い》れる。例 大賞《たいしょう》を射止める。

**いとめをつけない【糸目を付けない】** ⬇金《かね》に糸目《いとめ》を付《つ》けない 253ページ




世界の国 カザフスタン 中央《ちゅうおう》アジアにある国《くに》。1991年《ねん》ソ連《れん》の解体《かいたい》で独立《どくりつ》した。小麦《こむぎ》や綿花《めんか》の栽培《さいばい》がさかんで、石油《せきゆ》

**いとも** 副 まったく。非常《ひじょう》に。例 いとも簡単《かんたん》にやってしまう。

**いとわしい** 形 そういう気《き》になれない。いやだ。例 メールするのもいとわしい。

**いとわない** いやがらない。例 雨風《あめかぜ》もいとわないで学校《がっこう》に通《かよ》う。

**いな【否】** 一 感 いや。いいえ。例 日本一《にっぽんいち》、否、世界一《せかいいち》だ。類 いや。二 名 そうでないこと。例 本人《ほんにん》か否か聞《き》いてみる。⬇ひ【否】1079ページ

○**いない【以内】** 名 ❶その数《かず》を含《ふく》んで、それよりも少《すく》ないこと。例 五人以内《ごにんいない》〔=五人《ごにん》から一人《ひとり》まで〕。対 以上《いじょう》。❷それより内側《うちがわ》。例 この線《せん》以内に入《はい》るな。

**いなおる【居直る】** 動 ❶すわり直《なお》す。❷急《きゅう》に態度《たいど》を変《か》えておどかす。例 問《と》いつめられて居直る。類 開《ひら》き直《なお》る。

○**いなか【〈田舎〉】** 名 ❶都会《とかい》から離《はな》れた所《ところ》。❷生《う》まれ育《そだ》った所《ところ》。ふるさと。故郷《こきょう》。例 田舎へ帰《かえ》る。参考「田舎《いなか》」は、特別《とくべつ》に認《みと》められた読《よ》み方《かた》。

**いながら【居ながら】** 副 〔「居《い》ながらにして」の形《かたち》で〕そこにいたままで。例 テレビは、居ながらにして海外《かいがい》のことがわかる。

**いなご** 名 バッタの仲間《なかま》で、夏《なつ》から秋《あき》にかけて田《た》んぼで見《み》られる昆虫《こんちゅう》。体《からだ》は緑色《みどりいろ》で、後《うし》ろ足《あし》が大《おお》きく、よく飛《と》ぶ。イネの葉《は》を食《た》べる害虫《がいちゅう》。⬇ばった766ページ

**いなさく【稲作】** 名 イネを作《つく》ること。また、イネの実《み》りぐあい。米作《べいさく》。例 今年《ことし》の稲作は上出来《じょうでき》だ。

**いなす** 動 ❶相手《あいて》の勢《いきお》いを軽《かる》く横《よこ》にそらす。例 するどい反論《はんろん》をうまくいなす。❷すもうで、うまく体《たい》をかわして相手《あいて》をよろめかせる。

**いなずま【稲妻】** 名 雷《かみなり》が鳴《な》るときに、空《そら》にひらめく光《ひかり》。空中《くうちゅう》の電気《でんき》が放電《ほうでん》するときの火花《ひばな》。いなびかり。

**いなだ【稲田】** 名 イネの植《う》えてある田《た》。

**いなたば【稲束】** 名 かり取《と》ったイネを、束《たば》にしてゆわえたもの。

**いなづま【稲妻】** 名 ⬇いなずま82ページ

**いななく** 動 馬《うま》が、声高《こえたか》く鳴《な》く。

**いなば〖因幡〗** 地名 昔《むかし》の国《くに》の名《な》の一《ひと》つ。今《いま》の鳥取県《とっとりけん》の東部《とうぶ》にあたる。

**いなばのしろうさぎ〖因幡の白うさぎ〗** 作品名 古事記《こじき》に出《で》てくる神話《しんわ》の一《ひと》つ。ワニ(サメのこと)をだまして皮《かわ》をはがれたウサギが、大国主命《おおくにぬしのみこと》に救《すく》われる。

**いなびかり【稲光】** 名 ⬇いなずま82ページ

**いなほ【稲穂】** 名 イネの実《み》のなる部分《ぶぶん》。

**いなむら【稲むら】** 名 かり取《と》ったイネを、積《つ》み重《かさ》ねたもの。

**いなめない【否めない】** 打《う》ち消《け》すことができない。例 それは否めない事実《じじつ》だ。

**いなや【否や】** 〔「…やいなや」の形《かたち》で〕❶…するとすぐに。例 声《こえ》を聞《き》くやいなやとび出《だ》した。❷…かどうか。例 果《は》たして成功《せいこう》するやいなや。参考 ふつう、かな書《が》きにする。

**いならぶ【居並ぶ】** 動 ずらりと席《せき》を並《なら》べてすわる。例 来賓《らいひん》が居並ぶ。

**いなり【〈稲荷〉】** 名 農業《のうぎょう》の神《かみ》。また、その神《かみ》をまつった神社《じんじゃ》。田《た》の神《かみ》の使《つか》いと考《かんが》えられたキツネと結《むす》びついて信仰《しんこう》を集《あつ》めた。

**いなわしろこ〖猪苗代湖〗** 地名 福島県《ふくしまけん》の中央《ちゅうおう》、磐梯山《ばんだいさん》のふもとにある湖《みずうみ》。

**いなわら【稲わら】** 名 かり取《と》ったイネの、もみを取《と》ったあとの茎《くき》。いねわら。

**イニシアチブ** 〔英語 initiative〕名 先《さき》に立《た》って全体《ぜんたい》を動《うご》かすこと。また、動《うご》かす力《ちから》。イニシアティブ。例 試合《しあい》のイニシアチブをとる。

**イニシアル** 〔英語 initial〕名 ⬇イニシャル82ページ

**いにしえ【古】** 名 過《す》ぎ去《さ》った昔《むかし》。〔古《ふる》い言《い》い方《かた》。〕例 いにしえの都《みやこ》。

**イニシャル** 〔英語 initial〕名 ローマ字《じ》などで、氏名《しめい》を書《か》くときの、最初《さいしょ》の大文字《おおもじ》。例《たと》えば、山田花子《やまだはなこ》〔=Yamada Hanako〕のイニシャルは「Y《ワイ》.H《エイチ》.」。イニシアル。頭文字《かしらもじ》。

**いにゅう【移入】** 名 動-する 国内《こくない》の他《ほか》の地方《ちほう》から産物《さんぶつ》を移《うつ》し入《い》れること。対 移出《いしゅつ》。

**いにん【委任】** 名 動-する 信用《しんよう》できる人《ひと》に任《まか》せて、代《か》わってやってもらうこと。例 委任状《じょう》〔=あることを自分《じぶん》に代《か》わって、その人《ひと》に任《まか》せるという書《か》きつけ〕。

○**いぬ【犬】** 名 ❶古《ふる》くから人《ひと》に飼《か》われている動《どう》

田《てん》の開発《かいはつ》も進《すす》められている。首都《しゅと》ドーハ。人口約《じんこうやく》280万人《まんにん》。略称《りゃくしょう》QAT。

物《ぶつ》。よくにおいをかぎ分《わ》け、りこうで、人《ひと》になれやすい。番犬《ばんけん》・猟犬《りょうけん》などとして使《つか》われ、またペットにもされる。❷スパイ。回《まわ》し者《もの》。
⇩けん【犬】406ページ

〔いぬ❶〕

**犬《いぬ》が西向《にしむ》きゃ尾《お》は東《ひがし》** 「当《あ》たり前《まえ》だ」ということを、すこしふざけて言《い》った言葉《ことば》。

**犬《いぬ》の遠吠《とおぼ》え** 弱《よわ》い者《もの》が、かげで強《つよ》がりを言《い》ったり、悪口《わるくち》を言《い》ったりすること。参考 弱《よわ》い犬《いぬ》が人《ひと》から離《はな》れて吠《ほ》えかかることから。

**犬《いぬ》も歩《ある》けば棒《ぼう》に当《あ》たる** ❶ものごとをしようとするものは、災難《さいなん》にあうことも多《おお》い。❷出歩《である》いていて思《おも》わぬ幸運《こううん》にあう。

**いぬ【戌】** 名 十二支《じゅうにし》の一一番《ばん》め。⇩じゅうにし 601ページ

**イヌイット** 名 世界《せかい》でもっとも北《きた》の寒《さむ》い地《ち》方《ほう》に住《す》む民族《みんぞく》。カナダのエスキモーのこと。

**いぬかき【犬かき】** 名 犬《いぬ》が泳《およ》ぐように、顔《かお》を水《みず》から出《だ》し、手《て》で水《みず》をかいて進《すす》む泳《およ》ぎ方《かた》。

**いぬじに【犬死に】** 名 動-する 何《なん》の役《やく》にも立《た》たない死《し》に方《かた》。むだ死《じ》に。

**いぬぼうさき〖犬吠埼〗** 地名 千葉県《ちばけん》の東《ひがし》のはしの太平洋《たいへいよう》につき出《で》たみさき。

**いぬわし【犬鷲】** 名 本州《ほんしゅう》の山《やま》にすむワシの一種《いっしゅ》。しだいに数《かず》が少《すく》なくなって、絶滅《ぜつめつ》が心配《しんぱい》されている。⇩わし（鷲）1424ページ

**°いね【稲】** 名 実《み》を米《こめ》として食《た》べる作物《さくもつ》。田《た》に植《う》える水稲《すいとう》と、畑《はたけ》に作《つく》る陸稲《りくとう》がある。秋《あき》に茎《くき》の先《さき》に稲穂《いなほ》が実《みの》る。⇩とう【稲】905ページ

**いねかり【稲刈り】** 名 動-する 実《みの》ったイネを刈《か》り取《と》ること。

**いねこき【稲こき】** 名 動-する イネの穂《ほ》から、もみを取《と》りはなすこと。類 脱穀《だっこく》。

**いねむり【居眠り】** 名 動-する すわったり、腰《こし》かけたりしたままで眠《ねむ》ること。例 暖《あたた》かくてつい居眠りした。

**いのいちばん【いの一番】** 名 〔「い」は、いろは順《じゅん》のいちばん初《はじ》めであることから〕いちばん先《さき》。例 父《ちち》がいの一番に飛《と》び出《だ》した。類 真《ま》っ先《さき》。

**いのう ただたか〖伊能忠敬〗** 人名（男）（一七四五〜一八一八）江戸《えど》時代《じだい》の地理学者《ちりがくしゃ》。一七年間《ねんかん》にわたって日本全国《にっぽんぜんこく》を歩《ある》き、日本《にっぽん》で最初《さいしょ》の、測量《そくりょう》による地図《ちず》を作《つく》った。

**いのこり【居残り】** 名 動-する 居残《いのこ》ること。例 今日《きょう》は当番《とうばん》で居残りだ。

**いのこる【居残る】** 動 みんなが帰《かえ》っても残《のこ》っている。決《き》まった時間《じかん》のあとまで残《のこ》る。例 教室《きょうしつ》に居残る。

**いのしし【猪】** 名 野山《のやま》にすみ、鋭《するど》いきばを持《も》つけもの。ブタの祖先《そせん》といわれるが、性質《せいしつ》は荒《あら》く、一直線《いっちょくせん》に走《はし》るのが速《はや》い。体《からだ》は黒茶色《くろちゃいろ》のあらい毛《け》におおわれている。

〔いのしし〕

**°いのち【命】** 名 ❶生《い》き物《もの》が生《い》きているもとになる力《ちから》。生命《せいめい》。❷生《い》きている間《あいだ》。例 人《ひと》の命は長《なが》いようで短《みじか》い。❸いちばん大切《たいせつ》なもの。例 ピアニストは指《ゆび》が命だ。⇩めい【命】1285ページ

**命《いのち》あっての物種《ものだね》** 命《いのち》があってこそ、いろんなことができる。何《なに》よりも命《いのち》が大切《たいせつ》だ。

**命《いのち》の恩人《おんじん》** 死《し》ぬかもしれないところを、助《たす》けてくれた人《ひと》。

**命《いのち》の綱《つな》** 生《い》きていく上《うえ》で、もっともたよりとなるもの。

**命《いのち》を落《お》とす** 命《いのち》をなくす。死《し》ぬ。

**命《いのち》を懸《か》ける** （あることを）命《いのち》がけでする。

**命《いのち》を削《けず》る** 命《いのち》を短《みじか》くするほどの努力《どりょく》や苦心《くしん》をする。

**命《いのち》をささげる** 死《し》ぬことをおそれず、真心《まごころ》や愛情《あいじょう》を注《そそ》ぐ。

**命《いのち》をつなぐ** 生《い》き長《なが》らえる。生《い》きのびる。

**いのちがけ【命懸け】** 名 死《し》んでもかまわ



世界の国 カタール アラビア半島《はんとう》にある、ペルシャ湾《わん》に面《めん》した国《くに》。秋田県《あきたけん》よりややせまい。石油《せきゆ》を産出《さんしゅつ》し、天然《てんねん》ガス

ないという心構《こころがま》えですること。

**いのちからがら【命からがら】**[副] やっとのことで。[例]命からがらにげ出《だ》す。

**いのちごい【命乞い】**[名][動-する] 命《いのち》を助《たす》けてくれるようにたのむこと。

**いのちしらず【命知らず】**[名][形動] 命《いのち》をなくすこともおそれないで何《なに》かをすること。また、その人《ひと》。

**いのちづな【命綱】**[名] 高《たか》い危険《きけん》な所《ところ》や、海《うみ》の中《なか》で仕事《しごと》をするときに、用心《ようじん》のために体《からだ》をゆわえておく綱《つな》。

**いのちとり【命取り】**[名] 命《いのち》や、地位《ちい》などを、なくすもとになることがら。[例]この失《しっ》敗《ぱい》が命取りになった。

**いのちびろい【命拾い】**[名][動-する] 死《し》にそうになったが、運《うん》よく助《たす》かること。[例]手術《しゅじゅつ》がうまくいき、命拾いをした。

**いのり【祈り】**[名] 神《かみ》や仏《ほとけ》に、お願《ねが》いすること。[例]祈りをささげる。

**いのる【祈る】**[動] ❶神《かみ》や仏《ほとけ》にお願《ねが》いする。❷心《こころ》から強《つよ》く願《ねが》う。[例]友達《ともだち》の成功《せいこう》を祈る。
⇩き【祈】 295ページ

**いはい【位牌】**[名] 死《し》んだ人《ひと》の戒名《かいみょう》を書《か》き、仏壇《ぶつだん》にまつる、木《き》の札《ふだ》。

**いばしょ【居場所】**[名] いるところ。いどころ。[例]電話《でんわ》で居場所を知《し》らせる。

**いばら【茨】** [画数]9 [部首]艹（くさかんむり） 4年
[音]―― [訓]いばら

筆順 茨

とげのある小《ちい》さい木《き》。[参考]「茨城県《いばらきけん》」などにも使《つか》う。

**いばら【茨】**[名] 野《の》バラなど、とげのある小《ちい》さい木《き》。

**茨《いばら》の道《みち》** 〔いばらのある道《みち》が歩《ある》きにくいように〕苦《くる》しみや困難《こんなん》が多《おお》いこと。

**いばらきけん**〔茨城県〕[地名] 関東地方《かんとうちほう》の北東部《ほくとうぶ》、太平洋《たいへいよう》に面《めん》する県《けん》。県庁《けんちょう》は水戸市《みとし》にある。

**いはら さいかく**〔井原西鶴〕[人名]（男）（一六四二～一六九三）江戸時代前期《えどじだいぜんき》の物語《ものがたり》の作者《さくしゃ》。俳句《はいく》も作《つく》った。「日本永代蔵《にっぽんえいたいぐら》」「世間《せけん》胸算用《むねさんよう》」などを書《か》いた。

**いばりちらす【威張り散らす】**[動] やたらにいばる。

**いばる【威張る】**[動] 強《つよ》いところや立派《りっぱ》なところを見《み》せつけて、えらそうにする。

**いはん【違反】**[名][動-する] 決《き》まりを破《やぶ》ること。[例]交通規則《こうつうきそく》に違反する。

**いびき**[名] ねむっているときに、息《いき》といっしょに鼻《はな》やのどから出《で》る音《おと》。

**いびつ**[名][形動] ゆがんだ形《かたち》になっているようす。[例]箱《はこ》がいびつになる。

**いひょう【意表】**[名] 思《おも》いもつかないこと。意外《いがい》なこと。

**意表《いひょう》をつく** 相手《あいて》が思《おも》ってもいないやり方《かた》をする。[例]敵《てき》の意表をつく。

**いびる**[動] 意地悪《いじわる》くする。いじめる。

**いひん【遺品】**[名] 死《し》んだ人《ひと》が、生《い》きているときに使《つか》っていて、あとに残《のこ》した品物《しなもの》。形《かた》見《み》。[例]この時計《とけい》はおじいさんの遺品だ。

**イブ**〔英語 eve〕[名] お祭《まつ》りなどの前日《ぜんじつ》の夜《よる》。[例]クリスマスイブ。

**イブ**[人名]（女） 聖書《せいしょ》（旧約聖書《きゅうやくせいしょ》）にある、神《かみ》がつくった最初《さいしょ》の女性《じょせい》。アダムの妻《つま》。⬇アダム 25ページ

**いふうどうどう【威風堂堂】**[副]（-と） 重々《おもおも》しさがあって、りっぱなようす。[例]校旗《こうき》を先頭《せんとう》に威風堂々と行進《こうしん》する。[参考]「威風《いふう》堂々《どうどう》たる姿《すがた》」などと使《つか》うこともある。

**いぶかしい**[形] なんとなく疑《うたが》わしい。あやしい。[例]いぶかしそうに首《くび》をかしげる。

**いぶかる**[動] あやしく思《おも》う。疑《うたが》わしく思《おも》う。[例]いぶかるような目《め》で見《み》る。

**いぶき【息吹】**[名] 気配《けはい》。ようす。[例]春《はる》の息吹を感《かん》じる。[参考]「息吹《いぶき》」は、特別《とくべつ》に認《みと》められた読《よ》み方《かた》。

**いふく【衣服】**[名]（和服《わふく》や洋服《ようふく》など）体《からだ》に着《き》るもの。衣類《いるい》。[例]衣服をまとう。

**いぶくろ【胃袋】**[名] 胃《い》のこと。〔袋《ふくろ》のような形《かたち》になっていることから。〕

**いぶす**[動] ❶ほのおが出《で》ないように物《もの》を燃《も》やして、けむりをたくさん出《だ》す。[例]蚊《か》をいぶす。❷けむりで黒《くろ》くしたり香《かお》りをつけたりする。[例]ぶた肉《にく》をいぶして、加工《かこう》する。

**いぶつ【異物】**[名] ❶ふつうとは、ちがうも

る。林業《りんぎょう》や農業《のうぎょう》もさかん。首都《しゅと》オタワ。人口約《じんこうやく》3,700万人《まんにん》。略称《りゃくしょう》CAN。

の。例 異物が混《ま》じる。❷外《そと》から体《からだ》の中《なか》に入《はい》ったり、自然《しぜん》にできたりして、体《からだ》の組織《そしき》になじまないもの。例 異物が目《め》に入《はい》る。

**いぶつ【遺物】** 名 ❶形見《かたみ》。遺品《いひん》。❷昔《むかし》のもので、今《いま》も残《のこ》っている道具《どうぐ》や品物《しなもの》。例 石器《せっき》時代《じだい》の遺物。

**いぶりだす【いぶり出す】** 動 煙《けむり》を出《だ》して、けむたがらせて追《お》い出《だ》す。

**いぶる** 動 ほのおがたたないで、けむりがたくさん出《で》る。例 たき火《び》がいぶる。

**いぶんか【異文化】** 名（親《した》しんでいる自分《じぶん》の国《くに》の文化《ぶんか》とはちがう）外国《がいこく》の文化《ぶんか》。例 異文化を理解《りかい》する。

**いへん【異変】** 名 変《か》わった出来事《できごと》。例 一大《いちだい》異変が起《お》こる。

**イベント** 〔英語 event〕名 ❶行事《ぎょうじ》。催《もよお》し。出来事《できごと》。例 夏休《なつやす》みのイベントにキャンプがある。❷勝負《しょうぶ》。試合《しあい》。

**いぼ** 名 皮膚《ひふ》の表面《ひょうめん》にできる、豆粒《まめつぶ》のようなかたいふくらみ。

**いほう【違法】** 名 法律《ほうりつ》にそむくこと。例 違法駐車《ちゅうしゃ》。対 合法《ごうほう》。

**いま【今】** 一 名 ❶現在《げんざい》。例 今何時《なんじ》ですか。対 昔《むかし》。❷現代《げんだい》。例 今の人《ひと》はぜいたくだ。❸少《すこ》し前《まえ》。例 今、来《き》たところだ。❹すぐあと。例 今、行《い》くよ。二 副 さらに。もう。例 いま一度《いちど》、見《み》せてください。参考 ふつう 二 は、かな書《が》きにする。⇩こん【今】487ページ

**今《いま》か今《いま》かと** 早《はや》くそうなるようにと待《ま》っているようす。例 劇《げき》の始《はじ》まりを今か今かと待《ま》っている。

**今《いま》泣《な》いたカラスがもう笑《わら》う** 泣《な》いていた子《こ》どもが、すぐにきげんを直《なお》してにこにこするようすを言《い》い表《あらわ》す言葉《ことば》。

**今《いま》や遅《おそ》しと** 今《いま》か今《いま》かと待《ま》つようす。例 スタートを今やおそしと待《ま》っている。

**今《いま》を盛《さか》りと** 今《いま》がいちばんさかんな時《とき》だというように。例 梅《うめ》の花《はな》が今を盛りと咲《さ》いている。

**今《いま》を時《とき》めく** 現在《げんざい》さかんにもてはやされて、勢《いきお》いがある。例 今を時めく大《だい》スター。

**いま【居間】** 名 家《いえ》の人《ひと》がふだんいる部屋《へや》。リビングルーム。例 家族《かぞく》が居間に集《あつ》まる。

**いまいましい** 形 しゃくにさわる。例 今《いま》さらあやまるなんて、いまいましい。

**いまがわ よしもと【今川 義元】** 人名（男）（一五一九～一五六〇）戦国《せんごく》時代《じだい》の武将《ぶしょう》。京都《きょうと》進出《しんしゅつ》の途中《とちゅう》、尾張《おわり》（＝今《いま》の愛知県《あいちけん》西部《せいぶ》）で桶狭間《おけはざま》で織田《おだ》信長《のぶなが》に敗《やぶ》れた。⬇おけはざまのたたかい 159ページ

**いまごろ【今頃】** 一 名 だいたい今《いま》の時刻《じこく》。今時分《いまじぶん》。例 今ごろどうしているかな。二 副 今《いま》になって。今《いま》さら。例 今ごろ来《き》ても手《て》おくれだ。

**いまさら【今更】** 副 今《いま》になって。例 今さら言《い》えない。注意 あとに「ない」などの打《う》ち消《け》しの言葉《ことば》がくる。

**今更《いまさら》のように** 今《いま》になって、初《はじ》めてわかったことのように。例 海《うみ》の広《ひろ》さに今さらのようにおどろいた。

**いましがた【今しがた】** 副 ほんの少《すこ》し前《まえ》。たった今《いま》。例 おじは、今しがた帰《かえ》った。

**いましめ【戒め】** 名 ❶前《まえ》もって与《あた》える注意《ちゅうい》。例 父《ちち》の戒めを守《まも》る。❷こらしめること。例 戒めに、おやつを取《と》りあげる。

**いましめる【戒める】** 動〔目下《めした》の人《ひと》に対《たい》して〕❶前《まえ》もって注意《ちゅうい》する。教《おし》えさとす。例 むだづかいを戒める。❷いけないことだと、しかる。例 いたずらした子《こ》どもを戒める。⇩かい【戒】194ページ

**いましも【今しも】** 副 ちょうど今《いま》。今《いま》まさに。例 今しも、太陽《たいよう》がしずむところだ。

**いまだ** 副 まだ。例 理由《りゆう》は、いまだはっきりしていない。注意 あとに「ない」などの打《う》ち消《け》しの言葉《ことば》がくる。

**いまだかつて** 副 今《いま》までにまだ。例 いまだかつて聞《き》いたことがない。注意 あとに「ない」などの打《う》ち消《け》しの言葉《ことば》がくる。

**いまだに** 副 今《いま》になっても、まだ。例 いまだにかぜが治《なお》らない。いまだに信《しん》じている人《ひと》がいる。

**いまどき【今どき】** 名 ❶このごろ。近《ちか》ごろ。例 今どきめずらしい車《くるま》だ。❷今《いま》になって。例 今どき行《い》っても売《う》りきれだよ。

**いまなお【今なお】** 副 今《いま》も引《ひ》き続《つづ》いて。今《いま》もなお。例 雨《あめ》は、今なお降《ふ》り続《つづ》いている。

**いまに【今に】** 副 ❶間《ま》もなく。近《ちか》いうちに。





世界の国 カナダ　北《きた》アメリカ北部《ほくぶ》にある国《くに》。ロシアの次《つぎ》に広《ひろ》い。鉱物資源《こうぶつしげん》にめぐまれ、ウラン・ニッケルなどを産出《さんしゅつ》す

例いまにわかるだろう。❷今《いま》でも。まだ。例あの日《ひ》のことは今に覚《おぼ》えている。

**いまにし すけゆき**〖今西祐行〗人名（男）（一九二三〜二〇〇四）児童文学者《じどうぶんがくしゃ》。長編《ちょうへん》の読《よ》み物《もの》に「肥後《ひご》の石工《いしく》」、また短編《たんぺん》に「一《ひと》つの花《はな》」などの作品《さくひん》がある。

**いまにも**【今にも】副 すぐにも。もう少《すこ》しで。例今にも夕立《ゆうだち》がきそうだ。

**いまもって**【今もって】副 今《いま》になっても、まだ。例今もって原因《げんいん》がわからない。注意あとに「ない」などの打《う》ち消《け》しの言葉《ことば》がくる。

**いまや**【今や】副 今《いま》こそ。今《いま》では。例今や日本一《にっぽんいち》の選手《せんしゅ》だ。

**いまよう**【今様】名 ❶現代《げんだい》ふう。今《いま》ふう。例今様のひな人形《にんぎょう》。❷平安時代《へいあんじだい》の流行歌《りゅうこうか》の一《ひと》つ。

**いまわしい**【忌まわしい】形 縁起《えんぎ》が悪《わる》い。例忌まわしい出来事《できごと》。⇩き【忌】295ページ

**いまわのきわ**【今際▲の際△】死《し》ぬまぎわ。最期《さいご》。例今際の際まで待《ま》っていた。

**いみ**【意味】一名 ❶言葉《ことば》や文《ぶん》などが表《あらわ》しているもの。わけ。例言葉《ことば》の意味を調《しら》べる。❷ものごとの裏《うら》にあるわけや考《かんが》え。類意義《いぎ》。例父《ちち》がぼくを呼《よ》びつけた意味がわかった。❸値打《ねう》ち。例いやいや勉強《べんきょう》しても意味がない。類意義《いぎ》。二名動する 記号《きごう》などが、ある内容《ないよう》を表《あらわ》すこと。例赤信号《あかしんごう》は「止《と》まれ」を意味する。

**いみあい**【意味合い】名 そのことがらがもつ意味《いみ》。例今日《きょう》の会議《かいぎ》は、今《いま》までと意味合いがちがう。

**いみありげ**【意味ありげ・意味有り気】形動 何《なに》かかくされたわけがありそうなようす。例意味ありげに、にやりと笑《わら》った。

**いみきらう**【忌み嫌う】動 いやがって、ひどくきらう。例不正《ふせい》を忌み嫌う。

**いみじくも** 副 うまいぐあいに。とてもみごとに。例いみじくも今日《きょう》が、その記念日《きねんび》です。

■**いみしんちょう**【意味深長】形動 言葉《ことば》や動作《どうさ》などの裏《うら》に、深《ふか》い意味《いみ》がかくされているようす。例なかなか意味深長な言葉《ことば》だ。

**いみづける**【意味づける】動 意味《いみ》をもたせる。値打《ねう》ちや理由《りゆう》を与《あた》える。

**イミテーション**〔英語 imitation〕名 本物《ほんもの》をまねして作《つく》った物《もの》。模造品《もぞうひん》。にせもの。

**いみょう**【異名】名 もともとの名《な》とは別《べつ》の名前《なまえ》。例練習《れんしゅう》の鬼《おに》と異名をとった名選手《めいせんしゅ》。

**いみん**【移民】名動する 外国《がいこく》に移《うつ》り住《す》むこと。また、その人《ひと》。例ブラジルには日本《にっぽん》からの移民が多《おお》い。

**いむ**【忌む】動 縁起《えんぎ》が悪《わる》いとして、おそれてきらう。例宗教《しゅうきょう》によっては、牛肉《ぎゅうにく》を食《た》べることを忌む。⇩き【忌】295ページ

**イメージ**〔英語 image〕名動する 想像《そうぞう》して、心《こころ》の中《なか》にえがき出《だ》す、ものの形《かたち》や姿《すがた》。例イメージがうかぶ。

例解 ! 表現の広場

**意味《いみ》と意義《いぎ》のちがい**

| | 意味《いみ》 | 意義《いぎ》 |
|---|---|---|
| 言葉《ことば》の を調《しら》べる。 | ○ | ○ |
| するだけの のある仕事《しごと》。 | ○ | ○ |
| 返事《へんじ》しない がわかった。 | ○ | × |
| にやりとして ありげに言《い》う。 | ○ | × |
| 有《ゆう》 な研究会《けんきゅうかい》。 | × | ○ |

**イメージアップ** 名動する〔日本《にっぽん》でできた英語《えいご》ふうの言葉《ことば》。〕見《み》かけや印象《いんしょう》を、これまでよりよくすること。例店《みせ》を改装《かいそう》して、イメージアップをはかる。

**イメージチェンジ** 名動する〔日本《にっぽん》でできた英語《えいご》ふうの言葉《ことば》。〕見《み》かけや印象《いんしょう》を、すっかり変《か》えること。イメチェン。例和風《わふう》の旅館《りょかん》にイメージチェンジする。

**いも**【芋】画数6 部首艹（くさかんむり）

音― 訓いも

サツマイモ・サトイモ・ジャガイモなど。ダリアなどの球根《きゅうこん》もいう。熟語里芋《さといも》。

**いも**【芋】名 植物《しょくぶつ》の根《ね》や地下茎《ちかけい》が、でんぷんなどの養分《ようぶん》をたくわえて大《おお》きくなったもの。例焼《や》き芋。芋をふかす。

**芋《いも》を洗《あら》うよう** たくさん人《ひと》が集《あつ》まって、こみ合《あ》っているようす。例プールは芋を洗うような混雑《こんざつ》だ。

口《こう》約《やく》230万人《まんにん》。略称《りゃくしょう》GAB。

**°いもうと【妹】** 名 年下《としした》の女《おんな》のきょうだい。対姉《あね》。関連兄《あに》。弟《おとうと》。姉《あね》。⬇かぞく 236ページ／⇩まい【妹】1223ページ

**いもちびょう【いもち病】** 名 イネの病《びょう》気《き》。葉《は》に赤茶色《あかちゃいろ》のまだらができて、実《みの》らずにかれてしまう。

**いもづるしき【芋づる式】** 名 〔一本《いっぽん》のつるを引《ひ》くとサツマイモが次々《つぎつぎ》に出《て》てくるように〕一《ひと》つのことから、つながりのあるものが次々《つぎつぎ》と現《あらわ》れてくること。例犯人《はんにん》たちが芋づる式につかまった。

**いもの【鋳物】** 名 鉄《てつ》・銅《どう》などの金属《きんぞく》をとかして、型《かた》に流《なが》しこんで作《つく》ったもの。鉄《てつ》びんや釣《つ》り鐘《がね》など。

**いもばん【芋版】** 名 サツマイモやジャガイモの切《き》り口《くち》に、字《じ》や絵《え》をほりつけて作《つく》った版《はん》。例芋版で印刷《いんさつ》した年賀状《ねんがじょう》。

**いもむし【芋虫】** 名 チョウやガの幼虫《ようちゅう》で、青虫《あおむし》よりも大《おお》きいもの。体《からだ》に毛《け》がなく胴《どう》が太《ふと》い。

**いもめいげつ【芋名月】** 名 昔《むかし》の暦《こよみ》で、八《はち》月《がつ》十五日《じゅうごにち》の夜《よる》の月《つき》。中秋《ちゅうしゅう》の名月《めいげつ》。参考新《あたら》しくとれたサトイモをそなえることからいう。

**いもり** 名 池《いけ》の底《そこ》などにすむ、トカゲに似《に》た動物《どうぶつ》。背《せ》が黒《くろ》く、腹《はら》が赤《あか》い。アカハラ。

**いもん【慰問】** 名 動-する 病人《びょうにん》や苦労《くろう》している人《ひと》を、見舞《みま》って慰《なぐさ》めること。例老人《ろうじん》ホームを慰問する。

**°いや【嫌】** 形動 嫌《きら》いなようす。例嫌な人《ひと》。嫌《いや》になる。⇩けん【嫌】407ページ

**嫌というほど** ❶もうたくさんというほど。例嫌というほど食《た》べた。❷とてもひどく。例嫌というほど頭《あたま》をぶつけた。

**°いや** 一 感 いいえ。例いや、それはちがいます。二 接 今《いま》言《い》った言葉《ことば》を取《と》り消《け》して、新《あたら》しく言《い》いだすときの言葉《ことば》。例東京《とうきょう》は日本《にっぽん》の、いや、世界《せかい》の大都市《だいとし》だ。類否《いな》。

**いやいや【嫌嫌】** 一 名 いやだという気持《きも》ちを表《あらわ》すために首《くび》を横《よこ》にふること。例子《こ》どもがいやいやをする。二 副 いやだと思《おも》いながら。例いやいや薬《くすり》を飲《の》む。参考ふつう 一・二 とも、かな書《が》きにする。

**いやおうなしに【いや応なしに】** 無《む》理《り》やりに。いやがおうでも。例いやおうなしに行《い》かされた。

**いやがうえにも【いやが上にも】** さらにいちだんと。例大会《たいかい》の気分《きぶん》はいやがうえにも高《たか》まった。

**いやがおうでも【いやが応でも】** ⬇いやおうなしに 87ページ

**いやがらせ【嫌がらせ】** 名 人《ひと》のいやがることを、わざとしたり言《い》ったりすること。

**°いやがる【嫌がる】** 動 いやだと思《おも》う。嫌《きら》う。例歯《は》医者《いしゃ》に行《い》くのを嫌がる。

**いやく【医薬】** 名 ❶病気《びょうき》を治《なお》す薬《くすり》。医薬品《いやくひん》。❷医者《いしゃ》の仕事《しごと》と薬《くすり》に関《かん》すること。

**いやく【違約】** 名 動-する 契約《けいやく》を守《まも》らないこと。例違約金《きん》をはらう。

**✤いやく【意訳】** 名 動-する 一語《いちご》一語《いちご》にこだわらず、大《おお》まかな意味《いみ》が伝《つた》わるように訳《やく》すこと。対直訳《ちょくやく》。

**いやくひん【医薬品】** 名 病気《びょうき》やけがを治《なお》すために使《つか》う薬《くすり》。

**いやけがさす【嫌気がさす】** いやだという気持《きも》ちが起《お》こる。いやになる。例つまらない仕事《しごと》に嫌気がさす。

**°いやしい【卑しい】** 形 ❶身分《みぶん》が低《ひく》い。❷貧《まず》しくて、みすぼらしい。粗末《そまつ》だ。例卑しい身《み》なり。❸品《ひん》が悪《わる》い。行儀《ぎょうぎ》が悪《わる》い。例言葉遣《ことばづか》いが卑しい。⇩ひ【卑】1080ページ

**いやしくも** 副 仮《かり》にも。たとえどうあろうとも。例いやしくも選手《せんしゅ》なら、全力《ぜんりょく》をつくすべきだ。

**いやしむ【卑しむ】** 動 ⬇いやしめる 87ページ／⇩ひ【卑】1080ページ

**いやしめる【卑しめる】** 動 相手《あいて》をばかにする。軽蔑《けいべつ》する。卑《いや》しむ。例人《ひと》を卑しめることを言《い》ってはいけない。⇩ひ【卑】1080ページ

**いやす【癒やす】** 動 ❶病気《びょうき》や傷《きず》を治《なお》す。例傷《きず》をいやす。❷悲《かな》しみや苦痛《くつう》をなくす。例悲《かな》しみをいやす。のどのかわきをいやす。⇩ゆ【癒】1333ページ

**いやに** 副 いつもとちがって。変《へん》に。みょうに。例教室《きょうしつ》がいやにさわがしい。

**いやはや** 感 驚《おどろ》いたり、あきれたりしたときに出《で》る言葉《ことば》。例いやはや、大変《たいへん》だったよ。

**イヤホン** 〔英語 earphone〕名 耳《みみ》にさしこん



世界の国 ガボン アフリカ中部《ちゅうぶ》、ギニア湾《わん》に面《めん》する国《くに》。石油《せきゆ》・マンガンを産出《さんしゅつ》。林業《りんぎょう》もさかん。首都《しゅと》リーブルビル。人《じん》

で、テレビやラジオなどの音《おと》や音楽《おんがく》を聞《き》く道《どう》具《ぐ》。イヤホーン。

**いやみ【嫌味】**[名][形動] 人《ひと》にいやな感《かん》じを与《あた》えること。また、その言葉《ことば》や態度《たいど》。

**いやらしい【嫌らしい】**[形] いやな感《かん》じがする。[例]嫌らしいことを言《い》う。

**イヤリング**〔英語 earring〕[名] 耳《みみ》につけるアクセサリー。耳《みみ》かざり。

**いよ【伊予】**[地名] 昔《むかし》の国《くに》の名《な》の一《ひと》つ。今《いま》の愛《え》媛《ひめ》県《けん》にあたる。

**°いよいよ**[副] ❶いっそう。ますます。[例]風《かぜ》がいよいよ強《つよ》くなった。❷確《たし》かに。[例]いよいよまちがいない。❸ついに。とうとう。[例]夏《なつ》休《やす》みもいよいよ終《お》わりだ。

**いよう【異様】**[形動] ふつうとは変《か》わったようす。[例]異様な物音《ものおと》。

**いよく【意欲】**[名] 自《じ》分《ぶん》から進《すす》んで、やろうとする気《き》持《も》ち。[例]勉強《べんきょう》する意欲がわく。

**いよくてき【意欲的】**[形動] 自《じ》分《ぶん》から進《すす》んでものごとにとり組《く》もうとするようす。[例]意欲的な発言《はつげん》。

**°いらい【以来】**[名] その時《とき》を含《ふく》んで、それからずっと。[例]入学《にゅうがく》以来、休《やす》まない。

**いらい【依頼】**[名][動-する] ものごとを人《ひと》にたのむこと。[例]伝言《でんごん》を依頼する。

**いらいしん【依頼心】**[名] 人《ひと》に頼《たよ》ろうとする気《き》持《も》ち。[例]依頼心が強《つよ》くて、ひとり立《だ》ちは無《む》理《り》だ。

**いらいら**[名][副(-と)][動-する] 思《おも》うようにならなくて、落《お》ち着《つ》かないこと。いらだつこと。[例]バスが来《こ》なくていらいらする。

**いらか**[名] 屋《や》根《ね》がわら。または、かわらぶきの屋《や》根《ね》。〔古《ふる》い言《い》い方《かた》。〕[例]いらかの波《なみ》〔=家《いえ》々《いえ》の屋《や》根《ね》が続《つづ》いているようす〕。

**イラク**[地名] アジアの西部《せいぶ》、ペルシャ湾《わん》の奥《おく》にある国《くに》。首《しゅ》都《と》はバグダッド。古代《こだい》メソポタミア文明《ぶんめい》が栄《さか》えた。

**イラスト**[名]〔英語《えいご》の「イラストレーション」の略《りゃく》。〕本《ほん》・雑《ざっ》誌《し》などで、文章《ぶんしょう》を説明《せつめい》したり、引《ひ》き立《た》てたりする絵《え》や図《ず》。さし絵《え》。

**イラストレーション**〔英語 illustration〕[名] ⇩イラスト 88ページ

**イラストレーター**〔英語 illustrator〕[名] イラストをかくことを仕事《しごと》にしている人《ひと》。

**いらだつ**[動] 思《おも》うようにならなくて、気《き》持《も》ちが落《お》ち着《つ》かなくなる。じれる。[例]うまくできなくて、だんだんいらだってきた。

**いらっしゃい** ■一■「来《き》なさい」を、敬《うやま》って言《い》う言葉《ことば》。おいでなさい。[例]遊《あそ》びにいらっしゃい。■二■[感]〔「いらっしゃいませ」の略《りゃく》。〕人《ひと》がきたときの挨《あい》拶《さつ》の言葉《ことば》。[例]やあ、いらっしゃい。

**°いらっしゃる**[動] ❶「居《い》る」「来《く》る」「行《い》く」などを、敬《うやま》って言《い》う言葉《ことば》。おいでになる。[例]先生《せんせい》は学校《がっこう》にいらっしゃる。明日《あす》お客様《きゃくさま》がいらっしゃる。外国《がいこく》へいらっしゃる。❷「…ている」「…である」を、敬《うやま》って言《い》う言葉《ことば》。[例]ご健康《けんこう》でいらっしゃる。

**イラン**[地名] アジアの西部《せいぶ》、北《きた》はカスピ海《かい》、南《みなみ》はペルシャ湾《わん》に面《めん》する国《くに》。首《しゅ》都《と》はテヘラン。

**いり【入り】**[名] ❶〔お客《きゃく》やお金《かね》などが〕入《はい》ること。[例]客《きゃく》の入りがいい。❷太陽《たいよう》や月《つき》がしずむこと。[例]日《ひ》の入り。[対]明《あ》け。[対]〔❶・❷〕出《で》。❸始《はじ》まり。[例]彼《ひ》岸《がん》の入り。❹〔ある言葉《ことば》のあとにつけて〕それが中《なか》に入《はい》っている。また、入《い》れることができる。[例]ミルク入りココア。一・八リットル入りのびん。

**いりうみ【入り海】**[名] 海《うみ》が、陸地《りくち》に入《はい》りこんでいる所《ところ》。入《い》り江《え》。

**いりえ【入り江】**[名] 海《うみ》や湖《みずうみ》が、陸《りく》地《ち》に入《はい》りこんでいる所《ところ》。入《い》り海《うみ》。

**いりおもていしがきこくりつこうえん【西表石垣国立公園】**[地名] 沖《おき》縄《なわ》県《けん》の南西部《なんせいぶ》、西表島《いりおもてじま》と石垣島《いしがきじま》を中心《ちゅうしん》とする国立公園《こくりつこうえん》。亜《あ》熱帯林《ねったいりん》やサンゴ礁《しょう》が美《うつく》しく、イリオモテヤマネコなどめずらしい動物《どうぶつ》がいる。⇩こくりつこうえん 457ページ

**いりおもてやまねこ【西表山猫】**[名] ヤマネコの一種《いっしゅ》。沖《おき》縄《なわ》県《けん》の西表島《いりおもてじま》だけにすむ、数《かず》の少《すく》ない貴《き》重《ちょう》なヤマネコ。特別《とくべつ》天然《てんねん》記《き》念物《ねんぶつ》。⇩やまねこ 1329ページ

**いりぐち【入り口】**[名] ❶入《はい》って行《い》く所《ところ》。[例]公園《こうえん》の入り口。[対]出口《でぐち》。❷ものごとのはじめ。[例]まだ研究《けんきゅう》の入り口だ。

**いりくむ【入り組む】**[動] 複雑《ふくざつ》に、こみいっている。[例]話《はなし》が入り組んでいる。

も産《さん》する。首都《しゅと》ヤウンデ。人口約《じんこうやく》2,720万人《まんにん》。略称《りゃくしょう》CMR。

**いりひ【入り日】** 名 しずもうとする太陽《たいよう》。夕日《ゆうひ》。

**いりびたる【入り浸る】** 動 よその家《いえ》や、ある場所《ばしょ》にずっと居続《いつづ》ける。

**いりふね【入り船】** 名 港《みなと》に入《はい》ってくる船《ふね》。対 出船《でふね》。

**いりまじる【入り交じる】** 動 いろいろなものが、交《ま》じり合《あ》う。例 期待《きたい》と不安《ふあん》が入り交じる。

**いりみだれる【入り乱れる】** 動 交《ま》じり合《あ》って、ごちゃごちゃになる。例 敵《てき》と味方《みかた》が入り乱れる。

**いりもやづくり【入母屋造り】** 名 屋根《やね》の造《つく》り方《かた》の一《ひと》つ。本《ほん》を開《ひら》いて伏《ふ》せた形《かたち》の屋根《やね》の下《した》へ、四方《しほう》にひさしをつけたような形《かたち》の造《つく》り。⇩やね❶ 1326ページ

**いりゅうひん【遺留品】** 名 ❶置《お》き忘《わす》れられた品物《しなもの》。❷死後《しご》に残《のこ》された品物《しなもの》。遺品《いひん》。

**いりよう【入り用】** 名 形動 なくてはならないこと。必要《ひつよう》。例 お金《かね》が入り用になる。

**いりょう【衣料】** 名 着《き》るもの。衣類《いるい》。衣服《いふく》。

**いりょう【医療】** 名 医師《いし》や看護師《かんごし》が手当《てあ》てをして、病気《びょうき》やけがなどを治《なお》すこと。類 治療《ちりょう》。

**いりょうひん【衣料品】** 名 商品《しょうひん》としての衣料《いりょう》。例 この秋《あき》は衣料品がよく売《う》れた。

**いりょく【威力】** 名 (人《ひと》をおそれさせるほどの)強《つよ》い力《ちから》や勢《いきお》い。

**いる【入る】** 動 ❶はいる。例 日《ひ》が入る。念《ねん》の入った話《はなし》。❷〔動作《どうさ》を表《あらわ》す言葉《ことば》につけて〕すっかり…する。例 話《はなし》に聞《き》き入る。ぐっすり寝《ね》入る。⇩にゅう【入】 992ページ

**いる【居る】** 動 ❶(人《ひと》や動物《どうぶつ》が)そこにある。例 庭《にわ》に男《おとこ》の子《こ》がいる。❷住《す》んでいる。例 兄《あに》は京都《きょうと》にいる。❸〔「…ている」の形《かたち》で〕それが続《つづ》いている。例 野球《やきゅう》を見《み》ている。参考 ふつう、かな書《が》きにする。敬語 敬《うやま》った言《い》い方《かた》は、「いらっしゃる」「おいでになる」。⇩きょ【居】 △330ページ

**いる【要る】** 動 必要《ひつよう》である。かかる。例 お金《かね》が要る。⇩よう【要】 1348ページ

**いる【射る】** 動 ❶弓《ゆみ》で矢《や》を放《はな》つ。例 的《まと》を矢《や》で射る。❷強《つよ》く照《て》らす。例 夏《なつ》の日光《にっこう》が目《め》を射る。⇩しゃ【射】 582ページ

**いる【煎る】** 動 料理《りょうり》で、なべに入《い》れて火《ひ》にかけ、水分《すいぶん》を取《と》り去《さ》る。例 ごまをいる。⇩せん【煎】 728ページ

**いる【鋳る】** 動 金属《きんぞく》をとかし、型《かた》に流《なが》しこんで物《もの》を造《つく》る。例 仏像《ぶつぞう》を鋳る。⇩ちゅう【鋳】 831ページ

**いるい【衣類】** 名 着《き》るものを、まとめていう言葉《ことば》。例 衣類の整理《せいり》。

**いるか【〈海豚〉】** 名 クジラの仲間《なかま》で、海《うみ》や川《かわ》にすむ動物《どうぶつ》。口先《くちさき》がくちばしのような形《かたち》にのび、歯《は》がある。泳《およ》ぎがうまく頭《あたま》もよくて、芸《げい》をしたりする。

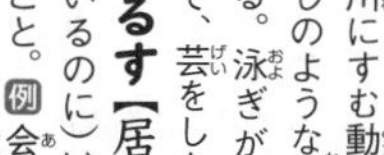

〔いるか〕

**いるす【居留守】** 名 (家《いえ》にいるのに)いないふりをすること。会《あ》いたくないので、居留守を使《つか》う。例 会《あ》いたくないので、居留守を使《つか》う。

**イルミネーション** 〔英語 illumination〕 名 色《いろ》とりどりのたくさんの電球《でんきゅう》で、建物《たてもの》・木《き》・船《ふね》などを明《あか》るくかざること。

**いれい【異例】** 名 今《いま》までに例《れい》がないほど、めずらしいこと。例 異例のやり方《かた》。

例解 ! 表現の広場

**いる と ある のちがい**

| | いる | ある |
|---|---|---|
| 部屋《へや》に大勢人《おおぜいひと》が | ○ | × |
| 大《おお》きな池《いけ》に魚《さかな》が | ○ | × |
| 子《こ》どもが二人《ふたり》 | ○ | ○ |
| 子《こ》どもなのに強《つよ》い力《ちから》が | × | ○ |
| 多《おお》くの国《くに》に憲法《けんぽう》が | × | ○ |

例解 ⟷ 使い分け

**入《い》る と 要《い》る**

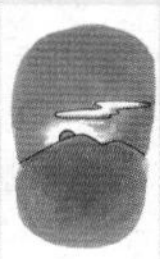

夕日《ゆうひ》が山《やま》に入《い》る。
気《き》に入《い》る。

お金《かね》が要《い》る。
何《なに》も要《い》らない。
許可《きょか》が要《い》る。



世界の国 カメルーン アフリカ西部《せいぶ》、ギニア湾東岸《わんとうがん》にある国《くに》。カカオ・コーヒーなどの農作物《のうさくぶつ》のほか、石油《せきゆ》や金《きん》、石炭《せきたん》

**いれい【慰霊】**名動‐する なくなった人《ひと》のたましいをなぐさめること。例 慰霊祭《さい》。

**いれかえる【入れ替える】**動 ❶今《いま》あるものの代《か》わりに、別《べつ》のものを入《い》れる。例 空気《くうき》を入れ替える。❷入《い》れる所《ところ》をかえる。例 大《おお》きい箱《はこ》に入れ替える。心《こころ》を入れ替える。参考「入《い》れ換《か》える」とも書《か》く。

**いれかわりたちかわり【入れ替わり立ち替わり】**副動‐する 人《ひと》が次々《つぎつぎ》に来《き》てはいなくなるようす。例 入れ替わり立ち替わり客《きゃく》が訪《おとず》れる。

**いれかわる【入れ替わる】**動 前《まえ》のものの代《か》わりに、別《べつ》のものが入《はい》る。交代《こうたい》する。例 順序《じゅんじょ》が入れ替わる。

**イレギュラー**〔英語 irregular〕形動動‐する 不規則《ふきそく》であるようす。規則正《きそくただ》しくないようす。例 イレギュラーバウンド。

**いれずみ【入れ墨】**名 人《ひと》の皮膚《ひふ》に針《はり》で文《も》字《じ》や模様《もよう》をほりつけること。また、そのほりつけたもの。ほりもの。

**いれぢえ【入れ知恵】**名動‐する あまりよくない考《かんが》えを、こっそり教《おし》えること。また、その考《かんが》え。例 だれかの入れ知恵だ。

**いれちがい【入れ違い】**名 ❶ある人《ひと》が出《で》たあと、他《ほか》の人《ひと》が入《はい》ってくること。例 父《ちち》と入れ違いに兄《あに》が来《き》た。❷順序《じゅんじょ》をまちがえること。例 入れ違いに気《き》づく。

**いれば【入れ歯】**名 ぬけたり欠《か》けたりした歯《は》のあとに、作《つく》った歯《は》を入《い》れること。また、その作《つく》った歯《は》。義歯《ぎし》。

**イレブン**〔英語 eleven〕名 ❶英語《えいご》の、十一《じゅういち》。❷サッカーチームの全員《ぜんいん》。

**いれもの【入れ物】**名 物《もの》を入《い》れる器《うつわ》。

**いれる【入れる】**動 ❶外《そと》から中《なか》のほうに移《うつ》す。例 人《ひと》を部屋《へや》に入れる。対（❶・❷）出《だ》す。❷入《はい》らせる。仲間《なかま》に入れる。❸含《ふく》める。例 計算《けいさん》に入れる。❹さしはさむ。例 話《はなし》に口《くち》を入れる。❺直《なお》す。補《おぎな》う。例 作文《さくぶん》に手《て》を入れる。❻力《ちから》を注《そそ》ぐ。例 熱《ねつ》を入れて教《おし》える。❼認《みと》める。受《う》け入《い》れる。例 彼《かれ》の願《ねが》いを入れる。❽相手《あいて》に届《とど》くようにする。例 耳《みみ》に入れる。❾飲《の》み物《もの》を作《つく》る。例 コーヒーを入れる。❿つける。機械《きかい》などがはたらくようにする。例 スイッチを入れる。⇩にゅう【入】992ページ

**いろ【色】**名 ❶（光《ひかり》が物《もの》に反射《はんしゃ》して）目《め》に受《う》ける、赤《あか》・黄《き》・青《あお》などの感《かん》じ。例 花《はな》の色。❷顔《かお》や体《からだ》の色《いろ》。例 姉《あね》は色が白《しろ》い。❸顔《かお》つき。表情《ひょうじょう》。例 おどろきの色をかくせない。❹ようす。例 秋《あき》の色がこくなる。❺種類《しゅるい》。例 色とりどりの服装《ふくそう》。⬇前見返《まえみかえ》しの裏《うら》／⇩しょく【色】640ページ

**色《いろ》を失《うしな》う** おどろいたり、あわてたりして、顔色《かおいろ》が青《あお》くなる。例 失敗《しっぱい》して色を失う。

**いろあい【色合い】**名 ❶色《いろ》の具合《ぐあい》。色《いろ》かげん。例 色合いのいい服《ふく》。❷⬇しきそう97ページ

**いろあせる【色あせる】**動 ❶色《いろ》がうすくなる。例 カーテンが色あせる。❷古《ふる》くさくなる。例 色あせた思《おも》い出《で》。

**いろいろ**副（‐と）形動 種類《しゅるい》がたくさんあるようす。例 いろいろと考《かんが》える。

例解 ことばの窓

**色《いろ》のいろいろな使《つか》い方《かた》**

はっきりわかる真《ま》っ赤《か》なうそ。
まったく知《し》らない赤《あか》の他人《たにん》。
知《し》らなくて赤《あか》はじをかく。
アリバイがあるので、彼《かれ》は白《しろ》だ。
証拠《しょうこ》があるので、彼《かれ》は黒《くろ》だ。
疑《うたが》わしいので、彼《かれ》は灰色《はいいろ》だ。
かん高《だか》い黄色《きいろ》い声《こえ》。
失敗《しっぱい》して真《ま》っ青《さお》になる。
若《わか》さゆえの青《あお》くさい考《かんが》え。

**いろう【慰労】**名動‐する これまでの苦労《くろう》をなぐさめ、いたわること。例 慰労会《かい》。

**いろがみ【色紙】**名 折《お》り紙《がみ》などに使《つか》う、いろいろな色《いろ》の紙《かみ》。注意「色紙」を「しきし」と読《よ》むと、ちがう意味《いみ》になる。

**いろじろ【色白】**名形動 はだの色《いろ》が白《しろ》く見《み》えること。

**いろずり【色刷り】**名 黒《くろ》だけでなく赤《あか》・青《あお》・黄《き》などのインクも使《つか》って印刷《いんさつ》すること。また、印刷《いんさつ》したもの。カラー。

**いろづく【色づく】**動（実《み》や葉《は》に）だんだん色《いろ》が出《で》てくる。例 カキの実《み》が色づく。

**いろつや【色艶】**名 ❶色《いろ》とつや。例 色つや

生《せい》が主《おも》な作物《さくもつ》。首都《しゅと》バンジュール。人口約《じんこうやく》260万人《まんにん》。略称《りゃくしょう》GAM。

のいいリンゴ。❷顔色《かおいろ》や、皮膚《ひふ》の色《いろ》。例 病人《びょうにん》の色つやがよくなってきた。

**いろどり【彩°り】** 名 ❶色《いろ》の取《と》り合《あ》わせ。例 あざやかな彩り。❷おもしろみやはなやかさ。例 楽隊《がくたい》が運動会《うんどうかい》に彩りをそえる。

**いろとりどり【色とりどり】** 名 形動 いろいろな種類《しゅるい》があること。例 色とりどりの服《ふく》。

例解 ❗ ことばの勉強室

**いろは歌《うた》**

いろはにほ《お》へ《え》と《ど》　〔=色《いろ》は匂《にお》えど〕
ちりぬるを　〔=散《ち》りぬるを〕
わか《が》よたれそ《ぞ》　〔=我《わ》が世《よ》誰《たれ》ぞ〕
つねならむ《ん》　〔=常《つね》ならん〕
うゐ《い》のおくやま　〔=有《う》為《い》の奥山《おくやま》〕
けふ《きょう》こえて　〔=今日《きょう》越《こ》えて〕
あさきゆめみし《じ》　〔=浅《あさ》き夢《ゆめ》みじ〕
ゑ《え》ひ《い》もせす《ず》　〔=酔《え》いもせず〕

**歌《うた》の意味《いみ》**

花《はな》は美《うつく》しく咲《さ》いても
散《ち》ってしまうのに
わたしたちのこの世《よ》で
だれが変《か》わらないことがあるだろうか。
奥深《おくふか》い山《やま》を越《こ》えるように
悩《なや》み多《おお》い人生《じんせい》を生《い》きてきて、
はかない夢《ゆめ》を見《み》ることもないだろう、
酔《よ》っているわけでもないのに。

**いろどる【彩°る】** 動 ❶色《いろ》をつける。例 夕日《ゆうひ》に赤《あか》く彩られた山々《やまやま》。❷かざる。例 花《はな》でテーブルを彩る。⇩さい【彩】496ページ

**いろは** 名 ❶「いろはにほへと…」の四七文字《もじ》のこと。❷ものごとの手始《てはじ》め。初歩《しょほ》。例 ダンスをいろはから習《なら》う。

✤**いろはうた【いろは歌】** 名 いろはの四七文字《もじ》を、一回《いっかい》ずつ使《つか》って作《つく》った七五《しちご》調《ちょう》の歌《うた》。

**いろはがるた** 名 いろは四七文字《もじ》に、「京《きょう》」の字《じ》を加《くわ》えた四八文字《もじ》の一字《いちじ》一字《いちじ》が、それぞれの最初《さいしょ》にくることわざを書《か》いたかるた。「い」の「犬《いぬ》も歩《ある》けば棒《ぼう》にあたる」、「ろ」の「論《ろん》より証拠《しょうこ》」など。

**いろめがね【色〈眼鏡〉】** 名 ❶レンズに色《いろ》のついた眼鏡《めがね》。サングラス。❷かたよった見《み》方《かた》。例 人《ひと》を色眼鏡で見てはいけない。

**いろめきたつ【色めき立つ】** 動 急《きゅう》に活気《かっき》づく。興奮《こうふん》してざわつく。例 優勝《ゆうしょう》の知《し》らせにクラスじゅうが色めき立つ。

**いろめく【色めく】** 動 ❶色《いろ》があざやかになる。例 秋《あき》の野《の》山《やま》が色めく。❷活気《かっき》づく。例 先取点《せんしゅてん》にみんな色めいた。

**いろもの【色物】** 名 ❶色《いろ》のついた織物《おりもの》や紙《かみ》など。❷(寄席《よせ》で)中心《ちゅうしん》となる演芸《えんげい》のいろどりとなる演芸《えんげい》。落語《らくご》中心《ちゅうしん》の東京《とうきょう》では、それ以外《いがい》の漫才《まんざい》・曲芸《きょくげい》・音曲《おんぎょく》・マジックなどのこと。

**いろよい【色よい】** 連体 都合《つごう》のよい。望《のぞ》みどおりの。例 色よい返事《へんじ》を待《ま》つ。

**いろり【囲炉°裏△】** 名 床《ゆか》を四角《しかく》にくりぬき、火《ひ》をたくようにした所《ところ》。部屋《へや》を暖《あたた》めたり、自在《じざい》かぎを使《つか》って煮《に》たきしたりする。

〔いろり〕

**いろりばた【囲炉°裏△端°】** 名 囲炉裏《いろり》の周《まわ》り。炉端《ろばた》。

**いろわけ【色分け】** 名 動する ❶ちがった色《いろ》をつけて、区別《くべつ》すること。例 地図《ちず》を県別《けんべつ》に色分けする。❷種類《しゅるい》によって分《わ》けること。分《ぶん》類《るい》。例 作品《さくひん》を内容《ないよう》で色分けする。

**いろん【異論】** 名 人《ひと》とちがった考《かんが》えや意見《いけん》。例 異論を唱《とな》える〔=ちがう意見《いけん》を言《い》う〕。類 異議《いぎ》。異存《いぞん》。

**いろんな** 連体 いろいろな。さまざまな。例 いろんなことをしてみる。

°**いわ【岩】** 名 石《いし》の大《おお》きなもの。岩石《がんせき》。⇩がん【岩】274ページ

°**いわい【祝い】** 名 ❶めでたいことを喜《よろこ》ぶこと。例 合格《ごうかく》のお祝いをする。❷祝《いわ》っておくる品物《しなもの》。例 入学《にゅうがく》祝い。

°**いわう【祝う】** 動 ❶めでたいことを喜《よろこ》び、言葉《ことば》や行《おこな》いに表《あらわ》す。例 誕生日《たんじょうび》を祝う。❷幸《しあわ》せであるようにいのる。例 前途《ぜんと》を祝う。⇩しゅく【祝】605ページ

**いわお【厳◆】** 名 大《おお》きな岩《いわ》。

**いわかん【違°和感】** 名 どことなくしっく



世界の国　ガンビア　アフリカ西部《せいぶ》、大西洋《たいせいよう》に面《めん》する小《ち》さな国《くに》。秋田県《あきたけん》くらいの大《おお》きさ。国土《こくど》の大部分《だいぶぶん》はサバナで、落花《らっか》

りとしない感《かん》じ。ちぐはぐな感《かん》じ。

**いわき**〘磐城〙地名 昔《むかし》の国《くに》の名《な》の一《ひと》つ。今《いま》の福島県《ふくしまけん》の東部《とうぶ》と宮城県《みやぎけん》の南部《なんぶ》にあたる。

**いわきさん**〘岩木山〙地名 青森県《あおもりけん》にある火山《かざん》。津軽富士《つがるふじ》と呼《よ》ばれる。

**いわく**【曰く】名 ❶わけ。事情《じじょう》。例 いわくありげなそぶり。❷言《い》うことには。例 父《ちち》曰く、今日《きょう》から禁煙《きんえん》だ。

**いわくつき**【曰く付き】名 こみ入《はい》った特別《とくべつ》な事情《じじょう》があること。例 いわく付きの高価《こうか》な茶碗《ちゃわん》。

**いわくら ともみ**〘岩倉具視〙人名（男）（一八二五〜一八八三）江戸《えど》時代《じだい》の末《すえ》から明治《めいじ》時代《じだい》の初《はじ》めにかけての政治家《せいじか》。幕府《ばくふ》をたおし、明治維新《めいじいしん》をおし進《すす》めた。

**いわし**【鰯】名 近海《きんかい》の暖《あたた》かな海《うみ》を回遊《かいゆう》する魚《さかな》。マイワシ・ウルメイワシ・カタクチイワシなどがいる。背《せ》は青黒《あおぐろ》くて、腹《はら》は白《しろ》い。食用《しょくよう》にする。

**いわしの頭《あたま》も信心《しんじん》から** つまらない物《もの》でも、信心《しんじん》すると、ありがたく見《み》えてくる。

**いわしぐも**【鰯雲】名 巻積雲《けんせきうん》のこと。白《しろ》い小《ちい》さな雲《くも》の集《あつ》まりで、イワシの群《む》れのように見《み》える。うろこ雲《ぐも》。

**いわしろ**〘岩代〙地名 昔《むかし》の国《くに》の名《な》の一《ひと》つ。今《いま》の福島県《ふくしまけん》の中部《ちゅうぶ》と西部《せいぶ》にあたる。

**いわずもがな**【言わずもがな】❶言《い》わないほうがよい。例 言わずもがなのことを言《い》う。❷言《い》うまでもない。例 大人《おとな》は言わずもがな、子《こ》どもでも知《し》っている。

**いわてけん**〘岩手県〙地名 東北地方《とうほくちほう》の東部《とうぶ》、太平洋《たいへいよう》に面《めん》する県《けん》。県庁《けんちょう》は盛岡市《もりおかし》にある。

**いわてさん**〘岩手山〙地名 岩手県《いわてけん》にある火山《かざん》。南部富士《なんぶふじ》と呼《よ》ばれる。

**いわな**【岩魚】名 水《みず》のきれいな谷川《たにがわ》にすむ魚《さかな》。サケの仲間《なかま》だが、一生《いっしょう》川《かわ》で過《す》ごす。

**いわぬがはな**【言わぬが花】はっきりとは言《い》わずにおくほうがいい。

**いわば**【岩場】名 山《やま》や海岸《かいがん》で、ごつごつと岩《いわ》が出《で》ている所《ところ》。

**いわば**【言わば】副 言《い》ってみれば。言《い》いかえれば。例 人生《じんせい》はいわば山登《やまのぼ》りのようなものだ。参考 ふつう、かな書《が》きにする。

**いわはだ**【岩肌】名 岩《いわ》の表面《ひょうめん》。例 こけむした岩肌。

**いわみ**〘石見〙地名 昔《むかし》の国《くに》の名《な》の一《ひと》つ。今《いま》の島根県《しまねけん》の西部《せいぶ》にあたる。

**いわみぎんざん**〘石見銀山〙地名 島根県《しまねけん》西部《せいぶ》にあった日本最大《にっぽんさいだい》の銀山《ぎんざん》。戦国時代《せんごくじだい》末《すえ》から江戸時代《えどじだい》初《はじ》めまで盛《さか》んに掘《ほ》り出《だ》されたが、現在《げんざい》は閉《と》ざされている。世界文化遺産《せかいぶんかいさん》。

**いわむろ**【岩室】名 ⇩いわや 92ページ

**いわや**【岩屋】名 ❶岩《いわ》に穴《あな》をほって作《つく》った住《す》まい。❷岩《いわ》の洞穴《ほらあな》。

**いわやま**【岩山】名 岩《いわ》ばかりの山《やま》。

**いわゆる** 連体 世《よ》の中《なか》で、よく言《い》われている。例 あの人《ひと》は、いわゆる天才《てんさい》だ。

**いわれ** 名 ❶古《ふる》くからの言《い》い伝《つた》え。例 この神社《じんじゃ》のいわれを調《しら》べる。❷わけ。理由《りゆう》。例 いわれのないうわさ。

**いわんばかり**【言わんばかり】まるで…というようである。例 もう帰《かえ》れと言わんばかりの顔《かお》をする。

**いわんや** 副 まして。言《い》うまでもなく。なおさら。〔古《ふる》い言《い》い方《かた》。〕例 三人《さんにん》でも無理《むり》だ。いわんや、一人《ひとり》で動《うご》かせるはずがない。

**いん**【引】画数 4 部首 弓（ゆみへん） 2年

筆順 引

音 イン 訓 ひ-く ひ-ける

❶ひっぱる。ひく。熟語 引用《いんよう》。引力《いんりょく》。吸引《きゅういん》。❷退《しりぞ》く。熟語 引退《いんたい》。❸連《つ》れて行《い》く。熟語 引率《いんそつ》。

《訓の使い方》ひ-く 例 つなを引く。ひ-ける 例 気《き》が引ける。

**いん**【印】画数 6 部首 卩（ふしづくり） 4年

筆順 印

音 イン 訓 しるし

❶はんこ。熟語 印鑑《いんかん》。調印《ちょういん》。❷しるしをつける。しるし。熟語 印刷《いんさつ》。印象《いんしょう》。目印《めじるし》。

**いん**【印】名 はん。はんこ。例 印を押《お》す。

**いん**【因】画数 6 部首 囗（くにがまえ） 5年

首都《しゅと》プノンペン。人口約《じんこうやく》1,530万人《まんにん》。略称《りゃくしょう》CAM。

音 イン　訓 よ-る

筆順

ものごとの元《もと》。起《お》こり。熟語 因果《いんが》。原因《げんいん》。

《訓の使い方》 よ-る 例 かぜに因る熱《ねつ》。

**いん【因】** 名 原因《げんいん》。例 敗戦《はいせん》の因。

**いん【員】** 画数 10 部首 口(くち) 3年

音 イン　訓 ―

筆順

❶人《ひと》の数《かず》。熟語 全員《ぜんいん》。定員《ていいん》。満員《まんいん》。❷受《う》け持《も》つ人《ひと》。係《かかり》の人《ひと》。熟語 委員《いいん》。議員《ぎいん》。

**いん【院】** 画数 10 部首 阝(こざとへん) 3年

音 イン　訓 ―

筆順

❶大《おお》きな建物《たてもの》や組織《そしき》。熟語 寺院《じいん》。病院《びょういん》。衆《しゅう》議院《ぎいん》。❷昔《むかし》、上皇《じょうこう》や法皇《ほうおう》などを敬《うやま》って言《い》った言葉《ことば》。熟語 院政《いんせい》。例 後鳥羽院《ごとばいん》。

**いん【院】** 名 ❶上皇《じょうこう》や法皇《ほうおう》などの御殿《ごてん》。例 院を警固《けいご》する武士《ぶし》。❷大学院《だいがくいん》など、「院《いん》」のつく組織《そしき》や建物《たてもの》の略《りゃく》。例 院を修了《しゅうりょう》する。

**いん【飲】** 画数 12 部首 食(しょくへん) 3年

音 イン　訓 の-む

筆順

のむ。熟語 飲食《いんしょく》。飲料《いんりょう》。牛飲馬食《ぎゅういんばしょく》。

《訓の使い方》 の-む 例 水《みず》を飲む。

**いん【咽】** 画数 9 部首 口(くちへん)

音 イン　訓 ―

❶のみこむ。のど。熟語 咽喉《いんこう》〔=のど〕。❷むせぶ。息《いき》がつまる。

**いん【姻】** 画数 9 部首 女(おんなへん)

音 イン　訓 ―

結婚《けっこん》する。熟語 婚姻《こんいん》。

**いん【淫】** 画数 11 部首 氵(さんずい)

音 イン　訓 みだ-ら

❶異性《いせい》とのことについて、つつしみがない。熟語 淫行《いんこう》〔=みだらな行《おこな》い〕。❷度《ど》を過《す》ごして、深入《ふかい》りする。熟語 淫酒《いんしゅ》〔=酒《さけ》に心《こころ》をうばわれること〕。

**いん【陰】** 画数 11 部首 阝(こざとへん)

音 イン　訓 かげ　かげ-る

❶かげ。日《ひ》かげ。熟語 陰影《いんえい》。木陰《こかげ》。❷時間《じかん》。熟語 光陰《こういん》。❸人目《ひとめ》につかない。熟語 陰謀《いんぼう》。❹暗《くら》い。熟語 陰気《いんき》。対 陽《よう》。❺月《つき》。熟語 陰暦《いんれき》。❻電気《でんき》のマイナス。熟語 陰極《いんきょく》。対 陽《よう》。

**いん【陰】** 名 人目《ひとめ》をさけて、かくれていること。対 陽《よう》。

**陰《いん》に籠《こ》もる** 不平《ふへい》や不満《ふまん》をためたままで、外《そと》に表《あらわ》さない。また、陰気《いんき》である。例 陰にこもって不気味《ぶきみ》な声《こえ》。

**陰《いん》に陽《よう》に** ときには目立《めだ》たぬように、ときには堂々《どうどう》と。陰《かげ》になり日《ひ》なたになって。例 陰に陽に助《たす》けてもらった。

**いん【隠】** 画数 14 部首 阝(こざとへん)

音 イン　訓 かく-す　かく-れる

かくす。かくれる。人《ひと》に見《み》えないようにする。熟語 隠居《いんきょ》。

**いん【韻】** 画数 19 部首 音(おとへん)

音 イン　訓 ―

❶美《うつく》しい音《おと》のひびき。おもむき。熟語 余韻《よいん》。❷詩《し》や歌《うた》。熟語 韻文《いんぶん》。❸同《おな》じような音《おと》のひびきの語《ご》をくり返《かえ》すこと。

**いん【韻】** 名 (詩《し》や歌《うた》の調子《ちょうし》をととのえるために)行《ぎょう》の初《はじ》めや終《お》わりに、同《おな》じような音《おと》のひびきの語《ご》をくり返《かえ》すこと。例 韻をふむ〔=韻《いん》を使《つか》って調子《ちょうし》をととのえる〕。

**いん【音】** 熟語 母音《ぼいん》。福音《ふくいん》。↓**おん【音】** 184ページ

**イン** 〔英語 in〕 一 名 ❶(テニスやバレーボールなどで)ボールがラインの内側《うちがわ》に入《はい》ること。セーフ。❷(ゴルフで)後半《こうはん》の九《きゅう》ホール。二〔ある言葉《ことば》の前《まえ》につけて〕中《なか》の。内側《うちがわ》の。例 インドア。インコース〔=内側《うちがわ》のコース〕。対 (一・二)アウト。三〔ある言葉《ことば》のあとにつけて〕入《はい》ること。入《い》れること。例 ゴールイン。ホームイン。

あ い うえお かきくけこ さしすせそ たちつてと なにぬねの はひふへほ まみむめも やゆよ らりるれろ わをん



世界の国 カンボジア　インドシナ半島南部《はんとうなんぶ》の国《くに》。農業《のうぎょう》や漁業《ぎょぎょう》がさかんで、主《おも》な作物《さくもつ》は米《こめ》。アンコールワットが有名《ゆうめい》。

**いんえい【陰影】** 名 ❶光《ひかり》のあたらない暗《くら》い部分《ぶぶん》。かげ。❷含《ふく》みや変化《へんか》があって、味《あじ》わいが深《ふか》いこと。例 陰影に富《と》んだ文章《ぶんしょう》。

**いんか【引火】** 名 動-する 他《ほか》からの火《ひ》が移《うつ》って、物《もの》が燃《も》えだすこと。例 ガソリンは引火しやすい。

**いんが【因果】** 一 名 ❶ものごとの原因《げんいん》と結果《けっか》。例 因果関係《かんけい》。❷仏教《ぶっきょう》で、よいことや悪《わる》いことをした、結果《けっか》やむくい。二 形動 めぐり合《あ》わせが悪《わる》いようす。例 因果な身《み》の上《うえ》だ。

**因果《いんが》を含《ふく》める** わけをよく話《はな》して聞《き》かせ、あきらめるようにさせる。例 因果を含めて、旅行《りょこう》をやめさせた。

■**いんがおうほう【因果応報】** 名 行《おこな》いのよい悪《わる》いに応《おう》じて、その報《むく》いがくること。〔悪《わる》い行《おこな》いに使《つか》うことが多《おお》い。〕参考 仏教《ぶっきょう》の言葉《ことば》。

**いんがかんけい【因果関係】** 名 一方《いっぽう》が原因《げんいん》で、もう一方《いっぽう》がその結果《けっか》という関係《かんけい》。例 雨量《うりょう》と川《かわ》の水量《すいりょう》は、因果関係にある。

**いんがし【印画紙】** 名 現像《げんぞう》したフィルムを焼《や》きつけて写真《しゃしん》に使《つか》う紙《かみ》。

**いんかてん【引火点】** 名 じかに火《ひ》をつけなくても、炎《ほのお》を近《ちか》づけたりしただけで燃《も》えだす温度《おんど》。発火点《はっかてん》よりも低《ひく》い。

**いんかん【印鑑】** 名 はんこ。印《いん》。

**いんき【陰気】** 形動 晴《は》れ晴《ば》れしないで暗《くら》いようす。例 陰気な話《はなし》。対 陽気《ようき》。

**インキ** 〔オランダ語〕名 ↓インク 94ページ

**いんきょ【隠居】** 名 動-する 引退《いんたい》して、静《しず》かに暮《く》らすこと。また、その人《ひと》。

**いんきょく【陰極】** 名 電池《でんち》などで二《ふた》つの電極《でんきょく》のうち、電流《でんりゅう》が流《なが》れこむほうの極《きょく》。マイナス極《きょく》。対 陽極《ようきょく》。

**インク** 〔英語 ink〕名 印刷《いんさつ》したりペンで書《か》いたりするときに使《つか》う、色《いろ》のついた液体《えきたい》。インキ。

**イングリッシュホルン** 〔英語 English horn〕名 オーボエに形《かたち》が似《に》て、やわらかい音《おと》を出《だ》す木管楽器《もっかんがっき》。細《ほそ》い管《くだ》の先《さき》がくわえやすく曲《ま》がっている。

**いんけん【陰険】** 形動 うわべはよく見《み》せて、心《こころ》の中《なか》で悪《わる》だくみをするようす。例 陰険なやり方《かた》。

**いんげんまめ【隠元豆】** 名 畑《はたけ》に作《つく》る作物《さくもつ》。つるになるものと直立《ちょくりつ》するものとがある。花《はな》は白《しろ》かうすむらさき色《いろ》。若《わか》いさやは煮《に》て食《た》べ、豆《まめ》はあんなどにする。

**いんこ** 名 熱帯《ねったい》の森林《しんりん》にすみ、羽《はね》が赤《あか》や青《あお》などあざやかな色《いろ》の美《うつく》しい鳥《とり》。大《おお》きなアオボウシインコは人《ひと》の声《こえ》をまねる。

〔いんこ〕

**いんご【隠語】** 名 仲間《なかま》だけに通《つう》じる特別《とくべつ》の言葉《ことば》。たとえば「ホシ」は、犯人《はんにん》という意味《いみ》の、警察《けいさつ》の隠語《いんご》。

**インコース** 名 〔日本《にっぽん》でできた英語《えいご》ふうの言葉《ことば》。〕❶〔野球《やきゅう》・ソフトボールで〕投手《とうしゅ》の投《な》げた球《たま》が、ホームプレートの、打者《だしゃ》に近《ちか》いところを通《とお》るコース。内角《ないかく》。❷〔競走《きょうそう》で〕内側《うちがわ》のコース。対 (❶・❷)アウトコース。

○**いんさつ【印刷】** 名 動-する 文字《もじ》や絵《え》などを組《く》み合《あ》わせて版《はん》を作《つく》り、印刷機《いんさつき》でインクをつけて同《おな》じものをたくさん刷《す》ること。例 学級《がっきゅう》文集《ぶんしゅう》を印刷する。

**いんさつぶつ【印刷物】** 名 印刷《いんさつ》されたもの。例 調査結果《ちょうさけっか》をまとめた印刷物。

**いんし【印紙】** 名 国《くに》が発行《はっこう》する、切手《きって》のような形《かたち》の紙《かみ》。税金《ぜいきん》や手数料《てすうりょう》などを国《くに》に納《おさ》めたしるしに、領収書《りょうしゅうしょ》や証書《しょうしょ》などにはる。収入《しゅうにゅう》印紙《いんし》などがある。

**いんじ【印字】** 名 動-する パソコンのプリンターなどで、文字《もじ》や符号《ふごう》を打《う》ち出《だ》すこと。

**いんしゅ【飲酒】** 名 動-する 酒《さけ》をのむこと。

**いんしゅう【因習】** 名 昔《むかし》から伝《つた》わっている習《なら》わし。おもによくない意味《いみ》に使《つか》う。例 因習にとらわれる。

✤○**いんしょう【印象】** 名 見《み》たり聞《き》いたりしたときに、心《こころ》に受《う》けた感《かん》じ。例 印象に残《のこ》る映画《えいが》。印象がうすい。

**印象深《いんしょうぶか》い** 心《こころ》に残《のこ》って、忘《わす》れられない。例 講演《こうえん》での最後《さいご》のひと言《こと》が印象深い。

コ・トウモロコシ・米《こめ》などがとれる。1991年《ねん》に旧《きゅう》ユーゴスラビアから分離《ぶんり》・独立《どくりつ》した。首都《しゅと》スコピエ。人口約《じんこうやく》210万人《まんにん》。

**いんしょうてき【印象的】** 形動 心《こころ》に深《ふか》く感《かん》じ、忘《わす》れられないようす。例 あの場面《ばめん》がいちばん印象的であった。

**いんしょうは【印象派】** 名 ものの姿《すがた》をただ写《うつ》すのではなく、ものから受《う》けた感覚的《かんかくてき》な印象《いんしょう》を表現《ひょうげん》しようとした人々《ひとびと》。また、そのような芸術運動《げいじゅつうんどう》の系統《けいとう》。画家《がか》ではモネ、ルノアール、音楽《おんがく》ではドビュッシーなどが知《し》られる。

**°いんしょく【飲食】** 名 動する 飲《の》んだり食《た》べたりすること。例 飲食店《てん》。

**いんしょくてん【飲食店】** 名 飲《の》み物《もの》や食《た》べ物《もの》を、客《きゃく》に提供《ていきょう》する店《みせ》。

**インスタント** 〔英語 instant〕名 形動 手《て》間《ま》がかからないで、すぐできること。即席《そくせき》。例 インスタント食品《しょくひん》。

**インストール** 〔英語 install〕名 動する コンピューターにソフトウエアを取《と》りこんで、使《つか》えるようにすること。

**インストラクター** 〔英語 instructor〕名 スポーツや技術《ぎじゅつ》の指導《しどう》をする人《ひと》。

**インスピレーション** 〔英語 inspiration〕名 突然《とつぜん》ひらめく考《かんが》え。ひらめき。霊感《れいかん》。例 インスピレーションがわく。

**いんせい【院政】** 名 昔《むかし》、天皇《てんのう》の位《くらい》をゆずった上皇《じょうこう》や法皇《ほうおう》が、天皇《てんのう》に代《か》わって国《くに》の政治《せいじ》を行《おこな》ったこと。

**いんせい【陰性】** 名 ❶ひっこみじあんで、ものごとを自分《じぶん》からしようとしない性質《せいしつ》。❷病気《びょうき》やツベルクリン反応《はんのう》などの検査《けんさ》で、その反応《はんのう》が出《て》ないこと。対(❶・❷)陽性《ようせい》。

**いんせき【引責】** 名 動する 自分《じぶん》で責任《せきにん》を取《と》ること。例 会長《かいちょう》が引責辞任《じにん》をした。

**いんせき【隕石】** 名 流《なが》れ星《ぼし》が、大気《たいき》の中《なか》で燃《も》えきらないで、地上《ちじょう》に落《お》ちてきたもの。

**いんそつ【引率】** 名 動する 先《さき》に立《た》って、人々《ひとびと》を連《つ》れて行《い》くこと。例 生徒《せいと》を引率する。
注意「引卒」と書《か》くのはまちがい。

**インターチェンジ** 〔英語 interchange〕名 ふつうの道路《どうろ》と高《こう》速道路《そくどうろ》などの出入《でい》り口《ぐち》とをつなぎ、立体交差《りったいこうさ》になっている場所《ばしょ》。自動車《じどうしゃ》が止《と》まらずに道《みち》を変《か》えられる。インター。

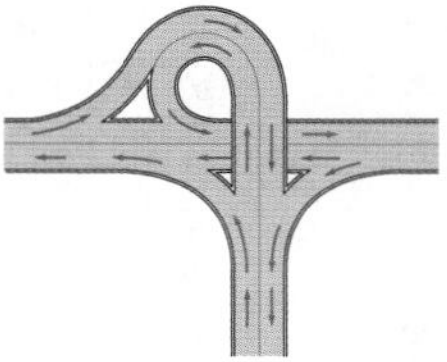
〔インターチェンジ〕

**インターナショナル** 〔英語 international〕形動 国際的《こくさいてき》な。国際間《こくさいかん》の。

**インターネット** 〔英語 internet〕名 多数《たすう》のコンピューターなどを、光《ひかり》ファイバーなどの回線《かいせん》を使《つか》ってたがいに結《むす》び合《あ》わせて利用《りよう》する仕《し》かけ。コンピューターで世界《せかい》じゅうの情報《じょうほう》を受信《じゅしん》したり、自分《じぶん》の意見《いけん》を発信《はっしん》したりできる。ネット。

**インターハイ** 名〔日本《にっぽん》でできた英語《えいご》ふうの言葉《ことば》。〕「全国高等学校総合体育大会《ぜんこくこうとうがっこうそうごうたいいくたいかい》(高校総体《こうこうそうたい》)」の通称《つうしょう》。

**インターバル** 〔英語 interval〕名 (スポーツなどで)間隔《かんかく》をあけてすること。合間《あいま》。また、休憩時間《きゅうけいじかん》。

**インターホン** 〔英語 interphone〕名 門《もん》と家《いえ》の中《なか》や、部屋《へや》と部屋《へや》との間《あいだ》で、話《はな》したり聞《き》いたりできる簡単《かんたん》な電話《でんわ》。

**インターン** 〔英語 intern〕名 ❶美容師《びようし》や理容師《りようし》になる資格《しかく》を得《え》るための実習《じっしゅう》。また、その実習《じっしゅう》をしている人《ひと》。❷インターンシップによる実習《じっしゅう》をしている人《ひと》。

**インターンシップ** 〔英語 internship〕名 学生《がくせい》が在学中《ざいがくちゅう》の決《き》まった期間《きかん》、会社《かいしゃ》や店《みせ》などに出《て》て、実際《じっさい》の仕事《しごと》を体験《たいけん》する制度《せいど》。

**いんたい【引退】** 名 動する これまでの地位《ちい》や仕事《しごと》などをやめて、退《しりぞ》くこと。例 横綱《よこづな》の引退をおしむ。

**インダスがわ〘インダス川〙** 地名 ヒマラヤ山脈《さんみゃく》が源《みなもと》で、パキスタンを流《なが》れ、アラビア海《かい》〔＝インド洋北西部《ようほくせいぶ》〕に注《そそ》ぐ大《おお》きな川《かわ》。この川《かわ》の下流《かりゅう》で古代《こだい》インダス文明《ぶんめい》が栄《さか》えた。

**❖°インタビュー** 〔英語 interview〕名 動する 調査《ちょうさ》や放送《ほうそう》・新聞《しんぶん》などの記事《きじ》を書《か》くため、人《ひと》に会《あ》って話《はなし》を聞《き》くこと。⬇96ページ

**インチ** 〔英語 inch〕名 ヤードポンド法《ほう》の長《なが》さの単位《たんい》の一《ひと》つ。一フィートの一二分《ぶん》の一で、約《やく》二・五四センチメートル。

**いんちき** 名 形動 ごまかし。不正《ふせい》。〔くだけた言《い》い方《かた》。〕例「いんちきばかりして、ずるいよ。」

世界の国 北《きた》マケドニア　ヨーロッパ東部《とうぶ》のバルカン半島《はんとう》にある国《くに》。大部分《だいぶぶん》が山地《さんち》で、近畿地方《きんきちほう》よりややせまい。タバ 略称《りゃくしょう》MKD。

例解 ! ことばの勉強室

## インタビューのしかた

インタビューの前《まえ》に、何《なに》を聞《き》きたいのか、聞《き》く目的《もくてき》をはっきりさせ、聞《き》きたいことがらを整理《せいり》しておくことがだいじだ。できれば、聞《き》きたいことについて、下調《したしら》べをしておくといい。

インタビューをするときは、まず初《はじ》めに、何《なん》のために、どんなことを聞《き》きたいのかを相手《あいて》に話《はな》そう。そして、言葉遣《ことばづか》いに気《き》をつけながら、はっきりとした言葉《ことば》でたずねよう。

聞《き》きながらうなずいたり、わからないときは聞《き》き返《かえ》したりしながら話《はなし》を聞《き》こう。録音機《ろくおんき》やカメラなどを使《つか》うのもよいが、その場合《ばあい》でも必《かなら》ずメモを取《と》っておきたい。そして、聞《き》いたことを、しっかりと整理《せいり》しておこう。

**いんちょう【院長】** 名 病院《びょういん》・学院《がくいん》など、院《いん》とつく所《ところ》の、いちばん上《うえ》の人《ひと》。

**インディアン**〔英語 Indian〕名 ⇩ネイティブアメリカン 1001ページ

**インテリ** 名〔ロシア語《ご》の「インテリゲンチャ」の略《りゃく》。〕知識《ちしき》や教養《きょうよう》のある人《ひと》。知識人《ちしきじん》。

**インテリア**〔英語 interior〕名 部屋《へや》の内部《ないぶ》。また、部屋《へや》の中《なか》をかざること。室内装飾《しつないそうしょく》や家具《かぐ》。

**インド** 地名 アジアの南部《なんぶ》、インド半島《はんとう》にある国《くに》。首都《しゅと》はデリー。一九四七年《ねん》にイギリスから独立《どくりつ》した。

**インドア**〔英語 indoor〕名 屋内《おくない》。室内《しつない》。例 インドアスポーツ。対 アウトドア。

**いんどう【引導】** 名（仏教《ぶっきょう》で）死《し》んだ人《ひと》を葬《ほうむ》るとき、坊《ぼう》さんが仏《ほとけ》の教《おし》えを唱《とな》えること。

**引導《いんどう》を渡《わた》す** ❶死《し》んだ人《ひと》に引導《いんどう》の言葉《ことば》を与《あた》える。❷これが最後《さいご》だと言《い》いわたす。例 もう二度《にど》としないように引導を渡す。

**インドシナはんとう**〘インドシナ半島《はんとう》〙地名 アジア南東部《なんとうぶ》の大《おお》きな半島《はんとう》。ベトナム・カンボジア・ラオス・タイ・ミャンマーの諸国《しょこく》があり、南《みなみ》にマレー半島《はんとう》がつき出《で》ている。

✤**イントネーション**〔英語 intonation〕名〔国語《こくご》で〕（言葉《ことば》を話《はな》すときなどの）声《こえ》の上《あ》がり下《さ》がりの調子《ちょうし》。抑揚《よくよう》。

**インドネシア** 地名 東南《とうなん》アジアにある国《くに》。首都《しゅと》はジャカルタ。国土《こくど》は、スマトラ・ジャワなど多数《たすう》の島々《しまじま》からなる。

**インドよう**〘インド洋〙地名 アジア・アフリカ・オーストラリア・南極《なんきょく》の大陸《たいりく》に囲《かこ》まれた大《おお》きな海《うみ》。

**イントロ** 名〔英語《えいご》の「イントロダクション」の略《りゃく》。〕楽曲《がっきょく》の出《で》だしの部分《ぶぶん》。前奏《ぜんそう》。

例解 ! ことばの勉強室

## イントネーションについて

太郎《たろう》「行《い》く。」
花子《はなこ》「行《い》く。」
二人《ふたり》とも、同《おな》じことを言《い》っているようだ。
けれども、「行《い》くんですか。」と聞《き》かれて「はい、行《い》きます。」と返事《へんじ》しているのだとしたら、どうだろう。

太郎《たろう》は「行《い》く？」という気持《きも》ちで、言葉《ことば》の終《お》わりを上《あ》げて言《い》い、花子《はなこ》はうなずくように言葉《ことば》の終《お》わりを下《さ》げて言《い》うにちがいない。

では、「ぼくは行《い》くよ。」「えっ、行《い》くんですか。」という場合《ばあい》はどうなるだろう。前《まえ》とはすっかりちがった言《い》い方《かた》になるはずだ。

イントネーションは、話《はな》し手《て》の気持《きも》ちを表《あらわ》す大切《たいせつ》なはたらきをしている。

**いんないかんせん【院内感染】** 名 動-する 病院《びょういん》などで、感染症《かんせんしょう》が広《ひろ》がること。

**いんねん【因縁】** 名 ❶仏教《ぶっきょう》で、前《まえ》から決《き》まっている運命《うんめい》。縁《えん》。例 前世《ぜんせ》からの因縁。❷かかわり合《あ》い。例 深《ふか》い因縁がある。❸ものごとの起《お》こった筋道《すじみち》。例 この寺《てら》の因縁。❹言《い》いがかり。例 因縁をつける。

ぐまれている。米《こめ》やコーヒー、落花生《らっかせい》などもとれる。首都《しゅと》コナクリ。人口約《じんこうやく》1,350万人《まんにん》。略称《りゃくしょう》GUI。

**インパクト**〔英語 impact〕名 ❶ものごとが他《ほか》に与《あた》える影響《えいきょうりょく》力や印象《いんしょう》のこと。例 事件《じけん》は社会《しゃかい》に大《おお》きなインパクトを与《あた》えた。❷野《や》球《きゅう》・テニスなどで、ボールがバットやラケットに当《あ》たる瞬間《しゅんかん》のこと。

**インフォームドコンセント**〔英語 informed consent〕名 治療《ちりょう》について医者《いしゃ》からじゅうぶん説明《せつめい》を受《う》けた上《うえ》で、患者《かんじゃ》がそれに同意《どうい》すること。

**インフォメーション**〔英語 information〕名 ❶情報《じょうほう》。報道《ほうどう》。知《し》らせ。❷受付《うけつけ》。案内所《あんないじょ》。

**インプット**〔英語 input〕名 動-する 入力《にゅうりょく》。特《とく》に、コンピューターに処理《しょり》する情報《じょうほう》を入《い》れること。例 パソコンにデータをインプットする。対 アウトプット。

**インフルエンザ**〔英語 influenza〕名 のどや気管《きかん》などが、ウイルスによってただれる病《びょう》気《き》。かぜに似《に》ているが、高《たか》い熱《ねつ》が出《で》て、うつりやすい。流行性感冒《りゅうこうせいかんぼう》。流感《りゅうかん》。

**インフレ** 名〔英語《えいご》の「インフレーション」の略《りゃく》。〕物《もの》の値段《ねだん》がどんどん上《あ》がって、お金《かね》の値《ね》打《う》ちが下《さ》がること。インフレーション。対 デフレ。

**インフレーション**〔英語 inflation〕名 ↓ インフレ 97ページ。対 デフレーション。

✤**いんぶん**【韻文】名〔国語《こくご》で〕音《おん》の数《かず》を七五《しちご》調《ちょう》にするなど、調子《ちょうし》をととのえた、ひびきのよい文章《ぶんしょう》。俳句《はいく》や短歌《たんか》、詩《し》など。対 散文《さんぶん》。

**いんぺい**【隠蔽】名 動-する 見《み》られると都合《つごう》の悪《わる》いものごとを、人目《ひとめ》につかないように隠《かく》すこと。例 事実《じじつ》を隠蔽する。

**いんぼう**【陰謀】名 こっそりとたくらむ悪《わる》い計画《けいかく》。例 陰謀をくわだてる。

✤**いんゆ**【隠喩】名 比喩《ひゆ》の一《ひと》つ。「…のようだ」「…みたいだ」などを使《つか》わないで、たとえるものとたとえられるものとを直接《ちょくせつ》結《むす》びつけて表《あらわ》す方法《ほうほう》。たとえば、「練習《れんしゅう》の鬼《おに》」「人生《じんせい》は旅《たび》だ」の「鬼《おに》」「旅《たび》」は、練習《れんしゅう》する姿《すがた》やこれからの人生《じんせい》を表《あらわ》す隠喩《いんゆ》である。メタファー。↓ ひゆ 1109ページ

✤**いんよう**【引用】名 動-する 自分《じぶん》の話《はなし》や文章《ぶんしょう》の中《なか》に、人《ひと》の言葉《ことば》や文章《ぶんしょう》を借《か》りて使《つか》うこと。例 人《ひと》の言葉《ことば》を引用する。

**いんよう**【陰陽】名 ❶陰《いん》と陽《よう》。ものごとは、対立《たいりつ》する二《ふた》つから成《な》り立《た》っているという、昔《むかし》の中国《ちゅうごく》にあった考《かんが》え方《かた》。月《つき》と太陽《たいよう》、夜《よる》と昼《ひる》、静《せい》と動《どう》など。❷電気《でんき》の、陰極《いんきょく》と陽極《ようきょく》。

**いんよう**【飲用】名 動-する 飲《の》むために使《つか》うこと。例 この水《みず》は飲用に向《む》かない。

✤**いんりつ**【韻律】名 音《おん》の長《なが》さ・高《たか》さ・強《つよ》さ・数《かず》などによって作《つく》りだされる、言葉《ことば》の音楽的《おんがくてき》な調子《ちょうし》。リズム。例 詩《し》の韻律。

**いんりょう**【飲料】名 飲《の》み物《もの》。例 飲料水《すい》。

**いんりょく**【引力】名 物《もの》と物《もの》とが、たがいに引《ひ》き合《あ》う力《ちから》。すべての物《もの》は、この引力《いんりょく》を持《も》っている。参考 地球《ちきゅう》の持《も》つ引力《いんりょく》を重力《じゅうりょく》という。↓ ばんゆういんりょく 1078ページ

**いんれい**【引例】名 説明《せつめい》のために例《れい》を引《ひ》くこと。また、その例《れい》。

**いんれき**【陰暦】名 太陰暦《たいいんれき》。旧暦《きゅうれき》。対 陽暦《ようれき》。

**いんろう**【印籠】名 武士《ぶし》の持《も》ち物《もの》。薬《くすり》や印《いん》の入《はい》った小《ちい》さな箱《はこ》で、腰《こし》に下《さ》げて持《も》ち歩《ある》いた。

# う

ウ u

**う【右】** 画数 5 部首 口(くち) 1年

音 ウ ユウ 訓 みぎ

筆順 ノ ナ 右 右 右

❶みぎ。熟語 右折《うせつ》。左右《さゆう》。座右《ざゆう》。❷これまでの状態《じょうたい》を守《まも》ろうとする立場《たちば》。熟語 右派《うは》。対 (❶・❷)左《さ》。

**う【宇】** 画数 6 部首 宀(うかんむり) 6年

音 ウ 訓 —

筆順 宀 宀 宀 宇 宇 宇

広《ひろ》いところ。熟語 宇宙《うちゅう》。

**う【羽】** 画数 6 部首 羽(はね) 2年

音 ウ△ 訓 は はね

筆順 ㇆ 习 习 羽 羽 羽



世界の国 ギニア アフリカ西部《せいぶ》、大西洋《たいせいよう》に面《めん》する国《くに》。本州《ほんしゅう》よりやや広《ひろ》い。ボーキサイトやダイヤなどの鉱物資源《こうぶつしげん》にめ

あいうえお かきくけこ さしすせそ たちつてと なにぬねの はひふへほ まみむめも や ゆ よ らりるれろ わ を ん

鳥《とり》や虫《むし》のはね。つばさ。熟語 羽化《うか》。羽毛《うもう》。羽《は》根《ね》。

**う【雨】** 画数 8 部首 雨（あめ） 1年
音 ウ 訓 あめ あま
筆順

あめ。熟語 雨天《うてん》。風雨《ふうう》。雨雲《あまぐも》。雨模様《あめもよう》。対 晴《せい》。

**う【有】** 熟語 有無《うむ》。↓ゆう【有】1334ページ

**う【卯】** 名 十二支《じゅうにし》の四番《よんばん》め。うさぎ。↓じゅうにし 535ページ

**う【鵜】** 名 海岸《かいがん》や川《かわ》・湖《みずうみ》にすむ黒色《こくしょく》の水鳥《みずとり》。ウミウ・カワウなどがいる。首《くび》が長《なが》く、細長《ほそなが》いくちばしを持《も》つ。水《みず》にもぐって魚《さかな》をとらえ、まるのみにするので、鵜《う》飼《か》いに使《つか》う。

**鵜《う》のまねをするからす** 〔ウのまねをして魚《さかな》をとろうとするカラスのように〕自分《じぶん》の能力《のうりょく》も考《かんが》えないで、まねをする者《もの》。また、失敗《しっぱい》することのたとえ。

**う** 助動 ❶相手《あいて》をさそう気持《きも》ちを表《あらわ》す。例 いっしょに行《い》こう。❷たぶんそうなるだろうと、おし量《はか》る気持《きも》ちを表《あらわ》す。例 明日《あす》は雨《あめ》になろう。❸そうしようという気持《きも》ちを表《あらわ》す。例 早《はや》く書《か》いてしまおう。

**うい【初】** 〔ある言葉《ことば》の前《まえ》につけて〕初《はじ》めての。例 初孫《まご》。初陣《じん》。↓しょ【初】618ページ

**ウイーク** 〔英語 week〕名 週《しゅう》。週間《しゅうかん》。例 ゴールデンウイーク。

**ウイークエンド** 〔英語 weekend〕名 週《しゅう》の終《お》わり。週末《しゅうまつ》。

**ウイークデー** 〔英語 weekday〕名 一週間《いっしゅうかん》のうち日曜日《にちようび》を除《のぞ》いた日《ひ》。土曜日《どようび》と祝日《しゅくじつ》を除《のぞ》くこともある。平日《へいじつ》。

**ウイークポイント** 〔英語 weak point〕名 ❶不完全《ふかんぜん》なところ。弱点《じゃくてん》。❷人《ひと》に知《し》られると困《こま》るような、弱《よわ》み。例 ライバルのウィークポイントをさぐる。

**ウイークリー** 〔英語 weekly〕名 週刊《しゅうかん》の雑誌《ざっし》や新聞《しんぶん》。週刊誌《しゅうかんし》。

**ヴィーナス** 〔英語 Venus〕名 ↓ビーナス 1083ページ

**ウィーン** 地名 オーストリアの首都《しゅと》。「音楽《おんがく》の都《みやこ》」として名高《なだか》い。

**ういういしい【初初しい】** 形 年《とし》が若《わか》くてものごとに慣《な》れないで、気持《きも》ちが純真《じゅんしん》なようす。例 初々《ういうい》しい一年生《いちねんせい》。

**ういじん【初陣】** 名 初《はじ》めて戦場《せんじょう》や試合《しあい》に出《で》ること。また、その戦場《せんじょう》や試合《しあい》。例 初陣《ういじん》をかざる〔=初陣《ういじん》で勝《か》つ〕。

**ウイスキー** 〔英語 whisky〕名 大麦《おおむぎ》などを原料《げんりょう》として作《つく》った、強《つよ》い酒《さけ》。

**ういまご【初孫】** 名 はじめてできた孫《まご》。はつまご。

**ウイルス** 〔ラテン語〕名 ❶日本脳炎《にほんのうえん》やインフルエンザなどの病気《びょうき》を起《お》こす、ふつうの顕微鏡《けんびきょう》では見《み》えないような、非常《ひじょう》に小《ちい》さな生物《せいぶつ》。ビールス。❷↓コンピューターウイルス 492ページ

**ウインカー** 〔英語 winker〕名 自動車《じどうしゃ》やオートバイにある、曲《ま》がる方向《ほうこう》を点滅《てんめつ》して知《し》らせるランプ。方向指示器《ほうこうしじき》。例 右折《うせつ》のウインカーを出《だ》す。

**ウインク** 〔英語 wink〕名 動する 片方《かたほう》の目《め》をつぶって合図《あいず》すること。

**ウイング** 〔英語 wing〕名 ❶飛行機《ひこうき》などのつばさ。❷建物《たてもの》などの左右《さゆう》にのびた部分《ぶぶん》。❸舞台《ぶたい》の両方《りょうほう》のそで。❹サッカーなどで、左右《さゆう》の両《りょう》はしの選手《せんしゅ》。

**ウインタースポーツ** 〔英語 winter sports〕名 冬《ふゆ》に、雪《ゆき》や氷《こおり》の上《うえ》でするスポーツ。スキー・スケートなど。

**ウインチ** 〔英語 winch〕名 筒《つつ》にワイヤーロープ〔=鋼鉄《こうてつ》の綱《つな》〕を巻《ま》きつけて回《まわ》し、重《おも》い物《もの》をつり上《あ》げたり引《ひ》き寄《よ》せたりする機械《きかい》。

**ウインドー** 〔英語 window〕名 ❶窓《まど》。❷「ショーウインドー」の略《りゃく》。❸パソコンの画面《がめん》の中《なか》に設《もう》ける、独立《どくりつ》した小《ちい》さな画面《がめん》。

**ウインドサーフィン** 〔英語 wind surfing〕名 サーフィンの板《いた》の上《うえ》に帆《ほ》を張《は》って、風《かぜ》の力《ちから》で水《みず》の上《うえ》を走《はし》るスポーツ。ボードセーリング。

**ウインナーソーセージ** 名〔日本《にっぽん》でできた英語《えいご》ふうの言葉《ことば》。〕指《ゆび》ぐらいの太《ふと》さの小型《こがた》ソーセージ。↓ソーセージ 752ページ

**ウール** 〔英語 wool〕名 ❶羊毛《ようもう》。❷羊毛《ようもう》で作《つく》った織物《おりもの》。毛織物《けおりもの》。

米《こめ》や落花生《らっかせい》などがとれる。漁業《ぎょぎょう》もさかん。首都《しゅと》ビサウ。人口約《じんこうやく》200万人《まんにん》。略称《りゃくしょう》GBS。

**ウーロンちゃ**【ウーロン茶】名 独特《どくとく》の香《かお》りがある中国《ちゅうごく》のお茶《ちゃ》。

**うえ**【上】一 名 ❶位置《いち》が高《たか》いこと。高《たか》い所《ところ》。例 山《やま》の上の雲《くも》。❷年齢《ねんれい》・学年《がくねん》や地位《ちい》などが高《たか》いこと。例 二《ふた》つ上の兄《あに》。❸すぐれていること。例 計算《けいさん》なら、彼《かれ》のほうが上だ。対（❶〜❸）下《した》。❹物《もの》の表面《ひょうめん》。例 氷《こおり》の上をすべる。❺…について。…の面《めん》では。例 計算《けいさん》の上では正《ただ》しい。❻…に加《くわ》えて。さらに。例 運動《うんどう》ができる上に、歌《うた》もうまい。❼…のあと。…の結果《けっか》。例 よく考《かんが》えた上で、答《こた》えなさい。二〔ある言葉《ことば》のあとにつけて〕その人《ひと》を敬《うやま》う気持《きも》ちを表《あらわ》す。例 父《ちち》上。母《はは》上。参考 一は、他《ほか》の言葉《ことば》の前《まえ》につくと、「上着《うわぎ》」「上向《うわむ》き」のように「うわ」と読《よ》むことが多《おお》い。⇩じょう【上】624ページ

**上《うえ》には上《うえ》がある** いちばんよいと思《おも》っていても、さらにそれよりよいものがある。

**上《うえ》を下《した》への大騒《おおさわ》ぎ** 大勢《おおぜい》の人《ひと》が入《い》り乱《みだ》れてごった返《がえ》すこと。

**うえ**【飢え】名 長《なが》い間《あいだ》食《た》べるものがなくて、おなかがすくこと。ひもじいこと。例 飢えに苦《くる》しむ。

**ウエーター**〔英語 waiter〕名 レストランや喫茶店《きっさてん》などで、食《た》べ物《もの》や飲《の》み物《もの》を運《はこ》ぶ係《かかり》の男《だん》性《せい》。ウエイター。

**ウエートリフティング**〔英語 weight lifting〕名 ⇩じゅうりょうあげ 604ページ

**ウエートレス**〔英語 waitress〕名 レストランや喫茶店《きっさてん》などで、食《た》べ物《もの》や飲《の》み物《もの》を運《はこ》ぶ係《かかり》の女性《じょせい》。ウエイトレス。

**ウェーブ**〔英語 wave〕一 名 波《なみ》のようなもの。特《とく》に、電波《でんぱ》や音波《おんぱ》。二 名 動-する ❶髪《かみ》の毛《け》などを波《なみ》打《う》つような形《かたち》にすること。例 髪《かみ》をウェーブさせる。❷スタジアムなどで、観客《かんきゃく》が次々《つぎつぎ》と立《た》ったり座《すわ》ったりして、全体《ぜんたい》が波《なみ》打《う》つように動《うご》くこと。例 満員《まんいん》の応援席《おうえんせき》からウェーブが起《お》きた。

**ヴェール**〔英語 veil〕名 ⇩ベール 1176ページ

**うえき**【植木】名 ❶庭《にわ》などに植《う》えてある木《き》。また、植《う》えるための木《き》。例 植木の苗《なえ》を買《か》う。❷はち植《う》えにした木《き》。例 植木ばち。

**うえきばち**【植木鉢】名 植物《しょくぶつ》や草花《くさばな》を植《う》えておく鉢《はち》。

**うえこみ**【植え込み】名 庭《にわ》や公園《こうえん》などで、木《き》をたくさん植《う》えてある所《ところ》。

**うえした**【上下】名 ❶上《うえ》と下《した》。❷上《うえ》と下《した》が逆《さか》さになること。例 壁《かべ》の絵《え》が上下になっている。

**うえじに**【飢え死に】名 動-する 食《た》べ物《もの》がなくて死《し》ぬこと。餓死《がし》。

**うえすぎ けんしん**〖上杉謙信〗人名 (男)（一五三〇〜一五七八）戦国時代《せんごくじだい》の武将《ぶしょう》。越後《えちご》の領主《りょうしゅ》。甲斐《かい》の武田信玄《たけだしんげん》との「川中島《かわなかじま》の戦《たたか》い」は有名《ゆうめい》。

**ウエスタン**〔英語 Western〕名 ❶アメリカ西部《せいぶ》を舞台《ぶたい》にした劇《げき》や映画《えいが》。西部劇《せいぶげき》。❷アメリカ西部《せいぶ》の音楽《おんがく》。

**ウエスト**〔英語 waist〕名 胸《むね》と腰《こし》との間《あいだ》の、細《ほそ》いところ。胴回《どうまわ》り。

**うえつける**【植え付ける】動 ❶草《くさ》や木《き》を移《うつ》して植《う》える。例 畑《はたけ》にトマトのなえを植えつける。❷人《ひと》の心《こころ》にしっかりと刻《きざ》みつける。例 思《おも》いやりの心《こころ》を植えつける。

**ウエディング**〔英語 wedding〕名 結婚《けっこん》。結婚式《けっこんしき》。例 ウエディングケーキ。

**ウエハース**〔英語 wafers〕名 うすくて軽《かる》い短《たん》ざく形《がた》の洋菓子《ようがし》。アイスクリームに添《そ》えたりする。

**ウェブ**〔英語 web〕名 ❶インターネットを利用《りよう》して、世界的《せかいてき》な広《ひろ》がりで情報《じょうほう》を検索《けんさく》したり、発信《はっしん》したりすることができるしくみ。英語《えいご》の「ワールドワイドウェブ」の略《りゃく》。❷⇩ウェブサイト 99ページ。参考 英語《えいご》の「web」は、「クモの巣《す》」という意味《いみ》。

**ウェブサイト**〔英語 web site〕名 インターネットで、ひとまとまりの情報《じょうほう》が置《お》かれている場所《ばしょ》。サイト。ウェブ。

**うえる**【飢える】動 ❶長《なが》い間《あいだ》食《た》べ物《もの》がなくて、おなかがすく。❷望《のぞ》むものが得《え》られず、強《つよ》くほしがる。例 愛《あい》に飢える。⇩き【飢】295ページ

**うえる**【植える】動 植物《しょくぶつ》を育《そだ》てるために、草《くさ》や木《き》の根《ね》を土《つち》の中《なか》にうめる。例 なえ木《ぎ》を植える。⇩しょく【植】641ページ

**うお**【魚】名 さかな。魚類《ぎょるい》。例 魚市場《いちば》。⇩ぎょ【魚】331ページ

**うおいちば**【魚市場】名 魚《さかな》などを、売《う》っ



世界の国 ギニアビサウ　アフリカ西部《せいぶ》、大西洋《たいせいよう》に面《めん》する国《くに》。アフリカ大陸《たいりく》のほか、約《やく》60の島々《しまじま》からなる。農業国《のうぎょうこく》で、

たり買《か》ったりする人《ひと》が、たくさん集《あつ》まって取《と》り引《ひ》きする所《ところ》。魚河岸《うおがし》。

■**うおうさおう【右往左往】** 名 動-する 右《みぎ》に行《い》ったり左《ひだり》に行《い》ったりして、うろうろすること。まごつきうろたえること。例 出口《でぐち》がわからずに右往左往する。

**ウォーキング** 〔英語 walking〕名 健康《けんこう》のために、やや早足《はやあし》で歩《ある》くこと。

**ウォークラリー** 名 〔日本《にっぽん》でできた英語《えいご》ふうの言葉《ことば》。〕野外《やがい》ゲームの一《ひと》つ。課題《かだい》を解《と》きながらコースにしたがって歩《ある》き、ゴールするまでの時間《じかん》と課題《かだい》のできばえを競《きそ》い合《あ》う。

**ウオーター** 〔英語 water〕名 水《みず》。例 ミネラルウオーター。

**ウォーミングアップ** 〔英語 warming-up〕名 動-する 体《からだ》を慣《な》らすために行《おこな》う軽《かる》い準備運動《じゅんびうんどう》。ウォームアップ。

**うおがし【魚△〈河岸〉】** 名 ➡うおいちば 99ページ

**うおごころあればみずごころ【魚心あれば水心】** 相手《あいて》が好意《こうい》を示《しめ》せば、こちらも好意《こうい》をもって応《こた》える気《き》になる。ものごとは相手《あいて》の出方《でかた》しだいだ、ということ。

**うおつきりん【魚付林】** 名 魚《さかな》を集《あつ》め保護《ほご》するために、岸近《きしちか》くに育《そだ》てられた森林《しんりん》。

**ウォッチ** 〔英語 watch〕一 名 (小《こ》ぶりの)時計《とけい》。例 ストップウォッチ。二 名 動-する 注意深《ちゅういぶか》く見《み》ること。観察《かんさつ》。

**ウォッチング** 〔英語 watching〕名 観察《かんさつ》すること。例 バードウォッチング。

**うおのめ【魚の目】** 名 足《あし》の裏《うら》などの皮膚《ひふ》の一部《いちぶ》が固《かた》くなって、いぼのようになったもの。

**うか【羽△化】** 名 動-する 昆虫《こんちゅう》が幼虫《ようちゅう》またはさなぎから脱皮《だっぴ》して、羽《はね》のついた成虫《せいちゅう》になること。➡へんたい(変態)❶ 1186ページ／せみ 724ページ

**うかい【迂回】** 名 動-する 回《まわ》り道《みち》。遠回《とおまわ》り。例 道路工事《どうろこうじ》のためう回して行《い》く。

**うかい【鵜飼い】** 名 ウを飼《か》いならして、アユなどの魚《さかな》をとること。長良川《ながらがわ》の鵜飼《うか》いが有名《ゆうめい》。➡う(鵜) 98ページ

〔うかい〕

**うがい** 名 動-する 水《みず》などで、口《くち》やのどをすすぐこと。例 うがい薬《ぐすり》。

**うかうか** 副(-と) 動-する ぼんやり。うっかり。例 うかうかしていられない。

°**うかがう【伺う】** 動 「(人《ひと》に ものを)聞《き》く」「(人《ひと》を)訪《たず》ねる」を、へりくだって言《い》う言葉《ことば》。例 先生《せんせい》に伺ってみよう。明日《あす》お伺いします。⇩し【伺】538ページ

**うかがう** 動 ❶そっと、ようすを見《み》る。例 顔色《かおいろ》をうかがう。❷よい機会《きかい》が来《く》るのを待《ま》つ。例 すきをうかがう。❸手《て》に入《い》れられそうになる。例 優勝《ゆうしょう》をうかがう順位《じゅんい》。

**うかされる【浮かされる】** 動 ❶夢中《むちゅう》になって、他《ほか》のことがわからなくなる。例 スマホゲームに浮かされる。❷高《たか》い熱《ねつ》のため、頭《あたま》がぼんやりする。

**うかす【浮かす】** 動 ❶浮《う》くようにする。例 小舟《こぶね》を浮かす。❷節約《せつやく》して余《あま》らせる。例 おこづかいを浮かす。

**うかつ** 形動 注意《ちゅうい》の足《た》りないようす。うっかり。例 うかつにも秘密《ひみつ》をもらした。

**うがつ** 動 ❶穴《あな》を開《あ》ける。例 雨垂《あまだ》れが石《いし》をうがつ。❷ものごとの表面《ひょうめん》に表《あらわ》れていない大切《たいせつ》なところまで、きちんととらえる。例 うがった見方《みかた》をする。

**うかないかお【浮かない顔】** 元気《げんき》のない、心配《しんぱい》そうな顔《かお》つき。浮《う》かぬ顔《かお》。

**うかばれない【浮かばれない】** 苦労《くろう》がむくわれない。例 大会中止《たいかいちゅうし》では浮かばれないね。

**うかびあがる【浮かび上がる】** 動 ❶水面《すいめん》に出《で》てくる。例 魚《さかな》が浮かび上がる。❷空中《くうちゅう》にゆっくりとのぼる。例 気球《ききゅう》が浮かび上がる。❸かくれていたものが、表面《ひょうめん》に出《で》てくる。例 問題点《もんだいてん》が浮かび上がる。

°**うかぶ【浮かぶ】** 動 ❶沈《しず》まないで、水《みず》の上《うえ》にある。浮《う》く。例 ヨットが浮かぶ。対 沈《しず》む。❷空中《くうちゅう》にある。例 風船《ふうせん》が浮かぶ。❸かくれていたものが表面《ひょうめん》に現《あらわ》れる。例 考《かんが》えが浮かぶ。⇩ふ【浮】1123ページ

はジャガイモやオレンジなどがとれる。首都《しゅと》ニコシア。人口約《じんこうやく》120万人《まんにん》。略称《りゃくしょう》CYP。

**○うかべる【浮かべる】** 動 ❶水《みず》の上《うえ》にあるようにする。例 池《いけ》にボートを浮かべる。対 沈《しず》める。❷頭《あたま》の中《なか》に思《おも》いえがく。例 父《ちち》の言葉《ことば》を心《こころ》に浮かべる。❸心《こころ》や顔《かお》に表《あらわ》す。例 目《め》に涙《なみだ》を浮かべる。↓ふ【浮】1123ページ

**○うかる【受かる】** 動 合格《ごうかく》する。例 試験《しけん》に受かる。対 落《お》ちる。滑《すべ》る。↓じゅ【受】590ページ

**うかれる【浮かれる】** 動 うきうきして心《こころ》が落《お》ち着《つ》かない。例 祭《まつ》りに浮かれる。↓ふ【浮】1123ページ

**うがん【右岸】** 名 川下《かわしも》に向《む》かって、右《みぎ》の岸《きし》。対 左岸《さがん》。

**✤うかんむり** 名 漢字《かんじ》の部首《ぶしゅ》で、「かんむり」の一《ひと》つ。「家《か》」「宮《きゅう》」などの「宀」の部分《ぶぶん》。建物《たてもの》に関係《かんけい》がある字《じ》が多《おお》い。

**うき【右記】** 名 〔縦書《たてが》きの文章《ぶんしょう》や書類《しょるい》などで〕右《みぎ》に書《か》いてあること。例 詳細《しょうさい》は右記参照《さんしょう》。

**うき【雨季・雨期】** 名 熱帯《ねったい》などで、雨《あめ》の多《おお》い季節《きせつ》や時期《じき》。対 乾季《かんき》。乾期《かんき》。

**うき【浮き】** 名 ❶水《みず》に浮《う》かせるもの。特《とく》に、釣《つ》り糸《いと》につけて魚《さかな》がえさに食《く》いついたのを知《し》らせる目《め》じるし。❷浮《う》き袋《ぶくろ》。

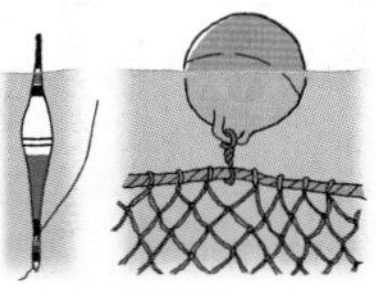
〔うき〕

**うきあがる【浮き上がる】** 動 ❶水《みず》の上《うえ》や空中《くうちゅう》に浮《う》かび上《あ》がる。例 気球《ききゅう》が空《そら》に浮き上がる。❷姿《すがた》や形《かたち》などが現《あらわ》れてくる。例 明《あ》かりで夜桜《よざくら》が浮き上がって見《み》える。❸周《まわ》りの人《ひと》と、気持《きも》ちがはなれる。例 自分《じぶん》だけ浮き上がっている。

**うきあしだつ【浮き足立つ】** 動 落《お》ち着《つ》きがなくなる。例 ピンチに浮き足立つ。

**うきうき【浮き浮き】** 副(-と) 動-する 楽《たの》しくて心《こころ》がはずむようす。例 うきうきと出《で》かける。

**うきくさ【浮き草】** 名 ❶池《いけ》や、沼《ぬま》の水面《すいめん》に浮《う》いて育《そだ》つ小《ちい》さな草《くさ》。❷決《き》まった仕事《しごと》や住《す》まいもなくて、たよりがないことのたとえ。例 浮き草のような人生《じんせい》。

**うきぐも【浮き雲】** 名 空《そら》に浮《う》かんで、風《かぜ》にただよう雲《くも》。

**うきしずみ【浮き沈み】** 名 動-する ❶浮《う》いたり、沈《しず》んだりすること。❷栄《さか》えたり、おとろえたりすること。例 浮き沈みの激《はげ》しい人生《じんせい》。

**うきたつ【浮き立つ】** 動 心《こころ》がうきうきする。例 夏休《なつやす》みが近《ちか》づき、心《こころ》が浮き立つ。

**うきぶくろ【浮き袋】** 名 ❶人《ひと》が水《みず》に浮《う》くために、空気《くうき》を入《い》れた袋《ふくろ》。浮《う》き。❷魚《さかな》の体《からだ》の中《なか》にある、浮《う》きしずみをかげんする袋《ふくろ》。

**うきぼり【浮き彫り】** 名 ❶物《もの》の形《かたち》や模様《もよう》を、浮《う》き出《だ》させるように彫《ほ》ったもの。レリーフ。❷目立《めだ》つようにはっきり表《あらわ》すこと。例 社会《しゃかい》の問題《もんだい》を浮き彫りにする。

**うきめ【憂き目】** 名 つらく悲《かな》しい経験《けいけん》。例 敗戦《はいせん》の憂き目をみる。

**うきよ【浮き世】** 名 はかない世《よ》の中《なか》。この世《よ》の中《なか》のこと。例 浮き世の荒波《あらなみ》。

**うきよえ【浮世絵】** 名 江戸《えど》時代《じだい》に始《はじ》まった、人物《じんぶつ》や生活《せいかつ》、景色《けしき》などをかいた日本《にっぽん》の絵《え》。筆《ふで》でかいたものと、版画《はんが》とがある。喜《き》多《た》川歌麿《がわうたまろ》・葛飾北斎《かつしかほくさい》・歌川広重《うたがわひろしげ》などが名高《なだか》い。

**うきわ【浮き輪】** 名 水中《すいちゅう》で体《からだ》を浮《う》かせるために身《み》につける、輪《わ》の形《かたち》をした浮《う》き袋《ぶくろ》。

**○うく【浮く】** 動 ❶水《みず》の上《うえ》にある。沈《しず》んでいたものが、水《みず》の上《うえ》に出《で》る。うかぶ。例 体《からだ》が水《みず》に浮く。対 沈《しず》む。❷地面《じめん》から離《はな》れて、空中《くうちゅう》にある。例 気球《ききゅう》が空《そら》に浮く。❸表面《ひょうめん》に現《あらわ》れる。例 額《ひたい》に汗《あせ》が浮く。❹心《こころ》がはずむ。例 気分《きぶん》が浮かない。❺お金《かね》や時間《じかん》の余《あま》りが出《で》る。例 費用《ひよう》が浮く。❻しっかりとくっついていない。例 くぎが浮く。❼相手《あいて》にされなくなる。例 チームで浮いている。↓ふ【浮】1123ページ

**うぐいす【鶯】** 名 夏《なつ》は山《やま》に、冬《ふゆ》は庭《にわ》などにも来《く》る、鳴《な》き声《ごえ》の美《うつく》しい小鳥《ことり》。背《せ》は緑《みどり》がかった茶色《ちゃいろ》で、雄《おす》は、春《はる》から夏《なつ》にかけて「ホーホケキョ」と鳴《な》く。↓りゅうちょう(留鳥)1389ページ

**うぐいすいろ【鶯色】** 名 ウグイスの背《せ》の色《いろ》に似《に》た、茶色《ちゃいろ》がかった緑色《みどりいろ》。

**ウクレレ**〔英語 ukulele〕名 ギターを小《ちい》さくしたような形《かたち》の楽器《がっき》。四本《よんほん》の弦《げん》を指《ゆび》ではじいて演奏《えんそう》する。ハワイの音楽《おんがく》で使《つか》う。

**うけ【受け】** 一 名 ❶(攻《せ》めずに)守《まも》る状態《じょうたい》になること。例 受けに回《まわ》っては負《ま》けだ。❷周《まわ》


世界の国 キプロス 地《ち》中《ちゅう》海《かい》東《とう》部《ぶ》のキプロス島《とう》を国土《こくど》とする国《くに》。山形県《やまがたけん》くらいの大《おお》きさ。観光《かんこう》と金融《きんゆう》の国《くに》で、農作物《のうさくぶつ》で

りの人《ひと》の評判《ひょうばん》。人気《にんき》。例 友達《ともだち》の受けがいい。[二]〔ある言葉《ことば》のあとにつけて〕受《う》けるもの。支《ささ》えるもの。例 郵便《ゆうびん》受け。軸《じく》受け。

**うけあい**【請け合い】名 確《たし》かだと保証《ほしょう》すること。例 この辞書《じしょ》なら役立《やくだ》つこと請け合いだ。

**うけあう**【請け合う】動 ❶責任《せきにん》をもって引《ひ》き受《う》ける。例「明日《あす》できる」と請け合う。❷確《たし》かだと保証《ほしょう》する。例 品質《ひんしつ》を請け合う。

**うけいれる**【受け入れる】動 ❶引《ひ》き受《う》けて、面倒《めんどう》をみる。例 新入生《しんにゅうせい》を受け入れる。❷承知《しょうち》する。聞《き》き入《い》れる。例 たのみを受け入れる。

**うけうり**【受け売り】名 動-する 人《ひと》の話《はなし》や考《かんが》えを、自分《じぶん》のもののように言《い》うこと。例 聞《き》いてきた話《はなし》を、受け売りする。

**うけおい**【請負】名 土木《どぼく》・建築《けんちく》などの仕事《しごと》を引《ひ》き受《う》けること。

**うけおう**【請け負う】動 費用《ひよう》や期日《きじつ》を約束《やくそく》して、仕事《しごと》を引《ひ》き受《う》ける。例 工事《こうじ》を請け負う。

**うけこたえ**【受け答え】名 動-する 相手《あいて》の言葉《ことば》を受《う》けて答《こた》えること。かけられた言葉《ことば》に返事《へんじ》をすること。例 電話《でんわ》の受け答えは正確《せいかく》に。

**うけざら**【受け皿】名 ❶水《みず》などがこぼれるのを受《う》ける皿《さら》。例 コーヒーカップの受け皿。❷人《ひと》やものを受《う》け入《い》れる態勢《たいせい》。例 急病《きゅうびょう》人《にん》が出《で》たときの受け皿がない。

**うけたまわる**【承る】動 ❶「聞《き》く」をへりくだっていう言葉《ことば》。例 ご意見《いけん》を承る。❷「引《ひ》き受《う》ける」をへりくだっていう言葉《ことば》。例 確《たし》かに承りました。⇩しょう【承】620ページ

**うけつぐ**【受け継ぐ】動 あとを引《ひ》き受《う》ける。引《ひ》き継《つ》ぐ。例 父《ちち》の仕事《しごと》を受け継ぐ。

**うけつけ** [一]【受け付け】名 動-する 申《もう》しこみなどを受《う》けること。例 入学願書《にゅうがくがんしょ》の受け付けをする。[二]【受付】名 訪《たず》ねてきた人《ひと》の用事《ようじ》を取《と》り次《つ》いだりする所《ところ》。また、その人《ひと》。例 会場《かいじょう》の受付。

**うけつける**【受け付ける】動 ❶申《もう》しこみなどを受《う》ける。例 一か月前《げつまえ》から受け付ける。❷人《ひと》の意見《いけん》やたのみなどを聞《き》き入《い》れる。例 だれの意見《いけん》も受け付けない。

**うけとめる**【受け止める】動 ❶向《む》かってくるものを受《う》けて、勢《いきお》いを止《と》める。例 攻撃《こうげき》を受け止める。❷しっかりととらえる。例 問題《もんだい》を受け止める。

**うけとり** 名 [一]【受け取り】受《う》け取《と》ること。例 品物《しなもの》を受け取りに行《い》く。[二]【受取】受《う》け取《と》ったしるしの書《か》き付《つ》け。

**うけとる**【受け取る】動 ❶物《もの》を手《て》に収《おさ》める。例 手紙《てがみ》を受け取る。❷理解《りかい》する。例 人《ひと》の話《はなし》をまちがって受け取る。

**うけながす**【受け流す】動 まともに受《う》けないで軽《かる》くかわす。例 悪口《わるくち》を受け流す。

**うけみ**【受け身】名 ❶他《ほか》からのはたらきかけを受《う》けること。例 受け身に回《まわ》る。❷柔道《じゅうどう》などで、けがをしないようにたおれる技《わざ》。例 受け身を覚《おぼ》える。❸〔国語《こくご》で〕他《ほか》からのはたらきかけを受《う》けることを表《あらわ》す言《い》い方《かた》。「たのまれる」「見《み》られる」など、「れる」「られる」がついた形《かたち》。

**うけもち**【受け持ち】名 引《ひ》き受《う》けた仕事《しごと》。また、仕事《しごと》を引《ひ》き受《う》けた人《ひと》。例 掃除《そうじ》の受け持ちを決《き》める。受け持ちの先生《せんせい》。類 担当《たんとう》。担任《たんにん》。

**うけもつ**【受け持つ】動 自分《じぶん》の仕事《しごと》として引《ひ》き受《う》ける。例 三年《さんねん》二《に》組《くみ》を受け持つ。

**うける**【受ける】動 ❶受《う》け取《と》る。例 ボールを受ける。❷自分《じぶん》の身《み》に加《くわ》えられる。例 損害《そんがい》を受ける。❸相手《あいて》のたのみをきく。例 注文《ちゅうもん》を受ける。❹自分《じぶん》からそのことをする。例 試験《しけん》を受ける。❺受《う》けつぐ。例 父《ちち》のあとを受けて仕事《しごと》をする。❻人気《にんき》がある。例 今《いま》、この歌《うた》が受けている。⇩じゅ【受】590ページ

**うける**【請ける】動（大《おお》きな）仕事《しごと》を引《ひ》き受《う》けてする。請《う》け負《お》う。⇩せい【請】700ページ

**うけわたし**【受け渡し】名 動-する お金《かね》や物《もの》を、一方《いっぽう》が渡《わた》し、もう一方《いっぽう》が受《う》け取《と》ること。

**うげん**【右舷】名 船《ふね》の進《すす》む方向《ほうこう》に対《たい》して右側《みぎがわ》の船《ふな》べり。対 左舷《さげん》。

**うご**〖羽後〗地名 昔《むかし》の国《くに》の名《な》の一《ひと》つ。今《いま》の秋田県《あきたけん》の大部分《だいぶぶん》と山形県《やまがたけん》の一部《いちぶ》にあたる。

**うごうのしゅう**【烏合の衆】なんのまとまりもなく、寄《よ》り集《あつ》まっている人々《ひとびと》。参考

砂糖《さとう》やタバコを産《さん》する。ニッケルや銅《どう》などの鉱物《こうぶつ》資源《しげん》も豊富《ほうふ》。首都《しゅと》ハバナ。人口《じんこう》約《やく》1,130万人《まんにん》。略称《りゃくしょう》CUB。

カラスの群《む》れ〔＝烏合《うごう》〕にたとえた言《い》い方《かた》。

°**うごかす【動かす】** 動 ❶動《うご》くようにする。例 社会《しゃかい》を動かす。車《くるま》を動かす。❷位置《いち》を変《か》える。例 机《つくえ》を動かす。❸感動《かんどう》させる。例 熱意《ねつい》が人《ひと》の心《こころ》を動かす。⇩どう【動】906ページ

**うごき【動き】** 名 ❶動《うご》くこと。動《うご》き方《かた》。動《うご》くようす。例 体《からだ》の動きがいい。❷移《うつ》り変《か》わり。変動《へんどう》。変化《へんか》。例 世《よ》の中《なか》の動き。

**動《うご》きがとれない** ❶（せまくて）体《からだ》を動《うご》かすことができない。例 混雑《こんざつ》で動きがとれない。❷どうしようもない。例 いそがしくて動きがとれない。

°**うごく【動く】** 動 ❶ものの状態《じょうたい》が変《か》わる。例 船《ふね》が動く。例 時計《とけい》の針《はり》が動く。❷場所《ばしょ》が変《か》わる。対（❶・❷）止《と》まる。❸ゆれる。例 風《かぜ》で木《き》が動く。❹移《うつ》り変《か》わる。例 世《よ》の中《なか》が動く。❺心《こころ》がぐらつく。例 気《き》持《も》ちが動く。⇩どう【動】906ページ

**うごのたけのこ【雨後の筍】**〔雨上《あめあ》がりにタケノコがいっせいに生《は》えることから〕同《おな》じようなものが、次《つぎ》から次《つぎ》へと出《で》てくること。

**うごめかす** 動 こまかく動《うご》かす。ひくひくさせる。例 自慢《じまん》げに鼻《はな》をうごめかす。

**うごめく** 動 （虫《むし》などが）はうように、少《すこ》しずつ動《うご》く。例 毛虫《けむし》がうごめく。

**うさぎ【兎】** 名 耳《みみ》の長《なが》い小形《こがた》の動物《どうぶつ》。ぴょんぴょんと、はねながら走《はし》る。野山《のやま》にすむノウサギ、人《ひと》に飼《か》われたりするシロウサギ・アンゴラウサギなどがいる。

〔うさぎ〕

**うさばらし【憂さ晴らし】** 名 動-する つらい気《き》持《も》ちや、いやなことを忘《わす》れさること。例 憂さ晴らしに大声《おおごえ》で歌《うた》を歌《うた》う。

**うさんくさい** 形 なんとなくあやしい。疑《うたが》わしい。例 うさんくさい話《はなし》だ。

°**うし【牛】** 名 昔《むかし》から家畜《かちく》として飼《か》われてきた動物《どうぶつ》。頭《あたま》に二本《にほん》の角《つの》がある。食《た》べた草《くさ》を、あとで口《くち》にもどして「反《はん》すう」する。仕事《しごと》に使《つか》う役牛《えきぎゅう》、乳《ちち》をしぼる乳牛《にゅうぎゅう》、肉《にく》をとる肉牛《にくぎゅう》などがいる。⇩ぎゅう【牛】325ページ

〔うし〕

**牛《うし》に引《ひ》かれて善光寺参《ぜんこうじまい》り** 人《ひと》のさそいにのったおかげで、ものごとが思《おも》いがけずよいほうに進《すす》むこと。思《おも》いがけずよい行《おこな》いをすること。

**牛《うし》の歩《あゆ》み** 進《すす》み方《かた》がおそいことのたとえ。牛歩《ぎゅうほ》。例 車《くるま》が渋滞《じゅうたい》して、まるで牛の歩みだ。

**うし【丑】** 名 十二支《じゅうにし》の二番《にばん》め。⇩じゅうにし 601ページ

**うじ【氏】** 名 ❶名字《みょうじ》。姓《せい》。❷家柄《いえがら》。⇩し【氏】535ページ

**氏《うじ》より育《そだ》ち** 家柄《いえがら》や血筋《ちすじ》などよりも、その人《ひと》の育《そだ》った周《まわ》りのようすや教育《きょういく》のほうが大切《たいせつ》であるということ。

**うじ** 名 ハエや、ハチなどの幼虫《ようちゅう》。うじ虫《むし》。例 うじがわく。

**うじうじ** 副(-と) 動-する ぐずぐずとためらうようす。例 うじうじとなやむ。

**うしお【潮】** 名 海《うみ》の水《みず》。潮《しお》。

**うしかい【牛飼い】** 名 ❶牛《うし》を飼《か》う人《ひと》。❷七夕《たなばた》の牽牛星《けんぎゅうせい》のこと。彦星《ひこぼし》。

**うじがみ【氏神】** 名 ❶家《いえ》の先祖《せんぞ》としてまつる神《かみ》。❷その土地《とち》を守《まも》る神《かみ》。

**うじこ【氏子】** 名 その土地《とち》の氏神《うじがみ》をまつる人々《ひとびと》。





世界の国 キューバ 中央《ちゅうおう》アメリカ、西《にし》インド諸島《しょとう》にある社会主義《しゃかいしゅぎ》の国《くに》。本州《ほんしゅう》の半分《はんぶん》くらいの大《おお》きさ。農業《のうぎょう》がさかんで、

**うじしゅういものがたり**〖宇治拾遺物語〗作品名 鎌倉《かまくら》時代《じだい》に、人々《ひとびと》の間《あいだ》に語《かた》り伝《つた》えられた説話《せつわ》を集《あつ》めたもの。

**◦うしなう【失う】**動 ❶なくす。例お金《かね》を失う。対う。❷取《と》りにがす。例チャンスを失う。❸いつものようすをなくす。(❶・❷)得《え》る。❸いつものようすをなくす。例自分《じぶん》を失う。❹人《ひと》に死《し》なれる。例父《ちち》を失う。

**✤うしへん**名 漢字《かんじ》の部首《ぶしゅ》で、「へん」の一《ひと》つ。「牧《ぼく》」「物《ぶつ》」などの「牛」の部分《ぶぶん》。⇩しつ【失】563ページ

**うしみつどき【丑三つ時】**名 昔《むかし》の時刻《じこく》で、今《いま》の午前二時半《ごぜんにじはん》ごろ。真夜中《まよなか》。例草木《くさき》もねむるうしみつ時。

**うじゃうじゃ**副(-と)動-する (小《ちい》さい虫《むし》などが)たくさん集《あつ》まって動《うご》いているようす。

**◦うしろ【後ろ】**名 ❶あと。例列《れつ》の後ろ。対前《まえ》。❷背中《せなか》。例後ろ姿《すがた》。❸物《もの》のかげ。例ビルの後ろになって見《み》えない。⇩ご【後】421ページ

**後《うし》ろを見《み》せる** 負《ま》けてにげ出《だ》す。例敵《てき》に後ろを見せる。

**うしろあし【後ろ足】**名 動物《どうぶつ》のあと足《あし》。対前足《まえあし》。

**うしろがみ【後ろ髪】**名 後《うし》ろのほうの髪《かみ》の毛《け》。

**後《うし》ろ髪《がみ》を引《ひ》かれる** 髪《かみ》の毛《け》を後《うし》ろから引《ひ》かれるように、あとのことが気《き》がかりで、思《おも》いきれない。例後ろ髪を引かれる思《おも》いで別《わか》れる。

**うしろぐらい【後ろ暗い】**形 悪《わる》いことをしていて、気《き》がとがめる。後《うし》ろめたい。例後ろ暗いことはしていない。

**うしろすがた【後ろ姿】**名 後《うし》ろから見《み》た姿《すがた》。例後ろ姿を見送《みおく》る。

**うしろだて【後ろ盾】**名 かげにいて助《たす》けること。また、その人《ひと》。例有力《ゆうりょく》な後ろ盾を得《え》て立候補《りっこうほ》する。

**うしろで【後ろ手】**名 両手《りょうて》を後《うし》ろに回《まわ》すこと。例後ろ手にしばる。

**うしろまえ【後ろ前】**名 (服《ふく》を着《き》るとき)後《うし》ろと前《まえ》が反対《はんたい》になること。例シャツを後ろ前に着《き》る。

**うしろむき【後ろ向き】**名 ❶人《ひと》に背中《せなか》を向《む》けること。❷消極的《しょうきょくてき》なこと。ものごとの進歩《しんぽ》にさからうような態度《たいど》をとること。例後ろ向きの考《かんが》え。対(❶・❷)前向《まえむ》き。

**うしろめたい【後ろめたい】**形 悪《わる》いことをして、気《き》がとがめる。やましい。例うそをついて後ろめたい。

**うしろゆびをさされる【後ろ指を指される】**〔後《うし》ろから指《ゆび》さして人《ひと》を非難《ひなん》することから〕かげで悪口《わるくち》を言《い》われる。例人《ひと》から後ろ指を指されるような覚《おぼ》えはない。

**うす【薄】**一〔ある言葉《ことば》の前《まえ》につけて〕❶うすい。例うすむらさき。❷なんとなく。ちょっと。例うすぼんやり。うすぎたない。二〔ある言葉《ことば》のあとにつけて〕少《すく》ない。例望《のぞ》み薄。品《しな》薄。

**うす【臼】**名 ❶もちをつく道具《どうぐ》。木《き》や石《いし》をくりぬいて造《つく》る。❷穀物《こくもつ》を粉《こな》にひく道具《どうぐ》。ひきうす。⇩きゅう【臼】324ページ

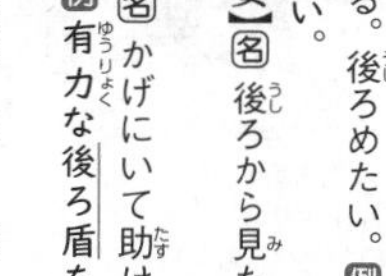

〔うす〕

**◦うず【渦】**名 ❶ぐるぐると巻《ま》きこむように回《まわ》る、水《みず》や空気《くうき》の流《なが》れ。渦巻《うずま》き。例川《かわ》の水《みず》が渦を巻《ま》く。❷ごみごみとした、目《め》まぐるしい動《うご》き。例人《ひと》の渦。⇩か【渦】190ページ

**うすあかり【薄明かり】**名 ❶かすかなあかり。❷日《ひ》の出前《でまえ》や日《ひ》の入《い》り後《あと》の空《そら》の、かすかに明《あか》るいようす。

**◦うすい【薄い】**形 ❶厚《あつ》さが少《すく》ない。例薄い本《ほん》。❷その気持《きも》ちがあまりない。例人情《にんじょう》が薄い。信頼《しんらい》が薄い。❸色《いろ》や味《あじ》があっさりしている。例あま味《み》が薄い。❹含《ふく》まれているものの度合《どあ》いが低《ひく》い。例空気《くうき》が薄い。❺すき間《ま》が多《おお》い。まばらだ。例ひげが薄い。❻ものごとの程度《ていど》が強《つよ》くない。例当選《とうせん》の見込《みこ》みが薄い。❼少《すく》ない。例もうけが薄い。⇩はく【薄】1035ページ

**うすい【雨水】**名 陽気《ようき》がよくなり、雪《ゆき》が雨《あめ》に変《か》わるころ。二月十九日《にがつじゅうくにち》ごろ。二十四節気《にじゅうしせっき》の一《ひと》つ。

**うすうす【薄薄】**副 かすかに。ぼんやり。例うすうす気《き》づいていた。

**うずうず**副動-する 何《なに》かをしたくて、心《こころ》が落《お》

え、西洋文明《せいようぶんめい》の源《みなもと》となった。首都《しゅと》アテネ。人口約《じんこうやく》1,060万人《まんにん》。略称《りゃくしょう》GRE。

ち着《つ》かないようす。むずむず。例 早《はや》く遊《あそ》びに行《い》きたくてうずうずしている。

**うすがみ**【薄紙】名 うすい紙《かみ》。対 厚紙《あつがみ》。

**薄紙《うすがみ》をはぐよう** 病気《びょうき》などが少《すこ》しずつよくなることのたとえ。例 薄紙をはぐように、母《はは》は日《ひ》に日《ひ》に元気《げんき》を取《と》りもどした。

**うすぎ**【薄着】名 衣服《いふく》を少《すこ》ししか着《き》ないこと。対 厚着《あつぎ》。

**うすぎたない**【薄汚い】形 なんとなくよごれている。例 薄汚いかっこう。

**うすきみわるい**【薄気味悪い】形 なんとなく気味《きみ》が悪《わる》い感《かん》じがする。

**うずく** 動 ずきずき痛《いた》む。例 歯《は》がうずく。悲《かな》しみに心《こころ》がうずく。

**うすくち**【薄口】名 味《あじ》や色《いろ》、厚《あつ》さがうすいこと。また、うすいもの。例 薄口醤油《しょうゆ》。

**うずくまる** 動 体《からだ》を丸《まる》めてしゃがむ。例 苦《くる》しくなって、その場《ば》にうずくまる。

**うすぐも**【薄雲】名 うっすらと広《ひろ》がった雲《くも》。巻層雲《けんそううん》。↓くも(雲)373ページ

**うすぐもり**【薄曇り】名 空《そら》一面《いちめん》に、雲《くも》が薄《うす》くかかっていること。

**うすぐらい**【薄暗い】形 少《すこ》し暗《くら》い。光《ひかり》がかすかで暗《くら》い。例 薄暗い部屋《へや》。

**うすぐらがり**【薄暗がり】名 薄暗《うすぐら》い所《ところ》。

**うすげしょう**【薄化粧】名 動する ❶薄《うす》く化粧《けしょう》すること。❷うっすらと雪《ゆき》が積《つ》もること。例 薄化粧した山々《やまやま》。

**うずしお**【渦潮】名 渦《うず》を巻《ま》いて流《なが》れる海《うみ》の水《みず》。例 鳴門海峡《なるとかいきょう》の渦潮。

**うすずみ**【薄墨】名 書《か》いた墨《すみ》の色《いろ》が、灰色《はいいろ》がかってうすいこと。また、その色《いろ》。

**うずたかい** 形 物《もの》が積《つ》まれて高《たか》くなっている。例 うずたかく積《つ》まれた本《ほん》。

**うすっぺら**【薄っぺら】形動 ❶いかにも薄《うす》いようす。例 薄っぺらなふとん。❷考《かんが》えが浅《あさ》いようす。例 薄っぺらで信用《しんよう》できない人《ひと》。類 軽薄《けいはく》。

**うすで**【薄手】名 薄《うす》く作《つく》ってあるもの。例 薄手のセーター。対 厚手《あつで》。

**うすばかげろう** 名 形《かたち》がトンボに似《に》た昆虫《こんちゅう》。夏《なつ》の夕方《ゆうがた》、ひらひらと飛《と》ぶ。幼虫《ようちゅう》は、アリジゴクとよばれる。↓ありじごく42ページ

**うすび**【薄日】名 弱《よわ》い日《ひ》の光《ひかり》。

**うずまき**【渦巻き】名 ❶↓うず❶104ページ。❷ぐるぐる巻《ま》いている模様《もよう》や形《かたち》。例 渦巻きパン。

〔うずまき❷〕

**うずまく**【渦巻く】動 ❶渦巻《うずま》きになる。渦《うず》になって回《まわ》る。例 煙《けむり》が渦巻く。❷気持《きも》ちなどが入《い》り乱《みだ》れる。例 スタンドに熱気《ねっき》が渦巻く。

**うすまる**【薄まる】動 うすくなる。⇩はく【薄】1035ページ

**うずまる**【埋まる】動 ↓うまる❶・❷113ページ。例 がけくずれで道《みち》がうずまる。

**うすめ**【薄目】名 目《め》を細《ほそ》くあけること。また、細《ほそ》くあけた目《め》。例 薄目をあけてそっと見《み》る。

**うすめる**【薄める】動 (水《みず》などを加《くわ》えて)うすくする。例 味《あじ》を薄める。⇩はく【薄】1035ページ

**うずめる**【埋める】動 ↓うめる❶〜❸115ページ。例 土《つち》の中《なか》にうずめる。

**うずもれる**【埋もれる】動 ↓うもれる115ページ。例 落《お》ち葉《ば》にうずもれた山道《やまみち》。

**うすよごれる**【薄汚れる】動 少《すこ》しきたなくなる。例 うすよごれた犬《いぬ》。

**うずら** 名 キジの仲間《なかま》で小形《こがた》の鳥《とり》。羽《はね》は茶色《ちゃいろ》で、黒《くろ》・白《しろ》のまだらがある。肉《にく》や卵《たまご》を食用《しょくよう》とする。

**うすらぐ**【薄らぐ】動 だんだん薄《うす》くなる。しだいに少《すく》なくなる。例 痛《いた》みが薄らぐ。心《しん》配《ぱい》が薄らぐ。⇩はく【薄】1035ページ

**うすらさむい**【薄ら寒い】形 なんとなく寒《さむ》い。例 うすら寒い朝《あさ》。

**うすれる**【薄れる】動 ❶薄《うす》くなる。例 色《いろ》が薄れる。❷はっきりわからなくなる。例 記《き》憶《おく》が薄れる。❸だんだん弱《よわ》くなる。例 悲《かな》しみが薄れる。⇩はく【薄】1035ページ

**うすわらい**【薄笑い】名 動する 口《くち》もとだけでかすかに笑《わら》うこと。薄《うす》ら笑《わら》い。

**うせつ**【右折】名 動する 道《みち》を右《みぎ》へ曲《ま》がること。例 右折禁止《きんし》。対 左折《させつ》。

**うせる**【失せる】動 ❶なくなる。例 やる気《き》が失せる。❷いなくなる。去《さ》る。〔ぞんざい





世界の国 ギリシャ ヨーロッパ東南部《とうなんぶ》の国《くに》。オリーブやブドウなどの栽培《さいばい》がさかん。古代《こだい》にアテネなど都市国家《としこっか》が栄《さか》

な言《い》い方《かた》。」 例「とっとと失《う》せろ。」

**うぜん**〔羽前〕地名 昔《むかし》の国《くに》の名《な》の一《ひと》つ。今《いま》の山形県《やまがたけん》の大部分《だいぶぶん》にあたる。

**°うそ** 名 ほんとうでないこと。いつわり。例うそをつく。対本当《ほんとう》。誠《まこと》。

**うそから出《で》たまこと** うそのつもりで言《い》ったことが、いつの間《ま》にかほんとうになること。

**うそも方便《ほうべん》** 目的《もくてき》をとげるためには、ときにはうそをつく必要《ひつよう》もある。

**うぞうむぞう**【有象無象】名 どこにでもある、つまらないもの。また、そのような人《ひと》。

**うそじ**【うそ字】名 正《ただ》しくない字《じ》。

**うそつき** 名 よくうそを言《い》うこと。また、うそを言《い》う人《ひと》。

**うそつきは泥棒《どろぼう》の始《はじ》まり** うそをつき始《はじ》めると、やがてはもっと悪《わる》い、泥棒《どろぼう》をするまでになってしまう。

**うそはっぴゃく**【うそ八百】名 たくさんのうそ。うそばかりつくこと。例うそ八百を並《なら》べて人《ひと》をだます。

**うそぶく** 動 ❶そらとぼける。例「そんなこと知《し》らない」とうそぶく。❷大《おお》きなことを言《い》う。例「何《なん》だってできる」とうそぶく。

## うた【唄】 画数 10 部首 口（くちへん）

音 ―― 訓 うた

節《ふし》をつけてうたう言葉《ことば》。熟語 小唄《こうた》。長唄《ながうた》。

**うた**【唄°】名 三味線《しゃみせん》などに合《あ》わせてうたわれるうたや、民謡《みんよう》など。

**°うた**【歌】名 ❶節《ふし》をつけて、声《こえ》に出《だ》す言葉《ことば》。歌曲《かきょく》。❷和歌《わか》のこと。例歌をよむ。↓か【歌】189ページ

**うたい**【謡°】名 謡曲《ようきょく》のこと。↓よう【謡】1350ページ

**うたいあげる**【歌い上げる】動 ❶心《こころ》に思《おも》っていることを、歌《うた》や詩《し》に作《つく》り上《あ》げる。❷声《こえ》を張《は》り上《あ》げて、終《お》わりまで歌《うた》う。

**うだいじん**【右大臣】名 律令《りつりょう》制度《せいど》で、国《くに》の政治《せいじ》を行《おこな》う役《やく》。左大臣《さだいじん》の次《つぎ》の位《くらい》。

**うたいて**【歌い手】名 ❶歌《うた》を歌《うた》う人《ひと》。歌手《かしゅ》。❷歌《うた》の上手《じょうず》な人《ひと》。例彼《かれ》はなかなかの歌い手だ。

**°うたう**【歌う】動 ❶節《ふし》をつけて、言葉《ことば》を声《こえ》に出《だ》す。❷歌《うた》や詩《し》にする。例春《はる》の喜《よろこ》びを歌った詩《し》。↓か【歌】189ページ

**うたう**【謡°う】動 謡曲《ようきょく》をうたう。↓よう【謡】1350ページ

**うたう** 動 言葉《ことば》や文章《ぶんしょう》にして、はっきりと示《しめ》す。例日本《にっぽん》の憲法《けんぽう》は、戦争《せんそう》をしないことをうたっている。

**°うたがい**【疑い】名 あやしいと思《おも》うこと。変《へん》に思《おも》うこと。例疑いをかける。

**°うたがう**【疑う】動 ❶あやしいと思《おも》う。例人《ひと》を疑う。対信《しん》じる。❷ほんとうではないと思《おも》う。例百点《ひゃくてん》をもらって自分《じぶん》の目《め》を疑う。❸どうだろうかとあやぶむ。例できるかどうかを疑う。↓ぎ【疑】296ページ

**うたがわしい**【疑わしい】形 あやしい。確《たし》かでない。例できるかどうか、疑わしい。

**うたがわ ひろしげ**〔歌川広重〕人名（男）（一七九七〜一八五八）〔安藤広重《あんどうひろしげ》ともいう。〕江戸《えど》時代《じだい》の浮世絵《うきよえ》の画家《がか》。「東海道《とうかいどう》五十《ごじゅう》三次《さんつぎ》」などの作品《さくひん》がある。

**うたぐりぶかい**【疑り深い】形 疑《うたが》う気《き》持《も》ちが強《つよ》くて、なかなか信《しん》じようとしない。疑《うたが》い深《ぶか》い。例疑り深い目《め》で、様子《ようす》をうかがっている。

**うたぐる**【疑る】動 疑《うたが》う。例うたぐった目《め》で見《み》る。

**うたげ**【宴】名 宴会《えんかい》。〔古《ふる》い言《い》い方《かた》。〕

**うたごえ**【歌声】名 歌《うた》を歌《うた》う声《こえ》。例歌声がひびく。

**うたたね**【うたた寝°】名 動‐する 寝床《ねどこ》でない所《ところ》で、うとうとねむること。例そんな所《ところ》でうたた寝すると、かぜをひくよ。

### 例解 ことばの窓

**歌《うた》う ようすを表《あらわ》す言葉《ことば》**

校歌《こうか》をみんなで斉唱《せいしょう》する。
友達《ともだち》の独唱《どくしょう》はすばらしい。
男声《だんせい》と女声《じょせい》に分《わ》かれてコーラスをする。
クラス全員《ぜんいん》で合唱《がっしょう》する。
声《こえ》の高《たか》さをちがえて四人《よにん》で重唱《じゅうしょう》する。
同《おな》じ節《ふし》を追《お》いかけるように輪唱《りんしょう》する。

がさかんだったが、今《いま》では漁業《ぎょぎょう》と農業《のうぎょう》が中心《ちゅうしん》。世界《せかい》でいちばん早《はや》く日付《ひづけ》が変《か》わる。首都《しゅと》タラワ。人口約《じんこうやく》12万人《まんにん》。略《りゃく》

**うだつがあがらない【うだつが上《あ》がらない】** いつまでたっても出世《しゅっせ》できない。参考「うだつ」は屋根《やね》を支《ささ》える短《みじか》い柱《はしら》のことで、これが上《あ》がらないと屋根《やね》ができないことから。

**うたまろ【歌麿】** 人名 ⬇きたがわうたまろ 311ページ

**うだる** 動 ❶ゆだる。例 卵《たまご》がうだる。❷たいへん暑《あつ》くて、体《からだ》がぐったりする。例 うだるような暑《あつ》さ。

**うたわれる** 動 ❶言《い》いはやされる。もてはやされる。例 天才《てんさい》とうたわれる。❷はっきり示《しめ》されている。例 主権在民《しゅけんざいみん》が憲法《けんぽう》にうたわれている。

○**うち【内】** 名 ❶囲《かこ》いなどで仕切《しき》られているところ。区切《くぎ》られた範囲《はんい》のなか。例 鬼《おに》は外《そと》、福《ふく》は内。❷一定《いってい》の期間《きかん》や数量《すうりょう》の範囲《はんい》。例 朝《あさ》のうちは雨《あめ》。八人《はちにん》のうち五人《ごにん》が賛成《さんせい》。❸自分《じぶん》が属《ぞく》しているところ。例 うちの生徒《せいと》。❹表《おもて》にあらわれないところ。例 内に秘《ひ》めた闘志《とうし》。対(❶・❸・❹)外《そと》。参考 ふつう❷・❸は、かな書《が》きにする。⬇ない【内】957ページ

**うち【家】** 名 ❶人《ひと》の住《す》む建物《たてもの》。いえ。例 新《あたら》しいうちが建《た》つ。❷自分《じぶん》の家庭《かてい》。例 うちに帰《かえ》る。

**うち【打ち】**〔ある言葉《ことば》の前《まえ》につけて〕その言《こと》葉《ば》の意味《いみ》を強《つよ》めたり、調子《ちょうし》をととのえたりする。例 打ち続《つづ》く。打ち消《け》す。

**うちあげ【打ち上げ】** 名 ❶空《そら》へ向《む》けて、はなつこと。例 ロケットの打ち上げ。❷興《こう》行《ぎょう》や仕事《しごと》などを終《お》えること。また、そのあとの慰労《いろう》の会《かい》。

**うちあけばなし【打ち明け話】** 名 かくさずに話《はな》す話《はなし》。

**うちあげはなび【打ち上げ花火】** 名 筒《つつ》で高《たか》く打《う》ち上《あ》げ、空中《くうちゅう》で破裂《はれつ》する仕《し》かけの花火《はなび》。

**うちあける【打ち明ける】** 動 ほんとうのことを、かくさずにありのまま話《はな》す。例 君《きみ》にだけは打ち明けよう。

**うちあげる【打ち上げる】** 動 ❶(勢《いきお》いよく)物《もの》を空中《くうちゅう》に上《あ》げる。例 花火《はなび》を打ち上げる。❷波《なみ》が物《もの》を陸《りく》に運《はこ》び上《あ》げる。例 岸《きし》に打ち上げられた海草《かいそう》。❸(仕事《しごと》などを)すっかり終《お》える。例 工事《こうじ》を打ち上げる。

**うちあわせ【打ち合わせ】** 名 動する 前《まえ》もって、相談《そうだん》すること。

**うちあわせる【打ち合わせる】** 動 ❶前《まえ》もって話《はな》し合《あ》う。例 会《かい》の進行《しんこう》を打ち合わせる。❷物《もの》と物《もの》とをぶつける。

**うちいり【討ち入り】** 名 動する せめこむこと。例 赤穂浪士《あこうろうし》の討ち入り。

**うちいわい【内祝い】** 名 親《した》しい者《もの》だけで祝《いわ》うこと。また、そのときに配《くば》るおくり物《もの》。例 入学《にゅうがく》の内祝いをする。

**うちうち【内内】** 名 ごく親《した》しい者《もの》だけで何《なに》かをすること。ないない。例 内々で祝《いわ》う。

**うちうみ【内海】** 名 陸地《りくち》に入《はい》りこんだ海《うみ》。入《い》り江《え》や湾《わん》など。対 外海《そとうみ》。

**うちうらわん【内浦湾】** 地名 北海道《ほっかいどう》の南《なん》西部《せいぶ》、渡島半島《おしまはんとう》の東《ひがし》にある湾《わん》。

**うちかえす【打ち返す】** 動 ❶打《う》って向《む》こうへ返《かえ》す。例 ボールを打ち返す。❷かたくなったものを、ほぐす。例 ふとん綿《わた》を打ち返す。❸引《ひ》いた波《なみ》がまた寄《よ》せてくる。

**うちかつ【打ち勝つ】** 動 ❶相手《あいて》を負《ま》かす。❷(苦《くる》しみを)乗《の》りこえる。例 病気《びょうき》に打ち勝つ。❸野球《やきゅう》・ソフトボールで、相手《あいて》よりも打《う》って多《おお》く得点《とくてん》して勝《か》つ。

○**うちがわ【内側】** 名 物《もの》の中《なか》のほうの側《がわ》。例 箱《はこ》の内側に色《いろ》をぬる。対 外側《そとがわ》。

**うちき【内気】** 名 形動 おとなしく、ひかえめなようす。例 内気な人《ひと》。

**うちきる【打ち切る】** 動 途中《とちゅう》でやめる。例 話《はな》し合《あ》いを打ち切る。

**うちきん【内金】** 名 代金《だいきん》の一部《いちぶ》として、前《まえ》もってはらっておくお金《かね》。

**うちくだく【打ち砕く】** 動 ❶たたいて、こなごなにする。例 岩《いわ》を打ち砕く。❷さんざんに負《ま》かす。例 相手《あいて》を打ち砕く。

✤**うちけし【打ち消し】** 名 打《う》ち消《け》すこと。例「ない」「ません」などは打ち消しの意味《いみ》の言葉《ことば》です。

**うちけす【打ち消す】** 動「そうではない」と言《い》う。否定《ひてい》する。例 必死《ひっし》になって、うわさを打ち消す。

**うちこむ【打ち込む】** 動 ❶打《う》って、中《なか》に



世界の国 キリバス 太平洋中部《たいへいようちゅうぶ》にある33のサンゴ礁《しょう》からなる国《くに》。総面積《そうめんせき》は奄美大島《あまみおおしま》よりやや広《ひろ》い。リン鉱石《こうせき》の採掘《さいくつ》
称《しょう》 KIR。

入《い》れる。例 板《いた》にくぎを打ち込む。❷十分《じゅうぶん》なほど、よく打《う》つ。例 野球《やきゅう》の練習《れんしゅう》で、よく打ち込んだ。❸夢《む》中《ちゅう》になる。例 サッカーの練《れん》習《しゅう》に打ち込む。

**うちこわし**【打ち壊し。】名 江戸《えど》時代《じだい》、米《こめ》の値段《ねだん》が上《あ》がって生活《せいかつ》に困《こま》った人《ひと》たちが、米《こめ》屋《や》や大商人《だいしょうにん》をおそった出来事《できごと》。

**うちしずむ**【打ち沈む。】動 力《ちから》を落《お》としてがっかりする。例 悲《かな》しみに打ち沈む。

**うちじに**【討△ち死に】名 動-する 戦場《せんじょう》で戦《たたか》って死《し》ぬこと。戦《せん》死《し》。

**うちぜい**【内税】名 物《もの》の価格《かかく》の中《なか》に消費税《しょうひぜい》がふくまれていること。対 外税《そとぜい》。

**うちだす**【打ち出す】動 ❶打《う》ち始《はじ》める。❷考《かんが》えなどをはっきりと示《しめ》す。例 方針《ほうしん》を打ち出す。❸金属《きんぞく》の板《いた》を打《う》って、裏《うら》から表《おもて》へ模《も》様《よう》などをうき出《だ》させる。

**うちたてる**【打ち立てる】動 立派《りっぱ》に作《つく》り上《あ》げる。例 新記録《しんきろく》を打ち立てる。

**うちつける**【打ちつける】動 ❶くぎなどを打《う》って、物《もの》をとめる。❷強《つよ》くぶつける。例 頭《あたま》をかべに打ちつける。

**うちつづく**【打ち続く】動 長《なが》く続《つづ》く。ずっと続《つづ》く。例 日照《ひで》りが打ち続く。

**うちでし**【内弟△子】名 師匠《ししょう》の家《いえ》に住《す》み込《こ》んで、手伝《てつだ》いをしながら芸事《げいこと》を習《なら》う弟子《でし》。

**うちでのこづち**【打ち出の小づち】名 持《も》って振《ふ》ると、どんな望《のぞ》みもかなうという、伝説上《でんせつじょう》のふしぎな小《ちい》さいつち。

**うちとける**【打ち解ける】動 たがいの心《こころ》にへだたりがなくなり、仲《なか》よくなる。親《した》しくなる。例 だれとでも打ち解ける。

**うちとる**【打ち取る】動 (試合《しあい》などで)相《あい》手《て》を負《ま》かす。例 強打者《きょうだしゃ》を打ち取る。

**うちとる**【討△ち取る】動 刀《かたな》ややりなど、武器《ぶき》を使《つか》って殺《ころ》す。例 敵《てき》を討ち取る。

**うちのめす**【打ちのめす】動 立《た》ち上《あ》がれなくなるほどに、やっつける。例 さんざんに打ちのめされる。

**うちのり**【内のり】名 (箱《はこ》などの)物《もの》の内側《うちがわ》の寸法《すんぽう》。対 外《そと》のり。

〔うちのり〕

**うちはらう**【打ち払う。】動 ❶取《と》りのける。例 ほこりを打ち払う。❷追《お》い散《ち》らす。例 邪《じゃ》魔者《まもの》を打ち払う。

**うちひしがれる**【打ちひしがれる】動 気《き》を落《お》として、しょんぼりする。例 悲《かな》しみに打ちひしがれている。

**うちべんけい**【内弁慶。】名 家《いえ》の中《なか》ではいばっているが、外《そと》に出《で》ると意気地《いくじ》がないこと。また、そういう人《ひと》。陰弁慶《かげべんけい》。

**うちまく**【内幕】名 外《そと》からではわからない、内部《ないぶ》のようす。例 内幕をあばく(=内《ない》部《ぶ》のことをさぐり出《だ》して、外部《がいぶ》の人《ひと》に話《はな》す)。

**うちみ**【打ち身】名 体《からだ》をひどく打《う》ってできた、皮膚《ひふ》の内側《うちがわ》の傷《きず》。

**うちみず**【打ち水】名 動-する 庭《にわ》や道《みち》に水《みず》をまくこと。

**うちむら かんぞう**〔内村鑑三〕人名 (男)(一八六一～一九三〇)明治《めいじ》・大正《たいしょう》時代《じだい》の思想家《しそうか》。日露戦争《にちろせんそう》では非戦論《ひせんろん》(戦争《せんそう》をするべきではないという主張《しゅちょう》)をとなえ、のちに聖書《せいしょ》だけを信仰《しんこう》のよりどころとする考《かんが》えに立《た》って、キリスト教精神《きょうせいしん》を説《と》いた。

**うちやぶる**【打ち破る】動 ❶たたいてこわす。例 戸《と》を打ち破る。❷戦《たたか》って、相《あい》手《て》を負《ま》かす。例 敵《てき》を打ち破る。

**◦うちゅう**【宇宙】名 地《ち》球《きゅう》・太《たい》陽《よう》・星《ほし》などのある、果《は》てしなく広《ひろ》い空間《くうかん》のこと。地《ち》球《きゅう》は太《たい》陽《よう》を中心《ちゅうしん》にして銀《ぎん》河系《がけい》宇《う》宙《ちゅう》にあり、この銀《ぎん》河《が》系《けい》宇《う》宙《ちゅう》のようなものがたくさん集《あつ》まって宇《う》宙《ちゅう》を作《つく》っている。

**うちゅうじん**【宇宙人】名 地《ち》球《きゅう》以《い》外《がい》の天体《てんたい》に住《す》むという、想像上《そうぞうじょう》の人《ひと》。

**うちゅうステーション**【宇宙ステーション】名 宇《う》宙《ちゅう》飛《ひ》行《こう》や、宇《う》宙《ちゅう》での研究《けんきゅう》の基《き》地《ち》として、その中《なか》でたくさんの人《ひと》が生活《せいかつ》を続《つづ》けられる大《おお》きな人工衛星《じんこうえいせい》。

**うちゅうせん**【宇宙船】名 宇《う》宙《ちゅう》を飛《ひ》行《こう》するための乗《の》り物《もの》。

**うちゅうひこうし**【宇宙飛行士】名 宇《う》宙《ちゅう》船《せん》や宇《う》宙《ちゅう》ステーションの乗組員《のりくみいん》。参考 人類《じんるい》最初《さいしょ》の宇《う》宙《ちゅう》飛行士《ひこうし》は、ソビエト連《れん》邦《ぽう》のガガーリン。一九六一年《ねん》、ボストーク一号《いちごう》に乗《の》って初《はじ》めて宇《う》宙《ちゅう》を飛《ひ》行《こう》した。

**うちゅうゆうえい**【宇宙遊泳】名

する。水銀《すいぎん》やタングステンなどの鉱物資源《こうぶつしげん》も豊富《ほうふ》。首都《しゅと》ビシュケク。人口約《じんこうやく》670万人《まんにん》。略称《りゃくしょう》KGZ。

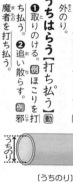

動する 宇《う》宙《ちゅう》飛行士《ひこうし》が宇宙船《うちゅうせん》の外《そと》に出《で》て、宇《う》宙空間《ちゅうくうかん》で活動《かつどう》すること。

**うちょうてん【有頂天】** 名 形動 得意《とくい》になって、喜《よろこ》ぶようす。例 一位《いちい》になって有頂天になる。

**うちよせる【打ち寄せる】** 動 寄《よ》せてくる。例 岸《きし》に打ち寄せる波《なみ》。

**うちわ【内輪】** 名 ❶家族《かぞく》や仲間《なかま》どうし。うちうち。例 内輪でお祝《いわ》いをする。❷ひかえめ。例 費用《ひよう》を内輪に見積《みつ》もる。

**うちわ** 名 竹《たけ》などの細《ほそ》い骨《ほね》に紙《かみ》をはり、あおいで風《かぜ》を起《お》こす道具《どうぐ》。

**うちわけ【内訳】** 名 すべての費用《ひよう》や品物《しなもの》などを、種類《しゅるい》ごとに分《わ》けたもの。例 遠足《えんそく》にかかったお金《かね》の内訳を書《か》く。

**うちわもめ【内輪もめ】** 名 動する 家族《かぞく》や仲間《なかま》の、もめごと。

**うつ【鬱】** 画数 29 部首 鬯（ちょう）
音 ウツ 訓 ―
❶草木《くさき》がしげる。熟語 鬱蒼《うっそう》。❷気分《きぶん》が落《お》ち込《こ》む。熟語 憂鬱《ゆううつ》。

**うつ【鬱】** 名 気分《きぶん》が落《お》ち込《こ》んで、晴《は》れ晴《ば》れしない状態《じょうたい》。例 気持《きも》ちが鬱になる。

°**うつ【打つ】** 動 ❶物《もの》に強《つよ》く当《あ》てる。たたく。例 太鼓《たいこ》を打つ。❷体《からだ》をぶつける。例 転《ころ》んでひざを打つ。❸気持《きも》ちを強《つよ》く動《うご》かす。例 心《こころ》を打つ話《はなし》。❹時《とき》を知《し》らせる。例 時計《とけい》が三時《さんじ》を打つ。❺たたいて、入《い》れこむ。例 くぎを打つ。❻さして入《い》れる。例 注射《ちゅうしゃ》を打つ。❼電報《でんぽう》を出《だ》す。例 お祝《いわ》いの電報《でんぽう》を打つ。❽勝負事《しょうぶごと》などをする。例 友達《ともだち》と碁《ご》を打つ。❾しるしをつける。例 番号《ばんごう》を打つ。❿ある動《うご》きをする。例 寝返《ねがえ》りをうつ。相《あい》づちをうつ。↓だ【打】766ページ

**うつ【討つ】** 動 (敵《てき》を)せめて、ほろぼす。例 かたきを討つ。↓とう【討】903ページ

°**うつ【撃つ】** 動 (鉄砲《てっぽう》などを)発射《はっしゃ》する。例 クマを撃つ。↓げき【撃】397ページ

°**うっかり** 副(-と) 動する 気《き》づかずに。ぼんやりして。例 うっかりして宿題《しゅくだい》を忘《わす》れてしまった。

**うづき【卯月】** 名 昔《むかし》の暦《こよみ》で、四月《しがつ》のこと。

**例解 ↔ 使い分け**

**打《う》つと討《う》つと撃《う》つ**

ボールを打《う》つ。
くぎを打《う》つ。
心《こころ》を打《う》つ話《はなし》。
電報《でんぽう》を打《う》つ。

敵《てき》を討《う》つ。
かたきを討《う》つ。

鉄砲《てっぽう》を撃《う》つ。
けものを銃《じゅう》で撃《う》つ。

°**うつくしい【美しい】** 形 ❶形《かたち》や色《いろ》などがきれいで感《かん》じがいい。例 桜《さくら》の花《はな》が美しい。❷心《こころ》や行《おこな》いが立派《りっぱ》だ。例 心《こころ》の美しい人《ひと》。対 (❶・❷)醜《みにく》い。↓び【美】1081ページ

**うつし【写し】** 名 書類《しょるい》などを、そのまま写《うつ》したもの。コピー。

**うつしだす【写し出す】** 動 文章《ぶんしょう》で、わかりやすく表《あらわ》す。例 世相《せそう》を写し出した小説《しょうせつ》。

**うつしだす【映し出す】** 動 ❶ものの姿《すがた》・形《かたち》やありさまを、目《め》に見《み》えるように表《あらわ》す。例 白鳥《はくちょう》の姿《すがた》をスクリーンに映し出す。❷反映《はんえい》する。例 時代《じだい》を映し出す流行語《りゅうこうご》。

°**うつす【写す】** 動 ❶下《した》の字《じ》や絵《え》などを、なぞって書《か》く。または、見《み》ながら、そのとおり書《か》き取《と》る。例 教科書《きょうかしょ》の文章《ぶんしょう》を写す。❷写真《しゃしん》にとる。例 記念《きねん》写真《しゃしん》を写す。↓しゃ【写】582ページ

°**うつす【映す】** 動 ❶物《もの》の形《かたち》や色《いろ》を、他《ほか》の物《もの》の表面《ひょうめん》に表《あらわ》す。例 鏡《かがみ》に顔《かお》を映す。❷映画《えいが》やスライドを、スクリーンの上《うえ》に表《あらわ》す。例 映画《えいが》

**例解 ! 表現の広場**

**美《うつく》しいときれいのちがい**

| | 美《うつく》しい | きれい |
|---|---|---|
| 景色《けしき》がとても | ○ | ○ |
| メロディーが | ○ | ○ |
| 仕事《しごと》にはげむ姿《すがた》が | ○ | × |
| 森《もり》の中《なか》は空気《くうき》が | × | ○ |





世界の国 キルギス 中央《ちゅうおう》アジア南東部《なんとうぶ》にある国《くに》。1991年《ねん》ソ連《れん》の解体《かいたい》で独立《どくりつ》。農業《のうぎょう》と牧畜《ぼくちく》が産業《さんぎょう》の中心《ちゅうしん》で、羊毛《ようもう》を産《さん》

例解⇔使い分け

写《うつ》すと映《うつ》す

写真《しゃしん》を写《うつ》す。
文章《ぶんしょう》をそっくり写《うつ》す。
友達《ともだち》のノートを写《うつ》す。

映画《えいが》を映《うつ》す。
鏡《かがみ》に姿《すがた》を映《うつ》す。
山《やま》の姿《すがた》を湖面《こめん》に映《うつ》す。
流行《りゅうこう》は時代《じだい》を映《うつ》す。

を映す。⇩えい【映】123ページ

○**うつす【移す】** 動 ❶場所《ばしょ》を変《か》える。例都《みやこ》を移す。❷ものごとを進《すす》める。例実行《じっこう》に移す。❸感染《かんせん》させる。例かぜをうつす。参考ふつう❸は、かな書《が》きにする。⇩い【移】51ページ

**うっすら** 副(-と) うすく。かすかに。ほんの少《すこ》し。例雪《ゆき》がうっすらと積《つ》もる。

**うっそう【鬱蒼】** 副-と 木々《きぎ》がこんもりとしげるようす。例うっそうとしてうす暗《ぐら》い森《もり》。

**うったえ【訴え】** 名 訴《うった》えること。また、その言葉《ことば》。例訴えを起《お》こす。

○**うったえる【訴える】** 動 ❶裁判所《さいばんしょ》に願《ねが》い出《で》て、よい悪《わる》いを決《き》めてもらう。❷人《ひと》の心《こころ》によびかける。例平和《へいわ》を訴える。❸不平《ふへい》や痛《いた》み、自分《じぶん》の気持《きも》ちなどを人《ひと》に言《い》う。例苦《くる》しみを訴える。❹あるやり方《かた》を使《つか》う。例腕力《わんりょく》に訴える。⇩そ【訴】740ページ

**うっちゃる** 動 ❶すもうで、土俵《どひょう》ぎわで、体《からだ》をひねって相手《あいて》を外《そと》に投《な》げ出《だ》す。❷そのままにしておく。例勉強《べんきょう》をうっちゃって、遊《あそ》んでばかりいる。

**うつつ【現】** 名 ❶実際《じっさい》にあるものごと。現《げん》実《じつ》。例夢《ゆめ》かうつつか、はっきりしない。❷気《き》が確《たし》かなこと。正気《しょうき》。

**うつつを抜《ぬ》かす** 我《われ》を忘《わす》れて夢中《むちゅう》になる。例ゲームにうつつを抜かす。

**うってかわる【うって変わる】** 動 状態《じょうたい》などが、がらっと変《か》わる。例昨日《きのう》とはうって変わって雲一《くもひと》つないよい天気《てんき》だ。

**うってつけ【打って付け】** 名 ちょうど合《あ》っていること。例うってつけの仕事《しごと》。参考ふつう、かな書《が》きにする。

**うっとうしい【鬱陶しい】** 形 ❶陰気《いんき》で重苦《おもくる》しい。例うっとうしい天気《てんき》。❷じゃまでうるさい。例髪《かみ》の毛《け》がうっとうしい。

**うっとり** 副(-と) 動-する 美《うつく》しいものに、心《こころ》が引《ひ》きつけられて、ぼうっとなっているようす。例音楽《おんがく》をうっとりと聞《き》いている。

**うつのみやし【宇都宮市】** 地名 栃《とち》木《ぎ》県《けん》の県庁《けんちょう》がある市《し》。

**うつぶせ** 名 下向《したむ》きになって、寝転《ねころ》ぶこと。対あお向《む》け。

**うつぶせる** 動 ❶からだを下向《したむ》きにたおす。❷ものを逆《さか》さにしておく。例洗《あら》った茶《ちゃ》わんをうつぶせる。

**うっぷん【鬱憤】** 名 心《こころ》の中《なか》に積《つ》もっている不満《ふまん》やいかり。例うっぷんを晴《は》らす。

**うつぼかずら** 名 熱帯《ねったい》に生《は》え、虫《むし》を食《た》べる植物《しょくぶつ》。葉《は》の先《さき》がふくろのようになって、中《なか》に落《お》ちた虫《むし》をとかして栄養《えいよう》とする。⇩しょくちゅうしょくぶつ642ページ

**うつむく** 動 頭《あたま》をたれて、下《した》を向《む》く。例うつむいて泣《な》きだす。対あお向《む》く。

**うつらうつら** 副(-と) 動-する 半分《はんぶん》ねむり、半《はん》分目《ぶんめ》が覚《さ》めているようす。類うとうと。

**うつり【映り】** 名 ❶物《もの》の形《かたち》やかげなどが映《うつ》っていること。また、そのようす。例映りの悪《わる》いテレビ。❷色《いろ》の取《と》り合《あ》わせ。例白《しろ》に赤《あか》は、映りがいい。

**うつりが【移り香】** 名 物《もの》に付《つ》いてまだ残《のこ》っている、いいにおい。

○**うつりかわり【移り変わり】** 名 だんだんに変《か》わっていくこと。例四季《しき》の移り変わり。

**うつりかわる【移り変わる】** 動 だんだんに変《か》わっていく。例流行《りゅうこう》は移り変わる。

**うつりぎ【移り気】** 名 形動 気《き》の変《か》わりやすいこと。例移り気で、すぐあきる。

○**うつる【写る】** 動 ❶(下《した》の字《じ》や絵《え》が)すけて見《み》える。❷写真《しゃしん》にとられる。例全員《ぜんいん》がよく写っている。⇩しゃ【写】582ページ

○**うつる【映る】** 動 ❶物《もの》の形《かたち》やかげなどが、他《ほか》の物《もの》の表面《ひょうめん》に現《あらわ》れる。例鏡《かがみ》に映る姿《すがた》。❷印象《いんしょう》を受《う》ける。例白《しろ》いヨットが目《め》にあざや

がとれる。林業《りんぎょう》もさかん。首都《しゅと》グアテマラシティー。人口約《じんこうやく》1,710万人《まんにん》。略称《りゃくしょう》GUA。

かに映《うつ》る。

**うつる【移る】**[動] ❶場所《ばしょ》が変《か》わる。[例]席《せき》が移る。❷ものごとが進《すす》む。[例]時代《じだい》が移る。❸病気《びょうき》や火《ひ》が、他《ほか》から伝《つた》わる。[例]弟《おとうと》のかぜがうつったらしい。[参考]ふつう❸は、かな書《が》きにする。↓えい【映】123ページ

**うつろ**[形動] ❶中身《なかみ》がないようす。空《から》。❷気《き》がぬけたように、ぼんやりしているようす。[例]うつろな目《め》。↓い【移】51ページ

**うつろう【移ろう】**[動] ❶うつり変《か》わる。[例]時代《じだい》がうつろう。❷おとろえる。[例]花《はな》の色《いろ》がうつろう。

**うつわ【器】**[名] ❶入《い》れ物《もの》。容器《ようき》。[例]ガラスの器。❷人物《じんぶつ》。才能《さいのう》。[例]彼《かれ》は会長《かいちょう》にふさわしい器だ。↓き【器】294ページ

**うで【腕】**[名] ❶肩《かた》と手首《てくび》の間《あいだ》。[例]腕組《ぐ》み。❷ものごとを上手《じょうず》にする力《ちから》。腕前《うでまえ》。[例]腕のいい大工《だいく》さん。↓わん【腕】1431ページ

**腕《うで》が上《あ》がる** 上達《じょうたつ》する。[例]わずかの間《あいだ》に、ピアノの腕が上がった。[類]手《て》が上《あ》がる。

**腕《うで》が落《お》ちる** へたになる。[例]練習《れんしゅう》不足《ぶそく》で腕が落ちた。[対]腕《うで》が上《あ》がる。

**腕《うで》が立《た》つ** 腕前《うでまえ》がすぐれている。[例]腕が立つ料理人《りょうりにん》をやとう。[対]腕《うで》が落《お》ちる。

**腕《うで》が鳴《な》る** 腕前《うでまえ》を見《み》せたくて、張《は》り切《き》る。[例]コンクールを前《まえ》にして腕が鳴る。

**腕《うで》に覚《おぼ》えがある** 腕前《うでまえ》に自信《じしん》がある。[例]テニスなら、腕におぼえがある。

**腕《うで》によりをかける** 立派《りっぱ》な腕前《うでまえ》を表《あらわ》そうと、たいへん張《は》り切《き》る。[例]腕によりをかけて料理《りょうり》をする。

**腕《うで》を上《あ》げる** 上達《じょうたつ》する。[例]将棋《しょうぎ》の腕を上げる。

**腕《うで》を競《きそ》う** 負《ま》けまいと、互《たが》いに腕前《うでまえ》を発揮《はっき》しあう。[例]母《はは》とケーキ作《づく》りの腕を競う。

**腕《うで》をこまねく** 何《なに》もしないで見《み》ている。腕《うで》をこまぬく。[例]腕をこまねいて見《み》ているだけではだめだ。

**腕《うで》を振《ふ》るう** 十分《じゅうぶん》に、腕前《うでまえ》を表《あらわ》す。[例]料理《りょうり》に腕をふるう。

**腕《うで》を磨《みが》く** 練習《れんしゅう》をして力《ちから》をつける。[例]書道《しょどう》の腕をみがく。

**うできき【腕利き】**[名] 腕前《うでまえ》がすぐれていること。また、その人《ひと》。

**うでぐみ【腕組み】**[名][動-する] 考《かんが》えるときなどに、両方《りょうほう》の腕《うで》を胸《むね》の辺《あた》りで組《く》み合《あ》わせること。[例]腕組みをして考《かんが》える。

**うでくらべ【腕比べ】**[名] 腕前《うでまえ》をきそうこと。[例]料理《りょうり》の腕比べをする。

**うでじまん【腕自慢】**[名] 腕前《うでまえ》や技《わざ》を、得意《とくい》になって見《み》せびらかすこと。

**うでずく【腕ずく】**[名] 力《ちから》でものごとを解決《かいけつ》しようとすること。力《ちから》ずく。

**うでずもう【腕〈相撲〉】**[名] 二人《ふたり》が向《む》かい合《あ》い、ひじを下《した》につけて手《て》をにぎり、相手《あいて》の腕《うで》をたおし合《あ》う遊《あそ》びや競技《きょうぎ》。

**うでたてふせ【腕立て伏せ】**[名] うつぶせになって体《からだ》をまっすぐに伸《の》ばし、両手《りょうて》と両足《りょうあし》のつま先《さき》で体《からだ》をささえ、腕《うで》を曲《ま》げたり伸《の》ばしたりする運動《うんどう》。

**うでだめし【腕試し】**[名] 腕前《うでまえ》や能力《のうりょく》を試《ため》すこと。力《ちから》だめし。[例]腕試しをする。

**うでっぷし【腕っ節】**[名] 腕《うで》の力《ちから》。[例]腕っぷしの強《つよ》い人《ひと》。

**うでどけい【腕時計】**[名] 手首《てくび》につける小型《こがた》の時計《とけい》。

**うてばひびく【打てば響く】** すぐに手《て》ごたえがある。[例]打てば響くように答《こた》える。

**うでまえ【腕前】**[名] 身《み》につけた、技《わざ》や才能《さいのう》。[例]腕前を発揮《はっき》する。[類]技量《ぎりょう》。

**うでまくり【腕まくり】**[名][動-する] 袖口《そでぐち》をまくって、腕《うで》を出《だ》すこと。また、何《なに》かをしようと意気込《いきご》んでいるようす。

**うでる**[動] ↓ゆでる1343ページ。[例]うどんをうでる。

**うてん【雨天】**[名] 雨《あめ》の降《ふ》る天気《てんき》。[関連]晴天《せいてん》。曇天《どんてん》。

■**うてんじゅんえん【雨天順延】**[名] その日《ひ》が雨《あめ》の場合《ばあい》、晴《は》れる日《ひ》まで一日《いちにち》ずつ先《さき》に延《の》ばすこと。[例]遠足《えんそく》は、雨天順延にする。

**うど【〈独活〉】**[名] 山野《さんや》に生《は》え、栽培《さいばい》もされる野菜《やさい》。春《はる》に、伸《の》びた若《わか》い茎《くき》の部分《ぶぶん》を食《た》べる。

**うどの大木《たいぼく》** 〔伸《の》びすぎて食《た》べられないウドのように〕ただ大《おお》きいだけで、役《やく》に立《た》たない人《ひと》。



[世界の国] グアテマラ　中央《ちゅうおう》アメリカにある国《くに》。本州《ほんしゅう》の半分《はんぶん》くらいの大《おお》きさ。コーヒーが有名《ゆうめい》で、ほかにバナナ・砂糖《さとう》

**うとい**【疎い】形 ❶親《した》しくない。例友達《ともだち》との仲《なか》が疎くなった。❷よく知《し》らない。例政《せい》治《じ》のことに疎い。⇩そ【疎】740ページ

**うとうと** 副(-と)動-する 浅《あさ》くねむっているようす。例本《ほん》を読《よ》みながら、ついうとうとしてしまった。類うつらうつら。

**うとましい**【疎ましい】形 いやで、見《み》たり聞《き》いたりしたくない感《かん》じがする。例声《こえ》を聞《き》くのも疎ましい。

**うとむ**【疎む】動 いやがって、遠《とお》ざける。⇩そ【疎】740ページ

**うどん** 名 小麦粉《こむぎこ》を、水《みず》でこねてうすくのばし、細長《ほそなが》く切《き》ってゆでた食《た》べ物《もの》。

**うとんじる**【疎んじる】動 いやがって、よそよそしくする。うとんずる。例主君《しゅくん》に疎んじられる。

**うながす**【促す】動 ❶催促《さいそく》する。例反省《はんせい》を促す。❷そのことを気《き》にするようにさせる。例注意《ちゅうい》を促す。⇩そく【促】753ページ

**うなぎ**【鰻】名 川《かわ》や沼《ぬま》にすむ、ぬるぬるした細長《ほそなが》い魚《さかな》。海《うみ》で卵《たまご》からかえり、川《かわ》に上《のぼ》ってくる。かば焼《や》きなどにして食《た》べる。

**うなぎの寝床《ねどこ》**〔ウナギが細長《ほそなが》いことから〕細《ほそ》くて長《なが》い場所《ばしょ》のこと。

**うなぎのぼり**【鰻登り】名〔つかんだウナギが、手《て》から上《うえ》へ上《うえ》へとぬけ出《だ》して登《のぼ》っていくように〕物《もの》の値打《ねう》ちや程度《ていど》がどんどん上《あ》がること。例物価《ぶっか》がうなぎ登りだ。

**うなされる** 動 高《たか》い熱《ねつ》がでたり、こわい夢《ゆめ》を見《み》たりして、ねむったまま苦《くる》しそうな声《こえ》を出《だ》す。例夢《ゆめ》にうなされる。

**うなじ** 名 首《くび》の後《うし》ろ側《がわ》。襟首《えりくび》。⬇からだ❶262ページ

**うなじを垂《た》れる** うなだれる。

○**うなずく** 動〔承知《しょうち》した、わかった、そうだという意味《いみ》で〕頭《あたま》を軽《かる》く前《まえ》にふる。うなづく。例話《はなし》をうなずきながら聞《き》いていた。

**うなだれる** 動〔しかられたり、がっかりして〕元気《げんき》をなくして、頭《あたま》を前《まえ》にたらす。

**うなづく** 動 ⬇うなずく112ページ

**うなばら**【〈海原〉】名 広々《ひろびろ》とした海《うみ》。例青《あお》海原。大《おお》海原。参考「海原《うなばら》」は、特別《とくべつ》に認《みと》められた読《よ》み方《かた》。

**うなり** 名 うなる音《おと》。長《なが》く鳴《な》りひびく音《おと》。例モーターがうなりを上《あ》げる。風《かぜ》のうなり。

○**うなる** 動 ❶苦《くる》しくて、声《こえ》を出《だ》す。例痛《いた》さにうなる。❷たいへん感心《かんしん》する。例美《うつく》しさに、思《おも》わずうなってしまった。❸動物《どうぶつ》が低《ひく》く声《こえ》を出《だ》す。例犬《いぬ》が「ウー」とうなる。❹長《なが》く鳴《な》りひびく。例サイレンがうなる。風《かぜ》がうなる。❺物《もの》や力《ちから》があまるほどたくさんある。例金《かね》がうなるほどある。

**うに** 名 岩《いわ》の多《おお》い海底《かいてい》にすみ、クリのいがのようなとげのあるからに包《つつ》まれている動物《どうぶつ》。からの中《なか》にある卵巣《らんそう》は食用《しょくよう》にする。

**うぬぼれる** 動 自分《じぶん》がすぐれていると思《おも》いこんで、いい気《き》になる。例名人《めいじん》だとうぬぼれている。

## うね【畝】 画数 10 部首 田(た)

音 ―― 訓 うね

細長《ほそなが》く土《つち》を盛《も》り上《あ》げた所《ところ》。

**うね**【畝】名 作物《さくもつ》を植《う》えつけるために、細長《ほそなが》く土《つち》を盛《も》り上《あ》げた所《ところ》。例畝にナスの苗《なえ》を植《う》える。

**うねうね** 副(-と) 高《たか》く低《ひく》く、また、右《みぎ》に左《ひだり》に曲《ま》がりながら、長《なが》く続《つづ》くようす。例細《ほそ》い道《みち》がうねうねと続《つづ》く。

**うねり** 名 ❶曲《ま》がりくねること。❷波《なみ》が大《おお》きくゆるやかにゆれること。また、その波《なみ》。例台風《たいふう》の影響《えいきょう》でうねりが高《たか》い。

**うねる** 動 ❶曲《ま》がりくねる。例道《みち》がうねっている。❷波《なみ》が上下《じょうげ》に大《おお》きくゆれる。

**うのはな**【卯の花】名 ❶ウツギという木《き》の花《はな》。白《しろ》い花《はな》で、梅雨《つゆ》のころに咲《さ》く。❷豆腐《とうふ》のしぼりかす。おから。

**うのみ**【鵜のみ】名〔ウが魚《さかな》をのみこむときに、かまずにまるのみにすることから〕意味《いみ》もわからず、そのまま受《う》け入《い》れること。例人《ひと》の話《はなし》をうのみにする。

**うのめたかのめ**【鵜の目鷹の目】〔ウやタカがえものをさがすときのように〕するどい目《め》つきで物《もの》をさがすようす。例うの目たかの目でまちがいをさがす。

**うは**【右派】名 今《いま》までの伝統《でんとう》を守《まも》り、ものごとを急《きゅう》に変《か》えようとはしない考《かんが》えを持《も》つ人々《ひとびと》の集《あつ》まり。対左派《さは》。



ェート。人口《じんこう》約《やく》450万人《まんにん》。略称《りゃくしょう》KUW。

**うば**【〈乳母〉】名 母親《ははおや》に代《か》わって乳《ちち》を飲《の》ませたりして、子《こ》どもを育《そだ》てる女《おんな》の人《ひと》。参考「乳母《うば》」は、特別《とくべつ》に認《みと》められた読《よ》み方《かた》。

**°うばう**【奪う】動 ❶無理《むり》やりに取《と》り上《あ》げる。例自由《じゆう》を奪う。例人目《ひとめ》を奪う。対与《あた》える。❷心《こころ》を引《ひ》きつける。⇩だつ【奪】797ページ

**うばぐるま**【〈乳母〉車】名 赤《あか》ちゃんを乗《の》せて歩《ある》く、箱《はこ》の形《かたち》をした手押《てお》し車《ぐるま》。ベビーカー。

**うぶ**【産】〔ある言葉《ことば》の前《まえ》につけて〕「生《う》まれたときの」という意味《いみ》を表《あらわ》す。例産声《ごえ》。⇩さん【産】527ページ

**うぶ** 名 形動 世《よ》の中《なか》のことに、よく慣《な》れていないようす。例うぶな人《ひと》。

**うぶぎ**【産着】名 生《う》まれたばかりの子《こ》どもに着《き》せる着物《きもの》。

**うぶげ**【産毛】名 ❶生《う》まれたばかりの子《こ》どもに生《は》えている毛《け》。❷顔《かお》やえりの生《は》えぎわにある、うすくて、やわらかい毛《け》。

**うぶごえ**【産声】名 赤《あか》ちゃんが生《う》まれたとき、初《はじ》めて出《だ》す泣《な》き声《ごえ》。

**うぶゆ**【産湯】名 生《う》まれたばかりの子《こ》どもを、お湯《ゆ》に入《い》れること。また、そのお湯《ゆ》。

**°うま**【馬】名 家畜《かちく》として人《ひと》に飼《か》われる動物《どうぶつ》。力《ちから》が強《つよ》く、走《はし》るのがはやい。荷物《にもつ》の運搬《うんぱん》や農業《のうぎょう》に使《つか》われていたが、今《いま》では乗馬《じょうば》や競馬《けいば》などに使《つか》われる。⇩ば【馬】1023ページ

**馬《うま》が合《あ》う** 気《き》が合《あ》う。例あの二人《ふたり》は馬が合うらしい。

**馬《うま》の耳《みみ》に念仏《ねんぶつ》**〔馬《うま》に念仏《ねんぶつ》を聞《き》かせても、むだであることから〕いくら言《い》って聞《き》かせても効《き》き目《め》がないこと。類馬耳東風《ばじとうふう》。

**うま**【午】名 十二支《じゅうにし》の七番《ばん》め。⇩じゅうにし601ページ

**°うまい** 形 ❶味《あじ》がよい。類おいしい。対まずい。❷上手《じょうず》だ。対下手《へた》。まずい。❸都合《つごう》がよい。例そんなにうまい話《はなし》があるはずがない。対まずい。

**うまい汁《しる》を吸《す》う** 苦労《くろう》しないで自分《じぶん》だけがもうける。甘《あま》い汁《しる》を吸《す》う。

**うまうま** 副-と たくみに。まんまと。例うまうまとだまされる。

**うまおい** 名 草《くさ》むらにすむ、キリギリスの仲《なか》間《ま》の昆虫《こんちゅう》。羽《はね》は緑色《みどりいろ》で、雄《おす》は秋《あき》に「スイッチョン」と鳴《な》く。⇩きりぎりす346ページ

**うまとび**【馬跳び】名 前《まえ》かがみになった人《ひと》の背中《せなか》に両手《りょうて》をついて、跳《と》び越《こ》える遊《あそ》び。

**うまのり**【馬乗り】名 人《ひと》や物《もの》の上《うえ》に、またがること。例とび箱《ばこ》に馬乗りになる。

**うまみ** 名 ❶食《た》べ物《もの》のおいしい味《あじ》。❷上手《じょうず》なこと。味《あじ》わい。例演技《えんぎ》にうまみが加《くわ》わる。❸もうけが多《おお》いこと。例うまみのない仕事《しごと》〔=もうからない仕事《しごと》〕。

**うまみちょうみりょう**【うまみ調味料】名 コンブ・かつおぶしなどの天然《てんねん》のうまみの成分《せいぶん》を、サトウキビなどを原料《げんりょう》として化学的《かがくてき》につくりだした調味料《ちょうみりょう》。化学調味料《かがくちょうみりょう》。

**うまやどのおうじ**〔厩戸皇子〕人名 聖徳太子《しょうとくたいし》の名《な》。⇩しょうとくたいし635ページ

**°うまる**【埋まる】動〔❶・❷は、「うずまる」ともいう。〕❶たくさんの物《もの》におおわれて見《み》えなくなる。例庭《にわ》が雪《ゆき》で埋まる。❷すき間《ま》なく、いっぱいになる。例広場《ひろば》が人《ひと》で埋まる。❸足《た》りないところが補《おぎな》われる。例赤字《あかじ》が埋まる。⇩まい【埋】1223ページ

**うまれ**【生まれ】名 ❶生《う》まれた場所《ばしょ》や時《とき》。例外国《がいこく》生まれ。六月《ろくがつ》生まれ。❷生《う》まれた家《いえ》の家柄《いえがら》。例生まれがいい。

**うまれおちる**【生まれ落ちる】動 うまれ出《で》る。生《う》まれてくる。例生まれ落ちてからずっと、病気《びょうき》をしたことがない。

**うまれかわる**【生まれ変わる】動 ❶死《し》んだものが、もう一度《いちど》他《ほか》のものになって生《う》まれる。❷心《こころ》を入《い》れ替《か》えて、よい人《ひと》になる。

**うまれつき**【生まれつき】名 生《う》まれたときからあった性質《せいしつ》や才能《さいのう》。

**うまれながら**【生まれながら】副 生《う》まれたときから。例生まれながらの天才《てんさい》。

**°うまれる**【生まれる】動 ❶子《こ》が母親《ははおや》の体《からだ》から出《で》る。誕生《たんじょう》する。例子《こ》どもが生まれる。対死《し》ぬ。❷〔今《いま》までになかったものが〕新《あたら》しく作《つく》り出《だ》される。例新《あたら》しい国《くに》が生まれる。よい考《かんが》えが生まれる。参考❶は「産《う》まれる」



世界の国 クウェート　アラビア半島《はんとう》の北東《ほくとう》にある国《くに》。日本《にっぽん》の半分《はんぶん》くらいの大《おお》きさ。石油《せきゆ》の産出《さんしゅつ》で知《し》られる。首都《しゅと》クウ

例解 ことばの窓

**海《うみ》を表《あらわ》す言葉《ことば》**

広《ひろ》くて大《おお》きい…大《たい》海《かい》。大《たい》洋《よう》。海《うな》原《ばら》。
とても深《ふか》い…深《しん》海《かい》。
陸《りく》に近《ちか》い…近《きん》海《かい》。沿《えん》海《かい》。
陸《りく》から遠《とお》い…沖《おき》。沖《おき》合《あ》い。遠《えん》海《かい》。遠《えん》洋《よう》。
陸《りく》に入《はい》りこんだ…入《い》り江《え》。入《い》り海《うみ》。湾《わん》。
陸《りく》にはさまれた…海《かい》峡《きょう》。

とも書《か》く。⇩せい【生】697ページ

°**うまれる【産まれる】** 動 赤《あか》ん坊《ぼう》や卵《たまご》が、母《はは》親《おや》の体《からだ》から出《で》てくる。例 子《こ》犬《いぬ》が五《ご》匹《ひき》産まれた。対 死《し》ぬ。参考「生《う》まれる」とも書《か》く。⇩さん【産】527ページ

°**うみ【海】** 名 ❶地《ち》球《きゅう》の表《ひょう》面《めん》のうち、塩《しお》水《みず》でおおわれている所《ところ》。陸《りく》地《ち》の約《やく》三《さん》倍《ばい》の広《ひろ》さがある。対 陸《りく》。❷一《いち》面《めん》に広《ひろ》がっていること。例 火《ひ》の海。❸すずりの、水《みず》をためておくところ。対 おか。⇩かい【海】194ページ

**海《うみ》のものとも山《やま》のものともつかない** ものごとの正《しょう》体《たい》がつかめず、結《けっ》果《か》がどうなるか、見《けん》当《とう》がつかない。

**うみ** 名 ❶はれ物《もの》や傷《きず》口《ぐち》などに、ばい菌《きん》がついてできる黄《き》色《いろ》いしる。のう。❷集《しゅう》団《だん》の中《なか》で害《がい》となるもの。例 社《しゃ》会《かい》のうみを出《だ》す。

**うみがめ【海亀】** 名 海《うみ》にすむ大《おお》きなカメで、一《いち》～二《に》メートルにもなる。アカウミガメ・アオウミガメなどがいる。卵《たまご》は、陸《りく》に上《あ》がって砂《すな》浜《はま》で産《う》む。

■**うみせんやません【海千山千】** 名〔「海《うみ》に千《せん》年《ねん》山《やま》に千《せん》年《ねん》」の略《りゃく》。〕経《けい》験《けん》が豊《ほう》富《ふ》で、ぬけめがないこと。例 海千山千のつわもの。

**うみだす【生み出す】** 動 新《あたら》しいものを作《つく》り出《だ》す。例 新《しん》記《き》録《ろく》を生み出す。

**うみだす【産み出す】** 動 ❶子《こ》や卵《たまご》をうむ。❷苦《く》労《ろう》して作《つく》りだす。例 寒《さむ》さに強《つよ》い品《ひん》種《しゅ》を産み出す。

**うみつける【産み付ける】** 動 虫《むし》や魚《さかな》が、卵《たまご》を物《もの》にくっつけて産《う》む。

**うみどり【海鳥】** 名 海《かい》岸《がん》や島《しま》にすみ、魚《さかな》などを食《た》べる鳥《とり》。アホウドリ・カモメなど。

**うみなり【海鳴り】** 名 大《おお》きな波《なみ》が海《かい》岸《がん》でくだけて聞《き》こえる音《おと》のひびき。

**うみにせんねんやまにせんねん【海に千年山に千年】** ⬇うみせんやません114ページ

**うみねこ【海猫】** 名 海《かい》岸《がん》の岩《いわ》の上《うえ》に巣《す》を作《つく》る鳥《とり》。カモメの仲《なか》間《ま》で、ネコのように「ミャーオ」と鳴《な》く。

〔うみねこ〕

**うみのおや【生みの親】** ❶自《じ》分《ぶん》を生《う》んだ親《おや》。対 育《そだ》ての親《おや》。❷あるものを初《はじ》めて作《つく》り出《だ》した人《ひと》。例 近《きん》代《だい》オリンピックの生みの親。

**生《う》みの親《おや》より育《そだ》ての親《おや》** 自《じ》分《ぶん》を生《う》んだ親《おや》より、小《ちい》さいときから育《そだ》ててくれた人《ひと》のほうが、ありがたいということ。

**うみのさち【海の幸】** 名 魚《さかな》や貝《かい》・海《かい》藻《そう》など、海《うみ》でとれるおいしい食《た》べ物《もの》。対 山《やま》の幸《さち》。

**うみのひ【海の日】** 名 国《こく》民《みん》の祝《しゅく》日《じつ》の一《ひと》つ。七《しち》月《がつ》の第《だい》三《さん》月《げつ》曜《よう》日《び》。海《うみ》のめぐみに感《かん》謝《しゃ》する日《ひ》。

**うみびらき【海開き】** 名 海《かい》水《すい》浴《よく》場《じょう》を、その年《とし》初《はじ》めて開《ひら》くこと。また、その日《ひ》。関連 山《やま》開《びら》き。川《かわ》開《びら》き。

**うみべ【海辺】** 名 海《うみ》のそば。海《かい》岸《がん》。

**うむ【有無】** 名 あるかないか。例 けがの有無を調《しら》べる。

**有《う》無《む》を言《い》わせず** 承《しょう》知《ち》してもしなくても、関《かん》係《けい》なく。例 有無を言わせず係《かかり》をやらせる。

°**うむ【生む】** 動 ❶母《はは》親《おや》が赤《あか》ん坊《ぼう》を、体《からだ》の外《そと》に出《だ》す。出《しゅっ》産《さん》する。例 三《さん》人《にん》の子《こ》どもを生む。❷(今《いま》までなかったものを)新《あたら》しく作《つく》り出《だ》す。例 よい作《さく》品《ひん》を生む。参考 ❶は、「産《う》む」とも書《か》く。⇩せい【生】697ページ

°**うむ【産む】** 動 赤《あか》ん坊《ぼう》や卵《たまご》を、母《はは》親《おや》が体《からだ》から出《だ》す。例 小《こ》鳥《とり》が卵《たまご》を産む。参考「生《う》む」とも書《か》く。⇩さん【産】527ページ

**うむ** 動 うみをもつ。化《か》膿《のう》する。例 傷《きず》口《ぐち》がうむ。

**うめ【梅】** 名 春《はる》の初《はじ》め、葉《は》よりも先《さき》に、白《しろ》や紅《くれない》の香《かお》りのよい花《はな》が咲《さ》く木《き》。六《ろく》月《がつ》ごろ実《み》が大《おお》きくなり、梅《うめ》干《ぼ》しや梅《うめ》酒《しゅ》などにする。⇩ばい【梅】1026ページ

約《やく》17,900人《にん》。略《りゃく》称《しょう》COK。

**うめあわせる**【埋め合わせる】動 足《た》りないところを、他《ほか》のもので補《おぎな》う。埋《う》め合《あ》わす。例 お年玉《としだま》で埋め合わせる。

**うめきごえ**【うめき声】名 苦《くる》しくてうなる声《こえ》。例 思《おも》わずうめき声を上《あ》げる。

**うめく** 動 苦《くる》しくてうなる。例 傷《きず》の痛《いた》みにうめく。

**うめくさ**【埋め草】名 雑《ざっ》誌《し》や新《しん》聞《ぶん》などの、紙《し》面《めん》の空《くう》白《はく》を埋《う》める短《みじか》い記《き》事《じ》。

**うめたてち**【埋め立て地】名 川《かわ》や海《うみ》などを埋《う》めて、陸《りく》地《ち》にした所《ところ》。

**うめたてる**【埋め立てる】動 川《かわ》や海《うみ》などを埋《う》めて、陸《りく》地《ち》にする。

**うめつくす**【埋め尽くす】動 すっかり埋《う》める。人《ひと》や物《もの》でいっぱいにする。例 スタンドを埋め尽くすサポーター。

**うめぼし**【梅干し】名 梅《うめ》の実《み》を塩《しお》づけにし、日《ひ》に干《ほ》して作《つく》った、すっぱい食《た》べ物《もの》。

○**うめる**【埋める】動〔❶〜❸は、「うずめる」ともいう。〕❶穴《あな》をほって物《もの》を入《い》れ、土《つち》や砂《すな》をかぶせる。例 宝《たから》物《もの》を土《つち》の中《なか》に埋める。❷ふさいで平《たい》らにする。例 穴《あな》を埋める。❸すき間《ま》なく、いっぱいにする。例 会《かい》場《じょう》を人《ひと》で埋める。❹お湯《ゆ》に水《みず》を入《い》れて、ぬるくする。❺足《た》りない分《ぶん》を補《おぎな》う。例 ふろをうめる。人《ひと》手《て》の不《ふ》足《そく》を埋める。参考 ふつう❹は、かな書《が》きにする。⬇まい【埋】1223ページ

**うもう**【羽毛】名 鳥《とり》の体《からだ》をおおっているやわらかい羽《はね》。例 羽毛のかけぶとん。

**うもれぎ**【埋もれ木】名 長《なが》いこと地《ち》中《ちゅう》に埋《う》もれていて、固《かた》くなった木《き》。

**うもれる**【埋もれる】動〔「うずもれる」ともいう。〕❶おおわれて見《み》えなくなる。例 校《こう》庭《てい》が雪《ゆき》に埋もれる。❷世《よ》の中《なか》に知《し》られないでいる。また、忘《わす》れられている。例 埋もれていた名《めい》曲《きょく》。⬇まい【埋】1223ページ

**うやうやしい**【恭しい】形 敬《うやま》いつつしんで、礼《れい》儀《ぎ》正《ただ》しい。例 父《ちち》は神《じん》社《じゃ》の前《まえ》で恭しくお辞《じ》儀《ぎ》をした。⬇きょう【恭】333ページ

○**うやまう**【敬う】動 相《あい》手《て》を立《りっ》派《ぱ》だと思《おも》い、礼《れい》儀《ぎ》正《ただ》しくする。尊《そん》敬《けい》する。あがめる。例 先《せん》生《せい》を敬う。⬇けい【敬】387ページ

**うやむや** 名 形動 ものごとが、はっきりしないようす。曖《あい》昧《まい》。例 事《じ》件《けん》をうやむやにする。

**うようよ** 副(-と) 動-する 小《ちい》さいものが、たくさん集《あつ》まって、動《うご》いているようす。例 池《いけ》にオタマジャクシがうようよしている。

■**うよきょくせつ**【紆余曲折】名 曲《ま》がりくねること。事《じ》情《じょう》がこみ入《い》っていて、いろいろ変《か》わること。

**うよく**【右翼】名 ❶鳥《とり》や飛《ひ》行《こう》機《き》の右《みぎ》のつばさ。❷昔《むかし》からのしきたりを、守《まも》っていこうとする人《ひと》たち。❸野《や》球《きゅう》・ソフトボールで、本《ほん》塁《るい》から見《み》て右《みぎ》の外《がい》野《や》。ライト。対(❶〜❸)左《さ》翼《よく》。

**うら【浦】** 画数 10 部首 氵(さんずい)

音 ―― 訓 うら

水《みず》のほとり。また、入《い》り江《え》。熟語 津《つ》々《つ》浦《うら》々《うら》。

**うら**【浦】名 海《うみ》や湖《みずうみ》の岸《きし》辺《べ》。入《い》り江《え》。例 田《た》子《ご》の浦。

○**うら**【裏】名 ❶物《もの》の表《ひょう》面《めん》から見《み》えない側《がわ》。例 紙《かみ》の裏。❷表《おもて》に現《あらわ》れないことがら。例 言《こと》葉《ば》の裏を読《よ》む。❸正《しょう》面《めん》でない所《ところ》。後《うし》ろ。例 家《いえ》の裏。❹野《や》球《きゅう》・ソフトボールで、それぞれの回《かい》の後《こう》半《はん》。例 五《ご》回《かい》の裏。対(❶〜❹)表《おもて》。⬇り【裏】1379ページ

**裏《うら》をかく** 相《あい》手《て》の考《かんが》えていることと反《はん》対《たい》のことをして、失《しっ》敗《ぱい》させる。例 敵《てき》の裏をかいて攻《せ》める。

**うらうち**【裏打ち】名 動-する ❶紙《かみ》や布《ぬの》などの裏《うら》に、さらに紙《かみ》や布《ぬの》などをはって、丈《じょう》夫《ぶ》にすること。❷確《たし》かであることを、別《べつ》の面《めん》から証《しょう》明《めい》すること。裏《うら》書《が》き。裏《うら》付《づ》け。

**うらうらと** 副 明《あか》るく、のどかなようす。うららか。例 うらうらと照《て》る春《はる》の日《ひ》。

**うらおもて**【裏表】名 ❶裏《うら》と表《おもて》。❷裏《うら》返《がえ》し。例 シャツを裏表に着《き》ている。❸言《い》うことやすることが、建《た》て前《まえ》と実《じっ》際《さい》とでちがうこと。例 親《しん》切《せつ》そうだが、裏表のある人《ひと》。

**うらがえし**【裏返し】名 ❶裏《うら》を表《おもて》にすること。❷実《じっ》際《さい》とは逆《ぎゃく》の面《めん》が表《おもて》に出《で》ること。例 しかるのは、愛《あい》情《じょう》の裏返しだ。

**うらがえす**【裏返す】動 裏《うら》を表《おもて》にする。ひっくり返《かえ》す。

**うらがき**【裏書き】名 動-する ❶本《ほん》物《もの》の証《しょう》明《めい》



世界の国 クック諸《しょ》島《とう》 南《みなみ》太《たい》平《へい》洋《よう》ポリネシアの15の島《しま》々《じま》からなる国《くに》。漁《ぎょ》業《ぎょう》・真《しん》珠《じゅ》養《よう》殖《しょく》がさかん。首《しゅ》都《と》アバルア。人《じん》口《こう》

として、裏《うら》に名前《なまえ》などを書《か》くこと。❷証拠《しょうこ》だてること。裏《うら》打《う》ち。裏《うら》付《づ》け。例 この事《じ》実《じつ》が彼《かれ》の言葉《ことば》を裏書きしている。

**うらかた【裏方】** 名 ❶照明《しょうめい》係《がかり》や道具《どうぐ》係《がかり》など、舞台《ぶたい》の裏《うら》で仕事《しごと》をする人《ひと》。❷表《おもて》には出《で》ずにだいじな働《はたら》きをする人《ひと》。例 裏方に徹《てっ》する。

**うらがなしい【うら悲しい】** 形 なんとなく悲《かな》しい。例 うら悲しいメロディー。

**うらがわ【裏側】** 名 裏《うら》のほう。対 表側《おもてがわ》。

**。うらぎる【裏切る】** 動 ❶味方《みかた》をだます。❷思《おも》っていたのとは、反対《はんたい》になる。例 予想《よそう》を裏切る結果《けっか》。

**うらぐち【裏口】** 名 ❶裏《うら》のほうの出入《でい》り口《ぐち》。対 表口《おもてぐち》。❷人《ひと》にかくれてこっそりとする、正《ただ》しくないやり方《かた》。例 裏口入学《にゅうがく》。

**うらごえ【裏声】** 名 ふつうでは出《で》ない高《たか》い音《おと》を、特別《とくべつ》なしかたで出《だ》す声《こえ》。対 地声《じごえ》。

**うらごし【裏ごし】** 名 動-する 目《め》の細《こま》かい網《あみ》や布《ぬの》を使《つか》って、あらくつぶしたイモなどをこすこと。また、そのための道具《どうぐ》。

**うらさく【裏作】** 名 おもな作物《さくもつ》を取《と》り入《い》れたあとの田《た》畑《はた》に、別《べつ》の作物《さくもつ》を作《つく》ること。対 表作《おもてさく》。例 イネの裏作にムギを植《う》える。

**うらさびしい【うら寂しい】** 形 なんとなく寂《さび》しい。例 うら寂しい夕《ゆう》ぐれ。

**うらじ【裏地】** 名 着物《きもの》や洋服《ようふく》の裏《うら》に付《つ》ける布《ぬの》。

**うらしまたろう〖浦島太郎〗** 作品名 浦《うら》島《しま》太《た》郎《ろう》が主人公《しゅじんこう》のおとぎ話《ばなし》。助《たす》けたカメに連《つ》れられて竜宮城《りゅうぐうじょう》に行《い》き、みやげにもらった玉手箱《たまてばこ》を開《あ》けたとたん老人《ろうじん》に変《か》わってしまう話《はなし》。

**うらじろ【裏白】** 名 暖《あたた》かい地方《ちほう》の山《やま》に生《は》えるシダの仲間《なかま》。葉《は》の裏《うら》が白《しろ》い。正月《しょうがつ》のかざりに使《つか》う。

**うらづけ【裏付け】** 名 確《たし》かであることを証明《しょうめい》すること。裏《うら》打《う》ち。裏《うら》書《が》き。

**うらづける【裏付ける】** 動 確《たし》かだということを、他《ほか》の面《めん》から証明《しょうめい》する。例 話《はなし》の真実《しんじつ》を裏づける。

**うらて【裏手】** 名 裏《うら》のほう。後《うし》ろ。例 裏手に回《まわ》る。

**うらどおり【裏通り】** 名 広《ひろ》い通《とお》りの裏側《うらがわ》の、せまい通《とお》り。対 表通《おもてどお》り。

**うらない【占い】** 名 占《うらな》うこと。また、占《うらな》いをする人《ひと》。例 トランプ占い。

**。うらなう【占う】** 動 ❶人《ひと》の運命《うんめい》やものごとが、これからどうなるかを、手相《てそう》・人相《にんそう》・名前《なまえ》などから予想《よそう》する。❷予想する。例 勝負《しょうぶ》のゆくえを占う。⇩せん【占】727ページ

**うらなり【末なり】** 名 ❶(ウリなどの)つるの先《さき》のほうに、おくれてなった実《み》。例 うらなりのスイカ。対 本《もと》なり。❷顔色《かおいろ》が悪《わる》くて、元《げん》気《き》がない人《ひと》。

**ウラニウム** 〔英語 uranium〕名 ⬇ウラン117ページ

**うらにわ【裏庭】** 名 家《いえ》の裏《うら》にある庭《にわ》。

**うらばなし【裏話】** 名 表《おもて》に出《で》ずに、あまり知《し》られていない話《はなし》。

**うらはら【裏腹】** 名 形動 言《い》うこととすることがちがうこと。逆《ぎゃく》。あべこべ。例 心《こころ》と裏腹なことを言《い》う。

**うらびょうし【裏表紙】** 名 本《ほん》などの、後《うし》ろ側《がわ》の表紙《ひょうし》。

**うらぶれる** 動 落《お》ちぶれてみすぼらしくなる。例 うらぶれた生活《せいかつ》。

**うらぼん【うら盆】** 名 仏教《ぶっきょう》で、旧暦《きゅうれき》の七《しち》月《がつ》十《じゅう》五《ご》日《にち》にする、先祖《せんぞ》の霊《れい》をまつる行事《ぎょうじ》。おぼん。ぼん。参考 現在《げんざい》では、新暦《しんれき》七《しち》月《がつ》十《じゅう》五《ご》日《にち》に行《おこな》う地域《ちいき》と、月《つき》遅《おく》れの新暦《しんれき》八《はち》月《がつ》十《じゅう》五《ご》日《にち》に行《おこな》う地域《ちいき》とがある。

**うらまち【裏町】** 名 裏通《うらどお》りの町《まち》。

**うらみ【恨み】** 名 にくいと思《おも》う気持《きも》ち。例 恨みをのむ(=くやしいのをがまんする)。

**恨《うら》みを買《か》う** 人《ひと》からうらまれる。例 よけいなことを言《い》って、恨みを買う。

**うらみち【裏道】** 名 ❶裏通《うらどお》りの道《みち》。❷正《ただ》しくないやり方《かた》。

**。うらむ【恨む】** 動 ❶相手《あいて》をにくく思《おも》う。例 冷《つめ》たい仕打《しう》ちを恨む。❷残念《ざんねん》に思《おも》う。例 時《じ》間《かん》の足《た》りないのを恨む。⇩こん【恨】488ページ

**うらめしい【恨めしい】** 形 うらみたい気《き》持《も》ちである。例 日曜《にちよう》に雨《あめ》とは恨めしい。⇩こん【恨】488ページ

**うらめにでる【裏目に出る】** 期《き》待《たい》したことと逆《ぎゃく》の、よくない結果《けっか》になる。例 選《せん》手《しゅ》交《こう》代《たい》が裏目に出て、逆転《ぎゃくてん》された。参考 さいこ

ウキビやカカオなどがとれる。首都《しゅと》セントジョーンズ。人口約《じんこうやく》11万人《まんにん》。略称《りゃくしょう》GRN。

ろで、ねらった目《め》の裏側《うらがわ》が出《で》ることから。

**うらもん【裏門】**［名］裏《うら》にある門《もん》。［対］表門《おもてもん》。正門《せいもん》。

**゜うらやましい【羨ましい゜】**［形］人《ひと》のようすを見《み》て、自分《じぶん》もそうなりたいと思《おも》う。［例］歌《うた》のうまい人《ひと》がうらやましい。⇩せん【羨】728ページ

**うらやむ【羨む゜】**［動］すぐれた人《ひと》や幸《しあわ》せそうな人《ひと》を見《み》てくやしがり、自分《じぶん》もそうなりたいと思《おも》う。［例］人《ひと》がうらやむほどの仲《なか》のよさ。⇩せん【羨】728ページ

**うららか**［形動］晴《は》れわたって、のどかなようす。［例］うららかな春《はる》の日《ひ》。

**うらわかい【うら若い】**［形］とても若《わか》い。若々《わかわか》しい。［例］うら若《わか》い女性《じょせい》。

**ウラン**〔ドイツ語〕［名］放射能《ほうしゃのう》を持《も》っている白《はく》色《しょく》の金属《きんぞく》。原子爆弾《げんしばくだん》を作《つく》ったり、原子力発《げんしりょくはつ》電《でん》などに利用《りよう》されたりする。ウラニウム。

**うり【瓜゛】**［名］畑《はたけ》に作《つく》る作物《さくもつ》。キュウリ・シロウリ・マクワウリなどがある。茎《くき》はつるとなり、巻《ま》きひげがある。

**瓜《うり》の蔓《つる》に茄子《なすび》は生《な》らぬ** ふつうの親《おや》からすぐれた子《こ》が生《う》まれることはない。

**うりあげ【売り上げ】**［名］品物《しなもの》を売《う》って得《え》たお金《かね》。［例］バザーの売り上げを計算《けいさん》する。［注意］「売上金《うりあげきん》」「売上帳《うりあげちょう》」などの言葉《ことば》は、送《おく》りがなをつけない。

**うりおしみ【売り惜しみ゜】**［名］［動-する］値上《ねあ》がりなどを予想《よそう》して、売《う》りたがらないこと。［例］人気商品《にんきしょうひん》を売り惜しみする。

**うりおしむ【売り惜゜しむ】**［動］売《う》り惜《お》しみをする。

**うりかい【売り買い】**［名］［動-する］売《う》ったり買《か》ったりすること。売買《ばいばい》。

**うりきれる【売り切れる】**［動］全部《ぜんぶ》売《う》れてしまう。［例］発売日《はつばいび》に売り切れる。

**うりこ【売り子】**［名］客《きゃく》に品物《しなもの》を売《う》る仕事《しごと》をしている人《ひと》。［例］野球場《やきゅうじょう》の売り子さん。

**うりことば【売り言葉】**［名］相手《あいて》から、けんかをしかけてくるような言葉《ことば》。

**売《う》り言葉《ことば》に買《か》い言葉《ことば》** 相手《あいて》の乱暴《らんぼう》な言葉《ことば》に対《たい》して、こちらも負《ま》けずに言《い》い返《かえ》すこと。

**うりこむ【売り込゜む】**［動］❶品物《しなもの》がよく売《う》れるように宣伝《せんでん》する。［例］新製品《しんせいひん》を売り込む。❷認《みと》めるように、はたらきかける。［例］名前《なまえ》を売り込む。

**うりさばく【売りさばく】**［動］たくさんの品物《しなもの》を、うまく売《う》ってしまう。

**うりだし【売り出し】**［名］❶売《う》り始《はじ》めること。発売《はつばい》。❷客《きゃく》を集《あつ》めるために、店《みせ》が日《ひ》を決《き》めて安《やす》く売《う》ること。❸評判《ひょうばん》になること。［例］今《いま》売り出し中《ちゅう》の歌手《かしゅ》。

**うりだす【売り出す】**［動］❶売《う》り始《はじ》める。❷世《よ》の中《なか》に広《ひろ》く知《し》られ始《はじ》める。［例］作家《さっか》として売り出す。

**うりつくす【売り尽゜くす】**［動］売《う》るものは全部《ぜんぶ》売《う》ってしまう。［例］在庫《ざいこ》を売り尽くす。

**うりつける【売り付ける】**［動］無理《むり》やりに買《か》わせる。［例］宝石《ほうせき》を売りつける。

**うりて【売り手】**［名］品物《しなもの》を売《う》るほうの人《ひと》。［対］買《か》い手《て》。

**うりとばす【売り飛ばす】**［動］安《やす》く売《う》ってしまう。［例］家《いえ》を売り飛ばす。

**うりね【売値】**［名］品物《しなもの》を売《う》るときの値段《ねだん》。売価《ばいか》。［対］買値《かいね》。

**うりば【売り場】**［名］品物《しなもの》を売《う》る場所《ばしょ》。

**うりはらう【売り払゜う】**［動］全部《ぜんぶ》売《う》ってしまう。［例］古《ふる》い本《ほん》を売り払う。

**うりふたつ【瓜゛二つ】**〔二《ふた》つに割《わ》ったウリのように〕顔《かお》や姿《すがた》がよく似《に》ていること。

**うりもの【売り物】**［名］❶売《う》る品物《しなもの》。❷人《ひと》を引《ひ》きつけるためのもの。［例］店員《てんいん》のサービスを売り物にする。

**うりょう【雨量】**［名］雨《あめ》や雪《ゆき》などの降《ふ》った量《りょう》。雨量計《うりょうけい》ではかり、単位《たんい》はミリメートルで表《あらわ》す。［類］降水量《こうすいりょう》。

**うりょうけい【雨量計】**［名］雨量《うりょう》をはかる器具《きぐ》。ふつう、直径《ちょっけい》二〇センチメートルの器《うつわ》で受《う》けて、時間《じかん》を決《き》めて量《りょう》をはかる。⇩ひゃくようばこ1109ページ

**゜うる【売る】**［動］❶お金《かね》をもらって、品物《しなもの》をわたす。［例］お客《きゃく》にノートを売る。［対］買《か》う。❷世《よ》の中《なか》に、名前《なまえ》を広《ひろ》く知《し》らせる。［例］店《みせ》の名《な》前《まえ》を売る。❸利益《りえき》のために、裏切《うらぎ》る。［例］味方《みかた》を売る。❹仕《し》かける。［例］けんかを売る。⇩ばい【売】1026ページ

**うる【得△る】**［動］⇩える（得る）134ページ。［例］得る



世界の国 グレナダ　カリブ海《かい》にあるグレナダ島《とう》を中心《ちゅうしん》とした国《くに》。ナツメグが有名《ゆうめい》で、国旗《こっき》にも描《えが》かれているほか、サト

ところが多《おお》い。それもありうる。⇩とく【得】922ページ

○**うるうどし**【閏年】[名] 一年《いちねん》が三六六日《にち》になる年《とし》のこと。[参考]太陽《たいよう》の周《まわ》りを地球《ちきゅう》が公《こう》転《てん》する時間《じかん》は三六五・二四日《にち》、太陽暦《たいようれき》では四《よ》年間《ねんかん》に約《やく》一日《いちにち》のずれができる。そこで四《よ》年《ねん》に一度《いちど》、二月《にがつ》を二九日《にち》とする年《とし》を設《もう》ける。ふつう、うるう年《どし》は西暦《せいれき》の年数《ねんすう》が四《よん》で割《わ》り切《き》れる年《とし》。

**うるおい**【潤い】[名] ❶しめりけ。[例] 潤いのあるはだ。❷お金《かね》などのゆとり。[例] 家計《かけい》に潤いができる。❸心《こころ》が豊《ゆた》かで、温《あたた》かい気持《きも》ち。[例] 潤いのある生活《せいかつ》。

○**うるおう**【潤う】[動] ❶しめる。ぬれる。[例] 小雨《こさめ》で草木《くさき》が潤う。❷豊《ゆた》かになる。[例] お年《とし》玉《だま》でふところが潤った。❸心《こころ》が温《あたた》まる。[例] 音楽《おんがく》で心《こころ》が潤う。⇩じゅん【潤】615ページ

○**うるおす**【潤す】[動] ❶しめらせる。[例] のどを潤す。❷豊《ゆた》かにする。[例] 国《くに》の経済《けいざい》を潤す。❸めぐみをあたえる。[例] 社会《しゃかい》を潤す。⇩じゅん【潤】615ページ

○**うるさい** [形] ❶音《おと》や声《こえ》が大《おお》きくて、いやな感《かん》じだ。[例] 車《くるま》の音《おと》がうるさい。❷しつこくて、うっとうしい。[例] ハエがうるさい。❸口《くち》やかましい。[例] 味《あじ》にうるさい。❹めんどうだ。[例] 逆《さか》らうとあとがうるさい。

**うるさがた**【うるさ型】[名] 何《なに》ごとにも口《くち》を出《だ》し、文句《もんく》を言《い》いたがる人《ひと》。

**うるさがる** [動] うるさいと思《おも》う。[例] テレビの音《おと》をひどくうるさがる。

**うるし**【漆】[名] ❶野山《のやま》に生《は》え、秋《あき》に紅葉《こうよう》する木《き》。さわるとかぶれることもある。幹《みき》に傷《きず》をつけてとった液《えき》を、塗《ぬ》り物《もの》に使《つか》う。❷「❶」からとった液《えき》で作《つく》った、塗《ぬ》り物《もの》に塗《ぬ》る塗料《とりょう》。[例] うるし塗《ぬ》りのおわん。⇩しつ【漆】564ページ

**うるち** [名] ふつうの米《こめ》。うるち米《まい》。[対] もち米《ごめ》。

**ウルトラ**〔英語 ultra〕〔ある言葉《ことば》の前《まえ》につけて〕「超《ちょう》」「極端《きょくたん》な」という意味《いみ》を表《あらわ》す。[例] ウルトラC《シー》の難《むずか》しい技《わざ》。

**うるむ**【潤む】[動] ❶しめりけを帯《お》びてくる。[例] 目《め》が潤む。❷形《かたち》などがぼやける。[例] 月《つき》が潤んで見《み》える。❸涙声《なみだごえ》になる。[例] 声《こえ》が潤む。⇩じゅん【潤】615ページ

**うるわしい**【麗しい】[形] ❶品《ひん》よく美《うつく》しい。[例] 麗しい人《ひと》。❷気分《きぶん》がよい。[例] ご機嫌《きげん》が麗しい。❸心《こころ》が温《あたた》まる感《かん》じだ。[例] 麗しい友《ゆう》情《じょう》。⇩れい【麗】1401ページ

**うれい**【愁い】[名] 悲《かな》しみやなやみで、心《こころ》が晴《は》れないこと。[例] 愁いにしずむ。⇩しゅう【愁】593ページ

**うれい**【憂い】[名] 心配《しんぱい》。不安《ふあん》。[例] 備《そな》えあれば憂いなし。⇩ゆう【憂】1335ページ

**うれえる**【憂える】[動] 心《こころ》を痛《いた》める。心配《しんぱい》する。不安《ふあん》に思《おも》う。[例] わが子《こ》の行《ゆ》く末《すえ》を憂える。⇩ゆう【憂】1335ページ

○**うれしい**【嬉しい】[形] いいことがあって、楽《たの》しい。喜《よろこ》ばしい。[対] 悲《かな》しい。

**うれしがる**【嬉しがる】[動] うれしさを表《おもて》にあらわす。うれしそうにする。

**うれしさ**【嬉しさ】[名] うれしいと感《かん》じること。うれしい気持《きも》ち。

**うれしなき**【嬉し泣き】[名][動-する] うれしさのあまり泣《な》くこと。

**うれしなみだ**【嬉し涙】[名] うれしさのあまりに出《で》る涙《なみだ》。[例] 高校合格《こうこうごうかく》のうれし涙。

**うれすじ**【売れ筋】[名] ❶よく売《う》れている商品《しょうひん》。❷同《おな》じ種類《しゅるい》の商品《しょうひん》の中《なか》で、よく売《う》れているもの。[例] 売れ筋のケーキ。

**ウレタン**〔ドイツ語〕[名] 人造《じんぞう》ゴムの一《ひと》つ。スポンジ・マットレス・断熱材《だんねつざい》などに使《つか》われる。

**うれっこ**【売れっ子】[名] 人気《にんき》が高《たか》く、ひっぱりだこになっている人《ひと》。人気者《にんきもの》。

**うれゆき**【売れ行き】[名] 品物《しなもの》が売《う》れるようす。売れ具合《ぐあい》。[例] 売れ行きがいい。

**うれる**【売れる】[動] ❶品物《しなもの》が買《か》われる。[例] かぜ薬《ぐすり》がよく売れる。❷広《ひろ》く知《し》られる。[例] 名前《なまえ》が売れる。⇩ばい【売】1026ページ

○**うれる**【熟れる】[動] 実《み》が食《た》べごろになる。熟《じゅく》する。[例] カキの実《み》が赤《あか》く熟れる。⇩じゅく【熟】606ページ

**うろ**【洞・空】[名] 中《なか》がからになった所《ところ》。ほら穴《あな》。[例] 木《き》のうろに鳥《とり》が巣《す》をかけた。

**うろうろ** [副(-と)][動-する] ❶(同《おな》じ所《ところ》を)行《い》ったり来《き》たりしているようす。[例] うろうろと歩《ある》き回《まわ》る。❷どうしたらよいのかわからないで、まごついているようす。[例] うろうろす

アから独立《どくりつ》した。トウモロコシや小麦《こむぎ》、オリーブなどの栽培《さいばい》がさかん。首都《しゅと》ザグレブ。人口約《じんこうやく》387万人《まんにん》。略称《りゃくしょう》CRO。

るばかりで何《なに》もできない。

**うろおぼえ**【うろ覚え】名 ぼんやりと覚《おぼ》えていること。例 うろ覚えの漢字《かんじ》。

**うろこ**【鱗】名 魚《さかな》やヘビなどの体《からだ》の表面《ひょうめん》をおおっている、小《ちい》さくてかたいもの。

**うろこぐも**【鱗雲】名 巻積雲《けんせきうん》のこと。魚《さかな》のうろこのように見《み》える、白《しろ》くて、小《ちい》さいまだらの雲《くも》。いわし雲《ぐも》。➡くも(雲) 373ページ

**うろたえる** 動 あわてて、まごまごする。例 突然《とつぜん》呼《よ》ばれてうろたえる。

**うろちょろ** 副(-と) 動する うるさいぐらい、動《うご》き回《まわ》るようす。例 目《め》の前《まえ》をうろちょろと歩《ある》き回《まわ》るな。

**うろつく** 動 うろうろする。例 公園《こうえん》をあやしい人《ひと》がうろついている。

**うわ**【上】〔ある言葉《ことば》の前《まえ》につけて〕「上《うえ》」の意《い》味《み》を表《あらわ》す。例 上手《て》。上塗《ぬ》り。➡じょう【上】624ページ

**例解 ことばを広げよう!**

**うれしい**
いろいろな「うれしい」

喜《よろこ》ぶ
大喜《おおよろこ》びする
**小躍《こおど》りする**
跳《と》び上《あ》がる
**浮《う》かれる**
浮《う》き立《た》つ
はしゃぐ

**快《こころよ》い**
喜《よろこ》ばしい
ありがたい
めでたい
朗《ほが》らかだ
明《あか》るい

歓喜《かんき》
狂喜《きょうき》
痛快《つうかい》
**愉快《ゆかい》**
得意《とくい》
**満足《まんぞく》**
会心《かいしん》

**有頂天《うちょうてん》**
**上機嫌《じょうきげん》**
得意顔《とくいがお》
夢心地《ゆめごこち》

**心《こころ》が弾《はず》む**
**胸《むね》が躍《おど》る**
胸《むね》を躍《おど》らせる
胸《むね》をときめかす
**気《き》を良《よ》くする**

好《この》ましい
**望《のぞ》ましい**
意《い》にかなう
**喜色満面《きしょくまんめん》**
気分爽快《きぶんそうかい》
狂喜乱舞《きょうきらんぶ》

**うきうき**
**わくわく**
るんるん
どきどき
いそいそ
**ほくほく**
ぞくぞく

すっきり
さばさば
さっぱり
うっとり
ほのぼの
はればれ

**うわあご**【上顎】名 あごの上《うえ》の部分《ぶぶん》。対 下《した》顎《あご》。

**うわがき**【上書き】名 動する ❶封筒《ふうとう》・はがき・箱《はこ》などの表《おもて》に、あて名《な》や名前《なまえ》を書《か》くこと。表《おもて》書き。また、その文字《もじ》。❷コンピューターで、古《ふる》いデータの上《うえ》に、新《あたら》しいデータを書《か》きこむこと。

**うわき**【〈浮気〉】名 動する 形動 気《き》が変《か》わりやすいこと。例 あきっぽい浮気《き》な人《ひと》。参考「浮気《うわき》」は、特別《とくべつ》に認《みと》められた読《よ》み方《かた》。

**うわぎ**【上着】名 上半身《じょうはんしん》のいちばん外側《そとがわ》に着《き》る服《ふく》。対 下着《したぎ》。

**うわぐすり**【上薬】名 茶《ちゃ》わんや皿《さら》などの焼《や》き物《もの》の表面《ひょうめん》にぬって、つやを出《だ》す薬《くすり》。

**うわぐつ**【上靴】名 室内《しつない》ではく、くつ。

**うわごと** 名 高《たか》い熱《ねつ》が出《で》たときなどに、自分《じぶん》ではわからずに言《い》う言葉《ことば》。

**◦うわさ** 名 ❶辺《あた》りに広《ひろ》まっている話《はなし》。評判《ひょうばん》。例 悪《わる》いうわさがたつ。❷そこにいない人《ひと》について、かげで話《はな》すこと。また、その話《はなし》。例 先生《せんせい》のうわさをする。

**うわさをすれば影《かげ》** 人《ひと》のうわさをしていると、本人《ほんにん》がそこへひょっこり現《あらわ》れるということ。「うわさをすれば影《かげ》がさす」とも言《い》う。

**うわざらてんびん**【上皿天びん】名 重《おも》さを量《はか》るはかりの一《ひと》つ。さおの両《りょう》はしの皿《さら》に、分銅《ふんどう》と量《はか》る物《もの》をそれぞれのせて、つり合《あ》わせて量《はか》る。➡はかり 1033ページ




世界の国 クロアチア ヨーロッパ東部《とうぶ》のバルカン半島《はんとう》にある国《くに》。東北地方《とうほくちほう》よりややせまい。1991年《ねん》、旧《きゅう》ユーゴスラビ

**うわすべり【上滑り】** 名 動-する 形動 考《かんが》えが浅《あさ》くて、いいかげんなこと。例 上すべりな考《かんが》え。

**うわずみ【上澄み】** 名 液体《えきたい》の混《ま》ざり物《もの》がしずんで、上《うえ》のほうにできる、すんだ液《えき》。例 上澄みをすくい取《と》る。

**うわずる【上ずる】** 動 ❶興奮《こうふん》して気持《きも》ちが落《お》ち着《つ》かなくなる。例 気《き》持《も》ちが上ずる。❷声《こえ》の調子《ちょうし》が高《たか》くなる。例 声《こえ》が上ずる。

**うわぜい【上背】** 名 背《せ》の高《たか》さ。身長《しんちょう》。例 上背がある〔=背《せ》が高《たか》い〕。

**うわつく【〈浮つく〉】** 動 気《き》持《も》ちがうきうきして、落《お》ち着《つ》かなくなる。例 うわついた気《き》分《ぶん》を引《ひ》きしめる。参考「浮《うわ》つく」は、特別《とくべつ》に認《みと》められた読《よ》み方《かた》。

**うわっつら【上っ面】** 名 物《もの》の表面《ひょうめん》。うわべ。例 上っ面で人《ひと》を見《み》るな。

**うわっぱり【上っ張り】** 名 衣服《いふく》がよごれないように、その上《うえ》に着《き》るもの。

**うわづみ【上積み】** 名 動-する ❶荷物《にもつ》の上《うえ》に、さらに積《つ》んだ荷物《にもつ》。対 下積《したづ》み。❷ある金《きん》額《がく》の上《うえ》に、さらに金額《きんがく》を加《くわ》えること。例 おこづかいを百円《ひゃくえん》上積みする。類 上乗《うわの》せ。

**◦うわて【上手】** 名 形動 ❶学問《がくもん》や技《わざ》が人《ひと》よりすぐれていること。例 水泳《すいえい》は弟《おとうと》のほうが上手だ。❷強《つよ》そうな態度《たいど》をとること。例 上手に出《で》る。❸すもうで、相手《あいて》の腕《うで》の上《うえ》から、まわし〔=力士《りきし》が腰《こし》に巻《ま》いた帯《おび》〕をつかむこと。例 上手投《な》げ。対（❷・❸）下手《したて》。注意「上手」を、「かみて」「じょうず」と読《よ》むと、ちがう意《い》味《み》になる。

**うわぬり【上塗り】** 名 動-する ❶仕上《しあ》げのためにもう一度《いちど》塗《ぬ》ること。例 壁《かべ》の上塗り。対 下塗《したぬ》り。❷好《この》ましくないことをくり返《かえ》すこと。例 はじの上塗り〔=一度《いちど》はじをかいたのに、その上《うえ》またはじをかくこと〕。

**うわのせ【上乗せ】** 名 動-する いまの金額《きんがく》や数量《すうりょう》に、さらにつけ加《くわ》えること。例 手数料《てすうりょう》を上乗せする。類 上積《うわづ》み。

**うわのそら【上の空】** 名 他《ほか》のことに気《き》をとられ、人《ひと》の言葉《ことば》が耳《みみ》に入《はい》らないこと。例 うれしくて、何《なに》を言《い》われてもうわのそらだ。

**うわばき【上履き】** 名 建物《たてもの》の中《なか》ではく、はき物《もの》。対 下履《したば》き。

**うわべ【上辺】** 名 ものごとの表面《ひょうめん》。見《み》かけ。上《うわ》っ面《つら》。例 うわべをかざる。

**うわまえをはねる【上前をはねる】** 人《ひと》に渡《わた》すことになっているお金《かね》などの一部《いちぶ》を、だまって自分《じぶん》のものにする。

**うわまわる【上回る】** 動 ある数《かず》や量《りょう》をこえる。例 予《よ》想《そう》を上回る人出《ひとで》。対 下回《したまわ》る。

**うわむき【上向き】** 名 ❶上《うえ》のほうを向《む》いていること。例 上向きに寝《ね》る。❷だんだんよくなること。例 成績《せいせき》が上向きになる。対（❶・❷）下向《したむ》き。

**うわむく【上向く】** 動 ❶上《うえ》のほうを向《む》く。❷だんだんよくなる。例 景気《けいき》が上向く。

**うわめづかい【上目遣い】** 名 顔《かお》を上《あ》げないで、目《め》だけを上《うえ》に向《む》けて見《み》ること。例 人《ひと》を上目遣いに見《み》るのは失礼《しつれい》だ。

**うわやく【上役】** 名 役所《やくしょ》や会社《かいしゃ》などで、その人《ひと》より地位《ちい》が上《うえ》の人《ひと》。対 下役《したやく》。

**うわる【植わる】** 動 植《う》えられている。例 公《こう》園《えん》に植わっている木《き》。

↓しょく【植】641ページ

**うん【運】** 画数 12 部首 辶（しんにょう） 3年

音 ウン 訓 はこ-ぶ

筆順

❶はこぶ。熟語 運送《うんそう》。運賃《うんちん》。運輸《うんゆ》。海運《かいうん》。❷動《うご》かす。熟語 運転《うんてん》。運動《うんどう》。運用《うんよう》。❸めぐり合《あ》わせ。熟語 運命《うんめい》。運勢《うんせい》。幸運《こううん》。

《訓の使い方》 **はこ-ぶ** 例 荷物《にもつ》を運ぶ。

**うん【運】** 名 人《ひと》の力《ちから》ではどうにもならない、なりゆき。めぐり合《あ》わせ。例 運がいい。

**運《うん》が開《ひら》ける** 運《うん》がよくなる。

**運《うん》が向《む》く** いい運《うん》がめぐってくる。

**運《うん》の尽《つ》き** 幸運《こううん》が終《お》わって、どうにもならない状《じょう》態《たい》。

**運《うん》を天《てん》に任《まか》せる** すべて成《な》り行《ゆ》きに任《まか》せる。例 運を天に任せて、じっと待《ま》った。

**うん【雲】** 画数 12 部首 ⻗（あめかんむり） 2年

音 ウン 訓 くも

筆順

空《そら》にうかんでいる、くも。熟語 雲海《うんかい》。雲量《うんりょう》。

雷雲《らいうん》。雲間《くもま》。雨雲《あまぐも》。

**うんえい【運営】** 名 動-する 規則《きそく》に従《したが》い、仕《し》組《く》みをうまくはたらかせて、仕事《しごと》を進《すす》めていくこと。例 児《じ》童《どう》会《かい》を運営する。

**うんか** 名 形《かたち》がセミに似《に》ている小《ち》さな昆虫《こんちゅう》。イネの汁《しる》をすう害虫《がいちゅう》。

**うんが【運河】** 名 船《ふね》を通《とお》したり水《みず》を引《ひ》いたりするために、陸《りく》地《ち》をほって造《つく》った水路《すいろ》。例 スエズ運河。

**うんかい【雲海】** 名 〔高《たか》い山《やま》や飛《ひ》行《こう》機《き》から見《み》下《お》ろしたとき〕海《うみ》のように広《ひろ》がって見《み》える雲《くも》。例 目《め》の下《した》に、雲海が広《ひろ》がる。

**うんきゅう【運休】** 名 動-する 〔「運《うん》転《てん》休《きゅう》止《し》」の略《りゃく》。〕電車《でんしゃ》やバスなどが運転《うんてん》を休《やす》むこと。例 大雪《おおゆき》のため、列車《れっしゃ》が運休した。

**うんけい〖運慶〗** 人名 （男）（?～一二二三）鎌《かま》倉《くら》時《じ》代《だい》の彫《ちょう》刻《こく》家《か》。力強《ちからづよ》いほり方《かた》で仏《ぶつ》像《ぞう》を作《つく》った。東《とう》大《だい》寺《じ》南《なん》大《だい》門《もん》の仁《に》王《おう》像《ぞう》などがある。

〔におうぞう〕

**うんこう【運行】** 名 動-する ❶時《じ》間《かん》や道《みち》筋《すじ》を決《き》めて運《うん》転《てん》すること。例 バスの運行。❷星《ほし》や月《つき》などが、決《き》まった道《みち》筋《すじ》を回《まわ》って行《い》くこと。例 星《ほし》の運行を観《かん》測《そく》する。

**うんこう【運航】** 名 動-する 船《ふね》や飛《ひ》行《こう》機《き》が、時《じ》間《かん》や道《みち》筋《すじ》を決《き》めて動《うご》くこと。

**うんざり** 副(-と) 動-する ものごとにすっかりあきるようす。あきあき。例 一《いっ》週《しゅう》間《かん》も雨《あめ》が続《つづ》いてうんざりした。

**うんさんむしょう【雲散霧消】** 名 動-する （雲《くも》や霧《きり》のように）あとかたもなく消《き》え去《さ》ること。例 疑《うたが》いが雲散霧消する。

**うんし【運指】** 名 楽《がっ》器《き》を演《えん》奏《そう》するときの指《ゆび》の動《うご》かし方《かた》。指《ゆび》づかい。

**うんしん【運針】** 名 裁《さい》縫《ほう》の針《はり》の動《うご》かし方《かた》。ぬい方《かた》。例 運針の練《れん》習《しゅう》をする。

**うんせい【運勢】** 名 運《うん》、不《ふ》運《うん》のめぐり合《あ》わせ。例 運勢をみる。

**うんぜんあまくさこくりつこうえん〖雲仙天草国立公園〗** 地名 長《なが》崎《さき》・熊《くま》本《もと》・鹿《か》児《ご》島《しま》の三《さん》県《けん》にまたがる国《こく》立《りつ》公《こう》園《えん》。雲《うん》仙《ぜん》岳《だけ》や天《あま》草《くさ》諸《しょ》島《とう》を含《ふく》む。➡こくりつこうえん 457ページ

**うんぜんだけ〖雲仙岳〗** 地名 長《なが》崎《さき》県《けん》の島《しま》原《ばら》半《はん》島《とう》にある火《か》山《ざん》群《ぐん》。主《しゅ》峰《ほう》の普《ふ》賢《げん》岳《だけ》は、一九九〇年《ねん》に噴《ふん》火《か》した。

**うんそう【運送】** 名 動-する はなれている所《ところ》に品《しな》物《もの》を運《はこ》び届《とど》けること。運《うん》搬《ぱん》。例 運送業《ぎょう》。

**うんちく【うん蓄】** 名 研《けん》究《きゅう》を重《かさ》ねて身《み》につけた学《がく》問《もん》の知《ち》識《しき》。例 うん蓄を傾《かたむ》けて書《か》いた文《ぶん》章《しょう》。

**うんちん【運賃】** 名 荷《に》物《もつ》を運《はこ》んでもらうときや人《ひと》が乗《の》り物《もの》に乗《の》るときに、はらうお金《かね》。

**うんてい【雲梯】** 名 公《こう》園《えん》などにある遊《ゆう》具《ぐ》の一《ひと》つ。はしごを横《よこ》に倒《たお》したような形《かたち》で、それにぶら下《さ》がって渡《わた》る。

**うんでいのさ【雲泥の差】** 〔雲《くも》（＝天《てん》）と泥《どろ》（＝地《ち》）との間《あいだ》のように〕大《おお》きなちがいがあること。天《てん》と地《ち》ほどの差《さ》。例 二人《ふたり》の腕《うで》前《まえ》には、雲泥の差がある。

**うんてん【運転】** 名 動-する 機《き》械《かい》や乗《の》り物《もの》などを動《うご》かすこと。

**うんてんし【運転士】** 名 乗《の》り物《もの》や機《き》械《かい》を動《うご》かすことを仕《し》事《ごと》としている人《ひと》。運《うん》転《てん》手《しゅ》。

**うんてんしゅ【運転手】** 名 乗《の》り物《もの》を運《うん》転《てん》するのを仕《し》事《ごと》としている人《ひと》。運《うん》転《てん》士《し》。例 トラックの運転手。

**うんてんせき【運転席】** 名 車《くるま》などを運《うん》転《てん》するときにすわる席《せき》。

**うんと** 副 たくさん。ひじょうに。例 うんと勉《べん》強《きょう》する。

**うんどう【運動】** 名 動-する ❶物《もの》が動《うご》くこと。例 天《てん》体《たい》の運動。❷体《からだ》操《そう》などをすること。例 運動会《かい》。❸ある目《もく》的《てき》のために、人《ひと》々《びと》にはたらきかけること。例 町《まち》を美《うつく》しくする運動をする。

**うんどうかい【運動会】** 名 おおぜい集《あつ》まって、運《うん》動《どう》競《きょう》技《ぎ》や遊《ゆう》戯《ぎ》などをして楽《たの》しむ会《かい》。

**うんどうきょうぎ【運動競技】** 名 決《き》められた規《き》則《そく》のもとで、運《うん》動《どう》の能《のう》力《りょく》や技《ぎ》術《じゅつ》を競《きそ》い合《あ》うこと。

**うんどうじょう【運動場】** 名 「運《うん》動《どう》❷」をするために作《つく》られた広《ひろ》い場《ば》所《しょ》。グラウンド。

**うんどうしんけい【運動神経】** 名 ❶



世界の国 ケニア　アフリカ東《とう》部《ぶ》、赤《せき》道《どう》直《ちょっ》下《か》にある国《くに》。農《のう》業《ぎょう》と観《かん》光《こう》の国《くに》で、茶《ちゃ》やコーヒーの栽《さい》培《ばい》がさかん。牛《うし》、ヤギ、羊《ひつじ》、

体《からだ》の筋肉《きんにく》を動《うご》かす神経《しんけい》。❷運動《うんどう》をうまく行《おこな》う能力《のうりょく》。例 運動神経が発達《はったつ》している。

**うんともすんとも** まったく返事《へんじ》をしないようす。なんとも。例 たずねているのに、うんともすんとも言《い》わない。注意 あとに「ない」などの打《う》ち消《け》しの言葉《ことば》がくる。

**うんぬん** ━名 動-する あれこれ言《い》うこと。例 薬《くすり》の効《き》き目《め》をうんぬんする。━名 あとの言《こと》葉《ば》を省略《しょうりゃく》するときに使《つか》う言葉《ことば》。例 遠足《えんそく》に用《よう》意《い》するものは、お弁当《べんとう》・傘《かさ》・しおり・うんぬん。

**うんぱん【運搬】** 名 動-する 品物《しなもの》を運《はこ》ぶこと。運送《うんそう》。例 荷物《にもつ》を運搬する。

◆**うんぴつ【運筆】** 名 字《じ》を書《か》くときの筆《ふで》の動《うご》かし方《かた》。筆《ふで》づかい。類 筆法《ひっぽう》。

◎**うんめい【運命】** 名 人《ひと》を幸福《こうふく》にしたり、不《ふ》幸《こう》にしたりする大《おお》きな力《ちから》。人《ひと》の力《ちから》ではどうにもできないめぐり合《あ》わせ。運《うん》。例 主人公《しゅじんこう》の運命やいかに。

**うんも【雲母】▲** 名 花崗岩《かこうがん》などに含《ふく》まれている鉱物《こうぶつ》。熱《ねつ》に強《つよ》く、電気《でんき》を伝《つた》えない。また、紙《かみ》のように、はがれやすい。うんぼ。

**うんゆ【運輸】** 名 旅客《りょきゃく》や貨物《かもつ》を運《はこ》ぶこと。類 輸送《ゆそう》。

**うんよう【運用】** 名 動-する お金《かね》や法律《ほうりつ》などを、上手《じょうず》に使《つか》ったり、はたらかせたりすること。例 資金《しきん》をうまく運用する。

**うんりょう【雲量】** 名 空《そら》にある雲《くも》の割合《わりあい》。雲《くも》がまったくないのを〇、空一面《そらいちめん》にあるのを一〇とする。

# え

エ e

**え【会】△** 熟語 会釈《えしゃく》。会得《えとく》。⇩かい【会】193ページ

**え【回】△** 熟語 回向《えこう》。⇩かい【回】193ページ

**え【江】** 例 入《い》り江《え》。⇩こう【江】427ページ

**え【依】** 熟語 帰依《きえ》。⇩い【依】51ページ

**え【恵】** 熟語 知恵《ちえ》。⇩けい【恵】388ページ

**え【重】** 〔数字《すうじ》のあとにつけて〕かさなっていることを表《あらわ》す。例 二重《ふたえ》。八重《やえ》。紙一重《かみひとえ》。⇩じゅう【重】594ページ

**え【柄】** 名 手《て》で持《も》ちやすいように、道具《どうぐ》や器《うつわ》につけた細長《ほそなが》いもの。例 傘《かさ》の柄。⇩へい【柄】1172ページ

◎**え【絵】** 名 鉛筆《えんぴつ》や絵《え》の具《ぐ》を使《つか》い、物《もの》や自分《じぶん》の考《かんが》えを、画用紙《がようし》やキャンバスなどにかき表《あらわ》したもの。絵画《かいが》。⇩かい【絵】194ページ

**絵《え》にかいた餅《もち》** 〔絵《え》にかいた餅《もち》のように〕なんの役《やく》にも立《た》たない計画《けいかく》。例 橋《はし》をかける話《はなし》は絵にかいた餅だった。

**絵《え》になる** ❶絵《え》の題材《だいざい》になる。❷姿《すがた》や形《かたち》などがその場《ば》にぴったり合《あ》っていて、好《この》ましい。例 かっこいい人《ひと》は、何《なに》をしても絵になる。

**え【餌】** 名 えさ。例 餌食《えじき》。餌づけ。⇩じ【餌】540ページ

**エア** 〔英語 air〕名 空気《くうき》。例 タイヤにエアを入《い》れる。

**エアコン** 名〔英語《えいご》の「エアコンディショナー」の略《りゃく》。〕室内《しつない》のよごれた空気《くうき》をきれいにしたり、冷暖房《れいだんぼう》をしたりする装置《そうち》。空調《くうちょう》。

**エアコンディショナー** 〔英語 air conditioner〕名 ⇩エアコン 122ページ

**エアターミナル** 〔英語 air terminal〕名 空《くう》港《こう》で、乗客《じょうきゃく》がいろいろな手続《てつづ》きをしたり待《ま》ち合《あ》わせをしたりする建物《たてもの》。

**エアバッグ** 〔英語 air bag〕名 自動車《じどうしゃ》が衝突《しょうとつ》したとき、自動的《じどうてき》に大《おお》きくふくらんで、乗《の》っている人《ひと》を守《まも》る袋《ふくろ》。

**エアポート** 〔英語 airport〕名 空港《くうこう》。飛行《ひこう》場《じょう》。

**エアポケット** 〔英語 air pocket〕名 山脈《さんみゃく》の上空《じょうくう》などで、空気《くうき》の流《なが》れが下向《したむ》きになって

例解 ことばの窓

### 絵《え》を表《あらわ》す言葉《ことば》

〔何《なに》をかくか〕
風景画《ふうけいが》…自然《しぜん》の景色《けしき》をかいたもの。
静物画《せいぶつが》…花《はな》や果物《くだもの》などをかいたもの。
人物画《じんぶつが》…人《ひと》の姿《すがた》をかいたもの。
〔何《なに》でかくか〕
水彩画《すいさいが》…絵《え》の具《ぐ》を水《みず》でといてかく。
油絵《あぶらえ》…絵《え》の具を油《あぶら》でといてかく。
水墨画《すいぼくが》…墨《すみ》をすりおろした液《えき》でかく。
デッサン…鉛筆《えんぴつ》や木炭《もくたん》でかく。

業《ぎょう》もさかん。首都《しゅと》ヤムスクロ。人口約《じんこうやく》2,630万人《まんにん》。略称《りゃくしょう》CIV。

いる所《ところ》。飛行機《ひこうき》がそこを飛《と》ぶと、急《きゅう》に高度《こうど》が下《さ》がることがある。

**エアメール**〔英語 air mail〕名 航空便《こうくうびん》。

**エアロビクス**〔英語 aerobics〕名 たくさんの酸素《さんそ》を体《からだ》の中《なか》に取《と》り入《い》れて、血液《けつえき》の流《なが》れをよくし、心臓《しんぞう》や肺《はい》のはたらきをさかんにする運動《うんどう》。有酸素《ゆうさんそ》運動《うんどう》。

## えい【永】

画数 5 部首 水（みず） 5年

音 エイ 訓 なが-い

筆順 永

時間《じかん》がながい。いつまでも。熟語 永遠《えいえん》。永久《えいきゅう》。永住《えいじゅう》。永続《えいぞく》。永眠《えいみん》。

《訓の使い方》**なが-い** 例 末永《すえなが》い幸《しあわ》せをいのる。

## えい【泳】

画数 8 部首 氵（さんずい） 3年

音 エイ 訓 およ-ぐ

筆順 泳

およぐ。水面《すいめん》や水中《すいちゅう》を進《すす》む。熟語 泳法《えいほう》。遠泳《えんえい》。水泳《すいえい》。遊泳《ゆうえい》。

《訓の使い方》**およ-ぐ** 例 海《うみ》で泳ぐ。

## えい【英】

画数 8 部首 艹（くさかんむり） 4年

音 エイ 訓 ―

筆順 英

❶すぐれている。熟語 英気《えいき》。英才《えいさい》。英断《えいだん》。英知《えいち》。英雄《えいゆう》。❷イギリスのこと。熟語 英語《えいご》。英訳《えいやく》。参考 ❷は、漢字《かんじ》で「英吉利《イギリス》」と書《か》いたことから。

## えい【映】

画数 9 部首 日（ひへん） 6年

音 エイ 訓 うつ-る うつ-す は-える

筆順 映

光《ひかり》が当《あ》たって、他《ほか》の物《もの》に形《かたち》がうつる。うつす。熟語 映画《えいが》。映写《えいしゃ》。上映《じょうえい》。反映《はんえい》。

《訓の使い方》**うつ-る** 例 雲《くも》が水面《すいめん》に映る。**うつ-す** 例 影絵《かげえ》を映す。**は-える** 例 夕日《ゆうひ》に当《あ》たって紅葉《こうよう》が映える。

## えい【栄】

画数 9 部首 木（き） 4年

音 エイ 訓 さか-える は-え は-える

筆順 栄

❶さかえる。熟語 栄華《えいが》。繁栄《はんえい》。❷ほまれ。熟語 栄冠《えいかん》。栄光《えいこう》。❸さかんにする。熟語 栄養《えいよう》。

《訓の使い方》**さか-える** 例 町《まち》が栄える。**は-える** 例 金賞《きんしょう》に栄える。

**えい【栄】**名 ほまれ。名誉《めいよ》。例 受賞《じゅしょう》の栄に浴《よく》する。

## えい【営】

画数 12 部首 口（くち） 5年

音 エイ 訓 いとな-む

筆順 営

❶(計画《けいかく》を立《た》てて)仕事《しごと》をする。いとなむ。熟語 営業《えいぎょう》。運営《うんえい》。経営《けいえい》。自営《じえい》。❷こしらえる。熟語 営巣《えいそう》。造営《ぞうえい》。❸軍隊《ぐんたい》のいる所《ところ》。熟語 陣営《じんえい》。

《訓の使い方》**いとな-む** 例 商店《しょうてん》を営む。

## えい【衛】

画数 16 部首 行（ぎょうがまえ） 5年

音 エイ 訓 ―

筆順 衛

守《まも》る。守《まも》る人《ひと》。熟語 衛生《えいせい》。守衛《しゅえい》。防衛《ぼうえい》。

## えい【詠】

画数 12 部首 言（ごんべん）

音 エイ 訓 よ-む

❶声《こえ》を長《なが》くのばす。歌《うた》うように朗読《ろうどく》する。熟語 詠嘆《えいたん》。朗詠《ろうえい》〔＝漢詩《かんし》や和歌《わか》を、節《ふし》をつけてうたう〕。❷詩歌《しいか》を作《つく》る。その作品《さくひん》。熟語 題詠《だいえい》〔＝題《だい》に合《あ》わせて短歌《たんか》・俳句《はいく》などを作《つく》る〕。例 短歌《たんか》を詠《よ》む。

## えい【影】

画数 15 部首 彡（さんづくり）

音 エイ 訓 かげ

❶日《ひ》・月《つき》・星《ほし》・ともし火《び》などの光《ひかり》。熟語 灯影《とうえい》。❷物《もの》が光《ひかり》をさえぎってできる暗《くら》い部分《ぶぶん》。かげ。熟語 影響《えいきょう》。陰影《いんえい》。例 夕日《ゆうひ》で影《かげ》が長《なが》くのびる。❸姿《すがた》や形《かたち》。映《うつ》った姿《すがた》。また、映《うつ》し出《だ》された姿《すがた》。熟語 撮影《さつえい》。人影《ひとかげ》。





世界の国 コートジボワール アフリカ西部《せいぶ》、ギニア湾《わん》に面《めん》する国《くに》。農業《のうぎょう》がさかんで、カカオ・コーヒーがとれる。鉱工《こうこう》

**えい【鋭】** 画数 15 部首 金(かねへん)

音 エイ 訓 するど-い

❶するどい。とがっている。熟語 鋭角《えいかく》。鋭利《えいり》。例 鋭《するど》いナイフ。対 鈍《どん》。❷すばやい。勢《いきお》いがよい。熟語 鋭敏《えいびん》。精鋭《せいえい》。

**えい** 名 海面《かいめん》の近《ちか》くや、浅《あさ》い海《うみ》にすむ魚《さかな》。体《からだ》はひし形《がた》で平《ひら》たい。

〔えい〕

**えいい【鋭意】** 副 一生《いっしょう》懸命《けんめい》に。例 鋭意調《ちょう》査《さ》中《ちゅう》です。

**えいえい【営営】** 副(-と) 休《やす》むことなく、仕事《しごと》にはげむようす。例 工場《こうじょう》再建《さいけん》のために営々と働《はたら》く。参考 「営々《えいえい》たる努力《どりょく》」などと使《つか》うこともある。

**°えいえん【永遠】** 名 時間《じかん》がいつまでも限《かぎ》りなく続《つづ》くこと。例 永遠の平和《へいわ》。類 永久《えいきゅう》。

**永遠《えいえん》の眠《ねむ》りに就《つ》く** 死《し》ぬ。例 故《こ》郷《きょう》の地《ち》で永遠の眠りについた。

**えいが【映画】** 名 動《うご》いているものや、アニメーションの絵《え》などをフィルムに続《つづ》けて撮影《さつえい》し、映写機《えいしゃき》で映《うつ》すと画面《がめん》が動《うご》いて見《み》える仕《し》かけ。シネマ。活動写真《かつどうしゃしん》。参考 現在《げんざい》は、フィルムからデジタルへと変《か》わりつつある。

**えいが【栄華】** 名 地《ち》位《い》が上《あ》がり、財産《ざいさん》もでき、はなやかに栄《さか》えること。例 栄華をきわめる。

**えいかいわ【英会話】** 名 英語《えいご》を使《つか》って人《ひと》と話《はなし》をすること。

**えいかく【鋭角】** 名 〔算数《さんすう》で〕直角《ちょっかく》〔=九〇度《ど》〕より小《ちい》さい角《かく》。対 鈍角《どんかく》。

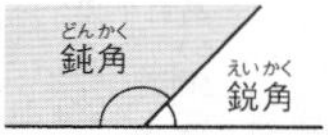

〔えいかく〕

**えいかん【栄冠】** 名 勝利《しょうり》や成《せい》功《こう》のしるしとしてのかんむり。かがやかしい名誉《めいよ》。例 勝《しょう》利《り》の栄冠。

**えいき【英気】** 名 活動《かつどう》しようとする、あふれるような元気《げんき》。例 英気を養《やしな》う〔=元気《げんき》をつける〕。

**°えいきゅう【永久】** 名 限《かぎ》りなく、そのことが続《つづ》くこと。例 永久に平和《へいわ》を守《まも》る。類 永遠《えいえん》。

**えいきゅうし【永久歯】** 名 子《こ》どものときの歯《は》がぬけたあとに生《は》える歯《は》。上下《じょうげ》合《あ》わせて三二本《ほん》ある。対 乳歯《にゅうし》。↓は(歯)❶ 1022ページ

**えいきゅうじしゃく【永久磁石】** 名 磁《じ》気《き》を帯《お》び、その磁力《じりょく》をいつまでも保《たも》っている磁石《じしゃく》。

**■えいきゅうふへん【永久不変】** 名 いつまでも変《か》わらないこと。例 永久不変の法則《ほうそく》。

**°えいきょう【影響】** 名 動-する あるものごとが他《ほか》のものごとに力《ちから》をおよぼして、そのようすを変《か》えること。例 天《てん》気《き》が悪《わる》いと、米《こめ》の収《しゅう》穫《かく》に影響する。

**えいぎょう【営業】** 名 動-する もうけるために仕《し》事《ごと》や商売《しょうばい》をすること。

**えいきょうりょく【影響力】** 名 影響《えいきょう》をあたえる力《ちから》。例 彼《かれ》の一言《ひとこと》には影響力がある。

**°えいご【英語】** 名 ❶イギリスやアメリカを中心《ちゅうしん》に、世界中《せかいじゅう》で広《ひろ》く話《はな》されている言葉《ことば》。❷「❶」を学《まな》ぶ教科《きょうか》。英語科《えいごか》。

**えいこう【栄光】** 名 かがやかしいほまれ。名誉《めいよ》。例 栄光にかがやく。類 栄誉《えいよ》。

**えいこく【英国】** 名 イギリスのこと。

**■えいこせいすい【栄枯盛衰】** 名 ものごとが栄《さか》えたり、衰《おとろ》えたりすること。例 栄枯盛衰は世《よ》の習《なら》いだ。

**えいさい【英才】** 名 すぐれた才能《さいのう》。また、才能《さいのう》のすぐれた人《ひと》。

**えいさい【栄西】** 人名 (男)(一一四一〜一二一五)〔「ようさい」ともいう。〕鎌倉《かまくら》時代《じだい》のお坊《ぼう》さん。宋《そう》〔=中国《ちゅうごく》〕で仏教《ぶっきょう》を学《まな》び、日本《にっぽん》へ臨《りん》済宗《ざいしゅう》〔=禅宗《ぜんしゅう》の一《ひと》つ〕を伝《つた》えた。

**えいじはっぽう【永字八法】** 名 漢字《かんじ》を書《か》くときの、八《やっ》つの基《き》本的《ほんてき》な筆《ふで》づかいのこと。「永」の一字《いちじ》に、八《やっ》つすべてがそなわっていることから言《い》う。

〔えいじはっぽう〕

**えいしゃ【映写】** 名 動-する 映画《えいが》などをスクリーンに映《うつ》すこと。例 映写機《き》。

**えいじゅう【永住】** 名 動-する いつまでも同《おな》じ土地《とち》に住《す》むこと。例 永住の地《ち》。

**°えいじる【映じる】** 動 〔「映《えい》ずる」ともいう。〕❶光《ひかり》や物《もの》の形《かたち》・色《いろ》などが映《うつ》る。例 山《やま》の姿《すがた》が水面《すいめん》に映じる。❷照《て》りかがやく。例 も

製造《せいぞう》も行《おこな》われている。首都《しゅと》サンホセ。人口約《じんこうやく》515万人《まんにん》。略称《りゃくしょう》CRC。

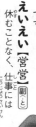

みじが朝日《あさひ》に映《うつ》じる。❸印象《いんしょう》として目《め》に映《うつ》る。例 外国人《がいこくじん》の目《め》に映《うつ》じた日本《にっぽん》。

**えいしん【栄進】** 名 動-する 上《うえ》の地位《ちい》にあがること。例 ご栄進をお祝《いわ》いします。

**エイズ【AIDS】** 名 〔「後天性《こうてんせい》免疫《めんえき》不全《ふぜん》症候群《しょうこうぐん》」という意味《いみ》の英語《えいご》の頭文字《かしらもじ》。〕エイズウイルス〔=HIV《エイチアイブイ》〕によって起《お》こる病気《びょうき》。感染《かんせん》すると、病原菌《びょうげんきん》に対《たい》する体内《たいない》の免疫《めんえき》の力《ちから》がこわされてしまう。

**えいずる【映ずる】** 動 ↓えいじる 124ページ

**◦えいせい【衛生】** 名 体《からだ》をきれいにしたり、丈夫《じょうぶ》にしたりして、病気《びょうき》にかからないようにすること。例 公衆《こうしゅう》衛生。

**えいせい【衛星】** 名 惑星《わくせい》の周《まわ》りを回《まわ》る小《ちい》さな星《ほし》。例《たと》えば、地球《ちきゅう》は惑星《わくせい》で、月《つき》はその衛星《えいせい》である。関連 恒星《こうせい》。惑星《わくせい》。

**えいせいこく【衛星国】** 名 大《おお》きな国《くに》の周《まわ》りにあって、その国《くに》の影響《えいきょう》を受《う》けている国《くに》。

**えいせいちゅうけい【衛星中継】** 名 地上《ちじょう》から人工衛星《じんこうえいせい》に電波《でんぱ》を送《おく》り、地上《ちじょう》に送《おく》り返《かえ》して通信《つうしん》を行《おこな》うこと。

**えいせいちゅうりつこく【永世中立国】** 名 戦争《せんそう》に関係《かんけい》しないで、いつまでも中立《ちゅうりつ》の立場《たちば》を守《まも》り続《つづ》ける国《くに》。

**えいせいつうしん【衛星通信】** 名 衛星《えいせい》中継《ちゅうけい》による通信《つうしん》。

**えいせいてき【衛生的】** 形動 清潔《せいけつ》で、衛《えい》生《せい》によいようす。

**えいせいとし【衛星都市】** 名 大都市《だいとし》の周《まわ》りにあって、大都市《だいとし》と深《ふか》い関係《かんけい》を持《も》つ都市《とし》。

**えいせいほうそう【衛星放送】** 名 放送《ほうそう》局《きょく》から人工衛星《じんこうえいせい》に番組《ばんぐみ》の電波《でんぱ》を送《おく》り、そこから地上《ちじょう》へ電波《でんぱ》を送《おく》り届《とど》ける放送《ほうそう》。

**えいそう【営巣】** 名 動-する 動物《どうぶつ》が巣《す》を作《つく》ること。

**えいぞう【映像】** 名 ❶光《ひかり》によって映《うつ》し出《だ》された、物《もの》の姿《すがた》。例 テレビの映像。❷頭《あたま》の中《なか》にうかんだ物《もの》の形《かたち》やようす。イメージ。

**えいぞく【永続】** 名 動-する 長《なが》く続《つづ》くこと。例 今《いま》の平和《へいわ》を永続させたい。

**えいたつ【栄達】** 名 動-する 高《たか》い地位《ちい》にのぼること。例 栄達を待《ま》ち望《のぞ》む。

**えいたん【詠嘆】** 名 動-する 深《ふか》く感動《かんどう》すること。また、心《こころ》から感動《かんどう》して声《こえ》を出《だ》すこと。例 思《おも》わず詠嘆の声《こえ》をもらす。

**えいだん【英断】** 名 動-する 思《おも》いきって決《き》めること。すぐれた決断《けつだん》。例 英断を下《くだ》す。

**えいち【英知】** 名 すぐれた知恵《ちえ》。深《ふか》い考《かんが》え。例 人々《ひとびと》の英知を集《あつ》める。

**エイチ【H・h】** 名 ❶鉛筆《えんぴつ》のしんのかたさをあらわす記号《きごう》。❷物《もの》の寸法《すんぽう》で、高《たか》さを表《あらわ》す記号《きごう》。

**エイチアイブイ【HIV】** 名 〔「ヒト免《めん》疫《えき》不全《ふぜん》ウイルス」という意味《いみ》の英語《えいご》の頭文《かしらも》字《じ》。〕エイズの原因《げんいん》となるウイルス。エイズウイルス。エッチアイブイ。↓エイズ 125ページ

**えいてん【栄転】** 名 動-する 今《いま》までよりも上《うえ》の地位《ちい》につくこと。対 左遷《させん》。

**えいびん【鋭敏】** 名 形動 ❶ちょっとしたことにも、すぐ感《かん》じること。例 気温《きおん》の変化《へんか》に鋭敏だ。❷するどく、かしこいこと。例 頭《あたま》が鋭敏にはたらく。

**えいぶん【英文】** 名 英語《えいご》で書《か》いた文章《ぶんしょう》。

**えいへい【衛兵】** 名 警備《けいび》や取《と》りしまりのための兵士《へいし》。番兵《ばんぺい》。

**えいほう【泳法】** 名 泳《およ》ぎの型《かた》。泳《およ》ぎ方《かた》。平《ひら》泳《およ》ぎ・クロール・背泳《はいえい》・バタフライなど。

**えいみん【永眠】** 名 動-する 〔永《なが》い眠《ねむ》りにつく、という意味《いみ》から〕死《し》ぬこと。

**えいやく【英訳】** 名 動-する ある言葉《ことば》を英語《えいご》に言《い》いかえること。例 和文《わぶん》英訳。

**◦えいゆう【英雄】** 名 知恵《ちえ》や力《ちから》が人《ひと》よりすぐれていて、人々《ひとびと》から尊敬《そんけい》されている人《ひと》。ヒーロー。

**えいよ【栄誉】** 名 ほめられたり、認《みと》められたりすること。ほまれ。例 優勝《ゆうしょう》の栄誉にかがやく。類 栄光《えいこう》。

**◦えいよう【栄養】** 名 それをとることにより、体《からだ》のはたらきを保《たも》ったり、成長《せいちょう》を助《たす》けたりする物質《ぶっしつ》。

**■えいようえいが【栄耀栄華】** 名 おおいに栄《さか》えて、したい放題《ほうだい》のぜいたくをすること。例 藤原《ふじわら》氏《し》が栄耀栄華をきわめた時代《じだい》。

**えいようか【栄養価】** 名 食《た》べ物《もの》に含《ふく》まれている栄養分《えいようぶん》の質《しつ》と量《りょう》を表《あらわ》したもの。

**えいようし【栄養士】** 名 資格《しかく》を持《も》って、


世界の国 コスタリカ 中央《ちゅうおう》アメリカにある国《くに》。コーヒー・バナナがとれるほか、牧畜《ぼくちく》もさかん。コンピューター部品《ぶひん》の

学校《がっこう》や病院《びょういん》などで栄養《えいよう》についての指導《しどう》をする人《ひと》。

**えいようしっちょう【栄養失調】** 名 栄養《えいよう》の不足《ふそく》から起《お》きる体《からだ》の不調《ふちょう》。だるさを感《かん》じ、貧血《ひんけつ》・顔《かお》のむくみなどの症状《しょうじょう》が現《あらわ》れる。

**えいようそ【栄養素】** 名 栄養《えいよう》のもとになる成分《せいぶん》。炭水化物《たんすいかぶつ》・たんぱく質《しつ》・脂肪《しぼう》・ビタミンなど。

**えいようぶん【栄養分】** 名 食《た》べ物《もの》の中《なか》に含《ふく》まれていて、栄養《えいよう》になるもの。養分《ようぶん》。

**えいり【営利】** 名 金《かね》もうけを目的《もくてき》とすること。例 営利よりも店《みせ》の信用《しんよう》がだいじだ。

**えいり【鋭利】** 形動 するどくてよく切《き》れるようす。例 鋭利なナイフ。

**エイリアン**〔英語 alien〕名 架空《かくう》の地球外《ちきゅうがい》の生物《せいぶつ》。宇宙人《うちゅうじん》。

**えいわ【英和】** 名 ❶イギリスと日本《にっぽん》。❷英《えい》語《ご》と日本語《にほんご》。例 英和辞典《じてん》。

**えいわじてん【英和辞典】** 名 英語《えいご》の意《い》味《み》や使《つか》い方《かた》を日本語《にほんご》で説明《せつめい》した辞典《じてん》。対 和《わ》英《えい》辞《じ》典《てん》。

**エー【A・a】** 名 ❶名前《なまえ》の代《か》わりに使《つか》う文《も》字《じ》。例 登場人物《とうじょうじんぶつ》A。❷等級《とうきゅう》のいちばん上《うえ》。例 Aランク。❸答《こた》え。例 Q&《キューアンド》A。❹血液型《けつえきがた》の一《ひと》つ。例 A型《がた》。❺ビタミンの一《ひと》つ。

**ええ** 感 ❶返事《へんじ》の言葉《ことば》。はい。例 ええ、そのとおりです。❷おどろいたり、聞《き》き返《かえ》したりするときの言葉《ことば》。例 ええ、なんですって。❸言葉《ことば》につまったときなどに出《て》る言葉《ことば》。例 それは、ええ、たしか去年《きょねん》のこと…。

**エーアイ【AI】** 名 ↓じんこうちのう 660ページ

**エーイーディー【AED】** 名〔「自動体《じどうたい》外式除細動器《がいしきじょさいどうき》」という意味《いみ》の英語《えいご》の頭文字《かしらもじ》。〕心臓《しんぞう》がけいれんを起《お》こして危険《きけん》なとき、電気《でんき》ショックをあたえて心臓《しんぞう》の動《うご》きを戻《もど》す装置《そうち》。

**エーエム【a.m.・A.M.】** 名〔ラテン語《ご》の頭《かしら》文字《もじ》。〕午前《ごぜん》。対 p.m.《ピーエム》

**エーエムほうそう【AM放送】** 名 周《しゅう》波数《はすう》は一定《いってい》で振幅《ふりはば》だけが変《か》わる電波《でんぱ》による放《ほう》送《そう》。

**エークラス【Aクラス】** 名 いちばん上《じょう》等《とう》。第一級《だいいっきゅう》。例 Aクラスの米《こめ》。参考 その下《した》が、B《ビー》、C《シー》。

**エース**〔英語 ace〕名 ❶その仲間《なかま》の中《なか》で、もっともすぐれている人《ひと》。第一人者《だいいちにんしゃ》。❷野球《やきゅう》で、一《いち》チームの中心《ちゅうしん》になる投手《とうしゅ》。❸トランプで、一を表《あらわ》すカード。

**エーディー【AD】** 名 ━〔「美術監督《びじゅつかんとく》」という意味《いみ》の英語《えいご》の頭文字《かしらもじ》。〕映画《えいが》やテレビ・宣伝《せんでん》などで、美術《びじゅつ》を担当《たんとう》する責任者《せきにんしゃ》。アートディレクター。━〔「演出助手《えんしゅつじょしゅ》」という意味《いみ》の英語《えいご》の頭文字《かしらもじ》。〕テレビや映画《えいが》などで、番組《ばんぐみ》などを作《つく》るディレクターの助手《じょしゅ》としていろいろな仕《し》事《こと》をする人《ひと》。アシスタントディレクター。

**エーディー【A.D.】** 名〔ラテン語《ご》の頭《かしら》文《も》字《じ》。〕西暦元年《せいれきがんねん》以後《いご》を表《あらわ》す記号《きごう》。対 B.C.《ビーシー》

**エーティーエム【ATM】** 名〔「自動出《じどうすい》納機《とうき》」という意味《いみ》の英語《えいご》の頭文字《かしらもじ》。〕銀行《ぎんこう》などにある、現金自動預《げんきんじどうあず》け払《ばら》い機《き》。

**エーデルワイス** 名 アルプスやヒマラヤの高山《こうざん》に生《は》える、キクの仲間《なかま》の草花《くさばな》。星形《ほしがた》に花《はな》を囲《かこ》む葉《は》が白《しろ》く美《うつく》しい。

**エービー【AB】** 名 血液型《けつえきがた》の一《ひと》つ。

**エープリルフール**〔英語 April fool〕名 四《し》月一日《がついたち》に軽《かる》いうそをついて、人《ひと》をだますこと。もとは西洋《せいよう》の風習《ふうしゅう》であった。四月《しがつ》ばか。

**エーペック【APEC】** 名〔「アジア太平《たいへい》洋経済協力会議《ようけいざいきょうりょくかいぎ》」という意味《いみ》の英語《えいご》の頭文《かしらも》字《じ》。〕アジア太平洋地域《たいへいようちいき》の経済《けいざい》や貿易《ぼうえき》の発展《はってん》のために、各国《かっこく》が協力《きょうりょく》するための会議《かいぎ》。

**エーよん【A4】** 名 紙《かみ》の大《おお》きさの一《ひと》つ。縦《たて》二九・七センチ、横《よこ》二一センチ。いちばんよく使《つか》われている事務用《じむよう》の紙《かみ》がこの大《おお》きさ。

**エール**〔英語 yell〕スポーツ競技《きょうぎ》の選手《せんしゅ》などを応援《おうえん》する声《こえ》。例 サポーターがエールを送《おく》る。

**えがお【〈笑顔〉】** 名 にっこり笑《わら》っている顔《かお》。例 笑顔で挨拶《あいさつ》する。参考「笑顔《えがお》」は、特《とく》別《べつ》に認《みと》められた読《よ》み方《かた》。

**えかき【絵描き】** 名 ↓がか 211ページ

**えかきうた【絵描き歌】** 名 歌《うた》の言葉《ことば》に合《あ》わせて絵《え》を描《えが》いていく遊《あそ》びで、うたわれる歌《うた》。「かわいいコックさん」など。

**えがきだす【描き出す】** 動 ものごとのようすを、絵《え》や文章《ぶんしょう》で表《あらわ》す。例 遠足《えんそく》の楽《たの》しさ

シなどがとれる。鉱物資源《こうぶつしげん》も豊《ゆた》か。首都《しゅと》プリシュティナ。人口約《じんこうやく》180万人《まんにん》。略称《りゃくしょう》KOS。

を描き出す。

✤**えがく【描く】** 動 ❶絵《え》にかく。例 山《やま》の風景《ふうけい》を描く。❷文章《ぶんしょう》に表《あらわ》す。例 心《こころ》の動《うご》きがよく描かれた作品《さくひん》。❸ものごとを思《おも》いうかべる。例 十年後《じゅうねんご》の自分《じぶん》のことを頭《あたま》の中《なか》に描く。↓びょう【描】1111ページ

**えがたい【得難△い】** 形 手《て》に入《い》れにくい。めったにない。例 得がたい本《ほん》だ。

**えがら【絵柄】** 名 絵《え》や図案《ずあん》の模様《もよう》のこと。例 花《はな》の絵柄のカーテン。

**えき【易】** 画数 8 部首 日（ひ） 5年

音 エキ イ 訓 やさ-しい

筆順

一〔「エキ」と読《よ》んで〕❶取《と》りかえる。熟語 貿《ぼう》易《えき》。交易《こうえき》。❷うらなう。熟語 易者《えきしゃ》。二〔「イ」と読《よ》んで〕たやすい。熟語 安易《あんい》。難易《なんい》。容易《ようい》。対 難《なん》。

《訓の使い方》やさ-しい 例 問題《もんだい》が易しい。

**えき【易】** 名 （人《ひと》の運命《うんめい》などを予想《よそう》する）うらない。例 易を立《た》てる〔=うらなう〕。

**えき【益】** 画数 10 部首 皿（さら） 5年

音 エキ ヤ△ク 訓 —

筆順

❶もうけ。熟語 収益《しゅうえき》。利益《りえき》。御利益《ごりやく》。対 損《そん》。❷ためになる。熟語 益鳥《えきちょう》。無益《むえき》。有益《ゆうえき》。対 害《がい》。↓えきする 128ページ

**えき【益】** 名 ためになること。例 何《なん》の益もない。対 害《がい》。

**えき【液】** 画数 11 部首 氵（さんずい） 5年

音 エキ 訓 —

筆順

水《みず》のように、決《き》まった形《かたち》がなくて流《なが》れ動《うご》くもの。しる。熟語 液体《えきたい》。液化《えきか》。血液《けつえき》。樹液《じゅえき》。

**えき【液】** 名 水《みず》のような状態《じょうたい》のもの。液体《えきたい》。しる。例 レモンの液をしぼる。

**えき【駅】** 画数 14 部首 馬（うまへん） 3年

音 エキ 訓 —

筆順

停車場《ていしゃば》。熟語 駅長《えきちょう》。駅弁《えきべん》。駅名《えきめい》。駅伝《えきてん》。終着駅《しゅうちゃくえき》。参考 もとは、昔《むかし》、街道《かいどう》にあって、馬《うま》などを乗《の》りついだ所《ところ》のこと。

**えき【駅】** 名 列車《れっしゃ》や電車《でんしゃ》が止《と》まり、人《ひと》や貨物《かもつ》を乗《の》せたり降《お》ろしたりする所《ところ》。停車場《ていしゃば》。

**えき【疫】** 画数 9 部首 疒（やまいだれ）

音 エキ ヤク 訓 —

流行性《りゅうこうせい》の病気《びょうき》。熟語 疫病《えきびょう》。疫病神《やくびょうがみ》。

**えき【役△】** 名 戦《たたか》い。戦争《せんそう》。例 西南《せいなん》の役。↓やく【役】1318ページ

**えきいん【駅員】** 名 駅《えき》に勤《つと》めている人《ひと》。

**えきか【液化】** 名 動-する 〔理科《りか》で〕気体《きたい》や固《こ》体《たい》が変化《へんか》して液体《えきたい》になること。また、液体《えきたい》にすること。例《たと》えば、水蒸気《すいじょうき》が冷《ひ》えると液化《えきか》して水《みず》になる。例 液化天然《てんねん》ガス。

**えきかてんねんガス【液化天然ガス】** 名 天然《てんねん》ガスに多《おお》く含《ふく》まれるメタンを、冷《ひ》やして液化《えきか》したもの。火力発電《かりょくはつでん》の燃料《ねんりょう》などに使《つか》う。LNG《エルエヌジー》。

**えきぎゅう【役△牛】** 名 荷車《にぐるま》を引《ひ》かせたり、田畑《たはた》で力仕事《ちからしごと》に使《つか》ったりする牛《うし》。関連 乳牛《にゅうぎゅう》。肉牛《にくぎゅう》。

**エキサイト** 〔英語 excite〕名 動-する 興奮《こうふん》すること。例 エキサイトした会場《かいじょう》。

**エキシビション** 〔英語 exhibition〕名 ❶多《おお》くの人《ひと》に見《み》せること。展覧会《てんらんかい》。展示会《てんじかい》。❷勝《しょう》敗《はい》に関係《かんけい》のない公開試合《こうかいしあい》。エキシビションゲーム。

**えきしゃ【易者】** 名 うらないをすることを仕事《しごと》にしている人《ひと》。

**えきしゃ【駅舎】** 名 駅《えき》の建物《たてもの》。

**えきしょう【液晶】** 名 電気《でんき》を流《なが》すと、色《いろ》がついたり無色《むしょく》になったりする性質《せいしつ》を持《も》つ物質《ぶっしつ》。テレビ、電卓《でんたく》、コンピューターの画面《がめん》などに使《つか》われる。例 液晶ディスプレー。

**えきじょう【液状】** 名 液体《えきたい》の状態《じょうたい》。

**えきじょうか【液状化】** 名 動-する 地震《じしん》で、水《みず》を含《ふく》んだ砂《すな》の多《おお》い地盤《じばん》が液体《えきたい》のように流《なが》れやすくなること。例 液状化現象《げんしょう》。

**エキス** 〔オランダ語〕名 ❶薬《くすり》や食《た》べ物《もの》の栄養《えいよう》





世界の国 コソボ バルカン半島《はんとう》にある国《くに》。2008年《ねん》セルビアから分離《ぶんり》・独立《どくりつ》を宣言《せんげん》した。大麦《おおむぎ》・小麦《こむぎ》・タバコ・トウモロコ

になる成分《せいぶん》を、こい液体《えきたい》にしたもの。例 リンゴのエキス。❷ものごとの大切《たいせつ》な部分《ぶぶん》。例 研究《けんきゅう》のエキスをまとめる。

**エキストラ**〔英語 extra〕名 映画《えいが》を作《つく》るときなどに、臨時《りんじ》にやとわれて出演《しゅつえん》する人《ひと》。

**エキスパート**〔英語 expert〕名 あることについて、特《とく》にすぐれた能力《のうりょく》を持《も》っている人《ひと》。専門家《せんもんか》。

**えきする【益する】**動 利益《りえき》を与《あた》える。例 社会《しゃかい》を益する。対 害《がい》する。

**エキゾチック**〔英語 exotic〕形動 外国《がいこく》ふうの感《かん》じがするようす。例 横浜《よこはま》にはエキゾチックな店《みせ》が多《おお》い。

**°えきたい【液体】**名 水《みず》や油《あぶら》のように、決《き》まった形《かたち》がなく、流《なが》れる性質《せいしつ》のあるもの。関連 気《き》体《たい》。固《こ》体《たい》。

**えきたいねんりょう【液体燃料】**名 石油《せきゆ》やアルコールなど、液体《えきたい》の燃料《ねんりょう》。

**えきちゅう【益虫】**名 害虫《がいちゅう》を食《た》べたり、花粉《かふん》を運《はこ》んだりして、人《ひと》のために役立《やくだ》つ虫《むし》。ミツバチ・チョウなど。対 害虫《がいちゅう》。

**えきちょう【益鳥】**名 害虫《がいちゅう》を食《た》べて、人《ひと》のために役立《やくだ》つ鳥《とり》。ツバメ・シジュウカラ・フクロウなど。対 害鳥《がいちょう》。

**えきちょう【駅長】**名 駅《えき》で、いちばん上《うえ》の役《やく》の人《ひと》。また、その役《やく》。

**えきでん【駅伝】**名〔「駅伝競走《えきでんきょうそう》」の略《りゃく》。〕チームを作《つく》り、長《なが》い距離《きょり》をいくつかの区間《くかん》に分《わ》け、受《う》け持《も》った区間《くかん》を走《はし》りついでいく競走《きょうそう》。

**えきとう【駅頭】**名 駅《えき》の前《まえ》。駅《えき》の付近《ふきん》。例 駅頭で友《とも》を見送《みおく》る。

**えきびょう【疫病】**名 たちの悪《わる》い感染症《かんせんしょう》。例 疫病が大流行《だいりゅうこう》する。

**えきべん【駅弁】**名 駅《えき》で売《う》っている弁当《べんとう》。

**えきり【疫痢】**名 子《こ》どもがかかる、感染症《かんせんしょう》の一《ひと》つ。高《たか》い熱《ねつ》が出《で》て、下痢《げり》をする。死《し》ぬこともある。

**えぐい**形 あくが強《つよ》くて、のどのあたりにいやな感《かん》じがするようす。参考「ひどい」「すごい」などの意味《いみ》で使《つか》うことがある。

**エクササイズ**〔英語 exercise〕名 ❶練習《れんしゅう》。❷運動《うんどう》。体操《たいそう》。

**エクスクラメーションマーク**〔英語 exclamation mark〕名 感嘆符《かんたんふ》。「!」。↓ふろく(11ページ)

**エクスプレス**〔英語 express〕名 (輸送《ゆそう》や運送《うんそう》で)普通《ふつう》より速《はや》いもの。急行列車《きゅうこうれっしゃ》、急行電車《きゅうこうでんしゃ》、急行《きゅうこう》バス、急行便《きゅうこうびん》など。

**エクスポ【EXPO】**名〔「博覧会《はくらんかい》」という意味《いみ》の英語《えいご》の略《りゃく》。〕万国博覧会《ばんこくはくらんかい》。エキスポ。

**えくぼ**名 笑《わら》ったとき、ほおにできる小《ちい》さいくぼみ。

**えグラフ【絵グラフ】**名〔算数《さんすう》で〕量《りょう》や数《かず》の割合《わりあい》を絵《え》で表《あらわ》したグラフ。

**えぐりだす【えぐり出す】**動 ❶中《なか》のものを刃物《はもの》などでくりぬいて外《そと》に出《だ》す。❷かくされているものごとをさらけ出《だ》す。例 社会《しゃかい》の悪《あく》をえぐり出す。

**えぐりとる【えぐり取る】**動 ❶くりぬいて取《と》り除《のぞ》く。例 イモのくさった部分《ぶぶん》をえぐり取る。❷取《と》り出《だ》して明《あき》らかにする。例 事件《じけん》の背景《はいけい》をえぐり取る。

**えぐる**動 ❶刃《は》物《もの》などをつきさして、回《まわ》しながらくりぬく。例 リンゴのしんをえぐる。❷心《こころ》につきささる。例 悲《かな》しみが胸《むね》をえぐる。❸だいじな点《てん》をするどくつく。例 ものごとの本質《ほんしつ》をえぐる。

**エクレア**〔フランス語〕名 細長《ほそなが》いシュークリームに、チョコレートをかけた菓子《かし》。

**えげつない**形 することがあからさまで、いやらしい。例 えげつないやり方《かた》でもうける。

**エコ**名〔英語《えいご》の「エコロジー」の略《りゃく》。〕生物《せいぶつ》や人間《にんげん》と、それを取《と》りまく環境《かんきょう》との調和《ちょうわ》をだいじにしようとする考《かんが》え。例 エコカー。

**エゴ**〔ラテン語〕名 ❶自分《じぶん》。自己《じこ》。❷自分《じぶん》の利益《りえき》や都合《つごう》ばかり考《かんが》えること。エゴイズム。

**エゴイスト**〔英語 egoist〕名 自分《じぶん》の利益《りえき》ばかり求《もと》めて、他人《たにん》のことはかまわない人《ひと》。利己主義《りこしゅぎ》の人《ひと》。

**えこう【回向】**名 動-する お経《きょう》を読《よ》んだりお供《そな》え物《もの》をしたりして、死《し》んだ人《ひと》のたましいをなぐさめること。

**エコー**〔英語 echo〕名 ❶こだま。やまびこ。❷反響《はんきょう》。例 マイクにエコーをかける。

**エコカー**名〔日本《にっぽん》でできた英語《えいご》ふうの言葉《ことば》。〕少《すく》ない燃料《ねんりょう》で動《うご》き、排出《はいしゅつ》ガスで環境《かんきょう》を汚《よご》したりしないしくみの自動車《じどうしゃ》。

**えこじ**【依估地】名 ⬇いこじ 63ページ

**エコノミー**〔英語 economy〕名 経済《けいざい》。また、経済的《けいざいてき》であること。例 エコノミークラス。

**エコハウス** 名〔日本《にっぽん》でできた英語《えいご》ふうの言《こと》葉《ば》。〕環境《かんきょう》に悪《わる》い影響《えいきょう》を与《あた》えないように、特《とく》別《べつ》に工夫《くふう》してつくられた家《いえ》。太陽光《たいようこう》などの自《し》然《ぜん》エネルギーの活用《かつよう》、地域《ちいき》の身近《みぢか》な材料《ざいりょう》の利用《りよう》など。⬇エコ 128ページ

**エコバッグ** 名〔日本《にっぽん》でできた英語《えいご》ふうの言《こと》葉《ば》。〕客自身《きゃくじしん》が持《も》って行《い》く買《か》い物袋《ものぶくろ》。店《みせ》で渡《わた》すレジ袋《ぶくろ》をなくすために始《はじ》まったもの。マイバッグ。

**えこひいき** 名 動-する ある決《き》まった人《ひと》にだけ、特《とく》によくすること。例 そんなえこひいきは、するべきではない。

**エコマーク** 名〔日本《にっぽん》でできた英語《えいご》ふうの言《こと》葉《ば》。〕環境《かんきょう》を守《まも》る工夫《くふう》がされている商品《しょうひん》につけるマーク。⬇マーク❶ 1222ページ

**エコロジー**〔英語 ecology〕名 ⬇エコ 128ページ

**えコンテ**【絵コンテ】名 映画《えいが》やテレビドラマなどを撮影《さつえい》するときの台本《だいほん》。場面《ばめん》や登《とう》場人物《じょうじんぶつ》の動《うご》きなどを絵《え》であらわす。

°**えさ**【餌】名 ❶動物《どうぶつ》を育《そだ》てたり、とらえたりするための食物《しょくもつ》。え。例 犬《いぬ》にえさをやる。❷人《ひと》をさそいこむために与《あた》えるもの。例 あまいえさでつる。⬇じ【餌】540ページ

**えし**【絵師】名 絵描《えか》き。特《とく》に、日本画《にほんが》の画《が》家《か》。〔古《ふる》い言《い》い方《かた》。〕例 浮世絵《うきよえ》の絵師。

**えじき**【餌食】名 ❶他《ほか》の生《い》き物《もの》のえさとなる生《い》き物《もの》。例 シマウマがライオンのえじきとなる。❷他《ほか》の人《ひと》に、うまく利用《りよう》されること。食《く》い物《もの》。例 悪人《あくにん》のえじきになる。

**エジプト** 地名 アフリカ大陸《たいりく》の北東部《ほくとうぶ》にある国《くに》。首都《しゅと》はカイロ。ナイル川《がわ》の下流《かりゅう》を中《ちゅう》心《しん》に古《ふる》くから文明《ぶんめい》が開《ひら》けた。ピラミッドで有《ゆう》名《めい》。

**エジプトもじ**【エジプト文字】名 古代《こだい》エジプトでつくられた、世界《せかい》でもっとも古《ふる》い文字《もじ》。⬇しょうけいもじ 629ページ

**えしゃく**【会釈】名 動-する 軽《かる》く頭《あたま》を下《さ》げておじぎをすること。挨拶《あいさつ》。

**エス**【S・s】名 ❶(品物《しなもの》のサイズの)小型《こがた》。例 セーターはSでぴったり。❷(方角《ほうがく》の)南《みなみ》。対 N《エヌ》。❸磁石《じしゃく》の南《みなみ》をさす極《きょく》。例 S極《きょく》。

**えず**【絵図】名 ❶絵《え》で表《あらわ》した地図《ちず》。❷建物《たてもの》や庭《にわ》などの平面図《へいめんず》。絵図面《えずめん》。

**エスエヌエス**【SNS】名〔英語《えいご》の「ソーシャルネットワーキングサービス」の頭文《かしらも》字《じ》。〕会員《かいいん》どうしで情報《じょうほう》のやりとりをして、人《ひと》と人《ひと》とのつながりを作《つく》る、インターネットを利用《りよう》した仕組《しく》み。

**エスエフ**【SF】名〔英語《えいご》の「サイエンスフィクション」の略《りゃく》。〕科学的《かがくてき》な空想《くうそう》によって、未来《みらい》や宇宙《うちゅう》のことをえがいた物語《ものがたり》。空想科《くうそうか》学小説《がくしょうせつ》。

**エスエル**【SL】名〔英語《えいご》の「スチームロコモティブ」の略《りゃく》。〕蒸気機関車《じょうききかんしゃ》のこと。

**エスオーエス**【SOS】名 ❶船《ふね》などが助《たす》けを求《もと》めるために打《う》った無線電信《むせんでんしん》の信号《しんごう》。❷人《ひと》に助《たす》けを求《もと》めること。参考 ❶は、今《いま》は、衛《えい》星通信《せいつうしん》によるシステムに変《か》わっている。

**エスカレーター**〔英語 escalator〕名 モーターで回転《かいてん》させて、人《ひと》を運《はこ》ぶ階段《かいだん》。

**エスカレート**〔英語 escalate〕名 動-する ものごとがだんだん大《おお》きく、激《はげ》しくなること。例 争《あらそ》いがエスカレートする。

**エスキモー** 名 ロシア北部《ほくぶ》からアラスカ、カナダ、グリーンランドにいたる極北地帯《きょくほくちたい》に住《す》む民族《みんぞく》。狩《か》りや漁《りょう》などで生活《せいかつ》する。アラスカではエスキモー、カナダではイヌイットなどとよばれる。

**エスきょく**【S極】名 自由《じゆう》に回転《かいてん》できるようにした棒磁石《ぼうじしゃく》が、地球《ちきゅう》の南《みなみ》のほうを指《さ》す、はしの部分《ぶぶん》。対 N《エヌ》極《きょく》。参考 S《エス》は「南《みなみ》」という意味《いみ》の英語《えいご》の頭文字《かしらもじ》。

**エスジーマーク**【SGマーク】名 日用《にちよう》品《ひん》が、決《き》められた基準《きじゅん》を満《み》たした、安全《あんぜん》な製《せい》品《ひん》であることを示《しめ》すしるし。参考「SG《エスジー》」は、「安全《あんぜん》な製品《せいひん》」という意味《いみ》の英語《えいご》の頭文字《かしらもじ》。⬇マーク❶ 1222ページ

**エスディージーズ**【SDGs】名〔「持《じ》続可能《ぞくかのう》な開発目標《かいはつもくひょう》」という意味《いみ》の英語《えいご》の頭文《かしらも》字《じ》。〕世界《せかい》がかかえている貧困《ひんこん》や飢餓《きが》、環境《かんきょう》破壊《はかい》などの問題《もんだい》の解決《かいけつ》に、世界全体《せかいぜんたい》が取《と》り組《く》むための十七《じゅうしち》の目標《もくひょう》。二〇一五年《ねん》に国連《こくれん》で決《き》められ、二〇三〇年《ねん》までの実現《じつげん》をめざして




世界の国 コモロ マダガスカル島北西《とうほくせい》の島《しま》を国土《こくど》とする国《くに》。バニラ、クローブなどの香料《こうりょう》やココナッツなどがとれる。

いる。

**エスペラント**〔英語 Esperanto〕［名］ポーランド人《じん》のザメンホフが、世界《せかい》のだれもが使《つか》えることを目指《めざ》して考《かんが》え出《だ》した言葉《ことば》。

**えずめん**【絵図面】［名］⇩えず 129ページ

**えぞ**〖蝦夷〗［一］［地名］北海道《ほっかいどう》の古《ふる》い呼《よ》び名《な》。［二］［名］昔《むかし》、北海道《ほっかいどう》から関東《かんとう》地方《ちほう》の北部《ほくぶ》にかけて住《す》んでいた人々《ひとびと》。

**えぞまつ**【えぞ松】［名］北海道《ほっかいどう》から北《きた》の地《ち》方《ほう》に生《は》えるマツ。木材《もくざい》は建築《けんちく》の材料《ざいりょう》やパルプの原料《げんりょう》になる。

**えそらごと**【絵空事】［名］実際《じっさい》にはありそうもないこと。［例］火星旅行《かせいりょこう》なんて絵空事だ。

**°えだ**【枝】［名］❶木《き》や草《くさ》の幹《みき》や茎《くき》から分《わ》かれ出《で》た部分《ぶぶん》。［例］枝をおろす〔=枝《えだ》を切《き》る〕。❷もとになるものから分《わ》かれたもの。［例］話《はなし》の枝の部分《ぶぶん》。⇩し【枝】536ページ

**えたいがしれない**【得体が知れない】ほんとうの姿《すがた》や性質《せいしつ》がわからない。［例］あの人《ひと》はえたいが知れない人《ひと》だ。

**えだうち**【枝打ち】［名］［動-する］木《き》が育《そだ》つように、いらない枝《えだ》を切《き》り落《お》とすこと。

**エタノール**〔ドイツ語〕［名］アルコールの一種《いっしゅ》で、酒《さけ》のおもな成分《せいぶん》。無色《むしょく》で、特有《とくゆう》のにおいのある液体《えきたい》。医薬品《いやくひん》や燃料《ねんりょう》としても使《つか》われる。エチルアルコール。

**えだは**【枝葉】［名］❶枝《えだ》や葉《は》。❷中心《ちゅうしん》から離《はな》れた、あまりだいじでない部分《ぶぶん》。［例］枝葉にこだわる必要《ひつよう》はない。

**えだぶり**【枝ぶり】［名］枝《えだ》のかっこう。［例］枝ぶりのいい松《まつ》の木《き》。

**えだまめ**【枝豆】［名］さやに入《はい》ったままの、まだ若《わか》い緑色《みどりいろ》の大豆《だいず》。また、それをゆでた食《た》べ物《もの》。

**えだみち**【枝道】［名］❶本道《ほんどう》から分《わ》かれた細《ほそ》い道《みち》。❷本《ほん》すじからはずれること。［例］議論《ぎろん》が枝道にそれる。

**えだわかれ**【枝分かれ】［名］［動-する］❶木《き》の枝《えだ》が分《わ》かれること。❷中心《ちゅうしん》の部分《ぶぶん》から、いくつかに分《わ》かれること。［例］道《みち》が枝分かれしている。

**エチオピア**［地名］アフリカの東部《とうぶ》にある国《くに》。首都《しゅと》はアジスアベバ。高原《こうげん》が多《おお》い。

**エチケット**〔フランス語〕［名］礼儀《れいぎ》。作法《さほう》。マナー。［例］エチケットを守《まも》る。

**えちご**〖越後〗［地名］昔《むかし》の国《くに》の名《な》の一《ひと》つ。今《いま》の新潟県《にいがたけん》にあたる。

**えちごへいや**〖越後平野〗［地名］新潟県《にいがたけん》の中央部《ちゅうおうぶ》にある平野《へいや》。信濃川《しなのがわ》や阿賀野川《あがのがわ》が流《なが》れている。新潟平野《にいがたへいや》。

**えちず**【絵地図】［名］絵《え》で表《あらわ》した地図《ちず》。［例］家《いえ》の周《まわ》りの絵地図を作《つく》る。

**えちぜん**〖越前〗［地名］昔《むかし》の国《くに》の名《な》の一《ひと》つ。今《いま》の福井県《ふくいけん》にあたる。

**えつ【悦】**［画数］10［部首］忄（りっしんべん）

［音］エツ［訓］—

喜《よろこ》ぶ。［熟語］悦楽《えつらく》〔=満足《まんぞく》して喜《よろこ》び楽《たの》しむ〕。

**えつ°**【悦】［名］喜《よろこ》ばしいこと。

**悦《えつ》に入《い》る** 一人《ひとり》でうれしがる。［例］絵《え》をほめられて悦に入る。

**えつ【越】**［画数］12［部首］走（そうにょう）

［音］エツ［訓］こ-す こ-える

こす。こえる。［熟語］越境《えっきょう》。越年《えつねん》。優越感《ゆうえつかん》。

**えつ【謁】**［画数］15［部首］言（ごんべん）

［音］エツ［訓］—

お目《め》にかかる。［熟語］謁見《えっけん》〔=身分《みぶん》の高《たか》い人《ひと》に会《あ》う〕。

**えつ【閲】**［画数］15［部首］門（もんがまえ）

［音］エツ［訓］—

よく見《み》て調《しら》べる。また、読《よ》む。［熟語］閲覧《えつらん》。検《けん》閲《えつ》。

**えっきょう°**【越境】［名］［動-する］国境《こっきょう》などの境《さかい》をこえて、他《ほか》の国《くに》や地区《ちく》に入《はい》ること。［例］越境入学《にゅうがく》。

**エックス**【X・X】［名］❶まだわかっていない人《ひと》や物《もの》、数《かず》。❷品物《しなもの》のサイズの程度《ていど》がさらに進《すす》むこと。［例］XS《エス》のシャツ。

**エックスせん**【エックス線・X線】［名］〔ドイツ人《じん》のレントゲンが発見《はっけん》したので、「レントゲン線《せん》」ともいう。〕目《め》には見《み》えないが、物《もの》をすかし通《とお》す力《ちから》の強《つよ》い放射線《ほうしゃせん》。体《からだ》や物《もの》の内部《ないぶ》を調《しら》べるのに使《つか》う。

**エックスデー**【Xデー】［名］〔日本《にっぽん》でできき

ルドなどの鉱物資源《こうぶつしげん》も豊富《ほうふ》。首都《しゅと》ボゴタ。人口約《じんこうやく》4,870万人《まんにん》。略称《りゃくしょう》COL。

た英語《えいご》ふうの言葉《ことば》。」何《なに》かが起《お》きるだろうと予《よ》測《そく》される日《ひ》。例 大地震《だいじしん》のXデーは近《ちか》い。

**えつけ【絵付け】** 名 動する 陶器《とうき》や磁器《じき》の表《ひょう》面《めん》に、絵《え》や模様《もよう》をかくこと。

**えづけ【餌付け】** 名 動する 野生《やせい》の動物《どうぶつ》にえさを与《あた》えることで、人《ひと》に慣《な》れさせること。例 野《や》生《せい》のサルをえづけする。

**エッセー** 〔英語 essay〕 名 「エッセイ」ともいう。❶随筆《ずいひつ》。❷評論《ひょうろん》。論説《ろんせつ》。

**エッセンス** 〔英語 essence〕 名 ❶物事《ものごと》のいちばんだいじなところ。例 論文《ろんぶん》のエッセンスを短《みじか》くまとめる。❷香料《こうりょう》。例 バニラエッセンス。

**エッチ【H・h】** 名 ⬇エイチ 125ページ

**えっちゅう【越中】** 地名 昔《むかし》の国《くに》の名《な》の一《ひと》つ。今《いま》の富山県《とやまけん》にあたる。

**エッチング** 〔英語 etching〕 名 ろうを塗《ぬ》った銅《どう》の板《いた》に、針《はり》で絵《え》や字《じ》をかき、その線《せん》のくぼみに薬品《やくひん》を流《なが》し、銅《どう》をくさらせて作《つく》る版画《はんが》の作《つく》り方《かた》。また、その作品《さくひん》。

**えっとう【越冬】** 名 動する 冬《ふゆ》を越《こ》すこと。例 南極《なんきょく》の越冬隊《たい》。

**えつねん【越年】** 名 動する 年《とし》を越《こ》して、新《しん》年《ねん》をむかえること。年越《としこ》し。

**えつねんそう【越年草】** 名 ⬇にねんそう 97ページ

**えつらん【閲覧】** 名 動する 図《と》書《しょ》館《かん》などで、そこにある本《ほん》や新聞《しんぶん》などを、調《しら》べたり読《よ》んだりすること。例 閲覧室《しつ》。

**えて【得手】** 名 形動 得《とく》意《い》なこと。対 不《ふ》得《え》手《て》。苦《に》手《が》。

**エディソン** 人名 (男) (一八四七～一九三一)アメリカの発明家《はつめいか》。電話機《でんわき》・蓄音機《ちくおんき》・電灯《でんとう》などを発明《はつめい》した。発明王《はつめいおう》といわれる。エジソン。

■**えてかって【得手勝手】** 名 形動 自《じ》分《ぶん》の都《つ》合《ごう》のいいようにすること。自分勝手《じぶんかって》。例 得手勝手な行動《こうどう》。

**えてがみ【絵手紙】** 名 はがきなどに絵《え》をかき、短《みじか》い文《ぶん》や好《す》きな言《こと》葉《ば》をそえて出《だ》す手《て》紙《がみ》。

**えてして** 副 〔そうなりがちなことを表《あらわ》す言《こと》葉《ば》。〕どうかすると。とかく。例 あわてると、えてして忘《わす》れ物《もの》をしがちだ。

**えと【〈干支〉】** 名 昔《むかし》の暦《こよみ》で、年《とし》と日《ひ》を表《あらわ》したもの。十干《じっかん》と十二支《じゅうにし》とを組《く》み合《あ》わせると「甲子《きのえね》・乙丑《きのとうし》・丙寅《ひのえとら》・丁卯《ひのとう》…」など六〇組《くみ》ができ、これを順番《じゅんばん》にふりあてた。人《ひと》が生《う》まれた年《とし》のえとは、十二支《じゅうにし》でいうことが多《おお》い。「かんし」ともいう。⬇じゅうにし 601ページ

**えど【江戸】** 地名 東京《とうきょう》の中心部《ちゅうしんぶ》の古《ふる》い呼《よ》び名《な》。一六〇三年《ねん》に徳川家康《とくがわいえやす》が幕府《ばくふ》を開《ひら》いてから、政治《せいじ》の中心地《ちゅうしんち》として栄《さか》え、明治《めいじ》になって「東京《とうきょう》」と改《あらた》められた。

**江戸《えど》の敵《かたき》を長崎《ながさき》で討《う》つ** 思《おも》いがけないところで、以前《いぜん》からのうらみを晴《は》らす。

**えどがわ らんぽ【江戸川乱歩】** 人名 (男) (一八九四～一九六五)昭《しょう》和《わ》時《じ》代《だい》の推《すい》理《り》小《しょう》説《せつ》作《さっ》家《か》。「怪《かい》人《じん》二《に》十《じゅう》面《めん》相《そう》」などの作《さく》品《ひん》がある。

**えとく【会得】** 名 動する よく理《り》解《かい》して、自《じ》分《ぶん》のものにすること。例 泳《およ》ぎのこつを会得する。

**えどじだい【江戸時代】** 名 徳《とく》川《がわ》家《いえ》康《やす》が、一六〇三年《ねん》に江《え》戸《ど》に幕《ばく》府《ふ》を開《ひら》いてから、一八六七年《ねん》にほろびるまでの約《やく》二六〇年間《ねんかん》。鎖《さ》国《こく》のために日本独特《にっぽんどくとく》の文《ぶん》化《か》が栄《さか》えた。「徳《とく》川《がわ》時《じ》代《だい》」ともいう。

**えどじょう【江戸城】** 名 一四五七年《ねん》に太《おお》田《た》道《どう》灌《かん》が江《え》戸《ど》に築《きず》いた城《しろ》。徳《とく》川《がわ》家《いえ》康《やす》がここに江《え》戸《ど》幕《ばく》府《ふ》を置《お》いたが、明《めい》治《じ》元《がん》年《ねん》(一八六八年《ねん》)からは皇居《こうきょ》となっている。千《ち》代《よ》田《だ》城《じょう》。

**えどっこ【江戸っ子】** 名 東《とう》京《きょう》で生《う》まれ育《そだ》った人《ひと》。

**えどばくふ【江戸幕府】** 名 一六〇三年《ねん》に徳《とく》川《がわ》家《いえ》康《やす》が江《え》戸《ど》に開《ひら》いた幕《ばく》府《ふ》。一八六七年《ねん》まで続《つづ》いた。徳《とく》川《がわ》幕《ばく》府《ふ》ともいう。

**えとろふとう【択捉島】** 地名 北《ほっ》海《かい》道《どう》の東《とう》部《ぶ》、千《ち》島《しま》列《れっ》島《とう》の中《なか》で最《さい》大《だい》の島《しま》。日《にっ》本《ぽん》の北《きた》のはしにあたる。日《にっ》本《ぽん》の領《りょう》土《ど》であるが、ロシア連《れん》邦《ぽう》が占《せん》領《りょう》している。

**えない【得ない】** 〔ある言《こと》葉《ば》のあとにつけて〕…することができない。例 知《し》りえない。

**エナメル** 〔英語 enamel〕 名 つやがあり、表《ひょう》面《めん》が丈《じょう》夫《ぶ》な塗《と》料《りょう》。靴《くつ》などに塗《ぬ》るほか、エナメル線《せん》に使《つか》う。

**エナメルしつ【エナメル質】** 名 歯《は》の表《ひょう》



 世界の国 コロンビア 南《みなみ》アメリカの北西《ほくせい》にある国《くに》。コーヒーのほか、バナナやサトウキビもとれる。金《きん》、石油《せきゆ》、エメラ

面《めん》をおおっている、かたい部分《ぶぶん》。中《なか》の象牙質《ぞうげしつ》を守《まも》っている。

**エナメルせん【エナメル線】** 名 銅線《どうせん》の表面《ひょうめん》にエナメルをぬり、焼《や》きつけた電線《でんせん》。エナメルは電気《でんき》を通《とお》さない。

✤**えにっき【絵日記】** 名 絵《え》と短《みじか》い文章《ぶんしょう》でかいた日記《にっき》。

**エヌ【N・n】** 名 ❶(方角《ほうがく》の)北《きた》。対 S《エス》。❷磁石《じしゃく》の北《きた》をさす極《きょく》。例 N極《きょく》。

**エヌエイチケー【NHK】** 名 〔Nippon《ニッポン》 Hoso《ホーソー》 Kyokai《キョーカイ》の頭《かしら》文字《もじ》。〕「日本放送協会《にっぽんほうそうきょうかい》」の通称《つうしょう》。↓りゃくご421ページ

**エヌきょく【N極】** 名 自由《じゆう》に回転《かいてん》できるようにした棒磁石《ぼうじしゃく》が、地球《ちきゅう》の北《きた》のほうを指《さ》す、はしの部分《ぶぶん》。対 S極《エスきょく》。参考 N《エヌ》は「北《きた》」という意味《いみ》の英語《えいご》の頭文字《かしらもじ》。

**エヌジー【NG】** 名 〔「よくない」という意《い》味《み》の英語《えいご》の頭文字《かしらもじ》。〕❶映画《えいが》・テレビなどで、撮影《さつえい》や録音《ろくおん》に失敗《しっぱい》すること。例 NGを出《だ》す。❷「よくない」「だめだ」という意味《いみ》。例 むだ口《ぐち》はNGです。

**エヌジーオー【NGO】** 名 〔「非《ひ》政府《せいふ》組《そ》織《しき》」という意味《いみ》の英語《えいご》の頭文字《かしらもじ》。〕貧困《ひんこん》・飢餓《きが》・難民《なんみん》・環境《かんきょう》などの問題《もんだい》に国境《こっきょう》をこえて取《と》り組《く》む、民間《みんかん》の組織《そしき》のこと。

**エヌピーオー【NPO】** 名 〔「非《ひ》営利《えいり》組《そ》織《しき》」という意味《いみ》の英語《えいご》の頭文字《かしらもじ》。〕営利《えいり》を目的《もくてき》とせずに社会的《しゃかいてき》な活動《かつどう》を行《おこな》う組織《そしき》。

°**エネルギー** 〔ドイツ語〕名 ❶あるはたらきをすることができる力《ちから》。例 水《みず》が流《なが》れ落《お》ちるエネルギーで発電《はつでん》をする。❷人《ひと》が活動《かつどう》するもとになる力《ちから》。元気《げんき》。例 若者《わかもの》のエネルギー。

**エネルギーもんだい【エネルギー問題】** 名 石油《せきゆ》・石炭《せきたん》・天然《てんねん》ガスなどが、このまま使《つか》い続《つづ》けるとなくなってしまうことや、環《かん》境《きょう》に悪《わる》い影響《えいきょう》をおよぼすことなどの問題《もんだい》。

**エネルギッシュ** 〔ドイツ語〕形動 力《ちから》にあふれたようす。精力的《せいりょくてき》。例 エネルギッシュな仕事《しごと》ぶり。

°**えのぐ【絵の具】** 名 絵《え》に色《いろ》をつけるために使《つか》うもの。水彩《すいさい》絵《え》の具《ぐ》や油《あぶら》絵《え》の具《ぐ》などがある。例 絵の具箱《ばこ》。

**えのころぐさ** 名 野《の》原《はら》や道《みち》ばたに生《は》える雑《ざっ》草《そう》。夏《なつ》から秋《あき》に、緑《みどり》色《いろ》の花《はな》が穂《ほ》になって咲《さ》く。ネコジャラシ。

〔えのころぐさ〕

**えはがき【絵葉書】** 名 片面《かためん》が、絵《え》や写真《しゃしん》になっているはがき。

**えび【〈海老〉・蝦】** 名 海《うみ》や川《かわ》などにすみ、体《からだ》が、節《ふし》のある硬《かた》いからに包《つつ》まれた動物《どうぶつ》。一〇本《ぼん》の足《あし》と、二本《ほん》の長《なが》いひげがある。

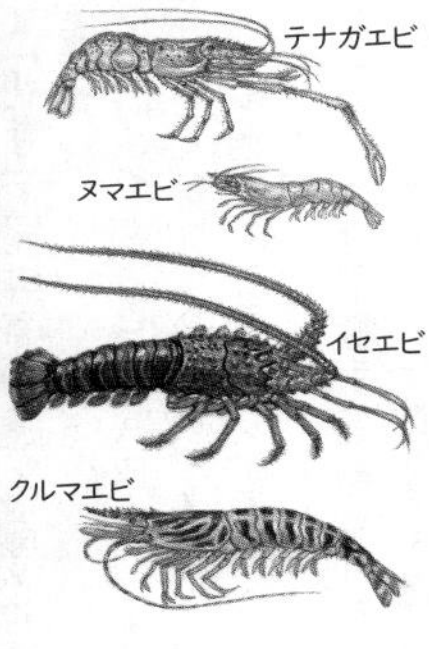


〔えび〕

**えびでたいを釣《つ》る** 小《ちい》さな元手《もとで》で、大《おお》きな利益《りえき》を得《え》る。例 祖《そ》母《ぼ》の肩《かた》たたきをしただけでケーキを買《か》ってもらえた。えびでたいを釣《つ》った気分《きぶん》だ。

**えびす【恵比寿・恵比須】** 名 七福神《しちふくじん》の一人《ひとり》。商売《しょうばい》の神様《かみさま》。↓しちふくじん563ページ

**えびすがお【恵比寿顔】** 名 (恵《え》比《び》寿《す》さまのような)にこにこした顔《かお》つき。

**エピソード** 〔英語 episode〕名 ❶物語《ものがたり》などの本筋《ほんすじ》の間《あいだ》にさしはさむ短《みじか》い話《はなし》。挿話《そうわ》。例 エピソードを交《まじ》えて話《はな》す。❷人《ひと》やものごとについての、ちょっとしたおもしろい話《はなし》。逸《いつ》話《わ》。例 たくさんのエピソードの持《も》ち主《ぬし》。

**えひめけん【愛媛県】** 地名 四国《しこく》の北西部《ほくせいぶ》にある県《けん》。県庁《けんちょう》は松山市《まつやまし》にある。

✤**エピローグ** 〔英語 epilogue〕名 ❶物語《ものがたり》や劇《げき》などの、終《お》わりの部分《ぶぶん》。例 小説《しょうせつ》のエピローグで、主人公《しゅじんこう》が元《もと》の生活《せいかつ》に戻《もど》ったことが描《えが》かれている。❷ものごとの終《お》わりの部分《ぶぶん》。対(❶・❷)プロローグ。

**エフ【F・f】** 名 一 ❶鉛筆《えんぴつ》のしんのかたさをあらわす記号《きごう》。HB《エイチビー》とH《エイチ》の間《あいだ》。❷衣服《いふく》などのフリーサイズを表《あらわ》す記号《きごう》。二 〔数字《すうじ》のあとにつけて〕❶カ氏《し》の温度《おんど》を表《あらわ》す記号《きごう》。❷建物《たてもの》の階《かい》を表《あらわ》す記号《きごう》。例 地上《ちじょう》9F。

**エフエムほうそう【FM放送】** 名 周《しゅう》波《は》数《すう》を変化《へんか》させる方法《ほうほう》で電波《でんぱ》を送《おく》る、ラジオ

資源《しげん》が豊富《ほうふ》。昔《むかし》はコンゴ民主共和国《みんしゅきょうわこく》と一《ひと》つの「コンゴ王国《おうこく》」だった。首都《しゅと》ブラザビル。人口約《じんこうやく》552万人《まんにん》。略称《りゃくしょう》CGO。

放送《ほうそう》。音《おと》がよく、雑音《ざつおん》が少《すく》ない。

**えふで【絵筆】**名 絵《え》をかくための筆《ふで》。例 絵筆をふるう〔=さかんに絵《え》をかく〕。

**えふみ【絵踏み】**名 〔「踏《ふ》み絵《え》」ともいう。〕江戸時代《えどじだい》に、キリスト教《きょう》の信者《しんじゃ》かどうかを見《み》分《わ》けたり、信者《しんじゃ》でないことをはっきりさせたりするために、キリストやマリアの姿《すがた》をほった板《いた》を足《あし》でふませたこと。

**エプロン**〔英語 apron〕名 ❶衣服《いふく》が汚《よご》れないように服《ふく》の上《うえ》に重《かさ》ねる前《まえ》かけ。❷空港《くうこう》で、客《きゃく》の乗《の》り降《お》りや貨物《かもつ》の積《つ》み降《お》ろしのために、航《こう》空機《くうき》がとまる所《ところ》。

**エフワン【F－】**名 競走用《きょうそうよう》の自動車《じどうしゃ》〔=レーシングカー〕の最高《さいこう》のもの。また、それを使《つか》ったレース。世界各地《せかいかくち》で大会《たいかい》が行《おこな》われる。

**エベレスト** 地名 中国《ちゅうごく》とネパールとの国《こっ》境《きょう》、ヒマラヤ山脈《さんみゃく》にある山《やま》。高《たか》さ八八四八メートルで、世界一高《せかいいちたか》い。参考「エベレスト」は英語《えいご》で、チベット語《ご》では「チョモランマ」。

**えぼし【烏帽子】**名 昔《むかし》、成人《せいじん》した男子《だんし》、特《とく》に公家《くげ》や武士《ぶし》がかぶった、ぼうし。現在《げんざい》は、神主《かんぬし》・行司《ぎょうじ》などがかぶる。

〔えぼし〕

**エボナイト**〔英語 ebonite〕名 生《なま》ゴムに、いおうを加《くわ》え、熱《ねっ》して作《つく》ったもの。かたくて、電気《でんき》を通《とお》さない。

**えほん【絵本】**名 文字《もじ》を少《すく》なくして、絵《え》でかき表《あらわ》した本《ほん》。

**えま【絵馬】**名 願《ねが》いごとやお礼《れい》として神社《じんじゃ》や寺《てら》に納《おさ》める、馬《うま》の絵《え》などをかいた額《がく》。

〔えま〕

✤**えまきもの【絵巻物】**名 物語《ものがたり》や伝説《でんせつ》などを、絵《え》、または絵《え》と文《ぶん》で表《あらわ》して、巻《ま》き物《もの》にしたもの。

**えみ【笑み】**名 にっこりとすること。ほほえみ。例 思《おも》わず笑みがこぼれた。

**笑《え》みを浮《う》かべる** にっこりとほほえむ。

**えむ【笑む】**動 にっこり笑《わら》う。ほほえむ。↓しょう【笑】620ページ

**エム【M・m】**名 （品物《しなもの》のサイズの）中型《ちゅうがた》。ふつう。例 Mサイズの靴下《くつした》。

**エムアンドエー【M&A】**名 〔「合併《がっぺい》と買収《ばいしゅう》」という意味《いみ》の英語《えいご》の頭文字《かしらもじ》。〕会社《かいしゃ》どうしが合併《がっぺい》したり他《ほか》の会社《かいしゃ》を買《か》い取《と》ったりして、新《あら》たな会社《かいしゃ》を作《つく》ること。

**エムシー【MC】**名 〔「集《あつ》まりの管理者《かんりしゃ》」という意味《いみ》の英語《えいご》の頭文字《かしらもじ》。〕❶司会者《しかいしゃ》。❷コンサートなどで、曲《きょく》と曲《きょく》の間《あいだ》に入《い》れるおしゃべり。

**エムブイピー【MVP】**名 〔「最高評価《さいこうひょうか》の選手《せんしゅ》」という意味《いみ》の英語《えいご》の頭文字《かしらもじ》。〕プロスポーツで、その期間内《きかんない》でもっともめざましい活躍《かつやく》をした選手《せんしゅ》。最高殊勲選手《さいこうしゅくんせんしゅ》。

**エメラルド**〔英語 emerald〕名 すきとおった緑色《みどりいろ》の宝石《ほうせき》。

**えもいわれぬ【得も言われぬ】** 言葉《ことば》で言《い》い表《あらわ》せないほどの。例 得も言われぬ美《うつく》しさ。参考 ふつう、よい意味《いみ》で使《つか》う。

✤**えもじ【絵文字】**名 ❶簡単《かんたん》な絵《え》で、意味《いみ》を表《あらわ》したもの。エジプトや中国《ちゅうごく》で、文字《もじ》が作《つく》られるもととなった。❷絵《え》のように表《あらわ》したイラストふうの記号《きごう》。❸絵《え》のようにかざった文《も》字《じ》。↓後《うし》ろ見返《みかえ》しの裏《うら》

**えもの【獲物】**名 狩《か》りや漁《りょう》でとった、鳥《とり》・けもの・魚《さかな》など。

✤**えものがたり【絵物語】**名 いくつもの絵《え》を連《つら》ねて物語《ものがたり》をかき表《あらわ》した本《ほん》。

**えもんかけ【えもん掛け】**名 衣服《いふく》をかけて、つるしておく道具《どうぐ》。ハンガー。〔古《ふる》い言《い》い方《かた》。〕

**えら**名 水中《すいちゅう》にすむ動物《どうぶつ》が、呼吸《こきゅう》をするところ。水中《すいちゅう》の酸素《さんそ》を取《と》り入《い》れるための器官《きかん》。↓さかな（魚）507ページ

°**エラー**〔英語 error〕名 動-する 失敗《しっぱい》。失策《しっさく》。例 外野手《がいやしゅ》がエラーする。

°**えらい【偉い】**形 ❶行《おこな》いなどが、立派《りっぱ》である。例 偉い学者《がくしゃ》。❷高《たか》い地位《ちい》にある。例 国《くに》の偉い人《ひと》。❸たいへんな。ひどい。例 これはえらいことだ。参考 ふつう❸は、かな書《が》きにする。↓い【偉】52ページ

**えらびだす【選び出す】**動 多《おお》くのものの中《なか》から選《えら》んで取《と》り出《だ》す。例 入選作《にゅうせんさく》を選び出す。

°**えらぶ【選ぶ】**動 ❶二《ふた》つ以上《いじょう》の中《なか》から、よ



世界の国 コンゴ共和国《きょうわこく》 アフリカ中部《ちゅうぶ》、大西洋側《たいせいようがわ》にある国《くに》。日本《にっぽん》よりややせまい。石油《せきゆ》のほか、亜鉛《あえん》や銅《どう》などの地下《ちか》

あいうえお かきくけこ さしすせそ たちつてと なにぬねの はひふへほ まみむめも やゆよ らりるれろ わをん

い物《もの》やほしい物《もの》を取《と》り出《だ》す。例 大《おお》きそうなのを選ぶ。❷選出《せんしゅつ》する。例 委員《いいん》を選ぶ。↓せん【選】727ページ

**例解 ことばの窓**

**選《えら》ぶ の意味《いみ》で**

学級委員《がっきゅういいん》を選挙《せんきょ》する。
正《ただ》しい答《こた》えを選択《せんたく》する。
学校代表《がっこうだいひょう》を選出《せんしゅつ》する。
よいものだけを精選《せいせん》する。
推薦図書《すいせんとしょ》を選定《せんてい》する。
参加《さんか》チームを選抜《せんばつ》する。
ひよこの雄雌《おすめす》を選別《せんべつ》する。

**えらぶつ【偉物】** 名 えらい人《ひと》。実力《じつりょく》のある人《ひと》。

**°えり【襟】** 名 ❶衣服《いふく》の、首《くび》の回《まわ》りの部分《ぶぶん》。❷首《くび》の後《うし》ろ。首筋《くびすじ》。↓きん【襟】351ページ

**襟《えり》を正《ただ》す**〔服装《ふくそう》を整《ととの》えることから〕気持《きも》ちを引《ひ》きしめる。例 襟を正して話《はなし》を聞《き》く。

**エリア**〔英語 area〕名 区域《くいき》。地域《ちいき》。例 サービスエリア。クマのすむエリア。

**えりあし【襟足】** 名 首《くび》の後《うし》ろの、髪《かみ》の毛《け》の生《は》えぎわの部分《ぶぶん》。例 ほっそりとした襟足。

**エリート**〔フランス語〕名 特《とく》に選《えら》ばれた、すぐれた人《ひと》。

**えりくび【襟首】** 名 首《くび》の後《うし》ろの部分《ぶぶん》。首筋《すじ》。うなじ。例 襟首をつかむ。

**えりごのみ【選▲り好み】** 名 動-する 自分《じぶん》の好《す》きなものだけを選《えら》び出《だ》すこと。より好《ごの》み。例 えり好みが激《はげ》しい。

**えりすぐる【選▲りすぐる】** 動 特《とく》にすぐれているものや、好《す》きなものを選《えら》び出《だ》す。よりすぐる。例 選手《せんしゅ》をえりすぐる。

**えりぬき【選▲り抜き】** 名 すぐれたものを選《えら》び出《だ》す。また、選《えら》ばれたものや人《ひと》。よりぬき。例 えり抜きの選手《せんしゅ》が集《あつ》まる。

**えりまき【襟巻き】** 名 寒《さむ》さを防《ふせ》ぐため、また、おしゃれのために、首《くび》に巻《ま》くもの。マフラー。

**えりもと【襟元】** 名 えりのあたり。えりの合《あ》わさる胸《むね》のあたり。例 襟元が寒《さむ》い。

**えりもみさき**〔襟裳岬〕地名 北海道《ほっかいどう》の南《なん》部《ぶ》、太平洋《たいへいよう》につき出《で》た岬《みさき》。

**えりわける【選▲り分ける】** 動 ↓よりわける 1368ページ

**°える【得る】** 一 動 ❶手《て》に入《い》れる。自分《じぶん》のものにする。例 知識《ちしき》を得る。対 失《うしな》う。❷受《う》ける。例 許可《きょか》を得る。二〔ある言葉《ことば》のあとにつけて〕…できる。例 ありえないこと。注意「うる」とも読《よ》む。特《とく》に、「言《い》い得る」などは、「うる」と読《よ》むことが多《おお》い。↓とく【得】922ページ

**える【獲る】** 動 ❶狩《か》りや漁《りょう》をして、獲物《えもの》をとらえる。❷戦《たたか》ってうばい取《と》る。例 王座《おうざ》を獲る。↓かく【獲】218ページ

**エル【L・l】** 名 ❶(品物《しなもの》のサイズの)大型《おおがた》。例 Lサイズのシャツ。❷居間《いま》。リビングルーム。例 2LDK《ディーケー》。❸行《ぎょう》。例 P《ピー》3L20〔=3ページの20行《ぎょう》め〕。

**エルイーディー【LED】** 名〔「発光《はっこう》ダイオード」という意味《いみ》の英語《えいご》の頭文字《かしらもじ》。〕電流《でんりゅう》が流《なが》れると、熱《ねつ》を出《だ》さずに光《ひかり》を出《だ》す物質《ぶっしつ》。電力消費《でんりょくしょうひ》が少《すく》なく、寿命《じゅみょう》が長《なが》いため、白熱《はくねつ》電球《でんきゅう》や蛍光灯《けいこうとう》にかわる光源《こうげん》として使《つか》われる。

**エルエヌジー【LNG】** 名〔「液化天然《えきかてんねん》ガス」という意味《いみ》の英語《えいご》の頭文字《かしらもじ》。〕↓えきかてんねんガス 127ページ

**エルサレム** 地名 イスラエルの首都《しゅと》。ユダヤ教《きょう》・キリスト教《きょう》・イスラム教《きょう》の聖地《せいち》として知《し》られる。

**エルニーニョ**〔スペイン語〕名 南米《なんべい》の太平洋《たいへいよう》岸《がん》、ペルーの沖《おき》で、海水《かいすい》の温度《おんど》が異常《いじょう》に高《たか》くなる現象《げんしょう》。世界規模《せかいきぼ》で異常気象《いじょうきしょう》などを引《ひ》き起《お》こし、日本《にっぽん》にも影響《えいきょう》をおよぼす。

**エルばん【L判】** 名 ❶衣類《いるい》などの、大《おお》きいサイズ。❷よくある大《おお》きさの写真《しゃしん》プリント用《よう》紙《し》。

**エルピー【LP】** 名〔「長時間演奏《ちょうじかんえんそう》」という意味《いみ》の英語《えいご》の頭文字《かしらもじ》。〕直径三〇《ちょっけいさんじっ》センチのレコード。

**エルピーガス【LPガス】** 名 プロパンガスなどを液体《えきたい》にしたもの。液化石油《えきかせきゆ》ガス。家庭用《かていよう》の燃料《ねんりょう》などに使《つか》われる。

**エレガント**〔英語 elegant〕名 形動 上品《じょうひん》で、やさしいこと。

**エレクトロニクス**〔英語 electronics〕名 電子《でんし》のはたらきを研究《けんきゅう》する学問《がくもん》。また、電子《でんし》

ど鉱物資源《こうぶつしげん》が豊《ゆた》か。昔《むかし》はコンゴ共和国《きょうわこく》と一《ひと》つの「コンゴ王国《おうこく》」だった。首都《しゅと》キンシャサ。人口約《じんこうやく》8,960万人《まんにん》。略称《りゃくしょう》

のはたらきを利用《りよう》した技術《ぎじゅつ》。コンピューターや通信《つうしん》など、あらゆる分野《ぶんや》で使《つか》われている。電子工学《でんしこうがく》。

**エレジー**〔英語 elegy〕名 悲《かな》しみを表現《ひょうげん》した詩《し》や曲《きょく》。例 死者《ししゃ》にささげるエレジー。

**エレベーター**〔英語 elevator〕名 ビルなどで、電気《でんき》の力《ちから》を使《つか》って大《おお》きな箱《はこ》を上下《じょうげ》に動《うご》かし、人《ひと》や荷物《にもつ》を運《はこ》ぶ機械《きかい》。

**えん【円】** 画数 4 部首 冂(けいがまえ) 1年
音 エン 訓 まる-い
筆順
❶まるい。熟語 円形《えんけい》。円周《えんしゅう》。円陣《えんじん》。円盤《えんばん》。半円《はんえん》。❷角《かど》がなくて、おだやか。熟語 円滑《えんかつ》。円熟《えんじゅく》。円満《えんまん》。❸お金《かね》の単位《たんい》。熟語 円高《えんだか》。❹辺《あた》り。熟語 (九州《きゅうしゅう》)一円《いちえん》。

**えん【円】** 名 ❶まる。まるい形《かたち》。例 コンパスを使《つか》って円をかく。❷日本《にっぽん》のお金《かね》の単位《たんい》。記号《きごう》は「¥」。例 円をドルに替《か》える。

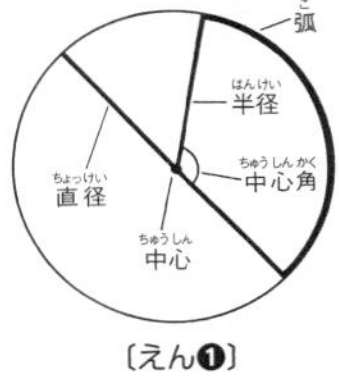

〔えん❶〕

**えん【延】** 画数 8 部首 廴(えんにょう) 6年
音 エン 訓 の-びる の-べる の-ばす
筆順
❶引《ひ》きのばす。のびる。熟語 延期《えんき》。延着《えんちゃく》。延長《えんちょう》。遅延《ちえん》。❷広《ひろ》がる。熟語 延焼《えんしょう》。
《訓の使い方》**の-びる** 例 予定《よてい》が延びる。**の-べる** 例 ふとんを延べる(=ふとんをしく)。**の-ばす** 例 出発《しゅっぱつ》を延ばす。

**えん【沿】** 画数 8 部首 氵(さんずい) 6年
音 エン 訓 そ-う
筆順
ふちにそう。離《はな》れないようにする。熟語 沿岸《えんがん》。沿線《えんせん》。沿道《えんどう》。
《訓の使い方》**そ-う** 例 海岸《かいがん》に沿う道《みち》。

**えん【媛】** 画数 12 部首 女(おんなへん) 4年
音 エン 訓 ―
筆順
ひめ。美《うつく》しい女《おんな》の人《ひと》。熟語 才媛《さいえん》(=才能《さいのう》のある女性《じょせい》)。参考「愛媛県《えひめけん》」などにも使《つか》う。

**えん【園】** 画数 13 部首 囗(くにがまえ) 2年
音 エン 訓 その
筆順
❶野菜《やさい》・草花《くさばな》・果物《くだもの》などが植《う》えてある土地《とち》。熟語 園芸《えんげい》。菜園《さいえん》。果樹園《かじゅえん》。花園《はなぞの》。❷ひと囲《かこ》いの場所《ばしょ》。庭《にわ》。熟語 公園《こうえん》。動物園《どうぶつえん》。遊園地《ゆうえんち》。❸「園《えん》」のつく施設《しせつ》の略《りゃく》。熟語 園児《えんじ》。通園《つうえん》。

**えん【園】** 名「幼稚園《ようちえん》」「保育園《ほいくえん》」などの略《りゃく》。例 園のきまり。

**えん【遠】** 画数 13 部首 辶(しんにょう) 2年
音 エン オン 訓 とお-い
筆順
❶とおい。熟語 遠足《えんそく》。永遠《えいえん》。久遠《くおん》。遠出《とおで》。望遠鏡《ぼうえんきょう》。対 近《きん》。❷奥深《おくふか》い。熟語 遠大《えんだい》。深遠《しんえん》。❸とおざける。熟語 敬遠《けいえん》。疎遠《そえん》。遠心力《えんしんりょく》。
《訓の使い方》**とお-い** 例 遠い国《くに》。

**えん【塩】** 画数 13 部首 土(つちへん) 4年
音 エン 訓 しお
筆順
❶しお。熟語 塩田《えんでん》。塩分《えんぶん》。食塩《しょくえん》。製塩《せいえん》。塩気《しおけ》。❷塩素《えんそ》のこと。熟語 塩酸《えんさん》。

**えん【演】** 画数 14 部首 氵(さんずい) 5年
音 エン 訓 ―
筆順
❶劇《げき》や音楽《おんがく》などを、行《おこな》う。熟語 演技《えんぎ》。演劇《えんげき》。演奏《えんそう》。出演《しゅつえん》。上演《じょうえん》。❷説《と》いて聞《き》かせる。熟語 演説《えんぜつ》。演壇《えんだん》。講演《こうえん》。❸実際《じっさい》にしてみる。熟語 演習《えんしゅう》。↓えんじる 138ページ

**えん【炎】** 画数 8 部首 火(ひ)

あいう え お
かきくけこ
さしすせそ
たちつてと
なにぬねの
はひふへほ
まみむめも
や ゆ よ
らりるれろ
わ を ん


世界の国 コンゴ民主共和国《みんしゅきょうわこく》 アフリカ中央部《ちゅうおうぶ》にある国《くに》。アフリカで2番目《ばんめ》に大《おお》きく、銅《どう》・コバルト・ダイヤ・ウランな
COD。

音 エン　訓 ほのお
❶ほのお。ほのおを出《だ》して燃《も》え上《あ》がる。熟語 炎上《えんじょう》。火炎《かえん》。例 激《はげ》しい炎《ほのお》が上《あ》がる。❷燃《も》えるように熱《あつ》い。熟語 炎暑《えんしょ》。炎天《えんてん》。❸体《からだ》の一部《いちぶ》に、はれ・熱《ねつ》・痛《いた》みなどをともなう病気《びょうき》。熟語 炎症《えんしょう》。肺炎《はいえん》。

**えん【怨】** 画数 9　部首 心（こころ）
音 エン　オン　訓 ―
うらむ。うらみ。熟語 怨恨《えんこん》〔＝うらみ〕。怨念《おんねん》〔＝うらみに思《おも》う気持《きも》ち〕。

**えん【宴】** 画数 10　部首 宀（うかんむり）
音 エン　訓 ―
さかもり。熟語 宴会《えんかい》。

**えん【宴】** 名 食事《しょくじ》をしたり酒《さけ》を飲《の》んだりして楽《たの》しむ会《かい》。えんかい。例 月見《つきみ》の宴。

**えん【援】** 画数 12　部首 扌（てへん）
音 エン　訓 ―
❶引《ひ》く。熟語 援用《えんよう》〔＝人《ひと》の考《かんが》えを引用《いんよう》する〕。❷助《たす》ける。熟語 援助《えんじょ》。応援《おうえん》。支援《しえん》。

**えん【煙】** 画数 13　部首 火（ひへん）
音 エン　訓 けむ-る　けむり　けむ-い
❶けむり。けむりのように空《そら》に立《た》ちのぼる。熟語 煙突《えんとつ》。例 霧《きり》が出《で》て遠《とお》くが煙《けむ》って見《み》える。❷すす。熟語 煤煙《ばいえん》。❸けむりのように空《そら》にただようもの。炊事《すいじ》の煙《けむり》。たばこが煙《けむ》い。熟語 煙雨《えんう》〔＝けむりのように見《み》える細《こま》かい雨《あめ》〕。❹たばこのこと。熟語 禁煙《きんえん》。

**えん【猿】** 画数 13　部首 犭（けものへん）
音 エン　訓 さる
動物《どうぶつ》の、サル。熟語 類人猿《るいじんえん》。

**えん【鉛】** 画数 13　部首 金（かねへん）
音 エン　訓 なまり
なまり。重《おも》くてやわらかい金属《きんぞく》。熟語 鉛筆《えんぴつ》。亜鉛《あえん》。

**えん【縁】** 画数 15　部首 糸（いとへん）
音 エン　訓 ふち
❶ふち。物《もの》のはしの部分《ぶぶん》。熟語 外縁《がいえん》。額縁《がくぶち》。❷つながり。熟語 縁故《えんこ》。縁談《えんだん》。血縁《けつえん》。

**えん【縁】** 名 ❶人《ひと》とのつながり。例 親子《おやこ》の縁。❷ものごとの関係《かんけい》。例 学問《がくもん》には縁がない。❸えんがわ。例 縁の下《した》。

**縁《えん》は異《い》なもの** 人《ひと》のつながりというものは、不思議《ふしぎ》なものだ。

**縁《えん》もゆかりもない** なんのつながりもない。例 あの人《ひと》とは縁もゆかりもない。

**縁《えん》を切《き》る** つながりをなくす。例 悪《わる》い友達《ともだち》と縁を切る。

**えん【艶】** 画数 19　部首 色（いろ）
音 エン　訓 つや
なまめかしい。つやっぽい。熟語 妖艶《ようえん》〔＝あやしいまでに美《うつく》しいこと〕。色艶《いろつや》。例 みがいて艶《つや》を出《だ》す。

**えんいん【遠因】** 名 直接《ちょくせつ》ではない、とおい原因《げんいん》。例 海水《かいすい》の温度《おんど》が不漁《ふりょう》の遠因だと言《い》われる。

**えんえい【遠泳】** 名 動-する 長《なが》い距離《きょり》を泳《およ》ぐこと。例 島《しま》まで遠泳する。

**えんえき【演繹】** 名 一般的《いっぱんてき》な原理《げんり》をもとに論理的《ろんりてき》に考《かんが》えを進《すす》めて、結論《けつろん》を導《みちび》き出《だ》すこと。対 帰納《きのう》。

**えんえん【延延】** 副（-と）❶どこまでも続《つづ》くようす。例 延々と続《つづ》く道《みち》。❷時間《じかん》が長《なが》く続《つづ》くようす。例 会議《かいぎ》は延々と続《つづ》いた。

**えんか【演歌】** 名 日本人《にほんじん》の心情《しんじょう》や情緒《じょうちょ》を、おもにもの悲《がな》しいメロディーに乗《の》せて歌《うた》う流行歌《りゅうこうか》。

**えんかい【沿海】** 名 ❶海《うみ》に沿《そ》った陸《りく》。沿岸《えんがん》。❷陸《りく》に近《ちか》い海《うみ》。近海《きんかい》。例 沿海漁業《ぎょぎょう》。対 遠海《えんかい》。遠洋《えんよう》。

**えんかい【宴会】** 名 大勢《おおぜい》の人《ひと》が集《あつ》まって、ごちそうを食《た》べたり酒《さけ》を飲《の》んだり、歌《うた》を歌《うた》ったりして楽《たの》しむ会《かい》。

**えんかい【遠海】** 名 陸《りく》から遠《とお》く離《はな》れた海《うみ》。遠洋《えんよう》。対 近海《きんかい》。沿海《えんかい》。

**えんがい【塩害】** 名 高潮《たかしお》などで流《なが》れこんだ海水《かいすい》や潮風《しおかぜ》に含《ふく》まれる塩分《えんぶん》が原因《げんいん》となって引《ひ》き起《お》こされる被害《ひがい》。

**えんかく【沿革】** 名 移《うつ》り変《か》わり。歴史《れきし》。例 町《まち》の沿革を調《しら》べる。

人口約《じんこうやく》3,530万人《まんにん》。略称《りゃくしょう》KSA。

**えんかく**【遠隔】［名］遠《とお》く離《はな》れていること。［例］遠隔の地《ち》におもむく。［対］近接《きんせつ》。

**えんかくそうさ**【遠隔操作】［名］［動する］⇩リモコン 1386ページ

**えんかすいそ**【塩化水素】［名］塩《えん》素《そ》と水《すい》素《そ》の化合物《かごうぶつ》。水《みず》に溶《と》かしたものを塩酸《えんさん》という。⇩えんさん 137ページ

**えんかつ**【円滑】［形動］ものごとがすらすらとうまくいくようす。［例］話《はな》し合《あ》いは円滑に進《すす》んだ。

**えんかナトリウム**【塩化ナトリウム】［名］食塩《しょくえん》のこと。

**えんかビニル**【塩化ビニル】［名］アセチレンと塩化水素《えんかすいそ》が化合《かごう》してできる気体《きたい》。これを原料《げんりょう》にしてビニルを作《つく》る。塩《えん》ビ。

**えんがわ**【縁側】［名］部屋《へや》の外側《そとがわ》に作《つく》った、細長《ほそなが》い板《いた》じき。縁《えん》。

**えんがん**【沿岸】［名］❶海《うみ》・川《かわ》・湖《みずうみ》に沿《そ》った陸地《りくち》。［対］内陸《ないりく》。❷海《うみ》・川《かわ》・湖《みずうみ》の岸《きし》に沿《そ》った部分《ぶぶん》。

**えんがんぎょぎょう**【沿岸漁業】［名］海岸《かいがん》の近《ちか》くでする漁業《ぎょぎょう》。近海漁業《きんかいぎょぎょう》。［関連］沖《おき》合漁業《あいぎょぎょう》。遠洋漁業《えんようぎょぎょう》。

**えんき**【延期】［名］［動する］決《き》めた期限《きげん》を、先《さき》へ延《の》ばすこと。日延《ひの》べ。［例］雨《あめ》のため、運動会《うんどうかい》を延期します。

**えんぎ**【演技】［名］［動する］❶客《きゃく》の前《まえ》で芸《げい》や技《わざ》を見《み》せること。また、その芸《げい》や技《わざ》。［例］演技力《りょく》。模範《もはん》演技。❷見《み》せかけだけのこと。［例］妹《いもうと》の涙《なみだ》は演技だ。

**えんぎ**【縁起】［名］❶ものごとの起《お》こり。由来《ゆらい》。特《とく》に、寺《てら》や神社《じんじゃ》のできたわけや移《うつ》り変《か》わりについての言《い》い伝《つた》え。［例］お寺《てら》の縁起。❷前《まえ》ぶれ。さいさき。［例］縁起がいい。

**縁起《えんぎ》を担《かつ》ぐ** 前《まえ》ぶれのよい悪《わる》いを気《き》にかける。［例］縁起を担いで、遠回《とおまわ》りする。

**えんきょく**【婉曲】［形動］はっきり言《い》わず、遠回《とおまわ》しにおだやかに言《い》うようす。［例］婉曲に断《ことわ》る。［対］露骨《ろこつ》。

**えんきょり**【遠距離】［名］長《なが》い道《みち》のり。［類］長距離《ちょうきょり》。［対］近距離《きんきょり》。

**えんきん**【遠近】［名］遠《とお》いことと近《ちか》いこと。遠《とお》さと、近《ちか》さ。

**えんきんほう**【遠近法】［名］絵《え》をかくとき、近《ちか》い物《もの》は大《おお》きくこい色《いろ》で、遠《とお》い物《もの》は小《ちい》さくうすい色《いろ》でかき分《わ》ける方法《ほうほう》。

**えんくう**〘円空〙［人名］（男）（一六三二～一六九五）江戸時代《えどじだい》初《はじ》めのお坊《ぼう》さん。各地《かくち》を旅《たび》して、のみでほるだけの仏像《ぶつぞう》をたくさん作《つく》った。

**えんぐみ**【縁組み】［名］［動する］夫婦《ふうふ》や養子《ようし》などの関係《かんけい》をもつようになること。

**えんグラフ**【円グラフ】［名］〔算数《さんすう》で〕円《えん》を半径《はんけい》でいくつかに区切《くぎ》り、できたおうぎ形《がた》の大《おお》きさで割合《わりあい》を示《しめ》したグラフ。⇩グラフ❶ 377ページ

**えんぐん**【援軍】［名］❶助《たす》けの軍隊《ぐんたい》。❷力《ちから》をかしてくれる仲間《なかま》。［例］大掃除《おおそうじ》の援軍をたのむ。

**えんけい**【円形】［名］円《まる》い形《かたち》。円《えん》。

**えんけい**【遠景】［名］遠《とお》くの景色《けしき》。［例］遠景に山《やま》をかく。［対］近景《きんけい》。

**えんげい**【園芸】［名］草花《くさばな》・果物《くだもの》・野菜《やさい》などの植物《しょくぶつ》を育《そだ》てること。また、植物《しょくぶつ》で庭造《にわづく》りをすること。［例］園芸家《か》。

**えんげい**【演芸】［名］客《きゃく》の前《まえ》で見《み》せる芸《げい》。芝居《しばい》・落語《らくご》・漫才《まんざい》・浪曲《ろうきょく》・手品《てじな》など。［例］演芸会《かい》。演芸場《じょう》。

**えんげき**【演劇】［名］脚本《きゃくほん》をもとに舞台《ぶたい》で俳優《はいゆう》が演《えん》じる劇《げき》。［類］芝居《しばい》。

**エンゲルけいすう**【エンゲル係数】［名］家《いえ》の支出《ししゅつ》の中《なか》で、食費《しょくひ》がどれだけの割合《わりあい》をしめるかを、パーセントで示《しめ》したもの。［参考］これが大《おお》きいほど生活水準《せいかつすいじゅん》が低《ひく》いとされる。ドイツの学者《がくしゃ》エンゲルがとなえた。

**えんこ**【縁故】［名］親戚《しんせき》や知《し》り合《あ》いのような、人《ひと》と人《ひと》とのつながり。［例］縁故を頼《たよ》って移《うつ》り住《す》む。

**えんご**【援護】［名］［動する］困《こま》っている人《ひと》を、助《たす》けて守《まも》ること。［例］味方《みかた》を援護する。援護射撃《しゃげき》。

**えんざい**【冤罪】［名］罪《つみ》がないのに、疑《うたが》われたり、罰《ばつ》を受《う》けたりすること。無実《むじつ》の罪《つみ》。ぬれぎぬ。［例］冤罪を晴《は》らす。

**えんさき**【縁先】［名］縁側《えんがわ》の前《まえ》。また、縁側《えんがわ》のはし。［例］縁先で花火《はなび》をする。

**えんさん**【塩酸】［名］色《いろ》がなく、鼻《はな》を刺激《しげき》す



世界の国　サウジアラビア　アラビア半島《はんとう》の大部分《だいぶぶん》をしめる国《くに》。石油《せきゆ》の大産地《だいさんち》で、埋蔵量《まいぞうりょう》は世界第《せかいだい》2位《い》。首都《しゅと》リヤド。

るにおいのある液体《えきたい》。強《つよ》い酸性《さんせい》を示《しめ》す劇薬《げきやく》で、化学工業《かがくこうぎょう》で使《つか》われる。

**えんざん【演算】** 名 動-する 式《しき》にしたがって計算《けいさん》すること。

**えんし【遠視】** 名 近《ちか》くの物《もの》が見《み》えにくいこと。また、その目《め》。対 近視《きんし》。

**えんじ【園児】** 名 幼稚園《ようちえん》・保育園《ほいくえん》などに通《かよ》っている子《こ》ども。

**えんじ【臙脂】** 名 黒《くろ》みのかかった赤《あか》い色《いろ》。えんじ色《いろ》。

**エンジェル** 〔英語 angel〕名 ↓エンゼル 139ページ

**エンジニア** 〔英語 engineer〕名 機械《きかい》や電気《でんき》などの技術者《ぎじゅつしゃ》。技師《ぎし》。

**えんじゃ【演者】** 名 演芸《えんげい》などを演《えん》じる人《ひと》。

**えんじゃ【縁者】** 名 親戚《しんせき》の人《ひと》。身内《みうち》の人《ひと》。例 親類《しんるい》縁者。

**えんしゅう【円周】** 名 〔算数《さんすう》で〕円《えん》の周《まわ》り。↓えんしゅうりつ 138ページ

**えんしゅう【演習】** 名 動-する 実際《じっさい》にうまくできるように、練習《れんしゅう》すること。例 運動会《うんどうかい》の予行《よこう》演習。

**えんしゅうなだ【遠州灘】** 地名 静岡県《しずおかけん》の御前崎《おまえざき》と、愛知県《あいちけん》の渥美半島《あつみはんとう》との間《あいだ》の沖合《おきあい》の海《うみ》。

**えんしゅうりつ【円周率】** 名 〔算数《さんすう》で〕円周《えんしゅう》の長《なが》さが円《えん》の直径《ちょっけい》の何倍《なんばい》にあたるかを表《あらわ》す数《かず》。ふつう直径《ちょっけい》の三・一四倍《ばい》とする。記《き》号《ごう》は「π《パイ》」。

**えんじゅく【円熟】** 名 動-する ❶技《わざ》がよくみがかれ、うまみが出《で》てくること。例 円熟した技《わざ》。類 熟練《じゅくれん》。対 未熟《みじゅく》。❷教養《きょうよう》が豊《ゆた》かで、人柄《ひとがら》がおだやかになること。

✤**えんしゅつ【演出】** 名 動-する ❶映画《えいが》・テレビ・劇《げき》などで、脚本《きゃくほん》をもとにして演技《えんぎ》や音楽《おんがく》などを指図《さしず》し、全体《ぜんたい》をまとめあげること。例 演出家《か》。❷行事《ぎょうじ》やもよおし物《もの》などで、計画《けいかく》を立《た》てたり、指図《さしず》をしたりして全体《ぜんたい》をまとめあげること。例 開会式《かいかいしき》を演出する。

**えんしょ【炎暑】** 名 夏《なつ》の、やけつくような暑《あつ》さ。酷暑《こくしょ》。猛暑《もうしょ》。

°**えんじょ【援助】** 名 動-する 困《こま》っている人《ひと》などを、助《たす》けること。力《ちから》をかすこと。例 援助の手《て》をさしのべる。類 支援《しえん》。

**エンジョイ** 〔英語 enjoy〕名 動-する 思《おも》う存分《ぞんぶん》楽《たの》しむこと。例 夏休《なつやす》みをエンジョイする。

**えんしょう【炎症】** 名 体《からだ》の一部《いちぶ》が熱《ねつ》をもって赤《あか》くはれたり、痛《いた》んだりすること。例 のどに炎症をおこす。

**えんしょう【延焼】** 名 動-する 火事《かじ》が次々《つぎつぎ》に燃《も》え広《ひろ》がること。例 山火事《やまかじ》が市街地《しがいち》に延焼する。類 類焼《るいしょう》。

**えんじょう【炎上】** 名 動-する 大《おお》きな建物《たてもの》や船《ふね》などが、火事《かじ》で焼《や》けること。参考 SNS《エスエヌエス》上《じょう》で批判《ひはん》の書《か》き込《こ》みが一気《いっき》に集中《しゅうちゅう》することにも使《つか》う。

°**えんじる【演じる】** 動 〔「えんずる」ともいう。〕❶劇《げき》や映画《えいが》などで、ある役《やく》を務《つと》める。例 学芸会《がくげいかい》で主役《しゅやく》を演じる。❷人前《ひとまえ》で目立《めだ》つことをする。例 失態《しったい》を演じる。

**えんしん【炎心】** 名 ほのおの中心部《ちゅうしんぶ》の、かがやきの弱《よわ》いところ。関連 外炎《がいえん》。内炎《ないえん》。

**えんじん【円陣】** 名 何人《なんにん》もの人《ひと》が円《えん》の形《かたち》に並《なら》ぶこと。例 円陣を組《く》む。

**えんじん【猿人】** 名 約《やく》七〇〇万年《まんねん》から一〇〇万年《まんねん》ほど前《まえ》の、もっとも古《ふる》い人類《じんるい》。はじめて二本足《にほんあし》で歩《ある》き、簡単《かんたん》な道具《どうぐ》を使《つか》った。

°**エンジン** 〔英語 engine〕名 ❶自動車《じどうしゃ》・船《ふね》・飛行機《ひこうき》などを動《うご》かす力《ちから》を作《つく》り出《だ》す仕組《しく》み。例 ジェットエンジン。❷コンピューターで、データを処理《しょり》する仕組《しく》み。例 検索《けんさく》エンジン。

**エンジンがかかる** ❶エンジンが動《うご》き出《だ》す。❷やる気《き》になる。例 練習《れんしゅう》にエンジンがかかる。

**えんしんりょく【遠心力】** 名 物《もの》が円《えん》をえがいて回《まわ》っているとき、中心《ちゅうしん》から遠《とお》ざかろうとする力《ちから》。対 向心力《こうしんりょく》。

**えんすい【円錐】** 名 底面《ていめん》が平《ひら》たくて円《まる》く、頂点《ちょうてん》がとがった立体《りったい》。↓りったい 1384ページ

**えんすいだい【円錐台】** 名 円錐《えんすい》を、底面《ていめん》に平行《へいこう》な平面《へいめん》で切《き》ったときの、底《そこ》のほうの立体《りったい》。

**えんずる【演ずる】** 動 ↓えんじる 138ページ

**えんせい【遠征】** 名 動-する ❶遠《とお》い所《ところ》までせめて行《い》くこと。❷遠《とお》い所《ところ》まで、試合《しあい》や探検《たんけん》などに行《い》くこと。

**えんせきがいせん【遠赤外線】** 名 赤外《せきがい》

オ、パパイヤなどがとれる。首都《しゅと》アピア。人口約《じんこうやく》20万人《まんにん》。略称《りゃくしょう》SAM。

線《せん》の一《ひと》つ。物質《ぶっしつ》に吸収《きゅうしゅう》されやすくて、熱《ねつ》をよく発生《はっせい》するので、暖房器具《だんぼうきぐ》や調理器具《ちょうりきぐ》などに使《つか》われる。

✤**えんぜつ【演説】** [名][動-する] 大勢《おおぜい》の前《まえ》で、自分《じぶん》の意見《いけん》や考《かんが》えを述《の》べること。[例]選挙《せんきょ》演説。

**エンゼル** 〔英語 angel〕[名] 天使《てんし》。エンジェル。

**エンゼルフィッシュ** [名] アマゾン川《がわ》などにすむ熱帯魚《ねったいぎょ》。体《からだ》は丸《まる》みのあるひし形《がた》で、黒《くろ》い四本《よんほん》のしまがある。

**えんせん【沿線】** [名] 線路《せんろ》に沿《そ》った所《ところ》。

**えんそ【塩素】** [名] 黄緑《おうりょくしょく》色で、いやなにおいがする気体《きたい》。毒性《どくせい》も強《つよ》いが、消毒《しょうどく》や漂白《ひょうはく》に使《つか》われる。

**えんそう【演奏】** [名][動-する] 楽器《がっき》を使《つか》って、音楽《おんがく》をかなでること。

**えんそうかい【演奏会】** [名] 大勢《おおぜい》の人《ひと》に演奏《えんそう》を聞《き》かせる会《かい》。コンサート。[例]ピアノ演奏会。

○**えんそく【遠足】** [名] 運動《うんどう》や見学《けんがく》のために、日帰《ひがえ》りで遠《とお》くへ行《い》くこと。

**エンターテインメント** 〔英語 entertainment〕[名] 娯楽《ごらく》。演芸《えんげい》。エンターテイメント。

**えんたい【延滞】** [名][動-する] ❶支払《しはら》いや納入《のうにゅう》などが期日《きじつ》よりおくれること。❷返《かえ》すのがおくれること。

**えんだい【遠大】** [形動] 考《かんが》えや計画《けいかく》などが大《おお》きくて、ずっと先《さき》のことまで考《かんが》えてあるようす。[例]遠大な計画《けいかく》を立《た》てる。

**えんだい【演題】** [名] 演説《えんぜつ》や講演《こうえん》などをするときの話《はなし》の題名《だいめい》。

**えんだい【縁台】** [名] 夕《ゆう》すずみのときなどに、腰《こし》かけるために外《そと》で使《つか》う長《なが》い台《だい》。

**えんだか【円高】** [名] 外国《がいこく》のお金《かね》と比《くら》べて、日本《にっぽん》のお金《かね》の円《えん》のほうが、値打《ねう》ちが高《たか》いこと。[対]円安《えんやす》。

**えんたく【円卓】** [名] 円《まる》いテーブル。

**えんたくかいぎ【円卓会議】** [名] 円《まる》いテーブルを囲《かこ》んで行《おこな》う会議《かいぎ》。席順《せきじゅん》などを決《き》めないで、自由《じゆう》に意見《いけん》を出《だ》し合《あ》う。

**えんだん【演壇】** [名] 演説《えんぜつ》や、講演《こうえん》などをする人《ひと》が立《た》つ高《たか》いところ。

**えんだん【縁談】** [名] その人《ひと》の結婚《けっこん》についての話《はなし》。

**えんちゃく【延着】** [名][動-する] 乗《の》り物《もの》や荷物《にもつ》などが、予定《よてい》よりおくれて着《つ》くこと。

**えんちゅう【円柱】** [名] ❶まるい柱《はしら》。❷両《りょう》はしが同《おな》じ大《おお》きさの円《えん》で、その面《めん》が平行《へいこう》になっている立体《りったい》。茶《ちゃ》づつのような形《かたち》をしたもの。[類]円筒《えんとう》。⬇りったい 1384ページ

○**えんちょう【延長】** [一][名][動-する] 時《じ》間《かん》や長《なが》さなどを、長《なが》く延《の》ばすこと。[例]時《じ》間《かん》を延長する。[対]短縮《たんしゅく》。[二][名] ❶全体《ぜんたい》の長《なが》さ。[例]延長一〇〇〇キロメートルの線路《せんろ》。❷ひと続《つづ》きのもの。[例]遠足《えんそく》も授業《じゅぎょう》の延長です。

**えんちょう【園長】** [名] 幼稚園《ようちえん》や動物園《どうぶつえん》などの、いちばん上《うえ》の責任者《せきにんしゃ》。

**えんちょうせん【延長戦】** [名] 決《き》められた回数《かいすう》や時間内《じかんない》に勝負《しょうぶ》がつかないとき、回数《かいすう》や時間《じかん》を延《の》ばして行《おこな》う試合《しあい》。[例]延長戦にもつれこむ。

**えんちょうせん【延長線】** [名] 一本《いっぽん》の直線《ちょくせん》を、さらにまっすぐ延《の》ばした線《せん》。

**えんちょくせん【鉛直線】** [名] おもりを糸《いと》でつるしたとき、おもりの方向《ほうこう》に引《ひ》いた線《せん》。垂線《すいせん》。[対]水平線《すいへいせん》。

**えんつづき【縁続き】** [名] 親類《しんるい》の間柄《あいだがら》にあること。[類]身内《みうち》。

**エンディング** 〔英語 ending〕[名] 劇《げき》や映画《えいが》・音楽《おんがく》などの終《お》わりの部分《ぶぶん》。結末《けつまつ》。[対]オープニング。

**えんてん【炎天】** [名] 夏《なつ》の焼《や》けつくような暑《あつ》い空《そら》。[例]炎天のもと、練習《れんしゅう》をする。

**えんでん【塩田】** [名] 太陽《たいよう》の熱《ねつ》で水分《すいぶん》を蒸発《じょうはつ》させて塩《しお》を取《と》るために、砂浜《すなはま》に海水《かいすい》を引《ひ》き入《い》れるように作《つく》った所《ところ》。

**えんてんか【炎天下】** [名] 夏《なつ》の焼《や》けつくような暑《あつ》い日差《ひざ》しの下《した》にいること。[例]炎天下の作業《さぎょう》。

**えんとう【円筒】** [名] まるい筒《つつ》。[例]円筒形《けい》。[類]円柱《えんちゅう》。

**えんどう【沿道】** [名] 道《みち》に沿《そ》った所《ところ》。道筋《みちすじ》。[例]沿道の松並木《まつなみき》が美《うつく》しい。

**えんどう** [名] 畑《はたけ》に作《つく》る作物《さくもつ》。種《たね》〔=豆《まめ》〕や若《わか》いさや〔=サヤエンドウ〕を食用《しょくよう》とする。春《はる》に白《しろ》やむらさき色《いろ》の花《はな》が咲《さ》

〔えんどう〕





世界の国 サモア 南太平洋《みなみたいへいよう》のサモア諸島《しょとう》にある小《ちい》さな国《くに》。佐賀県《さがけん》よりやや広《ひろ》い。農業《のうぎょう》と漁業《ぎょぎょう》が中心《ちゅうしん》で、バナナやカカ

く。葉《は》の先《さき》に巻《ま》きひげがある。

**えんどおい【縁遠い】**形 関係《かんけい》がうすいようす。例 音楽《おんがく》とは縁遠い話《はなし》。

**えんとつ【煙突】**名 よく燃《も》えるように、煙《けむり》を外《そと》に出《だ》す長《なが》い筒《つつ》。

**エンドライン**〔英語 end line〕名 バレーボール・テニスなどで、コートの短《みじか》いほうの辺《へん》を示《しめ》す線《せん》。参考 サッカー・ホッケー・ラグビーでは、ゴールラインという。

**エントリー**〔英語 entry〕名 動-する 競技会《きょうぎかい》やコンテストなどへの参加《さんか》を、申《もう》し込《こ》んだり登《とう》録《ろく》したりすること。また、その参《さん》加《か》者《しゃ》の名《めい》簿《ぼ》。例 エントリーナンバー。

**えんにち【縁日】**名 神社《じんじゃ》や寺《てら》で、神《かみ》や仏《ほとけ》の供養《くよう》をし、祭《まつ》りを行《おこな》う日《ひ》。

✤**えんにょう**名 漢字《かんじ》の部首《ぶしゅ》で、「にょう」の一《ひと》つ。「延《えん》」「建《けん》」などの「廴」の部分《ぶぶん》。

**えんねつ【炎熱】**名 真夏《まなつ》の焼《や》けつくような暑《あつ》さ。

**えんのした【縁の下】**名 縁側《えんがわ》の下《した》。また、床《ゆか》の下《した》。

**縁《えん》の下《した》の力持《ちからも》ち** 目立《めだ》たないところで、人《ひと》のために苦労《くろう》をしたり、役《やく》に立《た》ったりすること。また、その人《ひと》。

**えんばん【円盤】**名 ❶円《まる》くて、平《ひら》たい形《かたち》のもの。例 空飛《そらと》ぶ円盤。❷円盤《えんばん》投《な》げに使《つか》う平《ひら》たい器具《きぐ》。中心《ちゅうしん》とふちが金属《きんぞく》で、他《ほか》は木《き》でできている。

**えんばんなげ【円盤投げ】**名 円盤《えんばん》❷を投《な》げて、その距離《きょり》を競《きそ》う競技《きょうぎ》。

°**えんぴつ【鉛筆】**名 木《き》のじくの中《なか》に黒鉛《こくえん》のしんを入《い》れた、字《じ》を書《か》く道具《どうぐ》。ペンシル。

**えんびふく【燕尾服】**名 男《おとこ》の人《ひと》が儀式《ぎしき》のときに着《き》る礼服《れいふく》。上着《うわぎ》の後《うし》ろのすそが長《なが》く、燕《つばめ》の尾《お》のように割《わ》れている。

**えんぶきょく【円舞曲】**名 ⬇ワルツ 1431ページ

**エンブレム**〔英語 emblem〕名 記章《きしょう》。紋章《もんしょう》。ワッペン。例 東京《とうきょう》オリンピックのエンブレム。

**えんぶん【塩分】**名 食品《しょくひん》や海水《かいすい》などに含《ふく》まれている塩《しお》の量《りょう》。塩《しお》け。

**えんぽう【遠方】**名 遠《とお》くのほう。遠《とお》い所《ところ》。

**えんま【閻魔】**名 仏教《ぶっきょう》で考《かんが》えられている地《じ》獄《ごく》の王《おう》。死《し》んで地獄《じごく》に落《お》ちたとき、生《い》きていたときの悪事《あくじ》をさばくといわれている。例 閻魔大王《だいおう》。

**えんまく【煙幕】**名 敵《てき》から見《み》られないようにするために立《た》てる煙《けむり》。

**煙幕《えんまく》を張《は》る** ❶煙《けむり》を立《た》てて敵《てき》の目《め》をくらます。❷迷《まよ》わせるようなことを言《い》って、ほんとうのことを知《し》られないようにする。

**えんまだいおう【閻魔大王】**名 ⬇えんま 140ページ

°**えんまん【円満】**形動 不満《ふまん》や争《あらそ》いごとなどがなく、おだやかなようす。例 話《はな》し合《あ》いで円満に解決《かいけつ》する。

**えんむすび【縁結び】**名 (特《とく》に、好《す》きな人《ひと》との間《あいだ》の)つながりをつくること。また、結《けっ》婚《こん》。例 縁結びの神様《かみさま》。

**えんもく【演目】**名 上演《じょうえん》される演劇《えんげき》や演奏《えんそう》などの題名《だいめい》や曲名《きょくめい》。

**えんやす【円安】**名 外国《がいこく》のお金《かね》と比《くら》べて、日本《にっぽん》のお金《かね》の円《えん》のほうが、値打《ねう》ちが低《ひく》いこと。対 円高《えんだか》。

**えんゆうかい【園遊会】**名 庭園《ていえん》で開《ひら》くパーティー。

**えんよう【遠洋】**名 陸《りく》から遠《とお》く離《はな》れた海《うみ》。遠《えん》海《かい》。例 遠洋航海《こうかい》。対 近海《きんかい》。沿海《えんかい》。

**えんようぎょぎょう【遠洋漁業】**名 遠洋《えんよう》で行《おこな》う漁業《ぎょぎょう》。関連 沿岸漁業《えんがんぎょぎょう》。沖合漁業《おきあいぎょぎょう》。

**えんらい【遠来】**名 遠《とお》くからやってくること。例 遠来の客《きゃく》をもてなす。

**えんらい【遠雷】**名 遠《とお》くで鳴《な》るかみなり。

**えんりゃくじ【延暦寺】**名 滋賀県大津市《しがけんおおつし》の比叡山《ひえいざん》にある寺《てら》。七八八年《ねん》に最澄《さいちょう》が建《た》てた。

°**えんりょ【遠慮】**名 動-する ❶思《おも》う通《とお》りにしないで、ひかえめにすること。例 発言《はつげん》を遠慮する。❷遠回《とおまわ》しに断《ことわ》ること。例 大声《おおごえ》はご遠慮ください。❸やめにすること。例 参《さん》加《か》は遠慮しよう。

**えんりょえしゃくもなく【遠慮会釈もなく】** 相手《あいて》のことなどかまわず、自《じ》分《ぶん》の思《おも》うままに。例 遠慮会釈もなく人《ひと》の家《いえ》に上《あ》がりこむ。

**えんりょがち【遠慮がち】** 形動 ひかえめにするようす。例 遠慮がちに話《はな》す。

**えんりょぶかい【遠慮深い】** 形 言葉《ことば》や態度《たいど》が、たいへんひかえめである。

**えんろ【遠路】** 名 遠《とお》い道《みち》のり。例 遠路はるばるやって来《き》た。

# お

オ o

**お【汚】** 画数 6 部首 氵(さんずい)

音 オ 訓 けが-す けが-れる けが-らわしい よご-す よご-れる きたな-い

❶よごす。よごれる。きたない。熟語 汚水《おすい》。汚染《おせん》。例 ノートを汚《よご》す。身《み》が汚《けが》れる。汚《けが》らわしい話《はなし》。❷けがす。不正《ふせい》を行《おこな》う。熟語 汚《お》職《しょく》。汚名《おめい》。例 名を汚《けが》す。汚《きたな》いやり方《かた》。

**お【和】** 熟語 和尚《おしょう》。⇩わ【和】1419ページ

**お【悪】** 熟語 悪寒《おかん》。憎悪《ぞうお》。⇩あく【悪】12ページ

**お【小】** 〔ある言葉《ことば》の前《まえ》につけて〕「ちいさい」という意味《いみ》を表《あらわ》す。例 小川《がわ》。⇩しょう【小】620ページ

**お【尾】** 名 ❶動物《どうぶつ》のしっぽ。❷しっぽのように後《うし》ろや下《した》に長《なが》くのびているもの。例 たこに尾をつける。⇩び【尾】1081ページ

**尾《お》を引《ひ》く** あることがらの影響《えいきょう》が、あとまで残《のこ》る。例 あの事件《じけん》が尾を引いている。

**お【緒】** 名 ひもや糸《いと》など細長《ほそなが》いもの。例 鼻緒《はなお》。⇩しょ【緒】619ページ

**お** 〔ある言葉《ことば》の前《まえ》につけて〕「丁寧《ていねい》の気持《きも》ち」「親《した》しみの気持《きも》ち」「敬《うやま》いの気持《きも》ち」「へりくだる気持《きも》ち」を表《あらわ》す。例 お手紙《てがみ》。お食事《しょくじ》。お月《つき》さま。お読《よ》みになる。お借《か》りする。

**おあいそ【お愛想】** 名 動-する 料理店《りょうりてん》などで、店《みせ》に金《かね》を払《はら》うこと。会計《かいけい》。勘定《かんじょう》。

**オアシス** 〔英語 oasis〕 名 ❶砂漠《さばく》の中《なか》で、水《みず》がわき、草《くさ》や木《き》が生《は》えている所《ところ》。❷体《からだ》を休《やす》めたり、心《こころ》をなぐさめたりする所《ところ》。例 公園《こうえん》は都会《とかい》のオアシスだ。

**おあずけ【お預け】** 名 ❶約束《やくそく》や話《はなし》だけで、実行《じっこう》をのばすこと。例 ごほうびはお預けだ。❷犬《いぬ》の前《まえ》に食《た》べ物《もの》を置《お》き、「よし」と言《い》うまで食《た》べさせないこと。

**おあつらえむき【おあつらえ向き】** 形動 ⬇あつらえむき28ページ

**おい【老い】** 名 ❶年《とし》をとっていること。例 老いを感《かん》じさせない。❷年《とし》をとった人《ひと》。例 老いも若《わか》きも〔=年《とし》をとった人《ひと》も若《わか》い人《ひと》も〕。

**おい** 名 兄弟《きょうだい》や姉妹《しまい》の子《こ》どもの中《なか》で、男《おとこ》の子《こ》のこと。対 めい。

**おいうち【追い打ち】** 名 ❶にげる者《もの》を追《お》いかけて、さらに攻撃《こうげき》すること。例 敵に追い打ちをかける。❷弱《よわ》っているところへ、さらに損害《そんがい》を与《あた》えること。例 地震《じしん》のあとに津《つ》波《なみ》の追い打ちを受《う》けた。

**おいえげい【お家芸】** 名 いちばん得意《とくい》な芸《げい》。類 十八番《じゅうはちばん》。おはこ。参考 もとは歌舞伎《かぶき》や能《のう》で、その家《いえ》に古《ふる》くから伝《つた》わる芸《げい》のこと。

**おいえそうどう【お家騒動】** 名 ❶江戸《えど》時代《じだい》、大名《だいみょう》の家《いえ》で起《お》こった、あとつぎなどをめぐるもめごと。❷会社《かいしゃ》などの、身内《みうち》で起《お》こったもめごと。

**おいおい** 副(-と) だんだん。しだいに。例 おいおい慣《な》れてくるだろう。

**おいかえす【追い返す】** 動 追《お》いたてて、無理《むり》に帰《かえ》らせる。追《お》いもどす。

**おいかけっこ【追いかけっこ】** 名 動-する 追《お》いかけたり、追《お》いかけられたりすること。

**おいかける【追いかける】** 動 あとから追《お》う。例 犬《いぬ》がネコを追いかける。

**おいがしら** 名 ⬇おいかんむり141ページ

**おいかぜ【追い風】** 名 進《すす》む方向《ほうこう》の後《うし》ろからふいてくる風《かぜ》。例 追い風に乗《の》って進《すす》む。類 順風《じゅんぷう》。対 向《む》かい風《かぜ》。

**おいかんむり** 名 漢字《かんじ》の部首《ぶしゅ》で、「かんむり」の一《ひと》つ。「老《ろう》」「者《しゃ》」などの「耂」の部分《ぶぶん》。おいがしら。

**おいごえ【追い肥】** 名 作物《さくもつ》が育《そだ》つ途中《とちゅう》で与《あた》える肥料《ひりょう》。追肥《ついひ》。

**おいこす【追い越す】** 動 ⬇おいぬく142ページ

**おいこみ【追い込み】** 名 最後《さいご》の段階《だんかい》で、全力《ぜんりょく》を出《だ》してがんばること。ラストスパー





世界の国 サントメ・プリンシペ アフリカ、ギニア湾《わん》のサントメ島《とう》、プリンシペ島《とう》を中心《ちゅうしん》とする小《ちい》さな国《くに》。沖縄島《おきなわじま》よ

ト。例 祭《まつ》りの準備《じゅんび》に追い込みをかける。

**おいこむ【追い込む】** 動 ❶追《お》いたてて、ある場所《ばしょ》の中《なか》に入《い》れる。例 ニワトリを小屋《こや》に追い込む。❷相手《あいて》を苦《くる》しい立場《たちば》に立《た》たせる。例 ピンチに追い込む。❸終《お》わりの段階《だんかい》で、最後《さいご》の努力《どりょく》をする。

**おいさき【老い先】** 名 年《とし》をとった人《ひと》の、これから先《さき》に残《のこ》されている年月《ねんげつ》。

**°おいしい** 形 ❶味《あじ》がいい。「うまい」よりも、少《すこ》し丁寧《ていねい》な言《い》い方《かた》。例 ごちそうをおいしくいただく。❷自分《じぶん》にとって都合《つごう》のいい。例 おいしい話《はなし》。類（❶・❷）うまい。対（❶・❷）まずい。

**おいしげる【生△い茂る】** 動 草《くさ》や木《き》が、葉《は》や枝《えだ》をすき間《ま》のないほどのばす。例 庭《にわ》に雑草《ざっそう》が生い茂る。

**おいすがる【追いすがる】** 動 追《お》いかけて行《い》き、しがみつく。

**おいそれと** 副 すぐに。簡単《かんたん》に。例 そんなだいじなことは、おいそれとは引《ひ》き受《う》けられない。注意 あとに「ない」などの打《う》ち消《け》しの言葉《ことば》がくる。

**おいだす【追い出す】** 動 追《お》いたてて外《そと》に出《だ》す。例 のらねこを追い出す。

**°おいたち【生△い立ち】** 名 成長《せいちょう》するまでのようす。例 生い立ちを語《かた》る。

**おいたてる【追い立てる】** 動 ❶その場《ば》所《しょ》から無理《むり》にどかせる。例 犬《いぬ》を追い立てる。❷急《いそ》がせる。例 仕事《しごと》に追い立てる。

**おいつおわれつ【追いつ追われつ】** 追《お》ったり追《お》われたり。例 追いつ追われつの大接戦《だいせっせん》。

**おいつく【追い付く】** 動 追《お》いかけて行《い》って横《よこ》に並《なら》ぶ。先《さき》に行《い》っているものといっしょになる。例 早足《はやあし》で追いつく。

**おいつめる【追い詰める】** 動 ❶追《お》っていって、にげられなくする。例 犯人《はんにん》を追い詰める。❷ひどく困《こま》らせる。例 質問《しつもん》して追い詰める。

**°おいて** 一〔「…において」の形《かたち》で〕❶…で。…という場所《ばしょ》で。例 入学式《にゅうがくしき》は体育館《たいいくかん》において行《おこな》う。❷…について。…に関《かん》して。例 深《ふか》さにおいては日本一《にっぽんいち》の湖《みずうみ》。二〔「…をおいて」の形《かたち》で〕…の他《ほか》に。例 君《きみ》をおいて、他《ほか》にいい人《ひと》がいない。

**°おいで** 一 名「行《い》くこと」「来《く》ること」「いること」を敬《うやま》っていう言葉《ことば》。例 会場《かいじょう》までおいでになる。お客様《きゃくさま》がおいでになった。家《いえ》においでですか。二〔「おいでなさい」の略《りゃく》。〕いらっしゃい。例 こっちへおいで。

**おいてきぼり【置いてきぼり】** 名 人《ひと》を置《お》き去《ざ》りにすること。おいてけぼり。置《お》き去《ざ》り。例 置いてきぼりをくう〔=置《お》いていかれる〕。

**おいてはこにしたがえ【老いては子に従え】** 年《とし》をとったら、何事《なにごと》も子《こ》どもにまかせてしたがいなさい、ということわざ。

**おいとま** 名 動-する「（別《わか》れる・帰《かえ》るの意味《いみ》の）いとま」の丁寧《ていねい》な言《い》い方《かた》。人《ひと》の家《いえ》などから去《さ》ること。例 おいとまします。

**おいぬく【追い抜く】** 動 ❶追《お》いついて、それより先《さき》に出《て》る。追《お》いこす。例 先頭《せんとう》ランナーを追い抜く。❷相手《あいて》よりもまさってくる。追《お》いこす。例 実力《じつりょく》では彼《かれ》を追い抜いた。

**おいはぎ【追い剥ぎ】** 名 道《みち》を行《い》く人《ひと》をおどかして、お金《かね》や衣服《いふく》などをうばい取《と》ること。また、その人《ひと》。〔古《ふる》い言《い》い方《かた》。〕

**おいばね【追い羽根】** 名 ⇩はねつき 290ページ

**おいはらう【追い払う】** 動 追《お》って遠《とお》ざける。おっぱらう。例 ハエを追い払う。

**おいぼれる【老いぼれる】** 動 年《とし》をとって、体《からだ》や頭《あたま》のはたらきがにぶくなる。

**おいまわす【追い回す】** 動 ❶あちらこちらと追《お》いかける。例 チョウを追い回す。❷休《やす》みなくはたらかせる。例 仕事《しごと》に追い回される。

**おいめ【負い目】** 名 世話《せわ》になったり迷惑《めいわく》をかけたりしたことを、負担《ふたん》に思《おも》う気持《きも》ち。例 彼《かれ》には、助《たす》けてもらった負い目がある。

**おいもとめる【追い求める】** 動 ❶追《お》いかけてさがす。例 犯人《はんにん》を追い求める。❷手《て》に入《い》れるまで求《もと》め続《つづ》ける。例 成功《せいこう》を追い求める。類 追求《ついきゅう》する。

**おいやる【追いやる】** 動 ❶追《お》い立《た》てて、その場《ば》を去《さ》らせる。例 国《くに》の外《そと》へ追いやる。❷望《のぞ》まない状態《じょうたい》にさせてしまう。例 大臣《だいじん》を

口約《こうやく》1,890万人《まんにん》。略称《りゃくしょう》ZAM。

辞任《じにん》に追いやる。

**おいる【老いる】** 動 年《とし》をとる。例 年《とし》老いた人《ひと》。⇩ろう【老】1410ページ

**オイル**〔英語 oil〕名 ❶食用《しょくよう》の油《あぶら》。例 サラダオイル。❷石油《せきゆ》。例 オイルタンク。❸自動《じどう》車《しゃ》など、機械《きかい》にさす油《あぶら》。

**おいわけ【追分】** 名 ❶街道《かいどう》が二《ふた》つに分《わ》かれる所《ところ》。❷民謡《みんよう》の一《ひと》つ、追分節《おいわけぶし》のこと。

**おう【王】** 画数 4 部首 王(おう) 1年
音 オウ 訓 ―
筆順 一 丅 干 王
❶国《くに》の君主《くんしゅ》。熟語 国王《こくおう》。女王《じょおう》。親王《しんのう》。❷第一《だいいち》番《ばん》の人《ひと》。熟語 王者《おうじゃ》。新人王《しんじんおう》。❸将棋《しょうぎ》の王将《おうしょう》。熟語 王手《おうて》。参考「親王《しんのう》」のように「のう」と読《よ》むこともある。

**おう【王】** 名 ❶国《くに》を治《おさ》める最高《さいこう》の位《くらい》の人《ひと》。おうさま。例 王の命令《めいれい》。❷いちばんすぐれて、力《ちから》のあるもの。例 ライオンは百獣《ひゃくじゅう》の王だ。❸将棋《しょうぎ》のこまの一《ひと》つ。王将《おうしょう》。例 王を取《と》る。

**おう【央】** 画数 5 部首 大(だい) 3年
音 オウ 訓 ―
筆順 丨 冂 口 央 央
真《ま》ん中《なか》。熟語 中央《ちゅうおう》。

**おう【応】** 画数 7 部首 心(こころ) 5年
音 オウ 訓 こた-える
筆順 丶 亠 广 応 応 応 応
❶受《う》け止《と》めて、こたえる。熟語 応答《おうとう》。応対《おうたい》。反応《はんのう》。❷ふさわしいと認《みと》める。熟語 応用《おうよう》。相《そう》応《おう》。参考「反応《はんのう》」のように「のう」と読《よ》むこともある。⇩おうじる145ページ
《訓の使い方》**こた-える** 例 期待《きたい》に応える。

**おう【応】** 名 承知《しょうち》すること。例 いやも応もなく係《かかり》にさせられた。

**おう【往】** 画数 8 部首 彳(ぎょうにんべん) 5年
音 オウ 訓 ―
筆順 ノ 彡 彳 彳 往 往 往 往
❶行《い》く。出《で》かける。熟語 往診《おうしん》。往復《おうふく》。往来《おうらい》。対 復《ふく》。来《らい》。❷昔《むかし》。過《す》ぎたこと。熟語 往時《おうじ》。往《おう》年《ねん》。❸ときどき。熟語 往々《おうおう》。

**おう【桜】** 画数 10 部首 木(きへん) 5年
音 オ^ウ 訓 さくら
筆順 一 十 木 木 杪 桜 桜 桜
さくら。熟語 桜花《おうか》〔=サクラの花《はな》〕。桜桃《おうとう》〔=サクランボ〕。観桜《かんおう》〔=花見《はなみ》〕。葉桜《はざくら》。八《や》重《え》桜《ざくら》〔=八《や》重《え》咲《ざ》きのサクラ〕。

**おう【横】** 画数 15 部首 木(きへん) 3年
音 オウ 訓 よこ
筆順 木 朾 栟 構 横 横 横 横
❶よこ。熟語 横断《おうだん》。縦横《じゅうおう》。横軸《よこじく》。対 縦《じゅう》。❷かって気《き》まま。熟語 横行《おうこう》。横着《おうちゃく》。横柄《おうへい》。❸正《ただ》しくないこと。熟語 横領《おうりょう》。例 横流《よこなが》し。

**おう【凹】** 画数 5 部首 凵(うけばこ)
音 オウ 訓 ―
真《ま》ん中《なか》が低《ひく》くなった形《かたち》。くぼみ。熟語 凹凸《おうとつ》。凹面鏡《おうめんきょう》。対 凸《とつ》。

**おう【押】** 画数 8 部首 扌(てへん)
音 オウ 訓 お-す お-さえる
おす。おさえつける。熟語 押印《おういん》〔=はんこを押《お》す〕。押収《おうしゅう》。例 傷口《きずぐち》を押《お》さえる。

**おう【旺】** 画数 8 部首 日(ひへん)
音 オウ 訓 ―
さかんである。熟語 旺盛《おうせい》。

**おう【欧】** 画数 8 部首 欠(あくび)
音 オウ 訓 ―
ヨーロッパのこと。熟語 欧州《おうしゅう》。欧米《おうべい》。西欧《せいおう》。参考 漢字《かんじ》で「欧羅巴《ヨーロッパ》」と書《か》いたことから。

**おう【殴】** 画数 8 部首 殳(るまた)
音 オウ 訓 なぐ-る
なぐる。打《う》つ。たたく。熟語 殴打《おうだ》〔=なぐる〕。例 いきなり殴《なぐ》られた。




世界の国 ザンビア アフリカ南部《なんぶ》の国《くに》。日本《にっぽん》の倍《ばい》の面積《めんせき》。銅《どう》の大産地《だいさんち》で、ほかにコバルトも産出《さんしゅつ》する。首都《しゅと》ルサカ。人《じん》

**おう【翁】** 画数 10 部首 羽（はね）
音 オウ 訓 ―
年《とし》とった男《おとこ》の人《ひと》。熟語 老翁《ろうおう》。

**おう【翁】** 名 年《とし》とった男《おとこ》の人《ひと》。おきな。また、その人《ひと》を敬《うやま》って言《い》う言葉《ことば》。例 翁の生涯《しょうがい》をたどる。

**おう【奥】** 画数 12 部首 大（だい）
音 オウ 訓 おく
❶おくの方《ほう》。熟語 奥地《おくち》。例 山《やま》の奥《おく》。❷内《うち》にかくれたところ。熟語 奥義《おうぎ》・奥義《おくぎ》。

**おう【皇】** 熟語 皇子《おうじ》。天皇《てんのう》。法皇《ほうおう》。参考「天《てん》皇《のう》」のように「のう」と読《よ》むこともある。⇩こう【皇】425ページ

**おう【黄】** 熟語 黄金《おうごん》。黄熱病《おうねつびょう》。卵黄《らんおう》。⇩こう【黄】425ページ

**おう【生う】** 動 草《くさ》や木《き》が生《は》える。生長《せいちょう》する。〔古《ふる》い言《い》い方《かた》。〕⇩せい【生】697ページ

**°おう【追う】** 動 ❶先《さき》に進《すす》む人《ひと》や物《もの》の所《ところ》へ、行《い》き着《つ》こうとする。例 前《まえ》の車《くるま》を追う。流行《りゅうこう》を追う。❷無理《むり》に他《ほか》の場所《ばしょ》へ行《い》かせる。例 ハエを追う。❸順序《じゅんじょ》に従《したが》って進《すす》む。例 順《じゅん》を追って説明《せつめい》する。⇩つい【追】847ページ

**°おう【負う】** 動 ❶背中《せなか》にのせる。背負《せお》う。例 荷物《にもつ》を負う。❷引《ひ》き受《う》ける。例 責任《せきにん》を負う。❸（傷《きず》などを）受《う》ける。例 やけどを負う。❹おかげを受《う》ける。例 勝《か》てたのは、みんなの応援《おうえん》に負うところが多《おお》い。⇩ふ【負】1122ページ

**おうい【王位】** 名 王《おう》の位《くらい》。類 王座《おうざ》。例 王位《おうい》をつぐ。

**おううさんみゃく〔奥羽山脈〕** 地名 東北《とうほく》地方《ちほう》の真《ま》ん中《なか》にある、南北《なんぼく》に長《なが》い山脈《さんみゃく》。蔵王山《ざおうざん》など、多《おお》くの火山《かざん》がある。

**°おうえん【応援】** 名 動する ❶味方《みかた》をはげますこと。例 味方《みかた》を応援する。❷力《ちから》をかして助《たす》けること。例 事業《じぎょう》を応援する。

**おうえんだん【応援団】** 名 応援《おうえん》する人々《ひとびと》の集《あつ》まり。

**おうおう【往往】** 副 〔「往々《おうおう》にして…」の形《かたち》で〕よくあるようす。しばしば。例 あわてると往々にして失敗《しっぱい》する。

**おうかがい【お伺い】** 名 動する 「伺《うかが》い」「伺《うかが》う」の丁寧《ていねい》な言《い》い方《かた》。例 先生《せんせい》の家《いえ》にお伺いする。お伺いを立《た》てる。

**おうかくまく【横隔膜】** 名 胸《むね》と腹《はら》の境《さかい》にある筋肉《きんにく》の膜《まく》。肺《はい》の呼吸《こきゅう》を助《たす》ける。けいれんすると、しゃっくりが起《お》こる。⇩ないぞう（内臓）959ページ

**おうかん【王冠】** 名 ❶王様《おうさま》のかぶるかんむり。❷びんの口金《くちがね》。〔「❶」に形《かたち》が似《に》ていることから。〕例 ビールびんの王冠。

**おうぎ【扇】** 名 ⇩せんす 733ページ／⇩せん【扇】727ページ

**おうぎ【奥義】** 名 学問《がくもん》や芸術《げいじゅつ》などで、いちばんだいじなことがら。「おくぎ」ともいう。例 奥義をきわめる。

**おうぎがた【扇形】** 名 〔「せんけい」ともいう。〕❶扇子《せんす》を開《ひら》いた形《かたち》。❷〔算《さん》数《すう》で〕円《えん》を二本《にほん》の半径《はんけい》で切《き》り取《と》った形《かたち》。中心角《ちゅうしんかく》が一八〇度《ど》の扇形《おうぎがた》を「半円《はんえん》」ともいう。

〔おうぎがた〕

**おうきゅう【王宮】** 名 王《おう》の住《す》む御殿《ごてん》。

**おうきゅう【応急】** 名 急《きゅう》な出来事《できごと》に対《たい》して、とりあえず間《ま》に合《あ》わせること。例 応急処《しょ》置《ち》をほどこす。

**おうきゅうてあて【応急手当て】** 名 急病《きゅうびょう》人《にん》やけが人《にん》を病院《びょういん》へ連《つ》れていく前《まえ》に、とりあえずその場《ば》でしておく手当《てあ》て。

**おうこう【横行】** 名 動する よくないものが、勝手気《かってき》ままにのさばっていること。例 心《こころ》ないいたずらが横行する。

**おうこく【王国】** 名 ❶王《おう》や女王《じょおう》の治《おさ》めている国《くに》。❷（あるものごとが）たいへん栄《さか》えている所《ところ》。例 野生動物《やせいどうぶつ》の王国。

**おうごん【黄金】** 名 ❶きん。こがね。例 黄金のかんむり。❷金貨《きんか》。お金《かね》。❸たいへん価《か》値《ち》があること。例 黄金の右腕《みぎうで》。

■**おうごんじだい【黄金時代】** 名 いちばん栄《さか》えている時期《じき》。

**おうごんひ【黄金比】** 名 一対《たい》一・六一八の比率《ひりつ》のこと。縦《たて》・横《よこ》がこの比《ひ》になった長方形《ちょうほうけい》が、いちばん美《うつく》しくてつり合《あ》いがとれているとされ、名刺《めいし》・カードなど、多《おお》くの形《かたち》に利用《りよう》されている。黄金分割《おうごんぶんかつ》。

**おうざ【王座】** 名 ❶王《おう》の席《せき》。玉座《ぎょくざ》。王《おう》の位《くらい》。❷いちばん上《うえ》の地位《ちい》。例 王座につく。

切手《きって》収入《しゅうにゅう》が国《くに》の主《おも》な財源《ざいげん》。首都《しゅと》サンマリノ。人口約《じんこうやく》33,000人。略称《りゃくしょう》SMR。

**おうさま**【王様】名 ❶国王《こくおう》を敬《うやま》っていう言葉《ことば》。❷その中《なか》で、いちばん値打《ねう》ちのあるもの。例果物《くだもの》の王様。

**おうじ**【王子】名 王《おう》の息子《むすこ》。対王女《おうじょ》。

**おうじ**【往事】名 過《す》ぎ去《さ》ったむかし。例往事の姿《すがた》がしのばれる。

**おうじ**【皇子】名 天皇《てんのう》の息子《むすこ》。対皇女《おうじょ》・皇女《こうじょ》。

**おうしつ**【王室】名 王《おう》や女王《じょおう》の一家《いっか》。

**おうじゃ**【王者】名 ❶王《おう》である人《ひと》。国王《こくおう》。❷その中《なか》で、いちばん強《つよ》い力《ちから》を持《も》っているもの。例サッカーの王者。

**おうしゅう**【応酬】名動-する 意見《いけん》や議論《ぎろん》のやり取《と》りをすること。やり返《かえ》すこと。例負《ま》けずに応酬する。

**おうしゅう**【押収】名動-する 裁判所《さいばんしょ》などが、証拠《しょうこ》となる物《もの》を取《と》り上《あ》げること。例証《しょう》拠品《こひん》を押収する。

**おうしゅう**〖欧州〗地名 ↓ヨーロッパ 1355ページ

**おうしゅうかいどう**【奥州街道】名 江戸《えど》時代《じだい》の五街道《ごかいどう》の一《ひと》つ。江戸《えど》(=東京《とうきょう》)と白河《しらかわ》(=福島県《ふくしまけん》の南部《なんぶ》)を結《むす》ぶ。江戸《えど》から宇都宮《うつのみや》までは、日光街道《にっこうかいどう》を通《とお》る。なお、時代《じだい》により陸奥《むつ》(=青森《あおもり》)までをいうこともあった。↓ごかいどう 451ページ

**おうじょ**【王女】名 王《おう》の娘《むすめ》。対王子《おうじ》。

**おうじょ**【皇女】名 天皇《てんのう》の娘《むすめ》。「こうじょ」ともいう。対皇子《おうじ》。

**おうしょう**【応召】名動-する 呼《よ》び出《だ》しに応《おう》じること。特《とく》に、呼《よ》び出《だ》しに応《おう》じて軍隊《ぐんたい》にはいること。

**おうじょう**【往生】名動-する ❶仏教《ぶっきょう》で、死《し》んでから、極楽《ごくらく》で生《う》まれ変《か》わること。❷死《し》ぬこと。例りっぱな往生をとげる。❸どうしようもなくて、困《こま》ること。例わがままを言《い》われて往生した。❹あきらめること。例追《お》いつめられて、ついに往生した。

**おうじょうぎわ**【往生際】名 死《し》にぎわ。

**往生際《おうじょうぎわ》が悪《わる》い** あきらめが悪《わる》い。思《おも》い切《き》りが悪《わる》い。例いつまでもぐずぐず言《い》って、往生際が悪い。

**おうじる**【応じる】動〔「応《おう》ずる」ともいう。〕❶答《こた》える。例注文《ちゅうもん》に応じる。❷従《したが》う。例お招《まね》きに応じる。❸うまく合《あ》うようにする。ふさわしい。例季節《きせつ》に応じる。

**おうしん**【往信】名 返事《へんじ》を求《もと》めて出《だ》す手紙《てがみ》。対返信《へんしん》。

**おうしん**【往診】名動-する 医者《いしゃ》が、病人《びょうにん》の家《いえ》に診察《しんさつ》に行《い》くこと。

**おうずる**【応ずる】動 ↓おうじる 145ページ

**おうせい**【旺盛】名形動 勢《いきお》いや元気《げんき》のよいようす。例食欲《しょくよく》が旺盛な人《ひと》。

**おうせいふっこ**【王政復古】名 武士《ぶし》や市民《しみん》などの政治《せいじ》から、再《ふたた》び王《おう》の政治《せいじ》にもどすこと。日本《にっぽん》では、明治維新《めいじいしん》で徳川幕府《とくがわばくふ》がたおれて、天皇《てんのう》に政治《せいじ》を返《かえ》したことを指《さ》す。

**おうせつ**【応接】名動-する 客《きゃく》の相手《あいて》をすること。例応接室《しつ》。類応対《おうたい》。

**おうせつま**【応接間】名 客《きゃく》をもてなすための部屋《へや》。

**おうせん**【応戦】名動-する 相手《あいて》になって、戦《たたか》うこと。

**おうたい**【応対】名動-する 相手《あいて》になって、受《う》け答《こた》えをすること。例あの店員《てんいん》は、客《きゃく》の応対が親切《しんせつ》だ。類応接《おうせつ》。

**おうたい**【横隊】名 横《よこ》に列《れつ》をつくる隊形《たいけい》。対縦隊《じゅうたい》。

**おうたこにおしえられる**【負うた子に教えられる】〔おぶった子《こ》に親《おや》が教《おし》えられるということから〕未熟《みじゅく》な者《もの》に教《おし》えられることがある。参考「負《お》うた子《こ》に教《おし》えられて浅瀬《あさせ》を渡《わた》る」ということわざから。

**おうだん**【横断】名動-する ❶横《よこ》に切《き》ること。例横断面《めん》。対縦断《じゅうだん》。❷横切《よこぎ》ること。例道路《どうろ》を横断する。❸東西《とうざい》の方向《ほうこう》に通《とお》りぬけること。例九州《きゅうしゅう》を横断する道路《どうろ》。対縦断《じゅうだん》。

**おうだんほどう**【横断歩道】名 歩《ある》く人《ひと》が安全《あんぜん》に車道《しゃどう》をわたれるように、道路《どうろ》にしるしをつけた場所《ばしょ》。

**おうちゃく**【横着】名動-する形動 ❶ずうずうしいようす。例横着な態度《たいど》。❷なまけること。例横着をして手伝《てつだ》わない。

**おうちょう**【王朝】名 ❶王《おう》や天皇《てんのう》が直接《ちょくせつ》国《くに》を治《おさ》めている時代《じだい》。日本《にっぽん》では奈良《なら》・平安時《へいあんじ》代《だい》をいう。❷同《おな》じ家系《かけい》に属《ぞく》する王《おう》の系列《けいれつ》。また、その家系《かけい》が国《くに》を治《おさ》めているとき。



世界の国 サンマリノ イタリア半島北東部《はんとうほくとうぶ》の小《ち》さな国《くに》。世界《せかい》で5番目《ばんめ》に小《ち》さく、八丈島《はちじょうじま》と同《おな》じくらいの大《おお》きさ。観光《かんこう》・

**おうて【王手】** 名 将棋《しょうぎ》で、相手《あいて》の王将《おうしょう》を追《お》いつめる手《て》。

**王手《おうて》をかける** あと少《すこ》しで勝《か》ちとなるところまで追《お》いつめる。例 優勝《ゆうしょう》に王手をかける。

**おうてん【横転】** 名 動-する 横《よこ》にたおれること。例 車《くるま》が横転した。

**おうと【嘔吐】** 名 動-する 食《た》べたものを口《くち》からはき出《だ》すこと。もどすこと。

**おうどいろ【黄土色】** 名 黄色《きいろ》みを帯《お》びた茶色《ちゃいろ》。

**おうとう【応答】** 名 動-する 聞《き》かれたことに、答《こた》えること。例 質疑《しつぎ》応答。

**おうどう【王道】** 名 ❶ものごとが進《すす》んでいくべき正当《せいとう》な道《みち》。例 歴史研究《れきしけんきゅう》の王道を行《い》く。❷楽《らく》なやり方《かた》。例 学問《がくもん》に王道なし。

**おうとつ【凹凸】** 名 表面《ひょうめん》が平《たい》らでないこと。でこぼこ。例 凹凸が激《はげ》しい道《みち》。

**おうな【媼】** 名 おばあさん。対 翁《おきな》。

**おうにんのらん【応仁の乱】** 名 室町時《むろまちじ》代《だい》の中《なか》ごろ、将軍《しょうぐん》の足利義政《あしかがよしまさ》のあとつぎ問《もん》題《だい》などをめぐって起《お》こった戦《たたか》い。一四六七年《ねん》から十一年間続《じゅういちねんかんつづ》いた。

**おうねつびょう【黄熱病】** 名 熱帯地方《ねったいちほう》に多《おお》い感染症《かんせんしょう》。高《たか》い熱《ねつ》が出《で》て死《し》ぬことが多《おお》い。こうねつびょう。参考 野口英世《のぐちひでよ》は、この病気《びょうき》の研究中《けんきゅうちゅう》に自分《じぶん》がこの病気《びょうき》にかかってなくなった。

**おうねん【往年】** 名 過《す》ぎ去《さ》った年《とし》。昔《むかし》。例 往年の名選手《めいせんしゅ》。

**おうひ【王妃】** 名 王《おう》の妻《つま》。きさき。

**◦おうふく【往復】** 名 動-する ❶行《い》ったり来《き》たりすること。行《い》きと帰《かえ》り。例 一時間《いちじかん》で往復する。類 往来《おうらい》。対 片道《かたみち》。❷やり取《と》り。例 手《て》紙《がみ》の往復が続《つづ》く。

**おうふくはがき【往復葉書】** 名 用事《ようじ》を書《か》く「往信《おうしん》」と、返事《へんじ》を書《か》いて送《おく》り返《かえ》してもらう「返信《へんしん》」のはがきが、ひと続《つづ》きになっている郵便《ゆうびん》はがき。

**おうぶん【欧文】** 名 欧米《おうべい》で使《つか》われている言《こと》葉《ば》で書《か》かれた文章《ぶんしょう》。また、それに使《つか》われる文《も》字《じ》。特《とく》に、ローマ字《じ》。

**おうへい【横柄】** 形動 いばって、人《ひと》を見下《みくだ》すようす。例 横柄な口《くち》をきく。

**おうべい【欧米】** 名 ヨーロッパとアメリカ。

**おうぼ【応募】** 名 動-する 人《ひと》や作品《さくひん》などを、募《ぼ》集《しゅう》しているところに申《もう》しこむこと。例 コンクールに応募する。対 募集《ぼしゅう》。

**おうぼう【横暴】** 名 形動 わがままで乱暴《らんぼう》なこと。例 横暴なふるまい。

**おうぼしゃ【応募者】** 名 募集《ぼしゅう》に応《おう》じて申《もう》しこむ人《ひと》。

**おうまがとき【逢魔が時】** 名 夕方《ゆうがた》のうす暗《ぐら》くなったころ。夕暮《ゆうぐ》れ。たそがれ。

**おうみ〘近江〙** 地名 昔《むかし》の国《くに》の名《な》の一《ひと》つ。今《いま》の滋賀県《しがけん》にあたる。

**おうみぼんち〘近江盆地〙** 地名 滋賀県《しがけん》にある盆地《ぼんち》。中央《ちゅうおう》に琵琶湖《びわこ》がある。

**おうむ** 名 熱帯《ねったい》の森林《しんりん》にすむ鳥《とり》。インコと区《く》別《べつ》しにくいが、ふつう尾《お》が短《みじか》い。くちばしは太《ふと》くて下《した》に曲《ま》がっている。人《ひと》の言葉《ことば》をうまくまねるものが多《おお》い。

**おうむがえし【おうむ返し】** 名 〔オウムが人《ひと》の言葉《ことば》を物《もの》まねするように〕人《ひと》の言《い》うことを、そのままくり返《かえ》すこと。例 話《はな》しかけてもおうむ返しの返事《へんじ》ばかりだ。

**おうめんきょう【凹面鏡】** 名 真《ま》ん中《なか》がくぼんでいる鏡《かがみ》。光《ひかり》を集《あつ》める性質《せいしつ》があり、ヘッドライトなどに使《つか》われる。対 凸面鏡《とつめんきょう》。

**◦おうよう【応用】** 名 動-する 考《かんが》え方《かた》や法則《ほうそく》などを、実際《じっさい》のものごとに当《あ》てはめて使《つか》うこと。例 応用問題《もんだい》。

**おうよう** 形動 ゆったりとして落《お》ち着《つ》いているようす。例 おうような人《ひと》がら。

**おうらい【往来】** 名 動-する ❶行《い》き来《き》すること。例 車《くるま》の往来。類 往復《おうふく》。❷通《とお》り道《みち》。道路《どうろ》。例 往来で遊《あそ》ぶな。

**おうりょう【横領】** 名 動-する 人《ひと》のお金《かね》や物《もの》を、勝手《かって》に自分《じぶん》のものにすること。例 会社《かいしゃ》のお金《かね》を横領する。

**おうれつ【横列】** 名 横《よこ》にならぶこと。また、横《よこ》にならんだ列《れつ》。対 縦列《じゅうれつ》。

**おうレンズ【凹レンズ】** 名 真《ま》ん中《なか》が、ふちよりもうすくへこんだレンズ。近視用《きんしよう》のめがねなどに使《つか》われる。対 凸《とつ》レンズ。↓レンズ
1408ページ

金《きん》なども産《さん》する。首都《しゅと》フリータウン。人口約《じんこうやく》814万人《まんにん》。略称《りゃくしょう》SLE。

**おうろ【往路】**名 行《い》きに通《とお》る道《みち》。例 往路はバスで行《い》く。対 復路《ふくろ》。帰路《きろ》。

**おえつ【嗚咽】**名 動する 声《こえ》をつまらせて泣《な》くこと。例 会場《かいじょう》から嗚咽の声《こえ》がもれる。類 むせび泣《な》き。

**°おえる【終える】**動 ❶続《つづ》けていたことを、おしまいにする。すませる。例 仕事《しごと》を終える。❷〔ある言葉《ことば》のあとにつけて〕し終《お》わる。例 書《か》き終える。作《つく》り終える。対 (❶・❷)始《はじ》める。↓しゅう【終】592ページ

**オー【O・o】**名 血液型《けつえきがた》の一《ひと》つ。例 O型《がた》。

**おお【大】**〔ある言葉《ことば》の前《まえ》につけて〕❶「大《おお》きい」「多《おお》い」「広《ひろ》い」などの意味《いみ》を表《あらわ》す。例 大通《どお》り。大人数《にんずう》。❷程度《ていど》がはなはだしい。非《ひ》常《じょう》に。例 大急《いそ》ぎ。❸年齢《ねんれい》や位《くらい》が高《たか》いこと。例 大だんな。↓だい【大】769ページ

**おおあじ【大味】**名 形動 ❶食《た》べ物《もの》の味《あじ》に、こまやかなうまみがないこと。例 大味なカレー。❷大《おお》ざっぱで、おもしろみがないこと。例 試合《しあい》はこびが大味だ。

**おおあな【大穴】**名 ❶大《おお》きな穴《あな》。例 会計《かいけい》に大穴をあける。❷お金《かね》の大《おお》きな損害《そんがい》。例 会計《かいけい》に大穴をあける。❸〔競《けい》馬《ば》などの〕番《ばん》くるわせ。

**おおあめ【大雨】**名 激《はげ》しくたくさん降《ふ》る雨《あめ》。豪雨《ごうう》。対 小雨《こさめ》。

**°おおい【多い】**形 〔数《かず》や分量《ぶんりょう》が〕たくさんある。例 生徒《せいと》が多い。雨《あめ》の日《ひ》が多い。対 少《すく》ない。↓た【多】766ページ

**おおい【覆い】**名 かぶせたり、包《つつ》んだりするもの。カバー。例 覆いをかける。

**オーイーシーディー【OECD】**名 〔「経済協力開発機構《けいざいきょうりょくかいはつきこう》」という意味《いみ》の英語《えいご》の頭《かしら》文字《もじ》。〕先進国《せんしんこく》が中心《ちゅうしん》となって、経済《けいざい》の発《はっ》展《てん》や開発途上国《かいはつとじょうこく》への援助《えんじょ》などの活動《かつどう》をするしくみ。

**おおいがわ【大井川】**地名 赤石山脈《あかいしさんみゃく》から流《なが》れ出《で》て、静岡県《しずおかけん》の中部《ちゅうぶ》で太平洋《たいへいよう》に注《そそ》ぐ川《かわ》。

**おおいたけん【大分県】**地名 九州《きゅうしゅう》の北《ほく》東部《とうぶ》にある県《けん》。県庁《けんちょう》は大分市《おおいたし》にある。

**オーいちごなな【O-157】**名 食中《しょくちゅう》毒《どく》の原因《げんいん》となるばい菌《きん》。大腸菌《だいちょうきん》の一《ひと》つ。人《ひと》の体《からだ》に入《はい》ると、はげしい下痢《げり》や腹痛《ふくつう》を引《ひ》き起《お》こす。

**おおいちばん【大一番】**名 〔すもうなどで〕優勝《ゆうしょう》を決《き》めるような、だいじな勝負《しょうぶ》。

**おおいに【大いに】**副 うんと。非《ひ》常《じょう》に。例 大いに楽《たの》しむ。↓だい【大】769ページ

**おおいぬざ【大犬座】**名 冬《ふゆ》から春《はる》にかけて南《みなみ》の空《そら》に見《み》える星座《せいざ》。オリオン座《ざ》の左下《ひだりした》にある。恒星《こうせい》の中《なか》でもっとも明《あか》るく見《み》えるシリウスがある。

**おおいり【大入り】**名 劇場《げきじょう》などに、客《きゃく》が大勢《おおぜい》入《はい》ること。例 大入り満員《まんいん》。

**°おおう【覆う】**動 ❶上《うえ》にかぶせる。例 テーブルを布《ぬの》で覆う。❷包《つつ》みかくす。例 地面《じめん》が雪《ゆき》で覆われる。❸広《ひろ》がって、いっぱいになる。例 会場《かいじょう》を覆う熱気《ねっき》。↓ふく【覆】1134ページ

**おおうつし【大写し】**名 映画《えいが》などで、人《ひと》の顔《かお》や物《もの》の一部《いちぶ》を画面《がめん》いっぱいに、大《おお》きく写《うつ》すこと。クローズアップ。

**おおうなばら【大海原】**名 果《は》てしなく広《ひろ》がった海《うみ》。例 大海原を航海《こうかい》する。

**オーエー【OA】**名 〔英語《えいご》の「オフィス・オートメーション」の頭《かしら》文字《もじ》。〕コンピューターなどを使《つか》い、仕事《しごと》を効率化《こうりつか》すること。

**オーエッチピー【OHP】**名 〔英語《えいご》の「オーバーヘッドプロジェクター」の頭《かしら》文《も》字《じ》。〕シートにかかれた文字《もじ》や図表《ずひょう》を拡大《かくだい》してスクリーンに映《うつ》す仕《し》かけ。

**オーエル【OL】**名 〔日本《にっぽん》でできた英語《えいご》ふうの言葉《ことば》。〕会社《かいしゃ》に勤《つと》める女性《じょせい》。

**おおおじ【大伯父・大叔父】**名 自《じ》分《ぶん》の両親《りょうしん》のおじ。

**おおおば【大伯母・大叔母】**名 自《じ》分《ぶん》の両親《りょうしん》のおば。

例解 ことばの窓

**多《おお》い の意味《いみ》で**

賛成《さんせい》の人《ひと》が多数《たすう》いる。
会場《かいじょう》から大量《たいりょう》のごみが出《で》る。
ガスが多量《たりょう》にもれる。
地下《ちか》に豊富《ほうふ》な資源《しげん》がある。
工事《こうじ》に莫大《ばくだい》な費用《ひよう》がかかる。
大雨《おおあめ》による甚大《じんだい》な損害《そんがい》。
多大《ただい》な援助《えんじょ》を受《う》ける。
国《くに》の膨大《ぼうだい》な予算《よさん》。

あいうえ お かきくけこ さしすせそ たちつてと なにぬねの はひふへほ まみむめも やゆよ らりるれろ わをん



世界の国 シエラレオネ 西《にし》アフリカ、大西洋《たいせいよう》に面《めん》する国《くに》。農業《のうぎょう》がさかんで、コーヒーやヤシ油《ゆ》がとれるほか、ダイヤ・

✤**おおがい** 名 漢字《かんじ》の部首《ぶしゅ》で、「つくり」の一《ひと》つ。「顔《がん》」「頭《とう》」などの「頁」の部分《ぶぶん》。

**おおがかり【大掛かり】** 名 形動 多《おお》くの人《ひと》手《て》や費用《ひよう》をかけていること。仕組《しく》みの大《おお》きいこと。例 大がかりな工事《こうじ》。

**おおかた【大方】** 一 名 多《おお》くの人《ひと》たち。例 大方は賛成《さんせい》する。二 副 ❶だいたい。ほとんど。例 おおかたできた。❷おそらく。たぶん。例 おおかた遊《あそ》んでいるのだろう。参考 ふつう 二 は、かな書《が》きにする。

**おおがた【大形】** 名 形動 形《かたち》が大《おお》きいこと。また、大《おお》きい物《もの》。例 大形の鳥《とり》。対 小形《こがた》。

**おおがた【大型】** 名 形動 種類《しゅるい》が同《おな》じものの中《なか》で、規模《きぼ》などが大《おお》きいこと。例 大型のバス。大型の台風《たいふう》。対 小型《こがた》。

**オーガニック**〔英語 organic〕名 有機農法《ゆうきのうほう》。また、それによってできた野菜《やさい》や、添加物《てんかぶつ》を入《い》れていない食品《しょくひん》などのこと。

**おおかみ【狼】** 名 ユーラシアや北《きた》アメリカ大陸《たいりく》の原野《げんや》にすむ動物《どうぶつ》。形《かたち》は犬《いぬ》のシェパードに似《に》ているが、性質《せいしつ》が荒《あら》く、家畜《かちく》や人《ひと》をおそうこともある。昔《むかし》は日本《にっぽん》にもすんでいた。

**おおがら【大柄】** 名 形動 ❶体《からだ》つきが、ふつうより大《おお》きいこと。例 大柄な人《ひと》。❷模様《もよう》がふつうより大《おお》きいこと。例 大柄の花模様《はなもよう》。対(❶・❷)小柄《こがら》。

**おおかれすくなかれ【多かれ少なかれ】** 多《おお》い少《すく》ないのちがいはあっても。どっちにしても。例 多かれ少なかれお金《かね》がかかる。

○**おおきい【大きい】** 形 ❶広《ひろ》さ・長《なが》さ・かさなどが、ふつうより上《うえ》だ。例 大きい庭《にわ》。荷物《にもつ》が大きい。背《せ》が大きい。❷数《かず》や程度《ていど》がはなはだしい。例 損害《そんがい》が大きい。❸年《とし》が上《うえ》である。例 大きいほうの姉《あね》。❹心《こころ》が広《ひろ》い。例 気《き》が大きい。例 態度《たいど》が大きい。❺いばっている。例 態度《たいど》が大きい。❻重要《じゅうよう》である。例 これは大きい問題《もんだい》だ。❼大《おお》げさだ。例 話《はなし》が大きい。対(❶〜❻)小《ちい》さい。⬇だい【大】769ページ

○**おおきな【大きな】** 連体 大《おお》きい。例 大きな山《やま》。対 小《ちい》さな。

**大《おお》きな顔《かお》をする** えらそうな顔《かお》をしていばる。例 大きな顔をして、演説《えんぜつ》をしている。

**大《おお》きな口《くち》をきく** えらそうなことを言《い》う。例 そんな大きな口をきくとあとで後悔《こうかい》するよ。参考「大口《おおぐち》をたたく」「大《おお》きな口《くち》をたたく」とも言《い》う。

**おおきに【大きに】** 一 副 大《おお》いに。ひじょうに。例 大きにめいわくだ。二 感 ありがとう。〔関西地方《かんさいちほう》の方言《ほうげん》。〕

**おおきめ【大きめ】** 名 形動 少《すこ》し大《おお》きいようす。例 大きめな靴《くつ》。

**おおぎょう【大仰】** 形動 わざとらしくて、大《おお》げさなようす。例 大仰な話《はな》し方《かた》。

**おおぎり【大喜利】** 名 芝居《しばい》や寄席《よせ》などで、その日《ひ》の最後《さいご》に演《えん》じる出《だ》し物《もの》。また、放送番組《ほうそうばんぐみ》として作《つく》った、なぞかけなどを何人《なんにん》かでやりとりする言葉遊《ことばあそ》び。

**例解 ことばの窓**
**大《おお》きい の意味《いみ》で**
見上《みあ》げるほど巨大《きょだい》な船《ふね》。
世界《せかい》で最大《さいだい》の建物《たてもの》。
特大《とくだい》のホームラン。
自然《しぜん》の雄大《ゆうだい》な景色《けしき》。
エベレストの壮大《そうだい》ながめ。
果《は》てしない広大《こうだい》な砂漠《さばく》。

**おおく【多く】** 一 名 たくさん。例 多くを語《かた》らない。二 副 たいてい。ふつう。例 なれた人《ひと》は多くここから始《はじ》める。

**オークション**〔英語 auction〕名 競《せ》り売《う》り。競売《きょうばい》。例 ネットオークション〔=インターネットを使《つか》ってする競売《きょうばい》〕。

**おおぐち【大口】** 名 ❶大《おお》きな口《くち》。❷お金《かね》や、物《もの》の数《かず》の多《おお》いこと。例 大口の注文《ちゅうもん》。対 小口《こぐち》。

**大口《おおぐち》をたたく** えらそうなことを言《い》う。例 負《ま》けたことなんかないと大口をたたく。

**おおくにぬしのみこと**『大国主命』人名(男) 古事記《こじき》に記《しる》された神話《しんわ》に出《で》てくる神《かみ》。出雲《いずも》の国《くに》(今《いま》の島根県《しまねけん》)を造《つく》ったとされ、出雲大社《いずもたいしゃ》にまつられている。

**おおくぼ としみち**『大久保利通』人名(男)(一八三〇〜一八七八)江戸時代《えどじだい》の末《すえ》から明治時代《めいじじだい》の初《はじ》めにかけての政治家《せいじか》。幕府《ばくふ》をたおし、明治維新《めいじいしん》をおし進《すす》めた。

牧畜《ぼくちく》もさかん。首都《しゅと》ジブチ。人口約《じんこうやく》100万人《まんにん》。略称《りゃくしょう》 DJI。

**おおぐまざ【大熊座】** 名 北《きた》の空《そら》に見《み》える星座《せいざ》。おもな星《ほし》は北斗七星《ほくとしちせい》。近《ちか》くに、小《こ》ぐま座《ざ》がある。おおくまざ。

**おおくま しげのぶ〘大隈重信〙** 人名 (男)(一八三八〜一九二二)明治《めいじ》・大正《たいしょう》時代《じだい》の政治家《せいじか》。政党《せいとう》を作《つく》り、総理大臣《そうりだいじん》を二《に》度《ど》務《つと》め、また早稲田大学《わせだだいがく》を作《つく》った。

**°オーケー【OK】** 一名 動-する 同意《どうい》や許可《きょか》のこと。例 父《ちち》のオーケーをとる。二感 よろしい。承知《しょうち》した。例「オーケー。わかった。」

**°おおげさ【大げさ】** 形動 実際《じっさい》よりたいへんなことのように、言《い》ったりしたりするようす。オーバー。例 大げさに言《い》う。

**オーケストラ** 〔英語 orchestra〕名 管楽器《かんがっき》・弦楽器《げんがっき》・打楽器《だがっき》など、多《おお》くの楽器《がっき》を使《つか》い、指揮者《しきしゃ》の合図《あいず》で演奏《えんそう》する音楽《おんがく》。管弦楽《かんげんがく》。また、その楽団《がくだん》。

**おおごえ【大声】** 名 大《おお》きな声《こえ》。例 大声をあげる。大声で指図《さしず》する。

**おおごしょ【大御所】** 名 その分野《ぶんや》で、高《たか》い地位《ちい》や大《おお》きな力《ちから》をもっている人《ひと》。例 漫才《まんざい》界《かい》の大御所。参考 もとは、隠居《いんきょ》した将軍《しょうぐん》のことをいった。

**おおごと【大事】** 名 重大《じゅうだい》なことがら。例 それは大事だ。注意「大事」を「だいじ」と読《よ》むと、ちがう意味《いみ》になる。

**おおさかじょう【大阪城】** 名 安土桃山《あづちももやま》時代《じだい》、豊臣秀吉《とよとみひでよし》が大阪《おおさか》に築《きず》いた城《しろ》。現在《げんざい》の天守閣《てんしゅかく》は、一九三一年《ねん》に再建《さいけん》された。

**おおさかふ〘大阪府〙** 地名 近畿《きんき》地方《ちほう》の中部《ちゅうぶ》にある府《ふ》。府庁《ふちょう》は大阪市《おおさかし》にある。

**おおさかへいや〘大阪平野〙** 地名 近畿《きんき》地方《ちほう》の大阪湾《おおさかわん》に面《めん》する平野《へいや》。阪神工業《はんしんこうぎょう》地帯《ちたい》がある。

**おおさかわん〘大阪湾〙** 地名 大阪府《おおさかふ》と兵庫県《ひょうごけん》に囲《かこ》まれた湾《わん》。瀬戸内海《せとないかい》の東《ひがし》のはしにあたる。

**おおさじ【大さじ】** 名 ❶大《おお》きいさじ。❷調理用《ちょうりよう》の、量《りょう》をはかる大《おお》きなスプーン。ふつう、容量《ようりょう》一五ミリリットル。例 大さじ半分《はんぶん》のさとう。

**おおざっぱ【大ざっぱ】** 形動 細《こま》かいことはかまわないようす。おおまか。例 大ざっぱな人《ひと》。大ざっぱに数《かぞ》える。

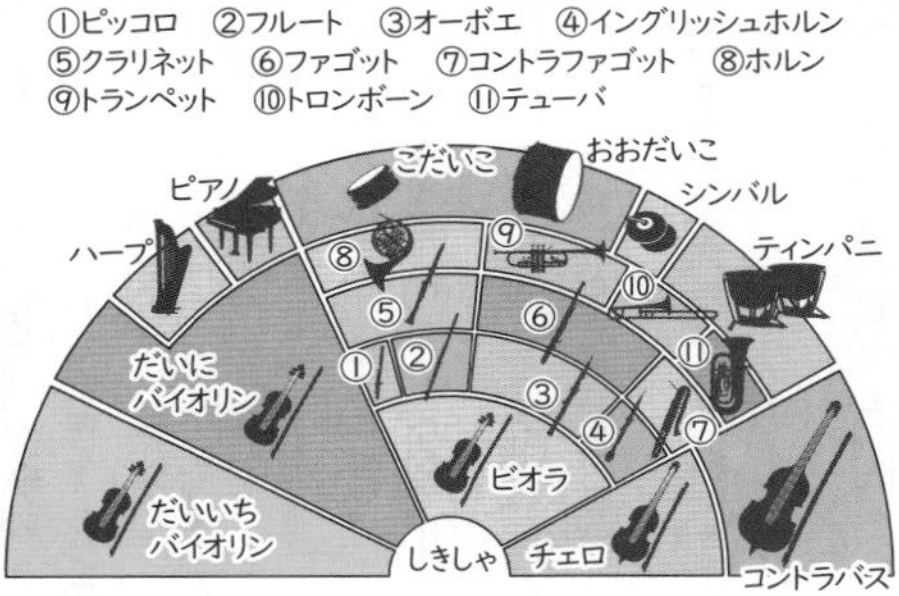

〔オーケストラ〕

**✤おおざと** 名 漢字《かんじ》の部首《ぶしゅ》で、「つくり」の一《ひと》つ。「郡《ぐん》」「都《と》」「部《ぶ》」などの「阝」の部分《ぶぶん》。人《ひと》が集《あつ》まり住《す》む所《ところ》を意味《いみ》する。参考 漢字《かんじ》の左《ひだり》につく「阝」は「こざとへん」という。

**おおさんしょううお** 名 サンショウウオの一《ひと》つ。谷川《たにがわ》の清流《せいりゅう》にすむ。世界一《せかいいち》大《おお》きい両生類《りょうせいるい》で、大《おお》きさは一《いち》メートル以上《いじょう》にもなる。特別天然記念物《とくべつてんねんきねんぶつ》。➡さんしょううお 531ページ

**おおしい【雄雄しい】** 形 立派《りっぱ》で勇《いさ》ましい。

**おおしお【大潮】** 名 満《み》ち潮《しお》と引《ひ》き潮《しお》との差《さ》がいちばん大《おお》きいこと。また、そのとき。満月《まんげつ》と新月《しんげつ》のころに起《お》こる。

**おおしお へいはちろう〘大塩平八郎〙** 人名 (男)(一七九三〜一八三七)江戸《えど》時代《じだい》終《お》わりごろの学者《がくしゃ》。天保《てんぽう》の飢饉《ききん》で、人々《ひとびと》のために反乱《はんらん》を起《お》こした。

**おおじかけ【大仕掛け】** 名 形動 ものごとの組《く》み立《た》てや、計画《けいかく》が大《おお》きいこと。例 大仕掛けな実験《じっけん》。

**おおすじ【大筋】** 名 あらまし。あら筋《すじ》。例 話《はなし》の大筋を書《か》き留《と》める。

**オーストラリア** 地名 ❶南半球《みなみはんきゅう》にあるもっとも小《ちい》さい大陸《たいりく》。東《ひがし》は太平洋《たいへいよう》、西《にし》と南《みなみ》はインド洋《よう》に面《めん》している。❷「❶」を中心《ちゅうしん》とした国《くに》。首都《しゅと》はキャンベラ。豪州《ごうしゅう》。

**オーストリア** 地名 ヨーロッパの中部《ちゅうぶ》にある国《くに》。首都《しゅと》はウィーン。アルプス北東部《ほくとうぶ》の


世界の国 ジブチ アフリカ北東部《ほくとうぶ》、紅海《こうかい》の入《い》り口《ぐち》にある国《くに》。四国《しこく》の1.3倍《ばい》の大《おお》きさ。中継貿易《ちゅうけいぼうえき》で収入《しゅうにゅう》を得《え》ているほか、

山国《やまぐに》で、国土《こくど》の大半《たいはん》がアルプス山脈《さんみゃく》。

**おおすみ**〖大隅〗地名 昔《むかし》の国《くに》の名《な》の一《ひと》つ。今《いま》の鹿児島県《かごしまけん》の東部《とうぶ》と、南《みなみ》の島々《しまじま》にあたる。

**おおすみはんとう**〖大隅半島〗地名 鹿児島県《かごしまけん》の東部《とうぶ》にある半島《はんとう》。

**おおずもう**【大〈相撲〉】名 ❶日本《にほん》相撲《すもう》協会《きょうかい》が行《おこな》う専門《せんもん》の力士《りきし》による相撲《すもう》。❷相撲《すもう》で、なかなか勝《か》ち負《ま》けの決《き》まらない力《ちから》の入《はい》った取組《とりくみ》。例 ここ一番《いちばん》の大相撲だ。

**おおせ**【仰せ】名〔相手《あいて》を敬《うやま》って使《つか》う言葉《ことば》。〕目上《めうえ》の人《ひと》の言《い》いつけ。おっしゃる言葉《ことば》。例 仰せに従《したが》う。⇩ぎょう【仰】334ページ

°**おおぜい**【大勢】名 たくさんの人《ひと》。例 大勢で出《で》かける。注意「大勢」を「たいせい」と読《よ》むと、ちがう意味《いみ》になる。

**おおぜき**【大関】名 すもうで、横綱《よこづな》の次《つぎ》の位《くらい》。

**おおせつかる**【仰せ付かる】動 目上《めうえ》の人《ひと》から命令《めいれい》を受《う》ける。例 重大《じゅうだい》な任務《にんむ》を仰せつかった。

**おおせつける**【仰せ付ける】動「命令《めいれい》する」の敬《うやま》った言《い》い方《かた》。例 大役《たいやく》を仰せつけられる。

**おおせられる**【仰せられる】動「言《い》う」の敬《うやま》った言《い》い方《かた》。おっしゃる。

**オーソドックス**〔英語 orthodox〕名 形動 長《なが》く受《う》けつがれてきて正《ただ》しいとされているようす。例 オーソドックスなファッション。

**おおぞら**【大空】名 広《ひろ》い大《おお》きい空《そら》。

**オーダー**〔英語 order〕名 動-する ❶順番《じゅんばん》。例 オーダーを整《ととの》える。❷注文《ちゅうもん》すること。例 洋《よう》服《ふく》をオーダーする。

**オーダーメード** 名〔日本《にっぽん》でできた英語《えいご》ふうの言葉《ことば》。〕注文《ちゅうもん》して作《つく》らせたもの。あつらえ。対 レディーメード。

**おおだい**【大台】名 金額《きんがく》や数量《すうりょう》で、大《おお》きなさかいめとなる数《かず》。例 申《もう》し込《こ》み数《すう》が千《せん》の大台を超《こ》えた。

**おおだいこ**【大太鼓】名 ❶日本《にっぽん》に昔《むかし》からある、大《おお》きい太鼓《たいこ》。❷西洋音楽《せいようおんがく》で使《つか》う、ドラム。

**おおだすかり**【大助かり】名 動-する たいへん助《たす》かること。例 彼《かれ》がかけつけてくれて大助かりだ。

**おおだてもの**【大立て者】名 その社会《しゃかい》を代表《だいひょう》する、いちばん実力《じつりょく》のある人《ひと》。例 財《ざい》界《かい》の大立て者。

**おおた どうかん**〖太田道灌〗人名(男)(一四三二～一四八六)室町《むろまち》時代《じだい》の武将《ぶしょう》で歌《か》人《じん》。一四五七年《ねん》に江戸《えど》城《じょう》を築《きず》いた。

**おおづかみ**【大づかみ】名 形動 ❶手《て》にいっぱい物《もの》をつかみ取《と》ること。❷だいたいのことをまとめること。例 内容《ないよう》を大づかみにとらえる。

**おおつごもり**【大晦日】名 おおみそか。

**おおつし**〖大津市〗地名 滋賀県《しがけん》の県庁《けんちょう》がある市《し》。

**おおっぴら** 形動 ❶人《ひと》の目《め》など気《き》にかけないようす。例 かぜで休《やす》んだのに、おおっぴらに遊《あそ》んでいる。❷みんなに知《し》れわたったようす。例 秘密《ひみつ》がおおっぴらになる。

**おおつぶ**【大粒】名 形動 つぶが大《おお》きいこと。例 大粒の涙《なみだ》。対 小粒《こつぶ》。

**おおづめ**【大詰め】名 ❶ものごとの最後《さいご》の段階《だんかい》。例 試合《しあい》も大詰めをむかえた。❷劇《げき》などの最後《さいご》の場面《ばめん》。

**おおて**【大手】名 ❶正門《せいもん》。また、城《しろ》の表門《おもてもん》。対 からめ手《て》。❷大《おお》きい会社《かいしゃ》。

**おおで**【大手】名 左右《さゆう》に大《おお》きく広《ひろ》げた手《て》。例 大手を広《ひろ》げて、立《た》ちはだかる。

**大《おお》手《て》を振《ふ》る** 遠慮《えんりょ》なく堂々《どうどう》としているようす。例 大手をふって歩《ある》く。

**オーディーエー**【ODA】名〔「政府《せいふ》開《かい》発援助《はつえんじょ》」という意味《いみ》の英語《えいご》の頭文字《かしらもじ》。〕先進国《せんしんこく》が発展途上国《はってんとじょうこく》に対《たい》しておこなう援助《えんじょ》や協《きょう》力《りょく》。

**オーディオ**〔英語 audio〕名 ❶テレビなどの音声《おんせい》の部分《ぶぶん》。❷音楽《おんがく》など、音声《おんせい》を録音《ろくおん》したり再生《さいせい》したりする装置《そうち》。

**オーディション**〔英語 audition〕名 舞台《ぶたい》や映画《えいが》、放送番組《ほうそうばんぐみ》の出演者《しゅつえんしゃ》として、歌手《かしゅ》や俳《はい》優《ゆう》・踊《おど》り手《て》・タレントなどを選《えら》び出《だ》す実技《じつぎ》テスト。

✤**おおどうぐ**【大道具】名 舞台《ぶたい》に置《お》く、作《つく》り物《もの》の木《き》や建物《たてもの》などの、大《おお》がかりな道具《どうぐ》。対 小道具《こどうぐ》。

**おおどおり**【大通り】名 道《みち》はばが広《ひろ》く、

トン。人口約《じんこうやく》296万人《まんにん》。略称《りゃくしょう》JAM。

にぎやかな通《とお》り。表通《おもてどお》り。

**オートバイ** 名〔日本《にっぽん》でできた英語《えいご》ふうの言葉《ことば》。〕⇩バイク❶ 1027ページ

**オードブル**〔フランス語〕名 西洋料理《せいようりょうり》で、食事《しょくじ》の初《はじ》めに出《で》る軽《かる》い料理《りょうり》。類 前菜《ぜんさい》。

**オートマチック**〔英語 automatic〕形動 自動的《じどうてき》。人《ひと》の手《て》をかりずに、機械《きかい》がひとりでに動《うご》くようす。

**オートメーション**〔英語 automation〕名 人手《ひとで》をほとんど使《つか》わずに、機械《きかい》が自動的《じどうてき》にはたらいて仕事《しごと》をする仕組《しく》み。

**おおとものやかもち**〖大伴家持〗人名 (男)(七一八ごろ～七八五)奈良《なら》時代《じだい》の歌人《かじん》。「万葉集《まんようしゅう》」の編集《へんしゅう》をしたといわれ、収《おさ》められた和歌《わか》がもっとも多《おお》い。「うららかに照《て》れる春日《はるひ》に雲雀《ひばり》上《あ》がり情悲《こころがな》しも独《ひと》りしおもへば」などの歌《うた》がある。

**オートロック** 名〔日本《にっぽん》でできた英語《えいご》ふうの言葉《ことば》。〕閉《し》まると、自動的《じどうてき》にかぎがかかる仕組《く》み。

**オーナー**〔英語 owner〕名 持《も》ち主《ぬし》。例 プロ野球《やきゅう》の球団《きゅうだん》オーナー。

**おおにんずう**【大人数】名 人数《にんずう》が多《おお》いこと。おおにんず。例 大人数でおしかける。対 小人数《こにんずう》。

**おおのやすまろ**〖太安万侶〗人名 (男)(?～七二三)奈良《なら》時代《だい》の学者《がくしゃ》。天皇《てんのう》の命令《めいれい》で、「古事記《こじき》」を作《つく》った。

°**オーバー** ［一］〔英語 over〕名 動-する 形動 ❶ものごとがある限度《げんど》をこえること。例 時間《じかん》をオーバーする。❷大《おお》げさにしすぎるようす。例 オーバーな身《み》ぶり。［二］名〔英語《えいご》の「オーバーコート」の略《りゃく》。〕寒《さむ》さを防《ふせ》ぐために上着《うわぎ》の上《うえ》に着《き》るもの。外套《がいとう》。

**オーバーラップ**〔英語 overlap〕名 動-する ❶映画《えいが》やテレビで、前《まえ》の場面《ばめん》がきえないうちに次《つぎ》の場面《ばめん》を重《かさ》ねてうつすこと。❷二《ふた》つのものが重《かさ》なりあうこと。例 姉《あね》の後《うし》ろ姿《すがた》が、なくなった母《はは》の姿《すがた》とオーバーラップする。

**オーバーワーク**〔英語 overwork〕名 働《はたら》き過《す》ぎること。例 年末《ねんまつ》はどうしてもオーバーワークになる。

**おおばこ** 名 道《みち》ばたや野原《のはら》などに生《は》える草《くさ》。葉《は》はスプーンのような形《かたち》で、夏《なつ》に小《ちい》さな白《しろ》い花《はな》が穂《ほ》になって咲《さ》く。おんばこ。

〔おおばこ〕

**おおはば**【大幅】［一］名 形動 数《かず》や量《りょう》などの開《ひら》きが大《おお》きいこと。例 運賃《うんちん》を大幅に上《あ》げる。［二］名 ふつうの幅《はば》よりも広《ひろ》い布地《ぬのじ》。対（［一］・［二］）小幅《こはば》。

**おおばん**【大判】名 ❶ふつうより形《かたち》が大《おお》きいもの。例 大判の画用紙《がようし》。❷楕円形《だえんけい》をした昔《むかし》の金貨《きんか》。一枚《まい》で小判《こばん》の一〇両《りょう》にあたる。対 小判《こばん》。

**おおばんぶるまい**【大盤振る舞い】名 動-する 気前《きまえ》よく、さかんにもてなしをすること。参考 もとは「椀飯《おうばん》〔=椀《わん》に盛《も》った飯《めし》〕」といった。

**オービー**【OB】名〔英語《えいご》の「オールドボーイ」の頭文字《かしらもじ》。〕卒業生《そつぎょうせい》。先輩《せんぱい》。

**おおひろま**【大広間】名 旅館《りょかん》などの、広《ひろ》い大《おお》きな部屋《へや》。

**オープニング**〔英語 opening〕名 ❶劇《げき》や映《えい》画《が》・音楽《おんがく》などの始《はじ》まりの部分《ぶぶん》。対 エンディング。❷(会社《かいしゃ》・店《みせ》・会《かい》などの)始《はじ》まり。開会《かいかい》。開《かい》店《てん》。

**おおぶねにのったよう**【大船に乗ったよう】(たよりにしたものを信《しん》じきって)すっかり安心《あんしん》しているようす。親船《おやふね》に乗《の》ったよう。例「彼《かれ》が引《ひ》き受《う》けてくれたから大丈夫《だいじょうぶ》。大船に乗ったようなものだよ。」

**おおぶり**【大ぶり】名 形動 やや大《おお》きめであること。例 大ぶりの湯《ゆ》のみ。対 小《こ》ぶり。

**おおぶろしき**【大風呂敷】名 大《おお》きなふろしき。

**大風呂敷《おおぶろしき》を広《ひろ》げる** できそうもない大《おお》きなことを言《い》う。例 日本一《にっぽんいち》になると大風呂敷を広げる。

**オーブン**〔英語 oven〕名 食品《しょくひん》を焼《や》いたり、むしたりする器具《きぐ》。天火《てんぴ》。

°**オープン**〔英語 open〕［一］名 動-する 開《ひら》くこと。開場《かいじょう》。例 プールがオープンする。［二］形動 かくしだてをしないようす。例 オープンに何《なん》でも話《はな》す。［三］〔ある言葉《ことば》の前《まえ》につけて〕❶おおわれていない。例 オープンカー。❷公式《こうしき》でない。例 オープン戦《せん》。



世界の国 ジャマイカ 西《にし》インド諸島《しょとう》にある国《くに》。砂糖《さとう》が主《おも》な輸出品《ゆしゅつひん》で、ボーキサイト・コーヒーがとれる。首都《しゅと》キングス

**オープンカー**〔英語 open car〕名 屋根《やね》のない自動車《じどうしゃ》。

**オープンせん【オープン戦】**名〔プロ野《や》球《きゅう》などで〕シーズンオフにおこなわれる公式《こうしき》でない試合《しあい》。

**オーブントースター**名〔日本《にっぽん》でできた英語《えいご》ふうの言葉《ことば》。〕オーブンにもなるトースター。

**オーボエ**〔イタリア語〕名 縦笛《たてぶえ》の形《かたち》をした木《もっ》管楽器《かんがっき》。二枚《にまい》の舌《した》〔=リード〕があり、オーケストラでは高《たか》い音《おと》を受《う》け持《も》つ。⇩がっき(楽器) 244ページ

**おおまか【大まか】**形動 ❶細《こま》かいことにこだわらないようす。例 大まかな性格《せいかく》。❷おおざっぱなようす。例 大まかな計算《けいさん》。

**おおまつよいぐさ**名 河原《かわら》などに生《は》える草花《くさばな》。夏《なつ》の夜《よる》、黄色《きいろ》の花《はな》が咲《さ》き、翌朝《よくあさ》にはしぼむ。ヨイマチグサともいう。

**おおみえ【大見得】**名 歌舞伎《かぶき》で、役者《やくしゃ》が動《うご》きを止《と》めて、大《おお》げさなしぐさをすること。

**大見得《おおみえ》を切《き》る** ❶役者《やくしゃ》が大見得《おおみえ》の動作《どうさ》をする。❷大《おお》げさに自信《じしん》のある態度《たいど》を見《み》せる。例 優勝《ゆうしょう》まちがいなしと大見得を切る。

**おおみず【大水】**名 大雨《おおあめ》などで、川《かわ》などの水《みず》があふれ出《だ》すこと。洪水《こうずい》。例 大水で小屋《こや》が流《なが》された。

○**おおみそか【大〈晦日〉】**名 一年《いちねん》の最後《さいご》の日《ひ》。十二月《じゅうにがつ》三十一日《さんじゅういちにち》のこと。おおつごもり。

✤**おおみだし【大見出し】**名 新聞《しんぶん》や雑誌《ざっし》などで、よく目立《めだ》つように大《おお》きな活字《かつじ》を用《もち》いた見出《みだ》し。

**おおむぎ【大麦】**名 畑《はたけ》に作《つく》る作物《さくもつ》。秋《あき》に種《たね》をまき、六月《ろくがつ》ごろにかり入《い》れる。実《み》はご飯《はん》に入《い》れたり、みそ・しょうゆなどの原料《げんりょう》にしたりする。⇩むぎ 1272ページ

**おおむこう【大向こう】**名 芝居《しばい》で、観客《かんきゃく》席《せき》のいちばん後《うし》ろにある安《やす》い席《せき》。また、その席《せき》にいる客《きゃく》。

**大向《おおむ》こうをうならせる** ❶観客《かんきゃく》を感動《かんどう》させる。❷多《おお》くの人《ひと》を喜《よろこ》ばせて人気《にんき》を得《え》る。

**おおむね**副 ものごとのだいたいのようす。おおよそ。例 おおむね合格《ごうかく》だ。

**おおむらさき**名 夏《なつ》、林《はやし》などにいるチョウ。雄《おす》の羽《はね》は美《うつく》しいむらさき色《いろ》である。日本《にっぽん》の国蝶《こくちょう》〔=国《くに》を代表《だいひょう》する蝶《ちょう》〕として知《し》られる。⇩ちょう(蝶) 838ページ

**おおめ【多め】**名形動 量《りょう》が少《すこ》し多《おお》いようす。対 少《すく》なめ。

**おおめだま【大目玉】**名 ❶大《おお》きな目《め》の玉《たま》。❷ひどくしかること。例 父《ちち》の大目玉はこわい。

**大目玉《おおめだま》を食《く》う** ひどくしかられる。例 いたずらをして大目玉を食った。参考「大目《おおめ》玉《だま》を食《く》らう」ともいう。

**おおめにみる【大目に見る】** あまりうるさいことを言《い》わないで許《ゆる》す。例 このミスは、大目に見てほしい。

✤**おおもじ【大文字】**名 ❶大《おお》きな字《じ》。❷ローマ字《じ》や英語《えいご》などで使《つか》う大《おお》きな文字《もじ》。文《ぶん》の書《か》き始《はじ》めや、人《ひと》の名前《なまえ》などの書《か》き始《はじ》めに使《つか》う。「A《エー》・B《ビー》・C《シー》」など。対 小文字《こもじ》。

**おおもと【大本】**名 ものごとの、いちばんもとになる、だいじなこと。根本《こんぽん》。例 大もとから考《かんが》え直《なお》す。

**おおもの【大物】**名 ❶大《おお》きいもの。例 タイの大物が釣《つ》れた。❷立派《りっぱ》な人《ひと》。例 この子《こ》は大物になる。❸ある仲間《なかま》の中《なか》で、大《おお》きな力《ちから》をもつ人《ひと》。例 政界《せいかい》の大物。

**おおもり【大盛り】**名 食《た》べ物《もの》などを、ふつうの盛《も》りより多《おお》めにすること。また、多《おお》めにした食《た》べ物《もの》。例 ざるそばの大盛り。

**おおや【大家】**名 貸家《かしや》やアパートなどの持《も》ち主《ぬし》。家主《やぬし》。注意「大家」を「たいか」と読《よ》むとちがう意味《いみ》になる。

○**おおやけ【公△】**名 ❶国《くに》や地方《ちほう》の役所《やくしょ》に関係《かんけい》すること。例 公の機関《きかん》。対 私《わたくし》。❷世《よ》の中《なか》。世間《せけん》に広《ひろ》く知《し》られること。例 公のためにつくす。結果《けっか》が公になる。

**公《おおやけ》にする** 世《よ》の中《なか》の人々《ひとびと》に知《し》らせる。⇩こう【公】423ページ 公表《こうひょう》する。例 計画《けいかく》を公にする。

**おおゆき【大雪】**名 雪《ゆき》がたくさん降《ふ》ること。また、その積《つ》もった雪《ゆき》。

○**おおよそ** 一名 ものごとのあらまし。だいたいのところ。例 おおよそのことは聞《き》いている。二副 だいたい。おおかた。およそ。例 みんなの意見《いけん》はおおよそ同《おな》じである。

**オーラ**〔英語 aura〕名 まわりの人《ひと》に伝《つた》わる、

工《こう》がさかん。昔《むかし》はグルジアといった。首都《しゅと》トビリシ。人口《じんこう》約《やく》400万人《まんにん》。略称《りゃくしょう》GEO。

その人《ひと》だけがもっている独特《どくとく》の雰囲気《ふんいき》。例 あの歌手《かしゅ》にはふしぎなオーラがある。

**オーライ**〔英語 all right〕感 よろしい。よし。例 発車《はっしゃ》オーライ。

**おおらか** 形動 気持《きも》ちが大《おお》きくのびのびしているようす。例 おおらかな人柄《ひとがら》。

**オール**〔英語 all〕〔ある言葉《ことば》の前《まえ》につけて〕すべて。全部《ぜんぶ》。例 オール五《ご》の成績《せいせき》。

**オール**〔英語 oar〕名 ボートで、水《みず》をかく道具《どうぐ》。かい。

**オールスター**〔英語 all-star〕名 ❶プロ野球《やきゅう》などで、人気《にんき》選手《せんしゅ》を集《あつ》めておこなう試合《しあい》。オールスターゲーム。❷演劇《えんげき》などで、人気《にんき》俳優《はいゆう》やタレントがおおぜい出演《しゅつえん》すること。オールスターキャスト。

**オールラウンド**〔英語 all round〕名 形動 いろいろな能力《のうりょく》をもっているようす。万能《ばんのう》。例 どんな種目《しゅもく》もこなすオールラウンドの体《たい》操選手《そうせんしゅ》。

**オーロラ**〔英語 aurora〕名 北極《ほっきょく》や南極《なんきょく》の地方《ちほう》で、空《そら》に光《ひかり》が現《あらわ》れる現象《げんしょう》。空中《くうちゅう》にカーテンを下《お》ろしたように、赤《あか》・青《あお》・黄《き》・緑《みどり》・ピンクなどの色《いろ》が見《み》えかくれする。極光《きょっこう》。

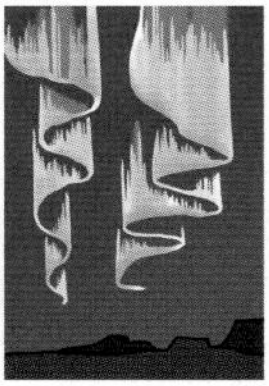

〔オーロラ〕

**おおわらわ**【大童▲】形動 なりふりかまわず、一生懸命《いっしょうけんめい》にするようす。例 開店《かいてん》の準備《じゅんび》に大わらわだ。参考 武士《ぶし》が戦《たたか》いで髪《かみ》をふり乱《みだ》したようすが、童《わらわ》〔=子《こ》ども〕の髪形《かみがた》に似《に》ていたことから。

**おか**【岡】画数 8 部首 山(やま) 4年

音 ―― 訓 おか

筆順

おか。参考「岡山県《おかやまけん》」「静岡県《しずおかけん》」「福岡県《ふくおかけん》」など、地名《ちめい》や人名《じんめい》に使《つか》われる。

**おか**【丘・岡。】名 土地《とち》が少《すこ》し高《たか》くなっている所《ところ》。低《ひく》い山《やま》。参考 ふつうは、「丘《おか》」と書《か》く。↓きゅう(丘) 324ページ

**おか**【陸▲】名 ❶陸地《りくち》。❷すずりの、墨《すみ》をするところ。対 海《うみ》。

**おかに上《あ》がったかっぱ** (水《みず》の中《なか》でしか活躍《かつやく》できないかっぱが陸《りく》に上《あ》がったときのように)自分《じぶん》の得意《とくい》なことができない状態《じょうたい》になっていること。例 アイススケートの名人《めいじん》も、野球《やきゅう》場《じょう》ではおかに上がったかっぱ同然《どうぜん》だ。

**おかあさん**【お〈母さん〉】名「母《かあ》さん」の丁寧《ていねい》な呼《よ》び方《かた》。対 お父《とう》さん。

**おかえし**【お返し】名 ❶物《もの》をもらったお礼《れい》に、物《もの》をおくること。例 お返しの品物《しなもの》。❷仕返《しかえ》し。例 いじわるのお返しだ。❸おつり。

**おがくず** 名 のこぎりで木《き》をひいたときに出《で》る、木《き》のくず。

**おかぐら**【お〈神楽〉△】名 ↓かぐら 224ページ

**おかくら てんしん**〘岡倉天心〙人名 (男)(一八六二～一九一三)明治時代《めいじじだい》の美術《びじゅつ》の指導者《しどうしゃ》。フェノロサの影響《えいきょう》を受《う》けて日本《にほん》美術《びじゅつ》を見直《みなお》し、発展《はってん》につくした。

**おかげ**【お陰。】名 ❶神《かみ》や仏《ほとけ》、あるいは人《ひと》から受《う》けた助《たす》け。例 勝《か》てたのは、きみのおかげだ。おかげさまでうまくいきました。❷〔「…おかげで」の形《かたち》で〕…の結果《けっか》。例 早《はや》く寝《ね》たおかげで、つかれがとれた。参考 ふつう、かな書《が》きにする。

**おかざり**【お飾り。】名 ❶神《かみ》や仏《ほとけ》の前《まえ》のかざりつけやお供《そな》え。❷名前《なまえ》だけで中身《なかみ》のないもの。例 顧問《こもん》といってもお飾りにすぎない。

**おがさわらこくりつこうえん**〘小笠原国立公園〙地名 東京都《とうきょうと》の小《お》笠《がさ》原《わら》諸《しょ》島《とう》にある国立公園《こくりつこうえん》。天然記念物《てんねんきねんぶつ》となっている動植物《どうしょくぶつ》が多《おお》い。↓こくりつこうえん 457ページ

**おがさわらしょとう**〘小笠原諸島〙地名 東京都《とうきょうと》の一部《いちぶ》で、都心《としん》から南《みなみ》へ約《やく》一〇〇〇キロメートルの太平洋《たいへいよう》にある島々《しまじま》。おもな島《しま》は父島《ちちじま》と母島《ははじま》である。世界遺産《せかいいさん》。

**おかし**【お菓子。】名「菓子《かし》」を丁寧《ていねい》に言《い》う言葉《ことば》。

**おかしい** 形 ❶滑稽《こっけい》で、笑《わら》いたくなる。おもしろい。❷ふつうとちがっている。変《へん》だ。例 考《かんが》え方《かた》がおかしい。❸あやしい。例 おかしい音《おと》がする。

**おかしな** 連体 おかしい。例 おかしな話《はなし》だ。



世界の国 ジョージア 西《にし》アジア、黒海《こっかい》に面《めん》する国《くに》。1991年《ねん》、ソ連《れん》の解体《かいたい》により独立《どくりつ》した。観光《かんこう》と農業《のうぎょう》、牧畜《ぼくちく》、食品加《しょくひんか》

例解 ↔ 使い分け

**犯《おか》すと冒《おか》すと侵《おか》す**

罪《つみ》を犯《おか》す。
あやまちを犯《おか》す。
法律《ほうりつ》を犯《おか》す。

病《びょう》気《き》に冒《おか》される。
危《き》険《けん》を冒《おか》す。

国境《こっきょう》を侵《おか》す。
人権《じんけん》を侵《おか》す。

**おかしらつき【尾頭付き】**[名] 尾《お》と頭《あたま》をつけたまま、煮《に》たり焼《や》いたりした魚《さかな》。[参考] お祝《いわ》いに使《つか》うタイの焼《や》き魚《ざかな》を言《い》うことが多《おお》い。

°**おかす【犯す】**[動] してはならないことをする。法律《ほうりつ》や規則《きそく》を破《やぶ》る。[例] 罪《つみ》を犯す。↓**はん【犯】**1069ページ

°**おかす【冒す】**[動] ❶危険《きけん》だとわかっていても、無理《むり》にやる。[例] 悪天候《あくてんこう》を冒して海《うみ》に行《い》く。❷(病気《びょうき》などが)害《がい》を与《あた》える。[例] 肺《はい》を冒される。↓**ぼう【冒】**1192ページ

°**おかす【侵す】**[動] ❶他《ほか》の人《ひと》の領分《りょうぶん》に、勝手《かって》に入《はい》りこむ。[例] 人《ひと》の領域《りょういき》を侵すな。❷他《ほか》の人《ひと》の権利《けんり》をそこなう。[例] 自由《じゆう》を侵す。↓**しん【侵】**655ページ

**おかず**[名] 主食《しゅしょく》にそえる食《た》べ物《もの》。副食《ふくしょく》。[例] 今《こん》夜《や》のおかずはハンバーグだ。

**おがた こうあん〔緒方洪庵〕**[人名](男)(一八一〇～一八六三)江戸《えど》時代末期《じだいまっき》の医師《いし》・教育者《きょういくしゃ》。オランダの医学《いがく》を学《まな》び、大阪《おおさか》に適《てき》塾《じゅく》を開《ひら》いて、西洋医学《せいよういがく》を広《ひろ》めた。福沢諭吉《ふくざわゆきち》は弟子《でし》の一人《ひとり》である。

**おがた こうりん〔尾形光琳〕**[人名](男)(一六五八～一七一六)江戸《えど》時代《じだい》の中《なか》ごろの画《が》家《か》。写生《しゃせい》にもとづく、蒔絵《まきえ》や屏風絵《びょうぶえ》などにすぐれた作品《さくひん》を残《のこ》した。「紅白梅図屏風《こうはくばいずびょうぶ》」などの作品《さくひん》がある。

**おかって【お勝手】**[名]「台所《だいどころ》」を丁寧《ていねい》に言《い》う言葉《ことば》。

**おかっぱ**[名] 女《おんな》の子《こ》の髪《かみ》の形《かたち》の一《ひと》つ。前髪《まえがみ》や、横《よこ》・後《うし》ろを切《き》りそろえた形《かたち》。

〔おかっぱ〕

°**おかどちがい【お門違い】**[名]〔「門《かど》(=家《いえ》)をまちがえる」という意味《いみ》から〕見当《けんとう》ちがい。[例] それはお門違いの話《はなし》だ。

**おかね【お金】**[名]「金《かね》(=金銭《きんせん》)」の丁寧《ていねい》な言《い》い方《かた》。[例] 入《い》り口《ぐち》でお金をはらう。

**おがはんとう〔男鹿半島〕**[地名] 秋田県《あきたけん》の日本海《にほんかい》につき出《で》た半島《はんとう》。半島《はんとう》の根《ね》もとに、干拓《かんたく》で知《し》られる八郎潟《はちろうがた》がある。

**おかぶをうばう【お株を奪う】** ある人《ひと》の得意《とくい》なことを、他《ほか》の人《ひと》がうまくやる。[例] 兄《あに》は、父《ちち》のお株を奪って大会《たいかい》で優勝《ゆうしょう》した。

**おかぼ**[名] 水田《すいでん》ではなく、畑《はたけ》に作《つく》るイネ。陸《りく》稲《とう》。

**おかまい【お構い】**[名] お客様《きゃくさま》に対《たい》するもてなし。[例] どうぞおかまいなく。

**おかまいなし【お構いなし】** 気《き》にかけないこと。[例] 人《ひと》の気持《きも》ちなどおかまいなしに勝手《かって》なことをする。

**おかみ【御上】**[名] 天皇《てんのう》や主君《しゅくん》、政府《せいふ》・役所《やくしょ》などを、敬《うやま》って言《い》う言《い》い方《かた》。

**おかみさん**[名] ❶店《みせ》などの女主人《おんなしゅじん》のこと。❷他人《たにん》の妻《つま》をよぶ、丁寧《ていねい》な言《い》い方《かた》。[参考] ❷は古《ふる》い言《い》い方《かた》。今《いま》は「奥《おく》さん」がふつう。

°**おがむ【拝む】**[動] ❶神《かみ》や仏《ほとけ》などに手《て》を合《あ》わせたりしていのる。[例] 仏像《ぶつぞう》を拝む。❷(大切《たいせつ》な物《もの》を)見《み》せてもらう。[例] 国宝《こくほう》を拝ませてもらう。↓**はい【拝】**1025ページ

**おかめ**[名] 丸顔《まるがお》で、ほおが出《で》て鼻《はな》の低《ひく》い顔《かお》の女《おんな》のお面《めん》。お多福《たふく》。

■**おかめはちもく【岡目八目・傍目八目】**[名]〔碁《ご》をそばで見《み》ている人《ひと》より八《はっ》目《もく》先の手《て》まで読めるということから〕

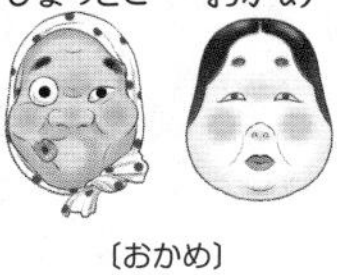

〔おかめ〕

**おかもち【岡持】**[名] 出前《でまえ》の料理《りょうり》をとどけるのに使《つか》う箱《はこ》。

作物《さくもつ》。石油《せきゆ》の生産量《せいさんりょう》も多《おお》い。首都《しゅと》ダマスカス。人口約《じんこうやく》2,160万人《まんにん》。略称《りゃくしょう》SYR。

**おかやまけん**〘岡山県〙地名 中国《ちゅうごく》地方《ちほう》の瀬戸内海側《せとないかいがわ》にある県《けん》。県庁《けんちょう》は岡山市《おかやまし》にある。

**おかゆ** 名「かゆ」の丁寧《ていねい》な言《い》い方《かた》。

**おから** 名 ↓うのはな❷ 112ページ

**オカリナ**〔イタリア語〕名 土《つち》でつくった、ハトに似《に》た形《かたち》のふえ。

**オカルト**〔英語 occult〕名 ふつうではあり得《え》ないような不思議《ふしぎ》なこと。神秘的《しんぴてき》なこと。

**おがわ**【小川】名 小《ちい》さい川《かわ》。

**おがわ みめい**〘小川未明〙人名（男）（一八八二〜一九六二）大正《たいしょう》・昭和《しょうわ》時代《じだい》の童話作家《どうわさっか》・小説家《しょうせつか》。幻想的《げんそうてき》で美《うつく》しい童話《どうわ》を書《か》き、日本《にっぽん》のアンデルセンといわれる。「赤《あか》いろうそくと人魚《にんぎょ》」などがある。

**おかわり**【お代わり】名 動-する 同《おな》じ食《た》べ物《もの》や飲《の》み物《もの》をもう一度《いちど》もらうこと。また、その飲《の》み物《もの》や食《た》べ物《もの》。

**おかん**【悪寒△】名 熱《ねつ》が出《で》るときの、背中《せなか》がぞくぞくするような寒《さむ》け。例 悪寒がする。

**おき**【沖】名 海《うみ》や湖《みずうみ》で、岸《きし》から遠《とお》く離《はな》れた所《ところ》。例 沖に船《ふね》が見《み》える。↓ちゅう【沖】830ページ

**おき**【置き】〔時間《じかん》や距離《きょり》などを表《あらわ》す言葉《ことば》のあとにつけて〕間《ま》をおくこと。例 二日《ふつか》おき。一《いち》メートルおき。参考 ふつう、かな書《が》きにする。

**おき**〘隠岐〙地名 ❶島根県《しまねけん》の一部《いちぶ》で、日本海《にほんかい》にある隠岐《おき》の島《しま》を中心《ちゅうしん》とする島々《しまじま》。隠岐諸島《おきしょとう》。❷昔《むかし》の国《くに》の名《な》の一《ひと》つ。今《いま》の隠岐諸島《おきしょとう》にあたる。

**おきあい**【沖合】名 沖《おき》のほう。

**おきあいぎょぎょう**【沖合漁業】名 沖《おき》の漁場《ぎょじょう》に出《で》て、数日《すうじつ》かけて行《おこな》う漁業《ぎょぎょう》。関連 沿岸漁業《えんがんぎょぎょう》。遠洋漁業《えんようぎょぎょう》。

**おきあがりこぼし**【起き上がり小法▲師】名 たおしてもすぐ起《お》き上《あ》がるように、底《そこ》におもりを入《い》れた、だるま形《がた》の人形《にんぎょう》。

**おきあがる**【起き上がる】動 からだを起《お》こす。立《た》ち上《あ》がる。例 勢《いきお》いよくベッドから起き上がる。

**おきかえる**【置き換える】動 ❶他《ほか》の場所《ばしょ》に移《うつ》して置《お》く。例 机《つくえ》を窓《まど》ぎわに置き換える。❷別《べつ》のものと取《と》りかえる。例 英語《えいご》を日本語《にほんご》に置き換える。

**おきざり**【置き去り】名 あとに置《お》いて、行《い》ってしまうこと。置《お》いてきぼり。

**オキシダント**〔ドイツ語〕名 排気《はいき》ガスなどが空気中《くうきちゅう》で強《つよ》い日光《にっこう》に当《あ》たってできる有毒《ゆうどく》な物質《ぶっしつ》。光化学《こうかがく》スモッグの原因《げんいん》となる。

**オキシドール**〔ドイツ語〕名 ↓かさんかすいそ 230ページ

**おきて** 名 守《まも》らなければならない決《き》まり。取《と》り決《き》め。例 大自然《だいしぜん》のおきて。

**おきてがみ**【置き手紙】名 用事《ようじ》を書《か》いて、残《のこ》しておく手紙《てがみ》。書《か》き置《お》き。

**おきな**【翁▲】名 おじいさん。対 媼《おうな》。

**◦おぎなう**【補う】動 足《た》りないところをうめる。例 説明《せつめい》を補う。↓ほ【補】1187ページ

**おきなぐさ**【翁▲草】名 日当《ひあ》たりのよい山地《さんち》に生《は》える草《くさ》。全体《ぜんたい》に白《しろ》い毛《け》におおわれ、春《はる》、釣《つ》り鐘《がね》のような形《かたち》の花《はな》が下向《したむ》きに咲《さ》く。日本《にっぽん》のほとんどの地方《ちほう》で見《み》られたが、最近《さいきん》数《かず》が減《へ》ってきている。

**おきなわけん**〘沖縄県〙地名 九州地方《きゅうしゅうちほう》の南部《なんぶ》にある県《けん》。南西諸島《なんせいしょとう》の南半分《みなみはんぶん》をしめる。沖縄島《おきなわじま》を中心《ちゅうしん》に宮古《みやこ》・石垣《いしがき》・西表《いりおもて》など、多《おお》くの島々《しまじま》からなる。県庁《けんちょう》は那覇市《なはし》にある。

**おきにいり**【お気に入り】名 その人《ひと》が、特別《とくべつ》に気《き》に入《い》っている物《もの》や人《ひと》。

**おきにめす**【お気に召す】「気《き》に入《い》る」の尊敬語《そんけいご》。例「このドレス、お気に召しましたか。」

**おきのとりしま**〘沖ノ鳥島〙地名 日本《にっぽん》の最南端《さいなんたん》にある無人島《むじんとう》。小笠原諸島《おがさわらしょとう》の一《ひと》つ。満潮時《まんちょうじ》には、わずかな岩《いわ》を残《のこ》して海中《かいちゅう》にしずむため、人工的《じんこうてき》に補強《ほきょう》されている。

例解 ことばの窓

**補《おぎな》う の意味《いみ》で**

足《た》りない説明《せつめい》を補足《ほそく》する。
欠員《けついん》を補充《ほじゅう》する。
弱《よわ》い投手陣《とうしゅじん》を補強《ほきょう》する。
お金《かね》を補助《ほじょ》する。
付録《ふろく》を増補《ぞうほ》する。
ルールのあやまりを補正《ほせい》する。
自動車《じどうしゃ》にガソリンを補給《ほきゅう》する。



世界の国 シリア 地《ち》中《ちゅう》海《かい》東《とう》岸《がん》にある国《くに》。古代《こだい》、東西文化《とうざいぶんか》の十字路《じゅうじろ》となった地《ち》。農業国《のうぎょうこく》で、小麦《こむぎ》や大麦《おおむぎ》、綿花《めんか》などが主《おも》な

あいうえ お かきくけこ さしすせそ たちつてと なにぬねの はひふへほ まみむめも やゆよ らりるれろ わをん

**おきまり【お決まり】** [名] やり方《かた》や内容《ないよう》が、いつも同《おな》じであること。[例] またお決まりのじまん話《ばなし》が始《はじ》まった。

**おきみやげ【置き〈土産〉】** [名] 立《た》ち去《さ》るときに、あとに残《のこ》した、品物《しなもの》やことがら。[例] この時計《とけい》は卒業生《そつぎょうせい》の置き土産だ。

**おきもの【置物】** [名] 床《とこ》の間《ま》などに置《お》く、かざりにする物《もの》。

**おきゃくさま【お客さま】** [名]「客《きゃく》」を敬《うやま》っていう言葉《ことば》。お客《きゃく》さん。[例] お客さまがお帰《かえ》りです。

**おきゅう【お灸】** [名] ⇩きゅう(灸) 325ページ

**おきょう【お経】** [名]「経《きょう》」を丁寧《ていねい》にいう言《こと》葉《ば》。⇩きょう(経) 333ページ

°**おきる【起きる】** [動] ❶(横《よこ》になっていたものが)まっすぐに立《た》つ。[例] 転《ころ》んでも、すぐ起きる。❷目《め》が覚《さ》める。[例] 今朝《けさ》は早《はや》く起きた。[対](❶・❷)寝《ね》る。❸(何《なに》かが)始《はじ》まる。[例] 事件《じけん》が起きる。⇩き【起】293ページ

**おく【屋】** 画数 9 部首 尸(しかばね) 3年

筆順 屋

音 オク 訓 や

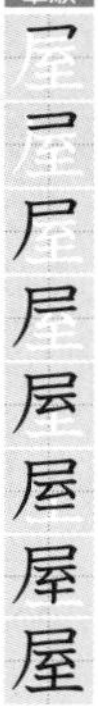

❶いえ。熟語 屋外《おくがい》。家屋《かおく》。小屋《こや》。❷やね。熟語 屋上《おくじょう》。屋台《やたい》。

**おく【億】** 画数 15 部首 亻(にんべん) 4年

音 オク 訓 ―

筆順 億

❶一万《いちまん》の一万倍《いちまんばい》。[例] 三億円《さんおくえん》。❷数《かず》がひじょうに多《おお》い。[例] 億万長者《おくまんちょうじゃ》。

**おく【億】** [名]〔数《かず》を表《あらわ》す言葉《ことば》。〕一万《いちまん》の一万倍《いちまんばい》。[例] 億に近《ちか》い費用《ひよう》がかかる。

**おく【憶】** 画数 16 部首 忄(りっしんべん)

音 オク 訓 ―

❶おもう。思《おも》い出《だ》す。熟語 追憶《ついおく》。❷覚《おぼ》える。熟語 記憶《きおく》。❸おしはかる。熟語 憶測《おくそく》。

**おく【臆】** 画数 17 部首 月(にくづき)

音 オク 訓 ―

❶おしはかる。熟語 臆測《おくそく》。❷気《き》後《おく》れする。おじける。熟語 臆病《おくびょう》。臆面《おくめん》。[例] 臆《おく》することなく堂々《どうどう》と話《はな》す。

°**おく【奥°】** [名] ❶中《なか》へ深《ふか》く入《はい》りこんだ所《ところ》。[例] 山《やま》の奥にわけ入《い》る。❷他《ほか》の人《ひと》が簡単《かんたん》にはわからないこと。[例] 心《こころ》の奥。奥の手《て》。⇩おう【奥】144ページ

**奥《おく》が深《ふか》い** ❶奥行《おくゆ》きがある。[例] この家《いえ》は奥が深い。❷物事《ものごと》をきわめようとしても、なかなかきわめられない。[例] サッカーは奥が深いスポーツだ。

°**おく【置く】** [動] ❶ある場所《ばしょ》にすえる。そのまま動《うご》かないようにする。[例] 机《つくえ》の上《うえ》に本《ほん》を置く。❷そのまま残《のこ》す。[例] 子《こ》どもを置いて行《い》く。❸設《もう》ける。[例] 事務所《じむしょ》を置く。❹人《ひと》を居《い》させる。[例] 下宿人《げしゅくにん》を置く。❺間《あいだ》をへだてる。[例] 時間《じかん》をおいてスタートする。❻その状態《じょうたい》が続《つづ》くようにする。[例] 国《くに》の支配下《しはいか》におく。❼わきに取《と》りのける。[例] この話《はなし》はしばらくおいて、次《つぎ》に進《すす》もう。❽(露《つゆ》や霜《しも》が)おりる。[例] 庭《にわ》に白《しろ》く霜《しも》が置く。❾(「…しておく」の形《かたち》で)何《なに》かをして、そのままにする。[例] ひとまず聞《き》いておく。❿(「…しておく」の形《かたち》で)前《まえ》もってする。[例] 多《おお》めに作《つく》っておく。参考 ふつう❺〜❼・❾・❿は、かな書《が》きにする。⇩ち【置】819ページ

**おくがい【屋外】** [名] 建物《たてもの》の外《そと》。戸外《こがい》。[対] 屋内《おくない》。

**おくがた【奥°方】** [名] 身分《みぶん》の高《たか》い人《ひと》の妻《つま》。〔古《ふる》い言《い》い方《かた》。〕

**おくぎ【奥°義】** [名] ⇩おうぎ(奥義) 144ページ

**おくさま【奥°様】** [名] 他人《たにん》の妻《つま》を尊敬《そんけい》していう言《い》い方《かた》。[例]「奥様、どうぞこちらへ。」

**おくさん【奥°さん】** [名]「奥様《おくさま》」を親《した》しんでいう言《い》い方《かた》。[例] お隣《とな》りの奥さん。

**おくじょう【屋上】** [名] 屋根《やね》の上《うえ》。

**おくする【臆°する】** [動] 気《き》おくれする。おじける。[例] 大勢《おおぜい》の前《まえ》でも臆することなく話《はな》す。

**おくそく【憶°測・臆°測】** [名][動-する] (はっきりわからないことを)だいたいこうだろうと考《かんが》えること。[例] 憶測で決《き》めてはならない。

**おくそこ【奥°底】** [名] ❶いちばん深《ふか》い所《ところ》。❷ほんとうの気持《きも》ち。本心《ほんしん》。[例] 心《こころ》の奥底。

ん。首都《しゅと》シンガポール。人口約《じんこうやく》570万人《まんにん》。略称《りゃくしょう》SIN。

**オクターブ** 〔フランス語〕 名 〔音楽《おんがく》で〕ある音《おと》から八度《はちど》へだたっている音《おと》。例《たと》えば、「ド・レ・ミ・ファ・ソ・ラ・シ・ド」のとき、上《うえ》のドと下《した》のドとの関係《かんけい》をいい、音《おと》の高《たか》さは一《いち》オクターブちがっている。

**おくち【奥地】** 名 海辺《うみべ》や町《まち》からずっと離《はな》れ、まだ開《ひら》かれていない土地《とち》。

✤**おくづけ【奥付】** 名 本《ほん》の最後《さいご》の、本《ほん》を書《か》いた人《ひと》・発行年月日《はっこうねんがっぴ》・発行所《はっこうじょ》などが書《か》いてあるところ。

**おくて** 名 ❶ふつうよりおそくできる、イネや野菜《やさい》、果物《くだもの》のこと。対 わせ。❷体《からだ》や心《こころ》の成長《せいちょう》がおそいこと。また、その人《ひと》。

**おくない【屋内】** 名 建物《たてもの》の中《なか》。例 屋内競技場《きょうぎじょう》。対 屋外《おくがい》。

**おくに【お国】** 名 ❶相手《あいて》の国《くに》や故郷《こきょう》を敬《うやま》っていう言葉《ことば》。例 お国はどちらですか。❷「田舎《いなか》」「地方《ちほう》」を丁寧《ていねい》にいう言葉《ことば》。例 お国なまり。

**おくにことば【お国言葉】** 名 その地方《ちほう》だけで使《つか》われる言葉《ことば》。田舎《いなか》の言葉《ことば》。

**おくのいん【奥の院】** 名 寺《てら》の本堂《ほんどう》より奥《おく》にあって、本尊《ほんぞん》などがまつってある建物《たてもの》。

**おくのて【奥の手】** 名 ふだんは使《つか》わないとっておきのやり方《かた》。例 奥の手を使《つか》う。

**おくのほそみち** 『おくのほそ道』 作品名 江戸《えど》時代《じだい》に松尾芭蕉《まつおばしょう》が書《か》いた紀行文《きこうぶん》。江戸《えど》を出《で》て東北《とうほく》から北陸《ほくりく》への旅《たび》のようすを、俳句《はいく》を入《い》れながらまとめたもの。

**おくば【奥歯】** 名 口《くち》の奥《おく》にある歯《は》。

**奥歯《おくば》に物《もの》が挟《はさ》まったような** 何《なに》かをかくしているようなものの言《い》い方《かた》。例 奥歯に物がはさまったような口《くち》ぶり。

**おくびにもださない【おくびにも出さない】** 口《くち》にも出《だ》さず、それらしいようすも見《み》せない。参考「おくび」とは、げっぷのこと。

**おくびょう【臆病】** 名 形動 びくびくしてこわがること。例 臆病な犬《いぬ》。

**臆病風《おくびょうかぜ》に吹《ふ》かれる** おくびょうな気持《きも》ちが起《お》こる。

**おくふかい【奥深い】** 形 ❶ずっと奥《おく》まで入《はい》りこんでいる。例 湖《みずうみ》は森《もり》の奥深いところにある。❷深《ふか》い意味《いみ》をもっている。おくぶかい。例 奥深い内容《ないよう》。

**おくまる【奥まる】** 動 奥《おく》のほうにある。例 谷《たに》の奥まった所《ところ》に滝《たき》がある。

**おくまんちょうじゃ【億万長者】** 名 たいへんな大金持《おおがねも》ち。例 世界《せかい》でも数少《かずすく》ない億万長者。

**おくめんもなく【臆面もなく】** 気《き》おくれすることもなく。ずうずうしく。例 臆面もなく、よくもそんなことをしでかしたものだ。

**おくやみ【お悔やみ】** 名 ↓くやみ❷ 374ページ

**おくゆかしい【奥ゆかしい】** 形 品《ひん》がよく、つつしみ深《ぶか》い。例 心《こころ》の奥ゆかしい人《ひと》。

**おくゆき【奥行き】** 名 ❶家《いえ》や土地《とち》の、表《おもて》から裏《うら》までの長《なが》さ。❷知識《ちしき》や研究《けんきゅう》などの奥深《おくふか》さ。対(❶・❷)間口《まぐち》。

**オクラ** 〔英語 okra〕 名 畑《はたけ》に作《つく》る一年草《いちねんそう》。シシトウに似《に》たさやをゆでたりして食《た》べる。

**おくらす【遅らす】** 動 遅《おく》れるようにする。

↓**ち【遅】** 819ページ

**おぐらひゃくにんいっしゅ** 『小倉百人一首』 作品名 ↓ひゃくにんいっしゅ 1109ページ

✤**おくりがな【送り〈仮名〉】** 名 〔国語《こくご》で〕一《ひと》つの言葉《ことば》を漢字《かんじ》と仮名《かな》で書《か》く場合《ばあい》、漢字《かんじ》の下《した》に付《つ》ける仮名《かな》。訓《くん》の場合《ばあい》に付《つ》ける。例《たと》えば、「起《お》こる」の「こる」、「生《い》き物《もの》」の「き」など。

**おくりこむ【送り込む】** 動 人《ひと》や物《もの》を目的《もくてき》の所《ところ》に届《とど》ける。 ↓ 158ページ

**おくりだす【送り出す】** 動 ❶出《で》て行《い》く人《ひと》を送《おく》る。例 卒業生《そつぎょうせい》を送り出す。❷相手《あいて》に届《とど》くように送《おく》る。例 荷物《にもつ》を送り出す。❸〔すもうで〕相手《あいて》を後《うし》ろから押《お》したりして、土俵《どひょう》の外《そと》に出《だ》す。

**おくりとどける【送り届ける】** 動 送《おく》って目的《もくてき》のところに届《とど》ける。例 注文《ちゅうもん》の品《しな》を自宅《じたく》まで送り届ける。

**おくりび【送り火】** 名 うら盆《ぼん》の終《お》わりの日《ひ》の夜《よる》、先祖《せんぞ》の霊《れい》を送《おく》るために家《いえ》の前《まえ》でたく火《ひ》。対 迎《むか》え火《び》。

**おくりもの【贈り物】** 名 人《ひと》にあげる品物《しなもの》。



世界の国 シンガポール マレー半島南端《はんとうなんたん》の島《しま》にある国《くに》。東京二十三区全体《とうきょうにじゅうさんくぜんたい》とだいたい同《おな》じ大《おお》きさ。加工貿易《かこうぼうえき》がさか

**例解！ことばの勉強室**

## 「送《おく》りがな」の決《き》まり

同《おな》じ「細」でも、「ほそい」は「細《ほそ》い」、「こまかい」は「細《こま》かい」と送《おく》りがなをつける。送《おく》りがなを見《み》ると、どちらに読《よ》むか区別《くべつ》ができる。

訓読《くんよ》みする漢字《かんじ》は、読《よ》み方《かた》をはっきりさせるために、漢字《かんじ》の下《した》にかなをつけて書《か》く。

●使《つか》い方《かた》によって形《かたち》の変《か》わる〔＝活用《かつよう》する〕言《こと》葉《ば》

1　使《つか》い方《かた》によって形《かたち》が変《か》わる言葉《ことば》は、変《か》わる部分《ぶぶん》を送《おく》る。

・書《か》く　実《みの》る　生《い》きる　古《ふる》い　細《ほそ》い

2　「しい」で終《お》わる形容詞《けいようし》は、「し」から送《おく》る。

・楽《たの》しい　悲《かな》しい　美《うつく》しい　新《あたら》しい

3　「か・やか・らか」を含《ふく》む形容動詞《けいようどうし》は、そこから送《おく》る。

・確《たし》かだ　暖《あたた》かだ　静《しず》かだ　健《すこ》やかだ　明《あき》らかだ

4　他《ほか》の読《よ》み方《かた》と区別《くべつ》したり、読《よ》みまちがいをふせいだりするために、次《つぎ》のような言葉《ことば》はよぶんに送《おく》る。

・味《あじ》わう　教《おそ》わる　逆《さか》らう　群《むら》がる　和《やわ》らぐ　明《あか》るい　危《あぶ》ない　平《ひら》たい　平《たい》らだ　幸《さいわ》いだ　幸《しあわ》せだ

5　他《ほか》の言葉《ことば》が入《はい》って形《かたち》が変《か》わった言葉《ことば》は、元《もと》の言葉《ことば》と同《おな》じように送《おく》る。

・動《うご》かす（動《うご》く）　照《て》らす（照《て》る）　向《む》かう（向《む》く）　生《う》まれる（生《う》む）　勇《いさ》ましい（勇《いさ》む）　喜《よろこ》ばしい（喜《よろこ》ぶ）　落《お》とす（落《お》ちる）　暮《く》らす（暮《く》れる）　集《あつ》まる（集《あつ》める）　定《さだ》まる（定《さだ》める）　混《ま》ざる（混《ま》ぜる）　重《おも》んずる（重《おも》い）　確《たし》かめる（確《たし》かだ）　重《おも》たい（重《おも》い）　高《たか》らかだ（高《たか》い）

●形《かたち》の変《か》わらない言葉《ことば》

1　名詞《めいし》は送《おく》りがなをつけない。

・月《つき》　鳥《とり》　花《はな》　男《おとこ》　女《おんな》

2　他《ほか》の読《よ》み方《かた》と区別《くべつ》するために、次《つぎ》のような場合《ばあい》は最後《さいご》の一字《いちじ》を送《おく》る。また、数《かず》を数《かぞ》える「つ」は、その「つ」をつける。

・辺《あた》り　後《うし》ろ　幸《さいわ》い　幸《しあわ》せ　便《たよ》り　半《なか》ば　自《みずか》ら　災《わざわ》い　一《ひと》つ　三《みっ》つ　幾《いく》つ

3　他《ほか》の言葉《ことば》から名詞《めいし》になったものは、元《もと》の言葉《ことば》の送《おく》りがなをつける。

・動《うご》き　調《しら》べ　願《ねが》い　晴《は》れ　当《あ》たり　代《か》わり　向《む》かい　答《こた》え　群《む》れ　初《はじ》め　暑《あつ》さ　確《たし》かさ　明《あか》るみ　重《おも》み　惜《お》しげ

ただし、次《つぎ》のようなものには、送《おく》りがなをつけない。

・印《しるし》　次《つぎ》　富《とみ》　話《はなし》　光《ひかり》　係《かかり》　組《くみ》

4　次《つぎ》のような名詞《めいし》は、習慣《しゅうかん》にしたがって、送《おく》りがなをつけない。

・木立《こだち》　試合《しあい》　場合《ばあい》　番組《ばんぐみ》　日付《ひづけ》　物置《ものおき》　物語《ものがたり》　役割《やくわり》　夕立《ゆうだち》　割合《わりあい》　合図《あいず》　植木《うえき》　織物《おりもの》　敷地《しきち》　立場《たちば》　建物《たてもの》　並木《なみき》　受付《うけつけ》　浮世絵《うきよえ》

---

プレゼント。進物《しんもつ》。例クリスマスの贈り物。

◦**おくる**【送る】動 ❶品物《しなもの》を、目当《めあ》ての所《ところ》に届《とど》くようにする。例小包《こづつみ》を送る。❷去《さ》っていく人《ひと》と別《わか》れる。例卒業生《そつぎょうせい》を送る。❸別《わか》れをおしんで、ついて行《い》く。例駅《えき》まで送る。❹順《じゅん》に次《つぎ》へ動《うご》かす。例ランナーを二塁《にるい》へ送る。❺時《とき》を過《す》ごす。例月日《つきひ》を送る。対（❷～❺）迎《むか》える。❻送《おく》りがなをつける。例「みじかい」は「短」に「い」を送る。⇩**そう**【送】741ページ

◦**おくる**【贈る】動 ❶品物《しなもの》を人《ひと》にあげる。プレゼントする。例卒業祝《そつぎょういわ》いを贈る。❷手柄《てがら》のあった人《ひと》に、位《くらい》や勲章《くんしょう》などを与《あた》える。例国民栄誉賞《こくみんえいよしょう》を贈る。⇩**ぞう**【贈】744ページ

**おくれ**【後△れ】名 ほかよりもおくれること。例勉強《べんきょう》の後れを取《と》りもどす。

**後《おく》れを取《と》る** 人《ひと》に先《さき》をこされる。負《ま》ける。例ワクチンの研究《けんきゅう》に後れを取る。参考「遅《おく》れを取《と》る」とも書《か》く。

**おくれ**【遅れ】名 進《すす》み方《かた》がおくれること。例大雪《おおゆき》で列車《れっしゃ》のダイヤに遅れが生《しょう》じた。

**おくれげ**【後△れ毛】名 髪《かみ》を結《ゆ》ったりたば

やニッケル、銅《どう》などの鉱物資源《こうぶつしげん》も豊富《ほうふ》。首都《しゅと》ハラレ。人口約《じんこうやく》1,510万人《まんにん》。略称《りゃくしょう》ZIM。

ねたりしたときに、残《のこ》っている短《みじか》い毛《け》。

**おくればせ**【後ればせ】名 何《なに》かをするのにおそくなること。例 後ればせながら、お礼《れい》申《もう》しあげます。

∘**おくれる**【後れる】動 ❶とり残《のこ》される。例 流行《りゅうこう》に後れる。❷おそい。おとる。例 イネの生長《せいちょう》が後れる。参考「遅《おく》れる」とも書《か》く。➡ご【後】421ページ

∘**おくれる**【遅れる】動 ❶進《すす》み方《かた》がおそくなる。例 仕事《しごと》が遅れる。時計《とけい》が遅れる。対 進《すす》む。❷決《き》まった時刻《じこく》や期限《きげん》に間《ま》に合《あ》わない。例 事故《じこ》で電車《でんしゃ》が遅れる。➡ち【遅】819ページ

**おけ**【桶】名 水《みず》などを入《い》れる、木《き》で作《つく》った入《い》れ物《もの》。例 ふろおけ。

**おけはざまのたたかい**【桶狭間の戦い】名 一五六〇年《ねん》、尾張《おわり》(=今《いま》の愛知県西部《あいちけんせいぶ》)の桶狭間《おけはざま》で、織田信長《おだのぶなが》が今川義元《いまがわよしもと》を破《やぶ》った戦《たたか》い。

**例解 ⟷ 使い分け**

**送《おく》る と 贈《おく》る**

荷物《にもつ》を送《おく》る。
友達《ともだち》を送《おく》る。
合図《あいず》を送《おく》る。

プレゼントを贈《おく》る。
花束《はなたば》を贈《おく》る。
記念品《きねんひん》を贈《おく》る。

**おけら** 名 ❶地中《ちちゅう》にすむ昆虫《こんちゅう》。前足《まえあし》で土《つち》をほって進《すす》み、農作物《のうさくぶつ》の根《ね》を食《た》べる。けら。❷お金《かね》を持《も》っていない人《ひと》。〔くだけた言《い》い方《かた》。〕

**おける**〔「…における」の形《かたち》で〕…での。…にとっての。例 社会《しゃかい》における活動《かつどう》。

**おこがましい** 形 ❶ばからしい。例 口《くち》にするのもおこがましい。❷でしゃばりで、なまいきだ。例 おこがましいことを言《い》う。

**おこす**【興す】動 活動《かつどう》をさかんにしたり、新《あたら》しいものを作《つく》り上《あ》げたりする。例 新《あたら》しい産業《さんぎょう》を興す。➡こう【興】426ページ

∘**おこす**【起こす】動 ❶(横《よこ》になっていたものを)立《た》たせる。例 たおれた木《き》を起こす。❷目《め》を覚《さ》まさせる。例 朝《あさ》の六時《ろくじ》に起こす。❸(何《なに》かを)始《はじ》める。例 行動《こうどう》を起こす。❹生《しょう》じさせる。例 事故《じこ》を起こす。❺ほりかえす。例 畑《はたけ》を起こす。➡き【起】293ページ

**例解 ⟷ 使い分け**

**興《おこ》す と 起《お》こす**

会社《かいしゃ》を興《おこ》す。
国《くに》を興《おこ》す。

体《からだ》を起《お》こす。
七時《しちじ》に起《お》こす。
事件《じけん》を起《お》こす。
やる気《き》を起《お》こす。

**おこす** 動 炭《すみ》などに火《ひ》をつけ、火《ひ》の勢《いきお》いをさかんにする。例 炭《すみ》をおこす。

**おごそか**【厳か】形動 いかめしくて、立派《りっぱ》なようす。例 厳かな儀式《ぎしき》。➡げん【厳】409ページ

**おこたる**【怠る】動 ❶なまける。❷油断《ゆだん》する。例 注意《ちゅうい》を怠る。➡たい【怠】768ページ

**おこつ**【お骨】名 なくなった人《ひと》の骨《ほね》。

∘**おこない**【行い】名 ❶(何《なに》かを)すること。行《おこな》うこと。例 親切《しんせつ》な行い。❷ふだんの行動《こうどう》。例 日《ひ》ごろの行いが大切《たいせつ》だ。

∘**おこなう**【行う】動 (ものごとを)する。例 運動会《うんどうかい》を行う。〔「する」よりも、改《あらた》まった言《い》い方《かた》。〕➡こう【行】424ページ

**おこのみやき**【お好み焼き】名 小麦粉《こむぎこ》を水《みず》でとき、野菜《やさい》や肉《にく》などを加《くわ》えて、鉄板《てっぱん》の上《うえ》で焼《や》いて食《た》べる料理《りょうり》。

**おこり**【起こり】名 ものごとの始《はじ》まり。もと。起源《きげん》。例 オリンピックの起こり。

**おごり** 名 ❶思《おも》い上《あ》がり。例 心《こころ》におごりがあ

**例解 ことばの窓**

**行《おこな》い の意味《いみ》で**

勇気《ゆうき》ある行為《こうい》をたたえる。
思《おも》いついたら、行動《こうどう》に移《うつ》す。
ふざけないで、言動《げんどう》をつつしめ。
ふだんからの素行《そこう》がよくない。
このいたずらは、だれの仕業《しわざ》だ。





世界の国 ジンバブエ　アフリカ南部《なんぶ》の国《くに》。日本《にっぽん》よりやや広《ひろ》い。タバコや綿花《めんか》、小麦《こむぎ》、コーヒーなどが栽培《さいばい》され、クロム

## 例解 ! 表現の広場

### 怒《おこ》る と 怒《いか》る と 憤《いきどお》る のちがい

| | 怒《おこ》る | 怒《いか》る | 憤《いきどお》る |
|---|---|---|---|
| 真《ま》っ赤《か》になって | ○ | ○ | ○ |
| 先生《せんせい》が生徒《せいと》を | ○ | × | × |
| 社会《しゃかい》の不正《ふせい》に | × | ○ | ○ |

る。❷ぜいたくをすること。例おごりをきわめた生活《せいかつ》。❸人《ひと》にごちそうをすること。例夕食《ゆうしょく》は、父《ちち》のおごりだ。

**おごりたかぶる**【おごり高ぶる】動 得意《とくい》になって、えらそうにいばる。

**°おこる**【怒°る】動 ❶腹《はら》を立《た》てる。例だまされて怒る。❷しかる。例父《ちち》に怒られた。類怒《いか》る。憤《いきどお》る。⇩ど【怒】902ページ

**おこる**【興△る】動 活動《かつどう》がさかんになったり、新《あら》たなものが生《う》まれたりする。例工業《こうぎょう》が興る。新《あたら》しい国《くに》が興る。⇩こう【興】426ページ

**°おこる**【起こる】動 ❶始《はじ》まる。例戦争《せんそう》が起こる。❷生《しょう》じる。起《お》きる。例地震《じしん》が起こる。ウイルスで起こる病気《びょうき》。⇩き【起】293ページ

**おこる** 動 炭《すみ》や石炭《せきたん》の火《ひ》の勢《いきお》いが強《つよ》くなる。例炭《すみ》が真《ま》っ赤《か》におこる。

**おごる** 動 ❶自慢《じまん》して、いばる。例勝《か》ったからといって、おごってはいけない。❷ぜいたくをする。例おごった暮《く》らしをする。❸人《ひと》にごちそうする。例友達《ともだち》にジュースをおごる。

**おごる平家《へいけ》は久《ひさ》しからず** いい気《き》になって勝手《かって》なことばかりしている者《もの》は、長続《ながつづ》きせずに滅《ほろ》んでしまうものだ。参考栄《さか》えていた平家《へいけ》が滅《ほろ》んでしまったことから。

**おこわ** 名 もち米《ごめ》をむしたりたいたりしたもの。具《ぐ》を入《い》れることも多《おお》い。こわめし。アズキを入《い》れたものが赤飯《せきはん》。例山菜《さんさい》おこわ。

**おさえ**【抑°え】名 ❶物《もの》が動《うご》かないようにするもの。例抑えの石《いし》。❷勢《いきお》いを止《と》めること。例痛《いた》みの抑えにきく薬《くすり》。❸思《おも》うようにさせないこと。例先生《せんせい》なら抑えがきく。❹野球《やきゅう》で、点《てん》を取《と》らせないために最後《さいご》に出《で》る投手《とうしゅ》。

**おさえ**【押°さえ】名 押《お》して動《うご》かないようにするもの。重《おも》し。例文鎮《ぶんちん》を押さえにする。

**おさえつける**【押°さえつける】動 しっかりおさえて、動《うご》けないようにする。例首根《くびね》っこを押さえつける。

**°おさえる**【抑°える】動 ❶勢《いきお》いをくい止《と》める。例値上《ねあ》がりを抑える。❷がまんする。例怒《いか》りを抑える。❸自由《じゆう》にさせない。例発言《はつげん》を抑える。❹わくをこえないようにする。例前半戦《ぜんはんせん》を〇点《れいてん》に抑える。⇩よく【抑】1356ページ

**°おさえる**【押°さえる】動 ❶おしつけて動《うご》かないようにする。例戸《と》を押さえる。❷ふさぐ。例耳《みみ》を押さえる。❸だいじな点《てん》をとらえる。例要点《ようてん》を押さえる。❹つかまえる。例どろぼうを押さえる。⇩おう【押】143ページ

## 例解 ↔ 使い分け

### 抑《おさ》える と 押《お》さえる

笑《わら》いを抑《おさ》える。
涙《なみだ》を抑《おさ》える。
声《こえ》を抑《おさ》えて話《はな》す。

紙《かみ》を押《お》さえる。
とびらを押《お》さえる。
どろぼうを押《お》さえる。

**おさがり**【お下がり】名 ❶神《かみ》や仏《ほとけ》に供《そな》えた物《もの》を、下《さ》げたもの。❷客《きゃく》に出《だ》した食《た》べ物《もの》の残《のこ》り。❸目上《めうえ》や年上《としうえ》からゆずってもらった使《つか》い古《ふる》しの物《もの》。おふる。

**おさきぼうをかつぐ**【お先棒を担△ぐ】考《かんが》えもなしに、人《ひと》の手先《てさき》となってはたらく。

**おさげ**【お下げ】名 髪《かみ》の形《かたち》の一《ひと》つ。顔《かお》の両《りょう》側《がわ》に、髪《かみ》を編《あ》んで垂《た》らしたもの。⇩おかっぱ154ページ

**おさつ**【お札】名 「札《さつ》」の丁寧《ていねい》な言《い》い方《かた》。

**°おさない**【幼い】形 ❶年《とし》が少《すく》ない。例幼いころの思《おも》い出《で》。❷子《こ》どもっぽい。例考《かんが》えが幼い。⇩よう【幼】1348ページ

**おさなご**【幼子】名 幼《おさな》い子《こ》ども。幼児《ようじ》。

**おさなごころ**【幼心】名 子《こ》どものころの無邪気《むじゃき》な心《こころ》。



人口約《じんこうやく》860万人《まんにん》。略称《りゃくしょう》SUI。

**おさなともだち**【幼〈友達〉】名 子《こ》どものころからの友達《ともだち》。幼《おさな》なじみ。

**おさななじみ**【幼なじみ】名 ↓おさなともだち 161ページ

**おざなり** 名 形動 その場《ば》限《かぎ》りで、いいかげんなこと。間《ま》に合《あ》わせ。例 おざなりな仕事《しごと》はしない。

**おさまり**【収まり】名 ❶しっくり入《はい》ること。例 大《おお》きすぎて収まりが悪《わる》い。❷(さわぎや、問題《もんだい》が)解決《かいけつ》すること。例 収まりがつかない。参考「納《おさ》まり」とも書《か》く。

**おさまり**【納まり】名 (お金《かね》などの)はらいこまれたぐあい。例 会費《かいひ》の納まりが悪《わる》い。参考「収《おさ》まり」とも書《か》く。

**おさまる**【収まる】動 ❶きちんと中《なか》に入《はい》る。例 棚《たな》に本《ほん》が収まる。❷片付《かたづ》く。例 さわぎが収まる。❸静《しず》かになる。落《お》ち着《つ》く。例 風《かぜ》が収まる。↓しゅう【収】591ページ

**おさまる**【治まる】動 ❶世《よ》の中《なか》がしずまる。例 国《くに》が治まる。❷(痛《いた》みが)なくなる。例 頭《ず》痛《つう》が治まる。↓じ【治】539ページ

**おさまる**【修まる】動 行《おこな》いがよくなる。例 素《そ》行《こう》が修まる。↓しゅう【修】592ページ

**おさまる**【納まる】動 ❶お金《かね》や品物《しなもの》が、相《あい》手《て》にきちんとわたされる。例 税金《ぜいきん》が国《くに》に納まる。❷役目《やくめ》や地位《ちい》に落《お》ち着《つ》く。例 社長《しゃちょう》に納まる。↓のう【納】1010ページ

**おさめる**【収める】動 ❶中《なか》に入《い》れる。例 箱《はこ》に収める。❷手《て》に入《い》れる。自分《じぶん》のものとする。例 利益《りえき》を収める。❸よい結果《けっか》を生《う》み出《だ》す。例 成功《せいこう》を収める。❹文書《ぶんしょ》や写真《しゃしん》などにして残《のこ》す。例 運動会《うんどうかい》をビデオに収める。↓しゅう【収】591ページ

**おさめる**【治める】動 ❶おだやかにする。しずめる。例 けんかを治める。❷政治《せいじ》をする。例 国《くに》を治める。↓じ【治】539ページ

**おさめる**【修める】動 ❶心《こころ》や、行《おこな》いを正《ただ》しくする。例 身《み》を修める。❷学問《がくもん》や技《わざ》などを勉強《べんきょう》する。例 技術《ぎじゅつ》を修める。↓しゅう【修】592ページ

**おさめる**【納める】動 ❶お金《かね》や品物《しなもの》を、相《あい》手《て》にきちんとわたす。例 月謝《げっしゃ》を納める。❷受《う》け取《と》る。例 ぜひお納めください。❸中《なか》にしまう。片付《かたづ》ける。例 宝物《たからもの》を蔵《くら》に納める。胸《むね》に納める。❹終《お》わりにする。例 歌《うた》い納める。↓のう【納】1010ページ

**おさらい** 名 動する ❶復習《ふくしゅう》。例 かけ算《ざん》のおさらいをする。❷習《なら》った技《わざ》などを発表《はっぴょう》すること。例 おさらい会《かい》。

**おし**【押し】名 ❶押《お》すこと。❷自分《じぶん》の考《かんが》えを無理《むり》に通《とお》すこと。例 押しの一手《いって》〔=無理《むり》を押《お》し通《とお》す〕。

**押《お》しがきく** 人《ひと》をおさえて、自分《じぶん》の考《かんが》えを押《お》し通《とお》すことができる。

**押《お》しが強《つよ》い** 自分《じぶん》の意見《いけん》を押《お》し通《とお》す力《ちから》が強《つよ》い。

**押《お》しも押《お》されもせぬ** どこへ出《で》てもはずかしくない。例 押しも押されもせぬ立派《りっぱ》な人《ひと》。

**おじ**【△〈伯父〉・△〈叔父〉】名 父《ちち》または母《はは》の、兄《あに》や弟《おとうと》。おじさん。対 おば。参考「伯父《おじ》・叔父《おじ》」は、特別《とくべつ》に認《みと》められた読《よ》み方《かた》。父《ちち》や母《はは》の兄《あに》を「伯父《おじ》」、弟《おとうと》を「叔父《おじ》」と書《か》く。↓かぞく(家族) 236ページ

**おしあいへしあい**【押し合いへし合い】名 動する せまい所《ところ》へ大勢《おおぜい》の人《ひと》が入《はい》って、混雑《こんざつ》していること。

**おしい**【惜しい】形 ❶大切《たいせつ》である。もった

### 例解 ↔ 使い分け

**収《おさ》める と 治《おさ》める と 修《おさ》める と 納《おさ》める**

勝利《しょうり》を収《おさ》める。
本箱《ほんばこ》に収《おさ》める。
ポケットに収《おさ》める。

川《かわ》を治《おさ》める。
国《くに》を治《おさ》める。
せきを治《おさ》める。

学問《がくもん》を修《おさ》める。
技術《ぎじゅつ》を修《おさ》める。

税金《ぜいきん》を納《おさ》める。
品物《しなもの》を納《おさ》める。
胸《むね》に納《おさ》める。



世界の国 スイス 中《ちゅう》部《ぶ》ヨーロッパにある連邦国《れんぽうこく》。川《かわ》や湖《みずうみ》、山《やま》が多《おお》い。精密機械工業《せいみつきかいこうぎょう》や化学工業《かがくこうぎょう》がさかん。首都《しゅと》ベルン。

いない。例 捨《す》てるには惜しい。時間《じかん》が惜しい。❷残念《ざんねん》だ。例 惜しいことに負《ま》けてしまった。⇩せき【惜】713ページ

**○おじいさん** 名 ❶父《ちち》や母《はは》の、お父《とう》さん。祖《そ》父《ふ》。❷年《とし》をとった男《おとこ》の人《ひと》。対(❶・❷)おばあさん。

**おしいただく【押°し頂く】** 動 ❶受《う》け取《と》ったものを、うやうやしくささげて持《も》つ。例 卒業証書《そつぎょうしょうしょ》を押しいただく。❷長《ちょう》として迎《むか》える。例 かれを社長《しゃちょう》として押しいただく。

**おしいる【押°し入る】** 動 無理《むり》やりに家《いえ》の中《なか》に入《はい》る。押《お》し込《こ》む。例 どろぼうが押し入る。

**おしいれ【押°し入れ】** 名 ふとんや道具《どうぐ》などを入《い》れる、ふすまのついた戸棚《とだな》。

**おしうり【押°し売り】** 名 動-する 無理《むり》に品《しな》物《もの》を売《う》りつけること。また、その人《ひと》。

**おしえ【教え】** 名 教《おし》えること。また、教《おし》えられたこと。例 先生《せんせい》の教えに従《したが》う。

**おしえご【教え子】** 名 今《いま》、教《おし》えている生徒《せいと》や、もと、教《おし》えたことのある生徒《せいと》。

**おしえさとす【教え諭°す】** 動 ものごとの道理《どうり》を、よくわかるように言《い》って聞《き》かせる。例 罪《つみ》をつぐなうように、こんこんと教え諭す。

**○おしえる【教える】** 動 ❶学問《がくもん》や仕事《しごと》を、わかるように導《みちび》く。例 国語《こくご》を教える。❷わかるように言《い》って聞《き》かせる。例 道《みち》を教える。⇩きょう【教】332ページ

**おしおき【お仕置き】** 名 いたずらやあやまちをこらしめるために、罰《ばっ》すること。

**おしかける【押°しかける】** 動 ❶大勢《おおぜい》で、ある場《ば》所《しょ》へ行《い》く。例 会場《かいじょう》に押しかける。❷招《まね》かれていないのに、人《ひと》の所《ところ》へ行《い》く。例 人《ひと》の家《いえ》に押しかける。

**おじぎ【お辞儀°】** 名 動-する 頭《あたま》を下《さ》げて礼《れい》をすること。例 お客《きゃく》さまにお辞儀をする。

**おしきる【押°し切る】** 動 ❶物《もの》を押《お》しつけて切《き》る。❷無理《むり》に押《お》し通《とお》す。押《お》しのける。例 反《はん》対《たい》を押し切ってやりとげる。

**おしくも【惜°しくも】** 副 惜《お》しいことに。例 惜しくも二《に》位《い》だった。

**おじけづく** 動 こわがる。びくびくする。例 犬《いぬ》にほえられておじけづく。

**おしげもなく【惜°し気もなく】** 惜《お》しいと思《おも》う気《き》持《も》ちもなく。例 惜しげもなくすてる。

**おじける** 動 こわがる。

**おしこむ【押°し込°む】** 動 ❶無理《むり》に入《い》れる。❷人《ひと》の家《いえ》に無理《むり》やりに入《はい》る。押《お》し入《い》る。

**おしこめる【押°し込°める】** 動 ❶無理《むり》に入《い》れる。例 かばんに押し込める。❷出《で》られないようにする。例 部屋《へや》に押し込める。

**おしころす【押°し殺す】** 動 (声《こえ》などを)出《だ》さないように我慢《がまん》する。例 笑《わら》いを押し殺す。

**おじさん** 名 よその大人《おとな》の男《おとこ》の人《ひと》を指《さ》して言《い》う言葉《ことば》。対 おばさん。

**おじさん【〈伯△父〉さん・〈叔△父〉さん】** 名「伯《お》父《じ》」「叔《お》父《じ》」を親《した》しんで呼《よ》ぶ言《い》い方《かた》。対 伯《お》母《ば》さん。叔《お》母《ば》さん。

**おしずし【押°し鮨◆】** 名 酢《す》で味《あじ》つけしたご飯《はん》と魚《さかな》などの具《ぐ》を型《かた》に詰《つ》め、押《お》し固《かた》めてつくったすし。箱《はこ》ずし。

**おしすすめる【推△し進める】** 動 ものごとを、どんどん進《すす》める。推進《すいしん》する。例 工事《こうじ》を推し進める。

**おしせまる【押°し迫°る】** 動 間近《まぢか》になる。近《ちか》づく。例 運動会《うんどうかい》も押し迫った。類 押《お》し詰《つ》まる。

**おしだし【押°し出し】** 名 ❶押《お》して外《そと》へ出《だ》すこと。特《とく》に、すもうで相手《あいて》を土俵《どひょう》から出《だ》すこと。❷野球《やきゅう》・ソフトボールで、満塁《まんるい》のとき、フォアボールかデッドボールで一点《いってん》入《はい》ること。❸人《ひと》の前《まえ》に出《で》たときの姿《すがた》。例 父《ちち》は押し出しがいい。

**おしたてる【押°し立てる】** 動 ❶勢《いきお》いよく立《た》てる。例 旗《はた》を押し立てて進《すす》む。❷強《つよ》く押《お》す。例 会長《かいちょう》に押し立てる。

**おしちや【お七夜】** 名 子《こ》どもが生《う》まれて七日《なのか》めの夜《よる》。また、そのお祝《いわ》い。七夜《しちや》。

**おしつけがましい【押°しつけがましい】** 形 無理《むり》に押《お》しつける感《かん》じだ。例 押しつけがましい態度《たいど》。

**おしつける【押°しつける】** 動 ❶強《つよ》く押《お》して、くっつける。例 壁《かべ》に押しつける。❷(仕事《しごと》や責任《せきにん》などを)無理《むり》やりに人《ひと》に持《も》たせる。例 あと片付《かたづ》けを押しつける。

**おしつまる【押°し詰°まる】** 動 ある時《じ》期《き》

が栽培《さいばい》されている。福祉国家《ふくしこっか》として有名《ゆうめい》。首都《しゅと》ストックホルム。人口約《じんこうやく》1,045万人《まんにん》。略称《りゃくしょう》SWE。

がせまる。特《とく》に、年《とし》の暮《く》れに近《ちか》づく。例 今年《ことし》も押し詰まってきた。類 押《お》し迫《せま》る。

**おしとおす**【押し通す】動 ❶無理《むり》やりに押《お》しきる。例 わがままを押し通す。❷どこまでも変《か》えずに続《つづ》ける。例 始《はじ》めから反対《はんたい》で押し通す。

**おしとどめる**【押しとどめる】動 強《つよ》く押《お》さえてやめさせる。例 いたずらを押しとどめる。

**おしどり** 名 湖《みずうみ》や川《かわ》にすむ水鳥《みずとり》。秋《あき》から冬《ふゆ》にかけて、雄《おす》は羽《はね》の形《かたち》や色《いろ》が美《うつく》しい。雄《おす》と雌《めす》がいつもいっしょにいるので、「おしどり夫婦《ふうふ》」などと、仲《なか》のよいたとえに使《つか》われる。

〔おしどり〕

**おしなべて** 副 だいたい。例 成人式《せいじんしき》はおしなべて和服《わふく》の人《ひと》が多《おお》い。

**おしのける**【押しのける】動 じゃまなものを、無理《むり》にわきへどける。例 人《ひと》を押しのけて前《まえ》へ出《て》る。

**おしのび**【お忍び】名 地位《ちい》のある人《ひと》が、それをかくして、こっそり外出《がいしゅつ》すること。

**おしば**【押し葉】名 草木《くさき》の葉《は》などを紙《かみ》の間《あいだ》にはさんで押《お》さえ、かわかしたもの。類 押《お》し花《ばな》。

**おしはかる**【推△し量る】動 あることをもとにして、こうではないかと考《かんが》える。推量《すいりょう》する。例 人《ひと》の気持《きも》ちを推し量る。

**おしばな**【押し花】名 花《はな》を紙《かみ》の間《あいだ》にはさんで押《お》さえ、かわかしたもの。標本《ひょうほん》やしおりなどにする。類 押《お》し葉《ば》。

**おしべ**【雄しべ】名 花《はな》の雌《め》しべの周《まわ》りにあって、花粉《かふん》を作《つく》るところ。対 雌《め》しべ。⇩はな(花)❶ 1054ページ

**おしぼり**【お絞り】名 タオルや手《て》ぬぐいを湯《ゆ》や水《みず》につけ、しぼったもの。顔《かお》や手《て》などをふくのに使《つか》う。

**おしまい** 名 ❶終《お》わり。例 掃除《そうじ》をおしまいにしよう。❷だめになること。例 人間《にんげん》もあなったらおしまいだ。

**おしまはんとう**〔渡島半島〕地名 北海《ほっかい》道《どう》の南西部《なんせいぶ》にある半島《はんとう》。津軽海峡《つがるかいきょう》をへだてて、青森県《あおもりけん》と向《む》き合《あ》っている。

**◦おしむ**【惜しむ】動 ❶大切《たいせつ》にする。例 ひまを惜しんで勉強《べんきょう》する。❷残念《ざんねん》に思《おも》う。例 別《わか》れを惜しむ。❸使《つか》うのをいやがる。例 努力《どりょく》を惜しむ。❹〔「…を惜《お》しまない」の形《かたち》で〕大《おお》いに…する。例 だれもが協力《きょうりょく》を惜しまない。⇩せき【惜】713ページ

**おしめ** 名 おむつ。

**おしめり**【お湿り】名 ほどよく降《ふ》るありがたい雨《あめ》。例 いいお湿りだ。

**おしもどす**【押し戻す】動 押《お》して、もとの場所《ばしょ》へさがらせる。

**おしもんどう**【押し問答】名 動する たがいに意見《いけん》を言《い》い合《あ》って、どちらもゆずらないこと。例 押し問答をくり返《かえ》す。

**おじや** 名 ⇩ぞうすい(雑炊) 748ページ

**おしゃか**【お釈▲迦◆】名 ❶できそこないの製品《せいひん》。不良品《ふりょうひん》。例 十《じゅう》のうち一《ひと》つはお釈迦が出《で》る。❷こわれて使《つか》えなくなること。〔くだけた言《い》い方《かた》。〕例 テレビがお釈迦になった。

**おしゃかさま**〔お釈迦様〕人名 ⇩しゃか 583ページ

**おしゃべり** 一 名 動する 気楽《きらく》な話《はなし》をすること。例 おしゃべりを楽《たの》しむ。二 名 形動 よけいなことを言《い》うこと。また、その人《ひと》。例 おしゃべりな人《ひと》。

**おしゃま** 名 ませていること。ませた子《こ》ども。

**おじゃま**【お邪魔】名 動する 自分《じぶん》がそこにいることや、訪問《ほうもん》することなどについて、相《あい》手《て》を気《き》づかって言《い》う言《い》い方《かた》。例 明日《あす》、おじゃまします。おじゃまではありませんか。

**おしやる**【押しやる】動 押《お》して向《む》こうへ動《うご》かす。例 本《ほん》をわきへ押しやる。

**◦おしゃれ** 名 形動 身《み》なりをかざること。例 おしゃれをして出《で》かける。

**おじゃん** 名 ものごとが、だめになること。〔くだけた言《い》い方《かた》。〕例 旅行《りょこう》がおじゃんになった。

**おしょう**【和△尚】名 寺《てら》のお坊《ぼう》さん。

**おじょうさん**【お嬢さん】名 よその女《おんな》の子《こ》を丁寧《ていねい》にいう言葉《ことば》。

**おしょく**【汚職】名 地位《ちい》や役目《やくめ》を利用《りよう》して、お金《かね》や品物《しなもの》を自分《じぶん》のものにすること。



世界の国 スウェーデン 北《きた》ヨーロッパの国《くに》。国土《こくど》の半分以上《はんぶんいじょう》を森林《しんりん》がしめる。工業《こうぎょう》がさかんで、農業《のうぎょう》では小麦《こむぎ》や大麦《おおむぎ》

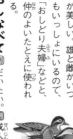

**おしよせる【押し寄せる】**[動] たくさんの人《ひと》や物《もの》が、一度《いちど》に近《ちか》づいてくる。[例]大波《おおなみ》が押し寄せる。

**おしろい【〈白粉〉】**[名] 化粧《けしょう》に使《つか》う白《しろ》い粉《こな》。

**おしろいばな** [名] 庭《にわ》に植《う》え、夏《なつ》から秋《あき》にかけてらっぱのような赤《あか》や黄《き》、白《しろ》の花《はな》が咲《さ》く草《くさ》花《ばな》。実《み》は黒《くろ》く丸《まる》い形《かたち》で、中《なか》におしろいのような白《しろ》い粉《こな》が入《はい》っている。

**おしんこ** [名] ↓つけもの 856ページ

◦**おす【雄】**[名] 動物《どうぶつ》の、男性《だんせい》にあたるもの。[対]雌《めす》。↓ゆう【雄】1334ページ

◦**おす【押す】**[動] ❶動《うご》かそうとして向《む》こうへ、または下《した》に向《む》けて力《ちから》を加《くわ》える。[例]スイッチを押す。車《くるま》を押す。[対]引《ひ》く。❷上《うえ》から重《おも》みを加《くわ》える。[例]判《はん》を押す。❸相手《あいて》より優位《ゆうい》に立《た》つ。[例]押しぎみに試合《しあい》を進《すす》める。❹無理《むり》をする。[例]病気《びょうき》を押して出《で》かける。❺確《たし》かめる。[例]念《ねん》を押す。↓おう【押】143ページ

例解 ↔ 使い分け

**押《お》すと推《お》す**

ベルを押《お》す。
背中《せなか》を押《お》す。
車《くるま》いすを押《お》す。

図書委員《としょいいん》に推《お》す。
経験《けいけん》から推《お》して考《かんが》える。

◦**おす【推す】**[動] ❶推薦《すいせん》する。[例]この案《あん》を推します。❷推《お》し量《はか》る。[例]電話《でんわ》の声《こえ》から推すと、若《わか》い人《ひと》らしい。↓すい【推】670ページ

**おすい【汚水】**[名] よごれた水《みず》。特《とく》に、下水《げすい》や工場《こうじょう》から出《だ》される水《みず》。

**おずおず** [副(-と)][動-する] おそるおそる。こわごわ。[例]おずおずとそばに近《ちか》づく。

**おすすめ【お薦め・お勧め】**[名][動-する] いいものだと言《い》って、人《ひと》にすすめること。[例]先生《せんせい》おすすめの国語辞典《こくごじてん》。

**おすそわけ【お裾分け】**[名][動-する] もらった物《もの》を、他《ほか》の人《ひと》に分《わ》けてやること。

**おすなおすな【押すな押すな】** せまい所《ところ》にたくさんの人《ひと》がいて、こみ合《あ》っているようす。[例]年末《ねんまつ》の大安売《おおやすう》りは、押すな押すなの大《おお》にぎわい。

**おすまし【お澄まし】**[名] ❶すまし汁《じる》。❷気取《きど》ってすましていること。また、そういう人《ひと》。

**おすみつき【お墨付き】**[名] 力《ちから》のある人《ひと》から、まちがいないと認《みと》められること。[例]茶道《さどう》の先生《せんせい》のお墨付きの茶《ちゃ》わん。

**オセアニア** [地名] 六大州《ろくだいしゅう》の一《ひと》つ。オーストラリア大陸《たいりく》と太平洋上《たいへいようじょう》のメラネシア・ポリネシア・ミクロネシアなどの島々《しまじま》を合《あ》わせた地域《いき》。大洋州《たいようしゅう》。

**おぜがはら〖尾瀬ヶ原〗**[地名] 群馬《ぐんま》・福島《ふくしま》・新潟《にいがた》の三県《さんけん》にまたがる広《ひろ》い湿原《しつげん》。ミズバショウ・ニッコウキスゲなどが生《は》えている。

**おぜこくりつこうえん〖尾瀬国立公園〗**[地名] 福島《ふくしま》・栃木《とちぎ》・群馬《ぐんま》・新潟《にいがた》の四県《よんけん》にまたがる国立公園《こくりつこうえん》。尾瀬沼《おぜぬま》・尾瀬《おぜ》ヶ原《がはら》がある。↓こくりつこうえん 457ページ

**おせじ【お世辞】**[名] うわべだけのほめ言葉《ことば》。世辞《せじ》。[例]お世辞を言《い》う。

**おせち【お節】**[名] ↓おせちりょうり 164ページ

**おせちりょうり【お節料理】**[名] 正月《しょうがつ》や節句《せっく》などに作《つく》る料理《りょうり》。ふつう、正月《しょうがつ》のこぶ巻《ま》きや煮《に》しめなどのことをいう。おせち。

**おせっかい** [名][形動] よけいな世話《せわ》をすること。また、その人《ひと》。[例]おせっかいをやく。

**おせん【汚染】**[名][動-する] 空気《くうき》や土地《とち》や水《みず》などがよごれること。特《とく》に、放射線《ほうしゃせん》・煙《けむり》・ガス・細菌《さいきん》などの有害《ゆうがい》なものでよごれること。[例]大気汚染《たいきおせん》。

**おぜん【お膳】**[名] 「膳《ぜん》」を丁寧《ていねい》にいう言葉《ことば》。

**おぜんだて【お膳立て】**[名][動-する] ❶食事《しょくじ》ができるように用意《ようい》すること。❷手《て》はず。用意《ようい》。[例]式《しき》のお膳立てをする。

◦**おそい【遅い】**[形] ❶時間《じかん》がかかる。のろい。[例]仕事《しごと》が遅い。[対]速《はや》い。❷時《とき》が過《す》ぎている。[例]遅い時間《じかん》。[対]早《はや》い。❸間《ま》に合《あ》わない。[例]今《いま》からでは遅い。↓ち【遅】819ページ

**おそいかかる【襲いかかる】**[動] 勢《いきお》いよくせめかかる。飛《と》びかかる。[例]オオカミがえものに襲いかかる。

◦**おそう【襲う】**[動] ❶ふいにせめる。[例]敵《てき》を

ーダンが独立《どくりつ》した。首都《しゅと》ハルツーム。人口約《じんこうやく》4,280万人《まんにん》。略称《りゃくしょう》SUD。

襲う。❷急《きゅう》に来《き》て害《がい》を与《あた》える。例 大雨《おおあめ》が襲う。❸急《きゅう》にそのような気持《きも》ちになる。例 恐《きょう》怖感《ふかん》に襲われる。⇩しゅう【襲】593ページ

**おそうまれ**【遅生まれ】名 四月《しがつ》二日《ふつか》から十《じゅう》二《に》月《がつ》三十一日《さんじゅういちにち》までの間《あいだ》に生《う》まれること。また、生《う》まれた人《ひと》。対 早生《はやう》まれ。

**おそかれはやかれ**【遅かれ早かれ】副 遅《おそ》い早《はや》いのちがいはあっても。いつかは。例 遅かれ早かれ、生《い》き物《もの》は死《し》ぬ。

**おそざき**【遅咲き】名 花《はな》が、ふつう咲《さ》く時《じ》期《き》より遅《おそ》く咲《さ》くこと。また、その花《はな》。例 遅咲きの桜《さくら》。対 早咲《はやざ》き。

**おそなえ**【お供え】名 ❶神《かみ》や仏《ほとけ》に供《そな》えること。また、その物《もの》。例 お供えをする。❷大《だい》小《しょう》二《ふた》つの丸《まる》いもちを重《かさ》ねたもの。お正《しょう》月《がつ》などにかざる。鏡《かがみ》もち。

**おそばん**【遅番】名 交代《こうたい》でする仕事《しごと》で、後《あと》で仕事《しごと》をする番《ばん》の人《ひと》。

**おそまき**【遅まき】名 ❶ふつうの時《じ》期《き》よりおくらせて種《たね》をまくこと。❷時《じ》期《き》がおくれてからものごとを始《はじ》めること。例 遅まきながら、勉《べん》強《きょう》を始《はじ》めた。

**おそまつ**【お粗末】形動 できがよくない。上《じょう》等《とう》でない。例 人物《じんぶつ》の描《えが》き方《かた》がお粗末だ。「どうもお粗末さまでした。」参考 自分《じぶん》をへりくだって言《い》うときや、相手《あいて》を軽《かる》く見《み》たり、批判《ひはん》をこめたりして言《い》うときに使《つか》う。

**おそらく**【恐らく】副 はっきりとは言《い》えないが、たぶん。きっと。例 雨《あめ》が強《つよ》いので、おそらく到着《とうちゃく》が遅《おく》れるだろう。注意 あとに「だろう」などの言葉《ことば》がくる。

**おそるおそる**【恐る恐る】副 こわごわ。こわがりながら。例 恐る恐る近《ちか》づく。

**おそれ**【虞】画数 13 部首 虍（とらがしら）

音 ― 訓 おそれ

気《き》がかり。心配《しんぱい》。

**おそれ**【虞】名（悪《わる》いことが起《お》こりそうな）心《しん》配《ぱい》。例 大雨《おおあめ》の虞がある。参考「恐《おそ》れ」とも書《か》く。

**おそれ**【恐れ】名 おそれること。こわいと思《おも》う気《き》持《も》ち。例 恐れをなす〔=恐《おそ》ろしいと思《おも》う〕。

**おそれいる**【恐れ入る】動 ❶申《もう》し訳《わけ》ないと思《おも》う。例 ご迷惑《めいわく》をおかけして、恐れ入ります。❷ありがたいと思《おも》う。例 ご親《しん》切《せつ》、恐れ入ります。❸かなわないと思《おも》う。例 あなたには、恐れ入りました。❹あきれる。例 あの子《こ》には恐れ入った。

**おそれおおい**【畏れ多い】形 〔神《しん》仏《ぶつ》や身《み》分《ぶん》の高《たか》い人《ひと》に対《たい》して〕❶たいへんもったいない。例 神《かみ》を粗《そ》末《まつ》にしては、おそれ多い。❷ありがたい。例 おそれ多いお言葉《ことば》。

**おそれおののく**【恐れおののく】動 こわくて、体《からだ》がふるえる。例 火事《かじ》が広《ひろ》がって、恐れおののく人々《ひとびと》。

**おそれる**【畏れる】動 おそれ多《おお》いと感《かん》じる。かしこまる。例 神《かみ》の力《ちから》を畏れる。⇩い【畏】52ページ

**おそれる**【恐れる】動 ❶こわがる。例 火《ひ》を恐れる。相手《あいて》チームを恐れる。❷心配《しんぱい》する。例 失敗《しっぱい》を恐れる。⇩きょう【恐】333ページ

**おそろしい**【恐ろしい】形 ❶たいへんなことが起《お》こりそうで、逃《に》げだしたい。こわい。例 恐ろしい姿《すがた》の鬼《おに》。❷心配《しんぱい》だ。例 恐ろしいことになった。❸程《てい》度《ど》が激《はげ》しい。ものすごい。例 恐ろしい勢《いきお》い。⇩きょう【恐】333ページ

**おそわる**【教わる】動 教《おし》えてもらう。人《ひと》から学《まな》ぶ。例 先生《せんせい》から教わる。道《みち》を教わる。⇩きょう【教】332ページ

**オゾン**〔英語 ozone〕名 空《くう》気《き》中《ちゅう》や酸《さん》素《そ》の中《なか》で、放電《ほうでん》することによってできる気《き》体《たい》。漂《ひょう》白《はく》や消《しょう》毒《どく》などに使《つか》われ、特《とく》有《ゆう》のにおいがある。

**オゾンそう**【オゾン層】名 地《ち》上《じょう》約《やく》一〇～五〇キロメートルの上《じょう》空《くう》にあるオゾンの多《おお》い層《そう》。生《せい》物《ぶつ》に有《ゆう》害《がい》な紫《し》外《がい》線《せん》を吸《きゅう》収《しゅう》する。

**オゾンホール**〔英語 ozone hole〕名 成《せい》層《そう》圏《けん》にあるオゾン層《そう》が、フロンガスなどによって、穴《あな》が空《あ》いたようにこわされた部《ぶ》分《ぶん》。生《せい》物《ぶつ》に有《ゆう》害《がい》な紫《し》外《がい》線《せん》が通《とお》りやすい。

**おたがい**【お互い】名「たがい」を丁《てい》寧《ねい》にいう言葉《ことば》。例 お互いの弱《じゃく》点《てん》を知《し》る。

**おたがいさま**【お互い様】名 両《りょう》方《ほう》が同《おな》じようすであること。例 困《こま》るのはお互い様です。

**おたかくとまる**【お高く止まる】人《ひと》



世界の国 スーダン　アフリカ北東部《ほくとうぶ》にある国《くに》。ナイル川《がわ》が国《くに》の中央《ちゅうおう》を流《なが》れている。綿花《めんか》やゴマを産出《さんしゅつ》。2011年《ねん》、南《みなみ》ス

を見《み》くだして、上品《じょうひん》ぶっている。

**おたく【お宅】** 一 名 ❶相手《あいて》やそこにいない人《ひと》の家《いえ》を指《さ》して、丁寧《ていねい》にいう言葉《ことば》。例 お宅はどちらですか。先生《せんせい》のお宅にうかがう。❷何《なに》か一《ひと》つの趣味《しゅみ》などにのめりこんで、夢中《むちゅう》になっている人《ひと》。オタク。二 代名 あなた。例 これはおたくの帽子《ぼうし》ですか。参考 二は、目《め》上《うえ》の人《ひと》には使《つか》わない。

**おたけび【雄叫び】** 名 勇《いさ》ましい叫《さけ》び声《ごえ》。

**おだてる** 動 人《ひと》をほめて、いい気《き》持《も》ちにさせる。例 おだてて歌《うた》を歌《うた》わせる。

**おだ のぶなが**〖織田信長〗 人名（男）（一五三四〜一五八二）戦国《せんごく》時代《じだい》の武将《ぶしょう》。室《むろ》町《まち》幕府《ばくふ》をほろぼし、全国《ぜんこく》を統一《とういつ》しようとしたが、家来《けらい》の明《あけ》智《ち》光秀《みつひで》に京都《きょうと》の本《ほん》能寺《のうじ》でおそわれて自害《じがい》した。

〔おだのぶなが〕

**おたふく【お多福】** 名 ⇩おかめ 154ページ

**おたふくかぜ【お多福〈風邪〉】** 名 耳《みみ》の下《した》がはれて、熱《ねつ》の出《で》る病気《びょうき》。ウイルスによってうつるが、ほとんどは一度《いちど》かかると二度《にど》とかからない。流行性《りゅうこうせい》耳下《じか》腺炎《せんえん》。

**おたま【お玉】** 名 ⇩おたまじゃくし❷ 166ページ

**おたまじゃくし** 名 ❶カエルの子《こ》。水中《すいちゅう》にすみ、えらで呼吸《こきゅう》する。長《なが》い尾《お》がついている。おたま。❷汁《しる》をすくうしゃくし。❸「♪」

に形《かたち》が似《に》ているところから）音符《おんぷ》。「♪」など。

**°おだやか【穏やか】** 形動 ❶のんびりと静《しず》かなようす。例 穏やかな日和《ひより》。❷心《こころ》が落《お》ち着《つ》いていて、静《しず》かなようす。例 穏やかな話《はな》し方《かた》をする人《ひと》。⇩おん【穏】 185ページ

**おち【落ち】** 名 ❶あったものが取《と》れること。例 汚《よご》れの落ちがいい。❷もれていること。手《て》ぬかり。例 仕《し》事《ごと》に落ちがない。❸行《ゆ》き着《つ》くところ。結末《けつまつ》。例 損《そん》をするのが落ちだよ。❹しゃれなどを使《つか》った、気《き》のきいた話《はなし》の結《むす》び方《かた》。例 落語《らくご》の落ち。

**おちあう【落ち合う】** 動 一《ひと》つの所《ところ》で、いっしょになる。例 人《ひと》と駅《えき》で落ち合う。

**°おちいる【陥る】** 動 ❶（穴《あな》やくぼみに）落《お》ちこむ。❷苦《くる》しいありさまになる。例 ピンチに陥る。❸だまされて、引《ひ》っかかる。例 敵《てき》のわなに陥る。⇩かん【陥】 272ページ

**おちおち** 副 安心《あんしん》して。ゆっくりと。例 心配《しんぱい》でおちおちねむれない。注意 あとに「ない」などの打《う》ち消《け》しの言葉《ことば》がくる。

**おちこぼれる【落ちこぼれる】** 動 ❶落《お》ちて散《ち》らばる。❷勉強《べんきょう》が追《お》いつかなくなる。

**おちこむ【落ち込む】** 動 ❶穴《あな》などに落《お》ちる。❷周《まわ》りよりへこむ。例 ひどくやせて、目《め》が落ち込む。❸（成績《せいせき》などが）急《きゅう》に下《さ》がる。❹しずんだ気分《きぶん》になる。例 景気《けいき》が落ち込む。例 失敗《しっぱい》が続《つづ》いて、落ち込む。

**おちつき【落ち着き】** 名 ❶そわそわしないで、ゆったりとしていること。例 落ち着きを取《と》りもどす。❷物《もの》のすわりぐあい。安《あん》定《てい》。例 この花《か》びんは落ち着きが悪《わる》い。

**おちつきはらう【落ち着き払う】** 動 ゆったりとしていて、あわてない。例 地震《じしん》がきても、落ち着き払っている。

**°おちつく【落ち着く】** 動 ❶静《しず》かな状態《じょうたい》になる。ものごとの動《うご》きや乱《みだ》れがおさまる。例 さわぎが落ち着く。交渉《こうしょう》が落ち着く。❷住《す》まいや勤《つと》め先《さき》が、決《き》まる。例 東京《とうきょう》に落ち着く。❸静《しず》かでゆったりしている。例 落ち着いて話《はな》す。❹しっくり合《あ》う。例 落ち着いた色《いろ》合《あ》い。

**おちど【落ち度】** 名 あやまち。まちがい。例 ぼくに落ち度はない。

**おちのびる【落ち延びる】** 動 戦《たたか》いに敗《やぶ》れた者《もの》が、遠《とお》くまでにげて行《い》く。

**おちば【落ち葉】** 名 かれて落《お》ちた木《き》の葉《は》。落葉《らくよう》。

**おちぶれる【落ちぶれる】** 動 前《まえ》より、貧《びん》乏《ぼう》になったり、地位《ちい》が下《さ》がったりして、みじめな状態《じょうたい》になる。

**おちぼ【落ち穂】** 名 かり取《と》ったあとに落《お》ちている、イネなどの穂《ほ》。例 落ち穂拾《ひろ》い。

**おちめ【落ち目】** 名 だんだんおとろえていくこと。例 あの店《みせ》も、もう落ち目だ。

**おちゃ【お茶】** 名 ❶「茶《ちゃ》」を丁寧《ていねい》にいう言葉《ことば》。❷仕事《しごと》の合間《あいま》に、ひと休《やす》みすること。例 そろそろお茶にしよう。❸茶《ちゃ》の湯《ゆ》のこと。例 お茶を習《なら》う。

**お茶《ちゃ》を濁《にご》す** その場《ば》をうまくごまかす。例 返事《へんじ》に困《こま》って、お茶をにごす。

**おちゃのこさいさい【お茶の子さいさい】** 簡単《かんたん》にできること。例 そんな仕事《しごと》は、お茶の子さいさいだ。類 朝飯前《あさめしまえ》。

**おちゃめ【お茶目】** 名 愛《あい》きょうがあって、いたずら好《ず》きなこと。茶目《ちゃめ》。

**おちゅうげん【お中元】** 名 「中元《ちゅうげん》」の丁寧《ていねい》な言《い》い方《かた》。↓ちゅうげん（中元）832ページ

**おちょうしもの【お調子者】** 名 おっちょこちょいで軽《かる》はずみな人《ひと》。

**おちょぼぐち【おちょぼ口】** 名 小《ちい》さくつぼめた、かわいらしい口元《くちもと》。

**おちる【落ちる】** 動 ❶上《うえ》から下《した》へと位置《いち》が変《か》わる。例 穴《あな》に落ちる。木《こ》の葉《は》が落ちる。❷しずむ。例 日《ひ》が落ちる。対 昇《のぼ》る。❸とれる。なくなる。例 汚《よご》れが落ちる。❹必要《ひつよう》なものが、もれる。例 名簿《めいぼ》から名前《なまえ》が落ちている。❺落第《らくだい》する。例 試験《しけん》に落ちる。対 受《う》かる。❻戦《たたか》いに負《ま》けて、にげる。例 都《みやこ》を落ちる。❼質《しつ》や程度《ていど》が下《さ》がる。例 品《しな》が落ちる。対 上《あ》がる。❽せめ落《お》とされる。例 城《しろ》が落ちる。❾コンピューターシステムが、思《おも》いがけず動《どう》作《さ》を停止《ていし》したり、正《ただ》しく動《うご》かなくなったりする。

↓らく【落】1372ページ

**おつ【乙】** 画数 1 部首 乙（おつ）

音 オツ 訓 ――

ものごとの二番《にばん》め。熟語 甲乙《こうおつ》。

**おつ【乙】** 一 名 十干《じっかん》の二番《にばん》め。きのと。甲《こう》の次《つぎ》。二 形動 ❶ちょっと変《か》わって、しゃれている。例 乙な味《あじ》がする。❷上品《じょうひん》そうにしている。例 乙にすましている。

**おつかい【お使い】** 名 動する 「使《つか》い❶」を丁《てい》寧《ねい》にいう言葉《ことば》。例 お使いを頼《たの》まれた。

**おっかない** 形 「こわい」「おそろしい」のくだけた言《い》い方《かた》。例 かみなりがおっかない。

**おっかなびっくり** 副 おそるおそる。こわごわ。例 おっかなびっくり犬《いぬ》に近《ちか》づく。

**おつかれさま【お疲れ様】** 感 相手《あいて》の働《はたら》きや苦労《くろう》をねぎらう、あいさつの言葉《ことば》。参考 丁寧《ていねい》に言《い》うときは「おつかれさまでした」。

**おつきさま【お月様】** 名 「月《つき》」の親《した》しみをこめた言《い》い方《かた》。例 「お月様いくつ。十《じゅう》三《さん》七《なな》つ。」

**おっくう** 形動 気《き》が進《すす》まないようす。面倒《めんどう》。例 出《で》かけるのがおっくうになる。

**おつけ【お付け】** 名 野菜《やさい》などを入《い》れた汁《しる》。特《とく》に、みそ汁《しる》。おみおつけ。

**おつげ【お告げ】** 名 神《かみ》や仏《ほとけ》の教《おし》え。また、その言葉《ことば》。例 神《かみ》のお告げ。

**おっしゃる** 動 「言《い》う」を、敬《うやま》って言《い》う言葉《ことば》。例 先生《せんせい》のおっしゃることを聞《き》く。

**おっちょこちょい** 名 形動 落《お》ち着《つ》きがなくて、考《かんが》えが浅《あさ》いこと。また、そのような人《ひと》。例 彼《かれ》にはおっちょこちょいな一面《いちめん》がある。

**おって【追っ手】** 名 にげて行《い》く敵《てき》などをつかまえるために、追《お》いかける人《ひと》。

**おって【追って】** 副 のちほど。近《ちか》いうちに。例 追っておお知《し》らせします。

**おっと【夫】** 名 夫婦《ふうふ》のうち、男《おとこ》の人《ひと》のほうをいう言葉《ことば》。対 妻《つま》。

↓ふ【夫】1122ページ

**おっとせい** 名 太平洋《たいへいよう》の北部《ほくぶ》の島《しま》にすむけもの。雄《おす》は大《おお》きくて、二《に》メートル以上《いじょう》になる。四本《よんほん》の足《あし》はひれのような形《かたち》をしていて、泳《およ》ぐのがうまい。

**おっとり** 副（-と） 動する 性質《せいしつ》がゆったりとして、こせこせしていないようす。例 姉《あね》はおっとりした性格《せいかく》だ。

**おつまみ** 名 酒《さけ》を飲《の》むときなどに出《だ》す、ちょっとした食《た》べ物《もの》。

**おつむ** 名 頭《あたま》。例 おつむてんてん。参考 おもに幼《おさな》い子《こ》どもに向《む》かって言《い》う言葉《ことば》。

**おつや【お通夜】** 名 ↓つや 865ページ

**おつり【お釣り】** 名 「つり」を丁寧《ていねい》にいう言《こと》葉《ば》。↓つり❷ 866ページ

**おてあげ【お手上げ】** 名 どうしていいか、わからなくなること。例 この問題《もんだい》は難《むずか》しくてお手上げだ。

**おでき** 名 皮膚《ひふ》にできる、うみをもったはれ物《もの》。でき物《もの》。

**おでこ** 名 ❶額《ひたい》。❷額《ひたい》が高《たか》く出《で》ていること。

**おてだま【お手玉】** 名 小《ちい》さな布《ぬの》のふくろに、アズキなどを入《い》れた遊《あそ》び道具《どうぐ》。また、歌《うた》を歌《うた》いながらそれを順々《じゅんじゅん》に投《な》げ上《あ》げて、手《て》で受《う》け取《と》る遊《あそ》び。

**おてつき【お手付き】** 名 ❶カルタ取《と》りで、





世界の国 スペイン ヨーロッパ南西部《なんせいぶ》にある国《くに》。オリーブやオレンジを産《さん》するほか、製鉄《せいてつ》、造船《ぞうせん》などの工業《こうぎょう》もさかん。

まちがった札《ふだ》に手《て》をつけること。❷ゲームなどでの答《こた》えまちがい。

**おてなみ【お手並み】** 名 (相手《あいて》の)腕前《うでまえ》。例 お手並み拝見《はいけん》(=腕前《うでまえ》を見《み》せていただきましょう)。

**おてのもの【お手の物】** 名 よくなれていて、得意《とくい》なこと。例 料理《りょうり》ならお手の物だ。

**おでまし【お出まし】** 名「出《で》かけること」「現《あらわ》れること」を敬《うやま》っていう言葉《ことば》。

**おてもり【お手盛り】** 名 自分《じぶん》に都合《つごう》のよいように、勝手《かって》にものごとを取《と》り計《はか》らうこと。例 お手盛りの計画《けいかく》。

**おてやわらかに【お手柔°らかに】** 手《て》かげんして扱《あつか》ってほしいとたのむようす。例 お手柔らかにお願《ねが》いします。

**おてん【汚°点】** 名 ❶よごれや、しみ。❷名誉《めいよ》を傷《きず》つけることがら。例 歴史《れきし》に汚点を残《のこ》す。

**おでん** 名 ❶大根《だいこん》・こんにゃく・ちくわ・こんぶなどを薄《うす》い味《あじ》で煮込《にこ》んだ食《た》べ物《もの》。❷⇩でんがく❷ 892ページ

**おてんきや【お天気屋】** 名 (天気《てんき》のように)気分《きぶん》の変《か》わりやすい人《ひと》。例 あんなお天気屋は見《み》たことがない。

**おてんとうさま【お天道△様】** 名「太陽《たいよう》」を、うやまったり親《した》しんだりしていう言葉《ことば》。おてんとさま。

**おてんば【お転°婆】** 名 形動 (少女《しょうじょ》や若《わか》い女性《じょせい》について)活動的《かつどうてき》で元気《げんき》がよいこと。また、そのような女性《じょせい》。

°**おと【音】** 名 空気《くうき》の波《なみ》が振動《しんどう》として耳《みみ》に伝《つた》わるひびき。例 鐘《かね》の音。風《かぜ》の音。参考 音《おと》は空《くう》気中《きちゅう》を、一秒間《いちびょうかん》におよそ三四〇メートルの速《はや》さで伝《つた》わる。⇩おん【音】184ページ

**音《おと》に聞《き》く** 評判《ひょうばん》が高《たか》い。例 ここが音に聞く松島《まつしま》か。

°**おとうさん【お〈父さん〉】** 名「父《とう》さん」の丁寧《ていねい》な呼《よ》び方《かた》。対 お母《かあ》さん。

°**おとうと【弟】** 名 年下《としした》の男《おとこ》の兄弟《きょうだい》。対 兄《あに》。関連 兄《あに》。姉《あね》。妹《いもうと》。⇩てい【弟】871ページ

**おとうとでし【弟弟△子】** 名 自分《じぶん》よりあとに、同《おな》じ先生《せんせい》や師匠《ししょう》の弟子《でし》になった人《ひと》。

**おどおど** 副(-と) 動-する こわがったり、自信《じしん》がなかったりして落《お》ち着《つ》かないようす。びくびく。例 おどおどした目《め》つき。

°**おどかす【脅°かす】** 動 ❶こわがらせる。おどす。例 こわい話《はなし》をして脅かす。❷びっくりさせる。例「わっ」と言《い》って脅かす。⇩きょう【脅】333ページ

**おとぎぞうし〖御伽草子〗** 名 室町時代《むろまちじだい》から江戸時代《えどじだい》初《はじ》めにかけてつくられた、絵入《えい》りでわかりやすい物語《ものがたり》のこと。「一寸法師《いっすんぼうし》」「浦島太郎《うらしまたろう》」などがある。

**おとぎばなし【おとぎ話】** 名 子《こ》どもに話《はな》して聞《き》かせる、昔《むかし》から伝《つた》わるお話《はなし》。「ももたろう」「かちかち山《やま》」「さるかに合戦《がっせん》」など。

**おどける** 動 冗談《じょうだん》を言《い》ったり、滑稽《こっけい》な身《み》ぶりをしたりする。

°**おとこ【男】** 名 人間《にんげん》の性別《せいべつ》の一《ひと》つで、精子《せいし》を作《つく》る器官《きかん》を持《も》つほうの者《もの》。男性《だんせい》。対 女《おんな》。参考 動物《どうぶつ》については、ふつう「おす」という。⇩だん【男】811ページ

例解 ことばの窓

**音《おと》を表《あらわ》す言葉《ことば》**

歩《ある》いてくる靴音《くつおと》がする。
虫《むし》の羽音《はおと》が聞《き》こえる。
エンジンの爆音《ばくおん》がうるさい。
バットが快音《かいおん》を発《はっ》する。
車《くるま》の騒音《そうおん》がひどい。
ラジオに雑音《ざつおん》が入《はい》る。
大きな機械《きかい》がごう音《おん》をたてる。
雨音《あまおと》に似《に》せた擬音《ぎおん》を作《つく》る。

**おとこで【男手】** 名 ❶男性《だんせい》の働《はたら》き手《て》。例 男手がなくて困《こま》る。❷男性《だんせい》の書《か》いた文字《もじ》。

**おとこなき【男泣き】** 名 動-する (男性《だんせい》が)こらえきれずに泣《な》くこと。

**おとこまえ【男前】** 名 顔立《かおだ》ちがよく、男性《だんせい》として魅力《みりょく》があること。美男子《びだんし》。

**おとさた【音沙°汰°】** 名 便《たよ》り。知《し》らせ。例 友達《ともだち》からは、何《なん》の音沙汰もない。

**おとしあな【落とし穴】** 名 ❶けものなどを、落《お》としてつかまえるための穴《あな》。❷人《ひと》をだますための計画《けいかく》。❸気《き》がつきにくく、失敗《しっぱい》しやすいところ。例 ボランティア活動《かつどう》の思《おも》わぬ落とし穴。

**おとしいれる【陥°れる】** 動 ❶だまして、

るほか、アルミニウムの生産《せいさん》もさかん。首都《しゅと》パラマリボ。人口約《じんこうやく》59万人《まんにん》。略称《りゃくしょう》SUR。

苦《くる》しい立場《たちば》にする。例 罪《つみ》に陥れる。❷せめ落《お》とす。例 城《しろ》を陥れる。⇩かん【陥】272ページ

**おとしだま【お年玉】** 名 新年《しんねん》を祝《いわ》って、子《こ》どもなどにおくる、品物《しなもの》やお金《かね》。

**おとしぬし【落とし主】** 名 品物《しなもの》を落《お》とした人《ひと》。例 落とし主をさがす。

**おとしめる【貶める】** 動 おとっているとして、人《ひと》をばかにする。見下《みさ》げる。

**おとしもの【落とし物】** 名 うっかり落《お》として、なくしてしまった物《もの》。

°**おとす【落とす】** 動 ❶上《うえ》から下《した》へ急《きゅう》に移《うつ》す。例 石《いし》を落とす。❷光《ひかり》や影《かげ》を映《うつ》す。例 水《すい》面《めん》に影《かげ》を落とす。❸下《した》のほうに下《さ》げる。例 本《ほん》に目《め》を落とす。腰《こし》を落とす。❹失《うしな》う。なくす。例 さいふを落とす。力《ちから》を落とす。❺なくなるように取《と》り去《さ》る。例 汚《よご》れを落とす。メンバーから落とす。試験《しけん》で落とす。❻質《しつ》や程度《ていど》を下《さ》げる。例 音量《おんりょう》を落とす。質《しつ》を落とす。❼だいじなものを取《と》り逃《に》がす。例 試《し》合《あい》を落とす。❽よくない状態《じょうたい》にする。例 罪《つみ》に落とす。❾自分《じぶん》の思《おも》うようにする。例 城《しろ》を落とす。せりで落とす。❿落語《らくご》などをしめくくる。例 駄《だ》じゃれで落とす。⓫(コンピューターなどで)データなどを取《と》りこむ。例 音楽《おんがく》を携帯《けいたい》に落とす。⓬電源《でんげん》を切《き》る。例 パソコンの電源《でんげん》を落とす。⇩らく【落】1372ページ

**おどす【脅す】** 動 こわがらせる。おどかす。例 大声《おおごえ》で脅す。⇩きょう【脅】333ページ

**おとずれ【訪れ】** 名 やってくること。例 春《はる》の訪れ。

°**おとずれる【訪れる】** 動 ❶(家《いえ》などを)たずねて行《い》く。訪問《ほうもん》する。例 先生《せんせい》のお宅《たく》を訪れる。❷やってくる。例 春《はる》が訪れる。⇩ほう【訪】1190ページ

°**おととい** 名 昨日《きのう》の前《まえ》の日《ひ》。一昨日《いっさくじつ》。関連⬇きょう(今日)333ページ

°**おととし** 名 去年《きょねん》の前《まえ》の年《とし》。一昨年《いっさくねん》。関連⬇きょう(今日)333ページ

°**おとな【〈大人〉】** 名 ❶一人前《いちにんまえ》になった人《ひと》。成人《せいじん》。❷考《かんが》えがしっかりしていること。また、その人《ひと》。例 もう少《すこ》し大人になれよ。対 (❶・❷)子供《こども》。参考「大人《おとな》」は、特別《とくべつ》に認《みと》められた読《よ》み方《かた》。

**おとなげない【〈大人〉げない】** 形 大人《おとな》らしくない。例 子《こ》どもを相手《あいて》に言《い》い合《あ》うとは、大人げない。

°**おとなしい** 形 ❶性質《せいしつ》がおだやかで、すなおである。例 おとなしい人《ひと》がら。❷静《しず》かにしている。例 おとなしく待《ま》っている。❸はでてない。例 おとなしい色《いろ》。

**おとなびる【〈大人〉びる】** 動 大人《おとな》っぽくなる。例 大人びたかっこう。

**おとめ【〈乙女〉】** 名 若《わか》い娘《むすめ》。少女《しょうじょ》。参考「乙女《おとめ》」は、特別《とくべつ》に認《みと》められた読《よ》み方《かた》。

**おとめざ【〈乙女〉座】** 名 夏《なつ》の初《はじ》めに南《みなみ》の空《そら》に見《み》えるY《ワイ》字形《じがた》の星座《せいざ》。もっとも明《あか》るい星《ほし》をスピカという。

**おとも【お供】** 名 動する 目《め》上《うえ》の人《ひと》について行《い》くこと。また、その人《ひと》。

**おとり** 名 ❶鳥《とり》やけものをさそいよせるために使《つか》う、同《おな》じ仲間《なかま》の鳥《とり》やけもの。❷人《ひと》をさそいよせるために使《つか》うもの。例 景品《けいひん》をおとりに客《きゃく》を集《あつ》める。

°**おどり【踊り】** 名 リズムに合《あ》わせて、手足《てあし》や体《からだ》を動《うご》かすこと。舞踊《ぶよう》。ダンス。例 みんなで踊りを踊《おど》る。類 舞《まい》。⇩よう【踊】1350ページ

**おどりあがる【躍り上がる】** 動 勢《いきお》いよくとび上《あ》がる。はね上《あ》がる。例 躍り上がって喜《よろこ》ぶ。

**おどりかかる【躍りかかる】** 動 勢《いきお》いよく飛《と》びかかる。例 えものに躍りかかる。

**おどりこ【踊り子】** 名 ❶踊《おど》りを踊《おど》る人《ひと》。❷踊《おど》ることを仕事《しごと》としている人《ひと》。ダンサー。

✤**おどりじ【踊り字】** 名 ⬇くりかえしふごう97ページ

**おどりでる【躍り出る】** 動 ❶勢《いきお》いよく、飛《と》び出《だ》してくる。❷たちまち目立《めだ》つ位置《いち》になる。例 トップに躍り出る。

**おどりば【踊り場】** 名 階段《かいだん》の途中《とちゅう》に作《つく》った、少《すこ》し広《ひろ》い平《たい》らな場所《ばしょ》。

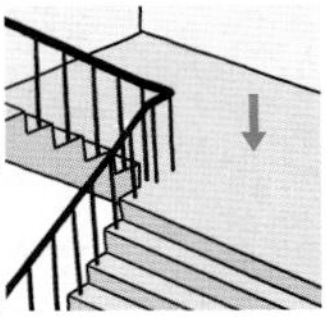
〔おどりば〕

°**おとる【劣る】** 動 他《ほか》のものに比《くら》べて、力《ちから》や値打《ねう》ちが下《した》である。引《ひ》けを取《と》る。例 実力《じつりょく》が劣る。対 勝《まさ》る。優《すぐ》れる。⇩れつ【劣】1405ページ

°**おどる【踊る】** 動 ❶踊《おど》りをする。例 ダンス



世界の国 スリナム　南《みなみ》アメリカ北東部《ほくとうぶ》、大西洋《たいせいよう》に面《めん》する国《くに》。面積《めんせき》・人口《じんこう》ともに南《みなみ》アメリカで最小《さいしょう》。ボーキサイトを産《さん》す

例解 ↔ 使い分け

踊《おど》る と 躍《おど》る

リズムにのって踊《おど》る。盆《ぼん》踊《おど》りを踊《おど》る。

躍《おど》り上《あ》がって喜《よろこ》ぶ。魚《さかな》が躍《おど》る。心《こころ》が躍《おど》る。

を踊る。❷人《ひと》にあやつられて行動《こうどう》する。例人気《にんき》に踊らされる。⬇よう【踊】1350ページ

**おどる【躍る】** 動 ❶とび上《あ》がる。はね上《あ》がる。例波間《なみま》に魚《さかな》が躍る。❷心《こころ》がわくわくする。例胸《むね》が躍る。⬇やく【躍】1319ページ

**おとろえ【衰え】** 名 勢《いきお》いが弱《よわ》くなること。例体力《たいりょく》の衰えを感《かん》じる。

**○おとろえる【衰える】** 動 ❶勢《いきお》いがなくなる。弱《よわ》る。例体力《たいりょく》が衰える。❷さかんでなくなる。例国《くに》が衰える。対栄《さか》える。⬇すい【衰】670ページ

**おどろかす【驚かす】** 動 びっくりさせる。例世界《せかい》を驚かす。⬇きょう【驚】333ページ

**おどろき【驚き】** 名 ❶おどろくこと。❷おどろくべきこと。例これは驚きだ。

**○おどろく【驚く】** 動 (思《おも》いがけないことにあって)はっとする。びっくりする。例花火《はなび》の音《おと》に驚く。⬇きょう【驚】333ページ

**おないどし【同い年】** 名 年齢《ねんれい》が同《おな》じであること。また、その人《ひと》。

**おなか** 名 腹《はら》のこと。また、腹《はら》の中《なか》の胃《い》や腸《ちょう》のこと。例おなかがすく。

**おなが** 名 関東《かんとう》から東《ひがし》の林《はやし》に多《おお》くすむ尾《お》の長《なが》い鳥《とり》。カラスの仲間《なかま》で、頭《あたま》が黒《くろ》、背中《せなか》が灰色《はいいろ》、つばさと尾《お》が青《あお》い色《いろ》をしている。

**おながどり** 名 尾《お》が長《なが》く、観賞用《かんしょうよう》に飼《か》うニワトリ。高知県《こうちけん》で多《おお》く飼《か》われ、特別天然記念物《とくべつてんねんきねんぶつ》にされている。

**○おなじ【同じ】** 一 形動 ❶いっしょであるようす。一《ひと》つ。例みんな同じバスに乗《の》る。❷変《か》わらないようす。違《ちが》いがないようす。例ぼくのと同じだ。対(❶・❷)違《ちが》う。二 副〔「同《おな》じ…なら」の形《かたち》で〕どうせ。例同じ見《み》るなら、アニメのほうがいい。⬇どう【同】906ページ

**同《おな》じ穴《あな》のむじな** よくないことをする、同《おな》じなかま。参考「むじな」はタヌキのこと。

**同《おな》じ釜《かま》の飯《めし》を食《く》う** 〔同《おな》じ釜《かま》で炊《た》いたご飯《はん》をいっしょに食《く》うことから〕親《した》しい仲間《なかま》として、いっしょに生活《せいかつ》すること。例彼《かれ》とは野球部《やきゅうぶ》で同じ釜の飯を食った仲《なか》だ。

**おなじく【同じく】** 副 同《おな》じように。同様《どうよう》に。例二人《ふたり》は考《かんが》え方《かた》を同じくする。

**おなじみ【お馴染み】** 名 なれ親《した》しんでいること。またなれ親《した》しんでいる人《ひと》。なじみ。

**おなら** 名「へ」のこと。

**○おに【鬼】** 一 名 ❶人《ひと》の姿《すがた》をして、角《つの》やきばのある、想像上《そうぞうじょう》の怪物《かいぶつ》。❷かくれんぼなどの遊《あそ》びで、人《ひと》をつかまえる役《やく》。例鬼ごっこ。❸情《なさ》け心《こころ》がないこと。例心《こころ》を鬼にする。❹ものごとに身《み》も心《こころ》も打《う》ちこんでいる人《ひと》。例仕事《しごと》の鬼。二〔ある言葉《ことば》の前《まえ》につけて〕「厳《きび》しい」「大《おお》きい」などの意味《いみ》を表《あらわ》す。例おにあざみ。鬼監督《かんとく》。⬇き【鬼】295ページ

**鬼《おに》が笑《わら》う** どうなるか分《わ》からない先《さき》のことをあれこれ言《い》うときに、それをからかう言《こと》葉《ば》。例来年《らいねん》のことを言《い》うと鬼が笑う。

**鬼《おに》に金棒《かなぼう》** 〔ただでさえ強《つよ》い鬼《おに》に金棒《かなぼう》を持《も》たせたように〕強《つよ》い上《うえ》にも、さらに強《つよ》くなること。例彼《かれ》が加《くわ》わったので、鬼に金棒だ。

**鬼《おに》の居《い》ぬ間《ま》に洗濯《せんたく》** こわい人《ひと》や気《き》がねする人《ひと》がいないうちに、思《おも》う存分《ぞんぶん》好《す》きなことをして楽《たの》しむこと。

**鬼《おに》の首《くび》を取《と》ったよう** 〔強《つよ》い鬼《おに》の首《くび》を取《と》ったように〕たいへん得意《とくい》になって喜《よろこ》ぶようす。

**鬼《おに》の目《め》にも涙《なみだ》** 心《こころ》が冷《つめ》たいように見《み》える人《ひと》でも、ときには、人《ひと》をかわいそうに思《おも》う気持《きも》ちを持《も》つこともある、というたとえ。

**鬼《おに》は外《そと》福《ふく》は内《うち》** 節分《せつぶん》の豆《まめ》まきのときに、となえる言葉《ことば》。「災《わざわ》いは出《で》て行《い》け、幸運《こううん》はやって来《こ》い」という意味《いみ》。福《ふく》は内《うち》鬼《おに》は外《そと》。

**おにがわら【鬼瓦】** 名 屋根《やね》の、むねの両《りょう》は

しにかざる、鬼《おに》の顔《かお》などのついた大《おお》きな瓦《かわら》。魔《ま》よけのために使《つか》われる。

〔おにがわら〕

**おにぎり**【お握り】 名 おむすび。握《にぎ》り飯《めし》。

**おにごっこ**【鬼ごっこ】 名 鬼《おに》になった人《ひと》が他《ほか》の人《ひと》を追《お》いかけ、つかまった人《ひと》が代《か》わって鬼《おに》になる子《こ》どもの遊《あそ》び。

**おにやんま** 名 日本《にっぽん》でもっとも大《おお》きいトンボ。体《からだ》は一〇センチメートルほどで、黒地《くろじ》に黄緑《おうりょくしょく》色のしまがある。⬇とんぼ 956ページ

**おね**【尾根】 名 山《やま》のみねが、高《たか》く続《つづ》いている所《ところ》。例 尾根づたいに歩《ある》く。

**おねがい**【お願い】 名 動-する 願《ねが》うこと。頼《たの》みたいこと。例 一《ひと》つお願いがあります。

**おねしょ** 名 寝《ね》小便《しょうべん》。〔幼《おさな》い子《こ》に対《たい》して使《つか》う言《い》い方《かた》。〕

**おの**【斧】 名 木《き》を切《き》ったり、割《わ》ったりするのに使《つか》う道具《どうぐ》。

〔おの〕

°**おのおの**【各】 名 副 それぞれ。一人《ひとり》一人《ひとり》。例 おのおのちがった意見《いけん》を持《も》っている。参考「各《おの》」「各々《おのおの》」と書《か》くこともある。⬇かく【各】 217ページ

**おのずから** 副 ひとりでに。自然《しぜん》に。例 何回《なんかい》も読《よ》むうちに、おのずからわかった。

**おのずと** 副 自然《しぜん》に。おのずから。

**おののいもこ**〘小野妹子〙 人名 (男) 飛鳥《あすか》時代《じだい》の人《ひと》。六〇七年《ねん》に初《はじ》めての遣隋使《けんずいし》として隋《ずい》〔=中国《ちゅうごく》〕にわたった。

**おののく** 動 こわがってふるえる。例 おそろしさにおののく。

**おののこまち**〘小野小町〙 人名 (女) 平《へい》安時《あんじ》代《だい》前期《ぜんき》の歌人《かじん》で、恋《こい》の歌《うた》が多《おお》い。「古今《こきん》和歌《わか》集《しゅう》」に多《おお》く採《と》られ、「百人一首《ひゃくにんいっしゅ》」にも「花《はな》の色《いろ》は移《うつ》りにけりないたづ《ず》らにわが身世《みよ》にふるながめせし間《ま》に」がある。絶世《ぜっせい》の美人《びじん》と言《い》われて、伝説《でんせつ》も数多《かずおお》い。

**おののとうふう**〘小野道風〙 人名 (男) (八九四～九六六)平安《へいあん》時代《じだい》中《なか》ごろの書家《しょか》。日本《にっぽん》ふうの書道《しょどう》の基礎《きそ》を築《きず》いた。「みちかぜ」とも読《よ》む。

**オノマトペ**〔フランス語〕 名 擬声語《ぎせいご》と擬態語《ぎたいご》をまとめて言《い》う言葉《ことば》。⬇ぎせいご 308ページ／ぎたいご 311ページ

**おのれ**【己】 一 名 自分《じぶん》。自分自身《じぶんじしん》。例 己に厳《きび》しい人《ひと》。二 感 おこって、呼《よ》びかけるときに使《つか》う言葉《ことば》。例「おのれ、にっくきやつめ。」参考 ふつう 二 はかな書《が》きにする。⬇こ【己】 419ページ

°**おば**【〈伯母〉・〈叔母〉】 名 父《ちち》または母《はは》の、姉《あね》や妹《いもうと》。おばさん。対 おじ。参考「伯母《おば》・叔《お》母《ば》」は、特別《とくべつ》に認《みと》められた読《よ》み方《かた》。父《ちち》や母《はは》の姉《あね》を「伯《お》母《ば》」、妹《いもうと》を「叔《お》母《ば》」と書《か》く。⬇かぞく(家族) 236ページ

°**おばあさん** 名 ❶父《ちち》や母《はは》の、お母《かあ》さん。祖《そ》母《ぼ》。❷年《とし》をとった女《おんな》の人《ひと》。対(❶・❷)おじいさん。

**おはぎ** 名 ⬇ぼたもち 1210ページ

**おはぐろ**【お歯黒】 名 歯《は》を黒《くろ》く染《そ》めること。また、それに使《つか》う液《えき》。参考 江《え》戸《ど》時《じ》代《だい》、結《けっ》婚《こん》した女性《じょせい》は歯《は》を黒《くろ》く染《そ》めた。

**おばけ**【お化け】 名 ❶化《ば》け物《もの》。幽霊《ゆうれい》。❷気《き》味《み》悪《わる》いほど大《おお》きいもの。例 ナスのお化け。

**おはこ** 名 得意《とくい》の芸《げい》。十八番《じゅうはちばん》。例 父《ちち》のおはこは演歌《えんか》だ。類 お家芸《いえげい》。⬇じゅうはちばん 602ページ

**おばさん** 名 よその大人《おとな》の女《おんな》の人《ひと》を指《さ》して言《い》う言葉《ことば》。対 おじさん。

**おばさん**【〈伯母〉さん・〈叔母〉さん】 名「伯《お》母《ば》」「叔《お》母《ば》」を親《した》しんで呼《よ》ぶ言《い》い方《かた》。対 伯《お》父《じ》さん。叔《お》父《じ》さん。

**おはじき** 名 平《ひら》たい小石《こいし》・ガラス玉《だま》・貝《かい》などを指《ゆび》ではじき、当《あ》てたものを取《と》り合《あ》う遊《あそ》び。また、それに使《つか》うもの。

**おはつ**【お初】 名 ❶初《はじ》めての物《もの》。初物《はつもの》。例 スイカのお初を食《た》べる。❷初《はじ》めてのこと。例 お初にお目《め》にかかります。

**おばな**【尾花】 名 ⬇すすき 683ページ

**おばな**【雄花】 名 雄《お》しべだけあって雌《め》しべのない花《はな》。マツ・イチョウ・キュウリなどにみられ、雌《め》花《ばな》に実《み》を結《むす》ばせるための花粉《かふん》を作《つく》る。対 雌《め》花《ばな》。

**おはなばたけ**【お花畑】 名 ❶花《はな》を作《つく》って



世界の国 スリランカ インド洋《よう》のセイロン島《とう》を国土《こくど》とする国《くに》。東北地方《とうほくちほう》くらいの大《おお》きさ。紅茶《こうちゃ》が有名《ゆうめい》で、ほかに天然《てんねん》

あいうえ お かきくけこ さしすせそ たちつてと なにぬねの はひふへほ まみむめも や ゆ よ らりるれろ わ を ん

いる畑《はたけ》。❷高原《こうげん》や高《たか》い山《やま》で、高山植物《こうざんしょくぶつ》がまとまって花《はな》を咲《さ》かせている所《ところ》。

**おはやし【お囃子】**[名]「はやし」の丁寧《ていねい》な言《い》い方《かた》。[例]祭《まつ》りのお囃子が聞《き》こえてくる。⬇はやし(囃子)1062ページ

**°おはよう**[感]朝《あさ》、人《ひと》に会《あ》ったときの挨拶《あいさつ》の言葉《ことば》。[参考]目上《めうえ》の人《ひと》には「おはようございます」と言《い》う。[関連]今日《こんにち》は。今晩《こんばん》は。

**おはらい【お祓い】**[名]災《わざわ》いを取《と》り除《のぞ》くために、神社《じんじゃ》などでおこなう儀式《ぎしき》。

**おはらいばこ【お払い箱】**[名]いらなくなって捨《す》てること。[例]古《ふる》いテレビはお払い箱にする。

**°おび【帯】**[名]着物《きもの》の上《うえ》から、腰《こし》の辺《あた》りに巻《ま》いて結《むす》ぶ長《なが》い布《ぬの》。⇩たい【帯】767ページ

**帯《おび》に短《みじか》したすきに長《なが》し**〔帯《おび》にするには短《みじか》いし、たすきには長過《ながす》ぎるということから〕中途半端《ちゅうとはんぱ》で役《やく》に立《た》たないこと。

**おびえる**[動]びくびくする。こわがる。[例]おばけの話《はなし》におびえる。

**おびきだす【おびき出す】**[動]だまして、さそい出《だ》す。[例]相手《あいて》をおびき出す。

**おびきよせる【おびき寄せる】**[動]だまして、そばに来《こ》させる。

**おびグラフ【帯グラフ】**[名]〔算数《さんすう》で〕帯《おび》のようにかいた長四角《ながしかく》のグラフ。おのおのに仕切《しき》られた面積《めんせき》で、全体《ぜんたい》との割合《わりあい》を示《しめ》す。⬇グラフ❶377ページ

**おひさま【お日様】**[名]「太陽《たいよう》」の親《した》しみをこめた言《い》い方《かた》。[例]お日様にこにこよい天気《てんき》。

**おひざもと【お膝元】**[名]❶天皇《てんのう》や将軍《しょうぐん》などが住《す》んでいる所《ところ》。[例]殿様《とのさま》のおひざ元が一番大事《いちばんだいじ》だ。❷影響《えいきょう》などが直接《ちょくせつ》およぶ所《ところ》。本拠地《ほんきょち》。[例]自動車産業《じどうしゃさんぎょう》のおひざ元。

**おひたし【お浸し】**[名]ほうれん草《そう》などの青菜《あおな》をゆでてしぼり、しょう油《ゆ》やだし汁《じる》で味《あじ》つけした食《た》べ物《もの》。

**おびただしい**[形]❶たいへん多《おお》い。[例]おびただしい人出《ひとで》だ。❷はなはだしい。[例]暑《あつ》いことおびただしい。

**おひつ【お櫃】**[名]たいたご飯《はん》を入《い》れておく、木《き》で作《つく》った入《い》れもの。飯《めし》びつ。ひつ。

**おひとよし【お人よし】**[名][形動]気《き》がよくて、人《ひと》に利用《りよう》されやすい人《ひと》。

**おひなさま【お雛様】**[名]「ひな人形《にんぎょう》」や「ひな祭《まつ》り」を親《した》しんで呼《よ》ぶ言《い》い方《かた》。⬇ひなにんぎょう1104ページ／ひなまつり1104ページ

**おびふう【帯封】**[名]❶〔新聞《しんぶん》・雑誌《ざっし》などを送《おく》るときに〕はばのせまい紙《かみ》を帯《おび》のように巻《ま》きつけること。❷細長《ほそなが》い紙《かみ》でお札《さつ》を束《たば》ねること。また、その紙《かみ》。

**おひや【お冷や】**[名]つめたい飲《の》み水《みず》。

**おびやかす【脅かす】**[動]おそれさせる。危《あぶ》なくする。[例]平和《へいわ》な暮《く》らしを脅かす。⇩きょう【脅】333ページ

**おひゃくどをふむ【お百度を踏む】**❶願《ねが》いごとをかなえるために、神社《じんじゃ》や寺《てら》の決《き》まった場所《ばしょ》に百回通《ひゃっかいかよ》って拝《おが》む〔=お百度参《ひゃくどまい》りをする〕。❷同《おな》じ所《ところ》へ何度《なんど》も行《い》って頼《たの》む。[例]役所《やくしょ》へお百度を踏んだが、だめだった。

**おひらき【お開き】**[名]結婚式《けっこんしき》や宴会《えんかい》などを終《お》わらせること。[例]これで新年会《しんねんかい》をお開きにします。

**おひる【お昼】**[名]❶昼《ひる》の丁寧《ていねい》な言《い》い方《かた》。❷昼《ひる》の十二時《じゅうにじ》ごろ。[例]お昼ごろ出《で》かける。❸昼《ひる》ご飯《はん》。[例]お昼にする。

**°おびる【帯びる】**[動]❶身《み》につける。また、腰《こし》につける。[例]刀《かたな》を帯びる。❷受《う》け持《も》つ。[例]だいじな任務《にんむ》を帯びる。❸ある状態《じょうたい》になる。[例]赤《あか》みを帯びる。⇩たい【帯】767ページ

**おひれ【尾ひれ】**[名]魚《さかな》の、尾《お》とひれ。

**尾《お》ひれを付《つ》ける** よぶんなことを付《つ》け加《くわ》えて言《い》う。[例]尾ひれをつけて話《はな》す。

**おびれ【尾びれ】**[名]魚《さかな》の尾《お》にあるひれ。⬇さかな(魚)507ページ

**おひろめ【お披露目】**[名][動-する]結婚《けっこん》や襲名《しゅうめい》などを世間《せけん》に広《ひろ》く知《し》らせること。

**オフ**〔英語 off〕[名]❶〔電気器具《でんききぐ》や機械《きかい》などの〕スイッチが切《き》ってあること。[対]オン。❷シーズンオフのこと。❸休《やす》み。❹値引《ねび》き。[例]二〇パーセントオフ。

**オファー**〔英語 offer〕[名][動-する]申《もう》し出《で》。申《もう》しこみ。[例]出演《しゅつえん》オファーがあった。

**オフィシャルサイト**〔英語 official site〕[名]企業《きぎょう》や有名人《ゆうめいじん》などが、自分《じぶん》の情報《じょうほう》を正式《せいしき》に公開《こうかい》するウェブサイト。公式《こうしき》サイト。

**オフィス**〔英語 office〕[名]事務所《じむしょ》。会社《かいしゃ》・役所《やくしょ》

さかんで、鉱物資源《こうぶつしげん》も豊富《ほうふ》にある。首都《しゅと》ブラチスラバ。人口約《じんこうやく》545万人《まんにん》。略称《りゃくしょう》SVK。

などの、仕事《しごと》をする所《ところ》。

**おぶう【負ぶう】** 動 人《ひと》を背負《せお》う。例 子《こ》どもをおぶう。

**オフェンス**〔英語 offense〕名 スポーツで、攻撃《こうげき》。対 ディフェンス。

**おふくろ【お袋】** 名「母親《ははおや》」を、親《した》しんで言《い》う言葉《ことば》。対 おやじ。

**オブザーバー**〔英語 observer〕名 会議《かいぎ》で、発言《はつげん》することはできるが、採決《さいけつ》には加《くわ》われない人《ひと》。

**オフサイド**〔英語 offside〕名 サッカー・ラグビーなどの反則《はんそく》の一《ひと》つ。プレーしてはいけない区域《くいき》に入《はい》ってプレーすること。

**おぶさる【負ぶさる】** 動 ❶背負《せお》ってもらう。❷ほかの人《ひと》の力《ちから》に頼《たよ》る。例 親《おや》に負ぶさって暮《く》らす。

**オフシーズン**〔英語 off season〕名 ⇩シーズンオフ 541ページ

**おふせ【お布施】** 名〔仏教《ぶっきょう》で〕お坊《ぼう》さんに渡《わた》すお金《かね》や品物《しなもの》。〔「布施《ふせ》」を丁寧《ていねい》にいう言葉《ことば》。〕

**おふだ【お札】** 名 神社《じんじゃ》や寺《てら》で出《だ》すお守《まも》りの札《ふだ》。例 交通安全《こうつうあんぜん》のお札。

**おぶつ【汚物】** 名 きたないもの。大小便《だいしょうべん》やごみなど。

**オブラート**〔ドイツ語〕名 でんぷんで作《つく》った、うすいすき通《とお》った紙《かみ》のようなもの。粉《こな》薬《ぐすり》などを包《つつ》むのに使《つか》う。例 オブラートに包《つつ》んだ〔=やわらかい〕言《い》い方《かた》。

**オフライン**〔英語 offline〕名 コンピューターのネットワークが、つながっていない状《じょう》態《たい》。対 オンライン。

**おふる【お古】** 名 ほかの人《ひと》が使《つか》ったあとの物《もの》。例 兄《あに》のお古の制服《せいふく》を着《き》る。

**おふれ【お触れ】** 名 役所《やくしょ》などから出《だ》される、知《し》らせや命令《めいれい》。〔古《ふる》い言《い》い方《かた》。〕

**おふれがき【お触れ書き・御触書】** 名 江戸《えど》時代《じだい》、幕府《ばくふ》や藩《はん》などが人々《ひとびと》に向《む》けて出《だ》した、命令《めいれい》などを書《か》いた文書《ぶんしょ》。

**オフレコ** 名〔「記録《きろく》なしで」という意味《いみ》の英《えい》語《ご》を略《りゃく》した言葉《ことば》。〕（記者会見《きしゃかいけん》などの）内容《ないよう》を公《こう》表《ひょう》しないこと。例 この話《はなし》はオフレコです。

**おべっか** 名 その人《ひと》の気《き》に入《い》りそうなことを言《い》うこと。例 おべっかを使《つか》う。

**オペラ**〔イタリア語〕名 音楽《おんがく》に合《あ》わせて、せりふの代《か》わりに歌《うた》で物語《ものがたり》の筋《すじ》を進《すす》めていく劇《げき》。歌劇《かげき》。

**オペレーター**〔英語 operator〕名 機械《きかい》を操《そう》作《さ》したり運転《うんてん》したりする人《ひと》。例 コンピューターのオペレーター。

**オペレッタ**〔イタリア語〕名 愉快《ゆかい》な、短《みじか》めのオペラ。喜歌劇《きかげき》。

**おぼえ【覚え】** 名 ❶頭《あたま》に入《い》れること。例 覚えが早《はや》い。❷忘《わす》れずにいること。記憶《きおく》。例 見《み》た覚えがある。❸思《おも》い当《あ》たること。例 身《み》に覚えがない。❹自信《じしん》。例 腕《うで》に覚えがある。❺覚《おぼ》え書《が》き。メモ。

**おぼえがき【覚え書き】** 名 ❶忘《わす》れないように、書《か》き留《と》めたもの。メモ。覚《おぼ》え。❷外国《がいこく》との交渉《こうしょう》や会議《かいぎ》で、相手《あいて》に対《たい》する意見《いけん》や希《き》望《ぼう》などを書《か》いてわたしておく文書《ぶんしょ》。参考 ❷は、「覚書《おぼえがき》」とも書《か》く。

◦**おぼえる【覚える】** 動 ❶学《まな》んで身《み》につける。頭《あたま》に入《い》れる。例 九九《くく》を覚える。❷心《こころ》にとどめる。記憶《きおく》する。例 昔《むかし》のことを覚えている。対 忘《わす》れる。❸体《からだ》や心《こころ》でそう感《かん》じる。例 寒《さむ》さを覚える。⇩かく【覚】218ページ

**オホーツクかい【オホーツク海】** 地名 アジアの北東部《ほくとうぶ》に面《めん》し、カムチャツカ半島《はんとう》・千島列島《ちしまれっとう》に囲《かこ》まれた海《うみ》。サケ・カニ・マスのよい漁場《ぎょじょう》である。

**おぼしめし【おぼし召し】** 名 相手《あいて》の「気《き》持《も》ち」「考《かんが》え」などを、敬《うやま》って言《い》う言葉《ことば》。

**おぼつかない** 形 ❶しっかりしない。心細《こころぼそ》い。例 おぼつかない足《あし》どりで歩《ある》く。❷うまくいきそうもない。見《み》こみがうすい。例 このままでは、勝《か》つことはおぼつかない。

◦**おぼれる【溺れる】** 動 ❶（水《みず》の中《なか》で）泳《およ》げなくて死《し》にそうになる。また、死《し》ぬ。例 海《うみ》でおぼれる。❷（よくないことに）夢中《むちゅう》になる。

**例解 ことばの窓**

**覚《おぼ》える の意味《いみ》で**

電話番号《でんわばんごう》を記憶《きおく》する。
好《す》きな詩《し》を暗唱《あんしょう》する。
昔《むかし》の年号《ねんごう》を暗記《あんき》する。
思《おも》い出《で》として心《こころ》に銘記《めいき》する。



世界の国 スロバキア 中部《ちゅうぶ》ヨーロッパの国《くに》。九州《きゅうしゅう》よりやや広《ひろ》い。1993年《ねん》チェコスロバキアが解体《かいたい》して独立《どくりつ》。農業《のうぎょう》が

例 遊《あそ》びにおぼれる。⇩でき【溺】879ページ

**溺《おぼ》れる者《もの》はわらをもつかむ** 〔おぼれる人《ひと》は、わらをつかんでも助《たす》かろうとするように〕危《あぶ》ないときは、たよれそうもないものにまでたよろうとすることのたとえ。

**おぼろ** 形動 ぼんやりかすんで、形《かたち》がはっきりしないこと。例 おぼろに見《み》える景色《けしき》。

**おぼろぐも【おぼろ雲】** 名 高層雲《こうそううん》のこと。形《かたち》がはっきりせず、ぼんやりと空《そら》をおおう。⇩くも(雲)373ページ

**おぼろげ** 形動 はっきりしないようす。例 おぼろげな記憶《きおく》。

**おぼろづき【おぼろ月】** 名 春《はる》の夜《よる》の、ぼんやりかすんだ月《つき》。例 おぼろ月夜《よ》。

**おぼん【お盆】** 名 「盆《ぼん》」を丁寧《ていねい》にいう言葉《ことば》。

**おまいり【お参り】** 名 動-する 寺《てら》や神社《じんじゃ》へ行《い》って拝《おが》むこと。

**おまえ【お前】** 代名 親《した》しい人《ひと》や、目下《めした》の人《ひと》に呼《よ》びかける言葉《ことば》。「あなた」より親《した》しみはあるが、ぞんざい。例 おまえも手伝《てつだ》えよ。 参考 昔《むかし》は、目上《めうえ》の人《ひと》に使《つか》った。

**おまけ** 名 動-する ❶値段《ねだん》を安《やす》くすること。割引《わりびき》。例 十円《じゅうえん》おまけします。❷品物《しなもの》にそえてくれる景品《けいひん》や付録《ふろく》。

**おまけに** 接 その上《うえ》に。例 風《かぜ》がふき、おまけに雨《あめ》まで降《ふ》ってきた。

**おまじない** 名 神《かみ》や仏《ほとけ》などのふしぎな力《ちから》によって、ふつうでは考《かんが》えられないようなことを起《お》こしてくれるよう祈《いの》ること。また、その言葉《ことば》。まじない。

**おまちどおさま【お待ち遠様】** 感 相手《あいて》を待《ま》たせたときに言《い》う、あいさつの言葉《ことば》。

**おまつり【お祭り】** 名 ⇩まつり❶1237ページ

**おまつりさわぎ【お祭り騒《さわ》ぎ】** 名 大勢《おおぜい》で、にぎやかに騒《さわ》ぐこと。例 優勝《ゆうしょう》を祝《いわ》って、お祭り騒ぎをする。

**おまもり【お守り】** 名 神《かみ》や仏《ほとけ》が、災難《さいなん》から守《まも》ってくれるという札《ふだ》。

**おまわりさん【〈お巡《まわ》りさん〉】** 名 「警察官《けいさつかん》」を、親《した》しみをこめて言《い》う言葉《ことば》。参考 「お巡《まわ》りさん」は、特別《とくべつ》に認《みと》められた読《よ》み方《かた》。

**おみおつけ** 名 ⇩おつけ167ページ

**おみき【〈お神酒〉】** 名 ❶神《かみ》に供《そな》える酒《さけ》。❷(ふつうの)酒《さけ》。参考 「お神酒《みき》」は、特別《とくべつ》に認《みと》められた読《よ》み方《かた》。

**おみくじ** 名 神社《じんじゃ》や寺《てら》にお参《まい》りした人《ひと》が引《ひ》く、うらないのくじ。

**おみこし【御御輿】** 名 「御輿《みこし》」を丁寧《ていねい》にいう言葉《ことば》。⇩みこし1252ページ

**おみそれ【お見それ】** 名 動-する 見《み》ていながらその人《ひと》だと気《き》づかなかったり、相手《あいて》を見《み》くびっていたりすること。〔相手《あいて》に謝《あやま》る気持《きも》ちをこめて使《つか》う。〕例 あんなに強《つよ》いとは、お見それしました。

**おみなえし【〈女郎花〉】** 名 秋《あき》の七草《ななくさ》の一《ひと》つ。日当《ひあ》たりのよい野山《のやま》に育《そだ》つ草花《くさばな》。秋《あき》、黄色《きいろ》い小《ちい》さな花《はな》が、かさのように広《ひろ》がって咲《さ》く。⇩あきのななくさ11ページ

**おみや【お宮】** 名 「宮《みや》〔=神社《じんじゃ》〕」の丁寧《ていねい》ないい方《かた》。例 お宮参《まい》りに行《い》く。

**おみやまいり【お宮参り】** 名 「宮参《みやまい》り」を丁寧《ていねい》にいう言葉《ことば》。⇩みやまいり1267ページ

**おむすび【お結び】** 名 握《にぎ》り飯《めし》。お握《にぎ》り。

**おむつ** 名 大便《だいべん》・小便《しょうべん》を受《う》けるために、赤《あか》ちゃんなどのお尻《しり》にあてがう、布《ぬの》や紙《かみ》でできたもの。おしめ。

**オムレツ** 〔フランス語〕 名 卵《たまご》をといて、焼《や》いた料理《りょうり》。玉《たま》ねぎやひき肉《にく》を中《なか》に包《つつ》むものもある。

**おめい【汚名】** 名 悪《わる》い評判《ひょうばん》。例 汚名をきせられる〔=悪《わる》い評判《ひょうばん》を立《た》てられる〕。

**おめおめ** 副(-と) はずかしいとも思《おも》わないで。平気《へいき》で。例 今《いま》さらおめおめと帰《かえ》れない。

**おめかし** 名 動-する おしゃれをすること。

**おめし【お召し】** 名 「呼《よ》ぶこと」「乗《の》ること」「着《き》ること」などを、敬《うやま》って言《い》う言葉《ことば》。例 お召し物《もの》。和服《わふく》をお召しになる。

**おめしもの【お召し物】** 名 相手《あいて》が着《き》ているもの。着《き》ている相手《あいて》を敬《うやま》った言《い》い方《かた》。例 お召し物をお預《あず》かりします。

**おめだま【お目玉】** 名 しかられること。お小言《こごと》。例 先生《せんせい》からお目玉をもらった。

**お目玉《めだま》をくう** 目上《めうえ》の人《ひと》にしかられる。

**おめつけやく【お目付役】** 名 監視《かんし》をする人《ひと》。参考 昔《むかし》、武士《ぶし》を取《と》りしまる「目付《めつけ》」という役《やく》があった。

**おめでた** 名 結婚《けっこん》や出産《しゅっさん》のようなめでたい

さかんで、ビールの原料《げんりょう》のホップやトウモロコシがとれる。工業《こうぎょう》も発達《はったつ》している。首都《しゅと》リュブリャナ。人口約《じんこうやく》210万《まん》

こと。

**おめでたい** 形 ❶「めでたい」を丁寧《ていねい》にいう言《い》い方《かた》。❷お人《ひと》よしだ。気《き》がよすぎる。例 どこまでもおめでたい人《ひと》だ。

◦**おめでとう** 感 新年《しんねん》の挨拶《あいさつ》や、人《ひと》の喜《よろこ》びを祝《いわ》う言葉《ことば》。例 入学《にゅうがく》おめでとう。参考 目《め》上《うえ》の人《ひと》には、「おめでとうございます」と言《い》う。

**おめにかかる**【お目にかかる】「会《あ》う」を、へりくだっていう言葉《ことば》。お会《あ》いする。例 お目にかかれて、幸《しあわ》せです。

**おめみえ**【お目見え】名 動-する ❶はじめて姿《すがた》を見《み》せること。例 新車《しんしゃ》のお目見え。❷身分《みぶん》の高《たか》い人《ひと》に会《あ》うこと。❸歌舞伎《かぶき》で、新《あたら》しい役者《やくしゃ》などがはじめて出演《しゅつえん》すること。

**おめん**【お面】名 ❶キャラクターなどの顔《かお》をかたどった、おもちゃの仮面《かめん》。❷能楽《のうがく》などで使《つか》う面《めん》。能面《のうめん》。

◦**おも**【主】形動 たくさんの中《なか》で中心《ちゅうしん》となるようす。例 朝《あさ》はパン食《しょく》が主だ。↓しゅ【主】589ページ

**おも**【面△】名 ❶顔《かお》。例 面長《なが》。❷表面《ひょうめん》。うわべ。例 水《みず》の面。↓めん【面】1296ページ

◦**おもい**【重い】形 ❶目方《めかた》が多《おお》い。例 リュックが重い。❷体《からだ》や心《こころ》がすっきりしない。例 気《き》が重い。頭《あたま》が重い。❸動《うご》きがにぶい。例 重い腰《こし》を上《あ》げる。❹程度《ていど》が大《おお》きい。重要《じゅうよう》だ。例 病気《びょうき》が重い。責任《せきにん》が重い。❺コンピューターの反応《はんのう》がおそい。対（❶〜❺）軽《かる》い。↓じゅう【重】594ページ

◦**おもい**【思い】名 ❶思《おも》うこと。考《かんが》え。例 思いにふける。❷心配《しんぱい》すること。例 思いにしずむ。❸願《ねが》い。例 思いがかなう。❹気《き》持《も》ち。感《かん》じ。例 楽《たの》しい思いをする。

**思《おも》いにふける** ずっと思《おも》い続《つづ》ける。

**思《おも》いの外《ほか》** 思《おも》ったより。意外《いがい》に。例 この絵《え》は、思いの外うまくかけた。

**思《おも》いのままに** 思《おも》った通《とお》り。例 思いのままに馬《うま》を走《はし》らせる。

**思《おも》いも寄《よ》らない** まったく思《おも》いがけない。例 思いも寄らない人《ひと》に出《で》会《あ》った。

**思《おも》いを馳《は》せる** 遠《とお》くはなれているものに心《こころ》を向《む》ける。例 ふるさとに思いをはせる。

**思《おも》いを巡《めぐ》らす** ↓おもいめぐらす 176ページ

**おもいあがる**【思い上がる】動 うぬぼれる。いい気《き》になる。例 思い上がった態度《たいど》。

**おもいあたる**【思い当たる】動 あとになって、なるほどと気《き》がつく。例 言《い》われてみれば、思い当たることがある。

**おもいあまる**【思い余る】動 自分《じぶん》ひとりでは、もうどうしてよいかわからなくなる。例 思い余って、友達《ともだち》に相談《そうだん》する。

**おもいうかべる**【思い浮かべる】動 あれこれと心《こころ》の中《なか》に思《おも》い出《だ》す。

**おもいえがく**【思い描く】動 ものごとのありさまを、心《こころ》にうかべてみる。

**おもいおこす**【思い起こす】動 思《おも》い出《だ》す。例 昔《むかし》を思い起こすとなつかしい。

**おもいおもい**【思い思い】副 めいめいが自分《じぶん》の思《おも》うように。例 思い思いの服装《ふくそう》。

**おもいかえす**【思い返す】動 ❶考《かんが》え直《なお》す。例 遊《あそ》ぼうと思《おも》ったが、思い返して勉強《べんきょう》した。❷過《す》ぎたことを思《おも》い出《だ》す。例 あの日《ひ》のことを思い返す。

**おもいがけず**【思いがけず】副 思《おも》ってもみなかったのに。意外《いがい》にも。例 テストは、思いがけず一〇〇点《てん》だった。

**おもいがけない**【思いがけない】形 思《おも》ってもいない。例 思いがけないできごと。

**おもいがち**【思いがち】形動 思《おも》いやすいようす。考《かんが》えやすいようす。例 算数《さんすう》というと、つい難《むずか》しいと思いがちだ。

◦**おもいきり**【思い切り】一 名 あきらめること。例 思い切りがいい。二 副 思《おも》う存分《ぞんぶん》。例 思い切り大声《おおごえ》を出《だ》す。

**おもいきる**【思い切る】動 ❶きっぱりとあきらめる。例 まだ思い切るのは早《はや》い。❷心《こころ》を決《き》める。例 思い切って打《う》ち明《あ》ける。

**おもいこむ**【思い込む】動 ❶（それにまちがいないと）強《つよ》く思《おも》う。例 勝《か》てると思い込んでいた。❷固《かた》く心《こころ》に決《き》める。例 思い込んだら命《いのち》がけ。

**おもいしる**【思い知る】動 身《み》にしみて、なるほどと思《おも》う。さとる。

**おもいすごし**【思い過ごし】名 考《かんが》え過《す》ぎて、よけいなことまで心配《しんぱい》すること。例 それはきみの思い過ごしだ。

◦**おもいだす**【思い出す】動 前《まえ》にあったこ



世界の国 スロベニア バルカン半島《はんとう》の国《くに》。1991年《ねん》、旧《きゅう》ユーゴスラビアから分離《ぶんり》・独立《どくりつ》した。四国《しこく》よりやや広い。農業《のうぎょう》が人《にん》。略称《りゃくしょう》SLO。

とを心《こころ》に思《おも》いうかべる。

**おもいたつ**【思い立つ】動（あるきっかけで）何《なに》かをする気《き》になる。心《こころ》を決《き》める。例日《にっ》記《き》をつけようと思い立った。

**おもいたったがきちじつ**【思い立ったが吉日】あることをしようと思《おも》い立《た》ったら、迷《まよ》わずすぐに実行《じっこう》することだ。↓きちじつ312ページ

**おもいちがい**【思い違い】名動-する 事実《じじつ》とちがうことを、事実《じじつ》だと思《おも》い込《こ》むこと。かんちがい。例言《い》われてやっと思い違いに気《き》づく。

**おもいつき**【思い付き】名❶ふと心《こころ》にうかんだ考《かんが》え。例思いつきで答《こた》えた。❷ちょっとした工夫《くふう》。例子《こ》どもらしい思いつき。

**おもいつく**【思い付く】動 ふと考《かんが》えが心《こころ》にうかぶ。例新《あたら》しいやり方《かた》を思いつく。

**おもいつめる**【思い詰める】動 そのことだけを考《かんが》えこんで、なやむ。

**おもいで**【思い出】名 過《す》ぎ去《さ》ったことを、思《おも》い返《かえ》すこと。また、そのことがら。例夏休《なつやす》みの思い出を話《はな》す。

**思《おも》い出《で》の糸《いと》をたぐる** 次々《つぎつぎ》にたどって思《おも》い出《だ》していく。

**おもいどおり**【思い通り】名 考《かんが》えていたようになること。例思い通り成功《せいこう》した。

**おもいとどまる**【思いとどまる】動 考《かんが》え直《なお》して、やめる。例遊《あそ》びに行《い》くのを思いとどまる。

**おもいなおす**【思い直す】動 もう一《いち》度《ど》考《かんが》えて、その考《かんが》えを変《か》える。例あれはまちがいだったと思い直す。

**おもいなしか**【思いなしか】気《き》のせいか。例思いなしか顔《かお》色《いろ》がよくない。

**おもいなやむ**【思い悩む】動 どうしようかと、いろいろ考《かんが》えて苦《くる》しむ。

**おもいのこす**【思い残す】動（あることをしておきたかったと）心《こころ》残《のこ》りがする。例思い残すことはない。

**おもいまどう**【思い惑う】動 どうしたらよいかわからずに、迷《まよ》う。例行《い》こうかやめようかと思い惑う。

**おもいめぐらす**【思い巡らす】動 じっくりと、いろいろ考《かんが》えてみる。思《おも》いを巡《めぐ》らす。例将《しょう》来《らい》について思い巡らす。

**おもいやられる**【思いやられる】動 なんとなく心《しん》配《ぱい》で、気《き》にかかる。例先《さき》が思いやられる。

**おもいやり**【思いやり】名 その人《ひと》の気《き》持《も》ちになって、親《しん》切《せつ》に考《かんが》えてやること。同《どう》情《じょう》。

**おもいやる**【思いやる】動❶遠《とお》くにいるものを、心《こころ》に思《おも》いうかべる。例ふるさとの家《か》族《ぞく》を思いやる。❷相《あい》手《て》の身《み》になって、気《き》づかう。例病《びょう》気《き》の友《とも》達《だち》を思いやる。

**おもいわずらう**【思い煩う】動 あれこれ考《かんが》えて、なやむ。例仕《し》事《ごと》に失《しっ》敗《ぱい》して思いわずらう。

**おもう**【思う】動〔心《こころ》のはたらきについていう言《こと》葉《ば》。〕❶考《かんが》える。感《かん》じる。例正《ただ》しいと思う。❷推《お》し量《はか》る。例相《あい》手《て》の気《き》持《も》ちを思う。❸願《ねが》う。望《のぞ》む。例早《はや》く大《おお》きくなりたいと思う。❹心《こころ》にかける。愛《あい》する。例親《おや》が子《こ》を思う。↓し【思】537ページ

例解！表現の広場

**思《おも》う と 考《かんが》える のちがい**

| | 思《おも》う | 考《かんが》える |
|---|---|---|
| 自《じ》分《ぶん》の答《こた》えが正《ただ》しいと | ○ | ○ |
| 「うれしいなあ」と | ○ | × |
| 計《けい》算《さん》のしかたを | × | ○ |

**おもうぞんぶん**【思う存分】副 十《じゅう》分《ぶん》だと思《おも》うまで。思《おも》いきり。例この夏《なつ》は、思う存分泳《およ》いだ。

**おもうつぼ**【思うつぼ】名 前《まえ》もって思《おも》っていたとおり。例相《あい》手《て》の思うつぼにはまる。

**おもおもしい**【重重しい】形 どっしりして、落《お》ち着《つ》いている。例重々しい口《くち》ぶり。

**おもかげ**【面影】名❶（心《こころ》に残《のこ》る）顔《かお》つき。❷姿《すがた》。ようす。例転《てん》校《こう》した友《とも》達《だち》の面影がうかぶ。例昔《むかし》の面影が残《のこ》っている。

**おもかじ**【面かじ】名 船《ふね》を右《みぎ》へ向《む》けるときの、かじの取《と》り方《かた》。対取《と》りかじ。

**おもきをおく**【重きを置く】重《おも》くみる。重《じゅう》視《し》する。例量《りょう》より質《しつ》に重きを置く。

**おもきをなす**【重きをなす】なくては

ど自《し》然《ぜん》が美《うつく》しく、観《かん》光《こう》と漁《ぎょ》業《ぎょう》がさかん。首《しゅ》都《と》ヴィクトリア。人《じん》口《こう》約《やく》97,000人《にん》。略《りゃく》称《しょう》SEY。

ならない人《ひと》として、重《おも》んじられる。例 科学者《かがくしゃ》として重きをなす。

**おもくるしい【重苦しい】** 形 おさえつけられるような気分《きぶん》だ。例 胸《むね》が重苦しい。どんよりとした重苦しい空《そら》。

**おもさ【重さ】** 名 重《おも》いこと。また、その程《てい》度《ど》。例 この石《いし》の重さ。責任《せきにん》の重さ。

**おもざし【面△差し】** 名 顔《かお》のようす。例 面ざしが母《はは》に似《に》ている。

**おもし【重し】** 名 ❶物《もの》の上《うえ》にのせて、おさえておくもの。例 つけ物《もの》のおもし。❷人《ひと》をおさえる力《ちから》。例 おもしがきく人《ひと》。

**◦おもしろい【面△白い】** 形 ❶愉快《ゆかい》で楽《たの》しい。例 キャンプはおもしろかった。❷笑《わら》いだしたくなるようすだ。おかしい。例 おもしろいことを言《い》って笑《わら》わせる。❸心《こころ》が引《ひ》かれる。例 それはおもしろい考《かんが》えだ。❹思《おも》う通《とお》りである。例 おもしろくない結《けっ》果《か》だった。対 (❶〜❹)つまらない。

**おもしろさ【面△白さ】** 名 おもしろいこと。⬇179ページ／181ページ

**おもしろがる【面△白がる】** 動 おもしろいと感《かん》じること。おもしろいと思《おも》う。

**■おもしろはんぶん【面△白半分】** 名 形動 軽《かる》い気《き》持《も》ちで、おもしろがってするようす。例 面白半分で運転《うんてん》するのは危険《きけん》だ。

**◦おもたい【重たい】** 形 ❶重《おも》い。目方《めかた》が多《おお》い。例 重たいかばん。❷(体《からだ》などが)すっきりせず、重《おも》い感《かん》じだ。例 足《あし》が重たい。❸心《こころ》が晴《は》れない。例 気分《きぶん》が重たい。

**おもだった【主だった】** 連体 中心《ちゅうしん》になっている。例 主だった人々《ひとびと》が集《あつ》まった。

**おもちゃ** 名 子《こ》どもの遊《あそ》び道具《どうぐ》。

**◦おもて【表】** 名 ❶紙《かみ》などの二《ふた》つの面《めん》のうち、上《うえ》または外側《そとがわ》。人《ひと》の目《め》に見《み》えるほう。例 表に名《な》を書《か》く。❷表面《ひょうめん》に現《あらわ》れたようす。う

例解 ことばを広げよう！

思《おも》う
いろいろな「思《おも》う」

**考《かんが》える**
信《しん》じる
**願《ねが》う**
**望《のぞ》む**
念《ねん》じる
**察《さっ》する**
推《お》し量《はか》る

**思《おも》い出《だ》す**
思《おも》いつく
思《おも》いやる
思《おも》い直《なお》す
**思《おも》い描《えが》く**

**しのぶ**
したう

**意《い》見《けん》**
**感《かん》想《そう》**
思《し》想《そう》

**空《くう》想《そう》**
**想《そう》像《ぞう》**
思《し》案《あん》

**同《どう》感《かん》**
共《きょう》感《かん》
反《はん》感《かん》

**予《よ》想《そう》**
期《き》待《たい》
予《よ》期《き》

**心《しん》情《じょう》**
友《ゆう》情《じょう》
**愛《あい》情《じょう》**
同《どう》情《じょう》

**思《おも》いをめぐらす**
思《おも》いをいだく
思《おも》いにふける
思《おも》いをはせる

**胸《むね》に描《えが》く**
感《かん》情《じょう》をいだく
イメージを描《えが》く
**心《こころ》にかける**

思《おも》いのまま
あれやこれや
案《あん》の定《じょう》

**はっきり**
ありあり
まざまざ
いきいき

**うきうき**
どきどき
はらはら

**つくづく**
**しみじみ**
しんみり

ほのぼの
うっとり
**ぼんやり**

例解 ↔ 使い分け

**表《おもて》と面《おもて》**

紙《かみ》の表《おもて》と裏《うら》。
たたみの表《おもて》。
表《おもて》に出《で》て遊《あそ》ぶ。

面《おもて》を上《あ》げる。
静《しず》かな川《かわ》の面《おもて》。





世界の国 セーシェル インド洋《よう》にある92の島々《しまじま》からなる国《くに》。総面積《そうめんせき》は種子島《たねがしま》とほぼ同《おな》じ。「最後《さいご》の楽園《らくえん》」といわれるほ

わべ。例表をかざる。❸正面《しょうめん》。前面《ぜんめん》。例表から入《はい》る。❹建物《たてもの》の外《そと》。例表で遊《あそ》ぶ。❺野《や》球《きゅう》などで、それぞれの回《かい》の前半《ぜんはん》。例九回《きゅうかい》の表。対(❶〜❸・❺)裏《うら》。↓ひょう【表】1110ページ

**おもて【面△】** 名 ❶顔《かお》。〔古《ふる》い言《い》い方《かた》。〕例面を上《あ》げる。❷能《のう》などで使《つか》う面《めん》。❸表面《ひょうめん》。例水《みず》の面。↓めん【面】1296ページ

**おもてがき【表書き】** 名 封筒《ふうとう》やはがきの、表《おもて》に書《か》いた住所《じゅうしょ》やあて名《な》。

**おもてがわ【表側】** 名 表《おもて》になっているほう。例表側のへやに日《ひ》が当《あ》たる。対裏側《うらがわ》。

**おもてぐち【表口】** 名 表側《おもてがわ》にある出入《でい》り口《ぐち》。対裏口《うらぐち》。

**おもてげんかん【表玄関】** 名 ❶家《いえ》の正《しょう》面《めん》にある入《い》り口《ぐち》。❷ある国《くに》や地域《ちいき》の主《おも》な駅《えき》や空港《くうこう》などのこと。

**おもてさく【表作】** 名 同《おな》じ田畑《たはた》で一年間《いちねんかん》につくる作物《さくもつ》のうち、おもなほう。対裏作《うらさく》。

**おもてざた【表沙汰】** 名 かくしていたことが、世間《せけん》に知《し》れわたること。例事件《じけん》が表沙汰になる。

**おもてだつ【表立つ】** 動 人《ひと》の目《め》につくようになる。例表立った動《うご》きはまだない。

**おもてどおり【表通り】** 名 にぎやかな広《ひろ》い通《とお》り。大通《おおどお》り。対裏通《うらどお》り。

**おもてなし** 名 動する 客《きゃく》を心《こころ》をこめて迎《むか》え、ごちそうをしたりすること。〔「もてなし」を丁寧《ていねい》にいう言葉《ことば》。〕

**おもてむき【表向き】** 名 ❶外《そと》から見《み》たところ。うわべ。例表向きは元気《げんき》そうだ。❷おおやけであること。例表向きの理由《りゆう》。

**おもてもん【表門】** 名 建物《たてもの》の正面《しょうめん》にある門《もん》。正門《せいもん》。対裏門《うらもん》。

◦**おもな【主な】** だいじな。中心《ちゅうしん》になる。例今年《ことし》の主な出来事《できごと》。↓おも(主)175ページ

**おもなが【面長△】** 名 顔《かお》が長《なが》めなこと。

**おもに【重荷】** 名 ❶重《おも》い荷物《にもつ》。❷自分《じぶん》にとって重《おも》い仕事《しごと》や責任《せきにん》。例委員《いいん》の役《やく》は、ぼくには重荷だ。

**重荷《おもに》を下《お》ろす** 責任《せきにん》のある仕事《しごと》をすませて、ほっとする。

◦**おもに【主に】** 副 主《しゅ》として。大部分《だいぶぶん》は。ほとんど。例この家《いえ》は主に木《き》でできている。

**おもねる** 動 人《ひと》の機嫌《きげん》をとって、気《き》に入《い》られようとする。例強《つよ》い者《もの》におもねる。

**おもはゆい【面△はゆい】** 形 はずかしい。照《て》れくさい。例ほめられて面はゆい。

**おもみ【重み】** 名 ❶重《おも》いこと。重《おも》さの程度《ていど》。例重みが加《くわ》わる。❷どっしりしていること。例重みのある人《ひと》。

**おもむき【趣】** 名 ❶味《あじ》わい。おもしろみ。例趣のある庭《にわ》。❷全体《ぜんたい》のようす。例いつもと趣《おもむき》がちがう。❸言《い》おうとしていることがらや意味《いみ》。例お話《はなし》の趣。↓しゅ【趣】590ページ

**おもむく【赴く】** 動 ❶(ある所《ところ》へ向《む》かって)行《い》く。例調査《ちょうさ》のため現地《げんち》に赴く。❷(ある状《じょう》態《たい》に)なっていく。例病気《びょうき》が快方《かいほう》に赴く。↓ふ【赴】1123ページ

**おもむろに** 副 ゆったりと静《しず》かに。ゆっくりと。例おもむろに立《た》ち上《あ》がる。

**おももち【面△持ち】** 名 (気持《きも》ちの表《あらわ》れた)顔《かお》つき。例不安《ふあん》そうな面持ち。

**おもや【〈母屋〉△・〈母家〉△】** 名 屋敷《やしき》の中《なか》の、いちばんおもだった建物《たてもの》。参考「母屋《おもや》・母家《おもや》」は、特別《とくべつ》に認《みと》められた読《よ》み方《かた》。

**おもゆ【重湯】** 名 多《おお》めの水《みず》でたいたかゆの上《うえ》のほうにできる、とろっとした汁《しる》。

**おもり【お守り△】** 名 動する 小《ちい》さい子《こ》どもの世話《せわ》をすること。また、その人《ひと》。子守《こもり》。

**おもり** 名 ❶重《おも》さを加《くわ》えるためにつける物《もの》。例つり糸《いと》のおもり。❷はかりの分銅《ふんどう》。

**おもわく【思惑】** 名 ❶そうなるだろうと、心《こころ》の中《なか》に思《おも》っていること。考《かんが》え。例思惑どおりにはいかない。❷その人《ひと》についての評《ひょう》判《ばん》。例人《ひと》の思惑を気《き》にする。

**おもわしくない【思わしくない】** 形 ものごとが思《おも》いどおりにいかない。例病気《びょうき》が思わしくない。

**おもわず【思わず】** 副 そのつもりではなく。うっかり。例思わず大声《おおごえ》を上《あ》げた。

**おもわせぶり【思わせぶり】** 名 形動 いかにも意味《いみ》があるように見《み》せかけること。例思わせぶりな言《い》い方《かた》をする。

**おもわぬ【思わぬ】** 思《おも》いもしない。意外《いがい》な。例思わぬ結果《けっか》になってしまった。

**おもんじる【重んじる】** 動〔「重《おも》んずる」ともいう。〕大切《たいせつ》にする。例規則《きそく》を重んじる。



人《にん》。略称《りゃくしょう》 GEQ。

**おもんずる【重んずる】**動 ➡おもんじる

対 軽《かろ》んじる。

**◦おや【親】**名 ❶父《ちち》や母《はは》。また、育《そだ》てた人《ひと》。例 親の恩《おん》。育《そだ》ての親。❷子《こ》や卵《たまご》をうんだもの。例 メダカの親。❸トランプやかるたなどの遊《あそ》びで、カードを配《くば》る人《ひと》。❹中心《ちゅうしん》となるもの。大《おお》きいもの。例 親会社《がいしゃ》。対(❶・❷・❹)子《こ》。➡しん【親】 655ページ 178ページ

**親《おや》の心《こころ》子《こ》知《し》らず** 親《おや》が子《こ》どものことを心配《しんぱい》しているのも知《し》らないで、子《こ》どもが自分勝《じぶんかっ》手《て》なことをする。

**親《おや》のすねをかじる** 独《ひと》り立《だ》ちできずに、親《おや》からお金《かね》をもらって暮《く》らす。例 大人《おとな》になってもまだ、親のすねをかじっている。

**親《おや》の七光《ななひか》り** 親《おや》の地位《ちい》や力《ちから》のおかげで、子《こ》が出世《しゅっせ》したり得《とく》したりすること。

**親《おや》はなくとも子《こ》は育《そだ》つ** 親《おや》と早《はや》くわかれても、子《こ》どもはちゃんと育《そだ》っていく。

## 例解 ことばを広げよう！

### おもしろい
❶(おかしい)
いろいろな「おもしろい」

おかしい
たのしい
ほほえましい

笑《わら》う
笑《わら》いこける
笑《わら》い転《ころ》げる

滑稽《こっけい》だ
ユーモラスだ
ひょうきんだ

ふきだす
ほほえむ
おどける

笑《わら》い
大笑《おおわら》い
苦笑《にがわら》い
ほほえみ

娯楽《ごらく》
快楽《かいらく》

爆笑《ばくしょう》
微笑《びしょう》
苦笑《くしょう》
失笑《しっしょう》
談笑《だんしょう》

愉快《ゆかい》
痛快《つうかい》

笑《え》みを浮《う》かべる
相好《そうごう》を崩《くず》す
気《き》持《も》ちが弾《はず》む
顔《かお》がほころびる

腹《はら》を抱《かか》える
抱腹絶倒《ほうふくぜっとう》する
腹《はら》の皮《かわ》がよじれる
へそが茶《ちゃ》を沸《わ》かす

にこにこ
にっこり
にやにや
にたにた
にんまり

わはは
あはは
いひひ

うふふ
えへへ
おほほ

くすくす
からから
くっくっ

けらけら
げらげら

**おや**感 思いがけないことに出会ったときや、ふしぎに思ったときに言《い》う言葉《ことば》。「ふしぎだ」「おどろいた」というときに言う言葉。例 おや、よく来《き》たね。

**おやがいしゃ【親会社】**名 ある会社《かいしゃ》に対《たい》して、支配《しはい》できるだけのお金《かね》を出《だ》している会《かい》社《しゃ》。

**おやかた【親方】**名 すもうや職人《しょくにん》の社会《しゃかい》で、弟子《でし》や部下《ぶか》などの世話《せわ》をする責任者《せきにんしゃ》を敬《うやま》って言《い》う言《い》い方《かた》。かしら。

**おやがわり【親代わり】**名 親《おや》に代《か》わって、子《こ》どもの面倒《めんどう》をみること。また、その人《ひと》。

**◦おやこ【親子】**名 親《おや》と子《こ》。

**おやこうこう【親孝行】**名 動-する 形動 親《おや》を大切《たいせつ》にして、よくつくすこと。対 親不孝《おやふこう》。

**おやごころ【親心】**名 ❶親《おや》が子《こ》どもを思《おも》う心《こころ》。例 子《こ》どもをしかるのも親心からだ。❷温《あたた》かい思《おも》いやり。例 先生《せんせい》の親心。

**おやこどん【親子丼】**名 とり肉《にく》と卵《たまご》などに味《あじ》をつけて煮《に》たものを、ご飯《はん》にのせた料《りょう》理《り》。おやこどんぶり。

**✤おやじ【親字】**名 漢和辞典《かんわじてん》の見出《みだ》しの漢字《かんじ》。

**おやじ**名 ❶「父親《ちちおや》」を、親《した》しんで言《い》う言葉《ことば》。❷大人《おとな》や世間《せけん》の男《おとこ》の人《ひと》のくだけた言《い》い方《かた》。❸店《みせ》などの主人《しゅじん》。対 おふくろ。

**おやしお【親潮】**名 千島列島《ちしまれっとう》から東北地方《とうほくちほう》の東海岸《ひがしかいがん》を、北《きた》から南《みなみ》に流《なが》れる寒流《かんりゅう》。千島《ちしま》海流《かいりゅう》。➡かいりゅう 207ページ

**おやしらず【親知らず】**名 人《ひと》の歯《は》で、最《さい》後《ご》に生《は》える四本《よんほん》の奥歯《おくば》。



世界の国 赤道《せきどう》ギニア　アフリカ中西部《ちゅうせいぶ》、ギニア湾《わん》に面《めん》する国《くに》。カカオ、コーヒーを産《さん》する。首都《しゅと》マラボ。人口約《じんこうやく》145万《まん》

**おやすいごよう【お安い°御用】** 簡単《かんたん》にできること。たやすいこと。[例]荷物《にもつ》運《はこ》びならお安い御用です。[参考]何《なに》かを快《こころよ》く引《ひ》き受《う》ける気持《きも》ちを表《あらわ》す。

**おやすみ【お休み】** 一[名]「寝《ね》ること」「休《やす》むこと」「休日《きゅうじつ》」「欠席《けっせき》」などを丁寧《ていねい》にいう言《こと》葉《ば》。二[感]寝《ね》るときにいう挨拶《あいさつ》の言葉《ことば》。

**おやだま【親玉】** [名]仲間《なかま》のなかで中心《ちゅうしん》になる人物《じんぶつ》。〔くだけた言《い》い方《かた》。〕

**おやつ【お八つ】** [名]午後《ごご》の三時《さんじ》ごろに食《た》べる、軽《かる》い食《た》べ物《もの》。[参考]昔《むかし》の時刻《じこく》で、八《や》つ時《どき》〔＝午後《ごご》二時《にじ》ごろ〕に食《た》べたことから。

**おやどり【親鳥】** [名]親《おや》になった鳥《とり》。成長《せいちょう》した鳥《とり》。

**おやばか【親ばか】** [名]わが子《こ》をかわいがるあまりに、常識《じょうしき》外《はず》れのばかなことを言《い》ったりしたりすること。また、そのような親《おや》。

**おやばなれ【親離°れ】** [名][動-する]子《こ》どもが成長《せいちょう》して、親《おや》を頼《たよ》らずにひとりだちすること。[例]もういい加減《かげん》親離れしたらどうだ。

**おやふこう【親不孝】** [名][動-する][形動]親《おや》を大切《たいせつ》にしなかったり、親《おや》に心配《しんぱい》をかけたりすること。[対]親孝行《おやこうこう》。

**おやぶん【親分】** [名]仲間《なかま》のかしら。[対]子《こ》分《ぶん》。

**おやま【〈女形〉】** [名]歌舞伎《かぶき》で、女《おんな》の役《やく》をする男《おとこ》の役者《やくしゃ》。おんながた。

**おやもと【親元】** [名]親《おや》のそば。親《おや》のところ。[例]親元を離《はな》れて生活《せいかつ》をする。

**おやゆずり【親譲°り】** [名]親《おや》から譲《ゆず》り受《う》けたもの。[例]声《こえ》が大《おお》きいのは親譲りだ。

**おやゆび【親指】** [名]手《て》や足《あし》の、いちばん太《ふと》い指《ゆび》。

**およぎ【泳ぎ】** [名]泳《およ》ぐこと。水泳《すいえい》。

○**およぐ【泳ぐ】** [動]❶(人《ひと》や魚《さかな》などが)手《て》足《あし》やひれを動《うご》かして、水面《すいめん》・水中《すいちゅう》を進《すす》む。❷体《からだ》が前《まえ》のめりになってよろける。[例]石《いし》につまずいて体《からだ》が泳ぐ。❸不安定《ふあんてい》になる。[例]目《め》が泳ぐ〔＝目《め》の焦点《しょうてん》が定《さだ》まらず、きょろきょろする〕。❹世《よ》の中《なか》を上手《じょうず》にわたる。[例]政界《せいかい》を泳ぐ。⇩えい【泳】123ページ

○**およそ** 一[名]ものごとのあらまし。おおよそ。[例]費用《ひよう》のおよそを計算《けいさん》する。二[副]❶だいたい。[例]およそ百人《ひゃくにん》いた。❷全体《ぜんたい》として。一般《いっぱん》に。[例]賞《しょう》をもらうと、およそうれしくなるものだ。❸まったく。全然《ぜんぜん》。[例]およそくだらない話《はなし》だ。

**およばずながら【及°ばずながら】** [副]十分《じゅうぶん》なことはできないが。〔へりくだって言《い》う言《い》い方《かた》。〕[例]及ばずながら、お手伝《てつだ》いいたします。

**およばない【及°ばない】** ❶〔「及《およ》ばぬ」ともいう。〕かなわない。届《とど》かない。[例]とても姉《あね》に及ばない。❷〔「…には及《およ》ばない」の形《かたち》で〕必要《ひつよう》がない。[例]心配《しんぱい》するには及ばない。

**およばぬ【及°ばぬ】** ⇩およばない 180ページ

**およばれ【お呼ばれ】** [名][動-する]よその家《いえ》に呼《よ》ばれて、ごちそうになること。

**および【及°び】** [接]二《ふた》つのものごとを並《なら》べて言《い》うときに使《つか》う言葉《ことば》。また。並《なら》びに。[例]日本《にっぽん》及び中国《ちゅうごく》。⇩きゅう【及】324ページ

**およびごし【及°び腰°】** [名]❶腰《こし》を少《すこ》し曲《ま》げ、手《て》をのばして、何《なに》かを取《と》ろうとするような姿《し》勢《せい》。❷本気《ほんき》で取《と》り組《く》む気《き》のない態度《たいど》。[例]対策《たいさく》がいつも及び腰だ。

**およびもつかない【及°びもつかない】** とてもかなわない。[例]ぼくには及びもつかない腕前《うでまえ》だ。

○**およぶ【及°ぶ】** [動]❶(時間《じかん》・数《かず》・場所《ばしょ》などが)届《とど》く。[例]一時間《いちじかん》に及ぶ。❷行《い》きわたる。[例]全国《ぜんこく》に被害《ひがい》が及ぶ。❸できる。[例]想像《そうぞう》も及ばない。⇩きゅう【及】324ページ

**およぼす【及°ぼす】** [動]行《い》きわたらせる。[例]全国《ぜんこく》に影響《えいきょう》を及ぼす。⇩きゅう【及】324ページ

**オランウータン** [名]東南《とうなん》アジアのカリマンタン島《とう》やスマトラ島《とう》の森《もり》にすむ類人猿《るいじんえん》。立《た》っていても地《ち》に届《とど》く長《なが》い手《て》をしている。

**オランダ** [地名]ヨーロッパの北西部《ほくせいぶ》にある国《くに》。首都《しゅと》はアムステルダム。国土《こくど》の四分《ぶん》の一は海面《かいめん》よりも低《ひく》い。

**おり** [名]一【折】❶とき。ころ。[例]今度《こんど》お会《あ》いした折にお話《はな》ししましょう。❷時期《じき》。季《き》節《せつ》。[例]寒《さむ》さの折、お体《からだ》を大切《たいせつ》に。二【折り】❶折《お》ること。[例]折り紙《がみ》。❷うすい板《いた》などで作《つく》った箱《はこ》。[例]折りにつめる。⇩せつ【折】717ページ

**折《おり》に触《ふ》れて** 機会《きかい》があるたびに。[例]折にふ

さかん。首都《しゅと》ダカール。人口約《じんこうやく》1,670万人《まんにん》。略称《りゃくしょう》SEN。

れて母《はは》のことを思《おも》い出《だ》す。

**おり** 名 けものなどを、にげられないように入《い》れておく囲《かこ》いや部屋《へや》。

**おりあい【折り合い】** 名 ❶人《ひと》と人《ひと》との仲《なか》。❷ゆずり合《あ》って解決《かいけつ》すること。例 あの二人《ふたり》は折り合いが悪《わる》い。例 折り合いがつく（＝うまくまとまる）。

**おりあう【折り合う】** 動 ゆずり合《あ》って、うまく解決《かいけつ》する。例 話《はな》し合《あ》いで双方《そうほう》が折り合う。

**おりあしく【折あしく】** 副 あいにく。例 折あしく留守《るす》だった。対 折《おり》よく。

**おりいって【折り入って】** 副 特《とく》に。ぜひとも。例 折り入って話《はな》したいことがある。

**オリーブ** 名 実《み》からオリーブ油《ゆ》をとる木《き》。地中海地方《ちちゅうかいちほう》や日本《にっぽん》の小豆島《しょうどしま》に多《おお》い。

**オリーブいろ【オリーブ色】** 名 オリーブの実《み》のような、黄色《きいろ》みがかった暗《くら》い緑色《みどりいろ》。

### 例解 ことばを広げよう!

**おもしろい**
❷（心《こころ》が引《ひ》かれる）
いろいろな「おもしろい」

**すばらしい**　すごい
**すてきだ**
**好《この》ましい**　望《のぞ》ましい　楽《たの》しい　なつかしい
忘《わす》れがたい　印象的《いんしょうてき》だ
**胸《むね》を打《う》つ**
**胸《むね》に迫《せま》る**　胸《むね》がいっぱいになる　胸《むね》が熱《あつ》くなる
**胸《むね》に響《ひび》く**
**心《こころ》を打《う》つ**　心《こころ》を奪《うば》われる　心《こころ》を捉《とら》える
**心《こころ》を引《ひ》かれる**　心《こころ》に残《のこ》る　心《こころ》に触《ふ》れる
**興味深《きょうみぶか》い**　趣《おもむき》がある　興味《きょうみ》をそそられる
**魅力《みりょく》がある**　感《かん》に堪《た》えない
**感心《かんしん》**
**感動《かんどう》**　感銘《かんめい》
**共感《きょうかん》**
関心《かんしん》
**興味《きょうみ》**
満足《まんぞく》
**感慨無量《かんがいむりょう》**　興味津々《きょうみしんしん》　感無量《かんむりょう》　醍醐味《だいごみ》　**好奇心《こうきしん》**
**しみじみ**　さばさば
**ほれぼれ**　すっきり
**うっとり**
**どきどき**　**ぐっと**
ぞくぞく　どきっと
ぐんぐん　じいんと

**オリーブゆ【オリーブ油】** 名 オリーブの実《み》からとった油《あぶら》。食用《しょくよう》にする。オリーブオイル。

**オリエンテーション**〔英語 orientation〕名〔学校《がっこう》や会社《かいしゃ》などで〕新《あたら》しく入《はい》った人《ひと》のために行《おこな》う説明会《せつめいかい》。

**オリエンテーリング**〔英語 orienteering〕名 地図《ちず》と磁石《じしゃく》をたよりに、野山《のやま》などの決《き》められたコースを歩《ある》いて、速《はや》さをきそう競技《きょうぎ》。

**おりおり【折折】** 一 名 そのときそのとき。例 四季《しき》折々の花《はな》が咲《さ》く。二 副 ときどき。例 田舎《いなか》にも、おりおり手紙《てがみ》を出《だ》す。

**オリオンざ【オリオン座】** 名 冬《ふゆ》の代表的《だいひょうてき》な星座《せいざ》。中央《ちゅうおう》にななめに並《なら》んだ明《あか》るい三《みっ》つの星《ほし》で知《し》られる。

**おりかえし【折り返し】** 一 名 ❶二《ふた》つに折《お》ること。また、折《お》ったもの。例 ズボンのすそに折り返しがある。❷引《ひ》き返《かえ》すこと。例 折り返し地点《ちてん》。二 副（返事《へんじ》などを）すぐに。例 手紙《てがみ》を見《み》て折り返し返事《へんじ》を出《だ》す。

**おりかえす【折り返す】** 動 ❶反対《はんたい》のほうに折《お》り曲《ま》げる。例 ズボンのすそを折り返す。❷来《き》たほうへ引《ひ》き返《かえ》す。例 終点《しゅうてん》からバスが折り返す。

**おりかさなる【折り重なる】** 動 たくさんのものが、上《うえ》へ上《うえ》へと重《かさ》なり合《あ》う。例 人《ひと》が折り重なってたおれる。

**おりがみ【折り紙】** 名 色紙《いろがみ》を折《お》って、いろ



世界の国 セネガル　アフリカの最《もっと》も西《にし》にある国《くに》。日本《にっぽん》の約半分《やくはんぶん》の広《ひろ》さ。落花生《らっかせい》、綿花《めんか》、リン鉱石《こうせき》を産《さん》するほか、漁業《ぎょぎょう》も

いろな形《かたち》を作《つく》る遊《あそ》び。また、その紙《かみ》。

**おりがみつき**【折り紙付き】名 確《たし》かにまちがいないという証明《しょうめい》がついていること。例 折り紙つきの作品《さくひん》。

**おりから**【折から】一 副 ちょうどそのとき。例 折からの雨《あめ》で中止《ちゅうし》になる。二 名 …のときだから。例 寒《さむ》さの折から、お元気《げんき》で。

❖**おりく**【折り句】名 行《ぎょう》の最初《さいしょ》または最後《さいご》の音《おん》を決《き》めて、言葉《ことば》をつないでいく遊《あそ》び。⬇ ことばあそび 476ページ

**おりこみ**【折り込み】名 新聞《しんぶん》の間《あいだ》に、広《こう》告《こく》などを折《お》って入《い》れること。また、その紙《かみ》。

**おりこむ**【織り込む】動 ❶織物《おりもの》の中《なか》に、ちがった糸《いと》を入《い》れて織《お》る。❷他《ほか》のものごとを、全体《ぜんたい》の中《なか》に取《と》り入《い》れる。例 いろいろな意見《いけん》を織り込んで、まとめを書《か》く。

**オリジナル**〔英語 original〕一 形動 今《いま》までになかったようす。例 オリジナルな作品《さくひん》。二 名 もとのもの。原作《げんさく》。対 コピー。

**おりしも**【折しも】副 ちょうどそのとき。例 外《そと》に出《で》ると、折しも雨《あめ》が降《ふ》ってきた。

**おりたたみ**【折り畳み】名 折《お》りたためるようにしてあること。例 折り畳みの傘《かさ》。

**おりたたむ**【折り畳む】動 折《お》り曲《ま》げて小《ちい》さくする。例 ふろしきを折り畳む。

**おりたつ**【下り立つ・降り立つ】動 おりて、そこに立《た》つ。例 地上《ちじょう》に下り立つ。

**おりづめ**【折り詰め】名 食《た》べ物《もの》を折《お》り箱《ばこ》〔=うすい板《いた》や紙《かみ》などを折《お》り曲《ま》げて作《つく》った箱《はこ》〕に詰《つ》めること。また、入《い》れた箱《はこ》。例 赤飯《せきはん》を折り詰めにする。

**おりづる**【折り鶴】名 折《お》り紙《がみ》を折《お》って、ツルの形《かたち》にしたもの。

**おりなす**【織り成す】動 ❶糸《いと》を織《お》って、模様《もよう》などを作《つく》り出《だ》す。❷いくつかのものを組《く》み合《あ》わせてつくり出《だ》す。例 多《おお》くの人物《じんぶつ》が織り成すドラマ。

**おりばこ**【折り箱】名 うすい板《いた》やボール紙《がみ》などを折《お》り曲《ま》げてつくった、平《ひら》たい箱《はこ》。菓《か》子《し》などを入《い》れる。

**おりひめぼし**【織り姫星】名 ⬇ しょくじょせい 642ページ

**おりふし**【折節】一 名 そのときどき。例 折節の便《たよ》り。二 副 ❶ときどき。例 おりふし思《おも》い出《だ》す。❷ちょうどそのとき。例 おりふし雨《あめ》もやんだ。

**おりまげる**【折り曲げる】動 折《お》って曲《ま》げる。例 針金《はりがね》を折り曲げる。

**おりめ**【折り目】名 ❶折《お》った境目《さかいめ》。例 ズボンの折り目。❷ものごとのけじめ。区切《くぎ》り。例 仕事《しごと》の折り目をつける。

**おりめただしい**【折り目正しい】形 礼儀《れいぎ》作法《さほう》がきちんとしているようす。例 いつも折り目正しいあいさつをなさる。

**おりもの**【織物】名 縦糸《たていと》と横糸《よこいと》とを交差《こうさ》させて作《つく》った布《ぬの》。例 絹《きぬ》織物。毛《け》織物。

**おりよく**【折よく】副 ちょうど都合《つごう》よく。例 折よく帰《かえ》って来《き》た。対 折《おり》あしく。

例解 ⇔ 使い分け

**下《お》りると降《お》りる**

山《やま》を下《お》りる。
二《に》階《かい》から下《お》りる。
幕《まく》が下《お》りる。

車《くるま》を降《お》りる。
電車《でんしゃ》を降《お》りる。
霜《しも》が降《お》りる。

°**おりる**【下りる】動 ❶上《うえ》から下《した》へ移《うつ》る。例 二《に》階《かい》から下りる。対 上《あ》がる。登《のぼ》る。❷役所《やくしょ》などから、よいと許《ゆる》しが出《で》る。例 許可《きょか》が下りる。⬇ か【下】188ページ

°**おりる**【降りる】動 ❶高《たか》い所《ところ》から低《ひく》い所《ところ》へ移《うつ》る。例 演壇《えんだん》から降りる。対 登《のぼ》る。❷乗《の》り物《もの》から外《そと》へ出《で》る。例 電車《でんしゃ》から降りる。対 乗《の》る。❸役目《やくめ》や仕事《しごと》を離《はな》れる。例 会長《かいちょう》を降りる。❹露《つゆ》や霜《しも》がおく。例 霜《しも》が降りる。⬇ こう【降】425ページ

°**オリンピック**〔英語 olympic〕名 四《よ》年《ねん》ごとに開《ひら》かれ、世界《せかい》じゅうの国々《くにぐに》から選手《せんしゅ》が参加《さんか》する競技《きょうぎ》大会《たいかい》。古代《こだい》ギリシャで行《おこな》われたオリンピアの祭典《さいてん》(古代《こだい》オリンピック)にならって、一八九六年《ねん》にギリシャのアテネで開《ひら》かれたのが始《はじ》まり。五輪《ごりん》。参考 現在《げんざい》では、夏季《かき》と冬季《とうき》の大会《たいかい》がある。日本《にっぽん》では一九六四年《ねん》に東京《とうきょう》で、冬季《とうき》オリンピックは一九七二年《ねん》に札《さっ》

ビア・モンテネグロとして独立《どくりつ》したのち、モンテネグロと分離《ぶんり》・独立《どくりつ》した。鉱物資源《こうぶつしげん》、とくに石炭《せきたん》や石油《せきゆ》、天然《てんねん》ガスが豊《ほう》

幌《ぽろ》、一九九八年《ねん》に長野《ながの》で行《おこな》われた。二〇二一年《ねん》には、再《ふたた》び東京《とうきょう》で行《おこな》われた。

°**おる【折る】** 動 ❶曲《ま》げて切《き》りはなす。例 枝《えだ》を折る。❷曲《ま》げて重《かさ》ねる。例 紙《かみ》を折る。❸曲《ま》げて、痛《いた》める。例 足《あし》を折る。❹途中《とちゅう》でやめる。例 筆《ふで》を折る〔＝(作家《さっか》などが)書《か》くのをやめる〕。⇩せつ【折】717ページ

°**おる【織る】** 動 縦糸《たていと》と横糸《よこいと》とを交差《こうさ》させて布《ぬの》を作《つく》る。⇩しょく【織】641ページ

**おる** 動 ❶「居《い》る」の少《すこ》し古《ふる》い言《い》い方《かた》。例 午後《ごご》は家《いえ》におる。❷〔「…ております」の形《かたち》で〕「いる」の丁寧《ていねい》な言《い》い方《かた》。例 知《し》っております。参考 ❶には、「だれかおるか」のように、えらぶった気持《きも》ちを含《ふく》む場合《ばあい》がある。

**オルガン**〔ポルトガル語〕名 ピアノのように、鍵盤《けんばん》を持《も》つ楽器《がっき》。リードオルガンやパイプオルガンがある。⇩がっき(楽器)244ページ

**オルゴール**〔オランダ語〕名 ぜんまいを使《つか》って金属《きんぞく》の板《いた》をはじいて音《おと》を出《だ》し、曲《きょく》をくり返《かえ》し聞《き》かせる器械《きかい》。

**おれ【俺】** 画数 10 部首 亻(にんべん)

音 ―― 訓 おれ

自分《じぶん》を指《さ》して言《い》う言葉《ことば》。

**おれ【俺】** 代名 親《した》しい人《ひと》や目下《めした》の人《ひと》に対《たい》して、自分《じぶん》を指《さ》して言《い》う言葉《ことば》。ふつう、男《おとこ》の人《ひと》が使《つか》う。例 俺の話《はなし》を聞《き》いてくれ。

°**おれい【お礼】** 名 ありがたいと思《おも》う気持《きも》ちを表《あらわ》すこと。また、その言葉《ことば》や、おくる品物《しなもの》。例 お礼の手紙《てがみ》。

**おれせんグラフ【折れ線グラフ】** 名〔算数《さんすう》で〕目盛《めも》りをつけた点《てん》を、直線《ちょくせん》でつないだグラフ。数《かず》や量《りょう》の移《うつ》り変《か》わりがわかりやすい。⇩グラフ❶377ページ

°**おれる【折れる】** 動 ❶曲《ま》がって切《き》れる。例 鉛筆《えんぴつ》のしんが折れる。❷曲《ま》がって重《かさ》なる。例 紙《かみ》のはしが折れている。❸曲《ま》がって、痛《いた》む。例 指《ゆび》の骨《ほね》が折れた。❹曲《ま》がって進《すす》む。例 道《みち》を左《ひだり》に折れる。❺ゆずる。例 こちらが折れて、仲直《なかなお》りした。⇩せつ【折】717ページ

**オレンジ**〔英語 orange〕名 ❶ミカンの仲間《なかま》の、あまくてかおりのよい丸《まる》い実《み》。また、その木《き》。❷ミカン・ナツミカン・ネーブルなどの実《み》をまとめていう呼《よ》び名《な》。

**オレンジいろ【オレンジ色】** 名 オレンジの実《み》のような色《いろ》。だいだい色《いろ》。

**おろおろ** 副(-と) 動-する どうしてよいかわからずに、あわてるようす。例 激《はげ》しい地震《じしん》でおろおろする。

**おろか【愚か】** 形動 知恵《ちえ》や考《かんが》えが足《た》りないようす。例 愚かな考《かんが》え。⇩ぐ【愚】357ページ

**おろか** 副〔「…はおろか」の形《かたち》で〕言《い》うまでもなく。例 百円《ひゃくえん》はおろか十円《じゅうえん》もない。

**おろし【卸】** 名 ⇩おろしうり183ページ／⇩おろす【卸】183ページ

**おろし【下ろし】** 名 ❶下《した》のほうへ移《うつ》すこと。例 雪《ゆき》下ろし。❷ダイコンなどをすりつぶしたもの。例 大根《だいこん》下ろし。❸新《あたら》しいものを使《つか》い始《はじ》めること。例 仕立《した》て下ろしのシャツ。

**おろし** 名 山《やま》からふきおろす風《かぜ》。参考「筑波《つくば》(筑波山《つくばさん》)おろし」のように、山《やま》の名前《なまえ》につけて使《つか》われることが多《おお》い。

**おろしうり【卸し売り】** 名〔「卸《おろし》」ともいう。〕問屋《とんや》が仕入《しい》れた品物《しなもの》を小売店《こうりてん》に売《う》ること。対 小売《こう》り。

**おろしがね【下ろし金】** 名 ダイコン・ワサビ・ショウガなどをすり下《お》ろす道具《どうぐ》。

**おろしね【卸し値】** 名 問屋《とんや》が、品物《しなもの》を小売《こうり》店《てん》に売《う》るときの値段《ねだん》。対 小売値《こうりね》。

**おろす【卸】** 画数 9 部首 卩(ふしづくり)

音 ―― 訓 おろ-す おろし

問屋《とんや》が小売店《こうりてん》に売《う》る。

**おろす【卸す】** 動 問屋《とんや》が品物《しなもの》をたくさん買《か》い入《い》れて、小売店《こうりてん》に売《う》りわたす。例 卸し売《う》り。よい品《しな》を安《やす》く卸す。

°**おろす【下ろす】** 動 ❶上《うえ》から下《した》へ移《うつ》す。例 たなから下ろす。対 上《あ》げる。挙《あ》げる。❷使《つか》い始《はじ》める。例 新《あたら》しい靴《くつ》をおろす。❸切《き》ったりして落《お》とす。例 枝《えだ》を下ろす。❹お金《かね》を引《ひ》き出《だ》す。例 貯金《ちょきん》をおろす。❺魚《さかな》を切《き》り分《わ》ける。例 三枚《さんまい》に下ろす。❻道具《どうぐ》を使《つか》ってすりつぶす。例 ワサビを下ろす。❼下《した》のほうへのばす。例 根《ね》を下ろす。参考 ふつう❷・❹は、かな書《が》きにする。⇩か【下】188ページ

°**おろす【降ろす】** 動 ❶高《たか》い所《ところ》から低《ひく》い所《ところ》へ



世界の国 **セルビア** バルカン半島《はんとう》にある国《くに》。北海道《ほっかいどう》より少《すこ》しせまい。もともとはユーゴスラビアの一部《いちぶ》だったが、セルビア・モンテネグロを経て独立。首都《しゅと》ベオグラード。人口約《じんこうやく》690万人《まんにん》。略称《りゃくしょう》SRB。

**例解 ことばの窓**

**終《お》わる の意味《いみ》で**

入学式《にゅうがくしき》が終了《しゅうりょう》する。
戦争《せんそう》が終結《しゅうけつ》する。
工事《こうじ》が完了《かんりょう》する。
ドラマが完結《かんけつ》する。

移《うつ》す。例 旗《はた》を降ろす。対 揚《あ》げる。❷下《した》のほうに移《うつ》す。例 荷物《にもつ》を降ろす。対 積《つ》む。❸乗《の》り物《もの》から外《そと》へ出《だ》す。例 お客《きゃく》を降ろす。対 乗《の》せる。❹役目《やくめ》や仕事《しごと》をやめさせる。例 番組《ばんぐみ》から降ろす。⬇こう【降】425ページ

**おろそか** 形動 ものごとを、いいかげんにするようす。例 仕事《しごと》をおろそかにする。

**おわび** 名 動-する 「わび」の丁寧《ていねい》な言《い》い方《かた》。例 おわびを言《い》う。

**おわらい【お笑い】** 名 ❶落語《らくご》など、人《ひと》を笑《わら》わせるための演芸《えんげい》。例 お笑い番組《ばんぐみ》。「お笑いを一席申《いっせきもう》し上《あ》げます。」❷笑《わら》ってしまうようなこと。例 あれはとんだお笑いだった。

**°おわり【終わり】** 名 おしまい。最後《さいご》。対 初《はじ》め。始《はじ》め。始《はじ》まり。

**終《お》わりよければすべてよし** 最後《さいご》がうまくいけば、これまでのことは全部《ぜんぶ》よかったことになる、ということわざ。

**終《お》わりを告《つ》げる** ❶終《お》わりを知《し》らせる。例 終わりを告げるチャイム。❷ものごとが終《お》わる。例 旅《たび》も無事《ぶじ》に終わりを告げた。

**おわり〔尾張〕** 地名 昔《むかし》の国《くに》の名《な》の一《ひと》つ。今《いま》の愛知県《あいちけん》の西部《せいぶ》にあたる。

**°おわる【終わる】** 動 ❶おしまいになる。対 始《はじ》まる。❷死《し》ぬ。例 一生《いっしょう》を終わる。❸〔「…に終《お》わる」の形《かたち》で〕そのようすで終《お》わりになる。例 失敗《しっぱい》に終わる。⬇しゅう【終】592ページ

**おん【音】** 画数 9 部首 音（おと） 1年

音 オン イン 訓 おと ね

筆順

❶〔聞《き》こえる〕おと。熟語 音楽《おんがく》。音色《おんしょく》・音色《ねいろ》。雑音《ざつおん》。足音《あしおと》。❷〔言葉《ことば》に使《つか》う〕おと。声《こえ》。熟語 音声《おんせい》。音読《おんどく》。発音《はつおん》。母音《ぼいん》・母音《ぼおん》。五十音《ごじゅうおん》。❸便《たよ》り。知《し》らせ。熟語 音信《おんしん》。福音《ふくいん》。

**おん【音】** 名 ❶おと。声《こえ》。例 俳句《はいく》はふつう、十七《じゅうしち》の音でできている。❷〔国語《こくご》で〕昔《むかし》の中国《ちゅうごく》の発音《はつおん》をもとにした漢字《かんじ》の読《よ》み方《かた》。音読《おんよ》み。例「山《やま》」の音は「サン」、訓《くん》は「やま」。対 訓《くん》。

**おん【恩】** 画数 10 部首 心（こころ） 6年

音 オン 訓 ―

筆順

人《ひと》から受《う》けた親切《しんせつ》。熟語 恩人《おんじん》。謝恩会《しゃおんかい》。

**おん【恩】** 名 他《ほか》の人《ひと》から受《う》けた、情《なさ》けや親切《しんせつ》。例 親《おや》の恩を感《かん》じる。恩を返《かえ》す。

**恩《おん》に着《き》せる** してやったことを、相手《あいて》にありがたく思《おも》わせる。例 親切《しんせつ》を恩に着せる。

**恩《おん》に着《き》る** 親切《しんせつ》にしてもらったことを、ありがたく思《おも》う。

**恩《おん》をあだで返《かえ》す** 親切《しんせつ》にしてもらった相手《あいて》にひどいことをする。例 恩をあだで返すようなことはしてはいけない。

**例解 ことばの勉強室**

**音《おん》と訓《くん》について**

漢字《かんじ》の読《よ》み方《かた》には、「音《おん》」と「訓《くん》」とがある。
「音《おん》」は、中国《ちゅうごく》の発音《はつおん》をもとにした読《よ》み方《かた》である。
「訓《くん》」は、漢字《かんじ》が表《あらわ》す意味《いみ》の日本語《にほんご》を当《あ》てた読《よ》み方《かた》である。

山 ｛さん（音《おん》） やま（訓《くん》）
海 ｛かい（音《おん》） うみ（訓《くん》）

一《ひと》つの漢字《かんじ》に、二《ふた》つ以上《いじょう》の「音《おん》」のあるものがある。たとえば「行」という漢字《かんじ》には音《おん》が三《みっ》つもある。

行 ｛ギョウ 行事《ぎょうじ》・行列《ぎょうれつ》 ／ コウ 行進《こうしん》・行動《こうどう》 ／ アン 行脚《あんぎゃ》・行灯《あんどん》
木 ｛モク 木材《もくざい》 ／ ボク 木刀《ぼくとう》
人 ｛ニン 人間《にんげん》 ／ ジン 人物《じんぶつ》

これは、その音《おん》が中国《ちゅうごく》から伝《つた》わってきた時代《じだい》がちがうためである。

ビ、綿花《めんか》、ココナッツの栽培《さいばい》がさかんで、観光客《かんこうきゃく》も多《おお》い。首都《しゅと》バセテール。人口約《じんこうやく》53,000人。略称《りゃくしょう》SKN。

恩《おん》を売《う》る 初《はじ》めから感謝《かんしゃ》されることを期待《きたい》して親切《しんせつ》にする。

**おん【温】** 画数 12 部首 氵(さんずい) 3年

音 オン 訓 あたたか あたたか い あたたまる あたためる

筆順 温温温温温温温温温

❶あたたかい。熟語 温室《おんしつ》。温泉《おんせん》。温帯《おんたい》。温暖《おんだん》。対 冷《れい》。❷温度《おんど》。熟語 気温《きおん》。検温《けんおん》。体温《たいおん》。❸おだやか。熟語 温厚《おんこう》。温情《おんじょう》。温和《おんわ》。

《訓の使い方》 **あたた-か** 例 温かな家庭《かてい》。 **あたた-かい** 例 温かいご飯《はん》。 **あたた-まる** 例 体《からだ》が温まる。 **あたた-める** 例 鳥《とり》が卵《たまご》を温める。

**おん【穏】** 画数 16 部首 禾(のぎへん)

音 オン 訓 おだ-やか

おだやか。静《しず》かで安《やす》らかなようす。熟語 穏《おん》健《けん》。穏和《おんわ》。平穏《へいおん》。

**おん【怨】**° 熟語 怨念《おんねん》〔=うらみに思《おも》う気持《きも》ち〕。

↓**えん【怨】** 136ページ

**おん【遠】**△ 熟語 久遠《くおん》。 ↓**えん【遠】** 135ページ

**おん【御】**° 〔ある言葉《ことば》の前《まえ》につけて〕「お」を、もっと丁寧《ていねい》にいう言《い》い方《かた》。例 あつく御礼申《れいもう》し上《あ》げます。 ↓**ぎょ【御】** 331ページ

**オン** 〔英語 on〕 名 〔電気器具《でんききぐ》や機械《きかい》などの〕スイッチが入《はい》っていて、動《うご》いていること。例 スイッチをオンにする。対 オフ。

**おんかい【音階】** 名 〔音楽《おんがく》で〕一《いち》オクターブの音《おと》を、高《たか》さの順《じゅん》に並《なら》べたもの。例《たと》えば、「ド・レ・ミ・ファ・ソ・ラ・シ・ド」など。短音階《たんおんかい》と長音階《ちょうおんかい》とがある。

**おんがえし【恩返し】** 名 動-する 恩《おん》を受《う》けた人《ひと》に対《たい》して、それにむくいること。

°**おんがく【音楽】** 名 ❶歌《うた》を歌《うた》ったり、楽器《がっき》を鳴《な》らしたりして、人々《ひとびと》に美《うつく》しい・楽《たの》しいと思《おも》う気持《きも》ちを起《お》こさせる芸術《げいじゅつ》。❷学校《がっこう》の教《きょう》科《か》の一《ひと》つ。歌《うた》や楽器《がっき》の勉強《べんきょう》をする。音楽科《おんがくか》。

**おんがくか【音楽家】** 名 歌《うた》を歌《うた》うことや楽器《がっき》を演奏《えんそう》すること、曲《きょく》を作《つく》ることなどを仕《し》事《ごと》にしている人《ひと》。

**おんかん【音感】** 名 〔音楽《おんがく》で〕音《おと》の高《たか》い低《ひく》いや、音色《ねいろ》などを聞《き》き分《わ》ける力《ちから》。

**おんぎ【恩義】** 名 返《かえ》さなければならないと思《おも》う恩《おん》。例 友達《ともだち》に恩義を感《かん》じる。

**おんきせがましい【恩着せがましい】** 形 ありがたく思《おも》えと言《い》わんばかりのようす。例 恩着せがましく、くどくどと言《い》う。

**おんきゅう【恩給】** 名 決《き》められた年数《ねんすう》を勤《つと》めた公務員《こうむいん》が、やめたり死《し》んだりした後《あと》に、本人《ほんにん》や遺族《いぞく》がもらえるお金《かね》。現在《げんざい》は「共《きょう》済年金《さいねんきん》」という。

**おんきょう【音響】**° 名 音《おと》。音《おと》の響《ひび》き。例 音響効果《こうか》のよいホール。

✤**おんくん【音訓】** 名 〔国語《こくご》で〕漢字《かんじ》の音《おん》と訓《くん》。例《たと》えば、「山」を「サン」と読《よ》むのは音《おん》、「やま」と読《よ》むのは訓《くん》である。

✤**おんくんさくいん【音訓索引】**° 名 漢和《かんわ》辞典《じてん》などで、漢字《かんじ》の音読《おんよ》みと訓読《くんよ》みとを五《ご》十音順《じゅうおんじゅん》に並《なら》べたもの。調《しら》べたい漢字《かんじ》を読《よ》み方《かた》からさがすときに使《つか》う。

**おんけい【恩恵】**° 名 めぐみ。いつくしみ。例 自然《しぜん》の恩恵を受《う》ける。

**おんけん【穏健】**° 形動 おだやかで、しっかりしているようす。例 穏健な人物《じんぶつ》。

**おんこう【温厚】**△ 形動 やさしくて、おだやかなようす。例 温厚な人柄《ひとがら》。

■**おんこちしん【温故知新】** 名 昔《むかし》のことを勉強《べんきょう》して、新《あたら》しい考《かんが》え方《かた》や知識《ちしき》を見《み》いだすこと。故《ふる》きを温《たず》ねて新《あたら》しきを知《し》る〔「故《ふる》きを温《あたた》めて新《あたら》しきを知《し》る」ともいう〕。参考 中国《ちゅうごく》の「論語《ろんご》」にある孔子《こうし》の言葉《ことば》。

**おんさ【音叉】** 名 はがねをU《ユー》字形《じがた》に曲《ま》げて、下《した》に柄《え》をつけたもの。先《さき》をたたいて音《おと》を出《だ》し、音《おと》の高《たか》さや性質《せいしつ》などを調《しら》べるのに使《つか》う。

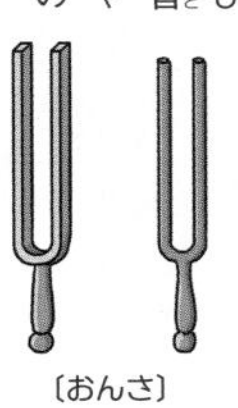
〔おんさ〕

**おんし【恩師】** 名 教《おし》えを受《う》けた恩《おん》のある先《せん》生《せい》。

**おんしつ【音質】** 名 音《おと》や声《こえ》のよしあし。

**おんしつ【温室】** 名 草花《くさばな》や野菜《やさい》などを、季《き》節《せつ》に関係《かんけい》なく育《そだ》てるために、中《なか》を温《あたた》かくした建物《たてもの》。例 温室で育《そだ》てたイチゴ。

**おんしつこうか【温室効果】** 名 空気《くうき》中《ちゅう》の二《に》酸化炭素《さんかたんそ》などが増《ふ》えることにより、大気《たいき》





世界の国 セントクリストファー・ネービス カリブ海《かい》にある小《ちい》さな国《くに》。沖縄県《おきなわけん》の西表島《いりおもてじま》よりややせまい。サトウキ

が温室《おんしつ》のようなはたらきをして熱《ねつ》をにがさず、地球全体《ちきゅうぜんたい》の気温《きおん》が上《あ》がること。環境破《かんきょうは》壊《かい》の原因《げんいん》となる。

**おんしつそだち【温室育ち】**[名] だいじにされて育《そだ》ち、世間《せけん》の苦労《くろう》を知《し》らずにいること。また、そのような人《ひと》。

**おんしゃ【恩赦】**[名] 政府《せいふ》が特別《とくべつ》に犯罪者《はんざいしゃ》の刑罰《けいばつ》を許《ゆる》したり、軽《かる》くしたりすること。国《くに》の祝《いわ》い事《こと》などのときに行《おこな》われる。

**おんしょう【温床】**[名] ❶よい苗《なえ》を早《はや》く育《そだ》てるために、温《あたた》かくしてある苗床《なえどこ》。❷よくないものごとが育《そだ》つのに、都合《つごう》のよい場所《ばしょ》。[例]悪《あく》の温床。

**おんじょう【温情】**[名] 思《おも》いやりのある温《あたた》かい心《こころ》。親切《しんせつ》な心《こころ》。

**おんしらず【恩知らず】**[名][形動] 人《ひと》に世話《せわ》になったのに、ありがたいと思《おも》わないこと。また、そういう人《ひと》。

**おんしん【音信】**[名] 手紙《てがみ》などによる連絡《れんらく》。便《たよ》り。[例]長《なが》い間《あいだ》、音信がない。音信不通《ふつう》。

**おんじん【恩人】**[名] 自分《じぶん》が恩《おん》を受《う》けた人《ひと》。世話《せわ》になった人《ひと》。[例]命《いのち》の恩人。

**おんしんふつう【音信不通】**[名] 長《なが》い間《あいだ》、手紙《てがみ》などの連絡《れんらく》がないこと。

**オンス**〔英語 ounce〕[名] イギリスやアメリカで使《つか》うヤードポンド法《ほう》で、重《おも》さの単位《たんい》の一《ひと》つ。一《いち》オンスは、一《いち》ポンドの十六分《じゅうろくぶん》の一《いち》。約《やく》二八・三五グラム。

**おんすい【温水】**[名] あたたかい水《みず》。[例]温水プール。

✤**おんせい【音声】**[名] ❶人《ひと》が出《だ》す声《こえ》。❷テレビなどから流《なが》れてくる声《こえ》や音《おと》。

✤**おんせいげんご【音声言語】**[名]〔国語《こくご》で〕話《はな》し言葉《ことば》のこと。[対]文字言語《もじげんご》。

**おんせいにんしょう【音声認△証】**[名] 声《こえ》の特徴《とくちょう》で本人《ほんにん》であることを確認《かくにん》する方法《ほうほう》。

✤**おんせつ【音節】**[名]〔国語《こくご》で〕言葉《ことば》を作《つく》っている一《ひと》つ一《ひと》つの音《おん》の区切《くぎ》り。例《たと》えば、「はな」は、「は」と「な」の二《ふた》つの音節《おんせつ》からできている。

**おんせん【温泉】**[名] 地下水《ちかすい》が火山《かざん》などの熱《ねつ》で温《あたた》められて、地下《ちか》からわき出《だ》す湯《ゆ》。また、その湯《ゆ》の出《で》る場所《ばしょ》。

**おんそく【音速】**[名] 音《おと》の伝《つた》わる速《はや》さ。空気《くうき》中《ちゅう》では気温《きおん》一五度《ど》のときに、一秒《いちびょう》で約《やく》三四〇メートル進《すす》む。↓マッハ 1237ページ

**おんぞん【温存】**[名][動-する] なくならないようにとっておくこと。[例]体力《たいりょく》を温存する。

**おんたい【温帯】**[名] 熱帯《ねったい》と寒帯《かんたい》との間《あいだ》の地《ち》帯《たい》。気候《きこう》はおだやかで四季《しき》があり、日本《にっぽん》はこの中《なか》にある。[関連]熱帯《ねったい》。寒帯《かんたい》。

**おんたいていきあつ【温帯低気圧】**[名] 温帯《おんたい》に発生《はっせい》する低気圧《ていきあつ》。春《はる》と秋《あき》に、前線《ぜんせん》をともなって現《あらわ》れる。

**おんたいりん【温帯林】**[名] 温帯地方《おんたいちほう》の森《しん》林《りん》。ブナやクリなどの落葉広葉樹《らくようこうようじゅ》が多《おお》い。[関連]熱帯林《ねったいりん》。寒帯林《かんたいりん》。

**おんだん【温暖】**[形動] 気候《きこう》がおだやかで、暖《あたた》かいようす。[例]温暖な土地《とち》。[対]寒冷《かんれい》。

**おんだんか【温暖化】**[名][動-する] ↓ちきゅうおんだんか 823ページ

**おんだんぜんせん【温暖前線】**[名] 暖《あたた》かい空気《くうき》のかたまりが、冷《つめ》たい空気《くうき》のかたまりの上《うえ》に乗《の》り上《あ》げて進《すす》むときにできる前線《ぜんせん》。この境目《さかいめ》では雨《あめ》が降《ふ》りやすい。[対]寒冷前線《かんれいぜんせん》。

**おんち【音痴】**[名] 音《おと》の高《たか》さが正《ただ》しく出《だ》せないで、歌《うた》の調子《ちょうし》が外《はず》れること。

↓ぜんせん(前線)❷ 734ページ

**おんちゅう【御中】**[名] 会社《かいしゃ》・学校《がっこう》などの団《だん》体《たい》に出《だ》す手紙《てがみ》の、あて名《な》の下《した》に書《か》く言葉《ことば》。[例]第一小学校《だいいちしょうがっこう》御中。

**おんてい【音程】**[名]〔音楽《おんがく》で〕二《ふた》つの音《おと》の高《たか》さの差《さ》。[例]ピアノの音程がくるう。

**オンデマンド**〔英語 on demand〕[名] 利用者《りようしゃ》からの要求《ようきゅう》に応《おう》じてサービスや商品《しょうひん》を提供《ていきょう》する方法《ほうほう》。

**おんど【音頭△】**[名] ❶大勢《おおぜい》で歌《うた》うとき、一人《ひとり》が先《さき》に歌《うた》い始《はじ》めて調子《ちょうし》を取《と》ること。❷大勢《おおぜい》で歌《うた》ったりおどったりするための歌《うた》やおどり。[例]東京五輪《とうきょうごりん》音頭。

**音頭《おんど》を取《と》る** ❶大勢《おおぜい》で歌《うた》うとき、一人《ひとり》が先《さき》に歌《うた》って調子《ちょうし》を取《と》る。❷大勢《おおぜい》で何《なに》かをするとき、他《ほか》の人《ひと》の先《さき》に立《た》って指図《さしず》をする。[例]クラス会《かい》の音頭を取る。

**◦おんど【温度】**[名]〔気温《きおん》・水温《すいおん》など〕熱《あつ》さや冷《つめ》たさの度合《どあ》いを数字《すうじ》で表《あらわ》したもの。[例]室内《しつない》の温度を測《はか》る。温度計《けい》。[参考]日本《にっぽん》では、ふ

イモなどの農業《のうぎょう》と観光《かんこう》がさかんな国《くに》。首都《しゅと》キングスタウン。人口約《じんこうやく》11万人《まんにん》。略称《りゃくしょう》VIN。

つう「セ氏《し》」を用《もち》いる。⬇セし 716ページ

**おんとう【穏当】** 形動 おだやかで、無理《むり》のないようす。例 穏当な発言《はつげん》。

✤**おんどく【音読】** 名 動-する ❶声《こえ》を出《だ》して読《よ》むこと。対 黙読《もくどく》。❷〔国語《こくご》で〕漢字《かんじ》を音《おん》で読《よ》むこと。音読《おんよ》み。対 訓読《くんどく》。

**おんどけい【温度計】** 名 ものの温度《おんど》を測《はか》る道具《どうぐ》。寒暖計《かんだんけい》、体温計《たいおんけい》などがある。

**おんどり** 名 雄《おす》の鳥《とり》。特《とく》に、雄《おす》のニワトリ。対 めんどり。

○**おんな【女】** 名 人間《にんげん》の性別《せいべつ》の一《ひと》つで、卵子《らんし》を作《つく》る器官《きかん》を持《も》つほうの者《もの》。女性《じょせい》。対 男《おとこ》。参考 動物《どうぶつ》については、ふつう「めす」という。⬇じょ【女】 619ページ

### 例解！ことばの勉強室

## 音便《おんびん》 について

「作文《さくぶん》を書《か》いている」の「書《か》いて」は、「書《か》きて」の変化《へんか》したものである。また、「去年《きょねん》に次《つ》いで今年《ことし》も…」の「次《つ》いで」は、「次《つ》ぎて」の変化《へんか》したものである。このように、「き」「ぎ」などが「イ」の音《おん》になるのを「い音便《おんびん》」という。

音便《おんびん》には、「い音便《おんびん》」の他《ほか》、「う音便《おんびん》」「撥音便《はつおんびん》」「促音便《そくおんびん》」がある。

い音便《おんびん》〔=「泣《な》きて」が「泣《な》いて」となる〕

う音便《おんびん》〔=「はやく」が「はよう」となる〕

撥音便《はつおんびん》〔=「読《よ》みて」が「読《よ》んで」となる〕

促音便《そくおんびん》〔=「走《はし》りて」が「走《はし》って」となる〕

**おんながた【女形】** 名 ⬇おやま 180ページ

**おんなで【女手】** 名 ❶女性《じょせい》の働《はたら》き手《て》。例 女手一《ひと》つで子《こ》どもを育《そだ》てる。❷女性《じょせい》の書《か》いた文字《もじ》。

✤**おんなへん** 名 漢字《かんじ》の部首《ぶしゅ》で、「へん」の一《ひと》つ。「妹《まい》」「姉《し》」などの「女」の部分《ぶぶん》。女性《じょせい》に関係《かんけい》する字《じ》が多《おお》い。

**おんぱ【音波】** 名 物《もの》の振動《しんどう》が空気中《くうきちゅう》や水中《すいちゅう》に伝《つた》わって、周《まわ》りに広《ひろ》がっていく波《なみ》。音波《おんぱ》を耳《みみ》に感《かん》じたものが音《おと》である。

**オンパレード**〔英語 on parade〕名〔俳優《はいゆう》や歌手《かしゅ》など〕全員《ぜんいん》が勢《せい》ぞろいすること。例 今回《こんかい》は人気《にんき》歌手《かしゅ》のオンパレードだ。

✤**おんびき【音引き】** 名 辞書《じしょ》などで、漢字《かんじ》をその音《おん》で引《ひ》くこと。

✤**おんびん【音便】** 名〔国語《こくご》で〕言葉《ことば》の音《おん》の一《いち》部《ぶ》が、発音《はつおん》しやすいように変化《へんか》すること。

**おんびん【穏便】** 形動〔ものごとが〕おだやかで、さわぎにならないようす。例 もめごとを穏便に解決《かいけつ》する。

**おんぶ** 名 動-する ❶背負《せお》うこと。また、背負《せお》われること。例 妹《いもうと》をおんぶする。❷他《ほか》の人《ひと》の力《ちから》にたよること。例 友達《ともだち》に何《なに》もかもおんぶする。

**おんぷ【音符】** 名〔音楽《おんがく》で〕音《おと》の長《なが》さの割合《わりあい》を表《あらわ》す記号《きごう》。五《ご》線紙《せんし》の線《せん》のどこに書《か》くかで音《おと》の高《たか》さも示《しめ》すことができる。形《かたち》から「おたまじゃくし」ともいう。⬇がくふ 223ページ

**おんぷ【音譜】** 名 楽譜《がくふ》。例 音譜を読《よ》む。

**オンブズマン**〔スウェーデン語〕名 政府《せいふ》や役所《やくしょ》のやり方《かた》を調《しら》べ、国民《こくみん》からの苦情《くじょう》を処理《しょり》する人《ひと》。行政監察委員《ぎょうせいかんさついいん》。オンブズパーソン。

**おんぼろ** 名 形動 使《つか》い古《ふる》して、ひどくいたんでいること。例 車《くるま》はおんぼろだ。

**おんみつ【隠密】** 一 名 江戸《えど》時代《じだい》、大名《だいみょう》などに仕《つか》えたスパイ。二 名 形動 人《ひと》に知《し》られないように、こっそり行《おこな》うこと。例 計画《けいかく》を隠密に進《すす》める。

**おんめい【音名】** 名〔音楽《おんがく》で〕音《おと》の絶対的《ぜったいてき》な高《たか》さを表《あらわ》す名前《なまえ》。「ハニホヘトイロ」や「CD《シーディー》EFGAB《イーエフジーエービー》」など。

✤**おんよみ【音読み】** 名 動-する〔国語《こくご》で〕漢字《かんじ》を、音《おん》で読《よ》むこと。音読《おんどく》。例《たと》えば、「牧場」を、音読《おんよ》みすると「ぼくじょう」、訓読《くんよ》みすると「まきば」である。対 訓読《くんよ》み。

**オンライン** 名 一〔英語 online〕コンピューターが回線《かいせん》でつながって、通信《つうしん》できる状態《じょうたい》になっていること。対 オフライン。二〔英語《えいご》の「オンザライン」の略《りゃく》。〕テニスなどで、ボールがライン上《じょう》に落《お》ち、セーフとなること。

**おんりょう【音量】** 名 音《おと》の大《おお》きさの程度《ていど》。ボリューム。例 テレビの音量。類 声量《せいりょう》。

**おんわ【温和】** 形動 ❶気候《きこう》が暖《あたた》かで、おだやかなようす。❷性質《せいしつ》や気持《きも》ちがおだやかで、やさしいようす。例 温和な人柄《ひとがら》。

**おんわ【穏和】** 形動 言動《げんどう》や考《かんが》え方《かた》がおだやかで、極端《きょくたん》でないようす。例 穏和な意見《いけん》。



世界の国 セントビンセント及《およ》びグレナディーン諸島《しょとう》 カリブ海《かい》にある小《ち》さな国《くに》。種子島《たねがしま》よりややせまい。バナナや

# か

カ ka

あいうえお かきくけこ さしすせそ たちつてと なにぬねの はひふへほ まみむめも や ゆ よ らりるれろ わ を ん

## か【下】 画数 3 部首 一(いち) 1年

音 カ ゲ
訓 した しも もと△ さ-げる さ-がる くだ-る くだ-す くだ-さる お-ろす お-りる

筆順

❶した。しも。熟語 下流《かりゅう》。上下《じょうげ》。氷点下《ひょうてんか》。下町《したまち》。風下《かざしも》。❷程度《ていど》や値打《ねう》ちなどが低《ひく》い。熟語 下等《かとう》。下品《げひん》。部下《ぶか》。❸あとのほう。熟語 下巻《げかん》。下旬《げじゅん》。対(❶～❸)上《じょう》。❹くだる。おりる。熟語 下山《げざん》。下車《げしゃ》。落下《らっか》。❺〔ある言葉《ことば》のあとにつけて〕…のもと。熟語 門下《もんか》。影響下《えいきょうか》。支配下《しはいか》。

《訓の使い方》さ-げる 例 かばんを下げる。さ-がる 例 気温《きおん》が下がる。くだ-る 例 川《かわ》を下る。くだ-す 例 敵《てき》を下す。くだ-さる 例 ほうびを下さる。お-ろす 例 荷物《にもつ》を下ろす。お-りる 例 胸《むね》のつかえが下りる。

## か【化】 画数 4 部首 匕(ひ) 3年

音 カ ケ△
訓 ば-ける ば-かす

筆順

❶別《べつ》のものに変《か》わる。熟語 化石《かせき》。気化《きか》。進化《しんか》。文化《ぶんか》。変化《へんか》。❷よいほうに変《か》える。熟語 感化《かんか》。❸ばける。熟語 化身《けしん》。❹〔ある言葉《ことば》のあとにつけて〕その状態《じょうたい》になること。または、すること。熟語 具体化《ぐたいか》。合理化《ごうりか》。↓かする(化する) 234ページ

《訓の使い方》ば-ける 例 キツネが人《ひと》に化ける。ば-かす 例 タヌキが人《ひと》を化かす。

## か【火】 画数 4 部首 火(ひ) 1年

音 カ
訓 ひ ほ△

筆順

❶ひ。ほのお。熟語 火山《かざん》。火事《かじ》。聖火《せいか》。火花《ひばな》。❷明《あ》かり。ともしび。熟語 漁火《ぎょか》。灯火《とうか》。❸「火曜《かよう》」の略《りゃく》。例 月《げっ》・火《か》は店《みせ》を休《やす》みます。

## か【加】 画数 5 部首 力(ちから) 4年

音 カ
訓 くわ-える くわ-わる

筆順

❶足《た》す。くわえる。熟語 加減《かげん》。加算《かさん》。追加《ついか》。対 減《げん》。❷仲間《なかま》になる。熟語 加入《かにゅう》。参加《さんか》。

《訓の使い方》くわ-える 例 5に6を加える。くわ-わる 例 話《はなし》に加わる。

## か【可】 画数 5 部首 口(くち) 5年

音 カ
訓 ―

筆順

❶よい。よろしい。熟語 可決《かけつ》。可否《かひ》。許可《きょか》。不可《ふか》。対 否《ひ》。❷できる。熟語 可能《かのう》。

か【可】 名 よいこと。よいと認《みと》めること。例 初心者《しょしんしゃ》も可。

可《か》もなし不可《ふか》もなし よくも悪《わる》くもなく、ごくふつうだ。例 結果《けっか》は、可もなし不可もなしだった。

## か【仮】 画数 6 部首 亻(にんべん) 5年

音 カ ケ△
訓 かり

筆順

❶かりにそうする。間《ま》に合《あ》わせの。熟語 仮設《かせつ》。仮装《かそう》。仮定《かてい》。仮眠《かみん》。❷ほんとうでない。熟語 仮面《かめん》。仮病《けびょう》。

## か【何】 画数 7 部首 亻(にんべん) 2年

音 カ△
訓 なに なん

筆順

わからないことを問《と》いただすこと。なに。熟語 幾何学《きかがく》。何者《なにもの》。

## か【花】 画数 7 部首 艹(くさかんむり) 1年

音 カ
訓 はな

筆順

草《くさ》や木《き》のはな。熟語 花粉《かふん》。開花《かいか》。造花《ぞうか》。花鳥風月《かちょうふうげつ》。花園《はなぞの》。花束《はなたば》。草花《くさばな》。

ナッツの栽培《さいばい》もさかん。首都《しゅと》カストリーズ。人口約《じんこうやく》18万人《まんにん》。略称《りゃくしょう》LCA。

## か【価】

画数 8 部首 亻(にんべん) 5年

音 カ 訓 あたい

筆順

❶ねだん。熟語 価格《かかく》。高価《こうか》。定価《ていか》。物価《ぶっか》。❷ねうち。熟語 価値《かち》。真価《しんか》。評価《ひょうか》。

## か【果】

画数 8 部首 木(き) 4年

音 カ 訓 は-たす は-てる は-て

筆順

❶木《き》の実《み》。果物《くだもの》。熟語 果実《かじつ》。果樹園《かじゅえん》。❷できたもの。むくい。熟語 因果《いんが》。結果《けっか》。効果《こうか》。❸思《おも》いきってする。熟語 果敢《かかん》。

《訓の使い方》**は-たす** 例 役《やく》目《め》を果たす。**は-てる** 例 困《こま》り果てる。

## か【河】

画数 8 部首 氵(さんずい) 5年

音 カ 訓 かわ

筆順

大《おお》きな川《かわ》。熟語 河口《かこう》。河川《かせん》。運河《うんが》。銀河《ぎんが》。氷《ひょう》河《が》。

## か【科】

画数 9 部首 禾(のぎへん) 2年

音 カ 訓 ——

筆順

❶区《く》分《わ》けしたもの。区《く》切《ぎ》り。熟語 科《か》目《もく》。外《げ》科《か》。❷おかした罪《つみ》。熟語 前科《ぜんか》。❸生物《せいぶつ》を種類《しゅるい》によって分《わ》けた名《な》。例 バラ科《か》。↓かする(科する)234ページ

## か【夏】

画数 10 部首 夂(ふゆがしら) 2年

音 カ ゲ 訓 なつ

筆順

なつ。四季《しき》の一《ひと》つ。熟語 夏季《かき》。夏至《げし》。初夏《しょか》。夏場《なつば》。真《ま》夏《なつ》。対 冬《とう》。関連 春《しゅん》。秋《しゅう》。冬《とう》。

## か【家】

画数 10 部首 宀(うかんむり) 2年

音 カ ケ 訓 いえ や

筆順

❶人《ひと》の住《す》む建物《たてもの》。いえ。うち。熟語 家屋《かおく》。家《か》具《ぐ》。家賃《やちん》。貸家《かしや》。❷家柄《いえがら》。血筋《ちすじ》。熟語 家族《かぞく》。家《か》庭《てい》。本家《ほんけ》。❸その方面《ほうめん》ですぐれた人《ひと》。熟語 画《が》家《か》。作家《さっか》。家元《いえもと》。❹ある特性《とくせい》を持《も》つ人《ひと》。熟語 政治家《せいじか》。勉強家《べんきょうか》。

## か【荷】

画数 10 部首 艹(くさかんむり) 3年

音 カ 訓 に

筆順

❶にもつ。熟語 出荷《しゅっか》。入荷《にゅうか》。荷物《にもつ》。荷札《にふだ》。❷かつぐ。引《ひ》き受《う》ける。熟語 荷担《かたん》(=仲間《なかま》になって助《たす》ける)。

## か【貨】

画数 11 部首 貝(かい) 4年

音 カ 訓 ——

筆順

❶品物《しなもの》。熟語 貨車《かしゃ》。貨物《かもつ》。雑貨《ざっか》。百貨店《ひゃっかてん》。❷お金《かね》。熟語 貨幣《かへい》。硬貨《こうか》。

## か【過】

画数 12 部首 辶(しんにょう) 5年

音 カ 訓 す-ぎる す-ごす あやま-つ あやま-ち

筆順

❶通《とお》っていく。通《とお》りすぎる。熟語 過去《かこ》。過《か》程《てい》。経過《けいか》。通過《つうか》。❷度《ど》をこす。行《い》きすぎ。熟語 過激《かげき》。過大《かだい》。過労《かろう》。超過《ちょうか》。過保護《かほご》。❸あやまち。まちがい。熟語 過失《かしつ》。罪過《ざいか》(=思《おも》わずおかした、法《ほう》や道徳《どうとく》に反《はん》する行《おこな》い)。

《訓の使い方》**す-ぎる** 例 いたずらが過ぎる。**す-ごす** 例 休日《きゅうじつ》をキャンプ場《じょう》で過ごす。**あやま-つ** 例 過ってコップを割《わ》る。

## か【歌】

画数 14 部首 欠(あくび) 2年

音 カ 訓 うた うた-う

筆順

❶うた。熟語 歌劇《かげき》。歌詞《かし》。校歌《こうか》。唱歌《しょうか》。❷和《わ》歌《か》。熟語 歌集《かしゅう》。歌人《かじん》。詩歌《しいか》。短歌《たんか》。

《訓の使い方》**うた-う** 例 大《おお》きな声《こえ》で歌う。





世界の国 セントルシア　カリブ海《かい》にある小《ちい》さな国《くに》。淡路島《あわじしま》よりやや広《ひろ》い。火山《かざん》の景勝地《けいしょうち》で、観光《かんこう》の国《くに》。バナナやココ

か【課】画数 15 部首 言（ごんべん） 4年

音 カ 訓 ―

筆順

❶仕事《しごと》の受《う》け持《も》ち区分《くぶん》。熟語 課長《かちょう》。交通課《こうつうか》。❷わりあて。わりあてたもの。熟語 課外《かがい》。課税《かぜい》。課題《かだい》。日課《にっか》。⬇かする（課する）234ページ

か【課】名 ❶役所《やくしょ》や会社《かいしゃ》で、仕事《しごと》ごとに分《わ》けた区分《くわ》け。例 会計《かいけい》はこの課で扱《あつか》う。❷教科《きょうか》書《しょ》などのひと区切《くぎ》り。例 次《つぎ》の課の予習《よしゅう》をする。

か【佳】画数 8 部首 亻（にんべん）

音 カ 訓 ―

❶美《うつく》しい。熟語 佳人《かじん》〔＝美《うつく》しい人《ひと》〕。❷すぐれている。熟語 佳作《かさく》。

か【苛】画数 8 部首 艹（くさかんむり）

音 カ 訓 ―

むごい。きびしい。熟語 苛酷《かこく》。苛烈《かれつ》〔＝きびしくて、はげしい〕。

か【架】画数 9 部首 木（き）

音 カ 訓 か-ける か-かる

❶かける。一方《いっぽう》から他方《たほう》へわたす。熟語 架橋《かきょう》。架空《かくう》。架線《かせん》。高架《こうか》。例 橋《はし》を架《か》ける。橋《はし》が架かる。❷物《もの》をのせたりかけたりする台《だい》やさお。熟語 書架《しょか》。担架《たんか》。十字架《じゅうじか》。

か【華】画数 10 部首 艹（くさかんむり）

音 カ ケ 訓 はな

❶花《はな》。熟語 華道《かどう》。香華《こうげ》〔＝仏前《ぶつぜん》に供《そな》える香《こう》と花《はな》〕。❷はなやかでさかんなようす。熟語 豪華《ごうか》。例 人生《じんせい》の華《はな》。❸中国《ちゅうごく》の人《ひと》が自分《じぶん》の国《くに》をいう言葉《ことば》。熟語 中華《ちゅうか》。

か【蚊】画数 10 部首 虫（むしへん）

音 ― 訓 か

〔昆虫《こんちゅう》の〕カ。

か【蚊】名 めすが人《ひと》などの血《ち》を吸《す》う昆虫《こんちゅう》。アカイエカ・ハマダラカなど。病気《びょうき》のもとになる菌《きん》を運《はこ》ぶことがある。幼虫《ようちゅう》はぼうふら。

**蚊《か》の鳴《な》くような声《こえ》**〔蚊《か》の羽音《はおと》がかすかであることから〕非常《ひじょう》に小《ちい》さな弱々《よわよわ》しい声《こえ》。例 蚊の鳴くような声で反論《はんろん》する。

か【菓】画数 11 部首 艹（くさかんむり）

音 カ 訓 ―

おかし。熟語 菓子《かし》。茶菓《さか》。

か【渦】画数 12 部首 氵（さんずい）

音 カ 訓 うず

うず。また、うずのような目《め》まぐるしい動《うご》き。熟語 渦中《かちゅう》。渦潮《うずしお》。例 渦《うず》を巻《ま》く。

か【嫁】画数 13 部首 女（おんなへん）

音 カ 訓 よめ とつ-ぐ

❶とつぐ。よめにいく。例 隣町《となりまち》に嫁《か》す。娘《むすめ》が嫁《とつ》ぐ。❷他人《たにん》になすりつける。熟語 転嫁《てんか》。❸よめ。結婚相手《けっこんあいて》の女性《じょせい》。例 花嫁《はなよめ》。

か【暇】画数 13 部首 日（ひへん）

音 カ 訓 ひま

❶ひま。手《て》すきの時間《じかん》。休《やす》み。熟語 休暇《きゅうか》。寸暇《すんか》。余暇《よか》。例 暇《ひま》を見《み》つけて調《しら》べる。❷やとい人《にん》をやめさせる。例 暇《ひま》を出《だ》す。

か【禍】画数 13 部首 ネ（しめすへん）

音 カ 訓 ―

わざわい。災難《さいなん》。熟語 禍根《かこん》。災禍《さいか》〔＝天災《てんさい》・事故《じこ》などによる災害《さいがい》〕。

か【靴】画数 13 部首 革（かわへん）

音 カ 訓 くつ

くつ。かわぐつ。熟語 製靴《せいか》。靴下《くつした》。長靴《ながぐつ》。

か【寡】画数 14 部首 宀（うかんむり）

音 カ 訓 ―

❶少《すく》ない。熟語 寡黙《かもく》〔＝口数《くちかず》の少《すく》ないようす〕。❷妻《つま》または夫《おっと》をなくした人《ひと》。熟語 寡夫《かふ》〔＝妻《つま》に死《し》に別《わか》れた夫《おっと》〕。

か【箇】画数 14 部首 竹（たけかんむり）

音 カ 訓 ―

物《もの》を数《かぞ》えたり、ものごとを一《ひと》つ一《ひと》つ指《さ》し示《しめ》したりするのに使《つか》う言葉《ことば》。熟語 箇所《かしょ》。箇条《かじょう》。

人《にん》。略称《りゃくしょう》SOM。

**か【稼】** 画数 15 部首 禾（のぎへん）
音カ 訓かせ-ぐ
❶働《はたら》いて金《かね》を得《え》る。生活《せいかつ》を立《た》てるための仕事《しごと》。例時間《じかん》を稼《かせ》ぐ。熟語稼業《かぎょう》（＝生活《せいかつ》を立《た》てるための仕事《しごと》）。❷手《て》に入《い》れる。例金《かね》を稼《かせ》ぐ。

**か【鹿】** 例鹿の子《こ》しぼり。参考鹿児島県《かごしまけん》。↓ しか【鹿】545ページ

**か【日】**〔数字《すうじ》のあとにつけて〕日《ひ》を数《かぞ》える言葉《ことば》。例三日《みっか》。↓にち【日】988ページ

**か【香】**名 よいにおい。かおり。例バラの香がただよう。↓こう【香】425ページ

**か** 助 ❶疑問《ぎもん》や、相手《あいて》に問《と》いかける気持《きも》ちを表《あらわ》す。例これは、何《なん》ですか。❷さそいかけの気持《きも》ちを表《あらわ》す。例そろそろ出《で》かけようか。❸ものに感《かん》じた気持《きも》ちを表《あらわ》す。例また雨《あめ》か。❹強《つよ》く打《う》ち消《け》す気持《きも》ちを表《あらわ》す。例泣《な》いてたまるか。❺念《ねん》をおす気持《きも》ちを表《あらわ》す。例いいか、わかったか。❻不確《ふたし》かだということを表《あらわ》す。例だれか来《き》たようだ。❼いくつかのものを並《なら》べて、その中《なか》から選《えら》ぶことを表《あらわ》す。例山《やま》か海《うみ》かへ行《い》きたい。

**か**〔ある言葉《ことば》の前《まえ》につけて〕その言葉《ことば》の調子《ちょうし》を強《つよ》める。例か弱《よわ》い。か細《ぼそ》い。

**が【我】** 画数 7 部首 戈（ほこ）
音ガ 訓われ わ△
筆順 我
6年
❶自分《じぶん》。熟語自我《じが》。無我《むが》。❷自分勝手《じぶんかって》。熟語我流《がりゅう》。

**が【我△】**名 自分勝手《じぶんかって》な考《かんが》え。わがまま。例我を通《とお》す。

**我《が》が強《つよ》い** 自分《じぶん》の考《かんが》えを言《い》い張《は》って、ゆずろうとしない。例姉《あね》は我が強く、一度《いちど》言《い》いだしたらきかない。

**我《が》を折《お》る** 意地《いじ》をはるのをやめて、人《ひと》の考《かんが》えを受《う》け入《い》れる。例そろそろ我を折ってみてはどうか。

**我《が》を通《とお》す** 自分《じぶん》の考《かんが》えを押《お》し通《とお》す。例彼《かれ》はいつも我を通そうとする。

**我《が》を張《は》る** 自分《じぶん》の考《かんが》えを、どこまでもおし通《とお》そうとする。例たがいに我を張るばかりで、話《はなし》がまとまらない。

**が【画】** 画数 8 部首 田（た）
音ガ カク 訓—
筆順 画
2年
一〔「ガ」と読《よ》んで〕❶絵《え》をかく。熟語画家《がか》。図画《ずが》。❷かかれた絵《え》。熟語版画《はんが》。漫画《まんが》。
二〔「カク」と読《よ》んで〕❶区切《くぎ》る。区切《くぎ》り。熟語区画《くかく》。画期的《かっきてき》。❷あれこれと考《かんが》える。はかりごと。熟語企画《きかく》。計画《けいかく》。❸漢字《かんじ》を組《く》み立《た》てている点《てん》や線《せん》。熟語画数《かくすう》。字画《じかく》。

**が【芽】** 画数 8 部首 艹（くさかんむり）
音ガ 訓め
筆順 芽
4年
草《くさ》や木《き》の、め。熟語発芽《はつが》。若芽《わかめ》。

**が【賀】** 画数 12 部首 貝（かい）
音ガ 訓—
筆順 賀
4年
喜《よろこ》んで祝《いわ》う。熟語賀正《がしょう》。賀状《がじょう》。祝賀《しゅくが》。年賀《ねんが》。

**が【賀】**名 祝《いわ》うこと。お祝《いわ》い。例七十《しちじゅう》の賀。

**が【牙】** 画数 4 部首 牙（きば）
音ガ ゲ 訓きば
❶きば。熟語歯牙《しが》（＝歯《は》）。象牙《ぞうげ》。❷（象牙《ぞうげ》のかざりをつけた）大将《たいしょう》の旗《はた》じるし。熟語牙城《がじょう》（＝城《しろ》の中《なか》で大将《たいしょう》のいる所《ところ》。本拠地《ほんきょち》）。参考「牙《が》」は「牙《が》」と書《か》くことがある。

**が【瓦】** 画数 5 部首 瓦（かわら）
音ガ 訓かわら
（屋根《やね》をおおう）かわら。熟語瓦解《がかい》（＝ががらとくずれること）。瓦屋根《かわらやね》。鬼瓦《おにがわら》。

**が【雅】** 画数 13 部首 隹（ふるとり）
音ガ 訓—
❶上品《じょうひん》で味《あじ》わいがある。熟語雅楽《ががく》。優雅《ゆうが》。雅号《がごう》（＝画家《がか》などが、本名《ほんみょう》のほかに持《も》つ名前《なまえ》）。❷心《こころ》や気持《きも》ちが広《ひろ》くゆったりしている。熟語雅量《がりょう》（＝おくゆかしく心《こころ》が広《ひろ》いこと）。




世界の国 ソマリア アフリカの東端《とうたん》、インド洋《よう》に面《めん》する国《くに》。農業《のうぎょう》や牧畜《ぼくちく》がさかん。首都《しゅと》モガディシエ。人口約《じんこうやく》1,590万《まん》

**が【餓】** 画数 15 部首 食（しょくへん）

音 ガ 訓 ―

うえ。うえる。食《た》べる物《もの》がなく空腹《くうふく》で苦《くる》しむ。熟語 餓死《がし》。飢餓《きが》。

**が【蛾】** 名 チョウに似《に》た昆虫《こんちゅう》。夜《よる》飛《と》び回《まわ》り、羽《はね》を広《ひろ》げたままでとまるものが多《おお》い。幼虫《ようちゅう》は、ケムシやイモムシなどである。

**が** 助 ❶前《まえ》の言葉《ことば》が、文《ぶん》の主語《しゅご》であることを示《しめ》す。例 水《みず》が流《なが》れる。❷したいことやできることなどが、何《なん》であるかを示《しめ》す。例 本《ほん》が読《よ》みたい。❸二《ふた》つの文《ぶん》をつないで、「けれども」の意味《いみ》を表《あらわ》す。例 行《い》ったが、会《あ》えなかった。❹二《ふた》つ以上《いじょう》のものごとを、「そのどちらにしても」の意味《いみ》で並《なら》べる。例 行《い》こうが行《い》くまいが、あなたの自由《じゆう》です。❺二《ふた》つのことがらをつないだり、並《なら》べたりする。例 野球《やきゅう》もうまいが、サッカーもうまい。❻ひかえめに言《い》う気持《きも》ちを表《あらわ》す。例 ちょっと都合《つごう》が悪《わる》いのですが。

**カーキいろ【カーキ色】** 名 黄色《きいろ》に茶色《ちゃいろ》が混《ま》じったような色《いろ》。かれ草色《くさいろ》。

**かあさん【〈母さん〉】** 名「母《はは》」を敬《うやま》い親《した》しんで呼《よ》ぶ呼《よ》び方《かた》。対 父《とう》さん。参考「母《かあ》さん」は、特別《とくべつ》に認《みと》められた読《よ》み方《かた》。

**ガーゼ**〔ドイツ語〕名 もめん糸《いと》で目《め》をあらく織《お》った、やわらかい白《しろ》い布《ぬの》。傷《きず》の手当《てあ》てや、マスクなどに用《もち》いる。

**カーソル**〔英語 cursor〕名 コンピューターのディスプレー上《じょう》で、入力《にゅうりょく》する場所《ばしょ》を示《しめ》すしるし。例 カーソルを移動《いどう》する。

**カーディガン**〔英語 cardigan〕名 毛糸《けいと》などを編《あ》んで作《つく》った、前開《まえあ》きのセーター。

**ガーデニング**〔英語 gardening〕名 趣味《しゅみ》で、庭《にわ》の草花《くさばな》・木《き》の栽培《さいばい》や手入《てい》れをすること。園芸《えんげい》。庭《にわ》いじり。

**カーテン**〔英語 curtain〕名 かざるためや、光《ひかり》をさえぎるために、部屋《へや》の窓《まど》につるす布《ぬの》。部屋《へや》の仕切《しき》りにも用《もち》いる。

**ガーデン**〔英語 garden〕名 庭《にわ》。庭園《ていえん》。

**カーテンコール**〔英語 curtain call〕名 音《おん》楽会《がっかい》や演劇《えんげき》などで終《お》わったあとに、観客《かんきゃく》が拍手《はくしゅ》をして、出演者《しゅつえんしゃ》を舞台《ぶたい》に呼《よ》びもどすこと。

**カート**〔英語 cart〕名 ❶手《て》でおす小《ちい》さな車《くるま》。例 ショッピングカート。❷人《ひと》を乗《の》せる、簡《かん》単《たん》な車《くるま》。

**∘カード**〔英語 card〕名 ❶紙《かみ》を、四角《しかく》に小《ちい》さく切《き》ったもの。記入《きにゅう》したり、整理《せいり》するときなどに使《つか》う。例 漢字《かんじ》カード。❷「クレジットカード」「キャッシュカード」などの略《りゃく》。❸トランプ（の札《ふだ》）。例 カードで遊《あそ》ぶ。❹野球《やきゅう》などの、試合《しあい》の組《く》み合《あ》わせ。例 一回戦《いっかいせん》屈指《くっし》の好《こう》カード。

**ガード**〔英語 guard〕名 動-する ❶守《まも》ること。守《まも》り。護衛《ごえい》。例 ボディーガード。❷スポーツで、相手《あいて》の攻撃《こうげき》を防《ふせ》ぐこと。

**ガード** 名〔英語《えいご》の「ガーダーブリッジ」の略《りゃく》。〕道路《どうろ》の上《うえ》にかかっている鉄橋《てっきょう》。陸橋《りっきょう》。例 ガード下《した》。

**ガードマン** 名〔日本《にっぽん》でできた英語《えいご》ふうの言葉《ことば》。〕建物《たてもの》などの安全《あんぜん》を守《まも》ることを仕事《しごと》としている人《ひと》。警備員《けいびいん》。

**カートリッジ**〔英語 cartridge〕名 ❶レコードプレーヤーのピックアップの先《さき》にある針《はり》の部分《ぶぶん》。❷なかみを詰《つ》めたまま、かんたんに取《と》り替《か》えができるようにつくった小《ちい》さな容器《ようき》。プリンターや万年筆《まんねんひつ》のインクなど。

**ガードレール**〔英語 guardrail〕名 交通事《こうつうじ》故《こ》を防《ふせ》ぎ、歩《ある》く人《ひと》を守《まも》るため、道路《どうろ》のはしに取《と》りつけた、鉄《てつ》のさく。

**カーナビ** 名〔英語《えいご》の「カーナビゲーションシステム」の略《りゃく》。〕自動車《じどうしゃ》の今《いま》いる位置《いち》と、目的地《もくてきち》までの道順《みちじゅん》を、動《うご》きにつれて画面《がめん》で知《し》らせる装置《そうち》。ナビ。

**カーニバル**〔英語 carnival〕名 ❶カトリックの国《くに》で行《おこな》われる、にぎやかなお祭《まつ》り。謝肉《しゃにく》祭《さい》。❷お祭《まつ》りのようににぎやかなもよおし。

**カーネーション**〔英語 carnation〕名 ナデシコの仲間《なかま》で、春《はる》から夏《なつ》にかけて、赤《あか》・白《しろ》・ピンクなどの花《はな》を咲《さ》かせる草花《くさばな》。母《はは》の日《ひ》のプレゼントに使《つか》う。

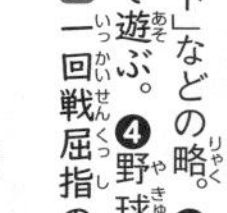

〔カーネーション〕

**∘カーブ**〔英語 curve〕名 動-する ❶曲《ま》がること。また、曲《ま》がっている所《ところ》。例 道《みち》がカーブしている。❷野球《やきゅう》・ソフトボールで、投手《とうしゅ》の投《な》げる球《たま》が打者《だしゃ》の近《ちか》くで曲《ま》がること。また、その球《たま》。

**カーフェリー**〔英語 car ferry〕名 ↓フェリーボート 1130ページ

**カーブミラー**名〔日本《にっぽん》でできた英語《えいご》ふうの言葉《ことば》。〕事故《じこ》を防《ふせ》ぐために、見通《みとお》しの悪《わる》い曲《ま》がり角《かど》やカーブにつける凸面鏡《とつめんきょう》。曲《ま》がった向《む》こうが、鏡《かがみ》に映《うつ》って見《み》える。

**カーペット**〔英語 carpet〕名 厚地《あつじ》の大《おお》きな敷物《しきもの》。じゅうたん。

**ガーリック**〔英語 garlic〕名 料理《りょうり》に使《つか》うニンニク。

**カーリング**〔英語 curling〕名 氷《こおり》の上《うえ》でするスポーツの一《ひと》つ。四人《よにん》ひと組《くみ》になって、円盤《えんばん》の形《かたち》をした重《おも》い石《いし》をすべらせ、円《えん》の中《なか》に入《い》れることをきそう競技《きょうぎ》。

**カール**〔英語 curl〕名 動-する 髪《かみ》の毛《け》やまつ毛《げ》が巻《ま》いたようになっていること。巻《ま》き毛《げ》。

**カール**〔ドイツ語〕名 氷河《ひょうが》にけずりとられてできた、山《やま》の斜面《しゃめん》の半円形《はんえんけい》のくぼ地《ち》。日本《にっぽん》では、日高山脈《ひだかさんみゃく》や飛騨山脈《ひださんみゃく》に見《み》られる。

**ガール**〔英語 girl〕名 女《おんな》の子《こ》。少女《しょうじょ》。例 ガールフレンド。対 ボーイ。

**ガールスカウト**〔英語 Girl Scouts〕名 よい社会人《しゃかいじん》になるために、心《こころ》と体《からだ》をきたえる少女《しょうじょ》の団体《だんたい》。対 ボーイスカウト。

**ガールフレンド**〔英語 girlfriend〕名 （交《こう》際相手《さいあいて》としての）女《おんな》の友達《ともだち》。対 ボーイフレンド。

---

## かい【回】 画数 6 部首 口（くにがまえ） 2年

音 カイ エ△ 訓 まわ-る まわ-す

筆順

❶まわす。まわる。熟語 回転《かいてん》。回向《えこう》。巡回《じゅんかい》。❷もどす。もどる。熟語 回収《かいしゅう》。回送《かいそう》。回復《かいふく》。❸くり返《かえ》す。熟語 回数《かいすう》。毎回《まいかい》。❹〔数字《すうじ》のあとにつけて〕度数《どすう》を数《かぞ》える言葉《ことば》。例 一回《いっかい》。

《訓の使い方》 **まわ-る** 例 水車《すいしゃ》が回る。 **まわ-す** 例 ねじを回す。

**かい【回】** 名 くり返《かえ》される一《ひと》つ一《ひと》つのまとまり。回数《かいすう》。例 回を重《かさ》ねる〔=何回《なんかい》もやる〕。

## かい【灰】 画数 6 部首 火（ひ） 6年

音 カ△イ 訓 はい

筆順 一厂灰灰灰灰

はい。燃《も》えたあとに残《のこ》る物《もの》。熟語 石灰《せっかい》。灰《はい》色《いろ》。

## かい【会】 画数 6 部首 人（ひとがしら） 2年

音 カイ エ△ 訓 あ-う

筆順 ノ人亼亼会会

❶出《で》あう。熟語 会談《かいだん》。再会《さいかい》。面会《めんかい》。一期一会《いちごいちえ》。❷人々《ひとびと》の集《あつ》まり。熟語 会員《かいいん》。会長《かいちょう》。会議《かいぎ》。会合《かいごう》。❸集団《しゅうだん》。団体《だんたい》。❹とき。おり。熟語 機会《きかい》。❺あわせる。数《かぞ》える。熟語 会計《かいけい》。照会《しょうかい》。❻さとる。熟語 会心《かいしん》。会得《えとく》。↓かいする（会する） 201ページ

《訓の使い方》 **あ-う** 例 友達《ともだち》に会う。

**かい【会】** 名 ❶関係《かんけい》のある人《ひと》の集《あつ》まり。例 お祝《いわ》いの会を開《ひら》く。❷あることをするための団体《だんたい》。例 野鳥《やちょう》の会。

## かい【快】 画数 7 部首 忄（りっしんべん） 5年

音 カイ 訓 こころよ-い

筆順 ' 忄 忄 忄 快 快

❶気持《きも》ちがいい。楽《たの》しい。熟語 快挙《かいきょ》。快晴《かいせい》。壮快《そうかい》。愉快《ゆかい》。全快《ぜんかい》。❷病気《びょうき》がよくなる。熟語 快方《かいほう》。

《訓の使い方》 **こころよ-い** 例 快い返事《へんじ》。

## かい【改】 画数 7 部首 攵（ぼくづくり） 4年

音 カイ 訓 あらた-める あらた-まる

筆順 コ己己改改改

❶新《あたら》しくする。あらためる。熟語 改革《かいかく》。改心《かいしん》。改選《かいせん》。改良《かいりょう》。❷調《しら》べる。熟語 改札《かいさつ》。

《訓の使い方》 **あらた-める** 例 行《おこな》いを改める。 **あらた-まる** 例 年《とし》が改まる。

## かい【貝】 画数 7 部首 貝（かい） 1年

音 ―― 訓 かい

筆順 丨冂月目貝貝



世界の国 ソロモン諸島《しょとう》 南太平洋《みなみたいへいよう》の島々《しまじま》を国土《こくど》とする国《くに》。総面積《そうめんせき》は中国地方《ちゅうごくちほう》より少《すこ》しせまい。農業《のうぎょう》と漁業《ぎょぎょう》が中心《ちゅうしん》。ガ

❶硬《かた》いから〈=かいがら〉を持《も》つ動物《どうぶつ》。かい。熟語 貝柱《かいばしら》。二枚貝《にまいがい》。❷かいがら。熟語 貝塚《かいづか》。貝細工《かいざいく》。

**かい【貝】** 名 水《みず》の中《なか》にすみ、体《からだ》を硬《かた》いからでつつんだ動物《どうぶつ》。アサリ・ハマグリなどの二枚《にまい》貝、サザエ・タニシなどの巻《ま》き貝《がい》がある。

**かい【海】** 画数 9 部首 氵(さんずい) 2年

音 カイ 訓 うみ

筆順

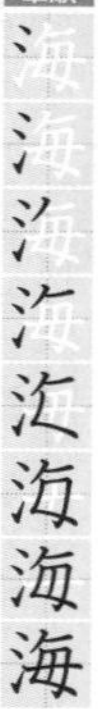

❶うみ。熟語 海岸《かいがん》。海水《かいすい》。海流《かいりゅう》。航海《こうかい》。対 陸《りく》。❷広《ひろ》くひろがったもの。また、たくさんあるもの。熟語 雲海《うんかい》。樹海《じゅかい》。

**かい【界】** 画数 9 部首 田(た) 3年

音 カイ 訓 ―

筆順

❶さかい。くぎり。熟語 境界《きょうかい》。限界《げんかい》。❷ある範囲《はんい》のうち。熟語 業界《ぎょうかい》。視界《しかい》。世界《せかい》。

**かい【械】** 画数 11 部首 木(きへん) 4年

音 カイ 訓 ―

筆順

仕《し》かけ。仕組《しく》み。道具《どうぐ》。熟語 機械《きかい》。器械《きかい》。

**かい【絵】** 画数 12 部首 糸(いとへん) 2年

音 カイ エ 訓 ―

筆順

物《もの》の形《かたち》やようすをかき表《あらわ》したもの。熟語 絵《かい》画《が》。絵本《えほん》。口絵《くちえ》。

**かい【開】** 画数 12 部首 門(もんがまえ) 3年

音 カイ 訓 ひら-く ひら-ける あ-く あ-ける

筆順

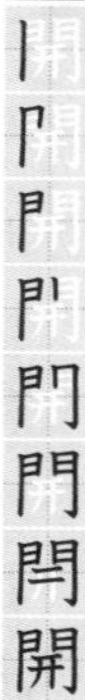

❶ひらく。あく。熟語 開通《かいつう》。開放《かいほう》。開門《かいもん》。公開《こうかい》。満開《まんかい》。❷始《はじ》める。始《はじ》まる。熟語 開業《かいぎょう》。開始《かいし》。開店《かいてん》。対(❶・❷)閉《へい》。

《訓の使い方》**ひら-く** 例 つぼみが開く。**ひら-ける** 例 運《うん》が開ける。**あ-く** 例 十時《じゅうじ》に店《みせ》が開く。**あ-ける** 例 戸《と》を開ける。

**かい【階】** 画数 12 部首 阝(こざとへん) 3年

音 カイ 訓 ―

筆順

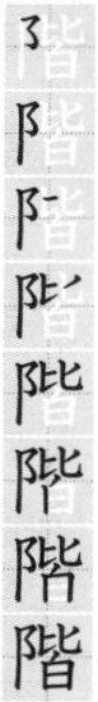

❶上《のぼ》り下《お》りする段《だん》。熟語 階段《かいだん》。❷順序《じゅんじょ》。上《じょう》下《げ》。熟語 階級《かいきゅう》。音階《おんかい》。段階《だんかい》。❸建《たて》物《もの》の床《ゆか》。熟語 地階《ちかい》。六階《ろっかい》。

**かい【階】** 名 建物《たてもの》の、床《ゆか》の重《かさ》なりの一《ひと》つ一《ひと》つ。例 おもちゃ売《う》り場《ば》は次《つぎ》の階です。

**かい【解】** 画数 13 部首 角(つのへん) 5年

音 カイ ゲ 訓 と-く と-かす と-ける

筆順

❶ばらばらにする。熟語 解散《かいさん》。解体《かいたい》。分解《ぶんかい》。❷ほどく。取《と》り除《のぞ》く。熟語 解放《かいほう》。解熱《げねつ》。❸とかす。とける。熟語 氷解《ひょうかい》。融解《ゆうかい》。❹わかる。熟語 解説《かいせつ》。解答《かいとう》。理解《りかい》。⬇かいする(解する) 201ページ

《訓の使い方》**と-く** 例 問題《もんだい》を解く。**と-かす** 例 氷《こおり》を解かす。**と-ける** 例 帯《おび》が解ける。

**かい【解】** 名 (問題《もんだい》の)答《こた》え。例 解を求《もと》める。

**かい【介】** 画数 4 部首 人(ひとがしら)

音 カイ 訓 ―

❶間《あいだ》に入《はい》る。仲《なか》を取《と》り持《も》つ。熟語 紹介《しょうかい》。媒介《ばいかい》。❷助《たす》ける。熟語 介護《かいご》。介抱《かいほう》。❸かたいから。熟語 魚介類《ぎょかいるい》。⬇かいする(介する) 201ページ

**かい【戒】** 画数 7 部首 戈(ほこ)

音 カイ 訓 いまし-める

❶いましめる。教《おし》えさとす。注意《ちゅうい》する。熟語 訓戒《くんかい》。例 あやまちを戒《いまし》める。❷宗教上《しゅうきょうじょう》のおきて。熟語 戒律《かいりつ》。❸用心《ようじん》する。熟語 警戒《けいかい》。厳戒《げんかい》。

**かい【怪】** 画数 8 部首 忄(りっしんべん)

音 カイ 訓 あや-しい あや-しむ

❶あやしい。不思議《ふしぎ》だ。熟語 怪談《かいだん》。怪物《かいぶつ》。例 怪《あや》しい人影《ひとかげ》。うわさを怪《あや》しむ。❷ふつうで



約《やく》6,600万人《まんにん》。略称《りゃくしょう》THA。

ない。熟語 怪力《かいりき》。

**かい【怪】** 名 ❶あやしいこと。例 幽霊沼《ゆうれいぬま》の怪。❷〔ある言葉《ことば》の前《まえ》につけて〕あやしいこと、不思議《ふしぎ》なことを表《あらわ》す。例 怪文書《ぶんしょ》。

**かい【拐】** 画数 8 部首 扌(てへん)
音 カイ 訓 —
だまして連《つ》れ出《だ》す。熟語 誘拐《ゆうかい》。

**かい【悔】** 画数 9 部首 忄(りっしんべん)
音 カイ 訓 く-いる く-やむ くや-しい
❶くいる。あやまちに気《き》づいて苦《くる》しむ。残念《ざんねん》に思《おも》う。熟語 後悔《こうかい》。例 ミスを悔《く》いる。いつまでも悔《く》やむ。負《ま》けて悔《くや》しい。❷人《ひと》の死《し》を悲《かな》しむ。例 お悔《く》やみ。

**かい【皆】** 画数 9 部首 白(しろ)
音 カイ 訓 みな
みな。みんな。全部《ぜんぶ》。熟語 皆無《かいむ》。皆既食《かいきしょく》。皆勤賞《かいきんしょう》。

**かい【塊】** 画数 13 部首 土(つちへん)
音 カイ 訓 かたまり
かたまり。熟語 金塊《きんかい》。

**かい【楷】** 画数 13 部首 木(きへん)
音 カイ 訓 —
❶カイノキ。❷漢字《かんじ》の、くずさずに書《か》く書《か》き方《かた》。熟語 楷書《かいしょ》。

**かい【楷】** 名 カイノキ。ウルシの仲間《なかま》の木《き》。枝《えだ》ぶりがきれいで整《ととの》っている。

**かい【潰】** 画数 15 部首 氵(さんずい)
音 カイ 訓 つぶ-す つぶ-れる
くずれる。つぶれる。熟語 潰瘍《かいよう》。例 空《あ》き缶《かん》を潰《つぶ》す。

**かい【壊】** 画数 16 部首 土(つちへん)
音 カイ 訓 こわ-す こわ-れる
こわす。形《かたち》のあるものがくずれる。また、くずす。熟語 決壊《けっかい》。破壊《はかい》。例 時計《とけい》が壊《こわ》れる。

**かい【懐】** 画数 16 部首 忄(りっしんべん)
音 カイ 訓 ふところ なつ-かしい なつ-かしむ なつ-く なつ-ける
❶なつかしむ。心《こころ》の中《なか》で思《おも》う。また、なつかしく思《おも》う。熟語 懐古《かいこ》。例 懐《なつ》かしい風景《ふうけい》。❷なつく。なれて親《した》しくなる。熟語 懐柔《かいじゅう》〔＝相《あい》手《て》を手《て》なずけて思《おも》い通《どお》りにする〕。例 子《こ》どもが懐《なつ》く。子犬《こいぬ》を懐《なつ》ける。❸ふところ。ふところに入《い》れて持《も》つ。熟語 懐中《かいちゅう》。例 懐《ふところ》があたたかい。

**かい【諧】** 画数 16 部首 言(ごんべん)
音 カイ 訓 —
❶調和《ちょうわ》する。熟語 諧調《かいちょう》〔＝調和《ちょうわ》〕。❷心《こころ》をやわらげる。熟語 諧謔《かいぎゃく》〔＝冗談《じょうだん》〕。俳諧《はいかい》。

**かい【街】** 熟語 街道《かいどう》。➡がい【街】196ページ

**かい【下位】** 名 地位《ちい》や順番《じゅんばん》が下《した》であること。例 下位の走者《そうしゃ》。対 上位《じょうい》。

**かい【櫂】** 名 水《みず》をかいて、船《ふね》を進《すす》める道具《どうぐ》。オール。類 ろ。

**かい〈甲斐〉** 名 ❶ききめ。例 練習《れんしゅう》のかいがある。❷はりあい。値打《ねう》ち。例 話《はな》すかいがない。

**かい** 〔文《ぶん》の終《お》わりにつけて〕軽《かる》い質問《しつもん》や意外《いがい》な気持《きも》ちを表《あらわ》す。例 なんだ、君《きみ》かい。

**かい【甲斐】** 地名 昔《むかし》の国《くに》の名《な》の一《ひと》つ。今《いま》の山《やま》梨県《なしけん》にあたる。甲州《こうしゅう》。

**がい【外】** 画数 5 部首 夕(ゆうべ) 2年
音 ガイ ゲ
訓 そと ほか はず-す はず-れる
筆順 ノ ク タ 外 外
❶そと。そと側《がわ》。熟語 外海《がいかい》・外海《そとうみ》。外見《がいけん》。外部《がいぶ》。外科《げか》。戸外《こがい》。対 内《ない》。❷はずれる。熟語 意外《いがい》。選外《せんがい》。例外《れいがい》。❸ほか。よそ。熟語 外交《がいこう》。外国《がいこく》。国外《こくがい》。内外《ないがい》。❹はずす。のけものにする。熟語 除外《じょがい》。
《訓の使い方》**はず-す** 例 席《せき》を外《はず》す。**はず-れる** 例 予想《よそう》が外《はず》れる。

**がい【害】** 画数 10 部首 宀(うかんむり) 4年
音 ガイ 訓 —
筆順 害


世界の国 タイ インドシナ半島《はんとう》中央部《ちゅうおうぶ》にある国《くに》。米《こめ》・サトウキビ・錫《すず》を産《さん》する。観光業《かんこうぎょう》もさかん。首都《しゅと》バンコク。人口《じんこう》

❶そこなう。熟語 害悪《がいあく》。損害《そんがい》。被害《ひがい》。利害《りがい》。対 利《り》。❷じゃまをする。熟語 障害《しょうがい》。❸わざわい。熟語 公害《こうがい》。災害《さいがい》。水害《すいがい》。対 益《えき》。↓がいする 201ページ

**がい【害】** 名 そこなうこと。よくない影響《えいきょう》。例 健康《けんこう》に害がある。社会《しゃかい》に害をおよぼす。対 益《えき》。

**がい【街】** 画数 12 部首 行（ぎょうがまえ） 4年

音 ガイ カイ△ 訓 まち

筆順

まち。大通《おおどお》り。熟語 街灯《がいとう》。街路《がいろ》。街道《かいどう》。市街《しがい》。商店街《しょうてんがい》。

**がい【劾】** 画数 8 部首 力（ちから）

音 ガイ 訓 ―

罪《つみ》を取《と》り調《しら》べて責《せ》める。熟語 弾劾《だんがい》〔=罪《つみ》や不《ふ》正《せい》をはっきりさせて責任《せきにん》を問《と》いつめる〕。

**がい【崖】** 画数 11 部首 山（やま）

音 ガイ 訓 がけ

がけ。熟語 断崖《だんがい》。崖下《がけした》。例 崖《がけ》っぷち。

**がい【涯】** 画数 11 部首 氵（さんずい）

音 ガイ 訓 ―

果《は》て。終《お》わり。限《かぎ》り。熟語 生涯《しょうがい》。

**がい【慨】** 画数 13 部首 忄（りっしんべん）

音 ガイ 訓 ―

❶しみじみ思《おも》う。なげく。熟語 慨嘆《がいたん》〔=ひどくなげく〕。❷ひどくおこる。熟語 憤慨《ふんがい》。

**がい【蓋】** 画数 13 部首 艹（くさかんむり）

音 ガイ 訓 ふた

ふた。おおい。おおいかくす。熟語 頭蓋骨《ずがいこつ》。火蓋《ひぶた》。例 なべの蓋《ふた》。

**がい【該】** 画数 13 部首 言（ごんべん）

音 ガイ 訓 ―

❶広《ひろ》く行《い》きわたる。かね備《そな》わる。熟語 該博《がいはく》〔=何《なん》でもよく知《し》っているようす〕。❷あてはまる。…にあたる。熟語 該当《がいとう》。

**がい【概】** 画数 14 部首 木（きへん）

音 ガイ 訓 ―

❶あらまし。おおむね。熟語 概観《がいかん》。概略《がいりゃく》。例 概《がい》してよくできている。❷おもむき。ようす。熟語 気概《きがい》。

**がい【骸】** 画数 16 部首 骨（ほねへん）

音 ガイ 訓 ―

骨《ほね》だけになった死体《したい》。なきがら。熟語 骸骨《がいこつ》。死骸《しがい》。

**かいあく【改悪】** 名 動-する 直《なお》した結果《けっか》、前《まえ》より悪《わる》くすること。例 この規則変更《きそくへんこう》はむしろ改悪だ。対 改正《かいせい》。改善《かいぜん》。改良《かいりょう》。

**がいあく【害悪】** 名 害《がい》になるような悪《わる》いこと。例 社会《しゃかい》に害悪を流《なが》す。

**かいあげる【買い上げる】** 動 国《くに》などが物《もの》を買《か》い取《と》る。例 県《けん》が買い上げた土地《とち》。

**かいあさる【買いあさる】** 動 ほうぼうをさがし求《もと》めて、むやみに買《か》う。例 古《ふる》い切《きっ》手《て》を買いあさる。

**がいあつ【外圧】** 名 外国《がいこく》や外部《がいぶ》から受《う》ける圧力《あつりょく》。例 外圧が強《つよ》くて、国《くに》の制度《せいど》が守《まも》り切《き》れない。

**かいあわせ【貝合わせ】** 名 平安時代《へいあんじだい》の貴《き》族《ぞく》の遊《あそ》び。貝《かい》がらのめずらしさを比《くら》べ合《あ》ったり、ハマグリの貝《かい》がらで、ぴたっとはまり合《あ》う組《く》み合《あ》わせをつくることを競《きそ》ったりした。

**かいいき【海域】** 名 ある限《かぎ》られた範囲《はんい》の海《うみ》。例 潮流《ちょうりゅう》の速《はや》い海域。

**かいいぬ【飼い犬】** 名 家《いえ》で飼《か》っている犬《いぬ》。

**飼《か》い犬《いぬ》に手《て》をかまれる** 〔大切《たいせつ》に育《そだ》ててきた犬《いぬ》に手《て》をかまれることから〕面倒《めんどう》をみてきた人《ひと》に裏切《うらぎ》られたり、ひどい目《め》にあわされたりするたとえ。例 指導《しどう》してきたのに他《た》チームに入《はい》るなんて、飼い犬に手をかまれるとはこのことだ。

✤**かいいもじ【会意文字】** 名 〔国語《こくご》で〕漢字《かんじ》の成《な》り立《た》ちの一《ひと》つ。↓ふろく (6ページ)

**かいいれる【買い入れる】** 動 お金《かね》をはらって、品物《しなもの》を自分《じぶん》のものにする。例 高価《こうか》な商品《しょうひん》を買い入れる。

**かいいん【会員】** 名 その会《かい》に入《はい》っている人《ひと》。例 会員をつのる。

る。首都《しゅと》ソウル。人口約《じんこうやく》5,600万人《まんにん》。略称《りゃくしょう》KOR。漢字《かんじ》で「韓」と書《か》くこともある。

あいうえお かきくけこ さしすせそ たちつてと なにぬねの はひふへほ まみむめも やゆよ らりるれろ わをん

**かいうん【海運】**[名] 海《うみ》の上《うえ》を、船《ふね》で客《きゃく》や荷《に》物《もつ》を運《はこ》ぶこと。[類] 水運《すいうん》。[対] 陸運《りくうん》。

**かいうん【開運】**[名] 運《うん》がよくなること。[例] 開運のお守《まも》り。

**かいうんこく【海運国】**[名] 海運《かいうん》の仕事《しごと》がさかんな国《くに》。

**かいえん【開園】**[名][動-する] ❶遊園地《ゆうえんち》や動物《どうぶつ》園《えん》などが門《もん》を開《ひら》いて、人《ひと》を入《い》れること。[例] 開園は十時《じゅうじ》です。❷幼稚園《ようちえん》・動物園《どうぶつえん》などを新《あたら》しく作《つく》って、仕事《しごと》を始《はじ》めること。[例] 近《ちか》くに幼《よう》稚園《ちえん》が開園した。[対] (❶・❷)閉園《へいえん》。

**かいえん【開演】**[名][動-する] 演劇《えんげき》や演芸《えんげい》などを始《はじ》めること。[例]「開演中《ちゅう》は携帯電話《けいたいでんわ》のご使用《しよう》はご遠慮《えんりょ》ください。」[類] 開幕《かいまく》。[対] 終演《しゅうえん》。

**がいえん【外炎】**[名] ほのおのいちばん外側《そとがわ》の部分《ぶぶん》。酸素《さんそ》が十分《じゅうぶん》で完全《かんぜん》に燃焼《ねんしょう》するため、温度《おんど》が高《たか》い。[関連] 炎心《えんしん》。内炎《ないえん》。

**がいえん【外苑】**[名] 神社《じんじゃ》などの外《そと》まわりにある庭園《ていえん》。

**かいおうせい【海王星】**[名] 惑星《わくせい》の一《ひと》つ。太陽《たいよう》から八番《はちばん》めの星《ほし》。↓たいようけい 783ページ

**かいおき【買い置き】**[名][動-する] 品物《しなもの》を余《よ》分《ぶん》に買《か》っておくこと。また、買《か》った品物《しなもの》。[例] 缶詰《かんづめ》を買い置きする。

**かいか【階下】**[名] 建物《たてもの》の下《した》の階《かい》。[例] 階下へ下《お》りる。[対] 階上《かいじょう》。

**かいか【開化】**[名][動-する] 知識《ちしき》がひらけて、文《ぶん》化《か》が進《すす》むこと。[例] 文明《ぶんめい》開化。

**かいか【開花】**[名][動-する] ❶花《はな》が咲《さ》くこと。[例] 桜《さくら》が開花する。❷努《ど》力《りょく》した成果《せいか》が表《あらわ》れること。[例] 才能《さいのう》が開花した。

**かいか【開架】**[名] 図書館《としょかん》で、利用者《りようしゃ》が自分《じぶん》で自由《じゆう》に本《ほん》を取《と》り出《だ》せるようになっていること。

**かいが【絵画】**[名] 絵《え》。[例] 絵画教室《きょうしつ》。

**がいか【外貨】**[名] 外国《がいこく》のお金《かね》。ドル・ユーロなど。[例] 輸《ゆ》出《しゅつ》で外貨をかせぐ。

**がいか【凱歌】**[名] 勝利《しょうり》を祝《いわ》う歌《うた》。勝《か》ちどき。[例] 凱歌が上《あ》がる〔=勝《か》つ〕。

**ガイガーカウンター**〔英語 Geiger counter〕[名] 放射線《ほうしゃせん》を測定《そくてい》する装置《そうち》の一《ひと》つ。考案《こうあん》したガイガーとミュラーの名《な》から、ガイガーミュラー計数管《けいすうかん》といわれるもの。

**◦かいかい【開会】**[名][動-する] 会《かい》を始《はじ》めること。[例] 国会《こっかい》を開会する。[対] 閉会《へいかい》。

**かいがい【海外】**[名] 海《うみ》の向《む》こうにある国《くに》。外国《がいこく》。[例] 海外旅行《りょこう》。

**がいかい【外海】**[名] ❶陸《りく》地《ち》に囲《かこ》まれていない海《うみ》。そとうみ。[対] 内海《ないかい》。❷陸《りく》地《ち》から遠《とお》い海《うみ》。外洋《がいよう》。[対] 近海《きんかい》。

**がいかい【外界】**[名] 自分《じぶん》を取《と》り巻《ま》く、周《まわ》りの世《せ》界《かい》。そと。[例] 外界から大《おお》きな影響《えいきょう》を受《う》ける。[対] 内界《ないかい》。

**かいがいしい** [形] きびきびとした態度《たいど》で、自分《じぶん》からものごとに取《と》り組《く》む。[例] かいがいしく働《はたら》く。

**かいかく【改革】**[名][動-する] (決《き》まりややり方《かた》などの欠点《けってん》を)改《あらた》めてよくすること。[例] 制度《せいど》を改革する。

**がいかく【外角】**[名] ❶〔算数《さんすう》で〕多角形《たかくけい》で、ある辺《へん》の一本《いっぽん》をのばした直線《ちょくせん》と、となり合《あ》う辺《へん》が作《つく》る角《かく》。❷野球《やきゅう》・ソフトボールで、打《だ》者《しゃ》から見《み》て、ホームベースの遠《とお》いところ。アウトコーナー。[対] (❶・❷)内角《ないかく》。↓ないかく(内角) 958ページ

**かいかつ【快活】**[名][形動] 明《あか》るく、元気《げんき》なようす。[例] 快活にふるまう。[類] 活発《かっぱつ》。

**がいかつ【概括】**[名][動-する] おおざっぱにまとめること。[例] 意見《いけん》を概括する。

**かいかぶる【買いかぶる】**[動] 実際《じっさい》よりも、もっと力《ちから》や値打《ねう》ちがあると思《おも》いこむ。[例] あの人《ひと》を買いかぶっていた。

**かいがら【貝殻】**[名] 貝《かい》の外側《そとがわ》のかたいから。[例] 貝殻細工《ざいく》。

**かいかん【会館】**[名] 大勢《おおぜい》が集《あつ》まって、会《かい》などをするための建物《たてもの》。[例] 文化《ぶんか》会館。

**かいかん【快感】**[名] 気《き》持《も》ちのよい感《かん》じ。[例] 勝《しょう》利《り》の快感を味《あじ》わう。

**かいかん【開館】**[名][動-する] ❶図書館《としょかん》・映画館《えいがかん》などが、門《もん》を開《ひら》いて人《ひと》を入《い》れること。[例] 十《じゅう》時《じ》に開館する。❷「館《かん》」のつく所《ところ》が新《あたら》しく仕《し》事《ごと》を始《はじ》めること。[例] 新《あたら》しい美《び》術《じゅつ》館《かん》が明《あ》日《す》開館する。[対] (❶・❷)閉館《へいかん》。

**◦かいがん【海岸】**[名] 陸《りく》と海《うみ》との境《さかい》目《め》の所《ところ》。海《うみ》辺《べ》。[例] リアス式《しき》海岸。

**かいがん【開眼】**[名][動-する] ❶目《め》が見《み》えるようにすること。[例] 開眼手術《しゅじゅつ》。❷↓かいげん



世界の国 大韓民国《だいかんみんこく》(韓国《かんこく》) 朝鮮半島《ちょうせんはんとう》の南部《なんぶ》にある国《くに》。鉄工業《てっこうぎょう》がさかん。政治《せいじ》・経済《けいざい》・文化《ぶんか》など、日本《にっぽん》と深《ふか》い関係《かんけい》があ

❷ 57ページ

**がいかん**【外観】名 (全体《ぜんたい》を)外《そと》から見《み》たようす。例 建物《たてもの》の外観。類 外見《がいけん》。

**がいかん**【概観】名 動-する だいたいのようす。また、全体《ぜんたい》のようすを、ざっと見《み》ること。例 町《まち》の産業《さんぎょう》を概観する。

**かいがんせん**【海岸線】名 海《うみ》と陸《りく》の境目《さかいめ》の線《せん》。波打《なみう》ちぎわの線《せん》。

**かいがんだんきゅう**【海岸段丘】名 海岸《かいがん》が、階段《かいだん》のようになっている地形《ちけい》。

**かいき**【回忌】名 (仏教《ぶっきょう》で)人《ひと》が死《し》んだあと、毎年《まいとし》めぐってくる命日《めいにち》が何年目《なんねんめ》かをあらわす言葉《ことば》。たとえば、一年後《いちねんご》は一回忌《いっかいき》という。類 周忌《しゅうき》。

**かいき**【会期】名 会《かい》が開《ひら》かれている間《あいだ》。また は、会《かい》を開《ひら》く時期《じき》。例 会期をのばす。

**かいき**【怪奇】名 形動 あやしく不思議《ふしぎ》なこと。例 複雑怪奇《ふくざつかいき》な現象《げんしょう》。類 奇怪《きかい》。

✤○**かいぎ**【会議】名 動-する 人々《ひとびと》が集《あつ》まって、ある議題《ぎだい》について話《はな》し合《あ》うこと。また、その集《あつ》まり。例 会議を開《ひら》く。

**かいぎ**【懐疑】名 動-する うたがいを持《も》つこと。例 懐疑の目《め》を向《む》ける。

**がいき**【外気】名 建物《たてもの》の外《そと》の空気《くうき》。例 外気にふれる。

**かいきげっしょく**【皆既月食】名 太陽《たいよう》の光《ひかり》が地球《ちきゅう》にさえぎられ、月《つき》が地球《ちきゅう》から少《すこ》しの間《あいだ》まったく見《み》えなくなること。

**かいきしょく**【皆既食】名 日食《にっしょく》のとき太《たい》陽《よう》が、また月食《げっしょく》のとき月《つき》が、全部《ぜんぶ》かくれて見《み》えなくなること。➡かいきげっしょく 198ページ／かいきにっしょく 198ページ

**かいきせん**【回帰線】名 地球《ちきゅう》の北緯《ほくい》と南緯《なんい》のそれぞれ二三度《ど》二七分《ふん》の所《ところ》を通《とお》る線《せん》。太陽《たいよう》がもっとも北《きた》、もっとも南《みなみ》に来《く》るときの緯線《いせん》。参考 太陽《たいよう》が北回帰線《きたかいきせん》の真《ま》上《うえ》に来《く》ると夏至《げし》、南《みなみ》回帰線《かいきせん》の真上《まうえ》に来《く》ると冬至《とうじ》という。

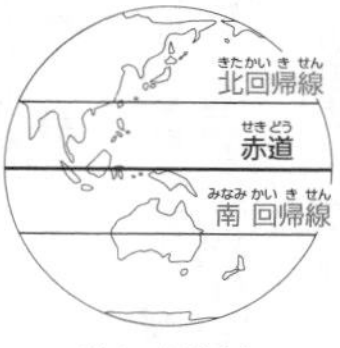


〔かいきせん〕

**かいぎてき**【懐疑的】形動 疑《うたが》いを持《も》っているようす。例 懐疑的な意見《いけん》が多《おお》い。

**かいきにっしょく**【皆既日食】名 太陽《たいよう》が月《つき》にさえぎられて、地球《ちきゅう》から少《すこ》しの間《あいだ》まったく見《み》えなくなること。

**かいきゃく**【開脚】名 両足《りょうあし》を、左右《さゆう》や前《ぜん》後《ご》に開《ひら》くこと。例 開脚前転《ぜんてん》。

**かいきゅう**【階級】名 ❶位《くらい》を、いくつかの段階《だんかい》に分《わ》けたもの。例 警察官《けいさつかん》には階級がある。❷地位《ちい》・財産《ざいさん》などが同《おな》じ程度《ていど》の人々《ひとびと》の集《あつ》まり。例 上流《じょうりゅう》階級。類 階層《かいそう》。

**かいきゅう**【懐旧】名 昔《むかし》をなつかしく思《おも》い出《だ》すこと。例 懐旧の情《じょう》にかられる。

**かいきょ**【快挙】名 胸《むね》がすっとするような、すばらしい行《おこな》い。例 快挙を成《な》しとげる。

**かいきょう**【回教】名 ➡イスラムきょう 66ページ

**かいきょう**【海峡】名 陸《りく》と陸《りく》にはさまれた、せまい海《うみ》。例 津軽《つがる》海峡。

✤**かいぎょう**【改行】名 動-する 文章《ぶんしょう》を書《か》くとき、行《ぎょう》を変《か》えて書《か》くこと。参考 ふつう、改《かい》行《ぎょう》するときには、次《つぎ》の行《ぎょう》は一字下《いちじさ》げて書《か》きだす。

**かいぎょう**【開業】名 動-する ❶商売《しょうばい》を始《はじ》めること。例 開業祝《いわ》い。対 廃業《はいぎょう》。❷商売《しょうばい》をしていること。例 開業中《ちゅう》。

**がいきょう**【概況】名 ものごとのだいたいのようす。例 今週《こんしゅう》の天気《てんき》概況。

**かいきん**【皆勤】名 動-する 学校《がっこう》や会社《かいしゃ》を一《いち》日《にち》も休《やす》まないこと。例 皆勤賞《しょう》。

**かいきん**【解禁】名 動-する 禁止《きんし》していたことを許《ゆる》すこと。例 あゆ釣《つ》りが解禁になる。

**がいきん**【外勤】名 動-する 会社《かいしゃ》の外《そと》に出《で》て、セールスや集金《しゅうきん》・配達《はいたつ》などの仕事《しごと》をすること。また、その仕事《しごと》をする人《ひと》。

**かいきんシャツ**【開襟シャツ】名 前《まえ》えりが開《ひら》いた形《かたち》のシャツ。

**かいぐい**【買い食い】名 動-する 子《こ》どもが、菓子《かし》などを自分《じぶん》で買《か》って食《た》べること。例 買い食いしてしかられた。

**かいくぐる** 動 うまく通《とお》り抜《ぬ》ける。例 人《ひと》ごみをかいくぐって逃《に》げた。

**かいぐん**【海軍】名 おもに、海《うみ》の上《うえ》で戦《たたか》う軍隊《ぐんたい》。関連 陸軍《りくぐん》。空軍《くうぐん》。

**かいけい**【会計】名 ❶お金《かね》の出《だ》し入《い》れや計《けい》算《さん》をすること。また、その人《ひと》。類 経理《けいり》。❷お

人口約《じんこうやく》2,340万人《まんにん》。略称《りゃくしょう》TPE。

金《かね》をはらうこと。例 会計を済《す》ませる。

**かいけい**〖快慶〗人名（男）鎌倉《かまくら》時代《じだい》の彫刻《ちょうこく》家《か》。運慶《うんけい》と技《わざ》をきそい、美《うつく》しい仏像《ぶつぞう》を作《つく》った。東大寺《とうだいじ》などに作品《さくひん》がある。

**がいけい**【外形】名 外《そと》から見《み》える形《かたち》。見《み》かけ。例 外形は立派《りっぱ》だ。

**がいけい**【外径】名 円筒形《えんとうけい》や球形《きゅうけい》のものの、外側《そとがわ》の直径《ちょっけい》。対 内径《ないけい》。

**かいけつ**【怪傑】名 ふしぎな力《ちから》をもった人《じん》物《ぶつ》。

°**かいけつ**【解決】名 動-する 事件《じけん》や問題《もんだい》がうまくかたづくこと。例 事件《じけん》が解決した。

**かいけつさく**【解決策】名 事件《じけん》や問題《もんだい》をうまくかたづける方法《ほうほう》。例 ようやく解決策が見《み》つかった。

**かいけん**【会見】名 動-する 前《まえ》もって場所《ばしょ》や時間《じかん》を決《き》めておき、公式《こうしき》に人《ひと》と会《あ》うこと。例 記者《きしゃ》会見。

**かいけん**【改憲】名 動-する 憲法《けんぽう》を改《あらた》めること。憲法改正《けんぽうかいせい》。

**かいげん**【改元】名 動-する 年号《ねんごう》をあらためること。例 改元して「令和《れいわ》」となった。

**かいげん**【開眼】名 動-する ❶仏像《ぶつぞう》などが完成《かんせい》したとき、最後《さいご》に目《め》を入《い》れて、たましいをむかえ入《い》れること。例 大仏《だいぶつ》開眼。❷〔「かいがん」ともいう。〕ものごとのやり方《かた》やこつをさとること。例 バッティングに開眼する。

**がいけん**【外見】名 外《そと》から見《み》たようす。見《み》かけ。例 外見はこわそうだが、実《じつ》はやさしい人《ひと》だ。類 外観《がいかん》。

**かいこ**【蚕】名 カイコガ〔=ガの仲間《なかま》の昆虫《こんちゅう》〕の幼虫《ようちゅう》。いも虫《むし》に似《に》ている。クワの葉《は》を食《た》べ、さなぎになるときに、まゆを作《つく》る。まゆから生糸《きいと》をとる。↓さん【蚕】527ページ

**かいこ**【回顧】名 動-する 昔《むかし》のことを思《おも》い返《かえ》すこと。例 若《わか》いころを回顧する。類 回想《かいそう》。

**かいこ**【解雇】名 動-する やとっている人《ひと》をやめさせること。首切《くびき》り。例 不況《ふきょう》で、大勢《おおぜい》の人《ひと》が解雇された。

**かいこ**【懐古】名 動-する 昔《むかし》を思《おも》い出《だ》して、なつかしく思《おも》うこと。例 懐古の情《じょう》。

**かいご**【介護】名 動-する 病人《びょうにん》やお年寄《としよ》り、体《からだ》の不自由《ふじゆう》な人《ひと》などを助《たす》けたり世話《せわ》をしたりして、日常生活《にちじょうせいかつ》を補助《ほじょ》すること。例 祖父《そふ》の介護を手伝《てつだ》う。

**かいこう**【海溝】名 海《うみ》の底《そこ》の、みぞのような細長《ほそなが》く深《ふか》い谷《たに》。日本《にっぽん》からオーストラリアにかけての太平洋《たいへいよう》に多《おお》い。

**かいこう**【開校】名 動-する 学校《がっこう》を新《あたら》しく作《つく》って、授業《じゅぎょう》を始《はじ》めること。例 日本語学校《にほんごがっこう》が開校する。

**かいこう**【開港】名 動-する 外国《がいこく》と行《い》き来《き》したり、貿易《ぼうえき》をしたりするために、港《みなと》や空港《くうこう》を開《ひら》くこと。

**かいこう**【開講】名 動-する 講義《こうぎ》や講習会《こうしゅうかい》を始《はじ》めること。例 英会話《えいかいわ》講座《こうざ》を開講する。

°**かいごう**【会合】名 動-する 相談《そうだん》などをするために、人《ひと》が集《あつ》まること。集《あつ》まり。よりあい。例 会合を開《ひら》く。類 集会《しゅうかい》。

**がいこう**【外交】名 ❶外国《がいこく》とのつき合《あ》いや、話《はな》し合《あ》い。例 外交官《かん》。国《くに》の外交方針《ほうしん》。❷外《そと》へ出《で》て、注文《ちゅうもん》を取《と》ったり、宣伝《せんでん》したりすること。例 外交員《いん》。

■**かいこういちばん**【開口一番】名 副 言《い》い始《はじ》めるとまっ先《さき》に。例 開口一番不平《ふへい》を言《い》う。

**がいこうかん**【外交官】名 国《くに》の代表《だいひょう》として外国《がいこく》にいて、その国《くに》と外交《がいこう》の仕事《しごと》をする役人《やくにん》。大使《たいし》・公使《こうし》などがある。

**がいこうじれい**【外交辞令】名 相手《あいて》を喜《よろこ》ばせるための、口先《くちさき》だけのお世辞《せじ》。例 ほめ言葉《ことば》も外交辞令にすぎない。

**がいこうてき**【外向的】形動 進《すす》んで人《ひと》とつき合《あ》ったり、活発《かっぱつ》に行動《こうどう》したりするようす。例 外向的な性格《せいかく》。対 内向的《ないこうてき》。

**かいこく**【海国】名 まわりを海《うみ》にかこまれている国《くに》。例 海国日本《にっぽん》。

**かいこく**【開国】名 動-する ❶外国《がいこく》とのつき合《あ》いを新《あたら》しく始《はじ》めること。対 鎖国《さこく》。❷↓けんこく 412ページ

°**がいこく**【外国】名 よその国《くに》。

**がいこくご**【外国語】名 外国《がいこく》の言葉《ことば》。

**がいこくじん**【外国人】名 外国《がいこく》の人《ひと》。

**かいごし**【介護士】名 ↓かいごふくしし 200ページ

**かいごしえんせんもんいん**【介護支援専門員】名 ↓ケアマネージャー 386ペー





世界の国 台湾《たいわん》 日本《にっぽん》の西南方《せいなんぽう》にある島《しま》。九州地方《きゅうしゅうちほう》とほぼ同《おな》じ広《ひろ》さ。工業《こうぎょう》、特《とく》にバイオ産業《さんぎょう》がさかん。中心都市《ちゅうしんとし》は台北《タイペイ》。

**がいこつ【骸骨】** [名] 肉《にく》がなくなり、骨《ほね》だけになった死体《したい》。

**かいごふくしし【介護福祉士】** [名] 日《にち》常《じょう》生活《せいかつ》が不自由《ふじゆう》なお年寄《としよ》りや障害《しょうがい》のある人《ひと》を、助《たす》けたり世話《せわ》をしたりすることを仕事《しごと》としている人《ひと》。介護士《かいごし》。

**かいごほけん【介護保険】** [名] 介護《かいご》を必要《ひつよう》とする人《ひと》を、社会全体《しゃかいぜんたい》で支《ささ》えるための保険《ほけん》。

**かいこむ【買い込む】** [動] たくさんの品物《しなもの》を買《か》い入《い》れる。[例] 災害《さいがい》にそなえて食料品《しょくりょうひん》を買い込む。

**かいこん【悔恨】** [名] あやまちをくやんで、残念《ざんねん》がること。[例] 悔恨の念《ねん》にかられる。

**かいこん【開墾】** [名][動-する] 野《の》や山《やま》を切《き》り開《ひら》いて、新《あたら》しく田《た》や畑《はたけ》を作《つく》ること。[例] 荒《あ》れ地《ち》を開墾する。[類] 開拓《かいたく》。

**かいさい【開催】** [名][動-する] 会《かい》やもよおし物《もの》を開《ひら》くこと。[例] 音楽会《おんがくかい》を開催する。

**かいざいく【貝細工】** [名] 貝《かい》がらを使《つか》って、模様《もよう》やかざり、器具《きぐ》などをつくること。また、つくった物《もの》。

**かいさく【改作】** [名][動-する] 作品《さくひん》の一部《いちぶ》を改《あらた》めて、新《あたら》しい作品《さくひん》に作《つく》り変《か》えること。また、その作品《さくひん》。[例] 昔話《むかしばなし》を改作する。

**かいさつ【改札】** [名][動-する] (駅《えき》の出入《でい》り口《ぐち》などで)乗客《じょうきゃく》の切符《きっぷ》を調《しら》べること。また、その場所《ばしょ》。

**かいさつぐち【改札口】** [名] 駅《えき》で改札《かいさつ》を行《おこな》う出入《でい》り口《ぐち》。

**かいさん【解散】** [名][動-する] ❶集《あつ》まっていた人《ひと》が別《わか》れること。[例] 帰《かえ》りは駅《えき》で解散した。[類] 散会《さんかい》。[対] 集合《しゅうごう》。❷会社《かいしゃ》や団体《だんたい》などが活動《かつどう》をやめること。[例] テニス部《ぶ》を解散する。❸衆議院《しゅうぎいん》で、議員《ぎいん》の資格《しかく》を解《と》いて、議会《ぎかい》を閉《と》じること。[例] 国会《こっかい》を解散する。

**かいざん【海山】** [名] 深《ふか》い海《うみ》の底《そこ》にあって、周《まわ》りより千《せん》メートル以上《いじょう》高《たか》く、山《やま》のように盛《も》り上《あ》がった地形《ちけい》。多《おお》くは海底火山《かいていかざん》。

**がいさん【概算】** [名][動-する] だいたいの計算《けいさん》や見積《みつ》もり。[例] 費用《ひよう》を概算する。

**かいさんぶつ【海産物】** [名] 海《うみ》からとれるもの。魚《さかな》・貝《かい》・海藻《かいそう》など。[類] 水産物《すいさんぶつ》。

**かいし【開始】** [名][動-する] ものごとが始《はじ》まること。また、始《はじ》めること。[例] 午前《ごぜん》九時《くじ》に試合《しあい》を開始する。[対] 終了《しゅうりょう》。

**がいし【外資】** [名] 事業《じぎょう》の元手《もとで》にする外国《がいこく》からのお金《かね》。外国《がいこく》の資本《しほん》。[例] 兄《あに》は外資系《けい》の会《かい》社《しゃ》に勤《つと》めている。

**がいし【碍子】** [名] 電柱《でんちゅう》に取《と》りつけて電線《でんせん》を支《ささ》える器具《きぐ》。電流《でんりゅう》が他《ほか》に流《なが》れないように、瀬《せ》戸《と》物《もの》などでできている。

**がいして【概して】** [副] だいたい。おおまかに言《い》って。[例] この冬《ふゆ》は概して暖《あたた》かい。

**かいしめる【買い占める】** [動] 全部《ぜんぶ》買《か》いきってしまう。[例] 商品《しょうひん》を買い占める。

**かいしゃ【会社】** [名] ある事業《じぎょう》をすることによって利益《りえき》を得《え》るために作《つく》られた団体《だんたい》。株式《かぶしき》会社《がいしゃ》などがある。

**がいしゃ【外車】** [名] 外国製《がいこくせい》の自動車《じどうしゃ》。

**かいしゃく【解釈】** [名][動-する] 言葉《ことば》やものごとの表《あらわ》す意味《いみ》を明《あき》らかにすること。[例] 善意《ぜんい》に解釈する。

**かいしゅう【回収】** [名][動-する] 配《くば》ったり、使《つか》ったりしたものを、集《あつ》めて元《もと》にもどすこと。[例] アンケートを回収する。

**かいしゅう【改宗】** [名][動-する] それまでの宗《しゅう》教《きょう》をやめて、他《ほか》の宗教《しゅうきょう》に改《あらた》めること。

**かいしゅう【改修】** [名][動-する] 悪《わる》いところを作《つく》り直《なお》すこと。[例] 道路《どうろ》の改修工事《こうじ》。

**かいじゅう【怪獣】** [名] ❶見慣《みな》れないあやしい動物《どうぶつ》。[例] 湖《みずうみ》にすむ怪獣。❷映画《えいが》やまんがなどに出《で》てくる、奇妙《きみょう》な形《かたち》に作《つく》られた、特《とく》別《べつ》な力《ちから》を持《も》つ動物《どうぶつ》。[例] 怪獣映画《えいが》。

**かいじゅう【海獣】** [名] 海《うみ》にすむ哺乳動物《ほにゅうどうぶつ》。クジラ・オットセイ・アザラシなど。

**がいしゅう【外周】** [名] 物《もの》の外側《そとがわ》の周《まわ》り。また、その長《なが》さ。

**がいしゅつ【外出】** [名][動-する] 家《いえ》や勤《つと》め先《さき》などから外《そと》へ出《で》かけること。[例] 午後《ごご》は外出する。

**かいしょ【楷書】** [名] 〔国語《こくご》で〕漢字《かんじ》の書《か》き方《かた》の一《ひと》つ。点《てん》や画《かく》をくずしたり続《つづ》けたりせずに書《か》き、形《かたち》がきちんとしたもの。[関連] 行書《ぎょうしょ》。草書《そうしょ》。⬇しょたい(書体)❶ 645ページ

**かいじょ【介助】** [名][動-する] 体《からだ》の不自由《ふじゆう》な人《ひと》



するほか、アルミニウムを生産《せいさん》する。首都《しゅと》ドゥシャンベ。人口約《じんこうやく》1,000万人《まんにん》。略称《りゃくしょう》TJK。

の動作《どうさ》を手助《てだす》けすること。[例]患者《かんじゃ》の入浴《にゅうよく》を介助する。

**かいじょ【解除】**[名][動-する] 今《いま》まで規制《きせい》したり、禁止《きんし》したりしていたことをやめて、元《もと》にもどすこと。[例]警報《けいほう》が解除された。

**かいしょう【改称】**[名][動-する] 名前《なまえ》を変《か》えること。また、変《か》えた名前《なまえ》。改名《かいめい》。[例]江戸《えど》を東京《とうきょう》と改称した。

**かいしょう【快勝】**[名][動-する] 気持《きも》ちよく、みごとに勝《か》つこと。[例]七対《たい》〇で快勝した。

**かいしょう【解消】**[名][動-する] それまでの状態《じょうたい》・関係《かんけい》をなくすこと。また、なくなること。[例]不安《ふあん》が解消する。

**かいしょう【〈甲斐〉性】**[名] ひとり立《だ》ちして生《い》きていこうとする、しっかりした気力《きりょく》。[例]甲斐性のあるなかなかの人物《じんぶつ》。

**かいじょう【会場】**[名] 会《かい》を開《ひら》く場所《ばしょ》。[例]試験《しけん》会場はこちらです。

**かいじょう【海上】**[名] 海《うみ》の上《うえ》。海面《かいめん》。[例]海上輸送《ゆそう》。[対]陸上《りくじょう》。

**かいじょう【階上】**[名] 建物《たてもの》の上《うえ》の階《かい》。[対]階下《かいか》。

**かいじょう【開場】**[名][動-する] 会場《かいじょう》を開《ひら》いて人《ひと》を入《い》れること。[例]あと十分《じっぷん》で開場する。[対]閉場《へいじょう》。

**がいしょう【外相】**[名] 外務大臣《がいむだいじん》の別《べつ》の言《い》い方《かた》。[例]外相会議《かいぎ》。

**がいしょう【外傷】**[名] 体《からだ》の表面《ひょうめん》に受《う》けた傷《きず》。切《き》り傷《きず》やすり傷《きず》など。

**かいじょうほあんちょう【海上保安庁】**[名] 海《うみ》や港《みなと》で、船《ふね》の安全《あんぜん》を守《まも》ったり、法《ほう》に違反《いはん》することを防《ふせ》いだりする国《くに》の役所《やくしょ》。

**かいしょく【会食】**[名][動-する] みんなが集《あつ》まって食事《しょくじ》をすること。〔改《あらた》まった言《い》い方《かた》。〕[例]クラスのみんなと会食した。

**がいしょく【外食】**[名][動-する] 家《いえ》でなく、レストランや食堂《しょくどう》などで食事《しょくじ》をすること。また、その食事《しょくじ》。

**かいじょけん【介助犬】**[名] 体《からだ》の不自由《ふじゆう》な人《ひと》の動作《どうさ》を助《たす》けるように訓練《くんれん》された犬《いぬ》。ドアを開閉《かいへい》したり、物《もの》を取《と》ってきたりする。[関連]聴導犬《ちょうどうけん》。盲導犬《もうどうけん》。

**かいしん【会心】**[名] これでよしと、心《こころ》から満足《まんぞく》すること。[例]会心の作《さく》だ。

**会心《かいしん》の笑《え》み** 物事《ものごと》がうまくいって、心《こころ》からにっこりすること。[例]計画《けいかく》が成功《せいこう》して会心の笑みをもらす。

**かいしん【回診】**[名][動-する] 入院《にゅういん》している患《かん》者《じゃ》を、医者《いしゃ》が診察《しんさつ》して回《まわ》ること。[例]院長《いんちょう》が回診する。

**かいしん【改心】**[名][動-する] 悪《わる》いと気《き》がついて、心《こころ》を入《い》れかえること。[例]改心をうながす。

**かいしん【改新】**[名] 古《ふる》い制度《せいど》をあらためること。[例]大化《たいか》の改新。

**がいじん【外人】**[名] 外国《がいこく》の人《ひと》。[参考]「外国《がいこく》人《じん》」にくらべて、よそ者《もの》という感《かん》じのする言《こと》葉《ば》。

**かいじんにきする【灰燼に帰する】** 火事《かじ》であとかたもなく焼《や》けてしまう。「灰燼《かいじん》」は、灰《はい》と燃《も》え残《のこ》りのこと。[例]戦争《せんそう》で街《まち》が灰燼に帰した。

**かいず【海図】**[名] 海《うみ》の深《ふか》さ、海流《かいりゅう》の流《なが》れなどが書《か》きこんである図《ず》。航海《こうかい》に使《つか》う地図《ちず》。

**かいすい【海水】**[名] 海《うみ》の水《みず》。塩分《えんぶん》を多《おお》く含《ふく》む。

**かいすいぎ【海水着】**[名] 水着《みずぎ》。

**かいすいよく【海水浴】**[名] 海《うみ》で、泳《およ》いだり、遊《あそ》んだりすること。[例]海水浴場《じょう》。

**かいすう【回数】**[名] ものごとが何回《なんかい》起《お》こったか、行《おこな》われたかという数《かず》。

**がいすう【概数】**[名] だいたいの数《かず》。[例]市《し》の人口《じんこう》の概数を調《しら》べる。

**かいすうけん【回数券】**[名] 乗車券《じょうしゃけん》などを、何枚《なんまい》かひとつづりにしたもの。

**かいする【介する】**[動] ❶間《あいだ》に立《た》てる。[例]人《ひと》を介して社長《しゃちょう》と会《あ》う。❷仲《なか》立《だ》ちをおく。[例]意《い》に介する。気《き》にかける。

**かいする【会する】**[動] 同《おな》じ所《ところ》に人々《ひとびと》が集《あつ》まる。[例]卒業生《そつぎょうせい》が一堂《いちどう》に会する。

**かいする【解する】**[動] わかる。理解《りかい》する。[例]善意《ぜんい》に解する。

**がいする【害する】**[動] 傷《きず》つける。そこなう。[例]健康《けんこう》を害して、休《やす》む。

**かいせい【改正】**[名][動-する] まずいところや悪《わる》いところを、改《あらた》めて直《なお》すこと。[例]規《き》則《そく》を改正する。[類]改善《かいぜん》。改良《かいりょう》。[対]改悪《かいあく》。



世界の国 タジキスタン 中央《ちゅうおう》アジア南部《なんぶ》の国《くに》。1991年《ねん》にソ連《れん》が解体《かいたい》する直前《ちょくぜん》に独立《どくりつ》した。農業《のうぎょう》が中心《ちゅうしん》で、綿花《めんか》を産《さん》

**かいせい【改姓】**(名)(動-する) 名字《みょうじ》(姓《せい》)を変《か》えること。

**かいせい【快晴】**(名) 晴《は》れわたった、よい天《てん》気《き》。(例)遠足《えんそく》は、快晴にめぐまれた。(類)好天《こうてん》。上天気《じょうてんき》。

**かいせき【解析】**(名)(動-する) ものごとをこまかく分《わ》けて、くわしく研究《けんきゅう》すること。(例)集《あつ》めたデータを解析する。

**かいせつ【開設】**(名)(動-する) 新《あたら》しく建物《たてもの》を作《つく》るなどして、仕事《しごと》を始《はじ》めること。(例)図書館《としょかん》が開設される。

✤**かいせつ【解説】**(名)(動-する) ものごとの意味《いみ》やようすなどを、わかりやすく説明《せつめい》すること。また、その説明《せつめい》。(例)ニュース解説。宇《う》宙《ちゅう》の仕組《しく》みを解説する。

**がいせつ【概説】**(名)(動-する) ものごとの内容《ないよう》のだいたいを説明《せつめい》すること。また、その説《せつ》明《めい》。(例)江戸《えど》時代《じだい》の俳句《はいく》について概説する。

**かいせん【回船・廻船】**(名) おもに江戸《えど》時《じ》代《だい》、国内《こくない》の港《みなと》を結《むす》んで品物《しなもの》を運《はこ》んだ大型《おおがた》の和《わ》船《せん》。北前船《きたまえぶね》が有名《ゆうめい》。

**かいせん【回線】**(名) 電話《でんわ》やインターネットなどの通信《つうしん》ができるように、つないだ線《せん》。(例)電《でん》話《わ》回線が混《こ》み合《あ》っている。

**かいせん【改選】**(名)(動-する) 議員《ぎいん》・役員《やくいん》などを、新《あたら》しく選《えら》び直《なお》すこと。(例)クラス委員《いいん》を改選する。

**かいせん【海戦】**(名) 海上《かいじょう》での戦《たたか》い。

**かいせん【海鮮】**(名) 新鮮《しんせん》な魚介類《ぎょかいるい》。(例)海鮮料理《りょうり》。

**かいせん【開戦】**(名)(動-する) 戦争《せんそう》を始《はじ》めること。(対)終戦《しゅうせん》。

**かいぜん【改善】**(名)(動-する) 悪《わる》いところを直《なお》して、よくすること。(例)規則《きそく》を改善する。(類)改正《かいせい》。改良《かいりょう》。(対)改悪《かいあく》。

**がいせん【外線】**(名) 会社《かいしゃ》や役所《やくしょ》などで、外《そと》に通《つう》じている電話《でんわ》。(対)内線《ないせん》。

**がいせん【凱旋】**(名)(動-する) 戦《たたか》いに勝《か》って帰《かえ》ること。(例)優勝《ゆうしょう》して凱旋する。

**がいせんもん【凱旋門】**(名) 凱旋《がいせん》してくる軍隊《ぐんたい》をむかえるために建《た》てられた門《もん》。パリにあるものが有名《ゆうめい》。

**かいそ【改組】**(名)(動-する) 会社《かいしゃ》や役所《やくしょ》などの組織《そしき》をあらためること。

**かいそ【開祖】**(名) その宗教《しゅうきょう》を開《ひら》いた人《ひと》。

**かいそう【回送】**(名)(動-する) ❶送《おく》られて来《き》た物《もの》を、そのまま別《べつ》の所《ところ》へ送《おく》ること。(例)転居先《てんきょさき》に手紙《てがみ》を回送する。(類)転送《てんそう》。❷電車《でんしゃ》やバスなどを、お客《きゃく》を乗《の》せないで別《べつ》の所《ところ》に回《まわ》すこと。(例)回送電車《でんしゃ》。

**かいそう【会葬】**(名)(動-する) 葬式《そうしき》に参列《さんれつ》すること。

**かいそう【回想】**(名)(動-する) 過《す》ぎ去《さ》ったことを、なつかしく思《おも》い返《かえ》すこと。(例)一年生《いちねんせい》のころを回想する。

**かいそう【快走】**(名)(動-する) 人《ひと》や乗《の》り物《もの》などが、気持《きも》ちよく速《はや》く走《はし》ること。(例)アンカーが快走する。

**かいそう【改装】**(名)(動-する) 店構《みせがま》えや室内《しつない》のかざりつけを作《つく》り変《か》えること。また、家具《かぐ》などの配置《はいち》を変《か》えること。模様替《もようが》え。(例)改装工《こう》事《じ》。

**かいそう【海草】**(名) 海《うみ》の中《なか》に生《は》える、花《はな》をつける植物《しょくぶつ》。アマモ・イトモなど。

**かいそう【海藻】**(名) 海《うみ》の中《なか》に生《は》える、花《はな》をつけない原生生物《げんせいせいぶつ》。藻《も》の仲間《なかま》で、胞子《ほうし》で増《ふ》える。コンブ・ワカメ・テングサなど。

〔かいそう〕

**かいそう【階層】**(名) ❶建築物《けんちくぶつ》の階《かい》の、上《うえ》と下《した》の重《かさ》なり。❷地位《ちい》・職業《しょくぎょう》や暮《く》らしぶりなどが、ほぼ同《おな》じグループ。(例)裕福《ゆうふく》な階層の人々《ひとびと》。

**かいぞう【改造】**(名)(動-する) 建物《たてもの》や仕組《しく》みなどを作《つく》り変《か》えること。(例)店《みせ》を改造する。内《ない》閣《かく》改造。

**がいそう【外装】**(名) ❶建物《たてもの》などの外《そと》がわの設備《せつび》やかざり。(対)内装《ないそう》。❷荷物《にもつ》などの外《そと》がわの包装《ほうそう》。

**かいぞえ【介添え】**(名)(動-する) そばにつきそって世話《せわ》をすること。また、世話《せわ》をする人《ひと》。(例)病人《びょうにん》の介添えをする。

物資源《ぶつしげん》も豊富《ほうふ》。首都《しゅと》ダルエスサラーム。人口約《じんこうやく》6,100万人《まんにん》。略称《りゃくしょう》TAN。

**かいそく**【会則】名 会《かい》の規《き》則《そく》。会《かい》の決《き》まり。例 会則を変更《へんこう》する。

**かいそく**【快足】名 走《はし》り方《かた》が速《はや》いこと。すばらしく速《はや》い足《あし》。例 快足のランナー。

**かいそく**【快速】名 ❶気《き》持《も》ちがよいほど、速《はや》いこと。例 快速船《せん》。❷止《と》まる駅《えき》を少《すく》なくした、ふつうより速《はや》い電《でん》車《しゃ》や列《れっ》車《しゃ》。

**かいぞく**【海賊】名 海《うみ》の上《うえ》で船《ふね》をおそって、お金《かね》や品《しな》物《もの》をうばう悪《わる》者《もの》。例 海賊船《せん》。

**かいたい**【解体】名 動-する できている物《もの》やことがらを、ばらばらにすること。例 自《じ》転《てん》車《しゃ》を解体する。

**かいたいしんしょ**〘解体新書〙作品名 江《え》戸《ど》時《じ》代《だい》に杉《すぎ》田《た》玄《げん》白《ぱく》らが、オランダの解《かい》剖《ぼう》書《しょ》「ターヘルアナトミア」を日《に》本《ほん》語《ご》に訳《やく》した本《ほん》。

**かいたく**【開拓】名 動-する ❶荒《あ》れ地《ち》を切《き》り開《ひら》いて、田《た》や畑《はたけ》を作《つく》ったり、人《ひと》が住《す》めるようにしたりすること。例 開拓地《ち》。類 開《かい》墾《こん》。❷仕《し》事《ごと》や研《けん》究《きゅう》などの、新《あたら》しい方《ほう》面《めん》を切《き》り開《ひら》くこと。例 新《あたら》しい市《し》場《じょう》を開拓する。

**かいだく**【快諾】名 動-する (たのみなどを)気《き》持《も》ちよく聞《き》き入《い》れること。例 父《ちち》の快諾を得《え》たから出《で》かけよう。

**かいだし**【買い出し】名 市《いち》場《ば》や産《さん》地《ち》に出《で》かけて、品《しな》物《もの》を買《か》い入《い》れること。

**かいだす**【かい出す】動 中《なか》の水《みず》をくんで外《そと》へ出《だ》す。例 池《いけ》の水《みず》をかい出す。

**かいたたく**【買いたたく】動 ひどく安《やす》い値《ね》段《だん》まで下《さ》げさせて買《か》う。例 旧《きゅう》型《がた》の品《しな》を買いたたく。

**かいだめ**【買いだめ】名 動-する 品《しな》物《もの》をたくさん買《か》ってためておくこと。例 災《さい》害《がい》に備《そな》えて食《しょく》料《りょう》品《ひん》を買いだめした。

**かいだん**【会談】名 動-する 人《ひと》と人《ひと》とが会《あ》って、大《たい》切《せつ》なことがらを話《はな》し合《あ》うこと。例 日《にち》米《べい》の首《しゅ》脳《のう》が会談する。

**かいだん**【怪談】名 おばけや幽《ゆう》霊《れい》の出《で》てくる、とてもこわい話《はなし》。ホラー。

**°かいだん**【階段】名 上《のぼ》り下《お》りするために作《つく》られた、段《だん》の連《つら》なった通《つう》路《ろ》。

**ガイダンス**〔英語 guidance〕名 学《がく》生《せい》や児《じ》童《どう》・生《せい》徒《と》に、学《がく》習《しゅう》や生《せい》活《かつ》、進《しん》路《ろ》などについて説《せつ》明《めい》したり、指《し》導《どう》や助《じょ》言《げん》をしたりすること。例 新《しん》入《にゅう》生《せい》へのガイダンスが行《おこな》われる。

**がいち**【外地】名 外《がい》国《こく》の土《と》地《ち》。対 内《ない》地《ち》。

**かいちく**【改築】名 動-する 家《いえ》などの一《いち》部《ぶ》、または全《ぜん》部《ぶ》を建《た》て直《なお》すこと。リフォーム。例 自《じ》宅《たく》を改築する。

**かいちゅう**【回虫】名 人《ひと》や動《どう》物《ぶつ》の小《しょう》腸《ちょう》などに寄《き》生《せい》する、ミミズに似《に》た虫《むし》。

**かいちゅう**【懐中】名 ふところやポケットの中《なか》。例 懐中時《ど》計《けい》。

**がいちゅう**【外注】名 動-する 自《じ》分《ぶん》の会《かい》社《しゃ》の仕《し》事《ごと》の一《いち》部《ぶ》を、外《がい》部《ぶ》の会《かい》社《しゃ》に注《ちゅう》文《もん》してさせること。例 製《せい》品《ひん》の発《はっ》送《そう》を外注する。

**がいちゅう**【害虫】名 人《ひと》や家《か》畜《ちく》に害《がい》を与《あた》えたり、農《のう》作《さく》物《ぶつ》を荒《あ》らしたりする虫《むし》。ハエ・カ・ノミ・シロアリなど。対 益《えき》虫《ちゅう》。

**かいちゅうでんとう**【懐中電灯】名 電《でん》池《ち》で電《でん》球《きゅう》をつけるようにした、持《も》ち運《はこ》びのできる小《こ》型《がた》の電《でん》灯《とう》。

**かいちょう**【会長】名 会《かい》を代《だい》表《ひょう》する人《ひと》。

**かいちょう**【快調】名 形動 すばらしく調《ちょう》子《し》のいいようす。好《こう》調《ちょう》。例 快調な出《で》だし。

**かいちょう**【開帳】名 動-する お寺《てら》で、特《とく》別《べつ》な日《ひ》に厨《ず》子《し》のとびらを開《ひら》いて、ふだんは見《み》られない仏《ぶつ》像《ぞう》を見《み》られるようにすること。お開《かい》帳《ちょう》。ご開《かい》帳《ちょう》。

**がいちょう**【害鳥】名 農《のう》作《さく》物《ぶつ》などに害《がい》を与《あた》える鳥《とり》。対 益《えき》鳥《ちょう》。

**かいつう**【開通】名 動-する (鉄《てつ》道《どう》・トンネル・電《でん》話《わ》・道《どう》路《ろ》などが)初《はじ》めて通《つう》じること。例 トンネルが開通する。

**かいづか**【貝塚】名 大《おお》昔《むかし》の人《ひと》が食《た》べてすてた貝《かい》がらなどが、積《つ》み重《かさ》なって残《のこ》っている所《ところ》。縄《じょう》文《もん》時《じ》代《だい》のものが多《おお》い。

**かいつけ**【買い付け】名 ❶いつもそこで買《か》っていること。例 買いつけの店《みせ》。❷たくさん買《か》い入《い》れること。例 買いつけに行《い》く。

**かいつぶり** 名 池《いけ》や沼《ぬま》にすむ、背《せ》中《なか》がくり色《いろ》の鳥《とり》。水《みず》にもぐるのがうまく、小《こ》魚《ざかな》などをつかまえて食《た》べる。

〔かいつぶり〕

**かいつまむ** 動 ものごとのだいたいを、短《みじか》くまとめる。例 かいつまんで話《はな》す。

**かいて**【買い手】名 買《か》うほうの人《ひと》。例 この家《いえ》に買い手

あいうえお
かきくけこ
さしすせそ
たちつてと
なにぬねの
はひふへほ
まみむめも
やゆよ
らりるれろ
わをん



世界の国 タンザニア アフリカ東《とう》部《ぶ》、インド洋《よう》に面《めん》する国《くに》。農《のう》業《ぎょう》と牧《ぼく》畜《ちく》がさかんで、麻《あさ》や綿《めん》花《か》、コーヒーを産《さん》する。鉱《こう》

がついた。対 売《う》り手《て》。

**かいてい【改定】** 名 動-する 前《まえ》のものを改《あらた》めて、新《あたら》しく決《き》めること。例 運賃《うんちん》を改定する。

**かいてい【改訂】** 名 動-する 本《ほん》などの内容《ないよう》を改《あらた》めること。例 改訂版《ばん》。

**かいてい【海底】** 名 海《うみ》の底《そこ》。

**かいてい【開廷】** 名 動-する 法廷《ほうてい》で、裁判《さいばん》を始《はじ》めること。

**かいていかざん【海底火山】** 名 海底《かいてい》にできた火山《かざん》。

**かいていケーブル【海底ケーブル】** 名 海底《かいてい》にしいた電線《でんせん》。電気《でんき》を送《おく》ったり、通信《つうしん》に用《もち》いたりする。海底電線《かいていでんせん》。

**かいていさんみゃく【海底山脈】** 名 海底《かいてい》にある山脈《さんみゃく》のようなつらなり。海嶺《かいれい》ともいう。

**かいていじしん【海底地震】** 名 海《うみ》の底《そこ》のある場所《ばしょ》を震源《しんげん》とする地震《じしん》。

**かいていでんせん【海底電線】** 名 ⬇かいていケーブル 204ページ

**かいていトンネル【海底トンネル】** 名 海《うみ》の底《そこ》をほって造《つく》られた、道路《どうろ》や鉄道《てつどう》を通《とお》すトンネル。青函《せいかん》トンネルなど。

**かいてき【快適】** 名 形動 心《こころ》や体《からだ》が、非常《ひじょう》に気持《きも》ちのよいようす。例 快適な旅行《りょこう》。

**がいてき【外敵】** 名 外《そと》からせめてくる敵《てき》。例 外敵に備《そな》える。

**かいてん【回転】** 名 動-する ❶くるくる回《まわ》ること。また、回《まわ》すこと。例 エンジンの回転。❷頭《あたま》がよくはたらくこと。例 頭《あたま》の回転がはやい。❸客《きゃく》や物《もの》などが、次々《つぎつぎ》に入《い》れかわること。例 お客《きゃく》の回転がはやい。

**かいてん【開店】** 名 動-する ❶その日《ひ》の商売《しょうばい》を始《はじ》めること。例 十時《じゅうじ》に開店する。❷新《あたら》しく店《みせ》を開《ひら》くこと。例 そば屋《や》が開店した。対（❶・❷）閉店《へいてん》。

**がいでん【外電】** 名 外国《がいこく》の通信社《つうしんしゃ》から送《おく》られてくるニュース。

**かいてんもくば【回転木馬】** 名 ⬇メリーゴーランド 1295ページ

**ガイド** 〔英語 guide〕 名 動-する ❶案内《あんない》。案内《あんない》人《にん》。例 バスガイド。❷手引《てび》き。例 旅行《りょこう》のガイドブック。

**かいとう【回答】** 名 動-する 要求《ようきゅう》や問《と》い合《あ》わせに答《こた》えること。例 質問《しつもん》に回答する。

**かいとう【怪盗】** 名 手口《てぐち》がみごとで、なかなか正体《しょうたい》をあらわさない盗賊《とうぞく》。例 怪盗ルパン。

**かいとう【解凍】** 名 動-する ❶こおっていたものをとかすこと。例 冷凍食品《れいとうしょくひん》を解凍する。❷コンピューターで、容量《ようりょう》を小《ちい》さく縮《ちぢ》めていたファイルのデータなどを、使《つか》えるように元《もと》の状態《じょうたい》にもどすこと。例 添付《てんぷ》されたデータを解凍する。

**°かいとう【解答】** 名 動-する 問題《もんだい》を解《と》いて、答《こた》えること。答《こた》え。例 正《ただ》しい解答。

**かいどう【街道】** 名 ❶大《おお》きな町《まち》と町《まち》とを結《むす》ぶ、大切《たいせつ》な道《みち》。例 五街道《ごかいどう》。❷大通《おおどお》り。

例解 ↔ 使い分け

回答《かいとう》と解答《かいとう》

問《と》い合《あ》わせに回《かい》答《とう》する。
アンケートの回《かい》答《とう》を集《あつ》める。
試験問題《しけんもんだい》に解答《かいとう》する。
クイズの解答《かいとう》を書《か》く。

**がいとう【外灯】** 名 家《いえ》の外《そと》に取《と》りつけた明《あ》かり。

**がいとう【街灯】** 名 町《まち》の通《とお》りにつける明《あ》かり。例 夕暮《ゆうぐ》れの町《まち》に街灯がともる。

**がいとう【街頭】** 名 人通《ひとどお》りの多《おお》い通《とお》り。路上《ろじょう》。街角《まちかど》。例 街頭演説《えんぜつ》。

**がいとう【該当】** 名 動-する ある決《き》まりや条件《じょうけん》に当《あ》てはまること。例 該当するものがない。該当者《しゃ》がいない。

**がいとう【外套】** 名 寒《さむ》さや雨《あめ》を防《ふせ》ぐために、洋服《ようふく》の上《うえ》に着《き》るもの。オーバー。

**■かいとうらんま【快刀乱麻】** 名 もつれた事件《じけん》や問題《もんだい》を、あざやかに解決《かいけつ》すること。「快刀乱麻《かいとうらんま》を断《た》つ」の形《かたち》で使《つか》うことが多《おお》い。

**✤かいどく【解読】** 名 動-する わかりにくい文章《ぶんしょう》や暗号《あんごう》などを読《よ》んで、その内容《ないよう》を知《し》ること。例 暗号《あんごう》を解読する。

**かいどく【買い得】** 名 安《やす》かったり質《しつ》がよかったりして、買《か》うと得《とく》になること。例 お買い得のリンゴ。

**がいどく【害毒】** 名 人《ひと》の心《こころ》や体《からだ》に害《がい》となったり、世《よ》の中《なか》に悪《わる》い影響《えいきょう》を与《あた》えたりするもの。例 社会《しゃかい》に害毒を流《なが》す。

**ガイドブック** 〔英語 guidebook〕名 案内書《あんないしょ》。手引《てび》き書《しょ》。例 旅行《りょこう》のガイドブック。

**ガイドマップ** 〔英語 guide map〕名 道案内《みちあんない》のために、わかりやすくかいた地図《ちず》。例 町《まち》のガイドマップを作《つく》る。

**ガイドライン** 〔英語 guideline〕名 政府《せいふ》などが、目標《もくひょう》として示《しめ》す基準《きじゅん》。例 企業《きぎょう》の合併《がっぺい》に関《かん》するガイドラインを作成《さくせい》する。

**かいとる【買い取る】** 動 買《か》って自分《じぶん》のものにする。例 家《いえ》を買い取る。

**かいな【腕】** 名 うで。〔古《ふる》い言《い》い方《かた》。〕

**かいならす【飼いならす】** 動（動物《どうぶつ》を）飼《か》って、なつくように育《そだ》てる。例 クマを飼いならして芸《げい》を仕《し》こむ。

**かいなん【海難】** 名 海《うみ》の上《うえ》で起《お》こる船《ふね》の事故《こ》。例 海難救助《きゅうじょ》。

**かいにゅう【介入】** 名 動-する 事件《じけん》などに割《わ》りこんでかかわりを持《も》つこと。例 二《ふた》つの国《くに》の争《あらそ》いに介入する。

**かいにん【解任】** 名 動-する 役《やく》をやめさせること。例 監督《かんとく》を解任する。対 任命《にんめい》。

**かいぬし【飼い主】** 名 その動物《どうぶつ》を飼《か》っている人《ひと》。

**かいね【買値】** 名 品物《しなもの》を買《か》うときの値段《ねだん》。対 売値《うりね》。例 買値で人《ひと》にゆずる。

**がいねん【概念】** 名 ❶似通《にかよ》ったことがらのそれぞれから、共通《きょうつう》するところを取《と》り出《だ》して、まとめた考《かんが》え。例 美《び》の概念。❷大《おお》まかな内容《ないよう》。例 平和《へいわ》についての概念をつかむ。

**がいねんてき【概念的】** 形動 具体的《ぐたいてき》な事実《じつ》を考《かんが》えずに、ものごとを大《おお》まかにとらえるようす。例 概念的にはわかっても、今《いま》ひとつはっきりしない。

**かいは【会派】** 名 同《おな》じ考《かんが》えを持《も》つ人《ひと》の集《あつ》まり。例 同《おな》じ会派の国会議員《こっかいぎいん》。

**かいば【飼い葉】** 名 牛《うし》や馬《うま》などのえさ。干《ほ》し草《くさ》やわらなど。まぐさ。例 かいば桶《おけ》。

**がいはく【外泊】** 名 動-する 自分《じぶん》の家《いえ》に帰《かえ》らず、よそでとまること。例 外泊するときには連絡《れんらく》を入《い》れる。

**かいばしら【貝柱】** 名 二枚貝《にまいがい》の、貝《かい》がらを閉《と》じさせる筋肉《きんにく》。食用《しょくよう》にする。

**かいはつ【開発】** 名 動-する ❶資源《しげん》や土地《とち》などを生活《せいかつ》に役立《やくだ》つようにすること。例 資源《しげん》を開発する。宅地《たくち》を開発する。❷能力《のうりょく》を引《ひ》き出《だ》して育《そだ》てること。例 かくれた才能《さいのう》を開発する。❸新《あたら》しい物《もの》を作《つく》り出《だ》すこと。例 新《しん》製品《せいひん》を開発する。

**かいばつ【海抜】** 名 海面《かいめん》からの陸地《りくち》や山《やま》の高《たか》さ。標高《ひょうこう》。例 富士山《ふじさん》は海抜三七七六メートル。

**かいはつとじょうこく【開発途上国】** 名 経済《けいざい》や産業《さんぎょう》などが、開発《かいはつ》の途上《とじょう》にある国《くに》。発展途上国《はってんとじょうこく》。

**かいひ【会費】** 名 会《かい》の費用《ひよう》として、会員《かいいん》が出《だ》し合《あ》うお金《かね》。例 PTA《ピーティーエー》会費。

**かいひ【回避】** 名 動-する さけること。よけること。例 戦争《せんそう》を回避する。

**かいびかえ【買い控え】** 名 動-する 買《か》うのをやめたり、少《すく》なめにしたりすること。例 不《ふ》景気《けいき》で買い控えが起《お》きる。

**かいひょう【開票】** 名 動-する 投票箱《とうひょうばこ》を開《あ》けて、票《ひょう》を数《かぞ》えること。例 即日《そくじつ》開票。

**かいひん【海浜】** 名 浜辺《はまべ》。海《うみ》のそばの地《ち》。例 海浜公園《こうえん》。

**がいぶ【外部】** 名 ❶ものの外側《そとがわ》。外《そと》。外面《がいめん》。例 家《いえ》の外部をペンキでぬる。❷仲間《なかま》以外《いがい》の人《ひと》たち。例 秘密《ひみつ》が外部にもれる。対（❶・❷）内部《ないぶ》。

**かいふう【海風】** 名 海《うみ》に近《ちか》い地方《ちほう》で昼間《ひるま》、海から陸《りく》に向《む》かってふく風《かぜ》。うみかぜ。対 陸風《りくふう》。

**かいふう【開封】** 名 動-する 手紙《てがみ》などの封《ふう》を開《あ》けること。

**かいふく【回復】** 名 動-する 元《もと》のよい状態《じょうたい》にもどること。例 天候《てんこう》が回復する。

**かいふく【快復】** 名 動-する 病気《びょうき》が治《なお》ること。例 病気《びょうき》がようやく快復した。

**かいぶつ【怪物】** 名 ❶ばけもの。あやしいもの。❷えたいの知《し》れない力《ちから》を持《も》つ人《ひと》。例 政界《せいかい》の怪物。



世界の国 チェコ 中《ちゅう》部《ぶ》ヨーロッパの国《くに》。チェコスロバキアが解体《かいたい》して独立《どくりつ》した。北海道《ほっかいどう》よりややせまい。農業《のうぎょう》や牧畜《ぼくちく》

✤**かいぶん【回文】** (名) 上《うえ》から読《よ》んでも下《した》から読《よ》んでも同《おな》じになる言葉《ことば》や文《ぶん》。「しんぶんし〔=新聞紙《しんぶんし》〕」「たけやぶやけた〔=竹《たけ》やぶ焼《や》けた〕」など。➡ことばあそび474ページ

**がいぶん【外聞】** (名) ❶世《よ》の中《なか》の評判《ひょうばん》。うわさ。❷みえ。体裁《ていさい》。[例]外聞が悪《わる》い。

**かいへい【開閉】** (名)(動-する) 開《あ》けたり、閉《し》めたりすること。あけたて。[例]戸《と》の開閉。

**がいへき【外壁】** (名) 建物《たてもの》などの外《そと》がわの壁《かべ》。

**かいへん【改変】** (名)(動-する) ものごとを、前《まえ》とちがったものに変《か》えること。[例]制度《せいど》を改変する。

✤**かいへん** (名) 漢字《かんじ》の部首《ぶしゅ》で、「へん」の一《ひと》つ。「財《ざい》」「貯《ちょ》」などの「貝」の部分《ぶぶん》。お金《かね》に関係《かんけい》する字《じ》が多《おお》い。

**かいほう【介抱】** (名)(動-する) 病人《びょうにん》や、けが人《にん》の世話《せわ》をすること。[例]けがをした友人《ゆうじん》を介抱する。[類]看病《かんびょう》。看護《かんご》。

**かいほう【会報】** (名) 会《かい》のようすを、会員《かいいん》に知《し》らせるための文書《ぶんしょ》。

**かいほう【快方】** (名) 病気《びょうき》やけがが、よくなっていくこと。[例]病気《びょうき》が快方に向《む》かう。

**かいほう【快報】** (名) うれしい知《し》らせ。

**かいほう【開放】** (名)(動-する) ❶開《あ》け放《はな》しにすること。[例]戸《と》を開放する。❷自由《じゆう》に出入《でい》りさせること。[例]校庭《こうてい》を地域《ちいき》の人《ひと》に開放する。[対](❶・❷)閉鎖《へいさ》。

**かいほう【解放】** (名)(動-する) おさえつけていたものから解《と》き放《はな》して、自由《じゆう》にすること。[例]人質《ひとじち》を解放した。[対]束縛《そくばく》。

○**かいぼう【解剖】** (名)(動-する) ❶生物《せいぶつ》の体《からだ》を切《き》り開《ひら》いて中《なか》を調《しら》べること。[例]カエルの解剖。❷ものごとの筋道《すじみち》を、細《こま》かに分《わ》けて考《かんが》えること。[例]事件《じけん》を解剖する。

**かいほうてき【開放的】** (形動) ❶自由《じゆう》で、のびのびしているようす。[例]開放的な性格《せいかく》。❷だれでも自由《じゆう》に出入《でい》りできるようす。[例]開放的な公園《こうえん》。[対](❶・❷)閉鎖的《へいさてき》。

**がいまい【外米】** (名) 外国《がいこく》から輸入《ゆにゅう》した米《こめ》。外国米《がいこくまい》。[対]内地米《ないちまい》。

**かいまき【かい巻き】** (名) 着物《きもの》の形《かたち》をした、うすい綿《わた》入《い》れの掛《か》けぶとん。

**かいまく【開幕】** (名)(動-する) ❶劇《げき》や芝居《しばい》などで、幕《まく》が開《あ》くこと。[類]開演《かいえん》。❷ものごとが始《はじ》まること。[例]高校野球《こうこうやきゅう》が開幕した。[対](❶・❷)閉幕《へいまく》。

**かいまみる【かいま見る】** (動) ❶すき間《ま》からのぞいて見《み》る。❷ちらっと見《み》る。[例]彼《かれ》の本心《ほんしん》をかいま見た気《き》がする。

**かいみょう【戒名】** (名) 仏教《ぶっきょう》で、死《し》んだ人《ひと》につける名前《なまえ》。[対]俗名《ぞくみょう》。

**かいむ【皆無】** (名)(形動) まったく何《なに》もないこと。[例]失敗《しっぱい》は皆無だ。

**がいむしょう【外務省】** (名) 外国《がいこく》とのつき合《あ》いや条約《じょうやく》の取《と》り決《き》めなどの仕事《しごと》をする国《くに》の役所《やくしょ》。

**かいめい【改名】** (名)(動-する) 名前《なまえ》を変《か》えること。

**かいめい【階名】** (名) 〔音楽《おんがく》で〕音階《おんかい》の一《ひと》つ一《ひと》つの音《おと》につけられた名前《なまえ》。「ド・レ・ミ・ファ・ソ・ラ・シ」の七《なな》つの名《な》がある。

**かいめい【解明】** (名)(動-する) わからないことを調《しら》べて、はっきりさせること。[例]真相《しんそう》を解明する。[類]究明《きゅうめい》。

**かいめつ【壊滅・潰滅】** (名)(動-する) すっかりこわれてほろびること。[例]大地震《おおじしん》で、町《まち》は壊滅した。

**かいめん【海面】** (名) 海《うみ》の表面《ひょうめん》。[例]地球《ちきゅう》温《おん》暖化《だんか》で海面が上昇《じょうしょう》する。

**かいめん【海綿】** (名) ❶体《からだ》に筋肉《きんにく》や神経《しんけい》がなく、海底《かいてい》の岩《いわ》についている動物《どうぶつ》。❷「❶」をかわかしたもの。綿《わた》のようにやわらかく、水《みず》をよく吸《す》う。スポンジ。

**がいめん【外面】** (名) ものごとの外側《そとがわ》。うわべ。[対]内面《ないめん》。[注意]「外面」を「そとづら」と読《よ》む

**例解⇔使い分け**

**開放《かいほう》と解放《かいほう》**

窓《まど》を開放《かいほう》する。
学校《がっこう》のプールを人々《ひとびと》に開放《かいほう》する。

人質《ひとじち》を解放《かいほう》する。
緊張《きんちょう》から解放《かいほう》される。

と、ちがう意味《いみ》になる。

**かいもく**【皆目】[副] まったく。[例] どこへ行《い》ったか皆目見当《けんとう》がつかない。[注意] あとに「ない」などの打《う》ち消《け》しの言葉《ことば》がくる。

**かいもどす**【買い戻す】[動] 一度《いちど》売《う》ったものを、また買《か》う。[例] 手放《てばな》した絵《え》を買い戻した。

**かいもとめる**【買い求める】[動] 金《かね》を払《はら》って手《て》に入《い》れる。[例] 骨《こっ》とう品《ひん》を買い求める。

**かいもの**【買い物】[名][動する] ❶買《か》うこと。また、買《か》ったもの。[例] 買い物をする。❷買《か》って得《とく》になるもの。[例] この靴《くつ》は、いい買い物だった。

**かいもん**【開門】[名][動する] 門《もん》を開《あ》けること。[例] 九時《くじ》に開門する。[対] 閉門《へいもん》。

**がいや**【外野】[名] ❶野球《やきゅう》・ソフトボールで、内野《ないや》の後《うし》ろのほう。また、そこを守《まも》る人《ひと》。[対] 内野《ないや》。❷周《まわ》りの人々《ひとびと》。[例] 外野がうるさい。

**かいやく**【解約】[名][動する] 契約《けいやく》や約束《やくそく》などを取《と》り消《け》すこと。キャンセル。[例] 生命《せいめい》保険《ほけん》を解約する。

**かいゆう**【回遊】[名][動する] ❶あちこちとめぐり歩《ある》くこと。[類] 周遊《しゅうゆう》。❷魚《さかな》が群《む》れを作《つく》って、決《き》まったところを移動《いどう》すること。この魚《さかな》を回遊魚《かいゆうぎょ》といい、イワシ・カツオ・サンマ・マグロなどがいる。

**がいゆう**【外遊】[名][動する] 見学《けんがく》や研究《けんきゅう》、視《し》察《さつ》などのために、外国《がいこく》を訪問《ほうもん》すること。[例] ヨーロッパに外遊する。

**かいよう**【海洋】[名] 広《ひろ》い海《うみ》。大洋《たいよう》。

**かいよう**【潰瘍】[名] 皮膚《ひふ》や粘膜《ねんまく》の部分《ぶぶん》がただれてくずれる病気《びょうき》。[例] 胃《い》潰瘍。

**がいよう**【外洋】[名] 陸地《りくち》から遠《とお》くはなれた、広《ひろ》い海《うみ》。外海《がいかい》。そとうみ。

**がいよう**【概要】[名] ものごとの大筋《おおすじ》。あらまし。概略《がいりゃく》。[例] 事件《じけん》の概要を明《あき》らかにする。[類] 大要《たいよう》。

**かいようせいきこう**【海洋性気候】[名] 海《うみ》の影響《えいきょう》を強《つよ》く受《う》ける気候《きこう》。気温《きおん》の変化《へんか》が少《すく》なく、雨《あめ》が多《おお》い。[対] 大陸性気候《たいりくせいきこう》。

**がいようやく**【外用薬】[名] 皮膚《ひふ》に塗《ぬ》ったりはったりする薬《くすり》。

**がいらい**【外来】[名] ❶外国《がいこく》からわたって来《く》ること。[例] 外来の文化《ぶんか》。❷〔「外来患者《がいらいかんじゃ》」の略《りゃく》。〕診察《しんさつ》を受《う》けに、病院《びょういん》に通《かよ》ってくる人《ひと》。[例] 外来の受付《うけつけ》。

**がいらいぎょ**【外来魚】[名] 外国《がいこく》から持《も》ちこまれて、日本《にっぽん》にすみついた魚《さかな》。ブラックバスなど。

✤°**がいらいご**【外来語】[名] 〔国語《こくご》で〕外国《がいこく》から伝《つた》わってきて、日本語《にほんご》として使《つか》われるようになった言葉《ことば》。[関連] 和語《わご》。漢語《かんご》。⬇ふろく（4ページ）

**がいらいしゅ**【外来種】[名] 外国《がいこく》からわたってきた、その地域《ちいき》にこれまでになかった生《せい》物《ぶつ》の種類《しゅるい》。アメリカザリガニ、セイヨウタンポポなど。

**かいらく**【快楽】[名] 気持《きも》ちよく楽《たの》しいこと。[例] 快楽を追《お》い求《もと》める。

**かいらん**【回覧】[名][動する] 順《じゅん》に回《まわ》して見《み》ること。[例] 資料《しりょう》を回覧する。

**かいらんばん**【回覧板】[名] 町内会《ちょうないかい》などで、暮《く》らしの情報《じょうほう》や通知《つうち》などを厚紙《あつがみ》や板《いた》につけて、家《いえ》から家《いえ》へ順《じゅん》に回《まわ》していくもの。

**かいり**【海里】[名] 海上《かいじょう》の距離《きょり》の単位《たんい》。一海《いちかい》里《り》は一八五二メートル。

**かいりき**【怪力】[名] ものすごく強《つよ》い力《ちから》。

✤**がいりゃく**【概略】[名] ものごとのあらまし。概要《がいよう》。[例] 計画《けいかく》の概略を話《はな》す。

**かいりゅう**【海流】[名] いつも決《き》まった方《ほう》向《こう》に流《なが》れている海水《かいすい》の流《なが》れ。暖流《だんりゅう》と寒流《かんりゅう》とがある。

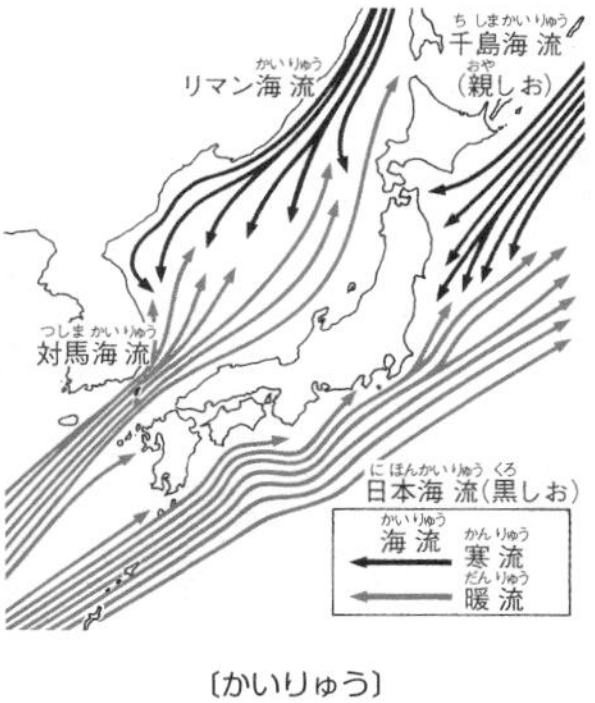

〔かいりゅう〕

°**かいりょう**【改良】[名][動する] 悪《わる》いところを直《なお》して、前《まえ》よりもよくすること。[例] イネの品種《ひんしゅ》改良をする。[類] 改善《かいぜん》。

**がいりんざん**【外輪山】[名] 火山《かざん》で、古《ふる》い





世界の国 チャド アフリカ北部《ほくぶ》にある国《くに》。綿花《めんか》・石油《せきゆ》を産《さん》する。ウランも発見《はっけん》された。首都《しゅと》ウンジャメナ。人口約《じんこうやく》

火口《かこう》の中《なか》に新《あたら》しい火口《かこう》ができたとき、古《ふる》い火《か》口《こう》を取《と》り囲《かこ》んでいる周《まわ》りの山《やま》。阿《あ》蘇《そ》山《さん》、箱《はこ》根《ね》山《やま》などに見《み》られる。対 内《ない》輪《りん》山《ざん》。↓かざん 230ページ

**かいろ【回路】** 名 ❶電《でん》流《りゅう》が流《なが》れるひと回《まわ》りの道《みち》。例 電《でん》気《き》回路。❷ものがめぐる道《みち》筋《すじ》。例 思《し》考《こう》回路。

**かいろ【海路】** 名 船《ふね》の通《とお》るみち。また、海《かい》上《じょう》を行《い》くこと。関連 陸《りく》路《ろ》。空《くう》路《ろ》。

**かいろ【懐炉】** 名 衣《い》服《ふく》の内《うち》側《がわ》に入《い》れて、体《からだ》を温《あたた》めるもの。

**カイロ** 地名 エジプトの首《しゅ》都《と》。ナイル川《がわ》の下《か》流《りゅう》にあって、近《ちか》くのピラミッドやスフィンクスは有《ゆう》名《めい》である。

**がいろ【街路】** 名 町《まち》の通《とお》り。町《まち》中《なか》の道《みち》。

**かいろう【回廊】** 名 寺《てら》や神《じん》社《じゃ》などの、建《たて》物《もの》の周《まわ》りを取《と》り巻《ま》く長《なが》い廊《ろう》下《か》。

**がいろじゅ【街路樹】** 名 町《まち》の通《とお》りに沿《そ》って植《う》えてある木《き》。

**がいろん【概論】** 名 全《ぜん》体《たい》の内《ない》容《よう》を要《よう》約《やく》して述《の》べること。例 音《おん》楽《がく》概論。

**かいわ【会話】** 名 動-する 向《む》かい合《あ》って、話《はなし》を交《か》わすこと。例 会話がはずむ。

**かいわい【界隈】** 名 (その)辺《あた》り。付《ふ》近《きん》。例 この界わいはにぎやかだ。

**かいわぶん【会話文】** 名 〔国《こく》語《ご》で〕人《ひと》が話《はな》した言《こと》葉《ば》をそのまま書《か》いた文《ぶん》。ふつう、前《ぜん》後《ご》に「 」をつける。対 地《じ》の文《ぶん》。

**かいん【下院】** 名 アメリカやイギリスなどの国《こっ》会《かい》で、二《ふた》つの議《ぎ》院《いん》でできている、その一《ひと》つ。日《に》本《ほん》の衆《しゅう》議《ぎ》院《いん》にあたる。対 上《じょう》院《いん》。

**かう【交う】** 動 〔ある言《こと》葉《ば》のあとにつけて〕たがいに…し合《あ》う。例 ホタルが飛《と》び交う。行《い》き交う。↓こう【交】423ページ

**かう【買う】** 動 ❶お金《かね》をはらって、品《しな》物《もの》を自《じ》分《ぶん》のものにする。例 本《ほん》を買う。対 売《う》る。❷よいところを認《みと》める。例 君《きみ》の努《ど》力《りょく》を買う。❸自《じ》分《ぶん》から進《すす》んで引《ひ》き受《う》ける。例 困《こん》難《なん》な仕《し》事《ごと》を買って出《で》る。❹受《う》ける。例 人《ひと》のうらみを買う。↓ばい【買】1026ページ

**かう【飼う】** 動 動《どう》物《ぶつ》にえさを与《あた》えて養《やしな》う。例 小《こ》鳥《とり》を飼う。↓し【飼】538ページ

**かう** 動 棒《ぼう》などをそえて、支《ささ》えとする。例 つっかい棒《ぼう》をかう。

**カウボーイ** 〔英語 cowboy〕名 アメリカやオーストラリアなどの牧《ぼく》場《じょう》で、牛《うし》の世《せ》話《わ》をする男《おとこ》。

**ガウン** 〔英語 gown〕名 パジャマなどの上《うえ》に着《き》る、長《なが》くゆったりとした部《へ》屋《や》着《ぎ》。

**カウンセラー** 〔英語 counselor〕名 カウンセリングの仕《し》事《ごと》をする人《ひと》。相《そう》談《だん》員《いん》。

**カウンセリング** 〔英語 counseling〕名 なやみを持《も》つ人《ひと》の相《そう》談《だん》にのり、助《じょ》言《げん》をすること。

**カウンター** 〔英語 counter〕名 ❶銀《ぎん》行《こう》や飲《いん》食《しょく》店《てん》などで、客《きゃく》との間《あいだ》を仕《し》切《き》る細《ほそ》長《なが》い台《だい》。❷数《かず》を数《かぞ》える道《どう》具《ぐ》。❸ボクシングなどで、相《あい》手《て》がせめてきたときに、やり返《かえ》すこと。カウンターパンチ。

**カウンターパンチ** 〔英語 counterpunch〕名 ↓カウンター❸208ページ

**カウント** 〔英語 count〕名 動-する ❶数《かず》を数《かぞ》えること。❷スポーツで、得《とく》点《てん》。❸野《や》球《きゅう》・ソフトボールで、投《とう》手《しゅ》が打《だ》者《しゃ》に投《な》げた球《たま》のボールとストライクの数《かず》。❹ボクシングで、一《いっ》方《ぽう》がたおれてからの秒《びょう》数《すう》。

例解 ！ ことばの勉強室

### 会話《かいわ》について

「ごんぎつね」に、兵《ひょう》十《じゅう》と加《か》助《すけ》が、話《はな》しながら歩《ある》いていく場《ば》面《めん》がある。その会《かい》話《わ》の中《なか》から、兵《ひょう》十《じゅう》の話《はなし》を聞《き》いた加《か》助《すけ》の言《こと》葉《ば》だけを並《なら》べてみよう。

「何《なに》が?」「ふうん、だれが?」「ほんとかい?」「へえ、変《へん》なこともあるもんだなあ。」

この言《こと》葉《ば》だけで、加《か》助《すけ》の気《き》持《も》ちの移《うつ》り変《か》わりがありありとわかる。

加《か》助《すけ》は、兵《ひょう》十《じゅう》の話《はなし》にだんだん引《ひ》きこまれていき、一《いち》度《ど》は疑《うたが》ったものの、ついには兵《ひょう》十《じゅう》と同《おな》じ気《き》持《も》ちになっていく。

会《かい》話《わ》は、その人《じん》物《ぶつ》の気《き》持《も》ちやようすを生《い》き生《い》きと表《あらわ》す。

首《しゅ》都《と》バンギ。人《じん》口《こう》約《やく》490万《まん》人《にん》。略《りゃく》称《しょう》CAF。

**カウントダウン**〔英語 countdown〕名 動-する 秒読《びょうよ》み。例 新年《しんねん》へのカウントダウンで会場《かいじょう》が盛《も》り上《あ》がった。参考 大《おお》きいほうから小《ち》さいほうへ数《かぞ》える。

**かえうた**【替え歌】名 元《もと》の歌《うた》の言葉《ことば》だけをちがえて歌《うた》う歌《うた》。

**かえしぬい**【返し縫い】名 動-する ひと針《はり》ごとにもどって、もう一度《いちど》ぬう縫《ぬ》い方《かた》。⇩ぬう 997ページ

**かえしわざ**【返し技】名 柔道《じゅうどう》などで、相《あい》手《て》がかけてきた技《わざ》を外《はず》すと同時《どうじ》に、切《き》り返《かえ》してかける技《わざ》。

**°かえす**【返す】動 ❶元《もと》の所《ところ》や持《も》ち主《ぬし》にもどす。例 借《か》りた物《もの》を返す。❷元《もと》のようすにする。例 失《うしな》われた自然《しぜん》を、元《もと》に返そう。❸はたらきかけに返事《へんじ》をする。例 言葉《ことば》を返す。❹仕返《しかえ》しをする。例 うらみを返す。❺表《おもて》と裏《うら》を逆《ぎゃく》にする。例 手《て》のひらを返す。❻〔ある言葉《ことば》のあとにつけて〕もう一度《いちど》…する。例 前《まえ》に読《よ》んだ本《ほん》を読《よ》み返す。⇩へん【返】1183ページ

**例解！表現の広場**

**返《かえ》す と 戻《もど》す のちがい**

| | 返《かえ》す | 戻《もど》す |
|---|---|---|
| もとの場《ば》所《しょ》に本《ほん》を | ○ | ○ |
| 人《ひと》から受《う》けた恩《おん》を | ○ | × |
| 手《て》のひらを | ○ | × |
| 昔《むかし》のやり方《かた》に | × | ○ |

**かえす**【帰す】動 元《もと》の所《ところ》へもどらせる。帰《かえ》らせる。例 家《いえ》に帰す。⇩き【帰】293ページ

**°かえす** 動 卵《たまご》を温《あたた》めて、子《こ》にする。例 ニワトリが、卵《たまご》をかえした。

**かえすがえす**【返す返す】副 ❶何《なん》度《ど》もくり返《かえ》して。例 返す返すお願《ねが》いする。❷どう考《かんが》えても。ほんとうに。例 返す返すあのエラーがくやまれる。

**かえだま**【替え玉】名 ❶本人《ほんにん》や本物《ほんもの》の代《か》わりに使《つか》う、にせ物《もの》。身《み》代《が》わり。❷ラーメン店《てん》で、おかわりをする麺《めん》。

**かえって** 副 逆《ぎゃく》に。あべこべに。例 もうけようとして、かえって損《そん》をした。

**かえで**【楓】名 山《やま》に生《は》えていたり、庭《にわ》に植《う》えたりする木《き》。種《たね》には羽《はね》があり、葉《は》はカエルの手《て》に似《に》ている。秋《あき》に葉《は》が赤《あか》くなるイロハカエデ、黄《き》色《いろ》になるイタヤカエデなど。

**かえり**【帰り】名 ❶帰《かえ》ること。例 日《ひ》帰《がえ》り。❷帰《かえ》る途《と》中《ちゅう》。例 学《がっ》校《こう》の帰り道《みち》に寄《よ》り道《みち》をする。対（❶・❷）行《い》き。

**かえりうち**【返り討ち】名 かたきを討《う》とうとして、ぎゃくに自《じ》分《ぶん》が打《う》たれること。

**かえりがけ**【帰りがけ】名 ❶帰《かえ》ろうとするとき。例 帰りがけに声《こえ》をかけられた。❷帰《かえ》る途《と》中《ちゅう》。例 帰りがけに祖《そ》父《ふ》の家《いえ》に立《た》ち寄《よ》る。対 行《い》きがけ。

**かえりぎわ**【帰り際】名 帰《かえ》ろうとしているとき。例 帰り際に伝《でん》言《ごん》を頼《たの》まれた。

**かえりざき**【返り咲き】名 ❶時《じ》期《き》が過《す》ぎてから、また花《はな》が咲《さ》くこと。❷一《いち》度《ど》なくした地《ち》位《い》や人《にん》気《き》を取《と》り返《かえ》すこと。カムバック。例 大《おお》関《ぜき》に返り咲きを果《は》たす。

**かえりしな**【帰りしな】名 ❶帰《かえ》りぎわ。❷帰《かえ》る途《と》中《ちゅう》。例 帰りしなに本《ほん》屋《や》に立《た》ち寄《よ》った。

**かえりみち**【帰り道】名 帰《かえ》る途《と》中《ちゅう》の道《みち》。

**かえりみる**【省みる】動 自《じ》分《ぶん》の行《おこな》いを、ふり返《かえ》って考《かんが》えてみる。反《はん》省《せい》する。例 わが身《み》を省みる。⇩せい【省】699ページ

**かえりみる**【顧みる】動 ❶後《うし》ろをふり向《む》いて見《み》る。例 後《うし》ろを顧みる。❷過《す》ぎ去《さ》ったことを思《おも》い出《だ》す。例 子《こ》どものころを顧みる。❸気《き》にかける。例 いそがしくて家《いえ》のことを顧みるひまがない。⇩こ【顧】421ページ

**°かえる**【返る】動 ❶元《もと》の所《ところ》や持《も》ち主《ぬし》にもどる。例 貸《か》した本《ほん》が返る。❷元《もと》のようすになる。例 我《われ》に返る。❸はたらきかけに返《へん》事《じ》がある。例 答《こた》えが返ってくる。❹表《おもて》と裏《うら》が反《はん》対《たい》になる。例 すそがかえる。❺〔ある言《こと》葉《ば》のあとにつけて〕すっかり…する。例 あきれ返る。静《しず》まり返る。参考 ふつう❹は、かな書《が》きにする。⇩へん【返】1183ページ

**°かえる**【帰る】動 ❶元《もと》いた所《ところ》へもどる。例 家《いえ》に帰る。対 行《い》く。❷（来《き》た人《ひと》が）去《さ》る。例 客《きゃく》が帰る。対 来《く》る。⇩き【帰】293ページ

**°かえる**【代える】動 あるものに、他《ほか》のものの役《やく》目《め》をさせる。代《か》わりをさせる。例 挙《きょ》手《しゅ》を





世界の国 中央《ちゅうおう》アフリカ　アフリカ中央部《ちゅうおうぶ》にある国《くに》。綿花《めんか》やコーヒーがとれるほか、金《きん》、ダイヤなどの鉱物資源《こうぶつしげん》も豊富《ほうふ》。

例解⟷使い分け

**代《か》えると変《か》えると換《か》えると替《か》える**

打者《だしゃ》を代《か》える。挨拶《あいさつ》に代《か》える。

形《かたち》を変《か》える。考《かんが》えを変《か》える。住所《じゅうしょ》を変《か》える。

物《もの》をお金《かね》に換《か》える。配置《はいち》を換《か》える。花《か》びんの水《みず》を換《か》える。

着物《きもの》を替《か》える。円《えん》をドルに替《か》える。

もって投票《とうひょう》に代える。⇩**だい**【代】769ページ

**°かえる【変える】** 動 前《まえ》とちがったようにする。例 顔色《かおいろ》を変える。⇩**へん**【変】1183ページ

**°かえる【換える】** 動 ❶別《べつ》のものと取《と》りかえる。交換《こうかん》する。例 プールの水《みず》を換える。❷〔ある言葉《ことば》のあとにつけて〕新《あたら》しく別《べつ》のものにする。例 言《い》い換える。⇩**かん**【換】272ページ

**°かえる【替える】** 動 今《いま》までのものをやめて、別《べつ》のものにする。例 夏服《なつふく》に替える。畳《たたみ》表《おもて》を替える。⇩**たい**【替】768ページ

**かえる【蛙】** 名 陸《りく》にも水《みず》にもすめる小《ちい》さな動《どう》物《ぶつ》。水《みず》の中《なか》で、卵《たまご》からオタマジャクシになり、手足《てあし》が出《で》てしっぽが消《き》えるとカエルになる。

〔かえる〕

**かえるの子《こ》はかえる** 子《こ》どもは親《おや》に似《に》るものだ、というたとえ。

**かえるの面《つら》に水《みず》**〔カエルは、顔《かお》に水《みず》をかけられても平気《へいき》であるように〕何《なに》を言《い》われても何《なに》をされても、平気《へいき》でいること。

**かえる** 動 卵《たまご》から子《こ》になる。例 メダカの卵《たまご》がかえる。

**かえん【火炎】** 名 大《おお》きく燃《も》えあがる、ほのお。

**°かお【顔】** 名 ❶目《め》・鼻《はな》・口《くち》などのあるところ。例 顔を洗《あら》う。❷顔《かお》だち。例 整《ととの》った顔。❸顔《かお》つき。例 知《し》らん顔。❹顔《かお》ぶれ。例 顔がそろう。❺態度《たいど》。例 大《おお》きな顔をする。❻(その人《ひと》の)世《よ》の中《なか》に対《たい》する信用《しんよう》や評判《ひょうばん》。例 顔をつぶす。⇩**がん**【顔】274ページ

**顔《かお》が合《あ》わせられない** 面目《めんぼく》なくて、会《あ》うことができない。例 一回戦《いっかいせん》で負《ま》けてしまって、コーチと顔が合わせられない。

**顔《かお》が売《う》れる** 広《ひろ》く世《よ》の中《なか》に知《し》られる。有名《ゆうめい》になる。例 歌手《かしゅ》として顔が売れた人《ひと》。

**顔《かお》がきく** 相手《あいて》に信用《しんよう》があって、無理《むり》が言《い》える。例 この店《みせ》では顔がきく。

**顔《かお》がそろう** メンバーが全員集《ぜんいんあつ》まる。

**顔《かお》が立《た》つ** 面目《めんぼく》や信用《しんよう》が失《うしな》われずにすむ。例 顔が立つような役目《やくめ》を割《わ》り当《あ》てる。

**顔《かお》が潰《つぶ》れる** 面目《めんぼく》をなくす。はじをかく。例 負《ま》け続《つづ》きで、名監督《めいかんとく》の顔がつぶれた。

**顔《かお》が広《ひろ》い** つきあいが広《ひろ》くて、いろいろな人《ひと》を知《し》っている。例 父《ちち》は顔が広い。

**顔《かお》から火《ひ》が出《で》る** ひどくはずかしくて、顔《かお》が真《ま》っ赤《か》になる。例 みんなの前《まえ》で失敗《しっぱい》して、顔から火が出る思《おも》いをした。

**顔《かお》に出《で》る** 気持《きも》ちが表情《ひょうじょう》にあらわれる。例 行《い》く気《き》のないことが顔に出ている。

**顔《かお》に泥《どろ》を塗《ぬ》る** はじをかかせる。例 親《おや》の顔にどろをぬる。

**顔《かお》を赤《あか》らめる** はずかしそうにする。

**顔《かお》を合《あ》わせる** ❶出会《であ》う。❷試合《しあい》などで、対戦《たいせん》する。例 苦手《にがて》チームと顔を合わせる。❸ドラマなどで、共演《きょうえん》する。

**顔《かお》を売《う》る** 世間《せけん》に自分《じぶん》の名《な》を広《ひろ》く知《し》られるようにする。

あいうえお
かきくけこ
さしすせそ
たちつてと
なにぬねの
はひふへほ
まみむめも
やゆよ
らりるれろ
わをん

**顔《かお》を貸《か》す** 頼《たの》まれて、人《ひと》の前《まえ》に出《で》る。

**顔《かお》を曇《くも》らせる** 心配《しんぱい》そうな顔《かお》つきをする。例不安《ふあん》そうに顔を曇らせている。

**顔《かお》を背《そむ》ける** 見《み》ていられなくて、顔《かお》をほかのほうへ向《む》ける。

**顔《かお》を出《だ》す** ❶会《かい》などにちょっと出《で》る。❷姿《すがた》を見《み》せる。例雲間《くもま》から月《つき》が顔を出す。❸人《ひと》の家《いえ》をおとずれる。

**顔《かお》を立《た》てる** その人《ひと》の信用《しんよう》をつぶさないようにする。例先輩《せんぱい》の顔を立てる。

**顔《かお》を潰《つぶ》す** 名誉《めいよ》をきずつける。

**かおあわせ【顔合わせ】**名動-する ❶関係《かんけい》のある人《ひと》が、初《はじ》めて集《あつ》まって会《あ》うこと。例新《しん》役員《やくいん》の顔合わせ。❷映画《えいが》・演劇《えんげき》などにいっしょに出《で》ること。例二大《にだい》スターの顔合わせ。❸スポーツなどで対戦《たいせん》すること。例優勝候《ゆうしょうこう》補《ほ》どうしの顔合わせ。

**◦かおいろ【顔色】**名 ❶顔《かお》の色《いろ》。血色《けっしょく》。❷顔《かお》つき。表情《ひょうじょう》。例相手《あいて》の顔色をうかがう〔＝顔《かお》つきから、気持《きも》ちを読《よ》み取《と》る〕。

**かおかたち【顔形】**名 ↓かおだち 211ページ

**かおく【家屋】**名 人《ひと》の住《す》む建物《たてもの》。

**かおだち【顔立ち】**名 生《う》まれつきの顔《かお》のつくり。目鼻《めはな》だち。顔《かお》かたち。

**かおつき【顔つき】**名 ❶顔《かお》だち。例よく似《に》た顔つきの兄弟《きょうだい》。❷気持《きも》ちの表《あらわ》れた顔《かお》のようす。例おこった顔つき。

**かおなじみ【顔なじみ】**名 いつも会《あ》って、顔《かお》を知《し》り合《あ》っていること。知《し》り合《あ》い。例小《ちい》さいころからの顔なじみ。

**かおぶれ【顔ぶれ】**名 会《かい》や、仕事《しごと》などに参《さん》加《か》する人々《ひとびと》。メンバー。例豪華《ごうか》な顔ぶれがそろう。

**かおまけ【顔負け】**名動-する 相手《あいて》の腕前《うでまえ》などがすぐれていて、こちらがはずかしく思《おも》うこと。例プロも顔負けだ。

**かおみしり【顔見知り】**名 たがいに、顔《かお》を知《し》っている人《ひと》。例顔見知りの仲《なか》。

**かおみせ**一**【顔見せ】**名 初《はじ》めておおぜいの人《ひと》に顔《かお》を見《み》せること。例新人選手《しんじんせんしゅ》の顔見せ。二**【顔見世】**名 歌舞伎《かぶき》などで、出演者《しゅつえんしゃ》がそろって顔《かお》を見《み》せること。顔見世興行《かおみせこうぎょう》。

**かおむけができない【顔向けができない】** 申《もう》し訳《わけ》なくて、その人《ひと》と顔《かお》を合《あ》わせることができない。合《あ》わせる顔《かお》がない。例ぼくのエラーで負《ま》けてしまい、チームのみんなに顔向けができない。

**かおもじ【顔文字】**名 メールなどで、文字《もじ》や記号《きごう》を組《く》み合《あ》わせて、顔《かお》の表情《ひょうじょう》のように見《み》せるしるし。たとえば(^^)など。

**かおやく【顔役】**名 その土地《とち》や仲間《なかま》の間《あいだ》でたいへん力《ちから》を持《も》っている人《ひと》。ボス。

**◦かおり【香り】**名 ❶いいにおい。例モクセイの香り。❷そのものから感《かん》じられる品《ひん》の高《たか》さ。例香り高《たか》い作品《さくひん》。参考❷は「薫《かお》り」とも書《か》く。↓こう【香】425ページ

**◦かおる【香る・薫る】**動 いいにおいがする。例梅《うめ》が香る。風《かぜ》薫る五月《ごがつ》。類匂《にお》う。参考いいにおいを直接《ちょくせつ》鼻《はな》で感《かん》じるときは、ふつう「香《かお》る」と書《か》き、はだで感《かん》じるようなときに「薫《かお》る」を使《つか》う。↓こう【香】425ページ／くん【薫】383ページ

**かが〖加賀〗**地名 昔《むかし》の国《くに》の名《な》の一《ひと》つ。今《いま》の石《いし》川県《かわけん》の南部《なんぶ》にあたる。

**がか【画家】**名 絵《え》をかくことを仕事《しごと》にしている人《ひと》。絵《え》かき。例風景《ふうけい》画家。

**ガガーリン**人名(男)(一九三四～一九六八)ソ連《れん》の宇宙飛行士《うちゅうひこうし》。一九六一年《ねん》人工衛星《じんこうえいせい》ボストーク一号《いちごう》で地球《ちきゅう》を一周《いっしゅう》、人類《じんるい》で初《はじ》めて宇宙飛行《うちゅうひこう》に成功《せいこう》した。「地球《ちきゅう》は青《あお》かった」という言葉《ことば》が有名《ゆうめい》。

**かがい【課外】**名 時間割《じかんわり》で決《き》められた学科《がっか》以外《いがい》のこと。例課外活動《かつどう》。

**かがいしゃ【加害者】**名 人《ひと》を傷《きず》つけたり、損《そん》を与《あた》えたりした人《ひと》。例交通事故《こうつうじこ》の加害者。対被害者《ひがいしゃ》。

**かかえこむ【抱え込む】**動 ❶両手《りょうて》でしっかりと胸《むね》にだく。例本《ほん》を抱え込む。❷いろいろなものごとを引《ひ》き受《う》ける。しょいこむ。例難《むずか》しい問題《もんだい》を抱え込む。

**◦かかえる【抱える】**動 ❶腕《うで》でだくように持《も》つ。例花束《はなたば》を抱える。❷ものごとを引《ひ》き受《う》ける。例仕事《しごと》を抱える。❸人《ひと》をやとう。例運転手《うんてんしゅ》を抱える。↓ほう【抱】1190ページ

**カカオ**〔英語 cacao〕名 熱帯地方《ねったいちほう》で栽培《さいばい》する高木《こうぼく》。枝《えだ》や幹《みき》にできる実《み》の中《なか》の種《たね》を、ココア





世界の国 中華人民共和国《ちゅうかじんみんきょうわこく》(中国《ちゅうごく》) アジア東部《とうぶ》をしめる社会主義《しゃかいしゅぎ》の国《くに》。世界第《せかいだい》2位《い》の経済大国《けいざいたいこく》。首都《しゅと》北京《ペキン》。人口約《じんこうやく》14

やチョコレートの原料《げんりょう》にする。

**かかく【価格】** 名 値段《ねだん》。あたい。例 米《こめ》の価格が上《あ》がる。

**かがく【化学】** 名 物《もの》の性質《せいしつ》や、ある物《もの》が他《ほか》の物《もの》に混《ま》じると起《お》こる変化《へんか》などを研究《けんきゅう》する学問《がくもん》。参考「科学《かがく》」と区別《くべつ》するために「ばけがく」ということがある。

**°かがく【科学】** 名 筋道《すじみち》を立《た》てて研究《けんきゅう》し、真理《しんり》や法則《ほうそく》を明《あき》らかにする学問《がくもん》。大《おお》きく、人文科学《じんぶんかがく》・社会科学《しゃかいかがく》・自然科学《しぜんかがく》に分《わ》けるが、ふつうは自然科学《しぜんかがく》のこと。

**ががく【雅楽】** 名 日本《にっぽん》に古《ふる》くから伝《つた》わる音楽《おんがく》。しょう・ひちりきなどの楽器《がっき》を用《もち》い、宮中《きゅうちゅう》や神社《じんじゃ》の儀式《ぎしき》などで演奏《えんそう》される。

**かがくこうぎょう【化学工業】** 名 化学《かがく》を応用《おうよう》して、物《もの》を作《つく》り出《だ》す工業《こうぎょう》。薬品《やくひん》・肥料《ひりょう》・繊維《せんい》・プラスチックなどを作《つく》る。

**かがくしゃ【科学者】** 名 自然科学《しぜんかがく》を研究《けんきゅう》する学者《がくしゃ》。

**かがくせいひん【化学製品】** 名 化学《かがく》を応用《おうよう》してつくり出《で》された品物《しなもの》。薬品《やくひん》・繊維《せんい》・プラスチック・肥料《ひりょう》など。

**かがくせんい【化学繊維】** 名 石炭《せきたん》や石油《せきゆ》などを原料《げんりょう》にし、化学《かがく》を応用《おうよう》して人工的《じんこうてき》に作《つく》った繊維《せんい》。レーヨン・ナイロン・ビニロンなど。化繊《かせん》。

**かがくちょうみりょう【化学調味料】** 名 ⇩うまみちょうみりょう 113ページ

**かがくてき【科学的】** 形動 事実《じじつ》をもとに、筋道《すじみち》を立《た》てて、調《しら》べたり考《かんが》えたりするようす。例 科学的な調査《ちょうさ》。

**かがくはんのう【化学反応】** 名 物質《ぶっしつ》が、化学変化《かがくへんか》を起《お》こすこと。⇩かがくへんか 212ページ

**かがくひりょう【化学肥料】** 名 化学《かがく》を応用《おうよう》して作《つく》ったこやし。硫安《りゅうあん》(=硫酸《りゅうさん》アンモニウム)・過《か》りん酸石灰《さんせっかい》など。

**かがくぶっしつ【化学物質】** 名 化学《かがく》を応用《おうよう》してつくり出《だ》された物質《ぶっしつ》。薬品《やくひん》・プラスチック・洗剤《せんざい》など、身《み》の回《まわ》りの多《おお》くのもの。

**かがくへいき【化学兵器】** 名 化学《かがく》を応用《おうよう》してつくった兵器《へいき》。毒《どく》ガスなど。

**かがくへんか【化学変化】** 名 ある物質《ぶっしつ》が、何《なに》かの刺激《しげき》を受《う》けて、元《もと》の物質《ぶっしつ》とは性質《せいしつ》の異《こと》なる別《べつ》の物質《ぶっしつ》に変《か》わること。中和《ちゅうわ》・化合《かごう》・酸化《さんか》など。

**かがくやくひん【化学薬品】** 名 化学《かがく》の実験《じっけん》などに使《つか》う薬《くすり》。エタノール・塩酸《えんさん》・水酸化《すいさんか》ナトリウムなど。参考 ふつう、医薬品《いやくひん》は含《ふく》めない。

**°かかげる【掲げる】** 動 ❶人《ひと》によく見《み》えるように高《たか》くあげる。例 旗《はた》を掲げる。❷考《かんが》えや主張《しゅちょう》を広《ひろ》く知《し》られるようにする。例 スローガンを掲げる。❸新聞《しんぶん》などにのせる。例 記事《きじ》を大《おお》きく掲げる。⇩けい【掲】388ページ

**かかし【〈案山子〉】** 名 田畑《たはた》を荒《あ》らす鳥《とり》をおどすために立《た》てる人形《にんぎょう》。⇩あぜみち 22ページ

**かかす【欠かす】** 動 ❶なしですませる。例 水《みず》は生活《せいかつ》に欠かすことができない。❷ぬかす。例 一日《いちにち》も欠かさず日記《にっき》をつける。注意 あとに「ない」「ず」などの打《う》ち消《け》しの言葉《ことば》がくることが多《おお》い。

**かかと** 名 足《あし》の裏《うら》の後《うし》ろの少《すこ》し固《かた》い部分《ぶぶん》。きびす。

**°かがみ【鏡】** 名 光《ひかり》の反射《はんしゃ》を利用《りよう》して、顔《かお》や姿《すがた》を映《うつ》す道具《どうぐ》。⇩きょう【鏡】332ページ

**かがみ【鑑】** 名 手本《てほん》。模範《もはん》。例 全校《ぜんこう》のかがみとなる行《おこな》い。

**かがみびらき【鏡開き】** 名 ふつう、一月《いちがつ》十一日《じゅういちにち》に、正月《しょうがつ》にかざった鏡《かがみ》もちを割《わ》って、汁粉《しるこ》などにして食《た》べる行事《ぎょうじ》。参考「割《わ》る」という言葉《ことば》をきらって「開《ひら》き」といった。

**かがみもち【鏡餅】** 名 正月《しょうがつ》などに、重《かさ》ねて供《そな》える、大小二《だいしょうふた》つの丸《まる》いもち。お供《そな》え。お鏡《かがみ》。

〔かがみもち〕

**かがむ** 動 ❶腰《こし》やひざを曲《ま》げて、姿勢《しせい》を低《ひく》くする。しゃがむ。例 かがんでごみを拾《ひろ》う。❷腰《こし》が曲《ま》がる。

**かがめる** 動 かがむようにする。例 腰《こし》をかがめて挨拶《あいさつ》する。

**°かがやかしい【輝かしい】** 形 ❶きらきらと光《ひか》ってまぶしい。例 輝かしい朝《あさ》の光《ひかり》。❷りっぱである。例 輝かしい成果《せいか》。

**かがやかす【輝かす】** 動 ❶きらきら光《ひか》らせる。例 目《め》を輝かす。❷広《ひろ》く知《し》れわたるよ



然《ねん》ガスも豊富《ほうふ》。首都《しゅと》チュニス。人口約《じんこうやく》1,190万人《まんにん》。略称《りゃくしょう》TUN。

うにする。例 名《な》を世界《せかい》に輝かす。

**°かがやく【輝°く】** 動 ❶きらきら光《ひか》る。例 星《ほし》が輝く。❷名《な》が知《し》れわたる。例 野口英世《のぐちひでよ》の名《な》は、世界《せかい》に輝いている。↓き【輝】 295ページ

**°かかり【係・掛°】** 名 ある仕事《しごと》を受《う》け持《も》つこと。また、その人《ひと》。例 会計係《かいけいがかり》。係に任《まか》せる。参考 鉄道関係《てつどうかんけい》では「掛《かかり》」が使《つか》われる。↓けい【係】 386ページ／かける【掛】 227ページ

**かかり【掛°かり】** 名 お金《かね》がかかること。費《ひ》用《よう》。例 十二月《じゅうにがつ》は、掛かりが多《おお》い。

**がかり** ❶必要《ひつよう》な人数《にんずう》や時間《じかん》を表《あらわ》す。例 三人《さんにん》がかりで動《うご》かす。十年《じゅうねん》がかり。〔ある言葉《ことば》のあとにつけて〕❷…の途中《とちゅう》。例 通《とお》りがかりの店《みせ》で買《か》った。

**かかりあう【掛°かり合う】** 動 関係《かんけい》する。例 事件《じけん》にかかり合う。

**かかりいん【係員】** 名 その仕事《しごと》を受《う》け持《も》つ人《ひと》。例 係員の指示《しじ》にしたがう。

**かかりきり【掛°かりきり】** 名 一《ひと》つのことだけをして、他《ほか》のことはしないこと。かかりっきり。例 母《はは》の看病《かんびょう》に掛かりきりです。

**かかりっきり【掛°かりっきり】** 名 ↓かかりきり 213ページ

**かかりつけ【掛°かり付け】** 名 いつも決《き》まって診察《しんさつ》や治療《ちりょう》を受《う》けていること。例 かかりつけの医者《いしゃ》。

**かがりぬい【かがり縫°い】** 名 布《ぬの》のはしなどを、糸《いと》を巻《ま》きつけるようにしてぬう縫《ぬ》い方《かた》。↓ぬう 997ページ

**かがりび【かがり火】** 名 昔《むかし》、夜《よる》、辺《あた》りを明《あか》るくするために燃《も》やした火《ひ》。今《いま》は「鵜飼《うか》い」のときなどに燃《も》やす。かがり。

**✤かかる【係る】** 動 ❶関係《かんけい》する。かかわる。例 命《いのち》に係る問題《もんだい》だ。❷〔国語《こくご》で〕ある言葉《ことば》が、あとにくる言葉《ことば》の意味《いみ》をくわしくする。↓けい【係】 386ページ

**かかる【架°かる】** 動 〔橋《はし》などが〕岸《きし》から岸《きし》へわたされる。例 橋《はし》が架かる。↓か【架】 190ページ

**°かかる【掛°かる】** 一 動 ❶ぶら下《さ》がる。例 絵《え》が掛かっている。❷かぶさる。例 雨《あめ》が掛かる。❸始《はじ》める。とりかかる。例 仕事《しごと》にかかる。❹おちいる。ひっかかる。例 わなにかかる。❺機械《きかい》などがはたらき始《はじ》める。例 エンジンがかかる。❻必要《ひつよう》である。いる。例 お金《かね》がかかる。❼他《ほか》のものにはたらきかける。例 かぎがかかる。例 声《こえ》がかかる。❽はたらきかけを受《う》ける。例 迷惑《めいわく》がかかる。医者《いしゃ》にかかる。❾およぶ。例 二〔ある言葉《ことば》のあとにつけて〕今《いま》にも…しようとする。例 死《し》にかかる。

## 例解 ! ことばの勉強室

### 係《かか》る 言葉《ことば》

「きれいな声《こえ》で歌《うた》う。」

この文《ぶん》で、「きれいな」は、どんな「声《こえ》」かを説明《せつめい》するはたらきをしている。

こういう場合《ばあい》、「きれいな」は「声《こえ》」に「係《かか》っている」という。また、逆《ぎゃく》に、「声《こえ》」は「きれいな」を「受《う》けている」という。

「明日《あす》は、たぶん、雨《あめ》が降《ふ》るだろう。」

この文《ぶん》で「たぶん」は「降《ふ》るだろう」に係《かか》って、推量《すいりょう》の意味《いみ》を表《あらわ》している。

このように、「係《かか》る言葉《ことば》」は、あとの言《こと》葉《ば》の意味《いみ》をくわしくしたり、はっきりさせたりするはたらきをしている。

## 例解 ↔ 使い分け

### 係《かか》ると架《か》かると掛《か》かると懸《か》かる

成功《せいこう》するかどうかは、きみの努《ど》力《りょく》に係《かか》る。

人々《ひとびと》の生死《せいし》に係《かか》る。

橋《はし》が架《か》かる。

電線《でんせん》が架《か》かる。

壁《かべ》に絵《え》が掛《か》かる。

水《みず》が掛《か》かる。

月《つき》が天《てん》に懸《か》かる。

優勝《ゆうしょう》の懸《か》かった試合《しあい》。





世界の国 チュニジア アフリカ北部《ほくぶ》、地中海《ちちゅうかい》に面《めん》した国《くに》。小麦《こむぎ》やオリーブがとれ、鉱業《こうぎょう》や加工業《かこうぎょう》もさかん。石油《せきゆ》や天《てん》

る。参考 ふつう■一❸～❾と■二は、かな書《が》きにする。→かける【掛】227ページ

**かかる【懸かる】**動 ❶空中《くうちゅう》にうかぶ。例 月《つき》が中天《ちゅうてん》に懸かる。❷勝《か》ったものに与《あた》えられる。例 高額《こうがく》の賞金《しょうきん》が懸かる。→けん【懸】408ページ

**かかる** 動 病《びょう》気《き》や災《さい》難《なん》にあう。おかされる。例 病《びょう》気《き》にかかる。

**かがる** 動 布《ぬの》のはしが解《と》けないように、糸《いと》を巻《ま》きつけるようにぬう。例 ボタンの穴《あな》をかがる。

**がかる** 〔ある言《こと》葉《ば》のあとにつけて〕「…のようである」という意《い》味《み》を表《あらわ》す。例 灰色《はいいろ》がかった空《そら》の色《いろ》。

**かがわけん『香川県』** 地名 四国《しこく》地方《ちほう》の北《ほく》東部《とうぶ》、瀬戸《せと》内海《ないかい》に面《めん》する県《けん》。県庁《けんちょう》は高松市《たかまつし》にある。

**かかわらず** ❶…に関《かん》係《けい》なく。例 晴《せい》雨《う》にかかわらず出《しゅっ》発《ぱつ》する。❷〔「…にもかかわらず」の形《かたち》で〕…ではあるけれども。例 台《たい》風《ふう》にもかかわらず、出《で》かけた。

**かかわり【関わり】** 名 関《かん》係《けい》。つながり。例 その事《じ》件《けん》とは何《なん》のかかわりもない。

**かかわりあう【関わり合う】** 動 たがいに関《かん》係《けい》する。例 もめごとにはかかわり合いたくない。

**◦かかわる【関わる】** 動 関《かん》係《けい》する。かかる。例 生《せい》死《し》にかかわる一《いち》大《だい》事《じ》。→かん【関】271ページ

**かかん【果敢】** 形動 思《おも》いきってするようす。例 果敢に立《た》ち向《む》かう。類 勇敢《ゆうかん》。

**かがんだんきゅう【河岸段丘】** 名 川《かわ》の岸《きし》に沿《そ》って、土《と》地《ち》が階《かい》段《だん》のようになっている地《ち》形《けい》。流《なが》れが岸《きし》をけずり取《と》ってできた。

## かき【垣】

画数 9 部首 ⺾(つちへん)

音 ― 訓 かき

かきね。熟語 石垣《いしがき》。人垣《ひとがき》。

**かき【垣】** 名 土《と》地《ち》などのさかいに作《つく》った囲《かこ》い。垣《かき》根《ね》。例 垣をめぐらした家《いえ》。

## かき【柿】

画数 9 部首 木(きへん)

音 ― 訓 かき

カキの木《き》。カキの実《み》。

**かき【柿】** 名 秋《あき》に赤《あか》く熟《じゅく》してあまい実《み》のなる木《き》。また、その実《み》。あまがきと、しぶがきとがある。例 干《ほ》し柿《がき》。桃《もも》栗《くり》三《さん》年《ねん》柿八《はち》年《ねん》。

**かき【下記】** 名 ある文《ぶん》の下《した》、またはそれより後《あと》に書《か》いてあること。例 詳《しょう》細《さい》は下記のとおり。対 上《じょう》記《き》。

**かき【火気】** 名 ❶火《ひ》のけ。例 火気厳《げん》禁《きん》〔＝火《ひ》のけを近《ちか》づけるな〕。❷火《ひ》の勢《いきお》い。例 火気が強《つよ》い。

**かき【火器】** 名 火《か》薬《やく》を用《もち》いる武《ぶ》器《き》。鉄《てっ》砲《ぽう》や大《たい》砲《ほう》など。

**かき【夏季】** 名 夏《なつ》の季《き》節《せつ》。例 夏季水《すい》泳《えい》大《たい》会《かい》。関連 春《しゅん》季《き》。秋《しゅう》季《き》。冬《とう》季《き》。

**かき【夏期】** 名 夏《なつ》の期《き》間《かん》。例 夏期休《きゅう》暇《か》。関連 春《しゅん》期《き》。秋《しゅう》期《き》。冬《とう》期《き》。

**かき【〈牡蠣〉】** 名 海《かい》中《ちゅう》の岩《いわ》などについている二《に》枚《まい》貝《がい》。肉《にく》は食《しょく》用《よう》にする。各《かく》地《ち》で養《よう》殖《しょく》される。→にまいがい 992ページ

**◦かぎ【鍵】** 名 ❶錠《じょう》の穴《あな》に入《い》れて、開《あ》け閉《し》めする金《かな》具《ぐ》。また、錠《じょう》のこと。例 かぎをかける。❷問《もん》題《だい》を解《と》く、大《たい》切《せつ》な手《て》がかり。例 事《じ》件《けん》のかぎを握《にぎ》る。→けん【鍵】408ページ

**◦かぎ** 名 ❶先《さき》が曲《ま》がっていて、物《もの》をかけるようにしたもの。また、そういう形《かたち》のもの。例 自《じ》在《ざい》かぎ。❷かぎかっこ。

**がき【餓鬼】** 名 ❶仏《ぶっ》教《きょう》で、死《し》んでから地《じ》獄《ごく》に落《お》ちて、ひもじさに苦《くる》しんでいる人《ひと》。❷子《こ》どもをいやしめて言《い》う言《こと》葉《ば》。例「このがきめ！」

**かきあげる【書き上げる】** 動 ❶最《さい》後《ご》まですっかり書《か》き終《お》える。例 小《しょう》説《せつ》を書き上げる。❷一《ひと》つ一《ひと》つならべて書《か》く。例 参《さん》加《か》者《しゃ》の名《な》を書き上げる。

**かきあつめる【かき集める】** 動 寄《よ》せ集《あつ》める。散《ち》らばっているものを、ひと所《ところ》に集《あつ》める。例 落《お》ち葉《ば》をかき集める。

**かきあらわす【書き表す】** 動 考《かんが》えや気《き》持《も》ちを文《ぶん》や絵《え》にかいて、人《ひと》にわかるようにする。例 喜《よろこ》びを詩《し》に書き表す。

**かきいれどき【書き入れ時】** 名 商《しょう》売《ばい》がいちばん繁《はん》盛《じょう》して、もうかる時《とき》。参考 帳《ちょう》簿《ぼ》に書《か》き入《い》れるのがいそがしいことから。

**かきいれる【書き入れる】** 動 書《か》き加《くわ》え

業《ぎょう》がさかん。首都《しゅと》ピョンヤン。人口約《じんこうやく》2,580万人《まんにん》。略称《りゃくしょう》PRK。

る。書《か》きこむ。例 予定《よてい》を書き入れる。

**かきうつす【書き写す】** 動 書《か》いて写《うつ》しとる。例 古今集《こきんしゅう》の歌《うた》を書き写す。

**かきおき【書き置き】** 名 ❶用事《ようじ》を書《か》いて残《のこ》しておくこと。置《お》き手紙《てがみ》。例 書き置きをして帰《かえ》る。❷死《し》ぬときに書《か》き残《のこ》しておく手紙《てがみ》。遺書《いしょ》。

**かきおこす【書き起こす】** 動 ❶文章《ぶんしょう》を新《あたら》しく書《か》き始《はじ》める。❷録音《ろくおん》されたものを文字《もじ》にする。例 録音《ろくおん》しておいた講演内容《こうえんないよう》を書き起こす。

**かきおとす【書き落とす】** 動 書《か》くべきことを書《か》かずに、ぬかしてしまう。例 メールに集合時間《しゅうごうじかん》を書き落とした。

✤**かきおろし【書き下ろし】** 名 小説《しょうせつ》や脚本《きゃくほん》などを、新《あたら》しく書《か》くこと。また、その書《か》いたもの。特《とく》に、新聞《しんぶん》や雑誌《ざっし》などに載《の》せないで、直接本《ちょくせつほん》にして出《だ》したり上演《じょうえん》したりするために新《あたら》しく書《か》くことをいう。

**かきおろす【書き下ろす】** 動 小説《しょうせつ》や脚本《きゃくほん》などを新《あたら》しく書《か》く。

**かきかえる【書き替える・書き換える】** 動 書《か》き直《なお》す。例 文章《ぶんしょう》を書きかえる。

✤**かきかた【書き方】** 名 ❶(文《ぶん》や文字《もじ》などを)書《か》く方法《ほうほう》。例 手紙《てがみ》の書き方。❷「習字《しゅうじ》」の古《ふる》い言《い》い方《かた》。

✤**かぎかっこ【かぎ括弧】** 名 文章《ぶんしょう》の中《なか》で、会話《かいわ》や引用文《いんようぶん》のところを示《しめ》す「 」の記号《きごう》。かぎ。↓ふろく(11ページ)

✤**かきくだしぶん【書き下し文】** 名 漢文《かんぶん》を訓読《くんどく》し、日本語《にほんご》の語順《ごじゅん》にあわせて、漢字《かんじ》とかなで書《か》き直《なお》した文章《ぶんしょう》。「読《よ》み下《くだ》し文《ぶん》」ともいう。

**かきくだす【書き下す】** 動 ❶順《じゅん》に書《か》きつづける。❷漢文《かんぶん》を書《か》き下《くだ》し文《ぶん》に書《か》きなおす。

**かきくわえる【書き加える】** 動 すでに書《か》いてある文章《ぶんしょう》に、つけ加《くわ》えて書《か》く。

**かきけす【かき消す】** 動 〔「消《け》す」を強《つよ》めていう言葉《ことば》。〕すっかり消《け》す。例 ふぶきで雪《ゆき》の上《うえ》の足《あし》あとがかき消されてしまった。

**かきごおり【かき氷】** 名 氷《こおり》を細《こま》かくけずって、シロップなどをかけた食《た》べ物《もの》。氷水《こおりみず》。

✤**かきことば【書き言葉】** 名 〔国語《こくご》で〕文章《ぶんしょう》を書《か》くときに使《つか》う言葉《ことば》。対 話《はな》し言葉《ことば》。

**かきこむ【書き込む】** 動 書《か》き入《い》れる。

**かぎざき【かぎ裂き】** 名 衣服《いふく》を、くぎなどにひっかけて、かぎの形《かたち》に裂《さ》くこと。また、その裂《さ》けめ。

✤**かきじゅん【書き順】** 名 ↓ひつじゅん 1096ページ

**かきしるす【書き記す】** 動 書《か》いておく。書《か》きつける。例 日記《にっき》を書き記す。

**かきそえる【書き添える】** 動 つけ加《くわ》えて書《か》く。書《か》き足《た》す。例 手紙《てがみ》に家族《かぞく》のことを書き添える。

✤**かきぞめ【書き初め】** 名 新年《しんねん》になって、初《はじ》めて筆《ふで》で文字《もじ》を書《か》く行事《ぎょうじ》。ふつう、正月《しょうがつ》二日《ふつか》に行《おこな》う。

**かきそんじ【書き損じ】** 名 書《か》きそこなうこと。書《か》きそこなって捨《す》てる紙《かみ》。

**かきそんじる【書き損じる】** 動 書《か》きそこなう。

**がきだいしょう【餓鬼大将】** 名 いたずらっ子《こ》の中《なか》で、中心《ちゅうしん》になっている子《こ》ども。

✤**かきだし【書き出し】** 名 文章《ぶんしょう》のはじめの

例解 ! ことばの勉強室

**書《か》き出《だ》し について**

作文《さくぶん》の書《か》き出《だ》しには、いろいろな型《かた》がある。

**いつ・どこで・何《なに》を、などから始《はじ》める。**
例 夏休《なつやす》みに入《はい》ってすぐ京都《きょうと》に行《い》った。

**いきなり中心《ちゅうしん》の出来事《できごと》から始《はじ》める。**
例 ガラーッと突然《とつぜん》戸《と》が開《あ》いて、

**会話《かいわ》から始《はじ》める。**
例「まさお。植木《うえき》に水《みず》やったか。」父《ちち》の声《こえ》がした。

**説明《せつめい》から始《はじ》める。**
例 わたしの姉《あね》は、中学生《ちゅうがくせい》です。昨日《きのう》の朝《あさ》、

**事実《じじつ》を示《しめ》すことから始《はじ》める。**
例 毎日《まいにち》のように、車《くるま》による交通事故《こうつうじこ》が起《お》こっています。

**問《と》いかけから始《はじ》める。**
例 ごみを減《へ》らすにはどうすればいいのだろうか。



世界の国 朝鮮民主主義人民共和国《ちょうせんみんしゅしゅぎじんみんきょうわこく》(北朝鮮《きたちょうせん》) 朝鮮半島北部《ちょうせんはんとうほくぶ》にある社会主義《しゃかいしゅぎ》の国《くに》。本州《ほんしゅう》の半分《はんぶん》ほどの面積《めんせき》。鉱工《こうこう》

ところ。書《か》き始《はじ》め。

**かきたす**【書き足す】動 足《た》りないところを書《か》いておぎなう。例 説明《せつめい》を書き足す。

**かきだす**【書き出す】動 ❶書《か》き始《はじ》める。例 問題点《もんだいてん》を書き出す。❷必要《ひつよう》なことを、ぬき出《だ》して書《か》く。

**かきたてる**【書き立てる】動 目《め》につくように書《か》く。さかんに書《か》く。例 新聞《しんぶん》は、いっせいに事件《じけん》を書き立てている。

**かきたてる**【かき立てる】動 ❶その気《き》持《も》ちを強《つよ》く起《お》こさせる。例 意欲《いよく》をかき立てる。❷勢《いきお》いよくかき回《まわ》す。例 卵白《らんぱく》をかき立てる。

**かきちらす**【書き散らす】動 ❶あちこちに書《か》く。例 黒板《こくばん》に字《じ》を書き散らす。❷思《おも》いつくままに書《か》く。例 詩《し》を書き散らす。

**かきつけ**【書き付け】名 覚《おぼ》えに書《か》いたもの。メモ。

**かきつける**【書き付ける】動 ❶いつも書《か》いて慣《な》れている。例 書きつけているペンで書《か》く。❷(紙《かみ》などに)書《か》き記《しる》す。例 今週《こんしゅう》の予定《よてい》をノートに書きつける。

**かぎつける**【嗅ぎ付ける】動 ❶においをかいで気《き》づく。例 犬《いぬ》が、えものをかぎつけた。❷かくされたものごとを、さぐり出《だ》して知《し》る。例 秘密《ひみつ》をかぎつける。

**かぎって**【限って】〔「…にかぎって」の形《かたち》で〕…だけは(特別《とくべつ》に)。例 弟《おとうと》にかぎって、そんなことはない。

**かきつばた** 名 池《いけ》・沼《ぬま》・水辺《みずべ》に生《は》える、アヤメの仲間《なかま》の多年草《たねんそう》。五《ご》、六月《ろくがつ》に、こいむらさき色《いろ》や白色《しろいろ》の花《はな》が咲《さ》く。ハナショウブに似《に》るが、葉《は》は幅《はば》が広《ひろ》く筋《すじ》はない。⇩あやめ 39ページ

**かきつらねる**【書き連ねる】動 つぎつぎと並《なら》べて書《か》く。例 合格者《ごうかくしゃ》の名《な》を書き連ねる。

✤**かきて**【書き手】名 書《か》く人《ひと》。また、書《か》いた人《ひと》。対 読《よ》み手《て》。

**かきとめ**【書留】名 書留郵便《かきとめゆうびん》のこと。まちがいなく届《とど》くように、郵便局《ゆうびんきょく》の帳簿《ちょうぼ》に書《か》き留《と》めておく郵便《ゆうびん》。例 書留で送《おく》る。

**かきとめる**【書き留める】動 忘《わす》れないように書《か》いておく。例 友達《ともだち》の住所《じゅうしょ》を書き留める。注意「書《か》き止《と》める」はまちがい。

✤**かきとり**【書き取り】名 ❶言葉《ことば》や文《ぶん》を書《か》き写《うつ》すこと。❷漢字《かんじ》を覚《おぼ》えるために、字《じ》を正《ただ》しく書《か》くこと。例 書き取りテスト。

**かぎとる**【嗅ぎ取る】動 おもてには出《で》ていないことを、その場《ば》のようすなどから感《かん》じとる。例 事件《じけん》のにおいを嗅ぎ取る。

**かきなおす**【書き直す】動 まちがいを直《なお》したり、いっそうよくしたりするために、改《あらた》めて書《か》く。例 作文《さくぶん》を書き直す。

**かきながす**【書き流す】動 気楽《きらく》にすらすらと書《か》く。例 日常《にちじょう》のできごとを書き流す。

**かきなぐる**【書きなぐる】動 乱暴《らんぼう》に書《か》く。例 ノートに書きなぐった字《じ》。

**かきならす**【かき鳴らす】動 琴《こと》やギターなどの弦《げん》を、指《ゆび》やつめではじいて鳴《な》らす。

**かきぬく**【書き抜く】動 文章《ぶんしょう》の中《なか》から、一部《いちぶ》をぬき出《だ》して書《か》く。ぬき書《が》きする。例 感動《かんどう》した文章《ぶんしょう》を書き抜く。

**かきね**【垣根】名 家《いえ》や敷地《しきち》の境《さかい》のための囲《かこ》い。木《き》を並《なら》べて植《う》える「生《い》け垣《がき》」、竹《たけ》で作《つく》る「竹垣《たけがき》」などがある。垣《かき》。

**かきのこす**【書き残す】動 ❶書《か》くべきことを、書《か》き終《お》わらないで残《のこ》す。❷書《か》いて、あとに残《のこ》す。例 伝言《でんごん》を書き残す。

**かぎのて**【かぎの手】名 直角《ちょっかく》に曲《ま》がっていること。

**かきのもとの ひとまろ**〘柿本人麻呂〙人名(男) 飛鳥時代《あすかじだい》の歌人《かじん》。位《くらい》の低《ひく》い役人《やくにん》であったが、朝廷《ちょうてい》に仕《つか》え、「万葉集《まんようしゅう》」に「東《ひんがし》の野《の》に炎《かぎろい》の立《た》つ見《み》えてかへり見《み》すれば月傾《つきかたぶ》きぬ」など、多《おお》くのすぐれた歌《うた》を残《のこ》した。

**かきぶり**【書きぶり】名 字《じ》や文章《ぶんしょう》を書《か》くときの書《か》き方《かた》。例 丁寧《ていねい》な書きぶり。

**かきまぜる**【かき混ぜる】動 かき回《まわ》して、混《ま》ぜる。例 水《みず》と粉《こな》をかき混ぜる。

**かきまわす**【かき回す】動 ❶中《なか》に入《い》れた物《もの》を、ぐるぐる回《まわ》しながら動《うご》かす。例 スープをかき回す。❷わざと、ごたごたを起《お》こす。かき乱《みだ》す。例 クラスをかき回す。

**かきみだす**【かき乱す】動 乱《みだ》れた状態《じょうたい》にする。かき回《まわ》す。例 気《き》持《も》ちをかき乱す。

**かきむしる** 動 激《はげ》しくひっかく。やたらにかく。例 髪《かみ》の毛《け》をかきむしる。

業《ぎょう》もさかん。首都《しゅと》サンティアゴ。人口約《じんこうやく》1,950万人《まんにん》。略称《りゃくしょう》CHI。

**かきもの【書き物】** 名 ❶字《じ》や文《ぶん》を書《か》いたもの。書類《しょるい》。❷字《じ》や文《ぶん》を書《か》くこと。

**かきもらす【書き漏らす】** 動 書《か》くべきことを抜《ぬ》かして書《か》く。例 日付《ひづけ》を書《か》き漏らす。

**かきゃくせん【貨客船】** 名 客《きゃく》を乗《の》せる設《せつ》備《び》のある貨物船《かもつせん》。

**かきゅう【下級】** 名 順序《じゅんじょ》や位《くらい》、学年《がくねん》が下《した》であること。例 下級生《せい》。対 上級《じょうきゅう》。

**かきゅう【火急】** 名 形動 非常《ひじょう》に急《いそ》ぐこと。例 火急の用事《ようじ》。

**かきゅうせい【下級生】** 名 下《した》の学年《がくねん》の生《せい》徒《と》。対 上級生《じょうきゅうせい》。

**かきょう【佳境】** 名 全体《ぜんたい》の中《なか》で、いちばんおもしろいところ。例 いよいよ話《はなし》が佳境にはいった。

**かきょう【華僑】** 名 外国《がいこく》に住《す》んでいる中国《ちゅうごく》人《じん》。特《とく》に、そこで商売《しょうばい》をしている中国人《ちゅうごくじん》。華《か》商《しょう》。

**かぎょう【家業】** 名 その家《いえ》の職業《しょくぎょう》。例 家業をつぐ。家業にはげむ。

**かぎょう【稼業】** 名 お金《かね》を得《え》るための仕事《しごと》や商売《しょうばい》。〔少《すこ》しくだけた言《い》い方《かた》。〕例 サラリーマン稼業。

**かきょく【歌曲】** 名 声楽《せいがく》のために作《つく》られた曲《きょく》。例 シューベルトの歌曲。

**かきよせる【かき寄せる】** 動 散《ち》らばっている物《もの》を寄《よ》せ集《あつ》める。かき集《あつ》める。例 ほうきで落《お》ち葉《ば》をかき寄せる。

**かぎらない【限らない】** …と決《き》まっているわけではない。例 許《ゆる》されるとは限らない。
⬇かぎる❸ 217ページ

**°かぎり【限り】** 名 ❶区《く》切《ぎ》り。果《は》て。例 どこまで行《い》っても限りがない空《そら》。❷範囲《はんい》。限度《げんど》。例 夏休《なつやす》みも今日《きょう》限りだ。❸あるだけ全部《ぜんぶ》。例 力《ちから》の限りやってみる。❹ものごとの続《つづ》く間《あいだ》。例 生《い》きている限りがんばる。❺〔ある言《こと》葉《ば》のあとにつけて〕…だけ。例 その場《ば》限り。できる限りの援助《えんじょ》。

**かぎりない【限りない】** 形 ❶きりがない。例 限りない喜《よろこ》び。❷この上《うえ》ない。

**°かぎる【限る】** 動 ❶ある範囲《はんい》を決《き》める。区《く》切《ぎ》る。例 受《う》け入《い》れる人数《にんずう》を限る。❷〔「…に限《かぎ》る」の形《かたち》で〕…がいちばんよい。例 散歩《さんぽ》なら朝《あさ》に限る。❸〔「限《かぎ》らない」の形《かたち》で〕決《き》まっていない。例 金持《かねも》ちが、幸《しあわ》せとは限らない。❹それだけに限定《げんてい》していう。…だけは。例 彼《かれ》に限って、うそを言《い》うはずがない。⬇げん【限】408ページ

**✤かきわける【書き分ける】** 動 区《く》別《べつ》して書《か》く。例 事実《じじつ》と意見《いけん》とを書き分ける。

**かきわける【かき分ける】** 動 左右《さゆう》に、おしのけて進《すす》む。例 人波《ひとなみ》をかき分ける。

**かぎわける【嗅ぎ分ける】** 動 ❶においをかいで区別《くべつ》する。❷ものごとを見分《みわ》ける。例 物《もの》のよしあしをかぎ分ける。

**かく【各】** 画数 6 部首 口（くち） 4年

音 カク 訓 おのおの

筆順

めいめい。おのおの。それぞれ。熟語 各人各《かくじんかく》様《よう》。各地《かくち》。各種《かくしゅ》。

**かく【角】** 画数 7 部首 角（つの） 2年

音 カク 訓 かど つの

筆順

❶かど。かどのあるもの。熟語 角材《かくざい》。❷二《ふた》つの直線《ちょくせん》が交《まじ》わったところ。熟語 角度《かくど》。直角《ちょっかく》。❸物《もの》のはしの、つき出《で》たところ。つの。熟語 触角《しょっかく》。角笛《つのぶえ》。

**かく【角】** 名 ❶〔算数《さんすう》で〕二本《にほん》の直線《ちょくせん》が交《まじ》わってできる形《かたち》。例 三角形《さんかくけい》の三《みっ》つの角。❷四角《しかく》。例 大根《だいこん》を角に切《き》る。❸将棋《しょうぎ》のこまの一《ひと》つ。角行《かくぎょう》。

**かく【拡】** 画数 8 部首 扌（てへん） 6年

音 カク 訓 —

筆順

ひろげる。ひろがる。熟語 拡大《かくだい》。拡張《かくちょう》。拡声《かくせい》器《き》。

**かく【革】** 画数 9 部首 革（つくりがわ） 6年

音 カク 訓 かわ

筆順

世界の国 チリ 南《みなみ》アメリカ南西部《なんせいぶ》にある、太平洋《たいへいよう》に面《めん》した南北《なんぼく》に細長《ほそなが》い国《くに》。銅《どう》・鉄《てつ》を産《さん》する鉱業《こうぎょう》のほか、果樹栽培《かじゅさいばい》や林《りん》

❶あらためる。あらたまる。熟語 革新《かくしん》。革《かく》命《めい》。改革《かいかく》。❷動物《どうぶつ》の皮《かわ》をなめして、やわらかくしたもの。熟語 皮革《ひかく》。

## かく【格】
画数 10 部首 木（きへん） 5年
音 カク コウ△ 訓 ―
筆順
❶程度《ていど》、身分《みぶん》など。熟語 格別《かくべつ》。格段《かくだん》。格差《かくさ》。人格《じんかく》。性格《せいかく》。❷決《き》まり。熟語 格言《かくげん》。格式《かくしき》。合格《ごうかく》。資格《しかく》。❸四角《しかく》に組《く》み合《あ》わせたもの。熟語 格子《こうし》。

**かく【格】** 名 身分《みぶん》や位《くらい》、程度《ていど》など。例 横綱《よこづな》と幕下《まくした》では格がちがう。

## かく【覚】
画数 12 部首 見（みる） 4年
音 カク 訓 おぼ-える さ-ます さ-める
筆順
❶気《き》がつく。さとる。熟語 覚悟《かくご》。自覚《じかく》。❷感《かん》じる。熟語 感覚《かんかく》。視覚《しかく》。味覚《みかく》。
《訓の使い方》**おぼ-える** 例 漢字《かんじ》を覚える。**さ-ます** 例 目《め》を覚ます。**さ-める** 例 夢《ゆめ》から覚める。

## かく【閣】
画数 14 部首 門（もんがまえ） 6年
音 カク 訓 ―
筆順
❶高《たか》くて立派《りっぱ》な建物《たてもの》。熟語 金閣《きんかく》。天守閣《てんしゅかく》。❷内閣《ないかく》のこと。熟語 閣議《かくぎ》。組閣《そかく》。

## かく【確】
画数 15 部首 石（いしへん） 5年
音 カク 訓 たし-か たし-かめる
筆順
たしかである。まちがいない。熟語 確実《かくじつ》。確定《かくてい》。確認《かくにん》。正確《せいかく》。明確《めいかく》。的確《てきかく》。
《訓の使い方》**たし-か** 例 音《おと》が確かに聞《き》こえた。**たし-かめる** 例 事実《じじつ》を確かめる。

**かく【確】** 形動 たしかであるようす。例 確とした意志《いし》。確たる証拠《しょうこ》がある。

## かく【核】
画数 10 部首 木（きへん）
音 カク 訓 ―
❶ものごとの中心《ちゅうしん》。熟語 核心《かくしん》。中核《ちゅうかく》。❷ものの中心《ちゅうしん》にあるもの。熟語 地核《ちかく》。原子核《げんしかく》。

**かく【核】** 名 ❶ものごとの中心《ちゅうしん》。例 チームの核となる選手《せんしゅ》。❷「核兵器《かくへいき》」の略《りゃく》。例 核のない世界《せかい》を目指《めざ》す。

## かく【殻】
画数 11 部首 殳（るまた）
音 カク 訓 から
表面《ひょうめん》をおおう、かたい皮《かわ》。熟語 地殻《ちかく》。貝殻《かいがら》。例 卵《たまご》の殻《から》。

## かく【郭】
画数 11 部首 阝（おおざと）
音 カク 訓 ―
囲《かこ》い。ものの周囲《しゅうい》。熟語 城郭《じょうかく》。輪郭《りんかく》。

## かく【較】
画数 13 部首 車（くるまへん）
音 カク 訓 ―
比《くら》べる。熟語 比較《ひかく》。

## かく【隔】
画数 13 部首 阝（こざとへん）
音 カク 訓 へだ-てる へだ-たる
❶へだてる。間《あいだ》に物《もの》や時間《じかん》や距離《きょり》がある。熟語 隔離《かくり》。例 机《つくえ》を隔《へだ》てて向《む》かい合《あ》う。遠《とお》く隔《へだ》たった山《やま》。❷一《ひと》つおきの。熟語 隔月《かくげつ》。❸へだたり。仕切《しき》り。熟語 間隔《かんかく》。

## かく【獲】
画数 16 部首 犭（けものへん）
音 カク 訓 え-る
える。とる。狩《か》りで鳥《とり》やけものをとらえる。手《て》に入《い》れる。熟語 獲得《かくとく》。漁獲《ぎょかく》。獲物《えもの》。

## かく【嚇】
画数 17 部首 口（くちへん）
音 カク 訓 ―
❶いかる。激《はげ》しくおこる。❷おどす。おどかす。熟語 威嚇《いかく》。

## かく【穫】
画数 18 部首 禾（のぎへん）
音 カク 訓 ―
穀物《こくもつ》を取《と》り入《い》れる。熟語 収穫《しゅうかく》。

**かく【客△】** 熟語 旅客《りょかく》。⬇きゃく【客】319ページ

✤**かく【画】** 名 漢字《かんじ》を書《か》くとき、一筆《ひとふで》で書《か》く一《ひと》つ一《ひと》つの線《せん》や点《てん》のこと。例 画数《すう》。画の多《おお》い

る。首都《しゅと》フナフティ。人口約《じんこうやく》11,800人《にん》。略称《りゃくしょう》TUV。

あいうえお かきくけこ さしすせそ たちつてと なにぬねの はひふへほ まみむめも やゆよ らりるれろ わをん

字《じ》。↓が【画】191ページ

○**かく【欠く】** 動 ❶物《もの》の一部《いちぶぶん》分をこわす。例茶《ちゃ》わんを欠く。❷必要《ひつよう》なものが足《た》りない。例礼儀《れいぎ》を欠く。バランスを欠く。❸なしにすます。ぬかす。例生物《せいぶつ》にとって、水《みず》は欠くことができない。↓けつ【欠】400ページ

✤○**かく【書く】** 動 ❶紙《かみ》などに、字《じ》や線《せん》などを記《しる》す。例漢字《かんじ》を書く。❷文章《ぶんしょう》を作《つく》る。例手紙《てがみ》を書く。↓しょ【書】618ページ

**かく【描く】** 動 絵《え》や図《ず》をえがく。例絵《え》をかく。↓びょう【描】1111ページ

○**かく** 動 ❶指《ゆび》やつめを立《た》ててこする。例かゆいところをかく。❷おしのけたり、引《ひ》き寄《よ》せたりする。例道路《どうろ》の雪《ゆき》をかく。❸道具《どうぐ》で、かたい物《もの》の表面《ひょうめん》をけずる。例氷《こおり》をかく。❹ものごとが外《そと》に現《あらわ》れるようにする。例あせをかく。はじをかく。

**かぐ【家具】** 名 家《いえ》の中《なか》に、備《そな》えつけて使《つか》う道具《どうぐ》。たんす・テーブル・本箱《ほんばこ》など。

例解 ことばを広げよう！

**書《か》く**
いろいろな「書《か》く」

**書《か》き記《しる》す**
**書《か》き表《あらわ》す**
書《か》き加《くわ》える
書《か》き込《こ》む
書《か》き写《うつ》す
**書《か》き直《なお》す**
書《か》き残《のこ》す
**書《か》き上《あ》げる**

**記《しる》す**
**つづる**
したためる
**述《の》べる**
略《りゃく》する

コメントする
**ノートする**
**メモする**
リライトする

執筆《しっぴつ》
**記入《きにゅう》**
**記述《きじゅつ》**
論述《ろんじゅつ》
**記録《きろく》**
説明《せつめい》
報告《ほうこく》

下書《したが》き
**推敲《すいこう》**
添削《てんさく》
**清書《せいしょ》**
**表記《ひょうき》**
自筆《じひつ》
直筆《じきひつ》

特筆《とくひつ》
特記《とっき》
**明記《めいき》**
筆記《ひっき》
達筆《たっぴつ》
悪筆《あくひつ》
乱筆《らんぴつ》

聞《き》き書《が》き
抜《ぬ》き書《が》き
**走《はし》り書《が》き**
なぐり書《が》き
寄《よ》せ書《が》き
添《そ》え書《が》き

**筆《ふで》を執《と》る**
筆《ふで》を起《お》こす
**筆《ふで》をふるう**
筆《ふで》を入《い》れる
筆《ふで》を置《お》く
筆《ふで》が立《た》つ
ペンを走《はし》らせる

**きちんと**
きっちりと
しっかり
こまごま
くどくど
さらっと
**さらりと**

ぐんぐん
**すらすら**
どんどん
さらさら
**さっと**
ざっと

○**かぐ【嗅ぐ】** 動 においを鼻《はな》で感《かん》じ取《と》る。例花《はな》のかおりをかぐ。↓きゅう【嗅】324ページ

**がく【学】** 画数 8 部首 子（こ） 1年
音ガク 訓まな-ぶ

筆順

❶まなぶ。熟語 学習《がくしゅう》。学問《がくもん》。見学《けんがく》。❷知識《ちしき》。熟語 学《がく》科《か》学《がく》。天文学《てんもんがく》。❸勉強《べんきょう》する所《ところ》。熟語 学園《がくえん》。学校《がっこう》。入学《にゅうがく》。

《訓の使い方》**まな-ぶ** 例日本語《にほんご》を学ぶ。

**がく【学】** 名 ❶学問《がくもん》。例学に志《こころざ》す。❷知識《ちしき》。例あの人《ひと》はなかなか学がある。

**がく【楽】** 画数 13 部首 木（き） 2年
音ガク ラク 訓たの-しい たの-しむ

筆順

一〔「ガク」と読《よ》んで〕音楽《おんがく》。熟語 楽器《がっき》。器楽《きがく》。
二〔「ラク」と読《よ》んで〕❶たのしい。熟語 楽園《らくえん》。娯楽《ごらく》。❷たやすい。ゆったりする。熟語 楽勝《らくしょう》。例気《き》が楽になる。

《訓の使い方》**たの-しい** 例楽しい旅《たび》。**たの-しむ** 例読書《どくしょ》を楽しむ。

**がく【楽】** 名 音楽《おんがく》。例楽の音《ね》。

**がく【額】** 画数 18 部首 頁（おおがい） 5年
音ガク 訓ひたい

あいうえお か きくけこ さしすせそ たちつてと なにぬねの はひふへほ まみむめも や ゆ よ らりるれろ わ を ん



世界の国 ツバル 南太平洋《みなみたいへいよう》にある九《ここの》つの島《しま》からなる国《くに》。バチカンの次《つぎ》に人口《じんこう》が少《すく》ない。タロイモやココナッツがとれ

筆順 客 客 客 客 額 額 額 額

❶ひたい。熟語 前額部《ぜんがくぶ》。❷絵《え》や書《しょ》などをかかげるもの。熟語 額縁《がくぶち》。❸お金《かね》の量《りょう》。熟語 金《きん》額《がく》。

**がく【額】** 名 ❶絵《え》や書《しょ》などを入《い》れて、壁《かべ》などにかけるわく。例 額に入《い》れる。❷お金《かね》の量《りょう》。金額《きんがく》。例 予算《よさん》の額が大《おお》きい。

**がく【岳】** 画数 8 部首 山(やま)

音 ガク 訓 たけ

高《たか》く大《おお》きな山《やま》。熟語 山岳《さんがく》。

**がく【顎】** 画数 18 部首 頁(おおがい)

音 ガク 訓 あご

あご。ふつうは、下《した》あご。熟語 下顎《かがく》・下顎《したあご》。例 顎《あご》ひげ。

**がく** 名 花《はな》びらの外側《そとがわ》にあって、花《はな》を守《まも》る役《やく》目《め》をするもの。カキやナスのへたは、がくの変《か》わったものである。↓はな(花)❶ 1054ページ

**かくあげ【格上げ】** 名 動する 地位《ちい》や等級《とうきゅう》などを上《あ》げること。例 レギュラーに格上げする。対 格下《かくさ》げ。

**かくい【各位】** 名 みなさまがた。例 会員《かいいん》各位。参考 手紙《てがみ》や改《あらた》まった席《せき》で大勢《おおぜい》の人《ひと》を敬《うやま》って言《い》う言葉《ことば》。

**がくい【学位】** 名 大学《だいがく》や大学院《だいがくいん》を卒業《そつぎょう》した人《ひと》がもらう呼《よ》び名《な》。学士《がくし》・修士《しゅうし》・博士《はくし》がある。

**かくいってき【画一的】** 形動 一《ひと》つ一《ひと》つの特色《とくしょく》を考《かんが》えずに、どれも同《おな》じように扱《あつか》ったりするようす。例 画一的な教育《きょういく》。

**かくう【架空】** 名 実際《じっさい》にはないが、人《ひと》が頭《あたま》の中《なか》だけで作《つく》りだしたもの。例 かっぱは架空の生《い》き物《もの》だ。対 実在《じつざい》。

**がくえん【学園】** 名 学校《がっこう》。

**かくかい【角界】** 名 すもうの社会《しゃかい》。

**かくかぞく【核家族】** 名 夫婦《ふうふ》、または夫《ふう》婦《ふ》とその子《こ》どもだけの家族《かぞく》。

**かくぎ【閣議】** 名 内閣総理大臣《ないかくそうりだいじん》が大臣《だいじん》を集《あつ》めて開《ひら》く会議《かいぎ》。

**がくぎょう【学業】** 名 学校《がっこう》の勉強《べんきょう》。学問《がくもん》。

**がくげい【学芸】** 名 学問《がくもん》と芸術《げいじゅつ》。例 新聞《しんぶん》の学芸欄《らん》。

**がくげいいん【学芸員】** 名 専門《せんもん》の資格《しかく》を持《も》ち、美術館《びじゅつかん》や博物館《はくぶつかん》で、資料収集《しりょうしゅうしゅう》、調《ちょう》査《さ》、研究《けんきゅう》などの仕事《しごと》をする人《ひと》。

**がくげいかい【学芸会】** 名 学校《がっこう》で、劇《げき》や音楽《おんがく》などを発表《はっぴょう》する会《かい》。

**かくげつ【隔月】** 名 ひと月《つき》おき。例 隔月に発行《はっこう》する雑誌《ざっし》。

✤**かくげん【格言】** 名 人《ひと》の生《い》き方《かた》やいましめを言《い》い表《あらわ》した短《みじか》い言葉《ことば》。金言《きんげん》。類 警句《けいく》。

○**かくご【覚悟】** 名 動する 心構《こころがま》えをすること。例 最後《さいご》までやりぬく覚悟だ。

**かくさ【格差】** 名 身分《みぶん》や立場《たちば》・価格《かかく》・等級《とうきゅう》・程度《ていど》などのちがい。例 収入《しゅうにゅう》に格差がある。

**かくざい【角材】** 名 切《き》り口《くち》が四角《しかく》な木材《もくざい》。

**かくさく【画策】** 名 動する よくない計画《けいかく》を立《た》てること。例 陰《かげ》で画策する。類 暗躍《あんやく》。

**かくさげ【格下げ】** 名 動する 地位《ちい》や等級《とうきゅう》などを下《さ》げること。例 補欠《ほけつ》に格下げになる。対 格上《かくあ》げ。

**かくざとう【角砂糖】** 名 さいころの形《かたち》に小《ちい》さく固《かた》めた砂糖《さとう》。コーヒーなどに入《い》れる。

**かくさん【拡散】** 名 動する 広《ひろ》がって散《ち》らばること。例 核兵器《かくへいき》の拡散を防《ふせ》ぐ。

**かくし【隠し】** 名 ❶かくすこと。例 うそも隠しもない。❷ポケット。〔古《ふる》い言《い》い方《かた》。〕

**かくじ【各自】** 名 一人《ひとり》一人《ひとり》。めいめい。例 課題《かだい》に各自で取《と》り組《く》む。

**がくし【学資】** 名 学校《がっこう》へ通《かよ》って勉強《べんきょう》するの

例解 ことばの窓

**格言《かくげん》のいろいろ**

・壁《かべ》に耳《みみ》あり障子《しょうじ》に目《め》あり
・聞《き》くは一時《いっとき》の恥《はじ》(聞《き》かぬは一生《いっしょう》の恥《はじ》)
・後悔《こうかい》先《さき》に立《た》たず
・虎穴《こけつ》に入《い》らずんば虎児《こじ》を得《え》ず
・歳月《さいげつ》人《ひと》を待《ま》たず
・先《さき》んずれば人《ひと》を制《せい》す
・三人《さんにん》寄《よ》れば文殊《もんじゅ》の知恵《ちえ》
・過《す》ぎたるは及《およ》ばざるがごとし
・備《そな》えあれば憂《うれ》いなし
・時《とき》は金《かね》なり
・百聞《ひゃくぶん》は一見《いっけん》にしかず
・楽《らく》あれば苦《く》あり



採掘《さいくつ》も行《おこな》われている。首都《しゅと》コペンハーゲン。人口約《じんこうやく》580万人《まんにん》。略称《りゃくしょう》DEN。

に必要《ひつよう》なお金《かね》。学費《がくひ》。

**がくし【学士】**名 大学《だいがく》を卒業《そつぎょう》した人《ひと》に与《あた》えられる位《くらい》。またその位《くらい》をもつ人《ひと》。

**かくしえ【隠し絵】**名 一枚《いちまい》の絵《え》の中《なか》に、ちょっと見《み》ただけでは分《わ》からないように、べつの絵《え》をかき入《い》れたもの。

**かくしき【格式】**名 身分《みぶん》や家柄《いえがら》。また、その家《いえ》の作法《さほう》など。例 格式の高《たか》い家《いえ》。

**がくしき【学識】**名 学問《がくもん》から得《え》た深《ふか》い知識《ちしき》や考《かんが》え。学問《がくもん》と知識《ちしき》。例 学識のある人《ひと》。

**かくしきばる【格式張る】**動 礼儀《れいぎ》作法《さほう》を重《おも》くみて、堅苦《かたくる》しくふるまう。

**かくしげい【隠し芸】**名 ふだんは人《ひと》に見《み》せないが、宴会《えんかい》などでやってみせる芸《げい》。

**かくしごと【隠し事】**名 人《ひと》に知《し》られないように隠《かく》しておくこと。例 隠し事がばれる。

**かくしだて【隠しだて】**名 動-する 隠《かく》して、人《ひと》に知《し》らせようとしないこと。例 隠しだては、君《きみ》のためにならない。

**かくじつ【隔日】**名 一日《いちにち》おき。

**かくじつ【確実】**形動 まちがいなく、確《たし》かなようす。例 明日《あす》は確実に本《ほん》を返《かえ》す。

**かくじっけん【核実験】**名 核分裂《かくぶんれつ》や核融《かくゆう》合《ごう》の威力《いりょく》を調《しら》べる実験《じっけん》。特《とく》に、原子爆弾《げんしばくだん》や水《すい》素爆弾《そばくだん》などの核兵器《かくへいき》の実験《じっけん》。

**がくしゃ【学者】**名 学問《がくもん》を研究《けんきゅう》する人《ひと》。学《がく》問《もん》のある人《ひと》。

**かくしゅ【各種】**名 いろいろ。さまざまな種類《しゅるい》。例 各種の花《はな》が咲《さ》いている。

**かくしゅう【隔週】**名 一週間《いっしゅうかん》おき。

**かくじゅう【拡充】**名 動-する 設備《せつび》や仕組《しく》みを広《ひろ》げて、中身《なかみ》を豊《ゆた》かにすること。例 図書館《としょかん》の設備《せつび》を拡充する。

°**がくしゅう【学習】**名 動-する 学《まな》び、習《なら》うこと。特《とく》に、学校《がっこう》で勉強《べんきょう》をすること。

✤**がくしゅうかんじ【学習漢字】**名 常《じょう》用漢字《ようかんじ》の中《なか》で、特《とく》に小学校《しょうがっこう》で学習《がくしゅう》する一〇二六字《じ》の漢字《かんじ》。「教育漢字《きょういくかんじ》」「配当漢字《はいとうかんじ》」ともいわれる。

**がくじゅつ【学術】**名 ❶学問《がくもん》と芸術《げいじゅつ》。❷学問《がくもん》。例 学術書《しょ》。

**かくしょう【確証】**名 確《たし》かな証拠《しょうこ》。

**がくしょう【楽章】**名 交響曲《こうきょうきょく》やソナタなどの楽曲《がっきょく》の、ひとまとまりごとの区切《くぎ》り。例 交響曲第九番《こうきょうきょくだいきゅうばん》の第四《だいよん》楽章。

**かくしん【革新】**名 動-する 古《ふる》いやり方《かた》を変《か》えて、新《あたら》しくすること。例 技術《ぎじゅつ》を革新する。対 保守《ほしゅ》。

**かくしん【核心】**名 ものごとの中心《ちゅうしん》になる、大切《たいせつ》なところ。例 事件《じけん》の核心。

**かくしん【確信】**名 動-する 固《かた》く信《しん》じること。例 勝利《しょうり》を確信する。

**かくじん【各人】**名 一人《ひとり》一人《ひとり》。めいめい。

■**かくじんかくよう【各人各様】**名 人《ひと》それぞれにちがうこと。例 各人各様の考《かんが》え。類 十人《じゅうにん》十色《といろ》。

**かくしんてき【革新的】**形動 これまでのやり方《かた》を改《あらた》めて、新《あたら》しくするようす。対 保守《ほしゅ》的《てき》。

**かくしんはん【確信犯】**名 ❶自分《じぶん》の信念《しんねん》から、正《ただ》しいと信《しん》じておこなう犯罪《はんざい》。❷悪《わる》いとわかっていて、わざとやること。例 あのいたずらは確信犯だ。参考 本来《ほんらい》は❶の意味《いみ》で使《つか》う。

**かくす【画す】**動 ⬇かくする 221ページ

°**かくす【隠す】**動 ❶人《ひと》に見《み》えないようにする。例 姿《すがた》を隠す。対 現《あらわ》す。❷人《ひと》に知《し》られないようにする。秘密《ひみつ》にする。例 宝《たから》を隠す。対 明《あ》かす。⬇いん【隠】93ページ

**かくすい【角錐】**名 底面《ていめん》が多角形《たかくけい》で頂点《ちょうてん》はとがり、側面《そくめん》が三角形《さんかくけい》をした立体《りったい》。三角《さんかく》すい・四角《しかく》すいなど。⬇りったい 1384ページ

✤**かくすう【画数】**名 漢字《かんじ》を形作《かたちづく》っている、一《ひと》つ一《ひと》つの線《せん》や点《てん》の数《かず》。一筆《ひとふで》に書《か》くのを、一《いっ》画《かく》と数《かぞ》える。例《たと》えば、「山《さん》」の画数《かくすう》は三画《さんかく》、「木《ぼく》」は四画《よんかく》。

**かくする【画する】**動 はっきりと区切《くぎ》りをつける。画《かく》す。例 彼《かれ》とは一線《いっせん》を画する。

°**がくせい【学生】**名 学校《がっこう》へ通《かよ》って勉強《べんきょう》している人《ひと》。特《とく》に、大学生《だいがくせい》。関連 児童《じどう》。生徒《せいと》。

**がくせい【楽聖】**名 たいへんすぐれた音楽《おんがく》家《か》。例 楽聖ベートーベン。

**かくせいき【拡声器】**名 電気《でんき》を使《つか》って声《こえ》や音《おと》を大《おお》きくして、遠《とお》くまで聞《き》こえるようにする器械《きかい》。ラウドスピーカー。

**がくせき【学籍】**名 大学《だいがく》や学校《がっこう》の、学生《がくせい》・生徒《せいと》・児童《じどう》であることを示《しめ》す籍《せき》。



世界の国 デンマーク 北《きた》ヨーロッパにある国《くに》。九州《きゅうしゅう》とほぼ同《おな》じ大《おお》きさ。酪農国《らくのうこく》で、工業《こうぎょう》もさかん。天然《てんねん》ガスや石油《せきゆ》の

**がくせつ【学説】** [名] 学問《がくもん》の上《うえ》での考《かんが》え。[例] 新《あたら》しい学説を発表《はっぴょう》する。

**がくぜん【愕然】** [副-と] たいへんおどろくようす。[例] 友達《ともだち》が事故《じこ》にあったと聞《き》いて、愕然とした。

**がくそう【学窓】** [名] 学校《がっこう》。まなびや。[例] 学窓を巣立《すだ》つ〔=卒業《そつぎょう》する〕若者《わかもの》たち。

**かくだい【拡大】** [名] [動-する] 形《かたち》や大《おお》きさを、より大《おお》きく広《ひろ》げること。[例] 写真《しゃしん》を二倍《にばい》に拡大する。[類] 拡張《かくちょう》。[対] 縮小《しゅくしょう》。

**がくたい【楽隊】** [名] 笛《ふえ》・太鼓《たいこ》・ラッパなどの楽器《がっき》で、音楽《おんがく》を演奏《えんそう》する人《ひと》たちの集《あつ》まり。音《おん》楽隊《がくたい》。

**かくだいきょう【拡大鏡】** [名] 凸《とつ》レンズを使《つか》って、小《ちい》さい物《もの》を大《おお》きくして見《み》る器具《きぐ》。虫眼鏡《むしめがね》。ルーペ。

**かくだいず【拡大図】** [名] 形《かたち》を変《か》えず、大《おお》きさを広《ひろ》げてかいた図面《ずめん》。

**かくだん【格段】** [名] [形動] ちがいが、非常《ひじょう》に大《おお》きいようす。段《だん》ちがい。[例] 実力《じつりょく》に格段の差《さ》がある。

**がくだん【楽団】** [名] 音楽《おんがく》を演奏《えんそう》する人《ひと》たちの集《あつ》まり。[例] 管弦《かんげん》楽団。

**かくち【各地】** [名] それぞれの地方《ちほう》。いろいろな所《ところ》。[例] 各地の天気予報《てんきよほう》。

**かくちゅう【角柱】** [名] ❶四角《しかく》い柱《はしら》。❷〔算《さん》数《すう》で〕上下《じょうげ》の面《めん》が同《おな》じ大《おお》きさの多角形《たかくけい》で、側《そく》面《めん》が長方形《ちょうほうけい》であるような立体《りったい》。五角柱《ごかくちゅう》・六角《ろっかく》柱《ちゅう》などがある。

**かくちょう【拡張】** [名] [動-する] 範囲《はんい》などを広《ひろ》げること。[例] 公園《こうえん》の拡張工事《こうじ》。[類] 拡大《かくだい》。

**かくちょう【格調】** [名] 芸術作品《げいじゅつさくひん》などがもっている、品《ひん》のある味《あじ》わい。[例] しみじみとして格調の高《たか》い文章《ぶんしょう》。

**がくちょう【学長】** [名] 大学《だいがく》で、いちばん上《うえ》の責任者《せきにんしゃ》。

**かくづけ【格付け】** [名] [動-する] 人《ひと》やものを能《のう》力《りょく》や品質《ひんしつ》・価値《かち》などによって段階《だんかい》にわけること。[例] 星四《ほしよっ》つに格付けされた。

**かくて** [接] このようにして。こうして。[例] かくて三年《さんねん》の月日《つきひ》は過《す》ぎた。[参考] おもに書《か》き言葉《ことば》に使《つか》われる。

**かくてい【確定】** [名] [動-する] はっきり決《き》まること。また、決《き》めること。[例] 委員会《いいんかい》で学芸会《がくげいかい》の日《ひ》が確定した。[類] 決定《けってい》。

**かくていてき【確定的】** [形動] まちがいなくそうなるようす。[例] 彼《かれ》の当選《とうせん》は確定的だ。

**カクテル** 〔英語 cocktail〕 [名] いろいろなものを混《ま》ぜ合《あ》わせたもの。[例] フルーツカクテル。

**がくてん【楽典】** [名] 〔西洋音楽《せいようおんがく》で〕楽譜《がくふ》についての規則《きそく》。また、それを書《か》いた書物《しょもつ》。

**かくど【角度】** [名] ❶〔算数《さんすう》で〕二《ふた》つの直線《ちょくせん》が交《まじ》わったときなどにできる角《かく》の大《おお》きさ。単位《たんい》は「度《ど》」。❷ものごとを見《み》る立場《たちば》。観点《かんてん》。[例] いろいろな角度から調《しら》べる。

**がくと【学徒】** [名] ❶学生《がくせい》や生徒《せいと》。❷学問《がくもん》の研究《けんきゅう》にはげむ人《ひと》。研究者《けんきゅうしゃ》。

**かくとう【格闘°】** [名] [動-する] ❶組《く》み合《あ》って、激《はげ》しく戦《たたか》うこと。[例] 難《むずか》しい問題《もんだい》と格闘する。❷苦労《くろう》して取《と》り組《く》むこと。

**かくとう【確答】** [名] [動-する] 責任《せきにん》をもってはっきりと返答《へんとう》をすること。また、その返事《へんじ》。

**がくどう【学童】** [名] 小学校《しょうがっこう》の生徒《せいと》。小学《しょうがく》生《せい》。[類] 児童《じどう》。

**がくどうそかい【学童疎開°】** [名] 太平洋《たいへいよう》戦争《せんそう》の終《お》わりごろ、都市《とし》の小学生《しょうがくせい》を空襲《くうしゅう》などの被害《ひがい》から守《まも》るために、地方《ちほう》に移住《いじゅう》させたこと。知《し》り合《あ》いをたよって子《こ》どもだけが行《い》く「縁故疎開《えんこそかい》」と、学校《がっこう》からまとまって行《い》く「集団疎開《しゅうだんそかい》」とがあった。

**がくどうほいく【学童保育】** [名] 小学校《しょうがっこう》の児童《じどう》を放課後《ほうかご》に預《あず》かって、まとめて面倒《めんどう》を見《み》ること。

**かくとく【獲得°】** [名] [動-する] 〔努力《どりょく》して〕自分《じぶん》のものにすること。[例] 今度《こんど》こそ金賞《きんしょう》を獲得しよう。

**がくとどういん【学徒動員】** [名] 太平洋《たいへいよう》戦争中《せんそうちゅう》に、労働力《ろうどうりょく》の不足《ふそく》をおぎなうため、決《き》まりによって中学生《ちゅうがくせい》から大学生《だいがくせい》までを工《こう》場《じょう》などに動員《どういん》し、働《はたら》かせたこと。

**かくにん【確認△】** [名] [動-する] 十分《じゅうぶん》に確《たし》かめること。[例] 安全《あんぜん》を確認する。

**かくねん【隔年°】** [名] 一年《いちねん》おき。[例] 隔年におこなうテスト。

**°がくねん【学年】** [名] ❶一年《いちねん》ごとに区切《くぎ》られた、学校《がっこう》の教育期間《きょういくきかん》。ふつう四月《しがつ》から翌年《よくねん》の三月《さんがつ》まで。[例] 学年末《まつ》。❷一年《いちねん》ごとに区切《くぎ》っ

モなどが栽培《さいばい》されるほか、工業《こうぎょう》がさかんで、世界第《せかいだい》4位《い》の経済大国《けいざいたいこく》。首都《しゅと》ベルリン。人口約《じんこうやく》8,320万人《まんにん》。略称《りゃくしょう》GER。

た生徒《せいと》の集《あつ》まり。例 学年対抗《たいこう》リレー。

**かくのうこ【格納庫】** 名 飛行機《ひこうき》などをしまっておく建物《たてもの》。

**かくは【各派】** 名 それぞれの流派《りゅうは》や党派《とうは》。例 各派の代表者《だいひょうしゃ》。

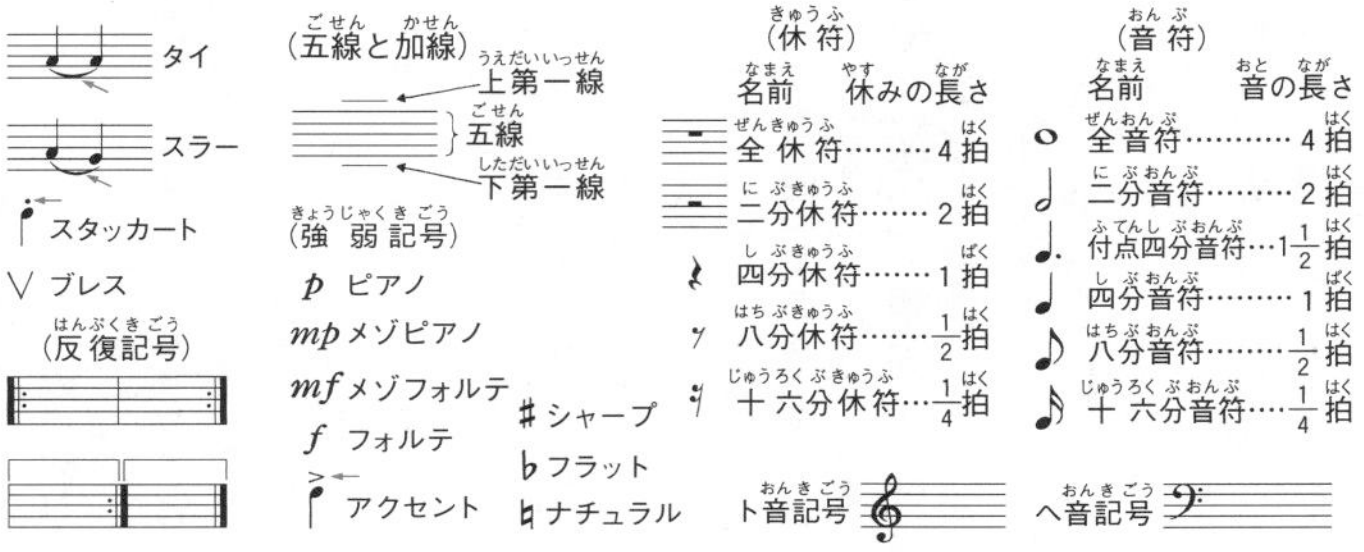

（音符《おんぷ》）
名前《なまえ》 音《おと》の長《なが》さ
全音符《ぜんおんぷ》……4拍《はく》
二分音符《にぶおんぷ》……2拍《はく》
付点四分音符《ふてんしぶおんぷ》…1 1/2拍《はく》
四分音符《しぶおんぷ》……1拍《ぱく》
八分音符《はちぶおんぷ》……1/2拍《はく》
十六分音符《じゅうろくぶおんぷ》……1/4拍《はく》
ヘ音記号《おんきごう》
（休符《きゅうふ》）
名前《なまえ》 休《やす》みの長《なが》さ
全休符《ぜんきゅうふ》……4拍《はく》
二分休符《にぶきゅうふ》……2拍《はく》
四分休符《しぶきゅうふ》……1拍《ぱく》
八分休符《はちぶきゅうふ》……1/2拍《はく》
十六分休符《じゅうろくぶきゅうふ》……1/4拍《はく》
ト音記号《おんきごう》
（五線《ごせん》と加線《かせん》）
上第一線《うえだいいっせん》
五線《ごせん》
下第一線《したたいいっせん》
（強弱記号《きょうじゃくきごう》）
p ピアノ
mp メゾピアノ
mf メゾフォルテ
f フォルテ
アクセント
♯ シャープ
♭ フラット
♮ ナチュラル
タイ
スラー
スタッカート
∨ ブレス
（反復記号《はんぷくきごう》）

〔がくふ―音符《おんぷ》と記号《きごう》〕

**かくばくはつ【核爆発】** 名 原子爆弾《げんしばくだん》や水《すい》素爆弾《そばくだん》の爆発《ばくはつ》。

**かくばる【角張る】** 動 ❶四角《しかく》な形《かたち》をしている。例 角張った顔《かお》。❷真面目《まじめ》で、堅苦《かたくる》しい。例 角張らないで話《はなし》をしよう。

**かくはん** 名 動する かき混《ま》ぜること。かき回《まわ》すこと。例 卵《たまご》をかくはんする。

**がくひ【学費】** 名 勉強《べんきょう》をするためにかかるお金《かね》。学資《がくし》。

**かくびき【画引き】** 名 漢字《かんじ》を画数《かくすう》でさがすこと。➡そうかくさくいん 745ページ

**がくふ【楽譜】** 名 〔音楽《おんがく》で〕曲《きょく》を、音符《おんぷ》や記《き》号《ごう》を使《つか》って書《か》き表《あらわ》したもの。ふつう、五線紙《ごせんし》を使《つか》う。譜《ふ》。音譜《おんぷ》。

**がくぶ【学部】** 名 大学《だいがく》で、学問《がくもん》の分野《ぶんや》によって大《おお》きく分《わ》けたまとまり。文学部《ぶんがくぶ》・医学部《いがくぶ》など。

**がくふう【学風】** 名 ❶学問上《がくもんじょう》の考《かんが》え方《かた》や特《とく》色《しょく》。❷大学《だいがく》など、学校《がっこう》の雰囲気《ふんいき》。校風《こうふう》。

**かくぶそう【核武装】** 名 動する 核兵器《かくへいき》を配置《はいち》して、戦争《せんそう》に備《そな》えること。

**がくぶち【額縁】** 名 （絵《え》などをかけるための）額《がく》の周《まわ》りのわく。額《がく》。

**かくぶんれつ【核分裂】** 名 ウランなどの原子核《げんしかく》が二《ふた》つに割《わ》れて大《おお》きなエネルギーを出《だ》すこと。原子爆弾《げんしばくだん》や原子炉《げんしろ》に利用《りよう》される。原《げん》子核分裂《しかくぶんれつ》。

**かくへいき【核兵器】** 名 核分裂《かくぶんれつ》や核融合《かくゆうごう》によって出《で》るエネルギーを利用《りよう》した兵器《へいき》。原《げん》子爆弾《しばくだん》や水素爆弾《すいそばくだん》など。

**かくべつ【格別】** 副 形動 ❶ふつうとはちがうようす。特別《とくべつ》。例 今日《きょう》の寒《さむ》さは格別だ。❷それほど。別《べつ》に。例 格別行《い》きたいとは思《おも》わない。

**かくほ【確保】** 名 動する しっかりと手《て》に入《い》れること。また、手元《てもと》に持《も》っていること。例 席《せき》を確保する。

**かくぼう【角帽】** 名 むかし大学生《だいがくせい》がかぶっていた、上《うえ》が四角形《しかくけい》になった帽子《ぼうし》。

**かくまう** 動 にげて来《き》た人《ひと》を、こっそりかくしておく。例 犯人《はんにん》をかくまう。

**かくまく【角膜】** 名 目《め》のいちばん外側《そとがわ》にある、すきとおっている膜《まく》。

**かくめい【革命】** 名 ❶世《よ》の中《なか》の仕組《しく》みや政《せい》治《じ》を急《きゅう》に変《か》えること。例 フランス革命。❷ものごとが根本《こんぽん》から大《おお》きく変《か》わること。例 産業《さんぎょう》革命。

**がくめい【学名】** 名 動物《どうぶつ》や植物《しょくぶつ》につけた、国際的《こくさいてき》に通《つう》じる学問上《がくもんじょう》の名前《なまえ》。ラテン語《ご》が使《つか》われている。動物《どうぶつ》としての人間《にんげん》の学名《がくめい》は、「ホモサピエンス」という。

**がくめん【額面】** 名 ❶株券《かぶけん》やお金《かね》などの、表《おもて》に書《か》いてある金額《きんがく》。❷言葉《ことば》の、うわべの意《い》味《み》。例 額面どおりには受《う》け取《と》れない。

**かくも** 副 こんなにも。これほど。例「かくも盛大《せいだい》にお見送《みおく》りいただき…。」

**がくもん【学問】** 名 動する ❶知《し》らないこと




世界の国 ドイツ ヨーロッパ中央部《ちゅうおうぶ》にある連邦国《れんぽうこく》。1990年《ねん》、西《にし》ドイツと東《ひがし》ドイツが合併《がっぺい》した。大麦《おおむぎ》や小麦《こむぎ》、ジャガイ
漢字《かんじ》で「独」と書くこともある。

を、学《まな》び習《なら》うこと。また、それで身《み》につけた知識《ちしき》。例 学問にはげむ。❷研究《けんきゅう》した結果《けっか》、まとめられた知識《ちしき》。例 学問の進歩《しんぽ》。

**学問《がくもん》に王道《おうどう》なし** 学問《がくもん》を修《おさ》めるのに、王様《おうさま》向《む》けの楽《らく》な方法《ほうほう》などはない。だれであろうが、一歩《いっぽ》一歩《いっぽ》努力《どりょく》して身《み》につけていくしかない。参考 ギリシャの数学者《すうがくしゃ》ユークリッドが、王様《おうさま》から聞《き》かれて答《こた》えた言葉《ことば》だという。

**がくもんのすすめ**〖学問ノススメ〗作品名 明治時代《めいじじだい》の思想家《しそうか》、福沢諭吉《ふくざわゆきち》が書《か》いた本《ほん》。西洋《せいよう》の学問《がくもん》・技術《ぎじゅつ》を学《まな》ぶことをすすめている。「天《てん》は人《ひと》の上《うえ》に人《ひと》を造《つく》らず、人《ひと》の下《した》に人《ひと》を造《つく》らず」という言葉《ことば》で知《し》られる。

**がくや【楽屋】**名 劇場《げきじょう》などで、舞台《ぶたい》の裏《うら》にある、出演者《しゅつえんしゃ》が支度《したく》などをする部屋《へや》。

**かくやく【確約】**名 動-する 固《かた》く約束《やくそく》すること。例 必《かなら》ず行《い》くと確約した。

**かくやす【格安】**形動 品物《しなもの》のわりに、値段《ねだん》の安《やす》いようす。例 格安な品物《しなもの》。

**かぐやひめ**〖かぐや姫〗人名 ↓たけとりものがたり 790ページ

**がくゆう【学友】**名 学校《がっこう》の友達《ともだち》。類 校友《こうゆう》。

**かくゆうごう【核融合】**名 水素《すいそ》などの原《げん》子核《しかく》を高《たか》い温度《おんど》で熱《ねつ》すると、中性子《ちゅうせいし》が飛《と》び出《だ》して大《おお》きなエネルギーを出《だ》し、別《べつ》の原子核《げんしかく》となること。水素爆弾《すいそばくだん》などに使《つか》われる。原子《げんし》核融合《かくゆうごう》。

**がくようひん【学用品】**名 学校《がっこう》の勉強《べんきょう》で使《つか》う品物《しなもの》。鉛筆《えんぴつ》やノートなど。

**かぐら【〈神楽〉】**名 神《かみ》をまつるために、神《かみ》の前《まえ》で行《おこな》われる、舞《まい》や音楽《おんがく》。おかぐら。参考「神楽《かぐら》」は、特別《とくべつ》に認《みと》められた読《よ》み方《かた》。

**かくらん【かく乱】**名 動-する かき乱《みだ》すこと。例 敵《てき》をかく乱する。

**かくり【隔離】**名 動-する 他《ほか》から離《はな》して、別《べつ》にすること。例 病気《びょうき》の牛《うし》を隔離する。

**かくりつ【確立】**名 動-する（計画《けいかく》や方針《ほうしん》などを）しっかりと打《う》ち立《た》てること。例 自分《じぶん》の進《すす》んで行《い》く道《みち》を確立する。

**かくりつ【確率】**名 あることが起《お》こる可能《かのう》性《せい》の割合《わりあい》。例 成功《せいこう》の確率は高《たか》い。

**かくりょう【閣僚】**名 内閣《ないかく》のうち、総理大《そうりだい》臣以外《じんいがい》の大臣《だいじん》。

**がくりょく【学力】**名 学習《がくしゅう》して身《み》につけた力《ちから》。例 学力が向上《こうじょう》する。

**がくれい【学齢】**名 ❶小学校《しょうがっこう》に入学《にゅうがく》する年齢《ねんれい》。満六歳《まんろくさい》。例 弟《おとうと》は、今年《ことし》学齢に達《たっ》した。❷小学校《しょうがっこう》や中学校《ちゅうがっこう》へ行《い》く年齢《ねんれい》。満六歳《まんろくさい》から十五歳《じゅうごさい》まで。例 学齢期《き》。

**かくれが【隠れ家】**名 人《ひと》に隠《かく》れて住《す》む家《いえ》。例 犯人《はんにん》の隠れ家。

**がくれき【学歴】**名 その人《ひと》が今《いま》までにどんな学校《がっこう》を出《で》て、どんな勉強《べんきょう》をしてきたかということ。例 書類《しょるい》に学歴を書《か》く。

**かくれみの【隠れ蓑】**名 ❶着《き》ると、姿《すがた》が見《み》えなくなるという、想像上《そうぞうじょう》の、みの。❷正体《しょうたい》や本心《ほんしん》を隠《かく》すための手《て》だて。例 勉強会《べんきょうかい》を隠れみのに、集《あつ》まってはふざけている。

**かくれる【隠れる】**動 ❶物《もの》の後《うし》ろに入《はい》って見《み》えなくなる。例 月《つき》が雲《くも》に隠れた。対 現《あらわ》れる。❷人目《ひとめ》につかないようにする。例 おし入《い》れに隠れる。❸世《よ》の中《なか》に名前《なまえ》が知《し》られていない。例 隠れた発明家《はつめいか》。↓いん【隠】93ページ

**かくれんぼう【隠れん坊】**名 鬼《おに》になった人《ひと》が、物《もの》かげなどに隠《かく》れている人《ひと》たちをさがし出《だ》す子《こ》どもの遊《あそ》び。かくれんぼ。

**かくろん【各論】**名 全体《ぜんたい》をいくつかの項目《こうもく》に分《わ》けたとき、その一《ひと》つ一《ひと》つについて述《の》べる意見《いけん》。対 総論《そうろん》。

**かぐわしい**形 いいにおいがする。かおりが高《たか》い。例 かぐわしい花《はな》の香《かお》り。

**がくわり【学割】**名〔「学生《がくせい》割《わ》り引《び》き」の略《りゃく》。〕学生《がくせい》や生徒《せいと》だけに、運賃《うんちん》や入場料《にゅうじょうりょう》などを割《わ》り引《び》くこと。

**かくん【家訓】**名 その家《いえ》にむかしから伝《つた》わる教《おし》え。

**かけ【掛け】**一 名 ❶お金《かね》をあとで受《う》け取《と》る約束《やくそく》で、売《う》ること。例 掛けで売《う》る。❷汁《しる》だけがかかっているうどんやそば。例 かけそば。二〔ある言葉《ことば》のあとにつけて〕❶掛《か》けること。例 洋服《ようふく》掛け。❷まだ終《お》わっていないこと。途中《とちゅう》。例 食《た》べかけ。参考 ふつう 一❷と 二❷は、かな書《が》きにする。

**かけ【賭け】**名 ❶（勝負事《しょうぶごと》で）お金《かね》や品物《しなもの》を出《だ》し合《あ》い、勝《か》った人《ひと》がそれを取《と》ること。❷はっきりしたあてがなく、運《うん》にまかせた行動《こうどう》を



ン鉱石《こうせき》は世界有数《せかいゆうすう》の埋蔵量《まいぞうりょう》。首都《しゅと》ロメ。人口約《じんこうやく》830万人《まんにん》。略称《りゃくしょう》TOG。

することと。例 真冬《まふゆ》の大陸横断《たいりくおうだん》は、賭けだ。

**°かげ【陰】** 名 ❶光《ひかり》の当《あ》たらない所《ところ》。例 日陰《ひ》。建物《たてもの》の陰になる。❷物《もの》の後《うし》ろ。例 カーテンの陰にかくれる。❸人《ひと》の目《め》につかない所《ところ》。例 陰で悪口《わるくち》を言《い》う。❹↓おかげ153ページ／↓**いん【陰】**93ページ

**陰《かげ》で糸《いと》を引《ひ》く** 人目《ひとめ》につかないところで、自分《じぶん》の思《おも》うようにものごとを動《うご》かす。例 この事件《じけん》には、陰で糸を引いている人物《じんぶつ》がいる。

**陰《かげ》になり ひなたになり** 見《み》えないところでも、見《み》えるところでも、いろいろと世話《せわ》をするようす。例 おじは陰になりひなたになり父《ちち》の会社《かいしゃ》を支《ささ》えた。

**°かげ【影】** 名 ❶光《ひかり》を受《う》けた物《もの》の後《うし》ろにできる暗《くら》い部分《ぶぶん》。例 影絵《え》。電柱《てんちゅう》の影がのびる。❷物《もの》の形《かたち》が水面《すいめん》などに映《うつ》って見《み》えるもの。例 池《いけ》に木《き》の影が映《うつ》る。❸（日《ひ》・月《つき》などの）光《ひかり》。例 月《つき》影。❹姿《すがた》。例 影をかくす。↓**えい【影】**123ページ

**影《かげ》が薄《うす》い** 目《め》立《だ》たない。例 彼《かれ》は影が薄い存《そん》在《ざい》だ。

**影《かげ》も形《かたち》もない** まったく姿《すがた》が見《み》えない。あとかたもない。例 声《こえ》がするので出《で》てみたが、影も形もなかった。

**例解 ⟷ 使い分け**

**陰《かげ》と影《かげ》**

木《き》の陰《かげ》で休《やす》む。
人《ひと》の陰《かげ》にかくれる。
陰《かげ》で悪口《わるくち》を言《い》う。

人《ひと》の影《かげ》をふむ。
池《いけ》に月《つき》の影《かげ》が映《うつ》る。
影《かげ》も形《かたち》もない。

**がけ【崖】** 名 山《やま》や海岸《かいがん》などの、（けずり取《と》られたように）険《けわ》しく切《き》り立《た》っている所《ところ》。例 がけくずれ。↓**がい【崖】**196ページ

**がけ【°掛け】**〔ある言葉《ことば》のあとにつけて〕❶かけること。例 たすきがけ。❷…の途中《とちゅう》。例 帰《かえ》りがけに立《た》ち寄《よ》る。❸腰《こし》かけること。例 三人《さんにん》掛けのいす。❹割合《わりあい》。例 八《はち》掛け。

**かけあい【°掛け合い】** 名 ❶代《か》わる代《が》わる話《はな》したりすること。例 掛け合い漫才《まんざい》。❷交《こう》渉《しょう》。例 掛け合いに行《い》く。

**かけあう【°掛け合う】** 動 ❶（水《みず》などを）たがいにかける。❷交渉《こうしょう》する。例 掛け合ってまけてもらう。

**かけあし【°駆け足】** 名 動-する ❶速《はや》く走《はし》ること。❷ものごとを早《はや》く行《おこな》うこと。

**かけあわせる【°掛け合わせる】** 動 ❶〔算数《さんすう》で〕掛《か》け算《ざん》をする。例 2と3を掛け合わせる。❷交配《こうはい》させる。例 掛け合わせて、寒《さむ》さに強《つよ》いイネを作《つく》る。

**かけい【家系】** 名 その家《いえ》の、血筋《ちすじ》。

**かけい【家計】** 名 その家《いえ》の収入《しゅうにゅう》と支出《ししゅつ》。一《いっ》家《か》の暮《く》らし向《む》き。例 苦《くる》しい家計を支《ささ》える。類 生計《せいけい》。

**かけい** 名 ↓かけひ226ページ

**かけいぼ【家計°簿】** 名 家《いえ》の収入《しゅうにゅう》や支出《ししゅつ》をつけておく帳面《ちょうめん》。

**かけうり【°掛け売り】** 名 動-する 代金《だいきん》を後《あと》からもらう約束《やくそく》で、品物《しなもの》を先《さき》にわたすこと。掛《か》け。

**かげえ【影°絵】** 名 紙《かみ》や指《ゆび》で作《つく》った形《かたち》に光《ひかり》を当《あ》て、その影《かげ》を障子《しょうじ》や壁《かべ》などに映《うつ》す遊《あそ》び。

**かけがえのない** 代《か》わりになるものがない。非常《ひじょう》にだいじな。例 チームにとってかけがえのない人《ひと》。

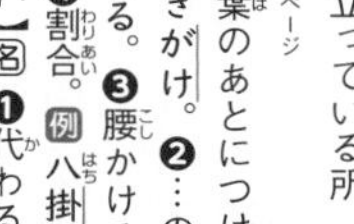

〔かげえ〕

**かげき【過激】** 形動 激《はげ》しすぎるようす。例 過激な運動《うんどう》をさける。

**かげき【歌劇】** 名 ↓オペラ173ページ

**かけきん【°掛け金】** 名 決《き》まった期間《きかん》ごとに、決《き》まったお金《かね》をはらって積《つ》み立《た》てること。また、そのお金《かね》。

**がけくずれ【°崖崩°れ】** 名 大雨《おおあめ》や地震《じしん》などで、がけがくずれ落《お》ちること。

**かげぐち【°陰口】** 名 その人《ひと》のいない所《ところ》で悪《わる》口《くち》を言《い》うこと。また、その悪口《わるくち》。例 陰口をたたく〔=陰口《かげぐち》を言《い》う〕。

**かけごえ【°掛け声】** 名 ❶人《ひと》を元気《げんき》づけたり、調子《ちょうし》をとったりするときに出《だ》す声《こえ》。❷何《なに》



世界の国 トーゴ　アフリカ西部《せいぶ》、ギニア湾《わん》に面《めん》する国《くに》。東北地方《とうほくちほう》よりややせまい。綿花《めんか》・カカオ・コーヒーを産《さん》する。リ

かをしようと、人《ひと》に呼《よ》びかける言葉《ことば》。例 計画《けいかく》は掛け声だけに終《お》わった。

✤**かけことば【掛け詞▲】** 名 (和歌《わか》などで)「松《まつ》」と「待《ま》つ」のように、同《おな》じ音《おん》で二《ふた》つの意味《いみ》を表《あらわ》す言《い》い方《かた》。

**かけこむ【駆け込む】** 動 走《はし》ってきて、急《いそ》いで中《なか》に入《はい》る。例 駅《えき》へ駆けこむ。

**かけざん【掛け算】** 名 動-する 〔算数《さんすう》で〕ある数《かず》を、ある回数《かいすう》だけ加《くわ》える計算《けいさん》。例《たと》えば、2を三回《さんかい》加《くわ》えると6になる計算《けいさん》で、「2×3=6」の式《しき》で表《あらわ》す。出《で》た答《こた》えを積《せき》という。乗法《じょうほう》。対 割《わ》り算《ざん》。関連 足《た》し算《ざん》。引《ひ》き算《ざん》。割《わ》り算《ざん》。

**かけじく【掛け軸】** 名 紙《かみ》や布《ぬの》に、字《じ》や絵《え》をかき、床《とこ》の間《ま》などにかけてかざるようにしたもの。かけ物《もの》。

**かけす** 名 カラスの仲間《なかま》の鳥《とり》。山林《さんりん》にすみ、体《からだ》はハトより少《すこ》し小《ちい》さい。うすいぶどう色《いろ》をしていて、よく他《ほか》の鳥《とり》の声《こえ》をまねる。

〔かけす〕

**かけず【掛け図】** 名 壁《かべ》などに掛《か》けて見《み》るようにした地図《ちず》や図表《ずひょう》。

**かけだし【駆け出し】** 名 ものごとを始《はじ》めたばかりの人《ひと》。また、その状態《じょうたい》。例 駆け出しの記者《きしゃ》。

**かけだす【駆け出す】** 動 ❶走《はし》り出《だ》す。例 いっせいに駆け出す。❷走《はし》って外《そと》に出《で》る。例 はだしで駆け出す。

**かけちがう【掛け違う】** 動 ❶掛《か》けるのをまちがう。例 ボタンを掛け違う。❷行《ゆ》きちがう。❸話《はなし》がくいちがう。

**かけつ【可決】** 名 動-する 会議《かいぎ》をして、それでよいと決《き》めること。ふつう、多数決《たすうけつ》で決《き》める。例 提案《ていあん》が可決された。対 否決《ひけつ》。

**かけつける【駆け付ける】** 動 大急《おおいそ》ぎでやって来《く》る。例 発車《はっしゃ》まぎわに、駆けつける。

**かけっこ【駆けっこ】** 名 動-する 走《はし》って速《はや》さを比《くら》べること。かけ比《くら》べ。

**かけて** 〔「…にかけて」の形《かたち》で〕❶…にわたって。例 春《はる》から夏《なつ》にかけて、ツバメがわたって来《く》る。❷…について。例 サッカーにかけては、弟《おとうと》のほうがよく知《し》っている。

**かげながら【陰ながら】** 副 その人《ひと》にはわからないように。そっと。例 あなたの幸《しあわ》せを、陰ながらいのっています。

**かけぬける【駆け抜ける】** 動 走《はし》って通《とお》りぬける。走《はし》るように通《とお》りぬける。例 林《はやし》を駆け抜ける。恐怖《きょうふ》が背《せ》すじを駆け抜ける。

**かけね【掛け値】** 名 ❶ほんとうの値段《ねだん》より高《たか》くつけた値段《ねだん》。❷大《おお》げさに言《い》うこと。例 掛け値なしの話《はなし》。

**かけはし【架け橋・懸け橋・掛け橋】** 名 ❶山《やま》の、がけからがけへわたした橋《はし》。❷仲立《なかだ》ち。例 国《くに》と国《くに》との架け橋となる。

**かけはなれる【懸け離れる】** 動 ❶遠《とお》く離《はな》れる。例 町《まち》から懸け離れた土地《とち》。❷ひどくちがう。例 実力《じつりょく》が懸け離れている。

**かけひ【懸け樋◆】** 名 地面《じめん》の上《うえ》にかけわたして水《みず》を送《おく》る、竹《たけ》や木《き》で作《つく》った、とい。かけい。

**かけひき【駆け引き】** 名 動-する 商売《しょうばい》や話《はな》し合《あ》いなどで、自分《じぶん》の得《とく》になるように話《はなし》を進《すす》めること。例 駆け引きがうまい。

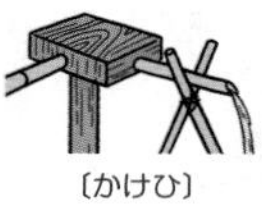
〔かけひ〕

**かげひなた【陰ひなた】** 名 人《ひと》が見《み》ているかいないかで、行《おこな》いなどがちがうこと。例 陰ひなたなく働《はたら》く。

**かけぶとん【掛け布団△】** 名 寝《ね》るとき、上《うえ》に掛《か》けるふとん。

**かげふみ【影踏み】** 名 動-する 相手《あいて》の影《かげ》を踏《ふ》み合《あ》う、子《こ》どもの遊《あそ》び。

**かげべんけい【陰弁慶】** 名 ➡うちべんけい 108ページ

**かげぼうし【影法師】** 名 光《ひかり》が当《あ》たって、地面《じめん》や障子《しょうじ》などに黒《くろ》く映《うつ》る人《ひと》の影《かげ》。

**かげぼし【陰干し】** 名 動-する 日陰《ひかげ》で、風《かぜ》に当《あ》ててかわかすこと。

**かけまわる【駆け回る】** 動 ❶あちこち走《はし》り回《まわ》る。❷ほうぼうへ出《で》かけて、努力《どりょく》する。例 駆け回ってお金《かね》を集《あつ》める。

**かげむしゃ【影武者】** 名 ❶敵《てき》をだますために、大将《たいしょう》と同《おな》じかっこうをさせた侍《さむらい》。❷表面《ひょうめん》に出《で》ないで、かげで指図《さしず》をする人《ひと》。

**かけめぐる【駆け巡る】** 動 走《はし》り回《まわ》る。例 山野《さんや》を駆け巡る。

**かけもち【掛け持ち】** 名 動-する 一人《ひとり》で、いくつかの仕事《しごと》を受《う》け持《も》つこと。例 学級委員《がっきゅういいん》

銅《どう》、ニッケルなどの鉱物資源《こうぶつしげん》を産《さん》する。首都《しゅと》サントドミンゴ。人口約《じんこうやく》1,090万人《まんにん》。略称《りゃくしょう》DOM。

と放送係《ほうそうがかり》を掛け持ちしている。

**かけもの【掛け物】** 名 ❶壁《かべ》などに掛《か》けるもの。掛《か》け軸《じく》。❷寝《ね》るときに体《からだ》の上《うえ》にかけるもの。

**かけよる【駆け寄る】** 動 走《はし》って近《ちか》くによる。例 駆け寄って子《こ》どもをだき上《あ》げる。

**かけら** 名 ❶こわれた物《もの》の、小《ちい》さい部分《ぶぶん》。破《は》片《へん》。❷ほんの少《すこ》し。ちょっぴり。例 反省《はんせい》のかけらもない。

## かける【掛】 画数 11 部首 扌(てへん)

音 ―― 訓 か-ける か-かる かかり

ぶら下《さ》げる。引《ひ》っかける。例 掛《か》け図《ず》。

**かける【掛ける】** 動 ❶ぶら下《さ》げる。例 ぼうしを掛ける。❷かぶせる。例 ふとんを掛ける。❸上《うえ》から注《そそ》ぐ。例 花《はな》に水《みず》をかける。❹止《と》めて動《うご》かないようにする。例 ボタンをかける。❺機械《きかい》などを動《うご》かし始《はじ》める。例 エンジンをかける。❻道具《どうぐ》を使《つか》って作用《さよう》をおよぼす。例 ぞうきんをかける。ミシンをかける。❼ついやす。例 趣味《しゅみ》にお金《かね》をかける。❽相手《あいて》にはたらきかける。例 電話《でんわ》をかける。❾相手《あいて》に影響《えいきょう》をおよぼす。例 迷惑《めいわく》をかける。❿だまして引《ひ》っかかるようにする。例 わなにかける。⓫みてもらう。例 医者《いしゃ》にかける。⓬作《つく》る。例 鳥《とり》が巣《す》をかける。⓭腰《こし》を下《お》ろす。例 いすにかける。⓮〔算数《さんすう》で〕掛《か》け算《ざん》をする。例 記号《きごう》は×を使《つか》う。対 割《わ》る。⓯〔ある言葉《ことば》のあとにつけて〕し始《はじ》めて、途中《とちゅう》でやめる。例 読《よ》みかけの本《ほん》。⓰〔ある言葉《ことば》のあとにつけて〕相手《あいて》に向《む》かってものごとをする。例 話《はな》しかける。⓱〔ある言葉《ことば》のあとにつけて〕するばかりになる。例 死《し》にかける。参考 ふつう❸〜⓱は、かな書《が》きにする。➡かかる(掛かる)213ページ／かかり(掛かり・掛)213ページ

**かける【架ける】** 動 一方《いっぽう》から他方《たほう》へわたす。例 橋《はし》を架ける。⇩か【架】190ページ

**かける【懸ける】** 動 ❶勝《か》った人《ひと》にそれが与《あた》えられるものとする。例 賞金《しょうきん》を懸ける。❷失敗《しっぱい》したら、それを失《うしな》う気持《きも》ちでする。例 命《いのち》を懸けてがんばる。⇩けん【懸】408ページ

**かける【欠ける】** 動 ❶物《もの》がこわれる。例 欠けた茶《ちゃ》わん。❷足《た》りない。例 人数《にんずう》が欠ける。礼儀《れいぎ》に欠ける。❸月《つき》の形《かたち》が細《ほそ》くなる。例 月《つき》が欠ける。対 満《み》ちる。⇩けつ【欠】400ページ

**かける【駆ける】** 動 ❶走《はし》る。例 校庭《こうてい》を駆ける。❷馬《うま》に乗《の》って走《はし》る。例 馬《うま》で草原《そうげん》を駆ける。⇩く【駆】356ページ

**かける【賭ける】** 動 勝《か》ったほうがもらう約束《やくそく》で、お金《かね》や品物《しなもの》を出《だ》し合《あ》う。賭《か》け事《ごと》をする。例 お金《かね》をかける。⇩と【賭】901ページ

**かげる【陰る】** 動 ❶日陰《ひかげ》になる。例 運動場《うんどうじょう》が陰る。❷光《ひかり》がうすくなる。例 雲《くも》で月《つき》が陰る。❸よくないようになる。例 表情《ひょうじょう》が陰る。指導力《しどうりょく》が陰る。⇩いん【陰】93ページ

**かげろう【〈陽炎〉】** 名 春《はる》や夏《なつ》の晴《は》れた日《ひ》に、日光《にっこう》で暖《あたた》められ、地面《じめん》からゆらゆら立《た》ち上《のぼ》る空気《くうき》。例 かげろうが立《た》つ。

**かげろう** 名 夏《なつ》のころ見《み》かける、トンボに似《に》た小《ちい》さな昆虫《こんちゅう》。成虫《せいちゅう》になると、一日《いちにち》ぐらいで死《し》んでしまう。参考 命《いのち》が短《みじか》いことから、はかないもののたとえにされる。

**かけわたす【架け渡す】** 動 こちらから向《む》こうへつなげる。例 海峡《かいきょう》に橋《はし》を架け渡す。

**かげん【下限】** 名 これ以下《いか》はないという限界《げんかい》。例 値段《ねだん》の下限を決《き》めておく。対 上限《じょうげん》。

**かげん【加減】** 一 名 動-する ❶加《くわ》えることと、減《へ》らすこと。❷ちょうどよいようにすること。例 味《あじ》を加減する。❸〔算数《さんすう》で〕足《た》し算《ざん》と引《ひ》き算《ざん》のこと。❹ものの、ぐあいや程度《ていど》。例 体《からだ》のかげんが悪《わる》い。❺せい。例 陽気《ようき》のかげんか、頭《あたま》が痛《いた》い。二〔ある言葉《ことば》のあとにつけ

### 例解 ↔ 使い分け

**掛《か》ける と 架《か》ける と 懸《か》ける**

壁《かべ》に時計《とけい》を掛《か》ける。
肩《かた》に手《て》を掛《か》ける。
はかりに掛《か》ける。

橋《はし》を架《か》ける。
電線《でんせん》を架《か》ける。

命《いのち》を懸《か》ける。
期待《きたい》を懸《か》ける。



世界の国 ドミニカ共和国《きょうわこく》 カリブ海《かい》にあるイスパニョーラ島《とう》の東《ひがし》半分《はんぶん》をしめる国《くに》。サトウキビ、コーヒーのほか、金《きん》、

て」 ❶ぐあいや、程度《ていど》を表《あらわ》す。例 そばのゆでかげん。❷そのようなようすを表《あらわ》す。例 うつむきかげんに歩《ある》く。

■**かげんじょうじょ**【加減乗除】名 足《た》し算《ざん》、引《ひ》き算《ざん》、掛《か》け算《ざん》、割《わ》り算《ざん》のこと。

**かげんのつき**【下弦の月】名 満月《まんげつ》からあとの、左半分《ひだりはんぶん》がかがやいて見《み》える月《つき》。西《にし》にしずむとき、下向《したむ》きの半月《はんげつ》の形《かたち》に見《み》える。対 上弦《じょうげん》の月《つき》。

○**かこ**【過去】名 過《す》ぎ去《さ》った時《とき》。今《いま》よりも前《まえ》。昔《むかし》。関連 現在《げんざい》。未来《みらい》。

○**かご**【籠】名 竹《たけ》やつる、針金《はりがね》などを編《あ》んで作《つく》った入《い》れ物《もの》。「ざる」よりも底《そこ》が深《ふか》い。例 鳥《とり》かご。買《か》い物《もの》かご。↓ろう【籠】1411ページ

**かご**【加護】名 動-する 神《かみ》や仏《ほとけ》が人《ひと》を助《たす》け、守《まも》ってくれること。

**かご** 名 昔《むかし》の乗《の》り物《もの》。棒《ぼう》につるした席《せき》に人《ひと》を乗《の》せ、棒《ぼう》の前《まえ》と後《うし》ろをかついで運《はこ》ぶもの。

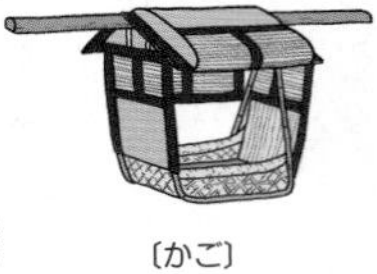
〔かご〕

**かこい**【囲い】名 周《まわ》りを囲《かこ》むこと。また、囲《かこ》ったもの。例 幕《まく》で囲いをする。

**かこう**【下降】名 動-する 下《した》のほうへ降《お》りること。下《さ》がること。対 上昇《じょうしょう》。

**かこう**【火口】名 噴火口《ふんかこう》。↓かざん 230ページ

**かこう**【加工】名 動-する 原料《げんりょう》や材料《ざいりょう》に手《て》を加《くわ》えて、ちがうものに作《つく》りかえること。例 加工品《ひん》。肉《にく》を加工してソーセージを作《つく》る。

**かこう**【河口】名 川《かわ》が、海《うみ》または湖《みずうみ》に流《なが》れこむ所《ところ》。かわぐち。

○**かこう**【囲う】動 ❶周《まわ》りに仕切《しき》りをつけて、内《うち》と外《そと》を区切《くぎ》る。例 花壇《かだん》を竹《たけ》のさくで囲った。❷(野菜《やさい》などを)地下《ちか》にうめてたくわえる。↓い【囲】50ページ

**かごう**【化合】名 動-する 二《ふた》つ以上《いじょう》の元素《げんそ》が結《むす》びついて、新《あたら》しい物質《ぶっしつ》ができること。例 酸素《さんそ》と水素《すいそ》が化合すると水《みず》ができる。

**がごう**【雅号】名 作家《さっか》や画家《がか》・書家《しょか》などが、本名《ほんみょう》のほかに名《な》のる名前《なまえ》。たとえば「夏目漱石《なつめそうせき》」は雅号《がごう》。本名《ほんみょう》は「夏目金之助《なつめきんのすけ》」。

**かこうがん**【花崗岩】名 火成岩《かせいがん》の代表的《だいひょうてき》な岩石《がんせき》。白色《しろいろ》に黒《くろ》い点々《てんてん》が交《ま》じる。白《しろ》い部分《ぶぶん》は石英《せきえい》や長石《ちょうせき》で、黒《くろ》い点《てん》は雲母《うんも》。みかげ石《いし》。

**かこうぎょう**【加工業】名 原料《げんりょう》に手《て》を加《くわ》えて、製品《せいひん》を作《つく》る仕事《しごと》。

**かこうげん**【火口原】名 火山《かざん》で、外輪山《がいりんざん》に囲《かこ》まれた中《なか》の広《ひろ》い平地《へいち》。阿蘇山《あそさん》・箱根山《はこねやま》などにある。↓かざん 230ページ

**かこうげんこ**【火口原湖】名 火口原《かこうげん》に水《みず》がたまってできた湖《みずうみ》。芦ノ湖《あしのこ》などがある。↓かざん 230ページ

**かこうこ**【火口湖】名 火口《かこう》に水《みず》がたまってできた湖《みずうみ》。蔵王山《ざおうざん》の御釜《おかま》などがある。

**かこうしょくひん**【加工食品】名 魚《さかな》・肉《にく》や野菜《やさい》などに手《て》を加《くわ》えて作《つく》った食《た》べ物《もの》。かまぼこ、ハム、ソーセージなど。

**かこうぜき**【河口堰】名 海水《かいすい》の流入《りゅうにゅう》を防《ふせ》ぎ、川《かわ》の水《みず》をせき止《と》めたり調節《ちょうせつ》したりするために、河口《かこう》につくった堰《せき》。

**かごうぶつ**【化合物】名 化合《かごう》によってできた物質《ぶっしつ》。例 水《みず》は酸素《さんそ》と水素《すいそ》の化合物《かごうぶつ》だ。

**かこうぼうえき**【加工貿易】名 原料《げんりょう》を輸入《ゆにゅう》し、それに手《て》を加《くわ》えて品物《しなもの》に作《つく》り変《か》え、外国《がいこく》へ輸出《ゆしゅつ》する貿易《ぼうえき》。

**かこく**【苛酷】形動 厳《きび》しくて、むごいようす。例 苛酷な刑罰《けいばつ》。

**かこく**【過酷】形動 厳《きび》しすぎて、ひどいようす。例 過酷な労働《ろうどう》。

✤**かこけい**【過去形】名 過去《かこ》であることをあらわす文法上《ぶんぽうじょう》の形《かたち》。「見《み》る」の過去形《かこけい》は「見《み》た」、「寒《さむ》い」の過去形《かこけい》は「寒《さむ》かった」など。

**かごしまけん**『鹿児島県』地名 九州地《きゅうしゅうち》方《ほう》の南部《なんぶ》にある県《けん》。県庁《けんちょう》は鹿児島市《かごしまし》にある。

**かこつける** 動 他《ほか》のものごとのせいにする。例 勉強《べんきょう》にかこつけて、手伝《てつだ》わない。

**かこみ**【囲み】名 ❶囲《かこ》むこと。また、囲《かこ》んだもの。例 敵《てき》の囲みを破《やぶ》る。❷「囲《かこ》み記事《きじ》」の略《りゃく》。」(新聞《しんぶん》や本《ほん》などで)周《まわ》りを線《せん》などで囲《かこ》んだ記事《きじ》。コラム。

**かこみきじ**【囲み記事】名 ↓かこみ❷ 228ページ

○**かこむ**【囲む】動 周《まわ》りを取《と》り巻《ま》く。例 先生《せんせい》を囲んで話《はなし》を聞《き》く。↓い【囲】50ページ

**かこん**【禍根】名 わざわいの起《お》こるもと。例 禍根を残《のこ》す。

産《さん》する。ハリケーンが多《おお》い。首都《しゅと》ロゾー。人口約《じんこうやく》71,000人《にん》。略称《りゃくしょう》 DMA。

かごん【過言】名 言《い》い過《す》ぎ。例 日本一《にほんいち》だと言《い》っても過言ではない。

○かさ【傘】名 雨《あめ》や日光《にっこう》などを防《ふせ》ぐために、頭《あたま》の上《うえ》に差《さ》すもの。また、そのような形《かたち》のもの。例 雨傘《あまがさ》。傘を差《さ》す。⇩さん【傘】528ページ

○かさ【笠】名 ❶雨《あめ》や日光《にっこう》などを防《ふせ》ぐために、頭《あたま》にかぶるもの。あみがさ・すげがさなど。❷「❶」のような形《かたち》をしたもの。例 きのこのかさ。電灯《でんとう》のかさ。

〔かさ❶〕

かさに着る 他《ほか》の力《ちから》を利用《りよう》する。例 親《おや》の力《ちから》をかさにきていばる。

○かさ【嵩】名 ❶物《もの》の分量《ぶんりょう》。例 水《みず》のかさが増《ま》す。❷物《もの》の大《おお》きさ。体積《たいせき》。例 かさの大《おお》きい荷物《にもつ》。

かさにかかる ❶力《ちから》でおさえつける。例 かさにかかった言《い》い方《かた》をする。❷勢《いきお》いにのってものごとをする。

かさ 名 太陽《たいよう》や月《つき》の周《まわ》りに見《み》える、あわい光《ひかり》の輪《わ》。

かざ【風】「風《かぜ》」の意味《いみ》を表《あらわ》す。例 風上《かみ》。風車《ぐるま》。風向《む》き。⇩ふう【風】1126ページ

かざあな【風穴】名 ❶風《かぜ》の通《とお》る穴《あな》。❷山《やま》などにある、冷《つめ》たい風《かぜ》がふき出《だ》す穴《あな》。「ふうけつ」ともいう。

かさい【火災】名 火事《かじ》。〔「火事《かじ》」より改《あらた》まった言《い》い方《かた》。〕例 火災警報《けいほう》。

かざい【家財】名 ❶家《いえ》にある家具《かぐ》や道具《どうぐ》。家財道具《かざいどうぐ》。❷家《いえ》の財産《ざいさん》。例 家財をなげうつ。

がざい【画材】名 ❶絵《え》をかく材料《ざいりょう》。絵《え》の具《ぐ》・キャンバスなど。例 画材店《てん》。❷絵《え》にかこうとするもの。例 花《はな》を画材にする。

かざいどうぐ【家財道具】名 ⇩かざい❶229ページ

かさいほうちき【火災報知機】名 火事《かじ》が起《お》こったことを知《し》らせる装置《そうち》。

かさいりゅう【火砕流】名 火山《かざん》からふき出《だ》した高《たか》い温度《おんど》の火山灰《かざんばい》が、なだれのようになって山《やま》を流《なが》れ下《くだ》るもの。

かさかさ 一副(と)動-する かわいたものが、軽《かる》くふれ合《あ》う音《おと》のようす。例 落《お》ち葉《ば》がかさかさ鳴《な》った。二形動 かわいて水気《みずけ》のないようす。例 手《て》がかさかさになる。

がさがさ 一副(と)動-する ❶かわいたものがすれ合《あ》う音《おと》のようす。❷言葉《ことば》や動作《どうさ》があらあらしいようす。例 がさがさした性格《せいかく》。二形動 水気《みずけ》や、あぶら気《け》がなくなり、荒《あ》れているようす。例 手《て》ががさがさになる。

かざかみ【風上】名 風《かぜ》のふいてくる方向《ほうこう》。対 風下《かざしも》。

風上にも置けない 〔くさいものを風上《かざかみ》に置《お》くとがまんできないということから〕行《おこな》いなどがよくない人《ひと》を、にくんで言《い》う言《こと》葉《ば》。風上《かざかみ》に置《お》けない。例 人《ひと》の風上にも置けないやつだ。

かさく【佳作】名 ❶すぐれたよい作品《さくひん》。❷入賞《にゅうしょう》の次《つぎ》に、よくできた作品《さくひん》。

かさぐも【笠雲】名 山《やま》の頂《いただ》きにかさをかぶせたようにあらわれる雲《くも》。

かざぐるま【風車】名 ❶風《かぜ》で羽根《はね》がくるくる回《まわ》るおもちゃ。❷⇩ふうしゃ 1128ページ

かさこそ 副(と) かわいたものがすれ合《あ》う、かすかな音《おと》のようす。

かささぎ 名 九州《きゅうしゅう》の北部《ほくぶ》にすむ、カラスに似《に》た鳥《とり》。カラスよりやや小《ちい》さく尾《お》が長《なが》い。腹《はら》と肩《かた》の羽《はね》が白《しろ》い。

かざしも【風下】名 風《かぜ》のふいていく方向《ほうこう》。対 風上《かざかみ》。

○かざす 動 ❶おおうように手《て》を差《さ》し出《だ》す。例 たき火《び》に手《て》をかざす。❷頭《あたま》の上《うえ》に高《たか》く上《あ》げる。例 手《て》に手《て》に、旗《はた》をかざして見送《みおく》る。❸手《て》などを額《ひたい》にあてて、光《ひかり》をさえぎる。例 手《て》をかざしてながめる。

がさつ 形動 態度《たいど》や動作《どうさ》がぞんざいで、細《こま》かい心《こころ》くばりが欠《か》けているようす。例 一見《いっけん》がさつなようで、実《じつ》はよく気《き》がつく。

○かさなる【重なる】動 ❶一《ひと》つの物《もの》の上《うえ》に、他《ほか》の物《もの》がのる。例 落《お》ち葉《ば》が重なる。❷一《ひと》つのことに、もう一《ひと》つのことが加《くわ》わる。例 日曜《にちよう》と祝日《しゅくじつ》が重なる。⇩じゅう【重】594ページ

かさねがさね【重ね重ね】副 ❶たびたび。例 重ね重ねの不幸《ふこう》。❷いくども真心《まごころ》をこめてたのむようす。くれぐれも。例「重ね





世界の国 ドミニカ国《こく》 カリブ海《かい》の小《ちい》さな島国《しまぐに》。奄美大島《あまみおおしま》よりやや広《ひろ》い。観光《かんこう》と農業《のうぎょう》がさかんで、バナナ・ココナッツを

重ねお願《ねが》いいたします。」

**かさねぎ【重ね着】**名 動‐する 衣服《いふく》を重《かさ》ねて着《き》ること。また、その衣服《いふく》。

**かさねて【重ねて】**副 もう一度《いちど》。くり返《かえ》し。例 重ねてお願《ねが》いします。

**◦かさねる【重ねる】**動 ❶一《ひと》つの物《もの》の上《うえ》に、他《ほか》の物《もの》をのせる。例 箱《はこ》を重ねる。❷くり返《かえ》す。例 失敗《しっぱい》を重ねる。⬇じゅう【重】594ページ

**かざはな【風花】**名 ❶晴《は》れた日《ひ》に、ちらちらと降《ふ》る雪《ゆき》。❷冬《ふゆ》の初《はじ》めごろに、風《かぜ》に吹《ふ》かれて飛《と》んでくる雪《ゆき》。

**かさばる【嵩ばる】**動 かさが大《おお》きくなる。かさむ。例 荷物《にもつ》がかさばる。

**かさぶた【かさ蓋】**名 できものや傷《きず》口《ぐち》が治《なお》るときに、傷《きず》をおおうかわいた皮《かわ》。

**かざみ【風見】**名 風《かぜ》の向《む》きを知《し》るために、屋《や》根《ね》などにつけた、矢《や》やニワトリの形《かたち》の板《いた》。

**かざみどり【風見鶏】**名 ❶ニワトリの形《かたち》をした風見《かざみ》。❷状況《じょうきょう》によって態度《たいど》を変《か》える人《ひと》。

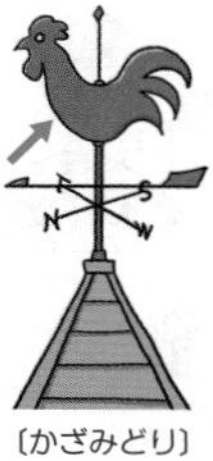
〔かざみどり〕

**◦かさむ** 動 多《おお》くなる。かさばる。例 費用《ひよう》がかさむ。荷物《にもつ》がかさむ。

**かざむき【風向き】**名 〔「かぜむき」ともいう。〕❶風《かぜ》のふいてくる方向《ほうこう》。❷なりゆき。例 試合《しあい》の風向きが変《か》わった。❸きげん。例 今日《きょう》は、兄《あに》の風向きがよくない。

**風《かざ》向《む》きが悪《わる》い** ❶物事《ものごと》のなりゆきがよくない。例 風向きが悪くて、負《ま》けてばかりだ。❷きげんがよくない。例 今日《きょう》は、父《ちち》の風向きが悪い。

**◦かざり【飾り】**名 かざること。また、かざって美《うつく》しく見《み》せるもの。例 首《くび》飾り。

**かざりけ【飾り気】**名 自《じ》分《ぶん》をよく見《み》せようとする気《き》持《も》ち。例 飾り気のない人《ひと》。

**かざりたてる【飾り立てる】**動 はでにたくさんかざる。

**かざりつけ【飾り付け】**名 部《へ》屋《や》や店《みせ》などを美《うつく》しくかざること。また、かざるもの。

**かざりまど【飾り窓】**名 ⬇ショーウインドー 639ページ

**◦かざる【飾る】**動 ❶美《うつく》しく、また、立派《りっぱ》に見《み》えるようにする。例 花《はな》を飾る。最《さい》後《ご》を飾る。❷うわべをきれいに見《み》せる。例 うわべを飾る。⬇しょく【飾】641ページ

**かさん【加算】**名 動‐する ❶加《くわ》えて数《かぞ》えること。❷〔算数《さんすう》で〕足《た》し算《ざん》のこと。対 減《げん》算《ざん》。

**かざん【火山】**名 地《ち》下《か》のマグマが、地表《ちひょう》にふき出《だ》して山《やま》となっている所《ところ》。

〔かざん〕

**かさんかすいそ【過酸化水素】**名 酸《さん》素《そ》と水《すい》素《そ》の化《か》合《ごう》物《ぶつ》で、無《む》色《しょく》の液体《えきたい》。水《みず》にとかしたものをオキシドールといい、消《しょう》毒《どく》や漂白《ひょうはく》などに使《つか》う。

**かさんかすいそすい【過酸化水素水】**名 オキシドール。⬇かさんかすいそ 230ページ

**かざんがん【火山岩】**名 火《か》成《せい》岩《がん》の一《ひと》つ。地中《ちちゅう》のマグマが、地表《ちひょう》や地《ち》下《か》の浅《あさ》い所《ところ》にふき出《で》て冷《ひ》えてできた岩《いわ》。安山岩《あんざんがん》や玄武岩《げんぶがん》などがある。

**かざんたい【火山帯】**名 火山《かざん》が、帯《おび》のようにつながっている地域《ちいき》。

**かざんだん【火山弾】**名 火山《かざん》からふき出《だ》した溶岩《ようがん》が、空中《くうちゅう》でちぎれて固《かた》まったもの。

**かざんばい【火山灰】**名 火山《かざん》からふき出《だ》す、灰《はい》のように細《こま》かい岩石《がんせき》の粉《こな》。

**かし【仮死】**名 呼吸《こきゅう》や脈《みゃく》や意識《いしき》がなくなって、死《し》んでいるように見《み》える状態《じょうたい》。

**かし【〈河岸〉】**名 ❶川岸《かわぎし》。船《ふね》から人《ひと》や荷物《にもつ》を上《あ》げ下《お》ろしする所《ところ》。❷川岸《かわぎし》にある市場《いちば》。特《とく》に、魚市場《うおいちば》をいう。魚河岸《うおがし》。参考「河岸《かし》」は、特別《とくべつ》に認《みと》められた読《よ》み方《かた》。

**◦かし【菓子】**名 食《しょく》事《じ》以《い》外《がい》に食《た》べる食《た》べ物《もの》。あめ・ケーキ・せんべいなど。

**✤かし【歌詞】**名 歌《うた》の言《こと》葉《ば》。歌《うた》の文《もん》句《く》。

**かし【貸し】**名 ❶貸《か》すこと。貸《か》したお金《かね》や物《もの》。例 百円《ひゃくえん》の貸しがある。❷人《ひと》から受《う》けた損害《そんがい》。また、人《ひと》に与《あた》えた恩《おん》。例 助《たす》けてやった貸しがある。対（❶・❷）借《か》り。

**カし【カ氏】**名 温《おん》度《ど》計《けい》の目《め》盛《も》りの決《き》め方《かた》の一《ひと》つ。記《き》号《ごう》は「F《エフ》」。水《みず》の氷《ひょう》点《てん》を三二度《ど》、沸《ふっ》点《てん》を

二一二度《ど》とする。対 セ氏《し》。

**かし【樫】** 名 暖《あたた》かい地方《ちほう》に生《は》える常緑《じょうりょく》の高木《こうぼく》。シラカシ・アラカシなど。材質《ざいしつ》はかたいので船《ふね》・器具《きぐ》などに使《つか》われる。秋《あき》に「どんぐり」の仲間《なかま》の実《み》がなる。↓どんぐり955ページ

**かじ【火事】** 名 建物《たてもの》や山林《さんりん》などが焼《や》けること。火災《かさい》。例 山《やま》火事。

**かじ【家事】** 名 家《いえ》の中《なか》のいろいろな用事《ようじ》。

**かじ【〈鍛冶〉】** 名 金属《きんぞく》を熱《ねっ》したり打《う》ったりしてきたえ、器械《きかい》や器具《きぐ》を作《つく》ること。また、それを仕事《しごと》としている人《ひと》。例 刀《かたな》鍛冶。鍛冶屋《や》。参考「鍛冶《かじ》」は特別《とくべつ》に認《みと》められた読《よ》み方《かた》。

**かじ** 名 船《ふね》の後《うし》ろについていて、船《ふね》の進《すす》む方向《ほうこう》を決《き》める仕《し》かけ。

**かじを取《と》る** ❶かじをあやつって船《ふね》を進《すす》める。❷ものごとがいい方向《ほうこう》に進《すす》むように導《みちび》く。例 会議《かいぎ》のかじを取る。

**がし【餓死】** 名 動-する 食《た》べ物《もの》が手《て》に入《はい》らず、うえて死《し》ぬこと。うえ死《じ》に。

**カシオペヤざ【カシオペヤ座】** 名 冬《ふゆ》の夜《よる》、北《きた》の空《そら》に見《み》える星座《せいざ》。五《いつ》つの星《ほし》がW《ダブリュー》の形《かたち》に並《なら》んでいる。カシオペア座《ざ》。

**かじか【河鹿】** 名 谷川《たにがわ》にすむ小《ちい》さなカエル。夏《なつ》、オスが美《うつく》しい声《こえ》で鳴《な》く。

**かじかむ** 動 寒《さむ》さのために、手足《てあし》などがこごえて思《おも》うように動《うご》かなくなる。例 手《て》がかじかんで、鉛筆《えんぴつ》が持《も》てない。

**かしかり【貸し借り】** 名 動-する お金《かね》や品物《しなもの》を貸《か》したり借《か》りたりすること。例 本《ほん》を貸し借りする。

**かしきり【貸し切り】** 名 乗《の》り物《もの》や場所《ばしょ》を、時間《じかん》を決《き》めて、その人《ひと》たちだけに貸《か》すこと。例 貸し切りのバス。

**かしぐ** 動 ななめになる。かたむく。例 柱《はしら》がかしぐ。

**かしげる** 動 ななめにする。かたむける。例 首《くび》をかしげる〔=どうも変《へん》だと考《かんが》える〕。

**かしこ** 感 （女性《じょせい》が）手紙《てがみ》の最後《さいご》に書《か》く言葉《ことば》。

**かしこ** 代名 あそこ。あのところ。〔古《ふる》い言《い》い方《かた》。〕例 どこもかしこも人《ひと》ばかりだ。

**かしこい【賢い】** 形 りこうである。頭《あたま》がいい。例 賢いやり方《かた》だ。↓けん【賢】408ページ

**かしこまる** 動 ❶きちんとした態度《たいど》をとる。例 かしこまって校長先生《こうちょうせんせい》の話《はなし》を聞《き》く。❷きちんとすわる。例「かしこまらないで、楽《らく》にしてください。」❸承知《しょうち》する。例「はい、かしこまりました。」

**かしずく** 動 （目上《めうえ》の人《ひと》に）仕《つか》えて世話《せわ》をする。例 殿様《とのさま》にかしずく。

**かしだおれ【貸し倒れ】** 名 貸《か》した金《かね》が返《かえ》してもらえず、そのままになること。

**かしだし【貸し出し】** 名 お金《かね》や品物《しなもの》などを貸《か》すこと。例 貸し出し期間《きかん》。

**かしだす【貸し出す】** 動 お金《かね》や品物《しなもの》などを貸《か》す。例 図書《としょ》を貸し出す。

**かしつ【加湿】** 名 動-する 水蒸気《すいじょうき》などによって、部屋《へや》の湿度《しつど》を高《たか》めること。例 加湿器《き》。

**かしつ【過失】** 名 不注意《ふちゅうい》によるあやまち。例 過失をおかす。対 故意《こい》。

**かじつ【果実】** 名 植物《しょくぶつ》の実《み》。特《とく》に、果物《くだもの》。

**かじつ【過日】** 名 過《す》ぎ去《さ》ったある日《ひ》。この間《あいだ》。〔改《あらた》まった言《い》い方《かた》。〕例「過日は失礼《しつれい》しました。」類 先日《せんじつ》。

**がしつ【画質】** 名 テレビや写真《しゃしん》の、画像《がぞう》の映《うつ》りぐあい。例 テレビの画質がよくなった。

**かしつけ【貸し付け】** 名 動-する 貸《か》し付けること。

**かしつける【貸し付ける】** 動 （銀行《ぎんこう》などが）利子《りし》を取《と》ってお金《かね》を貸《か》す。例 企業《きぎょう》にお金《かね》を貸し付ける。注意「貸付金《かしつけきん》」は、送《おく》りがなをつけない。

**かして【貸し手】** 名 お金《かね》や品物《しなもの》を貸《か》す人《ひと》。対 借《か》り手《て》。

**かじとり【かじ取り】** 名 ❶船《ふね》のかじを取《と》ること。また、取《と》る人《ひと》。❷ものごとがうまく進《すす》むようにみちびく人《ひと》。例 大会《たいかい》のかじ取りを任《まか》せられる。

**かじば【火事場】** 名 火事《かじ》の現場《げんば》。

**かしほん【貸本】** 名 お金《かね》を取《と》って人《ひと》に貸《か》す本《ほん》。

**かしま【貸間】** 名 お金《かね》を取《と》って人《ひと》に貸《か》す部屋《へや》。貸室《かししつ》。

**かしましい** 形 うるさい。やかましい。

**カシミヤ** 〔英語 cashmere〕名 インドのカシミール地方《ちほう》などにすむヤギの毛《け》を使《つか》った毛糸《けいと》や毛織物《けおりもの》。高級《こうきゅう》な服地《ふくじ》などにする。カシミ





世界の国 トリニダード・トバゴ　カリブ海《かい》にある国《くに》。サトウキビやカカオの栽培《さいばい》がさかんで、石油《せきゆ》・天然《てんねん》ガスを産《さん》す

ア。〘対〙借家《しゃくや》。

**かしや【貸家】**〘名〙お金《かね》を取《と》って人《ひと》に貸《か》す家《いえ》。

✤**かしゃ【仮借▲】**〘名〙〔国語《こくご》で〕漢字《かんじ》の使《つか》い方《かた》の一《ひと》つ。〘参考〙「かしゃく」と読《よ》めば、べつの意味《いみ》の言葉《ことば》になる。➡ふろく（6ページ）

**かしゃ【貨車】**〘名〙荷物《にもつ》を乗《の》せて運《はこ》ぶ、鉄道《てつどう》の車両《しゃりょう》。〘対〙客車《きゃくしゃ》。

**かじや【〈鍛△冶〉屋】**〘名〙鉄《てつ》などを赤《あか》く焼《や》いてたたいてきたえ、いろいろの道具《どうぐ》を作《つく》る人《ひと》。また、その職業《しょくぎょう》。

**かじゃ【冠▲者】**〘名〙主人《しゅじん》に仕《つか》える若者《わかもの》。狂言《きょうげん》に登場《とうじょう》するお供《とも》の者《もの》の名前《なまえ》につけていう。〘例〙太郎《たろう》冠者。次郎《じろう》冠者。

**かしゃく【仮借】**〘名〙相手《あいて》をゆるすこと。〘参考〙「仮借」を「かしゃ」と読《よ》むと、ちがう意味《いみ》になる。

**仮借《かしゃく》なく** ゆるすことなく。〘例〙ここぞとばかり仮借なく攻《せ》めたてる。

**かしゅ【歌手】**〘名〙歌《うた》を歌《うた》うことを仕事《しごと》にしている人《ひと》。〘例〙人気《にんき》歌手。

**かじゅ【果樹】**〘名〙ナシ・リンゴ・モモなど、果物《くだもの》のなる木《き》。〘例〙庭《にわ》に果樹を植《う》える。

**カジュアル**〔英語 casual〕〘名〙〘形動〙❶ふだんのままで、格式《かくしき》ばらないこと。〘例〙カジュアルなパーティー。❷「カジュアルウエア」の略《りゃく》。格式《かくしき》ばらない服装《ふくそう》。

**かしゅう【歌集】**〘名〙❶歌《うた》を集《あつ》めて本《ほん》にしたもの。❷和歌《わか》を集《あつ》めた本《ほん》。万葉集《まんようしゅう》・古今和歌集《こきんわかしゅう》など。

**かじゅう【果汁°】**〘名〙果物《くだもの》をしぼった汁《しる》。ジュース。

**かじゅう【過重】**〘形動〙負担《ふたん》などが、重《おも》すぎるようす。〘例〙仕事《しごと》が過重だ。

**がしゅう【画集】**〘名〙絵《え》を集《あつ》めて本《ほん》にしたもの。〘例〙ピカソの画集。

**かじゅえん【果樹園】**〘名〙ミカン・リンゴなどの、果物《くだもの》のなる木《き》をそだてている農園《のうえん》。

**かしょ【箇所°】**〘一〙〘名〙限《かぎ》られたところ。ある部分《ぶぶん》。〘例〙この箇所がわからない。〘二〙〔数字《すうじ》のあとにつけて〕場所《ばしょ》などを数《かぞ》える言葉《ことば》。〘例〙大《おお》雨《あめ》のため三《さん》か所が水《みず》びたしだ。〘参考〙〘二〙は、ふつう「か所《しょ》」と書《か》く。

**かじょ【加除】**〘名〙〘動-する〙加《くわ》えることと、取《と》り除《のぞ》くこと。

**かしょう【仮称°】**〘名〙〘動-する〙かりに名前《なまえ》をつけておくこと。また、その名前《なまえ》。

**かしょう【過小】**〘形動〙ものごとの程度《ていど》が小《ちい》さすぎるようす。〘例〙実力《じつりょく》を過小に評価《ひょうか》する。〘対〙過大《かだい》。

**かしょう【過少】**〘形動〙少《すく》なすぎるようす。〘例〙過少な謝礼《しゃれい》。〘対〙過多《かた》。

**かしょう【歌唱】**〘名〙〘動-する〙歌《うた》。歌《うた》を歌《うた》うこと。〘例〙あの歌手《かしゅ》は、歌唱力《りょく》がある。

**かじょう【過剰°】**〘形動〙多《おお》すぎるようす。〘例〙人口《じんこう》過剰。

**かじょう【箇条°】**〘一〙〘名〙いくつかに分《わ》けて並《なら》べたときの、一《ひと》つ一《ひと》つのことがら。〘例〙箇条書《が》き。〘二〙〔数字《すうじ》のあとにつけて〕一《ひと》つ一《ひと》つのことがらを数《かぞ》える言葉《ことば》。〘例〙五《ご》箇条。

例解 ❗ ことばの勉強室

**箇条書《かじょうが》き について**

先生《せんせい》から、明日《あす》の遠足《えんそく》のお話《はなし》があった。

何時《なんじ》に、どこに集合《しゅうごう》するのか。持《も》ち物《もの》は何《なに》か。聞《き》きながら、あなたはメモを取《と》るだろう。

先生《せんせい》のお話《はなし》そのままではなく、だいじなことだけを、言葉《ことば》を並《なら》べるようにして書《か》く。

◎八時半《はちじはん》に、花《はな》の木広場《きひろば》

◎持《も》ち物《もの》――おにぎり・水筒《すいとう》…

◎雨《あめ》のとき――学校《がっこう》に集合《しゅうごう》

このように、ことがらごとに行《ぎょう》がえしながら要点《ようてん》を書《か》いていくと、ひと目《め》でよくわかる。これが、箇条書《かじょうが》きである。

**がしょう【画商】**〘名〙絵《え》の売《う》り買《か》いを仕事《しごと》にしている人《ひと》。

**がしょう【賀正】**〘名〙新年《しんねん》を祝《いわ》うこと。年賀《ねんが》状《じょう》などに書《か》く言葉《ことば》。

**がじょう【賀状】**〘名〙❶お祝《いわ》いの手紙《てがみ》。❷➡ねんがじょう 1008ページ

✤**かじょうがき【箇条書き°】**〘名〙一《ひと》つ一《ひと》つのことがらを短《みじか》い文《ぶん》で並《なら》べて書《か》く書《か》き方《かた》。

**かしょくしょう【過食症°】**〘名〙精神《せいしん》的《てき》な

穀物《こくもつ》の栽培《さいばい》がさかん。天然《てんねん》ガスも豊富《ほうふ》。首都《しゅと》アシガバット。人口約《じんこうやく》620万人《まんにん》。略称《りゃくしょう》TKM。

原因《げんいん》から食欲《しょくよく》がむやみに増《ま》して、食《た》べすぎてしまう病気《びょうき》。

**○かしら【頭△】** 名 ❶あたま。例 頭を起《お》こす。❷人《ひと》を導《みちび》く立場《たちば》の人《ひと》。親方《おやかた》。例 大工《だいく》さんの頭。❸いちばん上《うえ》。例 ぼくは三人兄弟《さんにんきょうだい》の頭です。↓とう【頭】904ページ

**かしら** 助 〔文《ぶん》の終《お》わりにつけて〕❶疑問《ぎもん》の意味《いみ》を表《あらわ》す。例 いいかしら。❷希望《きぼう》の気持《きも》ちを表《あらわ》す。例 これ、見《み》ていただけるかしら。

**✤かしらもじ【頭△文字】** 名 ローマ字《じ》や英語《えいご》などで、文《ぶん》や人名《じんめい》・地名《ちめい》などの初《はじ》めに書《か》く、大《おお》きな文字《もじ》。イニシャル。

**かじりつく** 動 ❶かみつく。食《く》いつく。例 机《つくえ》に、かじりついて勉強《べんきょう》する。❷くっついてはなれない。しがみつく。

**○かじる** 動 ❶かたいものを歯《は》で少《すこ》しずつ、かみ取《と》る。例 ネズミが柱《はしら》をかじる。❷ものごとをちょっとだけやってみる。例 フランス語《ご》を少《すこ》しかじった〔=少《すこ》し勉強《べんきょう》した〕。

**かしわ【柏•】** 名 山地《さんち》に生《は》える高木《こうぼく》。葉《は》は手《て》のひらよりも大《おお》きく、かしわもちを作《つく》るのに使《つか》う。秋《あき》、どんぐりに似《に》た丸《まる》い実《み》がなる。

**かしわで【柏•手】** 名 神《かみ》さまを拝《おが》むとき、両《りょう》方《ほう》の手《て》のひらを打《う》ち合《あ》わせて鳴《な》らすこと。

**かしわもち【柏•餅°】** 名 カシワの葉《は》で包《つつ》んだ、あんの入《はい》ったもち。おもに五月五日《ごがついつか》の端《たん》午《ご》の節句《せっく》に作《つく》る。

**かしん【家臣】** 名 〔将軍《しょうぐん》や大名《だいみょう》などの〕家《いえ》につかえる家来《けらい》。

**かしん【過信】** 名 動-する 信用《しんよう》しすぎること。例 自分《じぶん》の力《ちから》を過信するな。

**かじん【家人】** 名 家族《かぞく》の者《もの》。例 家人に電話《でんわ》で確《たし》かめます。

**かじん【歌人】** 名 和歌《わか》を作《つく》る人《ひと》。歌詠《うたよ》み。

**■がしんしょうたん【臥•薪°嘗•胆°】** 名 動-する これと決《き》めた目的《もくてき》を達成《たっせい》するために、たいへんな苦労《くろう》をすること。参考 かたきうちのために、薪《たきぎ》の上《うえ》に寝《ね》たり、苦《にが》い胆《きも》をなめたりして、ひじょうに苦労《くろう》したという中国《ちゅうごく》の話《はなし》から。

**かす【化す】** 動 ↓かする(化する) 234ページ

**かす【科す】** 動 ↓かする(科する) 234ページ

**○かす【貸す】** 動 ❶返《かえ》してもらう約束《やくそく》で、自分《じぶん》の物《もの》を人《ひと》に使《つか》わせる。例 本《ほん》を貸す。❷お金《かね》を取《と》って、人《ひと》に使《つか》わせる。例 家《いえ》を貸す。❸(力《ちから》や、知恵《ちえ》などを)与《あた》えて助《たす》ける。例 手《て》を貸す。対 (❶～❸)借《か》りる。↓たい【貸】768ページ

**かす【課す】** 動 ↓かする(課する) 234ページ

**かす** 名 ❶水気《みずけ》のあるものをしぼった、残《のこ》りのもの。❷よいところを取《と》った残《のこ》り。例 食《た》べかす。

**○かず【数】** 名 ❶一《ひと》つ、二《ふた》つ、三《みっ》つなどと数《かぞ》えた物《もの》の数量《すうりょう》。すう。❷いくつもあること。たくさん。例 数ある中《なか》から選《えら》ぶ。❸数《かぞ》え上《あ》げる値打《ねう》ちのあるもの。仲間《なかま》。例 数に入《い》れる。ものの数ではない。↓すう【数】675ページ

**数《かず》限《かぎ》りない** 数《かぞ》えきれないほど多《おお》い。例 数限りない人々《ひとびと》の努力《どりょく》。

**数《かず》知《し》れない** 数《かぞ》えきれないほどたくさんの。数限《かずかぎ》りない。例 数知れない星《ほし》。

**数《かず》をこなす** 多《おお》くの経験《けいけん》をする。例 数をこなすことが上達《じょうたつ》の近道《ちかみち》だ。

**○ガス** 〔オランダ語〕名 ❶気体《きたい》。例 水素《すいそ》ガス。❷燃料《ねんりょう》として使《つか》う気体《きたい》。例 プロパンガス。❸こい霧《きり》。例 山《やま》でガスに巻《ま》かれた。❹おなら。❺毒性《どくせい》のある気体《きたい》。例 ガスマスク。

**○かすか** 形動 はっきりしないようす。わずか。例 かすかな音《おと》。かすかに光《ひかり》が見《み》える。

**かすがい** 名 ❶二《ふた》つの材《ざい》木《もく》をつなぎ止《と》める、「コ」の字形《じがた》の太《ふと》いくぎ。❷二《ふた》つのものをつなぎ止《と》めるもの。

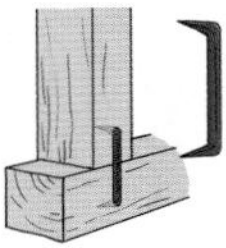
〔かすがい❶〕

**かずかず【数数】** 名 副 たくさん。いろいろ。例 思《おも》い出《で》の数々。数々とりそろえる。

**かずさ【上総】** 地名 昔《むかし》の国《くに》の名《な》の一《ひと》つ。今《いま》の千葉県《ちばけん》の中央部《ちゅうおうぶ》にあたる。

**カスタネット** 〔英語 castanet〕名 手《て》のひらの中《なか》に入《い》れ、指《ゆび》で打《う》ち合《あ》わせて音《おと》を出《だ》す打楽《だがっ》器《き》。かたい木《き》で作《つく》り、二枚貝《にまいがい》のような形《かたち》をしている。↓がっき(楽器) 244ページ

**カステラ** 〔ポルトガル語〕名 小麦粉《こむぎこ》に、卵《たまご》や砂《さ》糖《とう》などを混《ま》ぜて焼《や》いた菓子《かし》。

**ガスとう【ガス灯】** 名 ガスを燃《も》やして明《あ》かりにする街灯《がいとう》。参考 日本《にっぽん》では、多《おお》く明治時《めいじじ》代《だい》に使《つか》われた。

**かずのこ【数の子】** 名 ニシンの卵《たまご》。干《ほ》した





世界の国 トルクメニスタン　カスピ海《かい》に臨《のぞ》む国《くに》。1991年《ねん》、ソ連《れん》が解体《かいたい》する前《まえ》に独立《どくりつ》した。大部分《だいぶぶん》が砂漠《さばく》だが、綿花《めんか》や

ものや、塩《しお》づけにしたものがある。正月《しょうがつ》に食《た》べることが多《おお》い。

**ガスバーナー**〔英語 gas burner〕名 ⇩ バーナー 1024ページ

**カスピかい**【〔カスピ海〕】地名 アジア大陸《たいりく》の西部《せいぶ》、イランの北《きた》にある世界《せかい》一《いち》大《おお》きい湖《みずうみ》。水《みず》は塩《しお》からい。

**ガスボンベ**〔ドイツ語〕名 ⇩ ボンベ 1221ページ

**°かすみ**【霞】名 春《はる》のころ、空気《くうき》中《ちゅう》の小《ちい》さな水滴《すいてき》やちりなどが雲《くも》のようにたなびくこと。例 山《やま》のすそ野《の》にかすみがかかる。参考 ふつう、秋《あき》は「霧《きり》」という。

**かすみがうら**【〔霞ヶ浦〕】地名 茨城《いばらき》県《けん》の東南部《とうなんぶ》にある湖《みずうみ》。琵琶湖《びわこ》の次《つぎ》に大《おお》きい。

**°かすむ** 動 ❶かすみがかかる。例 遠《とお》くの山《やま》がかすむ。❷はっきり見《み》えない。例 目《め》がかすむ。

**かすめる** 動 ❶ぬすむ。例 冷蔵庫《れいぞうこ》のケーキをかすめる。❷すれすれに通《とお》る。かする。例 ボールが頭《あたま》をかすめた。❸ごまかす。例 母《はは》の目《め》をかすめて遊《あそ》ぶ。❹(ある考《かんが》えが)ふっとうかんで消《き》える。例 不安《ふあん》が頭《あたま》をかすめる。

**かすり** 名 ところどころに白《しろ》くかすれたような模様《もよう》のある織物《おりもの》。

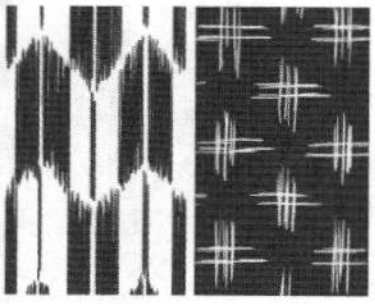
〔かすり〕

**かすりきず**【かすり傷】名 物《もの》が体《からだ》をかすった程《てい》度《ど》の、軽《かる》い傷《きず》。

**かする**【化する】動 〔「化《か》す」ともいう。〕(ちがったものに)変《か》わる。または、変《か》える。例 大水《おおみず》で、町《まち》は泥沼《どろぬま》と化した。

**かする**【科する】動 〔「科《か》す」ともいう。〕刑《けい》や罰《ばつ》を与《あた》える。

**かする**【課する】動 〔「課《か》す」ともいう。〕❶義務《ぎむ》として割《わ》り当《あ》てる。例 税金《ぜいきん》を課する。❷言《い》いつけてやらせる。例 宿題《しゅくだい》を課する。

**かする** 動 かすかにふれる。かすめる。例 ボールが服《ふく》をかすった。

**かすれる** 動 ❶声《こえ》がはっきり出《で》ない。例 声《こえ》がかすれる。❷書《か》いた字《じ》のあとが、はっきり見《み》えない。例 字《じ》がかすれる。

**ガスレンジ**〔英語 gas range〕名 ガスを燃《ねん》料《りょう》にして使《つか》うレンジ。

**°かぜ**【風】名 ❶気圧《きあつ》の高《たか》い所《ところ》から低《ひく》いほうへ流《なが》れる、空気《くうき》の動《うご》き。例 北《きた》の風。風がふく。❷〔ある言葉《ことば》のあとにつけて〕むき出《だ》しに見《み》せつけるようす。例 先輩《せんぱい》風をふかせる。参考 「風《かざ》上《かみ》・風《かざ》向《む》き」のように、「かざ」と読《よ》むこともある。⇩ ふう【風】 1126ページ

**風《かぜ》薫《かお》る** 風《かぜ》が若《わか》葉《ば》の香《かお》りを運《はこ》んでふきわたる。例 風かおる五月《ごがつ》。

**風《かぜ》が吹《ふ》けばおけ屋《や》がもうかる** めぐりめぐって、思《おも》いがけないことにまで、影響《えいきょう》が及《およ》ぶことのたとえ。参考 風《かぜ》がふくこととおけ屋《や》がもうかることとを、無理《むり》矢理《やり》こじつけてつないだ、昔《むかし》の笑《わら》い話《ばなし》から。

**風《かぜ》の便《たよ》り** どこからともなく、伝《つた》わってくるうわさ。例 風の便りに聞《き》いた。

**風《かぜ》を切《き》る** 勢《いきお》いよく進《すす》むようす。例 肩《かた》で風を切る〔=いばって歩《ある》くようす〕。

**°かぜ**【〈風邪〉】名 熱《ねつ》やせき、鼻水《はなみず》が出《で》たり、のどがはれて痛《いた》くなったりする病気《びょうき》。感冒《かんぼう》。例 風邪をひく。参考 「風《か》邪《ぜ》」は、特別《とくべつ》に認《みと》められた読《よ》み方《かた》。

**風《か》邪《ぜ》は万病《まんびょう》の元《もと》** 風《か》邪《ぜ》は、いろいろな病気《びょうき》をひきおこすもとになるから、かるく見《み》てはいけない。

**かぜあたり**【風当たり】名 ❶風《かぜ》が、物《もの》に当《あ》たる強《つよ》さ。❷人《ひと》からの非難《ひなん》や攻撃《こうげき》。例 世《せ》間《けん》の風当たりが強《つよ》い。

**かせい**【火星】名 惑星《わくせい》の一《ひと》つ。太陽《たいよう》から四《よ》番《ばん》めの星《ほし》。赤《あか》く光《ひか》って見《み》え、衛星《えいせい》が二《ふた》つあ

例解 ことばの窓

**風《かぜ》を表《あらわ》す言葉《ことば》**

春《はる》一番《いちばん》がふいて暖《あたた》かくなる。
竜巻《たつまき》で、家《いえ》がたくさんこわれた。
谷《たに》に向《む》かって山風《やまかぜ》がふき下《お》ろす。
川《かわ》のほうから川風《かわかぜ》がふいてくる。
真夏《まなつ》の涼風《りょうふう》はうれしい。
木《こ》かげでそよ風《かぜ》にふかれる。
九月《くがつ》になって、秋風《あきかぜ》が立《た》つ。
台風《たいふう》で屋根《やね》がわらが飛《と》ばされた。
冷《つめ》たい木枯《こが》らしがふいて、冬《ふゆ》になる。
冬《ふゆ》、北西《ほくせい》から季節風《きせつふう》がふく。

地《ち》。大麦《おおむぎ》や小麦《こむぎ》などの栽培《さいばい》や牧畜《ぼくちく》もさかん。首都《しゅと》アンカラ。人口約《じんこうやく》8,470万人《まんにん》。略称《りゃくしょう》TUR。

る。⇨たいようけい783ページ

**かせい【火勢】** 名 火《ひ》の燃《も》えるいきおい。

**かせい【加勢】** 名 動-する 力《ちから》を貸《か》して、助《たす》けること。また、その人《ひと》。すけだち。

**かぜい【課税】** 名 動-する 国《くに》や都《と》道《どう》府《ふ》県《けん》などが、会社《かいしゃ》や個人《こじん》に税金《ぜいきん》を割《わ》り当《あ》てて、はらわせること。

**かせいがん【火成岩】** 名 マグマが、地表《ちひょう》や地下《ちか》で冷《ひ》えて固《かた》まってできた岩石《がんせき》。火山岩《かざんがん》と深成岩《しんせいがん》とがある。

**かせいソーダ【苛性ソーダ】** 名 ⇨すいさんかナトリウム672ページ

**かせいふ【家政婦】** 名 家事《かじ》を手伝《てつだ》うことを仕事《しごと》にしている女《おんな》の人《ひと》。参考 男《おとこ》の人《ひと》の場《ば》合《あい》には「家政夫《かせいふ》」という。

**かせき【化石】** 名 大昔《おおむかし》の動物《どうぶつ》の骨《ほね》や貝《かい》から、植物《しょくぶつ》などが、石《いし》のようになって岩《いわ》や土《つち》の中《なか》に残《のこ》っているもの。

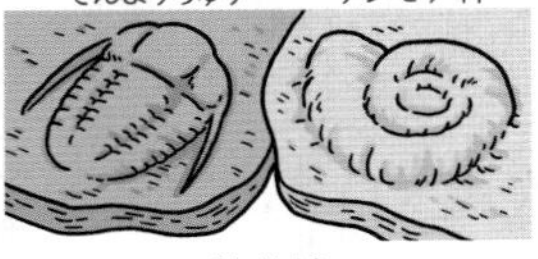

〔かせき〕

**かせぎ【稼ぎ】** 名 ❶収《しゅう》入《にゅう》を得《え》るために働《はたら》くこと。働《はたら》き。例 稼ぎに出《で》る。❷働《はたら》いて、もらうお金《かね》。例 稼ぎがわるい。

**かせきねんりょう【化石燃料】** 名 石油《せきゆ》・石炭《せきたん》・天然《てんねん》ガスなど、大《おお》昔《むかし》の動植物《どうしょくぶつ》が、地層《ちそう》の中《なか》に積《つ》もってできた燃料《ねんりょう》。

**かせぐ【稼ぐ】** 動 ❶働《はたら》いて、お金《かね》を手《て》に入《い》れる。例 アルバイトをして稼ぐ。❷利益《りえき》になるものを手《て》に入《い》れる。例 テストで点数《てんすう》を稼ぐ。時間《じかん》を稼ぐ。⇨か【稼】191ページ

**稼《かせ》ぐに追《お》いつく貧乏《びんぼう》なし** 一生《いっしょう》懸命《けんめい》働《はたら》けば、貧乏《びんぼう》にはならない、という意味《いみ》のことわざ。

**かせつ【仮設】** 名 動-する 間《ま》に合《あ》わせにつくること。例 運動会《うんどうかい》の仮設テント。

**かせつ【仮説】** 名 あることを明《あき》らかにするために、仮《かり》に決《き》めた考《かんが》え。例 仮説を立《た》て、実《じっ》験《けん》をして確《たし》かめる。

**かせつ【架設】** 名 動-する 橋《はし》や電線《でんせん》などをかけわたすこと。例 鉄橋《てっきょう》の架設工事《こうじ》。

**かせつじゅうたく【仮設住宅】** 名 一時《いちじ》的《てき》につくった住宅《じゅうたく》。例 被災者《ひさいしゃ》のための仮設住宅。

**カセット**〔英語 cassette〕名 録音《ろくおん》または録画《ろくが》テープを収《おさ》めてあるケース。そのまま機械《きかい》への出《だ》し入《い》れができる。

**かぜとおし【風通し】** 名 風《かぜ》がふき通《とお》ること。かざとおし。例 風通しのいい家《いえ》。

**かぜひかる【風光る】** 春《はる》の明《あか》るい日《ひ》ざしの中《なか》を、そよそよと風《かぜ》が吹《ふ》きわたるようす。

**かぜよけ【風よけ】** 名 風《かぜ》を防《ふせ》ぐこと。また、風《かぜ》を防《ふせ》ぐもの。かざよけ。例 家《いえ》の周《まわ》りに木《き》を植《う》えて、風よけにする。

**かせん【化繊】** 名〔「化学繊維《かがくせんい》」の略《りゃく》。〕ナイロン・レーヨンなど。

**かせん【河川】** 名 大小《だいしょう》の川《かわ》。例 大雨《おおあめ》で河川が氾濫《はんらん》する。

**かせん【架線】** 名 電線《でんせん》をかけわたすこと。また、その電線《でんせん》。例 架線が切《き》れる。

**かせん【寡占】** 名 動-する 少数《しょうすう》の会社《かいしゃ》などが、ある市場《しじょう》のほとんど全体《ぜんたい》を自分《じぶん》のものにすること。

**がぜん** 副 今《いま》までとはうって変《か》わって。急《きゅう》に。例 休《やす》んだら、がぜん元気《げんき》になった。

**かせんしき【河川敷】** 名 川《かわ》の、堤防《ていぼう》にはさまれた土地《とち》。おもに、河原《かわら》を指《さ》す。かせんじき。

**かそ【過疎】** 名 まばらすぎること。特《とく》に、人《じん》口《こう》が少《すく》なくなって、生活《せいかつ》を続《つづ》けられなくなること。例 過疎地《ち》。対 過密《かみつ》。

**がそ【画素】** 名 デジタルカメラなどの画像《がぞう》をつくり出《だ》す、ごく小《ちい》さな点々《てんてん》。この数《かず》が多《おお》いほど、画面《がめん》がきれいに映《うつ》し出《だ》される。

**かそう【下層】** 名 ❶重《かさ》なり合《あ》ったものの下《した》のほう。例 ビルの下層。❷地位《ちい》や暮《く》らしの程度《ていど》の低《ひく》いこと。対（❶・❷）上層《じょうそう》。

**かそう【火葬】** 名 動-する 死《し》んだ人《ひと》を焼《や》いて、残《のこ》った骨《ほね》をほうむること。

**かそう【仮装】** 名 動-する 仮《かり》に、他《ほか》のものの姿《すがた》に変装《へんそう》すること。例 仮装行列《ぎょうれつ》。

**かそう【仮想】** 名 動-する 仮《かり》にそうなったときのことを考《かんが》えること。

**がぞう【画像】** 名 ❶絵《え》にかいた、人《ひと》の姿《すがた》。❷テレビなどの映像《えいぞう》。例 画像が乱《みだ》れる。

あいうえお かきくけこ さしすせそ たちつてと なにぬねの はひふへほ まみむめも やゆよ らりるれろ わをん



世界の国 トルコ 地中海《ちちゅうかい》と黒海《こっかい》にはさまれた国《くに》。ヨーロッパとアジアにまたがっていて、古代《こだい》から東西文明《とうざいぶんめい》の交《まじ》わる

例解！ことばの勉強室

**家族《かぞく》　わたしから見《み》た家族《かぞく》の呼《よ》び名《な》**

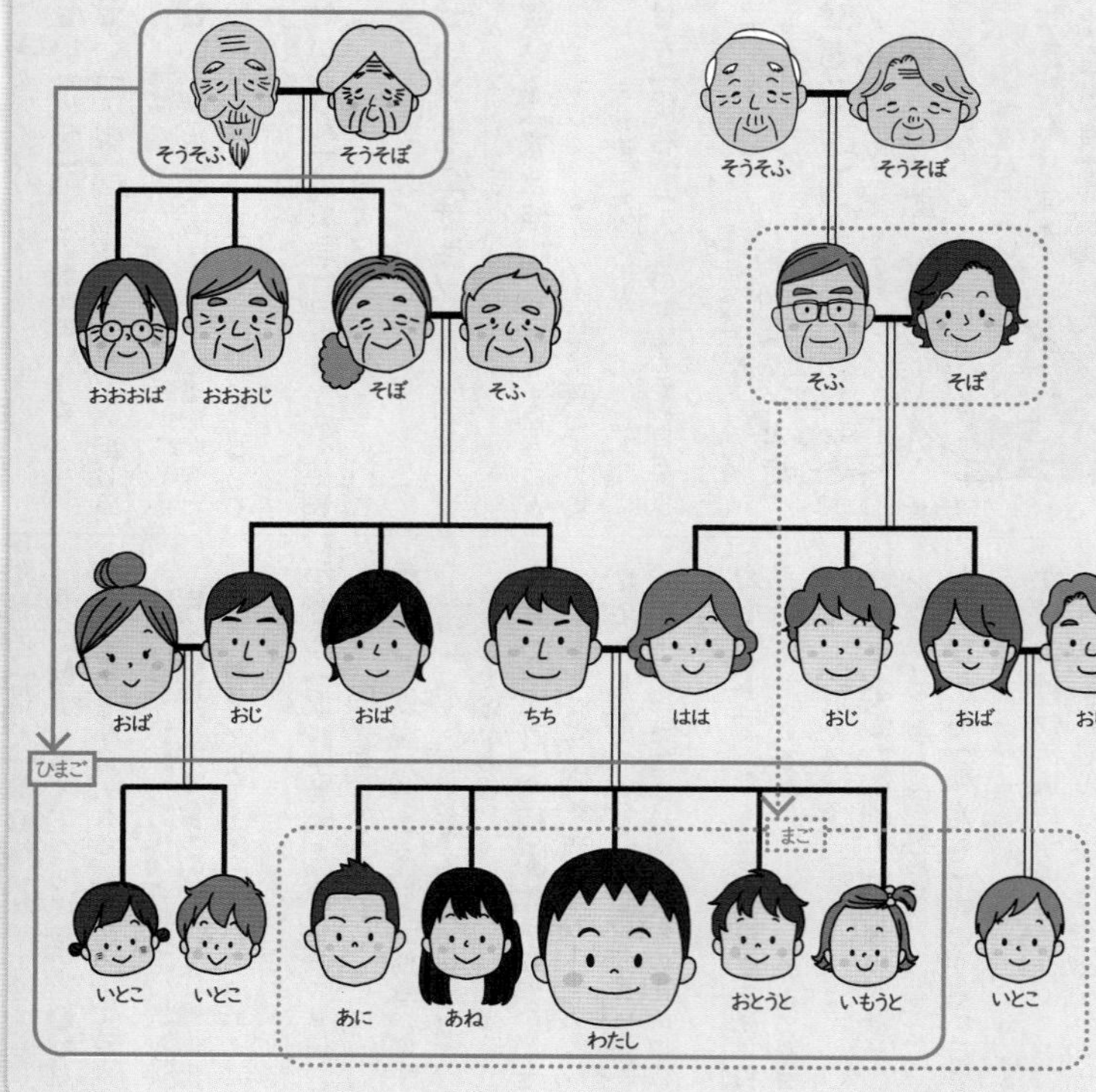


**かそうげんじつ【仮想現実】**名 ⇩バーチャルリアリティー 1024ページ

**かそうつうか【仮想通貨】**名 ⇩あんごうしさん 47ページ

**かぞえあげる【数え上げる】**動 ❶一《ひと》つ一《ひと》つ数《かぞ》える。例 数え上げたらきりがない。❷全部《ぜんぶ》を数《かぞ》え終《お》わる。

✤**かぞえうた【数え歌】**名 一《ひと》つ、二《ふた》つと数《かぞ》える言葉《ことば》で歌《うた》いだし、数《かず》を追《お》って歌《うた》っていく歌《うた》。⇩ことばあそび 474ページ

**かぞえきれない【数えきれない】**ひじょうに多《おお》くの。例 数えきれないほどの人《ひと》が集《あつ》まる。

**かぞえどし【数え年】**名 生《う》まれた年《とし》を一《いっ》歳《さい》とし、正月《しょうがつ》ごとに一歳《いっさい》を加《くわ》えて数《かぞ》えた年《ねん》齢《れい》。かぞえ。対 満年齢《まんねんれい》。

°**かぞえる【数える】**動 ❶数《かず》を調《しら》べる。勘《かん》定《じょう》をする。例 人数《にんずう》を数える。❷一《ひと》つ一《ひと》つ並《なら》べあげる。例 先発《せんぱつ》メンバーに数えられる。

⇩**すう【数】**675ページ

**かぞえるほど【数える程△】**ほんの少《すこ》し。例 満点《まんてん》の人《ひと》は数えるほどしかいない。

**かそく【加速】**名 動する 速度《そくど》を速《はや》くすること。例 アクセルをふんで加速する。対 減《げん》速《そく》。

°**かぞく【家族】**名 (同《おな》じ家《いえ》に暮《く》らしている)夫婦《ふうふ》や、親《おや》と子《こ》・兄弟《きょうだい》などの人々《ひとびと》。

**かぞく【華族】**名 侯爵《こうしゃく》・男爵《だんしゃく》など、爵《しゃく》の位《くらい》を持《も》っている人《ひと》。参考 明治時代《めいじじだい》に始《はじ》まり、第《だい》

二《に》次《じ》世界《せかい》大戦《たいせん》後《ご》になくなった。

**かぞくせいど【家族制度】** 名 社会《しゃかい》のしきたりや規則《きそく》などで決《き》まる、家族《かぞく》のあり方《かた》。

**かそくど【加速度】** 名 速《はや》さがだんだん増《ま》していくこと。また、その割合《わりあい》。例 下《くだ》り坂《ざか》では自転車《じてんしゃ》に加速度がつく。

**ガソリン** 〔英語 gasoline〕 名 原油《げんゆ》を熱《ねっ》して出《で》てくる蒸気《じょうき》を冷《ひ》やしてできる油《あぶら》。自動車《じどうしゃ》などの燃料《ねんりょう》にする。揮発油《きはつゆ》。

**ガソリンスタンド** 名 〔日本《にっぽん》でできた英《えい》語《ご》ふうの言葉《ことば》。〕自動車《じどうしゃ》のガソリンを売《う》る所《ところ》。道路沿《どうろぞ》いに多《おお》く、道路沿いにある。

**かた【潟】** 画数 15 部首 氵(さんずい) 4年

音 ―― 訓 かた

筆順

潮《しお》が引《ひ》くと現《あらわ》れる所《ところ》。熟語 干潟《ひがた》。

**かた【潟】** 名 ❶遠浅《とおあさ》の海《うみ》で、潮《しお》が引《ひ》くと地面《じめん》が現《あらわ》れる所《ところ》。干潟《ひがた》。❷海《うみ》の一部《いちぶ》が砂《すな》などでふさがれてできた湖《みずうみ》や沼《ぬま》。例 八郎潟《はちろうがた》。

**かた【方】** 一 名 ❶方角《ほうがく》。〔少《すこ》し古《ふる》い言《い》い方《かた》。〕例 東《ひがし》の方。❷人《ひと》。〔丁寧《ていねい》な言《い》い方《かた》。〕例 お急《いそ》ぎの方。二 〔ある言葉《ことば》のあとにつけて〕❶しかた。方法《ほうほう》。例 教《おし》え方。書《か》き方。❷一方《いっぽう》の側《がわ》であることを表《あらわ》す。例 母《はは》方のおばあさん。❸〔手紙《てがみ》などのあて名《な》で〕その人《ひと》の所《ところ》にいることを表《あらわ》す。例 川口様《かわぐちさま》方。⇩ほう【方】1189ページ

**かた【片】** 一 名 ものごとの始末《しまつ》。例 片がつく。二 〔ある言葉《ことば》の前《まえ》につけて〕❶二《ふた》つのうちの一方《いっぽう》。例 片道《みち》。❷中心《ちゅうしん》から外《はず》れた。例 片いなか。❸わずかな。例 片時《とき》。❹完全《かんぜん》でない。例 片言《こと》。⇩へん【片】1182ページ

**片《かた》がつく** ものごとの決《き》まりがつく。例 図《と》書《しょ》の整理《せいり》も、やっと片がついた。

**かた【形】** 名 ❶物《もの》のかたち。例 ひし形《がた》。❷あと。例 足《あし》の形がつく。❸お金《かね》を借《か》りるとき、代《か》わりに預《あず》ける物《もの》。例 借金《しゃっきん》の形。類 抵当《ていとう》。⇩けい【形】386ページ

**かた【肩】** 名 ❶腕《うで》のつけねの上《うえ》。例 肩にかつぐ。肩をもむ。❷物《もの》の、上《うえ》のかど。例「大《だい》」の字《じ》の肩に点《てん》をうつと、「犬《いぬ》」という字《じ》になる。⇩けん【肩】407ページ

**肩《かた》が軽《かる》くなる** 負担《ふたん》がなくなって、ほっとする。例 会長《かいちょう》の任期《にんき》を終《お》えて、肩が軽くなった。

**肩《かた》が凝《こ》る** ❶つかれて肩《かた》の筋肉《きんにく》が固《かた》くなる。❷堅苦《かたくる》しくてつかれる。例 大勢《おおぜい》の前《まえ》で話《はな》すと、緊張《きんちょう》して肩がこる。

**肩《かた》で息《いき》をする** 肩《かた》を上下《じょうげ》に動《うご》かして、はあはあと苦《くる》しそうに息《いき》をする。

**肩《かた》で風《かぜ》を切《き》る** 大《おお》いばりで歩《ある》く。

**肩《かた》の荷《に》が下《お》りる** 気《き》になることがなくなって、気持《きも》ちが楽《らく》になる。例 宿題《しゅくだい》を済《す》ませて肩の荷が下りた。

**肩《かた》を怒《いか》らす** 肩《かた》をつき立《た》てて、いばったようすをする。例 肩を怒らして歩《ある》く。

**肩《かた》を入《い》れる** 特《とく》に力《ちから》を入《い》れて応援《おうえん》する。例 新人選手《しんじんせんしゅ》に肩を入れる。

**肩《かた》を落《お》とす** がっかりする。例 落選《らくせん》だと聞《き》いて、肩を落とした。

**肩《かた》を貸《か》す** ❶手伝《てつだ》ってかつぐ。例 肩を貸して、ころんだ人《ひと》を助《たす》け起《お》こす。❷援助《えんじょ》をする。例 募金活動《ぼきんかつどう》に肩を貸す。

**肩《かた》をすくめる** 両肩《りょうかた》をちょっとちぢませて、どうしようもないという気《き》持《も》ちを表《あらわ》す。例 肩をすくめて苦笑《にがわら》いした。

**肩《かた》をすぼめる** 〔失敗《しっぱい》したときなど〕ひけめを感《かん》じて、小《ちい》さくなる。

**肩《かた》をそびやかす** 肩《かた》を高《たか》くはって、自慢《じまん》するような態度《たいど》をとる。

**肩《かた》を並《なら》べる** ❶並《なら》んで歩《ある》く。❷同《おな》じくらいの力《ちから》を持《も》つ。例 一位《いちい》と肩を並べる。

**肩《かた》を持《も》つ** 味方《みかた》をする。ひいきにする。例 負《ま》けている人《ひと》の肩を持つ。

**かた【型】** 名 ❶形《かたち》を作《つく》るもとになるもの。原《げん》

例解 ↔ 使い分け

形《かた》と型《かた》

自由形《じゆうがた》で泳《およ》ぐ。
ハート形《がた》の模様《もよう》。

洋服《ようふく》の型《かた》。
型《かた》にはまる。
新《あたら》しい型《かた》の自転車《じてんしゃ》。
血液《けつえき》の型《かた》。

世界の国 トンガ 南太平洋《みなみたいへいよう》のトンガ諸島《しょとう》を国土《こくど》とする国《くに》。奄美大島《あまみおおしま》よりやや広《ひろ》い。主《おも》な産業《さんぎょう》は農業《のうぎょう》・漁業《ぎょぎょう》と観光《かんこう》で、

型《けい》。例 型紙《がみ》。❷基本《きほん》となる、決《き》まったやり方《かた》。例 型どおりのやり方《かた》。❸ある特徴《とくちょう》や性質《せいしつ》。例 血液《けつえき》の型。❹しきたり。例 今《いま》までの型を破《やぶ》る。⇩けい【型】387ページ

**型《かた》にはまる** 今《いま》までどおりのやり方《かた》で、新《あたら》しさがない。例 型にはまった文章《ぶんしょう》。

**かた【過多】** 名 形動 多《おお》すぎること。例 人口《じんこう》過多。対 過少《かしょう》。

**がた【方】** 〔ある言葉《ことば》のあとにつけて〕❶複数《ふくすう》の人《ひと》を丁寧《ていねい》にいう。例 先生《せんせい》がた。❷だいたいの程度《ていど》を表《あらわ》す。ほど。例 二割《にわり》がた安《やす》い。

**かたあし【片足】** 名 片《かた》ほうの足《あし》。

**片足《かたあし》を突《つ》っ込《こ》む** ❶半分入《はんぶんはい》りかけている。例 棺《かん》おけに片足を突っ込む〔=死《し》にかけている〕。❷少《すこ》しかかわりをもつ。例 花《はな》いっぱい運動《うんどう》に片足を突っ込む。

**◦かたい【固い】** 形 ❶物《もの》がしっかりしていて、形《かたち》がくずれない。例 固いもち。対 柔《やわ》らかい。軟《やわ》らかい。❷考《かんが》えなどが簡単《かんたん》に変《か》わらない。例 固い約束《やくそく》。対 もろい。❸動《うご》かしにくい。例 栓《せん》を固くしめる。結《むす》び目《め》が固い。対 ゆるい。⇩こ【固】419ページ

**◦かたい【堅°い】** 形 ❶（材木《ざいもく》などが）質《しつ》が丈夫《じょうぶ》で、切《き》る・折《お》る・曲《ま》げるなどしにくい。例 木《き》が堅くてくぎが打《う》ちにくい。対 柔《やわ》らかい。❷欠点《けってん》がなくてしっかりしている。例 城《しろ》の守《まも》りが堅い。対 もろい。❸信用《しんよう》があって、まじめできちんとしている。例 堅い商売《しょうばい》。堅い人《ひと》。❹確《たし》かだ。例 優勝《ゆうしょう》は堅い。❺かたくるしい。例 堅く考《かんが》えないでいい。⇩けん【堅】407ページ

**◦かたい【硬°い】** 形 ❶（金属《きんぞく》や石《いし》などが）傷《きず》がついたり、へこんだりしない。例 ダイヤモンドは鉱物《こうぶつ》の中《なか》でもっとも硬い宝石《ほうせき》だ。❷こわばっている。例 表情《ひょうじょう》が硬い。緊張《きんちょう》して硬くなる。硬い表現《ひょうげん》。対（❶・❷）柔《やわ》らかい。軟《やわ》らかい。⇩こう【硬】428ページ

**かたい【難△い】** 形 むずかしい。例 想像《そうぞう》に難くない〔=簡単《かんたん》に想像《そうぞう》できる〕。対 易《やす》い。⇩なん【難】979ページ

**かだい【過大】** 形動 ものごとの程度《ていど》が大《おお》きすぎるようす。例 過大な期待《きたい》。対 過小《かしょう》。

**✤かだい【課題】** 名 ❶解決《かいけつ》しなければならない問題《もんだい》。例 ごみ問題《もんだい》の解決《かいけつ》は大《おお》きな課題である。❷与《あた》えられた問題《もんだい》。例 夏休《なつやす》みの課題。

**がたい【難△い】** 〔ある言葉《ことば》のあとにつけて〕「…しにくい」「…できない」という意味《いみ》を表《あらわ》す。例 そんなうわさはとても信《しん》じがたい。参考 ふつう、かな書《が》きにする。

**がだい【画題】** 名 ❶絵《え》につける題名《だいめい》。❷絵《え》の題材《だいざい》。主題《しゅだい》。

**かたいじ【片意地】** 名 形動 頑固《がんこ》に自分《じぶん》の考《かんが》えをおし通《とお》すこと。例 片意地を張《は》る。

**かたいっぽう【片一方】** 名 ⇩かたほう 240ページ

**かたいなか【片〈田舎△〉】** 名 都会《とかい》から遠《とお》くはなれた、不便《ふべん》な土地《とち》。

**かたいれ【肩入°れ】** 名 動-する 特別《とくべつ》に力《ちから》を貸《か》したり、応援《おうえん》したりすること。例 地元《じもと》のチームに肩入れする。

**かたうで【片腕°】** 名 ❶片方《かたほう》の腕《うで》。❷役《やく》に立《た》ってたよりにできる部下《ぶか》。例 社長《しゃちょう》の片腕。

**がたおち【がた落ち】** 名 動-する （数量《すうりょう》やねうちが）急《きゅう》にひどく下《さ》がること。例 成績《せいせき》ががた落ちした。

**かたおもい【片思い】** 名 動-する 片方《かたほう》だけが、相手《あいて》を恋《こい》しく思《おも》うこと。対 両思《りょうおも》い。

**かたおや【片親】** 名 父《ちち》か母《はは》のうちの、どちらか一方《いっぽう》。

**かたがき【肩書°き】** 名 名刺《めいし》などで、その人《ひと》の名前《なまえ》の上《うえ》につけた地位《ちい》や身分《みぶん》など。例 人《ひと》を肩書きで判断《はんだん》してはいけない。

**かたかけ【肩°掛°け】** 名 防寒《ぼうかん》やおしゃれの

例解 ⇔ 使い分け

**固《かた》いと堅《かた》いと硬《かた》い**

固《かた》く信《しん》じる。
花《はな》のつぼみは、まだ固《かた》い。

堅《かた》い商売《しょうばい》。
堅《かた》い材木《ざいもく》。

いちばん硬《かた》い鉱物《こうぶつ》。
緊張《きんちょう》して硬《かた》くなる。



都《と》アブジャ。人口約《じんこうやく》2億《おく》600万人《まんにん》で、アフリカでいちばん多《おお》い。略称《りゃくしょう》NGR。

ために、おもに女《おんな》の人《ひと》が肩《かた》にかけて使《つか》う布《ぬの》。ショール。

**かたかた** 副(-と) 動-する かたい物《もの》がぶつかって音《おと》を立《た》てるようす。

**かたがた** 〔ある言葉《ことば》のあとにつけて〕「…のついでに」の意味《いみ》を表《あらわ》す。例 お花見《はなみ》かたがたおじさんの家《いえ》に寄《よ》る。

**がたがた** 一 副(-と) 動-する ❶かたくて重《おも》いものが音《おと》を立《た》てるようす。❷おそろしさや寒《さむ》さのために、体《からだ》が強《つよ》くふるえるようす。❸不平《ふへい》などを、うるさく言《い》うようす。例 がたがた言《い》うな。二 形動 物《もの》や体《からだ》などが、こわれかかっているようす。例 チームががたがただ。

例解 ！ ことばの勉強室

## かたかな について

かたかなは、おもに漢《かん》字《じ》の一部《いちぶぶん》分を取《と》ってできたもので、平安時代《へいあんじだい》の初《はじ》めごろ、お坊《ぼう》さんたちの間《あいだ》で使《つか》われ始《はじ》めたという。

今《いま》ではかたかなは、外《がい》国《こく》の人名《じんめい》・地名《ちめい》や外来語《がいらいご》、物音《ものおと》や鳴《な》き声《ごえ》、動植物《どうしょくぶつ》の名《な》を書《か》くときなどに使《つか》われている。

かたかなは、ひらがなと同《おな》じように、音《おん》だけを表《あらわ》す文字《もじ》で、表音文字《ひょうおんもじ》と呼《よ》ばれている。音《おん》とともに意味《いみ》も表《あらわ》す漢字《かんじ》とは、この点《てん》がちがう。

**✤かたかな**【片〈仮名〉】名〔国語《こくご》で〕日本《にっぽん》で作《つく》られた文字《もじ》。漢字《かんじ》の一部分《いちぶぶん》からできた仮名《かな》の一《ひと》つ。外来語《がいらいご》などを書《か》くときに使《つか》う。「ア・イ・ウ・エ・オ」など。

**かたがみ**【型紙】名 洋服《ようふく》や染《そ》め物《もの》の模様《もよう》などを作《つく》るときに使《つか》う、型《かた》を切《き》りぬいた紙《かみ》。例 型紙どおりに布《ぬの》を切《き》る。

**かたがわ**【片側】名 一方《いっぽう》の側《がわ》。対 両側《りょうがわ》。

**かたがわり**【肩代わり】名 動-する〔人《ひと》の借《しゃっ》金《きん》などを〕別《べつ》の人《ひと》が代《か》わって引《ひ》き受《う》けること。参考 元《もと》は、かごの担《かつ》ぎ手《て》が交代《こうたい》すること。

**かたき**【敵】名 ❶うらみのある相手《あいて》。例 敵討《う》ち。❷争《あらそ》いの相手《あいて》。敵《てき》。例 商売敵《しょうばいがたき》。↓てき【敵】 879ページ

**かたぎ**【堅気】名 形動 まともで、地道《じみち》な仕《し》事《ごと》についていること。

**かたぎ**【〈気質〉】名 同《おな》じ職業《しょくぎょう》や年齢《ねんれい》の人《ひと》たちが、共通《きょうつう》に持《も》っている、気分《きぶん》や性質《せいしつ》。例 職人《しょくにん》かたぎ。参考「きしつ」ともいう。

**かたきうち**【敵討ち】名 動-する ❶仕返《しかえ》し。例 だました者《もの》への敵討ち。❷昔《むかし》、殺《ころ》された人《ひと》の仕返《しかえ》しに、殺《ころ》した人《ひと》を殺《ころ》したこと。あだうち。

**かたきやく**【敵役】名 ❶劇《げき》や映画《えいが》で、悪人《あくにん》を演《えん》じる役《やく》。❷人《ひと》からにくまれる役目《やくめ》。

**かたくな** 形動 自分《じぶん》の考《かんが》えや態度《たいど》を変《か》えないようす。頑固《がんこ》。例 かたくなに主張《しゅちょう》を曲《ま》げない。

**かたくりこ**【片栗粉】名 カタクリという植物《しょくぶつ》の地下茎《ちかけい》からとったでんぷん。料理《りょうり》やお菓子《かし》の材料《ざいりょう》とする。現在《げんざい》はジャガイモのでんぷんを代《か》わりに使《つか》うことが多《おお》い。

**かたくるしい**【堅苦しい】形 窮屈《きゅうくつ》で、ゆとりがない。例 堅苦しい話《はなし》。

**かたぐるま**【肩車】名 動-する 子《こ》どもなどを、両肩《りょうかた》にまたがらせてかつぐこと。

**かたごし**【肩越し】名 人《ひと》の肩《かた》の上《うえ》を通《とお》り越《こ》すこと。例 人《ひと》の肩越しにのぞきこむ。

**かたこと**【片言】名〔小《ちい》さな子《こ》どもや外国《がいこく》人《じん》などが話《はな》す〕たどたどしくて、発音《はつおん》もはっきりしない言《い》い方《かた》。例 片言の日本語《にほんご》。

**かたじけない** 形〔人《ひと》から受《う》けた親切《しんせつ》などが〕まことにありがたい。〔古《ふる》い言《い》い方《かた》。〕例「助《たす》けていただき、かたじけない。」

**かたすかし**【肩透かし】名 ❶すもうの技《わざ》の一《ひと》つ。肩《かた》を相手《あいて》の胸《むね》に当《あ》てて組《く》んだ手《て》を急《きゅう》にぬいて、相手《あいて》を前《まえ》に引《ひ》き落《お》とす。❷勢《いきお》いこんだ相手《あいて》の力《ちから》をそらせて、むだに終《お》わらせること。例 一生懸命《いっしょうけんめい》にやったのに肩透かしをくった。

**かたすみ**【片隅】名 一方《いっぽう》のすみ。すみっこ。例 庭《にわ》の片隅に木《き》を植《う》える。

**かたずをのむ**【〈固唾〉をのむ】どうなることかと、心配《しんぱい》してじっと見《み》つめる。例 人《ひと》を助《たす》け出《だ》すシーンを、かたずをのんで見守《みまも》った。参考「固唾《かたず》」は、緊張《きんちょう》したとき、口《くち》にた



世界の国 ナイジェリア アフリカ中部《ちゅうぶ》、ギニア湾《わん》に面《めん》する国《くに》。石油《せきゆ》が豊富《ほうふ》で、トウモロコシや米《こめ》、落花生《らっかせい》を産《さん》する。首《しゅ》

**例解 ことばの窓**

**片付《かたづ》ける の意味《いみ》で**

書類《しょるい》をきちんと整理《せいり》する。
机《つくえ》の上《うえ》を整頓《せいとん》する。
古新聞《ふるしんぶん》を処分《しょぶん》する。
人々《ひとびと》の苦情《くじょう》を処理《しょり》する。
花火《はなび》のあと、火《ひ》の始末《しまつ》をする。

まる「つば」のこと。「固唾《かたず》」は、特別《とくべつ》に認《みと》められた読《よ》み方《かた》。

**かたたたき【肩叩き】**㊔ ❶肩《かた》のこりを和《やわ》らげるために肩《かた》を続《つづ》けてたたくこと。❷退《たい》職《しょく》などをおだやかに勧《すす》めること。

**◦かたち【形】**㊔ ❶外《そと》から見《み》た、物《もの》のようす。かっこう。例山《やま》の形。❷形式《けいしき》だけのこと。うわべ。例形だけの挨拶《あいさつ》。➡けい【形】386ページ

**かたちづくる【形作る】**動 一《ひと》つの、まとまったものを作《つく》り上《あ》げる。例学問《がくもん》の体系《たいけい》を形作る。

**◦かたづく【片付く】**動 ❶きちんと整理《せいり》整《せい》頓《とん》される。例部屋《へや》がかたづく。❷始末《しまつ》がつく。終《お》わる。例事件《じけん》がかたづく。

**がたつく**動 ❶がたがた音《おと》を立《た》てる。例ガラス戸《ど》ががたつく。❷寒《さむ》さや恐怖《きょうふ》のために体《からだ》がふるえる。例寒《さむ》くて足《あし》ががたつく。❸みだれて、不安定《ふあんてい》になる。例チームががたつく。

**◦かたづける【片付ける】**動 ❶ちらかっているものを、きちんと整理整頓《せいりせいとん》する。例机《つくえ》の上《うえ》をかたづける。❷始末《しまつ》をつける。終《お》える。例仕事《しごと》をかたづける。

**かたっぱしから【片っ端から】**副 次々《つぎつぎ》に。手当《てあ》たりしだいに。例出《で》てくる敵《てき》を片っ端からやっつける。

**かたつむり**㊔ 陸《りく》にすむ巻《ま》き貝《がい》。頭《あたま》に四本《よんほん》の触角《しょっかく》があり、長《なが》い二本《にほん》の先《さき》に目《め》がある。危《き》険《けん》を感《かん》じると、からの中《なか》に入《はい》る。デンデンムシ。マイマイ。➡ほうげん(方言)1195ページ

**かたて【片手】**㊔ 片方《かたほう》の手《て》。

**かたてま【片手間】**㊔ おもな仕事《しごと》の合間《あいま》。例宿題《しゅくだい》の工作《こうさく》は片手間にはできない。

**かたどおり【型通り】**㊔形動 決《き》められたやり方《かた》のとおり。例型どおりの挨拶《あいさつ》。

**かたとき【片時】**㊔ ほんのちょっとの間《あいだ》。例赤《あか》ちゃんが歩《ある》くようになると、片時も目《め》がはなせない。注意 あとに「ない」など打《う》ち消《け》しの言葉《ことば》がくることが多《おお》い。

**かたどる**動 同《おな》じ形《かたち》に作《つく》る。ある形《かたち》に似《に》せる。例らっぱをかたどったマーク。

**◦かたな【刀】**㊔ 片側《かたがわ》に刃《は》をつけた細長《ほそなが》い武《ぶ》器《き》。日本刀《にほんとう》。➡とう【刀】902ページ

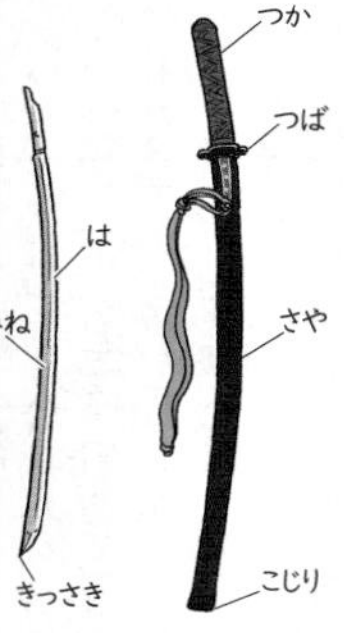

〔かたな〕

**刀《かたな》折《お》れ矢《や》尽《つ》きる** これ以上《いじょう》戦《たたか》うことができなくなる。どうすることもできない。

**かたなかじ【刀〈鍛冶〉】**㊔ 刀《かたな》を作《つく》る人《ひと》。刀工《とうこう》。

**かたながり【刀狩り】**㊔ 昔《むかし》、一揆《いっき》を防《ふせ》ぐため、農民《のうみん》や商人《しょうにん》から武器《ぶき》となる刀《かたな》ややりなどを取《と》り上《あ》げたこと。豊臣秀吉《とよとみひでよし》が行《おこな》ったものが有名《ゆうめい》。

**かたなし【形無し】**㊔形動 みじめなありさまになること。例負《ま》け続《つづ》きでは名人《めいじん》も形無しだ。

**かたならし【肩慣らし】**㊔動-する ❶野球《やきゅう》などで、ボールを軽《かる》く投《な》げたりして行《おこな》う準《じゅん》備運動《びうんどう》。❷何《なに》かをする前《まえ》の下準備《したじゅんび》。

**かたはし【片端】**㊔ ❶一方《いっぽう》の端《はし》。例道路《どうろ》の片端。❷わずかな部分《ぶぶん》。例話《はなし》のほんの片端だけ聞《き》いた。

**かたばみ**㊔ 庭《にわ》や道《みち》ばたに生《は》える多年草《たねんそう》。葉《は》はハートが三《みっ》つ集《あつ》まった形《かたち》。黄色《きいろ》い花《はな》をつける。

**かたはらいたい【片腹痛い】**形 ばからしくて、おかしくてたまらない。こっけいで、見《み》ていられない。

**かたひじはる【肩肘張る】**動 (肩《かた》やひじをいからすようにして)いばる。むやみにかた苦《くる》しくする。例肩肘張った生《い》き方《かた》。

**かたほう【片方】**㊔ 二《ふた》つあるうちの、一《ひと》つの方《ほう》。片一方《かたいっぽう》。対両方《りょうほう》。



る。首都《しゅと》ヤレン。人口約《じんこうやく》11,000人《にん》で、世界《せかい》で4番《ばん》めに少《すく》ない。略称《りゃくしょう》 NRU。

**かたぼうをかつぐ【片棒を担ぐ】** あまりよくないことを、いっしょにする。例いたずらの片棒を担ぐ。参考「片棒《かたぼう》」は、二人《ふたり》でかつぐ乗《の》り物《もの》のかごの、棒《ぼう》の片方《かたほう》のこと。

○**かたまり【固まり・塊】** 名 ❶かたまったもの。例砂《さ》糖《とう》のかたまり。❷集《あつ》まり。群《む》れ。例見物人《けんぶつにん》のかたまり。❸心《こころ》をそのことだけに向《む》けること。例あの人《ひと》は欲《よく》のかたまりだ。

⇩**かい【塊】** 195ページ

○**かたまる【固まる】** 動 ❶やわらかいものが固《かた》くなる。例セメントが固まる。❷一《ひと》つ所《ところ》に集《あつ》まる。例子《こ》どもたちがかたまって遊《あそ》んでいる。❸確《たし》かなものになる。定《さだ》まる。例考《かんが》えが固まる。❹心《こころ》をそのことにだけ向《む》ける。例欲《よく》で固まる。⇩**こ【固】** 419ページ

**かたみ【形見】** 名 死《し》んだ人《ひと》や別《わか》れた人《ひと》が残《のこ》した、思《おも》い出《で》となる品物《しなもの》。遺品《いひん》。

**かたみがせまい【肩身が狭い】** 世《よ》の中《なか》の人《ひと》に対《たい》してひけめを感《かん》じる。例負《ま》けてばかりいて肩身が狭い。

**かたみち【片道】** 名 行《い》きか帰《かえ》りかの、どちらか一方《いっぽう》。例片道五分《ふん》かかる。対往復《おうふく》。

**かたむき【傾き】** 名 かたむくこと。また、その程度《ていど》。例柱《はしら》の傾きぐあい。

○**かたむく【傾く】** 動 ❶ななめになる。例地《じ》震《しん》で、家《いえ》が傾いた。❷(考《かんが》え方《かた》などが)ある方《ほう》へ寄《よ》る。例クラスの意見《いけん》が賛成《さんせい》に傾く。❸日《ひ》や月《つき》が、西《にし》にしずもうとする。例日《ひ》が西《にし》に傾く。❹おとろえる。例商売《しょうばい》が傾く。⇩**けい【傾】** 388ページ

○**かたむける【傾ける】** 動 ❶ななめにする。例首《くび》を傾ける。❷そのことに、心《こころ》を集《あつ》める。例話《はなし》に耳《みみ》を傾ける。❸おとろえさせる。例会社《かいしゃ》を傾ける。⇩**けい【傾】** 388ページ

○**かためる【固める】** 動 ❶やわらかいものを固《かた》くする。例地面《じめん》を固める。❷一《ひと》つ所《ところ》に集《あつ》める。例荷物《にもつ》を固めておく。❸確《たし》かにする。しっかりと動《うご》かないようにする。例基礎《きそ》を固める。決心《けっしん》を固める。❹しっかりと守《まも》る。例守備《しゅび》を固める。⇩**こ【固】** 419ページ

**かためん【片面】** 名 裏表《うらおもて》のあるものの、一《いっ》方《ぽう》の面《めん》。対両面《りょうめん》。

**かたやぶり【型破り】** 名 形動 決《き》まったやり方《かた》からはずれているようす。例型破りの開会式《かいかいしき》。

**かたゆで【固ゆで】** 名 卵《たまご》などを、かためにゆでること。

○**かたよる【偏る・片寄る】** 動 ❶一方《いっぽう》に寄《よ》る。例人口《じんこう》が都市《とし》に偏る。❷ものごとが一《いっ》方《ぽう》にかたむいて、つり合《あ》いがとれなくなる。例栄養《えいよう》が偏る。⇩**へん【偏】** 1183ページ

**かたらう【語らう】** 動 ❶親《した》しく話《はな》し合《あ》う。例みんなで語らう。❷いっしょに何《なに》かしようと、さそう。例友《とも》を語らって山《やま》に行《い》く。

⇩**ご【語】** 421ページ

✤**かたり【語り】** 名 ❶話《はなし》をすること。語《かた》ること。また、その話《はなし》。❷(能楽《のうがく》や狂言《きょうげん》などで)節《ふし》のついた謡《うたい》でなく、節《ふし》をつけずに語《かた》ること。また、その文句《もんく》。❸映画《えいが》・テレビなどのナレーション。

**かたりあう【語り合う】** 動 たがいに話《はなし》をする。話《はな》し合《あ》う。例夢《ゆめ》を語り合う。

**かたりあかす【語り明かす】** 動 話《はなし》をし合《あ》って一夜《いちや》を過《す》ごす。

**かたりぐさ【語りぐさ】** 名 いつまでも話《わ》題《だい》になるようなことがら。例世間《せけん》の語りぐさになる。

✤**かたりくち【語り口】** 名 ものを語《かた》るときの声《こえ》の調子《ちょうし》やようす。例しんみりとした語り口。

**かたりつぐ【語り継ぐ】** 動 後《のち》の世《よ》に、次々《つぎつぎ》に話《はな》して伝《つた》える。例民話《みんわ》を語り継ぐ。

**かたりつたえる【語り伝える】** 動 世間《せけん》の人々《ひとびと》や後《のち》の世《よ》の人々《ひとびと》に言《い》い伝《つた》える。例戦《せん》争《そう》の体験《たいけん》を語り伝える。

✤**かたりて【語り手】** 名 ❶話《はなし》をする人《ひと》。話《はな》し手《て》。また、物語《ものがたり》を語《かた》る人《ひと》。❷劇《げき》などで、内《ない》容《よう》や筋《すじ》を語《かた》る人《ひと》。ナレーター。

**かたりべ【語り部】** 名 ❶古代《こだい》の日本《にっぽん》で、歴《れき》史《し》や伝説《でんせつ》などを語《かた》り伝《つた》えることを仕事《しごと》にしていた人《ひと》。❷自分《じぶん》が体験《たいけん》したことなどを、広《ひろ》く語《かた》り伝《つた》える人《ひと》。例被爆体験《ひばくたいけん》の語り部。

**かたりもの【語り物】** 名 楽器《がっき》に合《あ》わせながら、節《ふし》をつけて物語《ものがたり》を語《かた》ること。また、その物語《ものがたり》。平家琵琶《へいけびわ》、浄瑠璃《じょうるり》など。

○**かたる【語る】** 動 ❶(順序《じゅんじょ》立《だ》てて)話《はな》す。話《はなし》をする。例昔《むかし》の思《おも》い出《で》を語る。❷節《ふし》をつけ



世界の国 ナウル 南太平洋《みなみたいへいよう》の赤道直下《せきどうちょっか》の小《ちい》さな島《しま》を国土《こくど》とする国《くに》。かつてはリン鉱石《こうせき》を産《さん》したが、最近《さいきん》は減少《げんしょう》してい

てうたう。例 浪曲《ろうきょく》を語る。❸表《あらわ》す。例 その目《め》が気持《きも》ちを語っている。⬇ご【語】421ページ 例 語《かた》るに足《た》る 話《はな》してみるかいがある。例 語るに足る友人《ゆうじん》。

**かたる【騙る】** 動 うそをついて人《ひと》をだます。

**カタログ** 〔英語 catalog〕名 商品《しょうひん》の説明《せつめい》書《しょ》。商品目録《しょうひんもくろく》。

**かたわら【傍ら】** 名 ❶そば。わき。例 道《みち》の傍ら。❷あることをしながら、その一方《いっぽう》では。例 働《はたら》くかたわら勉強《べんきょう》する。参考 ふつう❷は、かな書《が》きにする。⬇ぼう【傍】1192ページ

**かたわれ【片割れ】** 名 ❶割《わ》れたもののひとかけら。❷仲間《なかま》の一人《ひとり》。例 犯人《はんにん》の片割れ。

**かたん【荷担・加担】** 名 動-する 力《ちから》を貸《か》して助《たす》けること。例 悪《わる》いたくらみに荷担する。

**かだん【花壇】** 名 土《つち》を盛《も》り上《あ》げ、仕切《しき》りをして、草花《くさばな》を植《う》えた所《ところ》。

**かち【価値】** 名 (その物《もの》が持《も》っている)値打《ねう》ち。大切《たいせつ》さ。例 価値のある品物《しなもの》。

**かち【勝ち】** 名 勝《か》つこと。例 これで白組《しろぐみ》の勝ちが決《き》まった。対 負《ま》け。

**勝《か》ちに乗《じょう》ずる** 勝《か》った勢《いきお》いに乗《の》って、ものごとをすすめる。

**がち** 〔ある言葉《ことば》のあとにつけて〕「そうなることが多《おお》い」という意味《いみ》を表《あらわ》す。例 おくれがちな時計《とけい》。病気《びょうき》がちの人《ひと》。

**かちあう【かち合う】** 動 ❶ぶつかる。例 頭《あたま》と頭《あたま》がかち合う。❷重《かさ》なる。例 日曜《にちよう》と祝日《しゅくじつ》がかち合う。

**かちあがる【勝ち上がる】** 動 勝《か》って、次《つぎ》の段階《だんかい》に進《すす》む。例 決勝戦《けっしょうせん》まで勝ち上がる。

**かちいくさ【勝ち戦】** 名 戦《たたか》いに勝《か》つこと。また、その戦《たたか》い。

**かちかち** 一 副(-と) かたい物《もの》がぶつかり合《あ》って出《だ》す音《おと》のようす。例 拍子木《ひょうしぎ》をかちかちと打《う》つ。二 形動 ❶とてもかたいようす。例 おもちがかちかちになる。❷頑固《がんこ》なようす。例 頭《あたま》がかちかちな人《ひと》。❸ひどく緊張《きんちょう》しているようす。こちこち。例 初《はじ》めての司会《しかい》でかちかちになる。

**がちがち** 一 副(-と) かたい物《もの》が強《つよ》くぶつかり合《あ》って出《だ》す音《おと》のようす。例 ふるえて歯《は》ががちがち鳴《な》る。二 形動 ❶ひどく固《かた》くなっているようす。例 がちがちに凍《こお》りついている。❷融通《ゆうずう》がきかないようす。例 がちがちに固《かた》い考《かんが》え。❸体《からだ》がこわばっているようす。例 緊張《きんちょう》でがちがちだ。

**かちかん【価値観】** 名 何《なに》に価値《かち》を認《みと》めるかについての、一人一人《ひとりひとり》の考《かんが》え方《かた》。例 彼《かれ》とはスポーツに対《たい》する価値観が違《ちが》う。

**かちき【勝ち気】** 名 形動 人《ひと》に負《ま》けまいとする性質《せいしつ》。負《ま》けん気《き》。

**かちく【家畜】** 名 生活《せいかつ》に役立《やくだ》てるために、人《ひと》が飼《か》っている動物《どうぶつ》。牛《うし》・馬《うま》・ブタ・ニワトリなど。

**かちこす【勝ち越す】** 動 勝《か》った数《かず》が、負《ま》けた数《かず》より多《おお》くなる。例 八勝七敗《はっしょうななはい》で勝ち越した。対 負《ま》け越《こ》す。

**かちどき【勝ちどき】** 名 戦《たたか》いに勝《か》ったときに、みんながそろってさけぶ、喜《よろこ》びの声《こえ》。例 勝ちどきをあげる。

**かちとる【勝ち取る】** 動 苦労《くろう》して、自分《じぶん》のものとする。例 優勝《ゆうしょう》を勝ち取る。

**かちなのり【勝ち名乗り】** 名 ❶(すもうで)行司《ぎょうじ》が軍配《ぐんばい》をあげて、勝《か》った力士《りきし》の名《な》を呼《よ》びあげること。❷戦《たたか》いに勝《か》ったと宣言《せんげん》すること。例 当選《とうせん》して、勝ち名乗りをあげる。

**かちぬき【勝ち抜き】** 名 ❶その人《ひと》が負《ま》けるまで、相手《あいて》を変《か》えて勝負《しょうぶ》すること。❷⬇トーナメント919ページ

**かちぬく【勝ち抜く】** 動 ❶つぎつぎに勝《か》ち進《すす》む。❷最後《さいご》まで戦《たたか》って勝《か》つ。例 苦《くる》しい戦《たたか》いをついに勝ち抜いた。

**かちほこる【勝ち誇る】** 動 勝《か》って得意《とくい》になる。

**かちまけ【勝ち負け】** 名 勝《か》つことと、負《ま》けること。例 勝ち負けを決《き》める。

**かちみ【勝ち味】** 名 勝《か》つ見《み》こみ。勝《か》ち目《め》。例 勝ち味がない。

**かちめ【勝ち目】** 名 勝《か》つ見《み》こみ。勝《か》ち味《み》。例 相手《あいて》が強《つよ》くて勝ち目がない。

**かちゅう【渦中】** 名 事件《じけん》や混乱《こんらん》の真《ま》ったただ中《なか》。例 渦中の人物《じんぶつ》。

**かちゅうのくりをひろう【火中の栗を拾う】** 他人《たにん》の利益《りえき》のために、危険《きけん》なことや困難《こんなん》なことをする。例「へたに口《くち》を出《だ》すと、火中の栗を拾うことになるよ。」参考

ん。首都《しゅと》ウィントフック。人口約《じんこうやく》250万人《まんにん》。略称《りゃくしょう》NAM。

サルにおだてられたネコが、いろりの火《ひ》の中《なか》の栗《くり》を拾《ひろ》わされて大《おお》やけどをしたという、西《せい》洋《よう》の話《はなし》から。

**かちょう**【家長】名 一《いっ》家《か》の主《しゅ》人《じん》。〔古《ふる》い言《い》い方《かた》。〕

**かちょう**【課長】名 役《やく》所《しょ》や会《かい》社《しゃ》などの課《か》の、いちばん上《うえ》の役《やく》の人《ひと》。

**がちょう** 名 アヒルよりは少《すこ》し大《おお》きい水《みず》鳥《とり》。くちばしが黄《き》色《いろ》で、雄《おす》はくちばしの上《うえ》に丸《まる》いこぶがある。

■**かちょうふうげつ**【花鳥風月】名 自《し》然《ぜん》の美《うつく》しい風《ふう》物《ぶつ》。特《とく》に、花《はな》や鳥《とり》などに代《だい》表《ひょう》されるような、美《うつく》しい日《にっ》本《ぽん》の四《し》季《き》の風《ふう》景《けい》や事《じ》物《ぶつ》をいう。例 花鳥風月を友《とも》とする。類 雪《せつ》月《げつ》花《か》。

**がちんこ** 名 本《ほん》気《き》で取《と》り組《く》むこと。真《しん》剣《けん》勝《しょう》負《ぶ》。〔くだけた言《い》い方《かた》。〕例 ガチンコ勝《しょう》負《ぶ》。参考 略《りゃく》して「ガチ」と言《い》うことがある。

**かちんとくる**【かちんと来る】気《き》にくわない。不《ふ》愉《ゆ》快《かい》だ。〔くだけた言《い》い方《かた》。〕例「弱《よわ》虫《むし》と言《い》われて、かちんと来たね。」

**かつ【活】** 画数 9 部首 氵(さんずい) 2年

音 カツ 訓 ―

筆順 活

❶生《い》きる。生《い》かす。熟語 活《かつ》用《よう》。活《かつ》力《りょく》。生《せい》活《かつ》。❷生《い》き生《い》きしている。熟語 活《かっ》気《き》。活《かっ》発《ぱつ》。快《かい》活《かつ》。復《ふっ》活《かつ》。

**かつ**【活】名 生《い》きること。例 死《し》中《ちゅう》に活を求《もと》める〔=困《こん》難《なん》を切《き》りぬけて、生《い》きぬく〕。

**活《かつ》を入《い》れる** ❶気《き》絶《ぜつ》した人《ひと》の息《いき》をふき返《かえ》させる。❷元《げん》気《き》づけて、やる気《き》をおこさせる。例 だらけたチームに活を入れる。類 発《はっ》破《ぱ》をかける。

**かつ【割】** 画数 12 部首 刂(りっとう) 6年

音 カツ 訓 わ-る わり わ-れる さ-く

筆順 割

❶分《わ》ける。熟語 分《ぶん》割《かつ》。群《ぐん》雄《ゆう》割《かっ》拠《きょ》。役《やく》割《わり》。割《わり》高《だか》。❷切《き》りさく。熟語 割《かつ》愛《あい》。❸わりあい。熟語 割《わり》引《びき》。

《訓の使い方》**わ-る** 例 二《ふた》つに割る。**わ-れる** 例 皿《さら》が割れる。**さ-く** 例 時《じ》間《かん》を割く。

**かつ【括】** 画数 9 部首 扌(てへん)

音 カツ 訓 ―

くくる。ひとまとめにする。熟語 括《かっ》弧《こ》。一《いっ》括《かつ》。総《そう》括《かつ》。

**かつ【喝】** 画数 11 部首 口(くちへん)

音 カツ 訓 ―

❶しかる。大《おお》声《ごえ》で人《ひと》をしかりつける。熟語 一《いっ》喝《かつ》。❷おどす。熟語 恐《きょう》喝《かつ》。❸大《おお》声《ごえ》で呼《よ》びかける。熟語 喝《かっ》采《さい》。

**かつ【渇】** 画数 11 部首 氵(さんずい)

音 カツ 訓 かわ-く

❶水《みず》がかれる。かわく。熟語 渇《かっ》水《すい》。枯《こ》渇《かつ》。❷のどがかわく。熟語 飢《き》渇《かつ》〔=うえとかわき〕。❸しきりに望《のぞ》む。熟語 渇《かつ》望《ぼう》。

**かつ【葛】** 画数 12 部首 艹(くさかんむり)

音 カツ 訓 くず

❶クズ(秋《あき》の七《なな》草《くさ》の一《ひと》つ)。熟語 葛《くず》粉《こ》。葛《くず》湯《ゆ》。❷植《しょく》物《ぶつ》のつる。熟語 葛《かっ》藤《とう》。参考「葛《かつ》」は「葛《かつ》」とも書《か》く。

**かつ【滑】** 画数 13 部首 氵(さんずい)

音 カツ コツ 訓 すべ-る なめ-らか

すべる。なめらか。熟語 滑《かっ》降《こう》。滑《かっ》走《そう》。円《えん》滑《かつ》。滑《こっ》稽《けい》。例 滑《すべ》って転《ころ》ぶ。表《ひょう》面《めん》が滑《なめ》らかな石《いし》。

**かつ【褐】** 画数 13 部首 衤(ころもへん)

音 カツ 訓 ―

黒《くろ》っぽい茶《ちゃ》色《いろ》。熟語 褐《かっ》色《しょく》。

**かつ【轄】** 画数 17 部首 車(くるまへん)

音 カツ 訓 ―

とりしまる。おさえる。熟語 管《かん》轄《かつ》。直《ちょっ》轄《かつ》〔=直《ちょく》接《せつ》治《おさ》めること〕。

**かつ【且】** 画数 5 部首 一(いち)

音 ― 訓 か-つ

さらに。また。

**かつ**【且つ】一 接 さらに。その上《うえ》。例 必《ひつ》要《よう》かつ十《じゅう》分《ぶん》な食《しょく》糧《りょう》。二 副 一《いっ》方《ぽう》では。例 かつ



世界の国 ナミビア　アフリカ南《なん》西《せい》部《ぶ》、大《たい》西《せい》洋《よう》に面《めん》した国《くに》。ウラン・ダイヤをはじめとする地《ち》下《か》資《し》源《げん》が豊《ほう》富《ふ》。牧《ぼく》畜《ちく》もさか

遊《あそ》び、かつ学《まな》ぶ。[参考] ふつう、かな書《が》きにする。

**°かつ【勝つ】** [動] ❶戦《たたか》って相手《あいて》を負《ま》かす。[例] 試合《しあい》に勝つ。勝つか負《ま》けるかは時《とき》の運《うん》（＝必《かなら》ずしも強《つよ》い者《もの》が勝《か》つとは限《かぎ》らない）。❷その傾向《けいこう》が強《つよ》い。[例] 理《り》性《せい》の勝った冷《れい》静《せい》な人《ひと》。❸努《ど》力《りょく》しておさえつける。[例] 病《びょう》気《き》に勝つ。[対]（❶〜❸）負《ま》ける。⇩しょう【勝】621ページ

**勝《か》ってかぶとの緒《お》をしめよ** 勝《か》ったからといって油《ゆ》断《だん》をせず、なおいっそう気《き》持《も》ちを引《ひ》きしめよ。

**カツ** [名]「カツレツ」の略《りゃく》。[例] とんカツ。

**かっ【合】** [熟語] 合《かっ》戦《せん》。⇩ごう【合】429ページ

**がつ【月】** [熟語] 正《しょう》月《がつ》。年《ねん》月《がっ》日《ぴ》。⇩げつ【月】401ページ

**がっ【合】** [熟語] 合《がっ》宿《しゅく》。⇩ごう【合】429ページ

**かつあい【割愛】** [名][動する] おしいと思《おも》いながら、思《おも》いきって省《はぶ》くこと。[例] 説《せつ》明《めい》の一《いち》部《ぶ》を割愛する。

**かつお【鰹】** [名] 暖《あたた》かい海《うみ》を、群《む》れを作《つく》って泳《およ》ぐ回《かい》遊《ゆう》魚《ぎょ》。さしみで食《た》べたり、かつおぶしにしたりする。⇩だんりゅうぎょ 818ページ

**かつおぎ【鰹木】** [名] 神《じん》社《じゃ》の屋《や》根《ね》の上《うえ》に、横《よこ》に並《なら》べてかざった数《すう》本《ほん》の木《き》。⇩ちぎ 822ページ

**かつおぶし【鰹節】** [名] カツオの身《み》を煮《に》て干《ほ》して固《かた》くしたもの。うすくけずって食《た》べたり、だしを取《と》ったりする。

**かっか【閣下】** [名] 大《だい》臣《じん》や将《しょう》軍《ぐん》など、位《くらい》の高《たか》い人《ひと》を敬《うやま》って呼《よ》ぶ言《こと》葉《ば》。

**がっか【学科】** [名] 学《がっ》校《こう》で勉《べん》強《きょう》する科《か》目《もく》。例《たと》えば、国《こく》語《ご》・算《さん》数《すう》・音《おん》楽《がく》など。

**がっか【学課】** [名] 学《まな》ばなければならない内《ない》容《よう》。

**かっかい【各界】** [名] 政《せい》界《かい》・学《がっ》界《かい》・芸《げい》能《のう》界《かい》などの、それぞれの社《しゃ》会《かい》。かくかい。[例] 各界の有《ゆう》名《めい》人《じん》が集《あつ》まる。

**がっかい【学会】** [名] 専《せん》門《もん》の学《がく》問《もん》を、深《ふか》く研《けん》究《きゅう》するためにできている研《けん》究《きゅう》者《しゃ》の集《あつ》まり。また、その会《かい》合《ごう》。[例] 日《に》本《ほん》語《ご》学会。

**がっかい【学界】** [名] 学《がく》問《もん》の世《せ》界《かい》。学《がく》者《しゃ》の社《しゃ》会《かい》。[例] 医《い》学界。

**かつ かいしゅう〔勝 海舟〕** [人名]（男）（一八二三〜一八九九）江《え》戸《ど》時《じ》代《だい》末《まっ》期《き》から明《めい》治《じ》時《じ》代《だい》の政《せい》治《じ》家《か》。本《ほん》名《みょう》は安《やす》芳《よし》。江《え》戸《ど》幕《ばく》府《ふ》の役《やく》人《にん》として、咸《かん》臨《りん》丸《まる》でアメリカにわたった。また、官《かん》軍《ぐん》と幕《ばく》府《ふ》軍《ぐん》との戦《たたか》いでは、官《かん》軍《ぐん》の西《さい》郷《ごう》隆《たか》盛《もり》と話《はな》し合《あ》い、江《え》戸《ど》を戦《せん》火《か》から救《すく》うため江《え》戸《ど》城《じょう》を平《へい》和《わ》に明《あ》けわたした。

**かっかざん【活火山】** [名] 現《げん》在《ざい》、噴《ふん》火《か》したり煙《けむり》をはいたりしている火《か》山《ざん》。また、過《か》去《こ》一《いち》万《まん》年《ねん》の間《あいだ》に、噴《ふん》火《か》したことのある火《か》山《ざん》。

**かつかつ** [副][形動] どうにか精《せい》いっぱいのようす。ぎりぎりのようす。[例] かつかつの暮《く》らし。

**がつがつ** [副(-と)][動する] ❶食《た》べ物《もの》を、むさぼって食《た》べるようす。[例] がつがつ食《た》べる。❷むやみに欲《よく》張《ば》るようす。[例] お年《とし》玉《だま》をがつがつとためこむ。

**°がっかり** [副][動する] ものごとが思《おも》いどおりにならないで、気《き》を落《お》とすようす。[例] 雨《あめ》で花《はな》火《び》大《たい》会《かい》が中《ちゅう》止《し》になりがっかりだ。

> **例解 ことばの窓**
> **がっかり の意《い》味《み》で**
> 母《はは》の死《し》ですっかり気《き》落《お》ちする。
> 前《ぜん》途《と》に失《しっ》望《ぼう》する。
> 試《し》験《けん》に落《お》ちて落《らく》胆《たん》する。

**かっき【活気】** [名] 生《い》き生《い》きとして、元《げん》気《き》があること。[例] 活気にあふれたクラス。

**°がっき【学期】** [名] 学《がっ》校《こう》で、一《いち》年《ねん》間《かん》を二《ふた》つ、または三《みっ》つに分《わ》けた期《き》間《かん》の一《ひと》つ。

**°がっき【楽器】** [名] 音《おん》楽《がく》を演《えん》奏《そう》するために使《つか》う器《き》具《ぐ》。弦《げん》楽《がっ》器《き》・管《かん》楽《がっ》器《き》・打《だ》楽《がっ》器《き》など。

**かっきづく【活気づく】** [動] 生《い》き生《い》きとしてくる。[例] 年《ねん》末《まつ》で、町《まち》が活気づいてきた。

**かっきてき【画期的】** [形動] 今《いま》までになかったような、新《あたら》しくすばらしいようす。[例] 画期的な発《はつ》明《めい》。

**がっきゅう【学究】** [名] 学《がく》問《もん》の研《けん》究《きゅう》にうち込《こ》んでいる人《ひと》。学《がく》者《しゃ》。[例] 学究の徒《と》。

**°がっきゅう【学級】** [名] 学《がっ》校《こう》などで、授《じゅ》業《ぎょう》のために児《じ》童《どう》・生《せい》徒《と》をいくつかの組《くみ》に分《わ》けたもの。クラス。[例] 学級日《にっ》誌《し》。学級文《ぶん》庫《こ》。

**がっきゅういいん【学級委員】** [名] 選《えら》ばれて、そのクラスの世《せ》話《わ》をする児《じ》童《どう》・生《せい》徒《と》。

**がっきゅうかい【学級会】** [名] 学《がっ》校《こう》や学《がっ》



アロフィ。人《じん》口《こう》約《やく》1,700人《にん》。

級《きゅう》の問題《もんだい》などについてクラスで話《はな》し合《あ》う会《かい》。

**がっきゅうぶんこ【学級文庫】** 名 それぞれの学級《がっきゅう》で利用《りよう》できるように、本《ほん》や資料《しりょう》を集《あつ》めたもの。

**がっきゅうへいさ【学級閉鎖】** 名 伝染《でんせん》病《びょう》が広《ひろ》がったときなどに、学級《がっきゅう》の授業《じゅぎょう》を休《やす》みにすること。

**かつぎょ【活魚】** 名 生《い》きているままの、料《りょう》理《り》用《よう》の魚《さかな》。

**かっきょう【活況】** 名 商売《しょうばい》などが活発《かっぱつ》で活気《かっき》のあるようす。例 市場《しじょう》は活況を呈《てい》している〔=活気《かっき》がある〕。

**がっきょく【楽曲】** 名 音楽《おんがく》の曲《きょく》。声楽曲《せいがくきょく》、器楽曲《きがくきょく》、管弦楽曲《かんげんがくきょく》など。

**かっきり** 副(-と) はんぱがないようす。ぴったり。例 かっきり六時《ろくじ》に始《はじ》める。

**○かつぐ【担ぐ】** 動 ❶(物《もの》を)肩《かた》にのせて支《ささ》える。例 おみこしを担ぐ。❷だます。例 友達《ともだち》に担がれた。❸迷信《めいしん》を気《き》にする。例 えんぎを担ぐ。❹上《うえ》に立《た》つ人《ひと》としておし立《た》てる。例 市長候補《しちょうこうほ》に担ぎ出《だ》す。↓たん【担】810ページ

**がっく【学区】** 名 公立《こうりつ》の小学校《しょうがっこう》や中学校《ちゅうがっこう》で、指定《してい》された通学区域《つうがくくいき》。校区《こうく》。

**かっくう【滑空】** 名 動-する 飛行機《ひこうき》やグライダーなどが、エンジンを使《つか》わずに風《かぜ》の力《ちから》や気《き》流《りゅう》に乗《の》って空《そら》を飛《と》ぶこと。

**がっくり** 副(-と) 動-する ❶力《ちから》がぬけて、急《きゅう》にくずれたようになるようす。例 ゴールにたどり着《つ》くと、がっくりとひざをついた。❷

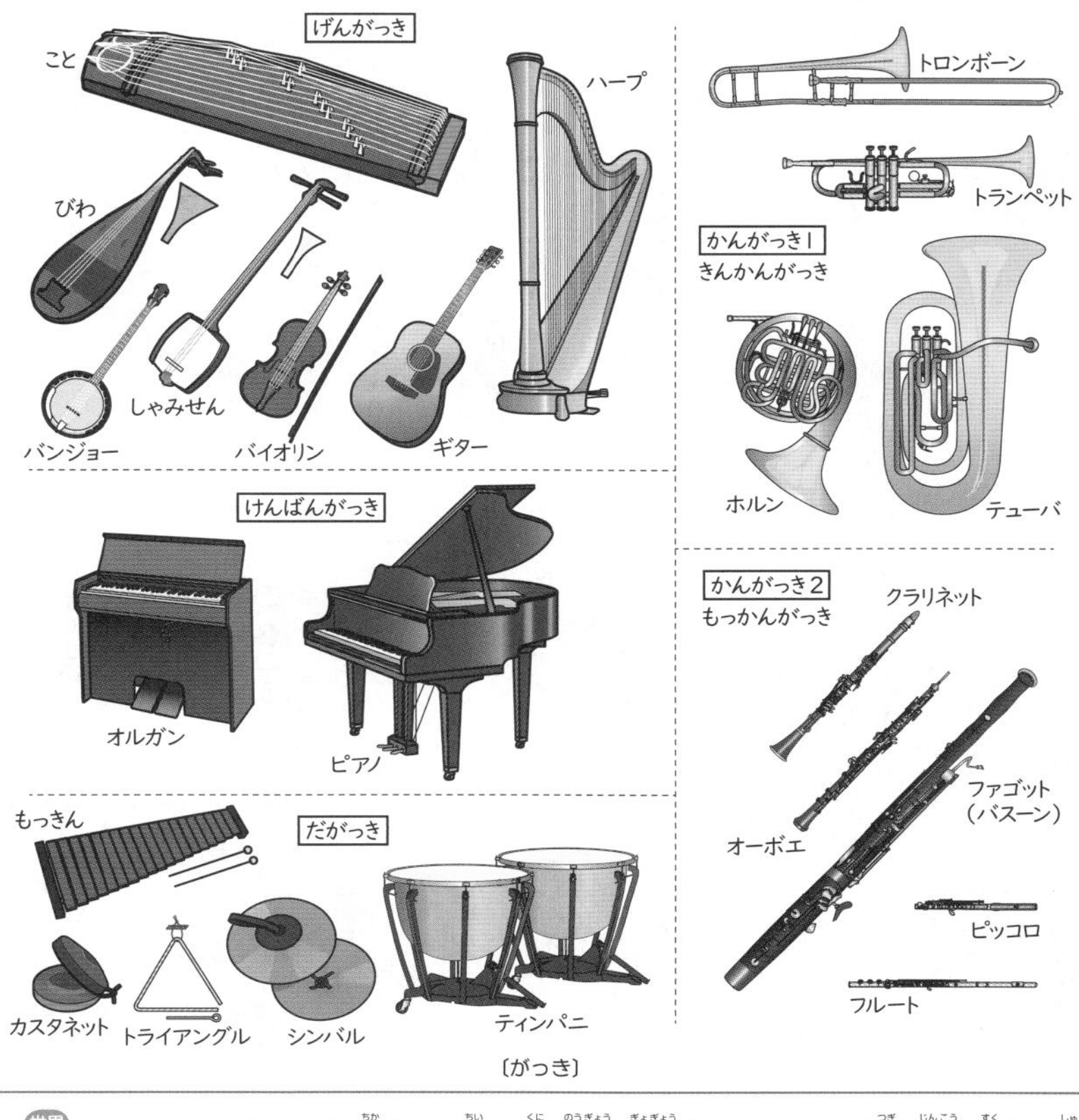

〔がっき〕





世界の国 ニウエ　ニュージーランドの近《ちか》くにある小《ちい》さな国《くに》。農業《のうぎょう》と漁業《ぎょぎょう》がさかん。バチカンの次《つぎ》に人口《じんこう》が少《すく》ない。首都《しゅと》

一度《いちど》に気《き》を落《お》とすようす。例 試験《しけん》に落《お》ちてがっくりした。

**かっけ** 名 ビタミン$B_1$《ビーワン》が足《た》りなくて起《お》こる病気《びょうき》。足《あし》がむくんで、体《からだ》がだるくなる。

**かっけつ【喀血】** 名 動-する 肺《はい》から、せきとともに血《ち》をはき出《だ》すこと。

**かっこ【各個】** 名 めいめい。それぞれ。各自《かくじ》。かくこ。例 各個に意見《いけん》を聞《き》く。

✤°**かっこ【括弧】** 名 文字《もじ》や文《ぶん》などの前後《ぜんご》を囲《かこ》んで、他《ほか》と区別《くべつ》するためのしるし。( )・「 」・〔 〕など。↓ふろく(11ページ)

**かっこ【確固】** 副(-と) しっかりしていて確《たし》かなようす。例 確固とした信念《しんねん》を持《も》つ。参考「確固《かっこ》たる信念《しんねん》」などと使《つか》うこともある。

**かっこいい** 形 見《み》た目《め》がいい。思《おも》わず引《ひ》きつけられる姿《すがた》やようす。

°**かっこう【格好・恰好】** 一 名 ❶姿《すがた》。形《かたち》。例 へんなかっこう。❷体裁《ていさい》。例 落第《らくだい》なんてかっこうが悪《わる》い。二 形動 ちょうど合《あ》っているようす。例 父《ちち》にかっこうなおくり物《もの》。

**かっこう【滑降】** 名 動-する 〔スキーやグライダーなどで〕滑《すべ》り降《お》りること。

**かっこう** 名 高原《こうげん》の林《はやし》や草原《そうげん》にすむ、ハトより少《すこ》し大《おお》きい野鳥《やちょう》。背《せ》は灰色《はいいろ》で腹《はら》は白地《しろじ》にしまがある。五月《ごがつ》ごろ日本《にっぽん》に来《き》て「カッコー、カッコー」と鳴《な》く。ホオジロやモズなどの鳥《とり》の巣《す》に卵《たまご》を産《う》む。閑古鳥《かんこどり》。

〔かっこう〕

°**がっこう【学校】** 名 先生《せんせい》が、児童《じどう》や生徒《せいと》などに勉強《べんきょう》を教《おし》える所《ところ》。

**がっこうぎょうじ【学校行事】** 名 学校《がっこう》が計画《けいかく》して行《おこな》うもよおし。運動会《うんどうかい》など。

**がっこうほうそう【学校放送】** 名 ❶学校《がっこう》の中《なか》での放送《ほうそう》。校内放送《こうないほうそう》。❷放送局《ほうそうきょく》で行《おこな》う、学校向《がっこうむ》けの放送《ほうそう》。

**かっこく【各国】** 名 それぞれの国《くに》。例 世界《せかい》各国の代表《だいひょう》が集《あつ》まる。

**かっこわるい【かっこ悪い】** 形 姿《すがた》やようすが見苦《みぐる》しい。ぶざまだ。

**かっさい【喝采】** 名 動-する 声《こえ》をあげ、手《て》をたたいて、ほめること。例 拍手《はくしゅ》喝采。

**がっさく【合作】** 名 動-する 何人《なんにん》かが、いっしょになって物《もの》を作《つく》ること。また、作《つく》った物《もの》。例 台本《だいほん》を友達《ともだち》と合作する。

**がっさん【合算】** 名 動-する いくつかの数《かず》を合計《ごうけい》すること。

✤**かつじ【活字】** 名 印刷《いんさつ》に使《つか》う、金属製《きんぞくせい》の文字《もじ》の型《かた》。また、それで印刷《いんさつ》した文字《もじ》。例 活字離《ばな》れ〔=読書《どくしょ》をしなくなること〕。

**かつしか ほくさい【葛飾北斎】** 人名 (男)(一七六〇～一八四九)江戸《えど》時代《じだい》の浮世絵《うきよえ》の画家《がか》。富士山《ふじさん》をかいた「富嶽三十六景《ふがくさんじゅうろっけい》」が有名《ゆうめい》。北斎《ほくさい》。

**かつじたい【活字体】** 名 活字《かつじ》の字体《じたい》。

**かっしゃ【滑車】** 名 力《ちから》の方向《ほうこう》を変《か》えたり、引《ひ》く力《ちから》を小《ちい》さくしたりする道具《どうぐ》。みぞのある車《くるま》に、ロープやくさりなどをかけて回転《かいてん》させる。定滑車《ていかっしゃ》と動滑車《どうかっしゃ》とがある。

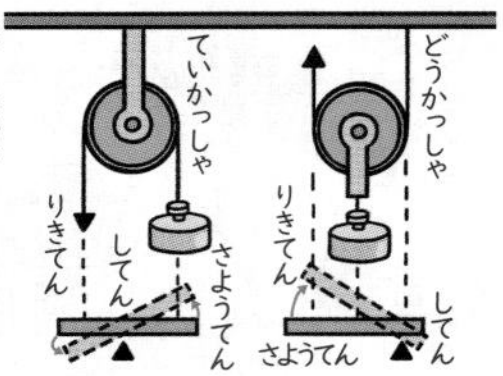

〔かっしゃ〕

**がっしゅうこく【合衆国】** 名 ❶「アメリカ合衆国《がっしゅうこく》」の略《りゃく》。❷いくつかの州《しゅう》や国《くに》が統合《とうごう》されてできた国家《こっか》。

**がっしゅく【合宿】** 名 動-する 練習《れんしゅう》や研究《けんきゅう》などのために、大勢《おおぜい》の人《ひと》が、いっしょに泊《と》まって生活《せいかつ》すること。

**がっしょう【合唱】** 名 動-する ❶〔音楽《おんがく》で〕多《おお》くの人《ひと》が声《こえ》の高《たか》さでグループに分《わ》かれて、一《ひと》つの曲《きょく》をいっしょに歌《うた》うこと。コーラス。例 二部《にぶ》合唱。関連 独唱《どくしょう》。斉唱《せいしょう》。❷大勢《おおぜい》の人《ひと》が声《こえ》をそろえて歌《うた》うこと。例 校歌《こうか》を合唱する。

**がっしょう【合掌】** 名 動-する 左右《さゆう》の手《て》のひらを合《あ》わせて、拝《おが》むこと。

**がっしょうだん【合唱団】** 名 合唱《がっしょう》をするためにあつまった集団《しゅうだん》。

**がっしょうづくり【合掌造り】** 名 木造《もくぞう》の大《おお》きな家《いえ》の屋根《やね》の造《つく》り方《かた》の一《ひと》つで、木材《もくざい》を山《やま》の形《かたち》に組《く》み合《あ》わせたもの。

〔がっしょうづくり〕

約《やく》660万人《まんにん》。略称《りゃくしょう》NCA。

**かっしょく【褐色】** 名 黒《くろ》みがかった茶色《ちゃいろ》。こげ茶色《ちゃいろ》。例 褐色に日焼《ひや》けした肌《はだ》。

**がっしり** 副(-と) 動-する 体《からだ》つきや物《もの》の作《つく》りがしっかりしていて、丈夫《じょうぶ》そうなようす。例 がっしりとした体格《たいかく》。

**かっすい【渇水】** 名 動-する 雨《あめ》が降《ふ》らなくて、水《みず》がかれること。

**かっせいか【活性化】** 名 動-する 活動《かつどう》を活《かっ》発《ぱつ》にすること。例 商店街《しょうてんがい》を活性化する。

**かっせいたん【活性炭】** 名 木炭《もくたん》や石炭《せきたん》から作《つく》った、特《とく》に気体《きたい》などを吸《す》いつける力《ちから》の強《つよ》い、細《こま》かいつぶの炭素《たんそ》。脱臭《だっしゅう》や脱色《だっしょく》、浄水《じょうすい》などに使《つか》う。

**かつぜつ【滑舌】** 名 (放送《ほうそう》や演劇《えんげき》などで)話《はな》すときの、口《くち》の動《うご》きのなめらかさ。例 早口言《はやくちこと》葉《ば》は滑舌の練習《れんしゅう》になる。

**かっせん【合戦】** 名 動-する 敵《てき》と味方《みかた》が出《で》あって、戦《たたか》うこと。例 川中島《かわなかじま》の合戦。

**かっそう【滑走】** 名 動-する すべるように走《はし》ること。例 スケートで滑走する。

**がっそう【合奏】** 名 動-する 〔音楽《おんがく》で〕二《ふた》つ以《い》上《じょう》の楽器《がっき》で、一《ひと》つの曲《きょく》をいっしょに演奏《えんそう》すること。対 独奏《どくそう》。

**かっそうろ【滑走路】** 名 飛行場《ひこうじょう》で、飛行《ひこう》機《き》が離着陸《りちゃくりく》するときに走《はし》る道《みち》。

**カッター** 〔英語 cutter〕名 ❶うすい刃《は》で物《もの》を切《き》る道具《どうぐ》。❷軍艦《ぐんかん》や汽船《きせん》などに備《そな》え付《つ》けてある大型《おおがた》のボート。

**カッターナイフ** 名 〔日本《にっぽん》でできた英語《えいご》ふうの言葉《ことば》。〕切《き》れにくくなるたびに刃先《はさき》を折《お》って使《つか》う、工作用《こうさくよう》のナイフ。

**がったい【合体】** 名 動-する 二《ふた》つ以上《いじょう》のものが合《あ》わさって一《ひと》つになること。

**かつだんそう【活断層】** 名 わずかずつ、ずれ動《うご》く可能性《かのうせい》があると考《かんが》えられる断層《だんそう》。活《かつ》断層《だんそう》の調査《ちょうさ》は地震《じしん》の予知《よち》に重要《じゅうよう》。⬇だんそう❶ 815ページ

**がっち【合致】** 名 動-する ぴったりと合《あ》うこと。例 目的《もくてき》に合致する。類 一致《いっち》。

**がっちり** 副(-と) 動-する ❶体《からだ》つきや物《もの》の作《つく》りなどがしっかりしているようす。〔「がっしり」を強《つよ》めた言《い》い方《かた》。〕例 がっちりした体《からだ》。❷しっかりと組《く》み合《あ》っているようす。例 がっちりと肩《かた》を組《く》む。❸(お金《かね》などに)ぬけめがないようす。例 あの人《ひと》は、がっちりしている。

**ガッツ** 〔英語 guts〕名 根性《こんじょう》。気力《きりょく》。例 ガッツのある若者《わかもの》。

**ガッツポーズ** 名 〔日本《にっぽん》でできた英語《えいご》ふうの言葉《ことば》。〕「やったぞ!」という、ほこる気持《きも》ちをあらわす動作《どうさ》。にぎりこぶしを突《つ》き出《だ》したりする。

**かつて** 副 ❶今《いま》までに。例 かってない大事《だいじ》件《けん》。❷昔《むかし》。前《まえ》のある時《とき》。例 かつて聞《き》いたことのある話《はなし》。注意 ❶は、あとに「ない」などの打《う》ち消《け》しの言葉《ことば》がくる。

**かって【勝手】** 一 名 ❶台所《だいどころ》。お勝手《かって》。例 勝手口《ぐち》。❷ようす。例 勝手がわからない。二 名 形動 自分《じぶん》のしたいようにするようす。わがまま。例 勝手な行動《こうどう》。

**勝手《かって》が違《ちが》う** ようすがちがっていてやりにくい。例 今度《こんど》の機械《きかい》は勝手が違う。

**かってきまま【勝手気まま】** 名 形動 自《じ》分《ぶん》の思《おも》うとおりにするようす。わがまま。

**かってぐち【勝手口】** 名 台所《だいどころ》の出入《でい》り口《ぐち》。

**かってでる【買って出る】** 自分《じぶん》から進《すす》んで引《ひ》き受《う》ける。例 当番《とうばん》を買って出る。

**がってん【合点】** 名 動-する 〔「がてん」ともいう。〕承知《しょうち》すること。納得《なっとく》すること。例「合点だ。すぐ出《で》かけよう。」

**かっと** 一 副 ❶日光《にっこう》や火《ひ》が、急《きゅう》に強《つよ》くなるようす。例 太陽《たいよう》がかっと照《て》りつける。❷目《め》や口《くち》などを、急《きゅう》に大《おお》きく開《ひら》くようす。例 両眼《りょうめ》をかっと見開《みひら》く。二 副 動-する 急《きゅう》に怒《おこ》ったり興奮《こうふん》したりするようす。例 すぐかっとなる。

**カット** 〔英語 cut〕一 名 動-する ❶切《き》ること。例 髪《かみ》の毛《け》をカットする。❷省《はぶ》くこと。例 文《ぶん》章《しょう》の一部《いちぶ》をカットする。❸テニスや卓球《たっきゅう》などで、ボールを切《き》るように打《う》つこと。二 名 ❶本《ほん》や新聞《しんぶん》などに入《い》れる、簡単《かんたん》なさし絵《え》。❷映画《えいが》の一場面《いちばめん》。

**ガット【GATT】** 名 〔「関税《かんぜい》および貿易《ぼうえき》に関《かん》する一般協定《いっぱんきょうてい》」という意味《いみ》の英語《えいご》の頭文《かしらも》字《じ》。〕国《くに》どうしの自由《じゆう》で差別《さべつ》のない貿易《ぼうえき》をおしすすめるための国際協定《こくさいきょうてい》。現在《げんざい》はWTO《ダブリューティーオー》に受《う》け継《つ》がれている。





世界の国 ニカラグア 中央《ちゅうおう》アメリカにある国《くに》。北海道《ほっかいどう》の1.5倍《ばい》の広《ひろ》さ。コーヒー・綿花《めんか》を産《さん》する。首都《しゅと》マナグア。人口《じんこう》

**かっとう【葛藤】**名 ❶あれこれと悩《なや》むこと。例良心《りょうしん》の葛藤に苦《くる》しむ。❷こみ入《い》った争《あらそ》い。例兄弟間《きょうだいかん》の葛藤。参考フジなどの植物《しょくぶつ》のつるが、からみ合《あ》ったようすから。

**°かつどう【活動】**名動-する 元気《げんき》よく動《うご》いたり、働《はたら》いたりすること。例春《はる》になると、ミツバチの活動が始《はじ》まる。

**かつどうてき【活動的】**形動 元気《げんき》よく動《うご》き、働《はたら》くようす。例活動的な人《ひと》。

**カットグラス**〔英語 cut glass〕名 模様《もよう》をほったり、筋《すじ》をつけたりしたガラスの器《うつわ》。切《き》り子《こ》。切《き》り子《こ》ガラス。

**かっとなる** 急《きゅう》に腹《はら》が立《た》つ。

**かっぱ【〈河童〉】**名 ❶川《かわ》や沼《ぬま》などにすむといわれる想《そう》像上《ぞうじょう》の動《どう》物《ぶつ》。背《せ》にこうらがあり、頭《あたま》の上《うえ》に水《みず》をたくわえた皿《さら》がある。手足《てあし》に水《みず》かきがあって泳《およ》ぎがうまい。❷泳《およ》ぎの上手《じょうず》な人《ひと》。

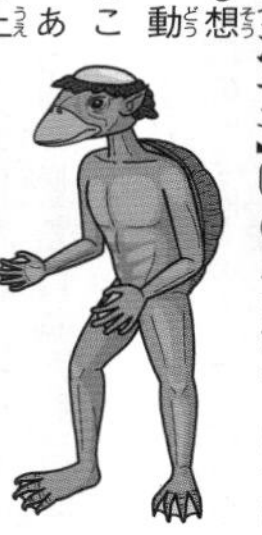

〔かっぱ❶〕

**かっぱの川《かわ》流《なが》れ**〔かっぱでも、おぼれることがあるように〕どんなに名人《めいじん》でも、失敗《しっぱい》することがあるということ。類猿《さる》も木《き》から落《お》ちる。弘法《こうぼう》も筆《ふで》の誤《あやま》り。

**かっぱ**名 雨《あめ》が降《ふ》ったときに着《き》るマント。雨《あま》ガッパ。参考もとはポルトガル語《ご》。「合羽《かっぱ》」と書《か》くこともある。

**°かっぱつ【活発】**形動 元気《げんき》で勢《いきお》いがいいようす。生《い》き生《い》きしているようす。例活発に意見《いけん》をかわす。類快活《かいかつ》。

**かっぱらう**動 すきをねらってぬすみ取《と》る。例さいふをかっぱらって逃《に》げる。

**かっぱん【活版】**名 活字《かつじ》を組《く》んでつくった、印刷《いんさつ》するための版《はん》。例活版印刷《いんさつ》。

**がっぴょう【合評】**名動-する 多《おお》くの人《ひと》が集《あつ》まり、人《ひと》の作品《さくひん》などについて、考《かんが》えを言《い》い合《あ》うこと。例合評会《かい》。

**カップ**〔英語 cup〕名 ❶取《と》っ手《て》のある茶《ちゃ》わん。❷目盛《めも》りのついた器《うつわ》。例計量《けいりょう》カップ。❸優勝《ゆうしょう》したときなどにもらう、大《おお》きなさかずきの形《かたち》をしたもの。

**かっぷく【恰幅】**名 体《からだ》のかっこう。体《からだ》つき。例恰幅のいい紳士《しんし》。参考よい意味《いみ》で使《つか》う。

**カップめん【カップ麺】**名 水分《すいぶん》をなくした麺《めん》と具《ぐ》を、容器《ようき》に入《い》れたもの。熱《あつ》い湯《ゆ》をそそいで食《た》べる。日本《にっぽん》で生《う》まれ、世界《せかい》に広《ひろ》がった。

**カップル**〔英語 couple〕名 夫婦《ふうふ》や恋人《こいびと》のような二人《ふたり》組《ぐ》み。

**がっぺい【合併】**名動-する いくつかのものが一《ひと》つに合《あ》わさること。また、一《ひと》つにすること。併合《へいごう》。例二《ふた》つの会社《かいしゃ》が合併する。

**かっぽ【闊歩】**名動-する 大《おお》またで堂々《どうどう》と歩《ある》くこと。例大通《おおどお》りをかっぽする。

**かつぼう【渇望】**名動-する 強《つよ》く望《のぞ》むこと。例平和《へいわ》を渇望する。

**かっぽう【割烹】**名 日本料理《にほんりょうり》を作《つく》ること。また、日本料理《にほんりょうり》を出《だ》す店《みせ》。

**かっぽうぎ【割烹着】**名 料理《りょうり》を作《つく》るときに着《き》る、そでのついた前《まえ》かけ。

**かつやく【活躍】**名動-する めざましく働《はたら》くこと。例会長《かいちょう》として活躍する。

**°かつよう【活用】**名動-する ❶うまく、いか

例解 ❗ ことばの勉強室

**活用《かつよう》について**

一《ひと》つの言葉《ことば》が、文《ぶん》の中《なか》で他《ほか》の言葉《ことば》に続《つづ》いたり、そこで言《い》い切《き》ったりすることで形《かたち》が変《か》わることがある。たとえば、「遊《あそ》ぶ」は、文《ぶん》の中《なか》で次《つぎ》のように形《かたち》が変化《へんか》する。

遊ば—ナイ
ぼ—ウ
び—マス
ぶ。(言《い》い切《き》り)
ぶ—トキ
べ—バ
べ。(命令《めいれい》)

このように、同《おな》じ「遊《あそ》ぶ」が、文《ぶん》の中《なか》でさまざまに変化《へんか》することを「活用《かつよう》」という。

して使《つか》うこと。利用《りよう》。例 辞書《じしょ》を活用して勉《べん》強《きょう》する。❷〔国語《こくご》で〕活用語《かつようご》の終《お》わりの部分《ぶぶん》が、その語《ご》の使《つか》い方《かた》に応《おう》じて、ある決《き》まりをもって変《か》わること。

✤**かつようけい【活用形】** 名 〔国語《こくご》で〕活用《かつよう》語《ご》が、使《つか》い方《かた》に応《おう》じて変《か》わるそれぞれの形《かたち》。「終《しゅう》止《し》形《けい》」「仮《か》定《てい》形《けい》」「命《めい》令《れい》形《けい》」などと名《な》付《づ》けられている。

✤**かつようご【活用語】** 名 〔国語《こくご》で〕言葉《ことば》の終《お》わりの部分《ぶぶん》が変化《へんか》する語《ご》。動詞《どうし》・形容詞《けいようし》・形《けい》容動詞《ようどうし》・助動詞《じょどうし》がある。

**かつら** 名 髪《かみ》の形《かたち》を変《か》えたりするために、頭《あたま》にかぶるもの。

**かつら こごろう**〖桂小五郎〗 人名 ⬇ きどたかよし 314ページ

**かつりょく【活力】** 名 活動《かつどう》のもとになる力《ちから》。エネルギー。例 活力があふれる。

**カツレツ**〔英語 cutlet〕名 ブタやウシなどの肉《にく》を平《ひら》たく切《き》って、小麦《こむぎ》粉《こ》・パン粉《こ》などをつけ、油《あぶら》であげたもの。カツ。

**かつろ【活路】** 名 生《い》きられる道《みち》。苦《くる》しい状《じょう》態《たい》からぬけ出《だ》して生《い》きていく方法《ほうほう》。例 活路を見《み》いだす。

**かて【糧】** 名 ❶食《た》べ物《もの》。例 その日《ひ》の糧にも困《こま》る。❷生《い》きていくための、支《ささ》えとなるもの。例 読書《どくしょ》は心《こころ》の糧だ。⬇ りょう【糧】 1392ページ

**かてい【下底】** 名 台形《だいけい》の平行《へいこう》な二《に》辺《へん》のうちの、下《した》の辺《へん》。対 上底《じょうてい》。

**かてい【仮定】** 名 動する 仮《かり》に決《き》めること。例 一時間《いちじかん》に五《ご》キロ歩《ある》けると仮定して、何時間《なんじかん》かかるか。

°**かてい【家庭】** 名 家《か》族《ぞく》が、いっしょに生活《せいかつ》している所《ところ》。例 明《あか》るい家庭。

**かてい【過程】** 名 ものごとが始《はじ》まってから終《お》わるまでの、途《と》中《ちゅう》の道筋《みちすじ》や順序《じゅんじょ》。例 動物《どうぶつ》の進化《しんか》の過程。研《けん》究《きゅう》の過程。

**かてい【課程】** 名 児《じ》童《どう》や生《せい》徒《と》の学習《がくしゅう》する内《ない》容《よう》や順序《じゅんじょ》を定《さだ》めたもの。カリキュラム。

**かていか【家庭科】** 名 学校《がっこう》の教科《きょうか》の一《ひと》つ。家庭《かてい》生活《せいかつ》に必要《ひつよう》な、技術《ぎじゅつ》や知識《ちしき》を勉強《べんきょう》する。

**かていきょうし【家庭教師】** 名 家《いえ》に来《き》て、勉強《べんきょう》を教《おし》えてくれる人《ひと》。

**かていさいばんしょ【家庭裁判所】** 名 家庭《かてい》の中《なか》の争《あらそ》い事《ごと》や、未《み》成年者《せいねんしゃ》に関《かん》する事件《じけん》などを扱《あつか》う裁判所《さいばんしょ》。

**かていようひん【家庭用品】** 名 ふだんの生活《せいかつ》に必要《ひつよう》な道具《どうぐ》。

**かてばかんぐん【勝てば官軍】** 勝《か》ちさえすれば、何《なに》があろうと勝《か》ったほうが正義《せいぎ》だとされる。「負《ま》ければ賊軍《ぞくぐん》〔=負《ま》けたら、すべてが悪《あく》だとされる〕」と、続《つづ》けて言《い》うことが多《おお》い。

**がてら**〔ある言葉《ことば》のあとにつけて〕…(の)ついでに。例 散《さん》歩《ぽ》がてら本《ほん》屋《や》による。

**かてん【加点】** 名 動する 点数《てんすう》を加《くわ》えること。

**かでん【家電】** 名 テレビ、洗《せん》濯《たく》機《き》、冷《れい》蔵《ぞう》庫《こ》など、家《か》庭《てい》で使《つか》う電《でん》気《き》製《せい》品《ひん》。

**がてん【合点】** 名 動する ⬇ がってん 247ページ。例 早《はや》合点。独《ひと》り合点。

**合点《がてん》がいかない** 理解《りかい》できない。納得《なっとく》いかない。例 その説明《せつめい》では、合点がいかない。

■**がでんいんすい【我田引水】** 名 〔自分《じぶん》の田《た》にだけ水《みず》を引《ひ》く意味《いみ》から〕自分《じぶん》に都合《つごう》のよいようにふるまうこと。

°**かど【角】** 名 ❶物《もの》の、とがっている所《ところ》。例 たんすの角。❷道《みち》の、折《お》れ曲《ま》がっている所《ところ》。例 四《よ》つ角。❸気《き》にさわるような点《てん》。例 言葉《ことば》に角がある。⬇ かく【角】 217ページ

**角《かど》が立《た》つ** 人《ひと》との関係《かんけい》がおだやかでなくなる。例 その言《い》い方《かた》では角が立つ。

**角《かど》が取《と》れる** 人柄《ひとがら》がおだやかになる。例 あの人《ひと》もだいぶ角が取れた。

**かど【門】** 名 ❶もん。家《いえ》の入《い》り口《ぐち》。例 門口《ぐち》。❷家《いえ》。例 笑《わら》う門には福《ふく》来《き》たる。⬇ もん【門】 1314ページ

**かど【過度】** 名 形動 ふつうの程度《ていど》をこえていること。例 過度の運《うん》動《どう》はよくない。対 適《てき》度《ど》。

**かとう【下等】** 名 形動 ❶程《てい》度《ど》や段《だん》階《かい》が低《ひく》いこと。例 下等動《どう》物《ぶつ》。対 高《こう》等《とう》。❷品《ひん》質《しつ》などが悪《わる》いこと。例 下等な品《しな》物《もの》。対 上《じょう》等《とう》。

**かとう【過当】** 名 形動 適《てき》当《とう》だと思《おも》える程《てい》度《ど》を超《こ》えていること。例 過当な競《きょう》争《そう》は禁《きん》止《し》する。

**かどう【華道】** 名 ⬇ いけばな 62ページ

**かどう【稼働・稼動】** 名 動する ❶はたらくこと。❷機《き》械《かい》などを動《うご》かすこと。例 発《はっ》電《でん》所《しょ》





世界の国 ニジェール　アフリカ中央部《ちゅうおうぶ》にある国《くに》。牧畜《ぼくちく》がさかんで、落花生《らっかせい》や綿花《めんか》を産《さん》する。世界有数《せかいゆうすう》のウラン産出国《さんしゅつこく》

を稼働させる。

**かとき【過渡期】** [名] ものごとが移《うつ》り変《か》わっていく途《と》中《ちゅう》の時《じ》期《き》。

**かどぐち【門口】** [名] 家《いえ》の出《で》入《い》り口《ぐち》。

**かどで【門出】** [名] [動-する] ❶旅《たび》をするために、家《いえ》を出《で》ること。旅《たび》立《だ》ち。❷新《あたら》しい生《せい》活《かつ》を始《はじ》めること。[例] 人《じん》生《せい》の門出を祝《いわ》う。

**かとてき【過渡的】** [形動] 新《あたら》しい状《じょう》態《たい》にうつり変《か》わるまでの途《と》中《ちゅう》であるようす。[例] 法《ほう》律《りつ》ができるまでの過渡的な措《そ》置《ち》です。

**かどばる【角張る】** [動] ❶ごつごつしている。[例] 角ばった岩《いわ》。❷心《こころ》や行《おこな》いがとげとげしい。[例] 角ばった言《い》い方《かた》。

**かどまつ【門松】** [名] 正《しょう》月《がつ》を祝《いわ》って、家《いえ》の門《もん》や玄《げん》関《かん》に立《た》てる松《まつ》の枝《えだ》。松《まつ》飾《かざ》り。

**カドミウム**〔英語 cadmium〕[名] 青《あお》白《じろ》い銀《ぎん》色《いろ》のやわらかい金《きん》属《ぞく》。めっき・電《でん》池《ち》などに使《つか》う。人《じん》体《たい》に有《ゆう》害《がい》。

**かとりせんこう【蚊取り線香】** [名] 火《ひ》をつけて煙《けむり》を出《だ》し、蚊《か》を退《たい》治《じ》するための線《せん》香《こう》。うず巻《ま》き形《がた》のものが多《おお》い。

**カトリック**〔オランダ語〕[名] ローマ教《きょう》皇《こう》を中《ちゅう》心《しん》とする、キリスト教《きょう》の宗《しゅう》派《は》の一《ひと》つ。カソリック。旧《きゅう》教《きょう》。

**カトレア** [名] 温《おん》室《しつ》などで育《そだ》てる、ランの仲《なか》間《ま》の草《くさ》花《ばな》。花《はな》は大《おお》きく一五センチメートルくらい。白《しろ》・もも色《いろ》・赤《あか》むらさき色《いろ》などの美《うつく》しいかおりのよい花《はな》が咲《さ》く。

**かどわかす** [動] うまくだまして、連《つ》れ去《さ》る。

誘《ゆう》拐《かい》する。

**かな【金】**「かね」「金《きん》属《ぞく》」の意《い》味《み》を表《あらわ》す。[例] 金物《もの》。金具《ぐ》。金づち。↓**きん【金】** 350ページ

**✤○かな【〈仮名〉】** [名] 漢《かん》字《じ》をもとにして作《つく》った、一字《じ》で一音《おん》を表《あらわ》す文《も》字《じ》。「ひらがな」と「かたかな」がある。仮《か》名《な》文《も》字《じ》。[参考]「仮《か》名《な》」は、特《とく》別《べつ》に認《みと》められた読《よ》み方《かた》。

**かな** ㊀〔文《ぶん》の終《お》わりにつけて〕軽《かる》く問《と》いかける気《き》持《も》ちを表《あらわ》す。[例] もうできたかな。㊁[助] 感《かん》動《どう》を表《あらわ》す。…なあ。…だなあ。[例] 悲《かな》しいかな、ぼくは知《し》らない。「雪《ゆき》とけて村《むら》いっぱいの子《こ》どもかな」(小《こ》林《ばやし》一《いっ》茶《さ》)。[参考] ㊁は、ふつう、文《ぶん》語《ご》文《ぶん》で使《つか》う。俳《はい》句《く》で、切《き》れ字《じ》といわれるものの一《ひと》つ。

**かなあみ【金網】** [名] 針《はり》金《がね》を編《あ》んで作《つく》ったあみ。

**かない【家内】** [名] ❶家《いえ》の中《なか》。また、家《か》族《ぞく》。[例] 家内安《あん》全《ぜん》。❷夫《おっと》が、自《じ》分《ぶん》の妻《つま》を、人《ひと》に言《い》うときに使《つか》う言《こと》葉《ば》。

**かないこうぎょう【家内工業】** [名] 家《か》族《ぞく》や少《すく》ない人《にん》数《ずう》で仕《し》事《ごと》をする、小《ちい》さな工《こう》業《ぎょう》。

**○かなう** [動] ❶うまく当《あ》てはまる。[例] 君《きみ》の話《はなし》は、道《どう》理《り》にかなっている。❷望《のぞ》みどおりになる。[例] 願《ねが》いがかなった。❸たちうちできる。[例] 君《きみ》にかなう者《もの》はいない。

**かなえる** [動] 望《のぞ》みどおりにしてやる。[例] 願《ねが》いをかなえる。

**かながき【〈仮名〉書き】** [名] かなで書《か》くこと。また、かなで書《か》いたもの。[例] 読《よ》みまちがえやすい漢《かん》字《じ》を、仮名書きにする。

**かながわけん【神奈川県】**[地名] 関《かん》東《とう》地《ち》方《ほう》の南《なん》部《ぶ》にある県《けん》。県《けん》庁《ちょう》は横《よこ》浜《はま》市《し》にある。

**かなきりごえ【金切り声】** [名] 金《きん》属《ぞく》を切《き》る音《おと》のように、するどくかん高《だか》い声《こえ》。[例] 金切り声を上《あ》げる。

**かなぐ【金具】** [名] 金《きん》属《ぞく》で作《つく》った、物《もの》に取《と》り付《つ》けるための小《ちい》さな器《き》具《ぐ》。

**かなぐりすてる【かなぐり捨てる】** [動] ❶荒《あら》っぽく、ぬぎ捨《す》てる。[例] コートをかなぐり捨てた。❷きっぱりと捨《す》てる。[例] 名《めい》誉《よ》も地《ち》位《い》もかなぐり捨てる。

**かなけ【金気】** [名] ❶水《みず》にとけている金《きん》属《ぞく》の成《せい》分《ぶん》。[例] 金気の多《おお》い井《い》戸《ど》水《みず》。❷鉄《てつ》なべなどを使《つか》ったときに出《で》る、しぶのようなもの。

**かなざわし【金沢市】**[地名] 石《いし》川《かわ》県《けん》の県《けん》庁《ちょう》がある市《し》。城《じょう》下《か》町《まち》として栄《さか》えた。

**○かなしい【悲しい】** [形] つらく、泣《な》きたいくらいに、心《こころ》が痛《いた》む。[例]「フランダースの犬《いぬ》」は、とても悲しい物《もの》語《がたり》だ。[対] うれしい。↓ひ【悲】 1079ページ

**かなしげ【悲しげ】** [形動] 悲《かな》しそうなようす。[例] 悲しげな顔《かお》。

**かなしさ【悲しさ】** [名] 悲《かな》しいと感《かん》じること。悲《かな》しい気《き》持《も》ち。

**○かなしみ【悲しみ】** [名] 悲《かな》しいこと。[例] 悲しみを乗《の》りこえる。[対] 喜《よろこ》び。

**かなしばり【金縛り】** [名] くさりでしばられたように、身《み》動《うご》きできなくなること。[例] 金

1億《おく》2,440万《まん》人《にん》。略《りゃく》称《しょう》 JPN。

縛りに遭《あ》う。

**◦かなしむ**【悲しむ】動 悲《かな》しく思《おも》う。例 友《とも》との別《わか》れを悲しむ。対 喜《よろこ》ぶ。⬇ひ【悲】1079ページ

**かなた** 代名 遠《とお》くはなれた、向《む》こうのほう。あちらのほう。例 空《そら》のかなた。対 こなた。

**カナダ** 地名 北《きた》アメリカ大陸《たいりく》の北部《ほくぶ》にある国《くに》。首都《しゅと》はオタワ。国土《こくど》が広《ひろ》く、豊《ゆた》かな自然《しぜん》にめぐまれる。

**✤かなづかい**【〈仮名〉遣い】名 日本語《にほんご》を仮名《かな》で書《か》き表《あらわ》すときの仮名《かな》の使《つか》い方《かた》の決《き》まり。⬇ことばの勉強室《べんきょうしつ》252ページ／げんだいかなづかい416ページ／れきしてきかなづかい1404ページ

**かなづち**【金づち】名 ❶頭《あたま》の部分《ぶぶん》が鉄《てつ》でできている、つち。くぎを打《う》ちこむときなどに使《つか》う。⬇こうぐ433ページ。❷〔金《かな》づちがすぐ水《みず》にしずむことから〕泳《およ》げない人《ひと》。

**かなでる**【奏でる】動 音楽《おんがく》を演奏《えんそう》する。例 美《うつく》しい曲《きょく》を奏でる。⬇そう【奏】741ページ

## 例解 ことばを広げよう！

### 悲《かな》しい
いろいろな「悲《かな》しい」

**悲《かな》しむ**
さびしがる
涙《なみだ》ぐむ
**泣《な》く**
泣《な》きくずれる
**嘆《なげ》く**
ふさぎ込《こ》む
悼《いた》む

もの悲《がな》しい
**さびしい**
**切《せつ》ない**
わびしい
つらい
**哀《あわ》れだ**

**悲哀《ひあい》**
**悲痛《ひつう》**
悲壮《ひそう》
沈痛《ちんつう》
**哀愁《あいしゅう》**
傷心《しょうしん》

**悲観《ひかん》**
感傷《かんしょう》
悲劇《ひげき》(的《てき》)
哀悼《あいとう》
追悼《ついとう》
弔意《ちょうい》

感傷《かんしょう》に浸《ひた》る
**涙《なみだ》にくれる**
涙《なみだ》が止《と》まらない
目頭《めがしら》を押《お》さえる
**断腸《だんちょう》の思《おも》い**

**胸《むね》が痛《いた》む**
胸《むね》が詰《つ》まる
**胸《むね》がふさがる**
**胸《むね》が張《は》り裂《さ》ける**
胸《むね》がいっぱいになる
胸《むね》をしめつけられる
胸《むね》がつぶれる

めそめそ
**しくしく**
**さめざめ**
はらはら
ほろほろ
ぼろぼろ
**ほろりと**

**しみじみ**
しんみり
じんわり
**くよくよ**

**かなとこ**【金床・鉄床】名 金属《きんぞく》をたたいて延《の》ばしたり鍛《きた》えたりするのに使《つか》う、鉄《てつ》でできた台《だい》。

**かなとこぐも**【金床雲】名 積乱雲《せきらんうん》の上《うえ》の部分《ぶぶん》にできる、金床《かなとこ》〔＝金属《きんぞく》をきたえる台《だい》〕のように平《たい》らな形《かたち》の雲《くも》。⬇くも(雲)373ページ

**かなぶん** 名 コガネムシの仲間《なかま》の昆虫《こんちゅう》。背中《せなか》は青緑色《あおみどりいろ》。夏《なつ》、樹液《じゅえき》を吸《す》いにクヌギやナラの木《き》に集《あつ》まる。

**かなぼう**【金棒】名 ❶武器《ぶき》の一《ひと》つ。鉄《てつ》でつくった太《ふと》い棒《ぼう》。例 鬼《おに》に金棒。❷頭《あたま》の部分《ぶぶん》に輪《わ》のついた鉄《てつ》の棒《ぼう》。むかし、夜回《よまわ》りのときに、突《つ》いて鳴《な》らしながら歩《ある》いた。

**かなめ**【要】名 ❶おうぎの、骨《ほね》をまとめて留《と》めてあるくぎ。❷ものごとの、いちばんだいじなところ。例 かんじんかなめ。チームのかなめ。⬇よう【要】1348ページ

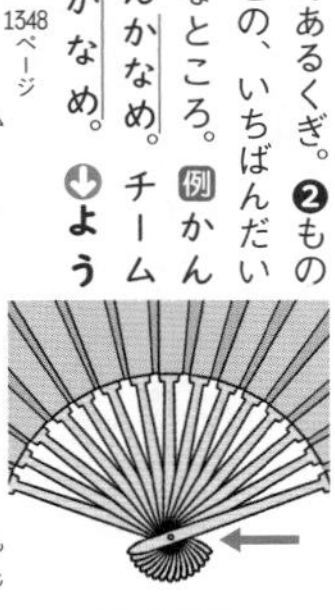

〔かなめ❶〕

**かなもじ**【〈仮名〉文字】名 かなの文字《もじ》。

**かなもの**【金物】名 金属《きんぞく》でできている道具《どうぐ》。バケツ、やかんなど。

**◦かならず**【必ず】副 まちがいなく。確《たし》かに。例 今週中《こんしゅうちゅう》に必ず完成《かんせい》させます。⬇ひつ【必】1094ページ

**かならずしも**【必ずしも】副 いつも…とは限《かぎ》らない。例 金持《かねも》ちが必ずしも幸《しあわ》せだ



世界の国 日本《にっぽん》 太平洋北西部《たいへいようほくせいぶ》にある列島《れっとう》を国土《こくど》とする国《くに》。工業《こうぎょう》がさかんで、世界第《せかいだい》3位《い》の経済大国《けいざいたいこく》。首都東京《しゅととうきょう》。人口約《じんこうやく》

例解！ことばの勉強室

## かなづかい について

**●ひらがなの使《つか》い方《かた》**

1　ほとんどの言葉《ことば》は、発音《はつおん》どおりに書《か》く。

2　「だれ・どこ・なに」などに続《つづ》く「ワ・エ・オ」は、「は・へ・を」と書《か》く。

例 わたしは公園《こうえん》へ桜《さくら》を見《み》に行《い》く。

3　「言《い》う」は「ユー」と発音《はつおん》するが、「いう」と書《か》く。

例 ものをいう。人《ひと》というもの。

4　「ジ・ズ」と発音《はつおん》するものは「じ・ず」と書《か》く。

例 かじ（火事）　ずが（図画）　せかいじゅう（世界中）

※次《つぎ》のような場合《ばあい》は「ぢ・づ」と書《か》く。

❶同《おな》じ音《おん》が重《かさ》なって、「チ・ツ」がにごるとき。

例 ちぢむ（縮む）　つづく（続く）　つづる

❷二《ふた》つの言葉《ことば》が合《あ》わさって、「チ・ツ」がにごるとき。

例 鼻《はな》＋血《ち》→はなぢ　三日《みか》＋月《つき》→みかづき　近《ちか》＋つく→ちかづく　手《て》＋つかみ→てづかみ

5　長音《ちょうおん》（＝長《なが》くのばす音《おん》）は、次《つぎ》のように書《か》く。

❶「アー」とのばす音《おん》は「あ」をそえる。

例 おかあさん

❷「イー」とのばす音《おん》は「い」をそえる。

例 ちいさい

❸「ウー」とのばす音《おん》は「う」をそえる。

例 ゆうびん

❹「エー」とのばす音《おん》は「え」か「い」をそえる。

「え」をそえる。

例 ねえさん　ねえ、行《い》こうよ

「い」をそえる。

例 せんせい（先生）　とけい（時計）　げいじゅつ（芸術）　へいわ（平和）　めいじん（名人）　えいが（映画）

❺「オー」とのばす音《おん》はふつう「う」をそえる。

例 おとうさん　がっこう（学校）

※次《つぎ》のような場合《ばあい》は「お」をそえる。

例 おおい（多い）　とお（十）　とおい（遠い）　とおる（通る）　おおきい（大きい）　おおよそ　こおり（氷）　おおう　おおかみ　ほおずき　こおろぎ

**●かたかなの使《つか》い方《かた》**

1　外来語《がいらいご》（＝外国《がいこく》からきた言葉《ことば》）は、かたかなで書《か》く。

例 パン　ストップ　エディソン　イギリス

長《なが》くのばす音《おん》は、「ー」で表《あらわ》す。

例 ケーブルカー　チョコレート　コケコッコー

2　次《つぎ》のような言葉《ことば》も、かたかなで書《か》かれることが多《おお》い。

❶音《おと》や声《こえ》をそのまま写《うつ》した言葉《ことば》。

例 ゴロゴロ　ザブン

❷植物《しょくぶつ》や動物《どうぶつ》の名前《なまえ》。

例 バラ　ヒマワリ　カメ　アブラゼミ

---

とは言《い》えない。注意 あとに「ない」などの打《う》ち消《け》しの言葉《ことば》がくる。

**°かなり** 副 形動 そうとうな程度《ていど》。ずいぶん。よほど。例 かなり遠《とお》い。かなりな値段《ねだん》だ。

**カナリア** 名 スズメくらいの大《おお》きさで、羽《はね》の色《いろ》が黄色《きいろ》やだいだい色《いろ》をしている小鳥《ことり》。雄《おす》の鳴《な》き声《ごえ》が美《うつく》しい。飼《か》い鳥《どり》にされる。

**がなる** 動 大声《おおごえ》でわめく。例「出《て》て行《い》け！」と、がなる。〔くだけた言《い》い方《かた》。〕

**かなわない** ❶勝《か》つことができない。例 あの人《ひと》にはかなわない。❷がまんできない。やりきれない。例 こう寒《さむ》くてはかなわない。

**かに【蟹】** 名 かたいこうらでおおわれた動物《どうぶつ》。海《うみ》にすむタカアシガニ・ケガニや、谷川《たにがわ》にすむサワガニなどがいる。足《あし》が十本《じっぽん》あり、

---

や肉《にく》を輸出《ゆしゅつ》している。自然《しぜん》が豊《ゆた》かで観光客《かんこうきゃく》も多《おお》い。首都《しゅと》ウェリントン。人口約《じんこうやく》500万人《まんにん》。略称《りゃくしょう》 NZL。

そのうちの二本《にほん》がはさみになっている。

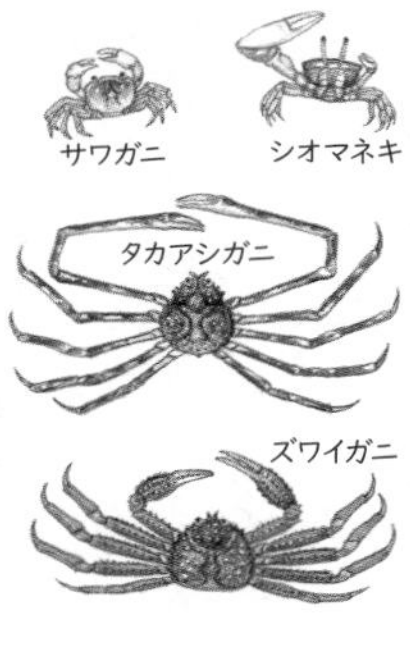

〔かに〕

**蟹《かに》は甲羅《こうら》に似《に》せて穴《あな》を掘《ほ》る** 人《ひと》はそれぞれ、自分《じぶん》の力《ちから》に合《あ》った考《かんが》えや望《のぞ》みをもつ。

**かにく【果肉】** 名 果物《くだもの》の皮《かわ》と種《たね》の間《あいだ》にある、食《た》べられる部分《ぶぶん》。

**かにゅう【加入】** 名 動-する 会《かい》や団体《だんたい》などに入《はい》ること。対 脱退《だったい》。

**カヌー** 〔英語 canoe〕 名 ❶木《き》をくりぬいて作《つく》った丸木舟《まるきぶね》。⬇ふね❶ 1151ページ。❷「❶」に似《に》せて作《つく》った、競技《きょうぎ》に使《つか》うボート。また、その競《きょう》技《ぎ》。

**°かね【金】** 名 ❶金属《きんぞく》。金《きん》・銀《ぎん》・鉄《てつ》など。特《とく》に、鉄《てつ》をいうことが多《おお》い。❷貨幣《かへい》。お金《かね》。例 金持《かねも》ち。参考 ❶は、「金網《かなあみ》」「金物《かなもの》」のように、あとに他《ほか》の言葉《ことば》がつくときは「かな」と読《よ》むこともある。⬇きん【金】 350ページ

**金《かね》が物《もの》を言《い》う** なにごとにも、金《かね》の力《ちから》が大《おお》きい。例 金が物を言う世《よ》の中《なか》。

**金《かね》に糸目《いとめ》を付《つ》けない** 惜《お》しげもなくお金《かね》を使《つか》う。糸目《いとめ》をつけない。例 金に糸目をつけないで集《あつ》めた骨董品《こっとうひん》。

**金《かね》に目《め》がくらむ** お金《かね》のために、だいじなことが見《み》えなくなる。例 金に目がくらんで、危《あぶ》ない仕事《しごと》を引《ひ》き受《う》ける。

**金《かね》の切《き》れ目《め》が縁《えん》の切《き》れ目《め》** お金《かね》のあるうちはちやほやしてくれるが、お金《かね》がなくなったら、見向《みむ》きもしなくなる。

**金《かね》は天下《てんか》の回《まわ》り物《もの》** お金《かね》は世間《せけん》をぐるぐる回《まわ》っているものだから、今《いま》はなくても、いずれは入《はい》ってくる。

**°かね【鐘】** 名 (寺《てら》や教会《きょうかい》などにある)釣《つ》り鐘《がね》。また、その音《おと》。例 除夜《じょや》の鐘。⬇しょう【鐘】 624ページ

**かねあい【兼ね合い】** 名 つり合《あ》い。例 勉《べん》強《きょう》と運動《うんどう》との兼ね合いを考《かんが》える。

**かねがね** 副 前々《まえまえ》から。かねて。例「お名前《なまえ》はかねがねうかがっておりました。」

**かねこ みすず**〔金子みすゞ〕人名(女) (一九〇三～一九三〇)童謡詩人《どうようしじん》。多《おお》くの童謡《どうよう》を作《つく》ったが、若《わか》くして死《し》んだ。「わたしと小《こ》鳥《とり》とすずと」「大漁《たいりょう》」などがある。

**かねじゃく** 名 大工道具《だいくどうぐ》の一《ひと》つ。直角《ちょっかく》に曲《ま》がった金属製《きんぞくせい》の物差《ものさ》し。差《さ》し金《がね》。⬇こうぐ 433ページ

**かねそなえる【兼ね備える】** 動 すぐれたものを、あわせて持《も》っている。例 力《ちから》と知《ち》恵《え》を兼ね備えた人《ひと》。

**かねつ【加熱】** 名 動-する 熱《ねつ》を加《くわ》えること。熱《ねっ》することを。

**かねつ【過熱】** 名 動-する ❶熱《あつ》くなりすぎること。熱《あつ》くしすぎること。例 自動車《じどうしゃ》のエンジンが過熱する。❷激《はげ》しくなりすぎること。例 応援《おうえん》が過熱する。

**かねづかい【金遣い】** 名 お金《かね》の使《つか》い方《かた》。また、その程度《ていど》。例 兄《あに》は金遣いがあらい。

**かねて** 副 前《まえ》から。かねがね。例 かねてから会《あ》いたいと思《おも》っていた人《ひと》に会《あ》えた。

**かねない**〔ある言葉《ことば》のあとにつけて〕…しそうだ。例 失敗《しっぱい》しかねない。

**✤かねへん** 名 漢字《かんじ》の部首《ぶしゅ》で、「へん」の一《ひと》つ。「鉄《てつ》」「針《しん》」などの「釒」の部分《ぶぶん》。金属《きんぞく》を表《あらわ》す字《じ》が多《おお》い。

**かねまわり【金回り】** 名 収入《しゅうにゅう》のぐあい。ふところぐあい。例 金回りがいい人《ひと》。

**かねめ【金目】** 名 お金《かね》にかえたときに、値《ね》打《う》ちがあること。例 金目の物《もの》。

**かねもち【金持ち】** 名 お金《かね》をたくさん持《も》っている人《ひと》。財産家《ざいさんか》。

**金持《かねも》ちけんかせず** 金持《かねも》ちは、人《ひと》と争《あらそ》って損《そん》になるようなことはしない。

**°かねる【兼ねる】** ━動 一《ひと》つのものが、二《ふた》つ以上《いじょう》の役目《やくめ》やはたらきをする。例 大《だい》は小《しょう》を兼ねる。━〔ある言葉《ことば》のあとにつけて〕「…しようとしてもできない」「…しにくい」という意味《いみ》を表《あらわ》す。例 賛成《さんせい》しかねる。言《い》いかねる。参考 ふつう━は、かな書《が》きにする。⬇けん【兼】 407ページ

**かねんごみ【可燃ごみ】** 名 燃《も》やしても害《がい》にならずに、処理《しょり》できるごみ。生《なま》ごみ・紙《かみ》く


世界の国 ニュージーランド　オーストラリアの東《ひがし》の島《しま》を国土《こくど》とする国《くに》。本州《ほんしゅう》よりやや広《ひろ》い。牧畜《ぼくちく》がさかんで、羊《ひつじ》の毛《け》

ず・衣類《いるい》・小枝《こえだ》など。対不燃《ふねん》ごみ。

**かねんせい【可燃性】**名 燃《も》えやすい性質《せいしつ》。対不燃性《ふねんせい》。

**かねんぶつ【可燃物】**名 燃《も》えやすいもの。

**かの【彼の】**連体「あの」「例《れい》の」の古《ふる》い言《い》い方《かた》。例かの有名《ゆうめい》な選手《せんしゅ》。

**かのう【化膿】**名動-する 傷口《きずぐち》などがうみを持《も》つこと。うむこと。

**かのう【可能】**名形動 できること。例宇《う》宙《ちゅう》旅行《りょこう》も可能だ。対不可能《ふかのう》。

**かのうせい【可能性】**名 その状態《じょうたい》になりそうなようす。できそうなようす。例合格《ごうかく》の可能性が高《たか》い。類公算《こうさん》。

✤**かのうどうし【可能動詞】**名（「書《か》ける」「買《か》える」のように）「…することができる」という意味《いみ》を表《あらわ》している動詞《どうし》。

◦**かのじょ【彼女】**一代名 あの女《おんな》の人《ひと》。二名 恋人《こいびと》である女《おんな》の人《ひと》。

**カノン**〔英語 canon〕名〔音楽《おんがく》で〕同《おな》じ一《ひと》つの旋律《せんりつ》が、少《すこ》しずつ遅《おく》れながら、次《つぎ》から次《つぎ》へと追《お》いかけるように出《で》てくる形式《けいしき》の曲《きょく》。

**かば【樺】**名 樺《かば》の木《き》。シラカバ・ダケカンバなどの植物《しょくぶつ》をまとめて言《い》う言葉《ことば》。

**かば**名 アフリカの川《かわ》や沼《ぬま》にすむ草食動物《そうしょくどうぶつ》。大《おお》きさは四メートル、重《おも》さは四〇〇〇キログラムにもなる。ずんぐりとした体《からだ》で足《あし》は短《みじか》い。参考「河馬《かば》」とも書《か》く。

**カバー**〔英語 cover〕名動-する ❶おおうもの。例まくらカバー。❷足《た》りないところを、補《おぎな》うこと。例欠点《けってん》をカバーする。❸ある演奏《えんそう》者《しゃ》・歌手《かしゅ》のものとして発表《はっぴょう》された曲《きょく》を、別《べつ》の人《ひと》が演奏《えんそう》したり歌《うた》ったりして発表《はっぴょう》すること。例カバー曲《きょく》。

**カバーガラス**〔英語 cover glass〕名 顕微《けんび》鏡《きょう》で、スライドガラスにのせて見《み》ようとするものをおおう、うすいガラス板《いた》。カバーグラス。

◦**かばう**動（弱《よわ》いものを）助《たす》けて、守《まも》ってやる。例弟《おとうと》をかばう。

**がはく【画伯】**名 画家《がか》を敬《うやま》っていう言葉《ことば》。

**かばやき【かば焼き】**名 ウナギやアナゴなどを、開《ひら》いて串《くし》に刺《さ》し、たれをつけて焼《や》いた料理《りょうり》。

◦**かばん【鞄】**名 物《もの》を入《い》れて持《も》ち歩《ある》くために、革《かわ》・ビニル・布《ぬの》などで作《つく》った入《い》れ物《もの》。

**がばん【画板】**名〔図工《ずこう》で〕❶絵《え》をかくとき、台《だい》にする板《いた》。❷油絵《あぶらえ》をかきつける板《いた》。

**かはんしん【下半身】**名 体《からだ》の、腰《こし》から下《した》の部分《ぶぶん》。しもはんしん。対上半身《じょうはんしん》。

**かはんすう【過半数】**名 全体《ぜんたい》の半分《はんぶん》より多《おお》い数《かず》。例過半数の賛成《さんせい》を得《え》る。

**かひ【可否】**名 ❶よいか悪《わる》いか。例とった手段《しゅだん》の可否。類是非《ぜひ》。❷賛成《さんせい》か反対《はんたい》か。例提案《ていあん》に対《たい》する可否を問《と》う。類賛否《さんぴ》。

◦**かび【黴】**名 湿《しめ》った食《た》べ物《もの》や衣類《いるい》などに生《は》える、糸《いと》のような形《かたち》をした菌類《きんるい》の一《ひと》つ。赤《あか》かび・青《あお》かび・こうじかびなどがある。胞子《ほうし》で増《ふ》え、花《はな》は咲《さ》かない。

**かび【華美】**名形動 美《うつく》しくてぜいたくなこと。例華美な服装《ふくそう》が目立《めだ》つ。

**かびくさい【かび臭い】**形 ❶かびのにおいがする。❷古《ふる》くさい。例言《い》うことがかび臭い。

**かひつ【加筆】**名動-する 文章《ぶんしょう》や絵《え》などに、あとからかき加《くわ》えること。

**がびょう【画鋲】**名 板《いた》や壁《かべ》に紙《かみ》などをとめるために使《つか》う、頭《あたま》のついた短《みじか》い針《はり》。

**かびる**動 かびが生《は》える。例買《か》い置《お》きのパンがかびた。

**かびん【花瓶】**名 花《はな》をさしたり、生《い》けたりするびんやつぼ。

**かびん【過敏】**名形動 感《かん》じ方《かた》が、ふつうよりも強《つよ》いようす。例神経《しんけい》が過敏な人《ひと》。

**かぶ【株】** 画数 10 部首 木（きへん） 6年

音 ― 訓 かぶ

筆順

植物《しょくぶつ》の根《ね》もとの所《ところ》。

**かぶ【株】**名 ❶木《き》の切《き》り株《かぶ》。例株を掘《ほ》り返《かえ》す。❷草《くさ》や木《き》の根《ね》もと。例ネギの株を分《わ》ける。❸株式《かぶしき》。例株を買《か》う。❹身分《みぶん》。地位《ちい》。例年寄《としより》株。❺根《ね》のついたものを数《かぞ》える言葉《ことば》。例キク一《ひと》株。

**株《かぶ》が上《あ》がる** 評判《ひょうばん》がよくなる。例大活躍《だいかつやく》でかれの株が上がった。

**かぶ【下部】**名 ❶下《した》の部分《ぶぶん》。❷（位《くらい》などの）下《した》

そびえる。首都《しゅと》カトマンズ。人口約《じんこうやく》3,000万人《まんにん》。略称《りゃくしょう》NEP。

のほう。例 消防団《しょうぼうだん》の下部組織《そしき》。対(❶・❷)上部《じょうぶ》。

**かぶ** 名 畑《はたけ》に作《つく》る野菜《やさい》。春《はる》、アブラナに似《に》た黄《き》色《いろ》の花《はな》が咲《さ》く。根《ね》は白《しろ》くて丸《まる》くふくらむ。かぶら。参考 春《はる》の七草《ななくさ》の一《ひと》つで、「すずな」ともいう。

**かふう【家風】** 名 その家《いえ》に昔《むかし》から伝《つた》わってきた生活《せいかつ》のしかたや習慣《しゅうかん》。

✤**かふう【歌風】** 名 和《わ》歌《か》の作《つく》り方《かた》の特色《とくしょく》。例 万葉集《まんようしゅう》の歌風。

**がふう【画風】** 名 絵《え》のかき方《かた》で、その時代《じだい》、その人《ひと》だけが持《も》っている特色《とくしょく》。

**カフェ** 〔フランス語〕名 ❶コーヒー。例 カフェオレ。❷喫茶店《きっさてん》。

**カフェイン** 〔ドイツ語〕名 お茶《ちゃ》やコーヒーにふくまれている成分《せいぶん》。薬《くすり》として使《つか》われる。

**がぶがぶ** 一 副(-と) 水《みず》などを、勢《いきお》いよくたくさん飲《の》むようす。例 ボトルの水《みず》をがぶがぶ飲《の》む。二 形動 水《みず》などが、たまっているようす。例 お茶《ちゃ》を飲《の》み過《す》ぎて、おなかががぶがぶだ。

✤**かぶき【歌舞伎】** 名 江《え》戸《ど》時《じ》代《だい》にさかんになった、日本《にっぽん》独特《どくとく》の劇《げき》。男《おとこ》の役者《やくしゃ》だけで演《えん》じる。

**かぶけん【株券】** 名 株《かぶ》式《しき》会《がい》社《しゃ》が株主《かぶぬし》に対《たい》して出《だ》す証券《しょうけん》。

**かぶさる** 動 ❶上《うえ》におおいかかる。例 落《お》ち葉《ば》がかぶさる。❷責任《せきにん》などが自分《じぶん》におよぶ。例 責任《せきにん》がかぶさる。

**かぶしき【株式】** 名 株《かぶ》式《しき》会《がい》社《しゃ》の元手《もとで》の単《たん》位《い》。総額《そうがく》を均等《きんとう》に分《わ》けた、その一《ひと》つ一《ひと》つをいう。株《かぶ》。

**かぶしきがいしゃ【株式会社】** 名 仕事《しごと》をする元手《もとで》を株式《かぶしき》に分《わ》け、多《おお》くの人《ひと》がお金《かね》を出《だ》し合《あ》って作《つく》られる会社《かいしゃ》。

**カフスボタン** 名 〔日本《にっぽん》でできた英語《えいご》ふうの言葉《ことば》。〕ワイシャツなどのそで口《ぐち》の穴《あな》に、通《とお》してつけるかざりのボタン。

°**かぶせる** 動 ❶上《うえ》からおおう。例 ふたをかぶせる。❷罪《つみ》や責任《せきにん》を、人《ひと》になすりつける。例 罪《つみ》をかぶせる。

**カプセル** 〔ドイツ語〕名 ❶ゼラチンで作《つく》った、筒形《つつがた》の小《ちい》さな入《い》れ物《もの》。薬《くすり》などを入《い》れてそのまま飲《の》む。❷密閉《みっぺい》した入《い》れ物《もの》。例 タイムカプセル。

**かふそく【過不足】** 名 多《おお》すぎることと、足《た》りないこと。例 過不足なく分配《ぶんぱい》する。

**かぶと** 名 武《ぶ》士《し》が戦《たたか》いのときに頭《あたま》を守《まも》るためにかぶったもの。例 勝《か》ってかぶとの緒《お》をしめよ〔=勝《か》っても油《ゆ》断《だん》してはいけない〕。

〔かぶと〕

**かぶとを脱《ぬ》ぐ** 相《あい》手《て》に降参《こうさん》する。例 彼《かれ》の強《つよ》さにはかぶとを脱いだよ。

**かぶとがに** 名 瀬《せ》戸《と》内《ない》海《かい》などの浅《あさ》い海《うみ》にすむ、うちわの形《かたち》をした動物《どうぶつ》。頭《あたま》は鉄《てつ》かぶとのようにまるく、尾《お》は剣《けん》のようにとがる。生《い》きた化《か》石《せき》と言《い》われる。絶滅《ぜつめつ》危《き》惧《ぐ》種《しゅ》。

**かぶとむし** 名 夏《なつ》、クヌギなどの木《き》の樹《じゅ》液《えき》に集《あつ》まる昆《こん》虫《ちゅう》。体《からだ》は黒《くろ》茶《ちゃ》色《いろ》でつやがある。雄《おす》には長《なが》い角《つの》がある。

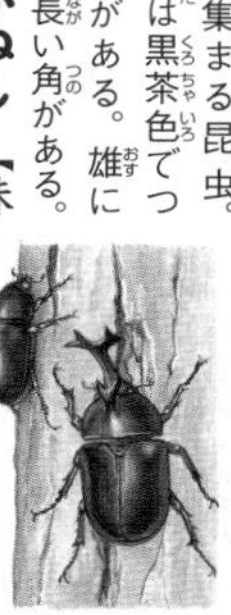
〔かぶとむし〕

**かぶぬし【株主】** 名 株《かぶ》式《しき》会《がい》社《しゃ》に元《もと》手《て》を出《だ》し、株《かぶ》式《しき》を持《も》っている人《ひと》。

**がぶのみ【がぶ飲み】** 名 動-する 水《みず》などを、がぶがぶとたくさん飲《の》むこと。

**かぶりつき【かぶり付き】** 名 劇《げき》場《じょう》などで、いちばん前《まえ》の列《れつ》の席《せき》。

**かぶりつく** 動 口《くち》を大《おお》きく開《あ》けてかみつく。例 冷《ひ》えたスイカにかぶりつく。

**がぶりと** 副 口《くち》を開《あ》けて、勢《いきお》いよく飲《の》み込《こ》んだり食《く》いついたりするようす。例 ハンバーガーを、がぶりとひと口《くち》食《た》べた。

**かぶりをふる【かぶりを振る】** 頭《あたま》を左《さ》右《ゆう》にふって、承《しょう》知《ち》しないという気《き》持《も》ちを表《あらわ》す。参考「かぶり」は「頭《あたま》」の古《ふる》い言《い》い方《かた》。

°**かぶる** 動 ❶頭《あたま》や顔《かお》の上《うえ》をおおう。例 帽《ぼう》子《し》をかぶる。対 脱《ぬ》ぐ。❷頭《あたま》から浴《あ》びる。例 水《みず》をかぶる。❸(人《ひと》の罪《つみ》などを)引《ひ》き受《う》ける。例 他人《たにん》の罪《つみ》をかぶる。

**かぶれ** 名 かぶれること。例 薬《くすり》によるかぶれ。西洋《せいよう》かぶれ。

**かぶれる** 動 ❶ウルシや薬《くすり》などで、皮《ひ》膚《ふ》が赤《あか》くはれたりする。❷好《この》ましくないものの影《えい》響《きょう》を受《う》け、それに夢《む》中《ちゅう》になる。例 流《りゅう》行《こう》にかぶれる。

あいうえお
かきくけこ
さしすせそ
たちつてと
なにぬねの
はひふへほ
まみむめも
やゆよ
らりるれろ
わをん



世界の国 ネパール ヒマラヤ山脈《さんみゃく》南部《なんぶ》の国《くに》。北海道《ほっかいどう》の2倍《ばい》近《ちか》い広《ひろ》さ。農業《のうぎょう》と牧畜《ぼくちく》が中心《ちゅうしん》。世界《せかい》の最高峰《さいこうほう》エベレストがぶれる。

**かぶわけ【株分け】** 名 動-する 草木《くさき》の根《ね》を、親株《おやかぶ》から分《わ》けて植《う》えること。

**かふん【花粉】** 名 花《はな》の雄《お》しべの先《さき》から出《だ》す細《こま》かな粉《こな》。雌《め》しべにつくと、実《み》を結《むす》ぶ。

**かぶん【過分】** 名 形動 自分《じぶん》にふさわしい程《てい》度《ど》をこえていること。例 過分なほめ言葉《ことば》。

**かぶん【寡聞】** 名 見聞《けんぶん》がせまくて、知識《ちしき》がとぼしいこと。〔へりくだって言《い》う言《い》い方《かた》。〕例 私《わたし》は寡聞にして存《ぞん》じません。

**かふんしょう【花粉症】** 名 アレルギーの一《ひと》つ。目《め》や鼻《はな》がスギやヒノキなどの花粉《かふん》に刺《し》激《げき》され、涙《なみだ》・くしゃみ・鼻水《はなみず》などが出《で》る。

**かぶんすう【仮分数】** 名 〔算数《さんすう》で〕分子《ぶんし》が分母《ぶんぼ》より大《おお》きいか、または等《ひと》しい分数《ぶんすう》。例《たと》えば、5/3や3/3など。関連 真分数《しんぶんすう》。帯分数《たいぶんすう》。

**かべ【壁】** 名 ❶家《いえ》の周《まわ》りや、部屋《へや》の仕切《しき》りにするために、土《つち》・板《いた》・コンクリートなどで作《つく》ったもの。❷さまたげ。行《ゆ》きづまり。例 研究《けんきゅう》が壁につき当《あ》たる。 ⇩へき【壁】1177ページ

**壁《かべ》に耳《みみ》あり障子《しょうじ》に目《め》あり** 〔いつだれがこっそり聞《き》いたり見《み》たりしているかわからないことから〕秘密《ひみつ》はもれやすいものだ。

**かへい【貨幣】** 名 品物《しなもの》の売《う》り買《か》いに使《つか》うもの。お金《かね》。金属《きんぞく》で作《つく》った硬貨《こうか》と、紙《かみ》で作《つく》った紙幣《しへい》とがある。

**かべがみ【壁紙】** 名 ❶部屋《へや》の壁《かべ》にはりつける大《おお》きな厚紙《あつがみ》。❷パソコンやスマホで、画面《がめん》の背景《はいけい》として使《つか》う画像《がぞう》。

**かべしんぶん【壁新聞】** 名 人目《ひとめ》につくように、壁《かべ》にはって、みんなに見《み》せる新聞《しんぶん》。

**かべん【花弁】** 名 花《はな》びら。

**かほう【加法】** 名 〔算数《さんすう》で〕足《た》し算《ざん》のこと。関連 減法《げんぽう》。乗法《じょうほう》。除法《じょほう》。

**かほう【果報】** 名 運《うん》がいいこと。幸《しあわ》せ。例 果報者《もの》。

**果報《かほう》は寝《ね》て待《ま》て** 幸運《こううん》は人《ひと》の力《ちから》ではどうにもならないから、あせらずに気長《きなが》に待《ま》っているのがよい。

**かほう【家宝】** 名 家《いえ》に伝《つた》わる宝《たから》。

**かほご【過保護】** 名 形動 子《こ》どもなどを、必《ひつ》要《よう》以上《いじょう》にだいじにして育《そだ》てること。例 過保護に育《そだ》てられた子《こ》ども。

**かぼそい【か細い】** 形 細《ほそ》くて弱々《よわよわ》しい。例 か細い声《こえ》。

**かぼちゃ【〈南瓜〉】** 名 畑《はたけ》に作《つく》る野菜《やさい》。夏《なつ》に黄色《きいろ》の花《はな》が咲《さ》き、秋《あき》に大《おお》きな実《み》がなる。とうなす。参考 日本《にっぽん》へは、カンボジアから伝《つた》えられたのでこの名《な》がある。

---

## かま【釜】 画数 10 部首 金（かね）

音 ―― 訓 かま

（炊事《すいじ》に使《つか》う）おかま。熟語 茶釜《ちゃがま》。

**かま【釜】** 名 ご飯《はん》をたいたり、湯《ゆ》をわかしたりする道具《どうぐ》。ふつう、鉄《てつ》でできている。おかま。

---

## かま【鎌】 画数 18 部首 金（かねへん）

音 ―― 訓 かま

草《くさ》などを刈《か》る、かま。熟語 鎌首《かまくび》〔=（形《かたち》が似《に》ていることから）ヘビの首《くび》〕。

**かま【鎌】** 名 草《くさ》やイネ・麦《むぎ》などを刈《か》り取《と》る道《どう》具《ぐ》。木《き》の柄《え》に、三日月《みかづき》のような形《かたち》の刃《は》がついている。

〔かま〕

**鎌《かま》を掛《か》ける** 相手《あいて》にほんとうのことを言《い》わせようとして、それとなく問《と》いかける。

**かま【窯】** 名 物《もの》を高《たか》い温度《おんど》で熱《ねっ》して、炭《すみ》やせとものなどを焼《や》く装置《そうち》。⇩よう【窯】1350ページ

**がま【蒲】** 名 水辺《みずべ》に生《は》える草《くさ》。夏《なつ》に、茎《くき》の先《さき》に小《ちい》さな茶色《ちゃいろ》の花《はな》が集《あつ》まって咲《さ》き、これを「がまの穂《ほ》」という。

**がま** 名 ⇩ひきがえる 1087ページ

**かまう【構う】** 動 ❶気《き》にかける。かかわる。例 そんなことに構ってはいられない。❷からかう。例 ネコをかまう。⇩こう【構】426ページ

**かまえ【構え】** 名 ❶家《いえ》などの作《つく》られているようす。例 構えの立派《りっぱ》な家《いえ》。❷姿勢《しせい》。例 今《いま》にも走《はし》り出《だ》しそうな構え。❸〔国語《こくご》で〕漢字《かんじ》を組《く》み立《た》てる部分《ぶぶん》のこと。例《たと》えば、「間《かん》」の「門〔もんがまえ〕」や「国《こく》」の「口〔くにがまえ〕」など、周《まわ》りを囲《かこ》んでいる部分《ぶぶん》にあたり、部首《ぶしゅ》ともなる。⇩ふろく（(2)ページ）

**かまえる【構える】** 動 ❶家《いえ》などを作《つく》る。例 店《みせ》を構える。❷あらかじめ、ある姿勢《しせい》をする

広《ひろ》く行《おこな》われていて、乳製品《にゅうせいひん》や肉《にく》の生産《せいさん》も多《おお》い。首都《しゅと》オスロ。人口約《じんこうやく》420万人《まんにん》。略称《りゃくしょう》NOR。



あいうえお か きくけこ さしすせそ たちつてと なにぬねの はひふへほ まみむめも やゆよ らりるれろ わをん

る。例ラケットを構える。❸ある態度《たいど》をとる。例のんびり構える。↓こう【構】426ページ

**がまがえる** 名 ↓ひきがえる 1087ページ

**かまきり** 名 頭《あたま》が三角形《さんかくけい》で、大《おお》きな前足《まえあし》がかまのような形《かたち》をした昆虫《こんちゅう》。体《からだ》は緑《みどり》か茶色《ちゃいろ》で細長《ほそなが》く、羽《はね》がある。虫《むし》を食《た》べる。

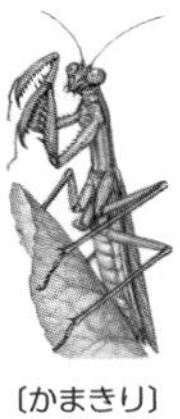
〔かまきり〕

**がまぐち** 名 口金《くちがね》のついたさいふ。参考 形《かたち》がガマ〔＝ヒキガエル〕の口《くち》に似《に》ているところからつけられた。

**かまくび【鎌首】** 名 鎌《かま》のような形《かたち》に曲《ま》げた首《くび》。例ヘビが鎌首をもたげる。

**かまくら** 名 秋田県《あきたけん》で二月十五日《にがつじゅうごにち》に行《おこな》われる子《こ》どもの行事《ぎょうじ》。また そのときに雪《ゆき》をかまどの形《かたち》に固《かた》めて作《つく》ったもの。水神《すいじん》をまつり、もちなどを食《た》べて祝《いわ》う。

〔かまくら〕

**かまくら【鎌倉】** 地名 神奈川県《かながわけん》の南東部《なんとうぶ》にある市《し》。鎌倉幕府《かまくらばくふ》があった町《まち》で、寺社《じしゃ》や史跡《しせき》が多《おお》い。

**かまくらじだい【鎌倉時代】** 名 源頼朝《みなもとのよりとも》が鎌倉《かまくら》に幕府《ばくふ》を開《ひら》いてから、一三三三年《ねん》に北条氏《ほうじょうし》がほろびるまでの約《やく》一五〇年間《ねんかん》。参考 始《はじ》まりの時期《じき》は、頼朝《よりとも》が守護《しゅご》・地頭《じとう》を設《もう》けた一一八五年《ねん》からとする説《せつ》が有力《ゆうりょく》。

**かまくらばくふ【鎌倉幕府】** 名 源頼朝《みなもとのよりとも》が鎌倉《かまくら》に開《ひら》いた幕府《ばくふ》。↓かまくらじだい 257ページ

**かまける** 動 〔他《ほか》のことが何《なに》もできないほど〕そのことだけに気《き》を取《と》られる。例遊《あそ》びにかまけて、宿題《しゅくだい》を忘《わす》れていた。

**がましい** 〔ある言葉《ことば》のあとにつけて〕いかにも…のようだ。そんな感《かん》じがする。例押《お》しつけがましい。

**かます** 名 わらのむしろで作《つく》った、穀物《こくもつ》や肥料《ひりょう》などを入《い》れるふくろ。

**かまど** 名 なべ・かまなどをかけ、火《ひ》をたいて物《もの》を煮炊《にた》きするためのもの。

〔かまど〕

**かまびすしい** 形 やかましい。例夜《よる》になると、カエルの声《こえ》がかまびすしい。

**かまぼこ** 名 魚《さかな》の肉《にく》をすりつぶして味《あじ》をつけ、むしたり焼《や》いたりした食《た》べ物《もの》。例かまぼこはこの町《まち》の名物《めいぶつ》だ。

**かまめし【釜飯】** 名 一人用《ひとりよう》の小《ちい》さなかまでたいた、まぜごはん。

**かまわない【構わない】** ❶さしつかえない。例出《で》かけてもかまわない。❷気《き》にしない。例身《み》なりをかまわない。

**がまん【我慢】** 名 動-する 苦《くる》しさ・痛《いた》さ・つらさなどを、じっとこらえること。しんぼう。例足《あし》の痛《いた》いのを我慢する。

**がまんづよい【我慢強い】** 形 よくしんぼうするようす。例我慢強くて、痛《いた》いとは言《い》わない。

**かみ【上】** 名 ❶川《かわ》の水《みず》が流《なが》れてくる高《たか》いほう。例川《かわ》上。❷(いくつかに分《わ》かれた)はじめのほう。例上の句《く》。❸地位《ちい》の高《たか》いほう。例上座《ざ》。対（❶〜❸）下《しも》。↓じょう【上】624ページ

**かみ【神】** 名 人《ひと》の知恵《ちえ》では考《かんが》えられない、不思議《ふしぎ》な力《ちから》を持《も》つと信《しん》じられているもの。例神にいのる。↓しん【神】654ページ

**かみ【紙】** 名 ❶植物《しょくぶつ》の繊維《せんい》を水《みず》にとかして、すいてうすく平《たい》らに作《つく》ったもの。字《じ》を書《か》いたり、物《もの》を包《つつ》んだりするために使《つか》う。例色紙《いろがみ》。❷じゃんけんで、手《て》を開《ひら》いた形《かたち》。ぱあ。↓し

例解 ことばの窓

**紙《かみ》を表《あらわ》す言葉《ことば》**

〔作《つく》り方《かた》のちがい〕
和紙《わし》…昔《むかし》から日本《にっぽん》で作《つく》ってきた。
洋紙《ようし》…西洋《せいよう》の作《つく》り方《かた》が伝《つた》わった。
〔何《なに》に使《つか》うか〕
画用紙《がようし》…絵《え》をかく。
色紙《しきし》…俳句《はいく》・短歌《たんか》などを書《か》く。
原稿用紙《げんこうようし》…文章《ぶんしょう》を書《か》く。
方眼紙《ほうがんし》…グラフや図《ず》をかく。
便《びん》せん…手紙《てがみ》を書《か》く。
障子紙《しょうじがみ》…障子《しょうじ》にはる。



世界の国 ノルウェー 北《きた》ヨーロッパにある国《くに》。日本《にっぽん》よりやや広《ひろ》い。森林資源《しんりんしげん》に恵《めぐ》まれ、漁業《ぎょぎょう》・海運業《かいうんぎょう》がさかん。牧畜《ぼくちく》も

【紙】537ページ

**°かみ【髪】** 名 ❶頭《あたま》に生《は》える毛《け》。髪《かみ》の毛《け》。❷「❶」の形《かたち》。髪型《かみがた》。例 日本髪《にほんがみ》を結《ゆ》う。➡ **はつ【髪】** 1048ページ

**かみ【加味】** 名 動-する ❶食《た》べ物《もの》に味《あじ》をつけ加《くわ》えること。❷あることに、さらに他《ほか》のことをつけ加《くわ》えること。例 子《こ》どもたちの意見《いけん》も加味して旅行《りょこう》の計画《けいかく》を立《た》てる。

**かみあう【かみ合う】** 動 ❶たがいにかみつく。❷歯車《はぐるま》の歯《は》がぴったり合《あ》う。❸しっくりと調和《ちょうわ》する。例 話《はなし》がかみ合わない。

**かみいれ【紙入れ】** 名 ❶お札《さつ》を入《い》れて持《も》ち歩《ある》くもの。さいふ。❷ちり紙《がみ》などを持《も》ち歩《ある》く入《い》れもの。

**かみがかり【神懸かり】** 名 ❶神様《かみさま》が人《ひと》にのりうつること。❷ふつうではできそうもないやりかた。例 あの人《ひと》には神懸かり的《てき》なところがある。

**かみかくし【神隠し】** 名 子《こ》どもなどが、とつぜん行方不明《ゆくえふめい》になること。参考 むかしは悪《わる》い神様《かみさま》や天狗《てんぐ》のしわざだとされていた。

**かみがた【上方】** 名 京都《きょうと》・大阪地方《おおさかちほう》。関西《かんさい》。

**かみがた【髪型・髪形】** 名 髪《かみ》のかたち。ヘアースタイル。

**がみがみ** 副(-と) 口《くち》やかましく、しかったり文句《もんく》を言《い》ったりするようす。例 がみがみと怒《おこ》ってばかりだ。

**かみきりむし** 名 体《からだ》は円筒形《えんとうけい》でかたく、長《なが》い触角《しょっかく》と丈夫《じょうぶ》なあごを持《も》つ昆虫《こんちゅう》。幼虫《ようちゅう》は、テッポウムシといい、木《き》の害虫《がいちゅう》。

**かみきれ【紙切れ】** 名 紙《かみ》のきれはし。

**かみくだく【かみ砕く】** 動 ❶かんで、細《こま》かくする。❷難《むずか》しいことを、わかりやすくする。例 かみ砕いて説明《せつめい》する。

**かみころす【かみ殺す】** 動 ❶かみついて殺《ころ》す。❷口《くち》が開《あ》かないようにがまんする。例 あくびをかみ殺す。

**かみざ【上座】** 名 身分《みぶん》の高《たか》い人《ひと》や、目上《めうえ》の人《ひと》が座《すわ》る席《せき》。類 上席《じょうせき》。対 下座《しもざ》。

**かみさま【神様】** 名 ❶「神《かみ》」を敬《うやま》った言《い》い方《かた》。❷あることに、非常《ひじょう》にすぐれた力《ちから》を持《も》つ人《ひと》。例 サッカーの神様。

**かみさん** 名 「妻《つま》」を親《した》しんでいう言葉《ことば》。

✤**かみしばい【紙芝居】** 名 絵《え》を次々《つぎつぎ》に見《み》せながら、物語《ものがたり》を話《はな》していく見《み》せ物《もの》。

**°かみしめる** 動 ❶力《ちから》を入《い》れてかむ。例 くちびるをかみしめる。❷深《ふか》く考《かんが》えて、その意《い》味《み》をよく味《あじ》わう。例 先生《せんせい》の言葉《ことば》を、よくかみしめる。

**かみしも【裃】** 名 江戸時代《えどじだい》、儀式《ぎしき》のときなどに着物《きもの》の上《うえ》からつけた男《おとこ》の礼服《れいふく》。

〔かみしも〕

**かみそり** 名 ❶髪《かみ》やひげをそるのに使《つか》う、うすくてするどい刃物《はもの》。❷頭《あたま》のはたらきがするどいこと。例 かみそりのような頭脳《ずのう》。

**かみだな【神棚】** 名 家《いえ》の中《なか》で、神《かみ》をまつってあるたな。

**かみだのみ【神頼み】** 名 助《たす》けてもらおうと神《かみ》にいのること。例 苦《くる》しいときの神頼み。

**かみつ【過密】** 名 形動 こみすぎているようす。例 人口《じんこう》が過密である。対 過疎《かそ》。

**かみつく【かみ付く】** 動 ❶歯《は》で食《く》いつく。例 犬《いぬ》がかみつく。❷激《はげ》しく文句《もんく》を言《い》う。例 審判《しんぱん》にかみつく。

**かみづつみ【紙包み】** 名 紙《かみ》で包《つつ》んだ物《もの》。

**かみつぶて【紙つぶて】** 名 (石《いし》のようにして投《な》げつけるために)小《ちい》さく丸《まる》めた紙《かみ》。

✤**かみて【上手】** 名 ❶上《かみ》のほう。❷客席《きゃくせき》から見《み》て舞台《ぶたい》の、右《みぎ》のほう。対 (❶・❷)下手《しもて》。注意 「上手」を「うわて」「じょうず」と読《よ》むと、ちがう意味《いみ》になる。

**かみでっぽう【紙鉄砲】** 名 おもちゃの鉄《てっ》砲《ぽう》。細《ほそ》い竹《たけ》の筒《つつ》に、ぬらした紙《かみ》のたまをつめて、つめたたまをあとから棒《ぼう》で勢《いきお》いよくおすと、前《まえ》のたまが飛《と》び出《だ》すもの。

**かみなづき【神無月】** 名 ➡ かんなづき 285ページ

**かみなり【雷】** 名 ❶電気《でんき》が空気中《くうきちゅう》を流《なが》れ、強《つよ》い光《ひかり》と、大《おお》きな音《おと》を出《だ》すもの。❷腹《はら》を立《た》ててどなりつけること。例 父《ちち》が雷を落《お》とす。➡ **らい【雷】** 1370ページ

**雷《かみなり》が落《お》ちる** ひどくしかられる。例 練習《れんしゅう》をなまけたので、監督《かんとく》の雷が落ちた。

**かみなりぐも【雷雲】** 名 ➡ らいうん 1370ページ

ナーマ。人口約《じんこうやく》148万人《まんにん》。略称《りゃくしょう》BRN。

**かみねんど**【紙粘土】名 紙《かみ》を原料《げんりょう》とした粘土《ねんど》。細《こま》かくちぎった紙《かみ》を水《みず》にとかし、のりを加《くわ》えて作《つく》る。

✤**かみのく**【上の句】名 短歌《たんか》の五《ご》・七《しち》・五《ご》・七《しち》・七《しち》の五句《ごく》のうち、はじめの五《ご》・七《しち》・五《ご》の句《く》。例《たと》えば、「東海《とうかい》の小島《こじま》の磯《いそ》の白砂《しらすな》にわれ泣《な》きぬれて蟹《かに》とたはむる〔石川啄木《いしかわたくぼく》の短歌《たんか》〕」の「東海《とうかい》の小島《こじま》の磯《いそ》の白砂《しらすな》に」の部分《ぶぶん》。対 下《しも》の句《く》。

**かみはんき**【上半期】名 一年《いちねん》を二《ふた》つに分《わ》けたときの、前半分《まえはんぶん》の期間《きかん》。対 下半期《しもはんき》。

**かみひこうき**【紙飛行機】名 紙《かみ》でつくって手《て》で飛《と》ばす、おもちゃの飛行機《ひこうき》。

**かみひとえ**【紙一重】名 紙《かみ》一枚《いちまい》ほどの、わずかのちがい。例 紙一重の差《さ》。

**かみふうせん**【紙風船】名 色紙《いろがみ》でつくったおもちゃの風船《ふうせん》。

**かみふぶき**【紙〈吹雪〉】名 お祝《いわ》いや歓迎《かんげい》の気《き》持《も》ちを表《あらわ》すために、紙《かみ》を小《ちい》さく切《き》って、吹雪《ふぶき》のようにまき散《ち》らすもの。例 紙ふぶきが舞《ま》う。

**かみやすり**【紙やすり】名 ⬇サンドペーパー 533ページ

**かみわざ**【神業】名 人間《にんげん》の力《ちから》ではとてもできないと思《おも》うほど、すぐれたやり方《かた》。例 まさに神業としか思《おも》えない芸《げい》。

**かみん**【仮眠】名 動-する 短《みじか》い時間《じかん》眠《ねむ》ること。例 仮眠をとる。

°**かむ**【噛む】動 ❶歯《は》と歯《は》を合《あ》わせて物《もの》をくだく。例 食《た》べ物《もの》をよくかむ。❷上《うえ》の歯《は》と下《した》の歯《は》を強《つよ》く合《あ》わせてはさむ。例 犬《いぬ》が人《ひと》をかむ。❸歯車《はぐるま》など、二《ふた》つのものがよく合《あ》わさる。❹海《うみ》や川《かわ》の水《みず》が勢《いきお》いよくぶつかる。例 波《なみ》しぶきが岩《いわ》をかむ。

**かむ** 動 鼻汁《はなじる》を、息《いき》でふき出《だ》してふき取《と》る。例 鼻《はな》をかむ。

**ガム**〔英語 gum〕名 ⬇チューインガム 259ページ

**がむしゃら** 名 形動 あとさきのことを考《かんが》えずに、むちゃくちゃにふるまうこと。例 がむしゃらに練習《れんしゅう》した。

**カムチャツカはんとう**〔カムチャツカ半島〕地名 ロシア東部《とうぶ》、北太平洋《きたたいへいよう》につき出《で》た大《おお》きな半島《はんとう》。東《ひがし》はベーリング海《かい》、西《にし》にオホーツク海《かい》がある。

**ガムテープ** 名 〔日本《にっぽん》でできた英語《えいご》ふうの言葉《ことば》。〕紙《かみ》や布《ぬの》でできた幅《はば》の広《ひろ》いねばりけのあるテープ。荷造《にづく》りのときなどに使《つか》う。

**カムバック**〔英語 comeback〕名 動-する 再《ふたた》び元《もと》の状態《じょうたい》に返《かえ》って、活躍《かつやく》すること。返《かえ》り咲《ざ》き。例 職場《しょくば》にカムバックする。

**カムフラージュ**〔フランス語〕名 動-する 〔「カモフラージュ」ともいう。〕❶敵《てき》をあざむくために、武器《ぶき》や施設《しせつ》などに色《いろ》をぬったりして偽装《ぎそう》すること。❷本心《ほんしん》や本当《ほんとう》の姿《すがた》を知《し》られないようにすること。例 失敗《しっぱい》がばれないようにカムフラージュする。

**かめ**【亀】名 水中《すいちゅう》や陸上《りくじょう》で生活《せいかつ》し、体《からだ》がかたいこうらでおおわれた動物《どうぶつ》。池《いけ》や川《かわ》にすむイシガメ・スッポン、陸《りく》にすむゾウガメ、海《うみ》にすむアカウミガメなど種類《しゅるい》が多《おお》い。ほとんどの種類《しゅるい》が首《くび》や尾《お》、足《あし》をこうらの中《なか》に引《ひ》っこめることができる。⬇き【亀】295ページ

〔かめ〕

**亀《かめ》の甲《こう》より年《とし》の功《こう》** 長年《ながねん》の経験《けいけん》は大切《たいせつ》にすべきだということわざ。参考「甲《こう》」はカメのこうらのこと。

**亀《かめ》は万年《まんねん》** ⬇鶴《つる》は千年亀《せんねんかめ》は万年《まんねん》 866ページ

**かめ** 名 水《みず》や酒《さけ》などを入《い》れる、口《くち》が広《ひろ》くて、底《そこ》の深《ふか》い焼《や》き物《もの》。

**かめい**【加盟】名 動-する ある団体《だんたい》に入《はい》ること。例 国連《こくれん》に加盟する。

**かめい**【仮名】名 本名《ほんみょう》ではなく、仮《かり》に付《つ》けた名前《なまえ》。対 本名《ほんみょう》。実名《じつめい》。

**かめい**【家名】名 ❶家《いえ》の名前《なまえ》。例 家名をつぐ。❷家《いえ》の名誉《めいよ》。例 家名をけがす。

**がめつい** 形 けちで、お金《かね》をもうけるのに、




世界の国 バーレーン ペルシャ湾内《わんない》の島《しま》を国土《こくど》とする国《くに》。奄美大島《あまみおおしま》よりやや広《ひろ》い。産業《さんぎょう》の中心《ちゅうしん》は石油《せきゆ》の生産《せいさん》。首都《しゅと》マ

ぬけめがない。例 がめつい人《ひと》。

**カメラ**〔英語 camera〕名 ❶写真機《しゃしんき》。❷映画《えいが》やビデオの撮影機《さつえいき》。

**カメラマン**〔英語 cameraman〕名 写真《しゃしん》や映画《えいが》、ビデオなどの撮影《さつえい》をする人《ひと》。

**カメレオン** 名 アフリカやインドなどにいる、トカゲに似《に》た動物《どうぶつ》。指《ゆび》と尾《お》を使《つか》って木《き》の枝《えだ》を歩《ある》き、長《なが》い舌《した》をピュッとのばして、虫《むし》をとらえて食《た》べる。周《まわ》りの色《いろ》に合《あ》わせて体《からだ》の色《いろ》を変《か》える。

〔カメレオン〕

**かめん【仮面】** 名 ❶人《ひと》や動物《どうぶつ》などの顔《かお》の形《かたち》をしたお面《めん》。❷ほんとうの姿《すがた》をかくしているもの。例 善人《ぜんにん》の仮面をかぶる。

**がめん【画面】** 名 ❶絵《え》や写真《しゃしん》の表面《ひょうめん》。❷映画《えいが》やテレビで、映像《えいぞう》が映《うつ》っている部分《ぶぶん》。例 画面がちらつく。

**かも【鴨】** 名 ❶形《かたち》はアヒルに似《に》ているが、やや小《ちい》さい水鳥《みずとり》。マガモ・コガモ・カルガモなど種類《しゅるい》が多《おお》い。ふつう冬《ふゆ》にシベリアなどから来《き》て、春《はる》になると帰《かえ》っていく渡《わた》り鳥《どり》。↓ふゆどり 1154ページ。❷利用《りよう》しやすい相手《あいて》。例 かもにされる〔=だまされて利用《りよう》される〕。

**鴨《かも》が葱《ねぎ》をしょって来《く》る** こちらに都合《つごう》のいいことがやってくる。

**かも** 二〔「かもしれない」などの形《かたち》で〕そういうこともありそうだ、という気持《きも》ちを表《あらわ》す。例 明日《あす》は行《い》けないかもしれない。二 助〔文語文《ぶんごぶん》で〕強《つよ》い感動《かんどう》を表《あらわ》す。…なあ。…だなあ。参考「天《あま》の原《はら》ふりさけ見《み》れば春日《かすが》なる三笠《みかさ》の山《やま》に出《い》でし月《つき》かも〔=春日《かすが》にある三笠《みかさ》の山《やま》に出《で》ていた月《つき》なのだなあ〕」（阿倍仲麻呂《あべのなかまろ》）

**かもい** 名 戸《と》や障子《しょうじ》、ふすまなどの上《うえ》の部分《ぶぶん》にはめこむ、みぞのある横木《よこぎ》。対 敷居《しきい》。↓にほんま 991ページ

°**かもく【科目】** 名 ❶ものごとをいくつかに分《わ》けた一《ひと》つ一《ひと》つのまとまり。❷学科《がっか》の一《ひと》つ一《ひと》つ。例 三年生《さんねんせい》から、科目が増《ふ》えた。

**かもく【寡黙】** 名 形動 口数《くちかず》が少《すく》ないこと。例 寡黙でいばらない人《ひと》。参考 ふつう、よい意味《いみ》で使《つか》う。

**かもしか** 名 高《たか》い山《やま》にすむ草食《そうしょく》の動物《どうぶつ》。ヤギに似《に》ているがウシの仲間《なかま》で、二本《にほん》の短《みじか》い角《つの》がある。特別天然記念物《とくべつてんねんきねんぶつ》。

**かもしだす【醸し出す】** 動 ある感《かん》じや気分《きぶん》などを作《つく》り出《だ》す。例 楽《たの》しげな雰囲気《ふんいき》を醸し出す。

**かもす【醸す】** 動 ❶米《こめ》・麦《むぎ》などをこうじで発酵《はっこう》させ、水《みず》を混《ま》ぜて、酒《さけ》・しょうゆなどを造《つく》る。例 酒《さけ》を醸す。❷ある感《かん》じや気分《きぶん》などを作《つく》る。例 独特《どくとく》な雰囲気《ふんいき》を醸す。↓じょう【醸】 626ページ

**かもつ【貨物】** 名 トラックや船《ふね》などで運《はこ》ぶ荷物《にもつ》。例 貨物列車《れっしゃ》。

**かもつせん【貨物船】** 名 荷物《にもつ》を運《はこ》ぶ大型《おおがた》の船《ふね》。↓ふね❶ 1151ページ

**かものはし** 名 カモに似《に》たくちばしと、はばの広《ひろ》い尾《お》を持《も》った動物《どうぶつ》。卵《たまご》で生《う》まれ、乳《ちち》を飲《の》んで育《そだ》つ。オーストラリアにすむ。

〔かものはし〕

**カモフラージュ**〔フランス語〕名 動-する ↓カムフラージュ 259ページ

**かもめ** 名 カラスほどの大《おお》きさで、体《からだ》の白《しろ》っぽい海鳥《うみどり》。つばさは長《なが》く、海面《かいめん》の近《ちか》くをすべるように飛《と》び、魚《さかな》をとる。冬《ふゆ》に、シベリアなど北《きた》の地方《ちほう》からやってくる。

**かもん【家紋】** 名 それぞれの家《いえ》のしるしとなる紋《もん》。紋《もん》。

**かや【〈蚊帳〉】** 名 蚊《か》にさされないように、つり下《さ》げて寝床《ねどこ》をおおうもの。目《め》のあらい布《ぬの》で作《つく》る。参考「蚊帳《かや》」は、特別《とくべつ》に認《みと》められた読《よ》み方《かた》。

**蚊帳《かや》の外《そと》** 仲間《なかま》はずれにされること。例 ぼくだけ蚊帳の外とは許《ゆる》せない。

**かや** 名 ススキ・スゲ・チガヤなど、葉《は》の細長《ほそなが》い草《くさ》。昔《むかし》は、屋根《やね》をふく〔=おおう〕のに使《つか》った。

**がやがや** 副(-と) 動-する 大勢《おおぜい》の人《ひと》が、さわがしく声《こえ》を立《た》てるようす。例 教室《きょうしつ》ががやがやしている。

**かやく【火薬】** 名 熱《ねつ》や力《ちから》を加《くわ》えると、爆発《ばくはつ》を起《お》こす薬品《やくひん》。爆弾《ばくだん》・ダイナマイト・花火《はなび》などに使《つか》う。

**カヤック**〔英語 kayak〕名 ❶木《き》のわくにアザ

がさかん。首都《しゅと》ポルトープランス。人口約《じんこうやく》1,140万人《まんにん》。略称《りゃくしょう》HAI。

ラシの皮《かわ》をはり、一本《いっぽん》のかいでこぐ小舟《こぶね》。❷「❶」に似《に》た舟《ふね》を使《つか》ったカヌー競技《きょうぎ》。⇩ふね 1151ページ

**かやぶき**【名】カヤで屋根《やね》をふく(=おおう)こと。また、カヤでふいた屋根《やね》。

**かやり【蚊遣り】**【名】❶蚊《か》を追《お》い払《はら》うために木《こ》の葉《は》などをいぶすこと。また、そのいぶすもの。❷蚊取《かと》り線香《せんこう》。

**かゆ**【名】水《みず》を多《おお》くして、やわらかくたいたご飯《はん》。おかゆ。

**°かゆい**【形】皮膚《ひふ》がむずむずして、かきたくなる。【例】虫《むし》にさされてかゆい。

**かゆいところに手《て》が届《とど》く** 細《こま》かいところまでよく気《き》がつく。【例】かゆいところに手が届《とど》くように世話《せわ》をしてくれた。

**かよい【通い】**【名】店《みせ》などに、自分《じぶん》の家《いえ》から毎日《まいにち》行《い》って、仕事《しごと》をすること。

**°かよう【火曜】**【名】週《しゅう》の三日《みっか》め。月曜《げつよう》の次《つぎ》の日《ひ》。火曜日《かようび》。

**°かよう【通う】**【動】❶いつも行《い》ったり来《き》たりする。【例】学校《がっこう》へ通《かよ》う。❷(気持《きも》ちが)届《とど》く。通《つう》じる。【例】心《こころ》が通《かよ》う。❸とおる。流《なが》れる。【例】血《ち》が通《かよ》う。⇩つう【通】848ページ

> **例解 ことばの窓**
> **通《かよ》う の意味《いみ》で**
> 学校《がっこう》に歩《ある》いて通学《つうがく》する。
> 会社《かいしゃ》に電車《でんしゃ》で通勤《つうきん》する。
> 病院《びょういん》にしばらく通院《つういん》する。
> 休《やす》まずプールに日参《にっさん》する。

**かようきょく【歌謡曲】**【名】多《おお》くの人《ひと》が楽《たの》しむ、はやり歌《うた》。流行歌《りゅうこうか》。

**がようし【画用紙】**【名】絵《え》をかくのに使《つか》う少《すこ》し厚《あつ》い紙《かみ》。

**かよわい【か弱い】**【形】いかにも弱々《よわよわ》しい。【例】か弱い体《からだ》。

**°から【空】** ━【名】中《なか》に何《なに》も入《はい》っていないこと。からっぽ。【例】空の箱《はこ》。━(ある言葉《ことば》の前《まえ》につけて)「中身《なかみ》のない」という意味《いみ》を表《あらわ》す。【例】空元気《げんき》。⇩くう【空】358ページ

**から【唐】**【名】昔《むかし》の中国《ちゅうごく》のこと。【例】唐の国《くに》。唐草《くさ》。⇩とう【唐】904ページ

**°から【殻】**【名】❶動物《どうぶつ》や植物《しょくぶつ》の中身《なかみ》をおおっている、かたい皮《かわ》。【例】卵《たまご》の殻。❷中身《なかみ》を取《と》ったあとに残《のこ》ったもの。外側《そとがわ》の皮《かわ》。【例】ぬけ殻《がら》。❸自分《じぶん》の世界《せかい》を守《まも》るもの。【例】自分《じぶん》の殻に閉《と》じこもる(=外《そと》の世界《せかい》とふれ合《あ》おうとしない)。⇩かく【殻】218ページ

**殻《から》を破《やぶ》る** これまでの古《ふる》いやりかたや考《かんが》え方《かた》を打《う》ち破《やぶ》る。【例】殻を破った新《あたら》しい開会《かいかい》式《しき》。

**°から**【助】❶ものごとの始《はじ》まりを表《あらわ》す。【例】東京《とうきょう》から出発《しゅっぱつ》する。あしたから夏休《なつやす》みだ。❷原《げん》因《いん》や理由《りゆう》を表《あらわ》す。【例】おもしろいから読《よ》む。寒《さむ》いから出《で》かけない。❸原料《げんりょう》や材料《ざいりょう》を表《あらわ》す。【例】日本酒《にほんしゅ》は米《こめ》から造《つく》る。

**がら【柄】** ━【名】❶体《からだ》つき。体格《たいかく》。【例】年《とし》のわりに、柄が大《おお》きい。❷人《ひと》に与《あた》える感《かん》じ。【例】柄が悪《わる》い。❸模様《もよう》。【例】着物《きもの》の柄。❹その人《ひと》にふさわしいこと。【例】柄にもないことを言《い》う。━(ある言葉《ことば》のあとにつけて)…の性質《せいしつ》上《じょう》。【例】場所柄《ばしょがら》をわきまえる。時節柄《じせつがら》。⇩へい【柄】1172ページ

**カラー**(英語 collar)【名】洋服《ようふく》やワイシャツのえり。【例】学生服《がくせいふく》のカラー。

**カラー**(英語 color)【名】❶色《いろ》。絵《え》の具《ぐ》。❷色《いろ》のついた映像《えいぞう》。【例】カラーテレビ。【対】モノクロ。❸(学校《がっこう》や団体《だんたい》などの)気風《きふう》や特色《とくしょく》。【例】スクールカラー。

**がらあき【がら空き・がら明き】**【名】中《なか》が、がらがらにすいていること。【例】がら空きの電車《でんしゃ》。

**からあげ【空揚げ・唐揚げ】**【名】衣《ころも》をつけずに、または小麦粉《こむぎこ》や片栗粉《かたくりこ》を軽《かる》くまぶして、油《あぶら》で揚《あ》げること。また、その料理《りょうり》。

**°からい【辛い】**【形】❶ひりひりと舌《した》をさすような感《かん》じがする。【例】ワサビは、とても辛い。❷塩辛《しおから》い。しょっぱい。【例】みそしるが辛い。❸厳《きび》しい。【例】テストの採点《さいてん》が辛い。【対】(❷・❸)甘《あま》い。⇩しん【辛】655ページ

**からいばり【空威張り】**【名】【動する】実力《じつりょく》がないのに、うわべだけは強《つよ》そうにすること。【例】小《ちい》さい子《こ》の前《まえ》で空威張りをする。

**カラオケ**【名】歌謡曲《かようきょく》などを歌《うた》うための、伴《ばん》奏用《そうよう》の音楽《おんがく》。また、それに合《あ》わせて歌《うた》うこと。【参考】「空《から》のオーケストラ」からできた言《こと》


世界の国 ハイチ カリブ海《かい》のイスパニョーラ島《とう》の西半分《にしはんぶん》を国土《こくど》とする国《くに》。中国地方《ちゅうごくちほう》よりややせまい。コーヒー栽培《さいばい》

葉《ば》。

**からかう** 動 ふざけていじめたり、困《こま》らせたりしておもしろがる。例 冗談《じょうだん》を言《い》って、友達《ともだち》をからかう。

**からかさ【唐傘】** 名 竹《たけ》を割《わ》って作《つく》った骨《ほね》に油紙《あぶらがみ》をはった雨傘《あまがさ》。

**からかぜ【空風】** 名 ↓からっかぜ 263ページ

**からかみ【唐紙】** 名 ふすまなどにはる、模《も》様《よう》のついた紙《かみ》。また、それをはったふすま。

**からから** 一 形動 水分《すいぶん》がなくなってかわいたようす。例 のどがからからだ。二 副(-と) ❶かたいものがふれ合《あ》って出《で》る音《おと》。❷高《たか》い声《こえ》で笑《わら》うようす。例 からからと大声《おおごえ》で笑《わら》う。

**がらがら** 一 形動 ❶中《なか》に、ほとんど人《ひと》や物《もの》が入《はい》っていないようす。例 バスはがらがらだ。❷声《こえ》が悪《わる》いようす。例 声《こえ》ががらがらになる。二 副(-と) かたい物《もの》がぶつかったりこわれたりする音《おと》。例 岩《いわ》ががらがらくずれる。三 名 ふると、ガラガラと音《おと》がする赤《あか》んぼうのおもちゃ。

**からきし** 副 まるで。まったく。からっきし。例 からきしいくじがない。注意 あとに「ない」などの打《う》ち消《け》しの言葉《ことば》がくる。

**からくさもよう【唐草模様】** 名 つる草《くさ》がからみ合《あ》っているようすをかいた模様《もよう》。

〔からくさもよう〕

**がらくた** 名 役《やく》に立《た》たない品物《しなもの》。

**からくち【辛口】** 一 名 (料理《りょうり》や酒《さけ》などの)味《あじ》がからいこと。例 辛口のみそ。対 甘口《あまくち》。二 名 形動 言《い》うことが厳《きび》しいこと。例 辛口の批評《ひひょう》。辛口な意見《いけん》が多《おお》い。

**からくも【辛くも】** 副 やっとのことで。例 辛くも合格《ごうかく》した。

**からくり** 名 ❶(糸《いと》やぜんまい・歯車《はぐるま》などを使《つか》って)動《うご》かす仕《し》かけ。例 からくり人形《にんぎょう》。❷計略《けいりゃく》。例 からくりがばれる。

**からげる** 動 ❶しばって束《たば》ねる。例 ひもで古新聞《ふるしんぶん》をからげる。❷着物《きもの》のすそやたもとをまくり上《あ》げて、帯《おび》にはさむ。

**からげんき【空元気】** 名 うわべだけ元気《げんき》があるように見《み》せること。例 空元気を出《だ》して、みんなと騒《さわ》いでいる。

**からさ【辛さ】** 名 辛《から》い程度《ていど》。

**カラザ** 〔英語 chalaza〕 名 鳥《とり》の卵《たまご》の中《なか》にある、白《しろ》くにごった色《いろ》のひものようなもの。黄身《きみ》を卵《たまご》の真《ま》ん中《なか》に支《ささ》えている。

**からさわぎ【空騒ぎ】** 名 動する わけもなく、むやみに騒《さわ》ぐこと。例 新種《しんしゅ》の発見《はっけん》も、いっときの空騒ぎに終《お》わった。

**からし** 名 カラシナの種《たね》を粉《こな》にした調味料《ちょうみりょう》。黄色《きいろ》でからい。

**からす【烏】** 名 人家《じんか》の近《ちか》くに群《む》れをなしてすむ、黒《くろ》い鳥《とり》。くちばしの太《ふと》いハシブトガラスや細《ほそ》いハシボソガラスなどがいる。

**からすの行水《ぎょうずい》** きちんと洗《あら》いもせずに、すぐにふろから出《で》てきてしまうこと。入浴《にゅうよく》時間《じかん》が短《みじか》いことのたとえ。参考 カラスの水浴《みずあ》びがとても簡単《かんたん》なことから。

**からす【枯らす】** 動 (木《き》や草《くさ》などを)かれさせる。例 植木《うえき》を枯《か》らす。↓こ【枯】420ページ

**からす** 動 ❶大声《おおごえ》を出《だ》しすぎて声《こえ》をかすれさせる。例 声《こえ》をからして、応援《おうえん》する。❷水《みず》をなくす。例 田《た》の水《みず》をからす。

**°ガラス** 〔オランダ語〕 名 石英《せきえい》・炭酸《たんさん》ナトリウムなどを原料《げんりょう》として、高温《こうおん》でとかし冷《ひ》やして固《かた》めたもの。すきとおって、かたい。

**からすがい【烏貝】** 名 淡水《たんすい》にすむ、だ円形《えんけい》の二枚貝《にまいがい》。貝《かい》からボタンなどをつくる。

**からすぐち【烏口】** 名 製図《せいず》で線《せん》を引《ひ》くときに使《つか》う道具《どうぐ》。鉄《てつ》でできていて、形《かたち》がカラスのくちばしに似《に》ている。

**ガラスばり【ガラス張り】** 名 ❶ガラスを張《は》ること。また、ガラスを張《は》ったもの。❷〔ガラスが張《は》ってある中《なか》はよく見《み》えることから〕秘密《ひみつ》がなく、だれにもわかるようにしていること。例 ガラス張りの政治《せいじ》。

**°からだ【体】** 名 ❶人《ひと》や動物《どうぶつ》の、頭《あたま》・手《て》・胴《どう》・足《あし》などの全体《ぜんたい》。例 体が大《おお》きい。❷健康《けんこう》のぐあい。例 体をこわす〔＝病気《びょうき》になる〕。↓たい【体】767ページ

**からたち** 名 枝《えだ》にとげがあり、生《い》け垣《がき》などにする、ミカンのなかまの低木《ていぼく》。春《はる》、白《しろ》い花《はな》が咲《さ》く。

**からだつき【体つき】** 名 体《からだ》の、かっこう。例 がっしりした体つき。

2,100万人《まんにん》。略称《りゃくしょう》PAK。

**からっかぜ【空っ風】** 名 冬《ふゆ》にふく、かわいた強《つよ》い風《かぜ》。特《とく》に、北関東地方《きたかんとうちほう》の強《つよ》い北風《きたかぜ》が知《し》られる。空風《からかぜ》。

**からっきし** 副 ⬇からきし 262ページ

**からっと** 副 ⬇からり 264ページ

**カラット** 〔英語 carat〕 名 ❶宝石《ほうせき》の重《おも》さの単《たん》位《い》。一カラットは〇・二グラム。❷金《きん》の含《ふく》まれている割合《わりあい》。純金《じゅんきん》は二四カラット。

**がらっと** 副 ⬇がらり 264ページ

**からっぽ【空っぽ】** 名 形動 中《なか》に、何《なに》も入《はい》っていないこと。例 さいふが空っぽだ。

**からつゆ【空〈梅雨〉】** 名 梅雨《つゆ》の季節《きせつ》に、ほとんど雨《あめ》が降《ふ》らないこと。

**からて【空手】** 名 ❶手《て》に何《なに》も持《も》たないこと。手《て》ぶら。❷武器《ぶき》を持《も》たず、手足《てあし》だけで戦《たたか》う競《きょう》技《ぎ》。参考 ❷は「唐手《からて》」とも書《か》く。

**からとう【辛党】** 名 酒《さけ》が好《す》きな人《ひと》。酒飲《さけの》み。対 甘党《あまとう》。

**からには** 〔ある言葉《ことば》のあとにつけて〕…したのだから当然《とうぜん》。…する以上《いじょう》は当然《とうぜん》。例 約束《やくそく》したからには、守《まも》るべきだ。

**ガラパゴスしょとう〖ガラパゴス諸島〗** 地名 東太平洋《ひがしたいへいよう》の赤道直下《せきどうちょっか》にある火山《かざん》の島々《しまじま》。南《みなみ》アメリカのエクアドル領《りょう》。どの大《たい》陸《りく》からも離《はな》れているので、巨大《きょだい》なゾウガメやウミトカゲなど、他《た》の地域《ちいき》には見《み》られない独《どく》自《じ》の進化《しんか》をとげた生物《せいぶつ》が生息《せいそく》している。ここを観察《かんさつ》したことが、ダーウィンが「進化論《しんかろん》」を唱《とな》えるもとになった。世界遺産《せかいいさん》。

**からぶき【から拭き】** 名 動する 床《ゆか》などを、かわいた布《ぬの》やぞうきんで拭《ふ》くこと。例 仕上《しあ》げにから拭きする。

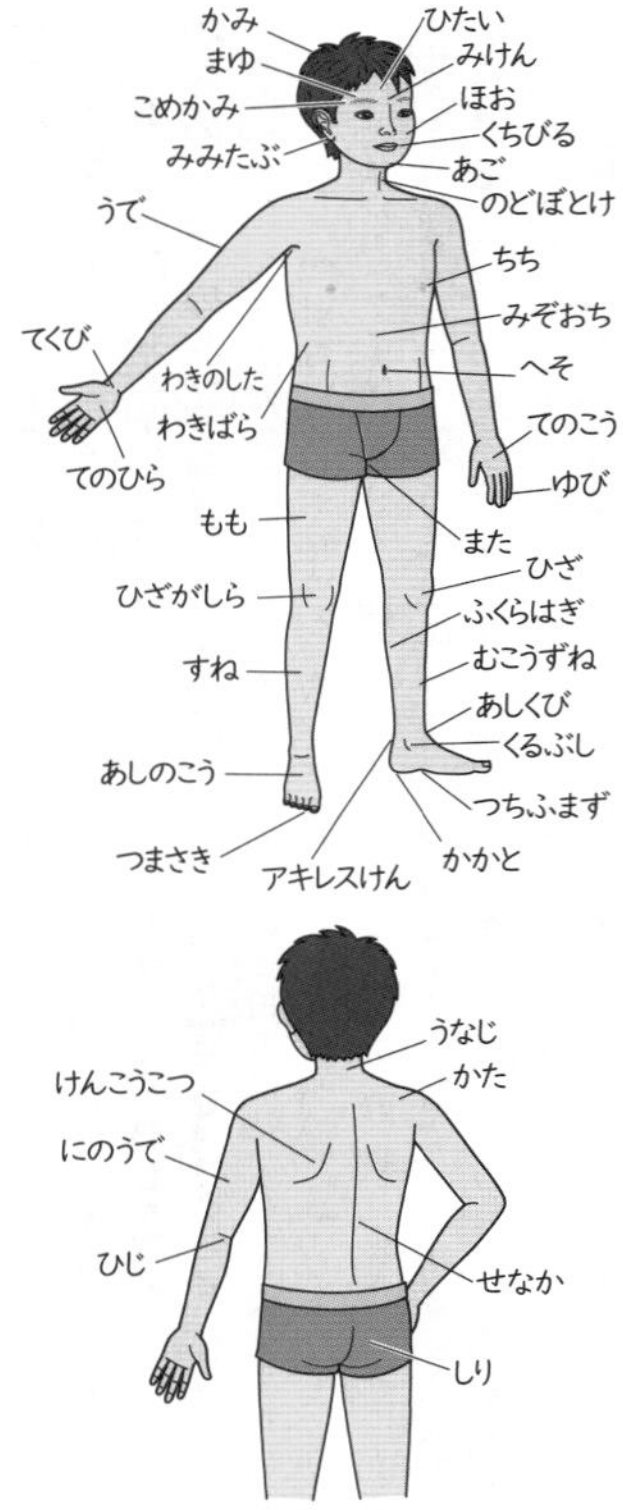

〔からだ❶〕

**からふと〖樺太〗** 地名 ⬇サハリン 521ページ

**からぶり【空振り】** 名 動する ❶ふったバットやラケットにボールが当《あ》たらないこと。❷思《おも》ったような結果《けっか》にならないこと。例 雨《あめ》で計画《けいかく》が空振りに終《お》わった。

**カラフル** 〔英語 colorful〕 形動 いろどりがはなやかなようす。例 カラフルな衣装《いしょう》。

**からまつ【唐松・〈落葉松〉】** 名 マツの仲《なか》間《ま》の木《き》。葉《は》は針《はり》の形《かたち》に似《に》る。秋《あき》に黄葉《こうよう》したあと落葉《らくよう》する。

**からまる【絡まる】** 動 ❶巻《ま》きつく。例 つるがかきねに絡まる。❷もつれる。こんがらかる。例 つり糸《いと》が絡まる。❸関係《かんけい》する。例 事件《じけん》に絡まる問題《もんだい》。⬇らく【絡】 1372ページ

**からまわり【空回り】** 名 動する ❶車《くるま》や機《き》械《かい》が、むだに回《まわ》ること。例 歯車《はぐるま》が空回りする。❷ものごとがかみ合《あ》わず、むだな動《うご》きをすること。例 議論《ぎろん》が空回りする。

**からみあう【絡み合う】** 動 ❶たがいにまきつく。例 糸《いと》がからみ合う。❷ものごとが複雑《ふくざつ》に関係《かんけい》し合《あ》う。例 さまざまな理由《りゆう》がからみ合っている。

**からみつく【絡み付く】** 動 ❶離《はな》れないように巻《ま》きつく。例 つるが絡みつく。❷しつこくつきまとう。例 子《こ》どもが絡みつく。

**°からむ【絡む】** 動 ❶巻《ま》きつく。例 ツタが木《き》に絡んでいる。❷もつれる。例 糸《いと》が絡む。❸かかわりがある。関係《かんけい》する。例 損得《そんとく》が絡む話《はなし》。❹つきまとって困《こま》らせる。例 よっぱ


世界の国 パキスタン　インドの北西《ほくせい》にある国《くに》。小麦《こむぎ》、米《こめ》を産《さん》し、綿花工業《めんかこうぎょう》もさかん。首都《しゅと》イスラマバード。人口約《じんこうやく》2億《おく》

らいが人《ひと》に絡む。⇩らく【絡】1372ページ

**からめて【からめ手】** 名 ❶城《しろ》の裏門《うらもん》。対大手《おおて》。❷相手《あいて》の予想《よそう》もしていないところや、弱《よわ》いところ。例からめ手からせめる。

**からめる【絡める】** 動 ❶巻《ま》きつける。例足《あし》を絡めて、相手《あいて》をたおす。❷粉《こな》などを周《まわ》りにつける。例もちにあんを絡める。❸あることに別《べつ》のことを結《むす》びつける。例二《ふた》つの出来事《できごと》を絡めて考《かんが》える。⇩らく【絡】1372ページ

**からり** 副(-と) 暗《くら》いのが明《あか》るくなったり、しめっていたのがかわいたりするようす。からっと。例空《そら》が、からりと晴《は》れる。

**がらり** 副(-と) 〔「がらっと」ともいう。〕❶引《ひ》き戸《ど》や窓《まど》を勢《いきお》いよく開《あ》けるようす。❷前《まえ》と、すっかり変《か》わるようす。例がらりと態度《たいど》が変《か》わる。

**かられる【駆られる】** 動 強《つよ》い思《おも》いにさせられる。例不安《ふあん》に駆られる。

**がらん【伽藍】** 名 大《おお》きな寺《てら》。また、寺《てら》の建《たて》物《もの》。

**がらんと** 副 中《なか》に何《なに》もないようす。例がらんとした部屋《へや》。

**がらんどう** 名 形動 広《ひろ》い所《ところ》に何《なに》もないこと。例体育館《たいいくかん》はがらんどうだ。

**かり【仮】** 名 ❶一《いち》時《じ》の間《ま》に合《あ》わせ。例仮の住《す》まい。❷ほんとうのことでないこと。例仮の名前《なまえ》。❸「例《たと》えば」「もし」と考《かんが》えてみること。例これは仮の話《はなし》です。⇩か【仮】188ページ

**かり【狩り】** 名 ❶↓しゅりょう(狩猟)614ページ。例山《やま》で狩りをする。❷山《やま》や海《うみ》に出《で》かけて、きのこや貝《かい》をとったり、季節《きせつ》の花《はな》などをめでたりすること。例きのこ狩《が》り。潮《しお》干《ひ》狩《が》り。もみじ狩《が》り。⇩しゅ【狩】590ページ

**かり【借り】** 名 ❶借《か》りること。借《か》りたお金《かね》や物《もの》。例百円《ひゃくえん》の借りがある。❷相手《あいて》から受《う》けた恩《おん》やうらみ。例助《たす》けてもらって、借りができる。対(❶・❷)貸《か》し。

**借《か》りを返《かえ》す** ❶借《か》りたものを返《かえ》す。❷仕《し》返《かえ》しをする。例去年《きょねん》の負《ま》けの借りを返す。

**かり【雁】** 名 ↓がん(雁)274ページ

**かりあつめる【駆り集める】** 動 あちこちから急《いそ》いで集《あつ》める。例近所《きんじょ》の人《ひと》を駆り集める。

**かりいれ【刈り入れ】** 名 イネや麦《むぎ》などを、田畑《たはた》から刈《か》り取《と》ること。例もうすぐ刈り入れの時期《じき》だ。

**かりいれる【借り入れる】** 動 (銀行《ぎんこう》などから)お金《かね》を借《か》りる。例商品《しょうひん》を仕《し》入《い》れる資《し》金《きん》を借り入れる。

**かりうける【借り受ける】** 動 (だいじなものなどを)よそから借《か》りる。例ビルの一室《いっしつ》を借り受ける。

**かりうど【狩人】** 名 ↓かりゅうど265ページ

**カリウム** 〔ドイツ語〕名 銀白色《ぎんはくしょく》でやわらかい金属《きんぞく》。ガラスや肥料《ひりょう》などの原料《げんりょう》になる。

**かりかり** 一 副(-と) かわいたものやかたいものを、くだいたりけずったりするようす。例氷《こおり》をかりかりけずる。二 動-する いらいらしているようす。例失敗《しっぱい》続《つづ》きでかりかりしている。三 形動 かわいたりして、かたくなったようす。例せんべいをかりかりに焼《や》く。

**がりがり** 一 副(-と) 〔「かりかり」よりも〕かたいものや重《おも》いものを、くだいたりけずったりするようす。例ネズミが柱《はしら》をがりがりとかじる。二 形動 ひどくやせているようす。例病気《びょうき》でがりがりにやせた。

**かりぎぬ【狩衣】** 名 平安時代《へいあんじだい》の公家《くげ》のふだん着《ぎ》で、のちに武士《ぶし》の礼服《れいふく》ともなった、えりのまるい着物《きもの》。

**カリキュラム** 〔英語 curriculum〕名 (学校《がっこう》で)学習《がくしゅう》する内容《ないよう》を計画的《けいかくてき》に配列《はいれつ》したもの。教育計画《きょういくけいかく》。

**かりきる【借り切る】** 動 約束《やくそく》して、ある期間《きかん》まるごと借《か》りる。例バスを借り切って団体旅行《だんたいりょこう》をする。

**かりこむ【刈り込む】** 動 草《くさ》や木《き》、髪《かみ》の毛《け》などを刈《か》って、形《かたち》をととのえる。例芝生《しばふ》をきれいに刈り込む。

**かりしょぶん【仮処分】** 名 裁判《さいばん》で、判決《はんけつ》が決《き》まるまでの間《あいだ》、関係《かんけい》する人《ひと》の権利《けんり》を守《まも》るために、かりに下《くだ》される処置《しょち》。

**カリスマ** 〔ドイツ語〕名 人々《ひとびと》の心《こころ》を強《つよ》く引《ひ》きつける不思議《ふしぎ》な力《ちから》を持《も》った人《ひと》。教祖的《きょうそてき》な人《ひと》。例お笑《わら》い界《かい》のカリスマ。

**かりずまい【仮住まい】** 名 動-する 一《いち》時《じ》の間《ま》に合《あ》わせに住《す》むこと。また、住《す》む家《いえ》。例改《かい》築《ちく》が終《お》わるまで仮住まいする。

界遺産《かいいさん》。人口約《じんこうやく》820人《にん》。

**かりそめ**【仮初め】名 ❶ほんの一時《いちじ》のこと。例 かりそめの住《す》まい。❷いいかげん。おろそか。例 父《ちち》の意見《いけん》はかりそめにできない。

**かりそめにも**【仮初めにも】たとえどうであろうと。けっして。例 かりそめにも、うそをついてはいけない。注意 あとに「ない」などの打《う》ち消《け》しの言葉《ことば》がくる。

**かりだす**【駆り出す】動 人《ひと》をさそって、無理《むり》に連《つ》れ出《だ》す。例 草取《くさと》りに駆り出す。

**かりたてる**【駆り立てる】動 追《お》い立《た》てる。無理《むり》に行《い》かせる。例 クラスのみんなを応援《おうえん》に駆り立てる。

**かりて**【借り手】名 お金《かね》や品物《しなもの》を借《か》りる人《ひと》。対 貸《か》し手《て》。

**かりてきたねこ**【借りてきた猫】ふだんとちがって、おとなしくしていることのたとえ。例 よそに行《い》くと、弟《おとうと》は借りてきた猫みたいにしている。

**かりとる**【刈り取る】動 ❶(刃物《はもの》で)切《き》り取《と》る。例 草《くさ》を刈り取る。❷取《と》り除《のぞ》く。例 悪《あく》の根《ね》を刈り取る。

°**かりに**【仮に】副 ❶もし。たとえ。例 仮に雨《あめ》だとしても、出《で》かけるつもりだ。❷間《ま》に合《あ》わせに。臨時《りんじ》に。例 買《か》うまで仮にこれを使《つか》おう。注意 ❶は、あとに「たら」「れば」「ても」などの言葉《ことば》がくる。

**かりにも**【仮にも】副 たとえ、どんなことがあっても。けっして。例 仮にもそんなことを言《い》ってはならない。

**かりぬい**【仮縫い】名 動-する 洋服《ようふく》などを作《つく》るとき、前《まえ》もってぐあいを見《み》るために、簡単《かんたん》に縫《ぬ》ってみること。したぬい。

**かりね**【仮寝】名 ❶ちょっと寝《ね》ること。❷旅先《たびさき》で寝《ね》ること。野宿《のじゅく》。〔古《ふる》い言《い》い方《かた》。〕

**ガリバーりょこうき**〖ガリバー旅行記〗作品名 一七二六年《ねん》にイギリスのスウィフトが書《か》いた小説《しょうせつ》。主人公《しゅじんこう》のガリバーが、小人《こびと》の国《くに》・巨人《きょじん》の国《くに》などを旅行《りょこう》して回《まわ》る話《はなし》。

**かりもの**【借り物】名 人《ひと》から借《か》りた物《もの》。

**かりゅう**【下流】名 ❶川《かわ》の流《なが》れの、川口《かわぐち》に近《ちか》いほう。川下《かわしも》。❷生活《せいかつ》の程度《ていど》や地位《ちい》が低《ひく》いこと。関連 (❶・❷)上流《じょうりゅう》。中流《ちゅうりゅう》。

**かりゅう**【顆粒】名 小《ちい》さいつぶ。例 顆粒状《じょう》の薬《くすり》。

**がりゅう**【我流】名 自分勝手《じぶんかって》なやり方《かた》。自己流《じこりゅう》。例 我流で絵《え》をかく。

■**がりゅうてんせい**【画竜点睛】名 ➡がりょうてんせい 265ページ

**かりゅうど**【狩人】名 鳥《とり》やけものをとらえることを仕事《しごと》にする人《ひと》。かりうど。猟師《りょうし》。

■**がりょうてんせい**【画竜点睛】名 ものごとを完成《かんせい》させるために、最後《さいご》に加《くわ》える大切《たいせつ》な仕上《しあ》げのこと。例 画竜点睛を欠《か》く作品《さくひん》。参考 絵《え》の名人《めいじん》が寺《てら》の壁《かべ》に竜《りゅう》をえがき、その目《め》にひとみ(=睛《せい》)をかき入《い》れたところ、絵《え》が本物《ほんもの》の竜《りゅう》となって天《てん》に昇《のぼ》っていったという、昔《むかし》の中国《ちゅうごく》の話《はなし》から。

**かりょく**【火力】名 火《ひ》の燃《も》える勢《いきお》い。火《ひ》の力《ちから》。例 火力が弱《よわ》い。

**かりょくはつでん**【火力発電】名 石炭《せきたん》や石油《せきゆ》などを燃《も》やして蒸気《じょうき》を作《つく》り、その力《ちから》で発電機《はつでんき》を回《まわ》して電気《でんき》を起《お》こす仕組《しく》み。

°**かりる**【借りる】動 ❶返《かえ》す約束《やくそく》で人《ひと》の物《もの》を使《つか》わせてもらう。例 本《ほん》を借りる。❷お金《かね》を払《はら》って、使《つか》わせてもらう。例 家《いえ》を借りる。❸助《たす》けを受《う》ける。例 人《ひと》手《て》を借りる。知恵《ちえ》を借りる。対 (❶〜❸)貸《か》す。➡しゃく【借】584ページ

**ガリレオ＝ガリレイ** 人名 (男)(一五六四〜一六四二)イタリアの科学者《かがくしゃ》。「地動説《ちどうせつ》」を唱《とな》え、「近代科学《きんだいかがく》の父《ちち》」といわれる。物理学《ぶつりがく》の上《うえ》では「ふりこの等時性《とうじせい》」の発見《はっけん》、天文学《てんもんがく》の上《うえ》では、自作《じさく》の望遠鏡《ぼうえんきょう》による月面《げつめん》の凹凸《おうとつ》、太陽《たいよう》の黒点《こくてん》の発見《はっけん》などをした。

**かる**【刈】画数 4 部首 刂(りっとう)

音 ―― 訓 か-る

草《くさ》などを切《き》り取《と》る。例 稲刈《いねか》り。

**かる**【刈る】動 ❶(地面《じめん》に生《は》えているものを)切《き》り取《と》る。例 草《くさ》を刈る。❷毛《け》を短《みじか》く切《き》る。例 頭《あたま》を刈る。

**かる**【狩る】動 狩《か》りをする。例 シカを狩る。➡しゅ【狩】590ページ

**かる**【駆る】動 走《はし》らせる。追《お》い立《た》てる。例 馬《うま》を駆る。➡く【駆】356ページ

**がる**〔ある言葉《ことば》のあとにつけて〕…のように思《おも》う。例 不思議《ふしぎ》がる。暑《あつ》がる。





世界の国 バチカン　ローマ市内《しない》にある、ローマ教皇《きょうこう》を首長《しゅちょう》とする宗教国家《しゅうきょうこっか》。世界《せかい》で最《もっと》も小《ちい》さい国《くに》。バチカン全体《ぜんたい》が世《せ》

°**かるい【軽い】**形 ❶目方《めかた》が少《すく》ない。例荷物《にもつ》が軽い。❷体《からだ》や心《こころ》が晴《は》れ晴《ば》れしている。例気分《きぶん》が軽い。❸動《うご》きが早《はや》い。例身《み》のこなしが軽い。❹たいしたことではない。ちょっとした程度《ていど》だ。例負担《ふたん》が軽い。軽い食事《しょくじ》。軽い気持《きも》ちで言《い》う。❺コンピューターの反応《はんのう》が速《はや》い。対(❶〜❺)重《おも》い。⇩けい【軽】387ページ

**かるいし【軽石】**名 溶岩《ようがん》が、急《きゅう》に冷《ひ》えてできた軽《かる》い石《いし》。冷《ひ》えるときにガスがぬけてできた細《こま》かい穴《あな》がたくさんあり、水《みず》に浮《う》く。あかをこすり落《お》とすときに使《つか》う。

**かるがる【軽軽】**副(-と) いかにも軽《かる》そうなようす。例軽々と持《も》ち上《あ》げる。

**かるがるしい【軽軽しい】**形 軽《かる》はずみで、深《ふか》く考《かんが》えない。例軽々しい行《おこな》い。

**カルキ**〔オランダ語〕名 ⇩さらしこ525ページ

**かるくちをたたく【軽口をたたく】**軽《かる》い気持《きも》ちで、おもしろそうにしゃべる。

**カルシウム**〔英語 calcium〕名 銀《ぎん》白《はく》色《しょく》のやわらかい金属《きんぞく》。石灰岩《せっかいがん》・貝《かい》がら・牛乳《ぎゅうにゅう》などに含《ふく》まれている。動物《どうぶつ》の歯《は》や骨《ほね》を作《つく》っている。

**カルストちけい【カルスト地形】**名 石灰岩《せっかいがん》でできた台地《だいち》の表面《ひょうめん》が、雨水《あまみず》にとけてでこぼこになっている土地《とち》。山口県《やまぐちけん》の秋吉台《あきよしだい》が有名《ゆうめい》である。

**かるた**名 遊《あそ》びに使《つか》う、絵《え》や文《ぶん》をかいた厚《あつ》い札《ふだ》。例いろはがるた。参考もともとは、ポルトガル語《ご》。

**カルチャー**〔英語 culture〕名 文化《ぶんか》・教養《きょうよう》のこと。例カルチャーギャップ(=文化《ぶんか》の違《ちが》いから出《で》てくる、ものの見方《みかた》・考《かんが》え方《かた》の違《ちが》い)。

**カルチャーショック**〔英語 culture shock〕名 自分《じぶん》と異《こと》なる文化《ぶんか》に接《せっ》したときに受《う》ける、おどろきや迷《まよ》い。例国《くに》によって食《た》べ方《かた》がちがうことに、カルチャーショックを受《う》けた。

**カルチャーセンター**名〔日本《にっぽん》でできた英語《えいご》ふうの言葉《ことば》。〕一般《いっぱん》の人《ひと》を対象《たいしょう》に、教養《きょうよう》を高《たか》めるためのいくつかの講座《こうざ》を開《ひら》いている文化施設《ぶんかしせつ》。

**カルテ**〔ドイツ語〕名 医師《いし》が、患者《かんじゃ》を診察《しんさつ》して記録《きろく》するカード。

**カルテット**〔イタリア語〕名〔音楽《おんがく》で〕四重《しじゅう》奏《そう》。または、四重唱《しじゅうしょう》。

**カルデラ**〔英語 caldera〕名 火口《かこう》の周《まわ》りが落《お》ちこんでできた大《おお》きな円形《えんけい》のくぼ地《ち》。阿蘇山《あそさん》のものが有名《ゆうめい》である。

**かるはずみ【軽はずみ】**名形動 深《ふか》く考《かんが》えないで、言《い》ったり、したりすること。例軽はずみな行動《こうどう》。

**かるわざ【軽業】**名 綱渡《つなわた》りや、玉乗《たまの》りなどのわざを、身軽《みがる》にやってみせる芸《げい》。アクロバット。類曲芸《きょくげい》。

°**かれ【彼】**一代名 あの男《おとこ》の人《ひと》。例彼が山田《やまだ》君《くん》です。二名 恋人《こいびと》である男《おとこ》の人《ひと》。また、夫《おっと》。⇩ひ【彼】1080ページ

**かれい**名 海《うみ》の底《そこ》にすむ、体《からだ》が平《ひら》たい魚《さかな》。マガレイ・イシガレイなど種類《しゅるい》が多《おお》い。目《め》はふつう進《すす》む方向《ほうこう》に向《む》かって右側《みぎがわ》にある。表《おもて》の色《いろ》は砂《すな》に似《に》た黒《くろ》い色《いろ》で、裏《うら》は白《しろ》い。

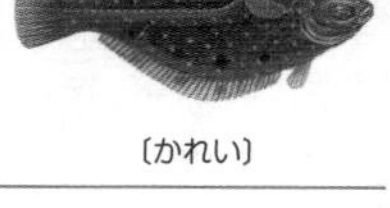
〔かれい〕

**かれい【華麗】**形動 はなやかで美《うつく》しいようす。例花形《はながた》ダンサーの華麗な踊《おど》り。

**ガレージ**〔英語 garage〕名 自動車《じどうしゃ》をしまっておく所《ところ》。車庫《しゃこ》。

**カレーライス**名〔日本《にっぽん》でできた英語《えいご》ふうの言葉《ことば》。〕肉《にく》や野菜《やさい》に、カレー粉《こ》などを入《い》れて煮《に》こんだものを、ご飯《はん》にかけた料理《りょうり》。もとは、インドの料理《りょうり》。ライスカレー。参考英語《えいご》の「カレーアンドライス」から。

**かれき【枯れ木】**名 かれた木《き》。

**枯《か》れ木《き》に花《はな》が咲《さ》く** おとろえたものが、また勢《いきお》いをとりもどす。

**枯《か》れ木《き》も山《やま》のにぎわい**〔枯《か》れ木《き》でも、山《やま》のかざりにはなるように〕つまらないものでも、そこにあれば、何《なに》もないよりはいいということ。参考自分《じぶん》の側《がわ》を「枯《か》れ木《き》」にたとえて、へりくだって言《い》うときに使《つか》う。

**がれき【瓦礫】**名 くだかれた瓦《かわら》や小石《こいし》。建《たて》物《もの》などがこわれたあとに残《のこ》ったがらくた。例津波《つなみ》が引《ひ》くと、あとは瓦礫の山《やま》だった。

**かれくさ【枯れ草】**名 枯《か》れた草《くさ》。

**かれこれ**副 ❶あれやこれや。なんやかや。例かれこれ言《い》ってもしようがない。❷およ

そ。例 かれこれ十年《じゅうねん》も前《まえ》の話《はなし》だ。

**かれさんすい【枯山水】** 名 水《みず》を使《つか》わないで、石《いし》・砂《すな》などで山《やま》や水《みず》を表《あらわ》した庭《にわ》。

**かれし【彼氏】** 一 代名 あの男《おとこ》の人《ひと》。二 名 恋人《こいびと》である男《おとこ》の人《ひと》。〔くだけた言《い》い方《かた》。〕

**かれは【枯れ葉】** 名 かれた葉《は》。

**かれら【彼ら】** 代名 あの人《ひと》たち。

**○かれる【枯れる】** 動 ❶植物《しょくぶつ》が水気《みずけ》を失《うしな》う。また、水分《すいぶん》がなくなって命《いのち》が終《お》わる。例 葉《は》が枯れる。❷(人柄《ひとがら》や芸事《げいごと》などに)深《ふか》みが出《て》てくる。例 枯れた字《じ》。⇩こ【枯】420ページ

**かれる** 動 ❶声《こえ》がかすれて出《て》なくなる。例 声《こえ》がかれる。❷(川《かわ》や池《いけ》、井戸《いど》などの)水《みず》がなくなる。例 ダムの水《みず》がかれる。

**かれん** 形動 かわいらしいようす。いじらしいようす。例 かれんな花《はな》。

**カレンダー** 〔英語 calendar〕名 ⇩こよみ 484ページ

例解 ことばの窓

**川《かわ》を表《あらわ》す言葉《ことば》**

野道《のみち》で小川《おがわ》のせせらぎが聞《き》こえた。
平野《へいや》を大河《たいが》がゆったり流《なが》れる。
谷《たに》あいの渓流《けいりゅう》で、つりをする。
急流《きゅうりゅう》をゴムボートで下《くだ》る。
支流《しりゅう》が本流《ほんりゅう》に合流《ごうりゅう》する。
分流《ぶんりゅう》となって海《うみ》へ注《そそ》ぐ。
運河《うんが》を造《つく》って、船《ふね》を通《とお》す。

**かろう【家老】** 名 大名《だいみょう》の家来《けらい》の中《なか》で、いちばん上《うえ》の役《やく》。また、その役《やく》の人《ひと》。

**かろう【過労】** 名 仕事《しごと》や運動《うんどう》のしすぎで、ひどくつかれること。例 過労で倒《たお》れる。

**がろう【画廊】** 名 絵《え》をかざって人々《ひとびと》に見《み》せたり売《う》ったりする所《ところ》。ギャラリー。

**かろうし【過労死】** 名 動-する 働《はたら》きすぎが原《げん》因《いん》で死《し》ぬこと。

**かろうじて【辛うじて】** 副 やっとのことで。例 かろうじて間《ま》に合《あ》った。

**カロテン** 〔英語 carotene〕名 ニンジンやカボチャなどに含《ふく》まれるだいだい色《いろ》の色素《しきそ》。食《た》べるとビタミンA《エー》に変《か》わる。カロチン。

■**かろとうせん【夏炉冬扇】** 名 (夏《なつ》のいろりや冬《ふゆ》のおうぎのように)季節《きせつ》はずれで、役《やく》に立《た》たないもの。

**かろやか【軽△やか】** 形動 いかにも軽《かる》そうなようす。例 軽やかな足《あし》どり。⇩けい【軽】387ページ

**カロリー** 〔フランス語〕名 ❶熱量《ねつりょう》の単位《たんい》。一《いち》カロリーは、一《いち》グラムの水《みず》の温度《おんど》を一度《いちど》だけ上《あ》げるのに必要《ひつよう》な熱量《ねつりょう》。❷食《た》べ物《もの》に含《ふく》まれている栄養《えいよう》の量《りょう》をはかる単位《たんい》。ふつうは、キロカロリーを単位《たんい》とする。

**ガロン** 〔英語 gallon〕名 イギリスやアメリカで使《つか》う液体《えきたい》の体積《たいせき》の単位《たんい》。一《いち》ガロンは、イギリスでは約《やく》四・五リットル、アメリカでは約《やく》三・八リットル。

**かろんじる【軽△んじる】** 動 大切《たいせつ》に思《おも》わない。軽《かる》くみる。例 約束《やくそく》を軽んじてはいけない。対 重《おも》んじる。

**○かわ【川】** 名 雨水《あまみず》や雪《ゆき》のとけた水《みず》、わき出《て》た水《みず》などが集《あつ》まって地面《じめん》の低《ひく》い所《ところ》を通《とお》り、湖《みずうみ》や海《うみ》に向《む》かう流《なが》れ。⇩せん【川】726ページ

**○かわ【皮】** 名 ❶動物《どうぶつ》や植物《しょくぶつ》などの外側《そとがわ》を包《つつ》んでいるもの。例 手《て》の皮。ミカンの皮。❷中《なか》身《み》をおおって包《つつ》んでいるもの。例 まんじゅうの皮。⇩ひ【皮】1079ページ

**○かわ【河】** 名 大《おお》きな川《かわ》。⇩か【河】189ページ

**○かわ【革△】** 名 動物《どうぶつ》の皮《かわ》から毛《け》などを取《と》り除《のぞ》き、やわらかくなめしたもの。例 革のジャンパー。⇩かく【革】217ページ

**がわ【側】** 一 名 ❶向《む》かい合《あ》うものの一方《いっぽう》。例 こちらの側。❷並《なら》び。列《れつ》。例 左《ひだり》から三番《さんばん》めの側に並《なら》ぶ。二 〔ある言葉《ことば》のあとにつけて〕「…のほう」という意味《いみ》を表《あらわ》す。例 右《みぎ》側。海《うみ》側。外《そと》側。参考「かわ」と読《よ》むこともある。⇩

例解 使い分け

**皮《かわ》と革《かわ》**

ミカンの皮《かわ》をむく。
まんじゅうの皮《かわ》。
化《ば》けの皮《かわ》をはぐ。

革《かわ》の靴《くつ》。
革《かわ》のかばん。





世界の国 パナマ 北《きた》アメリカと南《みなみ》アメリカをむすぶ部分《ぶぶん》にある国《くに》。中部地方《ちゅうぶちほう》よりやや広《ひろ》い。太平洋《たいへいよう》と大西洋《たいせいよう》を結《むす》ぶパ

そく【側】753ページ

◦**かわいい** 形 ❶大切《たいせつ》にしたい、やさしくしてやりたいという気持《きも》ちを起《お》こさせる。かわいらしい。例 わが子《こ》はかわいい。❷小《ちい》さくて愛《あい》らしい。例 かわいい花《はな》。

**かわいい子《こ》には旅《たび》をさせよ** 子《こ》どもがほんとうにかわいいのなら、世《よ》の中《なか》に出《だ》して苦労《くろう》をさせたほうがよい。

◦**かわいがる** 動 愛《あい》して、だいじにする。例 犬《いぬ》をかわいがる。

**かわいさあまってにくさひゃくばい【かわいさ余って憎さ百倍】** かわいいと思《おも》う気持《きも》ちが強《つよ》ければ強《つよ》いほど、いったん憎《にく》いと思《おも》い始《はじ》めると、逆《ぎゃく》に憎《にく》さが何倍《なんばい》にもなる、ということ。

◦**かわいそう** 形動 気《き》の毒《どく》なようす。例 かわいそうな人《ひと》。

◦**かわいらしい** 形 愛《あい》らしく感《かん》じられる。例 かわいらしい人形《にんぎょう》。

**かわうそ** 名 水辺《みずべ》にすむ小形《こがた》の動物《どうぶつ》。足《あし》に水《みず》かきがあり、泳《およ》ぎながら小《しょう》動物《どうぶつ》をつかまえて食《た》べる。昔《むかし》から日本《にっぽん》に広《ひろ》く生息《せいそく》していたニホンカワウソは、最近絶滅《さいきんぜつめつ》したと言《い》われている。

〔かわうそ〕

**かわかす【乾かす】** 動 日光《にっこう》や風《かぜ》に当《あ》てて、湿《しめ》り気《け》を取《と》る。干《ほ》す。例 雨《あめ》でぬれた服《ふく》を乾《かわ》かす。↓かん【乾】272ページ

**かわかぜ【川風】** 名 川《かわ》をふきわたる風《かぜ》。また、川《かわ》からふいてくる風《かぜ》。

**かわかみ【川上】** 名 川《かわ》の水《みず》が流《なが》れてくるほう。上流《じょうりゅう》。対 川下《かわしも》。

**かわぎし【川岸】** 名 川《かわ》に面《めん》した土地《とち》。川《かわ》ばた。川べり。例 川岸に船《ふね》を寄《よ》せる。

**かわきり【皮切り】** 名 ものごとのし始《はじ》め。手始《てはじ》め。最初《さいしょ》。例 日本《にっぽん》を皮切りに、世界《せかい》を一周《いっしゅう》する。

◦**かわく【渇く】** 動 ❶のどに湿《しめ》り気《け》がなくなって、水《みず》が飲《の》みたくなる。❷うるおいがなくなる。例 心《こころ》がかわく。↓かつ【渇】243ページ

◦**かわく【乾く】** 動 水分《すいぶん》や湿《しめ》り気《け》がなくなる。例 洗濯物《せんたくもの》がかわく。対 湿《しめ》る。↓かん【乾】272ページ

**かわくだり【川下り】** 名 川《かわ》を舟《ふね》で下《くだ》って、景色《けしき》を楽《たの》しんだりすること。

**かわぐち【川口】** 名 川《かわ》の流《なが》れが、海《うみ》や湖《みずうみ》に流《なが》れこむ所《ところ》。河口《かこう》。

**かわぐつ【革靴】** 名 革《かわ》で作《つく》った靴《くつ》。

**かわざんよう【皮算用】** 名 〔「捕《と》らぬたぬきの皮算用《かわざんよう》」の略《りゃく》。〕手《て》に入《はい》るかどうかわからないのに、手《て》に入《い》ったものとしてあてにすること。

**かわしも【川下】** 名 川《かわ》の水《みず》が流《なが》れていくほう。下流《かりゅう》。対 川上《かわかみ》。

◦**かわす【交わす】** 動 ❶やりとりする。例 挨拶《あいさつ》を交わす。❷たがいに交《まじ》える。例 固《かた》い約束《やくそく》を交わす。❸重《かさ》なるようにする。例 枝《えだ》を交わす。↓こう【交】423ページ

**かわす** 動 体《からだ》をひるがえしてよける。例 すばやく身《み》をかわす。

**かわず** 名 カエルのこと。〔古《ふる》い言《い》い方《かた》。〕例 井《い》の中《なか》のかわず。

**かわすじ【川筋】** 名 ❶川《かわ》の水《みず》の流《なが》れる道《みち》筋《すじ》。❷川《かわ》の流《なが》れに沿《そ》った場所《ばしょ》。例 川筋の村《むら》。

**かわせ【〈為替〉】** 名 お金《かね》を送《おく》るとき、銀行《ぎんこう》や郵便局《ゆうびんきょく》などで、手形《てがた》・小切手《こぎって》などの書類《しょるい》に替《か》えて送《おく》る方法《ほうほう》。また、その書類《しょるい》。参考「為替《かわせ》」は、特別《とくべつ》に認《みと》められた読《よ》み方《かた》。

**かわせい【革製】** 名 なめし革《がわ》で作《つく》ること。また、作《つく》った品物《しなもの》。例 革製のさいふ。

**かわせみ** 名 スズメくらいの大《おお》きさで、水辺《みずべ》にすむ鳥《とり》。るり色《いろ》の羽《はね》が美《うつく》しく、大《おお》きなくちばしで魚《さかな》をとらえて食《た》べる。

**かわたれ** 名 夜明《よあ》けがたの、まだうす暗《ぐら》いころ。〔古《ふる》い言《い》い方《かた》。〕対 たそがれ。参考「彼《か》は

**例解 ↔ 使い分け**

**乾《かわ》くと渇《かわ》く**

洗濯物《せんたくもの》が乾《かわ》く。
空気《くうき》が乾《かわ》く。
地面《じめん》が乾《かわ》く。

のどが渇《かわ》く。

誰《たれ》〔＝あの人《ひと》はだれ〕。」からできた言葉《ことば》。

**かわち**〘河内〙地名 昔《むかし》の国《くに》の名《な》の一《ひと》つ。今《いま》の大阪府《おおさかふ》の南東部《なんとうぶ》にあたる。

**かわどこ**【川床】名 川《かわ》の底《そこ》の地面《じめん》。例 水《みず》がきれいで川床が見《み》える。

**かわどめ**【川止め】名 動-する むかし、川《かわ》が増水《ぞうすい》したとき、川《かわ》を渡《わた》るのを禁《きん》じたこと。

**かわなかじまのかっせん**【川中島の合戦】名 戦国時代《せんごくじだい》、甲斐《かい》の武田信玄《たけだしんげん》と越後《えちご》の上杉謙信《うえすぎけんしん》が、信濃《しなの》(今《いま》の長野県《ながのけん》)の川中島《かわなかじま》で何度《なんど》かにわたって行《おこな》った戦《たたか》い。

**かわばた**【川端】名 川《かわ》のほとり。川辺《かわべ》。例 川端の柳並木《やなぎなみき》。

**かわばた やすなり**〘川端康成〙人名 (男)(一八九九〜一九七二)小説家《しょうせつか》。一九六八年《ねん》にノーベル文学賞《ぶんがくしょう》を受《う》けた。「伊豆《いず》の踊子《おどりこ》」「雪国《ゆきぐに》」などの作品《さくひん》がある。

**かわびらき**【川開き】名 川《かわ》で花火《はなび》をあげたりして、夏《なつ》の川《かわ》すずみの始《はじ》まりを祝《いわ》うこと。関連 山開《やまびら》き。海開《うみびら》き。

**かわべ**【川辺】名 川《かわ》のほとり。川《かわ》べり。

**かわべり**【川べり】名 川《かわ》に沿《そ》った所《ところ》。

**かわむこう**【川向こう】名 川《かわ》の向《む》こう側《がわ》の土地《とち》。対岸《たいがん》。

**かわも**【川面】名 川《かわ》の水面《すいめん》。例 川面をわたる風《かぜ》がすずしい。

**かわら**【瓦】名 屋根《やね》をおおうのに使《つか》うもの。粘土《ねんど》を固《かた》めてのばし、かまで焼《や》いて作《つく》る。⇒が【瓦】191ページ

**かわら**【〈河原〉・〈川原〉】名 川《かわ》の流《なが》れのすぐそばの、砂《すな》や石《いし》の多《おお》い所《ところ》。参考「河原《かわら》・川原《かわら》」は、特別《とくべつ》に認《みと》められた読《よ》み方《かた》。

**かわらばん**【瓦版】名 江戸時代《えどじだい》に、板《いた》に文《も》字《じ》や絵《え》をほって印刷《いんさつ》したもの。今《いま》の新聞《しんぶん》のようなもので、記事《きじ》を読《よ》みながら売《う》り歩《ある》いた。

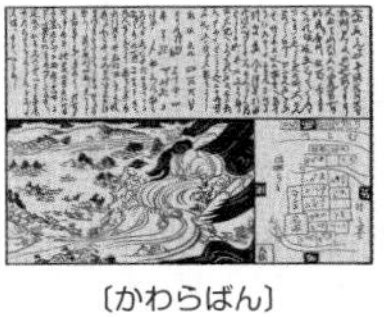
〔かわらばん〕

**かわらぶき**【瓦葺き】名 瓦《かわら》で屋根《やね》をおおうこと。また、その屋《や》根《ね》。瓦屋根《かわらやね》。

**かわらやね**【瓦屋根】名 瓦《かわら》でふいた屋根《やね》。瓦葺《かわらぶ》き。

°**かわり**【代わり】名 ❶ある人《ひと》がする役目《やくめ》を、他《ほか》の人《ひと》がすること。また、その人《ひと》。例 父《ちち》の代わりにぼくが行《い》く。❷つぐない。うめ合《あ》わせ。例 お手伝《てつだ》いするから、その代わりに本《ほん》を買《か》ってください。

**かわり**【変わり】名 変《か》わること。変化《へんか》。例 特《とく》に変わりなく、元気《げんき》です。

**かわり**【替わり】名 取《と》りかえること。また、そのもの。例 替わりの服《ふく》を用意《ようい》する。

**かわりだね**【変わり種】名 ❶同《おな》じ種類《しゅるい》で、ふつうとはちがっているもの。変種《へんしゅ》。例 スイカの変わり種。❷仲間《なかま》とはちがったところのある人《ひと》。

**かわりばえ**【代わり映え】名 動-する 代《か》わったために、今《いま》までよりよくなること。例 この服《ふく》では前《まえ》とたいして代わり映えしない。

**かわりはてる**【変わり果てる】動 (よくないほうに)すっかり変《か》わってしまう。例 大火《たいか》で、町《まち》はすっかり変わり果てた。

**かわりばんこ**【代わり番こ】名 代《か》わる代《が》わるにすること。〔くだけた言《い》い方《かた》。〕例 代わりばんこに使《つか》う約束《やくそく》。

**かわりめ**【変わり目】名 ものごとが移《うつ》り変《か》わるとき。例 季節《きせつ》の変わり目。

**かわりもの**【変わり者】名 性質《せいしつ》などが、ふつうの人《ひと》とちがっている人《ひと》。変人《へんじん》。例 彼《かれ》は変わり者だと言《い》われている。

°**かわる**【代わる】動 あるものの役目《やくめ》やはたらきを、他《ほか》のものがする。例 母《はは》に代わって買《か》い物《もの》に行《い》く。⇒だい【代】769ページ

°**かわる**【変わる】動 ❶前《まえ》とはちがうようになる。例 顔色《かおいろ》が変わる。❷新《あたら》しくなる。例 年《とし》が変わる。❸〔「変《か》わった」「変《か》わっている」の形《かたち》で〕ふつうとちがっている。例 ちょっと変わった動物《どうぶつ》。⇒へん【変】1183ページ

**かわる**【換わる】動 取《と》りかえられて、別《べつ》のものになる。例 品物《しなもの》が金《かね》に換わる。⇒かん【換】272ページ

**かわる**【替わる】動 他《ほか》のものと入《い》れかわる。交替《こうたい》する。例 担任《たんにん》が替わる。⇒たい【替】768ページ

**かわるがわる**【代わる代わる】副 他《ほか》のものと代《か》わり合《あ》いながら。例 三人《さんにん》で代わる代わる小鳥《ことり》の世話《せわ》をする。





世界の国 バヌアツ 南太平洋《みなみたいへいよう》のニューヘブリデス諸島《しょとう》にある島国《しまぐに》。新潟県《にいがたけん》とほぼ同《おな》じ広《ひろ》さ。農業《のうぎょう》・漁業《ぎょぎょう》と観光《かんこう》の国《くに》。

**かん【干】** 画数 3 部首 干(かん) 6年

音 カン 訓 ほ-す ひ-る

筆順

❶水《みず》がなくなる。水《みず》をなくす。ほす。熟語 干《かん》拓《たく》。干潮《かんちょう》。干満《かんまん》。干物《ひもの》。❷関係《かんけい》する。熟語 干《かん》渉《しょう》。❸いくらか。熟語 若干《じゃっかん》。

《訓の使い方》**ほ-す** 例 洗濯物《せんたくもの》を干す。**ひ-る** 例 潮《しお》が干る。

**かん【刊】** 画数 5 部首 刂(りっとう) 5年

音 カン 訓 ―

筆順

新聞《しんぶん》・雑誌《ざっし》・本《ほん》などを印刷《いんさつ》して出《だ》すこと。熟語 刊行《かんこう》。月刊《げっかん》。創刊《そうかん》。朝刊《ちょうかん》。

**かん【完】** 画数 7 部首 宀(うかんむり) 4年

音 カン 訓 ―

筆順

❶全部《ぜんぶ》。すっかり。そろっている。熟語 完《かん》全《ぜん》。完納《かんのう》。完備《かんび》。❷終《お》わる。熟語 完結《かんけつ》。未完《みかん》。

**かん【官】** 画数 8 部首 宀(うかんむり) 4年

音 カン 訓 ―

筆順

❶政府《せいふ》。役所《やくしょ》。熟語 官庁《かんちょう》。官報《かんぽう》。❷役人《やくにん》。熟語 官職《かんしょく》。長官《ちょうかん》。任官《にんかん》〔=官職《かんしょく》につく〕。対 民《みん》。❸体《からだ》の中《なか》でいろいろなはたらきをする部分《ぶぶん》。熟語 器官《きかん》。五官《ごかん》。

**かん【官】** 名 政府《せいふ》。役所《やくしょ》。例 官と民《みん》の協力《きょうりょく》。官を辞《じ》する〔=役人《やくにん》をやめる〕。対 民《みん》。

**かん【巻】** 画数 9 部首 己(おのれ) 6年

音 カン 訓 ま-く まき

筆順

❶まく。熟語 巻物《まきもの》。巻紙《まきがみ》。❷書物《しょもつ》。熟語 巻《かん》頭《とう》。巻末《かんまつ》。全巻《ぜんかん》。❸書物《しょもつ》やフィルムなどを数《かぞ》える言葉《ことば》。例 上中下《じょうちゅうげ》の三巻《さんかん》。

《訓の使い方》**ま-く** 例 糸《いと》を巻く。

**かん【巻】** 名 書物《しょもつ》。例 次《つぎ》の巻で完結《かんけつ》する。

**かん【看】** 画数 9 部首 目(め) 6年

音 カン 訓 ―

筆順

見《み》る。見守《みまも》る。よく見《み》る。熟語 看護《かんご》。看板《かんばん》。看病《かんびょう》。

**かん【寒】** 画数 12 部首 宀(うかんむり) 3年

音 カン 訓 さむ-い

筆順

❶さむい。熟語 寒気《かんき》。寒冷《かんれい》。寒暖《かんだん》。厳寒《げんかん》。対 暑《しょ》。暖《だん》。❷もっとも寒《さむ》い時期《じき》。熟語 寒中《かんちゅう》。小寒《しょうかん》。大寒《だいかん》。❸さびしい。熟語 寒村《かんそん》。

《訓の使い方》**さむ-い** 例 寒い冬《ふゆ》。

**かん【寒】** 名 暦《こよみ》で、冬《ふゆ》のもっとも寒《さむ》い一月五日《いちがついつか》ごろから、二月三日《にがつみっか》ごろまで。例 寒の入《い》り。

**寒の戻《もど》り** 春《はる》になってから、また寒《さむ》さがもどってくること。

**かん【間】** 画数 12 部首 門(もんがまえ) 2年

音 カン ケン 訓 あいだ ま

筆順

❶あいだ。へだたり。熟語 間隔《かんかく》。間接《かんせつ》。中《ちゅう》間《かん》。間《かん》。間柄《あいだがら》。間近《まぢか》。❷ひろがり。熟語 空間《くうかん》。時《じ》間《かん》。昼間《ひるま》・昼間《ちゅうかん》。❸関係《かんけい》のあるまとまり。熟語 世間《せけん》。仲間《なかま》。❹すきをうかがう。熟語 間《かん》者《じゃ》。❺へや。へやを数《かぞ》える言葉《ことば》。熟語 間口《まぐち》。客間《きゃくま》。例 床《とこ》の間《ま》。六畳二間《ろくじょうふたま》。❻〔「ケン」と読《よ》んで〕昔《むかし》の尺貫法《しゃっかんほう》で、長《なが》さの単位《たんい》の一《ひと》つ。一間《いっけん》は約《やく》一・八メートル。

**かん【間】** 名 ❶あいだ。へだたり。例 その間に一気《いっき》に作《つく》ってしまう。❷すきま。例 間一髪《いっぱつ》。間髪《ぱつ》を入《い》れず。

**かん【幹】** 画数 13 部首 干(かん) 5年

音 カン 訓 みき

筆順

都《と》ナッソー。人口約《じんこうやく》39万人《まんにん》。略称《りゃくしょう》BAH。

❶みき。くき。熟語 根幹《こんかん》。❷もと。中心《ちゅうしん》。おもだったもの。熟語 幹事《かんじ》。幹線《かんせん》。幹部《かんぶ》。基幹《きかん》〔＝ものごとのおおもと〕。

**かん【感】** 画数 13 部首 心（こころ） 3年

音 カン 訓 —

筆順 ノ 厂 后 咸 咸 咸 感 感

❶心《こころ》が動《うご》く。心《こころ》にしみる。熟語 感情《かんじょう》。感想《かんそう》。感動《かんどう》。実感《じっかん》。❷他《ほか》から影響《えいきょう》を受《う》ける。熟語 感化《かんか》。感覚《かんかく》。感電《かんでん》。敏感《びんかん》。↓かんじる 280ページ

**かん【感】** 名 ❶感《かん》じ。気持《きも》ち。例 期待外《きたいはず》れの感がある。❷感動《かんどう》すること。例 感きわまって、言葉《ことば》が出《で》ない。

**感《かん》に堪えない** 感動《かんどう》せずにはいられない。例 感にたえない顔《かお》つき。

**かん【漢】** 画数 13 部首 氵（さんずい） 3年

音 カン 訓 —

筆順 氵 氵 氵 漢 漢 漢 漢 漢

❶昔《むかし》の中国《ちゅうごく》のこと。中国《ちゅうごく》に関係《かんけい》すること。熟語 漢語《かんご》。漢詩《かんし》。漢字《かんじ》。漢文《かんぶん》。漢和《かんわ》。関連 和《わ》。洋《よう》。❷おとこ。熟語 悪漢《あっかん》。巨漢《きょかん》。門外漢《もんがいかん》。

**かん【漢】** 名 中国《ちゅうごく》の昔《むかし》の王朝《おうちょう》の名前《なまえ》。紀元前《きげんぜん》二〇〇年《ねん》ごろから西暦《せいれき》二〇〇年《ねん》ごろまで栄《さか》えた。

**かん【慣】** 画数 14 部首 忄（りっしんべん） 5年

音 カン 訓 な-れる な-らす

筆順 忄 忄 慣 慣 慣 慣 慣 慣

❶なれる。熟語 慣用《かんよう》。❷ならわし。熟語 慣例《かんれい》。習慣《しゅうかん》。

《訓の使い方》 **な-れる** 例 仕事《しごと》に慣れる。**な-らす** 例 寒《さむ》さに体《からだ》を慣らす。

**かん【管】** 画数 14 部首 ⺮（たけかんむり） 4年

音 カン 訓 くだ

筆順 ⺮ 管 管 管 管 管 管 管

❶くだ。つつ。熟語 血管《けっかん》。鉄管《てっかん》。❷ふえ。熟語 管楽器《かんがっき》。管弦楽《かんげんがく》。❸ある範囲《はんい》をとりしまる。熟語 管内《かんない》。管理《かんり》。保管《ほかん》。

**かん【管】** 名 ❶くだ。細長《ほそなが》い筒《つつ》。例 水道《すいどう》の管。❷「管楽器《かんがっき》」の略《りゃく》。例 管だけの合奏《がっそう》。

**かん【関】** 画数 14 部首 門（もんがまえ） 4年

音 カン 訓 せき かか-わる

筆順 丨 门 門 門 門 関 関 関

❶かかわり合《あ》う。つながりがある。熟語 関係《かんけい》。関心《かんしん》。関連《かんれん》。❷出入《でい》りを取《と》りしまる門《もん》。熟語 関門《かんもん》。税関《ぜいかん》。関所《せきしょ》。❸だいじな場所《ばしょ》。熟語 玄関《げんかん》。難関《なんかん》。❹仕《し》かけ。熟語 機関《きかん》。↓かんする 281ページ

《訓の使い方》 **かか-わる** 例 人《ひと》の命《いのち》に関わる問題《もんだい》。

**かん【館】** 画数 16 部首 𩙿（しょくへん） 3年

音 カン 訓 やかた

筆順 今 食 食 館 館 館 館 館

❶大《おお》きな建物《たてもの》。熟語 館長《かんちょう》。会館《かいかん》。体育館《たいいくかん》。❷やどや。熟語 旅館《りょかん》。例 ホテル日《ひ》の出館《でかん》。

**かん【館】** 名 「図書館《としょかん》」「博物館《はくぶつかん》」など、「館」のつく場所《ばしょ》の略《りゃく》。例 館のきまり。

**かん【簡】** 画数 18 部首 ⺮（たけかんむり） 6年

音 カン 訓 —

筆順 簡 簡 簡 簡 簡 簡 簡 簡

❶手紙《てがみ》。熟語 書簡《しょかん》。❷手軽《てがる》。かんたん。熟語 簡易《かんい》。簡潔《かんけつ》。簡素《かんそ》。簡単《かんたん》。

**かん【簡】** 名 かんたん。例 簡にして要《よう》を得《え》る〔＝かんたんで、しかも要点《ようてん》をとらえている〕。

**かん【観】** 画数 18 部首 見（みる） 4年

音 カン 訓 —

筆順 𠂉 午 隺 觀 観 観 観 観

❶みる。熟語 観察《かんさつ》。観測《かんそく》。参観《さんかん》。❷ようす。ながめ。熟語 観光《かんこう》。外観《がいかん》。美観《びかん》。❸見方《みかた》。考《かんが》え方《かた》。熟語 主観《しゅかん》。直観《ちょっかん》。楽観《らっかん》。

**かん【観】** 名 ようす。ながめ。例 別人《べつじん》の観がある〔＝別《べつ》の人《ひと》のように見《み》える〕。

あいうえお か きくけこ さしすせそ たちつてと なにぬねの はひふへほ まみむめも やゆよ らりるれろ わをん



世界の国 バハマ　フロリダ半島《はんとう》の東《ひがし》のサンゴ礁《しょう》の島々《しまじま》からなる国《くに》。福島県《ふくしまけん》よりやや広《ひろ》い。観光《かんこう》と金融《きんゆう》が主《おも》な産業《さんぎょう》。首《しゅ》

### かん【甘】
画数 5 部首 甘（あまい）

音 カン 訓 あま-い あま-える あま-やかす

❶あまい。うまい。熟語 甘味《かんみ》。❷快《こころよ》い。熟語 甘言《かんげん》。❸厳《きび》しくない。また、ゆるい。例 考《かんが》えが甘《あま》い。ねじが甘《あま》い。❹あまえる。あまやかす。例 甘《あま》やかされて育《そだ》つ。

### かん【汗】
画数 6 部首 氵（さんずい）

音 カン 訓 あせ

あせ。皮膚《ひふ》から出《で》る水分《すいぶん》。熟語 汗腺《かんせん》。発汗《はっかん》。例 寝汗《ねあせ》をかく。

### かん【缶】
画数 6 部首 缶（ほとぎ）

音 カン 訓 ――

（入《い》れ物《もの》の）かん。熟語 缶詰《かんづめ》。

### かん【缶】名
金属《きんぞく》で作《つく》った入《い》れ物《もの》。例 空《あ》き缶。缶のふたを取《と》る。

### かん【肝】
画数 7 部首 月（にくづき）

音 カン 訓 きも

❶きも。内臓《ないぞう》の一《ひと》つ。熟語 肝臓《かんぞう》。❷心《こころ》の中《なか》。まごころ。熟語 肝胆《かんたん》（＝心《こころ》の中《なか》）。例 肝《きも》を冷《ひ》やす。❸かなめ。大切《たいせつ》なところ。熟語 肝心《かんじん》。肝要《かんよう》。

### かん【冠】
画数 9 部首 冖（わかんむり）

音 カン 訓 かんむり

❶かんむり。熟語 王冠《おうかん》。❷成人《せいじん》になること。熟語 冠婚葬祭《かんこんそうさい》。❸すぐれている。熟語 栄冠《えいかん》。三冠王《さんかんおう》。例 世界《せかい》に冠《かん》たる技術《ぎじゅつ》。❹かぶる。熟語 冠水《かんすい》。

### かん【陥】
画数 10 部首 阝（こざとへん）

音 カン 訓 おちい-る おとしい-れる

❶おちいる。落《お》ちこむ。熟語 陥没《かんぼつ》。❷おとしいれる。例 罪《つみ》に陥《おとしい》れる。❸攻《せ》め落《お》とされる。熟語 陥落《かんらく》。❹欠《か》ける。熟語 欠陥《けっかん》。

### かん【乾】
画数 11 部首 乙（おつ）

音 カン 訓 かわ-く かわ-かす

かわく。かわかす。水分《すいぶん》がなくなる。熟語 乾燥《かんそう》。乾杯《かんぱい》。例 シャツが乾《かわ》く。

### かん【勘】
画数 11 部首 力（ちから）

音 カン 訓 ――

❶よく調《しら》べ考《かんが》える。熟語 勘定《かんじょう》。❷罪《つみ》を問《と》いただす。熟語 勘当《かんどう》。❸ぴんとくること。かん。熟語 山勘《やまかん》。例 勘《かん》ちがい。

### かん【勘】名
ぴんと感《かん》じとる力《ちから》。かん。例 勘がいい。

### かん【患】
画数 11 部首 心（こころ）

音 カン 訓 わずら-う

❶うれえる。うれい。心配《しんぱい》。苦《くる》しみ。熟語 内憂外患《ないゆうがいかん》（＝内部《ないぶ》の心配事《しんぱいごと》と外部《がいぶ》からのもめごと）。❷わずらう。病気《びょうき》になる。熟語 患者《かんじゃ》。疾患《しっかん》。例 長《なが》いこと患《わずら》う。

### かん【貫】
画数 11 部首 貝（かい）

音 カン 訓 つらぬ-く

❶つらぬく。やり通《とお》す。熟語 貫通《かんつう》。一貫《いっかん》。❷昔《むかし》の尺貫法《しゃっかんほう》で、重《おも》さの単位《たんい》の一《ひと》つ。一貫は、約《やく》三・七五キログラム。

### かん【喚】
画数 12 部首 口（くちへん）

音 カン 訓 ――

❶さけぶ。わめく。熟語 喚声《かんせい》。❷呼《よ》ぶ。呼《よ》び寄《よ》せる。熟語 喚起《かんき》。

### かん【堪】
画数 12 部首 土（つちへん）

音 カン 訓 た-える

たえる。がまんする。もちこたえる。また、果《は》たすことができる。熟語 堪忍《かんにん》。堪能《かんのう》。例 悲《かな》しみに堪《た》える。参考「堪能《かんのう》」は「堪能《たんのう》」と読《よ》むことが多《おお》い。

### かん【換】
画数 12 部首 扌（てへん）

音 カン 訓 か-える か-わる

かえる。かわる。取《と》りかえる。熟語 換気《かんき》。交換《こうかん》。転換《てんかん》。例 電池《でんち》を換《か》える。

### かん【敢】
画数 12 部首 攵（ぼくづくり）

音 カン 訓 ――

思《おも》いきってする。熟語 敢闘《かんとう》。勇敢《ゆうかん》。

### かん【棺】
画数 12 部首 木（きへん）

あいうえお か きくけこ さしすせそ たちつてと なにぬねの はひふへほ まみむめも やゆよ らりるれろ わをん

どを輸出《ゆしゅつ》している。首都《しゅと》ポートモレスビー。人口約《じんこうやく》895万人《まんにん》。略称《りゃくしょう》PNG。

音カン 訓—
ひつぎ。熟語 棺桶《かんおけ》。

**かん【棺】** 名 死体《したい》を入《い》れる箱《はこ》やおけ。ひつぎ。

**かん【款】** 画数 12 部首 欠(あくび)
音カン 訓—
❶石《いし》などに刻《きざ》んだ文字《もじ》。また、書画《しょが》におす印《いん》。熟語 落款《らっかん》〔=書《しょ》や絵《え》に名前《なまえ》を書《か》いて印《いん》をおすこと〕。また、その名前《なまえ》と印《いん》。❷法律《ほうりつ》などの箇条書《かじょうが》きの文章《ぶんしょう》。熟語 約款《やっかん》〔=条約《じょうやく》などの、一《ひと》つ一《ひと》つの項目《こうもく》〕。

**かん【閑】** 画数 12 部首 門(もんがまえ)
音カン 訓—
❶しずか。熟語 閑散《かんさん》。閑静《かんせい》。❷ひま。熟語 閑《かん》暇《か》〔=ひまなこと〕。農閑期《のうかんき》。❸いいかげん。熟語 閑却《かんきゃく》〔=ほうっておくこと〕。

**かん【閑】** 名 ひまなこと。例 忙中《ぼうちゅう》閑《かん》あり〔=忙《いそが》しい中《なか》でも、ひまなときがあるものだ〕。

**かん【勧】** 画数 13 部首 力(ちから)
音カン 訓すす-める
すすめる。はげます。熟語 勧告《かんこく》。勧誘《かんゆう》。例 バドミントン部《ぶ》への入部《にゅうぶ》を勧《すす》める。

**かん【寛】** 画数 13 部首 宀(うかんむり)
音カン 訓—
ひろい。気持《きも》ちがゆったりしている。熟語 寛大《かんだい》。寛容《かんよう》。

**かん【歓】** 画数 15 部首 欠(あくび)
音カン 訓—
よろこぶ。よろこび。熟語 歓喜《かんき》。歓迎《かんげい》。

**かん【監】** 画数 15 部首 皿(さら)
音カン 訓—
みる。見張《みは》る。取《と》りしまる。熟語 監査《かんさ》。監視《かんし》。監督《かんとく》。

**かん【緩】** 画数 15 部首 糸(いとへん)
音カン
訓ゆる-い ゆる-やか ゆる-む ゆる-める
ゆるい。きつくない。ゆったりしている。厳《きび》しくない。熟語 緩慢《かんまん》。緩和《かんわ》。例 緩《ゆる》い坂道《さかみち》。緩《ゆる》やかな流《なが》れ。気持《きも》ちが緩《ゆる》む。ベルトを緩《ゆる》める。

**かん【憾】** 画数 16 部首 忄(りっしんべん)
音カン 訓—
心残《こころのこ》りに思《おも》う。熟語 遺憾《いかん》。

**かん【還】** 画数 16 部首 辶(しんにょう)
音カン 訓—
かえる。元《もと》にもどる。かえす。熟語 還元《かんげん》。還暦《かんれき》。生還《せいかん》。

**かん【環】** 画数 17 部首 王(おうへん)
音カン 訓—
❶わ。輪《わ》の形《かたち》のもの。熟語 環状《かんじょう》。環境《かんきょう》。循環《じゅんかん》。❷周《まわ》りを取《と》り巻《ま》く。めぐる。

**かん【韓】** 画数 18 部首 韋(なめしがわ)
音カン 訓—
大韓民国《だいかんみんこく》(韓国《かんこく》)のこと。熟語 日韓《にっかん》〔=日本《にっぽん》と韓《かん》国《こく》〕。

**かん【艦】** 画数 21 部首 舟(ふねへん)
音カン 訓—
戦争《せんそう》に使《つか》う武装《ぶそう》した船《ふね》。熟語 軍艦《ぐんかん》。

**かん【鑑】** 画数 23 部首 金(かねへん)
音カン 訓かんが-みる
❶手本《てほん》。照《て》らし合《あ》わせる。例 現状《げんじょう》に鑑《かんが》みる。❷見分《みわ》ける。熟語 鑑賞《かんしょう》。❸見分《みわ》けるしるし。熟語 印鑑《いんかん》。❹資料《しりょう》を集《あつ》めた書物《しょもつ》。熟語 図鑑《ずかん》。

**かん【甲】** 熟語 甲板《かんぱん》。⇩こう【甲】426ページ

**かん【神】** 熟語 神主《かんぬし》。⇩しん【神】654ページ

**かん** 名 すぐいらいらする性質《せいしつ》。例 かんの強《つよ》い子《こ》。

**かんに障《さわ》る** 一《ひと》つ一《ひと》つに腹《はら》が立《た》つ。しゃくに障《さわ》る。

**がん【丸】** 画数 3 部首 丶(てん)
音ガン 訓まる まる-い まる-める
筆順 丿 九 丸
2年
❶まるいもの。熟語 丸薬《がんやく》。丸太《まるた》。❷ひとまと

め。熟語 一丸《いちがん》。❸たま。熟語 弾丸《だんがん》。
《訓の使い方》**まる-い** 例 丸い石《いし》。**まる-める** 例 紙《かみ》を丸める。

**がん【岸】** 画数 8 部首 山(やま) 3年
音 ガン 訓 きし
筆順
きし。水《みず》ぎわ。熟語 岸壁《がんぺき》。沿岸《えんがん》。海岸《かいがん》。岸辺《きしべ》。

**がん【岩】** 画数 8 部首 山(やま) 2年
音 ガン 訓 いわ
筆順
いわ。大《おお》きい石《いし》。熟語 岩石《がんせき》。岩盤《がんばん》。火成岩《かせいがん》。

**がん【眼】** 画数 11 部首 目(めへん) 5年
音 ガン ゲン 訓 まなこ
筆順
❶目《め》。まなこ。熟語 眼光《がんこう》。肉眼《にくがん》。開眼《かいがん》・開眼《かいげん》。❷ものごとを見《み》ぬく力《ちから》。熟語 眼力《がんりき》。❸ものごとのかんじんなところ。熟語 眼目《がんもく》。主眼《しゅがん》。

**がん【顔】** 画数 18 部首 頁(おおがい) 2年
音 ガン 訓 かお
筆順
かお。熟語 顔色《がんしょく》・顔色《かおいろ》。顔面《がんめん》。洗顔《せんがん》。童顔《どうがん》。

**がん【願】** 画数 19 部首 頁(おおがい) 4年
音 ガン 訓 ねが-う
筆順
ねがう。たのむ。熟語 願書《がんしょ》。願望《がんぼう》。志願《しがん》。念願《ねんがん》。祈願《きがん》。
《訓の使い方》**ねが-う** 例 平和《へいわ》を願う。

**がん【願】** 名 神《かみ》や仏《ほとけ》への願《ねが》い事《ごと》。例 願をかける。

**がん【含】** 画数 7 部首 口(くち)
音 ガン 訓 ふく-む ふく-める
ふくむ。ふくめる。内《うち》に、包《つつ》み持《も》つ。熟語 含蓄《がんちく》〔=深《ふか》い意味《いみ》を持《も》っている〕。含有《がんゆう》。例 水《みず》を口《くち》に含《ふく》む。代金《だいきん》には税金《ぜいきん》を含《ふく》める。

**がん【玩】** 画数 8 部首 王(おうへん)
音 ガン 訓 —
❶もてあそぶ。熟語 玩具《がんぐ》。愛玩《あいがん》。❷深《ふか》く味《あじ》わう。熟語 玩味《がんみ》〔=深《ふか》く味《あじ》わうこと〕。

**がん【頑】** 画数 13 部首 頁(おおがい)
音 ガン 訓 —
❶融通《ゆうずう》がきかない。熟語 頑固《がんこ》。例 頑《がん》として認《みと》めない。❷じょうぶ。熟語 頑強《がんきょう》。頑健《がんけん》。頑丈《がんじょう》。

**がん【元】** 熟語 元日《がんじつ》。元祖《がんそ》。 ➡げん【元】408ページ

**がん【雁】** 名 秋《あき》の終《お》わりごろ、北《きた》から日本《にっぽん》に冬鳥《ふゆどり》としてわたって来《き》て、春《はる》に帰《かえ》る水鳥《みずとり》。カモより少《すこ》し大《おお》きく、空《そら》を一列《いちれつ》に並《なら》んで飛《と》ぶ。かり。➡わたりどり 1378ページ

**がん【癌】** 名 ❶悪性《あくせい》のはれものができる病気《びょうき》。体《からだ》の中《なか》にできたがん細胞《さいぼう》がどんどん増《ふ》えて、体《からだ》に害《がい》を与《あた》える。❷さまたげになるもの。例 社会《しゃかい》のがん。

**かんあけ【寒明け】** 名 寒《かん》の時期《じき》が終《お》わって、立春《りっしゅん》になること。

**かんい【簡易】** 名 形動 手軽《てがる》で、簡単《かんたん》なこと。例 手続《てつづ》きが簡易だ。

**かんいさいばんしょ【簡易裁判所】** 名 交通違反《こうつういはん》などの軽《かる》い犯罪《はんざい》を取《と》り扱《あつか》う裁判所《さいばんしょ》。

**かんいっぱつ【間一髪】** 名 〔髪《かみ》の毛《け》一本《いっぽん》ほどのすき間《ま》という意味《いみ》から〕ほんの少《すこ》しの時間《じかん》の差《さ》。例 間一髪で助《たす》かった。注意「間一発」と書《か》くのはまちがい。

**がんえん【岩塩】** 名 地中《ちちゅう》からとれる塩《しお》。

**かんおけ【棺桶】** 名 死体《したい》を入《い》れる箱《はこ》。ひつぎ。

✤**かんおん【漢音】** 名 〔国語《こくご》で〕漢字《かんじ》の音《おん》の一《ひと》つ。奈良《なら》時代《じだい》から平安《へいあん》時代《じだい》にかけて日本《にっぽん》に伝《つた》わった音《おん》。➡おん(音)❷ 184ページ

**かんか【看過】** 名 動-する 見《み》のがすこと。見《み》すごすこと。例 看過できない反則《はんそく》。

**かんか【感化】** 名 動-する 人《ひと》に影響《えいきょう》を与《あた》えて、心《こころ》や行《おこな》いを変《か》えること。例 友達《ともだち》に感化され

め、今《いま》でも日本《にっぽん》との関係《かんけい》が深《ふか》い。観光《かんこう》がさかん。別名《べつめい》ベラウ。首都《しゅと》マルキョク。人口約《じんこうやく》18,000人《にん》。略称《りゃくしょう》PLW。

て、本《ほん》を読《よ》みだした。

**がんか【眼下】**㊔ 高《たか》い所《ところ》から見《み》た、目《め》の下《した》のほう。㊧山《やま》の上《うえ》から眼下を見下《みお》ろす。

**がんか【眼科】**㊔ 目《め》の病気《びょうき》を治《なお》すことなどをする医学《いがく》の分野《ぶんや》。また、目《め》の病院《びょういん》。

**かんがい【干害】**㊔ 日照《ひて》りのせいで、農作《のうさく》物《ぶつ》のできがよくないこと。㊣水害《すいがい》。

**かんがい【感慨】**㊔ しみじみと、心《こころ》に深《ふか》く感《かん》じること。㊧感慨にふける。

**かんがい** ㊔ 動-する 川《かわ》や湖《みずうみ》などから水《みず》を引《ひ》いて、田畑《たはた》をうるおすこと。

**かんがいすいろ【かんがい水路】**㊔ 田畑《たはた》をうるおすために引《ひ》いた、水《みず》の通《とお》りみち。

■**かんがいむりょう【感慨。無量】**㊔ 形動 ものごとをこの上《うえ》なくしみじみと感《かん》じること。感無量《かんむりょう》。㊧苦労《くろう》の末《すえ》の初優勝《はつゆうしょう》に感慨無量です。

**例解 ことばを広げよう!**

**考《かんが》える**
いろいろな「考《かんが》える」

**思《おも》う**
思《おも》い返《かえ》す
思《おも》い込《こ》む
考《かんが》えつく
**考《かんが》え直《なお》す**
考《かんが》え合《あ》わせる
考《かんが》え込《こ》む
**考《かんが》え抜《ぬ》く**

**察《さっ》する**
推《お》し量《はか》る
練《ね》る
**図《はか》る**
かんがみる
断《だん》じる
**認《みと》める**

**思考《しこう》**
思案《しあん》
思索《しさく》
思慮《しりょ》
**考察《こうさつ》**
**考慮《こうりょ》**
**熟慮《じゅくりょ》**
熟考《じゅっこう》

**推理《すいり》**
推論《すいろん》
推察《すいさつ》
推量《すいりょう》
**判断《はんだん》**
判定《はんてい》
**予想《よそう》**
一考《いっこう》

意思《いし》
思想《しそう》
異存《いぞん》
意見《いけん》
私見《しけん》
見解《けんかい》
所見《しょけん》
持論《じろん》

**思《おも》いをめぐらす**
**考《かんが》えを深《ふか》める**
考《かんが》えを及《およ》ぼす

**頭《あたま》を使《つか》う**
頭《あたま》をしぼる
**頭《あたま》をひねる**
頭《あたま》を抱《かか》える
頭《あたま》を痛《いた》める
**頭《あたま》を悩《なや》ます**
頭《あたま》をはたらかせる

**しっかり**
**じっくり**
みっちり
がっちり
はっきり
**つくづく**
**よくよく**
くれぐれも

°**かんがえ【考え】**㊔ 考《かんが》えること。また、考《かんが》えた内容《ないよう》。㊧考えが浅《あさ》い。

**考《かんが》えにふける** 一心《いっしん》に考《かんが》える。

**考《かんが》えも及《およ》ばない** とても、そこまでは考《かんが》えられない。㊧人間《にんげん》が月《つき》に行《い》くなんて、昔《むかし》は考えも及ばないことだった。

**かんがえあぐねる【考えあぐねる】**動 考《かんが》えるけれど、なかなかいい考《かんが》えが浮《う》かばない。考《かんが》えあぐむ。

**かんがえあぐむ【考えあぐむ】**動 なかなかよい考《かんが》えが浮《う》かばず、どうにもしようがなくなる。考《かんが》えあぐねる。㊧作文《さくぶん》のテーマを考えあぐむ。

**かんがえあわせる【考え合わせる】**動 他《ほか》のことも頭《あたま》に入《い》れて考《かんが》える。㊧あれこれ考え合わせて、旅行《りょこう》は中止《ちゅうし》した。

**かんがえごと【考え事】**㊔ あれこれと考《かんが》えること。㊧考え事をしていて、乗《の》り遅《おく》れてしまった。

**かんがえこむ【考え込。む】**動 そのことだけを深《ふか》く考《かんが》える。㊧どうするべきか考え込んでしまった。

**かんがえだす【考え出す】**動 ❶考《かんが》えて新《あたら》しくつくり出《だ》す。㊧効率的《こうりつてき》な方法《ほうほう》を考え出す。❷考《かんが》え始《はじ》める。㊧せかされてやっと考え出す。

**かんがえちがい【考え違。い】**㊔ まちがった考《かんが》え方《かた》。㊧考え違いに気《き》がつく。

**かんがえなおす【考え直す】**動 ❶もう




世界の国 パラオ ミクロネシア西端《せいたん》の島々《しまじま》からなる国《くに》。総面積《そうめんせき》は種子島《たねがしま》より少《すこ》し広《ひろ》い。かつて日本《にっぽん》が統治《とうち》していたた一度《いちど》考《かんが》える。例解《と》き方《かた》をはじめから考え直す。❷考《かんが》えを変《か》える。例スマホ禁止《きんし》を考え直す。

**かんがえぬく【考え抜く】**動 最後《さいご》までずっと考《かんが》え続《つづ》ける。例考え抜いたあげく、やっと問題《もんだい》が解《と》けた。

**かんがえぶかい【考え深い】**形 よく注意《ちゅうい》して深《ふか》く考《かんが》える。

**かんがえもの【考え物】**名 あまりいいとは思《おも》えないものごと。例すぐ発表《はっぴょう》するのは、考えものだ。

**かんがえる【考える】**動 頭《あたま》をはたらかせて、あれこれと思《おも》う。例正《ただ》しいと考える。⬇275ページ／⬇こう【考】424ページ

**かんかく【間隔】**名 物《もの》と物《もの》との間《あいだ》。へだたり。例五分《ごふん》間隔。間隔をあける。

**かんかく【感覚】**名 ❶目《め》・耳《みみ》・舌《した》・鼻《はな》・皮膚《ひふ》などから受《う》ける感《かん》じ。また、その感《かん》じる力《ちから》。例指《ゆび》の感覚。❷ものごとのようすを感《かん》じ取《と》る心《こころ》のはたらき。センス。例新《あたら》しい感覚。

**かんがく【漢学】**名 昔《むかし》の中国《ちゅうごく》の学問《がくもん》や文化《ぶんか》などを研究《けんきゅう》する学問《がくもん》。例漢学者《しゃ》。関連国学《こくがく》。洋学《ようがく》。

**かんかくきかん【感覚器官】**名 いろいろな刺激《しげき》を感《かん》じ取《と》る器官《きかん》。目《め》は光《ひかり》、耳《みみ》は音《おと》、鼻《はな》はにおい、舌《した》は味《あじ》、皮膚《ひふ》は痛《いた》み・温度《おんど》などを感《かん》じ取《と》る。

**かんかくてき【感覚的】**形動 （理《り》くつではなく）感《かん》じたままであるようす。例感覚的に親《した》しみが持《も》てない。

**かんかつ【管轄】**名 動-する 役所《やくしょ》などが、認《みと》められた範囲《はんい》で支配《しはい》すること。また、支配《しはい》する範囲《はんい》。例市《し》が管轄している建物《たてもの》。

**かんがっき【管楽器】**名 管《くだ》になっていて、息《いき》をふきこんで鳴《な》らす楽器《がっき》。木管楽器《もっかんがっき》と金管《きんかん》楽器《がっき》がある。関連弦楽器《げんがっき》。打楽器《だがっき》。鍵盤楽《けんばんがっ》器《き》。⬇がっき（楽器）244ページ

**かんがみる【鑑みる】**動 他《ほか》と照《て》らし合《あ》わせて、よく考《かんが》えてみる。例過去《かこ》の例《れい》に鑑みる。⬇かん【鑑】273ページ

**カンガルー**名 オーストラリアにすむ草食《そうしょく》動物《どうぶつ》。雌《めす》のおなかにふくろがあって、その中《なか》で子《こ》どもを育《そだ》てる。強《つよ》い後足《あとあし》と長《なが》い尾《お》で、跳《と》ぶように走《はし》る。

**かんかん** 副（-と）形動 ❶金属《きんぞく》などかたい物《もの》をたたく音《おと》。例かんかんと鐘《かね》が鳴《な》る。❷日光《にっこう》が強《つよ》く照《て》るようす。例日差《ひざ》しがかんかん照《て》りつける。❸火《ひ》がさかんにおこるようす。例炭《すみ》がかんかんにおこる。❹ひどく腹《はら》を立《た》てるようす。例父《ちち》は、かんかんだ。

■**かんかんがくがく【侃侃諤諤】**名 正《ただ》しいと思《おも》うことを遠慮《えんりょ》なく言《い》い合《あ》って、おおいに議論《ぎろん》すること。

**かんかんでり【かんかん照り】**名 夏《なつ》の太陽《たいよう》が、強《つよ》く照《て》りつけること。

**かんき【乾季・乾期】**名 一年《いちねん》のうちで雨《あめ》の少《すく》ない時期《じき》。対雨季《うき》・雨期《うき》。

**かんき【寒気】**名 寒《さむ》さ。例今夜《こんや》は寒気が厳《きび》しい。対暑気《しょき》。注意「寒気」を「さむけ」と読《よ》むと、ちがう意味《いみ》になる。

**かんき【換気】**名 動-する よごれた空気《くうき》を、きれいな空気《くうき》と入《い》れ換《か》えること。例窓《まど》を開《あ》けて換気する。

**かんき【喚起】**名 動-する 呼《よ》び起《お》こすこと。例注意《ちゅうい》を喚起する。

**かんき【歓喜】**名 動-する たいへん喜《よろこ》ぶこと。大喜《おおよろこ》び。例歓喜の涙《なみだ》。

**がんぎ【雁木】**名 雪《ゆき》の多《おお》い地方《ちほう》で、家《いえ》のひさしを長《なが》く道路《どうろ》の上《うえ》までのばし、その下《した》を通《とお》れるようにしたもの。

**かんきせん【換気扇】**名 部屋《へや》の空気《くうき》を入《い》れ換《か》えるための扇風機《せんぷうき》。ファン。

**かんきだん【寒気団】**名 寒《さむ》い所《ところ》から暖《あたた》かい所《ところ》へ流《なが》れこむ、冷《つめ》たい空気《くうき》のかたまり。

**かんきつるい【かんきつ類】**名 ミカンやレモンなどをまとめていう言葉《ことば》。

**かんきゃく【観客】**名 演劇《えんげき》やスポーツなどを見《み》る客《きゃく》。例観客席《せき》。

**かんきゅう【緩急】**名 ❶ゆるやかなことと、きびしいこと。おそいことと速《はや》いこと。❷さしせまった場合《ばあい》。例いったん緩急あれば、すぐにかけつける。

**がんきゅう【眼球】**名 目《め》の玉《たま》。目玉《めだま》。

■**かんきゅうじざい【緩急自在】**名 ゆるやかにもきびしくにも、おそくにも速《はや》くにも、その場《ば》のようすに合《あ》わせて思《おも》い通《どお》りにできること。

名《めい》。日系人《にっけいじん》が多《おお》い。首都《しゅと》アスンシオン。人口約《じんこうやく》710万人《まんにん》。略称《りゃくしょう》PAR。

**○かんきょう**【環境】［名］人《ひと》や生《い》き物《もの》を取《と》り巻《ま》き、影響《えいきょう》を与《あた》える周《まわ》りの世界《せかい》。

**がんきょう**【頑強】［形動］がんこで、簡単《かんたん》には、まいらないようす。［例］頑強に主張《しゅちょう》して、ゆずらない。

**かんきょうアセスメント**【環境アセスメント】［名］↓アセスメント❷ 22ページ

**かんきょうしょう**【環境省】［名］公害《こうがい》をなくし、自然《しぜん》を守《まも》る仕事《しごと》をする国《くに》の役所《やくしょ》。

**かんきょうはかい**【環境破壊】［名］環《かん》境《きょう》を、人《ひと》や生《い》き物《もの》にとって悪《わる》くすること。河《か》川《せん》や海《うみ》のよごれ、空《くう》気《き》のよごれ、気《き》温《おん》の上《じょう》昇《しょう》などがある。

**かんきょうほぜん**【環境保全】［名］自然《しぜん》環境《かんきょう》を望《のぞ》ましい状態《じょうたい》に保《たも》つために、整備《せいび》しながら守《まも》っていくこと。［例］環境保全活動《かつどう》。

**かんきょうホルモン**【環境ホルモン】［名］環境中《かんきょうちゅう》に蓄積《ちくせき》され、わずかな量《りょう》で、体《からだ》に悪《わる》い影響《えいきょう》をおよぼすといわれる、ホルモンに似《に》たはたらきを持《も》つ化学物質《かがくぶっしつ》。ダイオキシンなど。

**かんきょうもんだい**【環境問題】［名］環境《かんきょう》が悪《わる》くなることについての問題《もんだい》。オゾン層《そう》の破壊《はかい》、砂漠化《さばくか》、地球温暖化《ちきゅうおんだんか》など。

**かんきり**【缶切り】［名］缶詰《かんづめ》をあけるための道具《どうぐ》。

**かんきわまる**【感極まる】非常《ひじょう》に感動《かんどう》する。［例］感極まって泣《な》きだす子《こ》もいた。

**かんきん**【監禁】［名］［動-する］閉《と》じこめておくこと。［例］ろう屋《や》に監禁する。

**がんきん**【元金】［名］利息《りそく》を計算《けいさん》する、そのもとになるお金《かね》。もときん。［対］利子《りし》。

**がんぐ**【玩具】［名］おもちゃ。

**がんくつ**【岩窟】［名］岩《いわ》の間《あいだ》にできているほら穴《あな》。岩屋《いわや》。

**がんくび**【雁首】［名］人《ひと》の顔《かお》や首《くび》。〔くだけた言《い》い方《かた》。〕［例］雁首をそろえて（＝何人《なんにん》かでそろって）あいさつに行《い》く。

**かんぐる**【勘ぐる】［動］あれこれ気《き》を回《まわ》して、悪《わる》いほうに考《かんが》える。［例］うそではないかと勘ぐる。

**かんぐん**【官軍】［名］朝廷《ちょうてい》や政府《せいふ》に味方《みかた》する軍隊《ぐんたい》。［対］賊軍《ぞくぐん》。

**○かんけい**【関係】［名］［動-する］❶あるものごとが、他《ほか》のものごとと結《むす》びついたり、影響《えいきょう》を与《あた》えあったりすること。かかわり合《あ》うこと。つながり。［例］この話《はなし》は、きみにも関係がある。［例］親子《おやこ》の関係。❷間柄《あいだがら》。❸影響《えいきょう》。［例］天気《てんき》の関係で、遠足《えんそく》を延《の》ばした。［類］関連《かんれん》。つごう。

**かんげい**【歓迎】［名］［動-する］喜《よろこ》んでむかえること。［例］歓迎会《かい》。［対］歓送《かんそう》。

**かんげいこ**【寒稽古】［名］冬《ふゆ》のいちばん寒《さむ》いときに、寒《さむ》さの中《なか》で武道《ぶどう》や運動《うんどう》などをして、体《からだ》や心《こころ》をきたえること。

**○かんげき**【感激】［名］［動-する］心《こころ》に強《つよ》く感《かん》じること。［例］すばらしい劇《げき》に感激した。

**かんげき**【観劇】［名］［動-する］芝居《しばい》を見《み》ること。［例］親子《おやこ》で観劇に行《い》く。

**かんけつ**【完結】［名］［動-する］すっかり終《お》わること。［例］連続《れんぞく》ドラマが完結する。

**かんけつ**【間欠】［名］一定《いってい》の時間《じかん》をおいて、起《お》こったり、やんだりすること。［例］間欠泉《せん》（＝一定《いってい》の時間《じかん》をおいて湯《ゆ》をふき出《だ》す温泉《おんせん》）。

**かんけつ**【簡潔】［名］［形動］簡単《かんたん》でよくまとまっているようす。［例］簡潔に話《はな》す。

**かんげん**【甘言】［名］人《ひと》をおだてるような、うまい言葉《ことば》。［例］甘言にのせられてひどい目《め》にあった。［対］苦言《くげん》。

**かんげん**【換言】［名］［動-する］別《べつ》の言葉《ことば》で言《い》い換《か》えること。［例］換言すると、以《い》下《か》のようになる。

**かんげん**【還元】［名］［動-する］❶元《もと》の形《かたち》や状態《じょうたい》にもどすこと。［例］利益《りえき》を社会《しゃかい》に還元する。❷酸化《さんか》した物質《ぶっしつ》から酸素《さんそ》を除《のぞ》いて、元《もと》の状《じょう》態《たい》にもどすこと。［対］酸化《さんか》。

**がんけん**【頑健】［名］［形動］体《からだ》が丈夫《じょうぶ》で、健康《けんこう》なこと。［例］頑健で、病気《びょうき》一《ひと》つしたことがない。

例解 ！ 表現の広場

**感激《かんげき》 と 感動《かんどう》 と 感銘《かんめい》 のちがい**

| | 感激《かんげき》 | 感動《かんどう》 | 感銘《かんめい》 | |
|---|---|---|---|---|
| 本《ほん》を読《よ》んで | ○ | ○ | × | する。 |
| 多《おお》くの人《ひと》の | × | ○ | × | を呼《よ》ぶ。 |
| 先生《せんせい》の話《はなし》に | × | × | ○ | を受《う》ける。 |

世界の国 パラグアイ 南《みなみ》アメリカの内陸《ないりく》にある国《くに》。日本《にっぽん》よりやや広《ひろ》い。綿花《めんか》や大豆《だいず》がとれ、牧畜《ぼくちく》もさかん。マテ茶《ちゃ》が有《ゆう》

**かんげんがく【管弦楽】** 名 ⬇オーケストラ 149ページ

**かんこ【歓呼】** 名 動する 喜《よろこ》んで、声《こえ》を張《は》り上《あ》げること。

**かんご【看護】** 名 動する 病人《びょうにん》やけが人《にん》の世話《せわ》をすること。例 寝《ね》ないで病人《びょうにん》を看護する。類 介抱《かいほう》。看病《かんびょう》。

✤**かんご【漢語】** 名 (国語《こくご》で)中国《ちゅうごく》から伝《つた》わってきて日本語《にほんご》となった言葉《ことば》。漢字《かんじ》を音《おん》で読《よ》む言葉《ことば》。関連 和語《わご》。外来語《がいらいご》。⬇ふろく(4ページ)

**がんこ【頑固】** 名 形動 ❶人《ひと》の言《い》うことを受《う》け入れず、自分《じぶん》の考《かんが》えや立場《たちば》をつらぬき通《とお》すこと。また、そのような人《ひと》。例 頑固な人《ひと》。❷病気《びょうき》などが、なかなか治《なお》らないこと。例 頑固な水虫《みずむし》。

**かんこう【刊行】** 名 動する 本《ほん》や新聞《しんぶん》などを、印刷《いんさつ》して売《う》り出《だ》すこと。出版《しゅっぱん》。例 文学全集《ぶんがくぜんしゅう》を刊行する。

**かんこう【敢行】** 名 動する 無理《むり》を押《お》しきって行《おこな》うこと。例 雨《あめ》でも試合《しあい》を敢行する。

**かんこう【感光】** 名 動する フィルムなどが、光《ひかり》を受《う》けて変化《へんか》を起《お》こすこと。

**かんこう【慣行】** 名 (その社会《しゃかい》で)習《なら》わしとして行われていることがら。例 慣行に従《したが》って行《おこな》う。

**かんこう【観光】** 名 動する 景色《けしき》のよい所《ところ》や名所《めいしょ》などを見物《けんぶつ》して回《まわ》ること。

**がんこう【眼光】** 名 ❶目《め》の光《ひかり》。例 眼光がするどい。❷ものごとを見分《みわ》ける力《ちから》。例 すぐれた眼光の持《も》ち主《ぬし》。

**眼光紙背《がんこうしはい》に徹《てっ》する** 文章《ぶんしょう》に書《か》かれていることの深《ふか》い意味《いみ》まで、するどく読《よ》み取《と》る。

**かんこうち【観光地】** 名 景色《けしき》が美《うつく》しかったり、名所《めいしょ》があったりして、多《おお》くの人々《ひとびと》が見物《けんぶつ》に集《あつ》まる所《ところ》。

**かんこうちょう【官公庁】** 名 国《くに》や地方《ちほう》公共団体《こうきょうだんたい》の仕事《しごと》をする役所《やくしょ》。

**かんこく【勧告】** 名 動する 「こうしなさい」と強《つよ》く勧《すす》めること。例 辞職《じしょく》を勧告する。

**かんこく【韓国】** 地名 ⬇だいかんみんこく 771ページ

**かんごく【監獄】** 名 刑務所《けいむしょ》などの古《ふる》い言い方《かた》。

**かんごし【看護師】** 名 医者《いしゃ》の手助《てだす》けや、病人《びょうにん》の世話《せわ》を仕事《しごと》にしている人《ひと》。

**かんこどり【閑古鳥】** 名 ⬇かっこう 246ページ。例 閑古鳥が鳴《な》く(=さびれているようす)。

■**かんこんそうさい【冠婚葬祭】** 名 成人式《せいじんしき》、婚礼《こんれい》、葬式《そうしき》、祖先《そせん》の祭《まつ》りなど、慶弔《けいちょう》の儀式《ぎしき》をまとめていう言い方《かた》。

**かんさ【監査】** 名 動する 計算《けいさん》などが合《あ》っているか、調《しら》べること。例 会計監査《かいけいかんさ》。

**かんさい【関西】** 地名 京都《きょうと》・大阪《おおさか》・兵庫《ひょうご》・奈良《なら》などの地方《ちほう》を指《さ》す言葉《ことば》。

**かんざし** 名 女《おんな》の人《ひと》が着物《きもの》を着《き》たとき、髪《かみ》にさす、かざり物《もの》。

◦**かんさつ【観察】** 名 動する ものごとのありのままの形《かたち》や状態《じょうたい》を、注意《ちゅうい》してよく見《み》ること。例 アサガオを観察する。

**かんさつ【鑑札】** 名 役所《やくしょ》の許《ゆる》しを受《う》けたしるしの札《ふだ》。許可証《きょかしょう》。例 飼《か》い犬《いぬ》の鑑札。

✤**かんさつきろく【観察記録】** 名 ものごとのようすを観察《かんさつ》して書《か》き留《と》めたもの。

✤**かんさつぶん【観察文】** 名 ものごとのようすをくわしく見《み》て書《か》いた文章《ぶんしょう》。

**かんさん【閑散】** 副と 静《しず》かでひっそりしていること。例 閑散とした町《まち》。

**かんさん【換算】** 名 動する ある単位《たんい》の数《かず》を、別《べつ》の単位《たんい》の数《かず》に計算《けいさん》し直《なお》すこと。かんざん。例 円《えん》をドルに換算する。

✤**かんし【漢詩】** 名 中国《ちゅうごく》の詩《し》。また、その形式《けいしき》にならって、漢字《かんじ》だけで作《つく》った日本《にっぽん》の詩《し》。

**かんし【監視】** 名 動する ❶気《き》をつけて見張《みは》ること。例 敵《てき》の動《うご》きを監視する。❷見張《みは》る人《ひと》。見張《みは》り。

✤◦**かんじ【漢字】** 名 (国語《こくご》で)昔《むかし》、中国《ちゅうごく》で作《つく》られた字《じ》。また、日本人《にほんじん》がそれをまねて作《つく》った字《じ》(=「国字《こくじ》」という)。例 学習漢字《がくしゅうかんじ》。常用漢字《じょうようかんじ》。⬇ふろく(6ページ)

**かんじ【幹事】** 名 中心《ちゅうしん》になって、仲間《なかま》の世話《せわ》をする役《やく》。世話役《せわやく》。例 クラス会《かい》の幹事。

◦**かんじ【感じ】** 名 ❶感《かん》じるはたらき。例 指先《ゆびさき》の感《かん》じ。❷ものごとに対《たい》して感《かん》じたこと。印象《いんしょう》。例 感じのいい人《ひと》。

**ガンジー** 人名 (男)(一八六九～一九四八)インドの政治家《せいじか》。インドがイギリスから独立《どくりつ》す

んで、観光業《かんこうぎょう》も発達《はったつ》している。首都《しゅと》ブリッジタウン。人口約《じんこうやく》28万人《まんにん》。略称《りゃくしょう》BAR。

るための運動《うんどう》を指導《しどう》した。無抵抗主義《むていこうしゅぎ》〔＝武器《ぶき》などを使《つか》わないで世《よ》の中《なか》を変《か》えていこうとする考《かんが》え方《かた》〕を唱《とな》えた。

**がんじがらめ** 名 ❶ひもやなわを巻《ま》きつけてしばり上《あ》げること。例 泥棒《どろぼう》は、がんじがらめにされた。❷いろいろなことにしばられて、思《おも》うようにならないこと。例 たくさんの規則《きそく》に、がんじがらめにされる。

**かんしき【鑑識】** 名 動する ❶作品《さくひん》などの価値《かち》を見分《みわ》けること。例 たしかな鑑識眼《がん》。❷犯罪《はんざい》のようすや犯人《はんにん》を見分《みわ》けるために、筆跡《ひっせき》や指紋《しもん》などを調《しら》べること。また、それを担当《たんとう》する係《かかり》。

**例解 ! ことばの勉強室**

## 漢字《かんじ》について

漢字《かんじ》は、今《いま》から三千年《さんぜんねん》ほど前《まえ》に中国《ちゅうごく》で生《う》まれた。カメのこうらや牛《うし》の骨《ほね》に刻《きざ》まれたものが発見《はっけん》されている。

日本《にっぽん》に漢字《かんじ》が伝《つた》わったのは四世紀《よんせいき》ごろで、聖徳太子《しょうとくたいし》のころになると、この漢字《かんじ》を使《つか》って日本語《にほんご》を書《か》き表《あらわ》し始《はじ》めた。

いちばん大《おお》きい漢和辞典《かんわじてん》には、五万字《ごまんじ》もの漢字《かんじ》がのっている。中《なか》には「国字《こくじ》」といって、日本《にっぽん》で作《つく》った漢字《かんじ》もある。例《たと》えば、山《やま》を上《あ》がって下《くだ》りになる所《ところ》を表《あらわ》す「峠《とうげ》」、人《ひと》が動《うご》くことを表《あらわ》す「働《はたら》く」などである。

**かんじき** 名 雪《ゆき》の中《なか》にふみこまないように、靴《くつ》などにつける円《えん》形《けい》の道具《どうぐ》。木《き》のつるなどで作《つく》る。かじき。

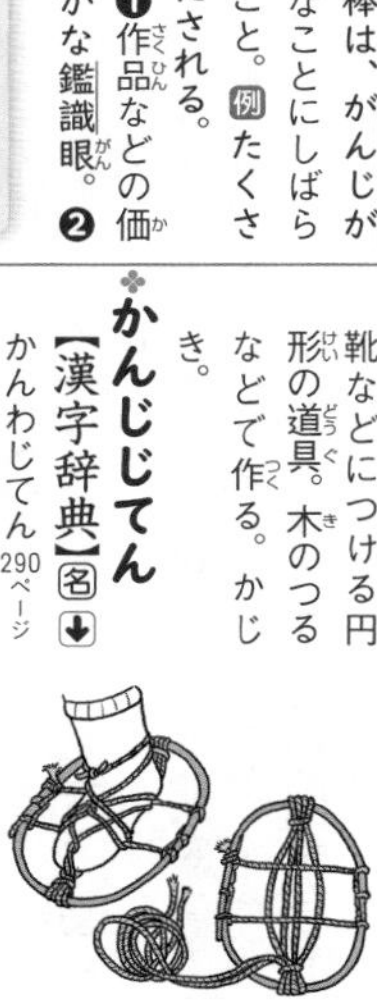
〔かんじき〕

◆**かんじじてん【漢字辞典】** 名 ➡ かんわじてん 290ページ

**ガンジスがわ〔ガンジス川《がわ》〕** 地名 ヒマラヤ山脈《さんみゃく》から、インドの北部《ほくぶ》を東《ひがし》に流《なが》れてベンガル湾《わん》に注《そそ》ぐ川《かわ》。インドでは「聖《せい》なる川《かわ》」と呼《よ》ばれている。

**がんじつ【元日】** 名 年《とし》のはじめの第一日《だいいちにち》。一月一日《いちがつついたち》。元旦《がんたん》。

**かんしつけい【乾湿計】** 名 空気中《くうきちゅう》の湿度《しつど》をはかる装置《そうち》。乾湿球温度計《かんしつきゅうおんどけい》。

**かんじとる【感じ取る】** 動 見聞《みき》きしたものから感《かん》じて受《う》け取《と》る。例 わが子《こ》の気持《きも》ちを感《かん》じ取《と》る。

**かんしゃ【官舎】** 名 国《くに》や地方公共団体《ちほうこうきょうだんたい》が、その職員《しょくいん》や家族《かぞく》が住《す》むために建《た》てた家《いえ》。公舎《こうしゃ》。

°**かんしゃ【感謝】** 名 動する ありがたいと思《おも》う気持《きも》ち。また、その気持《きも》ちを表《あらわ》すこと。例 感謝《かんしゃ》の言葉《ことば》を述《の》べる。

**かんじゃ【患者】** 名 〔医者《いしゃ》の立場《たちば》からいう言葉《ことば》で〕病気《びょうき》やけがで医者《いしゃ》の治療《ちりょう》を受《う》けている人《ひと》。例 入院患者《にゅういんかんじゃ》。

**かんじゃ【間者】** 名 敵《てき》のようすをさぐるために、しのびこむ者《もの》。スパイ。

**かんしゃく** 名 気《き》が短《みじか》くておこりやすい性質《せいしつ》。また、がまんできずにおこりだすこと。例 かんしゃくを起《お》こす。

**かんしゃくだま【かんしゃく玉《だま》】** 名 ❶火薬《かやく》を紙《かみ》にくるんでつくった小《ちい》さな玉《たま》。地面《じめん》に投《な》げつけると、大《おお》きな音《おと》をたてて爆発《ばくはつ》する。❷かんしゃくを起《お》こすこと。〔くだけた言《い》い方《かた》。〕例 父《ちち》のかんしゃく玉《だま》が破裂《はれつ》する。

**かんしゃじょう【感謝状】** 名 お礼《れい》や感謝《かんしゃ》の気持《きも》ちを表《あらわ》した賞状《しょうじょう》。

**かんじやすい【感じやすい・感じ▲易い】** 形 ちょっとしたことにも、心《こころ》が動《うご》かされやすい。例 感《かん》じやすい年《とし》ごろ。

**かんしゅ【看守】** 名 刑務所《けいむしょ》に入《い》れられた人《ひと》の取《と》りしまりをする役人《やくにん》。

**かんしゅう【慣習】** 名 決《き》まりのようになっている世《よ》の中《なか》の習《なら》わし。しきたり。例 長《なが》い間《あいだ》の慣習《かんしゅう》からぬけられない。

**かんしゅう【監修】** 名 動する 本《ほん》の内容《ないよう》や編集《へんしゅう》を監督《かんとく》すること。

**かんしゅう【観衆】** 名 見物人《けんぶつにん》。観客《かんきゃく》。例 たくさんの観衆《かんしゅう》が集《あつ》まった。

**かんじゅく【完熟】** 名 動する 実《み》や種《たね》が十分《じゅうぶん》に熟《じゅく》していること。対 未熟《みじゅく》。

**かんじゅせい【感受性】** 名 ものを感《かん》じ取《と》



世界の国 バルバドス カリブ海《かい》にあるバルバドス島《とう》を国土《こくど》とする国《くに》。種子島《たねがしま》よりややせまい。サトウキビ栽培《さいばい》がさか

例解 ⇔ 使い分け

**観賞《かんしょう》と鑑賞《かんしょう》**

名月《めいげつ》を観賞《かんしょう》する。
花《はな》を観賞《かんしょう》する。

名画《めいが》を鑑賞《かんしょう》する。
音楽《おんがく》を鑑賞《かんしょう》する。

る心《こころ》のはたらき。例 感受性が豊《ゆた》かだ。

**かんしょ【甘藷】** 名 さつまいも。

**かんしょ【寒暑】** 名 寒《さむ》さと、暑《あつ》さ。

**がんしょ【願書】** 名 許可《きょか》を得《え》るために、願《ねが》い事《こと》を書《か》いてさし出《だ》す書類《しょるい》。

**かんしょう【干渉】** 名 動-する わきから口出《くちだ》しをすること。例 よその国《くに》のことに干渉する。

**かんしょう【完勝】** 名 動-する 完全《かんぜん》に勝《か》つこと。対 完敗《かんぱい》。

**かんしょう【感傷】** 名 少《すこ》しのことにも感《かん》じて、なんとなく悲《かな》しくなったり、さびしくなったりすること。例 感傷にひたる。

**かんしょう【観賞】** 名 動-する 動《どう》植《しょく》物《ぶつ》や景色《けしき》などを見《み》て、味《あじ》わい楽《たの》しむこと。

✤**かんしょう【鑑賞】** 名 動-する 芸術《げいじゅつ》作《さく》品《ひん》を深《ふか》く味《あじ》わうこと。例 映画《えいが》鑑賞。

**かんしょう【緩衝】** 名 対立《たいりつ》する二《ふた》つのものがぶつかり合《あ》う勢《いきお》いをやわらげること。例 二国間《にこくかん》の紛争《ふんそう》の緩衝地帯《ちたい》。

°**かんじょう【勘定】** 名 動-する ❶数《かぞ》えること。計算《けいさん》。例 人数《にんずう》を勘定する。❷お店《みせ》にはらうお金《かね》。例 お勘定。勘定をはらう。❸前《まえ》もって考《かんが》えておくこと。例 雪《ゆき》が積《つ》もるのを勘定に入《い》れて、早《はや》めに家《いえ》を出《で》る。

°**かんじょう【感情】** 名 喜《よろこ》び・いかり・悲《かな》しみ・楽《たの》しみなど、ものごとに対《たい》して心《こころ》の中《なか》に起《お》こる気《き》持《も》ち。対 理性《りせい》。

**感情《かんじょう》に走《はし》る** 感情的《かんじょうてき》になる。例 感情に走って、つい大声《おおごえ》になる。

**かんじょう【環状】** 名 輪《わ》のようになっていること。例 環状線《せん》。

**がんしょう【岩漿】** 名 ⇩マグマ 1229ページ

**がんじょう【頑丈】** 形動 人《ひと》や物《もの》ががっしりしていて、強《つよ》いようす。例 頑丈ないす。

**かんじょういにゅう【感情移入】** 名 動-する 作品《さくひん》の中《なか》の人物《じんぶつ》や身《み》の回《まわ》りのものごとに自分《じぶん》の気《き》持《も》ちを入《はい》りこませ、自分《じぶん》のことのように感《かん》じること。

**かんじょうがき【勘定書き】** 名 請《せい》求《きゅう》書《しょ》。

**かんじょうせん【環状線】** 名 都《と》市《し》の周《まわ》りを取《と》り巻《ま》く、鉄道《てつどう》や道路《どうろ》。

**かんしょうてき【感傷的】** 形動 感《かん》じやすくて、涙《なみだ》もろいようす。センチメンタル。例 感傷的な気分《きぶん》。

**かんじょうてき【感情的】** 形動 気《き》持《も》ちの変化《へんか》が激《はげ》しく、それが顔《かお》や態度《たいど》に出《で》やすいようす。例 感情的になる。対 理《り》性《せい》的《てき》。

**かんしょく【官職】** 名 役《やく》所《しょ》の役《やく》目《め》。例 重《おも》い官職につく。

**かんしょく【寒色】** 名 寒《さむ》い感《かん》じのする色《いろ》。青《あお》・むらさき・緑《みどり》など。対 暖《だん》色《しょく》。

**かんしょく【間食】** 名 動-する 食《しょく》事《じ》と食《しょく》事《じ》の間《あいだ》に食《た》べること。また、食《た》べる物《もの》。

**かんしょく【感触】** 名 ❶物《もの》にさわったときの感《かん》じ。手《て》ざわり。例 布《ぬの》の感触。❷相《あい》手《て》の態《たい》度《ど》などから受《う》け取《と》った感《かん》じ。例 やってくれそうな感触だった。

**がんしょく【顔色】** 名 かおいろ。例 顔色を失《うしな》う。

**がんしょくなし【顔色なし】** ❶おどろきなどで、顔《かお》が青《あお》ざめる。❷相《あい》手《て》の勢《いきお》いに負《ま》けて、手《て》も足《あし》も出《で》ない。例 一《いっ》気《き》に十《じっ》点《てん》も取《と》られて、顔色なしのありさまだ。

°**かんじる【感じる】** 動 〔「感《かん》ずる」ともいう。〕❶ものごとと出会《であ》って心《こころ》が動《うご》かされる。見《み》たり聞《き》いたりさわったりして、ある感《かん》じを体《からだ》に受《う》ける。例 風《かぜ》を冷《つめ》たく感じる。❷心《こころ》に思《おも》う。例 責任《せきにん》を感じる。❸深《ふか》く心《こころ》にしみる。感《かん》動《どう》する。例 友達《ともだち》の親《しん》切《せつ》を、うれしく感じる。

°**かんしん【感心】** 一 名 動-する 〔「立《りっ》派《ぱ》だ」「えらい」「すばらしい」などと〕心《こころ》に深《ふか》く感《かん》じること。例 料《りょう》理《り》の腕《うで》前《まえ》に感心する。二 形動 立《りっ》派《ぱ》である。例 感心な行《おこな》い。

**かんしん【関心】** 名 あることをもっと知《し》りたいと思《おも》ったり、おもしろいと思《おも》ったりし





あいうえお かきくけこ さしすせそ たちつてと なにぬねの はひふへほ まみむめも やゆよ らりるれろ わをん

て、心《こころ》にかけること。例 音楽《おんがく》に関心がある。

**関《かん》心《しん》を引《ひ》く** (他《ほか》の人《ひと》の)心《こころ》を引《ひ》きつける。例 この映画《えいが》は人々《ひとびと》の関心を引く。

**かんしん【歓心】** 名 うれしくて喜《よろこ》ぶ気《き》持《も》ち。

**歓《かん》心《しん》を買《か》う** 相《あい》手《て》に気《き》に入《い》られるように、ごきげんをとる。

**かんじん【肝心・肝腎】** 形動 いちばんだいじなようす。大《たい》切《せつ》。例 肝心なことはメモをしておく。参考「かん」は肝《かん》臓《ぞう》のこと、「じん」は心《しん》臓《ぞう》または腎《じん》臓《ぞう》のこと。

**がんじん【鑑真】** 人名 (男) (六八八～七六三) 奈《な》良《ら》時《じ》代《だい》に日《にっ》本《ぽん》へ来《き》た、唐《とう》〔=今《いま》の中《ちゅう》国《ごく》〕のお坊《ぼう》さん。何《なん》度《ど》も遭《そう》難《なん》して目《め》が見《み》えなくなったが、ついに日《にっ》本《ぽん》にわたり、奈《な》良《ら》に唐《とう》招《しょう》提《だい》寺《じ》を開《ひら》いた。

**かんすい【完遂】** 名 動-する 最《さい》後《ご》まで完《かん》全《ぜん》にやりとげること。例 目《もく》的《てき》を完遂する。

## 例解 ことばを広げよう!

**感《かん》じる**
いろいろな「感《かん》じる」

感《かん》ずる
**感《かん》づく**
気《き》づく
**感《かん》じ取《と》る**
悟《さと》る

**高《たか》まる**
つのる
**ときめく**
**感《かん》極《きわ》まる**
感《かん》にたえない

**感《かん》心《しん》**
**感《かん》動《どう》**
**感《かん》激《げき》**
感《かん》服《ぷく》
感《かん》慨《がい》
**感《かん》銘《めい》**

**共《きょう》感《かん》**
同《どう》感《かん》
痛《つう》感《かん》
印《いん》象《しょう》
**感《かん》想《そう》**
所《しょ》感《かん》
**実《じっ》感《かん》**

知《ち》覚《かく》
反《はん》応《のう》
**予《よ》感《かん》**
第《だい》六《ろっ》感《かん》
直《ちょっ》感《かん》
**敏《びん》感《かん》**
鈍《どん》感《かん》

**胸《むね》に響《ひび》く**
胸《むね》に迫《せま》る
**胸《むね》を打《う》たれる**
**胸《むね》が熱《あつ》くなる**
胸《むね》が高《たか》鳴《な》る
胸《むね》が詰《つ》まる
胸《むね》がいっぱいになる

心《こころ》を打《う》たれる
心《こころ》にふれる
**身《み》にしみる**
胸《むね》にしみる
身《み》につまされる
以《い》心《しん》伝《でん》心《しん》
感《かん》慨《がい》無《む》量《りょう》
感《かん》無《む》量《りょう》

**しみじみ**
しんみり
ひしひし
**じいんと**
ぐっと
つくづく
ほとほと

**どきどき**
どきりと
どきんと
**ひやひや**
ひやりと
ぞくぞく
そこはかとなく

**かんすい【冠水】** 名 動-する 大《おお》水《みず》により田《た》畑《はた》などが水《みず》をかぶること。例 川《かわ》の水《みず》があふれて道《どう》路《ろ》が冠水した。

**かんすう【巻数】** 名 ❶ひとそろいになった本《ほん》の冊《さっ》数《すう》。❷巻《ま》き物《もの》の数《かず》。❸映《えい》画《が》のフィルムや録《ろく》音《おん》テープの本《ほん》数《すう》。

✤**かんすうじ【漢数字】** 名 一《いち》・二《に》・三《さん》…十《じゅう》・百《ひゃく》・千《せん》・万《まん》…のように数《すう》字《じ》を表《あらわ》す漢《かん》字《じ》。ふつう、縦《たて》書《が》きの文《ぶん》章《しょう》に使《つか》う。関連 アラビア数《すう》字《じ》。ローマ数《すう》字《じ》。↓すうじ 676ページ

**かんする【関する】** 動 関《かん》係《けい》する。かかわる。例 公《こう》害《がい》に関する話《はなし》。

**かんずる【感ずる】** 動 ↓かんじる 280ページ

°**かんせい【完成】** 名 動-する すっかりできあがること。例 新《あたら》しいビルが完成した。

**かんせい【官製】** 名 政《せい》府《ふ》がつくること。また、つくったもの。例 官製はがき。

**かんせい【喚声】** 名 おどろいたり興《こう》奮《ふん》したりしてさけぶ声《こえ》。例 塔《とう》のあまりの高《たか》さに喚声を上《あ》げた。

**かんせい【閑静】** 形動 もの静《しず》かなようす。例 閑静な住《す》まい。

**かんせい【感性】** 名 (見《み》たり聞《き》いたりして)深《ふか》く感《かん》じる心《こころ》のはたらき。例 音《おん》楽《がく》に対《たい》する豊《ゆた》かな感性を育《そだ》てる。

**かんせい【慣性】** 名 外《そと》からの力《ちから》を受《う》けないかぎり、動《うご》いているものは動《うご》きつづけ、止《と》まっているものは止《と》まったままである性《せい》質《しつ》。

**かんせい【歓声】** 名 喜《よろこ》びのあまり上《あ》げる




世界の国 パレスチナ 地《ち》中《ちゅう》海《かい》の東《ひがし》にある国《くに》。三《み》重《え》県《けん》くらいの広《ひろ》さ。国《こく》土《ど》の約《やく》6割《わり》はイスラエルに占《せん》領《りょう》されている。日《にっ》

声《こえ》。例 観客《かんきゃく》の中《なか》から歓声がわき起《お》こった。

**かんぜい【関税】** 名 外国《がいこく》から輸入《ゆにゅう》する品物《しなもの》に国《くに》がかける税金《ぜいきん》。

**かんせいとう【管制塔】** 名 空港《くうこう》で飛行機《ひこうき》が、安全《あんぜん》に飛《と》び立《た》ったり、着陸《ちゃくりく》したりできるように、いろいろ指図《さしず》をするための建物《たてもの》。航空管制塔《こうくうかんせいとう》。コントロールタワー。

**がんせき【岩石】** 名 いわ。大《おお》きな石《いし》。火成岩《かせいがん》・堆積岩《たいせきがん》・変成岩《へんせいがん》がある。

**かんせつ【間接】** 名 (じかでなく)間《あいだ》に別《べつ》のものごとをはさむこと。例 父《ちち》の話《はなし》を、兄《あに》から間接に聞《き》いた。対 直接《ちょくせつ》。

**かんせつ【関節】** 名 二《ふた》つの骨《ほね》と骨《ほね》とが、動《うご》くようにつながっているところ。

**かんせつぜい【間接税】** 名 消費税《しょうひぜい》などのように、税金《ぜいきん》を納《おさ》める人《ひと》と負担《ふたん》する人《ひと》がちがう税《ぜい》。対 直接税《ちょくせつぜい》。

°**かんせつてき【間接的】** 形動 間《あいだ》に別《べつ》の人《ひと》や物《もの》がはさまっているようす。例 コンテストの結果《けっか》を間接的に聞《き》く。対 直接的《ちょくせつてき》。

✤**かんせつわほう【間接話法】** 名 〔国語《こくご》で〕人《じん》の言《い》った言葉《ことば》を引用《いんよう》するとき、そのままではなく、自分《じぶん》の立場《たちば》から言《い》いかえて表《あらわ》す方法《ほうほう》。対 直接話法《ちょくせつわほう》。

**がんぜない** 形 まだ幼《おさな》くて、よい・悪《わる》いがわからない。例 がんぜない子《こ》ども。

**かんせん【汗腺】** 名 皮膚《ひふ》にあって、汗《あせ》を出《だ》す細《ほそ》い管《くだ》。

**かんせん【感染】** 名 動-する ❶病気《びょうき》がうつること。例 はしかに感染する。❷よくない影響《えいきょう》を受《う》けて、そのようになること。例 悪《わる》い習慣《しゅうかん》に感染する。

**かんせん【幹線】** 名 鉄道《てつどう》・道路《どうろ》などの中心《ちゅうしん》となる線《せん》。本線《ほんせん》。例 幹線道路《どうろ》。対 支線《しせん》。

**かんせん【観戦】** 名 動-する 試合《しあい》などを見物《けんぶつ》すること。例 野球《やきゅう》観戦。

°**かんぜん【完全】** 名 形動 足《た》りないところや欠《か》けたところがないようす。例 仕事《しごと》を完全に仕上《しあ》げる。

**かんぜん【敢然】** 副(-と) おそれずに、思《おも》い切《き》って行《おこな》うようす。例 敵《てき》に敢然と立《た》ち向《む》かう。参考「敢然《かんぜん》たる態度《たいど》」のように使《つか》うこともある。

**がんぜん【眼前】** 名 目《め》の前《まえ》。例 霧《きり》が晴《は》れると、眼前に高《たか》い山《やま》が現《あらわ》れた。類 目前《もくぜん》。

**かんぜんしあい【完全試合】** 名 〔野球《やきゅう》で〕一人《ひとり》の投手《とうしゅ》が、ランナーを一人《ひとり》も出《だ》さずに、最後《さいご》まで投《な》げきって勝《か》つこと。

**かんせんしょう【感染症】** 名 ばい菌《きん》などによってうつる病気《びょうき》。インフルエンザ、チフスなど。伝染病《でんせんびょう》。

■**かんぜんちょうあく【勧善懲悪】** 名 よい人《ひと》やよい行《おこな》いを勧《すす》めて、悪者《わるもの》や悪《わる》い行《おこな》いを懲《こ》らしめること。例 わかりやすい勧善懲悪のドラマ。

**かんぜんねんしょう【完全燃焼】** 名 動-する ❶酸素《さんそ》がじゅうぶんある状態《じょうたい》で、ものが燃《も》えつきること。❷全力《ぜんりょく》を出《だ》しきること。例 完全燃焼したので、負《ま》けても悔《く》いはない。

**かんぜんへんたい【完全変態】** 名 動-する 昆虫《こんちゅう》が卵《たまご》から成虫《せいちゅう》になるまでに、幼虫《ようちゅう》・さなぎの時期《じき》を経《へ》ること。チョウ・ハエ・カなどに見《み》られる。

■**かんぜんむけつ【完全無欠】** 名 形動 足《た》りないところや欠《か》けているところが、まったくないこと。例 完全無欠な人《ひと》などいないよ。

**かんそ【簡素】** 名 形動 あっさりとしていて、かざりけがないこと。例 手続《てつづ》きを簡素にする。

**がんそ【元祖】** 名 ❶その家《いえ》のいちばんの先祖《せんぞ》。❷あるものごとを始《はじ》めた、もとになる人《ひと》や店《みせ》など。例 この店《みせ》が、名物《めいぶつ》ラーメンの元祖だ。

**かんそう【完走】** 名 動-する 長距離《ちょうきょり》競走《きょうそう》で、最後《さいご》まで走《はし》り抜《ぬ》くこと。例 マラソンを完走する。

**かんそう【乾燥】** 名 動-する かわくこと。また、かわかすこと。例 空気《くうき》が乾燥する。

**かんそう【間奏】** 名 ❶歌《うた》の途中《とちゅう》にはさむ、楽器《がっき》だけの演奏《えんそう》。❷オペラの幕《まく》あいに行《おこな》われる演奏《えんそう》。

✤°**かんそう【感想】** 名 あるものごとについて、心《こころ》に感《かん》じたこと。例 旅《たび》の感想を書《か》く。

**かんそう【歓送】** 名 動-する 出発《しゅっぱつ》する人《ひと》をはげまして送《おく》ること。対 歓迎《かんげい》。

ンが有名《ゆうめい》。首都《しゅと》ブダペスト。人口約《じんこうやく》970万人《まんにん》。略称《りゃくしょう》HUN。

**かんぞう【肝臓】** 名 胃《い》の右上《みぎうえ》にある器官《きかん》。胆汁《たんじゅう》を出《だ》して消化《しょうか》を助《たす》けたり、血液《けつえき》の中《なか》の毒物《どくぶつ》をこわしたり、余分《よぶん》な栄養《えいよう》をたくわえたりする。⇩ないぞう(内臓)959ページ

**かんそうたい【乾燥帯】** 名 地球上《ちきゅうじょう》で年《ねん》じゅうかわいた気候《きこう》の地帯《ちたい》。南北《なんぼく》の回帰線《かいきせん》にそって見《み》られる。

✤**かんそうぶん【感想文】** 名 見《み》たり聞《き》いたり、また読《よ》んだりして、心《こころ》に感《かん》じたことを書《か》いた文章《ぶんしょう》。

**かんそく【観測】** 名 動-する ❶星《ほし》や月《つき》や、空《そら》もようなどを、器械《きかい》などを使《つか》って観察《かんさつ》して、その動《うご》きや変《か》わり方《かた》を調《しら》べること。❷ようすをよく見《み》て、これからのなりゆきを推《お》し量《はか》ること。例 希望的《きぼうてき》観測〔=自分《じぶん》に都合《つごう》のよい見《み》方《かた》〕。

**かんそん【寒村】** 名 町《まち》から離《はな》れた、住《す》む人《ひと》の少《すく》ない、さびしい村《むら》。

**かんたい【寒帯】** 名 南極《なんきょく》や北極《ほっきょく》に近《ちか》い所《ところ》。一年《いちねん》じゅう氷《こおり》と雪《ゆき》にとざされ、夏《なつ》にコケが生《は》えるだけのごく寒《さむ》い地域《ちいき》。関連 熱帯《ねったい》。温帯《おんたい》。

**かんたい【歓待】** 名 動-する 喜《よろこ》んでもてなすこと。例 客《きゃく》を歓待する。

**かんたい【艦隊】** 名 軍艦《ぐんかん》が何《なん》せきか集《あつ》まって作《つく》られた部隊《ぶたい》。

**かんだい【寛大】** 名 形動 心《こころ》が広《ひろ》く、思《おも》いやりがあるようす。例 寛大な心《こころ》。類 寛容《かんよう》。

**がんたい【眼帯】** 名 目《め》の病気《びょうき》のとき、目《め》の上《うえ》をおおうもの。

**かんたいへいよう【環太平洋】** 名 太平《たいへい》洋《よう》の周辺《しゅうへん》を取《と》り巻《ま》いていること。

**かんたいりん【寒帯林】** 名 亜寒帯《あかんたい》にある森林《しんりん》。トドマツ・エゾマツなどの針葉樹《しんようじゅ》が育《そだ》つ。関連 熱帯林《ねったいりん》。温帯林《おんたいりん》。

**かんだかい【甲高い】** 形 声《こえ》の調子《ちょうし》がするどく高《たか》い。例 かん高い声《こえ》。

**かんたく【干拓】** 名 動-する 湖《みずうみ》や海辺《うみべ》などの水《みず》を干《ほ》し、うめたてて、田《た》や畑《はたけ》にすること。例 干拓地《ち》。湖《みずうみ》を干拓する。

✤**がんだれ** 名 漢字《かんじ》の部首《ぶしゅ》で、「たれ」の一《ひと》つ。「原《げん》」「厚《こう》」などの「厂」の部分《ぶぶん》。がけの意味《いみ》を表《あらわ》す。

**かんたん【感嘆】** 名 動-する 感心《かんしん》して、ほめること。例 絵《え》のうまさに感嘆する。

**かんたん【簡単】** 形動 ❶こみいっていないようす。単純《たんじゅん》。例 簡単な手品《てじな》。❷手軽《てがる》なようす。例 簡単な検査《けんさ》。対(❶・❷)複雑《ふくざつ》。

**かんだん【寒暖】** 名 寒《さむ》さと暖《あたた》かさ。例 寒暖の差《さ》が激《はげ》しい。

**かんだん【歓談】** 名 動-する 楽《たの》しく、打《う》ち解《と》けて話《はな》し合《あ》うこと。例 友人《ゆうじん》と歓談する。

**がんたん【元旦】** 名 ❶一月一日《いちがつついたち》の朝《あさ》。元日《がんじつ》の朝《あさ》。❷年《とし》の初《はじ》め。元日《がんじつ》。

**かんたんあいてらす【肝胆相照らす】** 心《こころ》の底《そこ》からわかり合《あ》って、親《した》しくつきあう。例 彼《かれ》とは肝胆相照らす仲《なか》だ。

**かんだんけい【寒暖計】** 名 温度計《おんどけい》の一《ひと》つ。気温《きおん》を測《はか》る器具《きぐ》。

**かんだんなく【間断なく】** とぎれることなく。例 間断なく降《ふ》る雨《あめ》。

✤**かんたんふ【感嘆符】** 名 〔国語《こくご》で〕感動《かんどう》・受《う》け答《こた》え・呼《よ》びかけの気持《きも》ちを、強《つよ》く表《あらわ》すしし。「!」。⇩ふろく(11ページ)

✤**かんたんぶん【感嘆文】** 名 〔国語《こくご》で〕感動《かんどう》の気持《きも》ちや呼《よ》びかけ、返事《へんじ》などをそのまま表《あらわ》した文《ぶん》。感動文《かんどうぶん》。「大《おお》きいなあ」「火事《かじ》だ!」など。

**かんち【感知】** 名 動-する 感《かん》じ取《と》ること。気《き》づくこと。例 地震《じしん》を感知する。

**かんち【関知】** 名 動-する かかわっていて、事《じ》情《じょう》を知《し》っていること。例 そのことには、いっさい関知していない。

**かんちがい【勘違い】** 名 動-する 考《かんが》えちがい。思《おも》いちがい。例 うっかり勘違いする。

**かんちゅう【寒中】** 名 ❶暦《こよみ》で、小寒《しょうかん》から大寒《だいかん》の終《お》わりまでの約三十日間《やくさんじゅうにちかん》。寒《かん》。例 寒中見舞《みま》い。❷冬《ふゆ》の寒《さむ》さがいちばん厳《きび》しい間《あいだ》。例 寒中水泳《すいえい》。対(❶・❷)暑中《しょちゅう》。

**がんちゅう【眼中】** 名 ❶目《め》の中《なか》。❷考《かんが》えや注意《ちゅうい》のおよぶ範囲《はんい》の中《なか》。

**眼中《がんちゅう》にない** まったく気《き》に留《と》めない。例 彼《かれ》は、お金《かね》のことなど眼中にない。

**かんちゅうみまい【寒中見舞い】** 名 冬《ふゆ》の寒《さむ》い間《あいだ》に、元気《げんき》かどうかをたずねて、見《み》舞《ま》うこと。参考 喪中《もちゅう》の人《ひと》などが、年賀状《ねんがじょう》の代《か》わりに書《か》くことが多《おお》い。

**かんちょう【干潮】** 名 潮《しお》が引《ひ》いて、海面《かいめん》が





世界の国 ハンガリー 東《ひがし》ヨーロッパにある国《くに》。北海道《ほっかいどう》より少《すこ》し広《ひろ》い。1989年《ねん》に社会主義国《しゃかいしゅぎこく》から共和制《きょうわせい》へ移行《いこう》。ワイ

もっとも低《ひく》くなること。対 満潮《まんちょう》。

**かんちょう【官庁】** 名 公《おおやけ》の仕事《しごと》をする役所《やくしょ》。特《とく》に、国《くに》の仕事《しごと》をする役所《やくしょ》。文部科学省《もんぶかがくしょう》などの中央官庁《ちゅうおうかんちょう》と、税務署《ぜいむしょ》などの地方官庁《ちほうかんちょう》とがある。

**かんちょう【館長】** 名 図書館《としょかん》・博物館《はくぶつかん》・美術館《びじゅつかん》など、「館《かん》」のつく所《ところ》で、もっとも責任《せきにん》のある人《ひと》。

**かんちょう【艦長】** 名 軍艦《ぐんかん》の乗組員《のりくみいん》の中《なか》で、いちばん位《くらい》が上《うえ》の人《ひと》。キャプテン。

**かんつう【貫通】** 名 動-する つきぬけること。例 トンネルが貫通した。

**かんづく【感付く】** 動 気《き》がつく。ぴんとくる。例 ぼくらの計画《けいかく》は母《はは》に感づかれた。

**かんづめ【缶詰】** 名 ❶加工《かこう》した食品《しょくひん》を缶《かん》に入《い》れ、長持《ながも》ちするようにしたもの。❷人《ひと》を、部屋《へや》の中《なか》などに閉《と》じこめること。例 停電《ていでん》で電車《でんしゃ》に缶詰になる。

**かんてい【官邸】** 名 大臣《だいじん》などが住《す》むために国《くに》で建《た》てた建物《たてもの》。

**かんてい【鑑定】** 名 動-する 物《もの》のよい悪《わる》いや、本物《ほんもの》かにせ物《もの》かを見分《みわ》けること。例 筆跡《ひっせき》を鑑定する。

**かんてつ【貫徹】** 名 動-する つらぬき通《とお》すこと。また、最後《さいご》までやり通《とお》すこと。例 初志《しょし》貫徹。要求《ようきゅう》を貫徹する。

**かんでふくめる【かんで含める】** 〔食《た》べ物《もの》をよくかんでから、赤《あか》んぼうの口《くち》の中《なか》に入《い》れてやることから〕よくわかるように、話《はな》して聞《き》かせる。例 かんで含めるように言《い》い聞《き》かせる。

**カンテラ** 〔オランダ語〕 名 ブリキなどで作《つく》った、持《も》ち運《はこ》びできる石油《せきゆ》ランプ。

**かんてん【干天】** 名 夏《なつ》の、日照《ひて》りの空《そら》。例 干天が続《つづ》いて水不足《みずぶそく》が心配《しんぱい》だ。

**かんてん【寒天】** 名 ❶冬《ふゆ》の空《そら》。寒空《さむぞら》。❷テングサの煮汁《にじる》を固《かた》めたものを、冬《ふゆ》の寒《さむ》いときにこおらせて、かわかしたもの。お菓子《かし》などを作《つく》るのに使《つか》う。

**✤かんてん【観点】** 名 ものごとを見《み》たり考《かんが》えたりするときの立場《たちば》。例 観点を変《か》えて考《かんが》えてみる。類 視点《してん》。

**かんでん【感電】** 名 動-する 電流《でんりゅう》が体《からだ》に伝《つた》わって、ショックを受《う》けること。

**かんでんち【乾電池】** 名 炭素棒《たんそぼう》をプラス、筒形《つつがた》や箱形《はこがた》の亜鉛板《あえんばん》をマイナスとし、その間《あいだ》に二酸化《にさんか》マンガンなどの薬品《やくひん》をつめて、持《も》ち運《はこ》べるように作《つく》った電池《でんち》。

**かんど【感度】** 名 ラジオやフィルムなどが、音《おと》・光《ひかり》・電波《でんぱ》などを感《かん》じる度合《どあ》い。例 このアンテナは感度がいい。

**かんとう【完投】** 名 動-する 〔野球《やきゅう》・ソフトボールで〕一人《ひとり》のピッチャーが、一試合《いっしあい》を最後《さいご》まで投《な》げぬくこと。

**かんとう【巻頭】** 名 巻《ま》き物《もの》や本《ほん》などの、いちばんはじめ。対 巻末《かんまつ》。

**かんとう【敢闘】** 名 動-する 勇《いさ》ましく戦《たたか》うこと。例 試合《しあい》で敢闘する。

**かんとう【関東】** 地名 ⬇かんとうちほう 284ページ。参考 昔《むかし》、箱根《はこね》の関《せき》〔＝神奈川県南西部《かながわけんなんせいぶ》の箱根山《はこねやま》にあった関所《せきしょ》〕より東《ひがし》をいったことから。

**かんどう【勘当】** 名 動-する 親《おや》と子《こ》、先生《せんせい》と弟子《でし》などの縁《えん》を切《き》り、追《お》い出《だ》すこと。例 親《おや》に勘当される。

**かんどう【間道】** 名 〔本道《ほんどう》からはずれた〕わき道《みち》。ぬけ道《みち》。対 本道《ほんどう》。

**◦かんどう【感動】** 名 動-する あるものごとに、心《こころ》を強《つよ》く動《うご》かされること。例 美《うつく》しい風景《ふうけい》に感動する。類 感銘《かんめい》。

**かんとうげん【巻頭言】** 名 本《ほん》などの最初《さいしょ》に書《か》いてある、短《みじか》い文章《ぶんしょう》。

**✤かんどうし【感動詞】** 名 〔国語《こくご》で〕品詞《ひんし》の一《ひと》つ。喜《よろこ》び・悲《かな》しみ・驚《おどろ》きなどの心《こころ》の動《うご》きを表《あらわ》す言葉《ことば》や、呼《よ》びかけ・受《う》け答《こた》え・挨拶《あいさつ》などに使《つか》う言葉《ことば》。この辞典《じてん》では、感と示《しめ》してある。

**かんとうだいしんさい【関東大震災】** 名 一九二三年（大正十二年《たいしょうじゅうにねん》）九月一日《くがつついたち》、関東地方《かんとうちほう》をおそった大地震《おおじしん》。火事《かじ》による被害《ひがい》が大《おお》きく、死者九万九千人《ししゃきゅうまんきゅうせんにん》になった。

**かんとうちほう【関東地方】** 地名 本州《ほんしゅう》の中《なか》ほどにある、太平洋側《たいへいようがわ》の地方《ちほう》。東京《とうきょう》・神奈川《かながわ》・埼玉《さいたま》・千葉《ちば》・群馬《ぐんま》・栃木《とちぎ》・茨城《いばらき》の一都六県《いっとろっけん》がある。

**かんとうへいや【関東平野】** 地名 関東《かんとう》地方《ちほう》にある日本《にっぽん》でもっとも大《おお》きい平野《へいや》。利根川《とねがわ》・荒川《あらかわ》・多摩川《たまがわ》などが流《なが》れている。

するほか、繊維工業《せんいこうぎょう》もさかん。首都《しゅと》ダッカ。人口約《じんこうやく》1億《おく》6,600万人《まんにん》。略称《りゃくしょう》BAN。

**かんとうローム【関東ローム】**㊔ 関東《かんとう》平野《へいや》をおおっている赤土《あかつち》の地層《ちそう》。

**かんとく【感得】**㊔動-する 深《ふか》いところまで感《かん》じとること。例自然《しぜん》の美《び》を感得する。

**かんとく【監督】**㊔動-する 指図《さしず》や取《と》りしまりなどをすること。また、その人《ひと》。例工事現《こうじげん》場《ば》を監督する。

**かんどころ【勘所】**㊔ ものごとの、だいじなところ。急所《きゅうしょ》。例勝負《しょうぶ》の勘所を押《お》さえて勝《か》つ。

**例解 ! ことばの勉強室**

**感動詞《かんどうし》について**

電話《でんわ》で話《はな》している人《ひと》がいる。

「……もしもし。……まあ。……さあ。……いいえ。……はい。……ありがとう。……さようなら。」

何《なん》だかこれで、二人《ふたり》の話《はなし》は通《つう》じたらしい。

こちらの人《ひと》の返事《へんじ》は、「まあ」「さあ」「はい」「いいえ」「もしもし」「さようなら」など、みな感《かん》動《どう》詞《し》である。感動《かんどう》詞《し》だけで話《はな》している。

感動《かんどう》詞《し》は、声《こえ》の調《ちょう》子《し》を変《か》えるだけで、感《かん》じががらっと変《か》わる。

**がんとして【頑として】**副 強《つよ》く自分《じぶん》の意《い》見《けん》を通《とお》して、人《ひと》の言葉《ことば》を聞《き》き入《い》れないようす。例いくら説得《せっとく》しても、頑として受《う》け付《つ》けない。

**かんな**㊔ 板《いた》などをけずって、平《たい》らにする道《どう》具《ぐ》。↓こうぐ433ページ

**かんない【管内】**㊔ 役所《やくしょ》などが受《う》け持《も》っている区域《くいき》の中《なか》。

**かんない【館内】**㊔ 図《と》書《しょ》館《かん》・博《はく》物《ぶつ》館《かん》など、「館《かん》」のつく建物《たてもの》の中《なか》。

**かんなづき【神無月】**㊔ 昔《むかし》の暦《こよみ》で、十月《じゅうがつ》のこと。かみなづき。参考この月《つき》は日本《にっぽん》じゅうの神様《かみさま》が、出雲《いずも》大社《たいしゃ》に行《い》ってしまうといわれたことから。

**かんなん【艱難】**㊔ つらい苦《くる》しみ。

**艱難《かんなん》なんじを玉《たま》にす** 人《ひと》は、多《おお》くの苦《くる》しみにあって、初《はじ》めて立派《りっぱ》になる。例艱難なんじを玉にす、と言《い》われるように、人《ひと》は苦難《くなん》を乗《の》りこえてこそ一人前《いちにんまえ》になれる。

**かんにん【堪忍】**㊔動-する おこりたいのをおさえて、相手《あいて》を許《ゆる》すこと。勘弁《かんべん》。例「堪忍してください。」

**カンニング**〔英語 cunning〕㊔動-する 試験《しけん》のときに、本《ほん》やノートや他《ほか》の人《ひと》の答案《とうあん》を見《み》たりする、ずるい行《おこな》い。

**かんにんぶくろのおがきれる【堪忍袋の緒が切れる】** もう、これ以上《いじょう》がまんができなくなる。例さんざんばかにされて、堪忍袋の緒が切れた。

**かんぬき**㊔ 門《もん》の戸《と》が開《あ》かないように、内側《うちがわ》から横《よこ》にさしわたす木《き》。例かんぬきをかける。

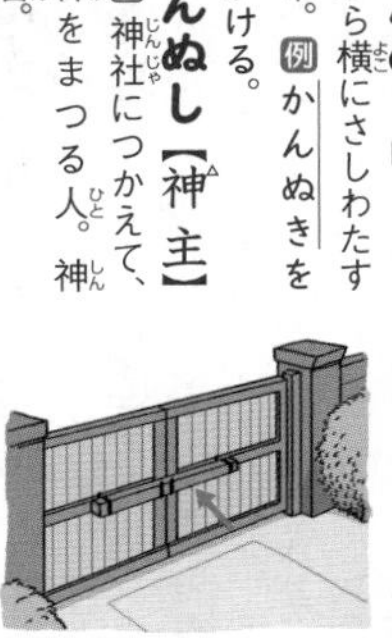
〔かんぬき〕

**かんぬし【神主】**㊔ 神社《じんじゃ》につかえて、神《かみ》をまつる人《ひと》。神《しん》官《かん》。

**かんねん【観念】**一㊔ その人《ひと》の、あるものごとについての考《かんが》え。例君《きみ》の「自《じ》由《ゆう》」についての観念はまちがっている。二㊔動-する あきらめること。例「もうだめだ」と観念する。

**がんねん【元年】**㊔ 年号《ねんごう》が変《か》わった、はじめの年《とし》。例令和《れいわ》元年。

**かんねんてき【観念的】**形動 事実《じじつ》から離《はな》れて、頭《あたま》の中《なか》だけで考《かんが》えるようす。例観念的な意見《いけん》。

**かんのいり【寒の入り】**㊔ 一月《いちがつ》の初《はじ》めごろ、小寒《しょうかん》に入《はい》ること。また、その日《ひ》。冬至《とうじ》から十五日《じゅうごにち》め。

**かんのう【完納】**㊔動-する すっかり納《おさ》めること。例会費《かいひ》を完納する。

**かんのん【観音】**㊔ 情《なさ》け深《ぶか》く、苦《くる》しみから救《すく》ってくれるという仏《ほとけ》さま。観音様《かんのんさま》。観世音《かんぜおん》菩薩《ぼさつ》。

**かんのんびらき【観音開き】**㊔（観音様《かんのんさま》のお堂《どう》のように）左右《さゆう》の扉《とびら》が、まん中《なか》から両《りょう》側《がわ》に開《ひら》くしかけ。また、そのような扉《とびら》。

**かんぱ【看破】**㊔動-する かくされていたこ



世界の国 バングラディシュ インド東部《とうぶ》、ベンガル湾《わん》に面《めん》する国《くに》。日本《にっぽん》の3分《ぶん》の1ほどの面積《めんせき》。米《こめ》・ジュート・茶《ちゃ》を産《さん》

とを見《み》やぶること。例 真相《しんそう》を看破する。

**かんぱ【寒波】** 名 非常《ひじょう》に冷《つめ》たい空気《くうき》のかたまりがおし寄《よ》せてきて、気温《きおん》が急《きゅう》に下《さ》がること。例 寒波におそわれる。

**カンパ** 名 動-する 〔ロシア語《ご》の「カンパニア」の略《りゃく》。〕ある目的《もくてき》のために、多《おお》くの人《ひと》に呼《よ》びかけてお金《かね》を集《あつ》めること。また、そのお金《かね》を出《だ》すこと。

**かんばい【完売】** 名 動-する 品物《しなもの》が全部《ぜんぶ》売《う》れてしまうこと。例 チケットは完売した。

**かんぱい【完敗】** 名 動-する 完全《かんぜん》に負《ま》けること。対 完勝《かんしょう》。

**かんぱい【乾杯】** 名 動-する 健康《けんこう》や成功《せいこう》などを祝《いわ》って、杯《さかずき》を上《あ》げて、酒《さけ》を飲《の》み干《ほ》すこと。また、そのときに言《い》う言葉《ことば》。例 誕生日《たんじょうび》を祝《いわ》って乾杯する。

**かんぱく【関白】** 名 ❶昔《むかし》、天皇《てんのう》を助《たす》けて政《せい》治《じ》を行《おこな》った重《おも》い役《やく》。❷いちばんいばっている人《ひと》。例 亭主《ていしゅ》関白。

**かんばしい【芳しい】** 形 ❶においがいい。例 ほうじ茶《ちゃ》の芳しい香《かお》りがする。❷すばらしい。いい。例 算数《さんすう》の成績《せいせき》が芳しくない。
⇩ほう【芳】1190ページ

**カンバス** 名 ⇩キャンバス 322ページ

**かんばつ【干魃】** 名 長《なが》く雨《あめ》が降《ふ》らず、日照《ひで》りで水《みず》がかれること。水《みず》がれ。例 大規模《だいきぼ》な干ばつで被害《ひがい》が出《で》た。

**かんばつ【間伐】** 名 動-する 森林《しんりん》で、木《き》がよく育《そだ》つように、木《き》と木《き》の間《あいだ》をあけて、一部《いちぶ》の木《き》を切《き》ること。

**かんばつざい【間伐材】** 名 間伐《かんばつ》によって切《き》られた木《き》を活用《かつよう》した木材《もくざい》。割《わ》り箸《ばし》・文房具《ぶんぼうぐ》・木工材料《もっこうざいりょう》などに活用《かつよう》される。

**かんはつをいれず【間髪を入れず】** (間合《まあ》いを置《お》かず)すぐに。例 間髪を入れず答《こた》えた。注意 「間《かん》、髪《はつ》を入《い》れず」のように言《い》う。「かんぱつ」と読《よ》むのはまちがい。

**がんばる【頑張る】** 動 ❶一生懸命《いっしょうけんめい》にやり通《とお》す。例 がんばって走《はし》り続《つづ》ける。❷どこまでも言《い》い張《は》る。例 「いやだ」とがんばる。❸ある場所《ばしょ》に動《うご》かずにいる。例 門《もん》の前《まえ》に犬《いぬ》ががんばっている。

**かんばん【看板】** 名 ❶人目《ひとめ》につく所《ところ》に、店《みせ》の名前《なまえ》や商品《しょうひん》の名前《なまえ》などを書《か》いて、出《だ》しておくもの。❷人《ひと》の注意《ちゅうい》を引《ひ》くもの。見《み》かけ。例 若《わか》さを看板にしているタレント。

**看板《かんばん》が泣《な》く** 立派《りっぱ》な名前《なまえ》にふさわしい中身《なかみ》がない。

**看板《かんばん》に偽《いつわ》りなし** 見《み》たところも中身《なかみ》も、きちんとしている。

**看板《かんばん》を下《お》ろす** ❶その日《ひ》の店《みせ》を閉《し》める。❷続《つづ》けてきた店《みせ》をやめる。

**かんぱん【甲板】** 名 船《ふね》の上《うえ》の、広《ひろ》くて平《たい》らな所《ところ》。こうはん。デッキ。

**かんぱん【乾板】** 名 ガラス板《いた》などに感光《かんこう》する薬《くすり》をぬったもの。フィルムの役目《やくめ》をする。

**かんパン【乾パン】** 名 保存用《ほぞんよう》に、小《ちい》さく焼《や》いて作《つく》った、かたいパン。

**がんばん【岩盤】** 名 地面《じめん》の下《した》の大《おお》きな岩石《がんせき》の層《そう》。

**かんばんだおれ【看板倒れ】** 名 見《み》かけはりっぱでも、中身《なかみ》がともなわないこと。見《み》かけ倒《だお》し。例 強敵《きょうてき》だと聞《き》いていたが、看板倒れだった。

**かんび【甘美】** 形動 ❶甘《あま》くておいしいようす。例 甘美な果物《くだもの》。❷うっとりするほど気《き》持《も》ちのよいようす。例 甘美なメロディーに聴《き》きほれる。

**かんび【完備】** 名 動-する すべてが調《ととの》い備《そな》わっていること。例 冷暖房《れいだんぼう》が完備している。対 不備《ふび》。

**かんびょう【看病】** 名 動-する 病人《びょうにん》の世話《せわ》をすること。例 寝《ね》ずに看病して疲《つか》れた。類 介抱《かいほう》。看護《かんご》。

**かんぴょう** 名 ユウガオの実《み》を、細長《ほそなが》くひものようにむいて干《ほ》した食《た》べ物《もの》。

**がんびょう【眼病】** 名 目《め》の病気《びょうき》。

**かんぶ【患部】** 名 体《からだ》の中《なか》で、病気《びょうき》や傷《きず》になっているところ。例 患部に薬《くすり》をつける。

**かんぶ【幹部】** 名 会社《かいしゃ》・団体《だんたい》などの中心《ちゅうしん》になる人々《ひとびと》。

**かんぷう【完封】** 名 動-する 野球《やきゅう》・ソフトボールなどで、相手《あいて》に最後《さいご》まで点《てん》を取《と》らせないで勝《か》つこと。例 完封リレー。

**かんぷう【寒風】** 名 寒《さむ》い風《かぜ》。冷《つめ》たい風《かぜ》。例 寒風がふきすさぶ。

**かんぷく【感服】** 名 動-する すっかり感心《かんしん》す

ること。例 話《はなし》のうまさに感服する。

**かんぶつ【乾物】** 名 野菜《やさい》・魚《さかな》・海藻《かいそう》などを干《ほ》した食《た》べ物《もの》。するめ・のりなど。

**かんぷなきまで【完膚なきまで】** 徹《てっ》底的《ていてき》に。例 完膚なきまでに敵《てき》を打《う》ちのめす。

✤**かんぶん【漢文】** 名 漢字《かんじ》で書《か》いてある中国《ちゅうごく》の古《ふる》い文章《ぶんしょう》。また、それにならって日本《にっぽん》で作《つく》った漢字《かんじ》だけの文章《ぶんしょう》。

**かんぺき【完璧】** 名 形動 〔傷《きず》のない玉《たま》という意味《いみ》。〕悪《わる》いところや欠点《けってん》がまったくないこと。例 完璧なできばえだ。出《だ》された問題《もんだい》に完璧に答《こた》えた。

**がんぺき【岸壁】** 名 港《みなと》で、船《ふね》を横《よこ》づけできるように造《つく》った所《ところ》。

**がんぺき【岩壁】** 名 壁《かべ》のように、けわしく切《き》り立《た》っている岩《いわ》。

**かんべつ【鑑別】** 名 動-する ものごとをよく調《しら》べて見分《みわ》けること。例 ひよこの雄雌《おすめす》を鑑別する。

**かんべん【勘弁】** 名 動-する あやまちを許《ゆる》してやること。堪忍《かんにん》。例 悪《わる》いと気《き》がついたのなら、勘弁してあげよう。

**かんべん【簡便】** 形動 手軽《てがる》で便利《べんり》なようす。例 簡便なやり方《かた》。

**かんぼう【感冒】** 名 ⬇ かぜ(風邪) 234ページ。例 流行性《りゅうこうせい》感冒。

**かんぽう【官報】** 名 国《くに》が、国民《こくみん》に知《し》らせることをのせて、毎日発行《まいにちはっこう》する印刷物《いんさつぶつ》。例 官報で告示《こくじ》する。

**かんぽう【漢方】** 名 中国《ちゅうごく》から伝《つた》わってきた病気《びょうき》の治《なお》し方《かた》。例 漢方薬《やく》。

**がんぼう【願望】** 名 動-する 願《ねが》い望《のぞ》むこと。例 みんなの願望がかなう。

**かんぽうやく【漢方薬】** 名 中国《ちゅうごく》から伝《つた》わった、漢方《かんぽう》で使《つか》われる薬《くすり》。

**かんぼく【灌木】** 名 ⬇ ていぼく 877ページ

**カンボジア** 地名 東南《とうなん》アジアの中部《ちゅうぶ》、インドシナ半島《はんとう》にある国《くに》。首都《しゅと》はプノンペン。メコン川《がわ》が流《なが》れる。

**かんぼつ【陥没】** 名 動-する 地面《じめん》などが落《お》ちこむこと。例 地震《じしん》で、土地《とち》が陥没した。

**かんまつ【巻末】** 名 本《ほん》などの終《お》わりの部分《ぶぶん》。例 巻末の付録《ふろく》。対 巻頭《かんとう》。

**かんまん【干満】** 名 海《うみ》の水《みず》が、満《み》ちたり引《ひ》いたりすること。干潮《かんちょう》と満潮《まんちょう》。例 干満の差《さ》が大《おお》きい。

**かんまん【緩慢】** 形動 動《うご》きがのろいようす。例 動作《どうさ》が緩慢だ。

**かんみ【甘味】** 名 あまい味《あじ》。あまい味《あじ》の食《た》べ物《もの》。

**かんみりょう【甘味料】** 名 あまみをつけるための調味料《ちょうみりょう》。砂糖《さとう》・蜂蜜《はちみつ》など。

**かんむてんのう〖桓武天皇〗** 人名 (男)(七三七〜八〇六)第五十代《だいごじゅうだい》の天皇《てんのう》。都《みやこ》を京都《きょうと》(平安京《へいあんきょう》)にうつし、律令《りつりょう》にもとづく政治《せいじ》の立《た》て直《なお》しを行《おこな》った。

✤**かんむり【冠】** 名 ❶〔地位《ちい》や身分《みぶん》を表《あらわ》すために〕頭《あたま》にかぶるもの。❷〔国語《こくご》で〕漢字《かんじ》を組《く》み立《た》てる部分《ぶぶん》の一《ひと》つ。「花《か》」の「艹〔くさかんむり〕」や「家《か》」の「宀〔うかんむり〕」など、漢字《かんじ》の上《うえ》の部分《ぶぶん》にあたり、部首《ぶしゅ》ともなる。⬇ ふろく(2ページ)/⬇かん【冠】 272ページ

**かんむりょう【感無量】** 名 形動 ⬇ かんがいむりょう 275ページ

**かんめい【感銘】** 名 動-する 心《こころ》に深《ふか》く感《かん》じて、忘《わす》れないこと。例 先生《せんせい》の話《はなし》を聞《き》いて感銘を受《う》ける。類 感動《かんどう》。

**かんめい【簡明】** 名 形動 簡単《かんたん》で、はっきりしていること。例 簡明で美《うつく》しい文章《ぶんしょう》。

**がんめん【顔面】** 名 顔《かお》の表面《ひょうめん》。かお。例 顔面蒼白《そうはく》になる。

**がんもく【眼目】** 名 ものごとの大切《たいせつ》なところ。例 研究《けんきゅう》の眼目。

**がんもどき** 名 つぶしたとうふに野菜《やさい》などをきざんで入《い》れ、油《あぶら》で揚《あ》げた食《た》べ物《もの》。

**かんもん【関門】** 名 ❶関所《せきしょ》。❷通《とお》りぬけるのが難《むずか》しいところ。例 関門を突破《とっぱ》する。

**かんもん【喚問】** 名 動-する 裁判所《さいばんしょ》などが、呼《よ》びだして事情《じじょう》をきくこと。例 証人《しょうにん》喚問。

**かんもんかいきょう〖関門海峡〗** 地名 本州《ほんしゅう》の山口県《やまぐちけん》と九州《きゅうしゅう》の福岡県《ふくおかけん》との間《あいだ》にある幅《はば》のせまい海《うみ》。

**かんもんトンネル【関門トンネル】** 名 本州《ほんしゅう》の下関《しものせき》と九州《きゅうしゅう》の門司《もじ》を結《むす》ぶ、関門海《かんもんかい》峡《きょう》の海底《かいてい》を通《とお》るトンネル。

**がんやく【丸薬】** 名 小《ち》さく丸《まる》めた薬《くすり》。



世界の国 **東《ひがし》ティモール** ティモール島《とう》の東半分《ひがしはんぶん》をしめる国《くに》。西半分《にしはんぶん》はインドネシア。福島県《ふくしまけん》よりやや広《ひろ》い。2002年《ねん》に130万人《まんにん》。略称《りゃくしょう》 TLS。

あいうえお か きくけこ さしすせそ たちつてと なにぬねの はひふへほ まみむめも や ゆ よ らりるれろ わ を ん

**かんゆ【肝油】** [名] タラなどの、魚《さかな》の肝臓《かんぞう》からとったあぶら。ビタミンA《エー》やD《ディー》がたくさん含《ふく》まれている。

**かんゆう【勧誘】** [名][動-する] 人《ひと》に、そうするように勧《すす》めること。[例] チームに入《はい》るように勧誘する。

**がんゆう【含有】** [名][動-する] 中《なか》に含《ふく》んでいること。[例] 塩分《えんぶん》を含有する。

**かんよ【関与】** [名][動-する] ものごとにかかわること。[例] 事件《じけん》に関与する。

**かんよう【肝要】** [名][形動] 特《とく》にだいじなようす。[例] 登山《とざん》には、準備《じゅんび》が肝要だ。

**かんよう【寛容】** [名][形動] 心《こころ》が広《ひろ》くて、よく人《ひと》の言《い》うことを受《う》け入《い》れるようす。[例] 人《ひと》のあやまちを許《ゆる》す寛容な心《こころ》。[類] 寛大《かんだい》。

**かんよう【慣用】** [名][動-する] 多《おお》くの人《ひと》に、ふだんよく使《つか》われていること。[例] 慣用を重視《じゅうし》する。

✤**かんようく【慣用句】** [名] 〔国語《こくご》で〕二《ふた》つ以《い》上《じょう》の言葉《ことば》が結《むす》びついて、それぞれの言葉《ことば》にはない、ある特別《とくべつ》の意味《いみ》を表《あらわ》す言葉《ことば》。例《たと》えば、「あごを出《だ》す〔=たいへんつかれる〕」「油《あぶら》を売《う》る〔=話《はな》しこんで、むだに時間《じかん》を過《す》ごす〕」など。成句《せいく》。

**かんようしょくぶつ【観葉植物】** [名] 美《うつく》しい葉《は》の色《いろ》や形《かたち》を見《み》るための草《くさ》や木《き》。熱帯《ねったい》性《せい》のものが多《おお》く、温室《おんしつ》や室内《しつない》に置《お》く。ゴムノキ・ポトス・ハゲイトウなど。

**かんようてき【慣用的】** [形動] 一般《いっぱん》に広《ひろ》く用《もち》いられて使《つか》いなれているようす。[例] 慣用的な表現《ひょうげん》。

**がんらい【元来】** [副] もともと。もとから。[例] 私《わたし》は元来のんき者《もの》だ。[類] 本来《ほんらい》。

**かんらく【陥落】** [名][動-する] ❶城《しろ》などがせめ落《お》とされること。[例] 城《しろ》が陥落する。❷地位《ちい》などが落《お》ちること。[例] 二部《にぶ》に陥落する。

**かんらん【観覧】** [名][動-する] スポーツや劇《げき》などを見《み》ること。[例] オペラを観覧する。

**かんらんしゃ【観覧車】** [名] 遊園地《ゆうえんち》の乗《の》り物《もの》の一《ひと》つ。人《ひと》を乗《の》せる箱《はこ》をいくつもつるした大《おお》きな車輪《しゃりん》をゆっくり回転《かいてん》させ、高《たか》い所《ところ》からの眺《なが》めを楽《たの》しむ。

**かんり【官吏】** [名] 国《くに》の仕事《しごと》をする役人《やくにん》。国《こっ》家《か》公務員《こうむいん》。〔古《ふる》い言《い》い方《かた》。〕

◦**かんり【管理】** [名][動-する] ❶ものごとを取《と》りしきること。[例] アパートを管理する。❷よい状態《じょうたい》に保《たも》つこと。[例] 品質《ひんしつ》管理。

**がんり【元利】** [名] 元金《がんきん》と利子《りし》。[例] 元利合《ごう》計《けい》。

**がんりき【眼力】** [名] ものごとのほんとうのところを見《み》ぬく力《ちから》。[例] するどい眼力。

**かんりしょく【管理職】** [名] 会社《かいしゃ》や役所《やくしょ》などで、仕事《しごと》や、そこで働《はたら》いている人《ひと》を取《と》りしきる役《やく》。課長《かちょう》・部長《ぶちょう》など。[類] 役職《やくしょく》。

**かんりにん【管理人】** [名] 建物《たてもの》などを管理《かんり》する役目《やくめ》の人《ひと》。

**かんりゃく【簡略】** [名][形動] 手軽《てがる》で簡単《かんたん》なこと。[例] 要点《ようてん》を簡略に説明《せつめい》する。

**かんりゅう【貫流】** [名][動-する] ある場所《ばしょ》をつらぬいて流《なが》れること。[例] 川《かわ》が町《まち》を貫流している。

**かんりゅう【寒流】** [名] 南極《なんきょく》や北極《ほっきょく》のほうから、赤道《せきどう》へ向《む》かって流《なが》れる冷《つめ》たい海流《かいりゅう》。千《ち》島海流《しまかいりゅう》・リマン海流《かいりゅう》など。[対] 暖流《だんりゅう》。↓かいりゅう 207ページ

**かんりゅうぎょ【寒流魚】** [名] 寒流《かんりゅう》にすむ魚《さかな》。サケ・ニシン・タラ・サンマなど。

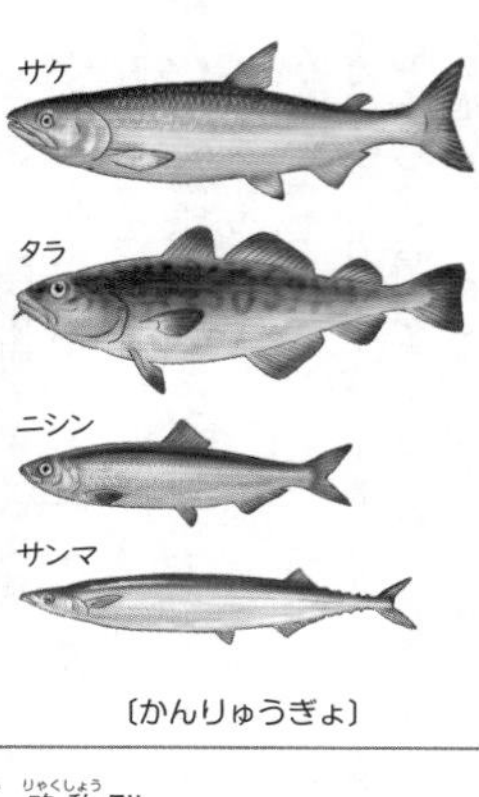

〔かんりゅうぎょ〕

**かんりょう【完了】** [名][動-する] すっかり終《お》わること。[例] 準備《じゅんび》が完了した。[類] 終了《しゅうりょう》。

**かんりょう【官僚】** [名] 役人《やくにん》。特《とく》に、国《くに》の行《ぎょう》政《せい》の仕事《しごと》をする位《くらい》の高《たか》い役人《やくにん》。

**がんりょう【顔料】** [名] 塗料《とりょう》や化粧品《けしょうひん》、印《いん》刷《さつ》インクなどに色《いろ》を着《つ》ける材料《ざいりょう》。

**かんりんまる【咸臨丸】** [名] 江戸《えど》幕府《ばくふ》がオランダから買《か》った三本《さんぼん》マストの木造《もくぞう》の軍艦《ぐんかん》。勝海舟《かつかいしゅう》が艦長《かんちょう》となり、一八六〇年《ねん》に日本《にっぽん》の船《ふね》として初《はじ》めて太平洋《たいへいよう》を横断《おうだん》し、アメリカへわたった。

する。観光《かんこう》もさかん。首都《しゅと》スバ。人口約《じんこうやく》90万人《まんにん》。略称《りゃくしょう》 FIJ。

例解 ! ことばの勉強室

## 慣用句《かんようく》

慣用句《かんようく》には、体《からだ》の部分《ぶぶん》や動物《どうぶつ》や植物《しょくぶつ》など、身近《みぢか》なものの名前《なまえ》を使《つか》ったものが多《おお》い。

### ●体《からだ》の部分《ぶぶん》を使《つか》ったもの

頭《あたま》が上《あ》がらない
頭《あたま》が下《さ》がる
頭《あたま》にくる
頭《あたま》をかかえる
頭《あたま》をはたらかせる

顔《かお》がきく
顔《かお》が広《ひろ》い
顔《かお》を出《だ》す

額《ひたい》を集《あつ》める

まゆをひそめる

目《め》がこえる
目《め》が高《たか》い
目《め》が早《はや》い
目《め》に余《あま》る
目《め》をうばう
目《め》をくばる

鼻《はな》が高《たか》い
鼻《はな》であしらう
鼻《はな》にかかる
鼻《はな》をあかす

舌《した》を巻《ま》く
舌《した》が回《まわ》る

あごで使《つか》う
あごを出《だ》す

口《くち》が重《おも》い
口《くち》が軽《かる》い
口《くち》がすべる
口《くち》をきく
口《くち》をそろえる
口《くち》をはさむ
口《くち》を割《わ》る

肩《かた》をいからす
肩《かた》を落《お》とす
肩《かた》を並《なら》べる
肩《かた》を持《も》つ

腕《うで》が鳴《な》る
腕《うで》を上《あ》げる
腕《うで》をふるう
腕《うで》をみがく

首《くび》をかしげる
首《くび》をつっこむ
首《くび》を長《なが》くする
首《くび》をひねる

腹《はら》が黒《くろ》い
腹《はら》が立《た》つ
腹《はら》を決《き》める
腹《はら》を割《わ》って話《はな》す

腰《こし》が重《おも》い
腰《こし》が低《ひく》い
腰《こし》を折《お》る
腰《こし》をすえる
腰《こし》をぬかす

足《あし》がつく
足《あし》が出《で》る
足《あし》を洗《あら》う
足《あし》をひっぱる

手《て》が空《あ》く
手《て》が回《まわ》る
手《て》に余《あま》る
手《て》を打《う》つ
手《て》を切《き》る
手《て》をぬく
手《て》をやく

### ●動植物《どうしょくぶつ》を使《つか》ったもの

［動物《どうぶつ》］
馬《うま》……馬《うま》が合《あ》う
うなぎ…うなぎの寝床《ねどこ》
蚊《か》……蚊《か》の鳴《な》くような声《こえ》
くも……くもの子《こ》を散《ち》らすよう
すずめ…すずめの涙《なみだ》
さば……さばを読《よ》む
猫《ねこ》……猫《ねこ》の額《ひたい》
蜂《はち》……蜂《はち》の巣《す》をつついたよう

［植物《しょくぶつ》］
青菜《あおな》……青菜《あおな》に塩《しお》
芋《いも》……芋《いも》を洗《あら》うよう
竹《たけ》……竹《たけ》を割《わ》ったよう
根《ね》……根《ね》も葉《は》もない
花《はな》……花《はな》をもたせる
実《み》……実《み》を結《むす》ぶ
道草《みちくさ》……道草《みちくさ》を食《く》う
芽《め》……芽《め》が出《で》る




世界の国 フィジー 南太平洋《みなみたいへいよう》のフィジー諸島《しょとう》にある国《くに》。四国《しこく》とほぼ同《おな》じ大《おお》きさ。砂糖《さとう》・コプラ（ヤシの実《み》の胚乳《はいにゅう》）を産《さん》

**かんるい**【感涙】名 あることに、深《ふか》く感動《かんどう》して流《なが》す涙《なみだ》。例 感涙にむせぶ。

**かんれい**【寒冷】名 形動 気温《きおん》が低《ひく》く、冷《つめ》たいようす。例 寒冷な地方《ちほう》。対 温暖《おんだん》。

**かんれい**【慣例】名 習《なら》わし。しきたり。例 昔《むかし》からの慣例に従《したが》う。

**かんれいぜんせん**【寒冷前線】名 気《き》象《しょう》で、冷《つめ》たい空気《くうき》のかたまりが暖《あたた》かい空気《くうき》のかたまりの下《した》にもぐりこんでできる境《さかい》の線《せん》。急《きゅう》に気温《きおん》が下《さ》がり、にわか雨《あめ》や突風《とっぷう》が起《お》こる。対 温暖前線《おんだんぜんせん》。↓ぜんせん(前線)❷734ページ

**かんれき**【還暦】名 数《かぞ》え年《どし》で六十一《ろくじゅういっ》歳《さい》のこと。六十年《ろくじゅうねん》で生《う》まれたときの「えと」にもどるところからいう。ほんけがえり。例 祖父《そふ》は今年《ことし》還暦だ。

**かんれん**【関連】名 動-する かかわり合《あ》うこと。つながり。例 この二《ふた》つの出来事《できごと》には関連がある。類 関係《かんけい》。

❖**かんれんご**【関連語】名 〔国語《こくご》で〕意味《いみ》の上《うえ》でつながりのある言葉《ことば》。例《たと》えば、「春《はる》・夏《なつ》・秋《あき》・冬《ふゆ》」や「上《じょう》・中《ちゅう》・下《げ》」など。この辞典《じてん》では 関連 のしるしで示《しめ》してある。

**かんれんづける**【関連付ける】動 つながりをつける。例 二《ふた》つの事件《じけん》を関連づけて考《かんが》える。

**かんろ**【甘露】名 あまくて、おいしいこと。例 甘露煮《に》。

**かんろ**【寒露】名 秋《あき》が深《ふか》まり、草《くさ》に冷《つめ》たい露《つゆ》がやどるころ。十月八日《じゅうがつようか》ごろ。二十四節《にじゅうしせっ》気《き》の一《ひと》つ。

**かんろく**【貫禄】名 身《み》についた、重《おも》み。威厳《いげん》。例 かんろく十分《じゅうぶん》な人《ひと》。

❖**かんわ**【漢和】名 ❶漢語《かんご》と日本語《にほんご》。和漢《わかん》。❷↓かんわじてん290ページ

**かんわ**【緩和】名 動-する 程度《ていど》をゆるめること。例 混雑《こんざつ》を緩和する。

❖**かんわじてん**【漢和辞典】名 漢字《かんじ》や、その漢字《かんじ》を使《つか》った熟語《じゅくご》の読《よ》み方《かた》や意味《いみ》を、日《に》本語《ほんご》で説明《せつめい》した字引《じびき》。見出《みだ》しにあたる漢字《かんじ》を「親字《おやじ》」といい、親字《おやじ》の部首《ぶしゅ》でさがすが、画数《かくすう》や読《よ》み方《かた》などからもさがすことができる。漢《かん》字辞典《じじてん》。

## き

キ ki

**き**【危】 画数 6 部首 㔾(ふしづくり) 6年

音 キ 訓 あぶ-ない あ△や-うい あ△や-ぶむ

筆順

❶あぶない。熟語 危機《きき》。危険《きけん》。危篤《きとく》。❷そこなう。傷《きず》つける。熟語 危害《きがい》。

《訓の使い方》**あぶ-ない** 例 そこにいては危ない。**あや-うい** 例 危ういところで助《たす》かった。**あや-ぶむ** 例 明日《あす》の天気《てんき》を危ぶむ。

**き**【机】 画数 6 部首 木(きへん) 6年

音 ギ△ 訓 つくえ

筆順

つくえ。熟語 机上《きじょう》。勉強机《べんきょうづくえ》。

**き**【気】 画数 6 部首 气(きがまえ) 1年

音 キ ケ 訓 ―

筆順

❶空気《くうき》。熟語 気温《きおん》。気体《きたい》。寒気《かんき》。大気《たいき》。❷自《し》然《ぜん》のようす。熟語 気候《きこう》。天気《てんき》。❸心持《こころも》ち。熟語 気分《きぶん》。気質《きしつ》。気性《きしょう》。気力《きりょく》。勇気《ゆうき》。❹感《かん》じ取《と》れるもの。ようす。熟語 気配《けはい》。活気《かっき》。雰囲《ふんい》気《き》。寒気《さむけ》。

**き**【気】名 ❶心《こころ》。気持《きも》ち。例 気が小《ちい》さい。❷しようとする心《こころ》。例 やる気がない。❸ようす。感《かん》じ。例 秋《あき》の気が満《み》ちる。❹味《あじ》やにおい。例 気のぬけたビール。

**気《き》が合《あ》う** 気持《きも》ちが通《つう》じ合《あ》う。

**気《き》がある** 関心《かんしん》や好意《こうい》をもっている。例 立《りっ》候補《こうほ》に気がある。

**気《き》がいい** 気立《きだ》てがいい。

**気《き》が移《うつ》る** ほかのほうに気持《きも》ちが行《い》く。

**気《き》が多《おお》い** いろいろなものごとに気《き》を引《ひ》かれて、一《ひと》つのことに集中《しゅうちゅう》できない。

**気《き》が置《お》けない** 気《き》を遣《つか》わなくてもすむ。気《き》の置《お》けない。例 気が置けない人《ひと》。注意「気《き》を許《ゆる》すことができない」の意味《いみ》で使《つか》うのはまちがい。

**気《き》が重《おも》い** よくないことや、いやなことがありそうで、気《き》持《も》ちがすっきりしない。例 テストの前《まえ》は、気が重い。

**気《き》が軽《かる》くなる** 負担《ふたん》がなくなって、気《き》楽《らく》になる。

**気《き》が利《き》く** ❶よく気《き》がつく。例 お茶《ちゃ》をいれてくれるなんて、気がきいている。❷しゃれている。例 気がきいた身《み》なり。

**気《き》が気《き》でない** 心配《しんぱい》で、落《お》ち着《つ》かない。例 どうなるかと、気が気でなかった。

**気《き》が腐《くさ》る** 気《き》持《も》ちが晴《は》ればれしない。

**気《き》が知《し》れない** 気《き》持《も》ちが分《わ》からない。例 いじめる人《ひと》の気が知れない。

**気《き》が進《すす》まない** 何《なに》かをする気《き》にならない。

**気《き》が済《す》む** 気《き》持《も》ちが収《おさ》まる。満足《まんぞく》する。例 気がすむまで遊《あそ》ぶ。

**気《き》がする** 心《こころ》に感《かん》じる。例 変《へん》な気がする。

**気《き》がせく** 早《はや》くしようと気《き》持《も》ちがあせる。

例解 考えるためのことば

## 【関連《かんれん》】を表《あらわ》すときに使《つか》う言葉《ことば》

かかわり合《あ》うこと。つながり

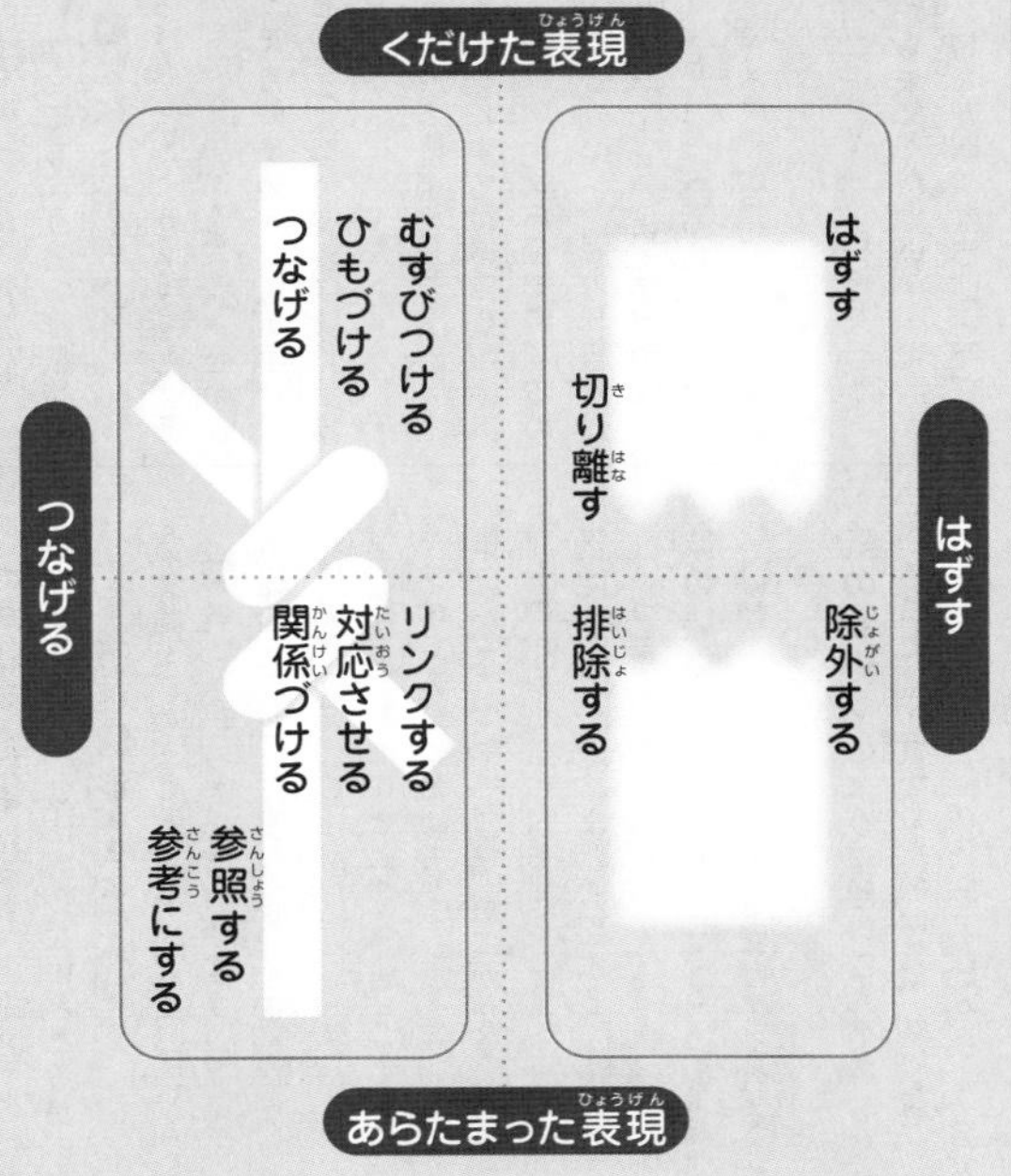

くだけた表現《ひょうげん》

はずす
- はずす
- 切《き》り離《はな》す
- 除外《じょがい》する
- 排除《はいじょ》する

つなげる
- むすびつける
- ひもづける
- つなげる
- リンクする
- 対応《たいおう》させる
- 関係《かんけい》づける
- 参照《さんしょう》する
- 参考《さんこう》にする

あらたまった表現《ひょうげん》

**気《き》が立《た》つ** 心《こころ》がいらいらする。例 思《おも》ったとおりに進《すす》まなくて気が立つ。

**気《き》が小《ちい》さい** 細《こま》かいことを気《き》にしたり、こわがったりする。おくびょうだ。

**気《き》が散《ち》る** 周《まわ》りが気《き》になって集中《しゅうちゅう》できない。例 テレビの音《おと》がうるさくて気が散る。

**気《き》が付《つ》く** ❶思《おも》い出《だ》す。気《き》づく。例 忘《わす》れ物《もの》に気がつく。❷注意《ちゅうい》が行《い》き届《とど》く。例 細《こま》かいところにまでよく気がつく人《ひと》。❸気《き》を失《うしな》っていた人《ひと》が、正気《しょうき》に返《かえ》る。

**気《き》が詰《つ》まる** かた苦《くる》しくて、ゆったりできない。例 先輩《せんぱい》ばかりの会《かい》で気が詰まる。

**気《き》が強《つよ》い** 人《ひと》に負《ま》けたくないという気《き》持《も》ちが強《つよ》い。例 母《はは》は気が強い。

**気《き》が転倒《てんとう》する** ひどくおどろく。

**気《き》が遠《とお》くなる** ❶ショックやおどろきのため、ぼうっとなる。❷頭《あたま》がぼうっとして、わけがわからなくなる。例 気が遠くなるような大《おお》きな計画《けいかく》。

**気《き》がとがめる** 心《こころ》の中《なか》で悪《わる》かったと思《おも》う。例 全部《ぜんぶ》弟《おとうと》にやらせてしまって気がとがめる。

**気《き》がない** やる気《き》がない。その気《き》にならない。例 気がない返事《へんじ》をする。

**気《き》が長《なが》い** のんびりしている。のんきである。例 弟《おとうと》は気が長い。

**気《き》が抜《ぬ》ける** ❶気《き》持《も》ちに勢《いきお》いがなくなる。例 試合《しあい》に負《ま》けて気がぬけてしまった。❷味《あじ》やにおいがなくなる。例





世界の国 フィリピン 東南《とうなん》アジアにある、ルソン島《とう》やミンダナオ島《とう》を主《おも》な領土《りょうど》とする国《くに》。本州《ほんしゅう》よりやや広《ひろ》い。米《こめ》・マニ

気がぬけたサイダー。

**気《き》が乗《の》らない** 進《すす》んでしようという気《き》持《も》ちにならない。例 勉強《べんきょう》に気が乗らない。

**気《き》が早《はや》い** 待《ま》ちきれないで、早《はや》くそうしようとする。急《いそ》がないと気《き》がすまない。せっかちだ。例 もう正月《しょうがつ》の準備《じゅんび》とは気が早い。

**気《き》が張《は》る** 心《こころ》を張《は》りつめて、緊張《きんちょう》する。気《き》持《も》ちが、引《ひ》きしまる。

**気《き》が晴《は》れる** 気《き》持《も》ちがすっきりする。

**気《き》が引《ひ》ける** 気《き》おくれする。遠慮《えんりょ》したい気《き》持《も》ちになる。例 たびたびお金《かね》を借《か》りるのは気がひける。

**気《き》が回《まわ》る** 細《こま》かいことまで、よく気《き》がつく。

**気《き》が短《みじか》い** ❶せっかちだ。❷かっとなりやすい。短気《たんき》だ。例 父《ちち》は気が短くて、すぐおこる。

**気《き》が向《む》く** してみようという気《き》持《も》ちになる。例 気が向いたら来《き》てください。

**気《き》がめいる** 気《き》持《も》ちが暗《くら》くなる。例 不運《ふうん》が重《かさ》なって気がめいる。

**気《き》がもめる** 心配《しんぱい》で、気《き》持《も》ちが落《お》ち着《つ》かない。例 返事《へんじ》がこないので気がもめる。

**気《き》が弱《よわ》い** 自分《じぶん》がしようという気《き》持《も》ちが弱《よわ》い。ひっこみじあんである。

**気《き》に入《い》る** 好《す》きになる。満足《まんぞく》する。例 気に入った帽子《ぼうし》。

**気《き》に掛《か》かる** 心配《しんぱい》になる。例 故郷《こきょう》の母《はは》のことが気に掛かる。

**気《き》に掛《か》ける** 心配《しんぱい》する。気《き》にする。例 祖父《そふ》の病状《びょうじょう》を気に掛ける。

**気《き》に食《く》わない** 気《き》に入《い》らないところがあって不満《ふまん》だ。例 形《かたち》が気に食わない。

**気《き》に障《さわ》る** おもしろくない。愉快《ゆかい》ではない。例 気にさわることばかり言《い》う。

**気《き》にする** 心《こころ》にとめて、心配《しんぱい》する。例 うわさを気にする。

**気《き》に留《と》める** 心《こころ》にとどめて、覚《おぼ》えておく。例 父《ちち》の話《はなし》を気にとめる。

**気《き》になる** 心配《しんぱい》になる。気《き》にかかる。例 テストの結果《けっか》が気になる。

**気《き》に病《や》む** くよくよと心配《しんぱい》する。例 失敗《しっぱい》をいつまでも気に病む。

**気《き》のいい** 気《き》だてがやさしくて、すなおな。例 頼《たの》みごとを快《こころよ》く引《ひ》き受《う》けてくれる、気のいい子《こ》だ。

**気《き》のせい** そのように思《おも》いこんで感《かん》じられること。例 音《おと》がしたのは気のせいだ。

**気《き》は心《こころ》** わずかだけれども、気《き》持《も》ちはこもっている。例 気は心で、ちょっと安《やす》くします。

**気《き》を入《い》れる** 本気《ほんき》になる。例 気を入れて練習《れんしゅう》する。

**気《き》を失《うしな》う** 意識《いしき》がなくなって、何《なに》もわからなくなる。失神《しっしん》する。

**気《き》を落《お》とす** 元気《げんき》をなくす。例 しかられて気を落とした。

**気《き》を利《き》かす** 人《ひと》のことを考《かんが》えて、そうしたほうがよいと思《おも》うことをすぐやる。例 気をきかして、先《さき》に用意《ようい》しておく。

**気《き》を配《くば》る** いろいろと心《こころ》づかいをする。例 健康《けんこう》に気を配る。

**気《き》を静《しず》める** 気《き》持《も》ちをおだやかにする。例 深呼吸《しんこきゅう》して気を静める。

**気《き》をそらす** 気《き》持《も》ちをよそに向《む》ける。

**気《き》を遣《つか》う** あれこれと心配《しんぱい》する。何《なに》かと気《き》にする。例 食事《しょくじ》に気を遣う。

**気《き》を付《つ》ける** 注意《ちゅうい》して心《こころ》を集中《しゅうちゅう》する。

**気《き》を取《と》られる** あることに心《こころ》をうばわれる。例 テレビに気をとられている。

**気《き》を取《と》り直《なお》す** これではいけないと思《おも》い直《なお》す。例 気を取り直してがんばる。

**気《き》をのまれる** 相手《あいて》の勢《いきお》いにおされて、気《き》持《も》ちがくじけてしまう。

**気《き》をはく** 元気《げんき》のよいところを示《しめ》す。例 チームの中《なか》で一人《ひとり》気をはく。

**気《き》を張《は》る** 気《き》持《も》ちを引《ひ》きしめる。例 今日《きょう》が最終日《さいしゅうび》だから、気を張ってがんばろう。

**気《き》を引《ひ》き締《し》める** 気《き》持《も》ちのゆるみをなくす。例 気を引き締めて試験《しけん》にのぞむ。

**気《き》を引《ひ》く** それとなく気《き》持《も》ちを引《ひ》きつける。例 相手《あいて》の気を引くわざとらしいそぶり。

**気《き》を紛《まぎ》らす** ちょっとの間《あいだ》、いやな気分《きぶん》を忘《わす》れる。例 ゲームをして気を紛らす。

**気《き》を回《まわ》す** あれこれと相手《あいて》の気《き》持《も》ちを考《かんが》える。例 よけいなことまで気を回す。

**気《き》を持《も》たせる** 相手《あいて》に期待《きたい》させる。例 何《なに》かもらえるかと気を持たせる。



業《ぎょう》がさかんな工業先進国《こうぎょうせんしんこく》。林業《りんぎょう》もさかん。人口約《じんこうやく》550万人《まんにん》。略称《りゃくしょう》FIN。

**気《き》をもむ** 心配《しんぱい》で、心《こころ》があせる。やきもきする。例 どうなることかと気をもんだ。

**気《き》を許《ゆる》す** 信用《しんよう》して、警戒《けいかい》しない。例 ちょっとでも気を許すと、すぐ攻《せ》めてくる。

**気《き》を良《よ》くする** ものごとがうまくいって、いい気分《きぶん》になる。

**気《き》を悪《わる》くする** 不愉快《ふゆかい》になる。例 いやなことを言《い》われて、気を悪くした。

## き【岐】 画数 7 部首 山(やまへん)

音 ギ△ 訓 ―

筆順

分《わ》かれる。分《わ》かれ道《みち》。熟語 岐路《きろ》。分岐点《ぶんきてん》。

参考 「岐阜県《ぎふけん》」のようにも読《よ》む。

4年

## き【希】 画数 7 部首 巾(はば)

音 キ 訓 ―

筆順

❶ねがう。のぞむ。熟語 希求《ききゅう》。希望《きぼう》。❷少《すく》ない。めったにない。熟語 希少《きしょう》。❸うすい。熟語 希薄《きはく》。

4年

## き【汽】 画数 7 部首 氵(さんずい)

音 キ 訓 ―

筆順

湯気《ゆげ》。水蒸気《すいじょうき》。熟語 汽車《きしゃ》。汽船《きせん》。

2年

## き【季】 画数 8 部首 子(こ)

音 キ 訓 ―

筆順

❶一年《いちねん》を春《はる》・夏《なつ》・秋《あき》・冬《ふゆ》の四《よっ》つに分《わ》けた、その一《ひと》つ。熟語 季節《きせつ》。四季《しき》。❷年月《ねんげつ》を区切《くぎ》ったある期間《きかん》。時期《じき》。熟語 雨季《うき》。❸俳句《はいく》で、その句《く》の表《あらわ》す季節《きせつ》。熟語 季語《きご》。季題《きだい》。

4年

## き【紀】 画数 9 部首 糸(いとへん)

音 キ 訓 ―

筆順

❶年代《ねんだい》。年数《ねんすう》。熟語 紀元《きげん》。世紀《せいき》。❷書《か》き記《しる》す。熟語 紀行《きこう》。❸決《き》まり。熟語 風紀《ふうき》。

5年

## き【記】 画数 10 部首 言(ごんべん)

音 キ 訓 しる-す

筆順

❶書《か》く。しるす。熟語 記号《きごう》。記者《きしゃ》。記述《きじゅつ》。記《き》入《にゅう》。書記《しょき》。❷書《か》いたもの。熟語 記録《きろく》。伝記《でんき》。日記《にっき》。❸おぼえる。熟語 記憶《きおく》。暗記《あんき》。

《訓の使い方》 **しる-す** 例 手帳《てちょう》に記す。

2年

**き【記】** 名 書《か》きとめたもの。例 思《おも》い出《で》の記。

## き【起】 画数 10 部首 走(そうにょう)

音 キ 訓 お-きる お-こる お-こす

筆順

❶おきる。立《た》ち上《あ》がる。熟語 起床《きしょう》。起立《きりつ》。対 伏《ふく》。❷おこす。熟語 起工《きこう》。決起《けっき》。奮起《ふんき》。❸おこり。始《はじ》まり。熟語 起源《きげん》。起点《きてん》。起承転結《きしょうてんけつ》。❹取《と》り上《あ》げる。熟語 起用《きよう》。

《訓の使い方》 **お-きる** 例 ふとんから起きる。**お-こる** 例 地震《じしん》が起こる。**お-こす** 例 六時《ろくじ》に起こす。

3年

## き【帰】 画数 10 部首 巾(はば)

音 キ 訓 かえ-る かえ-す

筆順

❶かえる。もどる。熟語 帰港《きこう》。帰国《きこく》。帰省《きせい》。熟語 帰路《きろ》。回帰《かいき》。復帰《ふっき》。帰結《きけつ》。帰納《きのう》。❷従《したが》う。おさまる。

《訓の使い方》 **かえ-る** 例 家《いえ》に帰る。**かえ-す** 例 学校《がっこう》から子《こ》どもを帰す。

2年

## き【基】 画数 11 部首 土(つち)

音 キ 訓 もと△ もとい△

筆順

❶もと。もとづく。土台《どだい》。熟語 基金《ききん》。基準《きじゅん》。基礎《きそ》。基地《きち》。基点《きてん》。基本《きほん》。❷灯籠《とうろう》やエンジンなどを数《かぞ》える言葉《ことば》。例 エレベーターが三基《さんき》。

5年

## き【寄】 画数 11 部首 宀(うかんむり)

5年



世界の国 フィンランド 北《きた》ヨーロッパのスカンジナビア半島《はんとう》にある、森《もり》と湖《みずうみ》の国《くに》。日本《にっぽん》よりややせまい。ハイテク産《さん》

音 キ　訓 よ-る　よ-せる

筆順

❶よる。立《た》ちよる。熟語 寄港《きこう》。❷たよる。任《まか》せる。熟語 寄食《きしょく》〔=居候《いそうろう》〕。寄生《きせい》。寄宿舎《きしゅくしゃ》。❸おくる。与《あた》える。熟語 寄贈《きぞう》。寄付《きふ》。寄与《きよ》。

《訓の使い方》よ-る 例 道路《どうろ》の右《みぎ》に寄る。よ-せる 例 波《なみ》が寄せる。

## き【規】

画数 11　部首 見(みる)　5年

音 キ　訓 ―

筆順

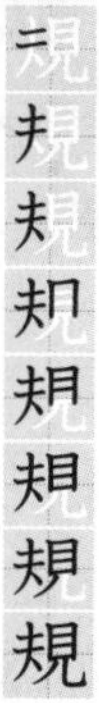

❶決《き》まり。熟語 規格《きかく》。規則《きそく》。規定《きてい》。正規《せいき》。法《ほう》規《き》。❷直線《ちょくせん》や曲線《きょくせん》を引《ひ》くための道具《どうぐ》。熟語 定規《じょうぎ》。

## き【喜】

画数 12　部首 口(くち)　5年

音 キ　訓 よろこ-ぶ

筆順

よろこぶ。うれしがる。熟語 喜劇《きげき》。歓喜《かんき》。喜《き》怒哀楽《どあいらく》。対 悲《ひ》。

《訓の使い方》よろこ-ぶ 例 合格《ごうかく》を喜ぶ。

## き【揮】

画数 12　部首 扌(てへん)　6年

音 キ　訓 ―

筆順

❶ふるう。指図《さしず》する。力《ちから》をはたらかせる。熟語 指揮《しき》。発揮《はっき》。❷まき散《ち》らす。熟語 揮発《きはつ》。

## き【期】

画数 12　部首 月(つき)　3年

音 キ　ゴ△　訓 ―

筆順

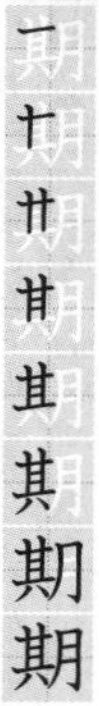

❶とき。月日《つきひ》の区切《くぎ》り。熟語 期間《きかん》。期日《きじつ》。長《ちょう》期《き》。最期《さいご》。❷あてにする。熟語 期待《きたい》。予期《よき》。

## き【貴】

画数 12　部首 貝(かい)　6年

音 キ　訓 たっと-い△　とうと-い△　たっと-ぶ△　とうと-ぶ

筆順

❶位《くらい》や身分《みぶん》が高《たか》い。価値《かち》が高《たか》い。熟語 貴重《きちょう》。高貴《こうき》。貴金属《ききんぞく》。❷相手《あいて》を敬《うやま》う気持《きも》ちを表《あらわ》す。熟語 貴校《きこう》。貴社《きしゃ》。兄貴《あにき》。

《訓の使い方》たっと-い 例 身分《みぶん》が貴い。とうと-い 例 貴い命《いのち》。たっと-ぶ 例 学問《がくもん》を貴ぶ。とうと-ぶ 例 真実《しんじつ》を貴ぶ。

## き【旗】

画数 14　部首 方(ほうへん)　4年

音 キ　訓 はた

筆順

はた。熟語 旗手《きしゅ》。校旗《こうき》。国旗《こっき》。万国旗《ばんこっき》。

## き【器】

画数 15　部首 口(くち)　4年

音 キ　訓 うつわ△

筆順

❶入《い》れ物《もの》。熟語 器物《きぶつ》。食器《しょっき》。容器《ようき》。❷道具《どうぐ》。熟語 器具《きぐ》。石器《せっき》。武器《ぶき》。❸才能《さいのう》。熟語 器用《きよう》。器量《きりょう》。大器《たいき》。❹生《い》きるためのはたらきをするもの。熟語 器官《きかん》。消化器《しょうかき》。

## き【機】

画数 16　部首 木(きへん)　4年

音 キ　訓 はた△

筆順

❶仕《し》かけ。仕組《しく》み。熟語 機械《きかい》。機関《きかん》。扇風機《せんぷうき》。❷とき。きっかけ。熟語 機会《きかい》。動機《どうき》。危機《きき》。❸心《こころ》の動《うご》き。熟語 機嫌《きげん》。機転《きてん》。❹はたらき。熟語 機能《きのう》。❺だいじな点《てん》。熟語 機密《きみつ》。❻飛行《ひこう》機《き》。また、飛行機《ひこうき》を数《かぞ》える言葉《ことば》。熟語 機内《きない》。例 二機《にき》。

## き【機】名

❶ちょうどよいとき。おり。例 機を見《み》て出《で》かける。❷「飛行機《ひこうき》」などの略《りゃく》。

**機《き》が熟《じゅく》す** ものごとを始《はじ》めるのにちょうどよい時《とき》になる。機《き》が熟《じゅく》する。例 チーム結《けっ》成《せい》の機が熟す。

**機《き》を見《み》る** ちょうどよい機会《きかい》を、うまくとらえる。例 機を見るに敏《びん》だ〔=チャンスをすばやくとらえる〕。

## き【企】

画数 6　部首 人(ひとがしら)

音 キ　訓 くわだ-てる



米《こめ》や小麦《こむぎ》の栽培《さいばい》がさかん。大《だい》の親日国《しんにちこく》として知《し》られる。首都《しゅと》ティンプー。人口約《じんこうやく》78万人《まんにん》。略称《りゃくしょう》BHU。

くわだてる。計画《けいかく》する。熟語 企画《きかく》。企業《きぎょう》。例 新《あたら》しい事業《じぎょう》を企《くわだ》てる。

## き【伎】 画数 6 部首 亻(にんべん)

音 キ 訓 ―

わざ。うでまえ。芸人《げいにん》。熟語 歌舞伎《かぶき》。

## き【忌】 画数 7 部首 心(こころ)

音 キ 訓 い-む い-まわしい

❶おそれてさける。いやがる。熟語 忌避《きひ》(=いやがって避《さ》けること)。例 肉食《にくしょく》を忌《い》む。忌《い》まわしい出来事《できごと》。❷身内《みうち》が死《し》んで何日《なんにち》か身《み》をつつしむこと。熟語 忌中《きちゅう》。周忌《しゅうき》(=人《ひと》が死《し》んでからの毎年《まいとし》の命日《めいにち》を数《かぞ》える言葉《ことば》)。

## き【奇】 画数 8 部首 大(だい)

音 キ 訓 ―

❶不思議《ふしぎ》な。熟語 奇術《きじゅつ》。奇怪《きかい》。奇跡《きせき》。❷かわっている。熟語 奇抜《きばつ》。奇妙《きみょう》。❸二《に》で割《わ》りきれない。熟語 奇数《きすう》。

## き【奇】 名

ふつうとちがっていること。

**奇《き》をてらう** わざとかわったことをして、目立《めだ》つようにする。例 奇をてらうことのない、落《お》ち着《つ》いた雰囲気《ふんいき》。

## き【祈】 画数 8 部首 ネ(しめすへん)

音 キ 訓 いの-る

いのる。神《かみ》や仏《ほとけ》にお願《ねが》いする。熟語 祈願《きがん》。例 合格《ごうかく》を祈《いの》る。

## き【軌】 画数 9 部首 車(くるまへん)

音 キ 訓 ―

❶車輪《しゃりん》の通《とお》ったあと。また、通《とお》る道《みち》。熟語 軌跡《きせき》(=ものごとがたどったあと)。軌道《きどう》。❷通《とお》るべき筋道《すじみち》。熟語 常軌《じょうき》(=ふつうのやり方《かた》)。

## き【既】 画数 10 部首 旡(むにょう)

音 キ 訓 すで-に

すでに。起《お》きてしまっていること。熟語 既成《せい》。既製《せい》。既定《きてい》。既報《きほう》。既往症《きおうしょう》。例 既《すで》に終わった。

## き【飢】 画数 10 部首 食(しょくへん)

音 キ 訓 う-える

❶うえる。ひもじい。熟語 飢餓《きが》。❷穀物《こくもつ》が実《みの》らない。熟語 飢饉《ききん》。

## き【鬼】 画数 10 部首 鬼(おに)

音 キ 訓 おに

❶おに。ばけもの。熟語 疑心暗鬼《ぎしんあんき》。例 鬼《おに》は外《そと》。❷死者《ししゃ》のたましい。熟語 餓鬼《がき》。❸人間《にんげん》ばなれした能力《のうりょく》を持っていること。熟語 鬼才《きさい》(=非常《ひじょう》にすぐれた才能《さいのう》)。❹〔ある言葉《ことば》の前《まえ》につけて〕大《おお》きい、厳《きび》しいなどの意味《いみ》を表《あらわ》す。例 鬼検事《おにけんじ》。

## き【亀】 画数 11 部首 亀(かめ)

音 キ 訓 かめ

(動物《どうぶつ》の)カメ。熟語 亀裂《きれつ》。

## き【幾】 画数 12 部首 幺(いとがしら)

音 キ 訓 いく

いくらか。どれほど。熟語 幾何学《きかがく》。例 幾多《いくた》の。幾度《いくど》。

## き【棋】 画数 12 部首 木(きへん)

音 キ 訓 ―

碁《ご》。将棋《しょうぎ》。熟語 棋士《きし》(=職業《しょくぎょう》として碁《ご》や将棋《しょうぎ》をする人《ひと》)。

## き【棄】 画数 13 部首 木(き)

音 キ 訓 ―

すてる。また、権利《けんり》などを使《つか》わない。熟語 棄権《きけん》。廃棄《はいき》。放棄《ほうき》。

## き【毀】 画数 13 部首 殳(るまた)

音 キ 訓 ―

❶こわす。こわれる。熟語 毀損《きそん》(=こわしたり傷《きず》つけたりして、使《つか》えなくする)。❷人《ひと》の悪《わる》口《くち》を言《い》う。けなす。熟語 毀誉《きよ》(=けなすことと、ほめること)。

## き【畿】 画数 15 部首 田(た)

音 キ 訓 ―

都《みやこ》を中心《ちゅうしん》とした地域《ちいき》。熟語 畿内《きない》。近畿《きんき》。

## き【輝】 画数 15 部首 車(くるま)





世界の国 ブータン ヒマラヤ山脈《さんみゃく》東部《とうぶ》、インドと中国《ちゅうごく》にはさまれた王国《おうこく》。九州《きゅうしゅう》とほぼ同《おな》じ広《ひろ》さ。主《おも》な産業《さんぎょう》は農業《のうぎょう》で、

例解 ことばの窓

## 木《き》を表《あらわ》す言葉《ことば》

記念《きねん》の樹木《じゅもく》を植《う》える。
街路樹《がいろじゅ》の美《うつく》しい通《とお》り。
境内《けいだい》に大木《たいぼく》がある。
樹齢《じゅれい》三百年《さんびゃくねん》の老木《ろうぼく》。
冬《ふゆ》でも葉《は》のある常緑樹《じょうりょくじゅ》。
秋《あき》は落葉樹《らくようじゅ》の葉《は》が落《お》ちる。
見上《みあ》げるばかりの高木《こうぼく》。
背《せ》たけより低《ひく》い低木《ていぼく》。
二《ふた》かかえもあるケヤキの巨木《きょぼく》。
果物《くだもの》のなる果樹《かじゅ》。

音 キ 訓 かがや-く
かがやく。きらきら光《ひか》る。熟語 光輝《こうき》（＝かがやき）。例 朝日《あさひ》が輝《かがや》く。

**き【騎】** 画数 18 部首 馬（うまへん）
音 キ 訓 —
❶馬《うま》に乗《の》る。熟語 騎馬《きば》。❷馬《うま》に乗《の》った人《ひと》。熟語 騎手《きしゅ》。

**き【己】**△ 熟語 克己心《こっきしん》。↓こ【己】419ページ

**○き【木】** 名 ❶幹《みき》がかたく、冬《ふゆ》もかれないで、毎年《まいとし》成長《せいちょう》する植物《しょくぶつ》。例 木《き》に登《のぼ》る。❷材木《ざいもく》。例 木《き》で本箱《ほんばこ》を作《つく》る。↓ぼく【木】1205ページ

**木《き》で鼻《はな》をくくる** 無愛想《ぶあいそう》で、そっけないことのたとえ。例 木《き》で鼻《はな》をくくったような返事《へんじ》。

**木《き》に竹《たけ》を接《つ》ぐ** 前後《ぜんご》のつながりや、つり合《あ》いがとれないこと。例 木《き》に竹《たけ》を接《つ》いだような説明《せつめい》だった。

**木《き》を見《み》て森《もり》を見《み》ず** 小《ちい》さいことばかりに気《き》を取《と》られて、全体《ぜんたい》を見《み》ようとしないこと。例 木《き》を見《み》て森《もり》を見《み》ずでなく、いつも町全体《まちぜんたい》の立場《たちば》から考《かんが》えよう。

**き【生】**△ 一 名 混《ま》じりけのないこと。純粋《じゅんすい》。例 しょうゆを生《き》のまま使《つか》う。二〔ある言葉《ことば》の前《まえ》につけて〕混じりけのない、純粋《じゅんすい》な、という意味《いみ》を表《あらわ》す。例 生糸《きいと》。生真面目《きまじめ》。↓せい【生】697ページ

**き【黄】** 名 色《いろ》の三原色《さんげんしょく》の一《ひと》つ。黄色《きいろ》。例 黄身《きみ》。↓こう【黄】426ページ

**ぎ【技】** 画数 7 部首 扌（てへん） 5年
音 ギ 訓 わざ△
筆順

うでまえ。わざ。はたらき。熟語 技術《ぎじゅつ》。技能《ぎのう》。演技《えんぎ》。球技《きゅうぎ》。競技《きょうぎ》。例 技《わざ》をみがく。

**ぎ【義】** 画数 13 部首 羊（ひつじ） 5年
音 ギ 訓 —
筆順

❶正《ただ》しい筋道《すじみち》。熟語 義務《ぎむ》。主義《しゅぎ》。正義《せいぎ》。道義《どうぎ》。❷意味《いみ》。わけ。熟語 意義《いぎ》。定義《ていぎ》。❸血《ち》のつながりのない親子《おやこ》や兄弟《きょうだい》・姉妹《しまい》。熟語 義兄《ぎけい》。義母《ぼ》。❹代《か》わりになるもの。熟語 義手《ぎしゅ》。義足《ぎそく》。

**ぎ【義】** 名 人《ひと》として行《おこな》うべきこと。例 義《ぎ》を重《おも》んじる。

**義《ぎ》を見《み》てせざるは勇《ゆう》なきなり** 正《ただ》しい行《おこな》いだとわかっていながら、それをしないのは、勇気《ゆうき》がないからだ。

**ぎ【疑】** 画数 14 部首 疋（ひき） 6年
音 ギ 訓 うたが-う
筆順

うたがう。あやしむ。熟語 疑念《ぎねん》。疑問《ぎもん》。質疑《しつぎ》。容疑《ようぎ》。半信半疑《はんしんはんぎ》。対 信《しん》。
《訓の使い方》うたが-う 例 人《ひと》を疑《うたが》う。

**ぎ【議】** 画数 20 部首 言（ごんべん） 4年
音 ギ 訓 —
筆順

❶相談《そうだん》する。話《はな》し合《あ》う。熟語 議会《ぎかい》。議題《ぎだい》。議論《ぎろん》。会議《かいぎ》。決議《けつぎ》。討議《とうぎ》。❷意見《いけん》。考《かんが》え。熟語 異議《いぎ》。動議《どうぎ》。不思議《ふしぎ》。

**ぎ【宜】** 画数 8 部首 宀（うかんむり）
音 ギ 訓 —
よろしい。目的《もくてき》に合《あ》っている。熟語 適宜《てきぎ》。便宜《べんぎ》。

**ぎ【偽】** 画数 11 部首 亻（にんべん）



が深《ふか》く、日系人《にっけいじん》も多《おお》い。首都《しゅと》ブラジリア。人口約《じんこうやく》2億《おく》1,400万人《まんにん》。略称《りゃくしょう》BRA。

音 ギ 訓 いつわ-る にせ
いつわる。だます。にせ。熟語 偽善《ぎぜん》。偽名《ぎめい》。真偽《しんぎ》。例 身分《みぶん》を偽《いつわ》る。偽《にせ》の手紙《てがみ》。

**ぎ【欺】** 画数 12 部首 欠(あくび)
音 ギ 訓 あざむ-く
あざむく。だます。うそをつく。熟語 詐欺《さぎ》。例 敵《てき》を欺《あざむ》く。

**ぎ【儀】** 画数 15 部首 亻(にんべん)
音 ギ 訓 ―
❶正《ただ》しい行《おこな》い。決《き》まり。熟語 儀式《ぎしき》。儀礼《ぎれい》。行儀《ぎょうぎ》。葬儀《そうぎ》。礼儀《れいぎ》。❷模型《もけい》。器械《きかい》。熟語 地球儀《ちきゅうぎ》。❸こと。ことがら。熟語 難儀《なんぎ》。

**ぎ【儀】** 名 ❶儀式《ぎしき》。例 婚礼《こんれい》の儀。❷ことがら。例 その儀、確《たし》かに承《うけたまわ》りました。

**ぎ【戯】** 画数 15 部首 戈(ほこ)
音 ギ 訓 たわむ-れる
❶たわむれる。遊《あそ》び。熟語 遊戯《ゆうぎ》。例 犬《いぬ》と戯《たわむ》れる。❷芝居《しばい》。演劇《えんげき》。熟語 戯曲《ぎきょく》。

**ぎ【擬】** 画数 17 部首 扌(てへん)
音 ギ 訓 ―
まねる。似《に》せる。熟語 擬音《ぎおん》。擬似《ぎじ》。摸擬《もぎ》。

**ぎ【犠】** 画数 17 部首 牜(うしへん)
音 ギ 訓 ―
いけにえ。生《い》きたまま神《かみ》にささげる生《い》き物《もの》。熟語 犠牲《ぎせい》。

**ギア** 〔英語 gear〕名 〔「ギヤ」ともいう。〕❶歯車《はぐるま》。❷自動車《じどうしゃ》や自転車《じてんしゃ》などの速《はや》さを変《か》える装置《そうち》。

**きあい【気合い】** 名 ❶やろうとする強《つよ》い意気《いき》ごみ。気力《きりょく》。例 仕事《しごと》に気合いが入《はい》る。❷気力《きりょく》をこめたかけ声《ごえ》。

**気合《きあ》いを入《い》れる** ❶気持《きも》ちをひきしめる。例 気合いを入れて勉強《べんきょう》する。❷しかって、はげます。例 弱気《よわき》なチームに気合いを入れる。

**きあつ【気圧】** 名 大気《たいき》〔=空気《くうき》〕が地球《ちきゅう》の表面《ひょうめん》をおしつけている力《ちから》。ふつう、ヘクトパスカルで表《あらわ》す。一〇一三ヘクトパスカルを一気圧《いちきあつ》といい、水銀柱《すいぎんちゅう》を七六〇ミリメートルの高《たか》さにおし上《あ》げる圧力《あつりょく》に等《ひと》しい。

**きあつけい【気圧計】** 名 ↓せいうけい 701ページ

**きあつはいち【気圧配置】** 名 天気図《てんきず》などに表《あらわ》される、低気圧《ていきあつ》や高気圧《こうきあつ》の位置《いち》。例 西高東低《せいこうとうてい》の気圧配置。

**きあわせる【来合わせる】** 動 たまたまそこに来《き》て、出会《であ》う。例 事故現場《じこげんば》に来合わせる。

**ぎあん【議案】** 名 会議《かいぎ》で話《はな》し合《あ》うためのもとになる案《あん》。例 議案書《ぎあんしょ》を配《くば》る。

**キー** 〔英語 key〕名 ❶かぎ。例 自動車《じどうしゃ》のキー。❷問題《もんだい》などを解《と》く重要《じゅうよう》な手《て》がかり。例 キーワード。❸オルガン・ピアノやキーボードなどの、指《ゆび》でおす所《ところ》。

**きい【紀伊】** 地名 昔《むかし》の国《くに》の名《な》の一《ひと》つ。今《いま》の和歌山県《わかやまけん》の大部分《だいぶぶん》と、三重県《みえけん》の一部《いちぶ》にあたる。

**きい【奇異】** 名 形動 ふつうとはちがう変《へん》なようす。不思議《ふしぎ》。例 場違《ばちが》いで奇異なかっこうだ。

**きいっぽん【生一本】** 名 形動 ❶混《ま》じりけのないこと。❷まじめで、気持《きも》ちがまっすぐなこと。例 生一本な性格《せいかく》。

**きいてごくらくみてじごく【聞いて極楽見て地獄】** 話《はなし》ではずいぶんよさそうだが、実際《じっさい》にはたいへんひどいこと。

**きいと【生糸】** 名 カイコのまゆからとったままの糸《いと》。

**キーパー** 〔英語 keeper〕名 ↓ゴールキーパー 450ページ

**キーパーソン** 〔英語 keyperson〕名 ものごとを決《き》める力《ちから》をもっている中心人物《ちゅうしんじんぶつ》。キーマン。例 今度《こんど》の交渉《こうしょう》のキーパーソンは、彼《かれ》だ。

**きいはんとう【紀伊半島】** 地名 近畿地方《きんきちほう》の南部《なんぶ》にある、日本《にっぽん》でいちばん大《おお》きな半島《はんとう》。和歌山《わかやま》・奈良《なら》・三重《みえ》の各県《かくけん》を含《ふく》む。

**キーポイント** 名 〔日本《にっぽん》でできた英語《えいご》ふうの言葉《ことば》。〕問題《もんだい》や事件《じけん》を解決《かいけつ》するための手《て》がかり。例 勝利《しょうり》のキーポイント。

**キーボード** 〔英語 keyboard〕名 ❶〔コンピューターなどで〕文字《もじ》や記号《きごう》を入力《にゅうりょく》するためのキーが並《なら》んだ装置《そうち》。❷鍵盤楽器《けんばんがっき》のこと。特《とく》



世界の国 ブラジル 南《みなみ》アメリカ東部《とうぶ》にある国《くに》。コーヒー・砂糖《さとう》・オレンジなどを産《さん》する。工業《こうぎょう》もさかん。日本《にっぽん》と関《かか》わり

に、電子式《でんししき》の鍵盤楽器《けんばんがっき》。

**キーホルダー** 名 〔日本《にっぽん》でできた英語《えいご》ふうの言葉《ことば》。〕かぎをまとめておく道具《どうぐ》。

**キーマン** 〔英語 keyman〕名 ↓キーパーソン 297ページ

○**きいろ【黄色】** 名 色《いろ》の三原色《さんげんしょく》の一《ひと》つ。レモンの皮《かわ》のような色《いろ》。黄《き》。

**きいろい【黄色い】** 形 ❶黄色《きいろ》である。例 黄色い花《はな》。❷声《こえ》が、かん高《だか》い。例 黄色い声《こえ》。

✤**キーワード** 〔英語 keyword〕名 文章《ぶんしょう》を理解《りかい》したり、問題《もんだい》を解決《かいけつ》したりするための、手《て》がかりとなる言葉《ことば》。

**きいん【起因】** 名 動する それがもとになって起《お》こること。原因《げんいん》。例 あの事故《じこ》は不注意《ふちゅうい》に起因する。

○**ぎいん【議員】** 名 選挙《せんきょ》で選《えら》ばれ、国会《こっかい》や地方《ちほう》の議会《ぎかい》で、政治《せいじ》に関《かん》することをいろいろ相談《そうだん》したり決《き》めたりする人《ひと》。国会議員《こっかいぎいん》・県議会《けんぎかい》議員《ぎいん》など。

**ぎいん【議院】** 名 国会《こっかい》にあって、国《くに》の大切《たいせつ》な決《き》まりを話《はな》し合《あ》って決《き》める所《ところ》。日本《にっぽん》には、衆議院《しゅうぎいん》と参議院《さんぎいん》とがある。

**キウイ** 〔英語 kiwi〕名 ❶ニュージーランドにいる鳥《とり》。翼《つばさ》がないので地上《ちじょう》を歩《ある》く。❷つるになってのびる木《き》。また、その実《み》。実《み》は茶色《ちゃいろ》で短《みじか》い毛《け》におおわれ、中《なか》はうす緑色《みどりいろ》や黄色《きいろ》。食用《しょくよう》。キウイフルーツ。参考 ❷は、実の形《かたち》が❶に似《に》ているところから、その名《な》がついた。

**きうん【気運】** 名 時代《じだい》や、世《よ》の中《なか》のなりゆき。傾向《けいこう》。例 核戦争反対《かくせんそうはんたい》の気運が高《たか》まる。参考「機運《きうん》」と書くこともある。

**きうん【機運】** 名 ちょうどよいめぐり合《あ》わせ。チャンス。例 改革《かいかく》の機運が熟《じゅく》した。

**きえ【帰依】** 名 動する 神《かみ》や仏《ほとけ》を信《しん》じ、その教《おし》えにしたがうこと。例 仏道《ぶつどう》に帰依する。

**きえいる【消え入る】** 動 消《き》えてなくなる。例 消え入るような声《こえ》。

**きえうせる【消えうせる】** 動 消《き》えてなくなる。例 昔《むかし》の風景《ふうけい》が消えうせた。

**きえのこる【消え残る】** 動 消《き》えずにまだ少《すこ》し残《のこ》る。例 まだらに消え残っている雪《ゆき》。

**きえはてる【消え果てる】** 動 消《き》えて、すっかりなくなる。例 疑《うたが》いも消え果てた。

○**きえる【消える】** 動 ❶(火《ひ》や明《あ》かりなどの)光《ひかり》や熱《ねつ》が出《で》なくなる。例 火《ひ》が消える。❷(あったものが)なくなる。例 春《はる》になって雪《ゆき》が消える。不安《ふあん》が消える。❸いなくなる。例 姿《すがた》が消える。↓しょう【消】620ページ

**きえん【気炎】** 名 意気《いき》のさかんなようす。例 試合《しあい》に勝《か》って、気炎《きえん》を上《あ》げる。

**ぎえんきん【義援金・義捐金】** 名 災害《さいがい》などのときに助《たす》け合《あ》うための寄付金《きふきん》。

**きおいたつ【気負い立つ】** 動 意気込《いきご》んで立《た》ち向《む》かう。例 今《いま》がチャンスと気負い立つ。

**きおう【気負う】** 動 自分《じぶん》こそは、と意気《いき》ごむ。張《は》りきる。ふるい立《た》つ。例 選手《せんしゅ》には気負ったようすが見《み》られる。

**きおうしょう【既往症】** 名 前《まえ》にかかったことのある病気《びょうき》。

○**きおく【記憶】** 名 動する 覚《おぼ》えること。覚《おぼ》えていること。例 記憶力《きおくりょく》。幼《おさな》いころの記憶。**記憶《きおく》に残《のこ》る** ずっとおぼえている。例 記憶に残る名演奏《めいえんそう》。

**きおくれ【気後れ】** 名 動する 自信《じしん》がなくて、びくびくすること。ひるむこと。例 大勢《おおぜい》の前《まえ》で話《はな》すのは気後れする。

**キオスク** 〔トルコ語〕名 JR《ジェイアール》の駅《えき》の構内《こうない》にある、新聞《しんぶん》・雑誌《ざっし》・飲《の》み物《もの》などを売《う》る小型《こがた》の店《みせ》。キヨスク。

**きおち【気落ち】** 名 動する がっかりして、力《ちから》を落《お》とすこと。

○**きおん【気温】** 名 大気《たいき》(=空気《くうき》)の温度《おんど》。例 気温が上《あ》がる。

**ぎおん【擬音】** 名 ❶物音《ものおと》や、鳥《とり》・けものの鳴《な》き声《ごえ》に似《に》せること。❷ラジオ・映画《えいが》などで、人《ひと》が道具《どうぐ》を使《つか》って、ほんとうの音《おと》にまねて出《だ》す音《おと》。例 擬音効果《こうか》。

✤**ぎおんご【擬音語】** 名 ↓ぎせいご 308ページ

**きか【気化】** 名 動する 〔理科《りか》で〕液体《えきたい》や固体《こたい》が、周《まわ》りの熱《ねつ》をうばって気体《きたい》になること。この熱《ねつ》を気化熱《きかねつ》という。参考 液体の表面《ひょうめん》から気化《きか》が起《お》こるのを蒸発《じょうはつ》といい、内部《ないぶ》から起《お》こるのを沸騰《ふっとう》という。また、固体《こたい》から直接《ちょくせつ》気《き》化《か》するときは昇華《しょうか》という。

**きか【帰化】** 名 動する ❶他《ほか》の国《くに》に移《うつ》り住《す》んで、そこの国の国民《こくみん》となること。❷動物《どうぶつ》や植《しょく》

ドしてきた。首都《しゅと》パリ。人口約《じんこうやく》6,800万人《まんにん》。略称《りゃくしょう》FRA。漢字《かんじ》で「仏」と書《か》くこともある。

物《ぶつ》が外国《がいこく》でも育《そだ》つようになること。例 帰化植物《しょくぶつ》。

**きが【飢餓】**名 食《た》べ物《もの》がなくて、うえること。例 飢餓に苦《くる》しむ人々《ひとびと》。

**ギガ**〔英語 giga〕〔ある言葉《ことば》の前《まえ》につけて〕一〇億倍《おくばい》のの意味《いみ》を表《あらわ》す。「メガ」の千倍《せんばい》。記号《きごう》は「G」。例 ギガヘルツ。

**きかい【奇怪】**形動 怪《あや》しくて、ふしぎなようす。例 奇怪な話《はなし》。

**きかい【器械】**名 物《もの》の測定《そくてい》や実験《じっけん》などをするために作《つく》った、小型《こがた》の道具《どうぐ》。また、動力《どうりょく》を使《つか》わない、簡単《かんたん》な仕《し》かけの道具《どうぐ》。例 医療《いりょう》器械。

**きかい【機会】**名 (何《なに》かをするのに)ちょうどよいとき。チャンス。例 よい機会だ。

**きかい【機械】**名 電気《でんき》や熱《ねつ》などのエネルギーを使《つか》い、動力《どうりょく》によって動《うご》かして、人間《にんげん》に代《か》わって仕事《しごと》をする仕《し》かけ。

**きがい【危害】**名 命《いのち》をうばったり、傷《きず》をつけたりする危険《きけん》なこと。例 危害を加《くわ》える。

例解 ↔ 使い分け

**器械《きかい》と機械《きかい》**

光学器械《こうがくきかい》。器械体操《きかいたいそう》。

工作機械《こうさくきかい》。機械工業《きかいこうぎょう》。機械文明《きかいぶんめい》。

**きがい【気概】**名 何《なに》があっても、くじけない強《つよ》い心《こころ》。例 気概のある人《ひと》。

**ぎかい【議会】**名 国民《こくみん》に選《えら》ばれた議員《ぎいん》が集《あつ》まって、国《くに》や地方《ちほう》の政治《せいじ》について話《はな》し合《あ》い、取《と》り決《き》めをする所《ところ》。国《くに》の議会《ぎかい》の国会《こっかい》と、都道《とどう》府県《ふけん》や市区町村《しくちょうそん》などの地方議会《ちほうぎかい》とがある。

**きかいうんどう【器械運動】**名 学校《がっこう》の体育《たいいく》で行《おこな》われる、鉄棒《てつぼう》やマットなどの器具《きぐ》を使《つか》ってする運動《うんどう》。

**きかいか【機械化】**名 動-する 人《ひと》や動物《どうぶつ》がする仕事《しごと》を、機械《きかい》を使《つか》ってするようにしていくこと。例 農業《のうぎょう》の機械化。

**ぎかいせいじ【議会政治】**名 議会《ぎかい》で決《き》められたことにもとづいて政治《せいじ》を行《おこな》う仕組《しく》み。

**きかいたいそう【器械体操】**名 鉄棒《てつぼう》、平均台《へいきんだい》、つり輪《わ》などの器具《きぐ》を使《つか》って行《おこな》う体《たい》操《そう》。

**きかいてき【機械的】**形動 (機械《きかい》のように)人《ひと》の行動《こうどう》や考《かんが》えが型《かた》にはまっていて、工《く》夫《ふう》のないようす。例 機械的な作業《さぎょう》。

**きがえ【着替え】**名 動-する 着《き》ているものを取《と》り替《か》えること。また、その衣服《いふく》。

**きがえる【着替える】**動 着《き》ているものを取《と》り替《か》える。例 パジャマに着替える。

**きかがく【幾何学】**名 物《もの》の形《かたち》や空間《くうかん》の性《せい》質《しつ》を調《しら》べる学問《がくもん》。幾何《きか》。

**きがかり【気掛かり】**名 形動 気《き》になること。心配《しんぱい》。例 明日《あす》の天気《てんき》が気がかりだ。

**きかく【企画】**名 動-する あることをするために計画《けいかく》すること。また、その計画《けいかく》。プラン。例 新《あたら》しい企画を立《た》てる。

**きかく【規格】**名 品物《しなもの》の大《おお》きさや形《かたち》、品質《ひんしつ》などについて定《さだ》められている基準《きじゅん》。例 規格どおりに作《つく》る。

**きがく【器楽】**名 〔音楽《おんがく》で〕楽器《がっき》を使《つか》って演《えん》奏《そう》する音楽《おんがく》。例 器楽合奏《がっそう》をする。対 声楽《せいがく》。

**きがけ【来掛け】**名 来《く》る途中《とちゅう》。来《こ》ようとしたとき。例 来がけに、花《はな》を買《か》った。

**きかざる【着飾る】**動 きれいな衣服《いふく》を着《き》て美《うつく》しくする。例 着飾ってパーティーに出《しゅっ》席《せき》する。

**きかしょくぶつ【帰化植物】**名 外国《がいこく》からの荷物《にもつ》などに種《たね》がついてきて、新《あたら》しく増《ふ》えた植物《しょくぶつ》。ヒメジョオン・ブタクサなど。

**きかす【利かす】**動 ➡ きかせる(利かせる)

299ページ

**きかせる【利かせる】**動 〔「利《き》かす」ともいう。〕❶効《き》き目《め》があるようにさせる。例 にらみを利かせる。❷心《こころ》をはたらかせる。例 気《き》を利かせる。

**きかせる【聞かせる】**動 ❶聞《き》こえるようにする。❷話《はな》してわからせる。例 よく言《い》って聞かせる。❸思《おも》わず聞《き》き入《い》るようにさせる。例 あの歌《うた》はなかなか聞かせる。

**きかどうぶつ【帰化動物】**名 外国《がいこく》から入《はい》ってきて、自然《しぜん》に増《ふ》えた動物《どうぶつ》。アメリカザリガニ・アメリカシロヒトリなど。

あいうえお
かきくけこ
さしすせそ
たちつてと
なにぬねの
はひふへほ
まみむめも
やゆよ
らりるれろ
わをん



世界の国 フランス ヨーロッパ西部《せいぶ》にある国《くに》。ヨーロッパ一《いち》の農業大国《のうぎょうたいこく》で、工業《こうぎょう》もさかん。芸術《げいじゅつ》や学問《がくもん》で世界《せかい》をリー

**きがね【気兼ね】** 〘名〙〘動-する〙 周《まわ》りの人《ひと》に対《たい》して気《き》をつかうこと。遠慮《えんりょ》。〘例〙勉強中《べんきょうちゅう》の兄《あに》に気がねして、静《しず》かにする。

**きかねつ【気化熱】** 〘名〙 ⇩きか(気化) 298ページ

**きがまえ【気構え】** 〘名〙 何《なに》かをしようとする気《き》持《も》ちの持《も》ち方《かた》。心構《こころがま》え。〘例〙最後《さいご》までやりぬく気構えが必要《ひつよう》だ。

**きがる【気軽】** 〘形動〙 難《むずか》しく考《かんが》えないで、あっさり行《おこな》うようす。〘例〙気軽に引《ひ》き受《う》ける。

**きかん【気管】** 〘名〙 呼吸《こきゅう》をするとき、空気《くうき》が通《とお》る管《くだ》。のどから肺《はい》に続《つづ》いている。

**きかん【季刊】** 〘名〙 雑誌《ざっし》などを、春夏秋冬《しゅんかしゅうとう》の年四回《ねんよんかい》発行《はっこう》すること。〘例〙季刊誌《し》。〘関連〙日刊《にっかん》。週刊《しゅうかん》。旬刊《じゅんかん》。月刊《げっかん》。年刊《ねんかん》。

**きかん【既刊】** 〘名〙 すでに刊行《かんこう》されていること。

**きかん【帰還】** 〘名〙〘動-する〙 (戦地《せんち》や宇宙《うちゅう》など)遠《とお》くから、国《くに》や基地《きち》などにもどってくること。〘例〙宇宙《うちゅう》ステーションから帰還する。

**○きかん【期間】** 〘名〙 ある時《とき》からある時《とき》までと決《き》められた間《あいだ》。〘例〙有効《ゆうこう》期間。

**きかん【器官】** 〘名〙 生物《せいぶつ》の体《からだ》の一部分《いちぶぶん》で、それぞれが、あるはたらきを受《う》け持《も》っているところ。例《たと》えば、胃《い》や腸《ちょう》は消化器官《しょうかきかん》。

**きかん【機関】** 〘名〙 ❶熱《ねつ》や蒸気《じょうき》、電力《でんりょく》などを使《つか》って、機械《きかい》を動《うご》かす力《ちから》を作《つく》る装置《そうち》。エンジン。〘例〙蒸気《じょうき》機関。❷ある仕事《しごと》をするために作《つく》られた仕組《しく》み。〘例〙研究《けんきゅう》機関。

**きがん【祈願】** 〘名〙〘動-する〙 願《ねが》いがかなうように、神《かみ》や仏《ほとけ》に祈《いの》ること。〘例〙大会《たいかい》での必勝《ひっしょう》を祈願する。

**ぎがん【義眼】** 〘名〙 失《うしな》った目《め》の代《か》わりに入《い》れる、目《め》の形《かたち》をしたもの。

**きかんき【利△かん気・聞かん気】** 〘名〙〘形動〙 人《ひと》に負《ま》けたり、人《ひと》の言《い》うとおりになったりすることが嫌《きら》いな性格《せいかく》。〘例〙きかん気なので、なかなかあやまらない。

**きかんし【気管支】** 〘名〙 気管《きかん》から分《わ》かれて、肺《はい》に入《はい》る二本《にほん》の管《くだ》。

**きかんし【機関士】** 〘名〙 (船《ふね》や汽車《きしゃ》などの)機関《きかん》を動《うご》かす人《ひと》。

**きかんし【機関紙・機関誌】** 〘名〙 団体《だんたい》などが、報告《ほうこく》や宣伝《せんでん》のために出《だ》す新聞《しんぶん》や雑誌《ざっし》。

**きかんしえん【気管支炎】** 〘名〙 気管支《きかんし》がはれて、熱《ねつ》を出《だ》す病気《びょうき》。

**きかんしゃ【機関車】** 〘名〙 蒸気《じょうき》や電気《でんき》などの力《ちから》で機関《きかん》を動《うご》かして、客車《きゃくしゃ》や貨車《かしゃ》を引《ひ》いて線路《せんろ》を走《はし》る車《くるま》。蒸気機関車《じょうききかんしゃ》・電気機関車《でんききかんしゃ》など。

**きかんじゅう【機関銃】** 〘名〙 引《ひ》き金《がね》を引《ひ》き続《つづ》けると、弾丸《だんがん》が続《つづ》けて発射《はっしゃ》される銃《じゅう》。マシンガン。

**きかんぼう【利△かん坊・聞かん坊】** 〘名〙 きかん気《き》でわんぱくな子《こ》ども。

**きき【危機】** 〘名〙 非常《ひじょう》に危《あぶ》ない時《とき》。ピンチ。〘例〙危機がせまる。

**きき【記紀】** 〘名〙 古事記《こじき》と日本書紀《にほんしょき》のこと。〘参考〙古事記《こじき》の「記《き》」、日本書紀《にほんしょき》の「紀《き》」から。

**きき【機器・器機】** 〘名〙 器具《きぐ》・器械《きかい》・機械《きかい》をまとめていう言葉《ことば》。

**ききあやまる【聞き誤る】** 〘動〙 聞《き》きちがえる。〘例〙「一《いち》」を「七《しち》」と聞き誤る。

**■✤ききいっぱつ【危機一髪】** 〘名〙 〔危険《きけん》が髪《かみ》の毛《け》一本《いっぽん》ほどのすぐ近《ちか》くにせまっている意味《いみ》から〕ほんの少《すこ》しのちがいで、たいへんなことになるほど危《あぶ》ない状態《じょうたい》。〘注意〙「危機一発」と書《か》くのはまちがい。

**ききいる【聞き入る】** 〘動〙 じっと耳《みみ》をすまして聞《き》く。熱心《ねっしん》に聞《き》く。〘例〙みんながニュースに聞き入っている。

**ききいれる【聞き入れる】** 〘動〙 人《ひと》の言《い》うことを聞《き》いて、そのとおりにする。承知《しょうち》する。〘例〙願《ねが》いが聞き入れられた。

**ききうで【利△き腕】** 〘名〙 力《ちから》があってよく使《つか》うほうの腕《うで》。

**ききおとす【聞き落とす】** 〘動〙 うっかりしていて、聞《き》かないでしまう。聞《き》きもらす。〘例〙用件《ようけん》を聞き落とす。

**ききおぼえ【聞き覚え】** 〘名〙 前《まえ》に聞《き》いたことがあること。〘例〙聞き覚えのある声《こえ》。

**ききおよぶ【聞き及ぶ】** 〘動〙 人《ひと》から聞《き》いて知《し》っている。〘例〙聞き及ぶかぎりそんな例《れい》はない。

**ききかえす【聞き返す】** 〘動〙 言《い》われたことについて、もう一度《いちど》こちらからたずねる。問《と》い返《かえ》す。〘例〙わからない点《てん》を聞き返す。

**✤ききがき【聞き書き】** 〘名〙 人《ひと》の話《はなし》を聞《き》いて



に社会主義国《しゃかいしゅぎこく》から移行《いこう》して、2007年《ねん》にEU《イーユー》に加盟《かめい》した。首都《しゅと》ソフィア。人口約《じんこうやく》690万人《まんにん》。略称《りゃくしょう》 BUL。

文章《ぶんしょう》に書《か》くこと。

**ききかじる**【聞きかじる】動 話《はなし》をちょっと聞《き》いて、少《すこ》しだけ知《し》っている。例 人《ひと》の話《はなし》を聞きかじった程度《ていど》です。

**ききかん**【危機感】名 たいへん危《あぶ》ない状《じょう》態《たい》だという不《ふ》安《あん》な気《き》持《も》ち。例 危機感をつのらせる。

**ききぐるしい**【聞き苦しい】形 ❶いやな感《かん》じがして、聞《き》いているのがつらい。例 人《ひと》のかげ口《ぐち》は聞き苦しい。❷聞《き》き取《と》りにくい。例 雑《ざつ》音《おん》のため放《ほう》送《そう》が聞き苦しい。

**ききこみ**【聞き込み】名 (刑《けい》事《じ》などが)事《じ》件《けん》についての情《じょう》報《ほう》を、あちこち聞《き》いて回《まわ》ること。

**ききこむ**【聞き込む】動 人《ひと》から聞《き》いて知《し》る。例 みょうなうわさを聞き込む。

**ききしにまさる**【聞きしに勝る】 聞《き》いていた以《い》上《じょう》である。例 聞きしにまさる被《ひ》害《がい》だった。

**ききじょうず**【聞き〈上手〉】名 形動 受《う》け答《こた》えがじょうずで、相《あい》手《て》に気《き》持《も》ちよく話《はな》させること。また、そのような人《ひと》。例 彼《かれ》は聞き上手なので、話《はな》していると楽《たの》しい。

**ききずてならない**【聞き捨てならない】 聞《き》いたからには、そのままにしておくわけにはいかない。例 それは聞き捨てならない話《はなし》だ。

**ききそびれる**【聞きそびれる】動 聞《き》く機《き》会《かい》を逃《のが》して、聞《き》かないままになる。例 うっかりしていて聞きそびれた。

**ききだす**【聞き出す】動 ❶こちらの知《し》りたいことを、相《あい》手《て》に言《い》わせる。例 ほんとうの気《き》持《も》ちを聞き出す。❷聞《き》き始《はじ》める。例 音《おん》楽《がく》を聞きだしたら、きりがない。

**ききただす**【聞きただす】動 疑《ぎ》問《もん》に思《おも》うことを、聞《き》いてはっきりさせる。例 ほんとうのことを聞きただす。類 問《と》いただす。

**ききつける**【聞き付ける】動 ❶聞《き》いて知《し》る。耳《みみ》に入《い》れる。例 うわさを聞きつけて、人《ひと》々《びと》が集《あつ》まってきた。❷聞《き》き慣《な》れる。例 聞きつけない言《こと》葉《ば》。

**ききづらい**【聞きづらい】形 ❶聞《き》き取《と》るのに苦《く》労《ろう》する。例 声《こえ》が小《ちい》さくて、話《はなし》が聞きづらい。❷聞《き》いていていやになる。例 悪《わる》口《くち》は聞きづらい。❸相《あい》手《て》にたずねにくい。

✤**ききて**【聞き手】名 話《はなし》などを聞《き》く側《がわ》の人《ひと》。対 話《はな》し手《て》。読《よ》み手《て》。

**ききとがめる**【聞きとがめる】動 人《ひと》の話《はなし》を聞《き》いて、気《き》にかかるところを注《ちゅう》意《い》したり問《と》い返《かえ》したりする。例 不《ふ》用《よう》意《い》な発《はつ》言《げん》を聞きとがめる。

**ききとして**【嬉嬉として】 心《こころ》からうれしそうに。例 嬉々として遊《あそ》んでいる。参考「喜《き》々《き》として」とも書《か》く。

**ききとどける**【聞き届ける】動 人《ひと》の願《ねが》いなどを承《しょう》知《ち》する。聞《き》き入《い》れる。例 希《き》望《ぼう》を聞き届けてくれた。

**ききとり**【聞き取り】名 ❶聞《き》いて理《り》解《かい》すること。例 英会話の聞き取り。❷事《じ》情《じょう》などをくわしく聞《き》くこと。例 関《かん》係《けい》者《しゃ》から聞き取りをする。

**ききとる**【聞き取る】動 ❶ようすを知《し》ろうとくわしく聞《き》く。例 わけを聞き取る。❷聞《き》いていてよくわかる。例 周《まわ》りがうるさいので、よく聞き取れない。

**ききながす**【聞き流す】動 聞《き》いても、そのままにして気《き》にかけない。例 注《ちゅう》意《い》を聞き流す。

**ききなす**【聞きなす】動 聞《き》いてそのように思《おも》う。そのように聞《き》く。例 ホトトギスの鳴《な》き声《ごえ》を、テッペンカケタカと聞きなす。

**ききのがす**【聞き逃す】動 うっかりして聞《き》かないでしまう。聞《き》きそこなう。例 集《しゅう》合《ごう》時《じ》間《かん》を聞き逃した。

**ききひたる**【聞き浸る】動 集《しゅう》中《ちゅう》して聞《き》く。例 名《めい》演《えん》奏《そう》に聞き浸る。

**ききふるす**【聞き古す】動 まえから何《なん》度《ど》も聞《き》いている。例 それはもう聞き古した話《はなし》だ。

**ききほれる**【聞きほれる】動 うっとりとして聞《き》く。例 歌《うた》声《ごえ》に聞きほれる。

**ききみみをたてる**【聞き耳を立てる】 よく聞《き》こうとして、耳《みみ》をすます。耳《みみ》をかたむける。例 外《そと》の物《もの》音《おと》に聞き耳を立てた。

**ききめ**【効き目】名 効《き》く力《ちから》。効《こう》果《か》。例 この薬《くすり》は、効き目が速《はや》い。

**ききもらす**【聞き漏らす】動 だいじな





世界の国 ブルガリア ヨーロッパ南《なん》東《とう》部《ぶ》にある国《くに》。本《ほん》州《しゅう》の半《はん》分《ぶん》ほどの大《おお》きさ。穀《こく》物《もつ》の栽《さい》培《ばい》と酪《らく》農《のう》がさかん。1990年《ねん》

例解 ⟷ 使い分け

**利《き》くと効《き》く**

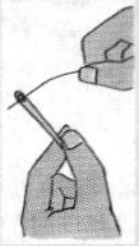

気《き》が利《き》く。
やり直《なお》しが利《き》く。
指先《ゆびさき》が利《き》く。
口《くち》を利《き》く。
薬《くすり》が効《き》く。
宣伝《せんでん》が効《き》く。
効《き》き目《め》がある。

ことを聞《き》きのがしてしまう。例 注意事項《ちゅういじこう》を聞きもらす。

**ききゃく【棄却】** 名 動-する ❶すててとり上《あ》げないこと。❷裁判所《さいばんしょ》が、申《もう》し立《た》てをとり上《あ》げないこと。

**ききゅう【危急】** 名 危険《きけん》がせまってきていること。例 危急の事態《じたい》に備《そな》える。

**ききゅう【気球】** 名 熱《ねっ》した空気《くうき》や、空気《くうき》よりも軽《かる》いヘリウムなどのガスを入《い》れて、空高《そらたか》く上《あ》げる、丸《まる》いふくろ。

**ききょ【起居】** 名 動-する ❶立《た》ったり、すわったりすること。❷いつもの生活《せいかつ》。例 起居を共《とも》にする〔=いっしょに生活《せいかつ》する〕。

**ききょう【帰京】** 名 動-する 地方《ちほう》からみやこに帰《かえ》ること。東京《とうきょう》に帰《かえ》ること。

**ききょう【帰郷】** 名 動-する ふるさとに帰《かえ》ること。類 帰省《きせい》。

**ききょう【〈桔梗〉】** 名 秋《あき》の七草《ななくさ》の一《ひと》つ。野《の》山《やま》に生《は》え、庭《にわ》にも植《う》える草花《くさばな》。秋《あき》の初《はじ》め、つりがねの形《かたち》をした、むらさき、または白《しろ》の花《はな》が咲《さ》く。↓あきのななくさ 11ページ

**きぎょう【企業】** 名 物《もの》を作《つく》ったり売《う》ったりして、お金《かね》をもうけるための事業《じぎょう》。また、その組織《そしき》。

**きぎょう【起業】** 名 動-する 自分《じぶん》で、会社《かいしゃ》などを新《あたら》しく始《はじ》めること。例 起業家《か》。

**ぎきょうだい【義兄弟】** 名 ❶血《ち》のつながりのない兄弟《きょうだい》。❷兄弟《きょうだい》の約束《やくそく》をかわした人《ひと》。例 義兄弟の契《ちぎ》りを交《か》わす。

**ぎきょく【戯曲】** 名 劇《げき》ができるような形式《けいしき》で書《か》かれた文学作品《ぶんがくさくひん》。

**きぎれ【木切れ】** 名 木《き》の切《き》れはし。

**ききわけ【聞き分け】** 名 ❶言《い》われたことがよくわかり、そのとおりにすること。例 この子《こ》は聞き分けがよい。❷聞《き》いてちがいを区別《くべつ》すること。例 音《おと》の聞き分け。

**ききわける【聞き分ける】** 動 ❶人《ひと》の話《はなし》がよくわかり、納得《なっとく》する。例 親《おや》の話《はなし》を聞き分ける。❷聞《き》いて、ちがいがわかる。例 だれの声《こえ》かを聞き分ける。

**ききん【基金】** 名 ある活動《かつどう》のために、積《つ》み立《た》てておくお金《かね》。例 子《こ》どものための基金。

**ききん【飢饉】** 名 ❶農作物《のうさくぶつ》のできがひどく悪《わる》くて、食《た》べ物《もの》がなくなること。例 ききんにみまわれる。❷だいじなものが足《た》りなくなること。例 水《みず》ききん。

**ききんぞく【貴金属】** 名 美《うつく》しくて、値打《ねう》ちの高《たか》い金属《きんぞく》。金《きん》・銀《ぎん》・プラチナなど。

例解 ⟷ 使い分け

**聞《き》くと聴《き》く**

友達《ともだち》の話《はなし》を聞《き》く。
親《おや》の言《い》うことを聞《き》く。
かみなりの音《おと》を聞《き》く。
講演《こうえん》を聴《き》く。
音楽《おんがく》を聴《き》く。

## きく【菊】 画数 11 部首 艹（くさかんむり）

音 キク 訓 ―

黄《き》や白《しろ》の花《はな》が咲《さ》く、キク。熟語 菊人形《きくにんぎょう》。

**きく【菊】** 名 庭《にわ》に植《う》えたり、盆栽《ぼんさい》にしたりする草花《くさばな》。種類《しゅるい》が多《おお》い。秋《あき》にかおりのよい黄《き》や白《しろ》などの花《はな》が咲《さ》く。例 菊の品評会《ひんぴょうかい》。

○**きく【利く】** 動 ❶はたらきがよい。例 目《め》が利く。❷そのことができる。例 無理《むり》が利く。❸言《い》う。例 口《くち》をきく。参考 ふつう❸は、かな書《が》きにする。↓り【利】1378ページ

○**きく【効く】** 動 何《なに》かをしただけのはたらきが表《あらわ》れる。効《き》きめがある。例 この薬《くすり》は、かぜによく効く。↓こう【効】424ページ

✤○**きく【聞く】** 動 ❶声《こえ》や音《おと》などを、耳《みみ》に感《かん》じ取《と》る。例 鐘《かね》の音《おと》を聞く。❷たずねる。例 道《みち》を聞く。❸聞《き》き入《い》れる。許《ゆる》す。例 人《ひと》の願《ねが》いを

を産《さん》する。首都《しゅと》ワガドゥグ。人口約《じんこうやく》2,150万人《まんにん》。略称《りゃくしょう》BUR。

聞く。❹においをかぐ。例 香《こう》を聞く。敬語 へりくだった言《い》い方《かた》は、「うかがう」「うけたまわる」。⬇ぶん【聞】1165ページ

**聞くともなく** 聞《き》こうとしたわけでもなく。例 聞くともなく聞《き》いたうわさ。

**聞《き》くは一時《いっとき》の恥《はじ》** 知《し》らないことを聞《き》くのは、そのとき恥《は》ずかしいが、聞《き》かないで知《し》らないままだと一生《いっしょう》恥《は》ずかしい思《おも》いをする。参考 あとに「聞《き》かぬは一生《いっしょう》の恥《はじ》」また は「聞《き》かぬは一生《いっしょう》の損《そん》」と続《つづ》く。

**°きく【聴く】** 動 話《はなし》や音《おと》などを注意《ちゅうい》して聞《き》く。集中《しゅうちゅう》して聞《き》く。例 音楽《おんがく》を聴く。⬇ちょう【聴】838ページ

**きぐ【危惧】** 名 動-する 悪《わる》い結果《けっか》になりはしないかと心配《しんぱい》すること。例 国《くに》の将来《しょうらい》を危惧する。

**きぐ【器具】** 名 ❶道具《どうぐ》。❷仕《し》かけの簡単《かんたん》な器《き》械《かい》。例 電気《でんき》器具。

**きぐう【奇遇】** 名 思《おも》いがけなく出会《であ》うこと。例 旅先《たびさき》で会《あ》うとは、まさしく奇遇だ。

**ぎくしゃく** 副(-と) 動-する ❶すらすらといかないようす。例 話《はな》し方《かた》がぎくしゃくしている。❷くいちがって、うまくいっていないようす。例 ぎくしゃくした間柄《あいだがら》。

**きくずす【着崩す】** 動 わざと、きちんとしない着方《きかた》をする。例 シャツの腕《うで》をまくった、着崩したスタイル。

**きくにんぎょう【菊人形】** 名 たくさんのキクの花《はな》や葉《は》を、着物《きもの》のようにしてかざりつけた、見《み》せ物《もの》の人形《にんぎょう》。

**きくのせっく【菊の節句】** 名 ⬇せっく(節句)718ページ

**きくばり【気配り】** 名 動-する ものごとがうまくいくように、細《こま》かなところまで気《き》をつけること。例 気配りが行《い》き届《とど》く。

**きぐらい【気位】** 名 自分《じぶん》の地位《ちい》や教養《きょうよう》をほこりに思《おも》う気持《きも》ち。例 気位が高《たか》い。

**ぎくりと** 副 (おどろいたりして)どきっとするようす。例 突然声《とつぜんこえ》をかけられて、ぎくりとした。

**きぐろう【気苦労】** 名 他《ほか》の人《ひと》に気《き》を遣《つか》ったり、心配《しんぱい》したりすること。例 子《こ》どもを育《そだ》てるのは、何《なに》かと気苦労が多《おお》い。

**きけい【奇形】** 名 生物《せいぶつ》で、形《かたち》がちがって生《う》まれたもの。例 奇形魚《ぎょ》。

**ぎけい【義兄】** 名 義理《ぎり》の兄《あに》。対 実兄《じっけい》。関連 義姉《ぎし》。義弟《ぎてい》。義妹《ぎまい》。

**✤°きげき【喜劇】** 名 ❶滑稽《こっけい》な、おもしろい劇《げき》。コメディー。例 喜劇俳優《はいゆう》。❷滑稽《こっけい》な出来事《できごと》。例 そいつは、とんだ喜劇だ。対 (❶・❷)悲《ひ》劇《げき》。

**きけつ【帰結】** 名 動-する ものごとが、ある結《けっ》果《か》や結論《けつろん》に行《い》きつくこと。例 失敗《しっぱい》するのは当然《とうぜん》の帰結だ。

**ぎけつ【議決】** 名 動-する 会議《かいぎ》で、話《はな》し合《あ》って決《き》めること。また、決《き》めたこと。類 決議《けつぎ》。

**°きけん【危険】** 名 形動 ❶危《あぶ》ないこと。例 危険な遊《あそ》び。対 安全《あんぜん》。❷よくないことが起《お》こるおそれ。例 誤解《ごかい》される危険がある。

**危険《きけん》を冒《おか》す** 危《あぶ》ないと知《し》っていながらする。例 台風《たいふう》の危険を冒して出発《しゅっぱつ》する。

**きけん【棄権】** 名 動-する 自分《じぶん》の持《も》っている権利《けんり》をすてること。例 投票《とうひょう》を棄権する。

**きげん【紀元】** 名 歴史《れきし》の上《うえ》で、年数《ねんすう》を数《かぞ》えるもととなる年《とし》。

**きげん【起源】** 名 ものごとの始《はじ》まり。起《お》こり。例 人類《じんるい》の起源をさぐる。

**きげん【期限】** 名 前《まえ》から決《き》められている時《じ》期《き》。例 期限が切《き》れる。類 期日《きじつ》。

**°きげん【機嫌】** 名 ❶そのときの気持《きも》ち。気《き》分《ぶん》。例 機嫌がよくない。❷よい気持《きも》ち。例 ほめられてご機嫌だ。❸相手《あいて》が元気《げんき》かどうかということ。例 ご機嫌いかがですか。注意「気嫌」と書《か》くのはまちがい。

**機嫌《きげん》を損《そこ》ねる** 相手《あいて》の気分《きぶん》を悪《わる》くする。例 いたずらをしすぎて、兄《あに》の機嫌を損ねてしまった。

**機嫌《きげん》を取《と》る** 相手《あいて》の気《き》に入《い》るようにする。例 泣《な》いている子《こ》の機嫌を取る。

**きけんせい【危険性】** 名 危険《きけん》な状態《じょうたい》になるおそれがあること。例 洪水《こうずい》になる危険性。

**きげんぜん【紀元前】** 名 西暦《せいれき》で、紀元一《きげんいち》年《ねん》より前《まえ》。「B.C.《ビーシー》」と書《か》く。

**✤きご【季語】** 名 俳句《はいく》で、春《はる》・夏《なつ》・秋《あき》・冬《ふゆ》の季節《きせつ》の感《かん》じを表《あらわ》すために入《い》れる言葉《ことば》。動物《どうぶつ》・植《しょく》物《ぶつ》・行事《ぎょうじ》などいろいろの言葉《ことば》があり、どの言《こと》葉《ば》が、どの季節《きせつ》を表《あらわ》すか決《き》まっている。季《き》

あいうえお かきくけこ さしすせそ たちつてと なにぬねの はひふへほ まみむめも やゆよ らりるれろ わをん



世界の国 ブルキナファソ アフリカ西部《せいぶ》にある国《くに》。本州《ほんしゅう》よりやや広《ひろ》い。牧畜《ぼくちく》がさかんで、粟《あわ》や綿花《めんか》、トウモロコシなど

題《だい》。↓ふろく(12ページ)

**きこう**【気孔】[名] 植物《しょくぶつ》の葉《は》や茎《くき》にある小《ちい》さい穴《あな》。呼吸《こきゅう》したり、水分《すいぶん》を出《だ》したりするはたらきをする。

°**きこう**【気候】[名] ある地方《ちほう》の、気温《きおん》・雨量《うりょう》などの天気《てんき》の変化《へんか》のようす。[例] 気候のいい土《と》地《ち》。

**きこう**【奇行】[名] ふつうとはちがった行《おこな》い。

**きこう**【紀行】[名] 旅行中《りょこうちゅう》の出来事《できごと》や、感想《かんそう》などを書《か》いたもの。[例] 紀行文《ぶん》。

**きこう**【起工】[名][動-する] 工事《こうじ》を始《はじ》めること。[例] 起工式《しき》。[類] 着工《ちゃっこう》。

**きこう**【帰航】[名][動-する] 船《ふね》や飛行機《ひこうき》が帰《かえ》りの航路《こうろ》につくこと。[類] 帰港《きこう》。[対] 出航《しゅっこう》。

**きこう**【帰港】[名][動-する] 船《ふね》が、出発《しゅっぱつ》した港《みなと》へ帰《かえ》ってくること。[類] 帰航《きこう》。[対] 出港《しゅっこう》。

**きこう**【寄港】[名][動-する] 航海中《こうかいちゅう》の船《ふね》が、途《と》中《ちゅう》の港《みなと》に寄《よ》ること。

**きこう**【機構】[名] ❶ものごとの仕組《しく》み。[例] 人体《じんたい》の機構を学《まな》ぶ。❷会社《かいしゃ》や団体《だんたい》などの組《そ》織《しき》。[例] 会社《かいしゃ》の機構。

✤°**きごう**【記号】[名] あることがらを表《あらわ》すための、決《き》められたしるし。符号《ふごう》。[例] 地図《ちず》の記号。足《た》し算《ざん》の記号。

**ぎこう**【技巧】[名] すぐれた技術《ぎじゅつ》。テクニック。[例] 技巧をこらす〔=いろいろと工夫《くふう》する〕。

✤**きこうぶん**【紀行文】[名] 旅行《りょこう》のようすや感想《かんそう》などを書《か》いた文《ぶん》。

**きこえ**【聞こえ】[名] ❶聞《き》こえること。[例] ラジオの聞こえがいい。❷うわさ。評判《ひょうばん》。[例] 名人《めいじん》の聞こえが高《たか》い。❸体裁《ていさい》。[例] 不合格《ふごうかく》では聞こえが悪《わる》い。

**きこえよがし**【聞こえよがし】悪口《わるくち》などを、わざとその人《ひと》に聞《き》こえるように言《い》うこと。[例] 聞こえよがしに失敗《しっぱい》を責《せ》める。

°**きこえる**【聞こえる】[動] ❶声《こえ》・音《おと》などが耳《みみ》に感《かん》じられる。[例] 音楽《おんがく》が聞こえる。❷広《ひろ》く知《し》れわたる。[例] 世《よ》の中《なか》に聞こえた話《はなし》。❸そのように受《う》け取《と》られる。[例] 反対《はんたい》しているように聞こえる。↓ぶん【聞】1165ページ

**きこく**【帰国】[名][動-する] 自分《じぶん》の国《くに》へ帰《かえ》ること。[例] 外国《がいこく》から帰国する。

**きこくしじょ**【帰国子女】[名] 外国《がいこく》で育《そだ》って、帰国《きこく》した子《こ》ども。

**きごこち**【着〈心地〉】[名] 衣服《いふく》を着《き》たときの感《かん》じ。[例] この服《ふく》は着心地がいい。

**きごころ**【気心】[名] その人《ひと》の考《かんが》え方《かた》や性《せい》質《しつ》。[例] 気心が知《し》れた人《ひと》。

**ぎこちない**[形] なめらかでない。しっくりしない。[例] 話《はな》し方《かた》が、まだぎこちない。

**きこつ**【気骨】[名] 自分《じぶん》の考《かんが》えをしっかりと持《も》ち、簡単《かんたん》に人《ひと》の言《い》いなりにならない強《つよ》い心《こころ》。[例] 気骨のある人《ひと》。[参考]「気骨」を「きぼね」と読《よ》むと、ちがう意味《いみ》になる。

**きこなす**【着こなす】[動] 自分《じぶん》によく似合《にあ》うようにうまく着《き》る。[例] 流行《りゅうこう》の服《ふく》を上手《じょうず》に着こなす。

**きこり**[名] 山《やま》で木《き》を切《き》ることを仕事《しごと》にしている人《ひと》。

**きこん**【気根】[名] トウモロコシ、マングローブなどに見《み》られる、植物《しょくぶつ》の地上《ちじょう》の茎《くき》や枝《えだ》から垂《た》れ下《さ》がっている根《ね》。

**きこん**【既婚】[名] すでに結婚《けっこん》していること。

**きざ**[形動] いやな感《かん》じがするほど、気《き》どっているようす。[例] きざな言《い》い方《かた》。

**きさい**【記載】[名][動-する] 書物《しょもつ》や書類《しょるい》などに書《か》いてのせること。

**きざい**【器材】[名] 器具《きぐ》や、それに関係《かんけい》のある材料《ざいりょう》。また、器具《きぐ》の材料《ざいりょう》。[例] 照明器材《しょうめいきざい》。

**きざい**【機材】[名] 機械《きかい》や、それに関係《かんけい》のある材料《ざいりょう》。また、機械《きかい》の材料《ざいりょう》。[例] 建設機材《けんせつきざい》。

**きさき**【后・妃】[名] 天皇《てんのう》や国王《こくおう》などの妻《つま》。

**ぎざぎざ**[名][形動][動-する] のこぎりの歯《は》のように、とがった刻《きざ》み目《め》が並《なら》んでいるようす。[例] ぎざぎざにとがった岩山《いわやま》。

**きさく**【気さく】[形動] さっぱりしていて、細《こま》かいことにこだわらないようす。[例] 気さくな人《ひと》がらで、みんなの人気者《にんきもの》だ。

**ぎさく**【偽作】[名] 本物《ほんもの》に似《に》せてつくった、にせの作品《さくひん》。[例] この絵《え》は偽作だと見破《みやぶ》った。

**きざし**【兆し】[名] 何《なに》かが起《お》こりそうなようす。[例] 春《はる》の兆し。↓ちょう【兆】836ページ

**きざす**【兆す】[動] 何《なに》かが起《お》ころうとする。起《お》こりそうなようすが見《み》える。[例] 心《こころ》に不安《ふあん》が兆す。↓ちょう【兆】836ページ

する。首都《しゅと》バンダルスリブガワン。人口約《じんこうやく》46万人《まんにん》。略称《りゃくしょう》BRU。

**きさま【貴様】** 代名 おまえ。〔親《した》しみをこめたり見下《みくだ》したりしていう言葉《ことば》。〕

**きざみ【刻み】** 名 きざむこと。きざみ目《め》。例 柱《はしら》に刻みをつける。三分《さんぷん》刻みで発車《はっしゃ》する。

**きざみこむ【刻み込む】** 動 ❶細《こま》かく切って混《ま》ぜこむ。❷文字《もじ》や絵などを彫《ほ》りつける。例 板《いた》に名前《なまえ》を刻み込む。❸心《こころ》に深《ふか》くとどめる。例 あの日《ひ》の感激《かんげき》を胸《むね》に刻み込む。

**きざみつける【刻み付ける】** 動 ❶きざんで、形《かたち》をほりつける。例 板《いた》に名前《なまえ》を刻みつける。❷忘《わす》れないように、よく覚《おぼ》えておく。例 心《こころ》にしっかり刻みつける。

**○きざむ【刻む】** 動 ❶細《こま》かく切《き》る。例 ネギを刻む。❷刃物《はもの》でほる。例 仏像《ぶつぞう》を刻む。❸しっかり覚《おぼ》える。例 頭《あたま》に刻む。❹細《こま》かく区切《くぎ》って進《すす》む。例 時《とき》を刻む。⇩こく【刻】453ページ

**きさらぎ【〈如月〉】** 名 昔《むかし》の暦《こよみ》で、二月《にがつ》のこと。

**○きし【岸】** 名 海《うみ》・湖《みずうみ》・川《かわ》などの、水《みず》との境目《さかいめ》の陸地《りくち》。⇩がん【岸】274ページ

**きし【棋士】** 名 碁《ご》や将棋《しょうぎ》をするのを仕事《しごと》としている人《ひと》。

**きし【騎士】** 名 ❶馬《うま》に乗《の》っている武士《ぶし》。❷昔《むかし》の、西洋《せいよう》の武士《ぶし》。ナイト。

**きじ【生地】** 名 ❶衣服《いふく》などを作《つく》るための織物《おりもの》。例 スカートの生地。❷生《う》まれつきの性質《せいしつ》。例 つい生地が出て、笑《わら》われる。注意「生地」を「せいち」と読《よ》むと、ちがう意味《いみ》になる。

**✤きじ【記事】** 名 出来事《できごと》やものごとを伝《つた》えるために、新聞《しんぶん》や雑誌《ざっし》に書《か》いた文章《ぶんしょう》。

**きじ** 名 山《やま》や林《はやし》にすみ、ニワトリぐらいの大《おお》きさの、尾《お》の長《なが》い鳥《とり》。雄《おす》の羽《はね》の色《いろ》が美《うつく》しい。日本《にっぽん》の国鳥《こくちょう》。⇩りゅうちょう(留鳥)1389ページ

**きじも鳴かずば撃たれまい** 〔キジも、鳴《な》きさえしなければ、見《み》つかって撃《う》たれることはなかったのに〕よけいなことを言《い》ったばかりに、災《わざわ》いを招《まね》いてしまうこと。類 口《くち》は災いの門《かど》。

**ぎし【技師】** 名 専門《せんもん》の技術《ぎじゅつ》を使《つか》って働《はたら》く人《ひと》。技術者《ぎじゅつしゃ》。

**ぎし【義姉】** 名 義理《ぎり》の姉《あね》。対 実姉《じっし》。関連 義兄《ぎけい》。義弟《ぎてい》。義妹《ぎまい》。

**ぎし【義肢】** 名 義手《ぎしゅ》と義足《ぎそく》。

**ぎし【義歯】** 名 抜《ぬ》けた歯《は》の代《か》わりに入《い》れる人工《じんこう》の歯《は》。入れ歯《ば》など。

**ぎじ【疑似】** 名 本物《ほんもの》によく似《に》ていること。例 疑似コレラ。対 真性《しんせい》。

**ぎじ【議事】** 名 会議《かいぎ》で話《はな》し合《あ》うこと。また、話《はな》し合《あ》うことがら。例 議事を進《すす》める。

**■きしかいせい【起死回生】** 名 ❶死《し》にかかった人《ひと》を生《い》き返《かえ》らせること。❷今《いま》にもだめになりそうなことを立《た》て直《なお》すこと。例 起死回生のホームラン。

**○ぎしき【儀式】** 名 婚礼《こんれい》や葬式《そうしき》など、決《き》まった形《かたち》で行《おこな》われる式《しき》。

**きしつ【気質】** 名 ❶生《う》まれつきの性質《せいしつ》。例 やさしい気質。類 気性《きしょう》。❷⇩かたぎ(気質)239ページ

**○きじつ【期日】** 名 前《まえ》もって決《き》められた日《ひ》。例 課題提出《かだいていしゅつ》の期日を守《まも》る。類 期限《きげん》。

**きじつまえとうひょう【期日前投票】** 名 〔「きじつぜんとうひょう」ともいう。〕選挙《せんきょ》の日《ひ》に投票《とうひょう》できない人《ひと》が、前《まえ》もってする投票《とうひょう》。

**ぎじどう【議事堂】** 名 議員《ぎいん》が集《あつ》まって、議事《ぎじ》を話《はな》し合《あ》うための建物《たてもの》。特《とく》に、国会議事堂《こっかいぎじどう》のこと。

**きしべ【岸辺】** 名 岸《きし》の辺《あた》り。岸《きし》のそば。

**きしむ** 動 物《もの》と物《もの》とがこすれ合《あ》って、ぎしぎし音《おと》を立《た》てる。例 床《ゆか》がきしむ。

**○きしゃ【汽車】** 名 蒸気機関車《じょうききかんしゃ》に引《ひ》かれてレールの上《うえ》を走《はし》る列車《れっしゃ》。

**きしゃ【帰社】** 名 動-する 社員《しゃいん》が自分《じぶん》の会社《かいしゃ》にもどること。

**きしゃ【記者】** 名 新聞《しんぶん》や雑誌《ざっし》などの記事《きじ》を、取材《しゅざい》したり書《か》いたりする人《ひと》。

**きしゅ【旗手】** 名 ❶スポーツなどの団体《だんたい》の行進《こうしん》で、旗《はた》を持《も》つ役目《やくめ》の人《ひと》。例 オリンピック選手団《せんしゅだん》の旗手をつとめる。❷ある活動《かつどう》や運動《うんどう》の先頭《せんとう》に立《た》つ人《ひと》。

**きしゅ【機首】** 名 飛行機《ひこうき》の前《まえ》の部分《ぶぶん》。例 機首を南《みなみ》に向《む》ける。

**きしゅ【機種】** 名 飛行機《ひこうき》や機械《きかい》などの種類《しゅるい》。

**きしゅ【騎手】** 名 競馬《けいば》や馬術《ばじゅつ》などで、馬《うま》に乗《の》る人《ひと》。

**きじゅ【喜寿】** 名 〔「喜《き》」の字《じ》を略《りゃく》した「㐂」が「七十七」と見《み》えることから〕七十七歳《ななじゅうななさい》。ま


世界の国 ブルネイ 東南《とうなん》アジアのカリマンタン島北部《とうほくぶ》にある、三重県《みえけん》くらいの大《おお》きさの小《ちい》さな国《くに》。石油《せきゆ》・天然《てんねん》ガスを産《さん》

た、その祝《いわ》い。

**ぎしゅ【義手】** 名 手《て》を失《うしな》った人《ひと》が代《か》わりにつける、ゴムや金属《きんぞく》などでつくった、人工《じんこう》の手《て》。

**きしゅう【奇襲】** 名 動-する 相手《あいて》の思《おも》いもよらない方法《ほうほう》で、不意《ふい》に敵《てき》を攻《せ》めること。

**きしゅう【既習】** 名 すでに学習《がくしゅう》したこと。

**きじゅうき【起重機】** 名 ↓クレーン381ページ

**きしゅくしゃ【寄宿舎】** 名 学生《がくせい》などが共同《きょうどう》で生活《せいかつ》する建物《たてもの》。

**きじゅつ【奇術】** 名 手《て》の動《うご》きや仕《し》かけによって、不思議《ふしぎ》なことをしてみせる芸《げい》。手品《てじな》。マジック。

✤**きじゅつ【記述】** 名 動-する 文章《ぶんしょう》に書《か》き記《しる》すこと。例 見《み》たとおりを記述する。

○**ぎじゅつ【技術】** 名 ❶あることを、上手《じょうず》にやる腕前《うでまえ》。技《わざ》。例 技術者《しゃ》。❷学問《がくもん》でわかったことを、仕事《しごと》に役立《やくだ》てる技《わざ》。例 科学《かがく》技術。

**ぎじゅつしゃ【技術者】** 名 専門《せんもん》の科学《かがく》技《ぎ》術《じゅつ》を身《み》につけた人《ひと》。エンジニア。

○**きじゅん【基準】** 名 ものごとを比《くら》べるとき、そのもととなるよりどころ。標準《ひょうじゅん》。例 前回《ぜんかい》の記録《きろく》を基準にする。

○**きじゅん【規準】** 名 よい、悪《わる》いなどを決《き》めるときのよりどころ。例 行動《こうどう》の規準。

**きしょう【気性】** 名 生《う》まれつきの性質《せいしつ》。気《き》だて。例 気性が激《はげ》しい。類 気質《きしつ》。

○**きしょう【気象】** 名 天候《てんこう》・風速《ふうそく》・気圧《きあつ》など、大気《たいき》中《ちゅう》に起《お》こる天気《てんき》のようす。

**きしょう【希少】** 形動 数《かず》がとても少《すく》なくて、まれであるようす。例 この本《ほん》は、希少価《か》値《ち》がある。

**きしょう【起床】** 名 動-する ねどこから起《お》き出《だ》すこと。対 就寝《しゅうしん》。

**きしょう【記章】** 名 帽子《ぼうし》や上着《うわぎ》などにつけて、学校《がっこう》や会社《かいしゃ》、身分《みぶん》などを示《しめ》すしるし。バッジ。

**きじょう【机上】** 名 机《つくえ》の上《うえ》。
**机上《きじょう》の空論《くうろん》** 頭《あたま》の中《なか》で考《かんが》えただけの、実際《じっさい》には役《やく》に立《た》たない考《かんが》え。

**きじょう【気丈】** 形動 気《き》持《も》ちの持《も》ち方《かた》がしっかりしているようす。例 気丈な母《はは》。

**ぎしょう【偽証】** 名 動-する うその証言《しょうげん》をすること。また、その証言《しょうげん》。

**ぎじょう【議場】** 名 会議《かいぎ》をする所《ところ》。特《とく》に、議員《ぎいん》が会議《かいぎ》を開《ひら》く所《ところ》。

**きしょうえいせい【気象衛星】** 名 気《き》象《しょう》を観測《かんそく》するために打《う》ち上《あ》げられた人工衛《じんこうえい》星《せい》。天気図《てんきず》を作《つく》ったり、台風《たいふう》の進路《しんろ》を予測《よそく》したりするのに役立《やくだ》てる。

**きしょうかち【希少価値】** 名 数《かず》が非常《ひじょう》に少《すく》なくて、手《て》に入《はい》りにくいことによって、できた値打《ねう》ち。例 昔《むかし》の切手《きって》は希少価値がある。

**きしょうかんそく【気象観測】** 名 気《き》温《おん》・気圧《きあつ》・風向《ふうこう》・風速《ふうそく》・降水量《こうすいりょう》などを、細《こま》かく調《しら》べたり測定《そくてい》したりすること。

**きしょうだい【気象台】** 名 気象《きしょう》や地震《じしん》の観測《かんそく》をする役所《やくしょ》。天気予報《てんきよほう》の発表《はっぴょう》もする。

**きしょうちょう【気象庁】** 名 各地《かくち》の気《き》象台《しょうだい》や測候所《そっこうじょ》の中心《ちゅうしん》となる役所《やくしょ》。

**きしょうつうほう【気象通報】** 名 気《き》象《しょう》に関《かん》する情報《じょうほう》や予報《よほう》や警報《けいほう》を、ひろく知《し》らせること。

■✤**きしょうてんけつ【起承転結】** 名 文《ぶん》章《しょう》を書《か》くときの組《く》み立《た》て方《かた》。「起《き》」で始《はじ》め、「承《しょう》」でそれを受《う》け、「転《てん》」で他《ほか》のことに移《うつ》り、「結《けつ》」で全体《ぜんたい》をまとめる。参考 元《もと》は、中国《ちゅうごく》の古《ふる》い詩《し》の組《く》み立《た》て方《かた》のこと。

**きしょうよほうし【気象予報士】** 名 気象庁《きしょうちょう》から出《だ》されるデータをもとに、天気《てんき》予報《よほう》を行《おこな》う資格《しかく》を持《も》っている人《ひと》。

**きしょうレーダー【気象レーダー】** 名 天候《てんこう》・風速《ふうそく》・気圧《きあつ》などの気象《きしょう》を観測《かんそく》するレーダー。

**きしょく【気色】** 名 ❶気《き》持《も》ちが、顔《かお》に表《あらわ》れたようす。例 気色をうかがう。❷気《き》持《も》ち。心持《こころも》ち。例 気色が悪《わる》い。注意「気色」を「けしき」と読《よ》むと、ちがう意味《いみ》になる。

■**きしょくまんめん【喜色満面】** 名 喜《よろこ》びでいっぱいの顔《かお》つき。

**きしる** 動 物《もの》がこすれ合《あ》って、きしきしいやな音《おと》を立《た》てる。例 車輪《しゃりん》がきしる音《おと》。

**きしん【寄進】** 名 動-する 神社《じんじゃ》や寺《てら》にお金《かね》や物《もの》を寄付《きふ》すること。

**きじん【奇人】** 名 ふつうの人《ひと》とちがったこ

を産《さん》する。首都《しゅと》ブジュンブラ。人口《じんこう》約《やく》1,150万人《まんにん》。略称《りゃくしょう》BDI。

とをしたり、考《かんが》えたりする人《ひと》。

■**ぎしんあんき**【疑心暗鬼】(名) 疑《うたが》う気持《きも》ちが強《つよ》くて、何《なん》でもないことをおそろしく感《かん》じること。例 疑心暗鬼になる。

✤**ぎじんか**【擬人化】(名)(動-する) 人間《にんげん》でないものを人間《にんげん》にたとえること。

✤**ぎじんほう**【擬人法】(名) 人間《にんげん》でないものを、人間《にんげん》にたとえて言《い》い表《あらわ》す方法《ほうほう》。「風《かぜ》が歌《うた》う。」「日《ひ》の光《ひかり》がほほえむ。」など。

**きしんやのごとし**【帰心矢のごとし】 故郷《こきょう》や家《いえ》へ、一刻《いっこく》でも早《はや》く帰《かえ》りたいという気持《きも》ちが強《つよ》いようす。

**きす**【鱚】(名) 海《うみ》の砂《すな》の多《おお》い所《ところ》にすむ魚《さかな》。体《からだ》は白《しろ》い。てんぷらなどにして食《た》べる。

**キス**〔英語 kiss〕(名)(動-する) 親《した》しみや愛情《あいじょう》を表《あらわ》すために、相手《あいて》のくちびるやほおなどに、くちびるでふれること。口《くち》づけ。せっぷん。

○**きず**【傷】(名) ❶打《う》ったり切《き》ったりして、皮膚《ひふ》や肉《にく》をいためたところ。例 切《き》り傷。❷心《こころ》に受《う》けたつらい思《おも》い。例 心《こころ》の傷。❸品物《しなもの》のいたんだところ。例 床《ゆか》に傷がついた。❹悪《わる》い点《てん》。欠点《けってん》。例 玉《たま》に傷〔=いいことばかりだが、一《ひと》つだけ欠点《けってん》がある〕。⇩しょう【傷】621ページ

**例解！ことばの勉強室**

### 起承転結《きしょうてんけつ》について

「どんぐりころころ」を、歌《うた》ったことがあるだろう。その第一節《だいいっせつ》の組《く》み立《た》てを調《しら》べてみると、次《つぎ》のように「起承転結《きしょうてんけつ》」になっている。

**どんぐりころころ　どんぶりこ** 起
**お池《いけ》にはまって　さあたいへん** 承
**どじょうがでてきて　こんにちは** 転
**ぼっちゃんいっしょに　遊《あそ》びましょ** 結

起 **話《はなし》が始《はじ》まる。**
どんぐりが転《ころ》がってきて、ドブンと落《お》ちてしまった。

承 **前《まえ》の話《はなし》を受《う》けて続《つづ》ける。**
池《いけ》に落《お》ちてしまったのだ。さあ、たいへんだ。

転 **話《はなし》の流《なが》れが変《か》わる。**
そこへ突然《とつぜん》、どじょうが現《あらわ》れた。そして「こんにちは。」と挨拶《あいさつ》する。
どんぐりはびっくりしたにちがいない。さて、どうなることやら…。

結 **話《はなし》がうまく結《むす》ばれる。**
どうなることかと思《おも》っていたら、どじょうは「いっしょに遊《あそ》びましょ。」と言《い》う。ああよかった。どじょうはどんぐりと仲《なか》よしなんだ。

物語《ものがたり》の筋《すじ》の組《く》み立《た》てを調《しら》べてみると、このような「起承転結《きしょうてんけつ》」の形《かたち》になっていることが多《おお》い。

**きずあと**【傷痕】(名) ❶傷《きず》がなおったあと。❷災害《さいがい》などによる被害《ひがい》や、心《こころ》に受《う》けた苦《くる》しみのあと。例 大地震《だいじしん》の傷痕がまだ残《のこ》っている。

○**きすう**【奇数】(名)〔算数《さんすう》で〕二《に》で割《わ》りきれない数《かず》。1・3・5・7・9など。対 偶数《ぐうすう》。

**きすう**【基数】(名) 数《かず》のもととして考《かんが》えられる整数《せいすう》。十進法《じっしんほう》では、1から9まで。広《ひろ》い意《い》味《み》では、0《ゼロ》も含《ふく》む。

**きずきあげる**【築き上げる】(動) ❶大《おお》きな建物《たてもの》などを造《つく》り上《あ》げる。❷長《なが》い間《あいだ》努力《どりょく》して作《つく》り上《あ》げる。例 一代《いちだい》で会社《かいしゃ》を築き上げた。

**ぎすぎす** 一(副)(-と)(動-する) 態度《たいど》や雰囲気《ふんいき》がとげとげしいようす。例 ぎすぎすした世《よ》の中《なか》だ。二(形動)(動-する) ひどくやせているようす。例 細《ほそ》くてぎすぎすした体《からだ》。

○**きずく**【築く】(動) ❶土《つち》や石《いし》を積《つ》み、大《おお》きなものを造《つく》る。例 城《しろ》を築く。❷努力《どりょく》して作《つく》り上《あ》げる。例 財産《ざいさん》を築く。⇩ちく【築】823ページ

**きずぐち**【傷口】(名) 傷《きず》がついたところ。例 傷口からばい菌《きん》が入《はい》る。

○**きずつく**【傷つく】(動) ❶けがをする。例 転《ころ》んでひざが傷ついた。❷こわれる。いたむ。例 床《ゆか》が傷つく。❸人《ひと》の名誉《めいよ》や気持《きも》ちがそこなわれる。例 心《こころ》が傷つく。

○**きずつける**【傷つける】(動) ❶(相手《あいて》に)け




世界の国 ブルンジ　アフリカ中央部《ちゅうおうぶ》にある国《くに》。中国地方《ちゅうごくちほう》よりややせまい。コーヒー栽培《さいばい》がさかんで、ほかに綿花《めんか》や茶《ちゃ》

がをさせる。❷(物《もの》に)傷《きず》をつける。例 机《つくえ》を傷つける。❸人《ひと》の名誉《めいよ》や、気持《きも》ちに傷《きず》をつける。例 学校《がっこう》の名《な》を傷《きず》つける。

**きずな【絆】** 名 たち切《き》ることのできない、人《ひと》と人《ひと》とのつながり。例 固《かた》いきずなで結《むす》ばれる。

**きする【帰する】** 動 あるところに落《お》ち着《つ》く。最後《さいご》にはそうなる。例 挑戦《ちょうせん》は失敗《しっぱい》に帰《き》した。

**きする【期する】** 動 ❶期限《きげん》を決《き》める。例 四《し》月《がつ》を期《き》して始《はじ》める。❷覚悟《かくご》する。決心《けっしん》する。例 心《こころ》に期《き》するところがある。❸期待《きたい》する。約束《やくそく》する。例 再会《さいかい》を期《き》して別《わか》れる。

**きせい【気勢】** 名 元気《げんき》がよいこと。意気《いき》ごみ。例 気勢《きせい》を上《あ》げる。

**きせい【奇声】** 名 変《へん》な声《こえ》。おかしな声《こえ》。例 奇声《きせい》を発《はっ》する。

**きせい【既成】** 名 すでに世《よ》の中《なか》にあって、行《おこな》われていること。例 既成《きせい》の事実《じじつ》。

**きせい【帰省】** 名 動する 故郷《こきょう》へ帰《かえ》ること。例 正月《しょうがつ》には帰省《きせい》する。類 帰郷《ききょう》。

**きせい【既製】** 名 品物《しなもの》を注文《ちゅうもん》によってでなく、前《まえ》もって作《つく》っていること。できあい。レディーメード。例 既製服《きせいふく》。

**きせい【寄生】** 名 動する キノコやヤドリギ、カイチュウなどのように、生物《せいぶつ》が他《ほか》の生物《せいぶつ》の体《からだ》から養分《ようぶん》などをとって生《い》きていくこと。例 寄生植物《きせいしょくぶつ》。

**きせい【規制】** 名 動する 決《き》まりに従《したが》って、交《こう》通《つう》や行動《こうどう》を制限《せいげん》すること。例 交通規制《こうつうきせい》。

°**ぎせい【犠牲】** 名 ❶あることや人《ひと》のために、自分《じぶん》の命《いのち》や大切《たいせつ》なものをすてること。例 自《じ》分《ぶん》の身《み》を犠牲《ぎせい》にして、人《ひと》の命《いのち》を救《すく》った。❷災難《さいなん》や事故《じこ》で死《し》んだり、不幸《ふこう》な目《め》にあったりすること。例 戦争《せんそう》の犠牲者《ぎせいしゃ》。

*°**ぎせいご【擬声語】** 名 動物《どうぶつ》の鳴《な》き声《ごえ》や物《もの》の音《おと》などをまねして表《あらわ》す言葉《ことば》。「ワンワン」「ゴロゴロ」など。擬音語《ぎおんご》。

**きせいちゅう【寄生虫】** 名 他《た》の生物《せいぶつ》に寄《き》生《せい》して生活《せいかつ》する虫《むし》。

**きせいひん【既製品】** 名 前《まえ》もってつくってある品物《しなもの》。

°**きせき【奇跡】** 名 ふつうではとても起《お》こりそうもない、不思議《ふしぎ》な出来事《できごと》。

**きせき【軌跡】** 名 ❶人《ひと》やものごとが、たどってきたあと。例 完成《かんせい》までの軌跡《きせき》をふり返《かえ》る。❷(算数《さんすう》で)一《ひと》つの点《てん》が、一定《いってい》のきまりで動《うご》いてできる図形《ずけい》。参考 元《もと》は「車輪《しゃりん》の通《とお》ったあと」の意味《いみ》。

**ぎせき【議席】** 名 会議場《かいぎじょう》に置《お》かれている議《ぎ》員《いん》の席《せき》。また、議員《ぎいん》の資格《しかく》。

**きせきてき【奇跡的】** 形動 ふつうではありえない、不思議《ふしぎ》なようす。例 車《くるま》はつぶれたが、奇跡的《きせきてき》に助《たす》かった。

**きせずして【期せずして】** 思《おも》いがけず。約束《やくそく》したわけでもないのに。例 期せずしてみんなが集《あつ》まった。

°**きせつ【季節】** 名 ❶気候《きこう》の移《うつ》り変《か》わりに応《おう》じて、一年《いちねん》をいくつかに分《わ》けた期間《きかん》。日本《にっぽん》では、春《はる》・夏《なつ》・秋《あき》・冬《ふゆ》の四《よっ》つの季節《きせつ》がある。❷あることが、よく行《おこな》われる時期《じき》。シーズン。例 入試《にゅうし》の季節《きせつ》。

**きぜつ【気絶】** 名 動する しばらく息《いき》が止《と》まり、気《き》を失《うしな》うこと。

**きせつかん【季節感】** 名 いかにもその季《き》節《せつ》らしい感《かん》じ。例 季節感《きせつかん》あふれる食《た》べ物《もの》。

**きせつはずれ【季節外れ】** 名 その季節《きせつ》に合《あ》わないこと。例 季節外れの雪《ゆき》が降《ふ》る。

**きせつふう【季節風】** 名 季節《きせつ》によって決《き》まった方向《ほうこう》からふいてくる風《かぜ》。日本《にっぽん》では、夏《なつ》は太平洋《たいへいよう》から南東《なんとう》の風《かぜ》が、冬《ふゆ》は反対《はんたい》にシベリアから北西《ほくせい》の風《かぜ》がふく。モンスーン。

°**きせる【着せる】** 動 ❶衣服《いふく》を体《からだ》につけさせる。着《き》させる。例 人形《にんぎょう》に服《ふく》を着《き》せる。❷かぶせる。なすりつける。例 人《ひと》に罪《つみ》を着《き》せる。

⇩ちゃく【着】828ページ

**キセル**〔カンボジア語〕名 きざみたばこを詰《つ》めて吸《す》う道具《どうぐ》。細長《ほそなが》い竹《たけ》の管《くだ》の一方《いっぽう》に金属《きんぞく》でできた吸《す》い口《くち》、もう一方《いっぽう》にたばこを詰《つ》める部分《ぶぶん》をつけたもの。

**きぜわしい【気ぜわしい】** 形 ❶気持《きも》ちがせかされて落《お》ち着《つ》かない。例 年末《ねんまつ》はどうも気《き》ぜわしい。❷気《き》が短《みじか》く、せっかちだ。例 あの人《ひと》は気《き》ぜわしい人《ひと》だ。

**きせん【汽船】** 名 蒸気《じょうき》の力《ちから》で動《うご》く船《ふね》。蒸気《じょうき》船《せん》。また、客船《きゃくせん》のこと。

**きぜん【毅然】** 副(-と) 心《こころ》がしっかりとして、

## 例解！ことばの勉強室

### 擬声語《ぎせいご》と擬態語《ぎたいご》

「コケコッコーとニワトリが鳴《な》く。」「窓《まど》ががたがたと音《おと》を立《た》てる。」「水《みず》をごくりと飲《の》む。」というように、擬声語《ぎせいご》は、動物《どうぶつ》の鳴《な》き声《ごえ》、物《もの》や人《ひと》の動作《どうさ》の音《おと》など、身《み》の回《まわ》りの物音《ものおと》を、言葉《ことば》でまねして表《あらわ》したものである。

また、「ずっしり重《おも》い。」「うきうきしている。」のように、音《おと》を出《だ》さない、人《ひと》や物《もの》のようすやありさま、感覚《かんかく》や気持《きも》ちなどを、言葉《ことば》の音《おと》で、それらしく表《あらわ》すことがある。これが擬態語《ぎたいご》である。日本語《にほんご》にはこの擬態語《ぎたいご》が多《おお》いといわれる。

●「かきくけこ」「がぎぐげご」のちがいに気《き》をつけて、くらべてみよう。

からから

がらがら

きらきら

ぎらぎら

くるくる

ぐるぐる

けらけら

げらげら

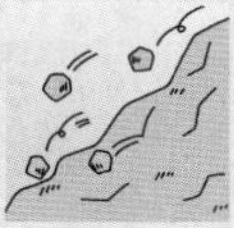
ころころ

ごろごろ

●「かきくけこ」は小《ちい》さいもの、「がぎぐげご」は大《おお》きいもののようすを表《あらわ》しているようだ。では、次《つぎ》はどうちがうだろう。

雨《あめ》が
はらはら
ばらばら
ぱらぱら
降《ふ》る。

風《かぜ》が
ひゅうひゅう
びゅうびゅう
ぴゅうぴゅう
吹《ふ》く。

道《みち》を
ふらふら
ぶらぶら
ぷらぷら
歩《ある》く。

（相手《あいて》に向《む》かって）
へらへら
べらべら
ぺらぺら
………

涙《なみだ》が
ほろほろ
ぼろぼろ
ぽろぽろ
落《お》ちる。

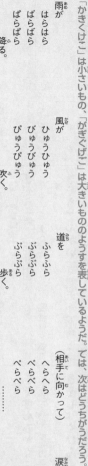

あいうえお かきくけこ さしすせそ たちつてと なにぬねの はひふへほ まみむめも やゆよ らりるれろ わをん



世界の国　ベトナム　インドシナ半島東部《はんとうとうぶ》にある国《くに》。南北《なんぼく》に長《なが》く、日本《にっぽん》よりややせまい。石炭《せきたん》や鉄鉱石《てっこうせき》などを産《さん》し、農業《のうぎょう》

### 例解！表現の広場

**基礎《きそ》と基本《きほん》と根本《こんぽん》のちがい**

| | 基礎《きそ》 | 基本《きほん》 | 根本《こんぽん》 | |
|---|---|---|---|---|
| 勉強《べんきょう》を | ○ | ○ | ○ | からやり直《なお》す。 |
| ビルの | ○ | × | × | 工事《こうじ》。 |
| 外交《がいこう》の | × | ○ | × | 方針《ほうしん》。 |
| 考《かん》えを | × | × | ○ | から変《か》える。 |

ゆるがないようす。例 毅然として立《た》ち向《む》かう。参考「毅然《きぜん》たる態度《たいど》」などと使《つか》うこともある。

**ぎぜん**【偽善】名 うわべはよいことをしているように見《み》せかけること。例 偽善者《しゃ》。

**きせんをせいする**【機先を制する】相手《あいて》よりも先《さき》に動《うご》いて、相手《あいて》の動《うご》きをおさえる。例 敵《てき》の機先を制して攻《せ》めこむ。

**きそ**【起訴】名 動-する 検察官《けんさつかん》が、犯人《はんにん》と思《おも》う人《ひと》を裁判所《さいばんしょ》にうったえること。

○**きそ**【基礎】名 ❶(建物《たてもの》などの)土台《どだい》。いしずえ。例 基礎工事《こうじ》。❷ものごとを大《おお》もとで支《ささ》えているもの。例 九九《くく》は掛《か》け算《ざん》・割《わ》り算《ざん》の基礎だ。基礎体力《たいりょく》。類 基本《きほん》。

**きそう**【起草】名 動-する 原稿《げんこう》や文章《ぶんしょう》の下書《したが》きを書《か》くこと。

○**きそう**【競う】動 負《ま》けないように、争《あらそ》う。例 勝敗《しょうはい》を競う。↓きょう【競】332ページ

**きぞう**【寄贈】名 動-する 品物《しなもの》を人《ひと》におくること。きそう。例 本《ほん》を寄贈する。

**ぎそう**【偽装】名 動-する 人《ひと》の目《め》をごまかすこと。また、ごまかすための動《うご》きやようす。例 産地《さんち》を偽装する。

**ぎぞう**【偽造】名 動-する ほんものに似《に》せて作《つく》ること。また、作《つく》ったもの。例 紙幣《しへい》を偽造する。

■✤**きそうてんがい**【奇想天外】形動 ふつうでは思《おも》いもよらないような変《か》わったようす。例 奇想天外な計画《けいかく》。

**きそうほんのう**【帰巣本能】名 動物《どうぶつ》が、遠《とお》く離《はな》れた場所《ばしょ》からでも、自分《じぶん》のすみかにもどってくる性質《せいしつ》。

**きそがわ**【木曽川】地名 北《きた》アルプス南部《なんぶ》から流《なが》れ出《だ》し、濃尾平野《のうびへいや》を通《とお》って、伊勢湾《いせわん》に注《そそ》ぐ川《かわ》。

○**きそく**【規則】名 ものごとをする方法《ほうほう》や順序《じゅんじょ》などを決《き》めたもの。決《き》まり。ルール。例 規則正《ただ》しい(=一定《いってい》のきまりに従《したが》った)生活《せいかつ》。

**きぞく**【帰属】名 動-する 財産《ざいさん》や権利《けんり》などが、ある国《くに》や団体《だんたい》、個人《こじん》のものになること。例 領《りょう》土《ど》の帰属をめぐって争《あらそ》う。

**きぞく**【貴族】名 身分《みぶん》の高《たか》い家柄《いえがら》や人《ひと》。

**ぎそく**【義足】名 足《あし》を失《うしな》った人《ひと》が代《か》わりにつける、ゴムや金属《きんぞく》などでつくった人工《じんこう》の足《あし》。

**きそくせい**【規則性】名 一定《いってい》のきまりに従《したが》っているようす。例 ふりこの動《うご》きに、規則性を発見《はっけん》する。

**きそくてき**【規則的】形動 ❶規則《きそく》正《ただ》しいようす。例 規則的な生活《せいかつ》。❷決《き》まったリズムで、くり返《かえ》すようす。例 心臓《しんぞう》は規則的に動《うご》く。

**きそさんみゃく**【木曽山脈】地名 長野《ながの》県《けん》から岐阜《ぎふ》・愛知《あいち》の県境《けんざかい》に連《つら》なる山脈《さんみゃく》。駒《こま》ケ《が》岳《たけ》などがある。中央《ちゅうおう》アルプス。

**きそしょくひんぐん**【基礎食品群】名 食品《しょくひん》を、栄養素《えいようそ》の種類《しゅるい》や量《りょう》の特徴《とくちょう》から、いくつかの群《ぐん》(=グループ)に分《わ》けたもの。バランスのよい食事《しょくじ》をするための目安《めやす》として使《つか》われる。

○**きた**【北】名 方角《ほうがく》の一《ひと》つ。日《ひ》の出《で》るほうに向《む》かって左《ひだり》のほう。地図《ちず》では上《うえ》のほうになる。対 南《みなみ》。関連 東《ひがし》。西《にし》。南《みなみ》。↓ほく【北】1204ページ

**ぎだ**【犠打】名〔野球《やきゅう》などで〕打者《だしゃ》がアウトになるかわりに、走者《そうしゃ》が進塁《しんるい》できるような打《だ》撃《げき》。犠牲《ぎせい》フライや犠牲《ぎせい》バントなど。

**ギター**〔英語 guitar〕名 弦楽器《げんがっき》の一《ひと》つ。六本《ろっぽん》の弦《げん》をはじいて音《おと》を出《だ》す。↓がっき(楽器)244ページ

**きたアメリカ**【北アメリカ】地名 六大《ろくだい》州《しゅう》の一《ひと》つ。北《きた》アメリカ大陸《たいりく》と、周辺《しゅうへん》の島々《しまじま》を含《ふく》む地域《ちいき》。東《ひがし》は大西洋《たいせいよう》、西《にし》は太平洋《たいへいよう》に面《めん》し、南《みなみ》は南《みなみ》アメリカ大陸《たいりく》とつながる。カナダ・アメリカ合衆国《がっしゅうこく》・メキシコなどの国々《くにぐに》がある。北米《ほくべい》。

**きたアルプス**【北アルプス】地名 ↓ひださんみゃく 1094ページ

○**きたい**【気体】名 空気《くうき》やガスのように、決《き》

ポルトノボ。人口約《じんこうやく》1,210万人《まんにん》。略称《りゃくしょう》BEN。

まった形《かたち》や体積《たいせき》もなく、容器《ようき》に入《い》れると、中《なか》でいっぱいに広《ひろ》がる性質《せいしつ》のあるもの。関連 液《えき》体《たい》。固体《こたい》。

**きたい【期待】** 名 動-する そうなってほしいと、心《こころ》の中《なか》で待《ま》つこと。あてにすること。例 期待外《はず》れ。期待にこたえる。

**きたい【機体】** 名 飛行機《ひこうき》やヘリコプターの胴体《どうたい》や翼《つばさ》。

**きたい【希代】** 名 めったにないこと。例 彼《かれ》こそ希代の名人《めいじん》だ。

✤**きだい【季題】** 名 ⇩きご 303ページ

**ぎたい【擬態】** 名 動物《どうぶつ》が身《み》を守《まも》るために、体《からだ》の色《いろ》や形《かたち》を周《まわ》りの物《もの》に似《に》せること。例《たと》えば、シャクトリムシは木《き》の枝《えだ》に、コノハチョウは木《こ》の葉《は》に似《に》せている。

○**ぎだい【議題】** 名 会議《かいぎ》で話《はな》し合《あ》うことがら。

✤○**ぎたいご【擬態語】** 名 ものごとのようすや身《み》ぶりなどの感《かん》じを、それらしい音《おと》で表《あらわ》す言葉《ことば》。「にこにこ」「きらきら」など。⇩309ページ

**きたいはずれ【期待外れ】** 名 期待《きたい》どおりにならないこと。例 期待外れの結果《けっか》だった。

**きたえあげる【鍛え上げる】** 動 じゅうぶんにきたえる。例 鍛え上げた腕《うで》まえを見《み》せる。

○**きたえる【鍛える】** 動 ❶はがねを、何度《なんど》も熱《ねっ》しては打《う》って、強《つよ》くする。例 刀《かたな》を鍛える。❷何度《なんど》も練習《れんしゅう》して、すぐれたものにする。例 体《からだ》を鍛える。⇩たん【鍛】811ページ

**きたかいきせん【北回帰線】** 名 北緯《ほくい》二三度《ど》二七分《ふん》を通《とお》る、赤道《せきどう》と平行《へいこう》な線《せん》。夏至《げし》のとき、太陽《たいよう》はここをほぼ真上《まうえ》から照《て》らす。対 南回帰線《みなみかいきせん》。⇩かいきせん 198ページ

**きたかぜ【北風】** 名 北《きた》から吹《ふ》く冷《つめ》たい風《かぜ》。

**きたかみがわ〖北上川〗** 地名 岩手県《いわてけん》を南《みなみ》に流《なが》れ、宮城県《みやぎけん》から太平洋《たいへいよう》に注《そそ》ぐ川《かわ》。

**きたがわ うたまろ〖喜多川歌麿〗** 人名（男）（一七五三～一八〇六）江戸《えど》時代《じだい》の浮世絵《うきよえ》の画家《がか》。特《とく》に、美人画《びじんが》や役者絵《やくしゃえ》にすぐれた作品《さくひん》がある。

**きたく【帰宅】** 名 動-する 自分《じぶん》の家《いえ》に帰《かえ》ること。例 帰宅時間《じかん》がおそい。

**きたぐに【北国】** 名 北《きた》のほうの地方《ちほう》。

**きたざと しばさぶろう〖北里柴三郎〗** 人名（男）（一八五三～一九三一）ペスト菌《きん》を発見《はっけん》した細菌学者《さいきんがくしゃ》。ドイツで破傷風菌《はしょうふうきん》の研究《けんきゅう》をし、帰国《きこく》してから伝染病研究所《でんせんびょうけんきゅうじょ》を作《つく》った。

**きたす【来す】** 動 ある結果《けっか》を招《まね》く。例 支障《ししょう》を来す（＝さしさわりを招《まね》く）。⇩らい【来】1370ページ

**きたちょうせん〖北朝鮮〗** 地名 ⇩ちょうせんみんしゅしゅぎじんみんきょうわこく 341ページ

**きだて【気立て】** 名 心《こころ》の持《も》ち方《かた》。性質《せいしつ》。気《き》持《も》ち。例 気だてがいい。

○**きたない【汚い】** 形 ❶余計《よけい》なものがついて、いやな感《かん》じだ。よごれている。例 汚い手《て》。❷乱暴《らんぼう》で、きちんとしていない。例 汚い文字《もじ》。❸心《こころ》が正《ただ》しくない。ずるい。欲《よく》が深《ふか》い。例 やり方《かた》が汚い。金《かね》に汚い。対（❶～❸）きれい。⇩お【汚】141ページ

**きたならしい【汚らしい】** 形 いかにもきたないようすだ。例 きたならしい服装《ふくそう》。

**きたはら はくしゅう〖北原白秋〗** 人名（男）（一八八五～一九四二）明治《めいじ》から昭《しょう》和《わ》時代《じだい》にかけての詩人《しじん》・歌人《かじん》。詩集《ししゅう》に「邪宗門《じゃしゅうもん》」、歌集《かしゅう》に「桐《きり》の花《はな》」などがあり、童謡《どうよう》の「からたちの花《はな》」や「この道《みち》」は有名《ゆうめい》である。

**きたはんきゅう【北半球】** 名 地球《ちきゅう》の赤《せき》道《どう》から北《きた》の部分《ぶぶん》。対 南半球《みなみはんきゅう》。

**きたまえぶね【北前船】** 名 江戸《えど》時代《じだい》中《なか》ごろから明治《めいじ》時代《じだい》にかけて、商品《しょうひん》の売《う》り買《か》いをしながら、北海道《ほっかいどう》と大阪《おおさか》の間《あいだ》を日本海《にほんかい》回《まわ》りで行《い》き来《き》していた商船《しょうせん》。

**きたる【来る】** 連体 近《ちか》いうちに来《く》る。今度《こんど》の。例 運動会《うんどうかい》は、来る十月《じゅうがつ》十日《とおか》に行《おこな》う。対 去《さ》る。⇩らい【来】1370ページ

**きたんのない【忌憚のない】** 遠慮《えんりょ》のない。例 きたんのない意見《いけん》。

## きち【吉】 画数 6 部首 口（くち）

音 キチ キツ 訓 ―

よい。めでたい。熟語 吉日《きちじつ》・吉日《きちにち》。吉凶《きっきょう》。不吉《ふきつ》。対 凶《きょう》。

**きち【吉】** 名 縁起《えんぎ》がよいこと。例 おみくじで吉を引《ひ》いた。対 凶《きょう》。



世界の国 ベナン アフリカ西部《せいぶ》、ギニア湾《わん》沿《ぞ》いの国《くに》。綿花《めんか》・パーム油《ゆ》を産《さん》する農業国《のうぎょうこく》。本州《ほんしゅう》の半分《はんぶん》ほどの大《おお》きさ。首都《しゅと》

**きち【危地】**[名] 危険《きけん》な場所《ばしょ》。また、危険《きけん》な場合《ばあい》。[例] 危地からぬけ出《だ》す。

**きち【既知】**[名] すでに知《し》られていること。[例] 既知の事実《じじつ》。[対] 未知《みち》。

**きち【基地】**[名] ものごとをおし進《すす》めるときの、よりどころとする場所《ばしょ》。

**きち【機知】**[名] その場《ば》で、とっさにはたらく知恵《ちえ》。ウイット。[例] 機知に富《と》む会話《かいわ》。

**きちじつ【吉日】**[名] ものごとをするのによい日《ひ》。めでたい日《ひ》。きちにち。

**きちゃく【帰着】**[名][動-する] ❶帰《かえ》り着《つ》くこと。❷議論《ぎろん》などが、あるところに落《お》ち着《つ》くこと。[例] 結果《けっか》は原案《げんあん》に帰着した。

**きちゅう【忌中】**[名] 家族《かぞく》のだれかが死《し》んでから、家《いえ》でつつしんでいる期間《きかん》。ふつう、四《し》十九日間《じゅうくにちかん》。[類] 喪中《もちゅう》。

**きちょう【記帳】**[名][動-する] 帳簿《ちょうぼ》や帳面《ちょうめん》などに書《か》き入《い》れること。[例] 受付《うけつけ》で名前《なまえ》を記帳する。

**きちょう【帰朝】**[名][動-する] 外国《がいこく》から日本《にっぽん》に帰《かえ》って来《く》ること。帰国《きこく》。[例] 帰朝報告《ほうこく》。

**きちょう【貴重】**[形動] 非常《ひじょう》に大切《たいせつ》なようす。[例] 貴重品《ひん》。貴重な時間《じかん》。

**きちょう【機長】**[名] 飛行機《ひこうき》の乗務員《じょうむいん》の中《なか》で、いちばん上《うえ》の役《やく》の人《ひと》。

**ぎちょう【議長】**[名] 会議《かいぎ》を進《すす》めたり、まとめたりする役《やく》の人《ひと》。

**きちょうひん【貴重品】**[名] 非常《ひじょう》に大切《たいせつ》なもの。[例] 貴重品はお預《あず》かりします。

**きちょうめん【几帳面】**[形動] ものごとをきちんとして、いいかげんにしないようす。[例] 兄《あに》はきちょうめんな性格《せいかく》だ。

**○きちんと** [副][動-する] ❶よく整理《せいり》されているようす。[例] きちんとした図書室《としょしつ》。❷決《き》まりどおりであるようす。[例] 時間《じかん》どおりにきちんと行《い》く。❸はっきりしているようす。[例] きちんと断《ことわ》る。

**きちんやど【木賃宿】**[名] 昔《むかし》、木賃《きちん》(=自炊《じすい》のためのまき代《だい》)だけを取《と》って旅人《たびびと》を泊《と》めた安宿《やすやど》。

**きつ【喫】** [画数] 12 [部首] 口(くちへん)

[音] キツ [訓] ―

❶食《た》べる。飲《の》む。吸《す》う。[熟語] 喫煙《きつえん》。喫茶《きっさ》。満《まん》喫《きつ》。❷受《う》ける。こうむる。[熟語] 喫水《きっすい》。[例] 大敗《たいはい》を喫《きっ》する。↓きっする 313ページ

**きつ【詰】** [画数] 13 [部首] 言(ごんべん)

[音] キツ [訓] つ-める つ-まる つ-む

❶問《と》いつめる。責《せ》める。[熟語] 詰問《きつもん》。❷つめる。物《もの》をいっぱい入《い》れる。ふさぐ。動《うご》けないようにする。短《みじか》くする。[例] 穴《あな》を詰《つ》める。着物《きもの》のたけを詰《つ》める。水道管《すいどうかん》が詰《つ》まる。(将棋《しょうぎ》で)あと一手《いって》で詰《つ》む。

**きつ【吉】** [熟語] 不吉《ふきつ》。↓きち【吉】311ページ

**○きつい** [形] ❶すき間《ま》やゆとりがない。[例] 靴《くつ》がきつい。❷力《ちから》の入《い》れ方《かた》が強《つよ》い。[例] きつく握《にぎ》る。[対] (❶・❷)緩《ゆる》い。❸厳《きび》しい。[例] 仕事《しごと》がきつい。❹気《き》が強《つよ》い。[例] きつい顔《かお》つき。❺激《はげ》しい。[例] 日《ひ》ざしがきつい。

**きつえん【喫煙】**[名][動-する] たばこを吸《す》うこと。[例] 喫煙室《しつ》。

**きづかい【気遣い】**[名][動-する] 気《き》をつかうこと。心配《しんぱい》。[例] 雨《あめ》になる気遣いはない。

**○きづかう【気遣う】**[動] あれこれと気《き》をつかう。心配《しんぱい》する。[例] 天気《てんき》を気遣う。

**○きっかけ** [名] ❶ものごとをするはじめ。手始《てはじ》め。[例] 話《はなし》のきっかけを作《つく》る。❷何《なに》かを始《はじ》めるもとになるもの。動機《どうき》。[例] テニスを始《はじ》めたきっかけ。

**きっかり** [副](-と) 少《すこ》しのくいちがいもないようす。ちょうど。ぴったり。[例] 十時《じゅうじ》きっかりで仕事《しごと》をやめる。

**きづかれ【気疲れ】**[名][動-する] あれこれと気《き》をつかって、疲《つか》れること。[例] 初対面《しょたいめん》の人《ひと》と話《はな》して気づかれした。

**きづき【気付き】**[名] 気《き》づいたこと。

**きっきょう【吉凶】**[名] よいことと悪《わる》いこと。[例] 吉凶をうらなう。

**キック**〔英語 kick〕[名][動-する] けること。

**○きづく【気付く】**[動] あることが初《はじ》めてわかる。気《き》がつく。感《かん》づく。[例] 自分《じぶん》の失敗《しっぱい》に気づく。

**キックオフ**〔英語 kickoff〕[名]〔サッカーやラグビーなどで〕ボールを蹴《け》って、試合《しあい》を始《はじ》めること。

**ぎっくりごし【ぎっくり腰】**[名] むりな

油化学《ゆかがく》や製鉄《せいてつ》などの工業《こうぎょう》もさかん。首都《しゅと》カラカス。人口約《じんこうやく》2,800万人《まんにん》。略称《りゃくしょう》VEN。

姿勢《しせい》で体《からだ》を動《うご》かしたために、腰《こし》がひどく痛《いた》くなること。

**きつけ【着付け】**名 着物《きもの》をきちんと着《き》せること。

**きづけ【気付】**名 手紙《てがみ》などを、相手《あいて》の住所《じゅうしょ》でない所《ところ》へ出《だ》して、そこから相手《あいて》にわたしてもらうときに、あて先《さき》のあとに書《か》く言葉《ことば》。きつけ。例 中山小学校《なかやましょうがっこう》気付川本道子《かわもとみちこ》先生《せんせい》。

**きつけぐすり【気付け薬】**名 気絶《きぜつ》した人《ひと》を、正気《しょうき》づかせるための薬《くすり》。

**きっさき【切っ先】**名 刃物《はもの》のとがった先《さき》。例 まな板《いた》に切っ先を突《つ》き立《た》てる。

**きっさてん【喫茶店】**名 コーヒーや紅茶《こうちゃ》などの飲《の》み物《もの》や、ケーキなどを出《だ》す店《みせ》。カフェ。

**ぎっしゃ【牛車】**名 牛《うし》に引《ひ》かせる、屋根《やね》のついた車《くるま》。昔《むかし》、身分《みぶん》の高《たか》い人《ひと》が乗《の》った。ぎゅうしゃ。

**ぎっしり** 副(-と) いっぱいつまっているようす。例 中身《なかみ》がぎっしりつまっている。

**キッズ**〔英語 kids〕名 子《こ》ども。子《こ》どもたち。例 キッズ用品《ようひん》。

**きっすい【喫水】**名 船《ふね》が水《みず》にうかんだとき、水面《すいめん》から船《ふね》の底《そこ》までの深《ふか》さ。類 船足《ふなあし》。

**きっすい【生っ粋】**名 混《ま》じりけが、まったくないこと。例 生っ粋の江戸《えど》っ子《こ》。

**きっする【喫する】**動 ❶飲《の》む。食《た》べる。吸《す》う。例 茶《ちゃ》を喫する。❷身《み》に受《う》ける。こうむる。例 惨敗《ざんぱい》を喫する。

**きづち【木槌】**名 木《き》で作《つく》ったつち。

**きっちょう【吉兆】**名 めでたいことがありそうなきざし。対 凶兆《きょうちょう》。

**きっちょむばなし〔吉四六話〕**作品名 大分県《おおいたけん》に伝《つた》わる民話《みんわ》。「きっちょむ」という男《おとこ》が主人公《しゅじんこう》の、とんち話《ばなし》。

**きっちり** 副(-と) ❶数量《すうりょう》が、ちょうどなようす。例 きっちり千円《せんえん》で買《か》った。❷すきまのないようす。例 雨戸《あまど》をきっちり閉《し》める。

**キッチン**〔英語 kitchen〕名 台所《だいどころ》。調理《ちょうり》をする場所《ばしょ》。

**きつつき【〈啄木鳥〉】**名 林《はやし》や森《もり》にすむ鳥《とり》。アカゲラ・クマゲラ・コゲラなどがいる。木《き》の幹《みき》をつついて穴《あな》をあけ、中《なか》の虫《むし》を引《ひ》き出《だ》して食《た》べる。

〔きつつき〕

**°きって【切手】**名 お金《かね》をはらったしるしとして、手紙《てがみ》などにはる小《ちい》さな紙《かみ》。郵便切手《ゆうびんきって》。例 記念《きねん》切手。

**きっての**〔ある言葉《ことば》のあとにつけて〕…の中《なか》でいちばんの。例 県内《けんない》きっての投手《とうしゅ》。

**きってもきれない【切っても切れない】** ふかいつながりがある。例 切っても切れない仲《なか》。

**°きっと** 副 ❶まちがいなく。確《たし》かに。例 きっと勝《か》ってみせる。❷厳《きび》しく。きりりと。例 きっと口《くち》を結《むす》ぶ。

**キット**〔英語 kit〕名 組《く》み立《た》て部品《ぶひん》などのひとそろい。例 プラモデルのキット。

**きつね【狐】**名 山《やま》や林《はやし》にすむ、犬《いぬ》に似《に》た動物《どうぶつ》。毛《け》が茶色《ちゃいろ》で、口《くち》がつき出《で》ていて、尾《お》が太《ふと》く長《なが》い。昔《むかし》から、おいなりさんのお使《つか》いとか、人《ひと》をだますなどといわれてきた。

**きつねとたぬきの化《ば》かし合《あ》い** ずるい者《もの》どうしのだまし合《あ》い。

**きつねにつままれる**〔きつねにだまされたように〕何《なに》がなんだかわからなくなること。例 きつねにつままれたような顔《かお》。

**きつねの嫁《よめ》入《い》り** 日《ひ》が照《て》っているのに、小《こ》雨《さめ》が降《ふ》ること。また、そのような天気《てんき》。天《てん》気雨《きあめ》。

**きつねいろ【狐色】**名 キツネの毛《け》のような、うすい焦《こ》げ茶色《ちゃいろ》。

**きっぱり** 副(-と) 態度《たいど》がはっきりしているようす。例 きっぱり断《ことわ》る。

**°きっぷ【切符】**名 乗《の》り物《もの》や劇場《げきじょう》などで、料《りょう》金《きん》をはらったしるしにくれる小《ちい》さい紙《かみ》の札《ふだ》。券《けん》。チケット。

例解 ! 表現の広場

**きっと と 必《かなら》ず のちがい**

| | きっと | 必《かなら》ず |
|---|---|---|
| 次《つぎ》は勝《か》つ。 | ○ | ○ |
| 妹《いもうと》は悲《かな》しいのだ。 | ○ | × |
| 傘《かさ》を持《も》ってくること。 | × | ○ |



世界の国 ベネズエラ 南《みなみ》アメリカの北部《ほくぶ》にあり、カリブ海《かい》に面《めん》した国《くに》。石油《せきゆ》のほか、ボーキサイトや鉄鉱《てっこう》を産《さん》する。石《せき》

**きっぷ【気っ風】** 名 その人《ひと》の性質《せいしつ》。例 気っ風のいい先輩《せんぱい》。

**きっぽう【吉報】** 名 うれしい知《し》らせ。類 朗報《ろうほう》。対 凶報《きょうほう》。例 合格《ごうかく》の吉報を受《う》け取《と》る。

**きづまり【気詰まり】** 名 形動 周《まわ》りに気《き》をつかい、気分《きぶん》が窮屈《きゅうくつ》なこと。例 気詰まりな雰囲気《ふんいき》。

**きつもん【詰問】** 名 動-する 問《と》いただすこと。例 厳《きび》しく詰問する。

**きづよい【気強い】** 形 たよりになる人《ひと》や物《もの》があるので安心《あんしん》だ。心強《こころづよ》い。例 父《ちち》といっしょなので気強い。

**きてい【既定】** 名 すでに決《き》まっていること。例 既定の方針《ほうしん》。対 未定《みてい》。

**きてい【規定】** 名 動-する 決《き》まりとして、きちんと決《き》めること。また、決《き》められた決《き》まり。例 規定の料金《りょうきん》をはらう。

**きてい【規程】** 名 (役所《やくしょ》などで)事務《じむ》や手続《てつづ》きなどの決《き》まり。

**ぎてい【義弟】** 名 義理《ぎり》の弟《おとうと》。対 実弟《じってい》。関連 義兄《ぎけい》。義姉《ぎし》。義妹《ぎまい》。

**ぎていしょ【議定書】** 名 国《くに》どうしの交渉《こうしょう》や国際会議《こくさいかいぎ》で決《き》まった内容《ないよう》を記録《きろく》し、代表《だいひょう》がそれに署名《しょめい》した正式《せいしき》の文書《ぶんしょ》。

**きてき【汽笛】** 名 汽車《きしゃ》・船《ふね》などで、蒸気《じょうき》の力《ちから》で鳴《な》らす笛《ふえ》。

**きてれつ【奇天烈】** 形動 ふつうとちがって、ひじょうに変《か》わっているようす。例 奇《き》妙《みょう》奇天烈な話《はなし》。参考「奇《き》妙《みょう》奇《き》天《て》烈《れつ》」の形《かたち》で使《つか》うことが多《おお》い。

**きてん【起点】** 名 ものごとの始《はじ》まる所《ところ》。出発点《しゅっぱつてん》。例 東海道線《とうかいどうせん》の起点。対 終点《しゅうてん》。

**きてん【基点】** 名 距離《きょり》を測《はか》ったりするときの、もとになる点《てん》。例 駅《えき》を基点に測《はか》る。

**きてん【機転】** 名 その場《ば》その場《ば》で、とっさに心《こころ》がはたらくこと。よく気《き》がきくこと。例 機転をきかせて、すぐ知《し》らせる。

**きと【帰途】** 名 帰《かえ》り道《みち》。帰《かえ》る途中《とちゅう》。例 帰途につく。類 帰路《きろ》。

**きど【木戸】** 名 ❶屋根《やね》のない、簡単《かんたん》な開《ひら》き戸《ど》の門《もん》。例 裏木戸《うらきど》。❷見《み》せ物《もの》小屋《こや》などの見物《けんぶつ》人《にん》の出入《でい》り口《ぐち》。

■**きどあいらく【喜怒哀楽】** 名 喜《よろこ》び・怒《いか》り・悲《かな》しみ・楽《たの》しみなど、人《ひと》の心《こころ》のさまざまな気持《きも》ち。例 喜怒哀楽が激《はげ》しい。

**きどう【軌道】** 名 ❶電車《でんしゃ》や汽車《きしゃ》の走《はし》る線路《せんろ》。レール。❷月《つき》や星《ほし》などの天体《てんたい》が動《うご》く、決《き》まった道筋《みちすじ》。例 月《つき》の軌道を調《しら》べる。

**軌道《きどう》に乗《の》る** ❶決《き》まっている道筋《みちすじ》に乗《の》る。例 人工衛星《じんこうえいせい》が軌道に乗る。❷ものごとが、調子《ちょうし》よく進《すす》む。例 計画《けいかく》が軌道に乗る。

**きとう【祈禱】** 名 動-する 神《かみ》や仏《ほとけ》にいのること。

**きどう【起動】** 名 動-する 機械《きかい》などが動《うご》き始《はじ》めること。例 パソコンを起動させる。

**きどうりょく【機動力】** 名 状況《じょうきょう》に合《あ》わせてすばやく行動《こうどう》できる能力《のうりょく》。例 機動力を発揮《はっき》する。

**きとく【危篤】** 名 病気《びょうき》が非常《ひじょう》に重《おも》くて、死《し》にそうなこと。例 危篤におちいる。類 重体《じゅうたい》。

**きとく【奇特】** 名 形動 行《おこな》いがりっぱで感心《かんしん》なこと。例 一日一善《いちにちいちぜん》とは奇特な心《こころ》がけだ。

**きとく【既得】** 名 すでに手《て》に入《い》れていること。例 既得の権利《けんり》を守《まも》る。

**きどせん【木戸銭】** 名 入場料《にゅうじょうりょう》。〔古《ふる》い言《い》い方《かた》。〕

**きど たかよし**〖木戸 孝允〗 人名 (男)(一八三三〜一八七七)江戸《えど》時代《じだい》の末《すえ》から明治《めいじ》時代《じだい》初《はじ》めにかけての政治家《せいじか》。桂小五郎《かつらこごろう》といったが名前《なまえ》を改《あらた》めた。幕府《ばくふ》をたおし明治維新《めいじいしん》をおし進《すす》めた。

**きどる【気取る】** 動 ❶格好《かっこう》よく見《み》せようとして、うわべをかざる。例 気どった話《はな》し方《かた》をする。❷ようすをまねる。それらしくする。例 英雄《えいゆう》を気どる。

**きなが【気長】** 名 形動 のんびりして気《き》の長《なが》いようす。例 気長に待《ま》つ。対 気短《きみじか》。

**きながし【着流し】** 名 男《おとこ》の、はかまをつけない着物《きもの》だけの姿《すがた》。

**きなくさい【きな臭い】** 形 ❶紙《かみ》や綿《わた》などが、こげるにおいがする。例 辺《あた》りがきな臭い。❷〔火薬《かやく》のにおいのようすから〕戦争《せんそう》が始《はじ》まりそうなようす。

**きなこ** 名 ダイズをいってひいた、黄色《きいろ》い粉《こな》。もちなどにつけて食《た》べる。

**きにゅう【記入】** 名 動-する 書《か》き入《い》れること。

維《い》などの工業《こうぎょう》もさかん。首都《しゅと》ミンスク。人口約《じんこうやく》920万人《まんにん》。略称《りゃくしょう》BLR。

書《か》きこみ。例 氏名《しめい》を記入する。

**○きぬ**【絹】名 ❶絹糸《きぬいと》のこと。❷絹織物《きぬおりもの》のこと。

↓**けん**【絹】407ページ

**きぬいと**【絹糸】名〔「けんし」とも読《よ》む。〕カイコのまゆからとった糸《いと》。

**きぬおりもの**【絹織物】名 絹糸《きぬいと》で織《お》った織物《おりもの》。ちりめん・はぶたえなど。

**きぬけ**【気抜け】名 動-する 張《は》りきっていた気持《きも》ちがゆるむこと。例 試合《しあい》が延期《えんき》されて気抜けした。

**きぬごしどうふ**【絹ごし豆腐】名 絹《きぬ》でこしたようにきめの細《こま》かい、やわらかめの豆腐《とうふ》。

**きぬずれ**【衣擦れ】名 着《き》ている着物《きもの》のすそが動《うご》いたときにすれて、音《おと》が出《で》ること。また、その音《おと》。

**きぬのみち**【絹の道】名 ↓シルクロード 652ページ

**きね** 名 もちなどを、うすでつく木《き》の道具《どうぐ》。↓うす(臼)104ページ

**ギネスブック**〔英語 Guinness Book〕名 さまざまな分野《ぶんや》の世界一《せかいいち》を集《あつ》めた本《ほん》。参考 正式《せいしき》には「ギネス世界記録《せかいきろく》」という。

**きねん**【祈念】名 動-する 心《こころ》からいのること。例 世界平和《せかいへいわ》を祈念する。

**○きねん**【記念】名 動-する 思《おも》い出《で》に残《のこ》しておくこと。また、その物《もの》。例 卒業《そつぎょう》記念。

**ぎねん**【疑念】名 疑《うたが》いの気持《きも》ち。例 うまい話《はなし》なので疑念をいだいた。

**きねんきって**【記念切手】名 もよおしなどを記念《きねん》して出《だ》す郵便切手《ゆうびんきって》。

**きねんひ**【記念碑】名 ある出来事《できごと》や人《ひと》を記念《きねん》して建《た》てる碑《ひ》。

**きねんび**【記念日】名 ある出来事《できごと》を記念《きねん》する日《ひ》。例 開校《かいこう》記念日。時《とき》の記念日。

**きねんひん**【記念品】名 思《おも》い出《で》のしるしになる品物《しなもの》。

**○きのう**【〈昨日〉】名 今日《きょう》の前《まえ》の日《ひ》。さくじつ。関連 ↓きょう(今日)333ページ。参考「昨日《きのう》」は、特別《とくべつ》に認《みと》められた読《よ》み方《かた》。

**昨日《きのう》の敵《てき》は今日《きょう》の友《とも》**〔昨日《きのう》まで敵《てき》だった人《ひと》が、今日《きょう》は味方《みかた》になったというように〕人《ひと》の態度《たいど》は変《か》わりやすく、当《あ》てにならないこと。

**きのう**【帰納】名 具体的《ぐたいてき》なことから共通《きょうつう》することをさぐり、そこから一般的《いっぱんてき》な原理《げんり》をみちびき出《だ》すこと。対 演繹《えんえき》。

**きのう**【機能】名 動-する その目的《もくてき》どおりにはたらくこと。また、そのはたらき。作用《さよう》。例 チームがうまく機能する。

**ぎのう**【技能】名 腕前《うでまえ》。わざ。例 技能を身《み》につける。

**きのうきょう**【〈昨日〉〈今日〉】名 近《ちか》ごろ。例 それは、昨日今日のことではない。

**きのうてき**【機能的】形動 目的《もくてき》どおりのはたらきをして、むだがないようす。例 キッチンのつくりが機能的で、使《つか》いやすい。

**きのこ**【茸】名 木《こ》かげの地面《じめん》やたおれた木《き》などに生《は》えて、胞子《ほうし》でふえるなかま。シイタケ・マツタケ・ナメコなど食用《しょくよう》になるものと、毒《どく》を持《も》つものなど、種類《しゅるい》が多《おお》い。たいていかさのような形《かたち》をしている。

〔きのこ〕

**きのこぐも**【きのこ雲】名 原子爆弾《げんしばくだん》や水《すい》素《そ》爆弾《ばくだん》が爆発《ばくはつ》したときに立《た》ちのぼる、きのこの形《かたち》の非常《ひじょう》に大《おお》きな雲《くも》。

**きの つらゆき**〖紀貫之〗人名 (男)(八六八ごろ〜九四五ごろ)平安時代《へいあんじだい》の歌人《かじん》。「古今《こきん》和歌集《わかしゅう》」の選者《せんじゃ》の一人《ひとり》。「人《ひと》はいさ心《こころ》も知《し》らずふるさとは花《はな》ぞ昔《むかし》の香《か》ににほひける」などの歌《うた》がある。また、「土佐日記《とさにっき》」を書《か》いた。

**きのどく**【気の毒】名 形動 ❶かわいそうだと思《おも》うこと。例 気の毒な身《み》の上《うえ》。❷すまないと思《おも》うこと。例 気の毒なことをした。

**きのぼり**【木登り】名 動-する 木《き》によじ登《のぼ》ること。

**きのみ**【木の実】名 ↓このみ 478ページ

**きのみきのまま**【着の身着のまま】



世界の国 ベラルーシ 東《ひがし》ヨーロッパの国《くに》。本州《ほんしゅう》より少《すこ》しせまい。1991年《ねん》ソ連《れん》の解体《かいたい》で独立《どくりつ》した。機械《きかい》や電子機器《でんしきき》、繊《せん》

着《き》ている物《もの》の他《ほか》は何《なに》も持《も》たないこと。例 火《か》事《じ》だと聞《き》いて、着の身着のまま外《そと》へ出《で》た。

**きのめ**【木の芽】名 ➡このめ 478ページ

**きのり**【気乗り】名 動-する あることを、進《すす》んでしようという気《き》になること。例 今日《きょう》の練習《れんしゅう》は、気乗りがしない。

**きば**【牙】名 哺乳類《ほにゅうるい》の犬歯《けんし》などが発達《はったつ》して、長《なが》くするどくとがったもの。➡が【牙】191ページ

**牙《きば》を研《と》ぐ** 相手《あいて》をやっつけようと、用意《ようい》して待《ま》つ。

**牙《きば》をむく** 敵意《てきい》をむき出《だ》しにして、害《がい》を加《くわ》えようとする。

**きば**【木場】名 ❶材木《ざいもく》を集《あつ》めてたくわえておく所《ところ》。❷材木《ざいもく》を扱《あつか》う店《みせ》が集《あつ》まっている所《ところ》。

**きば**【騎馬】名 馬《うま》に乗《の》ること。また、乗《の》った人《ひと》。

**きはく**【気迫】名 何《なに》ものにも負《ま》けないという、強《つよ》い気持《きも》ち。例 気迫のこもった声《こえ》。

**きはく**【希薄】名 形動 ❶液体《えきたい》や気体《きたい》などがうすいこと。例 高《たか》い山《やま》は空気《くうき》が希薄だ。❷少《すく》ないこと。低《ひく》いこと。例 当選《とうせん》の見込《みこ》みが希薄だ。対（❶・❷）濃厚《のうこう》。

**きはずかしい**【気恥ずかしい】形 なんとなく恥《は》ずかしい。

**きはだ**【木肌】名 木《き》の外《そと》がわの皮《かわ》。

**きはつ**【揮発】名 動-する 液体《えきたい》が、ふつうの温《おん》度《ど》で気体《きたい》になること。

**きばつ**【奇抜】形動 思《おも》いもつかないような、変《か》わったようす。例 奇抜なアイデア。

**きはつゆ**【揮発油】名 ❶➡ガソリン 237ページ。❷➡ベンジン 1185ページ

**きばむ**【黄ばむ】動 少《すこ》し黄色《きいろ》くなる。黄色《きいろ》っぽくなる。例 イチョウの葉《は》が黄ばむ。

**きばや**【気早】名 形動 気《き》がはやいこと。せっかち。

**きばらし**【気晴らし】名 動-する 暗《くら》い気持《きも》ちを、晴《は》れ晴《ば》れさせること。うさ晴《ば》らし。

**きばる**【気張る】動 ❶息《いき》を止《と》めておなかに力《ちから》を入《い》れる。❷がんばって何《なに》かをしようと張《は》りきる。例 大《おお》そうじをしようと気張る。❸気前《きまえ》よくお金《かね》や物《もの》を出《だ》す。例 気張ってみんなにごちそうする。

**きはん**【規範】名 考《かんが》えや行動《こうどう》の手本《てほん》。例 下《か》級生《きゅうせい》の規範となる。

**きばん**【基盤】名 ものごとを支《ささ》える土台《どだい》。基礎《きそ》。例 生活《せいかつ》の基盤を固《かた》める。

**きはんせん**【機帆船】名 エンジンと帆《ほ》の両方《りょうほう》がある船《ふね》。

**きび** 名 畑《はたけ》に作《つく》る作物《さくもつ》。うすい黄色《きいろ》の小粒《こつぶ》の実《み》がたくさんなり、きびもちやきびだんごにして食《た》べる。➡あわ（粟）45ページ

**きびき**【忌引き】名 動-する 身内《みうち》の人《ひと》が死《し》んだときに、会社《かいしゃ》や学校《がっこう》を休《やす》むこと。

**きびきび** 副（-と）動-する 言葉《ことば》や動作《どうさ》が、はっきりしてすばやいようす。例 きびきびした態度《たいど》をとる。

○**きびしい**【厳しい】形 ❶いいかげんなことは、許《ゆる》さないようす。例 厳しい訓練《くんれん》。❷はなはだしい。ひどい。例 冬《ふゆ》の厳しい寒《さむ》さ。➡げん【厳】409ページ

**きびす**【踵】名 かかと。

**きびすを返《かえ》す** 引《ひ》き返《かえ》す。もどる。例 無理《むり》だと思《おも》ったら、きびすを返すことも必要《ひつよう》だ。

**きびすを接《せっ》する** 次《つぎ》から次《つぎ》へと続《つづ》く。例 有《ゆう》名人《めいじん》が、きびすを接して来日《らいにち》する。

**きひん**【気品】名 どことなく上品《じょうひん》であること。例 気品のある人《ひと》。

**きびん**【機敏】形動 動《うご》きやものごとへの対《たい》応《おう》がすばやいようす。例 機敏に動《うご》く。

**きひんせき**【貴賓席】名 会場《かいじょう》や見物席《けんぶつせき》などで、身分《みぶん》の高《たか》い、または、だいじに扱《あつか》わなければならない客《きゃく》がすわる場所《ばしょ》。

**きふ**【寄付】名 動-する（公《おおやけ》の仕事《しごと》や、神社《じんじゃ》・寺《てら》・団体《だんたい》などの仕事《しごと》を助《たす》けるために）お金《かね》や品物《しなもの》を出《だ》すこと。例 被災者《ひさいしゃ》に食料《しょくりょう》を寄付する。

**ぎふ**【義父】名 義理《ぎり》の父《ちち》。夫《おっと》、または妻《つま》の父《ちち》。対 実父《じっぷ》。

**ギブアップ**〔英語 give up〕名 動-する もうだめだと、あきらめること。降参《こうさん》すること。

**ギブアンドテイク**〔英語 give and take〕名 相手《あいて》に利益《りえき》を与《あた》え、自分《じぶん》も相手《あいて》から利益《りえき》を得《え》ること。例 ギブアンドテイクの取引《とりひき》。

**きふう**【気風】名 その団体《だんたい》や、その地方《ちほう》の人々《ひとびと》に共通《きょうつう》している考《かんが》え方《かた》や雰囲気《ふんいき》。例 学《がく》問《もん》を愛《あい》する気風。

**きふきん**【寄付金】名 寄付《きふ》のお金《かね》。



とサンゴ礁《しょう》があり、カリブの宝石《ほうせき》といわれる。首都《しゅと》ベルモバン。人口約《じんこうやく》40万人《まんにん》。略称《りゃくしょう》BIZ。

**きふく【起伏】**名 動-する ❶高《たか》くなったり、低《ひく》くなったりすること。例 起伏の多《おお》い土地《とち》。❷さかんになったり、おとろえたりすること。例 一生《いっしょう》には起伏があるものだ。

**きぶくれる【着ぶくれる】**動 衣服《いふく》をたくさん着《き》て、体《からだ》がふくれたようになる。

**ぎふけん〔岐阜県〕**地名 中部地方《ちゅうぶちほう》の西部《せいぶ》にある県《けん》。県庁《けんちょう》は岐阜市《ぎふし》にある。

**きふじん【貴婦人】**名 身分《みぶん》の高《たか》い女性《じょせい》。

**ギプス**〔ドイツ語〕名 包帯《ほうたい》に石《せっ》こうをぬって固《かた》めたもの。骨《ほね》が折《お》れたりしたとき、そこが動《うご》かないようにする。ギブス。

**きぶつ【器物】**名 うつわ。道具《どうぐ》。

**ギフト**〔英語 gift〕名 おくりもの。例 ギフト券《けん》。

○**きぶん【気分】**名 ❶気持《きも》ち。心持《こころも》ち。例 ゆかいな気分。❷体《からだ》のぐあい。例 気分がすぐれない。❸雰囲気《ふんいき》。例 お祭《まつ》り気分。

**気分《きぶん》がいい** ❶体《からだ》の調子《ちょうし》がいい。❷気持《きも》ちが晴《は》ればれする。例 ほめられて気分がいい。

**気分《きぶん》が悪《わる》い** ❶体《からだ》のぐあいがよくない。例 かぜで気分が悪い。❷ふゆかいだ。例 のけ者《もの》にされて気分が悪い。

**ぎふん【義憤】**名 世《よ》の中《なか》のまちがいに対《たい》して、腹《はら》を立《た》てること。例 政治《せいじ》のまちがいに義憤をいだく。

**きぶんてんかん【気分転換】**名 動-する 気持《きも》ちを切《き》りかえ、活力《かつりょく》をとりもどすこと。例 散歩《さんぽ》に出《で》て、気分転換を図《はか》る。

**きへい【騎兵】**名 馬《うま》に乗《の》って戦《たたか》いをする兵《へい》隊《たい》。例 騎兵隊《たい》。

✤**きへん**名 漢字《かんじ》の部首《ぶしゅ》で、「へん」の一《ひと》つ。「板《はん》」「枝《し》」などの「木」の部分《ぶぶん》。木《き》に関係《かんけい》のある字《じ》が多《おお》い。

**きべん【詭弁】**名 ごまかしの議論《ぎろん》。例 見《み》えすいた詭弁をろうする〔=つかう〕。

○**きぼ【規模】**名 ものごとの仕組《しく》みや、内容《ないよう》の大《おお》きさ。例 店《みせ》の規模を広《ひろ》げる。

**ぎぼ【義母】**名 義理《ぎり》の母《はは》。夫《おっと》、または妻《つま》の母《はは》。対 実母《じつぼ》。

**きほう【気泡】**名 液体《えきたい》や固体《こたい》の中《なか》にできた気体《きたい》の泡《あわ》。

**きほう【既報】**名 前《まえ》に知《し》らせてあること。例 会《かい》は既報のとおり行《おこな》います。

○**きぼう【希望】**名 動-する こうあってほしいと願《ねが》うこと。望《のぞ》み。例 希望に燃《も》える。

**ぎほう【技法】**名 やり方《かた》。技術《ぎじゅつ》。例 表現技《ひょうげんぎ》法。類 手法《しゅほう》。

**きぼうほう〔喜望峰〕**地名 アフリカ大陸《たいりく》の南《みなみ》のはしにある岬《みさき》。一四九七年《ねん》にバスコ=ダ=ガマが、大西洋《たいせいよう》からここを通《とお》ってインド洋《よう》へ出《で》るインド航路《こうろ》を開《ひら》いた。

**ぎぼし【擬宝珠】**名 ❶欄干《らんかん》の柱《はしら》の頭《あたま》につけるネギの花《はな》の形《かたち》をしたかざり。ぎぼうしゅ。➡らんかん（欄干）1376ページ。❷葉《は》が「❶」の形《かたち》をした植物《しょくぶつ》。

**きぼねがおれる【気骨が折れる】** 気《き》づかいばかりして、つかれる。例 二人《ふたり》だけでいると、どうも気骨が折れる。

**きぼり【木彫り】**名 木《き》を彫《ほ》って形《かたち》を作《つく》ること。また、その作《つく》ったもの。木彫《もくちょう》。

○**きほん【基本】**名 ものごとが成《な》り立《た》つよりどころとなるもの。例 踊《おど》りの基本を先生《せんせい》から教《おそ》わった。基本方針《ほうしん》。類 基礎《きそ》。

**きほんてき【基本的】**形動 ものごとの大《おお》もとになるようす。例 基本的な問題《もんだい》。

**きほんてきじんけん【基本的人権】**名 人間《にんげん》が生《う》まれながらにして持《も》っている、生《い》きていくために大切《たいせつ》な権利《けんり》。人間《にんげん》の平等《びょうどう》、働《はたら》く権利《けんり》、言論《げんろん》・思想《しそう》の自由《じゆう》などが憲法《けんぽう》で保《ほ》障《しょう》されている。

**ぎまい【義妹】**名 義理《ぎり》の妹《いもうと》。対 実妹《じつまい》。関連 義兄《ぎけい》。義姉《ぎし》。義弟《ぎてい》。

**きまえがいい【気前がいい】** お金《かね》や品《しな》物《もの》などを、おしげもなく人《ひと》に与《あた》える。例 おごってくれるなんて、気前がいい人《ひと》だ。

**きまぐれ【気まぐれ】**名 形動 ❶心《こころ》が変《か》わりやすいこと。例 気まぐれな人《ひと》。❷一時《いちじ》の思《おも》いつきであること。例 気まぐれな計画《けいかく》。❸変《か》わりやすくて、落《お》ち着《つ》かないこと。例 気まぐれな天気《てんき》。

**きまじめ【生〈真面目〉】**形動 非常《ひじょう》にまじめなようす。

**きまずい【気まずい】**形 おたがいに気持《きも》ちがぴったりしないで、いやな気《き》がする。例 気まずい思《おも》いをする。

あいうえお かきくけこ さしすせそ たちつてと なにぬねの はひふへほ まみむめも やゆよ らりるれろ わをん



世界の国 ベリーズ 中央《ちゅうおう》アメリカ北東部《ほくとうぶ》にある国《くに》。四国地方《しこくちほう》よりやや広《ひろ》い。主《おも》な産業《さんぎょう》は農業《のうぎょう》と漁業《ぎょぎょう》だが、きれいな海《うみ》

**きまつ【期末】** 名 一年《いちねん》をいくつかに分《わ》けた、ある期間《きかん》の終《お》わり。例 期末テスト。

**きまって【決まって】** 副 必《かなら》ず。いつも。例 夏休《なつやす》みには決まっていなかへ行《い》く。

**きまま【気まま】** 名 形動 自分《じぶん》の思《おも》うとおりにすること。わがまま。例 勝手《かって》気まま。

**○きまり【決まり】** 名 ❶決《き》められていること。規則《きそく》。習慣《しゅうかん》。例 決まりを守《まも》る。❷しめくくり。おさまり。例 決まりをつける。

**決《き》まりがつく** ものごとが終《お》わる。例 もめていた問題《もんだい》も、決まりがついた。

**きまりが悪《わる》い** なんとなくはずかしい。例 うまく話《はな》せなくて、きまりが悪い。

**きまりきった【決まり切った】** ❶あたりまえの。当然《とうぜん》の。❷いつもと同《おな》じ。型《かた》にはまった。例 決まり切った挨拶《あいさつ》。

**きまりて【決まり手】** 名 〔すもうで〕勝《か》ち負《ま》けを決《き》めるわざ。例 決まり手は押《お》し出《だ》しだ。

**きまりもんく【決まり文句】** 名 いつも決《き》まって言《い》う言葉《ことば》。例「なせばなる。」が父《ちち》の決まり文句だ。

**○きまる【決まる】** 動 ❶ものごとが定《さだ》まる。例 勝《か》ち負《ま》けが決まる。❷うまくいく。例 わざが決まる。❸〔「決《き》まっている」の形《かたち》で〕ぴったりする。例 帽子《ぼうし》が決まってるね。❹〔「…に決《き》まっている」の形《かたち》で〕必《かなら》ず…だ。例 行《い》くに決まっている。 ⇩けつ【決】400ページ

**○きみ【君】** 一 名 ❶君主《くんしゅ》。国王《こくおう》。❷主人《しゅじん》。とのさま。❸人《ひと》を敬《うやま》っていう言葉《ことば》。例 母君《ははぎみ》。二 代名 目下《めした》の人《ひと》や親《した》しい人《ひと》たちの間《あいだ》で、相手《あいて》を呼《よ》ぶ言葉《ことば》。例 君とは仲《なか》よしだ。対 ぼく。
⇩くん【君】383ページ

**きみ【気味】** 一 名 気持《きも》ち。感《かん》じ。例 気味が悪《わる》い。いい気味だ。二 〔ある言葉《ことば》のあとにつけて〕少《すこ》しそのようすや、気分《きぶん》があること。例 あせり気味《ぎみ》。かぜ気味《ぎみ》。

**きみ【黄身】** 名 卵《たまご》の中《なか》にある、黄色《きいろ》い部分《ぶぶん》。対 白身《しろみ》。

**きみがよ【君が代】** 名 日本《にっぽん》の国歌《こっか》である歌《うた》。

**きみじか【気短】** 名 形動 気《き》が短《みじか》いこと。短気《たんき》。例 気短な人《ひと》。対 気長《きなが》。

**きみつ【機密】** 名 外《そと》にもれてはならない秘密《ひみつ》。国《くに》や、仕事《しごと》の上《うえ》のだいじなことがら。

**きみどり【黄緑】** 名 黄色《きいろ》がかった緑色《みどりいろ》。

**きみゃくをつうじる【気脈を通じる】** こっそり連絡《れんらく》し合《あ》って、たがいの気持《きも》ちを通《つう》じ合《あ》う。

**きみょう【奇妙】** 形動 ちょっと変《へん》な、めずらしいようす。不思議《ふしぎ》。例 奇妙な事件《じけん》。

**○ぎむ【義務】** 名 道徳上《どうとくじょう》、または法律上《ほうりつじょう》、人《ひと》としてしなければならないこと。例 市民《しみん》としての義務を果《は》たす。対 権利《けんり》。

**ぎむきょういく【義務教育】** 名 国民《こくみん》の務《つと》めとして、受《う》けさせなければならない教育《きょういく》。日本《にっぽん》では、小学校《しょうがっこう》六年間《ろくねんかん》、中学校《ちゅうがっこう》三年間《さんねんかん》の合計九年間《ごうけいきゅうねんかん》と決《き》めてある。

**きむずかしい【気難しい】** 形 おこりっぽくて、人《ひと》の言《い》うことを聞《き》こうとしない。

**キムチ** 〔韓国《かんこく》・朝鮮語《ちょうせんご》〕名 白菜《はくさい》・大根《だいこん》などをトウガラシ・ニンニクなどで漬《つ》けこんで発酵《はっこう》させた漬《つ》け物《もの》。

**きめ【木目】** 名 ❶⇩もくめ1302ページ。❷人《ひと》のはだや物《もの》の表面《ひょうめん》の手《て》ざわり。例 きめのあらい紙《かみ》。参考 ふつう❷は、かな書《が》きにする。

**きめが細《こま》かい** ❶皮《ひ》ふやものの表面《ひょうめん》がなめらかだ。❷心《こころ》くばりが行《い》き届《とど》いている。例 この店《みせ》は、サービスのきめが細かい。

**きめい【記名】** 名 動-する 名前《なまえ》を書《か》きこむこと。対 無記名《むきめい》。

**ぎめい【偽名】** 名 にせの名前《なまえ》。

**きめいとうひょう【記名投票】** 名 投票《とうひょう》する人《ひと》の名前《なまえ》も書《か》いて、投票《とうひょう》すること。

**きめこまか【きめ細か】** 形動 きめが細《こま》かいようす。例 きめ細かなサービス。

**きめこむ【決め込む】** 動 自分勝手《じぶんかって》に、こうだと思《おも》いこむ。例 勝《か》つと決め込む。

**きめつける【決め付ける】** 動 自分《じぶん》だけの考《かんが》えを一方的《いっぽうてき》に言《い》う。例 人《ひと》の意見《いけん》も聞《き》かずに決めつけるのはよくない。

**きめて【決め手】** 名 ❶ものごとを決定《けってい》する手段《しゅだん》やよりどころ。例 事件《じけん》を解決《かいけつ》する決め手となった。❷ものごとを決《き》める人《ひと》。

**きめてかかる【決めてかかる】** 動 初《はじ》めから、こうなるものと決《き》めている。

**○きめる【決める】** 動 ❶定《さだ》める。例 規則《きそく》を決

2位《い》。首都《しゅと》リマ。人口約《じんこうやく》3,300万人《まんにん》。略称《りゃくしょう》PER。

める。❷決心《けっしん》する。例行《い》くかどうかを決める。❸〔「決《き》めている」の形《かたち》で〕いつもそうする。例朝食《ちょうしょく》はパンに決めている。❹勝《か》ちにする。わざがうまくいく。例勝負《しょうぶ》を決める。シュートを決める。

**きも【肝】**名 ❶肝臓《かんぞう》。❷ものごとをおそれない心《こころ》。度胸《どきょう》。例肝試《だめ》し。⇩けつ【決】400ページ ⇩かん【肝】272ページ

**肝《きも》が据《す》わる** 落《お》ち着《つ》いてどっしりしている。例あの人《ひと》は肝が据わっている。

**肝《きも》が小《ち》さい** おくびょうだ。

**肝《きも》が太《ふと》い** 勇気《ゆうき》があって、物《もの》おじしない。

**肝《きも》に銘《めい》じる** 心《こころ》に深《ふか》く刻《きざ》みつけておく。例先生《せんせい》の教《おし》えを肝に銘じる。

**肝《きも》を据《す》える** 腹《はら》を決《き》めてどっしりとかまえる。例どうともなれと、肝を据える。

**肝《きも》を潰《つぶ》す** 意外《いがい》なことが起《お》こって、ひどくびっくりする。例いきなりの落雷《らくらい》で肝を潰した。

**肝《きも》を冷《ひ》やす** 危《あぶ》ない目《め》にあって、ひやっとする。例車《くるま》にひかれそうになって、肝を冷やした。

### 例解 ことばの窓

**決《き》める の意味《いみ》で**

方針《ほうしん》を決定《けってい》する。
大学《だいがく》への進学《しんがく》を決心《けっしん》する。
辞職《じしょく》を決意《けつい》する。
思《おも》いきって決断《けつだん》する。
賛成多数《さんせいたすう》で可決《かけつ》する。
児童会《じどうかい》で議決《ぎけつ》する。
推薦図書《すいせんとしょ》を選定《せんてい》する。
まちがいないと断定《だんてい》する。

**きもいり【肝入り・肝煎り】**名 間《あいだ》に入《はい》って世話《せわ》をすること。また、そうする人《ひと》。例おじの肝いりで、勤《つと》め口《ぐち》が決《き》まった。

**きもだめし【肝試し】**名 気味《きみ》の悪《わる》い所《ところ》へ行《い》かせて、度胸《どきょう》があるかどうかためすこと。

**きもち【気持ち】**名 ❶ものごとに対《たい》して感《かん》じる心《こころ》のあり方《かた》。心の中《なか》の思《おも》い。例気持ちが変《か》わる。❷気分《きぶん》。例晴《は》れた朝《あさ》は、とても気持ちがいい。

**きもったま【肝っ玉】**名 ものごとをおそれない心《こころ》。肝《きも》。度胸《どきょう》。

**きもの【着物】**名 ❶着《き》るもの。服《ふく》。衣服《いふく》。❷⇩わふく 1428ページ

**きもん【気門】**名 昆虫《こんちゅう》の胸《むね》から腹《はら》にかけて、体《からだ》の横《よこ》にある小《ち》さな穴《あな》。ここを通《とお》して呼吸《こきゅう》をする。

**きもん【鬼門】**名 ❶何《なに》をするにも避《さ》けたほうがよいとされている方角《ほうがく》。北東《ほくとう》の方角《ほうがく》。❷苦手《にがて》とするもの。例書《か》き取《と》り問題《もんだい》は鬼門だ。

**ぎもん【疑問】**名 ❶疑《うたが》わしいこと。疑《うたが》い。❷わからないこと。例疑問を持《も》つ。疑問点《てん》を質問《しつもん》する。

**ぎもんし【疑問視】**名 動-する 疑《うたが》わしいと思《おも》って見《み》ること。例安全《あんぜん》が疑問視されている。

**ぎもんふ【疑問符】**名〔国語《こくご》で〕疑問《ぎもん》を表《あらわ》すしるし。クエスチョンマーク。⇩ふろく（11ページ）

**ぎもんぶん【疑問文】**名〔国語《こくご》で〕わからないことをたずねる文《ぶん》。ふつう、文《ぶん》の終《お》わりに「か」がつき、そこを高《たか》く発音《はつおん》する。

**きゃ【脚】**熟語 脚立《きゃたつ》。行脚《あんぎゃ》。⇩きゃく【脚】320ページ

**ギヤ**〔英語 gear〕⇩ギア 297ページ

**きやく【規約】**名 そのことに関係《かんけい》する人《ひと》たちで、相談《そうだん》して決《き》めた決《き》まり。

**きゃく【客】** 画数 9 部首 宀（うかんむり） 3年

音 キャク カク 訓 ―

筆順 客

❶訪《たず》ねてくる人《ひと》。熟語 客間《きゃくま》。先客《せんきゃく》。来客《らいきゃく》。対 主《しゅ》。❷お金《かね》をはらって、ほしいものを求《もと》める人《ひと》。熟語 客席《きゃくせき》。客足《きゃくあし》。観客《かんきゃく》。乗客《じょうきゃく》。旅客《りょかく》・旅客《りょきゃく》。❸自分《じぶん》に相対《あいたい》するもの。自分《じぶん》の他《ほか》。熟語 客観《きゃっかん》。主客《しゅきゃく》・主客《しゅかく》。対 主《しゅ》。

### 例解 表現の広場

**気持《きも》ち と 心地《ここち》 と 気分《きぶん》 のちがい**

| | 気持《きも》ち | 心地《ここち》 | 気分《きぶん》 |
|---|---|---|---|
| 春《はる》の朝《あさ》は　がいい。 | ○ | ○ | ○ |
| うわついた　を正《ただ》す。 | ○ | × | ○ |
| 乗《の》り　がいい。 | × | ○ | × |
| 進学《しんがく》する　がある。 | ○ | × | × |





世界の国 ペルー　南《みなみ》アメリカの太平洋側《たいへいようがわ》にある国《くに》。銀《ぎん》をはじめ、鉛《なまり》、銅《どう》、金《きん》などの鉱物資源《こうぶつしげん》が豊富《ほうふ》で、漁獲高《ぎょかくだか》は世界第《せかいだい》

**きゃく【客】** 名 ❶他《ほか》から訪《たず》ねてくる人《ひと》。例 大勢《おおぜい》の客を招《まね》く。❷お金《かね》をはらって、物《もの》を買《か》ったり、乗《の》り物《もの》に乗《の》ったり、見物《けんぶつ》したりする人《ひと》。例 客の入《い》りがいい。

**きゃく【却】** 画数 7 部首 卩(ふしづくり)
音 キャク 訓 ——
❶退《しりぞ》く。熟語 退却《たいきゃく》。❷退《しりぞ》ける。もどす。熟語 却下《きゃっか》。返却《へんきゃく》。❸なくしてしまう。熟語 焼却《しょうきゃく》。売却《ばいきゃく》。

**きゃく【脚】** 画数 11 部首 月(にくづき)
音 キャク キャ 訓 あし
❶あし。ひざから足首《あしくび》までの部分《ぶぶん》。また、物《もの》の下《した》の部分《ぶぶん》。熟語 脚力《きゃくりょく》。脚光《きゃっこう》。橋脚《きょうきゃく》。飛《ひ》脚《きゃく》。行脚《あんぎゃ》。例 机《つくえ》の脚《あし》。❷立場《たちば》。足場《あしば》。熟語 失《しっ》脚《きゃく》。立脚《りっきゃく》。❸あしのついたものを数《かぞ》える言葉《ことば》。例 いす一脚《いっきゃく》。

**ぎゃく【逆】** 画数 9 部首 辶(しんにょう) 5年
音 ギャク 訓 さか さか-らう
筆順
❶さかさになる。反対《はんたい》になる。熟語 逆《ぎゃく》転《てん》。逆《ぎゃく》算《さん》。逆流《ぎゃくりゅう》。逆行《ぎゃっこう》。逆境《ぎゃっきょう》。対 順《じゅん》。❷さからう。熟語 反逆《はんぎゃく》。
《訓の使い方》 **さか-らう** 例 流《なが》れに逆らう。

**ぎゃく【逆】** 名 形動 順序《じゅんじょ》などが反対《はんたい》になること。例 逆の方向《ほうこう》。左右《さゆう》が逆になる。

**ぎゃく【虐】** 画数 9 部首 虍(とらがしら)
音 ギャク 訓 しいた-げる
しいたげる。むごく扱《あつか》う。熟語 虐殺《ぎゃくさつ》。虐待《ぎゃくたい》。残虐《ざんぎゃく》。例 動物《どうぶつ》を虐《しいた》げる。

**ギャグ** 〔英語 gag〕 名 映画《えいが》や劇《げき》、演芸《えんげい》などで、人《ひと》を笑《わら》わせるせりふや動作《どうさ》。

**きゃくあし【客足】** 名 店《みせ》などに出入《でい》りする客《きゃく》の数《かず》。例 雨《あめ》が降《ふ》って客足が減《へ》る。

**ぎゃくこうか【逆効果】** 名 思《おも》っていたのとは、反対《はんたい》の結果《けっか》になること。ぎゃっこうか。例 しかると、かえって逆効果だ。

**ぎゃくコース【逆コース】** 名 ❶反対《はんたい》の方向《ほうこう》へ向《む》かう道筋《みちすじ》。❷時代《じだい》の流《なが》れや移《うつ》り変《か》わりが、あともどりすること。

**ぎゃくさつ【虐殺】** 名 動-する むごいやり方《かた》で殺《ころ》すこと。

**ぎゃくさん【逆算】** 名 動-する 〔算数《さんすう》で〕順《じゅん》序《じょ》を逆《ぎゃく》にして計算《けいさん》すること。例《たと》えば、2×4=8を逆算《ぎゃくさん》すると、8÷4=2となる。

**ぎゃくさんかくけい【逆三角形】** 名 底辺《ていへん》が上《うえ》、頂点《ちょうてん》が下《した》にある形《かたち》の三角形《さんかっけい》。ぎゃくさんかっけい。参考 ニュース記《き》事《じ》の構成《こうせい》や、鍛《きた》えた体形《たいけい》のたとえに使《つか》われる。

**きゃくし【客死】** 名 動-する 旅先《たびさき》で死《し》ぬこと。例 ロンドンで客死した。

**きゃくしつ【客室】** 名 ❶客《きゃく》をもてなす部屋《へや》。客間《きゃくま》。❷旅館《りょかん》やホテルの、客《きゃく》をとめる部屋《へや》。❸乗《の》り物《もの》の、乗客《じょうきゃく》のための部屋《へや》。

**きゃくしつじょうむいん【客室乗務員】** 名 旅客機《りょかっき》や船《ふね》などの交通機関《こうつうきかん》で、客《きゃく》の世話《せわ》をする係《かかり》の人《ひと》。キャビンアテンダント。

**きゃくしゃ【客車】** 名 客《きゃく》を乗《の》せて運《はこ》ぶ、鉄《てっ》道《どう》の車両《しゃりょう》。対 貨車《かしゃ》。

**ぎゃくしゅう【逆襲】** 名 動-する せめられていたほうが、逆《ぎゃく》にせめること。

**ぎゃくじょう【逆上】** 名 動-する かっとなって、ふだんの気《き》持《も》ちでなくなること。例 逆上したら何《なに》をするかわからない。

✤**きゃくしょく【脚色】** 名 動-する 物語《ものがたり》や事《じ》件《けん》などを、映画《えいが》や劇《げき》にできるように書《か》き直《なお》すこと。

**きゃくじん【客人】** 名 客《きゃく》。〔古《ふる》い言《い》い方《かた》。〕

**ぎゃくすう【逆数】** 名 〔算数《さんすう》で〕その数《かず》で1を割《わ》ったもの。例《たと》えば、3の逆数《ぎゃくすう》は、3で1を割《わ》った$\frac{1}{3}$のこと。

**きゃくせき【客席】** 名 客《きゃく》がすわるところ。

✤**ぎゃくせつ【逆接】** 名 〔国語《こくご》で〕「雨《あめ》が降《ふ》った。しかし、決行《けっこう》した。」のように、後《あと》の内容《ないよう》が、前《まえ》の内容《ないよう》から予想《よそう》されることとはちがうつながり方《かた》。「しかし」「だが」「けれども」などでつなぐ。対 順接《じゅんせつ》。

**ぎゃくせつ【逆説】** 名 一見《いっけん》正《ただ》しくないようで、実《じつ》は正《ただ》しいことを表《あらわ》している表現《ひょうげん》。たとえば、「負《ま》けるが勝《か》ち」「急《いそ》がば回《まわ》れ」など。

**きゃくせん【客船】** 名 旅《たび》をする客《きゃく》を乗《の》せる船《ふね》。↓ふね❶ 1151ページ

EU《イーユー》の主《おも》な機関《きかん》が数多《かずおお》く置《お》かれている。首都《しゅと》ブリュッセル。人口約《じんこうやく》1,150万人《まんにん》。略称《りゃくしょう》BEL。

**ぎゃくたい【虐待】** [名][動する] いじめて苦《くる》しめること。[例]動物《どうぶつ》を虐待する。

**きゃくちゅう【脚注】** [名] 書物《しょもつ》の、本文《ほんぶん》の下《した》の部分《ぶぶん》につけた注釈《ちゅうしゃく》。[対]頭注《とうちゅう》。

**ぎゃくて【逆手】** [名] ❶腕《うで》を後《うし》ろにねじ上《あ》げること。❷(鉄棒《てつぼう》などで)ふつうと逆《ぎゃく》の握《にぎ》り方《かた》をすること。[対]順手《じゅんて》。❸相手《あいて》の出方《でかた》を利用《りよう》して反対《はんたい》にせめること。[例]逆手にとる。

[参考]❷・❸は「さかて」とも読《よ》む。

**ぎゃくてん【逆転】** [名][動する] ❶反対《はんたい》の向《む》きに回《まわ》ること。[例]モーターが逆転する。❷なりゆき・ようすなどが反対《はんたい》になること。[例]形勢《けいせい》が逆転する。

**ぎゃくふう【逆風】** [名] 進《すす》む方向《ほうこう》からふいてくる風《かぜ》。[類]向《む》かい風《かぜ》。[対]順風《じゅんぷう》。

✤**きゃくほん【脚本】** [名] 劇《げき》や映画《えいが》のせりふ・動作《どうさ》や、舞台《ぶたい》のようすなどを書《か》いたもの。台本《だいほん》。シナリオ。

**きゃくほんか【脚本家】** [名] 脚本《きゃくほん》を書《か》くのを仕事《しごと》にしている人《ひと》。

**きゃくま【客間】** [名] 客《きゃく》を通《とお》す部屋《へや》。客室《きゃくしつ》。応接間《おうせつま》。

**ぎゃくもどり【逆戻り】** [名][動する] もとの場所《ばしょ》や状態《じょうたい》にもどること。

**ぎゃくゆにゅう【逆輸入】** [名][動する] 一度《いちど》輸出《ゆしゅつ》した物《もの》や、国内《こくない》の会社《かいしゃ》が外国《がいこく》で作《つく》った物《もの》を、逆《ぎゃく》に輸入《ゆにゅう》すること。

**ぎゃくよう【逆用】** [名][動する] もとの目的《もくてき》からはなれて、反対《はんたい》のことに利用《りよう》すること。また、自分《じぶん》に都合《つごう》のいいように使《つか》うこと。[例]不《ふ》利《り》な立場《たちば》を逆用して、同情《どうじょう》を集《あつ》める。

**きゃくよせ【客寄せ】** [名][動する] (催《もよお》し物《もの》などで)客《きゃく》を多《おお》く集《あつ》めること。[例]パンダが客寄せになった。

**ぎゃくりゅう【逆流】** [名][動する] 水《みず》などが反対《はんたい》に流《なが》れること。[例]川《かわ》が逆流する。

**きゃくりょく【脚力】** [名] 歩《ある》いたり走《はし》ったりするための、足《あし》の力《ちから》。[例]脚力をきたえる。

**きゃしゃ** [形動] ❶ほっそりして、弱々《よわよわ》しいようす。[例]きゃしゃな体《からだ》。❷物《もの》がこわれやすいようす。[例]きゃしゃな作《つく》りのいす。

**きやすい【気安い】** [形] 遠慮《えんりょ》がなく、打《う》ち解《と》けている。[例]気安い間柄《あいだがら》。

**キャスター** 〔英語 caster〕[名] ❶家具《かぐ》などの底《そこ》やあしにつける小《ちい》さな車《くるま》。❷「ニュースキャスター」の略《りゃく》。

**キャスト** 〔英語 cast〕[名] 映画《えいが》や演劇《えんげき》などで、出演者《しゅつえんしゃ》に割《わ》りふられた役割《やくわり》。配役《はいやく》。

**きやすめ【気休め】** [名] ❶そのときだけの心《こころ》のなぐさめ。[例]気休めにまんがを見《み》る。❷そのときだけ安心《あんしん》させる、あてにならない言葉《ことば》。[例]気休めを言《い》われてもつらい。

**きやせ【着痩せ】** [名][動する] 衣服《いふく》を着《き》た姿《すがた》が、実際《じっさい》の体格《たいかく》よりやせて見《み》えること。[例]彼《かれ》は着やせするたちだ。

**きゃたつ【脚立】** [名] はしごを二《ふた》つに折《お》った形《かたち》のふみ台《だい》。

**キャタピラー** 〔英語 caterpillar〕[名] 〔戦車《せんしゃ》やブルドーザーなどで〕鋼鉄《こうてつ》の板《いた》をつないだベルト状《じょう》のもので、前後《ぜんご》の車輪《しゃりん》をつなぐように巻《ま》き、それを回転《かいてん》させる装置《そうち》。これによって悪路《あくろ》でも安定《あんてい》して走《はし》ることができる。商標名《しょうひょうめい》。

**きゃっか【却下】** [名][動する] 願書《がんしょ》や意見《いけん》などを取《と》り上《あ》げないでもどすこと。[例]提案《ていあん》が却下された。

**きゃっかん【客観】** [名] ❶自分《じぶん》の心《こころ》の外《そと》にあるもの。❷自分《じぶん》の考《かんが》えを入《い》れないで、ものごとをありのままに見《み》ること。[対]主観《しゅかん》。

**きゃっかんせい【客観性】** [名] だれの目《め》から見《み》ても、そのとおりだと考《かんが》えられる性質《せいしつ》。[例]この文章《ぶんしょう》は客観性に欠《か》ける。

**きゃっかんてき【客観的】** [形動] 自分《じぶん》の考《かんが》えを入《い》れずに、ものごとをありのままに見《み》たり考《かんが》えたりするようす。[例]客観的に判断《はんだん》する。[対]主観的《しゅかんてき》。

**ぎゃっきょう【逆境】** [名] 思《おも》うようにならなくて、苦労《くろう》の多《おお》い身《み》の上《うえ》。苦《くる》しい立場《たちば》。[例]逆境に負《ま》けないでがんばる。

**きゃっこう【脚光】** [名] 舞台《ぶたい》の前《まえ》のへりについていて、足《あし》もとから舞台《ぶたい》の上《うえ》を照《て》らす明《あ》かり。フットライト。

**脚光《きゃっこう》を浴《あ》びる** 人々《ひとびと》の注目《ちゅうもく》を集《あつ》める。[例]新《あたら》しい作品《さくひん》で、一躍《いちやく》脚光を浴びる。

**ぎゃっこう【逆光】** [名] 写真《しゃしん》で、太陽《たいよう》に向《む》かって写《うつ》すとき、写《うつ》すものの後《うし》ろからさす太陽《たいよう》の光《ひかり》。逆光線《ぎゃくこうせん》。



世界の国 ベルギー　ヨーロッパの西部《せいぶ》にある国《くに》。中国地方《ちゅうごくちほう》とほぼ同《おな》じ大《おお》きさ。古《ふる》くから工業《こうぎょう》が発達《はったつ》し、酪農《らくのう》もさかん。

**ぎゃっこう【逆行】**[名][動-する] 反対《はんたい》のほうに向《む》かって進《すす》むこと。[例]時代《じだい》に逆行する。

**キャッシュ**〔英語 cash〕[名] 現金《げんきん》。

**キャッシュカード**〔英語 cash card〕[名] 銀《ぎん》行《こう》などで、機械《きかい》にさしこんで、お金《かね》を預《あず》けたり引《ひ》き出《だ》したりできるカード。

**キャッチ**〔英語 catch〕[名][動-する] とらえること。つかまえること。

✤**キャッチコピー**[名]〔日本《にっぽん》でできた英語《えいご》ふうの言葉《ことば》。〕人《ひと》を引《ひ》きつけるように作《つく》った宣伝《せんでん》の文句《もんく》。

**キャッチフレーズ**〔英語 catch phrase〕[名] 人《ひと》の心《こころ》をとらえる短《みじか》くて覚《おぼ》えやすい宣伝《せんでん》の言葉《ことば》。うたい文句《もんく》。

**キャッチボール**[名][動-する]〔日本《にっぽん》でできた英語《えいご》ふうの言葉《ことば》。〕向《む》かい合《あ》って、ボールを投《な》げたりとったりすること。

**キャッチャー**〔英語 catcher〕[名] 野《や》球《きゅう》・ソフトボールで、本塁《ほんるい》にいて、ピッチャーの投《な》げたボールを受《う》ける人《ひと》。捕手《ほしゅ》。

**キャップ**[名] [一]〔英語 cap〕➊つばのない帽《ぼう》子《し》。❷万年筆《まんねんひつ》などのさやや、びんのふたなど。[二]〔英語《えいご》の「キャプテン」の略《りゃく》。〕グループの責任者《せきにんしゃ》。

**ギャップ**〔英語 gap〕[名] ➊すき間《ま》。❷考《かんが》え方《かた》や意《い》見《けん》のくいちがい。[例]理《り》想《そう》と現《げん》実《じつ》のギャップ。

**キャビネット**〔英語 cabinet〕[名] 書《しょ》類《るい》などを整理《せいり》し、保《ほ》管《かん》するための戸《と》だなや箱《はこ》。

**キャビンアテンダント**〔英語 cabin attendant〕[名] ⇩きゃくしつじょうむいん320ページ

**キャプション**〔英語 caption〕[名] 新《しん》聞《ぶん》・雑《ざっ》誌《し》・本《ほん》などで、写《しゃ》真《しん》やさし絵《え》などにつけた説《せつ》明《めい》。

**キャプテン**〔英語 captain〕[名] ➊船《せん》長《ちょう》。艦《かん》長《ちょう》。機《き》長《ちょう》。❷スポーツで、一《ひと》つのチームの中《ちゅう》心《しん》になる人《ひと》。主将《しゅしょう》。

**キャベツ**[名] 畑《はたけ》に作《つく》る野《や》菜《さい》。短《みじか》い茎《くき》に、厚《あつ》くて大《おお》きい葉《は》が重《かさ》なって、球《たま》のように巻《ま》く。カンラン。タマナ。

**キャラ**[名] 英語《えいご》の「キャラクター」の略《りゃく》。⇩キャラクター322ページ

**ギャラ**[名]〔英語《えいご》の「ギャランティー」の略《りゃく》。〕出演料《しゅつえんりょう》。報酬《ほうしゅう》。

**キャラクター**〔英語 character〕[名] ➊性《せい》格《かく》。持《も》ち味《あじ》。❷まんが・映《えい》画《が》・劇《げき》などに出《で》てくる人《じん》物《ぶつ》や動物《どうぶつ》。[参考]略《りゃく》して「キャラ」ともいう。

**キャラバン**〔英語 caravan〕[名] ➊砂《さ》漠《ばく》などを、隊《たい》を組《く》んで行《い》く商人《しょうにん》の一団《いちだん》。隊商《たいしょう》。❷隊《たい》を組《く》んで、調《ちょう》査《さ》や宣伝《せんでん》などに出《で》かける一団《いちだん》。また、隊《たい》を組《く》んで各地《かくち》を回《まわ》ること。

**キャラメル**〔英語 caramel〕[名] 砂《さ》糖《とう》・バター・ミルクなどを煮《に》て、固《かた》めたあめ。

**ギャラリー**〔英語 gallery〕[名] ➊ぐるりと周《まわ》りを囲《かこ》んでいる廊《ろう》下《か》。❷絵《え》や美《び》術《じゅつ》品《ひん》を見《み》せるために並《なら》べている所《ところ》。画《が》廊《ろう》。❸ゴルフやテニスなどの観客《かんきゃく》。

**キャリア**〔英語 career〕[名] 仕《し》事《ごと》の上《うえ》での、これまでの経験《けいけん》。[例]十分《じゅうぶん》なキャリアをつむ。

**キャリアカー**〔英語 carrier car〕[名] 車《くるま》を運《はこ》ぶトラック。

**キャリーバッグ**[名]〔日本《にっぽん》でできた英語《えいご》ふうの言葉《ことば》。〕ものを運《はこ》ぶためのかばん。車輪《しゃりん》がついているものが多《おお》い。

**ギャング**〔英語 gang〕[名] 強《ごう》盗《とう》などをする悪《あく》人《にん》の集《あつ》まり。

**キャンセル**〔英語 cancel〕[名][動-する] 予《よ》約《やく》などを取《と》り消《け》すこと。[例]ホテルの予《よ》約《やく》をキャンセルする。

**キャンデー**〔英語 candy〕[名] 西《せい》洋《よう》ふうのあめ。ドロップ・ボンボンなど。キャンディ。

**キャンドル**〔英語 candle〕[名] 西《せい》洋《よう》ふうのろうそく。[例]クリスマスキャンドル。

**キャンバス**〔英語 canvas〕[名] 油《あぶら》絵《え》をかく布《ぬの》。カンバス。

**キャンパス**〔英語 campus〕[名] 大学《だいがく》などの構《こう》内《ない》。

**キャンプ**〔英語 camp〕 [一][名][動-する] 野《の》や山《やま》にテントを張《は》って生活《せいかつ》すること。[二][名] スポーツなどの練習《れんしゅう》のための合宿《がっしゅく》。

**キャンプファイヤー**〔英語 campfire〕[名]「キャンプ[一]」で、夜《よる》みんなが集《あつ》まってする、大《おお》きなたき火《び》。

**ギャンブル**〔英語 gamble〕[名] 賭《か》けごと。ばくち。

**キャンペーン**〔英語 campaign〕[名] ある計《けい》

ワ。人口《じんこう》約《やく》3,800万人《まんにん》。略称《りゃくしょう》POL。

画《かく》や考《かんが》えを、多《おお》くの人《ひと》にうったえる宣伝活動《せんでんかつどう》。例キャンペーンをはる。

**キュー【Q・q】**名 問《と》い。例Q&A《アンドエー》。

**きゆう【杞憂】**名 心配《しんぱい》しなくてよいことまであれこれ心配《しんぱい》すること。例杞憂で終《お》わって、よかった。参考 昔《むかし》、中国《ちゅうごく》の杞《き》の国《くに》の人《ひと》が、もし天《てん》がくずれてきたらどうしようかと非常《ひじょう》に憂《うれ》えた〔＝心配《しんぱい》した〕という話《はなし》から。

**きゅう【九】** 画数 2 部首 乙（おつ） 1年

筆順 ノ 九

音 キュウ ク 訓 ここの ここの-つ

❶ここのつ。熟語 九九《くく》。十中八九《じっちゅうはっく》。❷数《かず》が多《おお》い。熟語 三拝九拝《さんぱいきゅうはい》。

**きゅう【九】**名〔数《かず》を表《あらわ》す言葉《ことば》。〕ここのつ。例九冊《さつ》。九個《こ》。

**きゅう【久】** 画数 3 部首 ノ（の） 5年

筆順 ノ ク 久

音 キュウ ク 訓 ひさ-しい

長《なが》い時間《じかん》。熟語 永久《えいきゅう》。久遠《くおん》。持久力《じきゅうりょく》。

《訓の使い方》**ひさ-しい** 例久しい間《あいだ》。

**きゅう【弓】** 画数 3 部首 弓（ゆみ） 2年

筆順 ㇆ コ 弓

音 キュウ 訓 ゆみ

ゆみ。熟語 弓道《きゅうどう》。洋弓《ようきゅう》。弓矢《ゆみや》。

**きゅう【旧】** 画数 5 部首 日（ひ） 5年

筆順 丨 ‖ ‖ 旧 旧

音 キュウ 訓 ―

❶古《ふる》い。熟語 旧式《きゅうしき》。旧道《きゅうどう》。新旧《しんきゅう》。❷昔《むかし》。もと。熟語 旧知《きゅうち》。旧友《きゅうゆう》。復旧《ふっきゅう》。❸旧暦《きゅうれき》のこと。熟語 旧正月《きゅうしょうがつ》。対（❶・❸）新《しん》。

**きゅう【旧】**名 ❶元《もと》の状態《じょうたい》。例旧に復《ふく》する。❷「旧暦《きゅうれき》」の略《りゃく》。例旧の節句《せっく》。対新《しん》。

**きゅう【休】** 画数 6 部首 亻（にんべん） 1年

筆順 ノ 亻 仁 什 休 休

音 キュウ 訓 やす-む やす-まる やす-める

やすむ。熟語 休校《きゅうこう》。休日《きゅうじつ》。休養《きゅうよう》。連休《れんきゅう》。

《訓の使い方》**やす-む** 例学校《がっこう》を休む。**やす-まる** 例心《こころ》が休まる。**やす-める** 例体《からだ》を休める。

**きゅう【吸】** 画数 6 部首 口（くちへん） 6年

筆順 丨 ロ 口 叨 吸 吸

音 キュウ 訓 す-う

すいこむ。熟語 吸収《きゅうしゅう》。吸入《きゅうにゅう》。吸盤《きゅうばん》。呼吸《こきゅう》。

対 呼《こ》。

《訓の使い方》**す-う** 例空気《くうき》を吸う。

**きゅう【求】** 画数 7 部首 水（みず） 4年

筆順 一 十 寸 才 求 求 求

音 キュウ 訓 もと-める

もとめる。ほしがる。熟語 求職《きゅうしょく》。探求《たんきゅう》。要求《ようきゅう》。欲求《よっきゅう》。

《訓の使い方》**もと-める** 例本《ほん》を求める。

**きゅう【究】** 画数 7 部首 穴（あなかんむり） 3年

筆順 宀 宂 穴 究 究 究 究

音 キュウ 訓 きわ-める

❶深《ふか》く考《かんが》える。よく調《しら》べる。熟語 究明《きゅうめい》。研究《けんきゅう》。❷行《い》き着《つ》くところ。熟語 究極《きゅうきょく》。

《訓の使い方》**きわ-める** 例真相《しんそう》を究める。

**きゅう【泣】** 画数 8 部首 氵（さんずい） 4年

筆順 氵 汁 泣 泣 泣 泣 泣 泣

音 キュウ 訓 な-く

なく。熟語 感泣《かんきゅう》。号泣《ごうきゅう》。

《訓の使い方》**な-く** 例子《こ》どもが泣く。

**きゅう【急】** 画数 9 部首 心（こころ） 3年

筆順 ク 刍 刍 刍 急 急 急 急 急

音 キュウ 訓 いそ-ぐ

❶いそぐ。いそぎの。熟語 急用《きゅうよう》。急務《きゅうむ》。急《きゅう》



世界の国 ポーランド ヨーロッパ東部《とうぶ》の国《くに》。ライ麦《むぎ》・ジャガイモ・鉄《てつ》・石炭《せきたん》を産《さん》するほか、工業《こうぎょう》もさかん。首都《しゅと》ワルシャ

進的《しんてき》。至急《しきゅう》。対 緩《かん》。❷速《はや》い。熟語 急流《きゅうりゅう》。急速《きゅうそく》。特急《とっきゅう》。❸突然《とつぜん》。熟語 急病《きゅうびょう》。急性《きゅうせい》。急激《きゅうげき》。急変《きゅうへん》。❹けわしい。熟語 急角度《きゅうかくど》。❺だいじな。熟語 急所《きゅうしょ》。

《訓の使い方》いそ-ぐ 例 学校《がっこう》に急ぐ。

**きゅう【急】** 一 名 形動 いそぐこと。さしせまったこと。例 急を要《よう》する。急な仕事《しごと》を頼《たの》まれる。二 形動 ❶速《はや》いようす。例 流《なが》れが急だ。❷突然《とつぜん》のようす。例 急に泣《な》き出《だ》す。❸けわしいようす。例 急な山道《やまみち》。

**きゅう【級】** 画数 9 部首 糸(いとへん) 3年

音 キュウ 訓 ―

筆順 級

❶段階《だんかい》。程度《ていど》。熟語 高級《こうきゅう》。等級《とうきゅう》。❷クラス。組《くみ》。熟語 級友《きゅうゆう》。学級《がっきゅう》。

**きゅう【級】** 名 ❶等級《とうきゅう》。例 水泳《すいえい》の級が上《あ》がる。❷学級《がっきゅう》。クラス。例 同《おな》じ級の友達《ともだち》。

**きゅう【宮】** 画数 10 部首 宀(うかんむり) 3年

音 キュウ グウ ク△ 訓 みや

筆順 宮

(王《おう》や神《かみ》、天皇《てんのう》のすむ)ごてん。おみや。熟語 宮城《きゅうじょう》。宮中《きゅうちゅう》。神宮《じんぐう》。離宮《りきゅう》。宮内庁《くないちょう》。

**きゅう【救】** 画数 11 部首 攵(ぼくづくり) 5年

音 キュウ 訓 すく-う

筆順 救

すくう。力《ちから》をそえる。熟語 救護《きゅうご》。救済《きゅうさい》。救出《きゅうしゅつ》。救助《きゅうじょ》。救命《きゅうめい》。

《訓の使い方》すく-う 例 命《いのち》を救う。

**きゅう【球】** 画数 11 部首 王(おうへん) 3年

音 キュウ 訓 たま

筆順 球

❶たま。まるい形《かたち》のもの。熟語 球根《きゅうこん》。気球《ききゅう》。地球《ちきゅう》。❷ボール。熟語 球技《きゅうぎ》。野球《やきゅう》。

**きゅう【球】** 名 〔算数《さんすう》で〕ボールのように、どこから見《み》てもまるい形《かたち》の立体《りったい》。

⬇りったい 1384ページ

**きゅう【給】** 画数 12 部首 糸(いとへん) 4年

音 キュウ 訓 ―

筆順 給

❶与《あた》える。配《くば》る。熟語 給食《きゅうしょく》。給水《きゅうすい》。給油《きゅうゆ》。供給《きょうきゅう》。支給《しきゅう》。給与《きゅうよ》。給料《きゅうりょう》。月給《げっきゅう》。❷働《はたら》きに対《たい》する手当《てあ》て。熟語 給仕《きゅうじ》。❸世話《せわ》をする。熟語 給《きゅう》

**きゅう【及】** 画数 3 部首 ノ(の)

音 キュウ 訓 およ-ぶ およ-び およ-ぼす

❶およぶ。行《い》き着《つ》く。およぼす。熟語 及第《きゅうだい》。追及《ついきゅう》。波及《はきゅう》。普及《ふきゅう》。例 被害《ひがい》が及《およ》ぶ。影響《えいきょう》を及《およ》ぼす。❷および。二《ふた》つのものを並《なら》べていう。例 東京《とうきょう》及《およ》び京都《きょうと》。

**きゅう【丘】** 画数 5 部首 一(いち)

音 キュウ 訓 おか

おか。小高《こだか》い土地《とち》。熟語 丘陵《きゅうりょう》。砂丘《さきゅう》。

**きゅう【朽】** 画数 6 部首 木(きへん)

音 キュウ 訓 く-ちる

くちる。くさる。熟語 老朽《ろうきゅう》。例 落《お》ち葉《ば》が朽ちる。

**きゅう【臼】** 画数 6 部首 臼(うす)

音 キュウ 訓 うす

(餅《もち》をつく)つきうす。(穀物《こくもつ》を粉《こな》にひく)ひきうす。熟語 臼歯《きゅうし》。脱臼《だっきゅう》。石臼《いしうす》。

**きゅう【糾】** 画数 9 部首 糸(いとへん)

音 キュウ 訓 ―

❶ただす。取《と》り調《しら》べる。問《と》いただす。熟語 糾弾《きゅうだん》。❷糸《いと》などをより合《あ》わせる。もつれる。熟語 紛糾《ふんきゅう》。

**きゅう【嗅】** 画数 13 部首 口(くちへん)

音 キュウ 訓 か-ぐ

においをかぐ。熟語 嗅覚《きゅうかく》。参考「嗅」は「嗅」と書《か》くことがある。

**きゅう【窮】** 画数 15 部首 穴(あなかんむり)

より少《すこ》し広《ひろ》い。旧《きゅう》ユーゴスラビアから独立《どくりつ》した。主《おも》な産業《さんぎょう》は林業《りんぎょう》・鉱業《こうぎょう》。首都《しゅと》サラエボ。人口約《じんこうやく》330万人《まんにん》。略称《りゃくしょう》BIH。

音キュウ　訓きわ-める　きわ-まる

❶きわめる。つきつめる。熟語 窮極《きゅうきょく》。例 頂上《ちょうじょう》を窮《きわ》める〔「極《きわ》める」とも書《か》く〕。真理《しんり》を窮《きわ》める〔「究《きわ》める」とも書《か》く〕。❷行《い》きづまる。追《お》いつめられる。熟語 窮地《きゅうち》。窮乏《きゅうぼう》。例 進退《しんたい》窮《きわ》まる。

**きゅう【灸】** 名 皮膚《ひふ》に置《お》いたもぐさに火《ひ》をつけて、その熱《ねつ》で病気《びょうき》を治《なお》す方法《ほうほう》。やいと。おきゅう。例 おきゅうをすえる〔=いましめのために、罰《ばつ》を加《くわ》える〕。

**ぎゅう【牛】** 画数 4　部首 牛（うし）　2年

音ギュウ　訓うし

筆順

❶うし。熟語 牛肉《ぎゅうにく》。牛乳《ぎゅうにゅう》。牛馬《ぎゅうば》。水牛《すいぎゅう》。闘牛《とうぎゅう》。乳牛《にゅうぎゅう》。❷うしの肉《にく》。熟語 牛鍋《ぎゅうなべ》。

**キューアールコード【QRコード】** 名 小《ちい》さな白《しろ》と黒《くろ》の四角形《しかくけい》を並《なら》べて表《あらわ》す、バーコードの一《ひと》つ。バーコードより多《おお》くの情報《じょうほう》が示《しめ》せる。商標名《しょうひょうめい》。参考「QR《キューアール》」は英語《えいご》の「クイックレスポンス」の頭文字《かしらもじ》。

**きゅうあい【求愛】** 名 動-する 愛情《あいじょう》を求《もと》めること。例 動物《どうぶつ》の求愛行動《きゅうあいこうどう》。

**きゅうあく【旧悪】** 名 以前《いぜん》におかした悪《わる》い行《おこな》い。例 旧悪があばかれる。

**キューアンドエー【Q&A】** 名 問《と》いと答《こた》え。質疑応答《しつぎおうとう》。参考 Q《キュー》は「問《と》い」、A《エー》は「答《こた》え」という意味《いみ》の英語《えいご》の頭文字《かしらもじ》。

**きゅういん【吸引】** 名 動-する ❶ものを吸《す》い込《こ》むこと。吸《す》い取《と》ること。❷人《ひと》の心《こころ》を引《ひ》きつけること。例 ファンを吸引する魅力《みりょく》。

■**ぎゅういんばしょく【牛飲馬食】** 名 動-する 〔牛《うし》や馬《うま》が飲《の》み食《く》いするように〕大《おお》いに飲《の》んだり食《た》べたりすること。類 暴飲暴食《ぼういんぼうしょく》。

**きゅうえん【休演】** 名 動-する 公演《こうえん》を休《やす》むこと。出演《しゅつえん》を休《やす》むこと。例 急病《きゅうびょう》のため休演。

**きゅうえん【救援】** 名 動-する 困《こま》っている人《ひと》を助《たす》けること。例 救援隊《たい》。被災《ひさい》した地域《ちいき》で救援活動《かつどう》を行《おこな》う。類 救助《きゅうじょ》。

**きゅうか【旧家】** 名 昔《むかし》から続《つづ》いている古《ふる》い家柄《いえがら》。例 村《むら》いちばんの旧家。

**きゅうか【休暇】** 名 勤《つと》めや学校《がっこう》などを休《やす》むこと。休《やす》み。例 休暇を取《と》る。

**きゅうかい【休会】** 名 動-する 会議《かいぎ》が休《やす》みに入《はい》ること。

**きゅうかく【嗅覚】** 名 鼻《はな》の、においを感《かん》じる感覚《かんかく》。臭覚《しゅうかく》。関連 視覚《しかく》。聴覚《ちょうかく》。味覚《みかく》。触覚《しょっかく》。

**きゅうがく【休学】** 名 動-する けがや病気《びょうき》などのために、学校《がっこう》を長《なが》い間《あいだ》休《やす》むこと。例 一年間《いちねんかん》休学する。

**きゅうかくど【急角度】** 名 角度《かくど》が急《きゅう》なこと。急《きゅう》な角度《かくど》。例 急角度の斜面《しゃめん》。

**きゅうかざん【休火山】** 名 長《なが》い間《あいだ》、噴火《ふんか》をしていない火山《かざん》のこと。富士山《ふじさん》など。今《いま》は使《つか》われない言葉《ことば》で、活火山《かっかざん》と区別《くべつ》しない。

✤**きゅうかなづかい【旧〈仮名〉遣い】** 名 ⇩れきしてきかなづかい 1404ページ

**きゅうかん【休刊】** 名 動-する 決《き》まって発行《はっこう》する新聞《しんぶん》や雑誌《ざっし》などが、一時《いちじ》、発行《はっこう》するのを休《やす》むこと。例 休刊日《び》。

**きゅうかん【休館】** 名 動-する 図書館《としょかん》・博物館《はくぶつかん》など、「館《かん》」のつく所《ところ》が、仕事《しごと》を休《やす》むこと。例 休館日《び》。

**きゅうかん【急患】** 名 急《いそ》いで手当《てあ》てをする必要《ひつよう》のある患者《かんじゃ》。急病人《きゅうびょうにん》。参考 医者《いしゃ》の立場《たちば》からいう言葉《ことば》。

**きゅうかんちょう【九官鳥】** 名 人《ひと》の言葉《ことば》や、他《ほか》の鳥《とり》の鳴《な》き声《ごえ》のまねがうまい鳥《とり》。体《からだ》の大《おお》きさはカラスよりやや小《ちい》さい。全身《ぜんしん》が黒《くろ》く、くちばしや足《あし》は黄色《きいろ》い。

**きゅうき【吸気】** 名 ❶口《くち》からすいこむ息《いき》。対 呼気《こき》。❷エンジンなどに、空気《くうき》やガスをすいこむこと。対 排気《はいき》。

**きゅうぎ【球技】** 名 ボールを使《つか》ってするスポーツ。野《や》球《きゅう》・テニス・サッカーなど。

**きゅうきゅう【救急】** 名 急《きゅう》な病気《びょうき》やけがの手当《てあ》てをすぐにすること。

**きゅうきゅう** 一 副(-と) こすれたりきしんだりする音《おと》のようす。例 はきたての靴《くつ》がきゅうきゅう鳴《な》る。二 副(-と) 形動 ❶いっぱいに詰《つ》め込《こ》んだりするようす。例 袋《ふくろ》がきゅうきゅうで、はち切《き》れそうだ。❷苦《くる》しんでいるようす。例 お金《かね》がなくてきゅうきゅう言《い》っている。

**ぎゅうぎゅう** 一 副(-と) こすれたりきしん





世界の国　ボスニア・ヘルツェゴビナ　ヨーロッパ東部《とうぶ》のバルカン半島《はんとう》にある国《くに》。中国地方《ちゅうごくちほう》と四国地方《しこくちほう》をあわせた面積《めんせき》だりする音《おと》のようす。[例]地震《じしん》で柱《はしら》がぎゅうぎゅう揺《ゆ》れた。[二][副](-と)[形動]❶強《つよ》く押《お》したりしめつけたりするようす。[例]ぎゅうぎゅうに乗客《じょうきゃく》を押《お》し込《こ》む。❷苦《くる》しめるようす。[例]ぎゅうぎゅう問《と》い詰《つ》める。

**きゅうきゅうきゅうめいし**【救急救命士】[名]救急車《きゅうきゅうしゃ》が病院《びょういん》に着《つ》くまでの間《あいだ》、車内《しゃない》で、応急手当《おうきゅうてあ》てをする人《ひと》。特別《とくべつ》の資《し》格《かく》が必要《ひつよう》とされる。

**きゅうきゅうしゃ**【救急車】[名]急病《きゅうびょう》人《にん》やけが人《にん》を、すぐ病院《びょういん》へ運《はこ》ぶ自動車《じどうしゃ》。消《しょう》防署《ぼうしょ》で管理《かんり》している。⬇じどうしゃ 571ページ

**きゅうきゅうと**【汲汲と】[副]たった一《ひと》つのことだけに努力《どりょく》するようす。[例]大学合《だいがくごう》格《かく》に汲々としている。[参考]「汲々《きゅうきゅう》たるありさま」などのように使《つか》うこともある。

**きゅうぎゅうのいちもう**【九牛の一毛】多《おお》くの中《なか》のごく一部分《いちぶぶん》。とるにたりないこと。[参考]たくさんのウシの中《なか》のわずか一本《いっぽん》の毛《け》、という意味《いみ》。

**きゅうきゅうばこ**【救急箱】[名]病人《びょうにん》やけが人《にん》が出《で》たとき、すぐ手当《てあ》てができるように、薬《くすり》や包帯《ほうたい》などを入《い》れておく箱《はこ》。

**きゅうきゅうびょういん**【救急病院】[名]急病人《きゅうびょうにん》やけが人《にん》が、いつ運《はこ》ばれてきても、手当《てあ》てができるようにしている病院《びょういん》。

**きゅうきょ**【旧居】[名]元《もと》住《す》んでいた家《いえ》。[対]新居《しんきょ》。

**きゅうきょ**【急遽】[副]大急《おおいそ》ぎで。あわてて。[例]急きょ出発《しゅっぱつ》する。

**きゅうきょう**【旧教】[名]キリスト教《きょう》で、カトリックのこと。プロテスタントを新教《しんきょう》と呼《よ》ぶのに対《たい》していう。

**きゅうぎょう**【休業】[名][動する]店《みせ》を閉《し》めて仕事《しごと》を休《やす》むこと。[例]本日休業《ほんじつきゅうぎょう》。

**きゅうきょく**【究極・窮極】[名]ものごとをどこまでもおし進《すす》め、最後《さいご》に行《い》き着《つ》くところ。[例]究極の目的《もくてき》。

**きゅうきん**【給金】[名]給料《きゅうりょう》。

**○きゅうくつ**【窮屈】[形動]❶きっちりつまっていて、自由《じゆう》に身動《みうご》きできないようす。[例]満員《まんいん》で窮屈だ。❷気《き》づまりなようす。[例]よその家《いえ》へ行《い》くと窮屈だ。❸融通《ゆうずう》がきかないようす。[例]窮屈な規則《きそく》。

**ぎゆうぐん**【義勇軍】[名]一般《いっぱん》の人《ひと》が、すすんで戦《たたか》おうと集《あつ》まってできた軍隊《ぐんたい》。

**○きゅうけい**【休憩】[名][動する]仕事《しごと》などの途《と》中《ちゅう》で、ひと休《やす》みすること。休息《きゅうそく》。[例]休憩時《じ》間《かん》。

**きゅうけい**【求刑】[名][動する]検察官《けんさつかん》が裁判《さいばん》で、被告人《ひこくにん》に対《たい》する罰《ばつ》を裁判長《さいばんちょう》に求《もと》めること。

**きゅうけい**【球形】[名]ボールのような丸《まる》い形《かたち》。

**きゅうけい**【球茎】[名]丸《まる》い形《かたち》の地下茎《ちかけい》。サトイモなど。

**きゅうげき**【急激】[形動]突然《とつぜん》で激《はげ》しいようす。[例]天気《てんき》が急激に変化《へんか》した。

**きゅうご**【救護】[名][動する]災害《さいがい》などのときに、病人《びょうにん》やけが人《にん》の手当《てあ》てをしたり、世話《せわ》をしたりすること。[例]救護所《しょ》。

**きゅうこう**【旧交】[名]昔《むかし》からのつき合《あ》い。

**旧交《きゅうこう》を温《あたた》める**　久《ひさ》しぶりに会《あ》った友達《ともだち》と、昔《むかし》のようにつき合《あ》う。

**きゅうこう**【休校】[名][動する]学校《がっこう》が、授《じゅ》業《ぎょう》を休《やす》みにすること。

**きゅうこう**【休耕】[名][動する]田《た》や畑《はたけ》に農作《のうさく》物《ぶつ》を作《つく》るのを休《やす》むこと。

**きゅうこう**【休航】[名][動する]船《ふね》や飛行機《ひこうき》などが運航《うんこう》を休《やす》むこと。

**きゅうこう**【休講】[名][動する]講義《こうぎ》や授業《じゅぎょう》が休《やす》みになること。

**○きゅうこう**【急行】[名][動する]❶急《いそ》いで行《い》くこと。[例]病院《びょういん》へ急行する。❷「急行列車《きゅうこうれっしゃ》」「急行電車《きゅうこうでんしゃ》」の略《りゃく》。

**きゅうこうか**【急降下】[名][動する]❶飛行《ひこう》機《き》などが、急《きゅう》な角度《かくど》でおりること。❷程度《ていど》が急《きゅう》に下《さ》がること。[例]気温《きおん》が急降下する。

**きゅうこうでん**【休耕田】[名]しばらくの間《あいだ》、作物《さくもつ》を作《つく》るのを休《やす》んでいる田《た》。

**きゅうこうれっしゃ**【急行列車】[名]止《と》まる駅《えき》を少《すく》なくして、速《はや》く進《すす》む列車《れっしゃ》。

**きゅうこく**【急告】[名][動する]急《いそ》いで知《し》らせること。[例]機械《きかい》の異常《いじょう》を急告する。

**きゅうごしらえ**【急ごしらえ】[名]間《ま》に合《あ》わせに、急《いそ》いでこしらえること。[例]急ごしらえの簡単《かんたん》な小屋《こや》。

る。首都《しゅと》ハボローネ。人口約《じんこうやく》240万人《まんにん》。略称《りゃくしょう》BOT。

**きゅうこん【求婚】** 名 動-する 結婚《けっこん》を申《もう》しこむこと。プロポーズ。

**きゅうこん【球根】** 名 草花《くさばな》の根《ね》や地下茎《ちかけい》が、球《たま》のような形《かたち》をして養分《ようぶん》をためているもの。チューリップ・ダリア・ユリなどに見《み》られる。

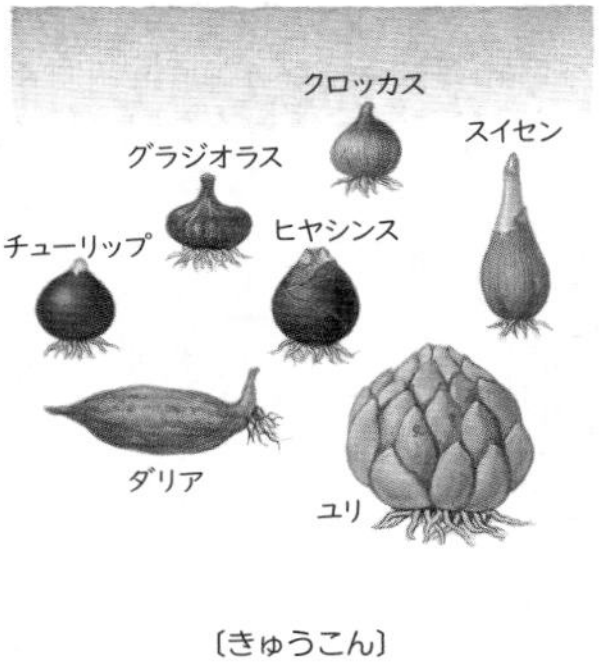

〔きゅうこん〕

**きゅうさい【救済】** 名 動-する 災難《さいなん》や貧乏《びんぼう》などから、苦《くる》しんでいる人々《ひとびと》を救《すく》い助《たす》けること。例 難民《なんみん》を救済する。

**きゅうし【休止】** 名 動-する 動《うご》かすのを、一《いち》時《じ》やめること。例 運行《うんこう》を休止する。

**きゅうし【臼歯】** 名 口《くち》のおくにある、食《た》べ物《もの》をすりつぶすための、うすのような形《かたち》をした上《うえ》が平《たい》らな歯《は》。奥歯《おくば》。

**きゅうし【急死】** 名 動-する 突然《とつぜん》死《し》ぬこと。例 心臓《しんぞう》まひで急死した。

**きゅうじ【給仕】** 名 動-する 食事《しょくじ》などの世話《せわ》をすること。

**きゅうしき【旧式】** 名 形動 ❶古《ふる》い型《かた》。例 旧式の自動車《じどうしゃ》。❷考《かんが》え方《かた》やり方が古《ふる》くさいこと。例 旧式な考《かんが》え。対（❶・❷）新式《しんしき》。

**°きゅうじつ【休日】** 名 休《やす》みの日《ひ》。日曜《にちよう》や祝《しゅく》日《じつ》など。対 平日《へいじつ》。

**きゅうしにいっしょうをえる【九死に一生を得る】** 死《し》ぬかと思《おも》われるところを、やっとのことで助《たす》かること。例 交通《こうつう》事故《じこ》にあったが、九死に一生を得た。

**きゅうしふ【休止符】** 名 ⇩きゅうふ（休符）329ページ

**ぎゅうしゃ【牛車】** 名 ⇩ぎっしゃ 313ページ

**ぎゅうしゃ【牛舎】** 名 牛小屋《うしごや》。

**きゅうしゃめん【急斜面】** 名 かたむきの大《おお》きい斜面《しゃめん》。例 急斜面をスキーで滑降《かっこう》する。

**きゅうしゅう【吸収】** 名 動-する ❶吸《す》いこむこと。例 地面《じめん》が水《みず》を吸収する。❷取《と》り入《い》れて、自分《じぶん》のものとすること。例 知識《ちしき》を吸収する。

**きゅうしゅう【急襲】** 名 動-する すきを見《み》て、急《きゅう》におそうこと。例 急襲して敵《てき》をたおす。

**きゅうしゅうちほう【九州地方】** 地名 日本《にっぽん》の南西部《なんせいぶ》にある地方《ちほう》。福岡《ふくおか》・佐賀《さが》・長崎《ながさき》・熊本《くまもと》・大分《おおいた》・宮崎《みやざき》・鹿児島《かごしま》・沖縄《おきなわ》の八県《けん》がある。

**きゅうしゅつ【救出】** 名 動-する 助《たす》け出《だ》すこと。例 救出作業《さぎょう》。

**°きゅうしょ【急所】** 名 体《からだ》やものごとのいちばんだいじな所《ところ》。例 問題《もんだい》の急所をつかむ。

**°きゅうじょ【救助】** 名 動-する 危《あぶ》ない目《め》にあっている人《ひと》を助《たす》けること。例 人命《じんめい》を救助する。類 救援《きゅうえん》。

**きゅうじょう【休場】** 名 動-する ❶競技場《きょうぎじょう》などが、休《やす》みになること。❷力士《りきし》や選手《せんしゅ》などが、すもうや試合《しあい》を休《やす》んで、出《で》ないこと。対 出場《しゅつじょう》。

**きゅうじょう【宮城】** 名 ⇩こうきょ 432ページ

**きゅうじょう【球場】** 名 野《や》球場《きゅうじょう》。

**きゅうじょう【窮状】** 名 ひどく困《こま》っているようす。例 窮状を見《み》かねて助《たす》ける。

**きゅうしょうがつ【旧正月】** 名 旧暦《きゅうれき》の正月《しょうがつ》。参考 いまの正月《しょうがつ》より一《いっ》か月《げつ》ほど遅《おく》れる。

**きゅうしょく【休職】** 名 動-する 病気《びょうき》などのために、役所《やくしょ》・会社《かいしゃ》などを、しばらく休《やす》むこと。例 足《あし》を骨折《こっせつ》して半年《はんとし》休職した。

**きゅうしょく【求職】** 名 勤《つと》め口《ぐち》をさがすこと。対 求人《きゅうじん》。

**きゅうしょく【給食】** 名 動-する 学校《がっこう》や会社《かいしゃ》などで、児童《じどう》・生徒《せいと》や従業員《じゅうぎょういん》などに食事《しょくじ》を出《だ》すこと。また、その食事《しょくじ》。

**きゅうじょけん【救助犬】** 名 地震《じしん》などの災害《さいがい》で行方不明《ゆくえふめい》になっている人《ひと》を、においでかぎ分《わ》け、見《み》つけることができるように訓《くん》練《れん》した犬《いぬ》。災害救助犬《さいがいきゅうじょけん》。

**きゅうじょたい【救助隊】** 名 危《あぶ》ない状《じょう》



世界の国 ボツワナ　アフリカ南部《なんぶ》にある国《くに》。大半《たいはん》が砂漠《さばく》。牛《うし》や羊《ひつじ》の牧畜《ぼくちく》がさかんで、ダイヤ・ニッケル・銅《どう》などを産《さん》す態《たい》にある人《ひと》などを助《たす》けるために作《つく》られた組《そ》織《しき》。

**ぎゅうじる【牛耳る】** 動 集団《しゅうだん》や会議《かいぎ》などを、自分《じぶん》の思《おも》いどおりに動《うご》かす。例 委員会《いいんかい》を牛耳る。参考 昔《むかし》、中国《ちゅうごく》で、諸国《しょこく》の王《おう》が集《あつ》まり、その中心《ちゅうしん》となる人《ひと》が切《き》った牛《うし》の耳《みみ》の血《ち》をたがいにすすり合《あ》い、同盟《どうめい》を誓《ちか》ったという話《はなし》から。「牛耳《ぎゅうじ》を執《と》る」ともいう。

**きゅうしん【休診】** 名 動する 医者《いしゃ》や病院《びょういん》が診療《しんりょう》を休《やす》むこと。

**きゅうしん【球審】** 名 野球《やきゅう》・ソフトボールで、キャッチャーの後《うし》ろにいる審判員《しんぱんいん》。

**きゅうじん【求人】** 名 働《はたら》く人《ひと》を求《もと》めること。例 求人広告《こうこく》。対 求職《きゅうしょく》。

**きゅうしんてき【急進的】** 形動 目的《もくてき》や理想《りそう》に急《いそ》いで達《たっ》しようとするようす。

**きゅうしんりょく【求心力】** 名 ⬇ こうしんりょく 438ページ

**きゅうす【急須】** 名 茶《ちゃ》の葉《は》を入《い》れて湯《ゆ》を注《そそ》ぎ、お茶《ちゃ》をいれる道具《どうぐ》。取《と》っ手《て》が横《よこ》についている。

**きゅうすい【吸水】** 名 動する 水《みず》や水分《すいぶん》を吸《す》い取《と》ること。例 吸水口《こう》に雨水《あまみず》が流《なが》れ込《こ》む。

**きゅうすい【給水】** 名 動する 飲《の》み水《みず》などを配《くば》ること。例 給水制限《せいげん》。

**きゅうする【窮する】** 動 行《い》きづまる。非《ひ》常《じょう》に困《こま》る。例 返事《へんじ》に窮する。

**きゅうすればつうず【窮すれば通ず】** どうにもならなくなって行《い》きづまると、かえってどうにかなるものだ。

**きゅうせい【旧制】** 名 むかしの制度《せいど》。特《とく》に、第二次世界大戦前《だいにじせかいたいせんまえ》の古《ふる》い学校制度《がっこうせいど》。例 旧制の高等学校《こうとうがっこう》。

**きゅうせい【旧姓】** 名 結婚《けっこん》や養子縁組《ようしえんぐみ》などで名字《みょうじ》が変《か》わった人《ひと》の、元《もと》の名字《みょうじ》。

**きゅうせい【急性】** 名 病気《びょうき》が突然《とつぜん》起《お》こり、急《きゅう》にひどくなること。例 急性肺炎《はいえん》。対 慢性《まんせい》。

**きゅうせい【急逝】** 名 動する とつぜん死《し》ぬこと。例 二十歳《はたち》の若《わか》さで急逝する。

**きゅうせいしゅ【救世主】** 名 ❶世《よ》の中《なか》の困《こま》っている人々《ひとびと》を救《すく》う人《ひと》。❷キリスト教《きょう》で、イエス=キリストのこと。

**きゅうせき【旧跡】** 名 昔《むかし》、歴史《れきし》に残《のこ》るような出来事《できごと》や物《もの》のあった所《ところ》。例 名所《めいしょ》旧跡。類 史跡《しせき》。

**きゅうせっきじだい【旧石器時代】** 名 石器時代《せっきじだい》のうち、石《いし》を打《う》ちくだいた石器《せっき》を使《つか》っていた時代《じだい》。人々は魚《さかな》や木《き》の実《み》をとって生活《せいかつ》していた。

**きゅうせん【休戦】** 名 動する 話《はな》し合《あ》って、しばらくの間《あいだ》、戦争《せんそう》を中止《ちゅうし》すること。例 休戦が成立《せいりつ》する。

**きゅうせんぽう【急先鋒】** 名 先頭《せんとう》に立《た》って、激《はげ》しい勢《いきお》いで行動《こうどう》すること。また、行《こう》動《どう》する人《ひと》。例 反対運動《はんたいうんどう》の急先鋒に立《た》つ。

**きゅうぞう【急造】** 名 動する 急《いそ》いでつくること。急《きゅう》ごしらえ。例 犬小屋《いぬごや》を急造した。

**きゅうぞう【急増】** 名 動する 急《きゅう》に増《ふ》えること。例 人口《じんこう》が急増した。

**きゅうそく【休息】** 名 動する 体《からだ》を休《やす》めること。休憩《きゅうけい》。例 休息をとる。

**きゅうそく【急速】** 形動 非常《ひじょう》に速《はや》いようす。例 急速な進歩《しんぽ》。

**きゅうそねこをかむ【窮鼠猫をかむ】** 〔追《お》いつめられたネズミはネコをかむということから〕弱《よわ》い者《もの》でも逃《に》げ道《みち》を失《うしな》うと、強《つよ》い者《もの》に反撃《はんげき》し、負《ま》かすこともある。

**きゅうだい【及第】** 名 動する 試験《しけん》に受《う》かること。合格《ごうかく》。

■**きゅうたいいぜん【旧態依然】** 副(と) 昔《むかし》からのままで、進歩《しんぽ》がないようす。例 旧態依然としたやり方《かた》。参考「旧態依然《きゅうたいいぜん》たる態《たい》度《ど》」などと使《つか》うこともある。

**きゅうだん【糾弾】** 名 動する 罪《つみ》や責任《せきにん》を問《と》いただしてとがめること。例 不正《ふせい》な行《おこな》いを糾弾する。

**きゅうだん【球団】** 名 プロ野球《やきゅう》のチームをもっている団体《だんたい》。例 球団のオーナー。

**きゅうち【旧知】** 名 昔《むかし》からの知《し》り合《あ》い。旧《きゅう》友《ゆう》。例 旧知の間柄《あいだがら》。

**きゅうち【窮地】** 名 どうしてよいかわからない、苦《くる》しい立場《たちば》。例 窮地に立《た》つ。

**きゅうちゃく【吸着】** 名 動する ほかのものに吸《す》いつくこと。例 コップに泡《あわ》が吸着する。

**きゅうちゅう【宮中】** 名 皇居《こうきょ》の中《なか》。例 宮中に参内《さんだい》する。



なども産《さん》する。首都《しゅと》ラパス。人口約《じんこうやく》1,150万人《まんにん》。略称《りゃくしょう》BOL。

**きゅうてい【宮廷】** 名 国王《こくおう》などの住《す》まい。

**きゅうていしゃ【急停車】** 名 動-する 車《くるま》が急《きゅう》に止《と》まること。

**きゅうてん【急転】** 名 動-する ようすが急《きゅう》に変《か》わること。例 事態《じたい》が急転した。

**きゅうでん【宮殿】** 名 国王《こくおう》が住《す》んでいるごてん。例 バッキンガム宮殿。

■**きゅうてんちょっか【急転直下】** 名 動-する 副 ようすが急《きゅう》に変《か》わって、解決《かいけつ》に向《む》かうこと。例 急転直下、事件《じけん》は解決《かいけつ》した。

**きゅうとう【給湯】** 名 動-する 湯をわかし、必要《ひつよう》なところに配《くば》ること。例 給湯設備《せつび》。

**きゅうどう【弓道】** 名 弓《ゆみ》で矢《や》を射《い》て、的《まと》に当《あ》てるわざ。弓術《きゅうじゅつ》。

**きゅうどう【旧道】** 名 昔《むかし》からあった道《みち》。古《ふる》いほうの道《みち》。例 箱根《はこね》の旧道を歩《ある》く。対 新道《しんどう》。

**ぎゅうどん【牛丼】** 名 牛肉《ぎゅうにく》と玉《たま》ねぎなどに味《あじ》をつけて煮《に》たものを、ご飯《はん》にかけた料理《りょうり》。

**きゅうなん【救難】** 名 危険《きけん》な目《め》にあっているところを助《たす》けること。例 救難船《せん》。

○**きゅうに【急に】** 突然《とつぜん》。にわかに。例 車《くるま》が急に動《うご》きだす。

**ぎゅうにく【牛肉】** 名 食用《しょくよう》の牛《うし》の肉《にく》。ビーフ。

**きゅうにゅう【吸入】** 名 動-する 吸《す》いこむこと。例 酸素《さんそ》吸入。

**ぎゅうにゅう【牛乳】** 名 牛《うし》の乳《ちち》。ミルク。飲《の》んだり、バター・チーズ・ヨーグルトなどを作《つく》ったりする。

**きゅうねん【旧年】** 名 去年《きょねん》。昨年《さくねん》。例「旧年中《ちゅう》はお世話《せわ》になりました。」対 新年《しんねん》。参考 挨拶《あいさつ》などに使《つか》う改《あらた》まった言《い》い方《かた》。

**きゅうば【急場】** 名 さしせまった急《いそ》ぎの場合《ばあい》。例 急場の間《ま》に合《あ》わせ。

**キューバ** 地名 アメリカ合衆国《がっしゅうこく》の南《みなみ》にある島国《しまぐに》。首都《しゅと》はハバナ。

**きゅうはく【急迫】** 名 動-する さしせまっていること。例 事態《じたい》が急迫している。

**きゅうはく【窮迫】** 名 動-する 追《お》いつめられて、苦《くる》しい状態《じょうたい》になること。例 食糧《しょくりょう》が窮迫していて、悲惨《ひさん》なありさまだ。

**きゅうばん【吸盤】** 名 ❶タコやイカなどの足《あし》にある、物《もの》に吸《す》いつくための器官《きかん》。❷「❶」に似《に》た形《かたち》のもの。例 吸盤つきのタオルかけ。

**きゅうピッチ【急ピッチ】** 名 形動 非常《ひじょう》に速《はや》いようす。例 工事《こうじ》が急ピッチで進《すす》む。

**きゅうびょう【急病】** 名 急《きゅう》に起《お》こる病気《びょうき》。例 急病人《にん》。

**きゅうふ【休符】** 名〔音楽《おんがく》で〕曲《きょく》の中《なか》で、音《おと》のない所《ところ》とその長《なが》さを示《しめ》している記号《きごう》。休止符《きゅうしふ》。→がくふ223ページ

**きゅうふ【給付】** 名 動-する 物《もの》やお金《かね》を与《あた》えること。

**きゅうぶん【旧聞】** 名 かなり前《まえ》に聞《き》いた話《はなし》。例 旧聞に属《ぞく》する（=古《ふる》い話《はなし》だ）。

**きゅうへん【急変】** 名 動-する 急《きゅう》にようすが変《か》わること。例 病状《びょうじょう》が急変した。参考 ふつう、よくない場合《ばあい》に使《つか》う。

**きゅうほう【急報】** 名 動-する 急《いそ》いで知《し》らせること。急《いそ》ぎの知《し》らせ。例 交通事故《こうつうじこ》を警察《けいさつ》に急報する。

**きゅうぼう【窮乏】** 名 動-する 非常《ひじょう》に貧《まず》しくて、生活《せいかつ》に苦《くる》しむこと。

**きゅうぼん【旧盆】** 名 旧暦《きゅうれき》のお盆《ぼん》。→うらぼん116ページ

**きゅうみん【休眠】** 名 動-する ❶動植物《どうしょくぶつ》が冬《ふゆ》などに、活動《かつどう》をやめた状態《じょうたい》になること。冬眠《とうみん》など。❷活動《かつどう》や利用《りよう》を休《やす》むこと。例 休眠中《ちゅう》の水族館《すいぞくかん》。

**きゅうむ【急務】** 名 急《いそ》いでしなければならないこと。

**きゅうめい【究明】** 名 動-する ものごとを深《ふか》く調《しら》べて、はっきりさせること。例 事故《じこ》の原因《げんいん》を究明する。類 解明《かいめい》。

**きゅうめい【救命】** 名 人《ひと》の命《いのち》を助《たす》けること。例 救命ボート。

**きゅうめいぐ【救命具】** 名 遭難《そうなん》した人《ひと》を救《すく》うために使《つか》う道具《どうぐ》。

**きゅうめいどうい【救命胴衣】** 名 →ライフジャケット1371ページ

**きゅうめん【球面】** 名 球《きゅう》の形《かたち》をしたものの表面《ひょうめん》。

**きゅうゆ【給油】** 名 動-する ❶自動車《じどうしゃ》・飛行機《ひこうき》などのエンジンに、ガソリンなど燃料《ねんりょう》を入《い》れること。❷機械《きかい》などのすれる所《ところ》に、油《あぶら》をさ



世界の国 ボリビア 南《みなみ》アメリカ中央部《ちゅうおうぶ》にある国《くに》。錫《すず》・亜鉛《あえん》・天然《てんねん》ガスなどの鉱物資源《こうぶつしげん》のほか、大豆《だいず》やカカオ・サトウキビ

すこと。

**きゅうゆう【旧友】** 名 昔《むかし》の友達《ともだち》。また、昔《むかし》からの友達《ともだち》。例 旧友に手紙《てがみ》を出《だ》す。

**きゅうゆう【級友】** 名 同《おな》じ学級《がっきゅう》の友達《ともだち》。クラスメート。

**きゅうよ【給与】** 一 名 動-する お金《かね》や物《もの》を与《あた》えること。例 制服《せいふく》を給与する。二 名 働《はたら》いている人《ひと》に、しはらうお金《かね》。給料《きゅうりょう》。

**きゅうよう【休養】** 名 動-する 体《からだ》や心《こころ》を休《やす》めること。例 ふるさとで休養をとる。

**きゅうよう【急用】** 名 急《いそ》ぎの用事《ようじ》。例 急用が入《はい》った。

**きゅうよのいっさく【窮余の一策】** 困《こま》りきったあげく、苦《くる》しまぎれに思《おも》いついた一《ひと》つの手段《しゅだん》。

**きゅうらい【旧来】** 名 昔《むかし》から。古《ふる》くから。例 旧来の習慣《しゅうかん》。

**きゅうり【胡瓜】** 名 畑《はたけ》に作《つく》る野菜《やさい》。夏《なつ》に黄《き》色《いろ》の花《はな》が咲《さ》き、緑色《みどりいろ》の細長《ほそなが》い実《み》がなる。つけ物《もの》やサラダにして食《た》べることが多《おお》い。

**きゅうりゅう【急流】** 名 水《みず》の流《なが》れが速《はや》いこと。急《きゅう》な流《なが》れ。

**きゅうりょう【丘陵】** 名 小高《こだか》い丘《おか》。

**○きゅうりょう【給料】** 名 やとい主《ぬし》が、働《はたら》いた人《ひと》にはらうお金《かね》。給与《きゅうよ》。サラリー。

**きゅうれき【旧暦】** 名 明治時代《めいじじだい》まで使《つか》われていた昔《むかし》の暦《こよみ》。太陰暦《たいいんれき》。陰暦《いんれき》。対 新暦《しんれき》。

**ぎゅっと** 副 力《ちから》を入《い》れて強《つよ》くしめつけたり、おさえつけたりするようす。例 手《て》をぎゅっと握《にぎ》る。

**キュリーふさい【キュリー夫妻】** 人名 妻《つま》はマリー(一八六七～一九三四)、夫《おっと》はピエール(一八五九～一九〇六)。夫妻《ふさい》で協力《きょうりょく》して放射能《ほうしゃのう》の研究《けんきゅう》をし、一九〇三年《ねん》にノーベル物理学賞《ぶつりがくしょう》を受《う》けた。マリーは夫《おっと》の死後《しご》、ラジウムなどの研究《けんきゅう》を続《つづ》け、一九一一年《ねん》にノーベル化学賞《かがくしょう》を受《う》けた。

〔キュリーふさい〕

**きよ【寄与】** 名 動-する 世《よ》の中《なか》の役《やく》に立《た》つこと。例 医学《いがく》の進歩《しんぽ》に寄与する。類 貢献《こうけん》。

**きょ【去】** 画数 5 部首 ム(む) 3年
音 キョ コ 訓 さ-る
筆順

❶はなれる。過《す》ぎ去《さ》る。とりのける。熟語 去年《きょねん》。除去《じょきょ》。退去《たいきょ》。過去《かこ》。❷死《し》ぬこと。熟語 死去《しきょ》。
《訓の使い方》 さ-る 例 学校《がっこう》を去る。

**きょ【居】** 画数 8 部首 尸(しかばね) 5年
音 キョ 訓 い-る
筆順

❶住《す》む。いる。熟語 居住《きょじゅう》。居留地《きょりゅうち》。❷住《す》まい。熟語 住居《じゅうきょ》。新居《しんきょ》。転居《てんきょ》。
《訓の使い方》 い-る 例 家《いえ》に居る。

**きょ【居】** 名 住《す》まい。例 居を定《さだ》める。

**きょ【挙】** 画数 10 部首 手(て) 4年
音 キョ 訓 あ-げる あ-がる
筆順

❶あげる。行《おこな》う。熟語 挙行《きょこう》。挙手《きょしゅ》。選挙《せんきょ》。列挙《れっきょ》。❷みんないっしょになる。こぞって。熟語 挙国《きょこく》。大挙《たいきょ》。❸行《おこな》い。熟語 挙動《きょどう》。
《訓の使い方》 あ-げる 例 手《て》を挙げる。あ-がる 例 犯人《はんにん》が挙がる。

**きょ【挙】** 名 行動《こうどう》。行《おこな》い。例 予想外《よそうがい》の挙に出《で》る。

**きょ【許】** 画数 11 部首 言(ごんべん) 5年
音 キョ 訓 ゆる-す
筆順

ゆるすこと。聞《き》き届《とど》けること。熟語 許可《きょか》。特許《とっきょ》。免許《めんきょ》。許容量《きょようりょう》。
《訓の使い方》 ゆる-す 例 失敗《しっぱい》を許す。

**きょ【巨】** 画数 5 部首 丨(たてぼう)
音 キョ 訓 ―
❶きわめて大《おお》きい。熟語 巨大《きょだい》。巨木《きょぼく》。❷非《ひ》常《じょう》に多《おお》い。熟語 巨額《きょがく》。巨万《きょまん》。❸たいへんすぐれている。熟語 巨匠《きょしょう》。巨頭《きょとう》。

ジア、アメリカに進出《しんしゅつ》した時代《じだい》)に栄《さか》えた。現在《げんざい》は農業国《のうぎょうこく》で、オリーブや小麦《こむぎ》、ワインの製造《せいぞう》などがさかん。首都《しゅと》リス

## きょ【拒】
画数 8 部首 扌(てへん)

音 キョ 訓 こば-む

こばむ。ことわる。よせつけない。熟語 拒《きょ》絶《ぜつ》。拒否《きょひ》。例 申《もう》し出《で》を拒《こば》む。

## きょ【拠】
画数 8 部首 扌(てへん)

音 キョ コ 訓 ——

たよる。よりどころ。熟語 根拠《こんきょ》。証拠《しょうこ》。

## きょ【虚】
画数 11 部首 虍(とらがしら)

音 キョ コ 訓 ——

❶中身《なかみ》がない。むなしい。熟語 空虚《くうきょ》。虚空《こくう》(=何《なに》もない空間《くうかん》)。❷うそ。うわべだけの。熟語 虚偽《きょぎ》。虚勢《きょせい》。虚栄《きょえい》。❸悪《わる》い心《こころ》がない。熟語 虚心《しん》。謙虚《けんきょ》。❹よわい。よわる。熟語 虚弱《きょじゃく》。

## きょ【虚】名
❶油断《ゆだん》。心《こころ》のすき。❷うそ。例 虚《きょ》と実《じつ》が入《い》り交《ま》じる。

**虚《きょ》をつく** 相手《あいて》の油断《ゆだん》やすきをついて攻《せ》める。例 敵《てき》の虚をついて先制《せんせい》した。

## きょ【距】
画数 12 部首 ⻊(あしへん)

音 キョ 訓 ——

へだてる。間《あいだ》をおく。熟語 距離《きょり》。

## ぎょ【魚】
画数 11 部首 魚(うお) 2年

音 ギョ 訓 うお さかな

筆順

❶うお。さかな。熟語 魚類《ぎょるい》。金魚《きんぎょ》。魚市場《うおいちば》。❷「❶」の形《かたち》に似《に》たもの。熟語 魚雷《ぎょらい》。人魚《にんぎょ》。木魚《もくぎょ》。

## ぎょ【漁】
画数 14 部首 氵(さんずい) 4年

音 ギョ リョウ 訓 ——

筆順

魚《さかな》をとる。熟語 漁業《ぎょぎょう》。漁船《ぎょせん》。漁師《りょうし》。大漁《たいりょう》。

## ぎょ【御】
画数 12 部首 彳(ぎょうにんべん)

音 ギョ ゴ 訓 おん

❶あやつる。うまく扱《あつか》う。熟語 制御《せいぎょ》。❷ふせぐ。守《まも》る。熟語 防御《ぼうぎょ》。❸皇室《こうしつ》に関係《かんけい》のあることを表《あらわ》す。熟語 御物《ぎょぶつ》。❹〔ある言葉《ことば》の前《まえ》につけて〕敬《うやま》う気持《きも》ちを表《あらわ》す。例 御両親《りょうしん》。御礼《おんれい》。

## °きよい【清い】形
❶にごりがなく、きれいである。よごれていない。くもりがない。例 清《きよ》い水《みず》。❷心《こころ》によごれがない。けがれがない。例 清い心《こころ》。⇩せい【清】699ページ

## きよう【起用】名 動する
その人《ひと》を選《えら》んで、だいじな役《やく》につかせること。例 ピッチャーに新人《しんじん》を起用する。類 登用《とうよう》。

## きよう【器用】名 形動
❶手先《てさき》を使《つか》ってする細《こま》かい仕事《しごと》が、上手《じょうず》なこと。例 器用にはさみを使《つか》う。❷要領《ようりょう》がいいこと。例 器用に立《た》ち回《まわ》る。

## きょう【共】
画数 6 部首 八(はち) 4年

音 キョウ 訓 とも

筆順

いっしょに。ともに。熟語 共感《きょうかん》。共存《きょうぞん》。共通《つう》。共同《きょうどう》。公共《こうきょう》。

## きょう【京】
画数 8 部首 亠(なべぶた) 2年

音 キョウ ケイ 訓 ——

筆順

❶みやこ。首都《しゅと》。熟語 平城京《へいじょうきょう》。平安京《へいあんきょう》。❷京都《きょうと》のこと。熟語 京人形《きょうにんぎょう》。京阪神《けいはんしん》。❸東京《とうきょう》のこと。熟語 帰京《ききょう》。上京《じょうきょう》。京浜《けいひん》。

## きょう【京】名
みやこ。京都《きょうと》。例 京のみやこ。

## きょう【供】
画数 8 部首 亻(にんべん) 6年

音 キョウ ク 訓 そな-える とも

筆順

❶そなえる。さしだす。熟語 供給《きょうきゅう》。供物《くもつ》。提供《ていきょう》。❷言《い》う。熟語 供述《きょうじゅつ》。自供《じきょう》。

《訓の使い方》**そな-える** 例 お花《はな》を供える。

## きょう【協】
画数 8 部首 十(じゅう) 4年

音 キョウ 訓 ——

筆順

心《こころ》を合《あ》わせ、力《ちから》を合《あ》わせる。熟語 協議《きょうぎ》。協《きょう》



世界の国 ポルトガル ヨーロッパの南西部《なんせいぶ》にある、北海道《ほっかいどう》よりやや広《ひろ》い国《くに》。大航海時代《だいこうかいじだい》(ヨーロッパ人《じん》がアフリカやア
ボン。人口約《じんこうやく》1,030万人《まんにん》。略称《りゃくしょう》POR。

あいうえお か き くけこ さしすせそ たちつてと なにぬねの はひふへほ まみむめも や ゆ よ らりるれろ わ を ん

同《どう》。協力《きょうりょく》。

## きょう【胸】
画数 10 部首 月(にくづき) 6年
音 キョウ 訓 むね む△な
筆順
❶むね。中《なか》。熟語 胸囲《きょうい》。胸部《きょうぶ》。胸元《むなもと》。❷心《こころ》。心《こころ》の中。熟語 胸中《きょうちゅう》。度胸《どきょう》。胸算用《むなざんよう》。

## きょう【強】
画数 11 部首 弓(ゆみへん) 2年
音 キョウ ゴ△ウ
訓 つよ-い つよ-まる つよ-める し△-いる
筆順
❶つよい。力《ちから》がある。丈夫《じょうぶ》。熟語 強敵《きょうてき》。強《きょう》力《りょく》。補強《ほきょう》。❷はげむ。無理《むり》にする。しいる。熟語 強行《きょうこう》。強制《きょうせい》。強引《ごういん》。勉強《べんきょう》。❸ある数《かず》よりも、少《すこ》し多《おお》いことを表《あらわ》す。例 一万人強《いちまんにんきょう》。対(❶・❸)弱《じゃく》。
《訓の使い方》**つよ-い** 例 力《ちから》が強い。**つよ-まる** 例 風《かぜ》が強まる。**つよ-める** 例 火《ひ》を強める。**し-いる** 例 練習《れんしゅう》を強いる。

## きょう【教】
画数 11 部首 攵(ぼくづくり) 2年
音 キョウ 訓 おし-える おそ-わる
筆順
おしえる。おしえ。熟語 教育《きょういく》。教訓《きょうくん》。教室《きょうしつ》。教養《きょうよう》。宗教《しゅうきょう》。
《訓の使い方》**おし-える** 例 弟《おとうと》に勉強《べんきょう》を教える。**おそ-わる** 例 道《みち》を教わる。

## きょう【郷】
画数 11 部首 阝(おおざと) 6年
音 キョウ ゴ△ウ 訓 ―
筆順
❶一《ひと》つの場所《ばしょ》や土地《とち》。熟語 水郷《すいごう》。理想郷《りそうきょう》。❷ふるさと。熟語 郷土《きょうど》。帰郷《ききょう》。故郷《こきょう》。

## きょう【境】
画数 14 部首 ⺼(つちへん) 5年
音 キョウ ケ△イ 訓 さかい
筆順
❶さかい。熟語 境界《きょうかい》。国境《こっきょう》・国境《くにざかい》。❷置《お》かれているありさま。ようす。熟語 苦境《くきょう》。心境《しんきょう》。❸ところ。熟語 境内《けいだい》。環境《かんきょう》。辺境《へんきょう》。

## きょう【境】名
境地《きょうち》。例 無我《むが》の境に入《はい》る。

## きょう【橋】
画数 16 部首 木(きへん) 3年
音 キョウ 訓 はし
筆順
はし。熟語 鉄橋《てっきょう》。陸橋《りっきょう》。丸木橋《まるきばし》。

## きょう【鏡】
画数 19 部首 金(かねへん) 4年
音 キョウ 訓 かがみ
筆順
❶かがみ。熟語 鏡台《きょうだい》。手鏡《てかがみ》(=手《て》持《も》ちの鏡《かがみ》)。❷レンズ。熟語 顕微鏡《けんびきょう》。望遠鏡《ぼうえんきょう》。

## きょう【競】
画数 20 部首 立(たつ) 4年
音 キョウ ケイ 訓 き△そ-う せ△-る
筆順
争《あらそ》う。張《は》り合《あ》う。せり合《あ》う。熟語 競泳《きょうえい》。競《きょう》技《ぎ》。競争《きょうそう》。競売《きょうばい》・競売《けいばい》。競馬《けいば》。
《訓の使い方》**きそ-う** 例 足《あし》の速《はや》さを競う。**せ-る** 例 ゴール前《まえ》で激《はげ》しく競る。

## きょう【凶】
画数 4 部首 凵(うけばこ)
音 キョウ 訓 ―
❶縁起《えんぎ》が悪《わる》い。熟語 吉凶《きっきょう》。対 吉《きち》。❷性質《せいしつ》が悪《わる》い。熟語 凶悪《きょうあく》。凶行《きょうこう》。❸作物《さくもつ》のできが悪《わる》い。熟語 凶作《きょうさく》。

## きょう【凶】名
縁起《えんぎ》が悪《わる》いこと。例 おみくじで凶が出《で》た。対 吉《きち》。

## きょう【叫】
画数 6 部首 口(くちへん)
音 キョウ 訓 さけ-ぶ
さけぶ。大《おお》きな声《こえ》を出《だ》す。熟語 絶叫《ぜっきょう》。例 叫《さけ》び声《こえ》をあげる。

## きょう【狂】
画数 7 部首 犭(けものへん)
音 キョウ 訓 くる-う くる-おしい
❶くるう。くるおしい。ふつうでなく、激《はげ》しいようす。熟語 狂喜《きょうき》。熱狂《ねっきょう》。例 狂《くる》おしいほ

の鉱物資源《こうぶつしげん》も豊富《ほうふ》。首都《しゅと》テグシガルパ。人口約《じんこうやく》975万人《まんにん》。略称《りゃくしょう》HON。

ど子《こ》どもを愛《あい》する。❷何《なに》かに夢中《むちゅう》になる人《ひと》。マニア。熟語 野球狂《やきゅうきょう》。❸おどけ。ふざける。熟語 狂歌《きょうか》。狂言《きょうげん》。❹外《はず》れる。ちがう。例 予《よ》定《てい》が狂《くる》う。

## きょう【享】画数 8 部首 亠(なべぶた)

音 キョウ 訓 ——

身《み》に受《う》ける。自分《じぶん》のものとする。熟語 享受《きょうじゅ》。享年《きょうねん》。享楽《きょうらく》。

## きょう【況】画数 8 部首 氵(さんずい)

音 キョウ 訓 ——

ありさま。ようす。熟語 実況《じっきょう》。状況《じょうきょう》。

## きょう【峡】画数 9 部首 山(やまへん)

音 キョウ 訓 ——

山《やま》や陸地《りくち》にはさまれて、細長《ほそなが》くせまくなった場所《ばしょ》。熟語 峡谷《きょうこく》。海峡《かいきょう》。

## きょう【挟】画数 9 部首 扌(てへん)

音 キョウ 訓 はさ-む はさ-まる

はさむ。両側《りょうがわ》からおさえつける。熟語 挟撃《きょうげき》〔=はさみうちにする〕。例 本《ほん》にしおりを挟《はさ》む。手《て》が挟《はさ》まる。

## きょう【狭】画数 9 部首 犭(けものへん)

音 キョウ

訓 せま-い せば-める せば-まる

せまい。せまくする。熟語 狭軌《きょうき》。狭義《きょうぎ》。偏《へん》狭《きょう》。狭《せば》まっている〔=心《こころ》がせまい〕。例 範囲《はんい》を狭《せば》める。道《みち》が狭《せば》まる。

## きょう【恐】画数 10 部首 心(こころ)

音 キョウ 訓 おそ-れる おそ-ろしい

❶おそれる。おそろしい。こわがる。熟語 恐慌《きょうこう》。恐怖《きょうふ》。例 失敗《しっぱい》を恐《おそ》れる。恐《おそ》ろしい目《め》にあった。❷つつしむ。かしこまる。熟語 恐縮《きょうしゅく》。❸おどす。熟語 恐喝《きょうかつ》。

## きょう【恭】画数 10 部首 㣺(したごころ)

音 キョウ 訓 うやうや-しい

うやうやしい。つつしみぶかい。熟語 恭賀《きょうが》〔=つつしんでお祝《いわ》いすること〕。

## きょう【脅】画数 10 部首 月(にくづき)

音 キョウ

訓 おびや-かす おど-す おど-かす

おびやかす。おどす。こわがらせる。熟語 脅《きょう》迫《はく》。例 平和《へいわ》を脅《おびや》かす。

## きょう【矯】画数 17 部首 矢(やへん)

音 キョウ 訓 た-める

曲《ま》がったものをまっすぐにする。悪《わる》いところを正《ただ》す。熟語 矯正《きょうせい》。例 枝《えだ》を矯《た》める。

## きょう【響】画数 20 部首 音(おと)

音 キョウ 訓 ひび-く

❶ひびく。音《おと》が伝《つた》わったり、はね返《かえ》ったりする。熟語 音響《おんきょう》。反響《はんきょう》。❷他《ほか》にはたらきをおよぼす。熟語 影響《えいきょう》。

## きょう【驚】画数 22 部首 馬(うま)

音 キョウ 訓 おどろ-く おどろ-かす

おどろく。びっくりする。熟語 驚異《きょうい》。驚嘆《きょうたん》。例 音《おと》に驚《おどろ》く。世間《せけん》を驚《おどろ》かす。

**きょう【兄】** 熟語 兄弟《きょうだい》。⇩**けい【兄】** 386ページ

**きょう【香】** 熟語 香車《きょうしゃ》。⇩**こう【香】** 425ページ

**きょう【経】** 名 仏《ほとけ》の教《おし》えを書《か》いた文《ぶん》。お経《きょう》。⇩**けい【経】** 387ページ

**きょう【興】** 名 おもしろく、楽《たの》しいこと。⇩**こう【興】** 426ページ

**興《きょう》がわく** 興味《きょうみ》がわく。例 話《はなし》を聞《き》いているうちに興《きょう》がわいてきた。

**興《きょう》に乗《の》る** おもしろさにつりこまれる。例 興《きょう》に乗《の》って歌《うた》いだす。

**°きょう【〈今日〉】** 名 この日《ひ》。本日《ほんじつ》。参考 「今日《きょう》」は、特別《とくべつ》に認《みと》められた読《よ》み方《かた》。関連 ⇩ことばの窓《まど》 334ページ

## ぎょう【業】画数 13 部首 木(き) 3年

音 ギョウ ゴウ 訓 わざ

筆順

㊀〔「ギョウ」と読《よ》んで〕❶仕事《しごと》。つとめ。熟語 業績《ぎょうせき》。業務《ぎょうむ》。工業《こうぎょう》。作業《さぎょう》。職業《しょくぎょう》。❷学問《がくもん》。わざ。熟語 授業《じゅぎょう》。卒業《そつぎょう》。㊁〔「ゴウ」と読《よ》んで〕悪《わる》いことをした、むくい。熟語 自業自得《じごうじとく》。例



世界の国 ホンジュラス 中央《ちゅうおう》アメリカ北部《ほくぶ》の国《くに》。本州《ほんしゅう》の約半分《やくはんぶん》の広《ひろ》さ。バナナ・コーヒー・綿花《めんか》を産《さん》する。金《きん》・銀《ぎん》など

例解 ことばの窓

**日《ひ》・週《しゅう》・月《つき》・年《とし》を表《あらわ》す言葉《ことば》**

| | 過《か》去《こ》 | | 現《げん》在《ざい》 | 未《み》来《らい》 | |
|---|---|---|---|---|---|
| 日《ひ》 | 一昨日《いっさくじつ》 おととい | 昨日《さくじつ》 昨日《きのう》 | 本日《ほんじつ》 今日《きょう》 | 明日《みょうにち》 あした 明日《あす》 | 明後日《みょうごにち》 あさって |
| 週《しゅう》 | 先々週《せんせんしゅう》 | 先週《せんしゅう》 昨週《さくしゅう》 | 今週《こんしゅう》 | 来週《らいしゅう》 | 再来週《さらいしゅう》 |
| 月《つき》 | 先々月《せんせんげつ》 | 先月《せんげつ》 | 今月《こんげつ》 | 来月《らいげつ》 | 再来月《さらいげつ》 |
| 年《とし》 | 昨々年《さくさくねん》 一昨年《いっさくねん》 おととし | 昨年《さくねん》 去年《きょねん》 | 今年《こんねん》 本年《ほんねん》 今年《ことし》 | 来年《らいねん》 明年《みょうねん》 | 再来年《さらいねん》 明後年《みょうごねん》 |

業《ごう》が深《ふか》い。

**ぎょう【業】** 名 仕事《しごと》。職業《しょくぎょう》。例 本屋《ほんや》を業としていた。

**ぎょう【仰】** 画数 6 部首 イ(にんべん)
音 ギョウ コウ 訓 あお-ぐ おお-せ
❶あおぐ。見上《みあ》げる。心《こころ》から敬《うやま》う。熟語 仰天《ぎょうてん》。信仰《しんこう》。例 天《てん》を仰《あお》ぐ。❷おおせ。おっしゃる、お言葉《ことば》。例 仰《おお》せに従《したが》う。

**ぎょう【暁】** 画数 12 部首 日(ひへん)
音 ギョウ 訓 あかつき
❶あかつき。夜明《よあ》け。熟語 暁天《ぎょうてん》〔=明《あ》け方《がた》の空《そら》〕。例 暁《あかつき》の光《ひかり》。❷よくわかる。熟語 通暁《つうぎょう》〔=くわしく知《し》っていること〕。

**ぎょう【凝】** 画数 16 部首 冫(にすい)
音 ギョウ 訓 こ-る こ-らす
❶こる。かたまる。かたくなる。熟語 凝結《ぎょうけつ》。凝固《ぎょうこ》。例 肩《かた》が凝《こ》る。❷こらす。気《き》持《も》ちを集《しゅう》中《ちゅう》する。熟語 凝視《ぎょうし》。例 趣向《しゅこう》を凝《こ》らす。❸熱《ねっ》中《ちゅう》する。例 パズルに凝《こ》る。

**ぎょう【形】** 熟語 形相《ぎょうそう》。人形《にんぎょう》。↓けい【形】386ページ

✤**ぎょう【行】** 名 ❶〔国語《こくご》で〕上《うえ》から下《した》まで、または左《ひだり》から右《みぎ》まで文字《もじ》が並《なら》んだ列《れつ》。文章《ぶんしょう》の列《れつ》。例 行を変《か》える。❷五十音図《ごじゅうおんず》の縦《たて》の列《れつ》。例 ア行。カ行。❸仏教《ぶっきょう》などで、修行《しゅぎょう》のこと。例 無言《むごん》の行。↓こう【行】424ページ

**きょうあく【凶悪】** 形動 性質《せいしつ》がひどく悪《わる》いようす。例 凶悪な犯罪《はんざい》。

**きょうい【胸囲】** 名 胸《むね》の周《まわ》りの長《なが》さ。バスト。例 胸囲を測《はか》る。

**きょうい【脅威】** 名 強《つよ》い力《ちから》を見《み》せつけて、こわがらせること。おどかし。例 相手《あいて》の力《ちから》に脅威を感《かん》じる。

**きょうい【驚異】** 名 おどろくほど、不思議《ふしぎ》ですばらしいこと。例 大自然《だいしぜん》の驚異。驚異的《てき》な記録《きろく》。

○**きょういく【教育】** 名 動-する 知識《ちしき》や技能《ぎのう》、道徳《どうとく》など、人間《にんげん》として必要《ひつよう》なことを教《おし》えて、りっぱに育《そだ》てること。

**きょういくいいんかい【教育委員会】** 名 都道府県《とどうふけん》や市区町村《しくちょうそん》に置《お》かれていて、教育《きょういく》について相談《そうだん》し、計画《けいかく》を立《た》てる委員《いいん》会《かい》。

✤**きょういくかんじ【教育漢字】** 名 ↓がくしゅうかんじ 221ページ

**きょういくきほんほう【教育基本法】** 名 日本国憲法《にほんこくけんぽう》にもとづき、教育《きょういく》の目的《もくてき》や基本方針《きほんほうしん》を示《しめ》した法律《ほうりつ》。一九四七年《ねん》に制定《せいてい》され、二〇〇六年《ねん》に全面改正《ぜんめんかいせい》された。

**きょういくちょくご【教育勅語】** 名 一八九〇(明治《めいじ》二十三《にじゅうさん》)年《ねん》に、明治天皇《めいじてんのう》の言葉《ことば》として出《だ》された、当時《とうじ》の教育《きょういく》の基本《きほん》となる考《かんが》えを示《しめ》した文書《ぶんしょ》。一九四八(昭和《しょうわ》二十三《にじゅうさん》)年《ねん》に廃止《はいし》された。

**きょういん【教員】** 名 学校《がっこう》で児童《じどう》・生徒《せいと》を教《おし》える人《ひと》。先生《せんせい》。教師《きょうし》。

**きょううん【強運】** 名 運《うん》がいいこと。強《つよ》い運勢《うんせい》。例 宝《たから》くじに当《あ》たる強運の持《も》ち主《ぬし》。

**きょうえい【共栄】** 名 動-する そろって栄《さか》えること。例 共存《きょうそん》共栄。

**きょうえい【競泳】** 名 動-する 泳《およ》ぐ速《はや》さを、競《きそ》うこと。例 競泳大会《たいかい》。

**きょうえん【共演】** 名 動-する 映画《えいが》や演劇《えんげき》などに、いっしょに出演《しゅつえん》すること。例 二大《にだい》ス

の首飾《くびかざ》り」といわれる。首都《しゅと》マジュロ。人口約《じんこうやく》59,000人《にん》。略称《りゃくしょう》MHL。

ターの夢《ゆめ》の共演。

**きょうえん【競演】** 名 動-する 演技《えんぎ》や演奏《えんそう》のうまさを競《きそ》い合《あ》うこと。例 二大《にだい》スターの競演が見《み》ものだ。

✤**きょうか【狂歌】** 名 江戸《えど》時代《じだい》からさかんになった、しゃれや滑稽《こっけい》で世《よ》の中《なか》をからかった歌《うた》。形《かたち》は短歌《たんか》と同《おな》じ五《ご》・七《しち》・五《ご》・七《しち》・七《しち》。「山吹《やまぶき》の　はながみばかり　金《かね》いれに〔=さいふに〕みの一《ひと》つだに〔=山吹色《やまぶきいろ》の小判《こばん》一枚《いちまい》さえも〕無《な》きぞかなしき」など。

**きょうか【強化】** 名 動-する いっそう強《つよ》くすること。例 チームを強化する。

**きょうか【教化】** 名 動-する 人《ひと》を教《おし》えみちびいて、よいほうに向《む》かわせること。

**きょうか【教科】** 名 学校《がっこう》で教《おし》える科目《かもく》。国《こく》語《ご》科《か》・社会科《しゃかいか》・理科《りか》など。

**きょうかい【協会】** 名 ある目的《もくてき》のために、会員《かいいん》が力《ちから》を合《あ》わせて作《つく》り、運営《うんえい》している会《かい》。例 体育《たいいく》協会。

**きょうかい【教会】** 名 同《おな》じ宗教《しゅうきょう》を信《しん》じている人《ひと》たちの集《あつ》まり。また、その信者《しんじゃ》たちが集《あつ》まって、おいのりなどをする建物《たてもの》。参考 特《とく》にキリスト教《きょう》についていうことが多《おお》い。

**きょうかい【境界】** 名 土地《とち》の境目《さかいめ》。物《もの》と物《もの》との境目《さかいめ》。例 となりの市《し》との境界。

**ぎょうかい【業界】** 名 同《おな》じ種類《しゅるい》の仕事《しごと》をしている人々《ひとびと》の社会《しゃかい》。例 出版《しゅっぱん》業界。

**きょうかいどう【教会堂】** 名 〔キリスト教《きょう》で〕信者《しんじゃ》たちが集《あつ》まっておいのりなどをする建物《たてもの》。教会《きょうかい》。

**きょうがく【共学】** 名 動-する 男子《だんし》と女子《じょし》が、同《おな》じ学校《がっこう》でいっしょに勉強《べんきょう》すること。例 男女《だんじょ》共学。

**きょうがく【驚愕】** 名 動-する ひどくびっくりすること。例 驚愕のあまり、声《こえ》が出《で》なかった。

**きょうかしょ【教科書】** 名 学校《がっこう》で勉強《べんきょう》するために、教材《きょうざい》を集《あつ》めて作《つく》られた本《ほん》。

**きょうかつ【恐喝】** 名 動-する 人《ひと》の弱《よわ》みをつかんで、お金《かね》や品物《しなもの》を出《だ》すようにおどすこと。ゆすり。

✤**ぎょうがまえ** 名 漢字《かんじ》の部首《ぶしゅ》で「かまえ」の一《ひと》つ。「術《じゅつ》」「街《がい》」などの「行」の部分《ぶぶん》。

**きょうかん【共感】** 名 動-する 人《ひと》の考《かんが》えを聞《き》いたり、読《よ》んだりして、自分《じぶん》も同《おな》じように感《かん》じること。類 共鳴《きょうめい》。同感《どうかん》。

**きょうかん【教官】** 名 国立《こくりつ》の学校《がっこう》や研究《けんきゅう》所《じょ》などの先生《せんせい》。例 大学《だいがく》の教官。

✤**ぎょうかん【行間】** 名 文章《ぶんしょう》の行《ぎょう》と行《ぎょう》との間《あいだ》。例 行間を読《よ》む〔=言葉《ことば》として示《しめ》されていない、筆者《ひっしゃ》の気持《きも》ちを読《よ》む〕。

**きょうき【凶器】** 名 人《ひと》を殺《ころ》したり傷《きず》つけたりするために使《つか》われる器具《きぐ》。

**きょうき【狂気】** 名 精神《せいしん》の働《はたら》きがふつうでないこと。

**きょうき【狂喜】** 名 動-する 夢中《むちゅう》になって大《おお》喜《よろこ》びすること。

**きょうき【狭軌】** 名 鉄道《てつどう》で、レールの間《あいだ》が標準《ひょうじゅん》(一四三五ミリメートル)よりせまいもの。対 広軌《こうき》。

**きょうき【驚喜】** 名 動-する 思《おも》いがけぬできごとにおどろき、大喜《おおよろこ》びすること。例 一位《いちい》入賞《にゅうしょう》の知《し》らせに驚喜する。

**きょうぎ【協議】** 名 動-する みんなで相談《そうだん》し合《あ》うこと。例 協議の上《うえ》で決《き》めた。

**きょうぎ【狭義】** 名 ある言葉《ことば》の、意味《いみ》の範囲《はんい》をせまく考《かんが》えた場合《ばあい》の意味《いみ》。対 広義《こうぎ》。

**きょうぎ【経木】** 名 スギやヒノキなどの木《もく》材《ざい》を、紙《かみ》のようにうすくけずったもの。食品《しょくひん》を包《つつ》んだりするのに使《つか》う。

°**きょうぎ【競技】** 名 動-する 技《わざ》や腕前《うでまえ》を、比《くら》べ合《あ》うこと。特《とく》にスポーツで、勝《か》ち負《ま》けを争《あらそ》うこと。例 陸上《りくじょう》競技。

**ぎょうき【行基】** 人名 (男)(六六八～七四九)奈良《なら》時代《じだい》のお坊《ぼう》さん。各地《かくち》をまわって教《おし》えを説《と》き、社会《しゃかい》事業《じぎょう》を行《おこな》って、人々《ひとびと》から信頼《しんらい》された。東大寺《とうだいじ》の建立《こんりゅう》にも尽《つ》くした。

°**ぎょうぎ【行儀】** 名 ものを言《い》ったり、したりするときの作法《さほう》。例 行儀が悪《わる》い。

**きょうぎじょう【競技場】** 名 運動《うんどう》競技《きょうぎ》をするための施設《しせつ》。スタジアム。

**きょうきゃく【橋脚】** 名 橋《はし》を支《ささ》える柱《はしら》。

**きょうきゅう【供給】** 名 動-する ❶求《もと》められた物《もの》を与《あた》えること。例 食料《しょくりょう》を供給する。❷売《う》るために商品《しょうひん》を市場《しじょう》に出《だ》すこと。対 (❶・❷)需要《じゅよう》。

**ぎょうぎょうしい【仰仰しい】** 形 わざ



世界の国 マーシャル諸島《しょとう》　太平洋《たいへいよう》の中西部《ちゅうせいぶ》の二《ふた》つの列島《れっとう》からなる小《ちい》さな国《くに》。北海道《ほっかいどう》の利尻島《りしりとう》くらいの大《おお》きさ。「真珠《しんじゅ》とらしく、大《おお》げさだ。[例]君《きみ》の言《い》い方《かた》はいかにも仰々しい。

**きょうぐ【教具】**[名]黒板《こくばん》・掛《か》け図《ず》・模《も》型《けい》・テレビ・標《ひょう》本《ほん》など、授《じゅ》業《ぎょう》の効《こう》果《か》をあげるために使《つか》うもの。

**きょうぐう【境遇】**[名]その人《ひと》の置《お》かれた環《かん》境《きょう》や家《か》庭《てい》の事《じ》情《じょう》。身《み》の上《うえ》。

**きょうくん【教訓】**[名][動-する]教《おし》えさとすこと。また、その教《おし》え。

**ぎょうけつ【凝結】**[名][動-する]❶物《もの》が固《かた》まること。❷気《き》体《たい》が液《えき》体《たい》になること。[例]水《すい》蒸《じょう》気《き》が凝結して水《すい》滴《てき》になった。

**きょうけん【強肩】**[名]肩《かた》が強《つよ》くて、遠《とお》くまでボールを投《な》げられること。[例]強肩で知《し》られた外《がい》野《や》手《しゅ》。

**きょうけん【強健】**[名][形動]体《からだ》が丈《じょう》夫《ぶ》で、がっしりしていること。[例]身《しん》体《たい》強健。[対]虚《きょ》弱《じゃく》。

✤**きょうげん【狂言】**[名]❶能《のう》と能《のう》の間《あいだ》に演《えん》じられる滑《こっ》稽《けい》な劇《げき》。能《のう》狂《きょう》言《げん》。❷歌《か》舞《ぶ》伎《き》の出《だ》し物《もの》。❸仕《し》組《く》んだうそ。作《つく》り事《ごと》。[例]狂言強《ごう》盗《とう》。

**きょうけんびょう【狂犬病】**[名]犬《いぬ》の伝《でん》染《せん》病《びょう》。この病《びょう》気《き》の犬《いぬ》にかまれると人《ひと》や動《どう》物《ぶつ》にもうつり、運《うん》動《どう》神《しん》経《けい》がおかされる。

**きょうこ【強固】**[形動]強《つよ》くて、しっかりとしているようす。[例]強固な意《い》志《し》。

**ぎょうこ【凝固】**[名][動-する]❶固《かた》まること。❷〔理《り》科《か》で〕液《えき》体《たい》が固《こ》体《たい》に変《か》わること。[例]水《みず》が凝固すると氷《こおり》になる。[対]融《ゆう》解《かい》。

**きょうこう【凶行】**[名]人《ひと》を殺《ころ》したり、傷《きず》つけたりする、たいへん悪《わる》い行《おこな》い。

**きょうこう【恐慌】**[名]❶おそれあわてること。[例]山《やま》で道《みち》に迷《まよ》って恐慌をきたした。❷急《きゅう》に景《けい》気《き》が悪《わる》くなり、会《かい》社《しゃ》や銀《ぎん》行《こう》がつぶれたりして、世《よ》の中《なか》が大《だい》混《こん》乱《らん》になること。[類](❶・❷)パニック。

**きょうこう【強行】**[名][動-する]無《む》理《り》にすること。[例]雨《あめ》の中《なか》で試《し》合《あい》を強行する。

**きょうこう【教皇】**[名]ローマ教《きょう》皇《こう》。ローマカトリック教《きょう》会《かい》の、いちばん中《ちゅう》心《しん》になる人《ひと》。法《ほう》王《おう》。

**きょうこう【強硬】**[形動]自《じ》分《ぶん》の考《かんが》えを、強《つよ》くおし通《とお》そうとするようす。[例]強硬な意《い》見《けん》。

**きょうごう【強豪】**[名]強《つよ》くて手《て》ごわいこと。また、その人《ひと》やチーム。[例]全《ぜん》国《こく》大《たい》会《かい》には強豪が勢《せい》ぞろいする。

**きょうごう【競合】**[名][動-する](同《おな》じようなものが)たがいに競《きそ》い合《あ》うこと。[例]二《ふた》つのデパートが駅《えき》前《まえ》で競合する。

**ぎょうこう【行幸】**[名][動-する]天《てん》皇《のう》が外《がい》出《しゅつ》すること。

**きょうこうぐん【強行軍】**[名]❶長《ちょう》距《きょ》離《り》を、無《む》理《り》を承《しょう》知《ち》で、休《やす》みもとらずに歩《ある》いて移《い》動《どう》すること。❷ものごとを無《む》理《り》やりおし進《すす》めること。[例]強行軍で工《こう》事《じ》を進《すす》める。

**きょうこく【峡谷】**[名]はばがせまくて、深《ふか》く険《けわ》しい谷《たに》。

**きょうこく【強国】**[名]強《つよ》い軍《ぐん》隊《たい》を持《も》ち、物《もの》もお金《かね》も豊《ゆた》かな国《くに》。

**きょうこつ【胸骨】**[名]胸《むね》の前《まえ》がわのまん中《なか》にあって、左《さ》右《ゆう》のろっ骨《こつ》をつないでいる骨《ほね》。

**きょうさい【共催】**[名][動-する]一《ひと》つのもよおしを、いくつかの団《だん》体《たい》が共《きょう》同《どう》で行《おこな》うこと。[例]秋《あき》の運《うん》動《どう》会《かい》は町《ちょう》内《ない》会《かい》と共催だ。

**きょうざい【教材】**[名]授《じゅ》業《ぎょう》で教《おし》えるときに使《つか》う材《ざい》料《りょう》。

**きょうさく【凶作】**[名]作《さく》物《もつ》のできが非《ひ》常《じょう》に悪《わる》いこと。[例]今《こ》年《とし》は冷《れい》夏《か》のせいで凶作だ。[類]不《ふ》作《さく》。[対]豊《ほう》作《さく》。

**きょうさく【競作】**[名][動-する]何《なん》人《にん》かが、たがいに競《きそ》って作《さく》品《ひん》などを作《つく》ること。

**きょうざめ【興ざめ】**[名][動-する][形動]おもしろみが急《きゅう》になくなること。[例]話《はなし》が長《なが》くて興ざめした。

**きょうさん【協賛】**[名][動-する]計《けい》画《かく》やもよおしに賛《さん》成《せい》して、力《ちから》を合《あ》わせて助《たす》けること。[例]会《かい》社《しゃ》がコンサートに協賛する。

**きょうさんしゅぎ【共産主義】**[名]工《こう》場《じょう》や農《のう》場《じょう》などを社《しゃ》会《かい》のものとし、貧《ひん》富《ぷ》の差《さ》をなくして、平《びょう》等《どう》な社《しゃ》会《かい》を作《つく》ろうとする考《かんが》え方《かた》。

**きょうし【教師】**[名]学《がく》問《もん》や技《ぎ》術《じゅつ》などを教《おし》える人《ひと》。先《せん》生《せい》。

**きょうじ【教示】**[名][動-する]教《おし》え示《しめ》すこと。わかりやすく教《おし》えること。[例]ご教示たまわりたい。

**ぎょうし【凝視】**名 動-する じっと見《み》つめること。例 画面《がめん》を凝視する。

**ぎょうじ【行司】**名 すもうで、力士《りきし》を立《た》ち合《あ》わせ、勝《か》ち負《ま》けを決《き》める役《やく》の人《ひと》。

**ぎょうじ【行事】**名 前《まえ》もって時期《じき》を決《き》めて行《おこな》われる、もよおし。例 学校《がっこう》行事。

**きょうしつ【教室】**名 ❶学校《がっこう》で、授業《じゅぎょう》をしたり学習《がくしゅう》したりする部屋《へや》。❷人《ひと》を集《あつ》めて、学問《がくもん》や技術《ぎじゅつ》を教《おし》える所《ところ》。例 絵画《かいが》教室。

**きょうしゃ【強者】**名 強《つよ》い立場《たちば》にある者《もの》。対 弱者《じゃくしゃ》。

**ぎょうしゃ【業者】**名 商売《しょうばい》をしている人《ひと》。

**ぎょうじゃ【行者】**名 仏教《ぶっきょう》などの修行《しゅぎょう》をする人《ひと》。

**きょうじゃく【強弱】**名 強《つよ》さと弱《よわ》さ。強《つよ》いか弱《よわ》いかの程度《ていど》。例 強弱をつけて読《よ》む。

**きょうじゃくきごう【強弱記号】**名 〔音楽《おんがく》で〕曲《きょく》の中《なか》の強《つよ》くするところや、弱《よわ》くするところを示《しめ》す記号《きごう》。*f*〔=フォルテ〕は強《つよ》く、*p*〔=ピアノ〕は弱《よわ》く、などがある。

**きょうじゅ【享受】**名 動-する 受《う》け入《い》れて自《じ》分《ぶん》のものにすること。また、味《あじ》わい楽《たの》しむこと。例 大自然《だいしぜん》のめぐみを享受する。

**きょうじゅ【教授】**一 名 大学《だいがく》などの先生《せんせい》。二 名 動-する 人《ひと》にものを教《おし》えること。また、その人《ひと》。例 生《い》け花《ばな》を教授する。

**ぎょうしゅ【業種】**名 会社《かいしゃ》の事業《じぎょう》や仕事《しごと》の種類《しゅるい》。

**きょうしゅう【郷愁】**名 ふるさとをなつかしく思《おも》う気持《きも》ち。ノスタルジア。例 郷愁をさそうメロディー。

**きょうしゅう【強襲】**名 動-する 激《はげ》しい勢《いきお》いで相手《あいて》におそいかかること。

**きょうしゅうじょ【教習所】**名 特別《とくべつ》な知識《ちしき》や技術《ぎじゅつ》を、教《おし》え習《なら》わせる所《ところ》。例 自動車《じどうしゃ》教習所。

**きょうしゅく【恐縮】**名 動-する （相手《あいて》に）申《もう》しわけなく、すまないと思《おも》うこと。例 おみやげをたくさんもらって恐縮する。

**ぎょうしゅく【凝縮】**名 動-する ばらばらのものが一《ひと》つに固《かた》まって縮《ちぢ》まること。

**きょうしゅつ【供出】**名 動-する 法律《ほうりつ》により、穀物《こくもつ》や品物《しなもの》を、国《くに》にさし出《だ》すこと。

**きょうじゅつ【供述】**名 動-する 取《と》り調《しら》べに対《たい》して事実《じじつ》や意見《いけん》を述《の》べること。

✤**ぎょうしょ【行書】**名 〔国語《こくご》で〕書体《しょたい》の一《ひと》つ。漢字《かんじ》の書《か》き方《かた》で、楷書《かいしょ》を少《すこ》しくずした書《か》き方《かた》。関連 楷書《かいしょ》。草書《そうしょ》。⇩しょたい（書体）❶ 645ページ

**ぎょうしょう【行商】**名 動-する 品物《しなもの》を持《も》って売《う》り歩《ある》くこと。例 野菜《やさい》の行商。

**ぎょうじょう【行状】**名 人《ひと》のふだんの行《おこな》い。例 行状を改《あらた》める。

**きょうしょく【教職】**名 児童《じどう》・生徒《せいと》・学生《がくせい》などを教《おし》えみちびく職業《しょくぎょう》。例 教職につく。

**きょうじる【興じる】**動 おもしろがる。興《きょう》ずる。例 ゲームに興じる。

**きょうじん【強靱】**名 形動 しなやかでねばり強《づよ》いこと。例 強じんな肉体《にくたい》と精神《せいしん》。

**ぎょうずい【行水】**名 動-する お湯《ゆ》や水《みず》をたらいに入《い》れて、体《からだ》を洗《あら》うこと。

**きょうする【供する】**動 ❶そなえる。例 仏壇《ぶつだん》に花《はな》を供する。❷さし出《だ》す。さしあげる。例 お茶《ちゃ》を供する。❸役《やく》に立《た》つようにする。例 参考《さんこう》に供する。

**きょうずる【興ずる】**動 ⇩きょうじる 337ページ

**きょうせい【共生】**名 動-する ❶共《とも》に生《い》きていくこと。❷ちがう種類《しゅるい》の生物《せいぶつ》が、たがいに助《たす》け合《あ》って生活《せいかつ》すること。例《たと》えば、アリとアリマキ、ヤドカリとイソギンチャクなど。

**きょうせい【強制】**名 動-する 無理《むり》にさせること。無理《むり》におしつけること。

**きょうせい【矯正】**名 動-する 欠点《けってん》やまちがいなどを正《ただ》しく直《なお》すこと。例 悪《わる》いくせを矯正する。

**ぎようせい【疑陽性・擬陽性】**名 ツベルクリン反応《はんのう》などで、陽性《ようせい》に近《ちか》いもの。

**ぎょうせい【行政】**名 法律《ほうりつ》によって、国《くに》や都道府県《とどうふけん》、市区町村《しくちょうそん》などを治《おさ》めていくこと。関連 立法《りっぽう》。司法《しほう》。

**ぎょうせいけん【行政権】**名 法律《ほうりつ》に従《したが》って、政治《せいじ》を行《おこな》う権限《けんげん》。関連 立法権《りっぽうけん》。司法《しほう》権《けん》。

**きょうせいてき【強制的】**形動 ものごとを、無理《むり》にやらせるようす。例 強制的に

あいうえお かきくけこ さしすせそ たちつてと なにぬねの はひふへほ まみむめも や ゆ よ らりるれろ わ を ん



世界の国 マダガスカル アフリカ南東《なんとう》、インド洋上《ようじょう》の島国《しまぐに》。中心《ちゅうしん》となるマダガスカル島《とう》は、世界第《せかいだい》4位《い》の大《おお》きさの島《しま》。

働《はたら》かされた。

**ぎょうせき【業績】** 名 事業《じぎょう》や研究《けんきゅう》などの、仕事《しごと》の成績《せいせき》。例 大《おお》きな業績をあげる。

**きょうそ【教祖】** 名 その宗教《しゅうきょう》を始《はじ》めた人《ひと》。開祖《かいそ》。

**きょうそう【強壮】** 名 形動 体《からだ》が丈夫《じょうぶ》で、元気《げんき》なこと。例 強壮な体《からだ》を作《つく》る。

○**きょうそう【競争】** 名 動-する たがいに勝《か》ち負《ま》けを争《あらそ》うこと。せりあい。

○**きょうそう【競走】** 名 動-する 走《はし》る速《はや》さを競《きそ》うこと。かけっこ。

**きょうぞう【胸像】** 名 人《ひと》の胸《むね》から上《うえ》だけを彫刻《ちょうこく》した像《ぞう》。

**ぎょうそう【形相】** 名 ものすごい顔《かお》つき。おそろしい顔《かお》つき。例 必死《ひっし》の形相。

**きょうそうきょく【協奏曲】** 名 〔音楽《おんがく》で〕ピアノやバイオリンなどの独奏楽器《どくそうがっき》とオーケストラとで演奏《えんそう》する曲《きょく》。コンチェルト。

**きょうそん【共存】** 名 動-する 二《ふた》つ以上《いじょう》のものがいっしょに生《い》きること。きょうぞん。

例解 ↔ 使い分け

**競争《きょうそう》と競走《きょうそう》**

競争《きょうそう》相手《あいて》。
生存競争《せいぞんきょうそう》。

競走《きょうそう》用《よう》の自動車《じどうしゃ》。
障害物《しょうがいぶつ》競走《きょうそう》。

■**きょうそんきょうえい【共存共栄】** 名 動-する ともに助《たす》け合《あ》ってさかえること。きょうぞんきょうえい。

**きょうだ【強打】** 名 動-する ❶強《つよ》く打《う》つこと。例 後頭部《こうとうぶ》を強打した。❷野球《やきゅう》・ソフトボールで、ボールを強《つよ》く打《う》つこと。例 初球《しょきゅう》を強打する。

○**きょうだい【兄弟】** 名 ❶兄《あに》と弟《おとうと》。対 姉妹《しまい》。例 三人《さんにん》兄弟。❷同《おな》じ親《おや》から生《う》まれたものどうし。❸男《おとこ》どうしで、仲《なか》のいい友達《ともだち》をよぶ言葉《ことば》。参考 ❷は姉《あね》や妹《いもうと》も「きょうだい」と呼《よ》ぶ。

**きょうだい【強大】** 形動 強《つよ》くて大《おお》きいようす。対 弱小《じゃくしょう》。

**きょうだい【鏡台】** 名 化粧《けしょう》をするのに使《つか》う、鏡《かがみ》を取《と》りつけた台《だい》。

**きょうたん【驚嘆】** 名 動-する ひどく感心《かんしん》すること。例 歌《うた》のうまさに驚嘆した。

**きょうだん【教壇】** 名 教室《きょうしつ》で、先生《せんせい》が教《おし》えるときに立《た》つ所《ところ》。

**きょうち【境地】** 名 ❶その人《ひと》が置《お》かれた立場《たちば》。例 苦《くる》しい境地に立《た》つ。❷心《こころ》のありさま。例 夢《ゆめ》のような境地。

**きょうちくとう【夾竹桃】** 名 庭《にわ》などに植《う》える木《き》。葉《は》は細長《ほそなが》くて、かたい。夏《なつ》、赤《あか》や白《しろ》などの花《はな》が咲《さ》く。

**きょうちゅう【胸中】** 名 胸《むね》の中《なか》の思《おも》い。心《こころ》の中《なか》。心中《しんちゅう》。

**ぎょうちゅう【ぎょう虫】** 名 白《しろ》くて細《ほそ》長《なが》い寄生虫《きせいちゅう》。人間《にんげん》の腸《ちょう》に寄生《きせい》する。

**きょうちょ【共著】** 名 二人《ふたり》以上《いじょう》の人《ひと》が力《ちから》を合《あ》わせて本《ほん》を書《か》くこと。また、その本《ほん》。

**きょうちょう【凶兆】** 名 悪《わる》いことが起《お》こりそうなきざし。対 吉兆《きっちょう》。

**きょうちょう【協調】** 名 動-する たがいにゆずり合《あ》うようにして、力《ちから》を合《あ》わせること。例 友達《ともだち》と協調して仕事《しごと》を進《すす》める。

**きょうちょう【強調】** 名 動-する ❶特《とく》に強《つよ》く言《い》うこと。例 環境保護《かんきょうほご》を強調する。❷ある部分《ぶぶん》を特《とく》に目立《めだ》たせること。例 雪《ゆき》の白《しろ》さを強調した写真《しゃしん》。

○**きょうつう【共通】** 名 動-する 形動 あることが、二《ふた》つ以上《いじょう》のものに当《あ》てはまること。例 二《ふた》つの作品《さくひん》に共通する特徴《とくちょう》がある。

✤**きょうつうご【共通語】** 名 ❶〔国語《こくご》で〕その国《くに》のどこででも通《つう》じる言葉《ことば》。類 標準語《ひょうじゅんご》。対 方言《ほうげん》。❷ちがう国《くに》の言葉《ことば》を使《つか》っている人《ひと》たちが、話《はな》し合《あ》うときに使《つか》う言葉《ことば》。例 英語《えいご》を共通語として使《つか》う。

**きょうつうてん【共通点】** 名 二《ふた》つ以上《いじょう》のものに共通《きょうつう》しているところ。例 二人《ふたり》には共通点がある。

**きょうてい【協定】** 名 動-する 相談《そうだん》をして決《き》めること。また、決《き》めたことがら。例 国《くに》と国《くに》とが協定を結《むす》ぶ。

**きょうてき【強敵】** 名 油断《ゆだん》できない手《て》ごわい相手《あいて》。強《つよ》い敵《てき》。例 強敵にぶつかる。

**きょうてん【教典】** 名 ➡きょうてん〔経

業《ぎょう》は軽工業《けいこうぎょう》がさかん。首都《しゅと》リロングウェ。人口約《じんこうやく》1,970万人《まんにん》。略称《りゃくしょう》MAW。

典）❷339ページ

**きょうてん【経典△】** 名 ❶仏教《ぶっきょう》で、仏《ほとけ》の教《おし》えを説《と》いた経文《きょうもん》。❷ある宗教《しゅうきょう》の、教《おし》えや決《き》まりを書《か》いた本《ほん》。キリスト教《きょう》の聖書《せいしょ》やイスラム教《きょう》のコーランなど。教典《きょうてん》。

**ぎょうてん【仰天°】** 名 動-する 非常《ひじょう》におどろくこと。例 びっくり仰天する。

**きょうと【教徒】** 名 その宗教《しゅうきょう》を信《しん》じている人《ひと》。信者《しんじゃ》。信徒《しんと》。

**きょうど【郷土】** 名 ❶自分《じぶん》の生《う》まれ育《そだ》った土地《とち》。ふるさと。例 彼《かれ》は郷土の誇《ほこ》りだ。類 故郷《こきょう》。郷里《きょうり》。❷いなか。地方《ちほう》。例 郷土名物《めいぶつ》。

**きょうど【強度】** 名 ❶強《つよ》さの程度《ていど》。例 ガラスの強度をテストする。❷程度《ていど》がひどいこと。例 強度の近視《きんし》。

**きょうとう【教頭】** 名 小学校《しょうがっこう》・中学校《ちゅうがっこう》・高等学校《こうとうがっこう》で、校長《こうちょう》を助《たす》けて学校《がっこう》をまとめる役《やく》の先生《せんせい》。

**°きょうどう【共同】** 名 動-する ❶力《ちから》を合《あ》わせていっしょにものごとをすること。例 共同研究《けんきゅう》。❷みんなが同《おな》じ条件《じょうけん》や資格《しかく》で、何《なに》かをすること。例 体育館《たいいくかん》を共同で使《つか》う。

例解 ! 表現の広場

**共同《きょうどう》と協同《きょうどう》と協力《きょうりょく》のちがい**

| | 共同《きょうどう》 | 協同《きょうどう》 | 協力《きょうりょく》 |
|---|---|---|---|
| 学年《がくねん》で　して作《つく》る。 | ○ | ○ | ○ |
| 店《みせ》を　で始《はじ》めた。 | ○ | ○ | × |
| 校庭《こうてい》を　で使《つか》う。 | ○ | × | × |
| 作業《さぎょう》に　する。 | × | × | ○ |

**きょうどう【協同】** 名 動-する 力《ちから》を合《あ》わせて、大勢《おおぜい》がいっしょに仕事《しごと》をすること。

**きょうどう【協働】** 名 動-する おたがいが対《たい》等《とう》の立場《たちば》で、力《ちから》を合《あ》わせてものごとをすること。例 役所《やくしょ》と民間《みんかん》の協働によって、図書館《としょかん》ができた。

**きょうどうくみあい【協同組合】** 名 同《おな》じ仕事《しごと》をしている人々《ひとびと》や、同《おな》じ所《ところ》に住《す》んでいる人々《ひとびと》が、たがいの利益《りえき》のために作《つく》った集《あつ》まり。物《もの》を売買《ばいばい》したり、貯金《ちょきん》したりする。例 農業協同組合《のうぎょうきょうどうくみあい》。

**きょうどうさぎょう【共同作業】** 名 みんながいっしょに、力《ちから》を合《あ》わせてする仕《し》事《ごと》。

**きょうどうじぎょう【共同事業】** 名 何人《なんにん》かの人《ひと》が、お金《かね》や力《ちから》を出《だ》し合《あ》ってする事《じ》業《ぎょう》。

**きょうどうせいかつ【共同生活】** 名 助《たす》け合《あ》っていっしょに暮《く》らすこと。例 寮《りょう》で共同生活を営《いとな》む。

**きょうどうぼきん【共同募金°】** 名 大勢《おおぜい》の人《ひと》からお金《かね》を集《あつ》めて、めぐまれない人《ひと》を助《たす》ける運動《うんどう》。参考 毎年《まいとし》、十月《じゅうがつ》に「赤《あか》い羽根《はね》」の共同募金《きょうどうぼきん》が行《おこな》われる。

**きょうどげいのう【郷土芸能】** 名 その地方《ちほう》に古《ふる》くから伝《つた》えられ、祭《まつ》りや行事《ぎょうじ》などで演《えん》じられてきた芸能《げいのう》。

**きょうとふ【京都府】** 地名 近畿《きんき》地方《ちほう》の北《ほく》部《ぶ》、日本海《にほんかい》に面《めん》する府《ふ》。府庁《ふちょう》は京都市《きょうとし》にある。

**きょうどりょうり【郷土料理】** 名 昔《むかし》から伝《つた》わっている、その地方独特《ちほうどくとく》の料理《りょうり》。

✤**ぎょうにんべん** 名 漢字《かんじ》の部首《ぶしゅ》で、「へん」の一《ひと》つ。「往《おう》」「後《ご》」などの「彳」の部分《ぶぶん》。道《みち》を行《い》く意味《いみ》を表《あらわ》す。

**きょうねん【凶年°】** 名 作物《さくもつ》のできが、非《ひ》常《じょう》に悪《わる》い年《とし》。対 豊年《ほうねん》。

**きょうねん【享年】** 名 この世《よ》に生《い》きていた年数《ねんすう》。死《し》んだときの年齢《ねんれい》を指《さ》す。

**きょうばい【競売】** 名 動-する 買《か》いたい人《ひと》に競争《きょうそう》で値段《ねだん》をつけさせ、いちばん高《たか》くつけた人《ひと》に売《う》ること。せり売《う》り。「けいばい」ともいう。

**きょうはく【脅迫°】** 名 動-する おどしつけて、人《ひと》に、あることを無理《むり》にさせようとすること。例「金《かね》を出《だ》せ。」と脅迫された。

**きょうはく【強迫°】** 名 動-する 自分《じぶん》の言《い》うことに従《したが》うよう、無理強《むりじ》いすること。

**きょうはん【共犯】** 名 いっしょになって悪《わる》いことをすること。また、いっしょに悪《わる》いことをした人《ひと》。例 共犯者《しゃ》。

■**きようびんぼう【器用貧乏°】** 名 器用《きよう》でなんでもできるために、かえって一《ひと》つに集《しゅう》中《ちゅう》できず、けっきょく大成《たいせい》できずに終《お》わること。

**きょうふ【恐怖°】** 名 おそろしいと思《おも》うこ





世界の国 マラウイ　アフリカ南東部《なんとうぶ》の内陸《ないりく》にある国《くに》。本州《ほんしゅう》の半分《はんぶん》くらいの広《ひろ》さ。茶《ちゃ》やタバコ・砂糖《さとう》・綿花《めんか》を産《さん》する。工《こう》

例解 ❗ 表現の広場

**興味《きょうみ》と関心《かんしん》のちがい**

| | 興味《きょうみ》 | 関心《かんしん》 |
|---|---|---|
| 政治《せいじ》に ___ がある。 | ○ | ○ |
| 選挙《せんきょ》への ___ が高《たか》い。 | × | ○ |
| どうなるか ___ 津々《しんしん》。 | ○ | × |

と。こわがること。例 恐怖を感《かん》じる。

**きょうふう【強風】** 名 強《つよ》い風《かぜ》。

**きょうべんをとる【教鞭を執る】** 学《がっ》校《こう》の教師《きょうし》として教《おし》える。

**きょうほ【競歩】** 名 陸上競技《りくじょうきょうぎ》の一《ひと》つ。どちらかの足《あし》が、いつも地面《じめん》についているようにして、速《はや》く歩《ある》く競走《きょうそう》。

**きょうほう【凶報】** 名 悪《わる》い知《し》らせ。対 吉《きっ》報《ぽう》。

**きょうぼう【凶暴】** 名 形動 性質《せいしつ》がひどく悪《わる》く、行動《こうどう》が乱暴《らんぼう》なこと。

**きょうぼう【共謀】** 名 動-する いっしょになって、悪《わる》いことをたくらむこと。

**きょうぼう【狂暴】** 形動 たいへんに乱暴《らんぼう》なようす。

**きょうぼく【喬木】** 名 ➡ こうぼく 445ページ

○**きょうみ【興味】** 名 あることに心《こころ》が引《ひ》かれて、おもしろいと思《おも》う気持《きも》ち。例 野球《やきゅう》に興味を持《も》つ。パソコンに興味を引《ひ》かれる。

■**きょうみしんしん【興味津津】** 形動 おもしろさがつきないようす。例 みんな転校《てんこう》生《せい》に興味津々だ。参考「興味津々《きょうみしんしん》たる話《はなし》」などと使《つか》う。

**きょうみぶかい【興味深い】** 形 強《つよ》く心《こころ》が引《ひ》かれて、おもしろく感《かん》じる。例 土地《とち》の人《ひと》から興味深い話《はなし》を聞《き》いた。

**きょうみほんい【興味本位】** 名 おもしろければそれでよいという考《かんが》え。例 事実《じじつ》とちがった興味本位の記事《きじ》。

**ぎょうむ【業務】** 名 ふだん続《つづ》けている仕《し》事《ごと》。勤《つと》め。例 会社《かいしゃ》の業務にはげむ。

**きょうめい【共鳴】** 名 動-する ❶ある物《もの》が立《た》てる音《おと》を受《う》けて、他《ほか》の物《もの》も同《おな》じ高《たか》さの音《おと》を立《た》てること。例 音叉《おんさ》で共鳴の実験《じっけん》をする。❷他《ほか》の人《ひと》と同《おな》じように感《かん》じること。例 友《とも》の考《かんが》えに共鳴した。類 共感《きょうかん》。同感《どうかん》。

**きょうもん【経文】** 名 仏《ほとけ》の教《おし》えとして、経《きょう》に書《か》いてある言葉《ことば》。お経《きょう》。例 経文を唱《とな》える。

**きょうゆ【教諭】** 名 幼稚園《ようちえん》・小学校《しょうがっこう》・中学《ちゅうがっ》校《こう》・高等学校《こうとうがっこう》などの先生《せんせい》の正式《せいしき》な呼《よ》び方《かた》。

**きょうゆう【共有】** 名 動-する 一《ひと》つの物《もの》を、二人《ふたり》以上《いじょう》で共同《きょうどう》で持《も》つこと。例 共有の財《ざい》産《さん》。

**きょうよう【共用】** 名 動-する 一《ひと》つのものを何人《なんにん》かで使《つか》うこと。例 台所《だいどころ》を共用する。対 専用《せんよう》。

**きょうよう【強要】** 名 動-する ものごとを、無理《むり》にさせること。無理強《むりじ》い。例 寄付《きふ》を強要する。

**きょうよう【教養】** 名 文化《ぶんか》についての広《ひろ》い知識《ちしき》や、豊《ゆた》かな心《こころ》。例 教養のある人《ひと》。

**きょうらく【享楽】** 名 動-する 思《おも》うままに楽《たの》しみを味《あじ》わうこと。

**きょうり【郷里】** 名 自分《じぶん》の生《う》まれ育《そだ》った土《と》地《ち》。ふるさと。類 故郷《こきょう》。郷土《きょうど》。

**きょうりきこ【強力粉】** 名 ねばりけが強《つよ》くて、パンなどに使《つか》う小麦粉《こむぎこ》。対 薄力粉《はくりきこ》。

**きょうりゅう【恐竜】** 名 中生代《ちゅうせいだい》に栄《さか》えた巨大《きょだい》な爬《は》虫類《ちゅうるい》の仲間《なかま》。大《おお》きなものは体《からだ》の長《なが》さ三〇メートル、重《おも》さ五〇トンぐらいあった。化石《かせき》として発見《はっけん》される。

〔きょうりゅう〕

○**きょうりょく【協力】** 名 動-する 力《ちから》を合《あ》わせて、ものごとを行《おこな》うこと。例 協力し合《あ》って仕事《しごと》を早《はや》くかたづけよう。

**きょうりょく【強力】** 形動 力強《ちからづよ》いようす。例 強力な味方《みかた》。

**きょうれつ【強烈】** 形動 強《つよ》く激《はげ》しいようす。例 強烈な印象《いんしょう》。

**ぎょうれつ【行列】** 名 動-する 人《ひと》などが、順《じゅん》序《じょ》よく並《なら》ぶこと。順《じゅん》に並《なら》んだ列《れつ》。例 バスを待《ま》つ行列。

**きょうれん【教練】** 名 教《おし》えてきたえること。特《とく》に、軍隊《ぐんたい》の訓練《くんれん》。

**きょうわこく【共和国】** 名 国民《こくみん》が選《えら》んだ代表者《だいひょうしゃ》によって、政治《せいじ》を行《おこな》う国《くに》。アメリカ・フランスなど。

**きょうわせい【共和制】** 名 国民《こくみん》が選《えら》んだ代表者《だいひょうしゃ》によって、政治《せいじ》が行《おこな》われるしくみ。対 君主制《くんしゅせい》。

**きょえい【虚栄】** 名 うわべをかざって、よく見《み》せること。みえ。例 虚栄心《しん》。

**ギョーザ** 〔中国語〕 名 小麦粉《こむぎこ》をうすくのばした皮《かわ》で豚肉《ぶたにく》や野菜《やさい》などをつつみ、焼《や》いたり、むしたり、ゆでたりした中華料理《ちゅうかりょうり》。

**きょか【許可】** 名 動-する 願《ねが》い出《で》ていたことを、よいと許《ゆる》すこと。許《ゆる》し。例 許可証《しょう》。許可が下《お》りる。類 認可《にんか》。

**ぎょかいるい【魚介類】** 名 魚類《ぎょるい》と貝類《かいるい》。

**きょがく【巨額】** 名 お金《かね》などが非常《ひじょう》に多《おお》いこと。例 巨額の財産《ざいさん》。

**ぎょかく【漁獲】** 名 動-する 魚《さかな》や貝《かい》などの水《すい》産物《さんぶつ》をとること。また、その獲物《えもの》。例 漁獲高《だか》。

**きょかん【巨漢】** 名 体《からだ》の大《おお》きな男《おとこ》。

**きょぎ【虚偽】** 名 いつわり。うそ。例 虚偽の報告《ほうこく》をする。対 真実《しんじつ》。

**ぎょき【漁期】** 名 その魚《さかな》のよくとれる時期《じき》。りょうき。

**ぎょきょう【漁協】** 名 ↓ ぎょぎょうきょうどうくみあい 341ページ

**ぎょぎょう【漁業】** 名 魚《さかな》や貝《かい》・海藻《かいそう》などの水産物《すいさんぶつ》を、とったり育《そだ》てたりする仕事《しごと》。例 沿《えん》岸《がん》漁業。

**ぎょぎょうきょうどうくみあい【漁業協同組合】** 名 漁民《ぎょみん》が作《つく》った助《たす》け合《あ》いの仕《し》組《く》み。組合員《くみあいいん》のために協同《きょうどう》で物《もの》を買《か》ったり、とったり作《つく》ったりしたものを販売《はんばい》したりする。また、お金《かね》を預《あず》かったり、貸《か》したりもする。漁協《ぎょきょう》。JF《ジェーエフ》。

**きょく【曲】** 画数 6 部首 曰（いわく） 3年

音 キョク 訓 ま-がる ま-げる

筆順 丨 冂 巾 巾 曲 曲

❶まげる。まがる。熟語 曲線《きょくせん》。曲折《きょくせつ》。曲解《きょっかい》。対 直《ちょく》。❷変《へん》化《か》がある。熟語 曲芸《きょくげい》。❸音《おん》楽《がく》のふし。熟語 作曲《さっきょく》。名曲《めいきょく》。行進曲《こうしんきょく》。

《訓の使い方》**ま-がる** 例 右《みぎ》に曲がる。**ま-げる** 例 体《からだ》を曲げる。

**きょく【曲】** 名 ❶音《おん》楽《がく》のふし。音《おん》楽《がく》の作品《さくひん》。例 曲がない。❷おもしろみ。例 有名《ゆうめい》な曲。

**きょく【局】** 画数 7 部首 尸（しかばね） 3年

音 キョク 訓 ―

筆順 「 コ 尸 局 局 局 局

❶限《かぎ》られた場所《ばしょ》。熟語 局部《きょくぶ》。局地《きょくち》。❷役所《やくしょ》や会《かい》社《しゃ》などで、仕事《しごと》をする上《うえ》での区分《くわ》け。熟語 支《し》局《きょく》。部《ぶ》局《きょく》。医《い》局《きょく》。❸限《かぎ》られた一《ひと》つの仕事《しごと》をする所《ところ》。熟語 放送局《ほうそうきょく》。郵便局《ゆうびんきょく》。❹勝《しょう》負《ぶ》などのなりゆき。熟語 局面《きょくめん》。対局《たいきょく》。

**きょく【局】** 名 「郵《ゆう》便《びん》局《きょく》」「放《ほう》送《そう》局《きょく》」など、「局《きょく》」のつく所《ところ》の略《りゃく》。例 局からのお知《し》らせ。

**きょく【極】** 画数 12 部首 木（きへん） 4年

音 キョク ゴク 訓 きわ-める きわ-まる きわ-み

筆順 一 十 木 朾 朽 柯 極 極

❶この上《うえ》ない。きわみ。熟語 極限《きょくげん》。極端《きょくたん》。極《きょく》力《りょく》。極上《ごくじょう》。極楽《ごくらく》。❷いちばん果《は》て。熟語 極《きょく》地《ち》。北極《ほっきょく》。❸物《もの》の一方《いっぽう》の端《はし》。熟語 電極《でんきょく》。陽《よう》極《きょく》。

《訓の使い方》**きわ-める** 例 山頂《さんちょう》を極める。**きわ-まる** 例 失礼《しつれい》極まる。

**きょく【極】** 名 ❶これ以上《いじょう》はないという状《じょう》態《たい》。例 混乱《こんらん》の極に達《たっ》する。❷電池《でんち》などの一《いっ》方《ぼう》の端《はし》。陽極《ようきょく》や陰極《いんきょく》。例 プラスの極。

**ぎょく【玉】** 画数 5 部首 玉（たま） 1年

あいうえお か き くけこ さしすせそ たちつてと なにぬねの はひふへほ まみむめも や ゆ よ らりるれろ わ を ん



世界の国 マリ アフリカ、サハラ砂漠西部《さばくせいぶ》の国《くに》。最大《さいだい》の輸出品《ゆしゅつひん》は金《きん》で、ほかにリン鉱石《こうせき》もとれる。米《こめ》・綿花《めんか》を産《さん》するほ

音ギョク 訓たま

筆順 一 丁 干 王 玉

❶美《うつく》しい石《いし》。宝石《ほうせき》。熟語宝玉《ほうぎょく》。玉石混交《ぎょくせきこんこう》。❷〔ある言葉《ことば》の前《まえ》につけて〕ほめる言葉《ことば》や、敬《うやま》う言葉《ことば》を作《つく》る。熟語玉座《ぎょくざ》〔=天皇《てんのう》や王《おう》がおすわりになる席《せき》〕。玉音《ぎょくおん》〔=天皇《てんのう》のお声《こえ》〕。

**ぎょく【漁区】**名 漁業《ぎょぎょう》の許《ゆる》されている区域《くいき》。

**ぎょぐ【漁具】**名 魚《さかな》をとるのに使《つか》う道具《どうぐ》。つりざお・あみなど。

**ぎょくおん【玉音】**名 天皇《てんのう》の声《こえ》。〔古《ふる》い言《い》い方《かた》。〕例玉音放送《ほうそう》。

**きょくげい【曲芸】**名 人《ひと》をおどろかせたり喜《よろこ》ばせたりする、めずらしい芸当《げいとう》。はなれわざ。例イルカの曲芸。類軽業《かるわざ》。

**きょくげん【局限】**名動する せまい範囲《はんい》に限《かぎ》ること。例この野菜《やさい》は産地《さんち》が局限される。

**きょくげん【極限】**名 これ以上《いじょう》はない、ぎりぎりのところ。果《は》て。例つかれが極限に達《たっ》した。

**ぎょくざ【玉座】**名 天皇《てんのう》や王《おう》が座《すわ》る席《せき》。

**きょくしょ【局所】**名 限《かぎ》られた場所《ばしょ》。特《とく》に、からだの限《かぎ》られた一部分《いちぶぶん》。局部《きょくぶ》。例局所麻酔《ますい》で手術《しゅじゅつ》する。

**きょくしょう【極小】**名 きわめて小《ちい》さいこと。対極大《きょくだい》。

■**ぎょくせきこんこう【玉石混交】**名〔宝石《ほうせき》と石《いし》とが混《ま》じり合《あ》っているように〕よいものと悪《わる》いものとが混《ま》じり合《あ》っていること。例ここにある本《ほん》は玉石混交だ。

**きょくせつ【曲折】**名動する ❶曲《ま》がりくねること。例曲折した山道《やまみち》を登《のぼ》る。❷こみいった事情《じじょう》や変化《へんか》があること。例曲折の多《おお》い人生《じんせい》。

○**きょくせん【曲線】**名 なめらかに曲《ま》がった線《せん》。カーブ。対直線《ちょくせん》。

**きょくだい【極大】**名 きわめて大《おお》きいこと。対極小《きょくしょう》。

○**きょくたん【極端】**名形動 考《かんが》えや行《おこな》いがひどくかたよっていること。例極端な考《かんが》え。

**きょくち【局地】**名 ある限《かぎ》られた一部分《いちぶぶん》の土地《とち》。例局地戦《せん》。

**きょくち【極地】**名 南極《なんきょく》や北極《ほっきょく》の地方《ちほう》。例極地探検《たんけん》。

**きょくち【極致】**名 いちばんすぐれた状態《じょうたい》。例自然《しぜん》の美《び》の極致。

**きょくちてき【局地的】**形動 一部《いちぶ》の地域《ちいき》に限《かぎ》られているようす。例局地的な大雨《おおあめ》。

**きょくてん【極点】**名 ❶ものごとの行《い》きつく最後《さいご》のところ。例興奮《こうふん》は極点に達《たっ》した。❷南極点《なんきょくてん》や北極点《ほっきょくてん》のこと。

**きょくど【極度】**名 この上《うえ》もないこと。例極度のつかれ。

**きょくとう【極東】**名 ヨーロッパから見《み》て、もっとも東《ひがし》の地域《ちいき》。アジアのいちばん東《ひがし》のほう。日本《にっぽん》・中国《ちゅうごく》などのこと。

**きょくのり【曲乗り】**名動する 馬《うま》や自転《じてん》車《しゃ》などに乗《の》って、軽業《かるわざ》をすること。

**きょくひどうぶつ【棘皮動物】**名 海《うみ》にすみ、体《からだ》の表面《ひょうめん》にとげがあって、脊椎《せきつい》がない動物《どうぶつ》の仲間《なかま》。ナマコ・ウニ・ヒトデなど。

**きょくぶ【局部】**名 全体《ぜんたい》の中《なか》の一部分《いちぶぶん》。特《とく》に、体《からだ》の一部分《いちぶぶん》。例局部麻酔《ますい》。

**きょくめん【曲面】**名 球《きゅう》の表面《ひょうめん》のように、なめらかに連続《れんぞく》して曲《ま》がっている面《めん》。

**きょくめん【局面】**名 ❶碁《ご》や将棋《しょうぎ》の、勝《か》ち負《ま》けのようす。❷ものごとのなりゆきやようす。例局面を打開《だかい》する〔=行《ゆ》きづまりを切《き》り開《ひら》く〕。

**きょくもく【曲目】**名 音楽《おんがく》の曲《きょく》の名前《なまえ》。曲《きょく》名《めい》。

**きょくりょく【極力】**副 できるだけ力《ちから》をつくして。精《せい》いっぱい。例この計画《けいかく》には極力協力《きょうりょく》したい。

**ぎょくろ【玉露】**名 かおりや味《あじ》のよい上等《じょうとう》のお茶《ちゃ》。

**きょくろん【極論】**名動する 極端《きょくたん》な言《い》い方《かた》をすること。また、そのような議論《ぎろん》。例極論すれば、この計画《けいかく》はむだです。

**ぎょぐんたんちき【魚群探知機】**名 船《ふね》から水中《すいちゅう》に超音波《ちょうおんぱ》を出《だ》して、魚《さかな》の群《む》れをさぐり当《あ》てる機械《きかい》。

**きょげん【虚言】**名 うそ。うそを言《い》うこと。

**きょこう【挙行】**名動する 式《しき》などを行《おこな》うこと。例入学式《にゅうがくしき》を挙行する。

が主《おも》な産業《さんぎょう》。首都《しゅと》バレッタ。人口約《じんこうやく》52万人《まんにん》。略称《りゃくしょう》MLT。

✤**きょこう【虚構】** 名 事実《じじつ》でないことを事実《じじつ》のように作《つく》り上《あ》げたもの。作《つく》り事《ごと》。フィクション。

**ぎょこう【漁港】** 名 魚《さかな》をとる船《ふね》が、出《で》たり入《はい》ったりする港《みなと》。

■**きょこくいっち【挙国一致】** 名 ある目《もく》的《てき》のために、国民全体《こくみんぜんたい》が一《ひと》つにまとまること。

**きょしき【挙式】** 名 動-する 式《しき》、特《とく》に結婚式《けっこんしき》をあげること。例 教会《きょうかい》で挙式する。

**ぎょしゃ【御者】** 名 馬車《ばしゃ》に乗《の》って、馬《うま》をあやつり走《はし》らせる人《ひと》。

**きょじゃく【虚弱】** 名 形動 体《からだ》が弱《よわ》いようす。例 虚弱な体質《たいしつ》。対 強健《きょうけん》。

**きょしゅ【挙手】** 名 動-する 合図《あいず》や挨拶《あいさつ》のために、手《て》をあげること。例 賛成《さんせい》の人《ひと》は挙手してください。

**きょじゅう【居住】** 名 動-する 住《す》むこと。住《す》みつくこと。例 居住地《ち》。居住者《しゃ》。

**きょしょ【居所】** 名 居《い》どころ。居場所《いばしょ》。例 居所不明《ふめい》。参考「居処《きょしょ》」と書《か》くこともある。

**きょしょう【巨匠】** 名 たいへんすぐれた芸術家《げいじゅつか》。例 ピカソは現代絵画《げんだいかいが》の巨匠だ。

**ぎょじょう【漁場】** 名 魚《さかな》をとる場所《ばしょ》。また、魚《さかな》のよくとれる所《ところ》。ぎょば。りょうば。

**きょしょくしょう【拒食症】** 名 精神的《せいしんてき》な原因《げんいん》から食欲《しょくよく》がなくなって、食《た》べてもはき出《だ》してしまったりする病気《びょうき》。

**きょしん【虚心】** 名 形動 心《こころ》にわだかまりを持《も》たないで、すなおに受《う》け入《い》れること。例 人《ひと》の言葉《ことば》を虚心に聞《き》く。

**きょじん【巨人】** 名 ❶体《からだ》の非常《ひじょう》に大《おお》きい人《ひと》。❷特別《とくべつ》にすぐれた人《ひと》。大人物《だいじんぶつ》。例 日本画《にほんが》の巨人。

**キョスク**〔トルコ語〕名 ⇩キオスク 298ページ

**ぎょする【御する】** 動 ❶馬《うま》などを思《おも》うようにあやつる。❷人《ひと》を思《おも》いどおりに動《うご》かす。

**きょせい【虚勢】** 名 うわべだけの勢《いきお》い。例 虚勢を張《は》る〔=からいばりする〕。

**きょぜつ【拒絶】** 名 動-する はっきりと断《ことわ》ること。例 要求《ようきゅう》を拒絶する。類 拒否《きょひ》。

**きょぜつはんのう【拒絶反応】** 名 ❶臓《ぞう》器《き》移《い》植《しょく》で、体《からだ》になじまないものが入《はい》ってきたとき、それを入《い》れまいとする体《からだ》の反応《はんのう》。拒《きょ》否《ひ》反応《はんのう》。❷まったく受《う》け入《い》れないこと。例 こちらの要求《ようきゅう》に拒絶反応を示《しめ》す。

**ぎょせん【漁船】** 名 魚《さかな》・貝《かい》・海藻《かいそう》などをとる船《ふね》。

**きょぞう【虚像】** 名 ❶鏡《かがみ》やレンズの向《む》こうに、あるように見《み》える像《ぞう》。❷実際《じっさい》には存在《そんざい》しない、見《み》せかけだけのもの。例 天才歌手《てんさいかしゅ》とは虚像に過《す》ぎない。対(❶・❷)実像《じつぞう》。

**ぎょそん【漁村】** 名 漁業《ぎょぎょう》で生活《せいかつ》している人《ひと》たちが住《す》む、海辺《うみべ》の村《むら》。関連 農村《のうそん》。山村《さんそん》。

**きょたい【巨体】** 名 非常《ひじょう》に大《おお》きな体《からだ》。例 クジラの巨体が水面《すいめん》にうかび上《あ》がる。

**きょだい【巨大】** 形動 非常《ひじょう》に大《おお》きいようす。例 巨大な船《ふね》。

**きょだつ【虚脱】** 名 動-する 体《からだ》から力《ちから》が抜《ぬ》けて、元気《げんき》をなくすこと。例 虚脱状態《じょうたい》におちいる。

**きょっかい【曲解】** 名 動-する 相手《あいて》の言葉《ことば》などを、わざとねじ曲《ま》げて解釈《かいしゃく》すること。例 友達《ともだち》の忠告《ちゅうこく》を曲解する。

**きょっこう【極光】** 名 ⇩オーロラ 153ページ

**ぎょっと** 副 動-する 息《いき》が止《と》まるほどおどろくこと。例 不意《ふい》をうたれてぎょっとする。

**きょてん【拠点】** 名 ものごとを行《おこな》うときの、よりどころとなる所《ところ》。足場《あしば》になる地点《ちてん》。例 活動《かつどう》の拠点とする。

**きょとう【巨頭】** 名 国《くに》や団体《だんたい》を代表《だいひょう》する指導者《しどうしゃ》。例 巨頭会談《かいだん》。

**きょどう【挙動】** 名 ちょっとした動作《どうさ》。ふるまい。例 挙動のあやしい人《ひと》。

**きょときょと** 副(-と) 動-する 落《お》ち着《つ》きなくあたりを見回《みまわ》すようす。例 乗《の》り場《ば》が分《わ》からずきょときょとしている。

**きょとんと** 副 動-する おどろいたり気《き》がぬけたりして、ぽかんとしているようす。例 きょとんとした顔《かお》で立《た》ちつくす。

**ぎょにく【魚肉】** 名 魚《さかな》の肉《にく》。例 魚肉ソーセージ。

°**きょねん【去年】** 名 今年《ことし》の前《まえ》の年《とし》。昨年《さくねん》。関連 ⇩きょう(今日) 333ページ

**ぎょば【漁場】** 名 ⇩ぎょじょう 343ページ

**きょひ【拒否】** 名 動-する いやだといって受《う》け付《つ》けないこと。断《ことわ》ること。例 申《もう》しこみを

あいうえお かきくけこ さしすせそ たちつてと なにぬねの はひふへほ まみむめも やゆよ らりるれろ わをん


世界の国 マルタ 地中海中央部《ちちゅうかいちゅうおうぶ》にある島《しま》を国土《こくど》とする国《くに》で、東京《とうきょう》23区《く》の半分《はんぶん》の広《ひろ》さ。地中海交通《ちちゅうかいこうつう》の中継地《ちゅうけいち》で、観光《かんこう》

拒否された。類 拒絶《きょぜつ》。

**きょひ【巨費】** 名 ひじょうに多《おお》くの費用《ひよう》。例 ビル建設《けんせつ》に巨費を投《とう》じる。

**ぎょふ【漁夫】** 名「漁師《りょうし》」の古《ふる》い言《い》い方《かた》。

**漁夫《ぎょふ》の利《り》** 二人《ふたり》が争《あらそ》っている間《あいだ》に、関係《かんけい》のない人《ひと》が利益《りえき》を横取《よこど》りすること。参考 シギという水鳥《みずとり》とハマグリとが争《あらそ》っている間《あいだ》に、漁夫《ぎょふ》（＝漁師《りょうし》）がきて、どちらもとらえてしまった、という中国《ちゅうごく》の話《はなし》から。

**ぎょぶつ【御物】** 名 皇室《こうしつ》の持《も》ち物《もの》。例 正倉院《しょうそういん》の御物。

**きょへい【挙兵】** 名 動-する いくさのために兵《へい》を集《あつ》めて、行動《こうどう》を起《お》こすこと。例 源頼朝《みなもとのよりとも》が伊豆《いず》で挙兵した。

**ぎょほう【漁法】** 名 魚《さかな》のとり方《かた》。「まきあみ」「そこびきあみ」などがある。

**きょぼく【巨木】** 名 大《おお》きな木《き》。

**きよまる【清まる】** 動 きれいになる。例 心《こころ》が清まるような思《おも》い。⇩せい【清】699ページ

**きょまん【巨万】** 名 非常《ひじょう》に多《おお》くの数《かず》や量《りょう》。例 巨万の富《とみ》を築《きず》く。

**巨万《きょまん》の富《とみ》** ひじょうに多《おお》くの財産《ざいさん》。例 商売《しょうばい》に成功《せいこう》して、巨万の富を築《きず》いた。

**きよみずのぶたいからとびおりる【清水の舞台から飛び降りる】**〔京都《きょうと》の清水寺《きよみずでら》にある、高《たか》いがけの上《うえ》の舞台《ぶたい》から飛《と》び降《お》りるように〕決心《けっしん》をして、思《おも》い切《き》って行動《こうどう》することのたとえ。例 清水の舞台から飛び降りる覚悟《かくご》で、新事業《しんじぎょう》を始《はじ》めた。

**ぎょみん【漁民】** 名 漁業《ぎょぎょう》で生活《せいかつ》をしている人《ひと》。漁師《りょうし》。

**きよめる【清める】** 動 きれいにする。また、きたないものを取《と》り除《のぞ》く。例 体《からだ》を清め

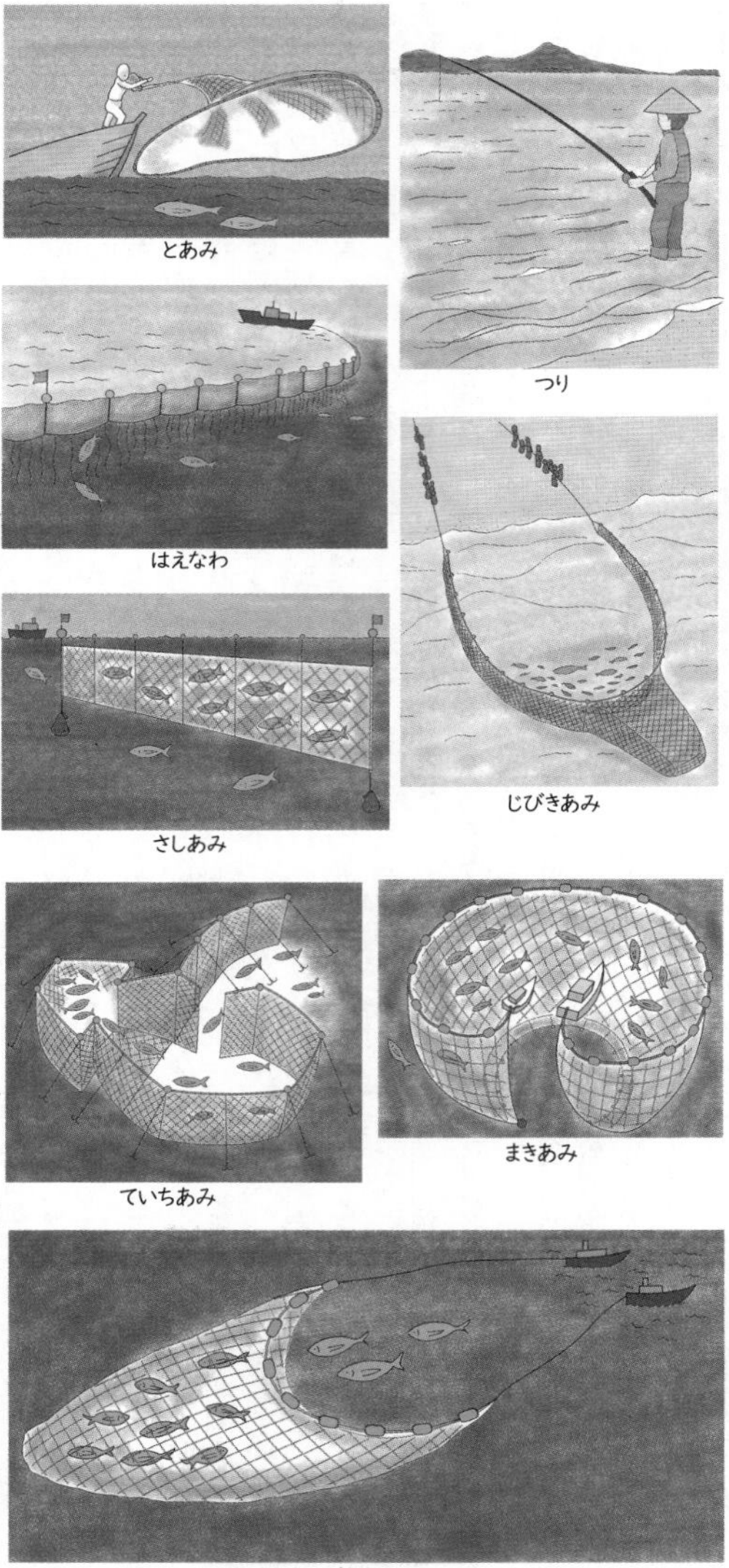

とあみ　つり　はえなわ　じびきあみ　さしあみ　ていちあみ　まきあみ　そこびきあみ

〔ぎょほう〕

る。⬇せい【清】699ページ

**ぎょもう**【漁網】名 魚《さかな》をとる網《あみ》。

**きょよう**【許容】名 動-する あることを、認《みと》めて許《ゆる》すこと。また、許《ゆる》される範囲《はんい》。例 許容量《りょう》をこえる。

**ぎょらい**【魚雷】名 水中《すいちゅう》を突《つ》き進《すす》んで、軍《ぐん》艦《かん》などの目標《もくひょう》に当《あ》たると爆発《ばくはつ》する兵器《へいき》。魚《ぎょ》形水雷《けいすいらい》の略《りゃく》。

**きよらか**【清らか】形動 きれいで、よごれやにごりのないようす。例 清らかな心《こころ》。

○**きょり**【距離】名 ❶二《ふた》つの点《てん》を結《むす》ぶ直線《ちょくせん》の長《なが》さ。❷へだたり。道《みち》のり。例 家《いえ》までは、かなりの距離がある。

**きょりかん**【距離感】名（ものや相手《あいて》とどれほどへだたっているかを感《かん》じる感覚《かんかく》。例 距離感がくるって、すぐ近《ちか》くに見《み》える。

**きょりゅうち**【居留地】名 外国人《がいこくじん》が自由《じゆう》に住《す》むことが許《ゆる》されている地域《ちいき》。

**ぎょるい**【魚類】名 水中《すいちゅう》にすみ、えらで呼《こ》吸《きゅう》し、ひれを使《つか》って動《うご》く、脊椎動物《せきついどうぶつ》の仲間《なかま》。魚《さかな》の仲間《なかま》。

**きょれい**【虚礼】名 うわべだけで、まごころのない礼儀《れいぎ》。例 虚礼を廃止《はいし》する。

**きょろきょろ** 副-と 動-する 落《お》ち着《つ》きなく目《め》を動《うご》かして、あたりを見回《みまわ》すようす。例 授《じゅ》業中《ぎょうちゅう》はきょろきょろしないこと。

**ぎょろぎょろ** 副(-と) 動-する 目《め》を見開《みひら》いて、あたりをにらみ回《まわ》すようす。例 目《め》をぎょろぎょろさせて、すきをうかがっている。

**ぎょろりと** 副 大《おお》きな目《め》を動《うご》かしてにらむようす。例 鬼《おに》の目玉《めだま》がぎょろりと動《うご》いた。

**きよわ**【気弱】名 形動 気《き》が弱《よわ》いこと。例 気弱で言《い》いたいことが言《い》えない。

○**きらい**【嫌い】㊀形動 いやだと思《おも》うようす。好《す》きでない。例 すっぱいものは嫌いだ。対 好《す》き。㊁名 ❶（「…のきらいがある」の形《かたち》で）…の傾向《けいこう》がある。例 あの人《ひと》は何《なん》でも反対《はんたい》するきらいがある。❷（「…のきらいなく」の形《かたち》で）…の区別《くべつ》なく。例 ナイティンゲールは、敵《てき》・味方《みかた》のきらいなく手当《てあ》てをした。参考 ふつう㊁は、かな書《が》きにする。

○**きらう**【嫌う】動 ❶いやに思《おも》う。好《この》まない。例 毛虫《けむし》を嫌う。対 好《す》く。❷（「…きらわず」の形《かたち》で）…を区別《くべつ》することなく。例 所《ところ》きらわず大声《おおごえ》を出《だ》す。参考 ふつう❷は、かな書《が》きにする。⬇けん【嫌】407ページ

**きらきら** 副(-と) 動-する 美《うつく》しく光《ひか》りかがやくようす。例 星《ほし》がきらきらとかがやく。

**ぎらぎら** 副(-と) 動-する 強《つよ》い光《ひかり》などが光《ひか》るようす。例 太陽《たいよう》がぎらぎら照《て》りつける。

**きらく**【気楽】形動 心配《しんぱい》のないようす。のんびりしているようす。例 気楽に暮《く》らす。

**きらす**【切らす】動 ❶切《き》れた状態《じょうたい》にする。例 息《いき》を切らす。しびれを切らす。❷使《つか》ってしまって、ない状態《じょうたい》になる。例 お米《こめ》を切らす。

**きらびやか** 形動 きらきらとかがやくように、美《うつく》しいようす。例 きらびやかな服装《ふくそう》。

**きらめかす** 動 きらきら光《ひか》らせる。例 魚《さかな》がうろこをきらめかしてはね回《まわ》る。

**きらめく** 動 きらきらと美《うつく》しく光《ひか》る。例 夜《よ》空《ぞら》にきらめく星《ほし》をながめる。

**きらりと** 副 ちょっとの間《あいだ》、美《うつく》しく光《ひか》るようす。例 ほおになみだがきらりと光《ひか》る。

**ぎらりと** 副 一瞬《いっしゅん》、どぎつく光《ひか》るようす。例 抜《ぬ》いた刀《かたな》がぎらりと光《ひか》った。

○**きり**【霧】名 ❶空気中《くうきちゅう》の水蒸気《すいじょうき》が冷《ひ》えて小《ちい》さい水玉《みずたま》となり、地表《ちひょう》の近《ちか》くに煙《けむり》のようにうかんだもの。うすいものを「もや」、また、春《はる》のものを「かすみ」ということがある。例 霧が立《た》つ。❷細《こま》かい水《みず》の玉《たま》。例 霧ふき。⬇む【霧】1270ページ

**きり**【切り】名 ❶区切《くぎ》り。切《き》れめ。例 きりをつける。❷終《お》わり。果《は》て。

**切《き》りがない** 際限《さいげん》がない。例 不満《ふまん》を言《い》えばきりがない。

**きり**【桐】名 高《たか》さ一〇メートルくらいになる落葉樹《らくようじゅ》。葉《は》は大《おお》きく、五月《ごがつ》ごろうすむらさき色《いろ》の花《はな》が咲《さ》く。木材《もくざい》は、水《みず》や火《ひ》に強《つよ》いので、たんすやげたなどを作《つく》る。

**きり**【錐】名 先《さき》がとがっていて、板《いた》などに小《ちい》さな穴《あな》をあける道具《どうぐ》。⬇こうぐ356ページ

**きり** 助 ❶それだけ。例 二人《ふたり》きりで話《はな》す。❷そのあとはない。それでおしまい。例 行《い》ったきり帰《かえ》ってこない。❸ずっとそのまま。例 病気《びょうき》で寝《ね》たきりだ。参考 話《はな》し言葉《ことば》では、「寝《ね》たっきり」のように「〜っきり」の形《かたち》になる





世界の国 マレーシア 東南《とうなん》アジアのマレー半島南部《はんとうなんぶ》と、カリマンタン島北部《とうほくぶ》の国《くに》。日本《にっぽん》より少《すこ》しせまい。石油《せきゆ》や天然《てんねん》

ことがある。

**ぎり【義理】** 名 ❶人《ひと》とのつき合《あ》いで、しなければならないこと。例 義理を知《し》らない。❷血《ち》のつながりのない、親子《おやこ》・兄弟《きょうだい》の間柄《あいだがら》。例 義理の弟《おとうと》。

**きりあげる【切り上げる】** 動 ❶仕事《しごと》などを途《と》中《ちゅう》でやめて、おしまいにする。例 作《さ》業《ぎょう》を早《はや》めに切り上げる。❷〔算数《さんすう》で〕計算《けいさん》して出《で》たはんぱな数《かず》を捨《す》て、一《ひと》けた上《うえ》の位《くらい》に一《いち》を足《た》す。くり上《あ》げる。例 小数点《しょうすうてん》以《い》下《か》を切り上げる。対 切《き》り捨《す》てる。

**きりうり【切り売り】** 名 動-する ❶ひとつだったものを、小《ち》さく切《き》って売《う》ること。例 布《ぬの》を切り売りする。❷自《じ》分《ぶん》の知《ち》識《しき》や経験《けいけん》などを少《すこ》しずつ出《だ》して、書《か》いたり話《はな》したりすること。例 知《ち》識《しき》を切り売りする。

**きりえ【切り絵】** 名 切《き》り抜《ぬ》いた紙《かみ》を台紙《だいし》に貼《は》って、絵《え》のようにつくったもの。

**きりかえる【切り替える】** 動 新《あたら》しく別《べつ》のものにする。例 気《き》持《も》ちを切り替える。

**きりかかる【切り掛かる・斬り掛かる】** 動 刃《は》物《もの》をふりあげておそいかかる。例 犯人《はんにん》が後《うし》ろから切りかかる。

**ぎりがたい【義理堅い】** 形 義《ぎ》理《り》をよく守《まも》る。例 義理堅い人《ひと》。

**きりかぶ【切り株】** 名 木《き》や草《くさ》を切《き》ったあとに残《のこ》った根《ね》もとの部《ぶ》分《ぶん》。

**きりがみ【切り紙】** 名 紙《かみ》を切《き》って、いろいろな形《かたち》や模《も》様《よう》をつくる遊《あそ》び。

**きりきざむ【切り刻む】** 動 こまかく切《き》る。例 タマネギを切りきざむ。

**きりきず【切り傷】** 名 刃《は》物《もの》などで切《き》った傷《きず》。

**きりきり** 副(-と) ❶きしむ音《おと》をたてて回《まわ》ったりするようす。❷強《つよ》く巻《ま》きつけたり、引《ひ》きしぼったりするようす。例 きりきりとしばりあげる。❸するどく痛《いた》むようす。例 胃《い》がきりきりと痛《いた》む。

**ぎりぎり** 名 形動 これ以《い》上《じょう》余《よ》裕《ゆう》がないこと。例 時《じ》間《かん》ぎりぎりに書《か》き終《お》えた。

**きりぎりす** 名 夏《なつ》の終《お》わりごろ野《の》原《はら》にいる昆《こん》虫《ちゅう》。体《からだ》は緑《みどり》色《いろ》か茶《ちゃ》色《いろ》で長《なが》い触《しょっ》角《かく》がある。雄《おす》は羽《はね》をすり合《あ》わせ、「チョンギース」と鳴《な》く。参考 昔《むかし》はコオロギのことをいった。

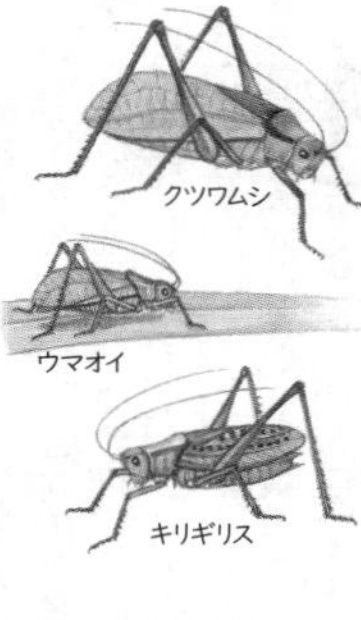

〔きりぎりす〕

**きりきりまい【きりきり舞い】** 名 動-する 目《め》が回《まわ》るほどいそがしく動《うご》き回《まわ》ること。例 いそがしくて、きりきり舞いする。

**きりくずす【切り崩す】** 動 ❶少《すこ》しずつくずして、低《ひく》くする。例 山《やま》を切り崩す。❷相《あい》手《て》の力《ちから》をばらばらにして、勢《いきお》いをくだく。例 敵《てき》を切り崩す。

**きりくち【切り口】** 名 ❶物《もの》を切《き》ったところ。切《き》った面《めん》。例 木《き》の切り口。❷切《き》った傷《きず》口《ぐち》。

**きりこうじょう【切り口上】** 名 はっきりと区《く》切《ぎ》って言《い》う、堅《かた》苦《くる》しくてよそよそしい言《い》い方《かた》。または、決《き》まりきった言《い》い方《かた》。例 切り口上でものを言《い》う。

**きりこみ【切り込み】** 名 ❶敵《てき》の陣《じん》地《ち》に攻《せ》め込《こ》むこと。❷刃《は》物《もの》でつけた切《き》れ目《め》。例 切り込みを入《い》れる。

**きりこむ【切り込む】** 動 ❶敵《てき》の中《なか》へ攻《せ》め込《こ》む。❷弱《よわ》い点《てん》をするどく突《つ》く。例 話《はなし》のくい違《ちが》いを見《み》つけて切り込む。

**きりさめ【霧雨】** 名 霧《きり》のような細《こま》かい雨《あめ》。きりあめ。例 霧雨にけむる町《まち》。

**キリシタン** 〔ポルトガル語〕名 一五四九年《ねん》にザビエルによって、日本《にっぽん》に初《はじ》めて伝《つた》えられたキリスト教《きょう》。また、その信《しん》者《じゃ》。天《てん》主《しゅ》教《きょう》。

**きりしまきんこうわんこくりつこうえん【霧島錦江湾国立公園】** 地名 鹿《か》児《ご》島《しま》県《けん》と宮《みや》崎《ざき》県《けん》とにまたがっている国《こく》立《りつ》公《こう》園《えん》。火《か》山《ざん》が連《つら》なる霧《きり》島《しま》地《ち》域《いき》と、桜《さくら》島《じま》を中《ちゅう》心《しん》とした錦《きん》江《こう》湾《わん》地《ち》域《いき》とからなる。↓こくりつこうえん 458ページ

**ギリシャ** 地名 ヨーロッパの南《なん》東《とう》部《ぶ》、地《ち》中《ちゅう》海《かい》に面《めん》する国《くに》。首《しゅ》都《と》はアテネ。古《ふる》い遺《い》跡《せき》が多《おお》い。ギリシア。

**ギリシャしんわ【ギリシャ神話】** 名

ギリシャ人《じん》が昔《むかし》から伝《つた》えてきた、神々《かみがみ》の物《もの》語《がたり》。

**きりすて【切り捨て】** 名 ❶算数《さんすう》で、ある位《くらい》より下《した》のはんぱな数《かず》を捨《す》てること。❷江戸《えど》時代《じだい》、無礼《ぶれい》なことをした町人《ちょうにん》や農民《のうみん》などを切《き》り捨《す》てたこと。例 切り捨て御免《ごめん》〔=切《き》り捨《す》てた武士《ぶし》は罪《つみ》にならなかったこと〕。

**きりすてる【切り捨てる】** 動 ❶切《き》って、いらない部分《ぶぶん》を捨《す》てる。例 大根《だいこん》のしっぽを切り捨てる。❷〔算数《さんすう》で〕計算《けいさん》で出《で》たはんぱな数《かず》を捨《す》てて、0《ゼロ》と考《かんが》える。例 小数点《しょうすうてん》以下《いか》を切り捨てる。対 切《き》り上《あ》げる。

**キリスト** 人名 ↓イエス=キリスト 56ページ

**キリストきょう【キリスト教】** 名 イスラム教《きょう》、仏教《ぶっきょう》とともに、世界三大宗教《せかいさんだいしゅうきょう》の一つ。イエス=キリストの教《おし》えをもとにした宗《しゅう》教《きょう》。ヨーロッパの文化《ぶんか》に影響《えいきょう》を与《あた》え、世界《せかい》じゅうに広《ひろ》がっている。

**キリストきょうと【キリスト教徒】** 名 キリスト教《きょう》を信仰《しんこう》している人《ひと》。クリスチャン。

**きりだし【切り出し】** 名 ❶山《やま》から木《き》や石《いし》を切《き》って運《はこ》び出《だ》すこと。❷話《はなし》を始《はじ》めること。例 話《はなし》の切り出しに困《こま》る。❸ななめに刃《は》がついている小刀《こがたな》。切《き》り出《だ》し小刀《こがたな》。

**きりだす【切り出す】** 動 ❶木《き》などを切《き》って運《はこ》び出《だ》す。例 山《やま》から木《き》を切り出す。❷話《はな》し始《はじ》める。言《い》いだす。例 話《はなし》を切り出す。

**きりたつ【切り立つ】** 動 がけなどが、切《き》ったようにまっすぐ険《けわ》しく立《た》つ。例 切り立った絶壁《ぜっぺき》。

**ぎりだて【義理立て】** 名 動する 義理《ぎり》を立《た》てること。人《ひと》とのつきあいの中《なか》で、守《まも》るべき礼儀《れいぎ》を大切《たいせつ》にすること。例 仲間《なかま》に義理立てして、部活《ぶかつ》を続《つづ》けることにした。

**きりつ【起立】** 名 動する 立《た》ち上《あ》がること。対 着席《ちゃくせき》。

**きりつ【規律】** 名 人《ひと》の行《おこな》いのもとになる決《き》まり。規則《きそく》。例 規律を守《まも》る。

**きりっと** 副 動する 引《ひ》きしまって、しっかりしているようす。例 きりっとした態度《たいど》。

**きりづまづくり【切り妻造り】** 名 本《ほん》を開《ひら》いて伏《ふ》せた形《かたち》をした屋根《やね》の建物《たてもの》。↓やね❶ 1326ページ

**きりつめる【切り詰める】** 動 ❶切《き》り取《と》って短《みじか》くする。❷お金《かね》を、できるだけむだに使《つか》わないようにする。例 生活《せいかつ》を切りつめる。

**きりどおし【切り通し】** 名 山《やま》や丘《おか》を切《き》り開《ひら》いて、通《とお》れるようにした道《みち》。きりとおし。

〔きりどおし〕

**きりとる【切り取る】** 動 切《き》って取《と》り去《さ》る。

**きりぬき【切り抜き】** 名 動する （新聞《しんぶん》・雑誌《ざっし》の記事《きじ》などを）切《き》り抜《ぬ》くこと。また、切《き》り抜《ぬ》いたもの。例 切り抜きを張《は》る。

**きりぬく【切り抜く】** 動 一部分《いちぶぶん》を切《き》って取《と》る。例 新聞《しんぶん》記事《きじ》を切り抜く。

**きりぬける【切り抜ける】** 動 ❶やっとのがれ出《で》る。例 ピンチを切り抜ける。❷敵《てき》の囲《かこ》みを破《やぶ》ってのがれる。

**きりはなす【切り放す】** 動 つながっていた物《もの》を切《き》ってはなす。例 風船《ふうせん》を空《そら》へ切り放す。

**きりはなす【切り離す】** 動 切《き》って分《わ》ける。例 解答用紙《かいとうようし》を切り離す。

**きりはらう【切り払う】** 動 ❶木《き》の枝《えだ》や草《くさ》などを切《き》ってどける。❷敵《てき》を、切《き》って追《お》いはらう。参考 ❷は「斬《き》り払《はら》う」とも書《か》く。

**きりばり【切り貼り・切り張り】** 名 動する ❶破《やぶ》れたところだけ切《き》り取《と》って貼《は》り直《なお》すこと。例 障子《しょうじ》の切り貼りをする。❷切《き》りぬいたものを貼《は》りつけること。

**きりひらく【切り開く】** 動 ❶切《き》ってあける。例 切り開いて、うみを出《だ》す。❷あれ地《ち》を耕《たがや》して田《た》や畑《はたけ》にしたり、山《やま》や丘《おか》に道《みち》をつけたりする。例 森《もり》を切り開いて畑《はたけ》を作《つく》る。❸難《むずか》しいことや苦労《くろう》にうちかって進《すす》む。例 自《じ》分《ぶん》の運命《うんめい》を切り開く。

**きりふき【霧吹き】** 名 水《みず》などを霧《きり》のように吹《ふ》き出《だ》すこと。また、そのための道具《どうぐ》。

**きりふだ【切り札】** 名 ❶トランプで、他《ほか》の札《ふだ》をおさえて、勝《か》つことができる札《ふだ》。❷とっておきの方法《ほうほう》。例 最後《さいご》の切り札。

**きりぼし【切り干し】** 名 ダイコンやサツマイモなどを切《き》って日《ひ》に干《ほ》したもの。

**きりまわす【切り回す】** 動 仕事《しごと》を、上手《じょうず》

世界の国 ミクロネシア 西太平洋《にしたいへいよう》の島々《しまじま》からなる小《ちい》さな国《くに》。総面積《そうめんせき》は奄美大島《あまみおおしま》よりややせまい。第二次世界大戦《だいにじせかいたいせん》のと

**例解 ! 表現の広場**

**切《き》る と 断《た》つ と 裁《た》つ のちがい**

| | 髪《かみ》を | 布《ぬの》を | ナイフで指《ゆび》を | 山《やま》で消息《しょうそく》を |
|---|---|---|---|---|
| 切《き》る | ○ | ○ | ○ | × |
| 断《た》つ | ○ | × | × | ○ |
| 裁《た》つ | × | ○ | × | × |

にさばく。例 家事《かじ》を切り回す。

**きりみ【切り身】** 名 魚《さかな》の身《み》を、適当《てきとう》な大《おお》きさに切《き》ったもの。例 マグロの切り身。

**きりもり【切り盛り】** 名 動する ものごとを上手《じょうず》にさばくこと。例 家事《かじ》を切り盛りする。

**きりゅう【気流】** 名 空気《くうき》の流《なが》れ。例 上昇《じょうしょう》気流。乱《らん》気流。

**きりゅう【寄留】** 名 動する よその家《いえ》や地方《ちほう》に、ある期間《きかん》住《す》むこと。仮住《かりず》まい。

**きりょう【器量】** 名 ❶役《やく》に立《た》つ才能《さいのう》や人《ひと》柄《がら》。例 あの人《ひと》は器量がある。❷顔《かお》かたち。顔《かお》だち。例 器量よし〔=美人《びじん》〕。

**ぎりょう【技量】** 名 仕事《しごと》などの腕前《うでまえ》。例 技量がすぐれている人《ひと》。

**きりょく【気力】** 名 ものごとをやりぬこうとする心《こころ》。元気《げんき》。例 気力をふりしぼる。

**きりん【麒麟】** 名 ❶アフリカの草原《そうげん》にすむ背《せ》の高《たか》い動物《どうぶつ》。首《くび》と足《あし》が長《なが》い。ジラフ。❷中《ちゅう》国《ごく》の想像上《そうぞうじょう》の動物《どうぶつ》。体《からだ》はシカ、尾《お》はウシ、ひづめはウマ、額《ひたい》はオオカミで一本《いっぽん》の角《つの》があり、つばさで飛《と》ぶ。

**◦きる【切る】** 動 ■一 ❶刃物《はもの》などで、さいたり傷《きず》をつけたりする。例 ナイフで切る。❷分《わ》ける。はなす。例 親子《おやこ》の縁《えん》を切る。❸水気《みずけ》をなくす。例 水《みず》を切る。❹札《ふだ》を交《ま》ぜる。例 トランプを切る。❺終《お》わる。やめる。例 テレビのスイッチを切る。❻期限《きげん》をつける。例 いつまでと日《ひ》を切って本《ほん》を貸《か》す。❼下回《したまわ》る。例 元値《もとね》を切る。❽まっ先《さき》にやる。例 話《はなし》の口《くち》火《び》を切る。❾方向《ほうこう》を変《か》える。例 ハンドルを切る。■二〔ある言葉《ことば》のあとにつけて〕…してしまう。例 読《よ》みきる。参考 ふつう■二は、かな書《が》きにする。⬇せつ【切】717ページ

**きる【斬る】** 動 刀《かたな》で傷《きず》つけたり、きり殺《ころ》したりする。⬇ざん【斬】528ページ

**◦きる【着る】** 動 ❶身《み》につける。例 シャツを着る。対 脱《ぬ》ぐ。❷身《み》に受《う》ける。例 恩《おん》に着る。罪《つみ》を着る。敬語 ❶の敬《うやま》った言《い》い方《かた》は、「召《め》す」。⬇ちゃく【着】828ページ

**キルティング**〔英語 quilting〕名 二《に》枚《まい》の布《ぬの》の間《あいだ》に、綿《わた》などを入《い》れて、一針《ひとはり》ずつさし通《とお》してぬったもの。

**きれ【切れ】** ■一 名 ❶切《き》れぐあい。例 ナイフの切れがいい。❷するどさ。例 切れのいい球《たま》。❸切《き》れはし。例 板《いた》切れ。❹織物《おりもの》。または、布《ぬの》。例 もめんのきれ。■二〔数字《すうじ》のあとにつけて〕切《き》ったものを数《かぞ》える言葉《ことば》。例 魚《さかな》の切《き》り身《み》を二《ふた》切れ。参考 ふつう■一❹は、かな書《が》きにする。

**きれあじ【切れ味】** 名 刃物《はもの》などの切《き》れぐあい。例 刀《かたな》の切れ味をためす。

**◦きれい【奇麗】** 形動 ❶美《うつく》しいようす。例 きれいな花《はな》。❷よごれがなく、清《きよ》いようす。例 手《て》をきれいに洗《あら》う。❸りっぱなようす。例 試《し》合《あい》のやり方《かた》がきれいだ。対（❶～❸）汚《きたな》い。❹残《のこ》りのないようす。例 ごちそうをきれいに平《たい》らげる。参考 ふつう、かな書《が》きにする。

**ぎれい【儀礼】** 名 社会《しゃかい》の約束事《やくそくごと》として、型《かた》の整《ととの》った礼儀《れいぎ》。

**きれぎれ【切れ切れ】** 形動 いくつにも、細《こま》かく切《き》れているようす。例 話《はなし》が切れ切れに伝《つた》わってくる。

**きれこみ【切れ込み】** 名 刃物《はもの》などで切《き》り込《こ》んだあとのような形《かたち》。例 葉《は》っぱに切れ込みがある。

**✤きれじ【切れ字】** 名 俳句《はいく》で、意味《いみ》を切《き》るところで使《つか》う、感動《かんどう》を表《あらわ》したり調子《ちょうし》を整《ととの》えたりする言葉《ことば》。「荒海《あらうみ》や佐渡《さど》によこたふ天《あま》の河《がわ》」〔松尾芭蕉《まつおばしょう》の俳句《はいく》〕の「や」や、「けり」「かな」など。

**きれつ【亀裂】** 名 物《もの》の表面《ひょうめん》に入《はい》ったひび割《わ》れ。さけめ。例 壁《かべ》に亀裂が入《はい》る。

**きれはし【切れ端】** 名 紙《かみ》や木《き》などの、切《き》り離《はな》された余分《よぶん》の部分《ぶぶん》。きれっぱし。

**きれま【切れ間】** 名 切《き》れてできたすき間《ま》。例 雲《くも》の切れ間に青空《あおぞら》がのぞく。

**きれめ【切れ目】** 名 ❶切《き》れた所《ところ》。例 雲《くも》の切れ目。❷区切《くぎ》りのついたところ。例 文《ぶん》の切れ目。❸なくなる時《とき》。終《お》わり。例 金《かね》の切れ目が縁《えん》の切れ目。

**○きれる【切れる】** 動 ❶切《き》ることができる。例 よく切れるナイフ。❷いくつかに分《わ》かれる。例 ひもが切れる。❸つながりがなくなる。例 縁《えん》が切れる。❹品物《しなもの》や仕事《しごと》がなくなる。例 その品《しな》は、今《いま》、切れている。❺こわれる。例 破《やぶ》れる。例 土手《どて》が切れる。❻頭《あたま》がよくて、てきぱき仕事《しごと》をする。例 頭《あたま》が切れる人《ひと》。❼横《よこ》へそれる。例 打《う》ったボールが左《ひだり》へ切れる。❽足《た》りない。例 目方《めかた》が四〇キロを切れる。❾終《お》わる。例 期限《きげん》が切れる。❿〔ある言葉《ことば》のあとにつけて〕完全《かんぜん》に…することができる。例 残《のこ》さず食《た》べきれる。参考 ふつう❿は、かな書《が》きにする。⇩せつ【切】717ページ

例解 ! ことばの勉強室

## 記録文《きろくぶん》の書《か》き方《かた》

記録文《きろくぶん》には、メモをはじめとして読書《どくしょ》記録《きろく》や観察《かんさつ》記録《きろく》、見学《けんがく》記録《きろく》、会議《かいぎ》の記録《きろく》など、いろいろなものがある。

どんな記録《きろく》でもまず、事実《じじつ》を正確《せいかく》に書《か》くことがだいじだ。人数《にんずう》・回数《かいすう》・長《なが》さ・重《おも》さ・大《おお》きさなど、数字《すうじ》もきちんと書《か》くようにする。

感想《かんそう》や意見《いけん》は、事実《じじつ》の部分《ぶぶん》と分《わ》けて書《か》く。

なお、小見出《こみだ》しをつける、箇条《かじょう》書《が》きにする、図表《ずひょう》や写真《しゃしん》を使《つか》うなどの工夫《くふう》をして、わかりやすく書《か》くようにしたい。

**きろ【岐路】** 名 分《わ》かれ道《みち》。

**岐路《きろ》に立《た》つ** どちらを選《えら》ぶか決《き》めなければならないところにいる。例 人生《じんせい》の岐路に立つ。

**きろ【帰路】** 名 帰《かえ》り道《みち》。復路《ふくろ》。例 帰路につく。類 帰途《きと》。対 往路《おうろ》。

**○キロ** 〔フランス語〕名 〔ある言葉《ことば》の前《まえ》につけて〕その単位《たんい》の千倍《せんばい》を表《あらわ》す言葉《ことば》。また、その略《りゃく》した言《い》い方《かた》。記号《きごう》は「k」。例 キロメートル。キログラム。キロリットル。キロワット。

**キロカロリー** 〔フランス語〕名 熱量《ねつりょう》の単位《たんい》の一《ひと》つ。一《いち》キロカロリーは、一〇〇〇カロリー。⇩カロリー 267ページ

**○きろく【記録】** 名 動する ❶あとのために書《か》きつけておくこと。また、書《か》きつけたもの。例 記録に残《のこ》す。❷運動競技《うんどうきょうぎ》などの最高《さいこう》の成績《せいせき》。レコード。例 記録を破《やぶ》る。

**きろくてき【記録的】** 形動 記録《きろく》に残《のこ》るほどであるようす。おどろくほどの。例 記録的な暑《あつ》さ。

**きろくぶん【記録文】** 名 事実《じじつ》や出来事《できごと》をあとまで残《のこ》すために書《か》いた文章《ぶんしょう》。

**きろくやぶり【記録破り】** 名 今《いま》までの記録《きろく》をこえること。例 記録破りの暑《あつ》さ。

**キログラム** 〔フランス語〕名 メートル法《ほう》で、重《おも》さの基本《きほん》の単位《たんい》。記号《きごう》は「kg」。参考 一《いち》キログラムの千分《せんぶん》の一《いち》が「グラム」で、そのさらに千分《せんぶん》の一《いち》を「ミリグラム」という。

**キロメートル** 〔フランス語〕名 メートル法《ほう》で、長《なが》さの単位《たんい》の一《ひと》つ。一《いち》キロメートルは、一〇〇〇メートル。記号《きごう》は「km」。⇩メートル 1289ページ

**キロリットル** 〔フランス語〕名 メートル法《ほう》で、容積《ようせき》の単位《たんい》の一《ひと》つ。一《いち》キロリットルは、一〇〇〇リットル。記号《きごう》は「kℓ」。⇩リットル 1384ページ

**キロワット** 〔英語 kilowatt〕名 電力《でんりょく》のはたらきを表《あらわ》す単位《たんい》の一《ひと》つ。一《いち》キロワットは、一〇〇〇ワット。記号《きごう》は「kW」。⇩ワット(watt) 1427ページ

**キロワットじ【キロワット時】** 名 一《いち》キロワットの電力《でんりょく》で一時間《いちじかん》にする仕事《しごと》の量《りょう》。記号《きごう》は「kWh」。

**○ぎろん【議論】** 名 動する あるものごとについて、めいめいが意見《いけん》を言《い》い合《あ》うこと。例 納得《なっとく》がいくまで議論をたたかわせる。

**○きわ【際】** 名 ❶物《もの》のはし。例 道《みち》の際によける。❷すぐそば。例 がけの際は危《あぶ》ない。⇩さい【際】496ページ

**ぎわ【際】** 〔ある言葉《ことば》のあとにつけて〕❶その近《ちか》く。例 波打《なみう》ちぎわ。窓《まど》ぎわ。❷…しようとするとき。例 別《わか》れぎわ。

**ぎわく【疑惑】** 名 疑《うたが》い迷《まよ》うこと。疑《うたが》い。例 疑惑の目《め》で見《み》る。疑惑を持《も》つ。



世界の国 南《みなみ》アフリカ　アフリカ大陸《たいりく》のいちばん南《みなみ》にある国《くに》。金《きん》・ダイヤ・クローム・マンガンなどの鉱物資源《こうぶつしげん》が豊富《ほうふ》。ア

**きわだつ【際△立つ】** 動 はっきり区《く》別《べつ》できる。目《め》立《だ》つ。例 際立って大《おお》きい。

**きわどい【際△どい】** 形 もう少《すこ》しでだめになる。すれすれ。危《あぶ》ない。例 際どいところで、間《ま》に合《あ》った。

**きわまりない【極△まりない】** 形 これ以《い》上《じょう》はない。はなはだしい。例 危《き》険《けん》極まりない運《うん》転《てん》。

**きわまりない【窮°まりない】** 形 どこまで行《い》っても終《お》わりがない。例 窮まりない宇《う》宙《ちゅう》。

**きわまる【極△まる】** 動 これ以《い》上《じょう》はないところまでくる。例 失《しつ》礼《れい》極まる話《はなし》。➡ きょく【極】341ページ

**きわまる【窮°まる】** 動 ❶終《お》わりとなる。つきる。例 運《うん》が窮まる。❷行《い》きづまって、苦《くる》しむ。例 進《しん》退《たい》窮まる。➡ きゅう【窮】324ページ

**きわみ【極△み】** 名 これ以《い》上《じょう》はないというところ。例 喜《よろこ》びの極み。➡ きょく【極】341ページ

**きわめて【極△めて】** 副 非《ひ》常《じょう》に。この上《うえ》もなく。例 波《なみ》はきわめておだやかだ。

**°きわめる【究△める・窮°める】** 動 ものごとをつきつめる。深《ふか》く研《けん》究《きゅう》する。例 学《がく》問《もん》を究める。➡ きゅう【究】323ページ／きゅう【窮】324ページ

**°きわめる【極△める】** 動 ものごとの最《さい》後《ご》まで行《い》き着《つ》く。例 山《さん》頂《ちょう》を極める。➡ きょく【極】341ページ

**きわもの【際△物】** 名 ❶売《う》れる時《じ》期《き》が限《かぎ》られる物《もの》。たとえば、しめ飾《かざ》りなど。❷世《せ》間《けん》の目《め》をひくそのとき限《かぎ》りの物《もの》。例 それは流《りゅう》行《こう》に乗《の》った際物にすぎない。

**きをつけ【気を付け】** 感 姿《し》勢《せい》を正《ただ》してまっすぐ立《た》つように、呼《よ》びかける号《ごう》令《れい》。

---

## きん【均】 画数 7 部首 土（つちへん） 5年

音 キン 訓 ―

筆順 均

❶ひとしくする。ならす。熟語 均《きん》一《いつ》。均《きん》等《とう》。均《きん》整《せい》。❷つり合《あ》っていること。熟語 均《きん》衡《こう》。平《へい》均《きん》。

## きん【近】 画数 7 部首 辶（しんにょう） 2年

音 キン 訓 ちか-い

筆順 近

ちかい。熟語 近《きん》所《じょ》。近《ちか》道《みち》。最《さい》近《きん》。対 遠《えん》。

《訓の使い方》**ちか-い** 例 海《うみ》が近い。

## きん【金】 画数 8 部首 金（かね） 1年

音 キン コン 訓 かね かな

筆順 金

❶黄《き》色《いろ》い金《きん》属《ぞく》。こがね。熟語 金《きん》鉱《こう》。黄《おう》金《ごん》。❷こがね色《いろ》。熟語 金《きん》色《いろ》・金《こん》色《じき》。❸お金《かね》。熟語 金《きん》額《がく》。代《だい》金《きん》。料《りょう》金《きん》。例 金《きん》千《せん》円《えん》。❹だいじなもの。熟語 金《きん》言《げん》。❺かなもの。熟語 金《きん》属《ぞく》。合《ごう》金《きん》。金《かな》具《ぐ》。針《はり》金《がね》。❻「金《きん》曜《よう》」の略《りゃく》。

**きん【金】** 名 ❶黄《き》色《いろ》いつやのある、値《ね》打《う》ちの高《たか》い金《きん》属《ぞく》。こがね。例 金ののべ棒《ぼう》。❷値《ね》打《う》ちのあるもの。例 沈《ちん》黙《もく》は金。❸将《しょう》棋《ぎ》のこまの一《ひと》つ。金《きん》将《しょう》。❹「金《きん》メダル」の略《りゃく》。

## きん【勤】 画数 12 部首 力（ちから） 6年

音 キン ゴン 訓 つと-める つと-まる

筆順 勤

つとめる。よくはげむ。熟語 勤《きん》勉《べん》。勤《きん》務《む》。勤《きん》労《ろう》。勤《ごん》行《ぎょう》（=僧《そう》が仏《ぶつ》前《ぜん》でお経《きょう》を読《よ》むこと）。出《しゅっ》勤《きん》。通《つう》勤《きん》。

《訓の使い方》**つと-める** 例 会《かい》社《しゃ》に勤める。**つと-まる** 例 仕《し》事《ごと》が無《ぶ》事《じ》に勤まる。

## きん【筋】 画数 12 部首 ⺮（たけかんむり） 6年

音 キン 訓 すじ

筆順 筋

❶体《からだ》のすじ。熟語 筋《きん》骨《こつ》。筋《きん》肉《にく》。筋《きん》力《りょく》。❷つながり。熟語 筋《すじ》道《みち》。粗《あら》筋《すじ》。例 筋《すじ》をたどる。❸建《たて》物《もの》などの、すじのようなもの。熟語 鉄《てっ》筋《きん》。

## きん【禁】 画数 13 部首 示（しめす） 5年

音 キン 訓 ―

筆順 禁

してはいけないと止《と》めること。熟語 禁《きん》止《し》。禁《きん》

木《もく》材《ざい》も輸《ゆ》出《しゅつ》している。首《しゅ》都《と》ジュバ。人《じん》口《こう》約《やく》1,110万《まん》人《にん》。略《りゃく》称《しょう》SSD。

物《もつ》。解禁《かいきん》。厳禁《げんきん》。↓きんじる 353ページ

**きん【禁】**名 禁《きん》じられていること。例 禁を破《やぶ》る。

**きん【巾】**画数 3 部首 巾(はば)
音キン 訓 ——
❶きれ。ぬの。熟語 頭巾《ずきん》。❷おおうもの。熟語 雑巾《ぞうきん》。布巾《ふきん》。

**きん【斤】**画数 4 部首 斤(おの)
音キン 訓 ——
❶昔《むかし》の尺貫法《しゃっかんほう》で、重《おも》さの単位《たんい》の一《ひと》つ。一斤《いっきん》は、約《やく》六〇〇グラム。❷食《しょく》パンの単位《たんい》。

**きん【菌】**画数 11 部首 艹(くさかんむり)
音キン 訓 ——
❶ばいきん。熟語 細菌《さいきん》。病原菌《びょうげんきん》。❷カビやキノコ。熟語 菌糸《きんし》。

**きん【菌】**名 ❶目《め》に見《み》えない、ごく小《ちい》さい生物《せいぶつ》。物《もの》を発酵《はっこう》させたり、くさらせたり、病気《びょうき》のもとになったりする。ばいきん。バクテリア。例 菌を殺《ころ》す。❷シダやコケなどの胞子《ほうし》植物《しょくぶつ》。また、キノコの胞子《ほうし》。例 シイタケの菌。

**きん【琴】**画数 12 部首 王(おうへん)
音キン 訓 こと
❶こと。弦《げん》を「つめ」ではじいて音《おと》を出《だ》す楽器《がっき》。熟語 琴線《きんせん》。❷弦楽器《げんがっき》や鍵盤《けんばん》のある楽器《がっき》。熟語 木琴《もっきん》。

**きん【僅】**画数 13 部首 亻(にんべん)
音キン 訓 わず-か
わずか。少《すこ》し。熟語 僅差《きんさ》。僅少《きんしょう》(=ほんの少《すこ》し)。参考「僅《きん》」は、「僅《きん》」と書《か》くこともある。

**きん【緊】**画数 15 部首 糸(いと)
音キン 訓 ——
❶きつくしめる。ひきしめる。しまる。熟語 緊縮《きんしゅく》。緊張《きんちょう》。緊密《きんみつ》。❷さしせまる。熟語 緊急《きんきゅう》。緊迫《きんぱく》。

**きん【錦】**画数 16 部首 金(かねへん)
音キン 訓 にしき
にしき。美《うつく》しい糸《いと》で模様《もよう》をつけた高級《こうきゅう》な織物《おりもの》。熟語 錦絵《にしきえ》。錦秋《きんしゅう》(=紅葉《こうよう》の美《うつく》しい秋《あき》)。例 故郷《こきょう》へ錦《にしき》をかざる。

**きん【謹】**画数 17 部首 言(ごんべん)
音キン 訓 つつし-む
つつしむ。言葉《ことば》や態度《たいど》に気《き》をつける。熟語 謹《きん》慎《しん》。謹賀新年《きんがしんねん》。

**きん【襟】**画数 18 部首 衤(ころもへん)
音キン 訓 えり
❶えり。衣服《いふく》の首《くび》の周《まわ》りの部分《ぶぶん》。例 開襟《かいきん》シャツ(=えりの開《ひら》いたシャツ)。襟《えり》を正《ただ》す。❷心《こころ》の中《なか》。熟語 胸襟《きょうきん》(=心《こころ》の中《なか》)。

**きん【今】** 熟語 古今和歌集《こきんわかしゅう》。↓こん【今】 487ページ

**ぎん【銀】**画数 14 部首 金(かねへん) 3年
筆順 銀 銀 銀 銀 銀 銀 銀 銀
音ギン 訓 ——
❶白《しろ》い色《いろ》の金属《きんぞく》。しろがね。熟語 銀貨《ぎんか》。❷つやのある白色《はくしょく》。熟語 銀河《ぎんが》。銀世界《ぎんせかい》。❸お金《かね》。熟語 銀行《ぎんこう》。

**ぎん【銀】**名 ❶白《しろ》くて美《うつく》しいつやのある金属《きんぞく》。金《きん》よりも軽《かる》くてかたい。熱《ねつ》や電気《でんき》をよく伝《つた》える。しろがね。例 銀の食器《しょっき》。❷将棋《しょうぎ》のこまの一《ひと》つ。銀将《ぎんしょう》。❸「銀《ぎん》メダル」の略《りゃく》。

**ぎん【吟】**画数 7 部首 口(くちへん)
音ギン 訓 ——
❶詩《し》や歌《うた》をうたう。口《くち》ずさむ。また、詩歌《しいか》を作《つく》る。熟語 詩吟《しぎん》。例 詩《し》を吟《ぎん》じる。❷うめく。うなる。熟語 呻吟《しんぎん》(=苦《くる》しみなやむ)。❸味《あじ》わう。よく確《たし》かめる。熟語 吟味《ぎんみ》。

**きんいつ【均一】**名 形動 どれもみな同《おな》じであること。例 百円均一《ひゃくえんきんいつ》。

**きんいろ【金色】**名 金《きん》のように黄色《きいろ》く光《ひか》っている色《いろ》。こんじき。例 金色のボタン。

**ぎんいろ【銀色】**名 銀《ぎん》のように白《しろ》く光《ひか》っている色《いろ》。例 銀色にかがやく雪山《ゆきやま》。

**きんいん【金印】**名 福岡県志賀島《ふくおかけんしかのしま》で発見《はっけん》された金《きん》の四角《しかく》い印《いん》。「漢委奴国王《かんのわのなのこくおう》」とほってあ



世界の国 南《みなみ》スーダン　アフリカ北東部《ほくとうぶ》にある国《くに》。2011年《ねん》にスーダンの南部《なんぶ》が独立《どくりつ》してできた。原油《げんゆ》を産出《さんしゅつ》するほか、

る。昔《むかし》、中国《ちゅうごく》からおくられたものとされている。国宝《こくほう》。

**きんえん**【禁煙。】[名][動-する] ❶たばこをすってはいけないこと。[例]禁煙車《きんえんしゃ》。❷たばこをやめること。[例]父《ちち》は二《に》か月前《げつまえ》から禁煙している。

**きんか**【金貨】[名] 金《きん》をおもな原料《げんりょう》として造《つく》ったお金《かね》。

**ぎんか**【銀貨】[名] 銀《ぎん》をおもな原料《げんりょう》として造《つく》ったお金《かね》。

**ぎんが**【銀河】[名] ⬇あまのがわ 36ページ

**きんかい**【近海】[名] 陸《りく》に近《ちか》い海《うみ》。[例]近海航路《こうろ》。[対]遠海《えんかい》。遠洋《えんよう》。外洋《がいよう》。外海《がいかい》。

**きんかいぎょぎょう**【近海漁業】[名] ⬇えんがんぎょぎょう 97ページ

■**きんかぎょくじょう**【金科玉条】[名] 守《まも》らなければならない大切《たいせつ》なきまり。[例]先生《せんせい》の助言《じょげん》を金科玉条として勉強《べんきょう》を続《つづ》ける。

**きんかく**【金閣】[名] 京都市《きょうとし》の鹿苑寺《ろくおんじ》にある建物《たてもの》。一三九七年《ねん》に足利義満《あしかがよしみつ》が建《た》てた。柱《はしら》や壁《かべ》には金箔《きんぱく》が貼《は》ってある。一九五〇年《ねん》に火事《かじ》で焼《や》け、そのあとに建《た》て直《なお》された。

〔きんかく〕

**きんがく**【金額】[名] お金《かね》の量《りょう》。お金《かね》の高《たか》。[例]大《おお》きな金額。

**ぎんかく**【銀閣】[名] 京都市《きょうとし》の慈照寺《じしょうじ》にある建物《たてもの》。一四八九年《ねん》に足利義政《あしかがよしまさ》が金閣《きんかく》をまねて建《た》てた。金閣《きんかく》にならって銀箔《ぎんぱく》を貼《は》る予定《よてい》だったが、実現《じつげん》しなかった。

〔ぎんかく〕

**ぎんがけい**【銀河系】[名] 地球《ちきゅう》もその一部《いちぶ》である太陽系《たいようけい》のような星《ほし》の集《あつ》まりが、いくつも集《あつ》まってできている、大《おお》きな宇宙《うちゅう》のまとまり。凸《とつ》レンズのような形《かたち》をしている。

〔ぎんがけい〕

**きんがしんねん**【謹。賀新年】[名]「つつしんで新年《しんねん》をお祝《いわ》い申《もう》し上《あ》げます。」の意味《いみ》を表《あらわ》す言葉《ことば》。年賀状《ねんがじょう》などに書《か》く。

**きんかん**【近刊】[名] ❶近《ちか》いうちに本《ほん》になって出《で》ること。また、その本《ほん》。❷最近本《さいきんほん》になったこと。また、その本《ほん》。

**きんがん**【近眼】[名] ⬇きんし(近視) 353ページ

**きんかんがっき**【金管楽器】[名] 金属《きんぞく》の管《くだ》に息《いき》をふきこんで音《おと》を出《だ》す管楽器《かんがっき》。トランペット・ホルンなど。[参考]フルート・ピッコロなどは、もともと木《き》で作《つく》ったものなので、木管楽器《もっかんがっき》という。⬇がっき(楽器) 244ページ

**きんかんしょく**【金環。食】[名] 月《つき》と地球《ちきゅう》との距離《きょり》が大《おお》きいときに起《お》こる日食《にっしょく》。太陽《たいよう》が月《つき》の陰《かげ》に隠《かく》れて、太陽《たいよう》の周《まわ》りが金《きん》の輪《わ》のように光《ひか》る。金環日食《きんかんにっしょく》。

**きんかんにっしょく**【金環。日食】[名] ⬇きんかんしょく 352ページ

**きんきちほう**〖近畿地方〗[地名] 本州《ほんしゅう》の中央《ちゅうおう》から少《すこ》し西《にし》にある地方《ちほう》。京都《きょうと》・大阪《おおさか》の二《ふた》つの府《ふ》と、兵庫《ひょうご》・奈良《なら》・和歌山《わかやま》・滋賀《しが》・三重《みえ》の五《いつ》つの県《けん》がある。

**きんきゅう**【緊。急】[名][形動] 非常《ひじょう》にだいじで、急《いそ》いでしなければならないこと。[例]緊急の仕事《しごと》。

**きんきゅうじしんそくほう**【緊。急地震速報】[名] 気象庁《きしょうちょう》が、地震《じしん》の震度《しんど》が大《おお》きいと判断《はんだん》したとき、テレビ・ラジオ・インターネット・携帯電話《けいたいでんわ》などを通《とお》して、緊急《きんきゅう》に行《おこな》う知《し》らせ。最大震度《さいだいしんど》が5弱《じゃく》以上《いじょう》と予想《よそう》される場合《ばあい》に出《だ》される。

**きんぎょ**【金魚】[名] フナを改良《かいりょう》して、色《いろ》や

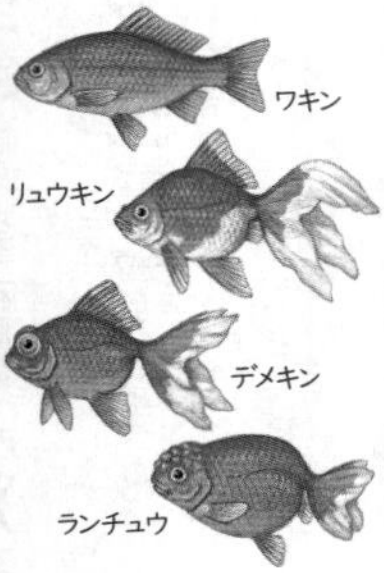

〔きんぎょ〕

ンマーでとれる。首都《しゅと》ネーピードー。人口約《じんこうやく》5,110万人《まんにん》。略称《りゃくしょう》MYA。

形《かたち》を変《か》えた観賞用《かんしょうよう》の魚《さかな》。たくさんの種類《しゅるい》がある。昔《むかし》、中国《ちゅうごく》から伝《つた》えられた。

**きんきょう【近況】**［名］近《ちか》ごろのようす。［例］近況報告《ほうこく》。

**きんきょり【近距離】**［名］短《みじか》い道《みち》のり。［対］遠距離《えんきょり》。

**きんきん【近近】**［副］近《ちか》いうち。ちかぢか。［例］近々に引《ひ》っ越《こ》す予定《よてい》だ。

**きんく【禁句】**［名］言《い》ってはいけない言葉《ことば》。［例］受験生《じゅけんせい》に「すべる」は禁句だ。

**キング**〔英語 king〕［名］❶王《おう》。国王《こくおう》。［対］クイーン。❷トランプで、王《おう》の絵《え》のかいてあるカード。

**キングサイズ**〔英語 king-size〕［名］特《とく》に大《おお》きなもの。［例］キングサイズの洋服《ようふく》。

**きんけい【近景】**［名］近《ちか》くの景色《けしき》。［対］遠景《えんけい》。

**きんけい【謹啓】**［名］手紙《てがみ》の初《はじ》めに書《か》く、挨《あい》拶《さつ》の言葉《ことば》。「つつしんで申《もう》し上《あ》げます。」という意味《いみ》。［類］拝啓《はいけい》。［参考］「謹啓《きんけい》」は「拝啓《はいけい》」より改《あらた》まったときに使《つか》う。

**きんけん【近県】**［名］近《ちか》くの県《けん》。

**きんけん【金券】**［名］商品券《しょうひんけん》や図書券《としょけん》のように、お金《かね》の代《か》わりに使《つか》える券《けん》。

**きんげん【金言】**［名］昔《むかし》の人《ひと》が残《のこ》した、生《い》き方《かた》の手本《てほん》となるりっぱな言葉《ことば》。「学問《がくもん》に王道《おうどう》なし」など。格言《かくげん》。［類］警句《けいく》。

■**きんげんじっちょく【謹厳実直】**［名］［形動］たいへんまじめで正直《しょうじき》なこと。

**きんこ【金庫】**［名］お金《かね》やだいじな物《もの》を入《い》れておく、鉄《てつ》などで作《つく》った丈夫《じょうぶ》な入《い》れ物《もの》。

**きんこ【禁固】**［名］部屋《へや》に閉《と》じこめて外《そと》に出《だ》さないこと。また、そのような刑罰《けいばつ》。

**きんこう【近郊】**［名］都会《とかい》や町《まち》に近《ちか》い所《ところ》。［例］都《と》市《し》の近郊に住《す》む。［類］郊外《こうがい》。

**きんこう【均衡】**［名］［動-する］つり合《あ》いがとれていること。バランス。［例］収入《しゅうにゅう》と支出《ししゅつ》の均衡が保《たも》たれている。

**きんこう【金鉱】**［名］❶金《きん》をほり出《だ》す鉱山《こうざん》。❷金《きん》を含《ふく》んでいる石《いし》。

∘**ぎんこう【銀行】**［名］お金《かね》を預《あず》かったり、貸《か》したりする会社《かいしゃ》。［例］銀行員《いん》。

■**きんごうきんざい【近郷△近在】**［名］（都《と》市《し》などの）周《まわ》りにある町《まち》や村《むら》。［例］お祭《まつ》りには、近郷近在から人《ひと》が集《あつ》まる。

**きんこつ【筋骨】**［名］体《からだ》つき。体《からだ》の骨組《ほねぐ》み。［例］筋骨たくましい青年《せいねん》。

**きんさ【僅差】**［名］ほんの少《すこ》しの差《さ》。［例］僅差で入賞《にゅうしょう》を逃《のが》した。

**ぎんざ【銀座】**［名］❶江戸《えど》時代《じだい》に設《もう》けられた銀貨《ぎんか》を造《つく》る所《ところ》。❷今《いま》の東京《とうきょう》都《と》中央《ちゅうおう》区《く》にある町《まち》の名《な》。各地《かくち》の繁華街《はんかがい》の地名《ちめい》につけることもある。

**きんざい【近在】**［名］都《と》市《し》の近《ちか》くの村《むら》。［例］東京《とうきょう》近在の風景《ふうけい》。

**きんさく【金策】**［名］必要《ひつよう》なお金《かね》を苦労《くろう》してそろえること。［例］あちこち金策に走《はし》り回《まわ》る。

**きんざん【金山】**［名］金《きん》の鉱石《こうせき》を掘《ほ》り出《だ》す鉱《こう》山《ざん》。

**ぎんざん【銀山】**［名］銀《ぎん》の鉱石《こうせき》を掘《ほ》り出《だ》す鉱《こう》山《ざん》。

**きんし【近視】**［名］遠《とお》くの物《もの》がはっきり見《み》えにくい目《め》。近眼《きんがん》。近視眼《きんしがん》。［対］遠視《えんし》。

**きんし【金糸】**［名］金箔《きんぱく》を使《つか》った金色《きんいろ》の糸《いと》。刺《し》しゅうや織物《おりもの》に使《つか》う。

**きんし【菌糸】**［名］キノコやカビなどのからだを作《つく》っている、非常《ひじょう》に細《こま》かい、糸《いと》のようなもの。

∘**きんし【禁止】**［名］［動-する］してはいけないと止《と》めること。［例］立《た》ち入《い》り禁止。

**きんしつ【均質】**［名］［形動］品質《ひんしつ》や状態《じょうたい》にむらがなく、同《おな》じであること。［例］袋《ふくろ》の内容《ないよう》を均質にする。

**きんじつ【近日】**［名］近《ちか》いうち。ちかぢか。［例］近日開店《かいてん》。近日中《ちゅう》にうかがいます。

**きんじとう【金字塔】**［名］長《なが》くのちの世《よ》に伝《つた》わるようなすぐれた業績《ぎょうせき》。［例］金字塔をうち立《た》てる。［参考］元《もと》は、形《かたち》が金《きん》の字《じ》に似《に》ているところから、ピラミッドのことをいった。

**きんしゅ【禁酒】**［名］［動-する］酒《さけ》を飲《の》むのをやめること。また、飲《の》んではいけないこと。

**きんしゅく【緊縮】**［名］［動-する］むだなお金《かね》を使《つか》わないようにすること。［例］緊縮財政《ざいせい》。

∘**きんじょ【近所】**［名］ある場所《ばしょ》から近《ちか》い所《ところ》。［類］付近《ふきん》。

**きんしょう【僅少】**［形動］ごくわずかなようす。［例］得点《とくてん》の差《さ》は僅少だ。

**きんじる【禁じる】**［動］してはいけないと、



世界の国　ミャンマー　東南《とうなん》アジアのインドシナ半島西部《はんとうせいぶ》の連邦国《れんぽうこく》。米《こめ》・ゴム・石油《せきゆ》を産出《さんしゅつ》。世界《せかい》のルビーの９割《わり》はミャ

**例解 ことばの窓**

**禁《きん》じる を表《あらわ》す言葉《ことば》**

この道《みち》は車《くるま》の通行《つうこう》を禁止《きんし》する。
さわぎだそうとするのを制止《せいし》する。
立《た》ち入《い》りを厳禁《げんきん》する。

やめさせる。許《ゆる》さない。禁《きん》ずる。例 外出《がいしゅつ》を禁じる。

**ぎんじる**【吟じる】動 ❶漢詩《かんし》や和歌《わか》を、うたうようによむ。❷和歌《わか》・俳句《はいく》などをつくる。

**きんしん**【近親】名 親類《しんるい》の中《なか》で、特《とく》に血《ち》のつながりの深《ふか》い人《ひと》。親《おや》や兄弟《きょうだい》など。例 近親者《しゃ》。

**きんしん**【謹慎】名 動する 悪《わる》いことをした罰《ばつ》として、外《そと》へ出《で》ないで、行《おこな》いをつつしむこと。例 一週間《いっしゅうかん》の謹慎を命《めい》じられる。

**きんずる**【禁ずる】動 ↓きんじる 353ページ

**きんせい**【近世】名 ❶近《ちか》ごろの世《よ》の中《なか》。❷時代《じだい》の区分《くぶん》の一《ひと》つ。日本《にっぽん》では江戸《えど》時代《じだい》をいう。また、西洋《せいよう》では、ルネサンスから後《のち》をいう。

**きんせい**【均整・均斉】名 つり合《あ》いがよくとれていること。例 均整のとれた体《からだ》。

**きんせい**【金星】名 惑星《わくせい》の一《ひと》つ。太陽《たいよう》に二《に》番《ばん》めに近《ちか》い星《ほし》。一番星《いちばんぼし》。朝見《あさみ》えるときは、「明《あ》けの明星《みょうじょう》」、夕方《ゆうがた》のときは、「宵《よい》の明星《みょうじょう》」とよばれる。↓たいようけい 783ページ。注意「金星」を「きんぼし」と読《よ》むと、ちがう意味《いみ》になる。

**きんせい**【禁制】名 動する あることを、命令《めいれい》や規則《きそく》で禁止《きんし》すること。例 男子《だんし》禁制。

**ぎんせかい**【銀世界】名 辺《あた》り一面《いちめん》に雪《ゆき》が積《つ》もって、真《ま》っ白《しろ》になった、美《うつく》しい景色《けしき》のこと。例 見《み》わたす限《かぎ》りの銀世界。

**きんせきぶん**【金石文】名 金属《きんぞく》の器具《きぐ》や石碑《せきひ》などにきざまれた、古《ふる》い時代《じだい》の文字《もじ》や文章《ぶんしょう》。

**きんせつ**【近接】名 動する ❶近《ちか》づくこと。接近《せっきん》。❷近《ちか》くにあること。例 学校《がっこう》に近接する地域《ちいき》。対 遠隔《えんかく》。

**きんせん**【金銭】名 お金《かね》。ぜに。例 あの人《ひと》は金銭感覚《かんかく》がまったくない。

**きんせん**【琴線】名 ❶琴《こと》の糸《いと》。❷心《こころ》のおく深《ふか》いところにある、ほんとうの気持《きも》ち。

**琴線《きんせん》にふれる** 感動《かんどう》する。心《こころ》を打《う》つ。

**きんせんずく**【金銭ずく】名 ものごとをすべてお金《かね》でかたづけようとすること。例 人《ひと》は金銭ずくでは動《うご》かない。

**○きんぞく**【金属】名 ふつうは固体《こたい》で、熱《ねつ》や電気《でんき》をよく伝《つた》えるもの。鉄《てつ》・銅《どう》・金《きん》・銀《ぎん》・アルミニウムなど。

**きんぞく**【勤続】名 動する 一《ひと》つの会社《かいしゃ》、または役所《やくしょ》などに、長《なが》い間《あいだ》続《つづ》けて勤《つと》めること。

**きんぞくせい**【金属製】名 金属《きんぞく》でできていること。例 金属製のバット。

**きんだい**【近代】名 ❶近《ちか》ごろの世《よ》の中《なか》。このごろ。❷時代《じだい》の区分《くぶん》の一《ひと》つ。ふつう、日本《にっぽん》では明治《めいじ》維新《いしん》から第二次《だいにじ》世界大戦《せかいたいせん》が終《お》わるまでをいう。

**きんだいか**【近代化】名 動する 古《ふる》いものごとやり方《かた》を捨《す》てて、新《あたら》しいものに変《か》えること。例 近代化された工場《こうじょう》。

**きんだいこうぎょう**【近代工業】名 近代化《きんだいか》された工業《こうぎょう》。大《おお》きな仕組《しく》みで、進《すす》んだ技術《ぎじゅつ》や機械《きかい》を使《つか》って、品物《しなもの》をたくさん作《つく》り出《だ》していくもの。

**きんたいしゅつ**【禁帯出】名 図書館《としょかん》で、館《かん》の外《そと》へ持《も》ち出《だ》してはいけないこと。また、その本《ほん》などにつける、しるしの言葉《ことば》。

**きんだいてき**【近代的】形動 前《まえ》の時代《じだい》とはちがう、新《あたら》しいものを持《も》っているようす。例 近代的な建築《けんちく》。

**きんだんしょうじょう**【禁断症状】名 アルコールなどの中毒《ちゅうどく》になった人《ひと》が、それがなくなったときにひきおこす症状《しょうじょう》。

**きんちゃく**【巾着】名 布《ぬの》や皮《かわ》で作《つく》ったふくろで、口《くち》をひもでくくるようにしたもの。お金《かね》や小物《こもの》などを入《い》れる。

**○きんちょう**【緊張】名 動する ❶気持《きも》ちや態度《たいど》が引《ひ》きしまること。例 試合《しあい》の前《まえ》は緊張する。❷争《あらそ》い事《ごと》などが、今《いま》にも起《お》こりそうなようす。例 緊張した空気《くうき》に包《つつ》まれる。

**きんてい**【謹呈】名 動する 尊敬《そんけい》の気持《きも》ちをこめて、さし上《あ》げること。例 著書《ちょしょ》を謹呈する。

**きんとう**【均等】名 形動 多《おお》い少《すく》ないのちがいがなくて、みな等《ひと》しいこと。例 仕事《しごと》を均

関係《かんけい》が深《ふか》い。首都《しゅと》メキシコシティ。人口約《じんこうやく》1億《おく》2,600万人《まんにん》。略称《りゃくしょう》MEX。

等に割《わ》り当《あ》てる。

**きんとう**【近東】〔名〕↓ちゅうとう（中東）834ページ

**きんトレ**【筋トレ】〔名〕筋肉《きんにく》をきたえて力《ちから》をつけるための運動《うんどう》。〔参考〕「筋力《きんりょく》トレーニング」の略《りゃく》。

**ぎんなん**【銀杏】〔名〕イチョウの実《み》。実《み》の中《なか》に種子《しゅし》があり、種子内《しゅしない》の養分《ようぶん》（=胚乳《はいにゅう》）は、ゆでたり焼《や》いたりして食《た》べる。

○**きんにく**【筋肉】〔名〕動物《どうぶつ》の体《からだ》を動《うご》かすはたらきをする、細《ほそ》い筋《すじ》が集《あつ》まってできているもの。骨《ほね》につながっているものと、内臓《ないぞう》の壁《かべ》を作《つく》っているものとがある。

**きんねん**【近年】〔名〕この数年《すうねん》。このごろ。最近《さいきん》。〔例〕近年にない大雨《おおあめ》。

**きんのう**【勤皇・勤王】〔名〕天皇《てんのう》につくすこと。特《とく》に、江戸《えど》時代《じだい》の終《お》わりごろの、幕府《ばくふ》をたおして、天皇《てんのう》に政治《せいじ》の実権《じっけん》をもどそうとする考《かんが》え。また、もどそうとする運動《うんどう》。

**きんぱく**【緊迫】〔名〕〔動-する〕周《まわ》りのようすが、ひどくさしせまること。〔例〕議場《ぎじょう》は緊迫した空気《くうき》に包《つつ》まれた。

**きんぱく**【金箔】〔名〕金《きん》を紙《かみ》のようにうすくのばしたもの。

**ぎんぱく**【銀箔】〔名〕銀《ぎん》を紙《かみ》のようにうすくのばしたもの。

**きんぱつ**【金髪】〔名〕金色《きんいろ》をした髪《かみ》の毛《け》。ブロンドの髪《かみ》。

**ぎんぱつ**【銀髪】〔名〕銀色《ぎんいろ》の髪《かみ》の毛《け》。白髪《はくはつ》。

**ぎんばん**【銀盤】〔名〕平《たい》らな氷《こおり》の面《めん》。特《とく》に、スケートリンク。〔例〕銀盤の女王《じょおう》。

**きんぴん**【金品】〔名〕お金《かね》や品物《しなもの》。〔例〕金品をうばわれる。

**きんぷん**【金粉】〔名〕金《きん》、または金色《きんいろ》をした金属《きんぞく》の粉《こな》。

**きんべん**【勤勉】〔名〕〔形動〕なまけずに、一生懸命《いっしょうけんめい》に勉強《べんきょう》したり、働《はたら》いたりすること。〔例〕勤勉な人《ひと》。

**きんぺん**【近辺】〔名〕辺《あた》り。近《ちか》い所《ところ》。近所《きんじょ》。〔例〕東京《とうきょう》近辺の山《やま》に登《のぼ》る。〔類〕付近《ふきん》。

**きんぼし**【金星】〔名〕❶すもうで、大関《おおぜき》・関脇《せきわけ》・小結《こむすび》でない力士《りきし》が、横綱《よこづな》に勝《か》った白星《しろぼし》。❷思《おも》いがけない大《おお》きな手柄《てがら》。〔例〕金星をあげる。〔注意〕「金星」を「きんせい」と読《よ》むと、ちがう意味《いみ》になる。

**ぎんまく**【銀幕】〔名〕映画《えいが》のスクリーン。映写幕《えいしゃまく》。また、映画の世界《せかい》。〔例〕銀幕の大《だい》スター。

**ぎんみ**【吟味】〔名〕〔動-する〕内容《ないよう》や品質《ひんしつ》などを、細《こま》かいところまでよく調《しら》べること。〔例〕文章《ぶんしょう》の内容《ないよう》を吟味する。

**きんみつ**【緊密】〔形動〕かたく結《むす》びついて、すき間《ま》がないようす。〔例〕緊密な連絡《れんらく》。

**きんむ**【勤務】〔名〕〔動-する〕会社《かいしゃ》などに勤《つと》めて仕事《しごと》をすること。勤《つと》め。〔例〕貿易《ぼうえき》会社《がいしゃ》に勤務している。

**きんメダル**【金メダル】〔名〕競技《きょうぎ》で、第一《だいいち》位《い》の者《もの》に与《あた》えられる金色《きんいろ》のメダル。

**ぎんメダル**【銀メダル】〔名〕競技《きょうぎ》で、第二《だいに》位《い》の者《もの》に与《あた》えられる銀色《ぎんいろ》のメダル。

**きんもくせい**【金木犀】〔名〕秋《あき》に、赤黄色《あかきいろ》でいい香《かお》りの小《ちい》さな花《はな》を、たくさん咲《さ》かせる常緑高木《じょうりょくこうぼく》。

**きんもつ**【禁物】〔名〕してはいけないこと。〔例〕子《こ》どもの夜《よ》ふかしは禁物だ。

**きんゆう**【金融】〔名〕お金《かね》を貸《か》したり、預《あず》かったりすること。〔例〕金融業界《ぎょうかい》。

**きんゆうきかん**【金融機関】〔名〕お金《かね》を貸《か》したり、預《あず》かったりする仕事《しごと》をするところ。銀行《ぎんこう》・保険会社《ほけんがいしゃ》など。

○**きんよう**【金曜】〔名〕週《しゅう》の六日《むいか》め。木曜《もくよう》の次《つぎ》の日《ひ》。金曜日《きんようび》。

**きんらい**【近来】〔名〕近《ちか》ごろ。このごろ。〔例〕今年《ことし》の冬《ふゆ》は、近来になく寒《さむ》い。

**きんり**【金利】〔名〕貸《か》したり借《か》りたり、預《あず》けたりするお金《かね》につく利子《りし》。

**きんりょう**【禁猟】〔名〕鳥《とり》やけものをとることを禁《きん》じること。

**きんりょう**【禁漁】〔名〕魚《さかな》や貝《かい》などの水産《すいさん》物《ぶつ》をとることを禁《きん》じること。

**きんりょうく**【禁猟区】〔名〕鳥《とり》やけものなどを、とることが禁止《きんし》されている区域《くいき》。〔参考〕今《いま》は、鳥獣保護区《ちょうじゅうほごく》という。

**きんりょうく**【禁漁区】〔名〕魚《さかな》や貝《かい》などの水産物《すいさんぶつ》を、とることが禁止《きんし》されている区域《くいき》。

**きんりょく**【筋力】〔名〕筋肉《きんにく》の力《ちから》。

**きんりん**【近隣】〔名〕となり近所《きんじょ》。〔例〕近隣の

世界の国　メキシコ　アメリカの南《みなみ》に位置《いち》する国《くに》。油田《ゆでん》が多《おお》く、工業《こうぎょう》がさかん。江戸時代《えどじだい》から日本《にっぽん》と交流《こうりゅう》があり、今《いま》でも

国々《くにぐに》の人《ひと》と、仲《なか》よくする。

**きんるい**【菌類】名 カビやキノコ・酵母《こうぼ》などをまとめていう言葉《ことば》。日《ひ》かげやじめじめした所《ところ》に生《は》え、葉緑素《ようりょくそ》がない。

**きんろう**【勤労】名 動-する 一生懸命《いっしょうけんめい》に働《はたら》くこと。

**きんろうかんしゃのひ**【勤労感謝の日】名 国民《こくみん》の祝日《しゅくじつ》の一《ひと》つ。十一月二十三《じゅういちがつにじゅうさん》日《にち》。人々《ひとびと》が働《はたら》くことを喜《よろこ》び、感謝《かんしゃ》する日《ひ》。

# く

ク ku

**く【区】** 画数 4 部首 匸（かくしがまえ） 3年

音 ク 訓 ―

筆順 区 区 区 区

小《ちい》さくくぎる。くぎり。熟語 区画《くかく》。区分《くぶん》。区《く》別《べつ》。地区《ちく》。選挙区《せんきょく》。

**く**【区】名 都市《とし》の中《なか》をくぎった、一《ひと》つの地域《ちいき》。例 千代田区《ちよだく》。区の図書館《としょかん》。

**く【句】** 画数 5 部首 口（くち） 5年

音 ク 訓 ―

筆順 句 句 句 句 句

❶文《ぶん》の区切《くぎ》り。熟語 句点《くてん》。語句《ごく》。慣用句《かんようく》。❷俳句《はいく》や短歌《たんか》のひと区切《くぎ》り。熟語 句集《くしゅう》。❸俳句《はいく》。熟語 初句《しょく》〔=最初《さいしょ》のくぎり〕。節句《せっく》。❹区切《くぎ》れめ。

**く**【句】名 ❶俳句《はいく》。例 芭蕉《ばしょう》の句。❷俳句《はいく》や短歌《たんか》のひと区切《くぎ》り。例 上《かみ》の句。

**く【苦】** 画数 8 部首 艹（くさかんむり） 3年

音 ク 訓 くる-しい くる-しむ くる-しめる にが-い にが-る

筆順 苦 苦 苦 苦 苦 苦 苦 苦

❶くるしい。くるしむ。熟語 苦行《くぎょう》。苦戦《くせん》。苦痛《くつう》。貧苦《ひんく》。四苦八苦《しくはっく》。対 楽《らく》。❷力《ちから》をつくす。熟語 苦心《くしん》。苦労《くろう》。❸にがい。にがにがしい。熟語 苦言《くげん》。苦笑《くしょう》。苦情《くじょう》。

《訓の使《つか》い方《かた》》**くる-しい** 例 息《いき》が苦しい。**くる-しむ** 例 病《びょう》気《き》で苦しむ。**くる-しめる** 例 敵《てき》を苦しめる。**にが-い** 例 薬《くすり》が苦い。**にが-る** 例 苦りきった表情《ひょうじょう》。

**く**【苦】名 ❶くるしみ。例 三重《さんじゅう》の苦を乗《の》り越《こ》える。対 楽《らく》。❷なやみ。心配《しんぱい》。例 苦になる。

**苦《く》あれば楽《らく》あり** 苦《くる》しいことがあれば、次《つぎ》には楽《たの》しいことがあるものだ。参考「楽《らく》あれば苦《く》あり」と組《く》み合《あ》わせて使《つか》うこともある。

**苦《く》にする** 気《き》にして、なやむ。例 病《びょう》気《き》を苦にして、なかなか眠《ねむ》れない。

**苦《く》は楽《らく》の種《たね》** 今《いま》の苦労《くろう》は、あとで楽《らく》をするもとになる。苦労《くろう》はしておくものだ。

**苦《く》もなく** たやすく。らくらくと。例 問題《もんだい》を苦もなく解《と》いてしまう。

**く【駆】** 画数 14 部首 馬（うまへん）

音 ク 訓 か-ける か-る

❶かける。馬《うま》や車《くるま》を走《はし》らせる。走《はし》る。熟語 疾《しっ》駆《く》〔=馬《うま》や車《くるま》を走《はし》らせる〕。先駆者《せんくしゃ》。例 駆《か》け足《あし》。馬《うま》を駆《か》る。❷追《お》い立《た》てる。熟語 駆除《くじょ》。

**く**【久】△ 熟語 久遠《くおん》。↓**きゅう**【久】323ページ

**く**【口】 熟語 口調《くちょう》。異口同音《いくどうおん》。↓**こう**【口】423ページ

**く**【工】 熟語 工夫《くふう》。工面《くめん》。細工《さいく》。↓**こう**【工】423ページ

**く**【功】△ 熟語 功徳《くどく》。↓**こう**【功】423ページ

**く**【供】△ 熟語 供物《くもつ》。供養《くよう》。↓**きょう**【供】331ページ

**く**【紅】△ 熟語 真紅《しんく》。↓**こう**【紅】425ページ

**く**【宮】△ 熟語 宮内庁《くないちょう》。↓**きゅう**【宮】324ページ

**く**【庫】△ 熟語 庫裏《くり》。↓**こ**【庫】420ページ

**く**【貢】° 熟語 年貢《ねんぐ》。↓**こう**【貢】427ページ

**く**【九】名〔数《かず》を表《あらわ》す言葉《ことば》。〕ここのつ。例 九。九分《ぶ》どおり。↓**きゅう**【九】323ページ

**ぐ【具】** 画数 8 部首 八（はち） 3年

音 グ 訓 ―

筆順 具 具 具 具 具 具 具 具

❶どうぐ。熟語 雨具《あまぐ》。家具《かぐ》。器具《きぐ》。文具《ぶんぐ》。運《うん》動具《どうぐ》。❷備《そな》わる。そろえる。熟語 具備《ぐび》。具《ぐ》象《しょう》。❸細《こま》かに。熟語 具体的《ぐたいてき》。

**ぐ**【具】名（汁物《しるもの》やちらしずしなどに）きざん



界的《かいてき》に有名《ゆうめい》な観光地《かんこうち》。首都《しゅと》ポートルイス。人口約《じんこうやく》126万人《まんにん》。略称《りゃくしょう》MRI。

で入《い》れる材料《ざいりょう》。例 みそ汁《しる》の具。

**ぐ【惧】** 画数 11 部首 忄(りっしんべん)
音 グ 訓 ―― 
おそれる。熟語 危惧《きぐ》。

**ぐ【愚】** 画数 13 部首 心(こころ)
音 グ 訓 おろ-か
❶おろかだ。熟語 愚問《ぐもん》。対 賢《けん》。❷へりくだる意味《いみ》を表《あらわ》す。熟語 愚息《ぐそく》〔=自分《じぶん》のむすこ〕。

**ぐ【愚】** 名 おろかなこと。例 愚をおかす。愚にもつかないこと〔=ばかげたこと〕。

**ぐあい【具合】** 名 ❶ありさま。ようす。例 人《ひと》の集《あつ》まり具合。❷調子《ちょうし》。例 テレビの具合。❸体《からだ》のかげん。例 体《からだ》の具合。❹体裁《ていさい》。つごう。例 おくれては具合が悪《わる》い。❺やり方《かた》。方法《ほうほう》。例 こんな具合にやってごらん。

**くい【悔い】** 名 悪《わる》かった、残念《ざんねん》だったなどと、あとから思《おも》うこと。後悔《こうかい》。

**悔《く》いが残《のこ》る** 残念《ざんねん》に思《おも》う気《き》持《も》ちが、あとあとまで残《のこ》る。例 あの負《ま》けは悔いが残る。

**悔《く》いを残《のこ》す** 残念《ざんねん》に思《おも》う気《き》持《も》ちを、あとあとまで残《のこ》す。例 後世《こうせい》に悔いを残す。

**くい【杭】** 名 地面《じめん》に打《う》ちこむ棒《ぼう》。支柱《しちゅう》や目《め》じるしにしたりする。

**くいあらす【食い荒らす】** 動 あちこちを少《すこ》しずつ食《た》べてだめにする。食《く》い散《ち》らす。

**くいあらためる【悔い改める】** 動 あやまちを、悪《わる》かったと気《き》づいて直《なお》す。

**くいいじ【食い意地】** 名 欲《よく》ばって食《た》べたいと思《おも》う心《こころ》。例 食い意地がはっている。

**くいいる【食い入る】** 動 中《なか》に深《ふか》く入《はい》りこむ。例 テレビを食い入るように見《み》る。

**クイーン**〔英語 queen〕名 ❶女王《じょおう》。対 キング。❷トランプで、女王《じょおう》の絵《え》のあるカード。

**くいき【区域】** 名 ある決《き》められた範囲《はんい》の場《ば》所《しょ》。例 危《き》険《けん》区域に入《はい》るな。

**ぐいぐい** 副(-と) ❶強《つよ》い力《ちから》で、おしたり引《ひ》いたりするようす。例 つなをぐいぐいと引《ひ》っぱる。❷ものごとを、勢《いきお》いよくするようす。例 ぐいぐい水《みず》を飲《の》む。

**くいけ【食い気】** 名 食《た》べたいという気《き》持《も》ち。食欲《しょくよく》。例 食い気がさかんだ。

**くいこむ【食い込む】** 動 ❶深《ふか》く入《はい》りこむ。例 リュックのひもが、肩《かた》に食い込む。❷他《ほか》のところまで入《はい》りこむ。例 授業《じゅぎょう》が休《やす》み時《じ》間《かん》に食い込む。

**くいさがる【食い下がる】** 動 ねばり強《づよ》く相《あい》手《て》に向《む》かっていって、離《はな》れない。例 承《しょう》知《ち》してくれるまで食い下がる。

**くいしばる【食いしばる】** 動 歯《は》を強《つよ》くかみ合《あ》わせる。例 歯《は》を食いしばってがんばる。

**くいしんぼう【食いしん坊】** 名 形動 むやみに食《た》べたがること。また、そういう人《ひと》。

**クイズ**〔英語 quiz〕名 質《しつ》問《もん》を出《だ》して、相《あい》手《て》に答《こた》えさせる遊《あそ》び。

**くいだおれ【食い倒れ】** 名 食《た》べることにぜいたくをしたため、貧乏《びんぼう》になること。

**くいちがい【食い違い】** 名 ぴったりとかみ合《あ》わないこと。

**くいちがう【食い違う】** 動 ぴったりと合《あ》わない。一《いっ》致《ち》しない。例 話《はなし》が食い違う。

**くいちぎる【食いちぎる】** 動 かみついて、ちぎる。例 肉《にく》を食いちぎる。

**くいちらす【食い散らす】** 動 ❶食《た》べ物《もの》をこぼして、あたりをきたなくする。❷あれこれと少《すこ》しずつ料《りょう》理《り》を食《た》べる。❸あれこれと少《すこ》しずつやってみる。例 けいこ事《ごと》を食い散らしたが、一《ひと》つも身《み》につかなかった。

**くいつく【食いつく】** 動 ❶かみつく。例 魚《さかな》がえさに食いつく。❷とりつく。しがみつく。例 相《あい》手《て》に食いついてはなれない。

**くいつなぐ【食いつなぐ】** 動 ❶少《すこ》しずつ食《た》べて、食《しょく》料《りょう》をもたせる。❷わずかなお金《かね》でやっと生《せい》活《かつ》する。例 アルバイトで食いつなぐ。

**くいっぱぐれる【食いっぱぐれる】** 動 ↓くいはぐれる 357ページ

**くいつぶす【食い潰す】** 動 働《はたら》かないで、財《ざい》産《さん》を使《つか》い果《は》たす。

**くいつめる【食い詰める】** 動 収《しゅう》入《にゅう》が少《すく》なくて、生《せい》活《かつ》ができなくなる。

**くいとめる【食い止める】** 動 ふせぎ止《と》める。例 火《か》事《じ》が広《ひろ》がるのを食い止める。

**くいはぐれる【食いはぐれる】** 動 〔「食《く》いっぱぐれる」ともいう。〕❶食《た》べる時《とき》をのが



世界の国 モーリシャス インド洋《よう》西《せい》部《ぶ》の島《しま》を国《こく》土《ど》とする小《ちい》さな国《くに》。東《とう》京《きょう》都《と》よりややせまい。サトウキビを産《さん》する。世《せ》

あいうえお かきくけこ さしすせそ たちつてと なにぬねの はひふへほ まみむめも や ゆ よ らりるれろ わ を ん

して、食《た》べないでいる。例昼《ひる》ごはんを食いはぐれた。❷生活《せいかつ》が苦《くる》しくなる。例失業《しつぎょう》して食いはぐれている。

**●くいぶち【食い扶持】** 名 食《た》べ物《もの》を買《か》うのに使《つか》う費用《ひよう》。例食い扶持をかせぐ。

**くいもの【食い物】** 名 ❶食《た》べ物《もの》。〔少《すこ》しぞんざいな言《い》い方《かた》。〕❷利益《りえき》のために、利用《りよう》するものや人《ひと》。例人《ひと》を食い物にする。

**●くいる【悔いる】** 動 あとで、悪《わる》かったと思《おも》う。後悔《こうかい》する。くやむ。例今《いま》になって悔いても、もうおそい。⇩かい【悔】195ページ

**クインテット**〔イタリア語〕名〔音楽《おんがく》で〕五重奏《ごじゅうそう》、または五重唱《ごじゅうしょう》のこと。また、五重奏曲《ごじゅうそうきょく》や五重唱曲《ごじゅうしょうきょく》のこと。

**くう【空】** 画数8 部首穴（あなかんむり） 1年

筆順

音クウ 訓そら あ-く あ-ける から

❶そら。熟語空中《くうちゅう》。空気《くうき》。空港《くうこう》。航空《こうくう》。❷何《なに》もない。から。熟語空席《くうせき》。空白《くうはく》。空腹《くうふく》。真空《しんくう》。❸むだ。熟語空費《くうひ》。

《訓の使い方》あ-く 例部屋《へや》が空く。あ-ける 例席《せき》を空ける。

**くう【空】** 名 ❶空中《くうちゅう》。例空をつかむ。❷何《なに》もないこと。むだ。例努力《どりょく》が空に帰《き》した。

**空《くう》を切《き》る** 手ごたえがない。例バットが空を切る。

**●くう【食う】** 動 ❶食《た》べる。〔少《すこ》しぞんざいな言《い》い方《かた》。〕❷かじる。食《く》いつく。例虫《むし》に食われた。❸暮《く》らしを立《た》てる。例絵《え》で食っている。❹ばかにする。例人《ひと》を食った話《はなし》。❺受《う》ける。例不意打《ふいう》ちを食う。❻よぶんに使《つか》う。例時間《じかん》を食う。❼だまされる。例いっぱい食う。敬語❶の敬《うやま》った言《い》い方《かた》は「あがる」「召《め》しあがる」。へりくだった言《い》い方《かた》は「いただく」。❶・❸の丁寧《ていねい》な言《い》い方《かた》が「食《た》べる」。⇩しょく【食】640ページ

**食《く》うか食《く》われるか** 相手《あいて》を倒《たお》すか、相手《あいて》に倒《たお》されるか。命《いのち》がけのようす。例食うか食われるかの激《はげ》しい争《あらそ》い。

**ぐう【偶】** 画数11 部首イ（にんべん）

音グウ 訓—

❶並《なら》ぶこと。連《つ》れ合《あ》い。熟語配偶者《はいぐうしゃ》。❷二《に》で割《わ》り切《き》れる数《かず》。対奇《き》。熟語偶数《ぐうすう》。❸人形《にんぎょう》。熟語偶像《ぐうぞう》。❹たまたま。思《おも》いがけないこと。熟語偶然《ぐうぜん》。

**ぐう【遇】** 画数12 部首辶（しんにょう）

音グウ 訓—

❶思《おも》いがけなく出会《であ》う。熟語遭遇《そうぐう》。❷もてなす。扱《あつか》う。熟語待遇《たいぐう》。優遇《ゆうぐう》。例国賓《こくひん》として遇《ぐう》する。❸めぐり合《あ》わせ。運《うん》。熟語境遇《きょうぐう》。不遇《ふぐう》。

**ぐう【隅】** 画数12 部首阝（こざとへん）

音グウ 訓すみ

かたすみ。熟語一隅《いちぐう》。例隅《すみ》まで掃除《そうじ》する。

**ぐう【宮】** 熟語神宮《じんぐう》。竜宮《りゅうぐう》。⇩きゅう【宮】324ページ

**ぐう** 名〔じゃんけんの〕石《いし》。片手《かたて》をにぎった形《かたち》。関連ちょき。ぱあ。

**クウェート** 地名 アラビア半島北東部《はんとうほくとうぶ》、ペルシャ湾《わん》に面《めん》する国《くに》。首都《しゅと》はクウェート。

**くうかい【空海】** 人名（男）（七七四～八三五）〔「弘法大師《こうぼうだいし》」ともいう。〕平安時代《へいあんじだい》の初《はじ》めのお坊《ぼう》さん。唐《とう》〔=今《いま》の中国《ちゅうごく》〕で仏教《ぶっきょう》を学《まな》び、高野山《こうやさん》で真言宗《しんごんしゅう》を開《ひら》いた。書道《しょどう》の名人《めいじん》でもあった。

**くうかん【空間】** 名 ❶何《なに》もない所《ところ》。すき間《ま》。例せまい空間を活用《かつよう》する。❷果《は》てしない広《ひろ》がり。例宇宙空間《うちゅうくうかん》。対時間《じかん》。

**●くうき【空気】** 名 ❶地球《ちきゅう》を包《つつ》んでいる、色《いろ》もにおいもない、すきとおった気体《きたい》。大気《たいき》。❷その場《ば》の気分《きぶん》。雰囲気《ふんいき》。

**空気《くうき》を読《よ》む** その場《ば》のようすや雰囲気《ふんいき》を感《かん》じ取《と》る。例空気を読んでから、発言《はつげん》する。

**くうきかんせん【空気感染】** 名 動する 空気中《くうきちゅう》にとび散《ち》った病原菌《びょうげんきん》によって、病気《びょうき》がひろがること。

**くうきじゅう【空気銃】** 名 圧縮《あっしゅく》した空気《くうき》のちからで弾《たま》をうち出《だ》すしくみの銃《じゅう》。

**くうきょ【空虚】** 形動 何《なに》もなく、むなしいようす。例あてもなく空虚な日々《ひび》。

**くうぐん【空軍】** 名 飛行機《ひこうき》などを使《つか》って、空《そら》で戦《たたか》う軍隊《ぐんたい》。関連陸軍《りくぐん》。海軍《かいぐん》。

**くうこう【空港】**名 飛行機《ひこうき》が出発《しゅっぱつ》したり到《とう》着《ちゃく》したりする所《ところ》。飛行場《ひこうじょう》。

**ぐうじ【宮司】**名 神社《じんじゃ》のいちばん上《うえ》の位《くらい》の神官《しんかん》。

**くうしゃ【空車】**名 お客《きゃく》や貨物《かもつ》を乗《の》せていない車《くるま》。例 空車のタクシー。

**くうしゅう【空襲】**名 動-する 飛行機《ひこうき》で、空《そら》から地上《ちじょう》をせめること。

**くうしゅうけいほう【空襲警報】**名 空襲《くうしゅう》の危険《きけん》がせまっているときに出《だ》す知《し》らせ。

○**ぐうすう【偶数】**名〔算数《さんすう》で〕二《に》で割《わ》りきれる数《かず》。2・4・6・8・10など。0《ゼロ》も含《ふく》まれる。対 奇数《きすう》。

**くうせき【空席】**名 ❶空《あ》いている座席《ざせき》。例 空席が目《め》立《だ》つ。❷その役目《やくめ》や地位《ちい》につく人《ひと》が決《き》まっていないこと。例 空席となっていた議長《ぎちょう》を決《き》める。

**くうぜん【空前】**名 今《いま》までに、そのような例《れい》がないこと。例 空前の人出《ひとで》。

○**ぐうぜん【偶然】**一名形動 思《おも》いがけないこと。例 偶然の一致《いっち》。対 必然《ひつぜん》。二副 思《おも》いがけず。たまたま。例 道《みち》で偶然会《あ》った。

■**くうぜんぜつご【空前絶後】**名 今《いま》までに例《れい》がなく、これからもないだろうと思《おも》われること。例 空前絶後の不思議《ふしぎ》な事件《じけん》。

○**くうそう【空想】**名 動-する 実際《じっさい》にはありそうもないことを、思《おも》いうかべること。例 空想にふける。対 現実《げんじつ》。

**ぐうぞう【偶像】**名 ❶拝《おが》むために、木《き》・石《いし》・金属《きんぞく》などで、神《かみ》や仏《ほとけ》の姿《すがた》を作《つく》ったもの。❷信《しん》仰《こう》やあこがれの的《まと》になる人《ひと》。

**ぐうぞうすうはい【偶像崇拝】**名 作《つく》りものにすぎない「偶像《ぐうぞう》❶」を、神《かみ》や仏《ほとけ》としてあがめて拝《おが》むこと。

**くうちゅう【空中】**名 地上《ちじょう》から離《はな》れた上《うえ》のほう。そら。例 空中高《たか》くまい上《あ》がる。

**くうちょう【空調】**名 ❶部屋《へや》の空気《くうき》を調《ちょう》節《せつ》すること。❷↓エアコン 122ページ

**クーデター**〔フランス語〕名 武力《ぶりょく》などによって政府《せいふ》をたおし、政権《せいけん》をうばい取《と》ること。

**くうてん【空転】**名 動-する ❶からまわり。例 車輪《しゃりん》が空転する。❷ものごとが少《すこ》しも進《すす》んでいないこと。例 議論《ぎろん》が空転する。

**グーテンベルク** 人名（男）（一三九八ごろ～一四六八）ドイツの発明家《はつめいか》。活字《かつじ》を用《もち》いた活版印刷《かっぱんいんさつ》を発明《はつめい》。以後《いご》、多《おお》くの人《ひと》に本《ほん》が行《い》きわたるようになった。

**くうどう【空洞】**名 ❶中《なか》がからっぽになっていること。❷ほら穴《あな》。

**ぐうのねもでない【ぐうの音も出ない】** 失敗《しっぱい》や弱点《じゃくてん》などを責《せ》められて、ひと言《こと》も言《い》い訳《わけ》ができない。例 みんなからするどく反論《はんろん》されて、ぐうの音も出ない。

**くうはく【空白】**一名 紙《かみ》などの、絵《え》や字《じ》などが書《か》いてなくて、空《あ》いている所《ところ》。例 ノートの空白部分《ぶぶん》。二名形動 何《なに》もないこと。例 思《おも》い出《だ》せない空白の時間《じかん》がある。

**くうばく【空爆】**名 動-する 飛行機《ひこうき》で空《そら》から爆撃《ばくげき》すること。

**ぐうはつ【偶発】**名 動-する 思《おも》いがけなく起《お》こること。例 静《しず》かな村《むら》に偶発した事件《じけん》。

**くうひ【空費】**名 動-する お金《かね》や時間《じかん》をむだに使《つか》うこと。例 時間《じかん》を空費する。

**くうふく【空腹】**名 おなかがすくこと。例 空腹で力《ちから》が出《で》ない。対 満腹《まんぷく》。

**クーベルタン** 人名（男）（一八六三～一九三七）フランスの教育者《きょういくしゃ》。古代《こだい》オリンピックの復興《ふっこう》を提唱《ていしょう》し、国際《こくさい》オリンピック委員会《いいんかい》（IOC《アイオーシー》）を作《つく》って、一八九六年《ねん》にアテネで近《きん》代《だい》オリンピックの第一回大会《だいいっかいたいかい》を開《ひら》いた。

**くうぼ【空母】**名 ↓こうくうぼかん 434ページ

**くうほう【空砲】**名 大砲《たいほう》や銃《じゅう》を弾《たま》をこめずに撃《う》ち、音《おと》だけを出《だ》すこと。式典《しきてん》や演習《えんしゅう》などで行《おこな》う。

**クーポン**〔フランス語〕名 ❶順《じゅん》に切《き》り取《と》って使《つか》うきっぷ。❷乗車券《じょうしゃけん》や宿泊券《しゅくはくけん》などをひとつづりにした旅行券《りょこうけん》。❸割引券《わりびきけん》。例 クーポンを使《つか》って買《か》い物《もの》をする。

**くうゆ【空輸】**名 動-する〔「空中輸送《くうちゅうゆそう》」の略《りゃく》。〕飛行機《ひこうき》で、人《ひと》や物《もの》を運《はこ》ぶこと。例 救援物資《きゅうえんぶっし》を空輸する。

**クーラー**〔英語 cooler〕名 ❶空気《くうき》や物《もの》を冷《ひ》やすための機械《きかい》。冷房装置《れいぼうそうち》。❷物《もの》を冷《ひ》やしておく箱《はこ》。

**くうらん【空欄】**名 あとで書《か》きこめるように、何《なに》も書《か》かずに空《あ》けてあるところ。



世界の国 モーリタニア アフリカ北西部《ほくせいぶ》、大西洋《たいせいよう》に面《めん》する国《くに》。鉄鉱《てっこう》・銅《どう》を産《さん》するほか、水産業《すいさんぎょう》もさかん。日本《にっぽん》が消費《しょうひ》す

**クーリングオフ**〔英語 cooling-off〕名 訪問《ほうもん》販売《はんばい》などで買《か》う契約《けいやく》をしても、ある決《き》まった期間《きかん》は、契約《けいやく》をとり消《け》すことができる制度《せいど》。

**クール**〔英語 cool〕形動 ❶すずしいようす。❷静《しず》かで落《お》ち着《つ》いているようす。例 クールでさわやかな人《ひと》。❸かっこいいようす。〔俗《ぞく》な言《い》い方《かた》。〕例 クールなデザイン。

**クールビズ** 名〔日本《にっぽん》でできた英語《えいご》ふうの言《こと》葉《ば》。〕夏《なつ》、会社員《かいしゃいん》や公務員《こうむいん》が、ネクタイや上着《うわぎ》なしなどの、すずしい服装《ふくそう》で勤《つと》めること。省《しょう》エネのために、国《くに》がすすめたのが始《はじ》まり。

**くうろ**【空路】名 飛行機《ひこうき》の飛《と》ぶコース。また、飛行機《ひこうき》に乗《の》って行《い》くこと。例 空路パリへ向《む》かう。関連 陸路《りくろ》。海路《かいろ》。

**くうろん**【空論】名 現実《げんじつ》とかけはなれた、役《やく》に立《た》たない議論《ぎろん》。例 机上《きじょう》の空論。

**ぐうわ**【寓話】名（イソップの話《はなし》のように）教《おし》えを含《ふく》んだ、たとえ話《ばなし》。

**クエスチョンマーク**〔英語 question mark〕名 ⇩ぎもんふ 319ページ

**くおん**【久遠】名 時《とき》がいつまでも続《つづ》くこと。永遠《えいえん》。例 久遠の理想《りそう》。

**くかい**【句会】名 俳句《はいく》を作《つく》って批評《ひひょう》し合《あ》う会《かい》。

**くかく**【区画】名 動-する 土地《とち》などを区切《くぎ》ること。また、区切《くぎ》られた土地《とち》。例 区画整理《せいり》。

**くがく**【苦学】名 動-する 働《はたら》きながら勉強《べんきょう》すること。また、苦労《くろう》して勉強《べんきょう》すること。例 苦学して大学《だいがく》を出《で》る。

**くかん**【区間】名 区切《くぎ》られた間《あいだ》。例 次《つぎ》の駅《えき》までの区間は長《なが》い。

○**くき**【茎】名 草花《くさばな》の葉《は》や花《はな》を支《ささ》え、養分《ようぶん》を運《はこ》ぶ部分《ぶぶん》。木《き》の茎《くき》は、幹《みき》という。⇩けい【茎】387ページ

○**くぎ**【釘】名 鉄《てつ》や竹《たけ》などで作《つく》った、先《さき》のとがった細長《ほそなが》い物《もの》。打《う》ちこんで板《いた》などをくっつける。例 くぎを打《う》つ。

**くぎを刺《さ》す** まちがいのないように、前《まえ》もって念《ねん》をおす。例「二度《にど》としないように」とくぎを刺された。

**くぎづけ**【釘付け】名 動-する ❶くぎを打《う》って、動《うご》かないようにすること。例 窓《まど》をくぎづけする。❷その場所《ばしょ》から動《うご》けないようにすること。例 おどろいて、その場《ば》にくぎづけになる。

**くぎぬき**【釘抜き】名 くぎを抜《ぬ》き取《と》る道《どう》具《ぐ》。⇩こうぐ 356ページ

**くきょう**【苦境】名 苦《くる》しい立場《たちば》。例 苦境に立《た》たされる。

**くぎょう**【苦行】名〔仏教《ぶっきょう》などで〕苦《くる》しいことやつらいことをがまんして、心《こころ》や体《からだ》をきたえること。例 難行《なんぎょう》苦行。

**くぎり**【区切り・句切り】名 ❶ものごとの切《き》れめ。例 仕事《しごと》に区切りをつける。❷文《ぶん》・文章《ぶんしょう》・詩《し》などの、切《き》れめ。例 文《ぶん》の区切り。

○**くぎる**【区切る・句切る】動 ❶分《わ》けて境《さかい》目《め》をつける。例 部屋《へや》を二《ふた》つに区切る。❷文《ぶん》章《しょう》などに、区《く》切《ぎ》りをつける。段落《だんらく》をつける。例 物語《ものがたり》を三《みっ》つの場面《ばめん》に区切る。

✤**くぎれ**【句切れ】名 短歌《たんか》で、一首《いっしゅ》の中《なか》の意《い》味《み》の切《き》れるところ。切《き》れる位置《いち》で、初句切《しょくぎ》れ、二句切《にくぎ》れ、三句切《さんくぎ》れ、四句切《よんくぎ》れという。たとえば「人《ひと》はいさ心《こころ》も知《し》らずふるさとは花《はな》ぞ昔《むかし》の香《か》ににほひける〔紀貫之《きのつらゆき》の和歌《わか》〕」は二《に》句切《くぎ》れである。

**くく**【九九】名〔算数《さんすう》で〕一《いち》から九《きゅう》までの掛《か》け算《ざん》の答《こた》えの表《ひょう》。また、その唱《とな》え方《かた》。

**くくりつける**【くくり付ける】動 結《むす》びつける。例 旗《はた》を棒《ぼう》にくくりつける。

**くぐりど**【くぐり戸】名 門《もん》のわきなどにある、くぐって出入《でい》りする小《ちい》さい戸《と》。

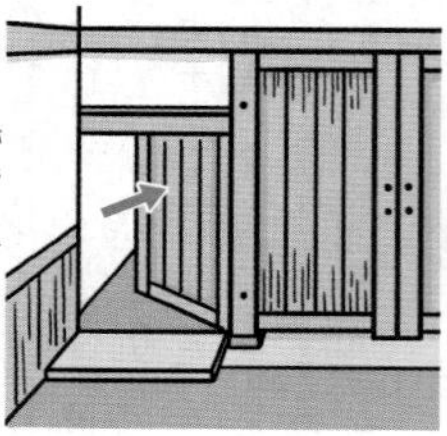
〔くぐりど〕

**くぐりぬける**【くぐり抜ける】動 ❶くぐって、通《とお》りぬける。❷あやういところを、無事《ぶじ》に切《き》りぬける。例 戦乱《せんらん》の時代《じだい》をくぐり抜ける。

**くくる** 動 ❶一《ひと》つにまとめて、しばる。例 ひもで荷物《にもつ》をくくる。❷ひもなどを巻《ま》きつけて、しめる。例 ふくろの口《くち》をくくる。❸ひとまとめにする。例 かっこでくくる。

○**くぐる** 動 ❶物《もの》の下《した》や、上《うえ》がふさがっている所《ところ》を通《とお》りぬける。例 長《なが》いトンネルをくぐる。❷水《みず》の中《なか》にもぐる。❸すきを見《み》つけて、うま

もさかん。鉄鉱石《てっこうせき》などの鉱物資源《こうぶつしげん》も多《おお》い。首都《しゅと》マプト。人口《じんこう》約《やく》3,040万人《まんにん》。略称《りゃくしょう》MOZ。

くやる。例法《ほう》のあみをくぐる。

**くげ**【公家】名昔《むかし》、天皇《てんのう》に仕《つか》えた、身分《みぶん》の高《たか》い人《ひと》。例お公家さん。

**くけい**【矩形】名長方形《ちょうほうけい》。長四角《ながしかく》。

**くける**【絎ける】動ぬい目《め》が外《そと》から見《み》えないように、ぬう。例ズボンのすそをくける。

**くげん**【苦言】名言《い》われる人《ひと》にとっては聞《き》きづらいが、その人《ひと》のためになる言葉《ことば》。例苦言を呈《てい》する。対甘言《かんげん》。

◦**くさ**【草】一名❶葉《は》や茎《くき》がやわらかく、多《おお》くは冬《ふゆ》になるとかれる植物《しょくぶつ》。例草花《ばな》。草がおいしげる。❷雑草《ざっそう》。例草取《と》り。二〔ある言葉《ことば》の前《まえ》につけて〕本式《ほんしき》でない。しろうとの。例草野球《やきゅう》。⇩そう【草】741ページ

**草《くさ》の根《ね》を分《わ》けても** あらゆる場所《ばしょ》を、すみずみまで探《さが》すようす。例草の根を分けても犯人《はんにん》をつき止《と》める覚悟《かくご》だ。

◦**くさい**【臭い】一形❶いやなにおいがする。例ガスが臭い。❷あやしい。例どうも、あの男《おとこ》が臭い。二〔ある言葉《ことば》のあとにつけて〕❶…のにおいがする。例あせ臭い。❷…らしい。例しろうとくさい歌《うた》い方《かた》。参考ふつう二❷は、かな書《が》きにする。⇩しゅう【臭】593ページ

例解 ことばの窓
### 草《くさ》を表《あらわ》す言葉《ことば》
庭《にわ》の雑草《ざっそう》をぬく。
牛《うし》が牧草《ぼくそう》をのんびりと食《た》べる。
山道《やまみち》に野草《やそう》がおいしげっている。
薬草《やくそう》をせんじて飲《の》む。
春《はる》の七草《ななくさ》で、七草《ななくさ》がゆを作《つく》る。
お月見《つきみ》に、秋《あき》の七草《ななくさ》をかざる。

**臭《くさ》い物《もの》に蓋《ふた》をする** 都合《つごう》の悪《わる》いことがらを、人《ひと》に知《し》られないようにかくす。

**ぐざい**【具材】名料理《りょうり》の中《なか》に入《い》れる材料《ざいりょう》。

**くさいきれ**【草いきれ】名夏《なつ》、強《つよ》い日光《にっこう》が当《あ》たったときに、草《くさ》むらから出《で》る、むっとするような熱《あつ》い空気《くうき》。

**くさかり**【草刈り】名草《くさ》を刈《か》ること。

✤**くさかんむり**名漢字《かんじ》の部首《ぶしゅ》で、「かんむり」の一《ひと》つ。「花《か》」「葉《よう》」などの「艹」の部分《ぶぶん》。草《くさ》がのびている形《かたち》を表《あらわ》し、植物《しょくぶつ》に関係《かんけい》する字《じ》が多《おお》い。

**くさき**【草木】名草《くさ》や木《き》。

**草木《くさき》も眠《ねむ》る丑三《うしみ》つ時《どき》** 何《なに》もかもが寝静《ねしず》まった真夜中《まよなか》。参考幽霊《ゆうれい》が現《あらわ》れるときを言《い》う決《き》まり文句《もんく》。

**くさきぞめ**【草木染め】名天然《てんねん》の草《くさ》や木《き》などの植物《しょくぶつ》からつくった染料《せんりょう》で、布《ぬの》や糸《いと》を染《そ》めること。また、染めたもの。草《くさ》のアイからとった染料《せんりょう》で藍染《あいぞ》めをするなど。

**ぐさく**【愚策】名ばからしい計画《けいかく》。例それは人《ひと》の気持《きも》ちを考《かんが》えない愚策だ。

**くさくさ**副(-と)動する 気分《きぶん》が晴《は》れなくて、いらいらするようす。例失敗続《しっぱいつづ》きでくさくさする。類くしゃくしゃ。

**くさす**動悪《わる》く言《い》う。けなす。例兄《にい》さんがぼくの絵《え》をくさした。

**くさってもたい**【腐っても鯛】ほんとうにすぐれて立派《りっぱ》なものは、だめになったときでも、それだけの値打《ねう》ちがある。参考「鯛《たい》」は、魚《さかな》の「タイ」のこと。

**くさとり**【草取り】名雑草《ざっそう》を取《と》り除《のぞ》くこと。草《くさ》むしり。例庭《にわ》の草取り。

**くさばな**【草花】名草《くさ》に咲《さ》く花《はな》。また、花《はな》の咲《さ》く草《くさ》。例草花の種《たね》。

**くさばのかげ**【草葉の陰】墓《はか》の下《した》。あの世《よ》。例草葉の陰で喜《よろこ》んでくれるだろう。

**くさはら**【草原】名草《くさ》が一面《いちめん》に生《は》えている野原《のはら》。草原《そうげん》。

**くさび**【楔】名鉄《てつ》やかたい木《き》などで作《つく》った、先《さき》がとがったV《ブイ》字形《じがた》のもの。木《き》や石《いし》を割《わ》ったり、すき間《ま》に入《い》れて物《もの》と物《もの》をつないだりするのに使《つか》う。

〔くさび〕

**くさびを打《う》ち込《こ》む** ❶敵陣《てきじん》に攻《せ》め入《い》って、相手《あいて》の勢力《せいりょく》を二《ふた》つに分《わ》ける。❷中《なか》へ割《わ》り込《こ》んでいって、じゃまだてをする。

**くさびがたもじ**【楔形文字】名くさびの形《かたち》をした古代文字《こだいもじ》。紀元前《きげんぜん》二五〇〇年《ねん》ごろから、メソポタミア地方《ちほう》で使《つか》われ、おもに粘土板《ねんどばん》に書《か》かれた。

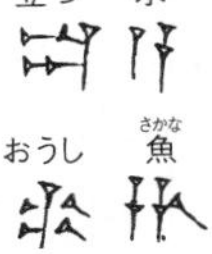

〔くさびがたもじ〕

**くさぶえ**【草笛】名切《き》った草《くさ》の茎《くき》をふいた




世界の国 モザンビーク アフリカ南東部《なんとうぶ》、インド洋《よう》に面《めん》する国《くに》。日本《にっぽん》の2倍強《ばいきょう》の広《ひろ》さ。綿花《めんか》などを産《さん》するほか、漁業《ぎょぎょう》

り、草《くさ》の葉《は》をくちびるにはさんでふいたりして、笛《ふえ》のように音《おと》を出《だ》すもの。

**くさぶかい**【草深い】形 ❶草《くさ》がたくさんしげっている。例草深い山道《やまみち》。❷町《まち》から遠《とお》く離《はな》れて、ひなびている。例草深いいなか。

**くさぶき**【草ぶき】名 カヤ・わらなどを用《もち》いて、屋根《やね》をおおうこと。

**くさみ**【臭み】名 ❶くさいにおい。例洗《あら》って臭みを取《と》る。❷いやな感《かん》じ。例臭みのある話《はな》し方《かた》。

**くさむしり**【草むしり】名 動-する 雑草《ざっそう》を取《と》りのぞくこと。草取《くさと》り。

**くさむら**【草むら】名 草《くさ》がしげっている所《ところ》。例草むらで虫《むし》が鳴《な》いている。

**くさもち**【草餅】名 むしたヨモギの若葉《わかば》を入《い》れてついたもち。

**くさやきゅう**【草野球】名 しろうとが集《あつ》まってする野球《やきゅう》。参考 草原《くさはら》や空《あ》き地《ち》でするところから。

**くさり**【鎖】名 金属《きんぞく》の小《ちい》さい輪《わ》をつないで、ひものようにしたもの。チェーン。⇩さ【鎖】 493ページ

**°くさる**【腐る】動 ❶食《た》べ物《もの》がいたむ。例肉《にく》が腐る。❷木《き》などがいたんでぼろぼろになる。例木《き》が腐る。❸元気《げんき》がなくなる。例しかられてくさる。❹すっかりだめになる。例根性《こんじょう》のくさったやつ。参考 ふつう❸・❹は、かな書《が》きにする。⇩ふ【腐】 1123ページ

**くさわけ**【草分け】名 ものごとを始《はじ》めること。また、その人《ひと》。先駆者《せんくしゃ》。創始者《そうししゃ》。例日《に》本映画《ほんえいが》の草分けの一人《ひとり》。

**くし**【串】画数 7 部首 丨（たてぼう）

音 ―― 訓 くし

細《ほそ》い棒《ぼう》。くし。熟語 竹串《たけぐし》。例串刺《くしざ》し。

**くし**【串】名 食《た》べ物《もの》などを突《つ》きさすのに使《つか》う、先《さき》のとがった細《ほそ》い棒《ぼう》。例だんごを串に刺《さ》す。

**くし**【駆使】名 動-する 使《つか》いこなすこと。例パソコンを駆使する。

**くし**【櫛】名 髪《かみ》の毛《け》をとかすもの。

**くしの歯《は》が欠《か》けたよう** そろっているはずのものが、ところどころ抜《ぬ》けているようす。例欠席者《けっせきしゃ》が多《おお》くて、くしの歯が欠けたようだ。

**°くじ** 名 紙《かみ》きれや棒《ぼう》などに番号《ばんごう》やしるしをつけておき、その中《なか》の一《ひと》つを選《えら》んで、当《あ》たり外《はず》れや順番《じゅんばん》を決《き》める方法《ほうほう》。宝《たから》くじ、あみだくじ、おみくじなど。また、その紙《かみ》きれや棒《ぼう》。例くじを引《ひ》く。

**くじく** 動 ❶関節《かんせつ》をねじって、いためる。ねんざする。例足《あし》をくじく。❷勢《いきお》いを弱《よわ》らせる。例相手《あいて》の出《で》ばなをくじく。

**くじける** 動 ❶関節《かんせつ》がねじれる。❷元気《げんき》がなくなる。例心《こころ》がくじける。

**くしざし**【串刺し】名 ❶食《た》べ物《もの》をくしに刺《さ》しとおすこと。また、刺《さ》したもの。例くし刺しのだんご。❷槍《やり》などで刺《さ》して殺《ころ》すこと。

**くじびき**【くじ引き】名 動-する くじを引《ひ》くこと。抽選《ちゅうせん》。例くじ引きして順番《じゅんばん》を決《き》める。

**くじゃく**【孔雀】名 インドや東南《とうなん》アジアの森林《しんりん》にすむ大形《おおがた》の鳥《とり》。雄《おす》の体《からだ》は青緑色《あおみどりいろ》で、長《なが》くのびた羽《はね》には美《うつく》しいまるい模様《もよう》があり、ときどきおうぎ形《がた》に開《ひら》く。

**くしゃくしゃ** 一 形動 ❶紙《かみ》や布《ぬの》などが、しわだらけのようす。例くしゃくしゃの紙《かみ》。❷ものごとが乱《みだ》れているようす。例髪《かみ》の毛《け》がくしゃくしゃになる。二 副 動-する 気分《きぶん》がさっぱりしないようす。例雨《あめ》で、気分《きぶん》がくしゃくしゃする。類 くさくさ。

**くしゃみ** 名 鼻《はな》の粘膜《ねんまく》が刺激《しげき》を受《う》けて、急《きゅう》にふき出《だ》す息《いき》。

**くしゅう**【句集】名 俳句《はいく》を集《あつ》めた本《ほん》。俳句《はいく》集《しゅう》。

**くじゅう**【苦渋】名 なやみ苦《くる》しむこと。例苦渋に満《み》ちた表情《ひょうじょう》。

**くじゅうくりはま**〖九十九里浜〗地名 千葉県《ちばけん》の東部《とうぶ》、太平洋《たいへいよう》に面《めん》した弓形《ゆみがた》の海岸《かいがん》。砂浜《すなはま》が長《なが》く続《つづ》いている。

**くじゅうをなめる**【苦汁をなめる】つらい経験《けいけん》をする。苦杯《くはい》をなめる。例度重《たびかさ》なる水害《すいがい》で、苦汁をなめる。

**くじょ**【駆除】名 動-する 追《お》いはらってなくすこと。例害虫《がいちゅう》を駆除する。

**くしょう**【苦笑】名 動-する おもしろくもないのに、しかたなく笑《わら》うこと。にがわらい。

観光《かんこう》の国《くに》。首都《しゅと》モナコ。人口約《じんこうやく》38,300人《にん》。略称《りゃくしょう》MON。

例 思《おも》わぬ弱点《じゃくてん》をつかれて苦笑する。

**くじょう【苦情】** 名 人《ひと》から受《う》ける迷惑《めいわく》に対《たい》する、不平《ふへい》・不満《ふまん》の気持《きも》ち。

**ぐしょう【具象】** 名 物《もの》が目《め》に見《み》えるような姿《すがた》や形《かたち》を持《も》っていること。例 具象画《が》。類 具《ぐ》体《たい》。対 抽象《ちゅうしょう》。

**ぐしょぬれ【ぐしょ濡れ】** 名 ひどくぬれること。ずぶぬれ。びしょぬれ。例 夕立《ゆうだち》でぐしょ濡れだ。

**くじら【鯨】** 名 海《うみ》にすむ大形《おおがた》の動物《どうぶつ》。シロナガスクジラ・マッコウクジラ・セミクジラなど種類《しゅるい》が多《おお》い。哺《ほ》乳類《にゅうるい》で、子《こ》は乳《ちち》を飲《の》んで育《そだ》つ。⇩げい【鯨】389ページ

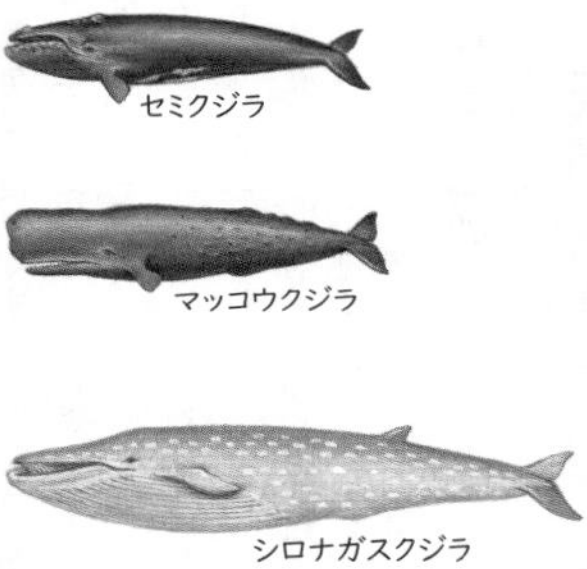

〔くじら〕

**くしろしつげんこくりつこうえん【釧路湿原国立公園】** 地名 北海道《ほっかいどう》の東《とう》部《ぶ》、釧路川《くしろがわ》の湿原地帯《しつげんちたい》を中心《ちゅうしん》とする国立公《こくりつこう》園《えん》。タンチョウヅルの生息地《せいそくち》として知《し》られる。⇩こくりつこうえん 458ページ

**°くしん【苦心】** 名 動-する いろいろと工夫《くふう》をし、心《こころ》をつかうこと。例 たいへんな苦心をして、作文《さくぶん》を書《か》き上《あ》げた。

**■くしんさんたん【苦心惨憺】** 名 動-する 非常《ひじょう》に苦心《くしん》すること。例 苦心惨憺の末《すえ》、やっと完成《かんせい》した。

**くしんだん【苦心談】** 名 成功《せいこう》するまでの骨折《ほねお》りや、心配《しんぱい》したことについての話《はなし》。

**くず【葛】** 名 秋《あき》の七草《ななくさ》の一《ひと》つ。野山《のやま》に生《は》えるつる草《くさ》で、美《うつく》しいむらさき色《いろ》の花《はな》が咲《さ》く。根《ね》から、くず粉《こ》をとって、くずもちなどを作《つく》る。⇩あきのななくさ 11ページ／⇩かつ【葛】243ページ

**°くず** 名 ❶物《もの》の切《き》れはし。かけら。例 鉄《てつ》くず。❷役《やく》に立《た》たないもの。

**ぐず** 名 形動 のろくて、はきはきしないこと。また、そのような人《ひと》。

**くすくす** 副(-と) 声《こえ》を出《だ》さないようにして、笑《わら》うようす。例 くすくす笑《わら》う。

**ぐずぐず** 一 副(-と) 動-する ❶のろのろしているようす。例 ぐずぐずしていると、遅刻《ちこく》するよ。❷不平《ふへい》を言《い》うようす。例 ぐずぐず言《い》うな。二 形動 ゆるんで、くずれそうなようす。例 荷物《にもつ》がぐずぐずになる。

**くすぐったい** 形 ❶くすぐられるような感《かん》じだ。こそばゆい。例 足《あし》の裏《うら》がくすぐったい。❷てれくさい。例 みんなの前《まえ》でほめられて、くすぐったい気持《きも》ちだ。

**くすぐる** 動 ❶むずむずして笑《わら》いたくなるようにする。例 わきの下《した》をくすぐる。❷おだてて、いい気持《きも》ちにさせる。例 自尊心《じそんしん》をくすぐる。

**くずこ【葛粉】** 名 クズの根《ね》からとった、白《しろ》いでんぷんの粉《こな》。菓子《かし》や料理《りょうり》に使《つか》う。

**くずしがき【崩し書き】** 名 動-する ❶草書《そうしょ》や行書《ぎょうしょ》のように、形《かたち》をくずして字《じ》を書《か》くこと。また、その字《じ》。❷字《じ》を略《りゃく》して書《か》くこと。また、その字《じ》。

**°くずす【崩す】** 動 ❶まとまりのあるものを、くだいてこわす。例 ダイナマイトで、山《やま》を崩す。❷きちんとしていたものを乱《みだ》す。例 列《れつ》をくずす。❸お金《かね》を細《こま》かくする。例 千円《せんえん》札《さつ》をくずす。❹草書《そうしょ》や行書《ぎょうしょ》で書《か》く。例 字《じ》をくずして書《か》く。⇩ほう【崩】1191ページ

**くすだま【くす玉】** 名 造花《ぞうか》などで、玉《たま》の形《かたち》に作《つく》り、かざりひもを垂《た》らしたもの。祝《いわ》い事《こと》などに用《もち》いる。中《なか》に小《ち》さく切《き》った色紙《いろがみ》を入《い》れてつるし、玉《たま》を割《わ》って、行事《ぎょうじ》を盛《も》り上《あ》げる。

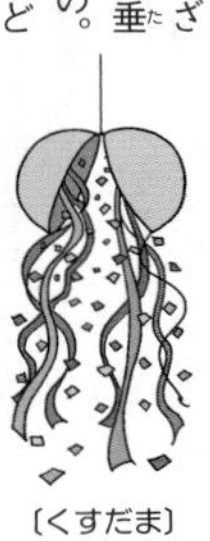
〔くすだま〕

**ぐずつく** 動 ❶行動《こうどう》・態度《たいど》がはっきりしない。例 返事《へんじ》がぐずつく。❷ぐずぐず言《い》う。例 子《こ》どもがぐずつく。❸天気《てんき》などがはっきりしない。例 ぐずついた天気《てんき》。

**くすねる** 動 こっそり取《と》って、自分《じぶん》のものにする。例 弟《おとうと》のお菓子《かし》をくすねる。

**くすのき** 名 暖《あたた》かい土地《とち》に生《は》える大《おお》きな常《じょう》




世界の国 モナコ フランス南東部《なんとうぶ》、地中海《ちちゅうかい》に面《めん》する小《ち》さな国《くに》で、国連《こくれん》に加盟《かめい》している中《なか》ではいちばんせまい。カジノと

緑樹《りょくじゅ》。全体《ぜんたい》にいいにおいがし、幹《みき》・根《ね》・葉《は》から、しょうのうをとる。

**くすぶる** 動 ❶よく燃《も》えないで、けむる。いぶる。例たき火《び》がくすぶる。❷煙《けむり》で黒《くろ》くなる。例くすぶった天井《てんじょう》。❸引《ひ》きこもっている。例毎日《まいにち》、家《いえ》にくすぶっている。❹ものごとの決《き》まりがつかないままである。例問題《もんだい》がくすぶっている。

**くすむ** 動 黒《くろ》ずんでいる。じみですっきりしない。例くすんだ緑色《みどりいろ》。

**くずもち**【葛餅】名 くず粉《こ》や小麦粉《こむぎこ》を水《みず》でとき、熱《ねつ》を加《くわ》えて固《かた》めたもの。きなこやみつをつけて食《た》べる。

**くずゆ**【葛湯】名 くず粉《こ》に砂糖《さとう》を入《い》れ、熱《あつ》い湯《ゆ》でといた食《た》べ物《もの》。

°**くすり**【薬】名 ❶病気《びょうき》や傷《きず》を治《なお》すために使《つか》うもの。例目薬《めぐすり》。❷体《からだ》や心《こころ》のためになるもの。例失敗《しっぱい》もいい薬だ。⇩やく【薬】1318ページ

**くすりばこ**【薬箱】名 いろいろな薬《くすり》を入《い》れておく箱《はこ》。

**くすりゆ**【薬湯】名 薬《くすり》などを入《い》れて、体《からだ》の傷《きず》や痛《いた》みに効《き》くようにしたふろ。やくとう。

**くすりゆび**【薬指】名 手《て》の中指《なかゆび》と小指《こゆび》の間《あいだ》の指《ゆび》。参考 粉薬《こなぐすり》を混《ま》ぜるのに使《つか》ったので、この名《な》がある。

**ぐずる** 動 ❶ぐずぐず言《い》う。だだをこねる。例妹《いもうと》は、歩《ある》くのがいやだと言《い》ってぐずる。❷むずかる。例赤《あか》んぼうがぐずる。

°**くずれる**【崩れる】動 ❶こわれて落《お》ちる。例大雨《おおあめ》でがけが崩れる。❷ばらばらになる。乱《みだ》れる。例姿勢《しせい》がくずれる。❸悪《わる》くなる。例天気《てんき》がくずれる。❹細《こま》かいお金《かね》にかえることができる。例一万円札《いちまんえんさつ》がくずれた。⇩ほう【崩】1191ページ

°**くせ**【癖】名 ❶知《し》らず知《し》らずに身《み》についた習慣《しゅうかん》や行動《こうどう》。例つめをかむ癖がある。❷曲《ま》がったり折《お》れたりした状態《じょうたい》。例髪《かみ》の毛《け》の癖がとれない。❸独特《どくとく》な性質《せいしつ》。例癖のある人《ひと》。⇩へき【癖】1177ページ

**くせつ**【苦節】名 苦《くる》しみに負《ま》けず、信念《しんねん》を守《まも》りとおすこと。例苦節十年《じゅうねん》、やっと完成《かんせい》した。

**くせに** 助 …であるのに。…のに。例知《し》っているくせに教《おし》えてくれない。参考 相手《あいて》を責《せ》める気持《きも》ちで使《つか》うことが多《おお》い。

**くせもの**【くせ者】名 ❶あやしい者《もの》。例くせ者がしのびこむ。❷油断《ゆだん》できないこと。また、その人《ひと》。例なかなかのくせ者だ。

**くせん**【苦戦】名 動-する 苦《くる》しい戦《たたか》いをすること。例相手《あいて》が強《つよ》くて苦戦した。

**くそ** 一 名 ❶大便《だいべん》。〔くだけた言《い》い方《かた》。〕❷あか。かす。例はなくそ。二 感 人《ひと》を悪《わる》く言《い》うときに使《つか》う言葉《ことば》。自分《じぶん》をはげます場合《ばあい》にも使《つか》う。例「くそ、負《ま》けないぞ。」三〔ある言葉《ことば》の前《まえ》やあとにつけて〕程度《ていど》がひどいことを表《あらわ》す。例くそ力《ぢから》。へたくそ。

**くそまじめ**【くそ〈真面目〉】名 形動 必《ひつ》要《よう》以《い》上《じょう》に真面目《まじめ》なようす。生真面目《きまじめ》。

°**くだ**【管】名 中《なか》に穴《あな》が空《あ》いている、丸《まる》くて細《ほそ》長《なが》いもの。つつ。パイプ。例ガラスの管。⇩かん【管】271ページ

**ぐたい**【具体】名 目《め》に見《み》える形《かたち》を持《も》っていること。例具体例《れい》。類具象《ぐしょう》。対抽象《ちゅうしょう》。

**ぐたいあん**【具体案】名 はっきりした形《かたち》になっている考《かんが》えや計画《けいかく》。例スポーツ大会《たいかい》の具体案がまとまる。

**ぐたいか**【具体化】名 動-する 考《かんが》えや計画《けいかく》を、はっきりした形《かたち》にすること。例計画《けいかく》が具体化する。対抽象化《ちゅうしょうか》。

**ぐたいせい**【具体性】名 形《かたち》や内容《ないよう》がはっきりしていること。また、そのような性質《せいしつ》。例その提案《ていあん》は具体性に欠《か》けている。

**ぐたいてき**【具体的】形動 形《かたち》や内容《ないよう》が、はっきりしているようす。例図《ず》を使《つか》って具体的に説明《せつめい》する。対抽象的《ちゅうしょうてき》。

**ぐたいれい**【具体例】名 はっきりわかる形《かたち》になっている、具体的《ぐたいてき》な例《れい》。例具体例をあげて説明《せつめい》する。

°**くだく**【砕く】動 ❶こわして、小《ちい》さくする。例氷《こおり》を砕く。❷打《う》ち破《やぶ》る。例敵《てき》の守《まも》りを砕く。❸わかりやすく言《い》う。例くだいて話《はな》す。❹〔「心《こころ》をくだく」の形《かたち》で〕力《ちから》をつくす。例教《きょう》育《いく》に心《こころ》をくだく。⇩さい【砕】496ページ

**くたくた** 形動 ❶たいへんつかれているようす。例くたくたで動《うご》けない。❷形《かたち》がくずれているようす。例くたくたのズボン。

°**くだける**【砕ける】動 ❶こわれてこなご

西表島《いりおもてじま》よりやや広《ひろ》い。首都《しゅと》マレ。人口約《じんこうやく》55万人《まんにん》。略称《りゃくしょう》MDV。

なになる。例大波《おおなみ》が岩《いわ》に砕ける。❷打《う》ち解《と》ける。例くだけた雰囲気《ふんいき》。↓さい【砕】496ページ

**°ください【下さい】**〔「くれ」を丁寧《ていねい》にいう言葉《ことば》。〕❶いただきたい。例こづかいを下さい。❷「お願《ねが》いします。」という気《き》持《も》ちを表《あらわ》す。例お待《ま》ち下さい。

**°くださる【下さる】**動❶「くれる」を敬《うやま》っていう言葉《ことば》。例おじさんが本《ほん》を下さった。❷相《あい》手《て》の行《おこな》いを敬《うやま》っていう言葉《ことば》。例先《せん》生《せい》がかいてくださった絵《え》。参考 ふつう❷は、かな書《が》きにする。↓か【下】188ページ

**くだす【下す】**動❶言《い》いつける。申《もう》しわたす。例命《めい》令《れい》を下す。❷そのように決《き》める。例結《けつ》論《ろん》を下す。❸体《からだ》から外《そと》に出《だ》す。特《とく》に、下《げ》痢《り》をする。例腹《はら》を下す。❹相《あい》手《て》を負《ま》かす。例敵《てき》を下す。❺実《じっ》際《さい》に行《おこな》う。例手《て》を下す。❻一《いっ》気《き》にする。例物《もの》語《がたり》を読《よ》み下す。↓か【下】188ページ

例解 考えるためのことば

【抽象化《ちゅうしょうか》】して考《かんが》えるときに使《つか》う言葉《ことば》

一般化《いっぱんか》すること。
ひとつにまとめること。

【具体化《ぐたいか》】して考《かんが》えるときに使《つか》う言葉《ことば》

形《かたち》にすること。
個別化《こべつか》すること。
分解《ぶんかい》すること。

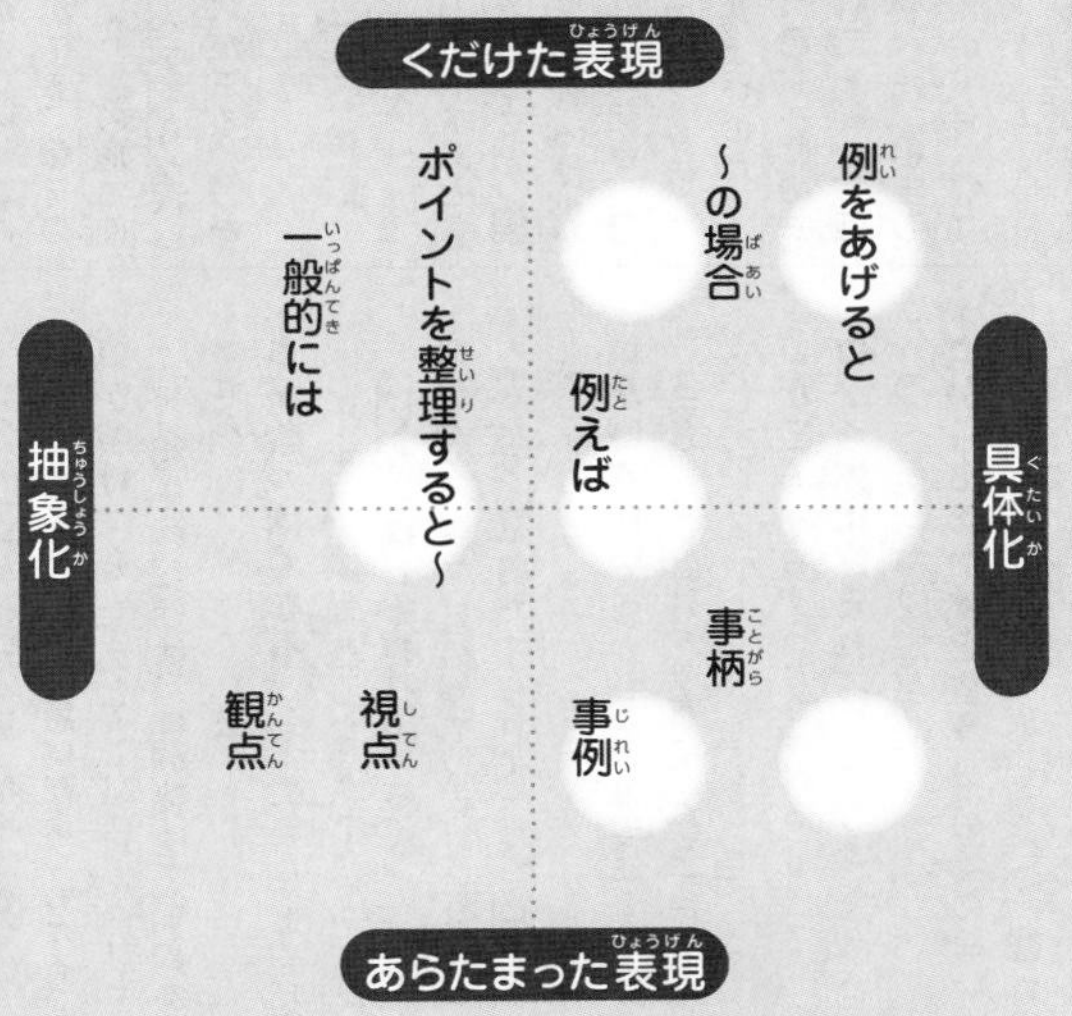


**くたばる**動❶非《ひ》常《じょう》につかれる。へたばる。例練《れん》習《しゅう》がきつくて、くたばった。❷死《し》ぬ。〔乱《らん》暴《ぼう》な言《い》い方《かた》。〕

**くたびれる**動❶つかれる。例バスの旅《たび》はくたびれる。❷古《ふる》くなってみすぼらしくなる。例靴《くつ》がだいぶくたびれてきた。

**°くだもの【〈果物〉】**名草《くさ》や木《き》のあまい実《み》で、食《た》べられるもの。ナシ・ブドウ・ミカン・バナナなど。果《か》実《じつ》。フルーツ。参考「果《くだ》物《もの》」は、特《とく》別《べつ》に認《みと》められた読《よ》み方《かた》。

**くだら【百済】**地名〔「ひゃくさい」ともいう。〕四《よん》世《せい》紀《き》中《なか》ごろから七《なな》世《せい》紀《き》中《なか》ごろに、朝《ちょう》鮮《せん》半《はん》島《とう》の南《なん》西《せい》部《ぶ》にあった国《くに》。中《ちゅう》国《ごく》の仏《ぶっ》教《きょう》や文《ぶん》化《か》を日《に》本《ほん》へ伝《つた》えた。

**くだらない**形取《と》るに足《た》りない。つまらない。ばかばかしい。例くだらない話《はなし》。

**°くだり【下り】**名❶下《した》へさがること。例下りのエスカレーター。❷自《し》然《ぜん》に低《ひく》くなっていく道《みち》。例道《みち》は下りになる。❸中《ちゅう》央《おう》から地《ち》方《ほう》、特《とく》に東《とう》京《きょう》から地《ち》方《ほう》に向《む》かうこと。例下り列《れっ》車《しゃ》。対(❶〜❸)上《のぼ》り。❹川《かわ》の上《じょう》流《りゅう》から下《か》流《りゅう》に行《い》くこと。例天《てん》竜《りゅう》下り。

**くだりざか【下り坂】**名❶下《くだ》りになっている坂《さか》。❷しだいにおとろえること。例人《にん》気《き》が下り坂だ。対(❶・❷)上《のぼ》り坂《ざか》。❸天《てん》気《き》が悪《わる》くなること。例天《てん》気《き》は下り坂です。

**°くだる【下る】**動❶おりる。例川《かわ》を下る。対上《のぼ》る。❷申《もう》しわたされる。例判《はん》定《てい》が下る。❸地《ち》方《ほう》へ行《い》く。〔やや古《ふる》い言《い》い方《かた》。〕例九《きゅう》州《しゅう》

あいうえお かき く けこ さしすせそ たちつてと なにぬねの はひふへほ まみむめも や ゆ よ らりるれろ わ を ん



世界の国 モルディブ インド洋北部《ようほくぶ》のたくさんのサンゴ礁《しょう》の島々《しまじま》からなる、観光《かんこう》と漁業《ぎょぎょう》の小《ち》さな国《くに》。総面積《そうめんせき》は沖縄《おきなわ》の

へ下る。対上《のぼ》る。❹負《ま》けて従《したが》う。例敵軍《てきぐん》に下る。❺下痢《げり》をする。例腹《はら》が下る。❻その数《かず》より下《した》になる。〔ふつう「…ない」の形《かたち》で使《つか》う。〕例入場者《にゅうじょうしゃ》は日《ひ》に一万人《いちまんにん》を下らない。❼時《とき》が現代《げんだい》に近《ちか》づく。例時代《じだい》が下る。⇩か【下】188ページ

**くだをまく【くだを巻く】** 酒《さけ》に酔《よ》って、つまらないことをくどくどしゃべる。

**∘くち【口】** 名 ❶食《た》べたり、話《はな》したりするところ。例口をゆすぐ。❷ものを言《い》うこと。例口に出《だ》す。❸うわさ。例人《ひと》の口がうるさい。❹出《で》たり入《はい》ったりする所《ところ》。例駅《えき》の北口《きたぐち》。❺出《だ》し入《い》れする所《ところ》。例ふくろの口をしめる。❻ものごとのはじめ。例まだよいの口だ。❼勤《つと》め先《さき》。例いい口がない。❽食《た》べ物《もの》の味《あじ》の感《かん》じ。例口に合《あ》わない。❾口《くち》を動《うご》かす回《かい》数《すう》をいう言葉《ことば》。例ふた口で食《た》べた。❿申《もう》しこみなどの単位《たんい》。例一口《ひとくち》千円《せんえん》の寄付《きふ》。⇩こう【口】423ページ

**口《くち》がうまい** お世辞《せじ》や、言《い》い訳《わけ》が上手《じょうず》だ。例口がうまいから、だまされた。

**口《くち》が重《おも》い** あまりしゃべらない。無口《むくち》だ。例口が重いが、やさしい性格《せいかく》だ。

**口《くち》がかかる** 仕事《しごと》などの注文《ちゅうもん》がくる。例映《えい》画《が》出演《しゅつえん》の口がかかる。

**口《くち》が堅《かた》い** 秘密《ひみつ》などを守《まも》って、やたらに人《ひと》に言《い》わない。例口が堅いから、仲間《なかま》に入《い》れても安心《あんしん》だ。

**口《くち》が軽《かる》い** 言《い》ってはいけないことまでしゃべる。例口が軽い人《ひと》は、信用《しんよう》できない。

**口《くち》が肥《こ》える** 味《あじ》のいい悪《わる》いがよくわかる。

**口《くち》が裂《さ》けても** 言《い》えとどれだけ命令《めいれい》されても。例それだけは、口が裂けても言《い》えません。

**口《くち》が酸《す》っぱくなる** いやになるほどくり返《かえ》して言《い》う。例勉強《べんきょう》しなさいと、口が酸っぱくなるほど言《い》われている。

**口《くち》が滑《すべ》る** 調子《ちょうし》にのって、よけいなことまで言《い》う。例おだてられて、つい口が滑った。

**口《くち》が減《へ》らない** 次《つぎ》から次《つぎ》へと理屈《りくつ》をこねて、生意気《なまいき》なことばかり言《い》う。減《へ》らず口《ぐち》をたたく。

**口《くち》が回《まわ》る** すらすらとしゃべる。

**口《くち》から先《さき》に生《う》まれる** よくしゃべる人《ひと》を、あざけって言《い》うたとえ。

**口《くち》から出《で》まかせを言《い》う** その場《ば》の思《おも》いつきで、でたらめなことをしゃべる。例口から出まかせを言うなんて、ひどいことをする。

**口《くち》が悪《わる》い** 平気《へいき》でにくまれ口《ぐち》を言《い》う。例口が悪いけれど、いい人《ひと》だ。

**口《くち》に合《あ》う** 飲《の》み物《もの》や食《た》べ物《もの》の味《あじ》が、好《この》みに合《あ》う。例口に合う料理《りょうり》を準備《じゅんび》する。

**口《くち》にする** ❶食《た》べたり、飲《の》んだりする。例ごちそうを口にする。❷言葉《ことば》に出《だ》して言《い》う。例ひと言《こと》も不平《ふへい》を口にしない。

**口《くち》に出《だ》す** 言葉《ことば》に出《だ》して言《い》う。例思《おも》ったことをすぐ口に出す。

**口《くち》に上《のぼ》る** 話題《わだい》になる。例うわさが世間《せけん》の人《ひと》の口に上る。

**口《くち》は災《わざわ》いの門《かど》** 〔うっかり言《い》ったことがもとで、災難《さいなん》を招《まね》くことがあるから〕よく気《き》をつけて話《はな》せということ。口《くち》は災《わざわ》いのもと。類きじも鳴《な》かずば撃《う》たれまい。参考「くちはわざわいのもん」とも読《よ》む。

**口《くち》も八丁《はっちょう》手《て》も八丁《はっちょう》** ⇩くちはっちょうてはっちょう368ページ

**口《くち》をきく** ❶ものを言《い》う。例弟《おとうと》は、おこると、一日《いちにち》じゅう口をきかない。❷間《あいだ》に立《た》って、世話《せわ》をする。例おばさんが口をきいてくれたので、話《はなし》がまとまった。

**口《くち》を切《き》る** 最初《さいしょ》に言《い》いだす。例だまっているので、ぼくが口を切った。

**口《くち》を酸《す》っぱくする** 同《おな》じことを何度《なんど》もくり返《かえ》して言《い》う。例口を酸っぱくして言《い》う。

**口《くち》を滑《すべ》らす** 言《い》ってはいけないことを、うっかり言《い》ってしまう。例口を滑らして、姉《あね》の秘密《ひみつ》をしゃべってしまった。

**口《くち》を添《そ》える** わきから、うまくいくように言《い》ってやる。口《くち》ぞえをする。

**口《くち》をそろえる** 大勢《おおぜい》の人《ひと》が、同《おな》じことを言《い》う。例口をそろえて反対《はんたい》する。

**口《くち》を出《だ》す** 横《よこ》からあれこれ言《い》う。例関係《かんけい》のない者《もの》は、口を出すな。

**口《くち》をついて出《で》る** ❶思《おも》いがけず言葉《ことば》が出《で》る。❷つぎつぎと言葉《ことば》が出《で》る。例喜《よろこ》びの

た。農業《のうぎょう》が主《おも》な産業《さんぎょう》で、ブドウのほか、トウモロコシや小麦《こむぎ》などの栽培《さいばい》がさかん。首都《しゅと》キシナウ。人口《じんこう》約《やく》260万人《まんにん》。

言葉《ことば》が口をついて出る。

**口《くち》をつぐむ** だまる。例 口をつぐんだきり、何《なに》も言《い》わない。

**口《くち》をとがらせる** 気《き》に入《い》らない顔《かお》をする。例 不満《ふまん》そうに口をとがらせる。

**口《くち》を閉《と》ざす** 何《なに》も話《はな》さない。だまる。例 会《かい》議中《ぎちゅう》ずっと口を閉ざしたままだった。

**口《くち》を濁《にご》す** あいまいにごまかして言《い》う。例 いくらかかったかは、口を濁している。

**口《くち》を挟《はさ》む** 人《ひと》が話《はなし》をしている途中《とちゅう》に、割《わ》りこんで話《はな》す。例 人《ひと》の話《はなし》に横《よこ》から口をはさむ。

**口《くち》を開《ひら》く** ❶口《くち》を開《あ》ける。❷話《はなし》を始《はじ》める。例 最初《さいしょ》に口を開く。

**口《くち》を封《ふう》じる** 無理《むり》やりだまらせる。例 反対《はんたい》するグループの口を封じる。

**口《くち》を減《へ》らす** 養《やしな》わなければならない人《ひと》の数《かず》を減《へ》らす。

**口《くち》を割《わ》る** かくしていたことをしゃべる。白《はく》状《じょう》する。例 犯人《はんにん》がついに口を割った。

**ぐち【愚痴°】** 名 言《い》ってもしかたのないことを、くどくど言《い》ってなげくこと。

**ぐちをこぼす** 言《い》ってもしかたのないことをあれこれと言《い》う。

**くちあたり【口当たり】** 名 飲《の》み物《もの》や食《た》べ物《もの》を口《くち》に入《い》れたときの感《かん》じ。例 口当たりのいい飲《の》み物《もの》。

**くちうつし【口移し】** 名 ❶食《た》べ物《もの》など、口《くち》に含《ふく》んだものを直《ちょく》接《せつ》相《あい》手《て》の口《くち》に入《い》れてやること。❷言《こと》葉《ば》で直《ちょく》接《せつ》言《い》い伝《つた》えること。口伝《くちづた》え。例 親鳥《おやどり》がひなに口移しにえさをやる。例 昔《むかし》話《ばなし》が口移しで伝《つた》えられる。

**くちうらをあわせる【口裏を合わせる】** たがいの話《はなし》がくいちがわないように、前《まえ》もって打《う》ち合《あ》わせをしておく。例 二人《ふたり》とも口裏を合わせたように、知《し》らないと言《い》う。

**くちうるさい【口うるさい】** 形 わずかなことでも、やかましく注《ちゅう》意《い》する。例 母《はは》は、礼《れい》儀《ぎ》作《さ》法《ほう》について口うるさい。

**くちえ【口絵】** 名 雑《ざっ》誌《し》や本《ほん》などの、初《はじ》めの部《ぶ》分《ぶん》にのせてある写《しゃ》真《しん》や絵《え》。

**くちおしい【口惜°しい】** 形 〔「くやしい」の少《すこ》し古《ふる》い言《い》い方《かた》。〕残《ざん》念《ねん》だ。

**くちかず【口数】** 名 ❶話《はな》す言《こと》葉《ば》の多《おお》さ。言《こと》葉《ば》数《かず》。例 口数が多《おお》い〔=おしゃべりだ〕。❷人《にん》数《ずう》。例 口数が多《おお》い家《いえ》。

**くちがね【口金】** 名 さいふ・ハンドバッグなどの口《くち》にはめてある金《かな》具《ぐ》。

**くちきき【口利^き】** 名 人《ひと》と人《ひと》との間《あいだ》に入《はい》って、取《と》り持《も》つこと。例 おじの口ききでガラス工《こう》場《じょう》の見《けん》学《がく》をした。

**くちぎたない【口汚°い】** 形 ❶ものの言《い》い方《かた》が乱《らん》暴《ぼう》だ。例 口汚くののしる。❷食《た》べ物《もの》をむやみにほしがる。

**くちく【駆°逐°】** 名 動-する 敵《てき》などを追《お》いはらうこと。例 敵《てき》を駆逐する。

**くちぐせ【口癖°】** 名 いつも言《い》うので、くせになってしまった言《こと》葉《ば》。例「がんばれ」が父《ちち》の口癖だ。

**くちぐちに【口口に】** 副 めいめいが、思《おも》い思《おも》いにものを言《い》うようす。例 観《かん》客《きゃく》が口々にほめたたえる。

**くちぐるま【口車】** 名 人《ひと》をごまかすような、たくみな言《い》い回《まわ》し。

**口車《くちぐるま》に乗《の》せられる** 口《くち》先《さき》だけの、うまい言《こと》葉《ば》にだまされる。例 口車に乗せられて、いい気《き》になる。

**くちげんか【口喧•嘩•】** 名 おたがいにののしり合《あ》う、言《こと》葉《ば》だけのけんか。言《い》い争《あらそ》い。

**くちごたえ【口答え】** 名 動-する 目《め》上《うえ》の人《ひと》の言《こと》葉《ば》に逆《さか》らって、言《い》い返《かえ》すこと。例 母《はは》に口答えをしてしかられた。

**くちコミ【口コミ】** 名 〔うわさなどが〕口《くち》から口《くち》へと伝《つた》わり広《ひろ》がること。参考「マスコミ」をもじって、「口《くち》」と「コミュニケーション」からできた言《こと》葉《ば》。

**くちごもる【口籠°もる】** 動 言《こと》葉《ば》につまってはっきり言《い》えない。言《い》いしぶる。例 答《こた》えにくそうに口ごもる。

**くちさがない【口さがない】** 形 人《ひと》のことを、あれこれ口《くち》うるさく言《い》う。例 口さがない人《ひと》たちがうわさをしている。

**くちさき【口先】** 名 ❶口《くち》の先《さき》。❷うわべだけの言《こと》葉《ば》。例 口先ばかりの親《しん》切《せつ》。

**くちずさむ【口ずさむ】** 動 歌《うた》や詩《し》などを、心《こころ》にうかぶまま小《ちい》さな声《こえ》で言《い》ったり歌《うた》っ



世界の国 モルドバ ルーマニアとウクライナの間《あいだ》にある国《くに》。関《かん》東《とう》地《ち》方《ほう》よりやや広《ひろ》い。1991年《ねん》ソ連《れん》の解《かい》体《たい》により独《どく》立《りつ》し略《りゃく》称《しょう》MDA。

たりする。〘例〙詩《し》を口ずさみながら歩《ある》く。

**くちぞえ**【口添え】〘名〙〘動-する〙ものごとがうまく運《はこ》ぶように、わきから話《はなし》をしてやること。〘例〙おじに口添えしてもらう。

**くちだし**【口出し】〘名〙〘動-する〙横《よこ》から割《わ》りこんで口《くち》をきくこと。さしで口《くち》。〘例〙よけいな口出しをするな。

**くちつき**【口付き】〘名〙❶口《くち》もとのようす。❷ものの言《い》い方《かた》。口《くち》ぶり。〘例〙いやそうな口付き。

**くちづけ**【口付け】〘名〙〘動-する〙➡キス 307ページ

**くちづたえ**【口伝え】〘名〙〘動-する〙人《ひと》から人《ひと》へ言《い》い伝《つた》えること。口《くち》づて。〘例〙口伝えされた伝説《てんせつ》。

**くちづて**【口づて】〘名〙➡くちづたえ 122ページ

**くちどめ**【口止め】〘名〙〘動-する〙他《ほか》の人《ひと》に言《い》ってはいけないと、止《と》めること。〘例〙絶対《ぜったい》に話《はな》すなと口止めされた。

**くちなおし**【口直し】〘名〙〘動-する〙前《まえ》に食《た》べた物《もの》の味《あじ》を消《け》すために、別《べつ》の物《もの》を食《た》べたり飲《の》んだりすること。また、その物《もの》。

**くちなし**〘名〙暖《あたた》かい地方《ちほう》に生《は》え、また庭《にわ》にも植《う》える低木《ていぼく》。夏《なつ》、かおりのよい白《しろ》い花《はな》が咲《さ》く。実《み》は染料《せんりょう》や薬《くすり》にする。

**くちばし**〘名〙鳥《とり》の口《くち》で、長《なが》くのびているかたいところ。えさをつつく部分《ぶぶん》。

**くちばしが黄色《きいろ》い** 年《とし》が若《わか》くて経験《けいけん》が足《た》りない。〘例〙おまえは世間《せけん》知《し》らずで、まだくちばしが黄色い。

**くちばしを入《い》れる** 人《ひと》の話《はなし》に、わきからでしゃばって言葉《ことば》をはさむ。

**くちばしる**【口走る】〘動〙❶言《い》ってはならないことを言《い》ってしまう。〘例〙つい秘密《ひみつ》を口走ってしまった。❷思《おも》ってもいないことを言《い》ってしまう。〘例〙うわごとを口走る。

**くちはっちょうてはっちょう**【口八丁手八丁】しゃべることも上手《じょうず》だし、することも上手《じょうず》だ。口《くち》も八丁《はっちょう》手《て》も八丁《はっちょう》。八丁口八丁《はっちょうくちはっちょう》。

**くちはてる**【朽ち果てる】〘動〙❶(木《き》などが)すっかりくさってしまう。〘例〙朽ち果てた家《いえ》。❷世《よ》の中《なか》に認《みと》められないで死《し》ぬ。

**くちはばったい**【口幅ったい】〘形〙自分《じぶん》の立場《たちば》や力《ちから》を考《かんが》えずに、大《おお》きなことや、なまいきなことを言《い》う。〘例〙「口幅ったいことを言《い》うようですが…。」

**くちばや**【口早】〘名〙〘形動〙話《はな》し方《かた》が早《はや》いこと。早口《はやくち》。〘例〙口早に用件《ようけん》を話《はな》す。

**くちび**【口火】〘名〙❶火薬《かやく》やガス器具《きぐ》に点火《てんか》するのに用《もち》いる火《ひ》。❷ものごとの起《お》こるきっかけ。〘例〙争《あらそ》い事《ごと》の口火となる。

**口火《くちび》を切《き》る** ものごとを、いちばんはじめに始《はじ》める。〘例〙話《はなし》の口火を切る。

**◦くちびる**【唇】〘名〙口《くち》の上《うえ》と下《した》のやわらかい皮膚《ひふ》でおおわれた部分《ぶぶん》。➡しん【唇】656ページ

**唇《くちびる》をかむ** くやしさをじっとがまんする。〘例〙唇をかんでこらえる。

**くちぶえ**【口笛】〘名〙口《くち》をすぼめて息《いき》を強《つよ》くふき、笛《ふえ》のような音《おと》を出《だ》すこと。また、その音《おと》。〘例〙口笛をふく。

**くちぶり**【口振り】〘名〙話《はな》しぶり。言葉《ことば》つき。〘例〙自信《じしん》たっぷりの口ぶり。

**くちべた**【口〈下手〉】〘名〙〘形動〙話《はなし》のしかたが、下手《へた》なこと。話《はな》し下手《べた》。〘例〙口下手なので人《ひと》に誤解《ごかい》されやすい。

**くちべに**【口紅】〘名〙くちびるに色《いろ》をそえるためにぬる、化粧品《けしょうひん》。

✤**くちへん**〘名〙漢字《かんじ》の部首《ぶしゅ》で、「へん」の一《ひと》つ。「味《み》」「呼《こ》」などの「口」の部分《ぶぶん》。食《た》べたり、言《い》ったりすることに関係《かんけい》する字《じ》が多《おお》い。

**くちまかせ**【口任せ】〘名〙出《で》まかせにしゃべること。〘例〙口任せの言《い》いたい放題《ほうだい》。

**くちまね**【口まね】〘名〙〘動-する〙人《ひと》の声《こえ》や、話《はな》し方《かた》をまねること。〘例〙父《ちち》の口まね。

**くちもと**【口元】〘名〙口《くち》の辺《あた》り。〘例〙口元にえみをうかべる。

**くちやかましい**【口やかましい】〘形〙少《すこ》しのことにも、やかましく言《い》う。〘例〙口やかましく注意《ちゅうい》する。

**くちやくそく**【口約束】〘名〙〘動-する〙紙《かみ》に書《か》いて証拠《しょうこ》にするのではなく、口《くち》だけでする約束《やくそく》。〘例〙口約束では心配《しんぱい》だ。

**くちゅう**【駆虫】〘名〙〘動-する〙害虫《がいちゅう》や寄生虫《きせいちゅう》を取《と》り除《のぞ》くこと。〘例〙駆虫剤《ざい》。

**くちょう**【口調】〘名〙❶話《はな》しぶり。〘例〙ゆったりとした口調で話《はな》す。❷言《い》ってみたときの調子《ちょうし》。〘例〙この詩《し》は口調がよい。

シやオリーブなど。観光《かんこう》もさかん。首都《しゅと》ラバト。人口約《じんこうやく》3,600万人《まんにん》。略称《りゃくしょう》MAR。

**くちよごし【口汚し】** 名 食《た》べ物《もの》をすすめるときに、へりくだって言《い》う言葉《ことば》。例「ほんのお口汚しですが、どうぞ。」

**くちる【朽ちる】** 動 ❶木《き》などがくさる。例 橋《はし》げたが朽ちて落《お》ちる。❷(世《よ》の中《なか》に知《し》られないままで)ほろびる。なくなる。例 朽ちることのない名声《めいせい》。⇩**きゅう【朽】**324ページ

**くつ【屈】** 画数 8 部首 尸(しかばね)
音 クツ 訓 ―
❶折《お》り曲《ま》げる。かがむ。身《み》を縮《ちぢ》める。熟語 屈《くっ》指《し》。屈伸《くっしん》。屈折《くっせつ》。❷くじける。押《お》さえつけられて、従《したが》う。熟語 屈従《くつじゅう》。屈辱《くつじょく》。屈服《くっぷく》。❸のびのびしない。熟語 窮屈《きゅうくつ》。退屈《たいくつ》。❹強《つよ》い。力強《ちからづよ》い。熟語 屈強《くっきょう》。

**くつ【掘】** 画数 11 部首 扌(てへん)
音 クツ 訓 ほ-る
ほる。地面《じめん》に穴《あな》をあける。熟語 採掘《さいくつ》。発掘《はっくつ》。

**くつ【窟】** 画数 13 部首 穴(あなかんむり)
音 クツ 訓 ―
いわや。ほらあな。熟語 洞窟《どうくつ》。巣窟《そうくつ》(=悪者《わるもの》がかくれ住《す》んでいる所《ところ》)。

**くつ【靴】** 名 布《ぬの》・革《かわ》・ゴムなどで作《つく》った、足《あし》を包《つつ》むような形《かたち》のはき物《もの》。⇩**か【靴】**190ページ

**くつう【苦痛】** 名 苦《くる》しみ。いたみ。例 病人《びょうにん》が苦痛をうったえる。

**くつがえす【覆す】** 動 ❶ひっくり返《かえ》す。例 波《なみ》がボートを覆す。❷根本《こんぽん》から改《あらた》める。例 これまでの説《せつ》を覆す。❸ほろぼす。たおす。例 幕府《ばくふ》を覆す。⇩**ふく【覆】**1134ページ

**くつがえる【覆る】** 動 ❶ひっくり返《かえ》る。例 台風《たいふう》で船《ふね》が覆る。❷根本《こんぽん》から変《か》わる。逆《ぎゃく》になる。例 判決《はんけつ》が覆る。❸ほろびる。たおれる。例 政府《せいふ》が覆る。⇩**ふく【覆】**1134ページ

**クッキー**〔英語 cookie〕名 小麦粉《こむぎこ》・バター・卵《たまご》・砂糖《さとう》などを使《つか》って焼《や》いた洋菓子《ようがし》。

**くっきょう【屈強】** 形動 頑丈《がんじょう》で力《ちから》が強《つよ》く、たくましいようす。例 屈強な若者《わかもの》。

**くっきょく【屈曲】** 名 動-する 折《お》れ曲《ま》がること。例 屈曲した山道《やまみち》。

**くっきり** 副(-と) はっきりと目《め》立《だ》つようす。例 富《ふ》士《じ》山《さん》がくっきり見《み》える。

**クッキング**〔英語 cooking〕名 料《りょう》理《り》すること。料理《りょうり》のしかた。例 クッキングレシピ。

**くっさく【掘削】** 名 動-する 地面《じめん》や岩石《がんせき》などを掘《ほ》って穴《あな》をあけること。例 地《ち》中《ちゅう》深《ふか》く掘削する。

**くっし【屈指】** 名 たくさんあるものの中《なか》で、指《ゆび》を折《お》って数《かぞ》えられるほど少《すく》なく、特《とく》にすぐれていること。指《ゆび》折《お》り。例 世《せ》界《かい》でも屈指の技《ぎ》術《じゅつ》。

**くつした【靴下】** 名 靴《くつ》をはくときなどに、足《あし》にはいておおうもの。

**くつじゅう【屈従】** 名 動-する 強《つよ》い人《ひと》に、しかたなく従《したが》うこと。屈《くっ》服《ぷく》。例 大《たい》国《こく》に屈従させられる。

**くつじょく【屈辱】** 名 相手《あいて》におさえつけられて、はずかしい思《おも》いをさせられること。例 屈辱を晴《は》らす。

**ぐっしょり** 副(-と) ひどくぬれたようす。びっしょり。例 あせをぐっしょりかく。

**クッション**〔英語 cushion〕名 ❶綿《わた》やスポンジなどを入《い》れ、いすの背《せ》などに置《お》く小《ち》さなふとん。❷はね返《かえ》す力《ちから》。はずみぐあい。例 クッションのよいソファー。❸ものごとの間《あいだ》にあって、衝撃《しょうげき》をやわらげるもの。例 ワンクッションおいて発言《はつげん》する。

**くっしん【屈伸】** 名 動-する 体《からだ》をかがめたり伸《の》ばしたりすること。例 屈伸運動《うんどう》。

**グッズ**〔英語 goods〕名 品物《しなもの》。商品《しょうひん》。

**ぐっすり** 副(-と) よくねむるようす。例 つかれていたので、ぐっすりねむった。

**くっする【屈する】** 動 ❶折《お》り曲《ま》げる。例 ひざを屈する。❷くじける。例 失敗《しっぱい》に屈することなくがんばる。❸負《ま》けて、従《したが》う。例 敵《てき》に屈する。

**くつずれ【靴擦れ】** 名 合《あ》わない靴《くつ》をはいて、足《あし》のかかとなどの皮《ひ》膚《ふ》が擦《す》れること。また、そのできた傷《きず》。

**くっせつ【屈折】** 名 動-する ❶折《お》れ曲《ま》がること。例 屈折する川《かわ》。❷こみ入《い》って、ゆがむこと。例 屈折した気《き》持《も》ち。❸〔理《り》科《か》で〕光《ひかり》が、空《くう》気《き》中《ちゅう》から水《すい》中《ちゅう》に入《はい》るときなどに、その境《さかい》目《め》で方向《ほうこう》を変《か》えること。例 屈折率《りつ》。

**くったく【屈託】** 名 何《なに》かを気《き》にして、くよ

くよすること。例屈託《くったく》を抱《かか》えている。

**屈託《くったく》がない** 気《き》がかりなことが何《なに》もない。例ほがらかで屈託がない人《ひと》。

**ぐったり** 副(-と) 動-する 弱《よわ》って力《ちから》のぬけたようす。例暑《あつ》さでぐったりしている。

**くっつく** 動 ❶ぴったりとつく。例服《ふく》にペンキがくっつく。❷はなれないように、つき従《したが》う。例父《ちち》にくっついて歩《ある》く。

**くってかかる【食ってかかる】** 動 興奮《こうふん》して激《はげ》しく逆《さか》らう。例審判《しんぱん》に食ってかかる。

**ぐっと** 副 ❶力《ちから》を入《い》れるようす。例綱《つな》をぐっと引《ひ》っぱる。❷ひと息《いき》に。例水《みず》をぐっと飲《の》み干《ほ》す。❸心《こころ》に強《つよ》く感《かん》じるようす。例胸《むね》にぐっと来《く》る。❹いちだんと。ずっと。例前《まえ》よりもぐっといい。

**くつばこ【靴箱】** 名 ⇩げたばこ 399ページ

**グッピー** 名 南《みなみ》アメリカの熱帯《ねったい》の川《かわ》にすむ、メダカに似《に》た魚《さかな》。観賞魚《かんしょうぎょ》としても飼《か》う。

**くっぷく【屈服】** 名 動-する 負《ま》けて、従《したが》うこと。屈従《くつじゅう》。例敵《てき》に屈服する。

**くつべら【靴べら】** 名 靴《くつ》を楽《らく》にはくために、かかとに当《あ》てて使《つか》うへら。

**くつろぐ** 動 体《からだ》も心《こころ》ものんびりと楽《らく》にする。例日曜日《にちようび》は家《いえ》でくつろぐ。

**くつわ** 名 たづなをつけるために、馬《うま》の口《くち》につける金具《かなぐ》。⇩くら(鞍) 375ページ

**くつわむし** 名 暖《あたた》かい地方《ちほう》の草《くさ》むらにすむ昆虫《こんちゅう》。キリギリスの仲間《なかま》で、体《からだ》は緑色《みどりいろ》か茶《ちゃ》色《いろ》をしている。夏《なつ》の夜《よる》に「ガチャガチャ」とにぎやかに鳴《な》く。ガチャガチャ。⇩きりぎりす 346ページ

✤**くてん【句点】** 名 〔国語《こくご》で〕文《ぶん》の終《お》わりのしるしとして、右下《みぎした》に小《ちい》さくつける点《てん》。まる。「。」のしるし。⇩くとうてん 370ページ

**くどい** 形 ❶同《おな》じようなことを何度《なんど》も言《い》って、しつこい。例話《はなし》がくどい。❷味《あじ》や色《いろ》がこすぎる。例あまみがくどい。

**くとう【苦闘】** 名 動-する 苦《くる》しみながら一生《いっしょう》懸命《けんめい》闘《たたか》うこと。例悪戦《あくせん》苦闘。

✤°**くとうてん【句読点】** 名 〔国語《こくご》で〕句点《くてん》「。」と読点《とうてん》「、」のこと。句点《くてん》は文《ぶん》の終《お》わりに、読点《とうてん》は文《ぶん》の途中《とちゅう》につける。⇩ふろく(11)ページ

**くどく【功△徳】** 名 ❶神《かみ》や仏《ほとけ》のめぐみ。ごりやく。❷人《ひと》のためになるような、いい行《おこな》い。例人《ひと》に功徳をほどこす。

**くどく【口説く】** 動 相手《あいて》を自分《じぶん》の考《かんが》えどおりにしようとして、あれこれとしきりに言《い》う。例父《ちち》を口説いて自転車《じてんしゃ》を買《か》ってもらう。

**くどくど** 副(-と) 同《おな》じことを、くり返《かえ》して言《い》うようす。例くどくどと言《い》い訳《わけ》する。

**くないちょう【宮△内庁】** 名 皇室《こうしつ》に関《かん》する事務《じむ》の仕事《しごと》をする役所《やくしょ》。

**くなしりとう〖国後島〗** 地名 千島列島《ちしまれっとう》の西《にし》のはしにある島《しま》。北海道《ほっかいどう》のすぐ東方《とうほう》にある。日本《にっぽん》の領土《りょうど》だが、ロシアが占領《せんりょう》している。

**例解 ! ことばの勉強室**

**句読点《くとうてん》について**

入《い》り口《ぐち》にこんな立《た》て札《ふだ》があった。

「ここではきものをぬいでください。」

これを見《み》たある人《ひと》、いきなり着物《きもの》をぬいで、はだかになった。周《まわ》りの人《ひと》は大笑《おおわら》い。

どうしてこんなことになったのだろう。

答《こた》えは簡単《かんたん》だ。「、」(=読《とう》点《てん》)一《ひと》つで、着物《きもの》をぬがずにすむ。

「ここで、はきものをぬいでください。」

つまり、「はきもの」をぬげばよかったのだった。

読点《とうてん》は、一《ひと》つの文《ぶん》の中《なか》で、言葉《ことば》の切《き》れや続《つづ》きをはっきりさせるときに打《う》つ。それに対《たい》して、「。」(=句点《くてん》)は、一《ひと》つの文《ぶん》を言《い》い切《き》ったときに打《う》つ。

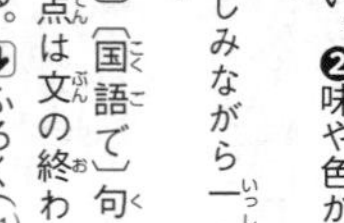


**くなん【苦難】** 名 苦《くる》しみ。難儀《なんぎ》。例苦難をのりこえる。

°**くに【国】** 名 ❶国家《こっか》。例日本《にっぽん》の国。❷生《う》まれた土地《とち》。ふるさと。例国の母《はは》から手紙《てがみ》が来《き》た。❸ある広《ひろ》がりを持《も》った土地《とち》。例不思議《ふしぎ》の国。❹昔《むかし》、日本《にっぽん》を小《ちい》さく分《わ》けていた一《ひと》つ一《ひと》つ

石炭《せきたん》や鉄《てつ》などの鉱業《こうぎょう》が中心《ちゅうしん》で、相撲《すもう》を通《とお》して日本《にっぽん》との交流《こうりゅう》も深《ふか》い。首都《しゅと》ウランバートル。人口《じんこう》約《やく》340万人《まんにん》。略称《りゃくしょう》

つの地域《ちいき》。例 信濃《しなの》の国。⇩こく【国】453ページ

**国破《くにやぶ》れて山河《さんが》あり** 国《くに》はいくさに負《ま》けてほろびても、山《やま》や川《かわ》の自然《しぜん》は昔《むかし》と変《か》わらない姿《すがた》だ。参考「城春《しろはる》にして草木深《そうもくふか》し」と続《つづ》く、中国《ちゅうごく》の杜甫《とほ》が書《か》いた詩《し》の一部分《いちぶぶん》。

**国《くに》を挙《あ》げて** 国《くに》じゅうのみんながそろって。例 国を挙げて祝《いわ》う。

✤**くにがまえ** 名 漢字《かんじ》の部首《ぶしゅ》で、「かまえ」の一《ひと》つ。「国《こく》」「囲《い》」「回《かい》」などの「口」の部分《ぶぶん》。周《まわ》りを取《と》り巻《ま》くという意味《いみ》のある字《じ》が多《おお》い。

**くにがら【国柄°】** 名 その国《くに》や地方《ちほう》の特色《とくしょく》。おくにがら。例 住《す》まいにもお国柄が表《あらわ》れる。

**くにくのさく【苦肉の策】** 苦《くる》しまぎれに考《かんが》え出《だ》したやり方《かた》。例 困《こま》り果《は》てて、苦肉の策を講《こう》じた。

**くにざかい【国境】** 名 国《くに》と国《くに》、または、地方《ちほう》と地方《ちほう》との境目《さかいめ》。国境《こっきょう》。

**くにさきはんとう〔国東半島〕** 地名 大分県《おおいたけん》の北東部《ほくとうぶ》にあり、瀬戸内海《せとないかい》につき出《で》た、ほぼ円形《えんけい》の半島《はんとう》。

**くにもと【国元】** 名 自分《じぶん》の生《う》まれた土地《とち》。ふるさと。例 国元の母《はは》から手紙《てがみ》が来《き》た。

**くぬぎ** 名 暖《あたた》かい地方《ちほう》の山地《さんち》に生《は》える高木《こうぼく》。まるい実《み》〔=どんぐり〕がなる。樹液《じゅえき》には、昆《こん》虫《ちゅう》が集《あつ》まる。⇩どんぐり955ページ

**くねくね** 副(-と) ゆるやかに何度《なんど》も曲《ま》がるようす。例 くねくね曲《ま》がる山道《やまみち》。

**くねる** 動 いくつにもゆるく折《お》れ曲《ま》がる。例 体《からだ》をくねらせる。曲《ま》がりくねった道《みち》。

**くのう【苦悩°】** 名 動-する 苦《くる》しみ、なやむこと。例 苦悩に満《み》ちた日々《ひび》。

**くはい【苦杯°】** 名 〔苦《にが》い飲《の》み物《もの》を入《い》れた杯《さかずき》の意味《いみ》から〕つらく、いやな経験《けいけん》。

**苦杯《くはい》をなめる** くやしい経験《けいけん》をする。苦杯《くはい》をきっする。苦汁《くじゅう》をなめる。例 あと一勝《いっしょう》というところで苦杯をなめる結果《けっか》となった。

°**くばる【配る】** 動 ❶分《わ》けて、わたす。例 プリントを配る。❷気持《きも》ちを行《い》きわたらせる。例 周《まわ》りに気《き》を配る。⇩はい【配】1025ページ

°**くび【首】** 名 ❶頭《あたま》と胴体《どうたい》の間《あいだ》の細《ほそ》いところ。❷頭《あたま》。例 窓《まど》から首を出《だ》す。❸「❶」のように細《ほそ》くなったところ。例 びんの首。❹勤《つと》めをやめさせること。また、やめさせられること。⇩しゅ【首】590ページ

**首《くび》がつながる** 職《しょく》をやめさせられないですむ。例 大臣《だいじん》の首がつながった。

**首《くび》が飛《と》ぶ** 職《しょく》をやめさせられる。

**首《くび》が回《まわ》らない** 借《か》りたお金《かね》が返《かえ》せなくなって、どうにもならない。

**首《くび》にする** 勤《つと》めや仕事《しごと》をやめさせる。例 やる気《き》のないアルバイトを首にする。

**首《くび》になる** 勤《つと》めや仕事《しごと》をやめさせられる。例 会社《かいしゃ》を首になる。

**首《くび》をかしげる** 首《くび》を曲《ま》げて、どうもへんだと考《かんが》える。例 弟《おとうと》の話《はなし》に首をかしげる。

**首《くび》を切《き》る** ❶刀《かたな》などで、首《くび》をたち切《き》る。❷勤《つと》めや仕事《しごと》をやめさせる。首《くび》にする。

**首《くび》をすくめる** (不安《ふあん》やおどろきなどで)首《くび》をちぢませる。例 大声《おおごえ》でしかられて、首をすくめた。

**首《くび》をすげ替《か》える** 職《しょく》や役目《やくめ》についている人《ひと》を交代《こうたい》させる。例 大臣《だいじん》の首をすげ替える。

**首《くび》を縦《たて》に振《ふ》る** 承知《しょうち》する。賛成《さんせい》する。例 頼《たの》んでもなかなか首を縦に振らない。

**首《くび》を突《つ》っ込《こ》む** 自分《じぶん》から進《すす》んで関係《かんけい》する。例 児童会《じどうかい》の活動《かつどう》に首を突っこむ。

**首《くび》を長《なが》くする** 待《ま》ちこがれる。例 おみやげを首を長くして待《ま》っている。

**首《くび》をひねる** ❶いろいろ考《かんが》える。例 首をひねっても、よい知恵《ちえ》が出《で》ない。❷疑《うたが》わしいと思《おも》う。例 説明《せつめい》に首をひねる。

**首《くび》を横《よこ》に振《ふ》る** 承知《しょうち》できない。賛成《さんせい》できない。

**くびかざり【首飾り°】** 名 首《くび》にかける飾《かざ》り。ネックレス。例 真珠《しんじゅ》の首飾り。

**くびきり【首切り】** 名 ❶首《くび》を切《き》り落《お》とすこと。❷勤《つと》めや仕事《しごと》をやめさせること。参考 ❶は「首斬《くびき》り」とも書《か》く。

**くびすじ【首筋】** 名 首《くび》の後《うし》ろ。えり首《くび》。

**くびっぴき【首っ引き】** 名 そばからはなさないで、いつも見《み》ながらすること。例 辞書《じしょ》と首っ引きで本《ほん》を読《よ》む。

**くびねっこ【首根っこ】** 名 首《くび》の根《ね》もと。

**首根《くびね》っこを押《お》さえる** 弱点《じゃくてん》や急所《きゅうしょ》を押《お》さえて、身動《みうご》きできないようにする。例 首根





世界の国 モンゴル アジア北東部《ほくとうぶ》にあり、中国《ちゅうごく》とロシアにはさまれた国《くに》。1992年社会主義国《ねんしゃかいしゅぎこく》から移行《いこう》した。畜産業《ちくさんぎょう》と
MGL。

っこを押さえられているので、勝手《かって》なことはできない。

**くびれる** 動 両《りょう》はしがふくれていて、中《なか》ほどが細《ほそ》くなっている。例 ひょうたんは、胴《どう》がくびれている。

**くびわ【首輪】** 名 イヌやネコなどの、首《くび》にはめる輪《わ》。例 イヌに首輪をつける。

**°くふう【工夫】** 名 動-する よい方法《ほうほう》をいろいろ考《かんが》えること。また、考《かんが》えついた方法《ほうほう》。例 味《あじ》つけに工夫を加《くわ》える。

**工夫《くふう》を凝《こ》らす** よい方法《ほうほう》をさまざまに考《かんが》える。例 部屋《へや》の飾《かざ》りつけに工夫を凝らす。

**■くぶくりん【九分九厘】** 一 名 ほぼまちがいないこと。十中八九《じっちゅうはっく》。例 九分九厘までできた。二 副 まちがいなく。例 九分九厘だめだろう。

**くぶどおり【九分通り】** 副 十《じゅう》のうち、九《きゅう》ほど。ほとんど全部《ぜんぶ》。大部分《だいぶぶん》。例 宿題《しゅくだい》は九分通りできた。

**くぶん【区分】** 名 動-する 全体《ぜんたい》をいくつかに分《わ》けること。区《く》分《わ》け。

**°くべつ【区別】** 名 動-する ちがいや種類《しゅるい》によって分《わ》けること。例 帽子《ぼうし》の色《いろ》で区別する。

**くべる** 動 火《ひ》の中《なか》に入《い》れて燃《も》やす。たく。例 暖炉《だんろ》にまきをくべる。

**くぼち【窪地】** 名 周《まわ》りよりへこんでいる土《と》地《ち》。例 くぼ地に水《みず》がたまる。

**くぼみ【窪み】** 名 周《まわ》りより低《ひく》く、へこんだ所《ところ》。例 車輪《しゃりん》がくぼみにはまる。

**°くぼむ【窪む】** 動 周《まわ》りよりも低《ひく》く落《お》ちこむ。へこむ。例 道《みち》のくぼんだ所《ところ》。

**くま【熊】** 画数 14 部首 灬(れんが) 4年

音 ―― 訓 くま

筆順 熊

山《やま》にすむけもの。クマ。熟語 大熊座《おおぐまざ》。

**くま【熊】** 名 山《やま》にすむ大《おお》きなけもの。日本《にっぽん》にはツキノワグマ・ヒグマがいる。冬《ふゆ》になると、穴《あな》に入《はい》って冬眠《とうみん》する。

**くま** 名 ❶目《め》の周《まわ》りにできる、色《いろ》の黒《くろ》ずんだところ。❷物《もの》のすみ。

**くまざさ** 名 山《やま》や野《の》に生《は》え、冬《ふゆ》は大《おお》きな葉《は》のふちがかれて白《しろ》くなるササ。

**くまそ【熊襲】** 名 昔《むかし》、九州《きゅうしゅう》の南部《なんぶ》に住《す》んでいた人々《ひとびと》。

**くまで【熊手】** 名 ❶落《お》ち葉《ば》などをかき寄《よ》せる道具《どうぐ》。クマのつめのように、先《さき》がかぎ形《がた》に曲《ま》がっている。❷酉《とり》の市《いち》で売《う》っている、竹《たけ》で作《つく》ったかざり物《もの》。

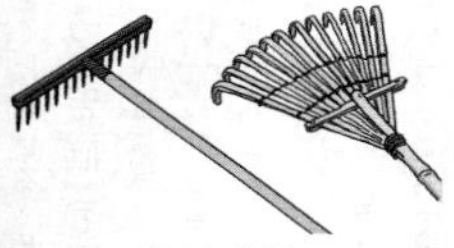

〔くまで❶〕

〔くまで❷〕

**くまどり【くま取り】** 名 動-する 歌舞伎《かぶき》の役者《やくしゃ》が役《やく》の特徴《とくちょう》を表《あらわ》すために、顔《かお》をいろどること。また、その模様《もよう》。

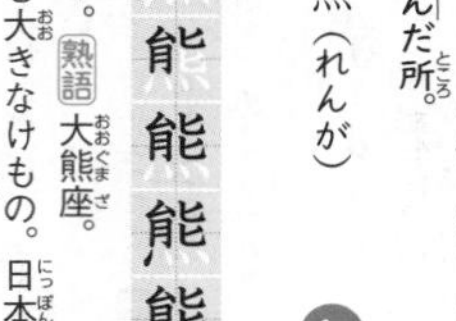

〔くまどり〕

**くまなく** 副 残《のこ》るところなく。すみずみまで。例 学校《がっこう》の中《なか》をくまなくさがす。

**くまのがわ【熊野川】** 地名 三重《みえ》と和歌山《わかやま》の県境《けんざかい》を流《なが》れて、熊野灘《くまのなだ》に注《そそ》ぐ川《かわ》。新宮川《しんぐうがわ》。

**くまのなだ【熊野灘】** 地名 紀伊半島《きいはんとう》の南東《なんとう》の海《うみ》。航海《こうかい》の難所《なんしょ》として知《し》られる。

**くまばち【熊蜂】** 名 体《からだ》が丸《まる》くて毛深《けぶか》い大《おお》きなハチ。胸《むね》は黄色《きいろ》、羽《はね》は茶色《ちゃいろ》で他《ほか》は黒《くろ》い。クマンバチ。⇩はち(蜂) 1047ページ

**くまもとけん【熊本県】** 地名 九州《きゅうしゅう》の中央部《ちゅうおうぶ》の西側《にしがわ》にある県《けん》。県庁《けんちょう》は熊本市《くまもとし》にある。

**くまんばち** 名 ❶⇩すずめばち 684ページ。❷⇩くまばち 372ページ

**°くみ** 名 一【組み】❶組《く》むこと。また、組《く》んだもの。例 活字《かつじ》の見本《みほん》組み。❷ひとそろいになること。例 男女《だんじょ》が組みになる。二【組】❶そろいになった物《もの》。例 ふとんひと組。❷仲間《なかま》。例 仲《なか》よしの三人《さんにん》組。❸学級《がっきゅう》。クラス。⇩そ【組】740ページ

**ぐみ** 名 庭《にわ》にも植《う》える低木《ていぼく》。夏《なつ》から秋《あき》に小《ちい》さな赤《あか》い実《み》がたくさんなり、食《た》べられる。

**グミ** 〔ドイツ語〕名 ゴムのような歯《は》ごたえのあ

るあめ菓子《かし》。グミキャンディー。

**くみあい**【組合】名 同《おな》じ目的《もくてき》を持《も》つ人《ひと》たちが、たがいに助《たす》け合《あ》うために作《つく》った団体《だんたい》。例 労働《ろうどう》組合。

**くみあわせ**【組み合わせ】名 ❶いくつかの物《もの》を集《あつ》めて、セットにしたもの。❷競《きょう》技《ぎ》などで、相手《あいて》を決《き》めて組《くみ》にしたもの。

**くみあわせる**【組み合わせる】動 ❶二《ふた》つ以上《いじょう》の物《もの》を合《あ》わせて、ひとそろいのものにする。例 果物《くだもの》を組み合わせてかごに盛《も》る。❷競技《きょうぎ》の相手《あいて》を決《き》める。

**くみいれる**【組み入れる】動 全体《ぜんたい》の中《なか》の一部《いちぶ》に新《あたら》しく入《い》れる。例 計画《けいかく》に組み入れる。

**くみおき**【汲み置き】名 動-する 水《みず》をくんで、用意《ようい》しておくこと。例 くみ置きの水《みず》でお茶《ちゃ》をいれる。

**くみかえる**【組み替える】動 今《いま》までの組《く》み方《かた》をやめて、組《く》み直《なお》す。例 グループを組み替える。参考「組《く》み換《か》える」とも書《か》く。

**くみかわす**【酌み交わす】動 さかずきをやりとりして、いっしょに酒《さけ》を飲《の》む。

**くみきょく**【組曲】名〔音楽《おんがく》で〕曲《きょく》の形式《けいしき》の一《ひと》つ。いくつかの小《ちい》さな曲《きょく》を組《く》み合《あ》わせて、一《ひと》つの曲《きょく》にまとめたもの。

**くみこむ**【組み込む】動 全体《ぜんたい》の仕組《しく》みの中《なか》にきちんと入《い》れる。組《く》み入《い》れる。例 予定《よてい》に組み込む。

**くみしやすい** 形 相手《あいて》として扱《あつか》いやすい。例 くみしやすい相手《あいて》。

**くみする** 動 仲間《なかま》になる。味方《みかた》する。例 どちらにもくみしない。

**くみたいそう**【組み体操】名 何人《なんにん》かが組《く》み合《あ》って、さまざまな形《かたち》をつくる体操《たいそう》。手《て》をつなぎ合《あ》って扇《おうぎ》をつくったり、肩《かた》に乗《の》って塔《とう》をつくったりする。

**くみたて**【組み立て】名 ❶組《く》み合《あ》わせて作《つく》り上《あ》げること。例 組み立て式《しき》の家具《かぐ》。❷仕組《しく》み。構造《こうぞう》。例 文章《ぶんしょう》の組み立て。

°**くみたてる**【組み立てる】動 材料《ざいりょう》を組《く》み合《あ》わせて、作《つく》り上《あ》げる。例 棚《たな》を組み立てる。

**くみとる**【汲み取る】動 ❶水《みず》などを、くんで取《と》り出《だ》す。例 海水《かいすい》をくみ取る。❷人《ひと》の気持《きも》ちを考《かんが》える。おし量《はか》る。例 作《つく》った人《ひと》の気持《きも》ちをくみ取って大切《たいせつ》に使《つか》う。

**くみふせる**【組み伏せる】動 組《く》みついて、相手《あいて》を押《お》さえこむ。例 犯人《はんにん》を組み伏せる。

**くみん**【区民】名 区内《くない》に住《す》んでいる人《ひと》。

**くむ**【酌む】動 ❶さかずきなどに酒《さけ》をつぐ。例 酒《さけ》を酌む。❷人《ひと》の気持《きも》ちをおし量《はか》る。例 相手《あいて》の意向《いこう》を酌む。⇩しゃく【酌】584ページ

°**くむ**【組む】動 ❶組《く》み合《あ》わせる。例 腕《うで》を組む。❷組《く》み立《た》てる。例 足場《あしば》を組む。予定《よてい》を組む。❸仲間《なかま》になる。いっしょになる。例 友達《ともだち》と組む。❹(すもうなどで)取《と》り組《く》む。例 四《よ》つに組む。⇩そ【組】740ページ

°**くむ**【汲む】動 ❶水《みず》をすくい取《と》る。例 谷川《たにがわ》の水《みず》をくむ。❷お茶《ちゃ》などを、器《うつわ》に注《そそ》ぐ。❸人《ひと》の気持《きも》ちを思《おも》いやる。例 つらい気持《きも》ちをくむ。

**くめん**【工面】名 動-する あれこれ苦心《くしん》して、お金《かね》などを用意《ようい》すること。例 お金《かね》を工面して、恩師《おんし》へのみやげを買《か》う。

°**くも**【雲】名 空《そら》の高《たか》い所《ところ》で、冷《ひ》えた水蒸気《すいじょうき》が小《ちい》さな水《みず》や氷《こおり》のつぶとなって、たくさん集《あつ》まって、うかんでいるもの。例 入道雲《にゅうどうぐも》。雨雲《あまぐも》。⬇374ページ／⇩うん【雲】120ページ

**雲《くも》をつかむよう** ぼんやりしていて、つかまえどころがないようす。例 雲をつかむような話《はなし》。

**雲《くも》をつく** 非常《ひじょう》に背《せ》が高《たか》いことのたとえ。例 雲をつくような大男《おおおとこ》が立《た》っていた。

**くも**【〈蜘蛛〉】名 木《き》の枝《えだ》などに、糸《いと》を出《だ》して巣《す》を張《は》り、虫《むし》をとらえて食《た》べる動物《どうぶつ》。地《ち》中《ちゅう》に巣《す》を作《つく》るものもいる。頭《あたま》と胸《むね》の部分《ぶぶん》は小《ちい》さく、腹《はら》の部分《ぶぶん》は大《おお》きい。足《あし》は八本《はっぽん》あり、昆《こん》虫《ちゅう》ではない。

**くもの子《こ》を散《ち》らすよう**〔くもの子《こ》の入《はい》っているふくろを破《やぶ》ると、子《こ》が四方《しほう》にぱっと散《ち》ってにげることから〕大勢《おおぜい》の人《ひと》が、四方《しほう》にぱっとにげるようす。

**くもあし**【雲足・雲脚】名 雲《くも》の動《うご》き。雲行《くもゆ》き。例 雲足が速《はや》い。

**くもがくれ**【雲隠れ】名 動-する ❶月《つき》が雲《くも》にかくれること。❷にげて、姿《すがた》をかくすこ





世界の国 モンテネグロ　ヨーロッパ東部《とうぶ》のバルカン半島《はんとう》にある国《くに》。福島県《ふくしまけん》とほぼ同《おな》じ大《おお》きさ。セルビアとともに、ユーリツァ。人口約《じんこうやく》62万人《まんにん》。略称《りゃくしょう》MNE。

と。例 犯人《はんにん》が雲隠れした。

**くもつ**【供物】名 神《かみ》や仏《ほとけ》に供《そな》えるもの。お供《そな》え物《もの》。お供物《くもつ》。

**くものいと**〔蜘蛛の糸〕作品名 芥川龍《あくたがわりゅう》之介《のすけ》の書《か》いた童話《どうわ》。おしゃかさまが、一度《いちど》だけよいことをした泥棒《どろぼう》のカンダタを、くもの糸《いと》で地獄《じごく》から助《たす》けようとする話《はなし》。

**くものみね**【雲の峰】夏《なつ》に、山《やま》のように盛《も》り上《あ》がった雲《くも》。入道雲《にゅうどうぐも》。積乱雲《せきらんうん》。

**くもま**【雲間】名 雲《くも》の切《き》れた所《ところ》。例 雲間から太陽《たいよう》がのぞく。

**くもゆき**【雲行き】名 ❶雲《くも》の動《うご》くようす。雲足《くもあし》。例 降《ふ》り出《だ》しそうな雲行き。❷なりゆき。例 雲行きがあやしい〔=ものごとのなりゆきが悪《わる》くなりそうだ〕。

**くもり**【曇り】名 ❶空《そら》が雲《くも》でおおわれていること。例 雨《あめ》のち曇り。❷ぼやけて、はっきりしないこと。例 レンズの曇り。

**くもりガラス**【曇りガラス】名 ⇩すりガラス 262ページ

**くもる**【曇る】動 ❶空《そら》が雲《くも》でおおわれる。例 空《そら》が曇る。❷ぼんやりかすむ。例 湯気《ゆげ》で眼鏡《めがね》が曇る。❸晴《は》れ晴《ば》れしない。例 顔《かお》が曇る。対(❶・❸)晴《は》れる。⇩どん【曇】955ページ

**くもん**【苦悶】名 動-する 苦《くる》しみ、もだえること。例 苦もんの表情《ひょうじょう》。

**ぐもん**【愚問】名 つまらない質問《しつもん》。

**くやくしょ**【区役所】名 区《く》の仕事《しごと》をする役所《やくしょ》。

**くやしい**【悔しい】形 残念《ざんねん》だ。しゃくにさわる。例 負《ま》けて悔しい。⇩かい【悔】195ページ

**くやしがる**【悔しがる】動 悔《くや》しいと思《おも》う。悔《くや》しい気持《きも》ちを外《そと》に表《あらわ》す。例 入選《にゅうせん》できなくて、兄《あに》はひどく悔しがった。

**くやしなき**【悔し泣き】名 動-する 悔《くや》しがって泣《な》くこと。例 負《ま》けて悔し泣きする。

**くやしなみだ**【悔し涙】名 悔《くや》しくてたまらなくなったとき、思《おも》わず出《で》る涙《なみだ》。

**くやしまぎれ**【悔し紛れ】名 形動 あまりに悔《くや》しくて、いいか悪《わる》いかも考《かんが》えずにすること。例 悔し紛れに母《はは》にあたった。

**くやみ**【悔やみ】名 ❶悔《くや》しく思《おも》うこと。くい。後悔《こうかい》。❷人《ひと》の死《し》をおしんで、なぐさめること。また、その言葉《ことば》。例 お悔やみを言《い》う。

**くやむ**【悔やむ】動 ❶悔《くや》しく思《おも》う。残念《ざんねん》がる。後悔《こうかい》する。例 今《いま》さら悔やんでも始《はじ》まらない。❷人《ひと》の死《し》をおしんで、なぐさめる。例 友《とも》の死《し》を悔やむ。⇩かい【悔】195ページ

**くゆらす**動 煙《けむり》をゆるやかに立《た》てる。くゆらせる。例 パイプをくゆらす。

**くよう**【供養】名 動-する 死者《ししゃ》の霊《れい》に供《そな》え物《もの》をして、あの世《よ》での幸《しあわ》せをいのること。例 先《せん》祖《ぞ》を供養する。

**くよくよ**副(-と) 動-する たいしたことでもないのに、いつまでも心配《しんぱい》するようす。例 つまらないことにくよくよするな。

**くら**【倉】名 穀物《こくもつ》や身《み》の回《まわ》りの品《しな》をしまっておく建物《たてもの》。倉庫《そうこ》。⇩そう【倉】741ページ

**くら**【蔵】名 だいじなものを、火事《かじ》などから

〔くも〕

守《まも》るために、しまっておく建《たて》物《もの》。↓ぞう【蔵】744ページ

**くら【鞍◆】**名 人《ひと》や荷《に》物《もつ》を乗《の》せるために、馬《うま》の背《せ》中《なか》に置《お》く道《どう》具《ぐ》。

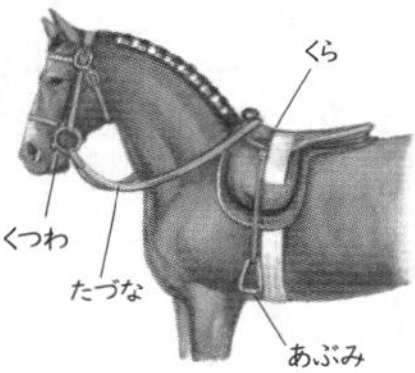

〔くら(鞍)〕

**クラーク** 人名 (男)(一八二六～一八八六)アメリカの教《きょう》育《いく》者《しゃ》。札《さっ》幌《ぽろ》農《のう》学《がっ》校《こう》〔=今《いま》の北《ほっ》海《かい》道《どう》大《だい》学《がく》〕で教《おし》え、すぐれた人《じん》材《ざい》を育《そだ》てた。学《がく》生《せい》に「少《しょう》年《ねん》よ大《たい》志《し》をいだけ」という言《こと》葉《ば》を残《のこ》した。

**°くらい【位】**名 ❶身《み》分《ぶん》。地《ち》位《い》。例 王《おう》の位にのつく。❷〔算《さん》数《すう》で〕数《かず》の十《じゅう》倍《ばい》ごとにつける呼《よ》び名《な》。例 位取《ど》り。百《ひゃく》の位。↓い【位】50ページ

**°くらい【暗い】**形 ❶光《ひかり》がささない。光《ひかり》がない。例 暗い部《へ》屋《や》。❷色《いろ》がくすんでいる。例 暗い色《いろ》の表《ひょう》紙《し》。❸晴《は》れ晴《ば》れしない。例 暗い気《き》分《ぶん》になる。❹望《のぞ》みが持《も》てない。例 見《み》通《とお》しが暗い。❺よく知《し》らない。例 地《ち》理《り》に暗い。対(❶～❺)明《あか》るい。↓あん【暗】46ページ

**くらい** 助 ❶およその数《すう》量《りょう》や程《てい》度《ど》を表《あらわ》す。例 おかしいくらい魚《さかな》が釣《つ》れる。❷示《しめ》したことがらの程《てい》度《ど》を軽《かる》く、または重《おも》く見《み》る気《き》持《も》ちを表《あらわ》す。例 逆《さか》上《あ》がりくらい楽《らく》にできる。彼《かれ》くらい勉《べん》強《きょう》する人《ひと》はいない。参考「ぐらい」ともいう。

**ぐらい** 助 ↓くらい 助 375ページ

**くらいする【位する】**動 場《ば》所《しょ》や位《い》置《ち》をしめる。例 実《じつ》力《りょく》は世《せ》界《かい》のトップに位する。

**グライダー**〔英語 glider〕名 エンジンやプロペラがなく、つばさに受《う》ける風《かぜ》の力《ちから》や気《き》流《りゅう》に乗《の》って飛《と》ぶ飛《ひ》行《こう》機《き》。

**くらいつく【食△らい付く】**動 ❶食《く》いつく。かみつく。例 えさに食らい付く。❷とりついて離《はな》れない。例 野《や》球《きゅう》中《ちゅう》継《けい》でテレビに食らい付いている。

**くらいどり【位取り】**名〔算《さん》数《すう》で〕一《いち》、十《じゅう》、百《ひゃく》、千《せん》など、数《かず》の位《くらい》を決《き》めること。

**✤クライマックス**〔英語 climax〕名 だんだん高《たか》まって、いちばん盛《も》り上《あ》がった場《ば》面《めん》。山《やま》場《ば》。最《さい》高《こう》潮《ちょう》。例 ここからが映《えい》画《が》のクライマックスだ。

**くらう【食△らう】**動 ❶「食《く》う」の、ぞんざいな言《い》い方《かた》。❷よくない目《め》にあう。例 不《ふ》意《い》を食らう。↓しょく【食】640ページ

**例解 ことばを広げよう！**

**悔《くや》しい**
いろいろな「悔《くや》しい」

**恨《うら》めしい**
情《なさ》けない

**腹《はら》立《だ》たしい**
いまいましい
しゃくだ
がっかりだ

**口《くち》惜《お》しい**
惜《お》しい

悔《く》いる
悔《くや》しがる

**悔《く》やむ**
恨《うら》む
嘆《なげ》く

**残《ざん》念《ねん》**
**無《む》念《ねん》**
**落《らく》胆《たん》**
失《しつ》望《ぼう》

**後《こう》悔《かい》**
未《み》練《れん》
遺《い》憾《かん》

不《ふ》満《まん》足《ぞく》
不《ふ》本《ほん》意《い》
屈《くつ》辱《じょく》
心《しん》外《がい》

涙《なみだ》をのむ
**地《じ》団《だん》駄《だ》を踏《ふ》む**
**歯《は》ぎしりをする**
**くちびるを噛《か》む**
悔《く》いを残《のこ》す

**後《こう》悔《かい》先《さき》に立《た》たず**
後《あと》の祭《まつ》り
覆《ふく》水《すい》盆《ぼん》に返《かえ》らず
意《い》気《き》消《しょう》沈《ちん》

むしゃくしゃ
むかむか
いらいら
きりきり

**がっくり**
しゅんと

**くよくよ**
しくしく
いじいじ
うじうじ
じくじく



世界の国 ヨルダン　アラビア半《はん》島《とう》北《ほく》西《せい》部《ぶ》にある国《くに》。北《ほっ》海《かい》道《どう》よりやや広《ひろ》いが、国《こく》土《ど》の８割《わり》が砂《さ》漠《ばく》。小《こ》麦《むぎ》や果《くだ》物《もの》がとれる。

**クラウチングスタート**〔英語 crouching start〕名 短距離競走《たんきょりきょうそう》のスタートのしかた。両手《りょうて》を肩《かた》はばぐらいに離《はな》して地面《じめん》につけ、かがんだ姿勢《しせい》から足《あし》をけってとび出《だ》す。対 スタンディングスタート。

**クラウド**〔英語 cloud〕名 インターネット上《じょう》の幅広《はばひろ》いサービスを、必要《ひつよう》なときに必要《ひつよう》なだけ利用《りよう》できるシステム。参考「クラウド」は「雲《くも》」という意味《いみ》の英語《えいご》。

°**グラウンド**〔英語 ground〕名 運動場《うんどうじょう》。競技場《きょうぎじょう》。グランド。

**くらがえ【鞍替え】**名 動-する いままでの仕事《しごと》や勤《つと》めなどをかえること。例 タレントから政治家《せいじか》に鞍替えする。

**くらがり【暗がり】**名 暗《くら》い所《ところ》。対 明《あか》るみ。

**くらく【苦楽】**名 苦《くる》しいことと、楽《たの》しいこと。例 苦楽を共《とも》にした友達《ともだち》。

**クラクション**〔英語 Klaxon〕名 自動車《じどうしゃ》の警笛《けいてき》。

**くらくら** 副(-と) 動-する ❶目《め》まいがしてたおれそうなようす。例 頭《あたま》がくらくらする。❷湯《ゆ》がふっとうしているようす。ぐらぐら。例 ポットがくらくら煮《に》えたっている。

**ぐらぐら** 副(-と) 動-する ❶ひどく揺《ゆ》れ動《うご》くようす。例 地震《じしん》で部屋《へや》がぐらぐら揺《ゆ》れた。❷しっかりしていないようす。例 歯《は》がぐらぐらする。❸湯《ゆ》がはげしく煮《に》えたつようす。くらくら。例 鍋《なべ》がぐらぐらいってるよ。

**くらげ** 名 海《うみ》などの水面《すいめん》の近《ちか》くを、ふわふわと泳《およ》いでいる動物《どうぶつ》。体《からだ》がやわらかく、かさのような形《かたち》をしている。

°**くらし【暮らし】**名 生活《せいかつ》すること。生活《せいかつ》。例 暮らしを立《た》てる〔=生活《せいかつ》していく〕。

**グラジオラス** 名 葉《は》の先《さき》が細長《ほそなが》くとがり、観賞用《かんしょうよう》に植《う》える草花《くさばな》。夏《なつ》のころ、赤《あか》・ピンク・黄色《きいろ》などの花《はな》が咲《さ》く。球根《きゅうこん》で増《ふ》える。

**クラシック**〔英語 classic〕一 名 昔《むかし》から人々《ひとびと》に親《した》しまれている、立派《りっぱ》な芸術作品《げいじゅつさくひん》。古典《こてん》。例 クラシック音楽《おんがく》。二 形動 昔《むかし》ふうのようす。例 クラシックな建物《たてもの》。

**くらしぶり【暮らしぶり】**名 暮《く》らしのようす。例 めぐまれた暮らしぶり。

**くらしむき【暮らし向き】**名 暮《く》らしのぐあい。特《とく》に、お金《かね》の面《めん》から見《み》た生活《せいかつ》の状態《じょうたい》。例 暮らし向きが楽《らく》になった。

°**くらす【暮らす】**動 ❶その日《ひ》を過《す》ごす。生活《せいかつ》する。例 毎日《まいにち》、楽《たの》しく暮らす。❷〔ある言葉《ことば》のあとにつけて〕…し続《つづ》ける。例 毎日《まいにち》、遊《あそ》び暮らす。↓ぼ【暮】1188ページ

°**クラス**〔英語 class〕名 ❶学級《がっきゅう》。組《くみ》。例 クラス会《かい》。❷等級《とうきゅう》。例 A《エー》クラス。

**グラス**〔英語 glass〕名 ❶ガラスのコップ。❷ガラス。例 ステンドグラス。❸めがね。双眼鏡《そうがんきょう》。例 サングラス。

**クラスメート**〔英語 classmate〕名 同《おな》じ学級《がっきゅう》の仲間《なかま》。同級生《どうきゅうせい》。級友《きゅうゆう》。

**グラタン**〔フランス語〕名 ホワイトソースに、

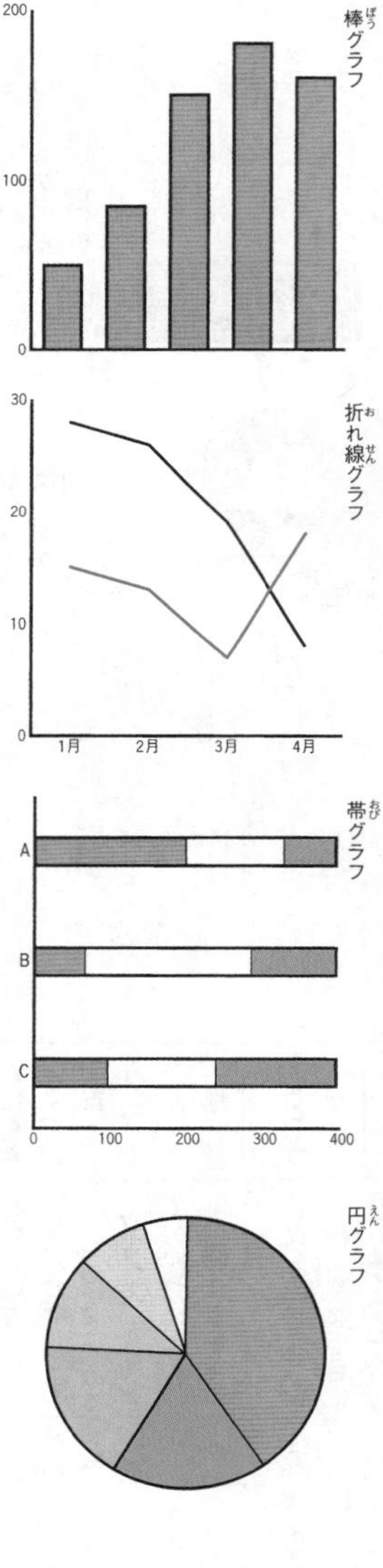

〔グラフ❶〕

あいうえお
かきくけこ
さしすせそ
たちつてと
なにぬねの
はひふへほ
まみむめも
やゆよ
らりるれろ
わをん

マカロニや魚《さかな》・肉《にく》・野菜《やさい》などを混《ま》ぜて皿《さら》に入《い》れ、天火《てんぴ》で焼《や》いた料理《りょうり》。

**クラッカー**〔英語 cracker〕名 ❶塩味《しおあじ》をつけた、うすいビスケット。❷円錐《えんすい》の形《かたち》をしていて、ひもを引《ひ》くと大《おお》きな音《おと》がし、紙《かみ》テープなどが飛《と》び出《だ》すおもちゃ。

**ぐらつく** 動 ❶ぐらぐらと動《うご》く。例 歯《は》がぐらつく。❷心《こころ》が決《き》まらない。例 決心《けっしん》がぐらつく。

**グラデーション**〔英語 gradation〕名 絵《え》や写真《しゃしん》などで、画面《がめん》の明暗《めいあん》や色調《しきちょう》を少《すこ》しずつ変化《へんか》させること。また、その方法《ほうほう》。

**グラビア**〔英語 gravure〕名 雑誌《ざっし》などの写真《しゃしん》のページ。

°**クラブ**〔英語 club〕名 ❶同《おな》じ目的《もくてき》を持《も》った人《ひと》たちの集《あつ》まり。例 サッカークラブ。❷黒《くろ》い「♣」のしるし。また、そのしるしのついたトランプのカード。みつば。❸ゴルフの球《たま》を打《う》つ道具《どうぐ》。

**グラフ**〔英語 graph〕名 ❶〔算数《さんすう》で〕数《かず》や量《りょう》の関係《かんけい》を比較《ひかく》して、わかりやすいように表《あらわ》した図表《ずひょう》。円《えん》グラフ・棒《ぼう》グラフなど。❷写真《しゃしん》や絵《え》の多《おお》い雑誌《ざっし》。画報《がほう》。

例解 ことばの窓

**比《くら》べる を表《あらわ》す言葉《ことば》**

性能《せいのう》を比較《ひかく》する。
訳文《やくぶん》と原文《げんぶん》とを対照《たいしょう》する。
日米《にちべい》の文化《ぶんか》を対比《たいひ》する。

**グラブ** 名 ↓グローブ 382ページ

**グラフィック**〔英語 graphic〕名 形動 写真《しゃしん》や絵《え》、図版《ずはん》を使《つか》って、目《め》にうったえてわかるようにしていること。また、そのような印刷物《いんさつぶつ》。グラフ。

**クラブかつどう【クラブ活動】** 名 研究《けんきゅう》や運動《うんどう》などを、グループを作《つく》って行《おこな》う活動《かつどう》。学校《がっこう》の特別活動《とくべつかつどう》の一《ひと》つ。

**くらべものにならない【比べものにならない】** 差《さ》が大《おお》きすぎて、比《くら》べられない。例 以前《いぜん》とは比べものにならないほど、事故《じこ》が減《へ》った。

✤**くらべよみ【比べ読み】** 名 動する いくつかの文章《ぶんしょう》を比《くら》べながら読《よ》み、共通点《きょうつうてん》やちがい、それぞれの特徴《とくちょう》などをとらえること。

°**くらべる【比べる】** 動 ❶二《ふた》つ以上《いじょう》のものを並《なら》べて、ちがいや特徴《とくちょう》などを調《しら》べる。例 チョウとガとを比べる。❷競争《きょうそう》する。例 力《ちから》を比べる。↓ひ【比】1078ページ

**くらます** 動 ❶居場所《いばしょ》などが、見《み》つからないようにする。例 ゆくえをくらます。❷ごまかす。例 人《ひと》の目《め》をくらます。

**くらむ** 動 ❶強《つよ》い光《ひかり》が急《きゅう》に目《め》に入《はい》って、目《め》の前《まえ》が暗《くら》くなる。例 自動車《じどうしゃ》のライトに目《め》がくらんだ。❷目《め》まいがする。例 谷底《たにそこ》をのぞくと目《め》がくらむ。❸いい悪《わる》いの判断《はんだん》がつかなくなる。例 欲《よく》に目《め》がくらむ。

°**グラム**〔フランス語〕名 メートル法《ほう》で、重《おも》さの単位《たんい》の一《ひと》つ。一《いち》キログラムの千分《せんぶん》の一《いち》。記号《きごう》は「g」。参考 一《いち》グラムの、千分《せんぶん》の一《いち》を「ミリグラム」、千倍《せんばい》を「キログラム」という。↓キログラム 349ページ

**くらもと【蔵元】** 名 日本酒《にほんしゅ》やしょう油《ゆ》をつくっている製造元《せいぞうもと》。また、その経営者《けいえいしゃ》。

**くらやしき【蔵屋敷】** 名 江戸時代《えどじだい》、幕府《ばくふ》や大名《だいみょう》が、領内《りょうない》でとれた米《こめ》や特産物《とくさんぶつ》などを売《う》りさばくために、江戸《えど》や大坂《おおさか》などに作《つく》った、倉庫《そうこ》をかねた屋敷《やしき》。

°**くらやみ【暗闇】** 名 ❶真《ま》っ暗《くら》なこと。真《ま》っ暗《くら》な場所《ばしょ》。例 暗闇の中《なか》を歩《ある》く。❷人目《ひとめ》につかないところ。例 事件《じけん》を暗闇にほうむる。

**クラリネット**〔英語 clarinet〕名 木管楽器《もっかんがっき》の一《ひと》つ。縦笛《たてぶえ》で、ふき口《ぐち》に一枚《いちまい》のリードがあり、高《たか》めの明《あか》るい音《おと》を出《だ》す。↓がっき(楽器) 244ページ

**くらわす【食らわす】** 動 「食《く》わす」「食《く》わせる」の、ぞんざいな言《い》い方《かた》。例 げんこつを食らわす。

**グランド**〔英語 ground〕名 ↓グラウンド 376ページ

**グランプリ**〔フランス語〕名 コンクールやレースなどの、第一位《だいいちい》の賞《しょう》。大賞《たいしょう》。

**くり【庫裏】** 名 ❶お寺《てら》の台所《だいどころ》。❷お寺《てら》の住職《じゅうしょく》やその家族《かぞく》の住《す》まい。

**くり【栗】** 名 野山《のやま》に生《は》え、また、栽培《さいばい》もする木《き》。六月《ろくがつ》ごろ、うす黄色《きいろ》の花《はな》がふさのように咲《さ》く。秋《あき》、いがに包《つつ》まれた茶色《ちゃいろ》の実《み》がなる。





世界の国 ラオス インドシナ半島《はんとう》の内陸《ないりく》にある社会主義国《しゃかいしゅぎこく》。南北《なんぼく》に細長《ほそなが》く、本州《ほんしゅう》とほぼ同《おな》じ大《おお》きさ。米中心《こめちゅうしん》の農業国《のうぎょうこく》

実《み》は、焼《や》いたりして食《た》べる。

**クリア**〔英語 clear〕㊀形動 くもりもなく、はっきりしているようす。例クリアな画面《がめん》。㊁名動-する ❶きれいになくすこと。例古《ふる》いデータをクリアする。❷走《はし》り高《たか》とびなどで、バーを落《お》とさずにとびこすこと。❸サッカーで、ゴール前《まえ》の相手《あいて》の攻撃《こうげき》を、はらいのけること。❹問題《もんだい》となることを、のりこえること。例予選《よせん》をクリアする。参考「クリヤー」ともいう。

**くりあがり**【繰り上がり】名 ❶順《じゅん》に上《うえ》にあがること。例順《じゅん》位《い》が繰り上がりになる。❷〔算数《さんすう》で〕けたが一《ひと》つ上《うえ》になること。

**くりあげる**【繰り上げる】動 ❶順《じゅん》に上《うえ》に送《おく》る。例順《じゅん》位《い》を繰り上げる。❷決《き》めていた時《とき》より、早《はや》くする。例テストを一日《いちにち》繰り上げる。対(❶・❷)繰《く》り下《さ》げる。

**くりあわせる**【繰り合わせる】動 なんとか都合《つごう》をつける。例万障《ばんしょう》〔=いろいろなさしさわり〕繰り合わせておいでください。

**クリーク**〔英語 creek〕名 小《ちい》さい運河《うんが》。水路《すいろ》。参考中国《ちゅうごく》、上海《シャンハイ》付近《ふきん》のものが有名《ゆうめい》。

**クリーナー**〔英語 cleaner〕名 ❶掃除機《そうじき》。❷よごれを取《と》るための薬《くすり》。例レンズクリーナー。

**クリーニング**〔英語 cleaning〕名 ❶洗濯《せんたく》。例ドライクリーニング。❷きれいにすること。例換気扇《かんきせん》のクリーニング。

**クリーム**〔英語 cream〕名 ❶牛乳《ぎゅうにゅう》・卵《たまご》・砂糖《さとう》などを混《ま》ぜて作《つく》った食《た》べ物《もの》。❷はだや髪《かみ》の毛《け》につける化粧品《けしょうひん》。❸くつずみ。❹「アイスクリーム」の略《りゃく》。

**くりいれる**【繰り入れる】動 順《じゅん》に次《つぎ》へ入《い》れる。例来年度《らいねんど》の予算《よさん》に繰り入れる。

**クリーン**〔英語 clean〕形動 ❶きれいなようす。清潔《せいけつ》なようす。例クリーンな環境《かんきょう》。❷あざやかなようす。例クリーンヒット。

**グリーン**〔英語 green〕名 ❶緑色《みどりいろ》。❷しばふや草地《くさち》。❸ゴルフ場《じょう》の、穴《あな》〔=ホール〕の周《まわ》りの、特《とく》に整《ととの》えられた所《ところ》。

**クリーンエネルギー** 名〔日本《にっぽん》でできた英語《えいご》ふうの言葉《ことば》。〕環境《かんきょう》を汚《よご》すことのないエネルギー。太陽光《たいようこう》や太陽熱《たいようねつ》、風力《ふうりょく》、地熱《ちねつ》など。自然《しぜん》エネルギー。

**グリーンマーク** 名〔日本《にっぽん》でできた英語《えいご》ふうの言葉《ことば》。〕再生紙《さいせいし》を利用《りよう》した製品《せいひん》につけるマーク。紙《かみ》のリサイクルを広《ひろ》めることを目的《もくてき》としている。↓マーク❶ 1222ページ

**グリーンランド** 地名 北《きた》アメリカ大陸《たいりく》の北東《ほくとう》、北極海《ほっきょくかい》と北大西洋《きたたいせいよう》の間《あいだ》にある、世界《せかい》でもっとも大《おお》きな島《しま》。デンマークの領土《りょうど》。

✤**くりかえしふごう**【繰り返し符号】名 同《おな》じ字《じ》を重《かさ》ねて書《か》くときに、同《おな》じ字《じ》を書《か》くのをさけるために使《つか》う符号《ふごう》。「人々《ひとびと》」の「々」や、「さゝの葉《は》」の「ゝ」、「ます〱」の「〱」など。おどり字《じ》。重《かさ》ね字《じ》。参考今《いま》は、「ゝ」と「〱」は使《つか》わない。

°**くりかえす**【繰り返す】動 同《おな》じことを何《なん》度《ど》もする。例注意《ちゅうい》を繰り返す。

**くりげ**【くり毛】名 毛《け》の色《いろ》が茶色《ちゃいろ》の馬《うま》。

**クリケット**〔英語 cricket〕名 十一人《じゅういちにん》ずつの二組《ふたくみ》に分《わ》かれて、木《き》のボールをバットで打《う》つ、野球《やきゅう》に似《に》た競技《きょうぎ》。イギリスやオーストラリア、インドなどでよく行《おこな》われる。

**くりこす**【繰り越す】動 順《じゅん》に次《つぎ》に送《おく》り入《い》れる。例残金《ざんきん》を来月分《らいげつぶん》に繰り越す。

**くりごと**【繰り言】名 ぐちなどを何度《なんど》もくどくど言《い》うこと。また、そのぐち。

**くりこむ**【繰り込む】動 ❶順《じゅん》に入《い》れる。❷大勢《おおぜい》の人《ひと》がそろって入《はい》る。例団体客《だんたいきゃく》が会場《じょう》に繰り込む。

**くりさがり**【繰り下がり】名 ❶順《じゅん》に下《した》にさがること。例四位《よんい》に繰り下がりになる。❷〔算数《さんすう》で〕けたが一《ひと》つ下《した》になること。

**くりさげる**【繰り下げる】動 ❶順《じゅん》に下《さ》げる。❷決《き》めていた時《とき》より、おそくする。例始《はじ》まりを一時間《いちじかん》繰り下げる。対(❶・❷)繰《く》り上《あ》げる。

**クリスタル**〔英語 crystal〕名 ❶水晶《すいしょう》。❷水《すい》晶《しょう》のようにかたくて透明《とうめい》な高級《こうきゅう》ガラス。クリスタルガラス。

**クリスチャン**〔英語 Christian〕名 キリスト教《きょう》を信《しん》じている人《ひと》。キリスト教徒《きょうと》。

**クリスマス**〔英語 Christmas, Xmas〕名 キリストの誕生《たんじょう》を祝《いわ》うお祭《まつ》り。十二月二十五日《じゅうにがつにじゅうごにち》。例クリスマスプレゼント。

**クリスマスイブ**〔英語 Christmas Eve〕名

ジャガイモが農作物《のうさくぶつ》の中心《ちゅうしん》。工業《こうぎょう》では、特《とく》に木材加工《もくざいかこう》や金属加工《きんぞくかこう》がさかん。首都《しゅと》リガ。人口約《じんこうやく》189万人《まんにん》。略称《りゃくしょう》LAT。

クリスマスの前夜《ぜんや》。十《じゅう》二《に》月《がつ》二《に》十《じゅう》四日《よっか》の夜《よる》。聖夜《せいや》。

**クリスマスカード**〔英語 Christmas card〕名 クリスマスを祝《いわ》って、友達《ともだち》などにおくるカード。

**クリスマスツリー**〔英語 Christmas tree〕名 クリスマスにかざる木《き》。ふつう、モミの木《き》を使《つか》って、かざりつける。

**グリセリン**〔英語 glycerin〕名 脂肪《しぼう》や油《あぶら》からとれる液体《えきたい》。色《いろ》がなく透明《とうめい》で、ねばりがある。薬《くすり》や爆薬《ばくやく》などの原料《げんりょう》にする。

**くりだす【繰り出す】** 動 ❶順々《じゅんじゅん》に出《だ》す。例 糸《いと》を繰り出す。❷大勢《おおぜい》で出《で》かける。例 お花見《はなみ》に繰り出す。

**クリック**〔英語 click〕名 動-する コンピューターのマウス〔＝入力装置《にゅうりょくそうち》〕ボタンをおすこと。二回《かい》続《つづ》けておすことをダブルクリックという。

**クリップ**〔英語 clip〕名 何枚《なんまい》かの紙《かみ》や書類《しょるい》などをはさむ小《ちい》さな金具《かなぐ》。

**クリニック**〔英語 clinic〕名 診療所《しんりょうじょ》。

**グリニッジてんもんだい【グリニッジ天文台】** 名 イギリスのロンドンにあった天文台《てんもんだい》。一八八四年《ねん》、ここを通《とお》る子午線《しごせん》を経度《けいど》〇度《れいど》と決《き》めた。ここをもとに、世界《せかい》の経度《けいど》と時刻《じこく》を決《き》めている。第二次世界大戦《だいにじせかいたいせん》後《ご》、別《べつ》の場所《ばしょ》に移《うつ》り、一九九八年《ねん》に活動《かつどう》を終《お》えた。

**くりぬく** 動 えぐって、穴《あな》をあける。また、えぐって中《なか》のものを取《と》り出《だ》す。例 板《いた》を円《まる》くくりぬく。カボチャの中身《なかみ》をくりぬく。

**くりのべる【繰り延べる】** 動 予定《よてい》をあとにずらして延《の》ばす。例 式《しき》を繰り延べる。

**くりひろげる【繰り広げる】** 動 次《つぎ》から次《つぎ》へと続《つづ》ける。例 熱戦《ねっせん》を繰り広げる。

**グリムどうわしゅう〖グリム童話集〗** 作品名 ドイツのグリム兄弟《きょうだい》が、ドイツに古《ふる》くから伝《つた》わる話《はなし》を集《あつ》めて作《つく》った童話集《どうわしゅう》。「赤《あか》ずきん」「シンデレラ(灰《はい》かぶり)」「白雪《しらゆき》姫《ひめ》」など、二百《にひゃく》以上《いじょう》の話《はなし》が収《おさ》められている。

**くりめいげつ【栗名月】** 名 昔《むかし》の暦《こよみ》で、九《く》月十三日《がつじゅうさんにち》の夜《よる》の月《つき》。参考 クリをそなえることから。

**クリヤー** ➡クリア378ページ

**くりょ【苦慮】** 名 動-する いろいろと思《おも》いなやみ、考《かんが》えること。例 ごみ問題《もんだい》に苦慮する。

**グリル**〔英語 grill〕名 ❶肉《にく》や魚《さかな》を焼《や》く網《あみ》。また、網《あみ》で焼《や》いた肉《にく》や魚《さかな》。❷手軽《てがる》な料理《りょうり》を出《だ》す洋風《ようふう》の料理店《りょうりてん》や食堂《しょくどう》。

## くる【繰】 画数 19 部首 糸(いとへん)

音 ―― 訓 く-る

順《じゅん》にたぐる。

**くる【繰る】** 動 ❶糸《いと》などの長《なが》いものを、順《じゅん》に手《て》もとに引《ひ》き寄《よ》せる。例 糸《いと》を繰る。❷順《じゅん》に送《おく》る。例 雨戸《あまど》を繰る。❸順《じゅん》にめくる。例 ページを繰る。

○**くる【来る】** 動 ❶こちらへ近《ちか》づく。例 人《ひと》が来る。対 行《い》く。帰《かえ》る。去《さ》る。❷ある状態《じょうたい》になる。例 春《はる》が来る。心《こころ》にぐっとくる。❸あることが原因《げんいん》となって起《お》こる。例 気《き》のゆるみから来るエラー。❹〔「…てくる」の形《かたち》で〕こちらへ…する。だんだんそうなる。ずっと…する。例 やってくる。わかってくる。晴《は》れてくる。我慢《がまん》してきた。参考 ふつう❹は、かな書《が》きにする。敬語 敬《うやま》った言《い》い方《かた》は、「いらっしゃる」「おいでになる」「見《み》える」。へりくだった言《い》い方《かた》は、「まいる」。➡らい【来】1370ページ

**くるい【狂い】** 名 正常《せいじょう》でないこと。予測《よそく》とちがうこと。例 計画《けいかく》に狂いが生《しょう》じる。

**くるいざき【狂い咲き】** 名 動-する 咲《さ》く季《き》節《せつ》ではないのに花《はな》が咲《さ》くこと。

○**くるう【狂う】** 動 ❶心《こころ》の状態《じょうたい》がふつうではなくなる。❷正《ただ》しくなくなる。例 時計《とけい》が狂う。❸外《はず》れる。例 予定《よてい》が狂う。❹夢中《むちゅう》になる。例 ゲームに狂う。➡きょう【狂】332ページ

**クルーザー**〔英語 cruiser〕名 外海《がいかい》を航行《こうこう》できる大型《おおがた》のヨットやモーターボート。

**クルージング**〔英語 cruising〕名 航海《こうかい》。クルーズ。

**クルーズ**〔英語 cruise〕汽船《きせん》を使《つか》った観光《かんこう》旅《りょ》行《こう》。クルージング。例 地中海《ちちゅうかい》クルーズ。

**グルーピング**〔英語 grouping〕名 動-する 組《く》み分《わ》けして、グループを作《つく》ること。例 色別《いろべつ》にグルーピングする。

○**グループ**〔英語 group〕名 仲間《なかま》。集団《しゅうだん》。



世界の国 ラトビア 北《きた》ヨーロッパ、バルト海《かい》に面《めん》する国《くに》。東北地方《とうほくちほう》ほどの大《おお》きさ。1991年《ねん》にソ連《れん》から独立《どくりつ》した。大豆《だいず》や

**くるおしい**【狂おしい】形 気《き》がおかしくなりそうだ。例 狂おしいほど会《あ》いたい。⇩**きょう**【狂】332ページ

**くるくる** 副(-と) ❶軽《かる》く回《まわ》るようす。例 風車《ふうしゃ》がくるくる回《まわ》る。❷いくえにも巻《ま》くようす。例 糸《いと》をくるくると巻《ま》く。❸目《め》まぐるしく変《か》わるようす。例 言《い》うことがくるくる変《か》わる。

**ぐるぐる** 副(-と) ❶同《おな》じ所《ところ》を何度《なんど》も回《まわ》るようす。例 町内《ちょうない》をぐるぐる歩《ある》き回《まわ》る。❷いくえにも巻《ま》きつけるようす。例 綱《つな》をぐるぐると巻《ま》く。

°**くるしい**【苦しい】形 ❶体《からだ》や心《こころ》がつらくて、がまんできない。例 胸《むね》が苦しい。❷お金《かね》や物《もの》が足《た》りなくて困《こま》るようすだ。例 生活《せいかつ》が苦しい。❸無理《むり》がある。例 苦しい言《い》い訳《わけ》。❹〔「…ぐるしい」の形《かたち》で〕…しにくい。例 聞《き》き苦しい。⇩**く**【苦】356ページ

**苦《くる》しい時《とき》の神頼《かみだの》み** 困《こま》って苦《くる》しいときだけ神《かみ》に助《たす》けを求《もと》めること。

**くるしげ**【苦しげ】形動 苦《くる》しそうなようす。例 苦しげな声《こえ》を出《だ》す。

**くるしまぎれ**【苦し紛れ】名 形動 苦《くる》しさのあまり、してしまうこと。例 苦し紛れに、うそをついてしまった。

**くるしみ**【苦しみ】名 苦《くる》しむこと。つらさ。例 苦しみをのりこえる。

°**くるしむ**【苦しむ】動 ❶体《からだ》や心《こころ》が苦《くる》しく感《かん》じる。つらいと思《おも》う。例 病気《びょうき》で苦しむ。❷困《こま》る。苦労《くろう》する。例 言《い》い訳《わけ》に苦しむ。理《り》解《かい》に苦しむ。⇩**く**【苦】356ページ

°**くるしめる**【苦しめる】動 苦《くる》しませる。苦《くる》しい状態《じょうたい》にさせる。例 人《ひと》を苦しめる。心《こころ》を苦しめる。⇩**く**【苦】356ページ

**くるっと** 副 ⇩くるり 380ページ

**ぐるっと** 副 ⇩ぐるり 二 380ページ

**くるとし**【来る年】名 来年《らいねん》。〔年末《ねんまつ》に言《い》うことが多《おお》い。〕例 行《ゆ》く年《とし》、来る年。

**くるひもくるひも**【来る日も来る日も】毎日毎日《まいにちまいにち》。例 来る日も来る日も雪《ゆき》だった。

**くるぶし** 名 足首《あしくび》の両側《りょうがわ》の、骨《ほね》の出《で》っぱった、かたい所《ところ》。

°**くるま**【車】名 ❶じくを中心《ちゅうしん》にして回《まわ》る輪《わ》。例 歯車《はぐるま》。❷車輪《しゃりん》をつけて動《うご》く物《もの》。例 荷車《にぐるま》。❸自動車《じどうしゃ》。⇩**しゃ**【車】582ページ

**車《くるま》の両輪《りょうりん》** 二《ふた》つあってはじめて成《な》り立《た》つことのたとえ。例 大学《だいがく》では、教育《きょういく》と研究《けんきゅう》は車の両輪だ。

**くるまいす**【車椅子】名 足《あし》の不自由《ふじゆう》な人《ひと》や病気《びょうき》の人《ひと》などが、腰《こし》かけたまま移動《いどう》できるように車輪《しゃりん》をつけた、いす。

**くるまざ**【車座】名 大勢《おおぜい》の人《ひと》が、円《まる》く輪《わ》になってすわること。

✤**くるまへん** 名 漢字《かんじ》の部首《ぶしゅ》で、「へん」の一《ひと》つ。「転《てん》」や「輪《りん》」などの「車」の部分《ぶぶん》。荷車《にぐるま》の形《かたち》を表《あらわ》したもの。

**くるまよせ**【車寄せ】名 玄関《げんかん》から外《そと》に屋《や》根《ね》を張《は》り出《だ》し、自動車《じどうしゃ》を寄《よ》せて乗《の》り降《お》りができるようにした所《ところ》。

**くるまる** 動 物《もの》で体《からだ》をすっぽりと包《つつ》む。例 毛布《もうふ》にくるまって寝《ね》る。

**くるみ**【〈胡桃〉】名 山地《さんち》に生《は》える高《たか》い木《き》。秋《あき》に実《み》がなる。果肉《かにく》の中《なか》のかたい殻《から》を割《わ》って食《た》べる。料理《りょうり》や菓子《かし》の材料《ざいりょう》にもする。

**ぐるみ**〔ある言葉《ことば》のあとにつけて〕…のみんな。合《あ》わせて。例 町《まち》ぐるみの運動会《うんどうかい》。

**くるむ** 動 巻《ま》くようにしてすっぽり包《つつ》む。例 体《からだ》を毛布《もうふ》でくるむ。

**グルメ**〔フランス語〕名 食《た》べ物《もの》の味《あじ》のよしあしにくわしい人《ひと》。

**くるり** 副(-と) 急《きゅう》に物《もの》が回《まわ》るようす。くるっと。例 くるりと後《うし》ろを向《む》く。

**ぐるり** 一 名 周《まわ》り。周囲《しゅうい》。例 家《いえ》のぐるりをへいで囲《かこ》む。二 副(-と)〔「ぐるっと」ともいう。〕❶物《もの》が回《まわ》るようす。例 腕《うで》をぐるりと回《まわ》す。❷大勢《おおぜい》で囲《かこ》むようす。例 先生《せんせい》をぐるりと取《と》り巻《ま》いた。

**くれ**【暮れ】名 ❶夕方《ゆうがた》。日暮《ひぐ》れ。暮《く》れ方《がた》。❷季節《きせつ》の終《お》わり。例 春《はる》の暮れ。❸年《とし》の終《お》わり。年末《ねんまつ》。例 暮れの大掃除《おおそうじ》。

**グレー**〔英語 gray〕名 ねずみ色《いろ》。灰色《はいいろ》。

**クレーター**〔英語 crater〕名 天体《てんたい》の表面《ひょうめん》にある、噴火口《ふんかこう》のような、円《まる》くへこんだ地形《ちけい》。特《とく》に、月《つき》についていうことが多《おお》い。

**グレード**〔英語 grade〕名 品質《ひんしつ》などの、よい悪《わる》いの程度《ていど》。等級《とうきゅう》。例 グレードアップ〔=グ

業《ぎょう》と酪農《らくのう》がさかんで、工業《こうぎょう》ではバイオテクノロジーや情報産業《じょうほうさんぎょう》がさかん。首都《しゅと》ビリニュス。人口約《じんこうやく》280万人《まんにん》。略称《りゃくしょう》

レードを上《あ》げる〕。

**クレープ**〔フランス語〕名 ❶細《こま》かいしわのある布《ぬの》。例夏用《なつよう》のクレープのシャツ。❷小麦《こむぎ》粉《こ》、卵《たまご》、牛乳《ぎゅうにゅう》などを混《ま》ぜて薄《うす》く焼《や》いた食《た》べ物《もの》。ジャムなどをくるんで食《た》べる。

**グレープフルーツ**〔英語 grapefruit〕名 ミカンの仲間《なかま》で、実《み》はみずみずしく、甘《あま》ずっぱい果物《くだもの》。実《み》のなり方《かた》がブドウに似《に》ている。

**クレーム**〔英語 claim〕名 苦情《くじょう》。文句《もんく》。例審《しん》判《ぱん》の判定《はんてい》にクレームをつける。

**クレーン**〔英語 crane〕名 重《おも》い物《もの》を持《も》ち上《あ》げたり動《うご》かしたりする機械《きかい》。起重機《きじゅうき》。

**くれかかる【暮れかかる】**動 日《ひ》が落《お》ちて、暗《くら》くなり始《はじ》める。例日《ひ》が暮れかかる。

**くれがた【暮れ方】**名 日《ひ》の暮《く》れるころ。夕《ゆう》方《がた》。例暮れ方になる。対明《あ》け方《がた》。

**くれぐれも**副 くり返《かえ》し、念《ねん》を入《い》れるようす。例くれぐれもお体《からだ》を大切《たいせつ》に。

**クレジット**〔英語 credit〕名 ❶代金《だいきん》をあとから払《はら》う約束《やくそく》で、品物《しなもの》を売《う》るしくみ。❷映画《えいが》やテレビの字幕《じまく》で、題名《だいめい》や出演者《しゅつえんしゃ》などの名《な》を紹介《しょうかい》すること。

**クレジットカード**〔英語 credit card〕名 現金《げんきん》を払《はら》わなくても、後払《あとばら》いで買《か》い物《もの》をすることができるカード。

**クレゾール**〔ドイツ語〕名 コールタールからとれる、においの強《つよ》い薬《くすり》。消毒《しょうどく》に使《つか》う。

**ぐれつ【愚劣】**形動 ばかげていて、くだらないようす。例愚劣な争《あらそ》いはやめよう。

**クレッシェンド**〔イタリア語〕名〔音《おん》楽《がく》で〕「だんだん強《つよ》く」という意味《いみ》。

**くれない【紅】**名 あざやかな赤色《あかいろ》。紅色《べにいろ》。例夕空《ゆうぞら》が紅に染《そ》まる。➡こう【紅】425ページ

**くれなずむ【暮れなずむ】**動 日《ひ》が暮《く》れそうでいて、なかなか暮《く》れないでいる。例あたりは灰色《はいいろ》に暮れなずんでいる。

**クレパス**名 クレヨンとパステルの両方《りょうほう》の特長《とくちょう》をそなえた、棒《ぼう》の形《かたち》の絵《え》の具《ぐ》。商標名《しょうひょうめい》。

**クレヨン**〔フランス語〕名 棒《ぼう》のような形《かたち》に固《かた》めた絵《え》の具《ぐ》。クレオン。

°**くれる【暮れる】**動 ❶太陽《たいよう》がしずんで、暗《くら》くなる。例日《ひ》が暮れる。❷年《とし》・季節《きせつ》などの終《お》わりになる。例年《とし》が暮れる。対(❶・❷)明《あ》ける。❸長《なが》い時《とき》を過《す》ごす。例練習《れんしゅう》にくれる。❹理性《りせい》を失《うしな》って、どうしてよいかわからなくなる。例とほうに暮れる。➡ぼ【暮】1188ページ

°**くれる**動 ❶人《ひと》が自分《じぶん》に何《なに》かを与《あた》える。例兄《あに》が本《ほん》をくれた。❷〔「…てくれる」の形《かたち》で〕人《ひと》が、自分《じぶん》のためになることをする。例道《みち》を教《おし》えてくれる。対(❶・❷)やる。もらう。敬語 敬《うやま》った言《い》い方《かた》は、「くださる」。

**ぐれる**動 行《おこな》いや性質《せいしつ》が悪《わる》くなる。不良《ふりょう》になる。〔くだけた言《い》い方《かた》。〕例彼がぐれたのには理由《りゆう》がある。

**クレンザー**〔英語 cleanser〕名 物《もの》をみがくための細《こま》かい粉《こな》の入《はい》った洗剤《せんざい》。

°**くろ【黒】**名 ❶すみのような色《いろ》。色《いろ》の三原色《さんげんしょく》を混《ま》ぜ合《あ》わせるとできる。例黒の学生服《がくせいふく》。❷罪《つみ》の疑《うたが》いがあること。例あの人《ひと》は黒だ。❸「❶」の色《いろ》の碁石《ごいし》。対(❶～❸)白《しろ》。➡こく【黒】453ページ

°**くろい【黒い】**形 ❶すみのような色《いろ》をしている。例黒い靴《くつ》。❷日《ひ》に焼《や》けている。例海《うみ》で黒くなった。❸よごれている。例えりが黒くなる。❹よくない考《かんが》えを持《も》っている。例腹《はら》が黒い。➡こく【黒】453ページ

°**くろう【苦労】**名 動-する ❶体《からだ》や心《こころ》を使《つか》って、あれこれ苦《くる》しい思《おも》いをすること。骨折《ほねお》り。例苦労して作《つく》り上《あ》げる。❷心配《しんぱい》すること。例取《と》りこし苦労《ぐろう》。苦労の種《たね》。

**くろうしょう【苦労性】**名 形動 少《すこ》しのことでも、あれこれ考《かんが》えてなやむ性質《せいしつ》。また、そういう人《ひと》。例母《はは》は苦労性だ。

**くろうと【〈玄人〉】**名 そのことによく慣《な》れていて、くわしい人《ひと》。専門家《せんもんか》。プロ。対しろうと。参考「玄人《くろうと》」は、特別《とくべつ》に認《みと》められた読《よ》み方《かた》。

**クローズアップ**〔英語 close-up〕名 動-する ❶映画《えいが》やテレビで、人《ひと》や顔《かお》などを大《おお》きく写《うつ》すこと。アップ。❷あることを大《おお》きく取《と》り上《あ》げること。例交通問題《こうつうもんだい》がにわかにクローズアップされた。

**クローバー**名 日当《ひあ》たりのよい野原《のはら》に生《は》える草《くさ》。葉《は》はふつう三枚《さんまい》に分《わ》かれ、春《はる》から夏《なつ》にかけて白《しろ》い小《ちい》さな花《はな》が咲《さ》く。シロツメクサ。

**グローバリズム**〔英語 grobalism〕名 世界《せかい》全体《ぜんたい》を、つながり合《あ》った一《ひと》つのまとまりとし



世界の国 リトアニア　北《きた》ヨーロッパ、バルト海《かい》に面《めん》する国《くに》。東北地方《とうほくちほう》ほどの大《おお》きさ。1991年《ねん》にソ連《れん》から独立《どくりつ》した。農《のう》LTU。

てとらえる考《かんが》え方《かた》。

**グローバル** 〔英語 global〕形動 地球全体《ちきゅうぜんたい》にかかわるようす。世界的《せかいてき》。例 温暖化《おんだんか》はグローバルな問題《もんだい》だ。

**グローブ** 〔英語 glove〕名 （スポーツ用《よう》の）手袋《てぶくろ》。特《とく》に、野球《やきゅう》・ソフトボールやボクシングなどで使《つか》う、革《かわ》で作《つく》った手袋《てぶくろ》のような道具《どうぐ》。グラブ。

**クロール** 〔英語 crawl〕名 泳《およ》ぎ方《かた》の一《ひと》つ。水面《すいめん》にふせて、ばた足《あし》で水《みず》をたたき、両手《りょうて》で代《か》わる代《が》わる水《みず》をかいて進《すす》む。

**クローン** 〔英語 clone〕名 一個《いっこ》の細胞《さいぼう》などから、受精《じゅせい》によらない方法《ほうほう》で、人《ひと》の手《て》によって作《つく》られた生物《せいぶつ》。もとの細胞《さいぼう》と同《おな》じ遺伝子《いでんし》を持《も》つ。

**くろがね** 名 鉄《てつ》のこと。〔古《ふる》い言《い》い方《かた》。〕参考 銅《どう》は「あかがね」、金《きん》は「こがね」、銀《ぎん》は「しろがね」ともいう。

**くろぐろ**【黒黒】副(-と) とても黒《くろ》いようす。真《ま》っ黒《くろ》。例 黒々とした髪《かみ》の毛《け》。

**くろざとう**【黒砂糖】名 精製《せいせい》してない、黒茶色《くろちゃいろ》をした砂糖《さとう》。

**くろじ**【黒字】名 ❶黒《くろ》い色《いろ》で書《か》いた字《じ》。❷入《はい》ったお金《かね》のほうが、出《で》たお金《かね》よりも多《おお》いこと。例 今月《こんげつ》は黒字だった。対 赤字《あかじ》。

**くろしお**【黒潮】名 日本列島《にほんれっとう》に沿《そ》って、太平洋《たいへいよう》を南《みなみ》から北《きた》へ流《なが》れる暖流《だんりゅう》。海水《かいすい》はあい色《いろ》に見《み》える。日本海流《にほんかいりゅう》。⇩かいりゅう 207ページ

**クロスカントリー** 〔英語 cross-country〕名 野山《のやま》や森林《しんりん》の、自然《しぜん》の地形《ちけい》のままのコースで競《きそ》う長距離競走《ちょうきょりきょうそう》。陸上競技《りくじょうきょうぎ》のほか、スキー競技《きょうぎ》・自転車競技《じてんしゃきょうぎ》などでも行《おこな》われる。

**クロスゲーム** 〔英語 close game〕名 なかなか勝《か》ち負《ま》けがつかない試合《しあい》。接戦《せっせん》。例 白熱《はくねつ》したクロスゲーム。

**くろずむ**【黒ずむ】動 少《すこ》し黒《くろ》くなる。黒《くろ》みがかる。例 えりが黒ずむ。

**クロスワードパズル** 〔英語 crossword puzzle〕名 ヒントをもとに、ます目《め》の中《なか》に言《こと》葉《ば》を書《か》きこんで、うめていく遊《あそ》び。縦《たて》から読《よ》んでも横《よこ》から読《よ》んでも意味《いみ》が通《つう》じるようにする。クロスワード。

| | | | |
|---|---|---|---|
| ①ト | ②ラ | ■ | ③ |
| ④ | マ | ⑤ | リ |
| ゲ | ■ | | ■ |
| ■ | ⑥ | ン | コ |

ヨコのカギ ①けもの ④昆虫《こんちゅう》 ⑥鳥《とり》
タテのカギ ②けもの ③昆虫《こんちゅう》 ⑤けもの

〔クロスワードパズル〕

**クロッカス** 名 早春《そうしゅん》に黄《き》・むらさき・白《しろ》などの花《はな》が咲《さ》くアヤメの仲間《なかま》の植物《しょくぶつ》。花《はな》びらは六枚《まい》で、葉《は》は細長《ほそなが》く、球根《きゅうこん》で増《ふ》える。

**クロッキー** 〔フランス語〕名 短《みじか》い時間《じかん》に、おおまかな線《せん》でえがく写生《しゃせい》。

**グロッキー** 〔英語 groggy〕形動 ❶ボクシングで、打《う》たれてふらふらになったようす。❷ひどくつかれて元気《げんき》のないようす。例 働《はたら》き過《す》ぎてグロッキーだ。

**グロテスク** 〔フランス語〕名 形動 ふつうとは思《おも》えない、気味悪《きみわる》いようす。例 なんとなくグロテスクな深海魚《しんかいぎょ》。

**くろびかり**【黒光り】名 動-する 黒《くろ》くてつやがあること。例 黒光りする大黒柱《だいこくばしら》。

**くろふね**【黒船】名 江戸時代《えどじだい》の終《お》わりごろ、日本《にっぽん》にやって来《き》た、外国《がいこく》の汽船《きせん》。船体《せんたい》が黒《くろ》い色《いろ》をしていた。

**くろべダム**【黒部▲ダム】名 富山県《とやまけん》の黒部《くろべ》川上流《がわじょうりゅう》に造《つく》られた日本一高《にっぽんいちたか》い水力発電用《すいりょくはつでんよう》ダム。難工事《なんこうじ》の末《すえ》、一九六三年《ねん》に完成《かんせい》。黒四《くろよん》ダムともいう。

**くろぼし**【黒星】名 すもうなどで、負《ま》けたしるし。また、負《ま》けること。「●」で表《あらわ》す。例 黒星が続《つづ》く。対 白星《しろぼし》。

**くろまく**【黒幕】名 ❶舞台《ぶたい》などで使《つか》う黒《くろ》い幕《まく》。❷かげで計画《けいかく》したり指図《さしず》したりする人《ひと》。例 事件《じけん》の黒幕。注意 ❷はよくない意味《いみ》に使《つか》うことが多《おお》い。

**くろまめ**【黒豆】名 皮《かわ》の黒《くろ》い大豆《だいず》。お節料理《せちりょうり》などに使《つか》う。

**くろめ**【黒目】名 目《め》の黒《くろ》っぽい部分《ぶぶん》。

**くろやま**【黒山】名 たくさんの人《ひと》が集《あつ》まっているようす。例 黒山の人《ひと》だかり。

**クロワッサン** 〔フランス語〕名 バターを多《おお》く使《つか》った三日月形《みかづきがた》のパン。

**くわ**【桑】名 畑《はたけ》に植《う》えて、葉《は》をカイコのえさにする木《き》。例 桑畑《ばたけ》。⇩そう【桑】743ページ

**くわ**【鍬•】名 田《た》や畑《はたけ》を耕《たがや》すときに使《つか》う道具《どうぐ》。長《なが》いえの先《さき》に鉄《てつ》の刃《は》がついている。

〔くわ〕

業《ぎょう》もさかん。首都《しゅと》トリポリ。人口約《じんこうやく》690万人《まんにん》。略称《りゃくしょう》LBA。

**°くわえる【加える】** 動 ❶つけ足《た》す。増《ふ》やす。例 砂糖《さとう》をひとさじ加える。スピードを加える。対 減《へ》らす。❷〔算数《さんすう》で〕数《かず》を足《た》す。よせる。例 8に5を加える。対 引《ひ》く。❸仲間《なかま》に入《い》れる。例 チームに加える。❹与《あた》える。例 敵《てき》に害《がい》を加える。⇩か【加】188ページ

**°くわえる** 動 口《くち》で物《もの》をはさんで支《ささ》える。例 犬《いぬ》がボールをくわえる。

**くわがたむし【鍬形虫】** 名 初夏《しょか》のころクヌギなどの木《き》にいて、樹液《じゅえき》を吸《す》う昆虫《こんちゅう》。体《からだ》は平《ひら》たくてかたい。雄《おす》のあごは長《なが》く、二本《にほん》の角《つの》のようになっている。

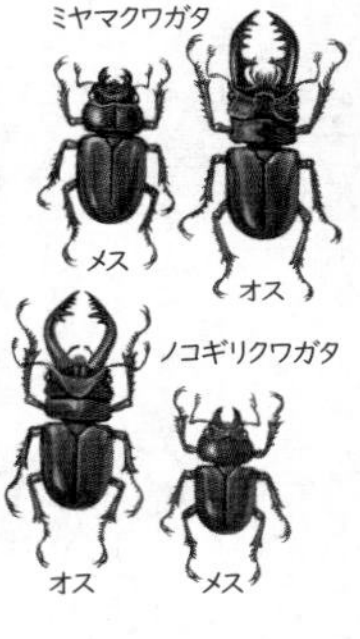

〔くわがたむし〕

**くわけ【区分け】** 名 動-する 全体《ぜんたい》をいくつかに区切《くぎ》って分《わ》けること。区分《くぶん》。

**°くわしい【詳しい】** 形 ❶細《こま》かなところまで、よくいきとどいている。例 詳しい説明《せつめい》。❷細《こま》かいことまでよく知《し》っている。例 父《ちち》はすもうに詳しい。⇩しょう【詳】623ページ

例解 ことばの窓
**詳《くわ》しい の意味《いみ》で**
事件《じけん》を詳細《しょうさい》に調《しら》べる。
支出《ししゅつ》の明細《めいさい》を記《しる》す。
ようすを子細《しさい》に話《はな》す。

**くわす【食わす】** 動 ⇩くわせる 383ページ

**くわずぎらい【食わず嫌い】** 名 ❶食《た》べてもみないで、嫌《きら》いだと決《き》めてしまうこと。また、その人《ひと》。❷やってもみないで、わけもなく嫌《きら》うこと。また、その人《ひと》。例 詩《し》というだけで食わず嫌いをしている。

**くわせもの【食わせ者】** 名 見《み》かけはよいが、人《ひと》をだましたりする悪《わる》い心《こころ》の人《ひと》。

**くわせもの【食わせ物】** 名 見《み》かけはよいが、ほんとうはよくない品物《しなもの》。

**くわせる【食わせる】** 動 〔「くわす」ともいう。〕❶食《た》べさせる。❷養《やしな》う。例 一家《いっか》を食わせる。❸やる。与《あた》える。例 げんこつを食わせる。❹だます。例 いっぱい食わせる。

**くわだて【企て】** 名 あることをしようとする計画《けいかく》。もくろみ。例 よくない企て。

**°くわだてる【企てる】** 動 計画《けいかく》を立《た》てる。例 新《あたら》しい仕事《しごと》を企てる。⇩き【企】294ページ

**くわばら** 感 かみなりやおそろしいことをさけるために唱《とな》える、おまじないの言葉《ことば》。参考 くわ畑《ばたけ》には、かみなりが落《お》ちないという迷信《めいしん》から出《で》た言葉《ことば》。ふつう、二度続《にどつづ》けて言《い》う。

**°くわわる【加わる】** 動 ❶つけ足《た》される。例 寒《さむ》さが加わる。❷仲間《なかま》に入《はい》る。例 チームに加わる。⇩か【加】188ページ

---

**くん【君】** 画数 7 部首 口(くち) 3年
音 クン 訓 きみ
筆順 君
❶一国《いっこく》の王《おう》。とのさま。熟語 君主《くんしゅ》。主君《しゅくん》。対 臣《しん》。❷立派《りっぱ》な人《ひと》。熟語 君子《くんし》。❸友達《ともだち》や目下《めした》の人《ひと》の名前《なまえ》のあとにつけて、親《した》しみや軽《かる》く敬《うやま》う気持《きも》ちを表《あらわ》す言葉《ことば》。

**くん【訓】** 画数 10 部首 言(ごんべん) 4年
音 クン 訓 ―
筆順 訓
❶教《おし》えさとす。熟語 訓示《くんじ》。訓練《くんれん》。訓話《くんわ》。❷守《まも》るべき教《おし》え。熟語 教訓《きょうくん》。校訓《こうくん》。

**くん【訓】** 名 〔国語《こくご》で〕漢字《かんじ》を、その意味《いみ》によって読《よ》む読《よ》み方《かた》。例「島《とう》」の訓は「しま」です。対 音《おん》。

**くん【勲】** 画数 15 部首 力(ちから)
音 クン 訓 ―
国《くに》のためにつくした、手柄《てがら》。熟語 勲章《くんしょう》。殊勲《しゅくん》。

**くん【薫】** 画数 16 部首 艹(くさかんむり)
音 クン 訓 かお-る
❶かおる。いいにおいがする。熟語 薫風《くんぷう》〔=青葉《あおば》のかおる初夏《しょか》の風《かぜ》〕。❷人《ひと》によい影響《えいきょう》を与《あた》える。

あいうえお かき く けこ さしすせそ たちつてと なにぬねの はひふへほ まみむめも や ゆ よ らりるれろ わ を ん


世界の国 リビア　アフリカ北部《ほくぶ》、地中海《ちちゅうかい》に面《めん》する国《くに》。国土《こくど》の大半《たいはん》が砂漠《さばく》。石油《せきゆ》を産《さん》するほか、製鉄《せいてつ》やセメントなどの工《こう》

例解 ! ことばの勉強室

## 訓《くん》について

漢字《かんじ》には、たくさんの訓《くん》を持《も》つものもある。

例《たと》えば「生《せい》」は、次《つぎ》のような一〇通《とお》りの訓《くん》を持《も》つ。

いきる(生きる)・いかす(生かす)・いける(生ける)・うまれる(生まれる)・うむ(生む)・おう(生う)・はえる(生える)・はやす(生やす)・き(生)・なま(生)。

また、「収《おさ》める」「修《おさ》める」「納《おさ》める」「治《おさ》める」は、ちがった漢字《かんじ》で書《か》かれるが、読《よ》み〔=訓《くん》〕はいずれも「おさめる」である。

このように、訓《くん》は同《おな》じであるが、意《い》味《み》・使《つか》われ方《かた》が少《すこ》しずつことなる言葉《ことば》がある。この辞《じ》典《てん》では、このような言葉《ことば》について、使《つか》い分《わ》けが示《しめ》してある。

える。熟語 薫陶《くんとう》〔=すぐれた人格《じんかく》によって人《ひと》を導《みちび》く〕。❸たく。かおりをしみこませる。熟語 薫製《くんせい》。

**ぐん【軍】** 画数 9 部首 車(くるま) 4年

音 グン 訓 ―

筆順 軍 軍 軍 軍 軍 軍 軍

**ぐん【軍】** 名 ❶兵隊《へいたい》。兵隊《へいたい》の集《あつ》まり。熟語 軍人《ぐんじん》。軍隊《ぐんたい》。大《たい》軍《ぐん》。❷いくさ。戦争《せんそう》。熟語 軍艦《ぐんかん》。軍備《ぐんび》。軍隊《ぐんたい》。例 軍を率《ひき》いる。

**ぐん【郡】** 画数 10 部首 阝(おおざと) 4年

音 グン 訓 ―

筆順 コ ヨ ヨ 尹 君 君 郡 郡

地域《ちいき》を区分《くわ》けしたものの一《ひと》つ。熟語 郡部《ぐんぶ》。

**ぐん【郡】** 名 都《と》・道《どう》・府《ふ》・県《けん》の中《なか》で、市《し》以《い》外《がい》の地《ち》域《いき》をいくつかに区《く》分《わ》けしたものの一《ひと》つ。例 愛《あい》知《ち》県《けん》知《ち》多《た》郡。

**ぐん【群】** 画数 13 部首 羊(ひつじ) 4年

音 グン 訓 む-れる む-れ むら

筆順 コ ヨ ヨ 君 君 君 群 群

集《あつ》まる。集《あつ》まり。熟語 群島《ぐんとう》。大群《たいぐん》。抜群《ばつぐん》。

《訓の使い方》**む-れる** 例 鳥《とり》が木《き》に群れる。

**ぐん【群】** 名 集《あつ》まり。むれ。

**群《ぐん》をなす** 多《おお》くのものがひとかたまりになる。例 羊《ひつじ》が群をなして移《い》動《どう》する。

**群《ぐん》を抜《ぬ》く** とび抜《ぬ》けてすぐれている。抜群《ばつぐん》である。例 彼《かれ》は群を抜いて歌《うた》がうまい。

**ぐんい【軍医】** 名 軍隊《ぐんたい》にいて、医《い》者《しゃ》の仕《し》事《ごと》をする軍人《ぐんじん》。

**ぐんか【軍歌】** 名 兵士《へいし》の気《き》持《も》ちを高《たか》めるために作《つく》った、勇《いさ》ましい感《かん》じの歌《うた》。

**ぐんかん【軍艦】** 名 戦《たたか》いをするために作《つく》られた船《ふね》。航空母艦《こうくうぼかん》・戦艦《せんかん》・潜水艦《せんすいかん》など。

**ぐんき【軍記】** 名 ↓せんき 730ページ

**ぐんきものがたり【軍記物語】** 名 戦乱《せんらん》を題材《だいざい》として、ある時代《じだい》の歴史《れきし》をえがいた物《もの》語《がたり》。おもに鎌倉《かまくら》時代《じだい》から室町《むろまち》時《じ》代《だい》にかけて作《つく》られた。「平家《へいけ》物語《ものがたり》」「太平記《たいへいき》」などがある。

**ぐんぐん** 副(-と) 進《すす》みぐあいが速《はや》いようす。例 ヒマワリがぐんぐんのびる。

**ぐんこう【軍港】** 名 海軍《かいぐん》が根拠《こんきょ》地《ち》としている港《みなと》。

**ぐんこくしゅぎ【軍国主義】** 名 軍事《ぐんじ》力《りょく》〔=戦争《せんそう》に必要《ひつよう》な力《ちから》〕によって、国《くに》の持《も》つ力《ちから》をのばしていこうとする考《かんが》え方《かた》。

**くんし【君子】** 名 人柄《ひとがら》や行《おこな》いが立派《りっぱ》な人《ひと》。

**君子《くんし》あやうきに近寄《ちかよ》らず** 立《りっ》派《ぱ》な人《ひと》は、危険《きけん》と思《おも》われることには近寄《ちかよ》らない。

**君子《くんし》は豹変《ひょうへん》す** 立《りっ》派《ぱ》な人《ひと》は、あやまちに気《き》づくとすぐに改《あらた》めるものだ。参考 態《たい》度《ど》がくるくる変《か》わるという、よくない意《い》味《み》で使《つか》うことがある。

**くんじ【訓示】** 名 動-する 上《うえ》の人《ひと》が下《した》の人《ひと》に、だいじな心《こころ》得《え》などを教《おし》え示《しめ》すこと。例 社《しゃ》長《ちょう》が新《しん》入《にゅう》社《しゃ》員《いん》に訓示をする。

**くんじ【訓辞】** 名 教《おし》えさとす言葉《ことば》。例 学《がっ》校《こう》長《ちょう》の訓辞。

**ぐんし【軍師】** 名 ❶昔《むかし》、大《たい》将《しょう》の下《した》で、作《さく》戦《せん》

行《おこな》われている。観光地《かんこうち》としても有名《ゆうめい》。首都《しゅと》ファドーツ。人口約《じんこうやく》39,000人《にん》。略称《りゃくしょう》LIE。

を考《かんが》えた人《ひと》。参謀《さんぼう》。❷計略《けいりゃく》をめぐらす人《ひと》。例 彼《かれ》は軍師だから油断《ゆだん》できない。

**ぐんじ【軍事】** 名 軍隊《ぐんたい》や戦争《せんそう》に関係《かんけい》のあること。例 軍事基地《きち》。

**ぐんしきん【軍資金】** 名 ❶いくさに必要《ひつよう》なお金《かね》。〔古《ふる》い言《い》い方《かた》。〕❷何《なに》かをするために必要《ひつよう》なお金《かね》。例 立候補《りっこうほ》するための軍資金。

**くんしゅ【君主】** 名 親《おや》から子《こ》と代々《だいだい》続《つづ》けて国《くに》を治《おさ》めている王《おう》。類 主君《しゅくん》。

**ぐんじゅ【軍需°】** 名 軍事上《ぐんじじょう》で必要《ひつよう》とすること。また、必要《ひつよう》なもの。例 軍需産業《さんぎょう》。

**ぐんしゅう【群衆】** 名 集《あつ》まった、大勢《おおぜい》の人々《ひとびと》。例 群衆の歓声《かんせい》。類 群集《ぐんしゅう》。

**ぐんしゅう【群集】** 名 動する 人《ひと》または動物《どうぶつ》がたくさん集《あつ》まること。また、その集《あつ》まり。例 やじうまの群集。類 群衆《ぐんしゅう》。

**ぐんしゅうしんり【群集心理】** 名 たくさんの人《ひと》が集《あつ》まったときに起《お》こる心《こころ》のはたらき。その場《ば》の気分《きぶん》に引《ひ》きずられて、さわいだりしてしまうような心《こころ》の動《うご》き。

**ぐんしゅく【軍縮】** 名 〔「軍《ぐん》備《び》縮《しゅく》小《しょう》」の略《りゃく》。〕兵器《へいき》や軍隊《ぐんたい》を少《すく》なくすること。例 軍縮のための国際会議《こくさいかいぎ》が開《ひら》かれる。

**くんしゅせい【君主制】** 名 君主《くんしゅ》をその国《くに》の元首《げんしゅ》とする政治《せいじ》のしくみ。対 共和制《きょうわせい》。

**くんしょう【勲°章】** 名 国《くに》のためにつくした人《ひと》に、その手柄《てがら》をほめて、与《あた》えられる記章《きしょう》。例 文化《ぶんか》勲章。

**ぐんじょういろ【群青△色】** 名 紫《むらさき》がかった青色《あおいろ》。

**ぐんじん【軍人】** 名 軍隊《ぐんたい》に入《はい》っている人《ひと》。

**くんせい【薫°製・燻◆製】** 名 塩《しお》づけにした魚《さかな》やけものの肉《にく》などを、煙《けむり》でいぶした食《た》べ物《もの》。例 サケの薫製。

**ぐんせい【群生】** 名 動する 同《おな》じ仲間《なかま》の植物《しょくぶつ》が、一《いっ》か所《しょ》にたくさん集《あつ》まって生《は》えること。例 スズランの群生地《ち》。

**ぐんせい【群棲◆】** 名 動する 同《おな》じ仲間《なかま》の動物《どうぶつ》が、一《いっ》か所《しょ》にたくさん集《あつ》まってすむこと。例 ペンギンが群棲する島《しま》。

**ぐんぜい【軍勢】** 名 軍隊《ぐんたい》。軍隊《ぐんたい》の人数《にんずう》。例 敵《てき》の軍勢が多《おお》い。

**ぐんぞう【群像】** 名 絵画《かいが》や彫刻《ちょうこく》、文学作品《ぶんがくさくひん》などによって表現《ひょうげん》された、多《おお》くの人物《じんぶつ》の姿《すがた》。例 青春《せいしゅん》の群像を描《えが》いたテレビドラマ。

**ぐんたい【軍隊】** 名 ある決《き》まりでまとめられている、軍人《ぐんじん》の集《あつ》まり。

**ぐんて【軍手】** 名 太《ふと》い木綿《もめん》糸《いと》で編《あ》んだ作業《さぎょう》用《よう》の手《て》ぶくろ。

**ぐんとう【群島】** 名 小《ちい》さな島々《しまじま》の集《あつ》まり。類 諸島《しょとう》。

✤**くんどく【訓読】** 名 動する ❶↓くんよみ 385ページ。❷漢文《かんぶん》を日本語《にほんご》の文章《ぶんしょう》に直《なお》して読《よ》むこと。対 音読《おんどく》。

✤**ぐんどく【群読】** 名 〔国語《こくご》で〕大勢《おおぜい》でする朗読《ろうどく》。それぞれの役割《やくわり》を決《き》めて、一人《ひとり》で読《よ》んだり、数人《すうにん》で読《よ》んだり、全員《ぜんいん》で読《よ》んだりする。

**ぐんばい【軍配】** 名 ❶すもうの行司《ぎょうじ》が持《も》つ、うちわに似《に》た道具《どうぐ》。例 勝《か》った力士《りきし》に軍配を上《あ》げる。❷昔《むかし》、さむらいの大将《たいしょう》が指図《さしず》するときに使《つか》った、うちわに似《に》た形《かたち》のもの。

〔ぐんばい❶〕

**軍配《ぐんばい》が上《あ》がる** だれの勝《か》ちと、はっきりと決《き》まる。例 赤組《あかぐみ》に軍配が上がる。

**ぐんぱつ【群発】** 名 動する ある期間《きかん》、同《おな》じ地域《ちいき》で続《つづ》いて起《お》こること。例 群発地震《じしん》。

**ぐんび【軍備】** 名 国《くに》を守《まも》るために、兵器《へいき》や軍隊《ぐんたい》を用意《ようい》すること。

**ぐんぶ【郡部】** 名 都《と》・道《どう》・府《ふ》・県《けん》の中《なか》で、郡《ぐん》として区分《くわ》けした部分《ぶぶん》。

**ぐんぶ【群舞°】** 名 動する 大勢《おおぜい》の人《ひと》がいっしょに踊《おど》ること。また、その踊《おど》り。

**くんぷう【薫°風】** 名 若葉《わかば》の香《かお》りを運《はこ》ぶような初夏《しょか》の風《かぜ》。

**ぐんぷく【軍服】** 名 軍人《ぐんじん》の着《き》る制服《せいふく》。

**ぐんまけん【群馬県】** 地名 関東地方《かんとうちほう》の北《ほく》西部《せいぶ》にある県《けん》。県庁《けんちょう》は前橋市《まえばしし》にある。

**ぐんもんにくだる【軍門に下る】** 降参《こうさん》する。例 敵《てき》の軍門に下る。

■**ぐんゆうかっきょ【群雄°割△拠°】** 名 動する 多《おお》くの英雄《えいゆう》が各地《かくち》にいて、たがいに勢力《せいりょく》をふるって争《あらそ》うこと。例 戦国時代《せんごくじだい》は、群雄割拠の時代《じだい》だった。

✤**くんよみ【訓読み】** 名 動する 〔国語《こくご》で〕漢字《かんじ》を訓《くん》で読《よ》むこと。訓読《くんどく》。対 音読《おんよ》み。↓おんよ





世界の国 リヒテンシュタイン スイスの隣《となり》にある小《ちい》さな国《くに》。切手《きって》と精密機械産業《せいみつきかいさんぎょう》がさかんで、小麦《こむぎ》やブドウの栽培《さいばい》も

み 1247ページ

**ぐんらく【群落】** 名 同《おな》じ場所《ばしょ》に群《むら》がって生《は》えている、同《おな》じ仲間《なかま》の植物《しょくぶつ》の集《あつ》まり。例 高《こう》山植物《ざんしょくぶつ》の群落。

**くんりん【君臨】** 名 動-する ❶君主《くんしゅ》として国《くに》を治《おさ》めること。❷大《おお》きな力《ちから》を持《も》って上《うえ》に立《た》つこと。例 スポーツ界《かい》に君臨する。

**°くんれん【訓練】** 名 動-する 教《おし》えて、慣《な》れさせること。また、うまくできるように練習《れんしゅう》すること。例 避難《ひなん》訓練。

**くんわ【訓話】** 名 動-する 目上《めうえ》の人が目下《めした》の人たちに話《はな》して教《おし》えたり、いましめたりすること。また、教《おし》え導《みちび》くための話《はなし》。例 校長先《こうちょうせん》生《せい》の訓話。

# け

ケ ke

**け【化△】** 熟語 化粧《けしょう》。⇩か【化】188ページ

**け【仮△】** 熟語 仮病《けびょう》。⇩か【仮】188ページ

**け【家】** 熟語 本家《ほんけ》。例 山田家《やまだけ》。⇩か【家】189ページ

**け【華°】** 熟語 香華《こうげ》。⇩か【華】190ページ

**け【懸°】** 熟語 懸念《けねん》。⇩けん【懸】408ページ

**°け【毛】** 名 ❶人《ひと》やけものの皮膚《ひふ》に生《は》える、細《ほそ》い糸《いと》のようなもの。例 ヒツジの毛。❷髪《かみ》の毛《け》。例 毛を長《なが》くのばす。❸鳥《とり》の羽《はね》。例 鳥《とり》の毛で作《つく》ったふとん。❹羊毛《ようもう》。ウール。例 毛のシャツ。⇩もう【毛】1298ページ

**け【気】** ━名 あるらしいようす。例 火《ひ》の気がない。━〔ある言葉《ことば》のあとにつけて〕それらしい気分《きぶん》や感《かん》じ。例 しゃれっ気。寒《さむ》気。⇩き【気】290ページ

**げ【牙°】** 熟語 象牙《ぞうげ》。⇩が【牙】191ページ

**げ【外△】** 熟語 外科《げか》。⇩がい【外】195ページ

**げ【夏△】** 熟語 夏至《げし》。⇩か【夏】189ページ

**げ【解△】** 熟語 解毒《げどく》。解熱《げねつ》。⇩かい【解】194ページ

**°げ【下】** 名 ❶おとっていること。例 下の成績《せいせき》だった。❷本《ほん》などの下巻《げかん》。関連（❶・❷）上《じょう》。中《ちゅう》。⇩か【下】188ページ

**げ** 〔ある言葉《ことば》のあとにつけて〕…のようす。…な感《かん》じ。例 悲《かな》しげ。わけありげ。危《あぶ》なげがない。

**ケア** 〔英語 care〕 名 動-する ❶病人《びょうにん》や体《からだ》の不自《ふじ》由《ゆう》な人《ひと》の、介護《かいご》をすること。❷手入《てい》れ。手当《てあ》て。例 肌《はだ》のケアをする。❸心《こころ》づかい。例 アフターケア。

**けあがり【蹴上がり°】** 名 器械体操《きかいたいそう》の技《わざ》の一《ひと》つ。鉄棒《てつぼう》にぶら下《さ》がり、両足《りょうあし》を前《まえ》に大《おお》きく振《ふ》って、その反動《はんどう》を使《つか》って、鉄棒《てつぼう》に上《あ》がる。

**けあな【毛穴】** 名 皮膚《ひふ》にある、毛《け》の生《は》えている小《ちい》さな穴《あな》。

**ケアマネージャー** 名 〔日本《にっぽん》でできた英《えい》語《ご》ふうの言葉《ことば》。〕（介護保険制度《かいごほけんせいど》で）介護《かいご》サービスについて相談《そうだん》に乗《の》ったり、介護《かいご》の計画《けいかく》を立《た》てたりする人《ひと》。介護支援専門員《かいごしえんせんもんいん》。ケアマネ。

**けい【兄】** 画数 5 部首 儿（ひとあし） 2年

音 ケ△イ キョウ 訓 あに

筆順 丨 口 口 尸 兄

❶あに。熟語 兄弟《きょうだい》・兄弟《けいてい》。父兄《ふけい》。対 弟《てい》。❷親《した》しい友達《ともだち》を呼《よ》ぶ言葉《ことば》。熟語 貴兄《きけい》。

**けい【形】** 画数 7 部首 彡（さんづくり） 2年

音 ケイ ギョウ 訓 かた かたち

筆順 一 二 于 开 开 形 形

❶かたち。姿《すがた》。熟語 形式《けいしき》。形相《ぎょうそう》。図形《ずけい》。形見《かたみ》。花形《はながた》。❷かたちに表《あらわ》す。熟語 形成《けいせい》。造形《ぞうけい》。

**けい【系】** 画数 7 部首 糸（いと） 6年

音 ケイ 訓 ―

筆順 一 ㇀ 玄 玄 乎 系 系

❶つながり。つながりになったもののひとまとまり。熟語 系統《けいとう》。系列《けいれつ》。体系《たいけい》。太陽系《たいようけい》。❷血筋《ちすじ》。熟語 系図《けいず》。家系《かけい》。直系《ちょっけい》。

**けい【径】** 画数 8 部首 彳（ぎょうにんべん） 4年

音 ケイ 訓 ―

筆順 ノ 彳 彳 彳 径 径 径 径

❶さしわたし。熟語 直径《ちょっけい》。半径《はんけい》。❷こみち。熟語 小径《しょうけい》〔＝細《ほそ》いみち〕。

**けい【係】** 画数 9 部首 亻（にんべん） 3年

音 ケイ 訓 かか-る かかり

筆順 亻 仫 伓 係 係 係 係 係 係

❶かかわり合《あ》う。熟語 関係《かんけい》。❷つなぐ。熟語 連係《れんけい》。❸やくめ。熟語 会計係《かいけいがかり》。

《訓の使い方》**かか-る** 例 成功《せいこう》するかどうかは、本人《ほんにん》の努力《どりょく》に係っている。

## けい【型】 画数 9 部首 土(つち) 5年

音 ケイ 訓 かた

筆順 二 チ 开 刑 刑 刑 型 型

❶かた。熟語 原型《げんけい》。模型《もけい》。型紙《かたがみ》。新型《しんがた》。❷手《て》本《ほん》。見本《みほん》。熟語 典型《てんけい》。

## けい【計】 画数 9 部首 言(ごんべん) 2年

音 ケイ 訓 はか-る はか-らう

筆順 、 亠 亠 亖 言 言 言 計 計

❶数《かぞ》える。熟語 計算《けいさん》。合計《ごうけい》。総計《そうけい》。❷はかる。熟語 計器《けいき》。温度計《おんどけい》。❸くわだてる。熟語 計《けい》画《かく》。設計《せっけい》。

《訓の使い方》**はか-る** 例 タイムを計る。**はか-らう** 例 便宜《べんぎ》を計らう。

**けい【計】** 名 ❶はかりごと。計画《けいかく》。例 一年《いちねん》の計は元旦《がんたん》にあり。❷合計《ごうけい》。例 計二万円《にまんえん》。

## けい【経】 画数 11 部首 糸(いとへん) 5年

音 ケイ キョウ 訓 へ-る

筆順 く 幺 幺 糸 糸 紅 経 経

一(「ケイ」と読《よ》んで)❶縦糸《たていと》。縦《たて》の筋《すじ》。熟語 経線《けいせん》。経度《けいど》。❷過《す》ぎる。通《とお》る。たどる。熟語 経過《けいか》。経験《けいけん》。経由《けいゆ》。経路《けいろ》。❸営《いとな》む。熟語 経営《けいえい》。経済《けいざい》。❹正《ただ》しい道理《どうり》。熟語 経典《けいてん》(=聖人《せいじん》の教《おし》えを記《しる》した本《ほん》)。二(「キョウ」と読《よ》んで)宗教《しゅうきょう》上《じょう》の教《おし》えを説《と》いたもの。おきょう。熟語 経《きょう》典《てん》。経文《きょうもん》。例 経を読《よ》む。

《訓の使い方》**へ-る** 例 年月《ねんげつ》を経る。

## けい【敬】 画数 12 部首 攵(ぼくづくり) 6年

音 ケイ 訓 うやま-う

筆順 一 艹 芍 苟 苟 敬 敬 敬

うやまう。とうとぶ。熟語 敬意《けいい》。敬語《けいご》。敬老《けいろう》。尊敬《そんけい》。

《訓の使い方》**うやま-う** 例 神《かみ》を敬う。

## けい【景】 画数 12 部首 日(ひ) 4年

音 ケイ 訓 ―

筆順 丨 口 日 早 昌 景 景 景

❶けしき。熟語 風景《ふうけい》。夜景《やけい》。❷ありさま。ようす。熟語 景気《けいき》。情景《じょうけい》。❸そえるもの。おまけ。熟語 景品《けいひん》。

## けい【軽】 画数 12 部首 車(くるまへん) 3年

音 ケイ 訓 かる-い かろ-やか

筆順 一 亘 亘 車 軒 軽 軽 軽

❶目方《めかた》がかるい。熟語 軽石《かるいし》。軽装《けいそう》。軽快《けいかい》。身《み》軽《がる》。❷程度《ていど》がかるい。熟語 軽傷《けいしょう》。軽減《けいげん》。❸かろんじること。熟語 軽視《けいし》。軽蔑《けいべつ》。❹かるがるしい。熟語 軽率《けいそつ》。軽薄《けいはく》。軽挙妄動《けいきょもうどう》。対(❶〜❹)重《じゅう》。

《訓の使い方》**かる-い** 例 荷物《にもつ》が軽い。**かろ-やか** 例 足《あし》どりが軽やかだ。

**けい【軽】** 名「軽自動車《けいじどうしゃ》」の略《りゃく》。例 軽に乗《の》っている。

## けい【警】 画数 19 部首 言(げん) 6年

音 ケイ 訓 ―

筆順 一 艹 芍 敬 敬 警 警 警

❶いましめる。用心《ようじん》させる。熟語 警告《けいこく》。警《けい》報《ほう》。❷守《まも》る。熟語 警戒《けいかい》。警察《けいさつ》。警備《けいび》。❸「警《けい》察《さつ》」の略《りゃく》。熟語 警官《けいかん》。県警《けんけい》(=県《けん》の警察《けいさつ》)。

## けい【刑】 画数 6 部首 刂(りっとう)

音 ケイ 訓 ―

ばつを与《あた》える。熟語 刑事《けいじ》。求刑《きゅうけい》。処刑《しょけい》。

**けい【刑】** 名 罪《つみ》をおかした人《ひと》に与《あた》える、罰《ばつ》。例 刑に服《ふく》する。

## けい【茎】 画数 8 部首 艹(くさかんむり)

音 ケイ 訓 くき

草《くさ》などの、くき。熟語 地下茎《ちかけい》。





世界の国 リベリア　アフリカ西部《せいぶ》、大西洋《たいせいよう》に面《めん》する国《くに》。本州《ほんしゅう》の半分《はんぶん》ほどの広《ひろ》さで、ゴムの木《き》、米《こめ》、カカオなどがとれる。

**けい【契】** 画数 9 部首 大(だい)

音 ケイ 訓 ちぎ-る

ちぎる。約束《やくそく》する。熟語 契約《けいやく》。

**けい【恵】** 画数 10 部首 心(こころ)

音 ケイ エ 訓 めぐ-む

❶めぐむ。めぐみ。人《ひと》に物《もの》を与《あた》える。思《おも》いやり。熟語 恩恵《おんけい》。例 恵《めぐ》みの雨《あめ》。❷かしこい。熟語 知恵《ちえ》。

**けい【啓】** 画数 11 部首 口(くち)

音 ケイ 訓 —

❶(人《ひと》の心《こころ》を)ひらく。教《おし》え導《みちび》く。熟語 啓示《けいじ》。啓発《けいはつ》。啓蒙《けいもう》。❷申《もう》す。申《もう》し上《あ》げる。熟語 啓上《けいじょう》(=申《もう》し上《あ》げる)。拝啓《はいけい》。

**けい【掲】** 画数 11 部首 扌(てへん)

音 ケイ 訓 かか-げる

❶かかげる。高《たか》くあげる。熟語 掲示《けいじ》。掲揚《けいよう》。❷雑誌《ざっし》などにのせる。熟語 掲載《けいさい》。

**けい【渓】** 画数 11 部首 氵(さんずい)

音 ケイ 訓 —

たに。谷川《たにがわ》。熟語 渓谷《けいこく》。渓流《けいりゅう》。

**けい【蛍】** 画数 11 部首 虫(むし)

音 ケイ 訓 ほたる

ほたる。熟語 蛍光灯《けいこうとう》。例 蛍雪《けいせつ》の功《こう》。

**けい【傾】** 画数 13 部首 亻(にんべん)

音 ケイ 訓 かたむ-く かたむ-ける

❶かたむく。ななめになる。一方《いっぽう》にかたよる。熟語 傾向《けいこう》。傾斜《けいしゃ》。❷心《こころ》を打《う》ちこむ。熟語 傾注《けいちゅう》。傾聴《けいちょう》。

**けい【携】** 画数 13 部首 扌(てへん)

音 ケイ 訓 たずさ-える たずさ-わる

❶たずさえる。手《て》に持《も》つ。身《み》につけて持《も》つ。熟語 携行《けいこう》。携帯《けいたい》。例 本《ほん》を携《たずさ》える。❷手《て》をつなぐ。協力《きょうりょく》する。熟語 提携《ていけい》。連携《れんけい》。❸たずさわる。あることに関係《かんけい》する。例 事業《じぎょう》に携《たずさ》わる。

**けい【継】** 画数 13 部首 糸(いとへん)

音 ケイ 訓 つ-ぐ

つぐ。つなぐ。あとを受《う》けつぐ。熟語 継承《けいしょう》。継続《けいぞく》。後継者《こうけいしゃ》。例 親《おや》の仕事《しごと》を継《つ》ぐ。

**けい【詣】** 画数 13 部首 言(ごんべん)

音 ケイ 訓 もう-でる

❶もうでる。神社《じんじゃ》や寺《てら》にお参《まい》りする。熟語 参《さん》詣。初詣《はつもうで》。❷いきつく。熟語 造詣《ぞうけい》。

**けい【慶】** 画数 15 部首 心(こころ)

音 ケイ 訓 —

よろこぶ。祝《いわ》う。めでたいこと。熟語 慶賀《けいが》。慶弔《けいちょう》。

**けい【憬】** 画数 15 部首 忄(りっしんべん)

音 ケイ 訓 —

あこがれる。熟語 憧憬《しょうけい》(=あこがれること。「どうけい」とも読《よ》む)。

**けい【稽】** 画数 15 部首 禾(のぎへん)

音 ケイ 訓 —

くらべて考《かんが》える。熟語 稽古《けいこ》。滑稽《こっけい》。参考「稽」は「稽」と書《か》くことがある。

**けい【憩】** 画数 16 部首 心(こころ)

音 ケイ 訓 いこ-い いこ-う

くつろぐ。休《やす》む。熟語 休憩《きゅうけい》。例 木陰《こかげ》で憩《いこ》う。

**けい【鶏】** 画数 19 部首 鳥(とり)

音 ケイ 訓 にわとり

にわとり。熟語 鶏卵《けいらん》。養鶏《ようけい》。

**けい【京】** 熟語 京浜《けいひん》。京阪《けいはん》。⇩きょう【京】331ページ

**けい【境】** 熟語 境内《けいだい》。⇩きょう【境】332ページ

**けい【競】** 熟語 競馬《けいば》。⇩きょう【競】332ページ

**けい【罫】** 名 (字《じ》をそろえるために)紙《かみ》などに引《ひ》いた線《せん》。罫線《けいせん》。例 まっすぐにけいを引《ひ》く。

**げい【芸】** 画数 7 部首 艹(くさかんむり) 4年

音 ゲイ 訓 —

筆順 一 十 艹 芸 芸 芸 芸

❶わざ。熟語 芸能《げいのう》。演芸《えんげい》。曲芸《きょくげい》。❷芸術《げいじゅつ》のこと。熟語 工芸《こうげい》。文芸《ぶんげい》。❸草木《くさき》の世話《せわ》をする。熟語 園芸《えんげい》。農芸《のうげい》。

**げい【芸】** 名 習《なら》って身《み》につけた、特別《とくべつ》のわざ。例 芸がうまい。芸を仕込《しこ》む。

**芸《げい》が細《こま》かい** 注意《ちゅうい》が細《こま》かくいきとどいていて、やることに手《て》ぬかりがない。

**芸《げい》がない** ありふれていて、おもしろみがない。例 去年《きょねん》と同《おな》じ曲目《きょくもく》では芸がない。

**芸《げい》は身《み》を助《たす》ける** 何《なに》か一《ひと》つわざを身《み》につけておくと、生活《せいかつ》に困《こま》ったときの助《たす》けになる。

**げい【迎】** 画数 7 部首 辶(しんにょう)

音 ゲイ 訓 むか-える

❶むかえる。人《ひと》が来《く》るのを待《ま》つ。熟語 歓迎《かんげい》。送迎《そうげい》。❷相手《あいて》に合《あ》わせる。熟語 迎合《げいごう》。

**げい【鯨】** 画数 19 部首 魚(うおへん)

音 ゲイ 訓 くじら

くじら。熟語 捕鯨《ほげい》。

**けいあい【敬愛】** 名 動-する 尊敬《そんけい》し、親《した》しみの気持《きも》ちを持《も》つこと。例 敬愛する先生《せんせい》。

**けいい【経緯】** 名 ❶縦《たて》と横《よこ》。❷地球《ちきゅう》の経度《けいど》と緯度《いど》。❸ものごとがそうなったわけ。いきさつ。例 事件《じけん》の経緯を説明《せつめい》する。

**けいい【敬意】** 名 尊敬《そんけい》する気持《きも》ち。例 敬意を表《あらわ》す。

**けいえい【経営】** 名 動-する 事業《じぎょう》をやっていくこと。例 会社《かいしゃ》を経営する。

**けいえん【敬遠】** 名 動-する ❶敬《うやま》うように見《み》せて、ほんとうはさけて近《ちか》づかないこと。例 おじは口《くち》うるさいので敬遠される。❷野《や》球《きゅう》・ソフトボールで、打者《だしゃ》にわざとフォアボールを出《だ》すこと。例 強打者《きょうだしゃ》を敬遠する。

**けいおんがく【軽音楽】** 名 軽《かる》い気持《きも》ちで楽《たの》しめる、ジャズ・シャンソンなどの音楽《おんがく》。

**けいか【経過】** 名 動-する ❶時間《じかん》が過《す》ぎること。例 三年《さんねん》が経過した。❷ものごとのなりゆき。例 病気《びょうき》の経過がいい。

**けいが【慶賀】** 名 動-する めでたさを祝《いわ》うこと。祝賀《しゅくが》。

**けいかい【軽快】** 形動 軽《かろ》やかで気持《きも》ちがいいようす。例 軽快な動《うご》き。軽快なリズム。

**°けいかい【警戒】** 名 動-する 悪《わる》いことが起《お》きないように用心《ようじん》すること。例 台風《たいふう》が近《ちか》づいているので警戒を厳《きび》しくする。

**けいがいか【形骸化】** 名 動-する 中身《なかみ》がなく、見《み》せかけだけになってしまうこと。例 規《き》則《そく》が形骸化する。

**けいかいしょく【警戒色】** 名 (ハチや毒《どく》ヘビなどの動物《どうぶつ》の)他の動物《どうぶつ》に警戒《けいかい》させるための目立《めだ》った色《いろ》。対 保護色《ほごしょく》。

**°けいかく【計画】** 名 動-する あることをするための順序《じゅんじょ》や方法《ほうほう》などを、前《まえ》もって考《かんが》えること。例 学習《がくしゅう》計画を立《た》てる。

**けいかくだおれ【計画倒れ】** 名 計画《けいかく》しただけで実行《じっこう》されないこと。例 改革《かいかく》は計画倒れに終《お》わった。

**けいかくてき【計画的】** 形動 どうするかを、前《まえ》からよく考《かんが》えてするようす。例 夏休《なつやす》みを計画的に過《す》ごす。

**けいかん【景観】** 名 けしき。ながめ。例 頂《ちょう》上《じょう》からの景観はすばらしい。

**けいかん【警官】** 名 警察官《けいさつかん》のこと。巡査《じゅんさ》。おまわりさん。

**けいき【刑期】** 名 刑罰《けいばつ》をうける期間《きかん》。

**けいき【計器】** 名 物《もの》の重《おも》さ・長《なが》さ・かさ・速《はや》さなどをはかる器械《きかい》。メーター。

**けいき【契機】** 名 きっかけ。原因《げんいん》。例 転校《てんこう》を契機にサッカーを始《はじ》めた。

**けいき【景気】** 名 ❶商売《しょうばい》のぐあい。例 あの店《みせ》は景気がいい。❷世《よ》の中《なか》の金回《かねまわ》りのぐあい。例 景気がよくなる。❸勢《いきお》い。例 かけ声《ごえ》を出《だ》して景気をつける。

■**けいきょもうどう【軽挙妄動】** 名 動-する 軽《かる》はずみで、向《む》こう見《み》ずの行《おこな》い。例 軽挙妄動をつつしむ。

**けいきんぞく【軽金属】** 名 比重《ひじゅう》が小《ちい》さくて軽《かる》い金属《きんぞく》。アルミニウム・マグネシウムなど。対 重金属《じゅうきんぞく》。

**けいく【警句】** 名 するどい見方《みかた》・考《かんが》え方《かた》や教《おし》えを、短《みじか》く言《い》い表《あらわ》した言葉《ことば》。「生《い》きるために食《た》べよ、食《た》べるために生《い》きるな。」(ソクラテス)など。類 格言《かくげん》。金言《きんげん》。

**けいぐ【敬具】** 名 「拝啓《はいけい》」「謹啓《きんけい》」と書《か》き始《はじ》めた手紙《てがみ》の、終《お》わりに書《か》きそえる言葉《ことば》。「つつ

あいうえお かきく け こ さしすせそ たちつてと なにぬねの はひふへほ まみむめも やゆよ らりるれろ わをん



世界の国 ルーマニア バルカン半島《はんとう》の北東部《ほくとうぶ》にある国《くに》。本州《ほんしゅう》とほぼ同《おな》じ大《おお》きさ。小麦《こむぎ》やトウモロコシ、ジャガイモな

## 例解 ! 表現の広場

### 経験《けいけん》と体験《たいけん》と見聞《けんぶん》のちがい

| | 経験《けいけん》 | 体験《たいけん》 | 見聞《けんぶん》 | |
|---|---|---|---|---|
| 旅行《りょこう》で | ○ | ○ | ○ | したこと。 |
| 五年《ごねん》の | ○ | × | × | を積《つ》む。 |
| 事故《じこ》の | × | ○ | × | を語《かた》る。 |
| 外国《がいこく》で | × | × | ○ | を広《ひろ》める。 |

しんで申《もう》し上《あ》げました」という意味《いみ》。⇩ことばの勉強室《べんきょうしつ》「手紙《てがみ》の書《か》き方《かた》」879ページ

○**けいけん【経験】** ［名］［動-する］実際《じっさい》に、見《み》たり、聞《き》いたり、やったりすること。また、それによって身《み》につけた知識《ちしき》や技《わざ》。［例］外国《がいこく》で暮《く》らした経験がある。豊《ゆた》かな経験。［類］体験《たいけん》。

**けいけん【敬虔】** ［形動］深《ふか》く敬《うやま》う心《こころ》を持《も》っているようす。［例］敬けんないのり。

**けいげん【軽減】** ［名］［動-する］減《へ》らして、少《すく》なくすること。［例］仕事《しごと》を軽減する。

○**けいこ【稽古】** ［名］［動-する］技《わざ》を身《み》につけるために練習《れんしゅう》すること。［例］習字《しゅうじ》の稽古。

❖○**けいご【敬語】** ［名］〔国語《こくご》で〕相手《あいて》や話《はなし》の中《なか》の人物《じんぶつ》を敬《うやま》う気持《きも》ちを表《あらわ》すために、人《ひと》を敬《うやま》って言《い》ったり、自分《じぶん》をへりくだって言《い》ったり、また、丁寧《ていねい》にものを言《い》ったりするときの言葉《ことば》。

**けいご【警固】** ［名］［動-する］用心《ようじん》して、周囲《しゅうい》の守《まも》りを固《かた》めること。［例］太宰府《だざいふ》を警固する。

**けいご【警護】** ［名］［動-する］用心《ようじん》して、人《ひと》を守《まも》ること。［例］大統領《だいとうりょう》を警護する。［類］護衛《ごえい》。

**けいこう【蛍光】** ［名］光《ひかり》やエックス線《せん》などを受《う》けた物質《ぶっしつ》が出《だ》す光《ひかり》。［例］蛍光灯《とう》。［参考］蛍《ほたる》の発《はっ》する光《ひかり》の意《い》から。

**けいこう【傾向】** ［名］ものごとが、ある方向《ほうこう》にかたむいているようす。かたむき。［例］輸《ゆ》出《しゅつ》が増《ふ》える傾向にある。

**けいこう【携行】** ［名］［動-する］手《て》に持《も》ったり、身《み》につけたりして行《い》くこと。［例］食料《しょくりょう》を携行する。［類］携帯《けいたい》。

**げいごう【迎合】** ［名］［動-する］相手《あいて》に気《き》に入《い》られるように、調子《ちょうし》を合《あ》わせること。［例］人《ひと》の考《かんが》えにすぐ迎合する。

**けいこうぎょう【軽工業】** ［名］食料品《しょくりょうひん》や紙《かみ》など、毎日《まいにち》の生活《せいかつ》で使《つか》うような品物《しなもの》を作《つく》る工業《こうぎょう》。［対］重工業《じゅうこうぎょう》。

**けいこうとう【蛍光灯】** ［名］電流《でんりゅう》を流《なが》すと発生《はっせい》する紫外線《しがいせん》を受《う》けて、ガラス管《かん》の内側《うちがわ》にぬった塗料《とりょう》が光《ひか》る電灯《でんとう》。［参考］発熱《はつねつ》が少《すく》ないので蛍《ほたる》の光《ひかり》にたとえられた。

**けいこうとなるもぎゅうごとなるなかれ【鶏口となるも牛後となるなかれ】** 人数《にんずう》の多《おお》い集団《しゅうだん》の端《はし》っこにいるよりも、小《ちい》さい集団《しゅうだん》でいいから、そのかしらになれ。

**けいこく【渓谷】** ［名］川《かわ》の流《なが》れている、深《ふか》い谷間《たにま》。［例］渓谷は夏《なつ》でもすずしい。

**けいこく【警告】** ［名］［動-する］前《まえ》もって注意《ちゅうい》すること。また、その注意《ちゅうい》。［例］これ以上《いじょう》進《すす》むなと警告する。

**げいごと【芸事】** ［名］おどり・琴《こと》・三味線《しゃみせん》などのこと。［例］芸事を習《なら》う。

**けいさい【掲載】** ［名］［動-する］新聞《しんぶん》や雑誌《ざっし》などに、文章《ぶんしょう》・絵《え》・写真《しゃしん》などをのせること。［例］広告《こうこく》を掲載する。

○**けいざい【経済】** ［一］［名］❶物《もの》を生産《せいさん》したり、売《う》り買《か》いしたり、消費《しょうひ》したりするはたらきや仕組《しく》み。❷お金《かね》のやりくり。［例］家《いえ》の経済が苦《くる》しい。［二］［名］［形動］費用《ひよう》や時間《じかん》が少《すく》なくてすむこと。［例］時間《じかん》の経済になる。

**けいざいさんぎょうしょう【経済産業省】** ［名］外国《がいこく》との取《と》り引《ひ》きや、商業《しょうぎょう》・工業《こうぎょう》などの産業《さんぎょう》をさかんにするための仕事《しごと》をする国《くに》の役所《やくしょ》。経産省《けいさんしょう》。

**けいざいせいさい【経済制裁】** ［名］国《くに》どうしの約束《やくそく》を守《まも》らない国《くに》に対《たい》して、貿易《ぼうえき》の制《せい》限《げん》や経済援助《けいざいえんじょ》の中止《ちゅうし》などをして、圧力《あつりょく》をかけること。

**けいざいてき【経済的】** ［形動］❶経済《けいざい》に関《かん》係《けい》があるようす。［例］経済的に豊《ゆた》かな国《くに》。❷費用《ひよう》がかからないようす。［例］経済的なやり方《かた》。

**けいさつ【警察】** ［名］国《くに》の決《き》まりが守《まも》られ、人々《ひとびと》が安心《あんしん》して生活《せいかつ》できるように、取《と》りしまりをする役所《やくしょ》。

**けいさつかん【警察官】** ［名］警察《けいさつ》の仕事《しごと》をしている役人《やくにん》。警官《けいかん》。おまわりさん。

**けいさつけん【警察犬】** ［名］警察《けいさつ》で、犯人《はんにん》や証拠品《しょうこひん》などをさがし出《だ》す助《たす》けをする、訓《くん》

ーネット関連《かんれん》の会社《かいしゃ》も多《おお》い。首都《しゅと》ルクセンブルグ。人口約《じんこうやく》63万人《まんにん》。略称《りゃくしょう》 LUX。

例解！ことばの勉強室

# 敬語《けいご》について

わたしたちは、相手《あいて》との人間関係《にんげんかんけい》やその場《ば》の状況《じょうきょう》に応《おう》じて、相手《あいて》を敬《うやま》ったり、自分《じぶん》をへりくだったり、改《あらた》まった気持《きも》ちになったりする。敬語《けいご》は、そのときの、気持《きも》ちのあり方《かた》を表《あらわ》す言葉《ことば》である。

敬語《けいご》は、次《つぎ》のように分《わ》けることができる。

- 敬語《けいご》
  - 尊敬語《そんけいご》（敬《うやま》って言《い》う言葉《ことば》）
  - 謙譲語《けんじょうご》
    - 謙譲語《けんじょうご》Ⅰ《いち》（へりくだって言《い》う言葉《ことば》）
    - 謙譲語《けんじょうご》Ⅱ《に》（丁重語《ていちょうご》）（ひかえめに言《い》う言葉《ことば》）
  - 丁寧語《ていねいご》
    - 丁寧語《ていねいご》（丁寧《ていねい》に言《い》う言葉《ことば》）
    - 美化語《びかご》（美化《びか》して言《い》う言葉《ことば》）

この辞典《じてん》では、それらを［敬語］として示《しめ》してある。

## ◎尊敬語《そんけいご》

相手《あいて》や話《はなし》の中《なか》の人物《じんぶつ》などを敬《うやま》って言《い》う言葉《ことば》

1 敬《うやま》う気持《きも》ちを表《あらわ》す特別《とくべつ》な言《い》い方《かた》

例 食《く》う・飲《の》む→あがる・めしあがる
行《い》く・来《く》る・いる→いらっしゃる
言《い》う→おっしゃる
くれる→くださる
する→なさる
来《く》る→見《み》える

2 「お(ご・おん)…」「…さん(さま・どの)」

例 お言葉《ことば》　お名前《なまえ》　先生《せんせい》からのお手紙《てがみ》
ご挨拶《あいさつ》　御住所《ごじゅうしょ》　御礼《おんれい》　田中《たなか》さん

3 「…れる」「…られる」

例 話《はな》される　来《こ》られる　(見《み》て)おられる

4 「お(ご)…になる」「お(ご)…なさる」「お(ご)…くださる」

例 お読《よ》みになる　お話《はな》しなさる　お聞《き》きくださる　ご説明《せつめい》くださる

## ◎謙譲語《けんじょうご》

### ○謙譲語《けんじょうご》Ⅰ《いち》

自分《じぶん》や自分《じぶん》の側《がわ》をへりくだって言《い》う言葉《ことば》

1 相手《あいて》を立《た》てるため自分《じぶん》の行為《こうい》をへりくだって言《い》う言葉《ことば》

例 言《い》う→申《もう》しあげる(先生《せんせい》に申《もう》しあげる)
知《し》る・思《おも》う→存《ぞん》じ上《あ》げる
たずねる→うかがう
聞《き》く→うかがう・承《うけたまわ》る
食《た》べる・もらう→いただく
やる→あげる・さしあげる

2 「お(ご)…」

例 先生《せんせい》へのお手紙《てがみ》　ご説明《せつめい》

3 「お(ご)…する(いたす・申《もう》す・申《もう》しあげる)」

例 おたのみする　ご案内《あんない》いたす　お願《ねが》い申《もう》しあげる　ご説明《せつめい》する

### ○謙譲語《けんじょうご》Ⅱ《に》

自分《じぶん》の側《がわ》のことを、改《あらた》まって述《の》べたり、ひかえめに言《い》ったりする言葉《ことば》

1 改《あらた》まった言《い》い方《かた》

例 行《い》く・来《く》る→参《まい》る(バスが参《まい》ります)
言《い》う→申《もう》す(父《ちち》が申《もう》しました)
知《し》る・思《おも》う→存《ぞん》じる
する→いたす(母《はは》が参加《さんか》いたします)

2 ひかえめな言《い》い方《かた》

例 小社《しょうしゃ》　拙著《せっちょ》　弊社《へいしゃ》

## ◎丁寧語《ていねいご》

### ○丁寧語《ていねいご》

相手《あいて》に対《たい》して丁寧《ていねい》に述《の》べる言葉《ことば》

・「…です」「…ます」「…ございます」

例 わたしの本《ほん》です。本《ほん》を読《よ》みます。たくさんございます。

### ○美化語《びかご》

ものごとを、美化《びか》して述《の》べる言葉《ことば》

・「お(ご)…」

例 お米《こめ》　お茶《ちゃ》　お星《ほし》さま　お金《かね》　ご本《ほん》　ご飯《はん》





世界の国 ルクセンブルグ　西《にし》ヨーロッパにある国《くに》。鉄鉱《てっこう》を産《さん》して製鉄業《せいてつぎょう》がさかんで、小麦《こむぎ》・大麦《おおむぎ》などもとれる。インタ

練《れん》された犬《いぬ》。

**けいさつしょ【警察署】** 名 その地域《ちいき》の警察《けいさつ》の仕事《しごと》を取《と》り扱《あつか》う役所《やくしょ》。

**けいさつちょう【警察庁】** 名 警察《けいさつ》の中心《ちゅうしん》となって、各地《かくち》の警察《けいさつ》を指揮《しき》する国《くに》の役所《やくしょ》。

**けいさん【計算】** 名 動-する ❶数《かず》や量《りょう》を数《かぞ》えること。例 費用《ひよう》を計算する。❷〔算数《さんすう》で〕式《しき》を解《と》いて、答《こた》えを出《だ》すこと。❸前《まえ》もって考《かんが》えに入《い》れておくこと。例 損《そん》は計算に入《い》れてある。

**けいさんき【計算機・計算器】** 名 計算《けいさん》をするための機器《きき》。そろばん・電卓《でんたく》・コンピューターなど。

**けいさんだかい【計算高い】** 形 自分《じぶん》に得《とく》か損《そん》かを、真《ま》っ先《さき》に考《かんが》えるようす。打算《ださん》的《てき》。

**けいし【軽視】** 名 動-する たいしたことはないと軽《かる》く考《かんが》えること。例 あの人《ひと》の言《い》うことを軽視してはいけない。対 重視《じゅうし》。

**けいし【罫紙】** 名 縦《たて》、または横《よこ》に罫《けい》の引《ひ》いてある紙《かみ》。

**けいじ【刑事】** 名 ❶悪《わる》いことをした者《もの》をさがしたり、つかまえたりする警官《けいかん》。❷犯罪《はんざい》の種類《しゅるい》と刑罰《けいばつ》を決《き》めた法律《ほうりつ》に関《かん》することがら。例 刑事事件《じけん》。

**けいじ【掲示】** 名 動-する 書《か》いたものを張《は》り出《だ》すこと。また、その張《は》り出《だ》したもの。例 ポスターを掲示する。

**けいしき【形式】** 名 ❶形《かたち》。しかた。決《き》まり。例 形式をそろえて書《か》く。❷見《み》かけ。うわべ。例 形式だけで心《こころ》がこもっていない挨拶《あいさつ》。対 (❶・❷)内容《ないよう》。

**けいしきてき【形式的】** 形動 中身《なかみ》がなくて、うわべだけであるようす。例 形式的な挨拶《あいさつ》。対 実質的《じっしつてき》。

**けいしちょう【警視庁】** 名 東京都《とうきょうと》の警察《けいさつ》を取《と》りまとめる役所《やくしょ》。

**けいじどうしゃ【軽自動車】** 名 小型《こがた》の自動車《じどうしゃ》。軽《けい》。

**けいじばん【掲示板】** 名 ❶ポスターや、お知《し》らせなどを張《は》り出《だ》すための板《いた》。❷⬇でんしけいじばん 895ページ

**けいしゃ【傾斜】** 名 動-する かたむいて、ななめになること。また、そのかたむき。例 傾斜の急《きゅう》な坂道《さかみち》。

**けいじゅう【軽重】** 名 ⬇けいちょう(軽重) 393ページ

**げいじゅつ【芸術】** 名 自然《しぜん》や人間《にんげん》の心《こころ》・考《かんが》え・生活《せいかつ》などを、音《おと》・色《いろ》・形《かたち》・言葉《ことば》などによって表《あらわ》すこと。また、表《あらわ》した作品《さくひん》。音楽《おんがく》・絵《え》・彫刻《ちょうこく》・文学《ぶんがく》・演劇《えんげき》・映画《えいが》・写真《しゃしん》など。

**げいじゅつか【芸術家】** 名 芸術《げいじゅつ》作品《さくひん》を創造《そうぞう》したり表現《ひょうげん》したりしている人《ひと》。音楽家《おんがくか》や画家《がか》など。

**げいじゅつさい【芸術祭】** 名 音楽《おんがく》・美術《びじゅつ》・演劇《えんげき》などの芸術《げいじゅつ》をさかんにするために、文化《ぶんか》の日《ひ》を中心《ちゅうしん》に行《おこな》うもよおし。

**げいじゅつてき【芸術的】** 形動 ❶芸術《げいじゅつ》に関係《かんけい》があるようす。例 芸術的な立場《たちば》から批判《ひはん》する。❷芸術《げいじゅつ》としての美《うつく》しさを持《も》っているようす。例 芸術的な価値《かち》のある作品《さくひん》。

**げいじゅつひん【芸術品】** 名 芸術《げいじゅつ》としての美《うつく》しさを持《も》っているもの。

**げいしゅん【迎春】** 名 新年《しんねん》をむかえること。年賀状《ねんがじょう》などに書《か》く言葉《ことば》。

**けいしょう【軽少】** 名 形動 少《すこ》しばかりであること。わずかであること。例 被害《ひがい》が軽少で何《なに》よりだった。対 多大《ただい》。

**けいしょう【軽症】** 名 病気《びょうき》の程度《ていど》が軽《かる》いこと。対 重症《じゅうしょう》。

**けいしょう【敬称】** 名 名前《なまえ》の下《した》につけて、その人《ひと》を敬《うやま》う気持《きも》ちを表《あらわ》す言葉《ことば》。さん・君《くん》・様《さま》・氏《し》・殿《どの》・先生《せんせい》など。

**けいしょう【景勝】** 名 景色《けしき》がよいこと。また、その土地《とち》。例 景勝の地《ち》。類 名勝《めいしょう》。

**けいしょう【軽傷】** 名 軽《かる》いけが。対 重傷《じゅうしょう》。

**けいしょう【継承】** 名 動-する 身分《みぶん》や財産《ざいさん》、仕事《しごと》などを受《う》けつぐこと。例 父《ちち》の事業《じぎょう》を継承する。

**けいしょう【警鐘】** 名 ❶火事《かじ》や危険《きけん》を知《し》らせるために鳴《な》らす鐘《かね》。❷注意《ちゅうい》をうながすこと。例 食糧《しょくりょう》不足《ぶそく》に警鐘を鳴《な》らす。

**けいじょう【形状】** 名 物《もの》の形《かたち》やありさま。例 葉《は》の形状のちがいを比《くら》べる。

**けいじょう【計上】** 名 動-する 計算《けいさん》の中《なか》に加《くわ》えておくこと。例 予算《よさん》を計上する。

グステンなどの鉱物資源《こうぶつしげん》もある。首都《しゅと》キガリ。人口約《じんこうやく》1,260万人《まんにん》。略称《りゃくしょう》RWA。

**けいしょく【軽食】** ［名］ 簡単《かんたん》な食事《しょくじ》。［例］軽食を用意《ようい》する。

**けいず【系図】** ［名］ 先祖《せんぞ》から代々《だいだい》の名前《なまえ》と続《つづ》き柄《がら》を、図《ず》に表《あらわ》したもの。家系図《かけいず》。

**けいすう【計数】** ［名］ 数《かず》をかぞえること。かぞえて出《で》た数《かず》。計算《けいさん》。［例］計数器《き》。

**けいせい【形成】** ［名］［動-する］ 形作《かたちづく》ること。［例］人格《じんかく》を形成する。

**けいせい【形勢】** ［名］ なりゆき。ようす。ありさま。［例］試合《しあい》の形勢が悪《わる》い。［類］情勢《じょうせい》。

✤**けいせいもじ【形声文字】** ［名］ 〔国語《こくご》で〕漢字《かんじ》の成《な》り立《た》ちの一《ひと》つ。⬇ふろく(6ページ)

**けいせき【形跡】** ［名］ ものごとのあったことを示《しめ》す跡《あと》。［例］人《ひと》が通《とお》った形跡がある。

**けいせつのこう【蛍雪の功】** 苦労《くろう》して学問《がくもん》にはげんで成果《せいか》を上《あ》げること。苦学《くがく》。［参考］昔《むかし》、貧《まず》しい家《いえ》の人《ひと》が、蛍《ほたる》の光《ひかり》や雪《ゆき》の明《あ》かりで夜《よる》も勉強《べんきょう》したという、中国《ちゅうごく》の話《はなし》から。

**けいせん【経線】** ［名］ 南極《なんきょく》と北極《ほっきょく》とを結《むす》んだ、経度《けいど》を表《あらわ》す線《せん》。地球上《ちきゅうじょう》の場所《ばしょ》の東西《とうざい》の位置《いち》をわかりやすくするために考《かんが》えられたもの。子午線《しごせん》。［対］緯線《いせん》。⬇けいど(経度)394ページ

**けいせん【罫線】** ［名］ ⬇けい(罫)388ページ

**けいそう【軽装】** ［名］ 身軽《みがる》な服装《ふくそう》。

**けいそく【計測】** ［名］［動-する］ 道具《どうぐ》を使《つか》って、長《なが》さ・重《おも》さ・量《りょう》などをはかること。［類］測定《そくてい》。

**けいぞく【継続】** ［名］［動-する］ 続《つづ》くこと。続《つづ》けること。［例］練習《れんしゅう》を継続する。［類］持続《じぞく》。

**継続《けいぞく》は力《ちから》なり** 休《やす》まず続《つづ》けることが、結局《けっきょく》は、目的《もくてき》を達成《たっせい》するいちばんの力《ちから》になる。

**けいそつ【軽率】** ［形動］ よく考《かんが》えないで、ものごとをするようす。軽《かる》はずみ。［例］軽率な行動《こうどう》。［対］慎重《しんちょう》。［注意］「軽卒《けいそつ》」と書《か》くのはまちがい。

**けいたい【形態】** ［名］ ものごとの姿《すがた》や形《かたち》。ありさま。［例］学習《がくしゅう》の形態。

✤**けいたい【敬体】** ［名］ 〔国語《こくご》で〕丁寧《ていねい》に言《い》い表《あらわ》すための文体《ぶんたい》。文《ぶん》の終《お》わりに「です」「ます」「であります」「でございます」などと使《つか》う言《い》い方《かた》。ですます体《たい》。［対］常体《じょうたい》。

**けいたい【携帯】** ［名］［動-する］ ❶手《て》に持《も》ったり、身《み》につけたりすること。［例］遠足《えんそく》に雨具《あまぐ》を携帯すること。［類］携行《けいこう》。❷「携帯電話《けいたいでんわ》」の略《りゃく》。

**けいだい【境内】** ［名］ 神社《じんじゃ》や寺《てら》の、敷地《しきち》の中《なか》。

**けいたいでんわ【携帯電話】** ［名］ ポケットやかばんに入《い》れて持《も》ち歩《ある》き、通話《つうわ》やメール・インターネットなどが便利《べんり》にできる、小《こ》形《がた》の電話《でんわ》。携帯《けいたい》。

**けいちつ【啓蟄】** ［名］ 冬《ふゆ》ごもりしていた虫《むし》が、地面《じめん》にはい出《で》てくるころ。三月六日《さんがつむいか》ごろ。二十四節気《にじゅうしせっき》の一《ひと》つ。

**けいちゅう【傾注】** ［名］［動-する］ 一《ひと》つのことに心《こころ》や力《ちから》を集《あつ》めること。［例］目標達成《もくひょうたっせい》に全精力《ぜんせいりょく》を傾注する。

**けいちょう【軽重】** ［名］ 軽《かる》いか重《おも》いかということ。つまらないこととだいじなこと。けいじゅう。［例］事《こと》の軽重を考《かんが》える。

**けいちょう【傾聴】** ［名］［動-する］ 注意《ちゅうい》して熱心《ねっしん》に聞《き》くこと。［例］傾聴にあたいする話《はなし》。

**けいちょう【慶弔】** ［名］ 結婚《けっこん》や出産《しゅっさん》などを祝《いわ》うことと、人《ひと》の死《し》をとむらうこと。

**けいつい【頸椎】** ［名］ 首《くび》の骨《ほね》。せきついのう

例解 ! ことばの勉強室

### 敬体《けいたい》について

◎むかしむかし、あるところに、じいさまとばあさまがありましたと。(「かさこじぞう」)

◎これは、わたしが小《ちい》さい時《とき》に、村《むら》の茂平《もへい》というおじいさんから聞《き》いたお話《はなし》です。(「ごんぎつね」)

どちらも敬体《けいたい》で書《か》いてある。敬体《けいたい》は、丁寧《ていねい》にものを言《い》うときの文《ぶん》の形《かたち》である。文章《ぶんしょう》が敬体《けいたい》で書《か》かれていると、読《よ》むほうは、話《はな》し手《て》が前《まえ》にいて、自分《じぶん》に語《かた》ってくれているような感《かん》じがする。だから、昔話《むかしばなし》や童話《どうわ》の文章《ぶんしょう》には敬体《けいたい》が多《おお》いのである。





世界の国 ルワンダ 東《ひがし》アフリカの内陸《ないりく》にある国《くに》。中国地方《ちゅうごくちほう》よりややせまい。コーヒーやバナナを産《さん》するほか、錫《すず》やタン

ち、首《くび》の部分《ぶぶん》にあたる骨《ほね》。

**けいてき【警笛】** [名] 人々《ひとびと》に注意《ちゅうい》させるために音《おと》を鳴《な》らす装置《そうち》。また、その音《おと》。

**けいと【毛糸】** [名] ヒツジなどの毛《け》をより合《あ》わせて、糸《いと》にしたもの。編《あ》み物《もの》などに使《つか》う。

**けいど【経度】** [名] 地球上《ちきゅうじょう》のある地点《ちてん》を東西《とうざい》の位置《いち》で表《あらわ》したもの。ロンドンの、グリニッジ天文台《てんもんだい》があった地点《ちてん》を通《とお》る経線《けいせん》を〇度《れいど》として、東《ひがし》へ向《む》かうものを東経《とうけい》、西《にし》へ向《む》かうものを西経《せいけい》といい、それぞれ一八〇度《ど》に分《わ》ける。地球上《ちきゅうじょう》のある地点《ちてん》の位置《いち》は経度《けいど》と緯度《いど》によって表《あらわ》すことができる。[対] 緯度《いど》。

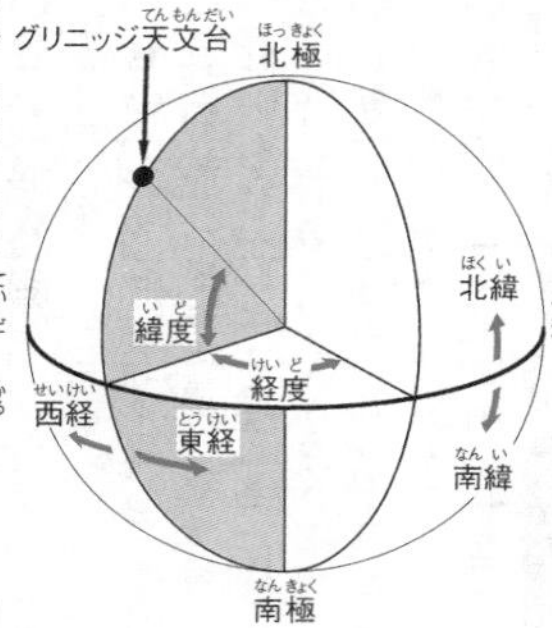


〔けいど〕

**けいど【軽度】** [名] 程度《ていど》が軽《かる》いこと。[例] 軽度の近視《きんし》。[対] 重度《じゅうど》。

**けいとう【系統】** [名] ❶ものごとの筋道《すじみち》。つながり。[例] 系統を立《た》てて話《はな》す。[類] 系列《けいれつ》。❷血筋《ちすじ》。[例] 源氏《げんじ》の系統。

**けいとう【傾倒】** [名] [動-する] ❶あることに熱中《ねっちゅう》すること。[例] 文学《ぶんがく》に傾倒する。❷ある人《ひと》を心《こころ》からしたうこと。[例] リンカンに傾倒する。

**けいとう【鶏頭】** [名] 庭《にわ》などに植《う》える草花《くさばな》。夏《なつ》から秋《あき》にかけて、ふつうニワトリのとさかに似《に》た形《かたち》の、赤《あか》や黄色《きいろ》の花《はな》が咲《さ》く。

〔けいとう〕

**げいとう【芸当】** [名] ❶特別《とくべつ》に訓練《くんれん》して覚《おぼ》えるわざ。人をびっくりさせる難《むずか》しい芸《げい》。[例] イルカの芸当。❷とても危《あぶ》なく、難《むずか》しい行《おこな》い。[例] だれもができる芸当ではない。

**けいとうてき【系統的】** [形動] 順序《じゅんじょ》や筋道《すじみち》が立《た》っているようす。[例] 系統的に学《まな》ぶ。

**けいどうみゃく【頸動脈】** [名] 首《くび》の両側《りょうがわ》を通《とお》って、頭《あたま》に血液《けつえき》を送《おく》る太《ふと》い血管《けっかん》。

**げいにん【芸人】** [名] 落語《らくご》・漫才《まんざい》・手品《てじな》・歌《うた》・おどりなどの芸《げい》を仕事《しごと》にしている人《ひと》。

**げいのう【芸能】** [名] 劇《げき》・舞踊《ぶよう》・音楽《おんがく》などをまとめていう言葉《ことば》。[例] 芸能人《じん》。郷土《きょうど》芸能。

**けいば【競馬】** [名] 騎手《きしゅ》が馬《うま》に乗《の》って、勝《か》ち負《ま》けを争《あらそ》う競走《きょうそう》。

**けいばい【競売】** [名] [動-する] ⇩きょうばい 339ページ

**けいはく【軽薄】** [形動] 考《かんが》えが浅《あさ》く、言葉遣《ことばづか》いや動作《どうさ》がいいかげんなようす。[例] 軽薄な人《ひと》。[対] 重厚《じゅうこう》。

**けいはつ【啓発】** [名] [動-する] 教《おし》え導《みちび》いて、考《かんが》えや能力《のうりょく》を豊《ゆた》かにすること。[例] 友達《ともだち》に啓発される。

**けいばつ【刑罰】** [名] 罪《つみ》をおかした人《ひと》に与《あた》えるばつ。[例] 重《おも》い刑罰を受《う》ける。

**けいはんしん〖京阪神〗** [地名] 京都《きょうと》・大阪《おおさか》・神戸《こうべ》をまとめた呼《よ》び名《な》。[例] 京阪神地方《ちほう》。

**けいひ【経費】** [名] あることをするのに必要《ひつよう》なお金《かね》。[例] 経費がかかりすぎる。

**けいび【軽微】** [形動] わずかであるようす。[例] 損害《そんがい》は軽微だ。

**けいび【警備】** [名] [動-する] 悪《わる》いことが起《お》こらないように、気《き》をつけて守《まも》ること。[例] イベント会場《かいじょう》を警備する。

**けいひん【景品】** [名] ❶売《う》る品物《しなもの》にそえる物《もの》。おまけ。❷もよおしの参加者《さんかしゃ》や、くじに当《あ》たった人《ひと》に贈《おく》られるもの。[例] 一等《いっとう》の景品は自動車《じどうしゃ》だ。

**けいひん〖京浜〗** [地名] 東京《とうきょう》と横浜《よこはま》をまとめた呼《よ》び名《な》。

**げいひんかん【迎賓館】** [名] 外国《がいこく》からの大切《たいせつ》な客《きゃく》を、国《くに》がもてなすための建物《たてもの》。

**けいひんこうぎょうちたい〖京浜工業地帯〗** [地名] 東京《とうきょう》・横浜《よこはま》・川崎《かわさき》を中心《ちゅうしん》にした工業《こうぎょう》のさかんな地域《ちいき》。

**けいふ【継父】** [名] 血《ち》のつながりのない父《ちち》。[対] 継母《けいぼ》。

**げいふう【芸風】** [名] 芸人《げいにん》などの、その人《ひと》らしい独特《どくとく》なやり方《かた》や味《あじ》わい。

**けいふく【敬服】** [名] [動-する] 感心《かんしん》して、尊敬《そんけい》すること。[例] 彼《かれ》の努力《どりょく》に敬服する。

**けいべつ【軽蔑】**［名］［動-する］人《ひと》を軽《かる》く見《み》て、ばかにすること。あなどること。［例］軽蔑の目《め》で見《み》る。［対］尊敬《そんけい》。

**けいべん【軽便】**［形動］手軽《てがる》で便利《べんり》なようす。［例］軽便なビデオ。

**けいぼ【継母】**［名］血《ち》のつながりのない母《はは》。［対］継父《けいふ》。

**けいほう【刑法】**［名］犯罪《はんざい》の種類《しゅるい》と刑罰《けいばつ》を決《き》めた法律《ほうりつ》。

**けいほう【警報】**［名］危険《きけん》が起《お》こりそうなときに、警戒《けいかい》のために出《だ》す知《し》らせ。［関連］注意《ちゅうい》報《ほう》。特別警報《とくべつけいほう》。

**けいみょう【軽妙】**［形動］軽《かろ》やかで、うまいと思《おも》わせるようす。［例］軽妙な話《はな》し方《かた》。

**けいむしょ【刑務所】**［名］罪《つみ》をおかして、刑《けい》の決《き》まった人《ひと》を入《い》れておく所《ところ》。

**げいめい【芸名】**［名］芸能人《げいのうじん》が、仕事《しごと》の上《うえ》で名《な》のる名前《なまえ》。

**けいもう【啓蒙】**［名］［動-する］知識《ちしき》のない人《ひと》に、正《ただ》しい知識《ちしき》を与《あた》えて、教《おし》え導《みちび》くこと。［例］大衆《たいしゅう》を啓蒙する。啓蒙書《しょ》。

**けいやく【契約】**［名］［動-する］約束《やくそく》をすること。特《とく》に、法律《ほうりつ》にもとづいて約束《やくそく》すること。［例］契約書《しょ》を交《か》わす。

**けいゆ【経由】**［名］［動-する］ある場所《ばしょ》を通《とお》って行《い》くこと。［例］大阪《おおさか》を経由して、四国《しこく》へ行《い》く。

**けいゆ【軽油】**［名］原油《げんゆ》からとれる、黄色《きいろ》みを帯《お》びた油《あぶら》。ディーゼルエンジンの燃料《ねんりょう》などに使《つか》う。

**けいよう【形容】**［名］［動-する］ものごとの姿《すがた》・形《かたち》やようすなどを、言《い》い表《あらわ》すこと。［例］あまりの美《うつく》しさに、形容する言葉《ことば》もない。

**けいよう【掲揚】**［名］［動-する］旗《はた》などを高《たか》くあげること。［例］国旗《こっき》掲揚。

❖**けいようし【形容詞】**［名］〔国語《こくご》で〕品詞《ひんし》の一《ひと》つ。ものごとの性質《せいしつ》やありさまを表《あらわ》す言葉《ことば》。下《した》にくる言葉《ことば》によって形《かたち》が変《か》わる。この辞典《じてん》では、［形］と示《しめ》してある。

❖**けいようどうし【形容動詞】**［名］〔国語《こくご》で〕品詞《ひんし》の一《ひと》つ。ものごとの性質《せいしつ》やありさまを表《あらわ》す言葉《ことば》。下《した》にくる言葉《ことば》によって形《かたち》が変《か》わる。この辞典《じてん》では、［形動］と示《しめ》してある。

**けいらん【鶏卵】**［名］ニワトリの卵《たまご》。

**けいり【経理】**［名］会社《かいしゃ》や団体《だんたい》の、お金《かね》の出《だ》し入《い》れについての事務《じむ》。［類］会計《かいけい》。

**けいりゃく【計略】**［名］自分《じぶん》の思《おも》いどおりにするために考《かんが》えをめぐらすこと。はかりごと。［例］計略をめぐらす。［類］策略《さくりゃく》。

**けいりゅう【係留】**［名］［動-する］船《ふね》などをつなぎとめること。［例］ボートを岸《きし》に係留する。

**けいりゅう【渓流】**［名］谷川《たにがわ》の流《なが》れ。

**けいりょう【計量】**［名］［動-する］分量《ぶんりょう》や重《おも》さなどをはかること。［例］計量カップ。

**けいりょう【軽量】**［名］目方《めかた》が軽《かる》いこと。［例］軽量の力士《りきし》。［対］重量《じゅうりょう》。

**けいりん【競輪】**［名］選手《せんしゅ》が自転車《じてんしゃ》に乗《の》って、勝《か》ち負《ま》けを争《あらそ》う競走《きょうそう》。

**けいるい【係累】**［名］めんどうを見《み》なければならない家族《かぞく》。親《おや》やきょうだい・子《こ》どもなど。

**けいれい【敬礼】**［名］［動-する］敬《うやま》う気持《きも》ちで、礼《れい》をすること。また、その礼《れい》。

**けいれき【経歴】**［名］生《お》い立《た》ちや、卒業《そつぎょう》した学校《がっこう》、勤《つと》めなど、今《いま》までにしてきたこと。［例］かがやかしい経歴の持《も》ち主《ぬし》。［類］履歴《りれき》。

**けいれつ【系列】**［名］ものごとの間《あいだ》のつなが

例解 ❗ ことばの勉強室

**形容詞《けいようし》 と 形容動詞《けいようどうし》 について**

❶山道《やまみち》は危《あぶ》ない。メロンは高《たか》い。
❷山道《やまみち》は危険《きけん》だ。メロンは高価《こうか》だ。

❶と❷は、同《おな》じ意味《いみ》である。しかし、―の部分《ぶぶん》の言葉《ことば》がちがう。❶の、「〜い」で終《お》わるのが形容詞《けいようし》、❷の、「〜だ」で終《お》わるのが形容動詞《けいようどうし》である。

「高《たか》い」などの形容詞《けいようし》は、下《した》にくる言葉《ことば》によって「い」の部分《ぶぶん》が変《か》わる（=活用《かつよう》する）。

高《たか》かろ-う　高《たか》かっ-た　高《たか》く-なる
高《たか》い-とき　高《たか》けれ-ば

一方《いっぽう》、「危険《きけん》だ」や「きれいだ」などの形容動詞《けいようどうし》は、「だ」の部分《ぶぶん》が変《か》わる（=活用《かつよう》する）。

きれいだろ-う　きれいだっ-た
きれいで-ある　きれいに-なる
きれいだ　きれいな-とき
きれいなら-ば





世界の国　レソト　南《みなみ》アフリカ国《こく》に囲《かこ》まれた国《くに》。中国地方《ちゅうごくちほう》よりややせまく、全国土《ぜんこくど》が標高《ひょうこう》1,400メートル以上《いじょう》。農業《のうぎょう》・

り。また、つながりを持《も》ったもののまとまり。例 同《おな》じ系列のテレビ局《きょく》。類 系統《けいとう》。

**けいれん** 名 動-する 筋肉《きんにく》が引《ひ》きつって、ふるえること。例 足《あし》がけいれんする。

**けいろ【毛色】** 名 ❶毛《け》の色《いろ》。❷ものごとの種類《しゅるい》や性質《せいしつ》。例 毛色の変《か》わった絵《え》。

**けいろ【経路】** 名 ❶通《とお》った道《みち》。例 犯人《はんにん》がにげた経路。❷ものごとがたどった筋道《すじみち》。例 感染《かんせん》経路。

**けいろう【敬老】** 名 年《とし》をとった人《ひと》を敬《うやま》い、大切《たいせつ》にすること。例 敬老の精神《せいしん》。類 養老《ようろう》。

**けいろうのひ【敬老の日】** 名 国民《こくみん》の祝日《しゅくじつ》の一《ひと》つ。お年寄《としよ》りを敬《うやま》い、長生《ながい》きを祝《いわ》う日《ひ》。九月《くがつ》の第三月曜日《だいさんげつようび》。

**ケー【K・k】** 名 ❶台所《だいどころ》。キッチン。例 2K〔=二部屋《ふたへや》と台所《だいどころ》〕。❷(野球《やきゅう》で)三振《さんしん》。例 ドクターK〔=三振《さんしん》を多《おお》くとる投手《とうしゅ》〕。

**ケーオー【KO】** 名 動-する 〔英語《えいご》の「ノックアウト」の頭文字《かしらもじ》。〕 ↓ノックアウト 1016ページ

**ケーキ** 〔英語 cake〕 名 小麦粉《こむぎこ》・砂糖《さとう》・バター・卵《たまご》などで作《つく》った洋菓子《ようがし》。

**ケース** 〔英語 case〕 名 ❶箱《はこ》。入《い》れ物《もの》。例 ケースに収《おさ》める。❷場合《ばあい》。出来事《できごと》。例 彼《かれ》のケースは特別《とくべつ》だ。

**ケースバイケース** 〔英語 case by case〕 名 その場《ば》その場《ば》に応《おう》じて対処《たいしょ》すること。例 この先《さき》どうするかは、ケースバイケースだ。

**ケースワーカー** 〔英語 caseworker〕 名 精神的《せいしんてき》・肉体的《にくたいてき》・経済的《けいざいてき》に生活上《せいかつじょう》の困難《こんなん》をかかえている人《ひと》の相談相手《そうだんあいて》となって、問題解決《もんだいかいけつ》にあたることを仕事《しごと》にしている人《ひと》。ソーシャルワーカー。

**ゲーテ** 人名 (男)(一七四九〜一八三二)ドイツの小説家《しょうせつか》・詩人《しじん》。シェークスピア、ダンテとともに世界《せかい》の三大詩人《さんだいしじん》とよばれる。「若《わか》きウェルテルの悩《なや》み」「ファウスト」などの作品《さくひん》が有名《ゆうめい》。

**ゲート** 〔英語 gate〕 名 門《もん》。出入《でい》り口《ぐち》。

**ゲートボール** 名 〔日本《にっぽん》でできた英語《えいご》ふうの言葉《ことば》。〕五人《ごにん》ずつの二組《ふたくみ》に分《わ》かれて、木《き》づちのような棒《ぼう》で木《き》のボールをたたき、途中《とちゅう》のゲート〔=門《もん》〕をくぐらせてゴールの柱《はしら》に当《あ》てる競技《きょうぎ》。日本《にっぽん》で作《つく》られた。

**ケーブル** 〔英語 cable〕 名 ❶針金《はりがね》などをより合《あ》わせた太《ふと》いつな。❷何本《なんぼん》もの電線《でんせん》を束《たば》ねて一本《いっぽん》にした線《せん》。

**ケーブルカー** 〔英語 cable car〕 名 太《ふと》い鉄《てつ》のつな〔=ケーブル〕に引《ひ》かれて、レールをしいた急《きゅう》な坂《さか》を上《のぼ》り下《お》りする電車《でんしゃ》。

〔ケーブルカー〕

**ケーブルテレビ** 名 〔「有線《ゆうせん》テレビ」という意味《いみ》の英語《えいご》「ケーブルテレビジョン」の略《りゃく》。〕テレビの電波《でんぱ》を、家《いえ》までつながれた「ケーブル❷」を通《とお》して受信《じゅしん》するシステム。CATV《シーエーティーブイ》。

**°ゲーム** 〔英語 game〕 名 ❶勝《か》ち負《ま》けを争《あらそ》う遊《あそ》び。例 テレビゲーム。❷試合《しあい》。競技《きょうぎ》。

**ゲームセット** 名 〔日本《にっぽん》でできた英語《えいご》ふうの言葉《ことば》。〕試合《しあい》が終《お》わること。対 プレーボール。

**けおされる【気おされる】** 動 なんとなく相手《あいて》の勢《いきお》いにおされる。例 相手《あいて》の気迫《きはく》に気おされてだまりこんだ。

**けおとす【蹴落とす】** 動 ❶足《あし》でけって下《した》へ落《お》とす。❷自分《じぶん》が地位《ちい》につくため、人《ひと》をその地位《ちい》から退《しりぞ》ける。例 人《ひと》をけ落とす。

**けおりもの【毛織物】** 名 ヒツジなどの動物《どうぶつ》の毛《け》で織《お》った織物《おりもの》。ウール。

**°けが【怪我】** 名 傷《きず》を受《う》けること。また、その傷《きず》。例 転《ころ》んでけがをした。

**けがの功名《こうみょう》** なにげなくやったことや、まちがってやったことが、思《おも》いがけずよい結果《けっか》を生《う》むこと。

**げか【外科】** 名 病気《びょうき》や傷《きず》を、おもに手術《しゅじゅつ》によって治《なお》す医学《いがく》の分野《ぶんや》。また、その病院《びょういん》。対 内科《ないか》。

**げかい【下界】** 名 ❶天《てん》から見《み》た人間《にんげん》の住《す》む世界《せかい》。❷高《たか》い所《ところ》から見《み》た地上《ちじょう》のようす。例 飛行機《ひこうき》から下界を見下《みお》ろす。

**°けがす【汚す】** 動 ❶きたなくする。よごす。例 神社《じんじゃ》の境内《けいだい》を汚す。❷名誉《めいよ》を傷《きず》つける。例 学校《がっこう》の名《な》を汚す。❸「そこにいる」ということを、謙遜《けんそん》して言《い》う言葉《ことば》。例 末席《まっせき》を汚す。
↓お【汚】141ページ

**けがらわしい【汚らわしい】** 形 きたなくて、いやな感《かん》じだ。例 そんな話《はなし》は、聞《き》く

首都《しゅと》ベイルート。人口約《じんこうやく》530万人《まんにん》。略称《りゃくしょう》LJB。

のも汚らわしい。↓お【汚】141ページ

**けがれる【汚れる】** 動 ❶きたなくなる。よごれる。例 心《こころ》が汚れる。❷名誉《めいよ》が傷《きず》つく。例 チームの名《な》が汚れる。↓お【汚】141ページ

**けがわ【毛皮】** 名 毛《け》がついている動物《どうぶつ》の皮《かわ》。例 ミンクの毛皮のコート。

**げき【劇】** 画数 15 部首 刂(りっとう) 6年

筆順 劇 劇 劇 劇 劇 劇 劇

音 ゲキ 訓 ―

❶はげしい。熟語 劇薬《げきやく》。❷しばい。熟語 劇化《げきか》。劇場《げきじょう》。劇団《げきだん》。演劇《えんげき》。

**げき【劇】** 名 しばい。演劇《えんげき》。ドラマ。例 劇を見《み》る。

**げき【激】** 画数 16 部首 氵(さんずい) 6年

筆順 激 激 激 激 激 激 激

音 ゲキ 訓 はげ-しい

❶勢《いきお》いが強《つよ》い。熟語 激戦《げきせん》。激流《げきりゅう》。急激《きゅうげき》。❷気《き》持《も》ちがたかぶる。熟語 激励《げきれい》。感激《かんげき》。

《訓の使い方》 **はげ-しい** 例 雨《あめ》が激しい。

**げき【隙】** 画数 13 部首 阝(こざとへん)

音 ゲキ 訓 すき

❶すきま。熟語 間隙《かんげき》(=物事《ものごと》と物事《ものごと》との間《あいだ》)。❷油断《ゆだん》。例 隙《すき》を見《み》せる。参考「隙間《すきま》」は「透《す》き間《ま》」とも書《か》く。

**げき【撃】** 画数 15 部首 手(て)

音 ゲキ 訓 う-つ

❶うつ。たたく。また、敵《てき》をせめる。熟語 攻《こう》撃《げき》。射《しゃ》撃《げき》。打《だ》撃《げき》。❷鉄砲《てっぽう》などでたまをうつ。熟語 目撃《もくげき》。❸目《め》にふれる。❹強《つよ》くぶつかる。熟語 衝撃《しょうげき》。

**げき【檄】** 名 自分《じぶん》の考《かんが》えを世間《せけん》に強《つよ》くうったえる文章《ぶんしょう》。檄文《げきぶん》。

**檄《げき》を飛《と》ばす** ❶世間《せけん》に広《ひろ》くうったえる。❷しかって、強《つよ》くはげます。例 リーダーが、がんばれと檄を飛ばす。参考 本来《ほんらい》は❶の意味《いみ》で使《つか》う。

✤**げきか【劇化】** 名 動-する 小説《しょうせつ》や事件《じけん》などを劇《げき》にすること。例「白雪姫《しらゆきひめ》」を劇化する。

**げきか【激化】** 名 動-する 〔「げっか」とも読《よ》む。〕なりゆきやありさまが激《はげ》しくなること。例 戦争《せんそう》が激化した。

**げきが【劇画】** 名 ストーリーのある話《はなし》を、動《うご》きのある絵《え》でえがいたまんが。

**げきげん【激減】** 名 動-する 急《きゅう》に激《はげ》しく減《へ》ること。例 事故《じこ》が激減した。対 激増《げきぞう》。

**げきさっか【劇作家】** 名 劇《げき》の脚本《きゃくほん》を書《か》くことを仕事《しごと》にしている人《ひと》。

**げきしょう【激賞】** 名 動-する 非常《ひじょう》にほめること。例 新作《しんさく》のしばいを激賞する。

**げきじょう【劇場】** 名 しばいや映画《えいが》などを見《み》せる建物《たてもの》。

**げきしん【激震】** 名 ❶はげしい地震《じしん》。震度《しんど》七《なな》の地震《じしん》の、もとの呼《よ》び方《かた》。↓しんど(震度) 665ページ。❷はげしいおどろき。例 スポーツ界《かい》に激震が走《はし》る。

**げきする【激する】** 動 あらあらしくなる。例 感情《かんじょう》が激する。

**げきせん【激戦】** 名 激《はげ》しく戦《たたか》うこと。また、激《はげ》しい戦《たたか》い。

**げきぞう【激増】** 名 動-する 急《きゅう》にひどく増《ふ》えること。例 人口《じんこう》が激増する。対 激減《げきげん》。

**げきたい【撃退】** 名 動-する ❶敵《てき》をうち負《ま》かして追《お》いはらうこと。例 敵《てき》を撃退する。❷しつこい相《あい》手《て》を退《しりぞ》けること。例 押《お》し売《う》りを撃退する。

**げきだん【劇団】** 名 人《ひと》に劇《げき》を見《み》せる人々《ひとびと》の集《あつ》まり。例 劇団員《いん》。

**げきちん【撃沈】** 名 動-する 船《ふね》を攻撃《こうげき》してしずめること。

**げきつい【撃墜】** 名 動-する 飛《ひ》行《こう》機《き》をうち落《お》とすこと。

**げきつう【激痛】** 名 ひどい痛《いた》み。

**げきてき【劇的】** 形動 劇《げき》を見《み》るように、大《おお》きく変化《へんか》したり盛《も》り上《あ》がったりして、人《ひと》の心《こころ》を強《つよ》くゆり動《うご》かすようす。ドラマチック。例 劇的な出会《であ》い。

**げきど【激怒】** 名 動-する 激《はげ》しくおこること。例 うそだとわかって激怒した。

**げきどう【激動】** 名 動-する ものごとが激《はげ》しくゆれ動《うご》くこと。例 激動の時代《じだい》。

**げきとつ【激突】** 名 動-する 激《はげ》しくぶつかる





世界の国 レバノン 地《ち》中《ちゅう》海《かい》の東岸《とうがん》にある、岐《ぎ》阜《ふ》県《けん》くらいの大《おお》きさの国《くに》。金融《きんゆう》や観光業《かんこうぎょう》のほか、食品《しょくひん》加《か》工業《こうぎょう》もさかん。

こと。例 車《くるま》どうしが激突した。

**げきは【撃破】** 名 動-する 敵《てき》をうち負《ま》かすこと。例 相手《あいて》チームを撃破した。

**げきはく【激白】** 名 動-する 知《し》られていなかった内容《ないよう》を、かくさずに打《う》ち明《あ》けること。例 真相《しんそう》を激白する。

**げきへん【激変】** 名 動-する 急《きゅう》に激《はげ》しく変《か》わること。例 天気《てんき》が激変する。

**げきやく【劇薬】** 名 使《つか》い方《かた》をまちがえると命《いのち》にかかわるような、強《つよ》い薬《くすり》。

**げきやす【激安】** 名 形動 値段《ねだん》がひじょうに安《やす》いこと。〔くだけた言《い》い方《かた》。〕例 近《ちか》くに激安の店《みせ》ができた。

**けぎらい【毛嫌い】** 名 動-する はっきりした理由《りゆう》もなく、嫌《きら》うこと。例 兄《あに》はイヌを毛嫌いしている。

**げきりゅう【激流】** 名 勢《いきお》いの激《はげ》しい流《なが》れ。例 橋《はし》が激流におし流《なが》された。

**げきりんにふれる【逆鱗に触れる】** 目上《めうえ》の人《ひと》をひどく怒《おこ》らせる。例 ルールを破《やぶ》って監督《かんとく》の逆鱗に触れる。参考 竜《りゅう》に一枚《いちまい》だけある逆《さか》さに生《は》えたうろこに触《ふ》れると、その者《もの》は殺《ころ》されるという中国《ちゅうごく》の話《はなし》から。

**げきれい【激励】** 名 動-する はげまして元気《げんき》づけること。例 友達《ともだち》を激励する。

**げきれつ【激烈】** 形動 非常《ひじょう》に激《はげ》しいようす。例 激烈な戦《たたか》い。

**げきろん【激論】** 名 動-する 激《はげ》しく言《い》い争《あらそ》うこと。また、その議論《ぎろん》。例 激論をたたかわせる。

**けげん** 形動 不思議《ふしぎ》でわけがわからないようす。例 けげんな顔《かお》つき。

**げこ【下戸】** 名 酒《さけ》を飲《の》めない人《ひと》。対 上戸《じょうご》。

**げこう【下校】** 名 動-する 学校《がっこう》から家《いえ》に帰《かえ》ること。例 下校時間《じかん》。対 登校《とうこう》。

**げこくじょう【下克上】** 名 身分《みぶん》の下《した》の者《もの》が上《うえ》の者《もの》にうち勝《か》って、勢力《せいりょく》をふるうこと。参考 元《もと》は、戦国時代《せんごくじだい》の世《よ》の中《なか》の風潮《ふうちょう》を言《い》った言葉《ことば》。

**◦けさ【〈今朝〉】** 名 今日《きょう》の朝《あさ》。参考「今朝《けさ》」は、特別《とくべつ》に認《みと》められた読《よ》み方《かた》。

**けさ【袈裟】** 名 お坊《ぼう》さんが、衣《ころも》の上《うえ》にかけて着《き》るもの。

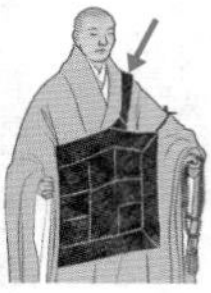
〔けさ〕

**げざい【下剤】** 名 便《べん》が出《で》るように飲《の》む薬《くすり》。

**げざん【下山】** 名 動-する 山《やま》から下《お》りること。対 登山《とざん》。

**けし** 名 ❶草《くさ》の名前《なまえ》。実《み》から麻薬《まやく》の原料《げんりょう》になるアヘンをとる。栽培《さいばい》がきびしく制限《せいげん》されている。❷ヒナゲシのこと。初夏《しょか》、赤《あか》や白《しろ》の花《はな》が咲《さ》く。ポピー。

**げし【夏至】** 名 太陽《たいよう》が北回帰線《きたかいきせん》の上《うえ》を照《て》らすときで、毎年六月二十二日《まいとしろくがつにじゅうににち》ごろ。北半球《きたはんきゅう》では一年《いちねん》のうちで昼間《ひるま》がいちばん長《なが》くなる。二《に》十四節気《じゅうしせっき》の一《ひと》つ。対 冬至《とうじ》。

**けしいん【消印】** 名 郵便局《ゆうびんきょく》で、使《つか》ったしるしとして切手《きって》やはがきにおす、局名《きょくめい》や日付《ひづけ》の入《はい》った印《いん》。

**けしかける** 動 ❶向《む》かっていくようにしむける。例 犬《いぬ》をけしかける。❷そそのかす。おだてる。例 立候補《りっこうほ》をけしかける。

**けしからん** よろしくない。例 うそをつくとは、けしからんことだ。

**けしき【気色】** 名 ようす。ありさま。顔色《かおいろ》。例 おそれる気色もない。注意「気色」を「きしょく」と読《よ》むと、ちがう意味《いみ》になる。

**◦けしき【〈景色〉】** 名（山《やま》・川《かわ》・海《うみ》など）自然《しぜん》のながめ。風景《ふうけい》。例 よい景色。参考「景色《けしき》」は、特別《とくべつ》に認《みと》められた読《よ》み方《かた》。

**けしきばむ【気色ばむ】** 動 おこった気持《きも》ちを顔《かお》に表《あらわ》す。例 気色ばんで反論《はんろん》する。

**げじげじ** 名 湿気《しっけ》の多《おお》い石《いし》の下《した》などにいる、ムカデに似《に》た小《ちい》さな虫《むし》。左右《さゆう》に十五本《じゅうごほん》ずつの足《あし》がある。ゲジ。

**けしゴム【消しゴム】** 名 鉛筆《えんぴつ》などでかいた字《じ》や図《ず》をこすって消《け》す、ゴムやプラスチックなどでできた道具《どうぐ》。ゴム消《け》し。

**けしずみ【消し炭】** 名 まきや炭《すみ》の火《ひ》を、途《と》中《ちゅう》で消《け》して作《つく》った炭《すみ》。早《はや》く火《ひ》をおこしたり、炭火《すみび》の火種《ひだね》を作《つく》ったりするのに使《つか》う。

**けしつぶ【けし粒】** 名 ❶ケシの種《たね》。❷たいへん細《こま》かいもののたとえ。例 広《ひろ》い宇宙《うちゅう》では人間《にんげん》はけし粒のようなものだ。

**けしとぶ【消し飛ぶ】** 動 勢《いきお》いよく飛《と》んでなくなる。例 不安《ふあん》が消し飛んだ。

**けじめ** 名 ものごとの区別《くべつ》。例 よい悪《わる》いの、けじめをつける。

**げしゃ【下車】** 名 動-する 電車《でんしゃ》やバスなどからおりること。降車《こうしゃ》。対 乗車《じょうしゃ》。

**げしゅく【下宿】** 名 動-する お金《かね》をはらって部屋《へや》を借《か》りて、生活《せいかつ》すること。例 兄《あに》は下宿して大学《だいがく》に行《い》っている。

**げしゅにん【下手人】** 名 人殺《ひとごろ》しをした人《ひと》。犯人《はんにん》。〔古《ふる》い言《い》い方《かた》。〕

**げじゅん【下旬】** 名 月《つき》の二十一日《にじゅういちにち》から終《お》わりまでの、約《やく》十日《とお》間《かかん》。関連 上旬《じょうじゅん》。中旬《ちゅうじゅん》。

**○けしょう【化粧】** 名 動-する ❶おしろいや紅《べに》などをつけて、顔《かお》をきれいに見《み》せること。例 化粧品《ひん》。❷外見《がいけん》や表面《ひょうめん》をきれいに見《み》せること。例 壁《かべ》の化粧直《なお》しをする。

**けしょうしつ【化粧室】** 名 ❶化粧《けしょう》や身《み》なりを整《ととの》える部屋《へや》。❷洗面所《せんめんじょ》。トイレ。

**けしん【化身】** 名 神《かみ》や仏《ほとけ》、ものの精《せい》などが人間《にんげん》の姿《すがた》になって現《あらわ》れたもの。例 美《び》の化身。

**○けす【消す】** 動 ❶燃《も》えるのを止《と》める。例 火《ひ》を消す。❷なくす。見《み》えなくする。例 音《おと》を消す。姿《すがた》を消す。落書《らくが》きを消す。❸スイッチをひねって止《と》める。例 電気《でんき》を消す。❹殺《ころ》す。例 じゃま者《もの》を消す。⇩しょう【消】620ページ

**げすい【下水】** 名 ❶使《つか》ったあとのよごれた水《みず》。❷「下水道《げすいどう》」の略《りゃく》。例 下水がつまる。対（❶・❷）上水《じょうすい》。

**げすいどう【下水道】** 名 「下水《げすい》❶」を流《なが》すためのみぞや管《くだ》。対 上水道《じょうすいどう》。

**ゲスト**〔英語 guest〕名 ❶お客《きゃく》。❷ラジオやテレビなどで、そのときだけ出演《しゅつえん》する人《ひと》。

**ゲストティーチャー**〔英語 guest teacher〕名 学校《がっこう》の授業《じゅぎょう》や子《こ》ども会活動《かいかつどう》などに、指導者《しどうしゃ》として特別《とくべつ》に招《まね》いた一般《いっぱん》の人《ひと》のこと。外《がい》部講師《ぶこうし》。

**けずりぶし【削り節】** 名 かつお節《ぶし》などを、うすくけずったもの。

**○けずる【削る】** 動 ❶刃物《はもの》などで、うすくとる。例 鉛筆《えんぴつ》を削る。❷少《すく》なくする。減《へ》らす。例 予算《よさん》を削る。❸取《と》る。省《はぶ》く。例 むだな言葉《ことば》を削る。⇩さく【削】509ページ

**げせない【解せない】** 納得《なっとく》できない。理《り》解《かい》できない。例 そんなことを言《い》うなんて解せない。

**げせん【下船】** 名 動-する 船《ふね》からおりること。対 乗船《じょうせん》。

**げそく【下足】** 名（ぬいだ）はき物《もの》。〔古《ふる》い言《い》い方《かた》。〕例 下足番《ばん》。

**けた【桁】** 画数 10 部首 木（きへん）
音 ―― 訓 けた
❶柱《はしら》などにかけ渡《わた》す横木《よこぎ》。熟語 橋桁《はしげた》。❷数《かず》の位取《くらいど》り。例 桁違《けたちが》い。桁外《けたはず》れ。

**けた【桁】** 名 ❶家《いえ》や橋《はし》などの、柱《はしら》の上《うえ》にかけ渡《わた》してある横木《よこぎ》。上《うえ》の部分《ぶぶん》を支《ささ》えるもの。⇩いえ❶55ページ。❷〔算数《さんすう》で〕数《かず》の位取《くらいど》り。例 桁を一《ひと》つまちがえる。❸そろばんの玉《たま》を通《とお》しているたて棒《ぼう》。

**桁《けた》が違《ちが》う** 数《かず》や量《りょう》が大《おお》きくちがう。例 こんどの台風《たいふう》の被害《ひがい》は桁が違う。

**げた【下駄】** 名 木《き》の台《だい》に歯《は》をつけ、はなおをすげたはき物《もの》。

**下駄《げた》を預《あず》ける** ものごとの始末《しまつ》を、すべて相手《あいて》にまかせる。

**下駄《げた》をはかせる** 点数《てんすう》や金額《きんがく》などをふやして、実際《じっさい》よりもよく見《み》せる。例 テストの点《てん》に下駄をはかせる。

**けだかい【気高い】** 形 上品《じょうひん》で、とうとく感《かん》じられる。例 気高い美《うつく》しさ。

**けだし** 副 考《かんが》えてみると。たしかに。〔古《ふる》い言《い》い方《かた》。〕例「継続《けいぞく》は力《ちから》なり」とは、けだし名言《めいげん》だ。

**けたすう【桁数】** 名 けたの数《かず》。数字《すうじ》が何《なん》けたあるかということ。例 けた数が多《おお》いと計《けい》算《さん》しにくい。

**けたたましい** 形 急《きゅう》に、びっくりするような高《たか》い音《おと》や声《こえ》がする。例 ベルがけたたましく鳴《な》りひびく。

**けたちがい【桁違い】** 一 名 数《かず》の位取《くらいど》りをまちがえること。二 名 形動 比《くら》べものにならないほどちがうこと。桁外《けたはず》れ。例 相手《あいて》は桁ちがいに強《つよ》い。

**けたてる【蹴立てる】** 動 ❶勢《いきお》いよく進《すす》んで、後《うし》ろに土煙《つちけむり》や波《なみ》などを立《た》てる。例 波《なみ》をけたてて船《ふね》が進《すす》む。❷勢《いきお》いよく、けるようにする。例 席《せき》をけたてて帰《かえ》る。

**げたばこ【下駄箱】** 名 はきものを入《い》れておくための、棚《たな》のついた箱《はこ》。靴箱《くつばこ》。



世界の国 ロシア ユーラシア北部《ほくぶ》にある世界一広《せかいいちひろ》い国《くに》。1991年《ねん》ソ連《れん》の解体《かいたい》により独立《どくりつ》した。石油《せきゆ》や天然《てんねん》ガスなどの資《し》RUS。漢字《かんじ》で「露」と書《か》くこともある。

**けたはずれ【桁外れ】**名 形動 標準《ひょうじゅん》をはるかにこえていること。桁《けた》ちがい。例 桁外れの強《つよ》さ。

**けだもの** 名 ❶けもの。特《とく》に、山野《さんや》にすむもの。❷人間《にんげん》らしい心《こころ》のない人《ひと》をののしっていう言葉《ことば》。

**けだるい** 形 なんとなくだるい。

**げだん【下段】**名 ❶下《した》の段《だん》。❷剣道《けんどう》などで、刀《かたな》の先《さき》を低《ひく》く下《さ》げた構《かま》え。対(❶・❷)上段《じょうだん》。

**けち** 一 名 形動 お金《かね》や物《もの》を出《だ》すことを惜《お》しがること。また、そういう人《ひと》。けちんぼう。例 彼《かれ》はけちだ。二 形動 ❶こせこせして、考《かんが》えがせまいようす。例 けちな考《かんが》え。❷みすぼらしいようす。例 けちな建物《たてもの》。

**けちがつく** よくないことが起《お》こって、うまくいかなくなる。例 あの負《ま》け以来《いらい》、けちがついたね。

**けちをつける** わざと悪《わる》く言《い》って、じゃまをする。例 人《ひと》の話《はなし》にすぐけちをつける。類 粗探《あらさが》しをする。難癖《なんくせ》をつける。

**けちくさい** 形 ❶非常《ひじょう》にけちである。❷みすぼらしい。例 けちくさい家《いえ》。❸心《こころ》がせまい。例 けちくさい考《かんが》え。

**けちけち** 副(-と) 動-する お金《かね》や物《もの》を出《だ》し惜《お》しむようす。例 お小遣《こづか》いをけちけち使《つか》う。

**ケチャップ**〔英語 ketchup〕名 トマトなどを煮《に》つめて、味《あじ》をつけた調味料《ちょうみりょう》。例 オムレツにケチャップをかける。

**けちらす【蹴散らす】**動 ❶物《もの》をけって散《ち》らす。例 雪《ゆき》をけちらして進《すす》む。❷追《お》いはらう。例 敵《てき》をけちらす。

**けちる** 動 けちけちする。

**けちんぼう【けちん坊】**名 形動 けちな人《ひと》。けちんぼ。〔くだけた言《い》い方《かた》。〕

---

**けつ【欠】** 画数 4 部首 欠(あくび) 4年

音 ケツ 訓 か-ける か-く

筆順 欠

❶足《た》りなくなる。かける。熟語 欠員《けついん》。欠点《けってん》。補欠《ほけつ》。不可欠《ふかけつ》。❷休《やす》む。熟語 欠航《けっこう》。欠席《けっせき》。出欠《しゅっけつ》。

**けつ【欠】**名 ❶かけていること。かけたところ。例 欠を補《おぎな》う。❷欠席《けっせき》のこと。対 出《しゅっ》。

**けつ【穴】** 画数 5 部首 穴(あな) 6年

音 ゲツ 訓 あな

筆順 穴

あな。熟語 虎穴《こけつ》。墓穴《ぼけつ》・墓穴《はかあな》。穴蔵《あなぐら》。

**けつ【血】** 画数 6 部首 血(ち) 3年

音 ケツ 訓 ち

筆順 血

❶生《い》き物《もの》の、ち。熟語 血圧《けつあつ》。血液《けつえき》。血管《けっかん》。血色《けっしょく》。出血《しゅっけつ》。鼻血《はなぢ》。❷ちすじ。熟語 血族《けつぞく》。血統《けっとう》。❸元気《げんき》がある。熟語 血気《けっき》。熱血《ねっけつ》。

---

**けつ【決】** 画数 7 部首 氵(さんずい) 3年

音 ケツ 訓 き-める き-まる

筆順 決

❶きめる。熟語 決意《けつい》。決勝《けっしょう》。決心《けっしん》。解決《かいけつ》。否決《ひけつ》。多数決《たすうけつ》。❷思《おも》い切《き》ってする。熟語 決行《けっこう》。決断《けつだん》。❸こわれる。熟語 決壊《けっかい》。決裂《けつれつ》。↓けっする 403ページ

《訓の使い方》 き-める 例 行《い》き先《さき》を決める。き-まる 例 予算《よさん》が決まる。

**けつ【決】**名 きめること。例 決を下《くだ》す。決を採《と》る〔=採決《さいけつ》する〕。

**けつ【結】** 画数 12 部首 糸(いとへん) 4年

音 ケツ 訓 むす-ぶ ゆ-う ゆ-わえる

筆順 結

❶むすぶ。固《かた》まる。熟語 結合《けつごう》。結晶《けっしょう》。結成《けっせい》。結論《けつろん》。連結《れんけつ》。❷終《お》わる。しめくくる。熟語 結果《けっか》。終結《しゅうけつ》。

《訓の使い方》 むす-ぶ 例 口《くち》を結ぶ。ゆ-う 例 髪《かみ》を結う。ゆ-わえる 例 なわで結わえる。

**けつ【潔】** 画数 15 部首 氵(さんずい) 5年

音 ケツ 訓 いさぎよ-い

筆順 潔

清《きよ》い。よごれがない。熟語 潔白《けっぱく》。清潔《せいけつ》。

《訓の使い方》 **いさぎよ-い** 例 潔い最期《さいご》。

**けつ【傑】** 画数 13 部首 亻(にんべん)

音 ケツ 訓 ―

すぐれている。熟語 傑作《けっさく》。豪傑《ごうけつ》。

**げつ【月】** 画数 4 部首 月(つき) 1年

音 ゲツ ガツ 訓 つき

筆順 月月月月

❶天体《てんたい》のつき。熟語 月光《げっこう》。月食《げっしょく》。満月《まんげつ》。明月《めいげつ》。三日月《みかづき》。❷一年《いちねん》を十二《じゅうに》に分《わ》けた一《ひと》つ。熟語 月末《げつまつ》。月給《げっきゅう》。年月《ねんげつ》・年月《としつき》。正月《しょうがつ》。❸「月曜《げつよう》」の略《りゃく》。

**けつあつ【血圧】** 名 心臓《しんぞう》から送《おく》り出《だ》された血《ち》が、血管《けっかん》を内側《うちがわ》からおす力《ちから》。

**けつい【決意】** 名 動-する 考《かんが》えを決《き》めること。また、その考《かんが》え。例 立候補《りっこうほ》の決意を固《かた》める。類 決心《けっしん》。

**けついん【欠員】** 名 決《き》まった人数《にんずう》に、足《た》りないこと。また、足《た》りない人数《にんずう》。例 欠員を補《おぎな》う。

**けつえき【血液】** 名 人《ひと》や動物《どうぶつ》の血管《けっかん》を流《なが》れる赤《あか》い液体《えきたい》。血漿《けっしょう》と血球《けっきゅう》とからできていて、体内《たいない》に栄養分《えいようぶん》や酸素《さんそ》を送《おく》ったり、いらなくなったものを運《はこ》んだりする。血《ち》。

**けつえきがた【血液型】** 名 固《かた》まり方《かた》のちがいによって分《わ》けた血液《けつえき》の型《かた》。ふつうは、A《エー》・B《ビー》・O《オー》・AB《エービー》の四《よっ》つに分《わ》ける。

**けつえん【血縁】** 名 親子《おやこ》や兄弟《きょうだい》などのように、血《ち》のつながりのあること。また、その人《ひと》たち。

**けっか【結果】** 名 あることがもとになって起《お》こったことがらやようす。例 努力《どりょく》した結果、合格《ごうかく》した。対 原因《げんいん》。

**げっか【激化】** ↓げきか(激化)397ページ

**けっかい【決壊・決潰】** 名 動-する 堤防《ていぼう》などが、切《き》れてくずれること。例 大水《おおみず》で土手《どて》が決壊した。

**けっかく【結核】** 名 結核菌《けっかくきん》によって肺《はい》などがおかされる感染症《かんせんしょう》。例 肺《はい》結核。

**げつがく【月額】** 名 一《いっ》か月《げつ》あたり、いくらと決《き》めた金額《きんがく》。例 会費《かいひ》は月額三千円《さんぜんえん》です。

**けっかん【欠陥】** 名 不十分《ふじゅうぶん》なところ。足《た》りないところ。例 欠陥車《しゃ》。

**けっかん【血管】** 名 体《からだ》の中《なか》を血液《けつえき》が流《なが》れる管《くだ》。動脈《どうみゃく》・静脈《じょうみゃく》・毛細血管《もうさいけっかん》がある。

**げっかん【月刊】** 名 新聞《しんぶん》・雑誌《ざっし》などを、毎《まい》月一回《つきいっかい》決《き》まって出《だ》すこと。例 月刊誌《し》。関連 日刊《にっかん》。週刊《しゅうかん》。旬刊《じゅんかん》。季刊《きかん》。年刊《ねんかん》。

**げっかん【月間】** 名 一《いっ》か月《げつ》と限《かぎ》った期間《きかん》。また、何《なに》かの行事《ぎょうじ》が行《おこな》われる一《いっ》か月間《げつかん》。例 防災《ぼうさい》月間。関連 週間《しゅうかん》。旬間《じゅんかん》。年間《ねんかん》。

**けっき【血気】** 名 元気《げんき》いっぱいのようす。さかんな勢《いきお》い。例 血気さかんな若者《わかもの》。

**血気《けっき》にはやる** あとさきのことを考《かんが》えず、勢《いきお》いこんでものごとをする。例 血気にはやって向《む》こう見《み》ずなことをする。

**けっき【決起】** 名 動-する やりとげようと決《けっ》心《しん》して、ものごとを起《お》こすこと。例 平和《へいわ》を守《まも》るための決起集会《しゅうかい》。

**けつぎ【決議】** 名 動-する 会議《かいぎ》で決《き》めること。また、そこで決《き》まったことがら。例 決議したことを実行《じっこう》に移《うつ》す。類 議決《ぎけつ》。

**けっきゅう【血球】** 名 血液《けつえき》の中《なか》にある小《ちい》さな細胞《さいぼう》。赤血球《せっけっきゅう》・白血球《はっけっきゅう》・血小板《けっしょうばん》がある。

**げっきゅう【月給】** 名 勤《つと》め先《さき》から一《いっ》か月《げつ》ごとにはらわれる給料《きゅうりょう》。サラリー。

**けっきょく【結局】** 副 最後《さいご》には。ついに。例 迷《まよ》ったが、結局中止《ちゅうし》した。

**けっきん【欠勤】** 名 動-する 勤《つと》めを休《やす》むこと。対 出勤《しゅっきん》。

**けづくろい【毛繕い】** 名 動物《どうぶつ》が、よごれた体《からだ》の毛《け》や羽《はね》などを、舌《した》やつめや手足《てあし》などできれいにすること。

**げっけい【月経】** 名 成長《せいちょう》した女性《じょせい》の子宮《しきゅう》から、だいたい月《つき》に一度《いちど》の周期《しゅうき》で起《お》こる出《しゅっ》血《けつ》。生理《せいり》。メンス。

**げっけいかん【月桂冠】** 名 ゲッケイジュの枝《えだ》や葉《は》を、輪《わ》にして作《つく》った冠《かんむり》。勝《か》ったしるしにかぶる。参考 昔《むかし》、ギリシヤで競技《きょうぎ》に勝《か》った人《ひと》にかぶせたのが起《お》こり。

〔げっけいかん〕

**げっけいじゅ【月桂樹】** 名 春《はる》に黄色《きいろ》の小《ちい》さい花《はな》が咲《さ》く、常緑《じょうりょく》の高木《こうぼく》。枝《えだ》や葉《は》で冠《かんむり》を作《つく》ったり、葉《は》を料理《りょうり》のかおりづけに使《つか》ったりする。

**けつご【結語】**[名] ❶文章《ぶんしょう》の結《むす》びの言葉《ことば》。❷手紙《てがみ》の終《お》わりに使《つか》う言葉《ことば》。敬具《けいぐ》・早々《そうそう》など。[対]頭語《とうご》。

**けっこう【欠航】**[名][動-する] 出発《しゅっぱつ》する予定《よてい》の船《ふね》や飛行機《ひこうき》が出《で》ないこと。[例]台風《たいふう》のため欠航する。

**けっこう【血行】**[名] 血液《けつえき》の循環《じゅんかん》。血《ち》のめぐり。[例]血行がよい。

**けっこう【決行】**[名][動-する] 決《き》めたことを思《おも》いきって行《おこな》うこと。[例]雨天《うてん》決行。[類]断行《だんこう》。

**◦けっこう【結構】**[一][名] 家《いえ》や文章《ぶんしょう》などの、全体《ぜんたい》の組《く》み立《た》て。[二][形動] ❶たいへんよいようす。[例]結構なできばえです。❷十分《じゅうぶん》であるようす。〔断《ことわ》るときにも使《つか》う。〕[例]もう結構です。❸承知《しょうち》するようす。賛成《さんせい》するようす。[例]結構です、やってみましょう。[三][副] かなり。なかなか。[例]この絵《え》はけっこううまくかけている。[参考]ふつう[三]は、かな書《が》きにする。

**けつごう【結合】**[名][動-する] 一《ひと》つに結《むす》びつくこと。結《むす》び合《あ》わせること。[例]水《みず》は、酸素《さんそ》と水素《すいそ》が結合したものだ。

**げっこう【月光】**[名] 月《つき》の光《ひかり》。

**◦けっこん【結婚】**[名][動-する] 夫婦《ふうふ》になること。[対]離婚《りこん》。

**けっさい【決済】**[名][動-する] 売《う》り買《か》いの取引《とりひき》を終《お》わること。[例]月末《げつまつ》に決済する。

**けっさい【決裁】**[名][動-する] 責任《せきにん》のある人《ひと》が、ものごとのよしあしを決《き》めること。[例]大臣《だいじん》の決裁をあおぐ。

**けっさく【傑作】**[一][名] 文学《ぶんがく》・美術《びじゅつ》・音楽《おんがく》などの、すぐれた作品《さくひん》。[例]「ごんぎつね」は童話《どうわ》の傑作だ。[二][形動] 滑稽《こっけい》で、おもしろいようす。[例]彼《かれ》は傑作な人《ひと》だ。

**けっさん【決算】**[名][動-する] 最後《さいご》のしめくくりの計算《けいさん》。ある決《き》まった間《あいだ》の、お金《かね》の出《だ》し入《い》れを、まとめて計算《けいさん》すること。[例]決算報告《ほうこく》。[対]予算《よさん》。

**げっさん【月産】**[名] 工場《こうじょう》などで、一《いっ》か月間《げつかん》に作《つく》り出《だ》す品物《しなもの》の数《かず》や量《りょう》。[例]月産二万台《にまんだい》も作《つく》る。[関連]日産《にっさん》。年産《ねんさん》。

**けっし【決死】**[名] 死《し》んでもかまわないという気持《きも》ち。命《いのち》がけ。[例]決死の覚悟《かくご》。

**けつじつ【結実】**[名][動-する] ❶植物《しょくぶつ》が、実《み》を結《むす》ぶこと。❷よい結果《けっか》が生《う》まれること。[例]長《なが》年《ねん》の働《はたら》きかけが結実して、橋《はし》がかかった。

**◦けっして【決して】**[副] 必《かなら》ず。絶対《ぜったい》に。どんなことがあっても。[例]ご恩《おん》は決して忘《わす》れません。[注意]あとに「ない」などの打《う》ち消《け》しの言葉《ことば》がくる。

**けっしゃ【結社】**[名] 多《おお》くの人《ひと》が、同《おな》じ目的《もくてき》のために作《つく》る団体《だんたい》。

**げっしゃ【月謝】**[名] 教《おし》えてもらったお礼《れい》に、毎月《まいつき》、学校《がっこう》や塾《じゅく》などに出《だ》すお金《かね》。

**けっしゅう【結集】**[名][動-する] ばらばらなものを、一《ひと》つに集《あつ》めてまとめること。[例]みんなの力《ちから》を結集して仕事《しごと》にあたる。

**げっしゅう【月収】**[名] 月々《つきづき》に入《はい》るお金《かね》。

**けっしゅつ【傑出】**[名][動-する] ずば抜《ぬ》けてすぐれていること。[例]風景画家《ふうけいがか》として傑出した存在《そんざい》だ。

**けつじょ【欠如】**[名][動-する] 欠《か》けて、足《た》りないこと。[例]注意力《ちゅういりょく》が欠如している。

**◦けっしょう【決勝】**[名] ❶最後《さいご》の勝《か》ち負《ま》けを決《き》めること。[例]決勝のホームラン。❷第《だい》一位《いちい》のものを決《き》めること。[例]決勝戦《せん》。

**けっしょう【結晶】**[名][動-する] ❶鉱物《こうぶつ》や雪《ゆき》の組織《そしき》が、規則正《きそくただ》しい形《かたち》をしていること。また、そうなった物《もの》。[例]雪《ゆき》の結晶。❷一生懸《いっしょうけん》命《めい》やったすえにできたもの。[例]あせの結晶。

**けっしょう【血漿】**[名] 血液《けつえき》の成分《せいぶん》の一《ひと》つ。血液《けつえき》から血球《けっきゅう》を除《のぞ》いた液体《えきたい》。

**けつじょう【欠場】**[名][動-する] 試合《しあい》などに出《で》ないこと。[対]出場《しゅつじょう》。

**けっしょうせん【決勝戦】**[名] 第一位《だいいちい》を決《き》める試合《しあい》。

**けっしょうてん【決勝点】**[名] ❶競走《きょうそう》で、勝《か》ち負《ま》けの決《き》まる所《ところ》。ゴール。❷勝《か》ちを決《き》める得点《とくてん》。[例]決勝点をあげる。

**けっしょうばん【血小板】**[名] 血液《けつえき》の成分《せいぶん》の一《ひと》つ。けがをしたときなどに、傷口《きずぐち》の血《ち》を固《かた》まらせる。

**けっしょく【血色】**[名] 顔《かお》の色《いろ》つや。顔色《かおいろ》。[例]血色が悪《わる》い。

**げっしょく【月食】**[名] 太陽《たいよう》と月《つき》の間《あいだ》に地《ち》

ちばん北《きた》にあり、太平洋《たいへいよう》と日本海《にほんかい》にはさまれた県《けん》。世界遺産《せかいいさん》の白神山地《しらかみさんち》が秋田県北部《あきたけんほくぶ》にかけて広《ひろ》がっている。

球《きゅう》が入《はい》り、地球《ちきゅう》のかげが、月《つき》の表面《ひょうめん》の一《いち》部《ぶ》〔=部分月食《ぶぶんげっしょく》〕、または、全部《ぜんぶ》〔=皆既月食《かいきげっしょく》〕をかくすこと。対 日食《にっしょく》。

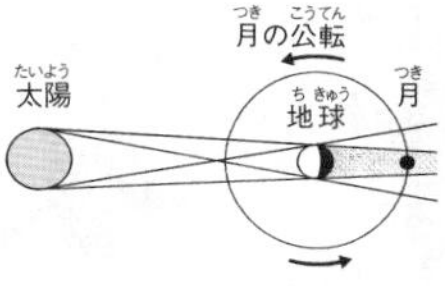

〔げっしょく〕

○**けっしん【決心】** 名 動-する 考《かんが》えを決《き》めること。また、その考《かんが》え。例 行《い》こうと決心する。類 決意《けつい》。

**けっする【決する】** 動 決《き》める。決《き》まる。例 勝敗《しょうはい》を決する。

**けっせい【血清】** 名 血液《けつえき》が固《かた》まるときに分《わ》かれてできる、黄色《きいろ》っぽくてすきとおった液《えき》体《たい》。栄養分《えいようぶん》や、抗体《こうたい》を含《ふく》んでいる。

**けっせい【結成】** 名 動-する 会《かい》や団体《だんたい》などを作《つく》り上《あ》げること。例 チームを結成する。

**けつぜい【血税】** 名 国民《こくみん》が苦労《くろう》して納《おさ》めた税金《ぜいきん》。例 血税のむだづかいは許《ゆる》せない。参考 もとは兵役《へいえき》〔=軍隊《ぐんたい》に配属《はいぞく》されること〕の義務《ぎむ》のことを言《い》った。

○**けっせき【欠席】** 名 動-する 学校《がっこう》や会《かい》などに出《で》ないこと。休《やす》み。対 出席《しゅっせき》。

**けっせん【決戦】** 名 動-する 最後《さいご》の、勝《か》ち負《ま》けを決《き》める戦《たたか》い。

**けつぜん【決然】** 副-と きっぱりと心《こころ》を決《き》めたようす。例 困難《こんなん》に決然と立《た》ち向《む》かう。参考「決然《けつぜん》たる態度《たいど》」などと使《つか》うこともある。

■**けっせんとうひょう【決選投票】** 名 一《いち》度《ど》めの投票《とうひょう》で当選者《とうせんしゃ》が決《き》まらないとき、上位《じょうい》の人《ひと》だけでもう一回《いっかい》行《おこな》う投票《とうひょう》。

**けっそうをかえる【血相を変える】** おどろいたり、おこったりして、顔色《かおいろ》を変《か》える。例「止《と》めろ！」と、血相を変えてどなった。

**けっそく【結束】** 名 動-する 心《こころ》を合《あ》わせて一《ひと》つにまとまること。団結《だんけつ》。例 クラスの結束が固《かた》い。

**けつぞく【血族】** 名 親子《おやこ》や兄弟《きょうだい》など、同《おな》じ血筋《ちすじ》のつながりを持《も》つ人《ひと》たち。

**げっそり** 副(-と) 動-する ❶急《きゅう》にやせおとろえるようす。例 病気《びょうき》でげっそりやせた。❷がっかりして、元気《げんき》がないようす。例 試験《しけん》に落《お》ちてげっそりしている。

**けっそん【欠損】** 名 動-する ❶欠《か》けてなくなること。❷お金《かね》を損《そん》すること。赤字《あかじ》。例 多額《たがく》の欠損が出《で》る。

**けったい** 形動 不思議《ふしぎ》なようす。〔元《もと》、関西《かんさい》方言《ほうげん》。〕例 けったいな話《はなし》。

**けったく【結託°】** 名 動-する （よくないことをたくらんで）たがいに力《ちから》を合《あ》わせること。例 兄弟《きょうだい》で結託して悪《わる》だくみをする。

**けつだん【決断】** 名 動-する きっぱりと考《かんが》えを決《き》めること。例 決断を下《くだ》す。

**けっちゃく【決着】** 名 動-する ものごとの決《き》まりがつくこと。例 もめごとの決着をつける。類 落着《らくちゃく》。

**けっちん【血沈°】** 名「赤血球沈降速度《せっけっきゅうちんこうそくど》」の略《りゃく》。

○**けってい【決定】** 名 動-する はっきりと決《き》めること。また、決《き》まること。例 運動会《うんどうかい》の日取《ひど》りが決定した。類 確定《かくてい》。

**けっていてき【決定的】** 形動 はっきりしていて、動《うご》かすことができないようす。例 白《しろ》組《ぐみ》の勝《か》ちは決定的だ。

○**けってん【欠点】** 名 十分《じゅうぶん》でないところ。よくないところ。短所《たんしょ》。対 長所《ちょうしょ》。美点《びてん》。

**ゲット**〔英語 get〕名 動-する ❶ほしいものを手《て》に入《い》れること。例 獲物《えもの》をゲットする。❷アイスホッケーなどで、得点《とくてん》すること。

**けっとう【血統】** 名 血《ち》のつながり。血筋《ちすじ》。

**けっとう【決闘°】** 名 動-する 争《あらそ》い事《ごと》を解決《かいけつ》するために、約束《やくそく》した方法《ほうほう》で命《いのち》をかけてたたかうこと。果《は》たし合《あ》い。

**けっとうしょ【血統書】** 名 その動物《どうぶつ》の血《ち》筋《すじ》を証明《しょうめい》する文書《ぶんしょ》。

**けっとうち【血糖値】** 名 血液中《けつえきちゅう》にふくまれるブドウ糖《とう》の濃《こ》さをあらわす値《あたい》。この値《あたい》が高《たか》いと糖尿病《とうにょうびょう》になるおそれがある。

**けっぱく【潔白】** 名 形動 心《こころ》や行《おこな》いが正《ただ》しくて、少《すこ》しも悪《わる》いことをしていないこと。例 身《み》の潔白を証明《しょうめい》する。

**けっぴょう【結氷】** 名 動-する 氷《こおり》が張《は》ること。また、その氷《こおり》。

**げっぷ【月賦°】** 名 買《か》った品物《しなもの》のお金《かね》を、月々《つきづき》に分《わ》けてはらうこと。例 テレビを、六《ろっ》か月《げつ》の月賦で買《か》った。

都道府県 青森県《あおもりけん》 青森市《あおもりし》 人口《じんこう》 約《やく》124万人《まんにん》 県《けん》の花《はな》 リンゴの花《はな》 県《けん》の鳥《とり》 ハクチョウ 県《けん》の木《き》 ヒバ 本州《ほんしゅう》のい

**げっぷ** 名 食《た》べたり、飲《の》んだりしたあとなどに、胃《い》から出《で》てくるガス。おくび。

**けっぺき【潔癖】** 名 形動 きたないことや正《ただ》しくないことを、ひどくきらうこと。例 兄《あに》は潔癖な一面《いちめん》がある。

**けつべつ【決別】** 名 動-する きっぱりと別《わか》れること。例 友《とも》と決別する。

**けつぼう【欠乏】** 名 動-する 物《もの》がなくなったり、足《た》りなくなったりすること。例 ビタミンC《シー》が欠乏している。

**けつまくえん【結膜炎】** 名 目《め》の病気《びょうき》の一《ひと》つ。まぶたの裏《うら》や目《め》の表面《ひょうめん》が赤《あか》くなり、かゆくなったり目《め》やにが出《で》たりする。

**けつまずく【蹴つまずく】** 動 足先《あしさき》を何《なに》かにぶつけて転《ころ》びそうになる。例 庭石《にわいし》にけつまずく。

**けつまつ【結末】** 名 ものごとの終《お》わり。しめくくり。例 話《はなし》の結末をつける。類 終末《しゅうまつ》。

**げつまつ【月末】** 名 月《つき》の終《お》わり。月《つき》ずえ。例 月末に清算《せいさん》する。

**けづめ【蹴爪】** 名 雄《おす》のニワトリやキジなどの足《あし》に、後《うし》ろ向《む》きに出《で》ている、とがったつめ。

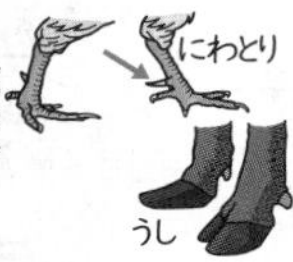

〔けづめ〕

**げつめん【月面】** 名 月《つき》の表面《ひょうめん》。

**げつよう【月曜】** 名 日曜《にちよう》から数《かぞ》えて週《しゅう》の二日《ふつか》め。月曜日《げつようび》。

**けつらく【欠落】** 名 動-する あるはずのものや必要《ひつよう》なものが欠《か》けていること。例 道徳心《どうとくしん》が欠落している。

**げつれい【月例】** 名 毎月《まいつき》決《き》まって行《おこな》われること。例 月例の児童会《じどうかい》。

**げつれい【月齢】** 名 月《つき》の満《み》ち欠《か》けを表《あらわ》す日数《にっすう》。新月《しんげつ》を〇《れい》、満月《まんげつ》を十五《じゅうご》とする。新月《しんげつ》から数《かぞ》えて十五《じゅうご》日《にち》めの夜《よる》を十五夜《じゅうごや》という。月齢《げつれい》で、月《つき》の出《で》や月《つき》の入《い》り、干潮《かんちょう》や満潮《まんちょう》がわかる。

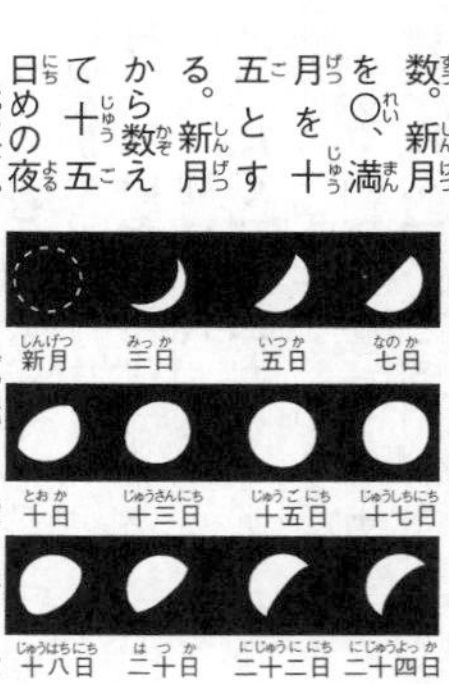

〔げつれい〕

**けつれつ【決裂】** 名 動-する 話《はな》し合《あ》いがまとまらないで、打《う》ち切《き》りになること。もの別《わか》れ。例 交渉《こうしょう》が決裂した。対 妥結《だけつ》。

**けつろ【結露】** 名 動-する 空気中《くうきちゅう》の水蒸気《すいじょうき》が冷《ひ》やされて、物《もの》の表面《ひょうめん》に露《つゆ》のようにつくこと。例 窓《まど》ガラスが結露している。

**けつろん【結論】** 名 動-する （議論《ぎろん》や論文《ろんぶん》などで）最終的《さいしゅうてき》にまとめられた意見《いけん》。また、まとまった意見《いけん》を出《だ》すこと。例 結論を出《だ》す。関連 序論《じょろん》。本論《ほんろん》。

**げてもの【下手物】** 名 ひどく風変《ふうが》わりなもの。例 下手物趣味《しゅみ》。

**げどく【解毒】** 名 動-する 体《からだ》に入《はい》った毒《どく》を消《け》すこと。例 解毒剤《ざい》。

**けとばす【蹴飛ばす】** 動 ❶足《あし》でけって飛《と》ばす。例 石《いし》ころをけとばす。❷きっぱりと断《ことわ》る。例 無理《むり》な要求《ようきゅう》をけとばす。

**けなげ** 形動 幼《おさな》い者《もの》や弱《よわ》い者《もの》が、困難《こんなん》にも負《ま》けずにがんばっているようす。例 母《はは》の看病《かんびょう》をする、けなげな少年《しょうねん》。

**けなす** 動 悪《わる》く言《い》う。悪口《わるくち》を言《い》う。そしる。例 人《ひと》の作品《さくひん》をけなす。対 褒《ほ》める。

**けなみ【毛並み】** 名 ❶毛《け》の生《は》えぐあい。例 毛並みのきれいな馬《うま》。❷血筋《ちすじ》や家柄《いえがら》。

**ケニア** 地名 アフリカ大陸《たいりく》の東部《とうぶ》、赤道直下《せきどうちょっか》にある国《くに》。首都《しゅと》はナイロビ。

**げねつ【解熱】** 名 動-する 高《たか》くなった体温《たいおん》を下《さ》げること。例 解熱剤《ざい》。注意 「下熱」と書《か》くのはまちがい。

**けねん【懸念】** 名 動-する 気《き》がかり。心配《しんぱい》。例 懸念していた天気《てんき》も、よくなった。

**ゲノム** 〔ドイツ語〕 名 それぞれの生《い》き物《もの》がもつ遺伝子《いでんし》の全体《ぜんたい》。例 ヒトゲノム。

**けはい【気配】** 名 なんとなく感《かん》じられるようす。例 春《はる》の気配が感《かん》じられる。人《ひと》のいる気配もない。

**けばけばしい** 形 ひどくはでで、品《ひん》がないようす。例 けばけばしい身《み》なり。

**けばだつ【毛羽立つ】** 動 紙《かみ》や布《ぬの》の表面《ひょうめん》がこすれて、細《こま》かい毛《け》のようなものができる。

**げばひょう【下馬評】** 名 世間《せけん》での、責任《せきにん》のないところでなされるうわさや評判《ひょうばん》。例 下馬評では、彼《かれ》が次《つぎ》の大臣《だいじん》らしい。参考 馬《うま》から下《お》りて中《なか》に入《はい》った主人《しゅじん》を門前《もんぜん》で待《ま》ちながら、お供《とも》の者《もの》がするうわさ話《ばなし》という意味《いみ》から。

**けばり【毛ばり】**［名］魚《さかな》つりに使《つか》う、はりの一《ひと》つ。はりに鳥《とり》の羽《はね》などを巻《ま》きつけ、えさに似《に》せてある。

**けびょう【仮病】**［名］うその病気《びょうき》。病気《びょうき》のふりをすること。［例］仮病をつかって休《やす》む。

**げひん【下品】**［形動］品《ひん》が悪《わる》く、いやしいようす。［例］下品な言葉遣《ことばづか》い。［対］上品《じょうひん》。

**けぶる**［動］↓けむる 405ページ

**けまり【蹴鞠】**［名］むかしの貴族《きぞく》の遊《あそ》び。数《すう》人《にん》が革製《かわせい》のまりをけり上《あ》げて、地面《じめん》に落《お》とさないように受《う》け渡《わた》しする。また、そのまり。

**けむい【煙い】**［形］煙《けむり》が顔《かお》にかかって苦《くる》しい。けむたい。↓えん【煙】136ページ

**けむくじゃら【毛むくじゃら】**［名］［形動］体《からだ》に、こい毛《け》がたくさん生《は》えていること。

**けむし【毛虫】**［名］チョウやガの幼虫《ようちゅう》。全身《ぜんしん》に毛《け》が生《は》えているのでいう。

**けむたい【煙たい】**［形］❶けむい。［例］ストーブがけむたい。❷窮屈《きゅうくつ》で、親《した》しみが持《も》てない。［例］親《おや》をけむたく感《かん》じる。

**けむにまく【煙に巻く】**大《おお》げさなことや相手《あいて》のよく知《し》らないようなことを言《い》って、話《はなし》をごまかす。［例］出《で》まかせを言《い》って質問者《しつもんしゃ》を煙に巻く。

**けむり【煙】**［名］❶物《もの》が燃《も》えるときに出《で》る気《き》体《たい》。けむ。けぶり。❷「❶」のように見《み》えるもの。［例］砂《すな》煙。↓えん【煙】136ページ

**けむる【煙る】**［動］❶煙《けむり》が出《で》る。けぶる。［例］たき火《び》が煙っている。❷ぼんやりかすんで見《み》える。［例］遠《とお》くの山《やま》が雨《あめ》に煙る。↓えん【煙】136ページ

**けもの【獣】**［名］体《からだ》じゅうに毛《け》が生《は》えた、四本《よんほん》足《あし》の動物《どうぶつ》。けだもの。↓じゅう【獣】595ページ

**けものへん**［名］漢字《かんじ》の部首《ぶしゅ》で、「へん」の一《ひと》つ。「犯《はん》」「独《どく》」などの「犭」の部分《ぶぶん》。「犬《いぬ》」の形《かたち》からできた。

**けものみち【獣道】**［名］山《やま》の中《なか》で、シカやイノシシなどが通《とお》って自然《しぜん》にできた道《みち》。

**けやき【欅】**［名］山地《さんち》に生《は》えるが、街路樹《がいろじゅ》としても植《う》えられる高木《こうぼく》。かたい木《き》で、家具《かぐ》や建《けん》築《ちく》に使《つか》う。

**けらい【家来】**［名］昔《むかし》、身分《みぶん》の高《たか》い武士《ぶし》に仕《つか》えた人《ひと》。主人《しゅじん》に仕《つか》える人《ひと》。家臣《かしん》。［類］臣下《しんか》。

**げらく【下落】**［名］［動する］物《もの》の値段《ねだん》や値打《ねう》ちが下《さ》がること。［例］物価《ぶっか》が下落する。［対］上昇《じょうしょう》。

**けらましょとうこくりつこうえん**〖慶良間諸島国立公園〗［地名］沖縄県《おきなわけん》の、座間味島《ざまみじま》・渡嘉敷島《とかしきじま》など大小三十《だいしょうさんじゅう》ほどの島々《しまじま》からなる慶良間諸島《けらましょとう》と、その周辺《しゅうへん》の海《うみ》を区域《くいき》とする国立公園《こくりつこうえん》。多様《たよう》な珊瑚礁《さんごしょう》と天然記念物《てんねんきねんぶつ》のケラマジカの生息地《せいそくち》で、ザトウクジラの繁殖地《はんしょくち》としても知《し》られる。↓こくりつこうえん 458ページ

**けり** ［一］［名］ものごとのしめくくり。終《お》わり。始末《しまつ》。［例］仕事《しごと》のけりが付《つ》く。［参考］短歌《たんか》や俳《はい》句《く》で、最後《さいご》を「…けり」と結《むす》ぶ例《れい》が多《おお》いことから。［二］［助動］〔文語文《ぶんごぶん》で〕過去《かこ》や詠嘆《えいたん》の気持《きも》ちを表《あらわ》す。…た。…たなあ。［例］「赤《あか》い椿《つばき》白《しろ》い椿《つばき》と落《お》ちにけり」（河東碧梧桐《かわひがしへきごとう》）［参考］俳句《はいく》では「切《き》れ字《じ》」といわれるものの一《ひと》つ。

**けりを付《つ》ける** 終《お》わりにする。しめくくりをつける。［例］長期間《ちょうきかん》の研究《けんきゅう》にけりを付ける。

**げり【下痢】**［名］［動する］おなかをこわして、水《みず》気《け》の多《おお》い大便《だいべん》が出《で》ること。腹《はら》くだし。

**ゲリラ**〔スペイン語〕［名］少人数《しょうにんずう》で敵《てき》をふいにおそって、混乱《こんらん》させる戦《たたか》い方《かた》。また、その集《しゅう》団《だん》。

**ゲリラごうう【ゲリラ豪雨】**［名］ある地《ち》域《いき》だけにいきなり降《ふ》る、はげしい雨《あめ》。

**ける【蹴る】**［動］❶足《あし》で物《もの》をはねとばす。［例］ボールをける。❷受《う》け付《つ》けない。はねつける。［例］申《もう》し出《で》をける。↓しゅう【蹴】593ページ

**げれつ【下劣】**［形動］下品《げひん》でおとっているようす。［例］下劣なやり方《かた》。

**けれど**［接］［助］↓けれども 405ページ

**けれども** ［一］［接］〔前《まえ》の文《ぶん》と逆《ぎゃく》の関係《かんけい》のことを言《い》いだすときに使《つか》う。〕だが。しかし。［例］雨《あめ》になった。けれども、試合《しあい》は続《つづ》ける。［二］［助］❶前《まえ》のことと逆《ぎゃく》であることを表《あらわ》す。［例］英語《えいご》はできるけれども、フランス語《ご》はだめだ。❷前《まえ》のことと比《くら》べたり、並《なら》べたりする。［例］パンもいいけれども、ご飯《はん》もいい。❸前置《まえお》きを




都道府県 岩手県《いわてけん》 盛岡市《もりおかし》 人口《じんこう》 約《やく》121万人《まんにん》 県《けん》の花《はな》 キリ 県《けん》の鳥《とり》 キジ 県《けん》の木《き》 ナンブアカマツ 東北地方《とうほくちほう》の

表《あらわ》す。例 ちょっとお聞《き》きしますけれども、学校《がっこう》はどちらですか。参考 一・二とも「けれど」ともいう。

**ゲレンデ**〔ドイツ語〕名 スキー場《じょう》で、広《ひろ》い斜《しゃ》面《めん》となっている所《ところ》。

**ケロイド**〔ドイツ語〕名 やけどなどのあとに、皮膚《ひふ》にできる、赤《あか》い色《いろ》の盛《も》り上《あ》がり。

**けろりと** 一 副 動-する 何事《なにごと》もなかったように、平気《へいき》なようす。例 しかられてもけろりとしている。二 副 あとかたもなくすっかり。例 けろりと忘《わす》れてしまう。

**°けわしい【険しい】** 形 ❶かたむきがたいへん急《きゅう》である。例 険しい山道《やまみち》を上《のぼ》る。❷あらあらしい。おそろしい。例 険しい目《め》つき。❸危険《きけん》なことや困難《こんなん》なことが起《お》こりそうだ。例 行《ゆ》く手《て》は険しい。

⇩けん【険】407ページ

**けん【犬】** 画数 4 部首 犬(いぬ) 1年

音 ケン 訓 いぬ

筆順 一 大 大 犬

いぬ。熟語 愛犬《あいけん》。番犬《ばんけん》。例 犬猿《けんえん》の仲《なか》。

**けん【件】** 画数 6 部首 亻(にんべん) 5年

音 ケン 訓 —

筆順 ノ 亻 仁 件 件 件

❶ことがら。熟語 事件《じけん》。条件《じょうけん》。用件《ようけん》。❷ことがらを数《かぞ》える言葉《ことば》。例 五件《ごけん》の交通事故《こうつうじこ》。

**けん【件】** 名 ことがら。例 例《れい》の件で相談《そうだん》したいことがある。

**けん【見】** 画数 7 部首 見(みる) 1年

音 ケン 訓 み-る み-える み-せる

筆順 丨 冂 冃 月 目 貝 見

❶目《め》で見《み》る。見て知《し》る。熟語 見学《けんがく》。見物《けんぶつ》・見《み》物《もの》。拝見《はいけん》。見本《みほん》。下見《したみ》。❷まとまった考《かんが》え。熟語 見解《けんかい》。意見《いけん》。❸見守《みまも》ること。熟語 後見《こうけん》人《にん》。❹外《そと》に表《あらわ》れる。熟語 外見《がいけん》。❺人《ひと》に会《あ》う。熟語 会見《かいけん》。

《訓の使い方》**み-る** 例 テレビを見る。**み-える** 例 山《やま》が見える。**み-せる** 例 宝物《たからもの》を見せる。

**けん【券】** 画数 8 部首 刀(かたな) 6年

音 ケン 訓 —

筆順 丶 丷 ⺷ 类 券 券

❶切符《きっぷ》。熟語 乗車券《じょうしゃけん》。入場券《にゅうじょうけん》。❷証拠《しょうこ》になる札《ふだ》。熟語 株券《かぶけん》。証券《しょうけん》。

**けん【券】** 名 「乗車券《じょうしゃけん》」「入場券《にゅうじょうけん》」などの略《りゃく》。切符《きっぷ》。チケット。例 並《なら》んで券を買《か》う。

**けん【建】** 画数 9 部首 廴(えんにょう) 4年

音 ケン コン△ 訓 た-てる た-つ

筆順 ㇕ ⺕ ⺕ 聿 聿 建 建 建

❶たてる。熟語 建設《けんせつ》。建築《けんちく》。建立《こんりゅう》。建物《たてもの》。❷作《つく》る。熟語 建国《けんこく》。❸申《もう》し上《あ》げる。熟語 建議《けんぎ》。

《訓の使い方》**た-てる** 例 家《いえ》を建てる。**た-つ** 例 ビルが建つ。

**けん【研】** 画数 9 部首 石(いしへん) 3年

音 ケン 訓 と-ぐ△

筆順 一 ア 石 石 石 矸 研 研

❶こすって、みがく。熟語 研磨《けんま》。❷よく調《しら》べる。熟語 研究《けんきゅう》。研修《けんしゅう》。

《訓の使い方》**と-ぐ** 例 包丁《ほうちょう》を研ぐ。

**けん【県】** 画数 9 部首 目(め) 3年

音 ケン 訓 —

筆順 丨 冂 月 目 目 旦 県 県 県

国《くに》を区分《くわ》けした一《ひと》つ。熟語 県庁《けんちょう》。県立《けんりつ》。

**けん【県】** 名 国《くに》を治《おさ》めるために、全国《ぜんこく》を分《わ》けた区切《くぎ》りの一《ひと》つ。例 県の財政《ざいせい》。関連 都《と》。道《どう》。府《ふ》。

**けん【健】** 画数 11 部首 亻(にんべん) 4年

音 ケン 訓 すこ-やか△

筆順 亻 亻 亻 亻 律 健 健

❶丈夫《じょうぶ》。熟語 健康《けんこう》。健脚《けんきゃく》。健全《けんぜん》。保健《ほけん》。❷よい。りっぱ。熟語 健闘《けんとう》。健筆《けんぴつ》。

《訓の使い方》**すこ-やか** 例 子《こ》どもたちが健

太平洋《たいへいよう》に面《めん》した県《けん》。日本三景《にほんさんけい》の一《ひと》つ、松島《まつしま》がある。

やかに育《そだ》つ。

## けん【険】
画数 11 部首 阝（こざとへん） 5年

音 ケン 訓 けわ-しい

筆順

❶けわしい。熟語 険悪《けんあく》。❷危《あぶ》ない。熟語 危《き》険《けん》。冒険《ぼうけん》。保険《ほけん》。

《訓の使い方》けわ-しい 例 山《やま》が険しい。

## けん【検】
画数 12 部首 木（きへん） 5年

音 ケン 訓 —

筆順

よく調《しら》べる。熟語 検挙《けんきょ》。検査《けんさ》。検討《けんとう》。点検《てんけん》。

## けん【絹】
画数 13 部首 糸（いとへん） 6年

音 ケン 訓 きぬ

筆順

きぬ。熟語 絹糸《けんし》・絹糸《きぬいと》。人絹《じんけん》。

## けん【権】
画数 15 部首 木（きへん） 6年

音 ケン ゴン 訓 —

筆順

❶勢《いきお》い。ちから。熟語 権威《けんい》。権力《けんりょく》。❷資格《しかく》。熟語 権限《けんげん》。権利《けんり》。人権《じんけん》。特権《とっけん》。選挙権《せんきょけん》。❸かりのもの。熟語 権化《ごんげ》。

## けん【憲】
画数 16 部首 心（こころ） 6年

音 ケン 訓 —

筆順

❶従《したが》わなければならないおきて。決《き》まり。熟語 憲章《けんしょう》。憲政《けんせい》。憲法《けんぽう》。立憲《りっけん》。❷役人《やくにん》。熟語 官憲《かんけん》。

## けん【験】
画数 18 部首 馬（うまへん） 4年

音 ケン ゲン 訓 —

筆順

❶ためす。調《しら》べる。熟語 験算《けんざん》。経験《けいけん》。試験《しけん》。実験《じっけん》。❷しるし。ききめ。熟語 霊験《れいげん》・霊験《れいけん》。❸縁起《えんぎ》。例 験《げん》がいい。

## けん【肩】
画数 8 部首 月（にくづき）

音 ケン 訓 かた

かた。腕《うで》のつけね。熟語 双肩《そうけん》。

## けん【倹】
画数 10 部首 亻（にんべん）

音 ケン 訓 —

むだづかいをしない。熟語 倹約《けんやく》。

## けん【兼】
画数 10 部首 八（はち）

音 ケン 訓 か-ねる

かねる。二《ふた》つ以上《いじょう》の役目《やくめ》やはたらきをする。熟語 兼業《けんぎょう》。兼任《けんにん》。例 監督《かんとく》兼《けん》選手《せんしゅ》。大《だい》は小《しょう》を兼《か》ねる。

## けん【剣】
画数 10 部首 刂（りっとう）

音 ケン 訓 つるぎ

つるぎ。かたな。熟語 剣道《けんどう》。刀剣《とうけん》。真剣《しんけん》。

**けん【剣】**名 つるぎ。かたな。また、それを使《つか》う武術《ぶじゅつ》。例 剣を振《ふ》りかぶる。剣の達人《たつじん》。

## けん【拳】
画数 10 部首 手（て）

音 ケン 訓 こぶし

こぶし。げんこつ。熟語 拳銃《けんじゅう》。拳法《けんぽう》〔＝拳《こぶし》や足《あし》を使《つか》ってする中国《ちゅうごく》の武術《ぶじゅつ》〕。例 握《にぎ》り拳《こぶし》。

## けん【軒】
画数 10 部首 車（くるまへん）

音 ケン 訓 のき

❶のき。屋根《やね》のはしの、外《そと》につき出《で》ているところ。熟語 軒先《のきさき》。❷家《いえ》を数《かぞ》える言葉《ことば》。例 一軒《いっけん》。

## けん【圏】
画数 12 部首 囗（くにがまえ）

音 ケン 訓 —

囲《かこ》い。区切《くぎ》られた範囲《はんい》。熟語 圏内《けんない》。

## けん【堅】
画数 12 部首 土（つち）

音 ケン 訓 かた-い

かたい。しっかりしている。こわれにくい。熟語 堅固《けんご》。堅実《けんじつ》。例 堅《かた》い守《まも》り。

## けん【嫌】
画数 13 部首 女（おんなへん）





都道府県 宮城県《みやぎけん》 仙台市《せんだいし》 人口《じんこう》 約《やく》230万人《まんにん》 県《けん》の花《はな》 ミヤギノハギ 県《けん》の鳥《とり》 ガン 県《けん》の木《き》 ケヤキ 東北地方《とうほくちほう》の

音ケン ゲン 訓きら-う いや
❶きらう。好《す》きではない。いや。熟語 嫌《けん》悪《お》。機《き》嫌《げん》。例 虫《むし》を嫌《きら》う。❷疑《うたが》わしい。疑《うたが》う。熟語 嫌《けん》疑《ぎ》。

けん【献】画数 13 部首 犬(いぬ)
音ケン コン 訓――
❶たてまつる。ささげる。さしあげる。熟語 献《けん》上《じょう》。献《けん》身《しん》。献《こん》立《だて》。貢《こう》献《けん》。❷人《ひと》の書《か》き残《のこ》したもの。熟語 文《ぶん》献《けん》。

けん【遣】画数 13 部首 辶(しんにょう)
音ケン 訓つか-う つか-わす
❶つかわす。行《い》かせる。熟語 派《は》遣《けん》。遣《けん》唐《とう》使《し》。例 使《し》者《しゃ》を遣《つか》わす。❷つかう。使《し》用《よう》する。例 気《き》を遣《つか》う。かな遣《づか》い。

けん【賢】画数 16 部首 貝(かい)
音ケン 訓かしこ-い
❶かしこい。りこう。熟語 賢《けん》明《めい》。例 それは賢《かしこ》いやり方《かた》。❷他《ほか》の人《ひと》を敬《うやま》う言《い》い方《かた》。熟語 賢《けん》察《さつ》〔=(相《あい》手《て》の)お考《かんが》え〕。

けん【謙】画数 17 部首 言(ごんべん)
音ケン 訓――
へりくだる。ひかえめにする。熟語 謙《けん》虚《きょ》。謙《けん》譲《じょう》語《ご》。

けん【鍵】画数 17 部首 金(かねへん)
音ケン 訓かぎ
❶かぎ。熟語 鍵《かぎ》穴《あな》〔=錠《じょう》にある、鍵《かぎ》をさすための穴《あな》〕。例 合《あ》い鍵《かぎ》。❷問《もん》題《だい》を解《と》く手《て》がかり。例 事《じ》件《けん》解《かい》決《けつ》の鍵《かぎ》。❸ピアノなどの、指《ゆび》で押《お》す所《ところ》。キー。熟語 鍵《けん》盤《ばん》。

けん【繭】画数 18 部首 糸(いと)
音ケン 訓まゆ
まゆ。熟語 繭《けん》糸《し》〔=まゆと糸《いと》。また、まゆからとった糸《いと》〕。

けん【顕】画数 18 部首 頁(おおがい)
音ケン 訓――
❶明《あき》らか。はっきりと目《め》立《だ》つ。熟語 顕《けん》著《ちょ》。顕《けん》在《ざい》〔=はっきりとそこにあること〕。❷あらわれる。明《あき》らかにする。熟語 顕《けん》微《び》鏡《きょう》。

けん【懸】画数 20 部首 心(こころ)
音ケン ケ 訓か-ける か-かる
❶かける。ぶらさげる。また、心《こころ》にかける。熟語 懸《けん》案《あん》。懸《けん》賞《しょう》。懸《けん》垂《すい》。懸《けん》命《めい》。懸《け》念《ねん》。例 命《いのち》を懸《か》ける。❷かけはなれる。熟語 懸《けん》隔《かく》〔=かけはなれていること〕。

けん【間】名 昔《むかし》の尺《しゃっ》貫《かん》法《ぽう》で、長《なが》さの単《たん》位《い》の一《ひと》つ。一《いっ》間《けん》は六《ろく》尺《しゃく》で、約《やく》一・八メートル。↓かん【間】270ページ

げん【元】画数 4 部首 儿(ひとあし) 2年
音ゲン ガン 訓もと
筆順 元
❶もと。はじめ。熟語 元《げん》気《き》。元《げん》素《そ》。元《がん》日《じつ》。元《がん》祖《そ》。元《がん》来《らい》。紀《き》元《げん》。❷いちばん上《うえ》の人《ひと》。熟語 元《げん》首《しゅ》。元《げん》帥《すい》。元《げん》老《ろう》。

げん【元】名 昔《むかし》の中《ちゅう》国《ごく》の名《な》。一二七一年《ねん》におこり、一三六八年《ねん》にほろんだ。↓げんこう(元寇) 412ページ

げん【言】画数 7 部首 言(げん) 2年
音ゲン ゴン 訓い-う こと
筆順 言
❶ことば。熟語 言《げん》語《ご》。方《ほう》言《げん》。無《む》言《ごん》。言《ごん》語《ご》道《どう》断《だん》。❷いう。話《はな》す。熟語 言《げん》論《ろん》。断《だん》言《げん》。伝《でん》言《ごん》。
《訓の使い方》い-う 例 意《い》見《けん》を言《い》う。

げん【言】名 ことば。例 父《ちち》の言《げん》に従《したが》う。

**言《げん》を左《さ》右《ゆう》にする** はっきりしたことを言《い》わない。

**言《げん》をまたない** 言《い》うまでもない。例 ルール違《い》反《はん》であることは言《げん》をまたない。

げん【限】画数 9 部首 阝(こざとへん) 5年
音ゲン 訓かぎ-る
筆順 限
区《く》切《ぎ》る。かぎる。さかい。熟語 限《げん》界《かい》。限《げん》定《てい》。限《げん》度《ど》。期《き》限《げん》。制《せい》限《げん》。無《む》限《げん》。
《訓の使い方》かぎ-る 例 人《にん》数《ずう》を限《かぎ》る。

の日本海《にほんかい》に面《めん》した県《けん》。日本一深《にっぽんいちふか》い田沢湖《たざわこ》がある。世界遺産《せかいいさん》の白神山地《しらかみさんち》が青森県南部《あおもりけんなんぶ》にかけて広《ひろ》がっている。

**げん【原】** 画数 10 部首 厂（がんだれ） 2年

音 ゲン 訓 はら

筆順

❶はら。はらっぱ。熟語 原野《げんや》。高原《こうげん》。草原《そうげん》・草原《くさはら》。平原《へいげん》。火口原《かこうげん》。❷もと。起《お》こり。熟語 原案《げんあん》。原因《げんいん》。原色《げんしょく》。

**げん【現】** 画数 11 部首 王（おうへん） 5年

音 ゲン 訓 あらわ-れる あらわ-す

筆順

❶かくれていたものがあらわれる。熟語 現象《げんしょう》。実現《じつげん》。表現《ひょうげん》。❷今《いま》。目《め》の前《まえ》にある。熟語 現在《げんざい》。現実《げんじつ》。現場《げんば》。

《訓の使い方》**あらわ-れる** 例 姿《すがた》が現れる。**あらわ-す** 例 正体《しょうたい》を現す。

**げん【減】** 画数 12 部首 氵（さんずい） 5年

音 ゲン 訓 へ-る へ-らす

筆順

❶へる。少《すく》なくなる。熟語 減収《げんしゅう》。減少《げんしょう》。減退《げんたい》。増減《ぞうげん》。半減《はんげん》。対 増《ぞう》。❷引《ひ》く。熟語 加減《かげん》。対 加《か》。⬇げんじる 415ページ

《訓の使い方》**へ-る** 例 体重《たいじゅう》が減る。**へ-らす** 例 人数《にんずう》を減らす。

**げん【減】** 名 へること。少《すく》なくなること。例 収入《しゅうにゅう》が十万円《じゅうまんえん》の減になる。⬇げんじる 415ページ

**げん【源】** 画数 13 部首 氵（さんずい） 6年

音 ゲン 訓 みなもと

筆順

みなもと。ものごとのいちばんのもと。熟語 源流《げんりゅう》。起源《きげん》。資源《しげん》。水源《すいげん》。

**げん【厳】** 画数 17 部首 攵（ぼくづくり） 6年

音 ゲン ゴン 訓 おごそ-か きび-しい

筆順

❶きびしい。熟語 厳格《げんかく》。厳重《げんじゅう》。厳正《げんせい》。❷いかめしい。おごそか。熟語 威厳《いげん》。荘厳《そうごん》。

《訓の使い方》**おごそ-か** 例 厳かに式《しき》を行《おこな》う。**きび-しい** 例 寒《さむ》さが厳しい。

**げん【厳】** 副（-に、-と）❶きびしいようす。例 警戒《けいかい》を厳にする。❷おかすことができないようす。例 法律《ほうりつ》が厳として存在《そんざい》する。

**げん【幻】** 画数 4 部首 幺（いとがしら）

音 ゲン 訓 まぼろし

❶まぼろし。ないのにあるように見《み》えるもの。熟語 幻想《げんそう》。❷まどわす。人《ひと》をたぶらかす。熟語 幻惑《げんわく》〔＝人《ひと》の目《め》をくらます〕。

**げん【玄】** 画数 5 部首 玄（げん）

音 ゲン 訓 ―

❶おく深《ふか》い。おく深《ふか》い道理《どうり》。熟語 玄関《げんかん》。幽玄《ゆうげん》〔＝計《はか》り知《し》れないほどおく深《ふか》い味《あじ》わい〕。❷くろ。くろい。熟語 玄米《げんまい》。

**げん【弦】** 画数 8 部首 弓（ゆみへん）

音 ゲン 訓 つる

❶楽器《がっき》に張《は》る糸《いと》。熟語 弦楽器《げんがっき》。管弦楽《かんげんがく》。❷弓《ゆみ》に糸《いと》を張《は》った形《かたち》。例 上弦《じょうげん》の月《つき》。

**げん【弦】** 名 ❶弓《ゆみ》のつる。⬇ゆみ❶ 1344ページ。❷楽器《がっき》に張《は》る糸《いと》。例 バイオリンの弦。❸〔算《さん》数《すう》で〕円周《えんしゅう》上《じょう》の二《ふた》つの点《てん》を結《むす》ぶ直線《ちょくせん》。❹「弦《げん》楽器《がっき》」の略《りゃく》。例 弦の合奏《がっそう》。

**げん【舷】** 画数 11 部首 舟（ふねへん）

音 ゲン 訓 ―

ふなばた。ふなべり。熟語 舷側《げんそく》〔＝船《ふね》の側面《そくめん》。ふなべり〕。右舷《うげん》。

**げん【眼】**△ 熟語 開眼《かいげん》。⬇**がん【眼】** 274ページ

**げん【嫌】**° 熟語 機嫌《きげん》。⬇**けん【嫌】** 407ページ

**げん【験】**△ 名 ❶縁起《えんぎ》。前《まえ》ぶれ。例 験がいい。験をかつぐ。❷しるし。ききめ。熟語 霊験《れいげん》。

⬇**けん【験】** 407ページ

**けんあく【険悪】** 形動 よくないことが起《お》こりそうな、危険《きけん》なようす。例 二人《ふたり》の間《あいだ》が険悪になる。

**けんあん【懸案】**° 名 前々《まえまえ》から問題《もんだい》になっていて、まだ決《き》まりがつかないままになっていることがら。例 懸案の仕《し》事《ごと》にけりをつけ





都道府県 秋田県《あきたけん》 秋田市《あきたし》 人口《じんこう》 約《やく》96万人《まんにん》 県《けん》の花《はな》 フキノトウ 県《けん》の鳥《とり》 ヤマドリ 県《けん》の木《き》 秋田杉《あきたすぎ》 東北地方《とうほくちほう》

る。

**げんあん【原案】** 名 会議《かいぎ》などで、相談《そうだん》するもとになる考《かんが》え。例 原案をまとめる。

**○けんい【権威】** 名 ❶人《ひと》をおさえつけて従《したが》わせる力《ちから》。例 父親《ちちおや》の権威。❷その分野《ぶんや》で、特《とく》にすぐれた人《ひと》。例 生物学《せいぶつがく》の権威。

**けんいん【検印】** 名 検査《けんさ》したしるしの印《いん》。例 検印をおす。

**けんいん【牽引】** 名 動-する ❶引《ひ》っぱって動《うご》かすこと。例 客車《きゃくしゃ》を牽引する。❷先頭《せんとう》に立《た》って導《みちび》くこと。例 クラスを牽引する存在《そんざい》。

**○げんいん【原因】** 名 動-する ものごとが起《お》こるもと。わけ。例 火事《かじ》の原因。対 結果《けっか》。

**けんうん【巻雲】** 名 高《たか》い空《そら》にかかる、ほうきではいたように見《み》える白《しろ》い雲《くも》。筋雲《すじぐも》。⬇くも(雲) 373ページ

**げんえい【幻影】** 名 まぼろし。例 君《きみ》の見《み》たのは幻影にすぎない。

**けんえき【検疫】** 名 動-する 感染症《かんせんしょう》などを防《ふせ》ぐために、外国《がいこく》から来《き》た人《ひと》・動物《どうぶつ》・品物《しなもの》などに行《おこな》う検査《けんさ》。例 空港《くうこう》で検疫を受《う》ける。

**けんえき【権益】** 名 権利《けんり》と利益《りえき》。例 住民《じゅうみん》の権益を守《まも》る。

**げんえき【現役】** 名 ❶現在《げんざい》も社会《しゃかい》で活躍《かつやく》していること。また、その人《ひと》。例 現役の警官《けいかん》。❷卒業《そつぎょう》してすぐに、上《うえ》の学校《がっこう》を受験《じゅけん》する人《ひと》。また、合格《ごうかく》した人《ひと》。例 現役で大学《だいがく》に合格《ごうかく》する。

**けんえつ【検閲】** 名 動-する ❶調《しら》べてあらためること。❷出版物《しゅっぱんぶつ》・放送《ほうそう》・映画《えいが》・郵便物《ゆうびんぶつ》などの内容《ないよう》を、国《くに》などが調《しら》べてとりしまること。

**げんえん【減塩】** 名 動-する (食品《しょくひん》の)塩分《えんぶん》を減《へ》らすこと。例 減塩バター。

**けんえんのなか【犬猿の仲】** (仲《なか》が悪《わる》いといわれている犬《いぬ》と猿《さる》のように)たいへん仲《なか》が悪《わる》いこと。例 以前《いぜん》は仲《なか》がよかったのに、今《いま》ではすっかり犬猿の仲だ。

**けんお【嫌悪】** 名 動-する きらっていやがること。例 暴力《ぼうりょく》を嫌悪する。注意「けんあく」とは読《よ》まない。

**けんおん【検温】** 名 動-する 体温《たいおん》を測《はか》ること。例 朝《あさ》に検温する。

**けんか【県下】** 名 その県《けん》の区域《くいき》。県内《けんない》。

**けんか【県花】** 名 それぞれの県《けん》を代表《だいひょう》する花《はな》。

**○けんか【喧嘩】** 名 動-する 言《い》い争《あらそ》いや、なぐり合《あ》い。例 兄弟《きょうだい》げんか。

**けんかを売《う》る** けんかを仕《し》かける。

**けんかを買《か》う** 仕《し》かけられたけんかを受《う》けて立《た》つ。例 友達《ともだち》を助《たす》けようと、けんかを買って出《で》る。

**げんか【言下】** 名 言《い》い終《お》わるか終《お》わらないうちに、すぐ。例 お願《ねが》いしてみたが、言下に断《ことわ》られた。

**げんか【原価】** 名 ❶品物《しなもの》を作《つく》るのにかかった費用《ひよう》。生産費《せいさんひ》。❷品物《しなもの》を仕入《しい》れたときの値段《ねだん》。おろし値《ね》。

**げんが【原画】** 名 似《に》せてかいたり、コピーしたりしたのではない、元《もと》の絵《え》。例 原画を展示《てんじ》する。

**けんかい【見解】** 名 あるものごとについての、ものの見方《みかた》、考《かんが》え方《かた》。例 君《きみ》の見解を聞《き》きたい。類 意見《いけん》。

**けんがい【圏外】** 名 限《かぎ》られた範囲《はんい》の外《そと》。例 優勝《ゆうしょう》の圏外。対 圏内《けんない》。

**げんかい【限界】** 名 これ以上《いじょう》はできないという、ぎりぎりのところ。さかい。かぎり。例 体力《たいりょく》の限界。類 限度《げんど》。

**げんかい【厳戒】** 名 動-する 厳《きび》しく警戒《けいかい》すること。

**げんがい【言外】** 名 言葉《ことば》にはっきり出《だ》されていない部分《ぶぶん》。例 言外の意味《いみ》。

**げんかいしゅうらく【限界集落】** 名 住《す》む人《ひと》がひどく減《へ》って、集落《しゅうらく》として成《な》り立《た》たなくなった地域《ちいき》。六十五《ろくじゅうご》歳《さい》以上《いじょう》の人《ひと》が人《じん》口《こう》の半分《はんぶん》を超《こ》える集落《しゅうらく》をいう。

**げんかいなだ〖玄界灘〗** 地名 福岡県《ふくおかけん》の北《ほく》西《せい》、対馬《つしま》との間《あいだ》に広《ひろ》がる海《うみ》。冬《ふゆ》は、特《とく》に風《かぜ》や波《なみ》が激《はげ》しい。

**○けんがく【見学】** 名 動-する 実際《じっさい》のようすを見《み》て、知識《ちしき》を広《ひろ》めること。例 社会《しゃかい》見学。

**げんかく【幻覚】** 名 実際《じっさい》にはないものを、そこにあるように感《かん》じること。例 見《み》もしない人《ひと》の幻覚におびえる。

**げんかく【厳格】** 形動 厳《きび》しくて、いいかげんなことを許《ゆる》さないようす。例 厳格な父《ちち》。

**げんがく【弦楽】** 名 弦楽器《げんがっき》で演奏《えんそう》する音《おん》

方《ほう》の日本海《にほんかい》に面《めん》した県《けん》。日本《にっぽん》でとれるサクランボの7割《わり》は山形県産《やまがたけんさん》。



あいうえお かきくけこ さしすせそ たちつてと なにぬねの はひふへほ まみむめも やゆよ らりるれろ わをん

楽《がく》。例 弦楽合奏《がっそう》。

**げんがく【減額】** 名 動-する お金《かね》の額《がく》を減《へ》らすこと。対 増額《ぞうがく》。

**げんがくしじゅうそう【弦楽四重奏】** 名 第一《だいいち》バイオリン・第二《だいに》バイオリン・ビオラ・チェロの四《よっ》つの弦楽器《げんがっき》による演奏《えんそう》。

**げんがっき【弦楽器】** 名 糸《いと》を張《は》り、それをはじいたり、こすったりして音《おと》を出《だ》す楽器《がっき》。バイオリン・ギター・三味線《しゃみせん》・琵琶《びわ》など。関連 打楽器《だがっき》。管楽器《かんがっき》。鍵盤楽器《けんばんがっき》。↓がっき（楽器）244ページ

**けんかりょうせいばい【喧嘩両成敗】** 名 けんかをした者《もの》はどちらも悪《わる》いとして、両方《りょうほう》を罰《ばっ》すること。

**けんがん【検眼】** 名 動-する 目《め》の検査《けんさ》。特《とく》に、視力《しりょく》の検査《けんさ》のこと。

**げんかん【玄関】** 名 建物《たてもの》の正面《しょうめん》の入《い》り口《ぐち》。例 玄関先《さき》。表《おもて》玄関。

**げんかん【厳寒】** 名 厳《きび》しい寒《さむ》さ。例「厳寒の候《こう》、お変《か》わりありませんか。」

**げんかんばらい【玄関払い】** 名 動-する 訪《おとず》れた客《きゃく》を、家《いえ》に入《い》れずに帰《かえ》すこと。また、目《め》あての人《ひと》に会《あ》わせないまま、玄関先《げんかんさき》で帰《かえ》らせること。例 玄関払いを食《く》う。

**けんぎ【嫌疑】** 名 悪《わる》いことをしたのではないかという疑《うたが》い。例 嫌疑をかけられる。

**げんき【元気】** 一 名 張《は》りきって、ものごとをしようとする気持《きも》ち。例 元気を出《だ》す。二 名 形動 健康《けんこう》なようす。例 みんな元気で暮《く》らす。

**げんきづける【元気づける】** 動 はげます。力《ちから》づける。例 友達《ともだち》を元気づける。

**けんきゃく【健脚】** 名 形動 足《あし》が丈夫《じょうぶ》でよく歩《ある》けること。また、そういう足《あし》。例 マラソン大会《たいかい》で健脚を競《きそ》う。

**けんきゅう【研究】** 名 動-する ものごとを深《ふか》く考《かんが》え、広《ひろ》くくわしく調《しら》べること。例 昆虫《こんちゅう》の研究をして発表《はっぴょう》する。

**げんきゅう【言及】** 名 動-する 話《はなし》や文章《ぶんしょう》の中《なか》で、その話題《わだい》にふれること。例 講演《こうえん》の中《なか》で、値上《ねあ》げについても言及した。

**けんきゅうじょ【研究所】** 名 ものごとを研究《けんきゅう》する所《ところ》。研究《けんきゅう》をする施設《しせつ》。

**けんきゅうしん【研究心】** 名 ものごとを深《ふか》く考《かんが》え、調《しら》べようと努《つと》める気持《きも》ち。

**けんぎゅうせい【牽牛星】** 名 わし座《ざ》の星《ほし》アルタイルのこと。彦星《ひこぼし》。参考 天《あま》の川《がわ》をへだてて織女星《しょくじょせい》と向《む》かい合《あ》っており、年《ねん》に一度《いちど》、七夕《たなばた》の夜《よる》に会《あ》うという中国《ちゅうごく》の伝説《でんせつ》がある。

**けんきょ【検挙】** 名 動-する 罪《つみ》をおかした疑《うたが》いのある人《ひと》を、取《と》り調《しら》べるために警察《けいさつ》に連《つ》れて行《い》くこと。例 容疑者《ようぎしゃ》を検挙する。

**けんきょ【謙虚】** 形動 すなおで、ひかえめなようす。つつましいようす。例 まじめで謙虚な態度《たいど》。対 高慢《こうまん》。傲慢《ごうまん》。

**けんきょう【県境】** 名 ↓けんざかい413ページ

**けんぎょう【兼業】** 名 動-する ある仕事《しごと》の他《ほか》に、別《べつ》の仕事《しごと》をすること。また、その仕事《しごと》。例 農業《のうぎょう》と民宿《みんしゅく》を兼業する。対 専業《せんぎょう》。

**げんきょう【現況】** 名 現在《げんざい》のありさま。例 被災地《ひさいち》の現況。

**けんぎょうのうか【兼業農家】** 名 農業《のうぎょう》以外《いがい》の仕事《しごと》からも収入《しゅうにゅう》を得《え》ている農家《のうか》。対 専業農家《せんぎょうのうか》。

**げんきょく【原曲】** 名 編曲《へんきょく》する前《まえ》の、もとの曲《きょく》。例 原曲は外国《がいこく》の民謡《みんよう》だ。

**けんきん【献金】** 名 動-する ある目的《もくてき》に使《つか》ってもらうために、お金《かね》をさし出《だ》すこと。また、そのお金《かね》。例 政治《せいじ》献金（=政党《せいとう》や政治家《せいじか》にお金《かね》をさし出《だ》すこと）。

**げんきん【現金】** 一 名 ❶手《て》もとにあるお金《かね》。例 現金は千円《せんえん》ある。❷小切手《こぎって》などではなく、実際《じっさい》のお金《かね》。例 現金ではらう。二 形動 その場《ば》の損得《そんとく》で、考《かんが》えを変《か》えるようす。例 あめで泣《な》きやむとは、現金な子《こ》だ。

**げんきん【厳禁】** 名 動-する してはいけないと、かたく止《と》めること。例 火気《かき》厳禁（=火《ひ》を使《つか》うな）。

**げんけい【原形】** 名 その物《もの》が、もともと持《も》っていた形《かたち》。例 火事《かじ》で原形をとどめないほど焼《や》けくずれた。

**げんけい【原型】** 名 元《もと》になる型《かた》。例 鋳物《いもの》の原型を粘土《ねんど》で作《つく》る。

**けんけつ【献血】** 名 動-する 病人《びょうにん》やけが人《にん》などに輸血《ゆけつ》する血液《けつえき》を、健康《けんこう》な人《ひと》が進《すす》んでさし出《だ》すこと。



都道府県 山形県《やまがたけん》 山形市《やまがたし》 人口《じんこう》 約《やく》107万人《まんにん》 県《けん》の花《はな》 ベニバナ 県《けん》の鳥《とり》 オシドリ 県《けん》の木《き》 サクランボ 東北地《とうほくち》

**けんげん**【権限】名 法律《ほうりつ》や規則《きそく》によって、することのできる範囲《はんい》。例 社長《しゃちょう》の権限。

**けんけんごうごう** 副(-と) 大勢《おおぜい》の人々《ひとびと》が口々《くちぐち》に発言《はつげん》して、さわがしいようす。例 けんけんごうごう、反対《はんたい》の声《こえ》が上《あ》がった。参考「けんけんごうごうたる非難《ひなん》」などと使《つか》うこともある。

**けんご**【堅固】形動 ❶守《まも》りがしっかりしているようす。例 堅固な城《しろ》を築《きず》く。❷心《こころ》がしっかりしているようす。例 意志《いし》が堅固だ。

**げんこ** 名 ➡げんこつ412ページ

✤**げんご**【言語】名 声《こえ》や文字《もじ》で、自分《じぶん》の考《かんが》えや気持《きも》ちを相手《あいて》に伝《つた》えるときに使《つか》うもの。言葉《ことば》。例 言語学《がく》。

**げんご**【原語】名 訳《やく》す前《まえ》の、元《もと》の言葉《ことば》。対 訳語《やくご》。

○**けんこう**【健康】一名 形動 体《からだ》や心《こころ》に悪《わる》いところがなく、元気《げんき》なようす。例 健康な体《からだ》を作《つく》る。二名 体《からだ》や心《こころ》のぐあい。例 健康に気《き》をつける。

**げんこう**【言行】名 言葉《ことば》と行《おこな》い。言《い》うことと、すること。例 彼《かれ》は、言行が一致《いっち》していない。類 言動《げんどう》。

✤○**げんこう**【原稿】名 印刷《いんさつ》したり、話《はなし》をしたりするための、元《もと》になる文章《ぶんしょう》。例 原稿用紙《ようし》。挨拶《あいさつ》の原稿。

**げんこう**【現行】名 現在《げんざい》行《おこな》われていること。例 現行の法律《ほうりつ》。

**げんこう**【元寇】名 一二七四年《ねん》と一二八一年《ねん》の二回《にかい》、中国《ちゅうごく》の元《げん》の軍隊《ぐんたい》が九州《きゅうしゅう》の北部《ほくぶ》にせめてきた事件《じけん》。どちらも暴風雨《ぼうふうう》などによって、元《げん》の失敗《しっぱい》に終《お》わった。

**げんごう**【元号】名 ➡ねんごう1009ページ

■**げんこういっち**【言行一致】名 言《い》うこととすることとが一致《いっち》すること。例 言行一致が大切《たいせつ》だ。

**けんこうこつ**【肩胛骨】名 両肩《りょうかた》の後《うし》ろに左右《さゆう》一個《いっこ》ずつある三角形《さんかくけい》の骨《ほね》。

**けんこうしょくひん**【健康食品】名 健康《けんこう》によいとされている食品《しょくひん》。

**けんこうしんだん**【健康診断】名 体《からだ》が健康《けんこう》かどうかを、医者《いしゃ》が調《しら》べること。例 毎年《まいとし》、健康診断を受《う》ける。

**げんこうはん**【現行犯】名 悪《わる》いことをしているところを見《み》つかった犯罪《はんざい》。また、その犯人《はんにん》。例 すりの現行犯。

**けんこうほうし**〖兼好法師〗人名(男)(一二八三ごろ～一三五二ごろ)鎌倉《かまくら》時代《じだい》末《まつ》から室町《むろまち》時代《じだい》初《はじ》めの随筆家《ずいひつか》・歌人《かじん》。吉田兼好《よしだけんこう》ともいう。「徒然草《つれづれぐさ》」の作者《さくしゃ》。

**けんこうほけん**【健康保険】名 毎月《まいつき》一定《いってい》のお金《かね》を納《おさ》め、病気《びょうき》やけがをしたとき、安心《あんしん》して医者《いしゃ》にかかれるような仕組《しく》みの保険《ほけん》。例 国民《こくみん》健康保険。

✤**げんこうようし**【原稿用紙】名 文章《ぶんしょう》を書《か》くときに使《つか》う、ます目《め》のある紙《かみ》。

**げんごかんかく**【言語感覚】名 言葉《ことば》やその使《つか》い方《かた》について、それが正《ただ》しいかどうか、適切《てきせつ》に使《つか》われているかどうか、また、どんな感《かん》じがするかなどを、直観的《ちょっかんてき》に感《かん》じ取《と》り判断《はんだん》する力《ちから》。

**けんこく**【建国】名 動-する 新《あたら》しく国《くに》を作《つく》ること。開国《かいこく》。

**げんこく**【原告】名 裁判《さいばん》をするように、うったえ出《で》た人《ひと》。対 被告《ひこく》。

**けんこくきねんのひ**【建国記念の日】名 国民《こくみん》の祝日《しゅくじつ》の一《ひと》つ。二月十一日《にがつじゅういちにち》。日本《にっぽん》の国《くに》の始《はじ》まりを祝《いわ》う日《ひ》。

**げんこつ**【拳骨】名 指《ゆび》をかたく握《にぎ》りしめた手《て》。握《にぎ》りこぶし。げんこ。

**げんごろう** 名 池《いけ》や沼《ぬま》にすむ昆虫《こんちゅう》。体《からだ》は卵形《たまごがた》で、背中《せなか》は黒《くろ》く光《ひか》っている。➡すいせいこんちゅう673ページ

**げんこん**【現今】名 いま。今日《こんにち》。例 現今の世界情勢《せかいじょうせい》。

○**けんさ**【検査】名 動-する 基準《きじゅん》に合《あ》っているか、悪《わる》いところがないかなどを調《しら》べること。例 身体《しんたい》検査。

**けんざい**【健在】名 形動 ❶丈夫《じょうぶ》で暮《く》らしていること。例 両親《りょうしん》ともに健在です。❷まだ十分役立《じゅうぶんやくだ》つこと。例 きたえぬいた腕前《うでまえ》は今《いま》も健在だ。

○**げんざい**【現在】名 ❶今《いま》。例 兄《あに》は、現在旅行中《りょこうちゅう》です。関連 過去《かこ》。未来《みらい》。❷その時《とき》。例 二時《にじ》現在の気温《きおん》は三〇度《ど》です。

✤**げんざいけい**【現在形】名 現在《げんざい》のことについて述《の》べる文法上《ぶんぽうじょう》の形《かたち》。「見《み》る・見《み》ている」

あいうえお かきくけこ さしすせそ たちつてと なにぬねの はひふへほ まみむめも やゆよ らりるれろ わをん

北地方《ほくちほう》の南部《なんぶ》にあり、太平洋《たいへいよう》に面《めん》した県《けん》。県内《けんない》の山地《さんち》・山脈《さんみゃく》で、浜通《はまどお》り、中通《なかどお》り、会津《あいづ》の三地区《さんちく》に分《わ》けられる。

「美《うつく》しい」「きれいだ」など。

**げんざいりょう【原材料】** 名 製品《せいひん》のもとになっている材料《ざいりょう》。

**げんざかい【県境】** 名 県《けん》と県《けん》との境目《さかいめ》。けんきょう。例 川《かわ》が県境になる。

**けんさく【検索】** 名 動-する 必要《ひつよう》なことがらを調《しら》べてさがし出《だ》すこと。例 インターネットで検索する。

✤**げんさく【原作】** 名 ❶書《か》き直《なお》したり、翻訳《ほんやく》したりする前《まえ》の、元《もと》の作品《さくひん》。❷演劇《えんげき》・映画《えいが》などの、元《もと》になった作品《さくひん》。例 ドラマの原作を読《よ》んだことがある。

**けんさくエンジン【検索エンジン】** 名 インターネット上《じょう》で、手《て》がかりになる言葉《ことば》を入力《にゅうりょく》したり項目《こうもく》を選《えら》んだりして、必要《ひつよう》な情報《じょうほう》を検索《けんさく》できるウェブサイト。サーチエンジン。

**けんさつ【検札】** 名 動-する 乗《の》り物《もの》の中《なか》などで、切符《きっぷ》を調《しら》べること。

**けんさつかん【検察官】** 名 罪《つみ》をおかした疑《うたが》いのある人《ひと》を調《しら》べて、裁判所《さいばんしょ》にうったえ、裁判《さいばん》が行《おこな》われるようにする役人《やくにん》。

**けんさつちょう【検察庁】** 名 犯罪《はんざい》を調《しら》べ、裁判所《さいばんしょ》にうったえる仕事《しごと》をする役所《やくしょ》。検《けん》察官《さつかん》は、ここで仕事《しごと》をしている。

**けんさん【研鑽】** 名 動-する 学問《がくもん》などを深《ふか》く研究《けんきゅう》すること。例 研さんを積《つ》む。

**けんざん【検算・験算】** 名 動-する 計算《けいさん》の答《こた》えが正《ただ》しいかどうか確《たし》かめること。試《ため》し算《ざん》。例 答《こた》えが出《で》たら必《かなら》ず検算しよう。

**げんさん【原産】** 名 ある動物《どうぶつ》や植物《しょくぶつ》が、最初《さいしょ》にできたり生《う》まれたりすること。例 トマトは南《みなみ》アメリカ原産である。

**げんさん【減産】** 名 動-する 物《もの》を作《つく》り出《だ》す量《りょう》が減《へ》ること。また、減《へ》らすこと。対 増産《ぞうさん》。

**げんざん【減算】** 名 動-する 〔算数《さんすう》で〕引《ひ》き算《ざん》のこと。対 加算《かさん》。

**げんさんち【原産地】** 名 ❶その物《もの》が作《つく》られた所《ところ》。産地《さんち》。例 輸入品《ゆにゅうひん》の原産地。❷その動植物《どうしょくぶつ》が、もともとすんでいたり、生《は》えていたりした土地《とち》。例 イネの原産地は、東南《とうなん》アジアである。

**けんし【犬歯】** 名 前歯《まえば》の両側《りょうがわ》にある、とがった歯《は》。上下《じょうげ》に二本《にほん》ずつある。糸切《いとき》り歯《ば》。↓は(歯)❶ 1022ページ

**けんし【絹糸】** 名 ↓きぬいと 315ページ

**けんじ【検事】** 名 ❶検察官《けんさつかん》の位《くらい》の一《ひと》つ。❷検察官《けんさつかん》の、別《べつ》の呼《よ》び方《かた》。

**けんじ【堅持】** 名 動-する 態度《たいど》などを、かたく守《まも》ること。例 これまでの方針《ほうしん》を堅持する。

**げんし【原子】** 名 物《もの》を形作《かたちづく》っている小《ちい》さな分子《ぶんし》を、さらに化学的《かがくてき》に分《わ》けてできる、いちばん小《ちい》さいつぶ。アトム。例《たと》えば、水《みず》の分子《ぶんし》は、水素《すいそ》の原子《げんし》と酸素《さんそ》の原子《げんし》に分《わ》けられる。

**げんし【原始】** 名 ❶ものごとの始《はじ》まり。まだ、世《よ》の中《なか》がまだ開《ひら》けていないこと。例 原始時代《じだい》。❷自然《しぜん》のままで、手《て》が加《くわ》えられていないこと。例 原始林《りん》。

**げんし【原紙】** 名 複写《ふくしゃ》をするときに使《つか》う、文字《もじ》などを書《か》いた、元《もと》の紙《かみ》。

**げんじ【源氏】** 名 源《みなもとの》頼朝《よりとも》などのように、「源《みなもと》」の姓《せい》を名《な》のった一族《いちぞく》。

**げんしかく【原子核】** 名 原子《げんし》の中心《ちゅうしん》にある粒子《りゅうし》。陽子《ようし》と中性子《ちゅうせいし》からできている。核《かく》。

**けんしき【見識】** 名 しっかりした考《かんが》え。意《い》見《けん》。例 すぐれた見識を持《も》つ。

**げんしぐも【原子雲】** 名 核爆発《かくばくはつ》によってできたキノコ形《がた》の雲《くも》。

**げんしじだい【原始時代】** 名 大昔《おおむかし》、人々《ひとびと》が石器《せっき》を使《つか》って狩《か》りをしたり、貝《かい》・魚《さかな》・木《き》の実《み》などをとったりして暮《く》らしていた時《じ》代《だい》。

**げんしじん【原始人】** 名 原始時代《げんしじだい》の人類《じんるい》。

**けんじつ【堅実】** 名 形動 考《かんが》え方《かた》やり方《かた》がしっかりしていて、危《あぶ》なげがないようす。例 彼《かれ》の仕事《しごと》は堅実だ。

**げんじつ【現実】** 名 今実際《いまじっさい》に目《め》の前《まえ》にあるものごとやようす。例 現実を見《み》つめる。対

例解 ! 表現の広場

**現実《げんじつ》と事実《じじつ》のちがい**

| | 現実《げんじつ》 | 事実《じじつ》 |
|---|---|---|
| ありのままの　を見《み》つめる。 | ○ | ○ |
| それは　にあることだ。 | ○ | × |
| 理想《りそう》と　のちがい。 | ○ | × |
| 事件《じけん》の　関係《かんけい》。 | × | ○ |



都道府県 福島県《ふくしまけん》 福島市《ふくしまし》 人口《じんこう》 約《やく》183万人《まんにん》 県《けん》の花《はな》 ネモトシャクナゲ 県《けん》の鳥《とり》 キビタキ 県《けん》の木《き》 ケヤキ 東《とう》

理想《りそう》。空想《くうそう》。

**げんじつてき【現実的】** 形動 行《おこな》いや考《かんが》え方《かた》が実際《じっさい》のものごとに合《あ》っているようす。例 現実的な方法《ほうほう》で解決《かいけつ》した。

**げんしてき【原始的】** 形動 自然《しぜん》のままで、文明《ぶんめい》の進《すす》んでいないようす。例 原始的な生活《せいかつ》。

**げんしばくだん【原子爆弾】** 名 核分裂《かくぶんれつ》によって起《お》こる、ものすごい力《ちから》と高《たか》い熱《ねつ》を利用《りよう》した爆弾《ばくだん》。一度《いちど》に多《おお》くの人《ひと》を殺《ころ》す。原爆《げんばく》。参考 一九四五年《ねん》八月六日《はちがつむいか》、世界《せかい》で初《はじ》めて広島《ひろしま》に、次《つ》いで八月九日《はちがつここのか》、長崎《ながさき》に落《お》とされた。

**げんじぼたる【源氏蛍】** 名 きれいな川《かわ》にすむ昆虫《こんちゅう》。大《おお》きさは一・五センチメートルぐらいで、日本《にっぽん》のホタルの中《なか》でいちばん大《おお》きい。

**げんじものがたり〘源氏物語〙** 作品名 平安時代《へいあんじだい》に紫式部《むらさきしきぶ》が書《か》いた長編《ちょうへん》の物語《ものがたり》。光《ひかる》源氏《げんじ》という貴族《きぞく》の生活《せいかつ》をえがいている。

**けんじゃ【賢者】** 名 ものごとの道理《どうり》をわきまえた、かしこい人《ひと》。賢人《けんじん》。

**げんしゅ【元首】** 名 その国《くに》を代表《だいひょう》する人《ひと》。大統領《だいとうりょう》や君主《くんしゅ》など。

**げんしゅ【厳守】** 名 動する 約束《やくそく》・決《き》まりなどを、厳《きび》しく守《まも》ること。例 時間《じかん》厳守。

**けんしゅう【研修】** 名 動する 技術《ぎじゅつ》や知識《ちしき》を高《たか》めるために、特別《とくべつ》な勉強《べんきょう》や実習《じっしゅう》をすること。例 研修会《かい》。

**けんじゅう【拳銃】** 名 片手《かたて》でうてる小《ちい》さな鉄砲《てっぽう》。ピストル。

**げんしゅう【減収】** 名 動する 作物《さくもつ》の取《と》れ高《だか》や収入《しゅうにゅう》が減《へ》ること。例 今年《ことし》は大幅《おおはば》な減収になった。対 増収《ぞうしゅう》。

**げんじゅう【厳重】** 形動 厳《きび》しく行《おこな》うようす。例 警戒《けいかい》を厳重にする。

**げんじゅうしょ【現住所】** 名 今《いま》、住《す》んでいる場所《ばしょ》。

**げんじゅうみん【原住民】** 名 元《もと》からその土地《とち》に住《す》んでいる人々《ひとびと》。

**げんしゅく【厳粛】** 形動 おごそかで、心《こころ》が引《ひ》きしまるようなようす。例 式《しき》は厳粛な雰囲気《ふんいき》の中《なか》で行《おこな》われた。

**けんしゅつ【検出】** 名 動する 物《もの》の中《なか》に含《ふく》まれていたものなどを、調《しら》べて取《と》り出《だ》すこと。例 放射能《ほうしゃのう》が検出された。

**げんしょ【原書】** 名 ❶翻訳《ほんやく》のもとになった外国《がいこく》の本《ほん》。例 原書で読《よ》む。❷外国《がいこく》の本《ほん》。洋書《ようしょ》。例 原書の売《う》り場《ば》。

**けんしょう【健勝】** 名 形動 (相手《あいて》の人《ひと》が)健康《けんこう》で元気《げんき》なこと。例 ご健勝のこととお喜《よろこ》び申《もう》し上《あ》げます。参考 手紙文《てがみぶん》で使《つか》われる。

**けんしょう【検証】** 名 動する ものごとを実際《じっさい》に調《しら》べて、はっきりさせること。例 現場《げんば》検証。

**けんしょう【憲章】** 名 理想《りそう》として決《き》めた、人々《ひとびと》にとって大切《たいせつ》な決《き》まり。例 児童《じどう》憲章。

**○けんしょう【懸賞】** 名 褒美《ほうび》に、品物《しなもの》やお金《かね》を出《だ》す約束《やくそく》で、あることをさせること。また、その品物《しなもの》やお金《かね》。例 懸賞金《きん》。

**けんじょう【献上】** 名 動する 神《かみ》や身分《みぶん》の高《たか》い人《ひと》に、物《もの》をさしあげること。例 名馬《めいば》を献上する。

**○げんしょう【現象】** 名 自然《しぜん》や社会《しゃかい》の中《なか》に現《あらわ》れて、見《み》えたり聞《き》こえたり感《かん》じられたりするものごと。例 自然《しぜん》現象。

**○げんしょう【減少】** 名 動する 減《へ》って少《すく》なくなること。減《へ》らすこと。例 町《まち》の人口《じんこう》が減少する。対 増加《ぞうか》。増大《ぞうだい》。

**げんじょう【現状】** 名 現在《げんざい》のようす。例 町《まち》の現状を記録《きろく》する。

**✤けんじょうご【謙譲語】** 名 〔国語《こくご》で〕敬語《けいご》の一《ひと》つ。人《ひと》を敬《うやま》う気持《きも》ちを表《あらわ》すために、自分《じぶん》や自分《じぶん》の側《がわ》をへりくだって言《い》う言葉《ことば》。例《たと》えば、「言《い》う」を「申《もう》し上《あ》げる」、「行《い》く」を「まいる」と言《い》うなど。関連 尊敬語《そんけいご》。丁寧語《ていねいご》。➡けいご(敬語)390ページ

**げんしょく【原色】** 名 ❶もっとも基本《きほん》になる色《いろ》。➡さんげんしょく530ページ。❷元《もと》のままの色《いろ》。例 原色動物図鑑《どうぶつずかん》。❸けばけばしい色《いろ》。例 真《ま》っ赤《か》な原色のシャツ。

**げんしょく【現職】** 名 今《いま》の仕事《しごと》。今《いま》の役目《やくめ》。例 現職の国会議員《こっかいぎいん》が再選《さいせん》された。

**げんしょく【減食】** 名 動する 食《た》べ物《もの》の量《りょう》を減《へ》らすこと。

**げんしりょく【原子力】** 名 原子核《げんしかく》がこわれたり〔=核分裂《かくぶんれつ》〕、とけあったり〔=核融合《かくゆうごう》〕するときに出《で》る、ものすごく大《おお》きな力《ちから》と高《たか》い

ある。北海道《ほっかいどう》に次《つ》いで農業《のうぎょう》が盛《さか》ん。メロンの生産量《せいさんりょう》は日本一《にっぽんいち》。日本《にっぽん》で2番目《ばんめ》に大《おお》きい湖《みずうみ》の霞ヶ浦《かすみがうら》がある。

熱《ねつ》。原子《げんし》エネルギー。

**げんしりょくせん【原子力船】** [名] 原子《げんし》炉《ろ》で作《つく》るエネルギーで動《うご》く船《ふね》。

**げんしりょくはつでん【原子力発電】** [名] 原子《げんし》炉《ろ》で発生《はっせい》した熱《ねつ》を利用《りよう》して蒸気《じょうき》を作《つく》り、その力《ちから》で電気《でんき》を起《お》こすこと。原発《げんぱつ》。

**げんしりん【原始林】** [名] 人《ひと》の手《て》が加《くわ》えられていない、自然《しぜん》のままの森林《しんりん》。原生林《げんせいりん》。

**げんじる【減じる】** [動] ❶数《かず》や量《りょう》が少《すく》なくなる。少《すく》なくする。❷〔算数《さんすう》で〕引《ひ》き算《ざん》をする。[例] 5から2を減じる。

**げんしろ【原子炉】** [名] 核分裂《かくぶんれつ》がゆっくりと続《つづ》けて起《お》こるように調節《ちょうせつ》できる装置《そうち》。そのときに出《で》る熱《ねつ》を発電《はつでん》などに使《つか》う。

**けんしん【検診】** [名] [動-する] 病気《びょうき》にかかっていないかどうかを調《しら》べること。[例] 定期《ていき》検診。

**けんしん【献身】** [名] [動-する] 身《み》も心《こころ》も投《な》げ出《だ》して人《ひと》のためにつくすこと。[例] ボランティアとして献身的《てき》に働《はたら》く。

**げんず【原図】** [名] 複写《ふくしゃ》をするときに使《つか》う、元《もと》になる図面《ずめん》。

**けんすい【懸垂】** [名] [動-する] ❶垂《た》れ下《さ》がること。❷鉄棒《てつぼう》にぶら下《さ》がって、腕《うで》を曲《ま》げて体《からだ》をつり上《あ》げる運動《うんどう》。

**げんすい【元帥】** [名] 軍人《ぐんじん》の中《なか》で、もっとも高《たか》い位《くらい》。

**げんすい【減水】** [名] [動-する] 川《かわ》などの、水《みず》かさが減《へ》ること。[対] 増水《ぞうすい》。

**けんずいし【遣隋使】** [名] 飛鳥《あすか》時代《じだい》に、大和《やまと》朝廷《ちょうてい》の代表《だいひょう》として隋《ずい》〔＝中国《ちゅうごく》〕に送《おく》った使《つか》い。六〇七年《ねん》、小野妹子《おののいもこ》らが最初《さいしょ》にわたった。

**けんすう【件数】** [名] 事件《じけん》やことがらの数《かず》。[例] 交通事故《こうつうじこ》の件数が増《ふ》えた。

**げんすん【原寸】** [名] 実物《じつぶつ》と同《おな》じ寸法《すんぽう》。[例] 原寸どおりの複製《ふくせい》。

**げんせ【現世】** [名] 仏教《ぶっきょう》で、今《いま》生《い》きている、この世《よ》。げんせい。[関連] 前世《ぜんせ》。来世《らいせ》。

**けんせい【権勢】** [名] 権力《けんりょく》と勢力《せいりょく》。強《つよ》い力《ちから》を持《も》っていること。[例] 権勢をふるう。

**けんせい【牽制】** [名] [動-する] 相手《あいて》の注意《ちゅうい》を引《ひ》きつけて、自由《じゆう》にさせないこと。[例] ピッチャーがランナーをけん制する。

**げんせい【厳正】** [名] [形動] あいまいなところがなく、ほんとうに正《ただ》しいようす。[例] 勝《か》ち負《ま》けは厳正に決《き》める。

**げんぜい【減税】** [名] [動-する] 税金《ぜいきん》の額《がく》や割合《わりあい》を減《へ》らすこと。[対] 増税《ぞうぜい》。

**げんせいどうぶつ【原生動物】** [名] 動物《どうぶつ》のうちでいちばん下等《かとう》なもの。体《からだ》は小《ちい》さくて、一《ひと》つの細胞《さいぼう》だけでできている。アメーバ・ゾウリムシなど。

**げんせいりん【原生林】** [名] 自然《しぜん》のままの森林《しんりん》。原始林《げんしりん》。

**げんせき【原石】** [名] ❶原料《げんりょう》となる鉱石《こうせき》。❷加工《かこう》する前《まえ》の宝石《ほうせき》。[例] ダイヤモンドの原石。

**けんせきうん【巻積雲】** [名] 秋《あき》に、小《ちい》さなかたまりがまだらに集《あつ》まった白《しろ》い雲《くも》。うろこ雲《ぐも》。いわし雲《ぐも》。↓くも(雲) 373ページ

**けんせつ【建設】** [名] [動-する] ❶建物《たてもの》や道《みち》などを、新《あたら》しく造《つく》ること。[例] ビルの建設が始《はじ》まる。❷組織《そしき》などを新《あたら》しく作《つく》ること。[例] 平和《へいわ》な国家《こっか》を建設する。[対] (❶・❷)破壊《はかい》。

**けんせつてき【建設的】** [形動] ものごとを、進《すす》んでさらによくしようとするようす。[例] 建設的な意見《いけん》。

**けんぜん【健全】** [形動] ❶心《こころ》や体《からだ》が丈夫《じょうぶ》なようす。健康《けんこう》。[例] 健全な体《からだ》。❷しっかりしているようす。[例] 健全な考《かんが》え。

**げんせん【源泉】** [名] ❶水《みず》や温泉《おんせん》のわき出《で》るみなもと。❷ものごとの、みなもと。[例] 知識《ちしき》の源泉。

**げんせん【厳選】** [名] [動-する] 厳《きび》しく調《しら》べて選《えら》ぶこと。[例] 品物《しなもの》を厳選する。

**げんぜん【厳然】** [副] (-と) いかめしく厳《きび》しいようす。[例] 厳然とした態度《たいど》。[参考]「厳然《げんぜん》たる事実《じじつ》」などと使《つか》うこともある。

**げんそ【元素】** [名] 物質《ぶっしつ》のいちばんもとになるもので、化学的《かがくてき》にはそれ以上《いじょう》に分《わ》けることのできないもの。酸素《さんそ》・水素《すいそ》・炭素《たんそ》など。

**けんぞう【建造】** [名] [動-する] 大《おお》きな船《ふね》や建物《たてもの》・橋《はし》・塔《とう》などを新《あたら》しく造《つく》ること。[例] タンカーを建造する。

**げんそう【幻想】** [名] [動-する] 実際《じっさい》にはないようなことを、ぼんやりと心《こころ》に思《おも》いうかべること。[例] 幻想をいだく。

**げんぞう【現像】** [名] [動-する] フィルムなどを

薬《くすり》につけて、写《うつ》した画像《がぞう》を現《あらわ》し出《だ》すこと。

**けんそううん【巻層雲】** 名 高《たか》い空《そら》を一面《いちめん》におおう、うすく広《ひろ》がった白《しろ》い雲《くも》。うす雲《ぐも》。 ↓くも(雲) 373ページ

**げんそうてき【幻想的】** 形動 実際《じっさい》にはありそうもない、夢《ゆめ》のようなようす。例 幻想的な物語《ものがたり》。

**けんぞうぶつ【建造物】** 名 建造《けんぞう》された建《たて》物《もの》や、船《ふね》・橋《はし》などの大《おお》きなもの。

**げんそきごう【元素記号】** 名 元素《げんそ》の名《な》前《まえ》を、アルファベットで表《あらわ》したもの。水素《すいそ》は「H《エイチ》」、酸素《さんそ》は「O《オー》」、炭素《たんそ》は「C《シー》」、鉄《てつ》は「Fe《エフイー》」などのように書《か》く。

**げんそく【原則】** 名 多《おお》くの場合《ばあい》にあてはまる、もとになる決《き》まり。例 五時《ごじ》には下校《げこう》するのが原則だ。

**原則《げんそく》として** 特別《とくべつ》の場合《ばあい》以外《いがい》は。例 日曜日《にちようび》は原則として休《やす》みだ。

**げんそく【減速】** 名 動-する 速度《そくど》をおそくすること。対 加速《かそく》。

**けんそん【謙遜】** 名 動-する へりくだること。ひかえめにすること。例 りっぱな人《ひと》ほど自《じ》分《ぶん》を謙遜して言《い》うものだ。

**げんそん【現存】** 名 動-する 実際《じっさい》に今《いま》あること。げんぞん。例 現存する最古《さいこ》の城《しろ》。

**けんたい【倦怠】** 名 動-する ❶あきあきすること。例 同《おな》じことの繰《く》り返《かえ》しに倦怠を覚《おぼ》える。❷心身《しんしん》がだるいこと。例 全身《ぜんしん》に倦怠感《かん》がただよう。

**げんたい【減退】** 名 動-する おとろえ弱《よわ》ること。特《とく》に、体力《たいりょく》や意欲《いよく》などが、おとろえること。例 夏《なつ》は食欲《しょくよく》が減退する。対 増進《ぞうしん》。

**げんだい【現代】** 名 ❶今《いま》の時代《じだい》。今《いま》の世《よ》の中《なか》。例 現代の若者《わかもの》たち。❷時代《じだい》の区分《くぶん》の一《ひと》つ。日本《にっぽん》の歴史《れきし》ではふつう、第二次《だいにじ》世界大戦《せかいたいせん》のあとから、今《いま》までの間《あいだ》。

**げんだいかなづかい【現代〈仮名〉遣い】** 名 今《いま》の日本語《にほんご》をひらがなで書《か》き表《あらわ》すときの決《き》まり。だいたい実際《じっさい》の発音《はつおん》のとおりに書《か》き表《あらわ》す。↓かなづかい 251ページ

**げんだいてき【現代的】** 形動 現代《げんだい》にふさわしいようす。モダン。例 現代的なビル。

**けんだま【剣玉・拳玉】** 名 木《き》で作《つく》ったおもちゃの一《ひと》つ。穴《あな》のあいた玉《たま》に糸《いと》をつけ、棒《ぼう》に結《むす》びつけたもの。とがった棒《ぼう》の先《さき》を玉《たま》の穴《あな》に入《い》れたり、玉《たま》を皿《さら》のようなくぼみにのせたりして遊《あそ》ぶ。

**げんたん【減反】** 名 動-する 農作物《のうさくぶつ》をつくる田《た》畑《はた》の面積《めんせき》を減《へ》らすこと。例 コメの減反政《せい》策《さく》。

**けんち【見地】** 名 考《かんが》える立場《たちば》。ものの見方《みかた》。例 教育的《きょういくてき》な見地に立《た》って指導《しどう》する。

**けんち【検地】** 名 動-する 戦国時代《せんごくじだい》や江戸《えど》時《じ》代《だい》に、年貢《ねんぐ》を決《き》めるために、田畑《たはた》の広《ひろ》さ、作《さく》物《もつ》の取《と》れ高《だか》などを調《しら》べたこと。豊臣秀吉《とよとみひでよし》の「太閤検地《たいこうけんち》」が有名《ゆうめい》。

**げんち【言質】** 名 あとで証拠《しょうこ》となる、約束《やくそく》の言葉《ことば》。例 二度《にど》と遅刻《ちこく》しないという言質を取《と》る。

**げんち【現地】** 名 実際《じっさい》にそのことが行《おこな》われている場所《ばしょ》。例 現地から報告《ほうこく》する。

**けんちく【建築】** 名 動-する 家《いえ》・学校《がっこう》などの建《たて》物《もの》を建《た》てること。

**けんちくようしき【建築様式】** 名 建物《たてもの》の建《た》て方《かた》や、形《かたち》の特徴《とくちょう》。ゴシック様式《ようしき》、数寄《すき》屋《や》造《づく》りなど。

**けんちじ【県知事】** 名 県《けん》を治《おさ》める代表者《だいひょうしゃ》。知《ち》事《じ》。

**けんちょ【顕著】** 形動 はっきりしていて、目《め》立《だ》つようす。いちじるしいようす。例 勉《べん》強《きょう》の成果《せいか》が顕著にあらわれた。

**けんちょう【県庁】** 名 県《けん》を治《おさ》める仕事《しごと》をする役所《やくしょ》。関連 都庁《とちょう》。道庁《どうちょう》。府庁《ふちょう》。

**けんちょう【県鳥】** 名 それぞれの県《けん》を代《だい》表《ひょう》する鳥《とり》。

**けんちょうしょざいち【県庁所在地】** 名 各県《かくけん》の県庁《けんちょう》の置《お》かれている所《ところ》。

**けんてい【検定】** 名 動-する 基準《きじゅん》を設《もう》けて、

例解 ❗ 表現の広場

**建築《けんちく》と建造《けんぞう》と建設《けんせつ》のちがい**

| | 住宅《じゅうたく》をする。 | 大《おお》きな船《ふね》をする。 | 新《あたら》しい道路《どうろ》をする。 | 平和《へいわ》な国《くに》をする。 |
|---|---|---|---|---|
| 建築《けんちく》 | ○ | × | × | × |
| 建造《けんぞう》 | × | ○ | × | × |
| 建設《けんせつ》 | ○ | × | ○ | ○ |

合格《ごうかく》か不合格《ふごうかく》かを決《き》めること。例 検定試験《しけん》。

**けんてい【献呈】** 名 動-する 目上《めうえ》の人《ひと》に、ものをさし上《あ》げること。

**げんてい【限定】** 名 動-する 数量《すうりょう》や範囲《はんい》などを、これだけと限《かぎ》ること。制限《せいげん》。例 人数《にんずう》を限定する。

✤**げんてん【原典】** 名 例《れい》に引《ひ》いたり、翻訳《ほんやく》したりした文章《ぶんしょう》の、元《もと》の本《ほん》。

**げんてん【原点】** 名 ❶ものごとの始《はじ》まりやおおもとになるところ。例 原点に立《た》ち返《かえ》って考《かんが》える。❷距離《きょり》などを測《はか》るときの基準《きじゅん》となる点《てん》。

**げんてん【減点】** 名 動-する 点数《てんすう》を減《へ》らすこと。または、その点数《てんすう》。例 一問《いちもん》まちがえると五点《ごてん》減点する。

**げんど【限度】** 名 ぎりぎりいっぱいのところ。限《かぎ》り。例 寒《さむ》さも、今日《きょう》あたりが限度だろう。類 限界《げんかい》。

**けんとう【見当】** 一 名 ❶ねらい。見《み》こみ。目当《めあ》て。例 どうなるか見当がつかない。❷方角《ほうがく》。辺《あた》り。例 この見当に池《いけ》がある。二〔ある言葉《ことば》のあとにつけて〕…ぐらい。…ほど。例 一万円《いちまんえん》見当の品物《しなもの》。

**けんとう【拳闘】** 名 ↓ボクシング 1205ページ

**けんとう【健闘】** 名 動-する 元気《げんき》いっぱいたたかうこと。一生懸命《いっしょうけんめい》がんばること。例 選《せん》手《しゅ》の健闘をたたえる。

○**けんとう【検討】** 名 動-する 細《こま》かに調《しら》べたり考《かんが》えたりすること。例 問題《もんだい》を検討する。

**けんどう【県道】** 名 県《けん》のお金《かね》で、造《つく》った道《みち》。

**けんどう【剣道】** 名 面《めん》・小手《こて》・胴《どう》などをつけて、竹刀《しない》で打《う》ち合《あ》い、勝負《しょうぶ》を争《あらそ》う競技《きょうぎ》。

**げんとう【幻灯】** 名 ↓スライド❷ 693ページ

**げんとう【厳冬】** 名 寒《さむ》さの厳《きび》しい冬《ふゆ》。

**げんどう【言動】** 名 言葉《ことば》や行《おこな》い。例 言動に注意《ちゅうい》する。類 言行《げんこう》。

**けんとうし【遣唐使】** 名 奈良時代《ならじだい》や平安《へいあん》時代《じだい》に、日本《にっぽん》から唐《とう》〔＝中国《ちゅうごく》〕へ送《おく》った使《つか》い。唐《とう》の文化《ぶんか》や制度《せいど》を取《と》り入《い》れた。

**けんとうちがい【見当違い】** 名 形動 見《み》こみや方角《ほうがく》をちがえること。見当外《けんとうはず》れ。例 見当違いの答《こた》え。

**けんとうはずれ【見当外れ】** 名 形動 ↓けんとうちがい 417ページ

**げんどうりょく【原動力】** 名 ❶機械《きかい》を動《うご》かす、元《もと》になる力《ちから》。エンジンなど。❷ものごとの元《もと》になる力《ちから》。例 健康《けんこう》がすべての活動《かつどう》の原動力になる。

**けんない【圏内】** 名 範囲《はんい》の中《なか》。例 合格《ごうかく》の圏内にいる。対 圏外《けんがい》。

**げんなり** 副(-と) 動-する ❶元気《げんき》のないようす。例 暑《あつ》さでげんなりする。❷あきて、いやになるようす。例 長話《ながばなし》にげんなりした。

**げんに【現に】** 副 実際《じっさい》に。まのあたりに。例 現にこの目《め》で見《み》た。

**けんにん【兼任】** 名 動-する 二《ふた》つ以上《いじょう》の役目《やくめ》を受《う》け持《も》つこと。例 選手《せんしゅ》と監督《かんとく》を兼任する。類 兼務《けんむ》。対 専任《せんにん》。

**げんば【現場】** 名 ものごとが実際《じっさい》に行《おこな》われている所《ところ》。また、そのことが起《お》こった所《ところ》。例 工事《こうじ》現場。事故《じこ》の現場。

**けんばいき【券売機】** 名 乗車券《じょうしゃけん》・食券《しょっけん》・入場券《にゅうじょうけん》などを売《う》る機械《きかい》。

**げんばく【原爆】** 名 「原子爆弾《げんしばくだん》」の略《りゃく》。

**げんばくしょう【原爆症】** 名 原子爆弾《げんしばくだん》の熱《ねつ》や放射能《ほうしゃのう》によってもたらされた、いろいろな病気《びょうき》。

**げんばくドーム【原爆ドーム】** 名 広島《ひろしま》市《し》の中心部《ちゅうしんぶ》にある、原爆《げんばく》の焼《や》けあとに残《のこ》った鉄骨《てっこつ》のドーム。原爆《げんばく》のおそろしさを伝《つた》えるために保存《ほぞん》された、ただ一《ひと》つの建《たて》物《もの》。世界遺産《せかいいさん》。写《しゃ》真《しん》は終戦直後《しゅうせんちょくご》の原爆《げんばく》ドーム。

〔げんばくドーム〕

**げんばつ【厳罰】** 名 厳《きび》しく罰《ばっ》すること。また、その罰《ばつ》。例 厳罰に処《しょ》する。

**げんぱつ【原発】** 名 「原子力発電《げんしりょくはつでん》」や「原子《げんし》力発電所《りょくはつでんしょ》」の略《りゃく》。

**けんばん【鍵盤】** 名 ピアノ・オルガン・タイプライターなどの、指《ゆび》でおしたりたたいたりするところ。

**けんばんがっき【鍵盤楽器】** 名 ピアノ・



都道府県 栃木県《とちぎけん》 宇都宮市《うつのみやし》 人口《じんこう》 約《やく》193万人《まんにん》 県《けん》の花《はな》 ヤシオツツジ 県《けん》の鳥《とり》 オオルリ 県《けん》の木《き》 トチノキ 北関《きたかん》

オルガンなどのように、鍵盤《けんばん》を指《ゆび》でおしたりたたいたりして、音《おと》を出《だ》す楽器《がっき》。関連 打楽《だがっ》器《き》。管楽器《かんがっき》。弦楽器《げんがっき》。➡がっき(楽器) 244ページ

**けんばんハーモニカ**【鍵盤《けんばん》ハーモニカ】名 鍵盤《けんばん》に、息《いき》をふきこむ管《くだ》がついている楽器《がっき》。

**けんびきょう**【顕微鏡】名 対物《たいぶつ》レンズと接眼《せつがん》レンズとを組《く》み合《あ》わせて、非常《ひじょう》に小《ちい》さいものを大《おお》きくして見《み》る器械《きかい》。

**げんぴん**【現品】名 実際《じっさい》にその場《ば》にある品《しな》物《もの》。例 現品限《かぎ》りの品物《しなもの》。

**げんぶがん**【玄武岩】名 火山岩《かざんがん》の一《ひと》つ。黒《くろ》っぽい色《いろ》で、かたくてきめが細《こま》かい。

**げんぷく**【元服】名 動する 昔《むかし》、男子《だんし》が大人《おとな》になったしるしに、大人《おとな》の服装《ふくそう》をし、初《はじ》めてかんむりをかぶる式《しき》。

**けんぶつ**【見物】名 動する もよおし物《もの》や名《めい》所《しょ》などを見《み》て楽《たの》しむこと。また、見《み》て楽《たの》しむ人《ひと》。例 東京《とうきょう》見物。

**げんぶつ**【現物】名 実際《じっさい》の品物《しなもの》。例 現物は見本《みほん》より大《おお》きい。

**けんぶつにん**【見物人】名 物《もの》を見《み》て楽《たの》しむ人《ひと》。例 見物人がつめかける。

**けんぶん**【見聞】名 動する 見《み》たり聞《き》いたりすること。例 見聞を広《ひろ》める。

**けんぶん**【検分・見分】名 動する 実際《じっさい》に立《た》ちあって調《しら》べること。例 実地《じっち》検分。

**げんぶん**【原文】名 翻訳《ほんやく》したり、書《か》き直《なお》したりする前《まえ》の、元《もと》の文章《ぶんしょう》。

**げんぶんいっち**【言文一致】名 話《はな》し言《こと》葉《ば》に近《ちか》い表現《ひょうげん》を使《つか》って文章《ぶんしょう》を書《か》くこと。

**げんぺい**【源平】名 源氏《げんじ》と平氏《へいし》。

**けんべん**【検便】名 動する 大便《だいべん》を検《けん》査《さ》して、病《びょう》気《き》を起《お》こす細菌《さいきん》や寄生虫《きせいちゅう》の卵《たまご》があるかどうかなどを調《しら》べること。

**げんぼ**【原簿】名 元《もと》になる帳簿《ちょうぼ》。元帳《もとちょう》。

**けんぽう**【憲法】名 国《くに》が成《な》り立《た》っていく上《うえ》で、いちばんだいじなことを決《き》めた法律《ほうりつ》。例 日本国《にほんこく》憲法。

**げんぽう**【減法】名 〔算数《さんすう》で〕引《ひ》き算《ざん》のこと。関連 加法《かほう》。乗法《じょうほう》。除法《じょほう》。

**けんぽうきねんび**【憲法記念日】名 国民《こくみん》の祝日《しゅくじつ》の一《ひと》つ。五月三日《ごがつみっか》。日本国憲法《にほんこくけんぽう》が施行《しこう》されたことを祝《いわ》う日《ひ》。

**げんぼく**【原木】名 原料《げんりょう》や材料《ざいりょう》になる前《まえ》の、切《き》りたおしたままの木《き》。

**けんま**【研磨・研摩】名 動する ❶(金属《きんぞく》やガラス製品《せいひん》などを)といだり、みがいたりすること。例 レンズを研磨する。❷学問《がくもん》やわざを、みがききたえること。例 心身《しんしん》ともに研磨する。

**げんまい**【玄米】名 もみがらを取《と》っただけで、まだ精米《せいまい》していない米《こめ》。関連 白米《はくまい》。胚芽《はいが》米《まい》。

**けんまく**【剣幕】名 ひどくおこっている顔《かお》つきや態度《たいど》。例 おそろしい剣幕だ。

**げんみつ**【厳密】形動 細《こま》かなところまでよく注意《ちゅうい》して、行《い》き届《とど》いているようす。例 厳密な検《けん》査《さ》。

**けんみん**【県民】名 県《けん》に住《す》んでいる人《ひと》。

**けんむ**【兼務】名 動する 二《ふた》つ以上《いじょう》の仕事《しごと》や役目《やくめ》を同時《どうじ》に持《も》つこと。類 兼任《けんにん》。

**けんむのしんせい**【建武の新政】名 一三三三年《ねん》から一三三六年《ねん》にかけて、後醍醐《ごだいご》天皇《てんのう》が行《おこな》った天皇《てんのう》を中心《ちゅうしん》とする政治《せいじ》。建武《けんむ》の中興《ちゅうこう》。

**けんめい**【県名】名 県《けん》の名前《なまえ》。

**けんめい**【賢明】形動 かしこくて、理屈《りくつ》がよくわかっているようす。例 賢明な方法《ほうほう》。そうするのが賢明だ。

**けんめい**【懸命】形動 力《ちから》いっぱいがんばるようす。精《せい》いっぱい。例 懸命に努力《どりょく》する。

**げんめい**【言明】名 動する はっきりと言《い》い切《き》ること。例 立候補《りっこうほ》することを言明する。

**げんめい**【厳命】名 動する 必《かなら》ず守《まも》るよう、きびしく命令《めいれい》すること。また、その命令《めいれい》。例 秘密《ひみつ》を漏《も》らさぬよう厳命する。

**げんめつ**【幻滅】名 動する 心《こころ》の中《なか》にえがいていたことが、実際《じっさい》とはひどくちがうとわかってがっかりすること。例 あんなひどいことを言《い》うなんて、幻滅した。

**けんもほろろ** 形動 態度《たいど》が冷《つめ》たいようす。人《ひと》の頼《たの》みなどをはねつけるようす。例 けんもほろろに断《ことわ》られた。参考「けん」も「ほろろ」もキジの鳴《な》き声《ごえ》からという。

**けんもん**【検問】名 動する 問《と》いただして調《しら》べること。例 警察官《けいさつかん》が検問する。

**げんや【原野】**名 草《くさ》や木《き》の生《は》えた、自然《しぜん》のままの野原《のはら》。例原野を切《き》り開《ひら》く。

**けんやく【倹約】**名動-する むだづかいをしないこと。例こづかいを倹約して本《ほん》を買《か》った。類節約《せつやく》。対浪費《ろうひ》。

**げんゆ【原油】**名 地下《ちか》からくみ上《あ》げたままで、まだ精製《せいせい》していない石油《せきゆ》。

**けんよう【兼用】**名動-する 一《ひと》つの物《もの》をいくつかの役《やく》に立《た》てること。例晴《せい》雨《う》兼用の傘《かさ》。対専用《せんよう》。

**°けんり【権利】**名 ❶国《くに》や社会《しゃかい》などの決《き》まりで認《みと》められている利益《りえき》。例国民《こくみん》の権利。対義務《ぎむ》。❷あるものごとをすることのできる資《し》格《かく》。例私《わたし》に買《か》う権利がある。

**げんり【原理】**名 ものごとの、大《おお》もとになる理屈《りくつ》。例てこの原理。

**けんりつ【県立】**名 県《けん》のお金《かね》で作《つく》り、運営《うんえい》しているもの。例県立美術館《びじゅつかん》。

**げんりゅう【源流】**名 ❶川《かわ》の水《みず》の流《なが》れ出《で》てくるもと。みなもと。❷ものごとの起《お》こり。例日本文化《にほんぶんか》の源流を調《しら》べる。

**げんりょう【原料】**名 品物《しなもの》を作《つく》るための、もとになる物《もの》。例紙《かみ》の原料は木《き》である。参考元《もと》の物《もの》の形《かたち》や性質《せいしつ》が、品物《しなもの》を見《み》てわかる場合《ばあい》は「材料《ざいりょう》」といい、変《か》わってしまってわからない場合《ばあい》を「原料《げんりょう》」という。

**げんりょう【減量】**名動-する ❶量《りょう》が減《へ》ること。また、量《りょう》を減《へ》らすこと。❷体重《たいじゅう》を減《へ》らすこと。例試《し》合《あい》の前《まえ》に減量する。対（❶・❷）増量《ぞうりょう》。

**けんりょく【権力】**名 人《ひと》を強《きょう》制《せい》的《てき》に従《したが》わせる力《ちから》。例権力をふるう（=支配《しはい》する）。

**けんろう【堅牢】**形動 がんじょうで、こわれにくいようす。例地震《じしん》にもびくともしない堅牢な建物《たてもの》。

**げんろう【元老】**名 長《なが》い間《あいだ》、あることにつくして、手柄《てがら》のあった人《ひと》。

**げんろん【言論】**名（自分《じぶん》の）考《かんが》えを、言葉《ことば》や文章《ぶんしょう》によって発表《はっぴょう》すること。また、その考《かんが》えや意見《いけん》。例言論の自由《じゆう》（=自分《じぶん》の考《かんが》えや意見《いけん》を、公共《こうきょう》の福祉《ふくし》に反《はん》しない限《かぎ》り自由《じゆう》に発表《はっぴょう》できること）。

**げんわく【幻惑】**名動-する 目《め》をくらまして、何《なに》が何《なん》だかわからなくすること。例甘《あま》い言《こと》葉《ば》に幻惑される。

## こ

コ ko

**こ【己】**画数3 部首己（おのれ） 6年

音コ キ 訓おのれ

筆順 コ コ 己

わたし。自分《じぶん》。おのれ。熟語自己《じこ》。知己《ちき》。利《り》己主義《こしゅぎ》。

**こ【戸】**画数4 部首戸（と） 2年

音コ 訓と

筆順 一 ｺ ヨ 戸

❶と。とびら。熟語戸外《こがい》。門戸《もんこ》。雨戸《あまど》。❷家《いえ》。熟語戸数《こすう》。戸籍《こせき》。戸別訪問《こべつほうもん》。❸家《いえ》の数《かず》を数《かぞ》える言葉《ことば》。例一戸《いっこ》。

**こ【古】**画数5 部首口（くち） 2年

音コ 訓ふる-い ふる-す

筆順 一 十 十 古 古

❶ふるい。熟語古書《こしょ》。古風《こふう》。古本《ふるほん》。対新《しん》。❷昔《むかし》。熟語古語《こご》。古人《こじん》。古典《こてん》。最古《さいこ》。考古学《こうこがく》。古今東西《ここんとうざい》。対今《こん》。

《訓の使い方》**ふる-い** 例古い家《いえ》。**ふる-す** 例使《つか》い古す。

**こ【呼】**画数8 部首口（くちへん） 6年

音コ 訓よ-ぶ

筆順 丨 口 口 口' 口ｒ 吖 呼 呼

❶息《いき》をはく。熟語呼気《こき》。呼吸《こきゅう》。対吸《きゅう》。❷声《こえ》をかける。よぶ。熟語呼応《こおう》。点呼《てんこ》。

《訓の使い方》**よ-ぶ** 例友達《ともだち》の名《な》を呼ぶ。

**こ【固】**画数8 部首囗（くにがまえ） 4年

音コ 訓かた-める かた-まる かた-い

筆順 丨 冂 冂 円 冃 冏 固 固

あいうえお
かきくけ
こ
さしすせそ
たちつてと
なにぬねの
はひふへほ
まみむめも
やゆよ
らりるれろ
わをん



都道府県 群馬県《ぐんまけん》 前橋市《まえばしし》 人口《じんこう》 約《やく》194万人《まんにん》 県《けん》の花《はな》 レンゲツツジ 県《けん》の鳥《とり》 ヤマドリ 県《けん》の木《き》 クロマツ 北関東《きたかんとう》

❶かためる。かたい。熟語 固体《こたい》。固定《こてい》。強固《きょうこ》。頑固《がんこ》。断固《だんこ》。❷自分《じぶん》の考《かんが》えを通《とお》す。熟語 固執《こしつ》・固執《こしゅう》。❸もとから。熟語 固有《こゆう》。
《訓の使い方》**かた-める** 例 土《つち》を固める。**かた-まる** 例 セメントが固まる。**かた-い** 例 固い約束《やくそく》。

## こ【故】 画数 9 部首 攵（ぼくづくり） 5年

音 コ 訓 ゆえ

筆順 故

❶古《ふる》い。熟語 故事《こじ》。温故知新《おんこちしん》。❷昔《むかし》からのなじみ。熟語 故郷《こきょう》。故国《ここく》。縁故《えんこ》。❸死《し》んでしまった。熟語 故人《こじん》。❹出来事《できごと》。熟語 故障《こしょう》。事故《じこ》。❺わざと。熟語 故意《こい》。❻わけ。理由《りゆう》。熟語 何故《なにゆえ》。

## こ【個】 画数 10 部首 亻（にんべん） 5年

音 コ 訓 ―

筆順 個

❶ひとつ。ひとり。熟語 個人《こじん》。個体《こたい》。別個《べっこ》。❷物《もの》の数《かず》を数《かぞ》える言葉《ことば》。例 リンゴを五個《ごこ》。

こ【個】名 ひとり。ひとつ。例 個を生《い》かす。

## こ【庫】 画数 10 部首 广（まだれ） 3年

音 コ・ク 訓 ―

筆順 庫

物《もの》をしまったり、たくわえたりしておく所《ところ》。くら。熟語 金庫《きんこ》。車庫《しゃこ》。倉庫《そうこ》。庫裏《くり》。

## こ【湖】 画数 12 部首 氵（さんずい） 3年

音 コ 訓 みずうみ

筆順 湖

みずうみ。熟語 湖岸《こがん》。湖水《こすい》。火口湖《かこうこ》。

## こ【股】 画数 8 部首 月（にくづき）

音 コ 訓 また

また。足《あし》のつけ根《ね》の所《ところ》。熟語 股間《こかん》〔＝またの間《あいだ》〕。股関節《こかんせつ》〔＝またのつけ根《ね》の部分《ぶぶん》の関節《かんせつ》〕。大股《おおまた》〔＝歩幅《ほはば》が広《ひろ》いこと〕。

## こ【虎】 画数 8 部首 虍（とらがしら）

音 コ 訓 とら

とら。熟語 虎穴《こけつ》。虎視眈々《こしたんたん》。

## こ【孤】 画数 9 部首 子（こへん）

音 コ 訓 ―

❶親《おや》をなくした子《こ》。熟語 孤児《こじ》。❷ひとり。ひとりぼっち。熟語 孤独《こどく》。孤立《こりつ》。

## こ【弧】 画数 9 部首 弓（ゆみへん）

音 コ 訓 ―

弓《ゆみ》のような形《かたち》。熟語 括弧《かっこ》。

こ【弧】名 ❶弓《ゆみ》のように曲《ま》がった形《かたち》。例 ボールが弧をえがいて飛《と》ぶ。❷〔算数《さんすう》で〕円周《えんしゅう》や曲線《きょくせん》の一部分《いちぶぶん》。↓えん（円）❶ 135ページ

## こ【枯】 画数 9 部首 木（きへん）

音 コ 訓 か-れる か-らす

❶かれる。水分《すいぶん》がなくなる。かわく。熟語 枯渇《こかつ》。❷草木《くさき》がかれる。熟語 枯死《こし》〔＝草木《くさき》がかれてだめになる〕。例 植木《うえき》を枯《か》らす。❸おとろえる。熟語 栄枯盛衰《えいこせいすい》。

## こ【雇】 画数 12 部首 隹（ふるとり）

音 コ 訓 やと-う

やとう。お金《かね》をはらって人《ひと》を使《つか》う。熟語 雇用《こよう》。解雇《かいこ》。

## こ【誇】 画数 13 部首 言（ごんべん）

音 コ 訓 ほこ-る

ほこる。じまんする。大《おお》げさに言《い》う。熟語 誇大《こだい》。誇張《こちょう》。

## こ【鼓】 画数 13 部首 鼓（つづみ）

音 コ 訓 つづみ

❶つづみ。たいこ。胴《どう》に皮《かわ》を張《は》って打《う》ち鳴《な》らす楽器《がっき》。熟語 鼓膜《こまく》。太鼓《たいこ》。鼓笛隊《こてきたい》。❷つづみを打《う》つ。はげます。熟語 鼓動《こどう》。鼓吹《こすい》〔＝宣伝《せんでん》する〕。

## こ【錮】 画数 16 部首 金（かねへん）

音 コ 訓 ―

ふさぐ。閉《と》じ込《こ》める。熟語 禁錮《きんこ》〔＝罰《ばつ》として閉《と》

の内陸部《ないりくぶ》にある。日本《にっぽん》でいちばん大《おお》きい円形《えんけい》の古墳《こふん》があるさきたま古墳群《こふんぐん》が有名《ゆうめい》。

じ込《こ》めること」。

**こ【顧】** 画数 21 部首 頁（おおがい）

音 コ 訓 かえり-みる

❶ふり返《かえ》って見《み》る。熟語 回顧《かいこ》。❷思《おも》いめぐらす。心《こころ》にかける。熟語 顧問《こもん》。

**こ【去】** 熟語 過去《かこ》。↓きょ【去】330ページ

**こ【黄】** 熟語 黄金《こがね》。↓こう【黄】426ページ

**こ【拠】** 熟語 証拠《しょうこ》。↓きょ【拠】331ページ

**こ【虚】** 熟語 虚空《こくう》。↓きょ【虚】331ページ

**°こ【子】** 一 名 ❶親《おや》から生《う》まれたもの。子《こ》ども。例 子を生《う》む。ネコの子。対 親《おや》。❷年《とし》の若《わか》いもの。例 丈夫《じょうぶ》な子に育《そだ》った。❸もとから分《わ》かれてできたもの。例 子いも。対 親《おや》。二〔ある言葉《ことば》のあとにつけて〕そういう子《こ》どもや人《ひと》であることを表《あらわ》す。例 売《う》れっ子。いたずらっ子。↓し【子】535ページ

**子《こ》はかすがい** 子《こ》どもは、両親《りょうしん》の仲《なか》をつなぐかすがいのようなもので、ふたりの気持《きも》ちを和《なご》やかにしてくれる。➡かすがい❷233ページ

**こ【小】**〔ある言葉《ことば》の前《まえ》につけて〕❶「小《ち》さい」の意味《いみ》を表《あらわ》す。例 小石《いし》。小鳥《とり》。❷「ちょっと」「わずかばかり」などの意味《いみ》を表《あらわ》す。例 小雨《さめ》。❸（少《すこ》し足《た》りないが）「だいたい」「およそ」などの意味《いみ》を表《あらわ》す。例 小一《いち》時《じ》間《かん》。↓しょう【小】620ページ

**こ【木】** 名 き。例 木の葉《は》。↓ぼく【木】1205ページ

**こ【粉】** 名 こな。例 小麦《こむぎ》粉。身《み》を粉にして働《はたら》く。↓ふん【粉】1164ページ

**ご【五】** 画数 4 部首 二（に） 1年

音 ゴ 訓 いつ いつ-つ

筆順

いつつ。熟語 五穀《ごこく》。五街道《ごかいどう》。五線紙《ごせんし》。

**ご【五】** 名〔数《かず》を表《あらわ》す言葉《ことば》。〕いつつ。例 五歳《さい》。五枚《まい》。五に六《ろく》をかける。

**ご【午】** 画数 4 部首 十（じゅう） 2年

音 ゴ 訓 ―

筆順

❶昔《むかし》の時刻《じこく》の名《な》。昼《ひる》の十二《じゅうに》時《じ》。熟語 午前《ごぜん》。午後《ごご》。正午《しょうご》。❷真南《まみなみ》のこと。熟語 子午線《しごせん》。

**ご【後】** 画数 9 部首 彳（ぎょうにんべん） 2年

音 ゴ コウ

訓 のち うし-ろ あと おく-れる

筆順

❶うしろ。のち。あと。熟語 前後《ぜんご》。背後《はいご》。後退《こうたい》。後方《こうほう》。❷後日《ごじつ》。後悔《こうかい》。後世《こうせい》。午後《ごご》。食後《しょくご》。放課後《ほうかご》。空前絶後《くうぜんぜつご》。後始末《あとしまつ》。対（❶・❷）前《ぜん》。

《訓の使い方》**おく-れる** 例 流行《りゅうこう》に後れる。

**ご【語】** 画数 14 部首 言（ごんべん） 2年

音 ゴ 訓 かた-る かた-らう

筆順

❶ことば。語《ご》。文語《ぶんご》。語尾《ごび》。熟語 語学《ごがく》。語句《ごく》。語源《ごげん》。敬語《けいご》。口語《こうご》。大言壮語《たいげんそうご》。物語《ものがたり》。❷話《はなし》をする。かたる。熟語 語調《ごちょう》。

《訓の使い方》**かた-る** 例 昔《むかし》のことを語る。**かた-らう** 例 友《とも》と語らう。

**ご【語】** 名 ことば。例 語の意味《いみ》。

**ご【誤】** 画数 14 部首 言（ごんべん） 6年

音 ゴ 訓 あやま-る

筆順

まちがえる。熟語 誤解《ごかい》。誤算《ごさん》。誤字《ごじ》。対 正《せい》。

《訓の使い方》**あやま-る** 例 方向《ほうこう》を誤る。

**ご【護】** 画数 20 部首 言（ごんべん） 5年

音 ゴ 訓 ―

筆順

まもる。熟語 護衛《ごえい》。看護《かんご》。保護《ほご》。

**ご【互】** 画数 4 部首 二（に）

音 ゴ 訓 たが-い

たがい。たがいに。代《か》わる代《が》わる。熟語 互選《ごせん》。交互《こうご》。相互《そうご》。例 お互《たが》いさま。

**ご【呉】** 画数 7 部首 口（くち）



都道府県 埼玉県《さいたまけん》 さいたま市《し》 人口《じんこう》 約《やく》734万人《まんにん》 県《けん》の花《はな》 サクラソウ 県《けん》の鳥《とり》 シラコバト 県《けん》の木《き》 ケヤキ 関東《かんとう》

**ご【呉】**
音 ゴ 訓 ―
昔《むかし》の中国《ちゅうごく》の国名《こくめい》。熟語 呉音《ごおん》。呉服《ごふく》。呉越同舟《ごえつどうしゅう》。

**ご【呉】** 名 昔《むかし》の中国《ちゅうごく》にあった国《くに》の名《な》。

**ご【娯】** 画数 10 部首 女(おんなへん)
音 ゴ 訓 ―
たのしむ。たのしみ。熟語 娯楽《ごらく》。

**ご【悟】** 画数 10 部首 忄(りっしんべん)
音 ゴ 訓 さと-る
さとる。はっきりわかる。熟語 覚悟《かくご》。例 悟《さと》りを開《ひら》く。

**ご【碁】** 画数 13 部首 石(いし)
音 ゴ 訓 ―
囲碁《いご》。熟語 碁石《ごいし》。碁盤《ごばん》。

**ご【碁】** 名 縦横《たてよこ》に十九本《じゅうきゅうほん》の線《せん》を引《ひ》いた盤《ばん》に、白《しろ》と黒《くろ》の石《いし》を二人《ふたり》で代《か》わる代《が》わるに並《なら》べて、場所《ばしょ》〔＝地《じ》〕を取《と》り合《あ》うゲーム。囲碁《いご》。例 碁を打《う》つ。

**ご【期】** 熟語 末期《まつご》。最期《さいご》。⇩き【期】294ページ

**°ご【御】** 〔ある言葉《ことば》の前《まえ》につけて〕敬《うやま》う気持《きも》ちや、へりくだった気持《きも》ちを表《あらわ》す言葉《ことば》。例 御両親《りょうしん》。くわしく御説明《せつめい》いたします。⇩ぎょ【御】331ページ

**こあきない【小商い】** 名 もとでの少《すく》ない、ちょっとした商売《しょうばい》。

**コアラ** 名 オーストラリアにすむ、クマの子《こ》に似《に》た動物《どうぶつ》。木《き》の上《うえ》で暮《く》らし、ユーカリの葉《は》を食《た》べる。コモリグマ。

〔コアラ〕

**こい【恋】** 名 相手《あいて》を特別《とくべつ》に好《す》きになる気《き》持《も》ち。恋愛《れんあい》。例 恋をする。⇩れん【恋】1407ページ

**こい【故意】** 名 わざとすること。例 故意にぶつかる。対 過失《かしつ》。

**°こい【濃い】** 形 ❶色《いろ》や味《あじ》などが強《つよ》い。例 濃い緑《みどり》。味《あじ》が濃い。❷含《ふく》まれているものの度《ど》合《あ》いが高《たか》い。例 濃い塩水《しおみず》。❸びっしりとしている。すき間《ま》がない。例 きりが濃い。❹ものごとの程度《ていど》が強《つよ》い。例 事件《じけん》の疑《うたが》いが濃い。対 (❶〜❹)薄《うす》い。⇩のう【濃】1011ページ

**こい【鯉】** 名 川《かわ》や池《いけ》などにすむ魚《さかな》。口《くち》に四本《よんほん》のひげがある。見《み》て楽《たの》しむヒゴイ・ニシキゴイや、食用《しょくよう》にするマゴイなどがいる。⇩たんすいぎょ 815ページ

**鯉《こい》の滝登《たきのぼ》り** 立身出世《りっしんしゅっせ》すること。参考 コイは滝《たき》でさえ逆上《さかのぼ》るということから。

**ごい【語意】** 名 言葉《ことば》の意味《いみ》。

**✤ごい【語彙】** 名 あるつながりを持《も》った語《ご》の集《あつ》まり。例 語彙が豊《ゆた》かだ。

**こいごころ【恋心】** 名 恋《こい》しいと思《おも》う気持《きも》ち。例 恋心をつのらせる。

**ごいし【碁石】** 名 碁《ご》に使《つか》う、円《まる》くて平《ひら》たい、黒《くろ》と白《しろ》の石《いし》。

**°こいしい【恋しい】** 形 ❶なつかしい。例 ふるさとが恋しい。❷特定《とくてい》の相手《あいて》が好《す》きになる。⇩れん【恋】1407ページ

**こいずみ やくも【小泉八雲】** 人名(男)(一八五〇〜一九〇四)明治時代《めいじじだい》の文学者《ぶんがくしゃ》。イギリス人《じん》で、もとの名前《なまえ》はラフカディオ＝ハーン。一八九〇年《ねん》に日本《にっぽん》に来《き》て、後《のち》に帰化《きか》した。「怪談《かいだん》」などの作品《さくひん》がある。

**こいする【恋する】** 動 相手《あいて》が好《す》きでたまらなくなる。

**こいつ** 代名 これ。この人《ひと》。この物《もの》。〔くだけた言《い》い方《かた》。〕例 悪《わる》いのはこいつだ。

**こいねがう** 動 強《つよ》く望《のぞ》む。心《こころ》から願《ねが》う。〔少《すこ》し古《ふる》い言《い》い方《かた》。〕例 世界《せかい》の平和《へいわ》をこいねがう。

**こいのぼり【鯉のぼり】** 名 布《ぬの》や紙《かみ》で、コイの形《かたち》に作《つく》ったのぼり。五月五日《ごがついつか》の、こどもの日《ひ》〔＝端午《たんご》の節句《せっく》〕に立《た》てる。

**こいびと【恋人】** 名 とても好《す》きで、恋《こい》しく思《おも》っている相手《あいて》。

**こいぶみ【恋文】** 名 恋心《こいごころ》を書《か》いた手紙《てがみ》。ラブレター。〔古《ふる》い言《い》い方《かた》。〕

**コイル** 〔英語 coil〕名 エナメル線《せん》などをぐるぐると巻《ま》いたもの。電流《でんりゅう》を流《なが》して、電磁石《でんじしゃく》やモーターなどとして使《つか》う。

**コイン** 〔英語 coin〕名 硬貨《こうか》。

**ごいん【誤飲】** 名 動-する 飲《の》み込《こ》んではいけないものを、まちがって飲《の》んでしまうこと。例 ボタン電池《でんち》を誤飲する。

ある。砂浜《すなはま》が約《やく》60キロメートルも続《つづ》く九十九里浜《くじゅうくりはま》や犬吠埼《いぬぼうさき》が有名《ゆうめい》。

**コインランドリー**〔英語 coin laundry〕 名 コインを入《い》れて動《うご》かす自動洗濯機《じどうせんたくき》や乾燥《かんそう》機《き》を、セルフサービスで利用《りよう》できる店《みせ》。

**コインロッカー** 名〔日本《にっぽん》でできた英語《えいご》ふうの言葉《ことば》。〕（駅《えき》などに備《そな》えてある）コインを入《い》れて使用《しよう》するロッカー。

## こう【口】

画数 3 部首 口（くち） 1年

音 コウ ク 訓 くち

筆順 丨 冂 口

❶くち。熟語 開口一番《かいこういちばん》。異口同音《いくどうおん》。口笛《くちぶえ》。❷出入《でい》りする所《ところ》。熟語 火口《かこう》。河口《かこう》。出口《でぐち》。非常口《ひじょうぐち》。❸言《い》うこと。口《くち》で話《はな》すこと。熟語 口実《こうじつ》。口論《こうろん》。口調《くちょう》。悪口《あっこう》・悪口《わるくち》。❹人《ひと》の数《かず》。熟語 人口《じんこう》。

## こう【工】

画数 3 部首 工（たくみ） 2年

音 コウ ク 訓 ——

筆順 一 丅 工

❶物《もの》を作《つく》る。また、作《つく》る人《ひと》。熟語 工員《こういん》。工芸《こうげい》。工作《こうさく》。工事《こうじ》。細工《さいく》。❷工業《こうぎょう》のこと。熟語 工学《こうがく》。❸考《かんが》えをめぐらす。熟語 工夫《くふう》。工面《くめん》。

## こう【公】

画数 4 部首 八（はち） 2年

音 コウ 訓 おおやけ

筆順 ノ 八 公 公

❶多《おお》くの人々《ひとびと》に関係《かんけい》のあること。おおやけ。熟語 公園《こうえん》。公開《こうかい》。公共《こうきょう》。公表《こうひょう》。❷国《くに》や役所《やくしょ》に関係《かんけい》のあること。熟語 公営《こうえい》。公立《こうりつ》。対 私《し》。❸かたよらないこと。熟語 公正《こうせい》。公平《こうへい》。公明正大《こうめいせいだい》。❹広《ひろ》くあてはまること。熟語 公式《こうしき》。❺身分《みぶん》の高《たか》い人《ひと》に対《たい》する尊敬《そんけい》の気持《きも》ちを表《あらわ》す言葉《ことば》。例 頼朝公《よりともこう》。

## こう【功】

画数 5 部首 力（ちから） 4年

音 コウ ク 訓 ——

筆順 一 T エ 功 功

❶てがら。熟語 功績《こうせき》。功名《こうみょう》。成功《せいこう》。❷ききめ。熟語 功徳《くどく》。

**こう【功】** 名 ❶りっぱな結果《けっか》。てがら。例 年《とし》の功。蛍雪《けいせつ》の功。❷ききめ。

**功《こう》を奏《そう》する** 成功《せいこう》する。

## こう【広】

画数 5 部首 广（まだれ） 2年

音 コウ 訓 ひろ-い ひろ-まる ひろ-める ひろ-がる ひろ-げる

筆順 丶 广 广 広 広

❶ひろい。熟語 広大《こうだい》。広野《こうや》・広野《ひろの》。広場《ひろば》。❷ひろめる。熟語 広告《こうこく》。広報《こうほう》。

《訓の使い方》**ひろ-い** 例 広い海《うみ》。**ひろ-まる** 例 うわさが広まる。**ひろ-める** 例 名《な》を広める。**ひろ-がる** 例 道《みち》はばが広がる。**ひろ-げる** 例 本《ほん》を広げる。

## こう【交】

画数 6 部首 亠（なべぶた） 2年

音 コウ 訓 まじ-わる まじ-える まじ-る まざ-る ま-ぜる か-う か-わす

筆順 丶 亠 六 六 交 交

❶まじわる。熟語 交渉《こうしょう》。交通《こうつう》。交流《こうりゅう》。交差点《こうさてん》。❷つき合《あ》う。熟語 交際《こうさい》。国交《こっこう》。❸まじる。まざる。熟語 玉石混交《ぎょくせきこんこう》。❹かえる。かわる。熟語 交換《こうかん》。交代《こうたい》。交替《こうたい》。

《訓の使い方》**まじ-わる** 例 線《せん》と線《せん》が交わる。**まじ-える** 例 言葉《ことば》を交える。**まじ-る** 例 外国人《がいこくじん》の中《なか》に日本人《にほんじん》が交じる。**まざ-る** 例 大人《おとな》の中《なか》に子《こ》どもが交ざる。**ま-ぜる** 例 男女《だんじょ》を交ぜて組《くみ》にする。**か-う** 例 虫《むし》が飛《と》び交う。**か-わす** 例 言葉《ことば》を交わす。

## こう【光】

画数 6 部首 儿（ひとあし） 2年

音 コウ 訓 ひか-る ひかり

筆順 丨 业 业 光 光 光

❶ひかり。ひかる。熟語 光線《こうせん》。光明《こうみょう》。陽光《ようこう》。電光石火《でんこうせっか》。❷けしき。ようす。熟語 光景《こうけい》。観光《かんこう》。風光明媚《ふうこうめいび》。❸ほまれ。めいよ。熟語 光栄《こうえい》。栄光《えいこう》。七光《ななひかり》。

《訓の使い方》**ひか-る** 例 ライトが明《あか》るく光る。

## こう【向】

画数 6 部首 口（くち） 3年



都道府県 千葉県《ちばけん》 千葉市《ちばし》 人口《じんこう》 約《やく》628万人《まんにん》 県《けん》の花《はな》 菜《な》の花《はな》 県《けん》の鳥《とり》 ホオジロ 県《けん》の木《き》 マキ 関東《かんとう》の太平洋側《たいへいようがわ》に

音 コウ 訓 むーく むーける むーかう むーこう

筆順

むかう。むく。熟語 向上《こうじょう》。傾向《けいこう》。趣向《しゅこう》。動向《どうこう》。方向《ほうこう》。向学心《こうがくしん》。

《訓の使い方》 **むーく** 例 しっかりと前《まえ》を向く。 **むーける** 例 夕日《ゆうひ》に背《せ》を向ける。 **むーかう** 例 まっすぐ机《つくえ》に向かう。

## こう【后】 画数 6 部首 口（くち） 6年

音 コウ 訓 ——

筆順

天皇《てんのう》・皇帝《こうてい》や天子《てんし》の妻《つま》。きさき。熟語 皇后《こうごう》。皇太后《こうたいごう》。

## こう【好】 画数 6 部首 女（おんなへん） 4年

音 コウ 訓 このーむ すーく

筆順

❶すき。このむ。熟語 好意《こうい》。好物《こうぶつ》。愛好《あいこう》。同好《どうこう》。好奇心《こうきしん》。❷よい。このましい。熟語 好調《こうちょう》。好評《こうひょう》。絶好《ぜっこう》。好都合《こうつごう》。❸親《した》しい。仲《なか》よくする。熟語 友好《ゆうこう》。

《訓の使い方》 **このーむ** 例 読書《どくしょ》を好む。 **すーく** 例 虫《むし》が好かない。

## こう【考】 画数 6 部首 耂（おいかんむり） 2年

音 コウ 訓 かんがーえる

筆順

かんがえる。調《しら》べる。工夫《くふう》する。熟語 考案《こうあん》。考査《こうさ》。考察《こうさつ》。考慮《こうりょ》。再考《さいこう》。参考《さんこう》。選考《せんこう》。備考《びこう》。考古学《こうこがく》。

《訓の使い方》 **かんがーえる** 例 問題《もんだい》について考える。

## こう【行】 画数 6 部首 行（ぎょうがまえ） 2年

音 コウ ギョウ アン△ 訓 いーく ゆーく おこなーう

筆順

一〔「コウ」と読《よ》んで〕❶いく。移動《いどう》する。熟語 行為《こうい》。行進《こうしん》。通行《つうこう》。旅行《りょこう》。❷おこなう。熟語 行使《こうし》。行動《こうどう》。挙行《きょこう》。言行《げんこう》。実行《じっこう》。二〔「ギョウ」と読《よ》んで〕❶仏《ほとけ》の教《おし》えをさとるために、心《こころ》や体《からだ》をきたえる。熟語 行者《ぎょうじゃ》。苦行《くぎょう》。修行《しゅぎょう》。例 無言《むごん》の行。❷人《ひと》や文字《もじ》などの並《なら》んだもの。熟語 行数《ぎょうすう》。行列《ぎょうれつ》。改行《かいぎょう》。例 行を改《あらた》める。❸いく。熟語 行商《ぎょうしょう》。❹おこなう。熟語 行儀《ぎょうぎ》。行事《ぎょうじ》。行政《ぎょうせい》。三〔「アン」と読《よ》んで〕❶持《も》ち運《はこ》ぶ。熟語 行灯《あんどん》。❷あちこちめぐり歩《ある》く。熟語 行脚《あんぎゃ》。

《訓の使い方》 **いーく** **ゆーく** 例 学校《がっこう》へ行く。 **おこなーう** 例 学級会《がっきゅうかい》を行う。

**こう【行】** 名 行動《こうどう》。例 師《し》と行を共《とも》にする。

## こう【孝】 画数 7 部首 子（こ） 6年

音 コウ 訓 ——

筆順

父母《ふぼ》を大切《たいせつ》にする。熟語 孝行《こうこう》。孝養《こうよう》。親不《おやふ》孝《こう》。

**こう【孝】** 名 孝行《こうこう》。例 親《おや》に孝をつくす。

## こう【効】 画数 8 部首 力（ちから） 5年

音 コウ 訓 きーく

筆順

ききめがある。熟語 効果《こうか》。効能《こうのう》。効力《こうりょく》。無《む》効《こう》。有効《ゆうこう》。

《訓の使い方》 **きーく** 例 薬《くすり》が効く。

**こう【効】** 名 ききめ。

**効《こう》を奏《そう》する** ききめがあらわれる。うまくいく。

## こう【幸】 画数 8 部首 干（かん） 3年

音 コウ 訓 さいわーい さち△ しあわーせ

筆順

ものごとがうまくいく。さいわい。熟語 幸《こう》運《うん》。幸福《こうふく》。不幸《ふこう》。

**こう【幸】** 名 さいわい。しあわせ。例 幸か不《ふ》幸《こう》か、まだ見《み》たことがない。

## こう【厚】 画数 9 部首 厂（がんだれ） 5年

音 コウ△ 訓 あつーい

筆順

❶あつみがある。中身《なかみ》が多《おお》い。熟語 重厚《じゅうこう》。濃《のう》厚《こう》。厚着《あつぎ》。厚手《あつで》。❷心《こころ》がこもっている。熟語 厚意《こうい》。厚生《こうせい》。温厚《おんこう》。対（❶・❷）薄《はく》。❸あつかましい。熟語 厚顔《こうがん》。

《訓の使い方》あつ-い 例 厚い布地《ぬのじ》。

## こう【皇】 画数 9 部首 白（しろ） 6年

音 コウ オウ 訓 ―

筆順

❶国《くに》のいちばん上《うえ》の位《くらい》の人《ひと》。熟語 皇帝《こうてい》。❷天《てん》皇《のう》に関《かん》すること。熟語 皇居《こうきょ》。皇后《こうごう》。法皇《ほうおう》。

参考「天皇《てんのう》」「勤皇《きんのう》」のように、「のう」と読《よ》むこともある。

## こう【紅】 画数 9 部首 糸（いとへん） 6年

音 コウ ク△ 訓 べに くれない△

筆順

赤《あか》。くれない。熟語 紅潮《こうちょう》。紅白《こうはく》。紅葉《こうよう》。真《しん》紅《く》。

## こう【香】 画数 9 部首 香（かおり） 4年

音 コウ△ キョウ△ 訓 か かお-り かお-る

筆順

❶よいにおい。かおり。熟語 芳香《ほうこう》。❷よいにおいを出《だ》すもの。熟語 香料《こうりょう》。線香《せんこう》。❸将棋《しょうぎ》のこまの一《ひと》つ。香車《きょうしゃ》。

こう【香△】名 燃《も》やすとよいにおいがするように作《つく》ったもの。たきもの。例 香をたく。香をきく。

## こう【候】 画数 10 部首 亻（にんべん） 4年

音 コウ 訓 そうろう△

筆順

❶とき。季節《きせつ》。熟語 時候《じこう》。❷しるし。ようす。熟語 気候《きこう》。天候《てんこう》。兆候《ちょうこう》。❸待《ま》ち受《う》ける。熟語 候補《こうほ》。

《訓の使い方》そうろう 例 元気《げんき》に暮《く》らしをり候〔＝古《ふる》い、丁寧《ていねい》な言《い》い方《かた》〕。

こう【候】名 季節《きせつ》。例 新緑《しんりょく》の候〔＝手紙《てがみ》で、挨拶《あいさつ》に使《つか》う言葉《ことば》〕。

## こう【校】 画数 10 部首 木（きへん） 1年

音 コウ 訓 ―

筆順

❶ものごとを教《おし》え、ならうところ。熟語 校《こう》舎《しゃ》。校庭《こうてい》。校門《こうもん》。学校《がっこう》。登校《とうこう》。❷原稿《げんこう》などと、比《くら》べ合《あ》わせてただす。熟語 校正《こうせい》。校閲《こうえつ》〔＝文《ぶん》章《しょう》などのまちがいを調《しら》べて直《なお》すこと〕。

## こう【耕】 画数 10 部首 耒（すきへん） 5年

音 コウ 訓 たがや-す

筆順

たがやす。熟語 耕作《こうさく》。耕地《こうち》。農耕《のうこう》。晴耕雨《せいこうう》読《どく》。

《訓の使い方》たがや-す 例 畑《はたけ》を耕す。

## こう【航】 画数 10 部首 舟（ふねへん） 5年

音 コウ 訓 ―

筆順

水《みず》の上《うえ》や空《そら》を行《い》く。熟語 航海《こうかい》。航路《こうろ》。出航《しゅっこう》。

## こう【降】 画数 10 部首 阝（こざとへん） 6年

音 コウ 訓 お-りる お-ろす ふ-る

筆順

❶高《たか》い所《ところ》から落《お》ちてくる。熟語 降下《こうか》。降雪《こうせつ》。降水量《こうすいりょう》。❷相手《あいて》に負《ま》ける。熟語 降参《こうさん》。降伏《こうふく》。❸おりる。熟語 降車《こうしゃ》。下降《かこう》。乗降口《じょうこうぐち》。❹ある時《とき》からあと。熟語 以降《いこう》。

《訓の使い方》お-りる 例 車《くるま》から降りる。お-ろす 例 荷物《にもつ》を降ろす。ふ-る 例 雨《あめ》が降る。

## こう【高】 画数 10 部首 高（たかい） 2年

音 コウ

訓 たか-い たか たか-まる たか-める

筆順





都道府県 東京都《とうきょうと》 東京《とうきょう》（新宿区《しんじゅくく》） 人口《じんこう》 約《やく》1,405万人《まんにん》 都《と》の花《はな》 ソメイヨシノ 都《と》の鳥《とり》 ユリカモメ 都《と》の木《き》 イ

❶たかい。熟語 高温《こうおん》。標高《ひょうこう》。高価《こうか》。対 低《てい》。❷たっとい。熟語 高貴《こうき》。高潔《こうけつ》。❸すぐれている。熟語 高級《こうきゅう》。高等《こうとう》。❹いばる。熟語 高慢《こうまん》。高飛車《たかびしゃ》。

《訓の使い方》**たか-い** 例 背《せ》が高い。**たか-まる** 例 気分《きぶん》が高まる。**たか-める** 例 教養《きょうよう》を高める。

## こう【康】

画数 11 部首 广（まだれ） 4年

音 コウ 訓 ―

筆順

やすらか。丈夫《じょうぶ》。熟語 健康《けんこう》。

## こう【黄】

画数 11 部首 黄（き） 2年

音 コウ オウ 訓 き こ

筆順

きいろ。熟語 黄海《こうかい》。黄葉《こうよう》。黄金《おうごん》・黄金《こがね》。黄身《きみ》。

## こう【港】

画数 12 部首 氵（さんずい） 3年

音 コウ 訓 みなと

筆順

船《ふね》や飛行機《ひこうき》が発着《はっちゃく》する所《ところ》。みなと。熟語 港湾《こうわん》。寄港《きこう》。漁港《ぎょこう》。空港《くうこう》。出港《しゅっこう》。入港《にゅうこう》。港町《みなとまち》。

## こう【鉱】

画数 13 部首 金（かねへん） 5年

音 コウ 訓 ―

筆順

ほり出《だ》したままの、金属《きんぞく》を含《ふく》んでいる石《いし》。熟語 鉱業《こうぎょう》。鉱山《こうざん》。鉱石《こうせき》。鉱泉《こうせん》。鉱物《こうぶつ》。金鉱《きんこう》。

## こう【構】

画数 14 部首 木（きへん） 5年

音 コウ 訓 かま-える かま-う

筆順

❶組《く》み立《た》てる。つくる。熟語 構図《こうず》。構成《こうせい》。構想《こうそう》。構造《こうぞう》。❷かこい。熟語 構内《こうない》。

《訓の使い方》**かま-える** 例 家《いえ》を構える。**かま-う** 例 雨《あめ》でも構わず出《で》かける。

## こう【興】

画数 16 部首 臼（うす） 5年

音 コウ キョウ 訓 おこ-る おこ-す

筆順

一〔「コウ」と読《よ》んで〕さかんになる。さかんにする。熟語 興奮《こうふん》。興亡《こうぼう》。新興《しんこう》。復興《ふっこう》。二〔「キョウ」と読《よ》んで〕おもしろみ。熟語 興味《きょうみ》。即興《そっきょう》。余興《よきょう》。

《訓の使い方》**おこ-る** 例 産業《さんぎょう》が興る。**おこ-す** 例 国《くに》を興す。

## こう【鋼】

画数 16 部首 金（かねへん） 6年

音 コウ 訓 はがね

筆順

はがね。かたい鉄《てつ》。熟語 鋼材《こうざい》。鋼鉄《こうてつ》。鉄鋼《てっこう》。

## こう【講】

画数 17 部首 言（ごんべん） 5年

音 コウ 訓 ―

筆順

❶わかりやすく説明《せつめい》して聞《き》かせる。熟語 講演《こうえん》。講義《こうぎ》。講師《こうし》。講習《こうしゅう》。講堂《こうどう》。❷仲直《なかなお》りする。熟語 講和《こうわ》。❸集《あつ》まり。例 念仏講《ねんぶつこう》〔＝念仏《ねんぶつ》をとなえて、仏《ほとけ》に祈《いの》る信者《しんじゃ》の集《あつ》まり〕。

## こう【勾】

画数 4 部首 勹（つつみがまえ）

音 コウ 訓 ―

❶L《エル》字形《じがた》に曲《ま》がっている。かぎ。熟語 勾配《こうばい》。❷かぎで、ひっかける。とらえる。熟語 勾《こう》留《りゅう》〔＝容疑者《ようぎしゃ》や被告《ひこく》を、取《と》り調《しら》べのために、決《き》まった場所《ばしょ》にとどめておく〕。

## こう【孔】

画数 4 部首 子（こへん）

音 コウ 訓 ―

❶あな。つきぬけているあな。熟語 気孔《きこう》。❷昔《むかし》の中国《ちゅうごく》の思想家《しそうか》、孔子《こうし》のこと。

## こう【巧】

画数 5 部首 工（たくみへん）

音 コウ 訓 たく-み

たくみな。上手《じょうず》な。熟語 技巧《ぎこう》。精巧《せいこう》。例 名人《めいじん》の巧《たく》みな技《わざ》。対 拙《せつ》。

## こう【甲】

画数 5 部首 田（た）

[音]コウ カン [訓]—
❶かたいから。❷十干《じっかん》の一番《いちばん》め。❸第一位《だいいちい》。[熟語]甲虫《こうちゅう》。甲板《かんぱん》。甲骨文字《こうこつもじ》。❹高《たか》い音《おと》。[例]甲高《かんだか》い。

## こう【甲】
[名] ❶カメやカニなどのかたいから。こうら。[例]亀《かめ》の甲。❷手《て》や足《あし》の表《おもて》のほう。[例]手《て》の甲。❸第一位《だいいちい》。[例]昔《むかし》は通知表《つうちひょう》に甲が並《なら》ぶと大喜《おおよろこ》びだった。[関連]乙《おつ》。丙《へい》。❹十干《じっかん》の一番《いちばん》め。きのえ。

## こう【江】
[画数]6 [部首]氵(さんずい)
[音]コウ [訓]え
❶大《おお》きな川《かわ》。特《とく》に、中国《ちゅうごく》の長江《ちょうこう》のこと。❷海《うみ》や湖《みずうみ》が陸地《りくち》に入《はい》りこんだ所《ところ》。[例]入《い》り江《え》。

## こう【坑】
[画数]7 [部首]土(つちへん)
[音]コウ [訓]—
鉱物《こうぶつ》をとるために地下《ちか》にほったあな。[熟語]坑道《こうどう》。炭坑《たんこう》。

## こう【抗】
[画数]7 [部首]扌(てへん)
[音]コウ [訓]—
逆《さか》らう。はむかう。また、防《ふせ》ぎ守《まも》る。[熟語]抗《こう》議《ぎ》。対抗《たいこう》。抵抗《ていこう》。反抗《はんこう》。

## こう【攻】
[画数]7 [部首]攵(ぼくづくり)
[音]コウ [訓]せ-める
❶せめる。[熟語]攻撃《こうげき》。攻守《こうしゅ》。[例]敵《てき》を攻《せ》める。❷みがく。研究《けんきゅう》する。[熟語]専攻《せんこう》。

## こう【更】
[画数]7 [部首]曰(いわく)
[音]コウ [訓]さら ふ-ける ふ-かす
❶あらためる。新《あたら》しくする。かえる。入《い》れかえる。[熟語]更新《こうしん》。更生《こうせい》。更迭《こうてつ》。変更《へんこう》。更衣室《こういしつ》。❷ふける。時間《じかん》がおそくなる。また、おそくまで起《お》きている。[熟語]深更《しんこう》(=真夜中《まよなか》)。[例]夜《よ》更《ふ》かし。❸さらに。その上《うえ》。[熟語]殊更《ことさら》。[例]雨《あめ》が激《はげ》しく降《ふ》り、更《さら》に風《かぜ》まで強《つよ》くなった。

## こう【拘】
[画数]8 [部首]扌(てへん)
[音]コウ [訓]—
❶とらえる。つかまえる。[熟語]拘束《こうそく》。拘置《こうち》。❷こだわる。[熟語]拘泥《こうでい》(=小《ちい》さなことにとらわれて、こだわる)。

## こう【肯】
[画数]8 [部首]月(にくづき)
[音]コウ [訓]—
聞《き》き入《い》れる。よいとする。[熟語]肯定《こうてい》。

## こう【侯】
[画数]9 [部首]亻(にんべん)
[音]コウ [訓]—
封建時代《ほうけんじだい》の領主《りょうしゅ》や大名《だいみょう》。とのさま。[熟語]諸《しょ》侯《こう》(=大名《だいみょう》)。

## こう【恒】
[画数]9 [部首]忄(りっしんべん)
[音]コウ [訓]—
つね。いつも変《か》わらない。[熟語]恒久《こうきゅう》。恒星《こうせい》。恒例《こうれい》。

## こう【洪】
[画数]9 [部首]氵(さんずい)
[音]コウ [訓]—
おおみず。[熟語]洪水《こうずい》。

## こう【荒】
[画数]9 [部首]艹(くさかんむり)
[音]コウ [訓]あら-い あ-れる あ-らす
❶あれる。あれ果《は》てる。[熟語]荒廃《こうはい》。荒野《こうや》。[例]荒《あ》れ地《ち》。❷あらい。あらす。乱暴《らんぼう》だ。[例]気《き》性《しょう》の荒《あら》い馬《うま》。畑《はたけ》を荒《あ》らす。❸でたらめなようす。[熟語]荒唐無稽《こうとうむけい》。

## こう【郊】
[画数]9 [部首]阝(おおざと)
[音]コウ [訓]—
都会《とかい》の周《まわ》り。[熟語]郊外《こうがい》。近郊《きんこう》。

## こう【貢】
[画数]10 [部首]貝(かい)
[音]コウ ク [訓]みつ-ぐ
みつぐ。お金《かね》や物《もの》をさしだす。[熟語]貢献《こうけん》。年《ねん》貢《ぐ》。[例]貢《みつ》ぎ物《もの》。

## こう【控】
[画数]11 [部首]扌(てへん)
[音]コウ [訓]ひか-える
❶さし引《ひ》く。取《と》り除《のぞ》く。[熟語]控除《こうじょ》。❷つげる。うったえる。[熟語]控訴《こうそ》。❸ひかえる。[例]控《ひか》え室《しつ》。ノートに控《ひか》える。

## こう【梗】
[画数]11 [部首]木(きへん)
[音]コウ [訓]—

あいうえお
かきくけ
こ
さしすせそ
たちつてと
なにぬねの
はひふへほ
まみむめも
やゆよ
らりるれろ
わをん

❶道《みち》をふさぐ。熟語 梗塞《こうそく》〔=血管《けっかん》などがふさがって、通《つう》じないこと〕。❷中心《ちゅうしん》の骨組《ほねぐ》み。熟語 梗概《こうがい》〔=あらすじ〕。

**こう【喉】** 画数 12 部首 ロ（くちへん）
音 コウ 訓 のど
のど。熟語 咽喉《いんこう》〔=のど〕。喉元《のどもと》。

**こう【慌】** 画数 12 部首 忄（りっしんべん）
音 コウ 訓 あわ-てる あわ-ただしい
あわてる。あわただしい。熟語 恐慌《きょうこう》。

**こう【硬】** 画数 12 部首 石（いしへん）
音 コウ 訓 かた-い
かたい。つよい。熟語 硬化《こうか》。硬貨《こうか》。硬式《こうしき》。硬筆《こうひつ》。強硬《きょうこう》。

**こう【絞】** 画数 12 部首 糸（いとへん）
音 コウ 訓 しぼ-る し-める し-まる
❶くくる。強《つよ》くしめる。例 首《くび》を絞《し》める。❷ねじって水分《すいぶん》を出《だ》す。また、範囲《はんい》をせまくする。例 タオルを絞《しぼ》る。候補《こうほ》を絞《しぼ》る。

**こう【項】** 画数 12 部首 頁（おおがい）
音 コウ 訓 ―
小《ちい》さく分《わ》けた一《ひと》つ一《ひと》つ。熟語 項目《こうもく》。事項《じこう》。要項《ようこう》。

**こう【項゜】** 名 項目《こうもく》の一《ひと》つ一《ひと》つ。例 次《つぎ》の項でくわしく述《の》べる。

**こう【溝】** 画数 13 部首 氵（さんずい）
音 コウ 訓 みぞ
みぞ。細長《ほそなが》くほった水路《すいろ》。また、細長《ほそなが》いくぼみ。熟語 海溝《かいこう》。排水溝《はいすいこう》。

**こう【綱】** 画数 14 部首 糸（いとへん）
音 コウ 訓 つな
❶つな。太《ふと》いなわ。例 綱引《つなひ》き。❷いちばん大切《たいせつ》なところ。熟語 綱領《こうりょう》。大綱《たいこう》。❸生物《せいぶつ》の大《おお》きな区分《くわ》け。

**こう【酵】** 画数 14 部首 酉（とりへん）
音 コウ 訓 ―
酒《さけ》のもと。こうじかび。熟語 酵素《こうそ》。酵母《こうぼ》。発酵《はっこう》。

**こう【稿】** 画数 15 部首 禾（のぎへん）
音 コウ 訓 ―
詩《し》や文章《ぶんしょう》などを書《か》いたもの。下書《したが》き。熟語 原稿《げんこう》。投稿《とうこう》。

**こう【稿゜】** 名 原稿《げんこう》。例 稿を起《お》こす。

**こう【衡】** 画数 16 部首 行（ぎょうがまえ）
音 コウ 訓 ―
❶重《おも》さをはかる、はかり。熟語 度量衡《どりょうこう》。❷つり合《あ》う。つり合《あ》い。熟語 均衡《きんこう》。平衡《へいこう》。

**こう【購】** 画数 17 部首 貝（かいへん）
音 コウ 訓 ―
お金《かね》をはらって買《か》いもとめる。熟語 購読《こうどく》。購入《こうにゅう》。購買《こうばい》。

**こう【乞】** 画数 3 部首 乙（おつ）
音 ― 訓 こ-う
ねだる。もとめる。例 命《いのち》乞《ご》い。

**こう【乞゜う】** 動 ほしいと言《い》う。願《ねが》う。例 助《たす》けを乞う。乞うご期待《きたい》。

**こう【仰゜】** 熟語 信仰《しんこう》。↓ぎょう【仰】334ページ

**こう【後】** 熟語 後方《こうほう》。↓ご【後】421ページ

**こう【格△】** 熟語 格子《こうし》。↓かく【格】218ページ

**こう【耗゜】** 熟語 心神耗弱《しんしんこうじゃく》。↓もう【耗】1298ページ

**こう【神△】** 「神《かみ》」の意味《いみ》を表《あらわ》す。例 神々《こうごう》しい。↓しん【神】654ページ

**こう【恋゜う】** 動 ❶こいしく思《おも》う。例 人《ひと》を恋う。❷なつかしく思《おも》う。例 ふるさとを恋う。↓れん【恋】1407ページ

**こう【請゜う】** 動 たのむ。（相手《あいて》に）求《もと》める。例 許《ゆる》しを請う。↓せい【請】700ページ

**こう** 副 このように。例 こう暑《あつ》いと仕事《しごと》にならない。↓こそあどことば 467ページ

**ごう【号】** 画数 5 部首 口（くち） 3年
音 ゴウ 訓 ―
筆順

❶さけぶ。熟語 号泣《ごうきゅう》。号令《ごうれい》。❷しるし。合図《あいず》。熟語 暗号《あんごう》。記号《きごう》。信号《しんごう》。❸呼《よ》び名《な》。熟語

元号《げんごう》。称号《しょうごう》。年号《ねんごう》。番号《ばんごう》。❹〔数字《すうじ》につけて〕順番《じゅんばん》を表《あらわ》す言葉《ことば》。例 四月号《しがつごう》。❺乗《の》り物《もの》などの名《な》につける言葉《ことば》。例 のぞみ号《ごう》。

**ごう【号】** 名 ❶作家《さっか》や画家《がか》などが、本名《ほんみょう》の他《ほか》につける名《な》。例 号をつける。❷順《じゅん》に出《だ》される雑誌《ざっし》など。例 次《つぎ》の号が待《ま》ち遠《どお》しい。

**ごう【合】** 画数 6 部首 口(くち) 2年

音 ゴウ ガッ カッ

訓 あ-う あ-わす あ-わせる

筆順

❶一《ひと》つになる。あう。あわせる。熟語 合計《ごうけい》。合流《ごうりゅう》。合唱《がっしょう》。合戦《かっせん》。集合《しゅうごう》。❷あてはまる。熟語 合格《ごうかく》。合法《ごうほう》。合図《あいず》。❸昔《むかし》の尺貫法《しゃっかんほう》で、量《りょう》の単位《たんい》の一《ひと》つ。一合《いちごう》は、一升《いっしょう》の十分《じゅうぶん》の一《いち》で、約《やく》〇・一八リットル。❹山登《やまのぼ》りで、頂上《ちょうじょう》までの高《たか》さを十《じゅう》に分《わ》けたもの。例 七合目《ななごうめ》。

《訓の使い方》 **あ-う** 例 計算《けいさん》が合う。 **あ-わす** 例 話《はなし》を合わす。 **あ-わせる** 例 手《て》を合わせる。

**ごう【拷】** 画数 9 部首 扌(てへん)

音 ゴウ 訓 ―

うつ。罪《つみ》を白状《はくじょう》させるために、たたいて責《せ》める。熟語 拷問《ごうもん》。

**ごう【剛】** 画数 10 部首 刂(りっとう)

音 ゴウ 訓 ―

❶力強《ちからづよ》い。熟語 剛健《ごうけん》。❷かたい。熟語 金剛石《こんごうせき》。

**ごう【剛】** 名 強《つよ》いこと。例 剛の者《もの》。対 柔《じゅう》。

**ごう【傲】** 画数 13 部首 亻(にんべん)

音 ゴウ 訓 ―

おごる。おごりたかぶる。熟語 傲慢《ごうまん》。

**ごう【豪】** 画数 14 部首 豕(ぶた)

音 ゴウ 訓 ―

❶強《つよ》くてすぐれている。すぐれた人《ひと》。熟語 豪快《ごうかい》。豪傑《ごうけつ》。❷すごい。熟語 豪雨《ごうう》。豪華《ごうか》。❸オーストラリアのこと。熟語 豪州《ごうしゅう》。参考 ❸は、漢字《かんじ》で「豪太剌利《オーストラリア》」と書《か》いたことから。

**ごう【強】** 熟語 強引《ごういん》。強情《ごうじょう》。 ↓きょう【強】332ページ

**ごう【郷】** 名 いなか。里《さと》。 ↓きょう【郷】332ページ

**郷《ごう》に入《い》っては郷《ごう》に従《したが》え** その土地《とち》に行《い》ったら、その土地《とち》の習慣《しゅうかん》に従《したが》うべきだ。

**ごう【業】** 名 仏教《ぶっきょう》で、前世《ぜんせ》での行《おこな》い。特《とく》に悪《わる》い行《おこな》い。例 業が深《ふか》い。 ↓ぎょう【業】333ページ

**業《ごう》をにやす** がまんできなくて、いらだつ。例 待《ま》ちくたびれて、業をにやした。

**ごう【壕・濠】** 名 掘《ほ》って作《つく》ったあなやみぞ。堀《ほり》。

**こうあつ【高圧】** 名 水《みず》・ガス・電気《でんき》などの圧力《あつりょく》の強《つよ》いもの。例 高圧ガス。

**こうあつせん【高圧線】** 名 送電線《そうでんせん》など、高《たか》い電圧《でんあつ》の電流《でんりゅう》が流《なが》れている電線《でんせん》。

**こうあつてき【高圧的】** 形動 頭《あたま》ごなしにおさえつけて、従《したが》わせようとするようす。例 高圧的な態度《たいど》をとる。

**こうあん【考案】** 名 動-する 工夫《くふう》して考《かんが》え出《だ》すこと。例 おもちゃを考案する。

**こうい【行為】** 名 行《おこな》い。また、行《おこな》うこと。例 見習《みなら》うべき行為。類 行動《こうどう》。

**こうい【好意】** 名 ❶親切《しんせつ》な心《こころ》。例 好意をむだにしないこと。類 善意《ぜんい》。❷好《この》ましいと思《おも》う気持《きも》ち。例 友達《ともだち》に好意を持《も》つ。類 好感《こうかん》。対 (❶・❷)悪意《あくい》。

**こうい【更衣】** 名 動-する 衣服《いふく》を着《き》がえること。着《き》がえ。例 更衣室《しつ》。

**こうい【皇位】** 名 天皇《てんのう》の位《くらい》。

**こうい【厚意】** 名 (人《ひと》の、自分《じぶん》に対《たい》する)思《おも》いやりの心《こころ》。親切《しんせつ》な心《こころ》くばり。例「ご厚意に感謝《かんしゃ》します。」

**こうい【校医】** 名 児童《じどう》や生徒《せいと》の健康《けんこう》を守《まも》るために、学校《がっこう》からたのまれている医者《いしゃ》。学校《がっこう》医《い》。

**ごうい【合意】** 名 動-する たがいの考《かんが》えが一致《いっち》すること。例 合意に達《たっ》する。

**こういき【広域】** 名 広《ひろ》い範囲《はんい》。例 害虫《がいちゅう》の被害《ひがい》が広域にわたる。

**こういしつ【更衣室】** 名 衣服《いふく》を着《き》がえる部屋《へや》。

**こういしょう【後遺症】** 名 ❶病気《びょうき》やけがが治《なお》ったあとに、なお残《のこ》る症状《しょうじょう》。例 交通《こうつう》

事故《じこ》の後遺症。❷ものごとがひと区切《くぎ》りついたあとに残《のこ》る影響《えいきょう》。[例]台風《たいふう》の後遺症。

**こういっつい**【好一対△】[名]よく似合《にあ》っている一対《いっつい》。[例]好一対のカップル。

**こういってん**【紅一点】大勢《おおぜい》の男性《だんせい》の中《なか》に、女性《じょせい》が一人《ひとり》交《ま》じっていること。また、その女性《じょせい》。[参考]昔《むかし》の中国《ちゅうごく》の詩《し》の中《なか》の「万緑叢《ばんりょくそう》中紅一点《ちゅうこういってん》〔=緑《みどり》の草《くさ》むらの中《なか》に一輪《いちりん》の赤《あか》い花《はな》が咲《さ》いている〕」から。

**こういてき**【好意的】[形動]好《この》ましく思《おも》うようす。親《した》しみをもっているようす。[例]大統《だいとう》領《りょう》を好意的に迎《むか》える。

**こういん**【光陰。】[名]月日《つきひ》。時間《じかん》。

**光《こう》陰《いん》矢《や》のごとし**〔矢《や》が飛《と》ぶように〕月日《つきひ》は、どんどん過《す》ぎ去《さ》る。

**ごういん**【強△引】[形動]無理《むり》やりにものごとを進《すす》めるようす。[例]強引なやり方《かた》。

**こうう**【降雨】[名]雨《あめ》が降《ふ》ること。

**ごうう**【豪。雨】[名]激《はげ》しく、一度《いちど》にたくさん降《ふ》る雨《あめ》。大雨《おおあめ》。[例]集中《しゅうちゅう》豪雨。

**こううん**【幸運・好運】[名][形動]運《うん》がいいこと。幸《しあわ》せ。[例]会《あ》えたのは幸運だ。[対]不運《ふうん》。

**こううんき**【耕運機】[名]田《た》や畑《はたけ》の土《つち》を耕《たがや》す機械《きかい》。[参考]「耕耘機《こううんき》」とも書《か》く。

**こうえい**【公営】[名]国《くに》や都道府県《とどうふけん》・市町村《しちょうそん》などが経営《けいえい》をしていること。[類]国営《こくえい》。[対]私《し》営《えい》。民営《みんえい》。

**こうえい**【光栄】[名][形動]〔人《ひと》に認《みと》められたりして〕ほこらしく思《おも》うこと。[例]役員《やくいん》に選《えら》ばれて光栄に思《おも》う。

**こうえい**【後衛】[名]テニスやバレーボールなどで、後《うし》ろのほうを守《まも》る人《ひと》。[対]前衛《ぜんえい》。

**こうえき**【公益】[名]広《ひろ》く世《よ》の中《なか》の人々《ひとびと》のためになること。公共《こうきょう》の利益《りえき》。[例]公益を優先《ゆうせん》する。

**こうえき**【交易】[名][動-する]たがいに品物《しなもの》を取《と》りかえたり、売買《ばいばい》したりすること。[例]外国《がいこく》と交易する。[類]貿易《ぼうえき》。

**こうえきじぎょう**【公益事業】[名]電《でん》気《き》・ガス・水道《すいどう》・鉄道《てつどう》・通信《つうしん》など、社会全体《しゃかいぜんたい》の利《り》益《えき》に関係《かんけい》する事業《じぎょう》。

**◦こうえん**【公園】[名]❶人々《ひとびと》が遊《あそ》んだり、休《やす》んだりするために造《つく》られた場所《ばしょ》。❷自然《しぜん》を守《まも》り、人々《ひとびと》が風景《ふうけい》を楽《たの》しんだりするために定《さだ》められた広《ひろ》い地域《ちいき》。[例]国立《こくりつ》公園。

**こうえん**【公演】[名][動-する]客《きゃく》の前《まえ》で、歌《うた》やおどりや劇《げき》などをすること。

**こうえん**【後援。】[名][動-する]かげで助《たす》けること。うまくいくように、あとおしすること。[例]商店会《しょうてんかい》の後援でバザーを開《ひら》く。

**こうえん**【講演】[名][動-する]大勢《おおぜい》の人《ひと》の前《まえ》で、まとまった話《はなし》をすること。[例]講演会《かい》。

**こうお**【好悪△】[名]好《す》きなこととときらいなこと。好《す》ききらい。[例]好悪が激《はげ》しい。

**こうおつ**【甲乙。】[名]二《ふた》つのものの間《あいだ》で、どちらがすぐれていて、どちらがおとっているかということ。[類]優劣《ゆうれつ》。

**甲《こう》乙《おつ》つけがたい** どちらがすぐれているか決《き》めることがむずかしい。[例]どちらの演《えん》奏《そう》も甲乙つけがたいできだ。

**こうおん**【高音】[名]高《たか》い音《おと》や声《こえ》。特《とく》に音楽《おんがく》で、ソプラノ。[対]低音《ていおん》。

**こうおん**【高温】[名]高《たか》い温度《おんど》。[例]日本《にっぽん》の夏《なつ》は高温多湿《たしつ》だ。[対]低温《ていおん》。

**ごうおん**【轟◆音】[名]激《はげ》しい、とどろくような音《おと》。[例]ジェット機《き》のごう音。

**こうおんどうぶつ**【恒。温動物】[名]体《からだ》の温度《おんど》を、周《まわ》りの温度《おんど》に関係《かんけい》なく、一定《いってい》にしておくことができる動物《どうぶつ》。人《ひと》や鳥《とり》など。定温動《ていおんどう》物《ぶつ》。[対]変温動物《へんおんどうぶつ》。

**◦こうか**【効果】[名]❶よい結果《けっか》。効《き》き目《め》。[例]練習《れんしゅう》の効果があった。[類]効能《こうのう》。効用《こうよう》。効力《こうりょく》。❷劇《げき》・映画《えいが》などで、雰囲気《ふんいき》を出《だ》すために使《つか》う音《おと》や照明《しょうめい》など。[例]効果音《おん》。

**こうか**【降下】[名][動-する]❶〔空《そら》などの〕高《たか》い所《ところ》からおりること。[例]急《きゅう》降下。❷温度《おんど》などが低《ひく》くなること。[例]日《ひ》が暮《く》れると、気温《きおん》が急《きゅう》に降下する。

**こうか**【高価】[名][形動]値段《ねだん》や値打《ねう》ちが高《たか》いこと。[例]高価な品物《しなもの》。[対]安価《あんか》。廉価《れんか》。

**こうか**【高架。】[名]線路《せんろ》・道路《どうろ》・橋《はし》などが、地《じ》面《めん》より高《たか》い所《ところ》にかけわたしてあること。[例]鉄道《てつどう》の高架が見《み》える。

**こうか**【校歌】[名]その学校《がっこう》の創立《そうりつ》の精神《せいしん》や理想《りそう》を表《あらわ》し、児童《じどう》や生徒《せいと》が歌《うた》うために作《つく》られた歌《うた》。[例]校歌を斉唱《せいしょう》する。

**こうか**【硬。化】[名][動-する]❶物《もの》がかたくなること。❷意見《いけん》や態度《たいど》を、強《つよ》くおし通《とお》そうとするようになること。例態度《たいど》を硬化させる。対(❶・❷)軟化《なんか》。

**こうか【硬貨】** 名 金属《きんぞく》で作《つく》られたお金《かね》。金《きん》貨《か》・銀《ぎん》貨《か》・銅《どう》貨《か》など。対紙幣《しへい》。

**こうが〖黄河〗** 地名 中国《ちゅうごく》の北部《ほくぶ》を流《なが》れる大《おお》きな川《かわ》。四千年《よんせんねん》ぐらい前《まえ》に、下流《かりゅう》に沿《そ》って黄《こう》河文明《がぶんめい》が栄《さか》えた。

**ごうか【豪華】** 形動 すばらしくりっぱで、はなやかなようす。例豪華な衣装《いしょう》。

**こうかい【公海】** 名 どこの国《くに》のものでもなく、自由《じゆう》に行《い》き来《き》できる海《うみ》。対領海《りょうかい》。

**こうかい【公開】** 名 動-する だれでも自由《じゆう》に見《み》たり、聞《き》いたり、使《つか》ったりできるようにすること。例国宝《こくほう》を公開する。

○**こうかい【後悔】** 名 動-する あとになってくやむこと。例もっと勉強《べんきょう》すればよかったと後悔する。

**後悔《こうかい》先《さき》に立《た》たず** やってしまったことは、あとでいくら残念《ざんねん》に思《おも》っても、取《と》り返《かえ》しがつかない。例「先《さき》に宿題《しゅくだい》をすればよかった。後悔先に立たずだ。」類覆水盆《ふくすいぼん》に返《かえ》らず。

**こうかい【航海】** 名 動-する 船《ふね》で海《うみ》をわたること。例太平洋《たいへいよう》を航海する。類航行《こうこう》。

**こうかい〖紅海〗** 地名 アラビア半島《はんとう》とアフリカとの間《あいだ》にある細長《ほそなが》い海《うみ》。北《きた》はスエズ運河《うんが》で地中海《ちちゅうかい》に通《つう》じている。

**こうかい〖黄海〗** 地名 中国《ちゅうごく》大陸《たいりく》と朝鮮《ちょうせん》半《はん》島《とう》との間《あいだ》にある海《うみ》。

**こうがい【口外】** 名 動-する (人《ひと》に知《し》られては困《こま》ることなどを)人《ひと》にしゃべること。例けっして口外しません。

**こうがい【公害】** 名 いやな音《おと》やにおい、きたない水《みず》、排気《はいき》ガスなどによって、その地域《ちいき》の人々《ひとびと》の健康《けんこう》や生活《せいかつ》に与《あた》える害《がい》。

**こうがい【郊外】** 名 都市《とし》の周《まわ》りの、まだ自《し》然《ぜん》が残《のこ》っている所《ところ》。類近郊《きんこう》。

**こうがい【校外】** 名 学校《がっこう》の外《そと》。例校外活《かつ》動《どう》。対校内《こうない》。

**こうがい【梗概】** 名 物語《ものがたり》などのあらすじ。あらまし。

**ごうかい【豪快】** 形動 力強《ちからづよ》く堂々《どうどう》としていて、気持《きも》ちがいいようす。例豪快なホームラン。

**ごうがい【号外】** 名 重大《じゅうだい》な事件《じけん》などを早《はや》く知《し》らせるために、臨時《りんじ》に出《だ》す新聞《しんぶん》。

**こうかいどう【公会堂】** 名 大勢《おおぜい》の人《ひと》の会《かい》合《ごう》のために造《つく》られた建物《たてもの》。

**こうがいびょう【公害病】** 名 公害《こうがい》がもとになって起《お》きる病気《びょうき》。水俣病《みなまたびょう》、イタイイタイ病《びょう》など。

**こうかおん【効果音】** 名 劇《げき》や映画《えいが》などで、場面《ばめん》のようすを伝《つた》えるために使《つか》う、ほんものそっくりの音《おと》。

**こうかがくスモッグ【光化学スモッグ】** 名 自動車《じどうしゃ》などの排気《はいき》ガスが、太陽《たいよう》の強《つよ》い光《ひかり》を受《う》けて害《がい》のある物質《ぶっしつ》となったもの。夏《なつ》に起《お》こることが多《おお》い。

**こうかく【降格】** 名 動-する 地位《ちい》を下《さ》げること。また、下《さ》がること。例二軍《にぐん》に降格となった。対昇格《しょうかく》。

**こうがく【工学】** 名 機械《きかい》・電気《でんき》・建築《けんちく》など、物《もの》を作《つく》る技術《ぎじゅつ》について研究《けんきゅう》する学問《がくもん》。

**こうがく【光学】** 名 光《ひかり》の性質《せいしつ》などを研究《けんきゅう》する学問《がくもん》。

**こうがく【高額】** 名 ❶金額《きんがく》の単位《たんい》が大《おお》きいこと。例高額紙幣《しへい》。対小額《しょうがく》。❷金額《きんがく》が多《おお》いこと。例高額所得者《しょとくしゃ》。対低額《ていがく》。少額《しょうがく》。

○**ごうかく【合格】** 名 動-する ❶学校《がっこう》や会社《かいしゃ》の試験《しけん》に受《う》かること。パス。例入学試験《にゅうがくしけん》に合格する。❷品物《しなもの》などが決《き》められたことがらに合《あ》っていること。パス。例検査《けんさ》に合格する。

**こうかくあわをとばす【口角泡を飛ばす】** はげしい勢《いきお》いで議論《ぎろん》する。例口角泡を飛ばして意見《いけん》をたたかわせる。

**こうがくきかい【光学器械】** 名 カメラ、望遠鏡《ぼうえんきょう》、顕微鏡《けんびきょう》など、反射《はんしゃ》や屈折《くっせつ》などの光《ひかり》の性質《せいしつ》を応用《おうよう》した器械《きかい》。

**こうがくしん【向学心】** 名 勉強《べんきょう》をしようとする気持《きも》ち。例向学心に燃《も》える。

**こうがくねん【高学年】** 名 小学校《しょうがっこう》で、上《うえ》の学年《がくねん》。五《ご》・六年《ろくねん》。関連中学年《ちゅうがくねん》。低学年《ていがくねん》。

**こうかくるい【甲殻類】** 名 体《からだ》がかたいからでおおわれている動物《どうぶつ》の仲間《なかま》。カニ・エビ・ミジンコなどがいる。

**こうかつ【狡猾】** 形動 ずるがしこいよう

す。[例] こうかつなやり方《かた》が許《ゆる》せない。

**こうかてき【効果的】** [形動] 効《き》き目《め》が表《あらわ》れているようす。[例] 効果的な話《はな》し方《かた》。

○**こうかん【交換】** [名][動-する] 取《と》りかえること。取《と》りかわすこと。[例] こわれた部品《ぶひん》を交換する。

**こうかん【好感】** [名] 好《この》ましい感《かん》じ。[例] あの人《ひと》の話《はな》し方《かた》は、好感が持《も》てる。[類] 好意《こうい》。

**こうかん【交歓】** [名][動-する] たがいに打《う》ち解《と》けて、ともに楽《たの》しむこと。[例] 交歓会《かい》。

**こうかん【高官】** [名] 大臣《だいじん》や長官《ちょうかん》など、政府《せいふ》の高《たか》い位《くらい》についている人《ひと》。

**こうがん【厚顔】** [名][形動] ずうずうしいこと。[例] 厚顔なふるまいにあきれた。

**こうがん【こう丸】** [名] ↓せいそう(精巣) 706ページ

**こうかんしゅ【交換手】** [名] 〔「電話《でんわ》交換《こうかん》手《しゅ》」の略《りゃく》。〕会社《かいしゃ》などで、電話《でんわ》の取《と》り次《つ》ぎをする人《ひと》。今《いま》は、機械《きかい》に変《か》わったところが多《おお》い。

■**こうがんむち【厚顔無恥】** [名][形動] ずうずうしくて、恥知《はじし》らずなこと。厚《あつ》かましいこと。[例] 厚顔無恥なふるまい。

**こうき【公器】** [名] 社会全体《しゃかいぜんたい》のために使《つか》われるもの。[例] 新聞《しんぶん》は天下《てんか》の公器だ。

**こうき【広軌】** [名] 鉄道《てつどう》で、レールの間《あいだ》が標準《ひょうじゅん》(一四三五ミリメートル)より広《ひろ》いもの。[対] 狭軌《きょうき》。[参考] 新幹線《しんかんせん》は一四三五ミリメートルだが、日本《にっぽん》の他《た》の鉄道《てつどう》より広《ひろ》いので広軌《こうき》といわれる。

**こうき【好奇】** [名] 変《か》わったものや知《し》らないものに興味《きょうみ》をもつこと。[例] 好奇の目《め》を向《む》ける。

**こうき【好機】** [名] ちょうどよい時《とき》。チャンス。[例] 好機をつかむ。

**こうき【後記】** [名] ❶本《ほん》や雑誌《ざっし》で、本文《ほんぶん》のあとに書《か》く文章《ぶんしょう》。あとがき。[例] 編集《へんしゅう》後記。❷文章《ぶんしょう》で、あとのほうに書《か》いてあること。[例] 後記のように変更《へんこう》する。[対] 前記《ぜんき》。

**こうき【後期】** [名] ある期間《きかん》を二《ふた》つまたは三《みっ》つに分《わ》けたうちの、あとのほうの区切《くぎ》り。[関連] 前期《ぜんき》。中期《ちゅうき》。

**こうき【高貴】** [名][形動] 身分《みぶん》が高《たか》く、上品《じょうひん》なようす。[例] 高貴な生《う》まれ。

**こうき【校旗】** [名] その学校《がっこう》のしるしとして決《き》められている旗《はた》。

**こうぎ【広義】** [名] ある言葉《ことば》の意味《いみ》にはばがあるとき、広《ひろ》いほうの意味《いみ》。[例] 広義では人《にん》間《げん》も動物《どうぶつ》だ。[対] 狭義《きょうぎ》。

**こうぎ【抗議】** [名][動-する] 相手《あいて》に対《たい》して反対《はんたい》の考《かんが》えを強《つよ》く言《い》うこと。また、反対《はんたい》の意見《いけん》。[例] 審判《しんぱん》に抗議する。

**こうぎ【講義】** [名][動-する] (大学《だいがく》などで)先生《せんせい》が学生《がくせい》に教《おし》え聞《き》かせること。[例] 大教室《だいきょうしつ》で講義する。

**ごうぎ【合議】** [名][動-する] 集《あつ》まって相談《そうだん》すること。[例] 合議制《せい》。[類] 協議《きょうぎ》。

**こうきあつ【高気圧】** [名] 周《まわ》りに比《くら》べて気圧《きあつ》が高《たか》い所《ところ》。ふつう、風《かぜ》がおだやかで晴《は》れていることが多《おお》い。[対] 低気圧《ていきあつ》。

**こうきしん【好奇心】** [名] めずらしいことや変《か》わったことを、進《すす》んで知《し》ろうとする気持《きも》ち。[例] 好奇心が強《つよ》い。

**こうきゅう【恒久】** [名] いつまでも変《か》わらないこと。永久《えいきゅう》。[例] 恒久平和《へいわ》。

**こうきゅう【高級】** [名][形動] 品質《ひんしつ》や程度《ていど》が高《たか》いこと。[例] 高級な時計《とけい》。[対] 低級《ていきゅう》。

**こうきゅう【硬球】** [名] 野球《やきゅう》やテニスなどで使《つか》う球《たま》のうち、硬《かた》いほうの球《たま》。[対] 軟球《なんきゅう》。

**ごうきゅう【号泣】** [名][動-する] 大声《おおごえ》をあげて泣《な》くこと。[例] 人目《ひとめ》をはばからず号泣する。

**こうきゅうび【公休日】** [名] 役所《やくしょ》・商店《しょうてん》などが、前《まえ》もって決《き》めた休《やす》みの日《ひ》。公休《こうきゅう》。

**こうきょ【皇居】** [名] 天皇《てんのう》の住《す》まい。宮城《きゅうじょう》。

○**こうきょう【公共】** [名] 世《よ》の中全体《なかぜんたい》。おおやけ。[例] 公園《こうえん》は公共の施設《しせつ》だ。

**こうきょう【好況】** [名] 景気《けいき》がいいこと。好《こう》景気《けいき》。[対] 不況《ふきょう》。

**こうぎょう【工業】** [名] 原料《げんりょう》を加工《かこう》して、生活《せいかつ》に必要《ひつよう》な物《もの》に作《つく》りかえる産業《さんぎょう》。重工業《じゅうこうぎょう》と軽工業《けいこうぎょう》とがある。

**こうぎょう【鉱業】** [名] 地中《ちちゅう》から鉱物《こうぶつ》をほり出《だ》し、金属《きんぞく》や石炭《せきたん》などを取《と》り出《だ》す産業《さんぎょう》。

**こうぎょう【興行】** [名][動-する] 客《きゃく》からお金《かね》を取《と》って、劇《げき》・映画《えいが》・すもうなどを見《み》せること。[例] 正月《しょうがつ》興行。

**こうきょうがく【交響楽】** [名] ❶↓こうきょうきょく 433ページ。❷オーケストラのため

中部地方《ちゅうぶちほう》の県《けん》。能登半島《のとはんとう》が日本海《にほんかい》につき出《だ》している。金沢市《かなざわし》には兼六園《けんろくえん》がある。

の音楽《おんがく》をまとめた言《い》い方《かた》。

**こうきょうきょく**【交響曲《こうきょうきょく》】名 オーケストラのために作曲《さっきょく》された曲《きょく》。ふつう、四楽《よんがく》章《しょう》から成《な》っている。シンフォニー。

**こうきょうじぎょう**【公共事業】名 国《くに》や都道府県《とどうふけん》・市町村《しちょうそん》などが、社会《しゃかい》のためにする仕事《しごと》。学校《がっこう》・病院《びょういん》・道路《どうろ》を造《つく》るなど。

**こうきょうしせつ**【公共施設《こうきょうしせつ》】名 公《こう》共事業《きょうじぎょう》によって造《つく》られた建物《たてもの》や設備《せつび》。公園《こうえん》・図書館《としょかん》など。

**こうきょうしん**【公共心】名 世《よ》の中《なか》のためにつくそうとする心《こころ》。

**こうきょうだんたい**【公共団体】名 都道《とどう》府県《ふけん》や市町村《しちょうそん》の地方公共団体《ちほうこうきょうだんたい》など。国《くに》から特別《とくべつ》に仕事《しごと》を任《まか》されている団体《だんたい》。

**こうぎょうだんち**【工業団地】名 計画《けいかく》的《てき》につくられた土地《とち》に、たくさんの工場《こうじょう》が集《あつ》まってできた区域《くいき》。

**こうぎょうちいき**【工業地域】名 ❶三《さん》大工業地帯《だいこうぎょうちたい》〔=京浜《けいひん》・中京《ちゅうきょう》・阪神《はんしん》〕のほかに、工業《こうぎょう》がさかんな地域《ちいき》。北九州工業地域《きたきゅうしゅうこうぎょうちいき》・瀬《せ》戸内工業地域《とうちこうぎょうちいき》・東海工業地域《とうかいこうぎょうちいき》・北陸工業地《ほくりくこうぎょうち》域《いき》など。❷都市計画上《としけいかくじょう》で、工業《こうぎょう》をさかんにすることを第一《だいいち》としている地域《ちいき》。

**こうぎょうちたい**【工業地帯】名 工《こう》業《ぎょう》がさかんで、工場《こうじょう》がたくさん集《あつ》まっている大《おお》きな地域《ちいき》。参考 京浜《けいひん》・中京《ちゅうきょう》・阪神《はんしん》を「三《さん》大工業地帯《だいこうぎょうちたい》」という。

**こうぎょうようすい**【工業用水】名 工場《こうじょう》で物《もの》を生産《せいさん》する際《さい》に使《つか》われる水《みず》。また、その水《みず》を引《ひ》いてくるための水路《すいろ》。

**こうぎょうようち**【工業用地】名 工《こう》場《じょう》をつくるための土地《とち》。

**こうきょうりょうきん**【公共料金】名 電気《でんき》・ガス・水道《すいどう》・郵便《ゆうびん》などの料金《りょうきん》や、鉄《てつ》道《どう》・バスの運賃《うんちん》など、国民《こくみん》の生活《せいかつ》に関係《かんけい》の深《ふか》い料金《りょうきん》。

**こうきん**【公金】名 おおやけのお金《かね》。国《くに》や公共団体《こうきょうだんたい》のお金《かね》。

**こうきん**【抗菌】名 細菌《さいきん》が増《ふ》えるのをおさえること。例 抗菌加工《かこう》。

**こうきん**【拘禁】名 動・する とらえた人《ひと》を一《いっ》か所《しょ》に閉《と》じこめておくこと。

**ごうきん**【合金】名 二《ふた》つ以上《いじょう》の金属《きんぞく》を、とかし合《あ》わせて作《つく》った金属《きんぞく》。例《たと》えば、しんちゅうは銅《どう》と亜鉛《あえん》、はんだは鉛《なまり》とすずの合金《ごうきん》。

**こうく**【校区】名 →がっく 245ページ

**こうぐ**【工具】名 ❶工作《こうさく》に使《つか》う道具《どうぐ》。のこぎり・金《かな》づち・かんななど。❷機械《きかい》の組《く》み立《た》てや修理《しゅうり》などに使《つか》う道具《どうぐ》。例 自動車修理《じどうしゃしゅうり》の工具。

**こうくう**【航空】名 飛行機《ひこうき》などで空《そら》を飛《と》ぶこと。例 航空券《けん》。

**こうくうき**【航空機】名 飛行機《ひこうき》・飛行船《ひこうせん》・グライダー・ヘリコプターなど、空《そら》を飛《と》ぶ乗《の》り物《もの》。特《とく》に、飛行機《ひこうき》のこと。

**こうくうしゃしん**【航空写真】名 航空《こうくう》機《き》から地上《ちじょう》をとった写真《しゃしん》。

**こうくうびん**【航空便】名 ❶航空機《こうくうき》で品《しな》物《もの》を送《おく》ること。❷〔「航空郵便《こうくうゆうびん》」の略《りゃく》。〕航空機《こうくうき》で運《はこ》ぶ郵便《ゆうびん》。エアメール。

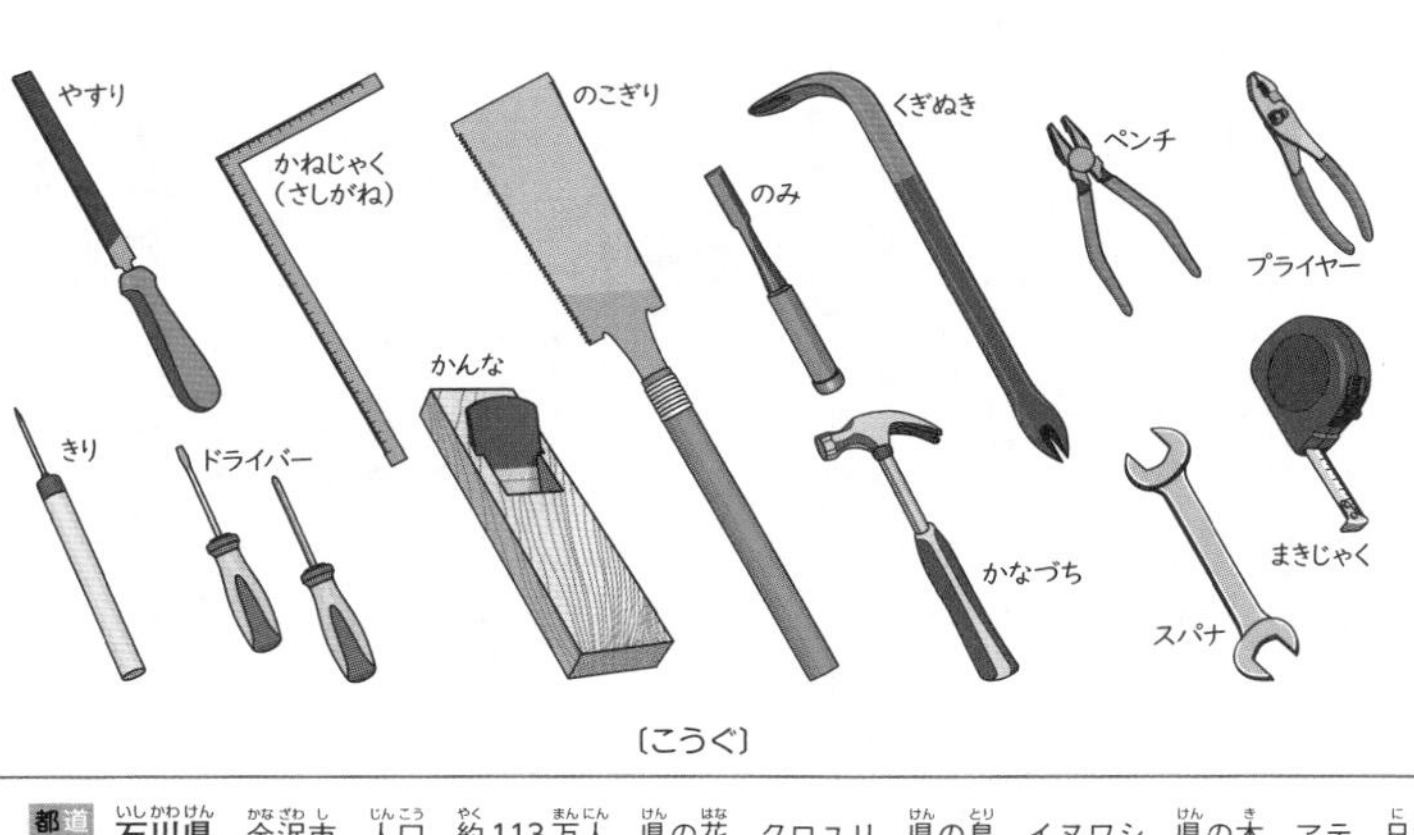

〔こうぐ〕



都道府県 石川県《いしかわけん》 金沢市《かなざわし》 人口《じんこう》 約《やく》113万人《まんにん》 県《けん》の花《はな》 クロユリ 県《けん》の鳥《とり》 イヌワシ 県《けん》の木《き》 アテ 日本海《にほんかい》に面《めん》した

**こうくうぼかん【航空母艦】** [名] たくさんの飛行機《ひこうき》をのせ、甲板《かんぱん》に滑走路《かっそうろ》を持《も》った軍艦《ぐんかん》。略《りゃく》して「空母《くうぼ》」という。⇩ふね❶ 1151ページ

**こうくうろ【航空路】** [名] 飛行機《ひこうき》が行《い》き来《き》する道筋《みちすじ》。空路《くうろ》。

**こうくり〔高句麗〕** [地名] 紀元前後《きげんぜんご》に朝鮮《ちょうせん》半島北部《はんとうほくぶ》におこった国《くに》。七世紀中《ななせいきなか》ごろ、新羅《しらぎ》と唐《とう》の連合軍《れんごうぐん》にほろぼされた。

**こうくん【校訓】** [名] その学校《がっこう》の教育《きょういく》に対《たい》する考《かんが》えを、短《みじか》く言《い》い表《あらわ》した言葉《ことば》。[例] わが校《こう》の校訓は「真善美《しんぜんび》」だ。

**こうぐん【行軍】** [名][動-する] （軍隊《ぐんたい》が）列《れつ》をつくって長《なが》い距離《きょり》を歩《ある》くこと。

**こうけい【口径】** [名] カメラのレンズや銃《じゅう》のような、筒型《つつがた》の物《もの》の直径《ちょっけい》。

**こうけい【光景】** [名] 目《め》に映《うつ》るありさま。景色《けしき》。[例] ほほえましい光景。

**こうけい【後景】** [名] 後《うし》ろの景色《けしき》。特《とく》に、写真《しん》や絵《え》で、後《うし》ろにある景色《けしき》。[対] 前景《ぜんけい》。

**こうけい【後継】** [名] あとをつぐこと。[例] 社長《ちょう》の後継はだれだろう。

**こうげい【工芸】** [名] （ぬり物《もの》・焼《や》き物《もの》・織物《おりもの》など）生活《せいかつ》に役立《やくだ》つ品物《しなもの》を、美《うつく》しく作《つく》り出《だ》すわざ。[例] 工芸品《ひん》。

**ごうけい【合計】** [名][動-する] 数《かず》をみんな合《あ》わせること。また、合《あ》わせた数《かず》。[例] かかった費用《よう》を合計する。[類] 総計《そうけい》。

**こうけいしゃ【後継者】** [名] あとをつぐ人《ひと》。[例] 伝統工芸《でんとうこうげい》の後継者となる。

**こうげいひん【工芸品】** [名] 生活《せいかつ》に役立《やくだ》つ品物《しなもの》で、特《とく》に美《うつく》しく作《つく》られているもの。

**こうげき【攻撃】** [名][動-する] ❶相手《あいて》を攻《せ》めること。[例] 相手《あいて》チームを攻撃する。[対] 守備《しゅび》。防御《ぼうぎょ》。❷人《ひと》の欠点《けってん》や誤《あやま》りを責《せ》めること。[例] 無責任《むせきにん》だといって攻撃された。

**こうけつ【高潔】** [名][形動] 心《こころ》が気高《けだか》く、けがれがないこと。[例] 高潔な人柄《ひとがら》。

**ごうけつ【豪傑】** [名] ❶力《ちから》と勇気《ゆうき》のすぐれた人《ひと》。❷細《こま》かいことにこだわらず、大胆《だいたん》に行動《こうどう》する人《ひと》。

**こうけつあつ【高血圧】** [名] 血圧《けつあつ》がふつうよりも高《たか》いこと。[対] 低血圧《ていけつあつ》。

**こうけん【後見】** [一][名][動-する] 人《ひと》を助《たす》けて面倒《めんどう》をみること。また、その人《ひと》。後見人《こうけんにん》。[二][名] 能《のう》や歌舞伎《かぶき》の舞台《ぶたい》で、演《えん》じる人《ひと》の後《うし》ろで世話《せわ》をする人《ひと》。

**こうけん【貢献】** [名][動-する] あることがらのためにつくし、よい結果《けっか》を出《だ》すこと。[例] 医学《いがく》の進歩《しんぽ》に貢献する。[類] 寄与《きよ》。

**こうげん【公言】** [名][動-する] みんなの前《まえ》ではっきりと言《い》うこと。[例] 自分《じぶん》はまちがっていないと公言する。

**こうげん【広言】** [名][動-する] でまかせに、大《おお》げさなことやえらそうなことを言《い》うこと。[例] これは日本一《にっぽんいち》だと広言する。

**こうげん【光源】** [名] 光《ひかり》を出《だ》すもと。太陽《たいよう》や電球《でんきゅう》など。

**こうげん【高原】** [名] 山地《さんち》にある、広《ひろ》くてなだらかな野原《のはら》。[例] 高原の空気《くうき》はおいしい。

**ごうけん【合憲】** [名] 憲法《けんぽう》の内容《ないよう》に合《あ》っていること。[対] 違憲《いけん》。

**ごうけん【剛健】** [名][形動] 心《こころ》や体《からだ》が強《つよ》くてしっかりしていること。[例] 剛健な気性《きしょう》。

**こうけんにん【後見人】** [名] 親《おや》のいない子《こ》どもや力《ちから》の足《た》りない人《ひと》を助《たす》け、世話《せわ》をする人《ひと》。うしろだて。特《とく》に、法律《ほうりつ》に基《もと》づいてそれをする人《ひと》。

**こうげんやさい【高原野菜】** [名] 夏《なつ》の涼《すず》しい高原《こうげん》の気候《きこう》を利用《りよう》して育《そだ》てる野菜《やさい》。キャベツ・セロリなど。

**こうこ【公庫】** [名] 家《いえ》を建《た》てたり、事業《じぎょう》をしたりするお金《かね》を貸《か》す、国《くに》の機関《きかん》。[参考] 今《いま》はほとんどが民営《みんえい》となった。

✤**こうご【口語】** [名] 〔国語《こくご》で〕❶ふだん話《はな》すときに使《つか》う言葉《ことば》。話《はな》し言葉《ことば》。❷今《いま》の日本人《にほんじん》が話《はな》したり書《か》いたりする言葉《ことば》。[対] （❶・❷）文語《ぶんご》。

**こうご【交互】** [名] 代《か》わる代《が》わる。たがいちがい。[例] 右《みぎ》と左《ひだり》、交互に手《て》をあげる。

**ごうご【豪語】** [名][動-する] 自信《じしん》たっぷりに、大《おお》きなことを言《い》うこと。[例] 絶対《ぜったい》に合格《ごうかく》すると豪語する。

**こうこう【孝行】** [名][動-する][形動] 子《こ》どもが親《おや》を大切《たいせつ》にすること。[例] 親《おや》孝行。[類] 孝養《こうよう》。[対] 不孝《ふこう》。

**孝行《こうこう》のしたい時分《じぶん》に親《おや》はなし** 〔親《おや》の気《き》持《も》ちがわかる年《とし》になって孝行《こうこう》しようと思《おも》っても、その親《おや》が亡《な》くなっていたりすること

部《ぶ》地方《ちほう》西部《せいぶ》にある県《けん》。切《き》り立《た》ったがけが続《つづ》く東尋坊《とうじんぼう》が有名《ゆうめい》。

から」親《おや》孝行《こうこう》は若《わか》いうちからせよ、ということ。

**こうこう【後攻】**名 野球《やきゅう》などの、攻《せ》めるほうと守《まも》るほうが交代《こうたい》するスポーツで、あとから攻《せ》めること。あとぜめ。対 先攻《せんこう》。

**こうこう【航行】**名 動-する 船《ふね》で海《うみ》や川《かわ》をわたって行《い》くこと。類 航海《こうかい》。参考 飛行機《ひこうき》が航《こう》路《ろ》を飛《と》ぶことにも使《つか》う。

**こうこう【高校】**名「高等学校《こうとうがっこう》」の略《りゃく》。↓こうとうがっこう 442ページ

**こうこう【口腔】**名 口《くち》の中《なか》。参考 医学《いがく》では、「こうくう」という。

**こうこう**副-と (電灯《でんとう》や月《つき》・星《ほし》の光《ひかり》などが)きらきらかがやいて明《あか》るいようす。

**こうごう【皇后】**名 天皇《てんのう》や皇帝《こうてい》の妻《つま》。きさき。

**ごうごう**副 うるさく言《い》いたてるようす。例 非難《ひなん》ごうごう。参考「ごうごうたる非難《ひなん》」などと使《つか》うこともある。

**こうごうしい【神神しい】**形 とうとくて、おごそかな感《かん》じがする。例 神々しい雰《ふん》囲《い》気《き》の神社《じんじゃ》。

**こうごうせい【光合成】**名 植物《しょくぶつ》の葉《は》にある葉緑素《ようりょくそ》が、太陽《たいよう》の光《ひかり》のエネルギーを使《つか》い、空気《くうき》中《ちゅう》の二《に》酸化《さんか》炭素《たんそ》と、根《ね》から吸《す》い上《あ》げた水《みず》とで、でんぷんを作《つく》り、酸素《さんそ》を出《だ》すはたらき。ひかりごうせい。

**こうごうへいか【皇后陛下】**名「皇后《こうごう》」を敬《うやま》っていう言葉《ことば》。

**こうこがく【考古学】**名 昔《むかし》の人々《ひとびと》の家《いえ》のあとや道具《どうぐ》などを調《しら》べて、そのころの生活《せいかつ》などを研究《けんきゅう》する学問《がくもん》。例 考古学者《しゃ》。

**◦こうこく【広告】**名 動-する 世《よ》の中《なか》の人々《ひとびと》に広《ひろ》く知《し》らせること。また、知《し》らせるために書《か》かれたものなど。コマーシャル。

**こうこくぬし【広告主】**名 広告《こうこく》をたのむ人《ひと》。広告《こうこく》を出《だ》す人《ひと》。スポンサー。

**✤こうごたい【口語体】**名 口語《こうご》を使《つか》って書《か》いた文章《ぶんしょう》の形式《けいしき》。対 文語体《ぶんごたい》。

**こうこつもじ【甲骨文字】**名 カメのこうらやけものの骨《ほね》などに刻《きざ》まれた、中国《ちゅうごく》のもっとも古《ふる》い時代《じだい》の象形文字《しょうけいもじ》。

**✤こうごぶん【口語文】**名 口語《こうご》を使《つか》って書《か》いた文章《ぶんしょう》。対 文語文《ぶんごぶん》。

**✤こうごやく【口語訳】**名 動-する 文語《ぶんご》で書《か》かれた文章《ぶんしょう》を、口語《こうご》に書《か》きかえること。例 源氏物語《げんじものがたり》の口語訳。

**こうさ【考査】**名 動-する 成績《せいせき》や人柄《ひとがら》などを、いろいろなやり方《かた》で調《しら》べること。試験《しけん》。例 期《き》末《まつ》考査。

**こうさ【交差】**名 動-する 十文字《じゅうもんじ》、または、ななめに交《まじ》わること。例 立体《りったい》交差。

**こうさ【黄砂】**名 中国《ちゅうごく》の北部《ほくぶ》で、黄色《きいろ》い土《つち》が風《かぜ》でふき上《あ》げられ、空《そら》をおおう現象《げんしょう》。風《かぜ》にのって日本《にっぽん》にも来《く》る。

**こうざ【口座】**名 銀行《ぎんこう》などでお金《かね》の出《だ》し入《い》れのために設《もう》けられた、元《もと》になる帳簿《ちょうぼ》。例 預金《よきん》口座。口座を設《もう》ける。

**こうざ【高座】**名 寄席《よせ》などで、芸《げい》をするための、少《すこ》し高《たか》くしてある所《ところ》。

**こうざ【講座】**名 ❶大学《だいがく》で学生《がくせい》に教《おし》えるための科目《かもく》。❷勉強《べんきょう》のための講習会《こうしゅうかい》や放送番《ほうそうばん》組《ぐみ》。また、そのための本《ほん》。例 英語《えいご》講座。

**こうさい【公債】**名 国《くに》や地方公共団体《ちほうこうきょうだんたい》が、必要《ひつよう》な経費《けいひ》を集《あつ》めるために発行《はっこう》する債券《さいけん》。

**◦こうさい【交際】**名 動-する 人《ひと》と人《ひと》とがつき合《あ》うこと。つき合《あ》い。例 交際が広《ひろ》い。

**こうざい【功罪】**名 (何《なに》かをしたことによって起《お》こる)よい点《てん》と悪《わる》い点《てん》。例 功罪相半《あいなか》ばする(=よい点《てん》と悪《わる》い点《てん》があり、どちらともいえない)。

**こうざい【鋼材】**名 鋼鉄《こうてつ》を板《いた》や棒《ぼう》などの形《かたち》に加工《かこう》したもの。建築《けんちく》や機械《きかい》などの材料《ざいりょう》。

**◦こうさく【工作】**名 動-する ❶道具《どうぐ》を使《つか》って物《もの》を作《つく》ること。また、作《つく》った物《もの》。例 図画《ずが》工作。❷ものごとがうまく進《すす》むように、前《まえ》もってはたらきかけること。例 交渉《こうしょう》がまとまるように、裏《うら》で工作する。

**こうさく【交錯】**名 動-する いくつかのものが入《い》り交《ま》じること。例 思《おも》いが交錯する。

**こうさく【耕作】**名 動-する 田《た》や畑《はたけ》を耕《たがや》して農作物《のうさくぶつ》を作《つく》ること。

**こうさくきかい【工作機械】**名 金属《きんぞく》の材料《ざいりょう》を使《つか》って、機械《きかい》の部品《ぶひん》などを作《つく》るための機械《きかい》。

**こうさつ【考察】**名 動-する よく調《しら》べ、深《ふか》く考《かんが》えること。例 調査結果《ちょうさけっか》について考察を加《くわ》える。

あいうえお
かきくけこ
さしすせそ
たちつてと
なにぬねの
はひふへほ
まみむめも
やゆよ
らりるれろ
わをん



都道府県 福井県《ふくいけん》 福井市《ふくいし》 人口《じんこう》 約《やく》77万人《まんにん》 県《けん》の花《はな》 スイセン 県《けん》の鳥《とり》 ツグミ 県《けん》の木《き》 マツ 日本海《にほんかい》に面《めん》した中《ちゅう》

える。

**こうさてん【交差点】** 名 道《みち》が交《まじ》わっている所《ところ》。類 十字路《じゅうじろ》。四《よ》つ角《かど》。

**こうさん【公算】** 名 こうなるだろうという見《み》こみ。例 負《ま》ける公算がつよい。類 可能性《かのうせい》。

**こうさん【降参】** 名 動・する ❶戦《たたか》いに負《ま》けて、相手《あいて》に従《したが》うこと。例 敵《てき》は降参した。類 降伏《こうふく》。❷どうしようもなくて、困《こま》ってしまうこと。お手上《てあ》げ。例 この暑《あつ》さには降参だ。

**こうざん【高山】** 名 高《たか》い山《やま》。

**こうざん【鉱山】** 名 金《きん》・銅《どう》・鉄《てつ》など、役《やく》に立《た》つ鉱物《こうぶつ》をほり出《だ》す山《やま》。

**こうざんしょくぶつ【高山植物】** 名 高《たか》い山《やま》にだけ生《は》えている植物《しょくぶつ》。コマクサ・ミヤマウスユキソウ・ハイマツなど。

〔こうざんしょくぶつ〕

**こうざんびょう【高山病】** 名 高《たか》い山《やま》に登《のぼ》ったとき、酸素《さんそ》が不足《ふそく》したり、気圧《きあつ》が低《ひく》かったりするために起《お》こる病気《びょうき》。はきけ・目《め》まい・耳鳴《みみな》りなどがする。

**こうさんぶつ【鉱産物】** 名 鉱山《こうざん》からとれる物《もの》。石炭《せきたん》、金《きん》、鉄《てつ》など。

**こうし【公私】** 名 公《おおやけ》のことと、私《わたくし》ごと。例 公私を区別《くべつ》する。

**こうし【公使】** 名 国《くに》を代表《だいひょう》して外国《がいこく》に行《い》き、国《くに》と国《くに》とのつき合《あ》いに関《かん》する仕事《しごと》をする役《やく》人《にん》。大使《たいし》の次《つぎ》の位《くらい》。

**こうし【行使】** 名 動・する 力《ちから》や権利《けんり》などを使《つか》うこと。例 選挙権《せんきょけん》を行使する。

**こうし【格子】** 名 ❶細《ほそ》い木《き》や竹《たけ》を、縦横《たてよこ》に組《く》んで作《つく》った戸《と》や窓《まど》。例 格子戸《ど》。❷碁盤《ごばん》の目《め》のように縦横《たてよこ》の線《せん》が交《まじ》わっているもの。チェック。例 格子模様《もよう》。

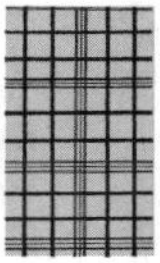
〔こうし❷〕

**こうし【講師】** 名 ❶講演会《こうえんかい》などで話《はなし》をする人《ひと》。❷学校《がっこう》で、ある科目《かもく》を教《おし》える人《ひと》。❸大学《だいがく》で教《おし》える人《ひと》の地位《ちい》の一《ひと》つ。

**こうし〖孔子〗** 人名 (男) (紀元前《きげんぜん》五五一ごろ〜紀元前《きげんぜん》四七九) 昔《むかし》の中国《ちゅうごく》の思想家《しそうか》。儒教《じゅきょう》を開《ひら》き、多《おお》くの弟子《でし》を育《そだ》てた。その教《おし》えは「論《ろん》語《ご》」という本《ほん》にまとめられている。

°**こうじ【工事】** 名 動・する 建物《たてもの》・道路《どうろ》・橋《はし》などを造《つく》ったり、直《なお》したりすること。また、その仕事《しごと》。例 工事現場《げんば》。

**こうじ【公示】** 名 動・する 役所《やくしょ》などの公《おおやけ》の機《き》関《かん》が、人々《ひとびと》に知《し》らせること。例 投票日《とうひょうび》を公示する。

**こうじ【小路】** 名 町《まち》の中《なか》の、はばのせまい道《みち》。例 袋小路《ふくろこうじ》。

**こうじ【麹】** 名 むした米《こめ》・麦《むぎ》などに、コウジカビをはたらかせたもの。酒《さけ》やしょうゆ、みそなどをつくったり料理《りょうり》に使《つか》ったりする。

**こうじかび** 名 酒《さけ》・みそ・しょうゆなどをつくるときの「こうじ」に使《つか》うカビ。でんぷんを糖分《とうぶん》に変《か》え、たんぱく質《しつ》を分解《ぶんかい》するはたらきがある。

**こうしき【公式】** 名 ❶おおやけに決《き》められたり、認《みと》められたりしているやり方《かた》。例 公式記録《きろく》。❷〔算数《さんすう》で〕どの場合《ばあい》にもあてはまる計《けい》算《さん》のしかたを表《あらわ》した式《しき》。例 長方形《ちょうほうけい》の面積《めんせき》を求《もと》める公式。

**こうしき【硬式】** 名 かたいボール〔=硬球《こうきゅう》〕を使《つか》ってするスポーツのやり方《かた》。例 硬式野《や》球《きゅう》。対 軟式《なんしき》。

**こうしつ【皇室】** 名 天皇《てんのう》の家族《かぞく》。

**こうしつ【硬質】** 名 形動 質《しつ》がかたいこと。かたい性質《せいしつ》。例 硬質ガラス。対 軟質《なんしつ》。

**こうじつ【口実】** 名 言《い》い訳《わけ》。例 勉強《べんきょう》を口実にして、お使《つか》いに行《い》かなかった。

**こうじつせい【向日性】** 名 植物《しょくぶつ》の葉《は》や茎《くき》が、日光《にっこう》のさすほうへのびていこうとする性《せい》質《しつ》。対 背日性《はいじつせい》。

**こうして** 一 副 このようなしかたで。例 ペンはこうして持《も》つ。二 接 (前《まえ》に述《の》べたことをまとめて)このようにして。例 こうして、村《むら》に平和《へいわ》がもどった。

**こうしど【格子戸】** 名 細《ほそ》い木《き》を、縦横《たてよこ》に組《く》んで作《つく》った戸《と》。

**こうじまおおし【好事魔多し】** よいことやめでたいことには、とかくじゃまが入《はい》るものだ。例 好事魔多しで、油断《ゆだん》は禁物《きんもつ》だ。

東《ひがし》の端《はし》の内陸《ないりく》にある。富士山《ふじさん》のふもとには富士五湖《ふじごこ》や青木《あおき》ヶ《が》原樹海《はらじゅかい》が広《ひろ》がる。

**こうしゃ**【公社】[名] 国《くに》や地方公共団体《ちほうこうきょうだんたい》がつくった、公共《こうきょう》のための事業《じぎょう》をする団体《だんたい》。今《いま》は国《くに》がつくったものはなくなり、地方公《ちほうこう》共団体《きょうだんたい》がつくった道路公社《どうろこうしゃ》・住宅供給公社《じゅうたくきょうきゅうこうしゃ》などがある。

**こうしゃ**【後者】[名] 二《ふた》つのもののうち、あとのほうのもの。[例] 賛成《さんせい》と反対《はんたい》とでは、後者の方《ほう》が多《おお》い。[対] 前者《ぜんしゃ》。

**こうしゃ**【降車】[名][動-する] 車《くるま》からおりること。下車《げしゃ》。[例] 降車口《ぐち》。[対] 乗車《じょうしゃ》。

**◦こうしゃ**【校舎】[名] 学校《がっこう》の建物《たてもの》。

**こうしゃく**【講釈】[名][動-する] ❶もったいぶって説明《せつめい》すること。[例] ひとくさり講釈を並《なら》べる。❷「講談《こうだん》」の古《ふる》い言《い》い方《かた》。

**こうしゅ**【攻守】[名] せめることと守《まも》ること。[例] 攻守ともにすぐれたチーム。[類] 攻防《こうぼう》。

**こうしゅう**【公衆】[名] 世《よ》の中《なか》の人々《ひとびと》。世間《せけん》の人々《ひとびと》。大衆《たいしゅう》。[例] 公衆電話《でんわ》。

**こうしゅう**【講習】[名][動-する] ある期間《きかん》、人《ひと》を集《あつ》め、知識《ちしき》や技術《ぎじゅつ》などを教《おし》えること。また、それを受《う》けて学習《がくしゅう》すること。[例] パソコンの講習を受《う》ける。

**ごうしゅう**〖豪州〗[地名] ↓オーストラリア 149ページ

**こうしゅうえいせい**【公衆衛生】[名] 地域《ちいき》や学校《がっこう》などで、人々《ひとびと》の病気《びょうき》の予防《よぼう》や、健康《けんこう》を守《まも》ること。

**こうしゅうかいどう**〖甲州街道〗[地名] 江戸《えど》時代《じだい》の五街道《ごかいどう》の一《ひと》つ。江戸《えど》の日本橋《にほんばし》から甲府《こうふ》に至《いた》る道《みち》。また、下諏訪《しもすわ》で中山道《なかせんどう》につながるまでの道《みち》。↓ごかいどう 451ページ

**こうしゅうでんわ**【公衆電話】[名] 街《まち》の中《なか》や店先《みせさき》などに設《もう》けられた有料電話《ゆうりょうでんわ》。

**こうしゅうどうとく**【公衆道徳】[名] 人々《ひとびと》が生活《せいかつ》するために、たがいに守《まも》らなければならないことがらや心《こころ》がまえ。

**こうしゅうよくじょう**【公衆浴場】[名] お金《かね》を払《はら》って入《はい》るふろ。銭湯《せんとう》。

**こうじゅつ**【口述】[名][動-する] 口《くち》で述《の》べること。[例] 口述試験《しけん》。

**こうじゅつ**【後述】[名][動-する] 文章《ぶんしょう》で、それより後《あと》に述《の》べること。[例] その点《てん》については後述する。[対] 前述《ぜんじゅつ》。

**こうじょ**【皇女】[名] ↓おうじょ（皇女） 145ページ

**こうじょ**【控除】[名][動-する] 計算《けいさん》をするときに、前《まえ》もってある金額《きんがく》を差《さ》し引《ひ》くこと。[例] 合《ごう》計《けい》から一万円《いちまんえん》を控除する。

**こうしょう**【口承】[名] 伝説《でんせつ》・昔話《むかしばなし》などを、口《くち》から口《くち》へ語《かた》り伝《つた》えること。[例] 口承文芸《ぶんげい》。

**こうしょう**【交渉】[名][動-する] ❶あることについて、相手《あいて》と話《はな》し合《あ》うこと。かけ合《あ》うこと。[例] 値段《ねだん》の交渉をする。❷人《ひと》と人《ひと》とのつき合《あ》い。[例] あの人《ひと》とは交渉がない。

**こうしょう**【考証】[名][動-する] 昔《むかし》のものごとについて、文献《ぶんけん》などをくわしく調《しら》べてあきらかにすること。[例] 時代《じだい》考証。

**こうしょう**【高尚】[形動] 知識《ちしき》などの程度《ていど》が高《たか》く、品《ひん》がいいようす。[例] 高尚な趣味《しゅみ》。[対] 低俗《ていぞく》。

**こうしょう**【校章】[名] その学校《がっこう》のしるしとして決《き》められたマーク。

**こうじょう**【口上】[名] ❶口《くち》で言《い》う挨拶《あいさつ》。[例] 口上を述《の》べる。❷しばいなどで、客《きゃく》に向《む》かって、あらたまって挨拶《あいさつ》や筋《すじ》の説明《せつめい》などをすること。

**◦こうじょう**【工場】[名] 多《おお》くの人《ひと》が機械《きかい》などを使《つか》って、品物《しなもの》を作《つく》り出《だ》す所《ところ》。[参考]「工場」は「こうば」とも読《よ》む。「こうば」はふつう「こうじょう」よりも規模《きぼ》が小《ちい》さい。

**こうじょう**【向上】[名][動-する] 能力《のうりょく》や体力《たいりょく》が、いいほうへ向《む》かうこと。[例] 成績《せいせき》が向上してきた。[類] 進歩《しんぽ》。[対] 低下《ていか》。

**こうじょう**【厚情】[名]（相手《あいて》の）あたたかくて親切《しんせつ》な心《こころ》。[例] ご厚情をたまわり、感謝《かんしゃ》申《もう》し上《あ》げます。

**ごうしょう**【豪商】[名] 財力《ざいりょく》があって、大《おお》きな取引《とりひき》をしている商人《しょうにん》。

**ごうじょう**【強情】[名][形動] 自分《じぶん》の考《かんが》えを曲《ま》げないでおし通《とお》すこと。がんこ。意地《いじ》っ張《ば》り。[例] 強情を張《は》る。

**こうじょうしん**【向上心】[名] いま以上《いじょう》に進歩《しんぽ》したいという気持《きも》ち。[例] 向上心を持《も》ち続《つづ》ける。

**こうしょく**【公職】[名] 公《おおやけ》のために働《はたら》く仕《し》事《ごと》。公務員《こうむいん》、議員《ぎいん》など。



都道府県 山梨県《やまなしけん》 甲府市《こうふし》 人口《じんこう》 約《やく》81万人《まんにん》 県《けん》の花《はな》 フジザクラ 県《けん》の鳥《とり》 ウグイス 県《けん》の木《き》 カエデ 中部地方《ちゅうぶちほう》の

**こうじる【高じる】** [動]〔「高《こう》ずる」ともいう。〕程度《ていど》が高《たか》まる。ひどくなる。[例]ストレスが高じて病気《びょうき》になる。

**こうじる【講じる】** [動]〔「講《こう》ずる」ともいう。〕❶専門的《せんもんてき》なことを説明《せつめい》する。講義《こうぎ》する。❷困《こま》ったことについて、解決方法《かいけつほうほう》を考《かんが》えて実行《じっこう》する。[例]対策《たいさく》を講じる。

**こうしん【交信】** [名][動-する] 通信《つうしん》をかわすこと。[例]無線《むせん》で船《ふね》と交信する。

**◦こうしん【行進】** [名][動-する] 大勢《おおぜい》が列《れつ》を作《つく》って進《すす》むこと。[例]入場《にゅうじょう》行進。

**こうしん【更新】** [名][動-する] 新《あたら》しいものにかえること。また、かわること。[例]日本記録《にほんきろく》を更新する。

**こうしん【後進】** ━[名] あとから進《すす》んで来《く》ること。また、その人《ひと》。後輩《こうはい》。[例]後進に道《みち》をゆずる。[対]先進《せんしん》。━[名][動-する]（船《ふね》や自動車《じどうしゃ》などが）後《うし》ろへ進《すす》むこと。[対]前進《ぜんしん》。

**こうしんきょく【行進曲】** [名] ⇩マーチ 1223ページ

**こうじんぶつ【好人物】** [名] 人柄《ひとがら》がおだやかで、気《き》だてのいい人《ひと》。善人《ぜんにん》。[例]あの人《ひと》はなかなかの好人物だ。

**こうしんりょう【香△辛料◦】** [名] 食《た》べ物《もの》に香《かお》りやからみをつけるためのもの。コショウ・トウガラシなど。スパイス。

**こうしんりょく【向心力】** [名] 物《もの》が円《えん》をえがくような運動《うんどう》をするときに、その円の中心《ちゅうしん》に向《む》かって、物《もの》を引《ひ》っ張《ば》るようにはたらく力《ちから》。求心力《きゅうしんりょく》。[対]遠心力《えんしんりょく》。

**こうず【構図】** [名]（絵《え》や写真《しゃしん》などで）その中《なか》の物《もの》の形《かたち》や大《おお》きさ、配置《はいち》などのつり合《あ》い。[例]この絵《え》は全体《ぜんたい》の構図がいい。

**こうすい【香△水】** [名] 化粧品《けしょうひん》の一《ひと》つ。よい香《かお》りのする液体《えきたい》。

**こうすい【硬◦水】** [名] カルシウムやマグネシウムを多《おお》く含《ふく》んだ天然《てんねん》の水《みず》。せっけんのあわ立《だ》ちが悪《わる》い。[対]軟水《なんすい》。

**こうずい【洪◦水】** ❶大雨《おおあめ》や雪解《ゆきど》け水《みず》のため、川《かわ》の水《みず》があふれ出《で》ること。大水《おおみず》。[例]洪水で家《いえ》が流《なが》される。❷あふれるほど多《おお》いこと。[例]ラッシュアワーの駅《えき》は人《ひと》の洪水だ。

**こうすいかくりつ【降水確率】** [名] 天気《てんき》予報《よほう》で、ある時間内《じかんない》に雨《あめ》または雪《ゆき》の降《ふ》る確率《かくりつ》。パーセントで表《あらわ》す。

**こうすいりょう【降水量】** [名] 降《ふ》った雨《あめ》や雪《ゆき》などの水分《すいぶん》の量《りょう》。ミリメートルで表《あらわ》す。[例]降水量をはかる。[類]雨量《うりょう》。

**こうずけ【上野】**〔地名〕 昔《むかし》の国《くに》の名《な》の一《ひと》つ。今《いま》の群馬県《ぐんまけん》にあたる。

**こうずる【高ずる】** [動] ⇩こうじる（高じる） 438ページ

**こうずる【講ずる】** [動] ⇩こうじる（講じる） 438ページ

**こうせい【公正】** [名][形動] どちらにもかたよらないで、公平《こうへい》で正《ただ》しいようす。[例]公正な裁判《さいばん》をする。

**こうせい【更生◦】** [名][動-する] ❶心《こころ》を入《い》れかえて、真面目《まじめ》に生活《せいかつ》するようになること。[例]悪《あく》の道《みち》から更生する。❷古《ふる》い物《もの》を直《なお》して、もう一度《いちど》使《つか》えるようにすること。[例]廃品《はいひん》を更生する。

**こうせい【攻勢◦】** [名] 相手《あいて》にせめかかっていくこと。[例]守《まも》りから攻勢に転《てん》じる。[対]守勢《しゅせい》。

**こうせい【後世】** [名] 後《のち》の世《よ》。後《のち》の時代《じだい》。[例]後世に名《な》を残《のこ》す。[注意]「後世」を「ごせ」と読《よ》むと、ちがう意味《いみ》になる。

**こうせい【厚△生】** [名] 暮《く》らしを、健康《けんこう》で豊《ゆた》かにすること。[例]会社《かいしゃ》の厚生施設《しせつ》。

**こうせい【恒◦星】** [名] 太陽《たいよう》のように、位置《いち》がほとんど変《か》わらず、自《みずか》ら光《ひかり》や熱《ねつ》を出《だ》している星《ほし》。星座《せいざ》を形作《かたちづく》っている。[関連]惑星《わくせい》。衛星《えいせい》。

**こうせい【校正】** [名][動-する] ためしに刷《す》ったものと原稿《げんこう》とを見比《みくら》べて、誤《あやま》りを直《なお》すこと。[例]文集《ぶんしゅう》の校正をする。

**✤こうせい【構成】** [名][動-する] 全体《ぜんたい》を組《く》み立《た》てること。また、その組《く》み立《た》て。[例]文章《ぶんしょう》の構成を考《かんが》える。

**ごうせい【合成】** [名][動-する] ❶いくつかの物《もの》を合《あ》わせて一《ひと》つの物《もの》を作《つく》り出《だ》すこと。[例]合成写真《しゃしん》。❷化学反応《かがくはんのう》で、化合物《かごうぶつ》を作《つく》り出《だ》すこと。[例]合成繊維《せんい》。

**ごうせい【豪勢◦】** [形動] ぜいたくで、はでなようす。[例]豪勢な部屋《へや》。

**こうせいおそるべし【後生畏◦るべし】** 若《わか》い人《ひと》はこの先《さき》どんどん成長《せいちょう》して立派《りっぱ》になっていくのだから、粗末《そまつ》にあつかっては

方《ほう》にあり、海《うみ》に面《めん》していない県《けん》の一《ひと》つ。日本《にほん》アルプスとよばれる高《たか》い山《やま》があり、避暑地《ひしょち》で有名《ゆうめい》な軽井沢《かるいざわ》もある。

ならない。

**ごうせいじゅし**【合成樹脂】㊔ 石油《せきゆ》や石炭《せきたん》などを原料《げんりょう》にして、化学的《かがくてき》に作《つく》り出《だ》した物《もの》。プラスチック・ベークライト・エボナイトなど。

**ごうせいせんい**【合成繊維】㊔ 石油《せきゆ》や石炭《せきたん》などを原料《げんりょう》として、化学的《かがくてき》に作《つく》った繊維《せんい》。ナイロン・ビニロン・テトロンなど。

**ごうせいせんざい**【合成洗剤】㊔ 石油《せきゆ》をおもな原料《げんりょう》として、化学的《かがくてき》に作《つく》った洗剤《せんざい》。中性洗剤《ちゅうせいせんざい》。

**こうせいねんきん**【厚生年金】㊔ 公務《こうむ》員《いん》や会社員《かいしゃいん》などが対象《たいしょう》となる年金《ねんきん》。

**こうせいぶっしつ**【抗生物質】㊔ カビや細菌《さいきん》によって作《つく》られ、他《ほか》の微生物《びせいぶつ》を殺《ころ》したり、はたらきをおさえたりするもの。ペニシリン・ストレプトマイシンなど。

**ごうせいほぞんりょう**【合成保存料】㊔ 食品添加物《しょくひんてんかぶつ》の中《なか》で、食品《しょくひん》が変化《へんか》したり腐《くさ》ったりするのを防《ふせ》ぐために加《くわ》えられる化《か》学物質《がくぶっしつ》。

**こうせいろうどうしょう**【厚生労働省】㊔ 国民《こくみん》の健康《けんこう》や生活《せいかつ》を守《まも》る仕事《しごと》や、労働《ろうどう》労働者《ろうどうしゃ》が仕事《しごと》を見《み》つけるのを助《たす》けたり、労働者《しゃ》を保護《ほご》したりする国《くに》の役所《やくしょ》。厚労省《こうろうしょう》。

**こうせき**【功績】㊔ 立派《りっぱ》なはたらき。手《て》柄《がら》。例 すぐれた功績を残《のこ》す。類 功労《こうろう》。

**こうせき**【航跡】㊔ 船《ふね》が通《とお》ったあとに残《のこ》る水面《すいめん》の波《なみ》やあわ。

**こうせき**【鉱石】㊔ 金《きん》・銅《どう》・鉄《てつ》など、役《やく》に立《た》つ金属《きんぞく》を含《ふく》んでいる鉱物《こうぶつ》。

**こうせきうん**【高積雲】㊔ 白《しろ》くて大《おお》きなまるみのある雲《くも》。ひつじ雲《ぐも》。まだら雲《ぐも》。↓くも(雲)373ページ

**こうせつ**【公設】㊔ 国《くに》や公共団体《こうきょうだんたい》がつくること。また、つくった施設《しせつ》。例 公設の野《や》球場《きゅうじょう》。

**こうせつ**【降雪】㊔ 雪《ゆき》が降《ふ》ること。また、降《ふ》った雪《ゆき》。

**ごうせつ**【豪雪】㊔ 雪《ゆき》がとても多《おお》く降《ふ》ること。ひどい大雪《おおゆき》。例 豪雪地帯《ちたい》。

**こうせん**【公選】㊔ 動-する 住民《じゅうみん》の投票《とうひょう》によって選挙《せんきょ》すること。

**こうせん**【交戦】㊔ 動-する たがいに戦《たたか》うこと。

**こうせん**【光線】㊔ 光《ひかり》。光《ひかり》の筋《すじ》。

**こうせん**【鉱泉】㊔ 鉱物《こうぶつ》の成分《せいぶん》がとけている温泉《おんせん》。温度《おんど》の低《ひく》いものを指《さ》すことが多《おお》い。

**こうぜん**【公然】副(-と) かくしたりしないで、おおっぴらであるようす。例 不満《ふまん》を公然と口《くち》にする。参考「公然《こうぜん》たる事実《じじつ》」などとも使《つか》う。

**公然《こうぜん》の秘密《ひみつ》** 世間《せけん》に知《し》られているのに、表《おもて》向《む》きには秘密《ひみつ》としていることがら。例 二人《ふたり》の関係《かんけい》は公然の秘密だ。

**こうそ**【控訴】㊔ 動-する 最初《さいしょ》の裁判《さいばん》の判決《はんけつ》に不満《ふまん》なときに、その上《うえ》の裁判所《さいばんしょ》に、裁判《さいばん》のやり直《なお》しを求《もと》めること。

**こうそ**【酵素】㊔ 体《からだ》の中《なか》で作《つく》られ、消化《しょうか》や呼吸《こきゅう》などの化学反応《かがくはんのう》を助《たす》けるたんぱく質《しつ》。でんぷんを糖《とう》に変《か》えるジアスターゼなど。

**こうぞ**【楮】㊔ 野山《のやま》に生《は》え、葉《は》がクワの葉《は》に似《に》た木《き》。皮《かわ》は和紙《わし》を作《つく》る原料《げんりょう》にする。

**こうそう**【抗争】㊔ 動-する 対立《たいりつ》して、争《あらそ》うこと。例 権力《けんりょく》抗争。

**こうそう**【香草】㊔ いい香《かお》りのする草《くさ》。ハーブ・パセリなど。

**こうそう**【高僧】㊔ ❶徳《とく》の高《たか》い立派《りっぱ》なお坊《ぼう》さん。❷位《くらい》の高《たか》いお坊《ぼう》さん。

**こうそう**【高層】㊔ ❶建物《たてもの》の階《かい》が、高《たか》く重《かさ》なっていること。例 高層ビル。❷空《そら》の高《たか》い所《ところ》。例 高層雲《うん》。

**こうそう**【構想】㊔ 動-する 考《かんが》えを組《く》み立《た》ててまとめること。また、その考《かんが》え。例 構想がまとまる。構想を練《ね》る。

**こうぞう**【構造】㊔ 内部《ないぶ》の組《く》み立《た》て。つくり。仕組《しく》み。例 人体《じんたい》の構造を調《しら》べる。↓441ページ

**こうそううん**【高層雲】㊔ 空一面《そらいちめん》に広《ひろ》がる、うすい灰色《はいいろ》の雲《くも》。おぼろ雲《ぐも》。↓くも(雲)373ページ

**こうそく**【光速】㊔ 光《ひかり》の進《すす》む速《はや》さ。真空中《しんくうちゅう》では一秒間《いちびょうかん》に約《やく》三〇万《まん》キロメートル。

**こうそく**【拘束】㊔ 動-する 自由《じゆう》に行動《こうどう》できないようにすること。例 容疑者《ようぎしゃ》の身柄《みがら》を拘束する。

**こうそく**【校則】㊔ 学校《がっこう》の規則《きそく》。

**こうそく【高速】** 名 速度《そくど》が速《はや》いこと。例 高速道路《どうろ》。対 低速《ていそく》。

**こうぞく【皇族】** 名 天皇《てんのう》の一族《いちぞく》。

**こうぞく【後続】** 名 動-する 後《うし》ろに続《つづ》くこと。例 後続の電車《でんしゃ》を待《ま》つ。

**ごうぞく【豪族】** 名 昔《むかし》、その地方《ちほう》で財産《ざいさん》と勢力《せいりょく》のあった一族《いちぞく》。

**こうそくどうろ【高速道路】** 名 自動車《じどうしゃ》が速《はや》く走《はし》れるように、立体交差《りったいこうさ》にしたり、上《のぼ》り下《くだ》りを分《わ》けたりした道路《どうろ》。ハイウエー。

**こうそくどさつえい【高速度撮影】** 名 映画《えいが》などで、短《みじか》い時間《じかん》の出来事《できごと》を非常《ひじょう》に速《はや》い速度《そくど》で撮影《さつえい》すること。これをふつうの速《はや》さで映写《えいしゃ》すると、ゆっくりした動《うご》きになる。スローモーション。

°**こうたい【交代・交替】** 名 動-する 人《ひと》が入《い》れかわること。かわり合《あ》うこと。例 議長《ぎちょう》を交代する。選手《せんしゅ》交代。

**こうたい【抗体】** 名 病原菌《びょうげんきん》などが体内《たいない》に入《はい》ったとき、血液《けつえき》の中《なか》にできるたんぱく質《しつ》。菌《きん》を弱《よわ》めたりして、体《からだ》を守《まも》る。

**こうたい【後退】** 名 動-する ❶後《うし》ろへ下《さ》がること。退《しりぞ》くこと。バック。例 三歩《さんぼ》後退する。❷(ものごとが)あともどりすること。例 改革《かいかく》が後退する。対(❶・❷)前進《ぜんしん》。

**こうだい【広大】** 形動 広々《ひろびろ》として大《おお》きいようす。例 広大な土地《とち》が広《ひろ》がる。

**こうたいごう【皇太后】** 名 天皇《てんのう》の母《はは》。

**こうたいし【皇太子】** 名 天皇《てんのう》の男《おとこ》の子《こ》どもで、あとつぎになる皇子《おうじ》。

**こうたいしひ【皇太子妃】** 名 皇太子《こうたいし》の妻《つま》。きさき。

■**こうだいむへん【広大無辺】** 名 形動 限《かぎ》りなく広《ひろ》いこと。例 宇宙《うちゅう》は広大無辺だ。

**こうたく【光沢】** 名 (物《もの》の表面《ひょうめん》の)つや。ひかり。例 家具《かぐ》をみがいて光沢を出《だ》す。

**ごうだつ【強奪】** 名 動-する 力《ちから》ずくで奪《うば》い取《と》ること。例 お金《かね》を強奪する。

**こうだん【公団】** 名 政府《せいふ》の指図《さしず》によって、会社《かいしゃ》のような形《かたち》で国民《こくみん》のために仕事《しごと》をする団体《だんたい》。現在《げんざい》は、すべて民営《みんえい》、または独立行政法人《どくりつぎょうせいほうじん》になっている。

**こうだん【講談】** 名 昔《むかし》の戦《いくさ》やかたきうちの話《はなし》などを、調子《ちょうし》をつけて語《かた》って聞《き》かせる演芸《えんげい》。講釈《こうしゃく》。例 講談師《し》。

**こうち【拘置】** 名 動-する 法律《ほうりつ》によって人《ひと》をとらえておくこと。例 拘置所《しょ》。

**こうち【耕地】** 名 作物《さくもつ》を作《つく》るために耕《たがや》した土地《とち》。田《た》や畑《はたけ》。類 農地《のうち》。

**こうち【高地】** 名 高《たか》い所《ところ》にある土地《とち》。高《たか》い場所《ばしょ》。高台《たかだい》。対 低地《ていち》。

**こうちく【構築】** 名 動-する 組《く》み立《た》てて、つくりあげること。例 足場《あしば》を構築する。理論《りろん》を構築する。

**こうちけん【高知県】** 地名 四国《しこく》の南部《なんぶ》にある県《けん》。県庁《けんちょう》は高知市《こうちし》にある。

**こうちせい【向地性】** 名 植物《しょくぶつ》の根《ね》が、土《つち》の中《なか》へ向《む》かってのびていこうとする性質《せいしつ》。類 背日性《はいじつせい》。

**こうちせいり【耕地整理】** 名 農作業《のうさぎょう》をしやすくし、生産力《せいさんりょく》を向上《こうじょう》させるために、田畑《たはた》の形《かたち》を整《ととの》えたり、道路《どうろ》や水路《すいろ》を整備《せいび》したりすること。

**こうちゃ【紅茶】** 名 茶《ちゃ》の若葉《わかば》をつみ取《と》って、発酵《はっこう》させ、かわかしたお茶《ちゃ》。また、それに湯《ゆ》を注《そそ》いで作《つく》る赤茶色《あかちゃいろ》の飲《の》み物《もの》。

**こうちゅう【甲虫】** 名 かたい前羽《まえばね》を持《も》った昆虫《こんちゅう》。カブトムシ・コガネムシ・ホタルなど種類《しゅるい》が多《おお》い。

**こうちょう【好調】** 名 形動 ものごとの調子《ちょうし》やぐあいがいいこと。例 好調な出《で》だし。対 不調《ふちょう》。

**こうちょう【紅潮】** 名 動-する うれしいことやはずかしいことがあって、顔《かお》がぽうっと赤《あか》くなること。例 ほおが紅潮する。

**こうちょう【校長】** 名 学校《がっこう》の先生《せんせい》の中《なか》で、いちばん上《うえ》の責任者《せきにんしゃ》。学校長《がっこうちょう》。

**こうちょうかい【公聴会】** 名 国会《こっかい》や議会《ぎかい》などで、重要《じゅうよう》なことがらを決定《けってい》する前《まえ》に、関係《かんけい》のある人《ひと》を呼《よ》んで意見《いけん》をきく会《かい》。

**こうちょうどうぶつ【腔腸動物】** 名 水中《すいちゅう》にすみ、体《からだ》の作《つく》りが簡単《かんたん》で、かさや筒《つつ》の形《かたち》をした動物《どうぶつ》。クラゲ・イソギンチャク・サンゴなどがいる。刺胞動物《しほうどうぶつ》。

**こうちょく【硬直】** 名 動-する ❶体《からだ》などが、こわばって曲《ま》がらなくなること。例 足《あし》が硬直して動《うご》けない。❷態度《たいど》や考《かんが》え方《かた》に、やわら

方《ほう》にあり、海《うみ》に面《めん》していない県《けん》の一《ひと》つ。徳川家康《とくがわいえやす》と石田三成《いしだみつなり》が争《あらそ》った関ヶ原《せきがはら》がある。

かさがないこと。例 硬直した制度《せいど》。

**こうちん【工賃】** 名 物《もの》をつくったり加工《かこう》したりした人《ひと》に払《はら》うお金《かね》。

**◦こうつう【交通】** 名 人《ひと》や乗《の》り物《もの》が行《い》ったり来《き》たりすること。行《い》き来《き》。例 交通整理《せいり》。

**こうつうあんぜん【交通安全】** 名 交通《こうつう》事故《じこ》を起《お》こさないように注意《ちゅうい》すること。

**こうつうきかん【交通機関】** 名 人《ひと》や品《しな》物《もの》を運《はこ》ぶはたらきをするもの。また、その設《せつ》備《び》。鉄道《てつどう》・自動車《じどうしゃ》・飛行機《ひこうき》・船《ふね》など。

**こうつうきせい【交通規制】** 名 道路交《どうろこう》通《つう》の安全《あんぜん》のため、交通《こうつう》に制限《せいげん》を設《もう》けること。速度《そくど》制限《せいげん》・一方通行《いっぽうつうこう》・スクールゾーンなど。

**こうつうじこ【交通事故】** 名 交通《こうつう》に関《かん》係《けい》する事故《じこ》。

**こうつうじゅうたい【交通渋滞】** 名 車《くるま》が混雑《こんざつ》して走行《そうこう》がさまたげられ、車《くるま》の流《なが》れが悪《わる》くなること。例 年末年始《ねんまつねんし》の交通渋滞。

例解 考えるためのことば

## 【構造《こうぞう》】を考《かんが》えるときに使《つか》う言葉《ことば》

つくりやしくみを整理《せいり》すること

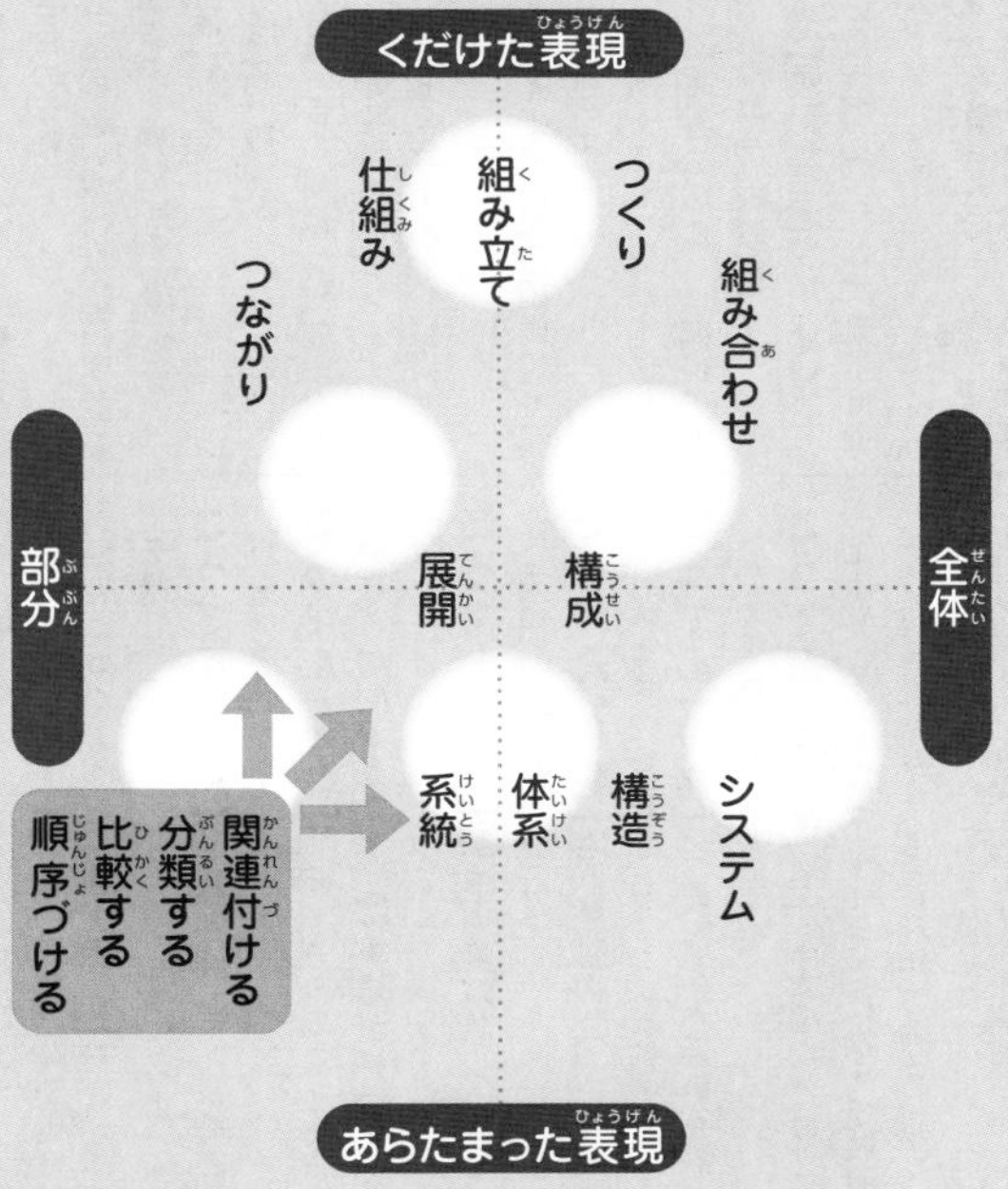


**こうつうしんごう【交通信号】** 名 交通《こうつう》の安全《あんぜん》や整理《せいり》をするための合図《あいず》。ふつう、「赤《あか》・青《あお》・黄《き》」で、それぞれ「止《と》まれ・進《すす》め・注《ちゅう》意《い》」の意味《いみ》を表《あらわ》す。

**こうつうせいり【交通整理】** 名 交通《こうつう》の激《はげ》しい所《ところ》で、人《ひと》や乗《の》り物《もの》の動《うご》きが、安全《あんぜん》で混《こん》乱《らん》のないように指図《さしず》すること。

**こうつうどうとく【交通道徳】** 名 交通《こうつう》について、守《まも》らなければならないこと。

**こうつうひ【交通費】** 名 乗《の》り物《もの》を利用《りよう》するときに、はらうお金《かね》。

**こうつうもう【交通網】** 名 いろいろな交《こう》通機関《つうきかん》が発達《はったつ》し、網《あみ》の目《め》のように通《つう》じている状態《じょうたい》。

**こうつうりょう【交通量】** 名 道路《どうろ》を行《い》き来《き》する人《ひと》や車《くるま》の数《かず》。例 交通量を調《しら》べる。

**ごうつくばり【強突く張り・業突く張り】** 名 形動 欲《よく》ばりで、がんこなこと。また、そのような人《ひと》。参考 ののしって言《い》うことが多《おお》い。

**こうつごう【好都合】** 形動 都合《つごう》がいいようす。例 君《きみ》がいてくれれば好都合だ。対 不《ふ》都合《つごう》。

**こうてい【工程】** 名 仕事《しごと》や工事《こうじ》などを進《すす》めていく順序《じゅんじょ》。また、その進《すす》み方《かた》。例 テレビを組《く》み立《た》てる工程を見学《けんがく》する。

**こうてい【公定】** 名 国《くに》などが、公式《こうしき》に決《き》めること。例 公定価格《かかく》〔=政府《せいふ》が決《き》めた値段《ねだん》〕。

**こうてい【行程】** 名 ❶道《みち》のり。例 二日《ふつか》間《かん》の行程は二〇キロメートルになる。❷旅行《りょこう》の日程《にってい》。[例]二泊三日《にはくみっか》の行程。

**こうてい【肯定】**[名][動-する]そのとおりだと認《みと》めること。[例]事実《じじつ》を肯定する。[対]否定《ひてい》。

**こうてい【皇帝】**[名]君主《くんしゅ》。王《おう》。

**こうてい【高低】**[名]❶高《たか》いことと低《ひく》いこと。[例]土地《とち》の高低。音《おと》の高低。❷(値段《ねだん》などの)上《あ》がり下《さ》がり。[例]物価《ぶっか》の高低。

**こうてい【高弟】**[名]弟子《でし》の中《なか》で、特《とく》にすぐれた人《ひと》。

**こうてい【校庭】**[名]学校《がっこう》の庭《にわ》。運動場《うんどうじょう》や花壇《かだん》など。[例]校庭を掃除《そうじ》する。

**ごうてい【豪邸】**[名]大《おお》きくて立派《りっぱ》な屋敷《やしき》。

**こうてき【公的】**[形動]公《おおやけ》のことに関係《かんけい》のあるようす。[例]公的な立場《たちば》。[対]私的《してき》。

**こうてき【好適】**[名][形動]ちょうどよいようす。ふさわしいようす。[例]秋《あき》は読書《どくしょ》に好適な季節《きせつ》だ。

**こうてきしゅ【好敵手】**[名]力《ちから》が同《おな》じくらいで、戦《たたか》うのにふさわしい相手《あいて》。ライバル。[例]彼《かれ》はぼくの好敵手だ。

**こうてつ【更迭】**[名][動-する]ある役目《やくめ》についている人《ひと》をやめさせて、他《ほか》の人《ひと》にかえること。[例]責任者《せきにんしゃ》を更迭する。

**こうてつ【鋼鉄】**[名]かたくて丈夫《じょうぶ》な鉄《てつ》。はがね。[例]鋼鉄のばね。

**こうてん【公転】**[名][動-する]惑星《わくせい》が太陽《たいよう》の周《まわ》りを、また、衛星《えいせい》が惑星《わくせい》の周《まわ》りを回《まわ》ること。[例]地球《ちきゅう》は、約一年《やくいちねん》で、太陽《たいよう》の周《まわ》りを公転する。[対]自転《じてん》。

**こうてん【好天】**[名]よい天気《てんき》。[例]運動会《うんどうかい》は好天にめぐまれた。[類]快晴《かいせい》。上天気《じょうてんき》。[対]悪天候《あくてんこう》。荒天《こうてん》。

**こうてん【交点】**[名]線《せん》と線《せん》、または線《せん》と面《めん》が交《まじ》わる点《てん》。

**こうてん【好転】**[名][動-する]ものごとが、よいほうに向《む》かうこと。[例]事態《じたい》が好転する。[対]悪化《あっか》。

**こうてん【荒天】**[名]雨《あめ》や風《かぜ》の激《はげ》しい、荒《あ》れた天候《てんこう》。[類]悪天候《あくてんこう》。[対]好天《こうてん》。

**こうてん【後転】**[名]〔体育《たいいく》の〕マット運動《うんどう》で、体《からだ》を後《うし》ろに回転《かいてん》すること。[対]前転《ぜんてん》。

**こうでん【香典】**[名]死《し》んだ人《ひと》に供《そな》えるお金《かね》。お香典《こうてん》。[例]香典を包《つつ》む。

**こうでんち【光電池】**[名]太陽《たいよう》などの光《ひかり》のエネルギーを電気《でんき》エネルギーに換《か》える装置《そうち》。太陽光発電《たいようこうはつでん》や電卓《でんたく》などに利用《りよう》される。ひかりでんち。

**こうてんてき【後天的】**[形動]生《う》まれつきではなくて、あとから身《み》についたようす。[例]後天的な性質《せいしつ》。[対]先天的《せんてんてき》。

**こうど【光度】**[名](電灯《でんとう》などの)光《ひかり》の強《つよ》さの程度《ていど》。

**こうど【高度】**一[名]海面《かいめん》からの高《たか》さ。[例]この飛行機《ひこうき》の高度は一万《いちまん》メートルだ。二[形動]程度《ていど》が高《たか》いようす。[例]高度な問題《もんだい》。

**こうど【硬度】**[名]❶金属《きんぞく》や鉱物《こうぶつ》などのかたさの度合《どあ》い。❷水《みず》に、カルシウムやマグネシウムが含《ふく》まれている度合《どあ》い。

**こうとう【口頭】**[名](書《か》くのではなく)口《くち》で言《い》うこと。[例]口頭で伝《つた》える。

**こうとう【好投】**[名][動-する]野球《やきゅう》で、投手《とうしゅ》がみごとな投球《とうきゅう》をすること。

**こうとう【高等】**[名][形動]程度《ていど》や段階《だんかい》が高《たか》いこと。[例]高等教育《きょういく》。高等動物《どうぶつ》。[対]下等《かとう》。[関連]初等《しょとう》。中等《ちゅうとう》。

**こうとう【高騰】**[名][動-する]物《もの》の値段《ねだん》が急《きゅう》に上《あ》がること。[例]物価《ぶっか》の高騰。

**こうどう【公道】**[名]国《くに》や都道府県《とどうふけん》などが造《つく》った道《みち》。国道《こくどう》や県道《けんどう》など。[対]私道《しどう》。

**○こうどう【行動】**[名][動-する]行《おこな》うこと。動作《どうさ》。[例]計画《けいかく》を行動に移《うつ》す。[類]行為《こうい》。

**こうどう【坑道】**[名]鉱山《こうざん》などの地下《ちか》にほった通路《つうろ》。

**こうどう【講堂】**[名]学校《がっこう》や寺《てら》などで、大勢《おおぜい》の人《ひと》を集《あつ》めて、式《しき》をしたり話《はなし》をしたりする大《おお》きな部屋《へや》や建物《たてもの》。

**ごうとう【強盗】**[名]おどしたり乱暴《らんぼう》したりして、人《ひと》の物《もの》をうばい取《と》る人《ひと》。

**ごうどう【合同】**一[名][動-する]いくつかのものが一《ひと》つにまとまること。[例]五《ご》、六年生《ろくねんせい》が合同で演技《えんぎ》をする。二[名][形動]〔算数《さんすう》で〕二《ふた》つの図形《ずけい》の形《かたち》と大《おお》きさがまったく同《おな》じであること。[例]合同な図形《ずけい》を見《み》つける。↓そうじけい

748ページ

**○こうとうがっこう【高等学校】**[名]中学校《ちゅうがっこう》を卒業《そつぎょう》してから進《すす》む、三年間《さんねんかん》の学校《がっこう》。義《ぎ》

に面《めん》した中部地方《ちゅうぶちほう》の県《けん》。伊豆半島《いずはんとう》がつき出《だ》している。弥生時代《やよいじだい》の登呂遺跡《とろいせき》がある。

務教育《むきょういく》ではない。高校《こうこう》。

**こうとうさいばんしょ【高等裁判所】** 名 地方裁判所《ちほうさいばんしょ》や家庭裁判所《かていさいばんしょ》などの判決《はんけつ》に不満《ふまん》があるとき、さらにうったえ出《で》る裁判所《さいばんしょ》。高裁《こうさい》。

**こうとうしもん【口頭試問】** 名 口《くち》で、たずねたり答《こた》えたりする試験《しけん》。

**こうとうどうぶつ【高等動物】** 名 進化《しんか》が進《すす》み、体《からだ》の仕組《しく》みが複雑《ふくざつ》な動物《どうぶつ》。哺《ほ》乳類《にゅうるい》・鳥類《ちょうるい》など。

■**こうどうはんけい【行動半径】** 名 ❶飛《ひ》行機《こうき》や船《ふね》が、一度《いちど》積《つ》んだ燃料《ねんりょう》だけで往復《おうふく》できるときの、その片道《かたみち》の距離《きょり》。❷活動《かつどう》する範《はん》囲《い》。例 車《くるま》のおかげで行動半径が広《ひろ》がった。

■**こうとうむけい【荒唐無稽】** 名 形動 とりとめがなく、でたらめで根拠《こんきょ》のないこと。例 荒唐無稽な話《はなし》。

**こうどく【鉱毒】** 名 鉱物《こうぶつ》をほり出《だ》すときや、鉱物《こうぶつ》の混《ま》じり物《もの》を取《と》り除《のぞ》くときに出《で》る、毒《どく》になるもの。

**こうどく【購読】** 名 動-する 新聞《しんぶん》や雑誌《ざっし》・本《ほん》を買《か》って読《よ》むこと。

**こうとくしん【公徳心】** 名 社会《しゃかい》をよくするための道徳《どうとく》を守《まも》ろうとする心《こころ》。例 ごみの投《な》げ捨《す》ては、公徳心に欠《か》ける行《おこな》いだ。

**こうどけいざいせいちょう【高度経済成長】** 名 日本《にっぽん》の経済《けいざい》がいちじるしい発展《はってん》をとげた時期《じき》。一九五五年《ねん》ごろから一九七三年《ねん》ごろまでをいう。

**こうない【坑内】** 名 石炭《せきたん》や、鉱石《こうせき》をほり出《だ》す坑道《こうどう》の中《なか》。

**こうない【校内】** 名 学校《がっこう》の中《なか》。対 校外《こうがい》。

**こうない【構内】** 名 囲《かこ》いの中《なか》。特《とく》に、駅《えき》や大学《だいがく》の敷地《しきち》や建物《たてもの》の中《なか》。

**こうにゅう【購入】** 名 動-する 買《か》い入《い》れること。例 図書館《としょかん》に本《ほん》を購入する。類 購買《こうばい》。

**こうにん【公認】** 名 動-する 国《くに》や団体《だんたい》などが、正式《せいしき》に認《みと》めること。例 世界新記録《せかいしんきろく》として公認される。

**こうにん【後任】** 名 前《まえ》の人《ひと》に代《か》わって、その仕事《しごと》を受《う》けつぐこと。また、その人《ひと》。例 後任の先生《せんせい》。対 前任《ぜんにん》。

**こうねつ【高熱】** 名 ❶たいへん高《たか》い温度《おんど》。例 鉄《てつ》を高熱でとかす。❷(病気《びょうき》などで)体温《たいおん》が高《たか》いこと。例 かぜで高熱が出《で》た。

**こうねつひ【光熱費】** 名 電気《でんき》やガス・灯油《とうゆ》などの、燃料《ねんりょう》にかかるお金《かね》。例 冬《ふゆ》は光熱費がかかる。

**こうねつびょう【黄熱病】** 名 ⬇おうねつびょう 146ページ

**こうねん【光年】** 名 天文学《てんもんがく》で、距離《きょり》の単《たん》位《い》。一光年《いちこうねん》は、光《ひかり》が一年間《いちねんかん》に進《すす》む距離《きょり》で、約《やく》九兆《ちょう》四六〇〇億《おく》キロメートル。

**こうねん【後年】** 名 ずっと後《あと》。例 後年学者《がくしゃ》として名《な》を残《のこ》した。

**こうのう【効能】** 名 効《き》き目《め》。はたらき。例 薬《くすり》の効能が表《あらわ》れて、熱《ねつ》が下《さ》がる。類 効果《こうか》。効用《こうよう》。効力《こうりょく》。

**こうのう【後納】** 名 動-する 代金《だいきん》などを後《あと》から納《おさ》めること。例 料金後納郵便《りょうきんこうのうゆうびん》。対 前納《ぜんのう》。

**ごうのう【豪農】** 名 多《おお》くの土地《とち》や財産《ざいさん》をもち、その地方《ちほう》で知《し》られた農家《のうか》。

**こうのうがき【効能書き】** 名 薬《くすり》などの効《き》き目《め》を書《か》きならべたもの。

**こうのとり** 名 ツルに似《に》た、白《しろ》い大《おお》きな鳥《とり》。つばさが黒《くろ》く、足《あし》は赤《あか》くて長《なが》い。高《たか》い木《き》の上《うえ》に巣《す》を作《つく》る。特《とく》別天然記念物《べってんねんきねんぶつ》。

〔こうのとり〕

**こうのもの【香の物】** 名 漬《つ》け物《もの》。

○**こうば【工場】** 名 機械《きかい》などを使《つか》って品物《しなもの》を作《つく》り出《だ》す所《ところ》。⬇こうじょう(工場) 437ページ

**こうはい【光背】** 名 仏像《ぶつぞう》の後《うし》ろにある、光《ひかり》やほのおなどの形《かたち》のかざり。

**こうはい【交配】** 名 動-する 動物《どうぶつ》の雄《おす》と雌《めす》で子《こ》を作《つく》らせること。また、植物《しょくぶつ》の雄《お》花《ばな》と雌《め》花《ばな》で種《たね》を作《つく》らせること。かけ合《あ》わせ。

**こうはい【荒廃】** 名 動-する あれ果《は》てること。例 草《くさ》だらけの荒廃した土地《とち》。

**こうはい【後輩】** 名 ❶年《とし》や経験《けいけん》などが、自《じ》分《ぶん》より少《すく》ない人《ひと》。❷同《おな》じ学校《がっこう》や勤《つと》め先《さき》にあとから入《はい》った人《ひと》。例 後輩を育《そだ》てる。対(❶・❷)先輩《せんぱい》。

**こうばい【勾配】** 名 かたむきの程度《ていど》。傾《けい》斜《しゃ》。また、斜面《しゃめん》。例 屋根《やね》の勾配。

**こうばい【紅梅】** 名 濃《こ》いもも色《いろ》の花《はな》が咲《さ》く



都道府県 静岡県《しずおかけん》 静岡市《しずおかし》 人口《じんこう》 約《やく》363万人《まんにん》 県《けん》の花《はな》 ツツジ 県《けん》の鳥《とり》 サンコウチョウ 県《けん》の木《き》 モクセイ 太平洋《たいへいよう》

ウメ。庭木《にわき》や盆栽《ぼんさい》にする。

**こうばい**【購買】［名］［動-する］物《もの》を買《か》い入《い》れること。［例］購買力《りょく》が落《お》ちる。［類］購入《こうにゅう》。

**こうばいすう**【公倍数】［名］〔算数《さんすう》で〕二《ふた》つ以上《いじょう》の整数《せいすう》の、そのどちらにも共通《きょうつう》する倍数《ばいすう》。例《たと》えば、3と4の公倍数《こうばいすう》は12、24、36…など。このとき、いちばん小《ち》さい公倍数《こうばいすう》の12を最小公倍数《さいしょうこうばいすう》という。［対］公約数《こうやくすう》。

**こうはく**【紅白】［名］❶お祝《いわ》いを表《あらわ》す赤《あか》い色《いろ》と白《しろ》い色《いろ》。［例］紅白の幕《まく》。❷二《ふた》つに分《わ》かれた組《くみ》の赤組《あかぐみ》と白組《しろぐみ》。［例］紅白試合《じあい》。

**こうばしい**【香ばしい】［形］こんがり焼《や》けたような、よいかおりがするようす。［例］パンがこうばしく焼《や》きあがる。

**こうはつ**【後発】［名］❶あとから出発《しゅっぱつ》すること。［対］先発《せんぱつ》。❷あとから取《と》りかかること。［例］後発の会社《かいしゃ》。

**こうはん**【公判】［名］被告人《ひこくにん》に罪《つみ》があるかどうかを調《しら》べるときに、一般《いっぱん》の人々《ひとびと》も見聞《みき》きすることができるようにして行《おこな》う裁判《さいばん》。

**こうはん**【広範】［形動］範囲《はんい》が広《ひろ》いようす。［例］広範な調査《ちょうさ》。

**こうはん**【後半】［名］あとの半分《はんぶん》。［例］試合《しあい》の後半が見《み》ものだ。［対］前半《ぜんはん》。

**◦こうばん**【交番】［名］町《まち》のところどころにあって、警察官《けいさつかん》がいる所《ところ》。［参考］元《もと》は「派出所《はしゅつじょ》」といった。「KOBAN《コーバン》」と書《か》くこともある。

**こうばん**【降板】［名］［動-する］❶野球《やきゅう》・ソフトボールで、投手《とうしゅ》が交代《こうたい》して、マウンドから降《お》りること。❷役割《やくわり》を交代《こうたい》したりやめたりすること。［例］ヒロインの役《やく》を降板する。

**ごうはん**【合板】［名］うすい板《いた》を木目《もくめ》が直角《ちょっかく》になるように、何枚《なんまい》もはり合《あ》わせたもの。ベニヤ板《いた》。ごうばん。

**こうはんい**【広範囲】［名］［形動］範囲《はんい》が広《ひろ》いこと。広《ひろ》い範囲《はんい》。［例］広範囲にわたる被害《ひがい》。

**こうひ**【工費】［名］工事《こうじ》をするのにかかるお金《かね》。工事費《こうじひ》。［例］総《そう》工費。

**こうひ**【公費】［名］国《くに》や市町村《しちょうそん》などがはらうお金《かね》。［対］私費《しひ》。

**こうび**【交尾】［名］［動-する］雄《おす》と雌《めす》が、子孫《しそん》を残《のこ》すためにまじわること。

**ごうひ**【合否】［名］合格《ごうかく》か不合格《ふごうかく》かということ。［例］合否の判定《はんてい》がむずかしい。

**✤こうひつ**【硬筆】［名］鉛筆《えんぴつ》・ペン・ボールペンなどのように、先《さき》のかたい筆記用具《ひっきようぐ》のこと。［対］毛筆《もうひつ》。

**こうひょう**【公表】［名］［動-する］世《よ》の中《なか》の人々《ひとびと》に向《む》かって、広《ひろ》く知《し》らせること。［例］結果《けっか》を公表する。

**こうひょう**【好評】［名］評判《ひょうばん》がよいこと。また、よい評判《ひょうばん》。［例］音楽会《おんがくかい》は好評を博《はく》した〔＝よい評判《ひょうばん》を得《え》た〕。［対］悪評《あくひょう》。不評《ふひょう》。

**こうひょう**【講評】［名］［動-する］説明《せつめい》を加《くわ》えながら、批評《ひひょう》すること。［例］作品《さくひん》の講評。

**こうふ**【公布】［名］［動-する］憲法《けんぽう》や法律《ほうりつ》などを、広《ひろ》く国民《こくみん》に知《し》らせること。［例］憲法《けんぽう》を公布する。［類］発布《はっぷ》。

**こうふ**【交付】［名］［動-する］役所《やくしょ》や学校《がっこう》などが、一般《いっぱん》の人《ひと》や団体《だんたい》に書類《しょるい》やお金《かね》をわたすこと。［例］証明書《しょうめいしょ》を交付する。

**こうふう**【校風】［名］その学校《がっこう》の特色《とくしょく》となっている、気風《きふう》や習慣《しゅうかん》。学風《がくふう》。［例］自由《じゆう》な校風。

**◦こうふく**【幸福】［名］［形動］満足《まんぞく》していて楽《たの》しいこと。幸《しあわ》せ。［例］幸福な家庭《かてい》。［対］不幸《ふこう》。

**こうふく**【降伏・降服】［名］［動-する］戦《たたか》いに負《ま》けて、敵《てき》に従《したが》うこと。［例］城《しろ》を敵《てき》に囲《かこ》まれて、ついに降伏した。［類］降参《こうさん》。

**こうふし**〖甲府市〗［地名］山梨県《やまなしけん》の県庁《けんちょう》がある市《し》。

**こうぶつ**【好物】［名］好《す》きな食《た》べ物《もの》や飲《の》み物《もの》。［例］大好物《だいこうぶつ》。私《わたし》の好物はカレーです。

**こうぶつ**【鉱物】［名］自然《しぜん》にできて、地中《ちちゅう》や岩石《がんせき》の中《なか》に含《ふく》まれている物《もの》。特《とく》に、金《きん》・銀《ぎん》・鉄《てつ》・銅《どう》など、人《ひと》に役立《やくだ》つ物《もの》のこと。［例］鉱物資源《しげん》。

**こうふぼんち**〖甲府盆地〗［地名］山梨県《やまなしけん》にあり、甲府市《こうふし》を中心《ちゅうしん》とした盆地《ぼんち》。

**◦こうふん**【興奮】［名］［動-する］気持《きも》ちや神経《しんけい》がたかぶること。［例］試合《しあい》を見《み》て興奮した。

**こうぶんしょ**【公文書】［名］国《くに》や役所《やくしょ》などが、公式《こうしき》に出《だ》す書類《しょるい》。

**こうべ**［名］頭《あたま》のこと。〔古《ふる》い言《い》い方《かた》。〕

**こうべを垂《た》れる** 頭《あたま》を下《さ》げて、敬《うやま》ったりへりくだったりする気持《きも》ちを表《あらわ》す。

**◦こうへい**【公平】［名］［形動］えこひいきをしないこと。かたよらないこと。［例］その判定《はんてい》は、公平を欠《か》いている。

■**こうへいむし**【公平無私】名 形動 一方《いっぽう》にかたよることなく平等《びょうどう》で、自分《じぶん》の損得《そんとく》を考《かんが》えないこと。

**こうべし**〖神戸市〗地名 兵庫県《ひょうごけん》の県庁《けんちょう》がある市《し》。

◦**こうほ**【候補】名 ある地位《ちい》や役目《やくめ》につく資《し》格《かく》のあること。また、選《えら》ばれる可能性《かのうせい》がある人《ひと》や物《もの》。例 次《つぎ》の社長《しゃちょう》候補。候補者《しゃ》。

**こうぼ**【公募】名 動-する 広《ひろ》く世《よ》の中《なか》の人々《ひとびと》に呼《よ》びかけて、人《ひと》やアイデアなどを集《あつ》めること。例 参加者《さんかしゃ》を公募する。

**こうぼ**【酵母】名 カビの仲間《なかま》の小《ちい》さな生物《せいぶつ》。おもに、酒《さけ》・ビールなどをつくるときや、パンをふくらませるときなどに使《つか》われる。酵母《こうぼ》菌《きん》。イースト。

**こうほう**【公報】名 公式《こうしき》の知《し》らせ。特《とく》に、役所《やくしょ》が国民《こくみん》に知《し》らせるために出《だ》す文書《ぶんしょ》。例 選挙《せんきょ》公報。

**こうほう**【広報】名 広《ひろ》く人々《ひとびと》に知《し》らせること。また、その文書《ぶんしょ》。

**こうほう**【後方】名 後《うし》ろの方《ほう》。例 列《れつ》の後方。対 前方《ぜんぽう》。

**こうぼう**【工房】名 画家《がか》や工芸家《こうげいか》などの仕《し》事場《ことば》。アトリエ。

**こうぼう**【攻防】名 攻《せ》めることと守《まも》ること。戦《たたか》い。例 激《はげ》しい攻防。類 攻守《こうしゅ》。

**こうぼう**【興亡】名 動-する 栄《さか》えることとほろびること。例 国家《こっか》の興亡。類 盛衰《せいすい》。

**ごうほう**【号砲】名 ❶合図《あいず》としてうつ銃《じゅう》や大砲《たいほう》。また、その音《おと》。❷競技《きょうぎ》で、スタートの合図《あいず》にうつピストル。

**ごうほう**【合法】名 法律《ほうりつ》や決《き》まりに合《あ》っていること。例 合法的《てき》なやり方《かた》。対 違法《いほう》。

**ごうほう**【豪放】形動 気持《きも》ちが大《おお》きくて、小《ちい》さなことにこだわらないようす。例 豪放な性格《せいかく》。

**こうぼうだいし**〖弘法大師〗人名 ⇩くうかい 358ページ

**こうぼうにもふでのあやまり**【弘法にも筆の誤り】〔書道《しょどう》の名人《めいじん》の弘法大《こうぼうだい》師《し》のような人《ひと》でも、書《か》きまちがうことがあるということから〕どんなにすぐれた人《ひと》にも失《しっ》敗《ぱい》はある。類 かっぱの川流《かわなが》れ。猿《さる》も木《き》から落《お》ちる。

**こうぼうふでをえらばず**【弘法筆を選ばず】〔書道《しょどう》の名人《めいじん》の弘法大師《こうぼうだいし》は、筆《ふで》のえりごのみをしないということから〕ほんとうの名人《めいじん》は、道具《どうぐ》のよい悪《わる》いにかかわらず、よい仕事《しごと》をする。

■**ごうほうらいらく**【豪放磊落】名 形動 おおらかで、こだわらないこと。

**こうぼきん**【酵母菌】名 ⇩こうぼ(酵母) 445ページ

**こうぼく**【公僕】名 国民全体《こくみんぜんたい》に奉仕《ほうし》する人《ひと》。公務員《こうむいん》。

**こうぼく**【高木】名 幹《みき》がかたくて、太《ふと》く高《たか》くなる木《き》。スギ・ケヤキ・ヒノキ・マツなど。喬木《きょうぼく》。対 低木《ていぼく》。

**こうまん**【高慢】形動 うぬぼれて、人《ひと》をばかにするようす。類 横柄《おうへい》。傲慢《ごうまん》。対 謙虚《けんきょ》。

**ごうまん**【傲慢】形動 えらぶって、人《ひと》をばかにするようす。例 傲慢なふるまい。類 横《おう》柄《へい》。高慢《こうまん》。対 謙虚《けんきょ》。

**こうみゃく**【鉱脈】名 地下《ちか》の岩石《がんせき》のすき間《ま》に、層《そう》になってつまっている、金《きん》・銀《ぎん》・銅《どう》などを含《ふく》む鉱石《こうせき》の集《あつ》まり。

**こうみょう**【功名】名 手柄《てがら》をたて、名《な》をあげること。例 けがの功名。

**こうみょう**【巧妙】形動 やり方《かた》が、とてもうまいようす。例 巧妙なやり方《かた》。

**こうみょう**【光明】名 ❶明《あか》るい光《ひかり》。❷明《あか》るい希望《きぼう》。例 将来《しょうらい》に光明を見《み》いだす。

**こうみょう**【高名】名 形動 ⇩こうめい(高名) 446ページ

**こうみん**【公民】名 ❶国《くに》や市町村《しちょうそん》などの政治《せいじ》に参加《さんか》する権利《けんり》を持《も》っている人《ひと》。例 公民権《けん》〔＝国民《こくみん》として政治《せいじ》に参加《さんか》する権利《けんり》〕。❷社会科《しゃかいか》で、政治《せいじ》・経済《けいざい》・法律《ほうりつ》などについて学《まな》ぶ分野《ぶんや》。

**こうみんかん**【公民館】名 住民《じゅうみん》の交流《こうりゅう》や文化《ぶんか》を高《たか》めるため、集《あつ》まりが開《ひら》けるように市町村《しちょうそん》が造《つく》った建物《たてもの》。

**こうむ**【公務】名 公《おおやけ》の仕事《しごと》。国《くに》や市町《しちょう》村《そん》な



都道府県 愛知県《あいちけん》 名古屋市《なごやし》 人口《じんこう》 約《やく》754万人《まんにん》 県《けん》の花《はな》 カキツバタ 県《けん》の鳥《とり》 コノハズク 県《けん》の木《き》 ハナノキ 太《たい》
ある。

あいうえお かきくけこ さしすせそ たちつてと なにぬねの はひふへほ まみむめも や ゆ よ らりるれろ わ を ん

どの仕事《しごと》。例 公務につく。

**こうむいん【公務員】** 名 国《くに》や市町村《しちょうそん》などの仕事《しごと》をする人《ひと》。公僕《こうぼく》。国家公務員《こっかこうむいん》と地方公《ちほうこう》務員《むいん》とがある。

**こうむる【被る】** 動 (被害《ひがい》を)受《う》ける。例 台《たい》風《ふう》で大《おお》きな損害《そんがい》を被った。⬇ひ【被】1080ページ

**こうめい【公明】** 名 形動 正《ただ》しくて、ごまかしやかくしだてをしないこと。例 公明な選《せん》挙《きょ》を行《おこな》う。

**こうめい【高名】** 名 形動 ❶世《よ》の中《なか》に名前《なまえ》がよく知《し》られていること。こうみょう。例 高名な学者《がくしゃ》。類 著名《ちょめい》。有名《ゆうめい》。❷相手《あいて》の名前《なまえ》を敬《うやま》っていう言葉《ことば》。例 ご高名はうかがっております。

■**こうめいせいだい【公明正大】** 名 形動 かくしだてをしないで、正《ただ》しいこと。例 公明正大な判定《はんてい》。

**こうもく【項目】** 名 ものごとの内容《ないよう》がわかりやすいように、細《こま》かく分《わ》けたもの。例 一《ひと》つ一《ひと》つのことを、項目に分《わ》けて整理《せいり》する。

**こうもり** 名 ❶日中《にっちゅう》は暗《くら》い洞穴《ほらあな》の岩《いわ》などにぶら下《さ》がり、夜《よる》になると鳥《とり》のように空《そら》を飛《と》び回《まわ》るけもの。顔《かお》と体《からだ》つきはネズミに似《に》ている。種類《しゅるい》が多《おお》い。❷「こうもりがさ」の略《りゃく》。

〔こうもり❶〕

**こうもりがさ【こうもり傘】** 名 金属《きんぞく》の骨《ほね》に布《ぬの》などを張《は》った、洋風《ようふう》のかさ。

**こうもん【校門】** 名 学校《がっこう》の門《もん》。

**こうもん【肛門】** 名 腸《ちょう》の終《お》わりの部分《ぶぶん》で、便《べん》を出《だ》す穴《あな》。

**ごうもん【拷問】** 名 動する 白状《はくじょう》させるために、体《からだ》に苦《くる》しみを与《あた》えること。

**こうや【広野】** 名 広《ひろ》い野原《のはら》。ひろの。

**こうや【荒野】** 名 荒《あ》れ果《は》てている野原《のはら》。あれの。

**こうやく【公約】** 名 動する 世《よ》の中《なか》の人《ひと》に対《たい》して、必《かなら》ずやると約束《やくそく》すること。また、その約束《やくそく》。例 選挙《せんきょ》のときの公約を守《まも》る。

**こうやくすう【公約数】** 名 〔算数《さんすう》で〕二《ふた》つ以上《いじょう》の整数《せいすう》のどちらも割《わ》りきることのできる整数《せいすう》。例《たと》えば、6と9の公約数《こうやくすう》は、1と3。このとき、大《おお》きいほうの公約数《こうやくすう》である3を、最大公約数《さいだいこうやくすう》という。対 公倍数《こうばいすう》。

**こうやさん〖高野山〗** 地名 和歌山県《わかやまけん》の北《ほく》部《ぶ》にある山《やま》。空海《くうかい》というお坊《ぼう》さんが、平安時《へいあんじ》代《だい》の初《はじ》めに開《ひら》いた金剛峯寺《こんごうぶじ》がある。

**こうやのしろばかま【紺屋の白袴】** 他人《たにん》のためにすることが忙《いそが》しくて、自分《じぶん》のことをする時間《じかん》がないこと。類 医者《いしゃ》の不養生《ふようじょう》。参考 紺屋《こうや》〔=染物屋《そめものや》〕が自分《じぶん》のはかまは染《そ》めないで白《しろ》いはかまをはいている、ということから。

**こうゆう【公有】** 名 動する 国《くに》や都道府県《とどうふけん》・市《し》町村《ちょうそん》などが持《も》っていること。例 公有地《ち》。類 国有《こくゆう》。対 私有《しゆう》。

**こうゆう【交友】** 名 友達《ともだち》としてのつき合《あ》い。また、その友達《ともだち》。例 交友関係《かんけい》。

**こうゆう【交遊】** 名 動する 親《した》しくつき合《あ》うこと。交際《こうさい》。

**こうゆう【校友】** 名 同《おな》じ学校《がっこう》の友達《ともだち》。また、卒業生《そつぎょうせい》。類 学友《がくゆう》。

**ごうゆう【豪遊】** 名 動する お金《かね》をたくさん使《つか》って、ぜいたくに遊《あそ》ぶこと。

**こうよう【公用】** 名 国《くに》や役所《やくしょ》などの公《おおやけ》の仕《し》事《こと》。例 公用で出張《しゅっちょう》する。対 私用《しよう》。

**こうよう【孝養】** 名 親《おや》を大切《たいせつ》にして、よく世話《せわ》をすること。例 父母《ふぼ》に孝養をつくす。類 孝行《こうこう》。

**こうよう【効用】** 名 効《き》き目《め》。はたらき。例 薬《くすり》の効用。類 効果《こうか》。効能《こうのう》。効力《こうりょく》。

**こうよう【紅葉】** 名 動する 秋《あき》になって、木《き》の葉《は》が赤《あか》くなること。また、その葉《は》。例 山《やま》が紅葉した。参考「もみじ」とも読《よ》む。

**こうよう【高揚】** 名 動する 気持《きも》ちが盛《も》り上《あ》がること。例 やるぞという気分《きぶん》が高揚する。

**こうよう【黄葉】** 名 動する 秋《あき》になって、木《き》の葉《は》が黄色《きいろ》くなること。また、その葉《は》。例 イチョウが黄葉した。

**こうようご【公用語】** 名 ❶いくつかの言《げん》語《ご》が使《つか》われている国《くに》で、公式《こうしき》に使《つか》うことが認《みと》められている言語《げんご》。❷国際会議《こくさいかいぎ》などで、使《つか》うことが認《みと》められている言語《げんご》。参考 国際連合《こくさいれんごう》での公用語《こうようご》は、英語《えいご》・フランス語《ご》・スペイン語《ご》・ロシア語《ご》・中国語《ちゅうごくご》・アラビア語《ご》。

太平洋《たいへいよう》に面《めん》した近畿地方《きんきちほう》の県《けん》。天照大神《あまてらすおおみかみ》と豊受大御神《とようけのおおみかみ》をまつった伊勢神宮《いせじんぐう》がある。

**こうようじゅ**【広葉樹】名 はばが広《ひろ》く平《たい》らな葉《は》を持《も》った木《き》。サクラ・ツバキ・ケヤキ・カシなど。対 針葉樹《しんようじゅ》。

〔こうようじゅ〕

**ごうよく**【強欲】名 形動 非常《ひじょう》に欲《よく》が深《ふか》いこと。例 強欲な人間《にんげん》。

**こうら**【甲羅】名 ❶カメやカニなどの体《からだ》をおおっている、かたいから。甲《こう》。❷背中《せなか》。例 海岸《かいがん》で甲羅干《ぼ》しをする。

**こうらく**【行楽】名 山《やま》や海《うみ》などへ行《い》ったり、観光《かんこう》地《ち》を旅行《りょこう》したりして楽《たの》しむこと。例 行楽地《ち》。行楽シーズン。

**こうり**【高利】名 ふつうよりも利子《りし》が高《たか》いこと。対 低利《ていり》。

**こうり**【小売り】名 動-する 問屋《とんや》から仕入《しい》れた商品《しょうひん》を、客《きゃく》が必要《ひつよう》なだけ分《わ》けて売《う》ること。例 小売値《ね》。対 卸《おろ》し売《う》り。注意「小《こ》売《うり》値《ね》」「小《こ》売店《うりてん》」などは、送《おく》りがなをつけない。

**こうり**【行李】名 タケやヤナギの枝《えだ》などで編《あ》んだ、四角《しかく》なふた付《つ》きの箱《はこ》。衣類《いるい》や旅行《りょこう》の荷物《にもつ》などを入《い》れるのに使《つか》った。

**ごうりか**【合理化】名 動-する むだをなくして、能率《のうりつ》が上《あ》がるようにすること。例 仕事《しごと》の合理化を図《はか》る。

**ごうりき**【強力】名 ❶力《ちから》が強《つよ》いこと。❷登《と》山《ざん》する人《ひと》の荷物《にもつ》をかついだり、案内《あんない》したりする人《ひと》。注意「強力」を「きょうりょく」と読《よ》むと、ちがう意味《いみ》になる。

**こうりしゅぎ**【功利主義】名 利益《りえき》になるかどうか、役《やく》に立《た》つかどうかを基準《きじゅん》に、よしあしを決《き》める考《かんが》え方《かた》。

**ごうりしゅぎ**【合理主義】名 理屈《りくつ》に合《あ》っているかどうかを第一《だいいち》に考《かんが》える態度《たいど》。

**ごうりせい**【合理性】名 理屈《りくつ》が通《とお》っていて、むだがないこと。例 主張《しゅちょう》に合理性がない。

**こうりつ**【公立】名 都道府県《とどうふけん》や市町村《しちょうそん》などが運営《うんえい》すること。例 公立学校《がっこう》。対 私立《しりつ》。

**こうりつ**【効率】名 かけた手間暇《てまひま》と、はかどりぐあいを比《くら》べた割合《わりあい》。例 こちらの機械《きかい》を使《つか》ったほうが、効率がいい。

**こうりつてき**【効率的】形動 ものごとが、むだなく進《すす》むようす。例 効率的に練習《れんしゅう》する。

**こうりてき**【功利的】形動 得《とく》することだけを考《かんが》えるようす。例 功利的な考《かんが》え方《かた》。

**ごうりてき**【合理的】形動 理屈《りくつ》に合《あ》っていて、むだのないようす。例 合理的な考《かんが》え。

**こうりてん**【小売店】名 小《こ》売《う》りをする店《みせ》。対 問屋《とんや》。

**こうりね**【小売値】名 小《こ》売《う》りをするときの値段《ねだん》。対 卸《おろ》し値《ね》。

**こうりゃく**【攻略】名 動-する ❶敵《てき》の陣地《じんち》や城《しろ》をうばい取《と》ること。❷相手《あいて》をうち負《ま》かすこと。例 ピッチャーを攻略する。

**こうりゃく**【後略】名 あとの文章《ぶんしょう》を省《はぶ》いて、書《か》かないこと。関連 前略《ぜんりゃく》。中略《ちゅうりゃく》。参考 文章《ぶんしょう》を引用《いんよう》したときに、「…した。(後略《こうりゃく》)」などと使《つか》う。

**こうりゅう**【交流】一 名 動-する たがいに行《い》き来《き》すること。交《ま》じり合《あ》うこと。例 東西文《とうざいぶん》化《か》の交流。二 名 決《き》まった時間《じかん》ごとに、流《なが》れの方向《ほうこう》が逆《ぎゃく》になる電流《でんりゅう》。例《たと》えば、家《いえ》で使《つか》う電《でん》気《き》は交流《こうりゅう》である。対 直流《ちょくりゅう》。

**ごうりゅう**【合流】名 動-する ❶別々《べつべつ》の川《かわ》の流《なが》れが、一《ひと》つに合《あ》わさること。例 合流点《てん》。❷分《わ》かれていたものが、一《ひと》つになること。例 先《せん》発《ぱつ》グループと、駅《えき》で合流した。

**こうりょ**【考慮】名 動-する よく考《かんが》えてみること。例 君《きみ》の意見《いけん》も考慮に入《い》れる。

**こうりょう**【香料】名 よいにおいを出《だ》す物《もの》。植物《しょくぶつ》の花《はな》や根《ね》、動物《どうぶつ》などからとる。例 バニラの実《み》は洋菓子《ようがし》の香料になる。

**こうりょう**【荒涼】副-と 荒《あ》れ果《は》ててさびしいようす。例 荒涼とした風景《ふうけい》。参考「荒涼《こうりょう》たる風景《ふうけい》」などと使《つか》うこともある。

**こうりょう**【綱領】名 ものごとの大《おお》もとになる、大切《たいせつ》なことがら。特《とく》に、政党《せいとう》や団体《だんたい》などが、その立場《たちば》や方針《ほうしん》などを書《か》き表《あらわ》したもの。

都道府県 三重県《みえけん》 津市《つし》 人口《じんこう》 約《やく》177万人《まんにん》 県《けん》の花《はな》 ハナショウブ 県《けん》の鳥《とり》 シロチドリ 県《けん》の木《き》 ジングウスギ

**こうりょく【効力】** 名 効《き》き目《め》の強《つよ》さや、はたらきのこと。例 薬《くすり》の効力を調《しら》べる。類 効《こう》果《か》。効能《こうのう》。効用《こうよう》。

**こうりん【後輪】** 名 車《くるま》の、後《うし》ろの車輪《しゃりん》。対 前輪《ぜんりん》。

**こうれい【恒例】** 名 いつも決《き》まって行《おこな》われること。例 恒例の行事《ぎょうじ》。類 定例《ていれい》。

**こうれい【高齢】** 名 たいへん年《とし》をとっていること。特《とく》に、六十五歳《ろくじゅうごさい》以上《いじょう》のこと。例 高齢者《しゃ》。

**ごうれい【号令】** 名 動-する 大勢《おおぜい》の人《ひと》に、大《おお》声《こえ》で指図《さしず》すること。また、その言葉《ことば》。例「集《あつ》まれ。」と号令をかける。

**こうれいか【高齢化】** 名 人口《じんこう》の中《なか》に、高《こう》齢者《れいしゃ》のしめる割合《わりあい》が増《ふ》えること。例 高齢化社会《しゃかい》。

**こうれつ【後列】** 名 後《うし》ろの列《れつ》。対 前列《ぜんれつ》。

**こうろ【航路】** 名 船《ふね》や飛《ひ》行機《こうき》の通《とお》る、決《き》められた道筋《みちすじ》。例 外国《がいこく》航路。

**こうろう【功労】** 名 あることを成《な》しとげるためにした、大《おお》きな努力《どりょく》。手柄《てがら》と、骨折《ほねお》り。例 功労者《しゃ》。類 功績《こうせき》。

**こうろん【口論】** 名 動-する 言《い》い争《あらそ》うこと。口《くち》げんか。例 大声《おおごえ》で口論する。

**こうわ【講和】** 名 動-する 戦争《せんそう》をやめて、仲直《なかなお》りをすること。

**こうわ【講話】** 名 動-する 学問《がくもん》や世《よ》の中《なか》のことを、わかりやすく説明《せつめい》して聞《き》かせること。また、その話《はなし》。

**こうわじょうやく【講和条約】** 名 戦争《せんそう》をやめて、国《くに》と国《くに》とが仲直《なかなお》りをすることを決《き》めた約束《やくそく》。例 講和条約を締結《ていけつ》する。

**こうわん【港湾】** 名 船《ふね》が安全《あんぜん》に出入《ではい》りでき、貨物《かもつ》の積《つ》み降《お》ろしや、乗客《じょうきゃく》の乗《の》り降《お》りの設備《せつび》がある所《ところ》。みなと。

**。こえ【声】** 名 ❶人《ひと》や動物《どうぶつ》の口《くち》から出《で》る音《おと》。例 大《おお》きな声で返事《へんじ》をする。❷虫《むし》や物《もの》の出《だ》す音《おと》。例 セミの声。風《かぜ》の声。❸考《かんが》え。意見《いけん》。例 人々《ひとびと》の声を聞《き》く。❹感《かん》じ。気配《けはい》。例 師走《しわす》の声を聞くと気《き》ぜわしくなる。参考「声色《こわいろ》」「声高《こわだか》」などのように、「こわ」と読《よ》むこともある。↓せい【声】698ページ

**声《こえ》が掛《か》かる** ❶さそいを受《う》ける。例 監督《かんとく》から声が掛かる。❷観客席《かんきゃくせき》から、かけ声《ごえ》が掛かる。例「待《ま》ってました」と声が掛かる。

**声《こえ》がつぶれる** 声《こえ》を出《だ》しすぎて、かすれたり出《で》なくなったりすること。

**声《こえ》が弾《はず》む** うれしくて声《こえ》が生《い》き生《い》きしてくる。例 旅行《りょこう》の話《はなし》になると声が弾む。

**声《こえ》を上《あ》げる** ❶大声《おおごえ》を出《だ》す。例 いちだんと声を上げて話《はな》す。❷考《かんが》えを人《ひと》の前《まえ》に示《しめ》す。例 戦争反対《せんそうはんたい》の声を上げる。

**声《こえ》を荒《あら》らげる** はげしい勢《いきお》いで言《い》う。例 声を荒らげて反論《はんろん》する。

**声《こえ》を限《かぎ》りに** できるだけ大《おお》きな声《こえ》を出《だ》して。例 声を限りに助《たす》けを呼《よ》ぶ。

**声《こえ》を掛《か》ける** ❶話《はな》しかける。例 道《みち》で、知《し》らない人《ひと》に声をかけられた。❷さそう。例 つりに行《い》こうと声をかける。

**声《こえ》をからす** 声《こえ》がかすれるほど、大《おお》きな声《こえ》を出《だ》す。例 声をからして応援《おうえん》する。

**声《こえ》を忍《しの》ばせる** 声《こえ》を小《ちい》さくする。例 声をしのばせてうわさ話《ばなし》をする。

**声《こえ》を大《だい》にする** 伝《つた》えたいことを、人々《ひとびと》に強《つよ》く話《はな》しかける。例 平和《へいわ》の大切《たいせつ》さを声を大にしてうったえる。

**声《こえ》を立《た》てる** 声《こえ》を出《だ》す。さけぶ。例 びっくりして思《おも》わず声を立てる。

**声《こえ》をのむ** おどろいたり、感心《かんしん》したりして、声《こえ》が出《で》なくなる。例 あまりの美《うつく》しさに思《おも》

例解 ことばの窓

**声《こえ》を表《あらわ》す言葉《ことば》**

勝利《しょうり》の歓声《かんせい》を上《あ》げる。
興奮《こうふん》して、奇声《きせい》を発《はっ》した。
つかまえられて、わめき声《ごえ》を上《あ》げた。
かけ声《ごえ》をかけて、おみこしをかつぐ。
キャーと悲鳴《ひめい》を上《あ》げた。
彼《かれ》のあの声《こえ》は地声《じごえ》だ。
マイクを使《つか》わず、肉声《にくせい》で歌《うた》う。
電車《でんしゃ》の中《なか》では大声《おおごえ》でしゃべるな。
小声《こごえ》でひそひそ話《はな》す。
鼻《はな》がつまって、鼻声《はなごえ》になる。
ねこなで声《ごえ》で、おかしをねだる。
かぜをひいて、しわがれ声《ごえ》しか出《で》ない。

方《ほう》の内陸《ないりく》にある。海《うみ》に面《めん》してはいないが、日本《にっぽん》でいちばん広《ひろ》い湖《みずうみ》の琵琶湖《びわこ》がある。琵琶湖《びわこ》の面積《めんせき》は、滋賀県全体《しがけんぜんたい》の６分《ぶん》

わず声をのんだ。

**声《こえ》を張《は》り上《あ》げる** 力《ちから》いっぱい大《おお》きな声《こえ》を出《だ》す。例 声を張り上げて応援《おうえん》する。

**声《こえ》をひそめる** ひそひそと小声《こごえ》で話《はな》す。例 声をひそめて、ないしょの話《はなし》をする。

**声《こえ》を振《ふ》り絞《しぼ》る** ありったけの声《こえ》を出《だ》す。例 声を振り絞って応援《おうえん》する。

**声《こえ》を震《ふる》わせる** 緊張《きんちょう》や怒《いか》り・恐《おそ》れ・悲《かな》しみなどで声《こえ》が震《ふる》えて、落《お》ち着《つ》いて話《はな》せない。

**こえ【肥】** 名 田《た》や畑《はたけ》に入《い》れる、こやし。⇩ひ【肥】1079ページ

**ごえい【護衛】** 名 動-する そばにつきそって、守《まも》ること。また、その人《ひと》。類 警護《けいご》。

**こえがわり【声変わり】** 名 動-する 中学生《ちゅうがくせい》のころに、おもに男《おとこ》の子《こ》が、子《こ》どもの声《こえ》から大人《おとな》の声《こえ》に変《か》わること。このときを、変声期《へんせいき》という。

例解⇔使い分け

**越《こ》えると超《こ》える**

とうげを越《こ》える。
ボールがへいを越《こ》える。

百万円《ひゃくまんえん》を超《こ》える。
定員《ていいん》を超《こ》える人数《にんずう》。
人《ひと》の力《ちから》を超《こ》えた技《わざ》。

**こえだか【声高】** 名 形動 ⇩こわだか 487ページ

■**ごえつどうしゅう【呉越同舟】** 名 仲《なか》の悪《わる》い者《もの》どうしや敵味方《てきみかた》が、同《おな》じ場所《ばしょ》にいて行動《こうどう》を共《とも》にすること。参考「呉《ご》」と「越《えつ》」とは、中国《ちゅうごく》の昔《むかし》の国《くに》の名《な》で、戦《たたか》いが絶《た》えなかった。

**ごえもんぶろ【五右衛門風呂】** 名 木《き》おけの底《そこ》が鉄《てつ》のかまになっている風呂《ふろ》。風呂《ふろ》の底《そこ》に板《いた》をしずめて入《はい》る。全体《ぜんたい》が鉄《てつ》の物《もの》もある。参考 盗人《ぬすびと》の石川五右衛門《いしかわごえもん》が、かまゆでの刑《けい》にされたことから名《な》づけられた。

**こえる【肥える】** 動 ❶(体《からだ》が)太《ふと》る。例 肥えたブタ。❷こやしが効《き》いて、土《つち》の質《しつ》がよくなる。例 肥えた土地《とち》。対(❶・❷)痩《や》せる。❸ものの良い悪《わる》いを感《かん》じたり、見分《みわ》けたりする力《ちから》がつく。例 目《め》が肥える。舌《した》が肥える。⇩ひ【肥】1079ページ

○**こえる【越える】** 動 ❶高《たか》い所《ところ》を通《とお》り過《す》ぎる。例 山《やま》を越える。暑《あつ》さもとうげを越えた。❷境目《さかいめ》を過《す》ぎる。例 国境《こっきょう》を越える。❸ある日時《にちじ》を過《す》ぎる。例 十時《じゅうじ》を越える。❹順序《じゅんじょ》をとびこす。例 順番《じゅんばん》を越える。⇩えつ【越】130ページ

○**こえる【超える】** 動 ❶(数《かず》や量《りょう》が)それ以上《いじょう》になる。例 人口百万《じんこうひゃくまん》を超える都会《とかい》。❷とびぬけている。まさる。例 人間《にんげん》の能力《のうりょく》を超える。⇩ちょう【超】837ページ

**こおう【呼応】** 名 動-する 呼《よ》びかけにこたえること。例 児童会《じどうかい》の呼《よ》びかけに呼応して、募金活動《ぼきんかつどう》が始《はじ》まった。

**ゴーカート** 〔英語 go-cart〕名 遊園地《ゆうえんち》などにある、簡単《かんたん》に運転《うんてん》できる小型《こがた》の自動車《じどうしゃ》。

**コークス** 〔ドイツ語〕名 石炭《せきたん》をむし焼《や》きにして作《つく》った燃料《ねんりょう》。煙《けむり》を出《だ》さず、よく燃《も》えて火力《かりょく》が強《つよ》い。

**ゴーグル** 〔英語 goggles〕名 目《め》の部分《ぶぶん》をすっかりおおう眼鏡《めがね》。登山《とざん》、スキー、水泳《すいえい》などに使《つか》う。

**ゴーサイン** 〔日本《にっぽん》でできた英語《えいご》ふうの言葉《ことば》。〕「進《すす》め」の合図《あいず》。よろしいという許可《きょか》。例 ゴーサインが出《で》たので着工《ちゃっこう》します。

**ゴージャス** 〔英語 gorgeous〕形動 豪華《ごうか》なようす。例 ゴージャスなドレス。

○**コース** 〔英語 course〕名 ❶進《すす》んで行《い》く道《みち》。進路《しんろ》。例 台風《たいふう》のコース。❷競走《きょうそう》で、そこを通《とお》るように決《き》められた道《みち》。例 マラソンコース。❸学習《がくしゅう》の内容《ないよう》や順序《じゅんじょ》。課程《かてい》。例 上級《じょうきゅう》コース。❹〔西洋料理《せいようりょうり》で〕料理《りょうり》を出《だ》す、決《き》まった順序《じゅんじょ》。例 コース料理《りょうり》。

**コーチ** 〔英語 coach〕名 動-する スポーツで、そのやり方《かた》などを教《おし》えること。また、その人《ひと》。例 水泳《すいえい》のコーチ。

**コーディネーター** 〔英語 coordinator〕名 ❶全体《ぜんたい》がうまくいくように、調整《ちょうせい》したりまとめたりする人《ひと》。❷衣服《いふく》やアクセサリーの色《いろ》や材質《ざいしつ》の調和《ちょうわ》を考《かんが》えて、組《く》み合《あ》わせる人《ひと》。

**コーディネート** 〔英語 coordinate〕名 動-する ❶全体《ぜんたい》の調整《ちょうせい》をすること。例 国際会《こくさいかい》



都道府県 滋賀県《しがけん》 大津市《おおつし》 人口《じんこう》 約《やく》141万人《まんにん》 県《けん》の花《はな》 シャクナゲ 県《けん》の鳥《とり》 カイツブリ 県《けん》の木《き》 モミジ 近畿地《きんきち》の1。

議《ぎ》をコーディネートする。❷服装《ふくそう》やアクセサリーなどの組《く》み合《あ》わせを調和《ちょうわ》させること。

**コート**〔英語 coat〕名 雨《あめ》や寒《さむ》さを防《ふせ》ぐため、上着《うわぎ》の上《うえ》に着《き》るもの。外《がい》とう。例 レインコート。

**コート**〔英語 court〕名 バレーボール・テニスなどの競技場《きょうぎじょう》。

**コード**〔英語 code〕名 ❶符号《ふごう》。暗号《あんごう》。❷規則《きそく》。❸〔コンピューターで〕情報《じょうほう》を表現《ひょうげん》するための符号《ふごう》の体系《たいけい》。

**コード**〔英語 cord〕名 ゴムやビニルを巻《ま》いて、電気《でんき》が外《そと》に流《なが》れないようにした電線《でんせん》。⬇コンセント 490ページ

**こおどり【小躍り】**名 動-する おどり上《あ》がって喜《よろこ》ぶこと。例 小躍りして喜《よろこ》ぶ。

**コードレス**〔英語 cordless〕名 コードがなくても使《つか》える電気器具《でんききぐ》。

**コーナー**〔英語 corner〕名 ❶(物《もの》の)すみ。❷競走《きょうそう》のコースで、曲《ま》がり角《かど》。例 コーナーを回《まわ》る。❸野球《やきゅう》・ソフトボールで、ホームベースの角《かど》。例 アウトコーナー。❹ボクシングなどで、四角《しかく》いリングのすみ。例 赤《あか》コーナー。❺物《もの》を売《う》ったり展示《てんじ》したりするために、区切《くぎ》られた場所《ばしょ》。例 食品《しょくひん》コーナー。

**こおにたびらこ** 名 ⬇ほとけのざ❶ 1213ページ

**コーヒー**〔オランダ語〕名 コーヒーの木《き》の種《たね》をいって粉《こな》にしたもの。また、それから作《つく》ったほろにがい味《あじ》の飲《の》み物《もの》。参考 コーヒーの木《き》は、南《みなみ》アメリカなど熱帯地方《ねったいちほう》で栽培《さいばい》される高木《こうぼく》。

**ゴーヤ** 名 ウリの仲間《なかま》の植物《しょくぶつ》。実《み》は食《た》べられるが、苦味《にがみ》がある。夏《なつ》に日《ひ》よけとして栽培《さいばい》されることもある。ツルレイシ。にがうり。

**コーラス**〔英語 chorus〕名 ⬇がっしょう(合唱) 246ページ

**コーラン**〔アラビア語〕名 イスラム教《きょう》の教《おし》えが書《か》いてある本《ほん》。クルアーン。

**◦こおり【氷】**名 温度《おんど》が〇度《れいど》より低《ひく》くなって、水《みず》が固《かた》まったもの。例 氷が張《は》る。氷で冷《ひ》やす。⬇ひょう【氷】 1110ページ

**こおりざとう【氷砂糖】**名 砂糖《さとう》をとかし、氷《こおり》のかけらのように結晶《けっしょう》させたもの。

**こおりつく【凍り付く】**動 ❶凍《こお》ってくっつく。凍《こお》って固《かた》まる。例 水道《すいどう》の蛇口《じゃぐち》が凍り付く。❷体《からだ》がすくむ。ぞっとして心《こころ》がかたまる。例 恐怖《きょうふ》で体《からだ》が凍り付く。

**こおりまくら【氷枕】**名 ⬇みずまくら 374ページ

**こおりみず【氷水】**名 ❶氷《こおり》を入《い》れた水《みず》。❷かき氷《ごおり》。

**◦こおる【凍る】**動 寒《さむ》さのために、水《みず》などの液体《えきたい》が固《かた》まる。氷《こおり》になる。例 池《いけ》の水《みず》が凍った。⬇とう【凍】 904ページ

**◦ゴール**〔英語 goal〕名 動-する ❶競走《きょうそう》で、勝《か》ち負《ま》けを決《き》める所《ところ》。決勝点《けっしょうてん》。例 ゴールライン。ゴールめざして走《はし》る。❷バスケットボール・サッカーなどで、ボールを入《い》れると点《てん》になる所《ところ》。また、そこにボールを入《い》れること。例 ゴールを決《き》める。❸目標《もくひょう》とする最後《さいご》のところ。例 完成《かんせい》のゴールも近《ちか》い。

**ゴールイン** 名 動-する 〔日本《にっぽん》でできた英語《えいご》ふうの言葉《ことば》。〕❶ゴールに入《はい》ること。例 一着《いっちゃく》でゴールインした。❷目的《もくてき》をとげること。特《とく》に、結婚《けっこん》すること。

**ゴールキーパー**〔英語 goalkeeper〕名 サッカー・アイスホッケーなどで、ゴールを守《まも》る役目《やくめ》の選手《せんしゅ》。キーパー。

**コールタール**〔英語 coal tar〕名 石炭《せきたん》からコークスを作《つく》るときに出《で》る、黒《くろ》くてねばねばしたもの。薬品《やくひん》をとったり、道路《どうろ》の舗装《ほそう》に使《つか》ったりする。

**ゴールデンウイーク** 名 〔日本《にっぽん》でできた英語《えいご》ふうの言葉《ことば》。〕四月《しがつ》の終《お》わりから五月《ごがつ》のはじめにかけての、休日《きゅうじつ》の多《おお》い一週間《いっしゅうかん》。大型《おおがた》連休《れんきゅう》。

**ゴールデンタイム** 名 〔日本《にっぽん》でできた英《えい》語《ご》ふうの言葉《ことば》。〕ラジオやテレビを、もっとも多《おお》くの人《ひと》が聞《き》いたり見《み》たりする時間《じかん》。夜《よる》の七《しち》時《じ》から十時《じゅうじ》までの間《あいだ》。ゴールデンアワー。

**ゴールド**〔英語 gold〕名 金《きん》。黄金《おうごん》。金色《きんいろ》。

**コールドゲーム**〔英語 called game〕名 野《や》球《きゅう》・ソフトボールなどで、最終回《さいしゅうかい》まえに、審《しん》判《ぱん》が終《お》わらせた試合《しあい》。日《ひ》が暮《く》れたり、大雨《おおあめ》になったり、得点《とくてん》の差《さ》が開《ひら》き過《す》ぎたりしたときに、それまでの得点《とくてん》で勝負《しょうぶ》を決《き》める。

**ゴールライン**〔英語 goal line〕名 サッカー

ドリ　府《ふ》の木《き》　キタヤマスギ　日本海《にほんかい》に面《めん》した近畿地方《きんきちほう》の府《ふ》。日本三景《にほんさんけい》の一《ひと》つ、天橋立《あまのはしだて》がある。明治時代《めいじじだい》に東京《とうきょう》が首



あいうえお かきくけこ さしすせそ たちつてと なにぬねの はひふへほ まみむめも やゆよ らりるれろ わをん

やラグビーなどで、競技場《きょうぎじょう》の短《みじか》いほうの二《ふた》つの辺《へん》に引《ひ》いてある線《せん》。その真《ま》ん中《なか》にゴールがある。

**こおろぎ** 名 夏《なつ》から秋《あき》にかけて草《くさ》むらなどにすむ昆虫《こんちゅう》。体《からだ》は、多《おお》くこげ茶色《ちゃいろ》でつやがある。雄《おす》は羽《はね》をすり合《あ》わせてよく鳴《な》く。エンマコオロギなど、種類《しゅるい》が多《おお》い。

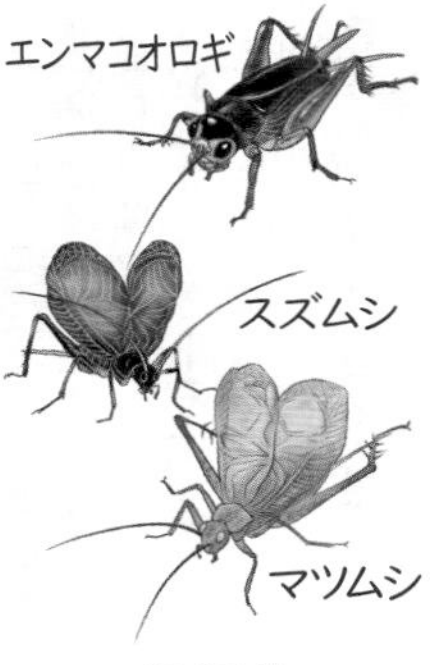

〔こおろぎ〕

✤**ごおん【呉音】** 名 〔国語《こくご》で〕漢字《かんじ》の音《おん》の一《ひと》つ。もっとも古《ふる》く日本《にっぽん》に伝《つた》わった音《おん》。⬇おん（音）❷ 184ページ

**こがい【戸外】** 名 家《いえ》の外《そと》。屋外《おくがい》。

**こがい【子飼い】** 名 ❶動物《どうぶつ》などを、生《う》まれたときから育《そだ》てること。例 子飼いのウグイス。❷一人前《いちにんまえ》になる前《まえ》から、だいじに育《そだ》て上《あ》げること。例 子飼いの弟子《でし》。

**ごかい【誤解】** 名 動-する 言葉《ことば》や事実《じじつ》を、まちがって理解《りかい》すること。思《おも》いちがい。例 人《ひと》に誤解される。

**ごかい** 名 河口《かこう》や浅《あさ》い海《うみ》のどろの中《なか》にすむ、ミミズに似《に》た虫《むし》。つりのえさに使《つか》う。

**こがいしゃ【子会社】** 名 親会社《おやがいしゃ》に属《ぞく》していて、その会社《かいしゃ》の支配《しはい》を受《う》けている会社《かいしゃ》。

**ごかいどう【五街道】** 名 江《え》戸《ど》時代《じだい》の、江《え》戸《ど》〔＝今《いま》の東《とう》京《きょう》〕の日《に》本《ほん》橋《ばし》を始《はじ》まりとした五《いつ》つの大《おお》きな道《みち》。東海道《とうかい》・中山道《なかせんどう》・甲州街道《こうしゅうかいどう》・日光街道《にっこうかいどう》・奥州街道《おうしゅうかいどう》。

〔ごかいどう〕

**ごかく【互角】** 名 形動 たがいの実力《じつりょく》が同《おな》じくらいで、差《さ》がないこと。例 互角の腕前《うでまえ》。互角に戦《たたか》う。類 五分五分《ごぶごぶ》。

**ごがく【語学】** 名 ❶言葉《ことば》について研究《けんきゅう》する学問《がくもん》。❷外国語《がいこくご》。また、その学習《がくしゅう》。

**ごかくけい【五角形】** 名 五《いつ》つの直線《ちょくせん》〔＝辺《へん》〕で囲《かこ》まれた図形《ずけい》。ごかっけい。

**こかげ【木陰】** 名 葉《は》のしげった木《き》の下《した》の日《ひ》かげ。例 木陰でひと休《やす》みする。

**こがす【焦がす】** 動 ❶焼《や》いて、黒《くろ》くする。例 パンを焦がす。❷心《こころ》が苦《くる》しくなるほど思《おも》いつめる。例 胸《むね》を焦がす。⬇しょう【焦】623ページ

**こがた【小形】** 名 形動 形《かたち》が小《ちい》さいこと。例 小形の花《はな》。対 大形《おおがた》。

**こがた【小型】** 名 形動 種類《しゅるい》などが同《おな》じものの中《なか》で、小《ちい》さいほうであること。例 小型のテレビ。対 大型《おおがた》。

**こがたな【小刀】** 名 小《ちい》さな刃物《はもの》。ナイフ。

**こかつ【枯渇】** 名 動-する ❶水《みず》がかれること。水分《すいぶん》がなくなること。❷物《もの》がとぼしくなること。例 工事《こうじ》の資金《しきん》が枯渇する。

**ごがつにんぎょう【五月人形】** 名 ⬇むしゃにんぎょう 1276ページ

**こがね【黄金】** 名 金《きん》。おうごん。〔古《ふる》い言《い》い方《かた》。〕例 黄金色《いろ》〔＝金色《きんいろ》〕。参考 銀《ぎん》は「しろがね」、銅《どう》は「あかがね」、鉄《てつ》は「くろがね」ともいう。

**こがねむし【黄金虫】** 名 葉《は》や動物《どうぶつ》のふんを食《た》べる昆虫《こんちゅう》。種類《しゅるい》が多《おお》い。体《からだ》は丸《まる》く、つやのある緑色《みどりいろ》などをしている。幼虫《ようちゅう》は土《つち》の中《なか》にすみ、木《き》の根《ね》を食《く》う。

**こがら【小柄】** 名 形動 ❶体《からだ》つきがふつうより小《ちい》さいこと。例 小柄な選手《せんしゅ》。❷模様《もよう》がふつうより小《ちい》さいこと。対（❶・❷）大柄《おおがら》。

**こがらし【木枯らし】** 名 冬《ふゆ》の初《はじ》めにふく、かわいた冷《つめ》たい風《かぜ》。

**こがれる【焦がれる】** 動 深《ふか》く思《おも》いを寄《よ》せる。例 友《とも》の帰《かえ》りを待《ま》ち焦がれる。⬇しょう【焦】623ページ

**こがん【湖岸】** 名 みずうみの岸《きし》。

**ごかん【五官】** 名 人間《にんげん》の目《め》・耳《みみ》・鼻《はな》・舌《した》・皮膚《ひふ》の五《いつ》つの感覚器官《かんかくきかん》。

**ごかん【五感】** 名 五官《ごかん》で感《かん》じる、視覚《しかく》・聴覚《ちょうかく》・嗅覚《きゅうかく》・味覚《みかく》・触覚《しょっかく》の五《いつ》つの感覚《かんかく》。例 五感をはたらかせる。

✤**ごかん【語幹】** 名 〔国語《こくご》で〕動詞《どうし》・形容詞《けいようし》な



都道府県 京都府《きょうとふ》 京都市《きょうとし》 人口《じんこう》 約《やく》259万人《まんにん》 府《ふ》の花《はな》 シダレザクラ、サガギク、ナデシコ 府《ふ》の鳥《とり》 オオミズナギドリ 都《と》になるまでは日本《にっぽん》の都《みやこ》で、京都御所《きょうとごしょ》が皇居《こうきょ》として使《つか》われていた。

ど、終《お》わりの部《ぶ》分《ぶん》が変《か》わる言葉《ことば》のうちの、変《か》わらない部《ぶ》分《ぶん》のこと。例《たと》えば、「かたる（語る）」の「かた」、「くろい（黒い）」の「くろ」の部《ぶ》分《ぶん》など。⇩ごび❷ 479ページ

✤**ごかん【語感】** 名 ❶その言葉《ことば》から受《う》ける感《かん》じ。例「旅《たび》」と「旅行《りょこう》」とでは語感がちがう。❷言葉《ことば》に対《たい》する感覚《かんかく》。例するどい語感を持《も》つ詩人《しじん》。

**ごがん【護岸】** 名 海《うみ》や川《かわ》の岸《きし》を、波《なみ》や大水《おおみず》でこわされないようにまもること。例護岸工事《こうじ》。

**こき【古希・古稀】** 名 七〇歳《さい》のこと。例古希を祝《いわ》う。参考 中国《ちゅうごく》の詩人《しじん》、杜甫《とほ》の言葉《ことば》から。

**こき【呼気】** 名 口《くち》からはき出《だ》す息《いき》。対吸気《きゅうき》。

**ごき【語気】** 名 話《はな》すときの、言葉《ことば》の勢《いきお》い。ものの言《い》い方《かた》。例語気があらい。

**こきおろす【こき下ろす】** 動 ひどくけなす。悪《わる》く言《い》う。例友達《ともだち》に、さんざんこき下ろされた。

**ごきげん【御機嫌】** 一名「機嫌《きげん》」の丁寧《ていねい》な言《い》い方《かた》。例「ご機嫌いかがですか。」⇩きげん（機嫌）303ページ。二形動 機嫌《きげん》のいいようす。例弟《おとうと》はおみやげをもらってご機嫌だ。

**ごきげんななめ【御機嫌斜め】** 形動 機《き》嫌《げん》がよくないようす。不機《き》嫌《げん》。例しかられてご機嫌斜めだ。

**ごきげんよう【御機嫌よう】** 感 人《ひと》と出《で》会《あ》ったときや別《わか》れるときの、挨拶《あいさつ》の言葉《ことば》。「お元気《げんき》でお暮《く》らしください」という意味《いみ》。

**こきざみ【小刻み】** 名形動 ❶細《こま》かく速《はや》く動《うご》くこと。例小刻みにゆれる。❷一度《いちど》にしないで、少《すこ》しずつ区切《くぎ》ってすること。例小刻みに値段《ねだん》を上《あ》げる。

**こきつかう【こき使う】** 動 くたくたになるまで、たっぷり働《はたら》かせる。例朝《あさ》から晩《ばん》までこき使われた。

**こぎつける【こぎ着ける】** 動 ❶船《ふね》をこいで、目《め》あての所《ところ》に着《つ》ける。例船《ふね》を向《む》こう岸《ぎし》にこぎ着ける。❷苦労《くろう》して、やっとあるところまで仕上《しあ》げる。例ようやく完成《かんせい》までこぎ着けた。

**こぎって【小切手】** 名 銀行《ぎんこう》にお金《かね》を預《あず》けている人《ひと》が、お金《かね》をはらう代《か》わりに金額《きんがく》を書《か》いて、受《う》け取《と》る人《ひと》にわたす証書《しょうしょ》。これをその銀行《ぎんこう》に持《も》って行《い》くと、銀行《ぎんこう》がお金《かね》をはらってくれる。

**ごきぶり** 名 台所《だいどころ》などにいる昆虫《こんちゅう》。黒《くろ》やこげ茶色《ちゃいろ》でつやがある。病原菌《びょうげんきん》を運《はこ》ぶ害虫《がいちゅう》。アブラムシ。

**こきみよい【小気味よい】** 形 胸《むね》がすっとするようで、気持《きも》ちがよい。例すきをついた小気味よいシュート。

○**こきゅう【呼吸】** 一名動-する ❶息《いき》をはいたり、吸《す》ったりすること。息《いき》。例呼吸があらい。❷生物《せいぶつ》が酸《さん》素《そ》を体《からだ》に取《と》り入《い》れ、二《に》酸《さん》化《か》炭《たん》素《そ》を外《そと》に出《だ》すこと。二名 ❶調子《ちょうし》。気持《きも》ち。例呼吸が合《あ》う。❷こつ。例自転車《じてんしゃ》に乗《の》る呼吸をのみこむ。

**こきゅうき【呼吸器】** 名 生物《せいぶつ》が呼吸《こきゅう》をするための器官《きかん》。のど・気管《きかん》・気管支《きかんし》・肺《はい》など。

○**こきょう【故郷】** 名 生《う》まれた土地《とち》。ふるさと。例故郷に帰《かえ》る。類郷土《きょうど》。郷里《きょうり》。

**故郷《こきょう》へ錦《にしき》を飾《かざ》る** 立身出世《りっしんしゅっせ》してふるさとに帰《かえ》る。

**ごぎょう** 名「ははこぐさ」を春《はる》の七草《ななくさ》としてあげるときの呼《よ》び名《な》。⇩はるのななくさ 1067ページ

**こぎれい** 形動 こざっぱりして、きれいなようす。例こぎれいな身《み》なり。

**こきんわかしゅう『古今和歌集』** 作品名 平安時代《へいあんじだい》の初《はじ》めに、天皇《てんのう》の命令《めいれい》で、紀貫之《きのつらゆき》が中心《ちゅうしん》となって作《つく》った歌集《かしゅう》。一一〇〇首《しゅ》あまりの和歌《わか》が収《おさ》めてある。古今集《こきんしゅう》。

**こく【告】** 画数 7 部首 口（くち） 5年

音 コク 訓 つ-げる

筆順 告 告 告 告 告 告 告

❶つげる。知《し》らせる。熟語 告白《こくはく》。広告《こうこく》。報告《ほうこく》。❷うったえる。熟語 告訴《こくそ》。告発《こくはつ》。

《訓の使い方》 **つ-げる** 例始《はじ》まりを告げる。

**こく【谷】** 画数 7 部首 谷（たに） 2年

音 コク 訓 たに

筆順 谷 谷 谷 谷 谷 谷 谷

海《かい》に面《めん》した近畿地方《きんきちほう》の府《ふ》。世界一《せかいいち》の面積《めんせき》の大仙古墳《だいせんこふん》がある。豊臣秀吉《とよとみひでよし》が建《た》てた大阪城《おおさかじょう》も有名《ゆうめい》。

山《やま》と山《やま》との間《あいだ》の低《ひく》い所《ところ》。たに。熟語 峡谷《きょうこく》。渓《けい》谷《こく》。谷川《たにがわ》。谷間《たにま》。

**こく【刻】** 画数 8 部首 刂（りっとう） 6年

音 コク 訓 きざ-む

筆順 刻

❶（刃物《はもの》で）ほる。きざむ。熟語 刻印《こくいん》。彫刻《ちょうこく》。❷時間《じかん》。とき。熟語 刻限《こくげん》。時刻《じこく》。遅刻《ちこく》。定刻《ていこく》。❸きびしい。熟語 刻苦《こっく》（＝努《ど》力《りょく》を重《かさ》ねること）。深刻《しんこく》。

《訓の使い方》 **きざ-む** 例 文字《もじ》を刻む。

**こく【国】** 画数 8 部首 囗（くにがまえ） 2年

音 コク 訓 くに

筆順 国

くに。熟語 国語《こくご》。国産《こくさん》。国宝《こくほう》。国民《こくみん》。国家《こっか》。国境《こっきょう》・国境《くにざかい》。外国《がいこく》。天国《てんごく》。島国《しまぐに》。雪国《ゆきぐに》。

**こく【黒】** 画数 11 部首 黒（くろ） 2年

音 コク 訓 くろ くろ-い

筆順 黒

❶くろい。熟語 黒点《こくてん》。黒板《こくばん》。暗黒《あんこく》。黒潮《くろしお》。白《しろ》黒《くろ》。❷正《ただ》しくない。熟語 黒白《こくびゃく》。

《訓の使い方》 **くろ-い** 例 黒い ランドセル。

**こく【穀】** 画数 14 部首 禾（のぎ） 6年

音 コク 訓 ―

筆順 穀

米《こめ》・麦《むぎ》など、主食《しゅしょく》となる作物《さくもつ》。熟語 穀物《こくもつ》。穀《こく》類《るい》。雑穀《ざっこく》。米穀《べいこく》。穀倉地帯《こくそうちたい》。

**こく【克】** 画数 7 部首 儿（ひとあし）

音 コク 訓 ―

❶うちかつ。熟語 克服《こくふく》。克己心《こっきしん》。❷よく。十《じゅう》分《ぶん》に。熟語 克明《こくめい》。

**こく【酷】** 画数 14 部首 酉（とりへん）

音 コク 訓 ―

❶ひどい。むごい。熟語 酷使《こくし》。残酷《ざんこく》。冷酷《れいこく》。❷はなはだしい。はげしい。熟語 酷似《こくじ》。酷《こく》暑《しょ》。酷寒《こっかん》。

**こく【酷°】** 形動 ひどすぎるようす。例 一人《ひとり》で行《い》かせるのは酷だ。

**こく【石△】** 名 昔《むかし》の尺貫法《しゃっかんほう》で、穀物《こくもつ》などの量《りょう》の単位《たんい》の一《ひと》つ。一石《いっこく》は一〇斗《と》で、約《やく》一八〇リットル。例 石高《だか》。五万石《ごまんごく》の大名《だいみょう》。➡せき【石】 712ページ

**こく【扱▲く】** 動 イネや麦《むぎ》の実《み》を、物《もの》の間《あいだ》にはさんで、しごき落《お》とす。例 麦《むぎ》をこく。

**こく** 名 深《ふか》みのある、こい味《あじ》わい。例 こくのあるスープ。

**○こぐ【漕◆ぐ】** 動 ❶船《ふね》を進《すす》めるために、かい・ろ・オールなどを動《うご》かす。例 ボートをこぐ。❷足《あし》の力《ちから》で動《うご》かす。例 自転車《じてんしゃ》をこぐ。

**ごく【獄】** 画数 14 部首 犭（けものへん）

音 ゴク 訓 ―

熟語 地獄《じごく》。牢獄《ろうごく》。

**ごく【獄°】** 名 罪人《ざいにん》を閉《と》じこめておく所《ところ》。ろうや。例 獄につながれる。

**ごく【極△】** 熟語 極楽《ごくらく》。極上《ごくじょう》。➡きょく【極】 341ページ

**ごく【極△】** 副 とても。非常《ひじょう》に。例 ごく親《した》しい人《ひと》。参考 ふつう、かな書《が》きにする。

**✤○ごく【語句】** 名 （文《ぶん》を作《つく》っている）一《ひと》つ一《ひと》つの語《ご》や句《く》。言葉《ことば》。例 語句の使《つか》い方《かた》。

**ごくい【極△意】** 名 芸《げい》や技《わざ》などの、心《こころ》得《え》ておくべきいちばん大切《たいせつ》なこと。例 柔道《じゅうどう》の極意を教《おし》える。

**こくいっこく【刻一刻】** 副（-と） （時間《じかん》が）しだいしだいに。だんだんと。例 打《う》ち上《あ》げ時刻《じこく》が刻一刻とせまる。類 時々《じじ》刻々《こっこく》。

**こくいん【刻印】** 名 動-する ❶印《しるし》（＝はんこ）をほること。また、その印《しるし》。❷刻《きざ》みつけること。刻《きざ》みつけたもの。例 泣《な》き虫《むし》の刻印を押《お》される。

**こくう【穀雨】** 名 穀物《こくもつ》をうるおす春雨《はるさめ》が降《ふ》るころ。四月《しがつ》二十日《はつか》ごろ。二《に》十《じゅう》四《し》節《せっ》気《き》の一《ひと》つ。

**こくうん【国運】** 名 国《くに》の運命《うんめい》。例 国運をかけた国際会議《こくさいかいぎ》。

**こくえい【国営】** 名 国《くに》がお金《かね》を出《だ》して、運《うん》営《えい》すること。類 公営《こうえい》。対 私営《しえい》。民営《みんえい》。



都道府県 大阪府《おおさかふ》 大阪市《おおさかし》 人口《じんこう》 約《やく》884万人《まんにん》 府《ふ》の花《はな》 ウメ、サクラソウ 府《ふ》の鳥《とり》 モズ 府《ふ》の木《き》 イチョウ 瀬戸内《せとない》

**こくえき【国益】** 名 国《くに》の利益《りえき》。国《くに》のためになること。例 国益を損《そこ》ねる。

**こくえん【黒煙】** 名 黒《くろ》い煙《けむり》。

**こくおう【国王】** 名 国《くに》を治《おさ》める王《おう》。

**こくがい【国外】** 名 その国《くに》の領《りょう》土《ど》の外《そと》。対 国内《こくない》。

**こくがく【国学】** 名 江戸《えど》時代《じだい》、「古事記《こじき》」などの古典《こてん》を研究《けんきゅう》して、日本《にっぽん》の文化《ぶんか》を明《あき》らかにするために起《お》こった学問《がくもん》。本居宣長《もとおりのりなが》らが中《ちゅう》心《しん》になった。関連 漢学《かんがく》。洋学《ようがく》。

**こくぎ【国技】** 名 その国《くに》を代表《だいひょう》する伝統的《でんとうてき》な武術《ぶじゅつ》やスポーツ。日本《にっぽん》の国技《こくぎ》は相撲《すもう》。例 国技館《かん》。

**こくげん【刻限】** 名 前《まえ》もって決《き》めておいた時間《じかん》。例 約束《やくそく》の刻限におくれる。

✤○**こくご【国語】** 名 ❶それぞれの国《くに》で、多《おお》くの人《ひと》たちに使《つか》われている言葉《ことば》。❷日本《にっぽん》で使《つか》われている言葉《ことば》。日本語《にほんご》。❸日本《にっぽん》の学校《がっこう》で、日《に》本語《ほんご》を勉強《べんきょう》する教科《きょうか》。国語科《こくごか》。

**こくこく【刻刻】** 副(-と) ↓こっこく 470ページ

✤**こくごじてん【国語辞典】** 名 日本語《にほんご》を集《あつ》めて、「あ・い・う・え・お…」の順《じゅん》に並《なら》べ、その意味《いみ》・使《つか》い方《かた》などを説明《せつめい》した本《ほん》。この本《ほん》もその一冊《いっさつ》である。

**こくさい【国債】** 名 国《くに》が、収入《しゅうにゅう》の不足《ふそく》を補《おぎな》うために発行《はっこう》する書《か》きつけ。

○**こくさい【国際】** 名 国《くに》と国《くに》との間《あいだ》に関係《かんけい》すること。例 国際問題《もんだい》。参考 ふつう、他《ほか》の言《こと》葉《ば》の前《まえ》につけて使《つか》う。

**こくさいうちゅうステーション【国際宇宙ステーション】** 名 宇宙《うちゅう》で、人《ひと》が何日《なんにち》もとどまって、実験《じっけん》・研究《けんきゅう》や観測《かんそく》などをする施設《しせつ》。アメリカ・ヨーロッパの国々《くにぐに》・日本《にっぽん》・カナダなどが共同《きょうどう》で運用《うんよう》している。

**こくさいオリンピックいいんかい【国際オリンピック委員会】** 名 ↓アイオーシー 2ページ

**こくさいか【国際化】** 名 動する 多《おお》くの国々《くにぐに》とかかわること。例 国際化が進《すす》む。

**こくさいかいぎ【国際会議】** 名 いくつかの国《くに》の代表者《だいひょうしゃ》が集《あつ》まって、たがいの国《くに》に関係《かんけい》のある問題《もんだい》を相談《そうだん》する会議《かいぎ》。

**こくさいきょうりょく【国際協力】** 名 動する 国《くに》のちがいをこえて、国《くに》どうしが協《きょう》力《りょく》し合《あ》うこと。

**こくさいくうこう【国際空港】** 名 外国《がいこく》と行《い》き来《き》する飛行機《ひこうき》が発着《はっちゃく》する空港《くうこう》。現在《げんざい》日本《にっぽん》では、成田《なりた》・東京《とうきょう》・関西《かんさい》・中部《ちゅうぶ》の四《よっ》つの国際空港《こくさいくうこう》がある。

**こくさいこうりゅう【国際交流】** 名 動する 国《くに》と国《くに》との間《あいだ》で、教育《きょういく》や技術《ぎじゅつ》、文化《ぶんか》などの交流《こうりゅう》をすること。

**ごくさいしき【極彩色】** 名 はでで、手《て》のこんだいろどり。例 極彩色のポスター。

**こくさいしゃかい【国際社会】** 名 国《くに》どうしが結《むす》びつきを強《つよ》め、たがいに経済的《けいざいてき》、文化的《ぶんかてき》に影響《えいきょう》を与《あた》え合《あ》う社会《しゃかい》。例 国際社会で活躍《かつやく》する。

**こくさいしょく【国際色】** 名 いろいろの国《くに》の人《ひと》が集《あつ》まって作《つく》り出《だ》される、雰囲気《ふんいき》。例 国際色豊《ゆた》かな会場《かいじょう》。

**こくさいしんぜん【国際親善】** 名 国々《くにぐに》が、たがいに仲《なか》よくすること。例 オリンピックは国際親善もかねている。

**こくさいせん【国際線】** 名 国《くに》と国《くに》との間《あいだ》を結《むす》んで運航《うんこう》する飛行機《ひこうき》の路線《ろせん》。対 国内線《こくないせん》。

**こくさいてき【国際的】** 形動 世界《せかい》の国々《くにぐに》に関係《かんけい》のあるようす。また、世界《せかい》じゅうに広《ひろ》がっているようす。例 国際的に有名《ゆうめい》な学者《がくしゃ》。類 世界的《せかいてき》。

**こくさいでんわ【国際電話】** 名 外国《がいこく》との間《あいだ》でかわされる電話《でんわ》。

**こくさいほごちょう【国際保護鳥】** 名 数《かず》が減《へ》っていて、絶滅《ぜつめつ》のおそれがあるので、世界《せかい》の国々《くにぐに》が保護《ほご》することを決《き》めた鳥《とり》。トキ・アホウドリなどがいる。

**こくさいみほんいち【国際見本市】** 名 貿易《ぼうえき》をさかんにするために、いろいろな国《くに》から商品《しょうひん》を集《あつ》めて大勢《おおぜい》の人《ひと》に見《み》せる市《いち》。

**こくさいりかい【国際理解】** 名 いくつかの国《くに》や国民《こくみん》どうしが、たがいにわかり合《あ》うこと。例 国際理解を深《ふか》める。

**こくさいれんごう【国際連合】** 名 第二《だいに》次世界大戦《じせかいたいせん》が終《お》わった一九四五年《ねん》、世界《せかい》の平和《へいわ》と安全《あんぜん》を守《まも》るために作《つく》られた仕組《しく》み。本部《ほんぶ》はアメリカのニューヨークにある。国連《こくれん》。U《ユー》N《エヌ》。

と瀬戸内海《せとないかい》に面《めん》した近畿地方《きんきちほう》の県《けん》。世界遺産《せかいいさん》の姫路城《ひめじじょう》がある。

**こくさいれんめい【国際連盟】** 名 第一《だいいち》次《じ》世界大戦《せかいたいせん》のあと、一九二〇年《ねん》に世界《せかい》の平和《へいわ》と安全《あんぜん》を守《まも》るために作《つく》られた仕組《しく》み。国際連《こくさいれん》合《ごう》に引《ひ》きつがれた。

**こくさく【国策】** 名 国《くに》の政治《せいじ》がめざしている方針《ほうしん》。

**こくさん【国産】** 名 ❶その国《くに》の産物《さんぶつ》。❷日本《にっぽん》でできた品物《しなもの》。対 舶来《はくらい》。

**こくし【国史】** 名 ❶一《ひと》つの国《くに》の歴史《れきし》。❷日本《にっぽん》の歴史《れきし》。

**こくし【国司】** 名 奈良時代《ならじだい》から平安時代《へいあんじだい》にかけて、地方《ちほう》を治《おさ》めた役人《やくにん》。

**こくし【酷使】** 名 動する 休《やす》ませずに、無理《むり》な使《つか》い方《かた》をすること。例 体《からだ》を酷使する。

**こくじ【告示】** 名 動する 国《くに》や役所《やくしょ》が、一般《いっぱん》の人《ひと》たちに広《ひろ》く知《し》らせること。例 内閣《ないかく》告示が示《しめ》される。

✤**こくじ【国字】** 名 ❶その国《くに》の言葉《ことば》を書《か》き表《あらわ》す文字《もじ》。❷日本《にっぽん》の文字。かな。❸日本《にっぽん》で作《つく》った漢字《かんじ》。「畑《はたけ》」「働《どう》」など。→ふろく(6ページ)

**こくじ【酷似】** 名 動する とてもよく似《に》ていること。そっくりなこと。例 写真《しゃしん》の人物《じんぶつ》に酷似している。

**こくじこうい【国事行為】** 名 国《くに》の政治《せいじ》について天皇《てんのう》が行《おこな》うことがら。憲法《けんぽう》で定《さだ》められている。

**こくしょ【酷暑】** 名 厳《きび》しい暑《あつ》さ。例 酷暑で夏《なつ》やせした。対 酷寒《こっかん》。

**ごくしょ【極暑】** 名 いちばんひどい暑《あつ》さ。対 極寒《ごっかん》。

**こくじょう【国情】** 名 その国《くに》の政治《せいじ》・経済《けいざい》・文化《ぶんか》などのありさま。

**ごくじょう【極上】** 名 品質《ひんしつ》が、非常《ひじょう》に上等《じょうとう》なこと。また、その物《もの》。例 極上のお茶《ちゃ》。

**こくじん【黒人】** 名 皮膚《ひふ》の色《いろ》が黒《くろ》い色《いろ》をしている人々《ひとびと》。

**こくスポ【国スポ】** 名 「国民《こくみん》スポーツ大会《たいかい》」の略《りゃく》。

**こくせい【国政】** 名 国《くに》の政治《せいじ》。

**こくせい【国勢】** 名 人口《じんこう》や産業《さんぎょう》・資源《しげん》などから見《み》た国《くに》のありさま。

**こくぜい【国税】** 名 国《くに》が、国民《こくみん》から集《あつ》める税金《ぜいきん》。所得税《しょとくぜい》・法人税《ほうじんぜい》など。対 地方税《ちほうぜい》。

**こくぜいちょう【国税庁】** 名 国税《こくぜい》を取《と》り扱《あつか》い、また、税務署《ぜいむしょ》を監督《かんとく》する役所《やくしょ》。

**こくせいちょうさ【国勢調査】** 名 国《くに》のありさまを明《あき》らかにするため、五年《ごねん》ごとに、人口《じんこう》などを全国《ぜんこく》一斉《いっせい》に調《しら》べること。

**こくせき【国籍】** 名 ❶その国《くに》の国民《こくみん》であるという身分《みぶん》・資格《しかく》。❷船《ふね》や飛行機《ひこうき》がその国《くに》に属《ぞく》していること。例 国籍不明《ふめい》の船《ふね》。

**こくそ【告訴】** 名 動する 犯罪《はんざい》の被害《ひがい》にあった人《ひと》が、警察《けいさつ》などに訴《うった》え出《で》ること。例 不正《ふせい》疑惑《ぎわく》で告訴された。

**こくそう【国葬】** 名 国《くに》のために尽《つ》くした人《ひと》がなくなったときに、国《くに》が行《おこな》う葬式《そうしき》。

**こくそう【穀倉】** 名 ❶米《こめ》や麦《むぎ》などの穀物《こくもつ》を入《い》れておく倉《くら》。❷穀物《こくもつ》のたくさん取《と》れる地《ち》方《ほう》。例 穀倉地帯《ちたい》。

**こくたい【国体】** 名 国《くに》のあり方《かた》。

**こくだか【石高】** 名 ❶米《こめ》や麦《むぎ》などの量《りょう》。❷昔《むかし》、武士《ぶし》が給料《きゅうりょう》としてもらった米《こめ》の量《りょう》。

**こくち【告知】** 名 動する 相手《あいて》や多《おお》くの人《ひと》に、告《つ》げ知らせること。例 告知板《ばん》。

**こぐち【小口】** 名 ❶物《もの》をはしから輪切《わぎ》りにした切《き》り口《くち》。例 キュウリを小口切《ぎ》りにする。❷金額《きんがく》や数量《すうりょう》が少《すく》ないこと。例 小口の預金《よきん》。対 大口《おおぐち》。

**こくちょう【国鳥】** 名 国《くに》を代表《だいひょう》する鳥《とり》。日本《にっぽん》の国鳥《こくちょう》はキジ。

**こくてい【国定】** 名 国《くに》が定《さだ》めること。また、定めたもの。例 国定公園《こうえん》。

**こくていこうえん【国定公園】** 名 自然《しぜん》や景色《けしき》を守《まも》るために、国《くに》が定《さだ》めて、都道府県《とどうふけん》が管理《かんり》する公園《こうえん》。

**こくてつ【国鉄】** 名 国《くに》が経営《けいえい》していた、もとの「日本国有鉄道《にほんこくゆうてつどう》」の略《りゃく》。現在《げんざい》のJR《ジェイアール》。

**こくてん【黒点】** 名 ❶黒《くろ》い色《いろ》の点《てん》。❷太陽《たいよう》の表面《ひょうめん》に見《み》える黒《くろ》い点《てん》。他《ほか》の部分《ぶぶん》よりも温度《おんど》が低《ひく》く、増《ふ》えたり減《へ》ったりする。

**こくど【国土】** 名 その国《くに》の土地《とち》。

**こくどう【国道】** 名 国《くに》のお金《かね》で造《つく》り、国《くに》が管理《かんり》をする道《みち》。例 国道一六号《ごう》。

**こくどけいかく【国土計画】** 名 国《くに》を豊《ゆた》かにするために、土地《とち》をいろいろなことに利用《りよう》しようとする計画《けいかく》。

**こくどこうつうしょう【国土交通**



都道府県 兵庫県《ひょうごけん》 神戸市《こうべし》 人口《じんこう》 約《やく》547万人《まんにん》 県《けん》の花《はな》 ノジギク 県《けん》の鳥《とり》 コウノトリ 県《けん》の木《き》 クスノキ 日本海《にほんかい》

省】[名] 川《かわ》・道路《どうろ》・建物《たてもの》などに関《かん》する仕事《しごと》や、交通《こうつう》・荷物《にもつ》の運送《うんそう》などに関《かん》する仕事《しごと》をする国《くに》の役所《やくしょ》。国交省《こっこうしょう》。

**こくどちりいん【国土地理院】**[名] 日本《にっぽん》の国土《こくど》の測量《そくりょう》をし、地図《ちず》を作《つく》る役所《やくしょ》。

**こくない【国内】**[名] 国《くに》の中《なか》。領土《りょうど》の内側《うちがわ》。[対]国外《こくがい》。

**こくないせん【国内線】**[名] 国内《こくない》の空港《くうこう》を結《むす》んで運航《うんこう》する飛行機《ひこうき》の路線《ろせん》。[対]国際線《こくさいせん》。

**こくないそうせいさん【国内総生産】**[名] 国民総所得《こくみんそうしょとく》から、海外《かいがい》での所得《しょとく》を引《ひ》いたもの。[参考]英語《えいご》でいう場合《ばあい》の頭文字《かしらもじ》をとって「GDP《ジーディーピー》」ともいう。↓こくみんそうせいさん 63ページ

**こくはく【告白】**[名][動-する] かくしていたことを、ありのままに打《う》ち明《あ》けること。[例]愛《あい》を告白する。

**こくはつ【告発】**[名][動-する] ❶知《し》られていない不正《ふせい》を明《あき》らかにして、みんなに知《し》らせること。[例]労働問題《ろうどうもんだい》を告発する。❷被害者以外《ひがいしゃいがい》の人《ひと》が、犯罪《はんざい》があったことを警察《けいさつ》などに訴《うった》え出《で》ること。[例]内部《ないぶ》告発。

**こくばん【黒板】**[名] 白墨《はくぼく》で字《じ》や絵《え》などをかく、黒《くろ》や緑《みどり》の板《いた》。

**こくひ【国費】**[名] 政府《せいふ》が出《だ》すお金《かね》。

**ごくひ【極秘】**[名] 絶対《ぜったい》にもらしてはいけない秘密《ひみつ》。[例]極秘の計画《けいかく》。

**こくびゃく【黒白】**[名] ❶黒《くろ》と白《しろ》。❷よいか悪《わる》いか。

**黒白《こくびゃく》を争《あらそ》う** 相手《あいて》と向《む》かい合《あ》って、どちらが正《ただ》しいかをはっきりさせる。

**黒白《こくびゃく》をつける** ↓しろくろをつける 653ページ

**こくひょう【酷評】**[名][動-する] 厳《きび》しく批評《ひひょう》すること。[例]作品《さくひん》を酷評する。

**こくびをかしげる【小首をかしげる】** ❶首《くび》をちょっとかたむけて考《かんが》える。❷ちょっと変《へん》だな、と思《おも》う。

**こくひん【国賓】**[名] 国《くに》が正式《せいしき》に客《きゃく》として招《まね》いた外国人《がいこくじん》。

**こくふ【国府】**[名] 昔《むかし》、その地方《ちほう》を治《おさ》めるために、地方《ちほう》ごとに置《お》かれた役所《やくしょ》。また、その所在地《しょざいち》。

**こくふく【克服】**[名][動-する] 難《むずか》しいことや苦《くる》しいことに、うちかつこと。[例]病気《びょうき》を克服する。

**ごくぶと【極太】**[名] ひじょうに太《ふと》いこと。また、太《ふと》いもの。[例]極太のうどん。[対]極細《ごくぼそ》。

**こくぶんがく【国文学】**[名] 日本《にっぽん》の文学《ぶんがく》。また、日本《にっぽん》の文学《ぶんがく》について研究《けんきゅう》する学問《がくもん》。

**こくぶんじ【国分寺】**[名] 奈良時代《ならじだい》に聖武天皇《しょうむてんのう》が、仏教《ぶっきょう》を広《ひろ》め、国《くに》の平和《へいわ》をいのるために、日本《にっぽん》の各地《かくち》に建《た》てた寺《てら》。奈良《なら》の東大寺《とうだいじ》がその中心《ちゅうしん》。

**こくべつ【告別】**[名][動-する] 別《わか》れを告《つ》げること。特《とく》に、死《し》んだ人《ひと》に別《わか》れを告《つ》げること。[例]告別の言葉《ことば》を述《の》べる。

**こくべつしき【告別式】**[名] 死《し》んだ人《ひと》に別《わか》れを告《つ》げる儀式《ぎしき》。

**こくほう【国宝】**[名] 国《くに》の宝《たから》。特《とく》に、国《くに》が指《し》定《てい》し、保護《ほご》している建物《たてもの》・彫刻《ちょうこく》・絵《え》など。

**こくほう【国法】**[名] 国《くに》の法律《ほうりつ》。国《くに》のおきて。[例]国法を守《まも》る。

**こくぼう【国防】**[名] 外敵《がいてき》から国《くに》を守《まも》ること。国《くに》の守《まも》り。

**ごくぼそ【極細】**[名] ひじょうに細《ほそ》いこと。また、細《ほそ》いもの。[例]極細の毛糸《けいと》。[対]極太《ごくぶと》。

**こぐまざ【小熊座】**[名] 北《きた》の空《そら》にある北極星《ほっきょくせい》を中心《ちゅうしん》とする星座《せいざ》。

**こくみん【国民】**[名] その国《くに》の国籍《こくせき》を持《も》つ人々《ひとびと》。[例]国民の権利《けんり》を守《まも》る。

**こくみんえいよしょう【国民栄誉賞】**[名] 国民《こくみん》に愛《あい》され、社会《しゃかい》に明《あか》るい希望《きぼう》を与《あた》えるりっぱな業績《ぎょうせき》をあげた人《ひと》に、内閣総理大臣《ないかくそうりだいじん》がおくる賞《しょう》。昭和五十二年《しょうわごじゅうにねん》(一九七七年《ねん》)に始《はじ》まり、第一回受賞者《だいいっかいじゅしょうしゃ》は元《もと》プロ野球《やきゅう》選手《せんしゅ》の王貞治《おうさだはる》。

**こくみんけんこうほけん【国民健康保険】**[名] 自分《じぶん》で商売《しょうばい》をしている人《ひと》など、公務員《こうむいん》や会社員《かいしゃいん》のための健康保険《けんこうほけん》には加《くわ》わっていない人《ひと》のための健康保険《けんこうほけん》。↓けんこうほけん 412ページ

**こくみんしゅけん【国民主権】**[名] 国《くに》を治《おさ》める最高《さいこう》の権利《けんり》が国民《こくみん》にあること。民主主義《みんしゅしゅぎ》の基本的《きほんてき》な考《かんが》え方《かた》で、日本国憲法《にほんこくけんぽう》に定《さだ》められている。主権在民《しゅけんざいみん》。

**こくみんしんさ【国民審査】**[名] 最高裁判所《さいこうさいばんしょ》の裁判官《さいばんかん》が適当《てきとう》かどうかを、国民《こくみん》が投《とう》

方《ほう》の内陸部《ないりくぶ》にある。世界《せかい》でいちばん古《ふる》い木造建築《もくぞうけんちく》の法隆寺《ほうりゅうじ》がある。奈良《なら》の大仏《だいぶつ》も有名《ゆうめい》。

票《ひょう》して決《き》めること。

**こくみんスポーツたいかい【国民スポーツ大会】** 名 毎年《まいとし》、日本全国《にほんぜんこく》から選《えら》ばれた選手《せんしゅ》たちが、運動《うんどう》の技《わざ》を競《きそ》い合《あ》う大《たい》会《かい》。国《こく》スポ。参考 二〇二三年《ねん》までは、「国民《こくみん》体育大会《たいいくたいかい》」とよんでいた。

**こくみんせい【国民性】** 名 その国《くに》の国民《こくみん》が一般《いっぱん》に持《も》っている性質《せいしつ》。

**こくみんそうしょとく【国民総所得】** 名 国内総生産《こくないそうせいさん》に海外《かいがい》から得《え》た利益《りえき》を加《くわ》えたもの。国民総生産《こくみんそうせいさん》。参考 英語《えいご》でいう場合《ばあい》の頭文字《かしらもじ》をとって、「GNI《ジーエヌアイ》」ともいう。↓こくみんそうせいさん 457ページ

**こくみんそうせいさん【国民総生産】** 名 国《くに》の経済《けいざい》の中《なか》で、ある決《き》まった期間《きかん》（ふつうは一年《いちねん》）に生産《せいさん》されたもの全体《ぜんたい》を、お金《かね》の価値《かち》で表《あらわ》したもの。参考 英語《えいご》でいう場合《ばあい》の頭文字《かしらもじ》をとって、「GNP《ジーエヌピー》」ともいう。最《さい》近《きん》は、ほぼ同《おな》じ意味《いみ》の「国民総所得《こくみんそうしょとく》」が使《つか》われることが多《おお》い。

**こくみんたいいくたいかい【国民体育大会】** 名 ↓こくみんスポーツたいかい 457ページ

**こくみんとうひょう【国民投票】** 名 憲法改正《けんぽうかいせい》など、重要《じゅうよう》なことがらを決定《けってい》するために、国民《こくみん》が直接行《ちょくせつおこな》う投票《とうひょう》。

**こくみんねんきん【国民年金】** 名 すべての国民《こくみん》が対象《たいしょう》となる年金《ねんきん》の制度《せいど》。

**こくみんのきゅうじつ【国民の休日】** 名 国民《こくみん》の祝日《しゅくじつ》に前後《ぜんご》をはさまれた日《ひ》。この日《ひ》も休日《きゅうじつ》となる。↓こくみんのしゅくじつ 457ページ

**こくみんのしゅくじつ【国民の祝日】** 名 国《くに》が法律《ほうりつ》で決《き》めた祝日《しゅくじつ》。元日《がんじつ》、成人《せいじん》の日《ひ》、こどもの日《ひ》など。

**こくむ【国務】** 名 国《くに》の政治《せいじ》を進《すす》めていく仕《し》事《ごと》。例 国務にたずさわる。

**こくむだいじん【国務大臣】** 名 内閣総《ないかくそう》理大臣《りだいじん》から任命《にんめい》されて、国《くに》の政治《せいじ》を行《おこな》う大《だい》臣《じん》。

**こくめい【克明】** 形動 くわしく丁寧《ていねい》にするようす。例 克明に調《しら》べる。

**こくもつ【穀物】** 名 米《こめ》・麦《むぎ》・アワ・豆《まめ》など、種子《しゅし》を食《た》べる作物《さくもつ》。穀類《こくるい》。

**こくゆう【国有】** 名 国《くに》が、国《くに》の財産《ざいさん》として持《も》っていること。また、そのもの。類 公有《こうゆう》。

**こくゆうりん【国有林】** 名 国《くに》が持《も》っている森林《しんりん》。対 私有林《しゆうりん》。

**こくようせき【黒曜石】** 名 黒《くろ》くてつやがある、ガラスのような火山岩《かざんがん》。石器時代《せっきじだい》には、矢《や》じりなどを作《つく》った。

**ごくらく【極楽】** 名 ❶〔「極楽浄土《ごくらくじょうど》」の略《りゃく》。〕仏教《ぶっきょう》で、よいことをした人《ひと》が、死《し》んでから行《い》くと考《かんが》えられている、美《うつく》しくて平和《へいわ》な所《ところ》。類 天国《てんごく》。❷心配事《しんぱいごと》がなく、平和《へいわ》で楽《たの》しいこと。例 温泉《おんせん》にゆっくりつかると極楽の気分《きぶん》だ。対（❶・❷）地獄《じごく》。

**こくりつ【国立】** 名 国《くに》のお金《かね》で作《つく》り、運営《うんえい》しているもの。例 国立劇場《げきじょう》。

**こくりつこうえん【国立公園】** 名 美《うつく》しい自然《しぜん》を守《まも》り、国民《こくみん》の健康《けんこう》などに役立《やくだ》たせるために、国《くに》が決《き》めて、管理《かんり》する公園《こうえん》。↓458ページ

**こくりょく【国力】** 名 国《くに》の勢力《せいりょく》。人口《じんこう》・経《けい》済《ざい》・産業《さんぎょう》・文化《ぶんか》などを合《あ》わせた力《ちから》。

**こくるい【穀類】** 名 ↓こくもつ 374ページ

**こくれん【国連】** 名 「国際連合《こくさいれんごう》」の略《りゃく》。

**こくれんけんしょう【国連憲章】** 名 国際連合《こくさいれんごう》の目的《もくてき》や組織《そしき》など、基本《きほん》となることを定《さだ》めた条約《じょうやく》。一九四五年《ねん》に採択《さいたく》された。国《こく》際連合憲章《さいれんごうけんしょう》。

**ごくろうさま【ご苦労様】** 感 相手《あいて》の苦《く》労《ろう》をねぎらって、かける言葉《ことば》。

■**こぐんふんとう【孤軍奮闘】** 名 動-する 味方《みかた》がいない中《なか》、独《ひと》りで懸命《けんめい》にがんばること。例 彼《かれ》の孤軍奮闘をたたえる。

**こけ【苔】** 名 岩《いわ》やしめった地面《じめん》などに生《は》える、小《ちい》さな緑色《みどりいろ》の植物《しょくぶつ》。種《たね》ではなく胞子《ほうし》で増《ふ》える。ゼニゴケ・ミズゴケなど。

**こけい【固形】** 名 ある形《かたち》を持《も》っていて、固《かた》まっているもの。例 固形燃料《ねんりょう》。

**こけおどし【こけ威し】** 名 見《み》かけはりっぱだが、実質《じっしつ》のない見《み》せかけだけのもの。例 こけおどしの宣伝文句《せんでんもんく》。

**こけし** 名 頭《あたま》が丸《まる》く胴《どう》がつつの形《かたち》をした木《き》の人形《にんぎょう》。東北地方《とうほくちほう》で多《おお》く作《つく》られる。

**こげちゃいろ【焦げ茶色】** 名 黒《くろ》っぽい



都道府県 奈良県《ならけん》 奈良市《ならし》 人口《じんこう》 約《やく》132万人《まんにん》 県《けん》の花《はな》 ナラヤエザクラ 県《けん》の鳥《とり》 コマドリ 県《けん》の木《き》 スギ 近畿地《きんきち》

あいうえお かきくけ こ さしすせそ たちつてと なにぬねの はひふへほ まみむめも やゆよ らりるれろ わをん

茶色《ちゃいろ》。褐色《かっしょく》。

**こげつく**【焦げ付く】動 ❶焼《や》け焦《こ》げて、物《もの》にくっつく。例ご飯《はん》が焦げつく。❷貸《か》したお金《かね》が返《かえ》してもらえなくなる。

**こけつにいらずんばこじをえず**【虎穴に入らずんば虎児を得ず】〔トラの穴《あな》に入《はい》らなければ、トラの子《こ》を生《い》けどることができないように〕危険《きけん》をおかさなければ、望《のぞ》みのものを手《て》に入《い》れることはできない。

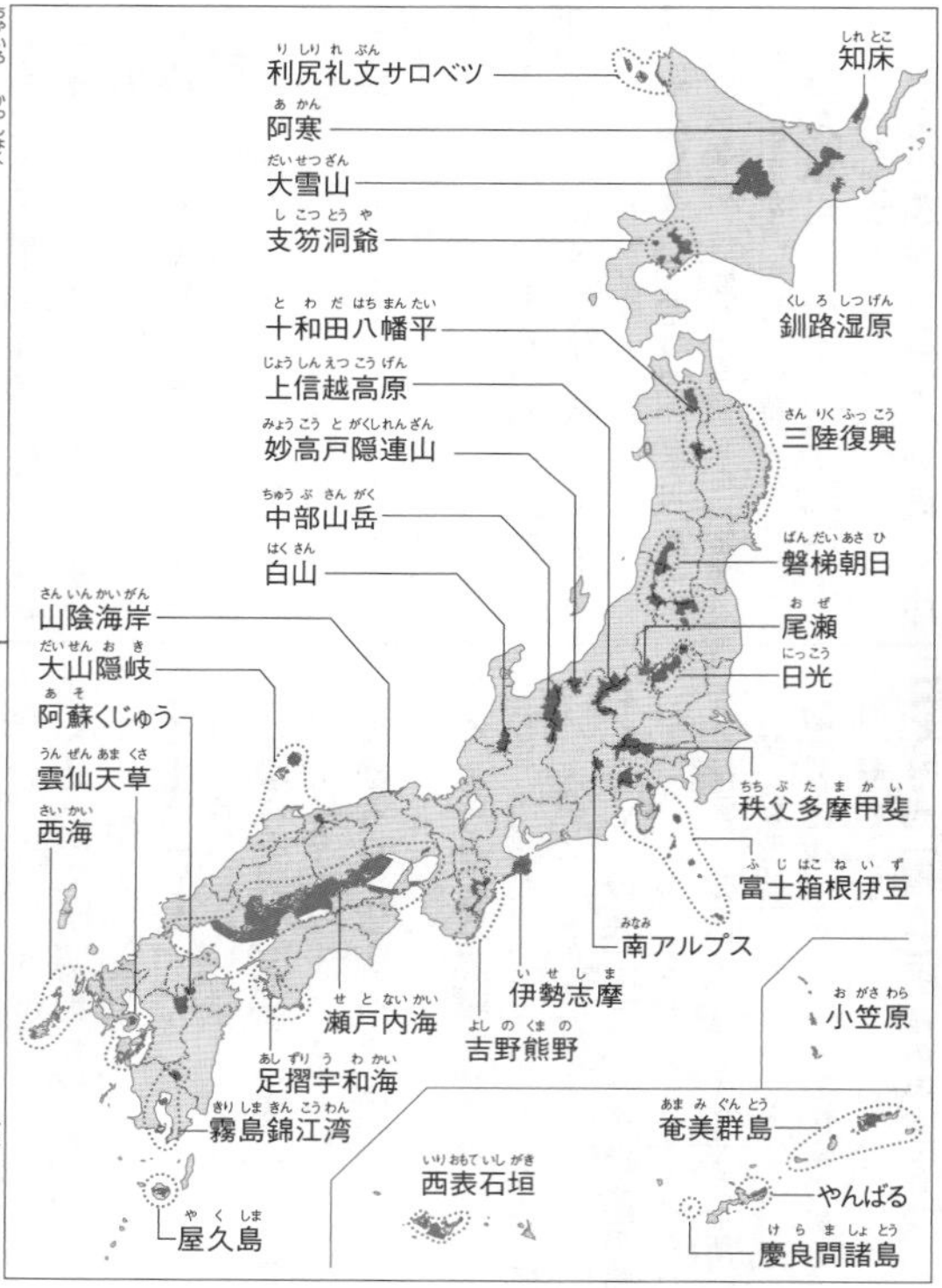

〔こくりつこうえん〕

**こけにする** ばかにする。例人《ひと》をこけにするのは許《ゆる》さない。

**ごけにん**【御家人】名 ❶鎌倉《かまくら》時代《じだい》・室町《むろまち》時代《じだい》に、将軍《しょうぐん》に直接《ちょくせつ》仕《つか》えた武士《ぶし》。❷江戸《えど》時代《じだい》の将軍《しょうぐん》の直接《ちょくせつ》の家来《けらい》で、旗本《はたもと》より身分《みぶん》の低《ひく》い武士《ぶし》。

**こけむす**【苔むす】動 コケが生《は》える。例こけむした墓石《ぼせき》。参考 長《なが》い年月《ねんげつ》がたつことをいう。

**こけらおとし**【こけら落とし】名〔工《こう》事《じ》の最後《さいご》に、屋根《やね》のこけら〔=材木《ざいもく》のけずりくず〕をはらい落《お》としたことから〕新築《しんちく》の劇場《げきじょう》で、初《はじ》めて芝居《しばい》などを行《おこな》うこと。

**こける** 一動 ❶肉《にく》が落《お》ちて、やせ細《ほそ》る。例ほおがこける。❷転《ころ》ぶ。例道《みち》でこける。❸失敗《しっぱい》する。例映画《えいが》がこける。二〔ある言葉《ことば》のあとにつけて〕「ひどく……する」意味《いみ》を表《あらわ》す。例笑《わら》いこける。

○**こげる**【焦げる】動 焼《や》けて黒《くろ》くなる。例パンが焦げる。↓しょう【焦】623ページ

✤**ごげん**【語源】名 ある言葉《ことば》の起《お》こり。言葉《ことば》のいちばん初《はじ》めの形《かたち》や意味《いみ》。

**こけんにかかわる**【こけんに関わる】人《ひと》の体面《たいめん》を左右《さゆう》する。人《ひと》の評判《ひょうばん》や品位《ひんい》にさしさわりがある。例決断《けつだん》を下《くだ》せないようでは、リーダーのこけんに関わる。

**ここ**【個個】名 一《ひと》つ一《ひと》つ。一人一人《ひとりひとり》。

○**ここ** 代名 ❶この所《ところ》。この場所《ばしょ》。例弟《おとうと》はここにいる。↓こそあどことば467ページ。❷この場《ば》合《あい》。例ここは、ぼくに任《まか》せてほしい。❸近《ちか》ごろ。例ここしばらく、会《あ》っていない。

✤**こご**【古語】名 古《ふる》い時代《じだい》に使《つか》われて、今《いま》はほとんど使《つか》われなくなった言葉《ことば》。「やよい〔=三《さん》月《がつ》〕」「あまた〔=たくさん〕」など。↓ことばの勉強室《べんきょうしつ》472ページ

○**ごご**【午後】名 正午《しょうご》から夜《よる》の十二《じゅうに》時《じ》まで。また、昼《ひる》から夕方《ゆうがた》まで。対午前《ごぜん》。

**ココア**〔英語 cocoa〕名 カカオの種《たね》をいって、粉《こな》にしたもの。また、それをとかした飲《の》み



あり、太平洋《たいへいよう》に面《めん》した県《けん》。気候《きこう》が温暖《おんだん》で、果物《くだもの》の栽培《さいばい》がさかん。ミカンやウメ、ハッサクの生産《せいさん》量《りょう》は日本一《にっぽんいち》。

例解 ! ことばの勉強室

## 語源《ごげん》

語源《ごげん》は、その言葉《ことば》の生《う》まれ育《そだ》ちを表《あらわ》す。語源《ごげん》には、次《つぎ》のようにいろいろある。

❶言葉《ことば》の組《く》み合わせや形《かたち》の変化《へんか》によって生《う》まれたもの

・**まぶた** 目《め》(→目《ま》)+ふた

・**なぞなぞ** 昔《むかし》の「何《なに》ぞ何《なに》ぞ」とたずねる遊《あそ》びから。

・**ありがたい** 有《あ》り+難《がた》い (あり得《え》ないの意味《いみ》から)

・**おもちゃ** 持《も》て遊《あそ》び→持《も》ち遊《あそ》び→もちゃそび→もちゃ→おもちゃ

❷姿《すがた》・形《かたち》や音《おと》などから生《う》まれたもの

・**めだか** 目《め》が高《たか》いところにある。

・**さるすべり** 幹《みき》がなめらか。

・**くわがた** かぶとのくわ形《がた》に似《に》る。

・**かっこう** 鳴《な》き声《ごえ》から。

❸地名《ちめい》や人名《じんめい》から生《う》まれたもの

・**瀬戸物《せともの》** 愛知県《あいちけん》の瀬戸《せと》が産地《さんち》。

・**佃煮《つくだに》** 江戸《えど》佃島《つくだじま》が産地《さんち》。

・**じゃがいも** ジャガタラから伝来《でんらい》。

・**アキレスけん** ギリシャ神話《しんわ》の英雄《えいゆう》、アキレスから。

❹武道《ぶどう》や芸事《げいごと》、相撲《すもう》や碁《ご》・将棋《しょうぎ》から生《う》まれたもの

・**立《た》ち往生《おうじょう》** 弁慶《べんけい》は立《た》ったまま往生《おうじょう》した(=死《し》んだ)。

・**十八番《じゅうはちばん》** 歌舞伎《かぶき》の一八の得意《とくい》な出《だ》し物《もの》。その台本《だいほん》が箱《はこ》に入《い》れてあったことから、おはことも言《い》う。

・**出足《であし》** 相撲《すもう》の立《た》ち合《あ》いは、すばやく前《まえ》へ足《あし》を出《だ》すこと。

・**一目置《いちもくお》く** 碁《ご》で、弱《よわ》いほうが先《さき》に一目《いちもく》置《お》いて、相手《あいて》を敬《うやま》う気持《きも》ちを表《あらわ》す。

❺昔《むかし》の暮《く》らしの中《なか》から生《う》まれたもの

・**おやつ** 昔《むかし》、「八《や》つどき」(=午後二時《ごごにじ》ごろ)に食《た》べた。

・**ふろしき** 蒸《む》しぶろだった昔《むかし》、床《ゆか》に敷《し》いたものから。

・**相棒《あいぼう》** かごで、前《まえ》を担《かつ》ぐのが「先棒《さきぼう》」、後《うし》ろは「後棒《あとぼう》」。二人《ふたり》の調子《ちょうし》が合《あ》わないと進《すす》めない。

・**けりがつく** 短歌《たんか》・俳句《はいく》・物語《ものがたり》など、「…けり」で終《お》わるものが多《おお》かった。

❻中国《ちゅうごく》の故事《こじ》から生《う》まれたもの

・**矛盾《むじゅん》** (矛《ほこ》で盾《たて》を突《つ》いたら。)

・**推敲《すいこう》** (「推《お》す」か「敲《たた》く」か。)

・**蛇足《だそく》** (蛇《へび》の絵《え》に足《あし》をかいた。)

・**漁夫《ぎょふ》の利《り》** (まんまと二《ふた》つとも。)

「チームの柱《はしら》」、「研《けん》究《きゅう》が壁《かべ》にぶつかる。」のように言《い》うことがある。「柱《はしら》」も「壁《かべ》」も建物《たてもの》の一部《いちぶ》を指《さ》す言葉《ことば》であるが、ここでは中心《ちゅうしん》になるもの、さまたげるものの意味《いみ》で使《つか》われている。このように、言《こと》葉《ば》の元《もと》の使《つか》い方《かた》から、さらに広《ひろ》がって使《つか》われることがある。

物《もの》。チョコレートの原料《げんりょう》になる。

**ごこう【後光】** 名 仏《ほとけ》や菩薩《ぼさつ》の体《からだ》の後《うし》ろに出《で》るといわれる光《ひかり》。

**後光《ごこう》が差《さ》す** かがやかしくて尊《とうと》いものになる。ほんとうにありがたいと思《おも》う。例 困《こま》っていたときに助《たす》けてくれた人《ひと》に、後光が差して見《み》えた。

**こごえじに【凍え死に】** 名 動-する 寒《さむ》さのため、体《からだ》が冷《ひ》えて死《し》ぬこと。凍死《とうし》。例 こんなに寒《さむ》いと凍え死にしそうだ。

○**こごえる【凍える】** 動 寒《さむ》さのために、体《からだ》が冷《ひ》えて感覚《かんかく》がなくなる。例 今日《きょう》は、凍えるような寒《さむ》さだ。⇩**とう【凍】** 904ページ

**ここかしこ** 代名 あちらこちら。あちこち。例 ここかしこにユリが咲《さ》く。

**ここく【故国】** 名 ❶自分《じぶん》の生《う》まれ育《そだ》った国《くに》。祖国《そこく》。母国《ぼこく》。❷ふるさと。故郷《こきょう》。

**ごこく【五穀】** 名 五種類《ごしゅるい》の穀物《こくもつ》。米《こめ》・麦《むぎ》・アワ・キビ・豆《まめ》をいう。例 五穀豊穣《ほうじょう》〔=穀物《こくもつ》が豊《ゆた》かに実《みの》ること〕。

**ごこく【後刻】** 名 のちほど。今《いま》より少《すこ》しのち。例 後刻 改《あらた》めてうかがいます。

**ここぞ** 「ここ」を強《つよ》めた言《い》い方《かた》。ここだ。ここぞ。

**ここぞという** 大事《だいじ》なのは、今《いま》、このときだ。例 ここぞという場面《ばめん》で、日《ひ》ごろの練《れん》習《しゅう》が物《もの》を言《い》う。

**ここぞとばかり** ここだという勢《いきお》いで。例 ここぞとばかり、反対意見《はんたいいけん》をまくし立《た》てた。

**ここち【〈心地〉】** 一名 心持《こころも》ち。気分《きぶん》。例 生《い》きた心地がしない。二〔ある言葉《ことば》のあとにつけて〕〔「…ごこち」の形《かたち》で〕…の感《かん》じ。例 住《す》み心地。参考「心地《ここち》」は、特別《とくべつ》に認《みと》められた読《よ》み方《かた》。

**ここちよい【〈心地〉よい】** 形 気持《きも》ちよい。例 心地よい春風《はるかぜ》。

**こごと【小言】** 名 気《き》に入《い》らなくて言《い》う文句《もんく》。また、人《ひと》をしかるときの言葉《ことば》。例 いたずらをしてきつい小言を食《く》った。

**ここの【九】** 名 ここのつ。きゅう。例 九日《か》。九重《え》。⇩**きゅう【九】** 323ページ

**ここのか【九日】** 名 ❶月《つき》の九番《きゅうばん》めの日《ひ》。❷九日間《くにちかん》。

○**ここのつ【九つ】** 名 ❶〔数《かず》を表《あらわ》す言葉《ことば》。〕く。きゅう。❷九歳《きゅうさい》。⇩**きゅう【九】** 323ページ

○**こころ【心】** 名 ❶考《かんが》えたり、感《かん》じたりするはたらき。精神《せいしん》。例 心の正《ただ》しい人《ひと》。❷思《おも》い。考《かんが》え。例 心をうち明《あ》ける。❸こころがまえ。例 心がたるんでいる。❹思《おも》いやり。例 心ないやり方《かた》。❺まごころ。例 入学《にゅうがく》を心から祝《いわ》う。❻気持《きも》ち。例 心が晴《は》れない。❼意味《いみ》。例 なぞなぞの心を解《と》く。⇩**しん【心】** 654ページ

**心《こころ》が痛《いた》む** 心《こころ》に苦《くる》しみを感《かん》じる。例 試験《しけん》に落《お》ちたと聞《き》いて心が痛んだ。

**心《こころ》が動《うご》く** 気持《きも》ちが、そのほうに引《ひ》かれる。だんだんその気《き》になる。例 父《ちち》にすすめられて、心が動いた。

**心《こころ》が躍《おど》る** うれしくて、心《こころ》がわくわくする。心《こころ》がはずむ。例 あしたの遠足《えんそく》のことを思《おも》うと、心が躍る。

**心《こころ》が通《かよ》う** たがいに気持《きも》ちがわかる。例 はなれていても、心が通う仲《なか》だ。

**心《こころ》がすさむ** 投《な》げやりな気持《きも》ちになる。例 ひどい扱《あつか》いを受《う》けて心がすさむ。

**心《こころ》が狭《せま》い** 人《ひと》の考《かんが》えなどを受《う》け入《い》れようとしない。例 独《ひと》りよがりで心が狭い人《ひと》だ。

**心《こころ》が和《なご》む** おだやかな気持《きも》ちになる。例 ひさしぶりに空《そら》を見上《みあ》げて心が和んだ。

**心《こころ》が残《のこ》る** 残念《ざんねん》だ。気《き》がかりだ。

**心《こころ》が弾《はず》む** 心《こころ》がうきうきする。例 夏休《なつやす》みが近《ちか》づくと、心が弾む。

**心《こころ》が晴《は》れる** 心配《しんぱい》ごとなどがなくなって、気分《きぶん》がすっきりする。例 ようやく試験《しけん》が終《お》わって心が晴れた。

**心《こころ》が広《ひろ》い** 人《ひと》の気持《きも》ちがよくわかり、考《かんが》えなどを受《う》け入《い》れようとする。例 とても心が広い人《ひと》だ。

**心《こころ》に描《えが》く** 心《こころ》の中《なか》で想像《そうぞう》してみる。例 百年《ひゃくねん》後《ご》の世界《せかい》を心に描いてみた。

**心《こころ》に掛《か》ける** 心配《しんぱい》する。気《き》にする。例 心にかけてくれてありがとう。

**心《こころ》に刻《きざ》む** 忘《わす》れないように、はっきり覚《おぼ》えておく。例 失敗《しっぱい》したくやしさを心に刻みつける。

**心《こころ》に染《し》みる** しみじみと心《こころ》に深《ふか》く感《かん》じる。例 心に染みるお別《わか》れの言葉《ことば》。

ボク　日本海《にほんかい》に面《めん》した中国地方北東部《ちゅうごくちほうほくとうぶ》の県《けん》。東西約《とうざいやく》16キロメートルの鳥取砂丘《とっとりさきゅう》があり、二十世紀梨《にじっせいきなし》が有名《ゆうめい》。

**心《こころ》に留《と》める** 覚《おぼ》えておく。例 あなたのたのみは心に留めておきます。

**心《こころ》に響《ひび》く** 感動《かんどう》させられる。例 先生《せんせい》のひと言《こと》が心に響いて忘《わす》れられない。

**心《こころ》に触《ふ》れる** 心《こころ》のおくに深《ふか》く感《かん》じる。例 心に触れる言葉《ことば》。

**心《こころ》にもない** 本心《ほんしん》から思《おも》っているのではない。例 心にもないお世辞《せじ》を言《い》う。

**心《こころ》の籠《こ》もった** 心《こころ》から一生懸命《いっしょうけんめい》のようす。例 心のこもったもてなし。

**心《こころ》の友《とも》** たがいに心《こころ》を知《し》りあった友《とも》。心《こころ》の支《ささ》えとなる友《とも》やものごと。例 モーツァルトの音楽《おんがく》は私《わたし》の心の友だ。

**心《こころ》のまま** 気《き》持《も》ちのおもむくまま。例 心のままに行動《こうどう》する。

**心《こころ》密《ひそ》かに** 気《き》づかれないように、心《こころ》の中《なか》で。例 恩返《おんがえ》ししたいと、心密かに思《おも》っていた。

**心《こころ》優《やさ》しい** 気《き》持《も》ちが優《やさ》しい。例 心優しい男《おとこ》。

**心《こころ》を痛《いた》める** 心配《しんぱい》する。例 父《ちち》の病気《びょうき》のことで、母《はは》も心を痛めている。

**心《こころ》を入《い》れ替《か》える** 考《かんが》え方《かた》や態度《たいど》をあらためる。例 心を入れ替えて勉強《べんきょう》にはげむ。

**心《こころ》を動《うご》かす** ❶感動《かんどう》する。❷興味《きょうみ》をもつ。

**心《こころ》を打《う》つ** 深《ふか》く感心《かんしん》させる。例 母《はは》の言葉《ことば》が強《つよ》くわたしの心を打った。

**心《こころ》を奪《うば》われる** 夢中《むちゅう》になる。例 ボール遊《あそ》びに心を奪われている。

**心《こころ》を躍《おど》らせる** どきどき、わくわくする。例 外国旅行《がいこくりょこう》に、心を躍らせる。

**心《こころ》を鬼《おに》にする** かわいそうだと思《おも》いながらも、相手《あいて》のために、わざと厳《きび》しくする。例 心を鬼にして子《こ》どもをしかる。

**心《こころ》を通《かよ》わせる** たがいの気《き》持《も》ちをわかり合《あ》う。例 親友《しんゆう》として心を通わせる。

**心《こころ》を砕《くだ》く** いろいろと心配《しんぱい》する。例 よい仕《し》事《こと》をしようと心をくだく。

**心《こころ》を配《くば》る** あれこれと気《き》をつかう。例 心を配ってお年寄《としよ》りをむかえる。

**心《こころ》をくむ** 人《ひと》の気《き》持《も》ちを思《おも》いやる。例 彼《かれ》の心をくんで、送別会《そうべつかい》はやめた。

**心《こころ》を込《こ》める** 真心《まごころ》をもって、一生懸命《いっしょうけんめい》にする。例 一《ひと》つ一《ひと》つ心を込めて作《つく》る。

**心《こころ》を捉《とら》える** 気《き》持《も》ちを引《ひ》きつける。例 美《うつく》しいながめが、ぼくの心をとらえた。

**心《こころ》を引《ひ》かれる** 気《き》持《も》ちが引《ひ》きつけられる。例 美《うつく》しい絵《え》に、思《おも》わず心を引かれる。

**心《こころ》を開《ひら》く** かくしごとをしないで、打《う》ち解《と》ける。例 心を開いて話《はな》し合《あ》う。

**心《こころ》を許《ゆる》す** 信用《しんよう》して、打《う》ち解《と》ける。例 心を許した友達《ともだち》。

**心《こころ》を寄《よ》せる** ❶ある人《ひと》に好意《こうい》をもつ。❷関《かん》心《しん》をもつ。例 野《の》の花《はな》に心を寄せる。

**こころあたたまる【心温まる】** 動 よい気《き》持《も》ちになる。心《こころ》がなごむ。例 そのニュースを聞《き》いて、心温まる思《おも》いがした。

**こころあたり【心当たり】** 名 思《おも》い当《あ》たること。見当《けんとう》。例 それについては、いくら考《かんが》えても心当たりがない。

**こころある【心ある】** 連体 深《ふか》い考《かんが》えがある。思《おも》いやりがある。例 心ある人々《ひとびと》。

**こころいき【心意気】** 名 ものごとを進《すす》んでしようとする、きっぱりとした気《き》持《も》ち。意《い》気《き》ごみ。例 農業《のうぎょう》にかける心意気。

**こころえ【心得】** 名 ❶あることについて、知《し》っていること。たしなみ。例 生《い》け花《ばな》の心得。❷注意《ちゅうい》しなければならないことがら。例 夏休《なつやす》みの心得。

**こころえちがい【心得違い】** 名 ❶思《おも》いちがい。考《かんが》えちがい。例 わたくしの心得違いでした。❷道理《どうり》に外《はず》れていること。例 心得違いもはなはだしい。

**こころえる【心得る】** 動 ❶わかる。理《り》解《かい》する。例 作《つく》り方《かた》は心得ている。❷引《ひ》き受《う》ける。例 そのことは心得た。

**こころおきなく【心置きなく】** 副 心《しん》配《ぱい》しないで。遠慮《えんりょ》しないで。例 留守番《るすばん》がいるので、心おきなく出《で》かけられる。

**こころおぼえ【心覚え】** 名 ❶心《こころ》に覚《おぼ》えていること。例 言《い》われてみると心覚えがある。❷忘《わす》れないためのしるしとなるもの。メモ。例 心覚えの走《はし》り書《が》き。

**こころがけ【心掛け】** 名 ふだんからの心《こころ》の持《も》ち方《かた》。心構《こころがま》え。例 心がけがいい。

**○こころがける【心掛ける】** 動 いつも心《こころ》にとめて、忘《わす》れないようにする。例 身《み》なり



都道府県 鳥取県《とっとりけん》 鳥取市《とっとりし》 人口《じんこう》 約《やく》55万人《まんにん》 県《けん》の花《はな》 二十世紀梨《にじっせいきなし》の花《はな》 県《けん》の鳥《とり》 オシドリ 県《けん》の木《き》 ダイセンキャラ

をきちんとするように心がける。

◦**こころがまえ**【心構え】名 心《こころ》の用意《ようい》。覚《かく》悟《ご》。心《こころ》がけ。例 ふだんからの心構えがだいじだ。

**こころがわり**【心変わり】名 動する 心《こころ》が他《ほか》に移《うつ》ってしまうこと。気《き》持《も》ちが変《か》わること。例 すぐ心変わりする性格《せいかく》。

**こころくばり**【心配り】名 動する 相手《あいて》のことを思《おも》い、いろいろと気《き》をつかうこと。例 友達《ともだち》の心配りをうれしく思《おも》う。

**こころぐるしい**【心苦しい】形 すまない感《かん》じがする。例 無理《むり》をさせて心苦しい。

◦**こころざし**【志】名 ❶こうしようと思《おも》う気《き》持《も》ち。また、こうしようと心《こころ》に決《き》めたこと。例 志をとげる。❷親切《しんせつ》にしようとする気持《きも》ち。例 お志をありがたく思《おも》います。❸お礼《れい》の気《き》持《も》ちを表《あらわ》すおくり物《もの》。例 ほんの志です。↓し【志】536ページ

**志《こころざし》を立《た》てる** こうしようとかたく心《こころ》に決《き》める。例 医者《いしゃ》になろうと志を立てて勉強《べんきょう》する。

**志《こころざし》を果《は》たす** こうしようと心《こころ》に決《き》めたことをやりとげる。志《こころざし》をとげる。例 弁護士《べんごし》になるという志を果たす。

◦**こころざす**【志す】動 目標《もくひょう》を立《た》てて、それをやりとげようと強《つよ》く心《こころ》に思《おも》う。例 画家《がか》を志す。↓し【志】536ページ

**こころづかい**【心遣い】名 動する ものごとがうまくいくように、いろいろと気《き》をつかうこと。例 温《あたた》かいお心遣い、ありがとうございます。

**こころづくし**【心尽くし】名 心《こころ》をこめてすること。例 心づくしのもてなし。

**こころづけ**【心付け】名 世話《せわ》になったお礼《れい》としてあげるお金《かね》や品物《しなもの》。チップ。

**こころづもり**【心積もり】名 動する 前《まえ》もって、こうしようと心《こころ》の中《なか》で考《かんが》えること。例 いざというときの心積もり。類 腹積《はらづ》もり。

**こころづよい**【心強い】形 (たよるものがあるので)安心《あんしん》していられる。例 辞書《じしょ》があれば心強い。対 心細《こころぼそ》い。

**こころない**【心無い】形 深《ふか》い考《かんが》えがない。思《おも》いやりがない。例 心ないいたずらに悲《かな》しくなった。

**こころなしか**【心なしか】副 気《き》のせいか。例 心なしか風《かぜ》がやんだようだ。

**こころならずも**【心ならずも】副 自分《じぶん》の本心《ほんしん》からではなく。しかたなしに。例 心ならずも、うそをついてしまった。

**こころにくい**【心憎い】形 にくらしいと思《おも》うほどりっぱだ。例 心にくいほど落《お》ち着《つ》いている。

**こころね**【心根】名 心《こころ》のおくのほんとうの気《き》持《も》ち。例 あの子は、ほんとうに心根のやさしい少年《しょうねん》だ。

**こころのこり**【心残り】名 形動 思《おも》い切《き》れないこと。残念《ざんねん》に思《おも》うこと。例 時間《じかん》がなくて会《あ》えなかったのが心残りだ。

**こころばかり**【心ばかり】名 ほんの気《き》持《も》ちだけ。少《すこ》しばかり。例 心ばかりの品《しな》ですが…。参考 おくり物《もの》をするときなどに、謙遜《けんそん》して言《い》う言葉《ことば》。

◦**こころぼそい**【心細い】形 不安《ふあん》でさびしい。たよりない。例 一人《ひとり》でいるのは心細い。対 心強《こころづよ》い。

**こころまち**【心待ち】名 あてにして待《ま》っていること。例 返事《へんじ》を心待ちにする。

◦**こころみ**【試み】名 ためしてみること。例 画期的《かっきてき》な試み。

**こころみに**【試みに】副 ためしに。例 試みに問題《もんだい》を解《と》いてみる。

◦**こころみる**【試みる】動 ためしにやってみる。例 新《あたら》しい方法《ほうほう》を試みる。↓し【試】537ページ

**こころもち**【心持ち】一名 心《こころ》に受《う》ける感《かん》じ。気《き》持《も》ち。気《き》分《ぶん》。例 すずしい風《かぜ》に当《あ》たって、いい心持ちだ。二副 ほんの少《すこ》し。いくらか。例 こころもち右《みぎ》にかたむいている。

**こころもとない**【心もとない】形 心配《しんぱい》だ。不安《ふあん》だ。例 子《こ》どもたちだけでは心もとない。

**こころやすい**【心安い】形 遠慮《えんりょ》がない。親《した》しい。例 二人《ふたり》とは心安い間柄《あいだがら》だ。

**こころゆくまで**【心行くまで】副 満足《まんぞく》するまで。例 心ゆくまで遊《あそ》ぶ。

◦**こころよい**【快い】形 気《き》持《も》ちがよい。例 快い音楽《おんがく》。快く引《ひ》き受《う》ける。↓かい【快】193ページ

した中国《ちゅうごく》地方《ちほう》北西部《ほくせいぶ》の県《けん》。隠岐《おき》の島《しま》や竹島《たけしま》も島根県《しまねけん》。日本《にっぽん》でいちばん古《ふる》いといわれる出雲大社《いずもたいしゃ》がある。石見銀山《いわみぎんざん》の遺《い》

ージ

**ここん**【古今】名 昔《むかし》と今《いま》。また、昔《むかし》から今《いま》まで。例 古今に例《れい》がない。

■**ここんとうざい**【古今東西】名 どの時《じ》代《だい》にも、どこの場《ば》所《しょ》でも。例 そんな話《はなし》は古今東西聞《き》いたことがない。

**ごさ**【誤差】名 ❶考《かん》えられるあたいと、実《じっ》際《さい》に測《はか》ったあたいとのちがい。例 ほとんど誤差はなかった。❷くいちがい。

**ござ** 名 イグサの茎《くき》を編《あ》んで作《つく》った、しき物《もの》。

**こざいく**【小細工】名 動-する ❶細《こま》かな指《ゆび》先《さき》の仕《し》事《ごと》。❷すぐに見《み》破《やぶ》られるような、つまらないはかりごと。例 小細工をろうしてもむだだよ。

**ございます** ❶「ある」の丁《てい》寧《ねい》な言《い》い方《かた》。例 その品《しな》物《もの》ならございます。❷「です」の丁《てい》寧《ねい》な言《い》い方《かた》。例 それは、わたくしの本《ほん》でございます。❸〔ある言《こと》葉《ば》のあとにつけて〕上《うえ》につく言《こと》葉《ば》を、丁《てい》寧《ねい》に言《い》う言《い》い方《かた》。例 ありがとうございます。

**こさえる** 動 つくる。こしらえる。〔くだけた言《い》い方《かた》。〕

**こざかしい** 形 ❶りこうぶって、生《なま》意《い》気《き》なようすだ。例 こざかしい口《くち》をきく。❷悪《わる》がしこい。例 こざかしく立《た》ち回《まわ》る。

**こざかな**【小魚】名 小《ちい》さな魚《さかな》。雑《ざ》魚《こ》。

**こさく**【小作】名 人《ひと》の田《た》や畑《はたけ》を借《か》りて農《のう》作《さく》物《ぶつ》を作《つく》ること。また、その人《ひと》。

**こさくのう**【小作農】名 人《ひと》から田《た》畑《はた》を借《か》りて農《のう》作《さく》物《ぶつ》を作《つく》る農《のう》家《か》。また、その農《のう》民《みん》。対 自《じ》作《さく》農《のう》。

**こさじ**【小さじ】名 ❶小《ちい》さいさじ。❷調《ちょう》理《り》用《よう》の、量《りょう》をはかる小《ちい》さなスプーン。ふつう、容《よう》量《りょう》五ミリリットル。

**こざっぱり** 副(-と) 動-する どことなく清《せい》潔《けつ》で、気《き》持《も》ちのいいようす。例 こざっぱりとした身《み》なりの人《ひと》。

✤**こざとへん** 名 漢《かん》字《じ》の部《ぶ》首《しゅ》で、「へん」の一《ひと》つ。「防《ぼう》」「陸《りく》」「陽《よう》」などの「阝」の部《ぶ》分《ぶん》。土《つち》の盛《も》り上《あ》がった所《ところ》や、小《ちい》さい山《やま》という意《い》味《み》を表《あらわ》す。参考「都《と》」のように右《みぎ》側《がわ》につく「阝」は、「おおざと」という。

**こさめ**【小雨】名 小《こ》降《ぶ》りの雨《あめ》。細《こま》かな雨《あめ》。例 小雨がぱらつく。対 大《おお》雨《あめ》。

**こさん**【古参】名 古《ふる》くからその職《しょく》場《ば》や団《だん》体《たい》にいること。また、その人《ひと》。例 古参の社《しゃ》員《いん》。対 新《しん》参《ざん》。

**ごさん**【誤算】名 動-する ❶計《けい》算《さん》をまちがえること。❷見《み》こみがちがってしまうこと。例 だれもいないと思《おも》ったのは誤算だった。

○**こし**【腰】名 ❶体《からだ》の、胴《どう》と足《あし》との間《あいだ》の部《ぶ》分《ぶん》。例 腰を下《お》ろす。❷物《もの》の真《ま》ん中《なか》辺《あた》りより少《すこ》し下《した》の部《ぶ》分《ぶん》。例 障《しょう》子《じ》の腰。❸粉《こな》や、もちなどの、ねばり。例 腰のあるうどん。↓ よう【腰】1349ページ

**腰《こし》が重《おも》い** なかなか行《こう》動《どう》に移《うつ》さない。例 腰が重くて、なかなか始《はじ》めない。

**腰《こし》が軽《かる》い** ❶気《き》軽《がる》に動《うご》きだすようす。❷軽《かる》はずみなようす。例 あの人《ひと》は腰が軽いので信《しん》用《よう》できない。

**腰《こし》が砕《くだ》ける** 気《き》力《りょく》がなくなり、ものごとを途《と》中《ちゅう》でやめてしまう。例 反《はん》対《たい》意《い》見《けん》がたくさん出《で》て、みんな腰がくだけてしまった。

**腰《こし》が強《つよ》い** ❶粉《こな》・もちなどの、ねばりけが強《つよ》い。❷気《き》が強《つよ》い。ねばり強《づよ》い。例 彼《かれ》は腰が強いので、なかなかあきらめない。

**腰《こし》が抜《ぬ》ける** おどろいて、立《た》てなくなる。びっくりぎょうてんする。

**腰《こし》が低《ひく》い** 人《ひと》に対《たい》していばらないで、丁《てい》寧《ねい》である。例 だれにでも腰が低い。

**腰《こし》が引《ひ》ける** しり込《ご》みする。例 いざ改《かい》革《かく》となると腰が引ける。

**腰《こし》が弱《よわ》い** ❶いくじがない。例 彼《かれ》は腰が弱くてすぐ人《ひと》の言《い》いなりになる。❷もちやそばなどの、ねばりがない。

**腰《こし》を上《あ》げる** ❶立《た》ち上《あ》がる。❷仕《し》事《ごと》などにとりかかる。例 重《おも》い腰を上げる〔=ようやく仕《し》事《ごと》にとりかかる〕。

**腰《こし》を入《い》れる** 本《ほん》気《き》になって取《と》り組《く》む。本《ほん》腰《ごし》になる。例 災《さい》害《がい》対《たい》策《さく》に腰を入れる。

**腰《こし》を浮《う》かす** 立《た》ち上《あ》がろうとして、腰《こし》を少《すこ》し上《あ》げる。

**腰《こし》を落《お》ち着《つ》ける** ❶その場《ば》所《しょ》に長《なが》くとどまる。例 外《がい》国《こく》に腰を落ち着ける。❷一《ひと》つのことにじっくり取《と》り組《く》む。例 腰を落ち着けて研《けん》究《きゅう》を続《つづ》ける。





都道府県 島《しま》根《ね》県《けん》 松《まつ》江《え》市《し》 人《じん》口《こう》 約《やく》67万《まん》人《にん》 県《けん》の花《はな》 ボタン 県《けん》の鳥《とり》 ハクチョウ 県《けん》の木《き》 クロマツ 日《に》本《ほん》海《かい》に面《めん》…跡《せき》は世《せ》界《かい》遺《い》産《さん》。

**腰《こし》を折《お》る** ❶腰《こし》をかがめる。❷途《と》中《ちゅう》でじゃまをする。例話《はなし》の腰を折る。

**腰《こし》を下《お》ろす** その場《ば》にすわる。

**腰《こし》を掛《か》ける** 椅子《いす》などにすわる。例ソファーに腰をかける。

**腰《こし》を据《す》える** どっしりと落《お》ち着《つ》く。例腰を据えて勉強《べんきょう》する。

**腰《こし》を抜《ぬ》かす** ひどくびっくりして、立《た》ち上《あ》がれなくなる。

**こし【古紙】** 名 使《つか》ったあとの古《ふる》い紙《かみ》。

**こじ【〈居士〉】** 名 ❶昔《むかし》、学問《がくもん》がありながら、役職《やくしょく》につかなかった男《おとこ》の人《ひと》。❷男《おとこ》の人《ひと》の戒《かい》名《みょう》の下《した》につける言葉《ことば》。参考「居《こ》士《じ》」は、特別《とくべつ》に認《みと》められた読《よ》み方《かた》。

**こじ【固辞】** 名 動-する かたくことわること。例すすめられても、立候補《りっこうほ》を固辞する。

**こじ【孤児】** 名 両親《りょうしん》のいない子《こ》。みなしご。

✤**こじ【故事】** 名 昔《むかし》から伝《つた》わっていることがらや、いわれ。例故事成《せい》語《ご》。故事来歴《らいれき》。

**こじ【誇示】** 名 動-する 得意《とくい》そうに見《み》せびらかすこと。例国《くに》の豊《ゆた》かさを誇示する。

**ごし【越し】**〔ある言葉《ことば》のあとにつけて〕❶そのものを間《あいだ》において何《なに》かをすること。例かきね越しに話《はな》す。❷その間《あいだ》ずっと続《つづ》けてすること。例五年《ごねん》越しの大工事《だいこうじ》。

**ごじ【誤字】** 名 まちがった字《じ》。

**こじあける【こじ開ける】** 動 無理《むり》に開《あ》ける。例戸《と》をこじ開けて入《はい》る。

**こしあん** 名 あずきなどの煮《に》た豆《まめ》をすりつぶし、皮《かわ》を取《と》り除《のぞ》いて、煮《に》つめたあん。

**こしいた【腰板】** 名 壁《かべ》などの下《した》の部分《ぶぶん》に張《は》った板《いた》。

**こしかけ【腰掛け】** 名 ❶腰《こし》をかける台《だい》。いす。❷一時的《いちじてき》に勤《つと》める仕事《しごと》や地位《ちい》。例腰掛け仕事《しごと》。

◦**こしかける【腰掛ける】** 動 〔台《だい》などの上《うえ》に〕腰《こし》を下《お》ろす。例ベンチに腰掛ける。

**こしき【古式】** 名 昔《むかし》ふうのやり方《かた》。例お祭《まつ》りを古式ゆかしくとり行《おこな》う。

**こじき【古事記】** 作品名 奈良時代《ならじだい》に天皇《てんのう》の命令《めいれい》で作《つく》られた、日本《にっぽん》でもっとも古《ふる》い歴史《れきし》の本《ほん》。稗田阿礼《ひえだのあれ》が語《かた》り、太安万侶《おおのやすまろ》がまとめたもの。神話《しんわ》や伝説《でんせつ》などがのっている。

**ごしき【五色】** 名 ❶五通《ごとお》りの色《いろ》。ふつう、青《あお》・赤《あか》・黄《き》・白《しろ》・黒《くろ》。❷いろいろの色《いろ》。

**こしぎんちゃく【腰巾着】** 名〔いつも腰《こし》につけている巾着袋《きんちゃくぶくろ》のように〕力《ちから》をもっている目上《めうえ》の人《ひと》に、付《つ》き従《したが》って離《はな》れない人《ひと》。参考よくない意味《いみ》で使《つか》うことが多《おお》い。

**こしくだけ【腰砕け】** 名 ❶腰《こし》の力《ちから》がぬけて、体《からだ》の構《かま》えがくずれること。❷途《と》中《ちゅう》でだめになり、あとが続《つづ》かないこと。例計画《けいかく》が腰砕けになる。

■✤**こじせいご【故事成語】** 名 昔《むかし》から伝《つた》わっている、何《なに》かのいわれのある言葉《ことば》。中国《ちゅうごく》の古《ふる》い書物《しょもつ》にある話《はなし》をもとにしたものが多《おお》い。

■**こしたんたん【虎視眈々】** 副-と 油断《ゆだん》なくじっと機会《きかい》をねらって、なりゆきをうかがっていること。例虎視眈々とすきをうかがう。

例解 ことばの窓

**故事成語《こじせいご》 のいろいろ**

- 漁夫《ぎょふ》の利《り》
- 蛍雪《けいせつ》の功《こう》
- 紅一点《こういってん》
- 呉越同舟《ごえつどうしゅう》
- 五十歩百歩《ごじっぽひゃっぽ》
- 四面楚歌《しめんそか》
- 推敲《すいこう》
- 他山《たざん》の石《いし》
- 蛇足《だそく》
- 断腸《だんちょう》
- 矛盾《むじゅん》

どんな話《はなし》から生《う》まれたものか、この辞《じ》書《しょ》で調《しら》べてみよう。

✤**ごしちちょう【五七調】** 名 詩《し》や歌《うた》などで、言葉《ことば》の音《おん》の数《かず》が、五音《ごおん》・七音《しちおん》をくり返《かえ》す形《かたち》。⬇しちごちょう 562ページ

**こしつ【固執】** 名 動-する 自分《じぶん》の考《かんが》えにこだわって、変《か》えようとしないこと。こしゅう。例自分《じぶん》の意見《いけん》に固執する。

**こしつ【個室】** 名 一人《ひとり》だけで使《つか》う部屋《へや》。

**ごじつ【後日】** 名 のちのち。これから先《さき》。例後日またお会《あ》いしましょう。

**ゴシック**〔英語 Gothic〕名〔「ゴチック」ともいう。〕❶十二世紀中《じゅうにせいきなか》ごろから、ヨーロッパ

中国地方南東部《ちゅうごくちほうなんとうぶ》の県《けん》。江戸時代《えどじだい》につくられた庭園《ていえん》の後楽園《こうらくえん》が有名《ゆうめい》。

で造《つく》られた寺院《じいん》などの建物《たてもの》の形《かたち》。高《たか》い塔《とう》と、ステンドグラスをはめた窓《まど》がある。❷活字《かつじ》の書体《しょたい》の一《ひと》つ。「山《やま》」「やま」のように、縦《たて》と横《よこ》の線《せん》が同《おな》じ太《ふと》さのもの。ゴシック体《たい》。↓しょたい(書体)❶ 645ページ

**こじつけ** 名 無理《むり》やり、理屈《りくつ》をつけること。例 そんな言《い》い訳《わけ》はこじつけだ。

**こじつける** 動 筋道《すじみち》の立《た》たないことに、無《む》理《り》に理《り》屈《くつ》をつける。例 遊《あそ》びに出《で》かける理由《りゆう》をこじつける。

**ごじつだん【後日談】** 名 出来事《できごと》が終《お》わったあと、どうなったかという話《はなし》。例 それにはおもしろい後日談がある。

**ゴシップ** 〔英語 gossip〕名 うわさ話《ばなし》。

**ごじっぽひゃっぽ【五十歩百歩】** 少《すこ》しのちがいはあっても、たいした変《か》わりはないということ。似《に》たりよったり。類 大同小異《だいどうしょうい》。参考 戦場《せんじょう》で、五十歩《ごじっぽ》にげた者《もの》が百歩《ひゃっぽ》にげた者《もの》を、臆病《おくびょう》だとばかにしてわらったが、にげたという点《てん》では同《おな》じだ、という中国《ちゅうごく》の昔《むかし》の話《はなし》から。

**こしぬけ【腰抜け】** 名 ❶腰《こし》に力《ちから》が入《はい》らなくなって、立《た》てなくなること。❷いくじのないこと。弱虫《よわむし》。

**こしもと【腰元】** 名 昔《むかし》、身分《みぶん》の高《たか》い人《ひと》に仕《つか》えて、身《み》の回《まわ》りの世話《せわ》をした女《おんな》の人《ひと》。

**こしゃく【小しゃく】** 名 形動 生意気《なまいき》で、なんとなくしゃくにさわること。例 小しゃくだけど、にくめないやつだ。

✿**ごしゃく【語釈】** 名 言葉《ことば》の意味《いみ》を説明《せつめい》すること。また、その説明《せつめい》。例 語釈をつける。

**こしゅ【戸主】** 名 一家《いっか》の主人《しゅじん》。世帯主《せたいぬし》。

**こしゅ【固守】** 名 動-する しっかり守《まも》ること。例 陣地《じんち》を固守する。

**ごしゅいんせん【御朱印船】** 名 ↓しゅいんせん 591ページ

**こしゅう【固執】** 名 動-する ↓こしつ(固執) 464ページ

✿**ごじゅうおん【五十音】** 名 〔国語《こくご》で〕かなで「あいうえお」から「わ(ゐ《い》うゑ《え》)を」までを、五段十行《ごだんじゅうぎょう》に書《か》き表《あらわ》した五十《ごじゅう》の音《おん》。そのように書《か》き表《あらわ》した表《ひょう》を「五十音図《ごじゅうおんず》」という。や行《ぎょう》の「い」「え」とわ行《ぎょう》の「う」は「あ行《ぎょう》」と同《おな》じ音《おん》、わ行《ぎょう》の「ゐ《い》」「ゑ《え》」は今《いま》は使《つか》われず、「を」は「お」と同《おな》じ音《おん》のため、実際《じっさい》は「ん」を含《ふく》めて四十《よんじゅう》五音《ごおん》である。

✿**ごじゅうおんじゅん【五十音順】** 名 五十音《ごじゅうおん》の順番《じゅんばん》。あ・い・う・え・お…の順《じゅん》。例 名前《なまえ》を五十音順に呼《よ》ぶ。

**ごじゅうしょう【五重唱】** 名 〔音楽《おんがく》で〕五人《ごにん》が、それぞれちがう声部《せいぶ》を受《う》け持《も》ち、同時《どうじ》に歌《うた》い合《あ》わせる形《かたち》。クインテット。

**ごじゅうそう【五重奏】** 名 〔音楽《おんがく》で〕五《いつ》つの楽器《がっき》が、それぞれちがう声部《せいぶ》を受《う》け持《も》ち、同時《どうじ》に演奏《えんそう》する形《かたち》。クインテット。

**こじゅうと【小じゅうと】** 名 結婚《けっこん》している相手《あいて》の兄弟《きょうだい》や姉妹《しまい》。

**ごじゅうのとう【五重の塔】** 名 寺《てら》にある、五階建《ごかいだ》ての塔《とう》。

✿**ごじゅん【語順】** 名 文《ぶん》をつくるときに、単語《たんご》をならべる順序《じゅんじょ》。例 日本語《にほんご》と英《えい》語《ご》とでは語順がちがう。

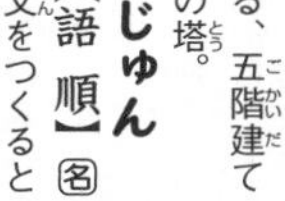
〔ごじゅうのとう〕

**こしょ【古書】** 名 ❶昔《むかし》の本《ほん》。❷人《ひと》が読《よ》んだあとの本《ほん》。古本《ふるほん》。例 古書市《いち》。

**ごしょ【御所】** 名 天皇《てんのう》や皇族《こうぞく》の住《す》まい。

**こしょう【故障】** 名 動-する 機械《きかい》や体《からだ》などのぐあいが悪《わる》くなること。

**こしょう【胡椒】** 名 熱帯地方《ねったいちほう》で栽培《さいばい》する木《き》。実《み》を干《ほ》して粉《こな》にし、香辛料《こうしんりょう》として料理《りょうり》に使《つか》う。例 こしょうがききすぎてからい。

**こじょう【湖上】** 名 湖《みずうみ》の上《うえ》。

**ごしょう【後生】** 名 ❶仏教《ぶっきょう》で、死《し》んだあとで生《う》まれ変《か》わる所《ところ》。来世《らいせ》。❷お願《ねが》い。〔人《ひと》にたのむときの言葉《ことば》。〕例「後生だから、お助《たす》けください。」

**こしょうがつ【小正月】** 名 一月十五日《いちがつじゅうごにち》、または十四《じゅうよん》から十六日《じゅうろくにち》までの三日間《みっかかん》。

■**ごしょうだいじ【後生大事】** 名 かけがえのないものとして、大事《だいじ》にすること。例 昔《むかし》からの風習《ふうしゅう》を後生大事に守《まも》っている。

**ごしょく【誤植】** 名 印刷物《いんさつぶつ》の中《なか》の文字《もじ》の誤《あやま》り。ミスプリント。

**ごしょぐるま【御所車】** 名 昔《むかし》、身分《みぶん》の高《たか》い人《ひと》が乗《の》った、箱形《はこがた》の牛車《ぎっしゃ》。



都道府県 岡山県《おかやまけん》 岡山市《おかやまし》 人口《じんこう》 約《やく》189万人《まんにん》 県《けん》の花《はな》 モモ 県《けん》の鳥《とり》 キジ 県《けん》の木《き》 アカマツ 瀬戸内海《せとないかい》に面《めん》した

■**こじらいれき**【故事来歴】名 あることについて昔《むかし》から伝《つた》えられてきた、いわれ。

◦**こしらえる** 動 ❶物《もの》を作《つく》る。例 木《き》でおもちゃをこしらえる。❷美《うつく》しくかざる。よそおう。化粧《けしょう》する。例 顔《かお》をこしらえる。❸準備《じゅんび》する。例 お金《かね》をこしらえる。❹ほんとうのように見《み》せかける。例 もっともらしい話《はなし》をこしらえる。

**こじらす** 動 ↓こじらせる 466ページ

**こじらせる** 動 ❶解決《かいけつ》をむずかしくさせる。例 問題《もんだい》をこじらせる。❷病気《びょうき》などを治《なお》りにくくさせる。例 無理《むり》をして風邪《かぜ》をこじらせる。

◦**こじれる** 動 ❶ものごとがうまく進《すす》まない。もつれる。例 話《はなし》がこじれる。❷病気《びょうき》がかえって悪《わる》くなる。例 かぜがこじれる。

**こじん**【古人】名 昔《むかし》の人《ひと》。

**こじん**【故人】名 死《し》んでしまった人《ひと》。例 故人の冥福《めいふく》をいのる。

◦**こじん**【個人】名 社会《しゃかい》を作《つく》っている、一人《ひとり》一人《ひとり》。一人《ひとり》の人間《にんげん》。例 個人の自由《じゆう》。

**ごしん**【誤診】名 動-する 医者《いしゃ》がまちがった診断《しんだん》をすること。

**ごしん**【護身】名 危険《きけん》から身《み》を守《まも》ること。

**こじんさ**【個人差】名 一人《ひとり》一人《ひとり》の人《ひと》の、いろいろな面《めん》でのちがい。例 食《た》べ物《もの》の好《この》みには個人差がある。

**こじんしゅぎ**【個人主義】名 一人《ひとり》一人《ひとり》の自由《じゆう》や独立《どくりつ》をだいじにする考《かんが》え方《かた》。

**ごしんじゅつ**【護身術】名 身《み》を守《まも》るためのわざ。例 護身術を身《み》につける。

**こじんじょうほう**【個人情報】名 一人《ひとり》一人《ひとり》についての細《こま》かな情報《じょうほう》。住所《じゅうしょ》、生年月日《せいねんがっぴ》、家族《かぞく》、経歴《けいれき》、財産《ざいさん》など。

**こじんせん**【個人戦】名 一対一《いちたいいち》でたたかう試合《しあい》。個人《こじん》で勝《か》ち負《ま》けを争《あらそ》う試合《しあい》。対 団体戦《だんたいせん》。

**こじんてき**【個人的】形動 その人《ひと》だけに関係《かんけい》があるようす。例 個人的な事情《じじょう》。

◦**こす**【越す】動 ❶あるものや場所《ばしょ》の上《うえ》を通《とお》り過《す》ぎる。例 山《やま》を越す。❷先《さき》のものより前《まえ》に出《で》る。例 先輩《せんぱい》を越してキャプテンに選《えら》ばれた。❸ある時期《じき》を過《す》ぎる。例 冬《ふゆ》を越す。❹引《ひ》っこしをする。例 となりの町《まち》へ越す。❺〔「…に越したことはない」の形《かたち》で〕…するのがいちばんだ。例 用心《ようじん》するに越したことはない。❻〔「お越《こ》し」の形《かたち》で〕「行《い》く」「来《く》る」の敬《うやま》った言《い》い方《かた》。例「どちらへお越しですか。」「ぜひお越しください。」↓えつ【越】130ページ

◦**こす**【超す】動 ある量《りょう》よりも多《おお》くなる。例 一万人《いちまんにん》を超す人出《ひとで》。↓ちょう【超】837ページ

**こす** 動 細《こま》かいすき間《ま》を通《とお》して、かすを取《と》り除《のぞ》く。例 だしじるを布《ぬの》でこす。

**こすい**【湖水】名 湖《みずうみ》。また、湖《みずうみ》の水《みず》。

**こすい** 形 ずるい。悪《わる》がしこい。〔くだけた言《い》い方《かた》。〕

**こすう**【戸数】名 家《いえ》のかず。

**こすう**【個数】名 物《もの》のかず。

例解 ! 表現の広場

**こする と さする と なでる のちがい**

| | こする | さする | なでる |
|---|---|---|---|
| 背中《せなか》を | ○ | ○ | ○ |
| ねむそうに目《め》を | ○ | × | × |
| 痛《いた》い腰《こし》を | × | ○ | × |
| わが子《こ》の頭《あたま》を | × | × | ○ |

**こずえ**【梢】名〔木《き》の末《すえ》という意味《いみ》で〕木《き》の幹《みき》や枝《えだ》の先《さき》。例 こずえをさわやかな風《かぜ》がわたる。

**コスト**〔英語 cost〕名 ❶物《もの》を生産《せいさん》するのにかかる費用《ひよう》。原価《げんか》。例 コストが高《たか》くつく。❷値段《ねだん》。

**コスモス** 名 野原《のはら》に生《は》え、観賞用《かんしょうよう》にも植《う》える草花《くさばな》。秋《あき》に、白《しろ》や赤《あか》、もも色《いろ》の花《はな》をつける。秋桜《あきざくら》。

**こすりつける** 動 力《ちから》をこめてこする。こすってくっつける。例 手《て》のひらをシャツにこすりつける。

◦**こする** 動 おしつけて動《うご》かす。ある物《もの》と、他《ほか》の物《もの》をすりつける。例 タオルで背中《せなか》をこする。

**こすれる** 動 物《もの》と物《もの》とがすれ合《あ》う。例 台風《たいふう》で木《き》の枝《えだ》がこすれる。

**こせい**【個性】名 その人《ひと》、またはその物《もの》だけが持《も》っている、他《ほか》とはちがう性質《せいしつ》。例 個性をのばす教育《きょういく》。

中国《ちゅうごく》地方《ちほう》南西部《なんせいぶ》の県《けん》。日本三景《にほんさんけい》の一《ひと》つ、宮島《みやじま》があり、厳島神社《いつくしまじんじゃ》は世界遺産《せかいいさん》に指定《してい》されている。原爆《げんばく》ドームも世界遺産《せかいいさん》。

**ごせい**【語勢】名 話《はな》すときの言葉《ことば》の勢《いきお》いや調子《ちょうし》。例 語勢を強《つよ》めて話《はな》す。

**こせいだい**【古生代】名 地質時代《ちしつじだい》の中《なか》で、約《やく》五億《おく》四〇〇〇万年前《まんねんまえ》から二億《おく》五〇〇〇万年《まんねん》前《まえ》までの時代《じだい》。この時代《じだい》は、三葉虫《さんようちゅう》やシダ植《しょく》物《ぶつ》が栄《さか》えた。

**こせいてき**【個性的】形動 その人《ひと》や、その物《もの》の持《も》っている性質《せいしつ》が、きわ立《だ》っているようす。例 個性的な人《ひと》。

**こせき**【戸籍】名 本籍地《ほんせきち》や氏名《しめい》、生年月日《せいねんがっぴ》、家族《かぞく》の関係《かんけい》などを書《か》いて、役所《やくしょ》に置《お》かれている、おおやけの書《か》き物《もの》。

**こせこせ** 副（-と）動-する 細《こま》かいことに気《き》を取《と》られ、落《お》ち着《つ》きのないようす。例 こせこせと動《うご》き回《まわ》る。

**ごせっく**【五節句・五節供】名 ⬇ せっく 718ページ

**こぜに**【小銭】名 細《こま》かいお金《かね》。金額《きんがく》の小《ちい》さいお金《かね》。例 小銭入《い》れ。

**こぜりあい**【小競り合い】名 小《ちい》さなたたかいやもめごと。例 乗客《じょうきゃく》が小競り合いを起《お》こす。

**ごせん**【互選】名 動-する お互《たが》いの中《なか》から、選《えら》び合《あ》うこと。例 班長《はんちょう》を互選する。

**ごぜん**【午前】名 夜《よる》の十二時《じゅうにじ》から正午《しょうご》まで。また、朝《あさ》から昼《ひる》まで。対 午後《ごご》。

**ごせんし**【五線紙】名〔音楽《おんがく》で〕楽譜《がくふ》を書《か》くために五本《ごほん》の平行線《へいこうせん》〔=五線《ごせん》〕を引《ひ》いた用紙《ようし》。⬇ がくふ 223ページ

**こせんじょう**【古戦場】名 昔《むかし》、大《おお》きな戦《いくさ》のあった場所《ばしょ》。

**こそ** 助 意味《いみ》を強《つよ》めるはたらきをする。例 今日《きょう》こそ勝《か》ってみせる。

**こそあどことば**【こそあど言葉】名〔国語《こくご》で〕物《もの》を指《さ》し示《しめ》す言葉《ことば》。例《たと》えば、「この」「その」「あの」「どの」などのように、はじめに「こ」「そ」「あ」「ど」がつく言葉《ことば》。指示語《しじご》。

**こぞう**【小僧】名 ❶お坊《ぼう》さんの見習《みなら》いの少《しょう》年《ねん》。例 お寺《てら》の小僧。❷子《こ》どもや若《わか》い人《ひと》を、あなどったり、親《した》しんだりしていう言葉《ことば》。例 いたずら小僧。

**ごそう**【護送】名 動-する ❶人《ひと》や物《もの》を、守《まも》りながら送《おく》り届《とど》けること。例 大金《たいきん》を護送する。❷罪《つみ》をおかした人《ひと》を、見張《みは》りながら送《おく》り届《とど》けること。

**ごぞうろっぷ**【五臓六腑】名 腹《はら》のなか全体《ぜんたい》。例 かき氷《ごおり》の冷《つめ》たさが、五臓六腑にしみわたる。

**こそく**【姑息】形動 ❶その場《ば》だけのまにあわせにするようす。例 そんな姑息なやり方《かた》では解決《かいけつ》できない。❷ひきょうなようす。参考 本来《ほんらい》は❶の意味《いみ》で使《つか》う。

**こそげる** 動 表面《ひょうめん》に付《つ》いた余分《よぶん》なものをけずり落《お》とす。例 靴《くつ》に付《つ》いた泥《どろ》をこそげる。

**こそこそ** 副（-と）動-する 人《ひと》に見《み》つからないように、かくれてするようす。例 こそこそとにげ出《だ》す。

**こそだて**【子育て】名 動-する 子《こ》どもを養《やしな》い育《そだ》てること。例 子育てにいそがしい。

**こぞって** 副 残《のこ》らず。みんなそろって。例 こ

**例解 ❗ ことばの勉強室**

**こそあど言葉《ことば》について**

A《エー》「この木《き》をごらん。」
B《ビー》「あの木《き》をごらん。」

A《エー》とB《ビー》では、木《き》のある場所《ばしょ》がちがう。話《はな》し手《て》のすぐそばに木《き》があるのはA《エー》、話《はな》し手《て》からも聞《き》き手《て》からも、はなれた場所《ばしょ》にあるのがB《ビー》だ。「この」「あの」によって、そのちがいがわかる。

「この・あの」のように、ものごとを指《さ》し示《しめ》す言葉《ことば》を指示語《しじご》という。指示語《しじご》を、それが指《さ》し示《しめ》しているものごとの場所《ばしょ》のちがいでまとめると、次《つぎ》のようになる。

| 話《はな》し手《て》に近《ちか》い | 相手《あいて》に近《ちか》い | どちらからも遠《とお》い | はっきりしない |
|---|---|---|---|
| この | その | あの | どの |
| これ | それ | あれ | どれ |
| ここ | そこ | あそこ | どこ |
| こちら | そちら | あちら | どちら |
| こう | そう | ああ | どう |

表《ひょう》を見《み》ると、はじめがどれも「こ・そ・あ・ど」でそろっている。指《さ》し示《しめ》す言葉《ことば》を「こそあど言葉《ことば》」というのはそのためである。

あいうえお かきくけこ さしすせそ たちつてと なにぬねの はひふへほ まみむめも やゆよ らりるれろ わをん

例解 ことばの窓

**答《こた》え を表《あらわ》す言葉《ことば》**

問《と》い合《あ》わせに返事《へんじ》の手紙《てがみ》を出《だ》す。
たずねられたが返答《へんとう》に困《こま》る。
アンケートに回答《かいとう》する。
計算問題《けいさんもんだい》の解答《かいとう》を書《か》く。
大臣《だいじん》が答弁《とうべん》する。
呼《よ》んでみたが応答《おうとう》がない。
その場《ば》での即答《そくとう》をさける。

ぞって賛成《さんせい》する。

**こそどろ【こそ泥】** 名 こそこそと、ちょっとした物《もの》をぬすんでいく泥棒《どろぼう》。

**こそばゆい** 形 ❶くすぐったい。❷てれくさい。例 みんなの前《まえ》でほめられてこそばゆい思《おも》いをした。

**ごぞんじ【御存じ】** 名 相手《あいて》が「知《し》っている」ということを、丁寧《ていねい》に言《い》う言葉《ことば》。例 御存じのとおり。

**○こたい【固体】** 名 固《かた》まった物体《ぶったい》で、一定《いってい》の形《かたち》と大《おお》きさを持《も》っており、形《かたち》を変《か》えにくいもの。木《き》・石《いし》・金属《きんぞく》など。関連 気体《きたい》。液体《えきたい》。

**こたい【個体】** 名 他《ほか》のものと区別《くべつ》される、一《ひと》つ一《ひと》つのもの。

**こだい【古代】** 名 ❶大昔《おおむかし》の時代《じだい》。❷中世《ちゅうせい》より前《まえ》の時代《じだい》。日本《にっぽん》ではふつう、古墳時代《こふんじだい》から奈良《なら》・平安時代《へいあんじだい》までをいう。

**こだい【誇大】** 形動 実際《じっさい》より大《おお》げさなようす。例 誇大広告《こうこく》。

**ごたい【五体】** 名 ❶体《からだ》の五《いつ》つの部分《ぶぶん》。頭《あたま》・両手《りょうて》・両足《りょうあし》。または、頭《あたま》・首《くび》・胸《むね》・手《て》・足《あし》のこと。❷体《からだ》の全体《ぜんたい》。

**ごだいごてんのう〔後醍醐天皇〕** 人名 (男)(一二八八～一三三九)鎌倉時代終《かまくらじだいお》わりから南北朝時代初《なんぼくちょうじだいはじ》めの天皇《てんのう》。建武《けんむ》の新政《しんせい》をなしとげたが、足利尊氏《あしかがたかうじ》にそむかれて吉野《よしの》にのがれ、南朝《なんちょう》を立《た》てた。

**ごだいしゅう〔五大州〕** 地名 世界《せかい》の五《いつ》つの大《おお》きな大陸《たいりく》。アジア・アフリカ・ヨーロッパ・アメリカ・オーストラリアのこと。

**ごたいよう〔五大洋〕** 地名 世界《せかい》の五《いつ》つの大《おお》きな海《うみ》。太平洋《たいへいよう》・大西洋《たいせいよう》・インド洋《よう》・南極《なんきょく》海《かい》・北極海《ほっきょくかい》のこと。

**○こたえ【答え】** 名 ❶返事《へんじ》。返答《へんとう》。例 すぐに答えを返《かえ》す。❷問題《もんだい》を解《と》いたもの。解答《かいとう》。例 計算問題《けいさんもんだい》の答え。対 問《と》い。↓**とう【答】** 903ページ

**こたえられない** このうえなくすばらしい。例 こたえられないうまさ。

**○こたえる【応える】** 動 ❶はたらきかけに応《おう》じる。むくいる。例 激励《げきれい》にこたえる。❷強《つよ》く感《かん》じる。例 寒《さむ》さが身《み》にこたえる。↓**おう【応】** 143ページ

**○こたえる【答える】** 動 ❶返事《へんじ》をする。例「はい」と答える。❷問題《もんだい》を解《と》く。解答《かいとう》する。例 クイズに答える。対 問《と》う。↓**とう【答】** 903ページ

**こだかい【小高い】** 形 少《すこ》し高《たか》い。例 小高いおか。

**ごたごた** 一 名 もめごと。例 ごたごたが起《お》こる。二 副(-と) 動-する いろいろなものが入《い》り交《ま》じって、ごちゃごちゃしている。例 引《ひ》き出《だ》しの中《なか》がごたごたしている。

**こだし【小出し】** 名 少《すこ》しずつ出《だ》すこと。例 お金《かね》を小出しにする。

**こだち【木立】** 名 固《かた》まって生《は》えている木《き》。例 杉《すぎ》木立。

**こたつ** 名 炭火《すみび》や電熱器《でんねつき》をわくで囲《かこ》んで、ふとんなどをかけ、足《あし》などを温《あたた》めるもの。

**ごたつく** 動 ❶ごたごたする。例 引《ひ》っこしで、家《いえ》じゅうごたついた。❷争《あらそ》う。もめる。例 席《せき》を決《き》めるのに、少《すこ》しごたついた。

**✤ごダブリューいちエイチ【5W1H】** 名〔報道文《ほうどうぶん》や記録文《きろくぶん》などで〕出来事《できごと》を知《し》らせたり記録《きろく》したりするときに大切《たいせつ》な、六《むっ》つのことがら。(1)いつ(When《ホウェン》)、(2)どこで(Where《ホウェア》)、(3)だれ(何《なに》)が(Who《フー》)、(4)何《なに》を(What《ホワット》)、(5)なぜ(Why《ホワイ》)、(6)どのように(How《ハウ》)の六《むっ》つ。それぞれの頭文字《かしらもじ》にある五《いつ》つのW《ダブリュー》と一《ひと》つのH《エイチ》から、このようにいう。

**ごたぶんにもれず【御多分に漏れず】** ほかの多《おお》くと同《おな》じように。例 御多分に漏れず、うちの店《みせ》も赤字続《あかじつづ》きです。

**○こだま** 名 動-する 声《こえ》や音《おと》が、山《やま》や谷《たに》などにぶつかってはね返《かえ》ってくること。やまびこ。例 車《くるま》の警笛《けいてき》がビルにこだまする。

**こだわり** 名 ❶それぱかりを気《き》にすること。

本海《ほんかい》と瀬戸内海《せとないかい》に面《めん》した中国地方西部《ちゅうごくちほうせいぶ》の県《けん》。平氏《へいし》が源氏《げんじ》に敗《やぶ》れて滅《ほろ》んだ壇ノ浦《だんのうら》や、宮本武蔵《みやもとむさし》と佐々木小次郎《ささきこじろう》が決闘《けっとう》し

例 勝《か》ち負《ま》けにこだわりが強《つよ》い。❷好《この》みを追《つい》求《きゅう》すること。例 こだわりのラーメン。参考 本来《ほんらい》は❶の意《い》味《み》で使《つか》う。

**○こだわる** 動 ❶あることにとらわれる。そればかりを気《き》にする。例 テストの点数《てんすう》にこだわる。❷あくまで追《つい》求《きゅう》する。例 乗《の》りごこちにこだわって作《つく》った車《くるま》。参考 本来《ほんらい》は❶の意《い》味《み》で使《つか》う。

例解 ❗ ことばの勉強室

### 5W1H《ごダブリューいちエイチ》について

わんぱくクラブが優《ゆう》勝《しょう》した。それを学《がっ》級《きゅう》新聞《しんぶん》で伝《つた》えたい。では、その記事《きじ》をどう書《か》いたらいいのだろう。こういうときに5W1H《ごダブリューいちエイチ》を使《つか》う。

◎五日《いつか》(日《にち》)(1)いつ、けやき公園《こうえん》で(2)どこで 行《おこな》われた子《こ》どもサッカー大会《たいかい》で、わんぱくクラブが(3)だれが 優《ゆう》勝《しょう》した(4)何《なに》を。チームワークがよかった(5)なぜ ので、最後《さいご》は八対《たい》〇の大勝《たいしょう》だった(6)どのように。

これで、知《し》らせたいだいじなことがらは、落《お》とさずに書《か》けた。

テレビや新聞《しんぶん》のニュースは、ほとんどがこの形《かたち》をとっている。

自分《じぶん》の体験《たいけん》したことを報告《ほうこく》するときなど、この5W1H《ごダブリューいちエイチ》を頭《あたま》において、だいじなことを落《お》とさないように心《こころ》がけよう。

**こち**【〈東風〉】名 東《ひがし》から吹《ふ》く風《かぜ》。春風《はるかぜ》。〔古《ふる》い言《い》い方《かた》。〕

**こちこち** 一 副(-と) かたい物《もの》がふれ合《あ》って出《だ》す音《おと》。二 形動 ❶こおって、かたくなっているようす。❷緊《きん》張《ちょう》して体《からだ》がかたくなるようす。例 こちこちにあがる。❸真《ま》面《じ》目《め》で、融《ゆう》通《ずう》のきかないようす。例 がんこでこちこちな人《ひと》。

**○ごちそう** 一 名 おいしい食《た》べ物《もの》。二 名 動-する 食《た》べ物《もの》などを出《だ》してもてなすこと。例 手《て》づくりのケーキをごちそうする。

**ごちそうさま** ものを食《た》べ終《お》わるときの言《こと》葉《ば》。感謝《かんしゃ》の気《き》持《も》ちをこめて言《い》う。

**ゴチック**〔ドイツ語〕名 ↓ゴシック 464ページ

**こちょう**【誇張】名 動-する 事実《じじつ》より大《おお》げさに言《い》ったり、したりすること。例 事《じ》件《けん》を誇張して伝《つた》える。

**✤ごちょう**【語調】名 言《こと》葉《ば》の調《ちょう》子《し》。話《はな》しぶり。例 激《はげ》しい語調でしかる。

**○こちら** 代名 ❶自《じ》分《ぶん》のいる方向《ほうこう》。こっち。例 こちらを向《む》いてください。❷わたしのほう。例 こちらは元《げん》気《き》です。❸この人《ひと》。例 こちらが山《やま》田《だ》さんです。参考 「こっち」より丁《てい》寧《ねい》な言《い》い方《かた》。↓こそあどことば 467ページ

**こぢんまり** 副(-と) 動-する 小《ち》さいが、きちんとまとまっているようす。例 こぢんまりとした住《す》まい。注意 「こじんまり」とは書《か》かない。

**こつ**【骨】画数 10 部首 骨(ほね) 6年

音 コツ 訓 ほね

筆順

❶ほね。熟語 骨《こっ》格《かく》。筋《きん》骨《こつ》。遺《い》骨《こつ》。❷からだ。熟語 老《ろう》骨《こつ》。❸人《ひと》柄《がら》。熟語 気《き》骨《こつ》。❹ほねぐみ。熟語 骨《こっ》子《し》。鉄《てっ》骨《こつ》。

**こつ**【骨】名 死《し》んだ人《ひと》を焼《や》いたあとの、ほね。おこつ。例 お骨を納《おさ》める。

**こつ** 名 ものごとをうまくやる調《ちょう》子《し》。かんどころ。要《よう》領《りょう》。例 泳《およ》ぎのこつをつかむ。参考 「コツ」と書《か》くこともある。

**こっか**【国花】名 その国《くに》を代《だい》表《ひょう》する花《はな》。日《にっ》本《ぽん》はサクラ、イギリスはバラなど。

**○こっか**【国家】名 国《くに》のこと。ある決《き》まった土《と》地《ち》があり、そこに人々《ひとびと》が住《す》み、一《ひと》つの政《せい》治《じ》で治《おさ》められている集《あつ》まり。

**○こっか**【国歌】名 国《くに》のしるしとして、式《しき》などで歌《うた》われる歌《うた》。日《に》本《ほん》の国《こっ》歌《か》は「君《きみ》が代《よ》」。

**こっかい**【国会】名 国《こっ》会《かい》議《ぎ》員《いん》が集《あつ》まって、法《ほう》律《りつ》を作《つく》り、政《せい》治《じ》のやり方《かた》を相《そう》談《だん》して決《き》める議《ぎ》会《かい》。衆《しゅう》議《ぎ》院《いん》と参《さん》議《ぎ》院《いん》とがある。

**こっかい**〔黒海〕地名 ヨーロッパとアジアとの境《さかい》にある内《うち》海《うみ》。南《なん》西《せい》部《ぶ》が地《ち》中《ちゅう》海《かい》とつながっている。

**○こづかい**【小遣い】名 自《じ》分《ぶん》で自《じ》由《ゆう》に使《つか》えるお金《かね》。例 小遣い帳《ちょう》。



都道府県 山口県《やまぐちけん》 山口市《やまぐちし》 人口《じんこう》 約《やく》134万人《まんにん》 県《けん》の花《はな》 ナツミカンの花《はな》 県《けん》の鳥《とり》 ナベヅル 県《けん》の木《き》 アカマツ 日《に》たといわれる巌流島《がんりゅうじま》がある。

**こっかいぎいん【国会議員】** 名 国民《こくみん》から選《えら》ばれて、国会《こっかい》で国民《こくみん》を代表《だいひょう》して意見《いけん》を述《の》べ、決議《けつぎ》に参加《さんか》する人《ひと》。衆議院《しゅうぎいん》議員《ぎいん》と参議院《さんぎいん》議員《ぎいん》とがある。

**こっかいぎじどう【国会議事堂】** 名 国会《こっかい》の開《ひら》かれる建物《たてもの》。一九三六年《ねん》に完成《かんせい》した。向《む》かって右《みぎ》に参議院《さんぎいん》、左《ひだり》に衆議院《しゅうぎいん》がある。

〔こっかいぎじどう〕

**こっかいとしょかん【国会図書館】** 名 国会《こっかい》付属《ふぞく》の図書館《としょかん》。一般《いっぱん》の人《ひと》も利用《りよう》できる。国立国会図書館《こくりつこっかいとしょかん》。

**こっかく【骨格】** 名 ❶体《からだ》の骨組《ほねぐ》み。筋肉《きんにく》と結《むす》びついて体《からだ》を支《ささ》えたり、内臓《ないぞう》を保護《ほご》したりする。例 がっしりした骨格の人《ひと》。❷全体《ぜんたい》を支《ささ》え、形作《かたちづく》るもの。例 建物《たてもの》の骨格。

**こっかこうむいん【国家公務員】** 名 国《くに》の機関《きかん》ではたらき、国全体《くにぜんたい》を支《ささ》える仕事《しごと》をする人《ひと》。

**こっかん【酷寒】** 名 厳《きび》しい寒《さむ》さ。例 酷寒に耐《た》えて生《い》きる。対 酷暑《こくしょ》。

**ごっかん【極寒】** 名 ひどく寒《さむ》いこと。例 南《なん》極《きょく》は極寒の地《ち》だ。対 極暑《ごくしょ》。

**こっき【国旗】** 名 国《くに》のしるしとなる旗《はた》。日《にっ》本《ぽん》の国旗《こっき》は日章旗《にっしょうき》〔=日《ひ》の丸《まる》〕。

**こっきしん【克己心】** 名 自分《じぶん》の欲《よく》や悪《わる》い考《かんが》えなどにうちかつ心《こころ》。

**こっきょう【国境】** 名 国《くに》と国《くに》との境《さかい》。くにざかい。例 国境を守《まも》る。

**コック** 〔オランダ語〕名 西洋《せいよう》料理《りょうり》などを作《つく》る仕事《しごと》をしている人《ひと》。料理人《りょうりにん》。

**コック** 〔英語 cock〕名 せん。例 コックをひねって、ガスを止《と》める。

**こづく** 動 ❶ちょっと、つっつく。例 弟《おとうと》の頭《あたま》をこづく。❷いじめる。

°**こっけい【滑稽】** 名 形動 ❶ふざけていて、おかしいこと。例 滑稽な身《み》ぶり。❷ばかげていること。例 滑稽な話《はなし》。

**こっこ【国庫】** 名 国《くに》が税金《ぜいきん》などを預《あず》かり、出《だ》し入《い》れをする所《ところ》。

**ごっこ** 〔ある言葉《ことば》のあとにつけて〕あるものごとのまねをする遊《あそ》び。例 お店《みせ》やさんごっこ。

**こっこう【国交】** 名 国《くに》と国《くに》との正式《せいしき》なつき合《あ》い。例 国交を回復《かいふく》する。

**こっこく【刻刻】** 副(-と) 時《とき》が、少《すこ》しずつたつようす。こくこく。例 川《かわ》の水《みず》が刻々と増《ま》す。

**こつこつ** 副(-と) 休《やす》まずに努力《どりょく》を続《つづ》けるようす。例 こつこつと勉強《べんきょう》する。

**ごつごつ** 副(-と) 動-する ❶でこぼこの多《おお》いようす。例 ごつごつした岩《いわ》。❷あらっぽい感《かん》じのようす。例 ごつごつとした文章《ぶんしょう》。

**こっし【骨子】** 名 ものごとや話《はなし》・文章《ぶんしょう》などの、中心《ちゅうしん》のことがら。骨組《ほねぐ》み。例 計画《けいかく》の骨子。文章《ぶんしょう》の骨子をまとめる。

**こつずい【骨髄】** 名 骨《ほね》の中《なか》にあるやわらかなもの。血《ち》を作《つく》るはたらきをする。例 うらみ骨髄に徹《てっ》する〔=非常《ひじょう》にうらむ〕。

**こっせつ【骨折】** 名 動-する 体《からだ》の骨《ほね》を折《お》ること。

**こつぜん【忽然】** 副(-と) とつぜん現《あらわ》れたり消《き》えたりするようす。例 忽然と姿《すがた》を現《あらわ》す。

°**こっそり** 副(-と) ないしょで。そっと。例 こっそり持《も》ち出《だ》す。

**ごっそり** 副(-と) 残《のこ》らず全部《ぜんぶ》。例 お金《かね》をごっそりぬすまれる。

**ごったがえす【ごった返す】** 動 ひどくこみ合《あ》っている。例 客《きゃく》でごった返す。

**ごったに【ごった煮】** 名 肉《にく》・魚《さかな》・野菜《やさい》など、いろいろなものをいっしょに煮《に》ること。また、煮《に》た料理《りょうり》。

°**こっち** 代名 「こちら」のくだけた言《い》い方《かた》。関連 あっち。そっち。どっち。

**こっちの物《もの》** 自分《じぶん》の思《おも》いどおりになるもの。例 こうなればこっちの物だ。

**ごっちゃ** 形動 いろいろなものが入《い》り混《ま》じるようす。〔くだけた言《い》い方《かた》。〕例 記憶《きおく》がごっちゃになる。

**こづつみ【小包】** 名 ❶小《ちい》さな包《つつ》み。❷郵便《ゆうびん》局《きょく》で送《おく》る荷物《にもつ》の通称《つうしょう》。

**こってり** 副(-と) ❶味《あじ》や色《いろ》がしつこくて、こいようす。例 こってりした味《あじ》つけの料理《りょうり》。❷いやと言《い》うほどしつこく。例 父《ちち》からこっ

面《めん》した四国《しこく》地方《ちほう》南東部《なんとうぶ》の県《けん》。兵庫県《ひょうごけん》の淡路島《あわじしま》との間《あいだ》にある鳴門《なると》海峡《かいきょう》にできる渦潮《うずしお》や阿波踊《あわおど》りが有名《ゆうめい》。

てりとしぼられた。

**こっとう【骨董】** 名 ❶古《ふる》い絵《え》・つぼ・皿《さら》などで、値打《ねう》ちのある物《もの》。古美術《こびじゅつ》。❷古《ふる》くて役《やく》に立《た》たない物《もの》。

**こつにく【骨肉】** 名 ❶骨《ほね》と肉《にく》。体《からだ》。❷親子《おやこ》やきょうだいなど。肉親《にくしん》。例骨肉の争《あらそ》い。

**こっぱみじん** 名 こなごなにくだけること。粉《こな》みじん。例ガラスがこっぱみじんにくだけた。

**こつばん【骨盤】** 名 内臓《ないぞう》を支《ささ》えて、腰《こし》を形《かたち》作《づく》っている骨《ほね》。

**こっぴどい** 形 とてもきびしい。「ひどい」を強《つよ》めた言《い》い方《かた》。例父《ちち》にこっぴどくしかられた。

**こつぶ【小粒】** 名 形動 ❶つぶの小《ちい》さいこと。❷体《からだ》つきが小《ちい》さいこと。小柄《こがら》。例小粒だが、やることは大《おお》きい。

**コップ** 〔オランダ語〕名 ガラスなどで作《つく》った、水《みず》などを飲《の》む容器《ようき》。

**コッホ** 人名（男）（一八四三～一九一〇）ドイツの医師《いし》。結核菌《けっかくきん》やコレラ菌《きん》を発見《はっけん》し、ツベルクリンを発明《はつめい》した。

**ゴッホ** 人名（男）（一八五三～一八九〇）オランダの画家《がか》。力強《ちからづよ》い線《せん》、あざやかないろどりの絵《え》をかいた。「ひまわり」「糸《いと》すぎ」「アルルのはね橋《ばし》」などの作品《さくひん》がある。

〔ゴッホ〕

**こて【小手】** 名 ❶ひじから手首《てくび》までの部分《ぶぶん》。❷剣道《けんどう》で、「❶」をおおう防具《ぼうぐ》。また、「❶」を打《う》つわざ。参考❷は「籠手《こて》」とも書《か》く。

**小手《こ て》をかざす** （遠《とお》くを見《み》るときなどに）手《て》先《さき》を額《ひたい》の前《まえ》に持《も》ってくる。

**こて** 名 ❶布《ぬの》のしわをのばす、鉄《てつ》で作《つく》った道《どう》具《ぐ》。❷壁土《かべつち》・セメントなどをぬる道具《どうぐ》。❸髪《かみ》の毛《け》に、くせをつける道具《どうぐ》。

**ごて【後手】** 名 ❶相手《あいて》に先《さき》をこされること。例後手に回《まわ》る〔＝やることが、おくれる〕。❷碁《ご》や将棋《しょうぎ》で、順番《じゅんばん》があとの人《ひと》。対（❶・❷）先手《せんて》。

**こてい【固定】** 名 動する ❶ある所《ところ》にくっつけて、動《うご》かないようにすること。例いすを床《ゆか》に固定する。❷変《か》わらないようにすること。例出費《しゅっぴ》を固定する。

**こてい【湖底】** 名 湖《みずうみ》の底《そこ》。

■**こていかんねん【固定観念】** 名 思《おも》いこんでいて、変《か》わらない考《かんが》え。

**コテージ** 〔英語 cottage〕名 西洋《せいよう》ふうの小《ちい》さな家《いえ》。山小屋《やまごや》。

**こてきたい【鼓笛隊】** 名 太鼓《たいこ》や笛《ふえ》などを演奏《えんそう》しながら行進《こうしん》する楽団《がくだん》。

**こてさき【小手先】** 名 ❶手《て》の先《さき》の部分《ぶぶん》。❷簡単《かんたん》にやってしまうこと。例小手先の仕事《しごと》。

**こてしらべ【小手調べ】** 名 動する ものごとを始《はじ》める前《まえ》に、ちょっとためしてみること。例小手調べに、軽《かる》く泳《およ》いでみる。

✤**こてん【古典】** 名 古《ふる》い時代《じだい》に作《つく》られ、現在《げんざい》も価値《かち》の高《たか》い文学《ぶんがく》・芸術作品《げいじゅつさくひん》。➡ことばの勉《べん》強室《きょうしつ》472ページ

**こてん【個展】** 名 その人《ひと》の作品《さくひん》だけを並《なら》べて開《ひら》く展覧会《てんらんかい》。例絵《え》の個展。

**ごてん【御殿】** 名 身分《みぶん》の高《たか》い人《ひと》の住《す》まい。立派《りっぱ》な家《いえ》。

**こと【言】** 名 口《くち》に出《だ》して言《い》う言葉《ことば》。例言の葉《は》〔＝言葉《ことば》〕。➡げん【言】408ページ

◦**こと【事】** 名 ❶ことがら。事実《じじつ》。例ほんとうのこと。❷出来事《できごと》。事件《じけん》。例事の起《お》こりを話《はな》す。❸ことがらのわけ。事情《じじょう》。例そういうことなら、しかたがない。➡じ【事】539ページ

**事《こと》と次第《しだい》による** ことがらや状況《じょうきょう》によっては、どうなるかわからないが。例事と次第によっては、中止《ちゅうし》にします。

**事無《ことな》きを得《え》る** 面倒《めんどう》なことが起《お》こらずに無事《ぶじ》に終《お》わる。例すばやい対応《たいおう》で事なきを得《え》た。

**事《こと》に当《あ》たる** ものごとに取《と》りかかる。例じゅうぶん準備《じゅんび》して事に当たる。

**事《こと》によると** もしかしたら。ひょっとしたら。例ことによると明日《あす》は雨《あめ》になる。

**事《こと》の次第《しだい》** ものごとがそうなったわけ。例事の次第を詳《くわ》しく話《はな》す。

**事《こと》のついで** 何《なに》かをするついで。例事のついでにもう一《ひと》つ言《い》っておきます。

**事《こと》を構《かま》える** ことさらに争《あらそ》いを起《お》こそうとする。事《こと》をあら立《だ》てる。例あえて事を構えるつもりはない。

**こと【異】** 名 別《べつ》であること。ちがっているこ

**例解 ! ことばの勉強室**

## 古典《こてん》(伝統的《でんとうてき》な言語文化《げんごぶんか》)について

日本《にっぽん》の古典《こてん》には、大《おお》きく分《わ》けて古文《こぶん》と漢《かん》文《ぶん》とがある。

**古文《こぶん》(日本《にっぽん》の古《ふる》い言葉《ことば》で書《か》かれた文章《ぶんしょう》)**

詩歌《しいか》としては、「万葉集《まんようしゅう》」や「古今和歌集《こきんわかしゅう》」、「新古今和歌集《しんこきんわかしゅう》」などの和歌《わか》や、芭蕉《ばしょう》、蕪村《ぶそん》、一茶《いっさ》らの俳句《はいく》がある。

物語《ものがたり》としては、「竹取物語《たけとりものがたり》」「源氏物語《げんじものがたり》」「平家物語《へいけものがたり》」など、随筆《ずいひつ》としては、「枕草子《まくらのそうし》」「徒然草《つれづれぐさ》」などがある。

神話《しんわ》や伝説《でんせつ》を集《あつ》めた「古事記《こじき》」はもちろんのこと、人々《ひとびと》の間《あいだ》の伝説《でんせつ》や民話《みんわ》を集《あつ》めた「今昔物語集《こんじゃくものがたりしゅう》」や、滑稽《こっけい》なお話《はなし》の「東海道中膝栗毛《とうかいどうちゅうひざくりげ》」なども、古典《こてん》である。

歌舞伎《かぶき》や狂言《きょうげん》・落語《らくご》などの芸能《げいのう》は、もともと文字《もじ》で書《か》かれたものではないが、日本《にっぽん》の伝統的《でんとうてき》な言語文化《げんごぶんか》である。

**漢文《かんぶん》(漢字《かんじ》で書《か》かれた中国《ちゅうごく》や日本《にっぽん》の古《ふる》い文章《ぶんしょう》)**

日本人《にほんじん》に親《した》しまれてきたものには、李白《りはく》や杜甫《とほ》などの漢詩《かんし》、孔子《こうし》の言葉《ことば》を集《あつ》めた「論語《ろんご》」のほか、中国《ちゅうごく》の古《ふる》い歴史《れきし》を記《しる》した「史記《しき》」などがある。

★なお、文学《ぶんがく》ではないが、ことわざや格言《かくげん》、故事成語《こじせいご》も人々《ひとびと》の暮《く》らしの中《なか》に深《ふか》くしみこんだ伝統的《でんとうてき》な言語文化《げんごぶんか》である。

**古語《こご》(=古典《こてん》の言葉《ことば》)**

古語《こご》というのは、古典《こてん》の中《なか》の言葉《ことば》で、文《ぶん》語《ご》ともいう。古語《こご》には、今《いま》の言葉《ことば》と、形《かたち》や意味《いみ》(使《つか》い方《かた》)がほとんど同《おな》じものも多《おお》いが、形《かたち》がちがったり、使《つか》い方《かた》がちがっているものも多《おお》い。

うつくしきもの、うりにかきたるちごの顔《かお》。

これは、「枕草子《まくらのそうし》」の中《なか》の一文《いちぶん》である。これを今《いま》の言葉《ことば》にすると、次《つぎ》のようになる。

「かわいらしいものは、うりに描《えが》いた幼《おさな》い子《こ》どもの顔《かお》である。」

比《くら》べてみると、「うり」とか「顔《かお》」は、形《かたち》も意味《いみ》も、今《いま》の言葉《ことば》と同《おな》じである。意味《いみ》が大《おお》きくちがうのは、「うつくし」である。

「枕草子《まくらのそうし》」の「うつくしき」は、現代語《げんだいご》では「うつくしい」で、形《かたち》も少《すこ》しちがうが、「かわいい」とか「いとしい」という気持《きも》ちを表《あらわ》していて、意味《いみ》は大《おお》きくちがう。

「ちご」は、今《いま》の言葉《ことば》にもあるが、昔《むかし》は、「赤《あか》ん坊《ぼう》」「幼《おさな》い子《こ》ども」という意味《いみ》で、少し

---

と。⬇い【異】51ページ

**異《こと》にする** 別《べつ》にする。ちがっている。例 意見《いけん》を異にする。

**こと【琴】** 名 日本《にっぽん》の弦楽器《げんがっき》。胴《どう》とよぶ細長《ほそなが》い箱《はこ》の上《うえ》に、十三本《じゅうさんぼん》の弦《げん》が張《は》ってある。「つめ」をつけて糸《いと》をはじき、音《おと》を出《だ》す。⬇がっき(楽器) 244ページ/⬇きん【琴】351ページ

**こと【古都】** 名 古《ふる》い都《みやこ》。昔《むかし》、都《みやこ》であった所《ところ》。奈良《なら》・京都《きょうと》など。

**こと** 助 ❶感動《かんどう》や強《つよ》めの気持《きも》ちを表《あらわ》す。例 まあ、なんて寒《さむ》いこと。❷命令《めいれい》や誘《さそ》いの気持《きも》ちを表《あらわ》す。例 明日《あす》は、早起《はやお》きすること。

**ごと** 〔ある言葉《ことば》のあとにつけて〕❶どの…もみんな。例 人《ひと》ごとに意見《いけん》がちがう。❷…のたびに。例 ひと雨《あめ》ごとに、暖《あたた》かくなる。❸…もいっしょに。全部《ぜんぶ》。例 骨《ほね》ごと食《た》べる。

**ことあたらしい【事新しい】** 形 新《あたら》しいこととして、取《と》り上《あ》げるようすだ。例 事新しく言《い》うまでもない。

**ことう【孤島】** 名 一《ひと》つだけ離《はな》れてある島《しま》。離《はな》れ島《じま》。

**こどう【鼓動】** 名 動-する ❶心臓《しんぞう》が、どきどきと動《うご》くこと。動悸《どうき》。❷(ひびきが聞《き》こえるかのように)前《まえ》ぶれが感《かん》じられること。例 春《はる》の鼓動が聞《き》こえる。

**ごとう【誤答】** 名 動-する まちがって答《こた》えること。まちがった答《こた》え。対 正答《せいとう》。

**こどうぐ【小道具】** 名 ❶芝居《しばい》の舞台《ぶたい》などで使《つか》う、小《ちい》さな道具《どうぐ》。対 大道具《おおどうぐ》。❷身《み》の回《まわ》り

面《めん》した四国地方北東部《しこくちほうほくとうぶ》の県《けん》。オリーブで有名《ゆうめい》な小豆島《しょうどしま》は香川県《かがわけん》。金刀比羅宮《ことひらぐう》は「こんぴらさん」の名《な》で親《した》しまれている。

ちがう。

**ア 形《かたち》が似《に》ていて、意味《いみ》がちがう言葉《ことば》**

例「をかし」

現代語《げんだいご》では「おかしい」と言《い》って、笑《わら》いたくなる気持《きも》ちを表《あらわ》すが、昔《むかし》は、おもむきがあって心《こころ》が引《ひ》かれるようすを表《あらわ》していた。

そのほかに、今《いま》と昔《むかし》と、言葉《ことば》の形《かたち》はほとんど同《おな》じで、意味《いみ》が大《おお》きくちがうものには、例《たと》えば、次《つぎ》のようなものがある。

今《いま》の言葉《ことば》(現代語《げんだいご》)　昔《むかし》の言葉《ことば》(古語《こご》)

かなしい　かなし　(かわいくて、いとしい)

めでたい　めでたし　(すばらしくて、りっぱだ)

あわれだ　あはれなり　(しみじみと心《こころ》が動《うご》かされる)

いたずらだ　いたづらなり　(役《やく》に立《た》たない。むだだ)

ゆかしい　ゆかし　(見《み》たい、知《し》りたい)

**イ 今《いま》では使《つか》われなくなった言葉《ことば》**

例「三寸《さんずん》ばかりなる人《ひと》、いとうつくしう《しゅう》てゐ《い》たり。」

(三寸《さんずん》ぐらいの人《ひと》が、とても、かわいらしい姿《すがた》ですわっていた。)

例「むげなり。」

(まったくひどい。あんまりだ。)

例「いみじくなげかしげに思《おも》ひ《い》たり。」

(たいへん悲《かな》しそうに考《かんが》えこんでいる。)

例「やんごとなき人《ひと》」(身分《みぶん》の高《たか》い人《ひと》)

右《みぎ》の文《ぶん》の中《なか》の「いと」や「むげなり」「いみじ(く)」という語《ご》は、今《いま》ではほとんど使《つか》われなくなっている語《ご》である。

**ウ 文末《ぶんまつ》の言葉《ことば》**

例「今《いま》は昔《むかし》、竹取《たけとり》の翁《おきな》といふ《う》ものありけり。」

(昔々《むかしむかし》、竹取《たけとり》の翁《おきな》という人《ひと》がいました。)

例「あやしがりて寄《よ》りて見《み》るに、筒《つつ》の中《なか》光《ひか》りたり。」

(不思議《ふしぎ》に思《おも》って近寄《ちかよ》って見《み》ると、筒《つつ》の中《なか》が光《ひか》っています。)

右《みぎ》の二《ふた》つの文《ぶん》は「竹取物語《たけとりものがたり》」の一節《いっせつ》だが、このように、文末《ぶんまつ》を「けり」「たり」でしめくくるのも、現代語《げんだいご》にはない、文《ぶん》の終《お》わり方《かた》である。

そのほかに、次《つぎ》のような言葉《ことば》も使《つか》われる。

「いづ《ず》くにか舟泊《ふねは》てすらむ。」

(どこに、舟《ふね》を泊《と》めるのだろうか。)

「かしこまって候《そうろう》。」

(承知《しょうち》いたしました。)

---

で使《つか》う、こまごまとした道具《どうぐ》。

**ごとうち**【御°当地】名 ❶相手《あいて》の住《す》む土地《とち》をうやまって言《い》う言葉《ことば》。例ご当地のみなさまのおかげです。❷その土地《とち》。例ご当地グルメ(=その地域独特《ちいきどくとく》のごちそう)。

**ごとうれっとう**〔五島列島〕地名 長崎《ながさき》県《けん》の北西《ほくせい》にある列島《れっとう》。中通《なかどおり》・若松《わかまつ》・奈留《なる》・久賀《ひさか》・福江《ふくえ》の五島《ごとう》と小《ちい》さな島々《しまじま》からなる。

**ことかく**【事欠く】動 足《た》りなくて、困《こま》る。

**°ことがら**【事柄°】名 ものごと。ものごとのようす。例だいじな事柄をメモする。

**ことぎれる**【事切れる】動 息《いき》が止《と》まる。死《し》ぬ。

**こどく**【孤°独】名 形動 独《ひと》りぼっちであるようす。例孤独な暮《く》らし。

**ごどく**【誤読】名 動-する まちがって読《よ》むこと。例漢字《かんじ》を誤読する。

**ことごとく** 副 すっかり。残《のこ》らず。例試《こころ》みはことごとく成功《せいこう》した。

**ことごとに**【事ごとに】副 何《なに》かあるたびに。例事ごとに衝突《しょうとつ》する。

**ことこまか**【事細か】形動 細《こま》かくくわしいようす。例事細かに伝《つた》える。

**ことざ**【琴°座】名 八月《はちがつ》ごろ、空《そら》の真上《まうえ》に見《み》える星座《せいざ》。もっとも明《あか》るい星《ほし》はベガといい、七夕《たなばた》で知《し》られる織女星《しょくじょせい》である。

**ことさら**【殊°更°】副 ❶わざと。例ことさら大声《おおごえ》でしゃべりだした。❷わざわざ。例ことさら言《い》うこともない。



都道府県　香川県《かがわけん》　高松市《たかまつし》　人口《じんこう》　約《やく》95万人《まんにん》　県《けん》の花《はな》　オリーブ　県《けん》の鳥《とり》　ホトトギス　県《けん》の木《き》　オリーブ　瀬戸内海《せとないかい》に

例解！ことばの勉強室

## 言葉《ことば》遊《あそ》び

しりとりや早口言葉《はやくちことば》は、昔《むかし》から行《おこな》われてきた言葉《ことば》遊《あそ》びである。外国《がいこく》から入《はい》ってきたものもある。

次《つぎ》に代表的《だいひょうてき》な言葉《ことば》遊《あそ》びの例《れい》をあげてみよう。

**❶しりとり**

「やま—マッチ—ちず」のように、前《まえ》の人《ひと》の言葉《ことば》の最後《さいご》の音《おん》をうけて、それが頭《あたま》につく言葉《ことば》を、次《つぎ》の人《ひと》が言《い》う遊《あそ》び。「ん」で終《お》わる言葉《ことば》を言《い》うと、失格《しっかく》にしたりする。

**❷ダブレット**

言葉《ことば》の中《なか》の一文字《いちもじ》だけをとりかえて、つないでいく。最後《さいご》にいきつく言葉《ことば》を決《き》めておくのもおもしろい。

例 はる(春)—はり—きり—きく—くつ—つゆ—ゆき—あき(秋)

**❸折《お》り句《く》・沓冠《くつかぶり》**

各句《かくく》の最初《さいしょ》の音《おん》を決《き》めておき、言葉《ことば》をつないで文《ぶん》を作《つく》る。

例 あさから
いきいき
うれしい
えがおで
おはよう!

沓冠《くつかぶり》は、最初《さいしょ》の音《おん》だけではなく、最後《さいご》の音《おん》も決《き》めておくもの。

**❹あいうえお歌《うた》**

例 あかちゃんあんよで　あいうえお
かきの実《み》ころころ　かきくけこ
ささのはささぶね　さしすせそ
たけのこ取《と》れたか　たちつてと

**❺かぞえ歌《うた》**

例 一《いち》わの　カラスが　カアカア
二《に》わの　にわとり　コケコッコー
三《さん》は　魚《さかな》が　泳《およ》いでいる
四《し》は　しらがの　おじいさん
五《こ》は　ごほうび　ありがとう

「ひとつ…。ふたつ…。みっつ…。」と始《はじ》めてもよい。

**❻ものはづくし**

「○○は○○」という形《かたち》で、次々《つぎつぎ》と文《ぶん》を結《むす》びつけていく。

例 さよなら三角《さんかく》　またきて四角《しかく》。
四角《しかく》はとうふ。
とうふは白《しろ》い。
白《しろ》いはウサギ。
ウサギははねる。
はねるはカンガルー。
カンガルーはかわいい。
かわいいは人形《にんぎょう》。
人形《にんぎょう》は……

**❼回文《かいぶん》**

○**ことし**【〈今年〉】名 この年《とし》。本年《ほんねん》。例 今年の夏《なつ》は暑《あつ》い。関連⬇きょう(今日)333ページ。

**ことだま**【言霊】名 言葉《ことば》がもつと信《しん》じられている、ふしぎな力《ちから》。参考「今年《ことし》」は、特別《とくべつ》に認《みと》められた読《よ》み方《かた》。

**ことたりる**【事足りる】動 じゅうぶん用《よう》が済《す》む。例 これだけあれば事足りる。

**ことづかる**【言付かる】動 言《い》いつかる。用事《ようじ》をたのまれる。例 返事《へんじ》をことづかる。

**ことづけ**【言付け】名 人《ひと》にたのんで、伝《つた》えてもらうこと。伝言《でんごん》。ことづて。

○**ことづける**【言付ける】動 ❶人《ひと》にたのんで、用事《ようじ》を相手《あいて》に伝《つた》えてもらう。伝言《でんごん》する。❷人《ひと》にたのんで送《おく》り届《とど》ける。

**ことづて**【言づて】名 ❶ことづけ。伝言《でんごん》。例 弟《おとうと》に言づてをたのむ。❷伝《つた》え聞《き》くこと。例 言づてに聞《き》いた話《はなし》。

**ことなかれしゅぎ**【事なかれ主義】名 めんどうなことが起《お》こらず、何事《なにごと》も無事《ぶじ》にすめばそれでよいという、消極的《しょうきょくてき》な態度《たいど》。

**ことなく**【事無く】副 変《か》わったこともなく。無事《ぶじ》に。例 旅行《りょこう》も事なくすんだ。

○**ことなる**【異なる】動 同《おな》じでない。ちがう。例 それぞれ、意見《いけん》が異なる。

○**ことに**【殊に】副 特《とく》に。とりわけ。例 彼《かれ》の歌《うた》がことにすばらしかった。

**ことのほか**【殊の外】副 ❶思《おも》ったよりも。意外《いがい》に。例 ことのほか早《はや》くすんだ。❷非常《ひじょう》に。たいそう。例 今日《きょう》は、ことのほか寒《さむ》い。

した四国地方北西部《しこくちほうほくせいぶ》の県《けん》。『日本書紀《にほんしょき》』や『万葉集《まんようしゅう》』にも出《で》てくる道後温泉《どうごおんせん》がある。江戸時代《えどじだい》につくられた松山城《まつやまじょう》も有名《ゆうめい》。

「ダンスがすんだ」のように、上下《じょうげ》どちらから読《よ》んでも同じ《おな》になる言葉《ことば》を作《つく》る。
例 ・たい焼《や》きやいた。
・わたし、負《ま》けましたわ。

**❽なぞなぞ**
例 流《なが》れる星《ほし》は、
ながれぼし。
たなばたの星《ほし》は、
ひこぼし。
では、すっぱいホシは
なんでしょう。
〔答《こた》え＝うめぼし〕

例 のろのろはうのは
でんでん虫《むし》。
ガチャガチャ
鳴《な》くのはくつわ虫《むし》。
では、赤《あか》でも行《い》っちゃう、
悪《わる》いムシは。
〔答《こた》え＝信号無視《しんごうむし》〕

**❾なぞかけ**
例 「えんぴつ」とかけて、
何《なに》ととく。
「たきそこなったごはん」と、とく。
そのこころは？ ——
〔どちらも「しん」がある。〕

**❿積《つ》み上《あ》げうた**
例 箱《はこ》
箱《はこ》の底《そこ》
箱《はこ》の底《そこ》がない
箱《はこ》の底《そこ》がないのに気《き》づいた
箱《はこ》の底《そこ》がないのに気《き》づいたお母《かあ》さん
箱《はこ》の底《そこ》がないのに気《き》づいたお母《かあ》さんの
あわてた顔《かお》

**⓫早口言葉《はやくちことば》**
なるべく速《はや》く、つかえずにはっきりと言《い》う競争《きょうそう》である。
例 ・なまむぎ、なまごめ、なまたまご。
・この縁《えん》の下《した》のくぎ、引《ひ》き抜《ぬ》きにくい。
・お綾《あや》や、母親《ははおや》におあやまり。
・かえるぴょこぴょこ　三《み》ぴょこぴょこ。合《あ》わせてぴょこぴょこ　六《む》ぴょこぴょこ。
・となりの客《きゃく》はよくカキ食《く》う客《きゃく》だ。
・青巻紙《あおまきがみ》、赤巻紙《あかまきがみ》、黄巻紙《きまきがみ》。

**✤ことば【言葉】** 名 ❶いくつかの音《おん》が集《あつ》まって、ある意味《いみ》を表《あらわ》すもの。人《ひと》の考《かんが》えや気持《きも》ちを、声《こえ》または文字《もじ》で表《あらわ》す。言語《げんご》。例 外国《がいこく》の言葉を学《まな》ぶ。❷語句《ごく》。文章《ぶんしょう》。例 昔《むかし》の人《ひと》はうまい言葉を残《のこ》した。❸言葉遣《ことばづか》い。言《い》い方《かた》。例 言葉に気《き》をつける。

**言葉《ことば》が過《す》ぎる** 言《い》ってはいけないことまで言《い》う。例 「お前《まえ》はばかだ。」とは言葉が過ぎる。

**言葉《ことば》が足《た》りない** 言《い》い方《かた》が足《た》りない。説明《せつめい》のしかたが足《た》りない。例 言葉が足りないせいで、うまく伝《つた》わらなかった。

**言葉《ことば》に甘《あま》える** 〔ふつう「お言葉《ことば》に甘《あま》えて」の形《かたち》で〕相手《あいて》の親切《しんせつ》な申《もう》し出《で》を受《う》け入《い》れる。例 お言葉に甘えて、お休《やす》みをいただきます。

**言葉《ことば》に尽《つ》くせない** 言葉《ことば》では、十分《じゅうぶん》に言《い》い表《あらわ》せない。例 言葉に尽くせない喜《よろこ》び。

**言葉《ことば》のあや** 言葉《ことば》をかざった、たくみな言《い》い方《かた》。例 言葉のあやにごまかされてはならない。

**言葉《ことば》を返《かえ》す** 口答《くちごた》えをする。例 お言葉を返すようですが…。

**言葉《ことば》を掛《か》ける** 話《はな》しかける。話《はなし》をしておく。例 いたわりの言葉を掛ける。

**言葉《ことば》を飾《かざ》る** うまく言《い》い表《あらわ》して、実際以上《じっさいいじょう》によく思《おも》わせる。言葉《ことば》を美《うつく》しくする。

**言葉《ことば》を尽《つ》くす** できるかぎりの言葉《ことば》を使《つか》って言《い》い表《あらわ》す。例 言葉を尽くして説明《せつめい》する。




都道府県　愛媛県《えひめけん》　松山市《まつやまし》　人口《じんこう》　約《やく》133万人《まんにん》　県《けん》の花《はな》　ミカンの花《はな》　県《けん》の鳥《とり》　コマドリ　県《けん》の木《き》　マツ　瀬戸内海《せとないかい》に面《めん》

**言葉《ことば》を濁《にご》す** はっきり言《い》わない。例 返事《へんじ》ができないで、言葉を濁す。

**言葉《ことば》を挟《はさ》む** 人《ひと》が話《はな》している途中《とちゅう》に、割《わ》り込んで話《はな》す。口《くち》を挟《はさ》む。例 一言《ひとこと》も言葉をはさまなかった。

✤**ことばあそび**【言葉遊び】名 言葉《ことば》を使《つか》った遊《あそ》び。⇩ことばの勉強室《べんきょうしつ》474ページ

**ことばかず**【言葉数】名 口《くち》に出《だ》す言葉《ことば》の数《かず》。口数《くちかず》。

**ことはじめ**【事始め】名 ❶はじめて仕事《しごと》に取《と》りかかること。❷ものごとを新《あたら》しく始《はじ》めること。例『蘭学事始《らんがくことはじめ》』。

**ことばじり**【言葉尻】名 ❶言葉《ことば》の終《お》わりのところ。例 言葉尻をにごす。❷言《い》いそこなったところ。例 言葉尻をとらえる。

**ことばすくな**【言葉少な】形動 口数《くちかず》の少《すく》ないようす。ことばずくな。例 言葉少なに心境《しんきょう》を語《かた》った。

**ことばたくみに**【言葉巧みに】 うまいことを言《い》って。例 言葉巧みにだます。

✤**ことばづかい**【言葉遣い】名 ものの言《い》い方《かた》や、話《はな》し方《かた》。話《はな》しぶり。例 言葉づかいには気《き》をつけよう。

**ことぶき**【寿】名 ❶めでたいこと。また、それを祝《いわ》う言葉《ことば》。❷長生《なが》き。長寿《ちょうじゅ》。⇩じゅ【寿】591ページ

○**こども**【子供】名 ❶年《とし》のまだ若《わか》い人《ひと》。少年《しょうねん》や少女《しょうじょ》。例 子ども心《ごころ》。対 大人《おとな》。❷自分《じぶん》のむすこや、むすめ。子《こ》。対 親《おや》。

**子《こ》どものけんかに親《おや》が出《で》る** 〔子《こ》どもどうしのけんかに親《おや》が加《くわ》わると大事《おおごと》になるように〕つまらないことに口出《くちだ》しをして、大《おお》きな騒《さわ》ぎにすることのたとえ。

**子《こ》どもの使《つか》い** 言《い》いつけられた用事《ようじ》をどうにか果《は》たすような、頼《たよ》りないお使《つか》い。

**こどもかていちょう**【こども家庭庁】名 子どもに関《かん》する行政事務《ぎょうせいじむ》の仕事《しごと》をする国《くに》の役所《やくしょ》。

**こどもごころ**【子供心】名 ものごとの意《い》味《み》がまだ十分《じゅうぶん》わからないころの、子《こ》どものものの見方《みかた》。例 子ども心に、きれいだと思《おも》ったことを覚《おぼ》えている。

**こどもだまし**【子供だまし】名 子《こ》どもをだますような安《やす》っぽいもの。いいかげんなもの。例 子どもだましの作《つく》り話《ばなし》。

**こともなげ**【事もなげ】形動 なにごともないかのように、平気《へいき》なようす。例 事もなげにやってしまう。

**こどものけんりじょうやく**【子どもの権利条約】名 児童《じどう》の権利《けんり》に関《かん》する条《じょう》約《やく》。一九八九年《ねん》に国連総会《こくれんそうかい》で採択《さいたく》された。十八歳未満《じゅうはっさいみまん》のすべての人《ひと》の保護《ほご》と基本的人権《きほんてきじんけん》の尊重《そんちょう》のために、国際協力《こくさいきょうりょく》が重要《じゅうよう》であることを認《みと》めたもの。

**こどものひ**【こどもの日】名 国民《こくみん》の祝《しゅく》日《じつ》の一《ひと》つ。五月五日《ごがついつか》。子《こ》どもの幸福《こうふく》を願《ねが》い、成長《せいちょう》を祝《いわ》う日《ひ》。端午《たんご》の節句《せっく》にあたる。

**ことり**【小鳥】名 小《ちい》さい鳥《とり》。スズメ・ウグイス・ブンチョウなど。

> 例解 ことばの窓
> **断《ことわ》る の意味《いみ》で**
> 要求《ようきゅう》を拒否《きょひ》する。
> 申《もう》し入《い》れを拒絶《きょぜつ》する。
> 受賞《じゅしょう》を辞退《じたい》する。
> 面会《めんかい》を謝絶《しゃぜつ》する。
> 立候補《りっこうほ》を固辞《こじ》する。

✤○**ことわざ**【諺】名 昔《むかし》から言《い》い伝《つた》えられている、ためになる短《みじか》い言葉《ことば》。「急《いそ》がば回《まわ》れ」「まかぬ種《たね》は生《は》えぬ」など。

**ことわり**【断り】名 ❶相手《あいて》のたのみや申《もう》し出《で》を受《う》けつけないこと。例 断りの手紙《てがみ》。❷前《まえ》もってわかってもらっておくこと。例 何《なん》の断りもなく、庭《にわ》に入《はい》ってきた。

**ことわり**【理】名 ❶ものごとの正《ただ》しい筋道《すじみち》。道理《どうり》。例 人《ひと》の世《よ》のことわり。❷理由《りゆう》。わけ。〔古《ふる》い言《い》い方《かた》。〕

○**ことわる**【断る】動 ❶相手《あいて》のたのみや申《もう》し出《で》を受《う》けつけない。引《ひ》き受《う》けない。例 人《ひと》のたのみを断る。❷前《まえ》もってわかってもらっておく。例 先生《せんせい》に断って学校《がっこう》を休《やす》む。⇩だん【断】811ページ

○**こな**【粉】名 〔穀物《こくもつ》などを〕非常《ひじょう》に細《こま》かにくだいたもの。粉末《ふんまつ》。例 粉ミルク。粉薬《ぐすり》。小麦《こむぎ》の粉。⇩ふん【粉】1164ページ

**こなぐすり**【粉薬】名 粉《こな》になっている薬《くすり》。

# ことわざ

なるほどと思《おも》うことを、何《なに》かにたとえたりして短《みじか》く言《い》い表《あらわ》したものが、ことわざである。昔《むかし》からある「いろはがるた」は、ことわざを使《つか》ったものである。よく使《つか》われるものを内容別《ないようべつ》に整理《せいり》してみよう。

## ●暮《く》らしの知恵《ちえ》

朝焼《あさや》けは雨《あめ》　夕焼《ゆうや》けは晴《は》れ
暑《あつ》さ寒《さむ》さも彼岸《ひがん》まで
桃栗《ももくり》三年《さんねん》柿《かき》八年《はちねん》
早起《はやお》きは三文《さんもん》の得《とく》
良薬《りょうやく》は口《くち》に苦《にが》し

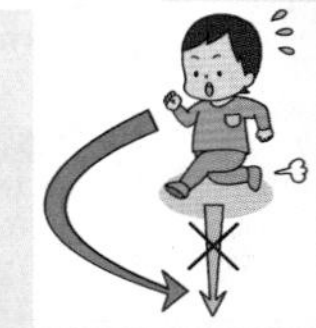

## ●いろいろな教訓《きょうくん》

朱《しゅ》に交《まじ》われば赤《あか》くなる
石橋《いしばし》をたたいて渡《わた》る
転《ころ》ばぬ先《さき》のつえ
急《いそ》がば回《まわ》れ
立《た》つ鳥《とり》あとをにごさず
習《なら》うより慣《な》れろ
石《いし》の上《うえ》にも三年《さんねん》
かっぱの川流《かわなが》れ
かわいい子《こ》には旅《たび》をさせよ
人《ひと》のふり見《み》てわがふり直《なお》せ
能《のう》あるたかは爪《つめ》を隠《かく》す
失敗《しっぱい》は成功《せいこう》のもと
ちりも積《つ》もれば山《やま》となる
郷《ごう》に入《い》っては郷《ごう》に従《したが》え

## ●ことわざには動物《どうぶつ》を使《つか》ったものがたくさんある

猫《ねこ》……猫《ねこ》に小判《こばん》
犬《いぬ》……犬《いぬ》も歩《ある》けば棒《ぼう》に当《あ》たる
すずめ…すずめ百《ひゃく》まで踊《おど》り忘《わす》れず
からす…うのまねをするからす
あぶ……あぶはち取《と》らず
蜂《はち》……泣《な》きっ面《つら》に蜂《はち》
亀《かめ》……亀《かめ》の甲《こう》より年《とし》の功《こう》
馬《うま》……馬《うま》の耳《みみ》に念仏《ねんぶつ》
猿《さる》……猿《さる》も木《き》から落《お》ちる
かえる…井《い》の中《なか》のかわず大海《たいかい》を知《し》らず
鬼《おに》……渡《わた》る世間《せけん》に鬼《おに》はない
とんび…とんびにあぶらげをさらわれる
豚《ぶた》……豚《ぶた》に真珠《しんじゅ》

散薬《さんやく》。

**こなごな【粉粉】** [形動] 細《こま》かくくだけるようす。[例] こなごなにすりつぶす。

**○こなす** [一][動] ❶食《た》べ物《もの》を細《こま》かくする。消化《しょうか》する。[例] 胃《い》で食《た》べ物《もの》をこなす。❷自分《じぶん》の思《おも》いどおりに、自由《じゆう》に扱《あつか》う。[例] 英語《えいご》をみごとにこなす。❸ものごとをやってしまう。[例] 仕《し》事《こと》を楽々《らくらく》とこなす。[二]〔ある言葉《ことば》のあとにつけて〕うまく…する。[例] インターネットを使《つか》いこなす。

**こなた** [代名] ❶こちら。こっち。[対] かなた。❷あなた。おまえ。〔(❶・❷)古《ふる》い言《い》い方《かた》。〕

**こなみじん【粉みじん】** [名] 非常《ひじょう》に細《こま》かくくだけること。こなごな。こっぱみじん。

**こなゆき【粉雪】** [名] 粉《こな》のように細《こま》かくて、さらさらした雪《ゆき》。こゆき。[例] 粉雪が舞《ま》う。

**こなれる** [動] ❶食《た》べ物《もの》が、消化《しょうか》される。❷自《じ》分《ぶん》の思《おも》いどおりに、自由《じゆう》に扱《あつか》えるようになる。[例] こなれた文章《ぶんしょう》。❸人柄《ひとがら》が円満《えんまん》になる。[例] 人間《にんげん》がこなれてきた。

**こにくらしい【小憎らしい】** [形] 憎《にく》らしくて、しゃくだ。[例] 大人《おとな》みたいな口《くち》をきく小憎らしい子《こ》。

**ごにん【誤認】** [名][動-する] まちがってみとめること。[例] 信号《しんごう》の誤認による事故《じこ》。

**こにんずう【小人数】** [名] 人数《にんずう》が少《すく》ないこと。少人数《しょうにんずう》。こにんず。[対] 大人数《おおにんずう》。

**ごにんばやし【五人ばやし】** [名] ひな人《にん》形《ぎょう》の一《ひと》つ。太鼓《たいこ》・大鼓《おおつづみ》・小鼓《こつづみ》・笛《ふえ》・謡《うた》いの五人《ごにん》。

**こぬか** [名] ぬか。⇩ひなにんぎょう 1105ページ

**こぬかあめ【こぬか雨】** [名] つぶの細《こま》かい、きりのような雨《あめ》。ぬか雨《あめ》。

**コネ** [名]〔英語《えいご》の「コネクション」の略《りゃく》。〕知《し》り合《あ》いなどのつながり。縁故《えんこ》。

**○こねる** [動] ❶粉《こな》や土《つち》などに水《みず》を入《い》れて練《ね》る。[例] 小麦粉《こむぎこ》をこねる。❷無理《むり》を言《い》って人《ひと》を困《こま》らせる。[例] だだをこねる。

**ごねる** [動] ぐずぐずと文句《もんく》や不平《ふへい》を言《い》う。[例] 行《い》きたくない、とごねる。

**この** [連体] 自分《じぶん》の側《がわ》にあるものを指《さ》して言《い》う言葉《ことば》。[例] この花《はな》とあの花《はな》をください。⇩こそあどことば 467ページ

**このあいだ【この間】** [名] 今日《きょう》より少《すこ》し前《まえ》のとき。先《さき》ごろ。先日《せんじつ》。

**このうえない【この上ない】** いちばんいい。この上《うえ》もない。[例] 遠足《えんそく》には、この上ない天《てん》気《き》だ。

**このかた【この方】** [一][名] そのときから今《いま》まで。[例] おじさんには、三年《さんねん》このかた会《あ》っていない。[二][代名]「この人《ひと》」を、丁寧《ていねい》に言《い》う言《い》い方《かた》。[例] この方が園長先生《えんちょうせんせい》です。

**このかん【この間】** [名] ある時《とき》とある時《とき》とのあいだ。[例] この間の事情《じじょう》を調《しら》べる。

**このご【この期】** [名] いよいよというだいじな時《とき》。[例] この期に及《およ》んでまだ迷《まよ》っている。

**○このごろ【この頃】** [名] 近《ちか》ごろ。最近《さいきん》。

**このさい【この際】** [名] 今《いま》の場《ば》合《あい》。この機《き》会《かい》。[例] この際だから、話《はな》そう。

**このたび【この度】** [名]「今度《こんど》」の改《あらた》まった言《い》い方《かた》。[例] この度はお世《せ》話《わ》になりました。

**このところ【この所】** [名] 最近《さいきん》。[例] 店《みせ》はこのところずっと休《やす》みです。

**このは【木の葉】** [名] 木《き》の葉《は》。

**このぶん【この分】** [名] このようす。この調《ちょう》子《し》。[例] この分だと明日《あす》は晴《は》れだろう。

**このほど** [名] 今回《こんかい》。このたび。[例] このほど会員《かいいん》となった山田《やまだ》です。

**このま【木の間】** [名] 木《き》と木《き》との間《あいだ》。[例] 木の間から陽光《ようこう》がさす。

**このましい【好ましい】** [形] ❶いい感《かん》じで、よいと思《おも》う。気《き》に入《い》る。[例] さわやかで好ましい人物《じんぶつ》。❷望《のぞ》ましい。[例] 好ましくない事《じ》件《けん》。

**このみ【好み】** [名] ❶好《す》くこと。好《この》むこと。[例] これは、ぼくの好みの絵《え》だ。❷望《のぞ》み。[例] お好みの料理《りょうり》を作《つく》ります。

**このみ【木の実】** [名] 木《き》になる果実《かじつ》。きのみ。

**○このむ【好む】** [動] ❶好《す》きである。好《す》く。[例] 山登《やまのぼ》りを好む。❷そうしたいと望《のぞ》む。[例] 好むと好まざるとにかかわらず、行《い》かなければならない。⇩こう【好】424ページ

**このめ【木の芽】** [名] 木《き》に新《あたら》しく出《で》た芽《め》。きのめ。[例] 木の芽どき〔=春《はる》になって、木《き》に芽《め》が出《で》るころ〕。

**このよ【この世】** [名] 今《いま》、生《い》きている世《よ》。[例] この世を去《さ》る〔=死《し》ぬ〕。



九州北部《きゅうしゅうほくぶ》の県《けん》。菅原道真《すがわらみちざね》をまつった太宰府天満宮《だざいふてんまんぐう》がある。博多《はかた》どんたくが有名《ゆうめい》。

**こはく** 名 大昔《おおむかし》の木《き》のやにが、地中《ちちゅう》でかたく固《かた》まったもの。すきとおった黄色《きいろ》やうす茶色《ちゃいろ》をしている。ブローチなどのかざり物《もの》に使《つか》う。例 こはく色《いろ》〔=つやのある金茶色《きんちゃいろ》〕。

**ごはさん【御破算】** 名 ❶そろばんで、玉《たま》をはらって、元《もと》にもどすこと。例「御破算で願《ねが》いましては…。」 ❷計画《けいかく》などを初《はじ》めの状態《じょうたい》にもどすこと。例 取《と》り決《き》めを御破算にする。

**こばしり【小走り】** 名 こまたで、いそいで歩《ある》くこと。例 駅《えき》まで小走りに急《いそ》ぐ。

**こはぜ** 名 足袋《たび》などの合《あ》わせ目《め》を止《と》める、爪《つめ》のようなもの。

**こばな【小鼻】** 名 鼻《はな》の両側《りょうがわ》のふくらんだ部分《ぶぶん》。

**小鼻《こばな》をうごめかす** 得意《とくい》そうにする。

**こばなし【小ばなし】** 名 しゃれの入《はい》った、おもしろくて短《みじか》い話《はなし》。

**こはば【小幅】** ■ 名 形動 数《かず》や量《りょう》などの開《ひら》きが小《ちい》さいこと。例 小幅な値下《ねさ》げにとどまった。■ 名 大幅《おおはば》の布地《ぬのじ》の、半分《はんぶん》の幅《はば》の布地《ぬのじ》。対(■・■)大幅《おおはば》。

**こばむ【拒む】** 動 ❶いやだと断《ことわ》る。例 要求《ようきゅう》を拒む。 ❷さまたげる。はばむ。例 敵《てき》の侵略《しんりゃく》を拒む。 ➡きょ【拒】331ページ

**こばやし いっさ〖小林一茶〗** 人名 (男)(一七六三〜一八二七)江戸《えど》時代《じだい》の俳人《はいじん》。めぐまれない生活《せいかつ》の中《なか》で、かざりけのない俳句《はいく》を作《つく》った。「痩《や》せ蛙《がえる》まけるな一茶《いっさ》これにあり」などの句《く》がある。

**こばらがへる【小腹が減る】** ちょっと腹《はら》がへる。例 小腹が減ったからと菓子《かし》をつまむ。

**コバルト**〔英語 cobalt〕名 ❶金属《きんぞく》の一《ひと》つ。銀白色《はくしょく》でかたく、酸化《さんか》すると青《あお》になる。合金《ごうきん》の材料《ざいりょう》として使《つか》う。❷空色《そらいろ》。例 コバルトブルー〔=あざやかな、こい青色《あおいろ》〕。

**こはるびより【小春〈日和〉】** 名 秋《あき》の終《お》わりから冬《ふゆ》の初《はじ》めごろの、春《はる》のように暖《あたた》かい天気《てんき》。注意 春《はる》の天気《てんき》には言《い》わない。

**こはん【湖畔】** 名 湖《みずうみ》のほとり。例 湖畔のホテルにとまる。

**こばん【小判】** 名 昔《むかし》のお金《かね》の一《ひと》つ。楕《だ》円形《えんけい》の金貨《きんか》。一枚《いちまい》が一両《いちりょう》にあたる。対 大判《おおばん》。

**ごはん【御飯】** 名「めし」「食事《しょくじ》」の丁寧《ていねい》な言《い》い方《かた》。例 朝御飯《あさごはん》。御飯をたく。

**ごばん【碁盤】** 名 碁《ご》を打《う》つときに使《つか》う、四《し》角《かく》い厚《あつ》い板《いた》。縦横《たてよこ》に、十九本《じゅうきゅうほん》の線《せん》が引《ひ》いてある。

**碁盤《ごばん》の目《め》のよう** (町《まち》の道路《どうろ》などが)縦横《たてよこ》に、きちんと区切《くぎ》られているようす。

**ごび【語尾】** 名 ❶言葉《ことば》の終《お》わりの部分《ぶぶん》。例 語尾まではっきり発音《はつおん》する。❷〔国語《こくご》で〕動《どう》詞《し》・形容詞《けいようし》などの、使《つか》い方《かた》によって、言葉《ことば》の終《お》わりの変《か》わるところ。「行《い》かない」「行《い》きます」の「か」「き」「く」など。活用語尾《かつようごび》。➡ごかん(語幹)451ページ

**コピー**〔英語 copy〕名 動-する ❶書類《しょるい》など、元《もと》と同《おな》じものを写《うつ》し取《と》ること。また、その写《うつ》し。複写《ふくしゃ》。例 新聞《しんぶん》をコピーする。❷そっくりまねること。まねたもの。複製《ふくせい》。例 コピー商品《しょうひん》。❸広告《こうこく》の文案《ぶんあん》。例 コピーライター。

**コピーアンドペースト**〔英語 Copy and Paste〕名 ➡コピペ 479ページ

**ゴビさばく〖ゴビ砂漠〗** 地名 中国《ちゅうごく》の北《ほく》部《ぶ》からモンゴルにかけて広《ひろ》がる大《おお》きな砂漠《さばく》。海抜《かいばつ》一二〇〇メートルぐらい。遊牧《ゆうぼく》が行《おこな》われる。

**こびと【小人】** 名 童話《どうわ》や物語《ものがたり》などに出《で》てくる、小《ちい》さな人間《にんげん》や妖精《ようせい》。

**コピペ** 名 動-する〔英語《えいご》の「コピーアンドペースト」の略《りゃく》。〕パソコンで、文字《もじ》などのデータの一部《いちぶ》をコピーして、別《べつ》の場所《ばしょ》にはりつける操作《そうさ》のこと。

**こびへつらう** 動 きげんを取《と》ったりして、相手《あいて》に気《き》に入《い》られようとふるまう。

**こびりつく** 動 かたくくっついて、取《と》れなくなる。例 かまにご飯《はん》がこびりつく。こわい思《おも》いが頭《あたま》にこびりつく。

**こびる** 動 気《き》に入《い》られようとして、きげんをとる。へつらう。例 目上《めうえ》の者《もの》にこびる。

**こぶ【鼓舞】** 名 動-する はげまして勢《いきお》いづかせること。ふるい立《た》たせること。例 士《し》気《き》を鼓舞する。

**こぶ【昆布】** 名 ➡こんぶ 492ページ。例 昆布茶《ちゃ》。

**こぶ** 名 ❶肉《にく》が固《かた》まって、盛《も》り上《あ》がったもの。たんこぶ。例 ぶつけて、おでこにこぶができた。❷物《もの》の表面《ひょうめん》に盛《も》り上《あ》がったもの。例



都道府県 福岡県《ふくおかけん》 福岡市《ふくおかし》 人口《じんこう》 約《やく》513万人《まんにん》 県《けん》の花《はな》 ウメ 県《けん》の鳥《とり》 ウグイス 県《けん》の木《き》 ツツジ 日本海《にほんかい》に面《めん》した

木《き》のこぶ。❸じゃまになるもの。例目《め》の上《うえ》のこぶ。❹ひもなどの結《むす》び目《め》。例ちょう結《むす》びのこぶ。

**ごぶ【五分】**名 ❶昔《むかし》の尺貫法《しゃっかんほう》で、一寸《いっすん》の半《はん》分《ぶん》の長《なが》さ。約《やく》一・五センチメートル。❷一割《いちわり》の半分《はんぶん》。五《ご》パーセント。❸どちらも力《ちから》がちがわないこと。五分五分《ごぶごぶ》。例五分にわたり合《あ》う。

**こふう【古風】**名形動 古《ふる》めかしいようす。例古風な建物《たてもの》。

**ごふく【呉服】**名 和服用《わふくよう》の織物《おりもの》。反物《たんもの》。また、和服《わふく》。

**ごぶごぶ【五分五分】**名 両方《りょうほう》の力《ちから》に、あまりちがいがないこと。五分《ごぶ》。例この勝負《しょうぶ》は、五分五分だ。類互角《ごかく》。

**ごぶさた【御無沙汰】**名動する 長《なが》い間《あいだ》、訪《たず》ねなかったり、手紙《てがみ》を出《だ》さなかったりすること。例長《なが》いことごぶさたしております。

**こぶし【拳】**名 指《ゆび》を折《お》り曲《ま》げて、かたく握《にぎ》った形《かたち》。げんこつ。例握《にぎ》りこぶし。↓けん【拳】407ページ

**こぶし** 名 山野《さんや》に生《は》え、庭《にわ》にも植《う》える高木《こうぼく》。春《はる》の初《はじ》め、葉《は》が出《で》るより前《まえ》に白《しろ》い大《おお》きな花《はな》がたくさん咲《さ》く。モクレンの仲間《なかま》で、つぼみの形《かたち》が、子《こ》どもの「こぶし」に似《に》ている。

**こふで【小筆】**名 細《ほそ》い字《じ》を書《か》くための筆《ふで》。

**コブラ** 名 熱帯地方《ねったいちほう》にいる毒《どく》ヘビ。おこると首《くび》を両側《りょうがわ》に広《ひろ》げ、眼鏡形《めがねがた》の模様《もよう》が現《あらわ》れる。メガネヘビ。

**こぶり【小降り】**名 雨《あめ》や雪《ゆき》などの降《ふ》り方《かた》が弱《よわ》く少《すく》ないこと。例雨《あめ》が小降りになる。

**こぶり【小ぶり】**名形動 やや小《ちい》さめであること。例小ぶりな茶《ちゃ》わん。対大《おお》ぶり。

**こふん【古墳】**名 昔作《むかしつく》られた、おもに身分《みぶん》の高《たか》い人《ひと》の墓《はか》。土《つち》を円形《えんけい》や四角形《しかくけい》に盛《も》り上《あ》げてある。例古墳時代《じだい》。

**こぶん【子分】**名 親分《おやぶん》に従《したが》う人《ひと》。手下《てした》。例子分になる。対親分《おやぶん》。

✤**こぶん【古文】**名〔国語《こくご》で〕昔《むかし》の文章《ぶんしょう》。特《とく》に江戸時代《えどじだい》までの文章《ぶんしょう》。

**こふんじだい【古墳時代】**名 日本《にっぽん》で、古《こ》墳《ふん》が多《おお》く作《つく》られた時代《じだい》。三《さん》〜七世紀《ななせいき》ごろで、大和朝廷《やまとちょうてい》の勢力《せいりょく》が強《つよ》まった時代《じだい》。大和時代《やまとじだい》。

**ごへい【語弊】**名 言葉《ことば》の使《つか》い方《かた》がよくないため、さしさわりが生《しょう》じること。例下手《へた》だと言《い》うと語弊があるかもしれないが。

**こべつ【戸別】**名 家《いえ》ごと。一軒《いっけん》ずつ。例戸別訪問《ほうもん》。

**こべつ【個別】**名 一《ひと》つ一《ひと》つ。別々《べつべつ》。一人《ひとり》一人《ひとり》。例個別に話《はなし》をする。

**コペルニクス** 人名（男）（一四七三〜一五四三）ポーランドの天文学者《てんもんがくしゃ》。天体《てんたい》の観測《かんそく》を行《おこな》い、地球《ちきゅう》が太陽《たいよう》の周《まわ》りを回《まわ》っているという地動説《ちどうせつ》を唱《とな》えた。

✤**ごほう【語法】**名〔国語《こくご》で〕言葉《ことば》の言《い》い方《かた》や、文《ぶん》の書《か》き方《かた》についての決《き》まり。文法《ぶんぽう》。

**ごほう【誤報】**名 まちがった知《し》らせ。

**ごぼう** 名 畑《はたけ》に作《つく》る作物《さくもつ》。土《つち》の中《なか》の長《なが》い根《ね》を、煮物《にもの》などにして食《た》べる。

**ごぼうぬき【ごぼう抜き】**名 ❶〔ごぼうを地中《ちちゅう》から抜《ぬ》くときのように〕抜《ぬ》きにくいものを、力《ちから》ずくでぐいと抜《ぬ》くこと。❷競走《きょうそう》で、何人《なんにん》かを一気《いっき》に追《お》い抜《ぬ》くこと。

○**こぼす** 動 ❶中《なか》の物《もの》をあふれさせる。また、外《そと》へ落《お》とす。例水《みず》をこぼす。❷ぐちを言《い》う。ぼやく。例ぐちをこぼす。

**こぼればなし【こぼれ話】**名 本筋《ほんすじ》とは関係《かんけい》のない、ちょっとした興味深《きょうみぶか》い話《はなし》。例旅行《りょこう》のときのこぼれ話がおもしろかった。

○**こぼれる** 動 ❶あふれて流《なが》れ出《で》る。もれて外《そと》に出《で》る。例水《みず》がこぼれる。❷こわれる。欠《か》ける。例ナイフの刃《は》がこぼれる。

**こぼんのう【子煩悩】**名形動 自分《じぶん》の子《こ》どもを、とてもかわいがること。また、そのような親《おや》。例子煩悩で、子《こ》どもを甘《あま》やかす。

## こま【駒】 画数15 部首馬（うまへん）

音― 訓こま

❶馬《うま》。熟語若駒《わかごま》〔＝若《わか》い馬《うま》〕。❷将棋《しょうぎ》などの、こま。

**こま【駒】**名 ❶馬《うま》。例ひょうたんから駒。❷将棋《しょうぎ》などで、盤《ばん》の上《うえ》に並《なら》べて動《うご》かすもの。例チェスの駒。❸弦楽器《げんがっき》の、弦《げん》を支《ささ》える小《ちい》さな木片《もくへん》。❹役立《やくだ》つ人《ひと》や物《もの》。例優勝《ゆうしょう》するには駒が足《た》りない。

**駒《こま》を進《すす》める**（試合《しあい》などに）勝《か》って、次《つぎ》へと進《すす》む。例決勝戦《けっしょうせん》に駒を進める。



九州北部《きゅうしゅうほくぶ》の県《けん》。弥生時代《やよいじだい》の吉野ヶ里遺跡《よしのがりいせき》がある。有田焼《ありたやき》・唐津焼《からつやき》が有名《ゆうめい》。

**こま【〈独楽〉】**名 心棒《しんぼう》を中心《ちゅうしん》に、くるくると回《まわ》るおもちゃ。例こまを回《まわ》す。

**こま**名 ❶フィルムやまんがの一《ひと》つ一《ひと》つの区《く》切《ぎ》り。❷映画《えいが》などのある場面《ばめん》。また、生活《せいかつ》などのある場面《ばめん》。例生活《せいかつ》の一《ひと》こま。

**ごま【胡麻】**名 ❶畑《はたけ》に作《つく》る作物《さくもつ》。夏《なつ》、うすむらさき色《いろ》の花《はな》が咲《さ》く。実《み》から小《ちい》さな種《たね》がたくさんとれる。❷「❶」の種《たね》。料理《りょうり》や油《あぶら》をとるのに使《つか》う。

**ごまをする** 自分《じぶん》が得《とく》するように、人《ひと》におべっかを使《つか》う。へつらう。

**コマーシャル**〔英語 commercial〕名 テレビやラジオの番組《ばんぐみ》の合間《あいま》に流《なが》す宣伝《せんでん》。宣伝文《せんでんもん》句《く》。CM《シーエム》。

**ごまあぶら【胡麻油】**名 ゴマの種《たね》をしぼってとった油《あぶら》。食用《しょくよう》にする。

**こまい【古米】**名 前《まえ》の年《とし》にとれた米《こめ》。ふるごめ。対新米《しんまい》。

**こまいぬ【狛犬】**名 神社《じんじゃ》の建物《たてもの》の前《まえ》に、向《む》かい合《あ》わせに置《お》かれている、獅子《しし》〔＝ライオン〕に似《に》た犬《いぬ》の像《ぞう》。魔《ま》よけのためという。

〔こまいぬ〕

**こまか【細か】**形動 細《こま》かいようす。例細かな砂《すな》。

⇩さい【細】495ページ

**○こまかい【細かい】**形 ❶一《ひと》つ一《ひと》つが、たいへん小《ちい》さい。例字《じ》が細かい。❷くわしい。例わけを細かく聞《き》く。❸気《き》持《も》ちが行《い》き届《とど》く。例細かい気《き》くばり。対(❶～❸)粗《あら》い。❹けちくさい。例お金《かね》に細かい人《ひと》。⇩さい【細】495ページ

**○ごまかす**動 ❶人《ひと》にわからないように、悪《わる》いことをする。だます。例数《かず》をごまかす。❷見《み》破《やぶ》られないように、その場《ば》をとりつくろう。例笑《わら》ってごまかす。

**こまぎれ【細切れ】**名 細《こま》かく切《き》ったもの。細《こま》かい切《き》れはし。例こまぎれの情報《じょうほう》。

**こまく【鼓膜】**名 耳《みみ》の中《なか》にあるうすい膜《まく》。外《そと》からの空気《くうき》の振動《しんどう》を受《う》けて細《こま》かくふるえ、耳《みみ》のおくへ音《おと》を伝《つた》える。

**こまごま【細細】**副(-と)動-する ❶細《こま》かいようす。例こまごまとした日用品《にちようひん》。❷くわしいようす。例こまごまと注意《ちゅうい》される。注意「ほそぼそ」と読《よ》むと、ちがう意味《いみ》になる。

**ごましお【ごま塩】**名 ❶ゴマと塩《しお》を混《ま》ぜたもの。ご飯《はん》にふりかけたりする。❷白髪《はくはつ》の混《ま》じった髪《かみ》の毛《け》。例ごま塩頭《あたま》。

**こましゃくれる**動 (子《こ》どもが)ませていて、生意気《なまいき》なことを言《い》ったりしたりする。こまっしゃくれる。

**こまづかい【小間使い】**名 主人《しゅじん》の身《み》の回《まわ》りの世話《せわ》をする女性《じょせい》。〔古《ふる》い言《い》い方《かた》。〕

**こまどり【駒鳥】**名 夏鳥《なつどり》としてわたってくる小鳥《ことり》。スズメほどの大《おお》きさで、顔《かお》や胸《むね》の一《いち》部《ぶ》が赤茶色《あかちゃいろ》をしている。⇩なつどり 969ページ

**こまぬく**動 ⇩こまねく 481ページ

**こまねく**動 腕組《うでぐ》みをする。こまぬく。例手《て》をこまねく。

**こまめ【小まめ】**形動 細《こま》かいところまで気《き》をつかって、よく動《うご》いたり、働《はたら》いたりするようす。例友達《ともだち》と小まめに連絡《れんらく》をとる。

**ごまめ**名 正月《しょうがつ》などに作《つく》る、カタクチイワシを干《ほ》した食《た》べ物《もの》。「田作《たづく》り」ともいう。

**ごまめの歯《は》ぎしり** いくらくやしがっても、力《ちから》がなくて、どうすることもできないこと。

**こまもの【小間物】**名 ふだん使《つか》う、こまごました物《もの》。化粧品《けしょうひん》や日用品《にちようひん》など。

**こまやか**形動 気《き》持《も》ちが、細《こま》かいところまで行《い》き届《とど》いているようす。例こまやかな愛《あい》情《じょう》。参考「細《こま》やか」と書《か》くこともある。

**こまりはてる【困り果てる】**動 すっかり困《こま》ってしまう。困《こま》りぬく。困《こま》りきる。

**○こまる【困る】**動 ❶どうしていいか苦《くる》しむ。例返事《へんじ》に困った。❷物《もの》やお金《かね》がなくて苦《くる》しむ。例暮《く》らしに困る。⇩こん【困】487ページ

**こまわり【コマ割り】**名 おもに漫画《まんが》で、ストーリーをいくつかの場面《ばめん》に区切《くぎ》ること。また、区《く》切《ぎ》ったもの。

**こまわりがきく【小回りが利く】** ❶車《くるま》などが、せまい所《ところ》でも自由《じゆう》に回《まわ》れる。❷その場《ば》に応《おう》じて、やり方《かた》がすばやく変《か》えられる。例少人数《しょうにんずう》だから小回りが利く。

**コマンド**〔英語 command〕名 命令《めいれい》。特《とく》に、コンピューターにあたえる指示《しじ》。

**こみ【込み】**名 中《なか》に、いくつかのものが含《ふく》め



都道府県 佐賀県《さがけん》 佐賀市《さがし》 人口《じんこう》 約《やく》81万人《まんにん》 県《けん》の花《はな》 クスの花《はな》 県《けん》の鳥《とり》 カササギ 県《けん》の木《き》 クス 日本海《にほんかい》に面《めん》した

あいうえお かきくけ こ さしすせそ たちつてと なにぬねの はひふへほ まみむめも やゆよ らりるれろ わをん

てあること。例 税《ぜい》込み。

**ごみ** 名 いらなくなったきたないもの。使《つか》えなくなって捨《す》てるもの。

**こみあう【混み合う】** 動 混雑《こんざつ》する。例 電《でん》車《しゃ》が混み合う。参考「込《こ》み合《あ》う」とも書《か》く。

**こみあげる【込み上げる】** 動 涙《なみだ》や笑《わら》い、感情《かんじょう》などがわき上《あ》がって、外《そと》に出《で》てくる。例 涙《なみだ》が込み上げる。

**こみいる【込み入る】** 動 ものごとが複雑《ふくざつ》にからみ合《あ》う。例 とても込み入った話《はなし》。

**コミカル** 〔英語 comical〕形動 こっけいで、おもしろいようす。例 コミカルな演技《えんぎ》。

**ごみごみ** 副(-と) 動-する せま苦《くる》しくて雑然《ざつぜん》としているようす。例 道《みち》が入《い》りくんでいてごみごみした町《まち》。

**こみだし【子見出し】** 名 辞《じ》書《しょ》や事《じ》典《てん》で、ある見《み》出《だ》しの言葉《ことば》で始《はじ》まることわざや慣用句《かんようく》などを、その見《み》出《だ》しにくっつく形《かたち》で書《か》かれている見《み》出《だ》し。この辞《じ》書《しょ》では、一《いち》字《じ》下《さ》げて掲《かか》げてある見《み》出《だ》し。

✤**こみだし【小見出し】** 名 新《しん》聞《ぶん》や雑《ざっ》誌《し》などで、記《き》事《じ》をわかりやすくするためにつける、あるまとまりごとの小《ちい》さい見《み》出《だ》し。

**コミック** 〔英語 comic〕名 まんが。まんが本《ぼん》。

**コミッショナー** 〔英語 commissioner〕名 プロ野《や》球《きゅう》やプロボクシングなどの協会《きょうかい》で、全体《ぜんたい》をまとめる最高《さいこう》の責任者《せきにんしゃ》。

**こみみにはさむ【小耳にはさむ】** ちらりと聞《き》く。例 うわさを小耳にはさんだ。

✤**コミュニケーション** 〔英語 communication〕名 言葉《ことば》や文字《もじ》などによって、たがいに気持《きも》ちや考《かんが》えを伝《つた》え合《あ》うこと。

**コミュニティー** 〔英語 community〕名 人々《ひとびと》が共同《きょうどう》で生活《せいかつ》する一定《いってい》の地域《ちいき》、および、そこでの人々《ひとびと》の集団《しゅうだん》。例 コミュニティーセンター。

## こむ【込】 画数 5 部首 辶(しんにょう)

音 ── 訓 こ-む こ-める

中《なか》に、はいりこむ。参考 日本《にっぽん》で作《つく》った漢字《かんじ》〔=国字《こくじ》〕。

**こむ【込む】** 動 ❶物《もの》がたくさん重《かさ》なる。入《い》り組《く》む。例 負《ま》けが込む。日程《にってい》が込む。対 すく。❷仕事《しごと》が細《こま》かい。例 手《て》の込んだ料理《りょうり》。❸〔ある言葉《ことば》のあとにつけて〕入《はい》る。入《い》れる。例 乗《の》り込む。書《か》き込む。❹〔ある言葉《ことば》のあとにつけて〕すっかり…する。例 だまり込む。❺〔ある言葉《ことば》のあとにつけて〕十分《じゅうぶん》にする。例 みがき込む。煮《に》込む。

**こむ【混む】** 動 人《ひと》や物《もの》がたくさんつまる。例 朝《あさ》は電《でん》車《しゃ》が混む。対 すく。参考「込《こ》む」とも書《か》く。⇩こん【混】488ページ

**ゴム** 〔オランダ語〕名 熱帯《ねったい》地方《ちほう》に生《は》える、ゴムの木《き》のしるで作《つく》ったもの。のび縮《ちぢ》みする。タイヤ、ボール、靴《くつ》の底《そこ》などに使《つか》う。天然《てんねん》ゴム。現在《げんざい》は、石油《せきゆ》などから作《つく》ることが多《おお》い(合成《ごうせい》ゴム)。

例解 ! ことばの勉強室

### コミュニケーション について

人《ひと》はたがいに助《たす》け合《あ》っていっしょに生《い》きている。情報《じょうほう》や考《かんが》えをたがいに伝《つた》え合《あ》うことがだいじだ。

コミュニケーションは、文字《もじ》や話《はな》し言《こと》葉《ば》に限《かぎ》らない。まなざしや表情《ひょうじょう》・身《み》ぶりでも気持《きも》ちが伝《つた》わる。音楽《おんがく》や美術《びじゅつ》もコミュニケーションの一《ひと》つだ。

また、手紙《てがみ》や本《ほん》などの印刷物《いんさつぶつ》を使《つか》えば、遠《とお》くの人《ひと》とも時代《じだい》をへだてた人《ひと》ともコミュニケーションができる。現代《げんだい》は通《つう》信手段《しんしゅだん》が発達《はったつ》して、電話《でんわ》・新聞《しんぶん》・ラジオ・テレビ・電子《でんし》メール・インターネットなどを使《つか》って、一度《いちど》にたくさんの人《ひと》とコミュニケーションができるようになった。

(⇩マスコミ 1232ページ)

**こむぎ【小麦】** 名 畑《はたけ》に作《つく》る作物《さくもつ》。実《み》を、しょうゆ・みそを作《つく》る原料《げんりょう》にしたり、小麦粉《こむぎこ》にしたりする。⇩むぎ 1272ページ

**こむぎいろ【小麦色】** 名 小《こ》麦《むぎ》の実《み》のような、うすい茶色《ちゃいろ》。例 小麦色に焼《や》けた顔《かお》。

**こむぎこ【小麦粉】** 名 小《こ》麦《むぎ》の実《み》をひいて作《つく》った粉《こな》。うどん・パン・菓子《かし》などに加工《かこう》する。うどん粉《こ》。メリケン粉《こ》。

**こむずかしい【小難しい】** 形 なんとなく難《むずか》しい。例 小難しい理屈《りくつ》ばかり並《なら》べる。

**こむらがえり** 名 ふくらはぎの筋肉《きんにく》が、急《きゅう》にけいれんを起《お》こすこと。足《あし》がつり、激《はげ》しく痛《いた》む。

**こむら じゅたろう**〘小村寿太郎〙 人名（男）（一八五五～一九一一）明治時代《めいじじだい》の政治家《せいじか》。外務大臣《がいむだいじん》を務《つと》め、江戸時代《えどじだい》の末期《まっき》に欧米諸国《おうべいしょこく》と結《むす》んだ条約《じょうやく》(不平等条約《ふびょうどうじょうやく》)を改《あらた》めたり、日露戦争《にちろせんそう》の講和条約《こうわじょうやく》を結《むす》んだりした。

◦**こめ**【米】名 イネの実《み》の、もみがらを取《と》り去《さ》ったもの。これを「玄米《げんまい》」といい、さらに玄米《げんまい》をついて白《しろ》くしたものを「白米《はくまい》」、または「精米《せいまい》」という。⇩べい【米】1173ページ

**こめかみ** 名 額《ひたい》の両側《りょうがわ》で、物《もの》をかむと動《うご》くところ。⇩からだ❶262ページ

**こめぐら**【米倉・米蔵△】名 米《こめ》をしまっておく建物《たてもの》。

**こめこ**【米粉】名 米《こめ》を粉《こな》にしたもの。団子《だんご》などのほか、ケーキやパンにも使《つか》われる。

**こめそうどう**【米騒動】名 一九一八年《ねん》（大正七年《たいしょうしちねん》）、米価《べいか》の値上《ねあ》がりに苦《くる》しんだ民衆《みんしゅう》が、米《こめ》を安《やす》く売《う》ることを求《もと》めて、米屋《こめや》・富豪《ふごう》・警察《けいさつ》などをおそった事件《じけん》。富山県《とやまけん》から全国《ぜんこく》に広《ひろ》がった。

**こめだわら**【米俵】名 米《こめ》を入《い》れる俵《たわら》。米《こめ》が入《はい》っている俵《たわら》。

**コメディアン**〔英語 comedian〕名 喜劇《きげき》俳優《はいゆう》。人《ひと》を笑《わら》わせる芸人《げいにん》。

**コメディー**〔英語 comedy〕名 喜劇《きげき》。

**こめどころ**【米所】名 よい米《こめ》が、たくさんとれる所《ところ》。

**こめぬか**【米糠】名 ⇩ぬか997ページ

**こめびつ**【米びつ】名 米《こめ》を入《い》れておく箱《はこ》。

✤**こめへん** 名 漢字《かんじ》の部首《ぶしゅ》で、「へん」の一《ひと》つ。「粉《ふん》」「糖《とう》」「精《せい》」などの「米」の部分《ぶぶん》。

◦**こめる**【込める】動 ❶中《なか》に入《い》れる。つめる。例 たまを込める。❷含《ふく》める。例 心《こころ》をこめたおくり物《もの》。⇩こむ【込】482ページ

**こめん**【湖面】名 湖《みずうみ》の表面《ひょうめん》。

**ごめん**【御免】■感 ❶あやまるときに使《つか》う言葉《ことば》。丁寧《ていねい》に言《い》うときは、「ごめんなさい」。例「おくれてごめん。」❷人《ひと》の家《いえ》を訪《たず》ねたときに使《つか》う言葉《ことば》。今《いま》ではふつう、「ごめんください」という。〔少《すこ》し古《ふる》い言《い》い方《かた》。〕■名 断《ことわ》ること。例 それはごめんだ。参考 ■・■ともふつう、かな書《が》きにする。

**コメンテーター**〔英語 commentator〕名 テレビ番組《ばんぐみ》や討論会《とうろんかい》などで、意見《いけん》を述《の》べたり解説《かいせつ》をしたりする人《ひと》。解説者《かいせつしゃ》。

✤**コメント**〔英語 comment〕名 動-する ことがらについて意見《いけん》を述《の》べること。また、その意見《けん》。見解《けんかい》。解説《かいせつ》。例 事件《じけん》についてのコメント。

**こも** 名（わらで）あらく織《お》った、むしろ。

**ごもく**【五目】名 いろいろの物《もの》が交《ま》じっていること。例 五目めし。五目そば。

**ごもくならべ**【五目並べ】名 碁石《ごいし》を使《つか》い、先《さき》に一列《いちれつ》に五《いつ》つ並《なら》べたほうが勝《か》ちとなる遊《あそ》び。

**こもごも** 副 代《か》わる代《が》わる。次々《つぎつぎ》。例 こもごも立《た》って、挨拶《あいさつ》する。

✤**こもじ**【小文字】名 ❶小《ちい》さな字《じ》。❷ローマ字《じ》や英語《えいご》などで使《つか》う小《ちい》さな文字《もじ》。「a《エー》・b《ビー》・c《シー》」など。対 大文字《おおもじ》。

**こもの**【小物】名 ❶こまごました小《ちい》さな道具《どうぐ》や付属品《ふぞくひん》。例 小物入《い》れ。❷とるに足《た》りない、つまらない人《ひと》。対 大物《おおもの》。

**こもり**【子守△】名 赤《あか》ちゃんや子《こ》どものおもりをすること。また、その人《ひと》。

**こもりうた**【子守歌△】名 赤《あか》ちゃんや子《こ》どもをねむらせるために歌《うた》う歌《うた》。

◦**こもる**【籠もる】動 ❶家《いえ》の中《なか》にいて、外《そと》に出《で》ない。例 家《いえ》にこもって本《ほん》を読《よ》む。❷おいのりするために、神社《じんじゃ》や寺《てら》にねとまりする。例 山寺《やまでら》にこもる。❸含《ふく》まれる。中《なか》に入《はい》っている。例 心《こころ》のこもった言葉《ことば》。❹いっぱいになる。例 煙《けむり》が、部屋《へや》にこもる。⇩ろう【籠】1411ページ

**こもれび**【木漏れ日】名 木《き》の枝《えだ》や葉《は》の間《あいだ》からさしこむ日《ひ》の光《ひかり》。

**こもん**【顧問】名 役所《やくしょ》や会社《かいしゃ》で、相談《そうだん》を受《う》けて、考《かんが》えや意見《いけん》を言《い》う役《やく》の人《ひと》。

**こもんじょ**【古文書】名 文字《もじ》で書《か》き記《しる》した昔《むかし》の書《か》きもの。昔《むかし》の文書《ぶんしょ》。歴史《れきし》の研究《けんきゅう》に役立《やくだ》つもの。

**こや**【小屋】名 ❶小《ちい》さくて、粗末《そまつ》な建物《たてもの》。例 鳥小屋《とりごや》。山小屋《やまごや》。❷芝居《しばい》やサーカスなどを行《おこな》う建物《たてもの》。例 芝居小屋《しばいごや》〔＝劇場《げきじょう》〕。

都道府県 長崎県《ながさきけん》 長崎市《ながさきし》 人口《じんこう》 約《やく》131万人《まんにん》 県《けん》の花《はな》 ウンゼンツツジ 県《けん》の鳥《とり》 オシドリ 県《けん》の木《き》 ヒノキ、ツバキ 島《しま》の面積《めんせき》は県《けん》の面積《めんせき》の2割《わり》に達《たっ》する。

**こやがけ【小屋掛け】** 名 動-する 芝居《しばい》などをするために、仮《かり》の小屋《こや》を作《つく》ること。例 サーカスが広場《ひろば》に小屋掛けしている。

**こやく【子役】** 名 映画《えいが》・芝居《しばい》などで、子《こ》どもの役《やく》。また、子《こ》どもの役者《やくしゃ》。

**こやし【肥やし】** 名 植物《しょくぶつ》がよく育《そだ》つように、土《つち》に入《い》れるもの。肥料《ひりょう》。↓ひ【肥】1079ページ

**こやす【肥やす】** 動 ❶太《ふと》らせる。例 馬《うま》を肥やす。❷田《た》や畑《はたけ》に肥《こ》やしをまいて、いい土地《とち》にする。例 やせた土地《とち》を肥やす。❸ものを正《ただ》しく見《み》る力《ちから》を養《やしな》う。例 絵《え》を見《み》る目《め》を肥やす。↓ひ【肥】1079ページ

**こやみ【小やみ】** 名 雨《あめ》や雪《ゆき》などが、しばらくの間《あいだ》やむこと。例 雨《あめ》が小やみになる。

**こゆう【固有】** 名 形動 そのものだけが、特《とく》別《べつ》に持《も》っていること。例 日本《にっぽん》固有の文化《ぶんか》。

**こゆうしゅ【固有種】** 名 決《き》まった地域《ちいき》だけに育《そだ》つ動物《どうぶつ》や植物《しょくぶつ》。ニホンカモシカやニホンザルなどは日本《にっぽん》の固有種《こゆうしゅ》。

✤**こゆうめいし【固有名詞】** 名 〔国語《こくご》で〕人名《じんめい》・地名《ちめい》など、そのもの一《ひと》つだけにつけられている名前《なまえ》。「福沢諭吉《ふくざわゆきち》」「東京《とうきょう》」など。対 普通名詞《ふつうめいし》。

**こゆき【小雪】** 名 少《すこ》し降《ふ》る雪《ゆき》。

**こゆき【粉雪】** 名 ↓こなゆき 478ページ

**こゆび【小指】** 名 手《て》と足《あし》のいちばん外側《そとがわ》の、小《ちい》さな指《ゆび》。

**こよい【今宵】** 名 今晩《こんばん》。今夜《こんや》。〔古《ふる》い言《い》い方《かた》。〕

**こよう【雇用】** 名 動-する お金《かね》を払《はら》って人《ひと》をやとうこと。例 不景気《ふけいき》で雇用が悪化《あっか》する。

**ごよう【御用】** 名 ❶「用事《ようじ》」を、丁寧《ていねい》に言《い》う言葉《ことば》。例 何《なに》か御用はありませんか。❷役所《やくしょ》などのおおやけの仕事《しごと》。例 御用納《おさ》め。❸昔《むかし》、犯人《はんにん》をつかまえるときに言《い》った言葉《ことば》。

**ごよう【誤用】** 名 動-する まちがって使《つか》うこと。例 誤用を防《ふせ》ぐための注意《ちゅうい》。

**ごようきき【御用聞き】** 名 得意先《とくいさき》などの注文《ちゅうもん》をきいて回《まわ》ること。また、きいて回《まわ》る人《ひと》。

**こようほけん【雇用保険】** 名 職《しょく》を失《うしな》った人《ひと》が生活《せいかつ》できるように、ある期間《きかん》、一定《いってい》のお金《かね》をはらうことをおもな目的《もくてき》とする保険《ほけん》。参考 もと、失業保険《しつぎょうほけん》といった。

**こよなく** 副 この上《うえ》なく。特別《とくべつ》に。例 合唱《がっしょう》をこよなく愛《あい》する。〔改《あらた》まった言《い》い方《かた》。〕

○**こよみ【暦】** 名 一年《いちねん》じゅうの月《つき》・週《しゅう》・日《ひ》、行事《ぎょうじ》、祝日《しゅくじつ》などを、日《ひ》の順《じゅん》に書《か》きこんだもの。カレンダー。↓れき【暦】1403ページ

**こより** 名 やわらかい紙《かみ》を細《ほそ》く切《き》って指《ゆび》でより、細《ほそ》いひものようにしたもの。

**こらい【古来】** 名 副 昔《むかし》から。例 古来の風習《ふうしゅう》。

**ごらいこう【御来光】** 名 高《たか》い山《やま》などで、おごそかな気持《きも》ちで見《み》る日《ひ》の出《で》のこと。

○**こらえる** 動 ❶じっとがまんする。例 涙《なみだ》をこらえる。❷許《ゆる》す。堪忍《かんにん》する。例 今回《こんかい》はこらえてやろう。

**ごらく【娯楽】** 名 楽《たの》しみ。なぐさみ。例 娯楽番組《ばんぐみ》。娯楽設備《せつび》。

○**こらしめる【懲らしめる】** 動 こりさせる。二度《にど》としないようにさせる。例 悪者《わるもの》を懲らしめる。↓ちょう【懲】838ページ

○**こらす【凝らす】** 動 ❶こり固《かた》まらせる。例 肩《かた》を凝らす。❷一生懸命《いっしょうけんめい》になる。例 工夫《くふう》を凝らす。❸一《いっ》か所《しょ》に集《あつ》める。例 注意《ちゅうい》を凝らす。↓ぎょう【凝】334ページ

**こらす【懲らす】** 動 こりさせる。こらしめる。例 悪《あく》を懲らす。↓ちょう【懲】838ページ

**コラボレーション** 〔英語 collaboration〕 名 共同作業《きょうどうさぎょう》。共同製作《きょうどうせいさく》。合作《がっさく》。コラボ。例 音楽《おんがく》と絵《え》のコラボレーション。

**コラム** 〔英語 column〕 名 新聞《しんぶん》・雑誌《ざっし》などで、線《せん》で囲《かこ》った短《みじか》い記事《きじ》。囲《かこ》み記事《きじ》。参考 この辞書《じしょ》にも「ことばの勉強室《べんきょうしつ》」「ことばの窓《まど》」などのコラムがある。

○**ごらん【御覧】** 一 名 ❶「見《み》ること」を敬《うやま》って言《い》う言葉《ことば》。例 展覧会《てんらんかい》を御覧になる。❷「ご覧《らん》なさい。」を短《みじか》くした言葉《ことば》。例「この絵《え》をご覧。」 二 〔ある言葉《ことば》のあとにつけて〕「…してみなさい。」の丁寧《ていねい》な言《い》い方《かた》。例「やってごらん。」参考 二はふつう、かな書《が》きにする。

**ごりおし【ごり押し】** 名 動-する 自分《じぶん》の意見《いけん》などを無理《むり》やり押《お》し通《とお》すこと。〔くだけた言《い》い方《かた》。〕例 自分勝手《じぶんかって》な案《あん》をごり押しして通《とお》す。

**こりかたまる【凝り固まる】** 動 ❶もの

面《めん》した九州《きゅうしゅう》中西部《ちゅうせいぶ》の県《けん》。大《おお》きなカルデラの阿蘇山《あそさん》があり、熊本城《くまもとじょう》が有名《ゆうめい》。

が寄《よ》り集《あつ》まってかたくなる。例 塩《しお》がこり固まる。❷一《ひと》つの事《こと》に熱中《ねっちゅう》して、他《た》のことを考《かんが》えない。例 自分《じぶん》の考《かんが》えに凝り固まって、人《ひと》の話《はなし》に耳《みみ》を貸《か》さない。

**こりごり**【懲り懲り】名 動-する 形動 すっかりこりること。例 山登《やまのぼ》りは、もうこりごりだ。参考 ふつう、かな書《が》きにする。

**こりしょう**【凝り性】名 一《ひと》つのことに熱中《ねっちゅう》し、納得《なっとく》がいくまでやり通《とお》す性質《せいしつ》。

**こりつ**【孤立】名 動-する 他《ほか》から離《はな》れて、助《たす》けがないこと。例 大雪《おおゆき》で孤立した村《むら》。

■**こりつむえん**【孤立無援】名 形動 独《ひと》りぼっちで助《たす》けてくれる者《もの》がいないこと。

■**ごりむちゅう**【五里霧中】名 〔深《ふか》い霧《きり》の中《なか》で方角《ほうがく》がわからなくなることから〕迷《まよ》って、どうしたらいいかわからないこと。例 何《なに》から手《て》をつけていいか、五里霧中だ。注意「五里夢中」とは書《か》かない。

**ごりやく**【御利益】名 神《かみ》や仏《ほとけ》から、人間《にんげん》に与《あた》えられるめぐみ。

**ごりょう**【御陵】名 天皇《てんのう》や皇后《こうごう》の墓《はか》。みささぎ。

**ゴリラ** 名 アフリカの森林《しんりん》にすむ、体《からだ》が大《おお》きなサルの仲間《なかま》の動物《どうぶつ》。力《ちから》が強《つよ》くて頭《あたま》もよい。家族《かぞく》で行動《こうどう》する。

〔ゴリラ〕

○**こりる**【懲りる】動 ひどい目《め》にあって、二《に》度《ど》とやるまいと思《おも》う。例 重《かさ》なる失敗《しっぱい》に懲りる。

**ごりん**【五輪】名 オリンピックのしるし。左《ひだり》から青《あお》・黄《き》・黒《くろ》・緑《みどり》・赤《あか》の順《じゅん》に、五《いつ》つの輪《わ》で五大陸《ごたいりく》を表《あらわ》したマーク。また、オリンピックのこと。例 東京《とうきょう》五輪。↓前見返《まえみかえ》しの裏《うら》

○**こる**【凝る】動 ❶かたくなる。例 肩《かた》が凝る。❷一《ひと》つの点《てん》に集《あつ》まる。熱中《ねっちゅう》する。例 音楽《おんがく》に凝る。❸工夫《くふう》をする。例 凝ったデザイン。
↓**ぎょう**【凝】334ページ

**コルク**〔オランダ語〕名 コルクガシという木《き》の皮《かわ》の内側《うちがわ》の部分《ぶぶん》。軽《かる》くて、水《みず》や空気《くうき》などを通《とお》しにくいので、びんのせんなどに使《つか》われる。キルク。

**ゴルフ**〔英語 golf〕名 芝《しば》を植《う》えた広《ひろ》い場所《ばしょ》に、十八《じゅうはち》か所《しょ》の穴《あな》〔=ホール〕のあるコースを作《つく》り、小《ちい》さいボールをクラブで打《う》って、穴《あな》の中《なか》に入《い》れていく競技《きょうぎ》。

○**これ** 一 代名 近《ちか》くにあるものを指《さ》すときに使《つか》う言葉《ことば》。例 これは、ぼくの本《ほん》です。↓こそあどことば467ページ。二 感 人《ひと》に呼《よ》びかける言《こと》葉《ば》。例「これ、やめなさい。」

✤**ごれい**【語例】名 その言葉《ことば》が使《つか》われている例《れい》。例 語例を集《あつ》める。

○**これから** 名 副 ❶今《いま》から。将来《しょうらい》。例 これから行《い》く。❷この次《つぎ》から。例 これから気《き》をつけます。❸ここから。例 これから先《さき》は行《い》き止《ど》まり。

**コレクション**〔英語 collection〕名 物《もの》を集《あつ》めること。また、その集《あつ》めた物《もの》。収集《しゅうしゅう》。

**コレクター**〔英語 collector〕名 趣味《しゅみ》や研究《けんきゅう》のために、ものを集《あつ》めている人《ひと》。収集家《しゅうしゅうか》。例 記念切手《きねんきって》のコレクター。

**コレステロール**〔英語 cholesterol〕名 血《けつ》液《えき》などに含《ふく》まれる、脂肪《しぼう》に似《に》た物質《ぶっしつ》。血管《けっかん》の壁《かべ》にたまると動脈硬化《どうみゃくこうか》〔=動脈《どうみゃく》が弾力《だんりょく》を失《うしな》ってかたくなること〕などを起《お》こす。

**これほど**【これ程】名 副 このくらい。こんなに。例 これほどつらいことはない。

**これまで** 名 副 ❶今《いま》まで。例 これまでの生《い》き方《かた》。❷これで終《お》わり。例 今日《きょう》は、これまで。

**これみよがし**【これ見よがし】形動 これを見《み》よと言《い》わんばかりに、得意《とくい》になっているようす。例 これ見よがしに大《おお》きな声《こえ》で言《い》う。

**コレラ**〔オランダ語〕名 感染症《かんせんしょう》の一《ひと》つ。コレラ菌《きん》によって発病《はつびょう》し、高《たか》い熱《ねつ》と、激《はげ》しい下痢《げり》を起《お》こす。

## ころ【頃】
画数 11 部首 頁(おおがい)
音 ― 訓 ころ
❶だいたいの時《とき》。時分《じぶん》。熟語 近頃《ちかごろ》。日頃《ひごろ》。❷ちょうどよい時《とき》。熟語 年頃《としごろ》。手頃《てごろ》。

**ころ**【頃】名 ❶時分《じぶん》。だいたいその時《とき》あたり。例 子《こ》どもの頃。❷ちょうどよい時《とき》。例 頃を見《み》て出《で》かける。

**ころ** 名 重《おも》い物《もの》を動《うご》かすとき、物《もの》の下《した》にしく丸《まる》い棒《ぼう》。何本《なんぼん》も並《なら》べてしき、その上《うえ》を転《ころ》がしていく。

**ごろ**【頃。】〔ある言葉《ことば》のあとにつけて〕❶だいたいその時《とき》。例 三時《さんじ》ごろ。❷ちょうどよい時《とき》。例 桜《さくら》が見《み》ごろだ。

✤**ごろ**【語呂。】名 言葉《ことば》の音《おん》の続《つづ》きぐあいや調《ちょう》子《し》。文章《ぶんしょう》の続《つづ》きぐあい。例 語呂がいい。

**ころあい**【頃合い。】名 ❶ちょうどよい時《とき》。❷ちょうどよい程度《ていど》。例 ころあいをみて出《で》かけた。例 ころあいの値段《ねだん》。

✤**ごろあわせ**【語呂合わせ。】名 ある言葉《ことば》をもとにして、同《おな》じ音《おん》、または似《に》た音《おん》の別《べつ》の言葉《ことば》を作《つく》ること。地口《じぐち》。「善《ぜん》は急《いそ》げ。」に対《たい》して「電話《でんわ》急《いそ》げ。」など。

**ころう**【古老】名 昔《むかし》のことや言《い》い伝《つた》えをよく知《し》っている老人《ろうじん》。例 村《むら》の古老。

∘**ころがす**【転がす】動 ❶丸《まる》いものを、ころころと動《うご》かす。例 丸太《まるた》を転がす。❷たおす。転《ころ》ばす。例 大男《おおおとこ》を転がした。⇩てん【転】891ページ

**ころがりこむ**【転がり込む。】動 ❶転《ころ》がって、入《はい》りこむ。例 ボールが縁《えん》の下《した》に転がり込む。❷思《おも》いがけなくやってくる。手《て》に入《はい》る。例 幸《しあわ》せが転がり込む。❸人《ひと》の家《いえ》に世話《せわ》になる。例 友達《ともだち》の下宿《げしゅく》に転がり込む。

∘**ころがる**【転がる】動 ❶ころころと回《まわ》って動《うご》く。転《ころ》げる。例 ボールが転がる。❷たおれる。転《ころ》ぶ。転《ころ》げる。例 つまずいて転がる。❸いくらでもある。例 どこにでも転がっている話《はなし》。⇩てん【転】891ページ

**ころげおちる**【転げ落ちる】動 ❶高《たか》い所《ところ》から転《ころ》がって落《お》ちる。❷地《ち》位《い》などが下《さ》がる。例 トップから転げ落ちる。

**ころげまわる**【転げ回る】動 転《ころ》がって動《うご》き回《まわ》る。例 子犬《こいぬ》がしばふの庭《にわ》を転げ回る。痛《いた》みのあまり転げ回る。

**ころげる**【転げる】動 ❶転《ころ》がる。❷たおれる。⇩てん【転】891ページ

**ころころ** 副(-と) 動-する ❶小《ちい》さな物《もの》が転《ころ》がるようす。❷太《ふと》っていて、丸《まる》みのあるようす。❸目《め》まぐるしいようす。例 ころころした子犬《こいぬ》。例 話《はなし》がころころ変《か》わって、信用《しんよう》できない。

**ごろごろ** 副(-と) 動-する ❶大《おお》きな物《もの》が転《ころ》がるようす。また、その音《おと》。❷大《おお》きな物《もの》が散《ち》らばっているようす。例 岩《いわ》がごろごろしている。❸何《なに》もしないで時《とき》を過《す》ごすようす。例 家《いえ》の中《なか》でごろごろしている。

**ころしもんく**【殺し文句】名 相《あい》手《て》の心《こころ》を一《いっ》気《き》に引《ひ》きつける、みごとなひと言《こと》。例「このチームには君《きみ》が必要《ひつよう》だ。」という殺し文句で、チームに残《のこ》った。

∘**ころす**【殺す】動 ❶命《いのち》を取《と》る。対 生《い》かす。❷(笑《わら》い・あくび・息《いき》などを)おさえて止《と》める。例 あくびを殺す。❸役《やく》に立《た》たなくする。例 才能《さいのう》を殺してしまう。❹野《や》球《きゅう》・ソフトボールで、アウトにする。対(❸・❹)生《い》かす。⇩さつ【殺】517ページ

**コロッケ**〔フランス語〕名 ゆでてつぶしたジャガイモなどに、タマネギ・ひき肉《にく》などを混《ま》ぜ、パン粉《こ》をつけて油《あぶら》であげた食《た》べ物《もの》。

**コロナ**〔英語 corona〕名 太陽《たいよう》を取《と》り巻《ま》く高温《こうおん》のガス。皆既日食《かいきにっしょく》のとき、太陽《たいよう》の周《まわ》りにかがやいて見《み》える。

**コロナウイルス**〔英語 corona virus〕名 肺《はい》炎《えん》などを引《ひ》き起《お》こすウイルス。とげが生《は》えていて、見《み》た目《め》がコロナに似《に》ている。二〇二〇年《ねん》に世界中《せかいじゅう》で大流行《だいりゅうこう》したものは「新型《しんがた》コロナウイルス」と呼ばれる。

**ごろね**【ごろ寝。】名 動-する ふとんも敷《し》かず、着《き》がえもせずに、ごろりと横《よこ》になって寝《ね》ること。

**ころばす**【転ばす】動 ⬇ころがす❷486ページ

**ころばぬさきのつえ**【転ばぬ先のつえ】失敗《しっぱい》しないように、十分用心《じゅうぶんようじん》しておくことが大切《たいせつ》だというたとえ。例 転ばぬ先のつえというから、事前《じぜん》に確認《かくにん》しておこう。

∘**ころぶ**【転ぶ】動 たおれる。ひっくり返《かえ》る。例 すべって転ぶ。⇩てん【転】891ページ

**ころも**【衣△】名 ❶衣《い》服《ふく》。例 衣替《が》え。❷坊《ぼう》さんの着《き》る着物《きもの》。例 墨染《すみぞ》めの衣。❸てんぷらなどの外側《そとがわ》の部分《ぶぶん》。⇩い【衣】50ページ

**ころもがえ**【衣△替え。】名 動-する ❶季《き》節《せつ》に合《あ》った衣《い》服《ふく》に着《き》がえること。例 夏服《なつふく》に衣替えをする。❷見《み》かけを新《あたら》しくすること。例 店《みせ》の衣替えをする。

海《かい》に面《めん》した、九州中東部《きゅうしゅうちゅうとうぶ》の県《けん》。高崎山《たかさきやま》のサルは天然記念物《てんねんきねんぶつ》。別府温泉《べっぷおんせん》・湯布院温泉《ゆふいんおんせん》など、たくさんの温泉《おんせん》がある。

**✤ころもへん** 名 漢字《かんじ》の部首《ぶしゅ》で、「へん」の一《ひと》つ。「複《ふく》」「補《ほ》」などの「ネ」の部分《ぶぶん》。衣服《いふく》に関係《かんけい》のある漢字《かんじ》が多《おお》い。

**ころんでもただではおきぬ【転んでもただでは起《お》きぬ】** たとえ失敗《しっぱい》しても、そこから何《なに》かを得《え》ようとする、強《つよ》い気持《きも》ちのあることのたとえ。

**コロンブス** 人名 (男)(一四五一ごろ～一五〇六)イタリアの探検家《たんけんか》。一四九二年《ねん》、アジアに向《む》かおうとして大西洋《たいせいよう》を横切《よこぎ》り、西《にし》インド諸島《しょとう》に達《たっ》し、さらにアメリカ大陸《たいりく》に達《たっ》した。

**コロンブスの卵《たまご》** どんな簡単《かんたん》なことでも、初《はじ》めてやることは難《むずか》しいということのたとえ。参考 アメリカ大陸発見《たいりくはっけん》なんて、だれにでもできると言《い》う人《ひと》に、「では、卵《たまご》が立《た》てられるか。」と聞《き》くと、だれもできないと言《い》う。そこでコロンブスが、卵《たまご》のしりを少《すこ》しつぶして立《た》てて見《み》せ、アメリカ発見《はっけん》もこれと同《おな》じだと言《い》った、という話《はなし》から。

**こわ【声△】** こえ。例 声高《だか》。声色《いろ》。⇩**せい【声】**698ページ

**◦こわい【怖い】** 形 危険《きけん》が感《かん》じられて縮《ちぢ》こまるような感《かん》じ。おそろしい。例 夜道《よみち》を歩《ある》くのはひどく怖《こわ》い。⇩**ふ【怖】**1123ページ

**こわい** 形 かたくて、ごわごわしている。例 こわい髪《かみ》の毛《け》。ご飯《はん》がこわい。

**こわいものしらず【怖いもの知らず】** 自信《じしん》があったり、世間知《せけんし》らずだったりして、おそれるものがないようす。

**こわいものみたさ【怖いもの見《み》たさ】** 怖《こわ》いと聞《き》くと、かえってよけいに見《み》たくなること。

**こわいろ【声色】** 名 ❶声《こえ》の調子《ちょうし》。❷役者《やくしゃ》などの声《こえ》をまねること。例 声色を使《つか》う。

**こわがり【怖がり】** 名 ちょっとしたことにも怖《こわ》がる人《ひと》。また、怖《こわ》がること。

**こわがる【怖がる】** 動 怖《こわ》いと思《おも》う。おそろしがる。例 弟《おとうと》は暗《くら》がりを怖《こわ》がる。

**こわきにかかえる【小脇に抱える】** わきにちょっとかかえる。

**こわけ【小分け】** 名 動-する 小《ちい》さく分《わ》けること。例 荷物《にもつ》を小分《こわ》けにして持《も》つ。

**こわごわ** 副(-と) おそるおそる。おっかなびっくり。例 夜道《よみち》をこわごわ歩《ある》く。

**こわさ【怖さ】** 名 怖《こわ》いと感《かん》じること。怖《こわ》いこと。

**◦こわす【壊す】** 動 ❶使《つか》えないようにする。くだく。例 時計《とけい》を壊《こわ》す。❷悪《わる》くする。例 おなかをこわす。❸だめにする。つぶす。例 話《はなし》をこわす。⇩**かい【壊】**195ページ

**こわだか【声高】** 名 形動 声《こえ》が高《たか》く大《おお》きいこと。こえだか。例 声高に話《はな》す。

**こわばる** 動 かたく、つっ張《ぱ》ったようになる。例 緊張《きんちょう》して、顔《かお》がこわばる。

**こわめし【こわ飯】** 名 ⇩おこわ 160ページ

**こわれもの【壊れ物】** 名 ❶こわれやすい物《もの》。瀬戸物《せともの》・ガラスなど。❷こわれた物《もの》。

**◦こわれる【壊れる】** 動 ❶使《つか》えなくなる。くだける。例 花《か》びんが壊れる。❷だめになる。例 夢《ゆめ》がこわれる。⇩**かい【壊】**195ページ

**こん【今】** 画数 4 部首 人(ひとがしら) 2年

音 コン キン△ 訓 いま

筆順 ノ 人 今 今

❶いま。ただいま。熟語 今月《こんげつ》。今週《こんしゅう》。今夜《こんや》。古今《ここん》。昨今《さっこん》。例 古今和歌集《こきんわかしゅう》。対 古《こ》。昔《せき》。❷この。いまの。熟語 今回《こんかい》。今度《こんど》。

**こん【困】** 画数 7 部首 囗(くにがまえ) 6年

音 コン 訓 こま-る

筆順 困

こまる。なやむ。熟語 困窮《こんきゅう》。困難《こんなん》。貧困《ひんこん》。

《訓の使い方》こま-る 例 生活《せいかつ》に困《こま》る。

**こん【根】** 画数 10 部首 木(きへん) 3年

音 コン 訓 ね

筆順 根

❶草《くさ》や木《き》の根《ね》。熟語 根毛《こんもう》。球根《きゅうこん》。大根《だいこん》。根元《ねもと》。❷おおもと。例 根拠《こんきょ》。根底《こんてい》。根本《こんぽん》。❸やりぬく力《ちから》。例 根気《こんき》。根性《こんじょう》。性根《しょうね》。

**こん【根】** 名 あきないで、やりとおす力《ちから》。例 根のいる仕事《しごと》。精《せい》も根もつき果《は》てる。

**根《こん》を詰《つ》める** 一心《いっしん》に集中《しゅうちゅう》し続《つづ》ける。例 人一《ひといち》

倍根《ばい》を詰めて働《はたら》く。

**こん【混】** 画数 11 部首 氵(さんずい) 5年

音 コン 訓 まーじる まーざる まーぜる こーむ

筆順

❶まぜる。まじる。熟語 混合《こんごう》。混同《こんどう》。混乱《こんらん》。❷こむ。人《ひと》や物《もの》がたくさんつまる。熟語 混《こん》雑《ざつ》。

《訓の使い方》 **まーじる** 例 雑《ざつ》音《おん》が混じる。**まーざる** 例 油《あぶら》は水《みず》に混ざらない。**まーぜる** 例 米《こめ》に麦《むぎ》を混ぜる。**こーむ** 例 道《どう》路《ろ》が混む。

**こん【昆】** 画数 8 部首 日(ひ)

音 コン 訓 ―

虫《むし》。熟語 昆虫《こんちゅう》。

**こん【恨】** 画数 9 部首 忄(りっしんべん)

音 コン 訓 うらーむ うらーめしい

うらむ。うらめしい。心残《こころのこ》りに思《おも》う。熟語 悔《かい》恨《こん》。

**こん【婚】** 画数 11 部首 女(おんなへん)

音 コン 訓 ―

夫婦《ふうふ》になる。熟語 婚約《こんやく》。結婚《けっこん》。

**こん【痕】** 画数 11 部首 疒(やまいだれ)

音 コン 訓 あと

あと。あとに残《のこ》った形《かたち》。熟語 痕跡《こんせき》。血痕《けっこん》(=血《ち》のついたあと)。爪痕《つめあと》。

**こん【紺°】** 画数 11 部首 糸(いとへん)

音 コン 訓 ―

こい青色《あおいろ》。熟語 紺碧《こんぺき》。

**こん【紺°】** 名 むらさきの混《ま》ざった、こい青色《あおいろ》。例 紺のブレザー。

**こん【魂】** 画数 14 部首 鬼(おに)

音 コン 訓 たましい

❶たましい。熟語 霊魂《れいこん》。❷こころ。精神《せいしん》。熟語 商魂《しょうこん》。

**こん【墾】** 画数 16 部首 土(つち)

音 コン 訓 ―

あれ地《ち》を耕《たがや》して畑《はたけ》にする。熟語 開墾《かいこん》。

**こん【懇】** 画数 17 部首 心(こころ)

音 コン 訓 ねんごーろ

まごころをこめる。熟語 懇願《こんがん》。懇切《こんせつ》。懇談《こんだん》。例 懇《ねんご》ろなもてなし。

**こん【金】** 熟語 金色《こんじき》。黄金《おうごん》。↓**きん【金】** 350ページ

**こん【建△】** 熟語 建立《こんりゅう》。↓**けん【建】** 406ページ

**こん【献°】** 熟語 献立《こんだて》。↓**けん【献】** 408ページ

**ごん【言】** 熟語 伝言《でんごん》。遺言《ゆいごん》。↓**げん【言】** 408ページ

**ごん【勤△】** 熟語 勤行《ごんぎょう》。↓**きん【勤】** 350ページ

**ごん【権△】** 熟語 権化《ごんげ》。↓**けん【権】** 407ページ

**ごん【厳△】** 熟語 荘厳《そうごん》。↓**げん【厳】** 409ページ

**こんい【懇°意】** 形動 親《した》しいようす。例 あの人《ひと》とは、懇意にしている。

**こんいん【婚°姻°】** 名 動-する 結婚《けっこん》すること。例 婚姻届《とどけ》。

**こんかい【今回】** 名 このたび。最近《さいきん》あった、その時《とき》。例 受《う》け付《つ》けは今回でおしまいだ。関連 前回《ぜんかい》。次回《じかい》。

**こんかぎり【根限り】** 副 根《こん》気《き》の続《つづ》く限《かぎ》り。例 根限りがんばる。

**こんがらかる** 動 入《い》り交《ま》じって、ごちゃごちゃになる。からまる。例 糸《いと》がこんがらかる。話《はなし》がこんがらかる。

**こんがり** 副(-と) きつね色《いろ》にちょうどよく焼《や》けるようす。例 パンがこんがり焼《や》けた。

**こんかん【根幹】** 名〔根《ね》と幹《みき》の意《い》味《み》で〕ものごとのいちばんだいじなことがら。例 社《しゃ》会《かい》の根幹にかかわる問題《もんだい》。類 根本《こんぽん》。

**こんがん【懇°願】** 名 動-する 心《こころ》から願《ねが》うこと。例 援助《えんじょ》を懇願する。

**○こんき【根気】** 名 ものごとを、がまん強《づよ》くやり続《つづ》ける心《こころ》。気力《きりょく》。根《こん》。例 根気がある。

**ごんぎつね** 作品名 新《に》美《み》南《なん》吉《きち》の書《か》いた童《どう》話《わ》。いたずらぎつねの「ごん」が、つぐないを通《とお》して村人《むらびと》の兵十《ひょうじゅう》に心《こころ》の交流《こうりゅう》を求《もと》めたが、それを知《し》らない兵十《ひょうじゅう》にうたれて死《し》ぬ。死《し》を通《とお》してしかわかり合《あ》えなかった悲《かな》しさをえがいた作品《さくひん》。

**こんきゅう【困窮°】** 名 動-する 貧乏《びんぼう》で生活《せいかつ》に

ス、ヤマザクラ、オビスギ　太平洋《たいへいよう》に面《めん》した九州中東《きゅうしゅうちゅうとう》部《ぶ》の県《けん》。天照大神《あまてらすおおみかみ》がこもったとされる天岩《あまのいわ》戸《と》神社《じんじゃ》がある。

困《こま》ること。例 生活《せいかつ》に困窮する。

**こんきょ【根拠】**名 よりどころ。もとになる理由《りゆう》。例 何《なん》の根拠もない話《はなし》。

**こんきょち【根拠地】**名 あることをするための、中心《ちゅうしん》となる所《ところ》。根城《ねじろ》。

**こんく【困苦】**名 動-する 物《もの》やお金《かね》がなくて、困《こま》り苦《くる》しむこと。例 困苦にたえる。

**コンクール**〔フランス語〕名 （絵《え》や音楽《おんがく》などのよしあしを）競争《きょうそう》する会《かい》。競《きょう》技会《ぎかい》。コンテスト。

**こんくらべ【根比べ】**名 動-する どちらが根《こん》気《き》がいいか、比《くら》べ合《あ》うこと。例 この根比べはいつまでも続《つづ》きそうだ。

**コンクリート**〔英語 concrete〕名 セメント・砂《すな》・じゃりを水《みず》で混《ま》ぜて、石《いし》のように固《かた》まらせたもの。コンクリ。

**ごんげ【権△化△】**名 ❶仏《ほとけ》が人々《ひとびと》を救《すく》うため、仮《かり》の姿《すがた》でこの世《よ》に現《あらわ》れること。また、その姿《すがた》。❷形《かたち》のないものが、その姿《すがた》になって現《あらわ》れたもの。例 強《つよ》さの権化のような人《ひと》。

**こんけい【根茎】**名 根《ね》のように見《み》える茎《くき》。竹《たけ》やハスなどの地下茎《ちかけい》のこと。

**こんげつ【今月】**名 この月《つき》。本月《ほんげつ》。関連 ⇩きょう（今日）333ページ

**こんげん【根源・根元】**名 ものごとの大《おお》もと。根本《こんぽん》。例 問題《もんだい》の根源を考《かんが》える。

**こんご【今後】**名 今《いま》からのち。これからあと。以後《いご》。例 今後の計画《けいかく》。

**こんごう【混合】**名 動-する 混《ま》じり合《あ》うこと。混《ま》ぜ合《あ》わせること。例 薬品《やくひん》を混合する。

**こんごうせき【金剛石】**名 ⇩ダイヤモンド❶782ページ

**こんごうぶつ【混合物】**名 性質《せいしつ》のちがうものが混《ま》じり合《あ》ったもの。

■**ごんごどうだん【言語道断】**名 形動 言《こと》葉《ば》も出《で》ないほどひどいようす。もってのほか。例 言語道断なやり方《かた》。

**こんこんと**副 ❶よくわかるように、親切《しんせつ》に言《い》い聞《き》かせるようす。例 こんこんとさとす。❷水《みず》などが、つきることなくわき出《で》ているようす。例 水《みず》がこんこんとわき出《で》る。❸深《ふか》くねむっているようす。例 こんこんとねむる。

**コンサート**〔英語 concert〕名 音楽会《おんがくかい》。音楽《おんがく》の演奏会《えんそうかい》。例 コンサート会場《かいじょう》。

**こんざい【混在】**名 動-する 入《い》り混《ま》じって存《そん》在《ざい》すること。例 田《た》と畑《はたけ》が混在している。

○**こんざつ【混雑】**名 動-する こみ合《あ》うこと。例 十二月《じゅうにがつ》のデパートは混雑する。

**コンサルタント**〔英語 consultant〕名 相談《そうだん》相手《あいて》となる専門家《せんもんか》。

**こんじ【根治】**名 動-する 病《びょう》気《き》がすっかり治《なお》ること。また、治《なお》すこと。参考「こんち」とも読《よ》む。

**こんじき【金色】**名 こがね色《いろ》。きんいろ。例 金色にかがやく。

**こんじゃく【今昔△】**名 今《いま》と昔《むかし》。

**こんじゃくものがたりしゅう**〘今昔物語集〙作品名 平安時代《へいあんじだい》の終《お》わりごろにできた物語集《ものがたりしゅう》。日本《にっぽん》のほか、中国《ちゅうごく》やインドの説話《せつわ》が集《あつ》められている。「今《いま》は昔《むかし》」という書《か》き出《だ》しで話《はなし》が始《はじ》まるので、この名《な》がついた。

**こんしゅう【今週】**名 この週《しゅう》。関連 ⇩きょう（今日）333ページ

✤**こんしゅご【混種語】**名〔国語《こくご》で〕複合語《ふくごうご》の一種《いっしゅ》で、異《こと》なった種類《しゅるい》の言葉《ことば》が結《むす》びついてできた語《ご》。たとえば、「紙《かみ》コップ」は和《わ》語《ご》と外来語《がいらいご》、「ゴム風船《ふうせん》」は外来語《がいらいご》と漢語《かんご》、「空《あ》き教《きょう》室《しつ》」は和語《わご》と漢語《かんご》が結《むす》びついてできた混種語《こんしゅご》である。⇩ふろく（4ページ）

**こんじょう【根性△】**名 ❶その人《ひと》の、生《う》まれつき持《も》っている性質《せいしつ》。性根《しょうね》。例 根性が曲《ま》がっている。❷ものごとをがんばりぬく力《ちから》。例 根性でやりぬく。

**こんじょう【紺青△】**名 あざやかな明《あか》るい青色《あおいろ》。例 紺青の海《うみ》。

**こんじる【混じる】**動 混《ま》ざる。混《ま》ぜる。

**こんしん【懇親】**名 仲《なか》よく打《う》ち解《と》け合《あ》うこと。例 懇親会《かい》。類 親睦《しんぼく》。

**こんしん【渾◆身】**名 体全体《からだぜんたい》。例 こん身のカをふりしぼる。

**渾《こん》身《しん》の力《ちから》** ありったけの力《ちから》。

**こんすい【昏◆睡】**名 動-する 病《びょう》気《き》などで、意《い》識《しき》を失《うしな》って目《め》を覚《さ》まさないこと。例 昏睡状《じょう》態《たい》が続《つづ》いている。

**コンスタント**〔英語 constant〕形動 いつも

あいうえお かきくけこ さしすせそ たちつてと なにぬねの はひふへほ まみむめも や ゆ よ らりるれろ わ を ん



都道府県 宮崎県《みやざきけん》 宮崎市《みやざきし》 人口《じんこう》 約《やく》107万人《まんにん》 県《けん》の花《はな》 ハマユウ 県《けん》の鳥《とり》 コシジロヤマドリ 県《けん》の木《き》 フェニック

変《か》わらず一定《いってい》しているようす。例 コンスタントにいい成績《せいせき》を取《と》る。

**こんせい【混成】** 名 動-する 混《ま》ぜ合《あ》わせて作《つく》ること。例 男女《だんじょ》の混成チーム。

**こんせいがっしょう【混声合唱】** 名 〔音楽《おんがく》で〕女《おんな》の声《こえ》と男《おとこ》の声《こえ》とを組《く》み合《あ》わせて歌《うた》う合唱《がっしょう》。

**こんせき【痕跡】** 名 以前《いぜん》に何《なに》かあったあと。例 人《ひと》が住《す》んでいた痕跡がある。

**こんせつ【懇切】** 形動 たいへん親切《しんせつ》なようす。例 子《こ》どもたちを懇切に指導《しどう》する。

**こんぜつ【根絶】** 名 動-する 根《ね》もとからすっかりなくすこと。根《ね》絶《だ》やし。例 感染症《かんせんしょう》を根絶する。

■**こんせつていねい【懇切丁寧】** 名 形動 まごころがこもっていて、細《こま》かいところまで気《き》を配《くば》っていること。例 一《ひと》つ一《ひと》つの質問《しつもん》に懇切丁寧に答《こた》える。

**こんせん【混戦】** 名 (敵《てき》と味方《みかた》が)入《い》り混《ま》じって戦《たたか》うこと。また、どちらが勝《か》つかわからないような状態《じょうたい》。

**こんせん【混線】** 名 動-する ❶電話《でんわ》などで、相手《あいて》以外《いがい》の声《こえ》や音《おと》が入《い》り混《ま》じって、話《はなし》が聞《き》き取《と》れないこと。❷話《はなし》がこんがらかること。例 話《はなし》が混線した。

**コンセント** 名 〔日《にっ》本《ぽん》でできた英語《えいご》ふうの言葉《ことば》。〕電気《でんき》器具《きぐ》に電気《でんき》を引《ひ》くために、壁《かべ》や柱《はしら》に取《と》りつけた、プラグをさしこむ、さしこみ口《ぐち》。

〔コンセント〕

**コンダクター** 〔英語 conductor〕名 ❶オーケストラなどの指揮者《しきしゃ》。❷旅行《りょこう》の案内人《あんないにん》。添乗員《てんじょういん》。

**コンタクト** 〔英語 contact〕一 名 動-する 相手《あいて》と直接《ちょくせつ》かかわりを持《も》つこと。接触《せっしょく》。連絡《れんらく》。例 係《かかり》の人《ひと》とコンタクトをとる。二 名「コンタクトレンズ」の略《りゃく》。

**コンタクトレンズ** 〔英語 contact lens〕名 眼鏡《めがね》の代《か》わりに、じかに目《め》の表面《ひょうめん》につけて使《つか》う小《ちい》さなレンズ。コンタクト。

**こんだて【献立】** 名 料理《りょうり》の種類《しゅるい》や、取《と》り合《あ》わせ。また、それが表《ひょう》になったもの。メニュー。例 献立表《ひょう》。

**こんたん【魂胆】** 名 心《こころ》の中《なか》に持《も》っているたくらみ。例 魂胆のありそうな顔《かお》つき。注意 ふつう、悪《わる》い意味《いみ》に使《つか》う。

**こんだん【懇談】** 名 動-する 打《う》ち解《と》けて話《はなし》をすること。例 懇談会《かい》。

**こんち【根治】** 名 動-する ↓こんじ 489ページ

**コンチェルト** 〔イタリア語〕名 ↓きょうそうきょく 338ページ

**こんちゅう【昆虫】** 名 体《からだ》が頭《あたま》・胸《むね》・腹《はら》の三《みっ》つの部分《ぶぶん》に分《わ》かれ、二本《にほん》の触角《しょっかく》、六本《ろっぽん》の足《あし》と、ふつう四枚《よんまい》の羽《はね》を持《も》つ虫《むし》。トンボ・チョウなど。

**コンテ** 〔フランス語〕名 〔図画工作《ずがこうさく》で〕写生《しゃせい》やデッサンなどに使《つか》う、クレヨンの一種《いっしゅ》。鉛筆《えんぴつ》よりやわらかい。

**こんてい【根底】** 名 ものごとの土台《どだい》となっているところ。例 根底からやり直《なお》す。類 根本《こんぽん》。

**コンディション** 〔英語 condition〕名 その時《とき》の調子《ちょうし》やようす。状態《じょうたい》。体調《たいちょう》。例 グラウンドのコンディションが悪《わる》い。

**コンテスト** 〔英語 contest〕名 審査《しんさ》や投票《とうひょう》で、どれがすぐれているかを競《きそ》う会《かい》。コンクール。

**コンテナー** 〔英語 container〕名 貨物《かもつ》の輸送《ゆそう》に使《つか》う大《おお》きな箱《はこ》。品物《しなもの》を入《い》れて、そのまま貨車《かしゃ》やトラックなどで運《はこ》ぶ。コンテナ。

**コンテナれっしゃ【コンテナ列車】** 名 コンテナーをそのまま積《つ》んで貨物《かもつ》を輸送《ゆそう》する、専用《せんよう》の列車《れっしゃ》。

**コンデンサー** 〔英語 condenser〕名 電気《でんき》をたくわえる装置《そうち》。蓄電器《ちくでんき》。

**コンテンツ** 〔英語 contents〕名 インターネットやテレビ、本《ほん》などを通《とお》して手《て》に入《い》れる、価値《かち》のある情報《じょうほう》そのもの。

**コント** 〔フランス語〕名 ❶おかしみのある気《き》のきいた短《みじか》い話《はなし》。❷短《みじか》い滑稽《こっけい》な劇《げき》。

°**こんど【今度】** 名 ❶このたび。今回《こんかい》。例 今度の事件《じけん》にはおどろいた。❷この次《つぎ》。例 今度は、ぼくの番《ばん》だ。❸そのうち。例 また今度会《あ》おう。

**こんどう【金堂】** 名 寺《てら》で、本尊《ほんぞん》をまつってある建物《たてもの》。本堂《ほんどう》。

ウズ、クスノキ　九州《きゅうしゅう》の南端《なんたん》にある県《けん》。世界遺産《せかいいさん》の屋久島《やくしま》や、宇宙《うちゅう》センターのある種子島《たねがしま》がある。

**こんどう【混同】** 名 動-する 区別《くべつ》がつかなくなること。例 事実《じじつ》とうわさを混《ま》同しないようにする。

**ゴンドラ** 〔イタリア語〕名 ❶イタリア北東部《ほくとうぶ》の都市《とし》、ベネチアで使《つか》っている、細長《ほそなが》い小《こ》船《ぶね》。❷気《き》球《きゅう》やロープウエーなどの、つりかご。

**コントラスト** 〔英語 contrast〕名 ❶〔絵《え》やテレビなどの画面《がめん》で〕明《あか》るい部分《ぶぶん》と暗《くら》い部分《ぶぶん》の対比《たいひ》。❷二《ふた》つをくらべたときのちがい。例 静《せい》と動《どう》のコントラストがあざやかだ。

**コントラバス** 〔ドイツ語〕名 弓《ゆみ》でひく弦楽《げんがっ》器《き》の中《なか》で、いちばん大《おお》きくてもっとも低《ひく》い音《おと》を出《だ》す楽器《がっき》。ダブルベース。ベース。バス。

**コンドル** 名 ワシの仲間《なかま》の大《おお》きな鳥《とり》で、南《みなみ》アメリカの高山《こうざん》にすむ。頭《あたま》と首《くび》には毛《け》がない。死《し》んだ動物《どうぶつ》の肉《にく》を食《た》べる。はげたか。

**コントローラー** 〔英語 controller〕名 ❶テレビ・エアコンなどの家電製品《かでんせいひん》やゲーム機《き》などを操作《そうさ》するために、本体《ほんたい》に指示《しじ》を伝《つた》える入《にゅう》力《りょく》装置《そうち》。リモコン。❷電流《でんりゅう》の制御装置《せいぎょそうち》。

**コントロール** 〔英語 control〕名 動-する ❶うまく調節《ちょうせつ》すること。また、自分《じぶん》の思《おも》うように動《うご》かすこと。例 室温《しつおん》をコントロールする。❷野《や》球《きゅう》・ソフトボールで、投手《とうしゅ》が自分《じぶん》の思《おも》うところに、球《たま》を投《な》げる力《ちから》。

**コントロールタワー** 〔英語 control tower〕名 ⇩かんせいとう 282ページ

**こんとん【混沌】** 名 副(-と) ものごとが入《い》りまじって、はっきりしないようす。例 混とんとした情勢《じょうせい》。

**○こんな** 形動 このような。関連 そんな。あんな。どんな。

**こんなん【困難】** 名 形動 ❶苦《くる》しくてつらいこと。例 困難にうちかつ。❷非常《ひじょう》に難《むずか》しいこと。例 困難な仕事《しごと》。対 容易《ようい》。

**こんにち【今日】** 名 ❶「きょう」の改《あらた》まった言《い》い方《かた》。例 今日はお招《まね》きにあずかり感謝《かんしゃ》いたします。❷現在《げんざい》。例 今日の日本《にっぽん》。

**○こんにちは【今日は】** 感 昼間《ひるま》の挨拶《あいさつ》の言《こと》葉《ば》。関連 おはよう。こんばんは。注意「こんにちわ」とは書《か》かない。

**こんにゃく** 名 ❶さといもの仲間《なかま》の植物《しょくぶつ》。丸《まる》い地下茎《ちかけい》はこんにゃく玉《だま》といわれる。❷「❶」のこんにゃく玉《だま》から作《つく》った食《た》べ物《もの》。おでん・田楽《でんがく》などにして食《た》べる。

**こんにゅう【混入】** 名 動-する 他《ほか》の物《もの》が混《ま》ざって入《はい》ること。例 別《べつ》の薬《くすり》が混入する。

**こんねん【今年】** 名 「ことし」の改《あらた》まった言《い》い方《かた》。本年《ほんねん》。関連 ⇩きょう(今日) 333ページ

**こんねんど【今年度】** 名 (仕事《しごと》をする上《うえ》での)今年《ことし》の一年間《いちねんかん》。例 今年度の計画《けいかく》。

**コンバイン** 〔英語 combine〕名 イネやムギのかり取《と》りから脱穀《だっこく》まで、一台《いちだい》で行《おこな》う機械《きかい》。

**コンパクト** 〔英語 compact〕一 形動 小《ちい》さくまとまり、むだのないようす。二 名 持《も》ち歩《ある》ける、鏡《かがみ》つきの小《ちい》さいおしろい入《い》れ。

**コンパクトディスク** 〔英語 compact disc〕名 ⇩シーディー 542ページ

**コンパス** 〔オランダ語〕名 ❶円《えん》をかくときに使《つか》う二本足《にほんあし》の道具《どうぐ》。❷船《ふね》や飛行機《ひこうき》が進《すす》む方向《ほうこう》を測《はか》る器具《きぐ》。羅針盤《らしんばん》。⇩じしゃく❷ 555ページ。❸両足《りょうあし》の開《ひら》き。歩《ほ》はば。例 コンパスが長《なが》い。

**こんばん【今晩】** 名 今日《きょう》の夜《よる》。今夜《こんや》。関連 昨晩《さくばん》。明晩《みょうばん》。

**○こんばんは【今晩は】** 感 夜《よる》の挨拶《あいさつ》の言葉《ことば》。関連 おはよう。こんにちは。注意「こんばんわ」とは書《か》かない。

**コンビ** 名 〔英語《えいご》の「コンビネーション」の略《りゃく》。〕二人《ふたり》の組《く》み合《あ》わせ。また、その二人《ふたり》。例 コンビを組《く》む。

**コンビーフ** 〔英語 corned beef〕名 塩《しお》づけにした牛肉《ぎゅうにく》をほぐして、かんづめにしたもの。コーンビーフ。

**コンビナート** 〔ロシア語〕名 関係《かんけい》のある工《こう》場《じょう》を一《ひと》つの地域《ちいき》に集《あつ》めて、協力《きょうりょく》し合《あ》えるようにした工業地帯《こうぎょうちたい》。例 石油《せきゆ》コンビナート。

**コンビニ** 名 〔英語《えいご》の「コンビニエンスストア」の略《りゃく》。〕食料品《しょくりょうひん》や日用品《にちようひん》が、手軽《てがる》にいつでも買《か》えるように開《ひら》いている、小型《こがた》のスーパー。

**コンビニエンスストア** 〔英語 convenience store〕名 ⇩コンビニ 491ページ

**コンビネーション** 〔英語 combination〕名 ❶組《く》み合《あ》わせ。❷スポーツ選手《せんしゅ》などの連携《れんけい》プレーのこと。



都道府県 鹿児島県《かごしまけん》 鹿児島市《かごしまし》 人口《じんこう》 約《やく》159万人《まんにん》 県《けん》の花《はな》 ミヤマキリシマ 県《けん》の鳥《とり》 ルリカケス 県《けん》の木《き》 カイコ

**コンピューター**〔英語 computer〕名 電子《でんし》のはたらきで、自動的《じどうてき》にすばやく計算《けいさん》をしたり、ことがらを記憶《きおく》して、多《おお》くの情報《じょうほう》を処理《しょり》したりすることのできる機械《きかい》。電子計算機《でんしけいさんき》。電算機《でんさんき》。

**コンピューターウイルス**〔英語 computer virus〕名〔インターネットで〕他《ほか》のコンピューターに勝手《かって》に入《はい》り、プログラムをこわしたり、データを消《け》したりするプログラム。

**コンピューターグラフィックス**〔英語 computer graphics〕名 コンピューターを使《つか》って、図形《ずけい》や画像《がぞう》を作《つく》り出《だ》すこと。また、その図形《ずけい》や画像《がぞう》。CG《シージー》。

**こんぶ【昆布】**名 寒《さむ》い海《うみ》の岩《いわ》などに生《は》え、食用《しょくよう》にする海藻《かいそう》。煮物《にもの》や、つくだ煮《に》にする。こぶ。⇩かいそう(海藻) 202ページ

**コンプレックス**〔英語 complex〕名 他《ほか》の人《ひと》より劣《おと》っているのではないかとなやむ気持《きも》ち。劣等感《れっとうかん》。例 コンプレックスをいだく。

**こんぺき【紺碧】**名 少《すこ》し黒《くろ》みがかった青《あお》色《いろ》。例 紺ぺきの海《うみ》。

**コンベヤー**〔英語 conveyor〕名 工場《こうじょう》などで、材料《ざいりょう》や荷物《にもつ》などをベルトなどにのせて、自動的《じどうてき》に運《はこ》ぶ装置《そうち》。

✤**ごんべん**名 漢字《かんじ》の部首《ぶしゅ》で、「へん」の一《ひと》つ。「話《わ》」「語《ご》」などの「言」の部分《ぶぶん》。言葉《ことば》に関係《かんけい》のある字《じ》が多《おお》い。

**こんぼう【懇望】**名 動-する ⇩こんもう(懇望) 492ページ

**こんぼう【棍棒】**名 握《にぎ》って使《つか》うのにちょうどよい、太《ふと》さと長《なが》さの棒《ぼう》。

**こんぽう【梱包】**名 動-する 紙《かみ》などで包《つつ》んだり箱《はこ》に入《い》れたりして、運送《うんそう》できるように荷造《にづく》りすること。

**こんぽん【根本】**名 ものごとのいちばん大切《たいせつ》なもの。例 根本から考《かんが》え直《なお》す。根本の原因《げんいん》。類 根幹《こんかん》。根底《こんてい》。

**こんぽんてき【根本的】**形動 ものごとの大《おお》もとに関係《かんけい》するようす。例 根本的に改《あらた》める。

**コンマ**〔英語 comma〕名 ❶英語《えいご》などの外国語《がいこくご》で書《か》かれた文章《ぶんしょう》や、日本語《にほんご》の横書《よこが》きの文章《ぶんしょう》で、文中《ぶんちゅう》の切《き》れ目《め》を表《あらわ》す符号《ふごう》。「，」。カンマ。❷〔算数《さんすう》で〕小数点《しょうすうてん》のこと。❸大《おお》きな数《かず》の位取《くらいど》りにつけるしるし。

**こんまけ【根負け】**名 動-する ❶根気《こんき》がなくなって続《つづ》かなくなること。❷相手《あいて》より先《さき》に根《こん》気《き》がなくなること。例 彼《かれ》の熱意《ねつい》に根負けして入部《にゅうぶ》を認《みと》めた。

**こんめい【混迷】**名 動-する いろいろなことが入《い》りみだれて、わけがわからないこと。例 議論《ぎろん》が混迷をきわめる。

**こんもう【根毛】**名 植物《しょくぶつ》の根《ね》の先《さき》にある、毛《け》のような細《ほそ》いもの。地中《ちちゅう》の水分《すいぶん》や養分《ようぶん》を吸《す》うはたらきをする。

**こんもう【懇望】**名 動-する 心《こころ》をこめて、ひたすら願《ねが》い望《のぞ》むこと。こんぼう。例 キャプテンをしてほしいと懇望する。

**こんもり** 副(-と) 動-する ❶少《すこ》し盛《も》り上《あ》がっているようす。例 こんもりとした丘《おか》。❷木《き》が生《お》いしげっているようす。例 こんもりとした森《もり》。

**こんや【今夜】**名 今日《きょう》の夜《よる》。今晩《こんばん》。

**こんやく【婚約】**名 動-する 結婚《けっこん》の約束《やくそく》。例 婚約者《しゃ》。

**こんゆう【今夕】**名 今日《きょう》の夕方《ゆうがた》。

**こんよう【混用】**名 動-する 混《ま》ぜて使《つか》うこと。例 英語《えいご》と日本語《にほんご》を混用する。

**こんらん【混乱】**名 動-する 入《い》り乱《みだ》れて、まとまりがなくなること。例 混乱におちいる。

**こんりゅう【建立】**名 動-する 寺《てら》や塔《とう》などを建《た》てること。例 鎌倉時代《かまくらじだい》に建立された寺《てら》。

**こんりゅうバクテリア【根粒バクテリア】**名 マメの仲間《なかま》の植物《しょくぶつ》の根《ね》にこぶを作《つく》り、共生《きょうせい》する微生物《びせいぶつ》。植物《しょくぶつ》から栄養《えいよう》をもらい、ちがう栄養《えいよう》を植物《しょくぶつ》に与《あた》える。根粒菌《こんりゅうきん》。

**こんりんざい【金輪際】**副 どんなことがあっても。例 こんりんざいたのまない。注意 あとに「ない」などの打《う》ち消《け》しの言葉《ことば》がくる。

**こんれい【婚礼】**名 結婚式《けっこんしき》。

**こんろ**名 煮《に》たり焼《や》いたりするための、持《も》ち運《はこ》びができる小型《こがた》のかまど。例 ガスこんろ。

**こんわく【困惑】**名 動-する どうしたらよいかわからなくて、困《こま》ること。例 委員《いいん》に選《えら》ばれて困惑する。類 当惑《とうわく》。

日本《にっぽん》でいちばん西《にし》にある県《けん》。たくさんの島《しま》からなり、米軍基地《べいぐんきち》が多《おお》い。首里城址《しゅりじょうし》は世界遺産《せかいいさん》。

# さ

サ sa

**さ【左】** 画数 5 部首 工（たくみ） 1年

音 サ 訓 ひだり

筆順 一 ナ 左 左 左

❶ひだり。熟語 左記《さき》。左右《さゆう》。左手《ひだりて》。左前《ひだりまえ》。対 右《う》・右《ゆう》。❷今《いま》の状態《じょうたい》を変《か》えようとする立場《たちば》。熟語 左派《さは》。左翼《さよく》。❸低《ひく》い地位《ちい》。熟語 左遷《させん》。

**さ【左】** 名 ひだり。つぎ。例 日《にち》時《じ》は左のとおり。

**さ【佐】** 画数 7 部首 亻（にんべん） 4年

音 サ 訓 ―

筆順 ノ 亻 仁 什 佐 佐 佐

❶助《たす》ける。熟語 補《ほ》佐《さ》。❷軍人《ぐんじん》の階級《かいきゅう》の一《ひと》つ。「将《しょう》」の次《つぎ》。熟語 大《たい》佐《さ》。

**さ【査】** 画数 9 部首 木（き） 5年

音 サ 訓 ―

筆順 一 十 木 木 杏 杏 杳 査 査

調《しら》べる。熟語 査《さ》定《てい》。検《けん》査《さ》。捜《そう》査《さ》。調《ちょう》査《さ》。

**さ【砂】** 画数 9 部首 石（いしへん） 6年

音 サ シャ 訓 すな

筆順 一 ア 石 石 石 矿 砂 砂 砂

❶すな。熟語 砂《さ》丘《きゅう》。砂《さ》漠《ばく》。砂《じゃ》利《り》。土《ど》砂《しゃ》。砂《すな》場《ば》。❷すなのようなもの。熟語 砂《さ》鉄《てつ》。砂《さ》糖《とう》。

**さ【差】** 画数 10 部首 工（たくみ） 4年

音 サ 訓 さ-す

筆順 ソ 䒑 兰 羊 差 差 差

ちがい。へだたり。熟語 差《さ》異《い》。差《さ》別《べつ》。誤《ご》差《さ》。時《じ》差《さ》。

《訓の使い方》 **さ-す** 例 刀《かたな》を差す。

**さ【差】** 名 ❶ちがい。へだたり。例 気《き》温《おん》の差が大《おお》きい。❷〔算《さん》数《すう》で〕ある数《かず》から他《ほか》の数《かず》を引《ひ》いた、残《のこ》りの数《かず》。例 5引《ひ》く3で、差は2。対 和《わ》。

**差《さ》をつける** ほかと比《くら》べたときに、大《おお》きな違《ちが》いや間《あいだ》をつくる。例 大《おお》きな差をつけて勝《か》つ。

**さ【沙】** 画数 7 部首 氵（さんずい）

音 サ 訓 ―

❶すな。熟語 沙《さ》漠《ばく》。❷えらびわける。熟語 沙《さ》汰《た》。表《おもて》沙《ざ》汰《た》。

**さ【唆】** 画数 10 部首 口（くちへん）

音 サ 訓 そそのか-す

そそのかす。けしかける。その気《き》になるようにすすめる。熟語 示《し》唆《さ》。例 悪《あく》事《じ》を唆《そそのか》す。

**さ【詐】** 画数 12 部首 言（ごんべん）

音 サ 訓 ―

だます。いつわる。熟語 詐《さ》欺《ぎ》。

**さ【鎖】** 画数 18 部首 金（かねへん）

音 サ 訓 くさり

❶くさり。熟語 鎖《さ》骨《こつ》。❷閉《と》ざす。熟語 鎖《さ》国《こく》。閉《へい》鎖《さ》。

**さ【再】** 熟語 再《さ》来《らい》月《げつ》。再《さ》来《らい》週《しゅう》。↓さい【再】495ページ

**さ【作】** 熟語 作《さ》業《ぎょう》。動《どう》作《さ》。↓さく【作】509ページ

**さ【茶】** 熟語 茶《さ》菓《か》。喫《きっ》茶《さ》。↓ちゃ【茶】827ページ

**さ** 一 助 ❶軽《かる》く言《い》い切《き》るときに使《つか》う。例 わかっているさ。❷〔「…とさ」の形《かたち》で〕聞《き》いたことを伝《つた》えるときに使《つか》う。例 昔々《むかしむかし》のことだとさ。二〔ある言葉《ことば》の前《まえ》につけて〕❶言葉《ことば》の調《ちょう》子《し》を整《ととの》える。例 さ霧《ぎり》。さまよう。❷「早《はや》い」「若《わか》い」という意味《いみ》を表《あらわ》す。例 さおとめ。さなえ。三〔ある言葉《ことば》のあとにつけて〕ようすや程《てい》度《ど》などを表《あらわ》す。例 美《うつく》しさ。高《たか》さ。

**ざ【座】** 画数 10 部首 广（まだれ） 6年

音 ザ 訓 すわ-る

筆順 丶 广 广 广 应 座 座

❶すわる。熟語 座《ざ》談《だん》。正《せい》座《ざ》。❷すわる場《ば》所《しょ》。熟語 座《ざ》席《せき》。上《かみ》座《ざ》。❸集《あつ》まりの場《ば》所《しょ》。熟語 講《こう》



都道府県 沖縄県《おきなわけん》 那覇市《なはし》 人口《じんこう》 約《やく》147万人《まんにん》 県《けん》の花《はな》 デイゴ 県《けん》の鳥《とり》 ノグチゲラ 県《けん》の木《き》 リュウキュウマツ

座《ざ》。❹劇団《げきだん》。熟語 座員《ざいん》。❺星座《せいざ》。例 しし座《ざ》。

**ざ【座】** 名 ❶すわる場所《ばしょ》。例 座《ざ》に着《つ》く。❷集《あつ》まりの場《ば》所《しょ》。例 座をにぎわす。❸地《ち》位《い》。例 トップの座をあらそう。
《訓の使い方》 **すわ-る** 例 いすに座る。

**座《ざ》がしらける** 楽《たの》しい雰《ふん》囲《い》気《き》がよそよそしい感《かん》じになる。例 自《じ》分《ぶん》勝《かっ》手《て》な発《はっ》言《げん》に座がしらけた。

**ざ【挫】** 画数 10 部首 扌(てへん)
音 ザ 訓 ―
くじく。勢《いきお》いが弱《よわ》まる。熟語 挫《ざ》折《せつ》。頓《とん》挫《ざ》。捻《ねん》挫《ざ》。

**さあ** 感 ❶人《ひと》や行《こう》動《どう》をさそう、よびかけの言《こと》葉《ば》。例 さあ、行《い》こう。❷ためらったり打《う》ち消《け》したりするときに使《つか》う言《こと》葉《ば》。例 さあ、わかりません。❸決《けつ》意《い》や事《じ》実《じつ》を言《い》うときに使《つか》う言《こと》葉《ば》。例 さあ、がんばろう。❹状《じょう》況《きょう》が変《か》わったときに使《つか》う言《こと》葉《ば》。例 さあ、困《こま》ったなあ。

**サーカス** 〔英語 circus〕 名 動《どう》物《ぶつ》の芸《げい》や、人《ひと》の曲《きょく》芸《げい》などを見《み》せる見《み》せ物《もの》。

**サーキット** 〔英語 circuit〕 名 ❶電《でん》気《き》の回《かい》路《ろ》。❷自《じ》動《どう》車《しゃ》やオートバイのスピードレースを行《おこな》うコース。

**サークル** 〔英語 circle〕 名 ❶円《えん》。または、円《まる》く囲《かこ》んだ所《ところ》。❷仲《なか》間《ま》。集《あつ》まり。例 歌《うた》のサークルを作《つく》る。

**ざあざあ** 副(-と) ❶水《みず》が激《はげ》しく流《なが》れるようす。例 雨《あめ》がざあざあ降《ふ》っている。❷機《き》械《かい》や放《ほう》送《そう》、通《つう》信《しん》におこる雑《ざつ》音《おん》。例 ラジオがざあざあとやかましい。

**サーチエンジン** 〔英語 search engine〕 名 ⬇けんさくエンジン 413ページ

**サーチライト** 〔英語 searchlight〕 名 強《つよ》い光《ひかり》を出《だ》して遠《とお》くまで照《て》らし出《だ》す装《そう》置《ち》。探《たん》照《しょう》灯《とう》。

**サード** 〔英語 third〕 名 ❶第《だい》三《さん》。❷野《や》球《きゅう》・ソフトボールで、三《さん》塁《るい》。または、三《さん》塁《るい》手《しゅ》。

**サーバー** 〔英語 server〕 名 ❶テニス・バレーボールなどで、サーブをする人《ひと》。❷〔コンピューターで〕つながっている他《ほか》のコンピューターなどに、データやプログラムを提《てい》供《きょう》するコンピューター。

**サービス** 〔英語 service〕 名 動-する ❶人《ひと》のために尽《つ》くすこと。奉《ほう》仕《し》。例 家《か》庭《てい》サービス。❷客《きゃく》をもてなすこと。例 サービスがいい。❸直《ちょく》接《せつ》物《もの》を作《つく》る以《い》外《がい》の仕《し》事《ごと》。例 サービス業《ぎょう》。❹⬇サーブ 494ページ

**サービスエリア** 〔英語 service area〕 名 ❶テレビやラジオなどで、ある放《ほう》送《そう》局《きょく》の電《でん》波《ぱ》が届《とど》く範《はん》囲《い》。❷携《けい》帯《たい》電《でん》話《わ》が使《つか》える範《はん》囲《い》。❸高《こう》速《そく》道《どう》路《ろ》にある休《きゅう》憩《けい》所《じょ》。売《ばい》店《てん》などもある。

**サービスカウンター** 〔英語 service counter〕 名 客《きゃく》の案《あん》内《ない》や相《そう》談《だん》、世《せ》話《わ》などのために設《もう》けてある受《うけ》付《つけ》。

**サービスぎょう【サービス業】** 名 物《もの》を直《ちょく》接《せつ》生《せい》産《さん》するのでなく、人《ひと》の世《せ》話《わ》などを仕《し》事《ごと》にする職《しょく》業《ぎょう》。旅《りょ》館《かん》・飲《いん》食《しょく》店《てん》・医《い》療《りょう》・娯《ご》楽《らく》・広《こう》告《こく》・教《きょう》育《いく》などの仕《し》事《ごと》。

**サービスステーション** 〔英語 service station〕 名 ❶客《きゃく》の必《ひつ》要《よう》に応《おう》じたサービスを行《おこな》う施《し》設《せつ》。❷ガソリンスタンドや修《しゅう》理《り》所《じょ》などのこと。

**サービスセンター** 〔英語 service center〕 名 客《きゃく》が使《つか》いやすいように、サービスを集《しゅう》中《ちゅう》させた場《ば》所《しょ》。

**サーブ** 〔英語 serve〕 名 動-する テニス・バレーボールなどで、プレーの初《はじ》めに攻《こう》撃《げき》側《がわ》からボールを打《う》ちこむこと。また、そのボール。サービス。対 レシーブ。

**サーファー** 〔英語 surfer〕 名 サーフィンをする人《ひと》。

**サーフィン** 〔英語 surfing〕 名 サーフボードの上《うえ》に立《た》ってバランスをとりながら大《おお》きな波《なみ》に乗《の》って進《すす》むスポーツ。波《なみ》乗《の》り。

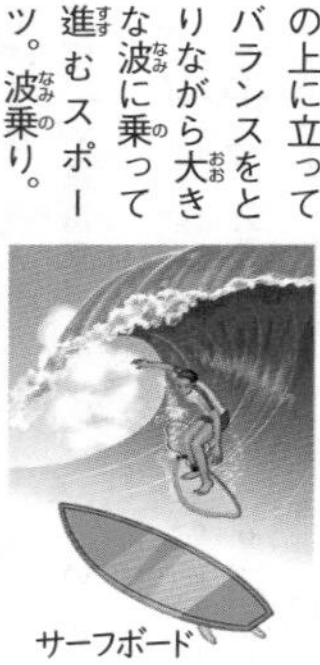

〔サーフィン〕

**サーフボード** 〔英語 surfboard〕 名 サーフィンに使《つか》う長《なが》い楕《だ》円《えん》形《けい》の板《いた》。

**サーベル** 〔オランダ語〕 名 西《せい》洋《よう》ふうの刀《かたな》。

**サーモグラフィー** 〔英語 thermography〕 名 体《からだ》や物《もの》の表《ひょう》面《めん》の温《おん》度《ど》を測《そく》定《てい》して、画《が》像《ぞう》で表《あらわ》す装《そう》置《ち》。

**サーモスタット** 〔英語 thermostat〕 名 温《おん》度《ど》を自《じ》動《どう》的《てき》に一《いっ》定《てい》に保《たも》つしかけ。電《でん》気《き》器《き》具《ぐ》や実《じっ》験《けん》装《そう》置《ち》に使《つか》われる。

〔歌の意味〕 粗末《そまつ》な小屋《こや》の屋根《やね》に葺《ふ》いた草《くさ》の目《め》が粗《あら》いので、わたしの袖《そで》が夜露《よつゆ》にぬれているよ。

あいうえお
かきくけこ
さしすせそ
たちつてと
なにぬねの
はひふへほ
まみむめも
や ゆ よ
らりるれろ
わ を ん

**さい【才】** 画数 3 部首 扌(てへん) 2年

音 サイ 訓 ―

筆順

持《も》って生《う》まれた能力《のうりょく》。すぐれた能力《のうりょく》の人《ひと》。熟語 才能《さいのう》。天才《てんさい》。参考 年齢《ねんれい》を表《あらわ》すときに使《つか》うことがあるが、本来《ほんらい》は「歳《さい》」と書《か》く。

**さい【才】** 名 才能《さいのう》。例 音楽《おんがく》の才がある。

**さい【再】** 画数 6 部首 冂(けいがまえ) 5年

音 サイ サ 訓 ふたた-び

筆順

もう一度《いちど》。熟語 再会《さいかい》。再度《さいど》。再来年《さらいねん》。

《訓の使い方》 **ふたた-び** 例 同《おな》じ失敗《しっぱい》を再びくり返《かえ》す。

**さい【災】** 画数 7 部首 火(ひ) 5年

音 サイ 訓 わざわ-い

筆順

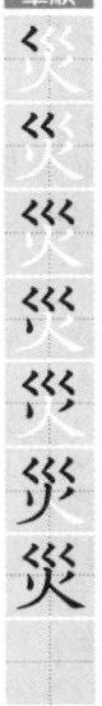

わざわい。熟語 災害《さいがい》。災難《さいなん》。火災《かさい》。天災《てんさい》。

**さい【妻】** 画数 8 部首 女(おんな) 5年

音 サイ 訓 つま

筆順

つま。熟語 妻子《さいし》。夫妻《ふさい》。対 夫《ふ》。

**さい【採】** 画数 11 部首 扌(てへん) 5年

音 サイ 訓 と-る

筆順

選《えら》んでとる。熟語 採決《さいけつ》。採集《さいしゅう》。伐採《ばっさい》。

《訓の使い方》 **と-る** 例 決《けつ》を採る。

**さい【済】** 画数 11 部首 氵(さんずい) 6年

音 サイ 訓 す-む す-ます

筆順

❶助《たす》ける。救《すく》う。熟語 救済《きゅうさい》。経済《けいざい》。❷すむ。すます。熟語 決済《けっさい》。返済《へんさい》。

《訓の使い方》 **す-む** 例 用《よう》が済む。 **す-ます** 例 買《か》い物《もの》を済ます。

**さい【祭】** 画数 11 部首 示(しめす) 3年

音 サイ 訓 まつ-る まつ-り

筆順

❶まつる。まつり。熟語 祭日《さいじつ》。祭礼《さいれい》。例祭《れいさい》。冠婚葬祭《かんこんそうさい》。❷にぎやかな、もよおし。熟語 記《き》念祭《ねんさい》。

《訓の使い方》 **まつ-る** 例 神《かみ》を祭る。

**さい【細】** 画数 11 部首 糸(いとへん) 2年

音 サイ

訓 ほそ-い ほそ-る こま-か こま-かい

筆順

❶ほそい。熟語 繊細《せんさい》。毛細血管《もうさいけっかん》。細道《ほそみち》。対 太《たい》。❷こまかい。小《ちい》さい。熟語 細工《さいく》。細心《さいしん》。細部《さいぶ》。細目《さいもく》。対 大《だい》。❸くわしい。熟語 子細《しさい》。詳細《しょうさい》。明細《めいさい》。

《訓の使い方》 **ほそ-い** 例 細い糸《いと》。 **ほそ-る** 例 心配《しんぱい》で身《み》が細る。 **こま-か** 例 紙《かみ》を細かに切《き》る。 **こま-かい** 例 目《め》の細かいあみ。

**さい【細】** 名 こまかなこと。例 微《び》に入《い》り細に入《い》り。

**さい【菜】** 画数 11 部首 艹(くさかんむり) 4年

音 サイ 訓 な

筆順

❶あおもの。なっぱ。熟語 菜園《さいえん》。菜食《さいしょく》。野《や》菜《さい》。青菜《あおな》。❷ご飯《はん》のおかず。熟語 前菜《ぜんさい》。総《そう》菜《ざい》。

**さい【埼】** 画数 11 部首 ｔ(つちへん) 4年

音 ― 訓 さい

筆順

みさき。海《うみ》や湖《みずうみ》につき出《で》ている陸地《りくち》。参考 埼《さい》玉県《たまけん》。

**さい【最】** 画数 12 部首 曰(いわく) 4年

音 サイ 訓 もっと-も



百人一首 秋《あき》の田《た》のかりほの庵《いお》の苫《とま》をあらみわが衣《ころも》手《で》は露《つゆ》にぬれつつ 天智天皇《てんじてんのう》

このうえなく。いちばん。熟語 最近《さいきん》。最初《さいしょ》。最大《さいだい》。最低《さいてい》。最高峰《さいこうほう》。最盛期《さいせいき》。

《訓の使い方》**もっ-とも** 例 最も高《たか》い山《やま》。

筆順

**さい【裁】** 画数 12 部首 衣（ころも） 6年

音 サイ 訓 た△-つ さば-く

❶布《ぬの》などを切《き》る。熟語 裁縫《さいほう》。洋裁《ようさい》。❷さばく。よしあしを決《き》める。熟語 裁判《さいばん》。決裁《けっさい》。

《訓の使い方》**た-つ** 例 布《ぬの》を裁つ。**さば-く** 例 人《ひと》を裁く。

筆順

**さい【際】** 画数 14 部首 阝（こざとへん） 5年

音 サイ 訓 きわ△

❶果《は》て。限《かぎ》り。熟語 際限《さいげん》。間際《まぎわ》。❷まじわる。出会《であ》う。熟語 交際《こうさい》。国際《こくさい》。❸とき。場合《ばあい》。熟語 実際《じっさい》。

筆順

**さい【際】** 名 とき。例 お出《で》かけの際は忘《わす》れずに。

**さい【采】** 画数 8 部首 爫（つめかんむり）

音 サイ 訓 ―

❶手《て》に取《と》る。選《えら》び取《と》る。熟語 采配《さいはい》。❷すがた。ようす。熟語 風采《ふうさい》。❸さいころ。熟語 喝《かっ》采《さい》〔＝声《こえ》をあげてほめること。元《もと》の意味《いみ》は、かけ声《ごえ》をかけてさいころをふること〕。

**さい【砕】** 画数 9 部首 石（いしへん）

音 サイ 訓 くだ-く くだ-ける

❶くだく。くだける。熟語 粉砕《ふんさい》。砕氷船《さいひょうせん》。❷打《う》ち解《と》ける。例 砕《くだ》けた言《い》い方《かた》。

**さい【宰】** 画数 10 部首 宀（うかんむり）

音 サイ 訓 ―

とりしきる。つかさどる。熟語 宰相《さいしょう》。

**さい【栽】** 画数 10 部首 木（き）

音 サイ 訓 ―

植物《しょくぶつ》を植《う》える。熟語 栽培《さいばい》。盆栽《ぼんさい》。

**さい【彩】** 画数 11 部首 彡（さんづくり）

音 サイ 訓 いろど-る

❶いろどる。色《いろ》をつける。熟語 色彩《しきさい》。水彩《すいさい》画《が》。❷美《うつく》しいかがやき。熟語 生彩《せいさい》。

**さい【斎】** 画数 11 部首 斉（せい）

音 サイ 訓 ―

❶心身《しんしん》を清《きよ》らかにして神仏《しんぶつ》に仕《つか》える。熟語 斎場《さいじょう》〔＝葬式《そうしき》などをする場所《ばしょ》〕。❷読《よ》み書《か》きをする静《しず》かな部屋《へや》。熟語 書斎《しょさい》。

**さい【債】** 画数 13 部首 亻（にんべん）

音 サイ 訓 ―

借《か》りたお金《かね》を返《かえ》す義務《ぎむ》のあること。また、貸《か》したお金《かね》を返《かえ》してもらう権利《けんり》のあること。熟語 債権《さいけん》。債務《さいむ》。負債《ふさい》。

**さい【催】** 画数 13 部首 亻（にんべん）

音 サイ 訓 もよお-す

❶うながす。いそがせる。熟語 催促《さいそく》。❷自然《しぜん》にそうなる。もよおす。熟語 催眠術《さいみんじゅつ》。例 眠《ねむ》けを催《もよお》す。❸会《かい》や行事《ぎょうじ》を行《おこな》う。熟語 開催《かいさい》。主催《しゅさい》。例 文化祭《ぶんかさい》を催《もよお》す。

**さい【塞】** 画数 13 部首 土（つち）

音 サイ ソク 訓 ふさ-ぐ ふさ-がる

❶ふさぐ。ふさがる。熟語 閉塞《へいそく》〔＝とじて、ふさがること〕。脳梗塞《のうこうそく》〔＝脳《のう》の血管《けっかん》がつまって起《お》こる病気《びょうき》〕。❷とりで。熟語 要塞《ようさい》。

**さい【歳】** 画数 13 部首 止（とめる）

音 サイ セイ 訓 ―

❶年月《ねんげつ》。一年《いちねん》。熟語 歳月《さいげつ》。歳末《さいまつ》。歳暮《せいぼ》。❷年齢《ねんれい》を数《かぞ》える言葉《ことば》。例 百歳《ひゃくさい》。

**さい【載】** 画数 13 部首 車（くるま）

音 サイ 訓 の-せる の-る

❶物《もの》を車《くるま》などにのせる。上《うえ》に置《お》く。のる。熟語 積載《せきさい》。満載《まんさい》。例 棚《たな》に載《の》せる。❷本《ほん》や雑誌《ざっし》などにのせる。のる。熟語 掲載《けいさい》。連載《れんさい》。例 新聞《しんぶん》に載《の》せる。

**さい【切△】** 熟語 一切《いっさい》。↓せつ【切】717ページ



[歌の意味] 夏《なつ》が来《き》たなあ、真《ま》っ白《しろ》な衣《ころも》を干《ほ》すといわれているあの香具山《かぐやま》にも。

**さい【西】** 熟語 関西《かんさい》。⇨せい【西】698ページ

**さい【財】** 熟語 財布《さいふ》。⇨ざい【財】497ページ

**さい【殺】** 熟語 相殺《そうさい》。⇨さつ【殺】517ページ

**さい【差異】** 名 ちがい。例 差異がある。

注意 「差違《さい》」とも書《か》く。

**さい【犀】** 名 インドやアフリカなど、熱帯地方《ねったいちほう》にすむ動物《どうぶつ》。ゾウに次《つ》いで大《おお》きく、鼻《はな》の上《うえ》に一本《いっぽん》または二本《にほん》の角《つの》がある。

**さい** 名 ⇨さいころ 499ページ

**ざい【在】** 画数 6 部首 土(つち) 5年

音 ザイ 訓 あ-る

筆順 一 ナ 𠂇 𠂇 在 在

❶ある。いる。熟語 在学《ざいがく》。現在《げんざい》。存在《そんざい》。❷いなか。熟語 在所《ざいしょ》。近在《きんざい》。

《訓の使い方》あ-る 例 日本《にっぽん》の南《みなみ》に在る海《うみ》。

**ざい【在】** 名 いなか。例 在に住《す》む。

**ざい【材】** 画数 7 部首 木(きへん) 4年

音 ザイ 訓 ―

筆順 一 十 才 木 村 村 材

❶物《もの》を作《つく》るもと。熟語 材木《ざいもく》。材料《ざいりょう》。題材《だいざい》。❷すぐれた人物《じんぶつ》。熟語 人材《じんざい》。

**ざい【材】** 名 ❶材料《ざいりょう》。材木《ざいもく》。例 質《しつ》のいい材を使《つか》う。❷人物《じんぶつ》。例 有用《ゆうよう》の材。

**ざい【財】** 画数 10 部首 貝(かいへん) 5年

音 ザイ サイ△ 訓 ―

筆順 丨 冂 月 目 貝 貝 貝 財 財 財

値打《ねう》ちのあるもの。お金《かね》や宝物《たからもの》。熟語 財産《ざいさん》。財政《ざいせい》。財布《さいふ》。家財《かざい》。私財《しざい》。文化財《ぶんかざい》。

**ざい【財】** 名 財産《ざいさん》。例 一代《いちだい》で財をきずく。

**財《ざい》をなす** 事業《じぎょう》などに成功《せいこう》して財産《ざいさん》をきずく。

**ざい【罪】** 画数 13 部首 罒(あみがしら) 5年

音 ザイ 訓 つみ

筆順 罒 罒 罒 罒 罪 罪 罪 罪 罪

つみ。あやまち。熟語 罪悪《ざいあく》。罪人《ざいにん》・罪人《つみびと》。犯罪《はんざい》。有罪《ゆうざい》。

**ざい【剤】** 画数 10 部首 刂(りっとう)

音 ザイ 訓 ―

薬《くすり》などを混《ま》ぜ合《あ》わせる。また、混《ま》ぜ合《あ》わせた薬《くすり》。熟語 錠剤《じょうざい》。洗剤《せんざい》。薬剤師《やくざいし》。

**さいあい【最愛】** 名 いちばんかわいがっていること。例 最愛の子《こ》どもたち。

**さいあく【最悪】** 名 いちばん悪《わる》いこと。例 最悪の結果《けっか》。対 最善《さいぜん》。最良《さいりょう》。

**ざいあく【罪悪】** 名 悪《わる》い行《おこな》い。罪《つみ》。例 人《ひと》を傷《きず》つけるのは罪悪だ。

**ざいあくかん【罪悪感】** 名 (自分《じぶん》のしていることが)よくない行《おこな》いだと思《おも》う気持《きも》ち。例 罪悪感にさいなまれる。

**ざいい【在位】** 名 動-する (国王《こくおう》などが)その位《くらい》についていること。

**さいえん【菜園】** 名 野菜畑《やさいばたけ》。例 家庭《かてい》菜園を始《はじ》める。

**さいえん【再演】** 名 動-する (すでに終《お》わった演目《えんもく》を)もう一度《いちど》上演《じょうえん》したり演奏《えんそう》したりすること。対 初演《しょえん》。

**サイエンス** 〔英語 science〕名 科学《かがく》。特《とく》に、自然科学《しぜんかがく》。

**さいおうがうま【塞翁が馬】** 人生《じんせい》の幸福《こうふく》や不幸《ふこう》は次々《つぎつぎ》と入《い》れ替《か》わって、どうなることかわからないというたとえ。「人間万事塞翁《にんげんばんじさいおう》が馬《うま》」とも言《い》う。参考 塞《さい》(=国境《こっきょう》のとりで)に住《す》んでいた翁《おう》(=老人《ろうじん》)の馬《うま》が逃《に》げてしまった。ところがその馬《うま》が名馬《めいば》を連《つ》れて帰《かえ》ってきた。が、今度《こんど》はその馬《うま》から、息子《むすこ》が落《お》ちて大《おお》けがをした。しかしそのおかげで、戦争《せんそう》に行《い》かされずにすんだ…という、昔《むかし》の中国《ちゅうごく》の話《はなし》から。

**さいかい【再会】** 名 動-する 再《ふたた》び会《あ》うこと。例 十年後《じゅうねんご》の再会を約束《やくそく》する。

**さいかい【再開】** 名 動-する (一時《いちじ》休《やす》んでいたものごとを)もう一度《いちど》始《はじ》めること。例 プレーを再開する。

**さいかい【最下位】** 名 いちばん下《した》の地位《ちい》や成績《せいせき》。

**さいがい【災害】** 名 台風《たいふう》・地震《じしん》・洪水《こうずい》・火事《かじ》などによる災難《さいなん》。例 災害に見《み》まわれる。

**ざいかい【財界】** 名 大《おお》きな資本《しほん》を使《つか》って事《じ》



百人一首 春過《はるす》ぎて夏来《なつき》にけらし白妙《しろたえ》の衣《ころも》干《ほ》すてふ天《あま》の香具山《かぐやま》 持統天皇《じとうてんのう》

業《ぎょう》をし、国《くに》の経済《けいざい》に大《おお》きな影響力《えいきょうりょく》を持《も》っている人《ひと》たちの世界《せかい》。経済界《けいざいかい》。

**ざいがい【在外】** 名 外国《がいこく》にあること。また、外国《がいこく》にいること。例 在外日本人《にほんじん》。

**さいがいきゅうじょけん【災害救助犬】** 名 災害《さいがい》で行方《ゆくえ》がわからなくなった人《ひと》を見《み》つけるための訓練《くんれん》をされた犬《いぬ》。

**さいかいこくりつこうえん〖西海国立公園〗** 地名 長崎県《ながさきけん》の北西《ほくせい》の海岸《かいがん》や、平戸島《ひらどしま》・五島列島《ごとうれっとう》を含《ふく》む国立公園《こくりつこうえん》。たくさんの島《しま》がある。↓こくりつこうえん457ページ

**さいかく【才覚】** 名 頭《あたま》のはたらかせ方《かた》がすぐれていること。例 彼《かれ》は才覚がある。

**さいかく〖西鶴〗** 人名 ↓いはらさいかく84ページ

**ざいがく【在学】** 名 動-する 児童《じどう》・生徒《せいと》・学生《がくせい》として、その学校《がっこう》で学《まな》んでいること。

**さいかん【再刊】** 名 動-する 発行《はっこう》をやめた本《ほん》や雑誌《ざっし》などを、再《ふたた》び印刷《いんさつ》して出《だ》すこと。

**さいき【才気】** 名 頭《あたま》のはたらきがすぐれ、気《き》がきくこと。例 才気のあふれた人《ひと》。

**さいき【再起】** 名 動-する 病気《びょうき》や失敗《しっぱい》など、悪《わる》い状態《じょうたい》から立《た》ち直《なお》ること。例 再起不能《ふのう》。再起をはかる。

**さいきょ【再挙】** 名 動-する 失敗《しっぱい》したものごとをやり直《なお》すこと。例 仲間《なかま》をひきいて再挙する。

**さいきょう【最強】** 名 形動 いちばん強《つよ》いこと。例 最強チーム。

**さいぎょう〖西行〗** 人名 (男)(一一一八～一一九〇)平安時代《へいあんじだい》の末《すえ》の歌人《かじん》。元武士《もとぶし》だったが、お坊《ぼう》さんになって、旅《たび》をしながら和歌《わか》を作《つく》った。歌集《かしゅう》に「山家集《さんかしゅう》」がある。

**ざいきょう【在京】** 名 動-する ❶東京《とうきょう》にいること。例 在京の知人《ちじん》。❷(古《ふる》くは)京都《きょうと》にいること。

**°さいきん【細菌】** 名 一《ひと》つの細胞《さいぼう》からできている、ごく小《ちい》さい生物《せいぶつ》。ウイルスよりも大《おお》きい。病気《びょうき》のもとになる病原菌《びょうげんきん》や、物《もの》を発酵《はっこう》させる乳酸菌《にゅうさんきん》、物《もの》を腐《くさ》らせる腐敗菌《ふはいきん》などがある。バクテリア。

**°さいきん【最近】** 名 近《ちか》ごろ。このごろ。例 この町《まち》も、最近はにぎやかになった。

**ざいきん【在勤】** 名 動-する その職場《しょくば》で仕事《しごと》に取《と》り組《く》んでいること。例 支社《ししゃ》に在勤している社員《しゃいん》。

**さいく【細工】** 名 動-する ❶指先《ゆびさき》を使《つか》って、細《こま》かいものを作《つく》ること。また、作《つく》ったもの。例 竹細工《たけざいく》。❷たくらみ。はかりごと。例 かげで細工をする。

**さいくつ【採掘】** 名 動-する 地下《ちか》にある鉱物《こうぶつ》などを掘《ほ》り出《だ》すこと。例 石油《せきゆ》を採掘する。

**サイクリング**〔英語 cycling〕名 楽《たの》しみなどのために、自転車《じてんしゃ》で遠乗《とおの》りをすること。

**サイクル**〔英語 cycle〕名 ❶ひと回《まわ》りすること。周期《しゅうき》。❷自転車《じてんしゃ》のこと。例 レンタサイクル〔=貸《か》し自転車《じてんしゃ》〕。❸↓ヘルツ1182ページ

**サイクロン**〔英語 cyclone〕名 インド洋《よう》に発《はっ》生《せい》する熱帯低気圧《ねったいていきあつ》。太平洋《たいへいよう》に発生《はっせい》する台風《たいふう》のようなもの。

**例解 ↔ 使い分け**

**採決《さいけつ》と裁決《さいけつ》**

議案《ぎあん》を採決《さいけつ》する。投票《とうひょう》による採決《さいけつ》。

裁判長《さいばんちょう》が裁決《さいけつ》する。会長《かいちょう》の裁決《さいけつ》に従《したが》う。

**さいけつ【採血】** 名 動-する 病気《びょうき》を調《しら》べたり、輸血《ゆけつ》したりするために、体《からだ》から血《ち》を採《と》ること。

**さいけつ【採決】** 名 動-する 出《だ》された案《あん》がいいかどうかを、出席者《しゅっせきしゃ》の賛成《さんせい》や反対《はんたい》の数《かず》を調《しら》べて決《き》めること。例 採決をとる。

**さいけつ【裁決】** 名 動-する 上《うえ》に立《た》つ人《ひと》が、そのことがよいかどうかを判断《はんだん》して決《き》めること。例 裁判所《さいばんしょ》の裁決をあおぐ。

**さいげつ【歳月】** 名 年月《ねんげつ》。としつき。

**歳月《さいげつ》人《ひと》を待《ま》たず** 年月《ねんげつ》は、人《ひと》にかまわずにどんどん過《す》ぎていく。

**さいけん【再建】** 名 動-する ❶こわれた建物《たてもの》を建《た》て直《なお》すこと。❷組織《そしき》などを、もう一度《いちど》立《た》て直《なお》すこと。例 会社《かいしゃ》を再建する。

**さいけん【債券】** 名 国《くに》や地方公共団体《ちほうこうきょうだんたい》、会社《かいしゃ》などが、お金《かね》を借《か》りたしるしに出《だ》す証書《しょうしょ》。

[歌の意味] 山鳥《やまどり》の垂《た》れた尾《お》のように長《なが》い秋《あき》の夜《よる》を、一人《ひとり》で過《す》ごすことになるのかなあ。
注 あしひきの=「山《やま》」にかかる枕詞《まくらことば》。

**さいけん【債権】** 名 貸《か》したお金《かね》などを返《かえ》してもらう権利《けんり》。対 債務《さいむ》。

**さいげん【再現】** 名 動-する 前《まえ》にあったものごとが、再《ふたた》び現《あらわ》れること。また、現《あらわ》すこと。例 当時《とうじ》の状況《じょうきょう》を再現する。

**さいげん【際限】** 名 ものごとの終《お》わり。限《かぎ》り。きり。例 話《はな》しだすと際限がない。注意 ふつう、あとに「ない」などの打《う》ち消《け》しの言葉《ことば》がくる。

**ざいげん【財源】** 名 お金《かね》を生《う》み出《だ》すもと。お金《かね》の出《で》どころ。例 財源がとぼしい。

**さいけんとう【再検討】** 名 動-する もう一《いち》度《ど》よく調《しら》べ直《なお》すこと。例 これまでの状況《じょうきょう》を再検討する。

**さいこ【最古】** 名 いちばん古《ふる》いこと。例 日《にっ》本《ぽん》最古の建物《たてもの》。対 最新《さいしん》。

**°さいご【最後】** 名 ❶いちばん終《お》わり。例 最後までがんばる。対 最初《さいしょ》。❷〔「…たら最後《さいご》」の形《かたち》で〕…したらそれっきり。例 話《はな》しだしたら最後、いつまでも続《つづ》く。

**最後《さいご》を飾《かざ》る** 終《お》わりを立派《りっぱ》にする。例 今年《ことし》の最後を飾る大音楽会《だいおんがくかい》がある。

**さいご【最期】** 名 ❶死《し》ぬまぎわ。死《し》にぎわ。例 祖《そ》父《ふ》の最期をみとる。❷ほろびるとき。滅亡《めつぼう》。

**最期《さいご》を遂《と》げる** 人生《じんせい》を終《お》える。死《し》ぬ。

**ざいこ【在庫】** 名 品物《しなもの》が倉庫《そうこ》にあること。また、その品物《しなもの》。例 在庫が切《き》れる。

**さいこう【再考】** 名 動-する もう一《いち》度《ど》考《かんが》え直《なお》すこと。例 計画《けいかく》を再考する。

**さいこう【再興】** 名 動-する 衰《おとろ》えていたものを、再《ふたた》び盛《さか》んにすること。例 名門《めいもん》の再興をたくす。

**さいこう【採光】** 名 動-する 部屋《へや》に日光《にっこう》を採《と》り入《い》れて明《あか》るくすること。

**さいこう【採鉱】** 名 動-する 金《きん》や銅《どう》、鉄《てつ》などの鉱物《こうぶつ》を地中《ちちゅう》や岩石《がんせき》から採《と》りだすこと。

**°さいこう【最高】** 名 形動 ❶いちばん高《たか》いこと。例 最高気温《きおん》。❷いちばんよいこと。例 最高の品質《ひんしつ》。類 最上《さいじょう》。対(❶・❷)最低《さいてい》。

**ざいこう【在校】** 名 動-する ❶その学校《がっこう》に児《じ》童《どう》・生徒《せいと》・学生《がくせい》としての籍《せき》があること。在学《ざいがく》。例 在校生《せい》。❷学校《がっこう》にいること。例 在校中《ちゅう》は制服《せいふく》を着《き》る。

**さいこうさい【最高裁】** 名 ⬇さいこうさいばんしょ 499ページ

**さいこうさいばんしょ【最高裁判所】** 名 国《くに》のいちばん上《うえ》の裁判所《さいばんしょ》。裁判《さいばん》で最《さい》終《しゅう》の判決《はんけつ》をする。また、法律《ほうりつ》や命令《めいれい》などが、憲法《けんぽう》に合《あ》っているかどうかを決定《けってい》する。最高《さいこう》裁《さい》。

**ざいこうせい【在校生】** 名 児《じ》童《どう》・生《せい》徒《と》・学《がく》生《せい》としてその学校《がっこう》にいる人《ひと》。

**さいごう たかもり〔西郷隆盛〕** 人名 (男)(一八二七〜一八七七)江《え》戸《ど》時代《じだい》の末《すえ》から明治時代《めいじじだい》の初《はじ》めにかけての政治家《せいじか》。幕府《ばくふ》をたおし、明治維新《めいじいしん》をおし進《すす》めた。後《のち》に、政府《せいふ》と対立《たいりつ》し、西南戦争《せいなんせんそう》で敗《やぶ》れて命《いのち》を断《た》った。

**さいこうちょう【最高潮】** 名 気分《きぶん》やようすが、いちばん盛《も》り上《あ》がるとき。クライマックス。例 祭《まつ》りが最高潮に達《たっ》する。

**さいこうほう【最高峰】** 名 ❶いちばん高《たか》い山《やま》。❷その仲間《なかま》の中《なか》で、いちばんすぐれているもの。例 日本画《にほんが》の最高峰。

**さいごく【西国】** 名 西方《さいほう》の国《くに》。関西《かんさい》より西《にし》の中国《ちゅうごく》、四国《しこく》、九州《きゅうしゅう》地方《ちほう》のこと。特《とく》に、九《きゅう》州《しゅう》地《ち》方《ほう》。さいこく。

**さいころ** 名 すごろくなどに使《つか》う道具《どうぐ》。小《ちい》さな立方体《りっぽうたい》で、六《むっ》つの面《めん》に一《いち》から六《ろく》までの印《しるし》が打《う》ってある。さい。

**さいこん【再婚】** 名 動-する 初《はじ》めてではない結婚《けっこん》。

**さいさい【再再】** 副 何度《なんど》も。たびたび。例 再々友達《ともだち》を訪《たず》ねた。

**さいさき【幸先】** 名 よいことの起《お》こる前《まえ》ぶれ。例 幸先のよいスタートをきる。

**さいさん【再三】** 副 二《に》度《ど》も三《さん》度《ど》も。たびた

**例解⇔使い分け**

**最後《さいご》と最期《さいご》**

最後《さいご》を走《はし》る。
今年《ことし》最後《さいご》の日曜日《にちようび》。
最後《さいご》を飾《かざ》る。

立派《りっぱ》な最期《さいご》をとげる。
平家《へいけ》の最期《さいご》。



百人一首 あしひきの山鳥《やまどり》の尾《お》のしだり尾《お》のながながし夜《よ》をひとりかも寝《ね》む　柿本人麻呂《かきのもとのひとまろ》

び。例 再三 注意《ちゅうい》したのに聞《き》かない。

**さいさん【採算】** 名 収入《しゅうにゅう》と支出《ししゅつ》のつり合《あ》い。利益《りえき》があること。例 採算がとれる。

○**ざいさん【財産】** 名（個人《こじん》や団体《だんたい》の持《も》っている）お金《かね》や品物《しなもの》・土地《とち》・技術《ぎじゅつ》など、価値《かち》のあるもの。資産《しさん》。

■**さいさんさいし【再三再四】** 副 何度《なんど》も何度《なんど》も。例 再三再四、催促《さいそく》する。

**さいし【妻子】** 名 妻《つま》と子《こ》ども。

**さいじ【細字】** 名 小《ち》さい文字《もじ》。また、ほそい文字《もじ》。

**さいじ【催事】** 名 デパートなどの、特別《とくべつ》のもよおし。特売会《とくばいかい》・展示会《てんじかい》・物産展《ぶっさんてん》など。

**さいしき【彩色】** 名 動-する 色《いろ》をつけること。さいしょく。例 彩色をほどこす。

✤**さいじき【歳時記】** 名 俳句《はいく》の季語《きご》を集《あつ》め、季節《きせつ》ごとに分類《ぶんるい》して説明《せつめい》し、その季語《きご》を使《つか》った句《く》の例《れい》をあげた本《ほん》。

**さいじつ【祭日】** 名 ❶祭《まつ》りの日《ひ》。❷国民《こくみん》の祝日《しゅくじつ》。例 日曜《にちよう》・祭日は休《やす》みます。

**ざいしつ【材質】** 名 ❶木材《もくざい》の性質《せいしつ》。❷材料《ざいりょう》の性質《せいしつ》。

**ざいしつ【在室】** 名 動-する 人《ひと》が部屋《へや》の中《なか》にいること。例 課《か》長《ちょう》は在室です。参考 ふつう、自宅《じたく》の場合《ばあい》は使《つか》わない。

**さいして【際して】**「…に際《さい》して」の形《かたち》で」その時《とき》に。…の時《とき》にあたって。例 出発《しゅっぱつ》に際して、別《わか》れの挨拶《あいさつ》をする。

**さいしゅ【採取】** 名 動-する ある目的《もくてき》のために、必要《ひつよう》なものを選《えら》び取《と》ること。例 血液《けつえき》を採取する。

**さいしゅう【採集】** 名 動-する 動物《どうぶつ》・植物《しょくぶつ》・鉱物《こうぶつ》などを、採《と》って集《あつ》めること。例 昆虫《こんちゅう》を採集する。

**さいしゅう【最終】** 名 ❶いちばん終《お》わり。例 最終日《び》。対 最初《さいしょ》。❷その日《ひ》の最後《さいご》の電車《でんしゃ》やバス。例 最終に間《ま》に合《あ》う。類 終発《しゅうはつ》。対 始発《しはつ》。

**ざいじゅう【在住】** 名 動-する そこに住《す》んでいること。例 パリ在住の日本人《にほんじん》。

**さいしゅつ【歳出】** 名 国《くに》や地方《ちほう》公共《こうきょう》団体《だんたい》が、一年間《いちねんかん》に使《つか》うお金《かね》の合計《ごうけい》。対 歳入《さいにゅう》。

**さいしゅっぱつ【再出発】** 名 動-する 初《はじ》めからもう一度《いちど》取《と》りかかること。例 気《き》を取《と》り直《なお》して再出発する。

○**さいしょ【最初】** 名 いちばん初《はじ》め。真《ま》っ先《さき》。例 最初に手《て》を上《あ》げる。対 最後《さいご》。最終《さいしゅう》。

**さいじょ【才女】** 名 才能《さいのう》と知恵《ちえ》のある女性《じょせい》。参考 男性《だんせい》の場合《ばあい》には「才子《さいし》」という。

**さいしょう【宰相】** 名 総理大臣《そうりだいじん》。首相《しゅしょう》。

○**さいしょう【最小】** 名 いちばん小《ち》さいこと。例 最小の値《あたい》。対 最大《さいだい》。

**さいしょう【最少】** 名 いちばん少《すく》ないこと。例 最少の人数《にんずう》で守《まも》る。対 最多《さいた》。

**さいじょう【斎場】** 名 葬式《そうしき》をするための場所《ばしょ》。葬儀場《そうぎじょう》。

**さいじょう【祭場】** 名 ❶神《かみ》や仏《ほとけ》をまつるための場所《ばしょ》。❷斎場《さいじょう》。

**さいじょう【最上】** 名 ❶いちばん上《うえ》。例 最上階《かい》。❷この上《うえ》もなく、すぐれていること。例 最上の贈《おく》り物《もの》。類 最高《さいこう》。対 最低《さいてい》。

**ざいじょう【罪状】** 名 犯《おか》した罪《つみ》の具体的《ぐたいてき》な事実《じじつ》。例 取《と》り調《しら》べで罪状が明《あき》らかになる。

**さいしょうげん【最小限】** 名 限《かぎ》られた中《なか》で、もっとも小《ち》さいこと。例 最小限五日《いつか》かかる。対 最大限《さいだいげん》。

**さいしょうこうばいすう【最小公倍数】** 名〔算数《さんすう》で〕公倍数《こうばいすう》のうち、もっとも小《ち》さいもの。例《たと》えば、4と6の公倍数《こうばいすう》は、12・24・36…などだが、そのうちでもっとも小《ち》さい12のこと。対 最大公約数《さいだいこうやくすう》。

**さいしょく【彩色】** 名 動-する ➡さいしき 500ページ

**さいしょく【菜食】** 名 動-する 肉《にく》や魚《さかな》を食《た》べず、米《こめ》や野菜《やさい》などを食《た》べること。例 菜食主義者《しゅぎしゃ》。対 肉食《にくしょく》。

**ざいしょく【在職】** 名 動-する ある役目《やくめ》や仕事《しごと》についていること。

■**さいしょくけんび【才色兼備】** 名 すぐれた才能《さいのう》と見《み》た目《め》の美《うつく》しさの両方《りょうほう》を持《も》っていること。参考 ふつう、女性《じょせい》にいう。

**さいしん【細心】** 名 形動 小《ち》さいことにまで気《き》を配《くば》ること。例 細心の注意《ちゅうい》をはらう。

**さいしん【最新】** 名 いちばん新《あたら》しいこと。例 最新の技術《ぎじゅつ》を学《まな》ぶ。対 最古《さいこ》。

**さいしんしき【最新式】** 名 いちばん新《あたら》し



［歌の意味］田子《たご》の浦《うら》に出《で》てみると、真《ま》っ白《しろ》な富士山《ふじさん》の高《たか》い嶺《みね》に雪《ゆき》が降《ふ》り続《つづ》けているよ。
注 田子《たご》の浦《うら》＝今《いま》の静岡県《しずおかけん》富士市《ふじし》の海岸《かいがん》。

い方式《ほうしき》、機能《きのう》。例 最新式の掃除《そうじ》機《き》に買《か》い換《か》える。

**サイズ**〔英語 size〕名 大《おお》きさ。寸法《すんぽう》。例 サイズが合《あ》わない。

**さいする【際する】**動 あることに出《て》あう。その時《とき》にあたる。例 旅行《りょこう》に際する注意《ちゅうい》。

**さいすん【採寸】**名 動-する 体《からだ》の各部分《かくぶぶん》の寸《すん》法《ぽう》を測《はか》ること。例 制服《せいふく》の採寸をする。

**さいせい【再生】**名 動-する ❶生《い》き返《かえ》ること。例 森林《しんりん》が再生する。❷新《あたら》しく生《う》まれ変《か》わること。例 チームの再生を誓《ちか》う。❸使《つか》えなくなったものを、使《つか》えるように作《つく》り直《なお》すこと。リサイクル。例 再生した紙《かみ》。❹録音《ろくおん》・録画《ろくが》した音声《おんせい》や映像《えいぞう》を、元《もと》のように出《だ》すこと。例 録《ろく》音《おん》を再生する。❺生物《せいぶつ》が、失《うしな》った体《からだ》の一部《いちぶ》を元《もと》どおりに作《つく》り出《だ》すこと。例 トカゲのしっぽが再生する。

**さいせい【再製】**名 動-する 一度《いちど》製品《せいひん》になったものや用済《ようず》みになったものを加工《かこう》して、新《あたら》しい製品《せいひん》を作《つく》ること。例 使用済《しようず》みの食用《しょくよう》油《あぶら》から自動車《じどうしゃ》用燃料《ねんりょう》を再製する。

**ざいせい【財政】**名 ❶国《くに》や地方公共団体《ちほうこうきょうだんたい》が仕事《しごと》をするための、お金《かね》の出《だ》し入《い》れ。❷お金《かね》のやりくり。例 わが家《や》の財政。

**さいせいいりょう【再生医療】**名 事故《じこ》や病気《びょうき》などで失《うしな》われた体《からだ》の一部《いちぶ》を、人工的《じんこうてき》に元《もと》のようにする医療《いりょう》のこと。

**さいせいき【最盛期】**名 もっともさかんな時期《じき》。例 リンゴの取《と》り入《い》れの最盛期。

**さいせいし【再生紙】**名 古新聞《ふるしんぶん》や古雑誌《ふるざっし》などをとかして、すき直《なお》した紙《かみ》。

**ざいせき【在籍】**名 動-する 学校《がっこう》や団体《だんたい》に籍《せき》があること。例 この学校《がっこう》に在籍する。

**さいせん【再選】**名 動-する 選挙《せんきょ》で同《おな》じ人《ひと》を再《ふたた》び選《えら》ぶこと。例 市長《しちょう》に再選される。

**さいせん【さい銭】**名 神社《じんじゃ》や寺《てら》にお参《まい》りするときに、供《そな》えるお金《かね》。おさいせん。

**さいぜん【最善】**名 ❶いちばんよいこと。例 最善の方法《ほうほう》。類 最良《さいりょう》。対 最悪《さいあく》。❷全力《ぜんりょく》。ベスト。

**最善《さいぜん》を尽《つ》くす** できるだけの努力《どりょく》をする。例 事故防止《じこぼうし》に最善を尽くします。

**さいぜん【最前】**名 ❶いちばん前《まえ》。例 最前列《れつ》。❷少《すこ》し前《まえ》。さっき。例 最前から雨《あめ》が降《ふ》り始《はじ》めた。

**さいぜんせん【最前線】**名 ❶戦場《せんじょう》で、敵《てき》にもっとも近《ちか》い所《ところ》。第一線《だいいっせん》。❷その活動《かつどう》がいちばんさかんに行《おこな》われているところ。例 がん研究《けんきゅう》の最前線で働《はたら》く。

**さいせんたん【最先端】**名 ものごとのいちばん先《さき》。例 流行《りゅうこう》の最先端。

**さいせんばこ【さい銭箱】**名 神社《じんじゃ》や寺《てら》に置《お》いて、お参《まい》りに来《き》た人《ひと》のさい銭《せん》を受《う》けるための箱《はこ》。

**さいぜんれつ【最前列】**名 (何列《なんれつ》か並《なら》んでいる列《れつ》の)いちばん前《まえ》の列《れつ》。例 会場《かいじょう》の最前列にすわる。

**°さいそく【催促】**名 動-する 早《はや》くするようにせきたてること。例 結果《けっか》を報告《ほうこく》するように催促する。類 督促《とくそく》。

**さいそく【細則】**名 総則《そうそく》に基《もと》づいて、細《こま》かなことがらについて定《さだ》めた規則《きそく》。対 総則《そうそく》。

**さいた【最多】**名 数《かず》がいちばん多《おお》いこと。例 最多勝利《しょうり》。対 最少《さいしょう》。

**サイダー**〔英語 cider〕名 炭酸水《たんさんすい》に甘《あま》みや香《かお》りを加《くわ》えた飲《の》み物《もの》。参考 元《もと》の英語《えいご》は、りんご酒《しゅ》のこと。

**°さいだい【最大】**名 いちばん大《おお》きいこと。例 わが国《くに》最大の湖《みずうみ》。対 最小《さいしょう》。

**さいだいげん【最大限】**名 限《かぎ》られた中《なか》で、いちばん大《おお》きいこと。例 最大限の努力《どりょく》をする。対 最小限《さいしょうげん》。

**さいだいこうやくすう【最大公約数】**名〔算数《さんすう》で〕二《ふた》つ以上《いじょう》の約数《やくすう》のうち、いちばん大《おお》きいもの。例《たと》えば、24と18の公約数《こうやくすう》は1・2・3・6であるが、そのうちでもっとも大《おお》きい6のこと。対 最小公倍数《さいしょうこうばいすう》。

**さいだいもらさず【細大漏らさず】** 大《おお》きなことも小《ちい》さなことも、すべてもらすことなく。例 細大漏らさず書《か》き留《と》める。

**さいたく【採択】**名 動-する たくさんある中《なか》から選《えら》び取《と》ること。例 私《わたし》の案《あん》が採択された。類 採用《さいよう》。

**ざいたく【在宅】**名 動-する (自分《じぶん》の)家《いえ》にいること。例 先生《せんせい》は、ご在宅ですか。

**さいたまけん【埼玉県】**地名 関東地方《かんとうちほう》の西部《せいぶ》にある県《けん》。県庁《けんちょう》はさいたま市《し》にある。



百人一首 田子《たご》の浦《うら》に打《う》ち出《い》でてみれば白妙《しろたえ》の富士《ふじ》の高嶺《たかね》に雪《ゆき》は降《ふ》りつつ　山部赤人《やまべのあかひと》

**さいたん【採炭】** 名 動-する 石炭《せきたん》を掘《ほ》り出《だ》して採《と》ること。

**さいたん【最短】** 名 いちばん短《みじか》いこと。例 最短距離《きょり》。対 最長《さいちょう》。

**さいだん【祭壇】** 名 神《かみ》や仏《ほとけ》をまつり、儀式《ぎしき》を行《おこな》うための壇《だん》。

**さいだん【裁断】** 名 動-する ❶布《ぬの》・紙《かみ》などを型《かた》に合《あ》わせて切《き》ること。❷よい悪《わる》いを決《き》めること。例 裁断を下《くだ》す。

**ざいだん【財団】** 名 お金《かね》もうけのためでなく、公《おおやけ》のために、お金《かね》を集《あつ》めて作《つく》られた団体《だんたい》や組織《そしき》。法律《ほうりつ》で認《みと》められたものを、財団法人《ざいだんほうじん》という。

**ざいだんほうじん【財団法人】** 名 ⬇ざいだん 502ページ

○**さいちゅう【最中】** 名 ものごとが、いちばんさかんなとき。さなか。例 食事《しょくじ》の最中に来客《らいきゃく》があった。

**ざいちゅう【在中】** 名 動-する （封筒《ふうとう》などの）中《なか》に入《はい》っていること。参考 手紙《てがみ》や荷物《にもつ》の表《おもて》などに、「○○在中《ざいちゅう》」と書《か》く。

**さいちょう【最長】** 名 いちばん長《なが》いこと。例 世界《せかい》最長の川《かわ》。対 最短《さいたん》。

**さいちょう【最澄】** 人名 （男）（七六七～八二二）平安時代《へいあんじだい》のお坊《ぼう》さん。中国《ちゅうごく》にわたって勉強《べんきょう》し、日本《にっぽん》に帰《かえ》って比叡山《ひえいざん》に延暦寺《えんりゃくじ》を建《た》て、天台宗《てんだいしゅう》を広《ひろ》めた。伝教大師《でんぎょうだいし》。

○**さいてい【最低】** 名 形動 ❶いちばん低《ひく》いこと。例 最低気温《きおん》。❷いちばん悪《わる》いこと。例 最低の品質《ひんしつ》。対（❶・❷）最高《さいこう》。

**さいてい【裁定】** 名 動-する よい悪《わる》いを、考《かんが》えて決《き》めること。例 裁定を下《くだ》す。

**さいていげんど【最低限度】** 名 許《ゆる》される、いちばん低《ひく》いぎりぎりいっぱいのところ。最低限《さいていげん》。例 最低限度の収入《しゅうにゅう》はほしい。

**さいてき【最適】** 名 形動 もっともよく合《あ》っていること。例 最適な役《やく》。

**さいてん【祭典】** 名 祭《まつ》りの儀式《ぎしき》。お祭《まつ》り。例 音楽《おんがく》の祭典。

**さいてん【採点】** 名 動-する 点数《てんすう》をつけること。例 試験《しけん》の採点。

**サイト**〔英語 site〕名 ❶用地《ようち》。敷地《しきち》。例 キャンプサイト。❷⬇ウェブサイト 99ページ

**さいど【再度】** 名 再《ふたた》び。もう一度《いちど》。例 チャンピオンに、再度挑戦《ちょうせん》する。

**さいど【彩度】** 名〔図工《ずこう》で〕色《いろ》のあざやかさの度合《どあ》い。原色《げんしょく》ほど彩度《さいど》は高《たか》い。関連 色相《しきそう》。明度《めいど》。

**サイド**〔英語 side〕名 ❶（物《もの》の）側面《そくめん》。横《よこ》。そば。例 プールサイド。❷（人《ひと》の立場《たちば》などの）一方《いっぽう》の側《がわ》。例 運営《うんえい》サイドの意見《いけん》。❸（スポーツなどで）相手《あいて》と味方《みかた》の、それぞれの陣地《じんち》。❹主《おも》なことに付属《ふぞく》すること。補助的《ほじょてき》であること。例 サイドビジネス（＝副業《ふくぎょう》）。

**さいとう もきち【斎藤茂吉】** 人名 （男）（一八八二～一九五三）大正《たいしょう》から昭和時代《しょうわじだい》にかけての歌人《かじん》・医師《いし》。歌集《かしゅう》に「赤光《しゃっこう》」「あらたま」などがあり、「みちのくの母《はは》のいのちを一目見《ひとめみ》ん一目《ひとめ》みんとぞただにいそげる」などの歌《うた》がある。

**サイトマップ**〔英語 site map〕ウェブサイトの構成《こうせい》や内容《ないよう》を、目次《もくじ》や案内図《あんないず》のようにまとめて書《か》き表《あらわ》したもの。

✤**サイドライン**〔英語 sideline〕名 ❶（サッカー・テニスなどで）コートの長《なが》いほうの線《せん》。❷言葉《ことば》や文の横《よこ》につけた線《せん》。傍線《ぼうせん》。

**さいなむ** 動 苦《くる》しめ、悩《なや》ます。責《せ》める。例 良心《りょうしん》にさいなまれる。

**さいなん【災難】** 名 思《おも》いがけない悪《わる》い出来事《できごと》。わざわい。例 思《おも》わぬ災難にあう。

**ざいにちがいこくじん【在日外国人】** 名 日本《にっぽん》で暮《く》らす外国人《がいこくじん》のこと。

**さいにゅう【歳入】** 名 国《くに》や地方公共団体《ちほうこうきょうだんたい》の、一年間《いちねんかん》の収入《しゅうにゅう》の合計《ごうけい》。対 歳出《さいしゅつ》。

**さいにん【再任】** 名 動-する もう一度《いちど》、同《おな》じ役《やく》につくこと。例 会長《かいちょう》に再任する。

**ざいにん【在任】** 名 動-する 役《やく》についていること。例 市長《しちょう》在任中《ちゅう》の努力《どりょく》が認《みと》められた。

**ざいにん【罪人】** 名 罪《つみ》をおかした人《ひと》。

**さいにんしき【再認識】** 名 動-する あらためて、はっきり理解《りかい》すること。例 津波《つなみ》の恐《おそ》ろしさを再認識した。

**さいねん【再燃】** 名 動-する ❶再《ふたた》び燃《も》えだすこと。❷再《ふたた》び問題《もんだい》になること。例 争《あらそ》いが再燃する。

**さいねんしょう【最年少】** 名 いちばん年《とし》が下《した》であること。対 最年長《さいねんちょう》。



［歌の意味］紅葉《もみじ》の美《うつく》しい奥山《おくやま》で鳴《な》く鹿《しか》の声《こえ》を聞《き》くと、秋《あき》がしみじみと悲《かな》しく思《おも》われる。

**さいねんちょう**【最年長】名 いちばん年《とし》が上《うえ》であること。対 最年少《さいねんしょう》。

**さいのう**【才能】名 ものごとをうまくやりとげる能力《のうりょく》。例 音楽《おんがく》の才能がある。才能にめぐまれる。

**さいのかわら**【賽の〈河原〉】名〔仏教《ぶっきょう》で〕死《し》んだ子《こ》どもが行《い》くという三途《さんず》の川《かわ》の河原《かわら》。その河原《かわら》で子《こ》どもは、親《おや》の供養《くよう》にと石《いし》を積《つ》んで塔《とう》を作《つく》ろうとするが、作《つく》るたびに地《じ》獄《ごく》の鬼《おに》にこわされてしまう。

**サイバーこうげき**【サイバー攻撃】名 コンピューターやインターネットを通《つう》じて仕《し》掛《か》ける攻撃《こうげき》のこと。個人《こじん》や国《くに》、会社《かいしゃ》などの組織《そしき》から、お金《かね》や情報《じょうほう》を盗《ぬす》んだり、機能《きのう》を停止《ていし》させたりする。

**サイバーはんざい**【サイバー犯罪】名 コンピューターやインターネットの技術《ぎじゅつ》を悪用《あくよう》した犯罪《はんざい》のこと。コンピューターウイルスを送《おく》り込《こ》んだり、他《ほか》のコンピューターを乗《の》っ取《と》ったりするもの、またインターネットを利用《りよう》した詐欺《さぎ》や著作権《ちょさくけん》の侵害《しんがい》などがある。

**さいはい**【采配】名 ❶昔《むかし》、大将《たいしょう》が兵《へい》を指図《さしず》するのに使《つか》った、形《かたち》がはたきに似《に》た道具《どうぐ》。❷命令《めいれい》。指図《さしず》。

**采配《さいはい》を振《ふ》る** 指図《さしず》をする。例 キャプテンとしてチームの采配を振る。

**°さいばい**【栽培】名 動-する 草花《くさばな》や木《き》、野菜《やさい》などを植《う》えて育《そだ》てること。例 温室《おんしつ》栽培の果《くだ》物《もの》。参考「栽培漁業《さいばいぎょぎょう》」のように、魚介類《ぎょかいるい》を養《よう》殖《しょく》することを表《あらわ》す場合《ばあい》もある。

**さいばいぎょぎょう**【栽培漁業】名 魚《さかな》や貝《かい》をある大《おお》きさまで育《そだ》て、それを海《うみ》や川《かわ》などに放《はな》して成長《せいちょう》させてからとる漁業《ぎょぎょう》。

**さいばし**【菜箸】名 料理《りょうり》のときや、おかずをとり分《わ》けるときに使《つか》う長《なが》いはし。

**さいはしる**【才走る】動 かしこくて、よく気《き》がつく。才能《さいのう》や知恵《ちえ》が働《はたら》きすぎる。才気《さいき》にあふれる。例 いい青年《せいねん》だが、ちょっと才走ったところがある。

**さいはつ**【再発】名 動-する 同《おな》じ病気《びょうき》や事故《じこ》が、また起《お》こること。例 かぜが再発する。事故《じこ》の再発を防《ふせ》ぐ。

**ざいばつ**【財閥】名 大《おお》きな資本《しほん》を動《うご》かして、たがいに関係《かんけい》しながら、いろいろな事《じ》業《ぎょう》をしている人々《ひとびと》。また、そのグループ。

**さいはて**【最果て】名 中央《ちゅうおう》から遠《とお》くはなれた、いちばんはずれの所《ところ》。例 最果ての地《ち》。

**さいはん**【再販】名 動-する ❶一度《いちど》販売《はんばい》を終《お》えた品物《しなもの》を、もう一度《いちど》売《う》り出《だ》すこと。例 売《う》り切《き》れた商品《しょうひん》の再販が決《き》まる。❷「再販売価《さいはんばいか》格《かく》維持《いじ》契約《けいやく》」の略《りゃく》。商品《しょうひん》を製造《せいぞう》した側《がわ》が、卸《おろし》や小《こ》売《うり》の値段《ねだん》を指定《してい》すること。

**さいばん**【裁判】名 動-する 裁判所《さいばんしょ》が、法律《ほうりつ》にもとづいて、それがよいか悪《わる》いかを決《き》めること。

**さいばんいん**【裁判員】名 市民《しみん》の中《なか》から選《えら》ばれ、裁判官《さいばんかん》といっしょに裁判所《さいばんしょ》で審判《しんぱん》にあたる人《ひと》。

**さいばんいんせいど**【裁判員制度】名 国民《こくみん》の中《なか》からくじで選《えら》ばれた裁判員《さいばんいん》が、殺人《さつじん》や放火《ほうか》など重《おも》い犯罪《はんざい》の裁判《さいばん》に参加《さんか》する制《せい》度《ど》。

**さいばんかん**【裁判官】名 裁判所《さいばんしょ》で裁判《さいばん》をする、国《くに》の公務員《こうむいん》。国民《こくみん》の自由《じゆう》や権利《けんり》を守《まも》るために、よい悪《わる》いを決《き》めたり、悪《わる》い人《ひと》を裁《さば》いたりする。

**さいばんしょ**【裁判所】名 裁判《さいばん》をする所《ところ》。最高裁判所《さいこうさいばんしょ》・高等裁判所《こうとうさいばんしょ》・地方裁判所《ちほうさいばんしょ》・家《か》庭裁判所《ていさいばんしょ》・簡易裁判所《かんいさいばんしょ》がある。

**さいひ**【採否】名 とり上《あ》げるか、とり上《あ》げないかということ。例 採否を決《き》める。

**さいひ**【歳費】名 ❶国《くに》や地方公共団体《ちほうこうきょうだんたい》などの、一年間《いちねんかん》にいるお金《かね》。❷国会議員《こっかいぎいん》の一年間《いちねんかん》の手当《てあて》。

**さいひょうせん**【砕氷船】名 海面《かいめん》の氷《こおり》をくだいて進《すす》む仕《し》かけのある船《ふね》。

**°さいふ**【財布】名 布《ぬの》や革《かわ》などで作《つく》った、お金《かね》を入《い》れる物《もの》。お金《かね》入《い》れ。がま口《ぐち》。

**財布《さいふ》のひもを締《し》める** お金《かね》をむだづかいしない。

**さいぶ**【細部】名 細《こま》かい部分《ぶぶん》。細《こま》かいところ。例 細部にまで気《き》を配《くば》る。

**サイフォン**〔英語 siphon〕名 ↓サイホン 504ページ

**さいぶん**【細分】名 動-する 全体《ぜんたい》を細《こま》かく分《わ》けること。例 細分化《か》して考《かん》える。

**さいほう**【裁縫】名 動-する 布《ぬの》をたち切《き》って、




百人一首 奥山《おくやま》に紅葉《もみじ》踏《ふ》みわけ鳴《な》く鹿《しか》の声《こえ》聞《き》く時《とき》ぞ秋《あき》は悲《かな》しき　猿丸太夫《さるまるだゆう》

和服《わふく》や洋服《ようふく》などを縫《ぬ》うこと。針仕事《はりしごと》。例 裁縫箱《ばこ》。

**さいほう【西方】** 名 ❶西《にし》の方角《ほうがく》。せいほう。対 東方《とうほう》。❷「西方浄土《さいほうじょうど》」の略《りゃく》。仏教《ぶっきょう》では、西方《さいほう》にあみだ仏《ぶつ》が住《す》むという。極楽《ごくらく》。

**°さいぼう【細胞】** 名 生物《せいぶつ》の体《からだ》を組《く》み立《た》てている、いちばん小《ちい》さい単位《たんい》。

**ざいほう【財宝】** 名 宝物《たからもの》。たから。

**さいぼうぶんれつ【細胞分裂】** 名 一《ひと》つの細胞《さいぼう》が分《わ》かれて新《あたら》しく二《ふた》つの細胞《さいぼう》ができ、さらに分《わ》かれて、というように分裂《ぶんれつ》をくり返《かえ》すこと。生物《せいぶつ》が大《おお》きくなるのは、細胞分裂《さいぼうぶんれつ》による。

**サイボーグ**〔英語 cyborg〕名 体《からだ》の一部《いちぶ》を人工《じんこう》の臓器《ぞうき》などで作《つく》りかえて、特別《とくべつ》な力《ちから》を持《も》つようになった動物《どうぶつ》や人間《にんげん》。SF小説《しょうせつ》・映画《えいが》・まんがなどに登場《とうじょう》する。

**サイホン**〔英語 siphon〕名 ❶液体《えきたい》を低《ひく》い所《ところ》から一度《いちど》高《たか》い所《ところ》を通《とお》し、それを低《ひく》い所《ところ》に移《うつ》すために使《つか》う曲《ま》がった管《くだ》。気圧《きあつ》の差《さ》を利用《りよう》している。❷ガラスで作《つく》った、コーヒーをわかす器具《きぐ》。サイフォン。

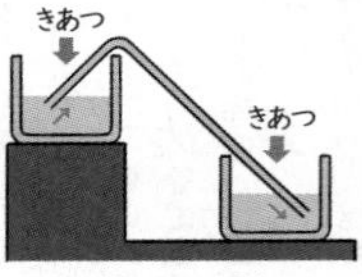

〔サイホン❶〕

**さいまつ【歳末】** 名 年《とし》の暮《く》れ。年末《ねんまつ》。

**さいみつ【細密】** 名 形動 細《こま》かくて、くわしいこと。例 細密画《が》。類 緻密《ちみつ》。

**さいみんじゅつ【催眠術】** 名 (言葉《ことば》やしぐさで暗示《あんじ》をかけて)眠《ねむ》ったような状態《じょうたい》にする術《じゅつ》。

**さいむ【債務】** 名 借《か》りたお金《かね》などを返《かえ》さなければならない義務《ぎむ》。対 債権《さいけん》。

**ざいむ【財務】** 名 財政《ざいせい》に関《かん》する事務《じむ》。

**ざいむしょう【財務省】** 名 国《くに》の予算《よさん》や税金《ぜいきん》など、お金《かね》の出《だ》し入《い》れの仕事《しごと》をする国《くに》の役所《やくしょ》。

**ざいめい【罪名】** 名 法律《ほうりつ》で決《き》めた罪《つみ》の名前《なまえ》。

**さいもく【細目】** 名 細《こま》かいことまでくわしく決《き》めた、一《ひと》つ一《ひと》つのことがら。例 細目を検討《けんとう》する。

**ざいもく【材木】** 名 家《いえ》や家具《かぐ》などを作《つく》るのに使《つか》う木《き》。類 木材《もくざい》。

**ざいや【在野】** 名 ❶政府《せいふ》や役所《やくしょ》に関係《かんけい》のない、民間《みんかん》で活動《かつどう》する人物《じんぶつ》や団体《だんたい》。❷政治《せいじ》の世界《せかい》で、野党《やとう》の立場《たちば》にあること。

**さいゆうき【西遊記】** 作品名 十六世紀《じゅうろくせいき》に書《か》かれた中国《ちゅうごく》の小説《しょうせつ》。三蔵法師《さんぞうほうし》が孫悟空《そんごくう》・猪八戒《ちょはっかい》・沙悟浄《さごじょう》を連《つ》れて、インドにお経《きょう》を求《もと》めに行《い》く話《はなし》。

**°さいよう【採用】** 名 動-する 人《ひと》や品物《しなもの》、また意見《いけん》や案《あん》などを、選《えら》んで取《と》り上《あ》げること。例 社員《しゃいん》を採用する。類 採択《さいたく》。

**さいらい【再来】** 名 動-する ❶再《ふたた》び来《く》ること。例 大不況《だいふきょう》の再来。❷生《う》まれ変《か》わり。例 キリストの再来。

**ざいらい【在来】** 名 前《まえ》からあったこと。例 このタンポポは在来の種類《しゅるい》である。在来型《がた》。

**ざいらいせん【在来線】** 名 ❶(同《おな》じ区間《くかん》に新《あたら》しくつくられた路線《ろせん》に対《たい》して)前《まえ》からある路線《ろせん》。❷新幹線《しんかんせん》に対《たい》し、従来《じゅうらい》からある鉄道路線《てつどうろせん》。

**ざいりゅう【在留】** 名 動-する しばらくの間《あいだ》、外国《がいこく》に住《す》むこと。例 ドイツに在留する。

**ざいりゅうほうじん【在留邦人】** 名 外国《がいこく》に住《す》む日本人《にほんじん》。在外邦人《ざいがいほうじん》。

**さいりょう【裁量】** 名 動-する 自分《じぶん》で考《かんが》えて決《き》め、物事《ものごと》を行《おこな》うこと。例 仕事《しごと》の進《すす》め方《かた》はそれぞれの裁量に任《まか》せる。

**さいりよう【再利用】** 名 動-する 使《つか》わなくなったものを、別《べつ》の目的《もくてき》のために、もう一度《いちど》使《つか》うこと。リサイクル。例 新聞紙《しんぶんし》を大掃除《おおそうじ》に再利用する。

**さいりょう【最良】** 名 いちばんよいこと。例 最良の方法《ほうほう》。類 最善《さいぜん》。対 最悪《さいあく》。

**✤°ざいりょう【材料】** 名 ❶物《もの》を作《つく》るもとになるもの。多《おお》くは、元《もと》の形《かたち》や性質《せいしつ》が残《のこ》っている場合《ばあい》にいう。例 料理《りょうり》の材料をそろえる。❷考えたり、研究《けんきゅう》・表現《ひょうげん》したりするもとになるもの。例 判断《はんだん》材料とする。参考 ❶の意味《いみ》で、元《もと》の形《かたち》や性質《せいしつ》がわからなくなる場合《ばあい》は、「原料《げんりょう》」という。

**ざいりょく【財力】** 名 お金《かね》の力《ちから》。財産《ざいさん》の力《ちから》。例 財力にまかせて物《もの》を買《か》いしめる。

**ザイル**〔ドイツ語〕名 (登山《とざん》に使《つか》う)丈夫《じょうぶ》な綱《つな》。

ロープ。

**さいれい【祭礼】** 名 祭《まつ》りの儀式《ぎしき》。お祭《まつ》り。

**サイレン**〔英語 siren〕名 何《なに》かを知《し》らせるために、うなるような高《たか》い音《おと》を出《だ》す器械《きかい》。また、その音《おと》。例 パトカーのサイレン。

**サイレント**〔英語 silent〕名 ❶音《おと》や声《こえ》がせず、静《しず》かなこと。❷「サイレント機能《きのう》」の略《りゃく》。機械《きかい》などを、音《おと》が出《で》ないようにする機能《きのう》。例 携帯電話《けいたいでんわ》をサイレントにする。❸英語《えいご》で、発音《はつおん》しない字《じ》。❹「サイレント映画《えいが》」の略《りゃく》。音《おん》声《せい》のない映画《えいが》。

**サイロ**〔英語 silo〕名 北海道《ほっかいどう》などで、冬《ふゆ》の間《あいだ》の家畜《かちく》のえさにする草《くさ》などを、たくわえておく倉庫《そうこ》。れんがやコンクリートで筒《つつ》型《がた》に作《つく》ってある。

〔サイロ〕

**さいろく【再録】** 名 動-する ❶前《まえ》に発表《はっぴょう》した文章《ぶんしょう》などを、もう一《いち》度《ど》本《ほん》や雑誌《ざっし》などにのせること。❷再《ふたた》び録音《ろくおん》や録画《ろくが》をすること。

**さいろく【採録】** 名 動-する あとに残《のこ》すために、記録《きろく》したり、録音《ろくおん》したりしておくこと。例 野鳥《やちょう》の声《こえ》を採録する。

**さいわ【再話】** 名 動-する 昔話《むかしばなし》や物語《ものがたり》を、わかりやすく書《か》き直《なお》すこと。また、書《か》き直《なお》した話《はなし》。例「かさじぞう」の再話。

**°さいわい【幸い】** 一 名 形動 ❶しあわせ。幸福《こうふく》。例 家族《かぞく》の幸いを願《ねが》う。❷ものごとがうまくいくこと。例 幸いなことに雨《あめ》がやんだ。二 副 運《うん》よく。例 幸い、だれにもけががなかった。↓こう【幸】424ページ

**°サイン**〔英語 sign〕名 動-する ❶自分《じぶん》の名前《なまえ》を書《か》くこと。署名《しょめい》。例 色紙《しきし》にサインする。❷合図《あいず》。しるし。例 盗塁《とうるい》のサイン。

**サインペン** 名〔日本《にっぽん》でできた英語《えいご》ふうの言葉《ことば》。〕名前《なまえ》を書《か》くためなどに使《つか》う、ペン先《さき》がフエルトでできた水性《すいせい》インクのペン。商標名《しょうひょうめい》。

**サウジアラビア** 地名 アジア西部《せいぶ》、アラビア半島《はんとう》にある国《くに》。首都《しゅと》はリヤド。砂漠《さばく》が多《おお》く、石油《せきゆ》がたくさんとれる。

**サウスポー**〔英語 southpaw〕名 左《ひだり》きき。例 サウスポーの投手《とうしゅ》。

**サウナ**〔フィンランド語〕名 浴室《よくしつ》の中《なか》に熱気《ねっき》をこもらせて汗《あせ》を流《なが》す蒸《む》しぶろ。

**サウンド**〔英語 sound〕名 音《おと》。音響《おんきょう》。

**さえ【冴え】** 名 さえていること。あざやかなところ。腕前《うでまえ》などが、すぐれていること。例 腕《うで》のさえを見《み》せる。

**さえ** 助 ❶あることにつけ加《くわ》わる意味《いみ》を表《あらわ》す。その上《うえ》に…まで。までも。例 風《かぜ》が強《つよ》い上《うえ》に雨《あめ》さえ降《ふ》ってきた。❷ある例《れい》を出《だ》して、その他《ほか》の場合《ばあい》を考《かんが》えさせる。すら。でも。例 子《こ》どもでさえできるのだから、君《きみ》にできないはずがない。❸そのものが必要《ひつよう》であることを強《つよ》めて言《い》う。だけ。例 母《はは》さえ来《き》てくれればよい。

**°さえぎる【遮る】** 動 途中《とちゅう》で、じゃまをする。へだてる。例 話《はなし》を遮る。木《こ》の葉《は》が光《ひかり》を遮る。↓しゃ【遮】583ページ

**さえずり** 名 さえずる声《こえ》。

**さえずる** 動 小鳥《ことり》が鳴《な》き続《つづ》ける。例 ヒバリがさえずる。

**さえる【冴える】** 動 ❶すんでいる。にごりがない。例 音《おと》がさえる。月《つき》がさえる。❷技《わざ》があざやかである。例 腕《うで》がさえる。❸はっきりしている。例 頭《あたま》がさえる。❹〔「さえない」の形《かたち》で〕生《い》き生《い》きしていない。ぱっとしない。例 顔色《かおいろ》がさえない。言《い》うことがさえない。

**さえわたる【冴え渡る】** 動 よくすんでいる。例 月《つき》がさえ渡る。

**°さお** 一 名 ❶枝《えだ》や葉《は》を取《と》りはらった、竹《たけ》などの細長《ほそなが》い棒《ぼう》。また、それに似《に》たもの。例 つりざお。❷三味線《しゃみせん》の糸《いと》を張《は》る長《なが》い柄《え》。二〔数字《すうじ》のあとにつけて〕たんす・旗《はた》・ようかんなどを数《かぞ》える言葉《ことば》。例 たんす一《ひと》さお。

**ざおうざん〖蔵王山〗** 地名 宮城《みやぎ》と山形《やまがた》の両県《りょうけん》にまたがる火山群《かざんぐん》。冬《ふゆ》はスキーや樹氷《じゅひょう》で有名《ゆうめい》。頂上《ちょうじょう》に火口湖《かこうこ》がある。ざおうさん。

**さおだけ【さお竹】** 名 洗濯物《せんたくもの》を干《ほ》すために使《つか》う、竹《たけ》などで作《つく》られた細長《ほそなが》い棒《ぼう》。

**さおとめ【〈早乙女〉】** 名 ❶田植《たう》えをする若《わか》い女《おんな》の人《ひと》。❷少女《しょうじょ》。おとめ。参考「早乙女《さおとめ》」は、特別《とくべつ》に認《みと》められた読《よ》み方《かた》。

**さおばかり** 名 はかりの一種《いっしゅ》。目盛《めも》りのつ



百人一首 かささぎの渡《わた》せる橋《はし》におく霜《しも》の白《しろ》きを見《み》れば夜《よ》ぞふけにける　大伴家持《おおとものやかもち》

いたさおの一方《いっぽう》のはしに物《もの》をつるし、他《た》のはしにかけた分銅《ふんどう》を動《うご》かして、つり合《あ》ったところの目《め》盛《も》りで重《おも》さを量《はか》る。↓はかり 1033ページ

○**さか【坂】** 名 一方《いっぽう》が高《たか》く、一方《いっぽう》が低《ひく》くなっている道《みち》。坂道《さかみち》。↓はん【坂】1070ページ

**さか【逆】** 〔ある言葉《ことば》の前《まえ》につけて〕「さかさま」という意味《いみ》を表《あらわ》す。例 逆立《だ》ち。逆上《あ》がり。↓ぎゃく【逆】320ページ

**さか【酒】** 「酒《さけ》」の意味《いみ》を表《あらわ》す。例 酒屋《や》。酒蔵《ぐら》。↓しゅ【酒】590ページ

**さか【茶菓】** 名 お茶《ちゃ》とお菓子《かし》。

**さかあがり【逆上がり】** 名 〔体育《たいいく》で〕鉄棒《てつぼう》を握《にぎ》り、足《あし》のほうから体《からだ》を逆《さか》さにして鉄棒《てつぼう》に上《あ》がること。

○**さかい【境】** 名 ❶土地《とち》と土地《とち》の区切《くぎ》り。例 国《くに》と国《くに》との境。❷分《わ》かれ目《め》。例 ここが、勝《か》ち負《ま》けの境だ。↓きょう【境】332ページ

**さかいめ【境目】** 名 境《さかい》のところ。分《わ》かれ目《め》。さかい。

**さかうらみ【逆恨み】** 名 動する ❶人《ひと》の好《こう》意《い》を悪《わる》く取《と》って、逆《ぎゃく》にその人《ひと》をうらむこと。❷すじちがいのことで相手《あいて》をうらむこと。例 自分《じぶん》の意見《いけん》が採用《さいよう》されずに逆うらみする。❸うらみに思《おも》っている人《ひと》から、逆《ぎゃく》にうらまれること。

○**さかえる【栄える】** 動 勢《いきお》いが盛《さか》んになる。例 国《くに》が栄える。対 衰《おとろ》える。↓えい【栄】123ページ

**さかおとし【逆落とし】** 名 ❶逆《さか》さまにして落《お》とすこと。❷険《けわ》しいがけや坂《さか》をかけ下《くだ》ること。

**さかき【榊】** 名 神社《じんじゃ》などにも植《う》える常緑樹《じょうりょくじゅ》で、枝《えだ》を神様《かみさま》に供《そな》える木《き》。

**さがく【差額】** 名 ある金額《きんがく》から、他《ほか》の金額《きんがく》を引《ひ》いた残《のこ》り。例 売《う》った値段《ねだん》と買《か》った値段《ねだん》の差額がもうけだ。

**さかぐら【酒蔵】** 名 酒《さけ》を作《つく》ったり保存《ほぞん》したりするための蔵《くら》。

**さがけん【佐賀県】** 地名 九州《きゅうしゅう》地方《ちほう》の北西《ほくせい》部《ぶ》にある県《けん》。県庁《けんちょう》は佐賀市《さがし》にある。

**さかさ【逆さ】** 名 〔「さかさま」ともいう。〕(上下《じょうげ》、あとさきなどが)反対《はんたい》になること。例 湖《みずうみ》に、山《やま》が逆さに映《うつ》っている。

**さかさま【逆さま】** 名 ↓さかさ 506ページ

**さがしあてる【探し当てる・捜し当てる】** 動 あちこちさがして、やっと見《み》つける。例 友達《ともだち》の家《いえ》を探し当てる。

**さがしだす【探し出す・捜し出す】** 動 さがしていた人《ひと》やものを見《み》つけ出《だ》す。例 いなくなった飼《か》い犬《いぬ》を捜し出す。

**さがしまわる【探し回る・捜し回る】** 動 見《み》つけようとして、あちこち動《うご》き回《まわ》る。例 かぎをなくして家中《いえじゅう》を捜し回った。

**さがしもとめる【探し求める・捜し求める】** 動 見《み》つけたり手《て》に入《い》れたりしようとして、あちこちをさがす。例 探し求めていた本《ほん》をついに見《み》つけた。

**さがしもの【探し物・捜し物】** 名 物《もの》を探《さが》すこと。また、探《さが》し求《もと》めている物《もの》。例 探し物が見《み》つからない。

例解 ↔ 使い分け

**捜《さが》すと探《さが》す**

犯人《はんにん》を捜《さが》す。
なくしたものを捜《さが》す。
迷子《まいご》を捜《さが》す。

宝物《たからもの》を探《さが》す。
職《しょく》を探《さが》す。
手伝《てつだ》ってくれる人《ひと》を探《さが》す。

○**さがす【捜す】** 動 (見《み》えなくなったものを)見《み》つけようとして行動《こうどう》する。例 なくしたさいふを捜す。↓そう【捜】742ページ

○**さがす【探す】** 動 (欲《ほ》しいものを)見《み》つけようとして行動《こうどう》する。例 新《あたら》しく住《す》む家《いえ》を探す。↓たん【探】810ページ

○**さかずき【杯】** 名 酒《さけ》を飲《の》むときに使《つか》う小《ちい》さな入《い》れ物《もの》。おちょこ。例 杯をほす〔=酒《さけ》を飲《の》みほす〕。↓はい【杯】1025ページ

**さかだち【逆立ち】** 名 動する 両手《りょうて》を地面《じめん》や床《ゆか》について、足《あし》を上《うえ》にあげ、手《て》で体《からだ》を支《ささ》えること。また、そのわざ。

**さかだちしても【逆立ちしても】** 副 どんなにがんばっても。例 彼女《かのじょ》のセンスには逆立ちしてもかなわない。

[歌の意味] あおぎ見《み》るあの月《つき》は、故郷《こきょう》日本《にっぽん》の三笠山《みかさやま》に出《で》た月《つき》と同《おな》じなのだなあ。
注 三笠山《みかさやま》=今《いま》の奈良市《ならし》の東《ひがし》にある山《やま》。春日《かすが》神社《じんじゃ》の後方《こうほう》にあたる。

**さかだつ【逆立つ】** 動 横《よこ》や下向《したむ》きのものが上向《うえむ》きになる。さかさまに立《た》つ。例 風《かぜ》が強《つよ》くて髪《かみ》の毛《け》が逆立つ。

**さかだてる【逆立てる】** 動 横《よこ》や下向《したむ》きのものを上向《うわむ》きにする。例 毛《け》を逆立てる。

**さかだる【酒だる】** 名 酒《さけ》を入《い》れるたる。

**さかて【逆手】** 名 腕《うで》の使《つか》い方《かた》を、ふつうとは反対《はんたい》の向《む》きにすること。てのひらを自分《じぶん》のほうに向《む》けて握《にぎ》ること。ぎゃくて。例 鉄棒《てつぼう》を逆手に握《にぎ》る。対 順手《じゅんて》。

**逆手《さかて》に取《と》る** 相手《あいて》の攻撃《こうげき》を利用《りよう》して、有利《ゆうり》な状況《じょうきょう》にする。「逆手《ぎゃくて》に取《と》る」ともいう。

**○さかな【魚】** 名 海《うみ》や川《かわ》・池《いけ》などの水中《すいちゅう》にすむ動物《どうぶつ》。体《からだ》はうろこでおおわれ、えらで呼吸《こきゅう》し、ひれを動《うご》かして泳《およ》ぐ。うお。魚類《ぎょるい》。例 魚つり。⇩ぎょ【魚】331ページ

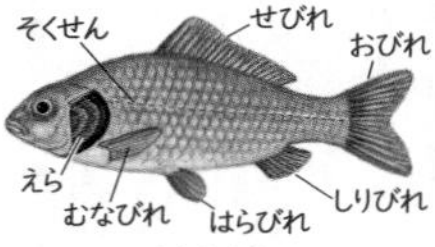

〔さかな〕

**さかな【肴】** 名 酒《さけ》を飲《の》むときに食《た》べるおかず。また、それに代《か》わる話題《わだい》。例 酒《さけ》のさかな。人《ひと》のうわさをさかなにする。

**さかねじ【逆ねじ】** 名 ❶ふつうとは反対《はんたい》の方向《ほうこう》にねじること。❷他人《たにん》からせめられたことに対《たい》して、反対《はんたい》にせめ返《かえ》すこと。例 君《きみ》のほうが失礼《しつれい》だと逆ねじを食《く》わせた。参考 反《はん》時計回《とけいまわ》りでしまるねじのこともいう。

**さかのぼる【遡る】** 動 ❶流《なが》れに逆《さか》らって上《のぼ》る。例 舟《ふね》で川《かわ》をさかのぼる。❷以前《いぜん》にもどる。例 話《はなし》は二十年前《にじゅうねんまえ》にさかのぼる。⇩そ【遡】740ページ

**さかまく【逆巻く】** 動 波《なみ》が高《たか》く盛《も》り上《あ》がったりくずれたりする。例 波《なみ》が逆巻く。

**さがみ【相模】** 地名 昔《むかし》の国《くに》の名《な》の一《ひと》つ。今《いま》の神奈川県《かながわけん》の大部分《だいぶぶん》にあたる。

**さかみち【坂道】** 名 坂《さか》になっている道《みち》。

**さがみわん【相模湾】** 地名 神奈川県《かながわけん》の南《みなみ》に面《めん》する湾《わん》。

**さかもと りょうま【坂本龍馬】** 人名 (男)(一八三五〜一八六七)江戸時代末《えどじだいまつ》の武士《ぶし》。江戸幕府《えどばくふ》をたおし、新《あたら》しい国《くに》を作《つく》るために活躍《かつやく》したが、京都《きょうと》で殺《ころ》された。

**さかもり【酒盛り】** 名 みんなで酒《さけ》を飲《の》み、楽《たの》しむこと。宴会《えんかい》。

**さかや【酒屋】** 名 酒《さけ》を造《つく》る家《いえ》。または、酒《さけ》を売《う》る店《みせ》。

**さかゆめ【逆夢】** 名 実際《じっさい》のこととは反対《はんたい》となる夢《ゆめ》。対 正夢《まさゆめ》。

**○さからう【逆らう】** 動 ❶(人《ひと》の言《い》うことに)従《したが》わないで、反対《はんたい》する。例 親《おや》に逆らう。❷(全体《ぜんたい》の動《うご》きに)従《したが》わないで、反対《はんたい》のほうに動《うご》く。例 風《かぜ》に逆らう。⇩ぎゃく【逆】320ページ

**○さかり【盛り】** 名 いちばん勢《いきお》いがいいとき。例 花《はな》の盛り。育《そだ》ち盛《ざか》り。

**さがり【下がり】** 名 ❶下《さ》がること。低《ひく》くなること。例 値段《ねだん》の上《あ》がり下がり。対 上《あ》がり。❷⇩おさがり160ページ。❸ある時刻《じこく》を少《すこ》し過《す》ぎたとき。例 昼《ひる》下がり。❹力士《りきし》が、まわしの前《まえ》に下《さ》げる、何本《なんぼん》ものひものようなかざり。

**さかりば【盛り場】** 名 いつも人《ひと》が大勢《おおぜい》集《あつ》まる、にぎやかな所《ところ》。繁華街《はんかがい》。

**さかる【盛る】** 動 ❶勢《いきお》いがよくなる。例 火《ひ》が燃《も》え盛る。❷繁盛《はんじょう》する。例 店《みせ》が盛る。⇩せい【盛】699ページ

**○さがる【下がる】** 動 ❶上《うえ》から下《した》へ移《うつ》る。おりる。例 エレベーターで下がる。❷悪《わる》くなる。例 成績《せいせき》が下がる。❸値段《ねだん》が安《やす》くなる。例 物価《ぶっか》が下がる。❹垂《た》れる。例 幕《まく》が下がる。❺退《しりぞ》く。例 白線《はくせん》から一歩《いっぽ》下がる。対 (❶〜❹)上《あ》がる。⇩か【下】188ページ

**さかん【左官】** 名 壁《かべ》を塗《ぬ》る仕事《しごと》をする人《ひと》。しゃかん。

**○さかん【盛ん】** 形動 ❶勢《いきお》いがいいようす。例 盛んな拍手《はくしゅ》。❷繁盛《はんじょう》するようす。例 工業《こうぎょう》が盛んだ。⇩せい【盛】699ページ

**さがん【左岸】** 名 川下《かわしも》に向《む》かって、左《ひだり》の岸《きし》。対 右岸《うがん》。

**さがん【砂岩】** 名 堆積岩《たいせきがん》の一《ひと》つ。水《みず》の底《そこ》にたまった砂《すな》などが、固《かた》まったもの。

## さき【崎】
画数 11 部首 山(やまへん) 4年

音 ― 訓 さき

筆順

陸地《りくち》が海《うみ》や湖《みずうみ》につき出《で》た所《ところ》。みさき。例 大王崎灯台《だいおうざきとうだい》。


百人一首 天《あま》の原《はら》ふりさけ見《み》れば春日《かすが》なる三笠《みかさ》の山《やま》に出《い》でし月《つき》かも　阿倍仲麻呂《あべのなかまろ》

**°さき【先】** 名 ❶いちばん前《まえ》。または、あるものより前《まえ》。例 列《れつ》の先《さき》を歩《ある》く。❷早《はや》いこと。例 先に家《いえ》を出《で》る。対（❶・❷）後《あと》。❸ゆくすえ。将来《しょうらい》。例 先のことはわからない。❹つき出《で》ている所《ところ》。はし。例 枝《えだ》の先。❺行《い》った所《ところ》。例 旅《たび》先。❻向《む》こう。遠《とお》い所《ところ》。例 東京《とうきょう》より先。

↓せん【先】726ページ

**先《さき》を争《あらそ》う** 自分《じぶん》が真《ま》っ先《さき》になろうとして、人《ひと》と競《きそ》う。例 先を争って買《か》う。

**先《さき》を急《いそ》ぐ** 用事《ようじ》などがあって、早《はや》く目的地《もくてきち》に行《い》こうとする。例 先を急ぐ旅《たび》ではない。

**先《さき》を越《こ》される** 相手《あいて》に、先《さき》にされてしまう。例 後輩《こうはい》に先を越されて、くやしい思《おも》いをする。

**先《さき》を読《よ》む** これから先《さき》のことを予測《よそく》する。例 流行《りゅうこう》の先を読んで、商品《しょうひん》を仕入《しい》れる。

**さき【左記】** 名（縦書《たてが》きの文《ぶん》や書類《しょるい》などで）左《ひだり》に書《か》いてあること。例 運動会《うんどうかい》は左記のとおりに行《おこな》う。

**さぎ【詐°欺°】** 名 人《ひと》をだまして、お金《かね》や品物《しなもの》を取《と》ること。例 詐欺にかかる。詐欺師《し》。

**さぎ【鷺◆】** 名 ツルに似《に》て、くちばし・首《くび》・足《あし》が長《なが》い鳥《とり》。ダイサギ・コサギ・ゴイサギなどの種類《しゅるい》がある。水辺《みずべ》で魚《さかな》などを食《た》べる。

〔さぎ〕

**さぎをからすと言《い》いくるめる** 〔白《しろ》いさぎを黒《くろ》いからすだと言《い》い張《は》るように〕明《あき》らかに間違《まちが》っていることを強引《ごういん》に言《い》い張《は》る。

**さきおくり【先送り】** 名 動-する 判断《はんだん》や行《こう》動《どう》などを先《さき》へ延《の》ばすこと。例 問題《もんだい》の解決《かいけつ》を先送りする。類 後回《あとまわ》し。

**さきおととい** 名 おとといの前《まえ》の日《ひ》。

**さきおととし** 名 おとといの前《まえ》の年《とし》。

**さきがけ【先駆°け】** 名 動-する ❶真《ま》っ先《さき》に敵《てき》陣《じん》にせめ入《い》ること。❷他《ほか》より先《さき》にものごとが始《はじ》まること。例 春《はる》の先駆け。

**さきがける【先駆°ける】** 動〔ふつう「先《さき》がけて」の形《かたち》で〕他《ほか》より先《さき》にものごとをする。例 梅《うめ》は春《はる》に先がけて咲《さ》く。

**さきこぼれる【咲°きこぼれる】** 動 花《はな》がこぼれ落《お》ちそうなほどいっぱい咲《さ》く。例 ハギの花《はな》が咲きこぼれる。

**さきごろ【先頃°】** 名 先日《せんじつ》。この間《あいだ》。

**さきざき【先先】** 名 ❶これから先《さき》。将来《しょうらい》。❷行《い》く先《さき》行《い》く先《さき》。方々《ほうぼう》。例 先々のことを考《かんが》える。例 行《い》く先々で歓迎《かんげい》を受《う》ける。

**さぎそう【鷺◆草】** 名 湿地《しっち》に生《は》え、栽培《さいばい》もされるランの仲間《なかま》の草花《くさばな》。夏《なつ》、サギが翼《つばさ》を広《ひろ》げたような形《かたち》の花《はな》が咲《さ》く。採集《さいしゅう》されたり湿地《しっち》が減《へ》ったりして数《かず》が少《すく》なくなってきている。

**サキソホン** 名 ↓サクソホーン 511ページ

**さきそめる【咲°き初△める】** 動 花《はな》が咲《さ》きはじめる。咲《さ》きだす。〔古《ふる》い言《い》い方《かた》。〕例 桜《さくら》が咲き初める。

**さきそろう【咲°きそろう】** 動 花《はな》がいっせいに咲《さ》く。例 草花《くさばな》が咲きそろった。

**さきだつ【先立つ】** 動 ❶人《ひと》の先《さき》に立《た》ってする。例 人《ひと》に先立って働《はたら》く。❷先《さき》に死《し》ぬ。例 妻《つま》に先立たれる。❸あることの前《まえ》に行《おこな》う。または、起《お》こる。例 出発《しゅっぱつ》に先立って挨拶《あいさつ》する。❹まず必要《ひつよう》である。例 先立つものは、お金《かね》だ。不安《ふあん》が先立つ。

**さぎちょう【左義長】** 名 ↓どんどやき 956ページ

**さきどり【先取り】** 名 動-する ❶他《ほか》の人《ひと》よりも先《さき》に自分《じぶん》のものにすること。例 流行《りゅうこう》の先取り。❷前《まえ》もって受《う》け取《と》ること。例 代金《だいきん》の先取り。

**さきにおう【咲°き匂°う】** 動 花《はな》が美《うつく》しく咲《さ》く。例 今《いま》をさかりと咲きにおう。

**さきばしる【先走る】** 動 人《ひと》より先《さき》にしようとして、軽《かる》はずみなことを言《い》ったりしたりする。例 先走って失敗《しっぱい》する。

**さきばらい【先払°い】** 一 名 動-する お金《かね》を先《さき》に払《はら》うこと。前払《まえばら》い。二 名 料金《りょうきん》を、荷物《にもつ》などの受取人《うけとりにん》が払《はら》うこと。着払《ちゃくばら》い。

**さきぶれ【先触°れ】** 名 前《まえ》もって知《し》らせること。前《まえ》ぶれ。

**さきほこる【咲°き誇°る】** 動 花《はな》がみごとに咲《さ》く。例 今《いま》をさかりと咲き誇っている。

**さきぼそり【先細り】** 名 動-する ❶棒《ぼう》などが、先《さき》のほうほど細《ほそ》くなっていくこと。❷時《とき》がたつにつれて勢《いきお》いがなくなったり、数《かず》が減《へ》

[歌の意味] わたしの住《す》んでいる所《ところ》は都《みやこ》の南東《なんとう》で、このように静《しず》かに住《す》んでいるが、人《ひと》はここを憂《う》し（＝つらい）山《やま》と言《い》っているようだ。

ったりすること。例 売《う》り上《あ》げが先細りになる。

**さきほど【先程△】** 名 副 今《いま》しがた。ちょっと前《まえ》。例 先ほど電話《でんわ》がありました。対 後程《のちほど》。

**さきまわり【先回り】** 名 動-する ❶人《ひと》より先《さき》にその場所《ばしょ》に行《い》くこと。例 先回りして待《ま》つ。❷人《ひと》より先《さき》にものごとをすること。

**さきみだれる【咲き乱れる】** 動 たくさんの花《はな》が一面《いちめん》に美《うつく》しく咲《さ》く。

**さきもり【〈防人〉▲】** 名 奈《な》良《ら》時《じ》代《だい》のころ、主《おも》に関東《かんとう》地方《ちほう》からつかわされて、九州《きゅうしゅう》の北部《ほくぶ》の守《まも》りにあたった兵士《へいし》。「万葉集《まんようしゅう》」に、「父母《ちちはは》が頭《かしら》かき撫《な》で幸《さ》くあれて言《い》ひし言《い》葉《けとば》ぜ忘《わす》れかねつる」などの防人《さきもり》の歌《うた》が残《のこ》っている。

**さきゅう【砂丘】** 名 海岸《かいがん》や砂漠《さばく》で、砂《すな》が強《つよ》い風《かぜ》にふき寄《よ》せられて、盛《も》り上《あ》がった所《ところ》。

**さきゆき【先行き】** 名 これから先《さき》。今後《こんご》のなりゆき。例 景気《けいき》の先行きが不安《ふあん》だ。

**さぎょう【作業】** 名 動-する 仕事《しごと》をすること。例 工場《こうじょう》で作業する。

**さきん【砂金】** 名 川底《かわぞこ》や海岸《かいがん》の砂《すな》などに交《ま》じっている細《こま》かい金《きん》。

**さきんじる【先んじる】** 動 人《ひと》より先《さき》にする。先《さき》んずる。例 人《ひと》に先んじて働《はたら》く。

**さきんずる【先んずる】** 動 ⇩さきんじる 509ページ

**さきんずればひとをせいす【先んずれば人を制す】** 何事《なにごと》も人《ひと》より先《さき》にすれば、先《さき》にしたほうが有利《ゆうり》になる。

**さく【作】** 画数 7 部首 亻(にんべん) 2年

音 サク サ 訓 つく-る

筆順

一〔「サク」と読《よ》んで〕つくる。つくったもの。熟語 作者《さくしゃ》。作文《さくぶん》。作曲《さっきょく》。工作《こうさく》。二〔「サ」と読《よ》んで〕する。行《おこな》う。熟語 作業《さぎょう》。作用《さよう》。動作《どうさ》。

《訓の使い方》 **つく-る** 例 米《こめ》を作る。

**さく【作】** 名 つくったもの。作品《さくひん》。例 会心《かいしん》の作。

**さく【昨】** 画数 9 部首 日(ひへん) 4年

音 サク 訓 —

筆順

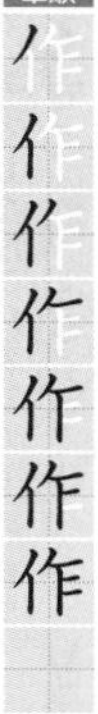

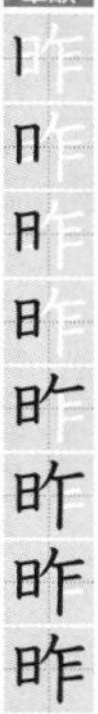

前《まえ》の。〔日《ひ》・夜《よる》・年《ねん》などについていう。〕熟語 昨《さく》日《じつ》。昨年《さくねん》。昨晩《さくばん》。昨夜《さくや》。例 昨《さく》シーズン。

**さく【策】** 画数 12 部首 ⺮(たけかんむり) 6年

音 サク 訓 —

筆順

はかりごと。くふう。熟語 策略《さくりゃく》。対策《たいさく》。

**さく【策】** 名 ❶はかりごと。〔=はかりごとを考《かんが》える〕。❷方法《ほうほう》。例 最善《さいぜん》の策。例 策をめぐらす。

**さく【削】** 画数 9 部首 刂(りっとう)

音 サク 訓 けず-る

けずる。取《と》り除《のぞ》く。熟語 削減《さくげん》。削除《さくじょ》。添削《てんさく》。例 鉛筆《えんぴつ》を削《けず》る。

**さく【柵】** 画数 9 部首 木(きへん)

音 サク 訓 —

囲《かこ》い。熟語 鉄柵《てっさく》〔=鉄《てつ》で作《つく》った囲《かこ》い〕。

**さく【柵】** 名 木《き》や竹《たけ》などを立《た》て、横木《よこぎ》でつないで作《つく》った囲《かこ》い。例 柵をめぐらす。

**さく【咲】** 画数 9 部首 口(くちへん)

音 — 訓 さ-く

花《はな》が開《ひら》く。

**さく【咲く】** 動 花《はな》のつぼみが開《ひら》く。例 バラが咲く。

**さく【索】** 画数 10 部首 糸(いと)

音 サク 訓 —

❶太《ふと》いなわ。つな。熟語 鉄索《てっさく》〔=鉄《てつ》でできたつな。ワイヤロープ〕。❷さがし求《もと》める。熟語 索引《さくいん》。捜索《そうさく》。❸ものさびしい。熟語 索漠《さくばく》〔=ものさびしいようす〕。

**さく【酢】** 画数 12 部首 酉(とりへん)

音 サク 訓 す

す。すっぱい味《あじ》のする液体《えきたい》。熟語 酢酸《さくさん》。

**さく【搾】** 画数 13 部首 扌(てへん)

音 サク 訓 しぼ-る

例解 ↔ 使い分け

**割《さ》くと裂《さ》く**

時間《じかん》を割《さ》く。
魚《さかな》の腹《はら》を割《さ》く。
紙面《しめん》を割《さ》く。
布《ぬの》を裂《さ》く。
二人《ふたり》の仲《なか》を裂《さ》く。

しぼる。しぼり取《と》る。おしつけて縮《ちぢ》める。熟語 搾取《さくしゅ》。圧搾《あっさく》。例 レモンを搾《しぼ》る。

**さく【錯】** 画数 16 部首 金(かねへん)
音 サク 訓 ——
❶交《ま》じる。交《ま》じり合《あ》う。熟語 錯綜《さくそう》。交錯《こうさく》。❷とりちがえる。まちがえる。熟語 錯誤《さくご》。錯覚《さっかく》。

**さく【冊】** 熟語 短冊《たんざく》。⇩さつ【冊】 517ページ

**さく【割く】** 動 ❶一部《いちぶ》分《ぶん》を、他《ほか》のことに使《つか》う。例 遊《あそ》び時間《じかん》を割いて、絵《え》をかく。❷魚《さかな》などを切《き》って開《ひら》く。例 ウナギを割く。⇩かつ【割】 243ページ

**さく【裂く】** 動 ❶布《ぬの》や紙《かみ》を引《ひ》き破《やぶ》る。例 紙《かみ》を二《ふた》つに裂く。❷無理《むり》に、引《ひ》きはなす。例 友達《ともだち》の仲《なか》を裂く。⇩れつ【裂】 1405ページ

**さくい【作為】** 名 動する ほんとうはそうではないのに、そう見《み》せようとして手《て》を入《い》れること。例 作為が目立《めだ》つ。対 無作為《むさくい》。

**さくい【作意】** 名 ❶芸術《げいじゅつ》作品《さくひん》にこめられた創作《そうさく》の意図《いと》。例 作意があってしたのではない。❷たくらみ。

**さくいてき【作為的】** 形動 わざとするようす。例 作為的な笑顔《えがお》。

**さくいん【索引】** 名 本《ほん》や辞典《じてん》などで、中《なか》に書《か》いてある言葉《ことば》やことがらがどのページにあるかさがし出《だ》せるように、それらの言葉《ことば》やことがらを書《か》き出《だ》して、ある順序《じゅんじょ》に並《なら》べたもの。この辞典《じてん》にも、コラムのさくいんがある。

**さくがら【作柄】** 名 農作物《のうさくぶつ》のできぐあい。例 今年《ことし》はイネの作柄がよい。

**さくがんき【削岩機】** 名 岩《いわ》に穴《あな》をあける機械《きかい》。

**さくげん【削減】** 名 動する 数《かず》や量《りょう》をけずって減《へ》らすこと。例 予算《よさん》を削減する。

**さくご【錯誤】** 名 まちがうこと。誤《あやま》り。例 大《おお》きな錯誤を犯《おか》す。時代《じだい》錯誤。

**さくさく** 一 副(-と) ❶雪《ゆき》の上《うえ》を歩《ある》いたり、野《や》菜《さい》を切《き》ったりするときの音《おと》やようす。❷ものごとがすらすら進《すす》むようす。例 パソコンがさくさく動《うご》く。二 副(-と) 動する 食《た》べ物《もの》を軽《かる》くかんだりするときのようす。例 クッキーのさくさくした歯《は》ごたえ。

**ざくざく** 一 副(-と) 砂利《じゃり》道《みち》を歩《ある》いたり、野《や》菜《さい》などを力《ちから》を入《い》れて刻《きざ》んだりするときの音《おと》やようす。❷お金《かね》などがたくさんあるようす。例 大判《おおばん》小判《こばん》がざくざく出《で》てきた。二 形動 織《お》り方《かた》や編《あ》み方《かた》が粗《あら》いようす。例 ざくざくに編《あ》んだセーター。

例解 ↔ 使い分け

**作成《さくせい》と作製《さくせい》**

書類《しょるい》を作成《さくせい》する。
計画《けいかく》を作成《さくせい》する。
地図《ちず》を作製《さくせい》する。
彫刻《ちょうこく》を作製《さくせい》する。

**さくさん【酢酸】** 名 食用《しょくよう》にする酢《す》に含《ふく》まれている酸《さん》。強《つよ》いにおいと、すっぱい味《あじ》の液《えき》体《たい》。

**さくし【作詞】** 名 動する 歌詞《かし》を作《つく》ること。

**さくし【作詩】** 名 動する 詩《し》を作《つく》ること。

**さくし【策士】** 名 はかりごとにたくみな人《ひと》。注意「彼《かれ》は策士《さくし》だからゆだんできない」のように、悪《わる》い意味《いみ》で使《つか》うことが多《おお》い。

**策《さく》士《し》策《さく》に溺《おぼ》れる** 物事《ものごと》をうまく進《すす》めようと、はかりごとを用《もち》いすぎて、かえって失《しっ》敗《ぱい》する。

**さくじつ【昨日】** 名 きのう。「きのう」よりも、改《あらた》まった言《い》い方《かた》。関連 ⬇きょう(今日) 333ページ

**さくしゃ【作者】** 名 物語《ものがたり》や詩《し》、また絵《え》・陶《とう》器《き》などの作品《さくひん》を作《つく》った人《ひと》。

**さくしゅ【搾取】** 名 動する しぼり取《と》ること。

[歌の意味] 桜《さくら》の花《はな》の色《いろ》があせたように、わたしも年老《としお》いてしまったよ。むなしく長雨《ながあめ》をながめ暮《く》らしているうちに。
注 ながめ＝「ながめる」と「長雨《ながあめ》」の掛《か》け詞《ことば》。

特《とく》に、やとい主《ぬし》が、人《ひと》を安《やす》く使《つか》って、よけいにもうけること。

**さくじょ【削除】** 名 動-する 文章《ぶんしょう》などの一部《いちぶ》を、けずり取《と》ること。例 一行削除《いちぎょうさくじょ》。

**さくず【作図】** 名 動-する 図面《ずめん》をかくこと。例 定規《じょうぎ》で作図する。

**さくせい【作成】** 名 動-する 書類《しょるい》や計画《けいかく》などを作《つく》ること。例 報告書《ほうこくしょ》を作成する。

**さくせい【作製】** 名 動-する 品物《しなもの》を作《つく》ること。例 本箱《ほんばこ》を作製する。

**さくせん【作戦】** 名 戦《たたか》いや試合《しあい》などに勝《か》つための方法《ほうほう》。例 球技大会《きゅうぎたいかい》の作戦を練《ね》る。

**さくそう【錯綜】** 名 動-する 複雑《ふくざつ》に入《い》り組《く》むこと。例 仕事《しごと》が錯綜する。

**サクソホーン**〔英語 saxophone〕名 管楽器《かんがっき》の一《ひと》つ。金属製《きんぞくせい》であるが、音《おと》を出《だ》す仕《し》かけから木管楽器《もっかんがっき》の仲間《なかま》である。音色《ねいろ》は豊《ゆた》かで、ジャズなどの演奏《えんそう》に用《もち》いられる。サキソホン。サックス。

**✤さくちゅうじんぶつ【作中人物】** 名 童話《どうわ》や小説《しょうせつ》の中《なか》の登場人物《とうじょうじんぶつ》。

> **例解 ことばの窓**
> **作品《さくひん》を表《あらわ》す言葉《ことば》**
> まれに見《み》る傑作《けっさく》とほめられる。
> 明治時代《めいじじだい》の名作《めいさく》を集《あつ》める。
> 壁画《へきが》の大作《たいさく》に見《み》とれる。
> 五年《ごねん》がかりの労作《ろうさく》といわれる。
> 心《こころ》のこもった力作《りきさく》に感動《かんどう》した。

**さくづけ【作付け】** 名 田《た》や畑《はたけ》に農作物《のうさくぶつ》を植《う》えつけること。さくつけ。

**さくづけめんせき【作付面積】** 名 作物《さくもつ》を植《う》えつけた田畑《たはた》の面積《めんせき》。さくつけめんせき。

**さくどう【策動】** 名 動-する よくない計画《けいかく》をこっそりたてて、行動《こうどう》すること。例 ストライキを策動する。

**さくにゅう【搾乳】** 名 動-する 乳《ちち》をしぼること。例 器械《きかい》で搾乳する。

**さくねん【昨年】** 名 去年《きょねん》。「去年《きょねん》」よりも、改《あらた》まった言《い》い方《かた》。関連 ↓きょう(今日) 333ページ

**さくばん【昨晩】** 名 昨日《きのう》の晩《ばん》。「ゆうべ」よりも、改《あらた》まった言《い》い方《かた》。関連 今晩《こんばん》。明晩《みょうばん》。

**✤○さくひん【作品】** 名 作《つく》ったもの。文学《ぶんがく》・音楽《おんがく》・美術《びじゅつ》などで、作者《さくしゃ》が創造《そうぞう》したもの。

**さくふう【作風】** 名 作品《さくひん》に表《あらわ》れている、その作者《さくしゃ》の特徴《とくちょう》。

**✤○さくぶん【作文】** 名 動-する〔国語《こくご》で〕文章《ぶんしょう》を作《つく》ること。また、作《つく》った文章《ぶんしょう》。テーマにそって、出来事《できごと》や考《かんが》えなどを、まとまりのある文章《ぶんしょう》にして表《あらわ》すこと。

**○さくもつ【作物】** 名 田《た》や畑《はたけ》で作《つく》るもの。また、作《つく》ったもの。稲《いね》・麦《むぎ》・野菜《やさい》など。農作物《のうさくぶつ》。

**さくや【昨夜】** 名 昨日《きのう》の夜《よる》。ゆうべ。昨晩《さくばん》。「ゆうべ」よりも、改《あらた》まった言《い》い方《かた》。

**○さくら【桜】** 名 山地《さんち》に生《は》え、公園《こうえん》や庭《にわ》にも植《う》える木《き》。ソメイヨシノ・シダレザクラ・ヤマザクラなど種類《しゅるい》が多《おお》い。春《はる》、うすもも色《いろ》の美《うつく》しい花《はな》が咲《さ》く。日本《にっぽん》の「国花《こっか》」とされる。↓こうようじゅ 447ページ／↓おう【桜】143ページ

**さくらいろ【桜色】** 名 桜《さくら》の花《はな》びらのような、うすい桃色《ももいろ》。

**さくらがい【桜貝】** 名 海《うみ》にすむ二枚貝《にまいがい》。からはうすくて美《うつく》しい桜色《さくらいろ》。貝細工《かいざいく》などに使《つか》う。

**さくらじま〔桜島〕** 地名 鹿児島湾《かごしまわん》にある火山島《かざんとう》。一九一四年《ねん》の噴火《ふんか》で、大隅半島《おおすみはんとう》と地続《じつづ》きになった。

**さくらじまだいこん【桜島大根】** 名 桜島《さくらじま》などで栽培《さいばい》される丸《まる》い形《かたち》の大根《だいこん》。直径《ちょっけい》が五〇センチメートルにもなり、日本《にっぽん》でいちばん大《おお》きい。

**さくらぜんせん【桜前線】** 名 桜《さくら》〔ふつうはソメイヨシノ〕の花《はな》が開《ひら》く日《ひ》を、地図《ちず》の上《うえ》で、その日《ひ》ごとに結《むす》んだ線《せん》。

**さくらそう【桜草】** 名 野山《のやま》に育《そだ》つ草花《くさばな》。春《はる》、桜《さくら》に似《に》た白《しろ》やピンクの花《はな》が咲《さ》く。

**さくらづき【桜月】** 名 昔《むかし》のこよみで三月《さんがつ》のこと。桜《さくら》の花《はな》が開《ひら》く三月中旬《さんがつちゅうじゅん》から下旬《げじゅん》にかけて、時候《じこう》の挨拶《あいさつ》でも使《つか》われる。

**さくらふぶき【桜〈吹雪〉】** 名 桜《さくら》が風《かぜ》で舞《ま》い上《あ》がったり飛《と》ばされたりして、いっせいにたくさん散《ち》ること。

**さくらもち【桜餅】** 名 うす皮《かわ》であんを包《つつ》み、塩《しお》づけの桜《さくら》の葉《は》を巻《ま》いた和菓子《わがし》。

**さくらん【錯乱】** 名 動-する 考《かんが》えなどが、入《い》



 百人一首 花《はな》の色《いろ》は移《うつ》りにけりないたづらにわが身《み》世《よ》にふるながめせし間《ま》に　小野小町《おののこまち》

り交《ま》じってこんがらかること。例一時《いちじ》的《てき》な錯乱状態《じょうたい》におちいる。

**さくらんぼ** 名 桜《さくら》の木《き》の実《み》。さくらんぼう。チェリー。桜桃《おうとう》。

**さぐりあてる【探り当てる】** 動 探《さが》して見《み》つけ出《だ》す。例古《こ》墳《ふん》から土《ど》器《き》を探り当てる。

**さぐりだす【探り出す】** 動 ❶探《さぐ》り当《あ》てて取《と》り出《だ》す。❷人《ひと》に聞《き》いたり、調《しら》べたりして知《し》る。例友達《ともだち》の秘《ひ》密《みつ》を探り出す。

**さくりゃく【策略】** 名 はかりごと。例策略をめぐらす。類計略《けいりゃく》。

**さぐりをいれる【探りを入れる】** それとなく、相手《あいて》のようすを調《しら》べる。例誕《たん》生《じょう》日《び》に何《なに》がほしいか、探りを入れる。

**○さぐる【探る】** 動 ❶手《て》や足《あし》でさわってさがす。例ポケットを探る。❷こっそり調《しら》べる。例敵《てき》のようすを探る。❸いろいろ調《しら》べる。例なぞを探る。↓たん【探】810ページ

**さくれつ【炸裂】** 名 動-する 爆《ばく》弾《だん》などが爆《ばく》発《はつ》して飛《と》び散《ち》ること。例砲《ほう》弾《だん》が炸裂する。

**ざくろ** 名 庭《にわ》に植《う》える木《き》。夏《なつ》の初《はじ》めに赤《あか》い花《はな》が咲《さ》き、実《み》は、秋《あき》に熟《じゅく》すと裂《さ》けて種《たね》が現《あらわ》れ、食《た》べられる。

**○さけ【酒】** 名 ❶日本酒《にほんしゅ》。米《こめ》と、こうじ・水《みず》で造《つく》る。❷アルコールを含《ふく》んだ飲《の》み物《もの》。ワイン・ビールなど。↓しゅ【酒】590ページ

**酒《さけ》は百薬《ひゃくやく》の長《ちょう》** 酒《さけ》は適量《てきりょう》であれば、どんな薬《くすり》よりも効《こう》果《か》があるということ。参考中《ちゅう》国《ごく》の古《ふる》い書《しょ》物《もつ》に出《て》てくる言《こと》葉《ば》。

**○さけ【鮭】** 名 川《かわ》で生《う》まれ、海《うみ》に下《くだ》って育《そだ》ち、寒流《かんりゅう》にすむ魚《さかな》。四《し》、五年《ごねん》たつと、秋《あき》、生《う》まれた川《かわ》をさかのぼって卵《たまご》を産《う》む。身《み》だけでなく、卵《たまご》も「すじこ」「イクラ」と呼《よ》ばれて食用《しょくよう》にする。シャケ。アキアジ。↓かんりゅうぎょ 288ページ

**さけかす【酒粕】** 名 酒《さけ》をしぼったあとに残《のこ》るもの。粕汁《かすじる》や漬《つ》け物《もの》などに使《つか》う。

**さげすむ【蔑む】** 動 ばかにする。軽蔑《けいべつ》する。例人《ひと》をさげすんだ言《い》い方《かた》。↓べつ【蔑】1179ページ

**さけのみ【酒飲み】** 名 酒《さけ》が好《す》きで、たくさん飲《の》む人《ひと》。

**さけび【叫び】** 名 さけぶこと。また、その声《こえ》。

**○さけぶ【叫ぶ】** 動 ❶大《おお》きな声《こえ》をあげる。例大声《おおごえ》で叫ぶ。❷世《よ》の中《なか》の人《ひと》に強《つよ》くうったえる。例「交通安全《こうつうあんぜん》」を叫ぶ。↓きょう【叫】332ページ

**さけめ【裂け目】** 名 裂《さ》けたところ。割《わ》れ目《め》。例地面《じめん》に裂け目ができる。

**○さける【裂ける】** 動 一《ひと》つのものが切《き》れて、二《ふた》つ以上《いじょう》に分《わ》かれる。例かみなりが落《お》ちて木《き》が裂けた。↓れつ【裂】1405ページ

**○さける【避ける】** 動 ❶ぶつからないようにする。例車《くるま》を避ける。❷会《あ》わないようにする。例人目《ひとめ》を避ける。❸遠慮《えんりょ》する。例出《て》すぎた話《はなし》は避ける。↓ひ【避】1080ページ

例解 ! 表現の広場

下《さ》げる と 下《お》ろす のちがい

| | 下《さ》げる | 下《お》ろす |
|---|---|---|
| あげていた手《て》を | ○ | ○ |
| 丁寧《ていねい》に頭《あたま》を | ○ | × |
| 胸《むね》に名札《なふだ》を | ○ | × |
| 棚《たな》から荷物《にもつ》を | × | ○ |
| ベンチに腰《こし》を | × | ○ |

**○さげる【下げる】** 動 ❶上《うえ》から下《した》へやる。例頭《あたま》を下げる。❷低《ひく》い所《ところ》へ移《うつ》す。例一段《いちだん》下げる。❸(値段《ねだん》・地位《ちい》・程度《ていど》を)低《ひく》くする。例売値《うりね》を下げる。対(❶～❸)上《あ》げる。❹つるす。ぶらさげる。例名札《なふだ》を下げる。❺後《うし》ろのほうに移《うつ》す。例線《せん》まで列《れつ》を下げる。❻かたづける。例食器《しょっき》を下げる。↓か【下】188ページ

**さげる【提げる】** 動 手《て》に持《も》ったり、肩《かた》にかけたりして下《した》にぶらさげる。例かばんを提げる。↓てい【提】872ページ

**さげん【左舷】** 名 船《ふね》の進《すす》む方向《ほうこう》に対《たい》して左《ひだり》側《がわ》の船《ふな》べり。対右舷《うげん》。

**ざこ【〈雑魚〉】** 名 ❶(いろいろな種類《しゅるい》の)小《ちい》さな魚《さかな》。じゃこ。❷取《と》るに足《た》りないもののたとえ。参考「雑魚《ざこ》」は、特別《とくべつ》に認《みと》められた読《よ》み方《かた》。

**ざこう【座高】** 名 腰《こし》かけたときの、腰《こし》かけの面《めん》から頭《あたま》のてっぺんまでの高《たか》さ。

**さこく【鎖国】** 名 動-する 国《くに》が、外国《がいこく》との行《い》き

[歌の意味] これがまあ、行《い》く人《ひと》帰《かえ》る人《ひと》が別《わか》れ、知《し》る人《ひと》知《し》らない人《ひと》が会《あ》う、逢坂《おうさか》の関《せき》だ。
注 逢坂《おうさか》＝今《いま》の京都府《きょうとふ》と滋賀県《しがけん》の境《さかい》にある逢坂山《おうさかやま》のこと。

来《き》や貿易《ぼうえき》をやめること。[対]開国《かいこく》。[参考]江戸《えど》時代《じだい》に幕府《ばくふ》は、オランダ・中国《ちゅうごく》・朝鮮《ちょうせん》以外《いがい》の国《くに》に対《たい》して鎖国《さこく》をした。

**さこつ【鎖骨】** [名] のどの下《した》の胸骨《きょうこつ》と肩《かた》とをつなぐ骨《ほね》。左右《さゆう》にある。

**ざこね【〈雑魚〉寝】** [名][動-する] 〔小《ちい》さな魚《さかな》を乱雑《らんざつ》に並《なら》べるように〕一《ひと》つの部屋《へや》に大勢《おおぜい》の人《ひと》が入《い》り交《ま》じって寝《ね》ること。[例] 合宿《がっしゅく》で雑魚寝する。

**ささ【笹】** [名] せいの低《ひく》い細《ほそ》いタケで、生長《せいちょう》した茎《くき》に皮《かわ》が残《のこ》っているもの。クマザサ・オカメザサなどがある。

**ささい** [形動] 取《と》るに足《た》りないようす。ちょっとした。[例] ちがいは、ささいな点《てん》だ。

**ささえ【支え】** [名] たおれないように、つっかいになるもの。[例] 心《こころ》の支えになる言葉《ことば》。

**さざえ** [名] 海《うみ》の底《そこ》の岩《いわ》などについている巻《ま》き貝《がい》。からはごつごつしている。からごと焼《や》いたりして食《た》べる。⇩まきがい 1227ページ

**さざえさん【サザエさん】** [作品名] 長《は》谷《せ》川《がわ》町《まち》子《こ》のまんが。サザエさんを中心《ちゅうしん》に、磯《いそ》野《の》家《け》のゆかいな出来事《できごと》が描《えが》かれている。

**○ささえる【支える】** [動] ❶人《ひと》や物《もの》がたおれたり落《お》ちたりしないように、おしつけたりつっぱったりする。[例] 屋根《やね》を支える柱《はしら》。病人《びょうにん》の体《からだ》を支える。❷今《いま》の状態《じょうたい》を保《たも》てるようにする。[例] 生活《せいかつ》を支える。❸防《ふせ》ぎ止《と》める。[例] 敵《てき》の攻撃《こうげき》を一人《ひとり》で支えた。⇩し【支】535ページ

**ささくれる** [動] ❶先《さき》やへりなどが、細《こま》かにさける。[例] ささくれた古《ふる》だたみ。❷つめの生《は》えぎわの皮《かわ》が細《こま》かにむける。[例] 指《ゆび》がささくれる。❸気《き》持《も》ちがとげとげしくなる。ささくれだつ。[例] 心《こころ》がささくれる。

**ささげもつ【ささげ持つ】** [動] うやうやしい態度《たいど》で、両手《りょうて》で物《もの》を高《たか》く上《あ》げる。[例] トロフィーをささげ持つ。

**ささげる** [動] ❶両手《りょうて》で持《も》って、高《たか》く上《あ》げる。[例] 賞状《しょうじょう》をささげる。❷（神棚《かみだな》などに）さしあげる。[例] 水《みず》をささげる。❸さしだす。[例] 一生《いっしょう》を研究《けんきゅう》にささげる。

**ささつ【査察】** [名][動-する] ものごとが決《き》まりにそって行《おこな》われているかどうかを、実際《じっさい》に調《しら》べること。[例] 危険物《きけんぶつ》の管理《かんり》状況《じょうきょう》を査察する。

**さざなみ【さざ波】** [名] 水面《すいめん》に立《た》つ細《こま》かく小《ちい》さな波《なみ》。

**ささぶね【笹舟】** [名] ササの葉《は》を舟《ふね》の形《かたち》に作《つく》ったもの。水《みず》に浮《う》かべて遊《あそ》ぶ。

**さざめく** [動] ❶大声《おおごえ》を出《だ》してさわいだり、にぎやかに話《はな》したりする。[例] 子《こ》どもたちが笑《わら》いさざめく。❷ざわざわと音《おと》を立《た》てる。ざわめく。[例] 木《き》の葉《は》が揺《ゆ》れてさざめく。

**ささめゆき【細雪】** こまかに降《ふ》ってくる雪《ゆき》。

**ささやか** [形動] わずかで、取《と》るに足《た》りないようす。ひかえめで、目立《めだ》たないようす。[例] ささやかなプレゼント。ささやかな暮《く》らし。

**ささやき** [名] ささやく声《こえ》。

**○ささやく** [動] ❶小《ちい》さい声《こえ》で話《はな》す。[例] 耳《みみ》もとでささやく。❷ひそひそうわさする。[例] 引退《いんたい》がささやかれている。

**ささる【刺さる】** [動] （物《もの》に）とがったものがつき立《た》つ。[例] 指《ゆび》にとげが刺さる。⇩し【刺】538ページ

**さざれいし【さざれ石】** [名] 小《ちい》さい石《いし》。小《こ》石《いし》。〔古《ふる》い言《い》い方《かた》。〕

**さざんか【〈山茶花〉】** [名] 庭《にわ》に植《う》える、葉《は》がツバキに似《に》た木《き》。秋《あき》から冬《ふゆ》にかけて、白《しろ》やピンクなどの花《はな》が咲《さ》く。

**さし【差し】** 一[名] 二人《ふたり》で向《む》かい合《あ》う状態《じょうたい》のこと。[例] 今度《こんど》、差しで話《はな》そう。二〔ある言葉《ことば》の前《まえ》につけて〕その言葉《ことば》の意味《いみ》を強《つよ》めたり、調子《ちょうし》を整《ととの》えたりする。[例] 応援団《おうえんだん》に飲《の》み物《もの》を差し入《い》れる。

**さし【止し】** 〔ある言葉《ことば》のあとにつけて〕動作《どうさ》の途中《とちゅう》で、いったんやめている状態《じょうたい》を表《あらわ》す。[例] 読《よ》みさしの本《ほん》を手《て》に取《と》る。

**○さじ** [名] 食《た》べ物《もの》や薬《くすり》などを、すくい取《と》る小《ちい》さな道具《どうぐ》。スプーン。

**さじを投《な》げる** 〔医者《いしゃ》が薬《くすり》をすくうさじを捨《す》て、病人《びょうにん》を見放《みはな》したことから〕見《み》こみがないとあきらめる。[例] 問題《もんだい》が難《むずか》しくてさじを投げた。

**○さしあげる【差し上げる】** [動] ❶手《て》に持《も》って上《うえ》に上《あ》げる。[例] 優勝《ゆうしょう》カップを差し上げる。❷「与《あた》える」という意味《いみ》のへりくだった言《い》い方《かた》。[例] お客様《きゃくさま》にお茶《ちゃ》を差し上げる。❸





百人一首 これやこの行《ゆ》くも帰《かえ》るも別《わか》れては知《し》るも知《し》らぬも逢坂《おうさか》の関《せき》 蟬丸《せみまる》

〔「…てさしあげる」の形《かたち》で〕「…てあげる」のへりくだった言《い》い方《かた》。例 荷物《にもつ》を持《も》ってさしあげる。参考 ふつう❸は、かな書《が》きにする。

**さしあたり**【差し当たり】副 今《いま》のところ。例 さしあたり問題《もんだい》はない。参考 ふつう、かな書《が》きにする。

**さしあみ**【刺し網】名 海《うみ》の中《なか》に、かきねのような形《かたち》に張《は》る網《あみ》。魚《さかな》が網目《あみめ》にかかる。⇩ぎょほう 344ページ

**さしいれ**【差し入れ】名 動する ❶刑務所《けいむしょ》などに入《い》れられている人《ひと》に、必要《ひつよう》な品物《しなもの》を届《とど》けること。また、その品物《しなもの》。❷ものごとにうちこんでいる人《ひと》に、食《た》べ物《もの》などを届《とど》けること。また、その食《た》べ物《もの》。

**さしいれる**【差し入れる】動 ❶中《なか》へ入《い》れる。差《さ》しこむ。例 すき間《ま》から手《て》を差し入れる。❷差《さ》し入《い》れをする。

✤**さしえ**【挿絵】名 本《ほん》などで、文章《ぶんしょう》の間《あいだ》に入《い》れてある絵《え》。カット。

**さしおく**【差し置く】動 ❶そのままにしておく。例 宿題《しゅくだい》を差し置いて、遊《あそ》びに出《で》かける。❷人《ひと》やものごとを無視《むし》する。例 先輩《せんぱい》を差し置いて決めてしまう。

**さしおさえ**【差し押さえ】名 借《か》りたお金《かね》や税金《ぜいきん》を払《はら》わないとき、法律《ほうりつ》によって、その人《ひと》の持《も》ち物《もの》を本人《ほんにん》の自由《じゆう》にさせないようにすること。

**さしかえる**【差し替える】動 今《いま》あるものを取《と》って、別《べつ》のものを入《い》れる。取《と》り替《か》える。例 作品《さくひん》の一部《いちぶ》を差し替える。

**さしかかる**【差し掛かる】動 ❶ちょうど、そこへ来《く》る。例 山道《やまみち》に差しかかる。❷その時期《じき》になる。例 梅雨《つゆ》に差しかかる。

**さしかける**【差し掛ける】動 上《うえ》からおおうようにかざす。例 小《ちい》さい子《こ》どもに傘《かさ》を差しかけた。

**さじかげん**【さじ加減】名 〔さじで薬《くすり》を混《ま》ぜ合《あ》わせる具合《ぐあい》、の意味《いみ》。〕ちょうどうまくいくようにする具合《ぐあい》。手加減《てかげん》。

**さしがね**【差し金】名 ❶⇩かねじゃく 253ページ。❷かげで人《ひと》を指図《さしず》すること。例 このいたずらはだれの差し金だ。

**さしき**【挿し木】名 切《き》り取《と》った枝《えだ》を土《つち》にさしこみ、根《ね》を出《だ》させること。

**さじき**【〈桟敷〉】名 すもうや祭《まつ》りなどを見《み》るため、少《すこ》し高《たか》い所《ところ》に作《つく》った見物席《けんぶつせき》。参考「桟敷《さじき》」は、特別《とくべつ》に認《みと》められた読《よ》み方《かた》。

◦**ざしき**【座敷】名 たたみがしいてある部屋《へや》。客間《きゃくま》をいうことが多《おお》い。

**ざしきわらし**【座敷わらし】名 東北地方《とうほくちほう》で、家《いえ》に幸《しあわ》せを運《はこ》ぶという、子《こ》どもの姿《すがた》をした妖怪《ようかい》。参考 座敷《ざしき》わらしがいる家《いえ》は栄《さか》え、いなくなると落《お》ちぶれるといわれる。

**さしこむ**【差し込む】動 ❶光《ひかり》が入《はい》ってくる。例 光《ひかり》がさし込む。❷さし入《い》れる。例 かぎを差し込む。❸腹《はら》が、急《きゅう》に痛《いた》くなる。

**さしさわり**【差し障り】名 都合《つごう》の悪《わる》いこと。例 差し障りができて行けない。

**さししめす**【指し示す】動 ❶指《ゆび》を向《む》けて示《しめ》す。例 黒板《こくばん》の字《じ》を指し示す。❷特《とく》に取《と》り上《あ》げて示《しめ》す。例 問題点《もんだいてん》を指し示す。

◦**さしず**【指図】名 動する 言《い》いつけて、させること。また、その言《い》いつけ。例 作業《さぎょう》の指図を受《う》ける。

**さしずめ** 副 ❶さしあたり。例 さしずめ、これだけでいい。❷結局《けっきょく》のところ。例 できるのはさしずめ君《きみ》しかいない。

**さしせまる**【差し迫る】動 ❶間近《まぢか》になる。例 試合《しあい》が差し迫る。❷せっぱつまる。例 差し迫った大問題《だいもんだい》。

**さしだしにん**【差出人】名 手紙《てがみ》や小包《こづつみ》などを出《だ》す人《ひと》。

◦**さしだす**【差し出す】動 ❶前《まえ》のほうへ出《だ》す。例 手《て》を差し出して受《う》け取《と》る。❷提出《ていしゅつ》する。例 書類《しょるい》を差し出す。

**さしたる** 連体 特《とく》にこれというほどの。例 今日《きょう》はさしたる用事《ようじ》はない。注意 あとに「ない」などの打《う》ち消《け》しの言葉《ことば》がくる。

**さしちがえる**【刺し違える】動 ❶お互《たが》いに刀《かたな》などで刺《さ》し合《あ》う。❷自分《じぶん》を犠牲《ぎせい》にする覚悟《かくご》で、相手《あいて》に対応《たいおう》する。例 刺し違える覚悟《かく》で話《はな》し合《あ》いに向《む》かう。

**さしちがえる**【差し違える】動 すもうで、行司《ぎょうじ》が勝《か》ち負《ま》けの判定《はんてい》をまちがえる。例 結《むす》びの一番《いちばん》〔=最後《さいご》の取《と》り組《く》み〕で行司《ぎょうじ》が差し違える。

**さしつかえ**【〈差し支え〉】名 都合《つごう》が悪《わる》

[歌の意味] 大海原《おおうなばら》を多《おお》くの島々《しまじま》をめざして漕《こ》ぎ出《だ》していったと、わたしの親《した》しい人《ひと》に知《し》らせておくれ、釣《つ》り船《ぶね》よ。

いこと。例 差し支えがない。

**さしつかえる【〈差し支える〉】** 動 都合《つごう》の悪《わる》いことが起《お》こる。例 テレビをつけると、勉強《べんきょう》に差し支える。参考「差《さ》し支《つか》える」は、特別《とくべつ》に認《みと》められた読《よ》み方《かた》。

**さして** 副 それほど。特《とく》に。例 さして問題《もんだい》にはならない。注意 あとに「ない」などの打《う》ち消《け》しの言葉《ことば》がくる。

**さしでがましい【差し出がましい】** 形 でしゃばった感《かん》じがする。例 差し出がましいことは、言《い》わないようにする。

**さしでぐち【差し出口】** 名 よけいな口出《くちだ》し。例 差し出口をきく。

**さしとめる【差し止める】** 動 やめさせる。例 出《で》入《い》りを差し止める。

**さしのべる【差し伸べる】** 動 手《て》を差《さ》し出《だ》す。例 救《すく》いの手《て》を差し伸べる。

**さしはさむ【差し挟む】** 動 ❶間《あいだ》に入《い》れる。例 人《ひと》の話《はなし》に、口《くち》を差し挟む。❷ある考《かんが》えを持《も》つ。例 疑《うたが》いを差し挟む。

**さしひかえる【差し控える】** 動 遠慮《えんりょ》してやめる。例 外出《がいしゅつ》を差し控える。

**さしひき【差し引き】** 名 差《さ》し引《ひ》くこと。また、その残《のこ》りの数《かず》。例 千円《せんえん》で買《か》い物《もの》をして、差し引き百円残《ひゃくえんのこ》る。

**さしひく【差し引く】** 動 ある数《かず》から、他《ほか》の数《かず》を引《ひ》く。例 手数料《てすうりょう》を差し引く。

**さしまねく【差し招く】** 動 手《て》で合図《あいず》して呼《よ》びよせる。手《て》まねきする。例 友達《ともだち》を近《ちか》くの席《せき》に差し招く。

**さしみ【刺し身】** 名 生《なま》の魚《さかな》や貝《かい》などの肉《にく》を、うすく切《き》った食《た》べ物《もの》。

**刺《さ》し身《み》のつま** ❶刺《さ》し身《み》にそえるもの。だいこんの千切《せんぎ》りや海藻《かいそう》など。❷あまり価値《かち》がないもの。引《ひ》き立《た》て役《やく》。例 この会場《かいじょう》では、私《わたし》なんて刺し身のつまでしかない。

**さしむかい【差し向かい】** 名 二人《ふたり》が向《む》かい合《あ》うこと。例 差し向かいで話《はな》す。

**さしむける【差し向ける】** 動 その方向《ほうこう》へ行《い》かせる。例 駅《えき》まで車《くるま》を差し向ける。

**さしも** 副 あれほど。そんなにも。例 さしもの強敵《きょうてき》もついに倒《たお》れた。

**さしもどす【差し戻す】** 動 やり直《なお》させるために、元《もと》へ戻《もど》す。例 提出《ていしゅつ》された書類《しょるい》を差し戻す。

**さしゅ【詐取】** 名 動-する 人《ひと》のお金《かね》や物《もの》をだまし取《と》ること。例 保険金《ほけんきん》を詐取する。

**さしょう【査証】** 名 パスポートのうら書《が》き証明書《しょうめいしょ》。ビザ。

**ざしょう【座礁】** 名 動-する 船《ふね》が、海中《かいちゅう》の岩《いわ》などに乗《の》り上《あ》げること。例 タンカーが座礁する。

**ざしょう【挫傷】** 名 ぶつけたりころんだりしたときに、皮膚《ひふ》の内側《うちがわ》が傷《きず》つくこと。うちみ。例 脳《のう》挫傷。

**さじょうのろうかく【砂上の楼閣】** ❶基礎《きそ》がしっかりしていないために、すぐにこわれてしまうことのたとえ。❷実現《じつげん》不可能《ふかのう》なものごとのたとえ。

**さしわたし【差し渡し】** 名 直径《ちょっけい》。例 差し渡し三〇センチメートルの円《えん》。

**さじん【砂じん】** 名 砂《すな》ぼこり。例 砂じんがまい上《あ》がる。

**さす【砂州】** 名 海流《かいりゅう》や風《かぜ》で運《はこ》ばれてきた砂《すな》や小石《こいし》が積《つ》もり、岸《きし》から細長《ほそなが》くのび出《で》た陸地《りくち》。京都府《きょうとふ》にある天橋立《あまのはしだて》が有名《ゆうめい》。

**◦さす【刺す】** 動 ❶とがったものをつき通《とお》す。例 針《はり》を刺す。❷鼻《はな》・舌《した》・はだなどに、するどい刺激《しげき》を与《あた》える。例 鼻《はな》を刺すにおい。❸野球《やきゅう》・ソフトボールで、走者《そうしゃ》にタッチして、ア

例解 ⟷ 使い分け

**刺《さ》すと指《さ》すと差《さ》す**

とげが刺《さ》さる。
ハチが刺《さ》す。
本塁《ほんるい》で刺《さ》す。

東《ひがし》の方向《ほうこう》を指《さ》す。
先生《せんせい》が次《つぎ》の人《ひと》を指《さ》す。
時計《とけい》が一《いち》時《じ》を指《さ》す。

コップに水《みず》を差《さ》す。
かさを差《さ》す。
腰《こし》に刀《かたな》を差《さ》す。




百人一首 わたの原《はら》八十島《やそしま》かけて漕《こ》ぎ出《い》でぬと人《ひと》には告《つ》げよ海人《あま》のつり舟《ぶね》　小野篁《おののたかむら》

ウトにする。例ランナーを刺す。↓し【刺】538ページ

○さす【指す】動 ❶指《ゆび》で示《しめ》す。例学校《がっこう》の方向《ほうこう》を指す。❷人《ひと》の名《な》を示《しめ》す。指名《しめい》する。例先生《せんせい》に指される。❸(針《はり》が)場所《ばしょ》や方向《ほうこう》を示《しめ》す。例磁石《じしゃく》が北《きた》を指す。❹めざす。例東《ひがし》を指して進《すす》む。❺ものごとをさし示《しめ》す。例文中《ぶんちゅう》の「それ」は何《なに》をさしていますか。❻将棋《しょうぎ》をする。例将棋《しょうぎ》を指す。↓し【指】537ページ

○さす【差す】動 ❶光《ひかり》が当《あ》たる。例日《ひ》がさす。❷(潮《しお》が)満《み》ちてくる。例潮《しお》がさす。❸表面《ひょうめん》に現《あらわ》れる。例顔《かお》に赤《あか》みがさす。❹ある気持《きも》ちが生《う》まれる。例いやけがさす。❺注《そそ》ぎ入《い》れる。つぐ。例目薬《めぐすり》をさす。❻帯《おび》にはさむ。例刀《かたな》をさす。❼頭《あたま》の上《うえ》に広《ひろ》げる。例かさをさす。↓さ【差】493ページ

さす【挿す】動 ❶花《か》びんなどに花《はな》を入《い》れる。例花《はな》を挿す。❷はさみこむ。例かんざしを挿す。↓そう【挿】742ページ

○さすが 副 ❶思《おも》っていたり聞《き》いていたりしたとおり。例さすが横綱《よこづな》だ。❷そうはいうものの。例都会《とかい》も、夜《よる》はさすがに静《しず》かだ。

さすがの 連体 あれほどの。例さすがの父《ちち》もつかれたようだ。

さずかりもの【授かりもの】名 (神《かみ》や仏《ほとけ》から)いただいたもの。特《とく》に、子《こ》ども。

さずかる【授かる】動 ❶目上《めうえ》の人《ひと》からいただく。例ほうびを授かる。❷教《おし》えられる。例学問《がくもん》を授かる。↓じゅ【授】591ページ

○さずける【授ける】動 ❶目下《めした》の人《ひと》に与《あた》える。例家来《けらい》にほうびを授けた。❷伝《つた》える。教《おし》える。例知恵《ちえ》を授ける。↓じゅ【授】591ページ

サステナビリティ〔英語 sustainability〕名 ↓じぞくかのうせい 559ページ

サスペンス〔英語 suspense〕名 (小説《しょうせつ》や映画《が》などで)読者《どくしゃ》や観客《かんきゃく》が不安《ふあん》ではらはらしたりする気持《きも》ち。また、そういう気持《きも》ちを起《お》こさせる話《はなし》の展開《てんかい》のしかた。

さすらう 動 あちこちを、あてもなくさまよい歩《ある》く。例野山《のやま》をさすらう。

さする 動 軽《かる》くなでる。例腰《こし》をさする。

ざせき【座席】名 すわる場所《ばしょ》。席《せき》。

させつ【左折】名 動-する 道《みち》を、左《ひだり》へ曲《ま》がること。対右折《うせつ》。

ざせつ【挫折】名 動-する (仕事《しごと》や計画《けいかく》などが)途中《とちゅう》でだめになること。例野球選手《やきゅうせんしゅ》になる夢《ゆめ》が挫折した。

させる 一動 人《ひと》に何《なに》かを行《おこな》わせる。例仕事《しごと》をさせる。二助動 あることをするように仕《し》向《む》ける意味《いみ》を表《あらわ》す。例よく調《しら》べさせる。参考 二は、上《うえ》につく言葉《ことば》によって「書《か》かせる」のように「せる」となることがある。

させん【左遷】名 動-する 前《まえ》より低《ひく》い地位《ちい》に落《お》とすこと。対栄転《えいてん》。参考 昔《むかし》、中国《ちゅうごく》では、右《みぎ》を上《うえ》、左《ひだり》を下《した》の位《くらい》としたことから。

ざぜん【座禅】名 仏教《ぶっきょう》の修行《しゅぎょう》の一《ひと》つ。あぐらに似《に》た足《あし》の組《く》み方《かた》をしてすわり、目《め》を閉《と》じ、何《なに》も考《かんが》えないようにする。

さぞ 副 きっと。例さぞ苦《くる》しかったことでしょう。注意 あとに「だろう」「でしょう」などの推量《すいりょう》の言葉《ことば》がくる。

さそい【誘い】名 さそうこと。例お誘いを受《う》ける。誘いがかかる。

さそいあう【誘い合う】動 たがいにさそう。例誘い合って参加《さんか》する。

さそいだす【誘い出す】動 ❶さそって外《そと》へ連《つ》れ出《だ》す。例遊《あそ》びに誘い出す。❷うまく仕向《しむ》けて引《ひ》き出《だ》す。例笑《わら》いを誘い出す、みごとな話《はな》しぶり。

さそいみず【誘い水】名 ↓よびみず 1364ページ

○さそう【誘う】動 ❶(いっしょにするように)すすめる。例食事《しょくじ》に誘う。❷その気分《きぶん》にする。例悲《かな》しみを誘う。↓ゆう【誘】1335ページ

ざぞう【座像】名 すわっている姿《すがた》の像《ぞう》。

さぞかし 副 「さぞ」を強《つよ》めて言《い》う言葉《ことば》。きっと。どんなにか。例さぞかしつかれたことだろう。注意 あとに「だろう」「でしょう」などの推量《すいりょう》の言葉《ことば》がくる。

さそり 名 熱帯地方《ねったいちほう》にすむ毒虫《どくむし》。クモの仲間《なかま》で、一対《いっつい》の大《おお》きなはさみと八本《はちほん》の足《あし》がある。尾《お》の先《さき》に毒針《どくばり》がある。

さそりざ【さそり座】名 夏《なつ》、南《みなみ》の夜空《よぞら》に見《み》える星座《せいざ》。S《エス》字形《じがた》に見《み》える星《ほし》をつなげて、サソリの形《かたち》に見《み》たてた。

さた【沙汰】名 ❶便《たよ》り。知《し》らせ。例何《なん》の沙汰もない。❷行《おこな》い。しわざ。例正気《しょうき》の沙汰で

[歌の意味] 風《かぜ》よ、天《てん》への通《とお》り道《みち》を閉《と》じておくれ。天女《てんにょ》の姿《すがた》を、もうしばらくとどめておきたいから。

はない。❸指図《さしず》。命令《めいれい》。例 お沙汰を待《ま》つ。

**さだいじん【左大臣】** 名 律令制《りつりょうせい》で、国《くに》の政治《せいじ》を行《おこな》う役《やく》。上《うえ》から二番《にばん》めの位《くらい》で、太政《だじょう》大臣《だいじん》の次《つぎ》、右大臣《うだいじん》よりも上《うえ》。

**さだか【定△か】** 形動 はっきりしているようす。例 効《き》き目《め》は定かでない。↓てい【定】871ページ

**ざたく【座卓】** 名 床《ゆか》や畳《たたみ》に座《すわ》って使《つか》う机《つくえ》。

**さだまる【定まる】** 動 ❶決《き》まる。例 日程《にってい》が定まる。❷落《お》ち着《つ》く。おさまる。例 天気《てんき》が定まる。↓てい【定】871ページ

**さだめ【定め】** 名 ❶決《き》まり。規則《きそく》。例 定めに従《したが》う。❷運命《うんめい》。例 この世《よ》の定め。

**さだめし【定めし】** 副 きっと。さぞかし。さぞ。例 さだめし喜《よろこ》ぶことでしょう。参考 ふつう、かな書《が》きにする。注意 あとに「だろう」「でしょう」などの推量《すいりょう》の言葉《ことば》がくる。

**°さだめる【定める】** 動 ❶決《き》める。例 規則《きそく》を定める。❷静《しず》める。治《おさ》める。例 天下《てんか》を定める。↓てい【定】871ページ

**さたやみ【沙°汰°やみ】** 名 計画《けいかく》や命令《めいれい》が中止《ちゅうし》になること。例 工事《こうじ》の計画《けいかく》が沙汰やみになった。

**サタン**〔英語 Satan〕名 悪魔《あくま》。

**ざだん【座談】** 名 数人《すうにん》が打《う》ち解《と》けた気持《きも》ちで、すわって話《はな》し合《あ》うこと。

**ざだんかい【座談会】** 名 数人《すうにん》がある問題《もんだい》について、自由《じゆう》に話《はな》し合《あ》う会《かい》。

**さち【幸△】** 名 ❶山《やま》や海《うみ》からとれる食《た》べ物《もの》。例 山《やま》の幸、海《うみ》の幸にめぐまれる。❷幸福《こうふく》。さいわい。例 幸あれといのる。↓こう【幸】424ページ

**ざちょう【座長】** 名 ❶人《ひと》の集《あつ》まりで、相談《そうだん》を進《すす》めたりまとめたりする役《やく》。また、その役《やく》の人《ひと》。❷劇団《げきだん》などの中心《ちゅうしん》になる人《ひと》。

**さつ【冊】** 画数 5 部首 冂（けいがまえ） 6年

音 サツ サ△ク 訓 ―

筆順 冊

一〔「サツ」と読《よ》んで〕❶本《ほん》。熟語 冊数《さっすう》。冊子《さっし》。❷書物《しょもつ》を数《かぞ》えるときに使《つか》う言葉《ことば》。例 本《ほん》が三冊《さんさつ》ある。二〔「サク」と読《よ》んで〕書《か》きつけ。熟語 短冊《たんざく》。

**さつ【札】** 画数 5 部首 木（きへん） 4年

音 サツ 訓 ふだ

筆順 札

❶ふだ。熟語 改札《かいさつ》。表札《ひょうさつ》。例 神社《じんじゃ》のお札《ふだ》。❷紙《かみ》のお金《かね》。熟語 札束《さつたば》。例 千円札《せんえんさつ》。

**さつ【札】** 名 紙《かみ》のお金《かね》。お札《さつ》。例 札を数《かぞ》える。

**さつ【刷】** 画数 8 部首 刂（りっとう） 4年

音 サツ 訓 す-る

筆順 刷

❶（文字《もじ》や絵《え》などを）する。熟語 印刷《いんさつ》。増刷《ぞうさつ》。❷すっかり新《あたら》しくする。熟語 刷新《さっしん》。

《訓の使い方》す-る 例 新聞《しんぶん》を刷る。

**さつ【殺】** 画数 10 部首 殳（るまた） 5年

音 サツ サ△イ セ△ツ 訓 ころ-す

筆順 殺

一〔「サツ・セツ」と読《よ》んで〕❶ころす。熟語 殺《さっ》菌《きん》。殺人《さつじん》。殺生《せっしょう》。他殺《たさつ》。❷あらあらしい。熟語 殺到《さっとう》。殺風景《さっぷうけい》。❸意味《いみ》を強《つよ》めるために使《つか》う。熟語 忙殺《ぼうさつ》。黙殺《もくさつ》。二〔「サイ」と読《よ》んで〕減《へ》らす。なくす。熟語 相殺《そうさい》。

《訓の使い方》ころ-す 例 虫《むし》を殺す。

**さつ【察】** 画数 14 部首 宀（うかんむり） 4年

音 サツ 訓 ―

筆順 察

❶よく見《み》る。くわしく調《しら》べる。熟語 観察《かんさつ》。視《し》察《さつ》。❷おし量《はか》る。熟語 察知《さっち》。考察《こうさつ》。推察《すいさつ》。↓さっする 519ページ

**さつ【刹】** 画数 8 部首 刂（りっとう）

音 サツ セツ 訓 ―

寺《てら》。熟語 古刹《こさつ》〔＝古《ふる》い寺《てら》〕。名刹《めいさつ》〔＝名《な》高《だか》い寺《てら》〕。当て字 刹那《せつな》。

**さつ【拶】** 画数 9 部首 扌（てへん）

音 サツ 訓 ―― せまる。おしよせる。熟語 挨拶《あいさつ》。

**さつ【撮】** 画数 15 部首 扌（てへん）
音 サツ 訓 と-る
写真《しゃしん》をとる。熟語 撮影《さつえい》。例 映画《えいが》を撮《と》る。

**さつ【擦】** 画数 17 部首 扌（てへん）
音 サツ 訓 す-る す-れる
する。こする。すれる。熟語 摩擦《まさつ》。例 マッチを擦《す》る。服《ふく》が擦《す》れる。

**さっ【早△】** 熟語 早速《さっそく》。↓ **そう【早】** 741ページ

**ざつ【雑】** 画数 14 部首 隹（ふるとり） 5年
音 ザツ ゾウ 訓 ――
筆順

❶入《い》り混《ま》じる。熟語 雑音《ざつおん》。雑種《ざっしゅ》。雑煮《ぞうに》。複雑《ふくざつ》。❷だいじでない。熟語 雑草《ざっそう》。雑木《ぞうき》・雑木《ざつぼく》。❸あらい。大《おお》ざっぱ。熟語 粗雑《そざつ》。

**ざつ【雑】** 形動 （やり方《かた》や考《かんが》え方《かた》が）大《おお》ざっぱなようす。例 いかにも雑な作《つく》りだ。

**さつい【殺意】** 名 人《ひと》を殺《ころ》そうとする気持《きも》ち。例 殺意をいだく。

**さついれ【札入れ】** 名 お札《さつ》を入《い》れるための財布《さいふ》。

**さつえい【撮影】** 名 動-する 写真《しゃしん》や映画《えいが》をとること。例 記念写真《きねんしゃしん》を撮影する。

**ざつえき【雑役△】** 名 こまごました、いろいろな仕事《しごと》。雑用《ざつよう》。

**ざつおん【雑音】** 名 ❶いろいろな音《おと》が入《い》り混《ま》じったさわがしい音《おと》。❷ラジオ・電話《でんわ》などに入《はい》るよけいな音《おと》。❸関係《かんけい》のない人《ひと》たちのする無責任《むせきにん》な話《はなし》。例 まわりの雑音にまどわされないようにする。

**さっか【作家】** 名 詩歌《しいか》や小説《しょうせつ》・童話《どうわ》・絵画《かいが》などの芸術作品《げいじゅつさくひん》を作《つく》る人《ひと》。

**ざっか【雑貨】** 名 ふだんの生活《せいかつ》に必要《ひつよう》な、こまごました品物《しなもの》。ちり紙《がみ》・たわし・ほうきなど。類 日用品《にちようひん》。

**サッカー**〔英語 soccer〕名 十一人《じゅういちにん》ずつの二《に》チームが、手《て》を使《つか》わずに、ボールを相手《あいて》のゴールにけりこんで得点《とくてん》を争《あらそ》う競技《きょうぎ》。フットボール。

**さつがい【殺害】** 名 動-する 人《ひと》を殺《ころ》すこと。類 殺人《さつじん》。

**さっかく【錯覚】** 名 動-する ❶実際《じっさい》とちがったように見《み》えたり聞《き》こえたりすること。例 目《め》の錯覚。❷思《おも》いちがい。かんちがい。例 学校《がっこう》が休《やす》みだと錯覚した。

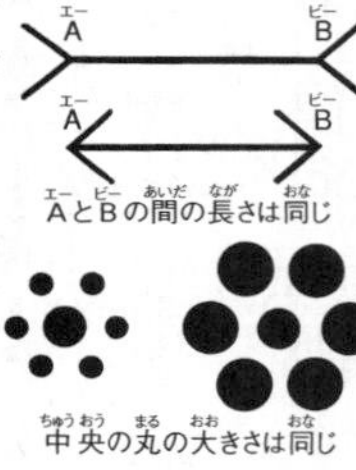

〔さっかく❶〕

**ざっかん【雑感】** 名 まとまりのない、いろいろな感想《かんそう》。例 さっき見《み》た映画《えいが》の雑感を書《か》いておく。

**さつき【〈五月△〉・〈皐月〉】** 名 ❶昔《むかし》の暦《こよみ》で、五月《ごがつ》のこと。❷庭《にわ》に植《う》え、また盆栽《ぼんさい》にもされる低木《ていぼく》。五《ご》～六月《ろくがつ》ごろに赤《あか》・白《しろ》・むらさき色《いろ》などの美《うつく》しい花《はな》が咲《さ》く。参考 「五月《さつき》」は、特別《とくべつ》に認《みと》められた読《よ》み方《かた》。

**さっき【殺気】** 名 （人《ひと》を殺《ころ》そうとするような）張《は》りつめた気配《けはい》。例 殺気を感《かん》じる。

**°さっき** 副 先《さき》ほど。少《すこ》し前《まえ》。例 さっき話《はな》したとおりだ。

**さっきだつ【殺気立つ】** 動 張《は》りつめた気《け》配《はい》や雰囲気《ふんいき》になる。例 彼《かれ》は試合前《しあいまえ》で殺気立っている。

**ざっきちょう【雑記帳】** 名 いろいろなことを自由《じゆう》に書《か》きとめておくノート。

**さつきばれ【〈五月△〉晴れ】** 名 ❶梅雨《つゆ》の晴《は》れ間《ま》の天気《てんき》。❷五月《ごがつ》の晴《は》れた空《そら》。

**さっきゅう【早△急】** 形動 〔「そうきゅう」ともいう。〕たいへん急《いそ》ぐようす。例 早急に連絡《れんらく》をとる。

**ざっきょ【雑居】** 名 動-する ❶同《おな》じところに違《ちが》うものが入《い》り交《ま》じって存在《そんざい》すること。例 東洋《とうよう》と西洋《せいよう》が雑居する地域《ちいき》。❷同《おな》じ家《いえ》にいくつかの家族《かぞく》がいっしょに住《す》むこと。例 家《いえ》に何世帯《なんせたい》も雑居している。❸同《おな》じ建物《たてもの》に違《ちが》う会社《かいしゃ》やお店《みせ》が入《はい》っていること。例 雑居ビル。

**さっきょく【作曲】** 名 動-する 曲《きょく》を作《つく》ること。例 校歌《こうか》を作曲する。

**さっきょくか【作曲家】** 名 曲《きょく》を作《つく》る人《ひと》。

［歌の意味］ わたしの恋《こい》しい気持《きも》ちも積《つ》もり積《つ》もって、筑波嶺《つくばね》の峰《みね》から流《なが》れ落《お》ちるみなの川《かわ》の流《なが》れが深《ふか》い淵《ふち》となるようになった。

また、それを仕事《しごと》にしている人《ひと》。

**さっきん【殺菌】** [名][動する] ばい菌《きん》を殺《ころ》すこと。[例] 高温《こうおん》で殺菌する。

**ざっきん【雑菌】** [名] さまざまな細菌《さいきん》。まぎれこんだ、よけいな細菌《さいきん》。

**サックス** [名] ↓サクソホーン 511ページ

**ざっくばらん** [形動] かくさずにさっぱりしているようす。[例] ざっくばらんに話《はな》す。

**ざっこく【雑穀】** [名] 米《こめ》と麦《むぎ》を除《のぞ》いた穀物《こくもつ》。ヒエ・キビ・ソバ・アワなど。豆《まめ》・ゴマを含《ふく》めることもある。

**さっこん【昨今】** [名] 昨日今日《きのうきょう》。[例] 昨今の寒《さむ》さは格別《かくべつ》だ。「近《ちか》ごろ」より改《あらた》まった言《い》い方《かた》。

**さっさと** [副] 急《いそ》いで。早《はや》く。[例] さっさと出《で》かける。さっさと仕事《しごと》を済《す》ませる。

**さっし【冊子】** [名] とじてある、うすい本《ほん》。[例] 調《しら》べた内容《ないよう》を冊子にまとめる。

**さっし【察し】** [名] こうだろうと、推《お》し量《はか》ること。[例] 察しがいい。

**察《さっ》しがつく** 人《ひと》の気持《きも》ちや状況《じょうきょう》がだいたいわかる。[例] 何《なに》を言《い》いたいか、見《み》ただけで察しがつく。

**サッシ** 〔英語 sash〕[名] ガラス戸《ど》などの、金属《きんぞく》でできたわく。[例] アルミサッシ。

°**ざっし【雑誌】** [名] いろいろな記事《きじ》を集《あつ》めて、定期的《ていきてき》に出《だ》す本《ほん》。[例] 月刊《げっかん》雑誌。

**ざつじ【雑事】** [名] いろいろのこまごました用事《ようじ》。[例] いつも雑事に追《お》われている。

**ざっしゅ【雑種】** [名] 動物《どうぶつ》や植物《しょくぶつ》で、少《すこ》しちがった種類《しゅるい》のものの間《あいだ》に生《う》まれたもの。[例] 雑種の犬《いぬ》。

**さっしょう【殺傷】** [名][動する] 殺《ころ》したり傷《きず》つけたりすること。

**ざっしょく【雑食】** [名][動する] 植《しょく》物性《ぶつせい》の食《しょく》物も動物性《どうぶつせい》の食物《しょくもつ》も、区別《くべつ》なく食《た》べること。[関連] 草食《そうしょく》。肉食《にくしょく》。

**ざっしょくどうぶつ【雑食動物】** [名] 植《しょく》物性《ぶつせい》の食物《しょくもつ》も動物性《どうぶつせい》の食物《しょくもつ》も、区別《くべつ》なく食《た》べる動物《どうぶつ》。

**さっしん【刷新】** [名][動する] 悪《わる》いところをなくして、すっかり新《あたら》しくすること。[例] 市政《しせい》を刷新する。

**さつじん【殺人】** [名] 人《ひと》を殺《ころ》すこと。[例] 殺人事件《じけん》が発生《はっせい》した。[類] 殺害《さつがい》。

**さつじんてき【殺人的】** [形動] （命《いのち》が危《あぶ》なくなるほど）激《はげ》しいようす。[例] 殺人的ないそがしさ。

**さっすう【冊数】** [名] 本《ほん》やノートなどの数《かず》。

**さっする【察する】** [動] 推《お》し量《はか》って考《かんが》える。思《おも》いやる。[例] 相手《あいて》の気持《きも》ちを察する。

**ざつぜん【雑然】** [副と] ごたごたしているようす。[例] 雑然とした部屋《へや》。[対] 整然《せいぜん》。[参考]「雑《ざつ》然《ぜん》たるありさま」などと使《つか》うこともある。

**さっそう** [副と] （姿《すがた》や行動《こうどう》が）きりっとひきしまって、気持《きも》ちのよいようす。[例] さっそうと入《にゅう》場《じょう》する。[参考]「さっそうたる足《あし》どり」などと使《つか》うこともある。

**ざっそう【雑草】** [名] 植《う》えないのに、自然《しぜん》に生《は》えてくるいろいろな草《くさ》。

°**さっそく【早速】** [副] すぐに。すぐさま。[例] 思《おも》い立《た》ったら、早速実行《じっこう》する。

**ざった【雑多】** [形動] いろいろなものが入《い》り混《ま》じっているようす。[例] 雑多な物《もの》。

**さつたば【札束】** [名] 紙《かみ》のお金《かね》を束《たば》ねたもの。

**ざつだん【雑談】** [名][動する] あれこれ気楽《きらく》に話《はな》すこと。[例] 友達《ともだち》と雑談する。

**さっち【察知】** [名][動する] 推《お》し量《はか》って感《かん》じること。[例] 危険《きけん》を察知する。

**さっちゅうざい【殺虫剤】** [名] 害虫《がいちゅう》を殺《ころ》すための薬《くすり》。

**さっと** [副] ❶風《かぜ》や雨《あめ》などが、急《きゅう》に吹《ふ》いたり降《ふ》ったりするようす。[例] 風《かぜ》がさっと吹《ふ》き過《す》ぎる。❷動《うご》きが、す早《ばや》いようす。[例] さっとかたづける。

**ざっと** [副] ❶おおよそ。だいたい。[例] ざっと五百人《ごひゃくにん》は集《あつ》まった。❷大《おお》ざっぱに。大《おお》まかに。[例] 掃除《そうじ》をざっとすませた。

**さっとう【殺到】** [名][動する] 一度《いちど》にどっとおし寄《よ》せること。[例] お客《きゃく》が殺到する。

**ざっとう【雑踏】** [名][動する] 多《おお》くの人《ひと》でこみ合《あ》うこと。人《ひと》ごみ。[例] 都会《とかい》の雑踏。

**ざつねん【雑念】** [名] 心《こころ》を乱《みだ》すいろいろな考《かんが》え。[例] 雑念をはらって勉強《べんきょう》する。

**ざつのう【雑のう】** [名] いろいろな物《もの》を入《い》れて肩《かた》にかける、布製《ぬのせい》のカバン。

**さつばつ【殺伐】** [副と] あらあらしく、温《あたた》か

あいうえお かきくけこ さしすせそ たちつてと なにぬねの はひふへほ まみむめも や ゆ よ らりるれろ わ を ん


百人一首 筑波嶺《つくばね》の峰《みね》より落《お》つるみなの川《がわ》恋《こい》ぞつもりて淵《ふち》となりぬる 陽成院《ようぜいいん》

みが感《かん》じられないようす。例 戦争《せんそう》で人々《ひとびと》の心《こころ》が殺伐《さつばつ》となった。参考「殺伐《さつばつ》たる光景《こうけい》」などと使《つか》うこともある。

**°さっぱり** 一副(-と)動-する ❶さらっとして、気持《きも》ちのよいようす。例 ふろに入《はい》ると、さっぱりする。❷(味《あじ》などが)あっさりしているようす。例 さっぱりした味《あじ》。二副 ❶〔「さっぱり…ない」などの形《かたち》で〕まったく。少《すこ》しも。例 話《はなし》がさっぱりわからない。❷まったくだめなようす。例 期末《きまつ》テストはさっぱりだ。❸残《のこ》りなく。例 きれいさっぱり食《た》べてしまった。

**ざっぴ【雑費】** 名 (おもなものに使《つか》うのでなく)こまごまとしたことに使《つか》うお金《かね》。

**さっぷうけい【殺風景】** 形動 おもしろみや趣《おもむき》がないようす。例 がらんとした殺風景な部屋《へや》。

**さっぽろし〔札幌市〕** 地名 北海道《ほっかいどう》の道庁《どうちょう》のある市。

**さつま〔薩摩〕** 地名 昔《むかし》の国《くに》の名《な》の一《ひと》つ。今《いま》の鹿児島県《かごしまけん》の西半分《にしはんぶん》にあたる。

**さつまあげ【薩摩揚げ】** 名 すりつぶした魚《さかな》に刻《きざ》んだ野菜《やさい》などを混《ま》ぜて揚《あ》げた食《た》べ物《もの》。

**さつまいも** 名 畑《はたけ》に作《つく》る作物《さくもつ》。地中《ちちゅう》の太《ふと》くなった根《ね》の部分《ぶぶん》を食《た》べる。カンショ。参考 中国《ちゅうごく》から琉球《りゅうきゅう》を経《へ》て薩摩《さつま》へ伝《つた》わってきたので、カライモ・リュウキュウイモ・サツマイモなどという。

**さつまはんとう〔薩摩半島〕** 地名 鹿児《かご》島県《しまけん》の南西部《なんせいぶ》にある半島《はんとう》。

**ざつむ【雑務】** 名 いろいろのこまごまとした仕事《しごと》。例 雑務に追《お》われる。

**ざつよう【雑用】** 名 いろいろのこまごまとした用事《ようじ》。例 遊《あそ》ぶ前《まえ》に雑用を済《す》ませる。

**°さて** 一接 話《はなし》の途中《とちゅう》で、別《べつ》の話《はなし》に入《はい》るときの言葉《ことば》。ところで。例 ウサギはねむっていました。さて、カメはどうしたでしょう。二感 ❶次《つぎ》の行動《こうどう》に移《うつ》ろうとするときの言葉《ことば》。例 さて、そろそろ出《で》かけようか。❷ためらう気持《きも》ちを表《あらわ》す言葉《ことば》。例 さて、困《こま》ったぞ。

**さてい【査定】** 名動-する ものごとを調《しら》べて、その価値《かち》や等級《とうきゅう》などを決《き》めること。例 中古《ちゅうこ》車《しゃ》を査定する。

**さてつ【砂鉄】** 名 川底《かわぞこ》や海岸《かいがん》の砂《すな》などに交《ま》じっている、細《こま》かい鉄《てつ》。

**さては** 一感 それではきっと。やっぱり。例 さてはあの子《こ》のしわざだな。二接 そしてまた。そのうえ。例 野球《やきゅう》・サッカー・水泳《すいえい》、さては柔道《じゅうどう》までやり始《はじ》めた。

**サテライト** 〔英語 satellite〕名 ❶衛星《えいせい》。人工《じんこう》衛星《えいせい》。❷本体《ほんたい》から遠《とお》く離《はな》れたところにあること。例 サテライトオフィス。

**さと【里】** 名 ❶家《いえ》が少《すこ》し集《あつ》まっている所《ところ》。村《むら》。例 山里《やまざと》。❷ふるさと。例「お里はどちらですか。」❸生《う》まれ育《そだ》った家《いえ》。実家《じっか》。例 里帰《がえ》り。

➡り【里】1378ページ

**さど〔佐渡〕** 地名 昔《むかし》の国《くに》の名《な》の一《ひと》つ。今《いま》の新《にい》潟県《がたけん》の佐渡島《さどがしま》にあたる。

**さとい【聡い】** 形 ❶ものごとの理解《りかい》がすばやい。❷感覚《かんかく》が鋭《するど》い。例 耳《みみ》が聡い。

**さといも【里芋】** 名 畑《はたけ》に作《つく》る作物《さくもつ》。葉《は》はハート形《がた》で大《おお》きく、葉柄《ようへい》が長《なが》い。地下茎《ちかけい》がイモになる。葉柄《ようへい》も食《た》べられる。

**°さとう【砂糖】** 名 調味料《ちょうみりょう》の一《ひと》つ。あまい味《あじ》つけに使《つか》う。サトウキビやサトウダイコン・サトウカエデなどからとる。

**さどう【作動】** 名動-する 機械《きかい》などの動《うご》きが始《はじ》まること。例 エンジンが作動する。

**さどう【茶道】** 名 お客《きゃく》にお茶《ちゃ》を出《だ》したり、飲《の》んだりするときの作法《さほう》。千利休《せんのりきゅう》が完成《かんせい》させたといわれる。茶の湯《ゆ》。ちゃどう。

**さとうきび** 名 暑《あつ》い地方《ちほう》で畑《はたけ》に作《つく》る作物《さくもつ》。葉《は》はトウモロコシに似《に》る。茎《くき》の汁《しる》をしぼって、砂糖《さとう》を作《つく》る。カンショ。

**ざとうくじら** 名 体長《たいちょう》十五《じゅうご》メートルほどになるクジラ。長《なが》い胸《むな》びれが特徴《とくちょう》で、背中《せなか》は黒《くろ》く、太《ふと》い体《からだ》をしている。

**さとうだいこん【砂糖大根】** 名 根《ね》から砂糖《さとう》がとれる、大根《だいこん》に似《に》た植物《しょくぶつ》。主《おも》な産地《さんち》は北海道《ほっかいどう》。てんさい。

**さとおや【里親】** 名 子《こ》どもを預《あず》かって育《そだ》てる、親代《おやが》わりの人《ひと》。対 里子《さとご》。

**さとがえり【里帰り】** 名動-する 自分《じぶん》の親《おや》の家《いえ》に、一時《いちじ》帰《かえ》ること。特《とく》に、結婚《けっこん》した女性《じょせい》が、自分《じぶん》の親《おや》の家《いえ》にしばらく帰《かえ》ること。例 正《しょう》月《がつ》に里帰りする。

**さどがしま〔佐渡島〕** 地名 新潟県《にいがたけん》に含《ふく》ま

[歌の意味] みちのくのしのぶもじずりの模様《もよう》のように、だれのせいでも心《こころ》が乱《みだ》れるようなわたしではないのに。(わたしの心《こころ》が乱《みだ》れ始《はじ》めました。)

れる、日本海《にほんかい》にある大《おお》きな島《しま》。

**さとご【里子】** 名 よその家《いえ》に預《あず》けられて、育《そだ》てられる子《こ》ども。対 里親《さとおや》。

**さとごころ【里心】** 名 生《う》まれた家《いえ》や、親《おや》をなつかしがる気持《きも》ち。例 里心がつく。

**さとす【諭す】** 動 よくわかるように言《い》い聞《き》かせる。例 あやまちを諭《さと》す。⇩ゆ【諭】1333ページ

**さとやま【里山】** 名 山《やま》のふもとの、村《むら》に近《ちか》い地域《ちいき》。雑木林《ぞうきばやし》などがあり、たきぎやキノコを採《と》りに行《い》ったりする場所《ばしょ》。

**さとり【悟り】** 名 ❶気《き》づくこと。わかること。例 悟《さと》りが早《はや》い。❷仏教《ぶっきょう》で、迷《まよ》いが解《と》けて、真理《しんり》がわかること。例 悟《さと》りをひらく。

**○さとる【悟る】** 動 ❶ほんとうのことがわかる。例 作戦《さくせん》を悟《さと》られる。❷そうだと、気《き》がつく。例 あやまちを悟る。❸仏教《ぶっきょう》で、迷《まよ》いが解《と》けて、真理《しんり》がわかる。⇩ご【悟】422ページ

**サドル** 〔英語 saddle〕名 自転車《じてんしゃ》などの、こしかけるところ。

**さなえ【〈早苗〉】** 名 田植《たう》えをするころのイネの苗《なえ》。参考「早苗《さなえ》」は、特別《とくべつ》に認《みと》められた読《よ》み方《かた》。

**さなか** 名 まっさいちゅう。例 運動会《うんどうかい》のさなかに雨《あめ》が降《ふ》りだした。

**さながら** 一副 まるで。ちょうど。例 船《ふね》は、さながら木《こ》の葉《は》のようにゆれた。二〈ある言《こと》葉《ば》のあとにつけて〉そっくり。例 実戦《じっせん》さながらの練習《れんしゅう》。注意 一は、あとに「のようだ」などの言葉《ことば》がくる。

**さなぎ【蛹】** 名 完全変態《かんぜんへんたい》する昆虫《こんちゅう》が幼虫《ようちゅう》から成虫《せいちゅう》になる前《まえ》の、硬《かた》いまくでおおわれたもの。食《た》べ物《もの》をとらず、動《うご》かない。

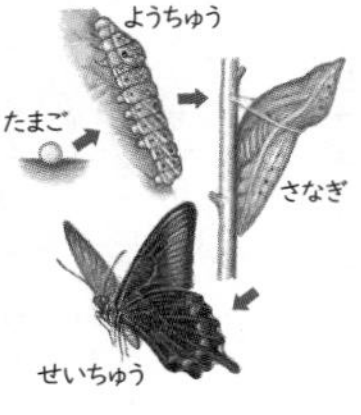

〔さなぎ〕

**サナトリウム** 〔英語 sanatorium〕名 療養《りょうよう》所《じょ》。特《とく》に、高原《こうげん》や海辺《うみべ》などにある結核《けっかく》などの療養所《りょうようじょ》。

**さぬき〔讃岐〕** 地名 昔《むかし》の国《くに》の名《な》の一《ひと》つ。今《いま》の香川県《かがわけん》にあたる。

**さは【左派】** 名 社会《しゃかい》の仕組《しく》みを改《あらた》め、ものごとを新《あたら》しいものに変《か》えようという考《かんが》えを持《も》つ人々《ひとびと》の集《あつ》まり。対 右派《うは》。

**さば【鯖】** 名 暖《あたた》かい海《うみ》に群《む》れを作《つく》ってすむ魚《さかな》。食用《しょくよう》にする。⇩だんりゅうぎょ 818ページ

**さばを読《よ》む** 〔魚市場《うおいちば》でサバを数《かぞ》えるとき、急《いそ》いで読《よ》みあげてごまかしたことから〕数《かず》をごまかして言《い》う。例 さばを読《よ》んで、身長《しんちょう》を一五〇センチと言《い》った。

**サバイバル** 〔英語 survival〕名 むずかしく危険《きけん》な状況《じょうきょう》をのりこえて、生《い》きのびること。また、そのための技術《ぎじゅつ》。例 サバイバルゲーム。

**さばく【砂漠・沙漠】** 名 砂地《すなじ》がむき出《だ》しになっている広《ひろ》い地域《ちいき》。かわいた気候《きこう》のため植物《しょくぶつ》が育《そだ》ちにくい。ゴビ砂漠《さばく》・サハラ砂漠《さばく》など。

**○さばく【裁く】** 動 ❶よい悪《わる》いの区別《くべつ》をつける。例 けんかを裁《さば》く。❷裁判《さいばん》をする。例 罪《つみ》を裁く。⇩さい【裁】496ページ

**さばく** 動 ❶手《て》ぎわよく始末《しまつ》する。例 仕事《しごと》をさばく。魚《さかな》をさばく。❷商品《しょうひん》を売《う》る。例 品物《しなもの》をさばく。

**さばくか【砂漠化】** 名 動する 草《くさ》や木《き》が生《は》えていた所《ところ》が、砂漠《さばく》になること。例 地球《ちきゅう》の砂漠化が進《すす》んでいる。

**さばける** 動 ❶売《う》れる。例 商品《しょうひん》がさばける。❷ものわかりがいい。例 あの人《ひと》はなかなかさばけた人《ひと》だ。

**さばさば** 副(-と) 動する ❶性格《せいかく》などがさっぱりしているようす。例 さばさばした人《ひと》。❷さっぱりした気分《きぶん》であるようす。例 試験《しけん》が終《お》わってさばさばした。

**サバナ** 〔スペイン語〕名 熱帯《ねったい》の雨《あめ》の少《すく》ない地域《ちいき》にある、木《き》もまばらな草原《そうげん》。サバンナ。

**サハラさばく【サハラ砂漠】** 地名 アフリカ大陸《たいりく》の北部《ほくぶ》にある、世界《せかい》でもっとも大《おお》きな砂漠《さばく》。

**サハリン** 地名 北海道《ほっかいどう》の北《きた》にある細長《ほそなが》い島《しま》。ロシアの領土《りょうど》。江戸《えど》時代《じだい》に間宮林蔵《まみやりんぞう》が探検《たんけん》した。昔《むかし》、日本《にっぽん》では樺太《からふと》と呼《よ》んでいた。

**サバンナ** 〔英語 savanna〕名 ⇩サバナ 521ページ

**さび【寂】** 名 古《ふる》びておもむきがあること。例 わびとさび。

**さび** 名 金属《きんぞく》の表面《ひょうめん》が、空気中《くうきちゅう》の酸素《さんそ》や水《みず》にふれて、変化《へんか》してできたもの。


百人一首 陸奥《みちのく》のしのぶもぢずり誰《たれ》ゆゑ《え》に乱《みだ》れそめにし我《われ》ならなくに 源融《みなもとのとおる》

**ザビエル** 人名（男）（一五〇六～一五五二）スペインのキリスト教《きょう》宣教師《せんきょうし》、フランシスコ＝ザビエルのこと。一五四九年《ねん》、日本《にっぽん》に初《はじ》めてキリスト教《きょう》を伝《つた》えた。

○**さびしい【寂しい】** 形〔「さみしい」ともいう。〕❶静《しず》かで、心細《こころぼそ》い。例寂しい夜《よ》道《みち》。対にぎやか。❷悲《かな》しいような気《き》がする。例親友《しんゆう》をなくして寂しい。❸もの足《た》りない。例花《はな》が一本《いっぽん》では寂しい。ふところが寂しい〔＝お金《かね》が少《すく》ない〕。↓じゃく【寂】585ページ

**さびしがる【寂しがる】** 動 さびしいと思《おも》う。さびしいと感《かん》じる。例君《きみ》がいないと、みんなが寂しがる。

**さびつく** 動 ❶すっかりさびる。また、さびて動《うご》かなくなる。例ねじがさびつく。❷長《なが》い間《あいだ》使《つか》わないでいたため、はたらきがおとろえる。例腕前《うでまえ》がさびつく。

**ざひょう【座標】** 名 ある点《てん》の位置《いち》を、たがいに直角《ちょっかく》に交《まじ》わる直線《ちょくせん》をもとに、数《かず》で表《あらわ》したもの。例《たと》えば、地球上《ちきゅうじょう》のある地点《ちてん》を緯度《いど》と経度《けいど》で表《あらわ》すようなこと。

○**さびる** 動 さびができる。例鉄《てつ》がさびる。

**さびれる【寂れる】** 動 おとろえて、さびしくなる。例町《まち》がさびれた。↓じゃく【寂】585ページ

**サブ**〔英語 sub〕一 名 主《おも》なものの次《つぎ》。副《ふく》。補《ほ》欠《けつ》。二〔ある言葉《ことば》の前《まえ》につけて〕補助《ほじょ》の。副《ふく》の。例サブリーダー。サブメニュー。

**サファイア**〔英語 sapphire〕名 すきとおった青色《あおいろ》の宝石《ほうせき》。

**サブスクリプション**〔英語 subscription〕名 決《き》められた期間《きかん》、商品《しょうひん》を利用《りよう》するために料金《りょうきん》を支払《しはら》う方式《ほうしき》。契約《けいやく》している間《あいだ》はその商品《しょうひん》を自由《じゆう》に利用《りよう》できるが、期間《きかん》がすぎれば利用《りよう》できなくなる。サブスク。

**サブタイトル**〔英語 subtitle〕名 ↓ふくだい 1137ページ

**ざぶとん【座布団△】** 名 すわるときにしく、小《ちい》さなふとん。

**サプライズ**〔英語 surprise〕名 まったく思《おも》いもよらない、驚《おどろ》くようなこと。驚《おどろ》き。例とんだサプライズだった。

**サプリメント**〔英語 supplement〕名 ビタミン・カルシウムなど栄養《えいよう》になる成分《せいぶん》を、錠剤《じょうざい》やカプセルにしてのめるようにしたもの。

**さべつ【差別】** 名 動する あるものと他《ほか》のものとの間《あいだ》に差《さ》をつけて、区別《くべつ》したりちがう扱《あつか》い方《かた》をしたりすること。例差別のない社会《しゃかい》。

**さほう【作法】** 名 人《ひと》の動作《どうさ》や行動《こうどう》について、昔《むかし》から決《き》まっている正《ただ》しいしかた。

**さぼうダム【砂防ダム】** 名 土《つち》や石《いし》の流《なが》れ下《くだ》るのをくい止《と》めるためのダム。

**サポーター**〔英語 supporter〕名 ❶手足《てあし》や腰《こし》などにつけて体《からだ》を保護《ほご》する用具《ようぐ》。❷あることを支援《しえん》したり、応援《おうえん》したりする人《ひと》。特《とく》に、サッカーの応援者《おうえんしゃ》。

**サポート**〔英語 support〕名 動する 人《ひと》を支《ささ》え助《たす》けること。支援《しえん》。例困《こま》っている人《ひと》をサポートする。

**サボタージュ**〔フランス語〕名 動する ❶働《はたら》いている人《ひと》が要求《ようきゅう》を通《とお》すために、仕事《しごと》の能率《のうりつ》を下《さ》げて、やとい主《ぬし》に損害《そんがい》をあたえること。❷なまけること。サボること。

**サボテン** 名 暖《あたた》かで、かわいた土地《とち》に育《そだ》つ多《た》年草《ねんそう》。水分《すいぶん》をにがさないように葉《は》が針《はり》の形《かたち》に変《か》わり、茎《くき》が葉《は》の役目《やくめ》をする。種類《しゅるい》が多《おお》く、美《うつく》しい花《はな》が咲《さ》くものや、めずらしい形《かたち》をしたものがある。

〔サボテン〕

**さほど** 副 それほど。そんなには。例駅《えき》までさほど遠《とお》くない。注意 あとに「ない」などの打《う》ち消《け》しの言葉《ことば》がくる。

**サボる** 動 なまける。例勉強《べんきょう》をサボる。参考「サボ」はフランス語《ご》の「サボタージュ」の略《りゃく》。それを動詞《どうし》にした言葉《ことば》。

○**さま【様】** 一 名 ようす。ありさま。例自然《しぜん》のさまを、観察《かんさつ》する。二 ❶〔人《ひと》の名前《なまえ》などの下《した》につけて〕敬《うやま》う気持《きも》ちを表《あらわ》す言葉《ことば》。「さん」よりも改《あらた》まった言《い》い方《かた》。例木村花子《きむらはなこ》様。❷〔ある言葉《ことば》のあとにつけて〕丁寧《ていねい》に言《い》う気持《きも》ちを表《あらわ》す言葉《ことば》。例ご苦労《くろう》さま。↓よう【様】1349ページ

**様《さま》になる** それらしいようすになる。例新《しん》入社員《にゅうしゃいん》も様になってきた。

**ざま** 一 名 格好《かっこう》。ようす。例そのざまはなん



[歌の意味] あなたのためにと若菜《わかな》を摘《つ》むわたしの袖《そで》に、雪《ゆき》が降《ふ》りかかってきます。

だ。ざまを見《み》ろ〔=それ見《み》たことか〕。二〔ある言《こと》葉《ば》のあとにつけて〕ちょうどそのとき。例すれちがいざまに声《こえ》をかける。

**サマー**〔英語 summer〕名 夏《なつ》。

**さまがわり【様変わり】**名 動-する ようすがすっかり変《か》わること。例少《すこ》し見《み》ない間《あいだ》に、店《みせ》が様変わりした。

○**さまざま【様様】**形動 種《しゅ》類《るい》の多《おお》いようす。いろいろ。例さまざまな形《かたち》。参考ふつう、かな書《が》きにする。

○**さます【冷ます】**動 ❶冷《つめ》たくする。冷《ひ》やす。例お湯《ゆ》を冷ます。❷〔高《たか》まった気《き》持《も》ちなどを〕落《お》ち着《つ》かせる。例熱《ねっ》戦《せん》の興《こう》奮《ふん》を冷ます。

↓れい【冷】1400ページ

○**さます【覚ます】**動 ❶目《め》をあけて、心《こころ》のはたらきをはっきりさせる。例六《ろく》時《じ》に目《め》を覚ます。❷正《しょう》気《き》に返《かえ》らせる。例迷《まよ》いを覚ます。

↓かく【覚】218ページ

**さます** 動 酒《さけ》のよいを消《け》す。

**さまたげ【妨げ】**名 じゃまなものごと。例落《らく》石《せき》が交《こう》通《つう》の妨げになっている。

例解 ことばの窓

**寒《さむ》さを表《あらわ》す言《こと》葉《ば》**

春《はる》が近《ちか》づいて寒《かん》気《き》がゆるむ。
氷《こおり》にとざされた厳《げん》寒《かん》の地《ち》。
春《はる》とはいえ、まだ余《よ》寒《かん》が厳《きび》しい。
桜《さくら》は咲《さ》いたのに花《はな》冷《び》えで人《ひと》が少《すく》ない。

**さまたげる【妨げる】**動 じゃまをする。例勉《べん》強《きょう》を妨げる。

↓ぼう【妨】1192ページ

**さまよう** 動 あてもなく歩《ある》き回《まわ》る。例道《みち》に迷《まよ》って、町《まち》の中《なか》をさまよう。

**さみしい** 形 ↓さびしい 522ページ

**さみだれ【△〈五月雨〉】**名 六《ろく》月《がつ》ごろ〔昔《むかし》の暦《こよみ》では五《ご》月《がつ》〕に降《ふ》り続《つづ》く雨《あめ》。梅《つ》雨《ゆ》。梅《ばい》雨《う》。参考「五《さ》月《み》雨《だれ》」は、特《とく》別《べつ》に認《みと》められた読《よ》み方《かた》。

**サミット**〔英語 summit〕名 各《かっ》国《こく》の首《しゅ》脳《のう》の会《かい》談《だん》。特《とく》に、先《せん》進《しん》国《こく》首《しゅ》脳《のう》会《かい》議《ぎ》。

○**さむい【寒い】**形 ❶気《き》温《おん》が低《ひく》く感《かん》じられる。例今日《きょう》は寒い。対暑《あつ》い。関連暑《あつ》い。暖《あたた》かい。涼《すず》しい。❷貧《まず》しい。例ふところが寒い〔=お金《かね》がない〕。❸心《こころ》がぞっとする。例こわくて背《せ》筋《すじ》が寒くなる。❹つまらない。例寒いしゃればかり言《い》う。

↓かん【寒】270ページ

**さむがり【寒がり】**名 寒《さむ》さを、人《ひと》よりよけいに感《かん》じること。また、その人《ひと》。例寒がりなので、冬《ふゆ》は苦《にが》手《て》だ。対暑《あつ》がり。

**さむけ【寒気】**名〔病《びょう》気《き》などで〕体《からだ》に寒《さむ》さを感《かん》じること。例ぞくぞくと寒気がする。注意「寒気」を「かんき」と読《よ》むと、ちがう意《い》味《み》になる。

○**さむさ【寒さ】**名 ❶寒《さむ》いこと。また、その程《てい》度《ど》。例寒さが厳《きび》しい。❷冬《ふゆ》の寒《さむ》い気《き》候《こう》。例寒さに向《む》かう。対〔❶・❷〕暑《あつ》さ。

**さむざむ【寒寒】**副〔-と〕動-する ❶寒《さむ》そうなようす。例木《こ》の葉《は》が散《ち》った寒々とした風《ふう》景《けい》。❷みすぼらしいようす。例家《か》具《ぐ》もない、寒々とした部《へ》屋《や》。

**さむぞら【寒空】**名 冬《ふゆ》の、いかにも寒《さむ》そうな空《そら》。

**サムネイル**〔英語 thumbnail〕名〔パソコンや携《けい》帯《たい》電《でん》話《わ》などで〕画《が》像《ぞう》やデータなどを一《いち》覧《らん》で示《しめ》すときに使《つか》われる縮《しゅく》小《しょう》画《が》像《ぞう》。

**さむらい【侍】**名 ❶武《ぶ》士《し》。武《ぶ》家《け》。❷強《つよ》い心《こころ》を持《も》ち、思《おも》いきったことをなしとげる人《ひと》。例あの人《ひと》はなかなかの侍だ。

↓じ【侍】540ページ

**さめ【鮫】**名 暖《あたた》かな海《うみ》にすむ魚《さかな》。口《くち》が横《よこ》にさけ、するどい歯《は》を持《も》つ。ネコザメ・シュモクザメ・ジンベイザメなど。参考「ふか」「わに」などともいう。

**さめざめ** 副〔-と〕 涙《なみだ》を流《なが》して、声《こえ》を立《た》てずにしきりに泣《な》くようす。例姉《あね》がさめざめと泣《な》き始《はじ》めた。

○**さめる【冷める】**動 ❶熱《あつ》さがなくなる。冷《ひ》

例解 使い分け

**冷《さ》める と 覚《さ》める**

料《りょう》理《り》が冷《さ》める。
興《きょう》味《み》が冷《さ》める。

目《め》が覚《さ》める。
夢《ゆめ》から覚《さ》める。
眠《ねむ》りから覚《さ》める。

える。例 お茶《ちゃ》が冷める。❷高《たか》まった気《き》持《も》ちがうすらぐ。例 興味《きょうみ》がさめる。参考 ふつう❷は、かな書《が》きにする。↓れい【冷】1400ページ

**さめる【覚める】** 動 ❶心《こころ》のはたらきが、はっきりとする。例 目《め》が覚める。対 眠《ねむ》る。❷正気《しょうき》に返《かえ》る。例 迷《まよ》いから覚める。↓かく【覚】218ページ

**さめる** 動 ❶色《いろ》が薄《うす》くなる。あせる。例 カーテンの色《いろ》がさめる。❷酒《さけ》のよいが消《き》える。

**さも** 副 ほんとうに。いかにも。例 さもうれしそうに話《はな》す。注意 あとに「そうだ」「ようだ」などの言葉《ことば》がくる。

**さもしい** 形 いやしい。浅《あさ》ましい。例 自分《じぶん》さえよければいいというさもしい根性《こんじょう》。

**さもないと** 接 ↓さもなければ 524ページ。例 起《お》きなさい。さもないと遅刻《ちこく》するよ。

**さもなければ** 接 そうでなければ。そうしないと。さもないと。例 父《ちち》か、さもなければ母《はは》が行《い》くしかない。

**さや** 名 ❶刀《かたな》の身《み》を入《い》れる、筒《つつ》。例 さやをはらう〔＝刀《かたな》をさやからぬく〕。❷豆《まめ》の実《み》の入《はい》っている、から。例 豆《まめ》のさやをむく。

**さやか** 形動 ❶はっきり見《み》えるようす。例 さやかな月《つき》の光《ひかり》。❷すんでよく聞《き》こえるようす。〔古《ふる》い言《い》い方《かた》。〕例 さやかな虫《むし》の音《ね》。

**さゆ【さ湯】** 名 わかしただけで、何《なに》も混《ま》ぜてないお湯《ゆ》。例 薬《くすり》をさ湯で飲《の》む。

**さゆう【左右】** 一 名 ❶左《ひだり》と右《みぎ》。例 左右をよく見《み》る。❷そば。そばにいる人《ひと》。例 左右にたずねる。二 動・する 思《おも》うままに動《うご》かすこと。例 運命《うんめい》に左右される。

**ざゆう【座右】** 名 いつもいる所《ところ》のそば。自分《じぶん》のそば。例 辞書《じしょ》を座右に置《お》く。

**座右《ざゆう》の銘《めい》** 自分《じぶん》をはげましたり、いましめたりするために、心《こころ》にとどめておく言葉《ことば》。例 私《わたし》の座右の銘は「誠心誠意《せいしんせいい》」です。

**さよう【作用】** 名 動・する 他《ほか》のものにはたらきかけて、影響《えいきょう》を与《あた》えること。また、そのはたらき。例 薬《くすり》の作用。

**さようてん【作用点】** 名 〔理科《りか》で〕てこの力《ちから》が、物《もの》にはたらく所《ところ》。関連 力点《りきてん》。支点《してん》。↓てこ 881ページ

**さようなら** 感 別《わか》れるときの挨拶《あいさつ》の言葉《ことば》。さよなら。

**さよく【左翼】** 名 ❶鳥《とり》や飛行機《ひこうき》の左《ひだり》のつばさ。❷世《よ》の中《なか》の仕組《しく》みを、改《あらた》めようとする人《ひと》たち。❸野球《やきゅう》・ソフトボールで、本塁《ほんるい》から見《み》て左《ひだり》の外野《がいや》。レフト。対（❶〜❸）右翼《うよく》。

**さら【皿】** 画数 5 部首 皿（さら） 3年

音 ―― 訓 さら

筆順

浅《あさ》くて平《ひら》たいうつわ。熟語 大皿《おおざら》。

**さら【皿】** 名 食《た》べ物《もの》などをのせる、浅《あさ》くて平《ひら》たいうつわ。例 おでんを皿に取《と》る。

**ざら** 形動 多《おお》くあって、めずらしくないようす。例 ざらにある話《はなし》。

**さらいげつ【再来月】** 名 来月《らいげつ》の次《つぎ》の月《つき》。関連 ↓きょう（今日）333ページ

**さらいしゅう【再来週】** 名 来週《らいしゅう》の次《つぎ》の週《しゅう》。関連 ↓きょう（今日）333ページ

**さらいねん【再来年】** 名 来年《らいねん》の次《つぎ》の年《とし》。関連 ↓きょう（今日）333ページ

**さらう【浚う】** 動 川《かわ》や池《いけ》、どぶなどの底《そこ》にたまった、どろやごみを取《と》り除《のぞ》く。例 地域《ちいき》の清掃《せいそう》で池《いけ》をさらう。

**さらう【攫う】** 動 ❶すきをみて、取《と》って逃《に》げる。例 トンビがえさをさらう。❷全部《ぜんぶ》持《も》っていく。例 クラスの人気《にんき》をさらう。

**さらう【〈復習う〉】** 動 教《おし》えられたことを、くり返《かえ》して復習《ふくしゅう》する。おさらいをする。例 今日《きょう》の授業《じゅぎょう》を家《いえ》でさらう。

**ざらがみ【ざら紙】** 名 表面《ひょうめん》がざらざらした洋紙《ようし》。わら半紙《ばんし》。ざらし。

**さらけだす【さらけ出す】** 動 かくさないで、ありのままを見《み》せる。例 思《おも》いきってはじをさらけ出す。

**サラサ** 〔ポルトガル語〕 名 人《ひと》や花《はな》・鳥《とり》などの模様《もよう》を、色《いろ》つきですりこんだり、染《そ》めたりしたもめんや絹《きぬ》の布《ぬの》。インドが本場《ほんば》。

**さらさら【更更】** 副 まったく。少《すこ》しも。例 だますつもりはさらさらない。注意 あとに「ない」などの打《う》ち消《け》しの言葉《ことば》がくる。参考 ふつう、かな書《が》きにする。

**さらさら** 一 副（-と） ❶物《もの》が軽《かる》く音《おと》を立《た》てるようす。例 小川《おがわ》がさらさらと流《なが》れる。❷なめ

［歌の意味］ あなたと別《わか》れて因幡《いなば》の国《くに》へ行《い》きますが、いなば山《やま》の峰《みね》に生《は》えている松《まつ》（＝待《ま》つ）という言葉《ことば》を聞《き》いたらすぐにもどりますよ。

あいうえお かきくけこ さしすせそ たちつてと なにぬねの はひふへほ まみむめも やゆよ らりるれろ わをん

らかに進《すす》むようす。例 さらさらとペンを走《はし》らせる。二 副(-と) 動する しめりけがないようす。例 さらさらした粉《こな》。

**ざらざら** 形動 副(-と) 動する ❶手《て》ざわりがなめらかでないようす。例 手《て》がざらざらする。砂《すな》ぼこりで床《ゆか》がざらざらだ。対 すべすべ。❷粒《つぶ》のような物《もの》がすれたり落ちたりする音《おと》やようす。例 小石《こいし》がざらざらとこぼれる。

**さらし** 名 さらして、白《しろ》くしたもめんの布《ぬの》。

**さらしこ【さらし粉】** 名 塩素《えんそ》のはたらきで、布《ぬの》を白《しろ》くしたり、水などを消毒《しょうどく》したりする白《しろ》い粉《こな》。カルキ。

**°さらす** 動 ❶日《ひ》に当《あ》てる。例 たたみを日《ひ》にさらす。❷雨風《あめかぜ》の当《あ》たるままにしておく。例 雨《あめ》にさらされる。❸布《ぬの》などを洗《あら》い、日《ひ》に当《あ》てたり薬《くすり》を使《つか》ったりして白《しろ》くする。例 布《ぬの》をさらす。❹水《みず》などで洗《あら》ってあくや辛《から》みをとる。例 玉《たま》ねぎをさらす。❺みんなの目《め》にふれるようにする。例 人前《ひとまえ》ではじをさらす。❻あぶない状態《じょうたい》におく。例 命《いのち》を危険《きけん》にさらす。

**サラダ** 〔英語 salad〕名 生野菜《なまやさい》をマヨネーズやドレッシングなどであえた食《た》べ物《もの》。ハムや卵《たまご》などを加《くわ》えることもある。

**さらち【更地】** 名 建物《たてもの》や樹木《じゅもく》などのない土《と》地《ち》。すぐに家《いえ》が建《た》てられる土地《とち》。

**ざらつく** 動 ざらざらする。例 舌《した》がざらつく。

**°さらに【更に】** 一 副 ❶重《かさ》ねて。例 だめかもしれないが、さらにお願《ねが》いしてみる。❷ますます。それ以上《いじょう》に。例 夜《よる》になって、雨《あめ》がさらに強《つよ》くなった。❸少《すこ》しも。例 薬《くすり》を飲《の》んでも、よくなるようすはさらにない。二 接 そのうえに。例 風《かぜ》が吹《ふ》き、さらに雪《ゆき》が降《ふ》りだした。参考 ふつう、かな書《が》きにする。注意 一❸は、あとに「ない」などの打《う》ち消《け》しの言葉《ことば》がくる。

**さらば** 感 別《わか》れるときの挨拶《あいさつ》の言葉《ことば》。さようなら。〔古《ふる》い言《い》い方《かた》。〕例 さらば、友《とも》よ。

**サラブレッド** 〔英語 thoroughbred〕名 ❶走《はし》るのが速《はや》く、競馬《けいば》に使《つか》われるウマ。❷家柄《いえがら》のいい人《ひと》やもののたとえ。例 彼《かれ》は演劇界《えんげきかい》のサラブレッドだ。

**ざらめ** 名 つぶのあらい、ざらざらした砂糖《さとう》。ざらめ糖《とう》。

**サラリー** 〔英語 salary〕名 給料《きゅうりょう》。

**サラリーマン** 名〔日本《にっぽん》でできた英語《えいご》ふうの言葉《ことば》。〕働《はたら》いて、給料《きゅうりょう》〔=サラリー〕をもらって生活《せいかつ》する人《ひと》。月給取《げっきゅうと》り。

**さらりと** 副 ❶すべすべしているようす。例 さらりとした布《ぬの》。❷気《き》にかけないようす。あっさりしているようす。例 いやなことはさらりと忘《わす》れる。

**ざりがに** 名 ❶北海道《ほっかいどう》や東北地方《とうほくちほう》の川《かわ》にすむエビに似《に》た動物《どうぶつ》。体《からだ》は黒茶色《くろちゃいろ》で一対《いっつい》のはさみがある。ニホンザリガニ。❷アメリカザリガニのこと。エビガニ。➡アメリカざりがに 38ページ

**さりげない** 形 そんなそぶりを見《み》せない。何《なに》げない。例 さりげなくたずねる。

**さる【猿】** 名 森林《しんりん》にすみ、木登《きのぼ》りがうまく、群《む》れを作《つく》って暮《く》らしている動物《どうぶつ》。チンパンジー・ゴリラ・オランウータン・テナガザルなど種類《しゅるい》が多《おお》い。日本《にっぽん》にはニホンザルがいる。➡えん【猿】136ページ

**猿《さる》も木《き》から落《お》ちる** 〔木登《きのぼ》りがうまいサルでも、木《き》から落《お》ちることがあるように〕どんな名人《めいじん》でも、ときには失敗《しっぱい》することがある。類 かっぱの川流《かわなが》れ。弘法《こうぼう》にも筆《ふで》の誤《あやま》り。

**°さる【去る】** 一 動 ❶今《いま》の所《ところ》から、はなれて行《い》く。例 東京《とうきょう》を去《さ》る。世《よ》を去《さ》る。対 来《く》る。❷はなれている。例 今《いま》を去《さ》ること十年前《じゅうねんまえ》。❸なくなる。例 痛《いた》みが去《さ》る。二 連体 過《す》ぎ去った。例 去《さ》る十日《とおか》の出来事《できごと》だった。対 来《きた》る。➡きょ【去】330ページ

**さる【申】** 名 十二支《じゅうにし》の九番《きゅうばん》め。➡じゅうにし 601ページ

**ざる** 名 ❶竹《たけ》を細《ほそ》く割《わ》って編《あ》んだ、目《め》の細《こま》か

例解 ! 表現の広場

**去《さ》る と 退《しりぞ》く と 下《さ》がる のちがい**

| | 去《さ》る | 退《しりぞ》く | 下《さ》がる |
|---|---|---|---|
| 住《す》みなれた町《まち》を | ○ | × | × |
| 平和《へいわ》な時代《じだい》が | ○ | × | × |
| もう一歩《いっぽ》後《うし》ろへ | × | ○ | ○ |
| 現役《げんえき》を | ○ | ○ | × |





百人一首 立《た》ち別《わか》れいなばの山《やま》の峰《みね》に生《お》ふるまつとし聞《き》かば今帰《いまかえ》り来《こ》む 在原行平《ありわらのゆきひら》

い入《い》れ物《もの》。❷「ざるそば」の略《りゃく》。

**さるぐつわ**【猿ぐつわ】名 声《こえ》を立《た》てさせないために、口《くち》にかませておく布《ぬの》。

**さるしばい**【猿芝居】名 ❶猿《さる》を訓練《くんれん》して、芝居《しばい》のまねをさせる見《み》せ物《もの》。猿回《さるまわ》し。❷すぐ見《み》すかされてしまうような、おろかなたくらみや行動《こうどう》。例 くだらない猿芝居はやめなさい。

**さるすべり**【〈百日紅〉】名 庭《にわ》に植《う》える木《き》。木《き》の幹《みき》はなめらかで、夏《なつ》から秋《あき》にかけて白《しろ》またはうすべに色《いろ》の小《ちい》さな花《はな》が咲《さ》く。

**ざるそば** 名 せいろうの形《かたち》のうつわにもり、のりをかけたそば。つゆにつけて食《た》べる。ざる。参考「ざる❶」にもったことからいう。

**さるぢえ**【猿知恵】名 その場《ば》だけごまかせばいいというような、浅《あさ》い考《かんが》え。〔見下《みくだ》した言《い》い方《かた》。〕例 気《き》がきいているようだけれど、しょせんは猿知恵だ。

**サルビア** 名 花壇《かだん》に植《う》える草花《くさばな》。夏《なつ》から秋《あき》にかけて、赤《あか》い筒形《つつがた》の花《はな》が集《あつ》まって咲《さ》く。

**さるまね**【猿まね】名 動-する 何《なに》も考《かんが》えず人《ひと》のまねをすること。〔見下《みくだ》した言《い》い方《かた》。〕例 人《ひと》の猿まねはよそう。

**さるまわし**【猿回し】名 猿《さる》を使《つか》っていろいろな芸《げい》をさせ、お金《かね》をもらう大道芸《だいどうげい》。

**サルモネラきん**【サルモネラ菌】名 食中毒《しょくちゅうどく》などを起《お》こす細菌《さいきん》。ネズミによって運《はこ》ばれることが多《おお》い。

**さるもの**【さる者】名 なかなか手《て》ごわい者《もの》。例 敵《てき》もさる者、逃《に》げようともしない。

**さるものはおわず**【去る者は追わず】自分《じぶん》からはなれていく人《ひと》を、無理《むり》に引《ひ》き止《と》めはしない。参考「来《く》る者《もの》は拒《こば》まず〔=自分《ぶん》のもとにやってくる人《ひと》のことは受《う》け入《い》れ、拒《こば》まない。〕」と対《つい》にして言《い》うこともある。

**されこうべ** 名 ⇒どくろ 933ページ

**サロマこ**〖サロマ湖〗地名 北海道《ほっかいどう》の北東《ほくとう》部《ぶ》、オホーツク海《かい》に面《めん》する湖《みずうみ》。

**サロン**〔フランス語〕❶西洋風《せいようふう》の広間《ひろま》。❷美術《びじゅつ》の展覧会《てんらんかい》。参考 もと、貴族《きぞく》などの上流社《じょうりゅうしゃ》会《かい》の集《あつ》まり。

**さわ**【沢】名 山《やま》の谷間《たにま》。また、そこを流《なが》れる細《ほそ》い川《かわ》。⇒たく【沢】788ページ

**さわかい**【茶話会】名 お茶《ちゃ》などを飲《の》みながら、気楽《きらく》に話《はな》し合《あ》う会《かい》。ちゃわかい。

**さわがしい**【騒がしい】形 ❶声《こえ》や音《おと》がしてうるさい。やかましい。例 騒がしい会場《かいじょう》。❷事件《じけん》などが起《お》こり、おだやかでない。例 世《よ》の中《なか》が騒がしい。

**さわがに** 名 沢《さわ》や谷川《たにがわ》にすむ小形《こがた》のカニ。

**さわぎ**【騒ぎ】名 ❶さわぐこと。さわがしいこと。例 場内《じょうない》はたいへんな騒ぎだ。❷もめごと。例 面倒《めんどう》な騒ぎが起《お》こる。❸〔「…どころの騒《さわ》ぎではない」の形《かたち》で〕そのような場合《ばあい》ではない。例 遊《あそ》ぶどころの騒ぎではない。

**さわぎたてる**【騒ぎ立てる】動 さかんにさわぐ。ことさらにうるさく言《い》う。例 野次《やじ》馬《うま》が騒ぎ立てる。

**例解！表現の広場**

**触《さわ》る と 触《ふ》れる と 接《せっ》する のちがい**

| | 冷《つめ》たい物《もの》が手《て》に | 品物《しなもの》に手《て》を | 外《そと》の空気《くうき》に |
|---|---|---|---|
| 触《さわ》る | ○ | × | × |
| 触《ふ》れる | ○ | ○ | ○ |
| 接《せっ》する | × | × | ○ |

**さわぐ**【騒ぐ】動 ❶やかましい声《こえ》や音《おと》をたてる。例 子《こ》どもたちが騒ぐ。❷心配《しんぱい》で落《お》ち着《つ》かなくなる。例 父《ちち》の帰《かえ》りがおそいので、胸《むね》が騒ぐ。❸もめごとを起《お》こす。例 スタンドで観客《かんきゃく》が騒ぐ。❹さかんに言《い》い立《た》てる。例 世間《せけん》が騒ぐ。⇒そう【騒】743ページ

**ざわつく** 動 ざわざわする。さわがしくなる。例 会場《かいじょう》がざわつく。

**ざわめき** 名 ざわざわする音《おと》。

**ざわめく** 動 さわがしくなる。ざわざわする。例 木《こ》の葉《は》がざわめく。

**さわやか**【爽やか】形動 ❶さっぱりとして気持《きも》ちがよいようす。例 さわやかな朝《あさ》。❷はっきりしているようす。例 弁舌《べんぜつ》〔=話《はな》し方《かた》〕さわやかに話《はな》す。⇒そう【爽】743ページ

**さわらぬかみにたたりなし**【触らぬ神にたたり無し】かかわりを持《も》たなければ、わざわいを受《う》ける心配《しんぱい》はない。

**さわる**【触る】動 手《て》や足《あし》を軽《かる》くふれる。例 触ると危《あぶ》ない。⇒しょく【触】641ページ

[歌の意味] 神代《かみよ》にも聞《き》いたことがない、竜田川《たつたがわ》が紅葉《もみじ》で赤《あか》い染《そ》め物《もの》のようになるとは。
注 ちはやぶる＝「神《かみ》」にかかる枕詞《まくらことば》。

**さわる【障る】** 動 ❶害《がい》になる。例 無理《むり》をしては体《からだ》に障る。❷気分《きぶん》を悪《わる》くする。例 気《き》に障ることを言《い》われた。⇩**しょう【障】**622ページ

**さん【三】** 画数 3 部首 一(いち) 1年

音 サン 訓 み み-つ みっ-つ

筆順 一 二 三

❶みっつ。熟語 三角形《さんかくけい》。三原色《さんげんしょく》。三振《さんしん》。三々五々《さんさんごご》。三月《みつき》〔=三か月《げつ》〕。❷みっつめ。熟語 三枚目《さんまいめ》。三面記事《さんめんきじ》。❸何度《なんど》も。熟語 三拝九拝《さんぱいきゅうはい》。再三《さいさん》。

**さん【三】** 名 ❶〔数《かず》を表《あらわ》す言葉《ことば》。〕みっつ。例 三人《にん》。三度《ど》。一《いち》たす二《に》は三。❷三番《さんばん》め。みっつめ。例 三級《きゅう》。第三位《だいさんい》。

**さん【山】** 画数 3 部首 山(やま) 1年

音 サン 訓 やま

筆順 丨 山 山

❶やま。熟語 山岳《さんがく》。山地《さんち》。山林《さんりん》。火山《かざん》。黒山《くろやま》。里山《さとやま》。❷お寺《てら》。熟語 山門《さんもん》。本山《ほんざん》。

**さん【参】** 画数 8 部首 ム(む) 4年

音 サン 訓 まい-る

筆順 ム 厶 厽 夫 矣 矣 参 参

❶神社《じんじゃ》や目上《めうえ》の人《ひと》の所《ところ》などへ行《い》く。まいる。うかがう。熟語 参上《さんじょう》。参拝《さんぱい》。❷加《くわ》わる。熟語 参加《さんか》。参列《さんれつ》。❸ひき比《くら》べる。照《て》らし合《あ》わせる。熟語 参考《さんこう》。参照《さんしょう》。❹みっつ。〔「三《さん》」と同《おな》じ。金額《きんがく》などを書《か》くときに、一《いち》や二《に》とまぎれないように使《つか》う。〕例 参万円《さんまんえん》。

《訓の使い方》**まい-る** 例 お宮《みや》に参る。

**さん【蚕】** 画数 10 部首 虫(むし) 6年

音 サン 訓 かいこ

筆順 一 二 天 天 吞 吞 吞 蚕 蚕

かいこ。熟語 蚕糸《さんし》。養蚕《ようさん》。

**さん【産】** 画数 11 部首 生(うまれる) 4年

音 サン 訓 う-む う-まれる うぶ△

筆順 亠 产 产 产 产 産 産 産

❶うむ。うまれる。熟語 産卵《さんらん》。安産《あんざん》。出産《しゅっさん》。❷物《もの》を作《つく》る。熟語 産業《さんぎょう》。産地《さんち》。水産《すいさん》。例 青森産《あおもりさん》。❸うみ出《だ》された物《もの》やお金《かね》。熟語 財産《ざいさん》。資産《しさん》。不動産《ふどうさん》。

《訓の使い方》**う-む** 例 卵《たまご》を産む。**う-まれる** 例 子犬《こいぬ》が産まれる。**うぶ** 例 赤ちゃんの産着《うぶぎ》。

**さん【産】** 名 ❶〔「お産《さん》」の形《かたち》で〕子《こ》をうむこと。❷生《う》まれ。例 ぼくは四国《しこく》の産です。

**さん【散】** 画数 12 部首 攵(ぼくづくり) 4年

音 サン 訓 ち-る ち-らす ち-らかす ち-らかる

筆順 一 艹 廾 昔 昔 散 散 散

❶ちる。ちらす。熟語 散会《さんかい》。散在《さんざい》。解散《かいさん》。分散《ぶんさん》。対 集《しゅう》。❷ぶらぶらする。熟語 散策《さんさく》。散歩《さんぽ》。❸粉《こな》。熟語 散薬《さんやく》。

《訓の使い方》**ち-る** 例 花《はな》が散る。**ち-らす** 例 花びらを散らす。**ち-らかす** 例 ごみを散らかす。**ち-らかる** 例 部屋《へや》が散らかる。

**さん【算】** 画数 14 部首 ⺮(たけかんむり) 2年

音 サン 訓 ―

筆順 𠂉 竹 笞 笪 算 算 算 算

❶数《かぞ》える。熟語 算出《さんしゅつ》。算数《さんすう》。暗算《あんざん》。計算《けいさん》。❷見《み》こみ。熟語 公算《こうさん》。採算《さいさん》。成算《せいさん》。

**さん【酸】** 画数 14 部首 酉(とりへん) 5年

音 サン 訓 す-い△

筆順 冂 西 西 酉 酋 酸 酸

❶すっぱい。熟語 酸味《さんみ》。❷酸性《さんせい》を示《しめ》す物質《ぶっしつ》。熟語 塩酸《えんさん》。❸酸素《さんそ》。熟語 酸化《さんか》。酸欠《さんけつ》。

《訓の使い方》**す-い** 例 酸い味《あじ》。

**さん【酸】** 名 水《みず》にとける物質《ぶっしつ》で、青《あお》いリトマス試験紙《しけんし》を赤《あか》に変《か》える性質《せいしつ》のもの。例 アルミニウムは酸に弱《よわ》い。対 アルカリ。

**さん【賛】** 画数 15 部首 貝(かい) 5年

音 サン 訓 ―




百人一首 ちはやぶる神代《かみよ》も聞《き》かず竜田川《たつたがわ》から紅《くれない》に水《みず》くくるとは　在原業平《ありわらのなりひら》

筆順 ニ 夫 夫 㚘 賛 賛 賛 賛

❶助《たす》ける。熟語 賛助《さんじょ》。協賛《きょうさん》。❷同意《どうい》する。熟語 賛成《さんせい》。賛同《さんどう》。賛否《さんぴ》。❸ほめる。たたえる。熟語 賛美《さんび》。

**さん【桟】** 画数 10 部首 木（きへん）
音 サン 訓 ―
木《き》を組《く》み合《あ》わせて作《つく》ったかけはし。熟語 桟《さん》橋《ばし》。

**さん【桟】** 名 戸《と》や障子《しょうじ》の骨《ほね》。例 障子《しょうじ》の桟にほこりがたまる。

**さん【惨】** 画数 11 部首 忄（りっしんべん）
音 サン ザン 訓 みじ-め
❶いたましい。心《こころ》が痛《いた》むようす。みじめ。熟語 惨状《さんじょう》。悲惨《ひさん》。例 惨《みじ》めな境遇《きょうぐう》。❷むごい。むごたらしい。熟語 惨事《さんじ》。惨死《ざんし》。

**さん【傘】** 画数 12 部首 人（ひとがしら）
音 サン 訓 かさ
かさ。また、かさのような形《かたち》の物《もの》。熟語 落下《らっか》傘《さん》。

**さん** 〔人《ひと》の名《な》前《まえ》などのあとにつけて〕敬《うやま》う気《き》持《も》ちを表《あらわ》す言《こと》葉《ば》。例 山《やま》田《だ》さん。姉《ねえ》さん。参考 もっと丁寧《ていねい》に言《い》うときは「さま」を使《つか》う。

**ざん【残】** 4年 画数 10 部首 歹（がつへん）
音 ザン 訓 のこ-る のこ-す

筆順 一 ア 歹 歹 歼 残 残 残

❶のこる。熟語 残額《ざんがく》。残業《ざんぎょう》。残金《ざんきん》。残暑《ざんしょ》。残《ざん》念《ねん》。❷むごい。熟語 残酷《ざんこく》。無残《むざん》。

《訓の使い方》 のこ-る 例 記《き》録《ろく》が残る。 のこ-す 例 ご飯《はん》を残す。

**ざん【残】** 名 のこり。例 会《かい》費《ひ》の残はわずかだ。

**ざん【斬】** 画数 11 部首 斤（おのづくり）
音 ザン 訓 き-る
❶刀《かたな》できる。きりころす。熟語 斬殺《ざんさつ》（＝きりころすこと）。例「寄《よ》らば斬《き》るぞ。」❷きわだっている。熟語 斬新《ざんしん》。

**ざん【暫】** 画数 15 部首 日（ひ）
音 ザン 訓 ―
しばらく。熟語 暫時《ざんじ》。暫定《ざんてい》。

**ざん【惨】** 熟語 惨敗《ざんぱい》。↓さん【惨】528ページ

**さんい【賛意】** 名 人《ひと》の意《い》見《けん》に賛《さん》成《せい》する気《き》持《も》ち。例 賛意を表《ひょう》する。

**さんいん【山陰】** 地名 中《ちゅう》国《ごく》地《ち》方《ほう》のうち、日《に》本《ほん》海《かい》に面《めん》する地《ち》域《いき》。

**さんいんかいがんこくりつこうえん【山陰海岸国立公園】** 地名 京《きょう》都《と》府《ふ》・兵《ひょう》庫《ご》県《けん》・鳥《とっ》取《とり》県《けん》にまたがる、日《に》本《ほん》海《かい》に面《めん》した国《こく》立《りつ》公《こう》園《えん》。↓こくりつこうえん457ページ

**°さんか【参加】** 名 動-する 仲《なか》間《ま》に入《はい》ること。例 参加者《しゃ》。話《はな》し合《あ》いに参加する。

**さんか【酸化】** 名 動-する ある物《ぶっ》質《しつ》が、酸《さん》素《そ》と化《か》合《ごう》すること。例《たと》えば、物《もの》が燃《も》えたり、鉄《てつ》がさびたりするようなこと。対 還《かん》元《げん》。

**さんか【賛歌・讃歌】** 名 ほめたたえる歌《うた》。例 愛《あい》の賛歌。

**さんが【山河】** 名 山《やま》と川《かわ》。また、自《し》然《ぜん》。例 ふるさとの山河は美《うつく》しい。

**さんが【参賀】** 名 動-する 新《しん》年《ねん》などに、皇《こう》居《きょ》に行《い》って、お祝《いわ》いの気《き》持《も》ちを表《あらわ》すこと。

**さんかい【参会】** 名 動-する 会《かい》に加《くわ》わること。会《かい》合《ごう》に出《で》ること。例 参会者《しゃ》。

**さんかい【散会】** 名 動-する 会《かい》合《ごう》が終《お》わって、人《ひと》々《びと》が帰《かえ》ること。例 結《けつ》論《ろん》が出《で》ないまま散会した。類 解《かい》散《さん》。

**ざんがい【残骸】** 名 すっかりこわれたあとに残《のこ》っているもの。例 船《ふね》の残骸。

**さんかいのちんみ【山海の珍味】** 山《やま》や海《うみ》でとれた、めずらしい食《た》べ物《もの》。

**°さんかく【三角】** 名 三《さん》角《かく》形《けい》のこと。

**さんかく【参画】** 名 動-する 事《じ》業《ぎょう》や仕《し》事《ごと》などの計《けい》画《かく》に加《くわ》わること。例 募《ぼ》金《きん》活《かつ》動《どう》に参画する。

**さんがく【山岳】** 名 山《やま》。特《とく》に、高《たか》く険《けわ》しい山《やま》についていう。例 山岳地《ち》帯《たい》。

**さんがく【産額】** 名 産《さん》出《しゅつ》される物《もの》の量《りょう》や、その金《きん》額《がく》。例 米《こめ》の産額。

**ざんがく【残額】** 名 残《のこ》りの金《きん》額《がく》。例 通《つう》帳《ちょう》の残額は千《せん》円《えん》。類 残《ざん》高《だか》。

**さんかくけい【三角形】** 名 三《さん》本《ぼん》の直《ちょく》線《せん》（＝



[歌の意味] 住《すみ》の江《え》の岸《きし》に寄《よ》る波《なみ》、その「よる」ではないが、夜《よる》見《み》る夢《ゆめ》の中《なか》でまで、あなたは人《ひと》目《め》を避《さ》けるのでしょうか。

辺《へん》)で囲《かこ》まれ、三《みっ》つの角《かど》がある形《かたち》。さんかっけい。

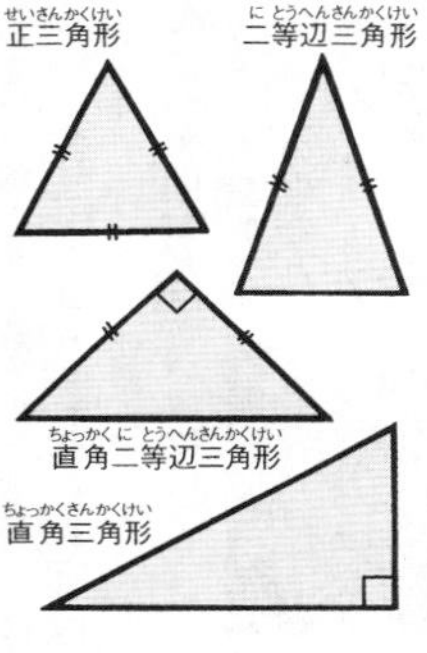

〔さんかくけい〕

**さんかくじょうぎ**【三角定規】名 〔算《さん》数《すう》で〕三角形《さんかくけい》の定規《じょうぎ》。直角三角形《ちょっかくさんかくけい》二《ふた》つでひと組《くみ》となり、そのうち一《ひと》つは直角二等辺三角《ちょっかくにとうへんさんかく》形《けい》である。

**さんかくす**【三角州△】名 川《かわ》の水《みず》が運《はこ》んできた土《つち》や砂《すな》が河口《かこう》にたまってできた、三角形《さんかくけい》の平《たい》らな地《ち》形《けい》。デルタ。

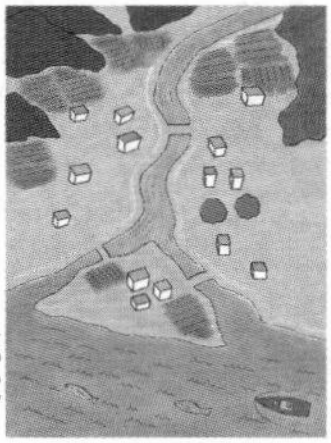
〔さんかくす〕

**さんかくすい**【三角すい】名 底面《ていめん》が三《さん》角形《かくけい》で、先《さき》がとがった立体《りったい》。

**さんがくちたい**【山岳地帯】名 高《たか》くけわしい山《やま》が連《つら》なっている場所《ばしょ》。

**さんかくちゅう**【三角柱】名 ❶三角《さんかく》の柱《はしら》。❷上下《じょうげ》の面《めん》が同《おな》じ大《おお》きさの三角形《さんかくけい》で、側面《そくめん》が長方形《ちょうほうけい》の立体《りったい》。⬇りったい1384ページ

**さんかくてん**【三角点】名 地図《ちず》を作《つく》るときに、距離《きょり》を測《はか》る目《め》印《じるし》になる点《てん》。山《やま》の頂《ちょう》上《じょう》などに、石《いし》のくいがうめてある。

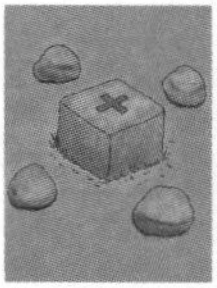
〔さんかくてん〕

**さんかくフラスコ**【三角フラスコ】名 底《そこ》が平《たい》らになったフラスコ。⬇じっけんきぐ565ページ

**さんかっけい**【三角形】名 ⬇さんかくけい528ページ

**さんかてつ**【酸化鉄】名 鉄《てつ》が酸《さん》素《そ》と化合《かごう》したもの。黒色《こくしょく》の粉《こな》。

**さんがにち**【三が日】名 正月《しょうがつ》の元日《がんじつ》から三日《みっか》までの三日間《みっかかん》。

**さんかぶつ**【酸化物】名 ある物質《ぶっしつ》と酸素《さんそ》が化合《かごう》したもの。

**さんかん**【山間】名 山《やま》と山《やま》の間《あいだ》。山《やま》の中《なか》。

**さんかん**【参観】名 動-する (学校《がっこう》や工場《こうじょう》などのようすを)その場《ば》に行《い》って見《み》ること。例 授業《じゅぎょう》を参観する。

■**さんかんしおん**【三寒四温】名 冬《ふゆ》から春先《はるさき》に、寒《さむ》い日《ひ》が三日《みっか》ほど続《つづ》くと、次《つぎ》に暖《あたた》かい日《ひ》が四日《よっか》ほど続《つづ》くこと。

**さんぎいん**【参議院】名 国会《こっかい》の議院《ぎいん》の一《ひと》つ。衆議院《しゅうぎいん》で決《き》まった予算《よさん》や法律《ほうりつ》などを、もう一度《いちど》検討《けんとう》するところ。解散《かいさん》はない。

**さんぎいんぎいん**【参議院議員】名 参議院《さんぎいん》を構成《こうせい》している人《ひと》。国民《こくみん》の選挙《せんきょ》で選《えら》ばれる。任期《にんき》は六年《ろくねん》で、三年《さんねん》ごとに半数《はんすう》ずつ改《かい》選《せん》される。

**さんきゃく**【三脚】名 ❶三本《さんぼん》の足《あし》。例 二人三脚《ににんさんきゃく》。❷自由《じゆう》に開《ひら》いたり、のばしたりできる三本足《さんぼんあし》の台《だい》。例 カメラの三脚。

**ざんぎゃく**【残虐】形動 人《ひと》や動物《どうぶつ》を、むごたらしく痛《いた》めつけるようす。例 残虐な行《おこな》いをやめさせる。

**サンキュー**〔英語 thank you〕感 ありがとう。

◦**さんぎょう**【産業】名 農業《のうぎょう》・漁業《ぎょぎょう》・工業《こうぎょう》・サービス業《ぎょう》など、生活《せいかつ》に必要《ひつよう》な品物《しなもの》を生産《せいさん》したり、それに関係《かんけい》したりする事業《じぎょう》。例 自動《じどう》車《しゃ》産業が発達《はったつ》する。

**ざんぎょう**【残業】名 動-する 決《き》められた時《じ》間《かん》のあと、残《のこ》って仕事《しごと》をすること。例 週《しゅう》に二日《ふつか》残業する。

**さんぎょうかくめい**【産業革命】名 品物《しなもの》を手《て》で作《つく》る仕組《しく》みが、動力《どうりょく》で機械《きかい》を動《うご》かし、たくさん作《つく》る仕組《しく》みに変《か》わったこと。十八世紀《じゅうはっせいき》の終《お》わりごろから、イギリスを中《ちゅう》心《しん》に始《はじ》まり、世界《せかい》の国々《くにぐに》に広《ひろ》まった。

**さんぎょうはいきぶつ**【産業廃棄物】名 工場《こうじょう》や事業所《じぎょうしょ》から出《だ》されるごみ。金《きん》属《ぞく》のくず、よごれた油《あぶら》など。

**ざんきん**【残金】名 残《のこ》りのお金《かね》。残高《ざんだか》。

**さんきんこうたい**【参勤交代】名 江戸《えど》時代《じだい》、大名《だいみょう》たちが、一年《いちねん》おきに自分《じぶん》の領地《りょうち》から江戸《えど》へ出《で》て、幕府《ばくふ》に仕《つか》えたこと。

**サングラス**〔英語 sunglasses〕名 強《つよ》い日光《にっこう》や光線《こうせん》から目《め》を守《まも》るためにかける、レンズに

あいうえお かきくけこ さしすせそ たちつてと なにぬねの はひふへほ まみむめも やゆよ らりるれろ わをん

色《いろ》をつけた眼鏡《めがね》。

**ざんげ** 名 動-する 自分《じぶん》の悪《わる》い行《おこな》いやあやまちを、神《かみ》や仏《ほとけ》に打《う》ち明《あ》けて、くい改《あらた》めること。例 罪《つみ》をざんげする。

**さんけい【参詣】** 名 動-する 神社《じんじゃ》や寺《てら》にお参《まい》りすること。例 神社《じんじゃ》に参詣《さんけい》する。

**さんけつ【酸欠】** 名 ある場所《ばしょ》の酸素《さんそ》が足《た》りなくなること。酸素欠乏《さんそけつぼう》。例 酸欠状態《じょうたい》。

**ざんげつ【残月】** 名 夜《よる》が明《あ》けてもまだ、空《そら》にうすく残《のこ》っている月《つき》。有《あ》り明《あ》けの月《つき》。

**ざんげん【ざん言】** 名 動-する うそやでためで、人《ひと》を悪《わる》く言《い》うこと。告《つ》げ口《ぐち》。例 ざん言にたえられず辞意《じい》を表明《ひょうめい》する。

**さんげんしょく【三原色】** 名 いろいろな色《いろ》のもとになる三《みっ》つの色《いろ》。混《ま》ぜ合《あ》わせることで、すべての色《いろ》を作《つく》ることができる。絵《え》の具《ぐ》では赤《あか》・黄《き》・青《あお》の三色《さんしょく》。光《ひかり》では赤《あか》・緑《みどり》・青《あお》の三色《さんしょく》。

**さんけんぶんりつ【三権分立】** 名 国《くに》の政治《せいじ》を行《おこな》う権力《けんりょく》を、立法権《りっぽうけん》・司法権《しほうけん》・行政権《ぎょうせいけん》の三《みっ》つに分《わ》け、それぞれを議会《ぎかい》・裁判所《さいばんしょ》・内閣《ないかく》が受《う》け持《も》つようにした仕組《しく》み。

**さんご【珊瑚】** 名 暖《あたた》かい海《うみ》にいるサンゴチュウという動物《どうぶつ》が群《む》れで海底《かいてい》の岩《いわ》などにつき、木《き》の枝《えだ》のような形《かたち》に成長《せいちょう》したもの。また、それが死《し》んで残《のこ》った骨《ほね》のようなもの。

〔さんご〕

°**さんこう【参考】** 名 照《て》らし合《あ》わせて考《かんが》えること。また、調《しら》べたり考《かんが》えたりするための助《たす》けとすること。例 参考《さんこう》になる話《はなし》。

**さんこうきろく【参考記録】** 名 陸上《りくじょう》競技《きょうぎ》などで、風《かぜ》などのために結果《けっか》が大《おお》きく変《か》わるとき、正式《せいしき》の記録《きろく》としないまま残《のこ》す記録《きろく》。

**さんこうしょ【参考書】** 名 ものを調《しら》べたり、研究《けんきゅう》したりするときに、参考《さんこう》に使《つか》う本《ほん》。

**ざんこく【残酷】** 形動 むごくてひどいようす。例 残酷《ざんこく》な仕打《しう》ち。

**さんごくし【三国志】** 作品名 ❶昔《むかし》の中国《ちゅうごく》の歴史《れきし》の本《ほん》。魏《ぎ》・呉《ご》・蜀《しょく》という三《みっ》つの国《くに》の歴史《れきし》について書《か》いてある。❷「❶」をもとにして書《か》かれた中国《ちゅうごく》の小説《しょうせつ》。

**さんごしょう【珊瑚礁】** 名 暖《あたた》かい海《うみ》に、サンゴの骨《ほね》や貝《かい》がらが積《つ》もって、岩《いわ》のようになったもの。

**さんさい【山菜】** 名 山《やま》や野原《のはら》に生《は》えている、食《た》べられる草《くさ》や木《き》の芽《め》。ワラビ・ゼンマイ・タラノメなど。

**さんざい【散在】** 名 動-する あちらこちらに、散《ち》らばってあること。例 農家《のうか》が散在《さんざい》している。類 点在《てんざい》。

**さんざい【散財】** 名 動-する （むだなことに）お金《かね》をたくさん使《つか》うこと。例 気前《きまえ》よく散財《さんざい》する。

**さんさく【散策】** 名 動-する ぶらぶら歩《ある》き回《まわ》ること。散歩《さんぽ》。例 海辺《うみべ》を散策《さんさく》する。

**さんさん** 副-と 光《ひかり》が明《あか》るくかがやくようす。例 日光《にっこう》がさんさんと降《ふ》り注《そそ》ぐ。

**さんざん【散散】** 一 形動 ひどい目《め》にあうようす。例 台風《たいふう》でさんざんな目《め》にあった。二 副 いやになるほどずいぶん。例 さんざんさがしたが、見《み》つからない。参考 ふつう、かな書《が》きにする。

**さんさんくど【三三九度】** 名 結婚式《けっこんしき》で、新郎新婦《しんろうしんぷ》がお酒《さけ》を一緒《いっしょ》に飲《の》む儀式《ぎしき》。

■**さんさんごご【三三五五】** 副 〔人々《ひとびと》がこちらに三人《さんにん》、あちらに五人《ごにん》というように〕散《ち》らばっているようす。例 映画《えいが》が終《お》わると、お客《きゃく》は三々五々帰《かえ》っていった。

**さんじ【惨事】** 名 （人《ひと》が死《し》んだり、傷《きず》ついたりするような）ひどい出来事《できごと》。例 脱線事故《だっせんじこ》で大惨事《だいさんじ》が起《お》きた。

**さんじ【賛辞】** 名 ほめたたえる言葉《ことば》。

**ざんじ【暫時】** 副 しばらくの間《あいだ》。例「暫時休憩《きゅうけい》します。」

**さんしきすみれ【三色すみれ】** 名 さんしょくすみれ。⬇パンジー 1074ページ

**さんじげん【三次元】** 名 縦《たて》・横《よこ》・高《たか》さの三《みっ》つの方向《ほうこう》に広《ひろ》がりがあること。参考 私《わたし》たちは「三次元《さんじげん》の世界《せかい》」に住《す》んでいる。

**さんじゅ【傘寿】** 名 〔「傘」の略字《りゃくじ》「仐」が八《はち》十《じゅう》に見《み》えることから。〕八十歳《はちじっさい》。また、そのお祝《いわ》い。

**さんしゅう【参集】** 名 動-する 人々《ひとびと》が集《あつ》まってくること。例 広場《ひろば》に参集《さんしゅう》した人々《ひとびと》。

〔歌の意味〕難波《なにわ》の潟《かた》の葦《あし》のひと節《ふし》のような短《みじか》い間《あいだ》も、あなたに逢《あ》わないでこの世《よ》を過《す》ごせとおっしゃるのですか。

**さんじゅうそう【三重奏】** 名 〔音楽《おんがく》で〕種類《しゅるい》のちがう三《みっ》つの楽器《がっき》による合奏《がっそう》。ピアノ・バイオリン・チェロによるピアノ三重奏《さんじゅうそう》など。

**さんしゅつ【産出】** 名 動-する 産物《さんぶつ》がとれること。また、物《もの》を作《つく》り出《だ》すこと。例 石油《せきゆ》の産出国《こく》。

**さんしゅつ【算出】** 名 動-する 計算《けいさん》して、答《こた》えを出《だ》すこと。例 費用《ひよう》を算出する。

**さんしゅのじんぎ【三種の神器】** 名 天皇《てんのう》の位《くらい》のしるしとして、代々《だいだい》の天皇《てんのう》が受《う》けつぐ三《みっ》つの宝物《たからもの》。参考 八咫鏡《やたのかがみ》・天叢雲剣《あまのむらくものつるぎ》・八尺瓊勾玉《やさかにのまがたま》の三《みっ》つ。

**さんじょ【賛助】** 名 動-する そのことに賛成《さんせい》して、力《ちから》ぞえをすること。例 賛助会員《かいいん》。

**ざんしょ【残暑】** 名 立秋《りっしゅう》が過《す》ぎても、まだ残《のこ》っている暑《あつ》さ。例 残暑が厳《きび》しい。

**さんしょう【山椒】** 名 山地《さんち》に生《は》え、庭《にわ》にも植《う》える木《き》。枝《えだ》にとげがある。若葉《わかば》はかおりがあって食《た》べられる。また、実《み》は香辛料《こうしんりょう》にする。さんしょ。

**山椒《さんしょう》は小粒《こつぶ》でもぴりりと辛《から》い** 体《からだ》は小《ちい》さくても、能力《のうりょく》がすぐれていることのたとえ。

**さんしょう【参照】** 名 動-する 他《ほか》と照《て》らし合《あ》わせること。例 本《ほん》を参照する。

**さんじょう【参上】** 名 動-する 人《ひと》のところへ行《い》くことを、へりくだって言《い》う言葉《ことば》。例「すぐ参上いたします。」

**さんじょう【惨状】** 名 ひどくむごたらしいようす。例 目《め》をおおうような惨状。

**さんしょううお** 名 谷川《たにがわ》などの清流《せいりゅう》にすみ、形《かたち》がイモリに似《に》た動物《どうぶつ》。オオサンショウウオは特別《とくべつ》天然記念物《てんねんきねんぶつ》で、大《おお》きさが一《いち》メートル以上《いじょう》にもなるが、他《ほか》の種類《しゅるい》は小《ちい》さい。

〔さんしょううお〕

**さんしょくすみれ【三色すみれ】** 名 〔「さんしきすみれ」ともいう。〕↓パンジー 1074ページ

**さんしん【三振】** 名 動-する 野球《やきゅう》・ソフトボールで、三《みっ》つストライクをとられて、打者《だしゃ》がアウトになること。例 空《から》ぶり三振。

**さんしん【三線】** 名 三味線《しゃみせん》に似《に》た沖縄《おきなわ》の弦《げん》楽器《がっき》。弦《げん》は三本《さんぼん》で、胴《どう》には蛇《へび》の皮《かわ》を張《は》る。

**ざんしん【斬新】** 形動 発想《はっそう》などが新《あたら》しくて、めずらしいようす。例 斬新なデザインのビル。

**さんすい【散水】** 名 動-する 道路《どうろ》や庭《にわ》などに水《みず》をまくこと。例 散水車《しゃ》。

**さんずい** 名 漢字《かんじ》の部首《ぶしゅ》で、「へん」の一《ひと》つ。「海《かい》」「池《ち》」などの「氵」の部分《ぶぶん》。水《みず》に関係《かんけい》のある字《じ》が多《おお》い。

**さんすいが【山水画】** 名 山《やま》と川《かわ》などのある自然《しぜん》の景色《けしき》を描《えが》いた、中国《ちゅうごく》や日本《にっぽん》の絵《え》。墨《すみ》でかいたものが多《おお》い。

**さんすう【算数】** 名 小学校《しょうがっこう》の科目《かもく》の一《ひと》つ。数《かず》の計算《けいさん》や図形《ずけい》など、初歩《しょほ》の数学《すうがく》を習《なら》う。算《さん》数科《すうか》。

**さんすくみ【三すくみ】** 名 〔カエルはヘビを、ヘビはナメクジを、ナメクジはカエルをおそれてすくむと言《い》われているところから〕三《みっ》つのものがおたがいをおそれて、身動《みうご》きできなくなること。

**さんずのかわ【三途の川】** 名 〔仏教《ぶっきょう》で〕人《ひと》が死《し》んでから七日《なのか》後《ご》に渡《わた》るという、この世《よ》とあの世《よ》の境目《さかいめ》にある川《かわ》。

**さんする【産する】** 動 作《つく》り出《だ》す。生産《せいさん》する。例 石油《せきゆ》を産する国《くに》。

**さんせい【酸性】** 名 青《あお》いリトマス試験紙《しけんし》を赤色《あかいろ》に変《か》える性質《せいしつ》。関連 アルカリ性《せい》。中性《ちゅうせい》。

**さんせい【賛成】** 名 動-する 人《ひと》の考《かんが》えをよいと認《みと》めること。同意《どうい》すること。例 君《きみ》の意見《いけん》に賛成する。対 反対《はんたい》。

**例解 ことばの窓**

**賛成《さんせい》を表《あらわ》す言葉《ことば》**

提案《ていあん》に賛同《さんどう》する。
建設《けんせつ》に同意《どうい》する。
話《はな》し合《あ》いで合意《ごうい》に達《たっ》する。
彼《かれ》の考《かんが》えに共鳴《きょうめい》する。
君《きみ》の意見《いけん》を支持《しじ》する。

**さんせいう**【酸性雨】名 酸性《さんせい》がたいへん強《つよ》い雨《あめ》。森林《しんりん》や農作物《のうさくぶつ》をからしたり、人間《にんげん》の健康《けんこう》を害《がい》したりする。

**さんせいけん**【参政権】名 基本的人権《きほんてきじんけん》の一《ひと》つで、国民《こくみん》が政治《せいじ》に参加《さんか》する権利《けんり》。例《たと》えば、選挙《せんきょ》に立候補《りっこうほ》したり、投票《とうひょう》したりする権利《けんり》。

**さんせき**【山積】名 動-する 山《やま》のようにたくさんたまること。山積《やまづ》み。例 仕事《しごと》が山積する。

**ざんせつ**【残雪】名 解《と》けずに残《のこ》っている雪《ゆき》。また、春《はる》になっても残っている雪《ゆき》。

**さんせん**【参戦】名 動-する 戦争《せんそう》に加《くわ》わること。試合《しあい》に加《くわ》わること。例 自転車《じてんしゃ》レースに参戦する。

**さんぜん**【さん然】副(-と) きらきらと光《ひか》りかがやくようす。例 優勝《ゆうしょう》カップが、さん然とかがやいている。

**さんそ**【酸素】名 色《いろ》も、においもない気体《きたい》。空気《くうき》や水《みず》の中《なか》に含《ふく》まれていて、生物《せいぶつ》はこれを吸《す》って生《い》きている。また、物《もの》が燃《も》えるには、酸素《さんそ》が必要《ひつよう》である。

**さんそう**【山荘】名 山《やま》の中《なか》にある別荘《べっそう》。

**ざんぞう**【残像】名 その形《かたち》が消《き》えても、目《め》で見《み》た感覚《かんかく》として残《のこ》っている、ものの姿《すがた》。

**さんそきゅうにゅう**【酸素吸入】名 動-する 息《いき》が苦《くる》しくなったときなどに、酸素《さんそ》を口《くち》や鼻《はな》から吸《す》いこませること。

**さんぞく**【山賊】名 山《やま》の中《なか》に住《す》んでいて、旅人《たびびと》からお金《かね》や品物《しなもの》をうばう悪者《わるもの》。

**さんそん**【山村】名 山《やま》の中《なか》の村《むら》。山里《やまざと》。関連 漁村《ぎょそん》。農村《のうそん》。

**ざんそん**【残存】名 動-する ⬇ざんぞん 532ページ

**ざんぞん**【残存】名 動-する まだ残《のこ》っていること。ざんそん。例 古《ふる》い言《い》い伝《つた》えが残存している。

**さんだい**【参内】名 動-する 宮中《きゅうちゅう》にうかがうこと。

**さんたいよう**【三大洋】名 世界《せかい》にある大《おお》きな三《みっ》つの海洋《かいよう》。太平洋《たいへいよう》、大西洋《たいせいよう》、インド洋《よう》。

**ざんだか**【残高】名 さし引《ひ》いて残《のこ》った金額《きんがく》。残金《ざんきん》。類 残額《ざんがく》。

**サンタクロース**〔英語 Santa Claus〕人名 (男)クリスマスの前夜《ぜんや》、子《こ》どもたちにおくり物《もの》を持《も》ってくると伝《つた》えられているおじいさん。白《しろ》いひげを生《は》やし、赤《あか》い服《ふく》を着《き》ている。

**サンダル**〔英語 sandal〕名 ❶つっかけてはくはき物《もの》。❷ひもやバンドで足《あし》にとめる、すき間《ま》の多《おお》い靴《くつ》。

**さんたん**【賛嘆】名 動-する たいへん感心《かんしん》してほめること。例 賛嘆の声《こえ》が上《あ》がる。

**さんだん**【算段】名 動-する 工夫《くふう》すること。特《とく》に、お金《かね》のつごうをつけること。やりくり。例 お金《かね》の算段をする。

**さんだんがまえ**【三段構え】名 問題《もんだい》が起《お》こったときに困《こま》らないよう、三段階《さんだんかい》の備《そな》えをすること。

**さんたんたる**【惨憺たる】連体 ひどく痛《いた》ましいようす。例 試合《しあい》はさんたんたる結果《けっか》に終《お》わった。

**さんだんとび**【三段跳び】名 走《はし》ってきて、ホップ・ステップ・ジャンプと続《つづ》けて三回《さんかい》とび、その距離《きょり》をきそう競技《きょうぎ》。

**さんだんろんぽう**【三段論法】名 三《みっ》つの段階《だんかい》をへて結論《けつろん》をみちびき出《だ》す考《かんが》え方《かた》。たとえば、「私《わたし》は人《ひと》だ」「人《ひと》は眠《ねむ》る」「したがって私《わたし》は眠《ねむ》る」のような考《かんが》えの進《すす》め方《かた》。

**さんち**【山地】名 ❶山《やま》の多《おお》い土地《とち》。例 中国《ちゅうごく》山地。❷山《やま》の中《なか》の土地《とち》。

**さんち**【産地】名 その物《もの》ができる土地《とち》。生産地《せいさんち》。例 産地直送《ちょくそう》。リンゴの産地。

**さんちゅう**【山中】名 山《やま》の中《なか》。山間《さんかん》。

**さんちょう**【山頂】名 山《やま》の頂上《ちょうじょう》。関連 山腹《さんぷく》。山麓《さんろく》。

**さんちょく**【産直】名 野菜《やさい》や特産品《とくさんひん》などの産地《さんち》と直接《ちょくせつ》取《と》り引《ひ》きすること。「産地直送《さんちちょくそう》」・「産地直結《さんちちょっけつ》」・「産地直売《さんちちょくばい》」などの略《りゃく》。

✤**さんづくり** 名 漢字《かんじ》の部首《ぶしゅ》で、「つくり」の一《ひと》つ。「形《けい》」などの「彡」の部分《ぶぶん》。

**さんてい**【算定】名 動-する 計算《けいさん》して、数字《すうじ》で示《しめ》すこと。例 費用《ひよう》を算定する。

**ざんてい**【暫定】名 しばらくの間《あいだ》、仮《かり》に決《き》めておくこと。例 暫定予算《よさん》。

**サンデー**〔英語 Sunday〕名 日曜日《にちようび》。

**サンドイッチ**〔英語 sandwich〕名 パンの間《あいだ》に、ハムや野菜《やさい》などをはさんだ食《た》べ物《もの》。

[歌の意味] 思《おも》い苦《くる》しんでいるので今《いま》はもう同《おな》じです。難波《なにわ》のみをつくしではないけれど、身《み》を捨《す》ててもあなたに会《あ》いたいと思《おも》います。注 みをつくし＝水路《すいろ》を示《しめ》すくい。「身をつくし」の掛《か》け詞《ことば》。

参考 イギリスのサンドイッチ伯爵《はくしゃく》が思《おも》いついたのが始《はじ》まりだという。

**さんどう【参道】** 名 神社《じんじゃ》や寺《てら》にお参《まい》りするための道《みち》。

**さんどう【賛同】** 名 動-する 人《ひと》の考《かんが》えなどに賛成《さんせい》すること。例 全員《ぜんいん》の賛同を得《え》る。

**サンドペーパー** 〔英語 sandpaper〕名 ガラスやかたい砂《すな》などの粉《こな》を、厚紙《あつがみ》や布《ぬの》にぬりつけたもの。ものをみがくのに使《つか》う。紙《かみ》やすり。

**さんどめのしょうじき【三度目の正直】** ものごとは、二度《にど》まではだめでも、三度《さんど》目《め》にはうまくいくものだ。

**さんないまるやまいせき** 〘三内丸山遺跡〙 地名 青森市《あおもりし》にある遺跡《いせき》。縄文時《じょうもんじ》代《だい》の大《おお》きな集落跡《しゅうらくあと》で、住居《じゅうきょ》や倉庫《そうこ》、墓場《はかば》の跡《あと》などが残《のこ》っている。

**ざんにん【残忍】** 形動 ひどいことやむごいことを、平気《へいき》でするようす。例 残忍な性格《せいかく》。類 残酷《ざんこく》。残虐《ざんぎゃく》。

**さんにんかんじょ【三人官女】** 名 ひな人形《にんぎょう》の一《ひと》つ。長柄銚子《ながえちょうし》〔=酒《さけ》を注《そそ》ぐ道具《どうぐ》〕、三《さん》方《ぼう》、提子《ひさげ》〔=金属《きんぞく》の器《うつわ》〕を持《も》つ三人《さんにん》の女官《にょかん》。

✤**さんにんしょう【三人称】** 名〔国語《こくご》で〕話《はな》し手《て》・聞《き》き手《て》以外《いがい》の、人《ひと》や物《もの》を指《さ》す言葉《ことば》。「彼《かれ》」「彼女《かのじょ》」「あいつ」「これ」など。関連 一人《いちにん》称《しょう》。二人称《ににんしょう》。

**さんにんよればもんじゅのちえ【三人寄れば文殊の知恵】** 〔「文殊《もんじゅ》」は、仏教《ぶっきょう》で知恵《ちえ》のある菩薩《ぼさつ》の名前《なまえ》。〕何事《なにごと》でも、何《なん》人《にん》か集《あつ》まって相談《そうだん》すれば、文殊《もんじゅ》のようないい知恵《ちえ》が出《で》るということ。

○**ざんねん【残念】** 形動 ❶心残《こころのこ》りがするようす。例「お会《あ》いできず、残念です。」❷くやしく思《おも》うようす。例 負《ま》けて残念だ。

■**ざんねんむねん【残念無念】** 名「残念《ざんねん》」を強《つよ》めた言《い》い方《かた》。例 あと一点《いってん》のところで負《ま》けて、残念無念だ。

**さんば【産婆】** 名 出産《しゅっさん》のときに、母親《ははおや》の手《て》助《だす》けや赤《あか》ちゃんの世話《せわ》を仕事《しごと》としている人《ひと》。助産師《じょさんし》。〔古《ふる》い言《い》い方《かた》。〕

**さんぱい【参拝】** 名 動-する 神社《じんじゃ》や寺《てら》にお参《まい》りすること。例 神社《じんじゃ》に参拝する。

**ざんぱい【惨敗】** 名 動-する みじめな負《ま》け方《かた》をすること。例 八対《はちたい》〇《れい》で惨敗した。

■**さんぱいきゅうはい【三拝九拝】** 名 動-する くり返《かえ》しおじぎをすること。例 三拝九拝してお願《ねが》いをする。

**さんばし【桟橋】** 名 港《みなと》で、船《ふね》をつなぎ止《と》めて、人《ひと》や荷物《にもつ》を積《つ》み降《お》ろしする所《ところ》。

○**さんぱつ【散髪】** 名 動-する 髪《かみ》の毛《け》を、かったり切《き》ったりして整《ととの》えること。例 週末《しゅうまつ》には散髪する。

**ざんぱん【残飯】** 名 食《た》べ残《のこ》したご飯《はん》など。

**さんはんきかん【三半規管】** 名 ⬇はんきかん 1072ページ

**さんび【賛美】** 名 動-する ほめたたえること。例 勇気《ゆうき》ある行動《こうどう》を賛美する。

**さんぴ【賛否】** 名 賛成《さんせい》か、反対《はんたい》か。賛成《さんせい》と反《はん》対《たい》。例 賛否を決《き》める。類 可否《かひ》。

**さんびか【賛美歌】** 名 キリスト教《きょう》で、神《かみ》をほめたたえる歌《うた》。聖歌《せいか》。

**さんびょうし【三拍子】** 名 ❶〔音楽《おんがく》で〕一《いっ》小節《しょうせつ》が強《きょう》・弱《じゃく》・弱《じゃく》でくり返《かえ》される拍子《ひょうし》。❷必要《ひつよう》とされる三《みっ》つのことがら。例 走《そう》・攻《こう》・守《しゅ》の三拍子そろった選手《せんしゅ》。

**さんぴりょうろん【賛否両論】** 名 賛《さん》成《せい》・反対《はんたい》の両方《りょうほう》の意見《いけん》があること。例 賛否両論あってまとまらない。

**さんぷ【散布】** 名 動-する まき散《ち》らすこと。例 農薬《のうやく》を散布する。

**ざんぶ【残部】** 名（本《ほん》やプリントなどの）残《のこ》り。例 文集《ぶんしゅう》の残部はありません。

**さんぷく【山腹】** 名 山《やま》の中腹《ちゅうふく》。関連 山頂《さんちょう》。山麓《さんろく》。

**さんぶつ【産物】** 名 ❶その土地《とち》でとれる物《もの》や作《つく》る物《もの》。❷あるものごとの結果《けっか》。例 みんなの協力《きょうりょく》の産物だ。

**サンフランシスコへいわじょうやく【サンフランシスコ平和条約】** 名 第二次世界大戦《だいにじせかいたいせん》を終《お》わらせるために、アメリカなどの連合国《れんごうこく》と日本《にっぽん》との間《あいだ》で結《むす》ばれた講和《こうわ》条約《じょうやく》。一九五一年《ねん》九月《くがつ》、アメリカのサンフランシスコで調印《ちょういん》された。

**サンプル** 〔英語 sample〕名 ❶（商品《しょうひん》の）見本《みほん》。❷標本《ひょうほん》。

✤**さんぶん【散文】** 名〔国語《こくご》で〕小説《しょうせつ》や説明《せつめい》





百人一首 わびぬれば今《いま》はた同《おな》じ難波《なにわ》なるみをつくしても逢《あ》は《わ》む《ん》とぞ思《おも》ふ《う》 元良親王《もとよししんのう》

の文章《ぶんしょう》など、字数《じすう》や言葉《ことば》の調子《ちょうし》に、特別《とくべつ》な決《き》まりのない文《ぶん》。ふつうの文章《ぶんしょう》。対 韻文《いんぶん》。

✤**さんぶんし【散文詩】** 名 〔国語《こくご》で〕ふつうの文章《ぶんしょう》の形《かたち》で書《か》かれた詩《し》。

°**さんぽ【散歩】** 名 動-する 特《とく》に用事《ようじ》もなく、外《そと》をぶらぶら歩《ある》くこと。例 犬《いぬ》を連《つ》れて散歩する。

**さんぼう【三方】** 名 〔神《かみ》などへの〕供《そな》え物《もの》をのせる台《だい》。さんぽう。

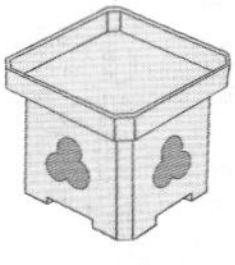
〔さんぼう〕

**さんぼう【参謀】** 名 ❶軍隊《ぐんたい》で、作戦《さくせん》を立《た》てる将《しょう》校《こう》。軍師《ぐんし》。❷方法《ほうほう》や計画《けいかく》を考《かんが》える役《やく》の人《ひと》。

**さんま【▲〈秋刀魚〉】** 名 冷《つめ》たい海《うみ》にすむ細長《ほそなが》い魚《さかな》。回遊魚《かいゆうぎょ》。秋《あき》に多《おお》くとれる。⬇かんりゅうぎょ 288ページ

**さんまいめ【三枚目】** 名 映画《えいが》や芝居《しばい》で、人《ひと》を笑《わら》わせる役《やく》の人《ひと》。参考 昔《むかし》、歌舞伎《かぶき》の看板《かんばん》の三番《さんばん》めに、滑稽《こっけい》な役《やく》の人《ひと》が記《しる》されていたことから。

**さんまん【散漫°】** 形動 しまりのないようす。例 散漫な文章《ぶんしょう》。注意力《ちゅういりょく》が散漫だ。

**さんみ【酸味】** 名 すっぱい味《あじ》。例 酸味の強《つよ》いみかん。

**さんみいったい【三位一体】** 名 ❶神《かみ》・キリスト・聖霊《せいれい》がもともとは一《ひと》つの神《かみ》だというキリスト教《きょう》の教《おし》え。❷三《みっ》つのものが協力《きょうりょく》してひとつになること。例 歌《うた》・伴奏《ばんそう》・指揮《しき》が三位一体となった見事《みごと》な合唱《がっしょう》。

**さんみゃく【山脈】** 名 多《おお》くの山《やま》が続《つづ》いて長《なが》くのびている地形《ちけい》。日本《にっぽん》の飛騨山脈《ひださんみゃく》や、アメリカのロッキー山脈《さんみゃく》など。

**ざんむ【残務】** 名 残《のこ》っている仕事《しごと》。始末《しまつ》してない仕事《しごと》。例 残務整理《せいり》。

■**さんめんきじ【三面記事】** 名 社会《しゃかい》のいろいろな出来事《できごと》について書《か》いた新聞《しんぶん》の記事《きじ》。参考 昔《むかし》、新聞《しんぶん》が四《よん》ページのころ、三《さん》ページめ〔=第三面《だいさんめん》〕にのせたことから。

**さんめんきょう【三面鏡】** 名 正面《しょうめん》と左《さ》右《ゆう》に三枚《さんまい》の鏡《かがみ》がとりつけられている鏡台《きょうだい》。三《みっ》つの方向《ほうこう》から姿《すがた》を映《うつ》すことができる。

**さんもん【山門】** 名 寺《てら》の正門《せいもん》。

**さんや【山野】** 名 山《やま》と野原《のはら》。野山《のやま》。例 山野をかけめぐる。

**さんやく【三役】** 名 ❶すもうで、大関《おおぜき》・関《せき》脇《わけ》・小結《こむすび》のこと。横綱《よこづな》に次《つ》ぐ位《くらい》。❷会社《かいしゃ》や政《せい》党《とう》・団体《だんたい》などで、三《みっ》つのおもな役目《やくめ》。また、その人《ひと》。

**さんよう〔山陽〕** 地名 中国地方《ちゅうごくちほう》のうち、瀬《せ》戸内海《とないかい》に面《めん》する地域《ちいき》。

**さんようすうじ【算用数字】** 名 ⬇アラビアすうじ 41ページ

**さんようちゅう【三葉虫】** 名 およそ二《に》〜五億年《ごおくねん》ほど前《まえ》に栄《さか》えた海《うみ》の動物《どうぶつ》。化石《かせき》として発見《はっけん》される。⬇かせき 235ページ

**さんらん【産卵▲】** 名 動-する 卵《たまご》を産《う》むこと。例 サケは川《かわ》で産卵する。

**さんらん【散乱】** 名 動-する いろいろなものが散《ち》らかって、乱《みだ》れていること。例 紙《かみ》くずが散乱している。

**さんりくかいがん〔三陸海岸〕** 地名 青森《あおもり》・岩手《いわて》・宮城《みやぎ》の三県《さんけん》の太平洋《たいへいよう》に面《めん》した海《かい》岸《がん》。三陸復興国立公園《さんりくふっこうこくりつこうえん》がある。リアス式海岸《しきかいがん》が有名《ゆうめい》。

**さんりくふっこうこくりつこうえん〔三陸復興国立公園〕** 地名 青森県南《あおもりけんなん》部《ぶ》から宮城県北部《みやぎけんほくぶ》にまたがる海岸沿《かいがんぞ》いの国立《こくりつ》公園《こうえん》。大規模《だいきぼ》な断崖《だんがい》とリアス式海岸《しきかいがん》の景色《けしき》で知《し》られる。東日本大震災《ひがしにほんだいしんさい》からの復興《ふっこう》を目的《もくてき》として、「陸中海岸国立公園《りくちゅうかいがんこくりつこうえん》」を拡大《かくだい》して改《かい》称《しょう》された。

**ざんりゅう【残留】** 名 動-する あとに残《のこ》ること。例 農薬《のうやく》が残留する。

**さんりん【山林】** 名 ❶山《やま》と林《はやし》。❷山地《さんち》にある林《はやし》。

**さんりんしゃ【三輪車】** 名 〔子《こ》ども用《よう》の〕車輪《しゃりん》が三《みっ》つある乗《の》り物《もの》。

**ざんるい【残塁°】** 名 野《や》球《きゅう》・ソフトボールで、攻撃《こうげき》が終《お》わったときに、塁《るい》に走者《そうしゃ》が残《のこ》っていること。

**サンルーム** 〔英語 sunroom〕 名 ガラス張《ば》りで、日光《にっこう》がよく当《あ》たるようにした部屋《へや》。

**さんれつ【参列】** 名 動-する 改《あらた》まった会合《かいごう》や式《しき》などに出席《しゅっせき》すること。例 葬儀《そうぎ》に参列する。類 列席《れっせき》。

**さんろく【山麓°】** 名 山《やま》のふもと。山《やま》すそ。関連 山頂《さんちょう》。山腹《さんぷく》。

［歌の意味］ 今《いま》すぐ来《く》るとおっしゃったばかりに、九月《くがつ》の長《なが》い夜《よる》を待《ま》っていましたが、夜《よ》が明《あ》けてしまいましたよ。
注 長月《ながつき》＝九月《くがつ》。

# し
シ si

## し【士】 画数 3 部首 士(さむらい) 5年

音 シ 訓 —

筆順 一 十 士

❶立派《りっぱ》な男《おとこ》の人《ひと》。熟語 紳士《しんし》。名士《めいし》。❷さむらい。兵隊《へいたい》。熟語 武士《ぶし》。兵士《へいし》。士農工商《しのうこうしょう》。❸ひと。熟語 博士《はくし》。❹ある資格《しかく》や技術《ぎじゅつ》を持《も》つ人《ひと》。熟語 運転士《うんてんし》。弁護士《べんごし》。

**し【士】** 名 ひと。例 同好《どうこう》の士が集《あつ》まる。

## し【子】 画数 3 部首 子(こ) 1年

音 シ ス 訓 こ

筆順 フ 了 子

❶こども。熟語 子孫《しそん》。子弟《してい》。女子《じょし》。子役《こやく》。❷男《おとこ》。熟語 子息《しそく》。王子《おうじ》。❸小《ちい》さいもの。熟語 原子《げんし》。電子《でんし》。❹ある言葉《ことば》の下《した》につけて使《つか》う言葉《ことば》。熟語 調子《ちょうし》。帽子《ぼうし》。様子《ようす》。

**し【子】** 名 立派《りっぱ》な人《ひと》、特《とく》に、中国《ちゅうごく》の孔子《こうし》を敬《うやま》って言《い》う呼《よ》び方《かた》。例 子いわく、吾《わ》れ十有五《じゅうゆうご》にして学《がく》に志《こころざ》す。

## し【支】 画数 4 部首 支(し) 5年

音 シ 訓 ささ-える

筆順 一 十 支 支

❶えだ。もとから分《わ》かれ出《て》る。また、分《わ》かれ出《て》たもの。熟語 支店《してん》。支流《しりゅう》。❷ささえる。熟語 支持《しじ》。支柱《しちゅう》。❸しはらう。熟語 支出《ししゅつ》。収支《しゅうし》。対 収《しゅう》。❹全体《ぜんたい》をまとめる。熟語 支配《しはい》。❺さしつかえる。熟語 支障《ししょう》。

《訓の使い方》**ささ-える** 例 棒《ぼう》で支える。

## し【止】 画数 4 部首 止(とめる) 2年

音 シ 訓 と-まる と-める

筆順 丨 卜 止 止

とまる。とめる。やめる。熟語 止血《しけつ》。休止《きゅうし》。禁止《きんし》。中止《ちゅうし》。防止《ぼうし》。

《訓の使い方》**と-まる** 例 車《くるま》が止まる。**と-める** 例 息《いき》を止める。

## し【氏】 画数 4 部首 氏(うじ) 4年

音 シ 訓 △うじ

筆順 氏 氏 氏 氏

❶みょうじ。家柄《いえがら》。熟語 氏族《しぞく》。氏名《しめい》。姓氏《せいし》。氏神《うじがみ》。❷人《ひと》の名前《なまえ》などのあとにつけて、敬《うやま》う気持《きも》ちを表《あらわ》す。例 鈴木氏《すずきし》。

**し【氏】** 名 その人《ひと》を丁寧《ていねい》に指《さ》して言《い》う言葉《ことば》。例 氏にひと言《こと》お伝《つた》えください。

## し【仕】 画数 5 部首 亻(にんべん) 3年

音 シ ジ 訓 つか-える

筆順 ノ 亻 什 仕

❶役目《やくめ》につく。つかえる。熟語 仕官《しかん》。奉仕《ほうし》。給仕《きゅうじ》。❷ものごとをする。行《おこな》う。熟語 仕方《しかた》。仕事《しごと》。仕業《しわざ》。

《訓の使い方》**つか-える** 例 殿様《とのさま》に仕える。

## し【史】 画数 5 部首 口(くち) 5年

音 シ 訓 —

筆順 史 史 史 史

昔《むかし》の出来事《できごと》や、移《うつ》り変《か》わり。また、その記録《きろく》。熟語 史実《しじつ》。史上《しじょう》。史跡《しせき》。歴史《れきし》。日本史《にほんし》。

## し【司】 画数 5 部首 口(くち) 4年

音 シ 訓 —

筆順 司 司 司 司

役目《やくめ》を受《う》け持《も》つ。とりしきる。また、その人《ひと》。熟語 司会《しかい》。司書《ししょ》。司法《しほう》。上司《じょうし》。

## し【四】 画数 5 部首 囗(くにがまえ) 1年

音 シ 訓 よ よ-つ よっ-つ よん

筆順 丨 冂 四 四

❶よっつ。よん。熟語 四季《しき》。四辺形《しへんけい》。四捨五入《ししゃごにゅう》。❷ほうぼう。熟語 四散《しさん》。四方八方《しほうはっぽう》。

**し【四】** 名〔数《かず》を表《あらわ》す言葉《ことば》。〕よっつ。よん。例

あいうえお かきくけこ さしすせそ たちつてと なにぬねの はひふへほ まみむめも やゆよ らりるれろ わをん



百人一首 今来《いまこ》む《ん》といひ《い》しばかりに長月《ながつき》の有《あ》り明《あ》けの月《つき》を待《ま》ち出《い》でつるかな　素性法師《そせいほうし》

四匹《ひき》。二《に》四が八《はち》。

## し【市】 画数 5 部首 巾（はば） 2年

音 シ 訓 いち

筆順 市

❶物《もの》を売《う》り買《か》いする所《ところ》。いち。熟語 市場《しじょう》・市《いち》場《ば》。❷大《おお》きなまち。熟語 市街《しがい》。市内《しない》。市民《しみん》。都《と》市《し》。

し【市】名 地方公共団体《ちほうこうきょうだんたい》の一《ひと》つ。市《し》としての制度《せいど》をしいている大《おお》きなまち。例 市の職員《しょくいん》。

## し【矢】 画数 5 部首 矢（や） 2年

音 ジ 訓 や

筆順 矢

や。熟語 一矢《いっし》「一《いっ》矢《し》を報《むく》いる」。矢面《やおもて》。矢《や》印《じるし》。弓矢《ゆみや》。

## し【死】 画数 6 部首 歹（がつへん） 3年

音 シ 訓 し-ぬ

筆順 死

❶命《いのち》がなくなる。熟語 死去《しきょ》。死亡《しぼう》。生死《せいし》。戦《せん》死《し》。対 生《せい》。❷命《いのち》がけ。熟語 死守《ししゅ》。死力《しりょく》。❸役《やく》に立《た》たない。熟語 死角《しかく》。死語《しご》。❹（野《や》球《きゅう》・ソフトボールで）アウト。例 二《に》死満塁《まんるい》。

《訓の使い方》**し-ぬ** 例 病《びょう》気《き》で死ぬ。

し【死】名 命《いのち》がなくなること。例 愛犬《あいけん》の死を悲《かな》しむ。

## し【糸】 画数 6 部首 糸（いと） 1年

音 シ 訓 いと

筆順 糸

いと。熟語 絹《けん》糸《し》・絹《きぬ》糸《いと》。製糸《せいし》。糸口《いとぐち》。生《き》糸《いと》。

## し【至】 画数 6 部首 至（いたる） 6年

音 シ 訓 いた-る

筆順 至

❶この上《うえ》なく。熟語 至急《しきゅう》。至難《しなん》。❷そこまで行《い》き着《つ》く。熟語 夏至《げし》。冬至《とうじ》。必至《ひっし》。

《訓の使い方》**いた-る** 例 京《きょう》都《と》に至る道《みち》。

## し【志】 画数 7 部首 心（こころ） 5年

音 シ 訓 こころざ-す こころざし

筆順 志

心《こころ》に決《き》めて目《め》指《ざ》す。熟語 志願《しがん》。志望《しぼう》。意志《いし》。

《訓の使い方》**こころざ-す** 例 画家《がか》を志す。

## し【私】 画数 7 部首 禾（のぎへん） 6年

音 シ 訓 わたくし わたし

筆順 私

❶自分《じぶん》を指《さ》す言葉《ことば》。わたくし。わたし。熟語 私《し》語《ご》。私利《しり》私欲《しよく》。❷（社会《しゃかい》に対《たい》して）個《こ》人《じん》の。民間《みんかん》の。熟語 私鉄《してつ》。私用《しよう》。公私《こうし》。対 公《こう》。

## し【使】 画数 8 部首 亻（にんべん） 3年

音 シ 訓 つか-う

筆順 使

❶つかう。熟語 使役《しえき》。使途《しと》。使用《しよう》。❷つかい。熟語 使者《ししゃ》。使節《しせつ》。使命《しめい》。大使《たいし》。

《訓の使い方》**つか-う** 例 道具《どうぐ》を使う。

## し【始】 画数 8 部首 女（おんなへん） 3年

音 シ 訓 はじ-める はじ-まる

筆順 始

はじめる。はじまる。熟語 始業《しぎょう》。開始《かいし》。対 終《しゅう》。

《訓の使い方》**はじ-める** 例 勉強《べんきょう》を始める。**はじ-まる** 例 学校《がっこう》が始まる。

## し【姉】 画数 8 部首 女（おんなへん） 2年

音 ジ 訓 あね

筆順 姉

あね。熟語 姉妹《しまい》。対 妹《まい》。

## し【枝】 画数 8 部首 木（きへん） 5年

音 ジ 訓 えだ

筆順 枝

あいうえお かきくけこ さしすせそ たちつてと なにぬねの はひふへほ まみむめも やゆよ らりるれろ わをん

[歌の意味] 吹《ふ》くとすぐ草木《くさき》がしおれるので、なるほどそれで山風《やまかぜ》を「嵐《あらし》」と言《い》うのであろう。

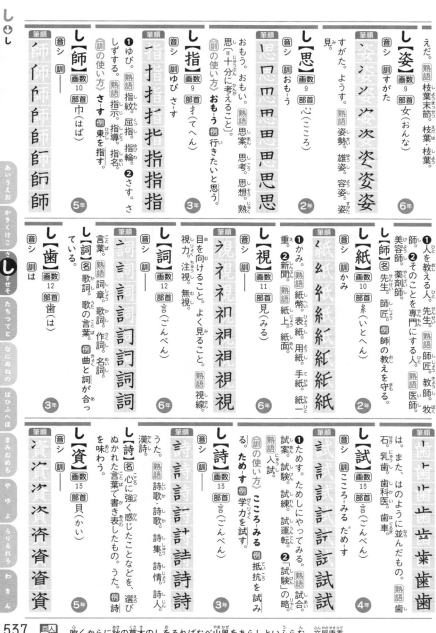

えだ。熟語 枝葉末節《しようまっせつ》。枝葉《えだは》・枝葉《しよう》。

## し【姿】 画数 9 部首 女(おんな) 6年

音 シ 訓 すがた

筆順

すがた。ようす。熟語 姿勢《しせい》。雄姿《ゆうし》。容姿《ようし》。姿見《すがたみ》。

## し【思】 画数 9 部首 心(こころ) 2年

音 シ 訓 おも-う

筆順

おもう。おもい。熟語 思案《しあん》。思考《しこう》。思想《しそう》。熟思《じゅくし》(=十分《じゅうぶん》に考《かんが》えること)。

《訓の使い方》**おも-う** 例 行《い》きたいと思う。

## し【指】 画数 9 部首 扌(てへん) 3年

音 シ 訓 ゆび さ-す

筆順

❶ゆび。熟語 指紋《しもん》。屈指《くっし》。指輪《ゆびわ》。❷さす。さしずする。熟語 指示《しじ》。指導《しどう》。指名《しめい》。

《訓の使い方》**さ-す** 例 東《ひがし》を指す。

## し【師】 画数 10 部首 巾(はば) 5年

音 シ 訓 —

筆順

❶人《ひと》を教《おし》える人《ひと》。先生《せんせい》。熟語 師匠《ししょう》。教師《きょうし》。牧《ぼく》師。❷そのことを専門《せんもん》にする人《ひと》。熟語 医師《いし》。美容師《びようし》。薬剤師《やくざいし》。

し【師】名 先生《せんせい》。師匠《ししょう》。例 師の教《おし》えを守《まも》る。

## し【紙】 画数 10 部首 糸(いとへん) 2年

音 シ 訓 かみ

筆順

❶かみ。熟語 紙幣《しへい》。表紙《ひょうし》。用紙《ようし》。手紙《てがみ》。紙一重《かみひとえ》。❷新聞《しんぶん》。熟語 紙上《しじょう》。紙面《しめん》。

## し【視】 画数 11 部首 見(みる) 6年

音 シ 訓 —

筆順

目《め》を向《む》けること。よく見《み》ること。熟語 視線《しせん》。視力《しりょく》。注視《ちゅうし》。無視《むし》。

## し【詞】 画数 12 部首 言(ごんべん) 6年

音 シ 訓 —

筆順

言葉《ことば》。熟語 詞章《ししょう》。歌詞《かし》。作詞《さくし》。名詞《めいし》。

し【詞】名 歌詞《かし》。歌《うた》の言葉《ことば》。例 曲《きょく》と詞が合《あ》っている。

## し【歯】 画数 12 部首 歯(は) 3年

音 シ 訓 は

筆順

は。また、はのように並《なら》んだもの。熟語 歯《し》石《せき》。乳歯《にゅうし》。歯科医《しかい》。歯車《はぐるま》。

## し【試】 画数 13 部首 言(ごんべん) 4年

音 シ 訓 こころ-みる ため-す

筆順

❶ためす。ためしにやってみる。熟語 試合《しあい》。試案《しあん》。試験《しけん》。試練《しれん》。試運転《しうんてん》。❷「試験《しけん》」の略《りゃく》。熟語 入試《にゅうし》。

《訓の使い方》**こころ-みる** 例 抵抗《ていこう》を試みる。**ため-す** 例 学力《がくりょく》を試す。

## し【詩】 画数 13 部首 言(ごんべん) 3年

音 シ 訓 —

筆順

うた。熟語 詩歌《しいか》・詩歌《しか》。詩集《ししゅう》。詩情《しじょう》。詩人《しじん》。漢詩《かんし》。

し【詩】名 心《こころ》に強《つよ》く感《かん》じたことなどを、選《えら》びぬかれた言葉《ことば》で書《か》き表《あらわ》したもの。うた。例 詩を味《あじ》わう。

## し【資】 画数 13 部首 貝(かい) 5年

音 シ 訓 —

筆順

❶もとになるもの。熟語 資源《しげん》。資料《しりょう》。物資《ぶっし》。❷生《う》まれつき。熟語 資質《ししつ》。

## し【飼】画数 13 部首 食（しょくへん） 5年

音 シ 訓 か-う

筆順

かう。動物《どうぶつ》にえさを与《あた》えて育《そだ》てる。熟語 飼育《しいく》。飼料《しりょう》。

《訓の使い方》**か-う** 例 牛《うし》を飼う。

## し【誌】画数 14 部首 言（ごんべん） 6年

音 シ 訓 ―

筆順

書《か》き記《しる》す。また、書《か》き記《しる》したもの。熟語 誌面《しめん》。雑誌《ざっし》。日誌《にっし》。週刊誌《しゅうかんし》。

## し【旨】画数 6 部首 日（ひ）

音 シ 訓 むね

考《かんが》えの内容《ないよう》。熟語 趣旨《しゅし》。要旨《ようし》。例 その旨《むね》を伝《つた》える。

## し【伺】画数 7 部首 亻（にんべん）

音 シ 訓 うかが-う

うかがう。おたずねする。例 進退伺《しんたいうかが》い。

## し【刺】画数 8 部首 刂（りっとう）

音 シ 訓 さ-す さ-さる

❶さす。つきさす。ささる。熟語 刺激《しげき》。例 とげが刺《さ》さる。❷そしる。なじる。熟語 風刺《ふうし》。❸名札《なふだ》。熟語 名刺《めいし》。❹とげ。熟語 有刺鉄線《ゆうしてっせん》（＝とげのある針金《はりがね》）。

## し【祉】画数 8 部首 ネ（しめすへん）

音 シ 訓 ―

さいわい。めぐみ。熟語 福祉《ふくし》。

## し【肢】画数 8 部首 月（にくづき）

音 シ 訓 ―

❶手足《てあし》。人《ひと》の手足《てあし》や動物《どうぶつ》の足《あし》。熟語 肢体《したい》（＝手《て》足《あし》や体《からだ》）。❷枝分《えだわ》かれしたところ。熟語 選択肢《せんたくし》。

## し【施】画数 9 部首 方（ほうへん）

音 シ セ 訓 ほどこ-す

❶実際《じっさい》に行《おこな》う。熟語 施工《しこう》・施工《せこう》。施設《しせつ》。実施《じっし》。例 治療《ちりょう》を施《ほどこ》す。❷めぐみあたえる。ほどこし。熟語 布施《ふせ》（＝お坊《ぼう》さんにあげるお金《かね》や品物《しなもの》）。例 恩恵《おんけい》を施《ほどこ》す。

## し【恣】画数 10 部首 心（こころ）

音 シ 訓 ―

勝手気《かってき》まま。熟語 恣意的《しいてき》（＝勝手気《かってき》ままなようす）。

## し【脂】画数 10 部首 月（にくづき）

音 シ 訓 あぶら

❶動物性《どうぶつせい》のあぶら。熟語 脂肪《しぼう》。油脂《ゆし》。例 脂《あぶら》ぎった顔《かお》。❷木《き》の幹《みき》などから出《で》るねばりけのある液《えき》。やに。熟語 樹脂《じゅし》。

## し【紫】画数 12 部首 糸（いと）

音 シ 訓 むらさき

赤《あか》と青《あお》の混《ま》じった色《いろ》。むらさき。熟語 紫外線《しがいせん》。

## し【嗣】画数 13 部首 口（くち）

音 シ 訓 ―

あとをつぐ。熟語 嗣子《しし》（＝あとつぎ）。

## し【雌】画数 14 部首 隹（ふるとり）

音 シ 訓 め めす

動物《どうぶつ》や植物《しょくぶつ》のめす。熟語 雌雄《しゆう》。例 雌《め》しべ。対 雄《ゆう》。

## し【摯】画数 15 部首 手（て）

音 シ 訓 ―

しっかりと手《て》に持《も》つ。熟語 真摯《しんし》（＝まじめでひたむきなこと）。

## し【賜】画数 15 部首 貝（かいへん）

音 シ 訓 たまわ-る

たまわる。くださる。いただく。目上《めうえ》の者《もの》が物《もの》を与《あた》える。熟語 賜杯《しはい》（＝天皇《てんのう》や皇族《こうぞく》が競技《きょうぎ》などで優勝《ゆうしょう》した人《ひと》に与《あた》えるカップ）。例 お言葉《ことば》を賜《たまわ》る。

[歌の意味] 月《つき》を見《み》るともの悲《がな》しくなる。わたし一人《ひとり》だけの秋《あき》ではないのに。

**し【諮】** 画数 16 部首 言(ごんべん)

音 シ 訓 はか-る

上《うえ》の者《もの》が下《した》の者《もの》の意見《いけん》を聞《き》く。相談《そうだん》する。熟語 諮問《しもん》。例 問題《もんだい》を委員会《いいんかい》に諮《はか》る。

**し【示】** 熟語 図示《ずし》。↓じ【示】539ページ

**し【次】** 熟語 次第《しだい》。↓じ【次】539ページ

**し【自】** 熟語 自然《しぜん》。↓じ【自】539ページ

**し** 助 二《ふた》つ以上《いじょう》のことを並《なら》べて言《い》うときに使《つか》う言葉《ことば》。例 この店《みせ》はうまいし、安《やす》い。足《あし》は速《はや》いし、力《ちから》も強《つよ》い。

**じ【示】** 画数 5 部首 示(しめす) 5年

音 ジ シ 訓 しめ-す

筆順

見《み》せる。わからせる。熟語 示威《じい》。示談《じだん》。暗示《あんじ》。掲示《けいじ》。指示《しじ》。図示《ずし》。

《訓の使い方》 **しめ-す** 例 手本《てほん》を示す。

**じ【字】** 画数 6 部首 子(こ) 1年

音 ジ 訓 あざ

筆順

もじ。熟語 字句《じく》。字形《じけい》。字体《じたい》。赤字《あかじ》。活字《かつじ》。漢字《かんじ》。習字《しゅうじ》。数字《すうじ》。

**じ【字】** 名 ❶もじ。例 字が読《よ》めるようになる。❷漢字《かんじ》。例 さんずいへんのつく字を集《あつ》める。

**じ【寺】** 画数 6 部首 寸(すん) 2年

音 ジ 訓 てら

筆順

おてら。熟語 寺院《じいん》。寺社《じしゃ》。社寺《しゃじ》。国分寺《こくぶんじ》。寺子屋《てらこや》。

**じ【次】** 画数 6 部首 欠(あくび) 3年

音 ジ シ 訓 つ-ぐ つぎ

筆順

❶二番《にばん》め。熟語 次女《じじょ》。次点《じてん》。次男《じなん》。❷つぎ。熟語 次回《じかい》。次期《じき》。❸順序《じゅんじょ》。熟語 次第《しだい》。順次《じゅんじ》。逐次《ちくじ》。目次《もくじ》。

《訓の使い方》 **つ-ぐ** 例 兄《あに》に次いで速《はや》い。

**じ【耳】** 画数 6 部首 耳(みみ) 1年

音 ジ 訓 みみ

筆順

みみ。熟語 中耳《ちゅうじ》。耳鼻科《じびか》。

**じ【自】** 画数 6 部首 自(みずから) 2年

音 ジ シ 訓 みずか-ら

筆順

❶じぶん。みずから。❷ひとりでに。熟語 自我《じが》。自己《じこ》。自身《じしん》。自分《じぶん》。対 他《た》。熟語 自生《じせい》。自然《しぜん》。自動《じどう》。❸思《おも》うまま。熟語 自在《じざい》。自由《じゆう》。

《訓の使い方》 **みずか-ら** 例 自ら先頭《せんとう》に立《た》って行《おこな》う。

**じ【似】** 画数 7 部首 亻(にんべん) 5年

音 ジ 訓 に-る

筆順

にる。にせる。熟語 相似《そうじ》。類似《るいじ》。

《訓の使い方》 **に-る** 例 親に似る。似顔絵《にがおえ》。

**じ【児】** 画数 7 部首 儿(ひとあし) 4年

音 ジ ニ 訓 ―

筆順

❶子《こ》ども。熟語 児童《じどう》。幼児《ようじ》。育児《いくじ》。男児《だんじ》。小児《しょうに》。❷ひと。熟語 健児《けんじ》。参考 「鹿児島県《かごしまけん》」のようにも読《よ》む。

**じ【事】** 画数 8 部首 亅(はねぼう) 3年

音 ジ ズ 訓 こと

筆順

❶こと。ことがら。熟語 事件《じけん》。事実《じじつ》。事典《じてん》。工事《こうじ》。返事《へんじ》。好事家《こうずか》〔=ものずきな人《ひと》〕。❷しごと。熟語 事業《じぎょう》。事務《じむ》。家事《かじ》。用事《ようじ》。❸そのことをする人《ひと》。熟語 幹事《かんじ》。刑事《けいじ》。

**じ【治】** 画数 8 部首 氵(さんずい) 4年





百人一首 月見《つきみ》れば千々《ちぢ》にものこそ悲《かな》しけれわが身《み》ひとつの秋《あき》にはあらねど 大江千里《おおえのちさと》

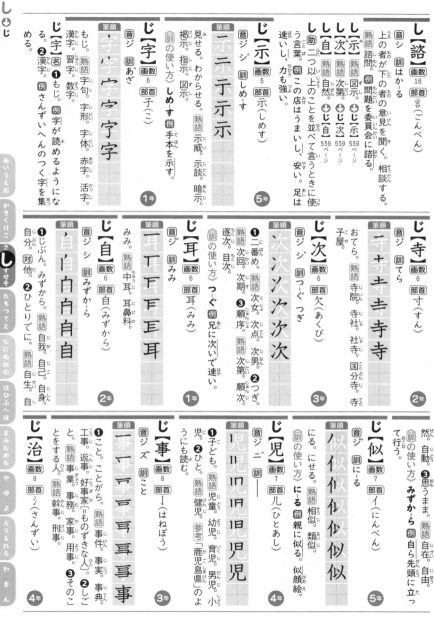

音 ジ チ
訓 おさ-める おさ-まる なお-る なお-す
筆順
❶おさめる。おさまる。なおる。なおす。熟語 治安《ちあん》。自治《じち》。政治《せいじ》。❷病気《びょうき》がよくなる。なおる。熟語 治療《ちりょう》。根治《こんち》。全治《ぜんち》。
《訓の使い方》おさ-める 例 国《くに》を治める。おさ-まる 例 国内《こくない》が治まる。なお-る 例 かぜが治る。なお-す 例 けがを治す。

**じ【持】** 画数 9 部首 扌(てへん) 3年
音 ジ 訓 も-つ
筆順
もつ。保《たも》つ。熟語 持参《じさん》。持続《じぞく》。持病《じびょう》。維持《いじ》。支持《しじ》。
《訓の使い方》も-つ 例 荷物《にもつ》を持つ。

**じ【時】** 画数 10 部首 日(ひへん) 2年
音 ジ 訓 とき
筆順
❶とき。熟語 時間《じかん》。時刻《じこく》。時代《じだい》。時報《じほう》。時流《じりゅう》。同時《どうじ》。❷そのとき。熟語 時価《じか》。❸時刻《じこく》の単位《たんい》。一日《いちにち》を二十四等分《にじゅうよんとうぶん》にしたもの。例 午後《ごご》一時《いちじ》。❹一時間《いちじかん》。熟語 時速《じそく》。毎時《まいじ》。

**じ【滋】** 画数 12 部首 氵(さんずい) 4年
音 ジ 訓 —
筆順
うるおう。栄養《えいよう》になる。熟語 滋養《じよう》。参考「滋《し》賀県《がけん》」のようにも読《よ》む。

**じ【辞】** 画数 13 部首 辛(からい) 4年
音 ジ 訓 や△める
筆順
❶言葉《ことば》。熟語 辞書《じしょ》。辞典《じてん》。祝辞《しゅくじ》。❷ことわる。やめる。熟語 辞職《じしょく》。辞退《じたい》。辞任《じにん》。⬇じする 557ページ
《訓の使い方》や-める 例 議員《ぎいん》を辞める。

**じ【辞】** 名 言葉《ことば》。特《とく》に、挨拶《あいさつ》の言葉《ことば》。例 開会《かいかい》の辞。

**じ【磁】** 画数 14 部首 石(いしへん) 6年
音 ジ 訓 —
筆順
❶鉄《てつ》を引《ひ》きつける性質《せいしつ》の物質《ぶっしつ》。熟語 磁界《じかい》。磁気《じき》。磁石《じしゃく》。磁針《じしん》。磁力《じりょく》。❷せともの。焼《や》き物《もの》。熟語 磁器《じき》。

**じ【侍】** 画数 8 部首 亻(にんべん)
音 ジ 訓 さむらい
❶えらい人《ひと》のそばにいて仕事《しごと》をする。熟語 侍従《じじゅう》(=天皇《てんのう》や皇太子《こうたいし》のそばで補佐《ほさ》する役《やく》の人《ひと》)。❷さむらい。武士《ぶし》。

**じ【慈】** 画数 13 部首 心(こころ)
音 ジ 訓 いつく-しむ
いつくしむ。だいじにしてかわいがる。熟語 慈愛《じあい》。慈善《じぜん》。慈悲《じひ》。例 子《こ》を慈《いつく》しむ。

**じ【餌(餌)】** 画数 15 部首 飠(しょくへん)
音 ジ 訓 えさ え
えさ。動物《どうぶつ》の食《た》べ物《もの》。熟語 食餌《しょくじ》(=(病気《びょうき》を治《なお》すのに役立《やくだ》つ)食《た》べ物《もの》)。餌食《えじき》。参考「餌《じ》」は、手書《てが》きではふつう「餌《じ》」と書《か》く。

**じ【璽】** 画数 19 部首 玉(たま)
音 ジ 訓 —
天子《てんし》の印《いん》。はんこ。熟語 御璽《ぎょじ》(=天皇《てんのう》の印《いん》)。

**じ【仕△】** 熟語 給仕《きゅうじ》。⬇し【仕】535ページ

**じ【除△】** 熟語 掃除《そうじ》。⬇じょ【除】619ページ

**じ【地】** 名 ❶地面《じめん》。その土地《とち》。例 雨降《あめふ》って地固《かた》まる。❷元《もと》からのもの。例 白《しろ》い地《じ》に模様《もよう》をかく。地が出《で》る。❸小説《しょうせつ》や物語《ものがたり》で、会話《かいわ》でないところ。例 地の文《ぶん》。⬇ち【地】819ページ

**地《じ》でいく** ❶かざらずに、ありのままにふるまう。❷現実《げんじつ》に行《おこな》う。例 小説《しょうせつ》を地でいくようなおもしろさ。

**じ【路】** 〔ある言葉《ことば》のあとにつけて〕みち。例 旅路《たびじ》。木曽路《きそじ》。⬇ろ【路】1410ページ

**◦しあい【試合】** 名 動する 運動競技《うんどうきょうぎ》や武道《ぶどう》で、勝《か》ち負《ま》けを争《あらそ》うこと。勝負《しょうぶ》。例 となりの学《がっ》

[歌の意味] この旅《たび》ではお供《そな》え物《もの》のぬさも準備《じゅんび》できなかったけれど、錦《にしき》のように美《うつく》しい紅葉《もみじ》を、神《かみ》のみ心《こころ》のままお供《そな》えします。注 このたび=「この度《たび》」と「この旅《たび》」の掛《か》け詞《ことば》。

校《こう》との対抗試合《たいこうじあい》。

**じあい【自愛】** 名 動・する 自分《じぶん》の体《からだ》に気《き》をつけること。例 寒《さむ》さの折《おり》から、ご自愛ください。参考 おもに手紙《てがみ》の終《お》わりに使《つか》う。

**じあい【慈愛】** 名 やさしく包《つつ》みこむような愛《あい》。例 慈愛に満《み》ちた言葉《ことば》。

**しあがり【仕上がり】** 名 できあがったぐあい。例 仕上がりがいい。

**しあがる【仕上がる】** 動 できあがる。例 作品《さくひん》が仕上がる。

**しあげ【仕上げ】** 名 ❶作《つく》り上《あ》げること。例 仕上げを急《いそ》ぐ。❷仕事《しごと》のできあがり。例 仕上げがいい。❸最後《さいご》の手入《てい》れ。例 工作《こうさく》の仕上げにかかる。

**しあげる【仕上げる】** 動 仕事《しごと》をやり終《お》える。例 十日《とおか》かかって仕上げる。

**しあさって** 名 あさっての次《つぎ》の日《ひ》。参考「やのあさって」という地方《ちほう》もある。

**シアター**〔英語 theater〕名 映画館《えいがかん》。劇場《げきじょう》。

✤**じあまり【字余り】** 名 和歌《わか》・俳句《はいく》などの定《てい》型詩《けいし》で、決《き》まりの五音《ごおん》や七音《しちおん》より音数《おんすう》が多《おお》いこと。参考「枯《か》れ枝《えだ》にからすのとまりけり秋《あき》の暮《くれ》」（松尾芭蕉《まつおばしょう》）は、五七五《ごしちご》が五九五《ごきゅうご》になって、字余《じあま》りである。

°**しあわせ【幸せ】** 名 形動 十分《じゅうぶん》に満足《まんぞく》している状態《じょうたい》。幸福《こうふく》。例 何不自由《なにふじゆう》のない幸せな生活《せいかつ》を送《おく》る。対 不幸《ふしあわ》せ。⇩**こう【幸】** 424ページ

**しあん【私案】** 名 自分《じぶん》だけの考《かんが》えや計画《けいかく》。例 私案を述《の》べる。

**しあん【思案】** 名 動・する ❶あれやこれやと、考《かんが》えること。例 あれこれと思案する。❷心《しん》配《ぱい》。例 思案の種《たね》。

**思案《しあん》に余《あま》る** いくら考《かんが》えても、よい考《かんが》えが出《で》ない。考《かんが》えつかない。例 思案に余って先生《せんせい》に相談《そうだん》する。

**思案《しあん》にくれる** どうしてよいかわからなくて、迷《まよ》う。例 予定《よてい》がくるって思案にくれる。

**しあん【試案】** 名 ためしに出《だ》す考《かんが》えや計画《けいかく》。例 まだ試案にすぎない。

**シー【C・c】** 一〔数字《すうじ》のあとにつけて〕セ氏《し》の温度《おんど》を表《あらわ》す記号《きごう》。二 名 ビタミンの一《ひと》つ。

**しい【椎】** 名 暖《あたた》かい地方《ちほう》に生《は》える常緑《じょうりょく》の高《こう》木《ぼく》。実《み》は、どんぐりの形《かたち》に似《に》て、食《た》べられる。

**じい【示威】** 名 動・する 力《ちから》や勢《いきお》いを人《ひと》に示《しめ》すこと。例 示威行動《こうどう》。

**じい【辞意】** 名 仕事《しごと》や役目《やくめ》などを、やめようという気持《きも》ち。例 辞意をもらす。

**シーエー【CA】** 名 ⇩きゃくしつじょうむいん 320ページ

**シーエーティーブイ【CATV】** 名 ⇩ケーブルテレビ 396ページ

**ジーエヌピー【GNP】** 名〔「国全体《くにぜんたい》の生《せい》産《さん》」という意味《いみ》の英語《えいご》の頭文字《かしらもじ》。〕⇩こくみんそうせいさん 457ページ

**シーエム【CM】** 名 ⇩コマーシャル 481ページ

**シーオーツー【$CO_2$】** 名 ⇩にさんかたんそ 986ページ

✤**しいか【詩歌】** 名〔「しか」ともいう。〕詩《し》と歌《うた》。詩《し》・短歌《たんか》・俳句《はいく》などをまとめていう言葉《ことば》。参考 もとは、漢詩《かんし》と和歌《わか》のこと。

**しいく【飼育】** 名 動・する 動物《どうぶつ》を飼《か》って育《そだ》てること。例 ウサギを飼育する。

**シーシー** 名 メートル法《ほう》で、体積《たいせき》の単位《たんい》の一《ひと》つ。一《いち》シーシーは、一立方《いちりっぽう》センチメートル。記号《きごう》は「cc」。

**シージー【CG】** 名 ⇩コンピューターグラフィックス 492ページ

**じいしき【自意識】** 名 自分自身《じぶんじしん》についての意識《いしき》。例 自意識が強《つよ》い。

**シーズン**〔英語 season〕名 ❶季節《きせつ》。❷あることを行《おこな》うのにもっともよい時期《じき》。例 海水浴《かいすいよく》のシーズン。

**シーズンオフ** 名〔日本《にっぽん》でできた英語《えいご》ふうの言葉《ことば》。〕試合《しあい》やもよおし物《もの》が行《おこな》われない時《じ》期《き》。オフシーズン。例 シーズンオフのホテルは安《やす》い。

**ジーゼルエンジン**〔英語 diesel engine〕名 ⇩ディーゼルエンジン 873ページ

**シーソー**〔英語 seesaw〕名 中心《ちゅうしん》になる台《だい》の上《うえ》に長《なが》い板《いた》をのせ、その両《りょう》はしに人《ひと》が乗《の》って、上《あ》がり下《さ》がりする遊《あそ》び道具《どうぐ》。

**シーソーゲーム**〔英語 seesaw game〕名 点《てん》を取《と》ったり取《と》られたりして、どちらが勝《か》つかわからないゲーム。

**しいたけ【椎茸】** 名 シイやナラのかれ木《き》に生《は》えるキノコ。食用《しょくよう》にする。⇩きのこ 315ページ

あいうえお かきくけこ さ し すせそ たちつてと なにぬねの はひふへほ まみむめも や ゆ よ らりるれろ わ を ん


百人一首 このたびは幣《ぬさ》も取《と》りあへず手向山《たむけやま》紅葉《もみじ》の錦《にしき》神《かみ》のまにまに　菅原道真《すがわらのみちざね》

**しいたげる【虐げる】** 動 ひどい扱《あつか》いをして苦《くる》しめる。 例 動物《どうぶつ》を虐げる。 ⇩ **ぎゃく【虐】** 320ページ

**シーツ** 〔英語 sheet〕 名 しきぶとんやベッドの上《うえ》にしく布《ぬの》。しきふ。

**しいて【強いて】** 副 無理《むり》に。 例 雨《あめ》なら、しいて出《で》かけなくてもよい。

**シーディー【CD】** 名 ■一 〔英語《えいご》の「コンパクトディスク」の頭文字《かしらもじ》。〕音声《おんせい》などの情報《じょうほう》を特別《とくべつ》な信号《しんごう》にして記録《きろく》する円盤《えんばん》。 ■二 〔英語《えいご》の「キャッシュディスペンサー」の頭文字《かしらもじ》。〕現《げん》金自動支払機《きんじどうしはらいき》。

**ジーディーピー【GDP】** 名 〔「国内《こくない》の生産《せいさん》」という意味《いみ》の英語《えいご》の頭文字《かしらもじ》。〕 ⇩ こくないそうせいさん 456ページ

**シート** 〔英語 seat〕 名 座席《ざせき》。いす。 例 シートベルト。

**シート** 〔英語 sheet〕 名 ❶一枚《いちまい》の紙《かみ》。 例 切手《きって》シート。 ❷おおいなどに使《つか》う大《おお》きな布《ぬの》。 例 車《くるま》にシートをかける。

**シード** 〔英語 seed〕 名 動する トーナメント方《ほう》式《しき》の試合《しあい》で、強《つよ》い者《もの》どうしが最初《さいしょ》から当《あ》たらないように組《く》み合《あ》わせを作《つく》ること。 例 去年《きょねん》の上位《じょうい》チームがシードされた。

**シートベルト** 〔英語 seat belt〕 名 自動車《じどうしゃ》や飛行機《ひこうき》などの座席《ざせき》に、安全《あんぜん》のためについている、体《からだ》を固定《こてい》するベルト。

**シートン** 人名 (男)(一八六〇〜一九四六)アメリカの文学者《ぶんがくしゃ》。動物《どうぶつ》を観察《かんさつ》して、「シートン動物記《どうぶつき》」を書《か》いた。

**ジーパン** 名 〔日本《にっぽん》でできた英語《えいご》ふうの言《こと》葉《ば》。〕もめんで作《つく》られた、丈夫《じょうぶ》なパンツ。 参考 英語《えいご》のジーンズとパンツを組《く》み合《あ》わせて作《つく》った言葉《ことば》。

**ジーピーエス【GPS】** 名 〔「全地球測《ぜんちきゅうそく》位《い》システム」という意味《いみ》の英語《えいご》の頭文字《かしらもじ》。〕人《じん》工衛星《こうえいせい》を利用《りよう》して、今《いま》いる地球上《ちきゅうじょう》の位置《いち》を正確《せいかく》に測《はか》るしくみ。カーナビなどに使《つか》われる。

**ジープ** 〔英語 jeep〕 名 坂道《さかみち》や荒《あ》れ地《ち》を走《はし》るのに適《てき》した自動車《じどうしゃ》。商標名《しょうひょうめい》。

**シーフード** 〔英語 seafood〕 名 海《うみ》でとれる食《しょく》品《ひん》。魚介類《ぎょかいるい》・海藻《かいそう》など。また、それらを使《つか》った料理《りょうり》。 例 シーフードカレー。

**シーボルト** 人名 (男)(一七九六〜一八六六)ドイツ人《じん》の医者《いしゃ》。江戸時代末《えどじだいまつ》に長崎《ながさき》オランダ商館《しょうかん》の医師《いし》として来日《らいにち》し、塾《じゅく》をひらいて医学《いがく》や生物学《せいぶつがく》を教《おし》えた。

**ジーマーク【Gマーク】** 名 ❶よいデザインに選《えら》ばれた物《もの》に贈《おく》られるマーク。 ❷物《もの》を運《はこ》ぶ仕事《しごと》を安全《あんぜん》におこなっている会社《かいしゃ》に与《あた》えられるマーク。 ⇩ マーク❶ 1222ページ

**ジーメン【Gメン】** 名 麻薬《まやく》などの取《と》りしまりにあたる捜査官《そうさかん》。 参考 もともとは、アメリカの連邦捜査局《れんぽうそうさきょく》の捜査官《そうさかん》のこと。

**シーラカンス** 名 六千万年前《ろくせんまんねんまえ》に絶滅《ぜつめつ》したと考《かんが》えられていた深海魚《しんかいぎょ》。二十世紀《にじっせいき》になって、アフリカで生《い》きたものが発見《はっけん》された。「生《い》きた化石《かせき》」といわれる。

〔シーラカンス〕

**◦しいる【強いる】** 動 無理《むり》にやらせる。 例 勉強《べんきょう》を強いる。 ⇩ **きょう【強】** 332ページ

**シール** 〔英語 seal〕 名 ❶封筒《ふうとう》などの、閉《と》じたところにはる紙《かみ》。 ❷かざりや目印《めじるし》に使《つか》う、絵《え》や模様《もよう》のついた小《ちい》さな紙《かみ》。

**しいれ【仕入れ】** 名 商品《しょうひん》や原材料《げんざいりょう》を買《か》い入《い》れること。

**しいれる【仕入れる】** 動 ❶仕入《しい》れをする。 例 材料《ざいりょう》を仕入れる。 ❷自分《じぶん》のものにする。 例 前《まえ》もって情報《じょうほう》を仕入れる。

**じいろ【地色】** 名 紙《かみ》や布《ぬの》などで、模様《もよう》がない部分《ぶぶん》の色《いろ》。地《じ》の色《いろ》。

✤**しいん【子音】** 名 〔国語《こくご》で〕くちびる・歯《は》・舌《した》などで、息《いき》の通《とお》り道《みち》をせばめたり、閉《と》じたりして発音《はつおん》する音《おん》。母音《ぼいん》(アイウエオ)以外《いがい》の音《おん》。しおん。 対 母音《ぼいん》。

**しいん【死因】** 名 死《し》んだ原因《げんいん》。

**シーン** 〔英語 scene〕 名 ❶映画《えいが》・劇《げき》などの場《ば》面《めん》。 例 ラストシーン。 ❷光景《こうけい》。 例 劇的《げきてき》なシーン。

**じいん【寺院】** 名 てら。仏教《ぶっきょう》やキリスト教《きょう》・イスラム教《きょう》などの建物《たてもの》。

**ジーンズ** 〔英語 jeans〕 名 あや織《お》りの丈夫《じょうぶ》なもめんの布《ぬの》。また、それで作《つく》った衣服《いふく》。

**じう【慈雨】** 名 作物《さくもつ》が育《そだ》つころに降《ふ》る、めぐ

み の 雨《あめ》。

**しうち【仕打ち】** 名 人《ひと》に対《たい》する、やり方《かた》やふるまい。例 ひどい仕打ちを受《う》ける。参考 ふつう、悪《わる》い意味《いみ》で使《つか》う。

**しうんてん【試運転】** 名 動-する 乗《の》り物《もの》や機械《きかい》を、ためしに動《うご》かしてみること。例 新型《しんがた》車両《しゃりょう》の試運転を行《おこな》う。

例解 ! ことばの勉強室

**子音《しいん》について**

日本語《にほんご》の子音《しいん》はふつう、五《いつ》つの母音《ぼいん》「アイウエオ」のどれかと組《く》みになって発《はっ》音《おん》される。

口《くち》を「ス」と発音《はつおん》するときの形《かたち》で、息《いき》だけを出《だ》してみよう。これが子音《しいん》の一《ひと》つである。

それに「ア」をつけて発音《はつおん》すると、「さ」の音《おん》となる。

次《つぎ》に、「イ」「ウ」「エ」「オ」をつけて発《はっ》音《おん》するとどうだろう。「し」「す」「せ」「そ」の音《おん》となるだろう。

ローマ字《じ》を見《み》ると、このことがよくわかる。

さ し す せ そ
sa si su se so

母《ぼ》音《いん》(a i u e o)の前《まえ》についている「s」が、子《し》音《いん》を表《あらわ》す部《ぶ》分《ぶん》である。

**シェア**〔英語 share〕 一 名 出回《でまわ》っている同《おな》じ種類《しゅるい》の品物《しなもの》の中《なか》で、その品物《しなもの》がしめる割合《わりあい》。例 わが社《しゃ》のカメラのシェアが広《ひろ》がった。 二 名 動-する いっしょに所有《しょゆう》すること。分《わ》け合《あ》うこと。例 パスタをシェアする。

**シェアハウス** 名〔日本《にっぽん》でできた英語《えいご》ふうの言葉《ことば》。〕一《ひと》つの家《いえ》を何人《なんにん》かで共有《きょうゆう》して利用《りよう》すること。また、その家《いえ》。

**しえい【市営】** 名 市《し》が事業《じぎょう》を営《いとな》むこと。例 市営のバス。

**しえい【私営】** 名 個人《こじん》や民間《みんかん》の会社《かいしゃ》が事業《じぎょう》を営《いとな》むこと。対 公営《こうえい》。

**ジェイ【J・j】** 名 ⬇ジェー 543ページ

**じえい【自衛】** 名 動-する 自分《じぶん》の力《ちから》で、自分《じぶん》や自分《じぶん》の国《くに》を守《まも》ること。例 自衛のための方法《ほうほう》を考《かんが》える。

**ジェイアール【JR】** 名 ⬇ジェーアール 543ページ

**じえいたい【自衛隊】** 名 日本《にっぽん》の安全《あんぜん》を守《まも》るために、第二次世界大戦後《だいにじせかいたいせんご》に作《つく》られた防衛《ぼうえい》組織《そしき》。陸上《りくじょう》・海上《かいじょう》・航空《こうくう》に分《わ》かれる。

**ジェイピー【JP】** 名〔「日本郵便《にっぽんゆうびん》」という意味《いみ》の英語《えいご》の頭文字《かしらもじ》。〕日本郵便株式会社《にっぽんゆうびんかぶしきがいしゃ》。郵《ゆう》便局《びんきょく》、ゆうちょ銀行《ぎんこう》などのグループ企業《きぎょう》。

**ジェイリーグ【Jリーグ】** 名 ⬇ジェーリーグ 543ページ

**ジェー【J・j】** 名 日本《にっぽん》。例 Jリーグ。

**ジェーアール【JR】** 名〔「日本《にっぽん》」「鉄道《てつどう》」を表《あらわ》す英語《えいご》の頭文字《かしらもじ》。〕元《もと》の日本国有鉄道《にほんこくゆうてつどう》(国《こく》鉄《てつ》)を民営化《みんえいか》してできた鉄道《てつどう》。ジェイアール。

**ジェーアラート【Jアラート】** 名 すぐに避難《ひなん》する必要《ひつよう》があるなどの緊急《きんきゅう》の情報《じょうほう》を、すばやく住民《じゅうみん》に知《し》らせるシステム。全国《ぜんこく》瞬《しゅん》時警報《じけいほう》システム。

**ジェーエー【JA】** 名〔「農業協同組合《のうぎょうきょうどうくみあい》」という意味《いみ》の英語《えいご》の頭文字《かしらもじ》。〕⬇のうぎょうきょうどうくみあい 1011ページ

**ジェーオーシー【JOC】** 名〔「日本《にっぽん》オリンピック委員会《いいんかい》」という意味《いみ》の英語《えいご》の頭文《かしらも》字《じ》。〕日本《にっぽん》において、オリンピックの活動《かつどう》をおし進《すす》める組織《そしき》。

**シェークスピア** 人名 (男)(一五六四～一六一六)イギリスの詩《し》人《じん》・劇作家《げきさっか》。「ハムレット」「ロミオとジュリエット」「ベニスの商《しょう》人《にん》」などで有名《ゆうめい》。

〔シェークスピア〕

**ジェーリーグ【Jリーグ】** 名 日本《にっぽん》のプロサッカーのリーグのこと。ジェイリーグ。

✤**しえき【使役】** 名 動-する ❶人《ひと》などを使《つか》って何《なに》かをさせること。❷〔国語《こくご》で〕他《ほか》の人《ひと》に何《なに》かをさせるときの言《い》い方《かた》。「せる」「させる」をつけて言《い》う。「立《た》たせる」「受《う》けさせる」など。

**ジェスチャー**〔英語 gesture〕 名〔「ゼスチャー」ともいう。〕❶身《み》ぶり。手《て》まね。❷見《み》せかけだけの行《おこな》い。例 ジェスチャーばかりで実行《じっこう》しない。

**ジェットエンジン**〔英語 jet engine〕 名





百人一首 名《な》にし負《お》はば逢坂山《おうさかやま》のさねかづら人《ひと》に知《し》られでくるよしもがな　藤原定方《ふじわらのさだかた》

圧縮《あっしゅく》した空気《くうき》に、燃料《ねんりょう》をふきつけて爆発《ばくはつ》させ、できた気体《きたい》のふき出《だ》す力《ちから》で物《もの》を動《うご》かす仕《し》組《く》みのエンジン。

**ジェットき**【ジェット機《き》】㊔ ジェットエンジンで飛《と》ぶ飛行機《ひこうき》。

**ジェットきりゅう**【ジェット気流】㊔ 北緯《ほくい》三〇～四〇度辺《どあた》りで、一万《いちまん》メートルくらいの上空《じょうくう》をふいている強《つよ》い西風《にしかぜ》。

**ジェットコースター** ㊔〔日本《にっぽん》でできた英語《えいご》ふうの言葉《ことば》。〕遊園地《ゆうえんち》の乗《の》り物《もの》の一《ひと》つ。急《きゅう》な上《のぼ》り下《くだ》りやカーブのあるレールの上《うえ》を勢《いきお》いよく走《はし》る、小型《こがた》の列車《れっしゃ》。

**ジェネリックいやくひん**【ジェネリック医薬品】㊔ 新《あたら》しく作《つく》り出《だ》された薬《くすり》の特許期間《とっきょきかん》が切《き》れたあとに、それと同《おな》じ成分《せいぶん》で安《やす》く作《つく》られる医薬品《いやくひん》。後発医薬品《こうはついやくひん》。

**ジェネレーション**〔英語 generation〕㊔ 世代《せだい》。ある世代《せだい》の人々《ひとびと》。ゼネレーション。例 ジェネレーションギャップ。

**シェフ**〔フランス語〕㊔ 西洋料理《せいようりょうり》の料理長《りょうりちょう》。コック長《ちょう》。例 店《みせ》のシェフお勧《すす》めの料理《りょうり》。

**シェルター**〔英語 shelter〕㊔ 危険《きけん》から身《み》を守《まも》るための一時的《いちじてき》な避難所《ひなんじょ》。

**シェルパ**〔英語 Sherpa〕㊔ ネパールの山地《さんち》で暮《く》らす少数民族《しょうすうみんぞく》。ヒマラヤ登山《とざん》の案内人《あんないにん》として知《し》られる。

**しえん**【支援】㊔ 動-する 力《ちから》をそえて助《たす》けること。例 支援の手《て》をさしのべる。類 援助《えんじょ》。

**ジェンダー**〔英語 gender〕㊔ 肉体的《にくたいてき》な性別《せいべつ》ではなく、社会的《しゃかいてき》に決《き》められた男女《だんじょ》のちがいや役割《やくわり》。「男《おとこ》らしさ」「女《おんな》らしさ」など。

**ジェンナー** 人名（男）（一七四九～一八二三）イギリスの医者《いしゃ》。種痘《しゅとう》によって天然痘《てんねんとう》を予防《よぼう》する方法《ほうほう》を発明《はつめい》した。

°**しお**【塩】㊔ 白《しろ》くて舌《した》をさすような刺激《しげき》があるもの。海水《かいすい》や地中《ちちゅう》からとれる。味《あじ》つけや工業《こうぎょう》の原料《げんりょう》に使《つか》われる。⇩**えん**【塩】135ページ

**しお**【潮】㊔ ❶海《うみ》の水《みず》が、太陽《たいよう》や月《つき》の引力《いんりょく》によって、満《み》ち引《ひ》きする状態《じょうたい》。例 潮が引《ひ》く。❷海《うみ》の水《みず》。例 潮のかおり。❸何《なに》かをしたりやめたりするのに、ちょうどよい時《とき》。例 潮時《どき》。⇩**ちょう**【潮】837ページ

**しおあじ**【塩味】㊔ 塩《しお》の味《あじ》。また、食《た》べ物《もの》につけた塩《しお》の味《あじ》。

**しおかぜ**【潮風】㊔ 海《うみ》からふいてくる風《かぜ》。海上《かいじょう》をふく風《かぜ》。

**しおからい**【塩辛°い】形 塩《しお》の味《あじ》が強《つよ》く、舌《した》をさすような刺激《しげき》がある。

**しおくり**【仕送り】㊔ 動-する 生活《せいかつ》を助《たす》けるために、お金《かね》や物《もの》を送《おく》ること。また、そのお金《かね》や物《もの》。例 学費《がくひ》を仕送りする。

**しおけ**【塩気】㊔ 塩《しお》の味《あじ》。食《た》べ物《もの》などに含《ふく》まれている塩《しお》の分量《ぶんりょう》。例 塩気が足《た》りない。

**しおさい**【潮騒▲】㊔ 海《うみ》の水《みず》が満《み》ちてくるときに起《お》こる波《なみ》の音《おと》。

**しおしお** 副(-と) がっかりして、元気《げんき》のないようす。例 試合《しあい》に負《ま》けて、しおしおと帰《かえ》って来《く》る。

**しおだまり**【潮だまり】㊔ 潮《しお》が引《ひ》いた後《あと》でも、海水《かいすい》が残《のこ》っている岩場《いわば》のくぼみ。

**しおづけ**【塩漬°け】㊔ 野菜《やさい》・肉《にく》・魚《さかな》などを塩《しお》につけること。また、つけたもの。

**しおどき**【潮時】㊔ ❶海《うみ》の水《みず》が満《み》ちるとき。また、引《ひ》くとき。❷ちょうどよい時《とき》。例 引《ひ》き上《あ》げるには今《いま》が潮時だ。

**しおのみさき**【潮岬】地名 紀伊半島《きいはんとう》の南《みなみ》のはしにつき出《で》た岬《みさき》。

**しおのみち**【塩の道】㊔ 昔《むかし》、人《ひと》が歩《ある》いて塩《しお》を運《はこ》んだときにできた道《みち》。海《うみ》の沿岸《えんがん》と内陸《ないりく》を結《むす》んでいる。

**しおひがり**【潮干△狩°り】㊔ 海《うみ》の水《みず》が引《ひ》いたあとの砂浜《すなはま》で貝《かい》などをとること。

**しおみず**【塩水】㊔ 塩気《しおけ》を含《ふく》んだ水《みず》。対 真水《まみず》。

**しおめ**【潮目】㊔ ❶暖流《だんりゅう》と寒流《かんりゅう》など、性質《せいしつ》のちがう二《ふた》つの海流《かいりゅう》が、ぶつかってできる境目《さかいめ》。潮境《しおざかい》。よい漁場《ぎょじょう》となる。❷状況《じょうきょう》が変化《へんか》する境目《さかいめ》。例 時代《じだい》の潮目を読《よ》みとく。

**しおもみ**【塩もみ】㊔ 動-する 生野菜《なまやさい》などに塩《しお》をふって、軽《かる》くもむこと。また、その食《た》べ物《もの》。例 キャベツの塩もみ。

**しおらしい** 形 ひかえめで、かわいらしい。例 しおらしいことを言《い》う。

**ジオラマ**〔フランス語〕㊔ 背景《はいけい》の前《まえ》に人物《じんぶつ》や建造物《けんぞうぶつ》などの模型《もけい》を置《お》き、現実《げんじつ》の場面《ばめん》のように見《み》せる装置《そうち》。撮影《さつえい》や展示《てんじ》などに用《もち》いられる。立体模型《りったいもけい》。

［歌の意味］ 小倉山《おぐらやま》の紅葉《もみじ》よ、もし心《こころ》があるならば、もう一度天皇《いちどてんのう》がお越《こ》しになるまで散《ち》らずにいておくれ。

**しおり** 名 ❶読《よ》みかけの本《ほん》の間《あいだ》にはさむもの。❷初《はじ》めての人《ひと》に、わかりやすく書《か》いた本《ほん》。手引《てび》き。例 旅行《りょこう》のしおり。

**しおりど【枝折り戸】** 名 庭《にわ》の出入《でい》り口《ぐち》などに、竹《たけ》や木《き》の枝《えだ》を折《お》って並《なら》べて作《つく》った、簡《かん》単《たん》な戸《と》。

°**しおれる** 動 ❶草《くさ》や木《き》が、水《みず》気《け》がなくなってしぼむ。例 草花《くさばな》がしおれている。❷力《ちから》がぬけて元《げん》気《き》がなくなる。しょんぼりする。例 しかられて、しおれている。

**しおん【子音】** 名 ⬇しいん(子音)542ページ

✤**じおん【字音】** 名 漢《かん》字《じ》の音《おん》読《よ》み。音《おん》。例《たと》えば、「山」を「サン」、「海」を「カイ」と読《よ》むなど。対 字訓《じくん》。

**しか【鹿】** 画数 11 部首 鹿(しか) 4年

音 ── 訓 しか か

筆順

哺乳類《ほにゅうるい》の一《ひと》つ。シカ。例 鹿《か》の子《こ》しぼり〔=シカの毛《け》のような、まだら模様《もよう》のしぼり染《ぞ》め〕。参考 鹿児島県《かごしまけん》。

**しか【鹿】** 名 森林《しんりん》や山野《さんや》にすむ、草食《そうしょく》のおとなしいけもの。足《あし》は細長《ほそなが》く、雄《おす》の頭《あたま》には木《き》の枝《えだ》のような角《つの》がある。種類《しゅるい》が多《おお》く、世界各地《せかいかくち》にいる。

**しか【市価】** 名 一般《いっぱん》に売《う》り買《か》いされている品《しな》物《もの》の値《ね》段《だん》。

**しか【歯科】** 名 歯《は》の病《びょう》気《き》を治《なお》したり予防《よぼう》したりすることを専門《せんもん》にする医学《いがく》の分野《ぶんや》。

**しか【詩歌】** 名 ⬇しいか541ページ

**しか** 助 ただそれだけと限《かぎ》ることを表《あらわ》す。例 紙《かみ》が一枚《いちまい》しかない。注意 あとに「ない」などの打《う》ち消《け》しの言葉《ことば》がくる。

**じか【時価】** 名 ある品物《しなもの》の、その時《とき》の値段《ねだん》。例 時価百万円《ひゃくまんえん》の指輪《ゆびわ》。

**じか【直▲】** 名 間《あいだ》に人《ひと》や物《もの》が入《はい》らないこと。直《ちょく》接《せつ》。例 直火《び》。直談判《だんぱん》。⬇じかに547ページ

**じが【自我△】** 名 他人《たにん》とはちがう自分自身《じぶんじしん》。今《いま》ここにいる自分《じぶん》というものに対《たい》する意識《いしき》。例 自我に目覚《めざ》める。

✤°**しかい【司会】** 名 動する 会《かい》や番組《ばんぐみ》がうまく進《すす》むように、中心《ちゅうしん》になって世話《せわ》をすること。また、その役《やく》。例 学級会《がっきゅうかい》の司会。

**しかい〔死海〕** 地名 西《にし》アジアの内陸《ないりく》にある湖《みずうみ》。海水《かいすい》の五倍《ごばい》もこい塩水《しおみず》のため、生物《せいぶつ》はすめない。海《うみ》よりも低《ひく》い所《ところ》にある。

**しかい【視界】** 名 目《め》に見《み》える範囲《はんい》。視野《しや》。例 視界が開《ひら》ける。

**しかい【歯科医】** 名 ⬇はいしゃ(歯医者)1028ページ

**しがい【市外】** 名 市《し》の区域《くいき》の外《そと》。例 市外から通《かよ》ってくる。対 市内《しない》。

**しがい【市街】** 名 まち。また、まちのにぎやかな通《とお》り。例 市街地《ち》。

**しがい【死骸°】** 名 死《し》んだ人《ひと》や動物《どうぶつ》の体《からだ》。しかばね。類 死体《したい》。

**じかい【次回】** 名 次《つぎ》の回《かい》。例 次回の会合《かいごう》の日時《にちじ》を決《き》める。関連 前回《ぜんかい》。今回《こんかい》。

**じかい【磁界】** 名 磁石《じしゃく》の力《ちから》がはたらいている場所《ばしょ》。磁場《じば》。

**じがい【自害】** 名 動する 刀《かたな》などを使《つか》って、自《じ》分《ぶん》で死《し》ぬこと。自殺《じさつ》。

**しかいしゃ【司会者】** 名 司会《しかい》をする人《ひと》。

**しがいせん【紫°外線】** 名 プリズムで日光《にっこう》を分《わ》けると、むらさき色《いろ》の外側《そとがわ》に現《あらわ》れる、目《め》に見《み》えない光線《こうせん》。はだの日焼《ひや》けを起《お》こす。UV《ユーブイ》。

**しかえし【仕返し】** 名 動する やられたことに対《たい》して、やり返《かえ》すこと。類 復《ふく》しゅう。

**しが きよし〔志賀潔〕** 人名 (男)(一八七〇〜一九五七)細菌学者《さいきんがくしゃ》。赤痢菌《せきりきん》の発見《はっけん》や、結核《けっかく》の研究《けんきゅう》で有名《ゆうめい》。

°**しかく【四角】** 名 形動 四《よ》すみに角《かど》がある形《かたち》。例 四角な紙《かみ》。

**しかく【死角】** 名 その位置《いち》や角度《かくど》からは見《み》えない所《ところ》。また、他《ほか》の物《もの》のかげになっていて、見《み》えない所《ところ》。例 自転車《じてんしゃ》置《お》き場《ば》からは死角になっている。

**しかく【視覚】** 名 目《め》の、ものを見《み》るはたらき。例 視覚にうったえる。関連 聴覚《ちょうかく》。嗅覚《きゅうかく》。味覚《みかく》。触覚《しょっかく》。

°**しかく【資格】** 名 ❶何《なに》かをするときの、その人《ひと》の身分《みぶん》や立場《たちば》。例 学校代表《がっこうだいひょう》としての資格で出席《しゅっせき》する。❷ある職業《しょくぎょう》などにつくための必要《ひつよう》な条件《じょうけん》。例 医者《いしゃ》の資格を取《と》る。

**しがく【私学】** 名 私立《しりつ》の学校《がっこう》。個人《こじん》のお金《かね》




百人一首 小倉山峰《おぐらやまみね》のもみぢ《じ》葉《ば》心《こころ》あらば今《いま》ひとたびのみゆき待《ま》たなむ《ん》 藤原忠平《ふじわらのただひら》

で建《た》てた学校《がっこう》。

**しがく**【史学】名 歴史《れきし》を研究《けんきゅう》する学問《がくもん》。

✤**じかく**【字画】名 漢字《かんじ》を組《く》み立《た》てている点《てん》や線《せん》。例 字画が多《おお》い字《じ》。

**じかく**【自覚】名 動-する ❶自分《じぶん》の立場《たちば》や力《ちから》、やるべきことなどを、よく知《し》ること。例 大人《おとな》としての自覚を持《も》つ。❷自分《じぶん》で感《かん》じとること。例 病《びょう》気《き》を自覚する。

**しかくい**【四角い】形 形《かたち》が四《し》角《かく》形《けい》のようだ。

**しかくけい**【四角形】名 角《かど》が四《よっ》つあって、四本《よんほん》の直線《ちょくせん》で囲《かこ》まれた形《かたち》。しかっけい。

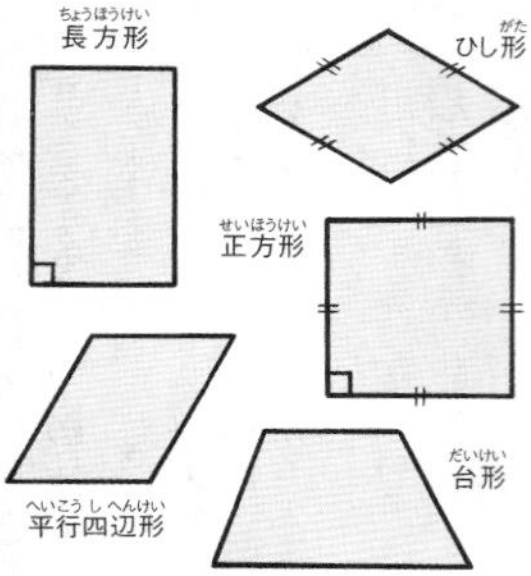

〔しかくけい〕

■**じがくじしゅう**【自学自習】名 動-する 人《ひと》から教《おし》えてもらうのではなく、自分《じぶん》一人《ひとり》で勉強《べんきょう》をすること。

■**しかくしめん**【四角四面】名 形動 ❶真《ま》四《し》角《かく》なこと。❷非《ひ》常《じょう》にまじめでかた苦《くる》しいこと。例 四角四面な挨拶《あいさつ》。

**じかくしょうじょう**【自覚症状】名 熱《ねつ》や痛《いた》みなど、自分《じぶん》で感《かん》じる病《びょう》気《き》のようす。

**しかくすい**【四角すい】名 底面《ていめん》が四《し》角《かく》形《けい》で頂点《ちょうてん》がとがった角《かく》すい。

**しかくちゅう**【四角柱】名 底面《ていめん》が四《し》角《かく》形《けい》の角柱《かくちゅう》。

**しかくばる**【四角ばる】動 ❶四《し》角《かく》のような形《かたち》になる。角《かど》ばる。❷まじめくさる。かた苦《くる》しい。例 四角ばった話《はなし》。

**しかけ**【仕掛け】名 ❶工夫《くふう》して作《つく》られた仕《し》組《く》み。装置《そうち》。例 種《たね》も仕かけもない。❷つりざおにつけた、針《はり》・おもり・うきなど。❸やりかけであること。例 しかけの仕《し》事《ごと》。参考 ふつう❸は、かな書《が》きにする。

**しかけはなび**【仕掛け花火】名 地《ち》上《じょう》や水上《すいじょう》に、さまざまな形《かたち》や色《いろ》が現《あらわ》れるように仕組《しく》んだ、大《おお》じかけな花火《はなび》。

○**しかける**【仕掛ける】動 ❶やり始《はじ》める。やりかける。例 仕事《しごと》をしかける。❷しむける。例 弟《おとうと》がけんかをしかけてきた。❸装置《そうち》などを取《と》りつける。例 花火《はなび》を仕かける。参考 ふつう❶・❷は、かな書《が》きにする。

**しがけん**〔滋賀県〕地名 近畿《きんき》地方《ちほう》にある県《けん》。琵琶湖《びわこ》がある。県庁《けんちょう》は大津市《おおつし》にある。

**しかざん**【死火山】名 噴火《ふんか》の記録《きろく》はないが、大昔《おおむかし》は火山《かざん》であったと考《かんが》えられる山《やま》。参考 今《いま》は使《つか》わない言葉《ことば》。

○**しかし** 接 前《まえ》のことと、反対《はんたい》のことを表《あらわ》すときの、つなぎの言葉《ことば》。けれども。だが。例 天《てん》気《き》は悪《わる》い。しかし、出発《しゅっぱつ》する。

■**じがじさん**【自画自賛】名 動-する 自分《じぶん》で自分《じぶん》のことをほめること。例 うまく書《か》けたと自画自賛する。類 手前《てまえ》みそ。

**しかしながら** 接 そうではあるが。しかし。例 よくがんばった。しかしながらあと一歩《いっぽ》およばなかった。

**じかせい**【自家製】名 自分《じぶん》の家《いえ》で作《つく》ること。また、作《つく》ったもの。例 自家製のパン。

**じがぞう**【自画像】名 自分《じぶん》で、自分《じぶん》の顔《かお》や姿《すがた》をかいた絵《え》。

○**しかた**【仕方】名 やり方《かた》。方法《ほうほう》。例 操《そう》作《さ》のしかたを教《おそ》わる。

**しかたがない**【仕方がない】〔「しかたない」ともいう。〕❶他《ほか》によい方法《ほうほう》がない。例 あきらめるよりしかたがない。❷よくない。しようがない。例 遅《ち》刻《こく》ばかりして、しかたがない人《ひと》だ。❸たまらない。例 うれしくてしかたがない。

**じかたび**【地下〈足袋〉】名 〔「地《じ》下《か》」はあて字《じ》。〕力《ちから》仕《し》事《ごと》や外《そと》で働《はたら》くときにはく、足袋《たび》の形《かたち》をしたゴム底《ぞこ》のはき物《もの》。

**じがため**【地固め】名 動-する ❶家《いえ》を建《た》てる前《まえ》に、地面《じめん》をならして固《かた》めること。❷ものごとの基礎《きそ》を固《かた》めること。例 成功《せいこう》への地固めをする。類 足固《あしがた》め。

**じかだんぱん**【直談判】名 動-する 他《た》の人《ひと》を入《い》れずに、相手《あいて》に直接《ちょくせつ》会《あ》って話《はな》し合《あ》うこと。

**しがち** 形動 そうすることが多《おお》い。例 急《いそ》いで

[歌の意味] みかの原《はら》からわき出《で》て、分《わ》かれて流《なが》れるいずみ川《がわ》のように、いつ出会《であ》ったというので、こんなにあの人《ひと》が恋《こい》しいのだろう。

いると忘《わす》れ物《もの》をしがちだ。

**しかつ【死活】**［名］死《し》ぬか生《い》きるかということ。［例］水《みず》不《ぶ》足《そく》は死活にかかわる問《もん》題《だい》だ。［類］生《せい》死《し》。

**じかつ【自活】**［名］［動-する］自《じ》分《ぶん》でお金《かね》をかせいで、生《せい》活《かつ》していくこと。

**しかっけい【四角形】**［名］［⇩］しかくけい 546ページ

**しかつめらしい**［形］まじめで、かた苦《くる》しい。［例］しかつめらしい顔《かお》で話《はな》す。

**しかつもんだい【死活問題】**［名］生《い》きるか死《し》ぬかにかかわるほどのだいじな問《もん》題《だい》。［例］税《ぜい》金《きん》が高《たか》くなることは死活問題だ。

**しかと**［副］〔「しっかと」ともいう。〕❶確《たし》かに。かたく。［例］しかとたのんだぞ。❷しっかりと。［例］母《はは》の写《しゃ》真《しん》をしかとだきしめた。

**しかと**［名］［動-する］相《あい》手《て》を無《む》視《し》すること。仲《なか》間《ま》外《はず》れにすること。〔くだけた言《い》い方《かた》。〕［例］あいさつをしたのに、しかとされた。

**しがない**［形］❶とるにたりない。つまらない。［例］しがない職《しょく》業《ぎょう》。❷まずしい。［例］しがない暮《く》らしを送《おく》る。

**しが なおや【志賀直哉】**［人名］（男）（一八八三～一九七一）大《たい》正《しょう》時《じ》代《だい》から昭《しょう》和《わ》時《じ》代《だい》にかけての小《しょう》説《せつ》家《か》。むだのない言《こと》葉《ば》でものごとを正《せい》確《かく》に表《あらわ》す文《ぶん》章《しょう》を書《か》いた。作《さく》品《ひん》に「清《せい》兵《べ》衛《え》と瓢《ひょう》簞《たん》」「小《こ》僧《ぞう》の神《かみ》様《さま》」などがある。

**じかに【直に】**［副］間《あいだ》に人《ひと》や物《もの》が入《はい》らないようす。直《ちょく》接《せつ》に。［例］本《ほん》人《にん》とじかに話《はな》す。［⇩］じか（直）545ページ

**じがね【地金】**［名］❶メッキなどの下《した》地《じ》になっている金《きん》属《ぞく》。❷生《う》まれつき持《も》っている、よくない性《せい》質《しつ》。［例］つい地金が出《で》てしまう。

**しかねない** ふつうではしないようなことを、やってしまうかもしれない。［例］油《ゆ》断《だん》すると失《しっ》敗《ぱい》しかねない。

**しかねる**［動］することができない。［例］その案《あん》には賛《さん》成《せい》しかねます。

**じかはつでん【自家発電】**［名］自《じ》分《ぶん》のところで電《でん》気《き》を起《お》こすこと。［例］太《たい》陽《よう》光《こう》による自家発電。

**しかばね【屍】**［名］死《し》んだ人《ひと》の体《からだ》。死《し》骸《がい》。

✤**しかばね**［名］漢《かん》字《じ》の部《ぶ》首《しゅ》で、「かんむり」の一《ひと》つ。「居《きょ》」「屋《おく》」などの「尸」の部《ぶ》分《ぶん》。

**じかび【直火】**［名］直《ちょく》接《せつ》火《ひ》を当《あ》てて焼《や》くこと。また、その火《ひ》。［例］直火で肉《にく》を焼《や》く。

**じかまき**［名］苗《なわ》代《しろ》や苗《なえ》床《どこ》を使《つか》わずに、種《たね》を田《た》や畑《はたけ》にじかにまくこと。じきまき。

**しがみつく**［動］強《つよ》くだきつく。［例］犬《いぬ》にほえられて、お母《かあ》さんにしがみついた。

**しかめっつら【しかめっ面】**［名］しかめた顔《かお》つき。ふきげんそうな顔《かお》。しかめづら。

**しかめる**［動］いやな気《き》持《も》ちを顔《かお》に表《あらわ》して、額《ひたい》にしわを寄《よ》せる。［例］使《つか》いを頼《たの》むと、すぐしかめっ面をする。［例］痛《いた》くて顔《かお》をしかめる。

°**しかも**［接］その上《うえ》。おまけに。［例］安《やす》くて、しかもいい品《しな》物《もの》。

**じかよう【自家用】**［名］会《かい》社《しゃ》や役《やく》所《しょ》などでなく、自《じ》分《ぶん》の家《いえ》で使《つか》うもの。［例］自家用車《しゃ》。

**しかり【然り】**［感］そのとおり。そうだ。〔古《ふる》い言《い》い方《かた》。〕

**しかりつける【叱り付ける】**［動］強《つよ》くしかる。［例］頭《あたま》ごなしにしかりつける。

**しかりとばす【叱り飛ばす】**［動］強《つよ》くしかる。［例］部《ぶ》下《か》をしかり飛ばす。

°**しかる【叱る】**［動］強《つよ》い言《こと》葉《ば》で注《ちゅう》意《い》する。［例］なまけた人《ひと》をしかる。⇩しつ【叱】564ページ

**しかるに【然るに】**［接］そうであるのに。［例］じゅうぶんに説《せつ》明《めい》した。然るに、まだ納《なっ》得《とく》できないと言《い》うのか。

**しかるべき** ❶そうあるのがあたりまえだ。［例］ほめられてしかるべきだ。❷それに適《てき》した。［例］しかるべき人《ひと》にお願《ねが》いする。

**しかん【士官】**［名］軍《ぐん》隊《たい》で、ふつうの兵《へい》士《し》を指《さし》図《ず》する位《くらい》の人《ひと》。将《しょう》校《こう》。

**しかん【仕官】**［名］［動-する］❶武《ぶ》士《し》が主《しゅ》君《くん》に仕《つか》えること。❷役《やく》人《にん》になること。

**しがん【志願】**［名］［動-する］自《じ》分《ぶん》で願《ねが》い出《で》ること。［例］志願者《しゃ》。［類］志《し》望《ぼう》。

**じかん【次官】**［名］大《だい》臣《じん》・副《ふく》大《だい》臣《じん》の次《つぎ》の位《くらい》の役《やく》人《にん》。

°**じかん【時間】**［名］❶過《か》去《こ》から未《み》来《らい》へと、絶《た》えず移《うつ》っていく、時《とき》の流《なが》れ。［例］時間がたつ。［対］空《くう》間《かん》。❷ある時《とき》からある時《とき》までの長《なが》さ。［例］問《もん》題《だい》を解《と》く時間がなかった。❸時《じ》刻《こく》。［例］約《やく》束《そく》の時間に集《あつ》まる。❹何《なに》かをするために区《く》切《ぎ》った、ある長《なが》さの時《とき》。［例］時間割《わ》り。国《こく》語《ご》の


百人一首　みかの原《はら》わきて流《なが》るるいづみ川《がわ》いつみきとてか恋《こい》しかるらむ《ん》　藤原兼輔《ふじわらのかねすけ》

**例解 ❗ 表現の広場**

**時間《じかん》と時刻《じこく》のちがい**

| | 時間《じかん》 | 時刻《じこく》 | |
|---|---|---|---|
| 出発《しゅっぱつ》の | ○ | ○ | だ。 |
| 休《やす》みの | ○ | × | は五分間《ごふんかん》。 |
| ねむる | ○ | × | が短《みじか》い。 |
| 電車《でんしゃ》の | × | ○ | 表《ひょう》。 |

時間。❺時《とき》の長《なが》さの単位《たんい》。例 一日《いちにち》は二十四《にじゅうよ》時間。

**時間《じかん》の問題《もんだい》** 結果《けっか》がはっきりしていて、その時《とき》を待《ま》つだけであること。例 犯人《はんにん》がつかまるのは、時間の問題だ。

**時間《じかん》を稼《かせ》ぐ** 自分《じぶん》に有利《ゆうり》になるように、時間《じかん》の引《ひ》きのばしをする。例 タイムアップまで、パスをつないで時間を稼いだ。

**じかんぎれ【時間切れ】** 名 ものごとが長《なが》びいて、決《き》められた時間《じかん》や時刻《じこく》をこえてしまうこと。例 時間切れで引《ひ》き分《わ》けになる。

**じかんたい【時間帯】** 名 一日《いちにち》のうちの、ある時刻《じこく》からある時刻《じこく》までの、はばのある時間《かん》。例 この時間帯なら、バスはすいているだろう。

**じかんわり【時間割り】** 名 授業《じゅぎょう》や仕事《しごと》などを時間《じかん》ごとに割《わ》りふったもの。例 明日《あす》の時間割は変更《へんこう》になった。

**しき【式】** 画数 6 部首 弋(しきがまえ) 3年

音 シキ 訓 —

筆順

❶きまりに従《したが》って行《おこな》う行事《ぎょうじ》。熟語 式場《しきじょう》。式典《しきてん》。儀式《ぎしき》。開会式《かいかいしき》。卒業式《そつぎょうしき》。❷決《き》まったやり方《かた》。熟語 形式《けいしき》。正式《せいしき》。本式《ほんしき》。❸計算《けいさん》のやり方《かた》。熟語 数式《すうしき》。

**しき【式】** 名 ❶決《き》まったやり方《かた》で行《おこな》う行事《ぎょうじ》。例 お祝《いわ》いの式を挙《あ》げる。❷〔算数《さんすう》で〕数字《すうじ》や記号《きごう》を使《つか》って、ある関係《かんけい》を表《あらわ》したもの。例 足《た》し算《ざん》の式。➡こうしき(公式)❷ 436ページ

**しき【識】** 画数 19 部首 言(ごんべん) 5年

音 シキ 訓 —

筆順

❶知《し》る。見分《みわ》ける。熟語 識別《しきべつ》。意識《いしき》。面識《めんしき》。❷考《かんが》え。熟語 常識《じょうしき》。知識《ちしき》。良識《りょうしき》。❸しるし。熟語 標識《ひょうしき》。

**しき【色】** 熟語 色彩《しきさい》。色素《しきそ》。➡しょく【色】640ページ

**しき【織】** 熟語 組織《そしき》。➡しょく【織】641ページ

**しき【士気】** 名 ❶兵士《へいし》の意気《いき》ごみ。❷人々《ひとびと》の意気《いき》ごみ。例 士気があがる。

**しき【四季】** 名 春《はる》・夏《なつ》・秋《あき》・冬《ふゆ》の、四《よっ》つの季節《きせつ》。例 四季の移《うつ》り変《か》わり。

**しき【死期】** 名 ❶死《し》ぬとき。例 死期が近《ちか》づく。❷死《し》ぬべきとき。例 死期を誤《あやま》る。

**しき【指揮】** 名 動する ❶人々《ひとびと》を指図《さしず》して動《うご》かすこと。例 指揮をとる。❷〔音楽《おんがく》で〕曲《きょく》の演奏《えんそう》がまとまるように、演奏者《えんそうしゃ》に指図《さしず》すること。

**じき【食△】** 熟語 断食《だんじき》。➡しょく【食】640ページ

**じき【直】** 一 名 距離《きょり》・時間《じかん》・関係《かんけい》などが近《ちか》いこと。また、直接《ちょくせつ》であること。例 頂上《ちょうじょう》はもうじきだ。直弟《て》子《し》。二 副(-に) 時間《じかん》や距離《きょり》が短《みじか》いようす。すぐ。間《ま》もなく。例 じきに雨《あめ》はやむだろう。➡ちょく【直】842ページ

**じき【次期】** 名 次《つぎ》の期間《きかん》。例 次期の役員《やくいん》。

**じき【時季】** 名 季節《きせつ》。特《とく》に、あることにいちばんふさわしい季節《きせつ》。例 行楽《こうらく》の時季。

**○じき【時期】** 名 ❶あることを行《おこな》うとき。例 運動会《うんどうかい》の時期。❷ある区切《くぎ》られたとき。例 梅雨《つゆ》の時期。❸季節《きせつ》。例 桜《さくら》の時期。

**じき【時機】** 名 ちょうどいい時《とき》。潮時《しおどき》。チャンス。例 今《いま》が引《ひ》きあげる時機だ。

**じき【磁気】** 名 磁石《じしゃく》が鉄《てつ》を引《ひ》きつける性質《せいしつ》。例 磁気を帯《お》びる。

**じき【磁器】** 名 高《たか》い温度《おんど》で焼《や》いた、硬《かた》くて、白《しろ》い焼《や》き物《もの》。有田焼《ありたやき》・九谷焼《くたにやき》など。➡とうき(陶器)908ページ

**じぎ【字義】** 名 漢字《かんじ》一字《いちじ》一字《いちじ》が持《も》っている意味《いみ》。例「最《さい》」の字義は「もっとも」です。

**しきい【敷居】** 名 戸《と》や障子《しょうじ》の下《した》の、みぞのある横木《よこぎ》。対 かもい。➡にほんま 991ページ

**敷居《しきい》が高《たか》い** ❶(やるべきことをやっていなかったり、はずかしく思《おも》うことがあったりして)その人《ひと》の家《いえ》に行《い》きにくい。例 なまけ



[歌の意味] 山里《やまざと》は冬《ふゆ》がとりわけさびしいものだ。人《ひと》の行《い》き来《き》もなく草《くさ》も枯《か》れてしまうと思《おも》うと。

てばかりなので、先生《せんせい》の家《いえ》に行《い》くのは敷居が高い。❷値段《ねだん》や格式《かくしき》が高《たか》くて入《はい》りにくい。例 高級《こうきゅう》レストランはぼくには敷居が高い。参考 本来《ほんらい》は❶の意味《いみ》で使《つか》う。

**しきいし**【敷石】名 庭《にわ》や道《みち》などの地面《じめん》にしいた石《いし》。

**じきおんどけい**【自記温度計】名 気温《きおん》の変化《へんか》を、自動的《じどうてき》に記録《きろく》する仕《し》かけの温度《おんど》計《けい》。

**じきカード**【磁気カード】名 磁気《じき》をおびたテープをはりつけて、情報《じょうほう》を記録《きろく》できるようにしたカード。定期券《ていきけん》・クレジットカードなどに使《つか》われる。

**しきかく**【色覚】名 色《いろ》を見分《みわ》ける感覚《かんかく》。

**しきかん**【色感】名 ❶色《いろ》に対《たい》する感《かん》じ方《かた》。例 色感がするどい。❷色《いろ》から受《う》ける感《かん》じ。例 黄色《きいろ》には暖《あたた》かい色感がある。

**しききん**【敷金】名 家《いえ》や部屋《へや》を借《か》りる人《ひと》が、保証《ほしょう》のために、家主《やぬし》に預《あず》けるお金《かね》。

**しきけん**【識見】名 ものごとを正《ただ》しく見分《みわ》ける力《ちから》。見識《けんしき》。例 識見のある人《ひと》。

**しきさい**【色彩】名 ❶いろどり。色《いろ》。例 明《あか》るい色彩の絵《え》。❷性質《せいしつ》。傾向《けいこう》。例 政治的《せいじてき》な色彩が強《つよ》い。

**しきし**【色紙】名 短歌《たんか》や俳句《はいく》、絵《え》などをかく、四角《しかく》い厚紙《あつがみ》。注意 「色紙」を「いろがみ」と読《よ》むと、ちがう意味《いみ》になる。

**しきじ**【式辞】名 式《しき》のときに述《の》べる挨拶《あいさつ》の言葉《ことば》。例 校長先生《こうちょうせんせい》の式辞。

**しきじ**【識字】名 文字《もじ》を読《よ》み書《か》きし、理解《りかい》できること。例 識字率《りつ》〔=人口《じんこう》に対《たい》して、読《よ》み書《か》きできる人《ひと》の割合《わりあい》〕。

**じきじき**【直直】名 副 直接《ちょくせつ》。じか。例 先生《せんせい》からじきじきにたのまれた。

**しきしだい**【式次第】名 式《しき》の行《おこな》われる順序《じゅんじょ》。

**しきしゃ**【識者】名 知識《ちしき》があって、正《ただ》しい考《かんが》えのできる人《ひと》。有識者《ゆうしきしゃ》。

**しきしゃ**【指揮者】名 ❶〔音楽《おんがく》で〕合奏《がっそう》や合唱《がっしょう》がまとまるように指図《さしず》する人《ひと》。コンダクター。❷指図《さしず》をする人《ひと》。例 消防隊《しょうぼうたい》の指揮者。

**しきじょう**【式場】名 式《しき》を行《おこな》う場所《ばしょ》。

**しきそ**【色素】名 物《もの》に色《いろ》を与《あた》えているもとになる物質《ぶっしつ》。

**じきそ**【直訴】名 動-する 定《さだ》められた手続《てつづ》きをふまないで、高《たか》い地位《ちい》の人《ひと》に、直接《ちょくせつ》うったえること。

**しきそう**【色相】名 〔図工《ずこう》で〕赤《あか》や青《あお》、黄《き》など、一《ひと》つ一《ひと》つの色《いろ》。色《いろ》あい。関連 彩度《さいど》。明度《めいど》。

**しきたり** 名 これまで続《つづ》いてきた決《き》まったやり方《かた》。ならわし。例 土地《とち》のしきたり。

**しきち**【敷地】名 建物《たてもの》などを建《た》てるために使《つか》われる土地《とち》。例 敷地面積《めんせき》。

**しきちょう**【色調】名 色《いろ》の、こい・うすい、明《あか》るい・暗《くら》いなどの調子《ちょうし》。色《いろ》あい。トーン。

**しきつめる**【敷き詰める】動 すき間《ま》のないように敷《し》く。例 道《みち》に石《いし》を敷きつめる。

**じきテープ**【磁気テープ】名 情報《じょうほう》を保存《ほぞん》・再生《さいせい》するときに使《つか》う、磁気《じき》を帯《お》びたテープ。

**しきてん**【式典】名 「式《しき》❶」の改《あらた》まった言《い》い方《かた》。例 式典がとり行《おこな》われる。

**じきに**【直に】副 ⬇じき(直)二 548ページ

**じきひつ**【直筆】名 その人自身《ひとじしん》が書《か》くこと。また、書《か》いたもの。自筆《じひつ》。例 空海《くうかい》直筆の書《しょ》。対 代筆《だいひつ》。

**しきふ**【敷布】名 敷《し》きぶとんの上《うえ》に敷《し》く布《ぬの》。シーツ。例 敷布を敷《し》く。

**しきふく**【式服】名 ⬇れいふく 1403ページ

**しきぶとん**【敷き布団】名 寝《ね》るとき、下《した》に敷《し》くふとん。

**しきべつ**【識別】名 動-する 見分《みわ》けること。判別《はんべつ》。例 色《いろ》の識別をする。

**じきまき**【直まき】名 ⬇じかまき 547ページ

**しきもの**【敷物】名 床《ゆか》などの上《うえ》に敷《し》く物《もの》。じゅうたん・ござ・座《ざ》ぶとんなど。

**しきゅう**【子宮】名 女《おんな》の人《ひと》や哺乳動物《ほにゅうどうぶつ》の雌《めす》にある器官《きかん》。赤《あか》ちゃんを宿《やど》し育《そだ》てるところ。

**しきゅう**【支給】名 動-する お金《かね》や品物《しなもの》をわたすこと。例 ボーナスを支給する。

**しきゅう**【至急】名 副 大急《おおいそ》ぎ。例 至急の用《よう》。至急おいでください。

**しきゅう**【四球】名 ⬇フォアボール 1130ページ

**しきゅう**【死球】名 ⬇デッドボール 885ページ

**じきゅう**【自給】名 動-する 自分《じぶん》の生活《せいかつ》に必《ひつ》

要《よう》なものを、自分《じぶん》でととのえること。例食《しょく》糧《りょう》を自給する。

**しきゅうしき【始球式】** 名〔野《や》球《きゅう》などで〕大会《たいかい》や公式戦《こうしきせん》の最初《さいしょ》に、来賓《らいひん》が本塁《ほんるい》に向《む》けてボールを投《な》げ、試合開始《しあいかいし》を告《つ》げる式《しき》。

■**じきゅうじそく【自給自足】** 名 動-する 生活《せいかつ》に必要《ひつよう》なものを、自分《じぶん》で作《つく》って間《ま》に合《あ》わせること。例自給自足の生活《せいかつ》。

**じきゅうそう【持久走】** 名 長《なが》い距離《きょり》を無《む》理《り》のない速《はや》さで、長《なが》い時間《じかん》走《はし》ること。

**じきゅうりつ【自給率】** 名 国民《こくみん》が必要《ひつよう》とするもののうち、国産《こくさん》で間《ま》に合《あ》うものの割《わり》合《あい》。例食料《しょくりょう》自給率を高《たか》める。

**じきゅうりょく【持久力】** 名 長《なが》く持《も》ちこたえられる体力《たいりょく》。例持久力がある。

**しきょ【死去】** 名 動-する 死《し》ぬこと。死亡《しぼう》。

**しぎょう【始業】** 名 動-する ❶一日《いちにち》の仕事《しごと》を始《はじ》めること。❷学校《がっこう》で、決《き》められた学期《がっき》や学《がく》年《ねん》の勉強《べんきょう》を始《はじ》めること。例始業式《しき》。対終《しゅう》業《ぎょう》。

**じきょう【自供】** 名 動-する 自分《じぶん》の罪《つみ》を、自《じ》分《ぶん》から述《の》べること。自白《じはく》。

**じぎょう【事業】** 名 ❶世《よ》の中《なか》のためになる、大《おお》がかりな仕事《しごと》。例慈善《じぜん》事業。❷会社《かいしゃ》や店《みせ》を経営《けいえい》すること。例事業を始《はじ》める。

**じぎょうか【事業家】** 名 事業《じぎょう》を起《お》こし、それを進《すす》める人《ひと》。

**しぎょうしき【始業式】** 名 学年《がくねん》や学期《がっき》の始《はじ》まりに行《おこな》う式《しき》。対終業式《しゅうぎょうしき》。

**じぎょうしょ【事業所】** 名 事業《じぎょう》を進《すす》めていく上《うえ》で、実際《じっさい》に仕事《しごと》をする所《ところ》。

**しきょうひん【試供品】** 名 商品《しょうひん》を使《つか》ってもらうために、無料《むりょう》で出《だ》される見本《みほん》の品《しな》。サンプル。

**しきょく【支局】** 名 本局《ほんきょく》や本社《ほんしゃ》などからはなれた所《ところ》に設《もう》けた、事務所《じむしょ》。例新聞社《しんぶんしゃ》の支局。対本局《ほんきょく》。

**じきょく【時局】** 名 その時《とき》の、国《くに》や世《よ》の中《なか》のようす。例重大《じゅうだい》な時局に立《た》つ。

**じきょく【磁極】** 名 磁石《じしゃく》の両《りょう》はしの、鉄《てつ》をいちばん強《つよ》く引《ひ》きつける所《ところ》。N極《エヌきょく》とS極《エスきょく》がある。

**しきり【仕切り】** 名 ❶仕切《しき》ること。区切《くぎ》り。例部屋《へや》の仕切り。❷すもうで、立《た》ち上《あ》がる前《まえ》の身構《みがま》え。例仕切り直《なお》し。

○**しきりに** 副 ❶切《き》れめなしに。例雨《あめ》がしきりに降《ふ》る。犬《いぬ》が、しきりにほえる。❷ひどく。非常《ひじょう》に。例しきりに参加《さんか》を勧《すす》める。

**しきる【仕切る】** 動 ❶境《さかい》をつける。区切《くぎ》る。例カーテンで、部屋《へや》を仕切る。❷お金《かね》の出《だ》し入《い》れの計算《けいさん》をしめくくる。例月末《げつまつ》で仕切る。❸すもうで、仕切《しき》りをする。❹とりしきる。例会《かい》を仕切る。

**しきん【資金】** 名 仕事《しごと》をするのにいる、お金《かね》。元手《もとで》。例開店《かいてん》資金。

**しぎん【詩吟】** 名 漢詩《かんし》に節《ふし》をつけて歌《うた》うこと。

**しきんきょり【至近距離】** 名 距離《きょり》が非《ひ》常《じょう》に近《ちか》いこと。

**しきんせき【試金石】** 名 ❶金《きん》や銀《ぎん》などの品質《ひんしつ》を調《しら》べるために使《つか》う、黒《くろ》くて硬《かた》い石《いし》。❷力《ちから》や値打《ねう》ちを試《ため》すためのものごと。例次《つぎ》の試合《しあい》が、私《わたし》たちの試金石だ。

○**しく【敷く】** 動 ❶平《たい》らに広《ひろ》げる。例ふとんを敷く。❷ものの下《した》に置《お》く。敷物《しきもの》にする。例ざぶとんを敷く。しりに敷く。❸備《そな》えつける。例鉄道《てつどう》を敷く。❹広《ひろ》く行《い》きわたらせる。例市制《しせい》を敷く。↓ふ【敷】1123ページ

**じく【軸】** 画数 12 部首 車（くるまへん）

音 ジク 訓 ―

車《くるま》などの心棒《しんぼう》。熟語 車軸《しゃじく》。中軸《ちゅうじく》。回転軸《かいてんじく》。

**じく【軸】** 名 ❶回転《かいてん》するものの中心《ちゅうしん》になる棒《ぼう》。心棒《しんぼう》。例車輪《しゃりん》の軸に油《あぶら》をさす。❷中心《ちゅうしん》。かなめ。例チームの軸。❸筆《ふで》やマッチなどの手《て》に持《も》つ部分《ぶぶん》。例ペンの軸。❹巻《ま》き物《もの》。かけじく。例床《とこ》の間《ま》に軸をかける。

**じく【字句】** 名 文字《もじ》と語句《ごく》。文章《ぶんしょう》の細《こま》かいところ。例字句を直《なお》す。

**じくう【時空】** 名 時間《じかん》と空間《くうかん》。例時空をこえる。

**しぐさ** 名 動作《どうさ》や身《み》ぶり。例子《こ》どもは、親《おや》のしぐさをまねる。

**ジグザグ** 〔英語 zigzag〕名 形動 右《みぎ》や左《ひだり》に折《お》れ曲《ま》がった形《かたち》。また、そのようす。例ジグザグに曲《ま》がった道《みち》。

**しくしく** 副(-と) 動-する ❶弱々《よわよわ》しく、すすり



[歌の意味] 当《あ》て推量《ずいりょう》で折《お》ってみようか。初霜《はつしも》が真《ま》っ白《しろ》に降《お》りて、見分《みわ》けにくい白菊《しらぎく》の花《はな》よ。

泣《な》くようす。❷あまり強《つよ》くない痛《いた》みが続《つづ》くようす。例 腹《はら》がしくしくする。

**しくじる** 動 やりそこなう。失敗《しっぱい》する。例 試《し》験《けん》をしくじる。

**ジグソーパズル**〔英語 jigsaw puzzle〕名 一枚《いちまい》の絵《え》を、いろいろな形《かたち》に小《ち》さく切《き》り分《わ》け、それをつなぎ合《あ》わせて、元《もと》の絵《え》に仕《し》上《あ》げる遊《あそ》び。はめ絵《え》。

**しくちょうそん【市区町村】** 名 市《し》と区《く》と町《まち》と村《むら》。政治《せいじ》を行《おこな》う単位《たんい》の一《ひと》つ。地方《ちほう》公《こう》共団体《きょうだんたい》。

**シグナル**〔英語 signal〕名 ❶信号《しんごう》。合図《あいず》。❷交差点《こうさてん》や鉄道《てつどう》などの信号機《しんごうき》。

■**しくはっく【四苦八苦】** 名 動-する ひどく苦《くる》しむこと。例 宿題《しゅくだい》に四苦八苦する。

✤**じくばり【字配り】** 名 字《じ》の並《なら》べ方《かた》。例 字配りに注意《ちゅうい》して、はがきを書《か》いた。

○**しくみ【仕組み】** 名 ❶機械《きかい》などの組《く》み立《た》て。例 ロボットの仕組み。❷ものごとの組《く》み立《た》て。例 社会《しゃかい》の仕組み。

**しくむ【仕組む】** 動 ❶工夫《くふう》して組《く》み立《た》てる。仕《し》かけをする。❷計画《けいかく》する。例 うまく仕組まれた事件《じけん》。

**シクラメン** 名 観賞用《かんしょうよう》に、はちに植《う》える草《くさ》花《ばな》。春《はる》、白《しろ》や赤《あか》などの花《はな》が咲《さ》く。カガリビソウ。

〔シクラメン〕

**しぐれ【〈時雨〉】** 名 秋《あき》から冬《ふゆ》になるころ、さっと降《ふ》ったり、やんだりする雨《あめ》。例 しぐれもよう。参考「時雨《しぐれ》」は、特別《とくべつ》に認《みと》められた読《よ》み方《かた》。

**しぐれる【〈時雨〉れる】** 動 しぐれが降《ふ》る。例 午後《ごご》からしぐれてきた。

✤**じくん【字訓】** 名 漢字《かんじ》の訓読《くんよ》み。「子」を「こ」、「海」を「うみ」と読《よ》むなど。対 字音《じおん》。

**しけ** 名 ❶風《かぜ》や雨《あめ》が強《つよ》く、海《うみ》があれること。例 大《おお》しけ。しけになる。対 なぎ。❷海《うみ》があれて、魚《さかな》がとれないこと。

**しけい【死刑】** 名 非常《ひじょう》に悪《わる》いことをした人《ひと》の命《いのち》を絶《た》つ、重《おも》い罰《ばつ》。

**しけい【詩形・詩型】** 名 詩《し》の形式《けいしき》。詩《し》の形《かたち》や決《き》まり。

✤**じけい【字形】** 名〔見《み》た目《め》の印象《いんしょう》をいう。〕文《も》字《じ》のかたち。➡じたい(字体) 560ページ

**じけい【次兄】** 名 上《うえ》から二番《にばん》めの兄《あに》。

**しげき【刺激】** 名 動-する ❶人《ひと》の体《からだ》に、ある感《かん》じを起《お》こさせること。例 夏《なつ》の日光《にっこう》は刺激が強《つよ》い。❷気持《きも》ちをたかぶらせること。例 友達《ともだち》に刺激されて、やる気《き》になる。

**しげしげ** 副(-と) ❶何度《なんど》も。たびたび。例 友達《ともだち》の家《いえ》に、しげしげと通《かよ》う。❷つくづく。じっと。例 顔《かお》をしげしげと見《み》る。

**しけつ【止血】** 名 動-する 血《ち》が出《で》るのを止《と》めること。例 傷口《きずぐち》を止血してから薬《くすり》をぬる。

**じけつ【自決】** 名 動-する ❶自分《じぶん》の考《かんが》えで自《じ》分《ぶん》の行動《こうどう》を決《き》めること。例 民族《みんぞく》自決。❷責《せき》任《にん》をとって自殺《じさつ》すること。例 いさぎよく自決する。

**しげみ【茂み】** 名 草《くさ》や木《き》のたくさん生《は》えている所《ところ》。例 鳥《とり》が茂みで鳴《な》いている。

**しける【湿気る】** 動 湿気《しっけ》を持《も》つ。しめる。例 せんべいがしける。

**しける** 動 ❶風《かぜ》や雨《あめ》が強《つよ》く、海《うみ》があれる。例 海《うみ》がしけている。対 なぐ。❷しょんぼりする。例 しけた顔《かお》。

○**しげる【茂る】** 動 草木《くさき》の、葉《は》や枝《えだ》がさかんに育《そだ》つ。例 雑草《ざっそう》が茂る。➡も【茂】1298ページ

**しけん【私見】** 名 自分《じぶん》だけの考《かんが》えや意見《いけん》。例 私見を述《の》べる。

○**しけん【試験】** 名 動-する ❶問題《もんだい》を出《だ》して答《こた》えさせ、学力《がくりょく》や能力《のうりょく》をためすこと。例 入学《にゅうがく》試験。❷物《もの》の性質《せいしつ》やはたらきなどをためすこと。例 新車《しんしゃ》の性能《せいのう》を試験する。

**しげん【資源】** 名 物《もの》を作《つく》り出《だ》すいちばんもとになるもの。鉄《てつ》・石炭《せきたん》・石油《せきゆ》など。例 日本《にっぽん》には資源が少《すく》ない。

○**じけん【事件】** 名 ふだんないような出来事《できごと》。例 事件が起《お》こる。

**じげん【次元】** 名 ❶数学《すうがく》などで、線《せん》・面《めん》・空《くう》間《かん》の広《ひろ》がりを示《しめ》すもの。直線《ちょくせん》は一次元《いちじげん》、平面《へいめん》は二次元《にじげん》、空間《くうかん》は三次元《さんじげん》。❷ものの見方《みかた》や考《かんが》え方《かた》。立場《たちば》。例 次元のちがう考《かんが》え。

✤**じげん【字源】** 名 一《ひと》つ一《ひと》つの文字《もじ》の起《お》こりや成《な》り立《た》ち。漢字《かんじ》の「休《きゅう》」は「人《じん》」と「木《ぼく》」からできた、など。

**じげん【時限】** 名 ❶授業《じゅぎょう》時間《じかん》の一《ひと》つの区切《くぎ》

**例解 ! 表現の広場**

## 自己《じこ》と自分《じぶん》のちがい

| | を厳《きび》しく見《み》つめる。 | 独《ひと》りで旅《たび》をする。 | 紹介《しょうかい》。 | 満足《まんぞく》。 | に忠実《ちゅうじつ》に生《い》きる。 |
|---|---|---|---|---|---|
| 自己《じこ》 | ○ | × | ○ | ○ | ○ |
| 自分《じぶん》 | ○ | ○ | × | × | ○ |

り。例第二時限《だいにじげん》。❷時間《じかん》や期間《きかん》を限《かぎ》ること。例時限爆弾《ばくだん》。

**しけんかん【試験管】**名 理科《りか》の実験《じっけん》に使《つか》う、一方《いっぽう》のはしを閉《と》じた細長《ほそなが》いガラスの管《くだ》。↓じっけんきぐ 565ページ

**しげんごみ【資源ごみ】**名 手《て》を加《くわ》えれば、もう一度利用《いちどりよう》できるようなごみ。ペットボトル・空《あ》き缶《かん》・空《あ》きびん・新聞紙《しんぶんし》・段《だん》ボールなど。

**しけんてき【試験的】**形動 ためしに行《おこな》ってみるようす。例試験的に使《つか》う。

**しご【死後】**名 死《し》んだあと。対生前《せいぜん》。

**しご【死語】**名 現在《げんざい》では、ほとんど使《つか》われなくなった言葉《ことば》。参考 昔《むかし》はノートのことを帳面《ちょうめん》と言《い》ったが、今《いま》ではほとんど死語《しご》になっている。

**しご【私語】**名動-する そっと自分《じぶん》たちだけの話《はなし》をすること。ひそひそ話《ばなし》。例授業中《じゅぎょうちゅう》は私語をつつしむ。

**じこ【自己】**名 自分自身《じぶんじしん》。例自己を見《み》つめる。対他者《たしゃ》。

◦**じこ【事故】**名 思《おも》いがけない悪《わる》い出来事《できごと》。例交通事故《こうつうじこ》。事故にあう。

**じご【事後】**名 ものごとが終《お》わったあと。例事後承諾《しょうだく》。対事前《じぜん》。

**しこう【志向】**名動-する あることに心《こころ》が向《む》かうこと。指向《しこう》。例世界平和《せかいへいわ》を志向する。

**しこう【施工°】**名動-する ↓せこう 716ページ

**しこう【思考】**名動-する 考《かんが》えること。考《かんが》え。例思考力《りょく》。思考を重《かさ》ねる。類思索《しさく》。

**しこう【指向】**名動-する ❶ある方向《ほうこう》に向《む》かうこと。例指向性《せい》マイク〔=ある方向《ほうこう》の音《おと》を集《あつ》めるようにしたマイクロホン〕。❷↓しこう(志向) 552ページ

**しこう【施行°】**名動-する 〔「せこう」とも読《よ》む。〕実際《じっさい》に行《おこな》うこと。例日本国憲法《にほんこくけんぽう》は一九四七年《ねん》五月三日《ごがつみっか》に施行された。

**しこう【試行】**名動-する ためしにやってみること。例くり返《かえ》し試行して、調子《ちょうし》を確《たし》かめる。

**しこう【歯こう】**名 歯《は》の表面《ひょうめん》につくよごれ。虫歯《むしば》などのもとになる。

**しこう【嗜好】**名動-する 好《す》きで、親《した》しみ楽《たの》しむこと。たしなむこと。好《この》み。例嗜好品《ひん》。

**じこう【事項°】**名 一《ひと》つ一《ひと》つのことがら。項《こう》目《もく》。例注意事項《ちゅういじこう》。

**じこう【時効】**名 ある期間《きかん》が過《す》ぎたために、権利《けんり》がなくなったり、権利《けんり》が生《しょう》じたりすること。例あと三日《みっか》で時効になる。

**じこう【時候】**名 その時《とき》その時《とき》の気候《きこう》。例時候の挨拶《あいさつ》。

■**しこうさくご【試行錯°誤】**名動-する いろいろとためして、失敗《しっぱい》をくり返《かえ》しながら、しだいに解決《かいけつ》に近《ちか》づいていくこと。

■**じごうじとく【自業△自得】**名 自分《じぶん》がした悪《わる》いことのむくいを、自分《じぶん》が受《う》けること。例自業自得だと思《おも》ってあきらめる。

**しこうてい【始皇帝】**人名（男）（紀元前《きげんぜん》二五九〜紀元前《きげんぜん》二一〇）紀元前《きげんぜん》二二一年《ねん》、初《はじ》めて中国《ちゅうごく》を統一《とういつ》した秦《しん》の皇帝《こうてい》。万里《ばんり》の長城《ちょうじょう》を築《きず》いた。

**しこうりょく【思考力】**名 考《かんが》える力《ちから》。課《か》題《だい》を解決《かいけつ》するために必要《ひつよう》な力《ちから》の一《ひと》つ。

**じごえ【地声】**名 生《う》まれつきの声《こえ》。対裏声《うらごえ》。

**しごく【至極△】**一副 非常《ひじょう》に。この上《うえ》なく。例父《ちち》はしごく元気《げんき》です。二〔ある言葉《ことば》のあとにつけて〕この上《うえ》ないという意味《いみ》を表《あらわ》す。例残念《ざんねん》至極。

**しごく**動 ❶長《なが》い物《もの》を握《にぎ》って、こするように強《つよ》く引《ひ》く。例やりをしごく。❷厳《きび》しくきたえる。例練習《れんしゅう》でしごかれた。

**じこく【自国】**名 自分《じぶん》の国《くに》。対他国《たこく》。

◦**じこく【時刻】**名 ある決《き》まった時《とき》。何時《なんじ》何《なん》分《ぷん》という時《とき》。例汽車《きしゃ》の出《で》る時刻。

◦**じごく【地獄°】**名 ❶仏教《ぶっきょう》やキリスト教《きょう》で、悪《わる》いことをした人《ひと》が死《し》んでから落《お》ちて苦《くる》しむと考《かんが》えられている所《ところ》。❷ひどい苦《くる》しみ。例試《し》

［歌の意味］ 有《あ》り明《あ》けの月《つき》が冷《つめ》たく見《み》えたあの朝《あさ》のお別《わか》れ以来《いらい》、明《あ》け方《がた》ほどつらいものはありません。

験《けん》地獄。 対 極楽《ごくらく》。天国《てんごく》。

**地獄《じごく》で仏《ほとけ》に会《あ》ったよう** 苦《くる》しいときに、思《おも》いがけない助《たす》けに出《で》あうたとえ。

**地獄《じごく》の沙汰《さた》も金次第《かねしだい》** この世《よ》はお金《かね》の力《ちから》でどうにでもなるということのたとえ。

**しこくちほう**〔四国地方〕 地名 瀬戸内《せとない》海《かい》をはさんで本州《ほんしゅう》と向《む》かい合《あ》っている大《おお》きな島《しま》。香川《かがわ》・高知《こうち》・愛媛《えひめ》・徳島《とくしま》の四県《けん》がある。

**じこくひょう**【時刻表】 名 乗《の》り物《もの》の発《はっ》車《しゃ》・到着《とうちゃく》の時刻《じこく》を書《か》いた表《ひょう》や本《ほん》。ダイヤ。

**じごくみみ**【地獄耳】 名 ❶人《ひと》の秘密《ひみつ》などをいちはやく聞《き》き付《つ》けること。また、そういう人《ひと》。❷一度《いちど》聞《き》いたら忘《わす》れないこと。

■**じこしゅちょう**【自己主張】 名 動-する 自分《じぶん》の意見《いけん》や考《かんが》え方《かた》を強《つよ》く示《しめ》すこと。

**じこしょうかい**【自己紹介】 名 動-する 自分《じぶん》で自分《じぶん》を人《ひと》に紹介《しょうかい》すること。名前《なまえ》や趣《しゅ》味《み》、今《いま》していることなどを言《い》う。

■**じごしょうだく**【事後承諾】 名 動-する 承諾《しょうだく》なしに始《はじ》めたことを、あとになってから認《みと》めてもらうこと。

■**じこせきにん**【自己責任】 名 自分《じぶん》自身《じしん》で負《お》わなければならない責任《せきにん》。

**しごせん**【子午線】 名 赤道《せきどう》と直角《ちょっかく》に交《まじ》わって、北極《ほっきょく》と南極《なんきょく》を結《むす》ぶ線《せん》。経線《けいせん》。 ↓けいせん(経線) 393ページ

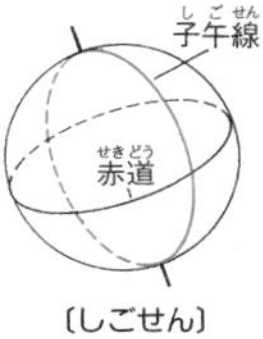

〔しごせん〕

**しこたま** 副 たくさん。どっさり。〔くだけた言《い》い方《かた》。〕 例 お金《かね》をしこたまもうけた。

**じこちゅうしんてき**【自己中心的】 形動 自分中心《じぶんちゅうしん》にものごとを考《かんが》え、他人《たにん》への思《おも》いやりに欠《か》けるようす。

**しこつとうやこくりつこうえん**〔支笏洞爺国立公園〕 地名 北海道《ほっかいどう》の南《なん》西部《せいぶ》、支笏湖《しこつこ》・洞爺湖《とうやこ》を中心《ちゅうしん》とした国立公園《こくりつこうえん》。火山《かざん》や温泉《おんせん》が多《おお》い。 ↓こくりつこうえん 457ページ

**°しごと**【仕事】 名 動-する ❶しなければならないこと。 例 仕事が速《はや》い。❷暮《く》らしのためにすること。働《はたら》くこと。職業《しょくぎょう》。 例 仕事をさがす。

**しごとおさめ**【仕事納め】 名 年末《ねんまつ》の、仕《し》事《こと》や勤《つと》めのし終《お》わり。 対 仕事始《しごとはじ》め。

**しごとはじめ**【仕事始め】 名 新年《しんねん》になってからの、仕事《しごと》や勤《つと》めのし始《はじ》め。 対 仕事納《しごとおさ》め。

■**じこひはん**【自己批判】 名 動-する 自分《じぶん》のあやまりを、自分自身《じぶんじしん》で批判《ひはん》すること。

■**じこひょうか**【自己評価】 名 動-する 自分《じぶん》のできばえなどを、自分自身《じぶんじしん》で評価《ひょうか》すること。 例 自己評価の高《たか》い人《ひと》。

■**じこまんぞく**【自己満足】 名 動-する 自分《じぶん》の行《おこな》ったことに、自分《じぶん》で満足《まんぞく》すること。 例 それは自己満足にすぎない。

**しこみ**【仕込み】 名 ❶〔「…じこみ」の形《かたち》で〕教《おし》え込《こ》むこと。身《み》につけること。 例 父親《ちちおや》仕込みの腕前《うでまえ》。❷仕込《しこ》むこと。買《か》い入《い》れたり準《じゅん》備《び》したりすること。 例 料理《りょうり》の仕込みにかかる。酒《さけ》の仕込みをする。

**しこむ**【仕込む】 動 ❶教《おし》えこむ。 例 おどりを仕込む。❷自分《じぶん》のものにする。 例 事前《じぜん》に情報《じょうほう》を仕込む。❸商品《しょうひん》を買《か》い入《い》れる。 例 特《とく》売用《ばいよう》の品《しな》を仕込む。❹準備《じゅんび》しておく。 例 夕《ゆう》食《しょく》の材料《ざいりょう》を仕込む。❺(酒《さけ》・みそ・しょうゆなどをつくるために)原料《げんりょう》を混《ま》ぜ合《あ》わせて、おけなどにつめる。 例 酒《さけ》を仕込む。

**しこり** 名 ❶筋肉《きんにく》がこって、かたくなること。❷けんかなどをしたあとに残《のこ》っている、いやな気持《きも》ち。 例 心《こころ》の中《なか》にしこりが残《のこ》る。

**じこりゅう**【自己流】 名 ふつうのやり方《かた》でない、自分《じぶん》だけのやり方《かた》。我流《がりゅう》。 例 自己流で演奏《えんそう》する。

**しこをふむ**【四股を踏む】(すもうで)力士《りきし》が左右《さゆう》の足《あし》を大《おお》きく開《ひら》き、片足《かたあし》ずつ交互《こうご》に高《たか》く上《あ》げてから力強《ちからづよ》く踏《ふ》み込《こ》む。

**しさ**【示唆】 名 動-する それとなく教《おし》えること。 例 示唆に富《と》んだ話《はなし》。

**じさ**【時差】 名 ❶地球《ちきゅうじょう》上の地方《ちほう》によってちがう、標準時《ひょうじゅんじ》の差《さ》。 例 東京《とうきょう》とパリでは、七《なな》時間《じかん》の時差がある。❷時刻《じこく》をずらすこと。 例 時差出勤《しゅっきん》。 ↓ひょうじゅんじ 1113ページ。

**しさい**【子細】 一 名 くわしい事情《じじょう》。 例 何《なに》か子細がありそうだ。 二 名 形動 くわしいこと。細《こま》かいこと。 例 子細に調《しら》べる。

**しざい**【死罪】 名 死刑《しけい》。死刑《しけい》に値《あたい》するほど重《おも》い罰《つみ》。〔古《ふる》い言《い》い方《かた》。〕





百人一首 有《あ》り明《あ》けのつれなく見《み》えし別《わか》れより暁《あかつき》ばかり憂《う》きものはなし　壬生忠岑《みぶのただみね》

**しざい【私財】** 名 個人《こじん》の財産《ざいさん》。例 私財をなげうって橋《はし》を造《つく》った。

**しざい【資材】** 名 物を作《つく》るのに必要《ひつよう》な材料《ざいりょう》。例 建築《けんちく》資材を調達《ちょうたつ》する。

**じざい【自在】** 名 形動 思《おも》いのまま。例 自由《じゆう》自在。水《みず》の中《なか》を自在に泳《およ》ぎ回《まわ》る。

**じざいかぎ【自在かぎ】** 名 いろりの上《うえ》につるし、なべ・鉄《てつ》びんなどをかけて、自由《じゆう》に上《あ》げ下《さ》げする仕組《しく》みのかぎ。↓いろり 91ページ

**しさく【思索】** 名 動する 筋道《すじみち》を立《た》てて、深《ふか》く考《かんが》えること。例 思索にふける。類 思考《しこう》。

**しさく【試作】** 名 動する ためしに作ってみること。例 試作品《ひん》。

**じさく【自作】** 名 動する 自分《じぶん》で作《つく》ること。例 自作の詩《し》を朗読《ろうどく》する。

**じさくのう【自作農】** 名 自分《じぶん》の土地《とち》で農《のう》作物《さくぶつ》を作《つく》る農家《のうか》。対 小作農《こさくのう》。

**じさしゅっきん【時差出勤】** 名 混《こ》んだ乗《の》り物《もの》をさけ、時刻《じこく》をずらして勤《つと》めに出《で》かけること。

**しさつ【視察】** 名 動する その場所《ばしょ》に行《い》って、ようすを調《しら》べること。例 工場《こうじょう》を視察する。

**じさつ【自殺】** 名 動する 自分《じぶん》で自分の命《いのち》を絶《た》つこと。自害《じがい》。対 他殺《たさつ》。

**しさん【四散】** 名 動する 四方《しほう》に、ちりぢりに散《ち》らばること。例 割《わ》れたガラスが四散している。

**しさん【資産】** 名 土地《とち》・家《いえ》・お金《かね》などの財産《ざいさん》。

**しさん【試算】** 名 動する ためしに計算《けいさん》してみること。例 いくらかかるか試算してみた。

**じさん【持参】** 名 動する 持《も》って行《い》くこと。また、持《も》って来《く》ること。例 各自《かくじ》で道具《どうぐ》を持参する。

**しし【志士】** 名 国《くに》や社会《しゃかい》のために、自分《じぶん》のことをかえりみないで働《はたら》く人《ひと》。例 勤皇《きんのう》の志士。

**しし【獅子】** 名 ❶ライオン。❷ライオンをもとにして考《かんが》えられた、想像上《そうぞうじょう》の動物《どうぶつ》。

◦**しじ【支持】** 名 動する ❶ささえること。❷賛《さん》成《せい》して助《たす》けること。例 彼《かれ》を支持する。

**しじ【私事】** 名 本人《ほんにん》だけに関係《かんけい》のある個人的《こじんてき》なことがら。わたくしごと。例 私事ながら申《もう》し上《あ》げます。

◦**しじ【指示】** 名 動する ❶指《さ》し示《しめ》すこと。例 方《ほう》向《こう》指示器《き》。❷指図《さしず》すること。例 先生《せんせい》の指示に従《したが》う。

**しじ【師事】** 名 動する ある人《ひと》を自分《じぶん》の先生《せんせい》として、ずっと教《おし》えを受《う》けること。例 山田《やまだ》先《せん》生《せい》に師事してピアノを習《なら》っている。

**じじ【時事】** 名 その時《とき》その時《とき》の、社会《しゃかい》に起《お》こった出来事《できごと》。例 時事問題《もんだい》に対《たい》する意見《いけん》。

✤**しじご【指示語】** 名 ↓こそあどことば 467ページ

■**じじこっこく【時時刻刻】** 副 時《とき》がたつにつれて、しだいに。例 山《やま》の天候《てんこう》は、時々刻々変《か》わる。類 刻一刻《こくいっこく》。

**ししつ【資質】** 名 生《う》まれつきの性質《せいしつ》や才能《さいのう》。例 運動選手《うんどうせんしゅ》としての資質にめぐまれる。類 素質《そしつ》。

**しじつ【史実】** 名 歴史《れきし》の上《うえ》で、ほんとうにあったこと。例 史実にもとづいた物語《ものがたり》。

**じしつ【自室】** 名 自分《じぶん》の部屋《へや》。例 自室に戻《もど》る。

◦**じじつ【事実】** 一名 実際《じっさい》にあったことがら。例 この話《はなし》は事実だ。二副 実際《じっさい》に。ほんとうに。例 事実、そうなんだ。

**事実《じじつ》は小説《しょうせつ》よりも奇《き》なり** 実際《じっさい》に起《お》こることのほうが、うまく作《つく》られた小説《しょうせつ》よりも、不思議《ふしぎ》でおもしろい。

■**じじつむこん【事実無根】** 名 事実《じじつ》であるという根拠《こんきょ》がないこと。例 事実無根のうわさ。

■**ししふんじん【獅子奮迅】** 名 〔獅子《しし》がふるい立《た》ったように〕ものごとに激《はげ》しい勢《いきお》いで取《と》り組《く》むこと。例 獅子奮迅の大活躍《だいかつやく》。

**ししまい【獅子舞】** 名 「獅子《しし》❷」をかたどった頭《かしら》をかぶってする舞《まい》。豊作《ほうさく》や厄《やく》よけを願《ねが》って、正月《しょうがつ》や祭《まつ》りに舞うことが多《おお》い。

**しじみ【蜆】** 名 川《かわ》や湖《みずうみ》にすむ、黒《くろ》くて小《ちい》さい二枚貝《にまいがい》。↓にまいがい 992ページ

✤**しじもじ【指事文字】** 名 〔国語《こくご》で〕漢字《かんじ》の成《な》り立《た》ちの一《ひと》つ。↓ふろく(6)ページ

**ししゃ【支社】** 名 本社《ほんしゃ》からはなれた所《ところ》に設《もう》けられた事務所《じむしょ》。対 本社《ほんしゃ》。

**ししゃ【死者】** 名 死《し》んだ人《ひと》。死人《しにん》。

**ししゃ【使者】** 名 命令《めいれい》を受《う》けて使《つか》いをする人《ひと》。使《つか》いの者《もの》。例 使者を立《た》てる。



[歌の意味] 夜《よ》が明《あ》けていくころ、月《つき》の光《ひかり》かと思《おも》うほどに、吉野《よしの》の里《さと》に真《ま》っ白《しろ》に降《ふ》った雪《ゆき》よ。

✤**ししゃ【視写】**名 動-する 文章《ぶんしょう》を見《み》て、そのまま書《か》き写《うつ》すこと。

**ししゃ【試写】**名 動-する 映画《えいが》を一部《いちぶ》の人《ひと》にためしに見《み》せること。例 試写会《かい》。

**ししゃ【試射】**名 動-する 〔銃《じゅう》などを〕試《ため》しにうつこと。

**じしゃ【寺社】**名 寺《てら》と神社《じんじゃ》。社寺《しゃじ》。

**しじやく【指示薬】**名 溶液《ようえき》が、酸性《さんせい》かアルカリ性《せい》かを見《み》るためなどに使《つか》う薬品《やくひん》。

◦**じしゃく【磁石】**名 ❶鉄《てつ》を引《ひ》きつける性質《せいしつ》を持《も》つ物《もの》。マグネット。例 電《でん》磁石。❷針《はり》の指《さ》す向《む》きから南《なん》北《ぼく》の方角《ほうがく》を知《し》る道具《どうぐ》。コンパス。

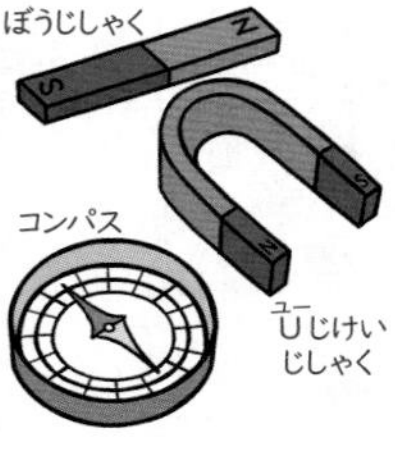

〔じしゃく〕

■**ししゃごにゅう【四捨五入】**名 動-する 〔算数《さんすう》で〕求《もと》めるけたのすぐ下《した》の数《かず》が、4までのときは切《き》り捨《す》て、5以上《いじょう》のときは切《き》り上《あ》げて、上《うえ》の位《くらい》に1を加《くわ》える方法《ほうほう》。例《たと》えば、6.3は6、6.5は7とするやり方《かた》。

**ししゃも**名 北海道《ほっかいどう》などでとれる小形《こがた》の魚《さかな》。おもに干物《ひもの》にして食《た》べる。

**ししゅ【死守】**名 動-する 命《いのち》がけで守《まも》ること。例 城《しろ》を死守する。

**じしゅ【自主】**名 他《ほか》からの力《ちから》を借《か》りず、自《じ》分《ぶん》の力《ちから》で独立《どくりつ》してすること。例 自主トレーニング。

**じしゅ【自首】**名 動-する 犯人《はんにん》が自分《じぶん》から罪《つみ》を申《もう》し出《で》ること。

**ししゅう【刺繡】**名 動-する 布地《ぬのじ》などに、色《いろ》糸《いと》で模様《もよう》をぬい現《あらわ》すこと。また、ぬい現《あらわ》したもの。ぬいとり。

✤**ししゅう【詩集】**名 詩《し》を集《あつ》めた本《ほん》。

◦**しじゅう【始終】**一名 始《はじ》めから終《お》わりまで。例 事《じ》件《けん》の一部《いちぶ》始終。二副 絶《た》えず。いつも。例 小鳥《ことり》がしじゅう鳴《な》いている。

**じしゅう【自習】**名 動-する 自《じ》分《ぶん》で勉強《べんきょう》すること。例 自習時《じ》間《かん》。

**じじゅう【自重】**名 乗《の》り物《もの》や機械《きかい》などの、そのもの自体《じたい》の重《おも》さ。例 自重にたえられず落下《らっか》した。注意「自重」を「じちょう」と読《よ》むと、ちがう意味《いみ》になる。

**じじゅう【侍従】**名 天皇《てんのう》や君主《くんしゅ》のそば近《ちか》くにつかえる人《ひと》のこと。

**しじゅうから【四十雀】**名 野山《のやま》にすみ、人家《じんか》の近《ちか》くにもよく来《く》る小鳥《ことり》。スズメよりやや小《ちい》さい。頭《あたま》とのどが黒《くろ》く、腹《はら》は白《しろ》い。

**しじゅうしょう【四重唱】**名 〔音楽《おんがく》で〕ソプラノ・アルト・テノール・バスの四種類《よんしゅるい》のちがった声《こえ》を合《あ》わせて、四人《よにん》で歌《うた》う合唱《がっしょう》。カルテット。

**しじゅうそう【四重奏】**名 〔音楽《おんがく》で〕四種《よんしゅ》類《るい》の楽器《がっき》による合奏《がっそう》。カルテット。

**ししゅうびょう【歯周病】**名 歯《は》ぐきや歯《は》の周《まわ》りに起《お》こる病気《びょうき》。歯《は》ぐきがはれたり、うみや血《ち》が出《で》たりする。

**じしゅく【自粛】**名 動-する 自分《じぶん》の行《おこな》いや態《たい》度《ど》をつつしむこと。例 活動《かつどう》を一週間《いっしゅうかん》自粛する。

**じしゅせい【自主性】**名 人《ひと》にたよらず、自分《じぶん》の力《ちから》で考《かんが》え、行動《こうどう》できる性質《せいしつ》。例 自主性を育《そだ》てる。

◦**ししゅつ【支出】**名 動-する あることのために、お金《かね》をしはらうこと。例 今月《こんげつ》は支出が多《おお》い。対 収入《しゅうにゅう》。

**じしゅてき【自主的】**形動 自分《じぶん》から進《すす》んでやっていくようす。例 自主的な練習《れんしゅう》がだいじだ。

**ししゅんき【思春期】**名 体《からだ》が成熟《せいじゅく》し、異《い》性《せい》に関心《かんしん》を持《も》つようになる年《とし》ごろ。十一《じゅういち》、二《に》歳《さい》から十六《じゅうろく》、七歳《しちさい》のころ。

**ししょ【支所】**名 本社《ほんしゃ》や本庁《ほんちょう》からはなれた所《ところ》に設《もう》けられた事務所《じむしょ》。

**ししょ【司書】**名 図書館《としょかん》で、本《ほん》の整理《せいり》や貸《か》し出《だ》しをしたり、本《ほん》についての相談《そうだん》などを受《う》けたりする役《やく》の人《ひと》。

**しじょ【子女】**名 ❶女《おんな》の子《こ》。むすめ。❷むすことむすめ。子《こ》ども。例 帰国《きこく》子女。

**じしょ【地所】**名 土地《とち》。例 人《ひと》の地所に無断《むだん》で立《た》ち入《い》ってはいけない。

✤**じしょ【字書】**名 ↓じてん(字典) 570ページ

**じしょ【自署】**名 動-する 自《じ》分《ぶん》自身《じしん》で署名《しょめい》をすること。また、その署名《しょめい》。

✤**じしょ【辞書】**名 ↓じてん(辞典) 570ページ

あいうえお
かきくけこ
さしすせそ
たちつてと
なにぬねの
はひふへほ
まみむめも
やゆよ
らりるれろ
わをん


百人一首 朝《あさ》ぼらけ有《あ》り明《あ》けの月《つき》と見《み》るまでに吉野《よしの》の里《さと》に降《ふ》れる白雪《しらゆき》 坂上是則《さかのうえのこれのり》

○**じじょ【次女】** [名] 女《おんな》の子《こ》のうち、二番《にばん》めに生《う》まれた子《こ》。[対] 次男《じなん》。[参考]「二女《じじょ》」とも書《か》く。

**じじょ【自助】** [名] 自分《じぶん》の力《ちから》で、ものごとをなしとげること。[例] 自助努力《どりょく》を求《もと》める。

**ししょう【支障】** [名] さしさわり。さしつかえ。[例] 仕事《しごと》に支障をきたす。

**ししょう【死傷】** [名][動-する] 死《し》んだり、けがをしたりすること。[例] 多数《たすう》の死傷者《しゃ》が出《で》た。

**ししょう【師匠】** [名] 学問《がくもん》や芸事《げいごと》などにすぐれていて、それを教《おし》える人《ひと》。先生《せんせい》。[例] おどりのお師匠さん。[対] 弟子《でし》。

**しじょう【史上】** [名] 歴史《れきし》に残《のこ》されている範囲《はんい》。歴史上《れきしじょう》。[例] 史上まれな出来事《できごと》。

**しじょう【市場】** [名] ❶魚《さかな》や野菜《やさい》などを、決《き》まった時《とき》にせり売《う》りする所《ところ》。[例] 青果《せいか》市場。❷物《もの》を売《う》り買《か》いする範囲《はんい》。マーケット。[例] 魚《さかな》が市場に出回《でまわ》る。❸売《う》り手《て》と買《か》い手《て》との間《あいだ》で取《と》り引《ひ》きを行《おこな》う所《ところ》。[例] 株式《かぶしき》市場。[参考] ❶は「いちば」ともいう。

**しじょう【至上】** [名] この上《うえ》もないこと。[例] 至上の喜《よろこ》び。

**しじょう【私情】** [名] 自分《じぶん》だけの気持《きも》ち。個《こ》人的《じんてき》な感情《かんじょう》。[例] 私情を交《まじ》えずに話《はな》す。

**しじょう【紙上】** [名] ❶紙《かみ》の上《うえ》。❷新聞《しんぶん》の、記事《きじ》がのる面《めん》。[例] 新聞《しんぶん》紙上で発表《はっぴょう》する。[類] 紙面《しめん》。[参考] 雑誌《ざっし》の場合《ばあい》は、「誌上《しじょう》」と書《か》く。

**しじょう【試乗】** [名][動-する] ためしに乗《の》ってみること。[例] 新車《しんしゃ》に試乗する。

✤**しじょう【詩情】** [名] ❶詩《し》に表《あらわ》したいという気持《きも》ち。[例] 詩情がわく。❷詩《し》に表現《ひょうげん》された感情《かんじょう》。詩《し》を読《よ》んだときに感《かん》じるような、うっとりした気分《きぶん》。[例] 詩情を味《あじ》わう。

**しじょう【誌上】** [名] 雑誌《ざっし》の紙面《しめん》。[例] 論文《ろんぶん》を誌上で発表《はっぴょう》する。[参考] 新聞《しんぶん》の場合《ばあい》は「紙上《しじょう》」と書《か》く。

**じしょう【自称】** [名][動-する] 自分《じぶん》はこんな人《じん》物《ぶつ》だと、自分《じぶん》で言《い》うこと。[例] 彼《かれ》は、日本一《にっぽんいち》の手品師《てじなし》だと自称している。

**じしょう【事象】** [名] 起《お》こった出来事《できごと》やことがら。[例] めずらしい事象。

**じじょう【自乗】** [名][動-する] ↓にじょう 987ページ

ジ

○**じじょう【事情】** [名] ❶わけ。[例] 何《なに》か深《ふか》い事情があるらしい。❷ようす。[例] 父《ちち》はアメリカの事情にくわしい。

**ししょく【試食】** [名][動-する] 味《あじ》を見《み》るために、ためしに食《た》べること。[例] 試食会《かい》に参加《さんか》する。

**じしょく【辞職】** [名][動-する] 自分《じぶん》から務《つと》めや役目《やくめ》などをやめること。[例] 内閣《ないかく》が総《そう》辞職した。[類] 退職《たいしょく》。

✤**じじょでん【自叙伝】** [名] 自分《じぶん》で書《か》いた自《じ》分《ぶん》の伝記《でんき》。自伝《じでん》。

**ししょばこ【私書箱】** [名] 郵便局《ゆうびんきょく》に置《お》かれた、自分《じぶん》あての郵便《ゆうびん》を受《う》ける専用《せんよう》の箱《はこ》のこと。郵便私書箱《ゆうびんししょばこ》。

**ししん【私心】** [名] 自分《じぶん》の損《そん》や得《とく》ばかりを考《かんが》える心《こころ》。[例] 私心のない人《ひと》。

**ししん【私信】** [名] 自分《じぶん》の用事《ようじ》で出《だ》す手紙《てがみ》。

**ししん【指針】** [名] ❶時計《とけい》や計器《けいき》などの、目《め》盛《も》りを指《さ》し示《しめ》す針《はり》。❷今後《こんご》の方針《ほうしん》。目当《めあ》て。[例] 人生《じんせい》の指針。

✤**しじん【詩人】** [名] 詩《し》を作《つく》る人《ひと》。また、それを仕事《しごと》にしている人《ひと》。

○**じしん【自身】** [名] ❶自分《じぶん》みずから。[例] 兄《あに》は自身で詩《し》を作《つく》る。❷〔ある言葉《ことば》のあとにつけて〕その言葉《ことば》を強《つよ》める言葉《ことば》。[例] 自分《じぶん》自身。

○**じしん【自信】** [名] 自分《じぶん》の力《ちから》や値打《ねう》ちを、自《じ》分《ぶん》でかたく信《しん》じること。[例] 腕《うで》に自信がある。

○**じしん【地震】** [名] 火山《かざん》の爆発《ばくはつ》や、地下深《ちかふか》くで起《お》こる活動《かつどう》などによって、地面《じめん》がゆれ動《うご》くこと。[例] 地震の前《まえ》ぶれ。

**地震《じしん》雷《かみなり》火事《かじ》親父《おやじ》** 世《よ》の中《なか》で、怖《こわ》いと思《おも》われるものを順番《じゅんばん》に並《なら》べた言葉《ことば》。

**じしん【時針】** [名] 時計《とけい》の、時《じ》を示《しめ》す、短《みじか》いほうの針《はり》。短針《たんしん》。[関連] 分針《ふんしん》。秒針《びょうしん》。

**じしん【磁針】** [名] 針《はり》の形《かたち》をした鉄《てつ》の磁石《じしゃく》。自由《じゆう》に回《まわ》り、南北《なんぼく》を指《さ》す。

**じしんけい【地震計】** [名] 地震《じしん》のゆれ方《かた》を、自動的《じどうてき》に記録《きろく》する機械《きかい》。

**じすい【自炊】** [名][動-する] 自分《じぶん》で食事《しょくじ》をこしらえて食《た》べること。[例] 自炊生活《せいかつ》。

**しすう【指数】** [名] 数《かず》の変動《へんどう》やちがいを、ある基準《きじゅん》を一〇〇として、それをもとにして示《しめ》した数字《すうじ》。[例] 物価《ぶっか》指数。知能《ちのう》指数。

**しずおかけん【静岡県】** [地名] 中部地方《ちゅうぶちほう》の太平洋側《たいへいようがわ》にある県《けん》。県庁《けんちょう》は静岡市《しずおかし》にある。

○**しずか【静か】** [形動] ❶物音《ものおと》がしないで、ひ

[歌の意味] 山《やま》の中《なか》の川《かわ》をせき止《と》めたしがらみは、流《なが》れられずにいる紅葉《もみじ》だったよ。
[注] しがらみ＝水《みず》をせき止《と》めるための柵《さく》。

つそりとしているようす。例 静かな夜《よる》。❷動《うご》きがおだやかなようす。例 波《なみ》が静かだ。❸気持《きも》ちや性質《せいしつ》がおだやかで、おとなしいようす。例 静かな人《ひと》。⇩せい【静】700ページ

○**しずく**【滴】名 ぽたりぽたりと垂《た》れる水《みず》。例 汗《あせ》の滴。滴が垂《た》れる。⇩てき【滴】879ページ

**しずけさ**【静けさ】名 物音《ものおと》がしないで、静《しず》かなこと。例 あらしの前《まえ》の静けさ。

**しずしず**【静静】副(-と) 静かに。ゆっくりと、落《お》ち着《つ》いて。例 しずしずと歩《ある》く。参考 ふつう、かな書《が》きにする。

**シスター**〔英語 sister〕名 ❶姉《あね》と妹《いもうと》。女《おんな》のきょうだい。対 ブラザー。❷修道院《しゅうどういん》で修行《しゅぎょう》する尼《あま》。修道女《しゅうどうじょ》。

例解 ⟷ 使い分け

**沈《しず》めると静《しず》めると鎮《しず》める**

おもりを沈《しず》める。
船《ふね》を沈《しず》める。

心《こころ》を静《しず》める。
場内《じょうない》を静《しず》める。

痛《いた》みを鎮《しず》める。
反乱《はんらん》を鎮《しず》める。
怒《いか》りを鎮《しず》める。

**システム**〔英語 system〕名 ❶仕組《しく》み。組織《そしき》。例 会社《かいしゃ》のシステム。❷ひとまとまりの組《く》み合《あ》わせ。例 コンピューターシステム。

**じすべり**【地滑り】名 大雨《おおあめ》や地震《じしん》で、斜面《しゃめん》の土《つち》・砂《すな》・岩《いわ》が、すべり落《お》ちること。例 大規模《だいきぼ》な地滑りが起《お》きた。

**ジスマーク**【JISマーク】名 商品《しょうひん》が、決められた基準《きじゅん》で作《つく》られていることを示《しめ》すしるし。「JIS《ジス》」は日本産業規格《にほんさんぎょうきかく》という意味《いみ》の英語《えいご》の頭文字《かしらもじ》。⇩マーク❶1222ページ

**しずまりかえる**【静まり返る】動 すっかり静《しず》かになる。しいんとしている。例 家《いえ》の中《なか》はひっそりと静まり返っていた。

○**しずまる**【静まる】動 物音《ものおと》がしなくなる。ひっそりする。落《お》ち着《つ》く。例 気持《きも》ちが静まる。対 荒《あ》れる。⇩せい【静】700ページ

**しずまる**【鎮まる】動 おさまる。おだやかになる。例 反乱《はんらん》が鎮まる。⇩ちん【鎮】846ページ

○**しずむ**【沈む】動 ❶水《みず》の中《なか》に深《ふか》く入《はい》る。例 船《ふね》が沈む。対 浮《う》かぶ。浮く。❷物《もの》の中《なか》に入《はい》っていく。物《もの》の位置《いち》が下《さ》がる。例 地震《じしん》で地盤《じばん》が沈む。❸太陽《たいよう》や月《つき》が地平線《ちへいせん》にかくれる。例 日《ひ》が沈む。対 昇《のぼ》る。❹元気《げんき》がない。例 沈んだ顔《かお》。❺よくない状態《じょうたい》になる。例 不幸《ふこう》のどん底《ぞこ》に沈む。⇩ちん【沈】845ページ

○**しずめる**【沈める】動 ❶水中《すいちゅう》に沈《しず》ませる。例 船《ふね》を沈める。対 浮《う》かべる。❷低《ひく》くする。例 腰《こし》を沈める。❸よくない状態《じょうたい》にする。例 苦《くる》しい生活《せいかつ》に身《み》を沈める。⇩ちん【沈】845ページ

○**しずめる**【静める】動 静《しず》かにさせる。落《お》ち着《つ》かせる。例 気《き》を静める。⇩せい【静】700ページ

**しずめる**【鎮める】動 おさめる。おだやかにさせる。例 薬《くすり》をのんでせきを鎮める。⇩ちん【鎮】846ページ

**しする**【資する】動 その役《やく》に立《た》つ。その助《たす》けとなる。例 科学《かがく》の進歩《しんぽ》に資する。

**じする**【辞する】動 ❶やめる。例 会長《かいちょう》を辞する。❷挨拶《あいさつ》をして、立《た》ち去《さ》る。例 先生《せんせい》の家《いえ》を辞する。❸断《ことわ》る。例 おくり物《もの》を辞する。

**しせい**【市制】名 市《し》としての政治《せいじ》を行《おこな》っていく仕組《しく》み。例 市制をしく。

**しせい**【市政】名 (地方公共団体《ちほうこうきょうだんたい》としての)市《し》の政治《せいじ》や行政《ぎょうせい》。

**しせい**【施政】名 政治《せいじ》を行《おこな》うこと。例 施政方針《ほうしん》。

○**しせい**【姿勢】名 ❶体《からだ》の構《かま》え方《かた》。例 姿勢が

例解 ! 表現の広場

**姿勢《しせい》と態度《たいど》のちがい**

| | 姿勢《しせい》 | 態度《たいど》 | |
|---|---|---|---|
| 取《と》り組《く》む | ○ | ○ | がいい。 |
| 「休《やす》め」の | ○ | × | をとる。 |
| 黒《くろ》か白《しろ》かの | × | ○ | を決める。 |
| いいかげんな | × | ○ | では困《こま》る。 |

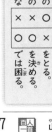

悪《わる》い。❷心《こころ》がまえ。例 前向《まえむ》きの姿勢《しせい》。

**姿勢《しせい》を正《ただ》す** 姿勢《しせい》をきちんとする。また、ものごとに対《たい》する心《こころ》がまえを正《ただ》しくする。例 政治家《せいじか》としての姿勢を正す。

**じせい【自生】** 名 動-する 草《くさ》や木《き》が自然《しぜん》に生《は》えること。例 自生のツバキ。

**じせい【自制】** 名 動-する 自分《じぶん》で自分《じぶん》の気持《きも》ちをおさえること。例 自制心《しん》。

**じせい【自省】** 名 動-する 自分自身《じぶんじしん》の態度《たいど》や言動《げんどう》を反省《はんせい》すること。例 自省を求《もと》める。

**じせい【時世】** 名 世《よ》の中《なか》。時代《じだい》。例 昔《むかし》と今《いま》では、時世がちがう。

**じせい【時勢】** 名 世《よ》の中《なか》の動《うご》き。例 時勢におくれる。類 時流《じりゅう》。

**じせい【辞世】** 名 ❶この世《よ》を去《さ》ること。死《し》ぬこと。❷死《し》にぎわに作《つく》る、詩《し》・短歌《たんか》・俳句《はいく》など。例 辞世の歌《うた》。

**しせいかつ【私生活】** 名 （公的《こうてき》な生活《せいかつ》に対《たい》して）私的《してき》な、個人《こじん》としての生活《せいかつ》。

**しせき【史跡】**° 名 歴史《れきし》に出《で》てくる建物《たてもの》や事件《じけん》のあった所《ところ》。例 史跡を訪《たず》ねて歩《ある》く。

**しせき【歯石】** 名 歯《は》の根元《ねもと》などにこびりついた石灰分《せっかいぶん》のかたまり。

**じせき【自責】** 名 動-する 自分《じぶん》で自分自身《じぶんじしん》の過《あやま》ちを責《せ》めること。例 反省《はんせい》し自責する。

**自責《じせき》の念《ねん》** あやまちや失敗《しっぱい》をした自分自身《じぶんじしん》を、責《せ》めてとがめる気持《きも》ち。例 思《おも》い出《だ》すと、自責の念にかられる。

**じせだい【次世代】** 名 ❶次《つぎ》の世代《せだい》の人々《ひとびと》。例 次世代に国《くに》の将来《しょうらい》を任《まか》せる。❷次《つぎ》の段階《だんかい》。次《つぎ》の時代《じだい》に向《む》けて新《あら》たにつくり出《だ》したもの。例 次世代型《がた》自動車《じどうしゃ》。

**しせつ【私設】** 名 個人《こじん》や民間《みんかん》が組織《そしき》などを作《つく》ること。例 私設応援団《おうえんだん》。

**しせつ【使節】** 名 国《くに》を代表《だいひょう》して、外国《がいこく》へ使《つか》いに行《い》く人《ひと》。例 親善《しんぜん》使節。

**しせつ【施設】**° 名 人々《ひとびと》が利用《りよう》できるように作《つく》った設備《せつび》。例 運動《うんどう》施設。

**じせつ【自説】** 名 自分《じぶん》の考《かんが》え。自分《じぶん》の意見《いけん》。例 自説を述《の》べる。自説を曲《ま》げない。

**じせつ【時節】** 名 ❶季節《きせつ》。例 時節外《はず》れ。桜《さくら》の時節。❷ちょうどよい時《とき》。例 時節が来《く》るのを待《ま》つ。

**じせつがら【時節柄】**° 副 こういう季節《きせつ》だから。例 時節がらお体《からだ》を大切《たいせつ》に。参考 手紙《てがみ》などで使《つか》う。

**しせん【支線】** 名 本線《ほんせん》から分《わ》かれた鉄道《てつどう》。対 幹線《かんせん》。本線《ほんせん》。

**しせん【視線】** 名 目《め》が向《む》いている方向《ほうこう》。例 熱《あつ》い視線。視線が合《あ》う。

°**しぜん【自然】** 一 名 ❶山《やま》・川《かわ》・草《くさ》・木《き》・星《ほし》・雲《くも》・雨《あめ》・雪《ゆき》など、人《ひと》が作《つく》ったものでない物《もの》。例 自然を守《まも》る。対 人工《じんこう》。人造《じんぞう》。❷もともとの性質《せいしつ》を備《そな》えていること。例 美《うつく》しいものにひかれるのは、人《ひと》の自然の姿《すがた》です。二 形動 わざとらしくないようす。例 自然なやり方《かた》。三 副 〔「自然《しぜん》に」「自然《しぜん》と」の形《かたち》で〕ひとりでに。いつのまにか。例 火《ひ》が自然に消《き》える。自然と熱《ねつ》が下《さ》がった。

**じぜん【事前】** 名 ものごとの起《お》こる前《まえ》。実際《じっさい》に行《おこな》う前《まえ》。例 事前調査《ちょうさ》が必要《ひつよう》だ。対 事後《じご》。

°**じぜん【慈善】**° 名 ❶あわれみ、いつくしむこと。❷不幸《ふこう》な人《ひと》や暮《く》らしに困《こま》っている人《ひと》を助《たす》けること。チャリティー。例 慈善バザーを開《ひら》く。

**しぜんいさん【自然遺産】** 名 ⇩せかいいさん 711ページ

**しぜんかい【自然界】** 名 人間《にんげん》が作《つく》ったものでなく、この世《よ》にもともとある世界《せかい》。山《やま》・川《かわ》・草《くさ》・木《き》・星《ほし》・雲《くも》・雨《あめ》・雪《ゆき》などのすべて。

**しぜんかがく【自然科学】** 名 自然界《しぜんかい》のことがらを研究《けんきゅう》する学問《がくもん》。天文学《てんもんがく》・物理学《ぶつりがく》・化学《かがく》・地学《ちがく》・生物学《せいぶつがく》など。

**しぜんかんきょう【自然環境】**° 名 人《ひと》や生《い》き物《もの》を取《と》り巻《ま》き、影響《えいきょう》を与《あた》える周《まわ》りの自然《しぜん》。例 豊《ゆた》かな自然環境にめぐまれる。

**しぜんげんしょう【自然現象】** 名 自然界《しぜんかい》に起《お》こるいろいろなものごと。雨《あめ》・風《かぜ》・地震《じしん》など。

**じぜんじぎょう【慈善事業】**° 名 暮《く》らしに困《こま》っている人《ひと》などを助《たす》けるために行《おこな》われる民間《みんかん》の事業《じぎょう》。

**しぜんしょくひん【自然食品】** 名 化学《かがく》肥料《ひりょう》や薬品《やくひん》などを使《つか》っていない、自然《しぜん》のままの食品《しょくひん》。

**しぜんすう【自然数】** 名 一《いち》に、順《じゅん》に一《いち》を足《た》してできる数《かず》。例《たと》えば、一《いち》、二《に》、三《さん》など。

［歌の意味］ のどかな春《はる》の日《ひ》なのに、桜《さくら》はなぜあわただしく散《ち》るのだろうか。注 ひさかたの＝「光《ひかり》」にかかる枕詞《まくらことば》。

**しぜんせんたく【自然選択】**㊔ 生《い》き物《もの》のうち、環境《かんきょう》に適応《てきおう》できたものが生《い》き残《のこ》り、適応《てきおう》できなかったものがほろびるということ。自然淘汰《しぜんとうた》。参考 ダーウィンの進化論《しんかろん》のもとになった考《かんが》え方《かた》。

**しぜんたい【自然体】**㊔ ❶柔道《じゅうどう》で、力《ちから》を入《い》れずに自然《しぜん》に立《た》っている姿勢《しせい》。❷身構《みがま》えたりしない、ふだんどおりのようす。例 自然体で交渉《こうしょう》にのぞむ。

**しぜんちゆ【自然治癒】**㊔動-する 生物《せいぶつ》がもともと持《も》っている回復《かいふく》する力《ちから》で、病気《びょうき》やけがが治《なお》ること。

**しぜんはかい【自然破壊】**㊔ 海《うみ》・山《やま》・川《かわ》・森林《しんりん》や大気《たいき》・土壌《どじょう》などの自然《しぜん》の姿《すがた》を人《ひと》がこわすこと。例 自然破壊を食《く》い止《と》める。

**しぜんほご【自然保護】**㊔ 自然《しぜん》がこわされないように、守《まも》り育《そだ》てていくこと。

**しそ【紫蘇】**㊔ かおりのいい葉《は》や実《み》を食用《しょくよう》にする草《くさ》。アオジソ・アカジソがあり、アカジソはつけ物《もの》の色《いろ》づけに使《つか》う。

✤**しそう【思想】**㊔ 生《い》き方《かた》や社会《しゃかい》などに対《たい》するまとまった考《かんが》え。例 新《あたら》しい思想。

**じぞう【地蔵】**㊔「地蔵菩薩《じぞうぼさつ》」のこと。世《よ》の中《なか》の苦《くる》しんでいる人《ひと》を救《すく》い守《まも》るといわれる。道《みち》ばたなどにたててある、石《いし》のお地蔵《じぞう》さんは、子《こ》どもにも親《した》しまれている。↓ろくじぞう

〔じぞう〕

**しそうか【思想家】**㊔ 人間《にんげん》や社会《しゃかい》のあり方《かた》などについて深《ふか》い考《かんが》えを持《も》っている人《ひと》。

**しそく【子息】**㊔〔「ご子息《しそく》」の形《かたち》で〕よその人《ひと》の男《おとこ》の子《こ》どもを敬《うやま》って言《い》う言葉《ことば》。むすこさん。例 ご子息は、おいくつですか。対 息女《そくじょ》。

**しそく【四則】**㊔ 算数《さんすう》の、足《た》し算《ざん》・引《ひ》き算《ざん》・掛《か》け算《ざん》・割《わ》り算《ざん》の四《よっ》つの規則《きそく》。加減乗除《かげんじょうじょ》。

**しぞく【士族】**㊔ 明治《めいじ》になって、それまで武士《ぶし》だった家《いえ》の人《ひと》に与《あた》えられた身分《みぶん》。第二次《だいにじ》世界大戦《せかいたいせん》後廃止《ごはいし》された。

**しぞく【氏族】**㊔ 祖先《そせん》が同《おな》じである人々《ひとびと》の集《あつ》まり。例 氏族社会《しゃかい》。

**じそく【時速】**㊔ 一時間《いちじかん》に進《すす》む速《はや》さ。例 時速九〇キロメートル。関連 分速《ふんそく》。秒速《びょうそく》。

**じぞく【持続】**㊔動-する 同《おな》じ状態《じょうたい》が、長《なが》く続《つづ》くこと。また、続《つづ》けること。例 緊張《きんちょう》が持続する。類 継続《けいぞく》。

**じぞくかのうせい【持続可能性】**㊔ 今《いま》の環境《かんきょう》や社会《しゃかい》が将来《しょうらい》でも維持《いじ》でき、現在《げんざい》の人《ひと》も未来《みらい》の人《ひと》も満足《まんぞく》できること。サステナビリティ。

**しそこなう【仕損なう】**動 失敗《しっぱい》する。機《き》会《かい》をのがす。例 店《みせ》の予約《よやく》をしそこなう。

**しそちょう【始祖鳥】**㊔ 鳥《とり》の先祖《せんぞ》といわれる生物《せいぶつ》。カラスぐらいの大《おお》きさで、するどい歯《は》があり、つばさにもつめがある。一八六一年《ねん》、ドイツで化石《かせき》が発見《はっけん》された。

**しそん【子孫】**㊔ ❶子《こ》や孫《まご》。❷その人《ひと》の血《ち》を受《う》けついでいる人々《ひとびと》。また、あとの時代《じだい》の人々《ひとびと》。対 先祖《せんぞ》。祖先《そせん》。

**じそん【自尊】**㊔ 自分自身《じぶんじしん》を価値《かち》あるものと認《みと》め、大切《たいせつ》にすること。

**しそんじる【仕損じる】**動 やりそこなう。しそんずる。しくじる。↓せいてはことをしそんじる 707ページ

**じそんしん【自尊心】**㊔ 自分《じぶん》のことをほこりに思《おも》う心《こころ》。プライド。例 自尊心を傷《きず》つけられる。

**しそんずる【仕損ずる】**動↓しそんじる 559ページ

○**した【下】**㊔ ❶低《ひく》い所《ところ》。例 窓《まど》の下。❷地位《ちい》の低《ひく》いこと。例 人《ひと》の下で働《はたら》く。❸年齢《ねんれい》や学年《がくねん》が低《ひく》いこと。例 妹《いもうと》は、ぼくより二《ふた》つ下です。❹おとっていること。例 彼《かれ》のほうが、腕《うで》が下だ。対(❶〜❹)上《うえ》。❺〔ある言葉《ことば》の前《まえ》につけて〕そのことを前《まえ》もってすることを表《あらわ》す。例 下準備《じゅんび》。下読《よ》み。

**下《した》にも置《お》かない** 丁寧《ていねい》に、もてなすようす。例 下にも置かないもてなし。 ↓か【下】188ページ

○**した【舌】**㊔ 口《くち》の中《なか》にあって、物《もの》を飲《の》みこんだり、味《あじ》を感《かん》じたり、発音《はつおん》を助《たす》けたりするはたらきをするもの。↓ぜつ【舌】718ページ

**舌《した》が肥《こ》える** おいしいものをたくさん食《た》べていて、味《あじ》のよしあしがわかる。例 舌が肥えていて、味《あじ》にうるさい。

**舌《した》が回《まわ》る** つかえずによくしゃべる。例 おどろきのあまり舌が回らない。

**舌《した》の根《ね》が乾《かわ》かないうちに** そう言《い》ったばかりなのに。例 舌の根が乾かないうちに、もう約束《やくそく》を破《やぶ》っている。

**舌《した》を出《だ》す** ❶舌《した》をちょっと出《だ》して、きまり悪《わる》そうにする。❷かげで、人《ひと》をばかにする。

**舌《した》を巻《ま》く** 口《くち》もきけないほど感心《かんしん》する。例 みごとな演技《えんぎ》に舌を巻く。

**しだ【▲〈羊歯〉】** 名 日《ひ》かげに生《は》え、花《はな》を咲《さ》かせず、胞子《ほうし》で増《ふ》える植物《しょくぶつ》の仲間《なかま》。ワラビ・ゼンマイ・ウラジロなど。

**じた【自他】** 名 自分《じぶん》と他人《たにん》。

**自《じ》他《た》共《とも》に許《ゆる》す** 自分《じぶん》も他人《たにん》も、だれもがそうであると認《みと》める。例 自他ともに許す努《ど》力《りょく》家《か》。参考 すぐれている意味《いみ》に使《つか》う。

**したあご【下顎°】** 名 あごの下半分《したはんぶん》。下顎《かがく》。対 上《うわ》あご。

**したい【死体】** 名 死《し》んだ人間《にんげん》や動物《どうぶつ》の体《からだ》。類 死骸《しがい》。

**しだい【次第△】** 一 名 ❶順序《じゅんじょ》。例 式《しき》次第。❷わけ。例 そういう次第です。二〈ある言葉《ことば》のあとにつけて〉❶それによって決《き》まることを表《あらわ》す。例 お天気《てんき》しだい。❷…したらすぐ。例 帰《かえ》りしだい電話《でんわ》します。

✤**じたい【字体】** 名 点画《てんかく》によって構成《こうせい》された文字《もじ》の骨組《ほねぐ》み。特《とく》に漢字《かんじ》についていうことが多《おお》い。新《しん》字《じ》体《たい》・旧《きゅう》字《じ》体《たい》など。

| | | |
|---|---|---|
| 新字体《しんじたい》 | 学 | 芸 |
| 旧字体《きゅうじたい》 | 學 | 藝 |

〔じたい〕

参考「字形《じけい》」が見《み》た目《め》の印象《いんしょう》を指《さ》すのに対《たい》して、文字《もじ》の基盤《きばん》となる点《てん》や線《せん》の形《かたち》をいう。⇩しょたい(書体)❶ 645ページ

**じたい【自体】** 名 そのもの。例 計画《けいかく》自体に無理《むり》がある。

**じたい【事態】** 名 ものごとのなりゆきや、ようす。例 事態がますます悪《わる》くなる。

**じたい【辞退】** 名 動-する 人《ひと》にすすめられたことなどを、断《ことわ》ること。遠慮《えんりょ》すること。例 出場《しゅつじょう》を辞退する。

◦**じだい【時代】** 名 ❶歴史《れきし》の中《なか》の、区切《くぎ》られたある期間《きかん》。例 江戸《えど》時代。❷長《なが》い月日《つきひ》。例 時代が流《なが》れた。❸世《よ》の中《なか》。例 時代が変《か》わる。

**じだいおくれ【時代後れ△・時代遅れ°】** 名 今《いま》の世《よ》の中《なか》に合《あ》わないこと。例 時代後れの考《かんが》え。

**じだいげき【時代劇】** 名 明《めい》治《じ》時《じ》代《だい》より前《まえ》のことを題材《だいざい》にした劇《げき》や映画《えいが》。

**じだいさくご【時代錯誤°】** 名 形動 ❶ある時代《じだい》のものを、別《べつ》の時代《じだい》のものとまちがえること。❷考《かんが》え方《かた》やり方《かた》が今《いま》の時代《じだい》に合《あ》わないこと。例 時代錯誤な考《かんが》え方《かた》。

◦**しだいに【次第△に】** 副 だんだんに。順々《じゅんじゅん》に。例 東《ひがし》の空《そら》がしだいに明《あか》るくなる。

**じだいはいけい【時代背景】** 名 あるできごとや事件《じけん》が起《お》こったことと関係《かんけい》のある、その時代《じだい》のさまざまな事情《じじょう》。例 憲法《けんぽう》制定《せいてい》の時代背景を調《しら》べる。

◦**したう【慕°う】** 動 ❶なつかしく思《おも》う。こいしく思《おも》う。例 祖母《そぼ》を慕う。❷はなれたくなくて、あとを追《お》う。例 犬《いぬ》があとを慕ってついてくる。❸尊敬《そんけい》して見習《みなら》う。例 先生《せんせい》を慕って勉強《べんきょう》にうちこむ。⇩ぼ【慕】1188ページ

**したうけ【下請°け】** 名 動-する ある人《ひと》や会社《かいしゃ》から、仕事《しごと》の全部《ぜんぶ》か一部《いちぶ》を分《わ》けてもらい、それをすること。例 工事《こうじ》の下請け。

**したうち【舌打ち】** 名 動-する くやしいときやがっかりしたときなどに、「ちえっ」などと、舌《した》を打《う》ち鳴《な》らすこと。例 くやしそうに舌打ちする。

**したえ【下絵】** 名 絵《え》をかくときや、ししゅうをするときなどの、下《した》がきの絵《え》。

◦**したがう【従う】** 動 ❶ついていく。例 案内《あんない》の人《ひと》のあとに従って見学《けんがく》をする。❷人《ひと》の言《い》うとおりにする。例 兄《あに》の指図《さしず》に従う。❸決《き》まりや今《いま》までのやり方《かた》のとおりにする。例 法律《ほうりつ》に従う。❹そって進《すす》む。例 道《みち》に従って行《い》く。❺〈「…に従《したが》い」「…に従《したが》って」の形《かたち》で〉…するにつれて。例 時《とき》がたつに従って、やる気《き》が出《で》てきた。⇩じゅう【従】594ページ

**したがえる【従える】** 動 ❶引《ひ》き連《つ》れる。例 選手《せんしゅ》を従えて入場《にゅうじょう》する。❷降参《こうさん》させる。例 敵《てき》を従える。⇩じゅう【従】594ページ

✤**したがき【下書き】** 名 動-する ❶清書《せいしょ》する前《まえ》に、ためしに書《か》くこと。また、書《か》いたもの。❷ざっと書《か》いたままで、まだ直《なお》してない文章《ぶんしょう》や絵《え》。例 作文《さくぶん》の下書き。参考 絵《え》の場合《ばあい》は「下描《したが》き」とも書《か》く。

◦**したがって【従って】** 接 だから。それゆ

[歌の意味] みんな亡《な》くなってしまって、だれを友《とも》としようか。高砂《たかさご》の松《まつ》も昔《むかし》の友人《ゆうじん》ではないのだ。

え。［例］明日《あす》は雨《あめ》だ。したがって遠足《えんそく》は中止《ちゅうし》だ。

**したぎ【下着】**［名］肌《はだ》にじかに着《き》るもの。アンダーシャツ・パンツなど。［対］上着《うわぎ》。

○**したく【支度・仕度】**［名］［動-する］用意《ようい》。準備《じゅんび》。［例］食事《しょくじ》の支度。

**じたく【自宅】**［名］自分《じぶん》の家《いえ》。

**したくさ【下草】**［名］木《き》のかげに生《は》えている草《くさ》。［例］下草をかり取《と》る。

**したけんぶん【下検分】**［名］［動-する］前《まえ》もってどういうようすかを調《しら》べておくこと。下見《したみ》。［例］試験会場《しけんかいじょう》の下検分をする。

**したごころ【下心】**［名］心《こころ》の中《なか》にかくしている、よくない考《かんが》え。［例］下心が見《み》て取《と》れる。

**したごしらえ【下ごしらえ】**［名］［動-する］❶準備《じゅんび》。❷料理《りょうり》のために、ざっとこしらえておくこと。［例］夕食《ゆうしょく》の下ごしらえ。

**したさきさんずん【舌先三寸】**［名］口先《くちさき》だけで、うまくしゃべること。［例］舌先三寸で人《ひと》をだます。［参考］よい意味《いみ》には使《つか》わない。「口先三寸《くちさきさんずん》」はあやまり。

**したじ【下地】**［名］❶ものごとの、土台《どだい》。［例］下地ができている。❷本来《ほんらい》の性質《せいしつ》。素質《そしつ》。［例］下地がいい。❸しょうゆ。［例］おしたじ。

**しだし【仕出し】**［名］料理《りょうり》を作《つく》り、注文《ちゅうもん》した家《いえ》に届《とど》けること。出前《でまえ》。［例］仕出し弁当《べんとう》。

○**したしい【親しい】**［形］❶仲《なか》がいい。心安《こころやす》い。［例］親しい友達《ともだち》。❷よく知《し》っている。［例］耳《みみ》に親しい曲《きょく》。↓**しん【親】**655ページ

**したじき【下敷き】**［名］❶物《もの》の下《した》に敷《し》くもの。［例］下敷きを敷《し》いて字《じ》を書《か》く。❷物《もの》の下《した》に敷《し》かれること。［例］山小屋《やまごや》がなだれの下敷きになる。❸手本《てほん》。［例］絵《え》はがきを下敷きにして、富士山《ふじさん》をかいた。

**したしきなかにもれいぎあり【親しき中にも礼儀あり】**いくら親《した》しい間柄《あいだがら》であっても、人《ひと》としての礼儀《れいぎ》は守《まも》らなければならない。［参考］「中《なか》」は「仲《なか》」とも書《か》く。

**したしみ【親しみ】**［名］親《した》しい気持《きも》ち。［例］親しみがわく。親しみを感《かん》じる。

○**したしむ【親しむ】**［動］❶心《こころ》から打《う》ち解《と》けてつき合《あ》う。［例］親しんだ友達《ともだち》と別《わか》れる。❷なじむ。［例］読書《どくしょ》に親しむ。↓**しん【親】**655ページ

**したじゅんび【下準備】**［名］前《まえ》もって準備《じゅんび》をしておくこと。また、その準備《じゅんび》。

**したしらべ【下調べ】**［名］［動-する］前《まえ》もって調《しら》べること。予習《よしゅう》。［例］言葉《ことば》の意味《いみ》を下調べする。

**したそうだん【下相談】**［名］［動-する］正式《せいしき》の相談《そうだん》の前《まえ》にする相談《そうだん》。

**したたか**［一］［副］ひどく。いやというほど。［例］柱《はしら》に頭《あたま》をしたたかぶつけた。［二］［形動］手《て》ごわいようす。［例］相手《あいて》もしたたかだ。

**したためる**［動］❶書《か》き記《しる》す。［例］手紙《てがみ》をしたためる。❷食事《しょくじ》をする。［例］夕食《ゆうしょく》をしたためる。〔(❶・❷)古《ふる》い言《い》い方《かた》。〕

**したたらず【舌足らず】**［名］［形動］❶舌《した》がよく回《まわ》らないで、発音《はつおん》がはっきりしないこと。❷十分《じゅうぶん》に言《い》い表《あらわ》していないようす。［例］舌足らずな文章《ぶんしょう》。

**したたる【滴る】**［動］しずくになって、垂《た》れ落《お》ちる。［例］汗《あせ》が滴る。↓**てき【滴】**879ページ

**したつづみ【舌鼓】**［名］食《た》べたものがおいしくて、思《おも》わず舌《した》を鳴《な》らすこと。［参考］「舌《した》づつみ」ともいう。

**舌鼓《したつづみ》を打《う》つ** 食《た》べたものがおいしくて、思《おも》わず舌《した》を鳴《な》らす。したづつみをうつ。

**したっぱ【下っ端】**［名］身分《みぶん》や地位《ちい》が低《ひく》いこと。そのような人《ひと》をばかにしていう言葉《ことば》。［例］下っ端の社員《しゃいん》。

**したづみ【下積み】**［名］❶他《ほか》の物《もの》の下《した》に積《つ》むこと。［例］割《わ》れ物《もの》につき、下積み厳禁《げんきん》。［対］上積《うわづ》み。❷人《ひと》の下《した》で使《つか》われて、自分《じぶん》の力《ちから》が出《だ》せないでいること。［例］下積みの選手《せんしゅ》。

**したて【下手】**［名］❶下《した》のほう。［例］丘《おか》の下手。❷へりくだること。❸すもうで、相手《あいて》の腕《うで》の下《した》からまわし（＝力士《りきし》が腰《こし》に巻《ま》いた帯《おび》）を取《と》ること。［例］下手投《な》げ。［対］(❶〜❸)上手《うわて》。［参考］「下手」を「しもて」「へた」と読《よ》むと、ちがう意味《いみ》になる。

**下手《したて》に出《で》る** へりくだる。へりくだった態度《たいど》をとる。

**したて【仕立て】**［名］こしらえること。特《とく》に、和服《わふく》や洋服《ようふく》を作《つく》りあげること。

**したてもの【仕立物】**［名］ぬいもの。ぬったもの。［例］仕立物を届《とど》ける。

**したてる【仕立てる】**［動］❶こしらえる。

例 事件《じけん》を小説《しょうせつ》に仕立てる。❷着《き》るものをぬう。❸教《おし》えこむ。仕《し》こむ。例 一人前《いちにんまえ》に仕立てる。❹特《とく》に用意《ようい》する。例 船《ふね》を仕立てる。

**したなめずり【舌なめずり】** 名 動-する くちびるをなめ回《まわ》すこと。ふつう、食《た》べ物《もの》などを待《ま》ちかまえるようすに使《つか》う。例 ネコが、魚《さかな》を前《まえ》にして舌なめずりしている。

**したばき【下履き】** 名 戸外《こがい》ではく、はき物《もの》。対 上履《うわば》き。

**じたばた** 副(-と) 動-する ❶手足《てあし》をばたばたさせて、あばれるようす。❷あせって、むだなことをするようす。例 今《いま》さらじたばたしてもしかたがない。

**したばたらき【下働き】** 名 ❶人《ひと》の下《した》で働《はたら》くこと。❷雑用《ざつよう》をすること。また、その人《ひと》。

**したび【下火】** 名 ❶火《ひ》の勢《いきお》いが弱《よわ》まること。例 火事《かじ》がやっと下火になった。❷ものごとの勢《いきお》いがおとろえること。例 かぜの流行《りゅうこう》がようやく下火になった。

**したまち【下町】** 名 都市《とし》の中《なか》で土地《とち》の低《ひく》いほうにあり、おもに商業《しょうぎょう》や工業《こうぎょう》がさかんで、にぎやかな町《まち》。対 山《やま》の手《て》。

**したまわる【下回る】** 動 ある数《かず》や量《りょう》より、少《すく》なくなる。例 今年《ことし》の米《こめ》の取《と》れ高《だか》は、去年《きょねん》を下回った。対 上回《うわまわ》る。

**したみ【下見】** 名 動-する 前《まえ》もって見《み》ておくこと。例 遠足《えんそく》の下見に行《い》く。

**したむき【下向き】** 名 ❶下《した》を向《む》いていること。❷勢《いきお》いが弱《よわ》まること。例 人気《にんき》が下向きになる。❸物《もの》の値段《ねだん》などが下《さ》がり始《はじ》めること。例 物価《ぶっか》が下向きだ。対(❶〜❸)上向《うわむ》き。

**したやく【下役】** 名 会社《かいしゃ》や役所《やくしょ》で、地位《ちい》や役目《やくめ》が下《した》の人《ひと》。対 上役《うわやく》。

**したよみ【下読み】** 名 動-する 本《ほん》などを前《まえ》もって読《よ》んで、調《しら》べておくこと。例 家《いえ》で下読みをしておく。

**じだらく【自堕落】** 名 形動 日《ひ》ごろの行《おこな》いがきちんとせず、だらけていること。例 自堕落な生活《せいかつ》を送《おく》る。

**じたらず【字足らず】** 名 和歌《わか》・俳句《はいく》などで、決《き》まりの五音《ごおん》や七音《しちおん》より音数《おんすう》が少《すく》ないこと。参考「兎《うさぎ》も片耳《かたみみ》垂《た》るる大暑《たいしょ》かな」(芥川《あくたがわ》龍之介《りゅうのすけ》)は、五七五《ごしちご》が四七五《よんしちご》になっていて、字足《じた》らずである。

**したりがお【したり顔】** 名 うまくやったというような、得意《とくい》そうな顔《かお》つき。例 したり顔で話《はな》す。

**しだれる** 動 枝《えだ》が長《なが》く垂《た》れ下《さ》がる。

**したわしい【慕わしい】** 形 心《こころ》がひかれて、その人《ひと》のそばにいたい気持《きも》ち。例 離《はな》れて暮《く》らす祖父《そふ》が慕わしい。

**じだん【示談】** 名 争《あらそ》い事《ごと》を、話《はな》し合《あ》いで解決《かいけつ》すること。

**じだんだふむ【地団駄踏む】** くやしがって、激《はげ》しく足《あし》を踏《ふ》み鳴《な》らす。〔「地団駄《じだんだ》を踏《ふ》む」ともいう。〕例 子《こ》どものように地団駄踏んでくやしがる。

**しち【七】** 画数 2 部首 一(いち) 1年

音 シチ 訓 なな なな-つ なの

筆順 一 七

❶なな。ななつ。熟語 七五三《しちごさん》。七五調《しちごちょう》。七福神《しちふくじん》。❷数《かず》が多《おお》い。熟語 七転八倒《しちてんばっとう》。

**しち【七】** 名〔数《かず》を表《あらわ》す言葉《ことば》。〕ななつ。なな。例 七人前《しちにんまえ》。

**しち【質】** 名 ❶約束《やくそく》のしるしに預《あず》けておくもの。例 人質《ひとじち》。❷お金《かね》を借《か》りたしるしに預《あず》けるもの。例 質に入《い》れる。⇩しつ【質】563ページ

**じち【自治】** 名 自分《じぶん》たちのことを、自分《じぶん》たちで決《き》めて行《おこな》うこと。例 地方《ちほう》自治。

**じちかい【自治会】** 名 学校《がっこう》や地域《ちいき》で、自分《じぶん》たちのことを、自分《じぶん》たちで決《き》めて行《おこな》う会《かい》。

**しちごさん【七五三】** 名 数《かぞ》え年《どし》で、男《おとこ》の子《こ》は三《みっ》つと五《いつ》つ、女《おんな》の子《こ》は三《みっ》つと七《なな》つの年《とし》の十一月十五日《じゅういちがつじゅうごにち》にするお祝《いわ》い。神社《じんじゃ》にお参《まい》りし、元気《げんき》に成長《せいちょう》するよう祈《いの》る。

✤**しちごちょう【七五調】** 名 詩《し》や文章《ぶんしょう》の調子《ちょうし》の一《ひと》つ。七音《しちおん》と五音《ごおん》の言葉《ことば》を七《しち》・五《ご》・七《しち》・五《ご》とくり返《かえ》すもの。⇩ごしちちょう464ページ

**じちたい【自治体】** 名「地方自治体《ちほうじちたい》」のこと。

■**しちてんばっとう【七転八倒】** 名 動-する 転《ころ》げ回《まわ》って、苦《くる》しみもだえること。しってんばっとう。例 あまりの痛《いた》さに七転八倒する。

[歌の意味] 人《ひと》は、さあ、心《こころ》の中《なか》はわかりません。でも、この里《さと》は梅《うめ》の花《はな》が昔《むかし》どおりに咲《さ》いています。

**しちふくじん【七福神】** 名 幸《しあわ》せをさずけると信《しん》じられている、七人《しちにん》の神《かみ》。大黒天《だいこくてん》・恵《え》比寿《びす》・毘沙門天《びしゃもんてん》・弁財天《べんざいてん》・福禄寿《ふくろくじゅ》・寿老人《じゅろうじん》・布袋《ほてい》。

〔しちふくじん〕

**しちへんげ【七変化】** 名 ❶〔歌舞伎《かぶき》で〕同《おな》じ役者《やくしゃ》が七《なな》つの役《やく》を次々《つぎつぎ》と早変《はやが》わりする踊《おど》りのこと。七《なな》化《ば》け。❷あじさいの別名《べつめい》。時間《じかん》がたつと花《はな》の色《いろ》が変《か》わることからいう。

**しちめんちょう【七面鳥】** 名 キジの仲《なか》間《ま》の鳥《とり》。頭《あたま》からのどにかけては毛《け》がなく、色《いろ》が赤《あか》・青《あお》・むらさきなどに変《か》わる。人《ひと》が飼《か》い、肉《にく》と卵《たまご》はクリスマスの料《りょう》理《り》に使《つか》われる。

〔しちめんちょう〕

**しちや【質屋】** 名 品物《しなもの》を預《あず》かって、お金《かね》を貸《か》す職業《しょくぎょう》。また、その店《みせ》。

**しちゃく【試着】** 名 動-する （服《ふく》などを）体《からだ》に合《あ》うかどうか、ためしに着《き》てみること。例 新《あたら》しい上着《うわぎ》を試着する。

**しちゅう【支柱】** 名 物《もの》を支《ささ》える柱《はしら》。例 支柱を立《た》ててテントを張《は》る。

**しちゅう【市中】** 名 街《まち》の中《なか》。市内《しない》。

**シチュー** 〔英語 stew〕 名 西洋《せいよう》料理《りょうり》の一《ひと》つ。肉《にく》と野菜《やさい》をスープでにこんだもの。

**シチュエーション** 〔英語 situation〕 名 ❶状況《じょうきょう》。立場《たちば》。場面《ばめん》。例 困《こま》ったシチュエーションに追《お》いこまれる。❷〔小説《しょうせつ》やドラマで〕設定《せってい》された状況《じょうきょう》や人物《じんぶつ》の境遇《きょうぐう》。

**しちょう【市庁】** 名 市役所《しやくしょ》のこと。

**しちょう【市長】** 名 市《し》を代表《だいひょう》し、その政治《せいじ》をとり行《おこな》う人《ひと》。

**しちょう【視聴】** 名 動-する 見《み》ることと聞《き》くこと。例 テレビを視聴する。

**しちょう【試聴】** 名 動-する （CDなどを）ためしに聞《き》くこと。例 試聴室《しつ》。

**じちょう【自重】** 名 動-する 自分《じぶん》の行《おこな》いをつつしむこと。例 自重して行動《こうどう》する。注意「自重」を「じじゅう」と読《よ》むと、ちがう意味《いみ》になる。

**しちょうかく【視聴覚】** 名 目《め》や耳《みみ》のはたらき。視覚《しかく》と聴覚《ちょうかく》。例 視聴覚教室《きょうしつ》。

**しちょうかくきょういく【視聴覚教育】** 名 視覚《しかく》や聴覚《ちょうかく》に訴《うった》える教材《きょうざい》を利用《りよう》して行《おこな》う教育《きょういく》。

**しちょうしゃ【視聴者】** 名 テレビやラジオの放送《ほうそう》を、見《み》たり聞《き》いたりする人《ひと》。

**しちょうそん【市町村】** 名 市《し》と町《まち》と村《むら》。政治《せいじ》を行《おこな》う単位《たんい》の一《ひと》つ。地方公共団体《ちほうこうきょうだんたい》。

**しちょうりつ【視聴率】** 名 あるテレビ番《ばん》組《ぐみ》を、どのくらいの人《ひと》が見《み》たかの割合《わりあい》。パーセントで示《しめ》す。例 視聴率が高《たか》い。

**しちりん【七輪】** 名 土《つち》を焼《や》いて作《つく》ったこんろ。例 七輪で魚《さかな》を焼《や》く。

**じちんさい【地鎮祭】** 名 建築《けんちく》や土木工事《どぼくこうじ》の前《まえ》に行《おこな》う儀式《ぎしき》。その土地《とち》の神様《かみさま》に工事《こうじ》の無《ぶ》事《じ》などをいのる。

**しつ【失】** 画数 5 部首 大（だい） 4年

音 シツ 訓 うしな-う

筆順 ノ 𠂉 𠂊 生 失

❶なくす。うしなう。熟語 失望《しつぼう》。消失《しょうしつ》。損《そん》失《しつ》。対 得《とく》。❷あやまち。熟語 失敗《しっぱい》。過失《かしつ》。

《訓の使い方》 **うしな-う** 例 信用《しんよう》を失う。

**しつ【室】** 画数 9 部首 宀（うかんむり） 2年

音 シツ 訓 むろ

筆順 ヽ 宀 宀 宀 宏 宏 宏 室 室

❶部屋《へや》。熟語 室内《しつない》。教室《きょうしつ》。個室《こしつ》。図書室《としょしつ》。❷王《おう》や君主《くんしゅ》の一家《いっか》。熟語 王室《おうしつ》。皇室《こうしつ》。

**しつ【質】** 画数 15 部首 貝（かい） 5年

音 シツ シチ チ 訓 ――


百人一首 人《ひと》はいさ心《こころ》も知《し》らずふるさとは花《はな》ぞ昔《むかし》の香《か》ににほひける 紀貫之《きのつらゆき》

筆順 ノ 斤 斤 斦 質 質 質 質 質

❶聞《き》きただす。熟語 質疑《しつぎ》。質問《しつもん》。❷生《う》まれつき。熟語 性質《せいしつ》。素質《そしつ》。❸中身《なかみ》。内容《ないよう》。熟語 品質《ひんしつ》。本質《ほんしつ》。対 量《りょう》。❹ありのまま。かざりけがない。熟語 質実《しつじつ》。質素《しっそ》。❺あずけておく。熟語 人質《ひとじち》。言質《げんち》(=あとで証拠《しょうこ》となる言葉《ことば》)。

**しつ【質】** 名 ものごとの内容《ないよう》。例 製品《せいひん》の質がよい。

**しつ【叱】** 画数 5 部首 口(くちへん)

音 シツ 訓 しか-る

しかる。とがめる。熟語 叱責《しっせき》。例 父《ちち》に叱《しか》られる。

**しつ【疾】** 画数 10 部首 疒(やまいだれ)

音 シツ 訓 ―

❶病気《びょうき》。やまい。熟語 疾患《しっかん》。疾病《しっぺい》。❷はやい。すばやい。熟語 疾走《しっそう》。疾風《しっぷう》。

**しつ【執】** 画数 11 部首 土(つち)

音 シツ シュウ 訓 と-る

❶とる。手《て》に持《も》つ。熟語 執筆《しっぴつ》。例 ペンを執《と》る(=執筆《しっぴつ》する)。❷とり行《おこな》う。熟語 執行《しっこう》。執務《しつむ》。❸こだわる。熟語 執念《しゅうねん》。固執《こしつ》・固執《こしゅう》。

**しつ【湿】** 画数 12 部首 氵(さんずい)

音 シツ 訓 しめ-る しめ-す

しめる。水気《みずけ》がある。しめらせる。熟語 湿気《しっけ》。湿地《しっち》。湿度《しつど》。例 湿《しめ》った空気《くうき》。

**しつ【嫉】** 画数 13 部首 女(おんなへん)

音 シツ 訓 ―

人《ひと》をうらやんだり、ねたんだりする。熟語 嫉妬《しっと》。

**しつ【漆】** 画数 14 部首 氵(さんずい)

音 シツ 訓 うるし

うるし。また、うるしの木《き》からとった黒《くろ》い汁《しる》。熟語 漆器《しっき》。

**じつ【実】** 画数 8 部首 宀(うかんむり) 3年

音 ジツ 訓 み みの-る

筆順 ` 宀 宀 宀 宀 宝 実 実

❶ほんとうのこと。熟語 実現《じつげん》。実行《じっこう》。実力《じつりょく》。事実《じじつ》。真実《しんじつ》。❷中身《なかみ》。内容《ないよう》。熟語 実質《じっしつ》。口実《こうじつ》。名実《めいじつ》。❸まごころ。熟語 誠実《せいじつ》。忠実《ちゅうじつ》。❹み。熟語 果実《かじつ》。

《訓の使い方》 **みの-る** 例 イネが実る。

**じつ【実】** 名 ❶ほんとう。例 実を言うと泳《およ》げないんだ。対 虚《きょ》。❷中身《なかみ》。例 名《な》を捨《す》てて実を取《と》る。❸まごころ。例 実のある人《ひと》。❹血《ち》のつながりがある。例 実の兄《あに》。対 義理《ぎり》。❺立派《りっぱ》な結果《けっか》。例 研究《けんきゅう》の実をあげる。

**じつ【日】** 熟語 休日《きゅうじつ》。祝日《しゅくじつ》。↓にち【日】988ページ

**じっ【十】** 熟語 十種《じっしゅ》。十本《じっぽん》。↓じゅう【十】593ページ

**しつい【失意】** 名 思《おも》いどおりにならないで、元気《げんき》をなくすこと。例 失意のどん底《ぞこ》におちる。類 失望《しつぼう》。対 得意《とくい》。

**じついん【実印】** 名 役所《やくしょ》に届《とど》けを出《だ》してある正式《せいしき》のはんこ。重要《じゅうよう》な書類《しょるい》に押《お》す。対 認《みと》め印《いん》。

**じつえき【実益】** 名 実際《じっさい》の利益《りえき》。例 趣味《しゅみ》と実益をかねて野菜《やさい》を作《つく》る。

**じつえん【実演】** 名 動-する 実際《じっさい》にやって見《み》せること。例 手品《てじな》の実演。

**しつおん【室温】** 名 部屋《へや》の中《なか》の温度《おんど》。例 エアコンで室温《しつおん》を下《さ》げる。

**しっか【失火】** 名 不注意《ふちゅうい》で火事《かじ》を出《だ》すこと。また、その火事《かじ》。例 失火による火災《かさい》。

**じっか【実家】** 名 その人《ひと》の生《う》まれた家《いえ》。生《せい》家《か》。例 母《はは》の実家に行《い》く。

**しつがい【室外】** 名 部屋《へや》の外《そと》。また、家《いえ》の外《そと》。屋外《おくがい》。対 室内《しつない》。

**じつがい【実害】** 名 実際《じっさい》に受《う》ける損害《そんがい》。例 台風《たいふう》による実害は少《すく》なかった。

**しっかく【失格】** 名 動-する 決《き》まりを破《やぶ》ったりして、資格《しかく》をなくすこと。例 反則《はんそく》をして、失格となった。

**°しっかり** 副(-と) 動-する ❶かたく、がんじょうなようす。例 この箱《はこ》は、しっかりできている。❷確《たし》かなようす。例 あの人《ひと》はしっかりしている。しっかりした足《あし》どり。❸十《じゅう》分《ぶん》。例 しっかり食《た》べる。

[歌の意味] 夏《なつ》の夜《よ》はすぐ明《あ》けてしまったが、月《つき》は雲《くも》のどこに隠《かく》れたのだろうか。

**しっかん【疾患】** 名 病気《びょうき》。例 目《め》の疾患。

**じっかん【十干】** 名 昔《むかし》、中国《ちゅうごく》で宇宙《うちゅう》のあらゆるものの元《もと》とされた「木《もく》・火《か》・土《ど》・金《ごん》・水《すい》」の五《いつ》つを、「え（＝兄《え》）」と「と（＝弟《と》）」に分《わ》けて、年《とし》や日《ひ》を表《あらわ》すために使《つか》うもの。甲《きのえ》・乙《きのと》・丙《ひのえ》・丁《ひのと》・戊《つちのえ》・己《つちのと》・庚《かのえ》・辛《かのと》・壬《みずのえ》・癸《みずのと》の十《じゅう》。⇩えと 131ページ

**じっかん【実感】** 名 動-する 実際《じっさい》に感《かん》じ取《と》ること。例 優勝《ゆうしょう》したという実感がない。

**しっき【湿気】** 名 しめりけ。しっけ。

**しっき【漆器】** 名 うるしをぬった道具《どうぐ》。おぼん・おわんなど。ぬりもの。

**しつぎ【質疑】** 名 会議《かいぎ》などで、疑問《ぎもん》に思《おも》うことを問《と》いただすこと。質問《しつもん》。例 質疑の時間《じかん》をもうける。

**じつぎ【実技】** 名 体《からだ》を動《うご》かして実際《じっさい》に行《おこな》う技術《ぎじゅつ》。例 体育《たいいく》の実技。

■**しつぎおうとう【質疑応答】** 名 動-する 質問《しつもん》したり、それに答《こた》えたりすること。例 説明《せつめい》が終《お》わってから、質疑応答があった。

**しっきゃく【失脚】** 名 動-する ものごとに失敗《しっぱい》して、地位《ちい》を失《うしな》うこと。例 汚職《おしょく》事件《じけん》で失脚する。

**しつぎょう【失業】** 名 動-する それまでついていた職業《しょくぎょう》を失《うしな》うこと。失職《しっしょく》。例 最近《さいきん》、失業する人《ひと》が増《ふ》えた。

**じっきょう【実況】** 名 実際《じっさい》のようす。例 サッカーの実況中継《ちゅうけい》。

**じつぎょう【実業】** 名 農業《のうぎょう》・工業《こうぎょう》・商業《しょうぎょう》などのように、物《もの》を作《つく》りだしたり、売《う》り買《か》いしたりする仕事《しごと》。

**じつぎょうか【実業家】** 名 会社《かいしゃ》や工場《こうじょう》・銀行《ぎんこう》などを持《も》って、事業《じぎょう》をやっている人《ひと》。

**じっきょうほうそう【実況放送】** 名 ラジオやテレビで、実際《じっさい》のようすをその場《ば》から放送《ほうそう》すること。生放送《なまほうそう》。

**しつぎょうほけん【失業保険】** 名 雇用《こよう》保険《ほけん》の古《ふる》い言《い》い方《かた》。⇩こようほけん 484ページ

**しつぎょうりつ【失業率】** 名 仕事《しごと》を探《さが》していながら職《しょく》に就《つ》けていない人《ひと》の割合《わりあい》。

**しっくい** 名 石灰《せっかい》に、粘土《ねんど》・ふのりなどを混《ま》ぜて練《ね》ったもの。壁《かべ》の上《うわ》ぬりなどに使《つか》う。

**しっくり** 副（-と） 動-する ものごとや人《ひと》の心《こころ》が、よく合《あ》うようす。例 このスカートには、白《しろ》のブラウスがしっくりする。

○**じっくり** 副（-と） ものごとを落《お》ち着《つ》いてするようす。例 じっくりと考《かんが》える。

○**しつけ【仕付け】** 名 ❶礼儀《れいぎ》や作法《さほう》を身《み》につけさせること。例 家庭《かてい》のしつけが厳《きび》しい。❷服《ふく》を作《つく》るとき、縫《ぬ》い目《め》がくるわないように、あらく縫《ぬ》っておくこと。例 しつけ糸《いと》。

**しっけ【湿気】** 名 ⇩しっき（湿気）565ページ

**しっけい【失敬】** 一 名 動-する 形動 ❶礼儀《れいぎ》に合《あ》わないこと。例 失敬な人《ひと》だ。❷人《ひと》と別《わか》れること。例 これで失敬します。類（❶・❷）失礼《しつれい》。❸軽《かる》い気持《きも》ちで、ぬすむこと。例 花《か》だんから花《はな》を失敬する。二 感 男《おとこ》の人《ひと》が、別《わか》れるときや、あやまるときに使《つか》う言葉《ことば》。例 じゃあ、失敬。類 失礼《しつれい》。

**じっけい【実兄】** 名 同《おな》じ親《おや》から生《う》まれた兄《あに》。実《じつ》の兄《あに》。対 義兄《ぎけい》。関連 実姉《じっし》。実弟《じってい》。実妹《じつまい》。

**じっけい【実景】** 名 実際《じっさい》の景色《けしき》。

**しつけいと【仕付け糸】** 名 服《ふく》を作《つく》るとき、縫《ぬ》い目《め》がくるわないように、あらく縫《ぬ》うときに使《つか》う糸《いと》。

**じつげつ【日月】** 名 ❶太陽《たいよう》と月《つき》。❷月日《つきひ》。年月《としつき》。にちげつ。

**しつける【仕付ける】** 動 ❶礼儀《れいぎ》や作法《さほう》を身《み》につけさせる。例 厳《きび》しくしつける。❷やり慣《な》れている。例 しつけた仕事《しごと》だから、気《き》楽《らく》にできる。

**しっけん【執権】** 名 鎌倉《かまくら》時代《じだい》に将軍《しょうぐん》を助《たす》けて政治《せいじ》を行《おこな》った役目《やくめ》。また、その人《ひと》。代々《だいだい》、北条氏《ほうじょうし》がこの役《やく》についた。

**しつげん【失言】** 名 動-する 言《い》ってはいけないことを、つい言《い》ってしまうこと。例 会議《かいぎ》で失言してしまった。

**しつげん【湿原】** 名 水気《みずけ》が多《おお》く、じめじめした草原《そうげん》。例 湿原の植物《しょくぶつ》。

**じっけん【実権】** 名 実際《じっさい》に人《ひと》を従《したが》わせる力《ちから》。例 実権を握《にぎ》る。

○**じっけん【実験】** 名 動-する 実際《じっさい》にためしてみること。例 理科《りか》の実験。

**じつげん【実現】** 名 動-する 計画《けいかく》や希望《きぼう》を実際《じっ》《さい》のものにすること。また、なること。例 夢《ゆめ》が実現する。

**じっけんきぐ【実験器具】** 名 実験《じっけん》に使《つか》



百人一首 夏《なつ》の夜《よ》はまだ宵《よい》ながら明《あ》けぬるを雲《くも》のいづ《ず》こに月《つき》宿《やど》るらむ《ん》 清原深養父《きよはらのふかやぶ》

う道具《どうぐ》や装置《そうち》。

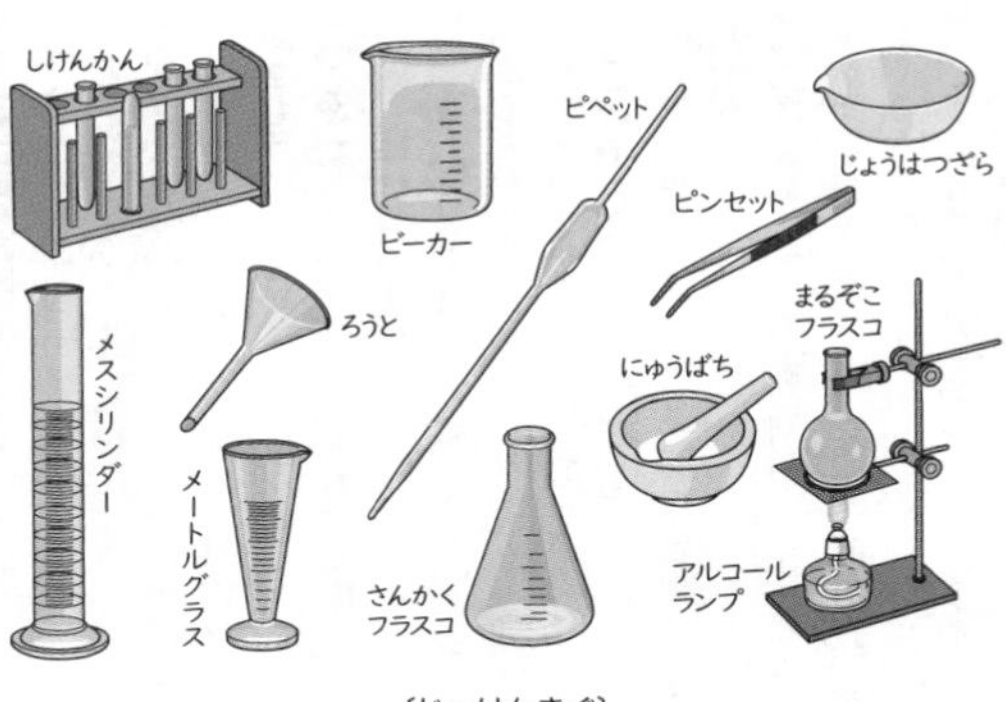

〔じっけんきぐ〕

**じつげんせい【実現性】** [名] 実現《じつげん》できそうな状態《じょうたい》。[例] この案《あん》なら実現性が高《たか》い。

**じっけんだい【実験台】** [名] ❶その上《うえ》で実《じっ》験《けん》をするための台《だい》。❷実験《じっけん》してためすために使《つか》われる動物《どうぶつ》など。[例] 新薬《しんやく》をつくる実験台になる。

**しつこい** [形] 〔「しつっこい」ともいう。〕 ❶味《あじ》・色《いろ》・かおりなどが、あっさりしていない。くどい。[例] 味《あじ》がしつこい。❷くどくて、うるさい。[例] しつこい人《ひと》はきらわれる。

**しっこう【執行】** [名] [動-する] 決《き》められたことを実際《じっさい》に行《おこな》うこと。[例] 執行委員《いいん》。公務《こうむ》を執行する。

**じっこう【実行】** [名] [動-する] 実際《じっさい》に行《おこな》うこと。[例] 計画《けいかく》を実行する。

**じっこう【実効】** [名] じっさいにあらわれる効果《こうか》。[例] 実効のある対策《たいさく》を考《かんが》える。

**じっこうりょく【実行力】** [名] 実際《じっさい》に行《おこな》う力《ちから》。[例] 実行力のある人《ひと》。

**しっこく【漆黒】** [名] うるしを塗《ぬ》ったような深《ふか》い黒《くろ》。[例] 漆黒の闇《やみ》。

**じっさい【実際】** [一] [名] ありのままのこと。事実《じじつ》。[例] その話《はなし》は実際とちがう。[二] [副] ほんとうに。[例] 実際、困《こま》った人《ひと》だ。

**じつざい【実在】** [名] [動-する] ほんとうにあること。また、あるもの。[例] 実在の人物《じんぶつ》。[対] 架《か》空《くう》。

**しっさく【失策】** [名] やりそこなうこと。エラー。しくじり。

**じっし【十指】** [名] 十本《じっぽん》の指《ゆび》。じゅっし。

**十指《じっし》に余《あま》る** 十本《じっぽん》の指《ゆび》では数《かぞ》えきれないほどたくさんある。[例] 合格者《ごうかくしゃ》は十指に余る。

**じっし【実子】** [名] 自分《じぶん》の生《う》んだ子《こ》ども。実《じつ》の子《こ》。[対] まま子《こ》。養子《ようし》。

**じっし【実姉】** [名] 同《おな》じ親《おや》から生《う》まれた姉《あね》。実《じつ》の姉《あね》。[対] 義姉《ぎし》。[関連] 実兄《じっけい》。実弟《じってい》。実妹《じつまい》。

**じっし【実施】** [名] [動-する] 法律《ほうりつ》や計画《けいかく》などを実際《じっさい》に行《おこな》うこと。[例] 学力《がくりょく》テストを実施する。

**じっしつ【実質】** [名] 実際《じっさい》の中身《なかみ》。内容《ないよう》。[例] 形《かたち》だけで、実質がない。

**しつじつごうけん【質実剛健】** [名] [形動] かざりけがなくまじめで、心身《しんしん》ともに強《つよ》くたくましいこと。[例] 質実剛健がわが校《こう》のモットーだ。

**じっしつてき【実質的】** [形動] 実際《じっさい》の中身《なかみ》があるようす。[例] 実質的な話《はな》し合《あ》い。[対] 形《けい》式的《しきてき》。

**じっしゃ【実写】** [名] [動-する] 実際《じっさい》のありさまを、写真《しゃしん》や映画《えいが》にとること。また、写《うつ》したもの。

**じっしゃかい【実社会】** [名] 実際《じっさい》の社会《しゃかい》。[例] 学校《がっこう》を出《で》て、実社会で働《はたら》く。

**じっしゅう【実収】** [名] ❶実際《じっさい》の収入《しゅうにゅう》。実《じっ》際《さい》に手《て》に入《はい》るお金《かね》。実収入《じっしゅうにゅう》。❷作物《さくもつ》の実際《じっさい》の取《と》れ高《だか》。[例] 米《こめ》の実収。

**じっしゅう【実習】** [名] [動-する] 教《おし》えられたことを実際《じっさい》にやってみて、技術《ぎじゅつ》などを身《み》につけること。[例] 調理《ちょうり》の実習。

**しつじゅん【湿潤】** [名] [形動] しめりけが多《おお》いこと。[例] 雨《あめ》が多《おお》く湿潤な気候《きこう》。

**しっしょう【失笑】** [名] [動-する] 思《おも》わず笑《わら》うこと。[例] できばえの悪《わる》さに失笑する。

**失笑《しっしょう》を買《か》う** 知恵《ちえ》や考《かんが》えが足《た》りない言動《げんどう》が原因《げんいん》で笑《わら》われる。[例] 場《ば》ちがいな発言《はつげん》をしてしまい、周囲《しゅうい》の失笑を買った。

**じっしょう【実証】** [一] [名] [動-する] 証拠《しょうこ》をあ

[歌の意味] 白露《しらつゆ》が秋風《あきかぜ》に吹《ふ》かれている秋《あき》の野《の》は、ひもに通《とお》さない玉《たま》が散《ち》りこぼれるように見《み》えるよ。

げて証明《しょうめい》すること。例主張《しゅちょう》が正《ただ》しいことを実証する。二名 確《たし》かな証拠《しょうこ》。例実証を重《じゅう》視《し》する研究《けんきゅう》。

**じつじょう【実情・実状】**名 実際《じっさい》のようす。実態《じったい》。例被害《ひがい》の実情を調《しら》べる。

**しっしょく【失職】**名動する 職業《しょくぎょう》を失《うしな》うこと。失業《しつぎょう》。

**しっしん【失神・失心】**名動する 気《き》を失《うしな》うこと。気絶《きぜつ》。例ショックのあまり失神した。

**しっしん【湿疹】**名 皮膚《ひふ》に赤《あか》いぶつぶつができる、かゆい病気《びょうき》。

**じっしんぶんるいほう【十進分類法】**名 図書《としょ》を分類《ぶんるい》する方法《ほうほう》の一《ひと》つ。図書《としょ》を内容《ないよう》によって十《じゅう》に分類《ぶんるい》して、本《ほん》の種類《しゅるい》を表《あらわ》す。じゅっしんぶんるいひょう。

| 番号《ばんごう》 | おもな内容《ないよう》 |
|---|---|
| 0 | 総記《そうき》 |
| 1 | 道徳《どうとく》・宗教《しゅうきょう》 |
| 2 | 歴史《れきし》・地理《ちり》・伝記《でんき》 |
| 3 | 社会《しゃかい》・学校《がっこう》・伝説《でんせつ》 |
| 4 | 理科《りか》・算数《さんすう》・動植物《どうしょくぶつ》 |
| 5 | 工作《こうさく》・機械《きかい》・電気《でんき》・家庭《かてい》 |
| 6 | 農業《のうぎょう》・商業《しょうぎょう》・交通《こうつう》 |
| 7 | 音楽《おんがく》・図画《ずが》・スポーツ |
| 8 | 言葉《ことば》・作文《さくぶん》 |
| 9 | 童話《どうわ》・物語《ものがたり》・劇《げき》 |

〔じっしんぶんるいほう〕

**じっしんほう【十進法】**名 一《いち》・十《じゅう》・百《ひゃく》・千《せん》・万《まん》というように、十倍《じゅうばい》ごとに単位《たんい》の名前《なまえ》が変《か》わる数《かず》の数《かぞ》え方《かた》。じゅっしんほう。

**じっすう【実数】**名 実際《じっさい》の数《かず》。例入場者《にゅうじょうしゃ》の実数を公表《こうひょう》する。

**じっせいかつ【実生活】**名 実際《じっさい》の日常《にちじょう》生活《せいかつ》。例お金持《かねも》ちでも実生活はとても質素《しっそ》だ。

**しっせき【叱責】**名動する しかって責《せ》めること。例叱責を受《う》ける。

**じっせき【実績】**名 実際《じっさい》に表《あらわ》れた成績《せいせき》。例仕事《しごと》の実績を上《あ》げる。

**じっせん【実戦】**名 実際《じっさい》の戦《たたか》い。例実戦さながらの訓練《くんれん》。

**じっせん【実践】**名動する 実際《じっさい》に行《おこな》うこと。例計画《けいかく》どおり実践する。

**じっせん【実線】**名 切《き》れ目《め》がなく、まっすぐ続《つづ》いている線《せん》。

**しっそ【質素】**名形動 かざりけのないようす。ぜいたくをしないようす。例質素な暮《く》らし。対ぜいたく。

**しっそう【失踪】**名動する 人《ひと》のゆくえがわからなくなること。例事件《じけん》の後《あと》、失踪した。

**しっそう【疾走】**名動する 非常《ひじょう》に速《はや》く走《はし》ること。例全力《ぜんりょく》疾走。

**じつぞう【実像】**名 ❶光《ひかり》がレンズを通《とお》ったり、鏡《かがみ》に反射《はんしゃ》したりして、ある所《ところ》に映《うつ》し出《だ》した像《ぞう》。❷うわさや評判《ひょうばん》などからはわからない、ほんとうの姿《すがた》。対(❶・❷)虚像《きょぞう》。

**しっそく【失速】**名動する ❶飛《と》んでいる飛《ひ》行機《こうき》の速度《そくど》が、急《きゅう》に落《お》ちること。❷勢《いきお》いが急《きゅう》になくなること。例さすがの人気《にんき》も失速した。

**じっそく【実測】**名動する 器具《きぐ》を使《つか》って実《じっ》際《さい》に測《はか》ること。対目測《もくそく》。

**しったい【失態】**名 人《ひと》に笑《わら》われるような、みっともないことをすること。失敗《しっぱい》。例失態を演《えん》じる。

**じったい【実体】**名 ほんとうの姿《すがた》。本体《ほんたい》。例空飛《そらと》ぶ円盤《えんばん》の実体。

**じったい【実態】**名 実際《じっさい》のありさま。ほんとうのようす。実情《じつじょう》。例実態を調査《ちょうさ》する。

**しったかぶり【知ったかぶり】**名動する ほんとうは知《し》らないのに、知《し》っているようなふりをすること。例知ったかぶりで、もっともらしいことを言《い》う。

■**しったげきれい【叱咤激励】**名動する 大声《おおごえ》を上《あ》げて、しかるように強《つよ》く励《はげ》ますこと。例弱気《よわき》な仲間《なかま》を叱咤激励した。

**じつだん【実弾】**名 ❶本物《ほんもの》の弾丸《だんがん》。❷買収《ばいしゅう》などに使《つか》われる現金《げんきん》のこと。〔くだけた言《い》い方《かた》。〕

**しっち【湿地】**名 しめりけの多《おお》い、じめじめした土地《とち》。例湿地に生《は》える植物《しょくぶつ》。

○**じっち【実地】**名 ❶実際《じっさい》の場所《ばしょ》。現場《げんば》。例実地調査《ちょうさ》。❷実際《じっさい》。例読《よ》んだことを実地にやってみる。

■**じっちゅうはっく【十中八九】**副 十《じゅう》のうち、八《はち》か九《く》。ほとんど。九分九厘《くぶくりん》。じゅっちゅうはっく。例十中八九成功《せいこう》するだろう。

**しっちょう【失調】**名 調子《ちょうし》が普通《ふつう》ではなくなること。例栄養《えいよう》失調で倒《たお》れる。



百人一首 白露《しらつゆ》に風《かぜ》の吹《ふ》きしく秋《あき》の野《の》はつらぬきとめぬ玉《たま》ぞ散《ち》りける　文屋朝康《ふんやのあさやす》

**じっちょく【実直】**名 形動 まじめで正直《しょうじき》なようす。誠実《せいじつ》。例 実直な人柄《ひとがら》。

**しっつい【失墜】**名 動する 信用《しんよう》や名誉《めいよ》などを失《うしな》うこと。例 冤罪《えんざい》で信用《しんよう》が失墜した。

**じつづき【地続き】**名 川《かわ》や海《うみ》などにへだてられないで、地面《じめん》が続《つづ》いていること。例 となりの国《くに》と地続きの国《くに》。

**じって【十手】**名 江戸《えど》時代《じだい》に、役人《やくにん》が犯人《はんにん》などをつかまえるときに使《つか》った道具《どうぐ》。手《て》元《もと》の所《ところ》にかぎのついた鉄《てつ》の棒《ぼう》。じゅって。

〔じって〕

**じってい【実弟】**名 同《おな》じ親《おや》から生《う》まれた弟《おとうと》。実《じつ》の弟《おとうと》。対 義弟《ぎてい》。関連 実兄《じっけい》。実姉《じっし》。実妹《じつまい》。

**しつてき【質的】**形動 内容《ないよう》や性質《せいしつ》から見《み》たようす。例 外《そと》は同《おな》じでも質的にはちがう。対 量的《りょうてき》。

**しってん【失点】**名 動する ❶競技《きょうぎ》などで、点数《てんすう》を失《うしな》うこと。また、相手《あいて》に取《と》られた点《てん》。対 得点《とくてん》。❷仕事《しごと》の上《うえ》での失敗《しっぱい》。ミス。例 小《ちい》さな失点を言《い》い立《た》てる。

**しっと【嫉妬】**名 動する 人《ひと》をうらやむこと。また、うらやましく思《おも》う気持《きも》ち。やきもち。例 人《ひと》の成功《せいこう》を嫉妬する。

◦**しつど【湿度】**名 空気中《くうきちゅう》に含《ふく》まれている水蒸気《すいじょうき》の割合《わりあい》。例 湿度が高《たか》い。

**じっと** 一副 動する 動《うご》かず何《なに》もしないようす。例 そのままじっとしている。二副 集中《しゅうちゅう》しているようす。例 じっと見《み》つめる。じっと考《かんが》え続《つづ》ける。

**じつどう【実働】**名 動する 実際《じっさい》に働《はたら》くこと。例 実働時間《じかん》は六時間《ろくじかん》だ。

**しつどけい【湿度計】**名 空気中《くうきちゅう》の湿度《しつど》を測《はか》る器具《きぐ》。

**しっとり** 副(と) 動する ❶しめりけを持《も》っているようす。例 草《くさ》が夜《よ》つゆでしっとりとぬれている。❷落《お》ち着《つ》いて、うるおいのあるようす。例 しっとりした雰囲気《ふんいき》。

**じっとり** 副(と) 動する しめりけをたくさん含《ふく》んでいるようす。例 あせがじっとりにじむ。じっとりした暑《あつ》さ。

**しつない【室内】**名 部屋《へや》の中《なか》。また、家《いえ》の中《なか》。屋内《おくない》。例 室内プール。対 室外《しつがい》。

**しつないがく【室内楽】**名 少《すく》ない数《かず》の楽器《がっき》を組《く》み合《あ》わせて、合奏《がっそう》する音楽《おんがく》。ピアノ三《さん》重奏《じゅうそう》・弦楽《げんがく》四重奏《しじゅうそう》など。

◦**じつに【実に】**副 ほんとうに。まったく。例 実にすばらしいながめだ。

**しつねん【失念】**名 動する うっかり忘《わす》れること。度忘《どわす》れ。〔改《あらた》まった言《い》い方《かた》。〕例 作者名《さくしゃめい》を失念する。

◦**じつは【実は】**副 ほんとうのことを言《い》うと。例 実はその話《はなし》はうそなんです。

◦**しっぱい【失敗】**名 動する やりそこなうこと。例 実験《じっけん》に失敗する。対 成功《せいこう》。

**失敗《しっぱい》は成功《せいこう》のもと** 失敗《しっぱい》しても、悪《わる》かったところを直《なお》していけば、やがて成功《せいこう》するもとになる。

> **例解 ことばの窓**
> **失敗《しっぱい》を表《あらわ》す言葉《ことば》**
> 前半《ぜんはん》の失策《しっさく》が敗因《はいいん》だ。
> 練習《れんしゅう》不足《ぶそく》でエラーが目立《めだ》つ。
> 不注意《ふちゅうい》なミスが多《おお》い。
> 人前《ひとまえ》で失態《しったい》を演《えん》じる。
> 相手《あいて》の過失《かしつ》による事故《じこ》。

**じっぱひとからげ【十把一からげ】**名 いろいろなものを、ひとまとめにして扱《あつか》うこと。じゅっぱひとからげ。例 十把一からげにして売《う》る。

**じっぴ【実費】**名 実際《じっさい》にかかる費用《ひよう》。

**しっぴつ【執筆】**名 動する 文章《ぶんしょう》を書《か》くこと。例 童話《どうわ》を執筆する。

**しっぷ【湿布】**名 動する はれや痛《いた》みを取《と》るために、ぬらしたり、薬《くすり》をぬったりした布《ぬの》を、その部分《ぶぶん》に当《あ》てること。また、その布《ぬの》。

**じっぷ【実父】**名 血《ち》のつながりのある父《ちち》。実《じつ》の父《ちち》。対 義父《ぎふ》。養父《ようふ》。

**しっぷう【疾風】**名 速《はや》く、強《つよ》くふく風《かぜ》。はやて。例 疾風のように走《はし》り去《さ》る。

**じつぶつ【実物】**名 実際《じっさい》のもの。本物《ほんもの》。

**じつぶつだい【実物大】**名 実物《じつぶつ》と同《おな》じ大《おお》きさ。例 実物大の写真《しゃしん》。

**しっぺい【疾病】**名 病気《びょうき》のこと。〔改《あらた》まった言《い》い方《かた》。〕

〔歌の意味〕忘《わす》れられるわたしのことはなんとも思《おも》いません。誓《ちか》いを破《やぶ》ったあなたに罰《ばち》が当《あ》たりはしないか心配《しんぱい》です。

**しっぺがえし**【しっぺ返し】名動する すぐにしかえしをすること。例いきなりしっぺ返しをくった。しっぺいがえし。

**じっぺんしゃ いっく**〖十返舎一九〗人名（男）（一七六五～一八三一）江戸《えど》時代《じだい》後《こう》期《き》の小説家《しょうせつか》。弥次郎兵衛《やじろべえ》と喜多八《きたはち》のこっけいな旅《たび》を描《えが》いた「東海道中膝栗毛《とうかいどうちゅうひざくりげ》」が有名《ゆうめい》。

°**しっぽ**【〈尻尾〉△】名 ❶動物《どうぶつ》のしりに生《は》えた尾《お》。例馬《うま》のしっぽ。❷細長《ほそなが》いものの、はし。例大根《だいこん》のしっぽ。参考「尻尾《しっぽ》」は、特別《とくべつ》に認《みと》められた読《よ》み方《かた》。

**尻尾《しっぽ》を出《だ》す** かくしたり、ごまかしたりしていたことがばれる。例思《おも》わず尻尾を出した。

**尻尾《しっぽ》をつかむ** 相手《あいて》のごまかしを見《み》ぬいて、証拠《しょうこ》をつかむ。例犯人《はんにん》の尻尾をつかんだ。

**尻尾《しっぽ》を振《ふ》る** 人《ひと》に気《き》に入《い》られようと、愛想《あいそ》よくふるまう。例権力者《けんりょくしゃ》に尻尾を振る。

**尻尾《しっぽ》を巻《ま》く** かなわないと思《おも》って、負《ま》けた態度《たいど》をとる。例尻尾を巻いて逃《に》げ出《だ》す。

**じつぼ**【実母】名 血《ち》のつながりのある母《はは》。実《じつ》の母《はは》。対義母《ぎぼ》。養母《ようぼ》。

**しつぼう**【失望】名動する ❶望《のぞ》みをなくすこと。❷あてが外《はず》れて、がっかりすること。例彼《かれ》の態度《たいど》には失望した。類落胆《らくたん》。

**しっぽうやき**【七宝焼】名 金《きん》・銀《ぎん》・銅《どう》などにほうろうの上薬《うわぐすり》をぬって焼《や》き、美《うつく》しい模様《もよう》をつけたもの。

**じつまい**【実妹△】名 同《おな》じ親《おや》から生《う》まれた妹《いもうと》。実《じつ》の妹《いもうと》。対義妹《ぎまい》。関連実兄《じっけい》。実弟《じってい》。実《じっ》姉《し》。

**しつむ**【°執務】名動する 事務《じむ》の仕事《しごと》をすること。例ただ今《いま》、執務中《ちゅう》です。

**じつむ**【実務】名 実際《じっさい》の仕事《しごと》。例見習《みなら》い期《き》間《かん》が終《お》わって、実務につく。

**しつめい**【失明】名動する 目《め》が見《み》えなくなること。視力《しりょく》を失《うしな》うこと。例事故《じこ》で失明する。

**じつめい**【実名】名 ほんとうの名《な》。本名《ほんみょう》。対仮名《かめい》。

°**しつもん**【質問】名動する わからないことをたずねること。例先生《せんせい》に質問する。

**しつよう**【°執拗◆】形動 しつこいようす。例わかるまで執拗に食《く》い下《さ》がる。

°**じつよう**【実用】名 実際《じっさい》に使《つか》うこと。実際《じっさい》の役《やく》に立《た》つこと。例実用品《ひん》。

**じつようか**【実用化】名動する 実際《じっさい》に使《つか》えるようにすること。例新技術《しんぎじゅつ》を実用化する。

**じつようてき**【実用的】形動 実際《じっさい》の役《やく》に立《た》つようす。例実用的なおくり物《もの》。

**じづら**【字面△】名〔「もじづら」ともいう。〕❶文字《もじ》の形《かたち》や並《なみ》びぐあいから受《う》ける感《かん》じ。❷文章《ぶんしょう》のうわべだけの意味《いみ》。例字面を読《よ》むだけでは、俳句《はいく》はわからない。

**しつらえる** 動 手配《てはい》して用意《ようい》する。例会場《かいじょう》をしつらえる。

**じつり**【実利】名 実際《じっさい》に役立《やくだ》つこと。実際《じっさい》のもうけ。例実利を得《え》る。

**しつりょう**【質量】名 物体《ぶったい》の、ほんとうの分量《ぶんりょう》。ふつう、その重《おも》さで表《あらわ》す。

°**じつりょく**【実力】名 ❶ほんとうの力《ちから》。例実力がつく。❷武力《ぶりょく》や腕力《わんりょく》。例話《はな》し合《あ》いで決着《けっちゃく》がつかず、実力にうったえる。

**じつりょくこうし**【実力行使】名 動する 目的《もくてき》を達成《たっせい》するために、武力《ぶりょく》や腕力《わんりょく》などを使《つか》うこと。例要求《ようきゅう》を実現《じつげん》するために実力行使に出《で》る。

**じつりょくしゃ**【実力者】名 人《ひと》を指図《さしず》する力《ちから》を持《も》っている人《ひと》。

°**しつれい**【失礼】一名動する形動 ❶礼儀《れいぎ》に外《はず》れたこと。例返事《へんじ》をしないのは失礼です。失礼なやつだ。❷人《ひと》と別《わか》れること。例これで失礼します。類（❶・❷）失敬《しっけい》。二感 別《わか》れるときや、あやまるときの言葉《ことば》。例おっと、失礼。類失敬《しっけい》。

**じつれい**【実例】名 実際《じっさい》にある例《れい》。例実例をあげて説明《せつめい》する。

**しつれん**【失恋°】名動する 恋《こい》が思《おも》いどおりにならないこと。

**じつわ**【実話】名 実際《じっさい》にあった話《はなし》。例この物語《ものがたり》は実話にもとづいている。

**して**【仕手】名 ❶何《なに》かをする人《ひと》。例仕事《しごと》の仕手がない。❷〔能《のう》・狂言《きょうげん》で〕主役《しゅやく》。また、それを演《えん》じる人《ひと》。ふつう、「シテ」と書《か》く。対ワキ（脇）。アド。

**してい【子弟】** 名 年《とし》の若《わか》い人《ひと》。年少者《ねんしょうしゃ》。例 子弟の教育《きょういく》に力《ちから》を入《い》れる。

**してい【指定】** 名 動-する （「これ」と指《さ》して）はっきり決《き》めること。例 時間《じかん》を指定する。

**してい【師弟】** 名 師匠《ししょう》と弟子《でし》。先生《せんせい》と教《おし》え子《ご》。例 師弟の間柄《あいだがら》。

**シティー** 〔英語 city〕 名 都会《とかい》。都市《とし》。

**していせき【指定席】** 名 （乗《の》り物《もの》や劇場《げきじょう》などで）座《すわ》る人《ひと》が決《き》められている席《せき》。対 自由《じゆう》席《せき》。

**しでかす【仕出かす】** 動 思《おも》いもしないようなことを、やってしまう。例 とんでもないことをしでかしたなあ。参考 ふつう、かな書《が》きにする。

**してき【私的】** 形動 その人《ひと》だけに関係《かんけい》のあるようす。個人的《こじんてき》。プライベート。例 私的な会話《かいわ》。私的な用事《ようじ》。対 公的《こうてき》。

**してき【指摘】** 名 動-する まちがいや、大切《たいせつ》なところなどを見《み》つけ出《だ》して、示《しめ》すこと。例 計算《けいさん》のまちがいを指摘する。

**してき【詩的】** 形動 詩《し》のような感《かん》じのするようす。例 詩的な言葉《ことば》。

**してつ【私鉄】** 名 民間《みんかん》の会社《かいしゃ》で経営《けいえい》している鉄道《てつどう》。私営鉄道《しえいてつどう》。

**してやられる** 相手《あいて》の思《おも》うようにやられる。うまくだまされる。相手《あいて》の計略《けいりゃく》にはまる。例 用心《ようじん》していたのに、まんまとしてやられた。

**してん【支店】** 名 本店《ほんてん》から分《わ》かれた店《みせ》。例 支店を出《だ》す。対 本店《ほんてん》。

**してん【支点】** 名 〔理科《りか》で〕てこを支《ささ》える固定《こてい》した点《てん》。関連 力点《りきてん》。作用点《さようてん》。↓てこ881ページ

**してん【始点】** 名 ものごとの始《はじ》まる点《てん》。出発点《しゅっぱってん》。対 終点《しゅうてん》。

✤**してん【視点】** 名 ❶視線《しせん》の注《そそ》がれるところ。❷ものごとを見《み》たり考《かんが》えたりするときの立場《たちば》。例 視点を変《か》える。類 観点《かんてん》。

**しでん【市電】** 名 市街地《しがいち》を走《はし》る路面電車《ろめんでんしゃ》。また、市《し》が経営《けいえい》している電車《でんしゃ》。

✤**じてん【字典】** 名 漢字《かんじ》を、決《き》めた順序《じゅんじょ》に並《なら》べ、読《よ》み方《かた》、意味《いみ》などを説明《せつめい》した本《ほん》。字引《じびき》。字書《じしょ》。例 漢字《かんじ》字典。関連 辞典《じてん》。事典《じてん》。

**じてん【次点】** 名 当選《とうせん》した人《ひと》や入選《にゅうせん》した人《ひと》の、次《つぎ》の順位《じゅんい》。例 おしくも次点だった。

**じてん【自転】** 名 動-する 天体《てんたい》が、その内部《ないぶ》の軸《じく》を中心《ちゅうしん》として自分《じぶん》で回《まわ》ること。例 地球《ちきゅう》は一日一回《いちにちいっかい》自転している。対 公転《こうてん》。

✤**じてん【事典】** 名 いろいろなものごとやことがらを集《あつ》めて説明《せつめい》した本《ほん》。例 百科《ひゃっか》事典。関連 字典《じてん》。辞典《じてん》。

**じてん【時点】** 名 時間《じかん》の流《なが》れの中《なか》のある一点《いってん》。例 朝七時《あさしちじ》の時点では、まだ晴《は》れている。

✤◎**じてん【辞典】** 名 言葉《ことば》を、決《き》めた順序《じゅんじょ》に並《なら》べ、その意味《いみ》・使《つか》い方《かた》などを説明《せつめい》した本《ほん》。字引《じびき》。辞書《じしょ》。例 国語《こくご》辞典。関連 字典《じてん》。事典《じてん》。

✤**じでん【自伝】** 名 自分《じぶん》のおいたちや出来事《できごと》を自分《じぶん》で書《か》いた伝記《でんき》。自叙伝《じじょでん》。

**例解！ことばの勉強室**

### 視点《してん》について

物語《ものがたり》は、だれかの視点《してん》から書《か》かれている。

❶次《つぎ》は、「わたし」が、自分《じぶん》で話《はな》している形《かたち》である。だから視点《してん》は「わたし」、つまり一人称《いちにんしょう》の視点《してん》である。

◎これは、わたしが小《ちい》さいときに、むらの茂平《もへい》というおじいさんから聞《き》いたお話《はなし》です。（「ごんぎつね」）

❷出来事《できごと》を、わきで見《み》ている人《ひと》の立場《たちば》で書《か》く形《かたち》もある。三人称《さんにんしょう》の視点《してん》である。

◎お父《とう》さんは、それを見《み》て、にっこり笑《わら》うと、何《なに》も言《い》わずに汽車《きしゃ》に乗《の》って行《い》ってしまいました。（「一《ひと》つの花《はな》」）

物語《ものがたり》の中《なか》の好《す》きな場面《ばめん》を、視点《してん》を変《か》えて書《か》き直《なお》してみるのもおもしろい。

**じてんしゃ【自転車】** 名 足《あし》でペダルをふみ、二《ふた》つの車輪《しゃりん》を回《まわ》して進《すす》む乗《の》り物《もの》。

**してんのう【四天王】** 名 ❶〔仏教《ぶっきょう》で、仏法《ぶっぽう》を守《まも》る〕持国天《じこくてん》・広目天《こうもくてん》・増長天《ぞうちょうてん》・多聞天《たもんてん》（毘沙門天《びしゃもんてん》）という四人《よにん》の守護神《しゅごしん》。❷ある分野《ぶんや》や集団《しゅうだん》で、特《とく》に優《すぐ》れた四人《よにん》のこと。

**しと【使途】** 名 お金《かね》などの使《つか》いみち。例 使途不明《ふめい》のお金《かね》。

**しとう【死闘】** 名 動-する 死《し》にものぐるいでたたかうこと。例 城《しろ》を攻《せ》め落《お》とそうと、死

[歌の意味] （小野《おの》の篠原《しのはら》の「しの」という言葉《ことば》のように）堪《た》え忍《しの》んではいますが、それにしてもどうしてあなたがこんなに恋《こい》しいのでしょう。

闘をくり広《ひろ》げる。

**しどう【私道】**名 個人《こじん》が自分《じぶん》の土地《とち》に持《も》っている道路《どうろ》。対 公道《こうどう》。

**しどう【始動】**名動-する 動《うご》き始《はじ》めること。また、動《うご》かし始《はじ》めること。例 計画《けいかく》が本格的《ほんかくてき》に始動する。

**しどう【指導】**名動-する 教《おし》え導《みちび》くこと。例 指導者《しゃ》。生徒《せいと》を指導する。

**じとう【地頭】**名 鎌倉幕府《かまくらばくふ》が地方《ちほう》に置《お》いた役人《やくにん》。守護《しゅご》の下《した》で、荘園《しょうえん》を取《と》りしまったり税《ぜい》を取《と》り立《た》てたりする役目《やくめ》の人《ひと》。

**じどう【自動】**名 機械《きかい》などが自分《じぶん》の力《ちから》で動《うご》くこと。例 自動ドア。対 手動《しゅどう》。

**○じどう【児童】**名 ❶子《こ》ども。❷小学校《しょうがっこう》に通《かよ》う子《こ》ども。類 学童《がくどう》。関連 生徒《せいと》。学生《がくせい》。

**じどうかい【児童会】**名 子《こ》どもが集《あつ》まって、相談《そうだん》や話《はな》し合《あ》いをする会《かい》。

**じどうかいさつ【自動改札】**名 切符《きっぷ》や定期券《ていきけん》の情報《じょうほう》を読《よ》み取《と》り、自動《じどう》で改札《かいさつ》の仕《し》事《ごと》を行《おこな》うこと。また、その装置《そうち》。駅《えき》などの出《で》入《い》り口《ぐち》に設置《せっち》されている。自動改札機《じどうかいさつき》。

**じどうかん【児童館】**名 子《こ》どもたちが、健全《けんぜん》な遊《あそ》びをとおして健康《けんこう》な体《からだ》や豊《ゆた》かな心《こころ》を養《やしな》うことができるように、国《くに》の法律《ほうりつ》によってつくられた施設《しせつ》。集会室《しゅうかいしつ》・遊戯室《ゆうぎしつ》などがある。

**じどうけんしょう【児童憲章】**名 子《こ》どもの人権《じんけん》と幸福《こうふく》な生活《せいかつ》を守《まも》るために作《つく》られた決《き》まり。発表《はっぴょう》は、一九五一年《ねん》五月五日《ごがついつか》。

**✤じどうし【自動詞】**名 動詞《どうし》のうち、「雨《あめ》が降《ふ》る」「人《ひと》が来《く》る」の「降《ふ》る」「来《く》る」のように、他《ほか》に影響《えいきょう》をおよぼさない動作《どうさ》などを表《あらわ》す動《どう》詞《し》。対 他動詞《たどうし》。

**○じどうしゃ【自動車】**名 エンジンの力《ちから》で車輪《しゃりん》を回《まわ》して進《すす》む乗《の》り物《もの》。種類《しゅるい》が多《おお》い。⬇572ページ

**✤じどうしょ【児童書】**名 子《こ》どものためにつくられた本《ほん》。

**じどうてき【自動的】**形動 ひとりでに動《うご》くようす。例 自動的に水《みず》が出《で》る。

**じどうはんばいき【自動販売機】**名 お金《かね》を入《い》れたりカードをタッチしたりすると、自動的《じどうてき》に買《か》いたい品物《しなもの》が出《で》てくる装置《そうち》。

**じどうふくし【児童福祉】**名 すべての子《こ》どもたちが、よりよい生活《せいかつ》を送《おく》り、幸《しあわ》せな成長《せいちょう》をとげることができるようにすること。

**じどうふくしほう【児童福祉法】**名 一九四七年《ねん》に定《さだ》められた、十八歳《じゅうはっさい》未満《みまん》の子《こ》どもを守《まも》るための決《き》まり。すべての児童《じどう》は等《ひと》しく健《すこ》やかに育《そだ》てられなくてはならないことを定《さだ》めている。

**✤じどうぶんがく【児童文学】**名 子《こ》どものために書《か》かれた文学《ぶんがく》。童話《どうわ》・童謡《どうよう》など。

**しどけない**形 服《ふく》が乱《みだ》れてだらしがない。

**しとげる【仕遂げる】**動 最後《さいご》までする。やりとげる。

**しとしと**副(-と) 雨《あめ》が静《しず》かに降《ふ》るようす。例 春雨《はるさめ》がしとしと降《ふ》る。

**じとじと**副(-と)動-する 水分《すいぶん》を多《おお》く含《ふく》んでいるようす。例 じとじとした天気《てんき》。

**しとめる【仕留める】**動 弓《ゆみ》や鉄砲《てっぽう》などで、ねらったものをうちとる。

**しとやか**形動 上品《じょうひん》で、落《お》ち着《つ》いているようす。例 しとやかな人《ひと》。

**しどろもどろ**形動 自信《じしん》がなくて、なめらかに話《はな》せないようす。例 返事《へんじ》に困《こま》って、しどろもどろになる。

**○しな【品】**名 ❶物《もの》。品物《しなもの》。例 品切《ぎ》れ。お祝《いわ》いの品。❷品物《しなもの》の性質《せいしつ》。品質《ひんしつ》。例 このせと物《もの》は、品がいい。❸種類《しゅるい》。例 料理《りょうり》を、三《み》品とりそろえる。⇩ひん【品】1119ページ

**しな**〔ある言葉《ことば》のあとにつけて〕❶ちょうど

例解 ! ことばの勉強室

### 自動詞《じどうし》と他動詞《たどうし》

自動詞《じどうし》は、そのもの自身《じしん》の動《うご》きを表《あらわ》し、他動詞《たどうし》は、他《ほか》にはたらきかける動《うご》きを表《あらわ》す。

- 戸《と》が開《あ》く 「開《あ》く」は「戸《と》」そのものの動《うご》きを表《あらわ》すから自動詞《じどうし》。
- 戸《と》を開《あ》ける 「開《あ》ける」は、だれかが「戸《と》」にはたらきかける動《うご》きを表《あらわ》すから他動詞《たどうし》。

- 花《はな》が開《ひら》く 「花《はな》」自身《じしん》の動《うご》きを表《あらわ》すから自動詞《じどうし》。
- 本《ほん》を開《ひら》く だれかが「本《ほん》」にはたらきかける動《うご》きを表《あらわ》すから他動詞《たどうし》。





百人一首 浅茅生《あさじう》の小野《おの》の篠原《しのはら》忍《しの》ぶれどあまりてなどか人《ひと》の恋《こい》しき　源等《みなもとのひとし》

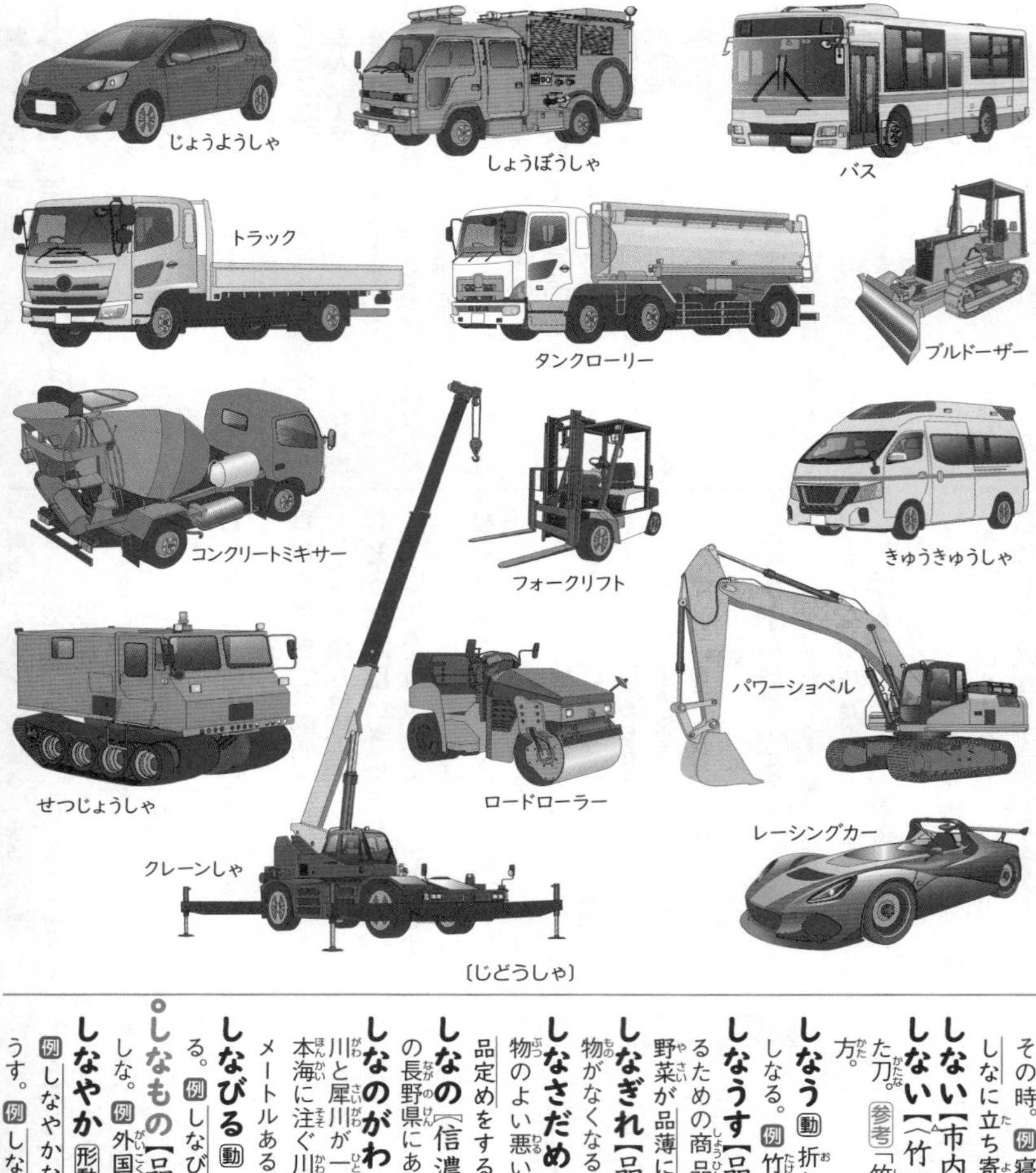

〔じどうしゃ〕

その時《とき》。例 寝《ね》しな。❷…のついで。例 帰《かえ》りしなに立《た》ち寄《よ》る。

**しない【市内】** 名 市《し》の中《なか》。対 市外《しがい》。

**しない【〈竹刀〉】** 名 剣道《けんどう》で使《つか》う、竹《たけ》で作《つく》った刀《かたな》。参考「竹刀《しない》」は、特別《とくべつ》に認《みと》められた読《よ》み方《かた》。

**しなう** 動 折《お》れないで、弓《ゆみ》のように曲《ま》がる。例 竹《たけ》がしなう。

**しなうす【品薄】** 名 形動 (需要《じゅよう》に対《たい》して)売《う》るための商品《しょうひん》が少《すく》ないこと。例 雨《あめ》が続《つづ》いて野《や》菜《さい》が品薄になる。

**しなぎれ【品切れ】** 名 売《う》れてしまって、品《しな》物《もの》がなくなること。売《う》り切《き》れ。

**しなさだめ【品定め】** 名 動-する 品物《しなもの》や人《じん》物《ぶつ》のよい悪《わる》いを決《き》めること。例 骨《こっ》とう品《ひん》の品定めをする。

**しなの【信濃】** 地名 昔《むかし》の国《くに》の名《な》の一《ひと》つ。今《いま》の長《なが》野《の》県《けん》にあたる。

**しなのがわ【信濃川】** 地名 長野《ながの》県《けん》の千曲《ちくま》川《がわ》と犀《さい》川《がわ》が一《ひと》つになり、新潟平野《にいがたへいや》を通《とお》って日《に》本海《ほんかい》に注《そそ》ぐ川《かわ》。日本一長《にっぽんいちなが》い川《かわ》で、三六七キロメートルある。

**しなびる** 動 水気《みずけ》がなくなって、しわがよる。例 しなびたミカン。類 干《ひ》からびる。

**°しなもの【品物】** 名 いろいろな物《もの》。物品《ぶっぴん》。しな。例 外国《がいこく》の品物。

**しなやか** 形動 ❶やわらかに曲《ま》がるようす。例 しなやかな体《からだ》。❷やわらかで、美《うつく》しいようす。例 しなやかに歩《ある》く。

[歌の意味] かくしているのですが、わたしの恋《こい》は顔《かお》に出《で》てしまいました。もの思《おも》いしているのかと聞《き》かれてしまうほど。

**じならし【地ならし】** (名)(動-する) ❶地面《じめん》を平《たい》らにすること。❷ものごとがうまくいくように、前《まえ》もって準備《じゅんび》しておくこと。(例)会議《かいぎ》がもめないように、地ならしをしておく。

**じなり【地鳴り】** (名) 地震《じしん》の前《まえ》などに、地面《じめん》の底《そこ》から鳴《な》りひびくような音《おと》がすること。

**シナリオ** 〔英語 scenario〕(名) 映画《えいが》やテレビの脚本《きゃくほん》。台本《だいほん》。

**シナリオライター** 〔英語 scenario writer〕(名) シナリオを書《か》く人《ひと》。脚本家《きゃくほんか》。

**しなる** (動) ↓しなう 572ページ

**しなん【至難】** (名)(形動) 非常《ひじょう》に難《むずか》しいこと。(例)至難のわざ。

**しなん【指南】** (名)(動-する) 教《おし》え導《みちび》くこと。また、その人《ひと》。(例)茶道《さどう》を指南する。

**じなん【次男】** (名) 男《おとこ》の子《こ》のうち、二番《にばん》めに生《う》まれた子《こ》。(対)次女《じじょ》。(参考)「二男《じなん》」とも書《か》く。

**シニア** 〔英語 senior〕(名) 年長者《ねんちょうしゃ》。年上《としうえ》。上級生《じょうきゅうせい》。(例)シニアコース。(対)ジュニア。

**しにぎわ【死に際△】** (名) 死《し》ぬまぎわ。臨終《りんじゅう》。

**しにせ【〈老舗〉】** (名) 昔《むかし》から続《つづ》いていて、信用《しんよう》のある店《みせ》。(参考)「老舗《しにせ》」は、特別《とくべつ》に認《みと》められた読《よ》み方《かた》。

**しにめ【死に目】** (名) 死《し》ぬ時《とき》。死《し》ぬ場面《ばめん》。臨終《りんじゅう》。(例)親《おや》の死に目に会《あ》えない。

**しにものぐるい【死に物狂い】** (名) 死《し》んでもよいほどの勢《いきお》いでするようす。必死《ひっし》。(例)死にものぐるいで練習《れんしゅう》する。

**しにん【死人】** (名) 死《し》んだ人《ひと》。死者《ししゃ》。

**死《し》人《にん》に口《くち》無《な》し** 死人《しにん》からは、もう何《なに》も聞《き》き出《だ》せない。また、死人《しにん》は何《なに》を言《い》われても弁解《べんかい》できない。

**じにん【自任】** (名)(動-する) 自分《じぶん》にそれだけの値打《ねう》ちがあると思《おも》うこと。(例)彼《かれ》は、第一人者《だいいちにんしゃ》だと自任している。

**じにん【自認】** (名)(動-する) 自分自身《じぶんじしん》で認《みと》めること。(例)父《ちち》はグルメだと自認している。

**じにん【辞任】** (名)(動-する) 務《つと》めや役目《やくめ》を自分《じぶん》からやめること。辞職《じしょく》。(例)総理大臣《そうりだいじん》が辞任する。(類)退任《たいにん》。

**◦しぬ【死ぬ】** (動) ❶命《いのち》がなくなる。(例)病気《びょうき》で死ぬ。(対)生《い》きる。生《う》まれる。産《う》まれる。❷勢《いきお》いや活気《かっき》がなくなる。(例)この絵《え》は死んでいる。❸その値打《ねう》ちが現《あらわ》れない。(例)読《よ》まなければ、本《ほん》も死んでしまう。❹野球《やきゅう》・ソフトボールで、アウトになる。(対)(❷〜❹)生《い》きる。(敬語)❶の敬《うやま》った言《い》い方《かた》は、「おなくなりになる」。丁寧《ていねい》な言《い》い方《かた》は、「なくなる」。↓し【死】 536ページ

**じぬし【地主】** (名) 土地《とち》の持《も》ち主《ぬし》。

**じねつ【地熱】** (名) ↓ちねつ 826ページ

**シネマ** 〔フランス語〕(名) 映画《えいが》。

**しの【篠】** (名) 細《ほそ》くて、やぶのように群《むら》がって生《は》える竹《たけ》。しの竹《だけ》。

**しの突《つ》く雨《あめ》** (しの竹《だけ》を束《たば》にして突《つ》き落《お》とすように)はげしく降《ふ》る雨《あめ》。どしゃ降《ぶ》りの雨《あめ》。

**しのうこうしょう【士農工商】** (名) 江戸《えど》時代《じだい》の身分制度《みぶんせいど》。武士《ぶし》・農民《のうみん》・職人《しょくにん》・商人《しょうにん》の順番《じゅんばん》とされた。

**しのぎをけずる【しのぎを削る】** ❶刀《かたな》で激《はげ》しく切《き》り合《あ》うようす。❷激《はげ》しく争《あらそ》う。(例)赤組《あかぐみ》と白組《しろぐみ》がしのぎを削る。(参考)「しのぎ」は刀《かたな》の刃《は》と背《せ》(=峰《みね》)の間《あいだ》の高《たか》くなっているところ。戦《たたか》いでは、そこを削《けず》り合《あ》うように激《はげ》しくぶつかり合《あ》うところからできた言葉《ことば》。

**◦しのぐ** (動) ❶たえしのぶ。我慢《がまん》して切《き》りぬける。(例)寒《さむ》さをしのぐ。❷他《ほか》よりすぐれている。まさる。(例)兄《あに》は、身長《しんちょう》で父《ちち》をしのぐ。

**しのごの【四の五の】** (副) あれこれと文句《もんく》をつけるようす。

**四《し》の五《ご》の言《い》わずに** あれこれ言《い》っていないで。(例)四の五の言わずに勉強《べんきょう》しなさい。

**しのはい【死の灰】** (名) 原子爆弾《げんしばくだん》などが爆発《ばくはつ》するときに出《で》る、放射能《ほうしゃのう》を含《ふく》む灰《はい》。生物《せいぶつ》に害《がい》がある。

**しのばせる【忍ばせる】** (動) ❶人《ひと》に知《し》られないように、する。(例)足音《あしおと》を忍ばせて近寄《ちかよ》る。❷こっそりかくして持《も》つ。(例)ポケットに、ガムを忍ばせる。↓にん【忍】 995ページ

**しのび【忍び】** (名) ❶人《ひと》に気付《きづ》かれないように行《おこな》うこと。おしのび。❷我慢《がまん》すること。❸忍者《にんじゃ》。

**しのびあし【忍び足】** (名) 気《き》づかれないように、こっそり歩《ある》く足取《あしど》り。(例)ぬき足《あし》、さし足《あし》、忍び足。忍び足で近寄《ちかよ》る。

**しのびこむ【忍び込む】** (動) こっそりと入《はい》りこむ。(例)どろぼうが忍び込む。




百人一首 忍《しの》ぶれど色《いろ》に出《い》でにけりわが恋《こい》はものや思《おも》ふと人《ひと》の問《と》ふまで 平兼盛《たいらのかねもり》

**例解！ことばの勉強室**

## 地《じ》の文《ぶん》について

❶車《くるま》にもどると、おかっぱのかわいい女《おんな》の子《こ》が、ちょこんと後《うし》ろのシートにすわっています。
❷「道《みち》にまよったの。行《い》っても行《い》っても、四角《しかく》い建物《たてもの》ばかりだもん。」
❸つかれたような声《こえ》でした。
❹「ええと、どちらまで。」
❺「え。——ええ、あの、あのね、菜《な》の花横町《はなよこちょう》ってあるかしら。」
❻「菜《な》の花橋《はなばし》のことですね。」
❼エンジンをかけたとき、遠《とお》くから、元気《げんき》そうな男《おとこ》の子《こ》の声《こえ》が近《ちか》づいてきました。（「白《しろ》いぼうし」）

童話《どうわ》や小説《しょうせつ》の文章《ぶんしょう》は、地《じ》の文《ぶん》と、会話《かいわ》の文《ぶん》とでできている。右《みぎ》の童話《どうわ》では、地《じ》の文《ぶん》は❶❸❼である。

地《じ》の文《ぶん》では
◎いつ、どこで、だれが、どんなことをしたか。
◎そのとき、どんなようすだったか。
◎そのとき、どんなことがあったか。
などが語《かた》られている。

**しのびない**【忍《°》びない】[形] つらくて、たえられない。[例] 見《み》るに忍びない。

**しのびなき**【忍《°》び泣き】[名][動-する] 人《ひと》に知《し》られないように、そっと泣《な》くこと。

**しのびよる**【忍《°》び寄る】[動] 人《ひと》に気《き》づかれないように、そっと近《ちか》寄《よ》る。[例] 忍び寄る人《ひと》影《かげ》。忍び寄る秋《あき》の気配《けはい》。

**しのびわらい**【忍《°》び笑い】[名][動-する] 人《ひと》に気《き》づかれないように、声《こえ》をひそめて笑《わら》うこと。

**◦しのぶ**【忍《°》ぶ】[動] ❶こらえる。[例] はじを忍ぶ。❷人《ひと》に知《し》られないようにかくれてする。[例] 人目《ひとめ》を忍ぶ。➡にん【忍】995ページ

**しのぶ** [動] こいしく思《おも》う。なつかしく思《おも》う。[例] 母《はは》をしのぶ。昔《むかし》をしのぶ。

**✤じのぶん**【地の文】[名]〔国語《こくご》で〕物語《ものがたり》などの中《なか》で、人《ひと》の言《い》った言葉《ことば》以外《いがい》の、ふつうに述《の》べられている部分《ぶぶん》。[対] 会話文《かいわぶん》。

## しば【芝】[画数]6 [部首]艹（くさかんむり）

[音] —— [訓] しば
芝生《しばふ》などにする草《くさ》。

**しば**【芝《°》】[名] 葉《は》が細《ほそ》くて短《みじか》く、茎《くき》が地面《じめん》をはって根《ね》を出《だ》す草《くさ》。庭《にわ》や公園《こうえん》の芝生《しばふ》にする。

**しば**【柴◆】[名] 野山《のやま》に生《は》える、いろいろな小《ちい》さい木《き》。[例] 山《やま》へしばをかりに行《い》く。

**じば**【地場】[名] その地域《ちいき》。地元《じもと》。[例] 地場の食《しょく》材《ざい》。

**じば**【磁場】[名] 磁石《じしゃく》や電流《でんりゅう》の周《まわ》りにできる、磁力《じりょく》の作用《さよう》する範囲《はんい》のこと。磁界《じかい》。

**しはい**【支配】[名][動-する] ❶ある土地《とち》やそこに住《す》む人々《ひとびと》を治《おさ》めること。[例] 支配者《しゃ》。❷ものごとを思《おも》うように動《うご》かすこと。[例] 農業《のうぎょう》は、天気《てんき》に支配されやすい。

**◦しばい**【芝《°》居】[名] ❶歌舞伎《かぶき》などの劇《げき》をまとめていう言葉《ことば》。劇《げき》。[例] 芝居見物《けんぶつ》。[類] 演劇《えんげき》。❷人《ひと》をだますための作《つく》り事《ごと》。[例] 泣《な》いたのは芝居だった。

**しはいにん**【支配人】[名] 社長《しゃちょう》や主人《しゅじん》に代《か》わって、ある仕事《しごと》の全部《ぜんぶ》を指図《さしず》する人《ひと》。マネージャー。

**じはく**【自白】[名][動-する] 自分《じぶん》がした悪《わる》いことなどを、自分《じぶん》から話《はな》すこと。自供《じきょう》。[例] 犯行《はんこう》を自白する。

**じばさんぎょう**【地場産業】[名] その土《と》地《ち》に昔《むかし》から続《つづ》いていて、その土《と》地《ち》らしい特《とく》徴《ちょう》を持《も》った産業《さんぎょう》。

**しばし** [副] しばらく。少《すこ》しの間《あいだ》。〔少《すこ》し古《ふる》い言《い》い方《かた》。〕[例] しばしの別《わか》れ。

**しばしば** [副] たびたび。何度《なんど》も。[例] しばしばあることだ。

**しはす**【〈師走〉△】[名] ➡しわす 654ページ

**じはだ**【地肌《°》】[名] ❶地面《じめん》の表面《ひょうめん》。[例] 山《やま》の地肌が赤黒《あかぐろ》く見《み》える。❷化粧《けしょう》をしない、元《もと》のままの肌《はだ》。素肌《すはだ》。

**しばたたく** [動] しきりにまばたきをする。しばたく。[例] 涙《なみだ》ぐんで、目《め》をしばたたいている。

**しはつ**【始発】[名] ❶その日《ひ》のうちで、いちばんはじめに出発《しゅっぱつ》すること。また、その列車《れっしゃ》やバスなど。[例] 始発電車《でんしゃ》。[対] 最終《さいしゅう》。終発《しゅうはつ》。

［歌の意味］恋《こい》をしているというううわさが早《はや》くも立《た》ってしまった。こっそりとあの人《ひと》に思《おも》いを寄《よ》せていたのに。

❷ある所《ところ》から出発《しゅっぱつ》すること。例 始発駅《えき》。東《とう》京駅《きょうえき》始発の列車《れっしゃ》。対 終着《しゅうちゃく》。

**じはってき【自発的】** 形動 自《じ》分《ぶん》から進《すす》んでするようす。例 自発的に手伝《てつだ》う。

**しばふ【〈芝生〉】** 名 芝《しば》が一面《いちめん》に生《は》えている所《ところ》。例 芝生にねそべる。参考「芝生《しばふ》」は、特《とく》別《べつ》に認《みと》められた読《よ》み方《かた》。

**じばら【自腹】** 名 自《じ》分《ぶん》でお金《かね》を出《だ》すこと。例 交通費《こうつうひ》は自腹だ。

**自腹《じばら》を切《き》る** 自《じ》分《ぶん》が出《だ》さなくてもよいお金《かね》を、あえて出《だ》してしはらう。身銭《みぜに》を切《き》る。例 先輩《せんぱい》が自腹を切って、ごちそうしてくれた。

○**しはらい【支払い】** 名 お金《かね》を払《はら》うこと。例 先《さき》に支払いをすませる。

○**しはらう【支払う】** 動 相《あい》手《て》にお金《かね》を払《はら》う。例 本《ほん》の代金《だいきん》を支払う。

○**しばらく** 副 ❶少《すこ》しの間《あいだ》。例 しばらくお待《ま》ちください。❷少《すこ》し長《なが》い間《あいだ》。例 あの人《ひと》とはしばらく会《あ》っていない。

○**しばる【縛る】** 動 ❶ひもなどでゆわえる。例 たきぎを縛る。対 ほどく。❷自《じ》由《ゆう》にできないようにする。束縛《そくばく》する。例 時《じ》間《かん》に縛られた生活《せいかつ》をする。↓ばく【縛】1035ページ

**しはん【市販】** 名 動-する 広《ひろ》く、店《みせ》などで売《う》ること。例 市販されている本《ほん》。

**しはん【師範】** 名 ❶手《て》本《ほん》や模《も》範《はん》となる人《ひと》。例 師範とあおがれる。❷学問《がくもん》や、武《ぶ》道《どう》・芸事《げいごと》を教《おし》える人《ひと》。先生《せんせい》。例 剣道《けんどう》の師範。

**じばん【地盤】** 名 ❶土《ど》台《だい》となる地《じ》面《めん》。例 雨《あめ》で地盤がゆるむ。❷何《なに》かをするためのもととなる場《ば》所《しょ》。勢力《せいりょく》のおよぶ範《はん》囲《い》。例 選《せん》挙《きょ》の地盤を固《かた》める。

**じばんちんか【地盤沈下】** 名 動-する ❶地《じ》面《めん》がしずんで低《ひく》くなること。地《ち》下《か》水《すい》のくみ上《あ》げや地《じ》震《しん》などによって起《お》きる。❷それまでもっていた勢《いきお》いがおとろえること。例 経《けい》済《ざい》の地盤沈下が続《つづ》く。

**しはんぶん【四半分】** 名 四《よっ》つに分《わ》けた一《ひと》つ。四分《よんぶん》の一《いち》。

**しひ【私費】** 名 個《こ》人《じん》でしはらう費《ひ》用《よう》。類 自《じ》費《ひ》。対 公費《こうひ》。

**じひ【自費】** 名 自《じ》分《ぶん》で費《ひ》用《よう》をしはらうこと。例 自費で外国《がいこく》へ行《い》く。類 私《し》費《ひ》。

**じひ【慈悲】** 名 情《なさ》け。あわれみ。いつくしみ。例 なにとぞお慈悲を。

**じびか【耳鼻科】** 名 耳《みみ》や鼻《はな》の病《びょう》気《き》を治《なお》すことを専門《せんもん》にする医《い》学《がく》の分《ぶん》野《や》。

✤**じびき【字引】** 名 ❶↓じてん（字典）570ページ。❷↓じてん（辞典）570ページ

**じびきあみ【地引き網】** 名 沖《おき》に網《あみ》を張《は》り、それを陸《りく》に引《ひ》き寄《よ》せて、魚《さかな》をとる方法《ほうほう》。また、その網《あみ》。↓ぎょほう 344ページ

**しひつ【始筆】** 名 ❶新年《しんねん》に初《はじ》めて毛筆《もうひつ》で字《じ》を書《か》くこと。書《か》き初《ぞ》め。❷〔習字《しゅうじ》で〕字《じ》の書《か》き始《はじ》め。対 終筆《しゅうひつ》。参考 ❶は「試筆《しひつ》」とも書《か》く。

**じひつ【自筆】** 名 自《じ》分《ぶん》で書《か》くこと。また、自《じ》分《ぶん》で書《か》いたもの。直筆《じきひつ》。例 住《じゅう》所《しょ》・氏《し》名《めい》を自筆で書《か》きこむ。対 代筆《だいひつ》。

**じひびき【地響き】** 名 動-する 地《じ》面《めん》がゆれて、音《おと》がすること。例 地響きをたてる。

**じひぶかい【慈悲深い】** 形 いつくしみ、あわれむ心《こころ》が深《ふか》い。

**じひょう【時評】** 名 その時々《ときどき》の、世《よ》の中《なか》の出来事《できごと》に対《たい》する批《ひ》評《ひょう》。

**じひょう【辞表】** 名 勤《つと》めや役《やく》目《め》をやめたいとき、書《か》いて出《だ》す書類《しょるい》。辞職願《じしょくねが》い。

**じびょう【持病】** 名 ❶なかなか治《なお》らないで、苦《くる》しめられている病《びょう》気《き》。例 持病のぜんそく。❷なかなか治《なお》らない悪《わる》いくせ。

**しびれ** 名 体《からだ》がしびれて、感《かん》覚《かく》がなくなり、自《じ》由《ゆう》に動《うご》かなくなること。

**しびれを切《き》らす** ❶長《なが》くすわっていて、足《あし》がしびれる。❷待《ま》ちくたびれて、我慢《がまん》できなくなる。例 返《へん》事《じ》がないので、しびれを切らして出《で》かけていった。

○**しびれる** 動 ❶手《て》や足《あし》の感覚《かんかく》がなくなり、自《じ》由《ゆう》に動《うご》かなくなる。例 足《あし》がしびれる。❷気《き》持《も》ちが高《たか》ぶる。例 あの歌《うた》にはしびれたなあ。

**しぶ【渋】** 名 ❶シブガキ〔=実《み》が甘《あま》くならないカキ〕から取《と》った茶色《ちゃいろ》の汁《しる》。ぬれたりくさったりしないように、和《わ》紙《し》や木《き》にぬる。例 渋紙《がみ》。❷渋《しぶ》い味《あじ》を感《かん》じさせるもの。例 茶《ちゃ》渋。↓じゅう【渋】594ページ

**しぶ【支部】** 名 本《ほん》部《ぶ》からはなれた所《ところ》に設《もう》けた事《じ》務《む》所《しょ》。対 本《ほん》部《ぶ》。

**じふ【自負】** 名 動-する 自《じ》分《ぶん》の能力《のうりょく》や仕《し》事《ごと》など




百人一首 恋《こい》すてふ《ちょう》わが名《な》はまだき立《た》ちにけり人知《ひとし》れずこそ思《おも》ひ《い》そめしか　壬生忠見《みぶのただみ》

に自信《じしん》を持《も》つこと。例 日本一《にっぽんいち》だと自負する。

**じふ【慈父】** 名 子《こ》どもに対《たい》して、愛情《あいじょう》の深《ふか》い父親《ちちおや》。対 慈母《じぼ》。

**○しぶい【渋い】** 形 ❶熟《じゅく》していないカキを食《た》べたときのように、舌《した》がしびれるような味《あじ》がする。例 お茶《ちゃ》が渋い。❷じみで落《お》ち着《つ》きがある。例 渋い色《いろ》の服《ふく》。❸けちである。例 お金《かね》に渋い。❹気《き》むずかしい。例 渋い顔《かお》をする。⇩じゅう【渋】594ページ

**しぶおんぷ【四分音符】** 名 全音符《ぜんおんぷ》の四分《よんぶん》の一《いち》の長《なが》さを表《あらわ》す音符《おんぷ》。「♩」。しぶんおんぷ。⇩がくふ 223ページ

**しぶがき【渋柿】** 名 熟《じゅく》しても、渋《しぶ》みが強《つよ》い柿《かき》。干《ほ》し柿《がき》にして食《た》べる。

**しぶき** 名 水《みず》が細《こま》かく飛《と》び散《ち》ったもの。例 水《みず》しぶきをあげる。

**しふく【私服】** 名 ❶制服《せいふく》でない、ふつうの服《ふく》。対 制服《せいふく》。❷制服《せいふく》を着《き》ないで勤務《きんむ》する刑《けい》事《じ》・巡査《じゅんさ》。

**しふくをこやす【私腹を肥やす】** 地《ち》位《い》や仕事《しごと》を利用《りよう》して、自分《じぶん》の財産《ざいさん》を増《ふ》やす。

**しぶしぶ** 副(-と) いやいやながら。例 しぶしぶお使《つか》いに出《で》かける。

**じふしん【自負心】** 名 自分《じぶん》の能力《のうりょく》に自信《じしん》を持《も》つ気持《きも》ち。例 自負心が強《つよ》い。

**しぶつ【私物】** 名 個人《こじん》の持《も》ち物《もの》。例 みんなのボールを私物化《か》する。

**じぶつ【事物】** 名 いろいろな物《もの》やことがら。

**ジフテリア** 〔英語 diphtheria〕 名 感染症《かんせんしょう》の一《ひと》つ。ジフテリア菌《きん》により、のどが痛《いた》み、高《たか》い熱《ねつ》とせきが出《で》る。子《こ》どもがかかりやすい。

**シフト** 〔英語 shift〕 名 動-する ❶位置《いち》を変《か》えること。❷スポーツなどで、守備位置《しゅびいち》や態勢《たいせい》。また、それを変《か》えること。❸自動車《じどうしゃ》のギアの入《い》れかえ。❹飲食店《いんしょくてん》やコンビニ、工場《こうじょう》などで、勤務時間《きんむじかん》を割《わ》り当《あ》てること。例 来週《らいしゅう》のシフトを組《く》む。

**しぶとい** 形 ❶強情《ごうじょう》だ。がんこだ。例 しぶといやつ。❷ねばり強《づよ》い。例 失敗《しっぱい》してもしぶとくやりぬく。

**しぶみ【渋み】** 名 〔「渋味《しぶみ》」とも書《か》く。〕❶渋《しぶ》い味《あじ》。例 このお茶《ちゃ》は、渋みが強《つよ》い。❷じみで、落《お》ち着《つ》きのある感《かん》じ。例 渋みのある色《いろ》。

**しぶる【渋る】** 動 ❶すらすらといかない。例 売《う》れ行《ゆ》きがしぶる。❷気《き》が進《すす》まない。いやがる。例 手伝《てつだ》いをしぶる。⇩じゅう【渋】594ページ

**○じぶん【自分】** 一 名 その人自身《ひとじしん》。自己《じこ》。例 自分のことは自分でする。二 代名 〔ものを言《い》っている人《ひと》が、その人自身《ひとじしん》を指《さ》して言《い》う言葉《ことば》。〕私《わたし》。例 自分がやります。

**じぶん【時分】** 名 とき。ころ。時期《じき》。例 子《こ》どもの時分がなつかしい。

**じぶんかって【自分勝手】** 名 形動 自分《じぶん》に都合《つごう》のいいようにすること。身勝手《みがって》。わがまま。例 自分勝手な行動《こうどう》。

**じぶんじしん【自分自身】** 名 「自分《じぶん》」を強《つよ》めた言葉《ことば》。例 自分自身で考《かんが》える。

**しへい【紙幣】** 名 紙《かみ》でできたお金《かね》。お札《さつ》。例 千円《せんえん》紙幣。対 硬貨《こうか》。

**じへいスペクトラムしょう【自閉スペクトラム症】** 名 乳幼児《にゅうようじ》のころにはっきりする障害《しょうがい》の一《ひと》つ。脳《のう》の発達《はったつ》のしかたが他《ほか》の人《ひと》と異《こと》なることで、コミュニケーションに困難《こんなん》が生《しょう》じたりする。自閉症《じへいしょう》スペクトラム障害《しょうがい》。

**じべた【地べた】** 名 地面《じめん》。〔くだけた言《い》い方《かた》。〕例 地べたにすわりこむ。

**しべつ【死別】** 名 動-する 死《し》んだために、その人《ひと》と別《わか》れること。死《し》に別《わか》れ。対 生別《せいべつ》。

**シベリア** 地名 アジアの北部《ほくぶ》にあるロシアの領土《りょうど》。北《きた》は北極海《ほっきょくかい》に面《めん》し、冬《ふゆ》の寒《さむ》さが厳《きび》しい。石油《せきゆ》・天然《てんねん》ガス・鉱物《こうぶつ》などの資源《しげん》が豊富《ほうふ》。

**しへん【四辺】** 名 ❶辺《あた》り。周《まわ》り。周辺《しゅうへん》。例 四辺を見回《みまわ》す。❷四《よっ》つの辺《へん》。例 四辺形《けい》。

**しへん【紙片△】** 名 かみきれ。

**しべん【至便】** 形動 たいへん便利《べんり》なようす。例 交通《こうつう》至便。

**じへん【事変】** 名 たいへんな出来事《できごと》。暴動《ぼうどう》や国《くに》と国《くに》との争《あらそ》いなど。

**じべん【自弁】** 名 費用《ひよう》を、自分《じぶん》ではらうこと。例 食費《しょくひ》は自弁です。

**しへんけい【四辺形】** 名 四《よっ》つの直線《ちょくせん》で囲《かこ》まれた図形《ずけい》。四角形《しかくけい》。例 平行《へいこう》四辺形。

**しぼ【思慕】** 名 動-する 懐《なつ》かしく、こいしく思《おも》うこと。例 思慕の情《じょう》をつのらせる。

**じぼ【字母】** 名 ❶言葉《ことば》をつづるもとになる文《も》

字《じ》。かなやアルファベットなどの一《ひと》つずつの文字《もじ》。❷活字《かつじ》を作《つく》るもととなる型《かた》。

**じぼ【慈母】** ［名］ 子《こ》どもに対《たい》して、愛情《あいじょう》の深《ふか》い母《はは》親《おや》。［対］慈父《じふ》。

○**しほう【四方】** ［名］ ❶東《ひがし》・西《にし》・南《みなみ》・北《きた》のこと。❷すべての方面《ほうめん》。［例］四方に気《き》を配《くば》る。

**しほう【司法】** ［名］ 国《くに》が法律《ほうりつ》にもとづいて、争《あらそ》い事《ごと》や罪《つみ》をおかした人《ひと》を裁《さば》くこと。［関連］立法《りっぽう》。行政《ぎょうせい》。

**しぼう【子房】** ［名］ 雌《め》しべの下《した》のほうにあるふくらんだ部分《ぶぶん》。雌《め》しべの先《さき》に花粉《かふん》がつくと、ここが実《み》になる。⇩はな(花)❶ 1054ページ

**しぼう【死亡】** ［名］［動-する］ 死《し》ぬこと。死去《しきょ》。［対］出生《しゅっしょう》。［敬語］敬《うやま》って言《い》うときは「逝去《せいきょ》」。

**しぼう【志望】** ［名］［動-する］ 自分《じぶん》から進《すす》んで望《のぞ》むこと。望《のぞ》み。［例］志望校《こう》。［類］志願《しがん》。

**しぼう【脂肪】** ［名］ 動物《どうぶつ》や植物《しょくぶつ》の中《なか》に含《ふく》まれているあぶら。栄養素《えいようそ》の一《ひと》つ。

**じほう【時報】** ［名］ ❶ラジオやテレビなどで、時刻《じこく》を知《し》らせること。❷その時々《ときどき》の出来事《できごと》を知《し》らせる新聞《しんぶん》や雑誌《ざっし》など。

**しほうけん【司法権】** ［名］ 国《くに》が法律《ほうりつ》にもとづいて、罪《つみ》をおかした人《ひと》や争《あらそ》いを裁判《さいばん》できる権利《けんり》。［関連］立法権《りっぽうけん》。行政権《ぎょうせいけん》。

■**じぼうじき【自暴自棄】** ［名］［形動］ やけになって、投《な》げやりな行動《こうどう》をとること。［例］追《お》いつめられて自暴自棄になる。

**しほうだい【し放題】** したいことを、思《おも》うままにすること。したいほうだい。［例］わがままのしほうだいだ。

■**しほうはっぽう【四方八方】** ［名］ あちらこちら。ほうぼう。［例］四方八方をさがす。

**しぼうりつ【死亡率】** ［名］ ❶全体《ぜんたい》の人《ひと》の数《かず》に対《たい》する、死《し》んだ人《ひと》の数《かず》の割合《わりあい》。［対］出生率《しゅっしょうりつ》。❷病気《びょうき》にかかった人《ひと》の数《かず》に対《たい》する、その病気《びょうき》で死《し》んだ人《ひと》の数《かず》の割合《わりあい》。

○**しぼむ【萎む・凋む】** ［動］ ❶ふくらんでいたものが小《ちい》さくなる。［例］風船《ふうせん》がしぼむ。夢《ゆめ》がしぼむ。❷いきいきしていたものの勢《いきお》いがなくなる。［例］花《はな》がしぼむ。

**しぼり【絞り】** ［名］ ❶絞《しぼ》ること。絞《しぼ》ったもの。［例］おしぼり。❷絞《しぼ》り染《ぞ》めのこと。❸花《はな》びらに、まだらのあるもの。❹カメラのレンズに入《はい》る光《ひかり》を、加減《かげん》する仕《し》かけ。

**しぼりぞめ【絞り染め】** ［名］ 布《ぬの》のところどころを糸《いと》でくくり、染《そ》め残《のこ》した部分《ぶぶん》が模様《もよう》になるようにした染《そ》め物《もの》。また、そういう染《そ》め方《かた》。しぼり。くくり染《ぞ》め。

○**しぼる【絞る】** ［動］ ❶強《つよ》くねじって、水気《みずけ》を出《だ》す。［例］手《て》ぬぐいを絞る。❷無理《むり》に出《だ》す。精《せい》いっぱい出《だ》す。［例］知恵《ちえ》を絞る。汗《あせ》を絞る。❸範囲《はんい》や量《りょう》を小《ちい》さくする。［例］音量《おんりょう》を絞る。人数《にんずう》を絞る。話題《わだい》を絞る。⇩こう【絞】428ページ

**しぼる【搾る】** ［動］ ❶強《つよ》くしめて、水気《みずけ》を出《だ》す。［例］乳《ちち》を搾る。❷お金《かね》などを、無理《むり》に取《と》り立《た》てる。［例］税金《ぜいきん》を搾り取《と》る。❸ひどくしかる。［例］父《ちち》にしぼられる。❹厳《きび》しくきたえる。［例］練習《れんしゅう》で選手《せんしゅ》をしぼる。⇩さく【搾】509ページ

**しほん【資本】** ［名］ 事業《じぎょう》や商売《しょうばい》をするのにいるお金《かね》。元手《もとで》。［例］資本金《きん》。

**しほんか【資本家】** ［名］ もうけることを目的《もくてき》に、事業《じぎょう》にお金《かね》を出《だ》す人《ひと》。［対］労働者《ろうどうしゃ》。

**しほんきん【資本金】** ［名］ 事業《じぎょう》などの元手《もとで》となるお金《かね》。資本《しほん》。

**しほんしゅぎ【資本主義】** ［名］ 資本家《しほんか》が労働者《ろうどうしゃ》をやとって事業《じぎょう》を行《おこな》い、品物《しなもの》を生産《せいさん》する経済《けいざい》の仕組《しく》み。

○**しま【島】** ［名］ 周《まわ》りを水《みず》に囲《かこ》まれた、小《ちい》さい陸地《りくち》。⇩とう【島】903ページ

○**しま【縞】** ［名］ 織物《おりもの》などの、縦《たて》や横《よこ》の筋《すじ》になった模様《もよう》。［例］黒《くろ》と白《しろ》のしまの模様《もよう》。

**しま『志摩』** ［地名］ 昔《むかし》の国《くに》の名《な》の一《ひと》つ。今《いま》の三《み》重県《えけん》の東部《とうぶ》にあたる。

**しまい【仕舞】** ［名］ 能《のう》で、衣装《いしょう》をつけないで、謡《うたい》だけでまう舞《まい》。

例解 ⇔ 使い分け

**絞《しぼ》る と 搾《しぼ》る**

タオルを絞《しぼ》る。
ぞうきんを絞《しぼ》る。
知恵《ちえ》を絞《しぼ》る。

牛《うし》の乳《ちち》を搾《しぼ》る。
金《かね》を搾《しぼ》り取《と》る。



百人一首 契《ちぎ》りきなかたみに袖《そで》をしぼりつつ末《すえ》の松山《まつやま》波《なみ》越《こ》さじとは　清原元輔《きよはらのもとすけ》

°しまい【姉△妹△】[名] ❶姉《あね》と妹《いもうと》。女《おんな》のきょうだい。[対]兄弟《きょうだい》。❷つながりのあること。[例]姉妹校《こう》。

しまい[名] ❶終《お》わること。やめること。[例]これでしまいにしよう。❷ものごとの終《お》わり。最後《さいご》。[例]しまいには、おこるよ。

じまい〔ある言葉《ことば》のあとにつけて〕するつもりだったのに、しないでそのまま終《お》わってしまうこと。[例]行《い》かずじまいになる。[参考]「…ずじまい」の形《かたち》で使《つか》うことが多《おお》い。

しまいとし【姉△妹△都市】[名] 友好《ゆうこう》の約束《やくそく》を結《むす》んだ二《ふた》つの都市《とし》。

°しまう[動] ❶終《お》わりにする。[例]店《みせ》をしまう。❷かたづける。収《おさ》める。[例]箱《はこ》にしまう。❸〔「…てしまう」「…でしまう」の形《かたち》で〕やり終《お》える。[例]全部《ぜんぶ》書《か》いてしまう。一日《いちにち》で読《よ》んでしまう。❹〔「…てしまう」「…でしまう」の形《かたち》で〕そうなってほしくないのに、そうなる。[例]お金《かね》をなくしてしまう。

しまうま【縞◆馬】[名] アフリカにすむ馬《うま》の一《いっ》種《しゅ》。全身《ぜんしん》に黒《くろ》と白《しろ》のしまがある。ゼブラ。

じまえ【自前】[名] 費用《ひよう》を全部《ぜんぶ》自分《じぶん》で出《だ》すこと。[例]自前で建《た》てた美術館《びじゅつかん》。

しまかげ【島影】[名] 遠《とお》くから見《み》る島《しま》の姿《すがた》。

じまく【字幕】[名] 映画《えいが》やテレビで、題名《だいめい》や配役《はいやく》、会話《かいわ》などを文字《もじ》で映《うつ》し出《だ》したもの。

しまぐに【島国】[名] 四方《しほう》を海《うみ》に囲《かこ》まれた国《くに》。[例]日本《にっぽん》やイギリスは島国である。

しまぐにこんじょう【島国根性△】[名] 島国《しまぐに》の国民《こくみん》に多《おお》いといわれる、ものの見方《みかた》や考《かんが》え方《かた》がせまい性質《せいしつ》。

じまくほうそう【字幕放送】[名] 映画《えいが》やテレビの会話《かいわ》や効果音《こうかおん》などを、音声《おんせい》を流《なが》すのと同時《どうじ》に文字《もじ》で映《うつ》し出《だ》す放送《ほうそう》。

しまざき とうそん『島崎藤村』[人名] (男)(一八七二～一九四三)明治《めいじ》から昭和《しょうわ》時代《じだい》にかけての小説家《しょうせつか》・詩人《しじん》。詩集《ししゅう》に「若菜集《わかなしゅう》」、小説《しょうせつ》に「夜明《よあ》け前《まえ》」などがある。

しまつ【始末】㊀[名][動-する] ❶かたづけること。[例]始末をつける〔=きちんと終《お》わりにすること〕。❷むだづかいしないこと。倹約《けんやく》。〔やや古《ふる》い言《い》い方《かた》。〕[例]始末屋《や》。㊁[名] ❶〔あまりよくない〕結果《けっか》。[例]大差《たいさ》で負《ま》ける始末だった。❷なりゆき。事情《じじょう》。[例]ことの始末を話《はな》す。

始末《しまつ》が悪《わる》い うまくあつかうのがむずかしい。手《て》に負《お》えない。[例]この病気《びょうき》は始末が悪い。

始末《しまつ》に負《お》えない どうしようもない。[例]思《おも》いこみが強《つよ》くて始末に負えない。

しまった[感] 失敗《しっぱい》したり、残念《ざんねん》だったりしたときに言《い》う言葉《ことば》。[対]しめた。

しまながし【島流し】[名] 昔《むかし》、罪人《ざいにん》を、遠《とお》くの島《しま》やへんぴな所《ところ》に行《い》かせた刑罰《けいばつ》。遠島《えんとう》。流罪《るざい》。

しまねけん『島根県』[地名] 中国地方《ちゅうごくちほう》の北《ほく》西部《せいぶ》にある県《けん》。県庁《けんちょう》は松江市《まつえし》にある。

しまばらあまくさいっき【島原・天草一揆◆】[名] 一六三七年《ねん》、九州《きゅうしゅう》の島原《しまばら》・天草《あまくさ》に起《お》きた反乱《はんらん》。キリシタン弾圧《だんあつ》や重《おも》い年貢《ねんぐ》の取《と》り立《た》てに対《たい》し、農民《のうみん》たちが反乱《はんらん》を起《お》こしたが、幕府軍《ばくふぐん》に敗《やぶ》れた。島原《しまばら》の乱《らん》。

しまばらのらん【島原の乱】[名] ↓しまばらあまくさいっき 578ページ

しまばらはんとう『島原半島』[地名] 長崎県《ながさきけん》の南東部《なんとうぶ》につき出《で》た半島《はんとう》。

しまはんとう『志摩半島』[地名] 三重県《みえけん》の南東部《なんとうぶ》、太平洋《たいへいよう》につき出《で》た半島《はんとう》。真珠《しんじゅ》の養殖《ようしょく》で有名《ゆうめい》。

しまふくろう[名] 沼地《ぬまち》や川《かわ》などのそばの森林《しんりん》にすむ大形《おおがた》のフクロウ。日本《にっぽん》では北海道《ほっかいどう》だけにすむ。生息《せいそく》する範囲《はんい》がせまく、絶滅《ぜつめつ》が心配《しんぱい》されている。↓ふくろう 1138ページ

しまり【締°まり】[名] ❶しまること。[例]ひもの締まりがわるい。❷引《ひ》きしまっていること。[例]締まりのない人《ひと》。❸しめくくり。[例]仕事《しごと》の締まりをつける。

締《し》まりがない だらしがない。[例]金《かね》に締まりがない人《ひと》。

°しまる【閉まる】[動] ❶開《あ》いていたものが閉《と》じられる。[例]戸《と》が閉まる。❷終《お》わりになる。[例]店《みせ》が閉まる。[対](❶・❷)開《あ》く。↓へい【閉】 1172ページ

°しまる【締°まる】[動] ❶ゆるみがなくなる。[例]びんのふたが固《かた》く締まっている。❷緊張《きんちょう》する。[例]身《み》が締まる。[対](❶・❷)緩《ゆる》む。たるむ。↓てい【締】 873ページ

°じまん【自慢°】[名][動-する] 自分《じぶん》のことを他人《たにん》

[歌の意味] お会《あ》いしたあとの切《せつ》なさと比《くら》べると、昔《むかし》はもの思《おも》いなどしていなかったのだなあ。

に示《しめ》して、得意《とくい》になること。例 自慢の作品《さくひん》。

**しまんとがわ**〖四万十川〗地名 高知県《こうちけん》の南西部《なんせいぶ》を流《なが》れる川《かわ》。四国山地《しこくさんち》から流《なが》れ出《だ》し、土佐湾《とさわん》に注《そそ》ぐ。清流《せいりゅう》として知《し》られる。

**しみ**【〈紙魚〉・〈衣魚〉】名 本《ほん》や着物《きもの》などを食《く》いあらして、穴《あな》をあける小《ちい》さな昆虫《こんちゅう》。銀白《ぎんはく》色《しょく》のうろこがあり、羽《はね》はない。

**しみ**【染み】名 ❶油《あぶら》や汁《しる》などがついて、よごれたところ。また、そのよごれ。❷皮膚《ひふ》にできる茶色《ちゃいろ》の斑点《はんてん》。⬇せん【染】727ページ

**°じみ**【地味】名 形動 かざりけがなく、目立《めだ》たないようす。例 じみな服《ふく》。対 派手《はで》。

**しみこむ**【染み込む】動 深《ふか》くしみとおる。例 雨《あめ》が大地《だいち》にしみ込む。

**しみじみ** 副(-と) 心《こころ》に深《ふか》く感《かん》じるようす。つくづく。例 思《おも》い出《で》をしみじみと語《かた》り合《あ》う。

**しみず**【〈清水〉】名 地中《ちちゅう》からわく、きれいな水《みず》。例 こんこんと清水がわく。参考「清水《しみず》」は、特別《とくべつ》に認《みと》められた読《よ》み方《かた》。

**じみち**【地道】形動 じみで、しっかりした態度《たいど》でものごとを進《すす》めるようす。例 地道に努力《どりょく》する。

**しみったれ** 名 お金《かね》を出《だ》したがらないこと。けち。

**しみとおる**【染みとおる】動 ❶中《なか》まで、深《ふか》くしみこむ。❷心《こころ》に深《ふか》く感《かん》じる。例 先生《せんせい》の一言《ひとこと》が心《こころ》に染みとおる。

**しみぬき**【染み抜き】名 動-する 衣服《いふく》などについた染《し》みを取《と》り除《のぞ》くこと。また、それに使《つか》う薬品《やくひん》のこと。

**シミュレーション**〔英語 simulation〕名 動-する モデルを作《つく》って行《おこな》う実験《じっけん》。津波《つなみ》の広《ひろ》がり方《かた》を水槽《すいそう》で実験《じっけん》するなど、実物《じつぶつ》による実験《じっけん》が難《むずか》しい場合《ばあい》に行《おこな》う。模擬実験《もぎじっけん》。参考 コンピューターの画面上《がめんじょう》で行《おこな》うこともある。

**°しみる**【染みる】動 ❶水気《みずけ》が中《なか》まで通《とお》る。例 砂《すな》に水《みず》がしみる。❷染《そ》まる。色《いろ》がつく。例 インクが染みた。❸心《こころ》に深《ふか》く感《かん》じる。例 教《おし》えが身《み》にしみる。❹痛《いた》みを感《かん》じる。例 薬《くすり》が傷口《きずぐち》にしみる。⬇せん【染】727ページ

**じみる**〔ある言葉《ことば》のあとにつけて〕❶…がしみつく。例 油《あぶら》じみたシャツ。❷…のように見《み》える。例 子《こ》どもじみたまねはよそう。参考 ❷は、あまりよくない意味《いみ》で使《つか》う。

**しみわたる**【染み渡る】動 全部《ぜんぶ》にしみていく。例 腹《はら》にしみ渡る。

**しみん**【市民】名 ❶市《し》に住《す》んでいる人《ひと》。❷国《くに》の政治《せいじ》に参加《さんか》する権利《けんり》を持《も》っている人《ひと》。

**しみんけん**【市民権】名 国民《こくみん》として認《みと》められ、政治《せいじ》に参加《さんか》できる権利《けんり》。

**しみんびょうどう**【四民平等】名 明治《めいじ》維新《いしん》で、士農工商《しのうこうしょう》〔=四民《しみん》〕の身分制度《みぶんせいど》の廃止《はいし》を目指《めざ》してとられた政策《せいさく》。

**°じむ**【事務】名 役所《やくしょ》や会社《かいしゃ》などで、おもに机《つくえ》の上《うえ》でする仕事《しごと》。例 事務をとる。

**しむける**【仕向ける】動 その気持《きも》ちになるように、はたらきかける。例 勉強《べんきょう》するようにしむける。

**じむしつ**【事務室】名 事務《じむ》をとるための部屋《へや》。

**じむしょ**【事務所】名 事務《じむ》を扱《あつか》う所《ところ》。オフィス。

**じむてき**【事務的】形動 気持《きも》ちを交《まじ》えないで、決《き》められたやり方《かた》でものごとをするようす。例 事務的にかたづける。

**°しめい**【氏名】名 名字《みょうじ》と名前《なまえ》。姓名《せいめい》。

**しめい**【使命】名 果《は》たさなければならない務《つと》め。例 医者《いしゃ》としての使命を果《は》たす。

**しめい**【指名】名 動-する 何《なに》かをさせるために、その人《ひと》の名前《なまえ》を指《さ》すこと。例 委員長《いいんちょう》に指名される。

**じめい**【自明】名 説明《せつめい》しなくてもわかりきっていること。例 命《いのち》が大切《たいせつ》であることは、自明の理《り》だ。

**しめかざり**【しめ飾り】名 神棚《かみだな》や正月《しょうがつ》の

例解 ↔ 使い分け

**閉《し》まる と 締《し》まる**

ドアが閉《し》まる。
店《みせ》が閉《し》まる。
ふたが閉《し》まる。

ひもが締《し》まる。
ねじが締《し》まる。
気《き》持《も》ちが引《ひ》き締《し》まる。





百人一首 逢《あ》ひ見《み》ての後《のち》の心《こころ》にくらぶれば昔《むかし》はものを思《おも》はざりけり　藤原敦忠《ふじわらのあつただ》

例解 ことばの窓

**示《しめ》す の意味《いみ》で**

問題点《もんだいてん》を指摘《してき》する。
矢印《やじるし》で指示《しじ》する。
証拠《しょうこ》を提示《ていじ》する。
箱《はこ》に作《つく》った日《ひ》を表示《ひょうじ》する。
集合場所《しゅうごうばしょ》を明示《めいじ》する。
広場《ひろば》にポスターを掲示《けいじ》する。
会場《かいじょう》いっぱいに作品《さくひん》を展示《てんじ》する。
それとなく答《こた》えを暗示《あんじ》する。
イラストで作《つく》り方《かた》を図示《ずし》する。

門口《かどぐち》などを、しめなわを張《は》ってかざること。また、そのかざり。

○**しめきり**【締め切り】名 期限《きげん》を打《う》ち切《き》ること。また、打《う》ち切《き》る日《ひ》や、時刻《じこく》。

○**しめきる**【閉め切る】動 戸《と》や窓《まど》を閉《し》めたままにしておく。例 窓《まど》を閉め切る。

○**しめきる**【締め切る】動 期限《きげん》を打《う》ち切《き》る。例 申《もう》しこみを締め切る。

**しめくくり**【締めくくり】名 まとまりをつけること。例 話《はなし》の締めくくりをつける。

**しめくくる**【締めくくる】動 ❶束《たば》ねて固《かた》くしばる。❷まとまりをつけて終《お》わりにする。例 そろそろ会《かい》を締めくくろう。

**しめじ** 名 うすい灰色《はいいろ》をしたキノコ。群《むら》がって生《は》えていて、食用《しょくよう》にする。

**しめしあわせる**【示し合わせる】動 ❶前《まえ》もって相談《そうだん》し合《あ》う。例 集《あつ》まる場所《ばしょ》を示し合わせておく。❷合図《あいず》して知《し》らせ合《あ》う。例 二人《ふたり》は目《め》で示し合わせて立《た》ち上《あ》がった。

**しめしがつかない**【示しがつかない】 他《ほか》の人《ひと》を教《おし》えさとすための手本《てほん》にならない。例 これでは、子《こ》どもたちに示しがつかない。

**しめしめ** 感 物事《ものごと》がうまくいったときに出《で》る言葉《ことば》。「しめた」ともいう。例「しめしめ、むこうがあわて始《はじ》めたぞ。」

**じめじめ** 副(-と) 動-する ❶しめりけが多《おお》く、うっとうしいようす。❷心《こころ》がしずんで暗《くら》いようす。例 じめじめした話《はなし》。

○**しめす**【示す】動 ❶人《ひと》にわかるように、はっきり見《み》せる。例 入場券《にゅうじょうけん》を示す。❷指《ゆび》などでさして教《おし》える。例 方向《ほうこう》を示す。❸表《あらわ》す。例 実力《じつりょく》を示す。⇩じ【示】539ページ

**しめす**【湿す】動 ぬらす。しめらせる。例 ガーゼを水《みず》で湿す。⇩しつ【湿】564ページ

✤**しめすへん** 名 漢字《かんじ》の部首《ぶしゅ》で、「へん」の一《ひと》つ。「礼《れい》」「社《しゃ》」などの「ネ」の部分《ぶぶん》。

**しめた** 感 ⇩しめしめ580ページ。対 しまった。

**しめだす**【閉め出す】動 戸《と》や門《もん》を閉《し》めて、中《なか》に入《はい》れないようにする。

**しめだす**【締め出す】動 仲間《なかま》に入《い》れないようにする。例 悪者《わるもの》を締め出す。

**しめつ**【死滅】名 動-する 死《し》んで、ほろびること。例 多《おお》くの生物《せいぶつ》が死滅した。

**じめつ**【自滅】名 動-する ❶自然《しぜん》にほろびること。❷自分《じぶん》のしたことで、自分《じぶん》がだめになること。例 エラーで自滅する。

**しめつける**【締め付ける】動 ❶強《つよ》くしめる。例 帯《おび》で腹《はら》を締めつける。❷自由《じゆう》がきかないようにする。例 規則《きそく》で締めつける。

**しめっぽい**【湿っぽい】形 ❶じめじめしたようす。例 湿っぽい風《かぜ》。❷気持《きも》ちがしずんでいくようなようす。例 湿っぽい話《はなし》。

**しめなわ**【しめ縄】名 清《きよ》らかな場所《ばしょ》であることを示《しめ》すため、神社《じんじゃ》・神棚《かみだな》などに張《は》る、わらで作《つく》った縄《なわ》。新年《しんねん》に、わざわいの神《かみ》が入《はい》らないように、家《いえ》の入《い》り口《ぐち》にも張《は》る。

〔しめなわ〕

**しめやか** 形動 ❶ひっそりとして、静《しず》かなようす。例 しめやかに雨《あめ》が降《ふ》る。❷気持《きも》ちがしんみりしているようす。例 しめやかなお別《わか》れの会《かい》。

**しめり**【湿り】名 ❶水気《みずけ》があること。湿気《しっけ》。❷雨《あめ》が降《ふ》ること。おしめり。

**しめりけ**【湿り気】名 水気《みずけ》。湿気《しっけ》。例 日《ひ》に当《あ》てて湿り気を取《と》る。

○**しめる**【湿る】動 ❶水気《みずけ》を持《も》つ。しける。例 シャツが汗《あせ》で湿る。対 乾《かわ》く。❷気分《きぶん》がしずむ。例 話《はなし》が湿る。⇩しつ【湿】564ページ

○**しめる**【占める】動 ❶自分《じぶん》のものとする。例 座席《ざせき》を占める。❷ある割合《わりあい》を取《と》る。ある位置《いち》を得《え》る。例 多数《たすう》を占める。考《かんが》えが頭《あたま》を

占《し》める。⇩せん【占】727ページ

◦しめる【閉める】[動] ❶開《ひら》いていたものをとじる。とざす。[例]窓《まど》を閉める。❷終《お》わりにする。[例]店《みせ》を閉める。[対]（❶・❷）開《あ》ける。⇩へい【閉】1172ページ

◦しめる【絞める】[動]（首《くび》などの周《まわ》りに）強《つよ》い力《ちから》を加《くわ》える。[例]首《くび》を絞める。⇩こう【絞】428ページ

◦しめる【締める】[動] ❶ゆるみをなくす。[例]ねじを締める。❷固《かた》く結《むす》ぶ。[例]帯《おび》を締める。❸気《き》持《も》ちをしっかりさせる。きびしくする。[例]気《き》持《も》ちを締める。❹むだづかいをしない。[例]家《か》計《けい》を締める。[対]（❶～❹）ゆるめる。❺（料《りょう》理《り》で）酢《す》や塩《しお》を使《つか》って、魚《さかな》の身《み》をしまらせる。❻区《く》切《ぎ》りをつける。[例]しめて十《じゅう》万《まん》円《えん》です。⇩てい【締】873ページ

しめん【四面】[名] ❶四《よっ》つの面《めん》。[例]四面体《たい》。❷周《まわ》り。[例]四面を海《うみ》に囲《かこ》まれる。

しめん【紙面】[名] ❶紙《かみ》の表《ひょう》面《めん》。❷新《しん》聞《ぶん》などの、記《き》事《じ》が書《か》いてある面《めん》。[例]野《や》球《きゅう》の記《き》事《じ》が紙面をにぎわす。[類]紙《し》上《じょう》。

しめん【誌面】[名] 雑《ざっ》誌《し》の、記《き》事《じ》を載《の》せたページ。[例]誌面をかざる。

◦じめん【地面】[名] ❶土《と》地《ち》の表《ひょう》面《めん》。土《つち》の上《うえ》。地《ち》上《じょう》。地《じ》べた。❷土《と》地《ち》。地《じ》所《しょ》。

■しめんそか【四面楚歌】[名] どちらを見《み》ても敵《てき》ばかりで、周《まわ》りに味《み》方《かた》がいないこと。[例]孤《こ》立《りつ》無《む》援《えん》で、まさに四面楚歌の状《じょう》態《たい》だ。[参考]昔《むかし》の中《ちゅう》国《ごく》で、楚《そ》の国《くに》の項《こう》羽《う》が、自《じ》分《ぶん》たちをとり囲《かこ》んだ敵《てき》の軍《ぐん》隊《たい》の中《なか》から楚《そ》の歌《うた》が聞《き》こえたので、味《み》方《かた》がすでに降《こう》伏《ふく》したのだと思《おも》ってなげいたという話《はなし》から。

しも【下】[名] ❶川《かわ》の水《みず》が流《なが》れて行《い》く低《ひく》いほう。[例]川《かわ》下。❷（いくつかに分《わ》かれた）あとのほう。[例]下の句《く》。❸地《ち》位《い》の低《ひく》いほう。[例]下座《ざ》。[対]（❶～❸）上《かみ》。❹体《からだ》の、腰《こし》から下《した》。また、大《だい》便《べん》や小《しょう》便《べん》のこと。[例]下の世《せ》話《わ》をする。⇩か【下】188ページ

◦しも【霜】[名] 晴《は》れた寒《さむ》い夜《よる》に、空《くう》気《き》中《ちゅう》の水《すい》蒸《じょう》気《き》が地《じ》面《めん》や物《もの》についてこおったもの。[例]霜が降《お》りる。⇩そう【霜】743ページ

しもうさ〖下総〗[地名] 昔《むかし》の国《くに》の名《な》の一《ひと》つ。今《いま》の千《ち》葉《ば》県《けん》の北《ほく》部《ぶ》と、茨《いばら》城《き》県《けん》の一《いち》部《ぶ》。

しもがれ【霜枯れ】[名] 霜《しも》のために、草《くさ》や木《こ》の葉《は》が枯《か》れること。[例]霜枯れの草《そう》原《げん》。

しもきたはんとう〖下北半島〗[地名] 青《あお》森《もり》県《けん》の東《とう》北《ほく》部《ぶ》につき出《で》た半《はん》島《とう》。本《ほん》州《しゅう》のいちばん北《きた》にある。

しもごえ【下肥】[名] 人《ひと》の大《だい》便《べん》・小《しょう》便《べん》を肥《ひ》料《りょう》にしたもの。

しもざ【下座】[名] 下《した》の身《み》分《ぶん》や立《たち》場《ば》の人《ひと》がすわる席《せき》。[対]上《かみ》座《ざ》。

しもじも【下下】[名] 身《み》分《ぶん》の低《ひく》い人《ひと》たち。〔古《ふる》い言《い》い方《かた》。〕[例]下々の人《ひと》。

しもつき【霜月】[名] 昔《むかし》の暦《こよみ》で、十《じゅう》一《いち》月《がつ》のこと。

しもつけ〖下野〗[地名] 昔《むかし》の国《くに》の名《な》の一《ひと》つ。今《いま》の栃《とち》木《ぎ》県《けん》にあたる。

しもて【下手】[名] ❶下《しも》のほう。❷客《きゃく》席《せき》から見《み》て、舞《ぶ》台《たい》の左《ひだり》のほう。[対]（❶・❷）上《かみ》手《て》。[参考]「下手」を「したて」「へた」と読《よ》むと、ちがう意《い》味《み》になる。

じもと【地元】[名] ❶自《じ》分《ぶん》の住《す》んでいる土《と》地《ち》。❷関《かん》係《けい》のある土《と》地《ち》。[例]地元の出《しゅっ》身《しん》。

✤しものく【下の句】[名] 短《たん》歌《か》の、五《ご》・七《しち》・五《ご》・七《しち》・七《しち》の、あとの七《しち》・七《しち》の句《く》。[対]上《かみ》の句《く》。

しもばしら【霜柱】[名] 寒《さむ》い夜《よる》、土《つち》の中《なか》の水《すい》分《ぶん》が地《ち》表《ひょう》に向《む》かってこおってできる細《ほそ》い氷《こおり》の柱《はしら》。[例]霜柱が立《た》つ。

しもはんき【下半期】[名] 一《いち》年《ねん》を二《ふた》つに分《わ》けたときの、後《あと》のほうの半《はん》分《ぶん》。[対]上《かみ》半《はん》期《き》。

しもふり【霜降り】[名] ❶霜《しも》が降《お》りたような模《も》様《よう》の入《はい》った布《ぬの》地《じ》。❷脂《あぶら》身《み》が網《あみ》目《め》のように入《はい》っている牛《ぎゅう》肉《にく》。❸うすく切《き》った魚《さかな》の身《み》などに、さっと熱《ねっ》湯《とう》をかけて冷《れい》水《すい》につけ、表《ひょう》面《めん》を霜《しも》が降《お》りたように白《しろ》くした料《りょう》理《り》。

しもやけ【霜焼け】[名] 寒《さむ》さのために、手《て》足《あし》

例解 表現の広場

閉《し》めると閉《と》じると閉《と》ざすのちがい

| | 閉める | 閉じる | 閉ざす |
|---|---|---|---|
| 門《もん》を | ○ | ○ | ○ |
| 引《ひ》き出《だ》しを | ○ | × | × |
| 会議《かいぎ》を | × | ○ | × |
| 口《くち》を | × | ○ | ○ |
| 心《こころ》を | × | ○ | ○ |



百人一首 逢《あ》ふことの絶《た》えてしなくはなかなかに人《ひと》をも身《み》をも恨《うら》みざらまし　藤原朝忠《ふじわらのあさただ》

あいうえお かきくけこ さしすせそ たちつてと なにぬねの はひふへほ まみむめも やゆよ らりるれろ わをん

の先《さき》や耳《みみ》などが赤《あか》くはれて、かゆくなったり、痛《いた》くなったりすること。

**しもよけ【霜よけ】** 名 野菜《やさい》や草花《くさばな》などが霜《しも》でいためられないように、わらなどでおおうこと。また、そのおおい。

**しもん【指紋】** 名 指先《ゆびさき》の内側《うちがわ》にある、うず巻《ま》きのような模様《もよう》。人《ひと》によってちがい、一生《いっしょう》変《か》わらない。例 犯人《はんにん》の指紋。

**しもん【諮問】** 名 動-する 政策《せいさく》などについて、ある機関《きかん》や専門家《せんもんか》に意見《いけん》を聞《き》くこと。例 諮問機関《きかん》。対 答申《とうしん》。

■**じもんじとう【自問自答】** 名 動-する 自分《じぶん》で自分《じぶん》に問《と》いかけ、それに答《こた》えること。例 これでよかったのかと自問自答する。

**しや【視野】** 名 ❶目《め》に見《み》える範囲《はんい》。例 視野が開《ひら》ける。❷ものの見方《みかた》や、考《かんが》え方《かた》の広《ひろ》さ。例 視野が広《ひろ》い人《ひと》。

**しゃ【写】** 画数 5 部首 冖（わかんむり） 3年

音 シャ 訓 うつ-す うつ-る

筆順

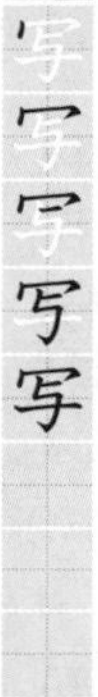

❶えがきだす。熟語 写実《しゃじつ》。写生《しゃせい》。描写《びょうしゃ》。❷書《か》きうつす。熟語 視写《ししゃ》。書写《しょしゃ》。❸レンズでうつす。熟語 写真《しゃしん》。映写《えいしゃ》。試写会《ししゃかい》。

《訓の使い方》 うつ-す 例 手本《てほん》を写す。 うつ-る 例 写真《しゃしん》に写る。

**しゃ【社】** 画数 7 部首 ネ（しめすへん） 2年

音 シャ 訓 やしろ

筆順

❶お宮《みや》。やしろ。熟語 社寺《しゃじ》。神社《じんじゃ》。❷人《ひと》の集《あつ》まり。世《よ》の中《なか》。熟語 社会《しゃかい》。社交《しゃこう》。会社《かいしゃ》。結社《けっしゃ》。❸「会社《かいしゃ》」のこと。熟語 社員《しゃいん》。社説《しゃせつ》。社長《しゃちょう》。商社《しょうしゃ》。入社《にゅうしゃ》。

**しゃ【社】** 名 会社《かいしゃ》。例 社の発展《はってん》につくす。

**しゃ【車】** 画数 7 部首 車（くるま） 1年

音 シャ 訓 くるま

筆順

❶じくを中心《ちゅうしん》に回《まわ》る輪《わ》。くるま。熟語 車輪《しゃりん》。風車《ふうしゃ》・風車《かざぐるま》。糸車《いとぐるま》。歯車《はぐるま》。❷くるまのついた乗《の》り物《もの》。熟語 車庫《しゃこ》。車窓《しゃそう》。車内《しゃない》。乗車《じょうしゃ》。電車《でんしゃ》。自転車《じてんしゃ》。

**しゃ【舎】** 画数 8 部首 人（ひとがしら） 5年

音 シャ 訓 ―

筆順

多《おお》くの人《ひと》が集《あつ》まる建物《たてもの》。熟語 校舎《こうしゃ》。宿舎《しゅくしゃ》。

**しゃ【者】** 画数 8 部首 耂（おいかんむり） 3年

音 シャ 訓 もの

筆順

❶人《ひと》。熟語 学者《がくしゃ》。作者《さくしゃ》。読者《どくしゃ》。有権者《ゆうけんしゃ》。若者《わかもの》。❷ものごと。ことがら。熟語 後者《こうしゃ》。前者《ぜんしゃ》。

**しゃ【射】** 画数 10 部首 寸（すん） 6年

音 シャ 訓 い-る

筆順

❶矢《や》やたまをうつ。熟語 射撃《しゃげき》。発射《はっしゃ》。❷光《ひかり》や液《えき》などを、勢《いきお》いよく出《だ》す。熟語 注射《ちゅうしゃ》。反射《はんしゃ》。放射線《ほうしゃせん》。

《訓の使い方》 い-る 例 矢《や》を射る。

**しゃ【捨】** 画数 11 部首 扌（てへん） 6年

音 シャ 訓 す-てる

筆順

❶いらないものを、すてる。熟語 取捨《しゅしゃ》。❷人《ひと》にめぐむ。熟語 喜捨《きしゃ》。対 取《しゅ》。拾《しゅう》。

《訓の使い方》 す-てる 例 ごみを捨てる。

**しゃ【謝】** 画数 17 部首 言（ごんべん） 5年

音 シャ 訓 △あやま-る

筆順

❶お礼《れい》をする。熟語 謝礼《しゃれい》。感謝《かんしゃ》。❷あやまる。熟語 謝罪《しゃざい》。❸断《ことわ》る。熟語 謝絶《しゃぜつ》。❹入《い》れかわる。熟語 代謝《たいしゃ》。

《訓の使い方》 あやま-る 例 親《おや》に謝る。

**しゃ【赦】** 画数 11 部首 赤（あかへん）

[歌の意味] かわいそうだと言《い》ってくれるはずの人《ひと》もいないまま、むなしく死《し》んでしまうのかなあ。

音 シャ 訓 ──
罪《つみ》やあやまちをゆるす。ゆるし。熟語 容赦《ようしゃ》。

**しゃ【斜】** 画数 11 部首 斗（と）
音 シャ 訓 なな-め
ななめ。かたむいている。熟語 斜面《しゃめん》。傾斜《けいしゃ》。

**しゃ【斜】** 名 かたむくこと。ななめ。
**斜《しゃ》に構《かま》える** ものごとに正面《しょうめん》から向《む》き合《あ》わず、からかったような態度《たいど》をとる。例 斜に構えずに、きちんと対応《たいおう》する。

**しゃ【煮】** 画数 12 部首 灬（れんが）
音 シャ 訓 に-る に-える に-やす
にる。水《みず》に入《い》れて熱《ねっ》する。熟語 煮沸《しゃふつ》。

**しゃ【遮】** 画数 14 部首 辶（しんにょう）
音 シャ 訓 さえぎ-る
さえぎる。行《ゆ》く手《て》をふさぐ。熟語 遮断《しゃだん》。

**しゃ【砂】** 熟語 土砂《どしゃ》。↓さ【砂】 493ページ

**じゃ【邪】** 画数 8 部首 阝（おおざと）
音 ジャ 訓 ──
❶心《こころ》がねじけている。熟語 邪悪《じゃあく》。邪推《じゃすい》。正《せい》邪《じゃ》。対 正《せい》。❷害《がい》をおよぼすもの。熟語 邪鬼《じゃき》〔=悪《わる》い鬼《おに》〕。邪魔《じゃま》。

**じゃ【邪】** 名 正《ただ》しくないこと。よこしま。例 正《せい》よく邪を制《せい》す。

**じゃ【蛇】** 画数 11 部首 虫（むしへん）
音 ジャ ダ 訓 へび
へび。へびのようなもの。熟語 蛇口《じゃぐち》。大蛇《だいじゃ》。蛇足《だそく》。

**ジャー**〔英語 jar〕❶広口《ひろくち》の魔法《まほう》びん。例 ジャーポット。❷保温《ほおん》のできる炊飯器《すいはんき》。例 炊《すい》飯《はん》ジャー。参考 元《もと》は「広口《ひろくち》のびん・つぼ」のこと。

**じゃあく【邪悪】** 名 形動 心《こころ》がねじれていて、正《ただ》しくないこと。例 邪悪な心《こころ》。

**ジャージ**〔英語 jersey〕名 ❶のび縮《ちぢ》みする少《すこ》し厚手《あつで》の、メリヤスの布《ぬの》。❷練《れん》習《しゅう》用《よう》の運動《うんどう》着《ぎ》。❸サッカーやラグビー選手《せんしゅ》のユニホームのシャツ。

**ジャーナリスト**〔英語 journalist〕名 新《しん》聞《ぶん》・雑誌《ざっし》・放送《ほうそう》などの記者《きしゃ》や編集者《へんしゅうしゃ》。

**ジャーナリズム**〔英語 journalism〕名 新《しん》聞《ぶん》・雑誌《ざっし》・放送《ほうそう》などの報道《ほうどう》の活動《かつどう》。また、その社会《しゃかい》。

**シャープ**〔英語 sharp〕━名〔音楽《おんがく》で〕半音《はんおん》上《あ》げるしるし。記号《きごう》は「♯」。対 フラット（♭）。
━形動 ❶するどいようす。例 シャープな頭《ず》脳《のう》。❷はっきりしているようす。例 シャープな画面《がめん》。

**シャープペンシル** 名〔日本《にっぽん》でできた英《えい》語《ご》ふうの言葉《ことば》。〕中《なか》にあるしんを少《すこ》しずつくり出《だ》して使《つか》う鉛筆《えんぴつ》。

**シャーベット**〔英語 sherbet〕名 果物《くだもの》の汁《しる》に、砂糖《さとう》などを入《い》れてこおらせた菓子《かし》。

**シャーレ**〔ドイツ語〕名 ↓ペトリざら 1180ページ

**シャーロック＝ホームズ** 人名（男）イギリスの作家《さっか》コナン＝ドイルが書《か》いた推理《すいり》小説《しょうせつ》に登場《とうじょう》する名探偵《めいたんてい》。

**しゃい【謝意】** 名 感謝《かんしゃ》の気持《きも》ち。また、おわびの気《き》持《も》ち。例 恩《おん》師《し》に謝意を表《ひょう》する。

**しゃいん【社員】** 名 その会社《かいしゃ》に勤《つと》めている人《ひと》。会社員《かいしゃいん》。

**しゃうん【社運】** 名 会社《かいしゃ》の運命《うんめい》。例 社運をかけた仕事《しごと》。

**しゃおん【謝恩】** 名 動-する 受《う》けた恩《おん》に感謝《かんしゃ》すること。例 卒業《そつぎょう》の謝恩会《かい》を開《ひら》く。

**しゃか【釈迦】** 人名（男）（紀元前《きげんぜん》五世紀《ごせいき》ごろ）仏教《ぶっきょう》を開《ひら》いた人《ひと》。インドの王《おう》の家《いえ》に生《う》まれたが出家《しゅっけ》し、さとりを開《ひら》いて、人々《ひとびと》の苦《くる》しみを救《すく》う教《おし》えを説《と》いた。

**釈迦《しゃか》に説法《せっぽう》**〔釈迦《しゃか》に仏《ほとけ》の教《おし》えを説《と》くように〕よく知《し》っている人《ひと》に向《む》かって教《おし》えを説《と》くことはおろかだ。

**◦しゃかい【社会】** 名 ❶助《たす》け合《あ》って生活《せいかつ》している人々《ひとびと》の集《あつ》まり。例 社会生活《せいかつ》を営《いとな》む。❷世《よ》の中《なか》。世間《せけん》。例 社会に出《で》る。❸同《おな》じ仲間《なかま》。例 子《こ》どもたちの社会。

**しゃかいうんどう【社会運動】** 名 暮《く》らしよい世《よ》の中《なか》にするため、行《おこな》う活動《かつどう》。

**しゃかいか【社会科】** 名 学校《がっこう》の教科《きょうか》の一《ひと》つ。世《よ》の中《なか》の仕《し》組《く》みや移《うつ》り変《か》わり、人々《ひとびと》の暮《く》らしのようす、国《くに》の成《な》り立《た》ちなどを勉強《べんきょう》する学科《がっか》。

**しゃかいきょういく【社会教育】** 名


百人一首 あはれともいふべき人《ひと》は思《おも》ほえで身《み》のいたづらになりぬべきかな 藤原伊尹《ふじわらのこれただ》

学校教育《がっこうきょういく》とは別《べつ》に、社会人《しゃかいじん》として必要《ひつよう》なことがらを教《おし》える教育《きょういく》。

**しゃかいじぎょう【社会事業】** 名 困《こま》っている人《ひと》を助《たす》けて、社会《しゃかい》のためにつくす仕《し》事《ごと》。

**しゃかいしゅぎ【社会主義】** 名 人々《ひとびと》が、労働《ろうどう》に応《おう》じて利益《りえき》が得《え》られる、平等《びょうどう》な社会《しゃかい》を実現《じつげん》しようとする考《かんが》え方《かた》。

**しゃかいじん【社会人】** 名 世《よ》の中《なか》の仕事《しごと》についている人《ひと》。社会《しゃかい》を作《つく》っている人《ひと》。

**しゃかいせい【社会性】** 名 ❶社会《しゃかい》の中《なか》で生活《せいかつ》していくために必要《ひつよう》な能力《のうりょく》や性質《せいしつ》。例 社会性を養《やしな》う。❷社会《しゃかい》の問題《もんだい》とかかわろうとする傾向《けいこう》や性格《せいかく》。例 社会性の豊《ゆた》かなドラマ。

**しゃかいせいかつ【社会生活】** 名 世《よ》の中《なか》の人々《ひとびと》が助《たす》け合《あ》って暮《く》らしていくこと。

**しゃかいてき【社会的】** 形動 世《よ》の中《なか》に関《かん》係《けい》のあるようす。例 社会的な問題《もんだい》。

**しゃかいふくし【社会福祉】** 名 社会《しゃかい》の人々《ひとびと》全体《ぜんたい》の幸福《こうふく》。特《とく》に、めぐまれない人々《ひとびと》の生活《せいかつ》を助《たす》けること。

**しゃかいほうし【社会奉仕】** 名 社会《しゃかい》のためになることを、損得《そんとく》ぬきにすること。

**しゃかいほしょう【社会保障】** 名 病《びょう》気《き》をしたり、仕事《しごと》がなくなったりしたときに、国《くに》がその人《ひと》たちの世話《せわ》をすること。健康《けんこう》保険《ほけん》・雇用保険《こようほけん》などの仕組《しく》みもその一《ひと》つ。

**しゃかいめん【社会面】** 名 新聞《しんぶん》で、世《よ》の中《なか》の日常《にちじょう》の事件《じけん》が書《か》いてあるページ。

**じゃがいも** 名 地下《ちか》にできる地下茎《ちかけい》のイモを食用《しょくよう》にする作物《さくもつ》。夏《なつ》のはじめ、白《しろ》またはうすむらさき色《いろ》の花《はな》が咲《さ》く。ばれいしょ。参考 昔《むかし》、ジャガタラ〔=インドネシアのジャカルタ〕から伝《つた》わったので「ジャガタライモ」ともいう。

**しゃかいもんだい【社会問題】** 名 社会《しゃかい》に広《ひろ》く起《お》こる問題《もんだい》。公害《こうがい》や交通問題《こうつうもんだい》など。例 温暖化《おんだんか》が大《おお》きな社会問題となっている。

**°しゃがむ** 動 ひざを曲《ま》げて、腰《こし》を落《お》とす。かがむ。例 道《みち》ばたにしゃがむ。

**しゃがれる** 動 声《こえ》がかすれる。しわがれる。例 のどを痛《いた》めて、声《こえ》がしゃがれる。

**じゃき【邪°気】** 名 ねじけた、悪《わる》い心《こころ》。例 邪気のない人《ひと》。

**しやく【試薬】** 名 物質《ぶっしつ》の成分《せいぶん》を調《しら》べるために使《つか》う薬品《やくひん》。

**しゃく【尺】** 画数 4 部首 尸（しかばね） 6年

音 シャク 訓 ―

筆順 尺

❶昔《むかし》の尺貫法《しゃっかんほう》で、長《なが》さの単位《たんい》の一《ひと》つ。一尺《いっしゃく》は十寸《じっすん》で、約《やく》三〇・三センチメートル。熟語 尺八《しゃくはち》。例 三尺《さんじゃく》ほどの棒《ぼう》。❷長《なが》さ。熟語 尺《しゃく》度《ど》。縮尺《しゅくしゃく》。❸ものさし。熟語 計算尺《けいさんじゃく》。

**しゃく【尺】** 名 ❶長《なが》さ。たけ。例 尺が足《た》りない。❷ものさし。例 尺を当《あ》てる。

**しゃく【借】** 画数 10 部首 亻（にんべん） 4年

音 シャク 訓 か-りる

筆順 借

かりる。熟語 借用《しゃくよう》。借金《しゃっきん》。拝借《はいしゃく》。対 貸《たい》。

《訓の使い方》 **か-りる** 例 本《ほん》を借りる。

**しゃく【酌】** 画数 10 部首 酉（とりへん）

音 シャク 訓 く-む

❶酒《さけ》をついで飲《の》む。例 酒《さけ》を酌《く》む。❷事情《じじょう》を酌《く》考《かん》がえる。熟語 酌量《しゃくりょう》。例 相手《あいて》の気持《きも》ちを酌む。

**しゃく【酌°】** 名 酒《さけ》をさかずきにつぐこと。例 お酌をする。

**しゃく【釈】** 画数 11 部首 釆（のごめへん）

音 シャク 訓 ―

❶文章《ぶんしょう》や言葉《ことば》の意味《いみ》を解《と》き明《あ》かす。熟語 解釈《かいしゃく》。注釈《ちゅうしゃく》。❷言《い》い訳《わけ》をする。熟語 釈明《しゃくめい》。❸迷《まよ》いや疑《うたが》いが解《と》ける。熟語 釈然《しゃくぜん》〔=疑《うたが》いや迷《まよ》いが消《き》えて、さっぱりすること〕。❹許《ゆる》して解《と》き放《はな》す。熟語 釈放《しゃくほう》。

**しゃく【爵】** 画数 17 部首 爫（つめかんむり）

音 シャク 訓 ―

貴族《きぞく》の身分《みぶん》を表《あらわ》す言葉《ことば》。熟語 爵位《しゃくい》〔=貴族《きぞく》の階級《かいきゅう》〕。

**しゃく【石】** 熟語 磁石《じしゃく》。

⇩せき【石】712ページ

［歌の意味］ 由良《ゆら》の海峡《かいきょう》をかじを失《うしな》って流《なが》される舟《ふね》のように、恋《こい》のなりゆきもこの先《さき》どうなることか。

**しゃく【赤】** 熟語 赤銅《しゃくどう》。赤熱《しゃくねつ》。↓**せき【赤】** 712ページ

**しゃく【昔】** 熟語 今昔《こんじゃく》。↓**せき【昔】** 713ページ

**しゃく** 名 形動 腹《はら》が立《た》つこと。例 しゃくの種《たね》〔=腹《はら》の立《た》つ原因《げんいん》〕。

**しゃくに障《さわ》る** 腹《はら》が立《た》って、むしゃくしゃする。例 やってもいないことで文句《もんく》を言《い》われ、まったくしゃくにさわる。

**じゃく【若】** 画数 8 部首 艹（くさかんむり） 6年

音 ジャク ニャク 訓 わか-い も-しくは

筆順

❶わかい。熟語 若年《じゃくねん》。老若《ろうにゃく》・老若《ろうじゃく》。若草《わかくさ》。若《わか》手《て》。若者《わかもの》。対 老《ろう》。❷いくらか。わずか。熟語 若干《じゃっかん》。❸…のようだ。熟語 傍若無人《ぼうじゃくぶじん》。

《訓の使い方》 **わか-い** 例 年《とし》が若い。 **も-しくは** 例 中止《ちゅうし》若しくは延期《えんき》する。

**じゃく【弱】** 画数 10 部首 弓（ゆみ） 2年

音 ジャク

訓 よわ-い よわ-る よわ-まる よわ-める

筆順

❶よわい。熟語 弱点《じゃくてん》。強弱《きょうじゃく》。貧弱《ひんじゃく》。弱気《よわき》。対 強《きょう》。❷年《とし》が若《わか》い。熟語 弱年《じゃくねん》。弱冠《じゃっかん》。❸ある数《かず》より少《すこ》し足《た》りないことを表《あらわ》す。例 駅《えき》までは五分弱《ごふんじゃく》で行《い》ける。対 強《きょう》。

《訓の使い方》 **よわ-い** 例 相《あい》手《て》が弱い。 **よわ-る** 例 体力《たいりょく》が弱る。 **よわ-まる** 例 風《かぜ》が弱まる。 **よわ-める** 例 力《ちから》を弱める。

**じゃく【寂】** 画数 11 部首 宀（うかんむり）

音 ジャク セキ

訓 さび さび-しい さび-れる

❶さびしい。ひっそりとものさびしい。熟語 静寂《せいじゃく》。寂寥《せきりょう》。❷仏教《ぶっきょう》で、さとりを開《ひら》くこと。また、死《し》ぬこと。熟語 寂滅《じゃくめつ》〔=仏教《ぶっきょう》で、さとること。死《し》ぬこと〕。❸さび。古《ふる》びておもむきのあること。

**じゃく【着】** 熟語 執着《しゅうじゃく》（執着《しゅうちゃく》）。↓**ちゃく【着】** 828ページ

**ジャクサ【JAXA】** 名 〔「日本航空宇宙《にほんこうくううちゅう》調査機関《ちょうさきかん》」という意味《いみ》の英語《えいご》の頭文字《かしらもじ》。〕宇宙航空研究開発機構《うちゅうこうくうけんきゅうかいはつきこう》。人工衛星《じんこうえいせい》の開発運用《かいはつうんよう》や、宇宙科学《うちゅうかがく》の基礎的研究《きそてきけんきゅう》などをする。

**しゃくし【杓子】** 名 ご飯《はん》やみそ汁《しる》などをよそう道具《どうぐ》。おたま。参考 ご飯用《はんよう》は「しゃもじ」ということが多《おお》い。

**しゃくしじょうぎ【杓子定規】** 名 形動 〔しゃくしを定規《じょうぎ》にしてはかるように〕すべてのことを一《ひと》つの決《き》まりにあてはめようとすること。例 杓子定規なやり方《かた》。

**じゃくしゃ【弱者】** 名 社会的《しゃかいてき》に弱《よわ》い立場《たちば》にある者《もの》。対 強者《きょうしゃ》。

**シャクシャイン** 人名（男）（?～一六六九）江戸時代前期《えどじだいぜんき》のアイヌの指導者《しどうしゃ》。自分《じぶん》につごうのいい交易政策《こうえきせいさく》を一方的《いっぽうてき》に押《お》しつける松前藩《まつまえはん》のやり方《かた》に反対《はんたい》し、アイヌ民族全体《みんぞくぜんたい》に呼《よ》びかけて戦《たたか》った。

**しゃくしょ【市役所】** 名 市《し》を治《おさ》める仕事《しごと》をする役所《やくしょ》。市庁《しちょう》。

**じゃくしょう【弱小】** 名 形動 ❶弱《よわ》くて小《ちい》さいこと。例 弱小チーム。対 強大《きょうだい》。❷年《とし》が若《わか》いこと。弱年《じゃくねん》。

**じゃくたい【弱体】** 形動 （組織《そしき》などが）弱《よわ》いようす。例 中心《ちゅうしん》メンバーが抜《ぬ》けて弱体化《か》する。

**しゃくち【借地】** 名 動-する 土地《とち》を借《か》りること。また、借《か》りた土地《とち》。

**じゃぐち【蛇口】** 名 水道《すいどう》の管《かん》の先《さき》に取《と》りつけた、水《みず》を出《だ》す口《くち》。例 蛇口をひねる。

**じゃくてん【弱点】** 名 ❶弱《よわ》いところ。うしろ暗《ぐら》いところ。弱《よわ》み。例 相手《あいて》の弱点につけこむ。❷不十分《ふじゅうぶん》なところ。欠点《けってん》。例 この機《き》械《かい》にも弱点がある。類 短所《たんしょ》。

**しゃくど【尺度】** 名 ❶物《もの》の長《なが》さを測《はか》るものさし。❷ものごとのよしあしや値打《ねう》ちを測《はか》る基準《きじゅん》。例 判断《はんだん》の尺度。

**しゃくどう【赤銅】** 名 銅《どう》に、金《きん》・銀《ぎん》を混《ま》ぜた合金《ごうきん》。色《いろ》は赤黒《あかぐろ》い。

**しゃくどういろ【赤銅色】** 名 赤銅《しゃくどう》のような赤黒《あかぐろ》い色《いろ》。例 赤銅色に日《ひ》焼《や》けした顔《かお》。

**しゃくとりむし** 名 シャクトリガの幼虫《ようちゅう》で、物《もの》の長《なが》さを測《はか》るように、細長《ほそなが》い体《からだ》を曲《ま》げたりのばしたりして進《すす》む虫《むし》。

**しゃくなげ** 名 ツツジに似《に》た高山植物《こうざんしょくぶつ》。

百人一首 由良《ゆら》の門《と》を渡《わた》る舟人《ふなびと》かぢ《じ》を絶《た》えゆくへ《え》も知《し》らぬ恋《こい》の道《みち》かな 曽禰好忠《そねのよしただ》

夏《なつ》、うすもも色《いろ》の花《はな》が咲《さ》く。

■**じゃくにくきょうしょく【弱肉強食】** 名 強《つよ》いものが、弱《よわ》いものを負《ま》かして栄《さか》えること。例 弱肉強食の世界《せかい》。

**しゃくねつ【灼熱】** 名 動する ❶(金属《きんぞく》などが)焼《や》けて熱《あつ》くなること。例 赤《あか》く灼熱した鉄《てつ》。❷焼《や》けつくように熱《あつ》いこと。例 灼熱の砂漠《さばく》。❸はげしいこと。例 灼熱の恋《こい》。

**じゃくねん【若年・弱年】** 名 年《とし》が若《わか》いこと。弱小《じゃくしょう》。対 老年《ろうねん》。

**じゃくはい【若輩・弱輩】** 名 年《とし》が若《わか》くて、世《よ》の中《なか》のことが十分《じゅうぶん》わかっていない者《もの》。例 若輩ですが、よろしくお願《ねが》いします。

**しゃくはち【尺八】** 名 竹《たけ》で作《つく》った縦笛《たてぶえ》。長《なが》さがふつう一尺八寸《いっしゃくはっすん》(=約《やく》五五センチメートル)なので「尺八《しゃくはち》」という。

〔しゃくはち〕

**しゃくほう【釈放】** 名 動する つかまえた人《ひと》などを、許《ゆる》して自由《じゆう》にしてやること。例 容疑者《ようぎしゃ》の身柄《みがら》を釈放する。

**しゃくめい【釈明】** 名 動する 誤解《ごかい》などを解《と》くために、こうなったわけや自分《じぶん》の立場《たちば》を説明《せつめい》して、わかってもらうこと。例 事故《じこ》の原因《げんいん》を釈明する。類 弁明《べんめい》。

**しゃくや【借家】** 名 人《ひと》から借《か》りて住《す》んでいる家《いえ》。対 貸家《かしや》。

**しゃくやく** 名 庭《にわ》に植《う》える、ボタンに似《に》た植物《しょくぶつ》。夏《なつ》の初《はじ》めに、赤《あか》や白《しろ》の大《おお》きな花《はな》を開《ひら》く。根《ね》は薬《くすり》として使《つか》われる。

**しゃくよう【借用】** 名 動する 人《ひと》から借《か》りて使《つか》うこと。例 道具《どうぐ》を借用する。

**しゃくりあげる【しゃくり上げる】** 動 息《いき》や声《こえ》を強《つよ》く吸《す》いこむようにして泣《な》く。例 肩《かた》を大《おお》きくふるわせてしゃくり上げる。類 すすり上《あ》げる。

**しゃけ【鮭】** 名 ↓さけ(鮭) 512ページ

**しゃげき【射撃】** 名 動する ピストルや鉄砲《てっぽう》を、的《まと》に向《む》けてうつこと。

**ジャケット**〔英語 jacket〕名 ❶前《まえ》あきの、腰《こし》ぐらいまでの長《なが》さのある上着《うわぎ》。❷CD《シーディー》やレコード、本《ほん》などのカバー。

**じゃけん【邪険】** 形動 思《おも》いやりのない、ひどい扱《あつか》いをするようす。例 子《こ》どもを邪険に扱《あつか》う。

**しゃこ【車庫】** 名 汽車《きしゃ》・電車《でんしゃ》または自動車《じどうしゃ》などを入《い》れておく建物《たてもの》。

**じゃこ【〈雑魚〉】** 名 ↓ざこ 512ページ

**しゃこう【社交】** 名 人《ひと》と人《ひと》とのつき合《あ》い。世《よ》の中《なか》のつき合《あ》い。例 社交界《かい》。

**しゃこうせい【社交性】** 名 人《ひと》とのつき合《あ》いをうまくやっていける性質《せいしつ》。例 社交性に富《と》んでいて、友達《ともだち》も多《おお》い。

**しゃこうダンス【社交ダンス】** 名 ワルツやタンゴなど、男女《だんじょ》が二人《ふたり》一組《ひとくみ》になって踊《おど》るダンス。

**しゃこうてき【社交的】** 形動 人《ひと》とのつき合《あ》いが上手《じょうず》なようす。例 社交的な人《ひと》。

**しゃこうばん【遮光板】** 名 強《つよ》い光線《こうせん》をさえぎるように作《つく》った板《いた》。太陽観測《たいようかんそく》・自動車《じどうしゃ》・部屋《へや》の窓《まど》など、さまざまに使《つか》われる。

**しゃざい【謝罪】** 名 動する あやまること。おわび。例 犯人《はんにん》が謝罪した。

**しゃさつ【射殺】** 名 動する 弓《ゆみ》や鉄砲《てっぽう》などで、うち殺《ころ》すこと。

**しゃじ【社寺】** 名 神社《じんじゃ》と寺《てら》。寺社《じしゃ》。

**しゃじ【謝辞】** 名 お礼《れい》の言葉《ことば》。また、おわびの言葉《ことば》。例 謝辞を述《の》べる。

**しゃじく【車軸】** 名 車《くるま》の心棒《しんぼう》。

**車軸《しゃじく》を流《なが》す** 大粒《おおつぶ》の雨《あめ》が激《はげ》しく降《ふ》るようす。例 車軸を流すような大雨《おおあめ》。

✤**しゃじつ【写実】** 名 実際《じっさい》のようすを、ありのまま、目《め》に見《み》えるように文章《ぶんしょう》や絵《え》に表《あらわ》すこと。例 写実的《てき》な文章《ぶんしょう》。

◦**しゃしょう【車掌】** 名 列車《れっしゃ》・電車《でんしゃ》などの中《なか》で、発車《はっしゃ》の合図《あいず》や車内《しゃない》の客《きゃく》の世話《せわ》などの仕事《しごと》をする人《ひと》。

◦**しゃしん【写真】** 名 カメラで写《うつ》すこと。また、写《うつ》したもの。例 写真をとる。

**しゃしんき【写真機】** 名 写真《しゃしん》をとる機械《きかい》。カメラ。

**ジャズ**〔英語 jazz〕名 二十世紀《にじっせいき》の初《はじ》めごろ、アメリカの黒人《こくじん》の音楽《おんがく》をもとにできた音楽《おんがく》。軽快《けいかい》なリズムと即興演奏《そっきょうえんそう》が特徴《とくちょう》。

**じゃすい【邪推】** 名 動する 人《ひと》のしたことを、わざと悪《わる》いほうに考《かんが》えること。例 相手《あいて》の言葉《ことば》を邪推する。

[歌の意味] 雑草《ざっそう》の茂《しげ》るこのさびしい家《いえ》に、来《く》る人《ひと》の姿《すがた》はないが、秋《あき》はやはりやって来《き》たよ。
注 八重葎《やえむぐら》＝いく重《え》にも茂《しげ》っているつる草《くさ》。

**ジャスマーク【ＪＡＳマーク】**名 農産《のうさん》物《ぶつ》・水産《すいさん》物《ぶつ》・畜産物《ちくさんぶつ》で、国《くに》の規格《きかく》に合《あ》った、品《ひん》質《しつ》のよい物《もの》につけられるマーク。「ＪＡＳ《ジャス》」は日本農林規格《にほんのうりんきかく》という意味《いみ》の英語《えいご》の頭文字《かしらもじ》。⬇マーク❶ 1222ページ

**ジャスミン**〔英語 jasmine〕名 モクセイのなかまの木《き》。夏《なつ》にかおりのよい白《しろ》や黄色《きいろ》の花《はな》をさかせる。また、花《はな》から香料《こうりょう》がつくられる。

**◦しゃせい【写生】**名 動-する 景色《けしき》や物《もの》などを、見《み》たままに写《うつ》し取《と》ること。スケッチ。例 街《まち》を写生する。

**しゃせい【射精】**名 動-する 男《おとこ》の人《ひと》や動物《どうぶつ》の雄《おす》の生殖器《せいしょくき》から精液《せいえき》を出《だ》すこと。

**✤しゃせいぶん【写生文】**名 実際《じっさい》のようすを、ありのままに書《か》いた文章《ぶんしょう》。

**しゃせつ【社説】**名 新聞《しんぶん》や雑誌《ざっし》などに、その新聞《しんぶん》や雑誌《ざっし》を出《だ》している会社《かいしゃ》の意見《いけん》としてのせている文章《ぶんしょう》。

**しゃぜつ【謝絶】**名 動-する（人《ひと》の願《ねが》いや申《もう》し出《で》を）丁寧《ていねい》に断《ことわ》ること。例 面会謝絶《めんかいしゃぜつ》。

**しゃせん【車線】**名 道路《どうろ》で車《くるま》が走《はし》る一台分《いちだいぶん》の幅《はば》を決《き》めている線《せん》。例 追《お》い越《こ》し車線。

**しゃせん【斜線】**名 ななめに引《ひ》いた線《せん》。

**しゃそう【車窓】**名 電車《でんしゃ》・バスなどの乗《の》り物《もの》の窓《まど》。例 車窓の景色《けしき》を楽《たの》しむ。

**しゃたい【車体】**名 電車《でんしゃ》や自動車《じどうしゃ》などの、人《ひと》や物《もの》を乗《の》せる部分《ぶぶん》。

**しゃたく【社宅】**名 会社《かいしゃ》が、社員《しゃいん》やその家《か》族《ぞく》を住《す》まわせるために建《た》てた住宅《じゅうたく》。

**しゃだん【遮断】**名 動-する ものの流《なが》れなどを、さえぎって止《と》めること。例 交通《こうつう》を一《いち》時《じ》遮断する。

**しゃだんき【遮断機】**名 ふみきりで、列《れっ》車《しゃ》や電車《でんしゃ》が通《とお》るとき、人《ひと》や車《くるま》の通行《つうこう》を一時《いちじ》止《と》めるための仕《し》かけ。

**しゃち【鯱】**名 ❶海《うみ》にすむイルカの仲間《なかま》の動《どう》物《ぶつ》。大《おお》きさは九メートルにもなり、クジラをおそうこともある。❷「しゃちほこ」の略《りゃく》。

**しゃちほこ**名 人間《にんげん》が想像《そうぞう》した動物《どうぶつ》。トラに似《に》た頭《あたま》を持《も》ち、体《からだ》は魚《さかな》の形《かたち》をしている。逆立《さかだ》ちした形《かたち》で、城《しろ》の天守閣《てんしゅかく》などの屋根《やね》にかざる。しゃち。

〔しゃちほこ〕

**しゃちほこばる**動 緊張《きんちょう》して、体《からだ》がかたくなる。しゃっちょこばる。例「しゃちほこばらずに、楽《らく》にしてください。」

**しゃちょう【社長】**名 会社《かいしゃ》の、いちばん上《うえ》の役《やく》。また、その役《やく》の人《ひと》。例 社長室《しつ》。

**シャツ**〔英語 shirt〕名 ❶上半身《じょうはんしん》に着《き》る下着《したぎ》。例 アンダーシャツ。❷Ｔ《ティー》シャツ・ワイシャツなどをまとめていう言葉《ことば》。

**じゃっかん【若干】**名 副 少《すこ》し。いくらか。例 疑《うたが》わしい点《てん》が若干ある。

**じゃっかん【弱冠】**名 年《とし》が若《わか》いこと。例 弱冠十《じゅう》八《はっ》歳《さい》で優《ゆう》勝《しょう》する。参考 もとは、二十《はたち》歳の男性《だんせい》のことをいう言葉《ことば》。

**しゃっかんほう【尺貫法】**名 日本《にっぽん》で昔《むかし》から使《つか》われていた、長《なが》さ、重《おも》さ、体積《たいせき》などのはかり方《かた》。長《なが》さは尺《しゃく》、重《おも》さは貫《かん》、体積《たいせき》は升《しょう》を基本《きほん》の単位《たんい》としてはかった。参考 一九五九年《ねん》からメートル法《ほう》に切《き》りかえられた。

**ジャッキ**〔英語 jack〕名 小《ちい》さな力《ちから》で、重《おも》い物《もの》を下《した》から持《も》ち上《あ》げる機械《きかい》。

〔ジャッキ〕

**しゃっきん【借金】**名 動-する お金《かね》を借《か》りること。また、借《か》りたお金《かね》。例 借金して車《くるま》を買《か》う。

**ジャック**〔英語 jack〕名 ❶トランプで、兵士《へいし》の絵《え》のかいてあるカード。十一《じゅういち》にあたる。❷電気器具《でんききぐ》のさしこみ口《くち》。例 マイクジャック。

**ジャックナイフ**〔英語 jack knife〕名 大《おお》きな折《お》りたたみ式《しき》ナイフ。

**しゃっくり**名 動-する 横隔膜《おうかくまく》が急《きゅう》に縮《ちぢ》むことによって、空気《くうき》が吸《す》いこまれて、自然《しぜん》に声《こえ》が出《で》ること。また、その声《こえ》。例 しゃっくりが止《と》まらない。

**ジャッジ**〔英語 judge〕一名 ❶審判《しんぱん》をする人《ひと》。審判員《しんぱんいん》。❷ボクシング・レスリングなどの副審《ふくしん》。試合場《しあいじょう》のわきにいて採点《さいてん》などをする人《ひと》。二名 動-する 判定《はんてい》すること。審判《しんぱん》。例 公《こう》正《せい》にジャッジする。

**シャッター**〔英語 shutter〕名 ❶一定時間《いっていじかん》だけ開《ひら》いて、カメラに光《ひかり》をとり入《い》れる仕《し》かけ。


百人一首　八重葎茂《やえむぐらしげ》れる宿《やど》のさびしきに人《ひと》こそ見《み》えね秋《あき》は来《き》にけり　恵慶法師《えぎょうほうし》

例シャッターを切《き》る。❷金属《きんぞく》の板《いた》を何枚《なんまい》もつなぎ合《あ》わせた戸《と》。巻《ま》き上《あ》げて開《あ》ける。よろい戸《ど》。例店《みせ》のシャッターを開《あ》ける。

**シャットアウト**〔英語 shutout〕名 動する ❶さえぎって、中《なか》に入《い》れないこと。例騒音《そうおん》をシャットアウトする。❷野球《やきゅう》・ソフトボールなどで、相手《あいて》に点《てん》を与《あた》えずに勝《か》つこと。完封《かんぷう》。

**しゃてい【射程】**名 ❶撃《う》った弾《たま》のとどく距離《きょり》。❷力《ちから》の及《およ》ぶ範囲《はんい》。例これなら優勝《ゆうしょう》も射程《てい》に入《はい》る。

**しゃでん【社殿】**名 神社《じんじゃ》で、神体《しんたい》を祭《まつ》っている建物《たてもの》。

**しゃどう【車道】**名 車《くるま》だけが通《とお》るように区分《くぶん》された道《みち》。対歩道《ほどう》。

**じゃどう【邪道】**名 正《ただ》しくないやり方《かた》。例そのやり方《かた》は邪道《じゃどう》だ。

**シャトル**〔英語 shuttle〕名 ❶決《き》まった区間《くかん》をくり返《かえ》し往復《おうふく》する乗《の》り物《もの》。往復便《おうふくびん》。例会場《かいじょう》へのシャトルバス。❷バドミントンで使《つか》う羽根《はね》。

**しゃない【車内】**名 電車《でんしゃ》・バスなどの乗《の》り物《もの》の中《なか》。例車内放送《ほうそう》。

**しゃにくさい【謝肉祭】**名 ➡カーニバル❶ 192ページ

■**しゃにむに【遮二無二】**副 他《ほか》のことは考《かんが》えずに。がむしゃらに。例しゃにむに練習《れんしゅう》する。

**じゃのめ【蛇の目】**名 ❶太《ふと》い輪《わ》の模様《もよう》。❷こん色《いろ》などの地《じ》に、白《しろ》く太《ふと》い輪《わ》の形《かたち》の模様《もよう》を染《そ》めぬいたからかさ。蛇《じゃ》の目《め》がさ。

〔じゃのめ❷〕

**しゃば**名 ❶仏教《ぶっきょう》で、この世《よ》の中《なか》のこと。❷（刑務所《けいむしょ》などにいる人《ひと》が）一般《いっぱん》の社会《しゃかい》のことを指《さ》す言葉《ことば》。

**じゃばら【蛇腹】**名 （アコーディオンのように）ひだがあって自由《じゆう》に伸《の》び縮《ちぢ》みする部分《ぶぶん》。参考元《もと》はヘビの腹《はら》という意味《いみ》。

**ジャパン**〔英語 Japan〕名 日本《にっぽん》。

**ジャブ**〔英語 jab〕名 （ボクシングで）腕《うで》を細《こま》かく動《うご》かして、相手《あいて》の顔《かお》などを打《う》つこと。

**しゃふつ【煮沸】**名 動する 煮《に》えたたせること。例煮沸消毒《しょうどく》。

**しゃぶる**動 口《くち》の中《なか》に入《い》れて、なめる。例赤《あか》ちゃんが指《ゆび》をしゃぶる。

◦**しゃべる**動 ❶ものを言《い》う。例秘密《ひみつ》をうっかりしゃべる。❷口数《くちかず》多《おお》くものを言《い》う。例よくしゃべる子《こ》だ。参考「話《はな》す」「語《かた》る」と比《くら》べて、親《した》しい相手《あいて》と気軽《きがる》に話《はな》すときに使《つか》うことが多《おお》い。

**シャベル**〔英語 shovel〕名 土《つち》や砂《すな》などをすくったり、穴《あな》をほったりする、さじの形《かたち》をした道具《どうぐ》。スコップ。参考「シャベル」と「スコップ」は、大《おお》きさや形《かたち》で使《つか》い分《わ》けることが多《おお》いが、その使《つか》い分《わ》けは地域《ちいき》によってちがう。

〔シャベル〕

**しゃへん【斜辺】**名 〔算数《さんすう》で〕直角三角形《ちょっかくさんかっけい》の、直角《ちょっかく》と向《む》かい合《あ》っている辺《へん》。

**シャボン**〔ポルトガル語〕名 ➡せっけん 719ページ

**シャボンだま【シャボン玉】**名 せっけん水《すい》をストローなどの先《さき》につけて、息《いき》をふき入《い》れて作《つく》るあわの玉《たま》。

◦**じゃま【邪魔】**名 動する 形動 さまたげになること。ものごとがうまくいかないようにするものや人《ひと》。例じゃまが入《はい》る。➡おじゃま 163ページ

**しゃみせん【〈三味線〉】**名 三本《さんぼん》の弦《げん》を張《は》り、ばちではじいて鳴《な》らす日本《にっぽん》の楽器《がっき》。参考「三味線《しゃみせん》」は、特別《とくべつ》に認《みと》められた読《よ》み方《かた》。➡がっき（楽器）244ページ

**ジャム**〔英語 jam〕名 イチゴ・リンゴなどの果物《くだもの》に、砂糖《さとう》を加《くわ》えて煮《に》つめたもの。菓子《かし》やパンにつけて食《た》べる。

**しゃむしょ【社務所】**名 神社《じんじゃ》で、その事務《じむ》を取《と》り扱《あつか》う所《ところ》。

**しゃめん【斜面】**名 ななめになっている面《めん》。

**しゃも【〈軍鶏〉】**名 ニワトリの一《ひと》つ。首《くび》が長《なが》く、雄《おす》は足《あし》に大《おお》きなけづめをもつ。たがいに闘《たたか》わせる遊《あそ》び（＝闘鶏《とうけい》）に使《つか》われた。天然記念物《てんねんきねんぶつ》。

**しゃもじ**名 ご飯《はん》をよそう、えの先《さき》が平《ひら》たい形《かたち》の道具《どうぐ》。しゃくし。

**しゃよう【社用】**名 会社《かいしゃ》の用事《ようじ》。



［歌の意味］ 風《かぜ》が激《はげ》しいので、岩《いわ》に当《あ》たった波《なみ》が砕《くだ》けるように、わたしのほうだけが思《おも》い乱《みだ》れているよ。

**じゃり**【〈砂利〉】名 丸《まる》みを帯《お》びた小石《こいし》。例参道《さんどう》には、砂利がしきつめてあった。参考「砂利《じゃり》」は、特別《とくべつ》に認《みと》められた読《よ》み方《かた》。

**しゃりょう**【車両】名 電車《でんしゃ》・自動車《じどうしゃ》などのこと。また、その一台一台《いちだいいちだい》。

**しゃりん**【車輪】名 車《くるま》の輪《わ》。くるま。

**しゃれ** 名 ❶滑稽《こっけい》で気《き》のきいた文句《もんく》。例しゃれがうまい。❷同《おな》じ音《おん》や似《に》た音《おん》の言葉《ことば》を使《つか》ったおもしろい文句《もんく》。例《たと》えば、「ねえ、おもちゃ買《か》ってよ。」と言《い》われて、「そんなこと思《おも》っちゃだめ。」と言《い》うような文句《もんく》。例だじゃれ。❸↓おしゃれ 163ページ

**しゃれい**【謝礼】名 お礼《れい》の心《こころ》を表《あらわ》すおくり物《もの》。お礼《れい》。例謝礼金《きん》。

**しゃれる** 動 ❶身《み》なりをかざる。おしゃれをする。例しゃれた格好《かっこう》をしている。❷気《き》がきいている。例しゃれた雰囲気《ふんいき》の店《みせ》。❸生《なま》意気《いき》なことをする。例しゃれたまねをする。

**じゃれる** 動 からみ合《あ》って、ふざける。例子《こ》ネコが、ボールにじゃれている。

**シャワー**〔英語 shower〕名 水《みず》やお湯《ゆ》を、じょうろの口《くち》に似《に》たものから、雨《あめ》のように出《だ》して浴《あ》びられるようにした仕《し》かけ。

**ジャングル**〔英語 jungle〕名 熱帯地方《ねったいちほう》の、木《き》がたくさんしげっている森林《しんりん》。密林《みつりん》。

**ジャングルジム**〔英語 jungle gym〕名 金《きん》属《ぞく》のパイプを縦横《たてよこ》に四角《しかく》く組《く》み上《あ》げたもの。登《のぼ》ったり、くぐったりして遊《あそ》ぶ。

**じゃんけん**【じゃん拳】名 動-する 片手《かたて》で、ぐう〔＝石《いし》〕・ちょき〔＝はさみ〕・ぱあ〔＝紙《かみ》〕の形《かたち》を出《だ》し合《あ》って、勝負《しょうぶ》を決《き》める遊《あそ》び。ぐうちょきぱあ。石拳《いしけん》。

**シャンソン**〔フランス語〕名 フランスの歌謡《かよう》曲《きょく》。

**シャンデリア**〔英語 chandelier〕名 洋間《ようま》などの天井《てんじょう》からつり下《さ》げる、かざりをつけた電灯《でんとう》。

**しゃんと** 副 動-する ❶姿勢《しせい》をよくするようす。例背筋《せすじ》をしゃんとのばす。❷気持《きも》ちが引《ひ》きしまっているようす。例だらけていないでしゃんとしなさい。

**ジャンヌ＝ダルク** 人名（女）（一四一二～一四三一）フランスの少女《しょうじょ》。百年戦争《ひゃくねんせんそう》で、フランスの危機《きき》を救《すく》った。イギリス軍《ぐん》につかまり、火《ひ》あぶりの刑《けい》で殺《ころ》された。

**ジャンパー**〔英語 jumper〕名 ❶運動《うんどう》や仕事《しごと》のときに着《き》る、手首《てくび》とすそがつまった上着《うわぎ》。ジャンバー。❷スキーや陸上競技《りくじょうきょうぎ》の、ジャンプの選手《せんしゅ》。

**シャンハイ**【上海】地名 中国《ちゅうごく》の長江《ちょうこう》の河《か》口《こう》にある、商工業《しょうこうぎょう》のさかんな都市《とし》。

**◦ジャンプ**〔英語 jump〕名 動-する ❶とび上《あ》がること。❷スキーや陸上競技《りくじょうきょうぎ》で、とんだ距《きょ》離《り》や高《たか》さをきそう種目《しゅもく》。

**シャンプー**〔英語 shampoo〕名 動-する 髪《かみ》を洗《あら》うときに使《つか》う液体《えきたい》。また、それで洗《あら》うこと。

**ジャンボ**〔英語 jumbo〕名 ❶並外《なみはず》れて大《おお》きいこと。例ジャンボサイズ。❷大型《おおがた》のジェット旅客機《りょかくき》。ジャンボジェット機《き》。

**ジャンル**〔フランス語〕名 ❶種類《しゅるい》。❷文章《ぶんしょう》の種類《しゅるい》で、詩《し》・小説《しょうせつ》・劇《げき》・評論《ひょうろん》などの区分《くぶん》。例ジャンル別《べつ》に本《ほん》を並《なら》べる。

**しゅ【手】** 画数 4 部首 手（て） 1年

音 シュ 訓 て た△

筆順 手

❶て。熟語 手動《しゅどう》。握手《あくしゅ》。手首《てくび》。手綱《たづな》。対 足《そく》。❷手先《てさき》で行《おこな》うこと。熟語 手芸《しゅげい》。手術《しゅじゅつ》。手話《しゅわ》。手仕事《てしごと》。❸人《ひと》。熟語 助手《じょしゅ》。選手《せんしゅ》。相手《あいて》。❹やり方《かた》。熟語 手段《しゅだん》。手法《しゅほう》。手際《てぎわ》。❺自分自身《じぶんじしん》で。熟語 手記《しゅき》。❻方向《ほうこう》。位置《いち》。熟語 山手《やまて》。例 行《ゆ》く手《て》。

**しゅ【主】** 画数 5 部首 丶（てん） 3年

音 シュ ス△ 訓 ぬし おも

筆順 主

❶あるじ。ぬし。熟語 主君《しゅくん》。主人《しゅじん》。地主《じぬし》。対 客《きゃく》。❷中心《ちゅうしん》となる人《ひと》。熟語 主演《しゅえん》。主役《しゅやく》。坊《ぼう》主《ず》。❸おもな。中心《ちゅうしん》の。熟語 主語《しゅご》。主張《しゅちょう》。対（❷・❸）従《じゅう》。

**しゅ**【主】名 ❶かしら。主君《しゅくん》。例主とあおぐ人《ひと》。対 従《じゅう》。❷中心《ちゅうしん》になるものやこと。例絵《え》本《ほん》は、文章《ぶんしょう》より絵《え》が主だ。対 従《じゅう》。❸キリスト教《きょう》で、イエス＝キリストのこと。

**しゅ【守】** 画数 6 部首 宀（うかんむり） 3年

音 シュ ス 訓 まも-る も-り△

筆順 守守守守守守

まもる。熟語 守衛《しゅえい》。守勢《しゅせい》。守備《しゅび》。保守《ほしゅ》。留守《るす》。子守《こもり》。

《訓の使い方》**まも-る** 例 決《き》まりを守る。

**しゅ【取】** 画数 8 部首 又（また） 3年

音 シュ 訓 と-る

筆順 取取取取取取取取

とる。得《え》る。熟語 取材《しゅざい》。取得《しゅとく》。採取《さいしゅ》。取捨選択《しゅしゃせんたく》。草取《くさと》り。対 捨。

《訓の使い方》**と-る** 例 手《て》に取る。

**しゅ【首】** 画数 9 部首 首（くび） 2年

音 シュ 訓 くび

筆順 首首首首首首首首首

❶くび。あたま。熟語 首尾《しゅび》。部首《ぶしゅ》。❷いちばんはじめ。熟語 首位《しゅい》。首席《しゅせき》。❸上《うえ》に立《た》つ人《ひと》。熟語 首相《しゅしょう》。元首《げんしゅ》。❹中心《ちゅうしん》となるもの。熟語 首都《しゅと》。首府《しゅふ》。❺白状《はくじょう》する。熟語 自首《じしゅ》。❻短歌《たんか》を数《かぞ》える言葉《ことば》。例 百人一首《ひゃくにんいっしゅ》。

**しゅ【酒】** 画数 10 部首 酉（ひよみのとり） 3年

音 シュ 訓 さけ さか

筆順 酒酒酒酒酒酒酒

さけ。熟語 酒造《しゅぞう》。清酒《せいしゅ》。洋酒《ようしゅ》。

**しゅ【種】** 画数 14 部首 禾（のぎへん） 4年

音 シュ 訓 たね

筆順 種種種種種種種

❶植物《しょくぶつ》のたね。熟語 種子《しゅし》。❷同《おな》じ仲間《なかま》。熟語 種別《しゅべつ》。種目《しゅもく》。種類《しゅるい》。❸生物《せいぶつ》を分類《ぶんるい》する単位《たんい》。熟語 品種《ひんしゅ》。

**しゅ【種】** 名 ❶同《おな》じ仲間《なかま》の集《あつ》まり。種類《しゅるい》。例 この種の問題《もんだい》はない。❷生物《せいぶつ》の分類《ぶんるい》の、もっとも小《ちい》さな単位《たんい》。例 種の起源《きげん》。

**しゅ【朱】** 画数 6 部首 木（き）

音 シュ 訓 ―

しゅいろ。熟語 朱肉《しゅにく》。

**しゅ【朱】** 名 ❶だいだい色《いろ》がかった赤《あか》。朱色《しゅいろ》。例 朱塗《ぬ》り。❷赤《あか》い色《いろ》の墨《すみ》や絵《え》の具《ぐ》。

**朱《しゅ》に交《まじ》われば赤《あか》くなる** 人《ひと》は、つき合《あ》う友達《ともだち》によって、よくも悪《わる》くもなる。参考 よい意味《いみ》にも悪《わる》い意味《いみ》にも使《つか》う。

**朱《しゅ》を入《い》れる** 文章《ぶんしょう》や習字《しゅうじ》を、赤《あか》い字《じ》で直《なお》したり書《か》き足《た》したりする。例 先生《せんせい》が作文《さくぶん》に朱を入れる。

**しゅ【狩】** 画数 9 部首 犭（けものへん）

音 シュ 訓 か-る か-り

鳥《とり》やけものをとらえる。熟語 狩猟《しゅりょう》。例 ウサギを狩る。狩りをする。

**しゅ【殊】** 画数 10 部首 歹（がつへん）

音 シュ 訓 こと

ふつうとちがっている。特《とく》に。熟語 殊勲《しゅくん》。特《とく》殊《しゅ》。例 殊《こと》にすぐれている。

**しゅ【珠】** 画数 10 部首 王（おうへん）

音 シュ 訓 ―

美《うつく》しい玉《たま》。玉《たま》のように丸《まる》いものや美《うつく》しいもの。熟語 珠玉《しゅぎょく》。珠算《しゅざん》。真珠《しんじゅ》。

**しゅ【腫】** 画数 13 部首 月（にくづき）

音 シュ 訓 は-れる は-らす

体《からだ》の一部《いちぶ》がふくれあがる。むくみ。できもの。熟語 腫瘍《しゅよう》。例 傷口《きずぐち》が腫《は》れる。

**しゅ【趣】** 画数 15 部首 走（そうにょう）

音 シュ 訓 おもむき

❶おもむき。しみじみとした味《あじ》わい。おもしろみ。熟語 趣向《しゅこう》。趣味《しゅみ》。例 趣《おもむき》のある家《いえ》。❷考《かんが》え。言おうとしている内容《ないよう》。ねらい。熟語 趣意《しゅい》。趣旨《しゅし》。

**しゅ【修】**△ 熟語 修業《しゅぎょう》。↓しゅう【修】592ページ

**しゅ【衆】**△ 熟語 衆生《しゅじょう》。↓しゅう【衆】592ページ

**じゅ【受】** 画数 8 部首 又（また） 3年

音 ジュ 訓 う-ける う-かる

筆順 受

❶うける。熟語 受験《じゅけん》。受賞《じゅしょう》。受信《じゅしん》。対 授《じゅ》。送《そう》。❷うけいれる。熟語 受諾《じゅだく》。受容《じゅよう》。

《訓の使い方》うーける 例 テストを受ける。

うーかる 例 試験《しけん》に受かる。

**じゅ【授】** 画数 11 部首 扌(てへん) 5年

音 ジュ 訓 さずーける さずーかる

筆順 授

あたえる。熟語 授業《じゅぎょう》。授与《じゅよ》。教授《きょうじゅ》。伝授《でんじゅ》。対 受《じゅ》。

《訓の使い方》さずーける 例 極意《ごくい》を授ける。

さずーかる 例 賞《しょう》を授かる。

**じゅ【樹】** 画数 16 部首 木(きへん) 6年

音 ジュ 訓 ―

筆順 樹

❶生《は》えている木《き》。熟語 樹木《じゅもく》。果樹《かじゅ》。針葉樹《しんようじゅ》。❷しっかりとたてる。熟語 樹立《じゅりつ》。

**じゅ【寿】** 画数 7 部首 寸(すん)

音 ジュ 訓 ことぶき

❶とし。年齢《ねんれい》。長生《なが》き。熟語 寿命《じゅみょう》。長寿《ちょうじゅ》。❷祝《いわ》う。めでたい。祝《いわ》いの言葉《ことば》。

**じゅ【呪】** 画数 8 部首 口(くちへん)

音 ジュ 訓 のろーう

のろう。まじないをかける。熟語 呪文《じゅもん》。呪縛《じゅばく》〔＝まじないをかけて動《うご》けなくすること〕。例 呪《のろ》いをかける。

**じゅ【需】** 画数 14 部首 ⻗(あめかんむり)

音 ジュ 訓 ―

必要《ひつよう》とする。熟語 需給《じゅきゅう》。需要《じゅよう》。

**じゅ【儒】** 画数 16 部首 亻(にんべん)

音 ジュ 訓 ―

学者《がくしゃ》。特《とく》に孔子《こうし》の教《おし》えについての学問《がくもん》をする学者《がくしゃ》。熟語 儒学《じゅがく》。儒教《じゅきょう》。

**じゅ【就】** 熟語 成就《じょうじゅ》。⇩しゅう【就】592ページ

**じゅ【従】** 名 昔《むかし》、同《おな》じ位《くらい》を上下《じょうげ》に分《わ》けた下《した》のほう。例 従五位《じゅごい》。⇩じゅう【従】594ページ

**しゅい【首位】** 名 一番《いちばん》。一位《いちい》。例 首位を走《はし》る。首位打者《だしゃ》。

**しゅい【趣意】** 名 ❶(それを行《おこな》う)考《かんが》えや動機《どうき》・目的《もくてき》。例 会《かい》を開《ひら》く趣意。❷文章《ぶんしょう》や話《はなし》などで、表《あらわ》そうとしている意味《いみ》や内容《ないよう》。類 主旨《しゅし》。趣旨《しゅし》。

**しゅいろ【朱色】** 名 少《すこ》し黄色《きいろ》がかった赤《あか》色《いろ》。朱《しゅ》。

**しゅいんじょう【朱印状】** 名 昔《むかし》、大名《だいみょう》などが出した、朱の印をおした命令《めいれい》や許可《きょか》の文書《ぶんしょ》。特《とく》に、豊臣秀吉《とよとみひでよし》や江戸幕府《えどばくふ》が、外国《がいこく》と貿易《ぼうえき》をする商人《しょうにん》に与《あた》えた許可証《きょかしょう》。

**しゅいんせん【朱印船】** 名 桃山時代《ももやまじだい》から江戸時代《えどじだい》の初《はじ》め、朱印状《しゅいんじょう》をもらって、貿易《ぼうえき》をした船《ふね》。御朱印船《ごしゅいんせん》。

**しゆう【私有】** 名 動する 個人《こじん》が持《も》っているもの。また、持《も》っていること。例 私有財産《ざいさん》。対 公有《こうゆう》。

**しゆう【雌雄】** 名 めすとおす。

**雌雄を決《けっ》する** 勝《か》ち負《ま》けを決《き》める。例 雌雄を決するだいじな一戦《いっせん》。

**しゅう【収】** 画数 4 部首 又(また) 6年

音 シュウ 訓 おさーめる おさーまる

筆順 収

❶おさめる。取《と》り入《い》れる。熟語 収穫《しゅうかく》。収集《しゅうしゅう》。回収《かいしゅう》。吸収《きゅうしゅう》。❷お金《かね》が入《はい》ってくること。熟語 収支《しゅうし》。収入《しゅうにゅう》。年収《ねんしゅう》。領収《りょうしゅう》。対 支《し》。❸ちぢむ。熟語 収縮《しゅうしゅく》。

《訓の使い方》おさーめる 例 利益《りえき》を収める。

おさーまる 例 うまく収まる。

**しゅう【州】** 画数 6 部首 川(かわ) 3年

音 シュウ 訓 す

筆順 州

❶大陸《たいりく》。熟語 欧州《おうしゅう》。六大州《ろくだいしゅう》。❷す。川《かわ》などの土《つち》や砂《すな》が積《つ》もってできた小《ちい》さな陸地《りくち》。熟語 三角州《さんかくす》。

**しゅう【州】** 名 (昔《むかし》の日本《にっぽん》や今《いま》のアメリカなどで)政治《せいじ》をするうえで分《わ》けた、地方《ちほう》の区切《くぎ》



百人一首 みかきもり衛士《えじ》の焚《た》く火《ひ》の夜《よる》は燃《も》え昼《ひる》は消《き》えつつものをこそ思《おも》へ 大中臣能宣《おおなかとみのよしのぶ》

り。例 信《しん》州〔＝今《いま》の長《なが》野《の》県《けん》〕。カリフォルニア州。

## しゅう【周】 画数 8 部首 口（くち） 4年

音 シュウ 訓 まわ-り

筆順 周

❶まわる。熟語 周期《しゅうき》。周航《しゅうこう》。❷まわり。熟語 周辺《しゅうへん》。円周《えんしゅう》。❸広《ひろ》く行《い》き届《とど》く。熟語 周《しゅう》知《ち》。周到《しゅうとう》。❹まわりを回《まわ》る回数《かいすう》を数《かぞ》える言葉《ことば》。例 コースを一周《いっしゅう》する。

## しゅう【宗】 画数 8 部首 宀（うかんむり） 6年

音 シュウ ソ△ウ 訓 ——

筆順 宗

❶大《おお》もとの考《かんが》え。中心《ちゅうしん》となるもの。熟語 宗《しゅう》旨《し》。宗家《そうけ》。❷神《かみ》や仏《ほとけ》の教《おし》え。熟語 宗教《しゅうきょう》。宗《しゅう》派《は》。禅宗《ぜんしゅう》。

## しゅう【拾】 画数 9 部首 扌（てへん） 3年

音 シュウ ジ△ュウ 訓 ひろ-う

筆順 拾

一〔「シュウ」と読《よ》んで〕ひろう。ひろいあつめる。熟語 収拾《しゅうしゅう》。拾得《しゅうとく》。対 捨《しゃ》。二〔「ジュウ」と読《よ》んで〕数字《すうじ》の十《じゅう》。例 拾万円《じゅうまんえん》。参考 大切《たいせつ》な文《ぶん》書《しょ》などで、数字《すうじ》のまちがいを防《ふせ》ぐために「十《じゅう》」の代《か》わりに使《つか》う。

《訓の使い方》ひろ-う 例 お金《かね》を拾う。

## しゅう【秋】 画数 9 部首 禾（のぎへん） 2年

音 シュウ 訓 あき

筆順 秋

あき。四季《しき》の一《ひと》つ。熟語 秋季《しゅうき》。秋分《しゅうぶん》。晩秋《ばんしゅう》。立秋《りっしゅう》。対 春《しゅん》。関連 春《しゅん》。夏《か》。冬《とう》。

## しゅう【修】 画数 10 部首 亻（にんべん） 5年

音 シュウ シ△ュ 訓 おさ-める おさ-まる

筆順 修

❶身《み》につける。熟語 修養《しゅうよう》。修行《しゅぎょう》。修業《しゅぎょう》・修《しゅう》業《ぎょう》。❷直《なお》す。熟語 修理《しゅうり》。改修《かいしゅう》。❸ととのえる。熟語 修飾《しゅうしょく》。

《訓の使い方》おさ-める 例 学問《がくもん》を修める。おさ-まる 例 素行《そこう》が修まる。

## しゅう【終】 画数 11 部首 糸（いとへん） 3年

音 シュウ 訓 お-わる お-える

筆順 終

❶おわりになる。熟語 終始《しゅうし》。終了《しゅうりょう》。終止符《しゅうしふ》。対 始《し》。❷おわりまで、ずっと。熟語 終日《しゅうじつ》。終《しゅう》生《せい》。終夜《しゅうや》。❸いちばんあと。熟語 終電《しゅうでん》。最《さい》終《しゅう》。終列車《しゅうれっしゃ》。

《訓の使い方》お-わる 例 試《し》合《あい》が終わる。お-える 例 仕《し》事《ごと》を終える。

## しゅう【習】 画数 11 部首 羽（はね） 3年

音 シュウ 訓 なら-う

筆順 習

❶くり返《かえ》し、ならう。熟語 習字《しゅうじ》。学習《がくしゅう》。練《れん》習《しゅう》。❷ならわし。熟語 習慣《しゅうかん》。風習《ふうしゅう》。

《訓の使い方》なら-う 例 ダンスを習う。

## しゅう【週】 画数 11 部首 辶（しんにょう） 2年

音 シュウ 訓 ——

筆順 週

七《なの》日《か》間《かん》。熟語 週間《しゅうかん》。週休《しゅうきゅう》。週末《しゅうまつ》。週番《しゅうばん》。今《こん》週《しゅう》。毎週《まいしゅう》。

しゅう【週】名 日曜《にちよう》から土曜《どよう》までの七《なの》日《か》間《かん》。例 週の終《お》わりに試《し》合《あい》がある。

## しゅう【就】 画数 12 部首 尢（だいのまげあし） 6年

音 シュウ ジ△ュ 訓 つ△-く つ△-ける

筆順 就

❶仕《し》事《ごと》や役《やく》目《め》につく。熟語 就学《しゅうがく》。就職《しゅうしょく》。就《しゅう》任《にん》。❷できあがる。熟語 成就《じょうじゅ》。

《訓の使い方》つ-く 例 仕《し》事《ごと》に就く。つ-ける 例 役職《やくしょく》に就ける。

## しゅう【衆】 画数 12 部首 血（ち） 6年

音 シュウ シ△ュ 訓 ——

筆順

❶多《おお》くの人《ひと》。大衆《たいしゅう》。民衆《みんしゅう》。❷仲間《なかま》。熟語 衆議《しゅうぎ》。衆知《しゅうち》。衆生《しゅじょう》。観衆《かんしゅう》。熟語 若衆《わかしゅ》（＝若《わか》い男《おとこ》）。

**しゅう【衆】** 名 ❶多《おお》くの人《ひと》。例 衆《しゅう》にぬきん出《で》る。❷人数《にんずう》が多《おお》いこと。例 衆《しゅう》を頼《たの》む（＝人《にん》数《ずう》を頼《たよ》りにする）。❸仲間《なかま》。例 村《むら》の衆《しゅう》。

**しゅう【集】** 画数 12 部首 隹（ふるとり） 3年

音 シュウ 訓 あつ-まる あつ-める つど-う

筆順

❶あつまる。あつめる。熟語 集金《しゅうきん》。集合《しゅうごう》。集団《しゅうだん》。集中《しゅうちゅう》。採集《さいしゅう》。編集《へんしゅう》。対 散《さん》。❷あつめたもの。熟語 歌集《かしゅう》。文集《ぶんしゅう》。

《訓の使い方》あつ-まる 例 十時《じゅうじ》に集《あつ》まる。あつ-める 例 人員《じんいん》を集《あつ》める。つど-う 例 若者《わかもの》が集《つど》う。

**しゅう【囚】** 画数 5 部首 口（くにがまえ）

音 シュウ 訓 ――

とらえる。とらえられた人《ひと》。とりこ。熟語 囚人《しゅうじん》。

**しゅう【舟】** 画数 6 部首 舟（ふね）

音 シュウ 訓 ふね ふな

ふね。こぶね。熟語 舟艇《しゅうてい》（＝小型《こがた》のふね）。舟歌《ふなうた》。参考 ふつう、小型《こがた》のふねには「舟」、大《おお》型《がた》のものには「船」を使《つか》う。

**しゅう【秀】** 画数 7 部首 禾（のぎ）

音 シュウ 訓 ひい-でる

ひいでる。すぐれている。熟語 秀作《しゅうさく》。優秀《ゆうしゅう》。

**しゅう【秀】** 名 成績《せいせき》や品質《ひんしつ》を表《あらわ》す。もっとも優《すぐ》れていること。

**しゅう【臭】** 画数 9 部首 自（みずから）

音 シュウ 訓 くさ-い にお-う

くさい。いやなにおい。熟語 臭気《しゅうき》。悪臭《あくしゅう》。

**しゅう【袖】** 画数 10 部首 ネ（ころもへん）

音 シュウ 訓 そで

そで。衣服《いふく》のそで。物《もの》の両《りょう》わき。熟語 領袖《りょうしゅう》（＝団体《だんたい》などのかしら。着物《きもの》のえりとそでのように目《め》立つことから）。袖口《そでぐち》。半袖《はんそで》。

**しゅう【羞】** 画数 11 部首 羊（ひつじ）

音 シュウ 訓 ――

はじらう。はずかしそうにする。熟語 羞恥心《しゅうちしん》。

**しゅう【愁】** 画数 13 部首 心（こころ）

音 シュウ 訓 うれ-える うれ-い

うれえる。ものさびしい。悲《かな》しみ。熟語 哀愁《あいしゅう》。郷愁《きょうしゅう》。例 愁《うれ》いにしずむ。

**しゅう【酬】** 画数 13 部首 酉（とりへん）

音 シュウ 訓 ――

お返《かえ》しをする。熟語 応酬《おうしゅう》。報酬《ほうしゅう》。

**しゅう【醜】** 画数 17 部首 酉（とりへん）

音 シュウ 訓 みにく-い

みにくい。見苦《みぐる》しい。熟語 醜悪《しゅうあく》。醜態《しゅうたい》。例 醜《みにく》い争《あらそ》い。

**しゅう【蹴】** 画数 19 部首 ⻊（あしへん）

音 シュウ 訓 け-る

ける。けとばす。熟語 一蹴《いっしゅう》。例 蹴散《けち》らす。

**しゅう【襲】** 画数 22 部首 衣（ころも）

音 シュウ 訓 おそ-う

❶おそう。ふいにせめる。熟語 襲撃《しゅうげき》。襲来《しゅうらい》。強襲《きょうしゅう》。❷あとをつぐ。熟語 襲名《しゅうめい》（＝芸名《げいめい》などをつぐこと）。世襲《せしゅう》。

**しゅう【祝】** 熟語 祝儀《しゅうぎ》。↓しゅく【祝】605ページ

**しゅう【執】** 熟語 執心《しゅうしん》。執着《しゅうちゃく》。執念《しゅうねん》。↓しつ【執】564ページ

**◦じゆう【自由】** 名 形動 ❶思《おも》いのまま。思《おも》いどおり。例 自由《じゆう》に歩《ある》き回《まわ》る。❷他《ほか》からしばられないこと。また、そのようす。例 表現《ひょうげん》の自由《じゆう》。

**じゅう【十】** 画数 2 部首 十（じゅう） 1年

音 ジュウ ジッ 訓 とお と

筆順



百人一首 君《きみ》がため惜《お》しからざりし命《いのち》さへ長《なが》くもがなと思《おも》ひけるかな 藤原義孝《ふじわらのよしたか》

❶一の一〇倍《ばい》。とお。熟語 十指《じっし》。十年一昔《じゅうねんひとむかし》。❷完全《かんぜん》。全部《ぜんぶ》。熟語 十分《じゅうぶん》。❸数《かず》が多《おお》い。熟語 十人十色《じゅうにんといろ》。

**じゅう【十】** 名 〔数《かず》を表《あらわ》す言葉《ことば》。〕一の一〇倍《ばい》。とお。例 十問《もん》。十羽《わ》。一《いち》を聞《き》いて十を知《し》る。
参考「十羽《じゅっぱ》」のように「じゅっ」とも読《よ》む。

**じゅう【住】** 画数 7 部首 亻(にんべん) 3年
音 ジュウ 訓 す-む す-まう
筆順
すむこと。すまい。熟語 住所《じゅうしょ》。住宅《じゅうたく》。住民《じゅうみん》。居住《きょじゅう》。衣食住《いしょくじゅう》。
《訓の使い方》す-む 例 郊外《こうがい》に住む。す-まう 例 アパートに住まう。

**じゅう【重】** 画数 9 部首 里(さと) 3年
音 ジュウ チョウ 訓 え おも-い かさ-ねる かさ-なる
筆順
❶目方《めかた》が重《おも》い。熟語 重量《じゅうりょう》。重力《じゅうりょく》。重荷《おもに》。重《じゅう》工業《こうぎょう》。❷たいへんな。ひどい。熟語 重傷《じゅうしょう》。重病《じゅうびょう》。対(❶・❷)軽《けい》。❸重《おも》く見《み》る。大切《たいせつ》。熟語 重責《じゅうせき》。重大《じゅうだい》。重要《じゅうよう》。重宝《ちょうほう》。尊重《そんちょう》。❹かさねる。かさなる。熟語 重複《ちょうふく》・重複《じゅうふく》。重箱《じゅうばこ》。八重桜《やえざくら》。❺かさなりを数《かぞ》える。例 五重《ごじゅう》の塔《とう》。
《訓の使い方》**おも-い** 例 鉄《てつ》は重い。**かさ-ねる** 例 箱《はこ》を重ねる。**かさ-なる** 例 日《ひ》が重なる。

**じゅう【重】** 名 重箱《じゅうばこ》。例 お重のもの。

**じゅう【従】** 画数 10 部首 彳(ぎょうにんべん) 6年
音 ジュウ ショウ ジュ
訓 したが-う したが-える
筆順
❶つきしたがう。熟語 従者《じゅうしゃ》。従属《じゅうぞく》。主従《しゅじゅう》。追従《ついじゅう》。対 主《しゅ》。❷逆《さか》らわない。熟語 従順《じゅうじゅん》。追従《ついしょう》。❸仕事《しごと》につく。熟語 従事《じゅうじ》。従業員《じゅうぎょういん》。❹以前《いぜん》から。熟語 従前《じゅうぜん》。従来《じゅうらい》。❺昔《むかし》の位《くらい》で、上下《じょうげ》に分《わ》けたときの下《した》のほう。例 従二位《じゅにい》。
《訓の使い方》**したが-う** 例 命令《めいれい》に従う。**したが-える** 例 家来《けらい》を従える。

**じゅう【従】** 名 中心《ちゅうしん》でないこと。例 仕事《しごと》が主《しゅ》で、遊《あそ》びは従だ。対 主《しゅ》。

**じゅう【縦】** 画数 16 部首 糸(いとへん) 6年
音 ジュウ 訓 たて
筆順
❶たて。熟語 縦横《じゅうおう》。縦断《じゅうだん》。縦列《じゅうれつ》。対 横《おう》。❷思《おも》うまま。熟語 操縦《そうじゅう》。

**じゅう【汁】** 画数 5 部首 氵(さんずい)
音 ジュウ 訓 しる
しる。含《ふく》まれている水分《すいぶん》。また、おつゆ。吸《す》い物《もの》。熟語 果汁《かじゅう》。墨汁《ぼくじゅう》。例 みそ汁《しる》。

**じゅう【充】** 画数 6 部首 儿(ひとあし)
音 ジュウ 訓 あ-てる
❶みたす。いっぱいになる。熟語 充実《じゅうじつ》。充電《じゅうでん》。充満《じゅうまん》。拡充《かくじゅう》。❷あてる。あてはめる。熟語 充当《じゅうとう》。補充《ほじゅう》。例 食費《しょくひ》に充《あ》てる。

**じゅう【柔】** 画数 9 部首 木(き)
音 ジュウ ニュウ 訓 やわ-らか やわ-らかい
❶やわらかい。しなやか。熟語 柔軟《じゅうなん》。柔道《じゅうどう》。例 柔《やわ》らかな日《ひ》ざし。❷おとなしい。弱々《よわよわ》しい。熟語 柔弱《にゅうじゃく》〔=弱々《よわよわ》しい〕。柔和《にゅうわ》。優柔不断《ゆうじゅうふだん》。

**じゅう【柔】** 名 やわらかいこと。おとなしいこと。対 剛《ごう》。
**柔《じゅう》よく剛《ごう》を制《せい》す** おとなしいもののほうが、時《とき》として強《つよ》いものに勝《か》つ。

**じゅう【渋】** 画数 11 部首 氵(さんずい)
音 ジュウ 訓 しぶ しぶ-い しぶ-る
❶しぶい。また、しぶ。熟語 苦渋《くじゅう》〔=つらい苦《くる》しみ〕。例 渋《しぶ》いお茶《ちゃ》。❷しぶる。すらすらといかない。熟語 渋滞《じゅうたい》。難渋《なんじゅう》。例 返事《へんじ》を渋《しぶ》る。❸気《き》むずかしい。ふきげん。熟語 渋面《じゅうめん》〔=ふきげんな顔《かお》〕。例 渋《しぶ》い顔《かお》。

**じゅう【銃】** 画数 14 部首 金(かねへん)
音 ジュウ 訓 ——



[歌の意味] こんなに思《おも》っていますと口《くち》に出《だ》して言《い》えるでしょうか。それほどの燃《も》えるようなわたしの思《おも》いを、あなたはご存《ぞん》じないでしょうね。

弾丸《だんがん》をうつ武器《ぶき》。熟語 銃声《じゅうせい》。猟銃《りょうじゅう》。

**じゅう【銃】** 名 鉄砲《てっぽう》・ピストルなど、弾丸《だんがん》をこめてうつ武器《ぶき》。例 銃をかまえる。

**じゅう【獣】** 画数 16 部首 犬(いぬ)

音 ジュウ 訓 けもの

けだもの。体《からだ》じゅうに毛《け》が生《は》えた四本足《よんほんあし》の動《どう》物《ぶつ》。熟語 獣医《じゅうい》。猛獣《もうじゅう》。

**じゅう【中】**〔ある言葉《ことば》のあとにつけて〕❶…の間《あいだ》。例 一年《いちねん》じゅう。❷…のうち。…のすべて。例 日本《にっぽん》じゅう。↓ちゅう【中】830ページ

**じゅう【拾】** 名 数字《すうじ》の「十《じゅう》」のこと。金額《きんがく》を書《か》くときに、この字《じ》を用《もち》いることがある。例 金《きん》拾万円也《まんえんなり》。↓しゅう【拾】592ページ

**しゅうあく【醜悪】** 形動 ひどくみにくいようす。例 醜悪な争《あらそ》い。

**しゅうあけ【週明け】** 名 新《あたら》しい週《しゅう》が始《はじ》まること。参考 ふつう月曜日《げつようび》を指《さ》す。

**じゅうあつ【重圧】** 名 強《つよ》い力《ちから》でおさえつけること。また、その力《ちから》。例 大国《たいこく》の重圧《じゅうあつ》をはね返《かえ》す。

例解 ! 表現の広場

**周囲《しゅうい》と周辺《しゅうへん》のちがい**

| | 周囲《しゅうい》 | 周辺《しゅうへん》 |
|---|---|---|
| 学校《がっこう》の□には木《き》が多《おお》い。 | ○ | ○ |
| 月《つき》は地球《ちきゅう》の□を回《まわ》っている。 | ○ | × |
| 駅《えき》の□の土地《とち》を買《か》う。 | × | ○ |

○**しゅうい【周囲】** 名 ❶そのものの周《まわ》り。例 池《いけ》の周囲を散歩《さんぽ》する。❷身《み》の回《まわ》りを取《と》り巻《ま》く、人《ひと》や物《もの》。例 周囲の人《ひと》の意見《いけん》。

**じゅうい【獣医】** 名 イヌ・ネコや家畜《かちく》など、動物《どうぶつ》の病気《びょうき》を治《なお》す医者《いしゃ》。

**じゆういし【自由意志】** 名 周《まわ》りにしばられない、自分《じぶん》の気持《きも》ちや考《かんが》え。

**しゅういつ【秀逸】** 名 形動 他《ほか》のものよりもずっとすぐれていること。例 秀逸な作品《さくひん》。

**しゅうえき【収益】** 名 利益《りえき》を得《え》ること。もうけ。例 収益を上《あ》げる。

**しゅうえん【終演】** 名 芝居《しばい》や演芸《えんげい》などが終《お》わること。対 開演《かいえん》。

**しゅうえん【終焉】** 名 ❶人《ひと》の命《いのち》が終《お》わること。最期《さいご》。例 終焉の地《ち》。❷続《つづ》いていたものごとの終《お》わり。例 一《ひと》つの時代《じだい》の終焉。

**じゅうおう【縦横】** 名 ❶たてとよこ。東西《とうざい》と南北《なんぼく》。例 縦横に走《はし》る道路《どうろ》。❷思《おも》いどおり。例 運動場《うんどうじょう》を縦横に走《はし》り回《まわ》る。

■**じゅうおうむじん【縦横無尽】** 名 形動 思《おも》うように行動《こうどう》すること。例 縦横無尽の大《だい》活躍《かつやく》。

**しゅうか【集荷】** 名 動する 配達《はいたつ》するものを一《いっ》か所《しょ》に集《あつ》めること。特《とく》に、農産物《のうさんぶつ》や海産物《かいさんぶつ》を、決《き》まった場所《ばしょ》に集《あつ》めること。

**しゅうかい【集会】** 名 動する ある目的《もくてき》で、大勢《おおぜい》の人《ひと》が集《あつ》まること。また、その集《あつ》まり。類 会合《かいごう》。

**じゅうかがくこうぎょう【重化学工業】** 名 重工業《じゅうこうぎょう》と化学工業《かがくこうぎょう》をまとめた言《い》い方《かた》。

○**しゅうかく【収穫】** 名 動する ❶農作物《のうさくぶつ》を取《と》り入《い》れること。取《と》り入《い》れ。例 イネの収穫。❷よい結果《けっか》。例 旅《たび》の収穫。

**しゅうがく【修学】** 名 動する 学問《がくもん》を学《まな》び、身《み》につけること。例 修学意欲《いよく》。

**しゅうがく【就学】** 名 動する 小学校《しょうがっこう》に入《はい》って勉強《べんきょう》すること。例 就学児童《じどう》。

**しゅうがくりょこう【修学旅行】** 名 知識《ちしき》や教養《きょうよう》を広《ひろ》める目的《もくてき》で、学校行事《がっこうぎょうじ》の一《ひと》つとして行《おこな》う旅行《りょこう》。

**じゆうがた【自由形】** 名 水泳競技《すいえいきょうぎ》の一《ひと》つ。泳《およ》ぎ方《かた》は自由《じゆう》だが、ふつうクロールで泳《およ》ぐ。

■**じゆうかったつ【自由闊達】** 名 形動 物《もの》事《ごと》にこだわらず、のびのびしていること。例 自由闊達に議論《ぎろん》をたたかわせる。

**しゅうかん【週刊】** 名 新聞《しんぶん》・雑誌《ざっし》などを一《いっ》週《しゅう》に一度《いちど》発行《はっこう》すること。例 週刊誌《し》。関連 日《にっ》刊《かん》。旬刊《じゅんかん》。月刊《げっかん》。季刊《きかん》。年刊《ねんかん》。

○**しゅうかん【週間】** 名 ❶一週間《いっしゅうかん》を単位《たんい》にして、期間《きかん》を数《かぞ》える言葉《ことば》。例 二《に》週間。❷一《いっ》週間《しゅうかん》を限《かぎ》って、行事《ぎょうじ》を行《おこな》うこと。例 読書《どくしょ》週間。関連 旬間《じゅんかん》。月間《げっかん》。年間《ねんかん》。

○**しゅうかん【習慣】** 名 ❶何回《なんかい》もくり返《かえ》していているうちに、自然《しぜん》にそうするようになること。くせ。例 歯《は》をみがく習慣。❷前《まえ》から続《つづ》





百人一首 かくとだにえやはいぶきのさしも草《ぐさ》さしも知《し》らじな燃《も》ゆる思《おも》ひを 藤原実方《ふじわらのさねかた》

例解！表現の広場

**習慣《しゅうかん》と慣習《かんしゅう》のちがい**

| | 習慣《しゅうかん》 | 慣習《かんしゅう》 |
|---|---|---|
| 早《はや》起《お》きの〜をつける。 | ○ | × |
| めずらしい〜がある。 | ○ | ○ |
| 世《よ》の中《なか》の〜に従《したが》う。 | × | ○ |

いている決《き》まった行《おこな》い。習《なら》わし。例 正月《しょうがつ》に門松《かどまつ》を立《た》てる習慣がある。類 風習《ふうしゅう》。

**じゅうかん【縦貫】** 名 動-する 縦《たて》または南北《なんぼく》に貫《つらぬ》くこと。例 縦貫鉄道《てつどう》。類 縦断《じゅうだん》。

**しゅうかんし【週刊誌】** 名 一週間《いっしゅうかん》に一《いち》度《ど》出《だ》される雑誌《ざっし》。

**しゅうき【周忌】** 名 ⇩かいき(回忌) 198ページ

**しゅうき【周期】** 名 ❶ひと回《まわ》りするのにかかる時間《じかん》。例 地球《ちきゅう》が太陽《たいよう》を回《まわ》る周期。❷同《おな》じ運動《うんどう》をくり返《かえ》すものが、それを一回《いっかい》するのにいる時間《じかん》。例 振《ふ》り子《こ》の周期。

**しゅうき【臭気】** 名 いやなにおい。

**しゅうき【秋季】** 名 秋《あき》の季節《きせつ》。例 秋季運動《うんどう》会《かい》。関連 春季《しゅんき》。夏季《かき》。冬季《とうき》。

**しゅうき【秋期】** 名 秋《あき》の期間《きかん》。例 秋期講《こう》習《しゅう》会《かい》。関連 春期《しゅんき》。夏期《かき》。冬期《とうき》。

**○しゅうぎ【祝儀】** 名 ❶お祝《いわ》いの式《しき》。おもに結婚式《けっこんしき》。❷お祝《いわ》いの気《き》持《も》ちを表《あらわ》すためのお金《かね》や品物《しなもの》。例 ご祝儀。

**しゅうぎ【衆議】** 名 大勢《おおぜい》の人《ひと》が集《あつ》まって、意見《いけん》を出《だ》し合《あ》うこと。また、その意見《いけん》。例 衆議にはかる。

**じゅうき【重機】** 名 土《ど》木《ぼく》や建築《けんちく》に用《もち》いる、重量《じゅうりょう》のある大型《おおがた》の機械《きかい》。ブルドーザー・クレーン車《しゃ》など。

**■しゅうぎいっけつ【衆議一決】** 名 動-する みんなで相談《そうだん》して、意見《いけん》が一《ひと》つになること。例 実施《じっし》することに衆議一決した。

**しゅうぎいん【衆議院】** 名 参議院《さんぎいん》とともに国会《こっかい》の議院《ぎいん》の一《ひと》つ。法律《ほうりつ》や予《よ》算《さん》を決《き》める上《うえ》で、参議院《さんぎいん》より大《おお》きい権限《けんげん》を持《も》つ。解散《かいさん》することがある。

**しゅうぎいんぎいん【衆議院議員】** 名 衆《しゅう》議《ぎ》院《いん》を構成《こうせい》している人《ひと》。国民《こくみん》の選挙《せんきょ》で選《えら》ばれる。任期《にんき》は四年《ねん》。

**しゅうきてき【周期的】** 形動 ある決《き》まった時間《じかん》や期間《きかん》で、同《おな》じことがくり返《かえ》して起《お》こるようす。例 地震《じしん》が周期的に起《お》きている。

**しゅうきゅう【週休】** 名 一週間《いっしゅうかん》ごとに、決《き》まった休《やす》みの日《ひ》があること。また、その休《やす》みの日《ひ》。例 週休二日《ふつか》制《せい》の会社《かいしゃ》。

**しゅうきゅう【週給】** 名 一週間《いっしゅうかん》ごとに支《し》払《はら》われる給料《きゅうりょう》。

**しゅうきゅう【蹴球】** 名 二組《ふたくみ》に分《わ》かれ、ボールを足《あし》でけり合《あ》って行《おこな》うスポーツ。サッカー、ラグビー、アメリカンフットボールの三種類《さんしゅるい》があるが、ふつうサッカーをさす。類 フットボール。

**じゅうきょ【住居】** 名 ❶住《す》む家《いえ》。住《す》まい。❷住所《じゅうしょ》。例 住居表示《ひょうじ》〔=町《まち》の中《なか》での住所《じゅうしょ》の示《しめ》し方《かた》〕。

**○しゅうきょう【宗教】** 名 神《かみ》や仏《ほとけ》を信《しん》じること。また、神《かみ》や仏《ほとけ》の教《おし》え。

**しゅうぎょう【修業】** 名 動-する ⇩しゅぎょう(修業) 605ページ

**しゅうぎょう【終業】** 名 動-する ❶一日《いちにち》の仕事《しごと》を終《お》えること。❷学校《がっこう》で、決《き》められた学《がっ》期《き》や学年《がくねん》の勉強《べんきょう》を終《お》えること。例 終業式《しき》。対(❶・❷)始業《しぎょう》。

**しゅうぎょう【就業】** 名 動-する ❶仕事《しごと》に取《と》りかかること。例 就業時《じ》間《かん》。❷仕事《しごと》についていること。例 就業人口《じんこう》。

**じゆうぎょう【自由業】** 名 時間《じかん》や場所《ばしょ》など、はたらくときの約束《やくそく》ごとにしばられない職業《しょくぎょう》。作家《さっか》、弁護士《べんごし》、芸術家《げいじゅつか》など。

**じゅうぎょういん【従業員】** 名 やとわれて、会社《かいしゃ》や工場《こうじょう》で働《はたら》いている人《ひと》。

**しゅうきょうか【宗教家】** 名 神《かみ》や仏《ほとけ》の教《おし》えを広《ひろ》めることを務《つと》めとしている人《ひと》。

**しゅうきょうかいかく【宗教改革】** 名 十六世紀《じゅうろくせいき》にヨーロッパで起《お》こったキリスト教《きょう》の改革運動《かいかくうんどう》。それまでのローマ教会《きょうかい》のやり方《かた》に反抗《はんこう》しておこり、聖書《せいしょ》だけを信仰《しんこう》のよりどころとした。この運動《うんどう》がもとでキリスト教《きょう》はカトリック〔=旧教《きゅうきょう》〕とプロテスタント〔=新教《しんきょう》〕に分《わ》かれた。

**しゅうぎょうしき【終業式】** 名 学年《がくねん》や学期《がっき》の終《お》わりに行《おこな》う式《しき》。対 始業式《しぎょうしき》。

[歌の意味] 夜《よ》が明《あ》けると、また日《ひ》が暮《く》れて会《あ》えるのに、それでも朝《あさ》のお別《わか》れはつらいものです。

**しゅうきょうしん【宗教心】** 名 神《かみ》や仏《ほとけ》を敬《うやま》い、信《しん》じる心《こころ》。

**しゅうきょく【終局】** 名 ❶碁《ご》や将棋《しょうぎ》の勝《か》ち負《ま》けがつくこと。❷ものごとの終《お》わり。例 長《なが》い間《あいだ》の争《あらそ》いも終局をむかえた。

**しゅうきょく【褶曲】** 名 動-する 平《たい》らな地《ち》層《そう》が横《よこ》からの大《おお》きな力《ちから》を受《う》け、波《なみ》のようにおし曲《ま》げられ、山《やま》や谷《たに》ができること。例 褶曲山脈《さんみゃく》。

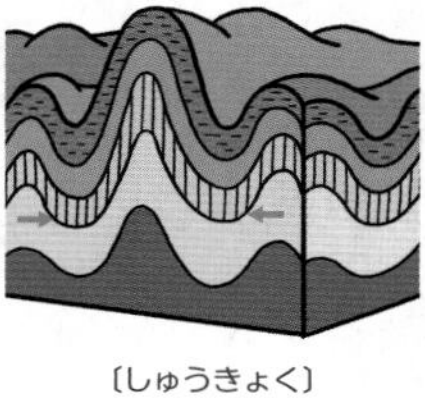
〔しゅうきょく〕

**しゅうぎょとう【集魚灯】** 名 夜《よる》、魚《さかな》を集《あつ》めるために、海上《かいじょう》を照《て》らす明《あ》かり。

**しゅうきん【集金】** 名 動-する お金《かね》を集《あつ》めること。例 新聞代《しんぶんだい》の集金をする。

**じゅうきんぞく【重金属】** 名 比重《ひじゅう》の大《おお》きな重《おも》い金属《きんぞく》。金《きん》・銀《ぎん》・銅《どう》・鉄《てつ》など。対 軽金属《けいきんぞく》。

**シュークリーム** 名 〔フランス語《ご》から〕卵《たまご》と小麦粉《こむぎこ》で作《つく》ったうすくてやわらかい皮《かわ》の中《なか》に、クリームをつめた菓子《かし》。

**じゅうぐん【従軍】** 名 動-する 軍隊《ぐんたい》について、戦地《せんち》に行《い》くこと。例 従軍記者《きしゃ》。

**しゅうけい【集計】** 名 動-する 一《ひと》つ一《ひと》つの数《かず》を合計《ごうけい》すること。例 投票《とうひょう》を集計する。

**しゅうげき【襲撃】** 名 動-する 不意《ふい》に敵《てき》におそいかかること。

**じゅうげき【銃撃】** 名 動-する 拳銃《けんじゅう》や機《き》関《かん》銃《じゅう》などで攻撃《こうげき》すること。例 銃撃事件《じけん》が起《お》きた。

**しゅうけつ【終結】** 名 動-する ものごとが終《お》わり、しめくくりがつくこと。例 戦争《せんそう》が終結する。

**しゅうけつ【集結】** 名 動-する 一《いっ》か所《しょ》に集《あつ》まること。また、集《あつ》めること。例 みんなの力《ちから》を集結する。

**じゅうけつ【充血】** 名 動-する 体《からだ》の一部《いちぶ》に動《どう》脈《みゃく》の血《ち》が集《あつ》まること。例 目《め》が充血して赤《あか》い。

**しゅうげん【祝言】** 名 結婚式《けっこんしき》。〔古《ふる》い言《い》い方《かた》。〕

**じゆうけんきゅう【自由研究】** 名 自分《じぶん》でテーマを決《き》めて、自由《じゆう》に調《しら》べて進《すす》める研《けん》究《きゅう》。小学校《しょうがっこう》などで、夏休《なつやす》みなどの長期《ちょうき》の休《やす》み中《ちゅう》の宿題《しゅくだい》になることが多《おお》い。

**しゅうこう【就航】** 名 動-する 船《ふね》や飛行機《ひこうき》が、初《はじ》めて航路《こうろ》につくこと。

**◦しゅうごう【集合】** 名 動-する 一《いっ》か所《しょ》に集《あつ》まること。また、集《あつ》めること。例 全員《ぜんいん》集合。対 解散《かいさん》。

**じゅうこう【重厚】** 名 形動 重々《おもおも》しく、どっしりしていること。例 重厚で落《お》ち着《つ》いた雰囲気《ふんいき》。対 軽薄《けいはく》。

**じゅうこうぎょう【重工業】** 名 鉄《てつ》などの金属《きんぞく》や、船《ふね》・自動車《じどうしゃ》・動力《どうりょく》機械《きかい》など、重《おも》くて大《おお》きいものを作《つく》る工業《こうぎょう》。対 軽工業《けいこうぎょう》。

**じゆうこうどう【自由行動】** 名 自分《じぶん》のしたいことをすること。例 自由行動をとる。

**じゅうごや【十五夜】** 名 ❶昔《むかし》の暦《こよみ》〔=陰《いん》暦《れき》〕で、毎月《まいつき》の十五日《じゅうごにち》の満月《まんげつ》の夜《よる》。❷陰暦《いんれき》で、八月十五日《はちがつじゅうごにち》の夜《よる》のこと。中秋《ちゅうしゅう》の名月《めいげつ》。参考 九月《くがつ》には十三夜《じゅうさんや》の月《つき》を祝《いわ》う。

**しゅうさい【秀才】** 名 すぐれた才能《さいのう》があって、学問《がくもん》のよくできる人《ひと》。

**じゅうざい【重罪】** 名 重《おも》い罪《つみ》。大罪《たいざい》（大《だい》罪《ざい》）。

**しゅうさく【習作】** 名 動-する 練習《れんしゅう》のために作品《さくひん》を作《つく》ること。また、その作品《さくひん》。

**じゅうさつ【銃殺】** 名 動-する 銃《じゅう》でうち殺《ころ》すこと。

**しゅうさんち【集散地】** 名 産物《さんぶつ》を産地《さんち》から集《あつ》めて、そこからよそへ送《おく》り出《だ》す所《ところ》。

**しゅうし【収支】** 名 入《はい》ってくるお金《かね》と、出《で》ていくお金《かね》。収入《しゅうにゅう》と支出《ししゅつ》。例 収支計算《けいさん》が合《あ》う。

**しゅうし【宗旨】** 名 ❶ある宗教《しゅうきょう》の中心《ちゅうしん》となる教《おし》え。❷その人《ひと》の信《しん》じる宗派《しゅうは》。❸その人《ひと》の考《かんが》え方《かた》や生《い》き方《かた》。例 宗旨を変《か》える。

**しゅうし【終始】** 一 名 動-する 始《はじ》めから終《お》わりまで、ずっと続《つづ》くこと。例 話《はな》し合《あ》いは、この話題《わだい》に終始した。二 副 ずっと。例 二人《ふたり》は終始だまっていた。

**✤しゅうじ【習字】** 名 〔おもに毛筆《もうひつ》で〕字《じ》の書《か》き方《かた》を習《なら》うこと。手習《てなら》い。類 書写《しょしゃ》。

**✤じゆうし【自由詩】** 名 七五調《しちごちょう》・五七調《ごしちちょう》などの形式《けいしき》にとらわれないで、自由《じゆう》に作《つく》る詩《し》。

[対]定型詩《ていけいし》。

**じゅうし【重視】**[名][動する] 重《おも》くみること。だいじに考《かんが》えること。[例]体力《たいりょく》づくりを重視する。[対]軽視《けいし》。

**じゅうじ【十字】**[名] ❶十《じゅう》の字《じ》の形《かたち》。十《じゅう》文《もん》字《じ》。[例]赤《せき》十字。❷十《じゅう》字《じ》架《か》。❸直角《ちょっかく》に交差《こうさ》すること。[例]十字路《ろ》。

**十《じゅう》字《じ》を切《き》る** (キリスト教《きょう》の信者《しんじゃ》が、神《かみ》に祈《いの》るときに)手《て》で胸《むね》に十《じゅう》の字《じ》をかく。

**じゅうじ【住持】**[名][↓]じゅうしょく 599ページ

**じゅうじ【従事】**[名][動する] ある仕事《しごと》についていること。[例]研究《けんきゅう》に従事する。

■**しゅうしいっかん【終始一貫】**[副][動する] 始《はじ》めから終《お》わりまで、ずっと変《か》わらないようす。[例]終始一貫、無罪《むざい》を主張《しゅちょう》する。

**じゅうじか【十字架】**[名]〔二本《にほん》の棒《ぼう》を「十《じゅう》」の形《かたち》に作《つく》ったもの。〕❶昔《むかし》、罪人《ざいにん》をはりつけの刑《けい》にした柱《はしら》。❷〔キリストがはりつけになったことから〕キリスト教《きょう》のしるし。

**じゅうじぐん【十字軍】**[名] ヨーロッパのキリスト教《きょう》徒《と》がおこした軍《ぐん》。聖地《せいち》エルサレムをイスラム教《きょう》徒《と》からうばい返《かえ》すことを目《もく》的《てき》として結成《けっせい》された。十一世紀《じゅういっせいき》から約《やく》二《に》百《ひゃく》年《ねん》にわたってくり返《かえ》された。

✤**しゅうしけい【終止形】**[名]〔国語《こくご》で〕活用《かつよう》語《ご》の変化《へんか》する形《かたち》の一《ひと》つ。言《い》い切《き》りの形《かたち》として、文《ぶん》の終《お》わりに使《つか》われる。活用《かつよう》語《ご》の基本形《きほんけい》として辞書《じしょ》の見出《みだ》し語《ご》にもなる。

■**じゆうじざい【自由自在】**[名][形動] 自分《じぶん》の思《おも》いどおりにできるようす。[例]鳥《とり》のように自由自在に空《そら》を飛《と》びたい。

**じゅうしちじょうのけんぽう【十七条の憲法】**[名] 六〇四年《ねん》、聖徳太子《しょうとくたいし》が定《さだ》めた、貴族《きぞく》や役人《やくにん》の心得《こころえ》。和《わ》の大切《たいせつ》さなどが書《か》かれている。

**しゅうじつ【終日】**[名] 一日《いちにち》じゅう、ずっと。[例]終日のんびり過《す》ごす。

**じゅうじつ【充実】**[名][動する] 中身《なかみ》がいっぱいつまって、十分《じゅうぶん》になること。[例]充実した一日《いちにち》。

**しゅうしふ【終止符】**[名] ❶英語《えいご》などの文《ぶん》の終《お》わりにつける「.」のしるし。ピリオド。❷ものごとの終《お》わり。

**終止符《しゅうしふ》を打《う》つ** ものごとの決着《けっちゃく》をつける。終《お》わりにする。[例]長《なが》く続《つづ》いた争《あらそ》いに終止符を打つ。

**じゅうしまつ【十姉妹】**[名] スズメより少《すこ》し小《ちい》さく、白《しろ》に黒《くろ》や茶色《ちゃいろ》の斑点《はんてん》がある小鳥《ことり》。人《ひと》に飼《か》われる。

**じゅうしゃ【従者】**[名] お供《とも》の人《ひと》。

**しゅうじゃく【執着】**[名][動する][↓]しゅうちゃく(執着) 600ページ

**しゅうしゅう【収拾】**[名][動する] (混乱《こんらん》を)収《おさ》めること。[例]事態《じたい》を収拾する。

**しゅうしゅう【収集】**[名][動する] 物《もの》を集《あつ》めること。[例]ごみの収集。

**じゅうじゅう【重重】**[副] 十分《じゅうぶん》に念《ねん》を入《い》れるようす。重《かさ》ね重《がさ》ね。[例]重々おわびします。

**例解↔使い分け**

**収拾《しゅうしゅう》と収集《しゅうしゅう》**

事態《じたい》を収拾《しゅうしゅう》する。
収拾《しゅうしゅう》がつかない。

切手《きって》を収集《しゅうしゅう》する。
情報《じょうほう》を収集《しゅうしゅう》する。

**じゆうしゅぎ【自由主義】**[名] 一人《ひとり》一人《ひとり》の考《かんが》えや行動《こうどう》を、取《と》りしまったりしないで、大切《たいせつ》にしようという考《かんが》え方《かた》。

**しゅうしゅく【収縮】**[名][動する] 縮《ちぢ》むこと。縮《ちぢ》めること。[例]筋肉《きんにく》が収縮する。[対]膨張《ぼうちょう》。

**しゅうじゅく【習熟】**[名][動する] 慣《な》れて、上手《じょうず》になること。熟練《じゅくれん》。熟達《じゅくたつ》。[例]車《くるま》の運転《うんてん》に習熟する。

**じゅうじゅつ【柔術】**[名] 日本《にっぽん》に古《ふる》くからある武術《ぶじゅつ》の一《ひと》つ。柔道《じゅうどう》や合気道《あいきどう》のもととなった。

**じゅうじゅん【柔順・従順】**[形動] 人《ひと》に逆《さか》らわず、おとなしいようす。[例]従順な子《こ》。

◦**じゅうしょ【住所】**[名] 住《す》んでいる場所《ばしょ》。

**しゅうしょう【愁傷】**[名] 人《ひと》の死《し》を悲《かな》しみ、なげくこと。おくやみのあいさつにつかう言葉《ことば》。[例]このたびは、ご愁傷さまでございま

[歌の意味] 嘆《なげ》き続《つづ》けてひとりで寝《ね》る夜《よる》がどんなに長《なが》いか、あなたはご存《ぞん》じでしょうか。

す。

**じゅうしょう【重症】** 名 病気《びょうき》の程度《ていど》が重《おも》いこと。例 重症患者《かんじゃ》。対 軽症《けいしょう》。

**じゅうしょう【重唱】** 名 動-する めいめいが高《たか》さのちがう声《こえ》の部分《ぶぶん》を受《う》け持《も》って、合唱《がっしょう》すること。例 四《し》重唱。

**じゅうしょう【重傷】** 名 重《おも》い傷《きず》。大《おお》けが。例 重傷を負《お》う。対 軽傷《けいしょう》。

✤**しゅうしょく【修飾】** 名 動-する ❶美《うつく》しくかざること。❷〔国語《こくご》で〕前《まえ》の言葉《ことば》が、あとの言葉《ことば》の意味《いみ》や内容《ないよう》をくわしく説明《せつめい》すること。

例解 ! ことばの勉強室

### 修飾語《しゅうしょくご》について

「ぼくは、買《か》った。」

これでは、どことなくはっきりしない。

そこで、次《つぎ》のようにしてみる。

いつ　なぜ

「ぼくは昨日《きのう》、妹《いもうと》のために、

どこで　何《なに》を

本屋《ほんや》で、絵本《えほん》を買《か》った。」

これで、まとまった文《ぶん》になる。

この文《ぶん》の「いつ」「なぜ」「どこで」「何《なに》を」などのように、文《ぶん》をくわしくしている部分《ぶぶん》を、「修飾語《しゅうしょくご》」という。

修飾語《しゅうしょくご》は、文《ぶん》の「かざり」のようなもので、これによって、言《い》おうとすることがくわしく表《あらわ》される。

↓しゅうしょくご 599ページ

**しゅうしょく【就職】** 名 動-する 職業《しょくぎょう》につくこと。例 就職試験《しけん》。対 退職《たいしょく》。

**じゅうしょく【住職】** 名 寺《てら》のあるじであるお坊《ぼう》さん。住持《じゅうじ》。

**しゅうしょくぐち【就職口】** 名 勤《つと》め先《さき》。

✤**しゅうしょくご【修飾語】** 名 〔国語《こくご》で〕言葉《ことば》の上《うえ》につけて、その言葉《ことば》の意味《いみ》を、くわしくしたり、限定《げんてい》したりする言葉《ことば》。「赤《あか》い花《はな》」の「赤《あか》い」という言葉《ことば》など。

**じゅうしょろく【住所録】** 名 知《し》り合《あ》いなどの氏名《しめい》・住所《じゅうしょ》を書《か》いて、整理《せいり》したもの。

**じゅうじろ【十字路】** 名 十《じゅう》の字《じ》の形《かたち》に交《まじ》わった道《みち》。四《よ》つつじ。四《よ》つ角《かど》。交差点《こうさてん》。

**しゅうしん【執心】** 名 動-する 強《つよ》く心《こころ》を引《ひ》かれて、それからはなれられないこと。例 切手《きって》集《あつ》めに執心する。類 執着《しゅうちゃく》。

**しゅうしん【終身】** 名 死《し》ぬまで。一生《いっしょう》の間《あいだ》。例 終身会員《かいいん》。

**しゅうしん【就寝】** 名 動-する 床《とこ》につくこと。寝《ね》ること。対 起床《きしょう》。

**しゅうじん【囚人】** 名 刑務所《けいむしょ》に入《い》れられている人《ひと》。

**しゅうじん【衆人】** 名 多《おお》くの人々《ひとびと》。例 衆人環視《かんし》。

**じゅうしん【重心】** 名 重《おも》さがつり合《あ》って中心《ちゅうしん》となる点《てん》。例 重心をとる〔=バランスをとる〕。

**じゅうしん【重臣】** 名 位《くらい》の高《たか》い家来《けらい》。

**じゅうしん【銃身】** 名 鉄砲《てっぽう》やピストルなどの弾《たま》が通《とお》る、細長《ほそなが》い筒《つつ》の部分《ぶぶん》。

■**しゅうじんかんし【衆人環視】** 名 多《おお》くの人《ひと》が周《まわ》りから見《み》ていること。例 衆人環視の中《なか》で発表《はっぴょう》した。

**シューズ** 〔英語 shoes〕 名 靴《くつ》。

**ジュース** 〔英語 deuce〕 名 （テニス・卓球《たっきゅう》・バレーボールなどで）あと一点《いってん》取《と》れば勝負《しょうぶ》が決《き》まるとき、同点《どうてん》になること。そのあとは、二《に》点続《てんつづ》けて取《と》ったほうが勝《か》ちになる。

**ジュース** 〔英語 juice〕 名 果物《くだもの》や野菜《やさい》をしぼった汁《しる》。例 リンゴジュース。

**しゅうせい【修正】** 名 動-する よくないところを直《なお》して、正《ただ》しくすること。例 文章《ぶんしょう》を修正する。類 訂正《ていせい》。

**しゅうせい【終生・終世】** 名 副 生《い》きている間《あいだ》。死《し》ぬまで、ずっと。一生《いっしょう》。例 このご恩《おん》は終生忘《わす》れません。

**しゅうせい【習性】** 名 ❶習慣《しゅうかん》によって身《み》についた性質《せいしつ》。くせ。例 早起《はやお》きが習性になる。❷（動物《どうぶつ》に）生《う》まれつき備《そな》わっている行動《こうどう》のしかた。例 ミツバチの習性。

**じゅうせい【銃声】** 名 鉄砲《てっぽう》をうつ音《おと》。

**じゅうぜい【重税】** 名 負担《ふたん》の重《おも》い税金《ぜいきん》。例 重税にあえぐ。

**しゅうせき【集積】** 名 動-する 多《おお》くの物《もの》が集《あつ》まって積《つ》み重《かさ》なること。また、積《つ》み重《かさ》ねること。例 木材《もくざい》を集積する。





百人一首　嘆《なげ》きつつひとり寝《ぬ》る夜《よ》の明《あ》くる間《ま》はいかに久《ひさ》しきものとかは知《し》る　藤原道綱母《ふじわらのみちつなのはは》

じゅうせき【自由席】［名］（乗《の》り物《もの》や劇場《げきじょう》などで）だれでも自由《じゆう》に座《すわ》ってよい席《せき》。［対］指《し》定席《ていせき》。

じゅうせき【重責】［名］重《おも》い責任《せきにん》。［例］委員《いいん》長《ちょう》の重責を果《は》たす。

しゅうせきかいろ【集積回路】［名］⬇アイシー 3ページ

しゅうせきじょう【集積場】［名］物《もの》を集《あつ》めて置《お》いておく所《ところ》。［例］生《なま》ごみの集積場。

しゅうせん【周旋】［名］［動する］間《あいだ》に入《はい》って取《と》り引《ひ》きなどの世話《せわ》をすること。あっせん。［例］アルバイトを周旋する。

しゅうせん【終戦】［名］戦争《せんそう》が終《お》わること。［例］終戦記念日《きねんび》。［対］開戦《かいせん》。［参考］ふつう日本《にっぽん》では、一九四五年《ねん》（昭和《しょうわ》二十年《にじゅうねん》）八月十五日《はちがつじゅうごにち》に終《お》わった第二次世界大戦《だいにじせかいたいせん》についていう。

○しゅうぜん【修繕】［名］［動する］こわれたところを直《なお》すこと。修理《しゅうり》。［例］かばんを修繕に出《だ》す。

じゅうぜん【従前】［名］これまで。今《いま》まで。［例］営業《えいぎょう》は従前どおりです。［類］従来《じゅうらい》。

じゅうそう【重奏】［名］［動する］それぞれちがった楽器《がっき》で、異《こと》なる音《おと》の高《たか》さを受《う》け持《も》って合《がっ》奏《そう》すること。［例］弦楽《げんがく》四《し》重奏。

じゅうそう【重曹】［名］重炭酸《じゅうたんさん》ソーダ。胃《い》の薬《くすり》やふくらし粉《こ》などに使《つか》う白《しろ》い粉《こな》。

じゅうそう【縦走】［名］［動する］登山《とざん》で、尾根《おね》づたいに山《やま》を歩《ある》くこと。［例］北《きた》アルプス縦走。

しゅうそく【収束】［名］［動する］ものごとの収《おさ》まりがつくこと。［例］争《あらそ》いが収束する。

しゅうそく【終息】［名］［動する］すっかり終《お》わること。［例］インフルエンザが終息した。

しゅうぞく【習俗】［名］その土地《とち》に伝《つた》わってきた生活《せいかつ》のしかた。習慣《しゅうかん》や風俗《ふうぞく》。風習《ふうしゅう》。

じゅうそく【充足】［名］［動する］満《み》ち足《た》りること。十分《じゅうぶん》に満《み》たすこと。［例］必要《ひつよう》な条件《じょうけん》を充足する。

じゅうぞく【従属】［名］［動する］他《ほか》のものの支《し》配《はい》を受《う》けて、つき従《したが》うこと。［例］強国《きょうこく》に従属する。［対］独立《どくりつ》。

しゅうたい【醜態】［名］みにくくて、はずかしいようす。［例］醜態をさらけ出《だ》す。

じゅうたい【重体・重態】［名］けがや病気《びょうき》が、命《いのち》にかかわるほど重《おも》いこと。［類］危篤《きとく》。

じゅうたい【渋滞】［名］［動する］ものごとがつかえて、すらすらと進《すす》まないこと。［例］高速道《こうそくどう》路《ろ》が渋滞する。

じゅうたい【縦隊】［名］たてに並《なら》んだ隊列《たいれつ》。［例］三列《さんれつ》縦隊。［対］横隊《おうたい》。

○じゅうだい【重大】［形動］ただごとでないようす。また、非常《ひじょう》にだいじなようす。［例］重大な失敗《しっぱい》。重大な疑問《ぎもん》。

じゅうだいし【重大視】［名］［動する］重大《じゅうだい》だと見《み》ること。［例］大臣《だいじん》の発言《はつげん》を重大視する。

しゅうたいせい【集大成】［名］［動する］多《おお》くのものを集《あつ》めて、一《ひと》つにまとめあげること。また、まとめあげたもの。［例］各地《かくち》の民話《みんわ》の集大成。

○じゅうたく【住宅】［名］人《ひと》が住《す》むための家《いえ》。住《す》まい。住居《じゅうきょ》。

じゅうたくち【住宅地】［名］❶家《いえ》が多《おお》く建《た》っている土地《とち》。❷家《いえ》を建《た》てるのによい土地《とち》。

○しゅうだん【集団】［名］多《おお》くの人《ひと》や動物《どうぶつ》の集《あつ》まり。グループ。［例］集団行動《こうどう》。［類］団体《だんたい》。

じゅうたん［名］床《ゆか》にしく、厚《あつ》い毛織物《けおりもの》。カーペット。

じゅうだん【縦断】［名］［動する］❶細長《ほそなが》いものを縦《たて》の方向《ほうこう》に切《き》ること。［例］縦断面《めん》。❷縦《たて》または南北《なんぼく》の方向《ほうこう》に通《とお》りぬけること。［例］本州《ほんしゅう》を縦断する。［類］縦貫《じゅうかん》。［対］（❶・❷）横断《おうだん》。

しゅうだんそかい【集団疎開】［名］⬇がくどうそかい 222ページ

しゅうち【周知】［名］［動する］みんなが知《し》っていること。［例］周知のとおりの事実《じじつ》。

しゅうち【衆知】［名］大勢《おおぜい》の人《ひと》の知恵《ちえ》。［例］衆知を集《あつ》める。

しゅうちしん【羞恥心】［名］はずかしく思《おも》う気持《きも》ち。［例］羞恥心がない。

しゅうちゃく【執着】［名］［動する］心《こころ》が引《ひ》きつけられて思《おも》いきれないこと。［例］勝《か》つことに執着する。［類］執心《しゅうしん》。［参考］「しゅうじゃく」とも読《よ》む。

しゅうちゃく【終着】［名］（列車《れっしゃ》・電車《でんしゃ》・バスなどが）終点《しゅうてん》に着《つ》くこと。［対］始発《しはつ》。

○しゅうちゅう【集中】［名］［動する］一《ひと》つのところに集《あつ》めること。また、集《あつ》まること。［例］注意《ちゅうい》を集中して話《はなし》を聞《き》く。［対］分散《ぶんさん》。

しゅうちゅうごうう【集中豪雨】［名］

せまい地域《ちいき》に、短《みじか》い時間《じかん》に降《ふ》る大雨《おおあめ》。

**しゅうちょう【しゅう長】** 名 一《ひと》つの部《ぶ》族《ぞく》のかしら。

**じゅうちん【重鎮】** 名 ある社会《しゃかい》で重《おも》んじられている人《ひと》。例 政界《せいかい》の重鎮。

**しゅうてん【終点】** 名 ものごとの終《お》わるところ。特《とく》に、電車《でんしゃ》・バスなどが、いちばん終《お》わりに着《つ》く駅《えき》や停留所《ていりゅうじょ》。対 起点《きてん》。始点《してん》。

**しゅうでん【終電】** 名 〔「終電車《しゅうでんしゃ》」の略《りゃく》。〕その日《ひ》の最後《さいご》に出《で》る電車《でんしゃ》。

**じゅうてん【充填】** 名 動-する 空《あ》いている所《ところ》に、きちんと物《もの》をつめること。例 火《ひ》なわ銃《じゅう》に火薬《かやく》を充填する。

**°じゅうてん【重点】** 名 ものごとの大切《たいせつ》なところ。力点《りきてん》。例 音読《おんどく》に重点を置《お》く。

**じゅうでん【充電】** 名 動-する ❶蓄電池《ちくでんち》に電《でん》気《き》をたくわえること。対 放電《ほうでん》。❷活力《かつりょく》をたくわえること。例 明日《あす》の決勝戦《けっしょうせん》にそなえて充電する。

**しゅうでんしゃ【終電車】** 名 ↓しゅうでん 601ページ

**じゅうでんち【充電池】** 名 ↓バッテリー❷ 1051ページ

**しゅうと** 名 夫《おっと》の父《ちち》、または妻《つま》の父《ちち》。対 しゅうとめ。

**シュート**〔英語 shoot〕名 動-する ❶野《や》球《きゅう》・ソフトボールで、投手《とうしゅ》が投《な》げたボールが、打者《だしゃ》のそばで曲《ま》がること。右《みぎ》投《な》げなら、右《みぎ》に曲《ま》がる。また、そのボール。❷(サッカー・バスケットボールなどで)ゴールめがけて、ボールをけったり、投《な》げたりすること。

**じゅうど【重度】** 名 程度《ていど》が重《おも》いこと。例 重度の障害《しょうがい》。対 軽度《けいど》。

**しゅうとう【周到】** 形動 行《い》き届《とど》いて、ぬかりがないようす。例 用意《ようい》周到に準備《じゅんび》する。

**じゅうとう【充当】** 名 動-する 人《ひと》やお金《かね》を、ある目的《もくてき》のためにふり当《あ》てて用《もち》いること。例 収入《しゅうにゅう》の一部《いちぶ》を義援金《ぎえんきん》に充当する。

**じゅうどう【柔道】** 名 素手《すで》で相手《あいて》と組《く》み合《あ》い、投《な》げ技《わざ》・寝技《ねわざ》などで、身《み》を守《まも》ったり相《あい》手《て》を倒《たお》したりする競技《きょうぎ》。

**しゅうどういん【修道院】** 名 キリスト教《きょう》で、坊《ぼう》さんあるいは尼《あま》さんが、共同《きょうどう》で生活《せいかつ》しながら修行《しゅぎょう》にはげむ寺院《じいん》。

**しゅうとく【拾得】** 名 動-する 落《お》とし物《もの》を拾《ひろ》うこと。例 拾得物《ぶつ》。

**しゅうとく【修得】** 名 動-する (学問《がくもん》や技術《ぎじゅつ》などを)学《まな》んで身《み》につけること。

**しゅうとく【習得】** 名 動-する (技術《ぎじゅつ》や言語《げんご》を)習《なら》い覚《おぼ》えること。例 英語《えいご》を習得する。

**しゅうとくぶつ【拾得物】** 名 だれかに拾《ひろ》われた落《お》とし物《もの》。

**しゅうとめ** 名 夫《おっと》の母《はは》、または妻《つま》の母《はは》。対 しゅうと。

**じゅうなん【柔軟】** 形動 ❶やわらかく、しなやかなようす。例 柔軟な体《からだ》。❷考《かんが》え方《かた》・行《こう》動《どう》などが、融通《ゆうずう》がきくようす。例 一人《ひとり》一人《ひとり》に柔軟に対応《たいおう》する。

**じゅうなんたいそう【柔軟体操】** 名 体《からだ》をやわらかくするために、関節《かんせつ》を十分《じゅうぶん》に曲《ま》げたり、伸《の》ばしたりして行《おこな》う体操《たいそう》。

**じゅうにし【十二支】** 名 人《ひと》の生《う》まれた年《とし》や方角《ほうがく》・時刻《じこく》を示《しめ》す十二《じゅうに》の呼《よ》び名《な》。子《ね》(=ねずみ)・丑《うし》・寅《とら》・卯《う》(=うさぎ)・辰《たつ》(=りゅう)・巳《み》(=へび)・午《うま》・未《ひつじ》・申《さる》・酉《とり》(=にわとり)・戌《いぬ》・亥《い》(=いのしし)のこと。参考 十干《じっかん》と組《く》み合《あ》わせて「えと」を表《あらわ》す。

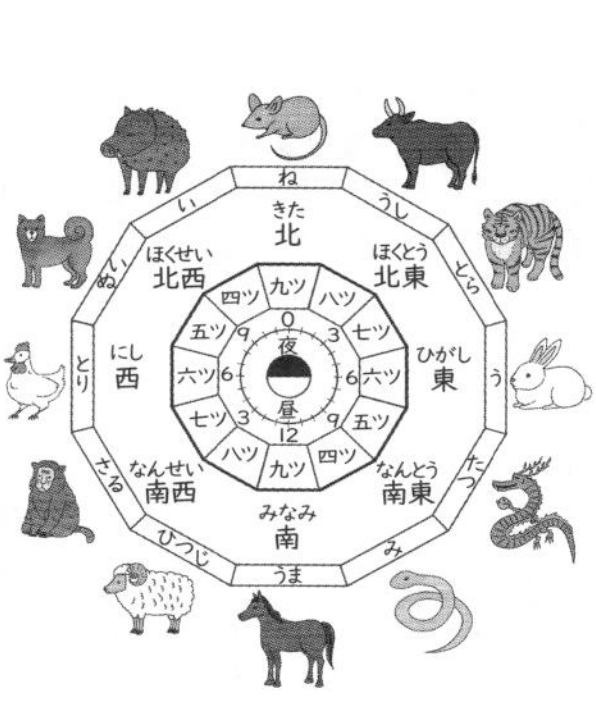

〔じゅうにし〕

**じゅうにしちょう【十二指腸】** 名 胃《い》の出口《でぐち》から小腸《しょうちょう》に続《つづ》く部分《ぶぶん》。参考 長《なが》さが指《ゆび》を横《よこ》に十二《じゅうに》本《ほん》並《なら》べたくらいであることからの名称《めいしょう》。↓ないぞう(内臓) 959ページ

**じゅうにひとえ【十二単】** 名 平安時代《へいあんじだい》に、朝廷《ちょうてい》に仕《つか》えていた女《おんな》の人《ひと》が、改《あらた》まったときに着《き》た衣服《いふく》。はかまをつけ、色《いろ》あざやかな着物《きもの》をたくさん重《かさ》ねて着《き》た。

**じゅうにぶん【十二分】** 形動 多《おお》すぎるく


百人一首 忘《わす》れじの行《ゆ》く末《すえ》まではかたければけふを限《かぎ》りの命《いのち》ともがな　儀同三司母《ぎどうさんしのはは》

らい、十分《じゅうぶん》なようす。たっぷり。

∘**しゅうにゅう【収入】** 名 お金《かね》が入《はい》ること。また、そのお金《かね》。例 臨《りん》時《じ》の収入が入《はい》った。類 所得《しょとく》。対 支出《ししゅつ》。

**しゅうにゅういんし【収入印紙】** 名 国《くに》に税金《ぜいきん》や手数料《てすうりょう》を納《おさ》めたしるしとして、領収書《りょうしゅうしょ》などにはる切手《きって》大《だい》の紙《かみ》。

**しゅうにん【就任】** 名 動-する 役《やく》につくこと。例 社長《しゃちょう》に就任する。対 退任《たいにん》。離任《りにん》。

**じゅうにん【住人】** 名 その土《と》地《ち》または建《たて》物《もの》に住《す》んでいる人《ひと》。類 住民《じゅうみん》。

**じゅうにん【重任】** 一 名 大切《たいせつ》な役目《やくめ》。例 学校《がっこう》代表《だいひょう》の重任を果《は》たす。二 名 動-する 再《ふたた》び前《まえ》と同《おな》じ役目《やくめ》につくこと。再任《さいにん》。例 会長《かいちょう》を重任する。

■**じゅうにんといろ【十人十色】** 名 〔十《じゅう》人《にん》いれば、それぞれ顔《かお》かたちがちがっているように〕感《かん》じ方《かた》や考《かんが》え方《かた》は、人《ひと》によってみんなちがうということ。類 各人各様《かくじんかくよう》。

**じゅうにんなみ【十人並み】** 名 形動 目《め》立《だ》ってすぐれたところもなく、ふつうであること。人並《ひとな》み。

**しゅうねん【周年】** 〔数字《すうじ》のあとにつけて〕「…回《かい》めの年《とし》」という意味《いみ》を表《あらわ》す言葉《ことば》。例 創立《そうりつ》八十《はちじっ》周年。

**しゅうねん【執念】** 名 深《ふか》く思《おも》いこんで、はなれない心《こころ》。例 優勝《ゆうしょう》に執念を燃《も》やす。

■**じゅうねんいちじつ【十年一日】** 名 昔《むかし》も今《いま》も、同《おな》じことをくり返《かえ》していること。例 十年一日のごとく進歩《しんぽ》がない。

■**じゅうねんひとむかし【十年一昔】** 名 十年《じゅうねん》もたつと、世《よ》の中《なか》が変《か》わって、昔《むかし》のことになるということ。

**しゅうねんぶかい【執念深い】** 形 深《ふか》く思《おも》いこんで、忘《わす》れない。しつこい。例 執念深くつきまとう。

**しゅうのう【収納】** 名 動-する ❶品物《しなもの》をしまうこと。例 衣類《いるい》を収納する。❷役所《やくしょ》がお金《かね》を受《う》け取《と》ること。例 税金《ぜいきん》を収納する。

**しゅうのうこ【収納庫】** 名 品物《しなもの》をしまっておく建物《たてもの》や施設《しせつ》。例 文化財《ぶんかざい》の収納庫。

**しゅうは【宗派】** 名 一《ひと》つの宗教《しゅうきょう》の中《なか》で、分《わ》かれたグループ。

**しゅうはい【集配】** 名 動-する 郵便物《ゆうびんぶつ》や貨物《かもつ》を、集《あつ》めたり、配《くば》ったりすること。例 集配エリアは市内全域《しないぜんいき》だ。

**じゅうばこ【重箱】** 名 食《た》べ物《もの》を入《い》れる箱《はこ》で、いくつも重《かさ》ねることができるもの。

**重箱《じゅうばこ》の隅《すみ》をつつく** つまらない細《こま》かなことを取《と》り上《あ》げて、うるさく言《い》うこと。例 重箱の隅をつつくような議論《ぎろん》ばかりだ。

✤**じゅうばこよみ【重箱読み】** 名 〔国語《こくご》で〕「重箱《じゅうばこ》」のように、漢字《かんじ》の熟語《じゅくご》の、上《うえ》は音《おん》、下《した》は訓《くん》で読《よ》む読《よ》み方《かた》。対 湯桶《ゆとう》読《よ》み。

**しゅうバス【終バス】** 名 その日《ひ》の最後《さいご》に出《で》るバス。最終《さいしゅう》バス。

**しゅうはすう【周波数】** 名 電波《でんぱ》・音波《おんぱ》・交《こう》流電流《りゅうでんりゅう》などが、一秒間《いちびょうかん》に振動《しんどう》する回数《かいすう》。単《たん》位《い》は、ヘルツ。

**じゅうはちばん【十八番】** 名 その人《ひと》が得意《とくい》とするものごと。おはこ。例 その歌《うた》は姉《あね》の十八番だ。類 お家芸《いえげい》。参考 歌舞伎《かぶき》の市川家《いちかわけ》が得意《とくい》とした十八《じゅうはち》の作品《さくひん》を、「歌舞伎《かぶき》十《じゅう》八番《はちばん》」と呼《よ》んだところから。

**しゅうはつ【終発】** 名 その日《ひ》のうちで、いちばん最後《さいご》に出発《しゅっぱつ》すること。またその列車《れっしゃ》やバスなど。例 終発電車《でんしゃ》。類 最終《さいしゅう》。対 始発《しはつ》。

**しゅうばん【週番】** 名 一週間《いっしゅうかん》ごとに、代《か》わり合《あ》ってする仕事《しごと》。また、その人《ひと》。

**しゅうばん【終盤】** 名 ❶〔碁《ご》や将棋《しょうぎ》などで〕勝負《しょうぶ》の決《き》まる終《お》わりの場面《ばめん》。❷ものごとの終《お》わりに近《ちか》い段階《だんかい》。例 試合《しあい》の終盤。類（❶・❷）終局《しゅうきょく》。

**じゅうはん【重版】** 名 動-する 一度《いちど》出《だ》した本《ほん》を、さらに印刷《いんさつ》して出《だ》すこと。類 増刷《ぞうさつ》。

**しゅうひつ【終筆】** 名 〔習字《しゅうじ》で〕字《じ》を書《か》き終《お》える、最後《さいご》の止《と》めやはねなど。対 始筆《しひつ》。

**じゅうびょう【重病】** 名 重《おも》い病気《びょうき》。

**じゆうびょうどう【自由平等】** 名 形動 人《ひと》はだれでも自由《じゆう》で、同《おな》じ権利《けんり》を持《も》っているということ。自由《じゆう》で差別《さべつ》のないこと。

**しゅうふく【修復】** 名 動-する ❶こわれたところを、元《もと》どおりに直《なお》すこと。例 橋《はし》を修復する。❷元《もと》どおりの関係《かんけい》にもどすこと。例 国交《こっこう》を修復する。

**じゅうふく【重複】** 名 動-する ➡ちょうふく

842ページ

[歌の意味] 水《みず》が枯《か》れ、音《おと》が絶《た》えてから久《ひさ》しいが、その滝《たき》の評判《ひょうばん》は今《いま》も言《い》い伝《つた》えられている。

**しゅうぶん**【秋分】名 秋《あき》に、太陽《たいよう》が真東《まひがし》から出《で》て真西《まにし》にしずみ、昼《ひる》と夜《よる》の長《なが》さが同《おな》じになる日《ひ》。九月二十三日《くがつにじゅうさんにち》ごろ。二十四節気《にじゅうしせっき》の一《ひと》つ。対 春分《しゅんぶん》。

○**じゅうぶん**【十分・充分】副 形動 ものごとが足《た》りているようす。たっぷり。例 ゆうべは十分に寝《ね》た。

✤**じゅうぶん**【重文】名 ❶〔国語《こくご》で〕単文《たんぶん》が、二《ふた》つ以上《いじょう》つながって、一《ひと》つの文《ぶん》になっている文《ぶん》。「鳥《とり》が鳴《な》き、花《はな》が咲《さ》く」のような文《ぶん》。関連 単文《たんぶん》。複文《ふくぶん》。⇩ぶん【文】1165ページ。❷⇩じゅうようぶんかざい 604ページ

**しゅうぶんのひ**【秋分の日】名 国民《こくみん》の祝日《しゅくじつ》の一《ひと》つ。祖先《そせん》を敬《うやま》い、なくなった人《ひと》をしのぶ日《ひ》。九月二十三日《くがつにじゅうさんにち》ごろ。秋《あき》の彼岸《ひがん》の中日《ちゅうにち》にあたる。

**シューベルト** 人名（男）（一七九七〜一八二八）オーストリアの作曲家《さっきょくか》。「野《の》ばら」「子《こ》もり歌《うた》」「菩提樹《ぼだいじゅ》」など、すぐれた歌曲《かきょく》をたくさん作《つく》り、「歌曲《かきょく》の王《おう》」と呼ばれた。

〔シューベルト〕

**しゅうへん**【周辺】名 周《まわ》り。その近《ちか》く。例 池《いけ》の周辺を散歩《さんぽ》する。

■**じゆうほんぽう**【自由奔放】名 形動 思《おも》いのままに、のびのびと行動《こうどう》すること。例 自由奔放な生《い》き方《かた》にあこがれる。

**シューマイ**〔中国語〕名 ひき肉《にく》などに野菜《やさい》を混《ま》ぜ、一口《ひとくち》で食《た》べられるぐらいの形《かたち》にし、小《こ》麦粉《むぎこ》の皮《かわ》に包《つつ》んで蒸《む》した中華料理《ちゅうかりょうり》。

**しゅうまく**【終幕】名 ❶劇《げき》の最後《さいご》の場面《ばめん》。❷ものごとの終《お》わり。例 リーグ戦《せん》も終幕を迎《むか》えた。対（❶・❷）序幕《じょまく》。

**しゅうまつ**【終末】名 ものごとの終《お》わり。おしまい。類 結末《けつまつ》。

**しゅうまつ**【週末】名 一週間《いっしゅうかん》の終《お》わり。ウイークエンド。例 週末旅行《りょこう》。

**じゅうまん**【充満】名 動する いっぱいになること。例 室内《しつない》にガスが充満する。

○**じゅうみん**【住民】名 その土地《とち》に住《す》んでいる人《ひと》。例 住民税《ぜい》。類 住人《じゅうにん》。

**じゅうみんきほんだいちょう**【住民基本台帳】名 住民票《じゅうみんひょう》を世帯《せたい》ごとにまとめて作《つく》られた台帳《だいちょう》。住基《じゅうき》。

**じゆうみんけんうんどう**【自由民権運動】名 明治時代《めいじじだい》の初《はじ》めに起《お》きた、人民《じんみん》の自由《じゆう》と権利《けんり》を得《え》るための運動《うんどう》。国会開設《こっかいかいせつ》や憲法《けんぽう》の制定《せいてい》などを要求《ようきゅう》した。

**じゅうみんぜい**【住民税】名 その土地《とち》に住《す》んでいる人《ひと》や、その土地《とち》にある会社《かいしゃ》にかかる税金《ぜいきん》。都道府県民税《とどうふけんみんぜい》と市町村民税《しちょうそんみんぜい》を合《あ》わせた税金《ぜいきん》。

**じゅうみんとうひょう**【住民投票】名 住民《じゅうみん》の意思《いし》を直接表《ちょくせつあらわ》すための投票《とうひょう》。

**じゅうみんひょう**【住民票】名 一人《ひとり》一人《ひとり》の住民《じゅうみん》の氏名《しめい》、生年月日《せいねんがっぴ》、性別《せいべつ》、住所《じゅうしょ》などを書《か》いたもの。

**しゅうめい**【襲名】名 動する（親《おや》や師匠《ししょう》などの）芸名《げいめい》などを受《う》けつぐこと。例 襲名披露《ひろう》。

**じゅうめん**【渋面】名 苦々《にがにが》しい顔《かお》。しかめっつら。例 渋面をつくる。

**じゅうもう**【絨毛】名 小腸《しょうちょう》などの内側《うちがわ》に、毛《け》が生《は》えたように小《ちい》さく突《つ》き出《だ》したもの。

**じゅうもんじ**【十文字】名 十《じゅう》の字《じ》の形《かたち》。十字《じゅうじ》。例 道《みち》が十文字に交《まじ》わっている。

**しゅうや**【終夜】名 ひと晩《ばん》じゅう。夜《よ》どおし。例 終夜運転《うんてん》。

**しゅうやく**【集約】名 動する 集《あつ》めてまとめること。例 意見《いけん》を集約する。

**じゅうやく**【重役】名 会社《かいしゃ》などの運営《うんえい》をする、重要《じゅうよう》な役《やく》。また、その役《やく》の人《ひと》。取締役《とりしまりやく》。

**じゅうゆ**【重油】名 原油《げんゆ》から、ガソリン・灯油《とうゆ》などを取《と》った残《のこ》りの油《あぶら》。船《ふね》などのエンジンやボイラーなどの燃料《ねんりょう》などにする。

**しゅうゆう**【周遊】名 動する 旅行《りょこう》して回《まわ》ること。例 周遊券《けん》。類 回遊《かいゆう》。

**しゅうよう**【収容】名 動する 人《ひと》や物《もの》を、ある場所《ばしょ》に入《い》れること。例 けが人《にん》を収容する。

**しゅうよう**【修養】名 動する 学問《がくもん》をしたり、精神《せいしん》をきたえたりして、自分《じぶん》をみがくこと。例 修養を積《つ》む。

○**じゅうよう**【重要】形動 だいじであるようす。大切《たいせつ》。例 重要な問題《もんだい》。

**じゅうようし**【重要視】名 動する だいじだと認《みと》めること。重視《じゅうし》。例 クラスのまとま





百人一首 滝《たき》の音《おと》は絶《た》えて久《ひさ》しくなりぬれど名《な》こそ流《なが》れてなほ聞《き》こえけれ　藤原公任《ふじわらのきんとう》

りを重要視する。

**しゅうようじょ**【収容所】[名] 人《ひと》や動物《どうぶつ》などをひきとって強制的《きょうせいてき》に入《い》れておく所《ところ》。

**じゅうようせい**【重要性】[名] 大切《たいせつ》さ。[例] 教育《きょういく》の重要性をさけぶ。

**じゅうようぶんかざい**【重要文化財】[名] 国《くに》から保護《ほご》するように指定《してい》された、大切《たいせつ》な建築物《けんちくぶつ》・美術品《びじゅつひん》などの文化財《ぶんかざい》。特《とく》にすぐれたものは国宝《こくほう》に指定《してい》される。重文《じゅうぶん》。

**じゅうようむけいぶんかざい**【重要無形文化財】[名] 国《くに》から保護《ほご》するように指定《してい》された、伝統《でんとう》のある芸能《げいのう》や工芸《こうげい》などの技《わざ》。また、その技《わざ》を持《も》つ人《ひと》。人《ひと》の場合《ばあい》は「人間《にんげん》国宝《こくほう》」と呼《よ》ばれている。

**しゅうらい**【襲来】[名][動-する] おそってくること。[例] 台風《たいふう》が襲来する。

**じゅうらい**【従来】[名] 元《もと》から、今《いま》まで。[例] 従来のやり方《かた》を守《まも》る。[類] 従前《じゅうぜん》。

**しゅうらく**【集落】[名] 家《いえ》が集《あつ》まっている所《ところ》。村落《そんらく》。部落《ぶらく》。[例] 山《やま》あいの集落。

**しゅうり**【修理】[名][動-する] こわれているところを直《なお》すこと。修繕《しゅうぜん》。[例] 修理には二《に》週間《しゅうかん》かかる。

**しゅうりょう**【修了】[名][動-する] 決《き》められた範囲《はんい》の勉強《べんきょう》を、学《まな》び終《お》えること。[例] 第三《だいさん》学年《がくねん》を修了した。

**しゅうりょう**【終了】[名][動-する] すっかり終《お》わること。[例] 記者《きしゃ》会見《かいけん》が終了する。[類] 完了《かんりょう》。[対] 開始《かいし》。

**じゅうりょう**【十両】[名] ❶すもうの番付《ばんづけ》で、幕内《まくうち》の下《した》、幕下《まくした》の上《うえ》の位《くらい》。十両《じゅうりょう》から上《うえ》を「関取《せきとり》」という。❷昔《むかし》のお金《かね》で、一両《いちりょう》の十倍《じゅうばい》。

**じゅうりょう**【重量】[名] ❶重《おも》さ。[例] 重量を量《はか》る。❷目方《めかた》が重《おも》いこと。[例] 重量級《きゅう》。[対] 軽量《けいりょう》。

**じゅうりょうあげ**【重量挙げ】[名] バーベルを持《も》ち上《あ》げて、力《ちから》の強《つよ》さをきそう競技《きょうぎ》。ウエートリフティング。

**じゅうりょうかん**【重量感】[名] いかにも重《おも》そうで、どっしりした感《かん》じ。[例] 重量感のある家具《かぐ》。

**じゅうりょく**【重力】[名] 地球《ちきゅう》の中心《ちゅうしん》に向《む》かって物《もの》を引《ひ》きつける力《ちから》。人間《にんげん》には、物《もの》の重《おも》さとして感《かん》じられるもの。

**しゆうりん**【私有林】[名] 個人《こじん》や会社《かいしゃ》などが持《も》っている森林《しんりん》。[対] 国有林《こくゆうりん》。

**じゅうれつ**【縦列】[名] 縦《たて》にならぶこと。また、ならんだ列《れつ》。[例] 縦列駐車《ちゅうしゃ》。[対] 横列《おうれつ》。

**しゅうれっしゃ**【終列車】[名] その日《ひ》のいちばん終《お》わりに出《で》る列車《れっしゃ》。

**しゅうれん**【修練・修錬】[名][動-する] 心《こころ》や体《からだ》・技《わざ》などをみがき、きたえること。[例] 厳《きび》しい修練を積《つ》む。[類] 鍛練《たんれん》。

**しゅうれん**【習練】[名][動-する] 上手《じょうず》になるためにくり返《かえ》し習《なら》うこと。練習《れんしゅう》。

**しゅうろう**【就労】[名][動-する] 仕事《しごと》につくこと。また、仕事《しごと》をすること。[例] 九時《くじ》から就労する。

例解 ❗ 表現の広場

**終了《しゅうりょう》と完了《かんりょう》と終結《しゅうけつ》のちがい**

| | 終了《しゅうりょう》 | 完了《かんりょう》 | 終結《しゅうけつ》 |
|---|---|---|---|
| 今日《きょう》の仕事《しごと》が　した。 | ○ | ○ | × |
| 準備《じゅんび》が　した。 | ○ | ○ | × |
| 入学式《にゅうがくしき》が　した。 | ○ | × | × |
| 戦争《せんそう》が　した。 | × | × | ○ |

**じゅうろうどう**【重労働】[名] 体力《たいりょく》のいるきつい仕事《しごと》。力仕事《ちからしごと》。

**しゅうろく**【収録】[名][動-する] ❶本《ほん》や雑誌《ざっし》などに文章《ぶんしょう》をのせること。❷録音《ろくおん》や録画《ろくが》をすること。[例] ひと月前《つきまえ》に収録した番組《ばんぐみ》。

**しゅうろく**【集録】[名][動-する] いろいろな記録《きろく》を集《あつ》めること。また、集《あつ》めたもの。

**しゅうわい**【収賄】[名][動-する] わいろを受《う》け取《と》ること。[対] 贈賄《ぞうわい》。

**しゅえい**【守衛】[名] (学校《がっこう》・会社《かいしゃ》・役所《やくしょ》などの)警備《けいび》の仕事《しごと》をする人《ひと》。また、その仕事《しごと》。

**じゅえき**【樹液】[名] 樹木《じゅもく》に含《ふく》まれている液《えき》。また、樹木《じゅもく》の表面《ひょうめん》ににじみ出《で》る液《えき》。

**しゅえん**【主演】[名][動-する] 劇《げき》や映画《えいが》で、中心《ちゅうしん》になる役《やく》をやること。また、その人《ひと》。

**しゅえん**【酒宴】[名] 大勢《おおぜい》で酒《さけ》を飲《の》む会《かい》。酒盛《さかも》り。[例] 酒宴をもよおす。

**シュガー**〔英語 sugar〕[名] 砂糖《さとう》。

**じゅかい**【樹海】[名] 森林《しんりん》が広《ひろ》くしげり、上《うえ》から見《み》ると海《うみ》のように見《み》える所《ところ》。

[歌の意味] 死《し》んでしまうかもしれないあの世《よ》への思《おも》い出《で》として、今一度《いまいちど》あなたにお会《あ》いすることができたらなあ。

**しゅかく**【主客△】名 ❶主人《しゅじん》と客《きゃく》。❷おもなものと、つけ足《た》しのもの。例 主客が入《い》れかわる。参考「しゅきゃく」ともいう。

**じゅがく**【儒°学】名 中国《ちゅうごく》の孔子《こうし》や孟子《もうし》が広《ひろ》めた、政治《せいじ》や道徳《どうとく》についての学問《がくもん》。儒教《じゅきょう》。

■**しゅかくてんとう**【主客△転倒°】名 動-する ものごとの順序《じゅんじょ》や立場《たちば》が逆《ぎゃく》になること。しゅきゃくてんとう。

**しゅかん**【主観】名 自分《じぶん》だけの見方《みかた》・考《かんが》え方《かた》。例 主観を入《い》れないで話《はな》す。対 客観《きゃっかん》。

**しゅがん**【主眼】名 おもなねらい。大切《たいせつ》なところ。例 練習《れんしゅう》に主眼を置《お》く。

**しゅかんせい**【主観性】名 自分《じぶん》だけのものの見方《みかた》で言《い》ったりしたりする性質《せいしつ》。

**しゅかんてき**【主観的】形動 自分《じぶん》だけの考《かんが》えで言《い》ったりしたりするようす。例 主観的な意見《いけん》。対 客観的《きゃっかんてき》。

**しゅき**【手記】名 自分《じぶん》のしたことや考《かんが》えなどを自分《じぶん》で書《か》いた文章《ぶんしょう》。例 手記をつづる。

**しゅぎ**【主義】名 いつも正《ただ》しいと思《おも》って、持《も》ち続《つづ》けている考《かんが》え方《かた》や方針《ほうしん》。例 ぼくは、無理《むり》なことを言《い》わない主義だ。

**しゅきゃく**【主客】名 ⇩しゅかく 605ページ

■**しゅきゃくてんとう**【主客転倒°】名 動-する ⇩しゅかくてんとう 605ページ

**じゅきゅう**【受給】名 動-する 配給《はいきゅう》や支給《しきゅう》を受《う》けること。例 年金《ねんきん》を受給する。

**じゅきゅう**【需給°】名 需要《じゅよう》と供給《きょうきゅう》。求《もと》めることと、与《あた》えること。

**しゅぎょう**【修行△】名 動-する ❶仏教《ぶっきょう》で、仏《ほとけ》の教《おし》えを学《まな》び、よい行《おこな》いをするよう、努《つと》めること。例 修行僧《そう》。❷学問《がくもん》や武芸《ぶげい》を身《み》につけるように、努《つと》めること。

**しゅぎょう**【修業△】名 動-する 〔「しゅうぎょう」ともいう。〕学問《がくもん》や芸《げい》を習《なら》って、自分《じぶん》のものにすること。例 おどりの修業。

**じゅきょう**【儒教°】名 儒学《じゅがく》の教《おし》え。⇩じゅがく 605ページ

°**じゅぎょう**【授業】名 動-する 学校《がっこう》などで、勉強《べんきょう》を教《おし》えること。また、その勉強《べんきょう》。

**しゅぎょく**【珠°玉】名 ❶真珠《しんじゅ》や宝石《ほうせき》のような美《うつく》しい玉《たま》。❷美《うつく》しいもの。すぐれたもの。例 珠玉の作品《さくひん》。参考 ふつう、芸術作品《げいじゅつさくひん》についていう。

**しゅく**【祝】画数 9 部首 ネ(しめすへん) 4年

音 シュク シ△ュウ 訓 いわ-う

筆順

いわう。いわい。熟語 祝辞《しゅくじ》。祝日《しゅくじつ》。祝儀《しゅうぎ》。⇩しゅくす 606ページ

《訓の使い方》**いわ-う** 例 入学《にゅうがく》を祝う。

**しゅく**【宿】画数 11 部首 宀(うかんむり) 3年

音 シュク 訓 やど やど-る やど-す

筆順

❶とまる。やど。熟語 宿舎《しゅくしゃ》。宿泊《しゅくはく》。宿場《しゅくば》。合《がっ》宿《しゅく》。宿屋《やどや》。❷前《まえ》からの。熟語 宿願《しゅくがん》。宿題《しゅくだい》。宿《しゅく》命《めい》。

《訓の使い方》**やど-る** 例 さびしさが宿る。**やど-す** 例 イモの葉《は》が露《つゆ》を宿す。

**しゅく**【宿】名 昔《むかし》、街道《かいどう》にあって、旅人《たびびと》を泊《と》めたり、馬《うま》やかごを乗《の》りついだりした所《ところ》。宿《しゅく》場《ば》。例 品川《しながわ》の宿。

**しゅく**【縮】画数 17 部首 糸(いとへん) 6年

音 シュク 訓 ちぢ-む ちぢ-まる ちぢ-める ちぢ-れる ちぢ-らす

筆順

小《ちい》さくなる。小《ちい》さくする。ちぢむ。ちぢめる。熟語 縮小《しゅくしょう》。圧縮《あっしゅく》。伸縮《しんしゅく》。短縮《たんしゅく》。

《訓の使い方》**ちぢ-む** 例 セーターが縮む。**ちぢ-まる** 例 命《いのち》が縮まる。**ちぢ-める** 例 差《さ》を縮める。**ちぢ-れる** 例 布《ぬの》が縮れる。**ちぢ-らす** 例 髪《かみ》を縮らす。

**しゅく**【叔】画数 8 部首 又(また)

音 シュク 訓 ―

父《ちち》または母《はは》の年下《としした》のきょうだい。熟語 叔父《しゅくふ》・叔父《おじ》。叔母《しゅくぼ》・叔母《おば》。参考「叔父《おじ》」も「叔母《おば》」も特別《とくべつ》に認《みと》められた読《よ》み方《かた》。

**しゅく**【淑】画数 11 部首 氵(さんずい)

音 シュク 訓 ―

❶しとやか。心《こころ》やさしく上品《じょうひん》。熟語 淑女《しゅくじょ》。





百人一首 あらざらむ《ん》この世《よ》のほかの思《おも》ひ出《いで》にいまひとたびの逢《あ》ふ《う》こともがな 和泉式部《いずみしきぶ》

❷尊敬《そんけい》してしたう。熟語 私淑《ししゅく》〔＝ある人《ひと》をひそかに先生《せんせい》としてしたう〕。

**しゅく【粛】** 画数 11 部首 聿(ふでづくり)

音 シュク 訓 ――

つつしむ。ひきしめる。熟語 厳粛《げんしゅく》。静粛《せいしゅく》。

**じゅく【熟】** 画数 15 部首 灬(れんが) 6年

音 ジュク 訓 う△れる

筆順 亠 亠 亨 享 孰 孰 孰 熟

❶果物《くだもの》などが、十分《じゅうぶん》に実《みの》る。熟語 成熟《せいじゅく》。未《み》熟《じゅく》。❷にる。にえる。熟語 半熟《はんじゅく》。❸よく慣《な》れる。熟語 熟達《じゅくたつ》。熟練《じゅくれん》。❹あることを十分《じゅうぶん》にする。熟語 熟睡《じゅくすい》。熟知《じゅくち》。熟読《じゅくどく》。↓じゅくす 606ページ

《訓の使い方》う-れる 例 モモが熟れる。

**じゅく【塾】** 画数 14 部首 土(つち)

音 ジュク 訓 ――

勉強《べんきょう》などを教《おし》える所《ところ》。熟語 学習塾《がくしゅうじゅく》。

**じゅく【塾】** 名 学問《がくもん》・勉強《べんきょう》や、そろばん・習《しゅう》字《じ》などを教《おし》える所《ところ》。例 塾に通《かよ》う。

**しゅくえん【祝宴】** 名 お祝《いわ》いの宴会《えんかい》。

**しゅくが【祝賀】** 名 動-する お祝《いわ》いをし、喜《よろこ》ぶこと。例 祝賀会《かい》。

**しゅくがん【宿願】** 名 前々《まえまえ》から持《も》っている願《ねが》い。宿望《しゅくぼう》。例 宿願を果《は》たす。類 念願《ねんがん》。

✤**じゅくご【熟語】** 名 〔国語《こくご》で〕二《ふた》つ以《い》上《じょう》の言《こと》葉《ば》が合《あ》わさって、一《ひと》つの言葉《ことば》となったもの。学校《がっこう》〔＝「学《がく》」と「校《こう》」〕、夏休《なつやす》み〔＝「夏《なつ》」と「休《やす》み」〕、など。↓よじじゅくご 1359ページ

**じゅくこう【熟考】** 名 動-する ↓じゅっこう 611ページ

**しゅくこんそう【宿根草】** 名 かれても根《ね》が残《のこ》っていて、時期《じき》がくれば再《ふた》び芽《め》を出《だ》す植物《しょくぶつ》。チューリップ・スミレなど。

**しゅくさいじつ【祝祭日】** 名 祝日《しゅくじつ》と祭《さい》日《じつ》。

**しゅくさつ【縮刷】** 名 動-する 縮《ちぢ》めて小《ちい》さく印刷《いんさつ》すること。また、その印刷物《いんさつぶつ》。

**しゅくじ【祝辞】** 名 お祝《いわ》いの言葉《ことば》。

✤**じゅくじくん【熟字訓】** 名 〔国語《こくご》で〕「明《あ》日《す》」などのように、二《ふた》つ以《い》上《じょう》の漢字《かんじ》に、特別《とくべつ》にあてられた読《よ》み方《かた》。↓ふろく(10ページ)

**しゅくじつ【祝日】** 名 みんなで祝《いわ》う日《ひ》。特《とく》に、国《くに》が定《さだ》めた祝《いわ》いの日《ひ》。例 国民《こくみん》の祝日。

**しゅくしゃ【宿舎】** 名 ❶泊《と》まる所《ところ》。宿《やど》。❷特定《とくてい》の人《ひと》だけのために作《つく》った住《す》まい。例 公《こう》務《む》員《いん》宿舎。

**しゅくしゃ【縮写】** 名 動-する 元《もと》の形《かたち》を縮《ちぢ》めて写《うつ》すこと。また、写《うつ》したもの。

**しゅくしゃく【縮尺】** 名 動-する (地《ち》図《ず》や設《せっ》計《けい》図《ず》・模《も》型《けい》などを)実際《じっさい》の大《おお》きさより縮《ちぢ》めてかいたり作《つく》ったりすること。また、そのときの縮《ちぢ》める割合《わりあい》。例 縮尺五万分《ごまんぶん》の一《いち》の地図《ちず》。

**しゅくしゅく【粛粛】** 副-と ❶ひっそりとしているようす。例 行列《ぎょうれつ》は粛々と進《すす》んだ。❷気《き》持《も》ちを引《ひ》きしめているようす。例 自分《じぶん》の信《しん》じていることを粛々と実行《じっこう》する。

**しゅくじょ【淑女】** 名 しとやかで上品《じょうひん》な女《おん》の人《ひと》。レディー。対 紳士《しんし》。

**しゅくしょう【縮小】** 名 動-する 縮《ちぢ》めて小《ちい》さくすること。例 旅行《りょこう》の予《よ》算《さん》を縮小する。対 拡大《かくだい》。

**しゅくす【祝す】** 動 祝《いわ》う。

**しゅくず【縮図】** 名 ❶実際《じっさい》のものを、ある割合《わりあい》で縮《ちぢ》めてかいた図《ず》。縮尺《しゅくしゃく》図《ず》。❷実際《じっさい》のありさまが、まとまって表《あらわ》れているもの。例 社会《しゃかい》の縮図。

◦**じゅくす【熟す】** 動 〔「じゅくする」ともいう。〕❶果物《くだもの》が十分《じゅうぶん》に実《みの》る。例 カキが熟す。❷あることをするのに、ちょうどいいころになる。例 ダム建設《けんせつ》の機《き》が熟す。❸(技《わざ》などが)慣《な》れて上手《じょうず》になる。例 芸《げい》が熟す。

**じゅくすい【熟睡】** 名 動-する ぐっすりねむること。例 熟睡してつかれが取《と》れた。

**じゅくする【熟する】** 動 ↓じゅくす 606ページ

**じゅくせい【熟成】** 名 動-する ものごとが熟《じゅく》して、じゅうぶんできあがった状《じょう》態《たい》になること。例 ワインが熟成する。機《き》運《うん》が熟成した。

◦**しゅくだい【宿題】** 名 ❶うちで勉強《べんきょう》してくるように出《だ》された課題《かだい》。❷あとに残《のこ》された問題《もんだい》。例 長年《ながねん》の宿題が解決《かいけつ》した。

**じゅくたつ【熟達】** 名 動-する 慣《な》れて、上手《じょうず》

［歌の意味］めぐり会《あ》って見《み》た月《つき》かどうか見《み》分《わ》けがつかないくらい短《みじか》い間《あいだ》に雲《くも》に隠《かく》れてしまった夜《よ》中《なか》の月《つき》のように、あなたはあわただしく帰《かえ》っていった。

になること。［例］計算《けいさん》に熟達する。

**じゅくち【熟知】**［名］［動-する］よく知《し》っていること。［例］道《みち》を熟知している。［類］精通《せいつう》。

**しゅくちょく【宿直】**［名］［動-する］（会社《かいしゃ》・学校《がっこう》・工場《こうじょう》などで）交替《こうたい》で泊《と》まって、夜《よる》の番《ばん》をすること。また、その人《ひと》。［対］日直《にっちょく》。

**しゅくてき【宿敵】**［名］ずっと以前《いぜん》からの敵《てき》。［例］宿敵をたおす。

**しゅくてん【祝典】**［名］お祝《いわ》いの式《しき》。祝賀《しゅくが》式《しき》。［例］祝典をあげる。

**しゅくでん【祝電】**［名］お祝《いわ》いの電報《でんぽう》。［例］祝電を打《う》つ。［対］弔電《ちょうでん》。

✤**じゅくどく【熟読】**［名］［動-する］文《ぶん》の意味《いみ》をよく考《かんが》えて読《よ》むこと。［類］味読《みどく》。精読《せいどく》。

**しゅくば【宿場】**［名］昔《むかし》、街道《かいどう》の途中《とちゅう》で、旅人《たびびと》が泊《と》まる宿屋《やどや》や、馬《うま》やかごを取《と》り替《か》える場所《ばしょ》のあった所《ところ》。宿駅《しゅくえき》。宿《しゅく》。

**しゅくはい【祝杯】**［名］お祝《いわ》いの酒《さけ》を飲《の》むさかずき。［例］祝杯をあげる。

**しゅくはく【宿泊】**［名］［動-する］宿《やど》などに泊《と》まること。［例］ホテルに宿泊する。

**しゅくばまち【宿場町】**［名］昔《むかし》、宿場《しゅくば》を中心《ちゅうしん》に発達《はったつ》した町《まち》。［関連］城下町《じょうかまち》。門前町《もんぜんまち》。

**しゅくふく【祝福】**［名］［動-する］❶人《ひと》の幸《しあわ》せを喜《よろこ》び祝《いわ》うこと。［例］卒業《そつぎょう》を祝福する。❷キリスト教《きょう》で、神《かみ》のめぐみが与《あた》えられること。

**しゅくほう【祝砲】**［名］お祝《いわ》いの行事《ぎょうじ》のときに、たまをこめないでうつ大砲《たいほう》。

**しゅくぼう【宿望】**［名］前々《まえまえ》からの望《のぞ》み。宿願《しゅくがん》。［例］優勝《ゆうしょう》の宿望を果《は》たす。

**しゅくめい【宿命】**［名］生《う》まれる前《まえ》から決《き》まっていて、変《か》えられない運命《うんめい》。［例］宿命のライバル。

**じゅくりょ【熟慮】**［名］［動-する］よくよく考《かんが》えること。［例］熟慮を重《かさ》ねる。［類］熟考《じゅっこう》。

**じゅくれん【熟練】**［名］［動-する］よく慣《な》れて、上手《じょうず》なこと。［類］円熟《えんじゅく》。［対］未熟《みじゅく》。

**じゅくれんこう【熟練工】**［名］その仕事《しごと》に慣《な》れていて、上手《じょうず》な作業員《さぎょういん》。

**しゅくん【主君】**［名］自分《じぶん》の仕《つか》えている人《ひと》。殿様《とのさま》や君主《くんしゅ》。

**しゅくん【殊勲】**［名］特《とく》にすぐれた手柄《てがら》。［例］殊勲を立《た》てる。

**しゅげい【手芸】**［名］手先《てさき》を使《つか》ってする細工《さいく》。ししゅうや編《あ》み物《もの》など。

**しゅけん【主権】**［名］国《くに》の政治《せいじ》のあり方《かた》を決《き》める最高《さいこう》の権力《けんりょく》。［例］国民《こくみん》主権。

**じゅけん【受験】**［名］［動-する］試験《しけん》を受《う》けること。［例］受験生《せい》。地元《じもと》の大学《だいがく》を受験する。

**しゅけんざいみん【主権在民】**［名］国《くに》の主権《しゅけん》が、その国《くに》の国民《こくみん》にあるという、民主主義《みんしゅしゅぎ》のもとになる考《かんが》え方《かた》。国民主権《こくみんしゅけん》。

✤○**しゅご【主語】**［名］〔国語《こくご》で〕文《ぶん》の中《なか》の、「何《なに》が…」「だれが…」にあたる言葉《ことば》。「花《はな》が咲《さ》く」の「花《はな》が」など。［対］述語《じゅつご》。

**しゅご【守護】**［一］［名］［動-する］安全《あんぜん》を守《まも》ること。［例］守護神《しん》。［二］［名］鎌倉《かまくら》時代《じだい》・室町《むろまち》時代《じだい》に、地方《ちほう》の国々《くにぐに》の治安《ちあん》を守《まも》るために置《お》かれた役目《やくめ》。また、その役目《やくめ》の人《ひと》。

**しゅこう【趣向】**［名］おもしろみや味《あじ》わいを出《だ》すための工夫《くふう》。［例］趣向をこらす。

**じゅこう【受講】**［名］［動-する］講義《こうぎ》や講習《こうしゅう》を受《う》

例解❗ことばの勉強室

## 主語《しゅご》について

兄《あに》が、高《たか》い木《き》に登《のぼ》って、取《と》ったカキを投《な》げると、下《した》で弟《おとうと》が受《う》ける。兄《あに》は次々《つぎつぎ》と投《な》げてよこす。

受《う》け取《と》るはずみに弟《おとうと》が、そばのみぞに落《お》ちてしまった。

「あっ、落《お》ちた！ 兄《にい》さん。」

「落《お》ちた？ 落《お》ちたらすぐ拾《ひろ》え！」

「…？…」

弟《おとうと》は、「ぼくが落《お》ちた。」とさけんでいるのに、兄《あに》のほうは、「カキが落《お》ちた。」とかんちがいしているのである。

文《ぶん》の「主語《しゅご》」を言《い》わなかったためにおこった、くいちがいである。

主語《しゅご》と述語《じゅつご》は文《ぶん》の骨組《ほねぐ》みである。主語《しゅご》は、なくてもわかるときは省略《しょうりゃく》されることもあるが、表現《ひょうげん》するほうも、それを受《う》け取《と》るほうも、主語《しゅご》をはっきりさせることが大切《たいせつ》である。





百人一首　めぐり逢《あ》ひて見《み》しやそれともわかぬ間《ま》に雲隠《くもがく》れにし夜半《よわ》の月《つき》かな　紫式部《むらさきしきぶ》

けること。

**しゅこうぎょう**【手工業】名 手先《てさき》や簡《かん》単《たん》な道具《どうぐ》を使《つか》って品物《しなもの》を作《つく》る、小規模《しょうきぼ》な工《こう》業《ぎょう》。

**しゅごだいみょう**【守護大名】名 室町《むろまち》時代《じだい》に、守護《しゅご》になって力《ちから》を強《つよ》め、その地域《ちいき》を支配《しはい》した武士《ぶし》のこと。

**しゅこん**【主根】名 太《ふと》く長《なが》く地中《ちちゅう》にのびて、中心《ちゅうしん》となっている植物《しょくぶつ》の根《ね》。

**しゅさい**【主菜】名 (主食《しゅしょく》のほかの)食事《しょくじ》の中心《ちゅうしん》になる料理《りょうり》。

**しゅさい**【主宰】名 動する 中心《ちゅうしん》となって、ものごとをおし進《すす》めること。また、その人《ひと》。例 昔話《むかしばなし》の研究会《けんきゅうかい》を主宰する。

◦**しゅさい**【主催】名 動する 中心《ちゅうしん》となって、もよおしをすること。例 主催者《しゃ》。

✤**しゅざい**【取材】名 動する 新聞《しんぶん》・雑誌《ざっし》・テレビなどの報道《ほうどう》記事《きじ》や作品《さくひん》・作文《さくぶん》などの材料《ざいりょう》を集《あつ》めること。

**しゅざん**【珠算】名 そろばんを使《つか》ってする計算《けいさん》。たまざん。

**しゅし**【主旨】名 (話《はなし》や文章《ぶんしょう》の)中心《ちゅうしん》になっている考《かんが》え。類 趣旨《しゅし》。趣意《しゅい》。

**しゅし**【種子】名 植物《しょくぶつ》の種《たね》。

✤◦**しゅし**【趣旨】名 あるものごとをしようとするねらいや目的《もくてき》。また、そのわけ。例 会《かい》の趣旨を説明《せつめい》する。類 主旨《しゅし》。趣意《しゅい》。

**しゅじ**【主事】名 (学校《がっこう》や役所《やくしょ》で)その仕事《しごと》を責任《せきにん》を持《も》ってする役《やく》。また、その人《ひと》。

**じゅし**【樹脂】名 ❶木《き》の幹《みき》などから出《で》るねばりけのある液《えき》。また、その固《かた》まったもの。松《まつ》やに・ゴム・うるしなど。❷⇩ごうせいじゅし 439ページ

**しゅじい**【主治医】名 ❶中心《ちゅうしん》となって、その病人《びょうにん》の治療《ちりょう》にあたる医者《いしゃ》。❷かかりつけの医者《いしゃ》。

**しゅじく**【主軸】名 ❶中心《ちゅうしん》となる軸《じく》。❷中心《ちゅうしん》となって働《はたら》く人《ひと》。例 チームの主軸。

**しゅしゃ**【取捨】名 動する いるものは取《と》り入《い》れ、いらないものは捨《す》てること。選《えら》び取《と》ること。例 自分《じぶん》の目《め》で見《み》て取捨する。

■**しゅしゃせんたく**【取捨選択】名 動する 悪《わる》いものやいらないものを捨《す》て、よいものや必要《ひつよう》なものを選《えら》び取《と》ること。例 形《かたち》のよいものを取捨選択する。

**じゅじゅ**【授受】名 動する わたすことと受《う》け取《と》ること。やりとり。

**しゅじゅう**【主従】名 主人《しゅじん》と家来《けらい》。

■**しゅじゅざった**【種種雑多】形動 いろいろ混《ま》ざっているようす。

■**しゅじゅさまざま**【種種様様】形動 種《しゅ》類《るい》が多《おお》いようす。いろいろ。例 種々様々な意見《いけん》。

◦**しゅじゅつ**【手術】名 動する 医者《いしゃ》が、病気《びょうき》や傷《きず》になったところを切《き》り開《ひら》いたり切《き》り取《と》ったりして、治療《ちりょう》すること。例 胃《い》の手術を受《う》ける。

**しゅしょう**【主将】名 スポーツで、チームを率《ひき》いる選手《せんしゅ》。キャプテン。

**しゅしょう**【主唱】名 動する 中心《ちゅうしん》となって、意見《いけん》などを主張《しゅちょう》すること。例 環境《かんきょう》保護《ほご》を主唱する。

◦**しゅしょう**【首相】名 内閣総理大臣《ないかくそうりだいじん》の、別《べつ》の言《い》い方《かた》。

**しゅしょう**【殊勝】形動 行《おこな》いや心《こころ》がけがよく、感心《かんしん》なようす。例 殊勝な心《こころ》がけ。

**しゅじょう**【衆生】名 仏教《ぶっきょう》で、仏《ほとけ》が救《すく》おうとする、すべての生《い》き物《もの》。

**じゅしょう**【受賞】名 動する 賞《しょう》をもらうこと。例 受賞者《しゃ》。対 授賞《じゅしょう》。

**じゅしょう**【授賞】名 動する 賞《しょう》を与《あた》えること。例 授賞式《しき》。対 受賞《じゅしょう》。

**しゅしょく**【主食】名 米《こめ》・パンなど、食事《しょくじ》の中心《ちゅうしん》となる食《た》べ物《もの》。対 副食《ふくしょく》。

**しゅしん**【主審】名 中心《ちゅうしん》となって審判《しんぱん》する人《ひと》。

**しゅじん**【主人】名 ❶その家《いえ》を代表《だいひょう》している人《ひと》。あるじ。例 店《みせ》の主人。❷自分《じぶん》の仕《つか》えている人《ひと》。例 主人と客《きゃく》。❸妻《つま》が他《ほか》の人《ひと》に対《たい》して、自分《じぶん》の夫《おっと》を言《い》うときの言《い》い方《かた》。〔少《すこ》し古《ふる》い言《い》い方《かた》。〕例 主人は今《いま》、留守《るす》です。

✤**じゅしん**【受信】名 動する 他《ほか》から、手紙《てがみ》・電《でん》子《し》メールなどを受《う》けること。例 受信機《き》。対 発信《はっしん》。送信《そうしん》。

**じゅしん**【受診】名 動する 医者《いしゃ》の診察《しんさつ》を受《う》けること。例 かかりつけの病院《びょういん》で受診する。



〔歌の意味〕 有馬山《ありまやま》に近《ちか》い猪名野《いなの》の笹原《ささはら》が風《かぜ》でそよぐように、そうだよ、わたしはあなたを忘《わす》れたりしませんよ。

**しゅじんこう【主人公】** 名 小説《しょうせつ》や劇《げき》などの、中心《ちゅうしん》になる人物《じんぶつ》。

**じゅず【〈数珠〉】** 名 小《ちい》さな玉《たま》に糸《いと》を通《とお》して輪《わ》にしたもの。仏《ほとけ》を拝《おが》むときなどに、首《くび》や手《て》首《くび》にかけて使《つか》う。ずず。参考「数珠《じゅず》」は、特別《とくべつ》に認《みと》められた読《よ》み方《かた》。

〔じゅず〕

**しゅすいこう【取水口】** 名 (川《かわ》や湖《みずうみ》から の)水《みず》の取《と》り入《い》れ口《ぐち》。

**じゅずつなぎ【〈数珠〉つなぎ】** 名 〔数珠玉《じゅずだま》を糸《いと》につなぎ通《とお》すように〕たくさんの人《ひと》や物《もの》を、ひとつなぎにすること。

**しゅせい【守勢】** 名 相手《あいて》の攻撃《こうげき》を防《ふせ》ぎ、守《まも》る態勢《たいせい》。例 守勢に立《た》つ。対 攻勢《こうせい》。

**じゅせい【受精】** 名 動-する 人《ひと》や動物《どうぶつ》の雄《おす》の精子《せいし》が雌《めす》の卵《らん》、または卵子《らんし》に入《はい》ること。植物《しょくぶつ》の場合《ばあい》は、受粉《じゅふん》のあと、雄《お》しべの中《なか》の精核《せいかく》(=精子《せいし》の核《かく》)と雌《め》しべの卵細胞《らんさいぼう》が結《むす》びつくこと。

**じゅせいらん【受精卵】** 名 受精《じゅせい》をした卵《らん》。または、卵子《らんし》。

**しゅせき【主席】** 名 国家《こっか》などの最高《さいこう》の指導《しどう》者《しゃ》。例 国家《こっか》主席。

**しゅせき【首席】** 名 ❶席順《せきじゅん》の、いちばん上《うえ》の人《ひと》。❷成績《せいせき》が一番《いちばん》の人《ひと》。

**じゅぞう【受像】** 名 動-する 放送《ほうそう》されたテレビの電波《でんぱ》を受《う》けて、画面《がめん》に像《ぞう》を映《うつ》し出《だ》すこと。例 受像機《き》。

**しゅぞく【種族】** 名 ❶同《おな》じ祖先《そせん》から出《で》た、共通《きょうつう》の言葉《ことば》や文化《ぶんか》を持《も》つ人々《ひとびと》の集《あつ》まり。❷同《おな》じ種類《しゅるい》の生物《せいぶつ》。

**しゅたい【主体】** 名 ❶自分《じぶん》の意志《いし》で、他《ほか》のものにはたらきかける、その人自身《ひとじしん》。例 主体性《せい》。❷ものごとや組織《そしき》の中心《ちゅうしん》になるもの。例 五年生《ごねんせい》を主体にして活動《かつどう》する。

**しゅだい【主題】** 名 ❶おもな話題《わだい》。例 今日《きょう》の会議《かいぎ》の主題。❷〔国語《こくご》で〕作品《さくひん》にえがかれた中心的《ちゅうしんてき》な題材《だいざい》。作品《さくひん》の中心《ちゅうしん》となることがらや考《かんが》え。テーマ。例 小説《しょうせつ》の主題。❸〔音楽《おんがく》で〕中心《ちゅうしん》となるメロディー。テーマ。

**しゅだいか【主題歌】** 名 ↓テーマソング 878ページ

**しゅたいせい【主体性】** 名 しっかりとした考《かんが》えを持《も》ち、周《まわ》りからの影響《えいきょう》を受《う》けず、自《じ》分《ぶん》の意志《いし》で行動《こうどう》する態度《たいど》や性質《せいしつ》。

**しゅたいてき【主体的】** 形動 自分《じぶん》の考《かんが》えや意志《いし》によって行動《こうどう》するようす。

**じゅたく【受託】** 名 動-する 頼《たの》まれて引《ひ》き受《う》けること。例 発表会《はっぴょうかい》の運営《うんえい》を受託する。

**じゅだく【受諾】** 名 動-する たのまれたことを引《ひ》き受《う》けること。類 承諾《しょうだく》。

**しゅだん【手段】** 名 ある目的《もくてき》を達成《たっせい》するためのやり方《かた》や方法《ほうほう》。類 方策《ほうさく》。

**手段《しゅだん》を選《えら》ばない** 目的《もくてき》を達成《たっせい》するためには、どんなことでもする。例 手段を選ばない彼《かれ》のやり方《かた》に、まわりの者《もの》は反発《はんぱつ》した。

**しゅちゅう【手中】** 名 手《て》のうち。自分《じぶん》の手《て》のなか。掌中《しょうちゅう》。

**手中《しゅちゅう》に収《おさ》める** 自分《じぶん》のものにする。例 勝利《しょうり》

例解 ! ことばの勉強室

## 主題《しゅだい》について

「大《おお》きなかぶ」の話《はなし》を、短《みじか》く書《か》いてみよう。

「おじいさんが育《そだ》てたかぶが、大《おお》きすぎてぬけない。おばあさん・まご・犬《いぬ》・ねこ・ねずみが加《くわ》わって、かけ声《ごえ》をそろえてぬいたら、やっとぬけた。」

このようにあら筋《すじ》をとらえると、作品《さくひん》のもっともだいじなことがら、中心《ちゅうしん》になることがら、つまり「主題《しゅだい》」がわかる。それは「みんなでいっしょになってやったから、ぬけた」ことである。

また、手助《てだす》けにくる者《もの》が「犬《いぬ》↓ねこ↓ねずみ」というように、だんだん小《ちい》さくなっていくところに目《め》をつけると、「小《ちい》さな者《もの》までもいっしょに力《ちから》を合《あ》わせたので、ぬけた」となる。

さらに、ねこと敵《てき》どうしのはずのねずみまでが、いっしょに引《ひ》っぱった。そこに目《め》をつければ、「だれもが一心《いっしん》に」とつけ加《くわ》えることもできる。

百人一首 有馬山《ありまやま》猪名《いな》の笹原《ささはら》風《かぜ》吹《ふ》けばいでそよ人《ひと》を忘《わす》れやはする　大弐三位《だいにのさんみ》

を手中に収める。

**じゅちゅう【受注】** 名 動-する 注文《ちゅうもん》を受《う》けること。対 発注《はっちゅう》。

**じゅちょう【主張】** 名 動-する 自分《じぶん》の意見《いけん》を言《い》い張《は》ること。また、人《ひと》に強《つよ》くうったえたい意見《いけん》。例 権利《けんり》を主張する。

**しゅちょう【首長】** 名 ❶大勢《おおぜい》の人《ひと》の集《あつ》まりで、いちばん上《うえ》に立《た》つ人《ひと》。❷都道府県知事《とどうふけんちじ》や市町村長《しちょうそんちょう》など、地方公共団体《ちほうこうきょうだんたい》の長《ちょう》のこと。参考 ❷は、他《ほか》の言葉《ことば》と区別《くべつ》するために「くびちょう」と言《い》うこともある。

**しゅつ【出】** 画数 5 部首 凵(うけばこ) 1年

筆順 凵 屮 屮 出 出

音 シュツ スイ 訓 で-る だ-す

❶内《うち》から外《そと》へ行《い》く。熟語 出発《しゅっぱつ》。出納《すいとう》。外出《がいしゅつ》。出足《であし》。対 入《にゅう》。❷あらわす。あらわれる。熟語 出現《しゅつげん》。出版《しゅっぱん》。人出《ひとで》。❸参加《さんか》する。熟語 出席《しゅっせき》。退出《たいしゅつ》。対 退《たい》。❹すぐれている。熟語 出色《しゅっしょく》。

《訓の使い方》 で-る 例 外《そと》に出る。だ-す 例 宿題《しゅくだい》を出す。

**じゅつ【述】** 画数 8 部首 辶(しんにょう) 5年

筆順 一 十 才 木 朮 朮 述 述

音 ジュツ 訓 の-べる

のべる。言《い》う。熟語 述語《じゅつご》。記述《きじゅつ》。叙述《じょじゅつ》。

《訓の使い方》 の-べる 例 意見《いけん》を述べる。

**じゅつ【術】** 画数 11 部首 行(ぎょうがまえ) 5年

筆順 彳 彳 行 休 休 術 術 術

音 ジュツ 訓 ―

❶わざ。熟語 学術《がくじゅつ》。技術《ぎじゅつ》。芸術《げいじゅつ》。手術《しゅじゅつ》。魔術《まじゅつ》。催眠術《さいみんじゅつ》。❷たくらみ。熟語 術策《じゅっさく》(=計略《けいりゃく》)。術中《じゅっちゅう》。

**じゅつ【術】** 名 ❶わざ。例 身《み》を守《まも》る術。❷たくらみ。はかりごと。例 敵《てき》の術にはまる。

**しゅつえん【出演】** 名 動-する 劇《げき》・映画《えいが》・放送《ほうそう》などで、役《やく》を演《えん》じること。例 出演者《しゃ》。

**しゅっか【出火】** 名 動-する 火事《かじ》を出《だ》すこと。例 台所《だいどころ》から出火する。対 消火《しょうか》。

**しゅっか【出荷】** 名 動-する ❶荷物《にもつ》を送《おく》り出《だ》すこと。❷市場《いちば》へ品物《しなもの》を出《だ》すこと。例 リンゴを出荷する。対(❶・❷)入荷《にゅうか》。

**じゅっかい【述懐】** 名 動-する 自分《じぶん》の気持《きも》ちを述《の》べたり、思《おも》い出《で》を語《かた》ったりすること。例 心《こころ》のうちをしみじみと述懐する。

**しゅつがん【出願】** 名 動-する 願《ねが》い出《で》ること。願書《がんしょ》を出《だ》すこと。

**しゅっきん【出金】** 名 動-する 金銭《きんせん》を出《だ》すこと。対 入金《にゅうきん》。

**しゅっきん【出勤】** 名 動-する (その日《ひ》の)勤《つと》めに出《で》ること。対 欠勤《けっきん》。

**しゅっけ【出家】** 名 動-する ❶お坊《ぼう》さんになること。❷お坊《ぼう》さんのこと。

**しゅっけつ【出欠】** 名 出席《しゅっせき》と欠席《けっせき》。

**しゅっけつ【出血】** 名 動-する ❶血《ち》が出《で》ること。❷損《そん》をすること。例 出血大《だい》サービス。

**しゅつげん【出現】** 名 動-する 物《もの》や人《ひと》などが新《あたら》しく現《あらわ》れること。現《あらわ》れ出《で》ること。

**じゅつご【述語】** 名 〔国語《こくご》で〕文《ぶん》の中《なか》で、人《ひと》や物《もの》の動作《どうさ》や状態《じょうたい》について説明《せつめい》する部分《ぶぶん》。主語《しゅご》を受《う》けて、それが、「どうする」「どんなだ」「なんだ」を述《の》べる言葉《ことば》。「人《ひと》が歩《ある》く。」「山《やま》は高《たか》い。」「兄《あに》は中学生《ちゅうがくせい》だ。」という文《ぶん》の「歩《ある》く」「高《たか》い」「中学生《ちゅうがくせい》だ」など。対 主語《しゅご》。

例解 ! ことばの勉強室

**述語《じゅつご》について**

A《エー》「あれは?」
B《ビー》「富士山《ふじさん》だ。」
A《エー》「登《のぼ》ったことは?」
B《ビー》「ある。」

二人《ふたり》の問答《もんどう》をつなぐと、「あれは富士山《ふじさん》だ。登《のぼ》ったことはある。」となる。このうちB《ビー》の二《ふた》つの返事《へんじ》は、どちらもこの文《ぶん》の「述語《じゅつご》」に当《あ》たる。この述《じゅつ》語《ご》によって、それぞれの話《はなし》にまとまりがついている。

述語《じゅつご》はふつう、文《ぶん》の終《お》わりにあって、文《ぶん》をしめくくる役目《やくめ》をする。日本語《にほんご》の文《ぶん》は、文末《ぶんまつ》で初《はじ》めて、言《い》いたいことがはっきり示《しめ》されることになる。

[歌の意味] (おいでにならないことがわかっていたら)ためらわずに寝《ね》てしまったでしょうに、あてにしてお待《ま》ちしたまま、夜更《よふ》けの月《つき》が沈《しず》むのを見《み》たことですよ。

✤**じゅつご【術語】** 名 学問《がくもん》などの上《うえ》で使《つか》う、特別《とくべつ》に定《さだ》めた専門《せんもん》の言葉《ことば》。国語《こくご》で、「主語《しゅご》」「動詞《どうし》」など。専門用語《せんもんようご》。学術用語《がくじゅつようご》。

**しゅっこう【出向】** 名 動する 籍《せき》はそのままにして、よその会社《かいしゃ》や役所《やくしょ》につとめること。例 関連会社《かんれんがいしゃ》に出向する。

**しゅっこう【出航】** 名 動する 船《ふね》や飛行機《ひこうき》が出発《しゅっぱつ》すること。類 出港《しゅっこう》。出帆《しゅっぱん》。対 帰航《きこう》。

**しゅっこう【出港】** 名 動する 船《ふね》が港《みなと》を出《で》ること。類 出航《しゅっこう》。出帆《しゅっぱん》。対 入港《にゅうこう》。帰港《きこう》。

✤**じゅっこう【熟考】** 名 動する 時間《じかん》をかけて、じっくりと考《かんが》えること。例 この課題《かだい》は熟考する必要《ひつよう》がある。類 熟慮《じゅくりょ》。

**しゅっこく【出国】** 名 動する その国《くに》を出《で》て外国《がいこく》へ行《い》くこと。対 入国《にゅうこく》。

**しゅっさつ【出札】** 名 動する 駅《えき》できっぷを売《う》ること。例 出札口《ぐち》。

**しゅっさん【出産】** 名 動する 赤《あか》ちゃんが生《う》まれること。また、生《う》むこと。分娩《ぶんべん》。例 女《おんな》の子《こ》を出産する。

**しゅっし【出資】** 名 動する (商売《しょうばい》や事業《じぎょう》のために)お金《かね》を出《だ》すこと。類 投資《とうし》。

**じゅっし【十指】** 名 ↓じっし(十指) 566ページ

**しゅっしゃ【出社】** 名 動する 会社《かいしゃ》に出勤《しゅっきん》すること。対 退社《たいしゃ》。

**しゅっしょう【出生】** 名 動する 人《ひと》が生《う》まれること。しゅっせい。例 役所《やくしょ》に出生届《とどけ》を出《だ》す。対 死亡《しぼう》。

**しゅつじょう【出場】** 名 動する 競技《きょうぎ》などに出《で》ること。例 全国大会《ぜんこくたいかい》に出場する。対 欠場《けつじょう》。休場《きゅうじょう》。

**しゅっしょうぜんしんだん【出生前診断】** 名 生《う》まれる前《まえ》の子《こ》どもの病気《びょうき》や育《そだ》ち方《かた》を医者《いしゃ》が診断《しんだん》すること。「しゅっしょうまえしんだん」ともいう。

**しゅっしょうりつ【出生率】** 名 全人口《ぜんじんこう》に対《たい》する、その一年間《いちねんかん》に生《う》まれた子《こ》の数《かず》の割合《わりあい》。しゅっせいりつ。対 死亡率《しぼうりつ》。

**しゅっしょく【出色】** 名 他《ほか》と比《くら》べて、特《とく》にすぐれていること。例 彼《かれ》の作品《さくひん》は出色のできだった。類 抜群《ばつぐん》。

■**しゅっしょしんたい【出処進退】** 名 ある仕事《しごと》や地位《ちい》に留《とど》まるか、辞《や》めて退《しりぞ》くかということ。例 大臣《だいじん》の出処進退。

**しゅっしん【出身】** 名 その土地《とち》で生《う》まれたり、その学校《がっこう》を卒業《そつぎょう》したりすること。例 出身地《ち》。出身校《こう》。

**しゅつじん【出陣】** 名 動する 戦《たたか》いや試合《しあい》に出《で》ること。例 大将《たいしょう》が自《みずか》ら出陣する。

**じゅっしんほう【十進法】** 名 ↓じっしんほう 567ページ

**しゅっすい【出水】** 名 動する 大水《おおみず》が出《で》ること。洪水《こうずい》。例 集中豪雨《しゅうちゅうごうう》で出水する。

**しゅっせ【出世】** 名 動する ❶立派《りっぱ》な地位《ちい》について、世《よ》の中《なか》に認《みと》められること。❷地位《ちい》が上《あ》がること。例 部長《ぶちょう》に出世する。

**しゅっせい【出生】** 名 動する ↓しゅっしょう 611ページ

**しゅっせい【出征】** 名 動する 軍隊《ぐんたい》に加《くわ》わって戦地《せんち》に行《い》くこと。例 出征兵士《へいし》を見送《みおく》る。

**しゅっせいりつ【出生率】** 名 ↓しゅっしょうりつ 611ページ

**しゅっせうお【出世魚】** 名 大《おお》きくなるにつれて呼《よ》び名《な》が変《か》わる魚《さかな》。↓ぶり 1157ページ/ぼら 1216ページ

○**しゅっせき【出席】** 名 動する 授業《じゅぎょう》や会合《かいごう》に出《で》ること。対 欠席《けっせき》。例 委員会《いいんかい》に出席する。

**しゅっせさく【出世作】** 名 その人《ひと》が世《よ》の中《なか》に認《みと》められた、最初《さいしょ》の作品《さくひん》。

**しゅつだい【出題】** 名 動する 試験《しけん》などで、問題《もんだい》を出《だ》すこと。

**じゅっちゅう【術中】** 名 計略《けいりゃく》のわなの中《なか》。例 まんまと敵《てき》の術中にはまる。

■**じゅっちゅうはっく【十中八九】** 副 ↓じっちゅうはっく 567ページ

**しゅっちょう【出張】** 名 動する 仕事《しごと》のために、よそへ出《で》かけること。例 来週《らいしゅう》北海道《ほっかいどう》に出張する。

**しゅっちょうじょ【出張所】** 名 本部《ほんぶ》からはなれた場所《ばしょ》に作《つく》った事務所《じむしょ》。

**じゅって【十手】** 名 ↓じって 568ページ

**しゅってん【出店】** 名 動する 店《みせ》を出《だ》すこと。例 駅前《えきまえ》に出店する。注意「出店《しゅってん》」を「でみせ」と読《よ》むと、ちがう意味《いみ》になる。

✤**しゅってん【出典】** 名 故事《こじ》や引用《いんよう》した言葉《ことば》などの出《で》どころ。また、それの書《か》いてある本《ほん》。例 ことわざの出典を示《しめ》す。類 典拠《てんきょ》。

あいうえお かきくけこ さ し すせそ たちつてと なにぬねの はひふへほ まみむめも やゆよ らりるれろ わをん


百人一首 やすらは《わ》で寝《ね》なましものを小夜《さよ》ふけてかたぶくまでの月《つき》を見《み》しかな　赤染衛門《あかぞめえもん》

**しゅつど【出土】**[名][動-する] 古《ふる》い時代《じだい》の遺物《いぶつ》などが、土《つち》の中《なか》から出《で》ること。[例]土器《どき》が出土する。

**しゅっとう【出頭】**[名][動-する] 役所《やくしょ》・警察《けいさつ》などに、呼《よ》び出《だ》されて行《い》くこと。[例]裁判所《さいばんしょ》に出頭する。

**しゅつどう【出動】**[名][動-する] (まとまった人々《ひとびと》が)活動《かつどう》のため、出《で》て行《い》くこと。[例]消防《しょうぼう》車《しゃ》が出動した。

**しゅつにゅう【出入】**[名][動-する] 出《で》ることと、入《はい》ること。出入《でい》り。出入《ではい》り。

**しゅつば【出馬】**[名][動-する] ❶地位《ちい》の高《たか》い人《ひと》が、その場所《ばしょ》に出《で》て行《い》くこと。[例]社長《しゃちょう》にご出馬願《ねが》った。❷選挙《せんきょ》に立候補《りっこうほ》すること。

°**しゅっぱつ【出発】**[名][動-する] ❶出《で》かけること。[対]到着《とうちゃく》。❷新《あたら》しいものごとの始《はじ》まり。

**じゅっぱひとからげ【十把°一からげ】**[名] ↓じっぱひとからげ 568ページ

**しゅっぱん【出帆】**[名][動-する] 船《ふね》が港《みなと》を出《で》ること。船出《ふなで》。[類]出航《しゅっこう》。出港《しゅっこう》。[参考]昔《むかし》の船《ふね》が帆《ほ》かけ船《ぶね》だったことからいう。

**しゅっぱん【出版】**[名][動-する] 本《ほん》などを、編《へん》集《しゅう》・印刷《いんさつ》して売《う》り出《だ》すこと。[例]外国《がいこく》の絵本《えほん》を出版する。

**しゅっぱんしゃ【出版社】**[名] 本《ほん》や雑誌《ざっし》などをつくって世《よ》の中《なか》に出《だ》すことを、仕事《しごと》にしている会社《かいしゃ》。

**しゅっぴ【出費】**[名] 何《なに》かのために費用《ひよう》を出《だ》すこと。また、その出《だ》した費用《ひよう》。[例]出費がかさむ。

**しゅっぴん【出品】**[名][動-する] 展覧会《てんらんかい》などに、作品《さくひん》を出《だ》すこと。[例]展覧会《てんらんかい》に絵《え》を出品する。

**しゅつぼつ【出没°】**[名][動-する] 出《で》たりかくれたりすること。[例]サルが出没する。

**しゅつらんのほまれ【出藍°の誉°れ】**↓青《あお》は藍《あい》より出《い》でて藍《あい》より青《あお》し 6ページ

**しゅつりょう【出漁】**[名][動-する] 魚《さかな》をとりに出《で》かけること。しゅつぎょ。

**しゅつりょく【出力】**[名] ❶発電機《はつでんき》・エンジンなどの機械《きかい》が出《だ》すエネルギーの量《りょう》。ワット・馬力《ばりき》などで表《あらわ》す。❷↓アウトプット 6ページ。[対]入力《にゅうりょく》。

**しゅつるい【出塁°】**[名][動-する] 野《や》球《きゅう》・ソフトボールで、ランナーが塁《るい》に出《で》ること。

**しゅと【首都】**[名] その国《くに》の議会《ぎかい》や中心《ちゅうしん》になる役所《やくしょ》のある都市《とし》。日本《にっぽん》の東京《とうきょう》、アメリカのワシントンなど。首府《しゅふ》。

**しゅとう【種痘°】**[名] 天然痘《てんねんとう》にかからないように、牛《うし》の天然痘《てんねんとう》の病原体《びょうげんたい》を弱《よわ》めたものを、人《ひと》の体《からだ》に植《う》えつけること。イギリスのジェンナーが一七九六年《ねん》に発明《はつめい》した。

**しゅどう【手動】**[名] 手《て》で動《うご》かして、機械《きかい》などをはたらかせること。[対]自動《じどう》。

**しゅどう【主導】**[名][動-する] 中心《ちゅうしん》となってものごとを進《すす》めること。[例]大会《たいかい》の運営《うんえい》を主導する。

**じゅどうきつえん【受動喫°煙°】**[名] たばこを吸《す》っていない人《ひと》が、まわりの人《ひと》が吸《す》うたばこのけむりを吸《す》いこんでしまうこと。

**しゅどうけん【主導権】**[名] 中心《ちゅうしん》となってものごとを進《すす》め、みちびいていく力《ちから》。[例]ライバルと主導権を争《あらそ》う。

**じゅどうてき【受動的】**[形動] 他《ほか》からのはたらきかけを受《う》けて、ものごとをするようす。[類]消極的《しょうきょくてき》。[対]能動的《のうどうてき》。

**しゅとく【取得】**[名][動-する] 自分《じぶん》のものにすること。[例]資格《しかく》を取得する。

**しゅとけん【首都圏°】**[名] 東京都《とうきょうと》とその周《まわ》りの地域《ちいき》。法律《ほうりつ》では、一都《いっと》七県《しちけん》(東京《とうきょう》・神奈《かな》川《がわ》・埼玉《さいたま》・千葉《ちば》・茨城《いばらき》・栃木《とちぎ》・群馬《ぐんま》・山梨《やまなし》)をさす。

**しゅとして【主として】**[副] おもに。[例]集《あつ》まっていたのは、主として小学生《しょうがくせい》だった。

**シュトラウス** [人名](男) 父《ちち》(一八〇四〜一八四九)も子《こ》(一八二五〜一八九九)もヨハンという名《な》で、オーストリアの作曲家《さっきょくか》。父《ちち》は「ワルツの父《ちち》」と呼《よ》ばれ「ラデツキー行進曲《こうしんきょく》」などを、子《こ》は「ワルツの王《おう》」と呼《よ》ばれ「美《うつく》しく青《あお》きドナウ」などを作曲《さっきょく》した。

**じゅなん【受難】**[名][動-する] ひどく苦《くる》しい目《め》にあうこと。[例]キリストの受難。

**ジュニア**〔英語 junior〕[名] ❶年《とし》の若《わか》い人《ひと》。❷年下《としした》。下級生《かきゅうせい》。[例]ジュニアコース。[対](❶・❷)シニア。❸息子《むすこ》。二世《にせい》。後継者《こうけいしゃ》。

**しゅにく【朱肉°】**[名] はんこに赤《あか》い色《いろ》をつけるためのにく。朱色《しゅいろ》の印肉《いんにく》。

[歌の意味] 大江山《おおえやま》をこえて天《あま》の橋立《はしだて》まで道《みち》は遠《とお》いので、まだそちらからの手紙《てがみ》は見《み》ていません。
[注]いくの＝「行《い》く」と「生野《いくの》」の掛《か》け詞《ことば》。ふみもみず＝「踏《ふ》み」と「文《ふみ》」の掛《か》け詞《ことば》。

**じゅにゅう【授乳】** 名 動-する 赤《あか》ちゃんに乳《ちち》を飲《の》ませること。

**しゅにん【主任】** 名 中心《ちゅうしん》となってその仕事《しごと》を受《う》け持《も》つ役《やく》。また、その役《やく》の人《ひと》。

**しゅぬり【朱塗り】** 名 朱色《しゅいろ》に塗《ぬ》ること。また、塗《ぬ》ったもの。例 朱塗りの鳥居《とりい》。

**ジュネーブ** 地名 スイスの西部《せいぶ》にある都市《とし》。よく国際会議《こくさいかいぎ》が開《ひら》かれる。

**しゅのう【首脳】** 名 政府《せいふ》や団体《だんたい》などの中《なか》で、もっとも中心《ちゅうしん》となる人《ひと》。

**シュノーケル** 〔ドイツ語〕名 水《みず》にもぐるときに、呼吸《こきゅう》をするために使《つか》う道具《どうぐ》。先《さき》の曲《ま》がった筒《つつ》の片方《かたほう》の端《はし》を水《みず》の上《うえ》に出《だ》して使《つか》う。

**シュバイツァー** 人名（男）（一八七五～一九六五）フランスの医者《いしゃ》・哲学者《てつがくしゃ》。アフリカにわたり病院《びょういん》を建《た》て、人々《ひとびと》の病気《びょうき》の治療《ちりょう》につくし、ノーベル平和賞《へいわしょう》を受《う》けた。

**じゅばく【呪縛】** 名 動-する ❶まじないの力《ちから》で身動《みうご》きがとれないようにすること。❷心理《しんり》的《てき》に人《ひと》の自由《じゆう》をうばうこと。例 呪縛から解《と》き放《はな》つ。

**しゅはん【主犯】** 名 中心《ちゅうしん》になって罪《つみ》をおかした者《もの》。

**しゅはん【首班】** 名 内閣総理大臣《ないかくそうりだいじん》。例 国会《こっかい》で首班指名選挙《しめいせんきょ》が行《おこな》われる。

**じゅばん** 名 和服《わふく》を着《き》るとき、肌《はだ》にじかに着《き》るもの。じばん。参考 元《もと》は、ポルトガル語《ご》。

**しゅひ【種皮】** 名 植物《しょくぶつ》の種《たね》の、外側《そとがわ》の皮《かわ》。内部《ないぶ》の胚《はい》を守《まも》っている。

**しゅび【守備】** 名 動-する 守《まも》ること。守《まも》り。例 守備を固《かた》める。対 攻撃《こうげき》。

**しゅび【首尾】** 名 ❶ものごとの始《はじ》めと終《お》わり。前後《ぜんご》。例 話《はなし》の首尾が整《ととの》わない。❷ものごとのなりゆきや結果《けっか》。例 首尾は上々《じょうじょう》だ（＝たいへんうまくできた）。

**じゅひ【樹皮】** 名 木《き》の皮《かわ》。

■**しゅびいっかん【首尾一貫】** 名 動-する 始《はじ》めから終《お》わりまで同《おな》じやり方《かた》で通《とお》すこと。例 彼《かれ》は首尾一貫反対《はんたい》で通《とお》した。

**じゅひょう【樹氷】** 名 霧《きり》が木《き》の幹《みき》や枝《えだ》一面《いちめん》に白《しろ》くこおりついたもの。

**しゅびよく【首尾よく】** 副 都合《つごう》よく。よいぐあいに。例 首尾よく勝《か》った。

**しゅひん【主賓】** 名 招《まね》いた客《きゃく》の中《なか》で、いちばん中心《ちゅうしん》となる客《きゃく》。

**しゅふ【主婦】** 名 妻《つま》で、家庭《かてい》の仕事《しごと》の中心《ちゅうしん》となる人《ひと》。参考 夫《おっと》の場合《ばあい》は「主夫《しゅふ》」という。

**しゅふ【首府】** 名 ➡しゅと 612ページ

**シュプレヒコール** 〔ドイツ語〕名 ❶詩《し》やせりふを、大勢《おおぜい》の人《ひと》で朗読《ろうどく》する方法《ほうほう》。❷デモなどで、大勢《おおぜい》の人《ひと》が声《こえ》をそろえてスローガンをさけぶこと。

**しゅぶん【主文】** 名 ❶文章《ぶんしょう》の中心《ちゅうしん》となる文《ぶん》。❷裁判《さいばん》の判決文《はんけつぶん》で、結論《けつろん》を述《の》べた文《ぶん》。

**じゅふん【受粉】** 名 動-する 雄《お》しべの花粉《かふん》が、雌《め》しべの先《さき》につくこと。参考 このあとに「受精《じゅせい》」が起《お》こる。

**しゅべつ【種別】** 名 動-する 種類《しゅるい》によって分《わ》けること。また、その区別《くべつ》。

**しゅほう【手法】** 名 やり方《かた》。芸術品《げいじゅつひん》などの表現《ひょうげん》のしかた。例 新《あたら》しい手法。類 技法《ぎほう》。

**しゅぼうしゃ【首謀者】** 名 中心《ちゅうしん》になって悪《わる》いことを計画《けいかく》する人《ひと》。例 事件《じけん》の首謀者。

**○しゅみ【趣味】** 名 ❶味《あじ》わい。おもしろみ。例 趣味のいい服《ふく》。❷楽《たの》しみ。好《この》み。例 切手《きって》を集《あつ》める趣味。

**じゅみょう【寿命】** 名 ❶命《いのち》。命《いのち》の長《なが》さ。例 平均寿命《へいきんじゅみょう》がのびる。❷物《もの》が役《やく》に立《た》って使《つか》える期間《きかん》。例 電球《でんきゅう》の寿命。

**しゅもく【種目】** 名 種類《しゅるい》によって分《わ》けた名前《なまえ》。例 運動会《うんどうかい》の種目。

**じゅもく【樹木】** 名 地面《じめん》に生《は》えている木《き》。立《た》ち木《き》。

**じゅもん【呪文】** 名 まじないやのろいの言葉《ことば》。例 呪文を唱《とな》える。

✤**しゅやく【主役】** 名 ❶映画《えいが》や劇《げき》で主人公《しゅじんこう》の役《やく》。また、その役《やく》の人《ひと》。❷ものごとの中心人物《ちゅうしんじんぶつ》。例 事件《じけん》の主役。対（❶・❷）脇役《わきやく》。

**じゅよ【授与】** 名 動-する 授《さず》けること。与《あた》えること。例 賞状《しょうじょう》を授与する。

**しゅよう【主要】** 名 形動 ものごとの中心《ちゅうしん》で、だいじなこと。例 主要な議題《ぎだい》。

**しゅよう【腫瘍】** 名 体《からだ》にできる、はれもの。例 悪性《あくせい》腫瘍（＝がん）。

**じゅよう【受容】** 名 動-する 受《う》け入《い》れること。例 外国《がいこく》の文化《ぶんか》を広《ひろ》く受容する。

**じゅよう【需要】** 名 必要《ひつよう》だとして求《もと》めるも


百人一首 大江山《おおえやま》いくのの道《みち》の遠《とお》ければまだふみもみず天《あま》の橋立《はしだて》　小式部内侍《こしきぶのないし》

ののこと。特《とく》に、商品《しょうひん》を買《か》い求《もと》めること。例 需要がのびる。学生《がくせい》の需要にこたえる。対 供給《きょうきゅう》。

**しゅよく【主翼】** 名 飛行機《ひこうき》の胴体《どうたい》から両側《りょうがわ》に張《は》り出《だ》し、うき上《あ》がる力《ちから》を与《あた》える大《おお》きなつばさ。対 尾翼《びよく》。

**しゅらば【修羅場】** 名 激《はげ》しい戦《たたか》いが行《おこな》われている場所《ばしょ》。しゅらじょう。例 数々《かずかず》の修羅場をくぐりぬけてきた武将《ぶしょう》。

**ジュラルミン** 〔英語 duralumin〕 名 アルミニウムに、銅《どう》・マンガン・マグネシウムなどを混《ま》ぜた合金《ごうきん》。軽《かる》くて丈夫《じょうぶ》なので、飛行機《ひこうき》の材《ざい》料《りょう》などに使《つか》われる。

**じゅり【受理】** 名 動する (届《とど》けや願《ねが》いなどの)書類《しょるい》を正式《せいしき》に受《う》け取《と》ること。例 入学願書《にゅうがくがんしょ》を受理する。

**しゅりけん【手裏剣】** 名 はなれている敵《てき》に投《な》げつける、するどい武器《ぶき》。

**しゅりじょう【首里城】** 名 沖縄《おきなわ》にあった琉球王国《りゅうきゅうおうこく》の城《しろ》。現在《げんざい》の沖縄県那覇市《おきなわけんなはし》にあり、沖縄《おきなわ》の政治《せいじ》や文化《ぶんか》の中心地《ちゅうしんち》だった。建物《たてもの》は一九四五年《ねん》の戦争《せんそう》で焼《や》けてしまったが、昔《むかし》のまま残《のこ》された部分《ぶぶん》は世界遺産《せかいいさん》に登録《とうろく》された。二〇一九年《ねん》に火災《かさい》にあい、現在再建《げんざいさいけん》が急《いそ》がれている。

**じゅりつ【樹立】** 名 動する (今《いま》までになかったことを)しっかりと打《う》ち立《た》てること。例 新《しん》記録《きろく》を樹立する。

**しゅりゅう【主流】** 名 ❶一《ひと》つの川《かわ》の、中《ちゅう》心《しん》となる流《なが》れ。❷学問《がくもん》や団体《だんたい》などで、中心《ちゅうしん》となる考《かんが》え方《かた》。また、おもな勢力《せいりょく》。例 主流派《は》。類 (❶・❷)本流《ほんりゅう》。対 (❶・❷)支流《しりゅう》。

**しゅりょう【狩猟】** 名 動する 野生《やせい》の鳥《とり》・けものをとること。狩《か》り。

**しゅりょう【首領】** 名 (悪《わる》い)仲間《なかま》のかしら。親分《おやぶん》。例 山賊《さんぞく》の首領。

**じゅりょう【受領】** 名 動する お金《かね》などを受《う》け取《と》ること。例 会費《かいひ》を受領する。

**しゅりょく【主力】** 名 中心《ちゅうしん》となる勢力《せいりょく》。おもな力《ちから》。例 チームの主力となる。

**じゅりん【樹林】** 名 木《き》が群《む》がって生《は》えている林《はやし》。

**°しゅるい【種類】** 名 共通《きょうつう》する形《かたち》や性質《せいしつ》によって分《わ》けたもの。例 犬《いぬ》も種類が多《おお》い。

**じゅれい【樹齢】** 名 木《き》の年齢《ねんれい》。年輪《ねんりん》から知《し》ることができる。

**シュレッダー** 〔英語 shredder〕 名 いらなくなった文書《ぶんしょ》などを、細《こま》かく切《き》り刻《きざ》む機械《きかい》。例 書類《しょるい》をシュレッダーにかける。

**しゅろ** 名 暖《あたた》かい地方《ちほう》に生《は》える常緑樹《じょうりょくじゅ》。幹《みき》は毛《け》でおおわれている。

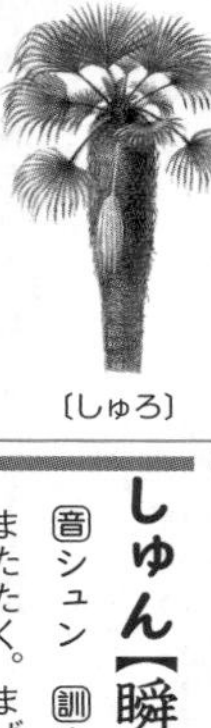
〔しゅろ〕

**じゅろうじん【寿老人】** 名 七福神《しちふくじん》の一人《ひとり》。長生《ながい》きの願《ねが》いをかなえる神《かみ》。ひげを生《は》やし、つえをついて、鹿《しか》を連《つ》れている。↓しちふくじん 563ページ

**◆しゅわ【手話】** 名 耳《みみ》や口《くち》の不自由《ふじゆう》な人《ひと》が、目《め》で見《み》てわかるように、手《て》で作《つく》る形《かたち》やその動《うご》かし方《かた》で話《はなし》を伝《つた》え合《あ》う方法《ほうほう》。例 手話通訳《つうやく》。↓ふろく(14ページ)

**じゅわき【受話器】** 名 電話《でんわ》や通信機《つうしんき》などの、耳《みみ》に当《あ》てて、言葉《ことば》や通信《つうしん》を聞《き》き取《と》る器械《きかい》。参考 現在《げんざい》では送話器《そうわき》(＝音声《おんせい》を送《おく》る器械《きかい》)と一体《いったい》になっている。

**しゅわん【手腕】** 名 ものごとを進《すす》めていく腕前《うでまえ》。例 会長《かいちょう》として手腕をふるう。

**しゅん【春】** 画数 9 部首 日(ひ) 2年

音 シュン 訓 はる

筆順 一 三 夫 夫 春 春 春 春

❶はる。四季《しき》の一《ひと》つ。熟語 春季《しゅんき》。春分《しゅんぶん》。立春《りっしゅん》。対 秋《しゅう》。関連 夏《か》。秋《しゅう》。冬《とう》。❷年《とし》の初《はじ》め。熟語 迎春《げいしゅん》。新春《しんしゅん》。❸若《わか》い時《とき》。熟語 青春《せいしゅん》。

**しゅん【俊】** 画数 9 部首 亻(にんべん)

音 シュン 訓 ―

すぐれている。熟語 俊敏《しゅんびん》。

**しゅん【瞬】** 画数 18 部首 目(めへん)

音 シュン 訓 またた-く

またたく。まばたきをする。また、ごく短《みじか》い時間《じかん》。熟語 瞬間《しゅんかん》。一瞬《いっしゅん》。例 瞬《またた》く間《ま》。

**しゅん【旬】** 名 ❶魚《さかな》や野菜《やさい》などの、いちばん味《あじ》のよいとき。例 旬のものを食《た》べる。❷

[歌の意味] 昔《むかし》、奈良《なら》の都《みやこ》で咲《さ》いていた八重桜《やえざくら》が、今日《きょう》は宮中《きゅうちゅう》で満開《まんかい》だよ。
注 九重《ここのえ》＝宮中《きゅうちゅう》。

ものごとのもっともさかんな時期《じき》。例 今《いま》が旬の選手《せんしゅ》。⇩じゅん【旬】615ページ

**じゅん【純】** 画数 10 部首 糸(いとへん) 6年
音 ジュン 訓 —
筆順

まじりけがない。熟語 純金《じゅんきん》。純粋《じゅんすい》。純真《じゅんしん》。単純《たんじゅん》。

**じゅん【純】** 形動 気持《きも》ちや考《かんが》えにかざりけがないようす。例 彼《かれ》には純なところがある。

**じゅん【順】** 画数 12 部首 頁(おおがい) 4年
音 ジュン 訓 —
筆順

❶したがう。熟語 順応《じゅんのう》。従順《じゅうじゅん》。❷決《き》まったじゅんばん。熟語 順位《じゅんい》。順延《じゅんえん》。順序《じゅんじょ》。順路《じゅんろ》。手順《てじゅん》。筆順《ひつじゅん》。❸うまく進《すす》む。熟語 順調《じゅんちょう》。順風《じゅんぷう》。

**じゅん【順】** 名 順序《じゅんじょ》。例 来《き》た順に並《なら》ぶ。

**じゅん【準】** 画数 13 部首 氵(さんずい) 5年
音 ジュン 訓 —
筆順

❶ものをはかる目安《めやす》。目当《めあ》て。熟語 基準《きじゅん》。標準《ひょうじゅん》。❷前《まえ》もって備《そな》える。熟語 準備《じゅんび》。❸正式《せいしき》なものの一《ひと》つ前《まえ》。熟語 準決勝《じゅんけっしょう》。⇩じゅんじる

616ページ

**じゅん【旬】** 画数 6 部首 日(ひ)
音 ジュン シュン 訓 —
❶一《いっ》か月《げつ》を、十日《とおか》ずつに分《わ》けたひと区切《くぎ》り。十日間《とおかかん》。熟語 旬刊《じゅんかん》。下旬《げじゅん》。上旬《じょうじゅん》。❷さかりの時《とき》。例 旬《しゅん》の野菜《やさい》。

**じゅん【巡】** 画数 6 部首 巛(かわ)
音 ジュン 訓 めぐ-る
めぐる。回《まわ》る。見《み》て回《まわ》る。熟語 巡回《じゅんかい》。巡業《じゅんぎょう》。巡視《じゅんし》。例 市内《しない》の史跡《しせき》を巡《めぐ》る。

**じゅん【盾】** 画数 9 部首 目(め)
音 ジュン 訓 たて
たて。やりや矢《や》などから身《み》を守《まも》るもの。熟語 矛盾《むじゅん》。例 盾《たて》に取《と》る。盾《たて》をつく。

**じゅん【准】** 画数 10 部首 冫(にすい)
音 ジュン 訓 —
❶正式《せいしき》なものと同《おな》じような扱《あつか》いをする。準《じゅん》じる。熟語 准教授《じゅんきょうじゅ》。准看護師《じゅんかんごし》。❷認《みと》めて許《ゆる》す。熟語 批准《ひじゅん》。

**じゅん【殉】** 画数 10 部首 歹(がつへん)
音 ジュン 訓 —
だいじなもののために死《し》ぬ。熟語 殉職《じゅんしょく》。

**じゅん【循】** 画数 12 部首 彳(ぎょうにんべん)
音 ジュン 訓 —
めぐる。ぐるぐる回《まわ》る。熟語 循環《じゅんかん》。

**じゅん【潤】** 画数 15 部首 氵(さんずい)
音 ジュン
訓 うるお-う うるお-す うる-む
❶うるおう。しめりけがある。うるむ。熟語 湿潤《しつじゅん》。潤滑油《じゅんかつゆ》。例 のどを潤《うるお》す。目《め》が潤《うる》む。❷もうけ。豊《ゆた》かになる。熟語 潤沢《じゅんたく》(=ものが豊《ゆた》かにあること)。利潤《りじゅん》。例 ふところが潤《うるお》う。❸つやがある。かざる。熟語 潤色《じゅんしょく》(=話《はなし》をおもしろくするためにつけ加《くわ》える)。

**じゅん【遵】** 画数 15 部首 辶(しんにょう)
音 ジュン 訓 —
きまりに従《したが》う。熟語 遵守《じゅんしゅ》。

**じゅんい【順位】** 名 順番《じゅんばん》を表《あらわ》す位置《いち》。例 順位が上《あ》がる。

**じゅんえき【純益】** 名 売《う》り上《あ》げから、費用《ひよう》を引《ひ》いた残《のこ》り。ほんとうのもうけ。純利《じゅんり》。

**じゅんえん【順延】** 名 動する 決《き》められた日《ひ》を順《じゅん》に先《さき》へ延《の》ばすこと。例 雨天《うてん》順延。

**じゅんかい【巡回】** 名 動する ❶順《じゅん》にめぐって歩《ある》くこと。例 巡回公演《こうえん》。❷見回《みまわ》ること。例 パトカーが巡回する。

■**しゅんかしゅうとう【春夏秋冬】** 名 「春《はる》・夏《なつ》・秋《あき》・冬《ふゆ》」の四《よっ》つの季節《きせつ》。四季《しき》。一年《いちねん》じゅう。

**じゅんかつゆ【潤滑油】** 名 ❶機械《きかい》などの

動《うご》きを、なめらかにする油《あぶら》。❷ものごとがうまく進《すす》むようにするもの。例グループをまとめる潤滑油となる。

◦**しゅんかん【瞬間】** 名 ほんのわずかな時《じ》間《かん》。例瞬間最《さい》大《だい》風《ふう》速《そく》。

**じゅんかん【旬刊】** 名 新《しん》聞《ぶん》・雑《ざっ》誌《し》などを、十《とお》日《か》ごとに発《はっ》行《こう》すること。関連日《にっ》刊《かん》。週《しゅう》刊《かん》。月《げっ》刊《かん》。季《き》刊《かん》。年《ねん》刊《かん》。

**じゅんかん【旬間】** 名 行《ぎょう》事《じ》などを行《おこな》うために特《とく》別《べつ》に決《き》めた十《とお》日《か》間《かん》。例交《こう》通《つう》安《あん》全《ぜん》旬間。関連週《しゅう》間《かん》。月《げっ》間《かん》。年《ねん》間《かん》。

**じゅんかん【循環】** 名 動-する ひと回《まわ》りして元《もと》に返《かえ》ることを、何《なん》度《ど》もくり返《かえ》すこと。例血《けつ》液《えき》が体《たい》内《ない》を循環する。

**じゅんかんがたしゃかい【循環型社会】** 名 捨《す》てる物《もの》を減《へ》らし、再《さい》利《り》用《よう》する範《はん》囲《い》を広《ひろ》げて、限《かぎ》りある資《し》源《げん》を繰《く》り返《かえ》し使《つか》う社《しゃ》会《かい》のこと。参考この考《かんが》え方《かた》をまとめた言《こと》葉《ば》が「3R《スリーアール》」(リデュース・リユース・リサイクル)で、その実《じつ》現《げん》が進《すす》められている。⬇スリーアール 694ページ

**じゅんかんき【循環器】** 名 栄《えい》養《よう》や酸《さん》素《そ》を体《からだ》のすみずみまで送《おく》り、いらなくなったものを運《はこ》び出《だ》す器《き》官《かん》。心《しん》臓《ぞう》・血《けっ》管《かん》など。

**しゅんき【春季】** 名 春《はる》の季《き》節《せつ》。関連夏《か》季《き》。秋《しゅう》季《き》。冬《とう》季《き》。

**しゅんき【春期】** 名 春《はる》の期《き》間《かん》。関連夏《か》期《き》。秋《しゅう》期《き》。冬《とう》期《き》。

**じゅんきゅう【準急】** 名 〔「準《じゅん》急《きゅう》行《こう》列《れっ》車《しゃ》」の略《りゃく》。〕とまる駅《えき》が、急《きゅう》行《こう》より多《おお》く普《ふ》通《つう》より少《すく》ない電《でん》車《しゃ》や列《れっ》車《しゃ》。

**じゅんきょ【準拠】** 名 動-する もとになるものを定《さだ》め、それに従《したが》うこと。例教《きょう》科《か》書《しょ》に準拠した問《もん》題《だい》集《しゅう》。

**じゅんきょう【殉教】** 名 動-する 自《じ》分《ぶん》が信《しん》じる宗《しゅう》教《きょう》を守《まも》りぬいたり、そのために戦《たたか》ったりして、命《いのち》を捨《す》てること。例江《え》戸《ど》時《じ》代《だい》に殉教したキリシタンの遺《い》跡《せき》。

**じゅんぎょう【巡業】** 名 動-する 各《かく》地《ち》を回《まわ》って、芝《しば》居《い》やすもうなどを見《み》せること。

**じゅんきん【純金】** 名 混《ま》じりもののない金《きん》。金《きん》むく。

**じゅんぐり【順繰り】** 名 決《き》められた順《じゅん》番《ばん》どおり。例順繰りに発《はっ》表《ぴょう》する。

**じゅんけつ【純潔】** 名 形動 心《こころ》が清《きよ》らかで、けがれがないこと。

**じゅんけっしょう【準決勝】** 名 勝《か》ちぬきの試《し》合《あい》で、決《けっ》勝《しょう》の一《ひと》つ前《まえ》の試《し》合《あい》。

**しゅんこう【竣工】** 名 動-する 工《こう》事《じ》ができあがること。例体《たい》育《いく》館《かん》の竣工式《しき》。対着《ちゃっ》工《こう》。

**じゅんさ【巡査】** 名 警《けい》察《さつ》官《かん》の階《かい》級《きゅう》の一《ひと》つ。いちばん下《した》の階《かい》級《きゅう》。類おまわりさん。

**しゅんじ【瞬時】** 名 まばたきをするぐらいの短《みじか》い時《じ》間《かん》。例瞬時に判《はん》断《だん》を下《くだ》す。類瞬《しゅん》間《かん》。

**じゅんし【巡視】** 名 動-する 警《けい》戒《かい》などのため、見《み》回《まわ》ること。例町《まち》を巡視する。

**じゅんじ【順次】** 副 順《じゅん》番《ばん》を追《お》って。順《じゅん》々《じゅん》に。例来《き》た人《ひと》から順次バスに乗《の》りこむ。

**じゅんしせん【巡視船】** 名 海《かい》上《じょう》の見《み》回《まわ》りをする船《ふね》。特《とく》に、海《かい》上《じょう》保《ほ》安《あん》庁《ちょう》の船《ふね》のこと。

**じゅんしゅ【遵守】** 名 動-する 法《ほう》律《りつ》や命《めい》令《れい》などを、きちんと守《まも》ること。

**しゅんじゅう【春秋】** 名 ❶春《はる》と秋《あき》。❷一《いち》年《ねん》のこと。または、年《ねん》月《げつ》。例春秋を重《かさ》ねる。

**春《しゅん》秋《じゅう》に富《と》む** 年《とし》が若《わか》く将《しょう》来《らい》があること。

**じゅんじゅん【順順】** 副 次《つぎ》々《つぎ》と進《すす》むようす。順《じゅん》ぐり。順《じゅん》々。例前《まえ》の人《ひと》へ順々にわたす。

◦**じゅんじょ【順序】** 名 決《き》まった並《なら》び方《かた》。また、ものごとを行《おこな》う順《じゅん》番《ばん》。手《て》順《じゅん》。

**じゅんじょう【純情】** 名 形動 心《こころ》がきれいで、すなおなようす。また、そのような心《こころ》。例純情な若《わか》者《もの》。

**じゅんしょく【殉職】** 名 動-する 自《じ》分《ぶん》の務《つと》めを果《は》たそうとして、命《いのち》を落《お》とすこと。

**じゅんじょだてる【順序立てる】** 動 決《き》まりにそってものを並《なら》べたり、すじ道《みち》を立《た》てたりする。例自《じ》分《ぶん》の意《い》見《けん》を順序立てて述《の》べる。

**じゅんじょふどう【順序不同】** 名 ⬇じゅんふどう 618ページ

**じゅんじる【準じる】** 動 〔「準《じゅん》ずる」ともいう。〕❶ある基《き》準《じゅん》に従《したが》う。例規《き》則《そく》に準じて行《おこな》う。❷他《ほか》のものと、ほぼ同《おな》じ扱《あつか》いをする。例参《さん》加《か》者《しゃ》の会《かい》費《ひ》は、会《かい》員《いん》に準じる。

**じゅんしん【純真】** 形動 心《こころ》が清《きよ》らかで、ごまかしがないようす。例純真で明《あか》るい子《こ》。

[歌の意味] 夜《よ》がまだ深《ふか》いうちに、ニワトリの鳴《な》きまねでだましたって、あなたと会《あ》う逢《おう》坂《さか》の関《せき》所《しょ》は開《ひら》かないでしょうね。

**◦じゅんすい【純粋◦】** 名 形動 ❶まったく混《ま》じりけがないようす。例 純粋なアルコール。❷欲《よく》や悪《わる》い心《こころ》が少《すこ》しもないようす。例 純粋な気《き》持《も》ち。対(❶・❷)不《ふ》純《じゅん》◦。

**じゅんずる【準ずる】** 動 ⬇じゅんじる 616ページ

**しゅんせつ【春節】** 名 中国《ちゅうごく》で祝《いわ》う、旧暦《きゅうれき》の正月《しょうがつ》のこと。

**✤じゅんせつ【順接】** 名 〔国語《こくご》で〕「雨《あめ》が降《ふ》った。だから、中止《ちゅうし》した。」のように、前《まえ》の内容《ないよう》と後《あと》の内容《ないよう》が無理《むり》なく、順序《じゅんじょ》よくつながること。例 順接の接続詞《せつぞくし》。対 逆接《ぎゃくせつ》。

**しゅんそく【俊◦足・駿◆足】** 名 走《はし》るのが速《はや》いこと。また、速《はや》い人《ひと》。例 俊足のランナー。

**じゅんたく【潤◦沢◦】** 名 形動 ものがたくさんあること。例 潤沢な予算《よさん》を確保《かくほ》した。

**じゅんちょう【順調】** 名 形動 ものごとが、すらすらとはかどるようす。例 万事《ばんじ》順調だ。

**じゅんて【順手】** 名 鉄棒《てつぼう》などで、手《て》の甲《こう》を自分《じぶん》のほうに向《む》けて握《にぎ》ること。対 逆手《ぎゃくて》。逆《さか》手《て》。

**じゅんど【純度】** 名 まじりけのなさの程《てい》度《ど》。例 純度の高《たか》い銀貨《ぎんか》。

**じゅんとう【順当】** 形動 そうなるのがあたりまえなようす。例 順当に勝《か》ち進《すす》む。

**じゅんのう【順応】** 名 動-する 周《まわ》りのようすに合《あ》わせて、自分《じぶん》の行動《こうどう》をうまく変《か》えること。例 環境《かんきょう》に順応する。類 適応《てきおう》。

**じゅんぱく【純白】** 名 形動 真《ま》っ白《しろ》なこと。例 純白のドレス姿《すがた》。

**しゅんぱつりょく【瞬◦発力】** 名 スポーツなどで、瞬間的《しゅんかんてき》にぱっと動《うご》くことができる筋肉《きんにく》の力《ちから》。

**◦じゅんばん【順番】** 名 順序《じゅんじょ》に従《したが》ってすること。また、その順序《じゅんじょ》。

**◦じゅんび【準備】** 名 動-する ものごとをする前《まえ》に、前《まえ》もって用意《ようい》をすること。また、その用意《ようい》。支度《したく》。例 準備運動《うんどう》。食事《しょくじ》の準備。

**じゅんびうんどう【準備運動】** 名 運動《うんどう》などをする前《まえ》に、体《からだ》をならすためにする軽《かる》い運動《うんどう》。

**しゅんびん【俊◦敏◦】** 名 形動 頭《あたま》がよくはたらいて、行動《こうどう》がすばやいこと。例 俊敏な動《うご》きでゴールをねらう。

**じゅんぷう【順風】** 名 進《すす》んでいく方向《ほうこう》にふく風《かぜ》。類 追《お》い風《かぜ》。対 逆風《ぎゃくふう》。

---

例解 考えるためのことば

## 【順序《じゅんじょ》】を表《あらわ》すときに使《つか》う言葉《ことば》

決《き》まった並《なら》び方《かた》。ものごとを行《おこな》う順番《じゅんばん》。手順《てじゅん》

くだけた表現《ひょうげん》

| | 先《さき》 | | 後《あと》 |
|---|---|---|---|
| くだけた表現 | 先《さき》に / まず / 一《ひと》つ目《め》 | 続《つづ》いて / 次《つぎ》に / さらに / 二《ふた》つ目《め》 | 終《お》わりに / つまり / 以上《いじょう》のように |
| あらたまった表現 | 最初《さいしょ》に / 第一《だいいち》に / 冒頭《ぼうとう》 | 第二《だいに》に | 最後《さいご》に / 最終的《さいしゅうてき》に |

あらたまった表現《ひょうげん》

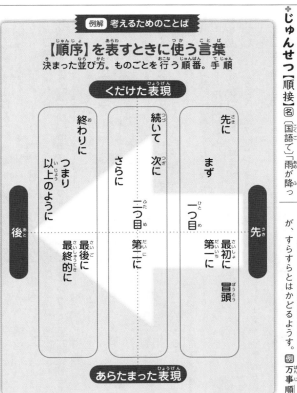

■**じゅんぷうまんぱん【順風満帆】** 名 形動 張《は》った帆《ほ》いっぱいに風《かぜ》を受《う》けて船《ふね》が進《すす》むように、ものごとがすべて順《じゅん》調《ちょう》に運《はこ》ぶこと。例 順風満帆な人生《じんせい》。

**じゅんふどう【順不同】** 名 順《じゅん》序《じょ》に一《ひと》つの定《さだ》まった決《き》まりがないこと。名《な》前《まえ》などを並《なら》べて書《か》くときにそえる。順《じゅん》序《じょ》不《ふ》同《どう》。

**しゅんぶん【春分】** 名 春《はる》に、太《たい》陽《よう》が真《ま》東《ひがし》から出《で》て真《ま》西《にし》にしずみ、昼《ひる》と夜《よる》の長《なが》さが同《おな》じになる日《ひ》。三《さん》月《がつ》二《に》十《じゅう》一《いち》日《にち》ごろ。二《に》十《じゅう》四《し》節《せっ》気《き》の一《ひと》つ。対 秋《しゅう》分《ぶん》。

**しゅんぶんのひ【春分の日】** 名 国《こく》民《みん》の祝《しゅく》日《じつ》の一《ひと》つ。三《さん》月《がつ》二《に》十《じゅう》一《いち》日《にち》ごろ。春《はる》の彼《ひ》岸《がん》の中《ちゅう》日《にち》にあたる。

**じゅんぼく【純朴】** 形動 すなおで、かざりけのないようす。例 純朴な青《せい》年《ねん》。

**しゅんみんあかつきをおぼえず【春眠暁を覚えず】** 春《はる》の夜《よる》は心《ここ》地《ち》よく眠《ねむ》れるので、夜《よ》が明《あ》けるのも知《し》らずにいる。参考 中《ちゅう》国《ごく》の詩《し》の言《こと》葉《ば》。

**じゅんもう【純毛】** 名 羊《ひつじ》などの動《どう》物《ぶつ》の毛《け》だけで作《つく》った毛《け》糸《いと》や毛《け》織《おり》物《もの》。

**しゅんらん【春蘭】** 名 ランの仲《なか》間《ま》の植《しょく》物《ぶつ》。早《そう》春《しゅん》に、茎《くき》の先《さき》にあわい黄《き》緑《みどり》色《いろ》の花《はな》を一《ひと》つつける。

**じゅんりょう【純良】** 形動 まじりけがなく、質《しつ》がいいようす。例 純良な食《しょく》品《ひん》をそろえる。

**じゅんれい【巡礼・順礼】** 名 動-する 方《ほう》々《ぼう》の神《じん》社《じゃ》や寺《てら》・聖《せい》地《ち》などを、お参《まい》りしてめぐり歩《ある》くこと。また、その人《ひと》。遍《へん》路《ろ》。

**じゅんろ【順路】** 名 順《じゅん》序《じょ》よく歩《ある》けるように決《き》めた道《みち》筋《すじ》。例 見《けん》学《がく》順路。類 道《みち》順《じゅん》。

**じゅんわくせい【準惑星】** 名 太《たい》陽《よう》の周《まわ》りを回《まわ》る、惑《わく》星《せい》に似《に》た星《ほし》のこと。関連 恒《こう》星《せい》。惑《わく》星《せい》。衛《えい》星《せい》。↓たいようけい 783ページ

---

**しょ【処】** 画数 5 部首 几（つくえ） 6年

音 ショ 訓 ―

筆順

❶ところ。熟語 居《きょ》処《しょ》（＝居《きょ》所《しょ》）。❷とりはからう。始《し》末《まつ》する。熟語 処《しょ》分《ぶん》。処《しょ》理《り》。対《たい》処《しょ》。↓しょする 645ページ

---

**しょ【初】** 画数 7 部首 刀（かたな） 4年

音 ショ 訓 はじ-め はじ-めて はつ うˆい そˆ-める

筆順

はじめ。はじめのころ。はじめての。熟語 初《しょ》夏《か》。初《しょ》期《き》。初《しょ》日《にち》。初《しょ》歩《ほ》。最《さい》初《しょ》。当《とう》初《しょ》。初《はつ》日《ひ》。初《はつ》耳《みみ》。初《うい》陣《じん》。対 終《しゅう》。

《訓の使い方》 **はじ-めて** 例 初めての旅《りょ》行《こう》。**そ-める** 例 花《はな》が咲《さ》き初める。

---

**しょ【所】** 画数 8 部首 戸（と） 3年

音 ショ 訓 ところ

筆順

❶ところ。熟語 所《しょ》在《ざい》。住《じゅう》所《しょ》。場《ば》所《しょ》。名《めい》所《しょ》。米《こめ》所《どころ》。台《だい》所《どころ》。❷こと。もの。熟語 所《しょ》見《けん》。所《しょ》蔵《ぞう》。所《しょ》有《ゆう》。所《しょ》用《よう》。長《ちょう》所《しょ》。短《たん》所《しょ》。

---

**しょ【書】** 画数 10 部首 曰（いわく） 2年

音 ショ 訓 か-く

筆順

❶かく。かいたもの。熟語 書《しょ》記《き》。書《しょ》写《しゃ》。書《しょ》道《どう》。書《しょ》類《るい》。清《せい》書《しょ》。投《とう》書《しょ》。❷本《ほん》。熟語 書《しょ》店《てん》。書《しょ》物《もつ》。辞《じ》書《しょ》。著《ちょ》書《しょ》。読《どく》書《しょ》。❸文《も》字《じ》。文《も》字《じ》の書《か》き方《かた》。熟語 書《しょ》体《たい》。行《ぎょう》書《しょ》。

《訓の使い方》 **か-く** 例 手《て》紙《がみ》を書く。

**しょ【書】** 名 ❶書《か》くこと。書《か》いたもの。例 書を習《なら》う。良《りょう》寛《かん》さんの書。❷手《て》紙《がみ》。例 書を送《おく》る。❸本《ほん》。例 書を読《よ》む。

---

**しょ【暑】** 画数 12 部首 日（ひ） 3年

音 ショ 訓 あつ-い

筆順

❶あつい。気《き》温《おん》が高《たか》い。熟語 暑《しょ》気《き》。猛《もう》暑《しょ》。❷夏《なつ》の季《き》節《せつ》。熟語 暑《しょ》中《ちゅう》。対 （❶・❷）寒《かん》。

《訓の使い方》 **あつ-い** 例 暑い夏《なつ》の日《ひ》。

---

**しょ【署】** 画数 13 部首 罒（あみがしら） 6年

音 ショ 訓 ―

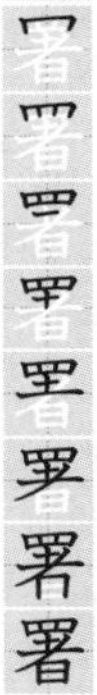

筆順 署

**しょ【署】** 名

❶役所《やくしょ》。役割《やくわり》。熟語 署長《しょちょう》。部署《ぶしょ》。警察署《けいさつしょ》。❷（名前《なまえ》などを）書《か》き記《しる》す。熟語 署名《しょめい》。

**しょ【署】** 名 警察署《けいさつしょ》・消防署《しょうぼうしょ》など、「署《しょ》」のつく役所《やくしょ》の略《りゃく》。例 署からの連絡《れんらく》。

**しょ【諸】** 画数 15 部首 言（ごんべん） 6年

音 ショ 訓 ―

いろいろな。多《おお》くの。熟語 諸国《しょこく》。諸島《しょとう》。

筆順 諸

**しょ【庶】** 画数 11 部首 广（まだれ）

音 ショ 訓 ―

いろいろの。数多《かずおお》くの。もろもろの。熟語 庶民《しょみん》。庶務《しょむ》。

**しょ【緒】** 画数 14 部首 糸（いとへん）

音 ショ チョ 訓 お

❶いとぐち。熟語 端緒《たんちょ》・端緒《たんしょ》（＝ものごとの初《はじ》め）。由緒《ゆいしょ》。❷心《こころ》の動《うご》き。熟語 情緒《じょうちょ》・情緒《じょうしょ》。❸細長《ほそなが》いひも。熟語 鼻緒《はなお》。

**しょ【緒】** 名 ものごとの始《はじ》まるいとぐち。ちょ。

**緒《しょ》につく** ものごとが始《はじ》まる。とりかかる。ちょにつく。例 やっと仕事《しごと》が緒についた。

**じょ【女】** 画数 3 部首 女（おんな） 1年

音 ジョ ニョ ニョウ 訓 おんな め

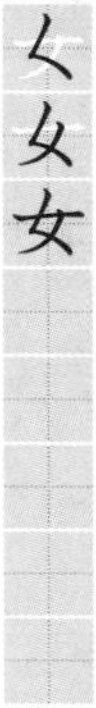

おんな。熟語 女子《じょし》。女性《じょせい》。天女《てんにょ》。女房《にょうぼう》。対 男《だん》。

筆順 女

**じょ【助】** 画数 7 部首 力（ちから） 3年

音 ジョ 訓 たす-ける たす-かる すけ

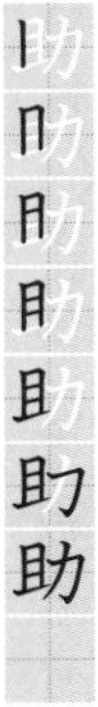

たすける。たすけ。熟語 助言《じょげん》。助手《じょしゅ》。助命《じょめい》。救助《きゅうじょ》。補助《ほじょ》。助太刀《すけだち》。

《訓の使い方》**たす-ける** 例 困《こま》っている人《ひと》を助ける。**たす-かる** 例 命《いのち》が助かる。

筆順 助

**じょ【序】** 画数 7 部首 广（まだれ） 5年

音 ジョ 訓 ―

❶順番《じゅんばん》。熟語 順序《じゅんじょ》。秩序《ちつじょ》。❷はじめ。熟語 序曲《じょきょく》。序文《じょぶん》。序論《じょろん》。

筆順 序

**じょ【序】** 名 ❶順序《じゅんじょ》。例 長幼《ちょうよう》の序（＝年齢《ねんれい》による順序《じゅんじょ》）。❷はしがき。前書《まえが》き。例 序の言《こと》葉《ば》。

**じょ【除】** 画数 10 部首 阝（こざとへん） 6年

音 ジョ ジ 訓 のぞ-く

❶のぞく。取《と》り去《さ》る。熟語 除外《じょがい》。除去《じょきょ》。除名《じょめい》。解除《かいじょ》。掃除《そうじ》。❷（算数《さんすう》で）割《わ》り算《ざん》のこと。熟語 除数《じょすう》。除法《じょほう》。乗除《じょうじょ》。対 乗《じょう》。

《訓の使い方》**のぞ-く** 例 校庭《こうてい》の石《いし》を除く。

筆順 除

**じょ【如】** 画数 6 部首 女（おんなへん）

音 ジョ ニョ 訓 ―

❶…のようだ。そのとおりである。熟語 如実《にょじつ》。❷ようすなどを表《あらわ》すときにつける言葉《ことば》。熟語 欠如《けつじょ》。突如《とつじょ》。

**じょ【叙】** 画数 9 部首 又（また）

音 ジョ 訓 ―

❶順序《じゅんじょ》に従《したが》って述《の》べる。熟語 叙述《じょじゅつ》。叙景詩《じょけいし》。❷順序をつけて位《くらい》をさずける。熟語 叙勲《じょくん》（＝勲章《くんしょう》をあたえること）。

**じょ【徐】** 画数 10 部首 彳（ぎょうにんべん）

音 ジョ 訓 ―

ゆるやかに。熟語 徐行《じょこう》。例 徐々《じょじょ》に進《すす》む。

**じょい【女医】** 名 女性《じょせい》の医者《いしゃ》。

**しょいこむ【（背負）い込む】** 動 ❶背中《せなか》に重《おも》い物《もの》を乗せる。❷めんどうなことや重い責任《せきにん》を引《ひ》き受《う》ける。せおいこむ。例 やっかいな問題《もんだい》を背負い込む。

**しょいんづくり【書院造り】** 名 室町時代《むろまちじだい》から始《はじ》まった家《いえ》の造《つく》り方《かた》の一《ひと》つ。床《とこ》の間《ま》・ちがい棚《だな》・障子《しょうじ》などがあり、今《いま》の和風《わふう》の住宅《じゅうたく》の形《かたち》のもとになったもの。

**しょう【子葉】** 名 植物《しょくぶつ》が芽《め》を出《だ》すときに最《さい》初《しょ》に出《で》る葉《は》。本葉《ほんよう》の前《まえ》に出《で》る。

**しょう【仕様】** 名 ❶ものごとのしかた。やり方《かた》。方法《ほうほう》。例 区《く》別《べつ》のしようがない。❷機《き》械《かい》や電《でん》気《き》製《せい》品《ひん》の、型《かた》や性《せい》能《のう》など。また、それを書《か》いたもの。例 パソコンの仕様を一《いち》部《ぶ》変《へん》更《こう》する。参考 ❶はふつう、かな書《が》きにする。

**しょう【私用】** 名 自《じ》分《ぶん》のための用《よう》事《じ》。例 私用で出《で》かける。対 公用《こうよう》。

**○しょう【使用】** 名 動-する 人《ひと》や物《もの》を使《つか》うこと。例 使用料《しようりょう》。教室《きょうしつ》を使用する。

**しょう【試用】** 名 動-する ためしに使《つか》ってみること。例 新《あたら》しい薬《くすり》を試用する。

**しょう【小】** 画数 3 部首 小(しょう) 1年

音 ショウ 訓 ちい-さい こ お

筆順 小 小 小

❶ちいさい。熟語 小数《しょうすう》。小心《しょうしん》。大小《だいしょう》。小川《おがわ》。小《こ》型《がた》。関連 大《だい》。中《ちゅう》。❷わずか。熟語 小食《しょうしょく》。対 (❶・❷)大《だい》。❸自《じ》分《ぶん》の側《がわ》を、へりくだって言《い》う言《こと》葉《ば》。熟語 小生《しょうせい》。

《訓の使い方》ちい-さい 例 小さい石《いし》。

**しょう【小】** 名 ❶ちいさいこと。例 大《だい》は小を兼《か》ねる。❷ひと月《つき》の日数《にっすう》が三十一日《さんじゅういちにち》ないこと。例 小の月《つき》。対 (❶・❷)大《だい》。

**しょう【少】** 画数 4 部首 小(しょう) 2年

音 ショウ 訓 すく-ない すこ-し

筆順 丨 小 小 少

❶すくない。すこし。熟語 少数《しょうすう》。多少《たしょう》。対 多《た》。❷若《わか》い。熟語 少女《しょうじょ》。少年《しょうねん》。年少《ねんしょう》。

《訓の使い方》すく-ない 例 お金《かね》が少ない。

**しょう【招】** 画数 8 部首 扌(てへん) 5年

音 ショウ 訓 まね-く

筆順 一 十 扌 招 招 招 招 招

よぶ。まねく。熟語 招集《しょうしゅう》。招待《しょうたい》。招致《しょうち》。

《訓の使い方》まね-く 例 客《きゃく》を招く。

**しょう【承】** 画数 8 部首 手(て) 6年

音 ショウ 訓 うけたまわ-る

筆順 了 孑 孑 承 承 承 承 承

❶うけたまわる。受《う》け入《い》れる。熟語 承諾《しょうだく》。承《しょう》知《ち》。承認《しょうにん》。了承《りょうしょう》。❷受《う》けつぐ。熟語 継承《けいしょう》。伝承《でんしょう》。

《訓の使い方》うけたまわ-る 例 話《はなし》を承る。

**しょう【松】** 画数 8 部首 木(きへん) 4年

音 ショウ 訓 まつ

筆順 一 十 才 木 朴 松 松 松

まつ。熟語 松風《しょうふう》・松風《まつかぜ》。松竹梅《しょうちくばい》。

**しょう【昭】** 画数 9 部首 日(ひへん) 3年

音 ショウ 訓 ―

筆順 日 日 日 昭 昭 昭 昭 昭 昭

明《あき》らか。明《あか》るい。熟語 昭和《しょうわ》。

**しょう【将】** 画数 10 部首 寸(すん) 6年

音 ショウ 訓 ―

筆順 丨 丬 将 将 将 将 将 将 将 将

❶軍《ぐん》隊《たい》などを指《し》揮《き》する人《ひと》。熟語 将軍《しょうぐん》。大将《たいしょう》。武将《ぶしょう》。❷これから先《さき》。熟語 将来《しょうらい》。

**しょう【将】** 名 (チームや軍《ぐん》隊《たい》など)上《うえ》に立《た》って指《さし》図《ず》をする人《ひと》。例 将を射《い》んと欲《ほっ》すれば先《ま》ず馬《うま》を射《い》よ［＝目《もく》的《てき》を果《は》たすためには、まず周《まわ》りのものから手《て》をつけていくのが早《はや》道《みち》だ、というたとえ］。

**しょう【消】** 画数 10 部首 氵(さんずい) 3年

音 ショウ 訓 き-える け-す

筆順 消 消 消 消 消 消 消 消 消 消

❶あったものがなくなる。熟語 消化《しょうか》。消失《しょうしつ》。解消《かいしょう》。❷けす。熟語 消火《しょうか》。消灯《しょうとう》。❸なくす。熟語 消毒《しょうどく》。消費《しょうひ》。❹おとろえる。勢《いきお》いがなくなる。ひかえめ。熟語 消沈《しょうちん》。消極的《しょうきょくてき》。

《訓の使い方》き-える 例 文《も》字《じ》が消える。け-す 例 火《ひ》を消す。

**しょう【笑】** 画数 10 部首 ⺮(たけかんむり) 4年

［歌の意味］ 明《あ》け方《がた》、宇治川《うじがわ》の霧《きり》がとぎれとぎれに晴《は》れて、網代木《あじろぎ》がつぎつぎと現《あらわ》れてくるよ。
注 網代木《あじろぎ》＝魚《さかな》取《と》りの仕《し》かけを支《ささ》える杭《くい》。

音 ショウ△ 訓 わら-う え△-む

筆順 笑

わらう。わらい。熟語 苦笑《くしょう》。失笑《しっしょう》。談笑《だんしょう》。爆笑《ばくしょう》。微笑《びしょう》。

《訓の使い方》**わら-う** 例 大声《おおごえ》で笑う。**え-む** 例 ほほ笑む。

**しょう【唱】** 画数 11 部首 ロ（くちへん） 4年

音 ショウ 訓 とな-える

筆順 唱

❶うたう。熟語 合唱《がっしょう》。独唱《どくしょう》。輪唱《りんしょう》。❷となえる。熟語 暗唱《あんしょう》。復唱《ふくしょう》。❸先《さき》に立《た》って言《い》う。熟語 主唱《しゅしょう》。提唱《ていしょう》。

《訓の使い方》**とな-える** 例 念仏《ねんぶつ》を唱える。

**しょう【商】** 画数 11 部首 口（くち） 3年

音 ショウ 訓 あき△-なう

筆順 商

物《もの》を売《う》り買《か》いする。熟語 商業《しょうぎょう》。商店《しょうてん》。商人《しょうにん》。商売《しょうばい》。商品《しょうひん》。行商《ぎょうしょう》。通商《つうしょう》。

《訓の使い方》**あきな-う** 例 魚《さかな》を商う。

**しょう【商】** 名〔算数《さんすう》で〕割《わ》り算《ざん》の答《こた》え。例 商を求《もと》める。対 積《せき》。

**しょう【章】** 画数 11 部首 立（たつ） 3年

音 ショウ 訓 ——

筆順 章

❶しるし。熟語 記章《きしょう》。校章《こうしょう》。❷文《ぶん》。熟語 文章《ぶんしょう》。憲章《けんしょう》。❸音楽《おんがく》や文章《ぶんしょう》のひと区切《くぎ》り。熟語 楽章《がくしょう》。章節《しょうせつ》〔=文章中《ぶんしょうちゅう》の章《しょう》や節《せつ》の区切《くぎ》り〕。

**しょう【章】** 名 文章《ぶんしょう》の中《なか》の、大《おお》きな区切《くぎ》り。例 序論《じょろん》・本論《ほんろん》・結論《けつろん》の、三《みっ》つの章に分《わ》けられる。

**しょう【勝】** 画数 12 部首 力（ちから） 3年

音 ショウ 訓 か-つ まさ△-る

筆順 勝

❶かつ。相手《あいて》を打《う》ちまかす。熟語 勝敗《しょうはい》。勝利《しょうり》。決勝《けっしょう》。対 負《ふ》。敗《はい》。❷すぐれている。熟語 健勝《けんしょう》。名勝《めいしょう》。

《訓の使い方》**か-つ** 例 敵《てき》に勝つ。**まさ-る** 例 力《ちから》が勝る。

**しょう【焼】** 画数 12 部首 火（ひへん） 4年

音 ショウ△ 訓 や-く や-ける

筆順 焼

やく。燃《も》える。熟語 焼却《しょうきゃく》。焼失《しょうしつ》。全焼《ぜんしょう》。燃焼《ねんしょう》。半焼《はんしょう》。

《訓の使い方》**や-く** 例 魚《さかな》を焼く。**や-ける** 例 顔《かお》が日《ひ》に焼ける。

**しょう【証】** 画数 12 部首 言（ごんべん） 5年

音 ショウ 訓 ——

筆順 証

まちがっていないことを明《あき》らかにする。あかしをたてる。熟語 証言《しょうげん》。証明《しょうめい》。確証《かくしょう》。↓しょうする（証する）633ページ

**しょう【象】** 画数 12 部首 豕（ぶた） 5年

音 ショウ ゾウ 訓 ——

筆順 象

一〔「ショウ」と読《よ》んで〕❶かたち。ありさま。熟語 印象《いんしょう》。気象《きしょう》。現象《げんしょう》。対象《たいしょう》。❷かたどる。かたちで表《あらわ》す。熟語 象徴《しょうちょう》。象形文字《しょうけいもじ》。二〔「ゾウ」と読《よ》んで〕（動物《どうぶつ》の）象《ぞう》。

**しょう【傷】** 画数 13 部首 亻（にんべん） 6年

音 ショウ 訓 きず いた△-む いた△-める

筆順 傷

❶きず。きずつける。熟語 傷害《しょうがい》。重傷《じゅうしょう》。負傷《ふしょう》。傷口《きずぐち》。❷悲《かな》しむ。熟語 傷心《しょうしん》。感傷《かんしょう》。

《訓の使い方》**いた-む** 例 家《いえ》が傷む。**いた-める** 例 花《はな》を傷める。

**しょう【照】** 画数 13 部首 灬（れんが） 4年

音 ショウ 訓 て-る て-らす て-れる

筆順 照



百人一首 朝《あさ》ぼらけ宇治《うじ》の川霧《かわぎり》たえだえにあらはれわ《わ》たる瀬々《せぜ》の網代木《あじろぎ》　藤原定頼《ふじわらのさだより》

❶てる。てらす。明《あか》るくかがやく。明《めい》。日照権《にっしょうけん》。❷てらし合《あ》わせる。熟語 照《しょう》照会《しょうかい》。照合《しょうごう》。参照《さんしょう》。対照《たいしょう》。《訓の使い方》て-る 例 日《ひ》が照る。て-らす 例 ライトで照らす。て-れる 例 ほめられて照れる。

**しょう【障】** 画数 14 部首 阝(こざとへん) 6年

音 ショウ 訓 さわ-る

筆順 阝 阝 阝 障 障 障 障 障

❶へだてて、さえぎる。熟語 障害《しょうがい》。障子《しょうじ》。保《ほ》障《しょう》。❷さしつかえる。熟語 故障《こしょう》。支障《ししょう》。万《ばん》障《しょう》〔=さまざまなさしさわり〕。《訓の使い方》さわ-る 例 体《からだ》に障る。

**しょう【賞】** 画数 15 部首 貝(かい) 5年

音 ショウ 訓 ―

筆順 賞 賞 賞 賞 賞 賞 賞 賞

❶ほめる。たたえる。熟語 賞賛《しょうさん》。賞状《しょうじょう》。例 花《はな》を賞《しょう》する。❷ほうび。熟語 賞金《しょうきん》。賞品《しょうひん》。受賞《じゅしょう》。入賞《にゅうしょう》。対(❶・❷)罰《ばつ》。❸味《あじ》わって楽《たの》しむ。熟語 賞味《しょうみ》。鑑賞《かんしょう》。↓しょうする(賞する) 633ページ

**しょう【賞】** 名 ほめられること。ほうびをもらうこと。例 名誉《めいよ》ある賞を受《う》けた。対 罰《ばつ》。

**しょう【升】** 画数 4 部首 十(じゅう)

音 ショウ 訓 ます

❶昔《むかし》の尺貫法《しゃっかんほう》で、量《りょう》の単位《たんい》の一《ひと》つ。一升《いっしょう》は、一斗《いっと》の十分《じゅうぶん》の一《いち》で、約《やく》一・八リットル。❷ます。米《こめ》やしょうゆ、酒《さけ》などの量《りょう》をはかるために用《もち》いた、箱《はこ》の形《かたち》をした道具《どうぐ》。例 一升升《いっしょうます》。

**しょう【召】** 画数 5 部首 口(くち)

音 ショウ 訓 め-す

めす。上《うえ》の者《もの》が下《した》の者《もの》を呼《よ》び寄《よ》せる。熟語 召集《しょうしゅう》。例 殿様《とのさま》が家来《けらい》をお召《め》しになる。

**しょう【匠】** 画数 6 部首 匚(はこがまえ)

音 ショウ 訓 ―

❶たくみ。手先《てさき》で物《もの》を作《つく》ることを仕事《しごと》にする人《ひと》。熟語 名匠《めいしょう》〔=すぐれた技量《ぎりょう》を持《も》った人《ひと》〕。❷技術《ぎじゅつ》や学問《がくもん》などにすぐれた人《ひと》。先生《せんせい》。熟語 巨匠《きょしょう》。師匠《ししょう》。❸工夫《くふう》。熟語 意匠《いしょう》。

**しょう【床】** 画数 7 部首 广(まだれ)

音 ショウ 訓 とこ ゆか

❶とこ。ねどこ。寝台《しんだい》。熟語 起床《きしょう》。病床《びょうしょう》。例 床《とこ》の間《ま》。❷ざしきで一段《いちだん》高《たか》くなったところ。❸物《もの》を支《ささ》えたりする台《だい》。土台《どだい》。底《そこ》の部分《ぶぶん》。熟語 温床《おんしょう》。川床《かわどこ》。苗床《なえどこ》。❹理髪店《りはつてん》。熟語 床《とこ》屋《や》。❺ゆか。例 床《ゆか》をふく。

**しょう【抄】** 画数 7 部首 扌(てへん)

音 ショウ 訓 ―

ぬき書《が》き。熟語 抄出《しょうしゅつ》。抄本《しょうほん》。

**しょう【肖】** 画数 7 部首 月(にくづき)

音 ショウ 訓 ―

形《かたち》が似《に》ている。似《に》せる。熟語 肖像《しょうぞう》。

**しょう【尚】** 画数 8 部首 小(しょう)

音 ショウ 訓 ―

❶なお。まだ。熟語 時期尚早《じきしょうそう》〔=まだそのことをするには早《はや》すぎること〕。❷とうとぶ。大切《たいせつ》にする。熟語 尚古《しょうこ》〔=昔《むかし》のことをとうとぶこと〕。尚武《しょうぶ》〔=武道《ぶどう》に力《ちから》を入《い》れること〕。❸高《たか》い。高《たか》くする。熟語 高尚《こうしょう》。

**しょう【昇】** 画数 8 部首 日(ひ)

音 ショウ 訓 のぼ-る

のぼる。上《うえ》へあがる。熟語 昇給《しょうきゅう》。上昇《じょうしょう》。

**しょう【沼】** 画数 8 部首 氵(さんずい)

音 ショウ 訓 ぬま

ぬま。熟語 沼沢《しょうたく》〔=沼《ぬま》と沢《さわ》〕。沼地《ぬまち》。

**しょう【宵】** 画数 10 部首 宀(うかんむり)

音 ショウ 訓 よい

よい。日《ひ》が暮《く》れて暗《くら》くなるころ。例 宵《よい》の口《くち》。熟語 春宵《しゅんしょう》〔=春《はる》のよい〕。

**しょう【症】** 画数 10 部首 疒(やまいだれ)

音 ショウ 訓 ―

病気《びょうき》の状態《じょうたい》。熟語 症状《しょうじょう》。重症《じゅうしょう》。後遺症《こういしょう》。

[歌の意味] 恨《うら》み悲《かな》しみ、涙《なみだ》でかわかぬ袖《そで》さえあるのに、恋《こい》に傷《きず》つけられるわたしの名《な》が惜《お》しまれるよ。

**しょう【祥】** 画数 10 部首 ネ（しめすへん）
音 ショウ 訓 ―
❶さいわい。めでたいこと。熟語 吉祥《きっしょう》（＝えんぎがよくてめでたいこと）。❷ものごとの起《お》こり。熟語 発祥《はっしょう》。

**しょう【称】** 画数 10 部首 禾（のぎへん）
音 ショウ 訓 ―
❶つり合《あ》う。向《む》かい合《あ》う。熟語 対称《たいしょう》。❷ほめる。たたえる。熟語 称賛《しょうさん》。❸よぶ。となえる。呼《よ》び名《な》。熟語 敬称《けいしょう》。自称《じしょう》。名称《めいしょう》。⬇しょうする（称する）632ページ

**しょう【渉】** 画数 11 部首 氵（さんずい）
音 ショウ 訓 ―
❶水《みず》の中《なか》を歩《ある》いてわたる。広《ひろ》くめぐり歩《ある》く。熟語 渉猟《しょうりょう》（＝あちこちさがし歩《ある》く。たくさんの本《ほん》を読《よ》みあさる）。❷かかわる。関係《かんけい》する。熟語 渉外《しょうがい》。干渉《かんしょう》。交渉《こうしょう》。

**しょう【紹】** 画数 11 部首 糸（いとへん）
音 ショウ 訓 ―
とりもつ。間《あいだ》に立《た》って、引《ひ》き合《あ》わせる。熟語 紹介《しょうかい》。

**しょう【訟】** 画数 11 部首 言（ごんべん）
音 ショウ 訓 ―
裁判《さいばん》で争《あらそ》う。熟語 訴訟《そしょう》。

**しょう【掌】** 画数 12 部首 手（て）
音 ショウ 訓 ―
❶てのひら。熟語 掌握《しょうあく》。合掌《がっしょう》。❷自分《じぶん》の仕事《しごと》として受《う》け持《も》つ。熟語 車掌《しゃしょう》。

**しょう【晶】** 画数 12 部首 日（ひ）
音 ショウ 訓 ―
きらきらと光《ひか》る鉱石《こうせき》。鉱物《こうぶつ》の規則《きそく》正《ただ》しい形《かたち》。熟語 結晶《けっしょう》。水晶《すいしょう》。

**しょう【焦】** 画数 12 部首 灬（れんが）
音 ショウ
訓 こ-げる こ-がす こ-がれる あせ-る
❶こげる。こがす。焼《や》く。熟語 焦点《しょうてん》。焦土《しょうど》。例 パンを焦《こ》がす。❷あせる。熟語 焦燥《しょうそう》（＝あせっていらいらすること）。例 焦《あせ》ると失敗《しっぱい》する。待《ま》ち焦《こ》がれる。

**しょう【硝】** 画数 12 部首 石（いしへん）
音 ショウ 訓 ―
硝石《しょうせき》。火薬《かやく》やガラス、また、肥料《ひりょう》などを作《つく》るのに使《つか》う鉱石《こうせき》。熟語 硝酸《しょうさん》。

**しょう【粧】** 画数 12 部首 米（こめへん）
音 ショウ 訓 ―
よそおう。かざる。熟語 化粧《けしょう》。

**しょう【詔】** 画数 12 部首 言（ごんべん）
音 ショウ 訓 みことのり
天子《てんし》の言葉《ことば》。みことのり。熟語 詔書《しょうしょ》。

**しょう【奨】** 画数 13 部首 大（だい）
音 ショウ 訓 ―
すすめる。すすめはげます。熟語 奨励《しょうれい》。

**しょう【詳】** 画数 13 部首 言（ごんべん）
音 ショウ 訓 くわ-しい
くわしい。熟語 詳細《しょうさい》。詳述《しょうじゅつ》。未詳《みしょう》。

**しょう【彰】** 画数 14 部首 彡（さんづくり）
音 ショウ 訓 ―
明《あき》らかにする。知《し》れわたるようにする。熟語 表彰《ひょうしょう》。

**しょう【憧】** 画数 15 部首 忄（りっしんべん）
音 ショウ 訓 あこが-れる
あこがれる。思《おも》いこがれる。熟語 憧憬《しょうけい》（＝あこがれること。「どうけい」とも読《よ》む）。例 憧《あこが》れの人《ひと》。

**しょう【衝】** 画数 15 部首 行（ぎょうがまえ）
音 ショウ 訓 ―
❶つき当《あ》たる。熟語 衝撃《しょうげき》。衝突《しょうとつ》。❷心《こころ》が動《うご》く。熟語 衝動《しょうどう》。❸だいじな所《ところ》。熟語 要衝《ようしょう》（＝だいじな場所《ばしょ》）。

**しょう【衝】** 名 だいじな所《ところ》。例 衝に当《あ》たる（＝だいじな所《ところ》を受《う》け持《も》つ）。


百人一首 恨《うら》みわびほさぬ袖《そで》だにあるものを恋《こい》に朽《く》ちなむ名《な》こそ惜《お》しけれ　相模《さがみ》

**しょう【償】** 画数17 部首イ(にんべん)
音ショウ 訓つぐなう
つぐなう。熟語 代償《だいしょう》。賠償《ばいしょう》。補償《ほしょう》。

**しょう【礁】** 画数17 部首石(いしへん)
音ショウ 訓——
水面《すいめん》の下《した》にかくれている岩《いわ》。熟語 暗礁《あんしょう》。座《ざ》礁《しょう》。珊瑚礁《さんごしょう》。

**しょう【鐘】** 画数20 部首金(かねへん)
音ショウ 訓かね
かね。つりがね。かねの音《おと》。熟語 鐘楼《しょうろう》。半《はん》鐘《しょう》。例 除夜《じょや》の鐘《かね》。

**しょう【上】** 熟語 上人《しょうにん》。身上《しんしょう》。→**じょう**【上】624ページ

**しょう【井△】** 熟語 天井《てんじょう》。→**せい**【井】697ページ

**しょう【生】** 熟語 一生《いっしょう》。誕生《たんじょう》。→**せい**【生】697ページ

**しょう【声】** 熟語 声明《しょうみょう》。大音声《だいおんじょう》。→**せい**【声】698ページ

**しょう【姓】** 熟語 百姓《ひゃくしょう》。→**せい**【姓】700ページ

**しょう【青△】** 熟語 緑青《ろくしょう》。→**せい**【青】698ページ

**しょう【政△】** 熟語 摂政《せっしょう》。→**せい**【政】698ページ

**しょう【星△】** 熟語 明星《みょうじょう》。→**せい**【星】698ページ

**しょう【相△】** 熟語 相伴《しょうばん》。首相《しゅしょう》。→**そう**【相】741ページ

**しょう【従△】** 熟語 従容《しょうよう》(=落《お》ち着《つ》いているようす)。追従《ついしょう》。→**じゅう**【従】594ページ

**しょう【清△】** 熟語 六根清浄《ろっこんしょうじょう》。→**せい**【清】699ページ

**しょう【装△】** 熟語 装束《しょうぞく》。衣装《いしょう》。→**そう**【装】742ページ

**しょう【精△】** 熟語 精進《しょうじん》。無精《ぶしょう》。→**せい**【精】699ページ

**しょう【正】** 名 昔《むかし》、同《おな》じ位《くらい》を上下《じょうげ》に分《わ》けた上《うえ》のほう。例 正五位《しょうごい》。→**せい**【正】697ページ

**しょう【性△】** 名 生《う》まれつきの性質《せいしつ》。例 書記《しょき》の係《かかり》は、性に合《あ》っている。→**せい**【性】698ページ

**性に合う** 性質《せいしつ》や好《この》みに合《あ》い、向《む》いている。

**しょう【省】** 名 ❶国《くに》の仕事《しごと》をする役所《やくしょ》。例 外務省《がいむしょう》。❷中国《ちゅうごく》で、政治《せいじ》を行《おこな》う上《うえ》での、土《と》地《ち》の区分《くわ》けの一《ひと》つ。例 山西省《さんせいしょう》。→**せい**【省】699ページ

**しょう【笙】** 名 雅楽《ががく》に使《つか》う管楽器《かんがっき》の一《ひと》つ。一七本《ほん》の竹《たけ》の管《くだ》を使《つか》って演奏《えんそう》する。

**しょう【〈背負〉う】** 動 ❶背中《せなか》に負《お》う。おぶう。例 荷物《にもつ》をしょう。❷やっかいなことなどを引《ひ》き受《う》ける。例 重大《じゅうだい》な責任《せきにん》をしょう。❸〔「しょってる」「しょっている」の形《かたち》で〕うぬぼれる。例 ずいぶんしょっているね。

**じょう【滋養】** 名 栄養《えいよう》。例 滋養のある食《た》べ物《もの》。

**じょう【上】** 画数3 部首一(いち) 1年
音ジョウ ショウ△
訓うえ うわ かみ あ-げる あ-がる のぼ-る のぼ-せる△ のぼ-す△

筆順 丨 ト 上

❶高《たか》いところ。うえ。熟語 上位《じょうい》。上空《じょうくう》。上《うわ》背《ぜい》。地上《ちじょう》。頂上《ちょうじょう》。川上《かわかみ》。床上《ゆかうえ》。関連 中《ちゅう》。下《げ》。❷のぼる。あげる。あがる。熟語 上京《じょうきょう》。上《じょう》陸《りく》。献上《けんじょう》。浮上《ふじょう》。北上《ほくじょう》。❸すぐれている。よい。熟語 上等《じょうとう》。上品《じょうひん》。上位《じょうい》。上人《しょうにん》。極上《ごくじょう》。最上《さいじょう》。対(❶~❸)下《げ》。❹場所《ばしょ》。場面《ばめん》。熟語 紙《し》上《じょう》。席上《せきじょう》。陸上《りくじょう》。路上《ろじょう》。❺見《み》えるようにする。熟語 上映《じょうえい》。上演《じょうえん》。❻〔ある言葉《ことば》のあとにつけて〕…について。…に関係《かんけい》して。熟語 史《し》上《じょう》。身上《しんじょう》。教育上《きょういくじょう》。

《訓の使い方》**あ-げる** 例 棚《たな》に上げる。**あ-がる** 例 二階《にかい》に上がる。**のぼ-る** 例 階段《かいだん》を上る。**のぼ-せる** 例 議題《ぎだい》に上せる。**のぼ-す** 例 話題《わだい》に上す。

**じょう【上】** 名 すぐれていること。よいこと。例 上の部《ぶ》のできばえ。お寿司《すし》の上。

**じょう【条】** 画数7 部首木(き) 5年
音ジョウ 訓——

筆順 条

❶一《ひと》つずつ分《わ》けて示《しめ》したもの。熟語 条文《じょうぶん》。箇条《かじょう》。❷すじ。熟語 星条旗《せいじょうき》。❸筋道《すじみち》。熟語 条理《じょうり》。信条《しんじょう》。

**じょう【状】** 画数7 部首犬(いぬ)

音ジョウ 訓—

筆順

❶ありさま。熟語状態《じょうたい》。異状《いじょう》。現状《げんじょう》。❷書《か》きつけ。手紙《がみ》。熟語賀状《がじょう》。礼状《れいじょう》。❸言《い》い表《あらわ》す。熟語白状《はくじょう》。

## じょう【乗】画数9 部首ノ（の） 3年

音ジョウ 訓の-る の-せる

筆順

❶のる。熟語乗車《じょうしゃ》。同乗《どうじょう》。便乗《びんじょう》。❷〔算数《さんすう》で〕掛《か》け算《ざん》のこと。熟語乗法《じょうほう》。対除《じょ》。↓じょうじる 632ページ

《訓の使い方》の-る 例電車《でんしゃ》に乗る。の-せる 例客《きゃく》を乗せる。

## じょう【城】画数9 部首土（つちへん） 4年

音ジョウ 訓しろ

筆順

しろ。熟語城主《じょうしゅ》。古城《こじょう》。落城《らくじょう》。城下町《じょうかまち》。城跡《しろあと》。参考「茨城県《いばらきけん》」「宮城県《みやぎけん》」のようにも読《よ》む。

## じょう【常】画数11 部首巾（はば） 5年

音ジョウ 訓つね とこ

筆順

❶日《ひ》ごろ。熟語常設《じょうせつ》。日常《にちじょう》。平常《へいじょう》。❷ふつう。あたりまえ。熟語常識《じょうしき》。正常《せいじょう》。非常《ひじょう》。

## じょう【情】画数11 部首忄（りっしんべん） 5年

音ジョウ セイ 訓なさ-け

筆順

❶気持《きも》ち。思《おも》いやり。熟語愛情《あいじょう》。情熱《じょうねつ》。同情《どうじょう》。❷ありさま。ようす。熟語情景《じょうけい》。事情《じじょう》。表情《ひょうじょう》。❸趣《おもむき》。味《あじ》わい。熟語情趣《じょうしゅ》。詩情《しじょう》。風情《ふぜい》。

**じょう【情】**名 ❶気持《きも》ち。例親愛《しんあい》の情を示《しめ》す。❷人情《にんじょう》。なさけ。

**情《じょう》が移《うつ》る** つき合《あ》っているうちに、しだいに愛情《あいじょう》を感《かん》じるようになる。例ペットを三日《みっか》飼《か》ったら情が移るよ。

**情《じょう》に流《なが》される** ↓じょうにもろい 625ページ

**情《じょう》にもろい** 思《おも》いやりが深《ふか》く、人情《にんじょう》に動《うご》かされやすい。例彼《かれ》には情にもろいところがある。

## じょう【場】画数12 部首土（つちへん） 2年

音ジョウ 訓ば

筆順

ばしょ。熟語場内《じょうない》。会場《かいじょう》。入場《にゅうじょう》。満場《まんじょう》。運動場《うんどうじょう》。場面《ばめん》。宿場《しゅくば》。立場《たちば》。広場《ひろば》。

## じょう【蒸】画数13 部首艹（くさかんむり） 6年

音ジョウ 訓む-す む-れる む-らす

筆順

水《みず》が気体《きたい》になる。熟語蒸気《じょうき》。蒸発《じょうはつ》。蒸留《じょうりゅう》。

《訓の使い方》む-す 例まんじゅうを蒸す。む-れる 例足《あし》が蒸れる。む-らす 例ご飯《はん》を蒸らす。

## じょう【縄】画数15 部首糸（いとへん） 4年

音ジョウ 訓なわ

筆順

なわ。太《ふと》いひも。熟語縄文土器《じょうもんどき》。

## じょう【丈】画数3 部首一（いち）

音ジョウ 訓たけ

❶昔《むかし》の尺貫法《しゃっかんほう》で、長《なが》さの単位《たんい》の一《ひと》つ。一丈《いちじょう》は十尺《じっしゃく》で、約《やく》三・〇三メートル。❷たけ。熟語背丈《せたけ》。❸強《つよ》い。熟語丈夫《じょうぶ》。頑丈《がんじょう》。気丈《きじょう》。

## じょう【冗】画数4 部首冖（わかんむり）

音ジョウ 訓—

❶むだ。よぶんな。熟語冗談《じょうだん》。❷たるむ。熟語冗長《じょうちょう》。冗漫《じょうまん》〔=長《なが》たらしくしまりがない〕。

## じょう【浄】画数9 部首氵（さんずい）

音ジョウ 訓—

きよい。きよめる。熟語浄化《じょうか》。浄水場《じょうすいじょう》。清浄《せいじょう》。洗浄《せんじょう》。



百人一首 もろともにあはれと思《おも》へ山桜《やまざくら》花《はな》よりほかに知《し》る人《ひと》もなし 行尊《ぎょうそん》

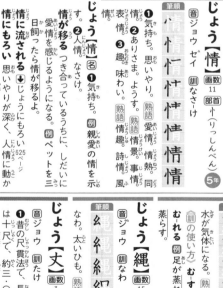

**じょう【剰】** 画数 11 部首 刂（りっとう）
音 ジョウ 訓 ―
あまる。多《おお》すぎる。熟語 剰余《じょうよ》。過剰《かじょう》。余剰《よじょう》。

**じょう【畳】** 画数 12 部首 田（た）
音 ジョウ 訓 たた-む たたみ
❶たたむ。かさねる。熟語 畳語《じょうご》。例 着物《きもの》を畳《たた》む。❷たたみ。例 畳《たたみ》の部屋《へや》。❸〔数字《すうじ》のあとにつけて〕たたみの数《かず》を数《かぞ》える言葉《ことば》。部屋《へや》の広《ひろ》さを表《あらわ》す。例 六畳《ろくじょう》。

**じょう【壌】** 画数 16 部首 扌（つちへん）
音 ジョウ 訓 ―
つち。作物《さくもつ》を育《そだ》てる土《つち》。熟語 土壌《どじょう》。

**じょう【嬢】** 画数 16 部首 女（おんなへん）
音 ジョウ 訓 ―
むすめ。若《わか》い女《おんな》の人《ひと》。熟語 令嬢《れいじょう》。

**じょう【錠】** 画数 16 部首 金（かねへん）
音 ジョウ 訓 ―
❶戸《と》じまりなどのための金具《かなぐ》。熟語 錠前《じょうまえ》。❷薬《くすり》などを丸《まる》くて平《ひら》たい形《かたち》に固《かた》めたもの。熟語 錠剤《じょうざい》。❸〔数字《すうじ》などのあとにつけて〕つぶの薬《くすり》を数《かぞ》える言葉《ことば》。例 一錠《いちじょう》。

**じょう【錠】** 名 勝手《かって》に開《あ》けられないように、ドアなどにとりつける金具《かなぐ》。錠前《じょうまえ》。例 錠をかける。

**じょう【譲】** 画数 20 部首 言（ごんべん）
音 ジョウ 訓 ゆず-る
他《ほか》の人《ひと》にゆずり与《あた》える。熟語 譲渡《じょうと》。譲歩《じょうほ》。分譲《ぶんじょう》。

**じょう【醸】** 画数 20 部首 酉（とりへん）
音 ジョウ 訓 かも-す
かもす。米《こめ》などを発酵《はっこう》させて酒《さけ》やしょうゆなどを造《つく》る。熟語 醸造《じょうぞう》。例 酒《さけ》を醸《かも》す。雰囲気《ふんいき》を醸《かも》し出《だ》す。

**じょう【成】** 熟語 成就《じょうじゅ》。成仏《じょうぶつ》。↓**せい【成】** 698ページ

**じょう【定】** 熟語 定石《じょうせき》。必定《ひつじょう》。↓**てい【定】** 871ページ

**じょう【盛】** 熟語 繁盛《はんじょう》。↓**せい【盛】** 699ページ

**じょう【静】** 熟語 静脈《じょうみゃく》。↓**せい【静】** 700ページ

**じょう【帖】** 〔数字《すうじ》のあとにつけて〕和紙《わし》・のりなどを数《かぞ》える言葉《ことば》。例 半紙《はんし》は二十枚《にじゅうまい》で一じょう、のりは十枚《じゅうまい》で一じょうという。

**じょうあい【情愛】** 名 愛《あい》する気持《きも》ち。愛《あい》情《じょう》。例 親子《おやこ》の情愛が深《ふか》い。

**しょうあく【掌握】** 名 動-する 思《おも》いどおりにできるよう、しっかりつかむこと。例 組織《そしき》を掌握する。

**じょうい【上位】** 名 順番《じゅんばん》や地位《ちい》が上《うえ》のほうにあること。例 上位に入《はい》る。対 下位《かい》。

■**じょういかたつ【上意下達】** 名 上《うえ》の人《ひと》の意思《いし》や命令《めいれい》を、下《した》の人《ひと》や組織《そしき》に伝《つた》えること。

**しょういだん【焼夷弾】** 名 辺《あた》りを焼《や》きはらうために、燃《も》える物質《ぶっしつ》をつめた爆弾《ばくだん》。

**しょういん【勝因】** 名 勝《か》ちとなった原因《げんいん》。例 勝因はチームワークだ。対 敗因《はいいん》。

**じょういん【上院】** 名 アメリカやイギリスなどの国会《こっかい》のように、二《ふた》つの議院《ぎいん》でできている国会《こっかい》の一《ひと》つ。日本《にっぽん》の参議院《さんぎいん》にあたる。対 下院《かいん》。

**じょういん【乗員】** 名 船《ふね》・飛行機《ひこうき》・列車《れっしゃ》などに乗《の》りこんで、仕事《しごと》をしている人《ひと》。乗務《じょうむ》員《いん》。

**じょうえい【上映】** 名 動-する 映画《えいが》を映《うつ》して観客《かんきゃく》に見《み》せること。例 映《えい》画《が》を上映する。

**しょうエネ【省エネ】** 名 〔「省《しょう》エネルギー」の略《りゃく》。〕石油《せきゆ》・ガス・電気《でんき》などのエネルギーのむだを省《はぶ》き、大切《たいせつ》に使《つか》うこと。

**しょうえん【荘園】** 名 奈良時代《ならじだい》から室町《むろまち》時代《じだい》にかけて、貴族《きぞく》や寺《てら》・神社《じんじゃ》などが持《も》っていた土地《とち》。

**じょうえん【上演】** 名 動-する 舞台《ぶたい》で、芝居《しばい》などをして観客《かんきゃく》に見《み》せること。

**しょうおう【照応】** 名 動-する 二《ふた》つのものが、うまく関連《かんれん》し合《あ》っていること。例 主語《しゅご》と述語《じゅつご》とが照応する。

**じょうおう【女王】** 名 ↓じょおう 639ページ

**じょうおん【常温】** 名 ❶決《き》まった温度《おんど》。例 常温を保《たも》つ。❷ふつうの温度《おんど》。例 水《みず》は常温では液体《えきたい》である。



［歌の意味］ 春《はる》の夜《よ》の夢《ゆめ》のようなできごとのために、つまらなくうわさが立《た》つのは残念《ざんねん》です。

しょうか【昇華】名 動-する ❶〔理科《りか》で〕固体《こたい》から液体《えきたい》にならずに、直接《ちょくせつ》、気体《きたい》になること。また、その逆《ぎゃく》の変化《へんか》。例《たと》えば、ドライアイスがそのまま気体《きたい》の二酸化炭素《にさんかたんそ》になることなど。➡きか（気化）298ページ。❷芸術《げいじゅつ》などの活動《かつどう》で、もやもやとしていたものが、より純粋《じゅんすい》なものに高《たか》まること。

°しょうか【消化】名 動-する ❶食《た》べた物《もの》を、体《からだ》のためになるものにこなすこと。例 胃《い》で消化する。❷十分《じゅうぶん》理解《りかい》して、自分《じぶん》のものにすること。例 学《まな》んだことを消化する。❸ものごとを残《のこ》さずかたづけてしまうこと。例 予定《よてい》はすべて消化した。

しょうか【消火】名 動-する ❶火《ひ》を消《け》すこと。対 着火《ちゃっか》。点火《てんか》。❷火事《かじ》を消《け》すこと。類 鎮火《ちんか》。対 出火《しゅっか》。

しょうか【商家】名 商売《しょうばい》をしている家《いえ》。

しょうか【唱歌】名 ❶歌《うた》を歌《うた》うこと。また、その歌《うた》。❷昔《むかし》の小学校《しょうがっこう》の教科《きょうか》の一《ひと》つ。今《いま》の音楽《おんがく》。また、その教材《きょうざい》として作《つく》られた歌《か》曲《きょく》。

しょうが 名 畑《はたけ》につくる作物《さくもつ》。葉《は》の形《かたち》はササに似《に》ている。地下茎《ちかけい》はうす黄色《きいろ》で、かおりとからみが強《つよ》く、薬味《やくみ》などに使《つか》う。

じょうか【浄化】名 動-する ❶きれいにすること。例 川《かわ》を浄化する。❷悪《わる》いところをなくすこと。例 社会《しゃかい》を浄化する。

°しょうかい【紹介】名 動-する ❶知《し》らない人《ひと》どうしを引《ひ》き合《あ》わせること。仲立《なかだ》ち。例 母《はは》に友達《ともだち》を紹介する。❷知《し》られていないものごとを世間《せけん》に知《し》らせること。例 本《ほん》を紹介する。

しょうかい【照会】名 動-する 問《と》い合《あ》わせること。例 見学日《けんがくび》を、電話《でんわ》で照会する。

しょうかい【哨戒】名 動-する 敵《てき》の攻撃《こうげき》を警《けい》戒《かい》して見張《みは》ること。

しょうがい【生涯】名 生《う》まれてから死《し》ぬまで。一生《いっしょう》。例 幸《しあわ》せな生涯を送《おく》る。

しょうがい【渉外】名 外部《がいぶ》や外国《がいこく》と連絡《れんらく》を取《と》ったり、話《はな》し合《あ》ったりすること。

しょうがい【傷害】名 人《ひと》を傷《きず》つけること。

しょうがい【障害】名 ❶何《なに》かをするときに、じゃまになるものごと。さまたげ。例 大《おお》きな障害をのりこえる。❷体《からだ》の機能《きのう》が十分《じゅうぶん》にはたらかないこと。例 胃腸《いちょう》障害。

じょうがい【場外】名 その場所《ばしょ》や会場《かいじょう》の外《そと》。例 場外ホームラン。対 場内《じょうない》。

しょうがいぶつ【障害物】名 さまたげになるもの。例 障害物を取《と》りのぞく。

しょうがいぶつきょうそう【障害物競走】名 運動会《うんどうかい》などで行《おこな》われる、障害物《しょうがいぶつ》をとびこえるなどして走《はし》る競技《きょうぎ》。

しょうかえき【消化液】名 食《た》べ物《もの》を消化《しょうか》するために出《だ》される液《えき》。唾液《だえき》・胃液《いえき》・膵液《すいえき》・腸《ちょう》液《えき》など。例 消化液が分泌《ぶんぴつ》される。

しょうかかん【消化管】名 動物《どうぶつ》の、取《と》り入《い》れた食物《しょくもつ》を消化《しょうか》し吸収《きゅうしゅう》する器官《きかん》の全体《ぜんたい》。

しょうかき【消化器】名 食《た》べた物《もの》をこなして、養分《ようぶん》を体《からだ》に取《と》り入《い》れる器官《きかん》。口《くち》・食道《しょくどう》・胃《い》・腸《ちょう》など。

しょうかき【消火器】名 薬品《やくひん》のはたらきで、火《ひ》を消《け》し止《と》める器具《きぐ》。

しょうかく【昇格】名 動-する 地位《ちい》や資格《しかく》が上《あ》がること。例 課長《かちょう》に昇格する。類 昇進《しょうしん》。昇任《しょうにん》。対 降格《こうかく》。

しょうがく【小額】名 金額《きんがく》の単位《たんい》が小《ちい》さいこと。例 小額紙幣《しへい》。対 高額《こうがく》。

しょうがく【少額】名 少《すこ》しのお金《かね》。低額《ていがく》。例 少額の貯金《ちょきん》。対 多額《たがく》。高額《こうがく》。

じょうかく【城郭】名 ❶城《しろ》のまわりの囲《かこ》い。❷城《しろ》。例 城郭を構《かま》える。

しょうがくきん【奨学金】名 学校《がっこう》での勉強《べんきょう》や学問《がくもん》の研究《けんきゅう》を進《すす》められるように、生《せい》徒《と》や学生《がくせい》に貸《か》したり与《あた》えたりするお金《かね》。

しょうがくせい【小学生】名 小学校《しょうがっこう》に通《かよ》っている子《こ》ども。

しょうかせん【消火栓】名 〔道路《どうろ》やビルにある〕火事《かじ》を消《け》すための水道《すいどう》のせん。

°しょうがつ【正月】名 ❶一年《いちねん》の、いちばん初《はじ》めの月《つき》。一月《いちがつ》。❷新年《しんねん》のお祝《いわ》いをする三《さん》日《にち》、または七日《なのか》までの期間《きかん》。

°しょうがっこう【小学校】名 義務《ぎむ》教育《きょういく》の初《はじ》めの六年間《ろくねんかん》を行《おこな》う学校《がっこう》。満《まん》六歳《ろくさい》から十《じゅう》二歳《にさい》までの子《こ》どもが通《かよ》う。

しようがない 〔「しょうがない」ともいう。〕どうすることもできない。しかたがない。例 泣《な》いたってしようがない。

しょうかふりょう【消化不良】名 ❶

消化器《しょうかき》のはたらきが悪《わる》く、食《た》べ物《もの》が十分《じゅうぶん》に消化《しょうか》されないこと。❷知識《ちしき》などが十分《じゅうぶん》理解《りかい》できず、身《み》につかないこと。例 説明《せつめい》不足《ぶそく》で消化不良になる。

**じょうかまち【城下町】** (名) 昔《むかし》、大名《だいみょう》が住《す》んでいた城《しろ》を中心《ちゅうしん》にして、発達《はったつ》した町《まち》。関連 宿場町《しゅくばまち》。門前町《もんぜんまち》。

**しょうかん【小寒】** (名) 大寒《だいかん》の前《まえ》の時期《じき》で、寒《さむ》さが厳《きび》しくなり始《はじ》めるころ。寒《かん》の入《い》り。一月五日《いちがついつか》、六日《むいか》ごろ。二十四節気《にじゅうしせっき》の一《ひと》つ。

**しょうかん【召喚】** (名)(動-する) 役所《やくしょ》などが、人《ひと》などを呼《よ》び寄《よ》せること。例 証人《しょうにん》として召喚に応《おう》じる。

**しょうかん【商館】** (名) 商業《しょうぎょう》を営《いとな》む建物《たてもの》。特《とく》に、江戸《えど》時代《じだい》の外国商人《がいこくしょうにん》の店《みせ》や建物《たてもの》。

**じょうかん【上官】** (名) 地位《ちい》が上《うえ》の役人《やくにん》や軍人《ぐんじん》。

**じょうかん【情感】** (名) 人《ひと》の心《こころ》を打《う》つ、しみじみとした感《かん》じ。例 情感をこめて歌《うた》う。

**しょうき【正気】** (名)(形動) 気《き》が確《たし》かなこと。例 正気を失《うしな》う。

**しょうき【勝機】** (名) 勝《か》てる機会《きかい》。例 勝機をつかむ。勝機をのがす。

**しょうき【鍾馗】** (名) 疫病神《やくびょうがみ》を追《お》いはらう神《かみ》。ひげを生《は》やし、長《なが》い剣《けん》を持《も》つ。五月人形《ごがつにんぎょう》としてかざる。

○**しょうぎ【将棋】** (名) 縦《たて》・横《よこ》に十本《じっぽん》の線《せん》を引《ひ》いた板《いた》の上《うえ》で、二十枚《にじゅうまい》ずつのこまを動《うご》かし、相手《あいて》の王《おう》を先《さき》に取《と》るゲーム。

**じょうき【上気】** (名)(動-する) のぼせて顔《かお》が赤《あか》くなること。例 上気した顔《かお》。

**じょうき【上記】** (名)(動-する) 上《うえ》、または前《まえ》に書《か》いてあること。例 上記のとおりまちがいありません。対 下記《かき》。

○**じょうき【蒸気】** (名) ❶液体《えきたい》や固体《こたい》が、気体《きたい》になったもの。❷湯気《ゆげ》。

**じょうぎ【定規】** (名) 線《せん》を引《ひ》くときに使《つか》う道具《どうぐ》。例 三角《さんかく》定規。

**じょうききかん【蒸気機関】** (名) 熱《ねつ》によって膨張《ぼうちょう》する水蒸気《すいじょうき》の力《ちから》を利用《りよう》して、機械《きかい》を動《うご》かす仕組《しく》み。

**じょうききかんしゃ【蒸気機関車】** (名) 石炭《せきたん》を燃《も》やして水《みず》を蒸気《じょうき》にかえ、その水蒸気《すいじょうき》の力《ちから》でピストンを動《うご》かし、車輪《しゃりん》を回《まわ》す仕組《しく》みの車《くるま》。汽車《きしゃ》。SL《エスエル》。

**じょうきげん【上機嫌】** (名)(形動) たいへんきげんがよいようす。例 上機嫌で鼻歌《はなうた》を歌《うた》う。対 不機嫌《ふきげん》。

**じょうきせん【蒸気船】** (名) 蒸気機関《じょうききかん》で動《うご》く船《ふね》。汽船《きせん》。

**じょうきタービン【蒸気タービン】** (名) 高温《こうおん》の水蒸気《すいじょうき》を羽根車《はねぐるま》にふきつけて回《まわ》し、物《もの》を動《うご》かす力《ちから》を取《と》り出《だ》す機械《きかい》。

**しょうぎだおし【将棋倒し】** (名) 〔立《た》てて並《なら》べた将棋《しょうぎ》のこまが、次々《つぎつぎ》にたおれるように〕一《ひと》つがたおれると、それと関係《かんけい》のあるものが次々《つぎつぎ》とたおれること。例 電車《でんしゃ》が急《きゅう》に止《と》まり、乗客《じょうきゃく》が将棋倒しになった。

**しょうきぼ【小規模】** (名)(形動) ものごとの仕組《しく》みや構《かま》えが小《ちい》さいこと。例 小規模農家《のうか》。対 大規模《だいきぼ》。

**しょうきゃく【焼却】** (名)(動-する) 焼《や》き捨《す》てること。例 ごみを焼却する。

**じょうきゃく【乗客】** (名) お金《かね》をはらって乗《の》り物《もの》に乗《の》る人《ひと》。

**しょうきゃくろ【焼却炉】** (名) 集《あつ》めたごみなどを、燃《も》やして処理《しょり》する装置《そうち》。

**しょうきゅう【昇給】** (名)(動-する) 給料《きゅうりょう》が上《あ》がること。

**じょうきゅう【上級】** (名) 順序《じゅんじょ》や位《くらい》・学年《がくねん》が上《うえ》であること。対 下級《かきゅう》。初級《しょきゅう》。

**じょうきゅうせい【上級生】** (名) 上《うえ》の学年《がくねん》の児童《じどう》・生徒《せいと》・学生《がくせい》。対 下級生《かきゅうせい》。

**しょうきょ【消去】** (名)(動-する) 消《け》して、なくすこと。例 データを消去する。

○**しょうぎょう【商業】** (名) 品物《しなもの》を売《う》ったり買《か》ったりして、もうける仕事《しごと》。

**じょうきょう【上京】** (名)(動-する) 地方《ちほう》から東京《とうきょう》へ行《い》くこと。例 岩手《いわて》から上京する。

**じょうきょう【状況・情況】** (名) ようす。ありさま。例 被害《ひがい》の状況。類 情勢《じょうせい》。

**しょうきょくてき【消極的】** (形動) ものごとを、自分《じぶん》から進《すす》んでしようとしないようす。類 受動的《じゅどうてき》。対 積極的《せっきょくてき》。

**しょうきょほう【消去法】** (名) 考《かんが》えられるいくつかの選択肢《せんたくし》から、不適切《ふてきせつ》なものを順《じゅん》に消《け》していき、最後《さいご》に残《のこ》ったものを選《えら》びとる

[歌の意味] 思《おも》いがけず生《い》きながらえたら、きっと恋《こい》しく思《おも》うほどの美《うつく》しい月《つき》だなあ。

方法《ほうほう》。

**しょうきん**【賞金】名 ほうびのお金《かね》。

**じょうきん**【常勤】名 動-する 毎日《まいにち》決《き》まった時間《じかん》勤《つと》めること。例 常勤の職員《しょくいん》。

**じょうくう**【上空】名 ❶空《そら》の上《うえ》のほう。例 はるか上空の雲《くも》。❷ある場《ば》所《しょ》の上《うえ》の空《そら》。例 東京《とうきょう》の上空。

**しょうぐん**【将軍】名 ❶幕《ばく》府《ふ》の、いちばん上《うえ》の位《くらい》の人《ひと》。例 将軍家《け》。❷軍《ぐん》隊《たい》を指《し》揮《き》する位《くらい》の高《たか》い軍人《ぐんじん》。

例解 ! ことばの勉強室

**情《じょう》景《けい》について**

雨《あめ》があがると、ごんは、ほっとしてあなからはい出《で》ました。空《そら》はからっと晴《は》れていて、もずの声《こえ》がきんきんひびいていました。

(「ごんぎつね」)

ここを読《よ》むと、いかにも明《あか》るい感《かん》じが伝《つた》わってくる。「もずの声《こえ》」とあるから季《き》節《せつ》は秋《あき》、「きんきんひびいて」だから、空《そら》も空《くう》気《き》もすみわたっている。

このようすが、雨《あめ》がやんで、やっとあなから出《で》られたごんの、ほっとしている気《き》持《も》ちと重《かさ》なって、さわやかな情《じょう》景《けい》を作《つく》っている。

**じょうげ**【上下】一名 ❶上《うえ》と下《した》。例 上下にゆれる。❷道《どう》路《ろ》や線《せん》路《ろ》で、上《のぼ》りと下《くだ》り。例 電車《でんしゃ》は上下線《せん》とも不《ふ》通《つう》です。二名 動-する 上《あ》がり下《さ》がり。上《あ》げ下《さ》げ。例 値《ね》段《だん》が上下する。

**しょうけい**【小計】名 動-する 全《ぜん》体《たい》の合計《ごうけい》を出《だ》す前《まえ》に、一《いち》部《ぶ》分《ぶん》を合計《ごうけい》すること。また、その数《かず》。例 一《いっ》週《しゅう》間《かん》の支《し》出《しゅつ》を小計する。対 総《そう》計《けい》。

**じょうけい**【情景】名 ❶(人《ひと》の心《こころ》に何《なに》かを感《かん》じさせるような)ようすやありさま。例 ふるさとの情景を思《おも》いうかべる。❷〔国《こく》語《ご》で〕物《もの》語《がたり》や詩《し》などの、場《ば》面《めん》のようす。

**しょうけいもじ**【象形文字】名 〔国《こく》語《ご》で〕漢《かん》字《じ》の成《な》り立《た》ちの一《ひと》つ。物《もの》の形《かたち》をかたどって作《つく》られた文《も》字《じ》。「山《やま》」「日《ひ》」など。⬇ふろく(6ページ)。参考 古《こ》代《だい》のエジプトなどで作《つく》られた絵《え》文《も》字《じ》などもいう。

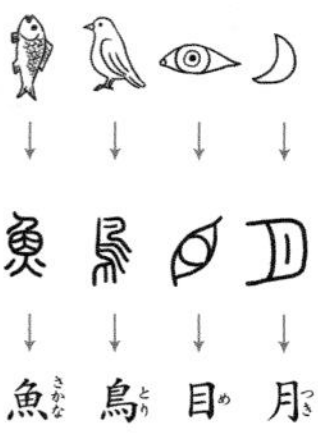

〔しょうけいもじ〕

**しょうげき**【衝撃】名 ❶大《おお》きな力《ちから》が激《はげ》しく加《くわ》えられること。また、急《きゅう》に加《くわ》えられた強《つよ》い力《ちから》。例 衝撃で前《まえ》へとばされた。❷心《こころ》が激《はげ》しくゆさぶられること。例 事《じ》件《けん》に大《おお》きな衝撃を受《う》けた。

**しょうげきてき**【衝撃的】形動 はげしく心《こころ》をゆさぶられるようす。例 衝撃的な事《じ》実《じつ》が明《あき》らかになる。

**じょうげどう**【上下動】名 ❶上下《じょうげ》にゆれ動《うご》くこと。❷近《ちか》くで地《じ》震《しん》が起《お》きたときに感《かん》じる上《じょう》下《げ》のゆれ。

**しょうけん**【証券】名 お金《かね》を借《か》りているしるしとして発《はっ》行《こう》する書《か》きつけ。株《かぶ》券《けん》など。

**しょうげん**【証言】名 動-する ほんとうのことを明《あき》らかにするために、自《じ》分《ぶん》の知《し》っている事《じ》実《じつ》を述《の》べること。また、その言《こと》葉《ば》。例 法《ほう》廷《てい》で証言する。

**じょうけん**【条件】名 ❶ものごとが成《な》り立《た》つために必《ひつ》要《よう》なことがら。例 工《こう》業《ぎょう》が発《はっ》達《たつ》する条件。❷あることを決《き》めるのに、約《やく》束《そく》しておくことがら。例 明《あ》日《す》返《かえ》すという条件で、本《ほん》を借《か》りた。

**じょうげん**【上限】名 これ以《い》上《じょう》はないという限《げん》界《かい》。例 費《ひ》用《よう》の上限を決《き》める。対 下《か》限《げん》。

**じょうげんのつき**【上弦の月】名 新《しん》月《げつ》から満《まん》月《げつ》までの間《あいだ》の、右《みぎ》半《はん》分《ぶん》がかがやいて見《み》える月《つき》。西《にし》にしずむとき、上《うわ》向《む》きの半《はん》月《げつ》の形《かたち》に見《み》える。対 下《か》弦《げん》の月《つき》。

**じょうけんはんしゃ**【条件反射】名 ある刺《し》激《げき》を与《あた》え続《つづ》けると、その条《じょう》件《けん》だけで決《き》まった体《からだ》の反《はん》応《のう》が引《ひ》き起《お》こされること。梅《うめ》ぼしのすっぱさを知《し》ると、梅《うめ》ぼしを見《み》ただけでつばが出《で》てくるようなこと。

**しょうこ**【証拠】名 ものごとを明《あき》らかにする、よりどころとなるもの。例 証拠を見《み》せる。証拠をあげる。論《ろん》より証拠。

**しょうご**【正午】名 昼《ひる》の十《じゅう》二《に》時《じ》。午《ご》後《ご》〇《れい》時。





百人一首 心《こころ》にもあらでうき世《よ》にながらへば恋《こい》しかるべき夜《よ》半《わ》の月《つき》かな 三条院《さんじょういん》

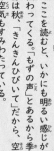

時《じ》。

✤**じょうご【畳語】**名 同《おな》じ言葉《ことば》を重《かさ》ねた言葉《ことば》。「寒々《さむざむ》」「人々《ひとびと》」「おそるおそる」など。

**じょうご** 名 口《くち》のせまい器《うつわ》に、液《えき》体《たい》を入《い》れるときに使《つか》う物《もの》。ろうと。

〔じょうご〕

**じょうご【上戸】**名 ❶酒《さけ》が好《す》きで、たくさん飲《の》める人《ひと》。対 下戸《げこ》。❷〔「…上戸《じょうご》」の形《かたち》で〕酒《さけ》に酔《よ》ったときに出《で》るくせ。例 兄《あに》は泣《な》き上戸だ。

**しょうこう【小康】**名 争《あらそ》いや病《びょう》気《き》が、いったん落《お》ち着《つ》いていること。例 病人《びょうにん》も、いまは小康を保《たも》っている。

**しょうこう【昇降】**名 動-する のぼったりおりたりすること。例 昇降機《き》〔＝エレベーター〕。

**しょうこう【将校】**名 軍隊《ぐんたい》で、兵士《へいし》を指図《さしず》する軍人《ぐんじん》。士官《しかん》。

**しょうこう【焼△香】**名 動-する 仏《ほとけ》や死《し》んだ人《ひと》をとむらって、香《こう》をたいて拝《おが》むこと。

**しょうごう【称号】**名 名誉《めいよ》ある呼《よ》び名《な》。例 博《はく》士《し》の称号。

**しょうごう【照合】**名 動-する 比《くら》べ合《あ》わせて調《しら》べること。例 席《せき》の番号《ばんごう》と切符《きっぷ》の番号《ばんごう》とを照合する。

**じょうこう【上皇】**名 位《くらい》をゆずったあとの、天皇《てんのう》の呼《よ》び名《な》。例 後鳥羽《ごとば》上皇。

**じょうこう【乗降】**名 動-する 乗《の》り物《もの》に乗《の》り降《お》りすること。例 乗降客《きゃく》。

**しょうこうぎょう【商工業】**名 商《しょうぎょう》業と工業《こうぎょう》。例 商工業が発達《はったつ》する。

**しょうこうぐち【昇降口】**名 建物《たてもの》の、上《あ》がり降《お》りする出《で》入《い》り口《ぐち》。

**じょうこうごう【上皇后】**名 上皇《じょうこう》の妻《つま》。

**しょうこうねつ【猩紅熱】**名 感染症《かんせんしょう》の一《ひと》つ。高《たか》い熱《ねつ》が出《で》て、体《からだ》じゅうに赤《あか》いぼつぼつができる。子《こ》どもがかかることが多《おお》い。

**しょうこく【小国】**名 ❶国土《こくど》が小《ちい》さな国《くに》。❷政《せい》治《じ》や経《けい》済《ざい》などの勢《いきお》いの弱《よわ》い国《くに》。対（❶・❷）大国《たいこく》。

**じょうこく【上告】**名 動-する 裁判《さいばん》で、控訴《こうそ》した判決《はんけつ》に不満《ふまん》があるとき、さらに上《うえ》の裁判《さいばん》所《しょ》へ調《しら》べ直《なお》しを求《もと》めること。

**しょうこりもなく【性△懲りもなく】**こりることもなく。例 性懲りもなく、つまらない遊《あそ》びばかりしている。参考 ふつう、悪《わる》いことにいう。

**しょうこん【商魂】**名 商売《しょうばい》に打《う》ちこむ気《き》構《がま》え。例 商魂たくましい。

**しょうさい【商才】**名 商売《しょうばい》をしてもうける才能《さいのう》。例 社長《しゃちょう》は商才にたけた人《ひと》だ。

**しょうさい【詳細】**名 形動 くわしく、細《こま》かなこと。例 使《つか》い方《かた》を詳細に説明《せつめい》する。

**じょうざい【錠剤】**名 粉薬《こなぐすり》を小《ちい》さく丸《まる》い形《かたち》に固《かた》めたもの。

**じょうさし【状差し】**名 柱《はしら》や壁《かべ》にかけて、手紙《てがみ》やはがきを入《い》れておくもの。

**しょうさん【勝算】**名 勝《か》てる見《み》こみ。勝《か》ち目《め》。例 この試《し》合《あい》には勝算がある。

**しょうさん【硝酸】**名 液体《えきたい》で、金《きん》と白金《はっきん》以《い》外《がい》の金《きん》属《ぞく》をとかしてしまう強《つよ》い酸《さん》。火《か》薬《やく》などの原《げん》料《りょう》にする。

**しょうさん【賞賛・称賛】**名 動-する ほめたたえること。例 賞賛の声《こえ》が上《あ》がる。

**じょうさん【蒸散】**名 動-する 植物《しょくぶつ》の中《なか》にある水分《すいぶん》が蒸発《じょうはつ》し、外《そと》に発散《はっさん》すること。おもに、葉《は》の裏《うら》にある気《き》孔《こう》で行《おこな》う。

**しょうし【焼△死】**名 動-する 焼《や》け死《し》ぬこと。例 火《か》事《じ》で焼死する。

**しょうじ【障子】**名 木《き》のわくに、たくさんの細《ほそ》いさんをつけ、うすい紙《かみ》をはって、戸《と》のようにしたもの。日本《にっぽん》ふうの部屋《へや》の仕《し》切《き》りや明《あ》かり取《と》りに使《つか》われる。⇩にほんま 991ページ

**じょうし【上司】**名 役所《やくしょ》や会社《かいしゃ》などで、その人《ひと》より地《ち》位《い》が上《うえ》の役《やく》の人《ひと》。

**じょうし【城址・城趾】**名 城《しろ》あと。

**じょうじ【常時】**名 副 ふだん。いつも。例 常時一定《いってい》の温度《おんど》に保《たも》つ。

**しょうしか【少子化】**名 生《う》まれる子《こ》どもの数《かず》が少《すく》なくなること。

◦**しょうじき【正直】**一 名 形動 心《こころ》が正《ただ》しく、うそを言《い》わないこと。例 正直に話《はな》す。二 副 ほんとうのところ。例 正直言《い》って、私《わたし》はきらいだ。

**正直《しょうじき》のこうべに神宿《かみやど》る** 正《しょう》直《じき》な人《ひと》は神《かみ》に

[歌の意味] 三室山《みむろやま》の紅葉《もみじ》は、風《かぜ》に吹《ふ》かれて散《ち》り、竜田川《たつたがわ》を錦《にしき》のようにかざっているよ。
注 三室山《みむろやま》＝奈良県《ならけん》にある山《やま》。紅葉《もみじ》の名所《めいしょ》。

守《まも》られている。

°じょうしき【常識】名 ふつうの人《ひと》なら、だれでも持《も》っているような考《かんが》え方《かた》や知識《ちしき》。例 地球《ちきゅう》が丸《まる》いというのは常識だ。

じょうしきてき【常識的】形動 ❶常識《じょうしき》にあっていて、ふつうであるようす。例 常識的な方法《ほうほう》にしたがう。❷ありふれていて、おもしろみがないようす。例 人物《じんぶつ》の描《えが》き方《かた》が常識的だ。

しょうしこうれいか【少子高齢化】名 少子化《しょうしか》と高齢化《こうれいか》。⬇しょうしか 630ページ／こうれいか 448ページ

しょうしつ【消失】名 動-する 消《き》えてなくなること。例 権利《けんり》が消失する。類 消滅《しょうめつ》。

しょうしつ【焼失】名 動-する 焼《や》けて、なくなること。例 火事《かじ》で家《いえ》が焼失する。

じょうしつ【上質】名 形動 質《しつ》がよいこと。例 上質の紙《かみ》。類 良質《りょうしつ》。

じょうじつ【情実】名 その人《ひと》の好《この》みや利《り》害《がい》などがからむこと。例 情実をまじえる。

しょうしゃ【商社】名 品物《しなもの》の売《う》り買《か》いを目的《もくてき》とした会社《かいしゃ》。商事会社《しょうじがいしゃ》。貿易会社《ぼうえきがいしゃ》。

しょうしゃ【勝者】名 競争《きょうそう》・勝負《しょうぶ》などに勝《か》った人《ひと》。対 敗者《はいしゃ》。

じょうしゃ【乗車】名 動-する 電車《でんしゃ》やバスなどに乗《の》ること。対 下車《げしゃ》。降車《こうしゃ》。

じょうしゃけん【乗車券】名 乗《の》り物《もの》に乗《の》るための切符《きっぷ》。

■じょうしゃひっすい【盛者必衰】名 (仏教《ぶっきょう》で)勢《いきお》いの盛《さか》んな者《もの》も、いつかは必《かなら》ずおとろえ、ほろびるものだということ。参考『平家物語《へいけものがたり》』の書《か》きだしに「盛者必衰《じょうしゃひっすい》のことわりをあらわす」とある。

じょうしゅ【城主】名 城《しろ》の持《も》ち主《ぬし》。

じょうじゅ【成就】名 動-する ものごとを、やっと成《な》しとげること。願《ねが》いがかなうこと。例 大願《たいがん》成就。類 達成《たっせい》。

しょうしゅう【召集】名 動-する 上位《じょうい》の者《もの》が、人々《ひとびと》を呼《よ》び集《あつ》めること。特《とく》に、国会《こっかい》を開《ひら》くために議員《ぎいん》を呼《よ》び集《あつ》めること。参考 昔《むかし》、軍《ぐん》隊《たい》に兵隊《へいたい》を集《あつ》めることもいった。

しょうしゅう【招集】名 動-する 人々《ひとびと》を呼《よ》び集《あつ》めること。例 生徒《せいと》を招集する。

じょうしゅう【常習】名 (あやまちなどを)いつもくり返《かえ》すこと。

じょうしゅうはん【常習犯】名 たびたび同《おな》じ罪《つみ》をおかすこと。また、その人《ひと》。例 遅《ち》刻《こく》の常習犯。

しょうしゅうれいじょう【召集令状】名 ⬇あかがみ 8ページ

しょうじゅつ【詳述】名 動-する くわしく述《の》べること。例 事件《じけん》の経過《けいか》を詳述する。

じょうじゅつ【上述】名 動-する 文章《ぶんしょう》で、それより前《まえ》に述《の》べたこと。例 上述したとおりである。

しょうじゅん【照準】名 ❶鉄砲《てっぽう》のねらいを合《あ》わせること。❷めあてをはっきりさせること。例 テストに照準を合《あ》わせて勉強《べんきょう》すること。

じょうじゅん【上旬】名 月《つき》の初《はじ》めの十日《とおか》間《かん》。類 初旬《しょじゅん》。関連 中旬《ちゅうじゅん》。下旬《げじゅん》。

しょうしょ【証書】名 あることを証明《しょうめい》するための書類《しょるい》。例 卒業《そつぎょう》証書を授与《じゅよ》する。

しょうしょ【詔書】名 天皇《てんのう》の言葉《ことば》が書《か》かれた文書《ぶんしょ》。例 衆議院解散《しゅうぎいんかいさん》の詔書。

しょうしょ【小暑】名 梅雨《つゆ》が明《あ》け、暑《あつ》くなるころ。七月七日《しちがつなのか》ごろ。二十四節気《にじゅうしせっき》の一《ひと》つ。

°しょうじょ【少女】名 女《おんな》の子《こ》。対 少年《しょうねん》。

じょうしょ【情緒】名 ⬇じょうちょ 634ページ

じょうじょ【乗除】名 〔算数《さんすう》で〕掛《か》け算《ざん》と割《わ》り算《ざん》。例 加減《かげん》乗除。

しょうしょう【少少】副 少《すこ》し。ちょっと。例 少々お待《ま》ちください。

しょうじょう【症状】名 病気《びょうき》やけがのようす。例 症状が軽《かる》い。

しょうじょう【賞状】名 (その人《ひと》の)よい成績《せいせき》や行《おこな》いをほめたたえる言葉《ことば》を書《か》いて与《あた》える紙《かみ》。例 賞状をもらう。

じょうしょう【上昇】名 動-する 上《うえ》にのぼること。あがること。例 気温《きおん》が上昇する。対 下降《かこう》。下落《げらく》。低下《ていか》。

じょうじょう【上上】名 形動 この上《うえ》もなくよいこと。例 できばえは上々だ。

じょうしょうきりゅう【上昇気流】名 地表《ちひょう》から上空《じょうくう》に向《む》かってのぼる空気《くうき》の流《なが》れ。雲《くも》をつくり雨《あめ》を降《ふ》らせることが多《おお》い。

じょうじょうしゃくりょう【情状

酌量】名動-する〔裁判《さいばん》で〕同情《どうじょう》できる点《てん》を考《こう》慮《りょ》して罪《つみ》を軽《かる》くすること。例情状酌量の余《よ》地《ち》はない。

**しょうしょく【小食・少食】**名 食《た》べる量《りょう》が少《すく》ないこと。対大食《たいしょく》。

**じょうしょく【常食】**名 いつも食《た》べている食《た》べ物《もの》。例米《こめ》を常食にしている。

**しょうじる【生じる】**動〔「生《しょう》ずる」ともいう。〕❶はえる。はやす。発生《はっせい》する。❷起《お》きる。起《お》こす。例熱《ねつ》が生じる。例さびが生じる。変化《へんか》が生じる。

**じょうじる【乗じる】**動〔「乗《じょう》ずる」ともいう。〕❶つけこむ。例すきに乗じる。❷掛《か》け算《ざん》をする。例2に3を乗じると6。

**しょうしん【小心】**名形動 気《き》が小《ちい》さく、臆《おく》病《びょう》なこと。例小心者《もの》。対大胆《だいたん》。

**しょうしん【昇進】**名動-する 地位《ちい》が上《あ》がること。例大関《おおぜき》に昇進する。類昇格《しょうかく》。昇任《しょうにん》。

**しょうしん【傷心】**名 悲《かな》しみに傷《きず》ついた心《こころ》。例傷心をいだいて帰《かえ》る。

**しょうじん【小人】**名 ❶心《こころ》のせまい人《ひと》。小人物《しょうじんぶつ》。しょうにん。❷〔入場料《にゅうじょうりょう》などで〕子《こ》ども。しょうにん。

**しょうじん【精進】**名動-する ❶一心《いっしん》にはげむこと。例練習《れんしゅう》に精進する。❷身《み》を清《きよ》めて修行《しゅぎょう》にうちこむこと。参考仏教《ぶっきょう》からきた言葉《ことば》。

**じょうしんえつこうげんこくりつこうえん**〖上信越高原国立公園〗地名 群馬《ぐんま》・新潟《にいがた》・長野《ながの》の三県《けん》にまたがる国立《こくりつ》公園《こうえん》。温泉《おんせん》にめぐまれている。⬇こくりつこうえん457ページ

■**しょうしんしょうめい【正真正銘】**名 まちがいなく本物《ほんもの》であること。例正真正銘の英雄《えいゆう》。

**しょうじんりょうり【精進料理】**名 肉《にく》や魚《さかな》を使《つか》わないで、野《や》菜《さい》だけを使《つか》った料《りょう》理《り》。

○**じょうず【〈上手〉】**名形動 ❶何《なに》かをしたり作《つく》ったりするのがうまいこと。また、そのような人《ひと》。例絵《え》の上手な人《ひと》。対下手《へた》。❷〔「お上手《じょうず》」の形《かたち》で〕おせじ。例お上手を言《い》う。参考「上手《じょうず》」は、特別《とくべつ》に認《みと》められた読《よ》み方《かた》。注意「上手」を「うわて」「かみて」と読《よ》むと、ちがう意味《いみ》になる。

**上手《じょうず》の手《て》から水《みず》が漏《も》れる** 上手《じょうず》だと言《い》われる人《ひと》が、思《おも》わぬ失敗《しっぱい》をする。

**しょうすい【小水】**名 小便《しょうべん》。おしっこ。尿《にょう》。

**しょうすい【憔悴】**名動-する〔つかれやなやみなどで〕すっかり元気《げんき》がなくなること。例憔悴しきって、口《くち》もきけないありさまだ。

**じょうすい【上水】**名 ❶飲《の》み水《みず》などに使《つか》う、きれいな水《みず》。❷「上水道《じょうすいどう》」の略《りゃく》。対（❶・❷）下水《げすい》。

**じょうすいき【浄水器】**名 水道《すいどう》などに取《と》り付《つ》け、水《みず》をろ過《か》してきれいにする装置《そうち》。

**じょうすいじょう【浄水場】**名 川《かわ》や湖《みずうみ》の水《みず》を飲《の》み水《みず》にするために、水《みず》をこしたり、消毒《しょうどく》したりする所《ところ》。

**じょうすいち【浄水池】**名〔飲《の》み水《みず》にするために〕きれいにした水《みず》を、ためておく池《いけ》。

**じょうすいどう【上水道】**名 飲《の》み水《みず》などに使《つか》う水《みず》を送《おく》る設《せつ》備《び》。上水《じょうすい》。対下水道《げすいどう》。参考ふつうは、ただ「水道《すいどう》」という。

**しょうすう【小数】**名〔算数《さんすう》で〕1よりも小《ちい》さい数《かず》。例《たと》えば、1を一〇に分《わ》けたのが0.1、一〇〇に分《わ》けたのが0.01。一《いち》の位《くらい》のあとに小数点《しょうすうてん》をつけて表《あらわ》す。関連整数《せいすう》。分数《ぶんすう》。

**しょうすう【少数】**名 わずかの数《かず》。例反《はん》対者《たいしゃ》は少数だ。対多数《たすう》。

**じょうすう【乗数】**名〔算数《さんすう》で〕掛《か》け算《ざん》の、かけるほうの数《かず》。例《たと》えば、2×4の乗数《じょうすう》は4である。対除数《じょすう》。

**しょうすうてん【小数点】**名〔算数《さんすう》で〕小数《しょうすう》を書《か》き表《あらわ》すとき、整数《せいすう》と小数《しょうすう》との間《あいだ》に打《う》つ点《てん》。

**しょうすうは【少数派】**名 全体《ぜんたい》の中《なか》で、人数《にんずう》の少《すく》ないほうの仲間《なかま》。例少数派の意見《いけん》を尊重《そんちょう》する。対多数派《たすうは》。

**しょうすうみんぞく【少数民族】**名 いくつかの民族《みんぞく》からできている国《くに》で、他《た》と比《くら》べて人口《じんこう》も少《すく》なく、言葉《ことば》などもちがう民族《みんぞく》。

**しょうする【称する】**動 ❶名《な》のる。…とよぶ。…という。例プロだと称する人《ひと》。❷ほめる。たたえる。例委員《いいん》の努《ど》力《りょく》を称する。

［歌の意味］ さびしくて外《そと》に出《で》て見《み》ると、どこもみな同《おな》じようにさびしそうだ、秋《あき》の夕《ゆう》暮《ぐ》れは。

あいうえお かきくけこ し さすせそ たちつてと なにぬねの はひふへほ まみむめも やゆよ らりるれろ わをん

**しょうする【証する】** 動 証明《しょうめい》する。保証《ほしょう》する。例 卒業《そつぎょう》したことを証する。

**しょうする【賞する】** 動 ❶ほめる。ほめてほうびを与《あた》える。例 成績優秀《せいせきゆうしゅう》につき、これを賞する。❷美《うつく》しいと感《かん》じて味《あじ》わう。例 花《はな》を賞する。

**しょうずる【生ずる】** 動 ↓しょうじる 632ページ

**じょうずる【乗ずる】** 動 ↓じょうじる 632ページ

**しょうせい【小生】** 代名 自分《じぶん》をへりくだって言《い》う言葉《ことば》。わたくし。例 小生も元気《げんき》で暮《く》らしています。参考 男《おとこ》の人《ひと》が手紙《てがみ》などで使《つか》う。ただし、目上《めうえ》の人《ひと》には使《つか》わない。

**じょうせい【情勢・状勢】** 名 ありさま。なりゆき。例 世界《せかい》の情勢は流動的《りゅうどうてき》だ。類 形勢《けいせい》。状況《じょうきょう》。

**じょうせき【上席】** 名 ❶上座《かみざ》。例 お客様《きゃくさま》を上席に案内《あんない》する。対 末席《まっせき》。❷上《うえ》の地位《ちい》の人《ひと》。例 上席の役員《やくいん》。

**じょうせき【定石】** 名 ❶碁《ご》で、最善《さいぜん》とされる、決《き》まった石《いし》の打《う》ち方《かた》。❷よいとされる決《き》まったやり方《かた》。例 魚《さかな》つりの定石。

**しょうせつ【小雪】** 名 寒《さむ》くなって、雨《あめ》が雪《ゆき》に変《か》わるころ。十一月二十二日《じゅういちがつにじゅうににち》ごろ。二十《にじゅう》四節気《しせっき》の一《ひと》つ。

**しょうせつ【小節】** 名 ❶〔音楽《おんがく》で〕楽譜《がくふ》の中《なか》で、縦《たて》の線《せん》〔=縦線《じゅうせん》〕で区切《くぎ》られた間《あいだ》。❷文章《ぶんしょう》の中《なか》の小《ちい》さい一《ひと》つの区切《くぎ》り。

✤◦**しょうせつ【小説】** 名 人物《じんぶつ》の行動《こうどう》や事件《じけん》を筋《すじ》にして、人間《にんげん》や社会《しゃかい》を描《えが》き出《だ》したもの。例 短編《たんぺん》小説。

**じょうせつ【常設】** 名 動-する いつでも使《つか》えるように備《そな》えてあること。例 常設の展示場《てんじじょう》。

**しょうせん【商船】** 名 人《ひと》や物《もの》を運《はこ》んで利益《りえき》を得《え》る船《ふね》。客船《きゃくせん》や貨物船《かもつせん》。

**じょうせん【乗船】** 名 動-する 船《ふね》に乗《の》ること。例 客《きゃく》が乗船する。対 下船《げせん》。

**しょうそう【焦燥】** 名 動-する あせって、いらいらすること。例 焦燥感《かん》をおさえきれない。

◦**しょうぞう【肖像】** 名 人《ひと》の顔《かお》や姿《すがた》を、絵《え》や写真《しゃしん》、彫刻《ちょうこく》に表《あらわ》したもの。例 肖像画《が》。

**じょうそう【上層】** 名 ❶重《かさ》なっているものの上《うえ》のほう。例 上層の気流《きりゅう》。❷上《うえ》の階級《かいきゅう》。例 上層部《ぶ》の意見《いけん》。対 (❶・❷)下層《かそう》。

**じょうそう【情操】** 名 正《ただ》しさや美《うつく》しさなどを、すなおに感《かん》じることのできる心《こころ》。

**じょうぞう【醸造】** 名 動-する 米《こめ》や大豆《だいず》を発酵《はっこう》させて、酒《さけ》・しょうゆ・みそなどを造《つく》ること。

**しょうそういん【正倉院】** 名 奈良《なら》の東大寺《とうだいじ》にある校倉造《あぜくらづく》りの建物《たてもの》。奈良時代《ならじだい》の聖武天皇《しょうむてんのう》などの使《つか》った物《もの》や、たくさんの美術品《びじゅつひん》などが収《おさ》められている。

**しょうぞうが【肖像画】** 名 人《ひと》の顔《かお》や姿《すがた》をかいた絵《え》。

**しょうそく【消息】** 名 ❶ようす。例 その後《ご》の消息が不明《ふめい》だ。❷便《たよ》り。手紙《てがみ》。連絡《れんらく》。例 何《なん》の消息もない。

**しょうぞく【装束】** 名 身《み》なり。身《み》じたく。例 白《しろ》装束。旅《たび》装束。

**しょうそくすじ【消息筋】** 名 ニュースになりそうなことについて、その方面《ほうめん》の動《うご》きをよく知《し》っている人《ひと》。消息通《しょうそくつう》。例 政界《せいかい》の消息筋によると、…。

**しょうたい【正体】** 名 ❶ほんとうの姿《すがた》。例 正体を現《あらわ》す。❷正気《しょうき》。例 正体をなくす。

◦**しょうたい【招待】** 名 動-する 客《きゃく》として呼《よ》んで、もてなすこと。例 招待席《せき》。

**じょうたい【上体】** 名 体《からだ》の、腰《こし》から上《うえ》。上《じょう》半身《はんしん》。例 上体を反《そ》らす。

◦**じょうたい【状態】** 名 (外《そと》から見《み》た)人《ひと》やものごとのようす。例 健康《けんこう》状態がよい。

✤**じょうたい【常体】** 名 〔国語《こくご》で〕文《ぶん》の終《お》わりを、ふつうの言葉遣《ことばづか》いで言《い》い表《あらわ》す文体《ぶんたい》〔=文《ぶん》の形《かたち》〕。「よい天気《てんき》だ」「天気《てんき》である」などのように、文《ぶん》の終《お》わりを「…だ」「…である」で言《い》う。対 敬体《けいたい》。↓634ページ

**じょうたい【常態】** 名 いつものようす。ふだんのありさま。

**じょうだい【上代】** 名 ❶大昔《おおむかし》。❷時代区分《じだいくぶん》の一《ひと》つ。特《とく》に文学《ぶんがく》の歴史《れきし》について使《つか》われ、奈良時代《ならじだい》と、それ以前《いぜん》に当《あ》たる。例 万葉集《まんようしゅう》は上代の文学作品《ぶんがくさくひん》だ。

**しょうたいじょう【招待状】** 名 客《きゃく》を招《まね》くために出《だ》す手紙《てがみ》。





百人一首 さびしさに宿《やど》をたち出《い》でてながむればいづこも同《おな》じ秋《あき》の夕暮《ゆうぐ》れ　良暹法師《りょうぜんほうし》

例解 ! ことばの勉強室

## 常体《じょうたい》について

敬体《けいたい》で書《か》かれた文章《ぶんしょう》と比《くら》べると、常《じょう》体《たい》で書《か》かれた文章《ぶんしょう》には、次《つぎ》のような特徴《とくちょう》がある。

❶広《ひろ》くみんなに向《む》かって述《の》べている感《かん》じがする。

❷歯切《はぎ》れがよく、きっぱりと言《い》い切《き》っている感《かん》じがする。

❸考《かんが》えを筋道《すじみち》立《だ》てて述《の》べる文章《ぶんしょう》に使《つか》われる。

新聞記事《しんぶんきじ》もほとんどが常体《じょうたい》である。親《した》しい友達《ともだち》と気楽《きらく》に話《はな》しているときも、常《じょう》体《たい》で話《はな》すのがふつうである。しかし、テレビやラジオで話《はな》す場合《ばあい》は敬体《けいたい》を使《つか》う。これは、視聴者《しちょうしゃ》に直接話《ちょくせつはな》しかけている感《かん》じを持《も》たせるためである。

**しょうだく【承諾】**名動-する 引《ひ》き受《う》けること。聞《き》き入《い》れること。例依頼《いらい》を承諾する。類受諾《じゅだく》。

**じょうたつ【上達】**名動-する 上手《じょうず》になること。腕《うで》が上《あ》がること。

**しょうだん【昇段】**名動-する (武道《ぶどう》や囲碁《いご》・将棋《しょうぎ》などで)段位《だんい》が上《あ》がること。例昇段試《し》験《けん》を受《う》ける。

**しょうだん【商談】**名 商売《しょうばい》についての話《はな》し合《あ》い。例商談がまとまる。

**じょうだん【上段】**名 ❶上《うえ》のほうの段《だん》。例押《お》し入《い》れの上段。❷かみざ。上席《じょうせき》。❸剣道《けんどう》などの武術《ぶじゅつ》で、刀《かたな》を高《たか》く振《ふ》りかざした構《かま》え。例上段の構《かま》え。対(❶・❸)下段《げだん》。

**じょうだん【冗談】**名 ❶おもしろみを交《まじ》え、ふざけて言《い》う話《はなし》。例冗談を言《い》って、笑《わら》わせる。❷ふざけてすること。例冗談でしたことが、大事《おおごと》になった。

**しょうち【承知】**名動-する ❶聞《き》き入《い》れること。承諾《しょうだく》。例あの話《はなし》は承知しました。❷知《し》っていること。例そんなことは百《ひゃく》も承知だ〔=とっくに知《し》っている〕。❸許《ゆる》すこと。例うそをついたら承知しないよ。

**しょうち【招致】**名動-する 呼《よ》び寄《よ》せること。例オリンピックを招致する。

**じょうち【常置】**名動-する いつも備《そな》えてあること。例ごみ箱《ばこ》を常置する。

**しょうちくばい【松竹梅】**名 マツ・タケ・ウメ。めでたいものとしてお祝《いわ》いに使《つか》われる。参考松《まつ》・竹《たけ》・梅《うめ》は、いろいろなものの等《とう》級《きゅう》を表《あらわ》すのにも使《つか》われる。ふつうは、松《まつ》がいちばん上《うえ》になる。

**しょうちゅう【焼酎】**名 穀物《こくもつ》やサツマイモなどから造《つく》った、強《つよ》い酒《さけ》。

**じょうちょ【情緒】**名 ❶人《ひと》の心《こころ》を動《うご》かすような、気分《きぶん》や雰囲気《ふんいき》。おもむき。例下町《したまち》らしい情緒。❷喜《よろこ》び・悲《かな》しみ・いかりなどの感《かん》情《じょう》。例情緒が不安定《ふあんてい》だ。参考もともとは「じょうしょ」と読《よ》んだ。

**しょうちょう【小腸】**名 動物《どうぶつ》の胃《い》と大腸《だいちょう》の間《あいだ》にある細長《ほそなが》い管《くだ》。食《た》べた物《もの》を消化《しょうか》し、栄《えい》養《よう》を吸収《きゅうしゅう》する。➡ないぞう(内臓)959ページ

**しょうちょう【省庁】**名 「省《しょう》」や「庁《ちょう》」のつく名前《なまえ》の役所《やくしょ》。外務省《がいむしょう》・文部科学省《もんぶかがくしょう》や文化《ぶんか》庁《ちょう》など。

**しょうちょう【象徴】**名 考《かんが》え・気持《きも》ちなど、目《め》に見《み》えないものを、色《いろ》や音《おと》・形《かたち》などにたとえて表《あらわ》すこと。また、表《あらわ》したもの。シンボル。例ハトは平和《へいわ》の象徴です。

**じょうちょう【冗長】**形動 文章《ぶんしょう》などが長《なが》たらしくて、むだが多《おお》いようす。例冗長な話《はなし》にうんざりした。

**しょうちょうてき【象徴的】**形動 考《かんが》えや気持《きも》ちなどを、具体的《ぐたいてき》なものごとや色《いろ》や形《かたち》などでわかりやすく表《あらわ》すようす。例時代《じだい》を表《あらわ》す象徴的なできごと。

**じょうてい【上底】**名 台形《だいけい》の平行《へいこう》な二《に》辺《へん》のうちの、上《うえ》の辺《へん》。対下底《かてい》。

**じょうてい【上程】**名動-する 議案《ぎあん》を会議《かいぎ》にかけること。例法案《ほうあん》を上程する。

**じょうでき【上出来】**名形動 できばえがすぐれていること。例結果《けっか》は上できだ。

**しょうてん【昇天】**名動-する ❶天《てん》にのぼること。❷キリスト教《きょう》で、人《ひと》が死《し》んでたましいが天《てん》にのぼること。

**しょうてん【商店】**名 品物《しなもの》を売《う》る店《みせ》。

[歌の意味] 夕方《ゆうがた》になると門前《もんぜん》の田《た》の稲《いね》の葉《は》をそよがせ、このまろや(＝あばらや)に秋風《あきかぜ》が吹《ふ》いてくるよ。

✤°**しょうてん【焦点】** 名 ❶光線《こうせん》がレンズを通《とお》って、または球面《きゅうめん》鏡《きょう》で反射《はんしゃ》して、一《いっ》か所《しょ》に集《あつ》まる点《てん》。例焦点を合《あ》わせる。❷注意《ちゅうい》や関心《かんしん》が集《あつ》まるところ。例焦点をしぼって話《はな》し合《あ》う。

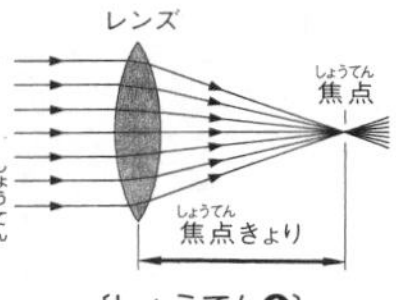

〔しょうてん❶〕

**しょうてんがい【商店街】** 名 商店《しょうてん》がたくさん並《なら》んでいる通《とお》り。

**じょうてんき【上天気】** 名 よく晴《は》れた天《てん》気《き》。好天《こうてん》。

**しょうてんきょり【焦点距離】** 名 レンズや球面《きゅうめん》鏡《きょう》の中心《ちゅうしん》から、焦点《しょうてん》までの長《なが》さ。➜しょうてん(焦点)❶ 635ページ

**しょうど【焦土】** 名 家《いえ》や草木《くさき》などが、すっかり焼《や》けてしまった土地《とち》。

**しょうど【照度】** 名 光《ひかり》に照《て》らされた面《めん》の明《あか》るさの程度《ていど》。単位《たんい》は、ルクス。

**じょうと【譲渡】** 名 動-する 権利《けんり》や財産《ざいさん》などを、人《ひと》にゆずりわたすこと。例財産《ざいさん》を譲渡する。

**じょうど【浄土】** 名 仏教《ぶっきょう》で、仏《ほとけ》がいるという、苦《くる》しみのない清《きよ》らかな所《ところ》。例極楽《ごくらく》浄土。

**しょうとう【消灯】** 名 動-する 明《あ》かりを消《け》すこと。例夜《よる》は十時《じゅうじ》に消灯する。対点灯《てんとう》。

**しょうどう【衝動】** 名 わけもなく、急《きゅう》にあることをしてみたくなる強《つよ》い心《こころ》の動《うご》き。例大声《おおごえ》でさけびたい衝動にかられる。

°**じょうとう【上等】** 名 形動 品質《ひんしつ》などが、すぐれてよいこと。例上等な品物《しなもの》。対下等《かとう》。

**じょうどう【常道】** 名 守《まも》るべきふつうのやり方《かた》。例政治家《せいじか》の常道をはずれている。

**じょうとうしゅだん【常套手段】** 名 いつものやり方《かた》。例いきなり攻《せ》めるのが常套手段だ。

°**しょうどく【消毒】** 名 動-する 薬《くすり》や、熱《ねつ》などで、ばい菌《きん》を殺《ころ》すこと。例消毒薬《やく》。

**しょうとくたいし【聖徳太子】** 人名 (男)(五七四〜六二二)推古天皇《すいこてんのう》の摂政《せっしょう》として、十七条《じゅうしちじょう》の憲法《けんぽう》を制定《せいてい》し、法隆寺《ほうりゅうじ》などを造《つく》って、仏教《ぶっきょう》中心《ちゅうしん》の政治《せいじ》を行《おこな》った。厩戸皇子《うまやどのおうじ》。

〔しょうとくたいし〕

**しょうどくやく【消毒薬】** 名 ばい菌《きん》を殺《ころ》す薬《くすり》。

°**しょうとつ【衝突】** 名 動-する ❶物《もの》と物《もの》が、ぶつかること。例車《くるま》が電柱《でんちゅう》に衝突した。❷考《かんが》え方《かた》などが対立《たいりつ》して争《あらそ》うこと。例意見《いけん》が衝突する。

**じょうない【場内】** 名 ある場所《ばしょ》の中《なか》。会《かい》場《じょう》の中《なか》。対場外《じょうがい》。

**しょうに【小児】** 名 幼《おさな》い子《こ》ども。

**しょうにか【小児科】** 名 子《こ》どもの病気《びょうき》を治《なお》すことを専門《せんもん》にする医学《いがく》の分野《ぶんや》。

**しょうにまひ【小児まひ】** 名 ➜ポリオ 1216ページ

**しょうにゅうせき【鍾乳石】** 名 鍾乳《しょうにゅう》洞《どう》の天井《てんじょう》から、水《みず》にとけた石灰分《せっかいぶん》が、つららのように垂《た》れ下《さ》がって固《かた》まったもの。

**しょうにゅうどう【鍾乳洞】** 名 石灰岩《せっかいがん》が、地下水《ちかすい》や雨水《あまみず》でとけてできた洞穴《ほらあな》。石灰《せっかい》洞《どう》。

**しょうにん【上人】** 名 お坊《ぼう》さんを敬《うやま》って言《い》う言葉《ことば》。例法然《ほうねん》上人。

**しょうにん【小人】** 名 (入場料《にゅうじょうりょう》などで)子《こ》ども。しょうじん。

**しょうにん【昇任】** 名 動-する 今《いま》より上《うえ》の役《やく》目《め》や地位《ちい》につくこと。例局長《きょくちょう》に昇任する。類昇格《しょうかく》。昇進《しょうしん》。

**しょうにん【承認】** 名 動-する 正《ただ》しいと認《みと》めること。また、よろしいと認《みと》めて、承知《しょうち》すること。例相手《あいて》の申《もう》し出《で》を承認する。

**しょうにん【商人】** 名 商売《しょうばい》をする人《ひと》。

**しょうにん【証人】** 名 事実《じじつ》を証明《しょうめい》する人《ひと》。特《とく》に、裁判《さいばん》などで、自分《じぶん》の見《み》たり聞《き》いたりした事実《じじつ》を述《の》べる人《ひと》。例事件《じけん》の証人。

**じょうにん【常任】** 名 いつもその役目《やくめ》についていること。例常任の委員《いいん》。

**しょうにんかんもん【証人喚問】** 名 裁判所《さいばんしょ》や議会《ぎかい》、国《くに》の機関《きかん》などが証人《しょうにん》を呼《よ》び出《だ》して問《と》いただすこと。

**しょうにんずう【少人数】** 名 人《ひと》の数《かず》が少《すく》ないこと。小人数《こにんずう》。例少人数で取《と》り組《く》む。対多人数《たにんずう》。

**しょうね【性根】** 名 大《おお》もとの心《こころ》がまえ。根《こん》


百人一首 夕《ゆう》されば門田《かどた》の稲葉《いなば》おとづれて葦《あし》のまろやに秋風《あきかぜ》ぞ吹《ふ》く　源 経信《みなもとのつねのぶ》

性《じょう》。例 性根を入《い》れかえる。

**じょうねつ【情熱】** 名 燃《も》え上《あ》がるような、激《はげ》しい感情《かんじょう》。例 仕事《しごと》に情熱を燃《も》やす。

**じょうねつてき【情熱的】** 形動 激《はげ》しい気《き》持《も》ちで、ひたむきに取《と》り組《く》むようす。例 先《せん》生《せい》の情熱的な指《し》導《どう》が、生《せい》徒《と》を引《ひ》きつけた。

**°しょうねん【少年】** 名 男《おとこ》の子《こ》。対 少《しょう》女《じょ》。参考 法《ほう》律《りつ》では、二《に》十《じっ》歳《さい》に満《み》たない男《だん》女《じょ》。

**少《しょう》年《ねん》老《お》いやすく学《がく》成《な》り難《がた》し** 時《とき》のたつのは速《はや》く、若《わか》者《もの》もすぐに年《とし》をとってしまうが、学《がく》問《もん》の道《みち》は奥《おく》深《ふか》くて、なかなかきわめることができない。参考 古《ふる》い漢《かん》詩《し》の言《こと》葉《ば》。あとに「一《いっ》寸《すん》の光《こう》陰《いん》軽《かろ》んずべからず〔=わずかの時《じ》間《かん》もむだにしてはならない〕。」と続《つづ》けて言《い》うこともある。

**少《しょう》年《ねん》よ大《たい》志《し》を抱《いだ》け** 若《わか》者《もの》は大《おお》きな志《こころざし》を持《も》って進《すす》みなさい。参考 アメリカの教《きょう》育《いく》者《しゃ》クラークの言《こと》葉《ば》。➡クラーク375ページ

**しょうねんば【正念場】** 名 その人《ひと》にとって、ここがだいじだという場《ば》面《めん》。例 明《あ》日《す》は実《じつ》力《りょく》が試《ため》される正念場だ。

**しょうのう【小脳】** 名 手《て》足《あし》の筋《きん》肉《にく》などに、運《うん》動《どう》を命《めい》令《れい》する脳《のう》。大《だい》脳《のう》の後《うし》ろ下《した》にある。

**しょうのう【樟脳】** 名 クスノキからとれる、強《つよ》いにおいの結《けっ》晶《しょう》。防《ぼう》虫《ちゅう》剤《ざい》や薬《くすり》の原《げん》料《りょう》に使《つか》う。

**しょうのつき【小の月】** 名 ひと月《つき》が三《さん》十《じゅう》日《にち》以《い》下《か》の月《つき》。二《に》・四《し》・六《ろく》・九《く》・十《じゅう》一《いち》月《がつ》をいう。対 大《だい》の月《つき》。

**じょうば【乗馬】** 一 名 動-する 馬《うま》に乗《の》ること。二 名 乗《の》るための馬《うま》。

**しょうはい【勝敗】** 名 勝《か》ち負《ま》け。勝《しょう》負《ぶ》。例 勝敗は時《とき》の運《うん》。

**°しょうばい【商売】** 名 動-する ❶品《しな》物《もの》を、仕《し》入《い》れて売《う》ること。あきない。例 商売が繁《はん》盛《じょう》する。❷生《せい》活《かつ》のためにしている仕《し》事《ごと》。職《しょく》業《ぎょう》。例 記《き》事《じ》を書《か》くのが商売だ。

**しょうばいがたき【商売敵】** 名 商《しょう》売《ばい》のうえでの競《きょう》争《そう》相《あい》手《て》。例 商売敵に出《で》おくれる。

**しょうばつ【賞罰】** 名 ほめることと、罰《ばっ》すること。例 賞罰をはっきりさせる。

**じょうはつ【蒸発】** 名 動-する ❶〔理《り》科《か》で〕液《えき》体《たい》が気《き》体《たい》に変《か》わること。例 水《みず》が蒸発する。➡きか(気化)298ページ。❷人《ひと》がこっそりゆくえをくらますこと。

**しょうばん【相伴】** 名 動-する 客《きゃく》といっしょになって、ごちそうを食《た》べたり飲《の》んだりすること。例 お相伴にあずかった。

**じょうはんしん【上半身】** 名 体《からだ》の、腰《こし》から上《うえ》。上《じょう》体《たい》。対 下《か》半《はん》身《しん》。

**しょうひ【消費】** 名 動-する お金《かね》や物《もの》を、使《つか》ってなくすこと。対 生《せい》産《さん》。

**じょうび【常備】** 名 動-する すぐ使《つか》えるように、いつも用《よう》意《い》しておくこと。例 非《ひ》常《じょう》食《しょく》を常備する。

**しょうひきげん【消費期限】** 名 示《しめ》されたように保《ほ》存《ぞん》すれば、その食《しょく》品《ひん》を食《た》べても衛《えい》生《せい》上《じょう》害《がい》がない期《き》限《げん》。弁《べん》当《とう》・パン・そうざい・肉《にく》など、早《はや》く悪《わる》くなるものについていう。➡しょうみきげん638ページ

**しょうひしゃ【消費者】** 名 品《しな》物《もの》を買《か》って使《つか》う側《がわ》の人《ひと》。対 生《せい》産《さん》者《しゃ》。

**しょうひしゃぶっかしすう【消費者物価指数】** 名 商《しょう》品《ひん》やサービスの値《ね》段《だん》の変《へん》化《か》を示《しめ》す値《あたい》。

**しょうひぜい【消費税】** 名 物《もの》を買《か》ったり、サービスを受《う》けたりしたときに、かけられる税《ぜい》金《きん》。

**しょうひせいかつセンター【消費生活センター】** 名 消《しょう》費《ひ》者《しゃ》からの商《しょう》品《ひん》への苦《く》情《じょう》や相《そう》談《だん》を受《う》けたり、商《しょう》品《ひん》の情《じょう》報《ほう》を提《てい》供《きょう》したりする施《し》設《せつ》。

**じょうびやく【常備薬】** 名 家《いえ》や学《がっ》校《こう》などで、いつも備《そな》えておく薬《くすり》。

**しょうひょう【商標】** 名 自《じ》分《ぶん》の会《かい》社《しゃ》で作《つく》ったことを表《あらわ》すために、商《しょう》品《ひん》につける文《も》字《じ》や図《ず》形《けい》。トレードマーク。

**°しょうひん【商品】** 名 売《う》ったり買《か》ったりするための品《しな》物《もの》。例 商品を店《みせ》に並《なら》べる。

**しょうひん【賞品】** 名 ほうびの品《しな》物《もの》。

**°じょうひん【上品】** 名 形動 品《ひん》がいいこと。例 上品な人《ひと》。対 下《げ》品《ひん》。

**しょうひんけん【商品券】** 名 デパートや商《しょう》店《てん》が、お金《かね》と同《おな》じように使《つか》える約《やく》束《そく》で、金《きん》額《がく》を記《しる》して発《はっ》行《こう》する券《けん》。

**°しょうぶ【勝負】** 名 動-する ❶勝《か》ち負《ま》け。勝《しょう》

[歌の意味] 評《ひょう》判《ばん》の高《たか》い高《たか》師《し》の浜《はま》のあだ波《なみ》のようなあなたのことは心《こころ》にかけません、袖《そで》が涙《なみだ》にぬれそうですから。
注 あだ波《なみ》=むだに立《た》ちさわぐ波《なみ》。

敗《はい》。例 すぐ勝負がついた。❷勝《か》ち負《ま》けを争《あらそ》うこと。例 力《ちから》いっぱい勝負する。

**しょうぶ【菖蒲】** 名 水辺《みずべ》に生《は》える植物《しょくぶつ》。葉《は》は細長《ほそなが》い形《かたち》をして、かおりがよい。五月《ごがつ》の節句《せっく》の「しょうぶ湯《ゆ》」は、この葉《は》をおふろに入《い》れたもの。

**○じょうぶ【丈夫】** 名 形動 ❶元気《げんき》なようす。健康《けんこう》。例 丈夫な体《からだ》。❷しっかりして、こわれにくいようす。例 この箱《はこ》は丈夫だ。

**じょうぶ【上部】** 名 上《うえ》の部分《ぶぶん》。対 下部《かぶ》。

**しょうふく【承服】** 名 動-する 人《ひと》の言《い》うことを聞《き》き入《い》れて、それに従《したが》うこと。例 その意見《いけん》には承服できない。

**しょうぶごと【勝負事】** 名 勝《か》ち負《ま》けを争《あらそ》うゲーム。将棋《しょうぎ》やトランプなど。

**しょうふだ【正札】** 名 正《ただ》しい値段《ねだん》を書《か》いて、品物《しなもの》につけた札《ふだ》。

**じょうぶつ【成仏】** 名 動-する 仏教《ぶっきょう》で、死《し》んで仏《ほとけ》になること。死《し》ぬこと。

**しょうぶゆ【菖蒲湯】** 名 端午《たんご》の節句《せっく》に、病気《びょうき》や災《わざわ》いを払《はら》うため、しょうぶを入《い》れてわかす湯《ゆ》。

**しょうぶん【性分】** 名 生《う》まれつきの性質《せいしつ》。たち。例 うそが言《い》えない性分。

**じょうぶん【条文】** 名 規則《きそく》・法律《ほうりつ》などのように、箇条書《かじょうが》きにした文《ぶん》。例 法律《ほうりつ》の条文。

**しょうへい【招聘】** 名 動-する 丁寧《ていねい》に頼《たの》んで、人《ひと》に来《き》てもらうこと。例 ドイツから指揮者《しきしゃ》を招聘する。

**しょうへき【障壁】** 名 ❶二《ふた》つの物《もの》をへだてる壁《かべ》。❷さまたげになるもの。例 言葉《ことば》の障壁をこえて交流《こうりゅう》する。

**じょうへき【城壁】** 名 城《しろ》の壁《かべ》や石垣《いしがき》。

**しょうへきが【障壁画】** 名 障子《しょうじ》・ふすま・壁《かべ》・天井《てんじょう》などにかかれた絵《え》。

**しょうべん【小便】** 名 おしっこ。尿《にょう》。小水《しょうすい》。

**じょうほ【譲歩】** 名 動-する 自分《じぶん》の考《かんが》えをゆずって、人《ひと》の主張《しゅちょう》に従《したが》うこと。

**○しょうぼう【消防】** 名 火事《かじ》を消《け》したり、火災《かさい》を防《ふせ》いだりすること。例 消防車《しゃ》。

**じょうほう【乗法】** 名 〔算数《さんすう》で〕掛《か》け算《ざん》のこと。関連 加法《かほう》。減法《げんぽう》。除法《じょほう》。

**✤○じょうほう【情報】** 名 出来事《できごと》やものごとのようすについての知《し》らせ。例 気象《きしょう》情報。世界《せかい》の情報を集《あつ》める。

**じょうほうかしゃかい【情報化社会】** 名 コンピューターや通信技術《つうしんぎじゅつ》が発達《はったつ》し、情報《じょうほう》の活用《かつよう》が人々《ひとびと》の生活《せいかつ》に影響《えいきょう》を与《あた》えるようになった社会《しゃかい》。情報社会《じょうほうしゃかい》。

**じょうほうげん【情報源】** 名 情報《じょうほう》の出《で》どころ。

**じょうほうけんさく【情報検索】** 名 たくさんのデータの中《なか》から必要《ひつよう》な情報《じょうほう》を探《さが》して取《と》り出《だ》すこと。また、そのシステムや技術《ぎじゅつ》。

**しょうぼうし【消防士】** 名 消防署《しょうぼうしょ》に属《ぞく》して、消防《しょうぼう》の仕事《しごと》をする人《ひと》。

**しょうぼうしゃ【消防車】** 名 消防《しょうぼう》の仕事《しごと》をするための車《くるま》。ポンプ車《しゃ》、はしご車《しゃ》など。消防自動車《しょうぼうじどうしゃ》。例 消防車が出動《しゅつどう》する。↓じどうしゃ 571ページ

**しょうぼうしょ【消防署】** 名 消防《しょうぼう》の仕事《しごと》をしたり、急病《きゅうびょう》や事故《じこ》にあった人《ひと》を助《たす》けたりする仕事《しごと》をする役所《やくしょ》。

**じょうほうしょり【情報処理】** 名 集《あつ》められた情報《じょうほう》を、目的《もくてき》に応《おう》じて整理《せいり》したり書《か》きかえたりして、活用《かつよう》できるようにすること。コンピューターを利用《りよう》して行《おこな》うことが多《おお》い。

**しょうぼうだん【消防団】** 名 消防活動《しょうぼうかつどう》をするために、その土地《とち》に住《す》む人《ひと》が参加《さんか》してつくる、自治的《じちてき》な組織《そしき》。

**じょうほうもう【情報網】** 名 情報《じょうほう》を伝《つた》えたり受《う》け取《と》ったりするために、網《あみ》の目《め》のようにつながり、広《ひろ》がった仕組《しく》み。例 情報網が発達《はったつ》して、地球《ちきゅう》の裏側《うらがわ》のこともすぐわかる。

**しょうほん【抄本】** 名 元《もと》になる書類《しょるい》などから、必要《ひつよう》な部分《ぶぶん》だけをぬき書《が》きしたもの。例 戸籍《こせき》抄本。

**じょうまえ【錠前】** 名 ↓じょう（錠）626ページ

**■しょうまっせつ【枝葉末節】** 名 〔木《き》の幹《みき》からのびた枝《えだ》や葉《は》のように〕だいじでない、つまらない小《ちい》さなことがら。例 枝葉末節にとらわれずに、本質《ほんしつ》をとらえる。

**しょうまん【小満】** 名 草木《くさき》が茂《しげ》るころ。五《ご》


百人一首 音《おと》に聞《き》く高師《たかし》の浜《はま》のあだ波《なみ》はかけじや袖《そで》のぬれもこそすれ　祐子内親王家紀伊《ゆうしないしんのうけのきい》

月《がつ》二十一日《にじゅういちにち》ごろ。二十四節気《にじゅうしせっき》の一《ひと》つ。

**しょうみ【正味】** 名 ❶入《い》れ物《もの》などの重《おも》さを除《のぞ》いた、中身《なかみ》の目方《めかた》。❷実際《じっさい》の数《かず》や量《りょう》。例 勉《べん》強《きょう》したのは正味一時間《じかん》だ。

**しょうみ【賞味】** 名 動する 味《あじ》わいながら食《た》べること。例 おみやげのお菓子《かし》を賞味する。

**しょうみきげん【賞味期限】** 名 示《しめ》されたように保存《ほぞん》すれば、その食品《しょくひん》をおいしく食《た》べられる期限《きげん》。マーガリン・ハム・缶詰《かんづめ》・冷凍食品《れいとうしょくひん》などについていう。↓しょうひきげん 636ページ

**じょうみゃく【静脈△】** 名 体《からだ》の中《なか》を回《まわ》ってよごれた血液《けつえき》を、心臓《しんぞう》に送《おく》り返《かえ》す血管《けっかん》。動脈《どうみゃく》より壁《かべ》はうすく、脈《みゃく》はない。対 動脈《どうみゃく》。

**じょうむいん【乗務員】** 名 乗《の》り物《もの》を運転《うんてん》したり、客《きゃく》の世話《せわ》をしたりする人《ひと》。乗員《じょういん》。

**しょうむてんのう【聖武天皇】** 人名 （男）（七〇一〜七五六）奈良《なら》時代《じだい》の天皇《てんのう》。仏教《ぶっきょう》をあつく信《しん》じ、全国《ぜんこく》に国分寺《こくぶんじ》、奈良《なら》に東大寺《とうだい》《じ》を建《た》てて大仏《だいぶつ》を造《つく》った。

**°しょうめい【証明】** 名 動する ものごとの正《ただ》しさや真実《しんじつ》などを、はっきり示《しめ》すこと。例 証明書《しょ》。無実《むじつ》を証明する。

**しょうめい【照明】** 名 ❶光《ひかり》を当《あ》てて明《あか》るくすること。また、その明《あ》かり。例 部屋《へや》の照明。❷舞台《ぶたい》や撮影《さつえい》の効果《こうか》を高《たか》めるために当《あ》てる明《あ》かり。例 照明係《がかり》。

**しょうめつ【消滅】** 名 動する 消《き》えてなくなること。例 権利《けんり》が消滅する。類 消失《しょうしつ》。

**°しょうめん【正面】** 名 ❶建物《たてもの》の表側《おもてがわ》。例 正面玄関《げんかん》。❷まっすぐ前《まえ》。例 正面を向《む》く。関連 側面《そくめん》。背面《はいめん》。断面《だんめん》。

**しょうめんきって【正面切って】** 遠慮《えんりょ》せずに、はっきりと。例 上司《じょうし》に正面切って反対《はんたい》する。

**しょうもう【消耗°】** 名 動する 使《つか》ってなくなること。例 体力《たいりょく》を消耗する。

**しょうもうひん【消耗品】** 名 使《つか》うたびに減《へ》っていくもの。紙《かみ》や鉛筆《えんぴつ》など。

**しょうもん【証文】** 名 お金《かね》や品物《しなもの》を借《か》りたことを証明《しょうめい》する書《か》きつけ。

**じょうもん【城門】** 名 城《しろ》の門《もん》。城《しろ》の出入《でい》り口《ぐち》。

**じょうもんじだい【縄文時代△】** 名 縄《じょう》文土器《もんどき》を作《つく》って使《つか》っていた時代《じだい》。一二〇〇〇年《ねん》ほど前《まえ》から二三〇〇年前《ねんまえ》ごろの間《あいだ》。

**じょうもんすぎ【縄文杉】** 名 屋久島《やくしま》に自生《じせい》する屋久杉《やくすぎ》の中《なか》で、最大《さいだい》の古木《こぼく》。幹《みき》の周《まわ》りが一六メートル余《あま》りもあり、樹齢《じゅれい》三〇〇〇年以上《ねんいじょう》ともいわれる。

**じょうもんどき【縄文土器△】** 名 縄文時《じょうもんじ》代《だい》に作《つく》られた土器《どき》。表面《ひょうめん》に縄《なわ》をおし当《あ》てた模様《もよう》があるものが多《おお》い。縄文式土器《じょうもんしきどき》。

〔じょうもんどき〕

**しょうや【庄屋】** 名 ↓なぬし 972ページ

**しょうやく【生薬】** 名 植物《しょくぶつ》や動物《どうぶつ》・鉱物《こうぶつ》をそのまま、または少《すこ》し手《て》を加《くわ》えて薬《くすり》にしたもの。漢方薬《かんぽうやく》などに使《つか》われる。

**じょうやく【条約】** 名 国《くに》と国《くに》との間《あいだ》で決《き》め、文章《ぶんしょう》に書《か》いた約束《やくそく》。例 条約を結《むす》ぶ。

**じょうやとう【常夜灯】** 名 夜《よ》どおしつけておく灯《あか》り。例 常夜灯のおかげで夜道《よみち》も明《あか》るい。

**しょうゆ【醤油】** 名 調味料《ちょうみりょう》の一《ひと》つ。小麦《こむぎ》・大豆《だいず》などに、食塩水《しょくえんすい》・こうじなどを足《た》して造《つく》った液体《えきたい》。したじ。むらさき。

**しょうよ【賞与】** 名 ❶ほうびとして与《あた》えるお金《かね》や品物《しなもの》。❷↓ボーナス 1203ページ

**じょうよ【剰余】** 名 ❶必要《ひつよう》なものを除《のぞ》いた残《のこ》り。余《あま》り。❷〔算数《さんすう》で〕割《わ》り算《ざん》の余《あま》り。

**しょうよう【商用】** 名 商売《しょうばい》のための用事《ようじ》。

**じょうよう【常用】** 名 動する ふだん使《つか》っていること。例 ボールペンを常用する。

**✤じょうようかんじ【常用漢字】** 名 ふつうの社会生活《しゃかいせいかつ》の中《なか》で、わかりやすい文章《ぶんしょう》を書《か》くために使《つか》う漢字《かんじ》として決《き》められた二一三六字《じ》の漢字《かんじ》。一九八一年《ねん》（昭和《しょうわ》五十六年《ごじゅうろくねん》）に一九四五字《じ》が定《さだ》められ、二〇一〇年《ねん》（平成《へいせい》二十二年《にじゅうにねん》）に現在《げんざい》のものに改《あらた》められた。

**じょうようしゃ【乗用車】** 名 人《ひと》が乗《の》るように作《つく》られた自動車《じどうしゃ》。↓じどうしゃ 571ページ

〔歌の意味〕高《たか》い山《やま》の峰《みね》の桜《さくら》が咲《さ》いた。ふもとの山《やま》の霞《かすみ》は立《た》たないでおくれ、花《はな》が見《み》えなくなるから。

**しょうようじゅりん【照葉樹林】**［名］クスノキ・シイ・カシなど、つやのある葉《は》を持《も》つ常緑《じょうりょく》の広葉樹《こうようじゅ》が、たくさん生《は》えている林《はやし》。亜熱帯《あねったい》から温帯《おんたい》に多《おお》い。

**◦しょうらい【将来】**［名］これから先《さき》。未来《みらい》。［例］将来のことを考《かんが》える。

**しょうらいせい【将来性】**［名］将来《しょうらい》よくなるだろうという見込《みこ》み。［例］将来性のある若者《わかもの》。

**◦しょうり【勝利】**［名］戦《たたか》いに勝《か》つこと。［例］勝利を収《おさ》める。［対］敗北《はいぼく》。

**じょうり【条理】**［名］ものごとのすじみち。そうあるべき道理《どうり》。［例］条理に反《はん》するやり方《かた》。

**じょうりく【上陸】**［名］［動-する］海《うみ》や船《ふね》から陸《りく》に上《あ》がること。［例］船員《せんいん》が上陸する。

**しょうりつ【勝率】**［名］試合《しあい》などに勝《か》った割合《わりあい》。［例］勝率が八割《はちわり》を超《こ》える。

**◦しょうりゃく【省略】**［名］［動-する］話《はなし》などの一部分《いちぶぶん》を省《はぶ》いて、簡単《かんたん》にすること。［例］くわしい説明《せつめい》は省略する。

**じょうりゅう【上流】**［名］❶川《かわ》の源《みなもと》に近《ちか》いほう。川上《かわかみ》。❷地位《ちい》などが高《たか》く、生活《せいかつ》にゆとりがあること。［例］上流階級《かいきゅう》。［関連］（❶・❷）中流《ちゅうりゅう》。下流《かりゅう》。

**じょうりゅう【蒸留】**［名］［動-する］〔理《り》科《か》で〕混《ま》じり物《もの》のない液体《えきたい》にすること。液体《えきたい》を熱《ねっ》し、できた蒸気《じょうき》を冷《ひ》やして、混《ま》じり物《もの》のない液体《えきたい》にすること。

**じょうりゅうすい【蒸留水】**［名］ふつうの水《みず》を蒸留《じょうりゅう》してできた、混《ま》じりけのない水《みず》。

**しょうりょう【少量】**［名］量《りょう》が少《すく》ないこと。少《すこ》し。［対］大量《たいりょう》。多量《たりょう》。

**じょうりょく【常緑】**［名］一年《いちねん》じゅう、葉《は》が緑色《みどりいろ》をしていること。

**しょうりょくか【省力化】**［名］［動-する］機械《きかい》を使《つか》ったり仕事《しごと》のしかたを見直《みなお》したりして、人手《ひとで》が少《すく》なくてすむようにすること。

**じょうりょくじゅ【常緑樹】**［名］一年《いちねん》じゅう、緑《みどり》の葉《は》をつけている木《き》。ツバキやマツなど。ときわぎ。［対］落葉樹《らくようじゅ》。

**✤じょうるり【浄瑠璃】**［名］日本《にっぽん》に古《ふる》くからある芸能《げいのう》の一《ひと》つ。三味線《しゃみせん》に合《あ》わせて、節《ふし》をつけて物語《ものがたり》を語《かた》るもの。

**しょうれい【奨励】**［名］［動-する］よいこととして、それをすすめること。［例］スポーツを奨励する。

**じょうれい【条例】**［名］都道府県《とどうふけん》や市区町《しくちょう》村《そん》で決《き》めた決《き》まり。

**じょうれん【常連】**［名］❶いつも決《き》まって来《く》る客《きゃく》。常連客《じょうれんきゃく》。❷いつもいっしょにいる仲間《なかま》。［例］成績《せいせき》上位《じょうい》の常連。

**じょうろ**［名］植木《うえき》に水《みず》を注《そそ》ぎかけるときに使《つか》う道具《どうぐ》。じょろ。

**しょうろう【鐘楼】**［名］お寺《てら》の鐘《かね》をつるしておく堂《どう》。鐘《かね》つき堂《どう》。

**しょうわ【昭和】**［名］一九二六年《ねん》十二月《じゅうにがつ》二十五日《にじゅうごにち》から一九八九年《ねん》一月七日《いちがつなのか》までの日本《にっぽん》の年号《ねんごう》。

**しょうわ【唱和】**［名］［動-する］一人《ひとり》の声《こえ》に合《あ》わせて大勢《おおぜい》が唱《とな》えること。［例］ばんざいを唱和する。

**しょうわきち【昭和基地】**［名］日本《にっぽん》の南極《なんきょく》観測《かんそく》基地《きち》。南極《なんきょく》の東《ひがし》オングル島《とう》にあり、一九五七年《ねん》（昭和《しょうわ》三十二年《さんじゅうにねん》）に開設《かいせつ》された。

**しょうわじだい【昭和時代】**［名］昭和《しょうわ》天《てん》皇《のう》が位《くらい》についていた時代《じだい》。一九二六年《ねん》十二《じゅうに》月《がつ》から一九八九年《ねん》一月《いちがつ》まで。

**しょうわのひ【昭和の日】**［名］国民《こくみん》の祝《しゅく》日《じつ》の一《ひと》つ。四月《しがつ》二十九日《にじゅうくにち》。昭和《しょうわ》の時代《じだい》をふり返《かえ》り、日本《にっぽん》の将来《しょうらい》のことを考《かんが》える日《ひ》。

**しょえん【初演】**［名］演劇《えんげき》や音楽《おんがく》などの、初《はじ》めての上演《じょうえん》や演奏《えんそう》。

**じょえん【助演】**［名］劇《げき》や映画《えいが》で、主役《しゅやく》を助《たす》けて、わき役《やく》を演《えん》じること。また、その人《ひと》。

**ショー**〔英語 show〕［名］❶新製品《しんせいひん》を見《み》せる展《てん》示会《じかい》。［例］自動車《じどうしゃ》ショー。❷舞台《ぶたい》で音楽《おんがく》やおどりなどを見《み》せること。［例］歌謡《かよう》ショー。

**じょおう【女王】**［名］〔「じょうおう」ともいう。〕女性《じょせい》の王《おう》。クイーン。

**ショーウインドー**〔英語 show window〕［名］商品《しょうひん》を並《なら》べて見《み》せる窓《まど》。かざり窓《まど》。

**じょおうばち【女王蜂】**［名］社会生活《しゃかいせいかつ》をするハチの群《む》れの中《なか》で、その中心《ちゅうしん》となり、卵《たまご》を産《う》むめすのハチ。ミツバチなどでは、一《ひと》つの群《む》れに一匹《いっぴき》だけいる。

**ジョーカー**〔英語 joker〕［名］トランプで、どのマークでもない、特別《とくべつ》な札《ふだ》。道化《どうけ》師《し》の絵《え》がかいてある。



百人一首　高砂《たかさご》の尾上《おのえ》の桜《さくら》咲《さ》きにけり外山《とやま》の霞《かすみ》立《た》たずもあらなむ《ん》　大江匡房《おおえのまさふさ》

描《えが》かれていることが多《おお》い。ゲームで特別《とくべつ》なはたらきをする。ばば。

**ジョーク**〔英語 joke〕名 冗談《じょうだん》。しゃれ。例 ジョークをとばす〔＝冗談《じょうだん》を言《い》う〕。

**ショート**〔英語 short〕一名 ❶短《みじか》いこと。例 髪《かみ》をショートにする。対 ロング。❷野球《やきゅう》・ソフトボールで、二塁《にるい》と三塁《さんるい》の間《あいだ》を守《まも》る人《ひと》。遊撃手《ゆうげきしゅ》。二名 動-する はだかの電線《でんせん》がふれ合《あ》うなどして、電流《でんりゅう》が決《き》まった回路《かいろ》から外《はず》れ、短《みじか》いところでつながってたくさん流《なが》れること。火花《ひばな》が出《で》たりヒューズがとんだりする。

**ショートカット**〔英語 short-cut〕名 ❶（女《じょ》性《せい》の）短《みじか》く切《き》った髪型《かみがた》。❷近道《ちかみち》。特《とく》に、コンピューターなどで、利用者《りようしゃ》が情報《じょうほう》にすばやく接続《せつぞく》するのを助《たす》けるしくみ。

**ショートケーキ**〔英語 shortcake〕名 スポンジケーキの台《だい》の間《あいだ》や表面《ひょうめん》を、くだものやクリームで飾《かざ》ったケーキ。

**ショートパンツ**〔英語 short pants〕名 短《みじか》いズボン。

**ショール**〔英語 shawl〕名 （女《おんな》の人《ひと》の）肩《かた》かけ。

**ショールーム**〔英語 showroom〕名 商品《しょうひん》を並《なら》べて客《きゃく》に見《み》せる部屋《へや》。展示室《てんじしつ》。

**しょか【初夏】** 名 ❶夏《なつ》の初《はじ》め。❷昔《むかし》の暦《こよみ》で、四月《しがつ》。関連 仲夏《ちゅうか》。晩夏《ばんか》。

**しょか【書架】** 名 本棚《ほんだな》。

**しょか【書家】** 名 書道《しょどう》の専門家《せんもんか》。

**しょが【書画】** 名 書道《しょどう》と絵画《かいが》。

**じょがい【除外】** 名 動-する 取《と》り除《のぞ》くこと。例 古《ふる》い物《もの》は除外する。類 除去《じょきょ》。

**しょかつ【所轄】** 名 動-する 役所《やくしょ》などが、管《かん》理《り》を受《う》け持《も》つこと。また、その範囲《はんい》。例 所轄の警察署《けいさつしょ》に届《とど》けを出《だ》す。

**しょかん【所感】** 名 心《こころ》に感《かん》じたこと。感《かん》想《そう》。例 新年《しんねん》の所感を述《の》べる。

**しょかん【書簡】** 名 手紙《てがみ》。例 書簡文《ぶん》。

**じょかん【女官】** 名 宮中《きゅうちゅう》に仕《つか》える女《おんな》の人《ひと》。にょかん。

**しょき【初期】** 名 初《はじ》めのころ。例 明治《めいじ》の初期。関連 中期《ちゅうき》。末期《まっき》。

**しょき【書記】** 名 会議《かいぎ》の記録《きろく》などをとったり文書《ぶんしょ》を作《つく》ったりする役《やく》。また、その役《やく》の人《ひと》。

**しょき【暑気】** 名 夏《なつ》の暑《あつ》さ。例 暑気払《ばら》い〔＝暑《あつ》さに負《ま》けないように、体《からだ》によいことをすること〕。対 寒気《かんき》。

**しょきあたり【暑気あたり】** 名 夏《なつ》の暑《あつ》さに負《ま》けて体調《たいちょう》をくずすこと。

**しょきか【初期化】** 名 動-する 新《あたら》しいコンピューターやソフトウェアなどを、使《つか》えるようにすること。また、使《つか》っているものを、最初《さいしょ》の状態《じょうたい》に戻《もど》すこと。

**しょきゅう【初級】** 名 （勉強《べんきょう》やスポーツなどで）初歩《しょほ》の段階《だんかい》。対 上級《じょうきゅう》。

**じょきょ【除去】** 名 動-する 取《と》り除《のぞ》くこと。例 ごみを除去する。類 除外《じょがい》。

■**しょぎょうむじょう【諸行無常】** 名 〔仏教《ぶっきょう》で〕この世《よ》にあるものはすべて移《うつ》り変《か》わり、とどまることがない、ということ。

**じょきょく【序曲】** 名 ❶オペラで、幕《まく》が開《あ》く前《まえ》に演奏《えんそう》する音楽《おんがく》。❷ものごとの始《はじ》まったばかりのところ。

**じょきん【除菌】** 名 動-する 細菌《さいきん》を取《と》り除《のぞ》くこと。例 除菌スプレー。

**ジョギング**〔英語 jogging〕名 動-する 健康《けんこう》のためや、競争前《きょうそうまえ》のウォーミングアップのために、ゆっくりと走《はし》ること。

**しよく【私欲】** 名 自分《じぶん》が得《とく》することだけを考《かんが》える心《こころ》。例 私欲に走《はし》る。

## しょく【色】

画数 6 部首 色（いろ） 2年

音 ショク シキ 訓 いろ

筆順

❶いろ。いろどる。熟語 色彩《しきさい》。色紙《しきし》・色紙《いろがみ》。色調《しきちょう》。原色《げんしょく》。着色《ちゃくしょく》。配色《はいしょく》。❷ようす。熟語 特色《とくしょく》。気色《けしき》・気色《きしょく》。国際色《こくさいしょく》。❸顔《かお》かたち。熟語 容色《ようしょく》。❹かざる。熟語 脚色《きゃくしょく》。彩色《さいしき》・彩色《さいしょく》。

## しょく【食】

画数 9 部首 食（しょく） 2年

音 ショク ジキ 訓 く-う く-らう た-べる

筆順

❶たべる。たべ物《もの》。熟語 食事《しょくじ》。食品《しょくひん》。食器《しょっき》。

〔歌の意味〕わたしにつれなかったあの人《ひと》を、初瀬《はつせ》の山《やま》おろしよ、わたしにつれなくせよとは祈《いの》らなかったのになあ。
注 初瀬《はつせ》＝今《いま》の奈良県《ならけん》桜井市《さくらいし》の地名《ちめい》。

給食《きゅうしょく》。浸食《しんしょく》。主食《しゅしょく》。日食《にっしょく》。断食《だんじき》。腐食《ふしょく》。❷欠《か》ける。そこなう。熟語
《訓の使い方》く-う 例 飯《めし》を食う。く-らう 例 大目玉《おおめだま》を食らう。た-べる 例 パンを食べる。

**しょく【食】** 名 たべること。
**食《しょく》が進《すす》む** 食欲《しょくよく》があり、たくさん食《た》べられる。
**食《しょく》が細《ほそ》い** 食《た》べる量《りょう》が少《すく》ない。小食《しょうしょく》だ。

**しょく【植】** 画数 12 部首 木(きへん) 3年
音 ショク 訓 う-える う-わる
筆順 一 十 木 杧 朾 枯 植 植
❶うえる。熟語 植樹《しょくじゅ》。植林《しょくりん》。❷活字《かつじ》を組《く》む。熟語 誤植《ごしょく》。❸人《ひと》を移《うつ》す。熟語 入植《にゅうしょく》。
《訓の使い方》う-える 例 なえ木《ぎ》を植える。う-わる 例 松《まつ》が庭《にわ》に植わっている。

**しょく【織】** 画数 18 部首 糸(いとへん) 5年
音 ショク シキ 訓 お-る
筆順 糹 紵 絈 綪 緒 織 織 織
❶布《ぬの》をおる。熟語 織機《しょっき》。紡織《ぼうしょく》。織女星《しょくじょせい》。織《おり》物《もの》。❷組《く》み合《あ》わせて作《つく》る。熟語 組織《そしき》。
《訓の使い方》お-る 例 布《ぬの》を織る。

**しょく【職】** 画数 18 部首 耳(みみへん) 5年
音 ショク 訓 ―
筆順 T F E 聍 聕 職 職 職
❶仕事《しごと》。熟語 職業《しょくぎょう》。職場《しょくば》。就職《しゅうしょく》。職務《しょくむ》。辞職《じしょく》。❷役目《やくめ》。勤《つと》め。❸技術《ぎじゅつ》。熟語 職人《しょくにん》。
**しょく【職】** 名 ❶仕事《しごと》。例 職を探《さが》す。❷役《やく》目《め》。例 会長《かいちょう》の職。❸仕事《しごと》のための技《ぎ》術《じゅつ》。例 手《て》に職をつける。

**しょく【拭】** 画数 9 部首 扌(てへん)
音 ショク 訓 ふ-く ぬ-ぐ-う
ぬぐう。ふきとる。熟語 払拭《ふっしょく》。例 汗《あせ》を拭《ふ》く。手《て》拭《ぬぐ》い。

**しょく【殖】** 画数 12 部首 歹(がつへん)
音 ショク 訓 ふ-える ふ-やす
ふえる。ふやす。熟語 繁殖《はんしょく》。養殖《ようしょく》。例 ネズミが殖《ふ》える。財産《ざいさん》を殖《ふ》やす。

**しょく【飾】** 画数 13 部首 食(しょくへん)
音 ショク 訓 かざ-る
かざる。美《うつく》しく見《み》えるようにする。熟語 装《そう》飾《しょく》。服飾《ふくしょく》。

**しょく【触】** 画数 13 部首 角(つのへん)
音 ショク 訓 ふ-れる さわ-る
ふれる。さわる。物《もの》と物《もの》とがあたる。熟語 触《しょっ》角《かく》。接触《せっしょく》。例 手《て》に触《ふ》れる。触《さわ》ってみる。

**しょく【嘱】** 画数 15 部首 口(くちへん)
音 ショク 訓 ―
❶たのむ。熟語 嘱託《しょくたく》。委嘱《いしょく》。❷目《め》をつける。熟語 嘱望《しょくぼう》〔=人《ひと》の将来《しょうらい》に望《のぞ》みをかける〕。

**じょく【辱】** 画数 10 部首 辰(しんのたつ)
音 ジョク 訓 はずかし-める
はずかしめる。はじをかかせる。熟語 屈辱《くつじょく》。雪辱《せつじょく》。侮辱《ぶじょく》。例 母校《ぼこう》の名《な》を辱《はずかし》める。

**しょくあたり【食あたり】** 名 動-する ↓しょくちゅうどく 642ページ

**しょくいく【食育】** 名 健康《けんこう》によい食生活《しょくせいかつ》を、身《み》につけさせる教育《きょういく》。

**しょくいん【職員】** 名 役所《やくしょ》・学校《がっこう》・団体《だんたい》などに勤《つと》めている人《ひと》。例 職員室《しつ》。

**しょくいんしつ【職員室】** 名 学校《がっこう》で、先《せん》生《せい》が事務《じむ》をとったり打《う》ち合《あ》わせをしたりする部屋《へや》。

**しょぐう【処遇】** 名 動-する その人《ひと》にふさわしい扱《あつか》いをすること。例 料理《りょうり》長《ちょう》として処遇する。

**しょくえん【食塩】** 名 調味料《ちょうみりょう》の一《ひと》つ。食《しょく》用《よう》にする塩《しお》。

**○しょくぎょう【職業】** 名 生活《せいかつ》していくために する仕事《しごと》。職《しょく》。例 職業につく。

**しょくぎょうあんていじょ【職業安定所】** 名 働《はたら》きたい人《ひと》に、仕事《しごと》の世話《せわ》などをする役所《やくしょ》。職安《しょくあん》。正式《せいしき》には、公共職業安定所《こうきょうしょくぎょうあんていじょ》。参考 愛称《あいしょう》はハローワーク。

**しょくぎょうびょう【職業病】** 名 その

職業《しょくぎょう》についている人《ひと》がかかりやすい病気《びょうき》。

**しょくご【食後】** 名 食事《しょくじ》のあと。例 食後のフルーツ。対 食前《しょくぜん》。

**しょくざい【食材】** 名 料理《りょうり》の材料《ざいりょう》にする食《た》べ物《もの》。

**◦しょくじ【食事】** 名 動-する 物《もの》を食《た》べること。また、その食《た》べ物《もの》。

**しょくしがうごく【食指が動く】** 手《て》に入《い》れたくなる。例 目《め》にとまった絵《え》に食指が動く。参考 「食《しょく》指《し》」は人《ひと》さし指《ゆび》のこと。

**しょくしゅ【触手】** 名 クラゲやイソギンチャクなどにある細長《ほそなが》いひげのようなもの。えさをとったり、身《み》を守《まも》ったりする。

**触手《しょくしゅ》を伸《の》ばす** ほしいものを手《て》に入《い》れようとして、はたらきかける。

**しょくじゅ【植樹】** 名 動-する 木《き》を植《う》えること。例 記念《きねん》に植樹する。

**しょくじょせい【織女星】** 名 こと座《ざ》の星《ほし》「ベガ」のこと。七夕《たなばた》の夜《よる》に、天《あま》の川《がわ》をわたって、牽牛星《けんぎゅうせい》と会《あ》うという伝説《でんせつ》がある。おりひめ。はた織《お》り星《ぼし》。

**しょくせいかつ【食生活】** 名 食《た》べることに関《かん》する生活《せいかつ》。

**しょくせき【職責】** 名 受《う》け持《も》っている仕《し》事《こと》のうえでの責任《せきにん》。例 監督《かんとく》の職責を果《は》たす。

**しょくぜん【食前】** 名 食事《しょくじ》の前《まえ》。対 食後《しょくご》。

**しょくぜん【食膳】** 名 食事《しょくじ》のとき、料理《りょうり》をのせるお膳《ぜん》。例 食膳を共《とも》にする〔＝いっしょに食事《しょくじ》をする〕。

**しょくだい【燭台】** 名 ろうそくを立《た》てて火《ひ》をともす台《だい》。ろうそく立《た》て。

**しょくたく【食卓】** 名 食事《しょくじ》をするときに使《つか》うテーブル。例 みんなで食卓を囲《かこ》む。

**しょくたく【嘱託】** 一 名 動-する 仕事《しごと》を人《ひと》にたのんで任《まか》せること。類 委嘱《いしょく》。二 名 正式《せいしき》な身分《みぶん》ではなく、たのまれて仕事《しごと》の一部《いちぶ》を受《う》け持《も》つ人《ひと》。例 病院《びょういん》の嘱託。

**しょくちゅうしょくぶつ【食虫植物】** 名 葉《は》や茎《くき》で小《ち》さな虫《むし》をとらえ、とかして栄養《えいよう》とする植物《しょくぶつ》。

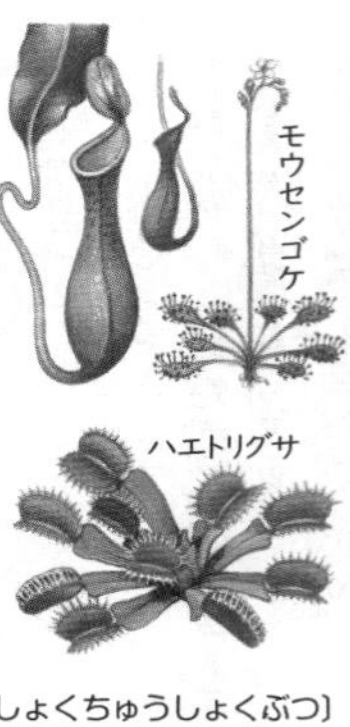

〔しょくちゅうしょくぶつ〕

**しょくちゅうどく【食中毒】** 名 ばい菌《きん》がついた食《た》べ物《もの》や毒《どく》のある食《た》べ物《もの》を、食《た》べたり飲《の》んだりして病気《びょうき》になること。食《しょく》あたり。

**しょくどう【食堂】** 名 ❶食事《しょくじ》をする部屋《へや》。❷人《ひと》に食事《しょくじ》をさせる店《みせ》。

**しょくどう【食道】** 名 のどと胃《い》をつなぎ、食《た》べたものを胃《い》に送《おく》る管《くだ》。

**しょくにん【職人】** 名 手先《てさき》の技術《ぎじゅつ》で物《もの》を作《つく》る仕事《しごと》をしている人《ひと》。大工《だいく》さん・石屋《いしや》さん・植木屋《うえきや》さんなど。

**しょくにんかたぎ【職人〈気質〉】** 名 腕《うで》に自信《じしん》を持《も》ち、仕事《しごと》に関《かん》しては頑固《がんこ》であるといった、職人《しょくにん》に共通《きょうつう》した性質《せいしつ》。

**しょくば【職場】** 名 働《はたら》く場所《ばしょ》。勤《つと》め先《さき》。

**しょくばい【触媒】** 名 化学反応《かがくはんのう》のときに、それ自身《じしん》は変化《へんか》しないが、反応《はんのう》の速度《そくど》を変化《へんか》させる物質《ぶっしつ》。

**しょくばたいけん【職場体験】** 名 生徒《せいと》が実際《じっさい》の仕事《しごと》の現場《げんば》を体験《たいけん》したり、働《はたら》く人々《ひとびと》と接《せっ》したりする学習活動《がくしゅうかつどう》。

**しょくはつ【触発】** 名 動-する 何《なに》かのものごとがきっかけとなって、行動《こうどう》や気持《きも》ちなどをさそい起《お》こすこと。例 兄《あに》に触発されて、弟《おとうと》も将棋《しょうぎ》を始《はじ》めた。

**しょくぱん【食パン】** 名 箱形《はこがた》に焼《や》いた、特別《とくべつ》な味《あじ》つけをしていないパン。

**しょくひ【食費】** 名 食事《しょくじ》にかかる費用《ひよう》。

**しょくひん【食品】** 名 食《た》べ物《もの》となるもの。食《た》べ物《もの》。食料品《しょくりょうひん》。例 食品売《う》り場《ば》。

**しょくひんてんかぶつ【食品添加物】** 名 見《み》かけをよくしたり、くさりにくくしたりするために、食品《しょくひん》に混《ま》ぜるもの。

**しょくひんトレー【食品トレー】** 名 食品《しょくひん》の保存《ほぞん》や持《も》ち運《はこ》びのために、店《みせ》などで使《つか》われている容器《ようき》。食品《しょくひん》トレイ。

**しょくひんロス【食品ロス】** 名 食《た》べられる食品《しょくひん》が捨《す》てられること。また、その食《しょく》品《ひん》。

**◦しょくぶつ【植物】** 名 生物《せいぶつ》を大《おお》きく二《ふた》つに分《わ》けたときの一《ひと》つで、動物《どうぶつ》に対《たい》するもう一《ひと》つの生物《せいぶつ》。木《き》・草《くさ》など。

**しょくぶつえん【植物園】** 〔名〕 研《けん》究《きゅう》のためや、みんなに見《み》せるために、いろいろな植《しょく》物《ぶつ》を集《あつ》めて植《う》えてある所《ところ》。

**しょくぶんか【食文化】** 〔名〕 食《た》べることに関《かん》係《けい》する文《ぶん》化《か》。その地《ち》域《いき》の食《た》べ物《もの》・料《りょう》理《り》法《ほう》・作《さ》法《ほう》や習《しゅう》慣《かん》、食《しょく》に関《かん》する産《さん》業《ぎょう》など。〔例〕国《くに》によって食文化のちがいがある。

✤**しょくへん** 〔名〕 漢《かん》字《じ》の部《ぶ》首《しゅ》で、「へん」の一《ひと》つ。「飲《いん》」「飯《はん》」などの「𩙿」の部《ぶ》分《ぶん》。

**しょくみんち【植民地】** 〔名〕 ある国《くに》の支《し》配《はい》を受《う》けている土《と》地《ち》。

**しょくむ【職務】** 〔名〕 受《う》け持《も》っている仕《し》事《ごと》。務《つと》め。〔例〕書《しょ》記《き》の職務を果《は》たす。

◦**しょくもつ【食物】** 〔名〕 食《た》べ物《もの》。食《しょく》品《ひん》。

**しょくもつせんい【食物繊維°】** 〔名〕 豆《まめ》や海《かい》藻《そう》などに多《おお》く含《ふく》まれる、消《しょう》化《か》されにくい成《せい》分《ぶん》。便《べん》通《つう》をよくするはたらきがある。

■**しょくもつれんさ【食物連鎖°】** 〔名〕 自《し》然《ぜん》界《かい》における食《く》うものと食《く》われるものという、生《せい》物《ぶつ》どうしの、ひとつながりの関《かん》係《けい》。例《たと》えば、イネをイナゴが食《た》べ、イナゴをカエルが食《た》べ、カエルをヘビが食《た》べるというようなつながり。

**しょくよう【食用】** 〔名〕 食《た》べ物《もの》になること。食《た》べられること。〔例〕根《ね》を食用にする。

**しょくよく【食欲】** 〔名〕 食《た》べたいと思《おも》う気《き》持《も》ち。〔例〕秋《あき》になり食欲も出《で》てきた。

◦**しょくりょう【食料】** 〔名〕 食《た》べ物《もの》。〔例〕食料品《ひん》。

**しょくりょう【食糧°】** 〔名〕 食《た》べ物《もの》。おもに、米《こめ》・麦《むぎ》などの主《しゅ》食《しょく》を指《さ》す。

**しょくりょうじきゅうりつ【食料自給率】** 〔名〕 国《こく》内《ない》で消《しょう》費《ひ》する食《しょく》料《りょう》のうち、国《こく》内《ない》で生《せい》産《さん》したものがどれほどであるかを示《しめ》す割《わり》合《あい》。輸《ゆ》入《にゅう》が減《へ》れば、自《じ》給《きゅう》率《りつ》は上《あ》がる。

**しょくりょうひん【食料品】** 〔名〕 食《しょく》品《ひん》。おもに肉《にく》・魚《さかな》・野《や》菜《さい》など、主《しゅ》食《しょく》以《い》外《がい》の食《た》べ物《もの》をいう。〔例〕食料品売《う》り場《ば》。

**しょくりん【植林】** 〔名〕〔動・する〕 山《やま》や野《の》に、苗《なえ》木《ぎ》を植《う》えて育《そだ》て、林《はやし》を作《つく》り上《あ》げること。

**しょくん【諸君】** 〔名〕 大《おお》勢《ぜい》の人《ひと》に呼《よ》びかけるときに使《つか》う言《こと》葉《ば》。みなさん。おもに男《だん》性《せい》が使《つか》う。〔例〕諸君の健《けん》康《こう》をいのる。〔参考〕目《め》上《うえ》の人《ひと》には使《つか》わない。

**しょけい【処刑°】** 〔名〕〔動・する〕 刑《けい》罰《ばつ》を加《くわ》えること。特《とく》に、死《し》刑《けい》にすること。

**じょけい【女系】** 〔名〕 女《おんな》から女《おんな》へと受《う》け継《つ》がれる家《か》系《けい》。母《はは》方《かた》の血《ち》筋《すじ》。〔例〕女系家《か》族《ぞく》。〔対〕男《だん》系《けい》。

✤**じょけいし【叙°景詩】** 〔名〕 自《し》然《ぜん》の風《ふう》景《けい》を、目《め》に映《うつ》ったとおりに書《か》き表《あらわ》した詩《し》。〔関連〕叙《じょ》事《じ》詩《し》。叙《じょ》情《じょう》詩《し》。

**しょげかえる【しょげ返る】** 〔動〕 すっかりしょげてしまう。

**しょげる** 〔動〕 がっかりして、元《げん》気《き》がなくなる。〔例〕エラーをしてしょげる。

**しょけん【所見】** 〔名〕 ❶見《み》てわかったこと。〔例〕医《い》者《しゃ》の所見。❷考《かんが》え。意《い》見《けん》。〔例〕自《じ》分《ぶん》の所見を述《の》べる。

**じょげん【助言】** 〔名〕〔動・する〕 わきから言《こと》葉《ば》をそえて助《たす》けること。また、その言《こと》葉《ば》。〔例〕先《せん》生《せい》に助言していただいた。

**しょこ【書庫】** 〔名〕 本《ほん》を入《い》れておく部《へ》屋《や》や建《たて》物《もの》。〔例〕書庫を整《せい》理《り》する。

**じょこう【徐°行】** 〔名〕〔動・する〕 列《れっ》車《しゃ》や自《じ》動《どう》車《しゃ》などが、ゆっくり進《すす》むこと。〔例〕徐行運《うん》転《てん》。

**しょこく【諸国】** 〔名〕 たくさんの国《くに》。方《ほう》々《ぼう》の国《くに》。〔例〕ヨーロッパ諸国。

**しょさ【所作】** 〔名〕 あることをするときの、体《からだ》の動《うご》かし方《かた》。ふるまい。身《み》ぶり。

**しょさい【書斎°】** 〔名〕 本《ほん》を読《よ》んだり、ものを書《か》いたりするための部《へ》屋《や》。

**しょざい【所在】** 〔名〕 そのものが、あるところ。また、いるところ。〔例〕責《せき》任《にん》の所在。

**しょざいち【所在地】** 〔名〕 それがある場《ば》所《しょ》。〔例〕県《けん》庁《ちょう》所在地。

**しょざいない【所在ない】** 〔形〕 何《なに》もやることがなくて、手《て》持《も》ちぶさただ。〔例〕所在なく一《いち》日《にち》を過《す》ごす。

**じょさいない【如°才ない】** 〔形〕 ぬけめがなく、気《き》がきいてあいそがよい。〔例〕如才なく立《た》ち回《まわ》る。

**じょさんし【助産師】** 〔名〕 赤《あか》ちゃんが生《う》まれるときの手《て》助《だす》けを仕《し》事《ごと》としている人《ひと》。

**しょし【初志】** 〔名〕 初《はじ》めに持《も》っていた意《い》志《し》。初《しょ》心《しん》。〔例〕初志をつらぬく。



百人一首　契《ちぎ》りおきしさせもが露《つゆ》を命《いのち》にてあはれ《わ》今年《ことし》の秋《あき》もいぬめり　藤原基俊《ふじわらのもととし》

**しょじ【所持】** 名 動する 身《み》につけて持《も》っていること。例 所持品《ひん》。

**◦じょし【女子】** 名 ❶女《おんな》の子《こ》。❷女《おんな》の人《ひと》。女《じょ》性《せい》。対 (❶・❷)男子《だんし》。

**じょし【女史】** 名 女《おんな》の人《ひと》を敬《うやま》っていうとき、その人《ひと》の名前《なまえ》の下《した》につける言葉《ことば》。例 ヘレン＝ケラー女史。

**✤じょし【助詞】** 名 〔国語《こくご》で〕品詞《ひんし》の一《ひと》つ。他《ほか》の言葉《ことば》の下《した》について、言葉《ことば》と言葉《ことば》とのつながりを示《しめ》したり、意味《いみ》をそえたりする言葉《ことば》。「風《かぜ》がふくと花《はな》も散《ち》る」の「が」「と」「も」など。この辞典《じてん》では 助 と示《しめ》してある。

**じょじ【女児】** 名 幼《おさな》い女《おんな》の子《こ》。対 男児《だんじ》。

**しょしき【書式】** 名 ❶証書《しょうしょ》や願書《がんしょ》、届書《とどけしょ》などを書《か》くときの、決《き》まった書《か》き方《かた》。❷文書《ぶんしょ》を書《か》くときの体裁《ていさい》。文字数《もじすう》や行数《ぎょうすう》、文字《もじ》の大《おお》きさや書体《しょたい》など。

**✤じょじし【叙事詩】** 名 出来事《できごと》を中心《ちゅうしん》に述《の》べた詩《し》。伝説《でんせつ》や歴史上《れきしじょう》の出来事《できごと》が多《おお》い。関連 叙情詩《じょじょうし》。叙景詩《じょけいし》。

**じょしつ【除湿】** 名 動する 湿気《しっけ》を取《と》り除《のぞ》くこと。例 エアコンで部屋《へや》の除湿をする。

**✤しょしゃ【書写】** 名 動する ❶書《か》き写《うつ》すこと。❷〔国語《こくご》で〕文字《もじ》を正《ただ》しく書《か》く学習《がくしゅう》。毛筆《もうひつ》と硬《こう》筆《ひつ》がある。類 習字《しゅうじ》。

**じょしゅ【助手】** 名 手助《てだす》けをする人《ひと》。例 研《けん》究《きゅう》の助手を務《つと》める。

**しょしゅう【初秋】** 名 ❶秋《あき》の初《はじ》めのころ。秋口《あきぐち》。❷昔《むかし》の暦《こよみ》で、七月《しちがつ》。関連 仲秋《ちゅうしゅう》。晩秋《ばんしゅう》。

**しょしゅう【所収】** 名 動する (作品《さくひん》などが)おさめられていること。例 作品集《さくひんしゅう》所収の小《しょう》説《せつ》。

**✤じょじゅつ【叙述】** 名 動する ものごとを順《じゅん》を追《お》って述《の》べること。例 事件《じけん》をありのまま叙述する。

**しょしゅん【初春】** 名 ❶春《はる》の初《はじ》めのころ。早春《そうしゅん》。春先《はるさき》。❷昔《むかし》の暦《こよみ》で、正月《しょうがつ》。↓ はつはる 1052ページ。関連 仲春《ちゅうしゅん》。晩春《ばんしゅん》。

**しょじゅん【初旬】** 名 月《つき》の初《はじ》めの十日間《とおかかん》。例 二月《にがつ》の初旬。類 上旬《じょうじゅん》。

**しょしょ【処暑】** 名 暑《あつ》さがおさまるころ。八月二十三日《はちがつにじゅうさんにち》ごろ。二十四節気《にじゅうしせっき》の一《ひと》つ。

**しょじょう【書状】** 名 手紙《てがみ》。書簡《しょかん》。

**じょしょう【序章】** 名 ❶論文《ろんぶん》や小説《しょうせつ》、楽《がっ》曲《きょく》などの初《はじ》めの章《しょう》。❷ものごとの始《はじ》まり。例 長《なが》い争《あらそ》いの序章にすぎない。

**じょじょう【叙情】** 名 自分《じぶん》の感情《かんじょう》を豊《ゆた》かに述《の》べあらわすこと。例 青春《せいしゅん》の叙情を歌《うた》にする。

**✤じょじょうし【叙情詩】** 名 心《こころ》に感《かん》じたことをうたった詩《し》。関連 叙事詩《じょじし》。叙景詩《じょけいし》。

**じょじょに【徐徐に】** 副 ゆるやかなようす。少《すこ》しずつ。例 氷《こおり》が徐々に解《と》ける。

**しょしん【初心】** 名 ❶最初《さいしょ》の気持《きも》ち。初《しょ》志《し》。例 初心に返《かえ》る。❷習《なら》い始《はじ》めで、まだ慣《な》れていないこと。例 初心者《しゃ》。

**初心《しょしん》忘《わす》るべからず** 思《おも》い立《た》って始《はじ》めたときの真剣《しんけん》な気持《きも》ちを忘《わす》れてはならない。参考 世阿弥《ぜあみ》の言葉《ことば》。

**しょしん【初診】** 名 はじめての診療《しんりょう》。

**しょしん【所信】** 名 こうだと信《しん》じている考《かんが》え。例 所信を表明《ひょうめい》する。

**しょしんしゃ【初心者】** 名 習《なら》い始《はじ》めでまだものごとに慣《な》れていない人《ひと》。

**じょすう【除数】** 名 〔算数《さんすう》で〕割《わ》り算《ざん》の、割《わ》るほうの数《かず》。例《たと》えば、8÷2の場合《ばあい》、除数《じょすう》は

例解 ! ことばの勉強室

**助詞《じょし》について**

町《まち》へ行《い》く。
これは、これから町《まち》に出《で》かけることを表《あらわ》す。ところが、
町《まち》を行《い》く。
とすると、すでに町《まち》の中《なか》を歩《ある》いたりしていることになる。
わたしが読《よ》みます。
わたしは読《よ》みます。
二《ふた》つを比《くら》べると、「が」のほうは、読《よ》みます、と自分《じぶん》から名《な》のり出《で》ている感《かん》じがする。「は」にすると、他《ほか》の人《ひと》は知《し》らないが自分《じぶん》は読《よ》む、と言《い》っている感《かん》じがする。
助詞《じょし》一《ひと》つで、表《あらわ》す内容《ないよう》がこれだけちがう。

2。対 乗数《じょうすう》。

✤**じょすうし【助数詞】** 名〔国語《こくご》で〕数字《すうじ》の下《した》につけて、それがどんな物《もの》の数量《すうりょう》かを表《あらわ》す言葉《ことば》。「五本《ごほん》」「三台《さんだい》」などの「本《ほん》」「台《だい》」など。⬇ふろく(8ページ)

✤**じょすうし【序数詞】** 名 順序《じゅんじょ》を表《あらわ》す数《すう》詞《し》。「一番《いちばん》」「第一《だいいち》」「二等《にとう》」など。

**しょする【処する】** 動 ❶ものごとをうまく処理《しょり》する。例 手《て》ぎわよく事《こと》を処する。❷〔「…に処《しょ》する」の形《かたち》で〕罰《ばつ》を与《あた》える。例 懲役《ちょうえき》三年《さんねん》に処する。

**しょせい【処世】** 名 社会《しゃかい》でうまく暮《く》らしてゆくこと。世渡《よわた》り。例 処世術《じゅつ》に長《た》けた人《ひと》。

**しょせい【書生】** 名 ❶学生《がくせい》。❷他人《たにん》の家《いえ》に住《す》みこんで、その家の仕事《しごと》を手伝《てつだ》いながら勉《べん》強《きょう》する人《ひと》。〔❶・❷古《ふる》い言《い》い方《かた》。〕

○**じょせい【女性】** 名 女《おんな》の人《ひと》。ふつう、大人《おとな》についていう。対 男性《だんせい》。

**じょせい【助成】** 名 動する 研究《けんきゅう》や事業《じぎょう》を助《たす》けること。例 助成金《きん》。

**しょせき【書籍】** 名 本《ほん》。書物《しょもつ》。図書《としょ》。

**じょせき【除籍】** 名 動する 名簿《めいぼ》や戸籍《こせき》から名前《なまえ》を取《と》り除《のぞ》くこと。

**しょせつ【諸説】** 名 いろいろな意見《いけん》や主《しゅ》張《ちょう》。例 恐竜《きょうりゅう》の絶滅《ぜつめつ》については諸説がある。

**じょせつ【除雪】** 名 動する 積《つ》もった雪《ゆき》を取《と》り除《のぞ》くこと。雪かき。例 道路《どうろ》を除雪する。

**じょせつしゃ【除雪車】** 名 雪《ゆき》を取《と》り除《のぞ》くための車《くるま》。ラッセル車《しゃ》やロータリー車《しゃ》など。

**しょせん【所詮】** 副 結局《けっきょく》のところは。行《い》きつくところは。例 いくらがんばってみても、所詮名人《めいじん》にはかなわない。

**じょせん【除染】** 名 動する 放射線《ほうしゃせん》を出《だ》す物《ぶっ》質《しつ》や有害《ゆうがい》な化学物質《かがくぶっしつ》によって、地面《じめん》や家《いえ》、機《き》器《き》や着衣《ちゃくい》などが汚染《おせん》されたとき、けずり取《と》ったり、洗《あら》ったり、薬品《やくひん》を使《つか》ったりして、その物質《ぶっしつ》を取《と》り除《のぞ》くこと。

**しょぞう【所蔵】** 名 動する 自分《じぶん》のものとしてしまっておくこと。しまってあること。例 有名《ゆうめい》な絵画《かいが》が所蔵されている。

**じょそう【助走】** 名 動する 走《はし》り高《たか》とびや走《はし》りはばとびなどで、ふみ切《き》る所《ところ》まで勢《いきお》いをつけるために走《はし》ること。例 助走路《ろ》。

**じょそう【除草】** 名 動する 庭《にわ》や田畑《たはた》の雑草《ざっそう》を、取《と》り除《のぞ》くこと。草取《くさと》り。

**じょそうざい【除草剤】** 名 雑草《ざっそう》を取《と》り除《のぞ》く薬剤《やくざい》。

**しょぞく【所属】** 名 動する 人《ひと》や物《もの》が、会《かい》や団体《だんたい》などに入《はい》っていること。例 俳句《はいく》のサークルに所属する。

**しょたい【所帯】** 名 独立《どくりつ》して生活《せいかつ》している一家《いっか》。例 所帯を持《も》つ。類 世帯《せたい》。

✤**しょたい【書体】** 名 ❶文字《もじ》を、書《か》き方《かた》や形《かたち》の特徴《とくちょう》によって分《わ》けたもの。書《か》くときの楷《かい》書《しょ》・行書《ぎょうしょ》・草書《そうしょ》などや、印刷文字《いんさつもじ》の明朝体《みんちょうたい》・ゴシック体《たい》など。⬇じたい(字体)560ページ。❷字《じ》の書《か》きぶり。例 先生《せんせい》の書体に似《に》た字《じ》。

**しょだい【初代】** 名 役職《やくしょく》・家《いえ》・芸能《げいのう》の系統《けいとう》などで、その最初《さいしょ》の代《だい》の人《ひと》。例 初代の所長《しょちょう》。

| | |
|---|---|
| 明朝体《みんちょうたい》 | うれしい遠足 |
| ゴシック体《たい》 | うれしい遠足 |
| 教科書体《きょうかしょたい》 | うれしい遠足 |
| 楷書《かいしょ》 | 学校 |
| 行書《ぎょうしょ》 | 学校 |
| 草書《そうしょ》 | 学校 |
| 隷書《れいしょ》 | 学校 |
| ローマン体《たい》 | ABC |
| イタリック体《たい》 | *ABC* |
| ボールド体《たい》 | **ABC** |

〔しょたい❶〕

**しょたいめん【初対面】** 名 人《ひと》と人《ひと》とが初《はじ》めて会《あ》うこと。例 初対面の挨拶《あいさつ》。

**しょだな【書棚】** 名 本《ほん》をのせて並《なら》べておく棚《たな》。本棚《ほんだな》。例 書棚を整頓《せいとん》する。

**しょち【処置】** 名 動する ❶始末《しまつ》をつけること。例 必要《ひつよう》な処置をとる。❷けがや病気《びょうき》の手当《てあ》てをする。例 応急《おうきゅう》処置。

例解 ! 表現の広場

**処置《しょち》と処理《しょり》と処分《しょぶん》のちがい**

| | 処置《しょち》 | 処理《しょり》 | 処分《しょぶん》 | |
|---|---|---|---|---|
| ただちに | ○ | ○ | ○ | する。 |
| けがの | ○ | × | × | をする。 |
| 古新聞《ふるしんぶん》を | × | × | ○ | する。 |
| 問題《もんだい》を | × | ○ | × | する。 |

**しょちゅう【暑中】** 名 夏《なつ》の暑《あつ》い間《あいだ》。特《とく》に、立秋《りっしゅう》の前《まえ》の十八日間《じゅうはちにちかん》のこと。

**しょちゅうみまい【暑中見舞い】** 名 夏《なつ》の暑《あつ》い間《あいだ》に、元気《げんき》かどうかをたずねて、見《み》舞《ま》うこと。また、その手紙《てがみ》。参考 立秋《りっしゅう》（八月《はちがつ》八日《ようか》ごろ）を過《す》ぎると「残暑見舞《ざんしょみま》い」となる。

**しょちょう【初潮】** 名 女《おんな》の人《ひと》に、初《はじ》めて生《せい》理《り》があること。

**しょちょう【署長】** 名 警察署《けいさつしょ》・消防署《しょうぼうしょ》など、署《しょ》のつく役所《やくしょ》のいちばん上《うえ》の役《やく》の人《ひと》。

**じょちょう【助長】** 名 動-する ❶よけいな手《て》助《だす》けをして悪《わる》い結果《けっか》を招《まね》くこと。例 あまやかして、わがままを助長してしまった。❷助《たす》けて力《ちから》をのばすこと。例 産業《さんぎょう》の発展《はってん》を助長する。参考 ❶は、生長《せいちょう》を助《たす》けようと無理《むり》に引《ひ》っぱったために、苗《なえ》をからしてしまったという、昔《むかし》の中国《ちゅうごく》の話《はなし》から。

**しょっかく【触角】** 名 昆虫《こんちゅう》やエビ・カニなどの頭《あたま》についているヒゲのようなもの。物《もの》やにおいを感《かん》じる器官《きかん》。

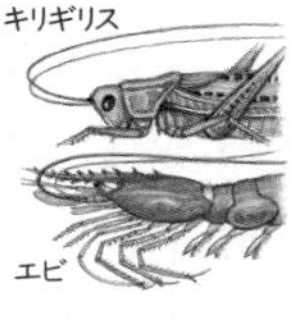

〔しょっかく〕

**しょっかく【触覚】** 名 皮膚《ひふ》に物《もの》がふれたときに感《かん》じる感覚《かんかく》。熱《あつ》い・冷《つめ》たいなど。関連 視覚《しかく》。聴覚《ちょうかく》。嗅覚《きゅうかく》。味覚《みかく》。

**しょっかん【食感】** 名 食《た》べたときの舌《した》ざわりや歯《は》ごたえ。例 シャキシャキした食感を楽《たの》しむ。

**しょっき【食器】** 名 食事《しょくじ》のときに使《つか》う道《どう》具《ぐ》。ちゃわん・さら・ナイフ・はしなど。

**しょっき【織機】** 名 布《ぬの》を織《お》る機械《きかい》。はた織《お》りの機械《きかい》。

**ジョッキ** 名〔日本《にっぽん》でできた英語《えいご》ふうの言《こと》葉《ば》。〕取《と》っ手《て》がついた、ビールなどを飲《の》むための大型《おおがた》のコップ。

**ショッキング**〔英語 shocking〕形動 ひどくおどろくようす。例 ショッキングな出来事《できごと》が起《お》こる。

**ショック**〔英語 shock〕名 ❶あるものに加《くわ》えられる強《つよ》い力《ちから》。衝撃《しょうげき》。例 ショックで、時計《とけい》が止《と》まった。❷激《はげ》しいおどろき。心《こころ》の動揺《どうよう》。例 事件《じけん》にショックを受《う》ける。

**しょっけん【食券】** 名（食堂《しょくどう》などで）飲《の》み物《もの》や食《た》べ物《もの》と引《ひ》きかえるための券《けん》。

**しょっちゅう** 副 いつも。始終《しじゅう》。例 しょっちゅう忘《わす》れ物《もの》をする。

**しょってたつ【〈背負〉って立つ】** 進《すす》んで責任《せきにん》を引《ひ》き受《う》け、大《おお》きな役割《やくわり》を果《は》たす。例 日本《にっぽん》の未来《みらい》をしょって立つ若者《わかもの》たち。

**ショット**〔英語 shot〕名 ❶鉄砲《てっぽう》などをうつこと。❷テニス・ゴルフなどで、球《たま》を打《う》つこと。また、その球《たま》。例 ナイスショット。❸写真《しゃしん》や映画《えいが》の一場面《いちばめん》。例 ロングショット。

**しょっぱい** 形 塩《しお》からい。

**ショッピング**〔英語 shopping〕名 買《か》い物《もの》をすること。例 ショッピングカート。

**ショッピングセンター**〔英語 shopping center〕名 さまざまな小売店《こうりてん》や飲食店《いんしょくてん》を集《あつ》めて作《つく》った施設《しせつ》。郊外《こうがい》に多《おお》く見《み》られる。

**ショップ**〔英語 shop〕名 小《ちい》さい店《みせ》。例 コーヒーショップ。

**しょてい【所定】** 名 前《まえ》もって決《き》まっていること。例 所定の用紙《ようし》に記入《きにゅう》する。

**しょてん【書店】** 名 本《ほん》や雑誌《ざっし》などを売《う》る店《みせ》。本屋《ほんや》。

**しょとう【初冬】** 名 ❶冬《ふゆ》の初《はじ》め。❷昔《むかし》の暦《こよみ》で、十月《じゅうがつ》。関連 仲冬《ちゅうとう》。晩冬《ばんとう》。

**しょとう【初等】** 名（学問《がくもん》や教育《きょういく》などの）いちばん初《はじ》めの段階《だんかい》。例 初等教育《きょういく》。関連 中《ちゅう》等《とう》。高等《こうとう》。

**しょとう【諸島】** 名 いくつも集《あつ》まっている島《しま》。例 伊豆《いず》諸島。類 群島《ぐんとう》。

✤**しょどう【書道】** 名 筆《ふで》で、字《じ》を美《うつく》しく書《か》く芸術《げいじゅつ》。書《しょ》。

✤**じょどうし【助動詞】** 名〔国語《こくご》で〕品詞《ひんし》の一《ひと》つ。動詞《どうし》や、その他《ほか》の言葉《ことば》のあとについて、その言葉《ことば》の意味《いみ》を助《たす》ける言葉《ことば》。「雨《あめ》が降《ふ》った」の「た」、「先生《せんせい》にほめられる」の「られる」、「行《い》かない」の「ない」など。この辞典《じてん》では、助動と示《しめ》してある。

**しょとく【所得】** 名 ある期間《きかん》に得《え》たもうけ。類 収入《しゅうにゅう》。

**しょとくぜい【所得税】** 名 その人《ひと》の一年《いちねん》間《かん》の収入《しゅうにゅう》にかかる税金《ぜいきん》。

**しょなのか【初七日】** 名〔「しょなぬか」ともいう。〕人《ひと》が死《し》んでから、死《し》んだ日《ひ》を入《い》れて

［歌の意味］ 浅瀬《あさせ》の流《なが》れが速《はや》いので、岩《いわ》にせき止《と》められた急流《きゅうりゅう》がまた合《あ》うように、別《わか》れてもまたあなたとお会《あ》いしたいと思《おも》う。

七日《なのか》めの日《ひ》。また、その日《ひ》に行《おこな》う法事《ほうじ》。

**しょにち【初日】** 名 何日《なんにち》か行《おこな》う行事《ぎょうじ》などで、いちばん初《はじ》めの日《ひ》。対 最終日《さいしゅうび》。千秋楽《せんしゅうらく》。注意「初日」を「はつひ」と読《よ》むと、ちがう意味《いみ》になる。

例解 ! ことばの勉強室

## 助動詞《じょどうし》について

打《う》つ＋れる(受《う》け身《み》)
＝打《う》たれる。
打《う》たれる＋ない(打《う》ち消《け》し)＝打《う》たれ
ない。
打《う》たれない＋た(過去《かこ》)＝
打《う》たれなかった。
打《う》たれなかった＋らしい(推量《すいりょう》)＝打《う》
たれなかったらしい。

「打《う》つ」に、「れる」「ない」「た」「らしい」という助動詞《じょどうし》を次々《つぎつぎ》につけていくと最後《さいご》の「打《う》たれなかったらしい」となる。

「打《う》つ」に、四《よっ》つの助動詞《じょどうし》がつくことにより、「受《う》け身《み》」「打《う》ち消《け》し」「過去《かこ》」「推《すい》量《りょう》」の意味《いみ》がつけ加《くわ》えられたことになる。

助動詞《じょどうし》も助詞《じょし》も、他《ほか》の言葉《ことば》のあとについてその意味《いみ》を決《き》めるだいじな言葉《ことば》である。助動詞《じょどうし》は、右《みぎ》の例《れい》のように、つながり方《かた》によって形《かたち》が変《か》わる点《てん》が、助詞《じょし》とちがう。

**じょのくち【序の口】** 名 ❶ものごとの始《はじ》まり。例 この暑《あつ》さはまだ序の口だ。❷すもうの番付《ばんづけ》で、力士《りきし》のいちばん下《した》の位《くらい》。

**じょはきゅう【序破急】** 名 ものごとの、初《はじ》め・中《なか》・終《お》わりの三《みっ》つの区切《くぎ》り。参考 もとは、雅楽《ががく》や能楽《のうがく》などの組《く》み立《た》てをあらわす言葉《ことば》。「序《じょ》」は導入《どうにゅう》、「破《は》」は展開《てんかい》、「急《きゅう》」は終結《しゅうけつ》に当《あ》たる。

**しょばつ【処罰】** 名 動-する 罪《つみ》を犯《おか》した人《ひと》を罰《ばっ》すること。例 法律《ほうりつ》に基《もと》づいて犯罪者《はんざいしゃ》を処罰する。

**しょはん【初版】** 名 出版《しゅっぱん》された本《ほん》の最初《さいしょ》の版《はん》。第一版《だいいっぱん》。

**ショパン** 人名(男)(一八一〇～一八四九)ポーランドの作曲家《さっきょくか》。「ピアノの詩人《しじん》」といわれた。「小犬《こいぬ》のワルツ」「別《わか》れの曲《きょく》」などがある。

**じょばん【序盤】** 名 ものごとの始《はじ》まりの段階《だんかい》。例 リーグ戦《せん》はまだ序盤だ。参考 元《もと》は、将棋《しょうぎ》や碁《ご》で、対局《たいきょく》の始《はじ》まりの場面《ばめん》のこと。

**しょひょう【書評】** 名 書物《しょもつ》を批評《ひひょう》した文章《ぶんしょう》。例 書評が新聞《しんぶん》にのる。

**ジョブ**〔英語 job〕名 ❶仕事《しごと》。❷コンピューターが処理《しょり》する、ひとまとまりの作業《さぎょう》。

**しょぶん【処分】** 名 動-する ❶いらなくなった物《もの》などを始末《しまつ》すること。例 古《ふる》い本《ほん》を処分する。❷規則《きそく》を破《やぶ》った人《ひと》に、ある罰《ばつ》を与《あた》えること。例 退学《たいがく》処分を受《う》ける。

**じょぶん【序文】** 名 本《ほん》の前書《まえが》き。その本《ほん》を書《か》いたわけなどを記《しる》した文《ぶん》。はし書《が》き。

**ショベルカー** 名〔日本《にっぽん》でできた英語《えいご》ふうの言葉《ことば》。〕長《なが》い腕《うで》の先《さき》に、土《つち》などをすくい上《あ》げたりけずったりするためのバケットをつけた、工事用《こうじよう》の車《くるま》。パワーシャベル。↓じどうしゃ 571ページ

**しょほ【初歩】** 名 習《なら》い初《はじ》め。例 ピアノを初歩から習《なら》う。

**しょほう【処方】** 名 動-する 医師《いし》が、病気《びょうき》に合《あ》った薬《くすり》の種類《しゅるい》・量《りょう》や混《ま》ぜ合《あ》わせ方《かた》などを指示《しじ》すること。また、その混《ま》ぜ合《あ》わせ方《かた》。

**じょほう【除法】** 名〔算数《さんすう》で〕割《わ》り算《ざん》のこと。関連 加法《かほう》。減法《げんぽう》。乗法《じょうほう》。

**しょほうせん【処方箋】** 名 医師《いし》が、患者《かんじゃ》にどんな薬《くすり》を与《あた》えるかを書《か》いたもの。

**しょほてき【初歩的】** 形動 習《なら》い始《はじ》めの段階《だんかい》にあるようす。例 初歩的な訓練《くんれん》から始《はじ》める。

**じょまく【序幕】** 名 ❶劇《げき》の最初《さいしょ》の場面《ばめん》。❷ものごとの始《はじ》まり。例 大会《たいかい》は序幕から盛《も》り上《あ》がった。

**じょまくしき【除幕式】** 名 銅像《どうぞう》や記念碑《きねんひ》などができて、初《はじ》めて人《ひと》に見《み》せるとき、おおいかぶせてある布《ぬの》を取《と》りはらう式《しき》。

**しょみん【庶民】** 名 一般《いっぱん》の人々《ひとびと》。類 大衆《たいしゅう》。民衆《みんしゅう》。

**しょみんてき【庶民的】** 形動 気取《きど》らず親《した》しみやすい雰囲気《ふんいき》のあるようす。例 高級《こうきゅう》ぶらない庶民的な町《まち》が好《す》きだ。

**しょむ【庶務】** 名(役所《やくしょ》や会社《かいしゃ》などの)いろ



百人一首 瀬《せ》を早《はや》み岩《いわ》にせかるる滝川《たきがわ》のわれても末《すえ》に逢《あ》はむとぞ思《おも》ふ　崇徳院《すとくいん》

あいうえお かきくけこ さしすせそ たちつてと なにぬねの はひふへほ まみむめも やゆよ らりるれろ わをん

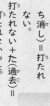

いろな細《こま》かな事務《じむ》。例 庶務課《しょむか》。

**しょめい【書名】** 名 本《ほん》の題名《だいめい》。

**しょめい【署名】** 名 動する 書類《しょるい》などに、自分《じぶん》の名前《なまえ》を書《か》くこと。また、その名前《なまえ》。記名《きめい》。サイン。例 署名を集《あつ》める。

**じょめい【助命】** 名 動する 命《いのち》を助《たす》けること。例 助命を願《ねが》い出《で》る。

**じょめい【除名】** 名 動する 名簿《めいぼ》から、名前《なまえ》を取《と》り除《のぞ》くこと。仲間《なかま》から除《のぞ》くこと。例 規則《きそく》違反《いはん》でクラブから除名する。

**しょめいうんどう【署名運動】** 名 ある問題《もんだい》に対《たい》する対策《たいさく》や主張《しゅちょう》を実現《じつげん》するために、それに賛成《さんせい》する人々《ひとびと》の署名《しょめい》を、できるだけ多《おお》く集《あつ》める運動《うんどう》。例 駅前《えきまえ》で署名運動をする。

**しょめん【書面】** 名 手紙《てがみ》。または、書類《しょるい》。例 書面で報告《ほうこく》する。

**しょもう【所望△】** 名 動する ほしいと望《のぞ》むこと。〔古《ふる》い言《い》い方《かた》。〕例 水《みず》を一杯《いっぱい》所望する。

**しょもつ【書物】** 名 本《ほん》。書籍《しょせき》。図書《としょ》。

**じょや【除夜】** 名 十二月三十一日《じゅうにがつさんじゅういちにち》の夜《よる》。大《おお》みそかの夜《よる》。例 除夜の鐘《かね》。

**じょやく【助役】** 名 鉄道《てつどう》で、駅長《えきちょう》などの仕事《しごと》を助《たす》ける役《やく》。また、その人《ひと》。参考 以前《いぜん》は、副市長《ふくしちょう》・副町長《ふくちょうちょう》・副村長《ふくそんちょう》も助役《じょやく》といった。

**じょやのかね【除夜の鐘】** 名 大《おお》みそかの夜《よる》に、お寺《てら》の鐘《かね》を一〇八回《かい》つき鳴《な》らすこと。また、その鐘《かね》の音《おと》。人間《にんげん》の一〇八の心《こころ》の迷《まよ》いをうちはらうためという。

**しょゆう【所有】** 名 動する 自分《じぶん》のものとして持《も》っていること。例 車《くるま》を所有する。

**じょゆう【女優】** 名 女性《じょせい》の俳優《はいゆう》。対 男優《だんゆう》。

**しょゆうけん【所有権】** 名 品物《しなもの》や家《いえ》などを、自分《じぶん》のものとして自由《じゆう》に使《つか》える権利《けんり》。

**しょよう【所用】** 名 用事《ようじ》。〔改《あらた》まった言《い》い方《かた》。〕例 所用で出《で》かける。

**しょよう【所要】** 名 必要《ひつよう》とすること。例 駅《えき》までの所要時間《じかん》。

**しょり【処理】** 名 動する 始末《しまつ》すること。例 たまっていた仕事《しごと》を処理する。

**じょりゅう【女流】** 名 世《よ》の中《なか》で活躍《かつやく》している女性《じょせい》。例 女流作家《さっか》。

**じょりょく【助力】** 名 動する 手助《てだす》けすること。例 助力をおしまない。

**しょるい【書類】** 名 書《か》き物《もの》。必要《ひつよう》なことを書《か》き記《しる》した書《か》きつけ。文書《ぶんしょ》。例 書類を出《だ》す。

**ショルダーバッグ** 〔英語 schoulder bag〕 名 肩《かた》にかけて持《も》ち歩《ある》くかばん。ショルダー。

**じょれつ【序列】** 名 ある決《き》まりによって、順番《じゅんばん》をつけてならべること。例 年功序列《ねんこうじょれつ》。

**しょろう【初老】** 名 心身《しんしん》のおとろえを感《かん》じはじめる年《とし》ごろ。参考 もとは四十歳《よんじっさい》をさした。

✤**じょろん【序論】** 名 〔論文《ろんぶん》などで〕本論《ほんろん》に入《はい》る前《まえ》の、初《はじ》めに述《の》べておきたいことを書《か》いた部分《ぶぶん》。関連 本論《ほんろん》。結論《けつろん》。

**しょんぼり** 副（と） 動する さびしそうなようす。元気《げんき》のないようす。例 財布《さいふ》を落《お》としてしょんぼりする。

**ジョン まんじろう** 〘ジョン万次郎〙 人名 （男）（一八二七〜一八九八）江戸時代《えどじだい》の末《すえ》から明治《めいじ》にかけての人《ひと》。漁《りょう》に出《で》て海《うみ》で流《なが》されたが、助《たす》けられてアメリカで教育《きょういく》を受《う》けた。帰国後《きこくご》、通訳《つうやく》や英語教師《えいごきょうし》として活躍《かつやく》した。中浜万次郎《なかはままんじろう》。

**しら【白】** 〔ある言葉《ことば》の前《まえ》につけて〕「白《しろ》い」という意味《いみ》を表《あらわ》す。例 白壁《しらかべ》。白波《しらなみ》。白雲《しらくも》。⇩はく【白】1034ページ

**じらい【地雷】** 名 地面《じめん》にうめておき、その上《うえ》を通《とお》ると爆発《ばくはつ》する仕《し》かけの兵器《へいき》。

**しらが【〈白髪〉△】** 名 白《しろ》くなった髪《かみ》の毛《け》。はくはつ。参考「白髪《しらが》」は、特別《とくべつ》に認《みと》められた読《よ》み方《かた》。

**しらかば** 名 山《やま》や高原《こうげん》に生《は》える高木《こうぼく》。皮《かわ》は白《しろ》く、横《よこ》にうすくはがれやすい。春《はる》の初《はじ》めに黄色《きいろ》がかった花《はな》が咲《さ》く。シラカンバ。

**しらかみさんち** 〘白神山地〙 地名 秋田《あきた》県《けん》と青森県《あおもりけん》の境《さかい》に広《ひろ》がる山地《さんち》。日本最大《にっぽんさいだい》のブナの原生林《げんせいりん》があり、世界遺産《せかいいさん》。

**しらかわごう** 〘白川郷〙 地名 岐阜県北西《ぎふけんほくせい》部《ぶ》、庄川《しょうがわ》上流《じょうりゅう》の地域《ちいき》。合掌造《がっしょうづく》りの集落《しゅうらく》が世界遺産《せかいいさん》に指定《してい》されている。

**しらかわよふね【白河夜船・白川夜船】** 名 ぐっすり眠《ねむ》り込《こ》んで、何《なに》も気《き》づかないこと。参考 京都《きょうと》の町《まち》の白河《しらかわ》のことを聞《き》かれた人《ひと》が、地名《ちめい》を川《かわ》の名《な》と勘違《かんちが》いし、夜《よる》、船《ふね》で通《とお》ったから知《し》らないと答《こた》えたため、京都《きょうと》見物《けんぶつ》に出《で》かけたというそがばれてしまった、という話《はなし》から。

[歌の意味] 淡路島《あわじしま》へ通《かよ》う千鳥《ちどり》の声《こえ》に、須磨《すま》の関所《せきしょ》の番人《ばんにん》は、幾夜《いくよ》目《め》を覚《さ》ましただろうか。
注 須磨《すま》＝今《いま》の神戸市西部《こうべしせいぶ》の海岸《かいがん》。

**しらき【白木】**㊔ 皮《かわ》をはぎ、けずっただけで、何《なに》もぬってない木材《もくざい》。

**しらぎ〔新羅〕**地名 古代《こだい》の朝鮮《ちょうせん》の国名《こくめい》。四《よん》世紀《せいき》ごろにおこり、九三五年《ねん》に高麗《こうらい》にほろぼされた。参考「しんら」とも読《よ》む。

**しらきづくり【白木造り】**㊔ 白木《しらき》で造《つく》ること。また、白木《しらき》で造《つく》ったもの。

**しらける【白ける】**動 ❶白《しろ》っぽくなる。❷気《き》まずくなる。おもしろくなくなる。例わがままを言《い》うので、座《ざ》がしらけた。

**しらさぎ**㊔ サギの中《なか》で、体《からだ》の羽《はね》が白《しろ》いもの。ダイサギ・コサギなどがいる。

**しらじらしい【白白しい】**形 知《し》っているのに、知《し》らないふりをする。見《み》えすいている。例しらじらしいうそをつく。

**しらじらと【白白と】**副 夜《よる》がだんだん明《あ》けていくようす。例白々と夜《よ》が明《あ》ける。

> 例解 ことばの窓
>
> **知《し》らせ の意味《いみ》で**
>
> 合格《ごうかく》の通知《つうち》が届《とど》く。
> 入学式《にゅうがくしき》の案内《あんない》を受《う》け取《と》る。
> 火事《かじ》の通報《つうほう》を受《う》ける。
> 児童会《じどうかい》の報告《ほうこく》をする。
> 禁止《きんし》の通告《つうこく》をする。
> 役所《やくしょ》の通達《つうたつ》に従《したが》う。
> ニュース速報《そくほう》が出《で》る。
> 学級《がっきゅう》通信《つうしん》が発行《はっこう》された。

**じらす**動 (わざとおくらせたりして)相手《あいて》をいらいらさせる。例じらさないで早《はや》く教《おし》えて。

**しらずしらず【知らず知らず】**副 自分《じぶん》では知《し》らないうちに、自然《しぜん》と。例知らず知らずねむってしまった。

**しらすだいち【しらす台地】**㊔ 鹿児島《かごしま》湾周辺《わんしゅうへん》に分布《ぶんぷ》する、火山灰《かざんばい》が積《つ》もってできた台地《だいち》。砂地《すなち》で農耕《のうこう》に適《てき》さず、雨《あめ》でくずれやすい。参考ふつうは「シラス台地《だいち》」と書《か》く。

**°しらせ【知らせ】**㊔ ❶知《し》らせること。通知《つうち》。報告《ほうこく》。例よい知らせ。❷きざし。前《まえ》ぶれ。例虫《むし》の知らせ。

**°しらせる【知らせる】**動 他《ほか》の人《ひと》が知《し》るようにする。通知《つうち》する。例優勝《ゆうしょう》を祖父《そふ》に知らせたい。

**しらたき【白滝】**㊔ ❶白《しろ》く見《み》える滝《たき》。❷麺《めん》のように細《ほそ》くしたこんにゃく。

**しらたま【白玉】**㊔ 白玉粉《しらたまこ》(=もち米《こめ》の粉《こな》)をこねて小《ちい》さく丸《まる》め、ゆでて作《つく》った団子《だんご》。みつ豆《まめ》・しるこなどに入《い》れて食《た》べる。

**しらつゆ【白露】**㊔ (秋《あき》の朝《あさ》や夜《よる》に)草《くさ》や葉《は》に降《お》りる、白《しろ》く光《ひか》って見《み》える露《つゆ》。

**しらなみ【白波】**㊔ くだけたりあわだったりして白《しろ》く見《み》える波《なみ》。

**しらぬがほとけ【知らぬが仏】** 知《し》っていれば、おこったり悲《かな》しんだりするが、知《し》らないから平気《へいき》でいられるということ。

**しらばくれる**動 知《し》っているくせに、知《し》らないふりをする。しらばっくれる。例しらばくれても顔《かお》に書《か》いてある。

**しらはた【白旗】**㊔ (「しろはた」ともいう。)❶白色《しろいろ》の旗《はた》。❷(戦《たたか》いで)相手《あいて》に降参《こうさん》するときや、これ以上《いじょう》戦《たたか》う気《き》がないときにかかげる旗《はた》。例負《ま》けを認《みと》めて白旗をかかげる。

**しらはのやがたつ【白羽の矢が立つ】** 多《おお》くの中《なか》から、特《とく》に選《えら》ばれる。例山本《やまもと》さんに、代表《だいひょう》として白羽の矢が立った。

**しらふ【〈素面〉】**㊔ 酒《さけ》を飲《の》んでいない状《じょう》態《たい》。

**しらべ【調べ】**㊔ ❶調《しら》べること。例調べがつかない。❷音楽《おんがく》などの調子《ちょうし》。例笛《ふえ》の調べ。

**✤しらべよみ【調べ読み】**㊔ 動する 関係《かんけい》のあるいくつかの文章《ぶんしょう》や本《ほん》を読《よ》んで、必用《ひつよう》な知識《ちしき》や情報《じょうほう》を効果的《こうかてき》に集《あつ》めること。

**°しらべる【調べる】**動 ❶わからないことについて、本《ほん》を読《よ》んだり、人《ひと》に聞《き》いたりしてはっきりさせる。例参考書《さんこうしょ》で調べる。❷さがす。例ポケットを調べる。❸問《と》いただす。例犯人《はんにん》を調べる。↓ちょう【調】837ページ

> 例解 ことばの窓
>
> **調《しら》べる の意味《いみ》で**
>
> 国《くに》の人口《じんこう》を調査《ちょうさ》する。
> 新型《しんがた》の自動車《じどうしゃ》を検査《けんさ》する。
> 応募作品《おうぼさくひん》を審査《しんさ》する。
> 工場《こうじょう》の機械《きかい》を点検《てんけん》する。
> 材料《ざいりょう》を吟味《ぎんみ》する。

**しらほ【白帆】** 名 船《ふね》に張《は》った白《しろ》い帆《ほ》。

**しらみ** 名 人《ひと》や動物《どうぶつ》のはだについて、血《ち》を吸《す》う小《ちい》さな昆虫《こんちゅう》。羽《はね》は退化《たいか》している。発疹《はっしん》チフスなどの病気《びょうき》をうつす。

**しらみつぶし【しらみ潰し】** 名〔たくさんのシラミを一《いっ》ぴきずつつぶしていくようにかたはしから〕残《のこ》らず調《しら》べること。

**しらむ【白む】** 動 白《しろ》くなる。特《とく》に、夜《よ》が明《あ》けて明《あか》るくなる。例 東《ひがし》の空《そら》が白む。

**しらゆきひめ【白雪姫】** 作品名 グリム童《どう》話《わ》の一《ひと》つ。また、その主人公《しゅじんこう》。まま母《はは》に殺《ころ》された白雪姫《しらゆきひめ》が、七人《しちにん》の小人《こびと》たちと王子《おうじ》の力《ちから》で生《い》き返《かえ》り、王子《おうじ》と結婚《けっこん》するという話《はなし》。

**しらをきる【しらを切る】** 知《し》っていても知《し》らないふりをする。しらばくれる。

**しらんかお【知らん顔】** 名 知《し》っていながら、知《し》らないような顔《かお》をすること。

**しらんぷり【知らん振り】** 名 知《し》らないふり。しらんふり。例 聞《き》かれても知らんぷりをしている。参考 元《もと》は、「知《し》らぬふり」。

**しり【尻】** 画数 5 部首 尸（しかばね）

音 ―― 訓 しり

❶腰《こし》の後《うし》ろ下《した》の部分《ぶぶん》。おしり。熟語 尻餅《しりもち》。尻尾《しっぽ》。❷物《もの》の端《はし》や底《そこ》。熟語 目尻《めじり》。参考 「尻尾《しっぽ》」は、特別《とくべつ》に認《みと》められた読《よ》み方《かた》。

**しり【尻】** 名 ❶腰《こし》の後《うし》ろ下《した》の、ふっくらした部分《ぶぶん》。おしり。例 頭《あたま》かくして尻かくさず。❷後《うし》ろ。あと。例 尻込《ご》み。尻上《あ》がり。尻取《と》り。❸物《もの》の端《はし》っこや底《そこ》。例 やかんの尻。

**尻《しり》が重《おも》い** なかなか動《うご》こうとしない。例 尻が重くて、作業《さぎょう》がはかどらない。

**尻《しり》が軽《かる》い** ❶気軽《きがる》に行動《こうどう》する。❷軽《かる》はずみで、落《お》ち着《つ》かない。

**尻《しり》に火《ひ》がつく** さしせまっていて、あわてる。例 夏休《なつやす》みもあと二日《ふつか》。尻に火がついて、宿題《しゅくだい》をやり始《はじ》めた。

**尻《しり》をたたく** やる気《き》を起《お》こすように仕向《しむ》ける。例 宿題《しゅくだい》を始《はじ》めるように尻をたたく。

**シリア** 地名 アジアの西部《せいぶ》、地中海《ちちゅうかい》の東《ひがし》にある国《くに》。首都《しゅと》はダマスカス。

**しりあい【知り合い】** 名 たがいに知《し》っていること。また、知《し》っている人《ひと》。知人《ちじん》。

**しりあがり【尻上がり】** 名 ❶あとになるほどものごとの調子《ちょうし》がよくなること。例 成績《せいせき》が、しり上がりによくなった。❷言葉《ことば》の発音《はつおん》で、終《お》わりのほうが高《たか》くなること。例 しり上がりのアクセント。

**シリアルナンバー**〔英語 serial number〕名 通《とお》し番号《ばんごう》。

**シリーズ**〔英語 series〕名 ❶決《き》まった形《かたち》で、続《つづ》けて作《つく》る本《ほん》や映画《えいが》など。続《つづ》き物《もの》。❷野球《やきゅう》などで、ある期間《きかん》、続《つづ》けて行《おこな》われる試合《しあい》。例 日《に》本《ほん》シリーズ。

**シリウス** 名 大犬座《おおいぬざ》にある星《ほし》。恒星《こうせい》の中《なか》で、いちばん明《あか》るい。冬《ふゆ》の夜《よる》に見《み》える。

**しりうまにのる【尻馬に乗る】** よく考《かんが》えず、人《ひと》のあとについて行動《こうどう》する。例 尻馬に乗ってはやし立《た》てる。

**しりおし【尻押し】** 名 動-する ❶人《ひと》を後《うし》ろから押《お》すこと。❷力《ちから》を貸《か》して人《ひと》を助《たす》けること。後押《あとお》し。例 彼《かれ》の提案《ていあん》をしり押しする。

**じりき【自力】** 名 自分《じぶん》独《ひと》りの力《ちから》。例 自力で解決《かいけつ》する。対 他力《たりき》。

**しりきれとんぼ【尻切れとんぼ】** 名 ものごとが最後《さいご》まで行《おこな》われず、途中《とちゅう》でなくなっていること。例 時間《じかん》が足《た》りなくて、発表《はっぴょう》がしり切れとんぼになった。

**しりごみ【尻込み】** 名 動-する ❶気後《きおく》れして、ぐずぐずすること。例 こわくて、みんなしり込みしている。❷後《あと》ずさりすること。

■**しりしよく【私利私欲】** 名 自分《じぶん》の利益《りえき》や欲《よく》だけを考《かんが》えて行動《こうどう》すること。

**じりじり** 副(-と) 動-する ❶だんだんに、せまってくるようす。例 じりじりと敵《てき》が近《ちか》づく。❷太陽《たいよう》が照《て》りつけるようす。例 夏《なつ》の日《ひ》がじりじりと照《て》る。❸心《こころ》がだんだんいらだってくるようす。例 じりじりしながら待《ま》つ。

**しりすぼまり【尻すぼまり】** 名 ❶下《した》へいくほど細《ほそ》くなっていること。❷よかった勢《いきお》いが、だんだんおとろえること。参考 「しりつぼまり」「しりすぼみ」「しりつぼみ」とも言《い》う。

**しりすぼみ【尻すぼみ】** 名 ⬇しりすぼまり 650ページ

○**しりぞく【退く】** 動 ❶後《うし》ろへ下《さ》がる。例 一歩《いっぽ》退く。対 進《すす》む。❷やめる。身《み》を引《ひ》く。例 現《げん》

[歌の意味] 秋風《あきかぜ》にたなびく雲《くも》の間《あいだ》から、もれ出《で》る月《つき》の光《ひかり》の、なんと清《きよ》らかなことよ。

役《えき》を退く。❸負《ま》けて引《ひ》き下《さ》がる。例一回戦《いっかいせん》で退く。⬇たい【退】767ページ

**しりぞける【退ける】** 動 ❶あとへ、さがらせる。追《お》い返《かえ》す。例敵《てき》を退ける。❷遠《とお》ざける。例人《ひと》を退けて、二人《ふたり》だけで話《はな》す。❸断《ことわ》る。例要求《ようきゅう》を退ける。⬇たい【退】767ページ

**しりつ【市立】** 名 市《し》のお金《かね》で作《つく》り、運営《うんえい》しているもの。例市立病院《びょういん》。参考「私立《しりつ》」と区別《くべつ》して、「いちりつ」ともいう。

**しりつ【私立】** 名 個人《こじん》のお金《かね》で作《つく》り、運営《うんえい》しているもの。例私立学校《がっこう》。対公立《こうりつ》。参考「市立《しりつ》」と区別《くべつ》して、「わたくしりつ」ともいう。

**じりつ【自立】** 名 動する 人《ひと》にたよらないで、自分《じぶん》独《ひと》りの力《ちから》でやっていくこと。独《ひと》り立《だ》ち。例経済的《けいざいてき》に自立する。類独立《どくりつ》。

**じりつ【自律】** 名 動する 他《た》からのはたらきかけによらず、自分《じぶん》で自分《じぶん》の行動《こうどう》を規制《きせい》すること。対他律《たりつ》。

**しりつくす【知り尽くす】** 動 何《なん》でもすっかり知《し》っている。例この辺《へん》のことなら、知りつくしている。

✤**じりつご【自立語】** 名〔国語《こくご》で〕それだけで、一《ひと》つの意味《いみ》を表《あらわ》すことのできる単語《たんご》。助詞《じょし》・助動詞《じょどうし》以外《いがい》の品詞《ひんし》に含《ふく》まれる言葉《ことば》。「本《ほん》」「ぼく」「食《た》べる」「美《うつく》しい」「静《しず》かだ」「必《かなら》ず」「そして」など。⬇ことばの勉強室《べんきょうしつ》「単語《たんご》について」813ページ

**じりつしんけい【自律神経】** 名 呼吸《こきゅう》や血液《けつえき》の循環《じゅんかん》、消化《しょうか》などが自然《しぜん》に行《おこな》われるよう、内臓《ないぞう》のはたらきを調節《ちょうせつ》している神経《しんけい》。

**しりとり【尻取り】** 名 言葉《ことば》遊《あそ》びの一《ひと》つ。前《まえ》の人《ひと》の言葉《ことば》のいちばんあとの音《おん》が頭《あたま》にくるように、新《あたら》しい言葉《ことば》を順《じゅん》に言《い》い続《つづ》けていく遊《あそ》び。⬇ことばあそび476ページ

**しりぬぐい【尻拭い】** 名 動する 人《ひと》が失敗《しっぱい》したあとの、あと始末《しまつ》をすること。例借金《しゃっきん》の尻ぬぐいをする。

**しりびれ【尻びれ】** 名 魚《さかな》の、腹《はら》の後《うし》ろのほうにあるひれ。⬇さかな(魚)507ページ

**しりめ【尻目】** 名 ❶目《め》だけ動《うご》かして、後《うし》ろを見《み》ること。❷まったく問題《もんだい》にしないようす。例見物人《けんぶつにん》をしり目に、自転車《じてんしゃ》で走《はし》り去《さ》る。

**尻目《しりめ》にかける** 相手《あいて》をばかにしたりして、問題《もんだい》にしない。例まわりの騒《さわ》ぎを尻目にかけて、ひとり平然《へいぜん》と食事《しょくじ》をしている。

■**しりめつれつ【支離滅裂】** 名 形動 ばらばらで、まとまりのないこと。例言《い》うことが支離滅裂で理解《りかい》できない。

**しりもち【尻餅】** 名 後《うし》ろにたおれて、しりを地面《じめん》に打《う》ちつけること。例尻餅をつく。

**しりゅう【支流】** 名 ❶大《おお》きな川《かわ》に流《なが》れこむ、小《ちい》さな川《かわ》。❷おおもとから分《わ》かれ出《で》た流《りゅう》派《は》やグループ。対(❶・❷)本流《ほんりゅう》。主流《しゅりゅう》。

**じりゅう【時流】** 名 その時代《じだい》によく見《み》られる考《かんが》え方《かた》。類時勢《じせい》。

**時流《じりゅう》に乗《の》る** その時代《じだい》の流行《りゅうこう》や考《かんが》え方《かた》の傾《けい》向《こう》を取《と》り入《い》れる。例時流に乗った経営《けいえい》で利益《りえき》をあげる。

**しりょ【思慮】** 名 じっくりと、よく考《かんが》えること。また、その考《かんが》え。例思慮深《ぶか》い人《ひと》。

✤○**しりょう【資料】** 名 研究《けんきゅう》や調査《ちょうさ》のもととして使《つか》う材料《ざいりょう》。データ。例研究発表《けんきゅうはっぴょう》の資料をそろえる。

**しりょう【飼料】** 名 家畜《かちく》に与《あた》える食《た》べ物《もの》。えさ。例飼料用《よう》の草《くさ》。

**しりょく【死力】** 名 必死《ひっし》の力《ちから》。全力《ぜんりょく》。

**死力《しりょく》を尽《つ》くす** 〔死《し》んでもいいというつもりで〕今《いま》ある力《ちから》を全《すべ》てふりしぼる。例いよいよ決勝戦《けっしょうせん》だ。死力をつくして戦《たたか》おう。類全力《ぜんりょく》をつくす。

**しりょく【視力】** 名 物《もの》の形《かたち》を見《み》わける目《め》の力《ちから》。例視力検査《けんさ》。視力が落《お》ちる。

**しりょく【資力】** 名 事業《じぎょう》などの元手《もとで》を出《だ》す力《ちから》。資本《しほん》。

**じりょく【磁力】** 名 磁石《じしゃく》が鉄《てつ》を引《ひ》きつけたり、磁石《じしゃく》どうしが引《ひ》き合《あ》ったりしりぞけ合《あ》ったりする力《ちから》。参考磁力《じりょく》のはたらいている空間《くうかん》を磁界《じかい》という。

**シリンダー**〔英語 cylinder〕名 蒸気機関《じょうききかん》やガソリンエンジンなどの中心《ちゅうしん》にある、丸《まる》い柱《はしら》の形《かたち》をした筒《つつ》。空気《くうき》の圧力《あつりょく》や爆発《ばくはつ》の力《ちから》によって、中《なか》のピストンが往復《おうふく》する。

○**しる【汁】** 名 ❶物《もの》の中《なか》に含《ふく》まれている水分《すいぶん》。または、しぼり取《と》った液《えき》。例レモンの汁。❷吸《す》い物《もの》。おつゆ。例みそ汁。❸人《ひと》のおかげで



百人一首 秋風《あきかぜ》にたなびく雲《くも》の絶《た》え間《ま》よりもれ出づ《いず》る月《つき》の影《かげ》のさやけさ　藤原顕輔《ふじわらのあきすけ》

得《え》た利益《りえき》。もうけ。例人《ひと》をだましてうまい汁を吸《す》う。⇩じゅう【汁】594ページ

**°しる【知る】**動 ❶新《あたら》しいことがわかる。例体《からだ》の仕《し》組《く》みを知る。❷それについての知識《ちしき》がある。例作《つく》り方《かた》を知っている。❸気《き》がつく。例そうとは知らなかった。❹つき合《あ》いがある。例知っている人《ひと》が来《き》た。⇩ち【知】819ページ

**シルエット**〔フランス語〕名 影《かげ》。影絵《かげえ》。例夕《ゆう》焼《や》けで富《ふ》士《じ》山《さん》のシルエットが美《うつく》しい。

**シルク**〔英語 silk〕名 絹《きぬ》。絹糸《きぬいと》。絹《きぬ》の布《ぬの》。例シルクのスカーフ。

**シルクロード**〔英語 Silk Road〕名 中国《ちゅうごく》から中央《ちゅうおう》アジアを横断《おうだん》して、地《ち》中《ちゅう》海《かい》沿岸《えんがん》に通《つう》じていた道《みち》。絹《きぬ》の道《みち》。参考十三世紀《じゅうさんせいき》ごろ、商《しょう》人《にん》が中国《ちゅうごく》の絹《きぬ》〔=シルク〕を、この道《みち》を通《とお》ってヨーロッパへ運《はこ》んだことからの名《な》。

**しるけんり【知る権利】**名 国民《こくみん》が、政府《せいふ》や役所《やくしょ》の行《おこな》うことについて、必要《ひつよう》な情報《じょうほう》を自由《じゆう》に手《て》に入《い》れることができる権利《けんり》。

**しるこ【汁°粉】**名 小豆《あずき》あんを水《みず》で溶《と》き、煮《に》立《た》てた甘《あま》い汁《しる》に、もちや白玉《しらたま》を入《い》れた食《た》べ物《もの》。

**°しるし【印】**名 ❶他《ほか》と区別《くべつ》するためにつけるもの。目《め》印《じるし》。マーク。例かさに印をつける。❷証拠《しょうこ》。例受《う》け取《と》った印。❸気持《きも》ちを表《あらわ》したもの。例お礼《れい》のしるし。参考ふつう❸は、かな書《が》きにする。⇩いん【印】92ページ

**しるす【記す】**動 ❶書《か》きつける。例名《な》前《まえ》を記す。❷刻《きざ》みつける。例心《こころ》にしるす。⇩き【記】293ページ

**シルバー**〔英語 silver〕名 ❶銀《ぎん》。❷銀《ぎん》色《いろ》。参考高齢者《こうれいしゃ》のことを言《い》う場合《ばあい》がある。

**シルバーシート**名〔日本《にっぽん》でできた英語《えいご》ふうの言葉《ことば》。〕⇩ゆうせんせき1337ページ

**しるひとぞしる【知る人ぞ知る】**事《じ》情《じょう》やようすがわかっている人《ひと》ならよく知《し》っている。例彼《かれ》は知る人ぞ知る剣道《けんどう》の達人《たつじん》だ。

**しるべ【知る辺】**名 知《し》り合《あ》い。〔古《ふる》い言《い》い方《かた》。〕例しるべを訪《たず》ねる。

**しるべ【標・導】**名 手引《てび》き。案内《あんない》。例道《みち》しるべ。

**しるもの【汁°物】**名 みそ汁《しる》・すまし汁《じる》など、汁《しる》を主《しゅ》とした料理《りょうり》。

**しるよしもない【知る由もない】**知《し》りようがない。全《まった》く知《し》らない。例彼《かれ》がどこにいるか知る由もない。

**しれい【司令】**名 動-する 軍隊《ぐんたい》や警察《けいさつ》・消防《しょうぼう》などで、監督《かんとく》し、指図《さしず》すること。また、その人《ひと》。

**しれい【指令】**名 動-する 上《うえ》から指図《さしず》すること。命令《めいれい》。例本部《ほんぶ》の指令をあおぐ。

**✤じれい【事例】**名 これまでにあった、ことがらの例《れい》。一《ひと》つ一《ひと》つのことがら。

**じれい【辞令】**名 ❶人《ひと》と応対《おうたい》するときの言《こと》葉《ば》遣《づか》い。挨拶《あいさつ》の言葉《ことば》。例外交《がいこう》辞令。❷(役所《やくしょ》や会社《かいしゃ》などで)役目《やくめ》につけたり、やめさせたりするときに、本人《ほんにん》にわたす書《か》きつけ。例転《てん》任《にん》の辞令。

**しれいかん【司令官】**名 軍隊《ぐんたい》などを率《ひき》いて指図《さしず》する人《ひと》。

**しれいとう【司令塔°】**名 ❶司令官《しれいかん》が指図《さしず》をするための建物《たてもの》。❷中心《ちゅうしん》となって全体《ぜんたい》の指揮《しき》をとる人《ひと》や部署《ぶしょ》。例チームの司令塔となって活躍《かつやく》する。

**しれた【知れた】**❶わかりきった。例こうなるのは、知れたことさ。❷たいしたことではない。例暑《あつ》いといっても知れたものだ。

**しれつ【熾°烈°】**形動 勢《いきお》いがはげしくて、さかんなこと。例熾烈なたたかいが続《つづ》く。

**じれったい** 形 思《おも》うようにならなくて、いらいらする。もどかしい。はがゆい。例列《れつ》がなかなか進《すす》まなくてじれったい。

**しれとこくりつこうえん【知床国立公園】**地名 北《ほっ》海道《かいどう》の知床半島《しれとこはんとう》を中心《ちゅうしん》にした国立公園《こくりつこうえん》。原生林《げんせいりん》がある。⇩こくりつこうえん457ページ

**しれとこはんとう【知床半島】**地名

### 例解 ! 表現の広場
**記《しる》すと書《か》くと著《あらわ》すのちがい**

| | 記《しる》す | 書《か》く | 著《あらわ》す |
|---|---|---|---|
| 予定《よてい》を手帳《てちょう》に | ○ | ○ | × |
| ふるさとの母《はは》に手紙《てがみ》を | × | ○ | × |
| おもしろい物語《ものがたり》を | × | ○ | ○ |

北海道《ほっかいどう》の北東《ほくとう》のはしにあり、オホーツク海《かい》につき出《で》た細長《ほそなが》い半島《はんとう》。世界遺産《せかいいさん》。

**しれる【知れる】** 動 ❶知《し》られる。例 名《な》の知れた人《ひと》。❷わかる。〔多《おお》くは打《う》ち消《け》しの形《かたち》で用《もち》いる。〕例 気《き》が知れない。

**じれる** 動 思《おも》うようにならなくて、いらいらする。例 バスが来《こ》ないのでじれる。

**しれわたる【知れ渡る】** 動 広《ひろ》く人《ひと》に知《し》られる。例 うわさが世間《せけん》に知れ渡る。

**しれん【試練】** 名 心《こころ》や体《からだ》の強《つよ》さを厳《きび》しくためすこと。また、そのときの苦《くる》しみ。例 厳《きび》しい試練にたえる。

**ジレンマ**〔英語 dilemma〕名 二《ふた》つのうち、どちらにしてよいか決《き》められない状態《じょうたい》。板《いた》ばさみ。例 ジレンマにおちいる。

**しろ【代】**△ 名 ❶なわしろ。例 代かき。❷必要《ひつよう》な部分《ぶぶん》。例 のり代。❸かわりになるもの。例 身《み》の代金《きん》。⇩だい【代】769ページ

**○しろ【白】** 名 ❶雪《ゆき》のような色《いろ》。白色《はくしょく》。❷白《しろ》い碁石《ごいし》。❸罪《つみ》の疑《うたが》いがないこと。例 彼《かれ》は白《しろ》だ。対（❶～❸）黒《くろ》。⇩はく【白】1034ページ

**しろ【城】** 名 ❶昔《むかし》、敵《てき》を防《ふせ》ぐために造《つく》った大《おお》がかりな建物《たてもの》。例 城を築《きず》く。❷自分《じぶん》だけの世界《せかい》。例 自分《じぶん》の城にとじこもる。⇩じょう【城】625ページ

**しろあと【城跡】**○ 名 昔《むかし》、城《しろ》のあった所《ところ》。

**しろあり【白あり】** 名 アリに似《に》た昆虫《こんちゅう》。体《からだ》は白《しろ》く、しめった所《ところ》を好《この》む。家《いえ》などの木材《もくざい》を食《た》べる。

**○しろい【白い】** 形 ❶雪《ゆき》のような色《いろ》である。例 白《しろ》い雲《くも》。❷何《なに》も書《か》いてない。例 ノートの白《しろ》い部分《ぶぶん》。⇩はく【白】1034ページ

**白《しろ》い歯《は》を見《み》せる** 笑顔《えがお》になる。例 ほめられて白い歯を見せた。

**しろいめでみる【白い目で見る】** 冷《つめ》たい目《め》つきで人《ひと》を見《み》る。白眼視《はくがんし》する。

**しろうと【素人】**△ 名 そのことに慣《な》れていない人《ひと》。専門《せんもん》でない人《ひと》。アマチュア。対 玄人《くろうと》。参考「素人《しろうと》」は、特別《とくべつ》に認《みと》められた読《よ》み方《かた》。

**しろうとばなれ【素人離れ】**△○ 名・動する 素人《しろうと》なのに、専門家《せんもんか》のようにすぐれていること。例 素人離れした腕前《うでまえ》。

**しろうまだけ【白馬岳】** 地名 飛騨山脈《ひださんみゃく》の北部《ほくぶ》、富山《とやま》・長野《ながの》の県境《けんざかい》にある山《やま》。

**しろかき【代かき】** 名 田植《たう》えの前《まえ》に、田《た》に水《みず》を入《い》れて土《つち》を平《たい》らにならすこと。

**しろがね** 名 銀《ぎん》のこと。〔古《ふる》い言《い》い方《かた》。〕参考 金《きん》は「こがね」、銅《どう》は「あかがね」、鉄《てつ》は「くろがね」ともいう。

**■しろくじちゅう【四六時中】** 副 一日《いちにち》じゅう。いつも。例 四六時中《しろくじちゅう》起《お》きている。参考 九九《くく》の「四六《しろく》、二十四《にじゅうし》」で二十四時間《にじゅうよじかん》から。

**しろくま【白熊】** 名 ⇩ほっきょくぐま 1211ページ

**しろくろ【白黒】** 名 ❶白《しろ》と黒《くろ》。例 白黒のまだら。❷写真《しゃしん》・映画《えいが》などで、白《しろ》と黒《くろ》だけの色《いろ》のもの。モノクロ。❸善《ぜん》と悪《あく》。無罪《むざい》と有罪《ゆうざい》。

**白黒《しろくろ》をつける** 正《ただ》しいか正《ただ》しくないかをあきらかにする。例 裁判《さいばん》で白黒をつける。

**しろざけ【白酒】** 名 白《しろ》くてどろっとした、あまみのある酒《さけ》。ひな祭《まつ》りに飲《の》む。

**しろじ【白地】** 名 布《ぬの》や紙《かみ》の地色《じいろ》が白《しろ》いこと。

**じろじろ** 副(-と) あやしんだり、調《しら》べたりするように、くり返《かえ》し見《み》るようす。例 辺《あた》りをじろじろと見回《みまわ》す。

**シロップ**〔オランダ語〕名 砂糖《さとう》や水《みず》あめなどをとかして、煮《に》つめた液《えき》。菓子《かし》や飲《の》み物《もの》などに使《つか》う。

**しろつめくさ【白詰草】**○ 名 ⇩クローバー 381ページ

**しろながすくじら** 名 南極海《なんきょくかい》などにすむクジラ。体長《たいちょう》三〇メートルにもなる。現在《げんざい》生《い》きている動物《どうぶつ》の中《なか》でもっとも大《おお》きい。⇩くじら 363ページ

**しろバイ【白バイ】** 名 警察官《けいさつかん》が使《つか》う、白《しろ》く塗《ぬ》った大型《おおがた》のバイク。交通取《こうつうと》り締《し》まりなどに使《つか》われる。

**しろはた【白旗】** 名 ⇩しらはた 649ページ

**しろぼし【白星】** 名 すもうで、勝《か》ったしるしの白《しろ》い丸《まる》。また、勝《か》つこと。対 黒星《くろぼし》。

**シロホン** 名 ⇩もっきん 1306ページ

**しろみ【白身】** 名 ❶卵《たまご》の身《み》の、白《しろ》いところ。対 黄身《きみ》。❷魚《さかな》や肉《にく》の身《み》が白《しろ》いところ。対 赤身《あかみ》。

**しろめ【白目】** 名 ❶目《め》の白《しろ》い部分《ぶぶん》。❷つめ

たい目《め》つき。白《しろ》い目《め》。例 人《ひと》を白目で見《み》る。

**白目《しろめ》をむく** ❶目《め》を見《み》開《ひら》いて怒《おこ》る。❷気《き》を失《うしな》う。

**しろもの【代物△】** 名 品物《しなもの》。評価《ひょうか》の対象《たいしょう》となる人《ひと》や物《もの》。〔くだけた言《い》い方《かた》。〕例 すぐこわれる代物ばかりだ。あの男《おとこ》はたいした代物だ。参考 低《ひく》く見《み》たり皮肉《ひにく》をこめたりして使《つか》うことが多《おお》い。

**じろん【持論】** 名 いつも言《い》い続《つづ》けている意《い》見《けん》。例 持論を述《の》べる。

**°しわ** 名 ❶皮《ひ》膚《ふ》がたるんでできる筋《すじ》。例 おばあちゃんのしわが増《ふ》えた。❷紙《かみ》・布《ぬの》などが、折《お》れたりしてできる細《こま》かい筋《すじ》。例 ズボンにしわがよる。

**しわがれる** 動 声《こえ》がかすれる。しゃがれる。例 どなりすぎて声《こえ》がしわがれる。

**しわけ【仕分け】** 名 動-する 品物《しなもの》やものごとを、区《く》別《べつ》したり分《ぶん》類《るい》したりすること。

**しわける【仕分ける】** 動 仕《し》分《わ》けをする。例 ごみを二種《しゅ》類《るい》に仕分ける。

**しわざ【仕業△】** 名 したこと。行《おこな》い。例 よごしたのは、犬《いぬ》の仕業だ。参考 ふつう、悪《わる》いことにいう。

**じわじわ** 副(-と) ものごとがゆっくり進《すす》むようす。例 差《さ》がじわじわと縮《ちぢ》まる。

**しわす【〈師走〉△】** 名 昔《むかし》の暦《こよみ》で、十二月《じゅうにがつ》のこと。〔「しはす」ともいう。〕参考 「師《し》走《わす》・師《し》走《はす》」は、特《とく》別《べつ》に認《みと》められた読《よ》み方《かた》。

**しわよせ【しわ寄せ】** 名 動-する あることによって生《しょう》じた無《む》理《り》が、他《ほか》に悪《わる》い影《えい》響《きょう》をおよぼすこと。例 旅《りょ》行《こう》に行《い》ったしわ寄せで今《こん》月《げつ》は小《こ》づかいが少《すく》ない。

**じわれ【地割れ】** 名 動-する 日《ひ》照《て》りや地《じ》震《しん》などで地《じ》面《めん》にひび割《わ》れができること。

---

**しん【心】** 画数 4 部首 心(こころ) 2年

音 シン 訓 こころ

筆順

❶こころ。気《き》持《も》ち。熟語 心《しん》配《ぱい》。感《かん》心《しん》。決《けっ》心《しん》。❷真《ま》ん中《なか》。熟語 重《じゅう》心《しん》。中《ちゅう》心《しん》。都《と》心《しん》。❸心《しん》臓《ぞう》のこと。熟語 心《しん》室《しつ》。

**しん【心】** 名 こころ。例 心はいい人《ひと》だ。

**しん【申】** 画数 5 部首 田(た) 3年

音 シン 訓 もう-す

筆順

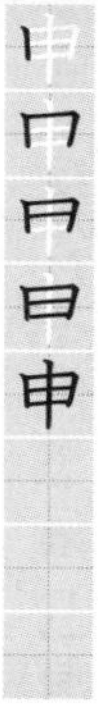

目《め》上《うえ》の人《ひと》に言《い》う。熟語 申《しん》告《こく》。申《しん》請《せい》。答《とう》申《しん》。

《訓の使い方》 **もう-す** 例 申し上《あ》げます。

**しん【臣】** 画数 7 部首 臣(しん) 4年

音 シン ジン 訓 ―

筆順

けらい。熟語 臣《しん》下《か》。家《か》臣《しん》。大《だい》臣《じん》。対 君《くん》。

**しん【身】** 画数 7 部首 身(み) 3年

音 シン 訓 み

筆順

❶からだ。み。熟語 身《しん》体《たい》。身《しん》長《ちょう》。心《しん》身《しん》。全《ぜん》身《しん》。❷自《じ》分《ぶん》。熟語 献《けん》身《しん》。自《じ》身《しん》。立《りっ》身《しん》。身《み》近《ぢか》。❸その人《ひと》の立《たち》場《ば》。熟語 身《しん》上《じょう》。転《てん》身《しん》。身《み》分《ぶん》。

**しん【信】** 画数 9 部首 亻(にんべん) 4年

音 シン 訓 ―

筆順

❶うそやいつわりがないと強《つよ》く思《おも》う。熟語 信《しん》念《ねん》。信《しん》用《よう》。信《しん》頼《らい》。確《かく》信《しん》。自《じ》信《しん》。対 疑《ぎ》。❷便《たよ》り。知《し》らせ。熟語 信《しん》号《ごう》。通《つう》信《しん》。着《ちゃく》信《しん》。発《はっ》信《しん》。

**しん【信】** 名 信《しん》用《よう》。例 選《せん》挙《きょ》で信を問《と》う。

↓しんじる 662ページ

**しん【神】** 画数 9 部首 ネ(しめすへん) 3年

音 シン ジン 訓 かみ かん△ こう△

筆順

❶かみさま。熟語 神《じん》社《じゃ》。神《しん》話《わ》。神《かみ》業《わざ》。神《かん》主《ぬし》。❷計《はか》り知《し》れない、ふしぎなこと。熟語 神《しん》秘《ぴ》。神《じん》通《つう》力《りき》。❸こころ。たましい。熟語 神《しん》経《けい》。神《しん》髄《ずい》。失《しっ》神《しん》。精《せい》神《しん》。参考 「神《か》奈《な》川《がわ》県《けん》」のようにも読《よ》む。

**しん【真】** 画数 10 部首 目(め) 3年

音 シン 訓 ま

筆順 真

まこと。ほんもの。熟語 真意《しんい》。真剣《しんけん》。真実《しんじつ》。真理《しんり》。写真《しゃしん》。純真《じゅんしん》。真心《まごころ》。

**しん【真】** 名 まこと。ほんもの。例 彼《かれ》こそ真の教育者《きょういくしゃ》だ。

**真《しん》に迫《せま》る** 本物《ほんもの》と同《おな》じように見《み》える。例 主《しゅ》役《やく》の真に迫った演技《えんぎ》。

**しん【針】** 画数 10 部首 金(かねへん) 6年

音 シン 訓 はり

筆順 針

❶はり。はりに似《に》た形《かたち》のもの。熟語 磁針《じしん》。短《たん》針《しん》。長針《ちょうしん》。針葉樹《しんようじゅ》。針金《はりがね》。❷指《さ》し示《しめ》す。熟語 針路《しんろ》。方針《ほうしん》。

**しん【深】** 画数 11 部首 氵(さんずい) 3年

音 シン 訓 ふか-い ふか-まる ふか-める

筆順 深

❶ふかい。熟語 深遠《しんえん》。水深《すいしん》。深呼吸《しんこきゅう》。対 浅《せん》。
❷程度《ていど》が大《おお》きい。熟語 深刻《しんこく》。深夜《しんや》。深手《ふかて》。
《訓の使い方》**ふか-い** 例 川《かわ》が深い。**ふか-まる** 例 秋《あき》が深まる。**ふか-める** 例 知識《ちしき》を深める。

**しん【進】** 画数 11 部首 辶(しんにょう) 3年

音 シン 訓 すす-む すす-める

筆順 進

❶前《まえ》へ行《い》く。すすむ。熟語 進行《しんこう》。進退《しんたい》。進展《しんてん》。進歩《しんぽ》。進路《しんろ》。行進《こうしん》。前進《ぜんしん》。増進《ぞうしん》。対 退《たい》。❷さしあげる。熟語 進呈《しんてい》。進物《しんもつ》。
《訓の使い方》**すす-む** 例 前《まえ》に進む。**すす-める** 例 車《くるま》を進める。

**しん【森】** 画数 12 部首 木(き) 1年

音 シン 訓 もり

筆順 森

❶もり。熟語 森林《しんりん》。❷しずか。おごそか。
熟語 森閑《しんかん》〔＝静《しず》まりかえっているようす〕。

**しん【新】** 画数 13 部首 斤(おのづくり) 2年

音 シン 訓 あたら-しい あら-た にい

筆順 新

あたらしい。あたらしくする。熟語 新人《しんじん》。新《しん》鮮《せん》。新年《しんねん》。革新《かくしん》。最新《さいしん》。刷新《さっしん》。対 古《こ》。旧《きゅう》。
《訓の使い方》**あたら-しい** 例 新しい服《ふく》。**あら-た** 例 新たな門出《かどで》。

**しん【新】** 名 新暦《しんれき》。例 新の正月《しょうがつ》。対 旧《きゅう》。

**しん【親】** 画数 16 部首 見(みる) 2年

音 シン 訓 おや した-しい した-しむ

筆順 親

❶おや。熟語 両親《りょうしん》。母親《ははおや》。親孝行《おやこうこう》。❷身内《みうち》。熟語 親族《しんぞく》。親類《しんるい》。肉親《にくしん》。❸したしい。熟語 親《しん》切《せつ》。親善《しんぜん》。親友《しんゆう》。懇親《こんしん》。対 疎《そ》。
《訓の使い方》**した-しい** 例 親しい友人《ゆうじん》。**した-しむ** 例 読書《どくしょ》に親しむ。

**しん【伸】** 画数 7 部首 亻(にんべん)

音 シン 訓 の-びる の-ばす の-べる

❶のびる。のばす。まっすぐにひきのばす。熟語 伸縮《しんしゅく》。伸長《しんちょう》。屈伸《くっしん》。❷述《の》べる。言《い》う。熟語 追伸《ついしん》。

**しん【芯】** 画数 7 部首 艹(くさかんむり)

音 シン 訓 ―

物《もの》の中心《ちゅうしん》。

**しん【芯】** 名 ❶物《もの》の中心《ちゅうしん》にあるもの。例 鉛筆《えんぴつ》の芯。リンゴの芯。❷ろうそくなどの、火《ひ》をつける部分《ぶぶん》。⇩ランプ❶1378ページ。❸体《からだ》の中《なか》。例 芯まで温《あたた》まる。❹人《ひと》の心《こころ》の中心《ちゅうしん》。例 芯の強《つよ》い人《ひと》だ。❺枝《えだ》やつるの先《さき》につく芽《め》。例 芯をつむ。

**しん【辛】** 画数 7 部首 辛(からい)

音 シン 訓 から-い

❶からい。舌《した》をさすような味《あじ》。熟語 香辛料《こうしんりょう》。辛口《からくち》。❷つらい。苦《くる》しい。熟語 辛抱《しんぼう》。❸十干《じっかん》の八番《ばん》め。かのと。

**しん【侵】** 画数 9 部首 亻(にんべん)



百人一首 ほととぎす鳴《な》きつる方《かた》を眺《なが》むればただ有《あ》り明《あ》けの月《つき》ぞ残《のこ》れる 藤原実定《ふじわらのさねさだ》

音シン 訓おか-す
おかす。他人《たにん》の領分《りょうぶん》に勝手《かって》に入《はい》りこむ。例国境《こっきょう》を侵《おか》す。熟語侵害《しんがい》。侵食《しんしょく》。侵入《しんにゅう》。侵略《しんりゃく》。

## しん【津】画数9 部首氵(さんずい)
音シン 訓つ
❶つ。みなと。船着《ふなつ》き場《ば》。熟語津々《つつ》浦々《うらうら》。❷あふれる。しみでる。熟語興味《きょうみ》津々《しんしん》。

## しん【唇】画数10 部首口(くち)
音シン 訓くちびる
くちびる。熟語口唇《こうしん》〔=くちびる〕。

## しん【娠】画数10 部首女(おんなへん)
音シン 訓——
おなかの中《なか》に子《こ》どもができる。熟語妊娠《にんしん》。

## しん【振】画数10 部首扌(てへん)
音シン 訓ふ-る ふ-るう ふ-れる
❶ふる。ゆり動《うご》かす。熟語振動《しんどう》。振幅《しんぷく》。三振《さんしん》。❷ふるう。さかんになる。熟語振興《しんこう》。不振《ふしん》。❸わりあてる。例役《やく》を振《ふ》る。

## しん【浸】画数10 部首氵(さんずい)
音シン 訓ひた-す ひた-る
❶ひたす。水《みず》につかる。熟語浸水《しんすい》。❷しみこむ。熟語浸食《しんしょく》。浸透《しんとう》。

## しん【紳】画数11 部首糸(いとへん)
音シン 訓——
教養《きょうよう》のある立派《りっぱ》な人《ひと》。熟語紳士《しんし》。

## しん【診】画数12 部首言(ごんべん)
音シン 訓み-る
病気《びょうき》のようすを調《しら》べる。熟語診察《しんさつ》。診断《しんだん》。例病気《びょうき》を診《み》る。

## しん【寝】画数13 部首宀(うかんむり)
音シン 訓ね-る ね-かす
ねる。体《からだ》を横《よこ》たえる。熟語寝室《しんしつ》。寝食《しんしょく》。就寝《しゅうしん》。例赤《あか》ちゃんを寝《ね》かす。

## しん【慎】画数13 部首忄(りっしんべん)
音シン 訓つつし-む
つつしむ。用心《ようじん》する。ひかえめである。熟語慎重《しんちょう》。謹慎《きんしん》。

## しん【審】画数15 部首宀(うかんむり)
音シン 訓——
くわしく調《しら》べる。熟語審査《しんさ》。審議会《しんぎかい》。球審《きゅうしん》。

## しん【震】画数15 部首⻗(あめかんむり)
音シン 訓ふる-う ふる-える
ふるう。ふるえる。ゆれ動《うご》く。熟語震災《しんさい》。震動《しんどう》。地震《じしん》。例寒《さむ》さに体《からだ》が震《ふる》える。

## しん【薪】画数16 部首艹(くさかんむり)
音シン 訓たきぎ
たきぎ。まき。燃料《ねんりょう》にする木《き》。熟語薪炭《しんたん》〔=たきぎとすみ〕。

## しん【請】熟語普請《ふしん》。⇩せい【請】700ページ

## しん【秦】地名
昔《むかし》の中国《ちゅうごく》の国名《こくめい》。紀元前《きげんぜん》二二一年《ねん》、始皇帝《しこうてい》が中国《ちゅうごく》を統一《とういつ》して作《つく》った最初《さいしょ》の国《くに》。紀元前《きげんぜん》二〇六年《ねん》、漢《かん》にほろぼされた。

## しん【清】地名
昔《むかし》の中国《ちゅうごく》の国名《こくめい》。一六三六年《ねん》から一九一二年《ねん》までの王朝《おうちょう》。

## じん【人】画数2 部首人(ひと) 1年
音ジン ニン 訓ひと
筆順 ノ 人
ひと。熟語人物《じんぶつ》。人命《じんめい》。人類《じんるい》。人形《にんぎょう》。人間《にんげん》。個人《こじん》。友人《ゆうじん》。商人《しょうにん》。人出《ひとで》。

## じん【仁】画数4 部首亻(にんべん) 6年
音ジン ニ△ 訓——
筆順 ノ 亻 仁 仁
❶思《おも》いやり。熟語仁愛《じんあい》。仁義《じんぎ》。仁王《におう》。❷ひと。熟語御仁《ごじん》。

## じん【仁】名
儒学《じゅがく》の中心《ちゅうしん》となる教《おし》え。愛《あい》と思《おも》いやりの心《こころ》。

## じん【刃】画数3 部首刀(かたな)
音ジン 訓は
❶は。刀《かたな》などの、物《もの》を切《き》る部分《ぶぶん》。熟語白刃《はくじん》〔=さやからぬいた刀《かたな》〕。刃物《はもの》。❷きる。きりころ

［歌の意味］死《し》ぬほど思《おも》い悩《なや》んでいても命《いのち》はあるものなのに、つらいとそれにたえきれずについ涙《なみだ》が出《で》てしまうものだなあ。

す。熟語 自刃《じじん》（=刀《かたな》で自殺《じさつ》する）。

**じん【尽】** 画数 6 部首 尸（しかばね）
音 ジン 訓 つ-くす つ-きる つ-かす
つくす。つきる。全部《ぜんぶ》出《だ》しきる。熟語 尽力《じんりょく》。無尽蔵《むじんぞう》。一網打尽《いちもうだじん》。例 愛想《あいそ》を尽《つ》かす。

**じん【迅】** 画数 6 部首 辶（しんにょう）
音 ジン 訓 ―
はやい。はげしい。熟語 迅速《じんそく》。奮迅《ふんじん》（=ふるいたつこと）。

**じん【甚】** 画数 9 部首 甘（あまい）
音 ジン 訓 はなは-だ はなは-だしい
はなはだしい。非常《ひじょう》に。熟語 甚大《じんだい》。例 甚《はなは》だ迷惑《めいわく》だ。

**じん【陣】** 画数 10 部首 阝（こざとへん）
音 ジン 訓 ―
❶軍隊《ぐんたい》の配置《はいち》。熟語 陣地《じんち》。陣容《じんよう》。本陣《ほんじん》。❷戦《たたか》い。熟語 出陣《しゅつじん》。❸人《ひと》の集《あつ》まり。熟語 報道陣《ほうどうじん》。❹ひとしきり。例 一陣《いちじん》の風《かぜ》（=さあっと吹《ふ》く風《かぜ》）。

**じん【陣°】** 名 ❶戦《たたか》いのために兵隊《へいたい》を配置《はいち》した所《ところ》。じんち。例 敵《てき》の陣をおそう。❷いくさ。戦《たたか》い。例 大坂夏《おおさかなつ》の陣。

**じん【尋】** 画数 12 部首 寸（すん）
音 ジン 訓 たず-ねる
❶たずねる。熟語 尋問《じんもん》。❷ひろ。昔《むかし》の、長《なが》さをはかる単位《たんい》の一《ひと》つ。両手《りょうて》を左右《さゆう》に広《ひろ》げた長《なが》さ。例 千尋《せんじん》の谷《たに》（=深《ふか》い谷《たに》）。

**じん【腎】** 画数 13 部首 月（にくづき）
音 ジン 訓 ―
❶じんぞう。熟語 腎臓《じんぞう》。❷大切《たいせつ》な部分《ぶぶん》。熟語 肝腎《かんじん》。

**じん【臣】** 熟語 大臣《だいじん》。↓しん【臣】654ページ

**じん【神】** 熟語 神社《じんじゃ》。天神様《てんじんさま》。↓しん【神】654ページ

**しんあい【親愛】** 名 ❶親《した》しく打《う》ち解《と》けた気《き》持《も》ち。例 親愛の情《じょう》。❷〔「親愛《しんあい》なる」の形《かたち》で〕親《した》しみを感《かん》じること。例 親愛なる友《とも》よ。

**じんあい【仁愛】** 名 人《ひと》を思《おも》いやる、やさしい心《こころ》。例 仁愛の心《こころ》をもって、人《ひと》につくす。

**しんあん【新案】** 名 新《あたら》しい思《おも》いつき。新《あたら》しい工夫《くふう》。例 新案特許《とっきょ》。

**しんい【真意】** 名 ほんとうの心《こころ》。ほんとうの意味《いみ》。例 彼《かれ》の真意を確《たし》かめる。

**じんいてき【人°為的】** 形動 人《ひと》の手《て》を加《くわ》えているようす。例 人為的につくられた砂浜《すなはま》。

**しんいり【新入り】** 名 仲間《なかま》入《い》りすること。また、仲間《なかま》入《い》りした人《ひと》。新人《しんじん》。〔くだけた言《い》い方《かた》。〕例 新入りのわりに手際《てぎわ》よく仕事《しごと》をする。

**じんいん【人員】** 名 人《ひと》の数《かず》。人数《にんずう》。例 人員が不足《ふそく》している。

**しんうち【真打ち】** 名 寄席《よせ》で、最後《さいご》に出《しゅつ》演《えん》する人《ひと》。また、落語家《らくごか》などの、いちばん上《うえ》の位《くらい》にいる人《ひと》。

**しんえい【新鋭°】** 名 新《あたら》しくて、勢《いきお》いのよいこと。また、その人《ひと》や物《もの》。例 新鋭の機種《きしゅ》をそろえる。

**じんえい【陣°営】** 名 ❶戦場《せんじょう》で軍隊《ぐんたい》が集《あつ》まっている所《ところ》。❷争《あらそ》っている人《ひと》や国《くに》などの、それぞれの集《あつ》まり。例 保守《ほしゅ》陣営。

**しんえん【深遠】** 名 形動 奥深《おくぶか》く、計《はか》り知《し》れないこと。例 深遠な宇宙《うちゅう》の神秘《しんぴ》。

**しんか【臣下】** 名 君主《くんしゅ》に仕《つか》える者《もの》。類 家来《けらい》。

**しんか【真価】** 名 ほんとうの値打《ねう》ち。例 真価を問《と》う。

**しんか【深化】** 名 動-する ものごとの程度《ていど》が深《ふか》まること。例 研究《けんきゅう》がますます深化する。

**しんか【進化】** 名 動-する ❶生物《せいぶつ》が、長《なが》い時間《じかん》をかけて、簡単《かんたん》な体《からだ》の仕《し》組《く》みから複雑《ふくざつ》で高等《こうとう》なものへ変《か》わっていくこと。例 生《い》き物《もの》は環《かん》境《きょう》に合《あ》わせて進化してきた。❷ものごとが、しだいによいほうへ進《すす》んでいくこと。例 技《ぎ》術《じゅつ》がめざましい進化をとげる。類 進歩《しんぽ》。対（❶・❷）退化《たいか》。

**じんか【人家】** 名 人《ひと》の住《す》んでいる家《いえ》。

**しんかい【深海】** 名 海《うみ》の深《ふか》いところ。深《ふか》い海《うみ》。例 深海魚《ぎょ》。

**しんがい【心外】** 名 形動 思《おも》ってもいないこと。思《おも》いがけないことで、残念《ざんねん》に思《おも》うようす。例 君《きみ》にうらまれるとは心外だ。

**しんがい【侵°害】** 名 動-する 人《ひと》の自由《じゆう》や権利《けんり》


百人一首 思《おも》ひ《い》わびさても命《いのち》はあるものを憂《う》きに堪《た》へ《え》ぬは涙《なみだ》なりけり 道因法師《どういんほうし》

をおかして損害《そんがい》を与《あた》えること。例 人権《じんけん》を侵害する。

**しんかいぎょ【深海魚】** 名 深海《しんかい》にすんでいる魚《さかな》。目《め》や口《くち》の大《おお》きいものが多《おお》い。シーラカンス・チョウチンアンコウなど。

**じんかいせんじゅつ【人海戦術】** 名 機械《きかい》などを使《つか》わずに、多《おお》くの人数《にんずう》で取《と》り組《く》むこと。例 町《まち》の人《ひと》が人海戦術で除雪《じょせつ》した。

**しんかいち【新開地】** 名 ❶新《あたら》しく切《き》り開《ひら》いた土地《とち》。❷新《あたら》しく開《ひら》けた市街地《しがいち》。

**しんがお【新顔】** 名 新《あたら》しく、仲間《なかま》に加《くわ》わった人《ひと》。新人《しんじん》。新参《しんざん》。

**しんがく【進学】** 名 動-する 上《うえ》の学校《がっこう》に進《すす》むこと。例 中学《ちゅうがく》に進学する。

**じんかく【人格】** 名 人《ひと》としての値打《ねう》ち。例 人格の立派《りっぱ》な人《ひと》。類 人柄《ひとがら》。

**じんかくしゃ【人格者】** 名 人柄《ひとがら》の立派《りっぱ》な人《ひと》。

**しんがた【新型】** 名 今《いま》までとは違《ちが》った、新《あたら》しい型《かた》や形式《けいしき》。例 新型の車両《しゃりょう》。

**しんがたインフルエンザ【新型インフルエンザ】** 名 インフルエンザのうち、新《あたら》しい型《かた》のウイルスで引《ひ》き起《お》こされるもの。

**しんがっき【新学期】** 名 新《あたら》しく始《はじ》まる学期《がっき》。学期《がっき》のはじめ。例 新学期から校舎《こうしゃ》が移《い》転《てん》する。

**シンガポール** 地名 東南《とうなん》アジア、マレー半《はん》島《とう》の南《みなみ》にあるシンガポール島《とう》などからなる国《くに》。首都《しゅと》はシンガポール。

**しんから【心から】** 副 心《こころ》の底《そこ》から。ほんとうに。心底《しんそこ》。例 動物《どうぶつ》がしんから好《す》きだ。

**しんがり** 名 列《れつ》や順番《じゅんばん》のいちばん後《うし》ろ。例 山登《やまのぼ》りでしんがりを務《つと》める。

**しんかろん【進化論】** 名 生物《せいぶつ》はすべて、簡単《かんたん》な仕組《しく》みのものから、高等《こうとう》で複雑《ふくざつ》なものへと変化《へんか》していくという考《かんが》え。ダーウィンが唱《とな》えた。

**しんかん【神官】** 名 神社《じんじゃ》で、神《かみ》に仕《つか》える人《ひと》。神主《かんぬし》。

**しんかん【新刊】** 名 本《ほん》を新《あたら》しく出《だ》すこと。また、新《あたら》しく出《で》た本《ほん》。例 新刊の本《ほん》。

**しんかんせん【新幹線】** 名 日本《にっぽん》のおもな都市《とし》を結《むす》んで、速《はや》く人《ひと》を運《はこ》ぶための高速鉄《こうそくてつ》道《どう》。東海道新幹線《とうかいどうしんかんせん》、山陽新幹線《さんようしんかんせん》、上越新幹《じょうえつしんかん》線《せん》、北陸新幹線《ほくりくしんかんせん》、東北新幹線《とうほくしんかんせん》、山形新幹線《やまがたしんかんせん》、秋田新幹線《あきたしんかんせん》、九州新幹線《きゅうしゅうしんかんせん》、北海道新幹線《ほっかいどうしんかんせん》、西九州新幹線《にしきゅうしゅうしんかんせん》がある。

**しんき【新規】** 名 ものごとを新《あたら》しくすること。新《あたら》しいこと。例 新規採用《さいよう》。

**しんぎ【信義】** 名 約束《やくそく》を守《まも》り、務《つと》めを果《は》たすこと。例 信義を守《まも》る。

**しんぎ【真偽】** 名 ほんとうかうそか。例 真偽のほどを確《たし》かめる。

**しんぎ【審議】** 名 動-する 細《こま》かく調《しら》べて検討《けんとう》すること。例 議案《ぎあん》を審議する。

**じんぎ【仁義】** 名 人《ひと》に対《たい》していつくしみの心《こころ》を持《も》ち、義理《ぎり》を重《おも》んじて、行《おこな》いを正《ただ》しくすること。例 仁義に外《はず》れる。

■**しんきいってん【心機一転】** 名 動-する あることをきっかけにして、気持《きも》ちを入《い》れかえること。例 心機一転して商売《しょうばい》を始《はじ》めた。

**しんぎかい【審議会】** 名 ある問題《もんだい》について、十分《じゅうぶん》に話《はな》し合《あ》って案《あん》を作《つく》るために、国《くに》や都道府県《とどうふけん》が設《もう》ける機関《きかん》。

**しんきじく【新機軸】** 名 今《いま》までのものとはちがう、新《あたら》しいやり方《かた》。例 運動会《うんどうかい》に新機軸を打《う》ち出《だ》す。

**ジンギス=カン**〖成吉思汗〗 人名 ⬇チンギス=ハン 846ページ

**しんきまきなおし【新規まき直し】** 名 新《あら》たにやり直《なお》すこと。例 失敗《しっぱい》にくじけず、新規まき直しでがんばろう。

**しんきゅう【進級】** 名 動-する 上級《じょうきゅう》の学年《がくねん》に進《すす》むこと。例 四年生《よねんせい》に進級する。

**しんきゅう【新旧】** 名 新《あたら》しいことと、古《ふる》いこと。例 新旧の委員《いいん》が交代《こうたい》する。

**しんきょ【新居】** 名 新《あたら》しい住《す》まい。新《あたら》しく生活《せいかつ》する家《いえ》。例 新居を構《かま》える。対 旧居《きゅうきょ》。

**しんきょう【心境】** 名 心《こころ》のようす。気持《きも》ち。例 現在《げんざい》の心境を話《はな》す。

**しんきょう【進境】** 名 進歩《しんぽ》した程度《ていど》やようす。例 進境がいちじるしい。

**しんきょう【新教】** 名 キリスト教《きょう》で、プロテスタントのこと。宗教改革《しゅうきょうかいかく》によってできた宗派《しゅうは》。カトリックを旧教《きゅうきょう》とよぶのに対《たい》していう。⬇プロテスタント 1164ページ

[歌の意味] 世《よ》の中《なか》はつらさからのがれる道《みち》もないものだ。人《ひと》の世《よ》から逃《に》げて来《き》たが、山奥《やまおく》にも鹿《しか》が悲《かな》しげに鳴《な》いているよ。

**しんきろう【蜃気楼】** 名 光《ひかり》が異常《いじょう》に曲《ま》がって、物《もの》が逆《さか》さに見《み》えたり、見《み》えるはずのない遠《とお》くの物《もの》が近《ちか》くに見《み》えたり、地上《ちじょう》の物《もの》が空中《くうちゅう》にういて見《み》えたりする現象《げんしょう》。海上《かいじょう》や、砂漠《さばく》などで見《み》られる。

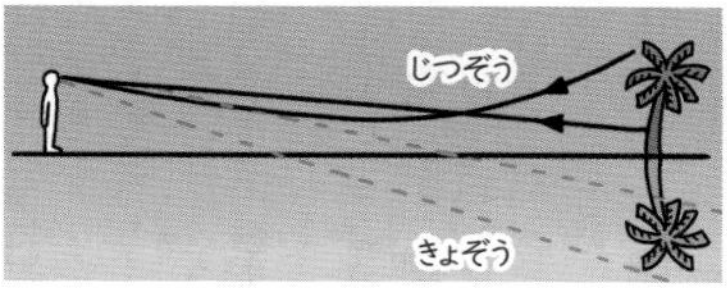

〔しんきろう〕

**しんきろく【新記録】** 名 今《いま》までの記録《きろく》を破《やぶ》った、新《あたら》しい記《き》録《ろく》。例 世界新記録《せかいしんきろく》。

**しんきんかん【親近感】** 名 身近《みぢか》で親《した》しい感《かん》じ。例 趣味《しゅみ》が同《おな》じで親近感がわく。

**しんく【辛苦】** 名 つらい思《おも》いをして苦《くる》しむこと。例 辛苦に耐《た》えて偉業《いぎょう》をなし遂《と》げる。

**しんく【真紅・深紅】** 名 こい赤《あか》。まっか。例 真紅のばら。

**しんぐ【寝具】** 名 寝《ね》るときに使《つか》うもの。ふとん・まくら・ねまきなど。夜具《やぐ》。

**しんくう【真空】** 名 空気《くうき》などの気体《きたい》がまったくない状態《じょうたい》。例 真空パック。

**じんぐう【神宮】** 名 特《とく》に位《くらい》の高《たか》い神社《じんじゃ》。

**しんくうかん【真空管】** 名 真空《しんくう》のガラス管《かん》の中《なか》に、電極《でんきょく》を入《い》れて電気《でんき》が流《なが》れるようにしたもの。

**ジンクス**〔英語 jinx〕名 えんぎのよい悪《わる》いについての言《い》い伝《つた》え。例 ジンクスを破《やぶ》る。

**シングル**〔英語 single〕名 ❶一《ひと》つ。また、一人用《ひとりよう》のもの。例 シングルベッド。❷スーツやコートなどで、ボタンが一列《いちれつ》のもの。対（❶・❷）ダブル。

**シングルス**〔英語 singles〕名 テニスや卓球《たっきゅう》などで、一対一《いちたいいち》でする試合《しあい》。対 ダブルス。

**しんぐん【進軍】** 名 動-する 軍隊《ぐんたい》が前《まえ》に進《すす》むこと。

**○しんけい【神経】** 名 ❶動物《どうぶつ》の体《からだ》の中《なか》に広《ひろ》がっている糸《いと》のような細胞《さいぼう》の集《あつ》まり。刺激《しげき》を脳《のう》に知《し》らせたり、脳《のう》の命令《めいれい》を手足《てあし》に伝《つた》えたりする。❷心《こころ》のはたらき。例 神経をつかう〔＝細《こま》かい心《こころ》づかいをする〕。

**しんけいしつ【神経質】** 名 形動 ものごとに感《かん》じやすく、ちょっとしたことにでも気《き》をつかう性質《せいしつ》。

**しんけいすいじゃく【神経衰弱】** 名 ❶神経《しんけい》の働《はたら》きが衰《おとろ》えた状態《じょうたい》のこと。❷トランプ遊《あそ》びの一《ひと》つ。裏返《うらがえ》してあるカードを二枚《にまい》めくって、同《おな》じ数字《すうじ》のカードが出《で》たら自分《じぶん》のものにし、取《と》った枚数《まいすう》をきそう遊《あそ》び。

**しんけいはったつしょう【神経発達症】** 名 生《う》まれつきの脳《のう》のはたらき方《かた》の違《ちが》いで、他《ほか》の人《ひと》とは違《ちが》う行動《こうどう》や感情《かんじょう》がみられること。学習障害《がくしゅうしょうがい》、注意欠如《ちゅういけつじょ》・多動症《たどうしょう》、自閉《じへい》スペクトラム症《しょう》など。発達障害《はったつしょうがい》。

**しんげき【進撃】** 名 動-する 進《すす》んで行《い》って、せめること。

**しんげき【新劇】** 名 明治時代《めいじじだい》の末《すえ》に、ヨーロッパの劇《げき》の形式《けいしき》を取《と》り入《い》れてできた演劇《えんげき》。歌舞伎《かぶき》などの伝統的《でんとうてき》な劇《げき》に対《たい》していう。

**しんげつ【新月】** 名 ❶月《つき》が太陽《たいよう》と地球《ちきゅう》との間《あいだ》に来《き》たときの月《つき》。地球《ちきゅう》からはほとんど見《み》えない。対 満月《まんげつ》。↓げつれい（月齢）404ページ。❷陰暦《いんれき》で、その月《つき》の一日《ついたち》に出《で》る細《ほそ》い月《つき》。特《とく》に三日月《みかづき》をいうこともある。

**しんけつをそそぐ【心血を注ぐ】** 熱《ねつ》意《い》と力《ちから》を出《だ》しきって、ものごとに打《う》ちこむ。例 研究《けんきゅう》に心血を注ぐ。

**○しんけん【真剣】** 一 名 ほんものの刀《かたな》。二 形動 ものごとに本気《ほんき》で取《と》り組《く》んでいるようす。例 真剣に勉強《べんきょう》する。

**しんげん【進言】** 名 動-する 目上《めうえ》の人《ひと》に意見《いけん》を申《もう》し述《の》べること。例 先生《せんせい》に進言する。

**しんげん【震源】** 名 ↓しんげんち 659ページ

**じんけん【人権】** 名 人《ひと》が生《う》まれながらに持《も》っている、自由《じゆう》・平等《びょうどう》などの権利《けんり》。例 基本的《きほんてき》人権。人権を尊重《そんちょう》する。

■**しんけんしょうぶ【真剣勝負】** 名 ❶ほんものの刀《かたな》を使《つか》ってする勝負《しょうぶ》。❷本気《ほんき》で、ものごとに立《た》ち向《む》かうこと。

**しんげんち【震源地】** 名 ❶地震《じしん》が起《お》こった場所《ばしょ》。❷あることがらが起《お》こったもと。例 彼《かれ》がうわさの震源地だ。参考 地面《じめん》の下《した》の地《じ》震《しん》のもとになった所《ところ》は、震源《しんげん》という。

**じんけんひ【人件費】** 名 会社《かいしゃ》などで、給料《きゅうりょう》や手当《てあて》などとして、働《はたら》いている人《ひと》にはらうお金《かね》をまとめていう。



百人一首 世《よ》の中《なか》よ道《みち》こそなけれ思《おも》ひ入《い》る山《やま》の奥《おく》にも鹿《しか》ぞ鳴《な》くなる　藤原俊成《ふじわらのとしなり》

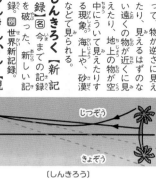

**しんご【新語】**［名］世《よ》の中《なか》で、新《あたら》しく使《つか》われだした言葉《ことば》。

**しんこう【信仰】**［名］［動-する］神《かみ》や仏《ほとけ》を信《しん》じて、心《こころ》から敬《うやま》うこと。［例］土《と》地《ち》の神々《かみがみ》を信仰している。

**しんこう【振興】**［名］［動-する］ものごとをさかんにすること。また、さかんになること。［例］地《ち》方《ほう》の産業《さんぎょう》を振興する。

**しんこう【進行】**［名］［動-する］❶進《すす》むこと。［例］電車《でんしゃ》の進行する方向《ほうこう》。❷ものごとが、はかどること。［例］準《じゅん》備《び》が進行する。

**しんこう【新興】**［名］新《あたら》しく興《おこ》ること。［例］新興都《と》市《し》。

**しんこう【親交】**［名］親《した》しいつき合《あ》い。［例］友《ゆう》人《じん》との親交を深《ふか》める。

**しんこう【侵攻】**［名］［動-する］よその国《くに》に攻《せ》め込《こ》むこと。［例］敵《てき》の侵攻から国《くに》を守《まも》る。

**しんごう【信号】**［名］❶(言《こと》葉《ば》を使《つか》わず)はなれている人《ひと》に、色《いろ》・音《おと》・光《ひかり》・形《かたち》などで合図《あいず》すること。また、その合《あい》図《ず》。［例］交《こう》通《つう》信号。❷信号《しんごう》機《き》のこと。

**じんこう【人口】**［名］❶その国《くに》や、その地《ち》域《いき》に住《す》んでいる人《ひと》の数《かず》。❷世《せ》間《けん》のうわさ。［例］人口にかいしゃする〔=広《ひろ》く世《よ》の中《なか》の話《わ》題《だい》になる〕。

**じんこう【人工】**［名］自《し》然《ぜん》にできたものでなく、人《ひと》の力《ちから》で作《つく》ること。［例］人工の湖《みずうみ》。［類］人《じん》造《ぞう》。［対］自《し》然《ぜん》。天《てん》然《ねん》。

**じんこうえいせい【人工衛星】**［名］ロケットで打《う》ち上《あ》げ、地《ち》球《きゅう》の周《まわ》りを回《まわ》るようにした、人間《にんげん》の作《つく》った衛《えい》星《せい》。宇《う》宙《ちゅう》のようすや気《き》象《しょう》などを調《しら》べたり、通《つう》信《しん》や放《ほう》送《そう》などの電《でん》波《ぱ》の中《ちゅう》継《けい》に役《やく》立《だ》てたりする。

〔じんこうえいせい〕

**じんこうえいよう【人工栄養】**［名］❶病《びょう》人《にん》に注《ちゅう》射《しゃ》などによって与《あた》える栄《えい》養《よう》。❷赤《あか》ちゃんに、母《はは》親《おや》のお乳《ちち》の代《か》わりに与《あた》える粉《こな》ミルクなど。

**しんごうき【信号機】**［名］道《どう》路《ろ》や鉄《てつ》道《どう》などで、安《あん》全《ぜん》・危《き》険《けん》・注《ちゅう》意《い》などを合《あい》図《ず》する機《き》械《かい》。信《しん》号《ごう》。シグナル。

**じんこうこきゅう【人工呼吸】**［名］呼《こ》吸《きゅう》が止《と》まってしまった人《ひと》の胸《むね》を手《て》でおしたり、口《くち》から息《いき》をふきこんだりして、再《ふた》び息《いき》をさせるようにすること。

**じんこうしば【人工芝】**［名］天《てん》然《ねん》芝《しば》に似《に》せて作《つく》った人《じん》工《こう》の芝《しば》生《ふ》。野《や》球《きゅう》場《じょう》やサッカー場《じょう》などで使《つか》われることが多《おお》い。

**じんこうじゅせい【人工授精】**［名］［動-する］人《ひと》の手《て》によって、精《せい》子《し》と卵《らん》子《し》を結《むす》びつけること。

**じんこうちのう【人工知能】**［名］記《き》憶《おく》・学《がく》習《しゅう》・思《し》考《こう》・判《はん》断《だん》など、人間《にんげん》の知《ち》能《のう》に近《ちか》いはたらきをするコンピューターシステム。AI《エーアイ》。

**じんこうてき【人工的】**［形動］自《し》然《ぜん》のままでなく、人《ひと》の手《て》が加《くわ》わっているようす。［例］孵《ふ》卵《らん》器《き》で人工的にひなをかえす。

**じんこうふか【人工孵化】**［名］卵《たまご》を、自《し》然《ぜん》のままでなく、人《ひと》手《て》を加《くわ》えてかえすこと。ニワトリ・サケ・マスなどで行《おこな》われる。

**じんこうみつど【人口密度】**［名］一《いち》平《へい》方《ほう》キロメートルあたり、何人《なんにん》の人《ひと》が住《す》んでいるかを示《しめ》す数《かず》。［例］人口密度が高《たか》い。

**じんこうもんだい【人口問題】**［名］人《じん》口《こう》がどんどん増《ふ》えたり減《へ》ったりすることによって引《ひ》き起《お》こされる、社《しゃ》会《かい》の問《もん》題《だい》。［例］人口問題は、これからの世《せ》界《かい》的《てき》な課《か》題《だい》だ。

**しんこきゅう【深呼吸】**［名］［動-する］大《おお》きく息《いき》を吸《す》ったり、はいたりすること。

**しんこきんわかしゅう【新古今和歌集】**［作品名］鎌《かま》倉《くら》時《じ》代《だい》前《ぜん》期《き》に藤《ふじ》原《わらの》定《さだ》家《いえ》らが、天《てん》皇《のう》の命《めい》令《れい》で作《つく》った和《わ》歌《か》集《しゅう》。歌《か》数《すう》は約《やく》一九八〇首《しゅ》。はなやかで優《ゆう》美《び》な作《さく》品《ひん》が多《おお》い。

**しんこく【申告】**［名］［動-する］申《もう》し出《で》ること。特《とく》に、役《やく》所《しょ》に申《もう》し出《で》ること。［例］所《しょ》得《とく》を申告する。

**しんこく【深刻】**［形動］さしせまっていて重《じゅう》大《だい》なようす。［例］深刻な問《もん》題《だい》。

**しんこっちょう【真骨頂】**［名］その人《ひと》やものの、本《ほん》来《らい》持《も》っている姿《すがた》。［例］チームの真骨頂を見《み》せる場《ば》面《めん》。

**しんこん【新婚】**［名］結《けっ》婚《こん》して間《ま》もないこと。

**しんごんしゅう【真言宗】**［名］平《へい》安《あん》時《じ》代《だい》



〔歌の意味〕長《なが》生《い》きしたら、この今《いま》を懐《なつ》かしがるのかな。つらかった昔《むかし》が今《いま》ではこんなに恋《こい》しい。

の初《はじ》め、空海《くうかい》が開《ひら》いた仏教《ぶっきょう》の一《ひと》つ。⬇くうかい 358ページ

**しんさ【審査】** [名][動-する] くわしく調《しら》べて、よいか悪《わる》いかや、等級《とうきゅう》などを決《き》めること。[例] 審査員《いん》。作文《さくぶん》を審査する。

**しんさい【震災】** [名] 地震《じしん》による災害《さいがい》。

**じんさい【人災】** [名] 人間《にんげん》の不注意《ふちゅうい》などが原因《げんいん》となって起《お》こる災《わざわ》い。[例] あの事故《じこ》は人災だ。[対] 天災《てんさい》。

**じんざい【人材】** [名] 才能《さいのう》があって、役《やく》に立《た》つ人物《じんぶつ》。[例] 人材を求《もと》める。

**しんさく【新作】** [名] 新《あたら》しく作《つく》った作品《さくひん》。

**しんさつ【診察】** [名][動-する] 医者《いしゃ》が病人《びょうにん》の体《からだ》を調《しら》べて、病気《びょうき》のようすを判断《はんだん》すること。[例] 診察室《しつ》。

**しんざん【深山】** [名] 人《ひと》の住《す》まない、山《やま》の奥《おく》のほう。[例] 深山幽谷《ゆうこく》〔=深《ふか》い山《やま》と深《ふか》い谷《たに》〕。

**しんざん【新参】** [名] 新《あたら》しく仲間《なかま》になって、まだ間《ま》もないこと。また、その人《ひと》。新顔《しんがお》。[例] 新参者《もの》。[対] 古参《こさん》。

**しんさんをなめる【辛酸をなめる】** つらくて苦《くる》しい目《め》にあう。

**しんし【紳士】** [名] 礼儀《れいぎ》が正《ただ》しくて、上品《じょうひん》で立派《りっぱ》な男《おとこ》の人《ひと》。[対] 淑女《しゅくじょ》。

**じんじ【人事】** [名] ❶人《ひと》にできること。人《ひと》としてなすべきこと。[例] 人事を尽《つ》くす。❷会《かい》社《しゃ》などで働《はたら》いている人《ひと》の地位《ちい》や役割《やくわり》に関係《かんけい》すること。[例] 人事異動《いどう》。

**人事《じんじ》を尽《つ》くして天命《てんめい》を待《ま》つ** 人間《にんげん》としてできるだけのことをして、あとは自然《しぜん》のなりゆきに任《まか》せる。

**しんしき【神式】** [名] 神道《しんとう》のやり方《かた》による儀《ぎ》式《しき》。

**しんしき【新式】** [名] ❶新《あたら》しい型《かた》。[例] 新式の自動車《じどうしゃ》。❷新しいやり方《かた》。[例] 生活《せいかつ》を新式にする。[対]（❶・❷）旧式《きゅうしき》。

**しんしつ【寝室】** [名] 寝《ね》るための部屋《へや》。

**しんじつ【信実】** [名][形動] まじめで、いつわりがないこと。[例] 信実を貫《つらぬ》いて生《い》きる。

**しんじつ【真実】** [名] ほんとうのこと。まこと。[例] 真実を話《はな》す。[対] 虚偽《きょぎ》。

**■じんじふせい【人事不省】** [名] 意識《いしき》を失《うしな》って、何《なに》もわからなくなること。[例] 頭《あたま》を強《つよ》く打《う》って人事不省になる。

**しんじゃ【信者】** [名] ある宗教《しゅうきょう》を信《しん》じている人《ひと》。信徒《しんと》。教徒《きょうと》。

**じんじゃ【神社】** [名] 神《かみ》をまつってある建《たて》物《もの》。お宮《みや》。社《やしろ》。

**ジンジャー**〔英語 ginger〕[名] ❶しょうが。❷しょうがを干《ほ》して粉《こな》にしたもの。香辛料《こうしんりょう》として使《つか》う。

**しんしゃく【斟酌】** [名][動-する] あれこれ照《て》らし合《あ》わせて考《かんが》えること。[例] 参加者《さんかしゃ》の意向《いこう》を斟酌する。

**しんしゅ【進取】** [名] 進《すす》んでものごとを行《おこな》うこと。[例] 進取の気性《きしょう》に富《と》む〔=何事《なにごと》も進《すす》んでやる〕。

**しんしゅ【新種】** [名] 新《あたら》しい種類《しゅるい》。

**しんじゅ【真珠】** [名] アコヤガイなどの貝類《かいるい》のからの中《なか》にできる、銀色《ぎんいろ》やもも色《いろ》に光《ひか》る玉《たま》。指輪《ゆびわ》や首《くび》かざりなどに使《つか》う。パール。

**じんしゅ【人種】** [名] 人類《じんるい》を、皮膚《ひふ》の色《いろ》、体《からだ》つきなどの特徴《とくちょう》によって分《わ》けた種類《しゅるい》。

**しんじゅう【心中】** [名][動-する] 二人《ふたり》以上《いじょう》の人《ひと》が、いっしょに自殺《じさつ》すること。[注意]「心中」を「しんちゅう」と読《よ》むと、ちがう意味《いみ》になる。

**しんじゅがい【真珠貝】** [名] ⬇あこやがい 16ページ

**しんしゅく【伸縮】** [名][動-する] 伸《の》びたり縮《ちぢ》んだりすること。[例] この金属《きんぞく》は、温度《おんど》によって伸縮する。

**しんしゅつ【進出】** [名][動-する] 新《あたら》しい活動《かつどう》の場《ば》に進《すす》み出《で》ること。[例] 海外《かいがい》へ進出する。

**しんしゅつ【新出】** [名][動-する]（教科書《きょうかしょ》や文《ぶん》章《しょう》などに）初《はじ》めて出《で》てくること。[例] 新出漢《かん》字《じ》。

**■しんしゅつきぼつ【神出鬼没】** [名] 神《かみ》や鬼《おに》のように、自由自在《じゆうじざい》に現《あらわ》れたりかくれたりすること。[例] ここかと思《おも》えばあちらと、まるで神出鬼没だ。

**しんしゅん【新春】** [名] 正月《しょうがつ》。新年《しんねん》。初春《はつはる》。

**しんしょ【新書】** [名] ❶本《ほん》の形式《けいしき》の一《ひと》つ。文《ぶん》庫《こ》より少《すこ》し縦《たて》が長《なが》い。❷新《あたら》しく出《だ》された本《ほん》。

**しんしょ【親書】** [名] 自分《じぶん》で書《か》いた手紙《てがみ》。特《とく》に、大統領《だいとうりょう》・首相《しゅしょう》などが書《か》いた手紙《てがみ》。

**しんしょう【身上△】** [名] 財産《ざいさん》。身代《しんだい》。[例] 身





百人一首 ながらへ《え》ばまたこのごろやしのばれむ《ん》憂《う》しと見《み》し世《よ》ぞ今《いま》は恋《こい》しき　藤原清輔《ふじわらのきよすけ》

上をつぶす。注意「身上」を「しんじょう」と読《よ》むと、ちがう意味《いみ》になる。

**しんしょう**【辛勝】名 動-する やっとのことで勝《か》つこと。例 ライバルに一点差《いってんさ》で辛勝した。対 楽勝《らくしょう》。

✤**しんじょう**【心情】名 思《おも》っていること。気《き》持《も》ち。例 病人《びょうにん》の心情を思《おも》いやる。

**しんじょう**【身上】名 ❶その人《ひと》の値《ね》打《う》ち。とりえ。例 誠実《せいじつ》さが、彼《かれ》の身上だ。❷その人《ひと》に関《かん》することがら。注意「身上」を「しんしょう」と読《よ》むと、ちがう意味《いみ》になる。

**しんじょう**【信条】名 固《かた》く信《しん》じて守《まも》っていること。信念《しんねん》。例 正直《しょうじき》がわたしの信条だ。

**しんじょう**【真情】名 ほんとうの気《き》持《も》ち。まごころ。例 友《とも》に真情を打《う》ち明《あ》ける。

**じんじょう**【尋常】名 形動 ❶ごくふつうのようす。あたりまえ。例 尋常なやり方《かた》。❷いさぎよく、すなおなこと。例 尋常に勝負《しょうぶ》せよ。

**じんじょうしょうがっこう**【尋常小学校】名 昔《むかし》の小学校《しょうがっこう》。現在《げんざい》の小学校《しょうがっこう》と同《おな》じように義《ぎ》務《む》教《きょう》育《いく》で、満《まん》六《ろく》歳《さい》以《い》上《じょう》の児《じ》童《どう》が入学《にゅうがく》した。

■**しんしょうぼうだい**【針小棒大】名 形動 小《ちい》さなことを大《おお》げさに言《い》うこと。例 針小棒大に言《い》いふらす。

**しんしょく**【侵食】名 動-する 他《ほか》の部《ぶ》分《ぶん》をおかしていくこと。例 他《た》国《こく》の領《りょう》土《ど》を侵食する。

**しんしょく**【浸食】名 動-する 水《みず》や風《かぜ》などが、土《と》地《ち》や岩石《がんせき》などを少《すこ》しずつけずり取《と》ること。例 川《かわ》の流《なが》れで谷《たに》が浸食される。

**しんしょく**【寝食】名 寝《ね》ることと食《た》べること。日常《にちじょう》の生活《せいかつ》。例 寝食を共《とも》にする。

**寝食《しんしょく》を忘《わす》れる** 寝《ね》ることや食《た》べることを忘《わす》れるくらい、ものごとに熱中《ねっちゅう》する。

○**しんじる**【信じる】動〔「信《しん》ずる」ともいう。〕❶ほんとうだと心《こころ》から思《おも》う。例 君《きみ》の話《はなし》を信じる。対 疑《うたが》う。❷神《かみ》や仏《ほとけ》を信仰《しんこう》する。

**しんしん**【心身】名 こころとからだ。例 心身をきたえる。

**しんしん**【新進】名 近《ちか》ごろ、新《あたら》しく登場《とうじょう》してきたこと。また、その人《ひと》。例 新進のピアニスト。

**しんじん**【信心】名 動-する 神《かみ》や仏《ほとけ》を、信《しん》じること。また、その心《こころ》。

**しんじん**【新人】名 ❶新《あたら》しく仲間《なかま》に入《はい》ってきた人《ひと》。新《しん》入《い》り。❷ある分《ぶん》野《や》で新《あたら》しく知《し》られるようになった人《ひと》。例 新人歌《か》手《しゅ》。

**じんしん**【人心】名 人々《ひとびと》の心《こころ》。例 人心をつかむ。人心を一新《いっしん》する。

■**しんしんきえい**【新進気鋭】名 その分《ぶん》野《や》に新《あたら》しく登場《とうじょう》してきて、勢《いきお》いがあること。例 新進気鋭の作《さっ》家《か》。

■**しんしんこうじゃく**【心神耗弱】名 精神《せいしん》のはたらきが、非《ひ》常《じょう》に弱《よわ》っていること。

**じんしんじこ**【人身事故】名 人《ひと》がけがをしたり死《し》んだりする事《じ》故《こ》。

**しんしんと** 副 ❶静《しず》かに夜《よ》がふけるようす。例 しんしんと冷《ひ》える。❷寒《さむ》さや痛《いた》さが身《み》にしみるようす。

**しんじんぶかい**【信心深い】形 神《かみ》や仏《ほとけ》を、熱心《ねっしん》に信《しん》じる。

**しんすい**【心酔】名 動-する ❶ある物事《ものごと》に心《こころ》を奪《うば》われること。例 美《うつく》しい演奏《えんそう》に心酔する。❷ある人《ひと》を心《こころ》から尊敬《そんけい》し、見習《みなら》おうとすること。例 夏《なつ》目《め》漱《そう》石《せき》に心酔する。

**しんすい**【浸水】名 動-する 水《みず》が入《はい》りこむこと。水《みず》びたしになること。

**しんすい**【進水】名 動-する 新《あたら》しく造《つく》った船《ふね》を、初《はじ》めて水《みず》にうかべること。

**しんずい**【神髄・真髄】名 ものごとの奥《おく》深《ぶか》いところにある、もっともだいじなところ。例 芸《げい》の神髄をきわめる。

**しんすいしき**【進水式】名 新《あたら》しく造《つく》った船《ふね》を、初《はじ》めてうかべるときの儀《ぎ》式《しき》。

**じんずうりき**【神通力】名 ↓じんつうりき 664ページ

**しんずる**【信ずる】動 ↓しんじる 662ページ

**しんせい**【申請】名 動-する 役《やく》所《しょ》に願《ねが》い出《で》ること。例 工《こう》事《じ》の許《きょ》可《か》を申請する。

**しんせい**【神聖】名 形動 この上《うえ》もなく尊《とうと》く、清《きよ》らかでけがれのないこと。

**しんせい**【真性】名 病《びょう》気《き》が本物《ほんもの》であること。例 真性のコレラ。対 擬《ぎ》似《じ》。

**しんせい**【新星】名 ❶爆《ばく》発《はつ》によって急《きゅう》に明《あか》るくかがやきだした星《ほし》。❷急《きゅう》に注《ちゅう》目《もく》される

[歌の意味] 夜《よ》もすがら(＝夜《よ》通《どお》し)もの思《おも》いするこのごろは夜《よ》もなかなか明《あ》けないで、閨《ねや》(＝寝室《しんしつ》)の戸《と》のすき間《ま》が明《あか》るんでこないのさえ無《む》情《じょう》に見《み》えることよ。

ようになった新人《しんじん》。例 水泳界《すいえいかい》の新星。

°じんせい【人生】名 ❶人《ひと》がこの世《よ》の中《なか》に生《い》きている間《あいだ》。人《ひと》の一生《いっしょう》。例 悔《く》いのない人生。❷世《よ》の中《なか》で生《い》きていくこと。例 人生相談《そうだん》。

しんせいがん【深成岩】名 火成岩《かせいがん》の一《ひと》つ。マグマが地下《ちか》の深《ふか》いところで、ゆっくりと冷《ひ》えて固《かた》まってできた岩《いわ》。花崗岩《かこうがん》・はんれい岩《がん》などがある。

じんせいかん【人生観】名 人《ひと》の生《い》き方《かた》についての考《かんが》え方《かた》。

しんせいだい【新生代】名 地質時代《ちしつじだい》の中《なか》で、中生代《ちゅうせいだい》のあとにあたる、約《やく》六五〇〇万年《まんねん》前《まえ》から現在《げんざい》までの時代《じだい》。地球上《ちきゅうじょう》に動物《どうぶつ》や植《しょく》物《ぶつ》が栄《さか》え、人類《じんるい》も現《あらわ》れた。

°しんせき【親戚°】名 ➡しんるい(親類) 669ページ

■じんせきみとう【人跡°未踏°】名 人《ひと》がまだ一度《いちど》も足《あし》を踏《ふ》み入《い》れたことがないこと。例 人跡未踏の地《ち》。

シンセサイザー〔英語 synthesizer〕名 電《でん》子回路《しかいろ》を使《つか》って、自由《じゆう》にさまざまな音色《ねいろ》やリズムを作《つく》り出《だ》す、鍵盤楽器《けんばんがっき》。

しんせつ【新設】名 動‐する 新《あたら》しくこしらえること。例 学校《がっこう》を新設する。

しんせつ【新雪】名 新《あたら》しく降《ふ》り積《つ》もった雪《ゆき》。

しんせつ【新説】名 今《いま》までにない新《あたら》しい考《かんが》え方《かた》や意見《いけん》。例 新説を発表《はっぴょう》する。

°しんせつ【親切】名 形動 他《ほか》の人《ひと》に対《たい》して、思《おも》いやりの心《こころ》が深《ふか》いようす。例 親切に教《おし》える。親切な人《ひと》。

しんせっきじだい【新石器時代】名 石器時代《せっきじだい》の後半《こうはん》の時代《じだい》。人々《ひとびと》は、みがいた石器《せっき》を使《つか》い、農耕《のうこう》や牧畜《ぼくちく》も始《はじ》めた。

°しんせん【新鮮°】形動 ❶新《あたら》しくて、生《い》き生《い》きしているようす。例 新鮮な野菜《やさい》。❷すがすがしくて、よごれていないようす。例 朝《あさ》の新鮮な空気《くうき》。

しんぜん【神前】名 神《かみ》の前《まえ》。例 神前結婚《けっこん》。

しんぜん【親善】名 たがいに仲《なか》よくすること。例 両国《りょうこく》の親善を深《ふか》める。

じんせん【人選】名 動‐する 適当《てきとう》な人《ひと》を選《えら》ぶこと。例 役員《やくいん》を人選する。

しんぜんたいし【親善大使】名 国《くに》や地域《ちいき》、国際機関《こくさいきかん》が、対外的《たいがいてき》な親善《しんぜん》や文化交流《ぶんかこうりゅう》を深《ふか》めるために任命《にんめい》する役目《やくめ》。また、その役目《やくめ》の人《ひと》。例 ユネスコ親善大使。

しんぜんび【真善美】名 人間《にんげん》が理想《りそう》とする三《みっ》つのもの。ものごとを知《し》る上《うえ》での「真《しん》」、生《い》きる上《うえ》での「善《ぜん》」、芸術《げいじゅつ》での「美《び》」のこと。

しんそう【真相】名 事件《じけん》などの、ほんとうのようす。例 事件《じけん》の真相をさぐる。

しんそう【新装】名 動‐する 建物《たてもの》の外観《がいかん》や設《せつ》備《び》などを新《あたら》しくすること。例 新装開店《かいてん》。

°しんぞう【心臓】名 ❶胸《むね》の左側《ひだりがわ》にあって、血液《けつえき》を体《からだ》じゅうに送《おく》り出《だ》すポンプの役目《やくめ》をする器官《きかん》。こぶしぐらいの大《おお》きさで、左右《さゆう》の心《しん》房《ぼう》と左右《さゆう》の心室《しんしつ》の四《よっ》つの部分《ぶぶん》からできている。❷ものごとの大《たい》切《せつ》な部分《ぶぶん》。例 機械《きかい》の心臓部《ぶ》。❸度胸《どきょう》がよくて、物《もの》おじしないこと。例 いい心臓をしている。

心臓《しんぞう》が強《つよ》い 気《き》の強《つよ》いようす。あつかましく、ずうずうしいようす。

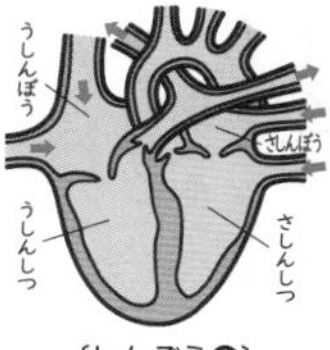

〔しんぞう❶〕

じんぞう【人造】名 人《ひと》が造《つく》ること。また、造《つく》ったもの。類 人工《じんこう》。対 自然《しぜん》。天然《てんねん》。

じんぞう【腎°臓】名 血液《けつえき》の中《なか》から尿《にょう》になるものを取《と》り出《だ》し、ぼうこうに送《おく》るはたらきをする器官《きかん》。腹《はら》の後《うし》ろ、背骨《せぼね》の両側《りょうがわ》に一《ひと》つずつある。➡ないぞう(内臓) 959ページ

じんぞうこ【人造湖】名 発電《はつでん》・飲料《いんりょう》などのために、ダムで川《かわ》をせきとめて造《つく》った湖《みずうみ》。相模湖《さがみこ》・黒部湖《くろべこ》など。

しんぞうまひ【心臓まひ】名 急《きゅう》に心臓《しんぞう》が活動《かつどう》しなくなること。

しんぞく【親族】名 血《ち》のつながりや、結婚《けっこん》などによって、結《むす》ばれている人《ひと》たち。親戚《しんせき》。親類《しんるい》。

じんそく【迅°速】名 形動 たいへんすばやいこと。例 仕事《しごと》を迅速に進《すす》める。類 敏速《びんそく》。

しんそこ【心底】一 名 心《こころ》の奥底《おくそこ》。例 心底から願《ねが》っている。二 副 心《こころ》の底《そこ》から。ほんとうに。しんから。例 心底おどろいた。

しんたい【身体】名 人《ひと》の体《からだ》。例 身体測定《そくてい》。

しんたい【進退】名 ❶進《すす》むことと、さがる



百人一首 夜《よ》もすがらもの思ふ《おもう》ころは明《あ》けやらで閨《ねや》のひまさへ《え》つれなかりけり　俊恵法師《しゅんえほうし》

こと。❷その地位《ちい》や職《しょく》を、やめるべきかどうかということ。例 進退伺《うかが》い〔=今《いま》の職《しょく》をやめるべきかどうかをたずねること〕。

進退《しんたい》きわまる 進《すす》むことも、さがることもできず、とほうにくれる。

**しんだい【身代】** 名 財産《ざいさん》。

**しんだい【寝台】** 名 寝《ね》るために使《つか》う台《だい》。ベッド。例 寝台車《しゃ》。

**じんたい【人体】** 名 人《ひと》の体《からだ》。

**じんたい【靱帯】** 名 骨《ほね》と骨《ほね》とを結《むす》びつけて関節《かんせつ》がうまく動《うご》くようにしている、強《つよ》くて弾《だん》力《りょく》のある、ひものような組織《そしき》。

**じんだい【甚大】** 形動 程度《ていど》が非常《ひじょう》に大《おお》きいようす。例 地震《じしん》の被害《ひがい》は甚大だ。

**しんたいけんさ【身体検査】** 名 ❶学校《がっこう》で、身長《しんちょう》や体重《たいじゅう》を測《はか》ったり、医者《いしゃ》に体《からだ》のようすをみてもらったりすること。健康診断《けんこうしんだん》。❷持《も》ち物《もの》や服装《ふくそう》などを調《しら》べること。

**しんだいしゃ【寝台車】** 名 寝台《しんだい》のついている車両《しゃりょう》。

**しんたいそう【新体操】** 名 体操競技《たいそうきょうぎ》の一種《いっしゅ》。音楽《おんがく》に合《あ》わせ、ボール・リボン・輪《わ》などを使《つか》って演技《えんぎ》する体操《たいそう》。

〔しんたいそう〕

**しんたいりく【新大陸】** 名 十五世紀《じゅうごせいき》末《まつ》にコロンブスなどによってヨーロッパ人《じん》に新《あたら》しく知られるようになった大陸《たいりく》。北《きた》アメリカ・南《みなみ》アメリカと、オーストラリアのこと。

◦**しんだん【診断】** 名 動する ❶医者《いしゃ》が病人《びょうにん》を調《しら》べて、病気《びょうき》のぐあいを判断《はんだん》すること。例 健康診断《けんこうしんだん》。❷ものごとのようすについて判《はん》断《だん》すること。例 会社《かいしゃ》の経営《けいえい》を診断する。

**じんち【陣地】** 名 戦《たたか》いのために、軍隊《ぐんたい》が配《はい》置《ち》されている所《ところ》。陣《じん》。例 敵《てき》の陣地。

**しんちく【新築】** 名 動する 新《あたら》しく建物《たてもの》を建《た》てること。また、その建物《たてもの》。

**じんちく【人畜】** 名 人間《にんげん》と家畜《かちく》。例 人畜無《む》害《がい》。

**しんちゃ【新茶】** 名 春《はる》から夏《なつ》にかけて出《で》た新芽《しんめ》を摘《つ》んでつくったお茶《ちゃ》。

**しんちゅう【心中】** 名 心《こころ》の中《なか》。内心《ないしん》。例 心中おだやかでない〔=内心《ないしん》、おもしろくない〕。注意「心中」を「しんじゅう」と読《よ》むと、ちがう意味になる。

**しんちゅう【進駐】** 名 動する 軍隊《ぐんたい》が、よその国《くに》にとどまっていること。例 海外各地《かいがいかくち》に進駐する。進駐軍《ぐん》。

**しんちゅう【真鍮】** 名 銅《どう》と亜鉛《あえん》との合金《ごうきん》。黄色《きいろ》で、さびにくい。

◦**しんちょう【身長】** 名 背《せ》の高《たか》さ。背《せ》たけ。例 身長がのびる。

**しんちょう【伸長】** 名 動する 〔長《なが》さや能力《のうりょく》などが〕のびること。例 学力《がくりょく》の伸長をはかる。

**しんちょう【深長】** 形動 奥深《おくぶか》いようす。例 意味《いみ》深長な言葉《ことば》。

◦**しんちょう【慎重】** 形動 注意深《ちゅういぶか》いようす。例 慎重な運転《うんてん》。対 軽率《けいそつ》。

**しんちょう【新調】** 名 動する 新《あたら》しく作《つく》ること。新しく買《か》うこと。例 洋服《ようふく》を新調する。

**じんちょうげ** 名 庭《にわ》に植《う》える低木《ていぼく》。常緑《じょうりょく》で、春《はる》、かおりの強《つよ》い小《ちい》さな花《はな》が枝《えだ》の先《さき》に集《あつ》まって咲《さ》く。

■**しんちんたいしゃ【新陳代謝】** 名 ❶生《い》き物《もの》が、体《からだ》に必要《ひつよう》なものを取《と》り入《い》れ、いらないものを外《そと》に出《だ》すはたらき。❷新《あたら》しいものが古《ふる》いものと入《い》れかわること。例 チームの新陳代謝をはかる。

**しんつう【心痛】** 名 動する ひどく心配《しんぱい》すること。心《こころ》を痛《いた》めること。例 心痛のあまり、体《からだ》をこわした。

**じんつうりき【神通力】** 名 〔「じんずうりき」ともいう。〕〔神《かみ》のように〕どんなことでもできるふしぎな力《ちから》。例 神通力を失《うしな》う。

◦**しんてい【進呈】** 名 動する 人《ひと》に物《もの》をあげること。例 記念品《きねんひん》を進呈する。

**シンデレラ** 作品名 グリムの童話《どうわ》などで、世界《せかい》に知《し》られた西洋《せいよう》の民話《みんわ》の一《ひと》つ。また、その主人公《しゅじんこう》の名前《なまえ》。まま母《はは》や姉《あね》たちにいじめられていたシンデレラが、ガラスの靴《くつ》を忘《わす》れたことが縁《えん》で、王子《おうじ》と結《むす》ばれる話《はなし》。

**しんてん【進展】** 名 動する ものごとが、進《すす》みはかどること。例 話《はなし》が進展する。

**しんてん【親展】** 名 手紙《てがみ》のあて名《な》のそばに書《か》く言葉《ことば》。あて名《な》の人《ひと》が自分《じぶん》で開《ひら》いてくださ

〔歌の意味〕 嘆《なげ》けと言《い》って月《つき》はものを思《おも》わせるのだろうか。月《つき》のせいだとでも言《い》いたげに嘆《なげ》き顔《がお》で涙《なみだ》が流《なが》れる。

い、という意味《いみ》を表《あらわ》す。

**しんでん【神殿】** 名 神《かみ》をまつる建物《たてもの》。

**しんでん【新田】** 名 新《あたら》しく切《き》り開《ひら》いてできた田《た》。

**しんでんず【心電図】** 名 心臓《しんぞう》の活動《かつどう》によって起《お》こる電流《でんりゅう》の変化《へんか》を、記録《きろく》したもの。

**しんてんち【新天地】** 名 その人《ひと》が、これから新《あたら》しく活躍《かつやく》しようとする場所《ばしょ》。 例 新天地を求《もと》めて移住《いじゅう》する。

**しんでんづくり【寝殿造り】** 名 平安時《へいあんじ》代《だい》の貴族《きぞく》の家《いえ》の造《つく》り方《かた》。南向《みなみむ》きの寝殿《しんでん》を中心《ちゅうしん》に、東《ひがし》西《にし》北《きた》の建物《たてもの》と、庭《にわ》の池《いけ》に面《めん》した釣殿《つりどの》が廊下《ろうか》で結《むす》ばれている。

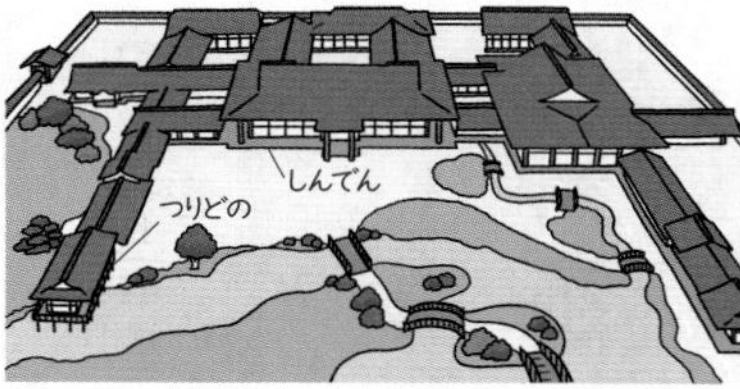

〔しんでんづくり〕

**しんと【信徒】** 名 ⇩しんじゃ 661ページ

**しんと** 副 動-する 静《しず》まり返《かえ》ったようす。しいんと。 例 場内《じょうない》がしんとなった。

**しんど【進度】** 名 進《すす》みぐあい。はかどり方《かた》。 例 学習《がくしゅう》の進度が速《はや》い。

**しんど【震度】** 名 地震《じしん》のときに感《かん》じるゆれの度合《どあ》い。計測地震計《けいそくじしんけい》によって測《はか》られ、次《つぎ》の十段階《じゅうだんかい》に分《わ》けられている。 参考 地震《じしん》そのものの大《おお》きさを表《あらわ》す単位《たんい》は、マグニチュード。

○震度《しんど》とゆれの度合《どあ》い

| | |
|---|---|
| 0 | 人《ひと》に感《かん》じられないほど小《ちい》さい。 |
| 1 | 屋内《おくない》の一部《いちぶ》の人《ひと》しか感《かん》じない。 |
| 2 | 屋内《おくない》の多《おお》くの人《ひと》が感《かん》じ、ねむっている人《ひと》の一部《いちぶ》が目《め》を覚《さ》ます。 |
| 3 | 屋内《おくない》のほとんどの人《ひと》が感《かん》じ、こわいと感《かん》じる人《ひと》もいる。 |
| 4 | ほとんどの人《ひと》がおどろき、すわりの悪《わる》い物《もの》がたおれることがある。 |
| 5弱《じゃく》 | 棚《たな》の物《もの》が落《お》ちたり、すわりの悪《わる》い物《もの》がたおれたりする。家具《かぐ》が動《うご》くこともある。 |
| 5強《きょう》 | 動《うご》くのが難《むずか》しい。棚《たな》の物《もの》が落《お》ちる。重《おも》い家具《かぐ》がたおれたり、ドアが開《あ》かなくなることもある。 |
| 6弱《じゃく》 | 立《た》っているのが難《むずか》しい。家具《かぐ》は動《うご》いたりたおれたりする。ドアの多《おお》くが開《あ》かなくなる。 |
| 6強《きょう》 | 立《た》っていられない。固定《こてい》していない家具《かぐ》は、ほとんど動《うご》くかたおれる。 |
| 7 | ほとんど身動《みうご》きできない。家具《かぐ》が飛《と》ぶこともある。 |

**しんどい** 形 〔元《もと》、関西方言《かんさいほうげん》。〕 ❶たいへんつかれるようす。 例 坂道《さかみち》でしんどい。 ❷骨《ほね》が折《お》れてたいへんだ。 例 しんどい仕事《しごと》。

**しんとう【神道】** 名 神話《しんわ》にもとづく神々《かみがみ》や先祖《せんぞ》を、神《かみ》としてまつる日本《にっぽん》の宗教《しゅうきょう》。

**しんとう【浸透】** 名 動-する ❶液体《えきたい》がしみとおること。 例 雨《あめ》が大地《だいち》に浸透する。 ❷考《かんが》え方《かた》などが、だんだん広《ひろ》がること。 例 外国《がいこく》の文化《ぶんか》が日本《にっぽん》に浸透する。

**しんとう【親等】** 名 血《ち》のつながりの遠《とお》い近《ちか》いを、自分《じぶん》を中心《ちゅうしん》としていう言葉《ことば》。親《おや》と子《こ》は一親等《いっしんとう》、きょうだいは二親等《にしんとう》。

**しんどう【神童】** 名 知恵《ちえ》や才能《さいのう》が飛《と》びぬけてすぐれている子《こ》ども。

**○しんどう【振動】** 名 動-する ❶ゆれ動《うご》くこと。 例 車《くるま》が振動した。 ❷物《もの》が、決《き》まった速《はや》さでゆれること。 例 振《ふ》り子《こ》の振動。

**しんどう【新道】** 名 新《あたら》しくできた道《みち》。 対 旧《きゅう》道《どう》。

**しんどう【震動】** 名 動-する (地震《じしん》などで)大《だい》地《ち》・建物《たてもの》などがふるえ動《うご》くこと。 例 大地《だいち》が震動する。

例解 ⟷ 使い分け

**振動《しんどう》と震動《しんどう》**

ふりこの振動《しんどう》。ガラス戸《ど》が振動《しんどう》する。

地震《じしん》で地面《じめん》が震動《しんどう》する。大型《おおがた》トラックが通《とお》ると家《いえ》が震動《しんどう》する。

動する。

**じんとう【陣頭】**［名］大勢《おおぜい》で仕事《しごと》などをするときの先頭《せんとう》。［例］陣頭に立《た》って指図《さしず》をする。［参考］元《もと》は、いくさのときの先頭《せんとう》の意味《いみ》。

**じんどう【人道】**［名］❶人《ひと》として、守《まも》らなければならないこと。［例］人道に反《はん》した行《おこな》いはしない。❷⇩ほどう(歩道)1213ページ

**じんどうしゅぎ【人道主義】**［名］すべての人間《にんげん》が愛《あい》の心《こころ》を持《も》ち、平等《びょうどう》でたがいを尊《そん》重《ちょう》し合《あ》うことによって、人類《じんるい》の幸福《こうふく》を実現《じつげん》しようとする考《かんが》え方《かた》。ヒューマニズム。

**じんとく【人徳】**［名］その人《ひと》に備《そな》わっている、人《ひと》から敬《うやま》われる人柄《ひとがら》。［例］人《ひと》に好《す》かれるのは、彼《かれ》の人徳だ。

**じんどり【陣取り】**［名］子《こ》どもの遊《あそ》びの一《ひと》つ。二組《ふたくみ》に分《わ》かれて相手《あいて》の陣地《じんち》や宝物《たからもの》を取《と》り合《あ》う。じんとり。

**じんどる【陣取る】**［動］❶陣地《じんち》を構《かま》える。❷ある場所《ばしょ》をしめる。［例］ベンチに陣取る。

**シンナー**〔英語 thinner〕［名］塗料《とりょう》をうすめるときに使《つか》う液《えき》。

**しんに【真に】**［副］ほんとうに。まことに。［例］真に勇気《ゆうき》のある人《ひと》。

**しんにち【親日】**［名］(他《ほか》の国《くに》や他《ほか》の国《くに》の人《ひと》が)日本《にっぽん》や日本人《にほんじん》、日本文化《にほんぶんか》に好意《こうい》を寄《よ》せて親《した》しくすること。［例］親日家《か》。

**しんにちか【親日家】**［名］日本《にっぽん》のことをよく知《し》っていて、日本《にっぽん》にたいへん親《した》しみを持《も》っている外国人《がいこくじん》。

**しんにゅう【侵入】**［名］［動する］よその国《くに》や家《いえ》などに、無理《むり》に入《はい》りこむこと。

**しんにゅう【浸入】**［名］［動する］建物《たてもの》や土地《とち》に、水《みず》などが入《はい》り込《こ》んでくること。［例］床上《ゆかうえ》まで水《みず》が浸入してきた。

**しんにゅう【進入】**［名］［動する］入《はい》って行《い》くこと。［例］車《くるま》の進入禁止《きんし》。

✤**しんにゅう**［名］⇩しんにょう 666ページ

**しんにゅうせい【新入生】**［名］新《あたら》しく入《にゅう》学《がく》した児童《じどう》・生徒《せいと》や学生《がくせい》。

✤**しんにょう**［名］〔「しんにゅう」ともいう。〕漢《かん》字《じ》の部首《ぶしゅ》で、「にょう」の一《ひと》つ。「辺《へん》」「近《きん》」などの「⻌」の部分《ぶぶん》。

**しんにん【信任】**［名］［動する］信用《しんよう》して仕事《しごと》を任《まか》せること。［例］議長《ぎちょう》を信任する。

**しんにん【新任】**［名］新《あたら》しくある役《やく》につくこと。また、その人《ひと》。［例］新任の先生《せんせい》。

**しんねん【信念】**［名］(自分《じぶん》の考《かんが》えや行《おこな》いが正《ただ》しいと)固《かた》く信《しん》じて疑《うたが》わないこと。信条《しんじょう》。［例］必勝《ひっしょう》の信念を持《も》つ。

°**しんねん【新年】**［名］新《あたら》しい年《とし》。正月《しょうがつ》。新《しん》春《しゅん》。［対］旧年《きゅうねん》。

**しんのう【親王】**［名］天皇《てんのう》の男《おとこ》の子《こ》、また、男《おとこ》の孫《まご》。［参考］女《おんな》の子《こ》は内親王《ないしんのう》という。

°**しんぱい【心配】**［名］［動する］［形動］❶どうなるかと思《おも》って、気《き》にかけること。気《き》がかり。［例］親《おや》に心配をかける。天気《てんき》が心配だ。［対］安心《あんしん》。❷心《こころ》くばり。気《き》づかい。［例］おばさんは、帰《かえ》りのバス代《だい》まで心配してくださった。

例解！表現の広場

心配《しんぱい》と不安《ふあん》のちがい

| | 今後《こんご》が | 先生《せんせい》に | 山中《さんちゅう》で |
|---|---|---|---|
| 心配《しんぱい》 | ○ | ○ | × |
| 不安《ふあん》 | ○ | × | ○ |
| | だ。 | をかける。 | な夜《よる》を過《す》ごす。 |

**しんぱいしょう【心配性】**［名］何《なに》かと心《しん》配《ぱい》ばかりする性質《せいしつ》。［例］母《はは》の心配性がなおらない。

**じんばおり【陣羽織】**［名］昔《むかし》、さむらいが戦《いくさ》のときによろいの上《うえ》などに着《き》た、そでなしの羽織《はおり》。

**しんぱくすう【心拍数】**［名］一分間《いっぷんかん》に脈《みゃく》を打《う》つ回数《かいすう》。

**シンバル**〔英語 cymbal〕［名］打楽器《だがっき》の一《ひと》つ。二枚《にまい》の円《まる》い金属《きんぞく》の板《いた》を、打《う》ち合《あ》わせて鳴《な》らす。⇩がっき(楽器)244ページ

**しんぱん【侵犯】**［名］［動する］外国《がいこく》の領土《りょうど》や権《けん》利《り》などをおかすこと。［例］領空《りょうくう》を侵犯する。

°**しんぱん【審判】**［名］［動する］❶よく調《しら》べて、よいか悪《わる》いかの判断《はんだん》をすること。［例］法《ほう》の審判を受《う》ける。❷スポーツで、勝《か》ち負《ま》け・反則《はんそく》などを裁《さば》くこと。また、その人《ひと》。

**しんぱん【親藩】**［名］江戸《えど》時代《じだい》の大名《だいみょう》で、徳《とく》川家《がわけ》の親戚《しんせき》が治《おさ》めた藩《はん》。

**しんぴ【神秘】**［名］［形動］人《ひと》の考《かんが》えではわから

[歌の意味] 村雨《むらさめ》(＝にわか雨《あめ》)の露《つゆ》もまだ乾《かわ》かぬ槙《まき》の葉《は》に、霧《きり》が立《た》ち上《のぼ》っていく秋《あき》の夕暮《ゆうぐ》れは、さびしいなあ。

ない、ふしぎなこと。例生命《せいめい》の神秘。

**しんぴてき【神秘的】**形動 奥深《おくふか》くてふしぎな感《かん》じがするようす。例神秘的な流《なが》れ星《ぼし》。

**しんぴょうせい【信ぴょう性】**名 人《ひと》の言葉《ことば》や情報《じょうほう》などが信用《しんよう》できる度合《どあ》い。例彼女《かのじょ》の発言《はつげん》は信ぴょう性が高《たか》い。

**しんぴん【新品】**名 新《あたら》しい品物《しなもの》。

**しんぷ【神父】**名 キリスト教《きょう》のカトリックで、信者《しんじゃ》を教《おし》え導《みちび》く人《ひと》。⇩ぼくし 1205ページ

**しんぷ【新婦】**名 (結婚式《けっこんしき》の日《ひ》の)花嫁《はなよめ》。対新郎《しんろう》。

**しんぷう【新風】**名 新《あたら》しいやり方《かた》や考《かんが》え方《かた》。例新風をふきこむ。

**シンフォニー**〔英語 symphony〕名 ⇩こうきょうきょく 433ページ

**しんぷく【心服】**名 動する 心《こころ》から敬《うやま》い、したうこと。例先生《せんせい》に心服する。

**しんぷく【振幅】**名 ❶物《もの》がゆれ動《うご》く幅《はば》。例振《ふ》り子《こ》の振幅。❷心《こころ》のゆれ。例感情《かんじょう》の振幅が大《おお》きい。

**しんぶつ【神仏】**名 神《かみ》や仏《ほとけ》。

✤○**じんぶつ【人物】**名 ❶ひと。例歴史上《れきしじょう》の人物。❷人柄《ひとがら》。例人物をみる。❸役《やく》に立《た》つ人《ひと》。例なかなかの人物だ。類人材《じんざい》。

**じんぶつぞう【人物像】**名 ❶人物《じんぶつ》のすがた。例洞窟《どうくつ》の壁《かべ》にえがかれた人物像。❷その人《ひと》の性格《せいかく》や生《い》き方《かた》。例主人公《しゅじんこう》の人物像をとらえる。❸理想《りそう》とする人物《じんぶつ》のすがた。例本校《ほんこう》が育《そだ》てたい人物像。

**シンプル**〔英語 simple〕形動 ❶かざりがないようす。質素《しっそ》。例シンプルなデザイン。❷こみ入《い》っていないようす。単純《たんじゅん》。例砂《すな》時計《どけい》の仕《し》かけはシンプルだ。

✤○**しんぶん【新聞】**名 社会《しゃかい》の出来事《できごと》などを多《おお》くの人《ひと》に早《はや》く知《し》らせるために、毎日《まいにち》、または、決《き》まった日《ひ》に発行《はっこう》する印刷物《いんさつぶつ》。

**しんぶんきしゃ【新聞記者】**名 新聞《しんぶん》を作《つく》るために、人《ひと》に知《し》らせたい出来事《できごと》を取材《しゅざい》して記事《きじ》にまとめる人《ひと》。

**しんぶんしゃ【新聞社】**名 新聞《しんぶん》を発行《はっこう》している会社《かいしゃ》。

**しんぶんすう【真分数】**名 〔算数《さんすう》で〕分子《ぶんし》が分母《ぶんぼ》より小《ちい》さい分数《ぶんすう》。$\frac{1}{2}$や$\frac{2}{3}$など。関連仮分数《かぶんすう》。帯分数《たいぶんすう》。

**しんぺん【身辺】**名 身《み》の回《まわ》り。自分《じぶん》の近《ちか》く。例身辺の出来事《できごと》。

○**しんぽ【進歩】**名 動する ものごとが、しだいによくなっていくこと。例医学《いがく》の進歩。類向上《こうじょう》。進化《しんか》。対退歩《たいほ》。

**しんぼう【心棒】**名 ❶車輪《しゃりん》やこまなど、回転《かいてん》するものの中心《ちゅうしん》にある棒《ぼう》。じく。❷活動《かつどう》の中心《ちゅうしん》となるもの。例彼《かれ》はチームの心棒だ。

○**しんぼう【辛抱】**名 動する いやなことやつらいことを、我慢《がまん》すること。

**しんぼう【信望】**名 人《ひと》からたよりにされること。例学校《がっこう》じゅうの信望を集《あつ》める。

**じんぼう【人望】**名 人《ひと》から寄《よ》せられる信頼《しんらい》。例人望が厚《あつ》い人《ひと》。

■**しんぼうえんりょ【深謀遠慮】**名 遠《とお》い先《さき》のことまで深《ふか》く考《かんが》えること。遠慮深謀《えんりょしんぼう》。

**しんぼうづよい【辛抱強い】**形 よく辛抱《しんぼう》する。我慢強《がまんづよ》い。例辛抱強く待《ま》つ。

**しんぼく【親睦】**名 親《した》しんで、仲《なか》よくすること。例親睦を深《ふか》める。類懇親《こんしん》。

**シンポジウム**〔英語 symposium〕名 ある問題《もんだい》について、数人《すうにん》の人《ひと》が意見《いけん》を出《だ》し、それをもとに参加《さんか》した人《ひと》たちが討論《とうろん》する会《かい》。

**しんぽてき【進歩的】**形動 考《かんが》え方《かた》が進《すす》んでいるようす。例進歩的な人《ひと》。対保守的《ほしゅてき》。

**シンボル**〔英語 symbol〕名 象徴《しょうちょう》。例ハトは平和《へいわ》のシンボルだ。

**しんまい【新米】**名 ❶その年《とし》に、新《あたら》しくとれた米《こめ》。対古米《こまい》。❷そのことに、まだよく慣《な》れていないこと。また、その人《ひと》。新入《しんい》り。新人《しんじん》。

**じんましん**名 皮膚《ひふ》の病気《びょうき》。食《た》べ物《もの》や薬《くすり》などが原因《げんいん》で、皮膚《ひふ》に赤《あか》いぶつぶつができて、かゆくなる。

例解❗表現の広場

**進歩《しんぽ》と発達《はったつ》と発展《はってん》のちがい**

| | 進歩《しんぽ》 | 発達《はったつ》 | 発展《はってん》 | |
|---|---|---|---|---|
| 文明《ぶんめい》が | ○ | ○ | ○ | する。 |
| 泳《およ》ぎが | ○ | × | × | する。 |
| 心身《しんしん》の | × | ○ | × | がめざましい。 |
| 町《まち》の | × | × | ○ | につくす。 |


百人一首 村雨《むらさめ》の露《つゆ》もまだひぬまきの葉《は》に霧《きり》たちのぼる秋《あき》の夕暮《ゆうぐ》れ　寂蓮法師《じゃくれんほうし》

**しんみ【親身】** 名 まるで肉親《にくしん》のように、親切《しんせつ》なこと。例 親身になって世話《せわ》をする。

**しんみつ【親密】** 名 形動 たいへん仲《なか》がいいこと。例 親密な間柄《あいだがら》。対 疎遠《そえん》。

**じんみゃく【人脈】** 名 人《ひと》と人《ひと》との社会的《しゃかいてき》なつながり。例 芸能界《げいのうかい》に広《ひろ》い人脈を持《も》っている。

**しんみょう【神妙】** 名 形動 ❶けなげで感心《かんしん》なようす。例 小《ちい》さいのに神妙な心《こころ》がけだ。❷おとなしく、すなおなようす。例 しかられたので神妙にしている。

**しんみり** 副(-と) 動-する ❶落《お》ち着《つ》いて、静《しず》かなようす。しみじみ。例 しんみりと話《はな》す。❷さびしくて、しずんでいるようす。例 みんなしんみりして声《こえ》も出《で》ない。

**じんみん【人民】** 名 その国《くに》を作《つく》っている人々《ひとびと》。国民《こくみん》。参考「人民《じんみん》の、人民《じんみん》による、人《じん》民《みん》のための政治《せいじ》」というリンカン大統領《だいとうりょう》の言《こと》葉《ば》は有名《ゆうめい》。

**じんむてんのう〖神武天皇〗** 人名(男) 「古事記《こじき》」「日本書紀《にほんしょき》」で、日本《にっぽん》で最初《さいしょ》の天皇《てんのう》とする人《ひと》。九州《きゅうしゅう》から大和《やまと》へせめのぼり天皇《てんのう》の位《くらい》についたという。

**しんめ【新芽】** 名 新《あたら》しく出《で》た芽《め》。若芽《わかめ》。

**しんめい【身命】** 名 体《からだ》と命《いのち》。しんみょう。例 身命を投《な》げうつ(=命《いのち》を捨《す》てるつもりでする)。

**じんめい【人名】** 名 人《ひと》の名前《なまえ》。

**じんめい【人命】** 名 人《ひと》の命《いのち》。例 人命救助《きゅうじょ》。

✤**じんめいようかんじ【人名用漢字】** 名 常用漢字《じょうようかんじ》以外《いがい》に、人《ひと》の名前《なまえ》に使《つか》ってもよいと認《みと》められた漢字《かんじ》。

**しんもつ【進物】** 名 人《ひと》にあげる品物《しなもの》。おくり物《もの》。おつかい物《もの》。

**じんもん【尋問】** 名 動-する 調《しら》べるために、口《くち》でものをたずね、問《と》いただすこと。

**しんや【深夜】** 名 真夜中《まよなか》。夜《よ》ふけ。

○**しんゆう【親友】** 名 親《した》しくしている、仲《なか》のよい友達《ともだち》。例 無二《むに》の親友。

○**しんよう【信用】** 名 動-する ❶信《しん》じて疑《うたが》わないこと。例 友達《ともだち》を信用する。❷人々《ひとびと》から信《しん》じられていること。例 信用のある店《みせ》。

**じんよう【陣容】** 名 ❶陣地《じんち》の構《かま》え方《かた》。❷団《だん》体《たい》などを作《つく》っている人々《ひとびと》の顔《かお》ぶれや配置《はいち》。例 チームの陣容を一新《いっしん》する。

**しんようじゅ【針葉樹】** 名 葉《は》が、針《はり》のように細長《ほそなが》い形《かたち》をした木《き》。スギやマツ、ヒノキなど。対 広葉樹《こうようじゅ》。

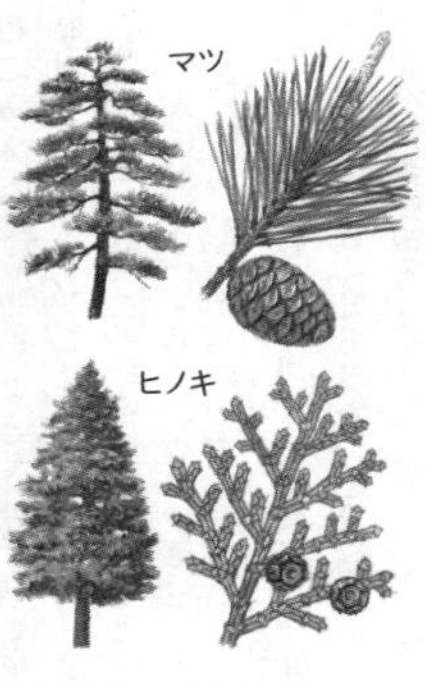

〔しんようじゅ〕

○**しんらい【信頼】** 名 動-する 信《しん》じて、たよりにすること。例 友人《ゆうじん》を信頼する。

**例解 ! 表現の広場**

**信用《しんよう》と信頼《しんらい》のちがい**

| | 相手《あいて》を…する。 | 友達《ともだち》の…が厚《あつ》い。 | 店《みせ》の…を落《お》とす。 | 人々《ひとびと》の…にこたえる。 |
|---|---|---|---|---|
| 信用《しんよう》 | ○ | ○ | ○ | × |
| 信頼《しんらい》 | ○ | ○ | × | ○ |

**しんらいせい【信頼性】** 名 信頼《しんらい》ができること。信頼《しんらい》できる度合《どあ》い。例 信頼性の高《たか》い製品《せいひん》。

**しんらつ【辛辣】** 名 形動 言《い》うことや言《い》い方《かた》が、とても厳《きび》しいこと。例 辛辣な批評《ひひょう》。

■**しんらばんしょう【森羅万象】** 名 宇《う》宙《ちゅう》に存在《そんざい》する全《すべ》てのもの。類 万物《ばんぶつ》。

**しんらん〖親鸞〗** 人名(男)(一一七三～一二六二)鎌倉時代《かまくらじだい》のお坊《ぼう》さん。法然《ほうねん》の弟子《でし》で、浄土真宗《じょうどしんしゅう》を開《ひら》き、仏《ほとけ》にすがればだれでも極《ご》楽《らく》に行《い》けると説《と》いた。

**しんり【心理】** 名 心《こころ》の動《うご》き方《かた》。気持《きも》ち。例 かくれた心理を描《えが》く。

**しんり【真理】** 名 ❶どのような場合《ばあい》でも、正《ただ》しいと認《みと》められることがら。例 真理を求《もと》める。❷もっともだと思《おも》われること。例 あの人《ひと》の言《い》うことにも一面《いちめん》の真理はある。

**しんり【審理】** 名 動-する (裁判所《さいばんしょ》などで)うったえにもとづいて、取《と》り調《しら》べを行《おこな》うこと。

**しんりがく【心理学】** 名 人間《にんげん》の行動《こうどう》と心《こころ》

[歌の意味] 難波《なにわ》の入《い》り江《え》の葦《あし》の刈《か》り根《ね》のひと節《ふし》のような、ほんの短《みじか》い一夜《いちや》のために、身《み》を尽《つ》くして恋《こ》い続《つづ》けることになるのだろうか。

のはたらきやようすを研究《けんきゅう》する学問《がくもん》。

**じんりきしゃ【人力車】** 名 客《きゃく》を乗《の》せて、人《ひと》が引《ひ》いて走《はし》る乗《の》り物《もの》。明治《めいじ》・大正《たいしょう》時代《じだい》に、さかんに使《つか》われた。

〔じんりきしゃ〕

✤**しんりびょうしゃ【心理描写】** 名 文学作品《ぶんがくさくひん》や映画《えいが》などで、人《ひと》の心《こころ》の状態《じょうたい》や動《うご》きなどを、細《こま》かく描《えが》き出《だ》すこと。

**しんりゃく【侵略】** 名 動-する 軍隊《ぐんたい》の力《ちから》でせめ入《い》って、よその国《くに》の領土《りょうど》などをうばい取《と》ったりすること。

**しんりょう【診療】** 名 動-する 医者《いしゃ》が病人《びょうにん》を診察《しんさつ》したり、治療《ちりょう》したりすること。

**しんりょうじょ【診療所】** 名 医者《いしゃ》が病人《びょうにん》を治療《ちりょう》する所《ところ》。参考 病院《びょういん》より小《ちい》さいものをいう。

**しんりょく【深緑】** 名 草木《くさき》の生《お》い茂《しげ》った濃《こ》い緑色《みどりいろ》。ふかみどり。

**しんりょく【新緑】** 名 初夏《しょか》のころの若葉《わかば》。また、その緑《みどり》。

**じんりょく【人力】** 名 人間《にんげん》の持《も》っている力《ちから》。人間《にんげん》の能力《のうりょく》。じんりき。

**じんりょく【尽力】** 名 動-する (他《ほか》の人《ひと》のために)せいいっぱい力《ちから》をつくすこと。例 町《まち》のために尽力する。

**しんりん【森林】** 名 大《おお》きな木《き》がたくさんしげっている、広《ひろ》い所《ところ》。例 森林地帯《しんりんちたい》。

**しんりんよく【森林浴】** 名 森《もり》や林《はやし》の中《なか》を歩《ある》いて、きれいな空気《くうき》を吸《す》い、身《み》も心《こころ》ものびのびとすっきりさせること。

**しんるい【進塁】** 名 動-する 野球《やきゅう》・ソフトボールで、走者《そうしゃ》が次《つぎ》の塁《るい》に進《すす》むこと。

◦**しんるい【親類】** 名 同《おな》じ親《おや》から分《わ》かれたり、結婚《けっこん》でつながったりしている人《ひと》たち。身内《みうち》。親戚《しんせき》。親族《しんぞく》。

◦**じんるい【人類】** 名 人間《にんげん》。参考 人間《にんげん》を、他《ほか》の生物《せいぶつ》と区別《くべつ》していう言葉《ことば》。

**じんるいあい【人類愛】** 名 人種《じんしゅ》や国《くに》がちがっていても、すべての人間《にんげん》を、同《おな》じ仲間《なかま》として愛《あい》する気持《きも》ち。

**しんれき【新暦】** 名 明治時代《めいじじだい》になって新《あたら》しく採用《さいよう》された暦《こよみ》。太陽暦《たいようれき》。対 旧暦《きゅうれき》。

**しんろ【針路】** 名 船《ふね》や飛行機《ひこうき》の進《すす》む方向《ほうこう》。例 針路を北《きた》にとる。

**しんろ【進路】** 名 ❶進《すす》んで行《い》く道《みち》。例 台風《たいふう》の進路。❷その人《ひと》のこれからの生《い》き方《かた》。例 進路の相談《そうだん》をする。

**しんろう【心労】** 名 いろいろ気《き》をつかって心配《しんぱい》すること。また、そのための疲《つか》れ。気疲《きづか》れ。気苦労《きぐろう》。例 心労が重《かさ》なる。

**しんろう【新郎】** 名 (結婚式《けっこんしき》の日《ひ》の)花婿《はなむこ》。対 新婦《しんぷ》。

✤**しんわ【神話】** 名 大昔《おおむかし》から伝《つた》えられた、神《かみ》を主人公《しゅじんこう》とした物語《ものがたり》。宇宙《うちゅう》や人間《にんげん》の始《はじ》まりをはじめ、神々《かみがみ》の活躍《かつやく》などを語《かた》っている。

# す

ス su

**す【須】** 画数 12 部首 頁(おおがい)
音ス 訓—
用《もち》いる。求《もと》める。熟語 必須《ひっす》。

**す【子】** 熟語 椅子《いす》。様子《ようす》。↓し【子】535ページ

**す【主】** 熟語 坊主《ぼうず》。↓しゅ【主】589ページ

**す【守】** 熟語 留守《るす》。↓しゅ【守】590ページ

**す【素】** 熟語 素足《すあし》。素顔《すがお》。素手《すで》。素直《すなお》。素焼《すや》き。↓そ【素】740ページ

**す【数】** 熟語 人数《にんず》。↓すう【数】675ページ

**す【州】** 名 海《うみ》や川《かわ》・湖《みずうみ》などで、土《つち》や砂《すな》が積《つ》もって、島《しま》のように水面《すいめん》に出《で》ている所《ところ》。例 三角州《さんかくす》。↓しゅう【州】591ページ

◦**す【巣】** 名 ❶鳥《とり》・虫《むし》・魚《さかな》などのすみか。例 ツバメの巣。❷(よくない者《もの》が)集《あつ》まる所《ところ》。例 悪《あく》の巣。↓そう【巣】741ページ

◦**す【酢】** 名 食《た》べ物《もの》の味《あじ》つけに使《つか》う、すっぱい液体《えきたい》。例 酢の物《もの》。↓さく【酢】509ページ

**ず【図】** 画数 7 部首 囗(くにがまえ)
音ズ ト 訓はか-る
2年

筆順

一(「ズ」と読《よ》んで)ようすを描《えが》いたもの。熟語 図案《ずあん》。図画《ずが》。図形《ずけい》。地図《ちず》。❶書物《しょもつ》。熟語 図書《としょ》。❷計画《けいかく》。二(「ト」と読《よ》んで)熟語 意図《いと》。

《訓の使い方》はか-る 例 解決《かいけつ》を図る。

**ず【図】** 名 ❶物《もの》の形《かたち》やようすを描《えが》いたもの。例 仕組《しく》みを図で表《あらわ》す。❷ありさま。例 見《み》られた図ではない。

**図《ず》に当《あ》たる** 思《おも》ったとおりになる。

**図《ず》に乗《の》る** 調子《ちょうし》に乗《の》る。つけ上《あ》がる。例 一度《いちど》成功《せいこう》したからといって図に乗るな。

**ず【豆】** 熟語 大豆《だいず》。➡とう【豆】903ページ

**ず【事】** 熟語 好事家《こうずか》。➡じ【事】539ページ

**ず【頭】** 名 あたま。➡とう【頭】904ページ

**頭《ず》が高《たか》い** (頭《あたま》の下《さ》げ方《かた》が足《た》りず)いばっていて無礼《ぶれい》だ。

**ず** 助動 上《うえ》にくる言葉《ことば》を打《う》ち消《け》す。…ない。例 飲《の》まず食《く》わずで歩《ある》く。

**すあし【素足】** 名 靴《くつ》や靴下《くつした》などをはかない足《あし》。はだし。例 素足のまま走《はし》る。

**すあな【巣穴】** 名 鳥《とり》・虫《むし》・魚《さかな》などが巣《す》としている穴《あな》。

**ずあん【図案】** 名 色《いろ》や形《かたち》・模様《もよう》などを組《く》み合《あ》わせて、図《ず》にかき表《あらわ》したもの。デザイン。例 ポスターの図案を考《かんが》える。

**すい【水】** 画数 4 部首 水(みず) 1年

音 スイ 訓 みず

筆順

❶みず。透明《とうめい》の液体《えきたい》。熟語 水分《すいぶん》。水面《すいめん》。海水《かいすい》。浸水《しんすい》。水鳥《みずとり》。雨水《あまみず》。❷水素《すいそ》のこと。熟語 水爆《すいばく》。❸「水曜《すいよう》」の略《りゃく》。例 水《すい》と土《ど》が、ごみ出《だ》しの日《ひ》です。

**すい【垂】** 画数 8 部首 土(つち) 6年

音 スイ 訓 た-れる た-らす

筆順

たれ下《さ》がる。ぶら下《さ》がる。熟語 垂線《すいせん》。垂直《すいちょく》。懸垂《けんすい》。

《訓の使い方》た-れる 例 水《みず》が垂れる。た-らす 例 ロープを垂らす。

**すい【推】** 画数 11 部首 扌(てへん) 6年

音 スイ 訓 お-す

筆順

❶おす。おしすすめる。熟語 推移《すいい》。推進《すいしん》。❷おし量《はか》る。熟語 推測《すいそく》。推定《すいてい》。推理《すいり》。推量《すいりょう》。類推《るいすい》。❸すすめる。熟語 推薦《すいせん》。

《訓の使い方》お-す 例 委員長《いいんちょう》に推す。

**すい【吹】** 画数 7 部首 口(くちへん)

音 スイ 訓 ふ-く

ふく。ふいて音《おと》を出《だ》す。風《かぜ》が起《お》こる。熟語 吹奏楽《すいそうがく》。例 風《かぜ》が吹《ふ》く。

**すい【炊】** 画数 8 部首 火(ひへん)

音 スイ 訓 た-く

たく。食《た》べ物《もの》を、煮《に》たりゆでたりする。熟語 炊事《すいじ》。炊飯《すいはん》。雑炊《ぞうすい》。

**すい【帥】** 画数 9 部首 巾(はば)

音 スイ 訓 ―

軍隊《ぐんたい》を率《ひき》いる。また、軍隊《ぐんたい》を率《ひき》いる将軍《しょうぐん》。熟語 元帥《げんすい》。

**すい【粋】** 画数 10 部首 米(こめへん)

音 スイ 訓 いき

❶質《しつ》がよい。熟語 純粋《じゅんすい》。抜粋《ばっすい》。❷あか抜《ぬ》けしている。例 無粋《ぶすい》(=気《き》がきかない。やぼだ)。

**すい【粋】** 一 名 特別《とくべつ》にすぐれているもの。例 技術《ぎじゅつ》の粋を集《あつ》める。二 名 形動 気《き》がきいているようす。いきであるようす。例 粋なお方《かた》だ。

**すい【衰】** 画数 10 部首 衣(ころも)

音 スイ 訓 おとろ-える

勢《いきお》いがなくなる。熟語 衰弱《すいじゃく》。衰退《すいたい》。老衰《ろうすい》。

**すい【酔】** 画数 11 部首 酉(とりへん)

音 スイ 訓 よ-う

❶よう。酒《さけ》を飲《の》んだり乗《の》り物《もの》にゆられたりして気分《きぶん》がふつうでなくなる。熟語 泥酔《でいすい》(=ひどく酒《さけ》によう)。❷薬《くすり》でしびれる。熟語 麻酔《ますい》。❸心《こころ》をうばわれる。熟語 陶酔《とうすい》(=うっとりしてその気分《きぶん》にひたる)。

[歌の意味] 命《いのち》よ。絶《た》えるのなら絶《た》えてもいい、生《い》きながらえていくと、忍《しの》ぶ心《こころ》が弱《よわ》ってしまうから。

**すい【遂】** 画数 12 部首 辶（しんにょう）

音 スイ 訓 と-げる

とげる。しようと思《おも》ったことを果《は》たす。熟語 遂行《すいこう》。完遂《かんすい》。例 仕事《しごと》をやり遂《と》げる。

**すい【睡】** 画数 13 部首 目（めへん）

音 スイ 訓 ―

ねむる。ねむり。熟語 睡眠《すいみん》。熟睡《じゅくすい》。

**すい【穂】** 画数 15 部首 禾（のぎへん）

音 スイ 訓 ほ

イネやムギなどの、ほ。熟語 穂状《すいじょう》〔=イネのほのような形《かたち》〕。稲穂《いなほ》。

**すい【出】** 熟語 出納《すいとう》。↓しゅつ【出】610ページ

**すい【酸い】** 形 すっぱい。例 酸い夏《なつ》みかん。↓さん【酸】527ページ

**酸《す》いも甘《あま》いもかみ分《わ》ける** 人生《じんせい》の経験《けいけん》が豊《ゆた》かで、世《よ》の中《なか》や人《ひと》の気持《きも》ちの細《こま》かなところまで知《し》りつくしている。例 酸いも甘いもかみ分けた苦労人《くろうにん》。

**ずい【随】** 画数 12 部首 阝（こざとへん）

音 ズイ 訓 ―

❶つき従《したが》う。ついて行《い》く。熟語 随員《ずいいん》。随行《ずいこう》。付随《ふずい》。❷気《き》の向《む》くままにする。熟語 随意《ずいい》。随《ずい》時《じ》。随筆《ずいひつ》。

**ずい【髄】** 画数 19 部首 骨（ほねへん）

音 ズイ 訓 ―

❶動物《どうぶつ》の骨《ほね》の中《なか》につまっているもの。熟語 骨髄《こつずい》。脊髄《せきずい》。❷いちばん大切《たいせつ》なもの。熟語 神《しん》髄《ずい》。

**ずい【髄】** 名 ❶動物《どうぶつ》の骨《ほね》の中《なか》の、すき間《ま》を満《み》たしている柔《やわ》らかいもの。❷植物《しょくぶつ》の茎《くき》や根《ね》の中心《ちゅうしん》にある柔《やわ》らかい部分《ぶぶん》。❸植物《しょくぶつ》の茎《くき》の中心《ちゅうしん》にあるすきま。例 よしの髄から天井《てんじょう》のぞく〔↓よし（葦）1359ページ〕。

**ずい【隋】** 地名 五八一年《ねん》から六一八年《ねん》まで、中国《ちゅうごく》に栄《さか》えた国《くに》の名《な》。日本《にっぽん》の大和《やまと》朝廷《ちょうてい》は、小野妹子《おののいもこ》らを遣隋使《けんずいし》として送《おく》った。

**すいあげる【吸い上げる】** 動 ❶液体《えきたい》を吸《す》って上《うえ》へ上《あ》げる。❷他人《たにん》の利益《りえき》を自分《じぶん》のほうに取《と》りこむ。❸人《ひと》の意見《いけん》を取《と》り上《あ》げ、活用《かつよう》する。例 社員《しゃいん》の考《かんが》えを吸い上げる。

**すいあつ【水圧】** 名 水《みず》の圧力《あつりょく》。

**すいい【水位】** 名 川《かわ》や海《うみ》・湖《みずうみ》などの水面《すいめん》の高《たか》さ。例 大雨《おおあめ》で川《かわ》の水位が上《あ》がる。

**すいい【推移】** 名 動-する ものごとのありさまが移《うつ》り変《か》わること。移《うつ》り変《か》わり。

**ずいい【随意】** 名 形動 好《す》きなようにすること。例 どうぞご随意に。

**すいいき【水域】** 名 川《かわ》や海《うみ》などの、ある限《かぎ》られた広《ひろ》さ。例 危険《きけん》な水域。

**ずいいきん【随意筋】** 名 自分《じぶん》の意志《いし》で動《うご》かすことができる筋肉《きんにく》。手足《てあし》の筋肉《きんにく》など。

**ずいいち【随一】** 名 第一《だいいち》。第一番《だいいちばん》。例 このビルは日本《にっぽん》随一の大《おお》きさだ。

**スイーツ**〔英語 sweets〕名 あまい食《た》べ物《もの》。菓《か》子《し》、ケーキなど。

**スイート**〔英語 suite〕名 ↓スイートルーム 671ページ

**スイート**〔英語 sweet〕形動 ❶甘《あま》いようす。例 スイートポテト。❷気持《きも》ちがいいようす。例 スイートな雰囲気《ふんいき》。

**スイートピー**〔英語 sweet pea〕名 おもに切《き》り花《ばな》にする草花《くさばな》。春《はる》、チョウの形《かたち》をした白《しろ》・赤《あか》・むらさき色《いろ》の花《はな》が咲《さ》く。

**スイートルーム** 名〔日本《にっぽん》でできた英語《えいご》ふうの言葉《ことば》。〕ホテルで、居間《いま》と寝室《しんしつ》などがひと組《くみ》になっている部屋《へや》。スイート。

**ずいいん【随員】** 名 首相《しゅしょう》・大臣《だいじん》などの高官《こうかん》につき従《したが》って行《い》く人《ひと》。

**すいうん【水運】** 名 船《ふね》で、人《ひと》や物《もの》などを運《はこ》ぶこと。類 海運《かいうん》。対 陸運《りくうん》。

**すいえい【水泳】** 名 動-する 泳《およ》ぐこと。類 遊《ゆう》泳《えい》。

**すいおん【水温】** 名 水《みず》の温度《おんど》。

**すいか【〈西瓜〉】** 名 畑《はたけ》に作《つく》る作物《さくもつ》。夏《なつ》、大《おお》きな実《み》が、地面《じめん》をはうつるにできる。中身《なかみ》は赤《あか》や黄色《きいろ》で、水分《すいぶん》が多《おお》くあまい。

**すいがい【水害】** 名 大水《おおみず》によって受《う》ける損《そん》害《がい》。

**すいかわり【すいか割り】** 名 地面《じめん》に置《お》いたすいかに目《め》かくしをして近《ちか》づき、棒《ぼう》で打《う》って割《わ》る遊《あそ》び。

**すいきゅう【水球】** 名 水《すい》泳《えい》競《きょう》技《ぎ》の一《ひと》つ。

七名《めい》ずつ二組《ふたくみ》に分《わ》かれ、泳《およ》ぎながらボールを相手《あいて》のゴールに入《い》れ、得点《とくてん》を争《あらそ》う。

**すいぎゅう【水牛】** 名 アジア・アフリカにいる角《つの》の長《なが》い牛《うし》。体《からだ》は黒《くろ》っぽい灰色《はいいろ》で、水浴《みずあ》びを好《この》む。⇩うし(牛)103ページ

**すいきょ【推挙】** 名 動-する ある人《ひと》を上《うえ》の地《ち》位《い》や役目《やくめ》に推薦《すいせん》すること。

**すいぎょのまじわり【水魚の交わり】** 非常《ひじょう》に親《した》しいつき合《あ》い。参考 昔《むかし》の中《ちゅう》国《ごく》、蜀《しょく》の国《くに》の劉備《りゅうび》が、孔明《こうめい》との親《した》しい間柄《あいだがら》を、「魚《さかな》と水《みず》のように切《き》り離《はな》せないもの」と言《い》ったことから。

**すいぎん【水銀】** 名 銀色《ぎんいろ》で重《おも》い金属《きんぞく》。金属《きんぞく》の中《なか》で水銀《すいぎん》だけがふつうの温度《おんど》で液体《えきたい》である。温度《おんど》の変化《へんか》で、体積《たいせき》が規則正《きそくただ》しく変化《へんか》するので、温度計《おんどけい》などに使《つか》われる。

**すいぎんとう【水銀灯】** 名 水銀《すいぎん》の蒸気《じょうき》を入《い》れた電灯《でんとう》。道路《どうろ》の照明《しょうめい》や医療《いりょう》などに使《つか》われていたが、一般用《いっぱんよう》は二〇二〇年末《ねんまつ》に製造《せいぞう》が中止《ちゅうし》された。

**すいけい【水系】** 名 川《かわ》の本流《ほんりゅう》と、それに合《ごう》流《りゅう》する支流《しりゅう》をまとめていう言葉《ことば》。例 利根川《とねがわ》水系。

**すいけい【推計】** 名 動-する 推《お》し量《はか》って計算《けいさん》すること。例 十年後《じゅうねんご》の人口《じんこう》の推計。

**すいげん【水源】** 名 川《かわ》の水《みず》の流《なが》れ出《で》るもと。みなもと。例 水源までさかのぼる。水源地《ち》。

**すいこう【遂行】** 名 動-する 終《お》わりまでやりとげること。例 任務《にんむ》を遂行する。

✤**すいこう【推敲】** 名 動-する 文章《ぶんしょう》や詩《し》を書《か》くときに、どのような言《い》い表《あらわ》し方《かた》がよいかを何《なん》度《ど》も考《かんが》え直《なお》し、よりよい文《ぶん》にすること。例 作《さく》文《ぶん》を推敲する。

**すいごう【水郷】** 名 湖《みずうみ》・沼《ぬま》・川《かわ》などの、景色《けしき》のよい土地《とち》。すいきょう。例 水郷地帯《ちたい》。

**ずいこう【随行】** 名 動-する 位《くらい》の高《たか》い人《ひと》について行《い》くこと。例 随行員《いん》。

**すいこうさいばい【水耕栽培】** 名 土《つち》を使《つか》わないで、養分《ようぶん》をとかした水《みず》で植物《しょくぶつ》を育《そだ》てる方法《ほうほう》。水栽培《みずさいばい》。

**すいこてんのう【推古天皇】** 人名(女)(五五四～六二八)日本《にっぽん》で最初《さいしょ》の女性《じょせい》の天皇《てんのう》。おいの聖徳太子《しょうとくたいし》の助《たす》けで政治《せいじ》を行《おこな》った。

**すいこむ【吸い込む】** 動 吸《す》って中《なか》へ入《い》れる。例 空気《くうき》を吸い込む。対 はき出《だ》す。

**すいさいが【水彩画】** 名 水《みず》でといた絵《え》の具《ぐ》でかいた絵《え》。水絵《みずえ》。

**すいさつ【推察】** 名 動-する (気持《きも》ちなどを)推《お》し量《はか》ること。例 心中《しんちゅう》を推察する。

**すいさん【水産】** 名 海《うみ》、川《かわ》、湖《みずうみ》などから魚《さかな》・貝《かい》・海藻《かいそう》などをとること。また、その魚介《ぎょかい》や海藻《かいそう》。

**すいさんかナトリウム【水酸化ナトリウム】** 名 水《みず》によくとけて、強《つよ》いアルカリ性《せい》を示《しめ》す白《しろ》い粉《こな》。薬品《やくひん》やせっけんを作《つく》るのに使《つか》う。苛性《かせい》ソーダ。

**すいさんぎょう【水産業】** 名 水産物《すいさんぶつ》をとったり、育《そだ》てたり、加工《かこう》したりする仕事《しごと》。

**すいさんしげん【水産資源】** 名 海《うみ》、川《かわ》、湖《みずうみ》などにいる魚《さかな》・貝《かい》・海藻《かいそう》など。

**すいさんしけんじょう【水産試験場】** 名 水産物《すいさんぶつ》の研究《けんきゅう》をしたり、その育《そだ》て方《かた》、とり方《かた》などを教《おし》えたりする所《ところ》。

**すいさんぶつ【水産物】** 名 川《かわ》・海《うみ》・湖《みずうみ》などでとれる、魚《さかな》・貝《かい》・海藻《かいそう》など。類 海産物《かいさんぶつ》。

**すいし【水死】** 名 動-する 水《みず》におぼれて死《し》ぬこと。類 でき死《し》。

**すいじ【炊事】** 名 動-する ご飯《はん》をたいたり、おかずを作《つく》ったりして、食事《しょくじ》のしたくをすること。例 炊事場《ば》。

**ずいじ【随時】** 副 ❶その時々《ときどき》に。例 随時募《ぼ》集《しゅう》する。❷いつでも。例 随時受《う》け付《つ》けます。

例解 ❗ ことばの勉強室

**推敲《すいこう》**

昔《むかし》、中国《ちゅうごく》に賈島《かとう》という詩人《しじん》がいた。あるとき「僧《そう》は推《お》す月《げっ》下《か》の門《もん》」と書《か》いたあと、「推《お》す」がよいか「敲《たた》く」がよいかと、われを忘《わす》れて考《かんが》え続《つづ》けた。――

この話《はなし》から、文章《ぶんしょう》を練《ね》り直《なお》すことを、「推敲《すいこう》」というようになった。

［歌の意味］ あなたに見《み》せたいものです。漁師《りょうし》の袖《そで》でさえぬれただけなのに、わたしの袖《そで》は涙《なみだ》でぬれて色《いろ》まで変《か》わってしまいました。

**すいしつ**【水質】名 水《みず》の性質《せいしつ》。水《みず》にとけている成分《せいぶん》。例 水質検査《けんさ》。

**すいしゃ**【水車】名 流《なが》れる水《みず》や落《お》ちる水《みず》の力《ちから》を利用《りよう》して車《くるま》を回《まわ》し、米《こめ》をついたり粉《こな》をひいたりする仕組《しく》み。みずぐるま。

〔すいしゃ〕

**すいじゃく**【衰弱。】名 動-する 勢《いきお》いがおとろえて、弱《よわ》くなること。例 病《びょう》気《き》で、体《からだ》が衰弱する。

**すいじゅん**【水準】名 比《くら》べるときの、平均《へいきん》的《てき》な程《てい》度《ど》。レベル。例 実力《じつりょく》は、水準より高《たか》い。類 標《ひょう》準《じゅん》。

**すいじゅんき**【水準器】名 物《もの》の面《めん》や土《と》地《ち》が平《たい》らかどうかを調《しら》べる道具《どうぐ》。

**ずいしょ**【随所。】名 どこでも。至《いた》る所《ところ》。例 随所に、交通標識《こうつうひょうしき》がある。

**すいしょう**【水晶。】名 石英《せきえい》が六角形《ろっかくけい》の柱《はしら》のようになっている鉱物《こうぶつ》。はんこやかざり物《もの》などに使《つか》う。

**すいしょう**【推奨。】名 動-する すぐれている点《てん》をほめて、人《ひと》にもすすめること。例 先生《せんせい》ご推奨の本《ほん》。

**すいしょう**【推賞・推称。】名 動-する あれはいいと言《い》って、人《ひと》に向《む》かってほめること。例 ベストワンに推賞される。

**すいじょう**【水上】名 水《みず》の上《うえ》。水《みず》の表面《ひょうめん》。対 陸上《りくじょう》。

**すいじょうき**【水蒸気】名 水《みず》が蒸発《じょうはつ》して気体《たい》になったもの。目《め》には見《み》えない。参考「湯気《ゆげ》」は、水蒸気《すいじょうき》が空気《くうき》中《ちゅう》で冷《ひ》やされて細《こま》かなつぶになったもの。

**すいじょうきょうぎ**【水上競技】名 水《みず》の上《うえ》や水《みず》の中《なか》で、技《わざ》を競《きそ》い合《あ》うスポーツ。水泳《すいえい》・飛《と》び込《こ》み・水球《すいきゅう》など。

**すいしょうたい**【水晶体。】名 ひとみのすぐ後《うし》ろにある、凸《とつ》レンズの形《かたち》をしたもの。厚《あつ》さが自由《じゆう》に変《か》わり、物《もの》の像《ぞう》をはっきりと目《め》の膜《まく》に映《うつ》すはたらきをする。

**すいしん**【水深】名 川《かわ》・海《うみ》などの深《ふか》さ。

**すいしん**【推進】名 動-する ❶前《まえ》のほうへおし進《すす》めること。例 推進力《りょく》。❷ものごとがはかどるように、どんどん進《すす》めること。例 計画《けいかく》どおり仕事《しごと》を推進する。

**スイス** 地名 ヨーロッパの中《なか》ほどにある国《くに》。首都《しゅと》はベルン。永世中立国《えいせいちゅうりつこく》。

**すいすい** 副(-と) 軽《かろ》やかに進《すす》むようす。例 メダカがすいすいと泳《およ》ぐ。

**すいせい**【水生】名 ❶水《すい》中《ちゅう》に生《は》えること。例 水生植物《しょくぶつ》。❷水《すい》中《ちゅう》にすむこと。例 水生動《どう》物《ぶつ》。対 (❶・❷)陸生《りくせい》。

**すいせい**【水性】名 水《みず》に溶《と》けやすい性質《せいしつ》。例 水性のペンで名《な》前《まえ》を書《か》く。対 油性《ゆせい》。

**すいせい**【水星】名 惑星《わくせい》の一《ひと》つ。太陽《たいよう》にいちばん近《ちか》く、いちばん小《ちい》さい惑星《わくせい》。⬇たいようけい 50ページ

**すいせい**【水勢】名 水《みず》の流《なが》れる勢《いきお》い。

**すいせい**【彗星】名 ほうき星《ぼし》。ハレーすい星《せい》が有名《ゆうめい》。⬇たいようけい 783ページ

**すい星《せい》のごとく** すい星《せい》のように、急《きゅう》に現《あらわ》れて活躍《かつやく》するようす。例 すい星のごとく現《あらわ》れた天《てん》才《さい》ランナー。

**すいせいがん**【水成岩】名 ⬇たいせきがん 777ページ

**すいせいこんちゅう**【水生昆虫。】名 水《みず》の中《なか》で生活《せいかつ》する昆虫《こんちゅう》。

〔すいせいこんちゅう〕

**すいせん**【水仙。】名 冬《ふゆ》から春《はる》の初《はじ》めにかけて、白《しろ》や黄色《きいろ》のかおりのよい花《はな》が咲《さ》く草花《くさばな》。葉《は》は細長《ほそなが》く、球根《きゅうこん》で増《ふ》える。

**すいせん**【水洗】名 動-する 水《みず》で洗《あら》い流《なが》すこと。例 水洗トイレ。

**すいせん**【垂線】名 一《ひと》つの直線《ちょくせん》や平面《へいめん》に、直角《ちょっかく》に交《まじ》わる直線《ちょくせん》。垂直線《すいちょくせん》。

**°すいせん**【推薦。】名 動-する 自分《じぶん》がよいと思《おも》う人《ひと》や物《もの》を選《えら》んで、他《ほか》の人《ひと》にすすめること。



百人一首 見《み》せばやな雄島《おじま》のあまの袖《そで》だにも濡《ぬ》れにぞ濡《ぬ》れし色《いろ》は変《か》はらず　殷富門院大輔《いんぷもんいんのたいふ》

例 学級《がっきゅう》委員《いいん》に推薦する。

**すいそ【水素】** 名 いちばん軽《かる》くて、色《いろ》も、においもない気体《きたい》。燃《も》えやすい。燃《も》えると、酸《さん》素《そ》と結《むす》びついて水《みず》になる。

**すいそう【水槽】** 名 水《みず》を入《い》れておく大《おお》きな入《い》れ物《もの》。例 水槽でメダカを飼《か》う。

**すいそう【吹奏】** 名 動-する 笛《ふえ》やラッパなど、管《かん》楽《がっ》器《き》で音《おん》楽《がく》を演《えん》奏《そう》すること。

**すいぞう【膵臓】** 名 胃《い》の後《うし》ろにある内《ない》臓《ぞう》。食《た》べ物《もの》をこなすはたらきをする膵《すい》液《えき》や、インシュリンというホルモンを作《つく》り出《だ》す。↓ないぞう(内臓)959ページ

**ずいそう【随想】** 名 心《こころ》にうかんでくる考《かんが》え。または、それを書《か》きつづった文《ぶん》章《しょう》。

**すいそうがく【吹奏楽】** 名 管《かん》楽《がっ》器《き》と打《だ》楽《がっ》器《き》で合《がっ》奏《そう》する音《おん》楽《がく》。

**すいそく【推測】** 名 動-する 推《お》し量《はか》って、見《けん》当《とう》をつけること。例 親《おや》の気《き》持《も》ちを推測する。類 推《すい》量《りょう》。

**すいぞくかん【水族館】** 名 水《みず》にすむ生《せい》物《ぶつ》を集《あつ》め、ガラス張《ば》りの大《おお》きな水《すい》槽《そう》に入《い》れて、生《い》きたままのようすを見《み》せるようにした所《ところ》。すいぞっかん。

**すいそばくだん【水素爆弾】** 名 水《すい》素《そ》の原《げん》子《し》核《かく》どうしが衝《しょう》突《とつ》してヘリウムに変《か》わるときに出《だ》す、非《ひ》常《じょう》に大《おお》きな熱《ねつ》と力《ちから》を利《り》用《よう》した爆《ばく》弾《だん》。水《すい》爆《ばく》。

**すいたい【衰退】** 名 動-する 勢《いきお》いを失《うしな》って、だめになること。例 国《こく》力《りょく》が衰退する。

**すいちゅう【水中】** 名 水《みず》の中《なか》。

**すいちゅうよくせん【水中翼船】** 名 水《すい》底《そこ》につばさをつけた船《ふね》。走《はし》りだすと船《ふね》が水上《じょう》にうき上《あ》がって、すべるように速《はや》く進《すす》む。↓ふね❶1000ページ

**すいちょく【垂直】** 名 形動 ❶地《ち》球《きゅう》の重《じゅう》力《りょく》の方《ほう》向《こう》に垂《た》れていること。鉛《えん》直《ちょく》。対 水《すい》平《へい》。❷一《ひと》つの直《ちょく》線《せん》や平《へい》面《めん》が、他《ほか》の直《ちょく》線《せん》や平《へい》面《めん》と、直《ちょっ》角《かく》に交《まじ》わること。

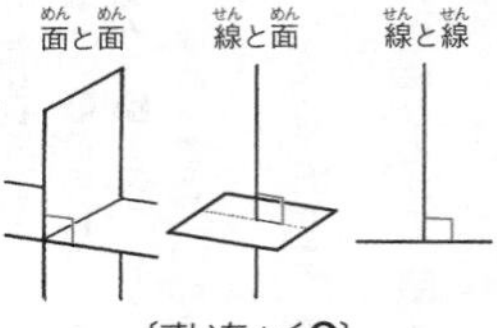

〔すいちょく❷〕

**すいちょくせん【垂直線】** 名 ↓すいせん(垂線)673ページ

**すいつく【吸い付く】** 動 吸《す》って、くっつく。ぴったりとくっつく。

**スイッチ**〔英語 switch〕 一名 電《でん》流《りゅう》を通《とお》したり、止《と》めたり、切《き》りかえたりする装《そう》置《ち》。例 スイッチを切《き》る。二名 動-する 他《ほか》の方《ほう》法《ほう》やものに切《き》りかえること。例 新《しん》計《けい》画《かく》にスイッチする。

**スイッチバック**〔英語 switchback〕名 動-する 急《きゅう》な斜《しゃ》面《めん》を無《む》理《り》なく上《のぼ》り下《くだ》りできるように、ジグザグ形《がた》につけてある鉄《てつ》道《どう》の線《せん》路《ろ》。また、列《れっ》車《しゃ》がその線《せん》路《ろ》を前《ぜん》進《しん》したり後《こう》退《たい》したりして、上《のぼ》り下《くだ》りすること。

**すいてい【水底】** 名 水《みず》のそこ。みなそこ。

**すいてい【推定】** 名 動-する まだわかっていないことを、こうだろうと推《お》し量《はか》って決《き》めること。例 できた年《ねん》代《だい》を推定する。

**すいてき【水滴】** 名 水《みず》のしずく。例 水滴がしたたる。

**すいでん【水田】** 名 水《みず》を入《い》れて、イネを作《つく》る田《た》。田《た》んぼ。みずた。

**すいとう【水筒】** 名 飲《の》み水《みず》などを入《い》れて持《も》ち歩《ある》く入《い》れ物《もの》。

**すいとう【水稲】** 名 水《すい》田《でん》に作《つく》るイネ。対 陸《りく》稲《とう》。

**すいとう【出納】** 名 動-する お金《かね》や品《しな》物《もの》の出《だ》し入《い》れ。例 出納係《がかり》。

**すいどう【水道】** 名 ❶水《みず》を運《はこ》ぶ設《せつ》備《び》。特《とく》に、飲《の》み水《みず》を家《いえ》などに配《くば》る設《せつ》備《び》。上《じょう》水《すい》道《どう》。❷海《かい》の、海《うみ》が陸《りく》地《ち》にはさまれて、せまくなった所《ところ》。海《かい》峡《きょう》。例 豊《ぶん》後《ご》水道。

**すいとる【吸い取る】** 動 ❶吸《す》いこんで取《と》る。❷(他《た》人《にん》のお金《かね》や物《もの》を)無《む》理《り》に取《と》り上《あ》げる。例 もうけを吸い取られる。

**すいとん【水団】** 名 小《こ》麦《むぎ》粉《こ》で作《つく》っただんごを、汁《しる》の中《なか》に入《い》れて煮《に》たもの。

**すいなん【水難】** 名 乗《の》っている船《ふね》がしずんだり、おぼれて死《し》んだりするなどの災《さい》難《なん》。

**すいばく【水爆】** 名 ↓すいそばくだん674ページ

**すいはん【炊飯】** 名 ご飯《はん》をたくこと。

**ずいひつ【随筆】** 名 心《こころ》に思《おも》いうかんだことや見《み》たり聞《き》いたりしたことなどを、自《じ》由《ゆう》に書《か》いた文《ぶん》章《しょう》。エッセイ。エッセー。

［歌の意味］ こおろぎが鳴《な》き霜《しも》のおりる寒《さむ》い夜《よる》のはばのせまいむしろに、着物《きもの》だけしいてひとり寝《ね》るのかなあ。
注 きりぎりす＝現在《げんざい》のこおろぎ。

**すいふ【水夫】**［名］船乗《ふなの》り。

**すいぶん【水分】**［名］物《もの》に含《ふく》まれている水《みず》の量《りょう》。水気《みずけ》。

○**ずいぶん【随分】**一［副］たいそう。なかなか。［例］今日《きょう》は、ずいぶん暑《あつ》い。二［形動］ひどい。［例］ずいぶんな言《い》い方《かた》だ。

○**すいへい【水平】**［名］［形動］❶静《しず》かな水面《すいめん》のように、平《たい》らなこと。［例］棚《たな》を水平につる。❷地球《ちきゅう》の重力《じゅうりょく》の向《む》きと直角《ちょっかく》な方向《ほうこう》。［対］垂直《すいちょく》。

**すいへい【水兵】**［名］海軍《かいぐん》の兵士《へいし》。

**すいへいせん【水平線】**［名］❶水平《すいへい》な面《めん》に平行《へいこう》している線《せん》。［対］鉛直線《えんちょくせん》。❷空《そら》と海《うみ》の境《さかい》の線《せん》。［例］水平線に汽船《きせん》が見《み》える。

**すいほうにきする【水泡に帰する】**（あわが消《き》えるように）続《つづ》けてきたことがむだになる。［例］せっかくの努力《どりょく》も水泡に帰した。

**すいぼくが【水墨画】**［名］絵《え》の具《ぐ》を使《つか》わず、墨《すみ》をといてかいた絵《え》。墨絵《すみえ》。［参考］日本《にっぽん》には、鎌倉時代《かまくらじだい》に中国《ちゅうごく》から伝《つた》わった。水墨画家《すいぼくがか》では雪舟《せっしゅう》などが有名《ゆうめい》。

**すいぼつ【水没】**［名］［動-する］水《みず》の中《なか》に見《み》えなくなること。［例］大雨《おおあめ》で道路《どうろ》が水没した。

**すいま【睡魔】**［名］ねむけ。［例］睡魔におそわれる〔=ひどく眠《ねむ》くなる〕。［参考］ねむけを魔物《まもの》にたとえた言《い》い方《かた》。

**すいみゃく【水脈】**［名］地下水《ちかすい》の流《なが》れる道《みち》。［例］水脈をさぐって、井戸《いど》をほる。

○**すいみん【睡眠】**［名］ねむること。ねむり。［例］睡眠をとる。睡眠不足《ぶそく》。

**スイミング**〔英語 swimming〕［名］泳《およ》ぐこと。水泳《すいえい》。［例］スイミングスクール。

**すいめん【水面】**［名］水《みず》の表面《ひょうめん》。

**すいめんか【水面下】**［名］❶水《みず》の中《なか》。❷表《ひょう》面《めん》に現《あらわ》れない部分《ぶぶん》。［例］水面下で交渉《こうしょう》が行《おこな》われていた。

**すいもの【吸い物】**［名］日本料理《にほんりょうり》で、野菜《やさい》や魚《さかな》などを入《い》れたすまし汁《じる》。おすまし。

**すいもん【水門】**［名］川《かわ》や貯水池《ちょすいち》などで、水《みず》を止《と》めたり、流《なが》したりするために作《つく》った、門《もん》のような仕《し》かけ。

○**すいよう【水曜】**［名］週《しゅう》の、日曜日《にちようび》から数《かぞ》えて四日《よっか》めの日《ひ》。火曜《かよう》の次《つぎ》の日《ひ》。水曜日《すいようび》。

**すいようえき【水溶液】**［名］ある物質《ぶっしつ》を水《みず》にとかした液体《えきたい》。食塩水《しょくえんすい》や砂糖水《さとうみず》など。

**すいよく【水浴】**［名］［動-する］水《みず》を浴《あ》びること。水浴《みずあ》び。［例］きれいな川《かわ》で水浴する。

**すいり【水利】**［名］❶川《かわ》や海《うみ》などを、人《ひと》や物《もの》を運《はこ》ぶのに利用《りよう》すること。［例］水利の便《べん》がよい。❷水《みず》を、田《た》や畑《はたけ》に入《い》れたり、飲《の》み水《みず》や消《しょう》防《ぼう》に使《つか》ったりすること。［例］水利権《けん》。

**すいり【推理】**［名］［動-する］わかっていることがらをもとにして、次《つぎ》のことがらを考《かんが》え出《だ》すこと。［例］犯人《はんにん》を推理する。

**すいりしょうせつ【推理小説】**［名］ある事件《じけん》を解決《かいけつ》するように、筋《すじ》を組《く》み立《た》てた小《しょう》説《せつ》。探偵小説《たんていしょうせつ》。ミステリー。

**すいりゅう【水流】**［名］水《みず》の流《なが》れ。

**すいりょう【水量】**［名］水《みず》の量《りょう》。水《みず》かさ。

**すいりょう【推量】**［名］［動-する］見当《けんとう》をつけること。推《お》し量《はか》ること。［例］当《あ》て推量《ずいりょう》〔=根拠《こんきょ》のない、いいかげんな推量《すいりょう》〕。［類］推測《すいそく》。

**すいりょく【水力】**［名］水《みず》が流《なが》れたり、落《お》ちたりするときの力《ちから》。

**すいりょく【推力】**［名］飛行機《ひこうき》やロケット、船《ふね》などを、進《すす》む方向《ほうこう》におしすすめる力《ちから》。推進《すいしん》力《りょく》。

**すいりょくはつでん【水力発電】**［名］高《たか》い所《ところ》から落《お》ちる水《みず》の力《ちから》を利用《りよう》して電気《でんき》を起《お》こすこと。

**すいれん**［名］池《いけ》や沼《ぬま》に生《は》える水草《みずくさ》の一《ひと》つ。夏《なつ》に白《しろ》・もも色《いろ》・むらさき色《いろ》などの花《はな》が咲《さ》き、葉《は》は水面《すいめん》にういている。ひつじぐさ。

〔すいれん〕

**すいろ【水路】**［名］❶水《みず》を送《おく》るみち。❷船《ふね》の通《とお》るみち。航路《こうろ》。

✤**すいろん【推論】**［名］［動-する］わかっていることがらをもとにして、次《つぎ》のまだわかっていないことがらを、説明《せつめい》すること。

**スイング**〔英語 swing〕［名］［動-する］❶（バット・腕《うで》などを）ふり回《まわ》すこと。❷ジャズの、体《からだ》が動《うご》きだすようなリズムの調子《ちょうし》。

**すう【数】**［画数］13 ［部首］攵（ぼくづくり） 2年

［音］スウ ス ［訓］かず かぞ-える

筆順 数

❶かず。熟語 数字《すうじ》。数量《すうりょう》。画数《かくすう》。奇数《きすう》。偶数《ぐうすう》。分数《ぶんすう》。人数《にんずう》・人数《にんず》。場数《ばかず》。❷いくつかの。熟語 数回《すうかい》。数人《すうにん》。

《訓の使い方》かぞ-える 例 かずを数える。

**すう【数】** 名 かず。例 正《せい》の数。

**すう【枢】** 画数 8 部首 木（きへん）

音 スウ 訓 ―

ものごとの大切《たいせつ》なところ。熟語 中枢《ちゅうすう》。

**すう【崇】** 画数 11 部首 山（やま）

音 スウ 訓 ―

気高《けだか》い。うやまう。熟語 崇高《すうこう》。崇拝《すうはい》。

**°すう【吸う】** 動 ❶空気《くうき》や水《みず》などを、口《くち》や鼻《はな》から取《と》り入《い》れる。例 息《いき》を吸う。赤《あか》ちゃんが乳《ちち》を吸う。対 吐《は》く。❷水分《すいぶん》などを中《なか》に取《と》りこむ。例 花《はな》が水《みず》を吸う。↓きゅう【吸】323ページ

**スウェーデン** 地名 ヨーロッパの北部《ほくぶ》、スカンジナビア半島《はんとう》の東側《ひがしがわ》にある国《くに》。首都《しゅと》はストックホルム。

**すうかい【数回】** 名 三《さん》～四回《よんかい》から五《ご》～六回《ろっかい》。

**すうがく【数学】** 名 数《かず》や図形《ずけい》などについて研究《けんきゅう》する学問《がくもん》。

**すうき【数奇】** 形動 運命《うんめい》のめぐり合《あ》わせがよくないようす。幸《しあわ》せと不幸《ふしあわ》せの、浮《う》き沈《しず》みがはげしいようす。例 数奇な運命《うんめい》をたどる。

**すうこう【崇高】** 形動 すぐれていて、気高《けだか》く感《かん》じられるようす。例 崇高な理想《りそう》。

**❖すうし【数詞】** 名 ものの数量《すうりょう》や順序《じゅんじょ》などを表《あらわ》す言葉《ことば》。三《みっ》つ・一番《いちばん》・第五回《だいごかい》など。↓ふろく（8ページ）

**°すうじ【数字】** 名 数《かず》を表《あらわ》す文字《もじ》。アラビア数字《すうじ》（＝算用数字《さんようすうじ》）、漢数字《かんすうじ》、ローマ数字《すうじ》などがある。

| | | | | | | | | | | |
|---|---|---|---|---|---|---|---|---|---|---|
| アラビア数字《すうじ》 | 1 | 2 | 3 | 4 | 5 | 6 | 7 | 8 | 9 | 10 |
| 漢数字《かんすうじ》 | 一 | 二 | 三 | 四 | 五 | 六 | 七 | 八 | 九 | 十 |
| ローマ数字《すうじ》 | Ⅰ | Ⅱ | Ⅲ | Ⅳ | Ⅴ | Ⅵ | Ⅶ | Ⅷ | Ⅸ | Ⅹ |

〔すうじ〕

**すうしき【数式】** 名 数字《すうじ》や文字《もじ》を＋・－・×・÷などの記号《きごう》で結《むす》びつけた式《しき》。

**すうじつ【数日】** 名 三《さん》～四日《よっか》から五《ご》～六日《ろくにち》。

**°ずうずうしい** 形 人《ひと》の気持《きも》ちなど考《かんが》えず、自分勝手《じぶんかって》に好《す》きなことをする。あつかましい。例 礼儀《れいぎ》知《し》らずのずうずうしい男《おとこ》だ。

**ずうたい【図体】** 名 体《からだ》つき。なり。〔くだけた言《い》い方《かた》。〕例 大《おお》きなずうたい体をしている。

参考 体《からだ》の大《おお》きいことについて言《い》うことが多《おお》い。

**すうち【数値】** 名 計算《けいさん》したり、はかったりして出《で》た数《かず》。値《あたい》。例 正《ただ》しい数値。

**すうちょくせん【数直線】** 名 〔算数《さんすう》で〕直線《ちょくせん》上《じょう》にもとになる点《てん》を定《さだ》めて0《ゼロ》とし、その両側《りょうがわ》に目盛《めも》りをつけたもの。

**スーツ** 〔英語 suit〕名 上着《うわぎ》とズボン、または上着《うわぎ》とスカートが同《おな》じ布《ぬの》でできている、ひとそろいの洋服《ようふく》。

**スーツケース** 〔英語 suitcase〕名 着《き》がえなどを入《い》れて持《も》ち歩《ある》く旅行用《りょこうよう》のかばん。

**すうにん【数人】** 名 三《さん》～四人《よにん》から五《ご》～六人《ろくにん》。

**すうねん【数年】** 名 三《さん》～四年《よねん》から五《ご》～六年《ろくねん》。

**スーパー** 〔英語 super〕一 名 ❶「スーパーマーケット」の略《りゃく》。❷「スーパーインポーズ」の略《りゃく》。テレビや映画《えいが》の字幕《じまく》。二〔ある言葉《ことば》の前《まえ》につけて〕特別《とくべつ》な。すぐれた。大《おお》きな。例 スーパーコンピューター。

**スーパーコンピューター** 〔英語 supercomputer〕名 超高速《ちょうこうそく》の計算能力《けいさんのうりょく》をもつ、大規模《だいきぼ》コンピューター。スパコン。

**スーパーマーケット** 〔英語 supermarket〕名 食料品《しょくりょうひん》や日用品《にちようひん》を自分《じぶん》で選《えら》んで、出口《でぐち》でお金《かね》をはらう仕組《しく》みの店《みせ》。スーパー。

**スーパーマン** 〔英語 superman〕名 人間《にんげん》の能力《のうりょく》をこえた力《ちから》を持《も》っている人《ひと》。超人《ちょうじん》。

**すうはい【崇拝】** 名 動-する えらいと思《おも》って尊敬《そんけい》すること。例 英雄《えいゆう》を崇拝する。

**スープ** 〔英語 soup〕名 肉《にく》や野菜《やさい》を煮《に》た汁《しる》に、味《あじ》をつけたもの。例 コンソメスープ。

**ズーム** 〔英語 zoom〕名 （テレビや映画《えいが》で）映《うつ》っているものを、大《おお》きくしたり小《ちい》さくしたりすること。例 ズームレンズ。



[歌の意味] わたしの袖《そで》は、潮《しお》が引《ひ》いても見《み》えない沖《おき》の石《いし》のように、人《ひと》は知《し》らないけれど涙《なみだ》にぬれて、乾《かわ》く間《ま》もない。

**すうりょう【数量】** 名 物《もの》の数《かず》と、かさ。分《ぶん》量《りょう》。例 荷物《にもつ》の数量を調《しら》べる。

**°すえ【末】** 名 ❶いちばん終《お》わり。最後《さいご》。例 四《し》月《がつ》の末。対 初《はじ》め。❷物《もの》の先《さき》のほう。物《もの》のはし。例 木《き》の末をこずえという。対 本《もと》。❸これから先《さき》。将来《しょうらい》。例 末はどうなることか。❹だいじでないこと。例 そんなことは、末の問題《もんだい》だ。対 本《もと》。❺…した結果《けっか》。例 苦《く》心《しん》の末にやっとできた。↓まつ【末】 1235ページ

**すえおき【据°え置き】** 名 据《す》え置《お》くこと。例 料金《りょうきん》は据え置きです。

**すえおく【据°え置く】** 動 そのままの状態《じょうたい》にしておく。例 運賃《うんちん》を据え置く。

**すえおそろしい【末恐°ろしい】** 形 よくも悪《わる》くも、これから先《さき》がどうなるのか心配《しんぱい》だ。例 本当《ほんとう》に、末恐ろしい才能《さいのう》だ。

**スエズうんが**〔スエズ運河〕 地名 アフリカの北東部《ほくとうぶ》にあり、紅海《こうかい》と地中海《ちちゅうかい》とを結《むす》ぶ運河《うんが》。一八六九年《ねん》に、フランス人《じん》レセップスが完成《かんせい》させた。

**すえたのもしい【末頼°もしい】** 形 これから先《さき》が、どんなによくなるか、楽《たの》しみに思《おも》われる。

**すえつける【据°え付ける】** 動 ある場《ば》所《しょ》に置《お》いて、動《うご》かないようにする。

**すえっこ【末っ子】** 名 きょうだいの中《なか》で、いちばんあとに生《う》まれた子《こ》。

**すえながく【末永く】** 副 この先《さき》いつまでも。例 末永くお幸《しあわ》せに。

**すえひろがり【末広がり】** 名 ❶あとのほうが広《ひろ》がること。例「八《はち》」の字《じ》は、末広がりでえんぎがよい。❷しだいに繁盛《はんじょう》すること。例 商売《しょうばい》が末広がりになる。❸（開《ひら》くと、先《さき》のほうが広《ひろ》がることから）「せんす」を、めでたくいう言葉《ことば》。すえひろ。

## すえる【据】 画数 11 部首 扌（てへん）

音 ―― 訓 す-える す-わる

動《うご》かないように置《お》く。

**すえる【据°える】** 動 ❶ある場《ば》所《しょ》に置《お》く。例 仕事《しごと》机《づくえ》を据える。❷地《ち》位《い》や役《やく》目《め》につける。例 会長《かいちょう》に据える。❸落《お》ち着《つ》かせる。動《うご》かさない。例 腰《こし》を据える。目《め》を据える。↓すわる（据わる） 696ページ

**すえる** 動 食《た》べ物《もの》や飲《の》み物《もの》がくさって、すっぱいにおいがする。例 すえたにおい。

**すおう**〔周防〕 地名 昔《むかし》の国《くに》の名《な》の一《ひと》つ。今《いま》の山口県《やまぐちけん》の南東部《なんとうぶ》にあたる。

**ずが【図画】** 名 絵《え》をかくこと。また、かいた絵《え》。例 図画工《こう》作《さく》。

**スカート**〔英語 skirt〕 名 腰《こし》から下《した》の部《ぶ》分《ぶん》をまくようにおおう洋服《ようふく》。主《おも》に女《おんな》の人《ひと》が着《き》る。

**スカーフ**〔英語 scarf〕 名 えりもとをかざったり、頭《あたま》にかぶったりする布《ぬの》。

**ずかい【図解】** 名 動-する 絵《え》や図《ず》にかいてわかりやすく説明《せつめい》すること。例 自《じ》動《どう》車《しゃ》の仕《し》組《く》みを図解する。類 図《ず》説《せつ》。

**ずがいこつ【頭蓋°骨】** 名 動《どう》物《ぶつ》や人《にん》間《げん》の頭《あたま》の骨《ほね》。脳《のう》を包《つつ》んでいる骨《ほね》。

**スカイダイビング**〔英語 sky diving〕 名 飛《ひ》行《こう》機《き》から、パラシュートを用《もち》いて地《ち》上《じょう》に降《こう》下《か》するスポーツ。

**スカイライン**〔英語 skyline〕 名 ❶地《ち》平《へい》線《せん》。❷景《け》色《しき》のよい山《やま》や高《こう》原《げん》に造《つく》られた自《じ》動《どう》車《しゃ》道《どう》路《ろ》の愛《あい》称《しょう》。例 箱《はこ》根《ね》スカイライン。

**スカウト**〔英語 scout〕 名 動-する スポーツや芸《げい》能《のう》界《かい》などで、見《み》こみのある人《ひと》を探《さが》し出《だ》して、自《じ》分《ぶん》のところにさそうこと。また、それを仕《し》事《ごと》にしている人《ひと》。例 新人《しんじん》をスカウトする。

**すがお【素△顔】** 名 ❶化《け》粧《しょう》をしない、元《もと》のままの顔《かお》。例 素顔の美《うつく》しい人《ひと》。❷ありのままの姿《すがた》。例 日《に》本《ほん》の素顔を紹《しょう》介《かい》する。

**ずがこうさく【図画工作】** 名 ↓ずこう 97ページ

**すかさず** 副 間《ま》を置《お》かないで。すぐさま。例 先生《せんせい》の質問《しつもん》に、すかさず答《こた》えた。

**すかし【透°かし】** 名 ❶すき間《ま》を作《つく》ること。すき間《ま》。❷紙《かみ》を光《ひかり》にかざすと見《み》えるようにしてある、模《も》様《よう》や文《も》字《じ》。例 紙《し》幣《へい》には、透かしが入《はい》っている。

**すかしぼり【透°かし彫°り】** 名 木《き》の板《いた》などをくりぬいて模《も》様《よう》をほったもの。

**すかす【透°かす】** 動 ❶すき間《ま》を作《つく》る。例 間《あい》を透かしてなえを植《う》える。❷物《もの》を通《とお》して見《み》る。例 黒《くろ》いガラスを透かして太《たい》陽《よう》を見《み》る。↓とう【透】 904ページ

**すかす【空かす】** 動 腹《はら》をへらす。例 おなか



百人一首 わが袖《そで》は潮《しお》干《ひ》に見《み》えぬ沖《おき》の石《いし》の人《ひと》こそ知《し》らね乾《かわ》く間《ま》もなし 二《に》条《じょう》院《いんの》讃《さぬ》岐《き》

をすかす。

**すかす** 動 きげんを取《と》る。例 おどしたりすかしたりする。

**ずかずか** 副(-と) あらあらしく進《すす》み出《で》るようす。例 ずかずかと家《いえ》に上《あ》がりこむ。

**すがすがしい** 形 さわやかで気《き》持《も》ちがよい。例 山《やま》の朝《あさ》は、すがすがしい。

○**すがた【姿】** 名 ❶体《からだ》の形《かたち》。格好《かっこう》。例 後《うし》ろ姿。❷身《み》なり。服装《ふくそう》。例 はでな姿をした人《ひと》。❸体《からだ》。例 姿をかくす。❹ようす。ありさま。例 今《いま》の日本《にっぽん》の姿。⇩し【姿】537ページ

**すがたみ【姿見】** 名 全身《ぜんしん》を映《うつ》す大形《おおがた》の鏡《かがみ》。

**スカッシュ** 〔英語 squash〕名 ❶くだものの汁《しる》に砂《さ》糖《とう》とソーダ水《すい》を加《くわ》えた飲《の》み物《もの》。❷四方《しほう》を壁《かべ》で囲《かこ》んだコートで行《おこな》うスポーツ。正面《しょうめん》の壁《かべ》に向《む》かって、ボールをラケットで交互《こうご》に打《う》ち合《あ》う。

**ずがら【図柄】** 名 図《ず》や形《かたち》や模様《もよう》。例 このスカーフの図柄は、なかなかいい。

**すがりつく** 動 ❶はなれないように、しっかりとくっつく。しがみつく。例 父《ちち》のそでにすがりつく。❷頼《たよ》りにする。例 先生《せんせい》の助《じょ》言《げん》にすがりつく。

○**すがる** 動 ❶つかまる。しがみつく。例 つえにすがって歩《ある》く。❷頼《たよ》る。助《たす》けを求《もと》める。例 神《かみ》にすがる。人《ひと》の情《なさ》けにすがる。

**すがわらの みちざね【菅原 道真】** 人名(男)(八四五～九〇三)平安《へいあん》時代《じだい》の学者《がくしゃ》・政治家《せいじか》。藤原氏《ふじわらし》によって、右大臣《うだいじん》から九州《きゅうしゅう》の大宰府《だざいふ》の役人《やくにん》にされて、そこで死《し》んだ。死《し》後《ご》、学問《がくもん》の神《かみ》としてまつられ、「天神《てんじん》さま」といわれている。

✤**ずかん【図鑑】** 名 動物《どうぶつ》・植物《しょくぶつ》・乗《の》り物《もの》などを、絵《え》や写真《しゃしん》を見《み》てわかるようにした本《ほん》。例 動物《どうぶつ》図鑑。植物《しょくぶつ》図鑑。

**スカンク** 名 アメリカ大陸《たいりく》にすむ、イタチに似《に》た動物《どうぶつ》。敵《てき》にあうと、くさいにおいの液《えき》を出《だ》してにげる。

■**ずかんそくねつ【頭寒足熱】** 名 頭《あたま》を冷《ひ》やして、足《あし》を温《あたた》かくすること。健康《けんこう》によいという。

○**すき【隙】** 名 ❶物《もの》と物《もの》との間《あいだ》。すきま。例 入《はい》りこむすきがない。❷空《あ》いている時《じ》間《かん》。ひま。例 仕事《しごと》のすきを見《み》て新聞《しんぶん》を読《よ》む。❸油《ゆ》断《だん》。気《き》のゆるみ。例 すきを見《み》せる。参考 ❶・❷は「透《す》き」とも書《か》く。⇩げき【隙】397ページ

○**すき【好き】** 名 形動 ❶気《き》に入《い》ること。心《こころ》が引《ひ》かれること。例 好きな人《ひと》。対 嫌《きら》い。❷趣《しゅ》味《み》。好《この》み。例 ぼくが好きでやっていることです。❸したいようにすること。勝手《かって》。例 てんでに好きなことを言《い》っている。

**好《す》きこそ物《もの》の上手《じょうず》なれ** 好《す》きなことだと熱心《ねっしん》にするので、上手《じょうず》になるものだ。

**すき** 名 農作業《のうさぎょう》で使《つか》う、土《つち》をほり起《お》こす道具《どうぐ》。手《て》に持《も》って使《つか》うものと、牛《うし》や馬《うま》に引《ひ》かせるものなどがある。

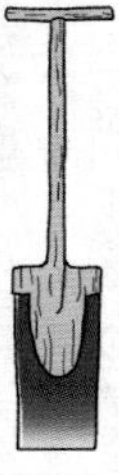
〔すき〕

**すぎ【杉】** 画数 7 部首 木(きへん)

音 ― 訓 すぎ

針《はり》のような葉《は》をつける常緑高木《じょうりょくこうぼく》。

**すぎ【杉】** 名 幹《みき》がまっすぐで、針《はり》のような葉《は》がいつも緑《みどり》色《いろ》をしている高木《こうぼく》。建築《けんちく》や家具《かぐ》などに使《つか》われる。例 杉の木立《こだち》。

**すぎ【過ぎ】** 〔ある言葉《ことば》のあとにつけて〕❶時《じ》間《かん》や年齢《ねんれい》がそれをこえている。例 十時《じゅうじ》過ぎ。二十歳《はたち》過ぎの男《おとこ》。❷程度《ていど》をこえている。例 遊《あそ》び過ぎ。食《た》べ過ぎ。

**スキー** 〔英語 ski〕名 ❶靴《くつ》に取《と》りつけて、雪《ゆき》の上《うえ》をすべる細長《ほそなが》い板《いた》。❷「❶」を使《つか》って雪《ゆき》の上《うえ》をすべるスポーツ。

**スキーヤー** 〔英語 skier〕名 スキーをする人《ひと》。

**すきかって【好き勝手】** 名 形動 思《おも》いのままにふるまうこと。例 好き勝手にしゃべる。

**すききらい【好き嫌い】** 名 ❶好《す》きときらい。例 好き嫌いがはっきりしている。❷好《す》きなものだけとって、きらいなものはさけること。よりごのみ。えりごのみ。例 好き嫌いがはげしい。

**すきこのんで【好き好んで】** わざわざ。例 何《なに》も好き好んで、行《い》くことはないのに。

**すぎさる【過ぎ去る】** 動 ❶時《じ》間《かん》などがたってしまう。例 過ぎ去った昔《むかし》。❷通《とお》りこして、行《い》ってしまう。例 電車《でんしゃ》が過ぎ去った。

**すきずき【好き好き】** 名 人《ひと》によって好《この》み

[歌の意味] 世《よ》の中《なか》は変《か》わらないでほしい。漁師《りょうし》が小舟《こぶね》を綱《つな》で引《ひ》くようすにさえ心《こころ》が動《うご》かされるよ。
注 かなしも＝深《ふか》く心《こころ》をうたれる。

がちがうこと。例 使《つか》う色《いろ》は好き好きでかまわない。

**すぎた げんぱく**〘杉田玄白〙人名（男）（一七三三〜一八一七）江戸《えど》時代《じだい》の医者《いしゃ》。前野《まえの》良沢《りょうたく》らとオランダの解剖《かいぼう》の本《ほん》を訳《やく》し、「解体《かいたい》新書《しんしょ》」と名《な》づけて発表《はっぴょう》した。

**すぎたるはおよばざるがごとし**【過ぎたるは及ばざるがごとし】ものごとは、やりすぎてしまうと、足《た》りないのと同《おな》じである。何事《なにごと》もほどほどがよい。

**すきっぱら**【空きっ腹】名 腹《はら》がすいていること。空腹《くうふく》。

**スキップ**〔英語 skip〕名 動-する 片足《かたあし》ずつ、代《か》わる代《が》わる軽《かる》く飛《と》びながら進《すす》むこと。

**◦すきとおる**【透き通る】動 ❶すけて、中《なか》のほうや、向《む》こうのほうが見《み》える。例 透き通ったガラス。❷声《こえ》などがすんで、よく通《とお》る。例 透き通ったきれいな声《こえ》。

**例解 ことばを広げよう!**

**好《す》き**
いろいろな「好《す》き」

好《この》む
引《ひ》かれる
愛《あい》する
慈《いつく》しむ
かわいがる
慕《した》う
あこがれる
気《き》に入《い》る

好《この》ましい
いとおしい
いとしい
かわいい
かわいらしい
恋《こい》しい
慕《した》わしい

好感《こうかん》
好意《こうい》
愛好《あいこう》
愛着《あいちゃく》
友好《ゆうこう》
友情《ゆうじょう》
愛情《あいじょう》

熱中《ねっちゅう》
夢中《むちゅう》
一心不乱《いっしんふらん》

心《こころ》を引《ひ》かれる
心《こころ》を奪《うば》われる
心《こころ》を寄《よ》せる
心《こころ》が躍《おど》る

気《き》が向《む》く
熱《ねつ》を上《あ》げる
胸《むね》がときめく
胸《むね》を焦《こ》がす

下手《へた》の横好《よこず》き
好《す》きこそものの上手《じょうず》なれ
目《め》の中《なか》に入《い》れても痛《いた》くない

うっとり
しみじみ
しんみり

ほれぼれ
うきうき
のびのび

わくわく
どきどき

**すぎな** 名 野原《のはら》や土手《どて》に生《は》えるシダ。春《はる》、地《ち》下茎《かけい》からツクシが出《で》てきて、かれたあとに細《ほそ》い葉《は》が出《で》る。↓つくし 855ページ

**すぎない**【過ぎない】〔「…にすぎない」の形《かたち》で〕それ以上《いじょう》ではない。ただ…だけである。例 それは言《い》い訳《わけ》にすぎない。

**すぎはら ちうね**〘杉原千畝〙人名（男）（一九〇〇〜一九八六）日本《にっぽん》の外交官《がいこうかん》。第二次《だいにじ》世界大戦中《せかいたいせんちゅう》リトアニアで、ナチスドイツの迫害《はくがい》から逃《のが》れようとするユダヤ難民《なんみん》に、ひそかにビザを発給《はっきゅう》し続《つづ》け、多《おお》くの命《いのち》を救《すく》った。

**◦すきま**【隙間】名 物《もの》と物《もの》との間《あいだ》の所《ところ》。例 カーテンのすき間。参考「透《す》き間《ま》」とも書《か》く。

**すきまかぜ**【隙間風】名 戸《と》や障子《しょうじ》のすき間《ま》から入《はい》ってくる寒《さむ》い風《かぜ》。参考「透《す》き間《ま》風《かぜ》」とも書《か》く。

**すきや**【〈数寄屋〉・〈数奇屋〉】名 茶《ちゃ》の湯《ゆ》のために建《た》てられた建物《たてもの》。参考「数寄屋《すきや》・数《す》奇屋《きや》」は、特別《とくべつ》に認《みと》められた読《よ》み方《かた》。

**すきやき**【すき焼き】名 肉《にく》・とうふ・ネギなどを入《い》れて、煮《に》ながら食《た》べる料理《りょうり》。

**すきやづくり**【〈数寄屋〉造り・〈数奇屋〉造り】名 茶室《ちゃしつ》ふうの建物《たてもの》。茶室《ちゃしつ》ふうの建《た》て方《かた》。

**スキャナー**〔英語 scanner〕名 ❶画像《がぞう》や文書《ぶんしょ》などを読《よ》み取《と》って、コンピューターに入力《にゅうりょく》する装置《そうち》。❷文字《もじ》やバーコードを読《よ》み取《と》る装《そう》置《ち》。

**スキャン**〔英語 scan〕名 動-する「スキャナー

❶」を使《つか》って、画像《がぞう》や文書《ぶんしょ》などをコンピューターに取《と》り込《こ》むこと。

**スキャンダル**〔英語 scandal〕名 よくないうわさ。例 有名人《ゆうめいじん》のスキャンダル。

**スキューバ**〔英語 scuba〕名 水中《すいちゅう》で呼吸《こきゅう》するための器具《きぐ》。空気《くうき》をつめたボンベを背負《せお》い、管《くだ》で空気《くうき》を取《と》り入《い》れながら潜水《せんすい》できるようにしたもの。参考「アクアラング」は、この商標名《しょうひょうめい》。

**スキューバダイビング**〔英語 scuba diving〕名 スキューバを使《つか》って水《みず》の中《なか》にもぐること。

**スキル**〔英語 skill〕名 身《み》につけた技能《ぎのう》。わざ。例 スキルの向上《こうじょう》をはかる。

○**すぎる**【過ぎる】動 ❶通《とお》って行《い》く。例 車《くるま》が橋《はし》を過ぎる。❷時間《じかん》・月日《つきひ》などが移《うつ》っていく。例 月日《つきひ》の過ぎるのは、早《はや》い。❸まさる。❹限度《げんど》をこす。例 健康《けんこう》に過ぎる幸《しあわ》せはない。例 冗談《じょうだん》が過ぎる。❺〔ある言葉《ことば》のあとにつけて〕程度《ていど》をこえて…する。例 食《た》べすぎる。多《おお》すぎる。⇩か【過】189ページ

**ずきん**【頭巾】名 布《ぬの》で、ふくろの形《かたち》に作《つく》り、頭《あたま》にかぶるもの。例 防災《ぼうさい》頭巾。

**スキンケア**〔英語 skin care〕名 動-する はだの手入《てい》れ。

**スキンシップ** 名〔日本《にっぽん》でできた英語《えいご》ふうの言葉《ことば》。〕肌《はだ》と肌《はだ》のふれ合《あ》いによって心《こころ》が通《つう》じ合《あ》うこと。例 親子《おやこ》のスキンシップ。

○**すく**【好く】動 心《こころ》がひかれる。好《この》む。例 みんなから好かれる。対 嫌《きら》う。⇩こう【好】424ページ

○**すく**【透く】動 ❶すき間《ま》ができる。例 戸《と》が透いて明《あ》かりがもれる。❷ある物《もの》を通《とお》して、向《む》こうが見《み》える。すける。例 カーテンから、外《そと》が透いて見《み》える。⇩とう【透】904ページ

○**すく**【空く】動 ❶空《から》になる。例 おなかがすく。❷少《すく》なくなる。例 車内《しゃない》がすく。対 混《こ》む。❸ひまになる。例 手《て》がすく。❹気分《きぶん》がさっぱりする。例 胸《むね》のすくようなヒット。

**すく**【梳く】動 髪《かみ》の毛《け》をくしでとかす。

**すく**【漉く】動 水《みず》にとかした原料《げんりょう》をうすくのばして、紙《かみ》や、食《た》べ物《もの》ののりを作《つく》る。例 和《わ》紙《し》をすく。

**すく**【鋤く】動 すきやくわで、田《た》や畑《はたけ》をほり返《かえ》す。例 田《た》をすく。

○**すぐ** 副(-に) 時間《じかん》や距離《きょり》の短《みじか》いようす。じき。ただちに。例 すぐに行《い》きます。

**すくい**【救い】名 ❶救《すく》うこと。助《たす》けること。助《たす》け。例 救いを求《もと》める。❷苦《くる》しさや悲《かな》しさをなぐさめること。心《こころ》が安《やす》らぐこと。例 それがせめてもの救いだ。

**スクイズ**〔英語 squeeze〕名 野球《やきゅう》・ソフトボールで、打者《だしゃ》がバットにボールを軽《かる》く当《あ》てて走者《そうしゃ》をホームインさせること。

**すくいぬし**【救い主】名 ❶助《たす》けてくれた人《ひと》。❷キリスト教《きょう》で、キリストのこと。救世主《きゅうせいしゅ》。

○**すくう**【救う】動 危《あぶ》ないことや困《こま》ったことから、ぬけ出《だ》させる。助《たす》ける。例 おぼれた子《こ》どもを救う。⇩きゅう【救】324ページ

**すくう**【巣くう】動 ❶巣《す》を作《つく》って住《す》む。例 ハチが、のき下《した》に巣くっている。❷〔悪者《わるもの》などが〕集《あつ》まって住《す》む。例 悪《あく》が巣くう町《まち》。

○**すくう** 動 ❶〔手《て》などで〕下《した》から上《うえ》へくみあげる。例 網《あみ》で金魚《きんぎょ》をすくう。❷〔足《あし》などを〕横《よこ》にはらう。例 足《あし》をすくわれる。

**スクーター**〔英語 scooter〕名 ガソリンエンジンで動《うご》かす、車輪《しゃりん》の小《ちい》さい二輪車《にりんしゃ》。足《あし》を前《まえ》にそろえて乗《の》る。

**スクープ**〔英語 scoop〕名 動-する 他《ほか》の新聞社《しんぶんしゃ》・テレビ局《きょく》などよりも先《さき》に重大《じゅうだい》なニュースをつかみ、いち早《はや》く報道《ほうどう》すること。また、その記事《きじ》。特種《とくだね》。

**スクール**〔英語 school〕名 学校《がっこう》。例 スクールライフ〔＝学校生活《がっこうせいかつ》〕。

**スクールカウンセラー** 名〔日本《にっぽん》でできた英語《えいご》ふうの言葉《ことば》。〕児童《じどう》・生徒《せいと》のなやみの相談《そうだん》や、保護者《ほごしゃ》・教職員《きょうしょくいん》への助言《じょげん》などを行《おこな》う役目《やくめ》の人《ひと》。

**スクールゾーン** 名〔日本《にっぽん》でできた英語《えいご》ふうの言葉《ことば》。〕幼稚園《ようちえん》や小学校《しょうがっこう》に通《かよ》う子《こ》どもを、交通事故《こうつうじこ》から守《まも》るため、通学路《つうがくろ》として決《き》められた区域《くいき》。

**スクールバス**〔英語 school bus〕名 児童《じどう》・生徒《せいと》・学生《がくせい》の通学用《つうがくよう》のバス。

**すぐさま** 副 すぐに。じきに。例 父《ちち》は、帰《かえ》るとすぐさま仕事《しごと》にかかった。

**すくすく** 副(-と) 元気《げんき》に育《そだ》つようす。例 子《こ》ど

[歌の意味] 吉野《よしの》の山《やま》からの秋風《あきかぜ》が吹《ふ》く夜《よ》ふけ、里《さと》では衣《ころも》を打《う》つ音《おと》が寒々《さむざむ》と聞《き》こえている。
注 吉野《よしの》＝今《いま》の奈良県《ならけん》の吉野山《よしのやま》のあたり。

もが、すくすくと育《そだ》つ。

**◦すくない【少ない】** 形 少《すこ》ししかない。わずかだ。例 今年《ことし》の冬《ふゆ》は雪《ゆき》が少ない。対 多《おお》い。

⇩しょう【少】620ページ

**すくなからず【少なからず】** 副 たいそう。たくさん。例 少なからずおどろいた。

**すくなくとも【少なくとも】** 副 ❶少《すく》なく考《かんが》えてみても。例 少なくとも三日《みっか》はかかる。❷他《ほか》のことはさておき。せめて。例 少なくとも宿題《しゅくだい》だけはしなさい。

**すくなめ【少なめ】** 形動 ふつうより程度《ていど》が少《すく》ないようす。例 塩《しお》を少なめにする。対 多《おお》め。

**すくむ** 動 体《からだ》が縮《ちぢ》こまって、動《うご》けなくなる。例 下《した》を見《み》たら足《あし》がすくんだ。

**ずくめ** 〔ある言葉《ことば》のあとにつけて〕何《なに》から何《なに》まで全部《ぜんぶ》がそれであることを表《あらわ》す。…ばかり。例 いいことずくめの話《はなし》。

**すくめる** 動 体《からだ》を縮《ちぢ》ませて、小《ちい》さくする。例 首《くび》をすくめる。

**スクラップ** 〔英語 scrap〕一 名 動する (新聞《しんぶん》や雑誌《ざっし》などから)必要《ひつよう》な記事《きじ》を切《き》りぬくこと。また、その切りぬき。例 地球温暖化《ちきゅうおんだんか》の記事《きじ》をスクラップする。二 名 くず鉄《てつ》。

> **例解 ことばの窓**
>
> **少《すく》ない の意味《いみ》で**
>
> ごく少数《しょうすう》の賛成者《さんせいしゃ》。
> 砂糖《さとう》を少々《しょうしょう》加える。
> 飲《の》み水《みず》が少量《しょうりょう》になる。
> 少額《しょうがく》の貯金《ちょきん》しかない。

**スクラップブック** 〔英語 scrapbook〕名 切《き》りぬきをはりつけるためのノート。

**スクラム** 〔英語 scrum〕名 ❶ラグビーで、両《りょう》チームの選手《せんしゅ》が、足《あし》でボールを取《と》り合《あ》うために、肩《かた》を組《く》んで、おし合《あ》うこと。❷大勢《おおぜい》が腕《うで》を組《く》み合《あ》って固《かた》まること。例 スクラムを組《く》んで歌《うた》を歌《うた》う。

**スクランブルこうさてん【スクランブル交差点《こうさてん》】** 名 歩行者《ほこうしゃ》がどの方向《ほうこう》にも自由《じゆう》に横断《おうだん》できるように、信号《しんごう》ですべての車《くるま》を止《と》めるようにした交差点《こうさてん》。スクランブル。

**スクリーン** 〔英語 screen〕名 ❶映画《えいが》や、スライドを映《うつ》す幕《まく》。映写幕《えいしゃまく》。❷映画《えいが》のこと。❸簡単《かんたん》なつい立《た》てやカーテン。

**スクリーンショット** 〔英語 screenshot〕名 コンピューターやスマートフォンの画面《がめん》をそのまま記録《きろく》した画像《がぞう》。スクショ。

**スクリュー** 〔英語 screw〕名 船《ふね》の底《そこ》の後《うし》ろに取《と》りつけた、船《ふね》を進《すす》める仕《し》かけ。扇風機《せんぷうき》のはねのような形《かたち》をしている。プロペラ。

〔スクリュー〕

**◦すぐれる【優れる】** 動 ❶他《ほか》のものより、まさっている。立派《りっぱ》である。例 学力《がくりょく》が優《すぐ》れる。対 劣《おと》る。❷(天気《てんき》や体《からだ》などが)よい状態《じょうたい》である。例 気分《きぶん》がすぐれない。注意 ❷はふつう「すぐれない」という打《う》ち消《け》しの形《かたち》で使《つか》う。⇩ゆう【優】1334ページ

**スクロール** 〔英語 scroll〕名 動する コンピューターなどで、画面上《がめんじょう》の文字《もじ》や絵《え》などを上《じょう》下《げ》、左右《さゆう》に動《うご》かすこと。

**スクワット** 〔英語 squat〕名 上半身《じょうはんしん》を伸《の》ばしたまま、ひざを曲《ま》げたり伸《の》ばしたりする運《うん》動《どう》。

**すけ【助】** 〔ある言葉《ことば》のあとにつけて〕人《ひと》の名《な》前《まえ》のようにいう言葉《ことば》。〔くだけた言《い》い方《かた》。〕例 ねぼ助《すけ》。飲《の》み助《すけ》。⇩じょ【助】619ページ

**すげ【菅】** 名 葉《は》が細長《ほそなが》く、先《さき》がとがっている草《くさ》。みのや笠《かさ》などの材料《ざいりょう》にする。

**ずけい【図形】** 名 物《もの》の形《かたち》を、点《てん》や線《せん》や面《めん》を使《つか》って表《あらわ》したもの。

**スケート** 〔英語 skate〕名 ❶底《そこ》に金具《かなぐ》の刃《は》がついている靴《くつ》をはいて、氷《こおり》の上《うえ》をすべるスポーツ。アイススケート。また、そのための靴《くつ》。❷「ローラースケート」の略《りゃく》。

> **例解 ことばの窓**
>
> **優《すぐ》れる の意味《いみ》で**
>
> ずばぬけて優秀《ゆうしゅう》な成績《せいせき》。
> 音楽家《おんがくか》としての非凡《ひぼん》な才能《さいのう》。
> 戦国時代《せんごくじだい》の傑出《けっしゅつ》した武将《ぶしょう》。
> 出場《しゅつじょう》チームのうち抜群《ばつぐん》に強《つよ》い。
> この作品《さくひん》は出色《しゅっしょく》のできばえ。
> 工芸家《こうげいか》としての卓越《たくえつ》した技《わざ》。





百人一首 み吉野《よしの》の山《やま》の秋風《あきかぜ》小夜《さよ》ふけてふるさと寒《さむ》く衣《ころも》うつなり 藤原雅経《ふじわらのまさつね》

**スケートボード**〔英語 skateboard〕名 細《ほそ》長《なが》い板《いた》の前後《ぜんご》に車輪《しゃりん》がついた道具《どうぐ》。また、それに乗《の》って平地《へいち》や斜面《しゃめん》をすべって進《すす》むスポーツ。スケボー。

**スケートリンク** 名〔日本《にっぽん》でできた英語《えいご》ふうの言葉《ことば》。〕スケートをするための場所《ばしょ》。スケート場《じょう》。リンク。

**スケール**〔英語 scale〕名 ❶ものごとの程度《ていど》。大《おお》きさ。例スケールの大《おお》きな話《はなし》。❷長《なが》さ、角度《かくど》などを測《はか》る器具《きぐ》。ものさし・巻《ま》き尺《じゃく》など。

**すげかえる【すげ替える】** 動 つけかえる。代《か》わりの物《もの》をすげる。例人形《にんぎょう》の首《くび》をすげ替える。

**すげがさ** 名 スゲの葉《は》で編《あ》んだかさ。田植《たう》えのときなどにかぶる。⬇かさ(笠)❶ 229ページ

**スケジュール**〔英語 schedule〕名 予定《よてい》。日程《にってい》。例スケジュールを組《く》む。

**ずけずけ** 副(-と) 遠慮《えんりょ》しないで、ものを言《い》うようす。例ずけずけと意見《いけん》を言《い》う。

**すけだち【助太刀】** 名 動-する 力《ちから》を貸《か》して助《たす》けること。また、その人《ひと》。参考 昔《むかし》、かたきうちの助《たす》けをすることを言《い》ったことから。

**スケッチ**〔英語 sketch〕名 動-する 見《み》たままを簡単《かんたん》に絵《え》にかくこと。また、その絵《え》。写生《しゃせい》。

**スケッチブック**〔英語 sketchbook〕名 写生《しゃせい》をするためのノート。写生帳《しゃせいちょう》。

**すけっと【助っ人】** 名 手助《てだす》けをする人《ひと》。

**すげない** 形 思《おも》いやりがない。そっけない。つれない。例すげないそぶりをする。

**すける【透ける】** 動 物《もの》をとおして、その先《さき》のものが見《み》える。例地肌《じはだ》がすけて見《み》える。⬇とう【透】904ページ

**すげる** 動 さし通《とお》して結《むす》ぶ。はめこむ。例下駄《げた》の鼻緒《はなお》をすげる。

**スコア**〔英語 score〕名 ❶競技《きょうぎ》の得点《とくてん》。例三対一《さんたいいち》のスコアで勝《か》つ。❷〔音楽《おんがく》で〕合奏《がっそう》や合唱《がっしょう》のすべての部分《ぶぶん》をまとめた楽譜《がくふ》。

**スコアボード**〔英語 scoreboard〕名 得点《とくてん》を示《しめ》す掲示板《けいじばん》。

◦**すごい【凄い】** 形 ❶ぞっとするほどおそろしい。例すごい顔《かお》でにらみつける。❷すばらしい。例すごい人気《にんき》。❸程度《ていど》がひどい。例雨《あめ》がすごく降《ふ》っている。

**ずこう【図工】** 名〔「図画工作《ずがこうさく》」の略《りゃく》。〕学校《がっこう》の教科《きょうか》の一《ひと》つ。図画《ずが》と工作《こうさく》。図画工作科《ずがこうさくか》。

**すごうで【すご腕・凄腕】** 名 すごく仕事《しごと》ができること。また、そのような人《ひと》。例すご腕の新聞記者《しんぶんきしゃ》。

**スコール**〔英語 squall〕名 熱帯地方《ねったいちほう》で降《ふ》る、激《はげ》しいにわか雨《あめ》。

◦**すこし【少し】** 副 わずか。ちょっと。例雨《あめ》が少し降《ふ》る。対たくさん。⬇しょう【少】620ページ

**すこしも【少しも】** 副 ぜんぜん。まったく。例少しも楽《たの》しくない。注意 あとに「ない」などの打《う》ち消《け》しの言葉《ことば》がくる。

◦**すごす【過ごす】** 動 ❶時間《じかん》を使《つか》う。例本《ほん》を読《よ》んで過ごす。❷月日《つきひ》を送《おく》る。暮《く》らす。例毎《まい》日を無事《ぶじ》に過ごす。❸程度《ていど》をこす。例度《ど》を過ごす。やり過ごす。❹そのままにしておく。例見《み》過ごす。⬇か【過】189ページ

**すごすご** 副(-と) がっかりして元気《げんき》をなくしたようす。例すごすごと引《ひ》きさがる。

**スコップ**〔オランダ語〕名 ⬇シャベル 588ページ

**すこぶる** 副 たいそう。とても。非常《ひじょう》に。例ぼくはすこぶる元気《げんき》です。

**すごみ【凄味】** 名 すごい感《かん》じ。ぞっとするような恐《おそ》ろしい感じ。例すごみをきかせる。

**すごむ【凄む】** 動 おどすようなことをしたり、言《い》ったりする。例大声《おおごえ》を出《だ》してすごむ。

**すごもり【巣籠もり】** 名 鳥《とり》・虫《むし》などが、巣《す》の中《なか》に入《はい》ったままでいること。

**すこやか【健やか】** 形動 丈夫《じょうぶ》で元気《げんき》なようす。例健やかに育《そだ》つ。⬇けん【健】406ページ

**すごろく【双六】** 名 さいころをふって、出《で》た目《め》の数《かず》だけ進《すす》み、早《はや》く「上《あ》がり」に行《い》きつくことを競《きそ》う、正月《しょうがつ》などに行《おこな》われる遊《あそ》び。

**すさぶ** 動 ⬇すさむ 682ページ

**すさまじい** 形 ものすごい。おそろしい。例すさまじい勢《いきお》いで食《た》べる。

**すさむ** 動〔「すさぶ」ともいう。〕❶ひどくあれる。例風《かぜ》がふきすさむ。❷ゆとりがなく、とげとげしくなる。例気持《きも》ちがすさむ。

**ずさん** 形動 いいかげんなようす。例ずさんな計画《けいかく》。対緻密《ちみつ》。綿密《めんみつ》。

**すし【鮨・鮓・寿司】** 名 酢《す》で味《あじ》をつけたご飯《はん》



[歌の意味] わが身《み》に不相応《ふそうおう》だが、うき世《よ》に生《い》きる人々《ひとびと》に覆《おお》いかけよう。比叡山《ひえいざん》で学《まな》んだ仏《ほとけ》の教《おし》えの衣《ころも》を。
注 杣《そま》＝木を切る山《やま》。比叡山《ひえいざん》のこと。

に、魚《さかな》や、貝《かい》・野《や》菜《さい》などをのせたり、混《ま》ぜたりした食《た》べ物《もの》。握《にぎ》りずし・巻《ま》きずし・ちらしずしなど。

✤**すじ**【筋】名 ❶筋《きん》肉《にく》の中《なか》を通《とお》っている細《ほそ》長《なが》い糸《いと》のようなもの。例足《あし》の筋がつる。❷細《ほそ》長《なが》い線《せん》。例筋を引《ひ》く。❸物《もの》語《がたり》などの大《おお》まかな内《ない》容《よう》。あらまし。例あら筋。❹ものごとの道《どう》理《り》。筋《すじ》道《みち》。例筋の通《とお》った意《い》見《けん》。筋を通《とお》す。❺ものごとをうまくやる能《のう》力《りょく》。例ゴルフの筋がいい。❻ものごとに関《かん》係《けい》のあるところ。その方《ほう》面《めん》。例ある筋から聞《き》いた話《はなし》。❼〔ある言《こと》葉《ば》のあとにつけて〕細《ほそ》長《なが》いものを数《かぞ》える言《こと》葉《ば》。例ひと筋の道《みち》。↓**きん**【筋】350ページ

**ずし**【図示】名 動-する 図《ず》にかいて示《しめ》すこと。例道《みち》順《じゅん》を図示する。

**ずし**【厨子】名 仏《ぶつ》像《ぞう》やお経《きょう》などを収《おさ》める箱《はこ》。とびらが両《りょう》側《がわ》に開《ひら》くようになっていて、かざりがついている。

〔ずし〕

**すじかい**【筋交い】名 ❶ななめ。はす。例筋交いの家《いえ》。❷建《たて》物《もの》を強《つよ》くするため、柱《はしら》と柱《はしら》の間《あいだ》に、ななめに取《と》り付《つ》ける材《ざい》木《もく》や鉄《てっ》骨《こつ》など。

✤**すじがき**【筋書き】名 ❶芝《しば》居《い》や小《しょう》説《せつ》などの、話《はなし》のあらましを書《か》いたもの。❷前《まえ》もって考《かん》えた計《けい》画《かく》。例筋書きどおりの展《てん》開《かい》だ。

**すじがねいり**【筋金入り】名 しっかりした人《ひと》をたとえていう言《こと》葉《ば》。例筋金入りの努《ど》力《りょく》家《か》。参考「筋《すじ》金《がね》」は、物《もの》を丈《じょう》夫《ぶ》にするために、中《なか》に入《い》れる金《きん》属《ぞく》の線《せん》や棒《ぼう》のこと。

**ずしき**【図式】名 ものごとのようすや関《かん》係《けい》を、わかりやすく図《ず》に示《しめ》したもの。

**すじぐも**【筋雲】名 巻《けん》雲《うん》のこと。細《ほそ》い筋《すじ》のように見《み》える。↓くも(雲)373ページ

**すじこ**【筋子】名 さけやますの卵《たまご》を取《と》り出《だ》し、塩《しお》づけにしたもの。すずこ。

**すじだて**【筋立て】名 話《はなし》の筋《すじ》や展《てん》開《かい》のしかた。例筋立てを決《き》めてから書《か》く。

**すじちがい**【筋違い】一名 形動 ❶道《どう》理《り》に合《あ》わないこと。例筋違いな行《おこな》い。❷見《けん》当《とう》が外《はず》れていること。例私《わたし》に文《もん》句《く》を言《い》うのは筋違いだ。二名 ❶ななめ向《む》かい。ななめに交《まじ》わっていること。はすかい。例筋違いに本《ほん》屋《や》がある。❷筋《きん》肉《にく》の筋《すじ》がねじれて痛《いた》むこと。

**すしづめ**【すし詰め】名 多《おお》くの人《ひと》や物《もの》が、ぎっしりつまっていること。例すしづめの電《でん》車《しゃ》。

✤**すじみち**【筋道】名 ❶ものごとの道《どう》理《り》。例筋道の通《とお》った意《い》見《けん》。❷順《じゅん》序《じょ》。例筋道を立《た》てて話《はな》す。

**すじむかい**【筋向かい】名 ななめ向《む》かい。筋《すじ》向《む》こう。例筋向かいはレストランだ。

**すじょう**【素性・素姓】名 ❶家《いえ》柄《がら》。生《う》まれ。育《そだ》ち。例素性の知《し》れない人《ひと》。❷物《もの》が伝《つた》わってきた道《みち》筋《すじ》。いわれ。例素性のいい骨《こっ》とう品《ひん》。

**ずじょう**【頭上】名 頭《あたま》の上《うえ》のほう。自《じ》分《ぶん》のま上《うえ》。例頭上注《ちゅう》意《い》。

**すす** 名 ❶煙《けむり》に混《ま》じっている黒《くろ》い粉《こな》。油《ゆ》煙《えん》。❷天《てん》井《じょう》などに、煙《けむり》とほこりがいっしょになって、くっついているもの。

**すず**【鈴】名 中《なか》が空《から》になった丸《まる》い形《かたち》のものに、小《ちい》さな玉《たま》などを入《い》れ、ふって鳴《な》らすもの。金《きん》属《ぞく》や陶《とう》器《き》で作《つく》ったものが多《おお》い。↓**れい**【鈴】1401ページ

**鈴《すず》を転《ころ》がすよう** すんで美《うつく》しくひびく声《こえ》のたとえ。例鈴を転がすような少《しょう》女《じょ》の歌《うた》声《ごえ》。

**すず**【錫】名 銀《ぎん》色《いろ》でつやのある、のびやすく、さびにくい金《きん》属《ぞく》。ブリキ・はんだなどに使《つか》われる。

**すずかけのき**【すずかけの木】名 街《がい》路《ろ》樹《じゅ》にしたり、庭《にわ》に植《う》えたりする高《こう》木《ぼく》。秋《あき》に、鈴《すず》に似《に》た丸《まる》い実《み》をつける。プラタナス。

**すずかぜ**【涼風】名 秋《あき》の初《はじ》めごろの、すずしい風《かぜ》。りょうふう。例涼風がたつ。

**すすき** 名 秋《あき》の七《なな》草《くさ》の一《ひと》つ。山《やま》や野《の》原《はら》に生《は》える。葉《は》は細《ほそ》長《なが》く、秋《あき》、白《しろ》くて長《なが》いほを出《だ》す。おばな。↓あきのななくさ11ページ

**すずき みえきち**〔鈴木三重吉〕人名 (男)(一八八二〜一九三六)明《めい》治《じ》・大《たい》正《しょう》時《じ》代《だい》の小《しょう》説《せつ》家《か》・児《じ》童《どう》文《ぶん》学《がく》者《しゃ》。子《こ》ども雑《ざっ》誌《し》「赤《あか》い鳥《とり》」を創《そう》刊《かん》し、童《どう》話《わ》や童《どう》謡《よう》の発《はっ》展《てん》に力《ちから》を尽《つ》くした。




百人一首 おほ《お》けなくうき世《よ》の民《たみ》におほふ《おう》かなわがたつ杣《そま》にすみぞめの袖《そで》　慈《じ》円《えん》

**すすぐ【漱ぐ】**［動］うがいをする。［例］口《くち》をすすぐ。［類］ゆすぐ。

**すすぐ【濯ぐ】**［動］水《みず》やお湯《ゆ》で洗《あら》う。［例］洗濯《せんたく》物《もの》をすすぐ。［類］ゆすぐ。

**すすぐ**［動］悪《わる》い評判《ひょうばん》などを取《と》り除《のぞ》く。そそぐ。［例］はじをすすぐ。

**すすける**［動］❶すすがついて黒《くろ》くなる。［例］黒《くろ》くすすけた煙突《えんとつ》。❷古《ふる》くなって、うすよごれる。［例］すすけたカーテン。

◦**すずしい【涼しい】**［形］❶ひんやりして、気《き》持《も》ちがよい。［例］高原《こうげん》の涼しい風《かぜ》。［対］暖《あたた》かい。❷すんでいて、美《うつく》しい。［例］涼しい目《め》。［関連］暑《あつ》い。暖《あたた》かい。寒《さむ》い。⇩りょう【涼】1391ページ

**すずしいかお【涼しい顔】**自分《じぶん》には関《かん》係《けい》ないかのように、知《し》らん顔《かお》をしていること。［例］いたずらをして、涼しい顔をしている。

**すずしろ**［名］春《はる》の七草《ななくさ》の一《ひと》つ。ダイコンの古《ふる》い言《い》い方《かた》。⬇はるのななくさ1067ページ

**すずな**［名］春《はる》の七草《ななくさ》の一《ひと》つ。カブの古《ふる》い言《い》い方《かた》。⬇はるのななくさ1067ページ

**すずなり【鈴なり】**［名］❶果物《くだもの》などが、いっぱい実《みの》っていること。［例］カキが鈴なりになっている。❷たくさんの人《ひと》が群《むら》がっていること。［例］鈴なりの見物人《けんぶつにん》。

**すすはらい【すす払い】**［名］［動-する］家《いえ》のすすやほこりをはらってきれいにすること。多《おお》く年末《ねんまつ》に行《おこな》う。すすはき。

◦**すすむ【進む】**［動］❶前《まえ》に向《む》かって動《うご》く。［例］自動車《じどうしゃ》が進む。［対］退《しりぞ》く。❷程度《ていど》が上《あ》がる。［例］中学校《ちゅうがっこう》に進む。❸進歩《しんぽ》する。上達《じょうたつ》する。［例］文化《ぶんか》の進んだ国《くに》。❹はかどる。［例］工事《こうじ》が進む。［対］遅《おく》れる。❺ひどくなる。［例］病気《びょうき》が進む。❻さかんになる。高《たか》まる。［例］食《しょく》が進む。❼自分《じぶん》からやってみようという気《き》持《も》ちになる。［例］気《き》が進まない。❽時計《とけい》が正《ただ》しい時刻《じこく》より先《さき》を示《しめ》す。［例］一日《いちにち》に五分《ごふん》進む。［対］遅《おく》れる。⇩しん【進】655ページ

◦**すずむ【涼む】**［動］涼《すず》しい風《かぜ》にあたって、暑《あつ》さをさける。［例］木《こ》かげで涼む。⇩りょう【涼】1391ページ

**すずむし【鈴虫】**［名］コオロギの仲間《なかま》の昆《こん》虫《ちゅう》。体《からだ》はこげ茶色《ちゃいろ》。雄《おす》は秋《あき》になると羽《はね》をすり合《あ》わせ、「リーンリーン」と鳴《な》く。⬇こおろぎ451ページ

**すすめ【勧め】**［名］勧《すす》めること。さそい。［例］父《ちち》の勧めでサッカー部《ぶ》に入《はい》る。

**すずめ【雀】**［名］人家《じんか》の近《ちか》くにすむ茶色《ちゃいろ》の小《こ》鳥《とり》。イネなどの穀物《こくもつ》をあらしたりするが、害《がい》虫《ちゅう》も食《た》べる。

**すずめの涙《なみだ》** ほんのわずかであることのたとえ。［例］すずめの涙ほどの賞金《しょうきん》。

**すずめ百《ひゃく》まで踊《おど》り忘《わす》れず** 若《わか》い時《とき》に習《なら》い覚《おぼ》えたことや身《み》についた習慣《しゅうかん》は、年《とし》をとっても忘《わす》れない。

**すずめばち【雀蜂】**［名］黄色《きいろ》と茶《ちゃ》のしま模《も》様《よう》がある、日本《にっぽん》でいちばん大《おお》きなハチ。強《つよ》い毒《どく》を持《も》っている。クマンバチともいうが、クマバチとはちがう。⬇はち(蜂)1047ページ

◦**すすめる【進める】**［動］❶前《まえ》のほうへ出《だ》す。［例］足《あし》を一歩《いっぽ》進める。❷程度《ていど》を上《あ》げる。［例］位《くらい》を進める。❸ものごとを、はかどらせる。［例］計画《けいかく》を進める。❹時計《とけい》の針《はり》を早《はや》める。⇩しん【進】655ページ

◦**すすめる【勧める】**［動］❶人《ひと》にもそうするようにさそう。［例］出席《しゅっせき》するように勧める。❷いかがですかとさし出《だ》す。［例］お客《きゃく》さんに食事《しょくじ》を勧める。⇩かん【勧】273ページ

**すすめる【薦める】**［動］よいと思《おも》う人《ひと》やもののすぐれた点《てん》を話《はな》して、取《と》り上《あ》げて用《もち》いるように言《い》う。推薦《すいせん》する。［例］学級委員《がっきゅういいん》に山本《やまもと》さんを薦めた。⇩せん【薦】728ページ

**すずらん【鈴蘭】**［名］山《やま》や、寒《さむ》い地方《ちほう》に生《は》える草花《くさばな》。初夏《しょか》に、つり鐘《がね》のようなかわいらし

**例解 ↔ 使い分け**

**進《すす》める と 勧《すす》める と 薦《すす》める**

車《くるま》を進《すす》める。
計画《けいかく》を進《すす》める。

読書《どくしょ》を勧《すす》める。
参加《さんか》を勧《すす》める。

良書《りょうしょ》を薦《すす》める。
候補者《こうほしゃ》として薦《すす》める。

[歌の意味] 桜《さくら》が散《ち》って雪《ゆき》が降《ふ》りゆくように見《み》えるが、花《はな》を散《ち》らす嵐《あらし》の庭《にわ》の雪《ゆき》ではなくて、ふりゆく(＝老《お》いていく)のはこのわたしだ。

い白《しろ》い花《はな》を咲《さ》かせる。

✤**すずり** 名 筆《ふで》で文字《もじ》を書《か》くときに、すみをする道具《どうぐ》。石《いし》やかわらで作《つく》る。

**すすりあげる【すすり上げる】** 動 たれた鼻《はな》じるを吸《す》い上《あ》げる。また、吸《す》い上《あ》げて泣《な》く。類 しゃくり上《あ》げる。

**すずりばこ【すずり箱】** 名 すずり・すみ・筆《ふで》などを入《い》れておく箱《はこ》。

**すすりなく【すすり泣く】** 動 声《こえ》を出《だ》さずに、息《いき》を吸《す》いこむようにして泣《な》く。例 かすかにすすり泣く声《こえ》が聞《き》こえる。

**すする** 動 ずるずると、吸《す》いこむ。例 ラーメンをすする。はなをすする。

**ずせつ【図説】** 名 動-する 図《ず》を使《つか》って説明《せつめい》すること。また、説明《せつめい》したもの。例 カラー図説を取《と》り上《あ》げる。類 図解《ずかい》。

**すそ【裾】** 画数 13 部首 ネ(ころもへん)

音 ―― 訓 すそ

衣服《いふく》や山《やま》の、下《した》のほう。熟語 裾野《すその》。山裾《やますそ》。

**すそ【裾゜】** 名 ❶和服《わふく》や洋服《ようふく》の、下《した》のふち。例 ジーンズの裾。❷ふもと。例 富士山《ふじさん》の裾。

**すその【裾゜野】** 名 山《やま》のふもとの、ゆるやかに広《ひろ》がった野原《のはら》。例 富士《ふじ》の裾野。

**スター** 〔英語 star〕 名 ❶星《ほし》。❷人気《にんき》のある俳優《はいゆう》・歌手《かしゅ》・スポーツ選手《せんしゅ》などのこと。

°**スタート** 〔英語 start〕 名 動-する 始《はじ》まること。出発《しゅっぱつ》。例 いっせいにスタートを切《き》る。

**スタートライン** 名 〔日本《にっぽん》でできた英語《えいご》ふうの言葉《ことば》。〕 ❶競走《きょうそう》などの、出発《しゅっぱつ》する所《ところ》を示《しめ》す線《せん》。例 選手《せんしゅ》がスタートラインにつく。❷ものごとの出発点《しゅっぱつてん》。例 新《あら》たな人生《じんせい》のスタートラインに立《た》つ。

**スタイリスト** 〔英語 stylist〕 名 ❶身《み》なりに気《き》をくばる人《ひと》。❷俳優《はいゆう》やモデルなどの衣装《いしょう》や髪型《かみがた》などを整《ととの》える人《ひと》。

**スタイル** 〔英語 style〕 名 ❶姿《すがた》。例 スタイルがよい。❷(洋服《ようふく》や、髪《かみ》の毛《け》などの)型《かた》。例 ヘアスタイル。❸文章《ぶんしょう》や音楽《おんがく》などの書《か》き方《かた》や形式《けいしき》。

**すだく** 動 虫《むし》がたくさん集《あつ》まって鳴《な》く。例 草《くさ》むらで、虫《むし》のすだく声《こえ》が聞《き》こえる。

**スタジアム** 〔英語 stadium〕 名 観客席《かんきゃくせき》のある大《おお》きな競技場《きょうぎじょう》。野球場《やきゅうじょう》・サッカー場《じょう》など。例 オリンピックのスタジアム。

**スタジオ** 〔英語 studio〕 名 ❶写真《しゃしん》や映画《えいが》の撮影《さつえい》をする所《ところ》。❷ラジオやテレビの放送室《ほうそうしつ》。❸録音《ろくおん》をする部屋《へや》。❹仕事部屋《しごとべや》。

**すたすた** 副(-と) 急《いそ》いで歩《ある》くようす。例 呼《よ》んだのに、すたすた行《い》ってしまった。

**ずたずた** 副 細《こま》かく切《き》れ切《ぎ》れになるようす。例 きれをずたずたに切《き》りさく。

**すだち【巣立ち】** 名 子《こ》どもやひなが、巣立《すだ》つこと。例 いよいよ巣立ちの日《ひ》が来《き》た。

**すだつ【巣立つ】** 動 ❶ひなが大《おお》きくなって、巣《す》から飛《と》び立《た》つ。❷親元《おやもと》をはなれ、または学校《がっこう》を卒業《そつぎょう》して社会《しゃかい》に出《で》る。例 この学校《がっこう》から多《おお》くの有名人《ゆうめいじん》が巣立った。

**スタッカート** 〔イタリア語〕 名 〔音楽《おんがく》で〕一《ひと》つ一《ひと》つの音《おと》を短《みじか》く切《き》って歌《うた》ったり、演奏《えんそう》したりする方法《ほうほう》。⬇がくふ 223ページ

**スタッフ** 〔英語 staff〕 名 ❶一《ひと》つの仕事《しごと》のために、それぞれの役割《やくわり》を受《う》け持《も》って働《はたら》く人《ひと》たち。例 文集《ぶんしゅう》の編集《へんしゅう》スタッフ。❷映画《えいが》や劇《げき》、テレビなどで、出演者《しゅつえんしゃ》以外《いがい》の仕事《しごと》をする係《かかり》。監督《かんとく》・カメラマン・道具係《どうぐがかり》など。

**ずだぶくろ【ずだ袋゜】** 名 ❶僧《そう》が経本《きょうほん》などを入《い》れ、首《くび》にかける袋《ふくろ》。❷だぶだぶしていて、なんでも入《はい》るような布製《ぬのせい》の袋《ふくろ》。

**スタミナ** 〔英語 stamina〕 名 体力《たいりょく》。ねばり強《づよ》さ。根気《こんき》。持久力《じきゅうりょく》。例 スタミナがない。

**スタメン** 名 〔日本《にっぽん》でできた英語《えいご》ふうの言葉《ことば》。〕スポーツで、試合開始《しあいかいし》のときの出場選手《しゅつじょうせんしゅ》。スターティングメンバー。

**すたる【廃゜る】** 動 ⬇すたれる 685ページ/⬇はい【廃】 1025ページ

**すだれ** 名 細《ほそ》くさいた竹《たけ》や、アシの茎《くき》などを糸《いと》で編《あ》んだもの。窓《まど》やえんがわに垂《た》らして、日《ひ》よけなどにする。

**すたれる【廃゜れる】** 動 〔「すたる」ともいう。〕❶おとろえる。例 昔《むかし》からの風習《ふうしゅう》が廃れる。❷はやらなくなる。例 流行《りゅうこう》はすぐ廃れる。対 はやる。⬇はい【廃】 1025ページ

**スタンス** 〔英語 stance〕 名 ❶姿勢《しせい》。立場《たちば》。例 高層《こうそう》ビル建設《けんせつ》に反対《はんたい》のスタンスだ。❷野球《やきゅう》やゴルフなどで、球《たま》を打《う》つときの足《あし》の構《かま》え方《かた》。



百人一首 花《はな》さそふ《う》嵐《あらし》の庭《にわ》の雪《ゆき》ならでふりゆくものはわが身《み》なりけり　藤原公経《ふじわらのきんつね》

**スタンダード**〔英語 standard〕名 形動 標準《ひょうじゅん》。標準的《ひょうじゅんてき》。例 スタンダードなスタイル。

**スタンディングオベーション**〔英語 standing ovation〕名 スポーツの試《し》合《あい》や演《えん》奏《そう》会《かい》などで、観《かん》客《きゃく》が立《た》ち上《あ》がって拍《はく》手《しゅ》喝《かっ》采《さい》すること。

**スタンド**〔英語 stand〕名 ❶競《きょう》技《ぎ》場《じょう》の、階《かい》段《だん》のようになった見《けん》物《ぶつ》席《せき》。例 外《がい》野《や》スタンド。❷物《もの》をのせたり立《た》てたりする台《だい》。例 電《でん》気《き》スタンド。❸(簡《かん》単《たん》な)売《う》り場《ば》。例 ガソリンスタンド。

**スタンドプレー** 名〔日《にっ》本《ぽん》でできた英《えい》語《ご》ふうの言《こと》葉《ば》。〕❶観《かん》客《きゃく》から拍《はく》手《しゅ》をもらうためにおこなう行動。行《おこな》うはでな行《こう》動《どう》。❷目《め》立《だ》つためのわざとらしい言《げん》動《どう》。

**スタンバイ**〔英語 stand-by〕名 動-する すぐ行《こう》動《どう》ができるように、準《じゅん》備《び》して待《ま》つこと。また、準《じゅん》備《び》がととのった状《じょう》態《たい》。例 本《ほん》番《ばん》を前《まえ》にスタンバイする。

**スタンプ**〔英語 stamp〕名 ❶はんこ。例 記《き》念《ねん》スタンプ。❷郵《ゆう》便《びん》の日《ひ》づけ印《いん》。消《けし》印《いん》。

**スタンプラリー** 名〔日《にっ》本《ぽん》でできた英《えい》語《ご》ふうの言《こと》葉《ば》。〕いくつかの決《き》められた場《ば》所《しょ》に置《お》かれたスタンプを、用《よう》紙《し》におして集《あつ》めて回《まわ》るもよおし。

**スチーブンソン** 人名 (男) (一七八一〜一八四八)イギリスの発《はつ》明《めい》家《か》。ジョージ=スチーブンソン。初《はじ》めて蒸《じょう》気《き》機《き》関《かん》車《しゃ》を作《つく》り出《だ》した。

**スチーム**〔英語 steam〕名 ❶蒸《じょう》気《き》。例 スチームアイロン。❷蒸《じょう》気《き》を使《つか》って、部《へ》屋《や》などを暖《あたた》める仕《し》かけ。

**スチール**〔英語 steal〕名 ⬇とうるい 917ページ

**スチール**〔英語 steel〕名 鋼《こう》鉄《てつ》。はがね。例 スチール製《せい》の本《ほん》棚《だな》。

°**ずつ** 助 ❶同《おな》じ分《ぶん》量《りょう》を割《わ》り当《あ》てるときに使《つか》う言《こと》葉《ば》。例 二《に》枚《まい》ずつ配《くば》る。❷何《なん》度《ど》もくり返《かえ》すことを表《あらわ》す。例 少《すこ》しずつ食《た》べる。

**ずつう【頭痛】** 名 頭《あたま》が痛《いた》むこと。

**頭《ず》痛《つう》の種《たね》** 心《しん》配《ぱい》・なやみ・苦《く》労《ろう》のもと。例 宿《しゅく》題《だい》が頭痛の種だ。

°**すっかり** 副 残《のこ》らず。まったく。例 もうすっかり日《ひ》が暮《く》れた。

**すっきり** 副(-と) 動-する ❶さっぱりして気《き》持《も》ちのよいようす。例 頭《あたま》がすっきりする。❷むだなものがないようす。例 すっきりとした文《ぶん》章《しょう》。

**ズック**〔オランダ語〕名 もめん糸《いと》やあさ糸《いと》で織《お》った、厚《あつ》い布《ぬの》。船《ふね》のほ・かばん・くつ・テントなどに使《つか》われる。

**すっくと** 副 勢《いきお》いよく、まっすぐに立《た》つようす。例 すっくと立《た》ち上《あ》がる。

**ずっしり** 副(-と) 重《おも》く手《て》ごたえのあるようす。例 ずっしりと重《おも》いかばん。

**すったもんだ** 名 副 動-する ものごとが、さんざんにもつれること。例 すったもんだの末《すえ》、やっと結《けつ》論《ろん》が出《で》た。

°**ずっと** 副 ❶長《なが》い間《あいだ》続《つづ》けて。例 前《まえ》からずっと考《かんが》えていた。❷はるかに。ずいぶん。例 このほうがずっといい。❸奥《おく》のほうまで進《すす》むようす。例 ずっと中《なか》へ進《すす》む。

**すっとんきょう** 名 形動 だしぬけで調《ちょう》子《し》外《はず》れなこと。例 すっとんきょうな声《こえ》。

°**すっぱい【酸っぱい】** 形 酢《す》のような味《あじ》がする。すい。例 酸っぱいレモン。

**すっぱぬく【すっぱ抜く】** 動 人《ひと》がかくしていることを、さぐり出《だ》して、みんなに知《し》らせる。例 新《しん》聞《ぶん》が秘《ひ》密《みつ》をすっぱ抜いた。

**すっぽかす** 動 ❶約《やく》束《そく》や仕《し》事《ごと》など、しなければならないことをせずにほうっておく。例 仕《し》事《ごと》をすっぽかす。❷約《やく》束《そく》を守《まも》らずにほうっておく。例 約《やく》束《そく》をすっぽかす。

**すっぽり** 副(-と) ❶物《もの》がうまく入《はい》ったり、ぬけたりするようす。例 すっぽりと穴《あな》があく。❷全《ぜん》体《たい》にすっかりかぶさるようす。例 ずきんをすっぽりかぶる。

**すっぽん** 名 川《かわ》や池《いけ》の底《そこ》にすむ動《どう》物《ぶつ》。カメの一《いっ》種《しゅ》で、こうらがやわらかい。肉《にく》は食《た》べられる。⬇かめ(亀) 259ページ

**すで【素手】** 名 手《て》に何《なに》も持《も》たないこと。例 素手でボールを取《と》る。

**すていし【捨て石】** 名 ❶日《に》本《ほん》式《しき》の庭《にわ》の所《ところ》々《どころ》に置《お》く石《いし》。❷護《ご》岸《がん》工《こう》事《じ》のために水《みな》底《そこ》に投《な》げ入《い》れる石《いし》。❸(碁《ご》で)作《さく》戦《せん》上《じょう》、相《あい》手《て》に取《と》らせる石《いし》。

**捨《す》て石《いし》になる** 後《のち》々《のち》のために犠《ぎ》牲《せい》になる。例 捨て石になる覚《かく》悟《ご》はできている。

**スティック**〔英語 stick〕名 ❶棒《ぼう》。棒《ぼう》のよう

[歌の意味] 来《こ》ない人《ひと》を待《ま》っているわたしは、海《かい》岸《がん》で焼《や》く藻《も》塩《しお》のように、待《ま》ち焦《こ》がれています。
注 まつほ＝「松《まつ》帆《ほ》の浦《うら》」と「待《ま》つ」の掛《か》け詞《ことば》。

なもの。例 野菜《やさい》スティック。❷ホッケーやアイスホッケーで使《つか》う木製《もくせい》の棒《ぼう》。❸スキーや登山《とざん》で使《つか》うつえ。ストック。❹打楽器《だがっき》などの演奏《えんそう》で使《つか》う木製《もくせい》の棒《ぼう》。

**ステーキ**〔英語 steak〕名 厚《あつ》めに切《き》った肉《にく》や魚《さかな》を焼《や》いた料理《りょうり》。牛肉《ぎゅうにく》をさすことが多《おお》い。

**ステージ**〔英語 stage〕名 ❶舞台《ぶたい》。演壇《えんだん》。例 合唱団《がっしょうだん》がステージに並《なら》んだ。❷ものごとの段階《だんかい》。例 実験《じっけん》が次《つぎ》のステージに入《はい》った。

**ステーション**〔英語 station〕名 ❶駅《えき》。❷ある仕事《しごと》をするために、人《ひと》がいる所《ところ》。例 サービスステーション。

**ステープラー**〔英語 stapler〕名 ↓ホチキス 1210ページ

°**すてき** 形動 すばらしいようす。例 すてきな洋服《ようふく》。

**すてぜりふ【捨てぜりふ】** 名 立《た》ち去《さ》るときに言《い》う、負《ま》けおしみの言葉《ことば》。例 捨てぜりふを吐《は》いて退出《たいしゅつ》する。

**ステッカー**〔英語 sticker〕名 宣伝《せんでん》や目印《めじるし》などのためにはる、小《ちい》さなはり紙《がみ》。例 交通安全《こうつうあんぜん》のステッカー。

**ステッキ**〔英語 stick〕名 つえ。

**ステップ**〔英語 step〕一名 動する 足《あし》どり。足《あし》の運《はこ》び。例 軽《かる》くステップを踏《ふ》む。二名 ❶電車《でんしゃ》・バスなどの出入《でい》り口《ぐち》にあるふみ段《だん》。❷ものごとを進《すす》めるための手順《てじゅん》。例 次《つぎ》のステップに進《すす》む。❸陸上競技《りくじょうきょうぎ》で、三段《さんだん》とびの二歩《にほ》目《め》の跳躍《ちょうやく》。例 ホップ、ステップ、ジャンプ。

°**すでに【既に】** 副 そのことが、もう済《す》んでしまった、という意味《いみ》を表《あらわ》す言葉《ことば》。前《まえ》に。もはや。もう。例 すでに完成《かんせい》した。↓き【既】295ページ

**すてね【捨て値】** 名 損《そん》を覚悟《かくご》した安《やす》い値段《ねだん》。例 捨て値で売《う》る。

**すてばち【捨て鉢】** 名 どうなってもいいという投《な》げやりな気持《きも》ち。やけくそ。例 試験《しけん》に落《お》ちて捨て鉢になる。

**すてみ【捨て身】** 名 命《いのち》を捨《す》てるつもりで、力《ちから》いっぱいやること。命《いのち》がけ。例 捨て身の覚悟《かくご》でのぞむ。

°**すてる【捨てる】** 動 ❶いらないからと投《な》げ出《だ》す。例 ごみを捨てる。対 拾《ひろ》う。❷そのままにしておく。例 捨ててはおけない問題《もんだい》。❸あきらめる。見《み》はなす。例 試合《しあい》を捨てる。望《のぞ》みを捨てる。↓しゃ【捨】582ページ

**捨《す》てる神《かみ》あれば拾《ひろ》う神《かみ》あり** 世《よ》の中《なか》には、見捨《みす》てる人《ひと》もあれば、助《たす》けてくれる人《ひと》もある。心配《しんぱい》することはない。

**ステレオ**〔英語 stereo〕名 二《ふた》つ以上《いじょう》のスピーカーを使《つか》って、立体的《りったいてき》な感《かん》じの音《おと》を出《だ》すようにした装置《そうち》。また、その放送《ほうそう》。対 モノラル。

**ステンドグラス**〔英語 stained glass〕名 色《いろ》ガラスを組《く》み合《あ》わせて、模様《もよう》や、形《かたち》を表《あらわ》したガラス板《いた》。キリスト教《きょう》の教会《きょうかい》の窓《まど》などに使《つか》う。

**ステンレス** 名〔英語《えいご》の「ステンレススチール」の略《りゃく》。〕鉄《てつ》とニッケル、クロムの合金《ごうきん》。さびないので、刃物《はもの》・食器《しょっき》などに使《つか》う。

**スト** 名〔英語《えいご》の「ストライキ」の略《りゃく》。〕↓ストライキ 688ページ

**ストア**〔英語 store〕名 店《みせ》。商店《しょうてん》。例 チェーンストア。

**ストーカー**〔英語 stalker〕名 特定《とくてい》の人《ひと》にしつこくつきまとって、いやがらせをする人《ひと》。参考 犯罪《はんざい》として罰《ばっ》せられる。

**ストーブ**〔英語 stove〕名 部屋《へや》を暖《あたた》める道具《どうぐ》。例 石油《せきゆ》ストーブ。

**すどおり【素通り】** 名 動する 立《た》ち寄《よ》らないで、通《とお》り過《す》ぎること。例 店《みせ》の前《まえ》を素通りする。

✤**ストーリー**〔英語 story〕名 ❶話《はなし》。物語《ものがたり》。❷小説《しょうせつ》や映画《えいが》などの筋《すじ》。

**ストッキング**〔英語 stocking〕名 ひざの上《うえ》まである、長《なが》い靴下《くつした》。特《とく》に、女性用《じょせいよう》のうすい靴下《くつした》。

**ストック**〔英語 stock〕名 動する（商品《しょうひん》や食料品《しょくりょうひん》・日用品《にちようひん》などを）余分《よぶん》にたくわえておくこと。また、その品物《しなもの》。在庫品《ざいこひん》。

**ストック**〔ドイツ語〕名 ↓スティック❸ 686ページ

**ストックホルム** 地名 スウェーデンの首都《しゅと》。ノーベル賞《しょう》の授賞式《じゅしょうしき》が行《おこな》われる。

**ストッパー**〔英語 stopper〕名 ❶道具《どうぐ》や機械《きかい》、ドアなどの動《うご》きを止《と》めるための装置《そうち》。❷（野球《やきゅう》やサッカーで）対戦相手《たいせんあいて》の攻撃《こうげき》を防《ふせ》ぎ




百人一首 来《こ》ぬ人《ひと》をまつほの浦《うら》の夕《ゆう》なぎに焼《や》くや藻塩《もしお》の身《み》もこがれつつ 藤原定家《ふじわらのさだいえ》

止《と》める役割《やくわり》の選手《せんしゅ》。

°**ストップ**〔英語 stop〕名 動-する ❶止《と》まること。また、止《と》めること。例電車《でんしゃ》がストップした。❷「止《と》まれ」の合図《あいず》の言葉《ことば》。

**ストップウォッチ**〔英語 stopwatch〕名 競《きょう》技《ぎ》などで、かかった時《じ》間《かん》を計《はか》るための時計《とけい》。秒《びょう》以《い》下《か》の細《こま》かい時《じ》間《かん》まで計《はか》れる。

**すどまり**【素△泊まり】名 旅《りょ》館《かん》などで、食《しょく》事《じ》なしでとまること。例素泊まりの客《きゃく》。

**ストライキ**〔英語 strike〕名 労《ろう》働《どう》者《しゃ》が要《よう》求《きゅう》をかかげて、みんなで仕《し》事《ごと》を休《やす》むこと。スト。

**ストライク**〔英語 strike〕名 ❶野《や》球《きゅう》・ソフトボールで、投《とう》手《しゅ》の投《な》げた球《たま》が、ホームベースの上《うえ》、打《だ》者《しゃ》の胸《むね》とひざの間《あいだ》を通《とお》ること。また、その投《とう》球《きゅう》。打《だ》者《しゃ》の空《から》ぶりやファウルもストライクと数《かぞ》えられる。対ボール。❷ボウリングで、一《いっ》投《とう》目《め》で全《ぜん》部《ぶ》のピンをたおすこと。

**ストライプ**〔英語 stripe〕名 しま。しま模《も》様《よう》。

**ストラップ**〔英語 strap〕名 つりひも。提《さ》げひも。例カメラのストラップ。

**ストレート**〔英語 straight〕名 形動 ❶まっすぐであること。そのものずばり。例ストレートにものを言《い》う。❷野《や》球《きゅう》・ソフトボールで直《ちょっ》球《きゅう》のこと。❸続《つづ》けざま。連《れん》続《ぞく》。例ストレート勝《が》ち。❹洋《よう》酒《しゅ》やコーヒーなどの、うすめたり、混《ま》ぜたりしないもの。

**ストレス**〔英語 stress〕名 心《こころ》や気《き》持《も》ちに悪《わる》い影《えい》響《きょう》を与《あた》える、いろいろな刺《し》激《げき》。そのために体《からだ》の調《ちょう》子《し》や気《き》分《ぶん》が、ふだんと変《か》わる。例ストレスがたまる。

**ストレッチ**〔英語 stretch〕名 ❶競《きょう》技《ぎ》場《じょう》などの直《ちょく》線《せん》コース。例ホームストレッチ〔=ゴールのある側《がわ》の直《ちょく》線《せん》コース〕。❷布《ぬの》地《じ》などが、のび縮《ちぢ》みすること。❸筋《きん》肉《にく》や関《かん》節《せつ》をのばす柔《じゅう》軟《なん》体《たい》操《そう》のこと。例ストレッチ素《そ》材《ざい》。

**ストロー**〔英語 straw〕名 麦《むぎ》わらやビニル、紙《かみ》などで作《つく》った細《ほそ》い管《くだ》。ジュースなどを飲《の》むときに使《つか》う。

**ストローク**〔英語 stroke〕名 ❶(ボートで)オールのひとこぎ。❷(水《すい》泳《えい》で)手《て》のひとかき。手《て》で水《みず》をかく動《どう》作《さ》。❸(ゴルフで)クラブでボールを打《う》つこと。また、その打《だ》数《すう》。❹(テニスで)ラケットでボールを打《う》つこと。

**ストロボ**〔英語 strobo〕名 暗《くら》い所《ところ》で写《しゃ》真《しん》をとるときに使《つか》う、一《いっ》瞬《しゅん》の間《あいだ》だけ強《つよ》い光《ひかり》を発《はっ》生《せい》させる装《そう》置《ち》。くり返《かえ》し使《つか》うことができる。もと、商《しょう》標《ひょう》名《めい》。

°**すな**【砂】名 石《いし》の、とても細《こま》かいつぶ。例砂遊《あそ》び。↓さ【砂】493ページ

**砂《すな》をかむ** あじけなくて、つまらないことのたとえ。例砂をかむような気《き》分《ぶん》。

**すなあらし**【砂嵐】名 砂《さ》漠《ばく》などで吹《ふ》く、砂《すな》を巻《ま》きあげる強《つよ》い風《かぜ》。

°**すなお**【素△直】形動 ❶性《せい》質《しつ》がおだやかで、ひねくれていないようす。例人《ひと》の話《はなし》をすなおに聞《き》く。❷まっすぐで、くせがないようす。例すなおな字《じ》。

**すなけむり**【砂煙】名 砂《すな》がまい上《あ》がって、煙《けむり》のように見《み》えるもの。

**すなじ**【砂地】名 砂《すな》の多《おお》い土《と》地《ち》。また、砂《すな》ばかりの土《と》地《ち》。すなち。

**スナック**〔英語 snack〕名 ❶軽《かる》い食《しょく》事《じ》。❷手《て》軽《がる》に食《た》べられる菓《か》子《し》。スナック菓《が》子《し》。❸軽《かる》い食《しょく》事《じ》や酒《さけ》を出《だ》す店《みせ》。スナックバー。

**スナップ**〔英語 snap〕名 ❶洋《よう》服《ふく》などの合《あ》わせ目《め》をぱちんととめる、丸《まる》い小《ち》さな金《かな》具《ぐ》。ホック。❷手《て》首《くび》の力《ちから》をはたらかせること。例スナップをきかせて投《な》げる。❸〔英《えい》語《ご》の「スナップショット」の略《りゃく》。〕写《うつ》したい場《ば》面《めん》をのがさずに、すばやくとった写《しゃ》真《しん》。例スナップ写《しゃ》真《しん》。

**すなどけい**【砂〈時計〉】名 真《ま》ん中《なか》がくびれて二《に》段《だん》になったガラスの入《い》れ物《もの》に砂《すな》を入《い》れ上《うえ》から落《お》ちる砂《すな》の量《りょう》で、時《じ》間《かん》を計《はか》る仕《し》かけの時計《とけい》。

〔すなどけい〕

**すなば**【砂場】名 砂《すな》をたくさん入《い》れて囲《かこ》った子《こ》どもの遊《あそ》び場《ば》。

**すなはま**【砂浜】名 砂《すな》地《じ》の海《かい》岸《がん》。

**すなぼこり**【砂ぼこり】名 細《こま》かい砂《すな》がほこりのようにまい上《あ》がったもの。

**すなやま**【砂山】名 海《かい》岸《がん》などに、砂《すな》が積《つ》もってできた山《やま》。砂《さ》丘《きゅう》。

[歌の意味] そよ風《かぜ》が吹《ふ》く小川《おがわ》の夕暮《ゆうぐ》れは涼《すず》しいが、みそぎをしているのは夏《なつ》の証拠《しょうこ》だ。
注みそぎ＝水《みず》で心身《しんしん》を清《きよ》めること。

**すなわち** 接 ❶言《い》いかえれば。つまり。例 卒《そつ》業《ぎょう》、すなわち、新《あら》たなスタート。❷まさしく。ちょうど。例 やぶへびとはすなわちこのことだ。

**スニーカー**〔英語 sneaker〕名 底《そこ》がゴムなどでできた運動靴《うんどうぐつ》。

**ずぬける**【ず抜ける】動 ずばぬける。例 チームの中《なか》では、ずぬけて足《あし》が速《はや》い。参考 「図《ず》抜《ぬ》ける」「頭《ず》抜《ぬ》ける」とも書《か》く。

**すね** 名 足《あし》の、ひざから足首《あしくび》までの間《あいだ》。特《とく》に前《まえ》のほう。↓からだ❶ 262ページ

**すねに傷《きず》を持《も》つ** 人《ひと》にかくしておきたい、やましいことがある。例 すねに傷を持つ身《み》。

**すねをかじる** 親《おや》の世《せ》話《わ》になる。例 親《おや》のすねをかじって生活《せいかつ》している。

**すねかじり** 名 親《おや》の世《せ》話《わ》になっている人《ひと》。

**すねる** 動 自分《じぶん》の気《き》に入《い》らないことで、ぐずぐず文句《もんく》を言《い》ったり、逆《さか》らったりする。例 弟《おとうと》はすねて口《くち》もきかない。

**ずのう**【頭脳】名 ❶脳《のう》。頭《あたま》。❷考《かんが》える力《ちから》。例 すぐれた頭脳の持《も》ち主《ぬし》。❸中心《ちゅうしん》になって知《ち》恵《え》を出《だ》す人《ひと》。例 彼《かれ》は、わがチームの頭脳だ。

**ずのうろうどう**【頭脳労働】名 主《おも》に頭《あたま》を使《つか》ってする労働《ろうどう》。対 肉体労働《にくたいろうどう》。

**スノーボード**〔英語 snowboard〕名 雪《ゆき》の斜《しゃ》面《めん》をすべるための一枚《いちまい》の板《いた》。スキーの板《いた》より幅《はば》が広《ひろ》く、横乗《よこの》りで乗《の》る。また、それを使《つか》ってするスポーツ。

**すのこ** 名 ❶細《ほそ》い竹《たけ》を編《あ》んだもの。日《ひ》よけなどに使《つか》う。❷竹《たけ》や木《き》を、すき間《ま》をあけて打《う》ちつけたもの。

**すのもの**【酢の物】名 魚《さかな》や野《や》菜《さい》・貝《かい》などを、酢《す》で味《あじ》つけした料《りょう》理《り》。

**スパーク**〔英語 spark〕名 動-する 火《ひ》花《ばな》などが勢《いきお》いよく飛《と》ぶこと。また、その火《ひ》花《ばな》。

**スパイ**〔英語 spy〕名 動-する 敵《てき》の内《ない》部《ぶ》に入《はい》って、秘《ひ》密《みつ》をさぐること。また、その人《ひと》。

**スパイク**〔英語 spike〕一 名 すべり止《ど》めのために、靴《くつ》の底《そこ》などにつけるくぎや突《とっ》起《き》。また、それをつけた靴《くつ》。スパイクシューズ。野《や》球《きゅう》・サッカー・陸《りく》上《じょう》競《きょう》技《ぎ》などで使《つか》う。二 名 動-する ❶靴《くつ》のくぎで人《ひと》に傷《きず》をつけること。❷(バレーボールで)味《み》方《かた》が上《あ》げたボールを、相《あい》手《て》のコートに強《つよ》く打《う》ちこむこと。

**スパイス**〔英語 spice〕名 コショウなど、強《つよ》い香《かお》りで料《りょう》理《り》を引《ひ》き立《た》てるもの。香《こう》辛《しん》料《りょう》。香《こう》料《りょう》。例 スパイスをきかせる。

**スパゲッティ**〔イタリア語〕名 パスタの一《いっ》種《しゅ》。細《ほそ》長《なが》い西《せい》洋《よう》のめん類《るい》。ゆでて、いろいろなソースであえたりして食《た》べる。スパゲティ。

**すばこ**【巣箱】名 ❶鳥《とり》が巣《す》を作《つく》ってすめるように、木《き》などにかけてやる箱《はこ》。❷ミツバチを飼《か》う箱《はこ》。

**すばしこい** 形 〔「すばしっこい」ともいう。〕動《どう》作《さ》がすばやい。例 すばしこく走《はし》り去《さ》る。

**ずばずば** 副(-と) 遠《えん》慮《りょ》なく言《い》ったり、したりするようす。例 ずばずばと言《い》う。

**すはだ**【素△肌】名 ❶化《け》粧《しょう》をしていない肌《はだ》。❷下《した》着《ぎ》を着《き》ていない、じかの肌《はだ》。例 素肌にシャツをはおる。

**スパナ**〔英語 spanner〕名 ボルトの頭《あたま》やナットをはさんで回《まわ》し、しめつけたりゆるめたりする工《こう》具《ぐ》。↓こうぐ 433ページ

**ずばぬける**【ずば抜ける】動 ふつうよりも、特《とく》にすぐれている。ずぬける。例 ずば抜けて背《せ》が高《たか》い。

**すばやい**【素△早い】形 することが、たいへん早《はや》い。すばしこい。例 動《どう》作《さ》が素早い。

**◦すばらしい** 形 ❶すぐれている。立《りっ》派《ぱ》である。例 すばらしいできばえだ。❷〔「すばらしく」の形《かたち》で〕非《ひ》常《じょう》に。例 すばらしく広《ひろ》い庭《にわ》。↓ 691ページ

**ずばり** 副(-と) 急《きゅう》所《しょ》をぴたりとつくようす。例 予《よ》想《そう》がずばりと当《あ》たる。

**すばる**【昴】名 おうし座《ざ》にあるプレアデス星《せい》団《だん》。肉《にく》眼《がん》では六《ろっ》個《こ》の星《ほし》に見《み》えることから、六《む》連《つら》星《ぼし》ともいう。

**スパルタ** 地名 昔《むかし》、ギリシャにあった国《くに》。国《くに》を強《つよ》くするために、小《ちい》さい時《とき》から厳《きび》しい教《きょう》育《いく》を行《おこな》った。例 スパルタ教《きょう》育《いく》〔=たいへん厳《きび》しい教《きょう》育《いく》〕。

**ずはん**【図版】名 本《ほん》の中《なか》にある図《ず》や絵《え》。

**スピーカー**〔英語 speaker〕名 電《でん》気《き》の信《しん》号《ごう》を、音《おん》声《せい》に変《か》えて聞《き》かせるための器《き》械《かい》。

**✤◦スピーチ**〔英語 speech〕名 おおぜいの人《ひと》の前《まえ》でする話《はなし》。特《とく》に、改《あらた》まった場《ば》でする短《みじか》い話《はなし》や挨《あい》拶《さつ》。例 テーブルスピーチ〔=自《じ》分《ぶん》の席《せき》で


百人一首 風《かぜ》そよぐならの小川《おがわ》の夕《ゆう》暮《ぐ》れはみそぎぞ夏《なつ》のしるしなりける　藤原家隆《ふじわらのいえたか》

例解 ! ことばの勉強室

**スピーチ のしかた**

伝《つた》えたいことを、限《かぎ》られた短《みじか》い時間《じかん》の中《なか》で話《はな》すのがスピーチである。前《まえ》もって次《つぎ》の❶〜❸のように、話《はなし》の組《く》み立《た》てを考《かんが》えておいてから話《はな》すとよい。

❶はじめ（前置《まえお》き＝手短《てみじか》に）
❷中《なか》（話《はなし》の中心《ちゅうしん》＝くわしく）
❸終《お》わり（まとめ＝手短《てみじか》に）

話《はな》すときは、相手《あいて》やその場《ば》に合《あ》わせて、声《こえ》の大《おお》きさ、話《はな》す速《はや》さ、言葉遣《ことばづか》いに気《き》をつけ、ときには資料《しりょう》の活用《かつよう》などを考《かんが》えることがだいじである。

するスピーチ」。

**スピード**〔英語 speed〕名 速《はや》さ。速力《そくりょく》。

✤**ずひょう【図表】**名 数《かず》や量《りょう》などを、わかりやすく図《ず》にかいたもの。

**スピン**〔英語 spin〕名 動-する ❶（フィギュアスケートやダンスで）同《おな》じ場所《ばしょ》で続《つづ》けて何回《なんかい》も回転《かいてん》すること。❷（テニス、卓球《たっきゅう》、ボウリングなどで）ボールに回転《かいてん》を与《あた》えること。❸自《じ》動車《どうしゃ》などのタイヤが横《よこ》にすべって回転《かいてん》すること。❹飛行機《ひこうき》が機体《きたい》を回転《かいてん》しながら降《お》りていく、きりもみ降下《こうか》のこと。

**スフィンクス**〔英語 Sphinx〕名 ❶昔《むかし》、エジプトで神殿《しんでん》やピラミッドの前《まえ》に作《つく》られた、顔《かお》は人間《にんげん》、体《からだ》はライオンの形《かたち》をした大《おお》きな石《いし》の像《ぞう》。❷ギリシャ神話《しんわ》に出《で》てくる怪物《かいぶつ》。通《とお》る人《ひと》になぞをかけ、解《と》けないと殺《ころ》したという。

〔スフィンクス❶〕

**スプーン**〔英語 spoon〕名 さじ。

**ずぶとい【図太い】**形 少《すこ》しぐらいのことではびくともしない。ふてぶてしい。例 ずぶとい神経《しんけい》の持《も》ち主《ぬし》。

**ずぶぬれ**名 ひどくぬれること。ぐしょぬれ。びしょぬれ。例 夕立《ゆうだち》にあってずぶぬれになる。

**すぶり【素振り】**名 動-する バットや刀《かたな》、ラケットなどを、練習《れんしゅう》のために振《ふ》ること。

**スプリング**〔英語 spring〕名 ❶春《はる》。❷ばね。❸春《はる》や秋《あき》に着《き》る、うすいコート。スプリングコート。

**スプリンクラー**〔英語 sprinkler〕名 ❶畑《はたけ》や庭《にわ》などに水《みず》をまくための仕《し》かけ。回《まわ》りながら、四方八方《しほうはっぽう》に水《みず》をまき散《ち》らす。❷天井《てんじょう》に取《と》りつけて、火事《かじ》のときに水《みず》がふき出《で》るようにした、消火装置《しょうかそうち》。

**スプレー**〔英語 spray〕名 液体《えきたい》の薬品《やくひん》や塗料《とりょう》を、霧《きり》のようにふき出《だ》させるもの。例 ヘアスプレー。

**すべ**名 手段《しゅだん》。方法《ほうほう》。例 なすすべもない。

**スペア**〔英語 spare〕名 ❶予備《よび》の品物《しなもの》。例 スペアタイヤ。スペアキー。❷ボウリングで、二投目《にとうめ》で全部《ぜんぶ》のピンをたおすこと。

**スペイン** 地名 ヨーロッパの南西部《なんせいぶ》、イベリア半島《はんとう》にある国《くに》。首都《しゅと》はマドリード。

**スペース**〔英語 space〕名 ❶空《あ》いている場所《ばしょ》。空白《くうはく》。例 箱《はこ》を置《お》くスペースがない。❷文章《ぶんしょう》の、行《ぎょう》と行《ぎょう》、文字《もじ》と文字《もじ》との間《あいだ》。例 行《ぎょう》間《かん》に少《すこ》しスペースを取《と》る。❸宇宙《うちゅう》。

**スペースシャトル**〔英語 space shuttle〕名 人《ひと》や物《もの》を運《はこ》ぶために地球《ちきゅう》と宇宙《うちゅう》の間《あいだ》を行《い》き来《き》した、アメリカの宇宙船《うちゅうせん》。有人宇宙《ゆうじんうちゅう》連絡船《れんらくせん》。二〇一一年《ねん》に運航《うんこう》を終了《しゅうりょう》した。

**スペード**〔英語 spade〕名 黒《くろ》い「♠」のしるし。また、そのしるしのついたトランプのカード。

**スペクタクル**〔英語 spectacle〕名 ❶壮大《そうだい》な光景《こうけい》。❷〔映画《えいが》や演劇《えんげき》などで〕大《おお》がかりな装置《そうち》や場面《ばめん》。

**スペクトル**〔フランス語〕名 光《ひかり》がプリズムを通《とお》ってできる、七色《なないろ》のにじのような帯《おび》。

**スペシャリスト**〔英語 specialist〕名 専門《せんもん》家《か》。例 コンピューターのスペシャリスト。

**スペシャル**〔英語 special〕名 形動 特別《とくべつ》。特《とく》製《せい》。例 スペシャルランチ。

**すべすべ** 形動 副（-と） 動-する 表面《ひょうめん》がなめらかで、なでたときにひっかかりが感《かん》じられないようす。例 すべすべしたはだ。対 ざらざら。

°**すべて【全て】**名 副 みんな。全部《ぜんぶ》。すっかり。例 すべての人《ひと》。やれることはすべてや

った。↓ぜん【全】728ページ

**すべりこむ**【滑り込む】動 ❶すべって入《はい》る。例本塁《ほんるい》に滑り込む。❷ぎりぎりで時間《じかん》に間《ま》に合《あ》う。例朝《あさ》の会《かい》に滑り込んだ。

**すべりだい**【滑り台】名 傾《かたむ》きをつけた台《だい》をすべり降《お》りて遊《あそ》ぶ遊具《ゆうぐ》。

**すべりだし**【滑り出し】名 ものごとの始《はじ》め。出《で》だし。例好調《こうちょう》な滑りだし。

◦**すべる**【滑る】動 ❶なめらかに進《すす》む。例スケートで氷《こおり》の上《うえ》を滑る。❷足《あし》がそれて転《ころ》びそうになる。例坂道《さかみち》で滑って転《ころ》んだ。❸試《し》験《けん》に落《お》ちる。対受《う》かる。❹思《おも》わずしゃべる。例口《くち》がすべる。↓かつ【滑】243ページ

**すべる**【統べる】動 まとめる。治《おさ》める。例国《くに》を統べる。↓とう【統】904ページ

**スポイト**〔オランダ語〕名 インクなどを吸《す》い上《あ》げて、他《ほか》へ移《うつ》し入《い》れるガラスの管《くだ》。

◦**スポーツ**〔英語 sport〕名 運動《うんどう》や競技《きょうぎ》をまとめていう言葉《ことば》。野球《やきゅう》・テニス・水泳《すいえい》・登山《とざん》など。例スポーツ選手《せんしゅ》。

**スポーツクライミング**〔英語 sport climbing〕名 垂直《すいちょく》な壁《かべ》を、道具《どうぐ》を持《も》たずに登《のぼ》り、登《のぼ》ったコースの数《かず》や速《はや》さ、高《たか》さなどを競《きそ》う競技《きょうぎ》。

**スポーツのひ**【スポーツの日】名 国民《こくみん》の祝日《しゅくじつ》の一《ひと》つ。スポーツを楽《たの》しみ、健康《けんこう》で活《かつ》力《りょく》ある社会《しゃかい》の実現《じつげん》を願《ねが》う日《ひ》。十月第二月曜《じゅうがつだいにげつよう》日《び》。参考二〇一九年《ねん》までは「体育《たいいく》の日《ひ》」という名前《なまえ》だった。

**スポーツマン**〔英語 sportsman〕名 スポーツをする人《ひと》。運動選手《うんどうせんしゅ》。類アスリート。

**スポーツマンシップ**〔英語 sportsman-ship〕名 スポーツマンにふさわしい、明《あか》るく正《ただ》しく立派《りっぱ》にたたかおうとする心《こころ》。

**ずぼし**【図星】名 目当《めあ》てのところ。急所《きゅうしょ》。

**図星《ずぼし》を指《さ》す** 相手《あいて》の考《かんが》えやたくらみなどをぴたりと言《い》い当《あ》てる。例図星をさされて、ぎくっとした。

**スポット**〔英語 spot〕名 ❶地点《ちてん》。場所《ばしょ》。❷テレビやラジオの番組《ばんぐみ》と番組《ばんぐみ》の間《あいだ》にはさまれる、短《みじか》いニュースや広告《こうこく》。❸「スポットライト」の略《りゃく》。

**スポットライト**〔英語 spotlight〕名 舞台《ぶたい》などで、ある所《ところ》だけを明《あか》るく照《て》らす光線《こうせん》。スポット。例スポットライトを浴《あ》びる〔＝世間《せけん》の注目《ちゅうもく》を受《う》ける〕。

**すぼまる**【窄まる】動 せまく小《ちい》さくなる。

例解 ことばを広げよう！

**すばらしい**
いろいろな「すばらしい」

**すてきだ**
見事《みごと》だ
**上出来《じょうでき》だ**
あざやかだ
あっぱれだ
**すごい**
かがやかしい

**ずば抜《ぬ》けている**
抜《ぬ》きん出《で》ている
**並外《なみはず》れている**
際立《きわだ》っている
すぐれている
勝《まさ》っている

**立派《りっぱ》**
**優秀《ゆうしゅう》**
秀逸《しゅういつ》
卓越《たくえつ》
**抜群《ばつぐん》**
圧巻《あっかん》
一流《いちりゅう》
**最高《さいこう》**

**完全《かんぜん》**
完璧《かんぺき》
屈指《くっし》
非凡《ひぼん》
結構《けっこう》
**傑作《けっさく》**

感動《かんどう》
**感嘆《かんたん》**

非《ひ》の打《う》ちどころがない
**群《ぐん》を抜《ぬ》いている**
比類《ひるい》がない
右《みぎ》に出《で》るものが(い)ない
**申《もう》し分《ぶん》がない**

完全無欠《かんぜんむけつ》
**空前絶後《くうぜんぜつご》**
前人未到《ぜんじんみとう》

目《め》の覚《さ》めるような
物《もの》の見事《みごと》に

きらきら
きらっと
きらりと(光《ひか》る)
ぱっと(する)

うっとり
しみじみ
はればれ
**わくわく**
**ほれぼれ**

つぼまる。例傷口《きずぐち》がすぼまる。

**すぼむ【窄む】**動 ❶しだいにせまくなったり細《ほそ》くなったりする。つぼむ。例ズボンのすそがすぼむ。❷ふくらんでいたものがちぢむ。しぼむ。例風船《ふうせん》がすぼむ。❸勢《いきお》いがおとろえる。しぼむ。例やる気《き》がすぼむ。

**すぼめる【窄める】**動 細《ほそ》く小《ちい》さくちぢめる。例肩《かた》をすぼめる。傘《かさ》をすぼめる。

**ずぼら** 形動 いいかげんで、だらしないようす。例ずぼらな性格《せいかく》。

**ズボン**〔フランス語〕名 洋服《ようふく》で、腰《こし》から下《した》にはくもの。またから下《した》が、二《ふた》またになっている。スラックス。パンツ。

**スポンサー**〔英語 sponsor〕名 ❶ラジオやテレビで、お金《かね》をはらって広告《こうこく》の放送《ほうそう》をたのむ人《ひと》や会社《かいしゃ》。広告主《こうこくぬし》。❷お金《かね》を出《だ》して援助《えんじょ》してくれる人《ひと》。

**スポンジ**〔英語 sponge〕名 ❶海綿《かいめん》。❷食器《しょっき》洗《あら》いなどに使《つか》う、海綿《かいめん》のようなふわふわした合成樹脂製品《ごうせいじゅしせいひん》。

**スマート**〔英語 smart〕形動 ❶身《み》なり・動作《どうさ》・話《はな》し方《かた》などが、気《き》がきいているようす。例やり方《かた》がスマートだ。❷形《かたち》がすらりとしているようす。例スマートな体《からだ》つき。

**スマートフォン**〔英語 smartphone〕名 ⬇ スマホ 692ページ

**すまい【住まい】**名 ❶住《す》んでいる所《ところ》。家《いえ》。❷暮《く》らしていること。例独《ひと》り住《ず》まい。

**スマイル**〔英語 smile〕名 ほほえみ。微笑《びしょう》。

**すまう【住まう】**動 住《す》んでいる。住《す》む。⬇ じゅう【住】594ページ

**すましじる【澄まし汁】**名 だし汁《じる》にしょう油《ゆ》や塩《しお》で味《あじ》をつけた、透明《とうめい》な汁《しる》。

**°すます【済ます】**動〔「済《す》ませる」ともいう。〕❶やりとげる。終《お》える。例仕事《しごと》を済《す》ます。❷お金《かね》をはらう。例勘定《かんじょう》を済《す》ます。❸間《ま》に合《あ》わせる。例お昼《ひる》はパンですます。⬇ さい【済】495ページ

**すます【澄ます】**動 ❶にごりを取《と》る。例水《みず》を澄《す》ます。対濁《にご》す。❷心《こころ》を落《お》ち着《つ》かせる。例心《こころ》を澄《す》ます。耳《みみ》を澄《す》まして話《はなし》を聞《き》く。❸気《き》どる。例すまして歩《ある》く。⬇ ちょう【澄】838ページ

**すませる【済ませる】**動 ⬇ すます〔済ます〕692ページ

**スマッシュ**〔英語 smash〕名動する テニスや卓球《たっきゅう》などで、相手《あいて》のコートに強《つよ》くボールを打《う》ちこむこと。

**すまない【済まない】** 申《もう》し訳《わけ》ない。例迷《めい》惑《わく》をかけて、すまないことをしました。
参考 ふつう、かな書《が》きにする。

**スマホ** 名〔英語《えいご》の「スマートフォン」の略《りゃく》。〕パソコンのようなはたらきを取《と》り入《い》れた携帯《けいたい》電話《でんわ》。

**すみ【炭】**名 木《き》をむし焼《や》きにしたもの。燃料《ねんりょう》などに使《つか》う。木炭《もくたん》。⬇ たん【炭】810ページ

**°すみ【隅】**名 囲《かこ》まれた所《ところ》の、はし。かど。例部屋《へや》の隅《すみ》を掃除《そうじ》する。⬇ ぐう【隅】358ページ

**隅《すみ》から隅《すみ》まで** こちらの隅《すみ》からあちらの隅《すみ》まで。隅々《すみずみ》まで。例隅《すみ》から隅《すみ》までさがす。

**隅《すみ》に置《お》けない** 思《おも》ったよりすぐれたところがあったり、ぬけめがなかったりして、いいかげんには扱《あつか》えない。例彼《かれ》もなかなか隅《すみ》に置《お》けない。

**✤すみ【墨】**名 ❶すすを、にかわで固《かた》めたもの。また、これを水《みず》ですった黒《くろ》い汁《しる》。字《じ》や絵《え》をかくのに使《つか》う。❷イカやタコがはき出《だ》す黒《くろ》い汁《しる》。⬇ ぼく【墨】1205ページ

**すみえ【墨絵】**名 墨《すみ》でかいた絵《え》。水墨画《すいぼくが》。

**すみか【住みか】**名 住《す》んでいる所《ところ》。住《す》まい。例ヤドカリは貝《かい》がらをすみかにする。

**すみきる【澄み切る】**動 ❶にごりがなく、すっかり澄《す》む。例澄《す》み切《き》った秋《あき》の空《そら》。❷迷《まよ》いがなく、心《こころ》がはっきりする。例澄《す》み切《き》った気持《きも》ち。

**すみごこち【住み心地】**名 住《す》んでいる気分《きぶん》。例この家《いえ》は住《す》み心地《ごこち》がよい。

**すみこみ【住み込み】**名 やとわれた人《ひと》が、やとい主《ぬし》の家《いえ》で寝起《ねお》きして、そこで働《はたら》くこと。例住《す》み込《こ》みの店員《てんいん》。

**すみずみ【隅隅】**名 あちらこちらのすみ。どこもかしこも。例隅々《すみずみ》まで、掃除《そうじ》が行《い》き届《とど》いている。

**すみぞめのころも【墨染めの衣】**名 お坊《ぼう》さんの着《き》る、黒《くろ》く染《そ》めたころも。

**すみだがわ【隅田川】**地名 東京都《とうきょうと》の東部《とうぶ》の町《まち》の中《なか》を流《なが》れて東京湾《とうきょうわん》に注《そそ》ぐ川《かわ》。

〔歌の意味〕 ももしき（＝宮中《きゅうちゅう》）の古《ふる》い軒端《のきば》のしのぶ草《ぐさ》のように、よかった昔《むかし》はいくらしのんでもしのびきれないよ。

**すみつく【住み着く】** 動 同《おな》じ所《ところ》に、長《なが》く住《す》み続《つづ》ける。

**すみなれる【住み慣れる】** 動 長《なが》く住《す》んで、そこに慣《な》れる。例 住み慣れた町《まち》。

**すみび【炭火】** 名 炭《すみ》でおこした火《ひ》。

**°すみません【済みません】** 〔「すまない」の丁寧《ていねい》な言《い》い方《かた》。〕 ❶あやまるときに言《い》う言《こと》葉《ば》。❷ものをたのむときに言う言《こと》葉《ば》。例 すみませんが、本《ほん》を見《み》せてください。❸お礼《れい》の言《こと》葉《ば》。例 花《はな》をいただいてすみません。参考 ふつう、かな書《が》きにする。

**すみやか【速やか】** 形動 ぐずぐずしないで、すばやいようす。例 笛《ふえ》が鳴《な》ったら、速やかに集《あつ》まれ。↓そく【速】753ページ

**すみやき【炭焼き】** 名 ❶木《き》をむし焼《や》きにして、炭《すみ》を作《つく》ること。❷炭《すみ》火《び》で物《もの》を焼《や》くこと。例 炭焼きのステーキ。

**すみれ** 名 野《の》山《やま》に生《は》える草《くさ》花《ばな》。春《はる》、濃《こ》いむらさき色《いろ》や白《しろ》の小《ちい》さな花《はな》が咲《さ》く。

**すみわたる【澄み渡る】** 動 どこまでも澄《す》んでいる。例 青《あお》く澄み渡った空《そら》。

**°すむ【住む】** 動 いる所《ところ》を決《き》めて生《せい》活《かつ》する。住《す》まう。例 いなかに住む。池《いけ》には大《おお》きなコイがすんでいる。参考 鳥《とり》・けもの・魚《さかな》などの場《ば》合《あい》は、ふつうかな書《が》きにする。↓じゅう【住】594ページ

**°すむ【済む】** 動 ❶終《お》わる。かたづく。例 宿《しゅく》題《だい》が済んだ。❷決《き》まる。解《かい》決《けつ》する。例 金《かね》で済むというわけではない。❸安《あん》心《しん》する。満《まん》足《ぞく》する。例 気《き》がすむ。❹申《もう》し訳《わけ》がたつ。例 すまないことをしました。↓さい【済】495ページ

**°すむ【澄む】** 動 ❶にごりや、くもりがなくなる。例 水《みず》が澄む。❷音《おと》や声《こえ》がさえて聞《き》こえる。例 澄んだ音《おと》。❸心《こころ》がきれいになる。例 心《こころ》が澄む。対（❶～❸）濁《にご》る。↓ちょう【澄】838ページ

**スムーズ** 〔英語 smooth〕 形動 〔「スムース」ともいう。〕ものごとがすらすらと進《すす》むようす。例 事《こと》がスムーズに運《はこ》ぶ。

**すめばみやこ【住めば都】** どんな所《ところ》でもしばらく住《す》んでみれば、住《す》み心《ここ》地《ち》がよくなるものだ。注意 「住《す》むなら都《みやこ》がよい」という意《い》味《み》ではない。

**ずめん【図面】** 名 建《たて》物《もの》や機《き》械《かい》などの組《く》み立《た》てを、図《ず》に表《あらわ》したもの。設《せっ》計《けい》図《ず》。例 図面を引《ひ》く〔=図《ず》面《めん》をかく〕。

**°すもう【〈相撲〉】** 名 土《ど》俵《ひょう》の上《うえ》で、二人《ふたり》が取《と》り組《く》み、相《あい》手《て》をたおすか、土《ど》俵《ひょう》の外《そと》に出《だ》すかして勝《しょう》負《ぶ》を決《き》める競《きょう》技《ぎ》。日《にっ》本《ぽん》の国《こく》技《ぎ》とされる。参考 「相《す》撲《もう》」は、特《とく》別《べつ》に認《みと》められた読《よ》み方《かた》。

**スモッグ** 〔英語 smog〕 名 工《こう》場《じょう》の煙《けむり》や自《じ》動《どう》車《しゃ》の排《はい》気《き》ガスがもとになってできる、濃《こ》い霧《きり》のようなもの。公《こう》害《がい》の原《げん》因《いん》になる。

**すやき【素焼き】** 名 陶《とう》器《き》を、上《うわ》薬《ぐすり》をぬらないで、低《ひく》い温《おん》度《ど》で焼《や》くこと。また、焼《や》いた物《もの》。例 素焼きの皿《さら》。

**すやすや** 副(-と) 安《やす》らかに、よくねむっているようす。例 すやすやとねむる。

**すら** 助 一《ひと》つの例《れい》を示《しめ》して、「それでさえも」の意《い》味《み》を表《あらわ》す。…でも。例 大《お》人《とな》ですらできないこともある。

**スラー** 〔英語 slur〕 名 〔音《おん》楽《がく》で〕高《たか》さのちがう二《ふた》つ以《い》上《じょう》の音《おと》を、なめらかに演《えん》奏《そう》するように表《あらわ》した記《き》号《ごう》。↓がくふ223ページ

**スライス** 〔英語 slice〕 名 動-する ❶うすく切《き》ること。うすく切《き》ったもの。例 ハムをスライスする。❷テニスなどで、ボールの下《した》側《がわ》をカットして打《う》ち、逆《ぎゃく》の回《かい》転《てん》をかけること。

**スライダー** 〔英語 slider〕 名 ❶〔野《や》球《きゅう》で〕ボールに回《かい》転《てん》をかけ、打《だ》者《しゃ》の近《ちか》くで投《とう》手《しゅ》の利《き》きうでとは反《はん》対《たい》の方《ほう》向《こう》へ、流《なが》れるように曲《ま》がる変《へん》化《か》球《きゅう》。❷滑《すべ》るもの。例 ウォータースライダー。

**スライディング** 〔英語 sliding〕 名 動-する ❶滑《すべ》ること。❷野《や》球《きゅう》で、走《そう》者《しゃ》が塁《るい》に勢《いきお》いよく滑《すべ》り込《こ》むこと。滑《すべ》り込《こ》み。

**スライド** 〔英語 slide〕 名 動-する ❶滑《すべ》ること。例 スライド式《しき》の戸《と》。❷フィルムに光《ひかり》を当《あ》て、レンズで拡《かく》大《だい》して、スクリーンに像《ぞう》を映《うつ》す装《そう》置《ち》。また、そのフィルム。幻《げん》灯《とう》。

**スライドガラス** 名 〔日《にっ》本《ぽん》でできた英《えい》語《ご》ふうの言《こと》葉《ば》。〕顕《けん》微《び》鏡《きょう》で、見《み》ようとするものをのせる透《とう》明《めい》なガラス板《いた》。スライドグラス。

**°ずらす** 動 ❶滑《すべ》らせて動《うご》かす。例 本《ほん》箱《ばこ》を横《よこ》にずらす。❷少《すこ》し動《うご》かす。例 予《よ》定《てい》をずらす。





百人一首　ももしきや古《ふる》き軒端《のきば》のしのぶにもなほあまりある昔《むかし》なりけり　順徳院《じゅんとくいん》

**すらすら** 副(-と) なめらかに進《すす》むようす。例 長《なが》い文章《ぶんしょう》をすらすらと読《よ》む。

**スラックス**〔英語 slacks〕名 ズボン。

**スラッシュ**〔英語 slash〕名 言葉《ことば》の区《く》切《ぎ》りや、分数《ぶんすう》の分母《ぶんぼ》と分子《ぶんし》の区切《くぎ》りなどに使《つか》う、ななめの線《せん》。「/」で表《あらわ》す。

**スラム**〔英語 slum〕名 大都会《だいとかい》で、まずしい人《ひと》たちが集《あつ》まって住《す》んでいる地域《ちいき》。貧民街《ひんみんがい》。例 スラム街《がい》。

**ずらり** 副(-と) たくさん並《なら》んでいるようす。例 全員《ぜんいん》がずらりと勢《せい》ぞろいする。

**すらりと** 副 動-する ❶ほっそりとして形《かたち》よくのびているようす。例 すらりとした人《ひと》。❷つかえずに。楽《らく》に。例 難《なん》なくすらりと答《こた》える。

**スランプ**〔英語 slump〕名 スポーツや勉強《べんきょう》、仕事《しごと》などで、一時的《いちじてき》に調子《ちょうし》が落《お》ちること。例 スランプにおちいる。

**すり** 名 人《ひと》ごみの中《なか》などで、人のお金《かね》や品物《しなもの》をこっそりぬすむこと。また、その人《ひと》。

**すりあわせる【擦り合わせる】** 動 ❶こすり合《あ》わせる。例 寒《さむ》さに腕《うで》をすり合わせる。❷ものごとをつき合《あ》わせて調整《ちょうせい》する。例 予《よ》定《てい》をすり合わせる。

**スリーアール【3R】** 名 環境《かんきょう》を守《まも》るための三《みっ》つの取《と》り組《く》みを表《あらわ》す言葉《ことば》。参考 むだなごみの量《りょう》を減《へ》らす〔=リデュース Reduce〕、使《つか》ったものをすぐに捨《す》てないで、何度《なんど》も使《つか》う〔=リユース Reuse〕、使《つか》い終《お》わったものを捨《す》てないで、他《ほか》の製品《せいひん》にする〔=リサイクル Recycle〕の三《みっ》つ。

**スリーディー【3D】** 名 たて、横《よこ》、高《たか》さの三《みっ》つの方向《ほうこう》に向かう広《ひろ》がりをもっていること。立体的《りったいてき》な空間《くうかん》。三次元《さんじげん》。

**ずりおちる【ずり落ちる】** 動 ずれて下《した》に落《お》ちる。ずれ落《お》ちる。例 屋根《やね》がわらがずり落ちる。

**すりかえる【すり替える】** 動 わからないように、そっと取《と》りかえる。例 本物《ほんもの》とにせものをすり替える。

**すりガラス** 名 表面《ひょうめん》をかたい砂《すな》でこするなどして、すきとおらないようにしたガラス。くもりガラス。

**すりきず【擦り傷】** 名 すりむいてできた傷《きず》。

**すりきり【すり切り】** 名 カップやスプーンなどで粉《こな》や粒《つぶ》などをはかるとき、上《うえ》を平《たい》らにならすこと。例 すりきり一杯《いっぱい》の砂糖《さとう》。

**すりきれる【擦り切れる】** 動 こすれて切《き》れる。例 ズボンのすそが擦り切れる。

**すりこぎ【擂り粉木】** 名 食《た》べ物《もの》を、すりばちですりつぶすために使《つか》う棒《ぼう》。れんぎ。

**スリット**〔英語 slit〕名 洋服《ようふく》などの、すそに入《い》れた切《き》りこみ。例 スリットの入《はい》ったスカート。

**スリッパ**〔英語 slippers〕名 部屋《へや》でつっかけてはく、はきもの。西洋風《せいようふう》のうわばき。

**スリップ**〔英語 slip〕一名 動-する すべること。例 車《くるま》がスリップする。二名 女《おんな》の人《ひと》の下《した》着《ぎ》の一《ひと》つ。ひもで肩《かた》からつり下《さ》げる、ひざぐらいまでの長さのもの。

**すりつぶす【擂り潰す】** 動 すってつぶす。すって細《こま》かくする。例 ごまをすりつぶす。

**すりぬける【擦り抜ける】** 動 ❶人《ひと》ごみを通《とお》りぬける。❷うまくごまかして、にげる。例 危《あや》ういところをすり抜ける。

**すりばち【擂り鉢】** 名 食《た》べ物《もの》を、すりこぎですりつぶすのに使《つか》うはち。内側《うちがわ》に刻《きざ》み目《め》がある。あたりばち。

**すりへらす【すり減らす】** 動 ❶こすって少《すく》なくする。例 靴《くつ》をすり減らす。❷心《こころ》や体《からだ》をひどく使《つか》って弱《よわ》らせる。例 神経《しんけい》をすり減らす。

**すりみ【擂り身】** 名 魚《さかな》の肉《にく》をすりつぶしたもの。例 イワシのすり身。

**スリム**〔英語 slim〕形動 ❶体《からだ》つきや物《もの》の形《かたち》などがほっそりしているようす。例 スリムな体形《たいけい》。❷むだな部分《ぶぶん》がないようす。例 会社《かいしゃ》のスリム化《か》。

**すりむく【擦りむく】** 動 こすって、皮膚《ひふ》がむける。例 ひざを擦りむく。

**すりもの【刷り物】** 名 紙《かみ》に印刷《いんさつ》したもの。印刷物《いんさつぶつ》。プリント。

**すりよる【擦り寄る】** 動 ❶ふれるほどに近《ちか》寄る。例 子《こ》どもが母《はは》にすり寄る。❷ひざを床《ゆか》にすりながら近《ちか》づく。❸相手《あいて》と親《した》しくなろうとする。例 権力《けんりょく》のある人《ひと》にすり寄る。

**スリラー**〔英語 thriller〕名 ぞっとさせるようなおそろしい作品《さくひん》。小説《しょうせつ》や映画《えいが》、ドラマなどについていう。

**スリランカ** 地名 インド洋《よう》のセイロン島《とう》にある国《くに》。首都《しゅと》はスリ・ジャヤワルダナプラ・コッテ。紅茶《こうちゃ》の産地《さんち》。

**スリル**〔英語 thrill〕名 どきどきしたり、ぞっとしたりするような感《かん》じ。身《み》ぶるいするような感《かん》じ。例 スリル満点《まんてん》。

**する【刷る】** 動 字《じ》や絵《え》を、すみやインクで紙《かみ》に写《うつ》し出《だ》す。印刷《いんさつ》する。↓さつ【刷】517ページ

**°する【擦る・摺る】** 動 ❶物《もの》と物《もの》とをこすり合《あ》わせる。例 マッチを擦る。❷使《つか》ってなくす。例 競馬《けいば》で大金《たいきん》をする。参考 ふつう❷は、かな書《が》きにする。

**°する【為る】** 動 ❶やる。行《おこな》う。例 勉強《べんきょう》をする。❷感《かん》じがある。起《お》こる。例 寒《さむ》けがする。❸(人《ひと》や物《もの》を)あるものにならせる。例 いすをふみ台《だい》にする。❹値打《ねう》ちがある。例 この本《ほん》は一万円《いちまんえん》もする。❺時《とき》がたつ。例 三日《みっか》もすれば治《なお》るでしょう。❻身《み》につける。例 手《て》ぶくろをする。❼決《き》める。例 行《い》くことにする。❽ある状態《じょうたい》になる。例 ぐったりとする。参考「する」は「勉強《べんきょう》＋する」「びっくり＋する」のように、言葉《ことば》のあとについて動詞《どうし》を作《つく》るはたらきがある。この辞典《じてん》では、そのはたらきのある言葉《ことば》には 動-する と示《しめ》してある。敬語 敬《うやま》った言《い》い方《かた》は、「なさる」。へりくだった言《い》い方《かた》は、「いたす」。

**°する【擂る】** 動 ❶おしつけて動《うご》かす。こする。例 墨《すみ》をする。❷おしつぶして、細《こま》かにする。例 すりばちでごまをする。

**する** 動 人《ひと》ごみの中《なか》で、気《き》づかれないように、人《ひと》のお金《かね》や品物《しなもの》をぬすむ。

**°ずるい** 形 得《とく》しようとして、正《ただ》しくないことをする。こすい。例 ずるいやり方《かた》はよそう。

**するが【駿河】** 地名 昔《むかし》の国《くに》の名《な》の一《ひと》つ。今《いま》の静岡県《しずおかけん》の中央部《ちゅうおうぶ》にあたる。

**ずるがしこい** 形 ずるくて、悪知恵《わるぢえ》がはたらくようすだ。例 ずるがしこくて、油断《ゆだん》もすきもない。

**するがわん【駿河湾】** 地名 静岡県《しずおかけん》の南部《なんぶ》に面《めん》する湾《わん》。

**するする** 副(-と) すばやくなめらかに動《うご》くようす。例 するすると木《き》に登《のぼ》る。

**ずるずる** 副(-と) ❶ひきずるようす。例 帯《おび》をずるずるとひきずる。❷長引《ながび》くようす。例 出発《しゅっぱつ》がずるずるとのびる。❸少《すこ》しずつすべり落《お》ちるようす。例 土砂《どしゃ》がずるずるくずれてくる。

**°すると** 接 ❶そうすると。そこで。例 町《まち》を出《で》た。すると、川《かわ》にさしかかった。❷それでは。そうだとすると。例 六年生《ろくねんせい》か。すると、もう卒業《そつぎょう》だね。

**°するどい【鋭い】** 形 ❶先《さき》が細《ほそ》くとがっている。例 鋭いとげがある。❷よく切《き》れる。例 鋭い小刀《こがたな》。❸勢《いきお》いが激《はげ》しい。きびしい。例 鋭い目《め》つき。❹すぐれている。例 頭《あたま》が鋭い。対 にぶい。↓えい【鋭】124ページ

**するめ** 名 いかを切《き》り開《ひら》き、内臓《ないぞう》を取《と》って干《ほ》した食《た》べ物《もの》。

**ずれ** 名 ずれること。くいちがい。例 二人《ふたり》の意見《いけん》には、ずれがある。

**すれすれ** 形動 ❶もう少《すこ》しでくっつきそうなようす。例 地面《じめん》すれすれに飛《と》ぶ。❷ぎりぎりのようす。例 時間《じかん》すれすれだ。

**°すれちがう【擦れ違う】** 動 ❶ふれ合《あ》うほど近《ちか》くを、たがいに逆《ぎゃく》のほうへ行《い》く。例 電車《でんしゃ》が擦れ違う。❷行《い》きちがって会《あ》えない。例 擦れ違ってばかりで、会《あ》ったことがない。❸かみ合《あ》わない。例 議論《ぎろん》が擦れ違ったままだ。

**すれっからし【擦れっ枯らし】** 名 いろいろな経験《けいけん》をつんで、ずるがしこくなること。また、そのような人《ひと》。すれからし。

**°すれる【擦れる】** 動 ❶ふれ合《あ》って、こすれる。例 風《かぜ》で、木《き》の枝《えだ》が擦れる。❷すり切《き》れる。こすれていたむ。例 ズボンのひざが擦れる。❸世間《せけん》に慣《な》れて、ずるくなる。例 人間《にんげん》がすれている。↓さつ【擦】518ページ

**°ずれる** 動 ❶少《すこ》しすべって、正《ただ》しい場所《ばしょ》から外《はず》れる。例 靴下《くつした》がずれる。❷くいちがう。例 二人《ふたり》の考《かんが》えがずれている。❸ピントが外《はず》れる。例 ずれたことを言《い》う。

**スロー**〔英語 slow〕名 形動 速度《そくど》がおそいこと。ゆっくりしていること。例 動《うご》きがスロー

ことわざ 青菜《あおな》に塩《しお》 いばっていた兄《あに》も、父《ちち》のひと言《こと》でがっくり。まるで青菜《あおな》に塩《しお》だ。

ーだ。

**例解 ⟷ 使い分け**

**座《すわ》る と 据《す》わる**

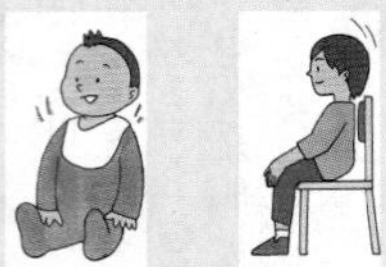

いすに座《すわ》る。
会長《かいちょう》のポストに座《すわ》る。
赤《あか》ちゃんの首《くび》が据《す》わる。
度胸《どきょう》が据《す》わる。

**スローガン**〔英語 slogan〕名 考《かんが》えや言《い》いたいことを短《みじか》く言《い》い表《あらわ》した言葉《ことば》。標語《ひょうご》。

**スロープ**〔英語 slope〕名 土地《とち》の、ななめになっているところ。傾斜《けいしゃ》。

**スローフード**〔英語 slow food〕名 その国《くに》や地域《ちいき》に昔《むかし》からある食《た》べものや料理法《りょうりほう》を守《まも》り、食事《しょくじ》をゆっくり楽《たの》しもうという運動《うんどう》。「ファストフード」に対抗《たいこう》して、イタリアで起《お》こった。

**スローモーション**〔英語 slow motion〕名 ❶ゆっくりした動作《どうさ》。❷映画《えいが》などで、ふつうよりも動《うご》きをおそくして見《み》せること。

**すわり【座△り】**名 ❶すわること。例 体育座《たいいくずわ》り。座り心地《ごこち》。❷物《もの》を置《お》いたときの落《お》ち着《つ》き具合《ぐあい》。例 座りのいい花《か》びん。参考 ❷は「据《す》わり」とも書《か》く。

**すわり【据°わり】**名 物《もの》を置《お》いたときの落《お》ち着《つ》き具合《ぐあい》。

**すわりごこち【座△り〈心△地〉】**名 すわったときの感《かん》じ。例 座りごこちがいい。

**すわりこむ【座△り込°む】**動 どっかりとすわって動《うご》かない。例 道《みち》に座り込む。

**°すわる【座△る】**動 ❶ひざを曲《ま》げて席《せき》につく。腰《こし》をおろす。例 たたみに座る。対 立《た》つ。❷地位《ちい》につく。場所《ばしょ》をしめる。例 王座《おうざ》に座る。
⇩ざ【座】493ページ

**すわる【据°わる】**動 ❶じっとして動《うご》かない。例 目《め》が据わる。❷しっかりと落《お》ち着《つ》いている。例 腹《はら》が据わる。⇩すえる【据】677ページ

**スワン**〔英語 swan〕名 白鳥《はくちょう》。

**すん【寸】** 画数 3 部首 寸(すん) 6年
音 スン 訓 ―
筆順 一 十 寸
❶昔《むかし》の尺貫法《しゃっかんほう》で、長《なが》さの単位《たんい》の一《ひと》つ。一尺《しゃく》の十分《じゅうぶん》の一《いち》で、一寸《すん》は約《やく》三・〇三センチメートル。❷物《もの》の長《なが》さ。熟語 寸法《すんぽう》。❸ほんの少《すこ》し。熟語 寸劇《すんげき》。寸志《すんし》。寸前《すんぜん》。

**すん【寸】**名 長《なが》さ。寸法《すんぽう》。例 寸が足《た》りない。

**すんか【寸暇°】**名 少《すこ》しのひま。

**寸《すん》暇《か》を惜《お》しむ** ほんのわずかな時間《じかん》もむだにしない。例 寸暇を惜しんで働《はたら》く。

**ずんぐり** 副(-と) 動-する 背《せ》が低《ひく》くて太《ふと》っているようす。例 ずんぐりした猫《ねこ》。

**すんげき【寸劇】**名 ごく短《みじか》い演劇《えんげき》。

**すんし【寸志】**名 心《こころ》ばかりのおくり物《もの》。人《ひと》に物《もの》やお金《かね》をおくるとき、謙遜《けんそん》した気持《きも》ちで、包《つつ》みの上《うえ》に書《か》く言葉《ことば》。

**ずんずん** 副(-と) 物事《ものごと》がはやく進《すす》むようす。例 奥《おく》へ奥《おく》へとずんずん入《はい》って行《い》く。

**すんぜん【寸前】**名 ほんの少《すこ》し前《まえ》。直前《ちょくぜん》。例 ゴール寸前で転《ころ》んだ。

**すんたらず【寸足らず】**名 形動 長《なが》さが足《た》りないこと。例 寸足らずの服《ふく》。

**すんだん【寸断】**名 動-する 細《こま》かく、ずたずたにたち切《き》ること。例 洪水《こうずい》で線路《せんろ》が寸断された。

**すんてつひとをさす【寸鉄人を刺°す】** 短《みじか》く鋭《するど》い言葉《ことば》で、人《ひと》の心《こころ》をつきさす。参考「寸鉄《すんてつ》」は短《みじか》い刃物《はもの》のこと。

**すんでのことに** もう少《すこ》しのところで。危《あぶ》なく。すんでのところで。例 すんでのことに、車《くるま》にひかれるところだった。

**すんでのところで** ⇩すんでのことに 696ページ

**ずんどう【ずん胴°】**名 形動 ❶上《うえ》から下《した》まで同《おな》じように太《ふと》くて長《なが》いこと。また、そのような形《かたち》のもの。例 ずんどうの花瓶《かびん》。❷大型《おおがた》で深《ふか》い円筒型《えんとうけい》のなべ。

**すんなり** 副(-と) 動-する ❶すらりとしてしなやかなようす。例 すんなりした指《ゆび》。❷順調《じゅんちょう》に。例 すんなりと試験《しけん》に通《とお》った。

**すんぴょう【寸評】**名 短《みじか》い批評《ひひょう》。

**すんぶん【寸分】**副 ほんの少《すこ》しも。例 寸分

ことわざ 赤子《あかこ》の手《て》をひねる 彼《かれ》なら、これくらいのテストは、赤子《あかこ》の手《て》をひねるようなものだ。

のすきもない。注意 あとに「ない」などの打《う》ち消《け》しの言葉《ことば》がくる。

**すんぽう【寸法】**名 ❶物《もの》の長《なが》さ。例 寸法を測《はか》る。❷計画《けいかく》。だんどり。例 相談《そうだん》してから始《はじ》めようという寸法だ。

# せ

セ se

**せ【瀬】** 画数 19 部首 氵(さんずい)

音 ― 訓 せ

川《かわ》の流《なが》れの速《はや》い所《ところ》。熟語 浅瀬《あさせ》。早瀬《はやせ》。

**せ【瀬】**名 ❶川《かわ》の浅《あさ》い所《ところ》。例 瀬を渡《わた》る。❷流《なが》れの速《はや》い所《ところ》。例 一気《いっき》に瀬を下《くだ》る。対(❶・❷)淵《ふち》。❸立場《たちば》。例 立《た》つ瀬がない。

**せ【世】** 熟語 世界《せかい》。世間《せけん》。出世《しゅっせ》。⬇せい【世】697ページ

**せ【施】** 熟語 施工《せこう》。布施《ふせ》。⬇し【施】538ページ

**°せ【背】**名 ❶体《からだ》の後《うし》ろ側《がわ》で、肩《かた》と腰《こし》の間《あいだ》の部分《ぶぶん》。せなか。対 腹《はら》。❷後《うし》ろ。例 校門《こうもん》を背にして立《た》つ。❸身長《しんちょう》。また、物《もの》の高《たか》さ。せい。例 背が高《たか》い。❹山《やま》のみねからみねに続《つづ》くいちばん高《たか》い部分《ぶぶん》。尾根《おね》。⬇はい【背】1025ページ

**背《せ》にする** ❶ある物《もの》を後《うし》ろにする。例 海《うみ》を背にして写真《しゃしん》を撮《と》る。❷背負《せお》う。例 重《おも》い荷物《にもつ》を背にする。

**背《せ》に腹《はら》はかえられない** さしせまった大《たい》切《せつ》なことのためには、少《すこ》しぐらい困《こま》ることがあってもしかたがない。

**背《せ》を向《む》ける** ❶後《うし》ろ向《む》きになる。❷知《し》らん顔《かお》をする。逆《さか》らう。例 世《よ》の中《なか》に背を向ける。

**せ【畝▲】**名 昔《むかし》の尺貫法《しゃっかんほう》で、田畑《でんぱた》・山林《さんりん》の広《ひろ》さの単位《たんい》。一《ひと》畝《せ》は一反《いったん》の十分《じゅうぶん》の一《いち》で、約《やく》一《いち》アール。

**ぜ【是】** 画数 9 部首 日(ひ)

音 ゼ 訓 ―

よい。正《ただ》しい。熟語 是非《ぜひ》。是正《ぜせい》。対 非《ひ》。

**ぜ【是】**名 よいと認《みと》めること。正《ただ》しいこと。例 是か非《ひ》かを決《き》める。対 非《ひ》。

**ぜあみ【世阿弥】**人名(男)(一三六三ごろ〜一四四三ごろ)室町《むろまち》時代《じだい》に能《のう》を作《つく》ったり演《えん》じたりした人《ひと》。父親《ちちおや》の観阿弥《かんあみ》と共《とも》に、能《のう》を芸《げい》術《じゅつ》にまで高《たか》めた。

**せい【井】** 画数 4 部首 二(に) 4年

音 セイ ショウ△ 訓 い

筆順 一 二 开 井

❶い。井戸《いど》。熟語 油井《ゆせい》(=地下《ちか》の石油《せきゆ》をくみ出《だ》す井戸《いど》)。例 井の中《なか》のかわず。❷「井」の字《じ》のような形《かたち》のもの。熟語 天井《てんじょう》。❸まち。人家《じんか》が集《あつ》まる所《ところ》。熟語 市井《しせい》(=まち)。

**せい【世】** 画数 5 部首 一(いち) 3年

音 セイ セ 訓 よ

筆順 一 十 廿 廿 世

❶よの中《なか》。熟語 世界《せかい》。世間《せけん》。治世《ちせい》。❷時《とき》。時代《じだい》。熟語 世紀《せいき》。中世《ちゅうせい》。❸人《ひと》の一生《いっしょう》。熟語 世代《せだい》。❹祖先《そせん》から何番《なんばん》めに当《あ》たるかを示《しめ》す言葉《ことば》。例 日系三世《にっけいさんせい》。

**せい【正】** 画数 5 部首 止(とめる) 1年

音 セイ ショウ 訓 ただ-しい ただ-す まさ

筆順 一 丅 下 正 正

❶ただしい。熟語 正確《せいかく》。正義《せいぎ》。正直《しょうじき》。公正《こうせい》。修正《しゅうせい》。対 邪《じゃ》。誤《ご》。❷ただしくする。熟語 改正《かいせい》。訂正《ていせい》。対 誤《ご》。❸ちょうど。まさに。熟語 正方形《せいほうけい》。正午《しょうご》。❹本来《ほんらい》の。ほんとうの。熟語 正式《せいしき》。正門《せいもん》。正体《しょうたい》。対 副《ふく》。❺年《とし》の初《はじ》め。熟語 正月《しょうがつ》。賀正《がしょう》。

《訓の使い方》ただ-しい 例 彼《かれ》の意見《いけん》は正しい。ただ-す 例 誤《あやま》りを正す。

**せい【正】**名 ❶正《ただ》しいこと。例 正よく邪《じゃ》を制《せい》す(=正義《せいぎ》は不正《ふせい》に勝《か》つ)。対 邪《じゃ》。❷主《しゅ》となるもの。例 正と副《ふく》の議長《ぎちょう》。対 副《ふく》。❸〔算数《さんすう》で〕0《ゼロ》より大《おお》きい数《かず》。正数《せいすう》。プラス。例 正の数《すう》。対 負《ふ》。

**せい【生】** 画数 5 部首 生(うまれる) 1年

音 セイ ショウ

訓 い-きる い-かす い-ける う-まれる





ことわざ 悪事千里《あくじせんり》を走《はし》る 悪事千里《あくじせんり》を走《はし》るというように、悪《わる》いうわさはすぐに広《ひろ》がるものだね。

うーむ おーう はーえる はーやす きー なま

筆順

❶いきる。熟語 生活《せいかつ》。生命《せいめい》。生涯《しょうがい》。野生《やせい》。一生《いっしょう》。養生《ようじょう》。❷うまれる。うむ。熟語 生家《せいか》。生産《せいさん》。誕生《たんじょう》。対(❶・❷)死《し》。❸起《お》こる。熟語 派生《はせい》。発生《はっせい》。❹育《そだ》つ。熟語 生育《せいいく》。生長《せいちょう》。❺勉強《べんきょう》している人《ひと》。熟語 生徒《せいと》。学生《がくせい》。❻手《て》を加《くわ》えていない。なま。き。熟語 生地《きじ》。生水《なまみず》。生物《なまもの》。

《訓の使い方》いーきる 例 百歳《ひゃくさい》まで生きる。いーかす 例 才能《さいのう》を生かす。いーける 例 花《はな》を生ける。うーまれる 例 子《こ》が生まれる。うーむ 例 感動《かんどう》を生む。おーう 例 生い立《た》ち。はーえる 例 歯《は》が生える。はーやす 例 ひげを生やす。

**せい【生】** 名 生《い》きていること。命《いのち》。例 この世《よ》に生をうける。対 死《し》。

## せい【成】 画数 6 部首 戈(ほこ) 4年

音 セイ ジョウ 訓 なーる なーす

筆順

❶なしとげる。なる。熟語 成功《せいこう》。成否《せいひ》。成就《じょうじゅ》。達成《たっせい》。❷できあがる。作《つく》りあげる。熟語 成果《せいか》。成績《せいせき》。完成《かんせい》。❸育《そだ》つ。育《そだ》てる。熟語 成長《せいちょう》。育成《いくせい》。養成《ようせい》。

《訓の使い方》なーる 例 九人《くにん》から成るチーム。なーす 例 財《ざい》を成す。

## せい【西】 画数 6 部首 西(にし) 2年

音 セイ サイ 訓 にし

筆順

❶にし。熟語 西部《せいぶ》。南西《なんせい》。関西《かんさい》。東西《とうざい》。西日《にしび》。❷ヨーロッパやアメリカのこと。熟語 西洋《せいよう》。西暦《せいれき》。対(❶・❷)東《とう》。

## せい【声】 画数 7 部首 士(さむらい) 2年

音 セイ ショウ 訓 こえ こわ

筆順

❶こえ。熟語 声楽《せいがく》。歓声《かんせい》。大音声《だいおんじょう》。声色《こわいろ》。鼻《はな》声《ごえ》。❷言葉《ことば》を出《だ》す。熟語 声援《せいえん》。声明《せいめい》。❸評判《ひょうばん》。熟語 声価《せいか》。名声《めいせい》。

## せい【制】 画数 8 部首 刂(りっとう) 5年

音 セイ 訓 ―

筆順

❶決《き》まり。定《さだ》める。熟語 制度《せいど》。制服《せいふく》。❷作《つく》る。熟語 制作《せいさく》。制定《せいてい》。❸止《と》める。おさえつける。熟語 制限《せいげん》。制約《せいやく》。強制《きょうせい》。⬇せいする 706ページ

## せい【性】 画数 8 部首 忄(りっしんべん) 5年

音 セイ ショウ 訓 ―

筆順

❶生《う》まれつき。熟語 性格《せいかく》。性質《せいしつ》。相性《あいしょう》。根性《こんじょう》。❷男女《だんじょ》の区別《くべつ》。熟語 性別《せいべつ》。異性《いせい》。女性《じょせい》。男性《だんせい》。❸〔ある言葉《ことば》のあとにつけて〕…の性質《せいしつ》を持《も》つ。熟語 酸性《さんせい》。動物性《どうぶつせい》。

**せい【性】** 名 ❶生《う》まれつき。例 人《ひと》の性は善《ぜん》である。❷男女《だんじょ》、またはおす・めすの区別《くべつ》。例 性のちがいを意識《いしき》する。

## せい【青】 画数 8 部首 青(あお) 1年

音 セイ ショウ 訓 あお あおーい

筆順

❶あおい。熟語 青果《せいか》。青銅《せいどう》。群青《ぐんじょう》。緑青《ろくしょう》。青葉《あおば》。❷若《わか》い。新鮮《しんせん》な。また、未熟《みじゅく》な。熟語 青春《せいしゅん》。青年《せいねん》。青二才《あおにさい》。

《訓の使い方》あおーい 例 青い海《うみ》。

## せい【政】 画数 9 部首 攵(ぼくづくり) 5年

音 セイ ショウ 訓 まつりごと

筆順

❶国《くに》を治《おさ》めること。熟語 政治《せいじ》。政党《せいとう》。政府《せいふ》。国政《こくせい》。摂政《せっしょう》。財政《ざいせい》。❷ととのえること。熟語 家政《かせい》。

## せい【星】 画数 9 部首 日(ひ) 2年

音 セイ ショウ 訓 ほし

筆順

❶ほし。熟語 星雲《せいうん》。星座《せいざ》。衛星《えいせい》。流星《りゅうせい》。明星《みょうじょう》。星空《ほしぞら》。❷としつき。熟語 星霜《せいそう》〔＝年月《ねんげつ》〕。

ことわざ 朝焼《あさや》けは雨《あめ》 夕焼《ゆうや》けは晴《は》れ 夕焼《ゆうや》けがきれいだから明日《あす》は晴《は》れる。朝焼《あさや》けは雨《あめ》夕焼《ゆうや》けは晴《は》れと言《い》うからね。

## せい【省】
画数 9　部首 目（め）　4年

音 セイ ショウ　訓 かえり-みる はぶ-く

筆順

一〔「セイ」と読《よ》んで〕❶自分《じぶん》をふり返《かえ》って考《かんが》える。熟語 内省《ないせい》。反省《はんせい》。❷（親《おや》などが）無事《ぶじ》かどうかを尋《たず》ねる。熟語 帰省《きせい》。二〔「ショウ」と読《よ》んで〕❶取《と》り除《のぞ》く。熟語 省略《しょうりゃく》。省力化《しょうりょくか》。❷国《くに》の役所《やくしょ》。熟語 外務省《がいむしょう》。文部科学省《もんぶかがくしょう》。❸中国《ちゅうごく》で、日本《にっぽん》の「県《けん》」にあたる言葉《ことば》。熟語 山《さん》西省《せいしょう》。

《訓の使い方》**かえり-みる** 例 自分《じぶん》の行《おこな》いを省みる。**はぶ-く** 例 前置《まえお》きを省く。

## せい【清】
画数 11　部首 氵（さんずい）　4年

音 セイ ショウ　訓 きよ-い きよ-まる きよ-める

筆順

❶きよい。すがすがしい。熟語 清潔《せいけつ》。清新《せいしん》。清流《せいりゅう》。六根清浄《ろっこんしょうじょう》。❷さっぱりさせる。きよめる。熟語 清算《せいさん》。清掃《せいそう》。

《訓の使い方》**きよ-い** 例 清い川《かわ》。**きよ-まる** 例 心《こころ》が清まる。**きよ-める** 例 身《み》を清める。

## せい【盛】
画数 11　部首 皿（さら）　6年

音 セイ ジョウ　訓 も-る さか-る さか-ん

筆順

さかんなようす。熟語 盛夏《せいか》。盛装《せいそう》。盛大《せいだい》。全《ぜん》盛《せい》。隆盛《りゅうせい》。繁盛《はんじょう》。

《訓の使い方》**も-る** 例 土《つち》を盛る。**さか-る** 例 火《ひ》が燃《も》え盛る。**さか-ん** 例 盛んな拍手《はくしゅ》。

## せい【晴】
画数 12　部首 日（ひへん）　2年

音 セイ　訓 は-れる は-らす

筆順

はれる。はれ。熟語 晴天《せいてん》。快晴《かいせい》。対 雨《う》。

《訓の使い方》**は-れる** 例 空《そら》が晴れる。**は-らす** 例 疑《うたが》いを晴らす。

## せい【勢】
画数 13　部首 力（ちから）　5年

音 セイ　訓 いきお-い

筆順

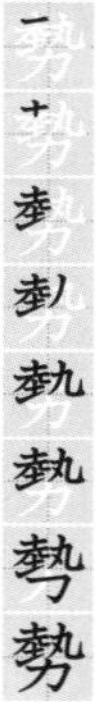

❶いきおい。熟語 勢力《せいりょく》。火勢《かせい》。優勢《ゆうせい》。❷ようす。なりゆき。熟語 姿勢《しせい》。地勢《ちせい》。形勢《けいせい》。❸人《ひと》の集《あつ》まり。熟語 加勢《かせい》。軍勢《ぐんぜい》。総勢《そうぜい》。

## せい【聖】
画数 13　部首 耳（みみ）　6年

音 セイ　訓 ―

筆順

たいへんすぐれている。尊《とうと》い。きよい。熟語 聖火《せいか》。聖書《せいしょ》。聖人《せいじん》。神聖《しんせい》。例 聖《せい》なる神《かみ》。

## せい【誠】
画数 13　部首 言（ごんべん）　6年

音 セイ　訓 まこと

筆順

まこと。まごころ。熟語 誠意《せいい》。誠実《せいじつ》。

## せい【精】
画数 14　部首 米（こめへん）　5年

音 セイ ショウ　訓 ―

筆順

❶まじりけをなくす。熟語 精製《せいせい》。精選《せいせん》。精米《せいまい》。❷細《こま》かい。詳《くわ》しい。熟語 精算《せいさん》。精通《せいつう》。精密《せいみつ》。対 粗《そ》。❸はげむ。熟語 精勤《せいきん》。精進《しょうじん》。無《ぶ》精《しょう》。❹よりすぐった。熟語 精鋭《せいえい》。❺元気《げんき》のもと。熟語 精力《せいりょく》。❻たましい。熟語 精神《せいしん》。

せい【精】名 ❶命《いのち》や元気《げんき》のもと。例 仕事《しごと》に精が出《で》る。❷自然界《しぜんかい》にあるという、たましい。例 森《もり》の精。

**精《せい》も根《こん》も尽《つ》きる** すっかり元気《げんき》がなくなる。精根尽《せいこんつ》きる。

**精《せい》を出《だ》す** 一生懸命努力《いっしょうけんめいどりょく》する。

## せい【製】
画数 14　部首 衣（ころも）　5年

音 セイ　訓 ―

筆順

❶つくる。熟語 製作《せいさく》。製図《せいず》。製品《せいひん》。特製《とくせい》。複《ふく》製《せい》。❷…でつくられたもの。熟語 官製《かんせい》。手《て》

あいうえお かきくけこ さしす せ そ たちつてと なにぬねの はひふへほ まみむめも やゆよ らりるれろ わをん



ことわざ 頭隠《あたまかく》して尻隠《しりかく》さず　証拠《しょうこ》を消《け》したつもりでも、メモが残《のこ》っていた。頭隠《あたまかく》して尻隠《しりかく》さずとはこのことだね。

製《せい》。

**せい【静】** 画数 14 部首 青（あお） 4年
音 セイ ジョウ
訓 しず しず-か しず-まる しず-める
筆順 一 十 青 青 静 静 静 静
しずか。しずめる。熟語 静止《せいし》。静物《せいぶつ》。静脈《じょうみゃく》。安静《あんせい》。平静《へいせい》。対 動《どう》。
《訓の使い方》 **しず-まる** 例 波《なみ》が静まる。 **しず-める** 例 心《こころ》を静める。

**せい【静】** 名 しずかで動《うご》かないこと。例 静と動《どう》の対比《たいひ》がおもしろい。対 動《どう》。

**せい【整】** 画数 16 部首 攵（ぼくづくり） 3年
音 セイ 訓 ととの-える ととの-う
筆順 一 東 束 敕 敕 整 整 整
きちんとそろう。熟語 整頓《せいとん》。整理《せいり》。整列《せいれつ》。調《ちょう》整《せい》。
《訓の使い方》 **ととの-える** 例 身《み》なりを整える。 **ととの-う** 例 準備《じゅんび》が整う。

**せい【姓】** 画数 8 部首 女（おんなへん）
音 セイ ショウ 訓 ―
みょうじ。家《いえ》の名《な》。熟語 姓名《せいめい》。百姓《ひゃくしょう》。

**せい【姓】** 名 みょうじ。例 姓は田中《たなか》です。

**せい【征】** 画数 8 部首 彳（ぎょうにんべん）
音 セイ 訓 ―
行《い》く。戦《たたか》いに行《い》く。熟語 征服《せいふく》。遠征《えんせい》。

**せい【斉】** 画数 8 部首 斉（せい）
音 セイ 訓 ―
そろう。ひとしい。熟語 斉唱《せいしょう》。均斉《きんせい》。

**せい【牲】** 画数 9 部首 牜（うしへん）
音 セイ 訓 ―
いけにえ。熟語 犠牲《ぎせい》。

**せい【凄】** 画数 10 部首 冫（にすい）
音 セイ 訓 ―
すごい。すさまじい。熟語 凄惨《せいさん》（＝ぞっとするほど、むごたらしい）。

**せい【逝】** 画数 10 部首 辶（しんにょう）
音 セイ 訓 ゆ-く い-く
ゆく。あの世《よ》へ行《い》く。熟語 逝去《せいきょ》。例 身《み》近《ぢか》な人《ひと》が逝《ゆ》く。

**せい【婿】** 画数 12 部首 女（おんなへん）
音 セイ 訓 むこ
むこ。熟語 花婿《はなむこ》。

**せい【誓】** 画数 14 部首 言（げん）
音 セイ 訓 ちか-う
ちかう。固《かた》く約束《やくそく》する。熟語 誓約《せいやく》。宣誓《せんせい》。例 誓《ちか》いを立《た》てる。

**せい【請】** 画数 15 部首 言（ごんべん）
音 セイ シン 訓 こ-う う-ける
❶こう。願《ねが》い求《もと》める。熟語 請願《せいがん》。請求《せいきゅう》。申《しん》請《せい》。普請《ふしん》。例 助《たす》けを請《こ》う。❷うける。引《ひ》き受《う》ける。例 請《う》け合《あ》う。

**せい【醒】** 画数 16 部首 酉（とりへん）
音 セイ 訓 ―
さめる。目《め》をさます。熟語 覚醒《かくせい》（＝目《め》をさますこと）。

**せい【情】△** 熟語 風情《ふぜい》。↓じょう【情】 625ページ

**せい【歳】。** 熟語 歳暮《せいぼ》。↓さい【歳】 496ページ

**°せい【背】** 名 せたけ。身長《しんちょう》。せ。例 兄《あに》と背比《くら》べをした。↓はい【背】 1025ページ

**せい** 名 そうなったわけ。原因《げんいん》。例 かぜのせいでのどが痛《いた》い。

**ぜい【税】** 画数 12 部首 禾（のぎへん） 5年
音 ゼイ 訓 ―
筆順 二 千 禾 禾 税 税 税 税
ぜいきん。熟語 税関《ぜいかん》。重税《じゅうぜい》。納税《のうぜい》。税務署《ぜいむしょ》。

**ぜい【税】** 名 国《くに》や地方公共団体《ちほうこうきょうだんたい》が、その予算《よさん》をまかなうために、国民《こくみん》から集《あつ》めるお金《かね》。税《ぜい》金《きん》。例 多額《たがく》の税を納《おさ》める。

**ぜい【説】△** 熟語 遊説《ゆうぜい》。↓せつ【説】 717ページ

**せいあつ【制圧】** 名 動-する 力《ちから》でおさえつけること。例 敵《てき》を制圧する。

ことわざ 当《あ》たるも八卦《はっけ》当《あ》たらぬも八卦《はっけ》　占《うらな》いなんだから、気《き》にしなくていいよ。当《あ》たるも八卦《はっけ》当《あ》たらぬも八卦《はっけ》だからね。

**せいあん【成案】**［名］できあがった考《かんが》え。また、それを書《か》いたもの。［対］草案《そうあん》。

**せいい【誠意】**［名］心《こころ》をこめて、ものごとをまじめに行《おこな》う気持《きも》ち。まごころ。［例］誠心《せいしん》誠意。誠意を持《も》って答《こた》える。

**せいいき【声域】**［名］（音楽《おんがく》で）声《こえ》を出《だ》せる、一番《いちばん》高《たか》い音《おと》から一番《いちばん》低《ひく》い音《おと》の範囲《はんい》。［例］声域が広《ひろ》い。

**せいいく【生育】**［名］［動-する］木《き》や草《くさ》など、植物《しょくぶつ》が育《そだ》つこと。また、育《そだ》てること。［例］なえの生育を見守《みまも》る。［類］生長《せいちょう》。

**せいいく【成育】**［名］［動-する］人《ひと》や動物《どうぶつ》が育《そだ》つこと。［例］稚魚《ちぎょ》の成育を記録《きろく》する。［類］成長《せいちょう》。［参考］「生育《せいいく》」は植物《しょくぶつ》に、「成育《せいいく》」は動物《どうぶつ》の場合《ばあい》にいう。

**せいいたいしょうぐん【征夷大将軍】**［名］❶平安時代《へいあんじだい》の初《はじ》めに、軍《ぐん》を率《ひき》いてえぞをうつように命令《めいれい》された役目《やくめ》。また、その人《ひと》。❷鎌倉時代《かまくらじだい》以後《いご》、幕府《ばくふ》の最高《さいこう》の位《くらい》の職名《しょくめい》。将軍《しょうぐん》。

**せいいっぱい【精一杯】**［名］［副］自分《じぶん》のできる限《かぎ》り。［例］精いっぱい働《はたら》く。

**せいう【晴雨】**［名］晴《は》れと雨《あめ》。［例］晴雨にかかわらず、決行《けっこう》する。

**せいうけい【晴雨計】**［名］気圧《きあつ》の変化《へんか》によって、天気《てんき》がよいか悪《わる》いかを判断《はんだん》する器械《きかい》。気圧計《きあつけい》。バロメーター。

**セイウチ**［名］北《きた》の海《うみ》にすむけもの。体《からだ》は三《さん》メートルほどになり、アザラシに似《に》ている。二《に》本《ほん》の長《なが》いきばがある。➡あざらし 18ページ

**せいうん【星雲】**［名］うすい雲《くも》のように見《み》える星《ほし》の集《あつ》まり。［例］アンドロメダ星雲。

**せいうんのこころざし【青雲の志】**高《たか》い地位《ちい》について、えらくなろうとする心《こころ》。［例］青雲の志を抱《いだ》く。

**せいえい【精鋭】**［名］勢《いきお》いが強《つよ》く、するどい力《ちから》を持《も》っていること。また、そういう人《ひと》や兵士《へいし》。［例］精鋭部隊《ぶたい》。

**せいえき【精液】**［名］精子《せいし》を含《ふく》んだ液体《えきたい》。男《おとこ》の人《ひと》や雄《おす》の生殖器《せいしょくき》から出《で》る。

**せいえん【声援】**［名］［動-する］声《こえ》を出《だ》して、はげますこと。［例］声援を送《おく》る。

**せいえん【製塩】**［名］塩《しお》をつくること。

**せいおう【西欧】**［名］❶ヨーロッパの西《にし》の部分《ぶぶん》。イギリス・フランス・ドイツなど。西《にし》ヨーロッパ。［対］東欧《とうおう》。❷ヨーロッパ。西洋《せいよう》。［例］西欧文明《ぶんめい》。

✤**せいおん【清音】**［名］〔国語《こくご》で〕日本語《にほんご》のかなのうち、「゛」〔=濁点《だくてん》〕や「゜」〔=半濁点《はんだくてん》〕をつけない音《おん》。「あかさたな」など。［関連］濁音《だくおん》。半濁音《はんだくおん》。

**せいか【生花】**［名］❶生《い》け花《ばな》。❷自然《しぜん》のままの生《い》きた花《はな》。［対］造花《ぞうか》。

**せいか【生家】**［名］その人《ひと》の生《う》まれた家《いえ》。実家《じっか》。［例］アンデルセンの生家。

**せいか【成果】**［名］よい結果《けっか》。できばえ。［例］立派《りっぱ》な成果を収《おさ》める。

**せいか【声価】**［名］世《よ》の中《なか》のよい評判《ひょうばん》。［例］声価が高《たか》まる。

**せいか【青果】**［名］野菜《やさい》と果物《くだもの》。［例］青果市場《いちば》。

**せいか【盛夏】**［名］夏《なつ》のさかり。真夏《まなつ》。

**せいか【聖火】**［名］神《かみ》にささげる火《ひ》。特《とく》に、オリンピック大会《たいかい》の期間中《きかんちゅう》、燃《も》やし続《つづ》ける火《ひ》。ギリシャのオリンピアで太陽《たいよう》から点火《てんか》され、会場《かいじょう》まで聖火《せいか》リレーで運《はこ》ばれる。

**せいか【聖歌】**［名］神《かみ》や仏《ほとけ》をたたえる歌《うた》。特《とく》に、キリスト教《きょう》の賛美歌《さんびか》。

**せいか【製菓】**［名］菓子《かし》をつくること。［例］製菓会社《かいしゃ》。

**せいかい【正解】**［名］［動-する］正《ただ》しい答《こた》え。正《ただ》しい解釈《かいしゃく》。［例］それが正解です。

**せいかい【政界】**［名］政治《せいじ》に関係《かんけい》のある人々《ひとびと》の社会《しゃかい》。政治《せいじ》の世界《せかい》。

**せいかい【盛会】**［名］大勢《おおぜい》集《あつ》まった、にぎやかな会《かい》。［例］クラス会《かい》は、盛会だった。

**せいかいちば【青果市場】**［名］野菜《やさい》や果物《くだもの》をおろし売《う》りする市場《いちば》。青物市場《あおものいちば》。

○**せいかく【正確】**［名］［形動］正《ただ》しくてまちがいのないこと。［例］正確な計算《けいさん》。

○**せいかく【性格】**［名］❶その人《ひと》が生《う》まれつき持《も》っている性質《せいしつ》。人柄《ひとがら》。［例］明《あか》るい性格。❷ものごとが持《も》っている性質《せいしつ》。［例］会《かい》の性格を説明《せつめい》する。

**せいがく【声楽】**［名］人《ひと》の声《こえ》で表《あらわ》す音楽《おんがく》。独唱《どくしょう》や合唱《がっしょう》などがある。［例］声楽家《か》。［対］器楽《きがく》。

○**せいかつ【生活】**［名］［動-する］❶生《い》きて活動《かつどう》す



ことわざ　暑《あつ》さ寒《さむ》さも彼岸《ひがん》まで　秋分《しゅうぶん》の日《ひ》を境《さかい》に、どことなくさわやかになった。たしかに暑《あつ》さ寒《さむ》さも彼岸《ひがん》までだね。

ること。例 社会《しゃかい》生活。❷暮《く》らしや生計《せいけい》を立《た》てること。例 生活が苦《くる》しい。

**せいかつか【生活科】** (名) 小学校《しょうがっこう》一《いち》、二年《にねん》生《せい》の教科《きょうか》の一《ひと》つ。体験学習《たいけんがくしゅう》を主《しゅ》とした学習《がくしゅう》をする。

**せいかつかんきょう【生活環。境】** (名) 人間《にんげん》が暮《く》らしていくときの、自然《しぜん》や社会《しゃかい》の環境《かんきょう》のこと。例 生活環境を整《ととの》える。

**せいかつきょうどうくみあい【生活協同組合】** (名) 組合員《くみあいいん》が、生活《せいかつ》に必要《ひつよう》な食料品《しょくりょうひん》や日用品《にちようひん》を安《やす》く買《か》えるように、品物《しなもの》を仕入《しい》れたり加工《かこう》したりする団体《だんたい》。生協《せいきょう》。

**せいかつけん【生活圏。】** (名) 日常生活《にちじょうせいかつ》が行《おこな》われる範囲《はんい》。

**せいかつしゅうかん【生活習慣】** (名) 人間《にんげん》が生活《せいかつ》するときに、毎日《まいにち》くり返《かえ》していること。食事《しょくじ》や睡眠《すいみん》、運動《うんどう》など。

**せいかつしゅうかんびょう【生活習慣病】** (名) 生活習慣《せいかつしゅうかん》に深《ふか》いかかわりのある病気《びょうき》。がんや心臓病《しんぞうびょう》・高血圧《こうけつあつ》など。元《もと》は「成人病《せいじんびょう》」といった。

**せいかつすいじゅん【生活水準】** (名) 生活《せいかつ》の豊《ゆた》かさの程度《ていど》。例 生活水準が高《たか》い。

**せいかつなん【生活難】** (名) 物《もの》の値段《ねだん》が上《あ》がったり、収入《しゅうにゅう》がへったりして、生活《せいかつ》が苦《くる》しいこと。例 生活難におちいる。

**せいかつはいすい【生活排水。】** (名) 炊事《すいじ》・洗濯《せんたく》・ふろなど、毎日《まいにち》の生活《せいかつ》で使《つか》ったあとの、よごれた水《みず》。

**せいかつひ【生活費】** (名) 毎日《まいにち》の生活《せいかつ》にかかるお金《かね》。例 生活費がかさむ。

✤**せいかつぶん【生活文】** (名) 〔国語《こくご》で〕日々《ひび》の暮《く》らしの中《なか》で、体験《たいけん》したことや心《こころ》を動《うご》かされたことを書《か》いた文章《ぶんしょう》のこと。

**せいかつほご【生活保護】** (名) 国《くに》が、生活《せいかつ》に困《こま》っている国民《こくみん》に対《たい》し、お金《かね》を支給《しきゅう》するなどして、最低限《さいていげん》の生活《せいかつ》を保障《ほしょう》すること。

**せいかつようしき【生活様式】** (名) 衣《い》食《しょく》住《じゅう》の形式《けいしき》など、生活《せいかつ》のしかた。

**せいかランナー【聖火ランナー】** (名) オリンピック大会《たいかい》で、聖火《せいか》をともしたたいまつを持《も》って走《はし》る人《ひと》。

**せいかん【生還。】** (名)(動する) ❶命《いのち》に危険《きけん》のある所《ところ》から生《い》きて帰《かえ》ること。例 無事《ぶじ》に生還した。❷野球《やきゅう》・ソフトボールで、ランナーが本塁《ほんるい》にかえって得点《とくてん》をすること。ホームイン。

**せいかん【静観】** (名)(動する) ものごとのなりゆきを静《しず》かに見守《みまも》ること。例 事態《じたい》を静観する。

**せいがん【請。願】** (名)(動する) 役所《やくしょ》などに、してもらいたいことを文書《ぶんしょ》にして願《ねが》い出《で》ること。類 陳情《ちんじょう》。

**ぜいかん【税関】** (名) 港《みなと》や空港《くうこう》や国境《こっきょう》で、外国《がいこく》から出入《でい》りする品物《しなもの》を調《しら》べたり、それに税金《ぜいきん》をかけたりする役所《やくしょ》。

**せいかんトンネル【青函トンネル】** (名) 青森《あおもり》と函館《はこだて》を結《むす》ぶ鉄道《てつどう》のトンネル。津軽海峡《つがるかいきょう》の海底《かいてい》を通《とお》り、長《なが》さ約《やく》五四キロメートル。

**せいき【生気】** (名) 生《い》き生《い》きとした気力《きりょく》。活気《かっき》。例 生気を取《と》りもどす。

°**せいき【世紀】** (名) ❶一〇〇年《ねん》を単位《たんい》として数《かぞ》える年代《ねんだい》の数《かぞ》え方《かた》。西暦《せいれき》一年《ねん》から一〇〇年《ねん》までを一世紀《いっせいき》とよぶ。二十一世紀《にじゅういっせいき》は二〇〇一年《ねん》から二一〇〇年《ねん》まで。❷一世紀《いっせいき》に一度《いちど》しかないようなもの。例 世紀の祭典《さいてん》。

**せいき【正規】** (名) 正式《せいしき》に決《き》められていること。例 正規の手続《てつづ》きをふむ。

**せいき【性器】** (名) ⇩せいしょくき 705ページ

°**せいぎ【正義】** (名) 人《ひと》としての正《ただ》しい行《おこな》い。例 正義をつらぬいて生《い》きる。

**せいぎかん【正義感】** (名) 正義《せいぎ》を大切《たいせつ》に思《おも》う気持《きも》ち。例 正義感が強《つよ》い。

**せいきゅう【性急】** (名)(形動) 気《き》が短《みじか》くて、せっかちなこと。例 性急に事《こと》を運《はこ》ぶと失敗《しっぱい》する。

**せいきゅう【請。求】** (名)(動する) もらうべきものを相手《あいて》に求《もと》めること。例 料金《りょうきん》を請求する。

**せいきゅうしょ【請。求書】** (名) 買《か》った人《ひと》にお金《かね》をはらうように求《もと》める書《か》きつけ。対 領収書《りょうしゅうしょ》。

**せいきょ【逝。去】** (名)(動する) 人《ひと》の死《し》を敬《うやま》っていう言葉《ことば》。例 ご逝去を心《こころ》からおくやみ申《もう》し上《あ》げます。

**せいぎょ【成魚】** (名) 十分《じゅうぶん》に育《そだ》った魚《さかな》。対 稚魚《ちぎょ》。幼魚《ようぎょ》。

ことわざ **後《あと》の祭《まつ》り** 昨日《きのう》のことを今《いま》ごろになって言《い》い出《だ》したって、もう後《あと》の祭《まつ》りだよ。

**せいぎょ【制御】** [名][動-する] ❶おさえつけて、自分《じぶん》の思《おも》うように動《うご》かすこと。[例]感情《かんじょう》を制御する。❷機械《きかい》や装置《そうち》などを、目的《もくてき》どおり動《うご》くようにすること。コントロール。[例]エアコンの自動《じどう》制御。

**せいきょう【生協】** [名] ↓せいかつきょうどうくみあい △702ページ

**せいきょう【盛況】** [名] にぎやかでさかんなようす。[例]満員《まんいん》の大《だい》盛況。

**せいぎょう【生業】** [名] 生活《せいかつ》のためにする仕事《しごと》。[例]農業《のうぎょう》を生業とする。

**せいきょく【政局】** [名] 政治《せいじ》のなりゆきや、ありさま。[例]政局が安定《あんてい》した。

**せいきん【精勤】** [名][動-する] まじめに仕事《しごと》や勉強《べんきょう》にはげむこと。

**ぜいきん【税金】** [名] 国《くに》や都道府県《とどうふけん》、市町村《しちょうそん》が、そこに住《す》んでいる人《ひと》から集《あつ》めるお金《かね》。[例]税金を納《おさ》める。

✤**せいく【成句】** [名] ❶二《ふた》つ以上《いじょう》の言葉《ことば》が結《むす》びついて、ある特別《とくべつ》の意味《いみ》を表《あらわ》す言葉《ことば》。慣用《かんよう》句《く》。例《たと》えば、「腹《はら》が立《た》つ」。❷昔《むかし》から多《おお》くの人《ひと》に知《し》られた有名《ゆうめい》な言葉《ことば》やことわざ。例《たと》えば、「時《とき》は金《かね》なり」。

**せいくらべ【背比べ】** [名][動-する] 身長《しんちょう》を比《くら》べ合《あ》うこと。

**せいけい【生計】** [名] 収入《しゅうにゅう》や支出《ししゅつ》などの面《めん》から見《み》た、毎日《まいにち》の生活《せいかつ》。[類]家計《かけい》。

**生計《せいけい》を立《た》てる** 働《はたら》いて毎日《まいにち》の生活《せいかつ》が成《な》り立《た》つようにする。[例]魚《さかな》を売《う》って生計を立てる。

**せいけい【西経】** [名] イギリスのグリニッジ天文台《てんもんだい》の元《もと》の場所《ばしょ》を通《とお》る南北《なんぼく》の線《せん》を〇度《れいど》として、それから西《にし》へ一八〇度《ど》までの間《あいだ》の経度《けいど》。[対]東経《とうけい》。↓けいど(経度) 394ページ

**せいけい【整形】** [名][動-する] 形《かたち》を正《ただ》しく整《ととの》えること。また、美《うつく》しく整《ととの》えること。[例]整形外《げ》科《か》。美容《びよう》整形。

◦**せいけつ【清潔】** [名][形動] ❶きれいで、さっぱりしているようす。[例]清潔な部屋《へや》。[対]不《ふ》潔《けつ》。❷正《ただ》しくて、ごまかしなどがないようす。[例]清潔な人柄《ひとがら》。

**せいけん【政見】** [名] 政治《せいじ》についての意見《いけん》。[例]テレビの政見放送《ほうそう》を見《み》る。

**せいけん【政権】** [名] 政治《せいじ》を行《おこな》う権利《けんり》や権《けん》力《りょく》。[例]政権を握《にぎ》る。

◦**せいげん【制限】** [名][動-する] 一定《いってい》の範囲《はんい》をこえないように、区切《くぎ》りをつけること。また、その範囲《はんい》。[例]入場《にゅうじょう》を制限する。

**せいご【生後】** [名] 生《う》まれてから後《のち》。[例]生後三《さん》か月《げつ》の赤《あか》ちゃん。

**せいご【正誤】** [名] ❶誤《あやま》りを直《なお》すこと。訂正《ていせい》。[例]正誤表《ひょう》。❷正《ただ》しいことと、誤《あやま》っていること。[例]正誤を見分《みわ》ける。

◦**せいこう【成功】** [名][動-する] ❶ものごとが思《おも》いどおりにうまくいくこと。[例]実験《じっけん》は、成功した。[対]失敗《しっぱい》。❷高《たか》い地位《ちい》や財産《ざいさん》を得《え》ること。[例]デザイナーとして成功した。

**せいこう【性交】** [名][動-する] 性的《せいてき》な交《まじ》わりをすること。

**せいこう【精巧】** [名][形動] 細《こま》かいところまで、よくできていること。[例]精巧な機械《きかい》。

**せいこう【製鋼】** [名][動-する] 鋼鉄《こうてつ》を作《つく》ること。[例]製鋼所《じょ》。

■**せいこううどく【晴耕雨読】** [名][動-する] 晴《は》れた日《ひ》は田畑《たはた》を耕《たがや》し、雨《あめ》の日《ひ》は家《いえ》にいて本《ほん》を読《よ》むというような、自由《じゆう》な生活《せいかつ》。[例]晴耕雨読の日々《ひび》を送《おく》る。

**せいごうせい【整合性】** [名] 矛盾《むじゅん》がなく、つじつまが合《あ》っていること。[例]経過《けいか》の説明《せつめい》に整合性がない。

■**せいこうとうてい【西高東低】** [名] 日本《にっぽん》の西《にし》に高気圧《こうきあつ》が、東《ひがし》に低気圧《ていきあつ》があること。冬《ふゆ》によくある気圧配置《きあつはいち》。

**せいこうほう【正攻法】** [名] (細《こま》かな計略《けいりゃく》などを考《かんが》えず)正面《しょうめん》から堂々《どうどう》と立《た》ち向《む》かう攻《せ》め方《かた》。

**ぜいこみ【税込み】** [名] 代金《だいきん》などに、税金《ぜいきん》が含《ふく》まれていること。

**せいこん【精根】** [名] ありったけの力《ちから》。気《き》力《りょく》。[例]精根をかたむける。

**精根《せいこん》が尽《つ》きる** もうこれ以上《いじょう》力《ちから》が出《で》ない。精《せい》も根《こん》も尽《つ》き果《は》てる。[例]精根が尽きるまで走《はし》り続《つづ》ける。

**せいざ【正座】** [名][動-する] 足《あし》をくずさず、きちんとすわること。

**せいざ【星座】** [名] 星《ほし》をいくつかずつひとまとめにして、人《ひと》や動物《どうぶつ》や道具《どうぐ》の形《かたち》に見立《みた》てた



[ことわざ] **後《あと》は野《の》となれ山《やま》となれ** 勝手《かって》なことばかりしておいて、後《あと》は野《の》となれ山《やま》となれでは、困《こま》ったものだ。

もの。オリオン座《ざ》・しし座《ざ》・てんびん座《ざ》など。

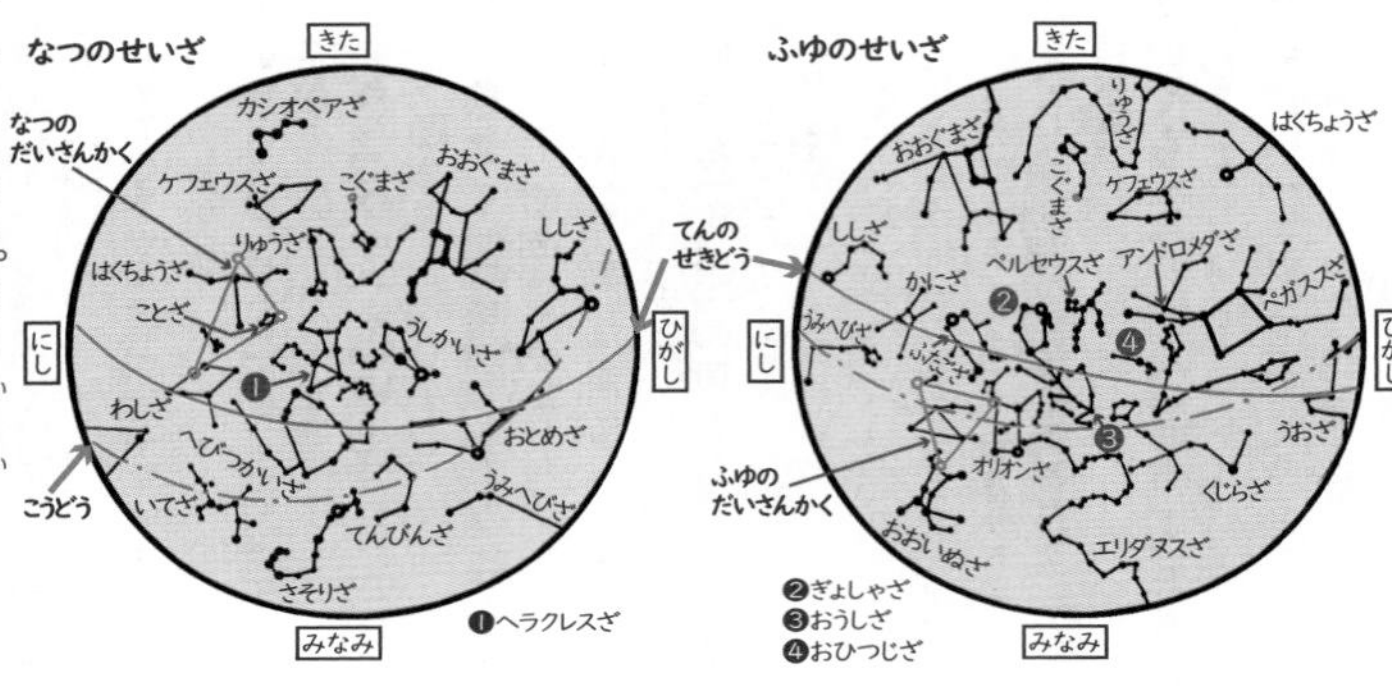

〔せいざ〕

**せいさい【生彩】**。名 生《い》き生《い》きしたようす。例 このごろの彼《かれ》は生彩がない。

**せいさい【制裁】** 名 動-する 悪《わる》いことをしたり、決《き》まりを守《まも》らなかったりした人《ひと》を、こらしめること。例 制裁を受《う》ける。

**せいさい【精彩】**。名 目立《めだ》って美《うつく》しいいろどり。かがやき。例 顔色《かおいろ》に精彩がない。

**精彩《せいさい》を欠《か》く** 活気《かっき》がない。ぱっとしない。例 精彩を欠く演奏《えんそう》。

**精彩《せいさい》を放《はな》つ** 目立《めだ》ってすぐれたようすだ。例 ひときわ精彩を放つ絵画《かいが》。

**せいざい【製材】** 名 動-する 山《やま》から切《き》り出した木《き》を、柱《はしら》や板《いた》などの形《かたち》にすること。

**せいさく【制作】** 名 動-する 絵画《かいが》や彫刻《ちょうこく》などの作品《さくひん》を作《つく》ること。例 卒業《そつぎょう》制作。

**せいさく【政策】** 名 政治《せいじ》を行《おこな》う上《うえ》での考《かんが》え方《かた》や、政治《せいじ》のやり方《かた》。例 経済《けいざい》政策。

**せいさく【製作】** 名 動-する ❶工場《こうじょう》などで、品物《しなもの》や器具《きぐ》を作《つく》ること。類 製造《せいぞう》。❷映画《えいが》や演劇《えんげき》・放送番組《ほうそうばんぐみ》などを作《つく》ること。参考 放送《ほうそう》などで「制作《せいさく》」と書《か》くこともある。

**。せいさん【生産】** 名 動-する 生活《せいかつ》に必要《ひつよう》な物《もの》を作《つく》り出《だ》すこと。例 自動車《じどうしゃ》を生産する。対 消費《しょうひ》。

**せいさん【成算】** 名 ものごとがうまくいく見通《みとお》し。例 この試合《しあい》は、成算がある。

**せいさん【清算】** 名 動-する ❶お金《かね》の貸《か》し借《か》りを計算《けいさん》して、決《き》まりをつけること。例 借金《しゃっきん》を清算する。❷今《いま》までの関係《かんけい》やつき合《あ》いを、やめること。例 過去《かこ》を清算する。

**せいさん【精算】** 名 動-する お金《かね》などを細《こま》かく計算《けいさん》して、結果《けっか》を出《だ》すこと。例 乗《の》りこし料金《りょうきん》を精算する。

**せいさんかくけい【正三角形】** 名 三《みっ》つの辺《へん》の長《なが》さがすべて等《ひと》しい三角形《さんかくけい》。三《みっ》つの内角《ないかく》はそれぞれ六〇度《ど》である。せいさんかっけい。↓さんかくけい 528ページ

**せいさんカリ【青酸カリ】** 名 猛毒《もうどく》の薬品《やくひん》。鉱石《こうせき》から金《きん》や銀《ぎん》を取《と》り出《だ》すときなどに使《つか》う。シアン化《か》カリウム。

**せいさんしゃ【生産者】** 名 生活《せいかつ》に必要《ひつよう》な物《もの》を作《つく》り出《だ》す人《ひと》。対 消費者《しょうひしゃ》。

**せいさんだか【生産高】** 名 作《つく》り出《だ》される量《りょう》。生産量《せいさんりょう》。例 米《こめ》の生産高。

**せいさんてき【生産的】** 形動 役立《やくだ》つものを生《う》み出《だ》すようす。例 生産的な意見《いけん》を述《の》べる。

**せいし【生死】** 名 ❶生《い》きることと死《し》ぬこと。生《い》きるか死《し》ぬか。例 生死を共《とも》にする。❷生《い》きているか、死《し》んでいるか。例 生死不明《ふめい》。類 (❶・❷)死活《しかつ》。

**せいし【正視】** 名 動-する 正面《しょうめん》からまともに見《み》ること。例 むごくて正視にたえない。

**せいし【制止】** 名 動-する してはいけないと止《と》めること。例 さわぎを制止する。

**せいし【精子】** 名 男《おとこ》の人《ひと》や、動物《どうぶつ》の雄《おす》の精液《せいえき》に含《ふく》まれている、子《こ》ができるもとになる細胞《さいぼう》。卵子《らんし》や卵《らん》と結《むす》びついて子《こ》ができる。

**せいし【静止】** 名 動-する じっとして動《うご》かないこと。例 よく回《まわ》っているこまは、静止しているように見《み》える。

ことわざ **あぶはち取《と》らず** あれにもこれにもと手《て》を出《だ》したが、結局《けっきょく》あぶはち取《と》らずになってしまった。

**せいし【製糸】** 名 糸《いと》を作《つく》ること。特《とく》に、まゆから生糸《きいと》を作《つく》ること。

**せいし【製紙】** 名 紙《かみ》を作《つく》ること。

○**せいじ【政治】** 名 国《くに》を治《おさ》めること。まつりごと。例 民主《みんしゅ》政治。

**せいしえいせい【静止衛星】** 名 地上《ちじょう》から見《み》て、動《うご》かないで同《おな》じ位置《いち》にあるように見《み》える人工衛星《じんこうえいせい》。おもに気象観測《きしょうかんそく》・通信《つうしん》に利用《りよう》する。

**せいしが【静止画】** 名 動《うご》かずに止《と》まっている映像《えいぞう》。対 動画《どうが》。

**せいじか【政治家】** 名 ❶政治《せいじ》を仕事《しごと》にしている人《ひと》。議員《ぎいん》や大臣《だいじん》など。❷はかりごとをしたり、かけひきをしたりするのがうまい人《ひと》。例 あの人《ひと》はなかなかの政治家だ。

○**せいしき【正式】** 名 形動 正《ただ》しいやり方《かた》。決《き》まりどおりのやり方《かた》。例 正式な届《とど》けを出《だ》す。類 本式《ほんしき》。対 略式《りゃくしき》。

○**せいしつ【性質】** 名 ❶生《う》まれつき持《も》っている気持《きも》ちの表《あらわ》れ方《かた》。人柄《ひとがら》。性格《せいかく》。例 ねばり強《づよ》い性質。❷その物《もの》が、もともと持《も》っている特《とく》色《しょく》。例 氷《こおり》の性質。

**せいじつ【誠実】** 名 形動 まじめで、まごころがこもっていること。例 誠実な人《ひと》。誠実に対応《たいおう》する。

**せいじゃ【正邪】** 名 正《ただ》しいことと悪《わる》いこと。例 正邪を明《あき》らかにする。

**せいじゃ【聖者】** 名 ❶聖人《せいじん》。❷キリスト教《きょう》で、特《とく》に立派《りっぱ》な信者《しんじゃ》を敬《うやま》って言《い》う言葉《ことば》。

**せいじゃく【静寂】** 名 形動 しんとして静《しず》かなこと。

**せいしゅ【清酒】** 名 米《こめ》から造《つく》る、にごりのない酒《さけ》。日本酒《にほんしゅ》。

**せいしゅく【静粛】** 名 形動 物音《ものおと》を立《た》てず、静《しず》かなようす。例「場内《じょうない》では、静粛に願《ねが》います。」

**せいじゅく【成熟】** 名 動-する ❶果物《くだもの》などが十分《じゅうぶん》実《みの》ること。❷人間《にんげん》の体《からだ》や心《こころ》が十分成長《じゅうぶんせいちょう》すること。例 りっぱに成熟した大人《おとな》。対(❶・❷)未熟《みじゅく》。

**せいしゅん【青春】** 名 若《わか》くて、元気《げんき》のいい時期《じき》。例 サッカーにかけた青春時代《じだい》。

**せいじゅん【清純】** 形動 清《きよ》らかでけがれがないようす。例 子《こ》どもの清純な心《こころ》。

✿**せいしょ【清書】** 名 動-する 下書《したが》きしたものを、きれいに書《か》き直《なお》すこと。また、書《か》き直《なお》したもの。例 手紙《てがみ》を清書して出《だ》す。

**せいしょ【聖書】** 名 キリスト教《きょう》の教《おし》えが書《か》いてある本《ほん》。「旧約聖書《きゅうやくせいしょ》」と「新約聖書《しんやくせいしょ》」とがある。バイブル。

**せいしょう【斉唱】** 名 動-する〔音楽《おんがく》で〕二人《ふたり》以上《いじょう》が、声《こえ》をそろえて同《おな》じ節《ふし》を歌《うた》うこと。関連 独唱《どくしょう》。合唱《がっしょう》。

**せいじょう【正常】** 名 形動 他《ほか》と変《か》わったところがなく、ふつうであること。例 脈《みゃく》は正常だ。対 異常《いじょう》。

**せいじょう【清浄】** 名 形動 よごれがないこと。例 清浄野菜《やさい》。

**せいじょうき【星条旗】** 名 アメリカ合《がっ》衆国《しゅうこく》の国旗《こっき》。国《くに》ができたときの十三《じゅうさん》の州《しゅう》を示《しめ》す赤白十三本《あかしろじゅうさんぼん》の横線《よこせん》と、青地《あおじ》に現在《げんざい》の州《しゅう》の数《かず》を示《しめ》す五十《ごじゅう》の白星《しろぼし》が描《えが》かれている。

**せいしょうなごん〔清少納言〕** 人名 (女)(九六六ごろ～一〇二五ごろ)平安時代《へいあんじだい》の中《なか》ごろの歌人《かじん》・随筆家《ずいひつか》。宮中《きゅうちゅう》に仕《つか》え、「枕《まくらの》草子《そうし》」を書《か》いた。

**せいしょうねん【青少年】** 名 青年《せいねん》と少《しょう》年《ねん》。若《わか》い人《ひと》たち。

**せいしょく【生殖】** 名 動-する 生物《せいぶつ》が自分《じぶん》の子《こ》を作《つく》り、種族《しゅぞく》がほろびないようにすること。

**せいしょくき【生殖器】** 名 生物《せいぶつ》が子《こ》を作《つく》るために備《そな》えている器官《きかん》。性器《せいき》。

**せいしん【清新】** 名 形動 新鮮《しんせん》で、生《い》き生《い》きしているようす。例 清新な気《き》がみなぎる。

○**せいしん【精神】** 名 ❶人《ひと》の心《こころ》。たましい。対 肉体《にくたい》。❷心《こころ》の持《も》ち方《かた》。気力《きりょく》。例 精神をきたえる。❸もとになるだいじな考《かんが》え。例 平《へい》和《わ》憲法《けんぽう》の精神。

**精神《せいしん》一到《いっとう》何事《なにごと》か成《な》らざらん** 一生懸命《いっしょうけんめい》に努力《どりょく》をすれば、どんなに大変《たいへん》なことでも、できないことはない。

○**せいじん【成人】** 名 動-する 成長《せいちょう》して、社会《しゃかい》的《てき》に一人前《いちにんまえ》になること。ふつう満十八歳以《まんじゅうはっさいい》上《じょう》の人《ひと》。大人《おとな》。例 成人式《しき》。類 成年《せいねん》。

**せいじん【聖人】** 名 知識《ちしき》や行《おこな》いがすぐれている人《ひと》。聖者《せいじゃ》。





ことわざ 雨降《あめふ》って地固《じかた》まる　あの騒動《そうどう》が、逆《ぎゃく》に班《はん》の団結《だんけつ》を強《つよ》めた。まさしく雨降《あめふ》って地固《じかた》まるだね。

**せいじんしき【成人式】** 名 成人《せいじん》になったことを祝《いわ》う式《しき》。

■**せいしんせいい【誠心誠意】** 副 まごころをこめて行《おこな》うようす。例 町《まち》の発展《はってん》のために誠心誠意努力《どりょく》する。

**せいしんてき【精神的】** 形動 心《こころ》に関係《かんけい》したようす。例 精神的につかれた。対 肉体的《にくたいてき》。

**せいしんねんれい【精神年齢】** 名 知能《ちのう》や考《かんが》え方《かた》、行動《こうどう》から見《み》た心《こころ》の成長《せいちょう》の度合《どあ》いを年齢《ねんれい》で表《あらわ》したもの。実際《じっさい》の年齢《ねんれい》とは関係《かんけい》がない。

**せいじんのひ【成人の日】** 名 国民《こくみん》の祝《しゅく》日《じつ》の一《ひと》つ。成人《せいじん》になった人《ひと》を祝《いわ》う日《ひ》。一月《いちがつ》の第二月曜日《だいにげつようび》。

**せいじんびょう【成人病】** 名 ↓せいかつしゅうかんびょう 702ページ

**せいしんりょく【精神力】** 名 勉強《べんきょう》や仕《し》事《ごと》など、目的《もくてき》をやりとげようとする心《こころ》の強《つよ》さ。気力《きりょく》。例 つらくても精神力で乗《の》りきる。

**せいす【制す】** 動 ↓せいする 706ページ。例 先《さき》んずれば人《ひと》を制す〔=人《ひと》より先《さき》に物事《ものごと》を行《おこな》えば相手《あいて》より優位《ゆうい》に立《た》てる〕。

**せいず【製図】** 名 動-する 器具《きぐ》を使《つか》って、機械《きかい》や建物《たてもの》などの設計図《せっけいず》をかくこと。

**せいすい【盛衰】** 名 さかんになったり、おとろえたりすること。例 国《くに》の盛衰。類 興亡《こうぼう》。

**せいすう【正数】** 名 〔算数《さんすう》で〕0より大《おお》きい数《かず》。対 負数《ふすう》。

**せいすう【整数】** 名 〔算数《さんすう》で〕0に、順《じゅん》に1を足《た》したり引《ひ》いたりしてできる数《かず》。0も含《ふく》む。例《たと》えば、1・2・3、-1・-2・-3など。関連 分数《ぶんすう》。小数《しょうすう》。

**せいする【制する】** 動 〔「せいす」ともいう。〕❶おさえる。例 さわぎを制する。❷おさえて従《したが》わせる。例 敵《てき》を制する。

**せいせい【生成】** 名 動-する 新《あたら》しい命《いのち》や物《もの》が生《う》まれること。また、生《う》み出《だ》したり、作《つく》り出《だ》したりすること。

**せいせい【清清】** 副(-と) 動-する 気持《きも》ちがさっぱりするようす。例 じゃま者《もの》がいなくなって清々した。

**せいせい【精製】** 名 動-する ❶細《こま》かい点《てん》まで気《き》を配《くば》って、よいものを作《つく》ること。対 粗製《そせい》。❷原料《げんりょう》や製品《せいひん》に手《て》を加《くわ》えて、混《ま》じり気《け》のないよいものにすること。例 石油《せきゆ》を精製する。

**せいぜい** 副 ❶多《おお》く見積《みつ》もっても。例 入場《にゅうじょう》者《しゃ》は、せいぜい百人《ひゃくにん》ぐらいだ。❷できるだけ。例 せいぜいがんばってほしい。

■**せいせいどうどう【正正堂堂】** 副(-と) 態度《たいど》や行《おこな》いが、正《ただ》しく、立派《りっぱ》なようす。例 正々堂々と戦《たたか》う。参考 「正々堂々《せいせいどうどう》たる戦《たたか》い」などと使《つか》うこともある。

○**せいせき【成績】** 名 ❶仕事《しごと》をした結果《けっか》。できばえ。例 売《う》り上《あ》げの成績がいい。❷学校《がっこう》での勉強《べんきょう》のできぐあい。例 試験《しけん》の成績。

**せいせん【生鮮】** 名 野菜《やさい》・肉《にく》・魚《さかな》などが新《あたら》しくて生《い》きがいいこと。例 生鮮食品《しょくひん》。

**せいせん【精選】** 名 動-する よく調《しら》べて、よいものだけを選《えら》び出《だ》すこと。えりぬき。例 精選した素材《そざい》。

**せいぜん【生前】** 名 生《い》きていたとき。例 父《ちち》が、生前よく行《い》った店《みせ》。対 死後《しご》。

**せいぜん【整然】** 副(-と) きちんと、整《ととの》っているようす。例 整然と並《なら》ぶ。対 雑然《ざつぜん》。参考 「整然《せいぜん》たる行進《こうしん》」などと使《つか》うこともある。

**せいそ【清楚】** 形動 かざり気《け》がなく、清《きよ》らかでさっぱりしているようす。例 清楚な服《ふく》装《そう》が似合《にあ》う。

**せいそう【正装】** 名 動-する 正式《せいしき》な服装《ふくそう》。例 正装して式《しき》に出《で》る。対 略装《りゃくそう》。

**せいそう【清掃】** 名 動-する きれいに掃除《そうじ》をすること。例 公園《こうえん》を清掃する。

**せいそう【盛装】** 名 動-する はなやかに着《き》かざること。また、その服装《ふくそう》。例 盛装して出《で》かける。

**せいそう【精巣】** 名 男《おとこ》の人《ひと》や、動物《どうぶつ》の雄《おす》の体《からだ》にある器官《きかん》で、精子《せいし》を作《つく》る所《ところ》。哺《ほ》乳類《にゅうるい》では「こう丸《がん》」ともいう。

○**せいぞう【製造】** 名 動-する 原料《げんりょう》に手《て》を加《くわ》えて、品物《しなもの》をつくること。例 おもちゃを製造する。類 製作《せいさく》。

**せいそうけん【成層圏】** 名 対流圏《たいりゅうけん》の外《そと》側《がわ》にある、地上約《ちじょうやく》五〇キロメートルまでの空気《くうき》の層《そう》。気温《きおん》はほぼ一定《いってい》で、決《き》まった方向《ほうこう》に風《かぜ》がふいている。

**せいそうこうじょう【清掃工場】** 名

ことわざ 案《あん》ずるより産《う》むがやすし　思《おも》い切《き》ってやったら、案外楽《あんがいらく》にできた。案《あん》ずるより産《う》むがやすしだ。

集《あつ》めたごみを燃《も》やす工場《こうじょう》。

**せいそく【生息】** 名 動-する 生物《せいぶつ》が生《い》きて、生活《せいかつ》すること。例 カモシカの生息地《ち》。

**せいぞろい【勢ぞろい】** 名 動-する 大勢《おおぜい》の人《ひと》が、一《いっ》か所《しょ》に集《あつ》まること。例 代表《だいひょう》がステージに勢ぞろいする。

**せいぞん【生存】** 名 動-する 生《い》きていること。生《い》き残《のこ》ること。例 遭難者《そうなんしゃ》の生存を確認《かくにん》する。

**せいぞんきょうそう【生存競争】** 名 ❶生物《せいぶつ》が子孫《しそん》を残《のこ》すために、たがいに争《あらそ》うこと。❷人間《にんげん》の社会《しゃかい》で起《お》こるさまざまな競争《きょうそう》。例 店《みせ》どうしの生存競争が激《はげ》しい。

**せいたい【生態】** 名 ❶動物《どうぶつ》や植物《しょくぶつ》が自然《しぜん》の中《なか》で生《い》きているようす。例 森《もり》に入《はい》って、ゴリラの生態を調《しら》べる。❷社会生活《しゃかいせいかつ》をしている、人間《にんげん》のありのままの状態《じょうたい》。例 若者《わかもの》の生態。

**せいたい【声帯】** 名 のどの中央《ちゅうおう》にある、二《に》本《ほん》の帯《おび》のような筋肉《きんにく》のまく。肺《はい》からくる空気《くうき》が当《あ》たって振動《しんどう》すると声《こえ》が出《で》る。

**せいたい【整体】** 名 手《て》で押《お》したりもんだりして、骨《ほね》のゆがみを直《なお》したりすること。

**せいだい【△盛大】** 形動 たいへんさかんなようす。例 盛大なパーティー。

**せいたいけい【生態系】** 名 ある地域《ちいき》に生《い》きているすべての生物《せいぶつ》と、それを取《と》り囲《かこ》む周《まわ》りの環境《かんきょう》とを一体《いったい》としてとらえたもの。例 この地域《ちいき》の生態系を調《しら》べる。

**せいたかくけい【正多角形】** 名 辺《へん》の長《なが》さと角度《かくど》の大《おお》きさが、すべて同《おな》じ多角形《たかくけい》。正《せい》五角形《ごかくけい》・正六角形《せいろっかくけい》など。せいたかっけい。

**◦ぜいたく【贅◆沢°】** 名 動-する 形動 ❶必要《ひつよう》以上《いじょう》に、お金《かね》をかけること。例 ぜいたくな暮《く》らしをする。対 質素《しっそ》。❷めぐまれすぎているようす。例 ぜいたくな悩《なや》み。

**せいたん【生誕】** 名 動-する 人《ひと》が生《う》まれること。誕生《たんじょう》。例 生誕百年《ひゃくねん》。

**せいたん【西端】** 名 西《にし》のはし。対 東端《とうたん》。

**せいだん【星団】** 名 たくさんの星《ほし》の集《あつ》まり。特《とく》に、恒星《こうせい》の集《あつ》まり。

**せいち【生地】** 名 生《う》まれた所《ところ》。出生地《しゅっしょうち》。例 母《はは》の生地を訪《たず》ねる。注意「生地」を「きじ」と読《よ》むと、ちがう意味《いみ》になる。

**せいち【聖地】** 名 (神《かみ》や仏《ほとけ》などに関係《かんけい》がある)神聖《しんせい》な土地《とち》。

**せいち【精緻°】** 名 形動 きめ細《こま》かくて、くわしいこと。細《こま》かい所《ところ》まで注意《ちゅうい》がいきとどいているようす。例 精緻をきわめた油絵《あぶらえ》。

**せいち【整地】** 名 動-する 作物《さくもつ》を植《う》えたり家《いえ》を建《た》てたりするために、土地《とち》を平《たい》らにならすこと。

**せいちゅう【成虫】** 名 成長《せいちょう》して、おとなになった昆虫《こんちゅう》。対 幼虫《ようちゅう》。

**◦せいちょう【生長】** 名 動-する 木《き》や草《くさ》など、植物《しょくぶつ》が育《そだ》って大《おお》きくなること。例 なえが生長する。類 生育《せいいく》。

**◦せいちょう【成長】** 名 動-する ❶人《ひと》や動物《どうぶつ》が育《そだ》って大《おお》きくなること。例 弟《おとうと》は、どんどん成長する。類 成育《せいいく》。❷ものごとが発展《はってん》すること。例 経済《けいざい》成長。

**せいつう【精通】** 名 動-する ❶非常《ひじょう》にくわしく知《し》っていること。例 事情《じじょう》に精通している。類 熟知《じゅくち》。❷男子《だんし》の体《からだ》から初《はじ》めて精液《せいえき》が出《で》ること。

**せいてい【制定】** 名 動-する 法律《ほうりつ》や規則《きそく》などを作《つく》って定《さだ》めること。例 新《あたら》しい憲法《けんぽう》を制定する。

**せいてき【静的】** 形動 静《しず》かなようす。動《うご》きのないようす。対 動的《どうてき》。

**せいてつ【製鉄】** 名 動-する 鉄《てつ》の鉱石《こうせき》から鉄《てつ》を作《つく》ること。例 製鉄所《じょ》。

**せいてはことをしそんじる【急▲いては事を仕損じる】** あまり急《いそ》いでやると、失敗《しっぱい》しやすいものだ。

**せいてん【晴天】** 名 よく晴《は》れた空《そら》。よい天《てん》気《き》。関連 雨天《うてん》。曇天《どんてん》。

例解 ↔ 使い分け

**生長《せいちょう》と成長《せいちょう》**

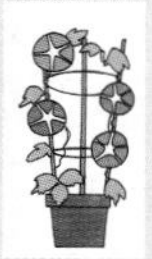

アサガオが生長《せいちょう》する。
イネの生長《せいちょう》。
子《こ》どもが成《せい》長《ちょう》する。
日本《にっぽん》の経済《けいざい》が成《せい》長《ちょう》した。



ことわざ 石《いし》の上《うえ》にも三年《さんねん》 努力《どりょく》の末《すえ》に、ついに完成《かんせい》させた。石《いし》の上《うえ》にも三年《さんねん》とは、まさにこのことだね。

**せいてん**【聖典】名 宗教《しゅうきょう》の教《おし》えや決《き》まりを書《か》いた本《ほん》。キリスト教《きょう》の「聖書《せいしょ》」やイスラム教《きょう》の「コーラン」など。

**せいでんき**【静電気】名 摩擦《まさつ》などによって起《お》こり、電流《でんりゅう》にならずにその部分《ぶぶん》に残《のこ》っている電気《でんき》。参考 化学繊維《かがくせんい》のセーターをぬぐとき、ぱちぱちと音《おと》がしたり、髪《かみ》の毛《け》が逆《さか》立《だ》ったりするのはこのため。

**せいてんのへきれき**【青天の霹靂】 青空《あおぞら》なのに突然《とつぜん》雷《かみなり》(=霹靂《へきれき》)が鳴《な》るような、思《おも》いもかけない出来事《できごと》。例 先生《せんせい》がご退職《たいしょく》だとは、青天の霹靂だった。参考 中国《ちゅうごく》の詩《し》にある言葉《ことば》。

■**せいてんはくじつ**【青天白日】名 ❶晴《は》れわたったよい天気《てんき》。❷やましいところがないこと。疑《うたが》いが晴《は》れて、無罪《むざい》になること。例 青天白日の身《み》となる。

°**せいと**【生徒】名 ❶学校《がっこう》などで教《おし》えを受《う》けている人《ひと》。❷中学生《ちゅうがくせい》や高校生《こうこうせい》。関連 児童《じどう》。学生《がくせい》。

**せいど**【制度】名 決《き》められた社会《しゃかい》の仕組《しく》みや決《き》まり。例 教育《きょういく》制度。

**せいど**【精度】名 (機械《きかい》などの)正確《せいかく》さの度《ど》合《あ》い。例 精度の高《たか》い顕微鏡《けんびきょう》。

**せいとう**【正当】名 形動 正《ただ》しくて、道理《どうり》に合《あ》っていること。例 正当な理由《りゆう》。対 不当《ふとう》。

**せいとう**【正答】名 動する 正《ただ》しい答《こた》え。正《ただ》しく答《こた》えること。対 誤答《ごとう》。

**せいとう**【正統】名 正《ただ》しい血《ち》すじや系統《けいとう》。例 徳川家《とくがわけ》の正統。

**せいとう**【政党】名 政治《せいじ》について、同《おな》じ考《かんが》えを持《も》つ人《ひと》たちが集《あつ》まって作《つく》った団体《だんたい》。

**せいとう**【製糖】名 動する サトウキビなどから砂糖《さとう》を作《つく》ること。

**せいどう**【青銅】名 銅《どう》とすずを混《ま》ぜ合《あ》わせて作《つく》った合金《ごうきん》。銅像《どうぞう》などを作《つく》るのに使《つか》われる。ブロンズ。

**せいどう**【聖堂】名 ❶キリスト教《きょう》で、礼拝《れいはい》が行《おこな》われる建物《たてもの》。❷孔子《こうし》をまつった建物《たてもの》。孔子廟《こうしびょう》。

**せいどういつせいしょうがい**【性同一性障害】名 ↓せいべついわ709ページ

**せいどうきじだい**【青銅器時代】名 歴史《れきし》で、石器時代《せっきじだい》と鉄器時代《てっきじだい》との間《あいだ》の、青銅《せいどう》で作《つく》った道具《どうぐ》を使《つか》っていた時代《じだい》。

**せいとうせいじ**【政党政治】名 政党《せいとう》が中心《ちゅうしん》となって内閣《ないかく》を作《つく》り、政治《せいじ》を行《おこな》う仕組《しく》み。

**せいとうぼうえい**【正当防衛】名 命《いのち》を守《まも》るために、やむをえず相手《あいて》に害《がい》を与《あた》える行《おこな》い。例 正当防衛が認《みと》められる。参考 法律《ほうりつ》で認《みと》められている。

**せいとかい**【生徒会】名 中学校《ちゅうがっこう》、高等学校《こうとうがっこう》で、生徒《せいと》が集《あつ》まって、相談《そうだん》や話《はな》し合《あ》いをする会《かい》。

✤**せいどく**【精読】名 動する 丁寧《ていねい》にくわしく読《よ》むこと。類 熟読《じゅくどく》。味読《みどく》。

°**せいとん**【整頓】名 動する きちんとかたづけること。例 整理《せいり》整頓。類 整理《せいり》。

**せいなる**【聖なる】連体 神聖《しんせい》な。きよらかな。例 聖なる川《かわ》。

**せいなん**【西南】名 ↓なんせい980ページ

**せいなんせんそう**【西南戦争】名 一八七七年《ねん》(明治十年《めいじじゅうねん》)、明治政府《めいじせいふ》に対《たい》して、西郷《さいごう》隆盛《たかもり》を中心《ちゅうしん》とした鹿児島《かごしま》の士族《しぞく》が起《お》こした反乱《はんらん》。「西南《せいなん》の役《えき》」ともいう。

**せいねん**【成年】名 心《こころ》や体《からだ》が、一人前《いちにんまえ》の大人《おとな》になったと認《みと》められる年齢《ねんれい》。法律《ほうりつ》の上《うえ》では、満十八歳以上《まんじゅうはっさいいじょう》。類 成人《せいじん》。対 未成年《みせいねん》。

°**せいねん**【青年】名 二十歳《はたち》前後《ぜんご》の若《わか》い人《ひと》。若者《わかもの》。

**せいねんかいがいきょうりょくたい**【青年海外協力隊】名 自分《じぶん》の力《ちから》を発展途上国《はってんとじょうこく》の人々《ひとびと》のために生《い》かしたいと望《のぞ》む青年《せいねん》を、ボランティアとして派遣《はけん》する事業《じぎょう》。また、派遣《はけん》される人々《ひとびと》の組織《そしき》。

**せいねんがっぴ**【生年月日】名 生《う》まれた年《とし》と月《つき》と日《ひ》。

**せいのう**【性能】名 機械《きかい》などの性質《せいしつ》やはたらきぐあい。例 この車《くるま》は、性能がいい。

**せいは**【制覇】名 動する ❶他《た》と争《あらそ》って勝《か》ち、権力《けんりょく》を握《にぎ》ること。❷競技《きょうぎ》などで優勝《ゆうしょう》すること。例 柔道《じゅうどう》で全国《ぜんこく》制覇をする。

**せいばい**【成敗】名 動する 人《ひと》を罰《ばっ》すること。こらしめること。例 けんか両成敗《りょうせいばい》(=けんかをした者《もの》のどちらも罰《ばっ》すること)。

**せいはつ**【整髪】名 動する 髪《かみ》の形《かたち》を整《ととの》える



ことわざ 石橋《いしばし》をたたいて渡《わた》る　姉《ねえ》さんに任《まか》せておけば心配《しんぱい》ないよ。石橋《いしばし》をたたいて渡《わた》るような性格《せいかく》だから。

こと。

**せいばつ**【征伐】名 動-する 悪者《わるもの》や従《したが》わない者《もの》をせめて、こらしめること。退治《たいじ》。例 おにを征伐する昔話《むかしばなし》。類 討伐《とうばつ》。

**せいはんたい**【正反対】名 形動 まったく逆《ぎゃく》であること。例 結果《けっか》は、予想《よそう》と正反対だった。

**せいひ**【成否】名 成功《せいこう》するか、失敗《しっぱい》するかということ。例 事《こと》の成否をうらなう。

**せいび**【整備】名 動-する 検査《けんさ》をして、いつでも使《つか》えるように準備《じゅんび》をしておくこと。例 自動車《じどうしゃ》の整備をする。

**せいひょう**【製氷】名 動-する 氷《こおり》をつくること。例 製氷機《き》。

**せいひれい**【正比例】名 動-する 〔算数《さんすう》で〕二《ふた》つの数《かず》が関係《かんけい》し合《あ》って、同《おな》じ割合《わりあい》で増《ふ》えたり減《へ》ったりすること。例《たと》えば、人数《にんずう》が二倍《にばい》になると料金《りょうきん》も二倍《にばい》になるような関係《かんけい》をいう。比例《ひれい》。対 反比例《はんぴれい》。

**せいひん**【製品】名 作《つく》った品物《しなもの》。例 加工《かこう》して製品に仕上《しあ》げる。

◦**せいふ**【政府】名 ❶国《くに》の政治《せいじ》を行《おこな》うところ。❷内閣《ないかく》。

**せいぶ**【西部】名 ❶西《にし》の部分《ぶぶん》。例 県《けん》の西部。❷アメリカ合衆国《がっしゅうこく》の西寄《にしよ》りの地方《ちほう》。例 西部劇《げき》。

**せいふく**【制服】名 学校《がっこう》や会社《かいしゃ》などで決《き》められている、形《かたち》や色《いろ》が同《おな》じ服装《ふくそう》。ユニフォーム。対 私服《しふく》。

**せいふく**【征服】名 動-する ❶相手《あいて》をたおして従《したが》わせること。例 敵《てき》を征服する。❷困難《こんなん》にうちかって、やりとげること。例 エベレストを征服する。

◦**せいぶつ**【生物】名 命《いのち》のあるもの。生《い》き物《もの》。注意「生物」を「なまもの」と読《よ》むと、ちがう意味《いみ》になる。

**せいぶつ**【静物】名 絵《え》や写真《しゃしん》の題材《だいざい》で、じっとして動《うご》かないもの。花《はな》・果物《くだもの》・道具《どうぐ》など。例 静物画《が》。

**せいふん**【製粉】名 動-する 穀物《こくもつ》をひいて粉《こな》を作《つく》ること。例 製粉所《じょ》。

**せいぶん**【成分】名 物《もの》を作《つく》り上《あ》げている一《ひと》つ一《ひと》つのもとになる物質《ぶっしつ》。例 水《みず》の成分は、酸素《さんそ》と水素《すいそ》である。

**せいへき**【性癖】名 よくないくせ。例 ものごとを悪《わる》く考《かんが》える性癖がある。

**せいべつ**【生別】名 動-する 生《い》きたまま、はなればなれになること。生《い》き別《わか》れ。対 死別《しべつ》。

**せいべつ**【性別】名 男《おとこ》と女《おんな》の区別《くべつ》。また、雄《おす》と雌《めす》の区別《くべつ》。

**せいべついわ**【性別違和】名 自分《じぶん》の肉体的《にくたいてき》な性別《せいべつ》がしっくりこないこと。以前《いぜん》は「性同一性障害《せいどういつせいしょうがい》」といった。

**せいへん**【政変】名 ❶政治《せいじ》の上《うえ》での大《おお》きな変化《へんか》。❷内閣《ないかく》が急《きゅう》に変《か》わること。

**せいぼ**【聖母】名 キリスト教《きょう》で、キリストの母《はは》、マリア。

**せいぼ**【歳暮】名 ❶年《とし》の暮《く》れ。年末《ねんまつ》。❷年《とし》の暮《く》れに、日《ひ》ごろ世話《せわ》になった人《ひと》におくるおくり物《もの》。お歳暮《せいぼ》。

**せいほう**【西方】名 ↓さいほう(西方)❶ 504ページ

**せいほう**【製法】名 物《もの》の作《つく》り方《かた》。製造法《せいぞうほう》。例 塩《しお》の製法を知《し》る。

**せいぼう**【声望】名 よい評判《ひょうばん》。例 声望が高《たか》い。

**せいぼう**【制帽】名 学校《がっこう》や団体《だんたい》などで決《き》められている帽子《ぼうし》。

**せいほうけい**【正方形】名 四《よっ》つの辺《へん》の長《なが》さが同《おな》じで、四《よっ》つの角《かど》が直角《ちょっかく》の四角形《しかくけい》。真《ま》四《し》角《かく》。↓しかくけい 546ページ

**せいほく**【西北】名 ↓ほくせい 1205ページ

**せいほん**【製本】名 動-する 印刷《いんさつ》したり書《か》いたりした紙《かみ》をとじて、本《ほん》の形《かたち》にすること。例 文集《ぶんしゅう》を製本する。

**せいまい**【精米】名 動-する 玄米《げんまい》をついて、白米《はくまい》にすること。また、ついて白《しろ》くした米《こめ》。例 精米所《じょ》。

**せいみつ**【精密】名 形動 細《こま》かいところまでていねいで正確《せいかく》なこと。例 精密検査《けんさ》を受《う》ける。対 粗雑《そざつ》。

**せいむ**【政務】名 政治《せいじ》をすすめる仕事《しごと》。例 政務にたずさわる。

**ぜいむしょ**【税務署】名 税金《ぜいきん》の割《わ》り当《あ》てや、税金《ぜいきん》を集《あつ》める仕事《しごと》をする役所《やくしょ》。

◦**せいめい**【生命】名 ❶命《いのち》。例 生命のふしぎ。❷ものごとの、いちばん大切《たいせつ》なところ。

ことわざ 医者《いしゃ》の不養生《ふようじょう》 寝坊《ねぼう》したらしかってくるのに、自分《じぶん》は昼《ひる》まで寝《ね》ているんだから、まったく医者《いしゃ》の不養生《ふようじょう》だよ。

例 色《いろ》づかいが、作品《さくひん》の生命だ。

**せいめい【声明】** 名 動-する 自分《じぶん》の意見《いけん》を、人々《ひとびと》にはっきり知《し》らせること。また、その意《い》見《けん》。例 政府《せいふ》が声明文《ぶん》を出《だ》した。

**せいめい【姓名】** 名 名字《みょうじ》と名前《なまえ》。氏名《しめい》。例 用紙《ようし》に姓名を書《か》く。

**せいめい【清明】** 名 すべてのものが生《い》き生《い》きとしてくるころ。四月五日《しがついつか》ごろ。二十四《にじゅうし》節気《せっき》の一《ひと》つ。

**せいめいせん【生命線】** 名 ❶生《い》きるか死《し》ぬかに関《かか》わるだいじなことがら。例 地下資《ちかし》源《げん》はこの国《くに》の生命線だ。❷(手相《てそう》で)その人《ひと》の健康状態《けんこうじょうたい》や寿命《じゅみょう》を表《あらわ》すといわれる線《せん》。

**せいめいほけん【生命保険】** 名 お金《かね》を積《つ》み立《た》て、その人《ひと》が死《し》んだり、ある年齢《ねんれい》になったりしたときに、約束《やくそく》した額《がく》のお金《かね》がしはらわれる保険《ほけん》。

**せいめいりょく【生命力】** 名 生《い》き続《つづ》ける力《ちから》。生《い》きようとする力《ちから》。

**せいもん【正門】** 名 正面《しょうめん》にある門《もん》。表門《おもてもん》。対 裏門《うらもん》。

**せいもん【声紋】** 名 声《こえ》を機械《きかい》で分析《ぶんせき》したときに出《で》る模様《もよう》。指紋《しもん》と同《おな》じように、人《ひと》によってちがう。

**せいや【聖夜】** 名 クリスマスの前《まえ》の日《ひ》の夜《よる》。十二月二十四日《じゅうにがつにじゅうよっか》の夜《よる》。クリスマスイブ。

**せいやく【制約】** 名 動-する ある条件《じょうけん》をつけて、自由《じゆう》にさせないこと。例 時間《じかん》の制約を受《う》ける。

**せいやく【誓約】** 名 動-する 必《かなら》ず守《まも》ると固《かた》く約束《やくそく》すること。また、その約束《やくそく》。例 誓約書《しょ》をかわす。

**せいやく【製薬】** 名 薬《くすり》を作《つく》ること。また、作《つく》った薬《くすり》。例 製薬会社《がいしゃ》。

**せいゆ【製油】** 名 動-する ❶原油《げんゆ》から、ガソリン・灯油《とうゆ》などを作《つく》ること。❷動植物《どうしょくぶつ》から、食《しょく》用油《ようあぶら》を作《つく》ること。

**せいゆう【声優】** 名 外国《がいこく》の映画《えいが》のふきかえ、アニメーション、ラジオドラマなどで、声《こえ》だけの出演《しゅつえん》をする俳優《はいゆう》。

**せいよう【西洋】** 名 ヨーロッパやアメリカの国々《くにぐに》。欧米《おうべい》。例 西洋音楽《おんがく》。対 東洋《とうよう》。

**せいよう【静養】** 名 動-する 心《こころ》や体《からだ》を静《しず》かに休《やす》めて、病気《びょうき》やつかれを治《なお》すこと。例 温泉《おんせん》で静養する。

**せいらい【生来】** 名 副 ❶生《う》まれつき。例 母《はは》は生来、美《うつく》しい声《こえ》だ。❷生《う》まれてからずっと。例 生来外国《がいこく》へ行《い》ったことがない。

**せいり【生理】** 名 ❶生物《せいぶつ》が生《い》きていく上《うえ》での体《からだ》のいろいろなはたらき。例 あくびも生理現象《げんしょう》の一《ひと》つだ。❷ ⬇ げっけい 401ページ

**◦せいり【整理】** 名 動-する ❶きちんとかたづけること。例 引《ひ》き出《だ》しの中《なか》を整理する。類 整頓《せいとん》。❷必要《ひつよう》でないものを捨《す》てること。例 古《ふる》い洋服《ようふく》を整理する。

**ぜいりし【税理士】** 名 決《き》まった資格《しかく》を持《も》って、税金《ぜいきん》に関《かん》する仕事《しごと》をする人《ひと》。

**せいりつ【成立】** 名 動-する ものごとが成《な》り立《た》つこと。できあがること。話《はなし》がまとまること。例 予算《よさん》が成立する。

**ぜいりつ【税率】** 名 税金《ぜいきん》をかける割合《わりあい》。例 消費税率《しょうひ》は十《じっ》パーセントだ。

**せいりゅう【清流】** 名 すんだ水《みず》の流《なが》れ。例 清流でアユをつる。対 濁流《だくりゅう》。

**せいりゅう【整流】** 名 動-する 電流《でんりゅう》を交流《こうりゅう》から直流《ちょくりゅう》に変《か》えること。

**せいりょう【声量】** 名 声《こえ》の大《おお》きさ・強《つよ》さ。例 声量の豊《ゆた》かな歌手《かしゅ》。類 音量《おんりょう》。

**せいりょういんりょう【清涼飲料】** 名 飲《の》んだときにさわやかな感《かん》じのする、アルコールを含《ふく》まない飲《の》み物《もの》。サイダーやコーラ・スポーツドリンクなど。清涼飲料水《せいりょういんりょうすい》。

**せいりょく【勢力】** 名 他《ほか》のものをおさえつける力《ちから》。勢《いきお》い。例 勢力をのばす。

**せいりょく【精力】** 名 心《こころ》や体《からだ》のはたらきのもとになる力《ちから》。活力《かつりょく》。例 精力的《てき》に働《はたら》く。精力をかたむける〔＝集中《しゅうちゅう》する〕。

**せいれい【政令】** 名 法律《ほうりつ》で決《き》められたこと

例解 ! 表現の広場

**整理《せいり》と整頓《せいとん》のちがい**

| | 机《つくえ》の上《うえ》を　する。 | 家《いえ》の中《なか》を　する。 | 問題点《もんだいてん》を　する。 | 会場《かいじょう》の　にあたる。 |
| --- | --- | --- | --- | --- |
| 整理《せいり》 | ○ | ○ | ○ | ○ |
| 整頓《せいとん》 | ○ | ○ | × | × |



ことわざ 急《いそ》がば回《まわ》れ　途中《とちゅう》に危険《きけん》な橋《はし》がある。急《いそ》がば回《まわ》れだ。回《まわ》り道《みち》をすることにしよう。

を実行《じっこう》するために、内閣《ないかく》が出《だ》す命令《めいれい》。

**せいれい【精励】** 名 動-する 一生懸命《いっしょうけんめい》はげむこと。例 勉強《べんきょう》に精励する。

**せいれい【精霊】** 名 ❶すべての物《もの》に宿《やど》るとされるたましい。例 森《もり》に精霊が宿《やど》る。❷死《し》んだ人《ひと》のたましい。

**せいれいしていとし【政令指定都市】** 名 法律《ほうりつ》で決《き》められている人口《じんこう》五〇万人《まんにん》以上《いじょう》の市《し》。多《おお》くの点《てん》で、都道府県《とどうふけん》と同《おな》じように扱《あつか》われる。指定都市《していとし》。

**せいれき【西暦】** 名 キリストが生《う》まれたとされていた年《とし》を紀元元年《きげんがんねん》として数《かぞ》える、西洋《せいよう》の年代《ねんだい》の数《かぞ》え方《かた》。世界《せかい》で広《ひろ》く使《つか》われている。

**せいれつ【整列】** 名 動-する 列《れつ》を作《つく》って、きちんと並《なら》ぶこと。例 身長《しんちょう》順《じゅん》に整列する。

**せいれん【精錬】** 名 動-する 鉱石《こうせき》から取《と》り出《だ》した金属《きんぞく》を、質《しつ》のよいものにすること。

**せいれん【製錬】** 名 動-する 鉱石《こうせき》などから、金属《きんぞく》を取《と》り出《だ》すこと。冶金《やきん》。例 銅《どう》の製錬所《じょ》。

■**せいれんけっぱく【清廉潔白】** 名 形動 心《こころ》が清《きよ》らかで、不正《ふせい》などをすることがまったくないこと。

**せいろう【蒸籠】** 名 湯《ゆ》をわかしたかまの上《うえ》にのせて、赤飯《せきはん》などをむす道具《どうぐ》。わくの底《そこ》に、すのこをしいて使《つか》う。せいろ。

**せいろん【正論】** 名 正《ただ》しい議論《ぎろん》。正《ただ》しい意《い》見《けん》。例 正論を述《の》べる。

**セーター** 〔英語 sweater〕 名 毛糸《けいと》で編《あ》んだ上《うわ》着《ぎ》で、頭《あたま》からかぶって着《き》るもの。

**セーヌがわ〘セーヌ川〙** 地名 フランス北《ほく》部《ぶ》、パリ市内《しない》を通《とお》って流《なが》れる川《かわ》。

**セーフ** 〔英語 safe〕 名 ❶野球《やきゅう》・ソフトボールで、ランナーが生《い》きること。例 間一髪《かんいっぱつ》セーフだった。❷テニスや卓球《たっきゅう》などで、打《う》ったボールが相手側《あいてがわ》のコートの中《なか》に入《はい》ること。❸助《たす》かること。間《ま》に合《あ》うこと。例 しめきりにぎりぎりセーフだった。対（❶～❸）アウト。

**セーブ** 〔英語 save〕 名 動-する ❶力《ちから》を出《だ》しきらず、ひかえること。例 実力《じつりょく》をセーブする。❷野《や》球《きゅう》で、救援投手《きゅうえんとうしゅ》が試合《しあい》が終《お》わるまでリードを守《まも》り通《とお》すこと。例 セーブポイント。❸コンピューターで、データなどを保存《ほぞん》すること。

**セーラーふく【セーラー服】** 名 海軍《かいぐん》の水兵《すいへい》（＝セーラー）の着《き》る服《ふく》に似《に》せて作《つく》られた服《ふく》。女子生徒《じょしせいと》の通学服《つうがくふく》などに使《つか》われる。

**セール** 〔英語 sale〕 名 売《う》ること。特《とく》に大売《おおう》り出《だ》しを指《さ》す。例 バーゲンセール。

**セールスポイント** 名 〔日本《にっぽん》でできた英《えい》語《ご》ふうの言葉《ことば》。〕（商品《しょうひん》などを）売《う》り込《こ》むときに、役《やく》に立《た》つ特長《とくちょう》。例 新製品《しんせいひん》のセールスポイントは、小型化《こがたか》だ。

**セールスマン** 〔英語 salesman〕 名 外回《そとまわ》りをして商品《しょうひん》を売《う》り歩《ある》く人《ひと》。

**せおいこむ【背負い込む】** 動 ↓しょいこむ❷ 619ページ

**せおいなげ【背負い投げ】** 名 すもうや柔道《じゅうどう》で、相手《あいて》を背負《せお》って投《な》げる技《わざ》。

**せおう【背負う】** 動 〔「しょう」ともいう。〕❶背中《せなか》に乗《の》せる。例 重《おも》いものを背負う。❷苦《くる》しい仕事《しごと》や責任《せきにん》を引《ひ》き受《う》ける。例 会社《かいしゃ》を背負う。

**せおよぎ【背泳ぎ】** 名 あお向《む》けになって、足《あし》で水《みず》をけり、手《て》で水《みず》をかいて泳《およ》ぐ泳《およ》ぎ方《かた》。背泳《はいえい》。バックストローク。

**セオリー** 〔英語 theory〕 名 理論《りろん》。学説《がくせつ》。例 セオリーどおりに物事《ものごと》が進《すす》む。

**◦せかい【世界】** 名 ❶地球全体《ちきゅうぜんたい》。例 世界一《いっ》周《しゅう》。❷同《おな》じ仲間《なかま》の集《あつ》まり。社会《しゃかい》。例 虫《むし》の世界。❸ある範囲《はんい》。例 物語《ものがたり》の世界。

**せかいいさん【世界遺産】** 名 ユネスコの「世界《せかい》の文化遺産《ぶんかいさん》及《およ》び自然遺産《しぜんいさん》の保護《ほご》に関《かん》する条約《じょうやく》」（「世界遺産保護条約《せかいいさんほごじょうやく》」）にもとづいて決《き》められた、世界的《せかいてき》に残《のこ》す価値《かち》があると認《みと》められた文化《ぶんか》や自然《しぜん》。日本《にっぽん》では、文化遺産《ぶんかいさん》として姫路城《ひめじじょう》や法隆寺《ほうりゅうじ》・沖縄《おきなわ》の首里城《しゅりじょう》・原爆《げんばく》ドーム・日光東照宮《にっこうとうしょうぐう》・中尊寺《ちゅうそんじ》・富士山《ふじさん》など、自《し》然遺産《ぜんいさん》として屋久島《やくしま》や白神山地《しらかみさんち》などが指定《してい》されている。↓ 712ページ

**せかいかん【世界観】** 名 この世界《せかい》やそこに住《す》む人間《にんげん》に対《たい》する見方《みかた》や考《かんが》え方《かた》。

**せかいきろく【世界記録】** 名 世界《せかい》でいちばんすぐれた記録《きろく》。

**せかいじんけんせんげん【世界人権宣言】** 名 一九四八年《ねん》の国連総会《こくれんそうかい》で決《き》められた宣言《せんげん》。すべての人《ひと》が尊重《そんちょう》しなければならない人権《じんけん》の基準《きじゅん》を示《しめ》したもの。



ことわざ 一《いち》を聞《き》いて十《じゅう》を知《し》る　妹《いもうと》は小《ちい》さいときから、一《いち》を聞《き》いて十《じゅう》を知《し》るようなかしこい子《こ》だと言《い》われていた。

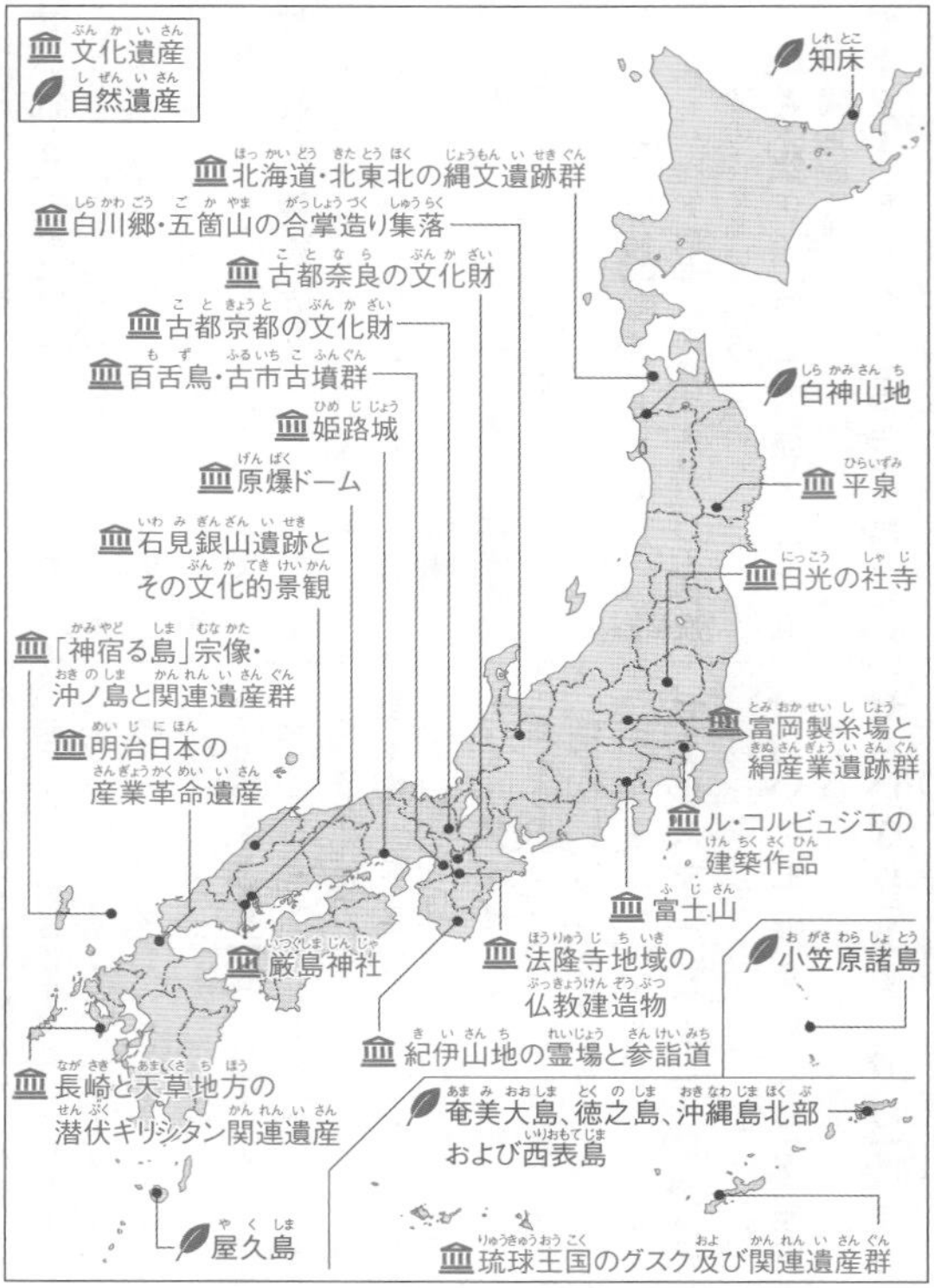


〔にほんのせかいいさん〕

**せかいたいせん【世界大戦】** 名 全世界《ぜんせかい》の国々《くにぐに》を巻《ま》きこむような大《おお》きな戦争《せんそう》。第一次《だいいちじ》世界大戦《せかいたいせん》と第二次《だいにじ》世界大戦《せかいたいせん》を指《さ》す。

**せかいてき【世界的】** 形動 ❶一《ひと》つの国《くに》だけでなく、世界《せかい》じゅうに関係《かんけい》するようす。例 世界的な異常気象《いじょうきしょう》。❷全世界《ぜんせかい》に名高《なだか》いようす。例 世界的な音楽家《おんがくか》。類(❶・❷)国際的《こくさいてき》。

**せかいほけんきかん【世界保健機関】** 名 ➡ダブリュー エイチ オー 804ページ

**°せかす【急かす】** 動 急《いそ》がせる。せかせる。例 帰《かえ》りじたくをせかす。

**せかせか** 副(-と) 動-する いそがしそうで落《お》ち着《つ》かないようす。例 せかせかと歩《ある》く。

**せかっこう【背格好】** 名 背《せ》の高《たか》さと体《からだ》つき。せいかっこう。例 父《ちち》と兄《あに》は背格好が似《に》ている。

**ぜがひでも【是が非でも】** どうしても。なんとしても。例 是が非でも読《よ》みたい。

**せがむ** 動 無理《むり》にたのむ。ねだる。例 海《うみ》に行《い》きたいと父《ちち》にせがんだ。

**せがれ** 名 自分《じぶん》の息子《むすこ》をへりくだって言《い》う言葉《ことば》。

**セカンド** 〔英語 second〕名 ❶二番《にばん》め。第二《だいに》。❷野球《やきゅう》・ソフトボールで二塁《にるい》のこと。また、二塁《にるい》を守《まも》る人《ひと》。二塁手《にるいしゅ》。

**セカンドオピニオン** 〔英語 second opinion〕名 病気《びょうき》やその治療《ちりょう》についての、主治医《しゅじい》とはべつの医者《いしゃ》の意見《いけん》。

**せき【夕】** 画数 3 部首 夕(ゆうべ)
音 セキ 訓 ゆう
筆順 ノ ク 夕
ゆうがた。熟語 一朝一夕《いっちょういっせき》。夕刊《ゆうかん》。夕立《ゆうだち》。
1年

**せき【石】** 画数 5 部首 石(いし)
音 セキ シャク コク 訓 いし
筆順 一 丆 石 石 石
一〔「セキ」「シャク」と読《よ》んで〕いし。熟語 石器《せっき》。石油《せきゆ》。岩石《がんせき》。宝石《ほうせき》。磁石《じしゃく》。二〔「コク」と読《よ》んで〕昔《むかし》の尺貫法《しゃっかんほう》で、容積《ようせき》の単位《たんい》の一《ひと》つ。一石《こく》は約《やく》一八〇リットル。熟語 石高《こくだか》。千石船《せんごくぶね》。例 五万石《ごまんごく》の大名《だいみょう》。
1年

**せき【赤】** 画数 7 部首 赤(あか)
音 セキ シャク
1年

訓 あか あか-い あか-らむ あか-らめる

筆順 一 十 土 赤 赤 赤 赤

❶あかい。熟語 赤飯《せきはん》。赤面《せきめん》。赤銅《しゃくどう》。赤血球《せっけっきゅう》。赤字《あかじ》。❷まったくの。むきだしの。熟語 赤貧《せきひん》〔=きわめて貧《まず》しいこと〕。赤裸々《せきらら》。赤恥《あかはじ》。

《訓の使い方》**あか-い** 例 赤い花《はな》。**あか-らむ** 例 顔《かお》が赤らむ。**あか-らめる** 例 顔《かお》を赤らめる。

## せき【昔】 画数 8 部首 日（ひ） 3年

音 セキ シャク 訓 むかし

筆順 一 十 廾 昔 昔 昔 昔 昔

むかし。熟語 昔日《せきじつ》〔=むかし〕。今昔《こんじゃく》。昔話《むかしばなし》。対 今《こん》。

## せき【席】 画数 10 部首 巾（はば） 4年

音 セキ 訓 ―

筆順 丶 广 广 序 庐 庐 席 席

❶すわる場所《ばしょ》。熟語 席順《せきじゅん》。欠席《けっせき》。座席《ざせき》。着席《ちゃくせき》。❷会場《かいじょう》。式場《しきじょう》。熟語 列席《れっせき》。❸順位《じゅんい》。熟語 次席《じせき》。主席《しゅせき》。

**せき【席】** 名 ❶すわる場所《ばしょ》。例 席に着《つ》く。❷式場《しきじょう》。会場《かいじょう》。例 お祝《いわ》いの席に出《で》る。

**席《せき》の暖《あたた》まるいとまがない** いそがしくて、じっとしているときがない。例 席の暖まるいとまがないほど、一日中《いちにちじゅう》飛《と》び回《まわ》っている。

**席《せき》を外《はず》す** 用事《ようじ》などで、一時《いちじ》自分《じぶん》の席《せき》をはなれる。例「山田《やまだ》はただいま席を外しております。」

## せき【責】 画数 11 部首 貝（かい） 5年

音 セキ 訓 せ-める

筆順 一 十 丰 青 青 青 責 責

❶果《は》たすべき務《つと》め。熟語 責任《せきにん》。責務《せきむ》。重責《じゅうせき》。❷あやまちなどをせめる。熟語 自責《じせき》。問責《もんせき》。

《訓の使い方》**せ-める** 例 失敗《しっぱい》を責める。

**せき【責】** 名 果《は》たさなければならない務《つと》め。義務《ぎむ》。例 その責を果《は》たすべく努力《どりょく》する。

## せき【積】 画数 16 部首 禾（のぎへん） 4年

音 セキ 訓 つ-む つ-もる

筆順 ニ 千 禾 秆 秆 秸 積 積

❶つむ。つもる。熟語 積雪《せきせつ》。積載《せきさい》。蓄積《ちくせき》。❷広《ひろ》さ。かさ。熟語 体積《たいせき》。面積《めんせき》。容積《ようせき》。

《訓の使い方》**つ-む** 例 本《ほん》を積む。**つ-もる** 例 雪《ゆき》が積もる。

**せき【積】** 名〔算数《さんすう》で〕掛《か》け算《ざん》の答《こた》え。例 二《ふた》つの数《かず》の積を求《もと》める。対 商《しょう》。

## せき【績】 画数 17 部首 糸（いとへん） 5年

音 セキ 訓 ―

筆順 幺 糸 糸 紅 結 綪 績 績

❶糸《いと》を引《ひ》き出《だ》す。熟語 紡績《ぼうせき》。❷てがら。仕事《しごと》。熟語 功績《こうせき》。実績《じっせき》。成績《せいせき》。

## せき【斥】 画数 5 部首 斤（おの）

音 セキ 訓 ―

❶しりぞける。熟語 排斥《はいせき》。❷ようすをさぐること。また、ようすをさぐる兵士《へいし》。熟語 斥候《せっこう》〔=敵《てき》のようすをさぐること。また、ようすをさぐる兵士《へいし》〕。

## せき【析】 画数 8 部首 木（きへん）

音 セキ 訓 ―

細《こま》かく分《わ》ける。分《わ》けて明《あき》らかにする。熟語 分析《ぶんせき》。

## せき【脊】 画数 10 部首 月（にくづき）

音 セキ 訓 ―

せぼね。熟語 脊髄《せきずい》。脊柱《せきちゅう》。脊椎《せきつい》。

## せき【隻】 画数 10 部首 隹（ふるとり）

音 セキ 訓 ―

❶ただ一《ひと》つ。また、ほんの少《すこ》し。熟語 片言隻語《へんげんせきご》〔=ちょっとした短《みじか》い言葉《ことば》〕。対 双《そう》。❷船《ふね》を数《かぞ》える言葉《ことば》。例 フェリーが一隻《いっせき》港《みなと》を出《で》る。類 そう。

## せき【惜】 画数 11 部首 忄（りっしんべん）

音 セキ 訓 お-しい お-しむ

おしむ。残念《ざんねん》に思《おも》う。熟語 惜敗《せきはい》。惜別《せきべつ》。例 別《わか》れを惜《お》しむ。

あいうえお かきくけこ さしす せ そ たちつてと なにぬねの はひふへほ まみむめも や ゆ よ らりるれろ わ を ん



ことわざ 言《い》わぬが花《はな》 コンクールの結果《けっか》は言《い》わぬが花《はな》だ。会場《かいじょう》での審査《しんさ》結果《けっか》発表《はっぴょう》のお楽《たの》しみが、なくなってしまうからね。

**せき【戚】** 画数 11 部首 戈（ほこ）
音 セキ 訓 ―
身内《みうち》。血《ち》すじのつながった人《ひと》。熟語 親戚《しんせき》。

**せき【跡】** 画数 13 部首 𧾷（あしへん）
音 セキ 訓 あと
❶あと。人《ひと》や動物《どうぶつ》などが通《とお》ったあと。あしあと。熟語 足跡《そくせき》・足跡《あしあと》。追跡《ついせき》。例 跡《あと》をつける。❷ものごとが行《おこな》われたあと。熟語 遺跡《いせき》。奇跡《きせき》。史跡《しせき》。筆跡《ひっせき》。例 跡《あと》をつぐ。

**せき【籍】** 画数 20 部首 ⺮（たけかんむり）
音 セキ 訓 ―
❶書物《しょもつ》。熟語 書籍《しょせき》。❷公式《こうしき》の文書《ぶんしょ》。熟語 戸籍《こせき》。国籍《こくせき》。❸属《ぞく》していること。熟語 在籍《ざいせき》。除籍《じょせき》。

**せき【籍】** 名 ❶家族《かぞく》の関係《かんけい》を書《か》いた公式《こうしき》の文書《ぶんしょ》。戸籍《こせき》。例 籍を入《い》れる〔＝婚姻届《こんいんとどけ》を役所《やくしょ》に出《だ》す〕。❷学校《がっこう》や団体《だんたい》の一員《いちいん》として、認《みと》められていること。例 大学《だいがく》に籍を置《お》く。

**せき【寂】** 熟語 寂寥《せきりょう》〔＝心《こころ》が満《み》たされず、ものさびしいようす〕。 ↓じゃく【寂】 585ページ

**せき【関】** 名 関所《せきしょ》。例 箱根《はこね》の関。 ↓かん【関】 271ページ

**せき【咳】** 名 のどや気管《きかん》が刺激《しげき》されて、急《きゅう》に激《はげ》しく出《で》る強《つよ》い息《いき》。例 かぜをひいてせきが出《で》る。

**せき【堰】** 名 水《みず》の流《なが》れを止《と》めたり、調節《ちょうせつ》したりするために、川《かわ》などに作《つく》る仕切《しき》り。

**せきを切《き》ったように** おさえられていたものが、どっとあふれ出《だ》したかのように。例 せきを切ったように話《はな》し出《だ》す。

**せきうん【積雲】** 名 夏《なつ》の晴《は》れた日《ひ》に出《で》る、白《しろ》いむくむくとした、綿《わた》のような雲《くも》。綿雲《わたぐも》。 ↓くも(雲) 373ページ

**せきえい【石英】** 名 岩石《がんせき》の中《なか》にある、ガラスのような鉱物《こうぶつ》。陶器《とうき》やガラスの原料《げんりょう》。

**せきがいせん【赤外線】** 名 プリズムで日光《にっこう》を分《わ》けたとき、赤色《あかいろ》の外側《そとがわ》に現《あらわ》れる目《め》に見《み》えない光線《こうせん》。物《もの》を温《あたた》めるので熱線《ねっせん》ともいう。医療《いりょう》・通信《つうしん》・写真《しゃしん》などに使《つか》われる。

**せきがはらのたたかい【関ヶ原の戦い】** 名 一六〇〇年《ねん》、今《いま》の岐阜県《ぎふけん》の関ヶ原《せきがはら》で、全国《ぜんこく》の大名《だいみょう》が徳川家康《とくがわいえやす》の率《ひき》いる東軍《とうぐん》と、石田三成《いしだみつなり》の率《ひき》いる西軍《せいぐん》に分《わ》かれて戦《たたか》った戦《たたか》い。家康《いえやす》が勝《か》って天下《てんか》をとったので、「天下分《てんかわ》け目《め》の戦《たたか》い」ともいわれる。

**せきこむ【咳込む】** 動 激《はげ》しく続《つづ》けてせきをする。例 煙《けむり》を吸《す》って、せきこんだ。

**せきこむ【急き込む】** 動 早《はや》くしようと気《き》があせる。例 急き込んでしゃべる。

**せきさい【積載】** 名 動-する 船《ふね》やトラックなどに荷物《にもつ》を積《つ》みこむこと。例 トラックにコンテナを積載する。

**せきざい【石材】** 名 家《いえ》や橋《はし》・彫刻《ちょうこく》などの材料《ざいりょう》にする石《いし》。

**せきじ【席次】** 名 ❶座席《ざせき》の順序《じゅんじょ》。例 教室《きょうしつ》の席次を決《き》める。類 席順《せきじゅん》。❷成績《せいせき》の順位《じゅんい》。例 席次が上《あ》がる。

**せきしつ【石室】** 名 石《いし》で作《つく》った部屋《へや》。特《とく》に、昔《むかし》の墓《はか》で、死体《したい》を収《おさ》めた石《いし》の部屋《へや》。いしむろ。岩室《いわむろ》。

**せきじつ【昔日】** 名 むかし。〔古《ふる》い言《い》い方《かた》。〕 例 昔日の勢《いきお》いをもり返《かえ》す。

**せきじゅうじ【赤十字】** 名 戦争《せんそう》のときには、中立《ちゅうりつ》の立場《たちば》でけが人《にん》の手当《てあ》てをし、平和《へいわ》なときは、病気《びょうき》の治療《ちりょう》や災害《さいがい》の救護《きゅうご》を行《おこな》う国際的《こくさいてき》な組織《そしき》。本部《ほんぶ》は、スイスのジュネーブにある。ナイティンゲールの活動《かつどう》に始《はじ》まり、デュナンの提唱《ていしょう》で設立《せつりつ》された。赤十字社《せきじゅうじしゃ》。

**せきじゅん【石筍】** 名 鍾乳洞《しょうにゅうどう》の床《ゆか》に、天井《てんじょう》からしたたり落《お》ちてきた水《みず》に含《ふく》まれている石灰分《せっかいぶん》が固《かた》まって、タケノコのような形《かたち》になったもの。

**せきじゅん【席順】** 名 座席《ざせき》の順序《じゅんじょ》。例 席順をくじで決《き》める。類 席次《せきじ》。

**せきしょ【関所】** 名 昔《むかし》、大切《たいせつ》な道《みち》や国境《くにざかい》などで、旅人《たびびと》や荷物《にもつ》を調《しら》べた所《ところ》。関《せき》。例 箱根《はこね》の関所。

**せきじょう【席上】** 名 会《かい》が開《ひら》かれている場《ば》。例 会議《かいぎ》の席上。

**せきずい【脊髄】** 名 背骨《せぼね》の中《なか》を通《とお》って脳《のう》につながっている、長《なが》い管《くだ》のような神経《しんけい》。

**せきせつ【積雪】** 名 降《ふ》り積《つ》もった雪《ゆき》。

**せきぞう【石像】** 名 石《いし》で作《つく》った、人《ひと》や動物《どうぶつ》などの像《ぞう》。

ことわざ 雨後《うご》のたけのこ　駅《えき》ができると決《き》まって、あちらにもこちらにも雨後《うご》のたけのこのように、マンションが建《た》ち始《はじ》めた。

**せき たかかず**【関孝和】人名（男）（一六四〇ごろ～一七〇八）江戸《えど》時代《じだい》の数学者《すうがくしゃ》。和算《わさん》とよばれる日本独自《にっぽんどくじ》の数学《すうがく》を作《つく》り上《あ》げた。

**せきたてる**【急き立てる】動 早《はや》くするように急《いそ》がせる。せかす。例 母《はは》をせき立てて出《で》かけた。

**せきたん**【石炭】名 地下《ちか》にうずもれた大昔《おおむかし》の植物《しょくぶつ》が長《なが》い間《あいだ》に固《かた》まって、黒《くろ》い石《いし》のようになったもの。燃料《ねんりょう》や化学工業《かがくこうぎょう》の原料《げんりょう》などに使《つか》う。

**せきちゅう**【石柱】名 ❶石《いし》の柱《はしら》。❷鍾乳《しょうにゅう》洞《どう》で、鍾乳石《しょうにゅうせき》と石筍《せきじゅん》がつながって柱《はしら》のようになったもの。

**せきちゅう**【脊柱】名 ➡せぼね 724ページ

**せきつい**【脊椎】名 背骨《せぼね》を作《つく》っているたくさんの骨《ほね》。

**せきついどうぶつ**【脊椎動物】名 背骨《せぼね》を持《も》つ動物《どうぶつ》。脳《のう》が発達《はったつ》していて、動物《どうぶつ》の中《なか》でも高等《こうとう》なもの。哺乳類《ほにゅうるい》・鳥類《ちょうるい》・爬虫類《はちゅうるい》・魚類《ぎょるい》など。

**せきとう**【石塔】名 ❶石《いし》で作《つく》った塔《とう》。❷墓石《はかいし》。

**せきどう**【赤道】名 北極《ほっきょく》と南極《なんきょく》から同《おな》じ距離《きょり》にある点《てん》を結《むす》んだ線《せん》。この線《せん》を〇度《れいど》として、南北《なんぼく》に緯度《いど》を定《さだ》める。➡しごせん 553ページ／かいきせん 198ページ

**せきとめる**【せき止める】動 水《みず》の流《なが》れやものごとの勢《いきお》いなどを、ふさいで止《と》める。例 川《かわ》をせき止める。

**せきとり**【関取】名 すもうで、十両以上《じゅうりょういじょう》の力士《りきし》。

°**せきにん**【責任】名 自分《じぶん》が引《ひ》き受《う》けてしなければならない務《つと》め。例 代表者《だいひょうしゃ》としての責任を果《は》たす。

**せきにんかん**【責任感】名 自分《じぶん》の責任《せきにん》を果《は》たそうとする心《こころ》。例 責任感が強《つよ》い。

**せきにんしゃ**【責任者】名 あることがらについて責任《せきにん》を負《お》う立場《たちば》の人《ひと》。

**せきのやま**【関の山】名 これ以上《いじょう》はできないという、ぎりぎりのところ。精《せい》いっぱい。例 今《いま》の力《ちから》では一勝《いっしょう》が関の山だ。

**せきはい**【惜敗】名 動する おしいところで負《ま》けること。例 一点差《いってんさ》で惜敗した。

**せきばらい**【咳払い】名 動する 人《ひと》の注意《ちゅうい》を引《ひ》いたり、のどの調子《ちょうし》をととのえたりするために、わざとせきをすること。例 せき払いしてから話《はな》し始《はじ》める。

**せきはん**【赤飯】名 もち米《ごめ》にアズキを入《い》れてむした赤《あか》いご飯《はん》。お祝《いわ》いのときなどに作《つく》ることが多《おお》い。おこわの一種《いっしゅ》。

**せきひ**【石碑】名 ❶記念《きねん》の言葉《ことば》を刻《きざ》んで建《た》てた石《いし》。❷墓《はか》に建《た》てる石《いし》。墓石《はかいし》。

**せきひん**【赤貧】名 とても貧《まず》しいこと。例 赤貧洗《あら》うがごとし〔=とても貧《まず》しく、何《なに》も持《も》っていない〕。

**せきぶつ**【石仏】名 石《いし》で作《つく》った仏像《ぶつぞう》。また、岩《いわ》に刻《きざ》んだ仏像《ぶつぞう》。

**せきべつ**【惜別】名 別《わか》れをおしむこと。例 惜別の情《じょう》。

**せきむ**【責務】名 どうしてもしなければならない務《つと》め。責任《せきにん》と義務《ぎむ》。例 リーダーとしての責務を果《は》たす。

**せきめん**【赤面】名 動する はずかしくて顔《かお》が赤《あか》くなること。例 大勢《おおぜい》の前《まえ》でミスをして、赤面した。

**せきゆ**【石油】名 ❶地中《ちちゅう》から出《で》る、黒《くろ》くどろどろした燃《も》えやすい油《あぶら》。大昔《おおむかし》の生物《せいぶつ》が地中《ちちゅう》にうまってできたもの。地中《ちちゅう》からとったままのものを原油《げんゆ》といい、ガソリン・軽油《けいゆ》・灯油《とうゆ》・重油《じゅうゆ》などを作《つく》る。化学工業《かがくこうぎょう》の原料《げんりょう》としても使《つか》われる。❷「❶」から作《つく》る燃料《ねんりょう》や潤滑油《じゅんかつゆ》などの製品《せいひん》。特《とく》に、灯油《とうゆ》のこと。例 石油ストーブ。

**セキュリティー**〔英語 security〕名 安全《あんぜん》を守《まも》ること。防犯《ぼうはん》。

**せきらら**【赤裸裸】形動 何事《なにごと》もかくさず、ありのままのようす。例 見《み》てきたことを赤裸々に話《はな》す。

**せきらんうん**【積乱雲】名 夏《なつ》によく見《み》られる、山《やま》のように高《たか》く盛《も》り上《あ》がる大《おお》きな雲《くも》。にわか雨《あめ》やかみなりを起《お》こすことが多《おお》い。入道雲《にゅうどうぐも》。雷雲《らいうん》・雷雲《かみなりぐも》。➡くも（雲）373ページ

**せきり**【赤痢】名 感染症《かんせんしょう》の一《ひと》つ。赤痢菌《せきりきん》によって起《お》きる大腸《だいちょう》の病気《びょうき》。熱《ねつ》が出《で》て、下痢《げり》がひどく、血便《けつべん》が出《で》る。

**せきれい** 名 水辺《みずべ》にすむ小鳥《ことり》。背《せ》は灰色《はいいろ》、腹《はら》は白《しろ》または黄色《きいろ》で、長《なが》い尾《お》を上下《じょうげ》に動《うご》かす。

ことわざ うそから出《で》たまこと　うそから出たまことで、冗談《じょうだん》で言《い》ったことが、実現《じつげん》してしまった。

**せく【急く】** [動] ❶あせる。[例]気《き》がせく。❷激《はげ》しくなる。[例]息《いき》がせいて苦《くる》しい。

**セクシャルハラスメント** 〔英語 sexual harasment〕[名] ⇩セクハラ 716ページ

**セクハラ** [名] 〔英語《えいご》の「セクシャルハラスメント」の略《りゃく》。〕性《せい》に関《かん》して人間性《にんげんせい》を傷《きず》つけること。女性《じょせい》(男性《だんせい》)だから、女性《じょせい》(男性《だんせい》)なのに、女性《じょせい》(男性《だんせい》)のくせに、など、相手《あいて》を不快《ふかい》にしたり不安《ふあん》にしたりする、いやがらせ。

**°せけん【世間】** [名] ❶世《よ》の中《なか》。また、世《よ》の中《なか》の人々《ひとびと》。[例]わたる世間に鬼《おに》はなし〔=世《よ》の中《なか》にはひどい人《ひと》ばかりいるというわけではない〕。❷世《よ》の中《なか》の、活動《かつどう》やつき合《あ》いの範囲《はんい》。[例]世間の目《め》を気《き》にする。

**せけんしらず【世間知らず】** [名][形動] 経験《けいけん》が少《すく》なくて、世《よ》の中《なか》をよく知《し》らないこと。また、そういう人《ひと》。[例]世間知らずのぼくでも、それくらいはわかる。

**せけんてい【世間体】** [名] 周《まわ》りの人《ひと》が見《み》て、どのように思《おも》うかということ。みえ。[例]父《ちち》は世間体を気《き》にする。

**せけんなみ【世間並み】** [名][形動] 世《よ》の中《なか》の人《ひと》と同《おな》じ程度《ていど》であること。[例]世間並みの待遇《たいぐう》をする。

**せけんばなし【世間話】** [名] 世《よ》の中《なか》の出来事《できごと》やうわさについての、気楽《きらく》な話《はなし》。

**せこい** [形] ずるい。けちだ。〔くだけた言《い》い方《かた》。〕[例]やり方《かた》がせこい。

**せこう【施工】** [名][動-する] 〔「しこう」ともいう。〕工事《こうじ》を行《おこな》うこと。

**せこう【施行】** [名][動-する] ⇩しこう 552ページ

**セコンド** 〔英語 second〕[名] ❶秒《びょう》。また、時計《とけい》の秒針《びょうしん》。❷(ボクシングで)選手《せんしゅ》について世話《せわ》をする人《ひと》。

**セザンヌ** [人名] (男)(一八三九〜一九〇六)フランスの画家《がか》。近代絵画《きんだいかいが》の父《ちち》といわれる。見《み》たままを写生《しゃせい》するのではない、新《あたら》しい絵《え》のかき方《かた》を考《かんが》えた。

**セし【セ氏】** [名] 水《みず》のこおる温度《おんど》を〇度《れいど》、沸騰《ふっとう》する温度《おんど》を一〇〇度《ど》とした目盛《めも》りの単位《たんい》。記号《きごう》は「℃」。摂氏《せっし》。[対]カ氏《し》。[参考]スウェーデンの科学者《かがくしゃ》セルシウスが考《かんが》え出《だ》したことから。

**せじ【世辞】** [名] 相手《あいて》のきげんをとるような、あいそのよい言葉《ことば》。おせじ。[例]お世辞にもきれいな字《じ》とはいえない。

**せしゅう【世襲】** [名][動-する] 家《いえ》の職業《しょくぎょう》や財産《ざいさん》などを、親《おや》から子《こ》へと代々《だいだい》受《う》けついでいくこと。

**せじょう【世情】** [名] 世《よ》の中《なか》のようす。[例]世情に明《あか》るい〔=世間《せけん》をよく知《し》っている〕。

**せすじ【背筋】** [名] 背骨《せぼね》にそって、縦《たて》に通《とお》っている筋肉《きんにく》。[例]背筋をぴんとのばす。

**背筋《せすじ》が寒《さむ》くなる** こわくて、ぞっとする。[例]考《かんが》えただけで背筋が寒くなる。

**ゼスチャー** 〔英語 gesture〕[名] ⇩ジェスチャー 543ページ

**ぜせい【是正】** [名][動-する] 正《ただ》しく直《なお》すこと。[例]不公平《ふこうへい》を是正する。

**せせこましい** [形] ❶せまくて、窮屈《きゅうくつ》だ。[例]せせこましい家《いえ》。❷こせこせしていて、ゆとりがない。[例]考《かんが》えがせせこましい。

■**ぜぜひひ【是是非非】** [名] よいことはよい、悪《わる》いことは悪《わる》いと、公平《こうへい》な態度《たいど》で判断《はんだん》すること。[例]是々非々の立場《たちば》で会議《かいぎ》に臨《のぞ》む。

**せせらぎ** [名] 川《かわ》の浅《あさ》い所《ところ》を流《なが》れる水《みず》の音《おと》。また、その流《なが》れ。[例]谷川《たにがわ》のせせらぎ。

**せせらわらう【せせら笑う】** [動] 小《こ》ばかにして笑《わら》う。あざけり笑《わら》う。[例]鼻《はな》の先《さき》でせせら笑う。

**せそう【世相】** [名] 世《よ》の中《なか》のようす。ありさま。[例]流行《りゅうこう》は世相を表《あらわ》す。

**せぞく【世俗】** [名] ❶ふつうの世《よ》の中《なか》。[例]世俗をはなれる。❷世《よ》の中《なか》の習《なら》わし。

**せぞくてき【世俗的】** [形動] 世間《せけん》にありふれているようす。[例]世俗的なつきあい。

**せたい【世帯】** [名] 住《す》まいや生活《せいかつ》をいっしょにしている家族《かぞく》の集《あつ》まり。[例]町内《ちょうない》には五〇世帯が住《す》んでいる。[類]所帯《しょたい》。

**せだい【世代】** [名] ❶同《おな》じ年《とし》ごろの人々《ひとびと》。[例]若《わか》い世代。❷親《おや》・子《こ》・孫《まご》と続《つづ》く、それぞれの代《だい》。[例]世代交代《こうたい》。

**せたいぬし【世帯主】** [名] 世帯《せたい》の中《なか》で、中心《ちゅうしん》になる人《ひと》。所帯主《しょたいぬし》。

**せたけ【背丈】** [名] 背《せ》の高《たか》さ。身長《しんちょう》。

**せち【節】** [例]お節料理《りょうり》。⇩せつ【節】 717ページ

**せちがらい【世知辛い】** [形] ❶温《あたた》かさや人情《にんじょう》が欠《か》けていて、暮《く》らしにくい。[例]せちが

らい世《よ》の中《なか》。❷けちでずるい。

**せつ【切】** 画数 4 部首 刀(かたな) 2年

音 セツ サイ 訓 き-る き-れる

筆順 一 七 切

❶きる。熟語 切開《せっかい》。切断《せつだん》。❷さしせまる。熟語 切実《せつじつ》。切迫《せっぱく》。痛切《つうせつ》。❸しきりに。熟語 切望《せつぼう》。親切《しんせつ》。❹すべて。熟語 一切《いっさい》。参考「切《せつ》に祈《いの》る」「切なる願《ねが》い」のように使《つか》うことがある。

《訓の使い方》き-る 例 木《き》を切る。 き-れる 例 電池《でんち》が切れる。

**せつ【折】** 画数 7 部首 扌(てへん) 4年

音 セツ 訓 お-る おり お-れる

筆順 一 十 扌 扩 扩 折 折

❶おる。おれる。熟語 曲折《きょくせつ》。屈折《くっせつ》。骨折《こっせつ》。❷くじく。熟語 折衝《せっしょう》。折衷《せっちゅう》。❸分《わ》ける。熟語 折半《せっぱん》。❹とき。時期《じき》。熟語 折々《おりおり》。

《訓の使い方》お-る 例 紙《かみ》を折る。 お-れる 例 鉛筆《えんぴつ》のしんが折れる。

**せつ【接】** 画数 11 部首 扌(てへん) 5年

音 セツ 訓 つ-ぐ

筆順 一 扌 扌 扌 接 接 接 接

❶つぐ。つなぐ。熟語 接続《せつぞく》。接着《せっちゃく》。❷近《ちか》づく。ふれる。熟語 接近《せっきん》。接触《せっしょく》。直接《ちょくせつ》。❸人《ひと》と会《あ》う。もてなす。熟語 接待《せったい》。応接《おうせつ》。

↓せっする 695ページ

《訓の使い方》つ-ぐ 例 骨《ほね》を接ぐ。

**せつ【設】** 画数 11 部首 言(ごんべん) 5年

音 セツ 訓 もう-ける

筆順 言 言 言 訁 設 設

つくる。備《そな》えつける。熟語 設計《せっけい》。設備《せつび》。設置《せっち》。建設《けんせつ》。施設《しせつ》。

《訓の使い方》もう-ける 例 席《せき》を設ける。

**せつ【雪】** 画数 11 部首 ⻗(あめかんむり) 2年

音 セツ 訓 ゆき

筆順 一 ⻗ 雪 雪 雪 雪 雪

❶ゆき。熟語 雪原《せつげん》。新雪《しんせつ》。積雪《せきせつ》。雪国《ゆきぐに》。❷すすぐ。よごれを取《と》り除《のぞ》く。熟語 雪辱《せつじょく》。

**せつ【節】** 画数 13 部首 ⺮(たけかんむり) 4年

音 セツ セチ 訓 ふし

筆順 節 節 節 節 節 節 節

❶おり。とき。熟語 節句《せっく》。節分《せつぶん》。季節《きせつ》。例 お節料理《せちりょうり》。❷ひかえめにする。熟語 節制《せっせい》。節約《せつやく》。調節《ちょうせつ》。❸信念《しんねん》を通《とお》す。熟語 節操《せっそう》。❹くぎり。ふし。熟語 音節《おんせつ》。関節《かんせつ》。

**せつ【節】** 名 ❶とき。おり。例 その節はお世《せ》話《わ》になりました。❷信念《しんねん》。例 節を曲《ま》げない。

**せつ【説】** 画数 14 部首 言(ごんべん) 4年

音 セツ ゼイ 訓 と-く

筆順 言 言 言 説 説 説 説

❶ときあかす。熟語 説得《せっとく》。説明《せつめい》。解説《かいせつ》。遊説《ゆうぜい》。❷考《かんが》え。意見《いけん》。熟語 演説《えんぜつ》。社説《しゃせつ》。❸話《はなし》。うわさ。熟語 説話《せつわ》。小説《しょうせつ》。伝説《でんせつ》。

《訓の使い方》と-く 例 教《おし》えを説く。

**せつ【説】** 名 意見《いけん》。主張《しゅちょう》。例 新《あたら》しい説。

**せつ【拙】** 画数 8 部首 扌(てへん)

音 セツ 訓 つたな-い

❶下手《へた》な。まずい。つたない。熟語 拙劣《せつれつ》(=とても下手《へた》で、おとっていること)。稚拙《ちせつ》(=子《こ》どもっぽくて下手《へた》なこと)。対 巧《こう》。❷〔ある言葉《ことば》の前《まえ》につけて〕自分《じぶん》のことを謙遜《けんそん》していう言葉《ことば》。熟語 拙者《せっしゃ》。拙宅《せったく》。拙著《せっちょ》。

**せつ【窃】** 画数 9 部首 穴(あなかんむり)

音 セツ 訓 ―

ぬすむ。ひそかに自分《じぶん》のものにする。熟語 窃盗《せっとう》。

**せつ【摂】** 画数 13 部首 扌(てへん)

音 セツ 訓 ―

❶とりいれる。熟語 摂取《せっしゅ》。❷代《か》わって行《おこな》う。熟語 摂政《せっしょう》。❸やしなう。熟語 摂生《せっせい》。



ことわざ 馬《うま》の耳《みみ》に念仏《ねんぶつ》 いくら言《い》い聞《き》かせても、反省《はんせい》しない。まるで馬《うま》の耳《みみ》に念仏《ねんぶつ》だよ。

**せつ【刹】** 当て字 刹那《せつな》。➡さつ【刹】517ページ

**せつ【殺△】** 熟語 殺生《せっしょう》。➡さつ【殺】517ページ

**ぜつ【舌】** 画数 6 部首 舌(した) 6年

音 ゼツ 訓 した

筆順

❶(口《くち》の中《なか》の)した。熟語 舌端《ぜったん》。舌先《したさき》。❷言《い》う。言葉《ことば》。熟語 舌戦《ぜっせん》。毒舌《どくぜつ》。

**ぜつ【絶】** 画数 12 部首 糸(いとへん) 5年

音 ゼツ 訓 た-える た-やす た-つ

筆順

❶たつ。たえる。続《つづ》かなくなる。打《う》ち切《き》る。熟語 絶交《ぜっこう》。絶望《ぜつぼう》。断絶《だんぜつ》。❷この上《うえ》ない。熟語 絶賛《ぜっさん》。絶対《ぜったい》。絶体絶命《ぜったいぜつめい》。❸断《ことわ》る。熟語 拒絶《きょぜつ》。

➡ぜっする 695ページ

《訓の使い方》 **た-える** 例 息《いき》が絶える。 **た-やす** 例 米《こめ》を絶やす。 **た-つ** 例 消息《しょうそく》を絶つ。

**せつえい【設営】** 名 動-する 仕事《しごと》やもよおしに必要《ひつよう》な、施設《しせつ》や会場《かいじょう》などを準備《じゅんび》すること。例 本部《ほんぶ》のテントを設営する。

**ぜつえん【絶縁°】** 名 動-する ❶関係《かんけい》をなくすこと。縁《えん》を切《き》ること。例 絶縁状《じょう》。❷電流《でんりゅう》や熱《ねつ》が伝《つた》わらないようにすること。

**ぜつえんたい【絶縁°体】** 名 電気《でんき》や熱《ねつ》を伝《つた》えないもの。ガラス・ゴム・せとものなど。

**せっかい【切開】** 名 動-する 病気《びょうき》や傷《きず》を治《なお》すために、医者《いしゃ》が体《からだ》の一部《いちぶ》を切《き》り開《ひら》くこと。例 切開手術《しゅじゅつ》。

**せっかい【石灰△】** 名 ❶〔「いしばい」ともいう。〕生石灰《せいせっかい》。石灰岩《せっかいがん》を焼《や》いて作《つく》る白《しろ》い粉《こな》。酸《さん》化《か》カルシウム。❷消石灰《しょうせっかい》。生石灰《せいせっかい》に水《みず》を混《ま》ぜてできる白《しろ》い粉《こな》。地面《じめん》に線《せん》を引《ひ》くときなどに使《つか》う。水酸化《すいさんか》カルシウム。

**せつがい【雪害】** 名 大雪《おおゆき》によって受《う》ける被害《ひがい》。なだれ、交通《こうつう》の混乱《こんらん》、農作物《のうさくぶつ》への悪影響《あくえいきょう》など。

**ぜっかい【絶海】** 名 陸《りく》から遠《とお》くはなれた海《うみ》。例 絶海の孤島《ことう》。

**せっかいがん【石灰△岩】** 名 堆積岩《たいせきがん》の一《ひと》つ。大昔《おおむかし》の動物《どうぶつ》の体《からだ》や骨《ほね》が海《うみ》の底《そこ》に積《つ》もってできた岩石《がんせき》。セメントなどの原料《げんりょう》。石灰《せっかい》石《せき》。

**せっかいすい【石灰△水】** 名 消石灰《しょうせっかい》をとかした水《みず》。人《ひと》の息《いき》など、二酸化炭素《にさんかたんそ》を含《ふく》んだ気《き》体《たい》をふきこむと白《しろ》くにごる。➡せっかい(石灰)❷ 718ページ

**せっかいせき【石灰△石】** 名 ➡せっかいがん 718ページ

°**せっかく【折角】** 副 ❶わざわざ。例 せっかく走《はし》ったのに乗《の》りおくれた。❷〔「せっかくの」の形《かたち》で〕だいじな。たまにしかない。例 せっかくの休日《きゅうじつ》をむだにする。

**せっかち** 名 形動 気短《きみじか》であること。また、気短《きみじか》な人《ひと》。例 せっかちに動《うご》き回《まわ》る。対 のんき。

**せつがん【接岸】** 名 動-する 船《ふね》が岸《きし》に横《よこ》づけになること。

**せっかんせいじ【摂関°政治】** 名 平安時《へいあんじ》代《だい》、藤原氏《ふじわらし》が摂政《せっしょう》や関白《かんぱく》となって、天皇《てんのう》に代《か》わって行《おこな》った政治《せいじ》。

**せつがんレンズ【接眼レンズ】** 名 顕微《けんび》鏡《きょう》や望遠鏡《ぼうえんきょう》などで、目《め》を当《あ》てる側《がわ》にあるレンズ。対 対物《たいぶつ》レンズ。

**せっき【石器】** 名 大昔《おおむかし》の人《ひと》が石《いし》で作《つく》った、おの・やじりなどの道具《どうぐ》。

**せっきじだい【石器時代】** 名 人間《にんげん》が石《いし》で作《つく》った道具《どうぐ》を使《つか》っていた時代《じだい》。

**せっきゃく【接客】** 名 動-する 客《きゃく》をもてなすこと。例 笑顔《えがお》で接客する。

**せっきょう【説教】** 名 動-する ❶神《かみ》や仏《ほとけ》の教《おし》えを、わかりやすく話《はな》して聞《き》かせること。❷小言《こごと》や注意《ちゅうい》を言《い》い聞《き》かせること。お説教《せっきょう》。

**ぜっきょう【絶叫°】** 名 動-する ありったけの声《こえ》を出《だ》してさけぶこと。例 あまりの痛《いた》さに絶叫する。

**せっきょくせい【積極性】** 名 自分《じぶん》から進《すす》んでものごとをする性質《せいしつ》。例 積極性に富《と》み、クラスをまとめていく力《ちから》がある。

°**せっきょくてき【積極的】** 形動 自分《じぶん》から進《すす》んでものごとをするようす。例 積極的に話《はな》す。対 消極的《しょうきょくてき》。

**せっきん【接近】** 名 動-する 近《ちか》づくこと。例 日本列島《にっぽんれっとう》に台風《たいふう》が接近する。

**せっく【節句】** 名 季《き》節《せつ》の変《か》わり目《め》のお祝《いわ》い

あいうえお かきくけこ さしすせそ たちつてと なにぬねの はひふへほ まみむめも やゆよ らりるれろ わをん

ことわざ 生《う》みの親《おや》より育《そだ》ての親《おや》　生《う》みの親《おや》より育《そだ》ての親《おや》だ。ここまで育《そだ》ててくれたおばさんに感謝《かんしゃ》しなさい。

をする日《ひ》。参考 一月七日《いちがつなのか》〔=七草《ななくさ》〕、三月三日《さんがつみっか》〔=桃《もも》の節句《せっく》〕、五月五日《ごがついつか》〔=端午《たんご》の節句《せっく》〕、七月《しちがつ》七日《なのか》〔=七夕《たなばた》〕、九月九日《くがつここのか》〔=菊《きく》の節句《せっく》。重陽《ちょうよう》の節句《せっく》〕を五節句《ごせっく》という。今《いま》は三月三日《さんがつみっか》と五月《ごがつ》五日《いつか》をいうことが多《おお》い。

✤**ぜっく【絶句】** 一 名 〔国語《こくご》で〕漢詩《かんし》の形式《けいしき》の一《ひと》つ。一句《いっく》が五字《ごじ》または七字《しちじ》の、起句《きく》・承句《しょうく》・転句《てんく》・結句《けっく》の四句《よんく》からなる詩《し》。五字《ごじ》の場合《ばあい》は五言絶句《ごごんぜっく》、七字《しちじ》の場合《ばあい》は七言絶句《しちごんぜっく》という。 二 名 動-する 話《はな》している途中《とちゅう》で言葉《ことば》につまって、後《あと》が続《つづ》かなくなること。例 あまりのことに絶句する。

**せっけい【設計】** 名 動-する ❶家《いえ》や機械《きかい》などを作《つく》るとき、その計画《けいかく》を細《こま》かく図《ず》にかくこと。また、その計画《けいかく》。❷人生《じんせい》や生活《せいかつ》などの計画《けいかく》を立《た》てること。例 生活設計《せいかつせっけい》。

**せっけい【雪渓】** 名 高《たか》い山《やま》の谷間《たにま》や斜面《しゃめん》で、夏《なつ》でも雪《ゆき》が残《のこ》っている所《ところ》。

**ぜっけい【絶景】** 名 比《くら》べるもののないほど、美《うつく》しくてすばらしいながめ。例 山頂《さんちょう》からの絶景。

**せっけいず【設計図】** 名 建物《たてもの》や機械《きかい》などを作《つく》るとき、その計画《けいかく》を図《ず》にかいたもの。

**せつげつか【雪月花】** 名 雪《ゆき》と月《つき》と花《はな》。四季折々《しきおりおり》の美《うつく》しい自然《しぜん》のながめ。せつげっか。類 花鳥風月《かちょうふうげつ》。

**せっけっきゅう【赤血球】** 名 血液《けつえき》を作《つく》っているものの一《ひと》つで、赤色《あかいろ》の小《ちい》さいつぶ。体《からだ》の各部分《かくぶぶん》に酸素《さんそ》を運《はこ》び、二酸化炭素《にさんかたんそ》を運《はこ》び出《だ》すはたらきをする。↓はっけっきゅう 1049ページ

**せっけっきゅうちんこうそくど【赤血球沈降速度】** 名 血液《けつえき》をガラス管《かん》の中《なか》に入《い》れたとき、赤血球《せっけっきゅう》がある時間《じかん》のうちにしずんでいく速度《そくど》。そのあたいで、健康《けんこう》状態《じょうたい》を調《しら》べる。血沈《けっちん》。

**せっけん【石鹸】** 名 よごれを落《お》とすのに使《つか》うもの。主《しゅ》としてあぶらと苛性《かせい》ソーダで作《つく》る。シャボン。

**せっけん【席巻・席捲】** 名 動-する 次々《つぎつぎ》と自分《じぶん》の勢力範囲《せいりょくはんい》にしてしまうこと。例 わが社《しゃ》の新製品《しんせいひん》が市場《しじょう》を席巻した。

**せつげん【雪原】** 名 ❶雪《ゆき》が一面《いちめん》に積《つ》もっている野原《のはら》。❷高山《こうざん》や南極《なんきょく》・北極地方《ほっきょくちほう》で、雪《ゆき》が解《と》けずに、残《のこ》っている広《ひろ》い場所《ばしょ》。

**せつげん【節減】** 名 動-する むだをやめて、使《つか》う量《りょう》を減《へ》らすこと。例 経費節減《けいひせつげん》。

**ゼッケン** 〔ドイツ語《ご》〕名 スポーツ選手《せんしゅ》が試合《しあい》などで胸《むね》や背中《せなか》につける、番号《ばんごう》を書《か》いた布《ぬの》。

**せっこう【石膏】** 名 白《しろ》い鉱石《こうせき》の粉《こな》。セメント・チョーク・彫刻《ちょうこく》などの材料《ざいりょう》。硫酸《りゅうさん》カルシウム。

**せつごう【接合】** 名 動-する 物《もの》と物《もの》とをつなぎ合《あ》わせること。例 水道管《すいどうかん》を接合する。

**ぜっこう【絶交】** 名 動-する これまでのつき合《あ》いをやめること。例 友人《ゆうじん》と絶交する。

**ぜっこう【絶好】** 名 たいへん都合《つごう》のいいこと。例 絶好《ぜっこう》のチャンス。

**ぜっこうちょう【絶好調】** 名 形動 調子《ちょうし》やぐあいが、ひじょうによいこと。例 今場所《こんばしょ》の横綱《よこづな》は絶好調だ。

**せっこつ【接骨】** 名 動-する 折《お》れた骨《ほね》やいたんだ関節《かんせつ》などを治《なお》すこと。

■**せっさたくま【切磋琢磨】** 名 動-する たがいにはげまし合《あ》って、学問《がくもん》や技術《ぎじゅつ》の向上《こうじょう》に努《つと》めること。例 親友《しんゆう》と切磋琢磨して勉強《べんきょう》してきた。

**ぜっさん【絶賛】** 名 動-する たいへんほめること。例 人々《ひとびと》は姉《あね》の絵《え》を絶賛した。

**せっし【切歯】** 名 口《くち》の前《まえ》のほうにある歯《は》。前歯《まえば》。門歯《もんし》。↓は(歯)❶ 1022ページ

**せっし【摂氏】** 名 ↓セし 716ページ

**せつじつ【切実】** 形動 ❶自分《じぶん》に直接関係《ちょくせつかんけい》があるようす。例 切実な問題《もんだい》。❷心《こころ》にしみて感《かん》じるようす。例 切実なうったえ。

**せっしゃ【拙者】** 代名 自分《じぶん》のことを謙遜《けんそん》していう言葉《ことば》。参考 昔《むかし》、武士《ぶし》が使《つか》った。

**せっしゃ【接写】** 名 動-する レンズを近《ちか》づけて写真《しゃしん》を撮《と》ること。例 昆虫《こんちゅう》を接写する。

**せっしゅ【接種】** 名 動-する 病気《びょうき》を防《ふせ》いだり治《なお》したりするために、病原菌《びょうげんきん》を体内《たいない》にごくわずか入《い》れること。例 予防接種《よぼうせっしゅ》。

**せっしゅ【摂取】** 名 動-する 役《やく》に立《た》つよいものを取《と》り入《い》れて、自分《じぶん》のものにすること。例 ビタミンの摂取。外国《がいこく》の文化《ぶんか》を摂取する。

**せっしゅう【雪舟】** 人名（男）（一四二〇〜一五〇六）室町時代《むろまちじだい》のお坊《ぼう》さん。すぐれた水《すい》


ことわざ 売《う》り言葉《ことば》に買《か》い言葉《ことば》 売《う》り言葉《ことば》に買《か》い言葉《ことば》で、思《おも》わず彼《かれ》を傷《きず》つけるような言葉《ことば》を返《かえ》してしまった。

墨画《ぼくが》を多《おお》く残《のこ》した。

**せつじょ【切除】** 名 動-する 切《き》って取《と》りのぞくこと。例 肺《はい》の一部《いちぶ》を切除する。

**せっしょう【折衝】** 名 動-する 問題《もんだい》を解決《かいけつ》するために、話《はな》し合《あ》いをすること。例 貿易《ぼうえき》問《もん》題《だい》について折衝する。

**せっしょう【殺生】** 一 名 動-する 生《い》き物《もの》を殺《ころ》すこと。例 殺生を禁《きん》じる。二 形動 思《おも》いやりがなく、むごいようす。例 殺生な仕《し》打《う》ち。

**せっしょう【摂政】** 名 天皇《てんのう》や国王《こくおう》が幼《おさな》かったり病気《びょうき》などのとき、代《か》わりに政治《せいじ》を行《おこな》う役《やく》。また、その役《やく》の人《ひと》。

**せつじょうしゃ【雪上車】** 名 雪《ゆき》や氷《こおり》の上《うえ》でも走《はし》れるようにした車《くるま》。↓じどうしゃ 571ページ

**せっしょく【接触】** 名 動-する ❶近《ちか》づいてふれること。例 車《くるま》の接触事故《じこ》。❷人《ひと》とつき合《あ》うこと。例 外国《がいこく》の人《ひと》と接触を持《も》つ。

**せつじょく【雪辱】** 名 動-する 前《まえ》に負《ま》けた相《あい》手《て》に勝《か》って、負《ま》けたはじを消《け》し去《さ》ること。例 雪辱を果《は》たす。

**ぜっしょく【絶食】** 名 動-する 食《た》べ物《もの》をまったく食《た》べないこと。断食《だんじき》。

**せっしょくしょうがい【摂食障害】** 名 拒食症《きょしょくしょう》や過食症《かしょくしょう》など、食事《しょくじ》のとりかたが正常《せいじょう》でないこと。

**セッション**〔英語 session〕名 ❶会議《かいぎ》などのひと続《つづ》きの期間《きかん》。例 環境問題《かんきょうもんだい》のセッションに参加《さんか》する。❷（ジャズなどの音楽《おんがく》で）演奏《えんそう》者《しゃ》が集《あつ》まって演奏《えんそう》すること。

**せっすい【節水】** 名 動-する 水《みず》をむだに使《つか》わないこと。例 節水に努《つと》める。

**せっする【接する】** 動 ❶くっついている。ふれ合《あ》う。例 家《いえ》と家《いえ》とが接する。❷人《ひと》と交《まじ》わる。例 笑顔《えがお》で客《きゃく》と接する。❸ものごとと出《で》あう。例 名画《めいが》に接する。

**ぜっする【絶する】** 動 ❶はるかにこえる。およばない。例 言語《げんご》に絶する〔＝言葉《ことば》では言《い》いつくせない〕苦《くる》しみ。❷飛《と》びぬけてすぐれている。例 古今《ここん》に絶する作品《さくひん》。

**せっせい【摂生】** 名 動-する 病気《びょうき》にかからないように気《き》をつけること。

**せっせい【節制】** 名 動-する したいことを、ほどほどにおさえること。例 父《ちち》は酒《さけ》を節制している。

**ぜっせい【絶世】** 名 世《よ》の中《なか》にまたとないほどすぐれていること。例 絶世の美女《びじょ》。

**せつせつ【切切】** 副（-と）❶真剣《しんけん》なようす。例 気持《きも》ちを切々と語《かた》る。❷強《つよ》く感《かん》じるようす。例 悲《かな》しみが切々と胸《むね》にせまる。参考「切々《せつせつ》たる願《ねが》い」などと使《つか》うこともある。

**せっせと** 副 一生懸命《いっしょうけんめい》にするようす。例 せっせと働《はたら》く。

**せっせん【接戦】** 名 動-する ❶なかなか勝《か》ち負《ま》けがつかない激《はげ》しい争《あらそ》い。例 接戦の末《すえ》、ついに勝《か》った。❷近《ちか》よって、戦《たたか》うこと。

**ぜっせん【舌戦】** 名 自分《じぶん》の意見《いけん》を言《い》い合《あ》って争《あらそ》うこと。例 舌戦をくり広《ひろ》げる。

**せっそう【節操】** 名 自分《じぶん》の考《かんが》えや立場《たちば》を、しっかり守《まも》って変《か》えないこと。例 意見《いけん》がくるくる変《か》わって節操がない。

**せっそく【拙速】** 一 名 できばえはよくないが、仕事《しごと》がはやいこと。二 名 形動 じゅうぶん準備《じゅんび》ができないままものごとを進《すす》めること。例 拙速をいましめる。

**せつぞく【接続】** 名 動-する 続《つづ》くこと。つなぐこと。

**せつぞくご【接続語】** 名 ↓つなぎことば 860ページ

**せつぞくし【接続詞】** 名〔国語《こくご》で〕品詞《ひんし》の一《ひと》つ。文《ぶん》と文《ぶん》、言葉《ことば》と言葉《ことば》とをつなぐはたらきをする言葉《ことば》。例《たと》えば、「雨《あめ》が降《ふ》り始《はじ》めた。しかし、出《で》かける。」の「しかし」や、「明日《あす》の夜《よる》、または、あさっての朝《あさ》行《い》く。」の「または」など。この辞典《じてん》では、接と示《しめ》してある。

**せっそくどうぶつ【節足動物】** 名 足《あし》に節《ふし》があり、体《からだ》が硬《かた》い殻《から》でおおわれている動物《どうぶつ》。昆虫類《こんちゅうるい》やクモ類《るい》、甲殻類《こうかくるい》など。

**せったい【接待】** 名 動-する 客《きゃく》をもてなすこと。もてなし。例 心《こころ》をこめて接待する。

**ぜったい【絶対】** 一 名 他《ほか》に比《くら》べるものがないこと。例 絶対の自信《じしん》を持《も》つ。対 相対《そうたい》。二 副 ❶まちがいなく。必《かなら》ず。例 絶対行《い》きます。❷けっして。とうてい。例 絶対うそはつかない。注意 二❷は、あとに「ない」などの打《う》ち消《け》しの言葉《ことば》がくる。

**ぜつだい【絶大】** 名 形動 比《くら》べるものもない



ことわざ うわさをすれば影《かげ》 向《む》こうから話題《わだい》になっていた彼《かれ》がやって来《き》た。うわさをすれば影《かげ》だ。

くらい大《おお》きいこと。例 絶大な支持《しじ》。

**ぜったいあんせい【絶対安静】** 名 重《おも》い病人《びょうにん》やけが人《にん》を、寝《ね》たままの状態《じょうたい》で静《しず》かに休《やす》ませること。

**ぜったいおんかん【絶対音感】** 名 音《おと》の高《たか》さを、他《た》の音《おと》と比《くら》べずに、その音《おと》だけで判《はん》断《だん》する能力《のうりょく》。

■**ぜったいぜつめい【絶体絶命】** 名 追《お》いつめられて、のがれる方法《ほうほう》がないこと。例 絶体絶命のピンチを切《き》り抜《ぬ》ける。注意「絶対《ぜったい》絶命《ぜつめい》」とは書《か》かない。

**ぜったいたすう【絶対多数】** 名 投票《とうひょう》などで、比《くら》べものにならないくらい多数《たすう》をしめること。例 絶対多数で可決《かけつ》した。

**ぜったいてき【絶対的】** 形動 比《くら》べるものがないようす。例 絶対的に強《つよ》い。対 相対的《そうたいてき》。

**せつだん【切断】** 名 動する 断《た》ち切《き》ること。例 木材《もくざい》を切断する。

**せっち【設置】** 名 動する 備《そな》えつけること。例 消火器《しょうかき》を設置する。事務所《じむしょ》を設置する。

**せっちゃく【接着】** 名 動する くっつくこと。くっつけること。例 のりで接着する。

**せっちゃくざい【接着剤】** 名 物《もの》と物《もの》とを、くっつけるのに使《つか》うもの。のり・にかわ・合成樹脂《ごうせいじゅし》など。

**せっちゅう【折衷・折中】** 名 動する ちがうものごとのよいところをとって、いいものにすること。例 折衷案《あん》。和洋《わよう》折衷。

**ぜっちょう【絶頂】** 名 ❶山《やま》の頂上《ちょうじょう》。てっぺん。❷ものごとの、上《のぼ》りつめたところ。例 幸《しあわ》せの絶頂。

**せっちん【雪隠】** 名 便所《べんじょ》。〔古《ふる》い言《い》い方《かた》。〕

**せっつ【摂津】** 地名 昔《むかし》の国《くに》の名《な》の一《ひと》つ。今《いま》の大阪府《おおさかふ》の一部《いちぶ》と兵庫県《ひょうごけん》の一部《いちぶ》にあたる。

**せってい【設定】** 名 動する ❶ものごとを新《あたら》しく作《つく》って定《さだ》めること。例 目標《もくひょう》を設定する。❷ある目的《もくてき》のために必要《ひつよう》な用意《ようい》をすること。例 目覚《めざ》まし時計《どけい》を七時《しちじ》に設定する。

**せってん【接点】** 名 ❶二《ふた》つのものごとがふれ合《あ》うところ。また、一致《いっち》するところ。例 二人《ふたり》の意見《いけん》には接点がない。❷〔算数《さんすう》で〕曲《ま》がった線《せん》や面《めん》が、他《ほか》の線《せん》や面《めん》にふれるところ。

**せつでん【節電】** 名 動する 電気《でんき》の使《つか》い方《かた》をひかえめにすること。

**セット** 〔英語 set〕 一 名 ❶ひとそろい。例 応《おう》接《せつ》セット。❷テニス・バレーボール・卓球《たっきゅう》などの一回《いっかい》の勝負《しょうぶ》。❸舞台《ぶたい》や映画《えいが》で使《つか》う大《おお》きな装置《そうち》。二 名 動する ❶髪《かみ》の形《かたち》を整《ととの》えること。例 美容院《びよういん》へセットに行《い》く。❷機械《きかい》が、ある条件《じょうけん》で動《うご》くように整《ととの》えること。例 タイマーをセットする。❸準備《じゅんび》すること。例 話《はな》し合《あ》いの会《かい》をセットする。

**せつど【節度】** 名 言葉遣《ことばづか》いや行《おこな》いが、ちょうどよい程度《ていど》であること。例 節度を守《まも》る。

**せっとう【窃盗】** 名 動する 人《ひと》のものをぬすむこと。

✤**せっとうご【接頭語】** 名 〔国語《こくご》で〕ある言《こと》葉《ば》の前《まえ》について、軽《かる》い意味《いみ》をつけ加《くわ》えたり、調子《ちょうし》をととのえたりする言葉《ことば》。「お手紙《てがみ》」「まっ白《しろ》」の「お」「まっ」など。対 接尾語《せつびご》。↓722ページ

✤**せっとく【説得】** 名 動する よく話《はな》して、わからせること。説《と》きふせること。例 反対《はんたい》する両親《りょうしん》を説得して進路《しんろ》を決《き》める。

**せっとくりょく【説得力】** 名 相手《あいて》を納《なっ》得《とく》させることができる力《ちから》。例 説得力のある

例解 ! ことばの勉強室

### 接続詞《せつぞくし》 について

昔《むかし》は、太陽《たいよう》が地球《ちきゅう》の周《まわ》りを回《まわ》っていると信《しん》じられていた。そんな中《なか》で、地球《ちきゅう》のほうが回《まわ》っているのだと言《い》って、罰《ばっ》せられた人《ひと》がいた。ガリレオ＝ガリレイである。

裁判《さいばん》のとき、ガリレイはこう言《い》ったという。

「それでも地球《ちきゅう》は動《うご》く。」

この文《ぶん》は、「みなさんは地球《ちきゅう》が動《うご》かないと信《しん》じこんでいる。それでも…」という意味《いみ》だろう。この接続詞《せつぞくし》「それでも」には、真理《しんり》を見《み》きわめたガリレイの強《つよ》い気《き》持《も》ちがこもっている。



あいうえお かきくけこ さしすせそ たちつてと なにぬねの はひふへほ まみむめも やゆよ らりるれろ わをん

例解！ことばの勉強室

## 接頭語《せっとうご》について

接頭語《せっとうご》には、次《つぎ》のようなものがある。

❶和語《わご》の接頭語《せっとうご》

お=話《はなし》
うち=しおれる
大《おお》=笑《わら》い
か=細《ぼそ》い
から=いばり
小《こ》=石《いし》
た=やすい
ど=真《ま》ん中《なか》　手《て》=厳《きび》しい
ぼろ=負《ま》け　ど=根性《こんじょう》
もの=悲《がな》しい　まっ=青《さお》

❷漢語《かんご》の接頭語《せっとうご》

新《しん》=学期《がっき》　準《じゅん》=決勝《けっしょう》
総《そう》=選挙《せんきょ》　不《ふ》=自由《じゆう》
無《む》=表情《ひょうじょう》　非《ひ》=常識《じょうしき》
未《み》=解決《かいけつ》　反《はん》=比例《ひれい》
御《ご》=説明《せつめい》

❸外来語《がいらいご》の接頭語《せっとうご》

ミニ=ボトル　ノー=スモーキング

話《はな》し方《かた》。

**せつな**【刹°那°】名 たいへん短《みじか》い時間《じかん》。ちょうどその時《とき》。〔やや古《ふる》い言《い》い方《かた》。〕例 刹那の喜《よろこ》びにひたる。

**せつない**【切ない】形 悲《かな》しくて、つらい。例 母《はは》を思《おも》うと、切ない気持《きも》ちになる。

**せつなる**【切なる】連体 心《こころ》からの。例 切なる願《ねが》いをかなえてください。

**せつに**【切に】副 心《こころ》から。ぜひ。例 おいでを切にお待《ま》ちしております。

**せっぱく**【切迫°】名 動-する ❶おしせまること。❷重大《じゅうだい》なことが起《お》こりそうになること。例 期日《きじつ》が切迫する。例 切迫した情勢《じょうせい》。

**せっぱつまる**【切羽詰°まる】動 追《お》いつめられて、どうしようもなくなる。例 せっぱ詰まって、親《おや》に相談《そうだん》した。

**せっぱん**【折半】名 動-する 半分《はんぶん》ずつに分《わ》けること。例 費用《ひよう》を折半する。

**ぜっぱん**【絶版】名 一度《いちど》出版《しゅっぱん》した本《ほん》を、そのあと発行《はっこう》しないこと。

**せつび**【設備】名 動-する 備《そな》えつけること。また、備《そな》えつけたもの。例 最新《さいしん》の設備を備《そな》えた施設《しせつ》。

✤**せつびご**【接尾°語】名 〔国語《こくご》で〕ある言葉《ことば》のあとについて、意味《いみ》をつけ加《くわ》えたり、調子《ちょうし》をととのえたりする言葉《ことば》。「お父《とう》さん」「重《おも》さ」の「さん」「さ」など。対 接頭語《せっとうご》。

**ぜっぴつ**【絶筆】名 死《し》んでしまった人《ひと》が、最後《さいご》にかいた文章《ぶんしょう》や絵《え》。

**ぜっぴん**【絶品】名 比《くら》べるものがないほど、すぐれたもの。例 絶品ぞろいの展覧会《てんらんかい》。

**せっぷく**【切腹】名 動-する 自分《じぶん》で腹《はら》を切《き》って死《し》ぬこと。昔《むかし》、武士《ぶし》などが行《おこな》った。割腹《かっぷく》。

**せつぶん**【節分】名 立春《りっしゅん》の前《まえ》の日《ひ》、二月三日《にがつみっか》ごろ。豆《まめ》まきをする習《なら》わしがある。参考 もとは、季節《きせつ》の変《か》わる時《とき》のことで、立春《りっしゅん》・立夏《りっか》・立秋《りっしゅう》・立冬《りっとう》の前《まえ》の日《ひ》を指《さ》した。

例解！ことばの勉強室

## 接尾語《せつびご》について

接尾語《せつびご》には、次《つぎ》のようなものがある。

❶和語《わご》の接尾語《せつびご》

わたし=たち　社長《しゃちょう》=さん
山田《やまだ》=様《さま》　親《した》し=み
暖《あたた》か=さ　悲《かな》し=げ
うれし=がる　あせ=ばむ
学者《がくしゃ》=ぶる　春《はる》=めく
見《み》=づらい　あきっ=ぽい
信《しん》じ=がたい

❷漢語《かんご》の接尾語《せつびご》

社会《しゃかい》=性《せい》　感動《かんどう》=的《てき》
世界《せかい》=中《じゅう》　具体《ぐたい》=化《か》
田中《たなか》=君《くん》　西洋《せいよう》=風《ふう》
支配《しはい》=下《か》

❸外来語《がいらいご》にも、言葉《ことば》のあとについて、接《せつ》尾語《びご》のようなはたらきをするものがある。

サービス=デー　学者《がくしゃ》=タイプ

**ぜっぺき**【絶壁°】名 壁《かべ》のように切《き》り立《た》った、険《けわ》しいがけ。

**せつぼう**【切望】名 動-する 心《こころ》から強《つよ》く願《ねが》うこと。例 合格《ごうかく》を切望する。類 熱望《ねつぼう》。

ことわざ えびでたいを釣《つ》る　少《すこ》し手伝《てつだ》っただけでそんなにお礼《れい》をもらえるなんて、まるでえびでたいを釣《つ》ったようなものだね。

**せっぽう【説法】** 名 動-する ❶仏《ほとけ》の教《おし》えを説《と》き聞《き》かせること。❷ものごとの筋道《すじみち》を言《い》い聞《き》かせること。意見《いけん》したり、注意《ちゅうい》したりすること。例 父《ちち》から説法された。

**ぜつぼう【絶望】** 名 動-する 望《のぞ》みが、すっかりなくなること。あきらめること。例 人々《ひとびと》を絶望におとしいれる。

**ぜつぼうてき【絶望的】** 形動 望《のぞ》みがまったくないようす。例 全員《ぜんいん》を助《たす》けるのは絶望的だ。

**ぜつみょう【絶妙】** 名 形動 この上《うえ》なく、巧《たく》みであること。例 絶妙のタイミング。

✤**○せつめい【説明】** 名 動-する よくわかるように、くわしく話《はな》したり書《か》いたりすること。例 説明を聞《き》く。作《つく》り方《かた》を説明する。

**ぜつめい【絶命】** 名 動-する 命《いのち》が絶《た》えること。死《し》ぬこと。

✤**せつめいぶん【説明文】** 名 あるものごとを説明《せつめい》するために書《か》いた文章《ぶんしょう》。

**ぜつめつ【絶滅】** 名 動-する すっかりほろびて、なくなること。また、なくすこと。例 絶滅の危機《きき》。

> **例解 ことばの窓**
> **説明《せつめい》を表《あらわ》す言葉《ことば》**
> 作《つく》り方《かた》の解説《かいせつ》がある。
> 源氏物語《げんじものがたり》の注釈《ちゅうしゃく》をする。
> 人体内部《じんたいないぶ》の図解《ずかい》を見《み》る。
> 意味《いみ》についての補説《ほせつ》を読《よ》む。

**ぜつめつきぐしゅ【絶滅危惧種】** 絶《ぜつ》滅《めつ》のおそれの高《たか》い動物《どうぶつ》や植物《しょくぶつ》。

**せつもん【設問】** 名 動-する 問題《もんだい》を作《つく》って出《だ》すこと。また、その問題《もんだい》。例 次《つぎ》の設問に答《こた》えなさい。

**せつやく【節約】** 名 動-する むだを省《はぶ》くこと。切《き》りつめること。例 こづかいを節約する。類 倹約《けんやく》。対 浪費《ろうひ》。

**せつりつ【設立】** 名 動-する 会社《かいしゃ》や学校《がっこう》などを新《あたら》しく作《つく》ること。

✤**せつわ【説話】** 名 昔《むかし》から人々《ひとびと》の間《あいだ》で語《かた》り伝《つた》えられてきた話《はなし》。神話《しんわ》・民話《みんわ》・伝説《でんせつ》など。

**せと【瀬戸】** 名 陸《りく》にはさまれて、せまくなっている海《うみ》。せまい海峡《かいきょう》。

**せとうち〖瀬戸内〗** 地名 瀬《せ》戸《と》内《ない》海《かい》とその沿岸《えんがん》の地域《ちいき》。例 瀬戸内の気候《きこう》。

**せとぎわ【瀬戸際】** 名 うまくいくか、失敗《しっぱい》するかの、大切《たいせつ》な分《わ》かれ目《め》。例 生《い》きるか死《し》ぬかのせとぎわ。

**せとないかい〖瀬戸内海〗** 地名 本州《ほんしゅう》・四国《しこく》・九州《きゅうしゅう》に囲《かこ》まれた海《うみ》。多《おお》くの島々《しまじま》がある。気候《きこう》は温暖《おんだん》で雨《あめ》が少《すく》ない。

**せとないかいこくりつこうえん〖瀬戸内海国立公園〗** 地名 瀬《せ》戸《と》内《ない》海《かい》とその沿岸《えんがん》を含《ふく》む、十県《じっけん》にまたがる国立公園《こくりつこうえん》。大小《だいしょう》さまざまな島《しま》があり、景色《けしき》が美《うつく》しい。↓こくりつこうえん 457ページ

**せともの【瀬戸物】** 名 茶《ちゃ》わんや皿《さら》のような焼《や》き物《もの》。陶磁器《とうじき》。元《もと》は、愛知県《あいちけん》の瀬戸《せと》でできる物《もの》を指《さ》した。

**○せなか【背中】** 名 ❶↓せ〖背〗❶ 697ページ。例 背中をのばす。❷物《もの》の後《うし》ろ。例 建物《たてもの》の背中。

**背中《せなか》を押《お》す** 思《おも》いきって行《おこな》うように、相手《あいて》を勇気《ゆうき》づけ、はげます。例 母《はは》に背中を押されて、受験《じゅけん》することにした。

**せなかあわせ【背中合わせ】** 名 ❶人《ひと》や物《もの》が背中《せなか》を合《あ》わせて、たがいに後《うし》ろ向《む》きになっていること。例 背中合わせにすわる。❷たがいに表《おもて》と裏《うら》の関係《かんけい》になっていること。例 喜《よろこ》びと悲《かな》しみは背中合わせだ。

**ぜに【銭】** 名 お金《かね》。硬貨《こうか》。↓せん【銭】 727ページ

**ぜにん【是認】** 名 動-する よいとして認《みと》めること。例 暴力《ぼうりょく》は是認できない。対 否認《ひにん》。

**せのび【背伸び】** 名 動-する ❶つま先《さき》を立《た》てて、のび上《あ》がること。例 背伸びして、棚《たな》の上《うえ》の物《もの》を取《と》る。❷自分《じぶん》の力《ちから》以上《いじょう》のことをしようと、無理《むり》をすること。例 背伸びして、難《むずか》しい本《ほん》を読《よ》む。

**せばまる【狭まる】** 動 せまくなる。例 山道《やまみち》が、だんだん狭まる。↓きょう【狭】 333ページ

**せばめる【狭める】** 動 せまくする。例 テスト範囲《はんい》を狭める。↓きょう【狭】 333ページ

**せばんごう【背番号】** 名 スポーツ選手《せんしゅ》が、ユニホームの背中《せなか》につける番号《ばんごう》。

**○ぜひ【是非】** 一 名 よいことと、悪《わる》いこと。正《ただ》しいことと、正《ただ》しくないこと。例 ものごとの是非を論《ろん》じる。類 可否《かひ》。二 副 きっと。



ことわざ 縁《えん》の下《した》の力《ちから》持《も》ち　目立《めだ》たないが、チームには欠《か》かせない人《ひと》。彼《かれ》はまさに縁《えん》の下《した》の力《ちから》持《も》ちだ。

必《かなら》ず。例「ぜひおいでください。」

**ぜひとも【是非とも】** 副 どんなことがあっても。何《なん》が何《なん》でもぜひ。例 ぜひともお目《め》にかかりたい。

**せひょう【世評】** 名 世《よ》の中《なか》の評判《ひょうばん》。うわさ。例 世評を気《き》にする。

**せびる** 動 せがむ。うるさくねだる。例 親《おや》にお金《かね》をせびる。

**せびれ【背びれ】** 名 魚《さかな》の背中《せなか》にあるひれ。↓ さかな(魚) 507ページ

**せびろ【背広】** 名 折《お》りえりのついた上着《うわぎ》とズボンがそろいになっているもの。スーツ。参考 ふつう、男性用《だんせいよう》の洋服《ようふく》をさす。

**ゼブラ**〔英語 zebra〕名 ↓ しまうま 578ページ

**せぼね【背骨】** 名 人《ひと》やけもの・魚《さかな》など、脊椎《せきつい》動物《どうぶつ》の背中《せなか》を通《とお》っている骨《ほね》。脊柱《せきちゅう》。

**°せまい【狭い】** 形 ❶広《ひろ》さやはばが小《ちい》さい。例 道《みち》が狭い。❷考《かんが》え方《かた》や見方《みかた》にゆとりがない。例 心《こころ》の狭い人《ひと》。対(❶・❷)広《ひろ》い。↓ きょう【狭】333ページ

**せまきもん【狭き門】**〔狭《せま》い門《もん》のことから〕競争《きょうそう》が激《はげ》しくて、入学《にゅうがく》や就職《しゅうしょく》が難《むずか》しいこと。例 合格《ごうかく》は五人《ごにん》に一人《ひとり》の狭き門だ。参考 聖書《せいしょ》にある言葉《ことば》から。

**せまくるしい【狭苦しい】** 形 場所《ばしょ》がせまくて、窮屈《きゅうくつ》だ。例 狭苦しい部屋《へや》。

**°せまる【迫る】** 動 ❶間《あいだ》がせまくなる。せばまる。例 山《やま》が海《うみ》に迫っている。❷近《ちか》づく。例 遠足《えんそく》の日《ひ》が迫る。❸すぐそばまで来《く》る。追《お》いあげる。例 敵《てき》が迫る。❹強《つよ》く求《もと》める。例 返事《へんじ》を迫る。↓ はく【迫】1035ページ

**せみ【蟬】** 名 四枚《よんまい》の羽《はね》を持《も》ち、夏《なつ》に木《き》に止《と》まって、雄《おす》は高《たか》い声《こえ》で鳴《な》く昆虫《こんちゅう》。幼虫《ようちゅう》は、土《つち》の中《なか》で何年《なんねん》も過《す》ごし、地上《ちじょう》に出《で》て成虫《せいちゅう》になる。成虫《せいちゅう》は、一《いち》～二《に》週間《しゅうかん》で死《し》ぬ。

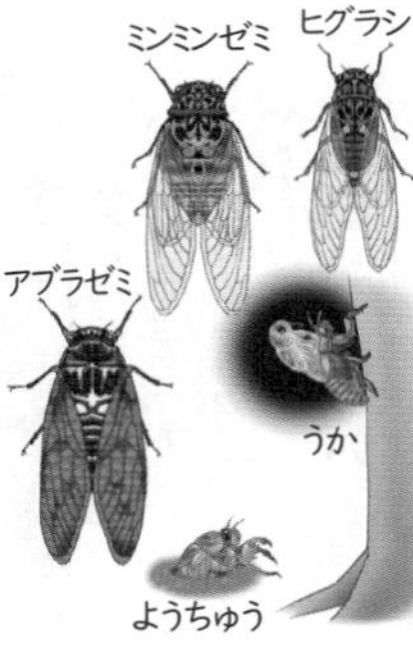

〔せみ〕

**せみくじら** 名 クジラの一種《いっしゅ》。体《からだ》の色《いろ》は黒《くろ》く、腹側《はらがわ》に白《しろ》い斑点《はんてん》がある。↓ くじら 363ページ

**せみしぐれ【蟬〈時雨〉】** 名 たくさんのセミが、声《こえ》を合《あ》わせるようにいっせいに鳴《な》いているようす。時雨《しぐれ》の音《おと》にたとえた。

**ゼムクリップ** 名〔日本《にっぽん》でできた英語《えいご》ふうの言葉《ことば》。〕針金《はりがね》を6の字《じ》の形《かたち》に曲《ま》げた、小《ちい》さいクリップ。

**せめ【攻め】** 名 相手《あいて》を攻《せ》めること。例 試合《しあい》後半《こうはん》は攻めに転《てん》じた。対 守《まも》り。

**せめ【責め】** 名 責任《せきにん》。つとめ。

**せめをおう【責めを負う】** 責任《せきにん》を取《と》る。例 失敗《しっぱい》の責めを負う。

**せめをはたす【責めを果たす】** 責任《せきにん》を果《は》たす。例 会長《かいちょう》としての責めを果たす。

**せめおとす【攻め落とす】** 動 敵《てき》の城《しろ》や陣地《じんち》を、攻《せ》めてうばい取《と》る。例 攻撃《こうげき》したが、攻め落とせなかった。

**せめぎあう【せめぎ合う】** 動 対立《たいりつ》して、たがいに負《ま》けまいと争《あらそ》う。例 与党《よとう》と野党《やとう》がせめぎ合う。

**せめこむ【攻め込む】** 動 攻《せ》めていって、敵《てき》の陣地《じんち》に入《はい》っていく。例 攻め込んできた敵《てき》を迎《むか》えうつ。

**せめたてる【攻め立てる】** 動 激《はげ》しく、しきりに攻《せ》める。例 敵《てき》を攻め立てた。

**せめたてる【責め立てる】** 動 ❶まちがいなどをしきりにとがめる。例 あやまちを責め立てる。❷しきりにたのむ。催促《さいそく》する。例 早《はや》くしなさいと責め立てる。

**せめて** 副(十分《じゅうぶん》ではないが)少《すく》なくとも。例 優勝《ゆうしょう》はむずかしいとしても、せめて三位《さんい》までには入《はい》りたい。

**せめてもの** それだけでも。例 けがをしなかったのが、せめてもの幸《さいわ》いだ。

**°せめる【攻める】** 動 進《すす》んで敵《てき》をうつ。攻撃《こうげき》する。例 城《しろ》を攻める。対 防《ふせ》ぐ。守《まも》る。↓ こう【攻】427ページ

**°せめる【責める】** 動 ❶人《ひと》の失敗《しっぱい》や罪《つみ》などをとがめる。例 不注意《ふちゅうい》を責める。❷無理《むり》にたのむ。せがむ。例「海《うみ》に連《つ》れてって。」と責める。↓ せき【責】713ページ

**セメント**〔英語 cement〕名 石灰岩《せっかいがん》と粘土《ねんど》を

ことわざ 負《お》うた子《こ》に教《おし》えられる
右側通行《みぎがわつうこう》ですよと小学生《しょうがくせい》に注意《ちゅうい》されちゃった。負《お》うた子《こ》に教《おし》えられるとはこのことだね。

混《ま》ぜて焼《や》き、粉《こな》にしたもの。これに砂《すな》と水《みず》を加《くわ》えて練《ね》り固《かた》め、建築《けんちく》などに使《つか》う。例 セメントで固《かた》める。

**ゼラチン** 〔英語 gelatin〕名 牛《うし》の骨《ほね》などを煮《に》てできるにかわを、よくさらしたもの。ゼリーなどの菓子《かし》や、薬《くすり》のカプセルを作《つく》るのに使《つか》う。

**セラミックス** 〔英語 ceramics〕名 土《つち》や岩石《がんせき》などを焼《や》いて作《つく》ったもので、熱《ねつ》や薬品《やくひん》などに強《つよ》く、広《ひろ》く使《つか》われている。セラミック。

**せり【競り】** 名 競《せ》り売《う》り。例 市場《いちば》で競りが始《はじ》まる。

**せり【芹】** 名 春《はる》の七草《ななくさ》の一《ひと》つ。水田《すいでん》や小川《おがわ》の岸《きし》など、しめった所《ところ》に生《は》える。葉《は》や茎《くき》に強《つよ》いかおりがある。↓はるのななくさ 1067ページ

**せりあい【競り合い】** 名 競争《きょうそう》し合《あ》うこと。例 一点差《いってんさ》の競り合いになった。

**例解 ↔ 使い分け**

**攻《せ》める と 責《せ》める**

敵《てき》を攻《せ》める。
先《さき》に攻《せ》める。
ゴールめがけて攻《せ》める。

人《ひと》の失敗《しっぱい》を責《せ》める。
だらしなさを責《せ》める。

**せりあう【競り合う】** 動 たがいに、負《ま》けまいと競争《きょうそう》する。例 激《はげ》しく競り合う。

**ゼリー** 〔英語 jelly〕名 とかしたゼラチンに、果物《くだもの》の汁《しる》や砂糖《さとう》を入《い》れ、冷《ひ》やして固《かた》めた菓子《かし》。

**せりうり【競り売り】** 名 動-する 買《か》い手《て》に競争《きょうそう》で値段《ねだん》をつけさせ、いちばん高《たか》い値段《ねだん》をつけた人《ひと》に、その品物《しなもの》を売《う》る方法《ほうほう》。競売《きょうばい》。オークション。せり。

**せりおとす【競り落とす】** 動 競《せ》り売《う》りで、自分《じぶん》のものにする。例 名画《めいが》を百万円《ひゃくまんえん》で競り落とす。

**せりだす【せり出す】** 動 前《まえ》に出《で》っぱる。例 腹《はら》がせり出す。

**せりふ** 名 ❶劇《げき》の中《なか》で俳優《はいゆう》が言《い》う言葉《ことば》。例 長《なが》いせりふを覚《おぼ》える。❷言《い》い方《かた》。言《い》いぐさ。文句《もんく》。例 人前《ひとまえ》で言《い》うせりふではない。

**せる【競る】** 動 ❶争《あらそ》う。競争《きょうそう》する。例 ゴール前《まえ》で二人《ふたり》が競った。❷競《せ》り売《う》りで、値段《ねだん》をつけ合《あ》う。↓きょう【競】 332ページ

**せる** 助動 あることをするようにしむける意味《いみ》を表《あらわ》す。例 全員《ぜんいん》を走《はし》らせる。冗談《じょうだん》を言《い》って笑《わら》わせる。参考 上《うえ》につく言葉《ことば》によって「させる」となることがある。

**セルフサービス** 〔英語 self-service〕名 客《きゃく》が自分《じぶん》で料理《りょうり》を運《はこ》んだり、品物《しなもの》を選《えら》んで取《と》ったりするやり方《かた》。例 セルフサービスのレストラン。

**セルフタイマー** 〔英語 self-timer〕名 カメラのシャッターが自然《しぜん》に切《き》れる仕《し》かけ。例 セルフタイマーを使《つか》って記念写真《きねんしゃしん》をとる。

**セルロイド** 〔英語 celluloid〕名 植物《しょくぶつ》の繊維《せんい》から作《つく》るプラスチック。フィルムやおもちゃなどに使《つか》われたが、燃《も》えやすいので、あまり使《つか》われなくなった。

**セレナーデ** 〔ドイツ語〕名 ❶夜《よる》、恋人《こいびと》の家《いえ》の窓《まど》の下《した》で歌《うた》ったり、ひいたりした、あまく美《うつく》しい曲《きょく》。小夜曲《さよきょく》。❷おもに弦楽器《げんがっき》を使《つか》って演奏《えんそう》する、仕組《しく》みの簡単《かんたん》な曲《きょく》。

**セレモニー** 〔英語 ceremony〕名 儀式《ぎしき》。式《しき》。例 お祝《いわ》いのセレモニー。

**セロ** 〔英語 cello〕名 ↓チェロ 821ページ

**°ゼロ** 〔英語 zero〕名 ❶数字《すうじ》の0。れい。❷何《なに》もないこと。例 交通事故《こうつうじこ》ゼロの日《ひ》。

**セロテープ** 名 ↓セロハンテープ 725ページ

**セロハン** 〔フランス語〕名 すきとおった、うすい紙《かみ》のようなもの。包《つつ》み紙《がみ》などに使《つか》われる。セロファン。

**セロハンテープ** 〔英語 cellophane tape〕名 セロハンでできた、くっつけるために使《つか》うすきとおったテープ。参考「セロテープ」はその商標名《しょうひょうめい》。

**セロリ** 名 畑《はたけ》で作《つく》る野菜《やさい》。ふつう、葉《は》の、長《なが》いえの部分《ぶぶん》を食《た》べる。独特《どくとく》のかおりがある。

**せろん【世論】** 名 世《よ》の中《なか》の人々《ひとびと》の考《かんが》えや意見《いけん》。参考「よろん」とも読《よ》む。

**せろんちょうさ【世論調査】** 名 ↓よろんちょうさ 1369ページ





ことわざ おかに上《あ》がったかっぱ 楽器《がっき》を忘《わす》れてきた吹奏楽部員《すいそうがくぶいん》なんて、まるでおかに上《あ》がったかっぱだよ。

**°せわ【世話】** 名 動-する ❶面倒《めんどう》をみること。例 赤《あか》んぼうの世話をする。❷取《と》り持《も》つこと。例 紹介《しょうかい》。例 就職《しゅうしょく》の世話をする。❸やっかい。手数《てすう》。例 親戚《しんせき》の世話になる。

**世話《せわ》がない** ❶手数《てかず》がかからない。例 あの子《こ》は本当《ほんとう》に世話がない。❷あきれてしまう。例 何度《なんど》失敗《しっぱい》してもこりないのだから、世話がない。

**世話《せわ》が焼《や》ける** 手数《てすう》がかかって、面倒《めんどう》だ。例 わがままで世話がやける。

**世話《せわ》をかける** 他《ほか》の人《ひと》に面倒《めんどう》な思《おも》いをさせる。例 世話をかけて申《もう》し訳《わけ》ない。

**世話《せわ》を焼《や》く** 進《すす》んで、あれこれと面倒《めんどう》をみる。

**せわしい** 形 ❶いそがしい。例 せわしい毎《まい》日《にち》だ。❷落《お》ち着《つ》かない。例 うろうろとせわしい人《ひと》だ。

**せわしない** 形 いそがしくて、心《こころ》が落《お》ち着《つ》かない。せわしい。例 今日《きょう》は、朝《あさ》からせわしない一日《いちにち》だった。

**せわずき【世話好き】** 名 形動 面倒《めんどう》をみるのが好《す》きなこと。また、そういう人《ひと》。例 父《ちち》は、世話好きだ。

**せわにん【世話人】** 名 もよおしや会《かい》の中《ちゅう》心《しん》になって、面倒《めんどう》をみる人《ひと》。世話役《せわやく》。例 祭《まつ》りの世話人を引《ひ》き受《う》ける。

**せわやき【世話焼き】** 名 人《ひと》の世話《せわ》を焼《や》くことが好《す》きな人《ひと》。おせっかい。

**せわやく【世話役】** 名 ⇩せわにん 726ページ

---

**せん【千】** 画数 3 部首 十（じゅう） 1年

音 セン 訓 ち

筆順 ノ 二 千

❶百《ひゃく》の十倍《じゅうばい》。熟語 千円札《せんえんさつ》。千古《せんこ》。千人力《せんにんりき》。千差万別《せんさばんべつ》。千代《ちよ》。❷数《かず》が多《おお》い。

**せん【千】** 名 〔数《かず》を表《あらわ》す言葉《ことば》。〕百《ひゃく》の十倍《じゅうばい》。例 千をこす人数《にんずう》。

**せん【川】** 画数 3 部首 川（かわ） 1年

音 セ△ン 訓 かわ

筆順 丿 川 川

かわ。熟語 河川《かせん》。山川《さんせん》・山川《やまかわ》。川岸《かわぎし》。

**せん【先】** 画数 6 部首 儿（ひとあし） 1年

音 セン 訓 さき

筆順 ノ 𠂉 牛 生 先 先

❶さき。熟語 先祖《せんぞ》。先頭《せんとう》。率先《そっせん》。優先《ゆうせん》。❷この前《まえ》の。熟語 先刻《せんこく》。先例《せんれい》。❸相手《あいて》。熟語 先方《せんぽう》。

**せん【先】** 名 以前《いぜん》。例 先から知《し》っている。

**せん【宣】** 画数 9 部首 宀（うかんむり） 6年

音 セン 訓 ―

筆順 宣 宣 宣 宣 宣 宣 宣

❶広《ひろ》く知《し》らせる。熟語 宣伝《せんでん》。宣教師《せんきょうし》。宣言《せんげん》。宣告《せんこく》。宣誓《せんせい》。❷はっきり言《い》う。

**せん【専】** 画数 9 部首 寸（すん） 6年

音 セン 訓 もっぱ△-ら

筆順 専 専 専 専 専 専 専

❶そのことだけ。もっぱら。熟語 専攻《せんこう》。専念《せんねん》。専門《せんもん》。❷独《ひと》りじめ。熟語 専売《せんばい》。専用《せんよう》。

《訓の使い方》 **もっぱ-ら** 例 専ら仕事《しごと》に励《はげ》む。

**せん【泉】** 画数 9 部首 水（みず） 6年

音 セン 訓 いずみ

筆順 泉 泉 泉 泉 泉 泉 泉

水《みず》のわき出《で》る所《ところ》。いずみ。熟語 泉水《せんすい》。温泉《おんせん》。源泉《げんせん》。

**せん【浅】** 画数 9 部首 氵（さんずい） 4年

音 セ△ン 訓 あさ-い

筆順 浅 浅 浅 浅 浅 浅 浅

あさい。熟語 浅薄《せんぱく》。深浅《しんせん》〔＝深《ふか》いことと浅《あさ》いこと〕。浅瀬《あさせ》。対 深《しん》。

《訓の使い方》 **あさ-い** 例 この池《いけ》は浅い。

**せん【洗】** 画数 9 部首 氵（さんずい） 6年

音 セン 訓 あら-う

---

ことわざ **鬼《おに》に金棒《かなぼう》** このチームに彼《かれ》のようにいいバッターが加《くわ》われば、まさに鬼《おに》に金棒《かなぼう》、優勝《ゆうしょう》まちがいなしだ。

筆順

❶あらう。きれいにする。熟語 洗濯《せんたく》。洗髪《せんぱつ》。洗面《せんめん》。水洗《すいせん》。❷すっきりする。清《きよ》める。熟語 洗礼《せんれい》。洗練《せんれん》。

《訓の使い方》あら-う 例 手《て》を洗う。

## せん【染】

画数 9 部首 木(き) 6年

音 ゼン 訓 そ-める そ-まる し-みる し-み

筆順

❶そめる。そまる。熟語 染色《せんしょく》。染料《せんりょう》。❷うつる。熟語 汚染《おせん》。感染《かんせん》。伝染《でんせん》。

《訓の使い方》そ-める 例 布《ぬの》を染める。そ-まる 例 夕日《ゆうひ》に染まる。し-みる 例 インクが染みる。

## せん【船】

画数 11 部首 舟(ふねへん) 2年

音 セン 訓 ふね ふな

筆順

ふね。熟語 船長《せんちょう》。乗船《じょうせん》。造船《ぞうせん》。船旅《ふなたび》。黒船《くろふね》。

## せん【戦】

画数 13 部首 戈(ほこ) 4年

音 セン 訓 いくさ たたか-う

筆順

❶たたかう。いくさをする。熟語 戦場《せんじょう》。戦《せん》争《そう》。苦戦《くせん》。対戦《たいせん》。❷争《あらそ》い。試合《しあい》。熟語 決勝《けっしょう》戦《せん》。論戦《ろんせん》。

《訓の使い方》たたか-う 例 敵《てき》と戦う。

## せん【銭】

画数 14 部首 金(かねへん) 6年

音 セン 訓 ぜに

筆順

❶ぜに。おかね。熟語 銭湯《せんとう》。金銭《きんせん》。小銭《こぜに》。❷お金《かね》の単位《たんい》。一円《いちえん》の百分《ひゃくぶん》の一《いち》。

## せん【線】

画数 15 部首 糸(いとへん) 2年

音 セン 訓 ―

筆順

❶筋《すじ》。熟語 線路《せんろ》。光線《こうせん》。直線《ちょくせん》。電線《でんせん》。❷鉄道《てつどう》などの道筋《みちすじ》。熟語 幹線《かんせん》。本線《ほんせん》。支線《しせん》。

**せん【線】** 名 ❶細《ほそ》長《なが》い筋《すじ》。例 鉛筆《えんぴつ》で線を引《ひ》く。❷鉄道《てつどう》やバスなどの道筋《みちすじ》。例 別《べつ》の線に乗《の》りかえる。❸進《すす》め方《かた》や考《かんが》え方《かた》。例 この線でまとめを書《か》こう。❹人《ひと》や作品《さくひん》から受《う》ける感《かん》じ。例 線の細《ほそ》い人《ひと》。❺ようす。程度《ていど》。例 いい線をいっている。

**線《せん》が細《ほそ》い** (人《ひと》や作品《さくひん》について)受《う》ける感《かん》じが何《なん》となくほっそりとして、弱々《よわよわ》しく見《み》える。例 リーダーとしては線が細い。

## せん【選】

画数 15 部首 辶(しんにょう) 4年

音 セン 訓 えら-ぶ

筆順

えらびだす。熟語 選挙《せんきょ》。選手《せんしゅ》。選出《せんしゅつ》。人選《じんせん》。

《訓の使い方》えら-ぶ 例 村長《そんちょう》を選ぶ。

**せん【選】** 名 えらぶこと。例 選にもれる。

## せん【仙】

画数 5 部首 亻(にんべん)

音 セン 訓 ―

❶せんにん。熟語 仙人《せんにん》。❷すぐれた芸術家《げいじゅつか》。熟語 歌仙《かせん》〔=すぐれた歌人《かじん》〕。

## せん【占】

画数 5 部首 卜(ぼく)

音 セン 訓 し-める うらな-う

❶うらなう。うらない。熟語 占星術《せんせいじゅつ》〔=星《ほし》うらない〕。❷しめる。自分《じぶん》のものにする。熟語 占領《せんりょう》。独占《どくせん》。例 席《せき》を占《し》める。

## せん【扇】

画数 10 部首 戸(と)

音 セン 訓 おうぎ

❶おうぎ。また、おうぎの形《かたち》をしたもの。熟語 扇形《せんけい》・扇形《おうぎがた》。扇子《せんす》。❷あおぐ。熟語 扇風《せんぷう》機《き》。❸あおる。けしかける。熟語 扇動《せんどう》。

## せん【栓】

画数 10 部首 木(きへん)

音 セン 訓 ―

穴《あな》や管《くだ》などをふさぐもの。熟語 元栓《もとせん》。消火《しょうか》栓《せん》。

**せん【栓】** 名 ❶穴《あな》や瓶《びん》などの口《くち》をふさぐもの。例 耳《みみ》に栓をする。❷水《みず》やガスなどの出《で》

あいうえお かきくけこ さしすせそ たちつてと なにぬねの はひふへほ まみむめも や ゆ よ らりるれろ わ を ん

ことわざ 帯《おび》に短《みじか》したすきに長《なが》し　この家《いえ》は、一人《ひとり》で住《す》むには広《ひろ》すぎて、家族《かぞく》で住《す》むにはせますぎる。帯《おび》に短《みじか》したすきに長《なが》しだね。

口《くち》につけた仕《し》かけ。例ガスの栓をしっかり閉《し》める。

## せん【旋】画数 11 部首 方(ほうへん)

音セン 訓―

❶ぐるぐる回《まわ》る。熟語旋回《せんかい》。旋風《せんぷう》。❷めぐって元《もと》にもどる。熟語凱旋《がいせん》。❸仲《なか》を取《と》り持《も》つ。熟語斡旋《あっせん》。

## せん【煎】画数 13 部首 灬(れんが)

音セン 訓い-る

❶せんじる。薬草《やくそう》や茶《ちゃ》などを煮《に》て、味《あじ》や成分《せいぶん》を出《だ》す。熟語煎茶《せんちゃ》。❷いる。火《ひ》にあぶる。熟語煎餅《せんべい》。湯煎《ゆせん》。例ごまを煎《い》る。⬇せんじる 733ページ

## せん【羨】画数 13 部首 羊(ひつじ)

音セン 訓うらや-む うらや-ましい

うらやましく思《おも》う。ほしがる。熟語羨望《せんぼう》。例人《ひと》も羨《うらや》む仲《なか》。

## せん【腺】画数 13 部首 月(にくづき)

音セン 訓―

体《からだ》の中《なか》にある、液《えき》などをしみ出《だ》させる器官《きかん》。熟語汗腺《かんせん》。涙腺《るいせん》。

## せん【詮】画数 13 部首 言(ごんべん)

音セン 訓―

つきつめる。道理《どうり》を明《あき》らかにする。熟語詮《せん》索《さく》。所詮《しょせん》。

## せん【践】画数 13 部首 足(あしへん)

音セン 訓―

実際《じっさい》に行《おこな》う。熟語実践《じっせん》。

## せん【箋】画数 14 部首 竹(たけかんむり)

音セン 訓―

❶メモなどを書《か》き付《つ》ける紙切《かみき》れ。はりふだ。熟語付箋《ふせん》。❷手紙《てがみ》などを書《か》くための用紙《ようし》。熟語便箋《びんせん》。❸書《か》き付《つ》け。熟語処方箋《しょほうせん》。

## せん【潜】画数 15 部首 氵(さんずい)

音セン 訓ひそ-む もぐ-る

❶水中《すいちゅう》にもぐる。くぐる。熟語潜水《せんすい》。潜水艦《せんすいかん》。例海《うみ》に潜《もぐ》る。❷ひそむ。かくれる。熟語潜在《せんざい》。潜入《せんにゅう》。潜伏《せんぷく》。例やみの中《なか》に潜《ひそ》む。❸心《こころ》を静《しず》かに落《お》ち着《つ》ける。熟語沈潜《ちんせん》(=深《ふか》く考《かんが》えにしずむ)。

## せん【遷】画数 15 部首 辶(しんにょう)

音セン 訓―

場所《ばしょ》をかえる。移《うつ》りかわる。あらたまる。熟語遷都《せんと》。左遷《させん》。変遷《へんせん》。

## せん【薦】画数 16 部首 艹(くさかんむり)

音セン 訓すす-める

よいと思《おも》う人《ひと》やものごとを用《もち》いるようにすすめる。熟語自薦《じせん》(=自分《じぶん》を推薦《すいせん》する)。推薦《すいせん》。例委員《いいん》として薦《すす》める。

## せん【繊】画数 17 部首 糸(いとへん)

音セン 訓―

細《ほそ》い糸《いと》。ほっそりしている。熟語繊維《せんい》。繊細《せんさい》。

## せん【鮮】画数 17 部首 魚(うおへん)

音セン 訓あざ-やか

❶新《あたら》しい。生《い》き生《い》きしている。熟語鮮魚《せんぎょ》。新鮮《しんせん》。生鮮《せいせん》。❷あざやか。はっきりしている。熟語鮮明《せんめい》。例緑《みどり》が鮮《あざ》やかだ。

## ぜん【全】画数 6 部首 人(ひとがしら) 3年

音ゼン 訓まった-く すべ-て

❶みな。すべて。熟語全身《ぜんしん》。全体《ぜんたい》。全力《ぜんりょく》。❷欠《か》けたところがない。熟語完全《かんぜん》。健全《けんぜん》。

《訓の使い方》まった-く 例全《まった》く知《し》らない。すべ-て 例全《すべ》ての人々《ひとびと》。

筆順

## ぜん【前】画数 9 部首 刂(りっとう) 2年

音ゼン 訓まえ

❶そのもののまえ。進《すす》んで行《い》くほう。熟語前方《ぜんぽう》。前面《ぜんめん》。門前《もんぜん》。❷その時《とき》のまえ。熟語前日《ぜんじつ》。以前《いぜん》。食前《しょくぜん》。目前《もくぜん》。対(❶・❷)後《ご》。

筆順

ことわざ 溺《おぼ》れる者《もの》はわらをもつかむ　ぼくにまで援助《えんじょ》をたのんできた。おぼれる者《もの》はわらをもつかむ、だよ。

**ぜん【善】** 画数 12 部首 口(くち) 6年

音 ゼン 訓 よ-い

筆順 善

❶よい。正《ただ》しい。熟語 善悪《ぜんあく》。善行《ぜんこう》。改善《かいぜん》。最《さい》善。対 悪《あく》。❷うまい。立派《りっぱ》。熟語 善戦《ぜんせん》。善処《ぜんしょ》。❸仲《なか》よくする。熟語 親善《しんぜん》。

《訓の使い方》よ-い 例 善い行《おこな》い。

**ぜん【善】** 名 よいこと。例 善と悪《あく》。対 悪《あく》。

**善《ぜん》は急《いそ》げ** よいと思《おも》ったら、すぐやりなさい。

**ぜん【然】** 画数 12 部首 灬(れんが) 4年

音 ゼン ネン 訓 ——

筆順 ノ ク タ 然

そのようすや、ありさま。そのとおり。熟語 自然《しぜん》。当然《とうぜん》。平然《へいぜん》。天然《てんねん》。

**ぜん【禅】** 画数 13 部首 ネ(しめすへん)

音 ゼン 訓 ——

❶位《くらい》をゆずる。熟語 禅譲《ぜんじょう》(=地位《ちい》をゆずること)。❷仏教《ぶっきょう》の一《ひと》つ。禅宗《ぜんしゅう》。また、そのさとりをひらくための修行《しゅぎょう》。熟語 座禅《ざぜん》。

**ぜん【禅】** 名 仏教《ぶっきょう》の宗派《しゅうは》の一《ひと》つ。禅宗《ぜんしゅう》。例 禅の教《おし》えを学《まな》ぶ。

**ぜん【漸】** 画数 14 部首 氵(さんずい)

音 ゼン 訓 ——

だんだんに。しだいに。熟語 漸次《ぜんじ》。漸進《ぜんしん》(=少《すこ》しずつ進《すす》む)。

**ぜん【膳】** 画数 16 部首 月(にくづき)

音 ゼン 訓 ——

❶おぜん。熟語 配膳《はいぜん》。❷ご飯《はん》・はしなどを数《かぞ》える言葉《ことば》。例 はしを二《に》膳用意《ぜんようい》する。

**ぜん【膳】** 名 食事《しょくじ》のときに、食《た》べ物《もの》をのせる台《だい》。おぜん。例 夕食《ゆうしょく》の膳が並《なら》ぶ。

**ぜん【繕】** 画数 18 部首 糸(いとへん)

音 ゼン 訓 つくろ-う

つくろう。直《なお》す。修理《しゅうり》する。熟語 修繕《しゅうぜん》。

**ぜんあく【善悪】** 名 よいことと悪《わる》いこと。よしあし。例 善悪を見《み》きわめる。

**せんい【戦意】** 名 戦《たたか》おうとする気持《きも》ち。闘《とう》志《し》。例 戦意を高《たか》める。

**せんい【繊維】** 名 ❶動物《どうぶつ》や植物《しょくぶつ》の体《からだ》を形《かたち》づくっている、糸《いと》のような筋《すじ》。例 神経《しんけい》繊維。❷織物《おりもの》などに使《つか》われる細《ほそ》い糸《いと》。例 化学《かがく》繊維。

**ぜんい【善意】** 名 ❶人《ひと》のためを思《おも》う、よい心《こころ》。例 善意にあふれた人《ひと》。❷ものごとや人《ひと》のよい面《めん》を見《み》ようとする心《こころ》。例 善意に解釈《かいしゃく》する。対(❶・❷)悪意《あくい》。

**ぜんいき【全域】** 名 ある地域全体《ちいきぜんたい》。例 関東《かんとう》全域。

**せんいこうぎょう【繊維工業】** 名 綿《めん》花《か》、羊毛《ようもう》、生糸《きいと》や、化学繊維《かがくせんい》などを加工《かこう》して、糸《いと》や布《ぬの》、衣服《いふく》などを作《つく》る工業《こうぎょう》。

**せんいん【船員】** 名 船《ふね》に乗《の》って働《はたら》いている人《ひと》。船乗《ふなの》り。

**ぜんいん【全員】** 名 全部《ぜんぶ》の人《ひと》。みんな。例 クラス全員が賛成《さんせい》する。

**ぜんえい【前衛】** 名 ❶テニスやバレーボールなどで、前《まえ》のほうを守《まも》る役《やく》。また、その人《ひと》。対 後衛《こうえい》。❷芸術《げいじゅつ》などで、新《あたら》しいものを作《つく》り出《だ》そうとする考《かんが》え方《かた》。また、その人《ひと》。例 前衛絵画《かいが》。

**ぜんえつ【僭越】** 名 形動 立場《たちば》や能力《のうりょく》を越《こ》えたことを、言《い》ったりしたりすること。例「僭越ですが、会長《かいちょう》に代《か》わって一言《ひとこと》、お礼《れい》を申《もう》し上《あ》げます。」参考 多《おお》くは人前《ひとまえ》で、自分《じぶん》のことを謙遜《けんそん》して言《い》うときに使《つか》う。

**ぜんおん【全音】** 名〔音楽《おんがく》で〕音《おと》と音《おと》のはばを表《あらわ》す単位《たんい》。長音階《ちょうおんかい》のドとレ、レとミの間《あいだ》のようなはば。半音《はんおん》の二倍《にばい》。

**せんか【戦火】** 名 ❶戦争《せんそう》のために起《お》こった火事《かじ》。❷戦争《せんそう》。例 戦火を交《まじ》える。

**せんか【戦禍】** 名 戦争《せんそう》による災《わざわ》い。例 戦禍を逃《のが》れる。

**せんが【線画】** 名 色《いろ》を塗《ぬ》らずに、線《せん》だけで描《えが》かれた絵《え》。

**ぜんか【全科】** 名 学校《がっこう》で習《なら》う、全部《ぜんぶ》の科目《かもく》。全教科《ぜんきょうか》。

**ぜんか【前科】** 名 前《まえ》に法律《ほうりつ》を破《やぶ》る罪《つみ》を犯《おか》し、罰《ばつ》を受《う》けたこと。

**せんかい【旋回】** 名 動-する ❶ぐるぐると回《まわ》





ことわざ 親《おや》の心《こころ》子《こ》知《し》らず 母《はは》が内心《ないしん》どれほど心配《しんぱい》しているか、親《おや》の心《こころ》子《こ》知《し》らずだよ、まったく。

ること。[例]上空《じょうくう》を旋回する。❷方向《ほうこう》を変《か》えること。[例]西《にし》へ旋回する。

**せんがい【選外】**[名] 選《えら》ばれないこと。入選《にゅうせん》しないこと。

**ぜんかい【全快】**[名][動する] 病気《びょうき》やけがが、すっかり治《なお》ること。[例]全快祝《いわ》いのパーティー。[類]全治《ぜんち》。

**ぜんかい【全開】**[名][動する] ❶いっぱいに開《ひら》くこと。[例]窓《まど》を全開にする。❷力《ちから》を全部《ぜんぶ》出《だ》すこと。[例]エンジン全開。

**ぜんかい【全壊・全潰】**[名][動する] 全部《ぜんぶ》こわれること。[例]台風《たいふう》で家《いえ》が全壊した。

**ぜんかい【前回】**[名] この前《まえ》のとき。[例]前回までの話《はなし》の続《つづ》き。[関連]今回《こんかい》。次回《じかい》。

**ぜんがく【全額】**[名] ある金額《きんがく》の全部《ぜんぶ》。[例]全額をしはらう。[類]総額《そうがく》。

**せんかくしゃ【先覚者】**[名] 人《ひと》より先《さき》に世《よ》の中《なか》の進《すす》み方《かた》を見通《みとお》すことのできる人《ひと》。[例]時代《じだい》の先覚者となる。

**せんかん【戦艦】**[名] 強《つよ》い戦力《せんりょく》を持《も》っている大《おお》きな軍艦《ぐんかん》。

**せんがん【洗眼】**[名][動する] 水《みず》や薬《くすり》で、目《め》を洗《あら》うこと。

**せんがん【洗顔】**[名][動する] 顔《かお》を洗《あら》うこと。[例]洗顔石《せっ》けん。

**せんカンブリアじだい【先カンブリア時代】**[名] 地質時代《ちしつじだい》の中《なか》で、古生代《こせいだい》より前《まえ》の時代《じだい》。約《やく》四六億年前《おくねんまえ》から約《やく》五億《ごおく》四一〇〇万《まん》年前《ねんまえ》までの時代《じだい》。先《せん》カンブリア代《だい》。

**せんき【戦記】**[名] 戦争《せんそう》のようすを書《か》いた記録《きろく》。軍記《ぐんき》。

**ぜんき【前記】**[名][動する] 前《まえ》のほうに書《か》いたこと。[例]日程《にってい》は前記のとおり。[対]後記《こうき》。

**ぜんき【前期】**[名] ある期間《きかん》を二《ふた》つまたは三《みっ》つに分《わ》けたうちの、初《はじ》めの区切《くぎ》り。[関連]中期《ちゅうき》。後期《こうき》。

**せんきゃく【先客】**[名] 先《さき》に来《き》ている客《きゃく》。[例]店《みせ》に入《はい》ると先客がいた。

**せんきゃく【船客】**[名] 船《ふね》に乗《の》っている客《きゃく》。

■**せんきゃくばんらい【千客万来】**[名] 大勢《おおぜい》の客《きゃく》が入《い》れかわり立《た》ちかわり来《く》ること。[例]千客万来で店《みせ》は繁盛《はんじょう》している。

**せんきょ【占拠】**[名][動する] ある場所《ばしょ》を自分《じぶん》のものにして、他人《たにん》を入《い》れないこと。[例]不法《ふほう》占拠。

○**せんきょ【選挙】**[名][動する] ある役目《やくめ》につく人《ひと》を、大勢《おおぜい》の中《なか》から投票《とうひょう》などで選《えら》ぶこと。[例]児童会役員《じどうかいやくいん》の選挙。

**せんぎょ【鮮魚】**[名] とりたての、新《あたら》しくて生《い》きのよい魚《さかな》。

**せんきょう【船橋】**[名] 船《ふね》の甲板《かんぱん》にある、指《し》揮《き》や見張《みは》りをする場所《ばしょ》。ブリッジ。

**せんきょう【戦況】**[名] 戦《たたか》いのようす。[例]戦況を分析《ぶんせき》する。

**せんぎょう【専業】**[名] 一《ひと》つの仕事《しごと》を専門《せんもん》にすること。[例]専業農家《のうか》。[対]兼業《けんぎょう》。

**せんきょうし【宣教師】**[名] 宗教《しゅうきょう》を広《ひろ》める人《ひと》。特《とく》に、キリスト教《きょう》についていう。

**せんぎょうのうか【専業農家】**[名] 農業《のうぎょう》だけで生活《せいかつ》をしている農家《のうか》。[対]兼業農家《けんぎょうのうか》。

**せんきょうんどう【選挙運動】**[名] 選挙《せんきょ》に当選《とうせん》するための、演説《えんぜつ》や宣伝《せんでん》など。

**せんきょく【戦局】**[名] 戦争《せんそう》や勝負事《しょうぶごと》のなりゆきやようす。[例]戦局は有利《ゆうり》だ。

**せんきょく【選挙区】**[名] 議員《ぎいん》を選《えら》び出《だ》す単位《たんい》として、いくつかに区《く》分《わ》けされた地域《ちいき》。

**せんきょけん【選挙権】**[名] 選挙《せんきょ》のとき、投票《とうひょう》できる権利《けんり》。日本《にっぽん》では満十八歳以上《まんじゅうはっさいいじょう》の男女《だんじょ》が持《も》つ。

**せんぎり【千切り】**[名] 野菜《やさい》などを細長《ほそなが》く切《き》ること。また、切《き》ったもの。

**せんくしゃ【先駆者】**[名] 人々《ひとびと》より先《さき》にものごとを実行《じっこう》する人《ひと》。草分《くさわ》け。パイオニア。[例]平和運動《へいわうんどう》の先駆者。

**せんけい【扇形】**[名]⇩おうぎがた 144ページ

**ぜんけい【全景】**[名] 全体《ぜんたい》の景色《けしき》。

**ぜんけい【前掲】**[名][動する] 文章《ぶんしょう》のなかで、前《まえ》に述《の》べてあること。[例]前掲した資料《しりょう》。

**ぜんけい【前景】**[名] ❶前《まえ》に見《み》える景色《けしき》。[例]前景に海《うみ》が広《ひろ》がる。❷写真《しゃしん》や絵《え》などで手前《てまえ》にある景色《けしき》。[例]前掲に花《か》びんが置《お》かれている。[対](❶・❷)後景《こうけい》。

**せんけつ【先決】**[名][動する] 真《ま》っ先《さき》に決《き》めなくてはならないこと。[例]先決問題《もんだい》。

**せんけつ【鮮血】**[名] 体《からだ》から出《で》たばかりの、まっかな血《ち》。

**せんげつ【先月】**[名] 今月《こんげつ》の前《まえ》の月《つき》。[関連]⇩

ことわざ 恩《おん》をあだで返《かえ》す　親切《しんせつ》にしてくれた人《ひと》を傷《きず》つけるなんて、恩《おん》をあだで返《かえ》すひきょう者《もの》だ。

きょう（今日）333ページ

**せんげん【宣言】** 名 動-する 考《かんが》えを、はっきりと発表《はっぴょう》して、世《よ》の中《なか》に知《し》らせること。例 ポツダム宣言。

**ぜんけん【全権】** 名 すべて自分《じぶん》で決《き》めたり始末《しまつ》したりできる権利《けんり》。例 全権大使《たいし》として派遣《はけん》される。

**ぜんげん【前言】** 名 前《まえ》に言《い》った言葉《ことば》。例 前言を取《と》り消《け》す。

**せんけんのめい【先見の明】** 名 先《さき》のことを前《まえ》もって見《み》ぬくかしこさ。例 道路《どうろ》を広《ひろ》くしておいたのは、先見の明があった。

**せんこ【千古】** 名 ❶大昔《おおむかし》。大昔《おおむかし》から今《いま》まで。❷永久《えいきゅう》。例 千古不易《ふえき》（＝永《えい》久《きゅう》に変《か》わらないこと）。

**せんご【戦後】** 名 戦争《せんそう》が終《お》わったあと。特《とく》に、第二次世界大戦後《だいにじせかいたいせんご》。対 戦前《せんぜん》。

**ぜんご【前後】** 名 動-する ❶前《まえ》と後《うし》ろ。例 前後左右《さゆう》。❷ある数《かず》を中心《ちゅうしん》とする範囲《はんい》。例 十人《じゅうにん》前後。❸順序《じゅんじょ》が反対《はんたい》になること。例 説明《せつめい》が前後している。❹間《ま》を置《お》かないで続《つづ》くこと。例 二人《ふたり》が前後してやって来《き》た。

**せんこう【先行】** 名 動-する ❶先《さき》に行《い》くこと。先《さき》に進《すす》むこと。例 先行の一団《いちだん》に追《お》いつく。人気《にんき》が先行する。❷先《さき》に行《おこな》われること。例 先行研究《けんきゅう》。道路開通《どうろかいつう》を先行させる。❸試合《しあい》などで、先《さき》に点《てん》を取《と》ってリードすること。例 一点《いってん》先行する。

**せんこう【先攻】** 名 動-する 野球《やきゅう》などの、攻《せ》めるほうと守《まも》るほうが交代《こうたい》するスポーツで、先《さき》に攻《せ》めること。対 後攻《こうこう》。

**せんこう【専攻】** 名 動-する そのことだけを、特《とく》にくわしく研究《けんきゅう》すること。例 文学《ぶんがく》を専攻する。

**せんこう【選考】** 名 動-する 多《おお》くの中《なか》から、適当《てきとう》な人《ひと》や作品《さくひん》を選《えら》び出《だ》すこと。例 選考の結果《けっか》が発表《はっぴょう》された。

**せんこう【線香】** 名 かおりのよい草《くさ》や木《き》の葉《は》を粉《こな》にして、線《せん》のように細《ほそ》く練《ね》り固《かた》めたもの。仏壇《ぶつだん》などでたく。

**せんこう【せん光】** 名 短《みじか》い間《あいだ》、ぴかっと強《つよ》く輝《かがや》いた光《ひかり》。

**ぜんこう【全校】** 名 ❶一《ひと》つの学校全体《がっこうぜんたい》。例 運動会《うんどうかい》に全校で取《と》り組《く》む。❷ある区域《くいき》のすべての学校《がっこう》。例 市内《しない》の全校に伝《つた》える。

**ぜんこう【善行】** 名 よい行《おこな》い。例 善行を積《つ》む。

**せんこうはなび【線香花火】** 名 ❶こよりの先《さき》に火薬《かやく》を包《つつ》みこんで作《つく》った小《ちい》さな花火《はなび》。❷「❶」のように、初《はじ》めははなばなしいが、すぐ勢《いきお》いがなくなることのたとえ。

**せんこく【先刻】** 一 名 さきほど。例「先刻からお待《ま》ちです。」二 副 とっくに。もう。例 そのことは、先刻承知《しょうち》だ。

**せんこく【宣告】** 名 動-する ❶相手《あいて》に正式《せいしき》に言《い》いわたすこと。例 死《し》の宣告を受《う》ける。❷裁判《さいばん》で判決《はんけつ》を言《い》いわたすこと。例 無罪《むざい》を宣告する。

**○ぜんこく【全国】** 名 国全体《くにぜんたい》。国《くに》じゅう。例 全国大会《たいかい》。日本《にっぽん》全国。

**ぜんこくし【全国紙】** 名 国全体《くにぜんたい》の読者《どくしゃ》に向《む》けて出《だ》されている新聞《しんぶん》。対 地方紙《ちほうし》。

**せんごくじだい【戦国時代】** 名 一四六七年《ねん》の応仁《おうにん》の乱《らん》のあと、一〇〇年《ねん》ほどの時代《じだい》。全国《ぜんこく》で大名《だいみょう》たちが争《あらそ》ったが、織田信長《おだのぶなが》・豊臣秀吉《とよとみひでよし》の時《とき》に統一《とういつ》された。

**せんごくだいみょう【戦国大名】** 名 戦国時代《せんごくじだい》に各地《かくち》を支配《しはい》した大名《だいみょう》。

**ぜんごさく【善後策】** 名 あとの始末《しまつ》の方《ほう》法《ほう》。例 冷害《れいがい》の善後策を講《こう》じる。

**■ぜんごふかく【前後不覚】** 名 意識《いしき》がなくなって、あと先《さき》のことがわからなくなること。例 前後不覚にねむる。

**センサー** 〔英語 sensor〕 名 光《ひかり》や音《おと》、温度《おんど》などに反応《はんのう》して、電気的《でんきてき》な信号《しんごう》を送《おく》る装置《そうち》。例 センサーがはたらいて、ドアが開《あ》いた。

**せんさい【戦災】** 名 戦争《せんそう》のために受《う》けた災害《さいがい》。例 戦災で家《いえ》が焼《や》かれた。

**せんさい【繊細】** 形動 ❶ほっそりしているようす。例 繊細な指《ゆび》。❷気持《きも》ちや感覚《かんかく》が細《こま》やかなようす。例 繊細な神経《しんけい》。

**せんざい【洗剤】** 名 衣類《いるい》や食器《しょっき》などのよごれを洗《あら》い落《お》とす薬品《やくひん》。例 中性洗剤《ちゅうせいせんざい》。

**せんざい【潜在】** 名 動-する 内《うち》にかくれていること。例 潜在意識《いしき》。潜在能力《のうりょく》。

**ぜんさい【前菜】** 名 食事《しょくじ》の最初《さいしょ》に出《だ》される軽《かる》い料理《りょうり》。類 オードブル。

あいうえお かきくけこ さしすせそ たちつてと なにぬねの はひふへほ まみむめも やゆよ らりるれろ わをん



ことわざ 飼《か》い犬《いぬ》に手《て》をかまれる 信頼《しんらい》していた弟子《てし》に裏切《うらぎ》られるなんて、飼《か》い犬《いぬ》に手《て》をかまれたようなものだ。

■**せんざいいちぐう【千載一遇】**[名] 千年《せんねん》に一度《いちど》しかめぐり会《あ》えないほど、めったにないこと。[例]千載一遇のチャンスだ。

**せんさく【詮索】**[名][動-する] あれこれとうるさくたずねて、知《し》ろうとすること。[例]失敗《しっぱい》した理由《りゆう》を詮索する。

■**せんさばんべつ【千差万別】**[名] 多《おお》くのちがいがあること。それぞれにちがっていること。[例]言《い》い表《あらわ》し方《かた》は千差万別です。

**せんし【戦士】**[名] 戦争《せんそう》で戦《たたか》う兵士《へいし》。

**せんし【戦死】**[名][動-する] 戦場《せんじょう》で死《し》ぬこと。[例]多《おお》くの戦死者《しゃ》を出《だ》した。

**せんじ【戦時】**[名] 戦争中《せんそうちゅう》。戦争《せんそう》の行《おこな》われている時期《じき》。[対]平時《へいじ》。

**ぜんじ【漸次】**[副] だんだんに。少《すこ》しずつ。[例]漸次改善《かいぜん》される見通《みとお》しです。

**せんしつ【船室】**[名] 船《ふね》の中《なか》の部屋《へや》。キャビン。

**せんじつ【先日】**[名] このあいだ。[例]先日は、お世話《せわ》になりました。[類]先《せん》だって。過日《かじつ》。

**ぜんじつ【前日】**[名] 前《まえ》の日《ひ》。[例]旅行《りょこう》の前日は、ねむれない。[関連]当日《とうじつ》。翌日《よくじつ》。

**せんじつめる【煎じ詰める】** ❶つきつめてよく考《かんが》える。[例]せんじつめると、二人《ふたり》とも同《おな》じ意見《いけん》だ。❷薬草《やくそう》などを、成分《せいぶん》が出《で》つくすまで煮《に》る。

**せんしゃ【洗車】**[名][動-する] 自動車《じどうしゃ》や列車《れっしゃ》の汚《よご》れを洗《あら》い流《なが》すこと。

**せんしゃ【戦車】**[名] 鉄板《てっぱん》で全体《ぜんたい》をおおい、大砲《たいほう》などの武器《ぶき》を備《そな》えつけて走《はし》る乗《の》り物《もの》。タンク。

**せんじゃ【選者】**[名] 多《おお》くの作品《さくひん》の中《なか》から、すぐれたものを選《えら》び出《だ》す人《ひと》。[例]コンクールの選者を頼《たの》まれた。

**ぜんしゃ【前者】**[名] 二《ふた》つのもののうち、前《まえ》のほうのもの。[例]人物画《じんぶつが》と風景画《ふうけいが》のうち、前者は兄《あに》の作品《さくひん》だ。[対]後者《こうしゃ》。

**ぜんしゃのてつをふむ【前車のてつを踏む】** 前《まえ》の人《ひと》と同《おな》じ失敗《しっぱい》をくりかえす。[参考]「てつ」は、車《くるま》が通《とお》ったあとに残《のこ》る車輪《しゃりん》の跡《あと》のこと。

**せんしゅ【先取】**[名][動-する] 他《ほか》より先《さき》に取《と》ること。[例]一点《いってん》を先取する。

**せんしゅ【船首】**[名] 船《ふね》の前《まえ》のほうの部分《ぶぶん》。へさき。[対]船尾《せんび》。

◦**せんしゅ【選手】**[名] 競技《きょうぎ》に出《で》るために選《えら》ばれた人《ひと》。[例]サッカー選手。

**せんしゅう【先週】**[名] 今週《こんしゅう》の前《まえ》の一週《いっしゅう》間《かん》。[関連]↓きょう(今日)333ページ

**せんしゅう【選集】**[名] 多《おお》くの作品《さくひん》の中《なか》から、すぐれたものを選《えら》んで集《あつ》めた本《ほん》。

**ぜんしゅう【全集】**[名] ❶ある作家《さっか》の作品《さくひん》を全部《ぜんぶ》集《あつ》めた本《ほん》。[例]宮沢賢治《みやざわけんじ》全集。❷同《おな》じ種類《しゅるい》の作品《さくひん》を集《あつ》めた本《ほん》。[例]美術《びじゅつ》全集。

**ぜんしゅう【禅宗】**[名] 仏教《ぶっきょう》の宗派《しゅうは》の一《ひと》つ。座禅《ざぜん》によって悟《さと》りをひらくことを目的《もくてき》としている。

**せんじゅうみん【先住民】**[名] 先《さき》にその土地《とち》に住《す》んでいた人々《ひとびと》。先住民族《せんじゅうみんぞく》。

**せんしゅうらく【千秋楽】**[名] ある期間《きかん》行《おこな》われる芝居《しばい》やすもうなどの、終《お》わりの日《ひ》。楽日《らくび》。[対]初日《しょにち》。

**せんしゅけん【選手権】**[名] 試合《しあい》や大会《たいかい》で、いちばんすぐれた選手《せんしゅ》やチームに与《あた》えられる資格《しかく》や地位《ちい》。また、その試合《しあい》や大会《たいかい》。

**せんしゅつ【選出】**[名][動-する] 選《えら》び出《だ》すこと。[例]役員《やくいん》を選出する。

**せんじゅつ【戦術】**[名] 戦《たたか》いに勝《か》つためのやり方《かた》。戦《たたか》いの場面《ばめん》での作戦《さくせん》。[例]戦術にミスがあった。[類]戦略《せんりゃく》。

**ぜんじゅつ【前述】**[名][動-する] 文章《ぶんしょう》で、それより前《まえ》に述《の》べたこと。[例]前述のとおり。[対]後述《こうじゅつ》。

**せんしゅてん【先取点】**[名] 競技《きょうぎ》やゲームなどで、相手《あいて》より先《さき》に取《と》った点《てん》。

**ぜんしょ【善処】**[名][動-する] ものごとをうまく処理《しょり》すること。

**せんじょう【洗浄】**[名][動-する] 水《みず》や薬《くすり》で、きれいに洗《あら》うこと。[例]びんを洗浄する。

**せんじょう【戦場】**[名] 戦《たたか》いが行《おこな》われる場所《ばしょ》。[例]古《こ》戦場。

**ぜんしょう【全勝】**[名][動-する] 全部《ぜんぶ》の勝負《しょうぶ》に勝《か》つこと。[対]全敗《ぜんぱい》。

**ぜんしょう【全焼】**[名][動-する] 火事《かじ》で、全部《ぜんぶ》焼《や》けてしまうこと。まる焼《や》け。[例]アパートが全焼した。

ことわざ かえるの面《つら》に水《みず》　どれだけ批判《ひはん》されてもかえるの面《つら》に水《みず》、まったく気《き》にしていない。

**せんじょうち【扇状地】**° 名 川《かわ》が山《やま》から平《へい》地《ち》に出《で》て流《なが》れがゆるやかになる所《ところ》に、土《ど》砂《しゃ》がたまってできたおうぎ形《がた》の土《と》地《ち》。

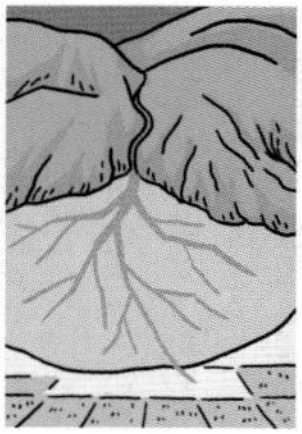
〔せんじょうち〕

**せんしょく【染△色】** 名 動-する 布《ぬの》や糸《いと》などを染《そ》めること。また、染《そ》めた色《いろ》。

**せんしょくたい【染△色体】** 名 細《さい》胞《ぼう》が分《ぶん》裂《れつ》するときに、細《さい》胞《ぼう》の中《なか》に現《あらわ》れるひも状《じょう》のもの。中《なか》に遺《い》伝《でん》子《し》が入《はい》っている。

**せんじる【煎じる】**° 動 薬《やく》草《そう》やお茶《ちゃ》を煮《に》て、味《あじ》や成《せい》分《ぶん》を出《だ》す。

**せんしん【先進】** 名 学《がく》問《もん》や技《ぎ》術《じゅつ》などが、他《ほか》より進《しん》歩《ぽ》していること。対 後《こう》進《しん》。

**せんしん【専心】** 名 動-する そのことだけに、一《いっ》生《しょう》懸《けん》命《めい》になること。例 一《いち》意《い》専心。仕《し》事《ごと》に専心する。類 専《せん》念《ねん》。

**せんじん【先人】** 名 昔《むかし》の人《ひと》。前《まえ》の時《じ》代《だい》の人《ひと》。例 先人の業《ぎょう》績《せき》をしのぶ。

**せんじん【先陣】**° 名 ❶大《たい》将《しょう》のいる本《ほん》陣《じん》より前《ぜん》方《ぽう》に作《つく》られた陣《じん》地《ち》。❷戦《たたか》いで、先《せん》頭《とう》に立《た》ってせめ入《い》ること。さきがけ。一《いち》番《ばん》乗《の》り。例 先陣を切《き》る。

**ぜんしん【全身】** 名 体《からだ》全《ぜん》体《たい》。体《からだ》じゅう。例 全身運《うん》動《どう》。

**ぜんしん【前身】** 名 ❶仏《ぶっ》教《きょう》で、この世《よ》に生《う》まれる前《まえ》の姿《すがた》。❷以《い》前《ぜん》の身《み》の上《うえ》。例 前身は先《せん》生《せい》だ。❸会《かい》社《しゃ》や団《だん》体《たい》が今《いま》のようになる前《まえ》の組《そ》織《しき》。例 この学《がっ》校《こう》の前身は塾《じゅく》です。

**ぜんしん【前進】** 名 動-する 前《まえ》に進《すす》むこと。例 研《けん》究《きゅう》が一《いっ》歩《ぽ》前進した。対 後《こう》退《たい》。後《こう》進《しん》。

**せんしんこく【先進国】** 名 経《けい》済《ざい》・技《ぎ》術《じゅつ》などが先《さき》に進《すす》んでいる国《くに》。

■**ぜんしんぜんれい【全身全霊】**° 名 体《からだ》と心《こころ》のすべて。例 全身全霊をうちこむ。

■**ぜんじんみとう【前人未到°・前人未踏°】** 名 今《いま》までだれもそこまで至《いた》っていないこと。また、だれも足《あし》をふみ入《い》れていないこと。例 前人未到の大《だい》記《き》録《ろく》。前人未踏のジャングル。

**せんす【扇子】**° 名 折《お》りたたむようにできている、あおいで風《かぜ》を起《お》こすもの。おうぎ。末《すえ》広《ひろ》がり。

**センス**〔英語 sense〕名 ものごとの細《こま》かい味《あじ》わいや意《い》味《み》を感《かん》じ取《と》る心《こころ》のはたらき。感《かん》覚《かく》。例 あの人《ひと》は、色《しき》彩《さい》のセンスがいい。

**せんすい【潜水】**° 名 動-する 水《みず》の中《なか》にもぐること。例 潜水夫《ふ》。

**せんすいかん【潜水艦】**° 名 海《かい》中《ちゅう》にもぐって活《かつ》動《どう》する軍《ぐん》艦《かん》。魚《ぎょ》雷《らい》〔=水《すい》中《ちゅう》を進《すす》んでゆく爆《ばく》弾《だん》〕などの武《ぶ》器《き》を備《そな》える。↓ふね❶1150ページ

**ぜんせ【前世】** 名 仏《ぶっ》教《きょう》で、人《にん》間《げん》が、この世《よ》に生《う》まれてくる前《まえ》にいたという世《よ》。例 前世の因《いん》縁《ねん》。関連 現《げん》世《せ》。来《らい》世《せ》。

°**せんせい【先生】** 名 ❶ものごとを教《おし》える人《ひと》。教《きょう》師《し》。❷学《がく》者《しゃ》・医《い》者《しゃ》・弁《べん》護《ご》士《し》・政《せい》治《じ》家《か》などを、敬《うやま》って呼《よ》ぶ言《こと》葉《ば》。

**せんせい【先制】** 名 動-する 先《さき》にしかけること。先《せん》手《て》を打《う》つこと。例 先制攻《こう》撃《げき》。

**せんせい【宣誓】**° 名 動-する みんなの前《まえ》で、ちかいの言《こと》葉《ば》を述《の》べること。例 選《せん》手《しゅ》宣誓。証《しょう》人《にん》として宣誓する。

**せんせい【専制】** 名 動-する 上《うえ》の立《たち》場《ば》の人《ひと》が、自《じ》分《ぶん》の考《かんが》えだけでものごとを進《すす》めること。例 専制的《てき》な政《せい》治《じ》。

**ぜんせい【全盛△】** 名 勢《いきお》いがいちばんさかんなこと。例 全盛をきわめる。

**ぜんせい【善政】** 名 みんなを幸《しあわ》せにする、よい政《せい》治《じ》。対 悪《あく》政《せい》。

**せんせいせいじ【専制政治】** 名 支《し》配《はい》している人《ひと》が、好《す》き勝《かっ》手《て》に国《くに》を動《うご》かす政《せい》治《じ》。

**せんせいてん【先制点】** 名 相《あい》手《て》よりも先《さき》に取《と》った得《とく》点《てん》。例 先制点を取《と》れば有《ゆう》利《り》だ。

**センセーショナル**〔英語 sensational〕形動 おおげさな表《ひょう》現《げん》などを使《つか》って、人《ひと》々《びと》の関《かん》心《しん》をひくようす。例 センセーショナルな記《き》事《じ》。

**センセーション**〔英語 sensation〕名 人《ひと》々《びと》の注《ちゅう》意《い》をひき、世《せ》間《けん》をさわがせること。大《だい》評《ひょう》判《ばん》。例 センセーションを巻《ま》き起《お》こす。

**せんせん【宣戦】** 名 動-する 戦《せん》争《そう》開《かい》始《し》を宣《せん》言《げん》すること。例 宣戦布《ふ》告《こく》。

**せんせん【戦線】** 名 戦《たたか》いが行《おこな》われている場《ば》所《しょ》。

**せんぜん【戦前】** 名 戦《せん》争《そう》の始《はじ》まる前《まえ》。特《とく》に





ことわざ かっぱの川流《かわなが》れ　パソコン自慢《じまん》の兄《あに》が、操作《そうさ》をミスしてさわいでいる。まるでかっぱの川流《かわなが》れだ。

第《だい》二《に》次《じ》世《せ》界《かい》大《たい》戦《せん》前《まえ》をいう。対 戦後《せんご》。

**ぜんせん【前線】** 名 ❶戦場《せんじょう》で、敵《てき》にいちばん近《ちか》い所《ところ》。❷暖《あたた》かい空《くう》気《き》のかたまりと冷《つめ》たい空気のかたまりの境《さかい》目《め》。この辺《あた》りは、天《てん》気《き》が悪《わる》い。例 寒冷前線《かんれいぜんせん》。

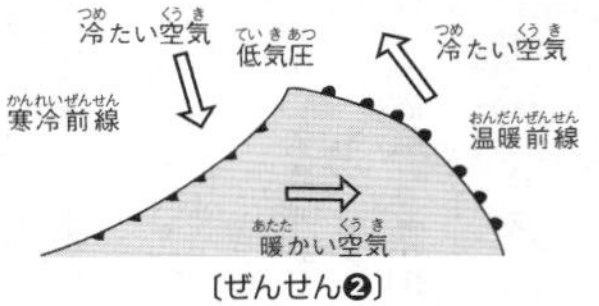

〔ぜんせん❷〕

**ぜんせん【善戦】** 名 動する 力《ちから》を出《だ》しきって、よく戦《たたか》うこと。例 善戦したが、おしくも試合《しあい》に負《ま》けた。

**∘ぜんぜん【全然】** 副 ❶まったく。まるで。例 雨《あめ》が全然降《ふ》らない。❷まるきり。例 それとは全然ちがう。注意 ふつう❶は、あとに「ない」などの打《う》ち消《け》しの言葉《ことば》がくるが、くだけた言《い》い方《かた》では「全然平《へい》気《き》だ」のように強《きょう》調《ちょう》の意味《いみ》で使《つか》うこともある。

**■せんせんきょうきょう【戦戦恐恐】°** 副と おそれて、びくびくするようす。例 戦々恐々として、不安《ふあん》な毎日《まいにち》を過《す》ごす。参考「戦々恐々《せんせんきょうきょう》たるありさま」のように使《つか》うこともある。

**せんぞ【先祖】** 名 その家《いえ》の血筋《ちすじ》の、いちばん初《はじ》めの人《ひと》。また、今《いま》の家族《かぞく》より前《まえ》の代《だい》の人々《ひとびと》。例 先祖の墓《はか》。類 祖先《そせん》。対 子孫《しそん》。

**∘せんそう【戦争】** 名 動する ❶国《くに》と国とが武《ぶ》器《き》を使《つか》って争《あらそ》うこと。いくさ。戦《たたか》い。対 平《へい》和《わ》。❷激《はげ》しい競争《きょうそう》や混乱《こんらん》。例 受験《じゅけん》戦争。

**ぜんそう【前奏】** 名〔音楽《おんがく》で〕歌《うた》の初《はじ》めに楽《がっ》器《き》だけで演奏《えんそう》される部分《ぶぶん》。

**ぜんそうきょく【前奏曲】** 名 ❶歌劇《かげき》などで、幕《まく》が開《ひら》く前《まえ》に演奏《えんそう》する曲《きょく》。❷形式《けいしき》の自《じ》由《ゆう》な器楽《きがく》の小曲《しょうきょく》。プレリュード。

**せんぞく【専属】** 名 動する 会社《かいしゃ》や団体《だんたい》などと約束《やくそく》して、そこの仕事《しごと》だけをすること。例 専属の楽団《がくだん》。

**ぜんそく【喘息】** 名 激《はげ》しいせきが出《で》て、息《いき》が苦《くる》しくなる発作《ほっさ》が起《お》きる病気《びょうき》。

**ぜんそくりょく【全速力】** 名 出《だ》せる限《かぎ》りの速《はや》さ。フルスピード。例 坂道《さかみち》を全速力でかけ上《のぼ》る。

**センター**〔英語 center〕名 ❶中央《ちゅうおう》。中心《ちゅうしん》。また、中心《ちゅうしん》になる施設《しせつ》。例 文化《ぶんか》センター。❷野《や》球《きゅう》・ソフトボールで、外野《がいや》の真《ま》ん中《なか》を守《まも》る人《ひと》。❸バスケットボールやバレーボールなどで、真《ま》ん中《なか》を守《まも》る人《ひと》。

**センターライン**〔英語 center line〕名 ❶道路《どうろ》を左右《さゆう》に分《わ》ける中央《ちゅうおう》の線《せん》。❷競技場《きょうぎじょう》やコートを中央《ちゅうおう》で二《ふた》つに分ける線。

**せんたい【船体】** 名 ❶船《ふね》の姿《すがた》。❷船《ふね》の胴《どう》体《たい》。例 大《おお》きな波《なみ》で船体がかたむいた。

**せんだい【先代】** 名 ❶前《まえ》の時代《じだい》。❷前《まえ》の代《だい》の主人《しゅじん》。例 先代が、店《みせ》を大《おお》きくした。対 当《とう》主《しゅ》。

**∘ぜんたい【全体】** 一 名 あるものやことがらのすべて。例 学校《がっこう》全体の人数《にんずう》。対 部分《ぶぶん》。二 副 ❶もともと。もとはといえば。例 全体、ぼくが悪《わる》かった。❷いったい。いったいぜんたい。例 全体、なぜ失敗《しっぱい》したのか。

**せんだいし【仙台市】** 地名 宮城県《みやぎけん》の県庁《けんちょう》がある市。

**せんたいしょう【線対称】°** 名 一本《いっぽん》の直《ちょく》線《せん》を中心《ちゅうしん》にして折《お》り曲《ま》げたときに、図形《ずけい》などの形《かたち》がぴったり重《かさ》なり合《あ》うこと。関連 点対《てんたい》称《しょう》。面対称《めんたいしょう》。↓たいしょう（対称）775ページ

**ぜんたいぞう【全体像】** 名 全体《ぜんたい》の形《かたち》やようす。例 オリンピックの全体像を示《しめ》す。

**■ぜんだいみもん【前代未聞】** 名 今《いま》まで聞《き》いたこともないような、めずらしいこと。例 前代未聞の出来事《できごと》。

**せんだいわん【仙台湾】** 地名 宮城県《みやぎけん》の東《とう》部《ぶ》に広《ひろ》がる湾《わん》。奥《おく》に松島《まつしま》がある。

**∘せんたく【洗濯】** 名 動する 衣類《いるい》などのよごれを洗《あら》ってきれいにすること。例 泥《どろ》だらけのユニフォームを洗濯する。

**せんたく【選択】** 名 動する いくつかの中《なか》から、よいと思《おも》うものを選《えら》び出《だ》すこと。例 自分《じぶん》の勉強《べんきょう》したい科目《かもく》を選択する。

**せんたくいた【洗濯板】°** 名 手《て》で洗濯《せんたく》をするときに使《つか》う木《き》の板《いた》。表面《ひょうめん》に刻《きざ》み目《め》がついている。

**せんたくし【選択肢】°** 名 選《えら》べるように用《よう》意《い》された、いくつかの答《こた》え。

**せんだつ【先達】** 名 ❶その分野《ぶんや》での先輩《せんぱい》。例 物理学《ぶつりがく》の先達。❷先《さき》に立《た》って案内《あんない》する人《ひと》。

ことわざ 壁《かべ》に耳《みみ》あり障子《しょうじ》に目《め》あり　人《ひと》のうわさはむやみにするな。壁《かべ》に耳《みみ》あり障子《しょうじ》に目《め》ありと言《い》うじゃないか。

例 山登《やまのぼ》りの先達を務《つと》める。

**せんだって【先だって】** 名 副 このあいだ。例 せんだって車《くるま》を買《か》った。類 先日《せんじつ》。

**ぜんだま【善玉】** 名 ❶善人《ぜんにん》。（ドラマなどの）善人《ぜんにん》の役《やく》。❷よいはたらきをするもの。例 善玉菌《きん》（＝体《からだ》によいはたらきをする菌《きん》。乳《にゅう》酸菌《さんきん》など）。対 悪玉《あくだま》。

**せんたん【先端】** 名 ❶物《もの》のはし。先《さき》のほう。例 みさきの先端。❷時代《じだい》や流行《りゅうこう》のいちばん先《さき》。例 流行《りゅうこう》の先端をいく服装《ふくそう》。

**せんだん【船団】** 名 まとまって行動《こうどう》する船《ふね》の集団《しゅうだん》。例 まぐろ船団。

**せんだんはふたばよりかんばし【せんだんは双葉より芳し】**〔ふたばのころから、せんだんは良《よ》いにおいがすることから〕成功《せいこう》する人《ひと》は子《こ》どものときからすぐれている。参考「せんだん」は、香料《こうりょう》として使《つか》われるびゃくだんのこと。

**せんち【戦地】** 名 戦争《せんそう》をしている土地《とち》。戦《せん》場《じょう》。例 戦地におもむく。

**センチ** 一 名「センチメートル」の略《りゃく》。二 形動「センチメンタル」の略《りゃく》。例 センチな詩《し》。

**ぜんち【全治】** 名 動-する 病気《びょうき》やけがが、すっかり治《なお》ること。例 全治二《に》か月《げつ》の大《おお》けが。類 全快《ぜんかい》。

■**ぜんちぜんのう【全知全能】** 名 すべてのことを知《し》っていて、すべてのことができる能力《のうりょく》。例 全知全能の神《かみ》。

◦**センチメートル**〔フランス語〕名 メートル法《ほう》で、長《なが》さの単位《たんい》の一《ひと》つ。一《いっ》センチメートルは、一《いち》メートルの百分《ひゃくぶん》の一《いち》。記号《きごう》は「cm」。センチ。↓メートル 1289ページ

**センチメンタル**〔英語 sentimental〕形動 ものごとに感《かん》じやすいようす。センチ。感《かん》傷的《しょうてき》。例 センチメンタルな歌《うた》。

**せんちゃ【煎茶】** 名 ❶緑茶《りょくちゃ》に湯《ゆ》をついで、煎《せん》じた飲《の》み物《もの》。また、そのお茶《ちゃ》の葉《は》。❷緑茶《りょくちゃ》のうち、品質《ひんしつ》が玉露《ぎょくろ》と番茶《ばんちゃ》の中間《ちゅうかん》のもの。

**せんちゃく【先着】** 名 動-する 先《さき》に着《つ》くこと。例 先着順《じゅん》に席《せき》につく。

**せんちょう【船長】** 名 船《ふね》の乗組員《のりくみいん》の中《なか》でいちばん上《うえ》の位《くらい》で、航海《こうかい》の指図《さしず》をして船《ふね》全体《ぜんたい》の責任《せきにん》を持《も》つ人《ひと》。キャプテン。

**ぜんちょう【全長】** 名 全体《ぜんたい》の長《なが》さ。

**ぜんちょう【前兆】** 名 何《なに》かが起《お》ころうとする知《し》らせ。前《まえ》ぶれ。例 地震《じしん》の前兆。

**せんて【先手】** 名 ❶人《ひと》より先《さき》に、ものごとを始《はじ》めること。例 先手を取《と》った。❷碁《ご》や将《しょう》棋《ぎ》で、先《さき》に打《う》つほう。対（❶・❷）後手《ごて》。

**先手《せんて》を打《う》つ** 相手《あいて》よりも先《さき》に行《おこな》って、自分《じぶん》が有利《ゆうり》な立場《たちば》に立《た》つ。例 先手を打って、いち早《はや》く立候補《りっこうほ》した。

**せんてい【選定】** 名 動-する 多《おお》くの中《なか》から選《えら》んで決《き》めること。例 選定図書《としょ》。

**せんてい【剪定】** 名 動-する 枝《えだ》を切《き》りつめて、木《き》の形《かたち》を整《ととの》えたり、大《おお》きくのびすぎないようにしたりすること。

**ぜんてい【前提】** 名 あることが成《な》り立《た》つために必要《ひつよう》な条件《じょうけん》。例 みんなが賛成《さんせい》することを前提に、この計画《けいかく》は進《すす》められる。

**せんてつ【銑鉄】** 名 鉄《てっ》鉱石《こうせき》をとかしただけの鉄《てつ》。鋼鉄《こうてつ》やいものの原料《げんりょう》。

■**せんてひっしょう【先手必勝】** 名〔勝《しょう》負事《ぶごと》などで〕相手《あいて》より先《さき》に動《うご》けば、有利《ゆうり》になるということ。

◦**せんでん【宣伝】** 名 動-する ❶多《おお》くの人々《ひとびと》に知《し》らせ広《ひろ》めること。例 新製品《しんせいひん》を宣伝する。❷大《おお》げさに言《い》いふらすこと。

**ぜんてん【前転】** 名〔体育《たいいく》で〕マット運動《うんどう》で、体《からだ》を前《まえ》に回転《かいてん》すること。対 後転《こうてん》。

**センテンス**〔英語 sentence〕名 一《ひと》続《つづ》きのまとまりのある言葉《ことば》。文《ぶん》。

**せんてんてき【先天的】** 形動 生《う》まれたときからその人《ひと》に備《そな》わっているようす。生《う》まれつき。例 先天的な能力《のうりょく》。対 後天的《こうてんてき》。

**せんと【遷都】** 名 動-する 都《みやこ》を他《ほか》の場所《ばしょ》にうつすこと。

**セント**〔英語 cent〕名 アメリカなどのお金《かね》の単位《たんい》。一《いっ》セントは、一《いち》ドルの百分《ひゃくぶん》の一《いち》。

**せんど【鮮度】** 名（野菜《やさい》や魚《さかな》などの）新《あたら》しさの程度《ていど》。例 冷凍《れいとう》して鮮度を保《たも》つ。

**ぜんと【前途】** 名 ❶行《い》く先《さき》。行《い》く手《て》。例 前途の無事《ぶじ》をいのる。❷これから先《さき》の運命《うんめい》。将来《しょうらい》。例 卒業生《そつぎょうせい》の前途を祝《いわ》う。

**ぜんど【全土】** 名 国土《こくど》全体《ぜんたい》。また、ある地域《ちいき》全体《ぜんたい》。例 日本《にっぽん》全土。

◦**せんとう【先頭】** 名 いちばん前《まえ》。真《ま》っ先《さき》。





ことわざ 果報《かほう》は寝《ね》て待《ま》て　昔《むかし》から果報《かほう》は寝《ね》て待《ま》てと言《い》う。じたばたあせらずに待《ま》ってみよう。

例 列《れつ》の先頭に立《た》つ。

**せんとう【戦闘】**名 動-する 武器《ぶき》を使《つか》って戦《たたか》うこと。例 戦闘開始《かいし》。

**せんとう【銭湯】**名 お金《かね》をはらって入《はい》るふろ。ふろ屋《や》。公衆浴場《こうしゅうよくじょう》。

**せんどう【先導】**名 動-する 先《さき》に立《た》って、あとからくるものを導《みちび》くこと。例 パトカーが、車《くるま》の行列《ぎょうれつ》を先導する。

**せんどう【扇動】**名 動-する 気持《きも》ちをあおり、ある行動《こうどう》を起《お》こすようにしむけること。例 民衆《みんしゅう》を扇動する。

**せんどう【船頭】**名 船《ふね》をこぐ仕事《しごと》をする人《ひと》。また、その船《ふね》でいちばんえらい人《ひと》。

**船頭《せんどう》多《おお》くして 船《ふね》 山《やま》に登《のぼ》る** 指図《さしず》する人《ひと》ばかりだと、ものごとがまとまらず、とんでもないことになる。

■**ぜんとゆうぼう【前途有望】**形動 将来《しょうらい》に期待《きたい》がもてるようす。例 前途有望な若者《わかもの》たち。

■**ぜんとようよう【前途洋洋】**副(-と) 将《しょう》来《らい》が希望《きぼう》に満《み》ちているようす。例 前途洋々として明《あか》るい未来《みらい》。参考「前《ぜん》途《と》洋《よう》々たる若《わか》者《もの》」のように使《つか》うこともある。

■**ぜんなんぜんにょ【善男善女】**名 仏《ほとけ》の教《おし》えを信《しん》じている男女《だんじょ》。信心深《しんじんぶか》い人々《ひとびと》。

**ぜんにちせい【全日制】**名 高等学校《こうとうがっこう》などで、平日《へいじつ》の昼間《ひるま》に勉強《べんきょう》を教《おし》える制度《せいど》。ぜんじつせい。対 定時制《ていじせい》。

**せんにゅう【潜入】**名 動-する こっそりもぐりこむこと。例 敵地《てきち》に潜入する。

**せんにゅうかん【先入観】**名 実際《じっさい》に見《み》聞《き》きする前《まえ》に、すでにできあがっている考《かんが》え。思《おも》いこみ。例 先入観を捨《す》てる。

**せんにん【仙人】**名 山《やま》の中《なか》でかすみを食《た》べて生《い》き、ふしぎな術《じゅつ》を使《つか》い、死《し》ぬこともないという想像上《そうぞうじょう》の人《ひと》。

**せんにん【先任】**名 先《さき》に仕事《しごと》や地位《ちい》についていること。また、その人《ひと》。例 先任の教師《きょうし》。

**せんにん【専任】**名 ある一《ひと》つの仕事《しごと》や役目《やくめ》を受《う》け持《も》つこと。また、その人《ひと》。例 体育《たいいく》専任の先生《せんせい》。対 兼任《けんにん》。

**ぜんにん【前任】**名 前《まえ》に、その仕事《しごと》を受《う》け持《も》っていたこと。また、その人《ひと》。例 前任者《しゃ》から引《ひ》きつぐ。対 後任《こうにん》。

**ぜんにん【善人】**名 ❶よい心《こころ》を持《も》ち、行《おこな》いが正《ただ》しい人《ひと》。対 悪人《あくにん》。❷おひとよし。

**せんにんりき【千人力】**名 ❶ひじょうに強《つよ》い力《ちから》。❷〔千人分《せんにんぶん》の助《たす》けを得《え》られたように〕心強《こころづよ》いこと。例 君《きみ》が加《くわ》われば千人力だ。

**せんぬき【栓抜き】**名 びんなどのせんを抜《ぬ》くための道具《どうぐ》。

**せんねん【先年】**名 何年《なんねん》か前《まえ》。過《す》ぎた年《とし》。例 先年、海外《かいがい》から帰国《きこく》した。

**せんねん【専念】**名 動-する 一《ひと》つのことに、熱心《ねっしん》にうちこむこと。例 作曲《さっきょく》に専念する。類 専心《せんしん》。

**ぜんねん【前年】**名 その前《まえ》の年《とし》。例 オリンピックの前年。

**せんのう【洗脳】**名 動-する 人《ひと》の考《かんが》え方《かた》をすっかり変《か》えさせること。

**ぜんのう【全能】**名 すべてのことができること。例 全《ぜん》知《ち》全能。全能の神《かみ》。

**ぜんのう【前納】**名 動-する 代金《だいきん》などを前《まえ》もって納《おさ》めること。例 料金《りょうきん》を前納する。対 後《こう》納《のう》。

**せんの りきゅう〘千利休〙**人名 (男)(一五二二～一五九一)安土桃山時代《あづちももやまじだい》の茶人《ちゃじん》で、茶道《さどう》を完成《かんせい》させた人《ひと》。豊臣秀吉《とよとみひでよし》に仕《つか》えたが、後《のち》に切腹《せっぷく》させられた。

**せんばい【専売】**名 動-する 決《き》まった人《ひと》や会《かい》社《しゃ》だけが売《う》ること。例 新聞《しんぶん》の専売店《てん》。

**せんぱい【先輩】**名 ❶年《とし》や地位《ちい》・経験《けいけん》などが、自分《じぶん》より上《うえ》の人《ひと》。例 人生《じんせい》の先輩。❷同《おな》じ学校《がっこう》や会社《かいしゃ》などに、先《さき》に入《はい》った人《ひと》。対(❶・❷)後輩《こうはい》。

**ぜんぱい【全敗】**名 動-する すべての勝負《しょうぶ》に負《ま》けること。対 全勝《ぜんしょう》。

**ぜんぱい【全廃】**名 動-する 全部《ぜんぶ》をやめること。例 核兵器《かくへいき》を全廃する。

**せんぱく【浅薄】**形動 知識《ちしき》や考《かんが》えが浅《あさ》いようす。例 思《おも》いつきだけの浅薄な意見《いけん》。

**せんぱく【船舶】**名 船《ふね》。大《おお》きな船《ふね》。

**せんばつ【選抜】**名 動-する たくさんの中《なか》から、すぐれたものを選《えら》びぬくこと。例 代表《だいひょう》を選抜する。

**せんぱつ【先発】**名 動-する ❶先《さき》に出《で》かけること。例 一《いち》組《くみ》が先発する。対 後発《こうはつ》。❷試合《しあい》



ことわざ 亀《かめ》の甲《こう》より年《とし》の功《こう》 やはり亀《かめ》の甲《こう》より年《とし》の功《こう》だ。おばあちゃんのほうが手《て》つきがいい。

の最初《さいしょ》から出場《しゅつじょう》すること。例 先発投手《とうしゅ》。

**せんぱつ【洗髪】** 名 動する 髪《かみ》の毛《け》を洗《あら》うこと。

**せんばづる【千羽鶴】** 名 ❶紙《かみ》でツルを折《お》り、糸《いと》でたくさんつないだもの。病気全快《びょうきぜんかい》などの願《ねが》いをこめて作《つく》る。❷たくさんのツルをかいた模様《もよう》。

**せんばん【旋盤】** 名 回転《かいてん》させた材料《ざいりょう》に刃物《はもの》を当《あ》て、けずったり切《き》ったりして加工《かこう》する機械《きかい》。

**せんぱん【先般】** 名 このあいだ。さきごろ。〔改《あらた》まった言《い》い方《かた》。〕例 先般はありがとうございました。

**せんぱん【戦犯】** 名 ❶戦争中《せんそうちゅう》の行動《こうどう》で罪《つみ》に問《と》われた人《ひと》。戦争犯罪人《せんそうはんざいにん》。❷競技《きょうぎ》や仕事《しごと》などで、悪《わる》い結果《けっか》をまねいた人《ひと》。また、その責任《せきにん》を取《と》る人《ひと》。例 失敗《しっぱい》をまねいた戦犯。参考 本来《ほんらい》は❶の意味《いみ》で使《つか》う。

**ぜんはん【前半】** 名 ものごとを二《ふた》つに分《わ》けたうちの、前《まえ》の半分《はんぶん》。ぜんぱん。例 試合《しあい》の前半に二点《にてん》を得点《とくてん》した。対 後半《こうはん》。

例解 ! 表現の広場

**全部《ぜんぶ》と全体《ぜんたい》と全般《ぜんぱん》のちがい**

| | 全部《ぜんぶ》 | 全体《ぜんたい》 | 全般《ぜんぱん》 |
| --- | --- | --- | --- |
| 町《まち》に広《ひろ》がる。 | ○ | ○ | ○ |
| 子《こ》どもに話《はな》す。 | ○ | ○ | × |
| 話《はなし》は忘《わす》れた。 | ○ | × | × |
| 学校《がっこう》のほまれだ。 | × | ○ | × |
| 今年《ことし》は寒《さむ》い。 | × | ○ | ○ |

**ぜんぱん【全般】** 名 ものごとの全体《ぜんたい》。すべて。例 今年《ことし》は、全般に雨《あめ》が少《すく》ない。

**せんび【船尾】** 名 船《ふね》の後《うし》ろの部分《ぶぶん》。とも。対 船首《せんしゅ》。

**せんぴょう【選評】** 名 動する たくさんの作品《さくひん》の中《なか》から、いくつかを選《えら》んで、批評《ひひょう》すること。また、その批評《ひひょう》。

**ぜんぶ【全部】** 名 副 すべて。みんな。例 弟《おとうと》は、カレーを全部たいらげた。対 一部《いちぶ》。

**せんぷう【旋風】** 名 ❶急《きゅう》に起《お》こる、うずを巻《ま》く強《つよ》い風《かぜ》。つむじ風《かぜ》。❷突然世《とつぜんよ》の中《なか》をさわがせるような、大《おお》きい出来事《できごと》。例 芸能界《げいのうかい》に一大旋風《いちだいせんぷう》を巻《ま》き起《お》こす。

**せんぷうき【扇風機】** 名 モーターで羽根《はね》を回《まわ》して、風《かぜ》を起《お》こす機械《きかい》。

**せんぷく【船腹】** 名 ❶船《ふね》の胴体《どうたい》の部分《ぶぶん》。❷船《ふね》の、荷物《にもつ》を積《つ》む所《ところ》。

**せんぷく【潜伏】** 名 動する ❶こっそりと、にげてかくれること。例 犯人《はんにん》はこの町《まち》に潜伏していた。❷病気《びょうき》を起《お》こす菌《きん》が、人《ひと》の体《からだ》に入《はい》っているのに、まだ発病《はつびょう》していないこと。例 インフルエンザの潜伏期間《きかん》。

**ぜんぷく【全幅】** 名 ❶紙《かみ》や画面《がめん》の全体《ぜんたい》のはば。❷もてるかぎり。例 全幅の信頼《しんらい》をおく。

**せんぶん【線分】** 名 二《ふた》つの点《てん》を結《むす》ぶ直線《ちょくせん》。

**ぜんぶん【全文】** 名 文章全体《ぶんしょうぜんたい》。例 全文に目《め》を通《とお》して、文章《ぶんしょう》を整《ととの》える。

**ぜんぶん【前文】** 名 ❶前《まえ》に書《か》いてある文章《ぶんしょう》。❷手紙《てがみ》を書《か》きだすときの、季節《きせつ》の挨拶《あいさつ》など。例 憲法《けんぽう》の前文。

**せんべい【煎餅】** 名 小麦粉《こむぎこ》や米《こめ》の粉《こな》をこねて、うすく焼《や》いた菓子《かし》。

**せんべいぶとん【煎餅布団】** 名 うすくてかたい、粗末《そまつ》なふとん。

**せんべつ【選別】** 名 動する ある基準《きじゅん》で、より分《わ》けること。例 ミカンの選別。

**せんべつ【餞別】** 名 旅《たび》に出《で》る人《ひと》や別《わか》れる人《ひと》におくる、品物《しなもの》やお金《かね》。はなむけ。例 転校《てんこう》する友達《ともだち》にせん別を贈《おく》る。

**ぜんぺん【全編】** 名 詩《し》・物語《ものがたり》・映画《えいが》などの作品《さくひん》の、初《はじ》めから終《お》わりまで。

■**せんぺんいちりつ【千編一律】** 名 物事《ものごと》がどれも同《おな》じで、変化《へんか》やおもしろみがないこと。例 千編一律のテレビドラマ。

■**せんぺんばんか【千変万化】** 名 動する いろいろさまざまに変《か》わること。例 千変万化のストーリーに、はらはらさせられる。

**せんべんをつける【先べんをつける】** 他《ほか》の人《ひと》より先《さき》に始《はじ》める。例 新技術導入《しんぎじゅつどうにゅう》の先べんをつける。

**せんぼう【羨望】** 名 動する うらやましく思《おも》うこと。例 優勝者《ゆうしょうしゃ》に羨望の念《ねん》をいだく。

**せんぽう【先方】** 名 ❶向《む》こうのほう。例 はるか先方にうかぶ島《しま》。❷相手《あいて》の人《ひと》。例 先方のつごうを聞《き》く。対 当方《とうほう》。

**ぜんぼう【全貌】** 名 全体《ぜんたい》のようすや姿《すがた》。例





ことわざ からすの行水《ぎょうずい》 兄《あに》の風呂《ふろ》は、まるでからすの行水《ぎょうずい》だ。どぼんとつかるだけで、すぐに出《で》てきてしまう。

事件《じけん》の全貌が明《あき》らかになる。

**ぜんぽう【前方】** 名 前《まえ》のほう。対後方《こうほう》。

**せんぼうきょう【潜望鏡】** 名 潜水艦《せんすいかん》から外《そと》のようすを見《み》るために使《つか》う、細長《ほそなが》い望遠鏡《ぼうえんきょう》。

**ぜんぽうこうえんふん【前方後円墳】** 名 古墳《こふん》の形《かたち》の一《ひと》つ。前《まえ》が四角《しかく》く、後《うし》ろが円《まる》い。大阪府《おおさかふ》にある日本《にっぽん》最大《さいだい》の大仙古墳《だいせんこふん》(仁徳天皇陵《にんとくてんのうりょう》)もこの形《かたち》。

**せんぼつ【戦没】** 名 動する 戦争《せんそう》で死《し》ぬこと。戦死《せんし》。例戦没者《しゃ》。

**ぜんまい【〈発条〉】** 名 鋼鉄《こうてつ》をうすく細長《ほそなが》くして、うず巻《ま》きのように巻《ま》いたもの。時計《とけい》やおもちゃを動《うご》かすのに使《つか》う。

**ぜんまい** 名 野山《のやま》に生《は》えるシダの仲間《なかま》の草《くさ》。春《はる》、うず巻《ま》きのように巻《ま》いた若《わか》い葉《は》を食《た》べる。

〔ぜんまい〕

**せんまいだ【千枚田】** 名 ↓たなだ 802ページ

**せんまいどおし【千枚通し】** 名 かさねた紙《かみ》などに穴《あな》をあけるきり。

**ぜんまいばかり** 名 ↓ばねばかり 1059ページ

**せんむ【専務】** 名 ❶その仕事《しごと》だけを受《う》け持《も》つ人《ひと》。例専務車掌《しゃしょう》。❷会社《かいしゃ》や団体《だんたい》の長《ちょう》を助《たす》け、中心《ちゅうしん》になって仕事《しごと》を取《と》りしまる役《やく》。また、その人《ひと》。例専務取締役《とりしまりやく》。

**せんめい【鮮明】** 形動 あざやかで、はっきりしているようす。例あのときのことは、鮮明に覚《おぼ》えている。

**ぜんめつ【全滅】** 名 動する 全部《ぜんぶ》ほろびること。または、ほろぼすこと。例戦争《せんそう》で、町《まち》は全滅した。

**せんめん【洗面】** 名 動する 顔《かお》を洗《あら》うこと。例洗面道具《どうぐ》。

**ぜんめん【全面】** 名 すべての面《めん》。全体《ぜんたい》。例全面ガラス張《ば》りの窓《まど》。

**ぜんめん【前面】** 名 前《まえ》の面《めん》。表《おもて》の面《めん》。例前面に押《お》し出《だ》す。

**せんめんき【洗面器】** 名 顔《かお》や手《て》を洗《あら》うときに湯《ゆ》や水《みず》をためておく容器《ようき》。

**せんめんじょ【洗面所】** 名 ❶顔《かお》や手《て》を洗《あら》ったりする所《ところ》。❷便所《べんじょ》。トイレ。

**ぜんめんてき【全面的】** 形動 全体《ぜんたい》にわたるようす。例その計画《けいかく》に全面的に賛成《さんせい》する。対部分的《ぶぶんてき》。

**せんもう【繊毛】** 名 ❶細《ほそ》くて短《みじか》い毛《け》。❷ゾウリムシなどの原生動物《げんせいどうぶつ》の、体《からだ》の表面《ひょうめん》に生《は》えている毛《け》のようなもの。

**ぜんもう【全盲】** 名 まったく目《め》が見《み》えないこと。

**○せんもん【専門】** 名 一《ひと》つの学問《がくもん》や仕事《しごと》に深《ふか》くかかわること。また、その学問《がくもん》や仕事《しごと》。例文学《ぶんがく》を専門に研究《けんきゅう》する。

**せんもんか【専門家】** 名 ある学科《がっか》やある仕事《しごと》に、特別《とくべつ》に深《ふか》くたずさわっている人《ひと》。例専門家に依頼《いらい》する。

**せんもんがっこう【専門学校】** 名 高等《こうとう》学校《がっこう》を卒業《そつぎょう》した人《ひと》に、職業《しょくぎょう》に必要《ひつよう》な能力《のうりょく》を育《そだ》てる専門《せんもん》の学校《がっこう》。

**せんもんてん【専門店】** 名 ある決《き》まった種類《しゅるい》の商品《しょうひん》を扱《あつか》う店《みせ》。

**ぜんもんのとら こうもんのおおかみ【前門の虎 後門の狼】** 一《ひと》つ災難《さいなん》をのがれたのに、すぐまた別《べつ》の災難《さいなん》にあうことのたとえ。参考前《まえ》のトラを防《ふせ》いだかと思《おも》うと、後《うし》ろにオオカミが迫《せま》っている、という意味《いみ》。

**せんもんようご【専門用語】** 名 学問《がくもん》や仕事《しごと》の、ある決《き》まった分野《ぶんや》だけで使《つか》われ、通用《つうよう》している言葉《ことば》。↓じゅつご(術語) 611ページ

**ぜんや【前夜】** 名 ❶その日《ひ》の前《まえ》の夜《よる》。例クリスマスの前夜。❷昨日《きのう》の夜《よる》。昨夜《さくや》。例前夜の雨《あめ》で、花《はな》が散《ち》った。

**せんやいちやものがたり『千夜一夜物語』** 作品名 アラビアやペルシャ(=今《いま》のイラン)などに伝《つた》わる、「アラジンと魔法《まほう》のランプ」「アリババと四十人《よんじゅうにん》の盗賊《とうぞく》」などの約《やく》二五〇の話《はなし》を集《あつ》めたもの。アラビアンナイト。千一夜物語《せんいちやものがたり》。

**せんやく【先約】** 名 ❶前《まえ》からの約束《やくそく》。❷それ以前《いぜん》にした約束《やくそく》。例その日《ひ》は先約がある。

**ぜんやさい【前夜祭】** 名 特別《とくべつ》なもよおしがある日《ひ》の、前《まえ》の夜《よる》に行《おこな》うお祝《いわ》い。

**せんゆう【専有】** 名 動する あるものを自分《じぶん》だけでもつこと。例土地《とち》を専有する。

**せんゆう【戦友】** 名 ❶戦場《せんじょう》で共《とも》に戦《たたか》った仲《なか》

ことわざ 借《か》りてきた猫《ねこ》 あんなにわんぱくな弟《おとうと》も、おじさんの家《いえ》に行《い》くと、なぜか借《か》りてきた猫《ねこ》のようにおとなしい。

間《ま》。❷苦労《くろう》を共《とも》にした仲間《なかま》。

**せんよう【専用】** 名 動-する ❶その人《ひと》だけが使《つか》うこと。例 父《ちち》専用の車《くるま》。対 共用《きょうよう》。❷そのことのためだけに使《つか》うこと。例 庭《にわ》専用のほうき。対 兼用《けんよう》。

**ぜんよう【全容】** 名 ものごと全体《ぜんたい》のようす。例 事件《じけん》の全容を明《あき》らかにする。

**せんらん【戦乱】** 名 戦争《せんそう》で、世《よ》の中《なか》が乱《みだ》れること。例 戦乱の世《よ》。

**せんりがん【千里眼】** 名 遠《とお》くの出来事《できごと》や将来《しょうらい》のことまでも見《み》ぬける力《ちから》。また、その力《ちから》のある人《ひと》。

**せんりつ【旋律】** 名 〔音楽《おんがく》で〕高《たか》さや長《なが》さのちがういくつかの音《おと》が、リズムを持《も》って続《つづ》いている音《おと》の流《なが》れ。節《ふし》。メロディー。例 美《うつく》しい旋律に感動《かんどう》した。

**せんりつ【戦慄】** 名 動-する おそろしくて、体《からだ》がふるえること。例 戦慄が走《はし》る。

**せんりのみちもいっぽよりはじまる【千里の道も一歩より始まる】** 〔長《なが》い道《みち》のりも第一歩《だいいっぽ》をふみ出《だ》すことから始《はじ》まるように〕どんな大《おお》きな仕事《しごと》も、一《ひと》つ一《ひと》つの小《ちい》さなものごとから始《はじ》まるものだ。参考 「千里《せんり》の道《みち》も一歩《いっぽ》から」ともいう。

**せんりひん【戦利品】** 名 戦争《せんそう》に勝《か》ち、手《て》に入《い》れた品物《しなもの》。

**せんりゃく【戦略】** 名 戦《たたか》いや競争《きょうそう》に勝《か》つための、全体的《ぜんたいてき》な計画《けいかく》や方法《ほうほう》。類 戦術《せんじゅつ》。

**ぜんりゃく【前略】** 名 ❶前《まえ》の文章《ぶんしょう》を省《はぶ》くこと。関連 中略《ちゅうりゃく》。後略《こうりゃく》。❷手紙文《てがみぶん》の初《はじ》めに使《つか》う言葉《ことば》。挨拶文《あいさつぶん》をぬかして、すぐに用事《ようじ》を書《か》く場合《ばあい》に使《つか》う。結《むす》びにはふつう「草々《そうそう》」と書《か》く。例 前略、ごめんください。

❖**せんりゅう【川柳】** 名 五《ご》・七《しち》・五《ご》の三句《さんく》からできていて、俳句《はいく》に似《に》ているが、季題《きだい》・切《き》れ字《じ》などの約束《やくそく》がなく、世《よ》の中《なか》の滑稽《こっけい》や皮肉《ひにく》などをよんだもの。「本《ほん》ぶりになって出《で》て行《い》く雨《あま》やどり」など。参考 江戸時代《えどじだい》の柄井川柳《からいせんりゅう》が作者《さくしゃ》として有名《ゆうめい》だったので、その名《な》からついた。

**せんりょう【占領】** 名 動-する ❶ある場所《ばしょ》を独《ひと》りじめすること。例 部屋《へや》を一人《ひとり》で占領する。❷よその国《くに》を、軍隊《ぐんたい》の力《ちから》で支配《しはい》すること。例 占領軍《ぐん》。

**せんりょう【染料】** 名 物《もの》を染《そ》めるための材料《ざいりょう》。染《そ》め粉《こ》。

**せんりょう【千両】** 名 ❶一両《いちりょう》の千倍《せんばい》。❷とても価値《かち》が高《たか》いこと。例 千両役者《やくしゃ》。

**ぜんりょう【善良】** 形動 正直《しょうじき》で、すなおなようす。例 善良な市民《しみん》。

**ぜんりょうせい【全寮制】** 名 学校《がっこう》や会社《かいしゃ》などで、学生《がくせい》・生徒《せいと》や社員《しゃいん》全員《ぜんいん》が寮《りょう》で生活《せいかつ》することになっている制度《せいど》。

**せんりょく【戦力】** 名 ❶戦争《せんそう》をする力《ちから》。❷何《なに》かをするときに力《ちから》になる人《ひと》。例 彼《かれ》は引《ひ》っこしのときの戦力だ。

°**ぜんりょく【全力】** 名 ありったけの力《ちから》。例 全力投球《とうきゅう》。全力をつくして調《しら》べる。

**ぜんりん【前輪】** 名 車《くるま》の、前《まえ》の車輪《しゃりん》。

**せんれい【先例】** 名 ❶前《まえ》にあった例《れい》。前《ぜん》例《れい》。❷昔《むかし》からのしきたり。前例《ぜんれい》。

**せんれい【洗礼】** 名 ❶キリスト教《きょう》の信者《しんじゃ》になる儀式《ぎしき》。❷初《はじ》めて経験《けいけん》すること。例 今年《ことし》初《はじ》めて、大雪《おおゆき》の洗礼を受《う》けた。

**ぜんれい【前例】** 名 ❶➡せんれい（先例）739ページ。❷前《まえ》にあげた例《れい》。

**せんれき【戦歴】** 名 戦争《せんそう》や試合《しあい》などで戦《たたか》った経歴《けいれき》。

**ぜんれき【前歴】** 名 これまでにしてきた勤《つと》めや、仕事《しごと》など。

**せんれつ【鮮烈】** 名 形動 あざやかで、はっきりしていること。例 観客《かんきゃく》に鮮烈な印象《いんしょう》を残《のこ》した。

**ぜんれつ【前列】** 名 前《まえ》のほうの列《れつ》。対 後《こう》列《れつ》。

**せんれん【洗練】** 名 動-する 人柄《ひとがら》や趣味《しゅみ》などが、みがきがかかって、すぐれていること。例 洗練された文章《ぶんしょう》。

°**せんろ【線路】** 名 汽車《きしゃ》や電車《でんしゃ》が通《とお》る道筋《みちすじ》。レール。例 線路沿《ぞ》いの道《みち》。

# そ

ソ SO

**そ【祖】** 画数 9 部首 ネ（しめすへん） 5年

音 ソ 訓 ―

あいうえお かきくけこ さしすせ そ たちつてと なにぬねの はひふへほ まみむめも や ゆ よ らりるれろ わ を ん



ことわざ 枯《か》れ木《き》も山《やま》のにぎわい 町《まち》の合唱団《がっしょうだん》を作《つく》るからとさそわれたので、枯《か》れ木《き》も山《やま》のにぎわいかと、入《い》れてもらうことにしたよ。

筆順 、ラネネ礻初祖祖祖

❶その家代々《いえだいだい》の人《ひと》。つながり。熟語 祖先《そせん》。祖《そ》国《こく》。先祖《せんぞ》。❷始《はじ》めた人《ひと》。もと。熟語 開祖《かいそ》。元祖《がんそ》。❸父《ちち》や母《はは》の親《おや》。熟語 祖父《そふ》。祖母《そぼ》。

**そ【祖】** 名 ❶その家《いえ》の血筋《ちすじ》の始《はじ》まりの人《ひと》。先祖《せんぞ》。例 藤原家《ふじわらけ》の祖。❷あるものごとを始《はじ》めた人《ひと》。例 近代《きんだい》オリンピックの祖。

**そ【素】** 画数 10 部首 糸(いと) 5年

音 ソ ス△ 訓 —

筆順 一十丰丰耒耒素

❶もと。熟語 素材《そざい》。素地《そじ》。素質《そしつ》。要素《ようそ》。❷かざりがない。熟語 素描《そびょう》。素朴《そぼく》。簡素《かんそ》。質素《しっそ》。❸ありのまま。ふだん。熟語 素行《そこう》。素顔《すがお》。素手《すて》。平素《へいそ》。

**そ【組】** 画数 11 部首 糸(いとへん) 2年

音 ソ 訓 く-む くみ

筆順 く幺幺糸糸糸糸組組組

❶くむ。くみ立《た》てたもの。熟語 組閣《そかく》。組織《そしき》。組曲《くみきょく》。番組《ばんぐみ》。例 三人組《さんにんぐみ》。❷「組合《くみあい》」の略《りゃく》。熟語 労組《ろうそ》。

《訓の使い方》 く-む 例 腕《うで》を組む。

**そ【狙】** 画数 8 部首 犭(けものへん)

音 ソ 訓 ねら-う

まとをねらう。すきをうかがう。熟語 狙撃《そげき》〔=銃《じゅう》などで、ねらってうつこと〕。例 獲物《えもの》を狙《ねら》う。

**そ【阻】** 画数 8 部首 阝(こざとへん)

音 ソ 訓 はば-む

はばむ。じゃまをする。さえぎる。熟語 阻害《そがい》。阻止《そし》。例 急流《きゅうりゅう》が行《い》く手《て》を阻《はば》む。

**そ【租】** 画数 10 部首 禾(のぎへん)

音 ソ 訓 —

❶年貢《ねんぐ》。税金《ぜいきん》。熟語 租税《そぜい》。❷借《か》りる。熟語 租借《そしゃく》〔=他《ほか》の国《くに》の領土《りょうど》を借《か》りる〕。

**そ【措】** 画数 11 部首 扌(てへん)

音 ソ 訓 —

しまつする。取《と》り計《はか》らう。熟語 措置《そち》。

**そ【粗】** 画数 11 部首 米(こめへん)

音 ソ 訓 あら-い

❶あらい。丁寧《ていねい》でない。熟語 粗悪《そあく》。粗雑《そざつ》。粗筋《あらすじ》。例 目《め》の粗《あら》いあみ。対 精《せい》。密《みつ》。❷〔ある言葉《ことば》の上《うえ》につけて〕謙遜《けんそん》の気持《きも》ちを表《あらわ》す。熟語 粗品《そしな》。

**そ【疎】** 画数 12 部首 𤴔(ひきへん)

音 ソ 訓 うと-い うと-む

❶まばら。あらい。熟語 空疎《くうそ》〔=中身《なかみ》がないようす〕。対 密《みつ》。❷うとい。親《した》しくない。うとむ。おろそかにする。熟語 疎遠《そえん》。例 友達《ともだち》と疎《うと》くなる。人《ひと》に疎《うと》まれる。対 親《しん》。❸水《みず》が流《なが》れ通《つう》じる。熟語 疎水《そすい》。

**そ【訴】** 画数 12 部首 言(ごんべん)

音 ソ 訓 うった-える

❶役所《やくしょ》などにうったえる。熟語 訴訟《そしょう》。告訴《こくそ》。直訴《じきそ》。勝訴《しょうそ》〔=裁判《さいばん》に勝《か》つ〕。❷気持《きも》ちを告《つ》げて呼《よ》びかける。熟語 哀訴《あいそ》〔=なげきうったえる〕。例 平和《へいわ》を訴《うった》える。

**そ【塑】** 画数 13 部首 土(つち)

音 ソ 訓 —

粘土《ねんど》で人《ひと》や物《もの》の形《かたち》を作《つく》る。熟語 塑像《そぞう》。

**そ【遡(遡)】** 画数 14 部首 辶(しんにょう)

音 ソ 訓 さかのぼ-る

❶流《なが》れをさかのぼる。熟語 遡上《そじょう》。例 川《かわ》を遡《さかのぼ》る。❷以前《いぜん》にもどる。熟語 遡及《そきゅう》〔=過去《かこ》にさかのぼること〕。例 時代《じだい》を遡《さかのぼ》る。参考 「遡《そ》」は、手書《てが》きではふつう「遡《そ》」と書《か》く。

**そ【礎】** 画数 18 部首 石(いしへん)

音 ソ 訓 いしずえ

いしずえ。土台《どだい》。土台《どだい》となるもの。熟語 礎石《そせき》。基礎《きそ》。例 平和《へいわ》の礎《いしずえ》を築《きず》く。

**そ【想△】** 熟語 愛想《あいそ》。↓そう【想】742ページ

**ぞ【曽】** 熟語 未曽有《みぞう》。↓そう【曽】743ページ

**ぞ** 助 意味《いみ》を強《つよ》めるはたらきをする。例 近《ちか》づ

くと、危《あぶ》ないぞ。さあ、始《はじ》めるぞ。

**そあく【粗悪】** 形動 品物《しなもの》などが、そまつで質《しつ》が悪《わる》いようす。ざつ。例 粗悪な製品《せいひん》。類 劣悪《れつあく》。

**そいつ** 代名 〔くだけた言《い》い方《かた》。〕❶その人《ひと》。❷その物《もの》。例 そいつが気《き》に入《い》った。

**そいね【添い寝】** 名 動-する 寝《ね》ている人《ひと》のそばに、寄《よ》りそって寝《ね》ること。例 赤《あか》ちゃんに添い寝する。

**そう【早】** 画数 6 部首 日(ひ) 1年
音 ソウ サッ 訓 はや-い はや-まる はや-める
筆順 早
❶時《じ》間《かん》や時《じ》期《き》がはやい。熟語 早春《そうしゅん》。早朝《そうちょう》。早《はや》口《くち》。早《はや》寝《ね》。対 遅《ち》。❷時《じ》間《かん》をおかない。早《そう》急《きゅう》・早急《さっきゅう》。早速《さっそく》。早早《そうそう》。
《訓の使い方》 **はや-い** 例 朝《あさ》が早い。 **はや-まる** 例 予《よ》定《てい》が早まる。 **はや-める** 例 時《じ》間《かん》を早める。

**そう【争】** 画数 6 部首 亅(はねぼう) 4年
音 ソウ 訓 あらそ-う
筆順 争
あらそう。あらそい。熟語 争議《そうぎ》。競争《きょうそう》。戦《せん》争《そう》。論争《ろんそう》。
《訓の使い方》 **あらそ-う** 例 首位《しゅい》を争う。

**そう【走】** 画数 7 部首 走(はしる) 2年
音 ソウ 訓 はし-る
筆順 走
❶はしる。熟語 走者《そうしゃ》。走破《そうは》。競走《きょうそう》。独走《どくそう》。❷逃《に》げる。熟語 逃走《とうそう》。
《訓の使い方》 **はし-る** 例 全力《ぜんりょく》で走る。

**そう【奏】** 画数 9 部首 大(だい) 6年
音 ソウ 訓 かな-でる
筆順 奏
❶楽《がっ》器《き》を鳴《な》らす。熟語 奏者《そうしゃ》。演奏《えんそう》。合奏《がっそう》。伴《ばん》奏《そう》。❷申《もう》し上《あ》げる。熟語 上奏《じょうそう》(＝天皇《てんのう》に意《い》見《けん》や事《じ》情《じょう》を申《もう》し上《あ》げること)。

↓そうする 748ページ

《訓の使い方》 **かな-でる** 例 笛《ふえ》を奏でる。

**そう【相】** 画数 9 部首 目(め) 3年
音 ソウ ショウ 訓 あい
筆順 相
一 〔「ソウ」と読《よ》んで〕❶共《とも》に。たがいに。熟語 相《そう》似《じ》。相談《そうだん》。相当《そうとう》。❷姿《すがた》。ありさま。熟語 真《しん》相《そう》。手相《てそう》。人相《にんそう》。二 〔「ショウ」と読《よ》んで〕大臣《だいじん》。熟語 外相《がいしょう》。首相《しゅしょう》。参考 一❶には「相《あい》手《て》」「相《あい》性《しょう》」「相棒《あいぼう》」などもある。

**そう【相】** 名 ❶姿《すがた》。ありさま。例 とたんに顔《かお》の相が変《か》わった。❷運《うん》勢《せい》を知《し》るしるし。手相《てそう》や人相《にんそう》。例 幸運《こううん》をつかむ相がある。

**そう【草】** 画数 9 部首 艹(くさかんむり) 1年
音 ソウ 訓 くさ
筆順 草
❶くさ。熟語 草原《そうげん》。草食《そうしょく》。雑草《ざっそう》。除草《じょそう》。牧草《ぼくそう》。若《わか》草《くさ》。❷下《した》書《が》き。熟語 草案《そうあん》。起草《きそう》。❸字《じ》のくずした書《か》き方《かた》。熟語 草書《そうしょ》。

**そう【送】** 画数 9 部首 辶(しんにょう) 3年
音 ソウ 訓 おく-る
筆順 送
❶(物《もの》を)おくる。熟語 送金《そうきん》。運送《うんそう》。発送《はっそう》。対 受《じゅ》。❷見《み》おくる。熟語 送迎《そうげい》。送別《そうべつ》。
《訓の使い方》 **おく-る** 例 荷《に》物《もつ》を送る。

**そう【倉】** 画数 10 部首 人(ひとがしら) 4年
音 ソウ 訓 くら
筆順 倉
くら。熟語 倉庫《そうこ》。穀倉《こくそう》。

**そう【巣】** 画数 11 部首 木(き) 4年
音 ソウ 訓 す
筆順 巣

ことわざ 堪忍袋《かんにんぶくろ》の緒《お》が切《き》れる　わがままばかり言《い》うから、とうとうお母《かあ》さんの堪忍袋《かんにんぶくろ》の緒《お》が切《き》れた。

❶鳥《とり》などのす。熟語 営巣《えいそう》。帰巣《きそう》。巣箱《すばこ》。❷固《かた》まっているところ。熟語 病巣《びょうそう》。卵巣《らんそう》。❸悪者《わるもの》のかくれが。熟語 巣窟《そうくつ》〔=悪者《わるもの》たちのすみか〕。

## そう【窓】 画数 11 部首 穴(あなかんむり) 6年

音 ソウ 訓 まど

筆順 窓

❶まど。熟語 車窓《しゃそう》。窓口《まどぐち》。❷まどのある部屋《へや》。教室《きょうしつ》。熟語 同窓《どうそう》。

## そう【創】 画数 12 部首 刂(りっとう) 6年

音 ソウ 訓 つく-る

筆順 創

❶始《はじ》める。初《はじ》めてつくる。熟語 創作《そうさく》。創造《そうぞう》。創立《そうりつ》。独創《どくそう》。❷傷《きず》。熟語 銃創《じゅうそう》。

《訓の使い方》つく-る 例 新《あたら》しく会社《かいしゃ》を創る。

## そう【装】 画数 12 部首 衣(ころも) 6年

音 ソウ ジョウ△ 訓 よそお-う△

筆順 装

❶かざる。熟語 装飾《そうしょく》。仮装《かそう》。包装《ほうそう》。❷着《き》る物《もの》。熟語 装束《しょうぞく》。服装《ふくそう》。礼装《れいそう》。衣装《いしょう》。❸仕《し》かけ。熟語 装置《そうち》。装備《そうび》。

《訓の使い方》よそお-う 例 美《うつく》しく装う。

**そう【装】** 名 身《み》なり。外観《がいかん》。例 装を改《あらた》める。

## そう【想】 画数 13 部首 心(こころ) 3年

音 ソウ ソ△ 訓 —

筆順 想

思《おも》い。考《かんが》え。熟語 想像《そうぞう》。感想《かんそう》。理想《りそう》。愛想《あいそ》・愛《あい》想。

**そう【想】** 名 考《かんが》え。構想《こうそう》。例 作文《さくぶん》の想を練《ね》る。昔話《むかしばなし》に想を得た作品《さくひん》。

## そう【層】 画数 14 部首 尸(しかばね) 6年

音 ソウ 訓 —

筆順 層

❶かさなる。かさなり。熟語 断層《だんそう》。地層《ちそう》。重層《じゅうそう》。❷建物《たてもの》の階《かい》。熟語 高層《こうそう》。❸人々《ひとびと》を区分《くわ》けしたその一《ひと》つ。熟語 年齢層《ねんれいそう》。読者層《どくしゃそう》。

**そう【層】** 名 ❶かさなり。例 雲《くも》が層をなす。❷職業《しょくぎょう》や年齢《ねんれい》などで集団《しゅうだん》を分《わ》けたときの一《ひと》つ。例 このチームは選手《せんしゅ》の層が厚《あつ》い。

## そう【総】 画数 14 部首 糸(いとへん) 5年

音 ソウ 訓 —

筆順 総

❶すべて。全体《ぜんたい》。熟語 総意《そうい》。総会《そうかい》。総合《そうごう》。総《そう》人口《じんこう》。❷まとめる。熟語 総裁《そうさい》。総理《そうり》。

## そう【操】 画数 16 部首 扌(てへん) 6年

音 ソウ 訓 みさお△ あやつ-る△

筆順 操

❶心身《しんしん》をかたく守《まも》る。熟語 節操《せっそう》。❷あやつる。熟語 操作《そうさ》。操縦《そうじゅう》。体操《たいそう》。

《訓の使い方》あやつ-る 例 船《ふね》を操る。

## そう【双】 画数 4 部首 又(また)

音 ソウ 訓 ふた

ふたつ。ふたつでひと組《くみ》になっているもの。並《なら》ぶ。対《つい》。熟語 双肩《そうけん》。双璧《そうへき》。双子《ふたご》。対 隻《せき》。

## そう【壮】 画数 6 部首 士(さむらい)

音 ソウ 訓 —

❶若《わか》くて元気《げんき》な年《とし》ごろ。熟語 壮年《そうねん》。❷元気《げんき》である。勇《いさ》ましい。熟語 壮挙《そうきょ》。壮健《そうけん》。勇壮《ゆうそう》。❸立派《りっぱ》だ。大《おお》きい。熟語 壮観《そうかん》。壮大《そうだい》。

## そう【荘】 画数 9 部首 艹(くさかんむり)

音 ソウ 訓 —

❶おごそか。整《ととの》っている。熟語 荘厳《そうごん》。荘重《そうちょう》。❷別宅《べったく》。熟語 山荘《さんそう》。❸旅館《りょかん》。熟語 旅荘《りょそう》。❹昔《むかし》の中国《ちゅうごく》の思想家《しそうか》、荘子《そうし》のこと。

## そう【捜】 画数 10 部首 扌(てへん)

音 ソウ 訓 さが-す

さがす。さがし求《もと》める。熟語 捜査《そうさ》。捜索《そうさく》。

## そう【挿】 画数 10 部首 扌(てへん)



ことわざ 聞《き》くは一時《いっとき》の恥《はじ》 聞《き》くは一時《いっとき》の恥《はじ》なのだから、知《し》らないことは思《おも》い切《き》って聞《き》いたほうがいい。

音 ソウ 訓 さ-す
さす。さしこむ。細《ほそ》長《なが》い物《もの》を間《あいだ》にさしはさむ。熟語 挿入《そうにゅう》。挿話《そうわ》。挿絵《さしえ》。例 新《あたら》しい花《か》びんに花《はな》を挿《さ》す。

**そう【桑】** 画数 10 部首 木(き)
音 ソウ 訓 くわ
くわ。熟語 桑園《そうえん》〔=クワの木《き》を植《う》えた畑《はたけ》〕。

**そう【掃】** 画数 11 部首 扌(てへん)
音 ソウ 訓 は-く
はく。はらって取《と》り除《のぞ》く。熟語 掃除《そうじ》。一掃《いっそう》。清掃《せいそう》。例 庭《にわ》を掃《は》く。

**そう【曹】** 画数 11 部首 曰(いわく)
音 ソウ 訓 ―
❶役人《やくにん》。裁判《さいばん》にたずさわる人《ひと》。熟語 法曹《ほうそう》〔=法《ほう》律《りつ》に関係《かんけい》することを扱《あつか》う人《ひと》〕。❷軍隊《ぐんたい》の階級《かいきゅう》の一《ひと》つ。将校《しょうこう》の次《つぎ》。熟語 軍曹《ぐんそう》。

**そう【曽】** 画数 11 部首 曰(いわく)
音 ソウ ゾ 訓 ―
❶かつて。これまで。熟語 未曽有《みぞう》。❷血《ち》のつながりの三代《さんだい》前《まえ》、または三代《さんだい》後《あと》。熟語 曽祖《そうそ》父《ふ》。曽祖母《そうそぼ》。曽孫《そうそん》〔=ひ孫《まご》〕。

**そう【爽】** 画数 11 部首 爻(こう)
音 ソウ 訓 さわ-やか
すがすがしい。さわやかだ。熟語 爽快《そうかい》。

**そう【喪】** 画数 12 部首 口(くち)
音 ソウ 訓 も
❶も。家族《かぞく》が死《し》んだあと、家《いえ》にこもること。熟語 喪中《もちゅう》。例 喪《も》に服《ふく》する。❷失《うしな》う。なくす。熟語 喪失《そうしつ》。

**そう【痩】** 画数 12 部首 疒(やまいだれ)
音 ソウ 訓 や-せる
体《からだ》が、やせ細《ほそ》る。熟語 痩身《そうしん》〔=やせた体《からだ》〕。例 夏痩《なつや》せ。

**そう【葬】** 画数 12 部首 艹(くさかんむり)
音 ソウ 訓 ほうむ-る
ほうむる。死者《ししゃ》を土《つち》にうめる。熟語 葬儀《そうぎ》。葬《そう》式《しき》。葬列《そうれつ》。例 死者《ししゃ》を葬《ほうむ》る。

**そう【僧】** 画数 13 部首 亻(にんべん)
音 ソウ 訓 ―
お坊《ぼう》さん。熟語 僧侶《そうりょ》。高僧《こうそう》。

**そう【僧】** 名 仏《ほとけ》の道《みち》に入《はい》った人《ひと》。お坊《ぼう》さん。例 一人《ひとり》の若《わか》い僧に出会《であ》った。

**そう【遭】** 画数 14 部首 辶(しんにょう)
音 ソウ 訓 あ-う
めぐりあう。思《おも》いがけず出《で》あう。熟語 遭遇《そうぐう》。遭難《そうなん》。例 事故《じこ》に遭《あ》う。

**そう【槽】** 画数 15 部首 木(きへん)
音 ソウ 訓 ―
おけ。また、おけの形《かたち》のもの。熟語 水槽《すいそう》。

**そう【踪】** 画数 15 部首 𧾷(あしへん)
音 ソウ 訓 ―
足《あし》あと。熟語 失踪《しっそう》。

**そう【燥】** 画数 17 部首 火(ひへん)
音 ソウ 訓 ―
かわく。水分《すいぶん》がなくなる。熟語 乾燥《かんそう》。

**そう【霜】** 画数 17 部首 雨(あめかんむり)
音 ソウ 訓 しも
❶しも。水蒸気《すいじょうき》が物《もの》についてこおったもの。熟語 霜害《そうがい》〔=しもによって受《う》ける害《がい》〕。❷としつき。年月《ねんげつ》。熟語 星霜《せいそう》〔=としつき〕。

**そう【騒】** 画数 18 部首 馬(うまへん)
音 ソウ 訓 さわ-ぐ
さわぐ。さわがしい。熟語 騒音《そうおん》。騒動《そうどう》。例 たいへんな騒《さわ》ぎ。

**そう【藻】** 画数 19 部首 艹(くさかんむり)
音 ソウ 訓 も
❶も。水《みず》の中《なか》に生《は》える生《い》き物《もの》。熟語 藻類《そうるい》。海《かい》藻《そう》。❷美《うつく》しくかざった詩《し》や文章《ぶんしょう》。熟語 詞《し》藻《そう》〔=詩《し》や文章《ぶんしょう》の中《なか》の美《うつく》しい言葉《ことば》〕。

**そう【宗】** 熟語 宗家《そうけ》。 ↓しゅう【宗】592ページ

**そう【贈】** 熟語 寄贈《きそう》(寄贈《きぞう》)。 ↓ぞう【贈】744ペー



ことわざ 机上《きじょう》の空論《くうろん》 君《きみ》の案《あん》は、その場《ば》へ行《い》きもせずに作《つく》った、机上《きじょう》の空論《くうろん》にすぎない。

ジ

**◦そう【沿う】** 動 はなれないようにして進《すす》む。例 川《かわ》に沿って歩《ある》く。↓えん【沿】135ページ

**◦そう【添う】** 動 ❶そばに付《つ》いている。例 病人《びょうにん》に付《つ》き添う。連《つ》れ添って歩《ある》く。❷ぴったり合《あ》う。例 期待《きたい》に添うようにする。参考 ❷は「沿《そ》う」とも書《か》く。↓てん【添】891ページ

**そう【艘◆】** 〔数字《すうじ》のあとにつけて〕小《ちい》さな船《ふね》を数《かぞ》えるときに使《つか》う。例 ボート一《いっ》そう。類 隻《せき》。

**◦そう** 一 副 そんなに。そのように。例 あの山《やま》はそう高《たか》くない。↓こそあどことば467ページ。二 感 相手《あいて》に対《たい》して、同意《どうい》または軽《かる》い疑問《ぎもん》の気持《きも》ちを表《あらわ》す。例「そう。へんだなあ。」

**そうは問屋《とんや》が卸《おろ》さない** そんなに思《おも》い通《どお》りになるものではない。例 自分《じぶん》だけ楽《らく》をしようなんて、そうは問屋が卸さないよ。

**そう〔宋〕** 地名 中国《ちゅうごく》の昔《むかし》の国名《こくめい》。九六〇年《ねん》から一二七九年《ねん》までの王朝《おうちょう》。元《げん》にほろぼされた。

**ぞう【造】** 画数 10 部首 ⻌（しんにょう） 5年

音 ゾウ 訓 つく-る

筆順 ノ 𠂉 牛 生 告 告 浩 造

つくる。熟語 造花《ぞうか》。改造《かいぞう》。木造《もくぞう》。製造《せいぞう》。

《訓の使い方》 **つく-る** 例 大《おお》きな船《ふね》を造る。

**ぞう【像】** 画数 14 部首 亻（にんべん） 5年

音 ゾウ 訓 ―

筆順 像 像 像 像 像 像 像 像

❶形《かたち》。姿《すがた》。熟語 映像《えいぞう》。画像《がぞう》。想像《そうぞう》。❷人《ひと》や物《もの》をかたどったもの。熟語 偶像《ぐうぞう》。銅像《どうぞう》。

**ぞう【像】** 名 ❶形《かたち》。例 レンズが像を結《むす》ぶ。❷姿《すがた》・形《かたち》をかたどったもの。例 仏《ほとけ》の像。

**ぞう【増】** 画数 14 部首 土（つちへん） 5年

音 ゾウ 訓 ま-す ふ-える ふ-やす

筆順 一 ± 圹 増 増 増 増 増

多《おお》くなる。熟語 増加《ぞうか》。増減《ぞうげん》。激増《げきぞう》。対 減《げん》。

《訓の使い方》 **ま-す** 例 痛《いた》みが増す。**ふ-える** 例 人口《じんこう》が増える。**ふ-やす** 例 人《ひと》を増やす。

**ぞう【増】** 名 ふえること。例 月収《げっしゅう》が五万円《ごまんえん》の増になった。

**ぞう【蔵】** 画数 15 部首 艹（くさかんむり） 6年

音 ゾウ 訓 くら△

筆順 一 艹 芦 芦 蔵 蔵 蔵

❶くら。熟語 土蔵《どぞう》。穴蔵《あなぐら》。❷しまう。たくわえる。熟語 蔵書《ぞうしょ》。所蔵《しょぞう》。貯蔵《ちょぞう》。冷蔵庫《れいぞうこ》。

**ぞう【臓】** 画数 19 部首 月（にくづき） 6年

音 ゾウ 訓 ―

筆順 丿 月 肝 肺 臓 臓 臓

体《からだ》の中《なか》の、いろいろな器官《きかん》。熟語 臓器《ぞうき》。肝《かん》臓《ぞう》。心臓《しんぞう》。内臓《ないぞう》。

**ぞう【憎】** 画数 14 部首 忄（りっしんべん）

音 ゾウ 訓 にく-む にく-い にく-らしい にく-しみ

にくむ。にくしみ。熟語 憎悪《ぞうお》。例 心憎《こころにく》い。

**ぞう【贈】** 画数 18 部首 貝（かいへん）

音 ゾウ ソウ 訓 おく-る

おくる。人《ひと》にお金《かね》や物《もの》をあげる。熟語 贈呈《ぞうてい》。贈答《ぞうとう》。寄贈《きぞう》・寄贈《きそう》。例 贈《おく》り物《もの》。

**ぞう【雑】** 熟語 雑煮《ぞうに》。雑木林《ぞうきばやし》。↓ざつ【雑】518ページ

**ぞう【象】** 名 陸《りく》にすむ動物《どうぶつ》の中《なか》で、いちばん大《おお》きな哺乳動物《ほにゅうどうぶつ》。アフリカゾウとインドゾウとがいる。長《なが》い鼻《はな》と大《おお》きなきばを持《も》つ。↓しょう【象】621ページ

**そうあたり【総当たり】** 名 ↓リーグせん1379ページ

**そうあん【草案】** 名 元《もと》になる下書《したが》き。例 憲《けん》法《ぽう》の草案。対 成案《せいあん》。

**そうあん【創案】** 名 動-する 初《はじ》めて考《かんが》え出《だ》すこと。また、その工夫《くふう》や考《かんが》え。

**そうい【相違】** 名 動-する ❶ちがっていること。ちがい。例 うわさは事実《じじつ》と相違する。❷〔「…相違《そうい》ない」の形《かたち》で〕ちがいない。まちがいない。例 彼《かれ》のしわざに相違ない。

**そうい【創意】** 名 新《あたら》しい思《おも》いつき。例 創意に富《と》んだ作品《さくひん》。

ことわざ 木《き》に竹《たけ》を接《つ》ぐ　正式《せいしき》な報告書《ほうこくしょ》の中《なか》で自分《じぶん》の感想《かんそう》を述《の》べるなんて、まるで木《き》に竹《たけ》を接《つ》いだような話《はなし》になっているよ。

**そうい【総意】** 名 全体《ぜんたい》の人《ひと》の一致《いっち》した意見《いけん》。例 国民《こくみん》の総意。

■**そういくふう【創意工夫】** 名 動-する 新《あたら》しい考《かんが》えやよりよい方法《ほうほう》をうみ出《だ》すこと。例 創意工夫を生《い》かした街《まち》づくり。

**そういん【総員】** 名 全体《ぜんたい》の人数《にんずう》。全員《ぜんいん》。例 総員五〇名《めい》。

**ぞういん【増員】** 名 動-する 人数《にんずう》を増《ふ》やすこと。例 係員《かかりいん》を増員する。

**そううん【層雲】** 名 雲《くも》の中《なか》で、空《そら》のいちばん低《ひく》いところにできる雲《くも》。細《こま》かい水滴《すいてき》で、きりに似《に》ている。↓くも(雲)373ページ

**ぞうえい【造営】** 名 動-する 宮殿《きゅうでん》や、神社《じんじゃ》・寺《てら》などを造《つく》ること。

**ぞうえん【造園】** 名 動-する 庭園《ていえん》や公園《こうえん》などを造《つく》ること。

**ぞうお【憎悪】** 名 動-する ひどくにくみ、きらうこと。例 憎悪の念《ねん》をいだく。

**そうおう【相応】** 名 動-する 形動 ふさわしいこと。つり合《あ》っていること。例 収《しゅう》入《にゅう》に相応した暮《く》らしをする。

**そうおん【騒音】** 名 さわがしい音《おと》。うるさい音《おと》。例 車《くるま》の騒音になやまされる。

**ぞうか【造花】** 名 紙《かみ》や布《ぬの》などでつくった花《はな》。対 生花《せいか》。

**ぞうか【増加】** 名 動-する 増《ふ》えること。増《ふ》やすこと。例 人口《じんこう》の増加。対 減少《げんしょう》。

**そうかい【壮快】** 形動 元気《げんき》で気持《きも》ちがよいようす。例 ヨットで走《はし》るのは壮快だ。

**そうかい【爽快】** 形動 さわやかで気持《きも》ちのよいようす。例 爽快な気分《きぶん》だ。

**そうかい【総会】** 名 その会《かい》に関係《かんけい》のある人《ひと》が、全員《ぜんいん》集《あつ》まって行《おこな》う会議《かいぎ》。例 PTA《ピーティーエー》総会が開《ひら》かれる。

**そうがかり【総掛かり】** 名 全員《ぜんいん》が力《ちから》を合《あ》わせて、一《ひと》つのことをすること。例 総がかりで校庭《こうてい》の掃除《そうじ》をした。

✤**そうかく【総画】** 名 一《ひと》つの漢字《かんじ》を作《つく》っている、点《てん》や線《せん》の全部《ぜんぶ》の数《かず》。例《たと》えば「山《さん》」は三画《さんかく》、「玉《ぎょく》」は五画《ごかく》。

**そうがく【奏楽】** 名 動-する 音楽《おんがく》を演奏《えんそう》すること。また、その音楽《おんがく》。

**そうがく【総額】** 名 全部《ぜんぶ》を合計《ごうけい》した金額《きんがく》。類 全額《ぜんがく》。例 総額で十万円《じゅうまんえん》になる。

**ぞうがく【増額】** 名 動-する 金額《きんがく》を増《ふ》やすこと。例 予算《よさん》を増額する。対 減額《げんがく》。

✤**そうかくさくいん【総画索引】** 名 漢和《かんわ》辞典《じてん》などで、画数《かくすう》から引《ひ》きたい漢字《かんじ》のページがわかるように、画数《かくすう》の少《すく》ない順《じゅん》に漢字《かんじ》が並《なら》べてある表《ひょう》。画引《かくび》き。

✤**そうかつ【双括】** 名 文章《ぶんしょう》や話《はなし》のはじめと終《お》わりに、いちばん言《い》いたいことをまとめて示《しめ》すこと。関連 頭括《とうかつ》。尾括《びかつ》。

**そうかつ【総括】** 名 動-する ❶全体《ぜんたい》を一《ひと》つにまとめること。例 みんなの意見《いけん》を総括する。❷ふりかえって、反省《はんせい》やまとめをすること。例 運動会《うんどうかい》について総括する。

**ぞうがめ【象亀】** 名 陸《りく》上《じょう》にすむ大《おお》きなカメ。太平洋《たいへいよう》のガラパゴス諸島《しょとう》とインド洋《よう》のアルダブラ諸島《しょとう》にいる。↓かめ(亀)259ページ

**そうかん【壮観】** 名 形動 雄大《ゆうだい》で、すばらしいながめ。例 山頂《さんちょう》からの景色《けしき》は壮観だ。

**そうかん【相関】** 名 動-する たがいに関係《かんけい》し合《あ》うこと。例 天候《てんこう》と客《きゃく》の数《かず》は相関している。

**そうかん【送還】** 名 動-する (元《もと》の国《くに》や場所《ばしょ》へ)送《おく》り返《かえ》すこと。

**そうかん【創刊】** 名 動-する 新聞《しんぶん》や雑誌《ざっし》などを、初《はじ》めて発行《はっこう》すること。例 創刊号《ごう》。

**ぞうかん【増刊】** 名 動-する 雑誌《ざっし》などを、決《き》まった時《とき》の他《ほか》に、特別《とくべつ》に出《だ》すこと。また、その雑誌《ざっし》など。

■**そうかんかんけい【相関関係】** 名 二《ふた》つのものごとが、たがいにかかわり合《あ》う関係《かんけい》。相互《そうご》関係《かんけい》。例 登場人物《とうじょうじんぶつ》の相関関係を読《よ》み取《と》る。

**そうがんきょう【双眼鏡】** 名 両方《りょうほう》の目《め》に当《あ》てて見《み》る望遠鏡《ぼうえんきょう》。

**そうき【早期】** 名 早《はや》い時期《じき》。初《はじ》めのころ。例 病《びょう》気《き》を早期に発見《はっけん》する。

**そうき【想起】** 名 動-する 過去《かこ》のできごとを思《おも》い起《お》こすこと。例 あのときの経験《けいけん》を想起する。

**そうき【総記】** 名 ❶文章《ぶんしょう》などの全体《ぜんたい》のまとめ。❷図書《としょ》の十進《じっしん》分類法《ぶんるいほう》による区分《くぶん》の一《ひと》つ。事典《じてん》・辞典《じてん》や年鑑《ねんかん》など。↓じっしんぶんるいほう567ページ

**そうぎ【争議】** 名 ❶〔「労働争議《ろうどうそうぎ》」の略《りゃく》。〕働《はたら》く





ことわざ 九死《きゅうし》に一生《いっしょう》を得《え》る 一時《いちじ》は医者《いしゃ》からも見《み》はなされたが、さいわい九死《きゅうし》に一生《いっしょう》を得《え》ることができた。

条件《じょうけん》についての、働《はたら》く人《ひと》と、やとい主《ぬし》との間《あいだ》の争《あらそ》い。❷言《い》い争《あらそ》い。

**そうぎ【葬儀】** 名 死《し》んだ人《ひと》をとむらい、ほうむる儀式《ぎしき》。葬式《そうしき》。

**ぞうき【雑木】** 名 材木《ざいもく》としては使《つか》えない木《き》。炭《すみ》やまきにする。例 雑木林《ばやし》。

**ぞうき【臓器】** 名 体《からだ》の中《なか》にある、心臓《しんぞう》・胃《い》・腸《ちょう》などの器官《きかん》。

**ぞうきいしょく【臓器移植】** 名 病気《びょうき》などでそこなわれた臓器《ぞうき》を取《と》り除《のぞ》き、他《ほか》の人《ひと》の臓器《ぞうき》を移《うつ》しかえること。心臓移植《しんぞういしょく》、腎臓移植《じんぞういしょく》など。

**ぞうきばやし【雑木林】** 名 いろいろな木《き》が、入《い》り交《ま》じって生《は》えている林《はやし》。

**そうきゅう【早急】** 形動 〔「さっきゅう」ともいう。〕たいへん急《いそ》ぐようす。例 書類《しょるい》を早急に届《とど》ける。

**そうきょ【壮挙】** 名 大《おお》がかりなことを勇《いさ》ましくやりとげること。例 ヨットで太平洋《たいへいよう》横断《おうだん》の壮挙を成《な》しとげる。類 快挙《かいきょ》。

**そうぎょう【創業】** 名 動-する 新《あたら》しく事業《じぎょう》を始《はじ》めること。例 創業百年《ひゃくねん》の店《みせ》。

**そうぎょう【操業】** 名 動-する 機械《きかい》などを動《うご》かして仕事《しごと》をすること。例 工場《こうじょう》は、休《やす》まずに操業する。

**ぞうきょう【増強】** 名 動-する 数《かず》や量《りょう》を増《ふ》やして、強《つよ》くすること。

**そうきょく【箏曲】** 名 箏《そう》〔=琴《こと》の一種《いっしゅ》〕で演奏《えんそう》する曲《きょく》。

**そうきん【送金】** 名 動-する お金《かね》を送《おく》ること。また、そのお金《かね》。

**ぞうきん【雑巾】** 名 よごれをふき取《と》る布《ぬの》。例 床《ゆか》の雑巾がけをする。

**そうぐう【遭遇】** 名 動-する 思《おも》いがけなく出《で》あうこと。例 事件《じけん》に遭遇する。

**そうくずれ【総崩れ】** 名 ❶全体《ぜんたい》がくずれること。❷試合《しあい》や競技《きょうぎ》で、グループの全員《ぜんいん》が負《ま》けること。

**そうくつ【巣窟】** 名 悪者《わるもの》などが隠《かく》れている場所《ばしょ》。例 悪《あく》の巣窟。

**そうけ【宗家】** 名 ❶家元《いえもと》。❷一門《いちもん》の大《おお》もとの家《いえ》。類（❶・❷）本家《ほんけ》。

**ぞうげ【象牙】** 名 象《ぞう》の上《うわ》あごの歯《は》が長《なが》くのびた、きば。

**象牙《ぞうげ》の塔《とう》** 世間《せけん》からはなれた、学者《がくしゃ》や研究《けんきゅう》者《しゃ》の世界《せかい》。参考「象牙《ぞうげ》の塔《とう》にこもる」のように、好《この》ましくない意味《いみ》で使《つか》うことが多《おお》い。

**そうけい【早計】** 名 早《はや》まった浅《あさ》い考《かんが》え。例 これであきらめるのは早計だ。

**そうけい【総計】** 名 動-する 全部《ぜんぶ》の数《かず》を合《あ》わせること。また、その数《かず》。類 合計《ごうけい》。対 小計《しょうけい》。

**そうげい【送迎】** 名 動-する 人《ひと》を送《おく》り迎《むか》えすること。例 送迎用《よう》のバス。

**ぞうけい【造形・造型】** 名 動-する 形《かたち》のある物《もの》を造《つく》ること。

**ぞうけい【造詣】** 名 その分野《ぶんや》のことについて、深《ふか》い知識《ちしき》や経験《けいけん》を持《も》っていること。例 ジャズに造詣が深《ふか》い。

**ぞうけいびじゅつ【造形美術】** 名 絵《え》や彫刻《ちょうこく》など、目《め》に見《み》える形《かたち》で美《うつく》しさを表《あらわ》す芸術《げいじゅつ》。

**ぞうげしつ【象牙質】** 名 歯《は》を作《つく》っているおもな物質《ぶっしつ》。骨《ほね》よりかたい。

**そうけだつ【総毛立つ】** 動 寒《さむ》さや怖《こわ》さで全身《ぜんしん》に鳥肌《とりはだ》が立《た》つ。

**ぞうけつ【増結】** 名 動-する 駅《えき》で、電車《でんしゃ》などの車両《しゃりょう》を増《ふ》やしてつなぐこと。

**そうけっさん【総決算】** 名 動-する ❶ある期間《きかん》のお金《かね》の出《だ》し入《い》れをまとめて計算《けいさん》すること。❷ものごとをしめくくること。例 この本《ほん》は、これまでの研究《けんきゅう》の総決算だ。

**そうけん【双肩】** 名 左右《さゆう》の肩《かた》。両肩《りょうかた》。例 未《み》来《らい》は若者《わかもの》の双肩にかかっている〔=責任《せきにん》がかかっている〕。

**そうけん【壮健】** 名 形動 元気《げんき》がよく、丈夫《じょうぶ》なようす。例 祖父《そふ》はまだまだ壮健だ。

**そうけん【創建】** 名 動-する 〔建物《たてもの》などを〕初《はじ》めてつくること。例 平安時代《へいあんじだい》に創建された寺《てら》。

**そうげん【草原】** 名 草《くさ》の生《は》えた広《ひろ》い土地《とち》。くさはら。

○**ぞうげん【増減】** 名 動-する 増《ふ》えることと減《へ》ること。増《ふ》やすことと減《へ》らすこと。例 宿泊《しゅくはく》者数《しゃすう》は季節《きせつ》によって増減する。

**そうこ【倉庫】** 名 品物《しなもの》をしまっておく建物《たてもの》。例 倉庫に保管《ほかん》する。

ことわざ 窮鼠猫《きゅうそねこ》をかむ　あまり追《お》い詰《つ》めると、窮鼠猫《きゅうそねこ》をかむというように、何《なに》をするかわかりませんよ。

**そうご【相互】**[名] おたがい。代《か》わる代《が》わる。[例]相互に助《たす》け合《あ》う。

✤**ぞうご【造語】**[名][動する] 新《あたら》しい言葉《ことば》をつくること。また、つくった言葉《ことば》。すでにある言《こと》葉《ば》を組《く》み合《あ》わせたり、新《あたら》しいものに名前《なまえ》をつけたりする。たとえば、「水《みず》」と「不足《ふそく》」からつくられた「水不足《みずぶそく》」など。

**そうこう【走行】**[名][動する] 自動車《じどうしゃ》などが走《はし》ること。[例]速度《そくど》を落《お》として走行する。

**そうこう【奏功】**[名][動する] 成功《せいこう》すること。[例]人数《にんずう》を増《ふ》やしたのが奏功して、工事《こうじ》が早《はや》く終《お》わった。

**そうこう【草稿】**[名] 文章《ぶんしょう》の下書《したが》き。

**そうこう【霜降】**[名] 霜《しも》が降《お》りるようになるころ。十月二十三日《じゅうがつにじゅうさんにち》ごろ。二十四節気《にじゅうしせっき》の一《ひと》つ。

○**そうごう【総合】**[名][動する] さまざまなものを一《ひと》つのまとまりのあるものにすること。[例]意見《いけん》を総合する。[対]分析《ぶんせき》。

**そうごうかいはつ【総合開発】**[名] その地域《ちいき》の資源《しげん》の全体《ぜんたい》をうまく使《つか》って、産業《さんぎょう》をさかんにすること。

**そうごうがくしゅう【総合学習】**[名] ↓そうごうてきながくしゅう 747ページ

**そうごうてき【総合的】**[形動] さまざまなものごとを、一《ひと》つにまとめ上《あ》げるようす。[例]総合的に判断《はんだん》する。

**そうごうてきながくしゅう【総合的な学習】**〔「総合学習《そうごうがくしゅう》」ともいう。〕❶いろいろなことを関連《かんれん》づけ、総合的《そうごうてき》に行《おこな》う学《がく》習《しゅう》。❷教科《きょうか》にこだわらず、体験《たいけん》を重《おも》んじ、課《か》題《だい》を中心《ちゅうしん》にさまざまな活動《かつどう》を総合的《そうごうてき》に行《おこな》う学習《がくしゅう》。

**そうごうをくずす【相好を崩す】** にこにこした顔《かお》つきになる。[例]兄《あに》の合格《ごうかく》の知《し》らせに、父《ちち》は相好を崩して喜《よろこ》んだ。

**そうごかんけい【相互関係】**[名] 二《ふた》つのものごとの、たがいの関係《かんけい》。相関関係《そうかんかんけい》。[例]生《せい》産《さん》と消費《しょうひ》の相互関係。

**そうごさよう【相互作用】**[名] 互《たが》いに作《さ》用《よう》し合《あ》い、影響《えいきょう》し合《あ》うこと。[例]二《ふた》つの薬《くすり》の相互作用が、いい結果《けっか》を生《う》んだ。

**そうごん【荘厳】**[形動] 立派《りっぱ》で、おごそかなようす。[例]荘厳な音楽《おんがく》。

**そうさ【捜査】**[名][動する] 警察《けいさつ》などが、犯人《はんにん》や証拠《しょうこ》などをさがして調《しら》べること。

**そうさ【操作】**[名][動する] ❶機械《きかい》などを操《あやつ》ること。[例]クレーンを操作する。❷自分《じぶん》につごうのよいようにやりくりすること。[例]少《すく》ない資金《しきん》をうまく操作する。

**ぞうさ【造作】**[名] 手間《てま》のかかること。[例]なんの造作もない〔=簡単《かんたん》なことだ〕。[注意]「造作」を「ぞうさく」と読《よ》むと、ちがう意味《いみ》になる。

**そうさい【相殺】**[名][動する] 貸《か》しと借《か》り、損《そん》と得《とく》などを差《さ》し引《ひ》いてゼロにすること。

**そうさい【総裁】**[名] 役所《やくしょ》や団体《だんたい》、政党《せいとう》などの代表者《だいひょうしゃ》。

**そうざい【総菜・惣菜】**[名] ふだん食《た》べているおかず。おそうざい。副食物《ふくしょくぶつ》。副食《ふくしょく》。

**そうさく【捜索】**[名][動する] さがし求《もと》めること。[例]まいごを捜索する。

✤**そうさく【創作】**[名][動する] 絵《え》や小説《しょうせつ》などを、自分《じぶん》で考《かんが》えて作《つく》ること。または、その作《さく》品《ひん》。[例]劇《げき》を創作する。[類]創造《そうぞう》。

**ぞうさく【造作】**[一][名][動する] 家《いえ》の中《なか》の建具《たてぐ》やかざりを調《ととの》えること。[二][名] 顔《かお》のつくり。[注意]「造作」を「ぞうさ」と読《よ》むと、ちがう意味《いみ》になる。

**ぞうさつ【増刷】**[名][動する] ❶本《ほん》などを、追《つい》加《か》して印刷《いんさつ》すること。また、その印刷《いんさつ》したもの。[類]重版《じゅうはん》。❷ふだんよりも多《おお》く印刷《いんさつ》すること。

**ぞうさない【造作無い】**[形] 簡単《かんたん》である。ぞうさもない。[例]造作なく問題《もんだい》を解《と》く。

**ぞうさん【増産】**[名][動する] 生産《せいさん》を増《ふ》やすこと。[対]減産《げんさん》。

**そうし【創始】**[名][動する] ものごとを、初《はじ》めてやりだすこと。

**そうじ【相似】**[名][動する] ❶たがいに、たいへんよく似《に》ていること。❷↓そうじけい 748ページ

**そうじ【送辞】**[名] 去《さ》る人《ひと》に送《おく》る言葉《ことば》。特《とく》に、卒業式《そつぎょうしき》で在校生《ざいこうせい》が卒業生《そつぎょうせい》に送《おく》る言葉《ことば》。[対]答《とう》辞《じ》。

○**そうじ【掃除】**[名][動する] ごみやよごれを取《と》ってきれいにすること。清掃《せいそう》。

○**そうしき【葬式】**[名] 死《し》んだ人《ひと》を、とむらう



ことわざ 木《き》を見《み》て森《もり》を見《み》ず　小《ちい》さな不備《ふび》を批判《ひはん》しているだけでは、木《き》を見《み》て森《もり》を見《み》ずだ。全体《ぜんたい》としては価値《かち》ある発表《はっぴょう》だったことを見落《みお》としてはいけない。

儀式《ぎしき》。とむらい。葬儀《そうぎ》。例 葬式を出《だ》す。

**そうじけい【相似形】**名〔算数《さんすう》で〕大《おお》きさはちがうが、形《かたち》がまったく同《おな》じ図形《ずけい》。参考 大《おお》きさも形《かたち》も同《おな》じ場合《ばあい》は「合同《ごうどう》」という。

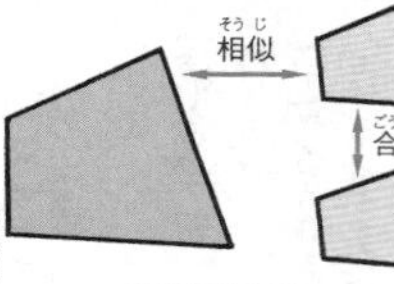

〔そうじけい〕

**そうししゃ【創始者】**名 あることを最初《さいしょ》にやり始《はじ》めた人《ひと》。例 会《かい》の創始者。

**そうじしょく【総辞職】**名 動する 全員《ぜんいん》がそろってその役《やく》をやめること。特《とく》に、内閣《ないかく》の大臣《だいじん》が全部《ぜんぶ》やめること。

**そうしつ【喪失】**名 動する うしなうこと。なくすこと。例 自信《じしん》を喪失する。

**そうして** 接 ↓そして 569ページ

**そうじて【総じて】**副 全体的《ぜんたいてき》に見《み》て。おおよそ。例 総じて日本人《にほんじん》はよく働《はたら》く。

**そうしゃ【走者】**名 ↓ランナー❶ 1377ページ

**そうしゃ【奏者】**名 楽器《がっき》を演奏《えんそう》する人《ひと》。

**そうしゃじょう【操車場】**名 列車《れっしゃ》やバスの車両《しゃりょう》の入《い》れかえや配置《はいち》、編成《へんせい》などの作《さ》業《ぎょう》をする広《ひろ》い場所《ばしょ》。

**そうじゅう【操縦】**名 動する ❶機械《きかい》や乗《の》り物《もの》を動《うご》かすこと。例 飛行機《ひこうき》を操縦する。❷人《ひと》を自分《じぶん》の思《おも》うままに使《つか》うこと。例 選手《せんしゅ》をうまく操縦する。

**ぞうしゅう【増収】**名 動する 手《て》に入《はい》るお金《かね》や、農作物《のうさくぶつ》の取《と》れ高《だか》が増《ふ》えること。例 米《こめ》の増収をはかる。対 減収《げんしゅう》。

**そうじゅく【早熟】**名 形動 ❶果物《くだもの》などが早《はや》く熟《じゅく》すこと。例 早熟みかん。❷年《とし》が若《わか》いのに大人《おとな》じみているようす。ませているようす。例 早熟な子《こ》。

**そうしゅん【早春】**名 春《はる》の初《はじ》め。対 晩春《ばんしゅん》。

✤**そうしょ【草書】**名 漢字《かんじ》の書《か》き方《かた》の一《ひと》つ。行書《ぎょうしょ》をもっとくずした書き方。関連 楷書《かいしょ》。行書《ぎょうしょ》。↓しょたい(書体)❶ 645ページ

**ぞうしょ【蔵書】**名 自分《じぶん》のものとして持《も》っている本《ほん》。例 この図書館《としょかん》は蔵書が多《おお》い。

**そうしょう【総称】**名 動する 同《おな》じ種類《しゅるい》のものをまとめていうこと。また、その呼《よ》び名《な》。例 バイオリン・チェロ・ギターなどを総称して弦楽器《げんがっき》という。

**そうじょう【僧正】**名 お坊《ぼう》さんのいちばん上《うえ》の位《くらい》。また、そのお坊さん。

■**そうじょうこうか【相乗効果】**名 いくつかのことが互《たが》いに作用《さよう》しあって生《う》まれる、それらを足《た》した以上《いじょう》の大《おお》きな効果《こうか》。例 相乗効果が期待《きたい》できる。

**そうしようしょくぶつ【双子葉植物】**名 種《たね》から芽《め》を出《だ》すとき、子葉《しよう》が二枚《にまい》ある植物《しょくぶつ》の仲間《なかま》。アブラナ・アサガオなど。対 単子葉植物《たんしようしょくぶつ》。

**そうしょく【草食】**名 動物《どうぶつ》が草《くさ》をおもな食《た》べ物《もの》とすること。例 草食動物《どうぶつ》。関連 雑食《ざっしょく》。肉食《にくしょく》。

**そうしょく【装飾】**名 動する 美《うつく》しくかざること。かざり。例 室内《しつない》装飾。

**ぞうしょく【増殖】**名 動する (生《い》き物《もの》が)ふえて、多《おお》くなること。

**そうしょくどうぶつ【草食動物】**名 主《おも》に草《くさ》を食《た》べている動物《どうぶつ》。

**そうしん【送信】**名 動する 電子《でんし》メールなど、信号《しんごう》を送《おく》ること。類 発信《はっしん》。対 受信《じゅしん》。

**ぞうしん【増進】**名 動する 勢《いきお》いや力《ちから》などを増《ま》すこと。例 食欲《しょくよく》が増進する。対 減退《げんたい》。

**そうしんぐ【装身具】**名 体《からだ》や着《き》る物《もの》につけるかざり。指輪《ゆびわ》・首《くび》かざり・ブローチなど。アクセサリー。

**ぞうすい【増水】**名 動する 川《かわ》や池《いけ》などの水《みず》かさが増《ふ》えること。対 減水《げんすい》。

**ぞうすい【雑炊】**名 野菜《やさい》などを入《い》れて、味《あじ》をつけたおかゆ。おじや。

**そうすう【総数】**名 全部《ぜんぶ》を合《あ》わせた数《かず》。

**そうすかん【総すかん】**名 全員《ぜんいん》から嫌《きら》われること。〔くだけた言《い》い方《かた》。〕例 仲間《なかま》から総すかんを食《く》う。

**そうする【奏する】**動 ❶演奏《えんそう》する。例 琴《こと》を奏する。❷成《な》しとげる。例 功《こう》を奏する。

**そうせい【早世】**名 動する 早《はや》く死《し》ぬこと。若死《わかじ》にすること。

**そうぜい【総勢】**名 全体《ぜんたい》の人数《にんずう》。全員《ぜんいん》。

**ぞうせい【造成】**名 動する 手《て》を加《くわ》えて、造《つく》り上《あ》げること。例 宅地《たくち》を造成する。

**ぞうぜい【増税】**名 動する 税金《ぜいきん》の額《がく》や割合《わりあい》を増《ふ》やすこと。対 減税《げんぜい》。

ことわざ **臭《くさ》い物《もの》に蓋《ふた》をする** 臭《くさ》い物《もの》にふたをしないで、あったことはすべて報告《ほうこく》してほしい。

**そうせいじ【双生児】** 名 ふたご。

**そうせきうん【層積雲】** 名 空《そら》を厚《あつ》くおおう灰色《はいいろ》の雲《くも》。雨《あめ》の前後《ぜんご》に、低空《ていくう》にできる。くもり雲《ぐも》。↓くも(雲) 373ページ

**そうせつ【創設】** 名 動する 初《はじ》めてつくること。例 学校《がっこう》を創設する。

**そうぜつ【壮絶】** 名 形動 非常《ひじょう》に勇《いさ》ましく激《はげ》しいこと。例 壮絶な戦《たたか》い。

**ぞうせつ【増設】** 名 動する 建物《たてもの》や設備《せつび》を、さらに付《つ》け加《くわ》えて増《ふ》やすこと。

**そうぜん【騒然】** 副と さわがしいようす。例 会場《かいじょう》が騒然となる。参考「騒然《そうぜん》たる世《よ》の中《なか》」などと使《つか》うこともある。

**ぞうせん【造船】** 名 動する 船《ふね》を造《つく》ること。例 造船所《じょ》。

**そうせんきょ【総選挙】** 名 衆議院議員《しゅうぎいんぎいん》の任期《にんき》が終《お》わったり解散《かいさん》したりしたとき、全員《ぜんいん》を選《えら》ぶ選挙《せんきょ》。

**そうそう【早早】** 名 副 はやばや。さっそく。例 早々に宿題《しゅくだい》を済《す》ませる。

**そうそう【草草】** 名 手紙《てがみ》の終《お》わりにつける挨拶《あいさつ》の言葉《ことば》。「走《はし》り書《が》きで失礼《しつれい》しました」という意味《いみ》。参考「前略《ぜんりゃく》」などで書《か》き始《はじ》めた場合《ばあい》に書《か》く。

**そうそう【葬送・送葬】** 名 動する 葬式《そうしき》で死《し》者《しゃ》を墓《はか》まで見送《みおく》ること。

**○そうぞう【創造】** 名 動する 今《いま》までにないものを、初《はじ》めてつくり出《だ》すこと。例 新《あたら》しい芸《げい》術《じゅつ》の創造。類 創作《そうさく》。対 模倣《もほう》。

**○そうぞう【想像】** 名 動する 頭《あたま》の中《なか》に思《おも》いうかべること。また、思《おも》いうかべた考《かんが》え。例 詩《し》の情景《じょうけい》を想像する。

**想像《そう ぞう》を絶《ぜっ》する** 想像《そうぞう》ができないほどである。例 被害《ひがい》は想像を絶する。

**想像《そう ぞう》をたくましくする** あれこれと、思《おも》いのままに想像《そうぞう》する。例 もし火星人《かせいじん》と会《あ》ったらと、想像をたくましくする。

**そうぞうしい【騒騒しい】** 形 やかましい。さわがしい。例 辺《あた》りが騒々しい。

**そうぞうじょう【想像上】** 頭《あたま》の中《なか》で思《おも》い描《えが》いたものであること。例 竜《りゅう》は想像上の動物《どうぶつ》だ。

**そうそうたる** 連体 よく知《し》られていて、立《りっ》派《ぱ》な。例 そうそうたる顔《かお》ぶれ。

**そうぞうりょく【想像力】** 名 頭《あたま》の中《なか》に思《おも》いうかべる能力《のうりょく》。例 想像力が豊《ゆた》かだ。

**そうそく【総則】** 名 全体《ぜんたい》に通《つう》じる規則《きそく》。全体《ぜんたい》の基本《きほん》となる規《き》則《そく》。対 細則《さいそく》。

**そうぞく【相続】** 名 動する 死《し》んだ人《ひと》の財産《ざいさん》を受《う》けつぐこと。例 遺産《いさん》を相続する。

**そうそふ【曽祖父】** 名 その人《ひと》の父《ちち》や母《はは》の祖《そ》父《ふ》。ひいおじいさん。↓かぞく(家族) 236ページ

**そうそぼ【曽祖母】** 名 その人《ひと》の父《ちち》や母《はは》の祖《そ》母《ぼ》。ひいおばあさん。↓かぞく(家族) 236ページ

**そうだ** 助動 ❶他《ほか》から聞《き》いたことを伝《つた》えるときに使《つか》う。…ということだ。例 天気予報《てんきよほう》によれば、あしたは雨《あめ》が降《ふ》るそうだ。❷そのように思《おも》われるという意味《いみ》を表《あらわ》す。例 今《いま》にも雨《あめ》が降《ふ》りそうだ。参考 丁寧《ていねい》に言《い》うときは、「そうです」となる。

**そうたい【早退】** 名 動する 学校《がっこう》や勤《つと》め先《さき》から、決《き》まった時刻《じこく》より早《はや》く帰《かえ》ること。早引《はやび》け。例 かぜで早退する。

**そうたい【相対】** 名 他《ほか》のものとの関係《かんけい》で、そのものが成《な》り立《た》っていること。例 右《みぎ》と左《ひだり》とは相対の関係《かんけい》にある。対 絶対《ぜったい》。

**そうたい【総体】** 名 ものごとの全体《ぜんたい》。すべて。例 総体に活発《かっぱつ》なクラス。

**そうだい【壮大】** 形動 大《おお》きくて立派《りっぱ》なようす。雄大《ゆうだい》。例 壮大ながめ。

**そうだい【総代】** 名 仲間《なかま》の人《ひと》全部《ぜんぶ》の代表《だいひょう》。例 卒業生《そつぎょうせい》総代。

**ぞうだい【増大】** 名 動する 増《ふ》えて大《おお》きくなること。例 危険《きけん》が増大する。対 減少《げんしょう》。

**そうたいか【相対化】** 名 動する ものごとをそれ一《ひと》つでなく、他《ほか》のものと関係《かんけい》させてと

例解 ! 表現の広場

**想像《そうぞう》と空想《くうそう》のちがい**

| | 想像《そうぞう》 | 空想《くうそう》 |
| --- | --- | --- |
| 未来《みらい》を　する。 | ○ | ○ |
| 心《こころ》の中《なか》を　する。 | ○ | × |
| そんなことは　もつかない。 | ○ | × |
| 読《よ》みたいのは　科学小説《かがくしょうせつ》。 | × | ○ |



 口《くち》は災《わざわ》いの門《かど》だから、軽《かる》はずみによけいなことは言《い》わないことだ。

らえること。例 外国人《がいこくじん》と接《せっ》することで、私《わたし》たちの考《かんが》え方《かた》が相対化できる。

**そうたいてき【相対的】**形動 他《ほか》のものとの関係《かんけい》で成《な》り立《た》っているようす。例 買《か》い手《て》が多《おお》ければ、相対的に値段《ねだん》が上《あ》がる。対 絶対的《ぜったいてき》。

**そうだち【総立ち】**名 全員《ぜんいん》がいっせいに立《た》ち上《あ》がること。

**そうだつ【争奪】**名 動-する 争《あらそ》って、うばい合《あ》うこと。例 争奪戦《せん》。

**○そうだん【相談】**名 動-する ものごとを決《き》めるために話《はな》し合《あ》うこと。例 相談にのる。

**そうち【装置】**名 動-する 機械《きかい》や道具《どうぐ》などを、取《と》り付《つ》けること。また、その機械《きかい》や道具《どうぐ》。例 舞台《ぶたい》装置。

**ぞうちく【増築】**名 動-する 家《いえ》などをつけ加《くわ》えて建《た》てること。建《た》て増《ま》し。

**そうちゃく【装着】**名 動-する 器具《きぐ》などを取《と》り付《つ》けること。例 シートベルトを装着する。

**そうちょう【早朝】**名 朝《あさ》の早《はや》いうち。

**そうちょう【荘重】**形動 おごそかで重々《おもおも》しいようす。例 荘重な音楽《おんがく》。

**そうちょう【総長】**名 役所《やくしょ》や大学《だいがく》などで、全体《ぜんたい》を見《み》てまとめる役《やく》。また、その人《ひと》。

**ぞうちょう【増長】**名 動-する ❶(悪《わる》い性質《せいしつ》などが)だんだんひどくなること。例 わがままが増長する。❷調子《ちょうし》にのって、いばること。例 ほめられるとすぐ増長する。

**そうで【総出】**名 全部《ぜんぶ》の人《ひと》が出《で》かけること。例 家《いえ》じゅう総出で花見《はなみ》をする。

**そうてい【装丁】**名 動-する 表紙《ひょうし》や外箱《そとばこ》などに絵《え》や文字《もじ》をデザインして本《ほん》の形《かたち》にすること。例 文集《ぶんしゅう》の装丁を工夫《くふう》する。

**そうてい【想定】**名 動-する 仮《かり》にそうであると考《かんが》えること。例 想定したことのない事故《じこ》。

**ぞうてい【贈呈】**名 動-する 人《ひと》に物《もの》を贈《おく》ること。例 花束《はなたば》を贈呈する。

**そうていがい【想定外】**名 考《かんが》えてもみなかったこと。例 想定外の大地震《だいじしん》。

**そうてん【争点】**名 訴《うった》えや討論《とうろん》で、あらそいの中心《ちゅうしん》となっている点《てん》。

**そうでん【送電】**名 動-する 電気《でんき》を送《おく》ること。例 送電線《せん》。

**○そうとう【相当】**一名 動-する あてはまること。つり合《あ》うこと。例 高《たか》さはテレビ塔二《とうふた》つ分《ぶん》に相当する。二副 形動 かなり。ずいぶん。例 相当難《むずか》しい問題《もんだい》。三(ある言葉《ことば》のあとにつけて)…ぐらい。例 千円《せんえん》相当の商品《しょうひん》。

**そうどう【騒動】**名 (事件《じけん》やもめごとで)大勢《おおぜい》がさわぎ立《た》てること。さわぎ。例 町《まち》じゅうが大《おお》騒動になる。

**ぞうとう【贈答】**名 動-する 人《ひと》に品物《しなもの》をあげたり、もらったりすること。

**そうどういん【総動員】**名 動-する 仕事《しごと》をするために、全員《ぜんいん》の力《ちから》を集《あつ》めること。例 児童《じどう》総動員で大《おお》そうじをする。

**そうなめ【総なめ】**名 ❶全部《ぜんぶ》を負《ま》かすこと。例 六《ろく》チームを総なめにする。❷全体《ぜんたい》をおおいつくすこと。例 火《ひ》が町《まち》じゅうを総なめにした。

**そうなん【遭難】**名 動-する 山《やま》や海《うみ》などで、命《いのち》にかかわるような危《あぶ》ない目《め》にあうこと。例 遭難した人《ひと》を救助《きゅうじょ》する。

**ぞうに【雑煮】**名 肉《にく》・野菜《やさい》などが入《はい》った汁《しる》に、もちを入《い》れたもの。正月《しょうがつ》の料理《りょうり》として食《た》べる。おぞうに。

**そうにゅう【挿入】**名 動-する 間《あいだ》にはさみこむこと。例 文章《ぶんしょう》の中《なか》に詩《し》を挿入する。

**✤そうにょう**名 漢字《かんじ》の部首《ぶしゅ》で、「にょう」の一《ひと》つ。「起《き》」「越《えつ》」などの「走」の部分《ぶぶん》。

**そうねん【壮年】**名 三〇代《だい》から五〇代《だい》くらいの、働《はたら》きざかりの年《とし》ごろ。

**そうは【走破】**名 動-する 長《なが》い距離《きょり》を走《はし》り通《とお》すこと。例 全《ぜん》コースを走破する。

**そうば【相場】**名 ❶品物《しなもの》の、その時《とき》の値段《ねだん》。例 魚《さかな》の相場。❷株《かぶ》などを売《う》り買《か》いすること。例 相場で損《そん》をする。❸世間一般《せけんいっぱん》の考《かんが》え。例 夏《なつ》は暑《あつ》いと相場が決《き》まっている。

**そうはく【蒼白】**形動 おそろしさなどで、顔《かお》が青白《あおじろ》くなるようす。例 顔面《がんめん》蒼白になる。

**ぞうはつ【増発】**名 動-する 列車《れっしゃ》・バスなどの発車《はっしゃ》する回数《かいすう》を増《ふ》やすこと。

**そうばなてき【総花的】**形動 関係《かんけい》のあるものは、すべてとりあげるようす。例 総花的な予算配分《よさんはいぶん》。

**そうばん【早晩】**副 おそかれ早《はや》かれ。例 かくしていても、早晩わかるだろう。



ことわざ 苦《く》は楽《らく》の種《たね》　苦《く》は楽《らく》の種《たね》だから、ここしばらくは苦《くる》しいだろうが、がんばりなさい。

**そうび【装備】** 名 動する ❶必要《ひつよう》な道具《どうぐ》や品《しな》を用意《ようい》すること。例装備を調《ととの》えて、山に登《のぼ》る。❷武器《ぶき》や機械《きかい》を備《そな》えつけること。また、その物《もの》。例レーダーを装備する。

✤**そうひつ【送筆】** 名 毛筆《もうひつ》で字《じ》を書《か》くときの筆《ふで》の運《はこ》び。書《か》き始《はじ》めから書《か》き終《お》わるまでの中《ちゅう》間《かん》の部分《ぶぶん》の筆《ふで》づかい。

**そうひょう【総評】** 名 動する 全体《ぜんたい》にわたって批評《ひひょう》をすること。例大会《たいかい》の最後《さいご》に総評を聞《き》く。

**そうふ【送付】** 名 動する 品物《しなもの》や書類《しょるい》などを送《おく》り届《とど》けること。例願書《がんしょ》を送付する。

**ぞうふく【増幅】** 名 動する ❶電流《でんりゅう》や電波《でんぱ》のはたらきを強《つよ》めること。❷ものごとの程度《ていど》が広《ひろ》がること。例うわさが増幅されて伝《つた》わる。

**そうへい【僧兵】** 名 平安時代末《へいあんじだいまつ》から戦国時《せんごくじ》代《だい》にかけて、武器《ぶき》を持《も》って戦《たたか》いに参加《さんか》した寺《てら》の僧《そう》。

**ぞうへいきょく【造幣局】** 名 硬貨《こうか》・勲《くん》章《しょう》などを造《つく》っている、独立行政法人《どくりつぎょうせいほうじん》。

**そうへき【双璧】** 名 優劣《ゆうれつ》のつけられない、二《ふた》つのすぐれたもの。例この二冊《にさつ》は、昭和《しょうわ》時代《じだい》の歌集《かしゅう》の双璧だ。参考「璧《へき》」は、宝玉《ほうぎょく》のこと。

**そうべつ【送別】** 名 動する 別《わか》れて行《い》く人《ひと》を見送《みおく》ること。例送別会《かい》。

**ぞうほ【増補】** 名 動する 本《ほん》の内容《ないよう》などを増《ふ》やしたり補《おぎな》ったりすること。

**そうほう【双方】** 名 あちらとこちら。両《りょう》方《ほう》。例双方の考《かんが》えを聞《き》く。

**そうほうこう【双方向】** 名 （情報《じょうほう》が）一方《いっぽう》的《てき》でなく、送《おく》る側《がわ》からも受《う》ける側《がわ》からも、やりとりできること。テレビで、番組《ばんぐみ》を見《み》ている人《ひと》が、インターネットなどを通《つう》じて意見《いけん》を送《おく》るなど。

**そうまとう【走馬△灯】** 名 次々《つぎつぎ》にちがった影絵《かげえ》が現《あらわ》れる灯籠《とうろう》。中《なか》の光《ひかり》の熱《ねつ》で風車《ふうしゃ》が回《まわ》り、はりつけた切《き》り絵《え》が影絵《かげえ》のように動《うご》いて見《み》える。回《まわ》り灯籠《どうろう》。

〔そうまとう〕

**そうみ【総身】** 名 体《からだ》じゅう。全身《ぜんしん》。

**そうむ【総務】** 名 役所《やくしょ》や会社《かいしゃ》などで、全体《ぜんたい》に関係《かんけい》した仕事《しごと》をする役《やく》。また、その役目《やくめ》の人《ひと》。例総務課《か》。

**そうむしょう【総務省】** 名 都道府県《とどうふけん》・市《し》区町村《くちょうそん》などの地方自治体《ちほうじちたい》や選挙《せんきょ》の世話《せわ》、郵《ゆう》便《びん》・郵便貯金《ゆうびんちょきん》・簡易保険《かんいほけん》・電気通信《でんきつうしん》などについての仕事《しごと》をする、国《くに》の役所《やくしょ》。

**そうめい【聡明】** 形動 理解《りかい》が早《はや》く、かしこいようす。例聡明な人《ひと》。

**そうめいきょく【奏鳴曲】** 名 ⬇ソナタ 760ページ

**そうめん【素麺】** 名 小麦粉《こむぎこ》をこねて、細《ほそ》く引《ひ》きのばし、かわかした食《た》べ物《もの》。ゆでて食《た》べる。

**そうもく【草木】** 名 草《くさ》と木《き》。くさき。

**ぞうもつ【臓物】** 名 鳥《とり》・魚《さかな》・けものなどのはらわた。内臓《ないぞう》。もつ。

**そうやかいきょう【宗谷海峡】** 地名 北海道《ほっかいどう》の北部《ほくぶ》とサハリンとの間《あいだ》にある海峡《かいきょう》。

**そうやみさき【宗谷岬】** 地名 北海道《ほっかいどう》の北《ほく》部《ぶ》、宗谷海峡《そうやかいきょう》に面《めん》する岬《みさき》。

**ぞうよ【贈与】** 名 動する 人《ひと》にお金《かね》や品物《しなもの》をあげること。例土地《とち》を贈与《ぞうよ》する。

**そうらん【騒乱】** 名 事件《じけん》が起《お》こって、世《よ》の中《なか》が乱《みだ》れること。騒動《そうどう》。

**そうり【総理】** 名 ❶全体《ぜんたい》を管理《かんり》してまとめる役目《やくめ》の人《ひと》。❷⬇そうりだいじん 751ページ

◦**ぞうり【〈草△履〉】** 名 わら・ゴムなどで作《つく》った、底《そこ》の平《たい》らな、はなおのあるはき物《もの》。参考「草履《ぞうり》」は、特別《とくべつ》に認《みと》められた読《よ》み方《かた》。

**そうりだいじん【総理大臣】** 名 内閣総《ないかくそう》理大臣《りだいじん》のこと。内閣《ないかく》の最高責任者《さいこうせきにんしゃ》で、国会議《こっかいぎ》員《いん》の中《なか》から議員《ぎいん》が選《えら》び、天皇《てんのう》によって任命《にんめい》される。首相《しゅしょう》。総理《そうり》。

◦**そうりつ【創立】** 名 動する 学校《がっこう》や会社《かいしゃ》などを、新《あたら》しくつくること。例創立記念日《きねんび》。

**ぞうりむし** 名 池《いけ》や沼《ぬま》にすむ原生動物《げんせいどうぶつ》。大《おお》きさは〇・二ミリメートルほど。体《からだ》はぞうりに似《に》ている。短《みじか》い毛《け》が全体《ぜんたい》に生《は》え、これを動《うご》かして移動《いどう》する。

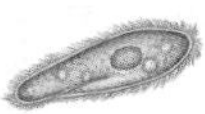
〔ぞうりむし〕

**そうりょ【僧侶】** 名 お坊《ぼう》さん。僧《そう》。

**そうりょう【送料】** 名 品物《しなもの》を送《おく》るのにかかるお金《かね》。送《おく》り賃《ちん》。



ことわざ 苦《くる》しい時《とき》の神頼《かみだの》み　受験生《じゅけんせい》の兄《あに》は、苦《くる》しい時《とき》の神頼《かみだの》みで、神社《じんじゃ》にお参《まい》りした。

**そうりょう【総量】** 名 全体《ぜんたい》の量《りょう》。重《おも》さ。

**ぞうりょう【増量】** 名 動-する 分量《ぶんりょう》が増《ふ》えること。また、増《ふ》やすこと。対 減量《げんりょう》。

**そうりょく【総力】** 名 すべての力《ちから》。全力《ぜんりょく》。

**そうりょくせん【総力戦】** 名 持《も》っている力《ちから》のすべてを出《だ》し尽《つ》くす戦《たたか》い。

**ぞうりん【造林】** 名 動-する 山《やま》や野《の》原《はら》に木《き》を植《う》えて、森《もり》や林《はやし》を造《つく》ること。

**ソウル** 地名 大韓《だいかん》民国《みんこく》の首都《しゅと》。

**そうるい【藻類】** 名 水中《すいちゅう》に育《そだ》ち、光合成《こうごうせい》で養分《ようぶん》をとり、花《はな》をつけないで胞子《ほうし》で増《ふ》える原《げん》生生物《せいせいぶつ》の仲間《なかま》。海水《かいすい》のワカメ・コンブや、淡《たん》水《すい》のアオミドロなど。

**そうれい【壮麗】** 形動 大《おお》きく見事《みごと》で美《うつく》しいこと。例 壮麗な寺《てら》のつくり。

**そうれつ【壮烈】** 形動 勇《いさ》ましくて、立派《りっぱ》なようす。例 壮烈な戦《たたか》い。

**そうれつ【葬列】** 名 葬式《そうしき》の行列《ぎょうれつ》。

**そうろう【候】** 動 〔昔《むかし》、使《つか》われた言葉《ことば》。〕「いる」「ある」の丁寧《ていねい》な言《い》い方《かた》。ございます。例 かしこまって候。

✤**そうろん【総論】** 名 全体《ぜんたい》をまとめて述《の》べる意見《いけん》。対 各論《かくろん》。

⇩こう【候】425ページ

**そうわ【挿話】** 名 文章《ぶんしょう》や話《はなし》などの間《あいだ》にはさむ、短《みじか》くまとまった話《はなし》。エピソード。

**ぞうわい【贈賄】** 名 動-する わいろを贈《おく》ること。例 贈賄罪《ざい》。対 収賄《しゅうわい》。

**そえがき【添え書き】** 名 動-する 書《か》き物《もの》や手紙《てがみ》などに、付《つ》け足《た》して書《か》く言葉《ことば》。

**そえぎ【添え木】** 名 ❶草木《くさき》などの支《ささ》えとして添《そ》えた木《き》。❷骨折《こっせつ》した部分《ぶぶん》などを固定《こてい》するための木《き》。

°**そえる【添える】** 動 あるものに別《べつ》のものを付《つ》け足《た》す。付《つ》け加《くわ》える。例 手紙《てがみ》を添える。

⇩てん【添】891ページ

**そえん【疎遠】** 名 形動 つきあいややりとりなどがなくなって、親《した》しみがうすくなること。例 すっかり疎遠になった。対 親密《しんみつ》。

**ソース** 〔英語 sauce〕 名 料理《りょうり》の味《あじ》つけに使《つか》う、液体《えきたい》の調味料《ちょうみりょう》。種類《しゅるい》が多《おお》い。

**ソーセージ** 〔英語 sausage〕 名 味《あじ》つけした肉《にく》を、ウシやブタの腸《ちょう》につめて、むしたりいぶしたりした食《た》べ物《もの》。腸《ちょう》づめ。

**ソーダ** 〔オランダ語〕 名 ❶ガラスやせっけんの原料《げんりょう》に使《つか》う白《しろ》い粉《こな》。炭酸《たんさん》ナトリウム。❷ソーダ水《すい》のこと。炭酸《たんさん》ガスを水《みず》にとかした飲《の》み物《もの》。

**ソート** 〔英語 sort〕 名 動-する ❶分類《ぶんるい》すること。❷コンピューターで、データをある基準《きじゅん》に従《したが》って並《なら》べかえること。

**ソーラー** 〔英語 solar〕 〔ある言葉《ことば》の前《まえ》につけて〕「太陽《たいよう》の光《ひかり》や熱《ねつ》を利用《りよう》した」という意味《いみ》を表《あらわ》す。例 ソーラーハウス。

**ソーラーカー** 〔英語 solar car〕 名 車体《しゃたい》につけた太陽電池《たいようでんち》によって起《お》こした電気《でんき》でモーターを回《まわ》して走《はし》る車《くるま》。

**ソーラーシステム** 〔英語 solar system〕 名 太陽《たいよう》の熱《ねつ》を利用《りよう》して、湯沸《ゆわ》かしや冷房《れいぼう》・暖房《だんぼう》、発電《はつでん》などができるようにした設備《せつび》。

**ゾーン** 〔英語 zone〕 名 地域《ちいき》。区域《くいき》。範囲《はんい》。例 スクールゾーン。

**そかい【疎開】** 名 動-する 戦争《せんそう》などの危険《きけん》をさけるために、人《ひと》や物《もの》を別《べつ》の所《ところ》に移《うつ》すこと。例 学童《がくどう》疎開。

**そがい【阻害】** 名 動-する さまたげること。例 成長《せいちょう》を阻害する。

**そがい【疎外】** 名 動-する よそよそしくして近《ちか》づけないこと。仲間《なかま》はずれにすること。例 どことなく疎外されている感《かん》じだ。

**そかく【組閣】** 名 動-する 総理大臣《そうりだいじん》が、各大臣《かくだいじん》を決《き》めて、内閣《ないかく》をつくること。

**そぎおとす【そぎ落とす・削▲ぎ落とす】** 動 けずるようにして取《と》り除《のぞ》く。例 樹皮《じゅひ》をそぎ落とす。

**そく【束】** 画数 7 部首 木(き) 4年

音 ソク 訓 たば

筆順

❶たばにして、くくる。自由《じゆう》をしばる。熟語 束縛《そくばく》。約束《やくそく》。結束《けっそく》。花束《はなたば》。❷

**そく【足】** 画数 7 部首 足(あし) 1年

音 ソク 訓 あし た-りる た-る た-す

筆順

❶あし。熟語 足跡《そくせき》。土足《どそく》。足場《あしば》。対 手《しゅ》。❷歩《ある》

ことわざ 芸《げい》は身《み》を助《たす》ける　あの人《ひと》は、趣味《しゅみ》でやっていた書道《しょどう》の腕前《うでまえ》を生《い》かして、習字塾《しゅうじじゅく》を開《ひら》いている。芸《げい》は身《み》を助《たす》けるとは、このことだね。

く。行《い》く。熟語 遠足《えんそく》。足早《あしばや》。❸十分《じゅうぶん》である。熟語 不足《ふそく》。満足《まんぞく》。❹加《くわ》える。熟語 補足《ほそく》。❺はき物《もの》を数《かぞ》える言葉《ことば》。例 靴《くつ》一足《いっそく》。
《訓の使い方》 たーりる 例 五《ご》百円《ひゃくえん》で足りる。 たーる 例 信《しん》じるに足る人《ひと》。 たーす 例 水《みず》を足す。

## そく【則】

画数 9　部首 刂（りっとう）　5年

音 ソク　訓 ――

筆順

決《き》まり。熟語 規則《きそく》。原則《げんそく》。校則《こうそく》。法則《ほうそく》。

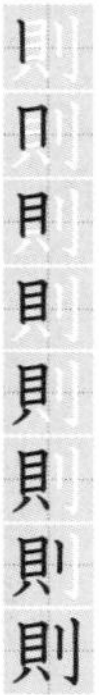

## そく【息】

画数 10　部首 心（こころ）　3年

音 ソク　訓 いき

筆順

❶むすこ。子《こ》ども。熟語 子息《しそく》。❷休《やす》む。熟語 安息《あんそく》。休息《きゅうそく》。❸生《い》きる。熟語 消息《しょうそく》。生息《せいそく》。❹いき。いきをする。熟語 嘆息《たんそく》。鼻息《はないき》。❺増《ふ》えたもの。熟語 利息《りそく》。

## そく【速】

画数 10　部首 辶（しんにょう）　3年

音 ソク　訓 はやーい はやーめる はやーまる △すみーやか

筆順

はやい。はやさ。熟語 速達《そくたつ》。速度《そくど》。速力《そくりょく》。急《きゅう》速《そく》。時速《じそく》。風速《ふうそく》。
《訓の使い方》 はやーい 例 流《なが》れが速い。 はやーめる 例 足《あし》を速める。 はやーまる 例 車輪《しゃりん》の回転《かいてん》が速まる。 すみーやか 例 速やかに集《あつ》まる。

## そく【側】

画数 11　部首 亻（にんべん）　4年

音 ソク　訓 がわ

筆順

❶そば。熟語 側近《そっきん》。❷一方《いっぽう》のがわ。へり。熟語 側面《そくめん》。片側《かたがわ》。外側《そとがわ》。参考 「右《みぎ》っ側《かわ》」のように「かわ」とも読《よ》む。

## そく【測】

画数 12　部首 氵（さんずい）　5年

音 ソク　訓 はかーる

筆順

❶長《なが》さなどをはかる。熟語 測定《そくてい》。測量《そくりょう》。計《けい》測《そく》。実測《じっそく》。測候所《そっこうじょ》。❷おしはかる。熟語 推測《すいそく》。予《よ》測《そく》。
《訓の使い方》 はかーる 例 水深《すいしん》を測る。

## そく【即】

画数 7　部首 卩（ふしづくり）

音 ソク　訓 ――

❶つく。位《くらい》や位置《いち》につく。熟語 即位《そくい》。❷すぐに。ただちに。熟語 即時《そくじ》。即席《そくせき》。即売《そくばい》。即決《そっけつ》。即刻《そっこく》。↓そくする 754ページ

**そく【即】** 副 ❶すぐに。例 よいと思《おも》ったら、即、実行《じっこう》する。❷すなわち。例 山《やま》で天候《てんこう》を無視《むし》することは、即、死《し》を意味《いみ》する。

## そく【促】

画数 9　部首 亻（にんべん）

音 ソク　訓 うながーす

❶うながす。せきたてる。熟語 促成《そくせい》。催促《さいそく》。督促《とくそく》。❷間《あいだ》がつまる。熟語 促音《そくおん》。

## そく【捉】

画数 10　部首 扌（てへん）

音 ソク　訓 とらーえる

しっかりととらえる。熟語 捕捉《ほそく》（＝つかまえること）。

**そく【塞】** 熟語 閉塞《へいそく》。脳梗塞《のうこうそく》。↓さい【塞】496ページ

**そぐ** 動 ❶ななめに切《き》る。とがらす。例 竹《たけ》の先《さき》をそぐ。❷うすくけずる。例 ゴボウをそぐ。❸減《へ》らす。例 勢《いきお》いをそぐ。

## ぞく【族】

画数 11　部首 方（ほうへん）　3年

音 ゾク　訓 ――

筆順

身内《みうち》のもの。仲間《なかま》。熟語 家族《かぞく》。民族《みんぞく》。例 アイヌ族《ぞく》。

## ぞく【属】

画数 12　部首 尸（しかばね）　5年

音 ゾク　訓 ――

筆順

❶従《したが》う。つく。熟語 従属《じゅうぞく》。所属《しょぞく》。専属《せんぞく》。配《はい》

ことわざ けがの功名《こうみょう》　冗談《じょうだん》で言《い》ったことが、けがの功名《こうみょう》で、班《はん》がまとまるきっかけになった。

属《ぞく》。❷仲間《なかま》。熟語 金属《きんぞく》。↓ぞくする 754ページ

**ぞく【続】** 画数 13 部首 糸（いとへん） 4年

筆順 続

音 ゾク 訓 つづ-く つづ-ける

つづく。つづける。熟語 続編《ぞくへん》。続行《ぞっこう》。持続《じぞく》。接続《せつぞく》。断続《だんぞく》。連続《れんぞく》。

《訓の使い方》**つづ-く** 例 雨《あめ》の日《ひ》が続く。**つづ-ける** 例 練習《れんしゅう》を続ける。

**ぞく【続】** 名 つづき。例 正《せい》と続の二《に》冊《さつ》に分《わ》かれている。

**ぞく【俗】** 画数 9 部首 亻（にんべん）

音 ゾク 訓 ―

❶ならわし。熟語 習俗《しゅうぞく》。風俗《ふうぞく》。民俗《みんぞく》。❷ありふれた。熟語 俗説《ぞくせつ》。通俗的《つうぞくてき》。❸下品《げひん》な。いやしい。熟語 俗悪《ぞくあく》。低俗《ていぞく》。❹〔仏教《ぶっきょう》で〕お坊《ぼう》さんでない、ふつうの人《ひと》。熟語 僧俗《そうぞく》〔＝お坊《ぼう》さんとふつうの人《ひと》〕。

**ぞく【俗】** 名 形動 ❶世間《せけん》にありふれていること。例 俗な言葉遣《ことばづか》い。❷安《やす》っぽいこと。下《げ》品《ひん》。例 なんだか俗で、つまらない番組《ばんぐみ》。

**ぞく【賊】** 画数 13 部首 貝（かいへん）

音 ゾク 訓 ―

悪者《わるもの》。熟語 賊軍《ぞくぐん》。山賊《さんぞく》。盗賊《とうぞく》。

**ぞく【賊】** 名 どろぼう。とうぞく。悪者《わるもの》。反《はん》逆者《ぎゃくしゃ》。例 賊をつかまえる。

**ぞくあく【俗悪】** 名 形動 下品《げひん》なようす。例 俗悪な歌《うた》はやめよう。

**そくい【即位】** 名 動-する 天皇《てんのう》や王《おう》が、その位《くらい》につくこと。対 退位《たいい》。

**そくおう【即応】** 名 動-する 相手《あいて》の動《うご》きや、周《まわ》りの変化《へんか》にすぐに応《おう》じること。

✤**そくおん【促音】** 名 〔国語《こくご》で〕小《ちい》さい「っ」や「ッ」で書《か》き表《あらわ》される音《おん》。「がっこう」「ロッカー」の「っ」や「ッ」のこと。つまる音《おん》。関連 直《ちょく》音《おん》。拗音《ようおん》。撥音《はつおん》。

✤**そくおんびん【促音便】** 名 〔国語《こくご》で〕ふつうの音《おん》が発音《はつおん》の都合《つごう》で、小《ちい》さな「っ」で書《か》き表《あらわ》す音《おん》のように変《か》わること。「勝《か》った」「美《うつく》しかった」など。

**ぞくがら【続柄】** 名 ↓つづきがら 858ページ

**ぞくぐん【賊軍】** 名 政府《せいふ》や国家《こっか》にそむく軍《ぐん》隊《たい》。対 官軍《かんぐん》。

✤**ぞくご【俗語】** 名 改《あらた》まった場面《ばめん》や文章《ぶんしょう》では使《つか》わない、くだけた言葉《ことば》。「おふくろ」「乗《の》っかる」など。

**そくざに【即座に】** 副 すぐその場《ば》で。すぐ。例 即座に答《こた》える。

**そくし【即死】** 名 動-する 事故《じこ》などにあって、その場《ば》ですぐ死《し》ぬこと。

**そくじ【即時】** 名 副 すぐその時《とき》。すぐ。

**そくじつ【即日】** 名 副 何《なに》かあったその日《ひ》。当日《とうじつ》。例 即日開票《かいひょう》。

**ぞくしゅつ【続出】** 名 動-する 次々《つぎつぎ》に続《つづ》いて起《お》こること。例 けが人《にん》が続出する。

**そくじょ【息女】** 名 〔「ご息女《そくじょ》」の形《かたち》で〕よその人《ひと》の女《おんな》の子《こ》どもを敬《うやま》って言《い》う言葉《ことば》。むすめさん。例 ご息女は、おいくつですか。対 子《し》息《そく》。

**ぞくしょう【俗称】** 名 ❶正式《せいしき》ではないが、世間《せけん》で使《つか》われている名前《なまえ》。❷お坊《ぼう》さんが出《しゅっ》家《け》をする前《まえ》の名前《なまえ》。

**そくしん【促進】** 名 動-する ものごとをはかどらせること。例 販売《はんばい》の促進。

**そくする【即する】** 動 ぴったり合《あ》う。あてはまる。例 場面《ばめん》に即した服装《ふくそう》。

○**ぞくする【属する】** 動 ❶その仲間《なかま》に入《はい》っている。例 兄《あに》は、野《や》球《きゅう》部《ぶ》に属している。❷ある種類《しゅるい》や範囲《はんい》に入《はい》っている。例 クジラは哺《ほ》乳類《にゅうるい》に属する。

**そくせい【促成】** 名 動-する 植物《しょくぶつ》などを、人《ひと》手《て》を加《くわ》えて早《はや》く育《そだ》てること。

**そくせい【速成】** 名 動-する ものごとを急《いそ》いで仕上《しあ》げること。例 速成のチーム。

**そくせいさいばい【促成栽培】** 名 動-する 果物《くだもの》や野菜《やさい》を、温室《おんしつ》などの中《なか》で早《はや》く育《そだ》てること。

**そくせき【足跡】** 名 ❶歩《ある》いたあと。足《あし》あと。❷人《ひと》が成《な》しとげた仕事《しごと》。足《あし》あと。例 学者《がくしゃ》として、立派《りっぱ》な足跡を残《のこ》す。

**そくせき【即席】** 名 その場《ば》で、すぐすること。例 即席で歌《うた》を作《つく》る。即席ラーメン。

**ぞくせけん【俗世間】** 名 人々《ひとびと》がそれぞれ、ごくふつうに暮《く》らしているこの世《よ》の中《なか》。

ことわざ 犬猿《けんえん》の仲《なか》　二人《ふたり》は犬猿《けんえん》の仲《なか》で、おたがい挨拶《あいさつ》一《ひと》つしたことがない。

**ぞくせつ**【俗説】［名］世《よ》の中《なか》で広《ひろ》く言《い》い伝《つた》えられている、もっともらしい話《はなし》。例茶柱《ちゃばしら》が立《た》つとよいことがあるというのは俗説だ。

**そくせん**【側線】［名］❶鉄道《てつどう》で、常《つね》に使《つか》う線《せん》路《ろ》以《い》外《がい》の線《せん》路《ろ》。引《ひ》き込《こ》み線《せん》など。❷魚類《ぎょるい》や両《りょう》生類《せいるい》の体《からだ》の両側《りょうがわ》にある、線《せん》のようなもの。水《すい》圧《あつ》や水流《すいりゅう》の変化《へんか》を感《かん》じるところ。

**そくせんりょく**【即戦力】［名］すぐに使《つか》える力《ちから》があること。また、その人《ひと》。例即戦力のピッチャーが加《くわ》わった。

**ぞくぞく**【続続】［副］(-と) ものごとが次々《つぎつぎ》と続《つづ》くようす。例客《きゃく》が続々と集《あつ》まる。

**ぞくぞく**［副］(-と)［動-する］❶(うれしさなどで)心《こころ》が落《お》ち着《つ》かないようす。例ぞくぞくするほどうれしい。❷寒《さむ》けがするようす。例かぜで体《からだ》がぞくぞくする。

**そくたつ**【速達】［名］〔「速《そく》達《たつ》郵《ゆう》便《びん》」の略《りゃく》。〕ふつうより速《はや》く届《とど》ける郵便《ゆうびん》。

**そくだん**【即断】［名］［動-する］すぐに判《はん》断《だん》すること。例即断即決《そっけつ》〔＝その場《ば》ですぐに判《はん》断《だん》して決《き》めること〕。

**そくだん**【速断】［名］［動-する］❶すばやく決《き》めること。例速断速答《そくとう》する。❷早《はや》まった判《はん》断《だん》をすること。例速断は危険《きけん》だ。

**そくち**【測地】［名］［動-する］土地《とち》を測《はか》ること。

○**そくてい**【測定】［名］［動-する］物《もの》の大《おお》きさや量《りょう》を、器《き》械《かい》などを使《つか》って測《はか》ること。例体重《たいじゅう》を測定する。

○**そくど**【速度】［名］ある方向《ほうこう》に進《すす》む速《はや》さ。速《そく》力《りょく》。スピード。例速度をゆるめる。

**そくとう**【即答】［名］［動-する］その場《ば》ですぐに答《こた》えること。または、その答《こた》え。

**ぞくとう**【続投】［名］［動-する］❶〔野《や》球《きゅう》・ソフトボールで〕交代《こうたい》をせず、一人《ひとり》の投手《とうしゅ》が投《な》げ続《つづ》けること。❷その役《やく》をさらに続《つづ》けること。例委員《いいん》長《ちょう》の続投が決《き》まった。

**そくどきごう**【速度記号】［名］曲《きょく》を演《えん》奏《そう》する速《はや》さを示《しめ》す記《き》号《ごう》。ふつう、一分間《いっぷんかん》にメトロノームの打《う》つ回数《かいすう》で示《しめ》す。

**ぞくに**【俗に】［副］世《よ》の中《なか》で。ふつう。例俗に、時《とき》は金《かね》なりという。

**そくばい**【即売】［名］［動-する］並《なら》べてあるものを、その場《ば》ですぐ売《う》ること。例展《てん》示《じ》即売会《かい》。

**そくばく**【束縛】［名］［動-する］自《じ》由《ゆう》な行動《こうどう》ができないようにすること。例仕《し》事《ごと》に束縛されて、自《じ》分《ぶん》の時《じ》間《かん》がない。対解放《かいほう》。

**ぞくはつ**【続発】［名］［動-する］次々《つぎつぎ》に起《お》こること。例事《じ》故《こ》が続発する。

**ぞくぶつ**【俗物】［名］名誉《めいよ》や利益《りえき》にばかり目《め》が行《い》く、つまらない人物《じんぶつ》。

**ぞくへん**【続編】［名］本《ほん》や映画《えいが》などで、前《まえ》のものの続《つづ》き。対本編《ほんぺん》。

**そくほう**【速報】［名］［動-する］すぐ知《し》らせること。また、その知《し》らせ。例選《せん》挙《きょ》速報。

**ぞくみょう**【俗名】［名］❶お坊《ぼう》さんの出家《しゅっけ》する前《まえ》の名《な》前《まえ》。❷死《し》者《しゃ》の生《い》きていたときの名《な》前《まえ》。対戒名《かいみょう》。

**そくめん**【側面】［名］❶物《もの》の左《さ》右《ゆう》の面《めん》。例建《たて》物《もの》の側面。❷わき。例側面から援助《えんじょ》する。関連正面《しょうめん》。背面《はいめん》。断面《だんめん》。❸ある一《ひと》つの面《めん》。例彼《かれ》には、やさしい側面もある。

**ソクラテス**［人名］(男)(紀《き》元《げん》前《ぜん》四七〇～紀《き》元《げん》前《ぜん》三九九)古《こ》代《だい》ギリシャの哲学《てつがく》者《しゃ》。街《がい》頭《とう》で人々《ひとびと》と問答《もんどう》をして、人生《じんせい》の真《しん》理《り》を教《おし》えた。

**そくりょう**【測量】［名］［動-する］土《と》地《ち》や川《かわ》などの、広《ひろ》さ・高《たか》さ・深《ふか》さ・形《かたち》・位《い》置《ち》などを、器《き》械《かい》を使《つか》って正《せい》確《かく》に測《はか》ること。

**そくりょく**【速力】［名］速《はや》さ。速度《そくど》。スピード。例速力をゆるめる。

**そぐわない**［形］つり合《あ》わない。似合《にあ》わない。例題《だい》名《めい》にそぐわない中《なか》身《み》。

**ソケット**〔英語 socket〕［名］電《でん》球《きゅう》などをさしこむ受《う》け口《くち》。

〔ソケット〕

**そげる**［動］うすくけずられたようになる。例ほおの肉《にく》がそげる。

○**そこ**【底】［名］❶くぼんだもののいちばん下《した》の部《ぶ》分《ぶん》。例プールの底。❷いちばん奥《おく》深《ふか》いところ。例心《こころ》の底から話《はな》し合《あ》う。❸ものごとの果《は》て。限《かぎ》り。例底しれない力《ちから》。↓てい【底】

**底《そこ》が浅い《あさ》** 871ページ 内容《ないよう》に深《ふか》みがない。例あの人《ひと》の話《はなし》は底が浅い。

**底《そこ》をつく** ❶たくわえがなくなる。例資《し》金《きん》が底をつく。❷いちばん安《やす》くなる。例物《ぶっ》価《か》が底をつく。

○**そこ**［代名］❶〔「ここ」よりも遠《とお》く、「あそこ」よ





ことわざ 後悔先《こうかいさき》に立《た》たず あとから気《き》がついて、しまったと思《おも》うことが多《おお》い。後悔先《こうかいさき》に立《た》たずだなあ。

りも近《ちか》い場所《ばしょ》をさす。〕その場所《ばしょ》。そちら。例「駅《えき》はすぐそこです。」⇩こそあどことば 467ページ。❷〔すぐ前《まえ》に話《はな》したことがらをさす。〕その点《てん》。そのこと。例「なぐる」と言《い》った、そこが問題《もんだい》だ。

**そこあげ【底上げ】** 名 動・する 全体《ぜんたい》を高《たか》めるために、最低《さいてい》の状態《じょうたい》にあるものを上《あ》げること。例 賃金《ちんぎん》の底上げを図《はか》る。

**そこいじがわるい【底意地が悪い】** 心《こころ》のおく底《そこ》に意地《いじ》の悪《わる》い気持《きも》ちがある。例 底意地が悪いやり方《かた》だ。

**そこう【素行】** 名 ふだんの行《おこな》い。品行《ひんこう》。例 素行が悪《わる》い。

**そこかしこ** 代名 あちらこちら。ほうぼう。例 そこかしこに、つくしが出《で》てきた。

**そこく【祖国】** 名 自分《じぶん》や、祖先《そせん》の生《う》まれた国《くに》。母国《ぼこく》。例 祖国愛《あい》。

**そこしれぬ【底知れぬ】** 連体 全体《ぜんたい》がつかみきれないほど、ひじょうに深《ふか》い。例 底知れぬ力《ちから》を感《かん》じる。

**そこそこ** 一 副 ❶終《お》わるか終《お》わらないかのうちに。例 話《はなし》もそこそこに家《いえ》をとび出《だ》した。❷どうにか。例 そこそこ泳《およ》げるようになった。二〔数字《すうじ》のあとにつけて〕およそそのくらい。例 百円《ひゃくえん》そこそこの品物《しなもの》。

**そこぢから【底力】** 名 いざという時《とき》に出《で》る力《ちから》。例 ピンチに底力を発揮《はっき》する。

**そこつ** 名 形動 そそっかしいこと。例 忘《わす》れ物《もの》の多《おお》いそこつな人《ひと》。

**そこで** 接 そういうわけで。例 みな困《こま》っている。そこでお願《ねが》いがある。

∘**そこなう【損なう】**〔「そこねる」ともいう。〕一 動 ❶こわす。傷《きず》をつける。例 花《か》びんを損なう。信用《しんよう》を損なう。❷心《こころ》や体《からだ》を悪《わる》くする。例 健康《けんこう》を損なう。二〔ある言葉《ことば》のあとにつけて〕しくじる。失敗《しっぱい》する。例 書《か》き損なう。⇩そん【損】764ページ

**そこなし【底無し】** 名 ❶底《そこ》がないこと。例 底なしの沼《ぬま》。❷きりがないこと。例 底なしに食《た》べる。

**そこぬけ【底抜け】** 名 ❶底《そこ》がとれて、ないこと。また、その物《もの》。❷どこまでも、きりがないこと。例 底抜けのお人《ひと》よし。

**そこねる【損ねる】** 動 ⇩そこなう 756ページ。例 わがままを言《い》って母《はは》のきげんをそこねる。⇩そん【損】764ページ

**そこはかとなく** 副 なんとなく、そのような雰囲気《ふんいき》が感《かん》じられるようす。例 さびしさがそこはかとなくただよう。

**そこびえ【底冷え】** 名 動・する 体《からだ》のしんまで冷《ひ》えこむように寒《さむ》いこと。

**そこびかり【底光り】** 名 動・する 深《ふか》みのある光《ひかり》。例 底光りのする古《ふる》い柱《はしら》。

**そこびきあみ【底引き網】** 名 海《うみ》の底《そこ》を引《ひ》きずるようにして魚《さかな》をとる網《あみ》。先《さき》がすぼまって、ふくろのような形《かたち》をしている。⇩ぎょほう 344ページ

**そこら** 代名 ❶その辺《あた》り。そのへん。例 そこらにあるだろう。❷そのくらい。例 千円《せんえん》やそこらでは買《か》えない。

✣**そざい【素材】** 名 ❶もとになる材料《ざいりょう》。例 素材の味《あじ》を生《い》かした料理《りょうり》。❷小説《しょうせつ》や絵《え》などの、もとになる材料《ざいりょう》。

**そざつ【粗雑】** 形動 大《おお》ざっぱで、いいかげんなようす。対 精密《せいみつ》。緻密《ちみつ》。

**そし【阻止】** 名 動・する じゃまをして、くい止《と》めること。例 優勝《ゆうしょう》を阻止する。

**そじ【素地】** 名 もととなるもの。基礎《きそ》。土台《どだい》。例 画家《がか》としての素地がある。

∘**そしき【組織】** 名 動・する ❶ある目的《もくてき》のために、人《ひと》が集《あつ》まって、まとまりのある仕組《しく》みを作《つく》ること。また、その仕組み。例 子《こ》ども会《かい》を組織する。❷生《い》き物《もの》の体《からだ》で、形《かたち》やはたらきの似《に》た細胞《さいぼう》の集《あつ》まり。例 筋肉《きんにく》組織。

**そしきてき【組織的】** 形動 全体《ぜんたい》がある目的《もくてき》や決《き》まりに従《したが》って、まとまりがついているようす。例 組織的な活動《かつどう》。

**そしつ【素質】** 名 生《う》まれつき持《も》っている能力《のうりょく》や性質《せいしつ》。例 音楽《おんがく》の素質がある。類 資質《ししつ》。

∘**そして** 接 前《まえ》の文《ぶん》を受《う》けて、あとを続《つづ》けるときの言葉《ことば》。そうして。それから。例 日《ひ》が暮《く》れた。そして、月《つき》が出《で》た。

∘**そしな【粗品】** 名 人《ひと》に物《もの》をおくるときの、へりくだった言《い》い方《かた》。粗末《そまつ》な品物《しなもの》。そひん。例「粗品ですが、どうぞ。」

**そしゃく** 名 動・する ❶食《た》べ物《もの》をよくかむこと。❷文章《ぶんしょう》や話《はなし》などをよく理解《りかい》して、自分《じぶん》の



ことわざ 郷《ごう》に入《い》っては郷《ごう》に従《したが》え　引《ひ》っこししたら、郷《ごう》に入《い》っては郷《ごう》に従《したが》えだから、まず近所《きんじょ》の人《ひと》にいろいろ教《おし》えてもらうことだね。

ものにすること。

**そしょう【訴訟】** 名 動する 裁判所《さいばんしょ》に、裁判《さいばん》をしてくれるように訴《うった》えること。

**そじょう【遡上】** 名 動する 流《なが》れをさかのぼること。例サケが川《かわ》を遡上する。

**そしょく【粗食】** 名 粗末《そまつ》な食《た》べ物《もの》。例粗食にたえる。対美食《びしょく》。

**そしらぬ【素知らぬ】** 連体 知《し》っていながら、知《し》らないふりをするようす。例素知らぬ顔《かお》。素知らぬふり。

**そしり** 名 悪口《わるくち》。非難《ひなん》。例人《ひと》のそしりを受《う》ける。

**そしる** 動 人《ひと》を悪《わる》く言《い》う。けなす。

**そすい【疎水】** 名 船《ふね》を通《とお》したり、田《た》に水《みず》を引《ひ》いたりするために、川《かわ》や湖《みずうみ》などから水《みず》を引《ひ》くように作《つく》った水路《すいろ》。

**そすう【素数】** 名〔算数《さんすう》で〕1より大《おお》きい整数《せいすう》で、1とその数《かず》以外《いがい》の整数《せいすう》では割《わ》りきれない数《かず》。2·3·5·7·11…など。

**そせい【粗製】** 名 ❶いいかげんに作《つく》ること。また、そのもの。例粗製乱造《らんぞう》。❷原料《げんりょう》に手《て》を加《くわ》えて、精製《せいせい》する前《まえ》の段階《だんかい》まで仕上《しあ》げること。対（❶·❷）精製《せいせい》。

**そせい【蘇生】** 名 動する ❶生《い》き返《かえ》ること。例人工呼吸《じんこうこきゅう》で蘇生させる。❷活気《かっき》を取《と》り戻《もど》すこと。例雨《あめ》で草花《くさばな》が蘇生する。

**そぜい【租税】** 名 国《くに》·都道府県《とどうふけん》·市町村《しちょうそん》などが、法律《ほうりつ》に従《したが》って個人《こじん》や会社《かいしゃ》から集《あつ》める税金《ぜいきん》。

■**そせいらんぞう【粗製乱造·粗製濫造】** 名 動する いいかげんな品物《しなもの》を、むやみにたくさん作《つく》ること。例売《う》れるからといって、粗製乱造は困《こま》る。

**そせき【礎石】** 名 ❶柱《はしら》の下《した》に置《お》く、建物《たてもの》の土台《どだい》になる石《いし》。❷ものごとの土台《どだい》。例国家建設《こっかけんせつ》の礎石。類（❶·❷）礎《いしずえ》。

**そせん【祖先】** 名 ❶その家《いえ》の血筋《ちすじ》のいちばん初《はじ》めの人《ひと》。また、今《いま》より前《まえ》の代《だい》の人々《ひとびと》。類先祖《せんぞ》。対子孫《しそん》。❷生《い》き物《もの》のいちばんの大《おお》もと。例人類《じんるい》の祖先。

**そそう【粗相】** 名 動する ❶不注意《ふちゅうい》から起《お》こった、ちょっとした失敗《しっぱい》。❷大小便《だいしょうべん》をもらすこと。

**そぞう【塑像】** 名 粘土《ねんど》や石膏《せっこう》などをこねて、人《ひと》や動物《どうぶつ》などの形《かたち》につくったもの。参考「彫像《ちょうぞう》」に対《たい》していう。

**そそぐ【注ぐ】** 動 ❶流《なが》れこむ。例川《かわ》が海《うみ》に注ぐ。❷水《みず》をかける。例植木《うえき》に水《みず》を注ぐ。❸液体《えきたい》を入《い》れ物《もの》につぐ。例茶《ちゃ》わんに湯《ゆ》を注ぐ。❹つぎこむ。集中《しゅうちゅう》する。例学習《がくしゅう》に力《ちから》を注ぐ。❺そのほうに向《む》ける。例地図《ちず》に目《め》を注ぐ。❻落《お》とす。こぼす。例涙《なみだ》を注ぐ。⇩ちゅう【注】831ページ

**そそぐ【雪ぐ】** 動 悪《わる》い評判《ひょうばん》などを取《と》り除《のぞ》く。すすぐ。例恥《はじ》をそそごうと、人一倍《ひといちばい》がんばった。

**そそくさ** 副(と) 動する あわてて、落《お》ち着《つ》きのないようす。例そそくさと帰《かえ》る。

**そそっかしい** 形 落《お》ち着《つ》きがなく、注意《ちゅうい》が足《た》りない。例弟《おとうと》はあわてん坊《ぼう》でそそっかしい。

**そそのかす【唆す】** 動 うまいことを言《い》って、相手《あいて》に、よくないことをさせる。⇩さ【唆】493ページ

**そそりたつ【そそり立つ】** 動 高《たか》くそびえ立《た》つ。例険《けわ》しい山《やま》がそそり立つ。

**そそる** 動 その気《き》にならせる。さそう。例興味《きょうみ》をそそる。

**そぞろ** 形動 副 ❶わけもなくそんな気持《きも》ちになるようす。例そぞろに涙《なみだ》が出《で》る。❷そわそわするようす。例テストが近《ちか》いので気《き》もそぞろだ。

**そぞろあるき【そぞろ歩き】** 名 動する あてもなくぶらぶら歩《ある》くこと。散歩《さんぽ》。

**そだい【粗大】** 名 形動 あらくて大《おお》きいこと。

**そだいごみ【粗大ごみ】** 名 大《おお》きくてかさばるごみ。家具《かぐ》や機材《きざい》など。

**そだち【育ち】** 名 ❶生《い》き物《もの》が、大《おお》きくなること。例イネの育ちが早《はや》い。❷その人《ひと》が大《おお》きくなるまでに、家庭《かてい》で受《う》けてきたしつけや教《おし》え。おいたち。例彼《かれ》は育ちがよい。

**そだちざかり【育ち盛り】** 名 子《こ》どもの体《からだ》がいちばん成長《せいちょう》する時期《じき》。のびざかり。

**そだつ【育つ】** 動 ❶生《い》き物《もの》が、大《おお》きくなる。例ひなが育つ。❷一人前《いちにんまえ》になる。例若手《わかて》が育つ。⇩いく【育】61ページ

ことわざ **弘法《こうぼう》にも筆《ふで》の誤《あやま》り** 先生《せんせい》だってミスをするよ。弘法《こうぼう》にも筆《ふで》の誤《あやま》り、と言《い》うでしょう。

例解！表現の広場

**育《そだ》てる と 養《やしな》う のちがい**

| | 三人《さんにん》の子《こ》どもを | 花壇《かだん》で草花《くさばな》を | 体力《たいりょく》を | 後継者《こうけいしゃ》を |
|---|---|---|---|---|
| 育《そだ》てる | ○ | ○ | × | ○ |
| 養《やしな》う | ○ | × | ○ | × |

**そだてあげる【育て上げる】** 動 育《そだ》てて一人前《いちにんまえ》にする。例 立派《りっぱ》に育て上げる。

**そだてのおや【育ての親】** その人《ひと》を生《う》んだ親《おや》ではないが、小《ちい》さい時《とき》から育《そだ》ててくれた人《ひと》。対 生《う》みの親《おや》。

**○そだてる【育てる】** 動 ❶生《い》き物《もの》の面倒《めんどう》をみて大《おお》きくする。例 子《こ》どもを育てる。❷教《おし》えて一人前《いちにんまえ》にする。例 弟《て》子《し》を育てる。↓いく【育】61ページ

**そち【措°置】** 名 動-する 何《なに》かが起《お》こったとき、それをうまく取《と》り計《はか》らうこと。処置《しょち》。例 適切《てきせつ》な措置をとる。

**そちょうよう【租°調庸°】** 名 昔《むかし》の税《ぜい》の制度《せいど》のこと。おもに穀物《こくもつ》や布《ぬの》・糸《いと》、またはその地《ち》方《ほう》の特産物《とくさんぶつ》などを納《おさ》めさせたり、労働《ろうどう》につかせたりした。「租庸調《そようちょう》」ともいう。

**○そちら** 代名 ❶相手《あいて》に近《ちか》い場所《ばしょ》や物《もの》を指《さ》す。そっち。その所《ところ》。例「出《で》口《ぐち》はそちらです。」❷あなた。あなたがた。例「そちら様《さま》もお元《げん》気《き》ですか。」↓こそあどことば467ページ

**そつ【卒】** 画数 8 部首 十（じゅう） 4年

音 ソツ 訓 ―

筆順

❶終《お》える。熟語 卒業《そつぎょう》。❷急《きゅう》に。突然《とつぜん》。熟語 卒中《そっちゅう》。卒倒《そっとう》。❸兵隊《へいたい》。熟語 兵卒《へいそつ》。

**そつ【率】** 画数 11 部首 玄（げん） 5年

音 ソ△ツ リツ 訓 ひき-いる

筆順

一〔「ソツ」と読《よ》んで〕❶ひきいる。熟語 率先《そっせん》。引率《いんそつ》。❷ありのまま。熟語 率直《そっちょく》。❸軽《かる》はずみ。熟語 軽率《けいそつ》。二〔「リツ」と読《よ》んで〕割合《わりあい》。熟語 能率《のうりつ》。比率《ひりつ》。例 率がよくない。

《訓の使い方》**ひき-いる** 例 班《はん》を率いる。

**そつ** 名 手《て》ぬかり。むだ。

**そつがない** むだやぬかりがない。例 何《なに》をやらせてもそつがない。

**そつえん【卒園】** 名 動-する 幼稚園《ようちえん》や保育園《ほいくえん》を卒業《そつぎょう》すること。

**そっき【速記】** 名 動-する 話《はなし》などを、速《はや》く書《か》き取《と》ること。また、その技術《ぎじゅつ》。特別《とくべつ》の記号《きごう》を使《つか》う。例 速記者《しゃ》。

**そっきゅう【速球】** 名 野球《やきゅう》・ソフトボールで、投手《とうしゅ》の投《な》げる速《はや》い球《たま》。

**そっきょう【即°興】** 名 ❶その場《ば》で起《お》きる興味《きょうみ》。❷感《かん》じたことをもとに、その場《ば》ですぐ歌《うた》や詩《し》などを作《つく》ること。例 即興の芸《げい》。

**○そつぎょう【卒業】** 名 動-する ❶決《き》められた勉強《べんきょう》を習《なら》い終《お》えて、学校《がっこう》をはなれること。対 入学《にゅうがく》。❷あることを十分《じゅうぶん》にして、やめにすること。例 漫画《まんが》は卒業だ。

**そつぎょうしき【卒業式】** 名 卒業証書《そつぎょうしょうしょ》を渡《わた》し、卒業《そつぎょう》を祝《いわ》う儀式《ぎしき》。例 卒業式の晴《は》れの姿《すがた》。

**そつぎょうしょうしょ【卒業証書】** 名 学校《がっこう》で決《き》められた勉強《べんきょう》を終《お》えたことを証明《しょうめい》する書《か》き物《もの》。

**そっきろく【速記録】** 名 速記《そっき》の記号《きごう》を使《つか》って、人《ひと》の話《はなし》をすばやく書《か》き取《と》ったものを、ふつうの文字《もじ》に直《なお》したもの。

**そっきん【即°金】** 名 代金《だいきん》を、その場《ば》ですぐに支払《しはら》うこと。また、そのお金《かね》。例 車《くるま》を即金で買《か》う。

**そっきん【側近】** 名 身分《みぶん》の高《たか》い人《ひと》などのそばにいて、用《よう》をたす人《ひと》。例 王《おう》の側近。

**ソックス**〔英語 socks〕名 足首《あしくび》までの、短《みじか》い靴下《くつした》。

**○そっくり** 一 副 ❶残《のこ》らず。全部《ぜんぶ》。例 かばんごとそっくりとられる。❷そのまま。例 本《ほん》をそっくり書《か》き写《うつ》す。二 形動 よく似《に》ているようす。例 母親《ははおや》にそっくりだ。

**そっくりかえる【そっくり返る】** 動 強《つよ》くそり返《かえ》る。例 いばってそっくり返る。

**そっけつ【即°決】** 名 動-する すぐその場《ば》で決《き》めること。例 買《か》うかどうか即決する。

ことわざ **弘法筆《こうぼうふで》を選《えら》ばず** なべ一《ひと》つでいろいろなごちそうを作《つく》ってしまう。弘法筆《こうぼうふで》を選《えら》ばずのとおりだね。

**そっけない** [形] 思《おも》いやりがない。あいそがない。[例]頼《たの》みをそっけなく断《ことわ》る。

**そっこう【即効】** [名] ききめがすぐにあらわれること。[例]即効薬《やく》。

**そっこう【速攻】** [名][動-する] すばやくせめること。[例]速攻でいきなり一点《いってん》取《と》る。

**そっこう【速効】** [名] ききめがはやいこと。[例]速効性《せい》肥料《ひりょう》。

**ぞっこう【続行】** [名][動-する] 続《つづ》けてすること。[例]雨《あめ》でも試合《しあい》を続行する。

**そっこうじょ【測候所】** [名] その地方《ちほう》の天気《てんき》や、火山《かざん》・地震《じしん》などを調《しら》べて、予報《よほう》や警報《けいほう》を出《だ》す役所《やくしょ》。気象庁《きしょうちょう》に属《ぞく》する。

**そっこく【即刻】** [副] すぐに。ただちに。[例]即刻中止《ちゅうし》する。

**ぞっこく【属国】** [名] 他《ほか》の国《くに》に支配《しはい》されている国《くに》。

**そっこん【側根】** [名] 植物《しょくぶつ》の主根《しゅこん》から枝分《えだわ》かれした細《ほそ》い根《ね》。

**そつじゅ【卒寿】** [名] 〔「卒《そつ》」の略字《りゃくじ》「卆《そつ》」が「九十《きゅうじゅう》」と見《み》えることから〕九十歳《きゅうじっさい》。また、そのお祝《いわ》い。

**そっせん【率先】** [名][動-する] 先《さき》に立《た》ってものごとをすること。[例]率先して働《はたら》く。

◦**そっち** [代名] 「そちら」のくだけた言《い》い方《かた》。[例]「そっちへ行《い》きなさい。」[関連]あっち。こっち。どっち。

**そっちのけ** [名] ❶ほうっておくこと。ほったらかし。[例]勉強《べんきょう》をそっちのけにして遊《あそ》ぶ。❷他《ほか》の人《ひと》がかなわないくらいすぐれていること。そこのけ。[例]プロそっちのけの歌《うた》い方《かた》。

**そっちゅう【卒中】** [名] ⇩のうそっちゅう 1012ページ

**そっちょく【率直】** [形動] ありのままで、すなおなようす。[例]気持《きも》ちを率直に話《はな》す。

◦**そっと** [副][動-する] ❶さわらないで、そのままにしておくようす。[例]寝《ね》ている赤《あか》ちゃんをそっとしておく。❷静《しず》かに。ひそかに。[例]ふすまをそっと開《あ》ける。

**ぞっと** [副][動-する] ❶急《きゅう》におそろしい思《おも》いをするようす。[例]事故《じこ》のことを思《おも》い出《だ》すたびにぞっとする。❷寒《さむ》さなどが身《み》にしみるようす。[例]冬《ふゆ》の夜風《よかぜ》にぞっとする。

**そっとう【卒倒】** [名][動-する] 気《き》を失《うしな》ってたおれること。[例]おどろいて卒倒した。

**そつなく** [副] 手抜《てぬ》かりなく。やりかたにむだがなく。そつがなく。[例]司会《しかい》の大役《たいやく》をそつなくこなす。

**そっぽをむく【そっぽを向く】** 相手《あいて》にしない。[例]さそっても、そっぽを向いている。

◦**そで【袖】** [名] ❶衣服《いふく》の右《みぎ》と左《ひだり》の、腕《うで》を通《とお》すところ。❷たもと。[例]ふりそで。❸物《もの》の左右《さゆう》のはし。[例]舞台《ぶたい》のそで。⇩しゅう【袖】593ページ

**袖《そで》にすがる** 助《たす》けを求《もと》める。[例]力《ちから》のある人《ひと》の袖にすがる。

**袖《そで》にする** じゃま者《もの》あつかいにする。すげなくする。[例]恋人《こいびと》にそでにされて落《お》ち込《こ》む。

**袖《そで》振《ふ》り合《あ》うも他生《たしょう》の縁《えん》** 人《ひと》と道《みち》でそでがふれ合《あ》うようなちょっとしたことも、偶然《ぐうぜん》ではなく、前《まえ》の世《よ》からの縁《えん》である。[参考]「他生《たしょう》」は「多生《たしょう》」とも書《か》く。「袖《そで》ふれ合《あ》うも他生《たしょう》の縁《えん》」ともいう。

**袖《そで》を絞《しぼ》る** 〔涙《なみだ》でぬれたそでをしぼるほど〕ひどく悲《かな》しむ。

**袖《そで》を通《とお》す** 衣服《いふく》を着《き》る。[例]まだそでを通していない制服《せいふく》。

**ソテー** 〔フランス語〕[名] 西洋料理《せいようりょうり》で、肉《にく》や魚《さかな》をバターなどで焼《や》くこと。また、その料理《りょうり》。

**そでぐち【袖口】** [名] そでのはし。

**そでのした【袖の下】** [名] わいろ。

◦**そと【外】** [名] ❶建物《たてもの》から出《で》た所《ところ》。戸外《こがい》。[例]外で遊《あそ》ぶ。❷囲《かこ》いなどで仕切《しき》られていないほう。[例]ラインの外に出《で》る。❸表側《おもてがわ》。表面《ひょうめん》。[例]怒《いか》りを外に表《あらわ》す。❹自分《じぶん》の家《いえ》でない所《ところ》。[例]外で一泊《いっぱく》する。❺限《かぎ》られた範囲《はんい》から出《で》た所《ところ》。[例]日本《にっぽん》を外からながめる。[対]（❶〜❺）内《うち》。中《なか》。⇩がい【外】195ページ

**そとうみ【外海】** [名] 陸地《りくち》に囲《かこ》まれていない、広《ひろ》い海《うみ》。がいかい。外洋《がいよう》。[対]内海《うちうみ》。

◦**そとがわ【外側】** [名] 物《もの》の外《そと》のほうの側《がわ》。[例]箱《はこ》の外側に色《いろ》をぬる。[対]内側《うちがわ》。

✤**そどく【素読】** [名][動-する] 意味《いみ》にこだわらずに、文章《ぶんしょう》を声《こえ》に出《だ》して読《よ》むこと。[例]「論語《ろんご》」を素読する。

**そとぜい【外税】** [名] 物《もの》の価格《かかく》の中《なか》に消費税《しょうひぜい》



[ことわざ] 紺屋《こうや》の白袴《しろばかま》　父《ちち》は、町《まち》をきれいにする運動《うんどう》には熱心《ねっしん》だが、紺屋《こうや》の白袴《しろばかま》で、自分《じぶん》の仕事場《しごとば》の片《かた》づけは苦手《にがて》のようだ。

がふくまれていないこと。［対］内税《うちぜい》。

**そとづら**【外面】［名］よその人《ひと》に見《み》せる表情《ひょうじょう》や態度《たいど》。［例］あの人《ひと》は外面がいい。［注意］「外面」を「がいめん」と読《よ》むと、ちがう意味《いみ》になる。

**そとのり**【外のり】［名］（箱《はこ》など）物《もの》の外側《そとがわ》の寸法《すんぽう》。［対］内《うち》のり。↓うちのり 108ページ

**そとば**【卒塔婆】［名］〔「そとうば」ともいう。〕供養《くよう》のために、墓《はか》に立《た》てる細長《ほそなが》い板《いた》。戒名《かいみょう》などを書《か》く。とうば。

**そとまわり**【外回り】［名］❶家《いえ》などの外側《そとがわ》のまわり。❷会社《かいしゃ》などで、取引先《とりひきさき》などを回《まわ》ってする仕事《しごと》。営業《えいぎょう》。❸環状線《かんじょうせん》の電車《でんしゃ》や道路《どうろ》で、外側《そとがわ》を回《まわ》る線《せん》。

**そなえ**【備え】［名］用意《ようい》。準備《じゅんび》。

**そなえあれば憂《うれ》いなし** ふだんから準備《じゅんび》ができていれば、いざという時《とき》にも心配《しんぱい》がない。

**そなえつけ**【備え付け】［名］備《そな》えつけること。備《そな》えつけた物《もの》。［例］ホテルに備え付けのピアノ。

**そなえつける**【備え付ける】［動］いつでも使《つか》えるように、その場所《ばしょ》に置《お》いたり取《と》り付《つ》けたりする。［例］部屋《へや》に本棚《ほんだな》を備え付ける。

**そなえもの**【供え物】［名］神《かみ》や仏《ほとけ》などにそなえる物《もの》。

○**そなえる**【供える】［動］神《かみ》や仏《ほとけ》に物《もの》をささげる。⇩きょう【供】331ページ

○**そなえる**【備える】［動］❶使《つか》えるように前《まえ》もって用意《ようい》する。［例］部屋《へや》にテレビを備える。❷準備《じゅんび》をしておく。［例］大雨《おおあめ》に備える。❸身《み》につけている。［例］歌《うた》の才能《さいのう》を備える。⇩び【備】1081ページ

**ソナタ**〔イタリア語〕［名］〔音楽《おんがく》で〕ピアノ・バイオリンなどの器楽曲《きがくきょく》のこと。ふつう、四《よっ》つの楽章《がくしょう》からできている。奏鳴曲《そうめいきょく》。

**そなわる**【備わる】［動］❶設備《せつび》や用意《ようい》ができている。［例］冷房装置《れいぼうそうち》が備わっている。❷身《み》についている。［例］気品《きひん》が備わる。⇩び【備】1081ページ

**そねむ**［動］うらやましく思《おも》ったりして、人《ひと》をにくむ。ねたむ。［例］人《ひと》の幸《しあわ》せをそねむ。

**その**【園】［名］〔詩《し》などに多《おお》く使《つか》う言葉《ことば》。〕❶庭《にわ》。庭園《ていえん》。［例］花園《はなぞの》。❷場所《ばしょ》。［例］学《まな》びの園。⇩えん【園】135ページ

○**その**［連体］❶相手《あいて》の近《ちか》くのものを指《さ》す言葉《ことば》。［例］「その本《ほん》をください。」❷すぐ前《まえ》に話《はな》したものごとを指《さ》す言葉《ことば》。［例］その問題《もんだい》は、もう解決《かいけつ》している。↓こそあどことば 467ページ

**そのうえ**【その上】［接］それに加《くわ》えて。さらに。［例］よく学《まな》び、その上よく遊《あそ》ぶ。

**そのうち**【その内】［副］近《ちか》いうち。やがて。［例］「そのうち、うかがいます。」

**そのき**【その気】［名］しようという気持《きも》ち。［例］すっかりその気になる。

**そのくせ**［接］それでいながら。それなのに。［例］人《ひと》には文句《もんく》を言《い》うが、そのくせ、自分《じぶん》は何《なに》もしない。

**そのご**【その後】［名］それからあと。以後《いご》。［例］その後いかがお過《す》ごしでしょうか。

**そのせつ**【その節】［名］そのとき。その折《おり》。［例］その節はお世話《せわ》になりました。

**そのつど**【その都度】［名］そのたびごと。［例］質問《しつもん》にその都度答《こた》える。

**そのて**【その手】［名］❶そのやり方《かた》。その計略《けいりゃく》。［例］その手があったか。❷そのような種類《しゅるい》。［例］その手のシャツ。

**その手《て》は食《く》わない**（相手《あいて》の作戦《さくせん》に対《たい》して）それには引《ひ》っかからない。［例］二度《にど》とその手は食わない。

**そのばかぎり**【その場限り】［名］そのときだけで、あとはかまわないこと。［例］その場限りの言《い》い訳《わけ》。

**そのばしのぎ**【その場しのぎ】［名］きびしい状態《じょうたい》を、とりあえず切《き》り抜《ぬ》けること。［例］

例解 ↔ 使い分け

**備《そな》える と 供《そな》える**

台風《たいふう》に備《そな》える。
教室《きょうしつ》にビデオを備《そな》える。
試合《しあい》に備《そな》える。

お墓《はか》に花《はな》を供《そな》える。

ことわざ　ごまめの歯《は》ぎしり　練習《れんしゅう》も十分《じゅうぶん》していないのだから、いくらがんばってもごまめの歯《は》ぎしりだ。



あいうえお かきくけこ さしすせ そ たちつてと なにぬねの はひふへほ まみむめも や ゆ よ らりるれろ わ を ん

その場しのぎにお金《かね》を借《か》りる。

**そのばのがれ【その場逃れ】** 名 そのときだけを、うまくごまかすこと。例 その場逃れのうそをつく。

**そのひぐらし【その日暮らし】** 名 ❶やっとその日《ひ》を暮《く》らしていくような、ゆとりのない生活《せいかつ》。❷先《さき》のことを考《かんが》えないで、一日一日《いちにちいちにち》を過《す》ごすこと。

**◦そのまま** 一 副 ❶今《いま》のまま。例 こわさないで、そのまま残《のこ》す。❷すぐに。例 帰《かえ》ってくるなり、そのままねてしまった。二 名 形動 よく似《に》ていること。そっくり。例 妹《いもうと》は、母《はは》の子《こ》どものころそのままだ。

**そのみち【その道】** 名 あることについての専門《せんもん》。例 その道の大家《たいか》。

**そのもの** 名 〔ある言葉《ことば》のあとにつけて〕まさにそれ自体《じたい》。それ自身《じしん》。例 父《ちち》は元気《げんき》そのものだ。

**◦そば【側・傍】** 名 ❶近《ちか》く。かたわら。例 家《いえ》のすぐそば。❷すぐそのあと。例 教《おし》えるそばから忘《わす》れる。

**そば【〈蕎麦〉】** 名 ❶畑《はたけ》に作《つく》る作物《さくもつ》。赤《あか》みのある茎《くき》に、秋《あき》の初《はじ》めごろ、白《しろ》い花《はな》をつける。実《み》からそば粉《こ》をとる。❷そば粉《こ》を水《みず》でこねて細《ほそ》く切《き》った、めん。

**そばかす** 名 おもに顔《かお》にできる茶色《ちゃいろ》のまだらな点《てん》。

**そばだてる** 動 注意《ちゅうい》して聞《き》こうとする。例 耳《みみ》をそばだてる。

**そびえたつ【そびえ立つ】** 動 ひときわ高《たか》く立《た》っている。例 高層《こうそう》ビルがそびえ立つ。

**ソビエトれんぽう【ソビエト連邦】** 地名 一九一七年《ねん》に、ロシア帝国《ていこく》をたおしてできた国《くに》。一九九一年《ねん》に解体《かいたい》して、今《いま》のロシアやカザフスタンなどに分《わ》かれた。ソ連《れん》。

**そびえる** 動 山《やま》や建物《たてもの》が、いちだんと高《たか》く立《た》つ。例 山々《やまやま》がそびえる。

**そびやかす** 動 わざと高《たか》くする。例 肩《かた》をそびやかして歩《ある》く〔=いばって歩《ある》く〕。

**そびょう【素描】** 名 動-する 線《せん》だけで物《もの》の形《かたち》を表《あらわ》した絵《え》。本来《ほんらい》は下絵《したえ》として描《えが》かれた。デッサン。

**そひん【粗品】** 名 ⇩そしな 756ページ

**◦そふ【祖父】** 名 父《ちち》の父《ちち》。または、母《はは》の父《ちち》。おじいさん。対 祖母《そぼ》。⇩かぞく(家族) 236ページ

**ソファー** 〔英語 sofa〕 名 両《りょう》わきにひじかけのある、背《せ》もたれのついた長《なが》いす。

**ソフト** 〔英語 soft〕 一 形動 やわらかいようす。例 ソフトな声《こえ》。二 名 ❶やわらかな布《ぬの》で作《つく》った、頂上《ちょうじょう》がくぼんだ帽子《ぼうし》。❷「ソフトウエア」の略《りゃく》。対 ハード。❸「ソフトクリーム」の略《りゃく》。❹「ソフトボール」の略《りゃく》。

**ソフトウエア** 〔英語 software〕 名 コンピューターを動《うご》かしたりはたらかせたりするうえで必要《ひつよう》なプログラムや技術《ぎじゅつ》。また、音楽《おんがく》や映像《えいぞう》などの作品《さくひん》。ソフト。対 ハードウエア。

**ソフトクリーム** 名 〔日本《にっぽん》でできた英語《えいご》ふうの言葉《ことば》。〕口《くち》あたりのよい、やわらかなアイスクリーム。ソフト。

**ソフトボール** 〔英語 softball〕 名 野球《やきゅう》よりも軟《やわ》らかい大《おお》きなボールを使《つか》う、野球《やきゅう》と似《に》た競技《きょうぎ》。また、そのボール。ソフト。

**そふぼ【祖父母】** 名 その人《ひと》の父《ちち》や母《はは》の両親《りょうしん》。おじいさんとおばあさん。

**ソプラノ** 〔イタリア語〕 名 〔音楽《おんがく》で〕歌《うた》を歌《うた》うとき、女《おんな》の人《ひと》のいちばん高《たか》い声《こえ》の範囲《はんい》。また、その声《こえ》で歌《うた》う女《おんな》の人《ひと》。対 アルト。

**そぶり【素振り】** 名 気持《きも》ちが、顔色《かおいろ》や動作《どうさ》に表《あらわ》れたようす。例 うれしそうなそぶりも見《み》せない。

**◦そぼ【祖母】** 名 父《ちち》の母《はは》。または、母《はは》の母《はは》。おばあさん。対 祖父《そふ》。⇩かぞく(家族) 236ページ

**そぼう【粗暴】** 名 形動 態度《たいど》があらあらしくて乱暴《らんぼう》なこと。例 粗暴なふるまい。

**そぼく【素朴】** 名 形動 ❶かざりけのないこと。例 素朴な人柄《ひとがら》。❷考《かんが》えが単純《たんじゅん》なこと。例 素朴な質問《しつもん》。

**◦そまつ【粗末】** 形動 ❶品質《ひんしつ》や作《つく》りがよくないようす。例 粗末な家《いえ》。❷だいじにしないようす。例 物《もの》を粗末にする。対 大切《たいせつ》。

**◦そまる【染まる】** 動 ❶色《いろ》がつく。例 空《そら》が赤《あか》く染まる。❷影響《えいきょう》を受《う》けて、そのようになる。例 悪《あく》に染まる。⇩せん【染】 727ページ

**◦そむく【背く】** 動 ❶逆《さか》らう。例 親《おや》に背く。❷裏切《うらぎ》る。例 期待《きたい》に背く。❸決《き》まりを破《やぶ》る。例 法律《ほうりつ》に背く。⇩はい【背】 1025ページ

**そむける【背ける】** 動 他《ほか》のほうへ向《む》ける。




ことわざ 転《ころ》ばぬ先《さき》のつえ 転《ころ》ばぬ先《さき》のつえだ。前《まえ》もって万全《ばんぜん》の準備《じゅんび》をしておこう。

そらす。例顔《かお》を背ける。

**ソムリエ**〔フランス語〕名 ❶レストランなどで、ワイン専門《せんもん》に給仕《きゅうじ》する人《ひと》。❷その食品《しょくひん》の専門家《せんもんか》と認《みと》められている人《ひと》。例野菜《やさい》ソムリエ。

**そめいよしの**【染井吉野】名 いちばんよく見《み》られる桜《さくら》の品種《ひんしゅ》。葉《は》の出《で》る前《まえ》に、あわいピンク色《いろ》の一重《ひとえ》の花《はな》をつける。

**そめつける**【染め付ける】動〔布《ぬの》などを〕染《そ》めて、色《いろ》や模様《もよう》をつける。例家《いえ》の紋《もん》を染め付ける。

**そめもの**【染め物】名 布《ぬの》などに色《いろ》を染《そ》めること。また、染《そ》めた布《ぬの》。

**そめる**【初める】動〔ある言葉《ことば》のあとにつけて〕…しはじめる。例花《はな》が咲《さ》き初める。夜《よ》が明《あ》け初める。↓しょ【初】618ページ

○**そめる**【染める】動 ❶色《いろ》をつける。例ハンカチを青《あお》く染める。❷はずかしくて顔《かお》を赤《あか》くする。例ほおを染める。❸し始《はじ》める。例商売《しょうばい》に手《て》を染める。↓せん【染】727ページ

**そもそも** 一名 もともと。例けんかのそもそもの原因《げんいん》を聞《き》く。二接 話《はな》しだすときにつける言葉《ことば》。いったい。例そもそも学問《がくもん》とは何《なに》か。三副 最初《さいしょ》から。例その考《かんが》えが、そもそもまちがいだ。

**そや**【粗野】形動 あらあらしくて、品《ひん》がないようす。例粗野な言葉遣《ことばづか》い。

**そよう**【素養】名 身《み》につけている教養《きょうよう》。たしなみ。例音楽《おんがく》の素養がある。

**そよかぜ**【そよ風】名 そよそよとふく、気《き》持《も》ちのよい風《かぜ》。

**そよぐ** 動 風《かぜ》にふかれて、静《しず》かにゆれる。例木《こ》の葉《は》が風《かぜ》にそよいでいる。

**そよそよ** 副(-と) 風《かぜ》が静《しず》かにふくようす。例春風《はるかぜ》がそよそよとふく。

○**そら**【空】一名 ❶天《てん》。大空《おおぞら》。例空の雲《くも》。❷天《てん》候《こう》。空《そら》もよう。例空があやしくなる。❸遠《とお》くはなれた場所《ばしょ》。例ふるさとの空を思《おも》う。❹書《か》いたものを、見《み》なくても覚《おぼ》えていること。暗唱《あんしょう》。例かけ算の九九《くく》をそらで言《い》う。❺気《き》持《も》ち。例うわの空。二〔ある言葉《ことば》の前《まえ》につけて〕❶うその。例そら涙《なみだ》。❷あてにならない。例そら頼《だの》み。❸なんとなく。例そらおそろしい。参考ふつう一❹は、かな書《が》きにする。↓くう【空】358ページ

**そらいろ**【空色】名 うすい青《あお》の色《いろ》。

**そらおそろしい**【空恐ろしい】形 おそろしい感《かん》じがする。例これから大勢《おおぜい》の前《まえ》で話《はな》すと思《おも》うと、空恐ろしい。

**そらごと**【空言】名 ほんとうのことではないこと。うそ。例そら言を言《い》う。

**そらす**【反らす】動 まっすぐなものを後《うし》ろに、または弓《ゆみ》の形《かたち》に曲《ま》げる。例胸《むね》を反らして歩《ある》く。↓はん【反】1069ページ

○**そらす** 動 ❶別《べつ》のほうに向《む》ける。例目《め》をそらす。❷わきに取《と》りにがす。例ボールをそらす。❸きげんを悪《わる》くする。例人《ひと》をそらさない〔=人《ひと》のきげんをそこなわない〕。

例解 ことばの窓

**空《そら》を表《あらわ》す言葉《ことば》**

雲《くも》ひとつない青空《あおぞら》。
遠足《えんそく》は晴天《せいてん》にめぐまれた。
くもり空《ぞら》が続《つづ》いて、気《き》が晴《は》れない。
厚《あつ》い雲《くも》におおわれた曇天《どんてん》。
雨天《うてん》の場合《ばあい》、パレードは中止《ちゅうし》する。
真夏《まなつ》の炎天《えんてん》下《か》で働《はたら》く。
秋《あき》の星空《ほしぞら》を見上《みあ》げる。
空《そら》が高《たか》く感《かん》じられる秋空《あきぞら》。
日本海側《にほんかいがわ》は雪空《ゆきぞら》でしょう。
冬《ふゆ》の寒空《さむぞら》のもと、元気《げんき》に走《はし》る。

**そらぞらしい**【空空しい】形 ❶知《し》っていて知《し》らないふりをする。例そらぞらしい顔《かお》。❷うそであることが、見《み》えすいている。例そらぞらしいほめ言葉《ことば》。

**そらとぼける**【空とぼける】動 知《し》っていてわざと知《し》らないふりをする。例「何《なに》を空とぼけたことを言《い》っているのか。」

**そらに**【空似】名 血《ち》のつながりもないのに、顔《かお》かたちがよく似《に》ていること。例他人《たにん》のそら似。

**そらまめ**【空豆】名 畑《はたけ》に作《つく》る作物《さくもつ》。茎《くき》は四《し》角《かく》で、さやの中《なか》に平《ひら》たい豆《まめ》ができる。

**そらみみ**【空耳】名 ❶音《おと》や声《こえ》がしないのに、したように感《かん》じること。❷聞《き》いたのに、聞《き》かないふりをすること。例都合《つごう》の悪《わる》いと

きはそら耳を使《つか》う。

**そらもよう【空模様】** 名 空《そら》のようす。天《てん》気《き》のぐあい。例 空模様があやしい。

**そらんじる** 動 見《み》なくても、そのとおりに言《い》える。暗《あん》記《き》する。例 詩《し》をそらんじる。

**そり【反り】** 名 ❶弓《ゆみ》の形《かたち》に曲《ま》がること。❷刀《かたな》の曲《ま》がりぐあい。

**そりが合《あ》わない** たがいの気《き》持《も》ちが、ぴったり合《あ》わない。参考 刀《かたな》の身《み》とさやの反《そ》りが合《あ》わないことから。

**そり** 名 雪《ゆき》や氷《こおり》の上《うえ》をすべらせて、人《ひと》や荷《に》物《もつ》を運《はこ》ぶ乗《の》り物《もの》。

**そりかえる【反り返る】** 動 ❶弓《ゆみ》なりにぐっと曲《ま》がる。例 板《いた》が反り返る。❷いばって体《からだ》を反《そ》らす。ふんぞり返《かえ》る。

**◦そる【反る】** 動 まっすぐなものが後《うし》ろに、または弓《ゆみ》の形《かたち》に曲《ま》がる。例 日《ひ》に当《あ》たって、板《いた》が反った。↓はん【反】1069ページ

**そる** 動 かみそりで、髪《かみ》の毛《け》やひげを根《ね》元《もと》から切《き》り取《と》る。例 毎《まい》朝《あさ》ひげをそる。

**◦それ** 代名 ❶相《あい》手《て》に近《ちか》いものを指《さ》し示《しめ》す言《こと》葉《ば》。「あれ」よりも近《ちか》く、「これ」よりも遠《とお》いものを指《さ》す。例「それは、君《きみ》のかさだ。」❷前《まえ》に述《の》べたものごとを指《さ》していう言《こと》葉《ば》。そのこと。例「それは、いつのことですか。」❸そのとき。例 それ以《い》来《らい》見《み》ていない。↓こそあどことば467ページ

**◦それから** 接 ❶そしてまた。例 ノートと、それから鉛《えん》筆《ぴつ》を買《か》う。❷そのあと。例 食《しょく》事《じ》をして、それから出《で》かけた。

**それきり** 副 ❶そのとき限《かぎ》り。例 それきり彼《かれ》に会《あ》っていない。❷それだけ。例 持《も》ち合《あ》わせはそれきりだ。参考「それっきり」ともいう。

**それぞれ** 名 副 めいめい。おのおの。例 人《ひと》には、それぞれくせがある。

**それだけ** ❶そのくらい。例 それだけあればよい。❷それっきり。例 それだけではだめだ。❸その分《ぶん》だけ。例 よく遊《あそ》んだが、それだけ勉《べん》強《きょう》もした。

**それだけに** 接 それだからいっそう。例 苦《くる》しいが、それだけにやりがいがある。

**◦それで** 接 ❶そういうわけで。だから。例 かぜがひどくなった。それで学《がっ》校《こう》を休《やす》んだ。❷相《あい》手《て》の話《はなし》をうながすときに使《つか》う。それから。例「それで、どうしたの。」

**それでは** 一 接 ❶そういうわけなら。それなら。例 それでは納《なっ》得《とく》できない。❷ものごとの、始《はじ》めや終《お》わりの区《く》切《ぎ》りを示《しめ》す言《こと》葉《ば》。例 それでは出《しゅっ》発《ぱつ》します。二 感 別《わか》れの挨《あい》拶《さつ》の言《こと》葉《ば》。例「それでは、また。」

**それでも** 接 そうであっても。だが。例 春《はる》が来《き》た。それでもまだ寒《さむ》い。

**それどころ** 〔「それどころ…ない」の形《かたち》で〕とてもそんな程《てい》度《ど》のことではない。例 いそがしくて、それどころではない。

**それどころか** 接 そんなことよりも、さらに。例「出《しゅっ》発《ぱつ》が遅《おく》れますね。」「それどころか中《ちゅう》止《し》になるかもしれないよ。」

**それとなく** はっきりと言《い》わずに、なんとなく。例 それとなく聞《き》いてみる。

**それとも** 接 または。あるいは。例 外《そと》で遊《あそ》ぶか、それとも部《へ》屋《や》で勉《べん》強《きょう》するか。

**それなら** 接 そういうわけなら。そうであるのなら。例「それなら、話《はなし》は別《べつ》だ。」

**それなり** 一 名 それにふさわしいさま。例 小《しょう》学《がく》生《せい》にはそれなりの遊《あそ》び方《かた》がある。二 副 そのまま。それっきり。例 しかったら、それなり来《こ》なくなった。

**◦それに** 接 その上《うえ》に。おまけに。例 今《きょう》日《う》は寒《さむ》い。それに雨《あめ》も降《ふ》っている。

**それにしても** 接 それはそれでいいとしても。そうではあるが。例 遠《とお》い所《ところ》まで行《い》ったが、それにしても帰《かえ》りがおそい。

**そればかりか** 接 それだけではなく、さらに。例 風《かぜ》が出《で》てきた。そればかりか波《なみ》も高《たか》くなってきた。

**それはそれは** ❶たいそう。実《じつ》に。例 それはそれは楽《たの》しい会《かい》でした。❷まあまあ。例 それはそれは、たいへんでしたね。

**それほど** ❶そんなに。例 それほど言《い》うなら、あげよう。❷思《おも》ったほど。例 今《きょう》日《う》は、それほど暑《あつ》くない。注意 ❷は、あとに「ない」などの打《う》ち消《け》しの言《こと》葉《ば》がくる。

**それもそのはず** それには、それだけのわけがある。例 おそいと思《おも》ったら、それもそのはず、足《あし》をけがしていたのだ。





ことわざ 先《さき》んずれば人《ひと》を制《せい》す 早《はや》めに新《しん》商《しょう》品《ひん》を店《みせ》に出《だ》そう。先《さき》んずれば人《ひと》を制《せい》すだからね。

**それゆえ** 接 それだから。そういうわけで。参考 少《すこ》し改《あらた》まった言《い》い方《かた》。

**○それる** 動 ❶中心《ちゅうしん》になるものから、はなれる。外《はず》れる。例 的《まと》をそれる。❷別《べつ》のほうへ行《い》く。例 台風《たいふう》がそれる。

**ソれん**【ソ連】地名 ⇩ソビエトれんぽう 761ページ

**ソロ**〔イタリア語〕名 ❶〔音楽《おんがく》で〕独《ひと》りで歌《うた》うこと。または、独《ひと》りで演奏《えんそう》すること。❷独《ひと》りだけ。例 ソロホームラン。

**そろい** 一 名 そろうこと。そろったもの。例 そろいのゆかた。二〔ある言葉《ことば》のあとにつけて〕いくつかでひと組《く》みになる物《もの》を数《かぞ》える言葉《ことば》。例 食器《しょっき》ひとそろい。

**○そろう** 動 ❶同《おな》じになる。例 大《おお》きさがそろう。❷全部《ぜんぶ》集《あつ》まる。例 人数《にんずう》がそろう。❸ととのう。備《そな》わる。例 道具《どうぐ》がそろった。

**○そろえる** 動 ❶同《おな》じにする。例 長《なが》さをそろえる。❷全部《ぜんぶ》集《あつ》める。例 選手《せんしゅ》をそろえる。❸ととのえる。例 書類《しょるい》をそろえる。

**そろそろ** 副(-と) ❶ゆっくり。静《しず》かに。例 そろそろと歩《ある》く。❷まもなく。ぼつぼつ。例 そろそろ会《かい》も終《お》わりだ。

**ぞろぞろ** 副(-と) たくさん続《つづ》いているようす。例 ぞろぞろと人《ひと》が通《とお》る。

**そろばん** 名 ❶日本《にっぽん》や中国《ちゅうごく》などで使《つか》われている計算《けいさん》の道具《どうぐ》。❷計算《けいさん》。勘定《かんじょう》。例 そろばんが合《あ》わない。❸損得《そんとく》。例 そろばんが合《あ》う〔=損《そん》でない〕。

**そわそわ** 副(-と) 動-する 落《お》ち着《つ》かないようす。例 うれしくてそわそわしている。

**そん【存】** 画数 6 部首 子(こ) 6年
音 ソン ゾン 訓 ―
筆順
❶ある。いる。熟語 存在《そんざい》。存続《そんぞく》。現存《げんそん》・現存《げんぞん》。保存《ほぞん》。❷考《かんが》える。熟語 異存《いぞん》。一存《いちぞん》。

**そん【村】** 画数 7 部首 木(きへん) 1年
音 ソン 訓 むら
筆順
むら。いなか。熟語 村長《そんちょう》。村民《そんみん》。農村《のうそん》。村里《むらざと》。

**そん【孫】** 画数 10 部首 孑(こへん) 4年
音 ソン 訓 まご
筆順
まご。血筋《ちすじ》があとの者《もの》。熟語 子孫《しそん》。

**そん【尊】** 画数 12 部首 寸(すん) 6年
音 ソン 訓 たっと-い とうと-い たっと-ぶ とうと-ぶ
筆順
❶とうとい。敬《うやま》う。熟語 尊敬《そんけい》。尊重《そんちょう》。自尊心《じそんしん》。❷仏《ほとけ》のこと。熟語 本尊《ほんぞん》。
《訓の使い方》**たっと-い** 例 神《かみ》の尊《とうと》い教《おし》え。**とうと-い** 例 尊い命《いのち》。**たっと-ぶ** 例 仏《ほとけ》を尊ぶ。**とうと-ぶ** 例 祖先《そせん》を尊ぶ。

**そん【損】** 画数 13 部首 扌(てへん) 5年
音 ソン 訓 そこ-なう そこ-ねる
筆順
❶なくす。失《うしな》う。熟語 損害《そんがい》。損失《そんしつ》。損得《そんとく》。対 得《とく》。益《えき》。❷こわす。熟語 損傷《そんしょう》。破損《はそん》。⇩そんじる 765ページ
《訓の使い方》**そこ-なう** 例 健康《けんこう》を損なう。**そこ-ねる** 例 きげんを損ねる。

**そん【損】** 名 形動 ❶もうけがなくなること。例 百万円《ひゃくまんえん》の損になった。対 得《とく》。❷苦労《くろう》してもむくわれないこと。例 損な役《やく》まわり。

**そん【遜(遜)】** 画数 14 部首 辶(しんにょう)
音 ソン 訓 ―
❶へりくだる。熟語 謙遜《けんそん》。不遜《ふそん》〔=うぬぼれて、人《ひと》を見《み》くだすようす〕。❷おとる。およばない。熟語 遜色《そんしょく》。参考 「遜《そん》」は、手書《てが》きではふつう「遜《そん》」と書《か》く。

**ぞん【存】** 熟語 異存《いぞん》。保存《ほぞん》。⇩**そん【存】** 764ページ

**そんえき【損益】** 名 損失《そんしつ》と利益《りえき》。例 損益を計算《けいさん》する。類 損得《そんとく》。

**そんかい【損壊】** 名 動-する こわれること。

ことわざ **さじを投《な》げる** おもちゃを直《なお》しにかかったが、どうやってもだめで、とうとうさじを投《な》げた。

こわすこと。例 地震《じしん》で家屋《かおく》が損壊する。

○**そんがい【損害】** 名 お金《かね》や物《もの》を失《うしな》って損《そん》をすること。例 大雨《おおあめ》による損害が大《おお》きい。

**ぞんがい【存外】** 副 形動 思《おも》いのほか。案《あん》外《がい》。例 存外やさしかった。

**そんがいほけん【損害保険】** 名 事故《じこ》などで受《う》けた損害《そんがい》をおぎなうための保険《ほけん》。

**ソング**〔英語 song〕名 歌《うた》。歌謡《かよう》。例 ヒットソング。

○**そんけい【尊敬】** 名 動-する 人《ひと》を心《こころ》からえらいと思《おも》うこと。例 尊敬の的《まと》。対 軽蔑《けいべつ》。

✿**そんけいご【尊敬語】** 名〔国語《こくご》で〕敬語《けいご》の一《ひと》つ。話《はな》し相手《あいて》や話《はなし》の中《なか》に出《で》てくる人《ひと》を、敬《うやま》う気持《きも》ちを表《あらわ》すときに使《つか》う言葉《ことば》。「言《い》う」を「おっしゃる」、「食《た》べる」を「めしあがる」というなど。関連 謙譲語《けんじょうご》。丁寧語《ていねいご》。⬇けいご(敬語)390ページ

**そんげん【尊厳】** 名 形動 尊《とうと》くておごそかなこと。例 人間《にんげん》の尊厳。

**そんげんし【尊厳死】** 名 人間《にんげん》としての尊《とうと》さを保《たも》ったまま死《し》ぬこと。本人《ほんにん》の意思《いし》にもとづいて、安《やす》らかな死《し》をむかえさせること。

**そんごくう【孫悟空】** 人名 中国《ちゅうごく》の小説《しょうせつ》「西遊記《さいゆうき》」に出《で》てくるサルの名前《なまえ》。三蔵法師《さんぞうほうし》のお供《とも》でインドへ旅《たび》をする。

○**そんざい【存在】** 名 動-する 人《ひと》や物《もの》がそこにあること。例 気《き》になる存在。

**ぞんざい** 形動 乱暴《らんぼう》でいいかげんなようす。なげやり。例 ぞんざいな口《くち》をきく。

**そんざいかん【存在感】** 名 そこにその人《ひと》がいると強《つよ》く感《かん》じさせること。例 横綱《よこづな》らしい存在感がある。

**そんしつ【損失】** 名 損《そん》をすること。なくすこと。例 水害《すいがい》による損失。対 利益《りえき》。

**そんしょう【損傷】** 名 動-する こわれたり傷《きず》ついたりすること。

**そんしょく【遜色】** 名 おとっているようす。例 プロ選手《せんしゅ》と比《くら》べても遜色がない。参考 ふつうは「ない」の形《かたち》で使《つか》う。

**そんじる【損じる】**〔「損《そん》ずる」ともいう。〕一 動 こわす。悪《わる》くする。例 きげんを損じる。二〔ある言葉《ことば》のあとにつけて〕…しそこなう。例 書《か》き損じる。

**ぞんじる【存じる】** 動〔「存《ぞん》ずる」ともいう。〕❶「考《かんが》える」「思《おも》う」の、へりくだった言《い》い方《かた》。例「そちらにうかがいたいと存じます。」❷「知《し》る」の、へりくだった言《い》い方《かた》。例「あの方《かた》のことは、存じております。」

**そんする【損する】** 動 利益《りえき》を失《うしな》う。

**そんずる【損ずる】** 動 ⬇そんじる 765ページ

**ぞんずる【存ずる】** 動 ⬇ぞんじる 765ページ

**そんぞく【存続】** 名 動-する なくならないで、続《つづ》いていること。例 グループの存続が危《あや》ぶまれる。

**そんだい【尊大】** 形動 えらぶったようす。例 尊大な態度《たいど》。

**そんたく【忖度】** 名 動-する 相手《あいて》の気持《きも》ちや考《かんが》えをおしはかること。例 母《はは》の心中《しんちゅう》を忖度する。

**そんちょう【村長】** 名 村《むら》を代表《だいひょう》し、村《むら》の政治《せいじ》を行《おこな》う人《ひと》。

○**そんちょう【尊重】** 名 動-する 価値《かち》を認《みと》め、大切《たいせつ》にすること。例 人命《じんめい》を尊重する。

**そんとく【損得】** 名 損《そん》と、もうけ。損《そん》か、得《とく》か。例 損得ぬきで仕事《しごと》をする。類 損益《そんえき》。

○**そんな** 形動 そのような。例 そんなことはない。関連 こんな。あんな。どんな。

**そんなに** 副 そのように。それほど。

**そんなら** 接 それなら。それでは。〔少《すこ》しくだけた言《い》い方《かた》。〕例 そんならいいよ。

**そんのうじょうい【尊皇攘夷】** 名 天皇《てんのう》中心《ちゅうしん》の国《くに》を作《つく》り、外国《がいこく》の勢力《せいりょく》を追《お》いはらおうという考《かんが》え。江戸時代《えどじだい》の終《お》わりに起《お》こった政治運動《せいじうんどう》の中《なか》で唱《とな》えられた。

**そんぷ【尊父】** 名 他人《たにん》の父親《ちちおや》を敬《うやま》っていう言葉《ことば》。ご尊父《そんぷ》。対 母堂《ぼどう》。

**ぞんぶん【存分】** 副 思《おも》いのまま。十分《じゅうぶん》。例 思《おも》う存分遊《あそ》ぶ。

**そんぼう【存亡】** 名 なくならないで続《つづ》くことと、滅《ほろ》びること。例 存亡の危機《きき》。

**そんみん【村民】** 名 村《むら》に住《す》んでいる人《ひと》。

**ぞんめい【存命】** 名 動-する この世《よ》に生《い》きていること。命《いのち》があること。

**そんらく【村落】** 名 村里《むらざと》。村《むら》。

**そんりつ【存立】** 名 動-する 成《な》り立《た》っていくこと。ほろびないで続《つづ》いていくこと。例 会社《かいしゃ》の存立がかかった仕事《しごと》。



ことわざ 猿《さる》も木《き》から落《お》ちる　ピアノの先生《せんせい》が弾《ひ》きまちがえた。猿《さる》も木《き》から落《お》ちるとはこのことだね。

# た

タ　ta

**た【他】** 画数 5 部首 亻(にんべん) 3年

音 タ 訓 ほか

筆順 ノ 亻 仆 他 他

❶別《べつ》の。ほかの。熟語 他意《たい》。他方《たほう》。他国《たこく》。他日《たじつ》。❷自分以外《じぶんいがい》の。熟語 他者《たしゃ》。他人《たにん》。自他《じた》。対 自《じ》。

**た【他】** 名 ❶ほか。ほかの人《ひと》。例 その他いろいろ。❷自分以外《じぶんいがい》。例 他をたのむ。

**た【多】** 画数 6 部首 夕(ゆうべ) 2年

音 タ 訓 おお-い

筆順 ノ ク タ タ 多 多

おおい。たくさん。熟語 多少《たしょう》。多数《たすう》。多量《たりょう》。多方面《たほうめん》。過多《かた》。雑多《ざった》。対 少《しょう》。

《訓の使い方》 **おお-い** 例 雨《あめ》が多い。

**た【多】** 名 立派《りっぱ》だと認《みと》め、感謝《かんしゃ》すること。例 その努力《どりょく》を多とする。

**た【汰】** 画数 7 部首 氵(さんずい)

音 タ 訓 ―

選《えら》びわける。熟語 沙汰《さた》。表沙汰《おもてざた》。御無沙汰《ごぶさた》。

**た【太】** 熟語 丸太《まるた》。↓**たい【太】** 767ページ

**た【手】** 「手《て》」の意味《いみ》を表《あらわ》す。熟語 手綱《たづな》。例 手ぐる。↓**しゅ【手】** 589ページ

**た【田】** 名 イネを育《そだ》てる土地《とち》。田《た》んぼ。例 田畑《はた》。田を耕《たがや》す。↓**でん【田】** 891ページ

**た** 助動 ❶そのことがもう終《お》わったことを表《あらわ》す。例 勉強《べんきょう》した。残《のこ》らず食《た》べた。❷…している、という意味《いみ》を表《あらわ》す。例 曲《ま》がった道《みち》。壁《かべ》にはったポスター。❸まだそうなっていないことを、なったと考《かんが》えて言《い》う。例 早《はや》く来《き》た人《ひと》から、先《さき》に並《なら》ぶ。❹軽《かる》い気持《きも》ちで、命令《めいれい》するときに使《つか》う。例 「さあ、買《か》った、買《か》った。」 参考 「読《よ》んだ」「泳《およ》いだ」のように「だ」となるときもある。

**だ【打】** 画数 5 部首 扌(てへん) 3年

音 ダ 訓 う-つ

筆順 一 丁 扌 打 打

❶うつ。たたく。熟語 打倒《だとう》。打楽器《だがっき》。❷ボールをうつ。熟語 打者《だしゃ》。安打《あんだ》。❸すすんでする。熟語 打開《だかい》。打診《だしん》。打破《だは》。

《訓の使い方》 **う-つ** 例 くぎを打つ。

**だ【打】** 名 (野球《やきゅう》・ソフトボールで)打撃《だげき》。例 打の不振《ふしん》が目《め》だつ。対 投《とう》。

**だ【妥】** 画数 7 部首 女(おんな)

音 ダ 訓 ―

❶おだやかである。ゆずり合《あ》う。熟語 妥協《だきょう》。❷あてはまる。熟語 妥当《だとう》。妥結《だけつ》。

**だ【唾】** 画数 11 部首 口(くちへん)

音 ダ 訓 つば

つば。熟語 唾液《だえき》。眉唾《まゆつば》。

**だ【堕】** 画数 12 部首 土(つち)

音 ダ 訓 ―

おちる。くずれる。おとす。熟語 堕落《だらく》。

**だ【惰】** 画数 12 部首 忄(りっしんべん)

音 ダ 訓 ―

❶だらけている。なまける。熟語 怠惰《たいだ》。❷ある状態《じょうたい》が続《つづ》くこと。熟語 惰性《だせい》。惰力《だりょく》。

**だ【駄】** 画数 14 部首 馬(うまへん)

音 ダ 訓 ―

❶荷物《にもつ》を馬《うま》で運《はこ》ぶ。熟語 駄賃《だちん》。❷値打《ねう》ちが低《ひく》い。熟語 駄作《ださく》。❸はき物《もの》。熟語 足駄《あしだ》。

**だ【蛇】** 熟語 蛇足《だそく》。↓**じゃ【蛇】** 583ページ

**だ** 助動 ━こうであると、はっきり言《い》い切《き》るときに使《つか》う。例 火事《かじ》だ。ここがぼくの学校《がっこう》だ。きっとさびしかったのだ。敬語 丁寧《ていねい》な言い方《かた》は、「です」。━「た 助動」の変化《へんか》した形《かたち》。例 飛《と》んだ。読《よ》んだ。泳《およ》いだ。↓**た 助動** 766ページ

**たあいない** 形 ↓**たわいない** 809ページ

**ダーウィン** 人名 (男)(一八〇九～一八八二)イギリスの生物学者《せいぶつがくしゃ》。生物《せいぶつ》は下等《かとう》なものから高等《こうとう》なものへ進化《しんか》していくという進化論《しんかろん》を唱《とな》え、「種《しゅ》の起原《きげん》」を書《か》いた。

ことわざ 触《さわ》らぬ神《かみ》にたたりなし　あんなに怒《おこ》っている彼《かれ》は初《はじ》めて見《み》た。触《さわ》らぬ神《かみ》にたたりなしだ、そっとしておこう。

**ダークホース**〔英語 dark horse〕[名] 実力《じつりょく》ははっきりしないが、力《ちから》があって強《つよ》そうな競《きょう》争《そう》相《あい》手《て》。[参考] もとは競馬《けいば》で、「思《おも》いがけず勝《か》つかもしれない馬《うま》」のこと。

**ターゲット**〔英語 target〕[名] 的《まと》。目《もく》標《ひょう》。また、売《う》りこむ相《あい》手《て》。

**ダース**〔英語 dozen〕[名] 十《じゅう》二《に》個《こ》をひと組《くみ》として、品物《しなもの》などを数《かぞ》えるときの言葉《ことば》。[例] 鉛《えん》筆《ぴつ》一《いち》ダース。

**ターバン**〔英語 turban〕[名] インド人《じん》やイスラム教《きょう》徒《と》の男《おとこ》の人《ひと》が頭《あたま》に巻《ま》く布《ぬの》。また、それに似《に》た形《かたち》の女《じょ》性《せい》用《よう》の帽《ぼう》子《し》。

**タービン**〔英語 turbine〕[名] 水《みず》や蒸《じょう》気《き》の力《ちから》で羽《は》根《ね》車《ぐるま》を回《かい》転《てん》させ、動《どう》力《りょく》を得《え》る機《き》械《かい》。

**ターミナル**〔英語 terminal〕[名] ❶鉄《てつ》道《どう》やバスの路《ろ》線《せん》が集《しゅう》中《ちゅう》して発《はっ》着《ちゃく》する所《ところ》。❷空《くう》港《こう》の施《し》設《せつ》が集《あつ》まっている建《たて》物《もの》。ターミナルビル。❸電《でん》池《ち》などの、電《でん》流《りゅう》の出《で》入《い》り口《ぐち》につける金《かな》具《ぐ》。❹末《まっ》端《たん》。終《しゅう》着《ちゃく》点《てん》。

**ターン**〔英語 turn〕[名][動-する] ❶回《かい》転《てん》すること。❷進《すす》む方《ほう》向《こう》を変《か》えること。また、折《お》り返《かえ》すこと。[例] U《ユー》ターン。

## たい【太】

[画数] 4 [部首] 大（だい） 2年

[音] タイ タ [訓] ふと-い ふと-る

[筆順] 一 ナ 大 太

❶ふとい。大《おお》きい。[熟語] 太《たい》陽《よう》。丸《まる》太《た》。肉《にく》太《ぶと》。[対] 細《さい》。❷非《ひ》常《じょう》に。[熟語] 太《たい》古《こ》。太《たい》平《へい》。❸一《いち》番《ばん》め。[熟語] 太《たい》子《し》。

《[訓]の使い方》**ふと-い** [例] 太い糸《いと》。**ふと-る** [例] 体《からだ》が太る。

## たい【対】

[画数] 7 [部首] 寸（すん） 3年

[音] タイ ツイ [訓] ―

[筆順] 対 対 対 対

一「タイ」と読《よ》んで〕❶向《む》かい合《あ》う。[熟語] 対《たい》戦《せん》。対《たい》立《りつ》。対《たい》話《わ》。応《おう》対《たい》。反《はん》対《たい》。❷二《ふた》つのものの組《く》み合《あ》わせや割《わり》合《あい》を表《あらわ》す言《こと》葉《ば》。[例] 赤《あか》組《ぐみ》対《たい》白《しろ》組《ぐみ》。五《ご》対《たい》三《さん》で勝《か》つ。

二「ツイ」と読《よ》んで〕二《ふた》つでひと組《く》みになっていること。[熟語] 対《つい》句《く》。一《いっ》対《つい》。

↓たいする 776ページ

**たい【対】**[名] ❶差《さ》がないこと。[例] 対で戦《たたか》った。❷向《む》かい合《あ》うこと。[例] 会《かい》長《ちょう》と対で話《はな》す。

## たい【体】

[画数] 7 [部首] イ（にんべん） 2年

[音] タイ テイ [訓] からだ

[筆順] ノ イ 仁 什 休 体 体

❶からだ。[熟語] 体《たい》育《いく》。体《たい》格《かく》。人《じん》体《たい》。❷姿《すがた》。形《かたち》。ようす。[熟語] 体《たい》積《せき》。体《てい》裁《さい》。全《ぜん》体《たい》。風《ふう》体《てい》。❸もとになるもの。[熟語] 主《しゅ》体《たい》。本《ほん》体《たい》。❹身《み》につける。[熟語] 体《たい》験《けん》。体《たい》得《とく》。❺神《かみ》や仏《ほとけ》の像《ぞう》などを数《かぞ》える言《こと》葉《ば》。[例] 三《さん》体《たい》の仏《ぶつ》像《ぞう》。

**たい【体】**[名] ❶からだ。[例] 体をかわす。❷形《かたち》。[例] 体をなさない。❸もとのもの。本《ほん》体《たい》。[例] 名《な》は体を表《あらわ》す。

## たい【待】

[画数] 9 [部首] イ（ぎょうにんべん） 3年

[音] タイ [訓] ま-つ

[筆順] ノ イ 彳 社 往 待 待 待

❶まつ。まちのぞむ。[熟語] 待《たい》機《き》。待《たい》望《ぼう》。期《き》待《たい》。❷もてなす。[熟語] 待《たい》遇《ぐう》。招《しょう》待《たい》。接《せっ》待《たい》。

《[訓]の使い方》**ま-つ** [例] チャンスを待つ。

## たい【退】

[画数] 9 [部首] 辶（しんにょう） 6年

[音] タイ [訓] しりぞ-く しりぞ-ける

[筆順] コ ヨ 艮 艮 艮 退 退

❶後《うし》ろへさがる。ひきさがる。[熟語] 退《たい》去《きょ》。退《たい》場《じょう》。後《こう》退《たい》。[対] 進《しん》。出《しゅつ》。入《にゅう》。❷追《お》いはらう。しりぞける。[熟語] 退《たい》治《じ》。撃《げき》退《たい》。❸やめる。[熟語] 退《たい》職《しょく》。引《いん》退《たい》。❹おとろえる。[熟語] 退《たい》化《か》。

《[訓]の使い方》**しりぞ-く** [例] 一《いっ》歩《ぽ》退く。**しりぞ-ける** [例] 敵《てき》を退ける。

## たい【帯】

[画数] 10 [部首] 巾（はば） 4年

[音] タイ [訓] お-びる おび

[筆順] 一 十 卅 卅 卅 帯 帯 帯

❶巻《ま》きつける細《ほそ》い布《ぬの》。おび。[熟語] 包《ほう》帯《たい》。黒《くろ》帯《おび》。❷身《み》につける。[熟語] 携《けい》帯《たい》。❸つながりをもつ。[熟語] 連《れん》帯《たい》。❹ひと続《つづ》きの地《ち》域《いき》。[熟語] 地《ち》帯《たい》。熱《ねっ》帯《たい》。

《[訓]の使い方》**お-びる** [例] 丸《まる》みを帯びる。



ことわざ　山椒《さんしょう》は小粒《こつぶ》でもぴりりと辛《から》い　山椒《さんしょう》は小粒《こつぶ》でもぴりりと辛《から》いというとおり、あの選手《せんしゅ》は小柄《こがら》だがチャンスに強《つよ》い。

**たい【貸】** 画数 12 部首 貝（かい） 5年

音 ダ△イ 訓 か-す

筆順

お金《かね》や品物《しなもの》などをかす。熟語 貸借《たいしゃく》。貸与《たいよ》。賃《ちん》貸《たい》。貸家《かしや》。対 借《しゃく》。

《訓の使い方》 **か-す** 例 力《ちから》を貸す。

**たい【隊】** 画数 12 部首 阝（こざとへん） 4年

音 タイ 訓 —

筆順

兵士《へいし》や人《ひと》の、ひとまとまり。熟語 隊員《たいいん》。隊《たい》形《けい》。隊長《たいちょう》。隊列《たいれつ》。楽隊《がくたい》。軍隊《ぐんたい》。本隊《ほんたい》。

**たい【隊】** 名 まとまって行動《こうどう》する一団《いちだん》。例 隊を組《く》む。

**たい【態】** 画数 14 部首 心（こころ） 5年

音 タイ 訓 —

筆順

ありさま。ようす。熟語 態勢《たいせい》。態度《たいど》。形態《けいたい》。事態《じたい》。実態《じったい》。状態《じょうたい》。容態《ようだい》。

**たい【耐】** 画数 9 部首 而（しこうして）

音 タイ 訓 た-える

たえる。がまんする。持《も》ちこたえる。熟語 耐《たい》火《か》。耐震《たいしん》。忍耐《にんたい》。耐久力《たいきゅうりょく》。

**たい【怠】** 画数 9 部首 心（こころ）

音 タイ 訓 おこた-る なま-ける

おこたる。なまける。あきていやになる。熟語 怠慢《たいまん》。例 注意《ちゅうい》を怠《おこた》る。怠《なま》け者《もの》。

**たい【胎】** 画数 9 部首 月（にくづき）

音 タイ 訓 —

おなかに子《こ》どもができる。子《こ》どもの宿《やど》るところ。熟語 胎児《たいじ》。胎生《たいせい》。

**たい【泰】** 画数 10 部首 水（みず）

音 タイ 訓 —

やすらか。ゆったりと落《お》ち着《つ》いている。熟語 泰然《たいぜん》〔＝どっしりと落《お》ち着《つ》いているようす〕。安泰《あんたい》。

**たい【堆】** 画数 11 部首 ⺙（つちへん）

音 タイ 訓 —

うずたかい。高《たか》く積《つ》み重《かさ》なっている。熟語 堆《たい》積《せき》。

**たい【袋】** 画数 11 部首 衣（ころも）

音 タイ 訓 ふくろ

ふくろ。熟語 風袋《ふうたい》。袋小路《ふくろこうじ》。

**たい【逮】** 画数 11 部首 辶（しんにょう）

音 タイ 訓 —

追《お》いついて、つかまえる。熟語 逮捕《たいほ》。

**たい【替】** 画数 12 部首 曰（いわく）

音 タイ 訓 か-える か-わる

かえる。入《い》れかわる。熟語 交替《こうたい》。両替《りょうがえ》。

**たい【滞】** 画数 13 部首 氵（さんずい）

音 タイ 訓 とどこお-る

❶とどこおる。はかどらない。熟語 滞納《たいのう》。渋《じゅう》滞《たい》。停滞《ていたい》。例 工事《こうじ》が滞《とどこお》る。❷とどまる。同《おな》じ所《ところ》に居続《いつづ》ける。熟語 滞在《たいざい》。

**たい【戴】** 画数 17 部首 戈（ほこ）

音 タイ 訓 —

❶頭《あたま》にのせる。熟語 戴冠式《たいかんしき》。❷ありがたく受《う》ける。熟語 頂戴《ちょうだい》。

**たい【大】** 熟語 大会《たいかい》。大金《たいきん》。大差《たいさ》。大陸《たいりく》。⬇**だい【大】** 769ページ

**たい【代】** 熟語 交代《こうたい》。新陳代謝《しんちんたいしゃ》。⬇**だい【代】** 769ページ

**たい【台】** 熟語 舞台《ぶたい》。⬇**だい【台】** 769ページ

**たい【他意】** 名 他《ほか》の考《かんが》え。心《こころ》の中《なか》にかくしている考《かんが》え。例 けっして他意はない。

**たい【鯛◆】** 名 陸《りく》に近《ちか》い海《うみ》にすんでいる魚《さかな》。いろいろな種類《しゅるい》があるが、マダイを指《さ》すことが多《おお》い。マダイは形《かたち》が立派《りっぱ》で、語呂《ごろ》が合《あ》うことから、めでたいときの料理《りょうり》に使《つか》われる。⬇だんりゅうぎょ 818ページ

**たい** 助動 望《のぞ》んでいるという気持《きも》ちを表《あらわ》す。例 早《はや》く帰《かえ》りたい。空《そら》を飛《と》んでみたい。

**タイ**〔英語 tie〕名 ❶ネクタイ。例 タイピン。❷競技《きょうぎ》などで、記録《きろく》や得点《とくてん》が同《おな》じこと。例 タイ記録《きろく》。❸〔音楽《おんがく》で〕同《おな》じ高《たか》さの二《ふた》つの音《おん》符《ぷ》を一《ひと》つの音《おと》として演奏《えんそう》するしるし。↓がくふ 223ページ

**タイ** 地名 東南《とうなん》アジアのインドシナ半島《はんとう》にある国《くに》。首都《しゅと》はバンコク。

## だい【大】 画数 3 部首 大(だい) 1年

音 ダイ タイ
訓 おお おお-きい おお-いに
筆順 一 ナ 大

❶おおきい。多《おお》い。熟語 大仏《だいぶつ》。大会《たいかい》。大量《たいりょう》。拡大《かくだい》。最大《さいだい》。大型《おおがた》。対 小《しょう》。関連 中《ちゅう》。小《しょう》。❷すぐれた。熟語 大家《たいか》。偉大《いだい》。❸おおよその。熟語 大体《だいたい》。大意《たいい》。大筋《おおすじ》。対 細《さい》。❹非常《ひじょう》に。熟語 大寒《だいかん》。大敗《たいはい》。❺大《おお》きさ。熟語 実物大《じつぶつだい》。等《とう》身大《しんだい》。❻「大学《だいがく》」の略《りゃく》。熟語 私大《しだい》。
《訓の使い方》おお-きい 例 望《のぞ》みが大きい。おお-いに 例 大いに遊《あそ》ぶ。

**だい【大】**名 ❶おおきいこと。例 声《こえ》を大にする。❷非常《ひじょう》なこと。例 大の仲良《なかよ》しだ。❸ひと月《つき》が三十一日《さんじゅういちにち》ある月《つき》。例 五月《ごがつ》は大の月《つき》だ。

**大《だい》なり小《しょう》なり** 大《おお》きいか小《ちい》さいかのちがいはあっても。例 大なり小なり欠点《けってん》はあるものだ。

**大《だい》は小《しょう》を兼《か》ねる** 大《おお》きいものは、小《ちい》さいものの代《か》わりにもなる。

## だい【代】 画数 5 部首 亻(にんべん) 3年

音 ダイ タイ
訓 か-わる か-える よ △しろ
筆順 ノ 亻 仁 代 代

❶かわりになる。熟語 代理《だいり》。交代《こうたい》。❷かわりにあたえる。熟語 代金《だいきん》。代償《だいしょう》。❸ある期間《きかん》のひとまとまり。熟語 現代《げんだい》。時代《じだい》。世代《せだい》。初代《しょだい》。歴代《れきだい》。例 二十代《にじゅうだい》の若者《わかもの》。
《訓の使い方》か-わる 例 父《ちち》に代わってする。か-える 例 はがきで挨拶《あいさつ》に代える。

**だい【代】**名 ❶家《いえ》や位《くらい》を受《う》けついで、その地《ち》位《い》にある間《あいだ》。例 父《ちち》の代に店《みせ》を始《はじ》めた。❷代《だい》金《きん》。例 お代をお払《はら》いします。

## だい【台】 画数 5 部首 口(くち) 2年

音 ダイ タイ
訓 ―
筆順 ㇜ ム 台 台 台

❶高《たか》い建物《たてもの》。熟語 灯台《とうだい》。天文台《てんもんだい》。❷高《たか》くて平《たい》らな所《ところ》。熟語 台地《だいち》。舞台《ぶたい》。❸物《もの》を乗《の》せるもの。熟語 台紙《だいし》。荷台《にだい》。❹元《もと》になるもの。熟語 台帳《だいちょう》。土台《どだい》。❺車《くるま》や機械《きかい》などを数《かぞ》える言葉《ことば》。例 車《くるま》が二台《にだい》。❻数量《すうりょう》のだいたいの範囲《はんい》。例 千円台《せんえんだい》。

**だい【台】**名 物《もの》を乗《の》せたり、人《ひと》が乗《の》ったりするもの。例 台に乗《の》って荷物《にもつ》をおろす。

## だい【第】 画数 11 部首 ⺮(たけかんむり) 3年

音 ダイ
訓 ―
筆順 𠂉 ⺮ 笃 第 第

❶ものごとの順序《じゅんじょ》。熟語 次第《しだい》。❷試験《しけん》。熟語 及第《きゅうだい》。落第《らくだい》。❸数字《すうじ》の前《まえ》につけて順序《じゅんじょ》を表《あらわ》す。例 第一歩《だいいっぽ》。第三番《だいさんばん》め。

## だい【題】 画数 18 部首 頁(おおがい) 3年

音 ダイ
訓 ―
筆順 日 旦 早 是 題 題

❶内容《ないよう》を示《しめ》す名前《なまえ》。熟語 題名《だいめい》。表題《ひょうだい》。話題《わだい》。❷問《と》い。質問《しつもん》。熟語 課題《かだい》。宿題《しゅくだい》。問題《もんだい》。↓だいする 776ページ

**だい【題】** 内容《ないよう》を表《あらわ》す短《みじか》い言葉《ことば》。題名《だいめい》。例 作《さく》文《ぶん》の題△を考《かんが》える。

**だい【内】** 熟語 境内《けいだい》。↓ない【内】957ページ

**だい【弟】** 熟語 兄弟《きょうだい》。↓てい【弟】871ページ

**たいあたり【体当たり】**名 動-する ❶自分《じぶん》の体《からだ》をぶつけること。❷全力《ぜんりょく》で、ものごとに当《あ》たること。例 体当たりの演技《えんぎ》。

**ダイアモンド** 名 ↓ダイヤモンド 782ページ

**ダイアリー**〔英語 diary〕名 日記《にっき》。日記帳《にっきちょう》。ダイヤリー。

**ダイアル** 名 ↓ダイヤル 782ページ

**たいあん【大安】**名 結婚式《けっこんしき》など、何《なに》をするにも縁起《えんぎ》がよいとされる日《ひ》。だいあん。例 大





ことわざ 親《した》しき仲《なか》にも礼儀《れいぎ》あり　親《した》しき仲《なか》にも礼儀《れいぎ》ありで、友達《ともだち》をばかにすることは言《い》っちゃいけない。

安吉日《きちじつ》。

**たいあん【対案】** 名 相手《あいて》の案《あん》やすでにある案《あん》に対《たい》して出《だ》す、こちらからの案《あん》。例 対案を用意《ようい》して会議《かいぎ》にのぞむ。

**だいあん【代案】** 名 代《か》わりに出《だ》される考《かんが》えや計画《けいかく》。例 代案を出《だ》す。

✤**たいい【大意】** 名 だいたいの意味《いみ》や内容《ないよう》。例 文章《ぶんしょう》の大意をつかむ。

**たいい【体位】** 名 ❶体格《たいかく》や健康《けんこう》などの程度《ていど》や状態《じょうたい》。例 体位の向上《こうじょう》。❷体《からだ》の位置《いち》や姿勢《しせい》。

**たいい【退位】** 名 動する 国王《こくおう》などが位《くらい》を退《しりぞ》くこと。対 即位《そくい》。

°**たいいく【体育】** 名 健康《けんこう》な体《からだ》を作《つく》り、運動《うんどう》能力《のうりょく》をのばす教育《きょういく》。また、学校《がっこう》でそれを教《おし》える教科《きょうか》。体育科《たいいくか》。参考 教科《きょうか》を離《はな》れて、「運《うん》動《どう》」と同《おな》じ意味《いみ》で使《つか》われることも多《おお》い。

**たいいくかん【体育館】** 名 屋内《おくない》で運動《うんどう》するための建物《たてもの》。

**たいいくのひ【体育の日】** 名 ⇩スポーツのひ 691ページ

°**だいいち【第一】** 一 名 ❶いちばんはじめ。例 第一のコース。❷いちばんすぐれていること。例 日本《にっぽん》で第一の名山《めいざん》。❸いちばんだいじなこと。例 健康《けんこう》が第一。二 副 何《なに》よりもまず。例「やめよう。だいいち危《あぶ》ないよ。」

**だいいちいんしょう【第一印象】** 名 初《はじ》めて見《み》たり聞《き》いたりしたときに受《う》けた感《かん》じ。例 第一印象ではいい人《ひと》だと思《おも》った。

**だいいちじさんぎょう【第一次産業】** 名 主《おも》に自然《しぜん》を利用《りよう》して物《もの》をつくりだす仕事《しごと》。農業《のうぎょう》、林業《りんぎょう》、水産業《すいさんぎょう》など。関連 第二次《だいにじ》産業《さんぎょう》。第三次産業《だいさんじさんぎょう》。

**だいいちじせかいたいせん【第一次世界大戦】** 名 一九一四年《ねん》から一九一八年《ねん》まで、ドイツ・オーストリアなどの同盟国《どうめいこく》と、イギリス・フランス・ロシア・アメリカ・日《に》本《ぽん》などの連合国《れんごうこく》との間《あいだ》で行《おこな》われた戦争《せんそう》。ドイツ側《がわ》が敗《やぶ》れて終《お》わった。

**だいいちにんしゃ【第一人者】** 名 その分野《ぶんや》で、いちばんすぐれている人《ひと》。例 日本画《にほんが》の第一人者。

**だいいっきゅう【第一級】** 名 ある分野《ぶんや》でいちばんすぐれていること。

**だいいっせい【第一声】** 名 なにかを始《はじ》めるときに、大勢《おおぜい》の前《まえ》でする最初《さいしょ》の演説《えんぜつ》。例 駅《えき》前《まえ》で第一声をあげる。

**だいいっせん【第一線】** 名 ❶戦場《せんじょう》で、もっとも敵《てき》に近《ちか》い所《ところ》。最前線《さいぜんせん》。❷ある方面《ほうめん》で、もっとも重要《じゅうよう》な仕事《しごと》が行《おこな》われる所《ところ》。例 第一線で活躍《かつやく》する。

**だいいっぽ【第一歩】** 名 ものごとのはじめ。例 歌手《かしゅ》への第一歩をふみ出《だ》す。

**たいいん【退院】** 名 動する 病気《びょうき》や傷《きず》がよくなって、病院《びょういん》から出《で》ること。対 入院《にゅういん》。

**たいいん【隊員】** 名 隊《たい》に属《ぞく》している人《ひと》。

**たいいんれき【太陰暦】** 名 月《つき》の満《み》ち欠《か》けをもとにして作《つく》った暦《こよみ》。新月《しんげつ》から新月《しんげつ》までを一《いっ》か月《げつ》とした。陰暦《いんれき》。旧暦《きゅうれき》。対 太陽暦《たいようれき》。

**たいえき【体液】** 名 血液《けつえき》やリンパ液《えき》など、体《からだ》の中《なか》にある液体《えきたい》をまとめていう言葉《ことば》。

**ダイエット**〔英語 diet〕名 動する 健康《けんこう》や美容《びよう》のため、食事《しょくじ》の制限《せいげん》をすること。

**たいおう【対応】** 名 動する ❶たがいに向《む》かい合《あ》うこと。例 対応する二《ふた》つの角《かく》。❷たがいにつり合《あ》うこと。例 実力《じつりょく》の対応した相《あい》手《て》。❸周《まわ》りのようすに合《あ》わせて、行動《こうどう》すること。例 相手《あいて》の出方《でかた》に対応する。

**だいおう【大王】** 名 王《おう》を敬《うやま》っていう言葉《ことば》。特《とく》に立派《りっぱ》な王《おう》。

**ダイオキシン**〔英語 dioxin〕名 人間《にんげん》の体《からだ》に悪《わる》い影響《えいきょう》を与《あた》える物質《ぶっしつ》。プラスチックなどを低《ひく》い温度《おんど》で燃《も》やすと発生《はっせい》する。

°**たいおん【体温】** 名 人《ひと》や動物《どうぶつ》の体《からだ》の温度《おんど》。参考 人間《にんげん》の体温《たいおん》は、三六度《ど》から三七度《ど》。

**たいおんけい【体温計】** 名 体温《たいおん》を測《はか》る道《どう》具《ぐ》。

**だいおんじょう【大音声】** 名 大《おお》きな声《こえ》。〔古《ふる》い言《い》い方《かた》。〕例 大音声で名《な》のる。

**たいか【大火】** 名 大《おお》きな火事《かじ》。大火事《おおかじ》。

**たいか【大家】** 名 ❶金持《かねも》ちで家柄《いえがら》のよい家《いえ》。❷学問《がくもん》や芸術《げいじゅつ》の方面《ほうめん》で特《とく》にすぐれている人《ひと》。例 日本画《にほんが》の大家。注意「大家」を「おおや」と読《よ》むと、ちがう意味《いみ》になる。

**たいか【耐火】** 名 高《たか》い熱《ねつ》にあっても燃《も》えにくいこと。例 耐火建築《けんちく》。

**たいか【退化】** 名 動する ❶体《からだ》の一部《いちぶ》が使《つか》わ



ことわざ 失敗《しっぱい》は成功《せいこう》のもと　一度《いちど》くらいの失敗《しっぱい》は何《なん》でもないよ。失敗《しっぱい》は成功《せいこう》のもとなんだから。

れないために、だんだんおとろえたり、形《かたち》がなくなったりすること。対(❶・❷)進化《しんか》。❷進歩《しんぽ》する前《まえ》の状態《じょうたい》にもどること。

**たいが【大河】** 名 ❶大《おお》きい川《かわ》。❷物語《ものがたり》などのつくりが、大《おお》がかりで長《なが》いこと。例 大河ドラマ。

**だいか【代価】** 名 ❶品物《しなもの》の値段《ねだん》。類 代金《だいきん》。❷あることを成《な》しとげるためにはらう、犠牲《ぎせい》や損害《そんがい》。例 大《おお》きな代価をはらう。類 代償《だいしょう》。

**°たいかい【大会】** 名 ❶多《おお》くの人《ひと》が集《あつ》まる会《かい》。❷ある組織《そしき》の全員《ぜんいん》が集《あつ》まる会《かい》。

**たいかい【大海】** 名 広々《ひろびろ》とした大《おお》きな海《うみ》。大洋《たいよう》。例 大海に船《ふね》をこぎ出《だ》す。

**たいかい【退会】** 名 動する 会員《かいいん》であることをやめること。脱会《だっかい》。対 入会《にゅうかい》。

**°たいがい【大概】** 一 名 ❶おおよそ。だいたい。例 たいがいの人《ひと》。❷ほどほど。適度《てきど》。例 たいがいにしろ。二 副 たいてい。だいたい。例 休日《きゅうじつ》はたいがいつりに行《い》く。

**たいがい【対外】** 名 外部《がいぶ》や外国《がいこく》に対《たい》すること。例 対外試合《しあい》。

**たいがいてき【対外的】** 形動 外部《がいぶ》や外国《がいこく》に対《たい》するようす。例 このままでは対外的によくない。

**°たいかく【体格】** 名 体《からだ》の骨組《ほねぐ》み。体《からだ》つき。

**たいがく【退学】** 名 動する 学校《がっこう》を、卒業《そつぎょう》する前《まえ》にやめること。退校《たいこう》。例 中途退学《ちゅうとたいがく》。

**°だいがく【大学】** 名 高等学校《こうとうがっこう》の上《うえ》の学校《がっこう》。専門《せんもん》の学問《がくもん》を学《まな》んだり研究《けんきゅう》したりするための学校《がっこう》。例 大学時代《じだい》。

**だいがくいん【大学院】** 名 大学《だいがく》を卒業《そつぎょう》した後《あと》に、より深《ふか》く研究《けんきゅう》するための機関《きかん》。修士課程《しゅうしかてい》と博士課程《はくしかてい》がある。

**たいかくせん【対角線】** 名 多角形《たかくけい》の、となり合《あ》っていない二《ふた》つの頂点《ちょうてん》を結《むす》ぶ直線《ちょくせん》。

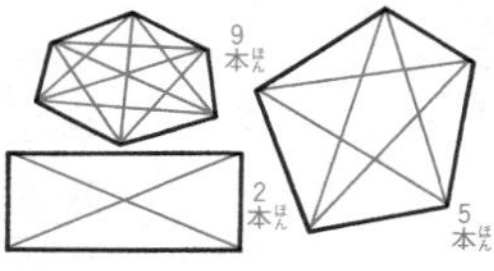

〔たいかくせん〕

**たいかのかいしん【大化の改新】** 名 六四五年《ねん》(大化元年《たいかがんねん》)に、中大兄皇子《なかのおおえのおうじ》や中臣鎌足《なかとみのかまたり》らが、蘇我氏《そがし》をほろぼして始《はじ》めた新《あたら》しい政治《せいじ》。天皇《てんのう》を中心《ちゅうしん》とする仕組《しく》みに改《あらた》めた。

**たいかん【体幹】** 名 人《ひと》の体《からだ》を支《ささ》える、胴体《どうたい》の部分《ぶぶん》。

**たいかん【耐寒】** 名 寒《さむ》さにたえること。

**たいがん【対岸】** 名 向《む》こう岸《ぎし》。

**対岸《たいがん》の火事《かじ》** 自分《じぶん》には関係《かんけい》ない出来事《できごと》。

**だいかん【大寒】** 名 一年《いちねん》でいちばん寒《さむ》い時期《じき》。特《とく》に一月《いちがつ》二十日《はつか》ごろ。二十四節気《にじゅうしせっき》の一《ひと》つ。

**だいかん【代官】** 名 領主《りょうしゅ》の代《か》わりに領地《りょうち》を治《おさ》めた役人《やくにん》。特《とく》に、江戸時代《えどじだい》に、幕府《ばくふ》の持《も》っていた土地《とち》を治《おさ》めた役人《やくにん》。

**たいかんしき【戴冠式】** 名 西洋《せいよう》で、国王《こくおう》が位《くらい》につく時《とき》に行《おこな》われる儀式《ぎしき》。

**だいかんみんこく〖大韓民国〗** 地名 朝鮮半島《ちょうせんはんとう》の南半分《みなみはんぶん》をしめる国《くに》。首都《しゅと》はソウル。略《りゃく》して「韓国《かんこく》」ともいう。

**たいき【大気】** 名 地球《ちきゅう》を取《と》り巻《ま》く空気《くうき》。

**たいき【待機】** 名 動する 準備《じゅんび》をして、その時《とき》を待《ま》つこと。例 自宅《じたく》で待機する。

**たいぎ【大儀】** 形動 ❶体《からだ》がだるくて、何《なに》もしたくないようす。例 起《お》き上《あ》がるのさえ大儀だ。❷苦労《くろう》をねぎらう言葉《ことば》。〔古《ふる》い言《い》い方《かた》。〕例「まことに大儀であった。」

**たいきおせん【大気汚染】** 名 有害《ゆうがい》な煙《けむり》や排気《はいき》ガスなどで空気《くうき》がよごれること。

**たいきけん【大気圏】** 名 地球《ちきゅう》の周《まわ》りの、大気《たいき》の広《ひろ》がり。下《した》から順《じゅん》に、対流圏《たいりゅうけん》、成層圏《せいそうけん》、中間圏《ちゅうかんけん》、熱圏《ねつけん》に分《わ》かれている。

**✤たいぎご【対義語】** 名〔国語《こくご》で〕❶たがい

例解 ❗ ことばの勉強室

## 対義語《たいぎご》 について

「広《ひろ》い」の対義語《たいぎご》は「せまい」一《ひと》つである。ところが、「高《たか》い」には、二《ふた》つの対義語《たいぎご》がある。

あの山《やま》は高《たか》い。⇔ 低《ひく》い。
値段《ねだん》が高《たか》い。⇔ 安《やす》い。

また、次《つぎ》の三《みっ》つの言葉《ことば》の対義語《たいぎご》は、すべて「ぬぐ」である。

着物《きもの》を着《き》る。
げたをはく。　→ ぬぐ。
ぼうしをかぶる。



ことわざ 死人《しにん》に口《くち》なし　死人《しにん》に口《くち》なしで、真相《しんそう》はわからない。

あいうえお かきくけこ さしすせそ たちつてと なにぬねの はひふへほ まみむめも やゆよ らりるれろ わをん

に反対《はんたい》の意味《いみ》を持《も》つ言葉《ことば》。「上《あ》がる」と「下《さ》がる」など。反対語《はんたいご》。❷たがいに対《つい》になったり組《く》みになったりする言葉《ことば》。「縦《たて》」と「横《よこ》」、「父《ちち》」と「母《はは》」など。対語《たいご》。対語《ついご》。この辞典《じてん》では、対《たい》義《ぎ》語《ご》(❶・❷)を［対］の記号《きごう》で示《しめ》してある。

**だいぎし【代議士】**［名］選挙《せんきょ》によって選《えら》ばれ、国民《こくみん》の代表者《だいひょうしゃ》として国《くに》の政策《せいさく》を審議《しんぎ》する人《ひと》。ふつう、衆議院議員《しゅうぎいんぎいん》を指《さ》す。

■**たいきばんせい【大器晩成】**［名］すぐれた人《ひと》は、若《わか》いうちは目立《めだ》たないで、年《とし》をとってから立派《りっぱ》になるということ。

**だいきぼ【大規模】**［形動］もののつくりや計画《けいかく》が大《おお》がかりなようす。［対］小規模《しょうきぼ》。

■**たいぎめいぶん【大義名分】**［名］❶人《ひと》として守《まも》るべき正《ただ》しい道《みち》。❷だれもが正《ただ》しいと認《みと》める理由《りゆう》。［例］大義名分が立《た》つ。

**たいきゃく【退却】**［名］［動-する］戦《たたか》いなどに負《ま》けて、あとへ引《ひ》き下《さ》がること。

**だいきゅう【代休】**［名］休日《きゅうじつ》に登校《とうこう》したり、働《はたら》いたりした代《か》わりに取《と》る休《やす》み。

**たいきゅうせい【耐久性】**［名］じょうぶで長《なが》く持《も》ちこたえる性質《せいしつ》。［例］耐久性のある素材《そざい》。

**たいきゅうりょく【耐久力】**［名］長《なが》く持《も》ちこたえる力《ちから》。［例］耐久力をつける。

**たいきょ【大挙】**［名］［動-する］大勢《おおぜい》がそろって向《む》かうこと。［例］大挙して出《で》かける。

**たいきょ【退去】**［名］［動-する］ある場所《ばしょ》から立《た》ちのくこと。［例］国外《こくがい》に退去する。退去命令《めいれい》。

**たいきょく【大局】**［名］ものごとの全体《ぜんたい》の動《うご》きやなりゆき。［例］大局を見《み》て判断《はんだん》する。

**たいきょく【対局】**［名］［動-する］二人《ふたり》で向《む》かい合《あ》って、将棋《しょうぎ》や碁《ご》をすること。

**たいきょく【対極】**［名］正反対《せいはんたい》のところ。［例］二人《ふたり》は対極の立場《たちば》にある。

**たいきょくてき【大局的】**［形動］ひろい立場《たちば》からものごとを判断《はんだん》したり、行動《こうどう》したりするようす。［例］大局的な見地《けんち》に立《た》って話《はな》し合《あ》う。

**タイきろく【タイ記録】**［名］スポーツなどで、今《いま》までの最高記録《さいこうきろく》と同《おな》じ記録《きろく》。

**たいきん【大金】**［名］たくさんのお金《かね》。

**だいきん【代金】**［名］品物《しなもの》を買《か》ったときにしはらうお金《かね》。［例］本《ほん》の代金をはらう。［類］代価《だいか》。

**だいきんひきかえ【代金引き換え】**［名］通信販売《つうしんはんばい》などで、代金《だいきん》と引《ひ》き換《か》えに品物《しなもの》を渡《わた》すこと。代引《だいび》き。

**だいく【大工】**［名］家《いえ》を建《た》てたり、直《なお》したりするのを仕事《しごと》にしている人《ひと》。また、その仕《し》事《こと》。

○**たいぐう【待遇】**［名］［動-する］❶人《ひと》をもてなすこと。［例］温《あたた》かい待遇を受《う》ける。❷勤《つと》めている人《ひと》に対《たい》する、地位《ちい》や給料《きゅうりょう》の与《あた》え方《かた》。［例］この会社《かいしゃ》は待遇がいい。

✤**たいぐうひょうげん【待遇表現】**［名］〔国語《こくご》で〕相手《あいて》や話《はなし》の中《なか》の人物《じんぶつ》に合《あ》わせて、言《こと》葉《ば》づかいを変《か》える言《い》い方《かた》。敬語《けいご》もその一《ひと》つ。

○**たいくつ【退屈】**［名］［動-する］［形動］❶することがなくて、おもしろくないこと。［例］雨降《あめふ》りの日《ひ》は退屈だ。❷おもしろみがなくて、つまらないこと。［例］退屈な映画《えいが》。

**たいくつしのぎ【退屈しのぎ】**［名］退屈《たいくつ》をまぎらすこと。［例］退屈しのぎに漫画《まんが》を読《よ》む。

**たいぐん【大軍】**［名］たくさんの軍勢《ぐんぜい》。

**たいぐん【大群】**［名］大《おお》きな群《む》れ。［例］イナゴの大群が田畑《たはた》をあらした。

**たいけい【体形・体型】**［名］体《からだ》のかたち。［例］均整《きんせい》のとれた体形。体型に合《あ》った服《ふく》。

**たいけい【体系】**［名］別々《べつべつ》のものを、ある決《き》まりに従《したが》って、順序《じゅんじょ》よくまとめたものの全体《ぜんたい》。［例］学問《がくもん》の体系。

**たいけい【隊形】**［名］大勢《おおぜい》の人《ひと》が集《あつ》まって並《なら》ぶときの形《かたち》。横隊《おうたい》・縦隊《じゅうたい》など。

**だいけい【台形】**［名］向《む》かい合《あ》った辺《へん》のひと組《く》みが、平行《へいこう》である四辺形《しへんけい》。⬇しかくけい546ページ

**たいけいてき【体系的】**［形動］個々《ここ》のものが、筋道立《すじみちだ》ってきちんとまとまっているようす。［例］日本語《にほんご》の文法《ぶんぽう》を体系的に学《まな》ぶ。

**たいけつ【対決】**［名］［動-する］❶どちらが正《ただ》しいか、どちらがすぐれているかを決《き》めること。［例］赤組《あかぐみ》と白組《しろぐみ》の対決。❷困難《こんなん》に正面《しょうめん》から立《た》ち向《む》かうこと。［例］病気《びょうき》と対決する。

○**たいけん【体験】**［名］［動-する］自分《じぶん》で実際《じっさい》にやってみること。また、やってみたこと。［例］体験を生《い》かす。［類］経験《けいけん》。



ことわざ 釈迦《しゃか》に説法《せっぽう》 えらそうにお母《かあ》さんに料理《りょうり》のコツを教《おし》えるなんて、釈迦《しゃか》に説法《せっぽう》だよ。

✤**たいげん【体言】**名〔国語《こくご》で〕日本語《にほんご》の単語《たんご》のうち、活用《かつよう》がなく、主語《しゅご》になることができる言葉《ことば》。「川《かわ》」「日本《にっぽん》」「三本《さんぼん》」「学習《がくしゅう》」などの名詞《めいし》や、「これ」「そこ」「きみ」などの代名詞《だいめいし》。対 用言《ようげん》。

例解 ! ことばの勉強室

## 体言止め《たいげんど》 について

城跡《しろあと》の草地《くさち》に寝転《ねころ》がって、吸いこまれそうにすんだ青空《あおぞら》を見上《みあ》げながら、もの思《おも》いにふけっていた、あの十五《じゅうご》歳《さい》のころの自分《じぶん》がなつかしい——。そんな気持《きも》ちをうたった短歌《たんか》がある。

不来方《こずかた》のお城《しろ》の草《くさ》に寝《ね》ころびて
空《そら》に吸《す》はれし
十五《じゅうご》の心《こころ》
（石川啄木《いしかわたくぼく》）

この短歌《たんか》は「体言止《たいげんど》め」である。

ふつうなら、「十五《じゅうご》の心《こころ》がなつかしい。」「十五《じゅうご》の心《こころ》が思《おも》い出《だ》される。」などと終《お》わりまで書《か》くところを、「十五《じゅうご》の心《こころ》」のように名詞《めいし》（＝体言《たいげん》）で止《と》めている。こうすることによって、かえってその続《つづ》きを想像《そうぞう》させ、言葉《ことば》では言《い》いつくせない気持《きも》ちを表《あらわ》して、読《よ》み手《て》に強《つよ》い印象《いんしょう》をあたえている。体言止《たいげんど》めには、こういう、印象《いんしょう》を強《つよ》める効果《こうか》がある。

（「不来方《こずかた》のお城《しろ》」は、作者《さくしゃ》の通《かよ》っていた学校《がっこう》に近《ちか》い盛岡城《もりおかじょう》のこと）

■**たいけんがくしゅう【体験学習】**名 実際《じっさい》にやってみることを通《とお》して学《まな》ぶ学習《がくしゅう》。

■**たいげんそうご【大言壮語】**名 動-する できもしないことを大《おお》げさに言《い》うこと。また、その言葉《ことば》。例 大言壮語をはく。

✤**たいげんどめ【体言止め】**名 体言《たいげん》で文《ぶん》を終《お》わらせる言《い》い表《あらわ》し方《かた》。詩《し》や短歌《たんか》などによく使《つか》われる。名詞止《めいしど》め。

**たいこ【太古】**名 はるかに遠《とお》い昔《むかし》。大昔《おおむかし》。例 太古の生物《せいぶつ》の化石《かせき》。

°**たいこ【太鼓】**名〔音楽《おんがく》で〕打楽器《だがっき》の一《ひと》つ。木《き》や金属《きんぞく》で作《つく》った胴《どう》に皮《かわ》を張《は》り、ばちで打《う》ち鳴《な》らすもの。

**たいご【対語】**名 ↓たいぎご❷ 771ページ

**たいこう【大綱】**名 ❶ものごとの大切《たいせつ》なところ。❷ものごとの大筋《おおすじ》。要点《ようてん》。アウトライン。例 政策《せいさく》の大綱。計画《けいかく》の大綱。

**たいこう【対向】**名 動-する 反対《はんたい》の方向《ほうこう》から来《く》ること。例 対向車《しゃ》。

°**たいこう【対抗】**名 動-する 負《ま》けまいと、競争《きょうそう》をすること。例 学級《がっきゅう》対抗リレー。

**たいこう【対校】**名 学校《がっこう》どうしが競《きそ》い合《あ》うこと。例 対校試合《じあい》。

**たいこう【退校】**名 ❶途中《とちゅう》で学校《がっこう》をやめること。また、生徒《せいと》をやめさせること。退学《たいがく》。❷学校《がっこう》を出《で》て帰《かえ》ること。下校《げこう》。

**だいこう【代行】**名 動-する 人《ひと》の仕事《しごと》などを代《か》わってすること。また、その人《ひと》。

**たいこうぼう【太公望】**名 釣《つ》りをする人《ひと》。釣《つ》りの好《す》きな人《ひと》。参考 昔《むかし》、中国《ちゅうごく》の周《しゅう》の国《くに》に、王《おう》に見《み》いだされるまで釣《つ》りばかりしていた人《ひと》がいて、その人《ひと》を「太公望《たいこうぼう》」と呼《よ》んだことから。

**たいこく【大国】**名 ❶国土《こくど》が広大《こうだい》な国《くに》。❷政治《せいじ》や経済《けいざい》などの勢《いきお》いの強《つよ》い国《くに》。例 経済《けいざい》大国。

**だいこく【大黒】**名 七福神《しちふくじん》の一人《ひとり》。福《ふく》の神《かみ》。大黒天《だいこくてん》。大黒様《だいこくさま》。↓しちふくじん 563ページ

**だいこくばしら【大黒柱】**名 ❶家《いえ》の真《ま》ん中《なか》に立《た》っている、いちばん太《ふと》い柱《はしら》。❷家《いえ》・団体《だんたい》・国《くに》などの中心《ちゅうしん》になっている人《ひと》。例 彼《かれ》がわがチームの大黒柱だ。

**たいこばし【太鼓橋】**名 中央《ちゅうおう》が高《たか》く、半円形《はんえんけい》に反《そ》った橋《はし》。参考 形《かたち》が太鼓《たいこ》の胴《どう》に似《に》ているところから。

**たいこばんをおす【太鼓判を押す】**確《たし》かでまちがいないと、保証《ほしょう》する。例 入選《にゅうせん》確実《かくじつ》と太鼓判を押す。

**だいごみ【醍醐味】**名 ものごとのほんとうのおもしろさやよさ。深《ふか》い味《あじ》わい。例 山登《やまのぼ》りの醍醐味を味《あじ》わう。

**だいこん【大根】**名 ❶畑《はたけ》に作《つく》る野菜《やさい》の一《ひと》つ。白《しろ》くて太《ふと》い根《ね》を食《た》べる。❷下手《へた》な役者《やくしゃ》。例 大根役者《やくしゃ》。参考 ❶は春《はる》の七草《ななくさ》の一《ひと》つで、「すずしろ」ともいう。





ことわざ 朱《しゅ》に交《まじ》われば赤《あか》くなる いい友達《ともだち》を持《も》ちたいものだ。朱《しゅ》に交《まじ》われば赤《あか》くなるというからね。

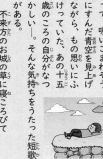

例解 ！ ことばの勉強室

### 題材《だいざい》について

作文《さくぶん》の題材《だいざい》を見《み》つけるには、こんな方《ほう》法《ほう》がある。

◎思《おも》いうかぶことを自由《じゆう》にメモして、その中《なか》から、いちばん書《か》きたいことがらを選《えら》ぶ。

◎選《えら》んだことがらをもとに、長《なが》い題《だい》をつけてみる。例《たと》えば「留守番《るすばん》」だったら、「昨日《きのう》、留守番《るすばん》をしていたら、宅配便《たくはいびん》のおじさんからほめられたので、お母《かあ》さんにじまんして話《はな》したこと。」のように書《か》いてみる。

◎そのときの会話《かいわ》や思《おも》ったことなどを、思《おも》い出《だ》すままにメモする。これらをもとに、組《く》み立《た》てを考《かんが》える。

**だいこんおろし**【大根おろし】[名] ❶大《だい》根《こん》をすりおろしたもの。❷大根《だいこん》などをすりおろす道具《どうぐ》。おろし金《がね》。

**たいさ**【大差】[名] 大《おお》きなちがい。[例] 対《たい》戦《せん》相《あい》手《て》に大差で勝《か》つ。

**たいざ**【対座】[名][動-する] 向《む》かい合《あ》ってすわること。[例] 客《きゃく》と対座して話《はな》す。

**だいざ**【台座】[名] ❶物《もの》をのせておく台《だい》。❷仏像《ぶつぞう》をのせる台《だい》。

**°たいざい**【滞在】[名][動-する] よそへ行《い》って、そこに何日《なんにち》かいること。[例] ロンドンに三日《みっか》間《かん》滞在する。[類] 逗留《とうりゅう》。

✤**だいざい**【題材】[名] 小説《しょうせつ》・作文《さくぶん》・絵《え》などの材《ざい》料《りょう》となるもの。

**たいさく**【大作】[名] 大《おお》がかりな作品《さくひん》。また、すぐれた作品《さくひん》。

**たいさく**【対策】[名] ある問題《もんだい》や出来事《できごと》に対《たい》して、どうしたらよいかという、そのやり方《かた》。[例] 地震《じしん》の対策を練《ね》る。

**たいさん**【退散】[名][動-する] ❶その場《ば》を引《ひ》きあげること。[例] 時間《じかん》なので退散しよう。❷にげ去《さ》ること。[例] どろぼうは退散した。

**だいさんじさんぎょう**【第三次産業】[名] 第一次産業《だいいちじさんぎょう》、第二次産業《だいにじさんぎょう》以外《いがい》の産《さん》業《ぎょう》。商業《しょうぎょう》、運輸業《うんゆぎょう》、通信業《つうしんぎょう》、金融業《きんゆうぎょう》など。[関連] 第一次産業《だいいちじさんぎょう》。第二次産業《だいにじさんぎょう》。

**だいさんしゃ**【第三者】[名] そのことに直《ちょく》接関係《せつかんけい》のない人《ひと》。[対] 当事者《とうじしゃ》。

**だいさんセクター**【第三セクター】[名] 国《くに》や地方公共団体《ちほうこうきょうだんたい》と民間企業《みんかんきぎょう》が合同《ごうどう》で設《せつ》立《りつ》した組織《そしき》。地域開発《ちいきかいはつ》や都市《とし》づくりなどの分《ぶん》野《や》に取《と》り組《く》むものが多《おお》い。

**たいさんぼく**【泰山木】[名] 公園《こうえん》や庭《にわ》に植《う》えてある、モクレンの仲間《なかま》の高木《こうぼく》。初夏《しょか》に白《しろ》い大《おお》きな花《はな》をつける。葉《は》は大《おお》きくて厚《あつ》い。

**たいざんめいどうしてねずみいっぴき**【大山鳴動してねずみ一匹】 大《おお》騒《さわ》ぎした割《わり》には、結果《けっか》はたいしたことなかった、というたとえ。[参考] 大《おお》きな山《やま》が鳴《な》るから大噴火《だいふんか》かと騒《さわ》いでいたら、ネズミが一匹《いっぴき》とび出《だ》したただけだったという西洋《せいよう》の話《はなし》から。

例解 ！ 表現の広場

### 大事《だいじ》と大切《たいせつ》と重要《じゅうよう》のちがい

| | 大事《だいじ》 | 大切《たいせつ》 | 重要《じゅうよう》 |
|---|---|---|---|
| これは　な問題《もんだい》だ。 | ○ | ○ | ○ |
| 何《なに》よりも　にする。 | ○ | ○ | × |
| 体《からだ》を　にしよう。 | ○ | ○ | × |
| 会社《かいしゃ》の　書類《しょるい》。 | × | × | ○ |

**たいし**【大志】[名] 立派《りっぱ》なことをしたいという望《のぞ》み。[例]「少年《しょうねん》よ、大志をいだけ。」(クラークの言《い》った言葉《ことば》)

**たいし**【大使】[名] 国《くに》を代表《だいひょう》して外交《がいこう》の仕事《しごと》をする、外交官《がいこうかん》のいちばん上《うえ》の役《やく》。また、その人《ひと》。

**たいじ**【対峙】[名][動-する] ❶山《やま》などが、向《む》かい合《あ》って高《たか》くそびえていること。❷対立《たいりつ》するものが、にらみあったまま動《うご》かずにいること。[例] 川《かわ》をはさんで敵軍《てきぐん》と対峙する。

**たいじ**【胎児】[名] 母親《ははおや》の体内《たいない》で育《そだ》っている子《こ》ども。

**たいじ**【退治】[名][動-する] 悪者《わるもの》や害《がい》を与《あた》えるものをほろぼすこと。[例] 鬼《おに》退治。

**だいし**【台紙】[名] 写真《しゃしん》や絵《え》などをはりつけるための厚《あつ》い紙《かみ》。

**°だいじ**【大事】[一][名] ❶たいへんな出来事《できごと》。[例] 一《いち》大事。国《くに》に大事が起《お》こる。❷重要《じゅうよう》な仕《し》

ことわざ 初心忘《しょしんわす》るべからず　上達《じょうたつ》したときほど、基礎《きそ》をおろそかにしてはいけない。初心忘《しょしんわす》るべからずだよ。

事《ごと》。例 大事を成《な》しとげる。対(❶・❷)小事《しょうじ》。
二 形動 ❶大切《たいせつ》にするようす。例 本《ほん》を大事にする。❷〔「お大事《だいじ》に」の形《かたち》で〕気《き》をつけて。例 くれぐれもお大事に。注意「大事」を「おおごと」と読《よ》むと、ちがう意味《いみ》になる。

**大事《だいじ》に至《いた》る** たいへんなことになる。例 大事に至らなくてよかった。

**大事《だいじ》をとる** 十分用心《じゅうぶんようじん》する。例 大事をとって一日休《いちにちやす》む。

**だいじ【題字】** 名 本《ほん》や石碑《せきひ》などに、題《だい》として書《か》く文字《もじ》。

**ダイジェスト** 〔英語 digest〕名 動-する 本《ほん》などの内容《ないよう》を短《みじか》くまとめること。また、まとめたもの。例 名作《めいさく》のダイジェスト。

**たいしかん【大使館】** 名 大使《たいし》が外国《がいこく》で仕事《しごと》をする役所《やくしょ》。例 イギリス大使館。

**だいしきゅう【大至急】** 名 副 おお急《いそ》ぎ。例 急用《きゅうよう》があるので、大至急来《き》てくれ。

**だいしぜん【大自然】** 名 計《はか》り知《し》れない力《ちから》を持《も》った自然《しぜん》。例 大自然の美《うつく》しさを感《かん》じる。

**たいした【大した】** 連体 ❶たいへんな。例 たいした腕前《うでまえ》だ。❷取《と》り上《あ》げて言《い》うほどの。例 たいしたけがではない。注意 ❷は、あとに「ない」などの打《う》ち消《け》しの言葉《ことば》がくる。

**たいしつ【体質】** 名 ❶生《う》まれつきの、体《からだ》の性質《せいしつ》。例 かぜをひきやすい体質。❷そのものがもともと持《も》っている性質《せいしつ》。例 会社《かいしゃ》の古《ふる》い体質を変《か》えたい。

**たいしつ【退室】** 名 動-する 今《いま》までいた部屋《へや》から出《で》ること。

**たいして【大して】** 副 取《と》り上《あ》げて言《い》うほど。そんなに。例 たいして心配《しんぱい》はしていない。注意 あとに「ない」などの打《う》ち消《け》しの言葉《ことば》がくる。

**たいしぼう【体脂肪】** 名 体《からだ》の中《なか》についている脂肪《しぼう》。皮下脂肪《ひかしぼう》や内臓脂肪《ないぞうしぼう》など。

**たいしゃ【代謝】** 名 動-する ❶古《ふる》いものが新《あたら》しいものに入《い》れかわること。❷↓しんちんたいしゃ 664ページ

**たいしゃ【退社】** 名 動-する ❶会社《かいしゃ》をやめること。退職《たいしょく》。対 入社《にゅうしゃ》。❷一日《いちにち》の仕事《しごと》を終《お》えて、会社《かいしゃ》から帰《かえ》ること。対 出社《しゅっしゃ》。

**だいしゃ【台車】** 名 ❶物《もの》を運《はこ》ぶための車輪《しゃりん》と取《と》っ手《て》がついている台《だい》。❷電車《でんしゃ》などの車体《しゃたい》を支《ささ》えて走《はし》る装置《そうち》。

**だいじゃ【大蛇】** 名 大《おお》きな蛇《へび》。

**たいしゃく【貸借】** 名 動-する お金《かね》や物《もの》を、貸《か》すことと借《か》りること。

**たいじゅ【大樹】** 名 大《おお》きくて立派《りっぱ》な木《き》。参考「寄《よ》らば大樹《たいじゅ》の陰《かげ》」のように、しっかりしたものをたとえていう。

**たいしゅう【大衆】** 名 世《よ》の中《なか》の多《おお》くの人々《ひとびと》。例 大衆の声《こえ》〔=意見《いけん》〕。類 庶民《しょみん》。民衆《みんしゅう》。

**◦たいじゅう【体重】** 名 体《からだ》の重《おも》さ。

**たいしゅうか【大衆化】** 名 動-する 人々《ひとびと》の間《あいだ》に広《ひろ》く行《おこな》われるようになること。

**たいしゅうてき【大衆的】** 形動 だれでも親《した》しめるようす。例 大衆的なレストラン。

**たいしゅつ【退出】** 名 動-する 改《あらた》まった所《ところ》や役所《やくしょ》などから出《で》ること。例 宮中《きゅうちゅう》から退出する。

**たいしょ【大暑】** 名 暑《あつ》さがいちばんきびしいころ。七月二十三日《しちがつにじゅうさんにち》ごろ。二十四節気《にじゅうしせっき》の一《ひと》つ。

**たいしょ【対処】** 名 動-する その場《ば》のなりゆきに応《おう》じて、うまく取《と》り計《はか》らうこと。例 危険《きけん》な状態《じょうたい》に対処する。

**たいしょう【大正】** 名 一九一二年《ねん》七月三十日《しちがつさんじゅうにち》から一九二六年十二月二十五日《ねんじゅうにがつにじゅうごにち》までの日本《にっぽん》の年号《ねんごう》。

**たいしょう【大将】** 名 ❶軍人《ぐんじん》のいちばん上《うえ》の位《くらい》の人《ひと》。❷仲間《なかま》などの、頭《かしら》。例 がき大将《だいしょう》。❸人《ひと》のことを親《した》しみやからかいの気持《きも》ちで呼《よ》ぶ言葉《ことば》。例「よう、大将。」

**たいしょう【大勝】** 名 動-する 大《おお》きな差《さ》をつけて勝《か》つこと。対 大敗《たいはい》。

**たいしょう【大賞】** 名 いちばんよいものに与《あた》えられる最高《さいこう》の賞《しょう》。例 レコード大賞。

**◦たいしょう【対称】** 名〔算数《さんすう》で〕二《ふた》つの点《てん》・線《せん》・図形《ずけい》などが、面《めん》や直線《ちょくせん》や一《ひと》つの点《てん》を境《さかい》に、向《む》かい合《あ》う位置《いち》にあること。例 左右対称《さゆうたいしょう》の図形《ずけい》。

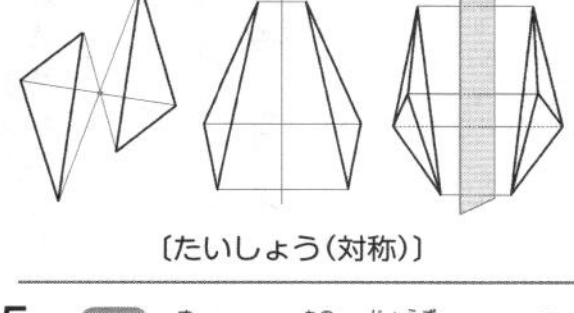

〔たいしょう(対称)〕

**たいしょう【対象】**



ことわざ 好《す》きこそ物《もの》の上手《じょうず》なれ 好《す》きこそ物《もの》の上手《じょうず》なれで、好《す》きになれば、うまくなるのも早《はや》い。

例解 ⇔ 使い分け

**対称《たいしょう》と対象《たいしょう》と対照《たいしょう》**

左右《さゆう》対称《たいしょう》の建物《たてもの》。

アサガオを観察《かんさつ》の対象《たいしょう》とする。研究《けんきゅう》の対象《たいしょう》は、この町《まち》の歴史《れきし》だ。

比較《ひかく》対照《たいしょう》する。対照的《たいしょうてき》な色《いろ》。二人《ふたり》の性格《せいかく》は対照的《たいしょうてき》だ。

名 心《こころ》を向《む》ける相手《あいて》。目当《めあ》て。例 小学生《しょうがくせい》を対象とした本《ほん》。

**たいしょう【対照】** 名 動-する ❶二《ふた》つのものを見比《みくら》べること。例 元《もと》の本《ほん》と対照する。❷二《ふた》つのものごとのちがいがはっきりしていること。コントラスト。例 青《あお》い海《うみ》と白《しろ》いヨットが、よい対照をなしている。

**たいしょう【隊商】** 名 昔《むかし》、シルクロードなどで、隊《たい》を組《く》んで、砂漠《さばく》を行《い》き来《き》した商人《しょうにん》の一団《いちだん》。キャラバン。

**たいじょう【退場】** 名 動-する その場《ば》所《しょ》から出《で》て行《い》くこと。対 入場《にゅうじょう》。登場《とうじょう》。

**だいしょう【大小】** 名 ❶大《おお》きいものと、小《ちい》さいもの。例 数《かず》の大小を比《くら》べる。❷武士《ぶし》が持《も》つ、長《なが》い刀《かたな》と短《みじか》い刀《かたな》。例 大小を腰《こし》に差《さ》す。

**だいしょう【代償】** 名 ❶損害《そんがい》をつぐなうこと。また、そのお金《かね》や品物《しなもの》。❷あることと引《ひ》きかえにはらう犠牲《ぎせい》や損害《そんがい》。例 大《おお》きな代償をはらって勝《か》ち取《と》った平和《へいわ》。類 代価《だいか》。

**たいしょうじだい【大正時代】** 名 大《たい》正天皇《しょうてんのう》が位《くらい》についていた時代《じだい》。一九一二年《ねん》七月《しちがつ》から一九二六年《ねん》十二月《じゅうにがつ》まで。

**たいしょうてき【対照的】** 形動 二《ふた》つのものごとの間《あいだ》に、はっきりしたちがいがあるようす。例 兄《あに》と弟《おとうと》は対照的な性格《せいかく》だ。

○**だいじょうぶ【大丈夫】** 形動 しっかりしていて、心配《しんぱい》のないようす。例 庭《にわ》の木《き》に支《ささ》えをしたから、台風《たいふう》が来《き》ても大丈夫だ。

**だいじょうみゃく【大静脈】** 名 体《からだ》じゅうに回《まわ》った血液《けつえき》を集《あつ》めて、心臓《しんぞう》へ送《おく》る太《ふと》い血《けっ》管《かん》。対 大動脈《だいどうみゃく》。

**たいしょく【大食】** 名 動-する たくさん食《た》べること。おおぐい。対 小食《しょうしょく》。

**たいしょく【退職】** 名 動-する 会社《かいしゃ》などの勤《つと》めをやめること。類 辞職《じしょく》。対 就職《しゅうしょく》。

■**たいしょこうしょ【大所高所】** 名 細《こま》かなことにこだわらない、広《ひろ》い視野《しや》。例 大所高所から判断《はんだん》する。

**たいしん【耐震】** 名 地震《じしん》に対《たい》して強《つよ》いこと。例 耐震建築《けんちく》。

**たいじん【退陣】** 名 動-する（公《おおやけ》の）責任《せきにん》ある職《しょく》や役目《やくめ》から退《しりぞ》くこと。例 首相《しゅしょう》が退陣した。参考 もともとは、軍隊《ぐんたい》が後《うし》ろへ退《しりぞ》くこと。

**だいじん【大臣】** 名 ❶内閣《ないかく》を構成《こうせい》し、国《くに》の政治《せいじ》で、もっとも責任《せきにん》のある役《やく》。また、その役《やく》の人《ひと》。総理《そうり》大臣《だいじん》と国務《こくむ》大臣《だいじん》とがある。❷昔《むかし》、天皇《てんのう》のもとで政治《せいじ》を行《おこな》った、いちばん上《うえ》の役《やく》。また、その人《ひと》。

**だいじんぶつ【大人物】** 名 たいへんすぐれた、えらい人《ひと》。例 社長《しゃちょう》は大人物だ。

**だいず【大豆】** 名 畑《はたけ》に作《つく》る豆《まめ》の一種《いっしゅ》。種《たね》は、たんぱく質《しつ》が多《おお》く、とうふ・みそ・しょうゆ・なっとうなどにする。

**タイスコア**〔英語 tie score〕名 得点《とくてん》〔=スコア〕が同《おな》じ〔=タイ〕であること。同点《どうてん》。

○**たいする【対する】** 動 ❶向《む》かう。向《む》かい合《あ》う。例 敵《てき》に対する。❷動作《どうさ》などが、それに向《む》けられる。例 友達《ともだち》に対して親切《しんせつ》にする。❸比《くら》べる。例 値段《ねだん》に対して品《しな》が悪《わる》い。❹応《おう》じる。例 質問《しつもん》に対する答《こた》え。

**だいする【題する】** 動 題《だい》をつける。

**たいせい【大成】** 名 動-する ❶立派《りっぱ》に成《な》しとげること。例 研究《けんきゅう》を大成する。❷すぐれた人《ひと》になること。例 作家《さっか》として大成する。❸集《あつ》めて一《ひと》つにまとめること。集大成《しゅうたいせい》。

**たいせい【大勢】** 名 だいたいのなりゆき。例 試合《しあい》の大勢が決《き》まる。注意「大勢」を「おおぜい」と読《よ》むと、ちがう意味《いみ》になる。

**たいせい【体制】** 名 ❶仕組《しく》み。社会《しゃかい》の仕組《しく》

ことわざ 過《す》ぎたるは及《およ》ばざるがごとし　過《す》ぎたるは及《およ》ばざるがごとしで、薬《くすり》ものみすぎれば体《からだ》に悪《わる》い。

み。❷国《くに》の政治《せいじ》を支配《しはい》している勢力《せいりょく》。

**たいせい【体勢】**名 体《からだ》を動《うご》かすときの、体《からだ》全体《ぜんたい》の構《かま》え。例 低《ひく》い体勢。おされて体勢がくずれる。

**たいせい【胎生】**名 子《こ》が、母親《ははおや》の体《からだ》の中《なか》で、ある程度《ていど》発育《はついく》して生《う》まれること。例 クジラは胎生の動物《どうぶつ》だ。対 卵生《らんせい》。

**たいせい【態勢】**名 あるものごとに対《たい》する身《み》がまえ・状態《じょうたい》。例 水害《すいがい》から避難《ひなん》する態勢をととのえる。

**たいせいほうかん【大政奉還】**名 一八六七年《ねん》、江戸幕府《えどばくふ》の十五代将軍《じゅうごだいしょうぐん》、徳川慶喜《とくがわよしのぶ》が、政権《せいけん》を天皇《てんのう》に返《かえ》したこと。

**たいせいよう〖大西洋〗**地名 ヨーロッパやアフリカ大陸《たいりく》と南北《なんぼく》アメリカ大陸《たいりく》との間《あいだ》にある大《おお》きな海《うみ》。参考「大西洋《たいせいよう》」は「大」、「太平《たいへい》洋《よう》」は「太」を使《つか》う。

**たいせき【体積】**名 立体《りったい》の大《おお》きさ。かさ。例 立方体《りっぽうたい》の体積。類 容積《ようせき》。

**たいせき【退席】**名 動-する 席《せき》を立《た》って、その場《ば》から出《で》て行《い》くこと。

**たいせき【堆積】**名 動-する 物《もの》が積《つ》み重《かさ》なること。特《とく》に、土《つち》や砂《すな》が風《かぜ》や川《かわ》の流《なが》れで運《はこ》ばれ、ある場所《ばしょ》にたまること。

**たいせきがん【堆積岩】**名 細《こま》かい石《いし》や砂《すな》、粘土《ねんど》などが積《つ》もり、固《かた》まってできた岩《いわ》。水成岩《すいせいがん》。

**たいせつ【大切】**形動 ❶非常《ひじょう》に重要《じゅうよう》なようす。例 これは大切な本《ほん》だ。❷丁寧《ていねい》にするようす。例 物《もの》を大切に扱《あつか》う。対 粗末《そまつ》。

**たいせつ【大雪】**名 雪《ゆき》が降《ふ》りつもるようになるころ。十二月七日《じゅうにがつなのか》ごろ。二十四節気《にじゅうしせっき》の一《ひと》つ。

**だいせつざん〖大雪山〗**地名 北海道《ほっかいどう》の中央《ちゅうおう》にある火山群《かざんぐん》。北海道《ほっかいどう》でいちばん高《たか》い旭岳《あさひだけ》(=高《たか》さ二二九一メートル)がその中心《ちゅうしん》。

**だいせつざんこくりつこうえん〖大雪山国立公園〗**地名 北海道《ほっかいどう》中央部《ちゅうおうぶ》の、大雪山《だいせつざん》を中心《ちゅうしん》とした国立公園《こくりつこうえん》。↓こくりつこうえん 457ページ

**たいせん【大戦】**名 大《おお》きな戦《たたか》い。大戦争《だいせんそう》。特《とく》に、第一次世界大戦《だいいちじせかいたいせん》または第二次世界大戦《だいにじせかいたいせん》のこと。

**たいせん【対戦】**名 動-する 相手《あいて》と戦《たたか》うこと。試合《しあい》をすること。

**だいせん〖大山〗**地名 鳥取県《とっとりけん》の西部《せいぶ》にある火山《かざん》。高《たか》さは一七二九メートルで、中国地方《ちゅうごくちほう》でいちばん高《たか》い。

**だいせんおきこくりつこうえん〖大山隠岐国立公園〗**地名 鳥取県《とっとりけん》にある大山《だいせん》を中心《ちゅうしん》に、島根半島《しまねはんとう》・隠岐諸島《おきしょとう》を含《ふく》んだ国立公園《こくりつこうえん》。↓こくりつこうえん 457ページ

■**たいぜんじじゃく【泰然自若】**副-と 少《すこ》しもあわてず、落《お》ち着《つ》いているようす。例 騒《さわ》ぎの中《なか》でも泰然自若としている。

**たいそう【大層】**副 形動 ❶たいへん。非《ひ》常《じょう》に。例 たいそう寒《さむ》い。❷大《おお》げさなようす。例 たいそうな言《い》い方《かた》をする。参考 ふつう、かな書《が》きにする。

**たいそう【体操】**名 ❶規則《きそく》正《ただ》しく手足《てあし》を動《うご》かす運動《うんどう》。❷「体操競技《たいそうきょうぎ》」の略《りゃく》。男子《だんし》は、床運動《ゆかうんどう》・鞍馬《あんば》・吊《つ》り輪《わ》・跳馬《ちょうば》・平行棒《へいこうぼう》・鉄棒《てつぼう》の六種目《ろくしゅもく》。女子《じょし》は、床運動《ゆかうんどう》・跳馬《ちょうば》・段違《だんちが》い平行棒《へいこうぼう》・平均台《へいきんだい》の四種目《よんしゅもく》。

**だいそう【代走】**名 動-する 野球《やきゅう》・ソフトボールで、走者《そうしゃ》に代《か》わって走《はし》ること。また、その人《ひと》。ピンチランナー。

**だいぞうじいさんとがん〖大造じいさんとがん〗**作品名 残雪《ざんせつ》と呼《よ》ばれるガンと、それをとらえようとする猟師《りょうし》の大《だい》造《ぞう》じいさんの物語《ものがたり》。作者《さくしゃ》は椋鳩十《むくはとじゅう》。

**だいそれた【大それた】**連体 理屈《りくつ》や常識《じょうしき》から、たいへん外《はず》れた。とんでもない。例 大それたことをしでかす。

**たいだ【怠惰】**名 形動 なまけてだらだらしていること。

**だいだ【代打】**名 ↓ピンチヒッター 1121ページ

**だいたい【大体】**一 名 大部分《だいぶぶん》。ほとんど。

例解 ことばの窓
**大体《だいたい》を表《あらわ》す言葉《ことば》**
物語《ものがたり》のあらましを読《よ》み取《と》る。
事件《じけん》の概略《がいりゃく》がわかる。
調査《ちょうさ》の概要《がいよう》を話《はな》す。
話《はなし》は大略《たいりゃく》次《つぎ》のとおりです。
文章《ぶんしょう》の大要《たいよう》をつかむ。





ことわざ すずめ百《ひゃく》まで踊《おど》り忘《わす》れず　すずめ百《ひゃく》まで踊《おど》り忘《わす》れずなのか、祖母《そぼ》は今《いま》でも計算《けいさん》にそろばんを使《つか》いこなす。

例話《はなし》の大体。 二副 ❶おおよそ。ほとんど。例だいたいわかった。❷もともと。初《はじ》めから。例だいたい注意《ちゅうい》が足《た》りない。

**だいたい【代替】** 名 動-する 他《ほか》のものを代《か》わりにすること。例代替案《あん》を用意《ようい》する。

**だいだい【代代】** 名 どの代《だい》もどの代《だい》も。例家《いえ》は代々医者《いしゃ》です。

**だいだい【橙】** 名 ❶ミカンに似《に》た木《き》で、実《み》は正月《しょうがつ》のかざりや料理《りょうり》に使《つか》う。❷だいだい色《いろ》のこと。赤《あか》みがかった黄色《きいろ》。

**だいたいエネルギー【代替エネルギー】** 名 化石燃料《かせきねんりょう》(=石油《せきゆ》・石炭《せきたん》・天然《てんねん》ガスなど)や原子力《げんしりょく》に代《か》わる、新《あたら》しいエネルギー資源《しげん》。太陽熱《たいようねつ》、地熱《ちねつ》、風力《ふうりょく》など。

**だいたいこつ【大腿骨】** 名 ふとももの骨《ほね》。

**だいだいてき【大大的】** 形動 大《おお》がかりなようす。例大々的に売《う》り出《だ》す。

**だいたすう【大多数】** 名 ほとんど全部《ぜんぶ》。例大多数が賛成《さんせい》する。

✤**たいだん【対談】** 名 動-する 二人《ふたり》で向《む》かい合《あ》って、話《はなし》をすること。例地球温暖化《ちきゅうおんだんか》をテーマに対談する。類対話《たいわ》。

**たいだん【退団】** 名 動-する 劇団《げきだん》・球団《きゅうだん》などの団体《だんたい》をぬけること。

**だいたん【大胆】** 形動 ❶ものごとをおそれずにやってのけるようす。例大胆にも独《ひと》りで立《た》ち向《む》かう。対小心《しょうしん》。❷思《おも》い切《き》ったことをするようす。例大胆なデザインの服《ふく》。

**だいだんえん【大団円】** 名 (劇《げき》や物語《ものがたり》・事件《じけん》などの)すべてがうまくおさまる最後《さいご》の場面《ばめん》。例連続《れんぞく》ドラマも来週《らいしゅう》で大団円をむかえる。

■**だいたんふてき【大胆不敵】** 形動 どんなこともおそれないようす。例大胆不敵な行動《こうどう》に出《で》る。

**だいち【大地】** 名 広《ひろ》い土地《とち》。地面《じめん》。

**だいち【台地】** 名 周《まわ》りより少《すこ》し高《たか》くて、平《たい》らになっている土地《とち》。

**たいちょう【体長】** 名 動物《どうぶつ》などの、体《からだ》の長《なが》さ。

**たいちょう【体調】** 名 体《からだ》の調子《ちょうし》。例雨《あめ》にぬれて体調をくずす。

**たいちょう【隊長】** 名 隊《たい》の中心《ちゅうしん》になって、指揮《しき》をする人《ひと》。例登山隊《とざんたい》の隊長。

**だいちょう【大腸】** 名 消化器《しょうかき》の一《ひと》つ。小腸《しょうちょう》に続《つづ》き、肛門《こうもん》に至《いた》る部分《ぶぶん》。おもに水分《すいぶん》を吸《す》い取《と》るはたらきをする。↓ないぞう(内臓)959ページ

**だいちょう【台帳】** 名 ❶売《う》り買《か》いの金額《きんがく》を書《か》きとめておく帳面《ちょうめん》。❷もとになる帳面《ちょうめん》。例土地《とち》の台帳。

**だいちょうきん【大腸菌】** 名 人《ひと》や動物《どうぶつ》の大腸《だいちょう》にいる細菌《さいきん》。

°**たいてい【大抵】** 名 副 ❶ほとんど。おおかた。例サッカーのことならたいてい知《し》っている。❷たぶん。おそらく。例明日《あす》はたいてい晴《は》れる。❸ふつう。ひととおり。例たいていのことではおどろかない。❹ほどほど。例冗談《じょうだん》もたいていにしなさい。参考ふつう、かな書《が》きにする。

**たいてき【大敵】** 名 たくさんの敵《てき》。強《つよ》い敵《てき》。例油断《ゆだん》は大敵だ。

°**たいど【態度】** 名 ❶ものを言《い》ったり、したりするときのようす。身《み》ぶり。例落《お》ち着《つ》いた態度。態度が悪《わる》い。❷ものごとについての考《かんが》えや心《こころ》がまえ。例態度を決《き》める。

**たいとう【台頭】** 名 動-する 新《あたら》しく勢《いきお》いをのばしてくること。例新人《しんじん》が台頭する。

**たいとう【対等】** 名 形動 どちらが上《うえ》で、どちらが下《した》だということのないこと。同等《どうとう》。例対等に話《はな》し合《あ》う。

**たいどう【胎動】** 名 ❶母親《ははおや》のおなかの中《なか》にいる赤《あか》ちゃんの動《うご》き。❷新《あたら》しいものごとが内側《うちがわ》でかすかに動《うご》き出《だ》すこと。前兆《ぜんちょう》。例新《あたら》しい時代《じだい》の胎動。

**だいどうげい【大道芸】** 名 盛《さか》り場《ば》やにぎわう広場《ひろば》などで、通行人《つうこうにん》を相手《あいて》に演《えん》じる芸《げい》。パントマイム・曲芸《きょくげい》・手品《てじな》・猿回《さるまわ》しなど。

■**だいどうしょうい【大同小異】** 名 小《ちい》さなちがいはあっても、だいたいは同《おな》じであること。似《に》たりよったり。類五十歩百歩《ごじっぽひゃっぽ》。例どのアイデアも大同小異だ。

**だいどうみゃく【大動脈】** 名 ❶心臓《しんぞう》から体《からだ》じゅうへ血液《けつえき》を送《おく》る、太《ふと》い血管《けっかん》。対大《だい》静脈《じょうみゃく》。❷交通《こうつう》の中心《ちゅうしん》となる道路《どうろ》や鉄道《てつどう》。例新幹線《しんかんせん》は日本《にっぽん》の大動脈だ。

ことわざ せいては事《こと》を仕損《しそん》じる せいては事《こと》を仕損《しそん》じるよ。一息《ひといき》入《い》れて落《お》ち着《つ》いてからにしなさい。

**だいとうりょう【大統領】** 名 共和国《きょうわこく》で、その国《くに》を代表《だいひょう》する人《ひと》。

**たいとく【体得】** 名 動-する 実際《じっさい》に行《おこな》って、知識《ちしき》や技《わざ》を身《み》につけること。例 柔道《じゅうどう》の技《わざ》を体得する。

**だいどく【代読】** 名 動-する その人《ひと》の代《か》わりに読《よ》むこと。例 市長《しちょう》の祝辞《しゅくじ》を代読する。

°**だいどころ【台所】** 名 ❶食事《しょくじ》のしたくをする所《ところ》。お勝手《かって》。キッチン。❷お金《かね》の面《めん》のやりくり。例 台所が苦《くる》しい。台所事情《じじょう》。

✤**タイトル**〔英語 title〕名 ❶本《ほん》や映画《えいが》などの題《だい》名《めい》。❷映画《えいが》の字幕《じまく》。❸スポーツで、選手権《せんしゅけん》。

**タイトルマッチ**〔英語 title match〕名 選《せん》手権《しゅけん》をかけた試合《しあい》。

**たいない【体内】** 名 体《からだ》の中《なか》。

**たいないどけい【体内〈時計〉】** 名 生《い》き物《もの》の体内《たいない》にあって、時計《とけい》のように時間《じかん》を知《し》る仕組《しく》み。人間《にんげん》がひとりでに、日中《にっちゅう》は心《こころ》も体《からだ》も活動的《かつどうてき》になり、夜《よる》は休息《きゅうそく》の状態《じょうたい》になるのはこのため。

**だいなし【台無し】** 名 すっかりだめになること。例 転《ころ》んで洋服《ようふく》が台なしになった。

**ダイナマイト**〔英語 dynamite〕名 爆薬《ばくやく》の一《ひと》つで、山《やま》や岩《いわ》をくずすのに使《つか》われる。スウェーデンのノーベルが発明《はつめい》した。

**ダイナミック**〔英語 dynamic〕形動 力強《ちからづよ》いようす。例 ダイナミックな走《はし》り方《かた》。

**だいにじさんぎょう【第二次産業】** 名 物《もの》をつくりだす産業《さんぎょう》。製造業《せいぞうぎょう》、建設業《けんせつぎょう》など。関連 第一次産業《だいいちじさんぎょう》。第三次産業《だいさんじさんぎょう》。

**だいにじせかいたいせん【第二次世界大戦】** 名 一九三九年《ねん》から一九四五年《ねん》まで、日本《にっぽん》・ドイツ・イタリアが、イギリス・フランス・アメリカ・ソ連《れん》・中国《ちゅうごく》などの連合国《れんごうこく》と戦《たたか》った戦争《せんそう》。一九四五年《ねん》(昭和二十年《しょうわにじゅうねん》)八《はち》月十五日《がつじゅうごにち》に日本《にっぽん》が降伏《こうふく》して終《お》わった。

**たいにち【対日】** 名 日本《にっぽん》を相手《あいて》としてのこと。例 対日貿易《ぼうえき》。

**だいにっぽんていこくけんぽう【大日本帝国憲法】** 名 一八八九年《ねん》、天皇《てんのう》によって定《さだ》められた憲法《けんぽう》。明治憲法《めいじけんぽう》。一九四七年《ねん》に「日本国憲法《にほんこくけんぽう》」が施行《しこう》されて廃止《はいし》された。

**たいにん【大任】** 名 大切《たいせつ》な役目《やくめ》。大役《たいやく》。

**たいにん【退任】** 名 動-する それまでの任務《にんむ》をやめること。例 会長《かいちょう》の職《しょく》を退任する。類 辞任《じにん》。対 就任《しゅうにん》。

**ダイニングキッチン** 名〔日本《にっぽん》でできた英語《えいご》ふうの言葉《ことば》。〕台所《だいどころ》と食堂《しょくどう》が一《ひと》つになった部屋《へや》。DK《ディーケー》。

**たいねつ【耐熱】** 名 高《たか》い熱《ねつ》を受《う》けても質《しつ》が変《か》わらないこと。例 耐熱ガラス。

**だいの【大の】** 連体 ❶一人前《いちにんまえ》の。例 大の男《おとこ》。❷非常《ひじょう》な。例 大の仲《なか》よし。

**たいのう【滞納】** 名 動-する 納《おさ》めなければならないものを、決《き》められた日《ひ》までに納《おさ》めないこと。例 税金《ぜいきん》を滞納する。

**だいのう【大脳】** 名 脳《のう》の一部《いちぶ》で、ものを感《かん》じ、考《かんが》え、覚《おぼ》えるはたらきをするところ。

**だいのじ【大の字】** 名 人《ひと》が、両手《りょうて》・両足《りょうあし》を広《ひろ》げた格好《かっこう》。例 大の字になって寝《ね》る。

**だいのつき【大の月】** 名 ひと月《つき》が三十一《さんじゅういち》日《にち》ある月《つき》。一《いち》・三《さん》・五《ご》・七《しち》・八《はち》・十《じゅう》・十二月《じゅうにがつ》。対 小《しょう》の月《つき》。

**たいは【大破】** 名 動-する ひどくこわれること。例 台風《たいふう》で船《ふね》が大破した。

**ダイバー**〔英語 diver〕名 ダイビングをする人《ひと》。

**たいはい【大敗】** 名 動-する ひどく負《ま》けること。例 一〇対《たい》〇で大敗した。対 大勝《たいしょう》。

**だいばかり【台ばかり】** 名 はかりの一《いっ》種《しゅ》。台《だい》の上《うえ》に物《もの》をのせて重《おも》さを見《み》る。↓ はかり 1033ページ

**だいはちぐるま【大八車】** 名 大《おお》きな車《しゃ》輪《りん》が二《ふた》つついた、人《ひと》が引《ひ》く荷車《にぐるま》。

**たいばつ【体罰】** 名 体《からだ》に苦《くる》しみを与《あた》える罰《ばつ》。例 体罰は禁止《きんし》されている。

**たいはん【大半】** 名 半分《はんぶん》より多《おお》いこと。おおかた。大部分《だいぶぶん》。例 大半の人《ひと》が反対《はんたい》した。

**たいばん【胎盤】** 名 胎児《たいじ》と母体《ぼたい》をつなぐ器《き》官《かん》。

✤**たいひ【対比】** 名 動-する 二《ふた》つのものごとを比《くら》べて、そのちがいを見《み》ること。例 川《かわ》の魚《さかな》と海《うみ》の魚《さかな》とを対比する。類 比較《ひかく》。

**たいひ【待避】** 名 動-する 他《ほか》のものが通《とお》り過《す》ぎるまで、さけて待《ま》つこと。

**たいひ【退避】** 名 動-する 危険《きけん》をさけて安全《あんぜん》



ことわざ 船頭多《せんどうおお》くして船山《ふねやま》に登《のぼ》る　みんな勝手《かって》を言《い》ってまとまらない。船頭多《せんどうおお》くして船山《ふねやま》に登《のぼ》る、だね。

な場所《ばしょ》ににげること。類 避難《ひなん》。

**たいひ【堆肥】** 名 落《お》ち葉《ば》・わらなどを積《つ》み上《あ》げ、自然《しぜん》にくさらせて作《つく》る肥料《ひりょう》。積《つ》み肥《ごえ》。

**だいひつ【代筆】** 名 動-する 本人《ほんにん》に代《か》わって書《か》くこと。また、書《か》いたもの。例 友人《ゆうじん》の代筆をする。対 直筆《じきひつ》。自筆《じひつ》。

**たいひてき【対比的】** 形動 くらべ合《あ》わせて、たがいのちがいがはっきりするようす。例 二人《ふたり》の人物《じんぶつ》が対比的に描《えが》かれている。

**たいびょう【大病】** 名 動-する 治《なお》りにくくて重《おも》い病気《びょうき》。例 大病をわずらう。

**°だいひょう【代表】** 名 動-する ❶多《おお》くの人《ひと》に代《か》わって何《なに》かをすること。また、その人《ひと》。例 学校《がっこう》の代表として出《で》かける。❷一部分《いちぶぶん》で全《ぜん》体《たい》の特色《とくしょく》を表《あらわ》すこと。また、そのもの。例 日《に》本《ぽん》を代表する作品《さくひん》。

**だいひょうさく【代表作】** 名 作者《さくしゃ》や時《じ》代《だい》の特色《とくしょく》がよく表《あらわ》れている作品《さくひん》。

**だいひょうてき【代表的】** 形動 それ一《ひと》つで全体《ぜんたい》の特色《とくしょく》をよく表《あらわ》しているようす。例 キクは秋《あき》の代表的な花《はな》だ。類 典型的《てんけいてき》。

**ダイビング**〔英語 diving〕名 動-する ❶宙《ちゅう》に身《み》を躍《おど》らせること。例 スカイダイビング。ダイビングキャッチ。❷水泳《すいえい》の飛《と》びこみ。❸スキューバダイビングなど、水中《すいちゅう》にもぐるスポーツ。

**タイプ**〔英語 type〕━ 名 型《かた》。類型《るいけい》。例 新《あたら》しいタイプの車《くるま》。父《ちち》の好《す》きなタイプの歌手《かしゅ》。━ 名 動-する 「タイプライター〔=文字《もじ》を打《う》つ器《き》械《かい》〕」の略《りゃく》。また、キーボードを操作《そうさ》して文字《もじ》を入力《にゅうりょく》すること。

**°だいぶ【大分】** 副 かなり。だいぶん。例 だいぶ寒《さむ》くなった。参考 ふつう、かな書《が》きにする。

**°たいふう【台風】** 名 南《みなみ》の海《うみ》に起《お》こって、日《に》本《ぽん》などをおそう強《つよ》い風雨《ふうう》。夏《なつ》から秋《あき》にかけて多《おお》く発生《はっせい》し、被害《ひがい》が大《おお》きい。

**台風《たいふう》の目《め》** ❶台風《たいふう》の中心《ちゅうしん》にある、風《かぜ》が弱《よわ》く雲《くも》の少《すく》ないところ。❷激《はげ》しく変化《へんか》するものごとの中心《ちゅうしん》にいる人《ひと》やもの。例 彼《かれ》はこの大会《たいかい》の台風の目として大活躍《だいかつやく》した。

**だいふく【大福】** 名 やわらかいもちの中《なか》に、あんを入《い》れたもの。大福《だいふく》もち。

**だいぶつ【大仏】** 名 仏《ほとけ》の大《おお》きな像《ぞう》。

**だいぶつぞうえい【大仏造営】** 名 大《おお》きな仏《ほとけ》の像《ぞう》と、それを収《おさ》める寺《てら》を造《つく》ること。特《とく》に、奈良《なら》の大仏《だいぶつ》を造営《ぞうえい》したこと。

**たいぶつレンズ【対物レンズ】** 名 顕微《けんび》鏡《きょう》・望遠鏡《ぼうえんきょう》で、観察《かんさつ》する物体《ぶったい》に近《ちか》いほうのレンズ。対 接眼《せつがん》レンズ。

**°だいぶぶん【大部分】** 名 ほとんど全部《ぜんぶ》。おおかた。例 大部分の人《ひと》が知《し》っている。

**タイブレーク**〔英語 tie break〕名 テニスなどの試合《しあい》で、延長戦《えんちょうせん》のときなどに行《おこな》う特別《とくべつ》な試合方法《しあいほうほう》。

**たいぶんすう【帯分数】** 名〔算数《さんすう》で〕整数《せいすう》と分数《ぶんすう》が組《く》み合《あ》わされている数《かず》。$2\frac{1}{3}$のように書《か》く。関連 真分数《しんぶんすう》。仮分数《かぶんすう》。

**たいへい【太平・泰平】** 名 形動 世《よ》の中《なか》がよく治《おさ》まって、おだやかなこと。例 太平の世《よ》。

**たいべい【対米】** 名 アメリカを相手《あいて》としてのこと。例 対米輸出《ゆしゅつ》。

**たいへいよう【太平洋】** 地名 アジア・オーストラリア・南北《なんぼく》アメリカ・南極《なんきょく》の五《いつ》つの大陸《たいりく》に囲《かこ》まれた、世界《せかい》でいちばん広《ひろ》い海《うみ》。⬇ たいせいよう 777ページ

**たいへいようがわきこう【太平洋側気候】** 名 日本《にっぽん》の太平洋側《たいへいようがわ》に見《み》られる気《き》候《こう》。冬《ふゆ》はよく晴《は》れて乾燥《かんそう》し、夏《なつ》は梅雨《つゆ》や台風《たいふう》による雨《あめ》が多《おお》く、真夏《まなつ》は晴《は》れた日《ひ》が続《つづ》く。

**たいへいようせんそう【太平洋戦争】** 名 第二次世界大戦《だいにじせかいたいせん》のうち、一九四一年《ねん》から一九四五年《ねん》まで、アジア・太平洋地域《たいへいようちいき》で行《おこな》われた戦争《せんそう》。日本《にっぽん》と、アメリカ・イギリス

例解 ⟷ 使い分け

待避《たいひ》と退避《たいひ》

次《つぎ》の駅《えき》で急行列車《きゅうこうれっしゃ》を待避《たいひ》する。

救急車《きゅうきゅうしゃ》を待避《たいひ》する。

安全《あんぜん》な所《ところ》に退避《たいひ》する。

船《ふね》は港《みなと》に退避《たいひ》した。

ことわざ 善《ぜん》は急《いそ》げ　善《ぜん》は急《いそ》げだ。すぐ行《い》って、助《たす》けになることをしてあげなさい。

などの国々《くにぐに》との戦《たたか》いで、日本《にっぽん》が敗《やぶ》れて終《お》わった。

**たいへいようベルト【太平洋ベルト】** (名) 南関東《みなみかんとう》・東海《とうかい》・近畿《きんき》・瀬戸内《せとうち》・北九州《きたきゅうしゅう》まで、太平洋《たいへいよう》に沿《そ》って帯《おび》のように結《むす》んだ地域《ちいき》。日本《にっぽん》の主要《しゅよう》な工業地帯《こうぎょうちたい》や大都市《だいとし》が集《あつ》まっている。

**たいべつ【大別】** (名)(動-する) 大《おお》まかに分《わ》けること。(例) 意見《いけん》を三《みっ》つに大別する。

°**たいへん【大変】** 一(形動) ❶程度《ていど》がふつうでないようす。(例)「大変だ、火事《かじ》だ。」 ❷ひどく苦労《くろう》するようす。(例) 山登《やまのぼ》りは大変だった。 二(副) 非常《ひじょう》に。(例) 大変寒《さむ》い。

**だいべん【大便】** (名)(動-する) 肛門《こうもん》から出《だ》される食《た》べ物《もの》のかす。くそ。ふん。

**だいべん【代弁】** (名)(動-する) 本人《ほんにん》に代《か》わって、意見《いけん》などを述《の》べること。(例) 友達《ともだち》の意見《いけん》を代弁する。

**たいほ【退歩】** (名)(動-する) 前《まえ》より悪《わる》くなること。(対) 進歩《しんぽ》。

**たいほ【逮捕】** (名)(動-する) 罪《つみ》を犯《おか》した疑《うたが》いのある人《ひと》をつかまえること。(例) 容疑者《ようぎしゃ》が逮捕された。

**たいほう【大砲】** (名) 太《ふと》い筒《つつ》から、大《おお》きなたまを遠《とお》くまでうち出《だ》す兵器《へいき》。

**たいぼう【大望】** (名) ↓たいもう 782ページ

**たいぼう【耐乏】** (名) 物《もの》やお金《かね》が足《た》りないのをがまんすること。(例) 耐乏生活《せいかつ》を強《し》いる。

**たいぼう【待望】** (名)(動-する) 待《ま》ち望《のぞ》むこと。(例) 待望の雨《あめ》が降《ふ》ってきた。

**たいほうりつりょう【大宝律令】** (名) 七〇一年《ねん》（大宝元年《たいほうがんねん》）に作《つく》られた法律《ほうりつ》。罪《つみ》を裁《さば》く決《き》まりや、政治《せいじ》の仕組《しく》み、税《ぜい》の取《と》り立《た》て方《かた》などが決《き》められた。

**たいぼく【大木】** (名) 大《おお》きな木《き》。大樹《たいじゅ》。

✤**だいほん【台本】** (名) 劇《げき》・映画《えいが》・放送《ほうそう》などの、せりふや動作《どうさ》などを書《か》いたもの。脚本《きゃくほん》。シナリオ。

**タイマー**〔英語 timer〕(名) ❶競技《きょうぎ》などで、時《じ》間《かん》を計《はか》る人《ひと》。また、そのために使《つか》う時計《とけい》。❷ ↓タイムスイッチ 674ページ

**たいまつ【〈松明〉】** (名) 松《まつ》や竹《たけ》・アシなどを束《たば》ねて火《ひ》をつけ、明《あ》かりにするもの。

**たいまん【怠慢】** (名)(形動) なまけて、やるべきことをやらないこと。(例) あと片《かた》づけをしないで遊《あそ》ぶなんて怠慢だ。

**だいみょう【大名】** (名) ❶江戸《えど》時代《じだい》に一万《いちまん》石《ごく》以上《いじょう》の領地《りょうち》を持《も》っていた武士《ぶし》。❷平安《へいあん》時《じ》代末《だいまつ》から戦国《せんごく》時代《じだい》にかけて、広《ひろ》い領地《りょうち》を持《も》っていた武士《ぶし》。

**だいみょうぎょうれつ【大名行列】** (名) 江戸《えど》時代《じだい》、参勤交代《さんきんこうたい》で江戸《えど》と領地《りょうち》の間《あいだ》を行《い》き来《き》した大名《だいみょう》の、大《おお》がかりな行列《ぎょうれつ》。

**タイミング**〔英語 timing〕(名) あることをするのに、ちょうどよいとき。(例) タイミングよく、バスが来《き》た。

°**タイム**〔英語 time〕(名) ❶時間《じかん》。時刻《じこく》。(例) ランチタイム。❷試合《しあい》などを、少《すこ》しの間《あいだ》中止《ちゅうし》すること。(例) タイムを要求《ようきゅう》する。❸競走《きょうそう》などでかかった時間《じかん》。(例) タイムを計《はか》る。

**タイムアウト**〔英語 time-out〕(名) スポーツの試合中《しあいちゅう》、作戦《さくせん》や休息《きゅうそく》などのために少《すこ》しの間《あいだ》競技《きょうぎ》を中止《ちゅうし》する時間《じかん》のこと。タイム。

**タイムアップ** (名)〔日本《にっぽん》でできた英語《えいご》ふうの言葉《ことば》。〕決《き》められている時間《じかん》が終《お》わること。時間切《じかんぎ》れ。(例) タイムアップ寸前《すんぜん》でゴールを決《き》めた。

**タイムオーバー** (名)(動-する)〔日本《にっぽん》でできた英語《えいご》ふうの言葉《ことば》。〕ゲームなどで、決《き》められた時間《じかん》の範囲《はんい》を超《こ》えること。時間超過《じかんちょうか》。

**タイムカード**〔英語 time card〕(名) 出社《しゅっしゃ》・退社《たいしゃ》の時刻《じこく》を記録《きろく》するカード。

**タイムカプセル**〔英語 time capsule〕(名) 後《のち》の世《よ》に残《のこ》すために、品物《しなもの》や記録《きろく》などを入《い》れて、地中《ちちゅう》にうめるもの。

**タイムスイッチ**〔英語 time switch〕(名) 決《き》められた時刻《じこく》になると、スイッチが入《はい》ったり切《き》れたりする装置《そうち》。タイマー。

**タイムスリップ** (名)(動-する)〔日本《にっぽん》でできた英語《えいご》ふうの言葉《ことば》。〕SF《エスエフ》で、時間《じかん》をとびこして、未来《みらい》や過去《かこ》へ一瞬《いっしゅん》のうちに移《うつ》ること。

**タイムマシン**〔英語 time machine〕(名) S《エス》F《エフ》で、過去《かこ》や未来《みらい》の時間《じかん》へ自由《じゆう》に行《い》くことができるという、想像上《そうぞうじょう》の機械《きかい》。

**タイムリー**〔英語 timely〕一(形動) 時機《じき》がちょうどよいようす。(例) タイムリーな発言《はつげん》。二(名)「タイムリーヒット」のこと。野球《やきゅう》・ソ





ことわざ 千里《せんり》の道《みち》も一歩《いっぽ》より始《はじ》まる　千里《せんり》の道《みち》も一歩《いっぽ》より始《はじ》まるのだから、まず基本練習《きほんれんしゅう》からこつこつと始《はじ》めることだ。

例解 ! ことばの勉強室

## 題名《だいめい》について

文章《ぶんしょう》の題名《だいめい》を見《み》ると、何《なに》について書《か》いた文章《ぶんしょう》か、何《なに》を言《い》おうとしている文章《ぶんしょう》か、およその見当《けんとう》がつく。特《とく》に説明文《せつめいぶん》や意見文《いけんぶん》の場合《ばあい》がそうである。

例《たと》えば「タンポポのちえ」「森林《しんりん》はなぜ必要《ひつよう》か」など、この題名《だいめい》だけで、内容《ないよう》のおおよそが想像《そうぞう》できる。

題名《だいめい》は、文章《ぶんしょう》の顔《かお》のようなものである。読《よ》むときには、まず題名《だいめい》から内容《ないよう》の見当《けんとう》をつけ、それから読《よ》み始《はじ》めるようにするとよい。

フトボールで、走者《そうしゃ》をホームインさせることのできるヒット。

**タイムリミット**〔英語 time limit〕名 限《かぎ》られた時間《じかん》。制限時間《せいげんじかん》。しめきり。例 明日《あす》正午《しょうご》がタイムリミットです。

✤○**だいめい**【題名】名 映画《えいが》・本《ほん》・文章《ぶんしょう》などの作品《さくひん》の名前《なまえ》。例 作文《さくぶん》の題名。

✤**だいめいし**【代名詞】名〔国語《こくご》で〕品詞《ひんし》の一《ひと》つ。人《ひと》・もの・場所《ばしょ》などを表《あらわ》すとき、そのものの名《な》をいう代《か》わりに、それを指《さ》し示《しめ》す言葉《ことば》。「わたし」「あなた」「あれ」「これ」「そこ」など。この辞典《じてん》では代名と示《しめ》してある。

**たいめん**【体面】名 世《よ》の中《なか》に対《たい》する体裁《ていさい》。例 体面をけがす。

**たいめん**【対面】名 動-する ❶顔《かお》を合《あ》わせること。例 初《はじ》めて、おじと対面した。❷たがいに向《む》かい合《あ》うこと。例 対面交通《こうつう》。

**たいめんこうつう**【対面交通】名 歩道《ほどう》と車道《しゃどう》が分《わ》かれていない道路《どうろ》で、人《ひと》は右《みぎ》、車《くるま》は左《ひだり》を通《とお》ること。人《ひと》と車《くるま》が向《む》き合《あ》って通《とお》ることになる。

**たいもう**【大望△】名 大《おお》きな望《のぞ》み。大《おお》きな希望《きぼう》。たいぼう。例 大望をいだく。

✤**だいもく**【題目】名 ❶本《ほん》や文章《ぶんしょう》の題《だい》。表題《ひょうだい》。例 研究発表《けんきゅうはっぴょう》の題目。❷話《はな》し合《あ》いなどで取《と》り上《あ》げる問題《もんだい》。例 会議《かいぎ》の題目。

**タイヤ**〔英語 tire〕名 自動車《じどうしゃ》や自転車《じてんしゃ》などの、車輪《しゃりん》の外側《そとがわ》にはめたゴムの輪《わ》。

**ダイヤ** 名 ❶↓ダイヤモンド❶ 782ページ。❷〔英《えい》語《ご》の「ダイヤグラム」の略《りゃく》。〕列車《れっしゃ》などの運行《うんこう》の時刻《じこく》を表《あらわ》した図表《ずひょう》。また、その運行《うんこう》の仕組《しく》み。時刻表《じこくひょう》。❸赤《あか》い「◆」のしるし。また、そのしるしのついたトランプのカード。

**たいやく**【大役】名 責任《せきにん》の重《おも》い、大切《たいせつ》な役目《やくめ》。例 学校《がっこう》の代表《だいひょう》という大役を果《は》たす。

**たいやく**【対訳】名 動-する 原文《げんぶん》に対応《たいおう》させて訳《やく》すこと。また、訳《やく》した文章《ぶんしょう》を並《なら》べて示《しめ》すこと。例「星《ほし》の王子《おうじ》さま」の対訳。

**だいやく**【代役】名 劇《げき》などで、ある役《やく》の人《ひと》が出《で》られないとき、その人《ひと》に代《か》わって、その役《やく》をすること。また、その人《ひと》。ピンチヒッター。

**ダイヤモンド**〔英語 diamond〕名 ❶宝石《ほうせき》の中《なか》で、もっともかたくてよく光《ひか》る、値打《ねう》ちの高《たか》いもの。ダイヤ。ダイアモンド。金剛石《こんごうせき》。❷野球《やきゅう》・ソフトボールで内野《ないや》のこと。

例解 ! ことばの勉強室

## 代名詞《だいめいし》について

「わたし」は、一人称《いちにんしょう》といって、自分《じぶん》を指《さ》す代名《だいめい》詞《し》である。一人称代名詞《いちにんしょうだいめいし》には、他《ほか》にも次《つぎ》のようなものがある。

わたくし　ぼく　わたしたち…

「あなた」「君《きみ》」などのように、話《はな》しかける相手《あいて》を指《さ》すのが二人称代名詞《ににんしょうだいめいし》である。

また、「この人《ひと》」「あの人《ひと》」「彼《かれ》」「彼女《かのじょ》」などのように、自分《じぶん》や相手《あいて》以外《いがい》の第三者《だいさんしゃ》を指《さ》すのが三人称代名詞《さんにんしょうだいめいし》である。

その他《ほか》、「どなた」「だれ」のように、指《さ》す相手《あいて》がだれかがはっきりしない人《ひと》を指《さ》す代名詞《だいめいし》もある。

**ダイヤリー**〔英語 diary〕名 ↓ダイアリー 769ページ

**ダイヤル**〔英語 dial〕〔「ダイアル」ともいう。〕一 名 ❶ラジオや機械《きかい》などの目盛《めも》り盤《ばん》。❷電話機《でんわき》の丸《まる》い数字盤《すうじばん》。例 ダイヤルを合《あ》わせる。二 動-する 電話《でんわ》をかけること。

**たいよ**【貸△与】名 動-する 物《もの》やお金《かね》などを人《ひと》に貸《か》すこと。貸《か》し与《あた》えること。例 職員《しょくいん》に制《せい》服《ふく》を貸与する。

**たいよう【大洋】** 名 広々《ひろびろ》とした大《おお》きな海《うみ》。例 大洋を航海《こうかい》する。

**たいよう【大要】** 名 だいたいの要点《ようてん》。あらまし。例 物語《ものがたり》の大要をとらえる。類 概要《がいよう》。

**°たいよう【太陽】** 名 太陽系《たいようけい》の中心《ちゅうしん》で高《たか》い熱《ねつ》と光《ひかり》を出《だ》している星《ほし》。地球《ちきゅう》にいちばん近《ちか》い恒星《こうせい》。地球《ちきゅう》に熱《ねつ》や光《ひかり》を与《あた》え、生物《せいぶつ》を育《そだ》てる。お日《ひ》さま。参考 明《あか》るくかがやくものや、中《ちゅう》心《しん》になるものをたとえていうこともある。⬇たいようけい 50ページ

**だいよう【代用】** 名 動-する 他《ほか》のものの代《か》わりに使《つか》うこと。例 代用品《ひん》。

**たいようエネルギー【太陽エネルギー】** 名 ❶太陽《たいよう》が出《だ》すエネルギー。❷太陽《たいよう》の光《ひかり》から得《え》られるエネルギー。再生可能《さいせいかのう》エネルギーのうちの一《ひと》つ。電気《でんき》や熱《ねつ》を生《う》み出《だ》せる。

**たいようけい【太陽系】** 名 太陽《たいよう》を中心《ちゅうしん》として動《うご》いている星《ほし》の集《あつ》まり。惑星《わくせい》やその衛《えい》星《せい》、彗星《すいせい》・流星《りゅうせい》などからできている。地球《ちきゅう》もその一部《いちぶ》。⬇ぎんがけい 352ページ／わくせい 1423ページ

**たいようこうはつでん【太陽光発電】** 名 太陽《たいよう》の光《ひかり》のエネルギーを、電力《でんりょく》にかえる発電《はつでん》のしかた。

**たいようしゅう【大洋州】** 地名 ⬇オセアニア 164ページ

**たいようでんち【太陽電池】** 名 太陽《たいよう》のエネルギーを、電力《でんりょく》にかえる電池《でんち》。人工衛星《じんこうえいせい》や無《む》人《じん》灯台《とうだい》などの電源《でんげん》に利用《りよう》されている。

**たいようねつ【太陽熱】** 名 太陽《たいよう》の出《だ》す熱《ねつ》。

**°たいようれき【太陽暦】** 名 地球《ちきゅう》が太陽《たいよう》の周《まわ》りをひと回《まわ》りする時間《じかん》を一年《いちねん》とする暦《こよみ》。一《いち》年《ねん》を平年《へいねん》は三六五日《にち》とし、四年《よねん》に一回《いっかい》うるう年《どし》〔=三六六日《にち》〕を置《お》く。現在《げんざい》、世界《せかい》共通《きょうつう》の暦《こよみ》として使《つか》われている。日本《にっぽん》では一八七二年《ねん》に採用《さいよう》された。陽暦《ようれき》。新暦《しんれき》。対 太陰《たいいん》暦《れき》。

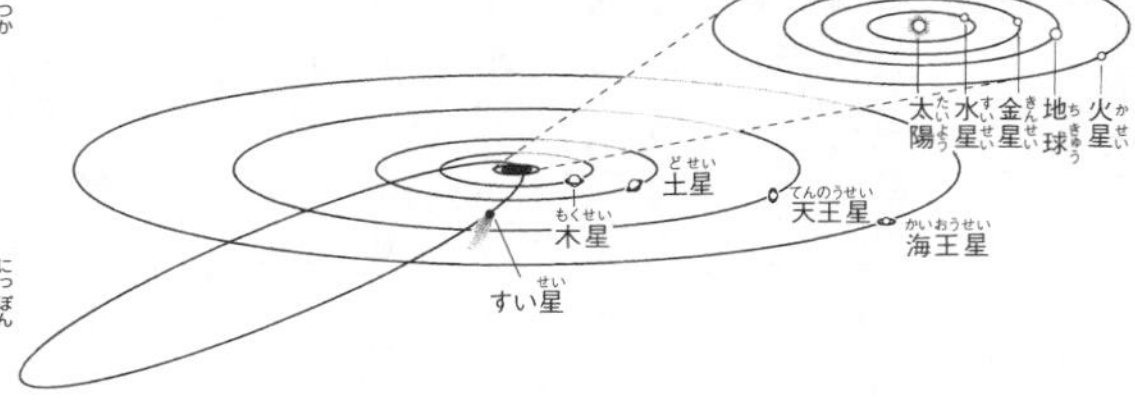

〔たいようけい〕

**°たいら【平ら】** 形動 ❶でこぼこしていないようす。例 平らな道《みち》。❷楽《らく》な姿勢《しせい》ですわるようす。例 どうぞお平らに。⬇へい【平】1171ページ

**たいらげる【平らげる】** 動 ❶残《のこ》らずうちほろぼす。例 敵《てき》を平らげる。❷みんな食《た》べてしまう。例 ごちそうを平らげる。

**たいらの きよもり【平清盛】** 人名 (男)(一一一八～一一八一)平安時代末期《へいあんじだいまっき》の武将《ぶしょう》。平氏《へいし》の頭《かしら》として、貴族《きぞく》中心《ちゅうしん》から武士《ぶし》中心《ちゅうしん》の時代《じだい》に変《か》わる道《みち》を開《ひら》いた。

**たいらの まさかど【平将門】** 人名 (男)(?～九四〇)平安時代中《へいあんじだいなか》ごろの武将《ぶしょう》。朝廷《ちょうてい》に反抗《はんこう》して関東地方《かんとうちほう》を支配《しはい》したが、敗《やぶ》れて殺《ころ》された。

**だいり【内裏】** 名 昔《むかし》の、天皇《てんのう》のごてん。

**だいり【代理】** 名 動-する 他《ほか》の人《ひと》に代《か》わって、ものごとをすること。また、その人《ひと》。例 委員《いいん》の代理で出席《しゅっせき》する。

**だいリーグ【大リーグ】** 名 ⬇メジャーリーグ 1292ページ

**たいりく【大陸】** 名 ❶広《ひろ》く大《おお》きな陸地《りくち》。例 アメリカ大陸。❷日本《にっぽん》から見《み》た中国《ちゅうごく》のこと。例 漢字《かんじ》は大陸から伝《つた》わった。

**たいりくせいきこう【大陸性気候】** 名 海《うみ》から遠《とお》くはなれた、大陸内部《たいりくないぶ》の土地《とち》に見《み》られる気候《きこう》。昼《ひる》と夜《よる》、夏《なつ》と冬《ふゆ》の気温《きおん》の差《さ》が激《はげ》しく、雨《あめ》が少《すく》ない。対 海洋性気候《かいようせいきこう》。

**°たいりくだな【大陸棚】** 名 大陸《たいりく》の周《まわ》りにあって、深《ふか》さ二〇〇メートルまでゆるやかに深《ふか》くなっている海底《かいてい》のこと。魚《ぎょ》類《るい》が多《おお》く、沿岸漁業《えんがんぎょぎょう》の漁《ぎょ》場《じょう》となっている。

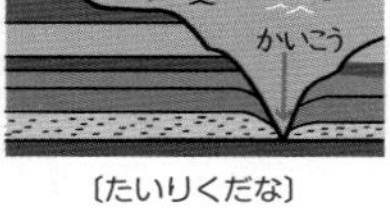

〔たいりくだな〕

あいうえお かきくけこ さしすせそ たちつてと なにぬねの はひふへほ まみむめも や ゆ よ らりるれろ わ を ん

ことわざ 対岸《たいがん》の火事《かじ》 この問題《もんだい》は対岸《たいがん》の火事《かじ》ではない。もっと真剣《しんけん》に考《かんが》えよう。

**たいりくぶんか**【大陸文化】名 海《うみ》を渡《わた》って日本《にっぽん》に伝《つた》えられた、大陸《たいりく》〔=中国《ちゅうごく》〕の進《すす》んだ文化《ぶんか》や技術《ぎじゅつ》。

**だいりさま**【内△裏△様】名 天皇《てんのう》と皇后《こうごう》をかたどった男女《だんじょ》ひと組《く》みのひな人形《にんぎょう》。三月三日《さんがつみっか》の桃《もも》の節句《せっく》にかざる。内裏《だいり》びな。

**だいりせき**【大理石】名 石灰岩《せっかいがん》が変化《へんか》してできた岩石《がんせき》の一《ひと》つ。すべすべした美《うつく》しい石《いし》。建築《けんちく》・彫刻《ちょうこく》などに使《つか》われる。

**°たいりつ**【対立】名 動-する たがいに反対《はんたい》の立場《たちば》に立《た》って、張《は》り合《あ》うこと。

**だいりてん**【代理店】名 ある会社《かいしゃ》に代《か》わって、その仕事《しごと》を行《おこな》う店《みせ》。例 旅行《りょこう》代理店。

**たいりゃく**【大略】名 副 あらまし。おおよそ。だいたい。例 事件《じけん》の大略。

**たいりゅう**【対流】名〔理《り》科《か》で〕熱《ねつ》の伝《つた》わり方《かた》の一《ひと》つ。水《みず》や空気《くうき》などが、熱《ねつ》で温《あたた》められると軽《かる》くなって上《うえ》にのぼり、冷《ひ》えると重《おも》くなって下《した》にさがり、熱《ねつ》が全体《ぜんたい》に伝《つた》わること。関連 伝導《でんどう》。放射《ほうしゃ》。

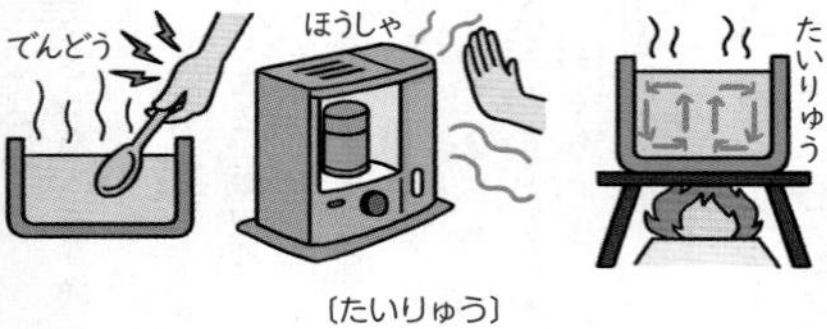

〔たいりゅう〕

**たいりゅうけん**【対流圏°】名 地上《ちじょう》十数《じゅうすう》キロメートルぐらいまでの空気《くうき》の層《そう》。空気《くうき》の対流《たいりゅう》が起《お》こって、雨《あめ》や雪《ゆき》などが降《ふ》り、風《かぜ》がふいている。➡たいきけん 771ページ

**たいりょう**【大量】名 たくさんの量《りょう》。量《りょう》が多《おお》いこと。例 サンマを大量に水揚《みずあ》げする。類 多量《たりょう》。対 少量《しょうりょう》。

**たいりょう**【大漁】名 魚《さかな》などがたくさんとれること。豊漁《ほうりょう》。対 不漁《ふりょう》。

**たいりょうせいさん**【大量生産】名 動-する 機械《きかい》を使《つか》って、短《みじか》い時間《じかん》に同《おな》じ品物《しなもの》をたくさん作《つく》ること。量産《りょうさん》。

**°たいりょく**【体力】名 仕事《しごと》・運動《うんどう》・病気《びょうき》などにたえられる、体《からだ》の力《ちから》。例 体力を養《やしな》う。

**たいりん**【大輪】名 花《はな》などの形《かたち》の大《おお》きいもの。だいりん。例 大輪のキクの花《はな》。

**タイル**〔英語 tile〕名 粘土《ねんど》を小《ちい》さな板《いた》のような形《かたち》に焼《や》いて色《いろ》をつけ、つやを出《だ》した建築《けんちく》の材料《ざいりょう》。ふろ場《ば》などにはる。

**ダイレクトメール**〔英語 direct mail〕名 郵便《ゆうびん》の形《かたち》で直接《ちょくせつ》一人一人《ひとりひとり》に送《おく》る広告《こうこく》。DM《ディーエム》。

**ダイレクトメッセージ**〔英語 direct message〕名（SNS《エスエヌエス》で）決《き》めた人《ひと》とだけ、直接《ちょくせつ》にやりとりするメッセージ。DM《ディーエム》。

**たいれつ**【隊列】名 きちんと並《なら》んでいる列《れつ》。例 隊列を組《く》んで行進《こうしん》する。

**たいろ**【退路】名 逃《に》げ道《みち》。例 相手《あいて》の退路を断《た》つ。

**たいろう**【大老】名 江戸幕府《えどばくふ》で、政治《せいじ》を行《おこな》うもっとも重《おも》い役目《やくめ》。また、その人《ひと》。必要《ひつよう》なときだけ老中《ろうじゅう》の上《うえ》に置《お》かれた。

> 例解 ! 表現の広場
>
> **対立《たいりつ》と対抗《たいこう》のちがい**

| | 二《ふた》つの国《くに》が□する。 | かれと意見《いけん》が□した。 | 学級《がっきゅう》□のリレー。 |
|---|---|---|---|
| 対立《たいりつ》 | ○ | ○ | × |
| 対抗《たいこう》 | ○ | × | ○ |

**だいろっかん**【第六感】名 理屈《りくつ》ではなく、何《なに》かを感《かん》じ取《と》る心《こころ》のはたらき。勘《かん》。直感《ちょっかん》。

**✤°たいわ**【対話】名 動-する 向《む》かい合《あ》って話《はなし》をすること。また、その話《はなし》。類 対談《たいだん》。

**たいわん**〖台湾〗地名 中国大陸《ちゅうごくたいりく》の東南《とうなん》にある島《しま》。主要都市《しゅようとし》は台北《タイペイ》。

**たうえ**【田植え】名 動-する イネの苗《なえ》を、水田《すいでん》に植《う》えること。

**ダウン**〔英語 down〕名 動-する ❶下《さ》がること。下《さ》げること。例 成績《せいせき》がダウンする。対 アップ。❷ボクシングで、たおれること。例 ダウンをうばう。❸体《からだ》がまいってしまうこと。例 かぜでダウンする。❹水鳥《みずどり》の羽毛《うもう》。例 ダウンジャケット。

**ダウンロード**〔英語 download〕名 動-する 他《ほか》のコンピューターから自分《じぶん》のパソコンなどに、必要《ひつよう》なデータを取《と》り入《い》れること。

**たえがたい**【°堪え難△い】形 がまんできない。つらい。例 堪えがたい苦《くる》しみ。

**たえかねる**【°堪えかねる】動 がまんし



ことわざ 大《だい》は小《しょう》を兼《か》ねる 大《だい》は小《しょう》を兼《か》ねるだ。このバッグはちょっと大《おお》きいが、小《ちい》さいよりいいよ。

きれない。こらえきれない。

**だえき**【唾液】名 口《くち》の中《なか》に出《で》る消化液《しょうかえき》。つばき。つば。

**たえしのぶ**【堪え忍ぶ】動 じっとがまんする。例 苦《くる》しさを堪え忍ぶ。

**°たえず**【絶えず】副 いつも。ひっきりなしに。例 絶えず車《くるま》が行《い》き来《き》する。

**たえだえ**【絶え絶え】形動 今《いま》にもとぎれそうなようす。例 息《いき》も絶え絶えだ。

**たえま**【絶え間】名 ❶とぎれている間《あいだ》。例 雨《あめ》が絶え間なく降《ふ》り続《つづ》く。❷切《き》れ間《ま》。

**°たえる**【耐える】動 こらえる。持《も》ちこたえる。例 寒《さむ》さに耐える。↓たい【耐】768ページ

**°たえる**【堪える】動 ❶がまんする。例 さびしさに堪える。❷それだけの力《ちから》がある。することができる。例 長時間《ちょうじかん》の使用《しよう》に堪える。❸それだけの値打《ねう》ちがある。例 鑑賞《かんしょう》に堪える作品《さくひん》だ。↓かん【堪】272ページ

例解 ↔ 使い分け

**耐《た》える と 堪《た》える**

痛《いた》みに耐《た》える。
困難《こんなん》に耐《た》える。
風雨《ふうう》に耐《た》える。

鑑賞《かんしょう》に堪《た》えるすぐれた作品《さくひん》。
重責《じゅうせき》に堪《た》える。

**°たえる**【絶える】動 ❶続《つづ》かなくなる。とぎれる。例 望《のぞ》みが絶えた。❷ほろびる。死《し》ぬ。例 マンモスは絶えてしまった。❸なくなる。例 人通《ひとどお》りが絶えた。↓ぜつ【絶】718ページ

**だえん**【楕円】名〔算数《さんすう》で〕横《よこ》または縦《たて》に長《なが》い円《えん》。長円《ちょうえん》。

**たおこし**【田起こし】名 動-する 春《はる》や秋《あき》に、かわいた田《た》の土《つち》をほり起《お》こして、耕《たがや》すこと。

**°たおす**【倒す】動 ❶立《た》っているものを横《よこ》にする。転《ころ》ばす。例 木《き》を倒す。❷くつがえす。ほろぼす。例 幕府《ばくふ》を倒す。❸負《ま》かす。例 チャンピオンを倒す。❹命《いのち》をうばう。例 一発《いっぱつ》でクマを倒す。❺〔ある言葉《ことば》のあとにつけて〕徹底的《てっていてき》に…する。例 おがみ倒す。↓とう【倒】904ページ

**タオル**〔英語 towel〕名 表《おもて》に糸《いと》の輪《わ》を出《だ》して織《お》った、厚《あつ》くてやわらかいもめんの布《ぬの》。また、それで作《つく》った手《て》ふき。

**タオルケット** 名〔日本《にっぽん》でできた英語《えいご》ふうの言葉《ことば》。〕タオル地《じ》で作《つく》った、寝具《しんぐ》。

**°たおれる**【倒れる】動 ❶立《た》っていたものが横《よこ》になる。また、転《ころ》ぶ。例 花《か》びんが倒れた。❷やっていけなくなる。例 会社《かいしゃ》が倒れる。❸ほろびる。くつがえる。例 内閣《ないかく》が倒れた。❹病気《びょうき》になる。例 過労《かろう》で倒れる。❺死《し》ぬ。例 凶弾《きょうだん》に倒れる〔=悪者《わるもの》に撃《う》たれて死《し》ぬ〕。↓とう【倒】904ページ

**たか**【高】名 ❶分量《ぶんりょう》。金額《きんがく》。例 取《と》れ高《だか》。売上《うりあげ》高《だか》。❷程度《ていど》。↓こう【高】425ページ

**高《たか》が知《し》れている** たいしたことはない。例 寒《さむ》いといっても高が知れている。

**高《たか》をくくる** たいしたことはないと、見《み》くびる。例 簡単《かんたん》なテストだと高をくくっていたら、ひどい点数《てんすう》だった。

**たか**【鷹】名 森《もり》や山《やま》にすむ、くちばしとつめがするどい鳥《とり》。ワシの仲間《なかま》だが、ワシより小《ちい》さい。鳥《とり》や小《ちい》さな動物《どうぶつ》を食《た》べる。

**たが** 名 おけやたるの周《まわ》りにはめる、竹《たけ》や金《かな》物《もの》で作《つく》った輪《わ》。

**たがが緩《ゆる》む** しまりがなくなる。緊張《きんちょう》がゆるんで、だらしなくなる。

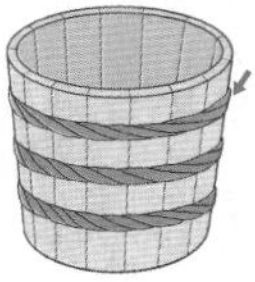

〔たが〕

**だが** 接 前《まえ》の文《ぶん》とは反対《はんたい》のことを述《の》べるときに使《つか》う言葉《ことば》。しかし。けれども。例 負《ま》けたと思《おも》った。だが、最後《さいご》に逆転《ぎゃくてん》して勝《か》った。

**たかい**【他界】名 動-する 死《し》ぬこと。

**°たかい**【高い】形 ❶上《うえ》にある。例 天井《てんじょう》が高い。❷上《うえ》にのびている。例 背《せ》が高い。❸地位《ちい》などが上《うえ》だ。例 高い位《くらい》につく。❹能力《のうりょく》がすぐれている。例 目《め》が高い。❺値打《ねう》ちがある。例 評価《ひょうか》が高い。対（❶～❺）低《ひく》い。❻値段《ねだん》や程度《ていど》が上《うえ》である。例 物価《ぶっか》が高い。対 安《やす》い。❼声《こえ》や音《おと》がひびく。例 声《こえ》が高い。対 低《ひく》い。❽広《ひろ》く知《し》られている。例 評判《ひょうばん》の高い店《みせ》。❾きわだっている。例 かおりの高い梅《うめ》。↓こう【高】425ページ



ことわざ 立《た》つ鳥跡《とりあと》を濁《にご》さず　立《た》つ鳥跡《とりあと》を濁《にご》さずだ。出発前《しゅっぱつまえ》に、仕事《しごと》を整理《せいり》しておこう。

高《たか》くつく 得《とく》をしようとして、かえって損《そん》をしてしまう。例 安《やす》売《う》りの道《どう》具《ぐ》は故《こ》障《しょう》が多《おお》くて、けっきょくは高くつく。

°たがい【互°い】名 めいめい。両《りょう》方《ほう》。例 互いに喜《よろこ》ぶ。↓おたがい 165ページ／↓ご【互】421ページ

だかい【打開】名 動-する 行《ゆ》きづまった状《じょう》態《たい》を切《き》り開《ひら》くこと。例 困《こん》難《なん》を打開する。

たがいちがい【互°い違°い】名 異《こと》なる二《ふた》つのものが、順《じゅん》番《ばん》に入《い》れかわること。代《か》わる代《が》わる。例 赤《あか》と白《しろ》のカードを互い違いに並《なら》べる。

たがいに【互°いに】副 両《りょう》方《ほう》がそれぞれに。例 兄《あに》と弟《おとうと》が互いにはげまし合《あ》う。

たかいびき【高いびき】名 大《おお》きないびき。

たがう【違▲う】動 ❶ちがっている。くいちがう。例 予《よ》想《そう》にたがわぬ〔=予《よ》想《そう》どおりの〕美《うつく》しさ。❷外《はず》れる。例 法《ほう》にたがう。

たがえる【違▲える】動 ❶ちがえる。例 色《いろ》をたがえる。❷守《まも》らない。例 約《やく》束《そく》をたがえる。

たかが 副 せいぜい。わずか。例 たかが一《いち》円《えん》ぐらいと思《おも》ってはならない。

たがく【多額】名 形動 金《きん》額《がく》が多《おお》いこと。例 多額のお金《かね》。対 少《しょう》額《がく》。

たかくけい【多角形】名 〔算《さん》数《すう》で〕三《みっ》つ以《い》上《じょう》の直《ちょく》線《せん》で囲《かこ》まれた、平《へい》面《めん》図《ず》形《けい》。三《さん》角《かく》形《けい》・四《し》角《かく》形《けい》など。多《た》辺《へん》形《けい》。たかっけい。

たかくけいえい【多角経営】名 一《ひと》つの会《かい》社《しゃ》がいろいろな事《じ》業《ぎょう》を同《どう》時《じ》に行《おこな》うこと。

たかくてき【多角的】形動 いろいろな方《ほう》面《めん》にわたるようす。例 研《けん》究《きゅう》調《ちょう》査《さ》を多角的に行《おこな》う。

°たかさ【高さ】名 高《たか》い程《てい》度《ど》。例 山《やま》の高さ。

だがし【駄°菓°子】名 安《やす》い材《ざい》料《りょう》で作《つく》り、人《ひと》々《びと》に親《した》しまれている、素《そ》朴《ぼく》な菓《か》子《し》。

たかしお【高潮】名 台《たい》風《ふう》などのために、海《かい》面《めん》が高《たか》く盛《も》り上《あ》がること。参考 地《じ》震《しん》で起《お》こる大《おお》きな波《なみ》は、ふつう「津《つ》波《なみ》」という。

たかすぎ しんさく〘高杉晋作〙人名 (男)(一八三九～一八六七)江《え》戸《ど》時《じ》代《だい》末《まっ》期《き》の長《ちょう》州《しゅう》藩《はん》士《し》。尊《そん》皇《のう》攘《じょう》夷《い》の運《うん》動《どう》に加《くわ》わり、「奇《き》兵《へい》隊《たい》」(武《ぶ》士《し》のほか、農《のう》民《みん》や町《ちょう》人《にん》も集《あつ》めて作《つく》った軍《ぐん》隊《たい》)を編《へん》成《せい》して、幕《ばく》府《ふ》を倒《たお》すためにたたかった。

たかだい【高台】名 周《まわ》りより高《たか》くて、平《たい》らな土《と》地《ち》。例 高台に家《いえ》を建《た》てる。

たかだか【高高】副(-と) ❶たいへん高《たか》いようす。例 声《こえ》高々と読《よ》み上《あ》げる。❷どんなに多《おお》くても。せいぜい。例 高《たか》いといっても、たかだか千《せん》円《えん》ほどだ。参考 ふつう❷は、かな書《が》きにする。

だがっき【打楽器】名 打《う》ったり、たたいたりして音《おと》を出《だ》す楽《がっ》器《き》。関連 管《かん》楽《がっ》器《き》。弦《げん》楽《がっ》器《き》。鍵《けん》盤《ばん》楽《がっ》器《き》。↓がっき(楽器) 244ページ

たかっけい【多角形】名 ↓たかくけい 786ページ

たかとび【高飛び】名 動-する 悪《わる》いことをした人《ひと》が、遠《とお》くへにげること。例 犯《はん》人《にん》は海《かい》外《がい》へ高飛びした。

たかとび【高跳°び】名 走《はし》り高《たか》跳《と》びと棒《ぼう》高《たか》跳《と》びとを、あわせた呼《よ》び方《かた》。

たかなみ【高波】名 高《たか》く打《う》ち寄《よ》せる波《なみ》。

たかなる【高鳴る】動 ❶高《たか》く鳴《な》りひびく。例 ラッパが高鳴る。❷興《こう》奮《ふん》して、胸《むね》がどきどきする。例 手《て》紙《がみ》を見《み》て胸《むね》が高鳴った。

たかね【高値】名 値《ね》段《だん》が高《たか》いこと。対 安《やす》値《ね》。

たかね【高根・高嶺◆】名 高《たか》い山《やま》のみね。

高《たか》根《ね》の花《はな》 〔高《たか》いみねに咲《さ》く花《はな》のように〕ただ見《み》ているだけで、とても自《じ》分《ぶん》の手《て》には取《と》れそうもないもの。

たかのぞみ【高望み】名 動-する 自《じ》分《ぶん》の力《ちから》以《い》上《じょう》の大《おお》きな望《のぞ》み。

たかはま きょし〘高浜虚子〙人名 (男)(一八七四～一九五九)明《めい》治《じ》・大《たい》正《しょう》・昭《しょう》和《わ》時《じ》代《だい》の俳《はい》人《じん》・小《しょう》説《せつ》家《か》。正《まさ》岡《おか》子《し》規《き》に俳《はい》句《く》を学《まな》び、雑《ざっ》誌《し》「ホトトギス」を中《ちゅう》心《しん》に、ものごとをありのままに表《あらわ》すことの大《たい》切《せつ》さを説《と》いた。俳《はい》句《く》に「遠《とお》山《やま》に日《ひ》の当《あた》りたる枯《かれ》野《の》かな」などがある。

たかびしゃ【高飛車】形動 相《あい》手《て》をおさえつけて、ものを言《い》わせなくするようす。例 高飛車なものの言《い》い方《かた》をする。参考 将《しょう》棋《ぎ》で、飛《ひ》車《しゃ》を前《まえ》に出《だ》してせめる戦《たたか》い方《かた》からいう。

たかぶる【高ぶる】動 ❶気《き》持《も》ちが激《はげ》しく動《うご》く。興《こう》奮《ふん》する。例 気《き》持《も》ちが高ぶる。❷いばる。じまんする。例 おごり高ぶる。

たかまつし〘高松市〙地名 香《か》川《がわ》県《けん》の県《けん》庁《ちょう》



ことわざ 旅《たび》は道《みち》連《づ》れ世《よ》は情《なさ》け　旅《たび》は道《みち》連《づ》れ世《よ》は情《なさ》けと言《い》う。人《じん》生《せい》には、いい友《とも》達《だち》が必《ひつ》要《よう》だ。

がある市《し》。

°**たかまる【高まる】** 動 高《たか》くなる。盛《も》り上《あ》がる。例 人気《にんき》が高まる。対 低《ひく》まる。⬇**こう**【高】425ページ

**たかみ【高み】** 名 高《たか》い所《ところ》。例 高みに登《のぼ》る。

**高《たか》みの見物《けんぶつ》** かかわりのない場所《ばしょ》で、のんきにようすを見《み》ること。例 われ関《かん》せずと、高みの見物を決《き》めこむ。

**たかむら こうたろう〔高村光太郎〕** 人名（男）（一八八三～一九五六）明治《めいじ》・大正《たいしょう》・昭和《しょうわ》時代《じだい》の詩人《しじん》・彫刻家《ちょうこくか》。彫刻《ちょうこく》に「手《て》」など、詩集《ししゅう》に「道程《どうてい》」や「智恵子抄《ちえこしょう》」などがある。

**たかめ【高め】** 名 形動 ❶（位置《いち》が）少《すこ》し高《たか》いこと。例 高めの球《たま》。対 低《ひく》め。❷（値段《ねだん》が）少《すこ》し高《たか》いこと。例 値段《ねだん》が高めだ。対 安《やす》め。

**たがめ** 名 池《いけ》や沼《ぬま》にすむ昆虫《こんちゅう》。体長《たいちょう》は六《ろく》センチメートルぐらい。日本《にっぽん》の水生昆虫《すいせいこんちゅう》でもっとも大《おお》きい。かつては、日本中《にほんじゅう》で見《み》られたが、近年《きんねん》、急激《きゅうげき》に数《かず》が減《へ》っている。

°**たかめる【高める】** 動 高《たか》くする。程度《ていど》を上《あ》げる。例 教養《きょうよう》を高める。対 低《ひく》める。⬇**こう**【高】425ページ

°**たがやす【耕す】** 動 農作物《のうさくぶつ》を作《つく》るために、田《た》や畑《はたけ》をほり返《かえ》して、土《つち》をやわらかくする。⬇**こう**【耕】425ページ

**たかゆかけんちく【高床建築】** 名 地面《じめん》に柱《はしら》を立《た》てて、その上《うえ》に高《たか》く床《ゆか》を張《は》った建物《たてもの》。弥生時代《やよいじだい》には、食糧《しょくりょう》を貯蔵《ちょぞう》する倉庫《そうこ》に使《つか》った。

°**たから【宝】** 名 ❶世《よ》の中《なか》に少《すこ》ししかなく、貴重《きちょう》なもの。金《きん》・銀《ぎん》・宝石《ほうせき》など。❷大切《たいせつ》な物《もの》や人《ひと》。例 子《こ》どもは宝だ。⬇**ほう**【宝】1189ページ

**宝《たから》の持《も》ち腐《ぐさ》れ** 役《やく》に立《た》つものを持《も》っているのに、それをうまく使《つか》わないこと。

°**だから** 接 前《まえ》の言葉《ことば》を受《う》けて、結果《けっか》や結論《けつろん》を言《い》うときに使《つか》う言葉《ことば》。そういうわけで。例 よく練習《れんしゅう》した。だから勝《か》てた。敬語 丁寧《ていねい》な言い方は、「ですから」。

**たからか【高らか】** 形動 高《たか》くて、よくひびくようす。例 声《こえ》高らかに歌《うた》う。

**たからくじ【宝くじ】** 名 都道府県《とどうふけん》などが売《う》り出《だ》すくじ。当《あ》たると、お金《かね》がもらえる。

**たからぶね【宝船】** 名 宝物《たからもの》や米俵《こめだわら》を積《つ》み、七福神《しちふくじん》を乗《の》せた船《ふね》。また、その船《ふね》の絵《え》。幸《しあわ》せを招《まね》くとされる。⬇しちふくじん563ページ

**たからもの【宝物】** 名（その人《ひと》にとって）非常《ひじょう》に大切《たいせつ》なもの。宝《たから》とするもの。

**たかる** 動 ❶一《いっ》か所《しょ》にたくさん集《あつ》まる。群《むら》がる。例 砂糖《さとう》にアリがたかる。❷人《ひと》に、お金《かね》や物《もの》を出《だ》させる。例 兄《あに》にたかる。

**たがる** 助動 …したいと思《おも》っている、という意味《いみ》を表《あらわ》す。例 すぐ帰《かえ》りたがる。

**たかわらい【高笑い】** 名 動-する（得意《とくい》そうに）大声《おおごえ》で笑《わら》うこと。例 まわりを気《き》にせず高笑いする。

**たき【滝】** 画数 13 部首 氵（さんずい）

音 ―― 訓 たき

一気《いっき》に流《なが》れ落《お》ちる水《みず》の流《なが》れ。例 滝《たき》つぼ。

**たき【滝】** 名 高《たか》い所《ところ》から、勢《いきお》いよく落《お》ちる水《みず》の流《なが》れ。例 華厳《けごん》の滝。

**だきあわせ【抱き合わせ】** 名 他《ほか》のものと組《く》み合《あ》わせること。例 肉《にく》と野菜《やさい》を抱き合わせで売《う》る。

**たきぎ【薪】** 名 火《ひ》をたくのに使《つか》う細《ほそ》い木《き》や枝《えだ》。例 山《やま》で薪を拾《ひろ》う。⬇**しん**【薪】656ページ

✤**たぎご【多義語】** 名〔国語《こくご》で〕使《つか》われ方《かた》によって、いくつかのちがう意味《いみ》になる言葉《ことば》。例《たと》えば「手《て》」は、「人《ひと》の手」「読《よ》み手〔=人《ひと》〕」「火《ひ》の手〔=勢《いきお》い〕」「ずるい手〔=やり方《かた》〕」のように、いくつかの意味《いみ》になる多義語《たぎご》である。

**だきこむ【抱き込む】** 動 ❶腕《うで》の中《なか》へかかえこむ。❷仲間《なかま》に引《ひ》き入《い》れる。例 敵《てき》の一人《ひとり》を抱き込んで味方《みかた》にした。

**タキシード**〔英語 tuxedo〕名 男《おとこ》の人《ひと》がパーティーなどで着《き》る礼服《れいふく》。

**だきしめる【抱き締める】** 動 しっかりだく。例 わが子《こ》を抱き締める。

**だきすくめる【抱きすくめる】** 動 強《つよ》くだいて、相手《あいて》が動《うご》けないようにする。

**たきだし【炊き出し】** 名 動-する 災害《さいがい》にあった人々《ひとびと》などに、ご飯《はん》をたいて配《くば》ること。

**たきつけ【たき付け】** 名 炭《すみ》やまきに火《ひ》をつけるときに使《つか》う、紙《かみ》などの燃《も》えやすい物《もの》。

**たきつける【たき付ける】** 動 ❶火《ひ》をつけて燃《も》やす。❷そそのかす。けしかける。例 弟《おとうと》をたきつけて、こづかいをねだらせる。



ことわざ ちりも積《つ》もれば山《やま》となる 十円貯金《じゅうえんちょきん》も、ちりも積《つ》もれば山《やま》となって、国語辞書《こくごじしょ》が買《か》えたよ。

**たきつぼ**【滝《たき》つぼ】名 滝《たき》の水《みず》が落《お》ちてくる、真下《ました》の深《ふか》い所《ところ》。

**たきにわたる**【多岐にわたる】ものごとが多《おお》くの方面《ほうめん》に関《かか》わっている。例 多岐にわたる問題《もんだい》。

**たきび**【たき火】名 落《お》ち葉《ば》などを集《あつ》めて燃《も》やすこと。また、その火《ひ》。

**だきゅう**【打球】名 野《や》球《きゅう》・ソフトボールで、打《う》ったボール。例 打球が高《たか》く上《あ》がった。

**だきょう**【妥協】名 動-する 話《はなし》をまとめるために、たがいにゆずり合《あ》うこと。例 不《ふ》本《ほん》意《い》だけれども妥協した。

**たぎる** 動 ❶わき立《た》つ。わき上《あ》がる。例 血《ち》潮《しお》がたぎる。❷ぐらぐらと煮《に》え立《た》つ。例 やかんのお湯《ゆ》がたぎる。

**たき れんたろう**〘滝廉太郎〙人名（男）（一八七九〜一九〇三）明《めい》治《じ》時《じ》代《だい》の作《さっ》曲《きょく》家《か》。「花《はな》」「荒《こう》城《じょう》の月《つき》」などの名《めい》曲《きょく》を残《のこ》した。

**たく【宅】** 画数 6 部首 宀（うかんむり） 6年

音 タク 訓 ―

筆順

すまい。熟語 宅《たく》地《ち》。自《じ》宅《たく》。住《じゅう》宅《たく》。

**たく**【宅】名 ❶すまい。家《いえ》。例 先《せん》生《せい》のお宅。❷うち。自《じ》宅《たく》。例「日《にち》曜《よう》日《び》は宅におります。」

**たく【択】** 画数 7 部首 扌（てへん）

音 タク 訓 ―

選《えら》ぶ。より分《わ》ける。熟語 採《さい》択《たく》。選《せん》択《たく》。

**たく【沢】** 画数 7 部首 氵（さんずい）

音 タク 訓 さわ

❶さわ。山《やま》の谷《たに》間《ま》。沢《たく》山《さん》。❷豊《ゆた》か。うるおい。熟語 潤《じゅん》沢《たく》〔=物《もの》が豊《ゆた》かなこと〕。❸めぐみ。熟語 恩《おん》沢《たく》〔=めぐみ〕。❹つや。熟語 光《こう》沢《たく》。

**たく【卓】** 画数 8 部首 十（じゅう）

音 タク 訓 ―

❶つくえ。テーブル。熟語 卓《たく》上《じょう》。卓《たっ》球《きゅう》。食《しょく》卓《たく》。❷ひときわすぐれている。熟語 卓《たく》越《えつ》。

**たく**【卓】名 テーブル。例 夕《ゆう》食《しょく》の卓を囲《かこ》む。

**たく【拓】** 画数 8 部首 扌（てへん）

音 タク 訓 ―

❶きりひらく。あれ地《ち》をきりひらいて田《た》や畑《はたけ》を作《つく》る。熟語 開《かい》拓《たく》。干《かん》拓《たく》。❷石《せき》碑《ひ》などにすみをつけ、表《ひょう》面《めん》に紙《かみ》を当《あ》てて文《も》字《じ》や模《も》様《よう》を写《うつ》し取《と》る。熟語 魚《ぎょ》拓《たく》〔=魚《さかな》の表《ひょう》面《めん》にすみをつけ、紙《かみ》に写《うつ》し取《と》る〕。

**たく【託】** 画数 10 部首 言（ごんべん）

音 タク 訓 ―

❶任《まか》せる。預《あず》ける。熟語 委《い》託《たく》。付《ふ》託《たく》。❷かこつける。他《ほか》のもののせいにする。熟語 仮《か》託《たく》〔=かこつける〕。⇩たくする 789ページ

**たく【濯】** 画数 17 部首 氵（さんずい）

音 タク 訓 ―

水《みず》でよごれを落《お》とす。すすぐ。熟語 洗《せん》濯《たく》。

**たく**【度】熟語 支《し》度《たく》。⇩ど【度】901ページ

**たく**【炊く】動 食《た》べ物《もの》をにる。例 ご飯《はん》を炊く。⇩すい【炊】670ページ

**たく** 動 ❶火《ひ》をつけて燃《も》やす。例 落《お》ち葉《ば》をたく。❷かまどなどに火《ひ》をつける。例 ふろをたく。

**タグ**〔英語 tag〕名 ❶商《しょう》品《ひん》や荷《に》物《もつ》につけられた札《ふだ》。値《ね》札《ふだ》など。❷コンピューターなどのデータ情《じょう》報《ほう》につけられる目《め》印《じるし》。

**だく【諾】** 画数 15 部首 言（ごんべん）

音 ダク 訓 ―

引《ひ》き受《う》ける。熟語 快《かい》諾《だく》。承《しょう》諾《だく》。

**だく【濁】** 画数 16 部首 氵（さんずい）

音 ダク 訓 にご-る にご-す

にごる。よごれる。にごす。熟語 濁《だく》点《てん》。濁《だく》流《りゅう》。例 水《みず》を濁《にご》す。対 清《せい》。

**だく**【抱く】動〔「いだく」ともいう。〕❶腕《うで》でかかえて持《も》つ。例 子《こ》どもを抱く。❷ある考《かんが》えや気《き》持《も》ちを持《も》つ。例 理《り》想《そう》を胸《むね》に抱く。❸温《あたた》めてひなをかえす。例 親《おや》鳥《どり》が卵《たまご》を抱く。⇩ほう【抱】1190ページ

**たくあん** 名 つけ物《もの》の一《ひと》つ。大《だい》根《こん》を干《ほ》して、ぬかと塩《しお》でつけたもの。たくわん。

**たぐい**【類い】名 ❶同《おな》じ種《しゅ》類《るい》のもの。例 果《くだ》物《もの》のたぐい。❷同《おな》じ程《てい》度《ど》のもの。例 たぐ

いのない才能《さいのう》。↓るい【類】1397ページ

**たぐいまれ【類いまれ】**［形動］似《に》たものがめったにないほど、程度《ていど》が並外《なみはず》れているようす。［例］たぐいまれな才能《さいのう》のピッチャー。

**たくえつ【卓越】**［名］［動-する］他《ほか》よりもはるかにすぐれていること。［例］卓越した能力《のうりょく》の持《も》ち主《ぬし》。

✤**だくおん【濁音】**［名］〔国語《こくご》で〕にごる音《おん》。かなに「゛」〔=濁点《だくてん》〕をつけて表《あらわ》す音《おん》。「が」「ザ」など。［関連］清音《せいおん》。半濁音《はんだくおん》。

°**たくさん【沢山】**［副］［形動］❶数《かず》や量《りょう》が多《おお》いようす。［例］たくさんの人《ひと》。［対］少《すこ》し。❷それ以《い》上《じょう》は、いらないようす。［例］宿題《しゅくだい》はもうたくさんだ。［参考］ふつう、かな書《が》きにする。

**たくしあげる【たくし上げる】**［動］そでやすそなどを、手《て》でまくり上《あ》げる。

**タクシー**〔英語 taxi〕［名］料金《りょうきん》を取《と》って、客《きゃく》を乗《の》せる自動車《じどうしゃ》。

**たくじしょ【託児所】**［名］親《おや》が働《はたら》いているときなどに、小《ちい》さな子《こ》どもを預《あず》かって、世話《せわ》をする所《ところ》。

**たくじょう【卓上】**［名］机《つくえ》やテーブルの上《うえ》。［例］卓上カレンダー。

**たくす【託す】**［動］↓たくする 789ページ

**たくする【託する】**［動］❶任《まか》せる。預《あず》ける。［例］友達《ともだち》に荷物《にもつ》を託する。❷他《ほか》のことにかこつける。［例］気持《きも》ちを歌《うた》に託する。

**たくち【宅地】**［名］家《いえ》を建《た》てるための土地《とち》。［例］宅地を開発《かいはつ》する。

✤**だくてん【濁点】**［名］〔国語《こくご》で〕かなの右上《みぎうえ》につける、濁音《だくおん》のしるし。「が」や「ギ」などの「゛」。↓はんだくてん 1075ページ

**タクト**〔ドイツ語〕［名］〔音楽《おんがく》で〕指揮《しき》をする人《ひと》が持《も》つ棒《ぼう》。指揮棒《しきぼう》。［例］タクトを振《ふ》る〔=指揮《しき》をする〕。

**たくはい【宅配】**［名］［動-する］荷物《にもつ》や新聞《しんぶん》などを、家《いえ》まで届《とど》けること。［例］牛乳《ぎゅうにゅう》の宅配を頼《たの》む。

**たくはいびん【宅配便】**［名］荷物《にもつ》などを、送《おく》り先《さき》の家《いえ》まで届《とど》ける仕組《しく》み。

**たくはつ【托鉢】**［名］［動-する］お坊《ぼう》さんが修行《しゅぎょう》のために、鉢《はち》を持《も》って家々《いえいえ》を回《まわ》り、お経《きょう》を唱《とな》えてお金《かね》や米《こめ》をもらい歩《ある》くこと。

**タグボート**〔英語 tugboat〕［名］港《みなと》に出《で》たり入《はい》ったりする大《おお》きな船《ふね》を、つなで引《ひ》っぱる小型《こがた》の船《ふね》。引《ひ》き船《ふね》。↓ふね❶ 1150ページ

°**たくましい**［形］❶体格《たいかく》が立派《りっぱ》で、力《ちから》が強《つよ》そうである。［例］たくましい体《からだ》。❷力《ちから》がみちあふれている。［例］たくましく生《い》きる。❸〔「…くする」「…しゅうする」の形《かたち》で〕思《おも》う存分《ぞんぶん》にする。［例］想像《そうぞう》をたくましくする。

**たくみ【巧み】** 一［名］工夫《くふう》。［例］巧みをこらした作品《さくひん》。二［形動］手《て》ぎわがよいようす。上手《じょうず》。［例］巧みににげる。↓こう【巧】426ページ

**たくらみ**［名］よくない計画《けいかく》。

**たくらむ**［動］よくないことを計画《けいかく》する。くわだてる。［例］いたずらをたくらむ。

**だくりゅう【濁流】**［名］にごった水《みず》の流《なが》れ。［例］橋《はし》が濁流に流《なが》される。［対］清流《せいりゅう》。

**たぐる【手繰る】**［動］❶糸《いと》やつななどを、両《りょう》手《て》で代《か》わる代《が》わる手《て》もとへ引《ひ》き寄《よ》せる。［例］あがったたこの糸《いと》を手繰る。❷もとをつきとめる。たどる。［例］記憶《きおく》を手繰る。

**たくわえ【蓄え】**［名］たくわえること。また、ためてあるお金《かね》や品物《しなもの》。［例］食糧《しょくりょう》の蓄えがなくなった。

°**たくわえる【蓄える】**［動］❶お金《かね》や品物《しなもの》をためる。［例］水《みず》を蓄える。❷知識《ちしき》や力《ちから》などをつけておく。［例］実力《じつりょく》を蓄える。❸ひげを生《は》やす。［例］口《くち》ひげを蓄える。↓ちく【蓄】823ページ

**たけ【丈】**［名］❶背《せ》の高《たか》さ。身長《しんちょう》。［例］身《み》の丈。❷長《なが》さ。［例］着物《きもの》の丈。❸すべて。全部《ぜんぶ》。［例］思《おも》いの丈を打《う》ち明《あ》ける。↓じょう【丈】625ページ

°**たけ【竹】**［名］中《なか》が空《から》の茎《くき》に、節《ふし》のある植物《しょくぶつ》。日用品《にちようひん》や、細工物《さいくもの》などに使《つか》う。若《わか》い芽《め》を「たけのこ」という。↓ちく【竹】823ページ

**竹《たけ》を割《わ》ったよう** 性質《せいしつ》がさっぱりしていることのたとえ。［例］父《ちち》は竹を割ったような性格《せいかく》で、思《おも》い切《き》りがいい。

**だけ**［助］程度《ていど》や範囲《はんい》を限定《げんてい》することを表《あらわ》す言葉《ことば》。［例］これだけにする。

**たけうま【竹馬】**［名］子《こ》どもの遊《あそ》び道具《どうぐ》の一《ひと》つ。竹《たけ》の棒《ぼう》に足《あし》をのせるところをつけ、それに乗《の》って歩《ある》くもの。

〔たけうま〕

✤**たけかんむり**［名］漢字《かんじ》の部首《ぶしゅ》で、かんむり

ことわざ 月夜《つきよ》にちょうちん　用心《ようじん》にわざわざ雨具《あまぐ》を持《も》ってきたのに、この青空《あおぞら》じゃあ、まるで月夜《つきよ》にちょうちんだよ。

の一《ひと》つ。「笛《てき》」「第《だい》」などの「⺮」の部分《ぶぶん》。

**だげき【打撃】** 名 ❶強《つよ》く打《う》つこと。例 頭部《とうぶ》に打撃を受《う》ける。❷損害《そんがい》。例 水害《すいがい》によって打撃を受《う》けた。❸心《こころ》が傷《きず》つくこと。例 父《ちち》の死《し》は打撃でした。❹野《や》球《きゅう》・ソフトボールで、打者《だしゃ》がボールを打《う》つこと。例 打撃練習《れんしゅう》。

**たけざいく【竹細工】** 名 竹《たけ》で工作《こうさく》をすること。また、竹《たけ》で作《つく》った細工物《さいくもの》。

**たけだけしい** 形 ❶勇《いさ》ましくて強《つよ》そうだ。例 たけだけしい武者《むしゃ》。❷ずうずうしい。ずぶとい。例 ぬすっとたけだけしい〔=盗《ぬす》みをしながら反省《はんせい》もしないでずうずうしい〕。

**たけだ しんげん**〖武田信玄〗人名（男）（一五二一～一五七三）戦国時代《せんごくじだい》の武将《ぶしょう》。甲斐《かい》を中心《ちゅうしん》に、今《いま》の関東《かんとう》から中部地方《ちゅうぶちほう》にかけて勢力《せいりょく》を振《ふ》るった。上杉謙信《うえすぎけんしん》と川中島《かわなかじま》で戦《たたか》ったことが有名《ゆうめい》。

**だけつ【妥結】** 名 動-する 意見《いけん》のちがう者《もの》が、たがいにゆずり合《あ》って、話《はなし》をまとめること。例 交渉《こうしょう》が妥結した。対 決裂《けつれつ》。

**たけづつ【竹筒】** 名 竹《たけ》で作《つく》った筒《つつ》。

**だけど** 接 しかし。けれども。例 雨《あめ》になった。だけど、ぼくは出《で》かける。

**たけとりものがたり**〖竹取物語〗作品名 平安時代前期《へいあんじだいぜんき》の、日本最古《にほんさいこ》の物語《ものがたり》。竹《たけ》の中《なか》から生《う》まれたかぐや姫《ひめ》が、竹取《たけと》りのおじいさんに育《そだ》てられ、月《つき》へ帰《かえ》っていく話《はなし》。作《さく》者《しゃ》は不明《ふめい》。

**たけとんぼ【竹とんぼ】** 名 竹《たけ》をプロペラの形《かたち》にうすくけずり、真《ま》ん中《なか》に軸《じく》をさしこんだおもちゃ。両手《りょうて》で軸《じく》を回《まわ》して飛《と》ばす。

**たけなわ** 名 形動 ものごとの、いちばんさかんな時《とき》。まっさかり。例 応援合戦《おうえんがっせん》は、今《いま》がたけなわだ。

**たけのこ【竹の子・筍】** 名 竹《たけ》の、若《わか》い芽《め》。茶色《ちゃいろ》の皮《かわ》に包《つつ》まれている。食用《しょくよう》になる。

**たけひご【竹ひご】** 名 竹《たけ》を割《わ》ってけずった細《ほそ》い棒《ぼう》。工作《こうさく》に使《つか》う。

**たけやぶ【竹やぶ】** 名 竹《たけ》のたくさん生《は》えている所《ところ》。

**たけりたつ【たけり立つ】** 動 興奮《こうふん》して、あらあらしくふるまう。

**たける** 動 あることにすぐれる。例 話《わ》術《じゅつ》にたけた人《ひと》。

**たこ【凧】** 名 細《ほそ》い竹《たけ》などの骨組《ほねぐ》みに紙《かみ》などをはり、長《なが》い糸《いと》をつけて、風《かぜ》の力《ちから》で空高《そらたか》くあげるもの。例 やっこだこ。

**たこ【蛸】** 名 海《うみ》にすむ、骨《ほね》のない、やわらかな動物《どうぶつ》。物《もの》に吸《す》いつくいぼ〔=吸盤《きゅうばん》〕のついた足《あし》が八本《はちほん》ある。食用《しょくよう》にする。

**たこ** 名 手足《てあし》などの、よく使《つか》う部分《ぶぶん》の皮膚《ひふ》がかたくなったもの。例 ペンだこ。

**たこあげ【凧揚げ】** 名 たこを空高《そらたか》くあげる遊《あそ》び。

**だこう【蛇行】** 名 動-する 蛇《へび》がはうように、曲《ま》がりくねっていること。例 蛇行する川《かわ》。

**たこく【他国】** 名 ❶よその国《くに》。外国《がいこく》。対 自《じ》国《こく》。❷生《う》まれ故郷《こきょう》でない所《ところ》。

**たこやき【たこ焼き】** 名 水《みず》でといた小麦《こむぎ》粉《こ》の中《なか》に、刻《きざ》んだたこやねぎなどを入《い》れて、ピンポン玉《だま》くらいの大《おお》きさに焼《や》いた食《た》べ物《もの》。ソースや青《あお》のり、かつおぶしなどをかけて食《た》べる。

**たごん【他言】** 名 動-する 内緒《ないしょ》のことなどを、他《ほか》の人《ひと》に話《はな》すこと。たげん。例 他言無用《むよう》。

**たさい【多彩】** 名 形動 ❶色《いろ》とりどりで美《うつく》しいこと。例 多彩なかざりつけ。❷種類《しゅるい》が多《おお》くて、にぎやかなこと。例 多彩なもよおしが行《おこな》われる。

**ださい** 形 やぼったくてかっこう悪《わる》い。あか抜《ぬ》けない。〔くだけた言《い》い方《かた》。〕

**だざいふ【大宰府】** 名 律令《りつりょう》制《せい》の時代《じだい》に、九州地方《きゅうしゅうちほう》の政治《せいじ》や外交《がいこう》のために作《つく》られた役《やく》所《しょ》。今《いま》の福岡県《ふくおかけん》にあった。

**ださく【駄作】** 名 できの悪《わる》い作品《さくひん》。

**たさつ【他殺】** 名 人《ひと》に殺《ころ》されること。対 自《じ》殺《さつ》。

**たざわこ**〖田沢湖〗地名 秋田県《あきたけん》にあるカルデラ湖《こ》。深《ふか》さは四二三・四メートルあり、日本《にっぽん》でいちばん深《ふか》い。

**ださん【打算】** 名 動-する 損得《そんとく》を考《かんが》えること。例 打算がはたらく。

**ださんてき【打算的】** 形動 すぐ損得《そんとく》を考《かんが》えて行動《こうどう》するようす。例 打算的な人《ひと》。

**たざんのいし【他山の石】** 他人《たにん》のまちがった行《おこな》いでも、自分《じぶん》をみがく助《たす》けになる、ということ。例 友人《ゆうじん》の失敗《しっぱい》を他山の石とす

ことわざ 爪《つめ》に火《ひ》をともす　爪《つめ》に火《ひ》をともすような暮《く》らしをして、どうにか資金《しきん》を貯《た》めた。

る。参考 よその山《やま》から出《で》たつまらない石《いし》でも、自分《じぶん》の玉《たま》をみがくのに役立《やくだ》つという、昔《むかし》の中国《ちゅうごく》の詩《し》から。

**たし【足し】** 名 足《た》りないところを補《おぎな》うもの。例おこづかいの足しにする。

**だし【〈山車〉】** 名 祭《まつ》りのとき、いろいろなかざり物《もの》をつけて引《ひ》いて歩《ある》く大《おお》きな車《くるま》。参考「山車《だし》」は、特別《とくべつ》に認《みと》められた読《よ》み方《かた》。

**だし【出し・〈出汁〉】** 名 ❶かつおぶし・コンブなど、味《あじ》を出《だ》すのに使《つか》うもの。また、味《あじ》を出《だ》した汁《しる》。❷うまく利用《りよう》すること。例弟《おとうと》をだしに使《つか》って、おやつをねだる。

**だしにする** 自分《じぶん》の得《とく》になるように、他人《たにん》や物《もの》を利用《りよう》する。

**だしあう【出し合う】** 動 おたがいに出《だ》す。例意見《いけん》を出し合う。

**だしおしむ【出し惜しむ】** 動 お金《かね》や物《もの》などを出《だ》すことをためらう。出《だ》ししぶる。例必要《ひつよう》なお金《かね》まで出し惜しむ。

**°たしか【確か】** 一形動 ❶信用《しんよう》できるようす。例父《ちち》の腕《うで》は確かだ。❷まちがいないようす。例確かに受《う》け取《と》りました。二副 はっきりしないが、おそらく。たぶん。例たしか三年前《さんねんまえ》のことだ。↓かく【確】218ページ

**°たしかめる【確かめる】** 動 まちがいがないようにする。あやふやな点《てん》を、はっきりさせる。例返事《へんじ》を確かめる。↓かく【確】218ページ

**°たしざん【足し算】** 名〔算数《さんすう》で〕二《ふた》つ以上《いじょう》の数《かず》を合《あ》わせる計算《けいさん》。計算《けいさん》して出《で》た答《こた》えを和《わ》という。寄《よ》せ算《ざん》。加《くわ》え算《ざん》。加法《かほう》。対引《ひ》き算《ざん》。関連引《ひ》き算《ざん》。掛《か》け算《ざん》。割《わ》り算《ざん》。

**だししぶる【出し渋る】** 動 ↓だしおしむ 791ページ

**たじたじ** 副(と) 相手《あいて》の勢《いきお》いにおされて、負《ま》けそうになるようす。例するどい質問《しつもん》にたじたじとなる。

**■たじたなん【多事多難】** 名形動 次々《つぎつぎ》と事《じ》件《けん》が続《つづ》いて、困難《こんなん》や苦労《くろう》が多《おお》いこと。例今年《ことし》は特《とく》に多事多難な一年《いちねん》でした。

**たじつ【他日】** 名 いつか別《べつ》の日《ひ》。他《ほか》の日《ひ》。例結果《けっか》は他日お話《はな》しします。

**たしなみ** 名 ❶好《この》み。例たしなみがよい。❷生《い》け花《ばな》や茶《ちゃ》の湯《ゆ》、芸《げい》ごとなどの、心得《こころえ》。例姉《あね》は、おどりのたしなみがある。❸ふだんからの心《こころ》がけ。例たしなみが足《た》りない。

**たしなむ** 動 ❶好《す》きで、いつも楽《たの》しむ。好《この》む。例お酒《さけ》をたしなむ。❷芸《げい》ごとを心得《こころえ》ている。例母《はは》は茶道《さどう》をたしなむ。

**たしなめる** 動 悪《わる》いところを直《なお》すように注《ちゅう》意《い》する。例遅刻《ちこく》をたしなめた。

**だしぬく【出し抜く】** 動 すきをねらったり、だましたりして、自分《じぶん》が先《さき》にやる。例弟《おとうと》をだしぬいて、先《さき》に家《いえ》に帰《かえ》った。

**だしぬけ【出し抜け】** 形動 いきなり。突《とつ》然《ぜん》。例だしぬけに名前《なまえ》を呼《よ》ばれる。

**たじま【但馬】** 地名 昔《むかし》の国《くに》の名《な》の一《ひと》つ。今《いま》の兵庫県《ひょうごけん》の北部《ほくぶ》にあたる。

**だしもの【出し物】** 名 演劇《えんげき》や演芸《えんげい》などで、上演《じょうえん》する作品《さくひん》。例学芸会《がくげいかい》の出し物。

**✤たしゃ【他者】** 名 他《ほか》の人《ひと》。自分以外《じぶんいがい》の人《ひと》。対自己《じこ》。自分《じぶん》。

**だしゃ【打者】** 名 野球《やきゅう》・ソフトボールで、投手《とうしゅ》の投《な》げた球《たま》を打《う》つ人《ひと》。バッター。例左《ひだり》打者。

**だじゃれ** 名 つまらない、下手《へた》なしゃれ。

**たしゅ【多種】** 名 いろいろの種類《しゅるい》。例多種にわたる書物《しょもつ》がある。

**■たしゅたよう【多種多様】** 形動 いろいろ、さまざまであるようす。例多種多様な意見《いけん》。

**だじゅん【打順】** 名 野球《やきゅう》・ソフトボールで、打者《だしゃ》が打席《だせき》に立《た》つ順番《じゅんばん》。

**°たしょう【多少】** 一名 多《おお》いことと、少《すく》ないこと。例金額《きんがく》の多少は関係《かんけい》ない。二副 いくらか。少《すこ》し。例多少ちがいがある。

**だじょうだいじん【太政大臣】** 名 ❶律《りつ》令制度《りょうせいど》で、いちばん上《うえ》の位《くらい》。「だいじょうだいじん」とも言《い》う。❷明治時代初期《めいじじだいしょき》の政治《せいじ》で、天皇《てんのう》を支《ささ》え、政治《せいじ》をまとめた最高責任者《さいこうせきにんしゃ》。

**たじろぐ** 動 相手《あいて》の力《ちから》や勢《いきお》いにおされて、しりごみする。例敵《てき》の数《かず》の多《おお》さに思《おも》わずたじろいだ。

**だしん【打診】** 名動する ❶医者《いしゃ》が病人《びょうにん》の体《からだ》を、指《ゆび》で軽《かる》くたたいて、ようすを調《しら》べること。❷前《まえ》もって、相手《あいて》の考《かんが》えをさぐること。例相手の気持《きも》ちを打診する。

**°たす【足す】** 動 ❶足《た》りない分《ぶん》を補《おぎな》う。加《くわ》え



ことわざ 鉄《てつ》は熱《あつ》いうちに打《う》て　鉄《てつ》は熱《あつ》いうちに打《う》てという。子《こ》どものうちに基礎的《きそてき》な力《ちから》をつけておくことが大切《たいせつ》だ。

る。例ポットに水《みず》を足す。❷〔算数《さんすう》で〕足《た》し算《ざん》をする。記号《きごう》は「＋」を使《つか》う。例5足す5は10。対引《ひ》く。❸済《す》ませる。終《お》わらせる。例用《よう》を足す。⇩そく【足】752ページ

°**だす【出す】**動 ❶内《うち》から外《そと》に移《うつ》す。例かばんから本《ほん》を出す。❷外《そと》へ行《い》かせる。例子《こ》どもを家《いえ》から出す。❸卒業《そつぎょう》させる。例大学《だいがく》を出す。対(❶〜❸)入《い》れる。❹前《まえ》に動《うご》かす。例手《て》を前《まえ》に出す。❺あらわす。外《そと》に示《しめ》す。例実《じつ》力《りょく》を出す。❻発表《はっぴょう》する。例広告《こうこく》を出す。❼さし出《だ》す。提出《ていしゅつ》する。例お金《かね》を出す。❽起《お》こす。生《しょう》じさせる。例火事《かじ》を出す。❾結果《けっか》を示《しめ》す。例答《こた》えを出す。❿与《あた》える。例宿題《しゅくだい》を出す。⓫〔ある言葉《ことば》のあとにつけて〕…し始《はじ》める。例走《はし》りだす。話《はな》しだす。⇩しゅつ【出】610ページ

**たすう【多数】**名 数《かず》が多《おお》いこと。たくさん。例多数の人《ひと》。対少数《しょうすう》。

**たすうけつ【多数決】**名 賛成《さんせい》する人《ひと》が多《おお》いほうの意見《いけん》に決《き》めること。例多数決で決《けっ》定《てい》する。

**たすうは【多数派】**名 全体《ぜんたい》の中《なか》で、人数《にんずう》の多《おお》いほうの仲間《なかま》。例多数派の意見《いけん》を通《とお》す。

°**たすかる【助かる】**動 ❶危《あぶ》ないこと、苦《くる》しいことから、のがれる。例おかげで命《いのち》が助かった。❷費用《ひよう》や苦労《くろう》が少《すく》なくてすむ。例物《もの》が安《やす》くて助かる。⇩じょ【助】619ページ

**たすき**名 ❶動《うご》きやすいように、着物《きもの》のそでをたくし上《あ》げて、背中《せなか》でななめ十字《じゅうじ》になるようにかけるひも。例たすきをかける。❷肩《かた》から、反《はん》対《たい》側《がわ》の腰《こし》に、ななめにかける布《ぬの》。例駅伝《えきでん》でたすきをつなぐ。

〔たすき❶〕

**たすきがけ【たすき掛け°】**名 たすきをかけること。例たすきがけ姿《すがた》で、いそがしそうに働《はたら》く。⇩たすき 792ページ

**たすけ【助け】**名 助《たす》けること。また、その人《ひと》。例助けを求《もと》める。

**たすけあい【助け合い】**名 たがいに力《ちから》を合《あ》わせること。例助け合い運動《うんどう》。

**たすけぶね【助け船】**名 ❶おぼれている人《ひと》やしずみそうな船《ふね》を助《たす》けるための船《ふね》。❷力《ちから》を貸《か》すこと。例見《み》かねて父《ちち》が助け船を出《だ》した。

°**たすける【助ける】**動 ❶危《あぶ》ないことや苦《くる》しいことから救《すく》う。例おぼれた人《ひと》を助ける。❷力《ちから》を貸《か》す。手伝《てつだ》う。例母《はは》の仕事《しごと》を助ける。⇩じょ【助】619ページ

**たずさえる【携°える】**動 ❶手《て》に持《も》つ。例土産《みやげ》を携えて訪問《ほうもん》する。❷手《て》を取《と》り合《あ》う。連《つ》れ立《だ》つ。例二人《ふたり》は手《て》を携えて上京《じょうきょう》した。⇩けい【携】388ページ

**たずさわる【携°わる】**動 あることに関係《かんけい》する。例教育《きょういく》に携わる。⇩けい【携】388ページ

**たずねびと【尋°ね人】**名 どこにいるかわからなくなり、家族《かぞく》などが探《さが》している人《ひと》。

例解⟷使い分け

**訪《たず》ねると尋《たず》ねる**

友達《ともだち》の家《いえ》を訪《たず》ねる。
史跡《しせき》を訪《たず》ねる。

道《みち》を尋《たず》ねる。
名前《なまえ》を尋《たず》ねる。
真理《しんり》を尋《たず》ねる。

°**たずねる【訪ねる】**動 よその家《いえ》や土地《とち》をおとずれる。訪問《ほうもん》する。敬語 へりくだった言《い》い方《かた》は、「うかがう」。⇩ほう【訪】1190ページ

°**たずねる【尋°ねる】**動 ❶聞《き》く。質問《しつもん》する。例人《ひと》に道《みち》を尋ねる。❷探《さが》し求《もと》める。例アマゾンに珍獣《ちんじゅう》〔＝めずらしいけもの〕を尋ねる。敬語 ❶のへりくだった言《い》い方《かた》は、「うかがう」。⇩じん【尋】657ページ

**たぜい【多勢】**名 人《ひと》の数《かず》の多《おお》いこと。大勢《おおぜい》。対無勢《ぶぜい》。

**多勢《たぜい》に無勢《ぶぜい》** 人数《にんずう》に差《さ》がありすぎて、とてもかなわないこと。

**だせい【惰°性】**名 ❶今《いま》までの勢《いきお》いや習慣《しゅうかん》。例惰性でやっていては上達《じょうたつ》しない。❷〔理《り》科《か》で〕物体《ぶったい》が同《おな》じ状態《じょうたい》を続《つづ》けようとする性《せい》質《しつ》。

**だせき【打席】**名 ⇩バッターボックス 1051ページ



ことわざ 出《で》るくいは打《う》たれる　でしゃばる人《ひと》は嫌《きら》われる。出《で》るくいは打《う》たれると言《い》うとおりだ。

**だせん**【打線】名 野球《やきゅう》・ソフトボールで、打者《だしゃ》の顔《かお》ぶれ。

**たそがれ** 名 夕方《ゆうがた》のうす暗《ぐら》いころ。夕暮《ゆうぐ》れ。対 かわたれ。参考 誰《た》そ彼《かれ》〔＝あの人《ひと》はだれ。〕からきた言葉《ことば》。

**だそく**【蛇足】名 あってもしかたがないむだなもの。よけいな付《つ》け足《た》し。例 これ以上《いじょう》言《い》うと蛇足になる。参考 蛇《へび》を早《はや》くかく競争《きょうそう》をしたとき、いちばん早《はや》くかきあげた人《ひと》が、よけいな足《あし》を付《つ》け足《た》したために、負《ま》けになってしまったという、昔《むかし》の中国《ちゅうごく》の話《はなし》から。

**たた**【多多】副 数《かず》が多《おお》いようす。例 反省点《はんせいてん》は多々ある。

○**ただ** 一 名 ❶お金《かね》のいらないこと。無料《むりょう》。例 ただの紙《かみ》。例 ただで手《て》に入《い》れる。❷ふつう。例 ただの紙きれです。❸何《なに》ごともないこと。例 ただではすまない。二 副 ❶たった。わずかに。例 ただそれだけ。❷もっぱら。ひたすら。例 ただ歩《ある》くだけの旅《たび》です。三 接 前《まえ》に述《の》べたことに、さらに何《なに》かを言《い》い足《た》すとき使《つか》う言葉《ことば》。ただし。例 行《い》くのはよい。ただ、車《くるま》には注意《ちゅうい》しなさいよ。

**ただより高《たか》い物《もの》はない** ただで物《もの》をもらっても、お礼《れい》にお金《かね》がかかったりして、かえって高《たか》くつく。

**だだ** 名 子《こ》どもがわがままを言《い》うこと。

**だだをこねる** 子《こ》どもが、わがままを言《い》い張《は》って、周《まわ》りを困《こま》らせる。例 お菓子《かし》売《う》り場《ば》で子《こ》どもがだだをこねる。

**ただい**【多大】名 形動 非常《ひじょう》にたくさん。対 軽少《けいしょう》。

○**ただいま**【ただ今】一 名 今《いま》。現在《げんざい》。例 ただ今の時刻《じこく》。二 副 ❶今《いま》すぐ。例 父《ちち》はただ今まいります。❷たった今《いま》。例 先生《せんせい》はただ今お帰《かえ》りになりました。三 感 帰《かえ》ってきたときの、挨拶《あいさつ》の言葉《ことば》。参考 ふつう、三はかな書《が》きにする。

**たたえる**【称える】動 ほめる。ほめたたえる。例 努力《どりょく》をたたえる。

**たたえる**【湛える】動 ❶水《みず》などをいっぱいにする。例 ダムに水《みず》をたたえる。❷気持《きも》ちを顔《かお》に表《あらわ》す。例 満面《まんめん》に、笑《え》みをたたえる。

○**たたかい**【戦い】名 ❶戦《たたか》うこと。戦争《せんそう》。争《あらそ》い。❷試合《しあい》。

**たたかい**【闘い】名 困難《こんなん》に負《ま》けないようにがんばること。例 飢《う》えとの闘い。

**たたかいぬく**【戦い抜く】動 最後《さいご》まで戦《たたか》う。例 力《ちから》をつくして戦いぬいた。

○**たたかう**【戦う】動 ❶戦争《せんそう》をする。❷技《わざ》を比《くら》べて、勝《か》ち負《ま》けを決《き》める。例 日本一《にっぽんいち》をかけて戦う。↓せん【戦】727ページ

**たたかう**【闘う】動 困難《こんなん》にうち勝《か》とうと力《ちから》をつくす。例 病気《びょうき》と闘う。↓とう【闘】905ページ

**たたかわせる**【戦わせる・闘わせる】動 ❶戦《たたか》いをさせる。❷考《かんが》えなどをぶつけ合《あ》う。例 意見《いけん》をたたかわせる。

**たたき**【叩き】名 ❶たたくこと。❷魚《さかな》や肉《にく》を、包丁《ほうちょう》などで細《こま》かくたたくこと。また、そのような料理《りょうり》。例 アジのたたき。❸表面《ひょうめん》をあぶったカツオや牛肉《ぎゅうにく》などを厚《あつ》めに切《き》った料理《りょうり》。例 カツオのたたき。

**たたき**【〈三和土〉】名 コンクリートや土《つち》で固《かた》めた、玄関《げんかん》などの土間《どま》。

**たたきあげる**【叩き上げる】動 苦労《くろう》を重《かさ》ねて、腕《うで》をみがき、立派《りっぱ》になる。例 一《いち》からたたき上げて、社長《しゃちょう》になる。

**たたきうり**【叩き売り】名 ❶道《みち》ばたで、大声《おおごえ》で呼《よ》びかけながら物《もの》を売《う》ること。例 バナナのたたき売り。❷安《やす》い値段《ねだん》で売《う》ること。例 中古品《ちゅうこひん》のたたき売り。

**たたきこむ**【叩き込む】動 ❶強《つよ》い力《ちから》で無理《むり》やりに入《い》れる。❷しっかりと身《み》につけさせる。例 頭《あたま》にたたき込む。

**たたきだす**【叩き出す】動 ❶強《つよ》い態度《たいど》で

例解 ↔ 使い分け

**戦《たたか》う と 闘《たたか》う**

武力《ぶりょく》をもって戦《たたか》う。
決勝戦《けっしょうせん》を戦《たたか》う。

病気《びょうき》と闘《たたか》う。
困難《こんなん》と闘《たたか》う。





ことわざ 天高《てんたか》く馬肥《うまこ》ゆる秋《あき》 スーパーにはおいしいものがいっぱい並《なら》んでいる。まさに天高《てんたか》く馬肥《うまこ》ゆる秋《あき》だね。

追《お》いはらう。例 のら犬《いぬ》をたたき出す。❷すばらしい結果《けっか》を出《だ》す。例 高得点《こうとくてん》をたたき出す。

**たたきつける** 動 ❶強《つよ》く投《な》げつける。例 ボールを地面《じめん》にたたきつける。❷乱暴《らんぼう》にさし出《だ》す。例 辞表《じひょう》をたたきつける。

**たたきなおす【叩き直す】** 動 始《はじ》めからきたえ直《なお》す。例 根性《こんじょう》をたたき直す。

**たたきのめす** 動 立《た》ち上《あ》がれないほど、強《つよ》くたたく。さんざんにやっつける。

**たたく【叩く】** 動 ❶ぶつ。なぐる。例 ほっぺたをたたく。❷打《う》って音《おと》を出《だ》す。例 太鼓《たいこ》をたたく。❸悪口《わるくち》を言《い》って、やっつける。例 マスコミにさんざんたたかれた。❹やたらにしゃべる。例 大口《おおぐち》をたたく。❺値段《ねだん》をまけさせる。例 たたいて安《やす》く買《か》う。

**たたけばほこりが出る** どんな人《ひと》でも、よく調《しら》べれば不正《ふせい》や弱点《じゃくてん》が出《て》てくるものだ。

**ただごと** 名 ふつうのこと。あたりまえのこと。例 今《いま》の話《はなし》は、ただごとではない。

### 例解 ! 表現の広場

**たたくと打《う》つとぶつのちがい**

| | たたく | 打つ | ぶつ |
|---|---|---|---|
| バットでボールを | ○ | ○ | × |
| 喜《よろこ》んで手《て》を | ○ | ○ | × |
| 柱《はしら》の角《かど》で頭《あたま》を | × | ○ | ○ |
| ドアを | ○ | × | × |

## ただし【但】 画数 7 部首 亻（にんべん）

音 ―― 訓 ただ-し

けれども。例 但《ただ》し書《が》き。

**ただし【但し】** 接 前《まえ》のことに付《つ》け足《た》して、そのほかの場合《ばあい》や条件《じょうけん》などを言《い》うときに使《つか》う言葉《ことば》。けれども。ただ。例 行《い》ってもいい。ただし、九時《くじ》には帰《かえ》りなさい。参考「但《ただ》し書《が》き」以外《いがい》は、かなで書《か》くことが多《おお》い。

**ただしい【正しい】** 形 ❶まちがっていない。例 正しい答《こた》え。❷心《こころ》がまっすぐで、立《りっ》派《ぱ》である。例 心《こころ》の正しい人《ひと》。❸きちんとしている。例 正しい姿勢《しせい》。⇩せい【正】697ページ

**ただしがき【但し書き】** 名 本文《ほんぶん》のあとに、説明《せつめい》や例外《れいがい》などを書《か》き足《た》したもの。「ただし」で始《はじ》めることが多《おお》いのでいう。

**ただす【正す】** 動 ❶きちんとする。例 姿勢《しせい》を正す。❷よくないところを直《なお》す。例 字《じ》のまちがいを正す。⇩せい【正】697ページ

**ただす【糾す】** 動 罪《つみ》があるかどうか、取《と》り調《しら》べる。例 罪《つみ》をただす。

**ただす【質す】** 動 はっきりさせるために、質問《しつもん》する。例 疑問点《ぎもんてん》をただしておく。

**たたずまい** 名 その場《ば》のようすや雰囲気《ふんいき》。例 庭《にわ》の、静《しず》かなたたずまい。

**たたずむ** 動 しばらくそこに立《た》っている。例 池《いけ》のほとりにたたずむ。

**ただちに【直ちに】** 副 すぐに。例 全員《ぜんいん》直ちに集《あつ》まりなさい。⇩ちょく【直】842ページ

**だだっこ【だだっ子】** 名 あまえてわがままを言《い》い、周《まわ》りを困《こま》らせる子《こ》。

**だだっぴろい【だだっ広い】** 形 やたらに広《ひろ》い。例 だだっ広い家《いえ》。

**ただでさえ** 副 そうでなくても。例 ただでさえ寒《さむ》いのに、うす着《ぎ》ではなおさらだ。

**ただならぬ** 連体 ふつうではない。ひととおりではない。例 ただならぬようすだ。

**ただばたらき【ただ働き】** 名 お金《かね》をもらわずに、ただで働《はたら》くこと。

**たたみ【畳】** 名 日本《にっぽん》の家《いえ》の、床《ゆか》にしく物《もの》。わらを固《かた》めた上《うえ》に、イグサで編《あ》んだござがぬいつけてある。⇩じょう【畳】626ページ

**畳《たたみ》の上《うえ》の水練《すいれん》**〔たたみの上《うえ》で練習《れんしゅう》しても泳《およ》げるようにならないように〕実際《じっさい》の役《やく》には立《た》たない練習《れんしゅう》。

**たたみいと【畳糸】** 名 畳表《たたみおもて》をぬいつけたりするのに使《つか》う、じょうぶな糸《いと》。

**たたみおもて【畳表】** 名 畳《たたみ》の表面《ひょうめん》にぬいつける、イグサの茎《くき》を編《あ》んで作《つく》った敷物《しきもの》。

**たたみかける【畳み掛ける】** 動 間《ま》をおかないで、つぎつぎとする。例 畳みかけるように質問《しつもん》をする。

**たたみこむ【畳み込む】** 動 ❶たたんで中《なか》に入《い》れる。例 台《だい》の足《あし》を畳み込む。❷心《こころ》にしまいこむ。例 教《おし》えを胸《むね》に畳み込む。

**たたむ【畳む】** 動 ❶折《お》って、重《かさ》ねる。例 ふとんを畳む。❷広《ひろ》がっているものを、すぼめる。例 かさを畳む。❸商売《しょうばい》をやめる。例 店《みせ》

ことわざ 天《てん》は人《ひと》の上《うえ》に人《ひと》を造《つく》らず　天《てん》は人《ひと》の上《うえ》に人《ひと》を造《つく》らずとは、人間《にんげん》はみな平等《びょうどう》だということです。

を畳む。❹心《こころ》の中《なか》にしまう。例 胸《むね》に畳んだ悲《かな》しみ。⇩じょう【畳】626ページ

°**ただよう**【漂°う】動 ❶空《そら》や水《みず》にうかんで、ゆれ動《うご》く。例 小船《こぶね》が漂う。❷辺《あた》りに立《た》ちこめる。例 かおりが漂う。⇩ひょう【漂】1111ページ

**たたり** 名 ❶神《かみ》や仏《ほとけ》、死《し》んだもののたましいなどが起《お》こす災《わざわ》い。例 神《かみ》のたたり。❷悪《わる》い結果《けっか》。例 あとのたたりがこわい。

**たたる** 動 ❶神《かみ》や仏《ほとけ》などの、ばちが当《あ》たる。❷悪《わる》い結果《けっか》が起《お》こる。例 無理《むり》がたたって病《びょう》気《き》になる。

**ただれる** 動 皮膚《ひふ》などがはれて、くずれる。例 舌《した》がただれる。

**たち**【〈太刀〉△】名 腰《こし》に下《さ》げる、長《なが》い刀《かたな》。参考「太刀《たち》」は、特別《とくべつ》に認《みと》められた読《よ》み方《かた》。

**たち**【質△】名 ❶生《う》まれつき。性質《せいしつ》。例 あきっぽいたち。❷そのものの質《しつ》。例 たちが悪《わる》い。

**たち**〔ある言葉《ことば》のあとにつけて〕二《ふた》つ、または二人《ふたり》以上《いじょう》であることを表《あらわ》す言葉《ことば》。例 ぼくたち。子《こ》どもたち。

**たちあい**【立ち合い】名 すもうで、仕切《しき》りのあと、立《た》ち上《あ》がるときの動《うご》き。

**たちあい**【立ち会い】名 その場《ば》にいること。また、その人《ひと》。例 両親《りょうしん》の立ち会いの上《うえ》で話《はなし》を決《き》めた。

**たちあう**【立ち合う】動 たがいに勝負《しょうぶ》を争《あらそ》う。例 堂々《どうどう》と立ち合う。

**たちあう**【立ち会う】動 関係《かんけい》のある者《もの》として、その場《ば》にいる。例 式《しき》に立ち会う。

**たちあがり**【立ち上がり】名 動作《どうさ》のし始《はじ》め。例 パソコンの立ち上がりがおそい。

°**たちあがる**【立ち上がる】動 ❶体《からだ》を起《お》こして、まっすぐに立《た》つ。例 いすから立ち上がる。❷心《こころ》を決《き》めて、ものごとを始《はじ》める。例 反対運動《はんたいうんどう》に立ち上がる。❸再《ふたた》び元気《げんき》を取《と》りもどす。例 復興《ふっこう》に向《む》けて立ち上がる。

**たちあげる**【立ち上げる】動 ❶電源《でんげん》を入《い》れて、コンピューターを使《つか》える状態《じょうたい》にする。❷新《あたら》しいことを始《はじ》める。例 新会社《しんがいしゃ》を立ち上げる。

**たちいち**【立ち位置】名 ❶立《た》つ位置《いち》。❷全体《ぜんたい》の中《なか》でのその人《ひと》の立場《たちば》。例 世界《せかい》の中《なか》での日本《にっぽん》の立ち位置。

**たちいふるまい**【立ち居振°る舞°い】名 立《た》ったりすわったりするふだんの動作《どうさ》。例 立ち居ふるまいが上品《じょうひん》だ。

**たちいりきんし**【立ち入り禁止】名 中《なか》に入《はい》ることを禁止《きんし》すること。例 関係者《かんけいしゃ》以外《いがい》は立ち入り禁止だ。

**たちいる**【立ち入る】動 ❶中《なか》へ入《はい》る。例 事故《じこ》の現場《げんば》に立ち入る。❷かかわり合《あ》う。深入《ふかい》りする。例 人《ひと》の話《はなし》に立ち入る。

**たちうち**【〈△太刀〉打ち】名 張《は》り合《あ》って勝負《しょうぶ》すること。例 兄《あに》には太刀打ちできない。

**たちおうじょう**【立ち往生】名 動-する ものごとが行《い》きづまって、先《さき》へ進《すす》めなくなること。例 雪《ゆき》で電車《でんしゃ》が立ち往生した。参考 弁《べん》慶《けい》が立《た》ったまま死《し》んだ〔=往生《おうじょう》した〕という伝《でん》説《せつ》からできた言葉《ことば》。

**たちおくれる**【立ち後△れる・立ち遅°れる】動 ❶立《た》つのがおくれる。例 横綱《よこづな》が立ちおくれる。❷発達《はったつ》や進《すす》み方《かた》が、他《ほか》よりおくれる。例 対策《たいさく》が立ち後れる。

**たちかえる**【立ち返る】動 もとの位置《いち》や状態《じょうたい》にもどる。例 初心《しょしん》に立ち返る。

**たちき**【立ち木】名 地面《じめん》に生《は》えて立《た》っている木《き》。例 庭《にわ》の立ち木が色《いろ》づいた。

**たちぎえ**【立ち消え】名 動-する ❶火《ひ》が途《と》中《ちゅう》で消《き》えてしまうこと。❷ものごとが途《と》中《ちゅう》でやめになってしまうこと。例 橋《はし》をかける話《はなし》が立ち消えになってしまった。

**たちぎき**【立ち聞き】名 動-する かくれて、人《ひと》の話《はなし》をこっそり聞《き》くこと。例 ドアの外《そと》で立ち聞きする。類 盗《ぬす》み聞《ぎ》き。

**たちきる**【断△ち切る】動 ❶切《き》りはなす。例 ロープを断ち切る。❷きっぱり捨《す》てる。関係《かんけい》をなくす。例 悪《わる》い関係《かんけい》を断ち切る。

**たちきる**【裁△ち切る】動 布《ぬの》などを切《き》りはなす。

**たちげいこ**【立ち稽°古】名 劇《げき》などで、本《ほん》読《よ》みが終《お》わったあと、動作《どうさ》や表情《ひょうじょう》をつけながらする練習《れんしゅう》。

**たちこめる**【立ち込°める】動 霧《きり》・煙《けむり》・臭《にお》いなどが、辺《あた》りいっぱいに広《ひろ》がる。例 霧《きり》が一《いち》面《めん》に立ちこめていた。

**たちさる**【立ち去る】動 よそへ行《い》ってしまう。例 その場《ば》から立ち去る。



ことわざ 灯台下暗し《とうだいもとくらし》 灯台下暗し《とうだいもとくらし》だ。すぐそこにあるのに、気《き》づかずにいるのかも知《し》れないな。

**たちすくむ【立ちすくむ】** 動 立《た》ったまま動《うご》けなくなる。例 こわくて立ちすくんだ。

**たちつくす【立ち尽くす】** 動 いつまでもじっと立《た》っている。例 感動《かんどう》して立ちつくす。

**たちどころに** 副 すぐに。その場《ば》で。例 質《しつ》問《もん》に、たちどころに答《こた》える。

**たちどまる【立ち止まる】** 動 歩《ある》くのをやめて立《た》つ。例 立ち止まって話《はなし》をする。

**たちなおる【立ち直る】** 動 元《もと》のようなよい状態《じょうたい》にもどる。例 失敗《しっぱい》から立ち直る。

**たちならぶ【立ち並ぶ】** 動 ❶いくつも続《つづ》いて並《なら》んで立《た》つ。例 ビルが立ち並ぶ。❷力《ちから》が同《おな》じくらいである。例 彼《かれ》の技《ぎ》術《じゅつ》に立ち並ぶ者《もの》はいない。

**たちのく【〈立ち退く〉】** 動 住《す》んでいた場《ば》所《しょ》などをどいて、よそへ移《うつ》る。例 住《す》みなれた家《いえ》を立ち退く。参考「立《た》ち退《の》く」は、特別《とくべつ》に認《みと》められた読《よ》み方《かた》。

**たちのぼる【立ち上る】** 動 煙《けむり》などが高《たか》く上《のぼ》る。例 湯《ゆ》気《げ》が立ち上る。

°**たちば【立場】** 名 ❶立《た》っている所《ところ》。足場《あしば》。❷その人《ひと》が置《お》かれている地《ち》位《い》や状態《じょうたい》。例 苦《くる》しい立場。立場がない。❸考《かんが》え方《かた》のよりどころ。例 平《へい》和《わ》主《しゅ》義《ぎ》の立場で発言《はつげん》する。

**たちばさみ【裁ちばさみ】** 名 布《ぬの》を切《き》るために使《つか》う、やや大《おお》きなはさみ。

**たちはだかる【立ちはだかる】** 動 ❶前《まえ》に手《て》足《あし》を大《おお》きく広《ひろ》げて立《た》つ。例 大男《おおおとこ》が、道《みち》に立ちはだかる。❷じゃまをする。例 行《ゆ》く手《て》に立ちはだかる大《おお》きな山《やま》。

**たちはたらく【立ち働く】** 動 あれこれとよく働《はたら》く。例 一日中《いちにちじゅう》まめに立ち働く。

**たちばなし【立ち話】** 名 動-する 立《た》ったまま話《はなし》をすること。また、その話《はなし》。例 立ち話をしていないで入《はい》ってもらいなさい。

**たちふさがる【立ち塞がる】** 動 前《まえ》に立《た》ってじゃまをする。例 難《なん》問《もん》が立ちふさがる。

°**たちまち** 副 すぐに。急《きゅう》に。例 水《みず》をかけたら、たちまち火《ひ》が消《き》えた。

**たちまわり【立ち回り】** 名 ❶立《た》ち寄《よ》ること。例 立ち回り先《さき》。❷映画《えいが》や演劇《えんげき》などで、切《き》り合《あ》いやけんかの演技《えんぎ》。例 立ち回りの場面《ばめん》。❸つかみ合《あ》いのけんか。

**たちまわる【立ち回る】** 動 ❶あちらこちらと動《うご》き回《まわ》る。❷自分《じぶん》に有利《ゆうり》になるよう、人《ひと》にはたらきかける。例 二《ふた》つのグループの間《あいだ》をうまく立ち回る。❸立《た》ち寄《よ》る。例 犯人《はんにん》が立ち回りそうな場《ば》所《しょ》。

**たちみ【立ち見】** 名 立《た》ったまま見《み》ること。例 立ち見席《せき》で芝《しば》居《い》を見《み》る。

**たちむかう【立ち向かう】** 動 ❶手《て》向《む》かいする。例 敵《てき》に立ち向かう。❷解決《かいけつ》しようと力《ちから》をつくす。例 困難《こんなん》に立ち向かう。

**たちもどる【立ち戻る】** 動 帰《かえ》って来《く》る。元《もと》にもどる。例 ふるさとに立ち戻る。

**たちゆく【立ち行く】** 動 生活《せいかつ》や商売《しょうばい》が成《な》り立《た》つ。例 店《みせ》が立ち行かなくなる。

**だちょう【駝鳥】** 名 アフリカの草原《そうげん》にすむ、鳥《とり》の中《なか》でいちばん大《おお》きな鳥《とり》。体《たい》長《ちょう》二・四メートル以《い》上《じょう》になる。首《くび》と足《あし》が長《なが》く、空《そら》は飛《と》べないが、走《はし》るのは速《はや》い。

〔だちょう〕

**たちよる【立ち寄る】** 動 ❶ついでに訪《たず》ねる。例 帰《かえ》りに本《ほん》屋《や》に立ち寄る。❷そばに寄《よ》る。例 木《こ》かげに立ち寄る。

**だちん【駄賃】** 名 お使《つか》いやお手伝《てつだ》いをしたときにもらう、お金《かね》やほうび。

**たつ【達】** 画数 12 部首 辶（しんにょう） 4年

音 タツ 訓 ―

筆順 一 十 土 幸 達

❶成《な》しとげる。熟語 達成《たっせい》。上達《じょうたつ》。発達《はったつ》。❷届《とど》く。届《とど》ける。熟語 速達《そくたつ》。通達《つうたつ》。伝達《でんたつ》。到達《とうたつ》。配達《はいたつ》。❸すぐれている。熟語 達人《たつじん》。達筆《たっぴつ》。熟達《じゅくたつ》。⬇たっする 798ページ

**たつ【竜】** 名 ⬇りゅう【竜】1388ページ

°**たつ【立つ】** 動 ❶まっすぐ縦《たて》になる。例 人《ひと》が立《た》っている。旗《はた》が立つ。対（人《ひと》の場合《ばあい》）座《すわ》る。❷起《お》き上《あ》がる。例 いすから立つ。対 座《すわ》る。❸上《うえ》のほうに動《うご》く。例 煙《けむり》が立つ。❹はなれる。出《で》かける。例 席《せき》を立つ。東京《とうきょう》へ立つ。❺広《ひろ》まる。はっきりする。例 うわさが立つ。

ことわざ 豆腐《とうふ》にかすがい 何度《なんど》注意《ちゅうい》しても豆腐《とうふ》にかすがいで、いっこうに効果《こうか》がない。

人目《ひとめ》に立つ。❻激《はげ》しくなる。例 波《なみ》が立つ。風《かぜ》が立つ。❼ある役《やく》や地位《ちい》にある。例 人《ひと》の上《うえ》に立つ。❽開《ひら》かれる。例 市《いち》が立つ。❾その状態《じょうたい》を保《たも》つ。例 暮《く》らしが立つ。❿ものごとが決《き》まる。例 予定《よてい》が立つ。⓫すぐれている。例 筆《ふで》が立つ。⓬理《り》屈《くつ》に合《あ》っている。例 言《い》い訳《わけ》が立つ。⓭使《つか》える。何《なに》かのためにする。例 役《やく》に立つ。⓮〔ある言葉《ことば》のあとにつけて〕そのようすが激《はげ》しいことを表《あらわ》す。例 煮《に》え立つ。いきり立つ。↓りつ【立】1383ページ

**たつ【建つ】** 動 建物《たてもの》などができる。例 となりに家《いえ》が建った。↓けん【建】406ページ

**たつ【断△つ】** 動 ❶切《き》りはなす。例 ロープを断つ。❷やめる。例 酒《さけ》を断つ。❸さえぎる。例 にげ道《みち》を断つ。↓だん【断】811ページ

**たつ【絶つ】** 動 ❶つながりをなくす。例 つき合《あ》いを絶つ。❷ほろぼす。終《お》わらす。例 命《いのち》を絶つ。❸なくす。例 消息《しょうそく》を絶つ。望《のぞ》みを絶つ。↓ぜつ【絶】718ページ

**たつ【裁△つ】** 動 布《ぬの》や紙《かみ》を、型《かた》や寸法《すんぽう》に合《あ》わせて切《き》る。例 服地《ふくじ》を裁つ。↓さい【裁】496ページ

**たつ【辰◆】** 名 十二支《じゅうにし》の五番《ごばん》め。↓じゅうにし 601ページ

**たつ** 動 時《とき》・時間《じかん》が過《す》ぎる。例 二時間《にじかん》たった。

## だつ【脱】
画数 11 部首 月（にくづき）

音 ダツ 訓 ぬ-ぐ ぬ-げる

❶ぬぐ。ぬげる。熟語 脱衣《だつい》。脱皮《だっぴ》。例 靴《くつ》を脱《ぬ》ぐ。❷取《と》り除《のぞ》く。もれ落《お》ちる。熟語 脱色《だっしょく》。脱水《だっすい》。❸手《て》ぬかりでもらす。熟語 脱字《だつじ》。脱落《だつらく》。❹外《はず》れる。それる。熟語 脱会《だっかい》。脱線《だっせん》。❺のがれる。自由《じゆう》になる。熟語 脱出《だっしゅつ》。脱走《だっそう》。↓だっする 798ページ

## だつ【奪】
画数 14 部首 大（だい）

音 ダツ 訓 うば-う

うばう。熟語 奪回《だっかい》。奪取《だっしゅ》。略奪《りゃくだつ》。

**だつい【脱衣】** 名 動する 衣服《いふく》をぬぐこと。例 脱衣場《じょう》。対 着衣《ちゃくい》。

**だついじょ【脱衣所】** 名 ふろ場《ば》やプールなどで、服《ふく》を脱《ぬ》いだり着《き》たりする場所《ばしょ》。

**だっかい【脱会】** 名 動する 会《かい》をぬけること。退会《たいかい》。例 脱会届《とどけ》を出《だ》す。対 入会《にゅうかい》。

**だっかい【奪回】** 名 動する 取《と》り返《かえ》すこと。例 優勝旗《ゆうしょうき》を奪回する。

**だっかん【奪還】** 名 動する とられていたものをうばい返《かえ》すこと。例 首位《しゅい》を奪還する。

**だっきゃく【脱却】** 名 動する ❶悪《わる》い状態《じょうたい》からぬけ出《で》ること。例 赤字体質《あかじたいしつ》からの脱却。❷捨《す》て去《さ》ること。例 古《ふる》い考《かんが》えを脱却する。

**たっきゅう【卓球】** 名 台《だい》の両側《りょうがわ》からラケットで球《たま》を打《う》ち合《あ》う競技《きょうぎ》。ピンポン。

**だっきゅう【脱臼】** 名 動する 骨《ほね》の関節《かんせつ》が外《はず》れること。

**ダッグアウト** 〔英語 dugout〕名〔「ダグアウト」ともいう。〕↓ベンチ 1186ページ

**タックル** 〔英語 tackle〕名 動する ❶ラグビーで、ボールを持《も》っている相手《あいて》の体《からだ》にとびついて、じゃまをすること。❷サッカーで、すべりこんで相手《あいて》のボールをうばうこと。❸レスリングで、相手《あいて》の体《からだ》にとびかかって組《く》みつくこと。

**たっけん【卓見】** 名 とても優《すぐ》れた意見《いけん》や考《かんが》え。例 教授《きょうじゅ》の名《な》に恥《は》じない卓見を披露《ひろう》する。

**だっこく【脱穀】** 名 動する 穀物《こくもつ》のつぶを、穂《ほ》から取《と》りはなすこと。また、穀物《こくもつ》のつぶから、からを取《と》り去《さ》ること。例 昔《むかし》は手作業《てさぎょう》で脱穀していた。類 稲《いね》こき。

**だつごく【脱獄】** 名 動する 囚人《しゅうじん》が、刑務所《けいむしょ》からにげ出《だ》すこと。

**だつじ【脱字】** 名 書《か》き落《お》としたり、印刷《いんさつ》し

例解 ↔ 使い分け

### 断《た》つと絶《た》つと裁《た》つ

ロープを断《た》つ。
にげ道《みち》を断《た》つ。
悪《あく》の根《ね》を断《た》つ。

連絡《れんらく》を絶《た》つ。
命《いのち》を絶《た》つ。
最後《さいご》の望《のぞ》みを絶《た》つ。

布地《ぬのじ》を裁《た》つ。

ことわざ 遠《とお》くの親類《しんるい》より近《ちか》くの他人《たにん》　一人住《ひとりず》まいのお年寄《としよ》りを、近所《きんじょ》の人《ひと》がお世話《せわ》している。やはり遠《とお》くの親類《しんるい》より近《ちか》くの他人《たにん》だね。

た文《ぶん》の中《なか》でぬけていたりする字《じ》。例 誤字《ごじ》や脱字に注意《ちゅうい》する。

**だっしめん【脱脂綿】** 名 あぶらけを取《と》り去《さ》って、消毒《しょうどく》した綿《わた》。

**たっしゃ【達者】** 形動 ❶丈夫《じょうぶ》なようす。例 祖父《そふ》は、九十歳《きゅうじっさい》でも達者です。❷上手《じょうず》なようす。例 兄《あに》はドイツ語《ご》が達者です。類 堪能《たんのう》。

**だっしゅ【奪取】** 名 動する うばい取《と》ること。例 首位《しゅい》を奪取する。

**ダッシュ** 〔英語 dash〕 一 名 動する 勢《いきお》いよく走《はし》ること。例 ゴール前《まえ》でダッシュした。二 名 ❶〔国語《こくご》で〕文章《ぶんしょう》の途中《とちゅう》に使《つか》う「—」の記号《きごう》。❷「A'」のように、文字《もじ》の右上《みぎうえ》につける「'」の記号《きごう》。↓ふろく(11ページ)

**だっしゅう【脱臭】** 名 動する いやなにおいを取《と》り去《さ》ること。例 脱臭剤《ざい》。

**だっしゅつ【脱出】** 名 動する 危《あぶ》ない所《ところ》からぬけ出《だ》すこと。例 ピンチを脱出する。

**だっしょく【脱色】** 名 動する ついている色《いろ》や染《そ》めてある色《いろ》を落《お》とすこと。例 髪《かみ》の毛《け》の色《いろ》を脱色する。対 着色《ちゃくしょく》。

**たつじん【達人】** 名 上手《じょうず》な人《ひと》。すぐれている人《ひと》。例 剣道《けんどう》の達人。

**だっすい【脱水】** 名 動する ❶水分《すいぶん》を取《と》り除《のぞ》くこと。例 脱水機《き》。❷体《からだ》の水分《すいぶん》が少《すく》なくなること。例 脱水症状《しょうじょう》。

**たっする【達する】** 動 ❶行《い》き着《つ》く。届《とど》く。例 ロケットが月《つき》に達した。❷成《な》しとげる。例 目的《もくてき》を達する。

**だっする【脱する】** 動 ぬけでる。のがれる。例 危機《きき》を脱した。

**たっせい【達成】** 名 動する 成《な》しとげること。例 目的《もくてき》を達成する。類 成就《じょうじゅ》。

**だつぜい【脱税】** 名 動する 税金《ぜいきん》をごまかして、納《おさ》めないこと。例 大企業《だいきぎょう》の脱税が発覚《はっかく》した。

**たつせがない【立つ瀬がない】** 他《ほか》の人《ひと》に対《たい》する自分《じぶん》の立場《たちば》がない。例 引《ひ》き受《う》けてくれないと、わたしの立つ瀬がない。

**だっせん【脱線】** 名 動する ❶列車《れっしゃ》や電車《でんしゃ》などが線路《せんろ》から外《はず》れること。例 脱線事故《じこ》。❷話《はなし》や行動《こうどう》が横道《よこみち》へそれること。例 すぐ脱線するので、なかなか話《はなし》が終《お》わらない。

**だっそう【脱走】** 名 動する ぬけ出《だ》してにげること。例 牢屋《ろうや》から脱走する。

**たった** 副 数《かず》や量《りょう》が少《すく》ないようす。わずか。ほんの。例 たった一人《ひとり》だ。バスは、たった今出《いまで》たところだ。

**だったい【脱退】** 名 動する 団体《だんたい》や会《かい》などからぬけること。対 加入《かにゅう》。

**タッチ** 〔英語 touch〕 一 名 動する ❶さわること。例 タッチの差《さ》〔=わずかな差《さ》〕で勝《か》つ。❷関係《かんけい》すること。例 仕事《しごと》にタッチする。二 名 ❶筆《ふで》などの使《つか》い方《かた》。例 力強《ちからづよ》いタッチの絵《え》。❷ピアノなどのキーをおすときの力《ちから》の入《い》れぐあい。例 やわらかいタッチ。

**タッチパネル** 〔英語 touch panel〕 名 画面《がめん》を指先《ゆびさき》やペンで直接《ちょくせつ》触《ふ》れることで、コンピューターを操作《そうさ》できる入力装置《にゅうりょくそうち》。

**タッチペン** 〔英語 touch pen〕 名 パソコンやタブレット画面《がめん》を操作《そうさ》する時《とき》に使《つか》う、ペン型《がた》の機器《きき》。

**たって** 副 強《つよ》く望《のぞ》むようす。どうしても。無理《むり》に。例 たっての願《ねが》い。

**だって** 一 接 相手《あいて》の言葉《ことば》に対《たい》する反対《はんたい》の気持《きも》ちや、前《まえ》に述《の》べたことなどに対《たい》する理由《りゆう》を言《い》うときの言葉《ことば》。例「やめます。だって雨《あめ》なんだもの。」 二 助 …であっても。…でも。例 一年生《いちねんせい》だって知《し》ってるよ。

**たっとい【尊い】** 形「尊《とうと》い」の少《すこ》し古《ふる》い言《い》い方《かた》。↓そん【尊】764ページ

**たっとい【貴い】** 形「貴《とうと》い」の少《すこ》し古《ふる》い言《い》い方《かた》。↓き【貴】294ページ

**たっとぶ【尊ぶ】** 動「尊《とうと》ぶ」の少《すこ》し古《ふる》い言《い》い方《かた》。↓そん【尊】764ページ

**たっとぶ【貴ぶ】** 動「貴《とうと》ぶ」の少《すこ》し古《ふる》い言《い》い方《かた》。↓き【貴】294ページ

**たつとりあとをにごさず【立つ鳥跡を濁さず】** 〔水鳥《みずどり》の飛《と》び立《た》ったあとの水《みず》がきれいなように〕人《ひと》も立《た》ち去《さ》るときは、あと始末《しまつ》をしてから行《い》くものだ。「飛《と》ぶ鳥跡《とりあと》を濁《にご》さず」とも言《い》う。

**たづな【手綱】** 名 馬《うま》をあやつるために、馬《うま》のくつわにつける綱《つな》。↓くら(鞍)375ページ

**手綱《たづな》を引《ひ》き締《し》める** ゆるんだ気持《きも》ちを引《ひ》きしめる。例 去年勝《きょねんか》ったチームが相手《あいて》とはいえ、手綱を引き締めて戦《たたか》おう。





ことわざ 時《とき》は金《かね》なり　時《とき》は金《かね》なりだ。遊《あそ》んでいないで、さあ、仕事《しごと》に取《と》りかかろう。

**たつのおとしご** 名 海《うみ》にすむ魚《さかな》の仲間《なかま》。体《からだ》は竜《たつ》のような形《かたち》で、顔《かお》は馬《うま》に似《に》ている。立《た》ったまま泳《およ》ぐ。

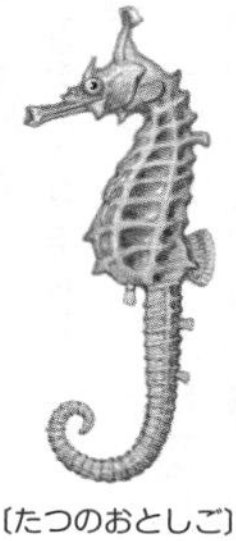
〔たつのおとしご〕

**だっぴ【脱皮】** 名 動-する ❶昆虫《こんちゅう》などが大《おお》きくなる途中《とちゅう》で、古《ふる》い皮《かわ》をぬぎ捨《す》てること。例 セミの脱皮。❷古《ふる》い考《かんが》え方《かた》を捨《す》てて、新《あたら》しい考《かんが》え方《かた》に変《か》わること。例 昔《むかし》ながらの風習《ふうしゅう》から脱皮する。

**たっぴつ【達筆】** 名 形動 すらすらと、上手《じょうず》に字《じ》を書《か》くこと。対 悪筆《あくひつ》。

**タップ**〔英語 tap〕一 名 ❶コンセントと電気《でんき》器具《きぐ》との中間《ちゅうかん》に使《つか》う、さし込《こ》み付《つ》きのコード。電源《でんげん》タップ。❷靴《くつ》で床《ゆか》を踏《ふ》み鳴《な》らして踊《おど》るダンス。タップダンス。二 名 動-する タッチパネルを、指《ゆび》などで軽《かる》くたたいて入力《にゅうりょく》すること。

**たっぷり** 副(-と) 動-する ❶たくさんあるようす。例 ご飯《はん》をたっぷり食《た》べる。❷ゆとりがあるようす。例 たっぷりした服《ふく》。

**だつぼう【脱帽】** 名 動-する ❶ぼうしをぬぐこと。❷とてもかなわないと、降参《こうさん》すること。例 君《きみ》には脱帽だ。

**たつまき【竜巻】** 名 砂《すな》や海《うみ》の水《みず》などを巻《ま》き上《あ》げる、大《おお》きな空気《くうき》のうず巻《ま》き。

**だつらく【脱落】** 名 動-する ❶ぬけ落《お》ちること。例 ページが脱落している。❷ついて行《い》けなくなって、仲間《なかま》から外《はず》れること。例 練習《れんしゅう》がきつくて、脱落した。

**だつりょく【脱力】** 名 動-する 体《からだ》の力《ちから》が抜《ぬ》けること。例 脱力感《かん》におそわれる。

**たて【盾】** 名 攻撃《こうげき》を防《ふせ》ぎ、身《み》を守《まも》るために使《つか》うもの。↓じゅん【盾】615ページ

**盾《たて》に取《と》る** あることを、言《い》い訳《わけ》に使《つか》う。例 規則《きそく》をたてにとって断《ことわ》る。

**盾《たて》を突《つ》く** 逆《さか》らう。たてつく。例 親《おや》にたてをつく。

〔たて〕

**たて【縦】** 名 上下《じょうげ》の方向《ほうこう》。また、その長《なが》さ。対 横《よこ》。↓じゅう【縦】594ページ

**縦《たて》の物《もの》を横《よこ》にもしない** 面倒《めんどう》くさがって、何《なに》もしない。

**たて**〔ある言葉《ことば》のあとにつけて〕…したばかり。例 ペンキぬりたて。焼《や》きたてのパン。

**たで** 名 夏《なつ》から秋《あき》にかけて、小《ち》いさな花《はな》を穂《ほ》のようにつける植物《しょくぶつ》。茎《くき》も葉《は》もからい。

**たで食《く》う虫《むし》も好《す》き好《ず》き** からいたでの葉《は》を好《この》んで食《た》べる虫《むし》があるように、人《ひと》の好《この》みもさまざまだ。

**だて【立て】**〔ある言葉《ことば》のあとにつけて〕❶わざと…すること。例 かくしだてする。❷車《くるま》につける牛《うし》や馬《うま》などの数《かず》を表《あらわ》す。例 四頭《よんとう》立ての馬車《ばしゃ》。❸いっしょに上映《じょうえい》する映画《えいが》の数《かず》を表《あらわ》す。例 二本《にほん》立て。

**だて【建て】**〔ある言葉《ことば》のあとにつけて〕家《いえ》などの建《た》て方《かた》を表《あらわ》す。例 二階《にかい》建て。

**だて【〈伊達〉】** 名 形動 人目《ひとめ》を引《ひ》く、はでなようすやふるまい。また、見《み》えを張《は》るようす。例 だての薄着《うすぎ》〔＝寒《さむ》いときでもがまんして薄着《うすぎ》をして、かっこよく見《み》せようとすること〕。

**たてあな【縦穴・竪穴】** 名 まっすぐ下《した》に向《む》けてほった穴《あな》。対 横穴《よこあな》。

**たてあなじゅうきょ【竪穴住居】** 名 大昔《おおむかし》の住《す》まい。地面《じめん》をほり下《さ》げ、柱《はしら》を立《た》てて草《くさ》ぶきの屋根《やね》でおおったもの。

〔たてあなじゅうきょ〕

**たていたにみず【立て板に水】**〔立《た》てかけた板《いた》に水《みず》を流《なが》すように〕すらすらとものを言《い》うようす。

**たていと【縦糸】** 名 織物《おりもの》の、縦《たて》の方向《ほうこう》に通《とお》っている糸《いと》。対 横糸《よこいと》。

**たてうり【建て売り】** 名 家《いえ》を建《た》てて売《う》ること。また、その家《いえ》。

**たてかえる【立て替える】** 動 人《ひと》に代《か》わって、一時《いちじ》、お金《かね》をはらっておく。例 立て替えた代金《だいきん》を返《かえ》してもらった。

✤**たてがき【縦書き】** 名 文字《もじ》を上《うえ》から下《した》へ、



ことわざ 所《ところ》変《か》われば品《しな》変《か》わる　所《ところ》変《か》われば品《しな》変《か》わるで、引《ひ》っ越《こ》してみておどろくことが多《おお》かった。

順《じゅん》に並《なら》べて書《か》くこと。対 横書《よこが》き。

✤**たてかく**【縦画】名〔国語《こく ご》で〕漢字《かんじ》を書《か》くときに縦《たて》に引《ひ》く線《せん》。対 横画《よこかく》。

**たてかける**【立て掛ける】動 他《ほか》のものに寄《よ》りかからせて立《た》てる。例 はしごを壁《かべ》に立てかける。

**たてがみ** 名 馬《うま》やライオンの雄《おす》などの、首《くび》から背《せ》にかけて生《は》えている長《なが》い毛《け》。

**たてぐ**【建具】名 戸《と》・障子《しょうじ》・ふすまなど、開《あ》けたり閉《し》めたりして、部屋《へや》を仕切《しき》るもの。

**たてごと**【たて琴】名 糸《いと》を縦《たて》に張《は》り、指《ゆび》ではじいてひく弦楽器《げんがっき》。ハープ。

**たてこむ**【立て込む】動 ❶こみ合《あ》う。混雑《こんざつ》する。例 お客《きゃく》で店《みせ》が立て込む。❷仕事《しごと》が重《かさ》なって、いそがしい。例 仕事《しごと》が立て込んでいる。❸家《いえ》がすき間《ま》なく並《なら》んでいる。例 町《まち》は家《いえ》が立て込んでいる。

**たてこもる**【立て籠もる】動 ❶家《いえ》や建《たて》物《もの》に閉《と》じこもって、外《そと》に出《で》ない。❷城《しろ》にいて、敵《てき》を防《ふせ》ぐ。籠城《ろうじょう》する。

**たてじく**【縦軸】名〔算数《さんすう》で〕グラフのもとになる縦《たて》の線《せん》。対 横軸《よこじく》。

**たてじま**【縦じま】名 縦《たて》の方向《ほうこう》に筋《すじ》になったしま模様《もよう》。対 横《よこ》じま。

**たてつく**【盾突く】動 手向《てむ》かう。逆《さか》らう。盾《たて》をつく。例 兄《あに》にたてつく。

**たてつけ**【建て付け・立て付け】名 戸《と》や障子《しょうじ》の、開《あ》けたり閉《し》めたりするぐあい。例 建て付けが悪《わる》くて戸《と》ががたがたする。

**たてつづけ**【立て続け】名 続《つづ》けざま。例 立て続けに事故《じこ》があった。

**たてつぼ**【建坪】名 建物《たてもの》が建《た》っている地面《じめん》の広《ひろ》さ。

**たてなおす**【立て直す】動 ❶作《つく》り直《なお》す。❷悪《わる》くなったものを元《もと》どおりにする。例 計画《けいかく》を立て直す。例 景《けい》気《き》を立て直す。

**たてなおす**【建て直す】動 ❶古《ふる》くなった建物《たてもの》を造《つく》り直《なお》す。❷つぶれかかった会社《かいしゃ》などを元《もと》どおりにする。再建《さいけん》する。例 チームを建て直す。

**たてなが**【縦長】名形動 縦《たて》に長《なが》いこと。例 縦長の封筒《ふうとう》。対 横長《よこなが》。

**たてひざ**【立て膝】名動-する 片方《かたほう》のひざを立《た》ててすわること。

**たてぶえ**【縦笛】名 縦《たて》にしてふく笛《ふえ》。リコーダー・尺八《しゃくはち》など。対 横笛《よこぶえ》。

**たてふだ**【立て札】名 人《ひと》に知《し》らせることなどを書《か》いて、道《みち》ばたなどに立《た》てる札《ふだ》。

**たてまえ**【建て前】名 家《いえ》を建《た》てるとき、おもな骨組《ほねぐ》みができて、棟木《むなぎ》を上《あ》げること。また、そのときのお祝《いわ》い。棟上《むねあ》げ。

**たてまえ**【建て前・立て前】名 表向《おもてむ》きのやり方《かた》や考《かんが》え。例 禁止《きんし》がたてまえだ。たてまえがくずれる。対 本音《ほんね》。

**だて まさむね**〖伊達政宗〗人名（男）（一五六七～一六三六）安土桃山《あづちももやま》時代《じだい》から江戸《えど》時代初《じだいはじ》めの武将《ぶしょう》。今《いま》の宮城県《みやぎけん》とその周辺《しゅうへん》を領地《りょうち》とした。

**たてまし**【建て増し】名動-する 今《いま》まであった建物《たてもの》に、新《あたら》しく建物《たてもの》をつけ加《くわ》えること。増築《ぞうちく》。例 勉強部屋《べんきょうべや》を建て増しする。

**たてまつる**【奉る】動 ❶神《かみ》や身分《みぶん》の高《たか》い人《ひと》に、さしあげる。例 お供《そな》え物《もの》を奉る。❷形《かたち》だけ敬《うやま》っているように見《み》せる。例 会長《かいちょう》に奉っておく。

◦**たてもの**【建物】名 木《き》や石《いし》などを組《く》み合《あ》わせて造《つく》った家《いえ》やビルなど。建築物《けんちくぶつ》。⇩ほう【奉】 1190ページ

**たてやくしゃ**【立て役者】名 ❶芝居《しばい》でおもな役《やく》をする役者《やくしゃ》。❷中心《ちゅうしん》となる人《ひと》。例 あの人《ひと》が、成功《せいこう》の立て役者だ。

**たてやま**〖立山〗地名 富山県《とやまけん》の東部《とうぶ》、北《きた》アルプスの北西《ほくせい》にある山々《やまやま》。

**たてゆれ**【縦揺れ】名動-する ❶地震《じしん》などで、上下《じょうげ》にゆれること。❷船《ふね》などが縦方向《たてほうこう》にゆれること。対（❶・❷）横《よこ》ゆれ。

◦**たてる**【立てる】動 ❶縦《たて》にまっすぐに置《お》く。例 柱《はしら》を立てる。❷上向《うわむ》きに起《お》こす。例 えりを立てる。❸戸《と》や障子《しょうじ》などを閉《し》める。例 戸《と》を立てる。❹上《うえ》にあげる。例 煙《けむり》を立てる。❺つきさす。例 つめを立てる。❻生《しょう》じさせる。起《お》こす。例 波風《なみかぜ》を立てる。❼気《き》持《も》ちをはげしくする。例 腹《はら》を立てる。❽発《はっ》する。出《だ》す。例 足音《あしおと》を立てる。❾用《もち》いる。はたらかせる。例 役《やく》に立てる。聞《き》き耳《みみ》を立てる。❿一定《いってい》の位置《いち》や役目《やくめ》につける。例 彼《かれ》を先頭《せんとう》に立てる。見張《みは》りを立てる。⓫世《よ》の中《なか》に知《し》らせる。例 うわさを立てる。⓬決《き》める。考《かんが》え

ことわざ 捕《と》らぬたぬきの皮算用《かわざんよう》　お年玉《としだま》をもらってもいないのに、もらったときのことを言《い》うなんて、捕《と》らぬたぬきの皮算用《かわざんよう》だよ。

出《だ》す。例 予定《よてい》を立てる。筋道《すじみち》を立てる。⑬なしとげる。例 手柄《てがら》を立てる。新記録《しんきろく》を立てる。⑭続《つづ》かせる。やっていく。例 暮《く》らしを立てる。⑮尊敬《そんけい》して扱《あつか》う。例 先輩《せんぱい》を立てる。⑯わかす。例 毎晩《まいばん》ふろを立てる。⑰〔ある言葉《ことば》のあとにつけて〕さかんに…する。例 追《お》い立てる。さわぎ立てる。⇩りつ【立】1383ページ

**°たてる**【建てる】動 建物《たてもの》などを造《つく》る。例 家《いえ》を建てる。⇩けん【建】406ページ

**たてる**【点てる】動 抹茶《まっちゃ》に湯《ゆ》をそそいで、飲《の》めるようにする。例 茶《ちゃ》をたてる。

**たてわり**【縦割り】名 ❶縦《たて》に割《わ》ること。❷一《ひと》つの組織《そしき》が、年齢《ねんれい》や立場《たちば》などの上下《じょうげ》の関係《かんけい》を中心《ちゅうしん》に作《つく》られていること。

**たとい** 副 ⇩たとえ副 801ページ

**だとう**【打倒】名 動-する 相手《あいて》を打《う》ちたおすこと。例 敵《てき》を打倒する。

例解 ⇔ 使い分け

**立《た》てる と 建《た》てる**

柱《はしら》を立《た》てる。
見通《みとお》しを立《た》てる。
てがらを立《た》てる。
腹《はら》を立《た》てる。
家《いえ》を建《た》てる。
銅像《どうぞう》を建《た》てる。
国《くに》を建《た》てる。

**だとう**【妥当】名 形動 考《かんが》え方《かた》や、やり方《かた》に無理《むり》がなく、ちょうどよいようす。例 妥当な方法《ほうほう》だと思《おも》う。

**✤たどうし**【他動詞】名 動詞《どうし》のうち、「本《ほん》を読《よ》む」「木《き》を切《き》る」の「読《よ》む」「切《き》る」などのように、他《ほか》にはたらきかける動作《どうさ》などを表《あらわ》す動詞《どうし》。〔多《おお》く「…を」のあとにつく。〕対 自動詞《じどうし》。

**だとうせい**【妥当性】名 無理《むり》がなく、よく当《あ》てはまっていること。例 妥当性のある判断《はんだん》。

**✤°たとえ**【例え】名 わかりやすく説明《せつめい》するために、身近《みぢか》なものごとを引《ひ》き合《あ》いに出《だ》すこと。また、そのものごと。例 ウサギとカメの話《はなし》を例えに出《だ》す。

**°たとえ** 副 仮《かり》に。もし。たとい。例 たとえ負《ま》けても、がっかりするな。注意 あとに「ても」「でも」などの言葉《ことば》がくる。

**°たとえば**【例えば】副 例《れい》をあげれば。たとえて言《い》えば。例 このかおりは、例えば、レモンのようなかおりです。

**たとえようもない**【例えようもない】 他《ほか》のものとは比《くら》べものにならない。たとえようがない。例 秋《あき》のもみじは、たとえようもないほど美《うつく》しい。

**°たとえる**【例える】動 説明《せつめい》のために、他《ほか》のものごとを例《れい》に出《だ》す。例 ほおの赤《あか》さをリンゴにたとえる。⇩れい【例】1400ページ

**たどく**【多読】名 動-する 本《ほん》をたくさん読《よ》むこと。

**たどたどしい** 形 危《あぶ》なっかしい。確《たし》かでない。例 たどたどしい手《て》つき。

**たどりつく**【たどり着く】動 やっと、目《め》当《あ》ての場所《ばしょ》に行《い》き着《つ》く。例 ようやく頂上《ちょうじょう》にたどり着いた。

**°たどる** 動 ❶道《みち》に沿《そ》って進《すす》む。例 山道《やまみち》をたどる。❷筋道《すじみち》を追《お》ってたずね探《さが》す。例 思《おも》い出《で》をたどる。❸ある方向《ほうこう》へ進《すす》む。例 ふしぎな運命《うんめい》をたどる。

**たな【棚】** 画数 12 部首 木（きへん）

音 ―― 訓 たな

❶物《もの》を乗《の》せる、たな。熟語 網棚《あみだな》。本棚《ほんだな》。❷植物《しょくぶつ》をはわせる、たな。例 ぶどう棚《だな》。❸なだらかな海《うみ》の底《そこ》。熟語 大陸棚《たいりくだな》。

**たな**【棚】名 ❶物《もの》を乗《の》せるために、板《いた》などを横《よこ》にわたしたもの。例 本《ほん》を棚にもどす。❷フジやブドウなどの植物《しょくぶつ》をはわせるために、高《たか》く平《たい》らに組《く》んだ台《だい》。例 ヘチマの棚。

**棚《たな》からぼたもち** 思《おも》いがけない幸運《こううん》に巡《めぐ》り会《あ》うことのたとえ。「たなぼた」ともいう。

**棚《たな》に上《あ》げる** 問題《もんだい》にしないで、ほうっておく。例 自分《じぶん》を棚に上げて、人《ひと》を悪《わる》く言《い》う。

**たなあげ**【棚上げ】名 動-する ものごとの解決《かいけつ》をあとにのばすこと。例 その問題《もんだい》は一時《いちじ》棚上げにしよう。

**たなおろし**【棚卸し】名 動-する ❶店《みせ》の品物《しなもの》の数《かず》や売《う》れ行《ゆ》きを調《しら》べること。❷人《ひと》の悪《わる》いところを一《ひと》つずつ取《と》り出《だ》して言《い》うこと。





ことわざ どんぐりの背比《せいくら》べ　今回《こんかい》のコンクールはどんぐりの背比《せいくら》べで、優劣《ゆうれつ》がつけにくい。

**たなか しょうぞう**〘田中正造〙[人名] (男)(一八四一～一九一三)明治《めいじ》時代《じだい》の政治《せいじ》家《か》。足尾《あしお》銅山《どうざん》の鉱毒《こうどく》による被害者《ひがいしゃ》を救《すく》うために、長年《ながねん》にわたり国会《こっかい》で追及《ついきゅう》を続《つづ》け、住民《じゅうみん》と共《とも》に行動《こうどう》した。

**たなごころ** [名] 手《て》のひら。〔古《ふる》い言《い》い方《かた》。〕

**たなざらし**【店▲ざらし】[名] ❶売《う》れ残《のこ》った品物《しなもの》がいつまでも店先《みせさき》にあること。❷ほうっておかれること。[例] せっかくの提案《ていあん》がたなざらしのままだ。

**たなだ**【棚田】[名] 山《やま》や丘《おか》の斜面《しゃめん》に作《つく》られた、階段《かいだん》のような水田《すいでん》。千枚田《せんまいだ》。

**たなばた**【〈七夕〉】[名] 七月七日《しちがつなのか》の夜《よる》、天《あま》の川《がわ》をはさんで、牽牛星《けんぎゅうせい》と織女星《しょくじょせい》が一年《いちねん》ぶりで会《あ》うという伝説《でんせつ》から起《お》こった祭《まつ》り。ササをかざり、たんざくに願《ねが》いごとなどを書《か》いて結《むす》びつける。星祭《ほしまつ》り。しちせき。[参考]「七夕《たなばた》」は、特別《とくべつ》に認《みと》められた読《よ》み方《かた》。

**たなびく** [動] 雲《くも》・かすみなどが、横《よこ》に長《なが》く広《ひろ》がる。[例] かすみがたなびく。

**たなん**【多難】[名][形動] 苦《くる》しみや災難《さいなん》が多《おお》いこと。[例] 多難な人生《じんせい》を送《おく》る。

°**たに**【谷】[名] ❶山《やま》と山《やま》との間《あいだ》の、くぼんだ所《ところ》。[例] 深《ふか》い谷。❷高《たか》いものにはさまれた低《ひく》い所《ところ》。[例] 気圧《きあつ》の谷。⇩こく【谷】452ページ

**だに** [名] クモに似《に》た八本足《はちほんあし》のたいへん小《ちい》さな虫《むし》。人《ひと》やけものの体《からだ》について、血《ち》を吸《す》う。

**たにあい**【谷あい】[名] ⬇たにま❶ 802ページ

**たにおり**【谷折り】[名] (折《お》り紙《がみ》などで)折《お》り目《め》が内側《うちがわ》になるように折《お》ること。[対] 山折《やまお》り。

**たにかぜ**【谷風】[名] 谷間《たにま》や平地《へいち》から、山《やま》の斜面《しゃめん》にそって吹《ふ》き上《あ》げてくる風《かぜ》。[対] 山風《やまかぜ》。

**たにがわ**【谷川】[名] 山《やま》と山《やま》との間《あいだ》のくぼみを流《なが》れる川《かわ》。[例] 谷川のせせらぎ。

**たにかわ しゅんたろう**〘谷川俊太郎〙[人名] (男)(一九三一～　)詩《し》人《じん》。子《こ》どもの歌《うた》や絵《え》本《ほん》も手《て》がけ、はば広《ひろ》く活躍《かつやく》している。

**たにがわだけ**〘谷川岳〙[地名] 群馬県《ぐんまけん》と新《にい》潟県《がたけん》の境《さかい》にある山《やま》。

**たにし** [名] 水田《すいでん》や沼《ぬま》にすむ、黒茶色《くろちゃいろ》の小《ちい》さな巻《ま》き貝《がい》。食用《しょくよう》にする。⬇まきがい 1227ページ

**たにそこ**【谷底】[名] 谷《たに》のいちばん深《ふか》い所《ところ》。

**たにま**【谷間】[名] ❶谷《たに》になっている所《ところ》。谷《たに》あい。[例] 谷間を流《なが》れる川《かわ》。❷周《まわ》りよりも低《ひく》い所《ところ》。[例] ビルの谷間。

°**たにん**【他人】[名] ❶自分以外《じぶんいがい》の人《ひと》。[例] 他人の迷惑《めいわく》も考《かんが》えなさい。❷血《ち》のつながりのない人《ひと》。❸自分《じぶん》と関係《かんけい》のない人《ひと》。[例] 他人が口《くち》を出《だ》すことではない。

**他人《たにん》の空似《そらに》** 血《ち》がつながっていないのに、顔《かお》やようすがよく似《に》ていること。

■**たにんぎょうぎ**【他人行儀】[名][形動] 他《た》人《にん》に対《たい》するように、よそよそしいこと。[例] 他人行儀な挨拶《あいさつ》。

**たにんずう**【多人数】[名] 人《ひと》の数《かず》の多《おお》いこと。大人数《おおにんずう》。[対] 少人数《しょうにんずう》。

**たぬき**【狸◆】[名] 山地《さんち》にすむけもの。昼間《ひるま》は穴《あな》にかくれ、夜《よる》、えさをさがしに出《で》る。昔《むかし》、人《ひと》をだますと信《しん》じられていた。

**たぬきねいり**【たぬき寝入り】[名][動-する] ねむったふりをすること。そらね。

°**たね**【種】[名] ❶草木《くさき》の、芽《め》になるもと。[例] ヒマワリの種。❷もと。原因《げんいん》。[例] なやみの種。❸材料《ざいりょう》。[例] 話《はなし》の種。❹手品《てじな》などの仕《し》かけ。[例] 種も仕《し》かけもない。⇩しゅ【種】590ページ

**たねあかし**【種明かし】[名][動-する] 手品《てじな》の仕《し》かけなどを、人《ひと》に教《おし》えること。

**たねいも**【種芋】[名] サツマイモやジャガイモなどの、土《つち》にうめて増《ふ》やすための芋《いも》。

**たねがしま**〘種子島〙[地名] 鹿児島県《かごしまけん》の南《なん》部《ぶ》にある島《しま》。一五四三年《ねん》に、ポルトガル人《じん》が日本《にっぽん》に初《はじ》めて火縄銃《ひなわじゅう》を伝《つた》えたとされる。

**たねぎれ**【種切れ】[名] 材料《ざいりょう》などが、全部《ぜんぶ》使《つか》われてしまって、なくなること。[例] もうアイデアが種切れだ。

**たねまき**【種まき】[名][動-する] 植物《しょくぶつ》の種《たね》をまくこと。[例] 春《はる》は種まきの季節《きせつ》だ。

**たねもみ**【種もみ】[名] 種《たね》としてまくために、残《のこ》してあるもみ。

**たねん**【多年】[名] 多《おお》くの年月《ねんげつ》。長年《ながねん》。[例] 多年の苦労《くろう》がむくわれる。

**たねんそう**【多年草】[名] 茎《くき》や葉《は》がかれても、次《つぎ》の年《とし》にまた芽《め》を出《だ》す草《くさ》。タンポポ・ススキなど。[関連] 一年草《いちねんそう》。二年草《にねんそう》。

**だの** [助] ものごとを並《なら》べていうときに使《つか》う言《こと》

ことわざ 飛《と》んで火《ひ》に入《い》る夏《なつ》の虫《むし》　飛《と》んで火《ひ》に入《い》る夏《なつ》の虫《むし》だ。こんな所《ところ》に来《こ》なければよかったのに。

葉《ば》。例 本《ほん》だのノートだのがいっぱい散《ち》らばっている。

**°たのしい【楽しい】**形 心《こころ》がのびのびとして、ゆかいな気分《きぶん》である。例 楽しい遠足《えんそく》。↓**がく【楽】**219ページ

**たのしげ【楽しげ】**形動 楽《たの》しいようす。楽《たの》しそう。例 楽しげに遊《あそ》ぶ。

**たのしさ【楽しさ】**名 楽《たの》しいこと。楽《たの》しい程度《ていど》。例 楽しさいっぱい。

**°たのしみ【楽しみ】**一名 楽《たの》しむこと。例 読書《どくしょ》の楽しみ。二名形動 心待《こころま》ちに思《おも》うこと。例 遠足《えんそく》が楽しみだ。

**°たのしむ【楽しむ】**動 ❶ゆかいに過《す》ごす。例 青春《せいしゅん》を楽しむ。❷好《す》きなことで心《こころ》をなぐさめる。例 音楽《おんがく》を楽しむ。↓**がく【楽】**219ページ

**たのみ【頼み】**名 ❶人《ひと》に、してほしいと頼《たの》むこと。また、その内容《ないよう》。願《ねが》い。例 頼みを聞《き》く。❷たよりにすること。あて。例 人《ひと》を頼みにする。

**頼《たの》みの綱《つな》** 最後《さいご》に頼《たよ》りにする、だいじなものや人《ひと》。例 ファンの声援《せいえん》が頼みの綱だ。

**たのみこむ【頼み込む】**動 無理《むり》にお願《ねが》いする。例 なんとかしてと頼み込む。

**°たのむ【頼む】**動 ❶お願《ねが》いする。任《まか》せる。例 留守《るす》を頼む。❷たよる。たよりにする。例 一家《いっか》の柱《はしら》と頼む。↓**らい【頼】**1370ページ

**たのもしい【頼もしい】**形 たよりになりそうに見《み》える。心強《こころづよ》い。例 弟《おとうと》は、しっかりしていて頼もしい。↓**らい【頼】**1370ページ

**°たば【束】**一名 まとめてしばったもの。例 まきを束にする。束になってかかる〔＝大勢《おおぜい》がいっしょになってかかる〕。二〔数字《すうじ》のあとにつけて〕まとめてしばったものを数《かぞ》える言葉《ことば》。例 わら一束《ひとたば》。↓**そく【束】**752ページ

**だは【打破】**名動-する ❶相手《あいて》を打《う》ち負《ま》かすこと。❷よくない考《かんが》えや習《なら》わしをなくすこと。例 迷信《めいしん》を打破する。

**たばこ**名 ❶ナスの仲間《なかま》の多年草《たねんそう》。葉《は》は二コ

## 例解 ことばを広げよう！

### 楽《たの》しい
いろいろな「楽《たの》しい」

**うれしい**
喜《よろこ》ばしい
**心地《ここち》よい**
気持《きも》ちよい
快《こころよ》い
**おもしろい**

**喜《よろこ》ぶ**
浮《う》かれる
興《きょう》じる
小躍《こおど》りする
**おもしろがる**

晴《は》れやかだ
朗《ほが》らかだ
**ご機嫌《きげん》だ**

快感《かいかん》
快楽《かいらく》
**歓喜《かんき》**
**快適《かいてき》**
軽快《けいかい》
壮快《そうかい》

爽快《そうかい》
痛快《つうかい》
満足《まんぞく》
**愉快《ゆかい》**
歓談《かんだん》
**娯楽《ごらく》**

**胸《むね》を躍《おど》らせる**
**胸《むね》を弾《はず》ませる**
胸《むね》をふくらませる
胸《むね》をときめかす
**目《め》を輝《かがや》かす**

心《こころ》が躍《おど》る
**心《こころ》が弾《はず》む**
**胸《むね》が躍《おど》る**
**有頂天《うちょうてん》**
お祭《まつ》り気分《きぶん》
正月気分《しょうがつきぶん》
意気揚々《いきようよう》

**にこにこ**
**にっこり**
くすくす
わいわい
がやがや

**うきうき**
**わくわく**
いそいそ
うっとり
ほのぼの
そわそわ

## 例解 ! 表現の広場
### 楽《たの》しい と うれしい のちがい

| | 楽《たの》しい | うれしい |
|---|---|---|
| 今日《きょう》は 日《ひ》だ。 | ○ | ○ |
| トランプは 遊《あそ》びだ。 | ○ | × |
| 合格《ごうかく》の 知《し》らせ。 | × | ○ |



ことわざ とんびにあぶらげをさらわれる 弟《おとうと》とおやつを取《と》り合《あ》っていたら、兄《あに》に食《た》べられてしまった。まるでとんびにあぶらげをさらわれたみたいだ。

チンを含《ふく》んでいる。❷「❶」の葉《は》をかわかし、紙《かみ》に巻《ま》いたりしたもの。火《ひ》をつけて煙《けむり》をすう。参考 もとはポルトガル語《ご》だが、日本語《にほんご》になっていて、「煙草《たばこ》」とも書《か》く。

**たはた【田畑】** 名 田《た》や畑《はたけ》。でんぱた。

**たばねる【束ねる】** 動 ❶一《ひと》つにまとめて結《むす》ぶ。束《たば》にする。例 イネを束ねる。❷会《かい》などの中心《ちゅうしん》となって、全体《ぜんたい》をまとめる。例 クラスを束ねる。

**°たび【度△】** 一 名 ❶何度《なんど》かくり返《かえ》される中《なか》の一回《いっかい》一回《いっかい》。とき。おり。例 この度はおめでとうございます。❷回数《かいすう》。例 度重《かさ》なる失敗《しっぱい》。❸…するごと。例 会《あ》う度に大《おお》きくなる。二〔数字《すうじ》のあとにつけて〕回数《かいすう》を表《あらわ》す。例 一《ひと》たび。三《み》たび。⬇ど【度】901ページ

**°たび【旅】** 名 家《いえ》をはなれて、しばらく遠《とお》くへ出《で》かけること。旅行《りょこう》。⬇りょ【旅】1390ページ

**旅《たび》の恥《はじ》はかき捨《す》て** 旅先《たびさき》では知《し》っている人《ひと》もいないので、恥《はじ》をかいても、その場限《ばかぎ》りで気《き》にしない。

**旅《たび》は道連《みちづ》れ世《よ》は情《なさ》け** 旅行《りょこう》は、いっしょに行《い》く人《ひと》がいると心強《こころづよ》い。また、生《い》きていくには、思《おも》いやりの心《こころ》をもち、助《たす》け合《あ》うことが大切《たいせつ》だということ。

**たび【〈足袋〉△】** 名 和服《わふく》のときに足《あし》にはく、布《ぬの》で作《つく》ったふくろのようなもの。参考「足《た》袋《び》」は、特別《とくべつ》に認《みと》められた読《よ》み方《かた》。

**タピオカ** 〔オランダ語《ご》〕名「キャッサバ」というイモの仲間《なかま》の根《ね》から作《つく》られるでんぷん。また、それを使《つか》った料理《りょうり》。

**たびかさなる【度△重なる】** 動 同《おな》じことが、続《つづ》いて起《お》きる。例 度重なる不幸《ふこう》。

**たびげいにん【旅芸人】** 名 人々《ひとびと》に芸《げい》を見《み》せながら各地《かくち》を旅《たび》する人《ひと》のこと。

**たびさき【旅先】** 名 旅《たび》をしている土地《とち》。旅《りょ》行先《こうさき》。例 旅先からの便《たよ》り。

**たびじ【旅路】** 名 旅《たび》の道《みち》。旅《たび》の途中《とちゅう》。例 旅路を急《いそ》ぐ。

**たびじたく【旅支度△】** 名 旅《たび》に出《で》かける準《じゅん》備《び》。例 旅支度を整《ととの》える。

**たびだち【旅立ち】** 名 ❶旅《たび》に出《で》ること。❷新《あら》たな生活《せいかつ》を始《はじ》めること。例 卒業生《そつぎょうせい》の旅立ちを祝《いわ》う。❸死《し》ぬこと。

**たびだつ【旅立つ】** 動 ❶旅《たび》に出《で》かける。❷新《あら》たな生活《せいかつ》を始《はじ》める。巣立《すだ》つ。例 社会《しゃかい》へと旅立つ。❸死《し》ぬ。例 今朝《けさ》、天国《てんごく》へ旅立った。

**たびたび【度△度△】** 副 何度《なんど》も何度《なんど》も。例 度々注意《ちゅうい》を受《う》ける。

**たびどり【旅鳥】** 名 渡《わた》り鳥《どり》の一種《いっしゅ》。わたる途中《とちゅう》で春《はる》と秋《あき》に日本《にっぽん》でひと休《やす》みしていく鳥《とり》。シギ・チドリなど。⬇わたりどり1427ページ

**たびびと【旅人】** 名 旅行《りょこう》をしている人《ひと》。旅《りょ》行者《こうしゃ》。〔少《すこ》し古《ふる》い言《い》い方《かた》。〕

**ダビング** 〔英語 dubbing〕名 動-する 録音《ろくおん》したり録画《ろくが》したりしたものを、別《べつ》のものにコピーすること。

**タフ** 〔英語 tough〕形動 頑丈《がんじょう》で、たくましいようす。例 タフな人《ひと》。

**タブー** 〔英語 taboo〕名 言《い》ったりしたりしてはいけないとされていること。特《とく》に、宗教《しゅうきょう》や社会的《しゃかいてき》な習慣《しゅうかん》で禁止《きんし》されていること。

**だぶつく** 動 ❶服《ふく》などが大《おお》きすぎる。例 セーターがだぶつく。❷物《もの》やお金《かね》がありすぎて余《あま》る。例 売《う》れ残《のこ》りの品物《しなもの》がだぶつく。

**たぶらかす** 動 だまして心《こころ》を迷《まよ》わせる。例 キツネは人《ひと》をたぶらかすという。

**ダブリュー【W・w】** 名 ❶(方角《ほうがく》の)西《にし》。対 E《イー》。❷世界《せかい》。例 W杯《はい》(=ワールドカップ)。❸寸法《すんぽう》で、はばを表《あらわ》す記号《きごう》。

**ダブリューエイチオー【WHO】** 名〔「世界《せかい》保健《ほけん》機関《きかん》」という意味《いみ》の英語《えいご》の頭文《かしらも》字《じ》。〕国際《こくさい》連合《れんごう》の機関《きかん》の一《ひと》つ。保健《ほけん》衛生《えいせい》問題《もんだい》について、世界《せかい》の国々《くにぐに》が協力《きょうりょく》し合《あ》う機関《きかん》。

**ダブる** 動 ❶重《かさ》なる。二重《にじゅう》になる。例 日曜日《にちようび》が祝日《しゅくじつ》とダブる。❷野球《やきゅう》・ソフトボールで、一度《いちど》に二人《ふたり》をアウトにする。❸テニスなどで、サーブを二度《にど》失敗《しっぱい》する。参考 英語《えいご》の「ダブル」を日本語《にほんご》ふうにした言葉《ことば》。

**ダブル** 〔英語 double〕名 ❶二人用《ふたりよう》。例 ダブルベッド。❷二重《にじゅう》。二倍《にばい》。例 ダブルパンチ。❸洋服《ようふく》で、前《まえ》が深《ふか》く重《かさ》なり、ボタンが二列《にれつ》についている上着《うわぎ》やオーバー。例 ダブルのスーツ。対(❶～❸)シングル。

**ダブルクリック** 〔英語 double click〕名 動-する マウスの入力《にゅうりょく》装置《そうち》のボタンをすばやく二回《にかい》押《お》すこと。

**ダブルス** 〔英語 doubles〕名 テニスや卓球《たっきゅう》な

ことわざ 長《なが》い物《もの》には巻《ま》かれろ　長《なが》い物《もの》には巻《ま》かれろとは言《い》うが、なんでもはいはいと従《したが》っているのは情《なさ》けない。

どで、二人《ふたり》で組《く》んで、相手《あいて》と戦《たたか》うこと。［対］シングルス。

**ダブルプレー**〔英語 double play〕［名］野《や》球《きゅう》・ソフトボールで、一度《いちど》に二《ふた》つのアウトを取《と》ること。

**タブレット**〔英語 tablet〕❶薬《くすり》などの錠剤《じょうざい》。❷単線《たんせん》の鉄道《てつどう》で、列車《れっしゃ》の通行《つうこう》の安全《あんぜん》のために、駅長《えきちょう》が運転手《うんてんしゅ》にわたす札《ふだ》(通行票《つうこうひょう》)。❸本《ほん》ぐらいの大《おお》きさで、板《いた》の形《かたち》のコンピューター。画面《がめん》にタッチして操作《そうさ》する。タブレット端末《たんまつ》。

**タブレットたんまつ【タブレット端末】**［名］⇩タブレット❸ 805ページ

**たぶん【多分】**［一］［名］たくさん。［例］お礼《れい》を多分にいただく。［二］［副］おおかた。たいてい。［例］たぶん、明日《あす》帰《かえ》るだろう。［参考］ふつう［二］は、かな書《が》きにする。

**たべごろ【食べ頃】**［名］食《た》べて、いちばんおいしいころ。［例］食べごろのメロン。

**たべざかり【食べ盛り】**［名］おなかがすいて、よく食《た》べる年《とし》ごろ。［例］食べ盛りの元気《げんき》な子《こ》。

### 例解 ！ 表現の広場
#### 食《た》べると食《く》うのちがい

| | 食《た》べる | 食《く》う |
|---|---|---|
| ご飯《はん》を残《のこ》さず | ○ | ○ |
| 犬《いぬ》がえさを | ○ | ○ |
| この車《くるま》はガソリンを | × | ○ |
| 思《おも》ったよりも時間《じかん》を | × | ○ |

**たべずぎらい【食べず嫌い】**［名］食《た》べたことがないのに、きらいと決《き》めつけて食《た》べないこと。［参考］「食《く》わず嫌《ぎら》い」ともいう。

**たべもの【食べ物】**［名］食物《しょくもつ》。食品《しょくひん》。

**たべる【食べる】**［動］❶かんで飲《の》みこむ。食《く》う。［例］おやつを食べる。❷生活《せいかつ》をしていく。食《く》う。［例］親子《おやこ》四《よ》人《にん》なんとか食べている。［敬語］❶の敬《うやま》った言《い》い方《かた》は、「あがる」「召《め》しあがる」。へりくだった言《い》い方《かた》は、「いただく」。⇩しょく【食】640ページ

**だほ【拿捕】**［名］［動する］つかまえること。［例］漁《ぎょ》船《せん》がだ捕された。

**たほう【他方】**［一］［名］他《ほか》の方《ほう》。別《べつ》の方《ほう》。［例］他方の意《い》見《けん》も聞《き》いてみる。［二］［副］もう一方《いっぽう》では。他《ほか》の面《めん》では。［例］ふだんはおとなしいが、他方言《い》うべきことは言《い》う。

**たぼう【多忙】**［名］［形動］とてもいそがしいこと。［例］多忙な毎日《まいにち》。

**たほうめん【多方面】**［名］［形動］いろいろな方面《ほうめん》にわたっていること。［例］彼《かれ》は多方面で活躍《かつやく》している。

**だぼく【打撲】**［名］［動する］体《からだ》を強《つよ》く打《う》ちつけること。［例］全身《ぜんしん》打撲。

**だぼくしょう【打撲傷】**［名］体《からだ》を強《つよ》く打《う》ちつけたり、打《う》たれたりしたとき、皮膚《ひふ》の内側《うちがわ》にできる傷《きず》。打《う》ち身《み》。

**たま【玉】**［名］❶宝石《ほうせき》。［例］玉みがかざれば光《ひかり》なし〔=努力《どりょく》しなければ、立派《りっぱ》になれない〕。❷美《うつく》しいもの。大切《たいせつ》なもの。［例］玉のような男《おとこ》の子《こ》。❸丸《まる》いもの。［例］シャボン玉。❹丸《まる》めたもの。［例］毛糸《けいと》の玉。❺レンズ。［例］めがねの玉。⇩ぎょく【玉】341ページ

**玉《たま》にきず** 非常《ひじょう》にすぐれているが、ほんのわずかに欠点《けってん》があること。［例］気《き》が短《みじか》いのが玉にきずだ。

**玉《たま》の汗《あせ》** 大《おお》つぶの汗《あせ》。［例］玉の汗を流《なが》す。

**たま【球】**［名］❶ボール。［例］球を打《う》つ。❷電《でん》球《きゅう》。［例］球が切《き》れた。⇩きゅう【球】324ページ

**たま【弾】**［名］弾丸《だんがん》。⇩だん【弾】812ページ

**たま【霊】**［名］たましい。［例］御《み》霊。⇩れい【霊】1401ページ

**たま**［名］めったにないこと。まれ。［例］たまの

### 例解 ↔ 使い分け
#### 玉《たま》と球《たま》と弾《たま》

水《すい》しょうの玉《たま》。玉《たま》のような赤《あか》ちゃん。玉《たま》に傷《きず》。

球《たま》が速《はや》い。電《でん》球《きゅう》の球《たま》。

ピストルの弾《たま》。銃《じゅう》に弾《たま》をこめる。



ことわざ 流《なが》れにさおさす 父《ちち》は今《こん》度《ど》の新《あたら》しい仕《し》事《ごと》が、流《なが》れにさおさしてうまくいくといいのだが、と言《い》っている。

休《やす》み。たまには遊《あそ》びに来《き》てください。

**たまいれ【玉入れ】** 名 いくつかの組《くみ》に分《わ》かれ、高《たか》い所《ところ》にあるそれぞれのかごに玉《たま》を投《な》げ入《い》れて、入《はい》った数《かず》をきそう競技《きょうぎ》。運動会《うんどうかい》などで行《おこな》われる。

**たまう** 動 （目上《めうえ》の人《ひと》が）くださる。たもう。〔古《ふる》い言《い》い方《かた》。〕 例 おほめの言葉《ことば》をたまう。

**たまえ** 〔ある言葉《ことば》のあとにつけて〕 ❶目下《めした》の人《ひと》にやわらかく命令《めいれい》する言葉《ことば》。…なさい。 例 すぐ行《い》きたまえ。 ❷…てください。 例 我《われ》を救《すく》いたまえ。

**たまがわ『多摩川』** 地名 山梨県《やまなしけん》を源《みなもと》とし、東京都《とうきょうと》と神奈川県《かながわけん》の境《さかい》を流《なが》れ、東京湾《とうきょうわん》に注《そそ》ぐ川《かわ》。

**たまぐし【玉串】** 名 〔神道《しんとう》で〕神《かみ》の前《まえ》にささげるサカキの枝《えだ》。

**たまげる** 動 おどろく。びっくりする。〔くだけた言《い》い方《かた》。〕

○**たまご【卵】** 名 ❶鳥《とり》・魚《さかな》・虫《むし》などの雌《めす》が産《う》む丸《まる》い形《かたち》をしたもの。 ❷ニワトリの卵《たまご》。鶏卵《けいらん》。 ❸一人前《いちにんまえ》になろうとして、努力《どりょく》している人《ひと》。 例 学者《がくしゃ》の卵。 ⇩**らん【卵】** 1376ページ

**たまごやき【卵焼き】** 名 卵《たまご》を溶《と》いて、だし汁《じる》や砂糖《さとう》、塩《しお》などの調味料《ちょうみりょう》で味《あじ》をつけて焼《や》いた食《た》べ物《もの》。

○**たましい【魂】** 名 ❶精神《せいしん》。気力《きりょく》。 例 魂をこめて作《つく》る。 ❷体《からだ》の中《なか》にあって、死《し》ぬと体《からだ》からはなれると考《かんが》えられているもの。霊魂《れいこん》。 ⇩**こん【魂】** 488ページ

**だましうち【だまし討ち】** 名 動する 相手《あいて》をだまして油断《ゆだん》させ、そのすきをねらっておそうこと。 例 だまし討ちにあう。

**たまじゃり【玉〈砂利〉】** 名 砂利《じゃり》より少《すこ》し大《おお》つぶの丸《まる》い石《いし》。 例 玉砂利をしきつめる。

○**だます** 動 ❶うそをほんとうと思《おも》わせる。 例 人《ひと》をだます。 ❷きげんをとってなだめる。 例 泣《な》く子《こ》をだます。

○**たまたま** 副 ❶ちょうどその時《とき》。偶然《ぐうぜん》。 例 たまたまそこにいた。 ❷時折《ときおり》。時《とき》には。 例 そういうこともたまたまある。

**たまつき【玉突き】** 名 ❶長方形《ちょうほうけい》の台《だい》の上《うえ》にある玉《たま》を棒《ぼう》でついて穴《あな》に落《お》として、得点《とくてん》を競《きそ》う室内《しつない》スポーツの一《ひと》つ。ビリヤード。 ❷追突《ついとつ》された車《くるま》が、前《まえ》の車《くるま》に次々《つぎつぎ》と追突《ついとつ》すること。 例 玉突き事故《じこ》。

**たまてばこ【玉手箱】** 名 ❶おとぎ話《ばなし》で、浦島太郎《うらしまたろう》が、竜宮城《りゅうぐうじょう》からもらって帰《かえ》ったという箱《はこ》。 ⇩うらしまたろう 116ページ。 ❷秘密《ひみつ》のものが入《はい》っている箱《はこ》。

**たまねぎ** 名 畑《はたけ》に作《つく》る作物《さくもつ》。野菜《やさい》の一種《いっしゅ》。地下《ちか》の茎《くき》が球形《きゅうけい》になって、食用《しょくよう》になる。

**たまむし【玉虫】** 名 羽《はね》が緑《みどり》がかった金色《きんいろ》で、つやのある昆虫《こんちゅう》。赤《あか》むらさき色《いろ》の筋《すじ》が、縦《たて》に二本《にほん》ある。

〔たまむし〕

**たまむしいろ【玉虫色】** 名 ❶光《ひかり》のかげんで色《いろ》が変《か》わって見《み》える、織物《おりもの》などの色《いろ》。 ❷どちらの意味《いみ》にも受《う》け取《と》れる表現《ひょうげん》。 例 玉虫色の結論《けつろん》。 参考 タマムシの羽《はね》の色《いろ》が、見《み》る角度《かくど》でちがった色《いろ》に見《み》えることから。

**たまもの【賜物】** 名 ❶くださったもの。神様《かみさま》のたまもの。 ❷あたえられた、よい結果《けっか》。 例 すべては努力《どりょく》のたまものである。

○**たまらない** 形 ❶がまんできない。こらえられない。 例 おなかがすいてたまらない。 ❷なんともいえないほど、よい。 例 このお菓子《かし》は、たまらなくおいしい。

**たまりかねる** 動 がまんできなくなる。 例 たまりかねて、つい口《くち》を出《だ》してしまった。

**だまりこくる【黙りこくる】** 動 ひと言《こと》も話《はな》さず、黙《だま》ったままでいる。

**だまりこむ【黙り込む】** 動 （それまで話《はな》していた人《ひと》が）何《なに》も言《い》わなくなる。 例 昔《むかし》の話《はなし》になると、急《きゅう》に黙りこむ。

○**たまる【堪る】** 動 ━〔あとに打《う》ち消《け》しの言葉《ことば》をつけて〕 ❶がまんできない。 例 悲《かな》しくてたまらない。 ❷とてもよい。 例 この味《あじ》はたまらない。 ━〔「…か」「…ものか」の形《かたち》で〕しないぞ、という強《つよ》い気持《きも》ちを表《あらわ》す。 例 負《ま》けてたまるか。おくれてたまるものか。

○**たまる【溜まる】** 動 ❶集《あつ》まって増《ふ》える。 例 雨水《あまみず》がたまる。不満《ふまん》がたまる。 ❷お金《かね》や財産《ざいさん》がふえる。 例 貯金《ちょきん》がたまる。 ❸後《あと》まで残《のこ》る。 例 宿題《しゅくだい》がたまる。 参考 ❷は「貯《た》まる」とも書《か》く。

○**だまる【黙る】** 動 ものを言《い》わないでいる。 例 黙って聞《き》いている。 ⇩**もく【黙】** 1301ページ

ことわざ 泣《な》き面《つら》に蜂《はち》　母《はは》にしかられたうえに、泣《な》き面《つら》にはちで、指《ゆび》に大《おお》けがをしてしまった。

**たまわる【賜る】** 動 ❶(目上《めうえ》の人《ひと》から)物《もの》などをもらう。いただく。例ほうびを賜る。❷(目上《めうえ》の人《ひと》が)物《もの》などを与《あた》える。くださる。⇩し【賜】538ページ

**たみ【民】** 名 国《くに》や社会《しゃかい》を作《つく》っている一般《いっぱん》の人《ひと》たち。例遊牧《ゆうぼく》の民。⇩みん【民】1269ページ

**ダム** 〔英語 dam〕名 発電《はつでん》や、かんがいなどの目的《もくてき》で、川《かわ》をせき止《と》めて水《みず》をためた所《ところ》。

**たむける【手向ける】** 動 ❶神《かみ》や仏《ほとけ》に供《そな》え物《もの》をする。例墓《はか》に花《はな》を手向ける。❷餞別《せんべつ》をおくる。別《わか》れの言葉《ことば》をおくる。

**たむろする** 動 大勢《おおぜい》が一《いっ》か所《しょ》にいる。例公《こう》園《えん》にたむろする若者《わかもの》。

**°ため** 名 ❶役《やく》に立《た》つこと。利益《りえき》。例ためになる話《はなし》。❷原因《げんいん》。理由《りゆう》。例病気《びょうき》のため、休《やす》む。❸目的《もくてき》。例旅行《りょこう》のために金《かね》をためる。

**°だめ【駄目】** 名 形動 ❶役《やく》に立《た》たないこと。むだであること。例いくらたのんでもだめだ。❷してはいけないこと。例行《い》ってはだめだよ。❸できないこと。例ぼくは歌《うた》がだめだ。❹役《やく》に立《た》たないこと。例靴《くつ》がだめになった。

**駄目《だめ》を押《お》す** 駄目押《だめお》しをする。例「いいか、わかったね。」と駄目を押す。

**ためいき【ため息】** 名 がっかりしたときなどに、思《おも》わず出《で》る大《おお》きな息《いき》。吐息《といき》。例大《おお》きなため息をつく。

**ためいけ【ため池】** 名 農業《のうぎょう》などのための、水《みず》をためておく池《いけ》。

**ダメージ** 〔英語 damage〕名 お金《かね》や物《もの》を失《うしな》うこと。損害《そんがい》。痛手《いたで》。例大《おお》きなダメージを受《う》ける。

**だめおし【駄目押し】** 名 動する 大丈夫《だいじょうぶ》だとわかっていても、さらに確《たし》かにすること。例駄目押しの追加点《ついかてん》。

**ためこむ【ため込む】** 動 集《あつ》めて、しまっておく。例もうけた金《かね》をため込む。

**ためし【試し】** 名 ためすこと。試《こころ》みること。例ものは試しだ。きも試し。

**ためし** 名 前《まえ》にあった同《おな》じようなこと。前例《ぜんれい》。実例《じつれい》。例勝《か》ったためしがない。

**°ためす【試す】** 動 実際《じっさい》にやってみる。試《こころ》みる。例実力《じつりょく》を試す。⇩し【試】537ページ

**ためつすがめつ【矯めつすがめつ】** いろいろな角度《かくど》からよく見《み》るようす。例作《さく》品《ひん》を手《て》に取《と》ってためつすがめつ見《み》る。

**ためらう** 動 迷《まよ》って、心《こころ》が決《き》まらない。

**ためらわずに** あれこれ迷《まよ》ったりせずに。例ためらわずにすぐ病院《びょういん》に行《い》った。

**ためる【矯める】** 動 曲《ま》げたり、まっすぐにしたりして、形《かたち》を直《なお》す。例木《き》の枝《えだ》を矯める。⇩きょう【矯】333ページ

**°ためる【溜める】** 動 ❶集《あつ》めておく。例水《みず》をためる。❷たくわえる。例お金《かね》をためる。❸し残《のこ》す。例宿題《しゅくだい》をためる。参考❷は「貯《た》める」とも書《か》く。

**ためん【他面】** 一名 ものごとの他《ほか》の面《めん》。例他面から考《かん》え直《なお》す。二副 別《べつ》の面《めん》から見《み》れば。例きびしい人《ひと》だが、他面、涙《なみだ》もろいところもある。

**ためん【多面】** 名 ❶多《おお》くの平《たい》らな面《めん》。例多面体《たい》。❷多《おお》くの方面《ほうめん》。

**ためんてき【多面的】** 形動 いろいろな方《ほう》面《めん》にかかわるようす。例多面的な見方《みかた》。

**たもうさく【多毛作】** 名 同《おな》じ田《た》や畑《はたけ》で、一年《いちねん》に三回《さんかい》以上《いじょう》作物《さくもつ》を作《つく》ること。

**たもつ【保つ】** 動 ある状態《じょうたい》のまま、持《も》ちこたえる。例安静《あんせい》を保つ。⇩ほ【保】1187ページ

**たもと** 名 ❶和服《わふく》のそでの下《した》のほう。❷そば。かたわら。例橋《はし》のたもと。山《やま》のたもと。

**たもとを分《わ》かつ** 関係《かんけい》を断《た》つ。別《わか》れる。例考《かんが》え方《かた》のちがいからたもとを分かつ。

**たやす【絶やす】** 動 ❶すっかりなくす。例悪《あく》の根《ね》を絶やす。❷なくなったままにしておく。例火《ひ》を絶やす。⇩ぜつ【絶】718ページ

**たやすい** 形 難《むずか》しくない。易《やさ》しい。

**たゆたう** 動 〔「たゆとう」ともいう。〕❶ゆらゆらゆれ動《うご》く。例波間《なみま》をたゆたう小舟《こぶね》。❷心《こころ》が定《さだ》まらない。

**たゆまず** 副 油断《ゆだん》しないで。なまけないで。例たゆまず勉強《べんきょう》する。

**たゆまぬ** 連体 気《き》をゆるめることがない。例たゆまぬ努力《どりょく》を重《かさ》ねる。

**たよう【多用】** 一名 仕事《しごと》や用《よう》が多《おお》くて、いそがしいこと。例ご多用のところを申《もう》し訳《わけ》ありません。二名 動する そのものを多《おお》く使《つか》うこと。例青色《あおいろ》を多用する。





ことわざ 情《なさ》けは人のためならず 人《ひと》には親切《しんせつ》にしなさい。情《なさ》けは人《ひと》のためならずで、必《かなら》ずよい報《むく》いがあるよ。

**たよう**【多様】名 形動 いろいろであること。さまざま。例 多様な考《かんが》え方《かた》。

**たようせい**【多様性】名 ちがう立場《たちば》の人《ひと》や物《もの》が幅広《はばひろ》く集《あつ》まっていること。ダイバーシティ。

**◦たより**【便り】名 ❶手紙《てがみ》。例 父《ちち》からの便り。❷知《し》らせ。例 花《はな》の便り。↓べん【便】1183ページ

**たより**【頼り】名 助《たす》けとなる人《ひと》や物《もの》。たのみ。例 人《ひと》を頼りにしない。

**たよりない**【頼りない】形 心細《こころぼそ》い。あてにならない。例 頼りない人《ひと》。

**◦たよる**【頼る】動 他《ほか》の力《ちから》をたのみにする。あてにする。例 親《おや》に頼る。↓らい【頼】1370ページ

**たら**【鱈】名 北《きた》の海《うみ》にすむ魚《さかな》。肝臓《かんぞう》から肝油《かんゆ》を取《と》る。たらこは、この魚《さかな》の卵《たまご》を塩《しお》づけにした食品《しょくひん》。↓かんりゅうぎょ 288ページ

**たら** 一 助〔「…といったら」の略《りゃく》。〕❶「あきれた」という気《き》持《も》ちを表《あらわ》す。例「お姉《ねえ》さんったら、すぐ泣《な》くんだ。」❷おどろきの気《き》持《も》ちを表《あらわ》す。例「こわいったらなかった。」❸さそいかけたり、命令《めいれい》したりするときに使《つか》う。例「早《はや》く起《お》きなさいったら。」二 助動「た 助動」の変化《へんか》したもの。例 雨《あめ》が降《ふ》ったら中止《ちゅうし》だ。よく見《み》たら小《ちい》さな花《はな》だった。参考「読《よ》んだら」「飛《と》んだら」のように「だら」となることもある。↓た 助動 766ページ

**たらい** 名 平《ひら》たく大《おお》きなおけ。

**たらいまわし**【たらい回し】名 動-する ものごとに責任《せきにん》をもたず、次《つぎ》から次《つぎ》へと、他《ほか》の人《ひと》に回《まわ》すこと。例 問《と》い合《あ》わせの電話《でんわ》をたらい回しにされた。

**だらく**【堕落】名 動-する 行《おこな》いや状態《じょうたい》などが悪《わる》くなること。

**だらけ**〔ある言葉《ことば》のあとにつけて〕「いっぱいある」という意味《いみ》を表《あらわ》す。例 どろだらけの服《ふく》。

**だらける** 動 しまりがなくなる。なまける。例 だらけた気分《きぶん》。

**だらしない** 形 きちんとしていない。だらしがない。例 だらしない服装《ふくそう》。

**◦たらす**【垂らす】動 ❶たれるようにする。たれ下《さ》げる。例 前髪《まえがみ》を垂らした少女《しょうじょ》。❷液《えき》体《たい》を少《すこ》し落《お》とす。例 レモンの汁《しる》を垂らす。↓すい【垂】670ページ

**たらず**【足らず】〔ある言葉《ことば》のあとにつけて〕その数《かず》に少《すこ》し足《た》りないことを表《あらわ》す。およそ。例 一時間《いちじかん》足らずで着《つ》く。

**だらだら** 副(-と) 動-する ❶ゆるやかなかたむきが続《つづ》くようす。例 だらだら下《くだ》る。❷長々《ながなが》と続《つづ》いて、しまりがないようす。例 だらだらした話《はなし》。❸液体《えきたい》がとぎれずに流《なが》れ落《お》ちるようす。例 汗《あせ》がだらだら流《なが》れる。

**タラップ**〔オランダ語〕名 船《ふね》や飛行機《ひこうき》の乗《の》り降《お》りに使《つか》うはしご。

〔タラップ〕

**たらばがに** 名 カニに似《に》たヤドカリの仲《なか》間《ま》。長《なが》い足《あし》は三対《さんつい》。肉《にく》は食用《しょくよう》にする。参考 タラの漁場《ぎょじょう》でとれることから、この名《な》がついた。

**たらふく** 副 腹《はら》いっぱい。あきるほど。例 好《す》きなものをたらふく食《た》べる。

**たり** 助 ❶動作《どうさ》を並《なら》べるときに使《つか》う。例 読《よ》んだり書《か》いたりする。❷一《ひと》つの動作《どうさ》を、例《れい》にあげるときに使《つか》う。例 人《ひと》の前《まえ》で泣《な》いたりするなよ。参考「読《よ》んだり」「泳《およ》いだり」のように「だり」となることもある。

**ダリア** 名 キクの仲間《なかま》の草花《くさばな》。球根《きゅうこん》で増《ふ》える。夏《なつ》から秋《あき》にかけて大《おお》きな花《はな》をつける。ダリヤ。↓きゅうこん(球根) 327ページ

**たりき**【他力】名 他《ほか》の人《ひと》の力《ちから》や助《たす》け。対 自《じ》力《りき》。

■**たりきほんがん**【他力本願】名 ❶〔仏《ぶっ》教《きょう》で〕すべてのものを救《すく》う阿弥陀仏《あみだぶつ》の力《ちから》をたよりにすること。❷自分《じぶん》は努力《どりょく》しないで、他《た》人《にん》の力《ちから》をあてにすること。人《ひと》まかせ。例 他力本願で成功《せいこう》しようなんて、虫《むし》がよすぎるよ。

**たりつ**【他律】名 動-する 自分《じぶん》の意志《いし》によらず、他《た》からのはたらきかけによって行動《こうどう》すること。対 自律《じりつ》。

**だりつ**【打率】名 野球《やきゅう》・ソフトボールで、打者《だしゃ》がヒットを打《う》った割合《わりあい》。

**たりょう**【多量】名 形動 量《りょう》が多《おお》いこと。例 多量の水分《すいぶん》をとる。類 大量《たいりょう》。対 少量《しょうりょう》。

**だりょく**【惰力】名〔理《り》科《か》で〕物《もの》が、それまでと同《おな》じ状態《じょうたい》や動《うご》きを続《つづ》けようとする力《ちから》。

ことわざ 七転《ななころ》び八起《やお》き　いくら失敗《しっぱい》しても七転《ななころ》び八起《やお》きで、チャレンジ精神《せいしん》を持《も》ち続《つづ》けたいものだ。

惰性《だせい》の力《ちから》。

**たりる【足りる】** 動 ❶十分《じゅうぶん》である。例 百《ひゃく》円《えん》で足りる。❷役《やく》に立《た》つ。間《ま》に合《あ》う。例 電話《でんわ》で用《よう》が足りる。❸それだけの値打《ねう》ちがある。例 信頼《しんらい》するに足りる。

**たる【足る】** 動「足《た》りる」の古《ふる》い言《い》い方《かた》。例 信《しん》頼《らい》するに足る人《ひと》。おそれるに足らない〔=おそれるほどではない〕。⇩そく【足】752ページ

**たる【樽】** 名 酒《さけ》やしょうゆなどを入《い》れる、木《き》で作《つく》った、ふたつきの丸《まる》い入《い》れ物《もの》。

**だるい** 形 つかれなどで、力《ちから》が出《で》ず、元《げん》気《き》が出《で》ない。例 手足《てあし》がだるい。

**たるき【垂木】** 名 屋根板《やねいた》を支《ささ》えるために、むねから軒《のき》にわたす木《き》。⇩いえ❶55ページ

**だるま【達磨】** ━ 人名（男）（六世紀《ろくせいき》ごろ）インドから中国《ちゅうごく》にわたって禅宗《ぜんしゅう》を開《ひら》いたお坊《ぼう》さん。達磨大師《だるまだいし》。二 名「一」のすわった姿《すがた》をまねて作《つく》った、赤《あか》くて丸《まる》い人形《にんぎょう》。

**たるむ** 動 ❶ぴんと張《は》っていたものが、ゆるむ。例 電線《でんせん》がたるむ。❷しまりがなくなる。例 気持《きも》ちがたるむ。対（❶・❷）締《し》まる。

**たれ【垂れ】** 名 ❶食《た》べ物《もの》をつけて食《た》べる、味《あじ》のこい汁《しる》。例 焼《や》き肉《にく》のたれ。❷〔国語《こくご》で〕漢《かん》字《じ》を組《く》み立《た》てる部分《ぶぶん》の一《ひと》つ。「原《げん》」の「厂〔がんだれ〕」や「病《びょう》」の「疒〔やまいだれ〕」など、上《うえ》から左《ひだり》のほうに垂《た》れる形《かたち》の部分《ぶぶん》で、部首《ぶしゅ》ともなる。⇩ふろく（(2)ページ）

**だれ【誰】** 画数 15 部首 言（ごんべん）
音 ―― 訓 だれ
決《き》まっていない人《ひと》を指《さ》す言葉《ことば》。

**だれ【誰】** 代名 名前《なまえ》を知《し》らない人《ひと》や、はっきり決《き》まっていない人《ひと》を指《さ》す言葉《ことば》。例 あの人《ひと》は誰ですか。誰でも参加《さんか》できます。

**だれかれ【誰彼】** 代名 だれとわかっていない人々《ひとびと》を指《さ》す言葉《ことば》。あの人《ひと》この人《ひと》。例 だれかれの区別《くべつ》がない。

**たれこめる【垂れ込める】** 動 雲《くも》などが、低《ひく》くさがって、一面《いちめん》に広《ひろ》がる。例 雨雲《あまぐも》が垂れ込めて、今《いま》にも降《ふ》り出《だ》しそうだ。

**たれさがる【垂れ下がる】** 動 下《した》のほうにたれる。例 切《き》れた電線《でんせん》が垂れ下がる。

**だれしも【誰しも】** どんな人《ひと》でも。だれでも。例 だれしも幸《しあわ》せを願《ねが》っている。

**だれそれ【誰それ】** 代名 はっきりと名《な》をあげないで人《ひと》を指《さ》す言葉《ことば》。だれだれ。

**だれひとり【誰〈一人〉】** だれも。一人《ひとり》も。例 だれ一人帰《かえ》った人《ひと》はいません。注意 あとに「ない」などの打《う》ち消《け》しの言葉《ことば》がくる。

**たれまく【垂れ幕】** 名 高《たか》いところからつり下《さ》げる細長《ほそなが》い幕《まく》。広告《こうこく》やメッセージなどを伝《つた》えるために使《つか》う。

**だれもかれも【誰も彼も】** あの人《ひと》もこの人《ひと》も。みんな。

**たれる【垂れる】** 動 ❶だらりと下《さ》げる。下《さ》がる。例 つり糸《いと》を垂れる。❷しずくとなって落《お》ちる。例 水《みず》が垂れる。❸表《あらわ》す。示《しめ》す。例 教《おし》えを垂れる。⇩すい【垂】670ページ

**だれる** 動 しまりがなくなる。気《き》がゆるむ。例 気持《きも》ちがだれる。

**タレント**〔英語 talent〕名 ラジオ・テレビなどで活躍《かつやく》する芸能人《げいのうじん》。参考 もともとは「才《さい》能《のう》」という意味《いみ》。

**だろう** ❶たぶんこうだろうという気持《きも》ちを表《あらわ》す。例 あしたは天気《てんき》だろう。❷相手《あいて》に念《ねん》をおす気持《きも》ちを表《あらわ》す。例 ね、ぼくが言《い》ったとおりだろう。

**たろうかじゃ【太郎冠者】** 名 狂言《きょうげん》の役《やく》の名《な》で、大名《だいみょう》の一番《いちばん》めの召《め》し使《つか》い。次郎冠者《じろうかじゃ》と共《とも》に、滑稽《こっけい》な役《やく》を演《えん》じる。

**タワー**〔英語 tower〕名 高《たか》い建物《たてもの》。塔《とう》。

**たわいない** 形〔「たあいない」ともいう。〕❶つまらない。例 たわいない話《はなし》だ。❷手《て》ごたえがない。たやすい。例 たわいなく負《ま》けた。❸正体《しょうたい》がない。例 たわいなくねむっている。❹考《かんが》えが足《た》りない。例 たわいないいたずら。参考「たわいがない」「たわいもない」「たわいのない」の形《かたち》でも使《つか》う。

**たわごと** 名 ばかげた言葉《ことば》。

**たわし** 名 わらやシュロ・ヤシの繊維《せんい》などを束《たば》ねたもの。食器《しょっき》などを洗《あら》うのに使《つか》う。

**たわむ** 動 曲《ま》がる。しなう。例 枝《えだ》がたわむ。

**たわむれ【戯れ】** 名 おもしろがってふざけること。例 戯れの一言《ひとこと》が人《ひと》を傷《きず》つける。

**たわむれる【戯れる】** 動 おもしろがって遊《あそ》ぶ。例 子犬《こいぬ》と戯れる。⇩ぎ【戯】297ページ

**たわめる** 動 ゆるく曲《ま》げる。例 木《き》の枝《えだ》をた



ことわざ 名《な》は体《たい》を表《あらわ》す　つよし君《くん》というだけあって、強《つよ》いなあ。名《な》は体《たい》を表《あらわ》すと言《い》うとおりだ。

わめる。

**たわら**【俵】名 米《こめ》や炭《すみ》などを入《い》れるために、わらなどで編《あ》んだ入《い》れ物《もの》。例 米俵《こめだわら》。↓**ひょう【俵】**1110ページ

**たわわ** 形動 木《き》の枝《えだ》などが、実《み》の重《おも》さで曲《ま》がっているようす。例 枝《えだ》もたわわにカキがなっている。

**たん【担】** 画数 8 部首 扌(てへん) 6年

音 タン 訓 かつ-ぐ にな-う

筆順

❶肩《かた》にかつぐ。になう。熟語 担架《たんか》。❷受《う》け持《も》つ。引《ひ》き受《う》ける。熟語 担当《たんとう》。分担《ぶんたん》。

《訓の使い方》**かつ-ぐ** 例 荷《に》物《もつ》を担ぐ。**にな-う** 例 荷《に》を担う。

**たん【単】** 画数 9 部首 十(じゅう) 4年

音 タン 訓 —

筆順

❶ただ一《ひと》つ。熟語 単語《たんご》。単身《たんしん》。単線《たんせん》。単独《たんどく》。単刀《たんとう》直《ちょく》入《にゅう》。対 複《ふく》。❷こみ入《い》っていない。熟語 単純《たんじゅん》。単調《たんちょう》。簡単《かんたん》。❸もとになるまとまり。熟語 単位《たんい》。単価《たんか》。参考「単《たん》に」「単《たん》なる」の形《かたち》で使《つか》うことがある。

**たん【炭】** 画数 9 部首 火(ひ) 3年

音 タン 訓 すみ

筆順

❶すみ。熟語 木炭《もくたん》。❷石炭《せきたん》。熟語 炭鉱《たんこう》。炭田《たんでん》。❸元素《げんそ》の一《ひと》つ。炭素《たんそ》。熟語 炭化《たんか》。炭酸《たんさん》。

**たん【探】** 画数 11 部首 扌(てへん) 6年

音 タン 訓 さぐ-る さが-す

筆順

さぐる。さがし求《もと》める。調《しら》べる。熟語 探求《たんきゅう》。探検《たんけん》。探知《たんち》。探訪《たんぼう》。

《訓の使い方》**さぐ-る** 例 相《あい》手《て》の考《かんが》えを探る。**さが-す** 例 仕《し》事《ごと》を探す。

**たん【短】** 画数 12 部首 矢(やへん) 3年

音 タン 訓 みじか-い

筆順

❶みじかい。熟語 短歌《たんか》。短気《たんき》。短縮《たんしゅく》。短文《たんぶん》。長短《ちょうたん》。❷足《た》りない。劣《おと》っている。熟語 短所《たんしょ》。一《いっ》長《ちょう》一《いっ》短《たん》。対(❶・❷)長《ちょう》。

《訓の使い方》**みじか-い** 例 しっぽが短い。

**たん【短】**名 欠点《けってん》。短所《たんしょ》。例 短をおぎなう。対 長《ちょう》。

**たん【誕】** 画数 15 部首 言(ごんべん) 6年

音 タン 訓 —

筆順

人《ひと》が生《う》まれる。熟語 誕生《たんじょう》。生誕《せいたん》。

**たん【丹】** 画数 4 部首 丶(てん)

音 タン 訓 —

❶赤《あか》。赤《あか》い。熟語 丹頂《たんちょう》。❷薬《くすり》。特《とく》に、練《ね》って固《かた》めた薬《くすり》。熟語 丹精《たんせい》。丹念《たんねん》。❸まごころ。

参考 ❷の意《い》味《み》で、昔《むかし》から薬《くすり》の名《な》前《まえ》に使《つか》うことが多《おお》い。

**たん【旦】** 画数 5 部首 日(ひ)

音 タン ダン 訓 —

夜《よ》明《あ》け。朝《あさ》。熟語 一旦《いったん》。元旦《がんたん》。当て字 旦那《だんな》。

**たん【胆】** 画数 9 部首 月(にくづき)

音 タン 訓 —

❶肝《かん》臓《ぞう》から出《て》る胆《たん》汁《じゅう》をためておくところ。熟語 胆嚢《たんのう》。❷きもったま。熟語 大胆《だいたん》。落胆《らくたん》。❸本心《ほんしん》。熟語 魂胆《こんたん》。

**たん【淡】** 画数 11 部首 氵(さんずい)

音 タン 訓 あわ-い

❶味《あじ》や色《いろ》がうすい。熟語 濃淡《のうたん》。例 淡《あわ》い色《いろ》。❷あっさりしている。熟語 淡白《たんぱく》。冷《れい》淡《たん》。対 濃《のう》。❸塩《えん》分《ぶん》を含《ふく》まない。熟語 淡水《たんすい》。

**たん【嘆】** 画数 13 部首 口(くちへん)

音 タン 訓 なげ-く なげ-かわしい

❶なげく。悲《かな》しむ。熟語 嘆願《たんがん》。悲嘆《ひたん》。例 嘆《なげ》かわしい世《よ》の中《なか》。❷ほめたたえる。熟語 嘆声《たんせい》。

あいうえお かきくけこ さしすせそ たちつてと なにぬねの はひふへほ まみむめも やゆよ らりるれろ わをん

ことわざ 習《なら》うより慣《な》れろ　習《なら》うより慣《な》れろで、パソコンなんか、いじっているうちにできるようになるものだ。

感嘆《かんたん》。驚嘆《きょうたん》。

**たん【端】** 画数 14 部首 立(たつへん)

音 タン 訓 はし は はた

❶はし。はた。熟語 先端《せんたん》。道端《みちばた》。❷始《はじ》まり。熟語 発端《ほったん》。❸ことがら。熟語 万端《ばんたん》。❹きちんとしている。熟語 端正《たんせい》(＝形《かたち》や動作《どうさ》がきちんとしている)。❺はんぱ。熟語 端数《はすう》。例 端《は》た金《がね》。

**たん【端】** 名 ものごとの始《はじ》まるきっかけ。いとぐち。

**端《たん》を発《はっ》する** それがもとになって始《はじ》まる。例 うわさに端を発して、大《おお》さわぎになる。

**たん【綻】** 画数 14 部首 糸(いとへん)

音 タン 訓 ほころ-びる

ほころびる。熟語 破綻《はたん》。例 すそが綻《ほころ》びる。

**たん【鍛】** 画数 17 部首 金(かねへん)

音 タン 訓 きた-える

きたえる。金属《きんぞく》を何度《なんど》も熱《ねっ》しては打《う》って強《つよ》くする。心《こころ》や体《からだ》を強《つよ》くする。熟語 鍛練《たんれん》。

**たん【壇】** 熟語 土壇場《どたんば》。⇩だん【壇】812ページ

**たん【反】** 名 ❶昔《むかし》の尺貫法《しゃっかんほう》で、田畑《たはた》・山林《さんりん》の広《ひろ》さの単位《たんい》。一反《いったん》は、一町《いっちょう》の十分《じゅうぶん》の一《いち》で、約《やく》一〇アール。例 田《た》んぼ一反。❷和服用《わふくよう》の布《ぬの》を数《かぞ》える単位《たんい》。一反《いったん》は、約《やく》一〇・六メートル。⇩はん【反】1069ページ

**たん** 名 のどから出《で》るねばねばしたもの。例 たんがからむ。

**だん【団】** 画数 6 部首 囗(くにがまえ) 5年

音 ダン トン 訓 ―

筆順

❶集《あつ》まり。熟語 団体《だんたい》。球団《きゅうだん》。集団《しゅうだん》。❷かたまり。熟語 団結《だんけつ》。団地《だんち》。布団《ふとん》。

**だん【団】** 名「球団《きゅうだん》」「サーカス団《だん》」など、「団《だん》」のつく集《あつ》まりの略《りゃく》。例 団の人《ひと》たち。

**だん【男】** 画数 7 部首 田(た) 1年

音 ダン ナン 訓 おとこ

筆順

おとこ。熟語 男子《だんし》。男女《だんじょ》。長男《ちょうなん》。老若男女《ろうにゃくなんにょ》。対 女《じょ》。

**だん【段】** 画数 9 部首 殳(るまた) 6年

音 ダン 訓 ―

筆順

❶区切《くぎ》り。熟語 段階《だんかい》。段落《だんらく》。❷かいだん。熟語 段々《だんだん》。石段《いしだん》。❸やり方《かた》。熟語 手段《しゅだん》。❹武道《ぶどう》や将棋《しょうぎ》などの、腕前《うでまえ》を示《しめ》す位《くらい》。例 柔道《じゅうどう》三《さん》段。

**だん【段】** 名 ❶区切《くぎ》り。例 ページの下《した》の段。❷かいだん。例 段をのぼる。❸とき。場合《ばあい》。例 いざ話《はな》す段になると、声《こえ》が出《で》ない。

**だん【断】** 画数 11 部首 斤(おのづくり) 5年

音 ダン 訓 た-つ ことわ-る

筆順

❶たち切《き》る。切《き》れる。熟語 断続《だんぞく》。断面《だんめん》。横断《おうだん》。切断《せつだん》。❷きっぱりと決《き》める。熟語 断言《だんげん》。断定《だんてい》。決断《けつだん》。判断《はんだん》。❸ことわる。熟語 無断《むだん》。⇩だんじる 815ページ

《訓の使い方》**た-つ** 例 お酒《さけ》を断《た》つ。**ことわ-る** 例 さそいを断《ことわ》る。

**だん【断】** 名 きっぱりと決《き》めること。例 断を下《くだ》す。

**だん【暖】** 画数 13 部首 日(ひへん) 6年

音 ダン 訓 あたた-か あたた-かい あたた-まる あたた-める

筆順

❶あたたかい。熟語 暖流《だんりゅう》。温暖《おんだん》。対 寒《かん》。冷《れい》。❷あたためる。熟語 暖房《だんぼう》。暖炉《だんろ》。対 冷《れい》。

《訓の使い方》**あたた-か** 例 暖《あたた》かな一日《いちにち》。**あたた-かい** 例 暖かい春《はる》。**あたた-まる** 例 体《からだ》が暖まる。**あたた-める** 例 体《からだ》を暖める。

**だん【暖】** 名 あたたかいこと。例 たき火《び》で暖をとる(＝体《からだ》をあたためる)。

**だん【談】** 画数 15 部首 言(ごんべん) 3年



ことわざ **二階《にかい》から目薬《めぐすり》** あの子《こ》にはいくら言《い》って聞《き》かせても、二階《にかい》から目薬《めぐすり》で効《き》き目《め》がない。

音 ダン 訓 ―

筆順 談

話《はな》す。話《はなし》。熟語 談判《だんぱん》。談話《だんわ》。会談《かいだん》。相談《そうだん》。対談《たいだん》。

**だん【談】** 名 話《はなし》。例 目撃者《もくげきしゃ》の談。

**だん【弾】** 画数 12 部首 弓（ゆみへん）

音 ダン 訓 ひ-く はず-む たま

❶鉄砲《てっぽう》などのたま。熟語 弾丸《だんがん》。爆弾《ばくだん》。❷はずむ。はね返《かえ》る。熟語 弾性《だんせい》。弾力《だんりょく》。例 ボールが弾《はず》む。❸ひく。弦楽器《げんがっき》をかき鳴《な》らす。熟語 連弾《れんだん》〔=一台《いちだい》のピアノを二人《ふたり》でひく〕。例 ギターを弾《ひ》く。❹責《せ》める。熟語 弾圧《だんあつ》。

**だん【壇】** 画数 16 部首 土（つちへん）

音 ダン タン 訓 ―

❶高《たか》くした場所《ばしょ》。熟語 演壇《えんだん》。花壇《かだん》。仏壇《ぶつだん》。土《ど》壇場《たんば》。❷何《なに》かを専門《せんもん》にする人《ひと》たちの集《あつ》まり。例 俳壇《はいだん》〔=俳人《はいじん》たちの社会《しゃかい》〕。文壇《ぶんだん》。

**だん【壇】°** 名 周《まわ》りよりも高《たか》くした場所《ばしょ》。例 壇に上《あ》がって演説《えんぜつ》する。

**だん【旦】°** 当て字 旦那《だんな》。↓たん【旦】810ページ

**だんあつ【弾圧】°** 名 動-する 力《ちから》によって、反《はん》対《たい》する者《もの》をおさえつけること。例 不当《ふとう》な弾圧に立《た》ち向《む》かう。

**°たんい【単位】** 名 ❶物《もの》をはかったり、数《かぞ》えたりする場合《ばあい》の、元《もと》になるものの名前《なまえ》。例 メートルは長《なが》さの単位である。❷全体《ぜんたい》の組織《そしき》をつくる元《もと》になるもの。例 学年《がくねん》単位の活動《かつどう》。❸高校《こうこう》・大学《だいがく》で、決《き》まっている学習《がくしゅう》の量《りょう》。例 単位を取《と》る。

**たんいつ【単一】** 名 形動 一《ひと》つだけであること。また、一人《ひとり》だけであること。例 単一の組織《そしき》。

**たんいぶんすう【単位分数】** 名〔算数《さんすう》で〕分子《ぶんし》が1である分数《ぶんすう》。$\frac{1}{2}$・$\frac{1}{3}$など。

**だんいん【団員】** 名 団体《だんたい》を作《つく》っている一人《ひとり》一人《ひとり》の人《ひと》。例 消防《しょうぼう》団員。

**たんおんかい【短音階】** 名〔音楽《おんがく》で〕ラ・シ・ド・レ・ミ・ファ・ソ・ラと並《なら》ぶ音階《おんかい》。シとド、ミとファの間《あいだ》が半音《はんおん》になっていて、悲《かな》しげなメロディーを作《つく》り出《だ》す。対 長音階《ちょうおんかい》。

**たんか【担架】°** 名 病人《びょうにん》やけが人《にん》を乗《の》せて運《はこ》ぶ道具《どうぐ》。例 けが人《にん》を担架で運《はこ》ぶ。

**たんか【単価】** 名 一《ひと》つ当《あ》たりの値段《ねだん》。

✤**たんか【短歌】** 名〔国語《こくご》で〕和歌《わか》の一《ひと》つ。五《ご》・七《しち》・五《ご》・七《しち》・七《しち》の五《いつ》つの部分《ぶぶん》からできている三《さん》十一音《じゅういちおん》の歌《うた》。対 長歌《ちょうか》。

**たんか** 名 けんかのときなどに、相手《あいて》に向《む》かって言《い》う、威勢《いせい》のいい言葉《ことば》。

**たんかを切《き》る** 歯切《はぎ》れのいい言葉《ことば》で、相手《あいて》をやっつける。

**だんか【檀家】** 名 その寺《てら》に、葬式《そうしき》や法事《ほうじ》などをしてもらい、またその寺《てら》を助《たす》ける家《いえ》。

**タンカー** 〔英語 tanker〕名 石油《せきゆ》などを積《つ》んで運《はこ》ぶ船《ふね》。油送船《ゆそうせん》。油槽船《ゆそうせん》。↓ふね❶1150ページ

**だんかい【段階】** 名 ❶ある基準《きじゅん》で分《わ》けた区《く》切《ぎ》り。等級《とうきゅう》。例 高《たか》さを三《さん》段階に分《わ》ける。❷ものごとが進《すす》んでいく途中《とちゅう》の、ある場面《ばめん》。例 仕上《しあ》げの段階に入《はい》る。

> **例解！ことばの勉強室**
>
> **短歌《たんか》について**
>
> 奈《な》良《ら》時代《じだい》に作《つく》られた「万葉集《まんようしゅう》」は、柿《かきの》本《もとの》人《ひと》麻《ま》呂《ろ》・大伴家持《おおとものやかもち》など、大勢《おおぜい》の人《ひと》の歌《うた》を集《あつ》めた、日本《にっぽん》で最初《さいしょ》の歌集《かしゅう》である。その中《なか》でもっとも多《おお》いのが短歌《たんか》である。
>
> 平安時代《へいあんじだい》に入《はい》ると、「古今和歌集《こきんわかしゅう》」などが、また鎌倉時代《かまくらじだい》には、「新古今和歌集《しんこきんわかしゅう》」などが次々《つぎつぎ》と作《つく》られた。今《いま》、正月《しょうがつ》などに楽《たの》しむ百人一首《ひゃくにんいっしゅ》は、こういう昔《むかし》の短歌《たんか》をかるたにした遊《あそ》びである。

**だんがい【断崖】°** 名 切《き》り立《た》った険《けわ》しいがけ。例 断崖絶壁《ぜっぺき》。

**たんがん【単眼】** 名 昆虫《こんちゅう》やクモなどにある、簡単《かんたん》な仕組《しく》みの目《め》。対 複眼《ふくがん》。

**たんがん【嘆願】°** 名 動-する わけを話《はな》して、心《こころ》から願《ねが》うこと。例 嘆願書《しょ》。

**だんがん【弾丸】°** 名 ❶ピストルや鉄砲《てっぽう》のたま。❷非常《ひじょう》に速《はや》いもののたとえ。例 弾丸ライナー。

**たんき【短気】** 名 形動 気《き》が短《みじか》くて、すぐにおこったり、投《な》げやりになったりすること。せっかち。例 短気を起《お》こす。

**短気《たんき》は損気《そんき》** 短気《たんき》を起《お》こすと、自分《じぶん》が損《そん》を

するということ。

**たんき【短期】** [名] 短《みじか》い期間《きかん》。[対] 長期《ちょうき》。

**だんぎ【談義】** [名][動-する] ❶自由《じゆう》な話《はな》し合《あ》い。おしゃべり。[例] スポーツ談義。❷教《おし》えを話《はな》して聞《き》かせること。[例] 長《なが》談義に閉口《へいこう》した。

**たんきゅう【探求】** [名][動-する] ものごとを探《さが》し求《もと》めること。[例] 幸福《こうふく》を探求する。

**たんきゅう【探究】** [名][動-する] ものごとのほんとうの姿《すがた》を深《ふか》く調《しら》べること。[例] 真理《しんり》を探究する。

**だんきゅう【段丘】** [名] 海岸《かいがん》や川岸《かわぎし》に沿《そ》ってできた、階段《かいだん》のようになった土地《とち》。海岸段《かいがんだん》丘《きゅう》・河岸段丘《かがんだんきゅう》などがある。

**たんきょり【短距離】** [名] ❶短《みじか》い道《みち》のり。❷短距離競走《たんきょりきょうそう》の こと。[例] 短距離列車《れっしゃ》。[対] 長距離《ちょうきょり》。陸上競技《りくじょうきょうぎ》では四〇〇メートルまでをいう。[関連] 中距離《ちゅうきょり》。長距離《ちょうきょり》。

**タンク**〔英語 tank〕[名] ❶水《みず》・ガス・石油《せきゆ》などをためておく、大《おお》きな入《い》れ物《もの》。❷戦車《せんしゃ》。

**タングステン**〔英語 tungsten〕[名] 金属《きんぞく》の一《ひと》つ。白《しろ》っぽい色《いろ》で、かたくて熱《ねつ》にとけにくい。電球《でんきゅう》の光《ひかり》を出《だ》す線《せん》などに使《つか》われる。

**タンクローリー** [名]〔日本《にっぽん》でできた英語《えいご》ふうの言葉《ことば》。〕液体《えきたい》を運《はこ》ぶトラック。大《おお》きく丸《まる》い筒《つつ》の形《かたち》をしたタンクがついている。⇩じどうしゃ 571ページ

**だんけい【男系】** [名] 男《おとこ》から男《おとこ》へと受《う》け継《つ》がれる家系《かけい》。父方《ちちがた》の血筋《ちすじ》。[対] 女系《じょけい》。

**だんけつ【団結】** [名][動-する] 大勢《おおぜい》の人《ひと》が心《こころ》を合《あ》わせて、一《ひと》つにまとまること。

°**たんけん【探検・探険】** [名][動-する] まだ知《し》られていない土地《とち》へ行《い》って、実際《じっさい》に調《しら》べること。[例] ジャングルを探検する。

✤**たんげん【単元】** [名] 学習《がくしゅう》する内容《ないよう》によって分《わ》けた、活動《かつどう》や教材《きょうざい》のひとまとまり。

**だんげん【断言】** [名][動-する] きっぱりと言《い》い切《き》ること。[例] 必《かなら》ず行《い》くと断言する。

✤**たんご【単語】** [名]〔国語《こくご》で〕文《ぶん》を組《く》み立《た》てている、それ以上《いじょう》には分《わ》けられない最小《さいしょう》の単《たん》位《い》の言葉《ことば》。「学校《がっこう》へ行《い》く。」という文《ぶん》の「学校《がっこう》」「へ」「行《い》く」など。

**タンゴ**〔英語 tango〕[名]〔音楽《おんがく》で〕アルゼンチンから始《はじ》まった四分《よんぶん》の二拍子《にびょうし》のダンス曲《きょく》。また、それに合《あ》わせておどるダンス。

**たんご【丹後】** [地名] 昔《むかし》の国《くに》の名《な》の一《ひと》つ。今《いま》の京都府《きょうとふ》の北部《ほくぶ》にあたる。

**だんこ【断固】** [副(-と)] 反対《はんたい》や、困難《こんなん》をおしきって行《おこな》うようす。[例] 断固実行《じっこう》する。[参考]「断《だん》固《こ》たる態度《たいど》」などと使《つか》うこともある。

**だんご【団子】** [名] ❶米《こめ》やキビなどの粉《こな》を水《みず》でこね、小《ちい》さく丸《まる》めて、蒸《む》したり、焼《や》いたりした食《た》べ物《もの》。[例] きびだんご。❷丸《まる》く固《かた》まった形《かたち》。[例] 肉《にく》だんご。

**たんこう【炭坑】** [名] 石炭《せきたん》をほり出《だ》すためにほった穴《あな》。

**たんこう【炭鉱】** [名] 石炭《せきたん》をほり出《だ》す場所《ばしょ》。

**だんこう【断交】** [名][動-する] 交《まじ》わりをやめること。特《とく》に、国《くに》と国《くに》とが交際《こうさい》をやめること。

例解 ! ことばの勉強室

## 単語《たんご》について

単語《たんご》は、それ以上《いじょう》には分《わ》けられない、言葉《ことば》のもっとも小《ちい》さな単位《たんい》である。単語《たんご》には、自立語《じりつご》と付属語《ふぞくご》とがある。

〈文例《ぶんれい》〉私《わたし》が　行《い》く。
　　　　私《わたし》も　行《い》く。

自立語《じりつご》は、「私《わたし》」「行《い》く」のように、それだけで一《ひと》つの意味《いみ》を表《あらわ》す言葉《ことば》である。

自立語《じりつご》でだいじなことは、一《ひと》つ一《ひと》つの単語《たんご》がどのような意味《いみ》を表《あらわ》しているのかを理解《りかい》することである。

付属語《ふぞくご》は、「が」「も」のように、他《ほか》の言《こと》葉《ば》について使《つか》われる言葉《ことば》である。

付属語《ふぞくご》でだいじなことは、「が」「も」が、どんなことを言《い》い表《あらわ》しているかをとらえることである。たとえば「私《わたし》も…」と言《い》うと、「行《い》く」のは「私《わたし》」だけではないことがわかる。

なお、単語《たんご》はそのはたらきによって、ふつう次《つぎ》のような一一の品詞《ひんし》に分《わ》けられる。

**自立語《じりつご》**
名詞《めいし》・代名詞《だいめいし》・動詞《どうし》・形容詞《けいようし》・形容動《けいようどう》詞《し》・連体詞《れんたいし》・副詞《ふくし》・接続詞《せつぞくし》・感動詞《かんどうし》

**付属語《ふぞくご》**
助詞《じょし》・助動詞《じょどうし》



ことわざ 憎《にく》まれっ子世《こよ》にはばかる　憎《にく》まれっ子世《こよ》にはばかると言《い》うように、人《ひと》に憎《にく》まれるような人間《にんげん》のほうが出世《しゅっせ》したりする。

**だんこう【断行】** 名 動する 思《おも》いきってやること。例 値《ね》下《さ》げを断行する。類 決行《けっこう》。

**だんごう【談合】** 名 動する ❶話《はな》し合《あ》うこと。相談《そうだん》。❷工事《こうじ》などの入札《にゅうさつ》に参加《さんか》する者《もの》が、自《じ》分《ぶん》たちの都合《つごう》のいいように、入札《にゅうさつ》の金額《きんがく》や落札《らくさつ》する者《もの》を前《まえ》もって相談《そうだん》しておくこと。

**たんこうぼん【単行本】** 名 一冊《いっさつ》の本《ほん》として出版《しゅっぱん》された本《ほん》。

**たんごのせっく【端午の節句】** 名 五月《ごがつ》五日《いつか》の男《おとこ》の子《こ》の節句《せっく》。こいのぼりを立《た》てたり、よろいやかぶとをかざったりして、成《せい》長《ちょう》を祝《いわ》う。今《いま》の「こどもの日《ひ》」にあたる。参考 女《おんな》の子《こ》の場合《ばあい》は、三月三日《さんがつみっか》の桃《もも》の節句《せっく》。

**たんこぶ** 名 「こぶ」のくだけた言《い》い方《かた》。例 目《め》の上《うえ》のたんこぶ。

**だんごむし【団子虫】** 名 庭《にわ》や畑《はたけ》の石《いし》の下《した》などにいる小《ちい》さな虫《むし》。さわると、腹《はら》を中《なか》にしてだんごのように丸《まる》くなる。

**たんさ【探査】** 名 動する 探《さが》して調《しら》べること。例 探査機《き》。月《つき》の表面《ひょうめん》を探査する。

**だんさ【段差】** 名 道路《どうろ》などで、段《だん》のように高《たか》さのちがいがあるところ。

**ダンサー**〔英語 dancer〕名 西洋風《せいようふう》のおどりをおどることを、仕事《しごと》にしている人《ひと》。

**だんざい【断罪】** 名 動する きっぱりと罪《つみ》をさばくこと。例 不正《ふせい》を断罪する。

**たんさく【単作】** 名 ❶一毛作《いちもうさく》。❷一種類《いっしゅるい》の作物《さくもつ》だけを作《つく》ること。例 米《こめ》の単作農家《のうか》。

**たんさく【探索】** 名 動する さぐり求《もと》めること。例 最近発見《さいきんはっけん》された洞窟《どうくつ》を探索する。

**たんざく【短冊】** 名 歌《うた》や俳句《はいく》などを書《か》く、細長《ほそなが》い紙《かみ》。例 七夕《たなばた》の短冊。

**たんざくぎり【短冊切り】** 名 大根《だいこん》やにんじんなどを、うすく細長《ほそなが》い四角形《しかくけい》(短冊《たんざく》の形《かたち》)に切《き》ること。また、その切《き》り方《かた》。

**たんさん【炭酸】** 名 炭酸《たんさん》ガス〔=二酸化炭素《にさんかたんそ》〕が水《みず》にとけてできる弱《よわ》い酸《さん》。

**たんさんガス【炭酸ガス】** 名 ⇩にさんかたんそ 986ページ

**たんさんカルシウム【炭酸カルシウム】** 名 動物《どうぶつ》の骨《ほね》や貝《かい》がら、石灰石《せっかいせき》などの成《せい》分《ぶん》である白《しろ》い固体《こたい》。

**たんさんすい【炭酸水】** 名 炭酸《たんさん》ガス〔=二酸化炭素《にさんかたんそ》〕を水《みず》にとかした液体《えきたい》。ソーダ水《すい》。

**たんし【端子】** 名 (電気器具《でんききぐ》などの)電流《でんりゅう》の出入《でい》り口《ぐち》にある金具《かなぐ》の部分《ぶぶん》。

°**だんし【男子】** 名 ❶男《おとこ》の子《こ》。❷男《おとこ》の人《ひと》。男《だん》性《せい》。例 男子マラソン。対 (❶・❷)女子《じょし》。

**だんじ【男児】** 名 ❶幼《おさな》い男《おとこ》の子《こ》。対 女児《じょじ》。❷おとこ。例 日本男児《にっぽんだんじ》。

**たんじかん【短時間】** 名 短《みじか》い時間《じかん》。

**だんじき【断食】** 名 動する 修行《しゅぎょう》などのために、ある期間《きかん》食《た》べ物《もの》を食《た》べないこと。

**たんじじつ【短時日】** 名 短《みじか》い期間《きかん》。

**だんじて【断じて】** 副 ❶きっと。必《かなら》ず。例 断じて勝《か》つ。❷どうしても。決《けっ》して。例 断じて許《ゆる》せない。参考 ❷は、あとに「ない」などの打《う》ち消《け》しの言葉《ことば》がくる。

**たんじゅう【胆汁】** 名 胆嚢《たんのう》で作《つく》られる液《えき》。食《た》べ物《もの》の中《なか》の脂肪《しぼう》の消化《しょうか》を助《たす》ける。

**たんしゅく【短縮】** 名 動する 短《みじか》く縮《ちぢ》めること。例 時間《じかん》を短縮する。対 延長《えんちょう》。

**たんじゅん【単純】** 形動 ❶こみ入《い》っていないようす。例 単純な仕組《しく》み。対 複雑《ふくざつ》。❷混《ま》じりけのないようす。例 単純な色《いろ》。❸考《かんが》えが浅《あさ》いようす。例 言《い》うことが単純だ。

■**たんじゅんめいかい【単純明快】** 形動 ものごとがわかりやすく、はっきりしているようす。例 説明《せつめい》が単純明快でよくわかる。

°**たんしょ【短所】** 名 悪《わる》い点《てん》。おとっている点《てん》。欠点《けってん》。類 弱点《じゃくてん》。対 長所《ちょうしょ》。

°**だんじょ【男女】** 名 男《おとこ》と女《おんな》。

°**たんじょう【誕生】** 名 動する ❶生《い》き物《もの》が生《う》まれること。例 誕生日《び》。❷ものごとが始《はじ》まること。例 新《あたら》しい公園《こうえん》が誕生した。

**だんしょう【談笑】** 名 動する 仲《なか》よく打《う》ち解《と》けて話《はなし》をすること。

**たんしようしょくぶつ【単子葉植物】** 名〔理科《りか》で〕被子植物《ひししょくぶつ》のうち、子葉《しよう》が一《いち》枚《まい》のもの。イネやユリなど。対 双子葉植物《そうしようしょくぶつ》。

**たんじょうせき【誕生石】** 名 生《う》まれた月《つき》ごとに決《き》められた宝石《ほうせき》。幸《しあわ》せをもたらすといわれる。

**たんじょうび【誕生日】** 名 その人《ひと》の生《う》まれた日《ひ》。また、生《う》まれた日《ひ》と同《おな》じ月《つき》と日《ひ》。

**だんじょきょうどうさんかくしゃかい【男女共同参画社会】** 名 男女同権《だんじょどうけん》

ことわざ 二兎《にと》を追《お》う者《もの》は一兎《いっと》をも得《え》ず　テニス部《ぶ》に入《はい》っているのに卓球部《たっきゅうぶ》にも入《はい》ったのでは、二兎《にと》を追《お》う者《もの》は一兎《いっと》をも得《え》ずということになるよ。

〔=権利《けんり》に男女差《だんじょさ》がない〕を基本《きほん》とした社会《しゃかい》のあり方《かた》を示《しめ》すもの。男女《だんじょ》が対等《たいとう》に社会的活動《しゃかいてきかつどう》を行《おこな》い、共《とも》に責任《せきにん》をにない、平等《びょうどう》に利益《りえき》を受《う》けることができる社会《しゃかい》。

**だんしょく【暖色】**［名］暖《あたた》かい感《かん》じの色《いろ》。黄《き》色《いろ》・だいだい色《いろ》・赤《あか》など。［対］寒色《かんしょく》。

**たんしょくやさい【淡色野菜】**［名］大《だい》根《こん》・白菜《はくさい》・キャベツなど、色《いろ》のうすい野菜《やさい》。ビタミンC《シー》、ミネラル、食物繊維《しょくもつせんい》などが多《おお》く含《ふく》まれる。

**だんじょどうけん【男女同権】**［名］男女《だんじょ》によって権利《けんり》などに差《さ》がないこと。

**だんじる【断じる】**［動］〔「だんずる」ともいう。〕❶きっぱりと決《き》める。［例］自信《じしん》を持《も》って断じる。❷ものごとのよい、悪《わる》いを裁《さば》く。［例］二人《ふたり》とも同罪《どうざい》と断じる。

**たんしん【単身】**［名］ただ独《ひと》り。体《からだ》一《ひと》つ。［例］単身、アメリカへわたる。

**たんしん【短針】**［名］時計《とけい》の短《みじか》いほうの針《はり》。時《じ》針《しん》。［対］長針《ちょうしん》。

**たんしんふにん【単身赴任】**［名］［動-する］家族《かぞく》を家《いえ》に残《のこ》して、独《ひと》りで勤《つと》め先《さき》の土地《とち》に移《うつ》り住《す》むこと。

**たんす**［名］おもに木《き》で作《つく》り、引《ひ》き出《だ》しや戸《と》をつけて、衣類《いるい》などを入《い》れておく家具《かぐ》。

**ダンス**〔英語 dance〕［名］西洋風《せいようふう》のおどり。

**たんすい【淡水】**［名］塩気《しおけ》のない水《みず》。真水《まみず》。川《かわ》の水《みず》や地下水《ちかすい》など。

**だんすい【断水】**［名］［動-する］水《みず》の流《なが》れや水道《すいどう》を止《と》めること。また、止《と》まること。［例］地震《じしん》で断水した。

**たんすいかぶつ【炭水化物】**［名］炭素《たんそ》・酸《さん》素《そ》・水素《すいそ》が化合《かごう》してできたもの。運動《うんどう》するときの力《ちから》のもとになる栄養素《えいようそ》の一《ひと》つ。でんぷん・砂糖《さとう》・植物《しょくぶつ》の繊維《せんい》など。

**たんすいぎょ【淡水魚】**［名］川《かわ》や池《いけ》などの淡水《たんすい》にすむ魚《さかな》。コイ・フナ・ナマズなど。

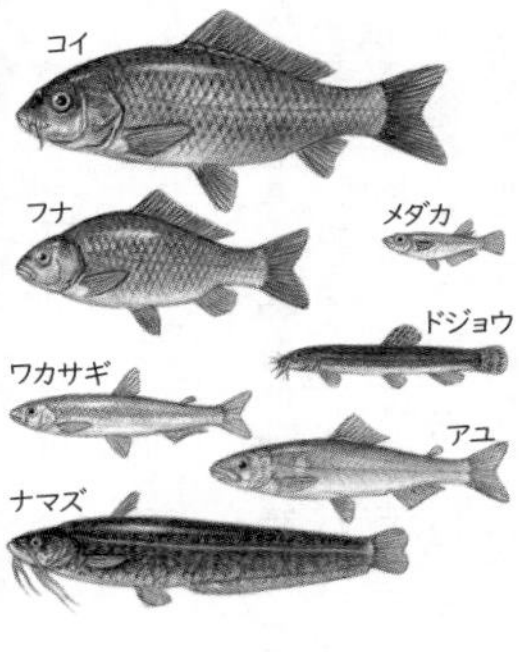

〔たんすいぎょ〕

**たんすう【単数】**［名］人《ひと》や物《もの》の数《かず》が一《ひと》つであること。［対］複数《ふくすう》。

**だんずる【断ずる】**［動］↓だんじる 815ページ

**たんせい【丹精】**［名］［動-する］まごころ。また、心《こころ》をこめてすること。［例］丹精こめて咲《さ》かせた花《はな》。丹精して育《そだ》てる。

**たんせい【嘆声】**［名］感心《かんしん》して出《だ》す声《こえ》。また は、なげきの声《こえ》。［例］みごとな腕前《うでまえ》に思《おも》わず嘆声を上《あ》げる。

**たんせい【端正】**［形動］姿《すがた》や形《かたち》、動作《どうさ》が整《ととの》っているようす。［例］端正な顔《かお》立《だ》ち。

○**だんせい【男性】**［名］男《おとこ》の人《ひと》。ふつう、大人《おとな》についていう。［対］女性《じょせい》。

**だんせい【弾性】**［名］おされたりのばされたりしても、また元《もと》にもどろうとする性質《せいしつ》。ゴム・ばねなどが持《も》つ。

**だんぜつ【断絶】**［名］［動-する］❶絶《た》えること。［例］家《いえ》が断絶する。❷つながりがなくなること。また、つながりをなくすこと。［例］国交《こっこう》断絶。❸心《こころ》が通《つう》じ合《あ》わなくなること。［例］親子《おやこ》の断絶。

**たんせん【単線】**［名］鉄道《てつどう》で、上《のぼ》りと下《くだ》りの列車《れっしゃ》が、同《おな》じ線路《せんろ》を使《つか》うこと。［対］複線《ふくせん》。

**だんぜん【断然】**［副］❶きっぱりとおしきってするようす。［例］ぼくは断然行《い》く。❷飛《と》びぬけているようす。［例］断然強《つよ》い。［参考］「断然《だんぜん》たる強《つよ》み」などと使《つか》うこともある。

**たんそ【炭素】**［名］石炭《せきたん》やダイヤモンドなどを作《つく》っている元素《げんそ》。動物《どうぶつ》や植物《しょくぶつ》の体《からだ》にも含《ふく》まれている。

**だんそう【断層】**［名］❶〔理科《りか》で〕地面《じめん》がうき上《あ》がったり、ずり落《お》ちたりすること。また、それによってできた、地層《ちそう》のくいちがい。↓ちそう 824ページ。❷考《かんが》え方《かた》などのくいちがい。［例］世代間《せだいかん》の断層をうめる。

**たんそく【嘆息】**［名］［動-する］ため息《いき》をつくこと。ため息《いき》。［例］嘆息をもらす。

**だんぞく【断続】**［名］［動-する］切《き》れたり、続《つづ》いたりすること。

○**だんたい【団体】**［名］❶大勢《おおぜい》の人《ひと》の集《あつ》まり。



ことわざ　ぬかにくぎ　何度《なんど》気《き》をつけるように言《い》ってもぬかにくぎで、またしくじっている。

例 団体旅行《りょこう》。❷同《おな》じ目的《もくてき》を持《も》った人々《ひとびと》の集《あつ》まり。例 政治《せいじ》団体。類(❶・❷)集団《しゅうだん》。

**だんたいきょうぎ【団体競技】** 名 団体《だんたい》どうしで行《おこな》う競技《きょうぎ》。野球《やきゅう》・バスケットボール・バレーボールなど。

**だんたいせん【団体戦】** 名 何人《なんにん》かでチームをつくってたたかう試合《しあい》。対 個人戦《こじんせん》。

**だんだら【段だら】** 名 模様《もよう》や柄《がら》が、異《こと》なった色《いろ》の太《ふと》い横《よこ》じまになっていること。例 だんだら模様《もよう》。

**たんたん【淡淡】** 副-と ものごとにこだわらず、あっさりしたようす。例 負《ま》けても淡々としている。

**たんたん【坦坦】** 副-と ❶地面《じめん》などが、平《たい》らなようす。例 たんたんと続《つづ》く道《みち》。❷たいした変化《へんか》もなく過《す》ぎること。例 試合《しあい》がたんたんと進《すす》んだ。

**°だんだん【段段】** 一 名 階段《かいだん》。二 副(-と) しだいに。例 だんだん寒《さむ》くなる。

**だんだんばたけ【段段畑】** 名 山《やま》や丘《おか》の斜面《しゃめん》に作《つく》られた、階段《かいだん》のような畑《はたけ》。

**たんち【探知】** 名 動-する かくれているものを探《さぐ》り出《だ》して知《し》ること。例 探知機《き》。

**だんち【団地】** 名 住宅《じゅうたく》を一《いっ》か所《しょ》に集《あつ》めて作《つく》った所《ところ》。工場《こうじょう》を集《あつ》めたものにもいう。

**だんちがい【段違い】** 名 形動 ❶高《たか》さがちがうこと。❷比《くら》べものにならないほどちがうこと。例 段違いに強《つよ》いチーム。

**だんちがいへいこうぼう【段違い平行棒】** 名 女子《じょし》の体操《たいそう》競技《きょうぎ》の一《ひと》つ。高《たか》さのちがう二本《にほん》の平行《へいこう》な棒《ぼう》を使《つか》って演技《えんぎ》する。

**たんちょう【丹頂】** 名 北海道《ほっかいどう》にいる、特別《とくべつ》天然記念物《てんねんきねんぶつ》の美《うつく》しい大《おお》きなツル。全体《ぜんたい》に白《しろ》く、首《くび》と羽《はね》の先《さき》が黒《くろ》で、頭《あたま》の上《うえ》が赤《あか》い。タンチョウヅル。

〔たんちょう〕

**たんちょう【単調】** 形動 変化《へんか》のないようす。一本調子《いっぽんぢょうし》。例 単調な生活《せいかつ》。

**たんちょう【短調】** 名 〔音楽《おんがく》で〕短音階《たんおんかい》で作《つく》られた調子《ちょうし》。また、その曲《きょく》。さびしい感《かん》じがする。対 長調《ちょうちょう》。

**だんちょう【団長】** 名 団《だん》と名《な》のつく団体《だんたい》の代表者《だいひょうしゃ》。

**だんちょうのおもい【断腸の思い】** 名 たいへんつらく、悲《かな》しい気持《きも》ち。例 断腸の思いで別《わか》れた。参考 昔《むかし》、中国《ちゅうごく》で、子《こ》どもをうばわれた母《はは》ザルが、悲《かな》しみのあまり腸《ちょう》がずたずたにちぎれて死《し》んだ、という話《はなし》から。

**たんてい【探偵】** 名 人《ひと》や会社《かいしゃ》などのようすを、こっそり探《さぐ》ったり、調《しら》べたりすること。また、その人《ひと》。例 名《めい》探偵。

**✤だんてい【断定】** 名 動-する はっきりと判断《はんだん》をすること。例 犯人《はんにん》を断定する。

**たんてき【端的】** 形動 ❶はっきりしているようす。例 作者《さくしゃ》の性格《せいかく》が端的に表《あらわ》れた作品《さくひん》。❷手《て》っ取《と》り早《ばや》いようす。例 端的に言《い》って、まちがいだ。

**たんでん【炭田】** 名 地下《ちか》に石炭《せきたん》のたくさんうまっている所《ところ》。例 炭田地帯《ちたい》。

**たんとう【担当】** 名 動-する 仕事《しごと》や役目《やくめ》を受《う》け持《も》つこと。また、受《う》け持《も》つ人《ひと》。例 学級《がっきゅう》新聞《しんぶん》の編集《へんしゅう》を担当する。

**たんとう【短刀】** 名 短《みじか》い刀《かたな》。

**だんとう【暖冬】** 名 いつもの年《とし》より暖《あたた》かい冬《ふゆ》。

**■たんとうちょくにゅう【単刀直入】** 名 形動 いきなり話《はなし》の中心《ちゅうしん》に入《はい》ること。例 単刀直入に質問《しつもん》を切《き》り出《だ》す。

**たんどく【単独】** 名 ただ一《ひと》つ。ただ独《ひと》り。例 単独行動《こうどう》をとる。

**だんどり【段取り】** 名 仕事《しごと》の手順《てじゅん》。

**だんな【旦那】** 名 ❶主人《しゅじん》。例 若旦那《わかだんな》。❷夫《おっと》。❸店《みせ》などで男《おとこ》の客《きゃく》を呼《よ》ぶ言葉《ことば》。

**たんなる【単なる】** 連体 ただそれだけの。ただの。例 単なるうわさにすぎない。

**たんに【単に】** 副 ただ。ふつうに。例 単に事実《じじつ》を言《い》ったまでです。

**たんにん【担任】** 名 役目《やくめ》やクラスなどを受《う》け持《も》つこと。また、その人《ひと》。受《う》け持《も》ち。先生《せんせい》。例 学級《がっきゅう》担任。

**だんねつ【断熱】** 名 動-する 熱《ねつ》が他《ほか》に伝《つた》わらないようにすること。例 壁《かべ》の断熱工事《こうじ》。

**だんねつざい【断熱材】** 名 熱《ねつ》を伝《つた》わりにくくするために使《つか》う材料《ざいりょう》。例 保温《ほおん》のために、壁《かべ》に断熱材を使《つか》う。

**たんねん【丹念】** 形動 心《こころ》をこめて丁寧《ていねい》にやるようす。例 丹念にみがく。

**だんねん【断念】** 名 動する 思《おも》い切ること。あきらめること。例 進学《しんがく》を断念する。

**たんのう【堪能】** 一 形動 腕前《うでまえ》がすぐれているようす。例 兄《あに》は英語《えいご》にたんのうだ。類 達者《たっしゃ》。二 名 動する 十分満足《じゅうぶんまんぞく》すること。例 夜景《やけい》をたんのうした。参考 もとは「かんのう」と読《よ》んだ。

**たんのう【胆嚢】** 名 肝臓《かんぞう》から出《で》る胆汁《たんじゅう》を一時《いちじ》ためておくふくろ。↓ないぞう(内臓)959ページ

**だんのうらのたたかい【壇ノ浦の戦い】** 名 一一八五年《ねん》、山口県《やまぐちけん》の壇《だん》ノ浦《うら》での源氏《げんじ》と平家《へいけ》の最後《さいご》の戦《たたか》い。源氏《げんじ》が勝利《しょうり》した。

**たんば【丹波】** 地名 昔《むかし》の国《くに》の名《な》の一《ひと》つ。今《いま》の京都府《きょうとふ》から兵庫県《ひょうごけん》にかけての辺《あた》り。

**たんぱ【短波】** 名 波長《はちょう》の短《みじか》い電波《でんぱ》。外国《がいこく》との通信《つうしん》などに使《つか》う。関連 中波《ちゅうは》。長波《ちょうは》。

**たんぱく【淡白・淡泊】** 名 形動 ❶あっさりしているようす。例 淡白な味《あじ》。対 濃厚《のうこう》。❷欲《よく》がなくて、ものごとにこだわらないようす。例 淡白な性質《せいしつ》。

**たんぱくしつ【蛋白質】** 名 動植物《どうしょくぶつ》の体《からだ》を作《つく》っている栄養素《えいようそ》の一《ひと》つ。肉《にく》・ミルク・豆《まめ》や卵《たまご》の白身《しろみ》などに多《おお》く含《ふく》まれている。

**だんぱつ【断髪】** 名 動する 髪《かみ》の毛《け》を短《みじか》く切《き》ること。また、その髪《かみ》の形《かたち》。

**たんパン【短パン】** 名 丈《たけ》の短《みじか》いズボン。

**だんぱん【談判】** 名 動する 決《き》まりをつけるために、相手《あいて》と話《はな》し合《あ》うこと。例 直談判《じかだんぱん》。

**ダンピング** 〔英語 dumping〕名 動する もうけを考《かんが》えないで安売《やすう》りすること。

**ダンプカー** 名〔日本《にっぽん》でできた英語《えいご》ふうの言葉《ことば》。〕積《つ》み荷《に》をすべり落《お》とせるように、動力《どうりょく》で荷台《にだい》をかたむける仕《し》かけのついた大型《おおがた》のトラック。ダンプ。

**タンブリン** 〔英語 tambourine〕名 すずをつけた円《まる》いわくに皮《かわ》を張《は》り、手《て》で打《う》って鳴《な》らす楽器《がっき》。タンバリン。

✤**たんぶん【単文】** 名〔国語《こくご》で〕主語《しゅご》と述語《じゅつご》が、それぞれ一《ひと》つしかない文《ぶん》。「花《はな》が咲《さ》く。」など。関連 重文《じゅうぶん》。複文《ふくぶん》。↓ぶん【文】1165ページ

✤**たんぶん【短文】** 名 短《みじか》い文章《ぶんしょう》。例 短文を作《つく》る。対 長文《ちょうぶん》。

**たんぺん【短編】** 名 短《みじか》い小説《しょうせつ》や映画《えいが》。例 短編小説《しょうせつ》。対 長編《ちょうへん》。

**だんぺん【断片】** 名 切《き》れはし。かけら。例 土器《どき》の断片。

**だんぺんてき【断片的】** 形動 きれぎれであるようす。例 断片的な知識《ちしき》。

**たんぼ【田んぼ】** 名 水《みず》を張《は》って、イネを育《そだ》てる所《ところ》。水田《すいでん》。

**たんぽ【担保】** 一 名 お金《かね》を借《か》りるときに、相手《あいて》が損《そん》をしないように、その代《か》わりになるものをあてたり約束《やくそく》をしたりすること。例 家《いえ》を担保にお金《かね》を借《か》りた。参考 お金《かね》を返《かえ》せない時《とき》には、相手《あいて》に家《いえ》をわたすことになる。二 名 動する そのようになる保証《ほしょう》。例 成功《せいこう》は担保されている。

**たんぼう【探訪】** 名 動する 出《で》かけて行《い》って、そこの実情《じつじょう》などを探《さぐ》ること。たんぽう。例 はなれ島《じま》を探訪する。

°**だんぼう【暖房】** 名 動する 部屋《へや》を暖《あたた》めること。また、その仕《し》かけ。対 冷房《れいぼう》。

**だんボール【段ボール】** 名 二枚《にまい》の厚手《あつで》のボール紙《がみ》を重《かさ》ね、間《あいだ》に波形《なみがた》の紙《かみ》をはり合《あ》わせて作《つく》ったもの。荷物《にもつ》を送《おく》ったり、保管《ほかん》したりする箱《はこ》の材料《ざいりょう》などに使《つか》う。

**たんぽぽ** 名 春《はる》に黄色《きいろ》の花《はな》が咲《さ》く草《くさ》。種《たね》には白《しろ》い綿毛《わたげ》があって、風《かぜ》に乗《の》って飛《と》ぶ。

**たんまつ【端末】** 名 ❶端《はし》っこ。❷電気器具《でんききぐ》などの電流《でんりゅう》の出入《でい》り口《ぐち》。❸中心《ちゅうしん》となる大型《おおがた》コンピューターにつながっているそれぞれのコンピューターの、情報《じょうほう》の出《だ》し入《い》れをする装置《そうち》。

**だんまつま【断末魔】** 名 死《し》にぎわ。死《し》ぬ間《ま》ぎわの苦《くる》しみ。例 断末魔の苦《くる》しみ。

**たんまり** 副(-と) たくさん。十分《じゅうぶん》。

**たんめい【短命】** 名 形動 寿命《じゅみょう》が短《みじか》いこと。対 長命《ちょうめい》。

**だんめん【断面】** 名 ❶切《き》り口《くち》の面《めん》。切《き》り口《くち》。関連 正面《しょうめん》。側面《そくめん》。背面《はいめん》。❷ものごとをある面《めん》から見《み》たときのようす。例 新聞《しんぶん》は社会《しゃかい》の断面を映《うつ》し出《だ》す。

**だんめんず【断面図】** 名 物《もの》をたち切《き》った面《めん》をかき表《あらわ》した図《ず》。例 木《き》の断面図。


ことわざ **寝耳《ねみみ》に水《みず》** 試合《しあい》が中止《ちゅうし》になるなんて寝耳《ねみみ》に水《みず》で、今初《いまはじ》めて知《し》ったよ。

あいうえお
かきくけこ
さしすせそ
た ちつてと
なにぬねの
はひふへほ
まみむめも
や ゆ よ
らりるれろ
わ を ん

例解 ! ことばの勉強室

**段落《だんらく》について**

段落《だんらく》は、行《ぎょう》がえと書《か》きだしの一字下《いちじさ》げで区切《くぎ》られている。この一《ひと》つ一《ひと》つの段落《だんらく》がさまざまにつながりながら、文章全体《ぶんしょうぜんたい》を作《つく》っている。

段落《だんらく》と段落《だんらく》のつながり方《かた》には、次《つぎ》のような型《かた》がある。つなげる言葉《ことば》(接続語《せつぞくご》)といっしょに整理《せいり》しておこう。

ア．前《まえ》の段落《だんらく》の内容《ないよう》に、続《つづ》けたりつけ加《くわ》えたりする。
　そして　それから

イ．前《まえ》の段落《だんらく》の内容《ないよう》を理由《りゆう》にして、あとを述《の》べる。
　だから　したがって　それで

ウ．前《まえ》の段落《だんらく》の内容《ないよう》の理由《りゆう》を述《の》べる。
　なぜなら

エ．前《まえ》の段落《だんらく》の内容《ないよう》と、逆《ぎゃく》のことを述《の》べる。
　しかし　だが

オ．前《まえ》の段落《だんらく》の内容《ないよう》と並《なら》べて、別《べつ》のことを述《の》べる。
　また　そのほか

カ．前《まえ》の段落《だんらく》の内容《ないよう》とは別《べつ》のことをつけ加《くわ》える。
　なお　しかも

キ．前《まえ》の段落《だんらく》の内容《ないよう》を、例《れい》をあげて説明《せつめい》する。
　たとえば

ク．前《まえ》の段落《だんらく》の内容《ないよう》を、まとめたり、言《い》いかえたりする。
　つまり　すなわち

ケ．前《まえ》の段落《だんらく》の内容《ないよう》と、どちらかを選《えら》ぶ。
　それとも　または　あるいは

コ．前《まえ》の段落《だんらく》の内容《ないよう》とは別《べつ》のことに、話題《わだい》を変《か》える。
　さて　ところで

**たんもの**【反物】名 和服《わふく》などにするための、決《き》まった長《なが》さの織物《おりもの》。

**だんやく**【弾薬】名 鉄砲《てっぽう》などにこめる弾丸《だんがん》と火薬《かやく》。

**だんゆう**【男優】名 男性《だんせい》の俳優《はいゆう》。対 女優《じょゆう》。

**たんよう**【単葉】名 ❶葉《は》が一枚《いちまい》の葉《は》でできているもの。ふつうの葉《は》。❷飛行機《ひこうき》で、おもなつばさが一枚《いちまい》のもの。対(❶・❷)複葉《ふくよう》。

**たんらく**【短絡】名 動-する ものごとを簡単《かんたん》に結《むす》びつけてしまうこと。例 短絡的《てき》な考《かんが》え。

**だんらく**【段落】名 ❶〔国語《こくご》で〕文章《ぶんしょう》の中《なか》の、内容《ないよう》の上《うえ》での一《ひと》まとまり。または、行《ぎょう》がえによって区切《くぎ》られた一《ひと》まとまり。❷ものごとの区切《くぎ》り。例 仕事《しごと》も一段落《いちだんらく》ついた。

**だんらん**【団欒】名 動-する 親《した》しい人《ひと》たちが集《あつ》まって、楽《たの》しく過《す》ごすこと。

**だんりゅう**【暖流】名 赤道付近《せきどうふきん》から温帯《おんたい》へ向《む》かって流《なが》れる、暖《あたた》かい海水《かいすい》の流《なが》れ。メキシコ湾流《わんりゅう》や黒潮《くろしお》〔=日本海流《にほんかいりゅう》〕など。対 寒流《かんりゅう》。
⬇かいりゅう 207ページ

**だんりゅうぎょ**【暖流魚】名 暖流《だんりゅう》にすむ魚《さかな》。マグロ・カツオなど。

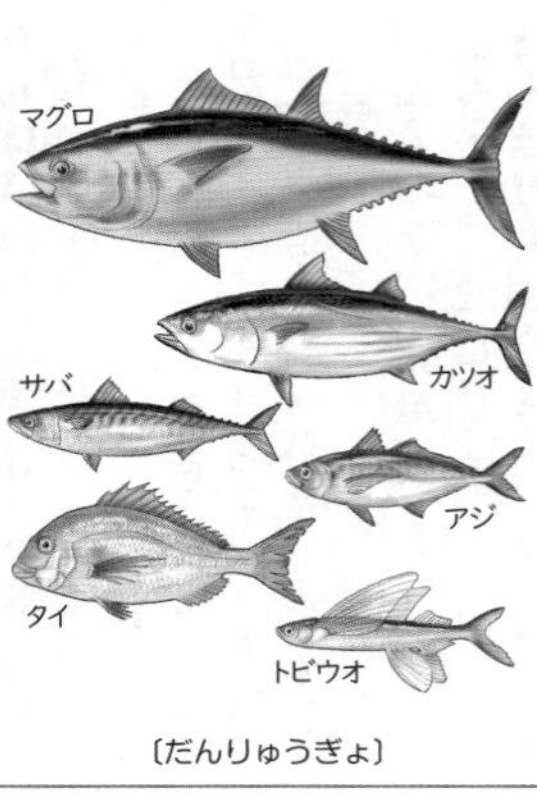

〔だんりゅうぎょ〕

**だんりょく**【弾力】名 ❶はね返《かえ》す力《ちから》。元《もと》に返《かえ》ろうとする力《ちから》。❷そのときどきで、自由《じゆう》に変化《へんか》できる能力《のうりょく》。例 弾力的《てき》な考《かんが》え方《かた》。

**だんれつ**【断裂】名 動-する 切《き》れてさけること。例 アキレスけんを断裂する。

**たんれん**【鍛練・鍛錬】名 動-する ❶金属《きんぞく》をきたえること。❷心《こころ》や体《からだ》をきたえること。例 鍛練を積《つ》む。類 修練《しゅうれん》。

**だんろ**【暖炉】名 火《ひ》をたいて、部屋《へや》を暖《あたた》める設備《せつび》。

**だんわ**【談話】名 動-する ❶話《はなし》をすること。

ことわざ 寝《ね》る子《こ》は育《そだ》つ　赤《あか》ちゃんがすやすやとよく寝《ね》ている。寝《ね》る子《こ》は育《そだ》つとかで、楽《たの》しみだね。

話《はなし》。❷あることについて、述《の》べた意見《いけん》。

# ち

チ　ti

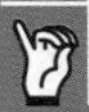

## ち【地】
画数 6　部首 土（つちへん）　2年

音 チ ジ　訓 ―

筆順 一 十 土 地 地 地

❶土地《とち》。陸《りく》。熟語 地図《ちず》。地面《じめん》。天地《てんち》。対 天《てん》。❷場《ば》所《しょ》。熟語 地区《ちく》。地酒《じざけ》〔＝その土地《とち》の酒《さけ》〕。農地《のうち》。例 地《じ》の物《もの》。❸立場《たちば》。熟語 地位《ちい》。境地《きょうち》。❹もとからのもの。熟語 地声《じごえ》。服地《ふくじ》。

**ち【地】** 名 ❶地面《じめん》。大地《だいち》。例 地をゆるがすような雷鳴《らいめい》。対 天《てん》。❷一定《いってい》の場所《ばしょ》。例 地の利《り》。思《おも》い出《で》の地。

**地《ち》に足《あし》がつく** 考《かんが》え方《かた》や行《おこな》いがしっかりしている。例 地に足がついた意見《いけん》。

**地《ち》に落《お》ちる** 勢《いきお》いや力《ちから》などを、すっかり失《うしな》う。例 あの失敗《しっぱい》で、信用《しんよう》が地に落ちた。

## ち【池】
画数 6　部首 氵（さんずい）　2年

音 チ　訓 いけ

筆順 丶 氵 氵 池 池 池

いけ。熟語 電池《でんち》。貯水池《ちょすいち》。

## ち【知】
画数 8　部首 矢（やへん）　2年

音 チ　訓 し-る

筆順 ノ 𠂉 𠂉 矢 矢 知 知 知

❶しる。しらせる。熟語 知人《ちじん》。承知《しょうち》。通知《つうち》。❷ちえ。かしこいこと。熟語 知識《ちしき》。知性《ちせい》。知《ち》能《のう》。❸治《おさ》める。熟語 知事《ちじ》。

《訓の使い方》**し-る** 例 鳥《とり》の名《な》を知る。

**ち【知】** 名 ❶ものごとを見《み》分《わ》けたり判断《はんだん》したりする力《ちから》。例 知をみがく。❷知識《ちしき》。例 世界《せかい》じゅうの知を結集《けっしゅう》する。

## ち【値】
画数 10　部首 亻（にんべん）　6年

音 チ　訓 ね　あたい

筆順 亻 亻 什 估 佶 值 値 値

❶あたい。ねうち。熟語 価値《かち》。❷数《かず》の大《おお》きさ。熟語 数値《すうち》。近似値《きんじち》。

## ち【置】
画数 13　部首 罒（あみがしら）　4年

音 チ　訓 お-く

筆順 罒 罒 罒 罟 罟 置 置 置

❶すえる。おく。熟語 安置《あんち》。位置《いち》。設置《せっち》。物《もの》置《おき》。❷取《と》り計《はか》らう。熟語 処置《しょち》。措置《そち》。

《訓の使い方》**お-く** 例 本《ほん》を置く。

## ち【恥】
画数 10　部首 心（こころ）

音 チ
訓 は-じる　はじ　は-じらう　は-ずかしい

はじる。はずかしい。きまりが悪《わる》い。はじ。熟語 恥辱《ちじょく》〔＝心《こころ》が傷《きず》つくほど、はずかしい思《おも》いをすること〕。羞恥心《しゅうちしん》。例 恥《は》じらいの表《ひょう》情《じょう》。

## ち【致】
画数 10　部首 至（いたるへん）

音 チ　訓 いた-す

❶まねく。来《こ》させる。熟語 招致《しょうち》。誘致《ゆうち》。拉《ら》致《ち》。❷行《い》きつく。熟語 致死《ちし》。極致《きょくち》。例 思《おも》いを致《いた》す〔＝深《ふか》く考《かんが》える〕。❸ぴったり合《あ》う。熟語 一致《いっち》。合致《がっち》。❹おもむき。熟語 風致《ふうち》〔＝自然《しぜん》の味《あじ》わい〕。❺「する」のへりくだった言《い》い方《かた》。いたす。例 そう致《いた》します。

## ち【遅】
画数 12　部首 辶（しんにょう）

音 チ　訓 おく-れる　おく-らす　おそ-い

❶おくれる。間《ま》に合《あ》わない。熟語 遅刻《ちこく》。例 約《やく》束《そく》に遅《おく》れる。❷おそい。熟語 遅々《ちち》〔＝ゆっくりして、ものごとがはかどらないようす〕。例 帰《かえ》りが遅《おそ》い。

## ち【痴】
画数 13　部首 疒（やまいだれ）

音 チ　訓 ―

おとっている。おろか。熟語 愚痴《ぐち》。

## ち【稚】
画数 13　部首 禾（のぎへん）

音 チ　訓 ―

おさない。子《こ》どもっぽい。熟語 稚魚《ちぎょ》。稚拙《ちせつ》。幼《よう》稚《ち》。

ことわざ　念《ねん》には念《ねん》を入《い》れる　二度《にど》と失敗《しっぱい》のないよう、念《ねん》には念《ねん》を入《い》れて、材料《ざいりょう》をととのえた。

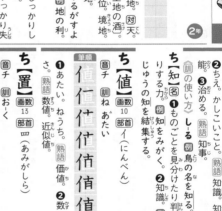

**ち【緻】** 画数 16 部首 糸(いとへん)
音 チ 訓 ―
きめが細《こま》かい。 熟語 緻密《ちみつ》。精緻《せいち》。

**ち【千】** 熟語 千代《ちよ》。千草《ちぐさ》。 ↓**せん【千】** 726ページ

**ち【治】** 熟語 治水《ちすい》。治療《ちりょう》。自治《じち》。 ↓**じ【治】** 539ページ

**ち【質△】** 熟語 言質《げんち》。 ↓**しっ【質】** 563ページ

**°ち【血】** 名 ❶血管《けっかん》を流《なが》れて、体《からだ》じゅうを回《まわ》り、栄養分《えいようぶん》や体内《たいない》でいらなくなったものを運《はこ》ぶ赤《あか》い液体《えきたい》。血液《けつえき》。 例 傷口《きずぐち》から血が出《で》る。 ❷血《ち》筋《すじ》。親子《おやこ》・きょうだいなどのつながり。 例 親《おや》の血を引《ひ》く。 ↓**けつ【血】** 400ページ

**血《ち》が騒《さわ》ぐ** 興奮《こうふん》して、いても立《た》ってもいられなくなる。 例 祭《まつ》り好《ず》きの血が騒ぐ。

**血《ち》となり肉《にく》となる** ❶食《た》べ物《もの》が栄養分《えいようぶん》となる。 ❷知識《ちしき》などが、身《み》につく。 例 学《まな》んだことが、いずれ血となり肉となる。

**血《ち》の通《かよ》った** 温《あたた》かみのあるようす。 例 血の通った政治《せいじ》。

**血《ち》のにじむような** たいへんな苦労《くろう》をするようす。血《ち》の出《で》るような。 例 血のにじむような努力《どりょく》。

**血《ち》も涙《なみだ》もない** 思《おも》いやりが少《すこ》しもない。 例 血も涙もない仕打《しう》ちだ。

**血《ち》沸《わ》き肉《にく》躍《おど》る** 興奮《こうふん》する。活力《かつりょく》や勇気《ゆうき》がみなぎる。 例 血沸き肉躍る決勝戦《けっしょうせん》。

**血《ち》を分《わ》ける** 血縁《けつえん》の関係《かんけい》がある。産《う》みの親《おや》とその子《こ》など。

**ち【乳△】** 名 ちち。 例 乳房《ぶさ》。乳首《くび》。乳飲《の》み子《ご》。 ↓**にゅう【乳】** 992ページ

**チアリーダー** 〔英語 cheerleader〕 名 踊《おど》ったり声《こえ》を出《だ》したりしながら試合《しあい》を応援《おうえん》する人々《ひとびと》。

**ちあん【治安】** 名 国《くに》や社会《しゃかい》がおだやかに治《おさ》まっていること。 例 治安がよい。

**ちい【地位】** 名 ❶位《くらい》。身分《みぶん》。 例 社長《しゃちょう》の地位につく。 ❷位置《いち》。 例 歴史上《れきしじょう》の地位。

**ちいき【地域】** 名 ある範囲《はんい》に区切《くぎ》られた土《と》地《ち》。 例 山《やま》に囲《かこ》まれた地域。 類 地区《ちく》。

**ちいく【知育】** 名 知能《ちのう》を伸《の》ばし、知識《ちしき》を高《たか》める教育《きょういく》。

**°ちいさい【小さい】** 形 ❶広《ひろ》さ・長《なが》さ・かさなどが少《すく》ない。 例 部屋《へや》が小さい。小さいかばん。服《ふく》が小さい。 ❷数《かず》や程度《ていど》が他《ほか》より少《すく》ない。 例 被害《ひがい》が小さい。小さい声《こえ》で話《はな》す。 ❸年《とし》が下《した》である。 例 小さい子《こ》ども。 ❹心《こころ》がせまい。 例 人物《じんぶつ》が小さい。気《き》が小さい。 ❺かしこまる。 例 先生《せんせい》の前《まえ》で小さくなる。 ❻重要《じゅうよう》でない。 例 小さいことに気《き》をとられる。 対 (❶～❻)大《おお》きい。 ↓**しょう【小】** 620ページ

**°ちいさな【小さな】** 連体 小《ちい》さい。 例 子《こ》どもの小さな手《て》。 対 大《おお》きな。

**ちいさめ【小さめ】** 名 形動 他《ほか》の、同《おな》じようなものより小《ちい》さい感《かん》じ。

**チーズ** 〔英語 cheese〕 名 牛乳《ぎゅうにゅう》などを発酵《はっこう》させて、固《かた》めた食《た》べ物《もの》。

**チーター** 名 ヒョウの仲間《なかま》で、インドやアフリカの草原《そうげん》にすむ足《あし》の速《はや》いけもの。チーター。

**チーフ** 〔英語 chief〕 名 中心《ちゅうしん》になる人《ひと》。主任《しゅにん》。

**°チーム** 〔英語 team〕 名 競技《きょうぎ》や仕事《しごと》をするときの、組《くみ》や団体《だんたい》。

**チームワーク** 〔英語 teamwork〕 名 チームの人《ひと》たちがまとまってする動作《どうさ》や仕事《しごと》。特《とく》に、チームのまとまりぐあい。

**ちいるい【地衣類】** 名 コケのうちで、岩《いわ》や木《き》の幹《みき》などの表面《ひょうめん》にうすくつくもの。イワタケ・サルオガセなど。

**°ちえ【知恵】** 名 ものごとを判断《はんだん》する頭《あたま》のはたらき。 例 知恵をはたらかせる。 類 知能《ちのう》。

**知《ち》恵《え》を絞《しぼ》る** 一生懸命《いっしょうけんめい》考《かんが》える。 例 勝《か》つために知恵を絞る。

**知《ち》恵《え》を付《つ》ける** 入《い》れ知恵《ぢえ》をする。 例 兄《あに》が弟《おとうと》によけいな知恵をつける。

**チェーン** 〔英語 chain〕 名 ❶くさり。 例 自転《じてん》車《しゃ》のチェーン。 ❷一《ひと》つの仲間《なかま》になっている店《みせ》やホテルなど。 例 チェーン店《てん》。

**チェーンストア** 〔英語 chain store〕 名 多《た》数《すう》の店《みせ》がグループになって、同《おな》じ品物《しなもの》を同《おな》じ形《かたち》で売《う》る仕組《しく》み。また、その店《みせ》。

**チェーンソー** 〔英語 chain saw〕 名 小型《こがた》のエンジンをつけた自動式《じどうしき》ののこぎり。大《おお》きな木《き》を切《き》るのに使《つか》う。

**チェック** 〔英語 check〕 一 名 ごばんの目《め》のような模様《もよう》。格子《こうし》じま。 例 チェックの服地《ふくじ》。 二 名 動-する 調《しら》べて確《たし》かめること。また、そのしるし。 例 名前《なまえ》を呼《よ》んでチェックする。

ことわざ 能《のう》あるたかは爪《つめ》を隠《かく》す 能《のう》あるたかは爪《つめ》を隠《かく》すものだ。できるからといって自慢《じまん》するのはよせ。

**チェックアウト**〔英語 check out〕名 宿泊《しゅくはく》していた場所《ばしょ》から出発《しゅっぱつ》するための手続《てつづ》き。対 チェックイン。

**チェックイン**〔英語 check in〕名 宿泊《しゅくはく》する場所《ばしょ》に泊《と》まるための手続《てつづ》き。対 チェックアウト。

**チェックポイント**〔英語 checkpoint〕名 ❶(調《しら》べるときに)特《とく》に注意《ちゅうい》しなければならない点《てん》。❷点検《てんけん》する場所《ばしょ》。検問所《けんもんじょ》。特《とく》に、自《じ》動車《どうしゃ》のラリーなどで、コースの途中《とちゅう》に設《もう》けた、点検《てんけん》や記録《きろく》のための地点《ちてん》。

**ちえのわ【知恵の輪】**名 おもちゃの一《ひと》つ。いくつかの輪《わ》を、工夫《くふう》してつないだり、外《はず》したりして遊《あそ》ぶ。

**ちえぶくろ【知恵袋】**名 仲間《なかま》の中《なか》で知恵《ちえ》のある人《ひと》。例 おばあちゃんの知恵袋。

**チェロ**〔英語 cello〕名 弦楽器《げんがっき》の一《ひと》つ。バイオリンを大《おお》きくした形《かたち》で、音《おと》はバイオリンより低《ひく》い。いすにこしかけて弓《ゆみ》でひく。セロ。

**ちえん【遅延】**名 動-する おくれたり、長引《ながび》いたりすること。例 電車《でんしゃ》が遅延する。

**チェンジ**〔英語 change〕名 動-する 変《か》えること。変化《へんか》。交代《こうたい》。

**チェンバロ**〔イタリア語〕名 ピアノのもとになった楽器《がっき》。弦《げん》をはじいて音《おと》を出《だ》す。ハープシコード。クラブサン。

◦**ちか【地下】**名 ❶地面《じめん》の下《した》。地中《ちちゅう》。例 地下水《すい》。対 地上《ちじょう》。❷死《し》んだ人《ひと》の行《い》く世《よ》。あの世《よ》。❸表《おもて》に表《あらわ》れない場所《ばしょ》。例 地下組織《そしき》。

**ちか【地価】**名 土地《とち》の値段《ねだん》。例 地価が上昇《じょうしょう》する。

**ちかい【地階】**名 建物《たてもの》の地下《ちか》に作《つく》られた部分《ぶぶん》。例 ビルの地階。

◦**ちかい【近い】**形 ❶時間《じかん》や距離《きょり》などが、はなれていない。例 学校《がっこう》に近い。❷親《した》しい。つながりが深《ふか》い。例 近い親戚《しんせき》。対(❶・❷)遠《とお》い。❸似《に》ている。例 クジラの形《かたち》は、魚《さかな》に近い。❹ほぼそれくらいだ。例 千人《せんにん》近い観客《かんきゃく》。

⇩**きん【近】**350ページ

**ちかい【誓い】**名 ❶神《かみ》や仏《ほとけ》、または他人《たにん》に、固《かた》く約束《やくそく》すること。また、その約束《やくそく》。例 誓いを果《は》たす。❷固《かた》く心《こころ》に決《き》めること。例 休《やす》まないと誓いを立《た》てる。

◦**ちがい【違い】**名 ❶ちがっていること。例 文字《もじ》の違いを直《なお》す。❷まちがい。例 二《ふた》つの花《はな》の違い。❸差《さ》。例 年齢《ねんれい》の違い。

**ちがい【稚貝】**名 まだ子《こ》どもの貝《かい》。

**ちがいだな【違い棚】**名 板《いた》を、左右《さゆう》から食《く》いちがいに取《と》りつけた棚《たな》。⬇にほんま 991ページ

**ちがいない【違いない】** まちがいがない。きっとそうだ。例 晴《は》れるに違いない。

**ちがいほうけん【治外法権】**名 外国《がいこく》にいても、その国《くに》の法律《ほうりつ》にしばられないですむ特別《とくべつ》な権利《けんり》。外交官《がいこうかん》などが持《も》つ。

◦**ちかう【誓う】**動 ❶固《かた》く約束《やくそく》する。例 いっそうの努力《どりょく》を誓う。❷固《かた》く心《こころ》に決《き》める。例 勝利《しょうり》を誓う。⇩せい【誓】700ページ

◦**ちがう【違う】**動 ❶まちがう。正《ただ》しくない。例 答《こた》えが違う。❷合《あ》わない。同《おな》じでない。例 意見《いけん》が違う。対 同《おな》じ。⇩い【違】52ページ

◦**ちがえる【違える】**動 ❶同《おな》じでなくする。変《か》える。例 やり方《かた》を違える。❷まちがえる。例 道《みち》を違える。❸ひねって、痛《いた》める。例 足《あし》の筋《すじ》を違える。⇩い【違】52ページ

**ちかがい【地下街】**名 地下《ちか》にある商店街《しょうてんがい》。

**ちかく【地核】**名 地球《ちきゅう》の中心部《ちゅうしんぶ》で、高温《こうおん》・高圧《こうあつ》の部分《ぶぶん》。

**ちかく【地殻】**名 地球《ちきゅう》の表面《ひょうめん》をおおう固《かた》い部分《ぶぶん》。

**ちかく【知覚】**名 動-する 見《み》る・聞《き》く・(においを)かぐ・味《あじ》わう・さわるなどして、物《もの》の性質《せいしつ》や形《かたち》などを知《し》るはたらき。感覚《かんかく》。

**ちかく【近く】**一名 近《ちか》い所《ところ》。近所《きんじょ》。例 学校《がっこう》の近く。対 遠《とお》く。二副 まもなく。もうじき。例 近く、音楽会《おんがくかい》がある。

**ちかくへんどう【地殻変動】**名 地球《ちきゅう》の表面《ひょうめん》をおおう部分《ぶぶん》が変形《へんけい》する現象《げんしょう》。土地《とち》の隆起《りゅうき》・沈下《ちんか》・伸縮《しんしゅく》などが起《お》こって、山《やま》ができたり断層《だんそう》が生《う》まれたりする。

**ちかけい【地下茎】**名 植物《しょくぶつ》の茎《くき》の、土《つち》の中《なか》にある部分《ぶぶん》。例《たと》えば、竹《たけ》・ハス・ユリ・タマネギ・ジャガイモなどは、地下茎《ちかけい》を持《も》つ。

◦**ちかごろ【近頃】**名 このごろ。最近《さいきん》。例 彼《かれ》は近ごろよそよそしい。

**ちかしい【近しい】**形 仲《なか》がよい。親《した》しい。例 近しい間柄《あいだがら》。



ことわざ 喉《のど》から手《て》が出《で》る　そのプリントのあるT《ティー》シャツなら、ぼくも、のどから手《て》が出《で》るほどほしい。

**ちかしげん【地下資源】** 名 石油《せきゆ》・石炭《せきたん》・鉄《てつ》鉱石《こうせき》などのように、地下《ちか》にあって、さまざまな物《もの》を作《つく》り出《だ》す原料《げんりょう》となるもの。

**ちかしつ【地下室】** 名 地下《ちか》に作《つく》った部屋《へや》。

**ちかすい【地下水】** 名 地下《ちか》にたまったり、地下《ちか》を流《なが》れたりする水《みず》。

**ちかぢか【近近】** 副 近《ちか》いうちに。近々《きんきん》。例 近々、訪《たず》ねて行《い》きます。

**ちかづき【近付き】** 名 知《し》り合《あ》い。親《した》しいつき合《あ》い。例 お近づきになる。

**°ちかづく【近付く】** 動 ❶時間《じかん》や距離《きょり》が近《ちか》くなる。例 正月《しょうがつ》が近づく。❷親《した》しくなる。例 二人《ふたり》の仲《なか》が近づく。対（❶・❷）遠《とお》ざかる。遠《とお》のく。

**°ちかづける【近付ける】** 動 ❶近《ちか》くに寄《よ》せる。例 目《め》を近づけて読《よ》む。❷そばへ寄《よ》せて、親《した》しくする。例 二人《ふたり》の間《あいだ》を近づける。対（❶・❷）遠《とお》ざける。

**ちかてつ【地下鉄】** 名 地下《ちか》にトンネルをほって走《はし》るようにした鉄道《てつどう》。地下《ちか》鉄道《てつどう》。

**ちかどう【地下道】** 名 地下《ちか》に造《つく》った道路《どうろ》。

**ちかまつ もんざえもん〖近松門左衛門〗** 人名（男）（一六五三～一七二四）江戸《えど》時代《じだい》中《なか》ごろの浄瑠璃《じょうるり》作者《さくしゃ》、歌舞伎《かぶき》作者《さくしゃ》。「曽《そ》根崎《ねざき》心中《しんじゅう》」など多《おお》くの作品《さくひん》を書《か》いた。

**ちかみち【近道】** 名 動-する ❶ある所《ところ》に早《はや》く行《い》ける道《みち》。例 駅《えき》への近道。❷手《て》っ取《と》り早《ばや》い方法《ほうほう》。例 成功《せいこう》への近道。

**ちかよる【近寄る】** 動 そばに寄《よ》る。

**°ちから【力】** 名 ❶物《もの》を動《うご》かしたり、止《と》めたりするはたらき。例 風《かぜ》の力で電気《でんき》を起《お》こす。❷筋肉《きんにく》のはたらき・作用《さよう》。例 力を出《だ》す。❸勢《いきお》い。例 力の入《はい》った試合《しあい》。❹たよりになるもの。例 母《はは》の力になる。❺おかげ。骨折《ほねお》り。例 みなさんのお力でできました。❻学力《がくりょく》。能《のう》力《りょく》。例 英語《えいご》を読《よ》む力。⇩りょく【力】1394ページ

**力《ちから》が尽《つ》きる** これ以上《いじょう》、勢《いきお》いや元気《げんき》が続《つづ》かなくなる。力尽《ちからつ》きる。

**力《ちから》の限《かぎ》り** 力《ちから》いっぱい。例 力の限り走《はし》る。

**力《ちから》を入《い》れる** ❶力《ちから》をこめる。❷特《とく》に努力《どりょく》する。例 算数《さんすう》に力を入れる。

**力《ちから》を得《え》る** 元気《げんき》が出《で》る。勇気《ゆうき》がわく。例 先生《せんせい》の言葉《ことば》に力を得る。

**力《ちから》を落《お》とす** がっかりする。例 試合《しあい》に負《ま》けて力を落とす。

**力《ちから》を貸《か》す** 手助《てだす》けをする。例 街《まち》を美《うつく》しくする運動《うんどう》に力を貸す。

**力《ちから》を加《くわ》える** 動《うご》かしたり押《お》したりする。例 上《うえ》から力を加えるとすぐ割《わ》れてしまう。

**力《ちから》を尽《つ》くす** 精《せい》いっぱい努力《どりょく》する。例 大会《たいかい》の成功《せいこう》に力を尽くした。

**ちからいっぱい【力一杯】** 副 力《ちから》の限《かぎ》り。例 力いっぱい引《ひ》っぱる。

**ちからこぶ【力こぶ】** 名 ❶力《ちから》を入《い》れて、腕《うで》を曲《ま》げたときにできる、筋肉《きんにく》の盛《も》り上《あ》がり。❷熱心《ねっしん》に力《ちから》ぞえをすること。例 スポーツの発展《はってん》に力こぶを入《い》れる。

**ちからしごと【力仕事】** 名 力《ちから》のいる仕《し》事《ごと》。例 引《ひ》っこしは力仕事だ。

**ちからずく【力ずく】** 名 力《ちから》で、思《おも》いどおりにすること。腕《うで》ずく。例 弟《おとうと》から力ずくでおもちゃを取《と》り上《あ》げる。

**ちからぞえ【力添え】** 名 動-する わきから助《たす》けること。助力《じょりょく》。例 みなさんのお力添えで、仕事《しごと》に成功《せいこう》した。

**ちからだめし【力試△し】** 名 体力《たいりょく》や学力《がくりょく》、腕前《うでまえ》などを試《ため》すこと。例 力試しにテストを受《う》ける。

**ちからづける【力付ける】** 動 元気《げんき》がつくようにはげます。例 友達《ともだち》を力づける。

**ちからづよい【力強い】** 形 ❶力《ちから》がこもっている。例 力強い声《こえ》で話《はな》す。❷たのもしい。たよりになる。例 力強い味方《みかた》。

**ちからまかせ【力任せ】** 名 形動 ありったけの力《ちから》を出《だ》すこと。例 力任せに投《な》げる。

**ちからもち【力持ち】** 名 力《ちから》の強《つよ》いこと。また、その人《ひと》。

**ちからわざ【力業△】** 名 ❶強《つよ》い力《ちから》を頼《たの》みにするわざ。例 最後《さいご》は力業で相手《あいて》をねじ伏《ふ》せる。❷力《ちから》のいる仕事《しごと》。

**ちき【知己△】** 名 ❶知人《ちじん》。❷親友《しんゆう》。例 彼《かれ》とは十年《じゅうねん》来《らい》の知己です。

**ちぎ【千木】** 名 神社《じんじゃ》の屋《や》根《ね》の両《りょう》はしに交差《こうさ》してつき出《だ》した、長《なが》い二本《にほん》の木《き》。

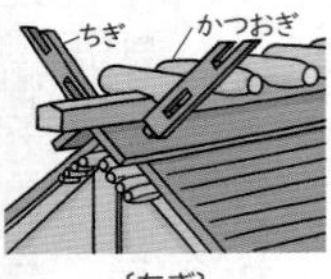

〔ちぎ〕

**○ちきゅう**【地球】名 わたしたちが住《す》んでいる天体《てんたい》。太陽系《たいようけい》の惑星《わくせい》の一《ひと》つで、太陽《たいよう》から三《さん》番《ばん》めの星《ほし》。自分《じぶん》で回《まわ》りながら〔＝自転《じてん》〕、さらに太陽《たいよう》の周《まわ》りを三六五日《にち》で回《まわ》っている〔＝公転《こうてん》〕。↓たいようけい 783ページ

**ちきゅうおんだんか**【地球温暖化】名 大気《たいき》中《ちゅう》の二《に》酸《さん》化《か》炭《たん》素《そ》（CO2《シーオーツー》）が増《ふ》えて、地《ち》球《きゅう》の気温《きおん》が上《あ》がること。南極《なんきょく》や北極《ほっきょく》の氷《こおり》が解《と》けて海面《かいめん》が高《たか》くなったり、農作物《のうさくぶつ》に被害《ひがい》が出《で》たりする。

**ちきゅうぎ**【地球儀】名 地球《ちきゅう》の模型《もけい》。回《かい》転《てん》するようになっている。

**ちぎょ**【稚魚】名 卵《たまご》からかえったばかりの魚《さかな》。対 成魚《せいぎょ》。

**ちぎり**【契り】名 誓《ちか》い。約束《やくそく》。例 夫婦《ふうふ》の契りを結《むす》ぶ。

**契《ちぎ》りを交《か》わす** たがいに約束《やくそく》をする。

**ちぎる**【契る】動 これから先《さき》のことを固《かた》く約束《やくそく》する。↓けい【契】388ページ

**○ちぎる** 動 ❶手《て》で細《こま》かく切《き》る。例 パンをちぎって食《た》べる。❷力《ちから》を入《い》れてもぎ取《と》る。ねじ切《き》る。例 ボタンをちぎる。

**ちぎれる** 動 ❶細《こま》かくさける。例 旗《はた》が風《かぜ》でちぎれる。❷もぎとったように切《き》れる。ねじられて切《き》れる。例 くさりがちぎれる。

**チキン**〔英語 chicken〕名 ニワトリの肉《にく》。とり肉《にく》。例 フライドチキン。

**ちく【竹】** 画数 6 部首 竹（たけ） 1年

音 チク 訓 たけ

筆順
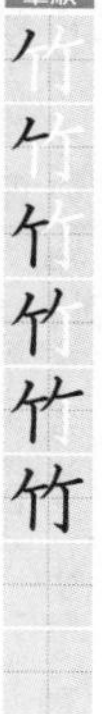

たけ。熟語 竹林《ちくりん》・竹林《たけばやし》。竹輪《ちくわ》。松竹梅《しょうちくばい》。

**ちく【築】** 画数 16 部首 ⺮（たけかんむり） 5年

音 チク 訓 きず-く

筆順

きずく。つくる。熟語 築港《ちっこう》。改築《かいちく》。建築《けんちく》。

《訓の使い方》 きず-く 例 城《しろ》を築く。

**ちく【畜】** 画数 10 部首 田（た）

音 チク 訓 ―

動物《どうぶつ》を飼《か》う。飼《か》っている動物《どうぶつ》。熟語 畜産《ちくさん》。家《か》畜《ちく》。牧畜《ぼくちく》。

**ちく【逐】** 画数 10 部首 辶（しんにょう）

音 チク 訓 ―

❶おう。追《お》いはらう。熟語 駆逐《くちく》。❷順《じゅん》を追《お》って進《すす》む。熟語 逐一《ちくいち》。逐次《ちくじ》。

**ちく【蓄】** 画数 13 部首 艹（くさかんむり）

音 チク 訓 たくわ-える

たくわえる。ためる。熟語 蓄積《ちくせき》。貯蓄《ちょちく》。蓄電《ちくでん》池《ち》。例 食糧《しょくりょう》を蓄《たくわ》える。

**ちく**【地区】名 区切《くぎ》られた範囲《はんい》の土地《とち》。例 住宅《じゅうたく》地区。類 地域《ちいき》。

**ちくいち**【逐一】副 一《ひと》つ一《ひと》つ順《じゅん》を追《お》って。いちいち。例 結果《けっか》を逐一知《し》らせる。

**ちくおんき**【蓄音機】名 レコードを再生《さいせい》する装置《そうち》。プレーヤー。〔古《ふる》い言《い》い方《かた》。〕

**ちくご**〔筑後〕地名 昔《むかし》の国《くに》の名《な》の一《ひと》つ。今《いま》の福岡県《ふくおかけん》の南部《なんぶ》にあたる。

**ちくこう**【築港】名 動-する ↓ちっこう 825ページ

**ちくごがわ**〔筑後川〕地名 熊本《くまもと》・大分《おおいた》・福《ふく》岡《おか》・佐賀《さが》の四県《よんけん》を流《なが》れる九州第一《きゅうしゅうだいいち》の川《かわ》。

**ちくさん**【畜産】名 馬《うま》・牛《うし》・ブタ・羊《ひつじ》・ニワトリなどを飼《か》って、食料《しょくりょう》や衣料《いりょう》の原料《げんりょう》を作《つく》り出《だ》す仕事《しごと》。

**ちくじ**【逐次】副 順々《じゅんじゅん》に。順《じゅん》を追《お》って。

**ちくしょう**【畜生】 一 名 鳥《とり》やけもの。二 感 くやしいときなどに出《だ》す言葉《ことば》。〔ぞんざいな言《い》い方《かた》。〕例「ちくしょう、また失敗《しっぱい》だ。」

参考 ふつう 二 は、かな書《が》きにする。

**ちくせき**【蓄積】名 動-する ためて、増《ふ》やしていくこと。増《ふ》えること。例 多《おお》くの人《ひと》の経《けい》験《けん》を蓄積する。

**ちくぜん**〔筑前〕地名 昔《むかし》の国《くに》の名《な》の一《ひと》つ。今《いま》の福岡県《ふくおかけん》の北西部《ほくせいぶ》にあたる。

**ちくでんち**【蓄電池】名 ↓バッテリー❷ 1051ページ

**ちぐはぐ** 形動 ものごとが食《く》いちがって、そろわないようす。例 言《い》うことがちぐはぐで信用《しんよう》できない。

**ちくばのとも**【竹馬の友】名 〔竹馬《たけうま》で遊《あそ》んだ友達《ともだち》という意味《いみ》から〕子《こ》どものころに親《した》



ことわざ のれんに腕押《うでお》し 彼《かれ》はのんびり屋《や》だから、いくらせかせてみても、のれんに腕押《うでお》しだよ。

しくしていた友達《ともだち》。幼《おさな》なじみ。

**ちくび**【乳首】名 ❶乳房《ちぶさ》の先《さき》の、出《で》っぱった部分《ぶぶん》。❷「❶」に似《に》せて作《つく》った、赤《あか》んぼうにくわえさせるもの。

**チグリスがわ**〖チグリス川《がわ》〗地名 イラクを流《なが》れる川《かわ》。ユーフラテス川《がわ》と合流《ごうりゅう》してペルシャ湾《わん》に注《そそ》ぐ。古代《こだい》のメソポタミア文明《ぶんめい》が栄《さか》えた所《ところ》。ティグリス川《がわ》。

**ちくりん**【竹林】名 竹《たけ》がむらがって生《は》えている所《ところ》。竹《たけ》やぶ。

**ちくわ**【竹輪】名 すりつぶした魚《さかな》の肉《にく》を、竹《たけ》ぐしにぬりつけて作《つく》った食《た》べ物《もの》。竹《たけ》ぐしをぬいたあとが、輪切《わぎ》りにした竹《たけ》に似《に》ている。

**ちけい**【地形】名 海《うみ》・陸《りく》・山《やま》・川《かわ》や土《と》地《ち》の高低《こうてい》などの状態《じょうたい》。類 地勢《ちせい》。

**チケット**〔英語 ticket〕名 切符《きっぷ》。券《けん》。入場《にゅうじょう》券《けん》・乗車券《じょうしゃけん》・食券《しょっけん》など。

**ちご**【〈稚児〉】名 神社《じんじゃ》や寺《てら》の祭《まつ》りの行列《ぎょうれつ》に、きれいな着物《きもの》を着《き》て出《で》る子《こ》ども。おちご。例 稚児行列《ぎょうれつ》。参考「稚児《ちご》」は、特別《とくべつ》に認《みと》められた読《よ》み方《かた》。

**ちこく**【遅刻】名 動する 決《き》められた時刻《じこく》におくれること。例 集合時間《しゅうごうじかん》に遅刻した。

**ちさん**【治山】名 木《き》を植《う》えたり、育《そだ》てたりして、山《やま》があれないようにすること。

■**ちさんちしょう**【地産地消】名 地元《じもと》でとれたものを、その地元《じもと》で消費《しょうひ》すること。

**ちし**【致死】名 死《し》んでしまうこと。また、死《し》なせてしまうこと。

**ちじ**【知事】名 都《と》・道《どう》・府《ふ》・県《けん》などの政治《せいじ》をとる、いちばん上《うえ》の役目《やくめ》。また、その人《ひと》。

**ちしお**【血潮】名 ❶血《ち》。流《なが》れ出《で》る血《ち》。❷激《はげ》しい情熱《じょうねつ》。例 若《わか》い血潮。

°**ちしき**【知識】名 ものごとについて、正《ただ》しくはっきり知《し》っていること。また、知《し》っている内容《ないよう》。例 知識を広《ひろ》める。

**ちじき**【地磁気】名 地《ち》球《きゅう》が持《も》っている磁《じ》気《き》。磁《じ》石《しゃく》の針《はり》が南北《なんぼく》を指《さ》すのはこのため。

**ちしきよく**【知識欲】名 ものごとを知《し》りたい、理解《りかい》したいという強《つよ》い気《き》持《も》ち。

**ちじく**【地軸】名 北極《ほっきょく》と南極《なんきょく》を結《むす》んで、地《ち》球《きゅう》の中心《ちゅうしん》をつらぬく線《せん》。地《ち》球《きゅう》はこれを軸《じく》に自転《じてん》している。

**ちしつ**【地質】名 岩石《がんせき》や地《ち》層《そう》などの性質《せいしつ》やありさま。

**ちしつじだい**【地質時代】名 地《ち》球《きゅう》の表《ひょう》面《めん》に地殻《ちかく》ができてから、現代《げんだい》までの約《やく》四六億《おく》年《ねん》の時代《じだい》。この間《あいだ》を、先《せん》カンブリア代《だい》・古生《こせい》代《だい》・中生代《ちゅうせいだい》・新生代《しんせいだい》と分《わ》けている。

**ちしまかいりゅう**【千島海流】名 ⬇おやしお(親潮) 179ページ

**ちしまれっとう**〖千島列島〗地名 北海《ほっかい》道《どう》とカムチャツカ半島《はんとう》との間《あいだ》に、弓形《ゆみがた》に連《つら》なる島々《しまじま》。クリル列島《れっとう》。

°**ちじょう**【地上】名 ❶地《じ》面《めん》の上《うえ》。対 地下《ちか》。❷この世《よ》。例 ここは地上の楽園《らくえん》だ。

**ちじょうい**【知情意】名 知性《ちせい》と感情《かんじょう》と意《い》志《し》のこと。人間《にんげん》の心《こころ》のはたらきの全体《ぜんたい》。

**例解 ! 表現の広場**

**知識《ちしき》と常識《じょうしき》と良識《りょうしき》のちがい**

| | 知識《ちしき》 | 常識《じょうしき》 | 良識《りょうしき》 |
|---|---|---|---|
| 外国《がいこく》についての | ○ | ○ | × |
| 車《くるま》についての | ○ | ○ | × |
| 敬語《けいご》を使《つか》うのが | × | ○ | × |
| 学生《がくせい》らしい | × | × | ○ |

**ちじょうデジタルほうそう**【地上デジタル放送】名 (衛星《えいせい》からでなく)地《ち》上《じょう》のアンテナを使《つか》って送信《そうしん》するデジタルテレビ放送《ほうそう》。地上《ちじょう》波《は》デジタル放送《ほうそう》。地《ち》デジ。

**ちしりょう**【致死量】名 毒《どく》や薬《くすり》などの、これ以上《いじょう》だと人《ひと》や動物《どうぶつ》が死《し》んでしまう量《りょう》。

**ちじん**【知人】名 知《し》り合《あ》いの人《ひと》。

°**ちず**【地図】名 海《うみ》・陸《りく》・山《やま》・川《かわ》・平野《へいや》・道《どう》路《ろ》・町《まち》などのありさまを、縮《ちぢ》めてかき表《あらわ》した図《ず》。

**ちすい**【治水】名 水害《すいがい》を防《ふせ》いだり、川《かわ》の水《みず》をうまく利用《りよう》したりすること。例 治水工事《こうじ》。

**ちすじ**【血筋】名 先祖《せんぞ》から続《つづ》いている、親《おや》子《こ》・きょうだいなどのつながり。血統《けっとう》。

**ちせい**【地勢】名 山《やま》・川《かわ》・平野《へいや》などの土《と》地《ち》のようす。類 地形《ちけい》。

**ちせい**【知性】名 ものごとを考《かんが》え、理解《りかい》し、判断《はんだん》する力《ちから》。例 知性に欠《か》ける。

**ちせつ**【稚拙】名 形動 子《こ》どもじみてへたなこと。例 たどたどしくて稚拙な文章《ぶんしょう》。

**ちそう**【地層】名 長《なが》い間《あいだ》に積《つ》み重《かさ》なってで

ことわざ 箸《はし》にも棒《ぼう》にもかからない　コンクールに出品《しゅっぴん》させようにも、あの出来《でき》では箸《はし》にも棒《ぼう》にもかからないよ。

〔ちず〕(地図《ちず》に使《つか》われる記号《きごう》)

きた、土《つち》や砂《すな》や岩石《がんせき》の重《かさ》なり。

〔ちそう〕

**ちたい**【地帯】名 ある限《かぎ》られたひと続《つづ》きの土《と》地《ち》。例 工《こう》業《ぎょう》地帯。

**ちたはんとう**〖知多半島〗地名 愛《あい》知《ち》県《けん》南《なん》西《せい》部《ぶ》、伊《い》勢《せ》湾《わん》にのびる半《はん》島《とう》。

**チタン**〔ドイツ語〕名 硬《かた》くてさびない金《きん》属《ぞく》。軽《かる》くて熱《ねつ》にも強《つよ》いので、ジェットエンジンなどに使《つか》われる。チタニウム。

°**ちち**【父】名 ❶男《おとこ》の親《おや》。お父《とう》さん。例 父親《おや》。対 母《はは》。❷あるものごとの先《さき》がけとなって、大《おお》きな業《ぎょう》績《せき》を残《のこ》した人《ひと》。例 近《きん》代《だい》科《か》学《がく》の父。⬇ふ【父】1122ページ

°**ちち**【乳】名 ❶生《う》んだ子《こ》に飲《の》ませるために、母《はは》親《おや》の乳《ち》房《ぶさ》から出《で》る、白《しろ》い色《いろ》の汁《しる》。❷乳《ち》房《ぶさ》のこと。❸牛《ぎゅう》乳《にゅう》。⬇にゅう【乳】992ページ

**ちちうえ**【父上】名 父《ちち》を敬《うやま》っていう言《こと》葉《ば》。対 母《はは》上《うえ》。

**ちちうし**【乳牛】名 ⬇にゅうぎゅう 993ページ

**ちちおや**【父親】名 男《おとこ》の親《おや》。父《ちち》。対 母《はは》親《おや》。

**ちちかた**【父方】名 父《ちち》のほうの血《ち》筋《すじ》。例 父方のおば。対 母《はは》方《かた》。

**ちぢかむ**【縮かむ】動 寒《さむ》さやおそろしさなどのために、体《からだ》が縮《ちぢ》んで動《うご》きがにぶくなる。例 冷《つめ》たくて、手《て》が縮かむ。

**ちぢこまる**【縮こまる】動 体《からだ》を縮《ちぢ》めて小《ちい》さくなる。例 寒《さむ》くて体《からだ》が縮こまった。

**ちちのひ**【父の日】名 父《ちち》親《おや》に感《かん》謝《しゃ》する日《ひ》。六《ろく》月《がつ》の第《だい》三《さん》日《にち》曜《よう》日《び》。

**ちちぶたまかいこくりつこうえん**〖秩父多摩甲斐国立公園〗地名 東《とう》京《きょう》都《と》と、埼《さい》玉《たま》・山《やま》梨《なし》・長《なが》野《の》の三《さん》県《けん》にまたがっている国《こく》立《りつ》公《こう》園《えん》。⬇こくりつこうえん 457ページ

°**ちぢまる**【縮まる】動 短《みじか》くなる。小《ちい》さくなる。距《きょ》離《り》が近《ちか》くなる。例 命《いのち》が縮まる思《おも》いがした。⬇しゅく【縮】605ページ

**ちぢみ**【縮み】名 ❶縮《ちぢ》むこと。しわ。❷織《おり》物《もの》の種《しゅ》類《るい》の一《ひと》つ。縮《ちぢ》み織《お》りのこと。

**ちぢみあがる**【縮み上がる】動 寒《さむ》さやおそろしさで小《ちい》さくなる。例 父《ちち》にしかられて縮み上がった。

°**ちぢむ**【縮む】動 ❶小《ちい》さくなる。例 シャツが縮む。対 伸《の》びる。❷短《みじか》くなる。例 先《せん》頭《とう》との差《さ》が縮む。対 伸《の》びる。延《の》びる。❸おそれたりはずかしかったりして、小《ちい》さくなる。例 身《み》が縮む思《おも》いだ。⬇しゅく【縮】605ページ

°**ちぢめる**【縮める】動 ❶小《ちい》さくする。例 範《はん》囲《い》を縮める。体《からだ》を縮める。❷短《みじか》くする。例 距《きょ》離《り》を縮める。命《いのち》を縮める。対 (❶・❷) 伸《の》ばす。延《の》ばす。⬇しゅく【縮】605ページ

°**ちちゅう**【地中】名 土《つち》の中《なか》。地《ち》下《か》。

**ちちゅうかい**〖地中海〗地名 ヨーロッパ・アジア・アフリカの三《さん》大《たい》陸《りく》に囲《かこ》まれた、東《とう》西《ざい》に細《ほそ》長《なが》い海《うみ》。

**ちぢらす**【縮らす】動 縮《ちぢ》れるようにする。縮《ちぢ》らせる。⬇しゅく【縮】605ページ

°**ちぢれる**【縮れる】動 しわが寄《よ》って縮《ちぢ》まる。例 毛《け》が縮れる。⬇しゅく【縮】605ページ

---

**ちつ**【秩】画数 10 部首 禾(のぎへん)

音 チツ 訓 —

ものごとの順《じゅん》序《じょ》。熟語 秩《ちつ》序《じょ》。

---

**ちつ**【窒】画数 11 部首 穴(あなかんむり)

音 チツ 訓 —

❶ふさぐ。ふさがる。つまる。熟語 窒《ちっ》息《そく》。❷元《げん》素《そ》の一《ひと》つ。窒《ちっ》素《そ》。

---

**ちつ**【膣】名 女《じょ》性《せい》の体《からだ》の器《き》官《かん》の一《ひと》つ。子《し》宮《きゅう》から体《からだ》の外《そと》に通《つう》じる管《くだ》のようなところ。

**ちっこう**【築港】名 動する 港《みなと》を造《つく》ること。



ことわざ 蜂《はち》の巣《す》をつついたよう　アイドルが登場《とうじょう》すると、会場《かいじょう》は、蜂《はち》の巣《す》をつついたようになった。

また、造《つく》った港《みなと》。ちくこう。

**°ちつじょ【秩°序】** 名 ものごとの正《ただ》しい順序《じゅんじょ》や決《き》まり。例 秩序を守《まも》る。秩序を乱《みだ》す。

**ちっそ【窒°素】** 名 色《いろ》も、においも、味《あじ》もない気体《きたい》。空気《くうき》の体積《たいせき》の約五分《やくごぶん》の四《よん》をしめている。肥料《ひりょう》や火薬《かやく》の原料《げんりょう》に使《つか》われる。

**ちっそく【窒°息】** 名 動-する 呼吸《こきゅう》ができなくなること。息《いき》が止《と》まること。

**ちっとも** 副 少《すこ》しも。ぜんぜん。〔くだけた言《い》い方《かた》。〕例 ちっとも痛《いた》くない。注意 あとに「ない」などの打《う》ち消《け》しの言葉《ことば》がくる。

**チップ**〔英語 chip〕名 ❶細《こま》かく刻《きざ》んだ木材《もくざい》。❷野菜《やさい》や果物《くだもの》をうすく切《き》ったもの。チップス。例 ポテトチップ。❸IC《アイシー》を組《く》みこんだ非常《ひじょう》に小《ちい》さなケース。⇩アイシー 3ページ

**チップ**〔英語 tip〕名 ❶お礼《れい》としてわたすお金《かね》。心《こころ》づけ。❷野球《やきゅう》・ソフトボールで、ボールがバットをかすって、それること。ファウルチップ。

**ちっぽけ** 形動 小《ちい》さなようす。〔くだけた言《い》い方《かた》。〕例 ちっぽけな夢《ゆめ》をだいじにする。

**ちてい【地底】** 名 地面《じめん》のずっと深《ふか》い所《ところ》。

**ちてき【知的】** 形動 ❶知識《ちしき》や知恵《ちえ》のあるようす。例 知的な会話《かいわ》。❷知恵《ちえ》が必要《ひつよう》であるようす。例 知的な仕事《しごと》。

**ちデジ【地デジ】** 名 ⇩ちじょうデジタルほうそう 824ページ

**ちてん【地点】** 名 地上《ちじょう》の、ある場所《ばしょ》。ある位置《いち》。例 落下《らっか》地点。

**ちどうせつ【地動説】** 名 地球《ちきゅう》が、自転《じてん》しながら太陽《たいよう》の周《まわ》りを回《まわ》っているという説《せつ》。十六世紀《じゅうろくせいき》にコペルニクスが唱《とな》え、ガリレオ=ガリレイ・ケプラー・ニュートンらの科学者《かがくしゃ》によって証明《しょうめい》された。対 天動説《てんどうせつ》。

**ちとせあめ【千▲歳あめ】** 名 赤色《あかいろ》と白色《しろいろ》の細長《ほそなが》いあめ。お宮参《みやまい》りや七五三《しちごさん》のお祝《いわ》いとして売《う》られる。

**ちどり【千鳥】** 名 海岸《かいがん》や水辺《みずべ》にすむ小鳥《ことり》。日本《にっぽん》では旅鳥《たびどり》として、春《はる》と秋《あき》に見《み》られる。

**ちどりあし【千鳥足】** 名〔鳥《とり》のチドリが歩《ある》くときのように〕酒《さけ》によっぱらって、よろよろと歩《ある》くこと。また、その足取《あしど》り。

**ちなまぐさい【血なまぐさい】** 形 血《ち》を流《なが》すような。むごたらしい。例 血なまぐさい争《あらそ》いをくり広《ひろ》げる。

**ちなみに** 接 ついでに言《い》うと。前《まえ》に述《の》べたことと関連《かんれん》して。例 ちなみに、このゼリーは母《はは》の手製《てせい》です。

**ちなむ** 動 つながりを持《も》つ。関係《かんけい》をつける。例 体育《たいいく》の日《ひ》にちなんだもよおし。

**ちねつ【地熱】** 名 地球内部《ちきゅうないぶ》の熱《ねつ》。じねつ。

**ちねつはつでん【地熱発電】** 名 地中《ちちゅう》からふき出《で》る蒸気《じょうき》によって電気《でんき》を起《お》こすこと。じねつはつでん。

**ちのう【知能】** 名 ものごとを考《かんが》えたり、理解《りかい》したりするはたらき。類 知恵《ちえ》。

**ちのうしすう【知能指数】** 名 知能《ちのう》の程度《ていど》を示《しめ》す数字《すうじ》。IQ《アイキュー》。

**ちのけ【血の気】** 名 ❶血《ち》の色《いろ》。血色《けっしょく》。例 血の気のない顔《かお》。❷興奮《こうふん》しやすい性質《せいしつ》。例 血の気が多《おお》い人《ひと》。

**血《ち》の気《け》がうせる** 顔《かお》から血《ち》が引《ひ》いて色《いろ》がなくなる。例 こわくて血の気がうせた。

**血《ち》の気《け》が引《ひ》く** 顔色《かおいろ》が青《あお》ざめる。例 事故《じこ》の知《し》らせを聞《き》いて血の気が引いた。

**ちのみご【△乳飲み子】** 名 まだ乳《ちち》を飲《の》んでいる子《こ》。赤《あか》ちゃん。乳児《にゅうじ》。

**ちのめぐり【血の巡°り】** ❶血管《けっかん》の中《なか》を血《ち》が回《まわ》ること。❷頭《あたま》のはたらき。

**ちのり【地の利】** 名 何《なに》かをするのに有利《ゆうり》な場所《ばしょ》にいること。例 地の利がある。

**ちばけん『千葉県』** 地名 関東地方《かんとうちほう》の南東部《なんとうぶ》にある県《けん》。県庁《けんちょう》は千葉市《ちばし》にある。

**ちばしる【血走る】** 動 興奮《こうふん》して目《め》が赤《あか》くなる。例 血走った目《め》つきでにらむ。

**ちばなれ【△乳°離れ】** 名 動-する ❶赤《あか》ちゃんが成長《せいちょう》して乳《ちち》を飲《の》まなくなり、食物《しょくもつ》をとるようになること。❷子《こ》が、親《おや》に頼《たよ》らなくなり、自立《じりつ》すること。参考「ちちばなれ」ともいう。

**ちびちび** 副(-と) ちょっとずつ。少《すこ》しずつ。例 酒《さけ》をちびちび飲《の》む。

**ちひょう【地表】** 名 地球《ちきゅう》の表面《ひょうめん》。土地《とち》の表面《ひょうめん》。例 地表の温度《おんど》を測《はか》る。

**ちぶさ【△乳°房】** 名 女《おんな》の人《ひと》や哺乳動物《ほにゅうどうぶつ》の雌《めす》の、乳《ちち》を出《だ》すところ。にゅうぼう。

**チフス**〔ドイツ語〕名 感染症《かんせんしょう》の一《ひと》つ。腸《ちょう》チフス・パラチフス・発疹《はっしん》チフスがある。ふつうは

ことわざ **花《はな》より団子《だんご》** 言葉《ことば》でほめられるのもいいが、花《はな》より団子《だんご》だからね。賞金《しょうきん》が出《で》ればなおうれしいね。

腸《ちょう》チフスのことをいう。

**ちへいせん【地平線】** 名 空《そら》と地面《じめん》との境《さかい》が線《せん》のように見《み》えるところ。

**チベット** 地名 中国南西部《ちゅうごくなんせいぶ》にある自治区《じちく》。住民《じゅうみん》の大部分《だいぶぶん》がチベット族《ぞく》。ヒマラヤ山脈《さんみゃく》北側《きたがわ》の高原地帯《こうげんちたい》。

°**ちほう【地方】** 名 ❶全体《ぜんたい》の中《なか》で、ある区切《くぎ》られた土地《とち》。例 東北地方《とうほくちほう》。❷首都《しゅと》でない土《と》地《ち》。いなか。例 地方の人《ひと》。対 中央《ちゅうおう》。

**ちほうけんさつちょう【地方検察庁】** 名 地方裁判所《ちほうさいばんしょ》・家庭裁判所《かていさいばんしょ》に対応《たいおう》して各《かく》都道府県《とどうふけん》に置《お》かれる検察庁《けんさつちょう》。地検《ちけん》。

**ちほうこうきょうだんたい【地方公共団体】** 名 都道府県《とどうふけん》・市町村《しちょうそん》など、法律《ほうりつ》に従《したが》いながら、自分《じぶん》たちの地方《ちほう》を治《おさ》めるために作《つく》られた団体《だんたい》。地方自治体《ちほうじちたい》。

**ちほうこうむいん【地方公務員】** 名 地方公共団体《ちほうこうきょうだんたい》で仕事《しごと》をする人《ひと》。県庁《けんちょう》や市役《しやく》所《しょ》の人《ひと》、公立学校《こうりつがっこう》の先生《せんせい》、警察官《けいさつかん》など。

**ちほうさいばんしょ【地方裁判所】** 名 簡易裁判所《かんいさいばんしょ》で扱《あつか》わない大《おお》きな事件《じけん》を、その地域内《ちいきない》で、最初《さいしょ》に裁判《さいばん》するところ。地裁《ちさい》。

**ちほうし【地方紙】** 名 その地方《ちほう》の読者《どくしゃ》に向《む》けて出《だ》されている新聞《しんぶん》。対 全国紙《ぜんこくし》。

**ちほうじち【地方自治】** 名 都道府県《とどうふけん》や、市町村《しちょうそん》などに住《す》む人《ひと》たちが、その地方《ちほう》を自《じ》分《ぶん》たちで治《おさ》めていくこと。

**ちほうじちたい【地方自治体】** 名 ↓ちほうこうきょうだんたい 827ページ

**ちほうしょく【地方色】** 名 その地方《ちほう》にだけ見《み》られるようす。ローカルカラー。郷土《きょうど》色《しょく》。例 地方色豊《ゆた》かな郷土料理《きょうどりょうり》。

**ちほうぜい【地方税】** 名 地方公共団体《ちほうこうきょうだんたい》が、その地方《ちほう》を治《おさ》める費用《ひよう》として、住民《じゅうみん》から集《あつ》める税金《ぜいきん》。対 国税《こくぜい》。

**ちほうぶんけん【地方分権】** 名 政治権《せいじけん》力《りょく》を、できるだけ都道府県《とどうふけん》や市町村《しちょうそん》に分散《ぶんさん》させること。対 中央集権《ちゅうおうしゅうけん》。

**ちまき** 名 もち米《ごめ》などの粉《こな》を、ササの葉《は》で包《つつ》んでむしたもの。五月五日《ごがついつか》の端午《たんご》の節句《せっく》に食《た》べる。

**ちまた** 名 ❶町《まち》の中《なか》の道路《どうろ》。町《まち》なか。例 ちまたに人《ひと》があふれる。❷世《よ》の中《なか》。例 ちまたの声《こえ》。❸場所《ばしょ》。例 戦乱《せんらん》のちまた。

**ちまなこ【血眼△】** 名 ❶血走《ちばし》った目《め》。❷必死《ひっし》になってすること。例 血眼でさがし回《まわ》る。

**ちまみれ【血まみれ】** 名 形動 血《ち》でよごれること。血だらけ。血《ち》みどろ。例 血まみれのけが人《にん》。

**ちまめ【血豆】** 名 強《つよ》くはさんだり、打《う》ったりしたときに、手《て》や足《あし》の皮《かわ》の下《した》に血《ち》がたまってできる、豆《まめ》のようなもの。

**ちまよう【血迷う】** 動 怒《おこ》ったりのぼせたりして、わけがわからなくなる。例 何《なに》を血迷ったのか、いきなり走《はし》り出《だ》した。

**ちみつ【緻密】** 形動 ❶きめの細《こま》かいようす。例 緻密な計画《けいかく》。対 粗雑《そざつ》。❷くわしいようす。対 ずさん。類 細密《さいみつ》。綿密《めんみつ》。

**ちみどろ【血みどろ】** 名 形動 ❶血《ち》まみれ。血《ち》だらけ。❷とても苦《くる》しい状況《じょうきょう》にあること。例 血みどろの戦《たたか》い。

**ちめい【地名】** 名 土地《とち》の名前《なまえ》。

**ちめいしょう【致命傷】** 名 ❶死《し》ぬ原因《げんいん》となった傷《きず》。❷取《と》り返《かえ》しのつかない損害《そんがい》や失《しっ》敗《ぱい》。例 あのエラーが致命傷だった。

**ちめいてき【致命的】** 形動 ❶生命《せいめい》にかかわるほど重大《じゅうだい》なようす。例 致命的な大《おお》けが。❷取《と》り返《かえ》しのつかないほどひどいようす。例 致命的な失敗《しっぱい》をしでかす。

**ちめいど【知名度】** 名 名前《なまえ》が知《し》られている程度《ていど》。例 知名度が高《たか》いと選挙《せんきょ》に有利《ゆうり》だ。

**ちゃ【茶】** 画数 9 部首 艹（くさかんむり） 2年

音 チャ サ△ 訓 —

筆順

❶チャノキ。熟語 茶畑《ちゃばたけ》。❷「❶」の葉《は》を使《つか》った飲《の》み物《もの》。お茶《ちゃ》。熟語 番茶《ばんちゃ》。喫茶《きっさ》。茶話会《さわかい》。❸「❷」を飲《の》む作法《さほう》。熟語 茶室《ちゃしつ》。茶道《さどう》・茶道《ちゃどう》。❹茶色《ちゃいろ》。熟語 茶褐色《ちゃかっしょく》。

**ちゃ【茶】** 名 ❶チャノキ。ツバキの仲間《なかま》の木《き》で、秋《あき》に白《しろ》い花《はな》をつける。❷「❶」の若葉《わかば》をむして、乾燥《かんそう》させたもの。また、それに湯《ゆ》を注《そそ》いだ飲《の》み物《もの》。例 茶をいれる。❸「❷」をたてて飲《の》む作法《さほう》。茶《ちゃ》の湯《ゆ》。例 お茶を習《なら》う。❹茶《ちゃ》色《いろ》。例 茶の革靴《かわぐつ》。参考 飲《の》み物《もの》の茶《ちゃ》には、緑《りょく》茶《ちゃ》・紅茶《こうちゃ》・ウーロン茶《ちゃ》などのほか、こぶ茶《ちゃ》・麦《むぎ》

あいうえお かきくけこ さしすせそ たちつてと なにぬねの はひふへほ まみむめも やゆよ らりるれろ わをん



ことわざ 羽《はね》を伸《の》ばす 両親《りょうしん》が留守《るす》だったので、ぼくたちは羽《はね》を伸《の》ばして、大《おお》いに遊《あそ》んだ。

茶《ちゃ》などがある。

**チャージ**〔英語 charge〕一 名 動-する ❶自動《じどう》車《しゃ》や飛《ひ》行《こう》機《き》などに燃《ねん》料《りょう》を入《い》れたり、バッテリーに充《じゅう》電《でん》したりすること。❷IC《アイシー》カードに入《にゅう》金《きん》すること。例 千円《せんえん》チャージする。❸サッカーなどで、体《からだ》をぶつけるようにしてボールをうばったり、攻《こう》撃《げき》を防《ふせ》いだりすること。❹ラグビーなどで、相《あい》手《て》のキックを身《み》を投《な》げ出《だ》してはばむこと。❺ゴルフなどで、相《あい》手《て》をはげしく追《お》い上《あ》げること。二 名 ホテルやレストランでの料《りょう》金《きん》。例 ルームチャージ。

**チャーター**〔英語 charter〕名 動-する 船《ふね》や飛《ひ》行《こう》機《き》などを、借《か》りきること。

**チャーハン**〔中国語《ちゅうごくご》〕名 ご飯《はん》と、小《ちい》さく刻《きざ》んだ肉《にく》、卵《たまご》、野《や》菜《さい》などを、油《あぶら》でいためて味《あじ》付《つ》けした、中《ちゅう》国《ごく》ふうの食《た》べ物《もの》。

**チャームポイント**〔英語 charm point〕名 人《ひと》の心《こころ》をもっとも引《ひ》きつける魅《み》力《りょく》的《てき》なところ。例 あの人《ひと》のチャームポイントは目《め》だ。

**チャイコフスキー** 人名（男）（一八四〇～一八九三）ロシアの作《さっ》曲《きょく》家《か》。「白《はく》鳥《ちょう》の湖《みずうみ》」「くるみ割《わ》り人《にん》形《ぎょう》」などが有《ゆう》名《めい》。

**チャイム**〔英語 chime〕名 ❶楽《がっ》器《き》の一《ひと》つ。長《なが》さのちがう金《きん》属《ぞく》の管《くだ》やかねを、順《じゅん》に並《なら》べたもの。たたいて鳴《な》らす。❷入《い》り口《ぐち》などにしかける、「❶」に似《に》た音《おと》を出《だ》す装《そう》置《ち》。例 玄《げん》関《かん》のチャイム。

**チャイルドシート** 名〔日《に》本《ほん》でできた英《えい》語《ご》ふうの言《こと》葉《ば》。〕幼《よう》児《じ》のための、安《あん》全《ぜん》ベルト付《つ》きの座席《ざせき》。自動《じどう》車《しゃ》の座席《ざせき》に取《と》りつけて使《つか》う。

**°ちゃいろ【茶色】** 名 黒《くろ》みがかった赤《あか》黄《き》色《いろ》。

**ちゃかす【茶化す】** 動 まじめに取《と》り合《あ》わないで、冗《じょう》談《だん》にしてしまう。例 人《ひと》の話《はなし》を茶化して聞《き》こうとしない。

**ちゃかっしょく【茶褐色】** 名 黒《くろ》みがかった茶《ちゃ》色《いろ》。とび色《いろ》。

**ちゃがま【茶釜】** 名 お湯《ゆ》をわかすかま。茶《ちゃ》の湯《ゆ》などで使《つか》う。

**ちゃき【茶器】** 名 お茶《ちゃ》を飲《の》むときに使《つか》う道《どう》具《ぐ》。湯《ゆ》飲《の》み、きゅうすなど。

## ちゃく【着】

画数 12 部首 羊（ひつじ） 3年

音 チャク ジャク
訓 き-る き-せる つ-く つ-ける

筆順

❶身《み》につける。熟語 着《ちゃく》衣《い》。着《ちゃく》用《よう》。着《き》物《もの》。❷くっつく。つく。熟語 着色《ちゃくしょく》。執着《しゅうちゃく》・執着《しゅうじゃく》。接《せっ》着《ちゃく》。❸行《い》きつく。熟語 着席《ちゃくせき》。到着《とうちゃく》。例 五《ご》時《じ》着《ちゃく》の列《れっ》車《しゃ》。対 発《はつ》。❹始《はじ》める。熟語 着手《ちゃくしゅ》。着《ちゃく》目《もく》。着工《ちゃっこう》。❺おちつく。熟語 着実《ちゃくじつ》。決着《けっちゃく》。❻衣《い》服《ふく》や順《じゅん》番《ばん》を数《かぞ》える言《こと》葉《ば》。例 スーツ一着《いっちゃく》。二着《にちゃく》でゴールした。

《訓の使い方》 **き-る** 例 服《ふく》を着る。**き-せる** 例 シャツを着せる。**つ-く** 例 席《せき》に着く。**つ-ける** 例 ブローチを身《み》に着ける。

**ちゃく【着】** 名 到《とう》着《ちゃく》すること。例 この列《れっ》車《しゃ》は九《く》時《じ》の着です。

## ちゃく【嫡】

画数 14 部首 女（おんなへん）

音 チャク 訓 ―

跡《あと》継《つ》ぎとなる子《こ》。血《けっ》統《とう》。熟語 嫡子《ちゃくし》。

**ちゃくい【着衣】** 名 ❶着《き》ている衣《い》服《ふく》。❷衣《い》服《ふく》を着《き》ること。対 脱《だつ》衣《い》。

**ちゃくがん【着眼】** 名 動-する だいじなところに目《め》をつけること。例 よいところに着眼している。類 着《ちゃく》目《もく》。

**ちゃくがんてん【着眼点】** 名 目《め》のつけどころ。ねらい。例 とっぴな着眼点。

**ちゃくし【嫡子】** 名 跡《あと》継《つ》ぎ。跡《あと》取《と》り。

**ちゃくじつ【着実】** 名 形動 落《お》ち着《つ》いていて危《あぶ》なげがないこと。例 着実な仕《し》事《ごと》ぶり。

**ちゃくしゅ【着手】** 名 動-する ものごとに取《と》りかかること。例 工《こう》事《じ》に着手する。

**ちゃくじゅん【着順】** 名 到《とう》着《ちゃく》した順《じゅん》番《ばん》。

**ちゃくしょく【着色】** 名 動-する 色《いろ》をつけること。例 下《した》絵《え》に着色する。対 脱《だっ》色《しょく》。

**ちゃくしょくりょう【着色料】** 名 食《た》べ物《もの》や飲《の》み物《もの》、化《け》粧《しょう》品《ひん》などに色《いろ》をつけるためのもの。例 着色料を使《つか》ったケーキ。

**ちゃくしん【着信】** 名 動-する 郵《ゆう》便《びん》や電《でん》話《わ》、電《でん》子《し》メールなどが届《とど》くこと。例 携《けい》帯《たい》電《でん》話《わ》の着信音《おん》が鳴《な》る。類 受《じゅ》信《しん》。対 発《はっ》信《しん》。

**ちゃくすい【着水】** 名 動-する 水《すい》上《じょう》飛《ひ》行《こう》機《き》や水《みず》鳥《とり》などが、空《そら》から水《みず》の上《うえ》におりること。

**ちゃくせき【着席】** 名 動-する 席《せき》につくこと。例 全《ぜん》員《いん》が着席する。対 起《き》立《りつ》。

ことわざ 早起《はやお》きは三文《さんもん》の得《とく》　早起《はやお》きは三文《さんもん》の得《とく》と言《い》うでしょう。朝寝《あさね》ぼうはよしなさい。

✤**ちゃくそう【着想】** 名 動-する 思《おも》いついた考《かんが》えや工夫《くふう》。アイデア。例着想がおもしろい。

**ちゃくだつ【着脱】** 名 動-する ❶付《つ》けたり外《はず》したりすること。例このカバンはポケットの着脱ができる。❷服《ふく》を着《き》たり脱《ぬ》いだりすること。

**ちゃくち【着地】** 名 動-する ❶空中《くうちゅう》から地面《じめん》におりること。着陸《ちゃくりく》。❷スキーのジャンプや体操競技《たいそうきょうぎ》で、競技者《きょうぎしゃ》が雪《ゆき》の上《うえ》や床《ゆか》におり立《た》つこと。例着地を決《き》める。

**ちゃくちゃく【着着】** 副(-と) 順序《じゅんじょ》よく進《すす》むようす。例準備《じゅんび》が着々と進《すす》む。

**ちゃくにん【着任】** 名 動-する 新《あたら》しい役目《やくめ》につくこと。また、役目《やくめ》のある場所《ばしょ》に着《つ》くこと。例新《あたら》しい先生《せんせい》が着任された。対離任《りにん》。

**ちゃくばらい【着払い】** 名 ❶品物《しなもの》の代金《だいきん》や送料《そうりょう》を、それが届《とど》いたときに払《はら》うこと。例リンゴを二箱《ふたはこ》、着払いで買《か》った。❷品物《しなもの》の送料《そうりょう》を、それを受《う》け取《と》った側《がわ》が払《はら》うこと。例着払いで荷物《にもつ》を送《おく》った。

**ちゃくふく【着服】** 名 動-する 人《ひと》のものを、こっそり自分《じぶん》のものにすること。例お金《かね》を着服する。参考もともとは、衣服《いふく》を着《き》ること。

**ちゃくもく【着目】** 名 動-する 大切《たいせつ》だと考《かんが》えて目《め》をつけること。例海水《かいすい》の温度《おんど》の変化《へんか》に着目する。類着眼《ちゃくがん》。

**ちゃくよう【着用】** 名 動-する 衣服《いふく》などを身《み》につけること。例制服《せいふく》を着用する。

**ちゃくりく【着陸】** 名 動-する 飛行機《ひこうき》などが、地上《ちじょう》におりること。着地《ちゃくち》。対離陸《りりく》。

**ちゃこし【茶こし】** 名 お湯《ゆ》を注《そそ》いでお茶《ちゃ》を出《だ》すための、小《ちい》さな網《あみ》。

**ちゃさじ【茶さじ】** 名 ❶抹茶《まっちゃ》などをすくう、さじ。茶《ちゃ》しゃく。❷コーヒーなどを飲《の》むときに使《つか》うさじ。ティースプーン。

**ちゃしつ【茶室】** 名 茶《ちゃ》の湯《ゆ》に使《つか》う部屋《へや》。

**ちゃたく【茶たく】** 名 お茶《ちゃ》を出《だ》すときに茶《ちゃ》わんをのせる、小《ちい》さい受《う》け皿《ざら》。

**ちゃだんす【茶だんす】** 名 茶《ちゃ》わんやきゅうすなどを入《い》れておく戸棚《とだな》。

**ちゃち** 形動 安《やす》っぽくて、粗末《そまつ》なようす。例見《み》るからにちゃちな飾《かざ》りつけ。

**ちゃちゃをいれる【茶茶を入れる】** 話《はなし》の途中《とちゅう》で冗談《じょうだん》を言《い》ったりして邪魔《じゃま》をする。例議論《ぎろん》の途中《とちゅう》で茶々を入れる。

**ちゃっか【着火】** 名 動-する 火《ひ》がつくこと。火《ひ》をつけること。例コンロがうまく着火しない。類点火《てんか》。対消火《しょうか》。

**ちゃっかり** 副(-と) 動-する ぬけ目《め》なくあつかましいようす。例もうちゃっかりと席《せき》にすわっている。

**チャック** 名 ファスナーのこと。↓ファスナー 1124ページ

**ちゃづけ【茶漬け】** 名 ご飯《はん》にお茶《ちゃ》をかけた食《た》べ物《もの》。お茶漬《ちゃづ》け。鮭《さけ》や梅干《うめぼ》しをのせて食《た》べる場合《ばあい》もある。

**ちゃっこう【着工】** 名 動-する 工事《こうじ》に取《と》りかかること。例工事《こうじ》に着工する。対竣工《しゅんこう》。

**ちゃづつ【茶筒】** 名 茶《ちゃ》の葉《は》を入《い》れておく筒《つつ》。

**チャット**〔英語 chat〕名 動-する インターネットで、大勢《おおぜい》の相手《あいて》と同時《どうじ》に、文字《もじ》で会話《かいわ》のやりとりができる仕組《しく》み。また、そのやりとり。参考もと、「おしゃべり」という意味《いみ》。

**ちゃつみ【茶摘み】** 名 お茶《ちゃ》にするために、チャノキの新《あたら》しい芽《め》や葉《は》をつみ取《と》ること。また、その人《ひと》。

**ちゃどう【茶道】** 名 ↓さどう(茶道) 520ページ

**ちゃどころ【茶所】** 名 よい茶《ちゃ》のできる所《ところ》。

**ちゃのま【茶の間】** 名 家族《かぞく》が、ふだん食事《しょくじ》をしたり、くつろいだりする部屋《へや》。

**ちゃのゆ【茶の湯】** 名 決《き》まった作法《さほう》で抹茶《まっちゃ》をたてて、お客《きゃく》をもてなすこと。また、その作法《さほう》。例茶の湯を習《なら》う。

**ちゃばしら【茶柱】** 名 茶《ちゃ》わんについだお茶《ちゃ》の中《なか》に、縦《たて》にうかぶ茶《ちゃ》の茎《くき》。茶柱《ちゃばしら》が立《た》つとよいことがある、といわれる。

**ちゃばたけ【茶畑】** 名 チャノキが一面《いちめん》に植《う》えられた畑《はたけ》。

**ちゃばん【茶番】** 名 見《み》えすいた、ばからしい行《おこな》い。茶番劇《ちゃばんげき》。例こんな茶番につき合《あ》っていられない。

**ちゃぶだい【ちゃぶ台】** 名 食事《しょくじ》に使《つか》う、脚《あし》のついた低《ひく》い台《だい》。食卓《しょくたく》。おぜん。

**チャペル**〔英語 chapel〕名 キリスト教《きょう》の礼《れい》拝堂《はいどう》。



ことわざ 腫《は》れ物《もの》に触《さわ》るよう　父《ちち》がご機嫌《きげん》の悪《わる》い日《ひ》は、母《はは》はまるで、腫《は》れ物《もの》に触《さわ》るようにしている。

**ちやほや** 副(-と) 動-する 相手《あいて》のきげんを取《と》るようす。例 ちやほやされて育《そだ》つ。

**ちゃみせ【茶店】** 名 道端《みちばた》にあって、お茶《ちゃ》を飲《の》ませたりする店《みせ》。茶屋《ちゃや》。〔古《ふる》い言葉《ことば》。〕

**ちゃめっけ【茶目っ気】** 名 おちゃめなようす。例 あの子《こ》はちゃめっ気がある。

**ちゃや【茶屋】** 名〔古《ふる》い言《い》い方《かた》。〕❶茶店《ちゃみせ》。例 茶屋でひと休《やす》みしていこう。❷茶《ちゃ》を売《う》る店《みせ》。

**チャリティー**〔英語 charity〕名 困《こま》っている人《ひと》を助《たす》けること。慈善《じぜん》。例 チャリティーショー〔=売《う》り上《あ》げを慈善《じぜん》に役立《やくだ》てる興行《こうぎょう》〕。

**チャレンジ**〔英語 challenge〕名 動-する 挑《ちょう》戦《せん》。例 チャレンジ精神《せいしん》。

**ちゃわかい【茶話会】** 名 ⇩さわかい526ページ

°**ちゃわん【茶わん】** 名 お茶《ちゃ》を飲《の》んだり、ご飯《はん》を食《た》べたりするときに使《つか》う器《うつわ》。

**ちゃわんむし【茶わん蒸△し】** 名 卵《たまご》をだし汁《じる》でといたものに、とり肉《にく》・野《や》菜《さい》などを入《い》れて、茶《ちゃ》わんごとむした料理《りょうり》。

°**チャンス**〔英語 chance〕名 ちょうどよい機《き》会《かい》。好機《こうき》。例 絶好《ぜっこう》のチャンス。

**ちゃんと** 副 ❶きちんとしているようす。例 ちゃんとした服装《ふくそう》。❷正《ただ》しくて、まちがいのないようす。例 ちゃんと計算《けいさん》する。❸しっかりしているようす。例 ちゃんとつかまる。

**チャンネル**〔英語 channel〕名〔「チャネル」とも言《い》う。〕❶テレビやラジオなどで、放送《ほうそう》局《きょく》ごとに決《き》まっている電波《でんぱ》の周波数《しゅうはすう》。また、その放送局《ほうそうきょく》。❷放送《ほうそう》を切《き》りかえるボタンやつまみ。❸情報《じょうほう》や意思《いし》などを伝《つた》える道筋《みちすじ》。例 外国《がいこく》との対話《たいわ》のチャンネル。

**チャンピオン**〔英語 champion〕名 ❶優勝《ゆうしょう》者《しゃ》。選手権《せんしゅけん》を持《も》っている人《ひと》。例 チャンピオンベルト。❷その分野《ぶんや》でいちばんの人《ひと》。例 お笑《わら》いのチャンピオン。

**ちゃんぽん** 名 ❶いろいろなものを交《ま》ぜること。例 日本《にほん》語《ご》と英語《えいご》をちゃんぽんに話《はな》す。❷長崎《ながさき》の料理《りょうり》の一《ひと》つで、肉《にく》、野菜《やさい》、めんなどをいっしょに煮《に》たもの。

**ちゆ【治癒】** 名 動-する 病《びょう》気《き》やけがが治《なお》ること。例 完全《かんぜん》に治癒するまで待《ま》つ。

**ちゅう【中】** 画数 4 部首 丨(たてぼう) 1年

音 チュウ ジュウ 訓 なか

筆順

❶なか。うち。熟語 中《ちゅう》心《しん》。中間《ちゅうかん》。中旬《ちゅうじゅん》。車《しゃ》中《ちゅう》。水中《すいちゅう》。中身《なかみ》。❷とちゅう。熟語 中断《ちゅうだん》。最《さい》中《ちゅう》。工事中《こうじちゅう》。❸かたよらない。熟語 中道《ちゅうどう》。中《ちゅう》立《りつ》。❹それ全部《ぜんぶ》。熟語 四六時中《しろくじちゅう》。家中《いえじゅう》。❺あたる。熟語 的中《てきちゅう》。命中《めいちゅう》。❻打《う》ちこむ。熟語 熱中《ねっちゅう》。夢中《むちゅう》。❼中国《ちゅうごく》のこと。熟語 訪中《ほうちゅう》。

**ちゅう【中】** 名 まん中《なか》あたり。ふつう。例 中ぐらいの成績《せいせき》。関連 上《じょう》。下《げ》。／大《だい》。小《しょう》。

**ちゅう【仲】** 画数 6 部首 イ(にんべん) 4年

音 チュ△ウ 訓 なか

筆順
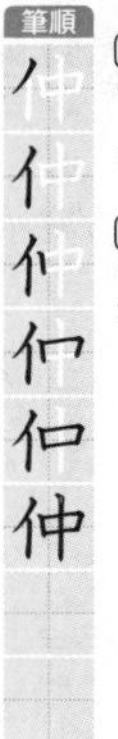

あいだ。なかつぎ。人《ひと》と人《ひと》との間《あいだ》。熟語 仲《ちゅう》介《かい》。仲裁《ちゅうさい》。仲間《なかま》。

**ちゅう【虫】** 画数 6 部首 虫(むし) 1年

音 チュウ 訓 むし

筆順

むし。熟語 虫害《ちゅうがい》。害虫《がいちゅう》。昆虫《こんちゅう》。幼虫《ようちゅう》。

**ちゅう【沖】** 画数 7 部首 氵(さんずい) 4年

音 チ△ュウ 訓 おき

筆順

❶おき。例 船《ふね》で沖《おき》に出《で》る。❷水《みず》がわき上《あ》がり、なだらかに流《なが》れる。熟語 沖積《ちゅうせき》。

**ちゅう【宙】** 画数 8 部首 宀(うかんむり) 6年

音 チュウ 訓 ―

筆順

そら。熟語 宇宙《うちゅう》。

**ちゅう【宙】** 名 ❶地面《じめん》からはなれている所《ところ》。空中《くうちゅう》。例 宙に浮《う》かぶ。❷書《か》いてあるものを見《み》ないでするこけ。そら。例 宙で言《い》う。

**宙《ちゅう》に浮《う》く** ❶空中《くうちゅう》に浮《う》く。❷中途半端《ちゅうとはんぱ》のまま、ほうっておかれる。例 計画《けいかく》が宙に浮いたままだ。

**宙《ちゅう》に舞《ま》う** 空中《くうちゅう》でおどるように動《うご》く。例 花《はな》びらが宙に舞う。

**宙《ちゅう》に迷《まよ》う** 落《お》ち着《つ》くところがない。

**宙《ちゅう》を飛《と》ぶ** ❶空《そら》を飛《と》ぶ。❷非常《ひじょう》に速《はや》く走《はし》る。例 宙を飛んでかけつけた。

## ちゅう【忠】

画数 8 部首 心(こころ) 6年

音 チュウ 訓 ―

筆順

まごころをつくす。熟語 忠義《ちゅうぎ》。忠告《ちゅうこく》。忠実《ちゅうじつ》。忠誠《ちゅうせい》。

**ちゅう【忠】** 名 まごころをもってつくすこと。まこと。例 主君《しゅくん》に忠をつくす。

## ちゅう【注】

画数 8 部首 氵(さんずい) 3年

音 チュウ 訓 そそ-ぐ

筆順

❶そそぐ。つぎこむ。熟語 注意《ちゅうい》。注目《ちゅうもく》。❷書《か》き記《しる》す。熟語 注文《ちゅうもん》。発注《はっちゅう》。❸説明《せつめい》などをつける。また、つけた言葉《ことば》。熟語 注釈《ちゅうしゃく》。脚注《きゃくちゅう》。

《訓の使い方》 **そそ-ぐ** 例 水《みず》を注ぐ。

**ちゅう【注】** 名 本文中《ほんぶんちゅう》の言葉《ことば》の解釈《かいしゃく》や説明《せつめい》を書《か》き入《い》れたもの。例 下段《げだん》に注をつける。

## ちゅう【昼】

画数 9 部首 日(ひ) 2年

音 チュウ 訓 ひる

筆順

ひる。熟語 昼食《ちゅうしょく》。昼夜《ちゅうや》。白昼《はくちゅう》。昼間《ひるま》。真昼《まひる》。対 夜《や》。

## ちゅう【柱】

画数 9 部首 木(きへん) 3年

音 チュウ 訓 はしら

筆順

はしら。熟語 円柱《えんちゅう》。支柱《しちゅう》。電柱《でんちゅう》。茶柱《ちゃばしら》。

## ちゅう【抽】

画数 8 部首 扌(てへん)

音 チュウ 訓 ―

引《ひ》き出《だ》す。ぬき出《だ》す。熟語 抽出《ちゅうしゅつ》。抽選《ちゅうせん》。

## ちゅう【衷】

画数 9 部首 衣(ころも)

音 チュウ 訓 ―

❶かたよらないこと。中《なか》ほど。熟語 折衷《せっちゅう》。❷まごころ。心《こころ》の中《なか》。熟語 衷心《ちゅうしん》〔=まごころ。心《こころ》の底《そこ》〕。

## ちゅう【酎】

画数 10 部首 酉(とりへん)

音 チュウ 訓 ―

よく醗酵《はっこう》させて造《つく》った、こい酒《さけ》。熟語 焼酎《しょうちゅう》。

## ちゅう【鋳】

画数 15 部首 金(かねへん)

音 チュウ 訓 い-る

金属《きんぞく》をとかし、型《かた》に流《なが》しこんで物《もの》をつくる。熟語 鋳造《ちゅうぞう》。鋳物《いもの》。例 なべを鋳《い》る。

## ちゅう【駐】

画数 15 部首 馬(うまへん)

音 チュウ 訓 ―

乗《の》り物《もの》をとめる。とまる。とどまる。熟語 駐《ちゅう》在《ざい》。駐車《ちゅうしゃ》。進駐《しんちゅう》。

**◦ちゅうい【注意】** 名 動-する ❶気《き》をつけること。用心《ようじん》すること。例 車《くるま》に注意する。❷気《き》をつけるように言《い》うこと。さとすこと。例 いたずらをして、先生《せんせい》に注意された。

**注《ちゅう》意《い》を払《はら》う** じゅうぶん気《き》をつける。

**注《ちゅう》意《い》を引《ひ》く** 人《ひと》の気《き》持《も》ちを引《ひ》きつける。関心《かんしん》を持《も》たせる。例 目《め》立《だ》つ色《いろ》で注意を引く。

**ちゅういぶかい【注意深い】** 形 細《こま》かいところまでよく注《ちゅう》意《い》している。例 注意深く調《しら》べる。

**ちゅういほう【注意報】** 名 災害《さいがい》のおそれがあるとき、注《ちゅう》意《い》を呼《よ》びかける知《し》らせ。参考「警報《けいほう》」に比《くら》べて、その程度《ていど》が低《ひく》い。

**ちゅういりょく【注意力】** 名 ものごとに心《こころ》を配《くば》って、用心深《ようじんぶか》く行動《こうどう》できる能力《のうりょく》。例 注意力をはたらかせる。

**チューインガム**〔英語 chewing gum〕名 かんで味《あじ》わう菓子《かし》。ガム。

**◦ちゅうおう【中央】** 名 ❶真《ま》ん中《なか》。例 公園《こうえん》の中央。❷中心《ちゅうしん》になる、大切《たいせつ》なところ。例 中央委員会《いいんかい》。❸首都《しゅと》。対 地方《ちほう》。

**ちゅうおうアジア【中央アジア】** 地名 ユーラシア大陸《たいりく》の中央部《ちゅうおうぶ》。タリム盆地《ぼんち》からカスピ海《かい》に至《いた》る地帯《ちたい》。





ことわざ 人《ひと》のふり見《み》て我《わ》がふり直《なお》せ　他人《たにん》を悪《わる》く言《い》う前《まえ》に、人《ひと》のふり見《み》て我《わ》がふり直《なお》せで、自分《じぶん》をふり返《かえ》りなさい。

**ちゅうおうしゅうけん【中央集権】** ［名］政《せい》治《じ》権《けん》力《りょく》が中《ちゅう》央《おう》政《せい》府《ふ》に集《あつ》まっていること。［対］地《ち》方《ほう》分《ぶん》権《けん》。

**ちゅうか【中華゜】** ［名］❶中《ちゅう》国《ごく》のこと。❷「中《ちゅう》華《か》料《りょう》理《り》」の略《りゃく》。

**ちゅうか【仲△夏】** ［名］昔《むかし》の暦《こよみ》で、五《ご》月《がつ》。［関連］初《しょ》夏《か》。晩《ばん》夏《か》。

**ちゅうかい【仲△介゜】** ［名］［動・する］両《りょう》方《ほう》の間《あいだ》に入《はい》って、まとめること。仲《なか》立《だ》ち。

**ちゅうがい【虫害】** ［名］害《がい》虫《ちゅう》のために農《のう》作《さく》物《ぶつ》や山《さん》林《りん》などが受《う》ける被《ひ》害《がい》。

**ちゅうがえり【宙返り】** ［名］［動・する］空《くう》中《ちゅう》で回《かい》転《てん》すること。とんぼ返《がえ》り。

**ちゅうかがい【中華街゜】** ［名］中《ちゅう》国《ごく》以《い》外《がい》の所《ところ》で、中《ちゅう》国《ごく》人《じん》が多《おお》く住《す》んでいる街《まち》。中《ちゅう》華《か》料《りょう》理《り》の店《みせ》が多《おお》く、日《に》本《ほん》では、横《よこ》浜《はま》・神《こう》戸《べ》・長《なが》崎《さき》などが有《ゆう》名《めい》。

**ちゅうかく【中核゜】** ［名］ものごとの中《ちゅう》心《しん》。重《じゅう》要《よう》な部《ぶ》分《ぶん》。［例］彼《かれ》はチームの中核だ。

**ちゅうがくねん【中学年】** ［名］小《しょう》学《がっ》校《こう》で、中《なか》ほどの学《がく》年《ねん》。三《さん》・四《よ》年《ねん》。［関連］高《こう》学《がく》年《ねん》。低《てい》学《がく》年《ねん》。

**ちゅうかじんみんきょうわこく**『中華人民共和国』［地名］アジア大《たい》陸《りく》の東《とう》部《ぶ》にある社《しゃ》会《かい》主《しゅ》義《ぎ》の国《くに》。首《しゅ》都《と》は北《ペ》京《キン》。中《ちゅう》国《ごく》。

**ちゅうかそば【中華゜そば】** ［名］ラーメン。

**◦ちゅうがっこう【中学校】** ［名］小《しょう》学《がっ》校《こう》を卒《そつ》業《ぎょう》してから進《すす》む、三《さん》年《ねん》間《かん》の義《ぎ》務《む》教《きょう》育《いく》の学《がっ》校《こう》。

**ちゅうかりょうり【中華゜料理】** ［名］中《ちゅう》国《ごく》の料《りょう》理《り》。また、中《ちゅう》国《ごく》ふうの料《りょう》理《り》。

**ちゅうかん【中間】** ［名］❶二《ふた》つのものの間《あいだ》。中《なか》ほど。［例］学《がっ》校《こう》は、うちと駅《えき》との中間にある。❷ものごとの途《と》中《ちゅう》。［例］中間報《ほう》告《こく》。❸かたよっていないこと。［例］中間派《は》。

**ちゅうかん【昼間】** ［名］ひるま。日《にっ》中《ちゅう》。［対］夜《や》間《かん》。

**ちゅうかんしょく【中間色】** ［名］❶純《じゅん》色《しょく》〔＝混《ま》じりけのない色《いろ》〕に白《しろ》や灰《はい》色《いろ》を混《ま》ぜた、やわらかみのある色《いろ》。❷原《げん》色《しょく》〔＝赤《あか》・青《あお》・黄《き》の三《さん》色《しょく》〕と原《げん》色《しょく》との中《ちゅう》間《かん》にある色《いろ》。［例］「だいだい色《いろ》」は赤《あか》と黄《き》との中間色だ。

**ちゅうき【中期】** ［名］中《なか》ごろの時《じ》期《き》。［関連］前《ぜん》期《き》。後《こう》期《き》。／初《しょ》期《き》。末《まっ》期《き》。

**ちゅうき【注記】** ［名］［動・する］本《ほん》文《ぶん》中《ちゅう》の言《こと》葉《ば》の注《ちゅう》を書《か》き記《しる》すこと。また、書《か》き記《しる》した注《ちゅう》。

**ちゅうぎ【忠義】** ［名］［形動］家《け》来《らい》が主《しゅ》人《じん》にまごころを尽《つ》くすこと。［例］忠義を尽《つ》くす。

**ちゅうきょうこうぎょうちたい**【中京工業地帯】［名］名《な》古《ご》屋《や》市《し》を中《ちゅう》心《しん》とし、愛《あい》知《ち》・岐《ぎ》阜《ふ》・三《み》重《え》の三《さん》県《けん》にまたがる工《こう》業《ぎょう》地《ち》帯《たい》。

**ちゅうきょり【中距゜離゜】** ［名］❶中《ちゅう》くらいの距《きょ》離《り》。❷中《ちゅう》距《きょ》離《り》競《きょう》走《そう》のこと。陸《りく》上《じょう》競《きょう》技《ぎ》では、八〇〇メートルと一五〇〇メートル。［関連］短《たん》距《きょ》離《り》。長《ちょう》距《きょ》離《り》。

**ちゅうきんとう**『中近東』［地名］⇩ちゅうとう（中東）834ページ

**ちゅうくう【中空】** ［名］❶空《そら》の中《なか》ほど。［例］中空にまい上《あ》がる。❷中《なか》が空《から》であること。

**◦ちゅうけい【中継゜】** ［名］［動・する］❶途《と》中《ちゅう》で受《う》けつぐこと。中《なか》つぎ。［例］中継点《てん》。❷中《ちゅう》継《けい》放《ほう》送《そう》のこと。

**ちゅうけいしゃ【中継゜車】** ［名］（放《ほう》送《そう》で）事《じ》故《こ》現《げん》場《ば》や劇《げき》場《じょう》・会《かい》場《じょう》など、外《そと》から放《ほう》送《そう》局《きょく》に電《でん》波《ぱ》を送《おく》る装《そう》置《ち》をもった車《くるま》。

**ちゅうけいほうそう【中継゜放送】** ［名］❶イベントやスポーツ、事《じ》故《こ》などの現《げん》場《ば》のようすを放《ほう》送《そう》すること。❷ほかの放《ほう》送《そう》局《きょく》の放《ほう》送《そう》を中《ちゅう》つぎして放《ほう》送《そう》すること。

**ちゅうけん【中堅゜】** ［名］❶中《ちゅう》心《しん》となって働《はたら》く人《ひと》。働《はたら》きざかりの人《ひと》。［例］中堅の社《しゃ》員《いん》。❷野《や》球《きゅう》・ソフトボールで、中《ちゅう》堅《けん》手《しゅ》。センター。

**ちゅうげん【中元】** ［名］七《しち》月《がつ》の初《はじ》めから中《なか》ごろにかけてするおくり物《もの》。お中《ちゅう》元《げん》。［参考］もとは昔《むかし》の暦《こよみ》で、うら盆《ぼん》を行《おこな》う七《しち》月《がつ》十《じゅう》五《ご》日《にち》のこと。

**ちゅうげん【忠言】** ［名］その人《ひと》のためを思《おも》って心《こころ》からいさめる言《こと》葉《ば》。忠《ちゅう》告《こく》。［例］親《しん》友《ゆう》の忠言に耳《みみ》をかたむける。

**ちゅうこ【中古】** ［名］❶時《じ》代《だい》区《く》分《ぶん》の一《ひと》つ。おもに文《ぶん》学《がく》の歴《れき》史《し》で、平《へい》安《あん》時《じ》代《だい》にあたる。❷使《つか》って、少《すこ》し古《ふる》くなっているもの。ちゅうぶる。［例］中古車《しゃ》。

**ちゅうこう【忠孝】** ［名］主《しゅ》君《くん》への忠《ちゅう》義《ぎ》と親《おや》への孝《こう》行《こう》。

**ちゅうこうねん**【中高年】[名] ふつう、四《よん》十歳《じっさい》前後《ぜんご》から六《ろく》十《じゅう》五歳《ごさい》ぐらいまでの人《ひと》のこと。

**ちゅうこく**【忠告】[名][動-する] まちがいを直《なお》そうとして、その人《ひと》に注意《ちゅうい》すること。また、その言葉《ことば》。忠言《ちゅうげん》。[例] 老婆心《ろうばしん》ながら忠告しておく。

**ちゅうごく**〖中国〗[地名] ❶中華人民共和国《ちゅうかじんみんきょうわこく》のこと。❷中国地方《ちゅうごくちほう》のこと。

**ちゅうごくちほう**〖中国地方〗[地名] 本州《ほんしゅう》の西部《せいぶ》にあり、北《きた》は日本海《にほんかい》に、南《みなみ》は瀬戸内海《せとないかい》に面《めん》する地方《ちほう》。岡山《おかやま》・広島《ひろしま》・山口《やまぐち》・島根《しまね》・鳥取《とっとり》の五県《ごけん》がある。中国《ちゅうごく》。

**ちゅうごし**【中腰】[名] 腰《こし》を半分《はんぶん》上《あ》げて立《た》ちかけた格好《かっこう》。[例] 中腰で作業《さぎょう》する。

**ちゅうざ**【中座】[名][動-する] 話《はな》し合《あ》いや会《かい》などの途中《とちゅう》で席《せき》をはずすこと。[例] 会議《かいぎ》を中座する。

**ちゅうさい**【仲裁】[名][動-する] 争《あらそ》いの間《あいだ》に入《はい》って仲直《なかなお》りさせること。[類] 調停《ちょうてい》。

**ちゅうざい**【駐在】[名][動-する] ❶仕事《しごと》で、ある決《き》まった場所《ばしょ》に、ずっといること。[例] ロンドン駐在の大使《たいし》。❷駐在所《ちゅうざいしょ》のこと。また、そこにいる警察官《けいさつかん》。駐在《ちゅうざい》さん。

**ちゅうざいしょ**【駐在所】[名] 警察官《けいさつかん》が住《す》みこんで勤《つと》めている所《ところ》。

◦**ちゅうし**【中止】[名][動-する] 取《と》りやめること。途中《とちゅう》でやめること。[例] 遠足《えんそく》を中止する。

**ちゅうし**【注視】[名][動-する] じっと見《み》つめること。[例] 注視の的《まと》になる。[類] 注目《ちゅうもく》。

**ちゅうじえん**【中耳炎】[名] 耳《みみ》の、鼓膜《こまく》の奥《おく》のほうに起《お》こる病気《びょうき》。熱《ねつ》を持《も》ったり、痛《いた》んだり、うみが出《で》たりする。

**ちゅうじく**【中軸】[名] ❶中心《ちゅうしん》をつらぬく軸《じく》。❷ものごとの中心《ちゅうしん》となっている大切《たいせつ》なもの。中心《ちゅうしん》。[例] 会《かい》の中軸となる人《ひと》。

**ちゅうじつ**【忠実】[名][形動] ❶まじめに務《つと》めを果《は》たすこと。[例] 規則《きそく》を忠実に守《まも》る。❷ありのままであること。[例] 文章《ぶんしょう》を忠実に写《うつ》す。

✤**ちゅうしほう**【中止法】[名]〔国語《こくご》で〕「よく学《まな》び、よく遊《あそ》べ」の「よく学《まな》び」のように、文《ぶん》の途中《とちゅう》で表現《ひょうげん》をいったん止《と》めて、次《つぎ》へ続《つづ》ける用法《ようほう》。

◦**ちゅうしゃ**【注射】[名][動-する] 針《はり》をさして、薬《くすり》を体《からだ》の中《なか》に入《い》れること。[例] 予防《よぼう》注射。

**ちゅうしゃ**【駐車】[名][動-する] 車《くるま》を止《と》めておくこと。[例] 駐車場《じょう》。

✤**ちゅうしゃく**【注釈】[名][動-する] 文章《ぶんしょう》の中《なか》の、わかりにくい語句《ごく》や文《ぶん》の意味《いみ》をわかりやすく説明《せつめい》すること。また、その説明《せつめい》。[例]「源《げん》氏物語《じものがたり》」の注釈を読《よ》む。

**ちゅうしゅう**【中秋】[名] ❶昔《むかし》の暦《こよみ》で、八《はち》月十五日《がつじゅうごにち》のこと。❷昔《むかし》の暦《こよみ》で、八月《はちがつ》のこと。秋《あき》の中《なか》ごろ。[例] 中秋の候《こう》。[関連] 初秋《しょしゅう》。晩秋《ばんしゅう》。

[参考] ❷は「仲秋《ちゅうしゅう》」とも書《か》く。

**中秋《ちゅうしゅう》の名月《めいげつ》** 中秋《ちゅうしゅう》の夜《よる》の月《つき》。お団子《だんご》やススキをお供《そな》えしてお月見《つきみ》をする。

**ちゅうしゅつ**【抽出】[名][動-する] たくさんの中《なか》からぬき出《だ》すこと。

**ちゅうしゅん**【仲春】[名] 昔《むかし》の暦《こよみ》で、二月《にがつ》。[関連] 初春《しょしゅん》。晩春《ばんしゅん》。

**ちゅうじゅん**【中旬】[名] 月《つき》の十一日《じゅういちにち》から二十日《はつか》までの間《あいだ》。[関連] 上旬《じょうじゅん》。下旬《げじゅん》。

**ちゅうしょう**【中傷】[名][動-する] ありもしない悪口《わるくち》を言《い》って、人《ひと》の名誉《めいよ》を傷《きず》つけること。[例] ひどい中傷を受《う》ける。

**ちゅうしょう**【抽象】[名][動-する] 一《ひと》つ一《ひと》つのものから、共通《きょうつう》の要素《ようそ》をぬき出《だ》して、一《ひと》つにまとめること。[対] 具体《ぐたい》。具象《ぐしょう》。

**ちゅうしょうか**【抽象化】[名][動-する] 共《きょう》通《つう》の点《てん》をぬき出《だ》して一《ひと》つにまとめること。[対] 具体化《ぐたいか》。➡ぐたいか 365ページ

**ちゅうしょうきぎょう**【中小企業】[名] 資本金《しほんきん》や働《はたら》いている人《ひと》が、あまり多《おお》くない商店《しょうてん》や工場《こうじょう》、会社《かいしゃ》など。

**ちゅうしょうてき**【抽象的】[形動] ❶共《きょう》通《つう》の点《てん》がぬき出《だ》されて、一《ひと》つにまとめられているようす。❷頭《あたま》の中《なか》で考《かんが》えただけで、実際《じっさい》からはなれているようす。[例] 抽象的な言《い》い方《かた》でわかりにくい。[対] (❶・❷)具体的《ぐたいてき》。

**ちゅうしょく**【昼食】[名] 昼《ひる》の食事《しょくじ》。昼飯《ひるめし》。昼《ひる》ご飯《はん》。[関連] 朝食《ちょうしょく》。夕食《ゆうしょく》。

◦**ちゅうしん**【中心】[名] ❶真《ま》ん中《なか》。[例] 円《えん》の中心。❷ものごとのいちばんだいじなところ。[例] 話《はなし》の中心。

**ちゅうしんかく**【中心角】[名]〔算数《さんすう》で〕

あいうえお かきくけこ さしすせそ た ち つてと なにぬねの はひふへほ まみむめも や ゆ よ らりるれろ わ を ん


ことわざ ひょうたんから駒《こま》 ひょうたんから駒《こま》で、冗談《じょうだん》で言《い》ったことから、家族旅行《かぞくりょこう》が決《き》まってしまったよ。

円周上《えんしゅうじょう》の二点《にてん》と、中心《ちゅうしん》とを結《むす》ぶ二本《にほん》の半径《はんけい》によって作《つく》られる角《かく》。➡えん(円)❶ 135ページ

**ちゅうしんじんぶつ**【中心人物】名 中心《ちゅうしん》になる人物《じんぶつ》。例 物語《ものがたり》の中心人物。事件《じけん》の中心人物。

**ちゅうしんち**【中心地】名 ものごとの集《あつ》まる、だいじな場所《ばしょ》。例 商業《しょうぎょう》の中心地。

**ちゅうしんてん**【中心点】名 ❶ものごとの中心《ちゅうしん》。❷図形《ずけい》の真《ま》ん中《なか》の点《てん》。

**ちゅうすい**【注水】名 動-する 水《みず》を注《そそ》ぎ入《い》れること。例 プールに注水する。

**ちゅうすいえん**【虫垂炎】名 虫垂《ちゅうすい》(=盲腸《もうちょう》の下《した》から出《で》ている細長《ほそなが》い管《くだ》のような部分《ぶぶん》)がはれて、激《はげ》しく痛《いた》むこと。盲腸炎《もうちょうえん》。

**ちゅうすう**【中枢】名 ものごとの中心《ちゅうしん》となる、だいじな部分《ぶぶん》。例 組織《そしき》の中枢。

**ちゅうせい**【中世】名 時代区分《じだいくぶん》の一《ひと》つ。日本《にっぽん》では、鎌倉《かまくら》・室町時代《むろまちじだい》。西洋《せいよう》では、五世紀《ごせいき》から十五世紀《じゅうごせいき》の半《なか》ばまでをいう。

**ちゅうせい**【中性】名 酸性《さんせい》でもアルカリ性《せい》でもない性質《せいしつ》。関連 アルカリ性《せい》。酸性《さんせい》。

**ちゅうせい**【忠誠】名 国《くに》や主君《しゅくん》にまごころをもって尽《つ》くすこと。例 王《おう》に忠誠をちかう。

**ちゅうせいせんざい**【中性洗剤】名 中性《ちゅうせい》の性質《せいしつ》をもつ合成洗剤《ごうせいせんざい》。

**ちゅうせいだい**【中生代】名 地質時代《ちしつじだい》の中《なか》で、古生代《こせいだい》と新生代《しんせいだい》との間《あいだ》。約《やく》二億五二〇〇万年前《まんねんまえ》から約《やく》六六〇〇万年前《まんねんまえ》までの時代《じだい》。恐竜《きょうりゅう》などが生息《せいそく》していた。

**ちゅうせき**【沖積】名 川《かわ》の流《なが》れに運《はこ》ばれた土《つち》や砂《すな》が積《つ》み重《かさ》なること。例 沖積平野《へいや》。

**ちゅうせつ**【忠節】名 まごころをもって尽《つ》くすこと。例 忠節をつくす。

**ちゅうぜつ**【中絶】名 動-する 途中《とちゅう》でやめること。また、絶《た》えること。例 仕事《しごと》が中絶する。

**ちゅうせん**【抽選・抽籤】名 動-する くじ引《び》き。

**ちゅうぞう**【鋳造】名 動-する 金属《きんぞく》をとかして、いがたに流《なが》しこみ、物《もの》を造《つく》ること。例 貨幣《かへい》を鋳造する。

**ちゅうたい**【中退】名 動-する 〔「中途退学《ちゅうとたいがく》」の略《りゃく》。〕卒業《そつぎょう》しないで、学校《がっこう》を途中《とちゅう》でやめること。例 大学《だいがく》を中退する。

**ちゅうだん**【中断】名 動-する 途中《とちゅう》で切《き》れること。また、切《き》ること。例 雨《あめ》のため、試合《しあい》が中断された。

**ちゅうちょ** 名 動-する どうしようかと迷《まよ》って、ぐずぐずすること。例 ちゅうちょなく決意《けつい》した。

**ちゅうづり**【宙づり】名 ❶空中《くうちゅう》にぶら下《さ》がること。また、そのような状態《じょうたい》。❷演劇《えんげき》で空中《くうちゅう》を移動《いどう》する演出《えんしゅつ》。宙乗《ちゅうの》り。

**ちゅうてん**【中天】名 空《そら》の中《なか》ほど。例 月《つき》が中天にかかる。類 中空《なかぞら》。

**ちゅうと**【中途】名 中《なか》ほど。途中《とちゅう》。例 企業《きぎょう》の中途採用《さいよう》。

**ちゅうとう**【中等】名 中《ちゅう》ぐらいの程度《ていど》。例 中等教育《きょういく》。関連 初等《しょとう》。高等《こうとう》。

**ちゅうとう**【仲冬】名 昔《むかし》の暦《こよみ》で、十一月《じゅういちがつ》。関連 初冬《しょとう》。晩冬《ばんとう》。

**ちゅうとう**【柱頭】名 ❶柱《はしら》のいちばん上《うえ》の部分《ぶぶん》。❷雌《め》しべの先《さき》の花粉《かふん》がつく部分《ぶぶん》。

**ちゅうとう**〖中東〗地名 アジア西部《せいぶ》からエジプトにかけての地域《ちいき》。イラン・イラク・アフガニスタン・トルコなどの国々《くにぐに》。中近東《ちゅうきんとう》。参考 ヨーロッパから見《み》て、少《すこ》しはなれた東《ひがし》の国《くに》という意味《いみ》。

**ちゅうどく**【中毒】名 動-する ❶食《た》べ物《もの》・ガス・薬《くすり》などの毒《どく》にあたること。例 食中毒《しょくちゅうどく》。❷それなしではいられないこと。例 弟《おとうと》はゲーム中毒だ。

■**ちゅうとはんぱ**【中途半端】名 形動 ❶途中《とちゅう》までしかできあがっていないこと。不完全《ふかんぜん》。例 中途半端な工事《こうじ》。❷やり方《かた》がどっちつかずであること。例 中途半端な返事《へんじ》。

**ちゅうにくちゅうぜい**【中肉中背】名 身長《しんちょう》も体重《たいじゅう》も中《ちゅう》くらいであること。

**ちゅうにち**【中日】名 春《はる》と秋《あき》の彼岸《ひがん》の七日間《なのかかん》の真《ま》ん中《なか》の日《ひ》。「春分《しゅんぶん》の日《ひ》」「秋分《しゅうぶん》の日《ひ》」にあたる。彼岸《ひがん》の中日《ちゅうにち》。注意「中日」を「なかび」と読《よ》むと、ちがう意味《いみ》になる。

**ちゅうにゅう**【注入】名 動-する 注《そそ》ぎこむこと。例 薬《くすり》を注入する。

**ちゅうねん**【中年】名 青年《せいねん》と老年《ろうねん》の間《あいだ》。四十歳前後《よんじっさいぜんご》から五十歳代《ごじっさいだい》の終《お》わりごろまでの年《ねん》

代《だい》。

**ちゅうは【中波】** 名 波長《はちょう》が中《ちゅう》くらいの電《でん》波《ぱ》。国内《こくない》のラジオ放送《ほうそう》などに使《つか》う。関連 短《たん》波《ぱ》。長《ちょう》波《は》。

**チューバ** 名 ⬇テューバ 888ページ

**ちゅうばいか【虫媒花】** 名 昆虫《こんちゅう》によって雄《お》しべの花粉《かふん》が雌《め》しべに運《はこ》ばれて、実《み》を結《むす》ぶ花《はな》。あまいみつを持《も》っている。⬇ふうばいか 1128ページ

**ちゅうばん【中盤】** 名 ものごとが中《なか》ほどまで進《すす》んだ段階《だんかい》。例 リーグ戦《せん》の中盤。

**ちゅうぶ【中部】** 名 ❶真《ま》ん中《なか》の部分《ぶぶん》。❷中《ちゅう》部《ぶ》地方《ちほう》のこと。

**チューブ** 〔英語 tube〕名 ❶管《くだ》。筒《つつ》。❷タイヤの中《なか》のゴムの管《くだ》。❸はみがき・絵《え》の具《ぐ》などの、筒形《つつがた》のしぼり出《だ》し容器《ようき》。

**ちゅうふく【中腹】** 名 山《やま》の頂上《ちょうじょう》と、ふもとの間《あいだ》。山の中《なか》ほど。山腹《さんぷく》。

**ちゅうぶさんがくこくりつこうえん〖中部山岳国立公園〗** 地名 長野《ながの》・岐《ぎ》阜《ふ》・富山《とやま》・新潟《にいがた》の四県《よんけん》にまたがる国立公園《こくりつこうえん》。北《きた》アルプスを含《ふく》む。⬇こくりつこうえん 457ページ

**ちゅうぶちほう〖中部地方〗** 地名 本《ほん》州《しゅう》の中央部《ちゅうおうぶ》にあたる地方《ちほう》。愛知《あいち》・岐《ぎ》阜《ふ》・静岡《しずおか》・山梨《やまなし》・長野《ながの》・福井《ふくい》・石川《いしかわ》・富山《とやま》・新潟《にいがた》の九県《きゅうけん》がある。中部《ちゅうぶ》。

**ちゅうぶらりん【宙ぶらりん・中ぶらりん】** 名 形動 ❶空中《くうちゅう》にぶらさがっていること。❷どっちつかず。例 宙ぶらりんの状態《じょうたい》。

**ちゅうぶる【中古】** 名 ⬇ちゅうこ 832ページ

**ちゅうぼう【厨房】** 名 台所《だいどころ》。調理場《ちょうりば》。

**ちゅうもく【注目】** 名 動-する 注意《ちゅうい》してよく見《み》ること。類 注視《ちゅうし》。

**注目《ちゅうもく》の的《まと》** 多《おお》くの人《ひと》が注目《ちゅうもく》する、人《ひと》やものごと。例 全校《ぜんこう》の注目の的となった。

**注目《ちゅうもく》を浴《あ》びる** みんなから、注意《ちゅうい》して見《み》られる。例 歌《うた》が上手《じょうず》で、注目を浴びる。

**°ちゅうもん【注文】** 名 動-する ❶必要《ひつよう》な品物《しなもの》を作《つく》ったり、届《とど》けたりするようにたのむこと。❷希望《きぼう》や条件《じょうけん》を出《だ》すこと。例 難《むずか》しい注文をつける。

**ちゅうもんのおおいりょうりてん〖注文の多い料理店〗** 作品名 宮沢賢治《みやざわけんじ》が書《か》いた童話《どうわ》。二人《ふたり》の若者《わかもの》が山奥《やまおく》の料理店《りょうりてん》で山《やま》ねこに食《た》べられそうになる話《はなし》。

**ちゅうや【昼夜】** 一 名 昼《ひる》と夜《よる》。二 副 昼《ひる》も夜《よる》も。絶《た》えず。例 昼夜見張《みは》っている。

**昼夜《ちゅうや》の別《べつ》なく** 夜《よる》も昼《ひる》も。いつも。例 人々《ひとびと》が昼夜の別なく働《はたら》いている。

**■ちゅうやけんこう【昼夜兼行】** 名 昼《ひる》も夜《よる》も休《やす》まないこと。例 昼夜兼行の工事《こうじ》。

**ちゅうりつ【中立】** 名 どちらにも味方《みかた》しないこと。例 中立の立場《たちば》をとる。

**ちゅうりつこく【中立国】** 名 戦争《せんそう》に加《くわ》わらず、どちらにも味方《みかた》しない立場《たちば》をとる国《くに》。

**チューリップ** 名 ユリの仲間《なかま》の草花《くさばな》。春《はる》、葉《は》の間《あいだ》から出《で》た茎《くき》にコップのような形《かたち》をした花《はな》が開《ひら》く。球根《きゅうこん》で増《ふ》える。

**ちゅうりゃく【中略】** 名 文章《ぶんしょう》の途中《とちゅう》の部《ぶ》分《ぶん》を省《はぶ》くこと。関連 前略《ぜんりゃく》。後略《こうりゃく》。

**ちゅうりゅう【中流】** 名 ❶川上《かわかみ》と川下《かわしも》の中《なか》ほど。❷社会《しゃかい》で、中《ちゅう》ぐらいの暮《く》らしをしている階級《かいきゅう》。関連（❶・❷）上流《じょうりゅう》。下流《かりゅう》。

**ちゅうりゅう【駐留】** 名 動-する 軍隊《ぐんたい》が、ある地《ち》にその時《とき》だけとどまること。

**ちゅうりんじょう【駐輪場】** 名 自転車《じてんしゃ》を止《と》めておく所《ところ》。例 駅前《えきまえ》の駐輪場は混《こ》み合《あ》う。

**ちゅうわ【中和】** 名 動-する 酸《さん》とアルカリの液《えき》のように、ちがった性質《せいしつ》のものを、ほどよく混《ま》ぜ合《あ》わせたとき、どちらの性質《せいしつ》もなくなること。

**ちよ【千代】** 名 非常《ひじょう》に長《なが》い年月《ねんげつ》。千年《せんねん》。〔古《ふる》い言《い》い方《かた》。〕例 千代に栄《さか》える。

**ちょ【著】** 画数 11 部首 艹（くさかんむり） 6年

音 チョ 訓 あらわ-す いちじる-しい

筆順 一 艹 艹 芏 荖 著 著

❶本《ほん》を書《か》く。また、その本《ほん》。熟語 著作《ちょさく》。著者《ちょしゃ》。著書《ちょしょ》。名著《めいちょ》。❷目立《めだ》つ。熟語 著名《ちょめい》。

《訓の使い方》 **あらわ-す** 例 本《ほん》を著す。 **いちじる-しい** 例 成長《せいちょう》が著しい。

**ちょ【著】** 名 書《か》き表《あらわ》した本《ほん》。例 夏目漱石《なつめそうせき》の著。





ことわざ 袋《ふくろ》のねずみ 警官《けいかん》が何人《なんにん》も逃《に》げ道《みち》をふさいでいるから、犯人《はんにん》はもう袋《ふくろ》のねずみだ。

**ちょ【貯】** 画数 12 部首 貝(かいへん) 5年

音 チョ 訓 ―

筆順

ためる。たくわえ。熟語 貯金《ちょきん》。貯水《ちょすい》。貯蔵《ちょぞう》。

**ちょ【緒】** 熟語 情緒《じょうちょ》(情緒《じょうしょ》)。端緒《たんちょ》(端緒《たんしょ》)。↓

しょ【緒】619ページ

**緒《ちょ》に付《つ》く** ↓緒《しょ》につく 619ページ

**ちょいちょい** 副(-と) ときどき。しばしば。ちょくちょく。〔くだけた言《い》い方《かた》。〕例 ちょいちょい出《で》かける。

**ちょう【丁】** 画数 2 部首 一(いち) 3年

音 チョウ テイ(△) 訓 ―

筆順

一〔「チョウ」と読《よ》んで〕❶町《まち》を小《ちい》さく分《わ》けたときの呼《よ》び名《な》。例 一《いっ》丁目。❷本《ほん》の紙《かみ》の一枚《いちまい》分《ぶん》。熟語 落丁《らくちょう》。❸とうふや道具《どうぐ》(はさみ・包丁《ほうちょう》など)を数《かぞ》える言葉《ことば》。例 とうふ一《いっ》丁。二〔「テイ」と読《よ》んで〕❶一人前《いちにんまえ》の男子《だんし》。熟語 壮丁《そうてい》(=働《はたら》きざかりの男《おとこ》)。❷使《つか》われて仕事《しごと》をする男《おとこ》の人《ひと》。熟語 園丁《えんてい》(=公園《こうえん》などの手入《てい》れを仕事《しごと》にしている男《おとこ》の人《ひと》)。❸ていねい。熟語 丁重《ていちょう》。

**ちょう【庁】** 画数 5 部首 广(まだれ) 6年

音 チョウ 訓 ―

筆順

大《おお》きな役所《やくしょ》。熟語 庁舎《ちょうしゃ》。官庁《かんちょう》。県庁《けんちょう》。

**ちょう【兆】** 画数 6 部首 儿(ひとあし) 4年

音 チョウ 訓 きざ(△)-す きざ(△)-し

筆順

❶一億《いちおく》の一万倍《いちまんばい》。❷前《まえ》ぶれ。熟語 兆候《ちょうこう》。前兆《ぜんちょう》。

《訓の使い方》**きざ-す** 例 春《はる》が兆《きざ》す。

**ちょう【兆】** 名 ❶〔数《かず》を表《あらわ》す言葉《ことば》。〕一億《いちおく》の一万倍《いちまんばい》。例 一兆円《いっちょうえん》。兆の位《くらい》に達《たっ》する。❷前《まえ》ぶれ。きざし。例 天候悪化《てんこうあっか》の兆が見《み》られる。

**ちょう【町】** 画数 7 部首 田(た) 1年

音 チョウ 訓 まち

筆順

❶まち。熟語 町村《ちょうそん》。町長《ちょうちょう》。港町《みなとまち》。❷尺貫法《しゃっかんほう》で、距離《きょり》の単位《たんい》。一町《ちょう》は六〇間《けん》で、約《やく》一〇九メートル。❸尺貫法《しゃっかんほう》で、広《ひろ》さの単位《たんい》。一町《ちょう》は一〇反《たん》で、約《やく》一ヘクタール。

**ちょう【町】** 名 ❶地方公共団体《ちほうこうきょうだんたい》の一《ひと》つ。市《し》より小《ちい》さく村《むら》より大《おお》きい。まち。例 町の予《よ》算《さん》。❷市《し》や区《く》などを小《ちい》さく区切《くぎ》った一《ひと》つ。例 中央区《ちゅうおうく》一番町《いちばんちょう》。

**ちょう【長】** 画数 8 部首 長(ながい) 2年

音 チョウ 訓 なが-い

筆順

❶ながい。ながさ。熟語 長文《ちょうぶん》。身長《しんちょう》。長雨《ながあめ》。対 短《たん》。❷はじめ。熟語 長女《ちょうじょ》。長男《ちょうなん》。❸かしら。熟語 長官《ちょうかん》。校長《こうちょう》。❹年齢《ねんれい》が多《おお》い。熟語 長老《ちょうろう》。年長《ねんちょう》。❺すぐれている。熟語 長所《ちょうしょ》。対 短《たん》。↓ちょうじる 840ページ

《訓の使い方》**なが-い** 例 時間《じかん》が長い。

**ちょう【長】** 名 ❶上《うえ》に立《た》つ人《ひと》。かしら。例 一家《いっか》の長として働《はたら》く。❷すぐれていること。例 一日《いちじつ》の長がある。対 短《たん》。

**ちょう【帳】** 画数 11 部首 巾(はばへん) 3年

音 チョウ 訓 ―

筆順
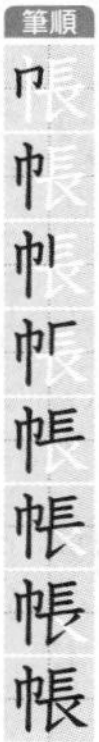

❶幕《まく》。カーテン。熟語 どん帳《ちょう》(=劇場《げきじょう》の舞台《ぶたい》の垂《た》れ幕《まく》)。❷記入《きにゅう》用に紙《かみ》をとじたもの。熟語 帳面《ちょうめん》。手帳《てちょう》。

**ちょう【張】** 画数 11 部首 弓(ゆみへん) 5年

音 チョウ 訓 は-る

筆順
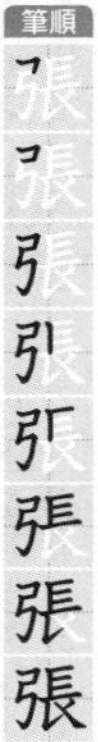

❶はる。広《ひろ》げる。熟語 張力《ちょうりょく》。拡張《かくちょう》。緊張《きんちょう》。伸張《しんちょう》。❷言《い》いはる。熟語 主張《しゅちょう》。❸大《おお》げさに言《い》う。熟語 誇張《こちょう》。

《訓の使い方》**は-る** 例 幕《まく》を張る。

ことわざ **武士《ぶし》は食《く》わねど高《たか》ようじ** 武士《ぶし》は食《く》わねど高《たか》ようじだなどと、気《き》どって、やせがまんしている。

**ちょう【頂】** 画数 11 部首 頁(おおがい) 6年
音 チョウ 訓 いただ-く いただき
筆順

❶物《もの》のいちばん高《たか》い所《ところ》。いただき。熟語 頂《ちょう》上《じょう》。頂点《ちょうてん》。絶頂《ぜっちょう》。❷いただく。熟語 頂戴《ちょうだい》。
《訓の使い方》 **いただ-く** 例 雪《ゆき》を頂く。

**ちょう【鳥】** 画数 11 部首 鳥(とり) 2年
音 チョウ 訓 とり
筆順

とり。熟語 鳥類《ちょうるい》。愛鳥《あいちょう》。野鳥《やちょう》。水鳥《みずとり》。

**ちょう【朝】** 画数 12 部首 月(つき) 2年
音 チョウ 訓 あさ
筆順

❶あさ。熟語 朝食《ちょうしょく》。朝礼《ちょうれい》。早朝《そうちょう》。朝晩《あさばん》。❷国《くに》。熟語 帰朝《きちょう》。❸天皇《てんのう》が政治《せいじ》をとった所《ところ》。熟語 朝廷《ちょうてい》。❹天皇《てんのう》・君主《くんしゅ》が治《おさ》めていること。また、その時代《じだい》。熟語 平安朝《へいあんちょう》。

**ちょう【腸】** 画数 13 部首 月(にくづき) 6年
音 チョウ 訓 ——
筆順

小腸《しょうちょう》や大腸《だいちょう》など。熟語 胃腸《いちょう》。

**ちょう【腸】** 名 胃《い》の次《つぎ》にあって、食物《しょくもつ》を消《しょう》化《か》したり、栄養《えいよう》や水分《すいぶん》を吸《す》い取《と》ったりする器《き》官《かん》。小腸《しょうちょう》や大腸《だいちょう》など。例 腸を悪《わる》くする。

**ちょう【潮】** 画数 15 部首 氵(さんずい) 6年
音 チョウ 訓 しお
筆順

❶海《うみ》の水《みず》。熟語 潮流《ちょうりゅう》。干潮《かんちょう》。満潮《まんちょう》。潮風《しおかぜ》。
❷世《よ》の中《なか》の動《うご》きのようす。熟語 風潮《ふうちょう》。

**ちょう【調】** 画数 15 部首 言(ごんべん) 3年
音 チョウ
訓 しら-べる ととの-う ととの-える
筆順

❶ととのえる。つり合《あ》いがとれる。熟語 調《ちょう》整《せい》。調節《ちょうせつ》。調和《ちょうわ》。❷しらべる。熟語 調査《ちょうさ》。調《ちょう》書《しょ》。❸音声《おんせい》や言葉《ことば》の高低《こうてい》やリズム。熟語 調《ちょう》子《し》。口調《くちょう》。単調《たんちょう》。❹ものごとのぐあい。ようす。熟語 哀調《あいちょう》。体調《たいちょう》。
《訓の使い方》 **しら-べる** 例 原因《げんいん》を調べる。**ととの-う** 例 したくが調う。**ととの-える** 例 味《あじ》を調える。

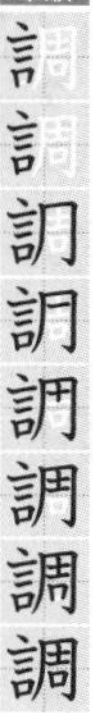

**ちょう【弔】** 画数 4 部首 弓(ゆみ)
音 チョウ 訓 とむら-う
人《ひと》の死《し》をいたみ悲《かな》しむ。熟語 弔意《ちょうい》。弔辞《ちょうじ》。弔問《ちょうもん》。

**ちょう【挑】** 画数 9 部首 扌(てへん)
音 チョウ 訓 いど-む
争《あらそ》いをしかける。熟語 挑戦《ちょうせん》。挑発《ちょうはつ》。

**ちょう【彫】** 画数 11 部首 彡(さんづくり)
音 チョウ 訓 ほ-る
ほり刻《きざ》んで形《かたち》を作《つく》る。熟語 彫刻《ちょうこく》。彫塑《ちょうそ》。

**ちょう【眺】** 画数 11 部首 目(めへん)
音 チョウ 訓 なが-める
遠《とお》くを見《み》わたす。熟語 眺望《ちょうぼう》。

**ちょう【釣】** 画数 11 部首 金(かねへん)
音 チョウ 訓 つ-る
❶魚《さかな》をつる。熟語 釣果《ちょうか》(=魚《うお》つりの成果《せいか》)。例 釣りざお。❷つり下《さ》げる。例 釣り鐘《がね》。❸おつり。例 釣り銭《せん》。

**ちょう【貼】** 画数 12 部首 貝(かいへん)
音 チョウ 訓 は-る
はりつける。はりつく。熟語 貼付《ちょうふ》(=紙《かみ》などをはりつけること)。例 切手《きって》を貼《は》る。参考 「貼付」は「てんぷ」とも読《よ》む。

**ちょう【超】** 画数 12 部首 走(そうにょう)
音 チョウ 訓 こ-える こ-す
❶程度《ていど》をこえる。こす。熟語 超過《ちょうか》。超音速《ちょうおんそく》。例 百万《ひゃくまん》を超《こ》す。❷かけはなれている。並外《なみはず》

ことわざ 豚《ぶた》に真珠《しんじゅ》 立派《りっぱ》な額《がく》に入《はい》った油絵《あぶらえ》をいただいたが、ぼくには豚《ぶた》に真珠《しんじゅ》のようなものだ。

あいうえお かきくけこ さしすせそ たちつてと なにぬねの はひふへほ まみむめも やゆよ らりるれろ わをん

れた。熟語 超越《ちょうえつ》。超満員《ちょうまんいん》。

**ちょう【超】** 一〔ある言葉《ことば》の前《まえ》につけて〕❶限度《げんど》をこえていること。❷かけはなれていること。例 超党派《とうは》。❸とても、ひじょうに。〔くだけた言《い》い方《かた》。〕例 超かっこいい。二〔ある言葉《ことば》のあとにつけて〕こえていること。例 予算《よさん》は五億円《ごおくえん》超。

**ちょう【跳】** 画数 13 部首 ⻊（あしへん）
音 チョウ 訓 は-ねる と-ぶ
とぶ。とびはねる。とびちる。熟語 跳躍《ちょうやく》。例 泥《どろ》が跳《は》ねる。跳《と》び箱《ばこ》。

**ちょう【徴】** 画数 14 部首 彳（ぎょうにんべん）
音 チョウ 訓 ―
❶しるし。熟語 徴候《ちょうこう》。象徴《しょうちょう》。特徴《とくちょう》。❷取《と》り立《た》てる。熟語 徴収《ちょうしゅう》。

**ちょう【嘲】** 画数 15 部首 ⼝（くちへん）
音 チョウ 訓 あざけ-る
人《ひと》を見《み》くだして笑《わら》う。熟語 嘲笑《ちょうしょう》。自嘲《じちょう》〔=自《じ》分自身《ぶんじしん》をばかにすること〕。例 人《ひと》を嘲《あざけ》る。

**ちょう【澄】** 画数 15 部首 氵（さんずい）
音 チョウ 訓 す-む す-ます
（水《みず》などが）すむ。すきとおっていてきれいである。にごりがないようにする。熟語 澄明《ちょうめい》〔=すみきって明《あか》るいようす〕。清澄《せいちょう》〔=すみきって清《きよ》らかなようす〕。例 澄《す》んだ水《みず》。耳《みみ》を澄《す》ます。

**ちょう【聴】** 画数 17 部首 耳（みみへん）
音 チョウ 訓 き-く
注意《ちゅうい》してきく。熟語 聴取《ちょうしゅ》。聴衆《ちょうしゅう》。傾聴《けいちょう》。傍聴《ぼうちょう》。例 音楽《おんがく》を聴《き》く。

**ちょう【懲】** 画数 18 部首 心（こころ）
音 チョウ
訓 こ-りる こ-らす こ-らしめる
こりる。こらしめる。思《おも》いしらせる。熟語 懲罰《ちょうばつ》。例 悪《あく》を懲《こ》らす。失敗《しっぱい》に懲《こ》りた。

**ちょう【重】** 熟語 重複《ちょうふく》。尊重《そんちょう》。貴重《きちょう》。↓じゅう【重】594ページ

**ちょう【蝶】** 名 四枚《よんまい》の羽《はね》をひらひらさせて飛《と》び、とまるときは羽《はね》を縦《たて》に合《あ》わせ、細長《ほそなが》い管《くだ》のような口《くち》で花《はな》のみつを吸《す》う昆虫《こんちゅう》。ちょうちょ。

〔ちょう〕

**蝶《ちょう》よ花《はな》よと** 子《こ》どもを愛《あい》し大切《たいせつ》にするようす。例 わが子《こ》を、蝶よ花よと育《そだ》てた。

**ちょうい【弔意】** 名 人《ひと》の死《し》をおしんで、悲《かな》しむ気持《きも》ち。例 弔意を表《あらわ》す。

**ちょうい【潮位】** 名 潮《しお》の満《み》ち引《ひ》きで変《か》わる海面《かいめん》の高《たか》さ。

**ちょういん【調印】** 名 動-する 条約《じょうやく》や契約《けいやく》などがまとまったしるしに、書類《しょるい》に判《はん》をおしたり、サインをしたりすること。

**ちょうえき【懲役】** 名 刑務所《けいむしょ》に入《い》れて、罪《つみ》をつぐなうために仕事《しごと》をさせること。

**ちょうえつ【超越】** 名 動-する ❶程度《ていど》がはるかにこえていること。例 人間《にんげん》の能力《のうりょく》を超越した力《ちから》。❷ものごとを問題《もんだい》にしないこと。例 利害《りがい》を超越してつくす。

**ちょうえん【長円】** 名 ↓だえん 785ページ

✤**ちょうおん【長音】** 名〔国語《こくご》で〕長《なが》くのばす音《おん》。ひらがなのときは「あ」「い」「う」「え」「お」などで、カタカナのときは「ー」の記号《きごう》で書《か》き表《あらわ》す。例《たと》えば、「おかあさん」の「あ」、「ミニカー」の「ー」など。

**ちょうおんかい【長音階】** 名〔音楽《おんがく》で〕ド・レ・ミ・ファ・ソ・ラ・シ・ドと並《なら》ぶ音階《おんかい》。ミとファ、シとドの間《あいだ》が半音《はんおん》、そのほかの音《おと》の間《あいだ》は全音《ぜんおん》になっている。明《あか》るい感《かん》じのメロディーを作《つく》る。対 短音階《たんおんかい》。

**ちょうおんそく【超音速】** 名 空気中《くうきちゅう》を伝《つた》わる音《おと》の速《はや》さよりも速《はや》い速度《そくど》。秒速《びょうそく》三四〇メートル以上《いじょう》。例 超音速ジェット機《き》。

**ちょうおんぱ【超音波】** 名 波長《はちょう》が非常《ひじょう》

ことわざ **ふるいに掛《か》ける** クイズに強《つよ》い人《ひと》を、ふるいに掛《か》けて選《えら》び、クイズ学級対抗《がっきゅうたいこう》にのぞんだ。

に短《みじか》く、人《ひと》の耳《みみ》には聞《き》こえない音波《おんぱ》。海《うみ》の中《なか》の調査《ちょうさ》や、医療《いりょう》に利用《りよう》する。

✤**ちょうか【長歌】** 名 和歌《わか》の一《ひと》つ。五音《ごおん》・七《しち》音《おん》をくり返《かえ》し、終《お》わりを七音《しちおん》で結《むす》ぶ形《かたち》の歌《うた》。「万葉集《まんようしゅう》」に多《おお》く見《み》られる。対 短歌《たんか》。

**ちょうか【超過】** 名 動-する 決《き》まった数量《すうりょう》や時間《じかん》をこえること。例 超過勤務《きんむ》。

**ちょうかい【町会】** 名 ❶町内会《ちょうないかい》。❷町《まち》の議会《ぎかい》。

**ちょうかい【朝会】** 名 学校《がっこう》などで、朝《あさ》の挨《あい》拶《さつ》や、話《はな》し合《あ》いをしたりする集会《しゅうかい》。朝礼《ちょうれい》。

**ちょうかい【懲戒】** 名 動-する 悪《わる》い行《おこな》いを二《に》度《ど》としないように、罰《ばつ》を加《くわ》えること。公務員《こうむいん》についていうことが多《おお》い。例 懲戒免職《めんしょく》。

**ちょうかいさん〖鳥海山〗** 地名 秋田県《あきたけん》と山形県《やまがたけん》の境《さかい》にあり、日本海《にほんかい》に近《ちか》い山《やま》。

**ちょうかく【聴覚】** 名 耳《みみ》の、音《おと》や声《こえ》を聞《き》き分《わ》けるはたらき。関連 視覚《しかく》。嗅覚《きゅうかく》。味覚《みかく》。触《しょっ》覚《かく》。

**ちょうかん【長官】** 名 官庁《かんちょう》のいちばん上《うえ》の役目《やくめ》。また、その役目《やくめ》の人《ひと》。

**ちょうかん【朝刊】** 名 朝《あさ》、発行《はっこう》する新聞《しんぶん》。対 夕刊《ゆうかん》。

**ちょうかんず【鳥瞰図】** 名 空中《くうちゅう》から地《ち》上《じょう》を見下《みお》ろしたようにかいた図《ず》。

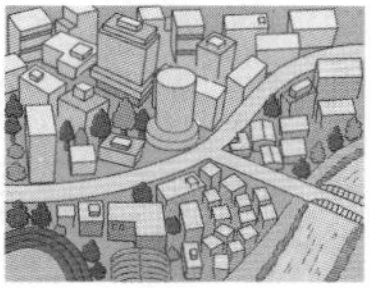
〔ちょうかんず〕

**ちょうき【長期】** 名 長《なが》い期間《きかん》。例 学校《がっこう》を長期欠席《けっせき》する。対 短期《たんき》。

**ちょうきょう【調教】** 名 動-する 馬《うま》・犬《いぬ》・猛《もう》獣《じゅう》などを訓練《くんれん》すること。

**ちょうきょり【長距離】** 名 ❶長《なが》い道《みち》のり。類 遠距離《えんきょり》。対 短距離《たんきょり》。❷長距離競走《ちょうきょりきょうそう》のこと。陸上競技《りくじょうきょうぎ》では、三〇〇〇メートル以《い》上《じょう》。関連 短距離《たんきょり》。中距離《ちゅうきょり》。

**ちょうけい【長兄】** 名 男《おとこ》の子《こ》のうち、一番《いちばん》めに生《う》まれた子《こ》。対 長姉《ちょうし》。

**ちょうけし【帳消し】** 名 ❶貸《か》し借《か》りを、なしにすること。例 借金《しゃっきん》を帳消しにする。❷差《さ》し引《ひ》いて、ゼロになること。例 せっかくのヒットもエラーで帳消しだ。

**ちょうこう【兆候・徴候】** 名 ものごとが起《お》こりそうな前《まえ》ぶれ。きざし。例 噴火《ふんか》の兆候が見《み》られる。

**ちょうこう【聴講】** 名 動-する 講義《こうぎ》や講演《こうえん》を聞《き》くこと。例 大学《だいがく》の講義《こうぎ》を聴講する。

**ちょうこう〖長江〗** 地名 中国《ちゅうごく》でいちばん長《なが》い川《かわ》。長《なが》さ六三〇〇キロメートル。揚子《ようす》江《こう》。

**ちょうごう【調合】** 名 動-する 二《に》種《しゅ》以上《いじょう》の薬《くすり》などを、ちょうどよく混《ま》ぜ合《あ》わせること。

°**ちょうこく【彫刻】** 名 動-する 木《き》・石《いし》・金属《きんぞく》などを、ほったりけずったりして、いろいろな形《かたち》をつくること。また、その作品《さくひん》。

**ちょうこくか【彫刻家】** 名 彫刻《ちょうこく》を専門《せんもん》にする芸術家《げいじゅつか》。

**ちょうこくとう【彫刻刀】** 名 彫刻《ちょうこく》をするときに使《つか》う小刀《こがたな》。

**ちょうさ【調査】** 名 動-する 事実《じじつ》や実態《じったい》を明《あき》らかにするために調《しら》べること。例 実態調査《じったいちょうさ》。

**ちょうざい【調剤】** 名 動-する 病人《びょうにん》の飲《の》む薬《くすり》を調合《ちょうごう》すること。

■**ちょうさんぼし【朝三暮四】** 名 ❶目先《めさき》のちがいにとらわれて、結局《けっきょく》は同《おな》じなのに、それに気《き》がつかないこと。❷言葉《ことば》をたくみにあやつって人《ひと》をだますこと。参考 飼《か》っている猿《さる》に、「トチの実《み》を朝《あさ》に三《みっ》つ、夕方《ゆうがた》に四《よっ》つやろう。」と言《い》ったところ、猿《さる》が少《すく》ないと怒《おこ》ったので、「では、朝《あさ》に四《よっ》つ、夕方《ゆうがた》に三《みっ》つやろう。」と言《い》い換《か》えたところ、猿《さる》は喜《よろこ》んで承知《しょうち》したという、昔《むかし》の中国《ちゅうごく》の話《はなし》から。

**ちょうし【長姉】** 名 女《おんな》の子《こ》のうち、一番《いちばん》めに生《う》まれた子《こ》。対 長兄《ちょうけい》。

°**ちょうし【調子】** 名 ❶音楽《おんがく》の、音《おと》の高《たか》い低《ひく》い。調《しら》べ。例 調子はずれの歌声《うたごえ》。❷ぐあい。例 体《からだ》の調子。❸言《い》い回《まわ》し。口調《くちょう》。例 調子のいい言葉《ことば》。❹勢《いきお》い。例 調子が出《で》る。

**調子《ちょうし》に乗《の》る** ❶仕事《しごと》などがうまく進《すす》む。例 仕事《しごと》が調子に乗る。❷おだてられて、いい気《き》になる。例 調子にのってさわぐ。

**調子《ちょうし》を合《あ》わせる** ❶音楽《おんがく》の、音《おと》の高《たか》さや速《はや》さを合《あ》わせる。❷相手《あいて》の気《き》に入《い》るように、適当《てきとう》に話《はなし》を合《あ》わせる。例 話《はなし》が長《なが》くなりそうだったので、うまく調子を合わせた。

**ちょうじ【弔辞】** 名 死《し》んだ人《ひと》のたましいをなぐさめる言葉《ことば》。おくやみの言葉《ことば》。





ことわざ へそを曲《ま》げる 六年生《ろくねんせい》になってもりんごがむけないのかと言《い》われて、姉《あね》はへそを曲《ま》げた。

**ちょうしゃ【庁舎】** 名 役所《やくしょ》の建物《たてもの》。

**ちょうじゃ【長者】** 名 大金持《おおがねも》ちの人《ひと》。例 億万《おくまん》長者。

**ちょうしゅ【聴取】** 名 動-する 聞《き》き取《と》ること。例 事情《じじょう》を聴取する。

**ちょうじゅ【長寿】** 名 長《なが》生《い》き。長命《ちょうめい》。例 長寿を全《まっと》うした〔=長《なが》生《い》きをした〕。

**ちょうしゅう【徴収】** 名 動-する 料金《りょうきん》や税《ぜい》金《きん》を集《あつ》めること。例 会費《かいひ》を徴収する。

**ちょうしゅう【聴衆】** 名 音楽《おんがく》や講演《こうえん》などを聞《き》くために集《あつ》まった人々《ひとびと》。

**ちょうしゅう〘長州〙** 地名 長門《ながと》の国《くに》の別《べつ》名《めい》。今《いま》の山口県《やまぐちけん》の北部《ほくぶ》と西部《せいぶ》にあたる。

**ちょうじゅう【鳥獣】** 名 鳥《とり》やけもの。

**ちょうじゅうぎが【鳥獣戯画】** 名 平安《へいあん》時代《じだい》末《まつ》から鎌倉《かまくら》時代《じだい》初《はじ》めに作《つく》られた、四《よん》巻《かん》の絵巻物《えまきもの》。作者《さくしゃ》はわかっていない。サル・ウサギ・カエルなどが人《ひと》のように遊《あそ》ぶ姿《すがた》を生《い》き生《い》きと描《えが》いた一《いち》・二《に》巻《かん》が特《とく》に有名《ゆうめい》で、日本《にほん》最古《さいこ》の漫画《まんが》だと言《い》われる。

〔ちょうじゅうぎが〕

**ちょうじゅうほごく【鳥獣保護区】** 名 鳥《とり》やけものをとることが禁止《きんし》されている区域《くいき》。昔《むかし》は「禁猟区《きんりょうく》」と言《い》った。

**ちょうしょ【長所】** 名 すぐれているところ。とりえ。特長《とくちょう》。例 妹《いもうと》の長所は、がまん強《づよ》いことだ。対 短所《たんしょ》。欠点《けってん》。

**ちょうじょ【長女】** 名 きょうだいの中《なか》でいちばん先《さき》に生《う》まれた女《おんな》の子《こ》。対 長男《ちょうなん》。

**ちょうしょう【嘲笑】** 名 動-する ばかにして笑《わら》うこと。あざ笑《わら》うこと。例 人々《ひとびと》の嘲笑を買《か》う。

**ちょうじょう【頂上】** 名 ❶てっぺん。いただき。例 山《やま》の頂上。対 麓《ふもと》。❷その上《うえ》がないこと。頂点《ちょうてん》。例 人気《にんき》の頂上。

**ちょうしょく【朝食】** 名 朝《あさ》の食事《しょくじ》。朝飯《あさめし》。朝《あさ》ご飯《はん》。関連 昼食《ちゅうしょく》。夕食《ゆうしょく》。

**ちょうじり【帳尻】** 名 お金《かね》の出《だ》し入《い》れを計算《けいさん》して出《で》た結果《けっか》。例 帳じりが合《あ》う。

**ちょうじる【長じる】** 動 〔「長《ちょう》ずる」ともいう。〕❶成長《せいちょう》する。成人《せいじん》する。例 長じて音楽《おんがく》の道《みち》に進《すす》んだ。❷すぐれる。例 武芸《ぶげい》に長じる。

**ちょうしん【長身】** 名 背《せ》が高《たか》いこと。また、その人《ひと》。例 長身の選手《せんしゅ》。

**ちょうしん【長針】** 名 時計《とけい》の長《なが》いほうの針《はり》。分針《ふんしん》。対 短針《たんしん》。

**ちょうじん【超人】** 名 非常《ひじょう》にすぐれた力《ちから》を持《も》っている人《ひと》。スーパーマン。

**ちょうしんき【聴診器】** 名 医者《いしゃ》が、病人《びょうにん》の胸《むね》などに当《あ》てて、体内《たいない》の音《おと》を聞《き》き、体《からだ》のようすを知《し》る道具《どうぐ》。

**ちょうじんてき【超人的】** 形動 とても人間《にんげん》とは思《おも》えないほどすぐれたようす。例 超人的なパワー。

**ちょうずる【長ずる】** 動 ↓ちょうじる 840ページ

**ちょうせい【調整】** 名 動-する ❶ものごとをぐあいよく整《ととの》えること。例 機械《きかい》を調整する。❷つり合《あ》いのとれた状態《じょうたい》にすること。例 意見《いけん》を調整する。類 調節《ちょうせつ》。

**ちょうせき【長石】** 名 火成岩《かせいがん》の成分《せいぶん》の一《ひと》つ。ガラス・陶磁器《とうじき》などの原料《げんりょう》にする。

**ちょうせつ【調節】** 名 動-する ちょうどよいように、調《ととの》えること。例 ガスの火《ひ》を調節する。類 調整《ちょうせい》。

**ちょうせん【挑戦】** 名 動-する ❶戦《たたか》いをしかけること。❷困難《こんなん》なことを達成《たっせい》しようとすること。チャレンジ。例 新記録《しんきろく》に挑戦する。

**ちょうぜん【超然】** 副-と ものごとにこだわらず、ゆうゆうとしているようす。参考「超《ちょう》然《ぜん》たる態度《たいど》」などと使《つか》うこともある。

**ちょうせんはんとう〘朝鮮半島〙** 地名 アジア大陸《たいりく》の東岸《とうがん》からつき出《だ》している半島《はんとう》。朝鮮海峡《ちょうせんかいきょう》をはさんで日本《にっぽん》に対《たい》している。

**ちょうせんみんしゅしゅぎじんみんきょうわこく〘朝鮮民主主義人民共和国〙** 地名 朝鮮半島《ちょうせんはんとう》の北半分《きたはんぶん》をしめる社会主義国《しゃかいしゅぎこく》。首都《しゅと》はピョンヤン。北朝鮮《きたちょうせん》。

**ちょうそ【彫塑】** 名 ❶彫刻《ちょうこく》と塑像《そぞう》。❷彫《ちょう》刻《こく》の原型《げんけい》となる塑像《そぞう》。

**ちょうぞう【彫像】** 名 彫刻《ちょうこく》をして作《つく》った像《ぞう》。例 ライオンの彫像をかざる。

**ちょうそくのしんぽ【長足の進歩】** 進歩《しんぽ》が、すばらしく速《はや》いこと。例 宇宙《うちゅう》の研《けん》

ことわざ 下手《へた》の横好《よこず》き 父《ちち》は日曜大工《にちようだいく》にこっているが、下手《へた》の横好《よこず》きで、できばえはいまいちだ。

究《きゅう》は、長足の進歩をとげた。

**ちょうそん【町村】**(名) 町《まち》や村《むら》。

**ちょうだ【長蛇】**(名) 長《なが》くて大《おお》きなヘビ。

**長蛇《ちょうだ》の列《れつ》** 人《ひと》の列《れつ》が長《なが》く続《つづ》くこと。(例) 入場《にゅうじょう》口《ぐち》に延々《えんえん》と長蛇の列ができた。

**ちょうだい【頂戴】**(名)(動-する) ❶「もらう」「食《た》べる」「飲《の》む」のへりくだった言《い》い方《かた》。(例)「遠慮《えんりょ》なくちょうだいします。」❷物《もの》をねだるときや、何《なに》かをしてほしいときにたのむ言《こと》葉《ば》。(例)「お菓《か》子《し》をちょうだい。」

**ちょうたつ【調達】**(名)(動-する) 必要《ひつよう》な品物《しなもの》をととのえること。(例) 資金《しきん》を調達する。

**ちょうたん【長短】**(名) ❶長《なが》いことと、短《みじか》いこと。(例) ひもの長短。❷よい点《てん》と悪《わる》い点《てん》。長《ちょう》所《しょ》と短所《たんしょ》。(例) 人《ひと》には、それぞれ長短がある。

**ちょうたんぱ【超短波】**(名) 波《は》長《ちょう》が非常《ひじょう》に短《みじか》い電波《でんぱ》。テレビ放送《ほうそう》・FM《エフエム》放送《ほうそう》・レーダーなどに使《つか》われる。VHF《ブイエイチエフ》。

**ちょうちょ**(名) ↓ちょう(蝶) 838ページ

**ちょうちょう【町長】**(名) 町《まち》を代表《だいひょう》して町《まち》の政治《せいじ》を行《おこな》う人《ひと》。

**°ちょうちょう【長調】**(名)〔音楽《おんがく》で〕ハ長《ちょう》調《ちょう》・ト長調《ちょうちょう》など、長音階《ちょうおんかい》で作《つく》られた調子《ちょうし》。また、その曲《きょく》。明《あか》るい感《かん》じがする。(対) 短調《たんちょう》。

**ちょうちん【提灯】**(名) ろうそくなどをともして、明《あ》かりに使《つか》う道具《どうぐ》。手《て》に持《も》つものと、つりさげておくものとがある。

〔ちょうちん〕

**ちょうちんに釣《つ》り鐘《がね》**〔形《かたち》は似《に》ているが、重《おも》さがまったくちがうことから〕ものごとがつり合《あ》わないこと。(類) 月《つき》とすっぽん。

**ちょうちんを持《も》つ** その人《ひと》の手《て》先《さき》となって、ほめたり宣伝《せんでん》したりする。(例) 立候補《りっこうほ》者《しゃ》のちょうちんを持つ。

**ちょうつがい**(名) ❶ドアやふたなどを自由《じゆう》に開《あ》けたり閉《し》めたりできるように取《と》り付《つ》ける金具《かなぐ》。❷関節《かんせつ》のつなぎ目《め》。(例) あごのちょうつがいが外《はず》れる。

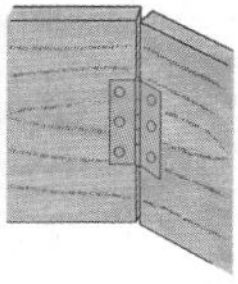
〔ちょうつがい❶〕

**ちょうてい【朝廷】**(名) 昔《むかし》、天皇《てんのう》が政治《せいじ》を行《おこな》ったところ。また、天皇《てんのう》を中心《ちゅうしん》とした政府《せいふ》。(例) 大和《やまと》朝廷。

**ちょうてい【調停】**(名)(動-する) 意見《いけん》のちがう者《もの》の間《あいだ》に立《た》って、争《あらそ》いをやめさせること。(例) 土《と》地《ち》の争《あらそ》いを調停する。(類) 仲裁《ちゅうさい》。

**ちょうてん【頂点】**(名) ❶いちばん高《たか》い所《ところ》。てっぺん。❷〔算数《さんすう》で〕角《かく》を作《つく》る二《ふた》つの直線《ちょくせん》が交《まじ》わる点《てん》。(例) 三角形《さんかくけい》の頂点。❸ものごとのいちばんさかんな状態《じょうたい》。また、その時《とき》。頂《ちょう》上《じょう》。ピーク。(例) 人気《にんき》の頂点にある。

**ちょうでん【弔電】**(名) 人《ひと》が死《し》んだときに打《う》つ、おくやみの電報《でんぽう》。(対) 祝電《しゅくでん》。

**ちょうど【調度】**(名) 家《いえ》の中《なか》でふだん使《つか》う道《どう》具《ぐ》。机《つくえ》・たんす・花《か》びんなど。調度品《ちょうどひん》。

**°ちょうど**(副) ❶余《あま》りがないようす。きっかり。(例) 千円《せんえん》ちょうどです。❷ぐあいよく。(例) ちょうど雨《あめ》もやんだ。❸まるで。(例) 白《しろ》くてちょうど雪《ゆき》のようだ。(注意) ❸は、あとに「…のようだ」などの言葉《ことば》がくる。

**ちょうどうけん【聴導犬】**(名) 耳《みみ》の不《ふ》自《じ》由《ゆう》な人《ひと》の行動《こうどう》を助《たす》けるように訓練《くんれん》された犬《いぬ》。音《おと》や声《こえ》がしたことを知《し》らせる。(関連) 介助犬《かいじょけん》。盲導犬《もうどうけん》。

**ちょうとっきゅう【超特急】**(名) ❶特別《とくべつ》急《きゅう》行《こう》よりもっと速《はや》い列車《れっしゃ》。❷特別《とくべつ》に速《はや》いこと。(例) 超特急で仕事《しごと》をかたづけた。

**ちょうない【町内】**(名) 同《おな》じ町《まち》の中《なか》。

**ちょうなん【長男】**(名) きょうだいの中《なか》で、いちばん先《さき》に生《う》まれた男《おとこ》の子《こ》。(対) 長女《ちょうじょ》。

**ちょうにん【町人】**(名) 江《え》戸《ど》時代《じだい》の商人《しょうにん》や職《しょく》人《にん》のこと。

**ちょうのうりょく【超能力】**(名) ふつうの人間《にんげん》の能力《のうりょく》をこえた、ふしぎな能力《のうりょく》。

**ちょうは【長波】**(名) 波《は》長《ちょう》の長《なが》い電波《でんぱ》。海《かい》上《じょう》の通信《つうしん》などに使《つか》う。(関連) 短波《たんぱ》。中波《ちゅうは》。

**ちょうば【帳場】**(名) 旅館《りょかん》などで、お金《かね》のしはらいなどをする所《ところ》。

**ちょうば【跳馬】**(名) 体操《たいそう》競技《きょうぎ》の種目《しゅもく》の一《ひと》つ。馬《うま》の背《せ》の形《かたち》をした台《だい》をとびこすもの。

**ちょうはつ【長髪】**(名) 長《なが》くのばした髪《かみ》。

**ちょうはつ【挑発】**(名)(動-する) 相手《あいて》を刺激《しげき》して、事《こと》を起《お》こすように仕《し》向《む》けること。(例) 敵《てき》の挑発にのる。

**ちょうはつ【調髪】**(名)(動-する) 髪《かみ》を切《き》りそろえて、形《かたち》を調《ととの》えること。





ことわざ 棒《ぼう》に振《ふ》る 不注意《ふちゅうい》からけがをして、これまでの苦労《くろう》を棒《ぼう》に振《ふ》ってしまった。

**ちょうばつ【懲罰】** 名 悪《わる》いことをした人《ひと》に、罰《ばつ》を加《くわ》えること。また、その罰《ばつ》。

**ちょうはつてき【挑発的】** 形動 相手《あいて》を刺激《しげき》して、何《なに》か事《こと》を起《お》こすように仕向《しむ》けるようす。例 挑発的な態度《たいど》をとる。

**ちょうふく【重複】** 名 動-する 〔「じゅうふく」ともいう。〕同《おな》じものごとが重《かさ》なり合《あ》うこと。例 話《はなし》が重複する。

**ちょうぶん【弔文】** 名 人《ひと》の死《し》を悲《かな》しんで書《か》かれた、おくやみの文章《ぶんしょう》。

✤**ちょうぶん【長文】** 名 長《なが》い文章《ぶんしょう》。対 短文《たんぶん》。

**ちょうへい【徴兵】** 名 動-する 国《くに》が強制的《きょうせいてき》に人《ひと》を集《あつ》めて、軍隊《ぐんたい》に入《い》れること。

**ちょうへん【長編】** 名 詩《し》や小説《しょうせつ》・映画《えいが》などの長《なが》い作品《さくひん》。例 長編小説《しょうせつ》。対 短編《たんぺん》。

**ちょうぼ【帳簿】** 名 お金《かね》や品物《しなもの》の出《だ》し入《い》れなどを書《か》きつける帳面《ちょうめん》。

**ちょうほう【重宝】** 名 動-する 形動 便利《べんり》であること。役《やく》に立《た》つこと。例 重宝な道具《どうぐ》。

**ちょうぼう【眺望】** 名 見《み》わたしたながめ。見晴《みは》らし。例 山《やま》の上《うえ》からの眺望。

**ちょうほうけい【長方形】** 名 〔算数《さんすう》で〕四《よっ》つの角《かく》がみな直角《ちょっかく》である長四角《ながしかく》。⇩しかくけい 546ページ

**ちょうほんにん【張本人】** 名 事件《じけん》や問題《もんだい》が起《お》こるいちばんもとになった人《ひと》。例 今回《こんかい》の騒《さわ》ぎの張本人。

**ちょうまんいん【超満員】** 名 人《ひと》がぎっしり入《はい》っていること。例 球場《きゅうじょう》は超満員だ。

**ちょうみりょう【調味料】** 名 食《た》べ物《もの》に味《あじ》をつけるために使《つか》うもの。塩《しお》・砂糖《さとう》など。

**ちょうみん【町民】** 名 その町《まち》に住《す》んでいる人《ひと》。

**ちょうめい【長命】** 名 形動 長生《ながい》き。長寿《ちょうじゅ》。例 九十歳《きゅうじっさい》の長命を保《たも》つ。対 短命《たんめい》。

**ちょうめん【帳面】** 名 ものを書《か》くために、紙《かみ》をとじ合《あ》わせたもの。ノート。

**ちょうもん【弔問】** 名 動-する 人《ひと》が死《し》んだとき、その家《いえ》へおくやみに行《い》くこと。例 弔問客《きゃく》。

**ちょうやく【跳躍】** 名 動-する ❶とびはねること。❷陸上競技《りくじょうきょうぎ》の中《なか》で、走《はし》りはばとび・走《はし》り高《たか》とび・三段《さんだん》とびなどのこと。

**ちょうり【調理】** 名 動-する 料理《りょうり》をすること。例 魚《さかな》を調理する。

**ちょうりつ【調律】** 名 動-する 楽器《がっき》の音《おと》の高《たか》さや音色《おんしょく》を正《ただ》しく調《ととの》えること。

**ちょうりゅう【潮流】** 名 ❶満《み》ちたり引《ひ》いたりするために起《お》こる、海水《かいすい》の流《なが》れ。❷世《よ》の中《なか》の動《うご》き。なりゆき。例 時代《じだい》の潮流に乗《の》って仕事《しごと》をする。

**ちょうりょく【聴力】** 名 音《おと》を聞《き》き取《と》る力《ちから》。例 聴力検査《けんさ》。

**ちょうるい【鳥類】** 名 鳥《とり》の仲間《なかま》。

**ちょうれい【朝礼】** 名 朝《あさ》、全員《ぜんいん》が挨拶《あいさつ》や打《う》ち合《あ》わせをする集《あつ》まり。朝会《ちょうかい》。

■**ちょうれいぼかい【朝令暮改】** 名 動-する 命令《めいれい》や方針《ほうしん》がすぐに変《か》えられて、あてにならないこと。参考 朝出《あさだ》した命令《めいれい》が、夕方《ゆうがた》には改《あらた》められることから。

**ちょうろう【長老】** 名 年《とし》をとっていて経験《けいけん》が豊《ゆた》かで、人々《ひとびと》から尊敬《そんけい》されている人《ひと》。例 村《むら》の長老。

**ちょうわ【調和】** 名 動-する つり合《あ》いがとれていること。例 色《いろ》の調和がいい。

**チョーク** 〔英語 chalk〕名 ⇩はくぼく 1037ページ

**ちよがみ【千代紙】** 名 模様《もよう》を色刷《いろず》りにした美《うつく》しい和紙《わし》。

**ちょき** 名 〔じゃんけんの〕はさみ。人差《ひとさ》し指《ゆび》と中指《なかゆび》を立《た》てた形《かたち》。関連 ぐう。ぱあ。

○**ちょきん【貯金】** 名 動-する お金《かね》をためること。また、ためたお金《かね》。例 お年玉《としだま》を貯金する。類 貯蓄《ちょちく》。預金《よきん》。

**ちょく【直】** 画数 8 部首 目（め） 2年

音 チョク ジキ
訓 ただ-ちに なお-す なお-る

筆順 一 十 十 冇 冇 甫 直 直

❶まっすぐ。熟語 直線《ちょくせん》。直球《ちょっきゅう》。対 曲《きょく》。❷じかに。熟語 直接《ちょくせつ》。直筆《じきひつ》。❸すぐ。熟語 直後《ちょくご》。直前《ちょくぜん》。❹つとめ。熟語 日直《にっちょく》。❺心《こころ》がまっすぐな。熟語 実直《じっちょく》。正直《しょうじき》。素直《すなお》。

《訓の使い方》 **ただ-ちに** 例 直ちに出発《しゅっぱつ》する。**なお-す** 例 誤《あやま》りを直す。**なお-る** 例 きげんが直る。

**ちょく【直】** 名 じかであること。例 直で話《はな》し合《あ》う。

ことわざ 仏《ほとけ》の顔《かお》も三度《さんど》 「何回注意《なんかいちゅうい》させるのだ、仏《ほとけ》の顔《かお》も三度《さんど》だぞ。」と、父《ちち》にしかられてしまった。

**ちょく【勅】** 画数 9 部首 力（ちから）
音 チョク 訓 ——
天皇《てんのう》の言葉《ことば》。熟語 勅語《ちょくご》（＝天皇《てんのう》の言葉《ことば》）。勅使《ちょくし》（＝天皇《てんのう》の意思《いし》を伝《つた》えるための使《つか》い）。

**ちょく【捗】** 画数 10 部首 扌（てへん）
音 チョク 訓 ——
はかどる。熟語 進捗《しんちょく》（＝仕事《しごと》などがすらすらと進《すす》むこと）。参考「捗《ちょく》」は「捗《ちょく》」と書《か》くことがある。

**ちょくえい【直営】** 名 動-する 直接《ちょくせつ》に経営《けいえい》すること。

✤**ちょくおん【直音】** 名〔国語《こくご》で〕「あ」「か」「さ」などのように、かな一字《いちじ》で表《あらわ》される音《おん》。関連 拗音《ようおん》。促音《そくおん》。撥音《はつおん》。

**ちょくげき【直撃】** 名 動-する ❶爆弾《ばくだん》などがじかに当《あ》たること。❷その場所《ばしょ》をじかにおそうこと。例 台風《たいふう》の直撃を受《う》ける。

**ちょくご【直後】** 名 すぐあと。例 家《いえ》を出《で》た直後に電話《でんわ》があった。対 直前《ちょくぜん》。

**ちょくし【直視】** 名 動-する 目《め》をそらさないで見《み》つめること。例 事実《じじつ》を直視する。

**ちょくしゃ【直射】** 名 動-する 光《ひかり》がじかに照《て》りつけること。例 直射する太陽《たいよう》の光《ひかり》。

**ちょくしゃにっこう【直射日光】** 名 直接《ちょくせつ》に照《て》りつける太陽《たいよう》の光《ひかり》。

**ちょくしん【直進】** 名 動-する まっすぐに進《すす》むこと。例 光《ひかり》は直進する。

∘**ちょくせつ【直接】** 名 間《あいだ》に何《なに》も入《い》れないこと。じか。例 直接会《あ》って話《はな》そう。対 間接《かんせつ》。

**ちょくせつぜい【直接税】** 名 所得税《しょとくぜい》などのように、税《ぜい》を納《おさ》める人《ひと》が直接《ちょくせつ》納《おさ》める税《ぜい》のこと。対 間接税《かんせつぜい》。

**ちょくせつてき【直接的】** 形動 間《あいだ》に何《なに》もはさまず、ものごとが直接《ちょくせつ》であるようす。例 直接的に話《はな》しかける。対 間接的《かんせつてき》。

✤**ちょくせつわほう【直接話法】** 名〔国語《こくご》で〕人《ひと》の言《い》った言葉《ことば》を、そのまま引用《いんよう》して表《あらわ》す方法《ほうほう》。文章《ぶんしょう》に書《か》くときは、ふつう、かぎ（「 」）をつけて示《しめ》す。対 間接話法《かんせつわほう》。

∘**ちょくせん【直線】** 名 まっすぐな線《せん》。例 直線コース。対 曲線《きょくせん》。

**ちょくぜん【直前】** 名 すぐ前《まえ》。目《め》の前《まえ》。例 発車《はっしゃ》直前にかけつけた。対 直後《ちょくご》。

**ちょくそう【直送】** 名 動-する 直接《ちょくせつ》送《おく》りとどけること。例 産地《さんち》直送のリンゴ。

**ちょくぞく【直属】** 名 直接《ちょくせつ》その下《した》に属《ぞく》すること。例 直属の上司《じょうし》。

**ちょくちょう【直腸】** 名 大腸《だいちょう》の終《お》わりの、肛門《こうもん》に通《つう》じる部分《ぶぶん》。

**ちょくちょく** 副 ちょいちょい。ときどき。たびたび。〔くだけた言《い》い方《かた》。〕

**ちょくつう【直通】** 名 動-する ❶じかに通《つう》じること。例 直通電話《でんわ》。❷中《なか》つぎや、乗《の》りかえなどがないこと。例 直通列車《れっしゃ》。

**ちょくばい【直売】** 名 動-する 物《もの》を作《つく》った人《ひと》が、商店《しょうてん》などを通《とお》さないで、じかにそれを売《う》ること。例 野菜《やさい》の産地《さんち》直売。

**ちょくほうたい【直方体】** 名〔算数《さんすう》で〕六《むっ》つの長方形《ちょうほうけい》の面《めん》、または、二《ふた》つの正方形《せいほうけい》と四《よっ》つの長方形《ちょうほうけい》の面《めん》で囲《かこ》まれている立体《りったい》。➡りったい 1384ページ

**ちょくめん【直面】** 名 動-する ものごとにじかに出会《であ》うこと。例 困難《こんなん》に直面する。

**ちょくやく【直訳】** 名 動-する 原文《げんぶん》の一語《いちご》一語《いちご》を、その言葉《ことば》どおりに訳《やく》すこと。対 意訳《いやく》。

✤**ちょくゆ【直喩】** 名 比喩《ひゆ》の一《ひと》つ。「ようだ」「ごとし」などの言葉《ことば》を使《つか》ってたとえる方法《ほうほう》。「糸《いと》のように細《ほそ》い」「鬼《おに》のごときふるまい」など。➡ひゆ 1109ページ

**ちょくりつ【直立】** 名 動-する まっすぐに立《た》つこと。例 直立して話《はなし》を聞《き》く。

**ちょくりゅう【直流】** 一 名 動-する まっすぐに流《なが》れること。例 南《みなみ》に直流する川《かわ》。二 名 いつも同《おな》じ方向《ほうこう》に流《なが》れている電流《でんりゅう》。例《たと》えば、乾電池《かんでんち》は直流《ちょくりゅう》である。対 交流《こうりゅう》。

**ちょくれつ【直列】** 名 電池《でんち》や導線《どうせん》を、プラス・マイナス・プラス・マイナスの順《じゅん》に一列《いちれつ》につなぐこと。直列《ちょくれつ》つなぎ。対 並列《へいれつ》。

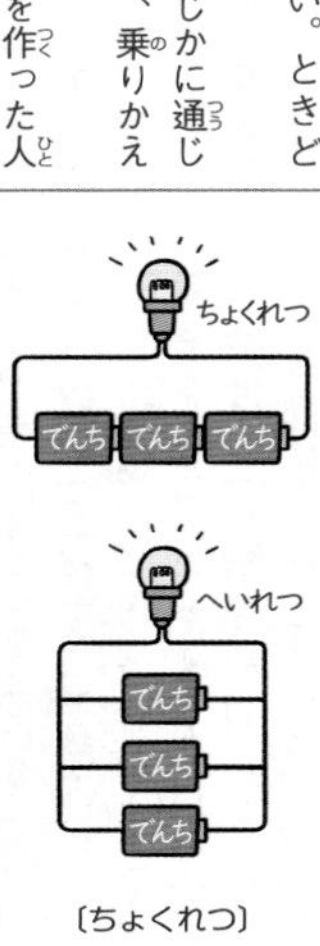

〔ちょくれつ〕

**ちょこちょこ** 副（-と）❶小《こ》またで速《はや》く歩《ある》い





ことわざ 骨折《ほねお》り損《ぞん》のくたびれもうけ　せっかく手入《てい》れした花壇《かだん》も、大雨《おおあめ》でこわれてしまい、骨折《ほねお》り損《ぞん》のくたびれもうけになった。

たり、動《うご》き回《まわ》ったりするようす。例子《こ》どもがちょこちょこ走《はし》り回《まわ》る。❷たびたび。しばしば。例ちょこちょこ家《いえ》に来《く》る。

**ちょこなんと** 副 ⇩ちょこんと❷ 844ページ

**チョコレート**〔英語 chocolate〕名 カカオの実《み》をもとにして、砂糖《さとう》・ミルクなどを混《ま》ぜて作《つく》った菓子《かし》。チョコ。

**ちょこんと** 副 ❶ちょっと。例ちょこんとおじぎする。❷小《ちい》さくきちんと、かわいらしくすわっているようす。ちょこなんと。

**ちょさく【著作】** 名 動する 本《ほん》を書《か》きあらわすこと。また、その本《ほん》。著書《ちょしょ》。

**ちょさくけん【著作権】** 名 本《ほん》・写真《しゃしん》・歌《か》詞《し》・曲《きょく》などの作者《さくしゃ》が持《も》っている権利《けんり》。作者《さくしゃ》に無断《むだん》で、その作品《さくひん》を使《つか》うことができない。

**ちょさくぶつ【著作物】** 名 考《かんが》えや気持《きも》ちを表現《ひょうげん》したもの。文学《ぶんがく》、音楽《おんがく》、絵《え》など。

✤**ちょしゃ【著者】** 名 本《ほん》を書《か》きあらわした人《ひと》。著作者《ちょさくしゃ》。例著者名《ちょしゃめい》。

**ちょじゅつ【著述】** 名 動する 本《ほん》を書《か》きあらわすこと。また、その本《ほん》。著作《ちょさく》。

✤**ちょしょ【著書】** 名 書《か》きあらわした本《ほん》。著《ちょ》作物《さくぶつ》。

**ちょすい【貯水】** 名 動する 水《みず》をためておくこと。また、ためた水《みず》。

**ちょすいち【貯水池】** 名 水道《すいどう》・発電《はつでん》・水田《すいでん》などに使《つか》う水《みず》をためておく、人工《じんこう》の池《いけ》。

**ちょぞう【貯蔵】** 名 動する たくわえておくこと。例食糧《しょくりょう》を貯蔵《ちょぞう》する。

**ちょちく【貯蓄】** 名 動する お金《かね》をためること。また、たくわえたお金《かね》。類貯金《ちょきん》。

**ちょっか【直下】** 一名 すぐ下《した》。真下《ました》。例赤道直下《せきどうちょっか》の島々《しまじま》。二名 動する まっすぐに下《くだ》ること。例がけから直下《ちょっか》する滝《たき》。

**ちょっかがたじしん【直下型地震】** 名 人《ひと》が住《す》む地域《ちいき》で、真下《ました》の浅《あさ》いところを震《しん》源《げん》として起《お》きる地震《じしん》。被害《ひがい》が大《おお》きいと言《い》われている。

○**ちょっかく【直角】** 名〔算数《さんすう》で〕九〇度《ど》の角《かく》。例直角三角形《ちょっかくさんかくけい》。関連鋭角《えいかく》。鈍角《どんかく》。

**ちょっかくさんかくけい【直角三角形】** 名〔算数《さんすう》で〕三《みっ》つの角《かく》のうち、一《ひと》つが直角《ちょっかく》である三角形《さんかくけい》。⇩さんかくけい 528ページ

○**ちょっかん【直感】** 名 動する 見《み》たり聞《き》いたりしただけで、すぐ感《かん》じ取《と》ること。ひらめくこと。例ぼくの直感《ちょっかん》が当《あ》たった。

**ちょっかん【直観】** 名 動する いろいろ考《かんが》えたりしないで、直接《ちょくせつ》にものごとのほんとうの姿《すがた》をとらえること。

**チョッキ**〔ポルトガル語〕名 ⇩ベスト(vest) 1177ページ

**ちょっきゅう【直球】** 名 ❶野球《やきゅう》・ソフトボールやテニスで、曲《ま》がったり落《お》ちたりしないで、まっすぐに進《すす》むボール。ストレート。❷目先《めさき》を変《か》えたりせず、まっすぐにものごとに立《た》ちむかうこと。例いつも直球《ちょっきゅう》で発言《はつげん》する。対(❶・❷)変化球《へんかきゅう》。

**ちょっけい【直系】** 名 ❶ずっとつながっている血筋《ちすじ》。例直系《ちょっけい》の子孫《しそん》。❷目上《めうえ》の人《ひと》や会社《かいしゃ》などと、直接《ちょくせつ》つながっていること。

**ちょっけい【直径】** 名〔算数《さんすう》で〕円《えん》または球《きゅう》の中心《ちゅうしん》を通《とお》って、円周《えんしゅう》や球面上《きゅうめんじょう》の二点《にてん》を結《むす》ぶ直線《ちょくせん》。さしわたし。⇩えん(円)❶ 135ページ

**ちょっけつ【直結】** 名 動する じかに結《むす》びつくこと。例値上《ねあ》げは生活《せいかつ》に直結《ちょっけつ》する問題《もんだい》だ。

**ちょっこう【直行】** 名 動する 寄《よ》り道《みち》をしないで行《い》くこと。例集合場所《しゅうごうばしょ》へ直行《ちょっこう》する。

○**ちょっと** 一副 ❶時間《じかん》が短《みじか》いようす。しばらく。例ちょっと待《ま》て。❷少《すこ》し。わずか。例水《みず》がちょっとしかない。❸なかなか。めったに。例ちょっと登《のぼ》れそうもない山《やま》。二感 相手《あいて》に呼《よ》びかける言葉《ことば》。例「ちょっと、やす子《こ》さん。」注意 一❸は、あとに「ない」などの打《う》ち消《け》しの言葉《ことば》がくる。

**ちょっとした** 連体 ❶ほんのわずかな。例ちょっとした思《おも》いつき。❷わりにちゃんとした。例駅前《えきまえ》に、ちょっとした店《みせ》がある。

**ちょっぴり** 副(と) ほんの少《すこ》し。例雨《あめ》がちょっぴり降《ふ》った。

■**ちょとつもうしん【猪突猛進】** 名 動する 猪《いのしし》のように、向《む》こう見《み》ずにまっすぐ突《つ》き進《すす》むこと。例目的《もくてき》に猪突猛進《ちょとつもうしん》する。

**ちょめい【著名】** 形動 ずばぬけて名高《なだか》いようす。例著名《ちょめい》な学者《がくしゃ》。類高名《こうめい》。有名《ゆうめい》。

**チョモランマ** 地名 ⇩エベレスト 133ページ

**ちょんぎる【ちょん切る】** 動 手軽《てがる》に切《き》る。簡単《かんたん》に切《き》る。例葉《は》をちょん切《き》る。

あいうえお かきくけこ さしすせそ たちつてと なにぬねの はひふへほ まみむめも やゆよ らりるれろ わをん

ことわざ まかぬ種《たね》は生《は》えぬ　まかぬ種《たね》は生《は》えぬと言《い》う。前《まえ》からそれなりの手《て》を打《う》っておくことが必要《ひつよう》だ。

**ちょんまげ** 名 江戸時代《えどじだい》の男子《だんし》の髪《かみ》の形《かたち》の一《ひと》つ。現在《げんざい》も大《おお》ずもうの力士《りきし》の髪型《かみがた》として残《のこ》っている。

**ちらかす【散らかす】** 動 散《ち》らかるようにする。例 部屋《へや》を散らかす。⇩さん【散】527ページ

**ちらかる【散らかる】** 動 ものがあちこちに乱《みだ》れて広《ひろ》がる。例 散らかった部屋《へや》。⇩さん【散】527ページ

**ちらし【散らし】** 名 ❶宣伝《せんでん》のために配《くば》る、小《ちい》さい紙《かみ》きれ。びら・パンフレット。例 駅前《えきまえ》で散らしを配《くば》る。❷⇩ちらしずし845ページ

**ちらしずし【散らしずし】** 名 すしめしに、さしみ・卵焼《たまごや》き・のりなどをのせた料理《りょうり》。また、それらを混《ま》ぜたものもいう。ちらし。

°**ちらす【散らす】** 動 ❶ちりぢりにする。はなればなれにする。例 風《かぜ》が花《はな》びらを散らす。❷はれものやうみを手術《しゅじゅつ》をしないでなくす。例 盲腸《もうちょう》を薬《くすり》で散らす。❸〔ある言葉《ことば》のあとにつけて〕あちらこちら…する。やたらに…する。例 書《か》き散らす。⇩さん【散】527ページ

**ちらちら** 副(-と) 動-する ❶細《こま》かいものがまうように落《お》ちるようす。例 雪《ゆき》がちらちら降《ふ》る。❷小《ちい》さな光《ひかり》が見《み》えたり消《き》えたりするようす。例 つり船《ぶね》の明《あ》かりがちらちらしている。❸見《み》えたり、かくれたりするようす。例 人《ひと》かげがちらちらする。❹ときどき。かすかに。例 こっちをちらちら見《み》る。

**ちらつく** 動 ❶かすかに降《ふ》る。例 雪《ゆき》がちらつく。❷かすかに見《み》えたり、見《み》えなくなったりする。例 母《はは》のおもかげがちらつく。

**ちらっと** 副 ほんの少《すこ》しの間《あいだ》。ちょっと。例 友達《ともだち》の姿《すがた》がちらっと見《み》えた。

°**ちらばる【散らばる】** 動 あちこちに散《ち》り乱《みだ》れる。散《ち》らかる。例 紙《かみ》きれが散らばる。

**ちらほら** 副(-と) あちこちに、少《すこ》しずつあるようす。ちらりほらり。例 桜《さくら》がちらほら咲《さ》きだした。

**ちらり** 副(-と) ほんの少《すこ》し、見《み》えたり聞《き》こえたりするようす。例 ちらりと姿《すがた》を見《み》た。

°**ちり【地理】** 名 ❶地形《ちけい》や気候《きこう》などの自然《しぜん》や、人口《じんこう》・産業《さんぎょう》・交通《こうつう》・文化《ぶんか》などのありさま。例 日本《にっぽん》の地理。❷その土地《とち》のようす。例 この町《まち》の地理に明《あか》るい。

**ちり** 名 ❶ほこり。ごみ。例 ちり取《と》り。❷とても少《すく》ないもののたとえ。わずか。

**ちりも積《つ》もれば山《やま》となる** わずかなものでも、積《つ》もり重《かさ》なれば、山《やま》のように大《おお》きなものになる、というたとえ。

**チリ** 地名 南《みなみ》アメリカの南西部《なんせいぶ》、太平洋《たいへいよう》に面《めん》した国《くに》。首都《しゅと》はサンティアゴ。

**ちりがみ【ちり紙】** 名 鼻紙《はながみ》などにする紙《かみ》。ちりし。

**ちりぢり【散り散り】** 形動 はなればなれになるようす。例 ちりぢりに解散《かいさん》する。

**ちりてき【地理的】** 形動 土地《とち》の位置《いち》や、ありさまなどから見《み》たようす。例 地理的な条《じょう》件《けん》がよい。

**ちりばめる** 動 あちこちに、かざりとしてはめこむ。例 宝石《ほうせき》をちりばめる。

**ちりめん** 名 絹織物《きぬおりもの》の一《ひと》つ。布《ぬの》の表面《ひょうめん》を縮《ちぢ》ませてある。

°**ちりょう【治療】** 名 動-する 病気《びょうき》やけがの手《て》当《あ》てをして治《なお》すこと。例 虫歯《むしば》を治療する。類 医療《いりょう》。

°**ちる【散る】** 動 ❶ばらばらになって落《お》ちる。例 桜《さくら》の花《はな》が散る。❷別《わか》れ別《わか》れになる。ばらばらになる。例 人々《ひとびと》が散って行《い》く。❸〔戦《たたか》いで〕人《ひと》が死《し》ぬ。❹心《こころ》が落《お》ち着《つ》かない。例 気《き》が散る。❺にじむ。例 インクが散る。⇩さん【散】527ページ

**チルド** 〔英語 chilled〕名 凍《こお》らせない程度《ていど》の低《ひく》い温度《おんど》で、食品《しょくひん》などを保存《ほぞん》すること。例 冷《れい》蔵庫《ぞうこ》のチルド室《しつ》。

**ちん【賃】** 画数 13 部首 貝(かい) 6年

音 チン 訓 ―

筆順 亻 仁 任 任 賃 賃 賃 賃

しはらうお金《かね》。熟語 賃金《ちんぎん》。運賃《うんちん》。家賃《やちん》。

**ちん【沈】** 画数 7 部首 氵(さんずい)

音 チン 訓 しず-む しず-める

❶しずむ。しずめる。熟語 沈殿《ちんでん》。沈没《ちんぼつ》。浮《ふ》。❷落《お》ち着《つ》いている。熟語 沈着《ちんちゃく》。沈黙《ちんもく》。❸ 対 元気《げんき》がない。熟語 沈滞《ちんたい》。例 沈《しず》んだ顔《かお》。

**ちん【珍】** 画数 9 部首 王(おうへん)



ことわざ 負《ま》けるが勝《か》ち　この際《さい》は相手《あいて》の言《い》うことに従《したが》っておくほうが、結局《けっきょく》は負《ま》けるが勝《か》ちで、こちらが得《とく》することになる。

音チン 訓めずら-しい
❶めずらしい。めったにない。熟語 珍客《ちんきゃく》。珍重《ちんちょう》。珍味《ちんみ》。❷おもしろい。熟語 珍妙《ちんみょう》。

**ちん【朕】** 画数 10 部首 月(つきへん)
音チン 訓——
わたし。

**ちん【朕】** 代名 天子《てんし》・天皇《てんのう》が、自分《じぶん》を指《さ》して言《い》った言葉《ことば》。わたし。

**ちん【陳】** 画数 11 部首 阝(こざとへん)
音チン 訓——
❶並《なら》べて見《み》せる。熟語 陳列《ちんれつ》。❷述《の》べる。熟語 陳謝《ちんしゃ》。❸古《ふる》い。熟語 新陳代謝《しんちんたいしゃ》。

**ちん【鎮】** 画数 18 部首 金(かねへん)
音チン 訓しず-める しず-まる
❶しずめる。落《お》ち着《つ》かせる。しずまる。熟語 鎮火《ちんか》。鎮痛剤《ちんつうざい》。例 反乱《はんらん》を鎮《しず》める。❷おさえとなるもの。熟語 重鎮《じゅうちん》。文鎮《ぶんちん》。

**ちんあげ【賃上げ】** 名 動-する 賃金《ちんぎん》を上《あ》げること。例 賃上げを要求《ようきゅう》する。

**ちんあつ【鎮圧】** 名 動-する (騒《さわ》ぎなどを)武力《ぶりょく》を使《つか》ってしずめること。例 反乱軍《はんらんぐん》を鎮圧する。

**ちんか【沈下】** 名 動-する 土地《とち》などがしずんで、低《ひく》くなること。対 隆起《りゅうき》。

**ちんか【鎮火】** 名 動-する 火《ひ》が消《き》えること。火事《かじ》を消《け》し止《と》めること。例 火事《かじ》は三〇分後《ぶんご》に鎮火した。類 消火《しょうか》。

**チンギス=ハン**〖成吉思汗〗 人名(男) (一一六七?〜一二二七)蒙古《もうこ》の国《くに》を作《つく》った皇帝《こうてい》。中国《ちゅうごく》・西《にし》アジア・南《みなみ》アジアにおよぶ大帝国《だいていこく》を作《つく》った。ジンギス=カン。

**ちんきゃく【珍客】** 名 めずらしい客《きゃく》。

**ちんぎん【賃金・賃銀】** 名 働《はたら》いた人《ひと》が、その働《はたら》きに対《たい》してもらうお金《かね》。

**ちんざ【鎮座】** 名 動-する ❶神様《かみさま》のたましいが、静《しず》かにそこにとどまっていること。❷人《ひと》や物《もの》がどっしりとそこにあること。例 居間《いま》にグランドピアノが鎮座している。

**ちんじ【珍事】** 名 思《おも》いがけない出来事《できごと》。

**ちんしごと【賃仕事】** 名 仕事《しごと》に見合《みあ》うお金《かね》をもらってする、ちょっとした仕事《しごと》。

■**ちんしもっこう【沈思黙考】** 名 動-する 深《ふか》く、静《しず》かに考《かんが》えること。

**ちんしゃ【陳謝】** 名 動-する 事情《じじょう》を説明《せつめい》して、丁寧《ていねい》にあやまること。

**ちんじゅ【鎮守】** 名 その土地《とち》を守《まも》る神《かみ》。または、その神《かみ》をまつった神社《じんじゃ》。鎮守様《ちんじゅさま》。

**ちんじゅつ【陳述】** 名 動-する (裁判《さいばん》などで)考《かんが》えや意見《いけん》、事実《じじつ》などを、あらたまってきちんと述《の》べること。

**ちんじょう【陳情】** 名 動-する 実情《じつじょう》を話《はな》して、よい方法《ほうほう》をとってくれるように、役所《やくしょ》などにお願《ねが》いすること。類 請願《せいがん》。

**ちんせい【鎮静】** 名 動-する 高《たか》ぶった気持《きも》ちが落《お》ち着《つ》くこと。落《お》ち着《つ》かせること。例 騒動《そうどう》を鎮静する。

**ちんたい【沈滞】** 名 動-する 気持《きも》ちなどがしずんで、活気《かっき》がないこと。例 試合《しあい》に負《ま》けてチームの雰囲気《ふんいき》が沈滞した。

**ちんたい【賃貸】** 名 動-する お金《かね》を取《と》って物《もの》を貸《か》すこと。賃貸《ちんがし》し。例 賃貸の家《いえ》。

**ちんちゃく【沈着】** 名 形動 落《お》ち着《つ》いていて、あわてたりしないようす。例 沈着に行動《こうどう》する。類 冷静《れいせい》。

**ちんちょう【珍重】** 名 動-する めずらしがって、大切《たいせつ》にすること。

**ちんつう【沈痛】** 形動 深《ふか》い悲《かな》しみや悩《なや》みごとで心《こころ》を痛《いた》め、沈《しず》みこんでいるようす。例 沈痛な顔《かお》つき。

**ちんつうざい【鎮痛剤】** 名 痛《いた》みをやわらげる薬《くすり》。痛《いた》み止《ど》め。

**ちんでん【沈殿】** 名 動-する 液体《えきたい》の中《なか》の混《ま》じり物《もの》がしずんで、底《そこ》にたまること。

**ちんどんや【ちんどん屋】** 名 宣伝《せんでん》のために、人目《ひとめ》を引《ひ》く服装《ふくそう》をし、楽器《がっき》を鳴《な》らして町中《まちなか》を歩《ある》く仕事《しごと》。また、それをする人《ひと》。

**チンパンジー** 名 アフリカにいる類人猿《るいじんえん》。サル類《るい》のうち、もっとも知能《ちのう》が高《たか》いものの一《ひと》つ。人《ひと》に慣《な》れ、芸《げい》もよく覚《おぼ》える。

〔チンパンジー〕

**ちんぷ【陳腐】** 名 形動 ❶ありふれていること。❷古《ふる》くてつまらないこと。例 陳腐な表現《ひょうげん》。

**ちんぷんかんぷん** 名 形動 わけのわから

ことわざ まな板《いた》のこい 入試前日《にゅうしぜんじつ》ともなれば、もうまな板《いた》のこいで、今《いま》さらじたばたしてもしかたがない。

ないこと。例ちんぷんかんぷんな答《こた》え。

**ちんぼつ【沈没】**名動‐する 船《ふね》などが、水中《すいちゅう》にしずむこと。

**ちんまり** 副(‐と)動‐する 小《ち》さくまとまっているようす。例ちんまりした部屋《へや》。

**ちんみ【珍味】**名 めずらしくて、おいしい食《た》べ物《もの》。例山海《さんかい》の珍味。

**ちんみょう【珍妙】**形動 変《か》わっていて、滑稽《こっけい》なようす。例珍妙なかっこう。

**ちんもく【沈黙】**名動‐する だまっていること。無言《むごん》。だんまり。例沈黙を守《まも》る。

**沈黙《ちんもく》は金《きん》** しゃべらずに、黙《だま》っているほうがよい。参考「雄弁《ゆうべん》は銀《ぎん》」と組《く》み合《あ》わせて言《い》うこともある。

**ちんれつ【陳列】**名動‐する 人《ひと》に見《み》せるために、品物《しなもの》を並《なら》べること。例商品《しょうひん》を棚《たな》に陳列する。類展示《てんじ》。

# つ

ツ tu

**つ【通】** 熟語通夜《つや》。⇩**つう【通】**848ページ

**つ【都】** 熟語都合《つごう》。都度《つど》。⇩**と【都】**900ページ

**つ【津】**名 熟語船着《ふなつ》き場《ば》。港《みなと》。⇩**しん【津】**656ページ

**ツアー**〔英語 tour〕名 観光《かんこう》やスポーツなどのために、団体《だんたい》で行《い》く旅行《りょこう》。

## つい【追】 画数9 部首⻌(しんにょう) 3年

音ツイ 訓お‐う

筆順

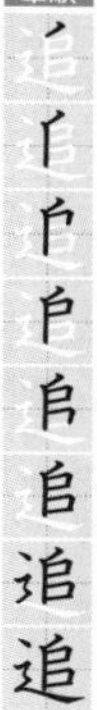

❶あとをおう。おいかける。あとからする。熟語追及《ついきゅう》。追求《ついきゅう》。追跡《ついせき》。❷付《つ》け足《た》す。熟語追加《ついか》。❸おいはらう。熟語追放《ついほう》。❹思《おも》い出《だ》す。熟語追憶《ついおく》。

《訓の使い方》**お‐う** 例犯人《はんにん》を追う。

## つい【椎】 画数12 部首木(きへん)

音ツイ 訓―

せぼね。熟語脊椎《せきつい》。椎間板《ついかんばん》(=背骨《せぼね》の骨《ほね》と骨《ほね》の間《あいだ》にあるやわらかい部分《ぶぶん》)。

## つい【墜】 画数15 部首土(つち)

音ツイ 訓―

❶おちる。おとす。熟語墜落《ついらく》。撃墜《げきつい》。❷失《うしな》う。熟語失墜《しっつい》。

**つい【対】** 一名 二《ふた》つそろってひと組《く》みになるもの。ペア。例左右《さゆう》が対になる。対になっている茶《ちゃ》わん。二〔数字《すうじ》のあとにつけて〕二《ふた》つでひと組《く》みのものを数《かぞ》える言葉《ことば》。例花輪《はなわ》一対《いっつい》。⇩**たい【対】**767ページ

**つい** 副 ❶思《おも》わず。うっかり。例ついしゃべってしまった。❷時間《じかん》や距離《きょり》などが短《みじか》いようす。わずか。ちょっと。すぐ。例つい二《に》、三分前《さんぷんまえ》のこと。

**ついえる【費える】**動 ❶使《つか》ってなくなる。例財産《ざいさん》が費える。❷時間《じかん》がむだに過《す》ぎる。例月日《つきひ》が費える。⇩**ひ【費】**1079ページ

**ついおく【追憶】**名動‐する 過《す》ぎ去《さ》った昔《むかし》のことを思《おも》い出《だ》すこと。例追憶にふける。

**ついか【追加】**名動‐する あとから付《つ》け加《くわ》えること。例注文《ちゅうもん》を追加する。

**ついき【追記】**名動‐する 書《か》き落《お》としたり、書《か》き足《た》りなかったりしたことを、あとから書《か》き足《た》すこと。また、その文章《ぶんしょう》。

**ついきゅう【追及】**名動‐する ものごとの原因《げんいん》や理由《りゆう》などを、くわしく知《し》るために問《と》いつめること。例責任《せきにん》を追及する。

**ついきゅう【追求】**名動‐する どこまでも追《お》い求《もと》めること。例幸福《こうふく》を追求する。

**ついきゅう【追究】**名動‐する ものごとを、

### 例解 ⇔ 使い分け

**追及《ついきゅう》と追求《ついきゅう》と追究《ついきゅう》**

責任《せきにん》を追及《ついきゅう》する。
容疑者《ようぎしゃ》を追及《ついきゅう》する。

利益《りえき》を追求《ついきゅう》する。
幸福《こうふく》を追求《ついきゅう》する。

真理《しんり》を追究《ついきゅう》する。
問題《もんだい》を追究《ついきゅう》する。





ことわざ ミイラ取《と》りがミイラになる 仕事《しごと》の依頼《いらい》に行《い》った人《ひと》が、逆《ぎゃく》に仕事《しごと》を頼《たの》まれてきた。ミイラ取《と》りがミイラになったね。

どこまでも調《しら》べて、はっきりさせること。例ものごとの本質《ほんしつ》を追究する。

✤**ついく**【対句】名〔国語《こくご》で〕文《ぶん》を組《く》み立《た》てている二《ふた》つの句《く》の、言葉《ことば》の意味《いみ》が似《に》ていたり、反対《はんたい》になっていたりする言《い》い表《あらわ》し方《かた》。例《たと》えば、「空《そら》は青《あお》く、水《みず》は清《きよ》い。」「帯《おび》に短《みじか》し、たすきに長《なが》し。」など。

**ついげき**【追撃】名動-する にげる敵《てき》を追《お》いかけて、攻撃《こうげき》すること。

✤**ついご**【対語】名➡たいぎご❷ 771ページ

**ついじゅう**【追従】名動-する 人《ひと》の言《い》うとおりにすること。人《ひと》につき従《したが》うこと。

**ついしょう**【追従】名動-する 人《ひと》のごきげんをとること。また、その言葉《ことば》。例お客《きゃく》さんにお追従を言《い》う。

✤**ついしん**【追伸】名 手紙《てがみ》で、本文《ほんぶん》のあとに付《つ》け加《くわ》えて書《か》くとき、その初《はじ》めにつける言葉《ことば》。また、その文《ぶん》。

**ついせき**【追跡】名動-する ❶にげる者《もの》のあとを追《お》いかけること。例犯人《はんにん》を追跡する。❷あるものごとが、その後《ご》どうなったかを確《たし》かめること。例追跡調査《ちょうさ》。

**ついぞ** 副 今《いま》まで一度《いちど》も。例あの人《ひと》とは、ついぞ話《はな》したことがない。注意あとに「ない」などの打《う》ち消《け》しの言葉《ことば》がくる。

**ついそう**【追想】名動-する 過《す》ぎた昔《むかし》のことを思《おも》うこと。

∘**ついたち**【〈一日〉】名 月《つき》の、一番《いちばん》めの日《ひ》。いちにち。いちじつ。対みそか。参考「一日《ついたち》」は、特別《とくべつ》に認《みと》められた読《よ》み方《かた》。

**ついたて** 名 部屋《へや》の中《なか》の仕切《しき》りや、外《そと》から見《み》えないようにするために立《た》てておく家具《かぐ》。

**ツイッター**〔英語 Twitter〕名 インターネットで、短《みじか》い文章《ぶんしょう》を書《か》いて発信《はっしん》したり、他《ほか》の人々《ひとびと》の文《ぶん》を読《よ》んだりすることができる仕組《しく》み。SNS《エスエヌエス》、ブログの一《ひと》つ。商標名《しょうひょうめい》。➡ブログ 1163ページ

**ついて**〔「…について」の形《かたち》で〕❶そのことに関《かん》して。例遠足《えんそく》について話《はな》し合《あ》う。❷…ごとに。例一人《ひとり》について、千円《せんえん》ずつ集《あつ》める。

**ついで**【次いで】接 ひき続《つづ》いて。次《つぎ》に。例発表《はっぴょう》が終《お》わり、次いで質疑《しつぎ》に移《うつ》った。

∘**ついで** 名（利用《りよう》できるちょうどよい）機会《きかい》。例ついでがあったので、立《た》ち寄《よ》った。

∘**ついでに** 副 よい折《おり》に。いっしょに。例ついでにそれもやってしまった。

**ついては** 接〔前《まえ》の文《ぶん》を受《う》けて〕そういうわけで。それで。例会《かい》は来週開《らいしゅうひら》きます。ついては準備《じゅんび》をよろしくお願《ねが》いします。

**ついとう**【追悼】名動-する 死《し》んだ人《ひと》をしのび、その死《し》をなげき悲《かな》しむこと。

**ついとつ**【追突】名動-する 後《うし》ろからつき当《あ》たること。例車《くるま》が追突する。

∘**ついに** 副 ❶とうとう。しまいに。例ついに成功《せいこう》した。❷最後《さいご》まで。例さそったが、ついに来《こ》なかった。注意❷は、あとに「ない」などの打《う》ち消《け》しの言葉《ことば》がくる。

**ついばむ** 動 鳥《とり》が、くちばしでつっついて食《た》べる。例えさをついばむ。

**ついひ**【追肥】名➡おいごえ 141ページ

**ついほう**【追放】名動-する ❶追《お》いはらうこと。例暴力《ぼうりょく》を追放する。❷仕事《しごと》や地位《ちい》などから退《しりぞ》かせること。例公職《こうしょく》から追放する。

∘**ついやす**【費やす】動 ❶お金《かね》や時間《じかん》などを使《つか》う。使《つか》ってなくす。例五年《ごねん》の年月《ねんげつ》を費やす。❷むだに使《つか》う。例遊《あそ》びに時間《じかん》を費やす。➡ひ【費】1079ページ

**ついらく**【墜落】名動-する 高《たか》い所《ところ》から落《お》ちること。例飛行機《ひこうき》が墜落する。

**つう**【通】画数10 部首辶（しんにょう）2年

音ツウ ツ 訓とお-る とお-す かよ-う

筆順

❶とおす。とおる。熟語通行《つうこう》。通路《つうろ》。通夜《つや》。開通《かいつう》。❷かよう。熟語通学《つうがく》。交通《こうつう》。❸知《し》らせる。熟語通信《つうしん》。通知《つうち》。❹広《ひろ》くゆきわたる。熟語通常《つうじょう》。共通《きょうつう》。❺ものごとにくわしい。熟語精通《せいつう》。❻手紙《てがみ》や書類《しょるい》などを数《かぞ》える言葉《ことば》。例二通《につう》の手紙《てがみ》。➡つうじる 849ページ

《訓の使い方》**とお-る** 例人《ひと》が通る。**とお-す** 例車《くるま》を通す。**かよ-う** 例心《こころ》が通う。

**つう**【通】名 ある方面《ほうめん》のことがらにくわしいこと。例彼《かれ》は料理《りょうり》の通で知《し》られている。

**つう**【痛】画数12 部首疒（やまいだれ）6年

音ツウ 訓いた-い いた-む いた-める

ことわざ 身《み》から出《で》たさび　つい食《た》べ過《す》ぎて、胃《い》を悪《わる》くした。身《み》から出《で》たさびで、反省《はんせい》している。

筆順 痛

❶いたむ。いたみ。熟語 苦痛《くつう》。頭痛《ずつう》。痛手《いたで》。❷ひどく。非常《ひじょう》に。熟語 痛快《つうかい》。痛切《つうせつ》。

《訓の使い方》いた-い 例 腹《はら》が痛い。いた-む 例 傷口《きずぐち》が痛む。いた-める 例 指先《ゆびさき》を痛める。

**つういん【通院】** 名 動-する 病院《びょういん》や医院《いいん》に通《かよ》うこと。例 虫歯《むしば》の治療《ちりょう》で通院しています。

**つうか【通貨】** 名 その国《くに》で使《つか》われているお金《かね》。例 円《えん》は、日本《にっぽん》の通貨の単位《たんい》だ。

**つうか【通過】** 名 動-する ❶(ある場所《ばしょ》を)通《とお》り過《す》ぎること。例 駅前《えきまえ》を通過する。❷さしさわりなく通《とお》ること。パス。例 予選《よせん》通過。❸(国会《こっかい》などで法案《ほうあん》が)決《き》まること。例 予算案《よさんあん》が通過した。

**つうかい【痛快】** 形動 たいへん愉快《ゆかい》で気持《きも》ちのいいようす。例 痛快な話《はなし》だ。

**◦つうがく【通学】** 名 動-する 学校《がっこう》に通《かよ》うこと。例 バスで通学する。

**つうがくろ【通学路】** 名 学校《がっこう》に通《かよ》うときに通《とお》る道《みち》。

**つうかてん【通過点】** 名 目標《もくひょう》に向《む》かって進《すす》んでいく、途中《とちゅう》の地点《ちてん》。

**つうかん【痛感】** 名 動-する 強《つよ》く心《こころ》に感《かん》じること。例 勉強《べんきょう》不足《ぶそく》を痛感した。

**つうきん【通勤】** 名 動-する 勤《つと》め先《さき》に通《かよ》うこと。例 バスで通勤する。

**◦つうこう【通行】** 名 動-する 道路《どうろ》を人《ひと》や車《くるま》が通《とお》ること。行《い》き来《き》すること。例 右側《みぎがわ》通行。

**つうこく【通告】** 名 動-する (手紙《てがみ》・文書《ぶんしょ》などで)決《き》まったことを知《し》らせること。また、その知《し》らせ。例 会《かい》の中止《ちゅうし》を通告する。類 通知《つうち》。

**つうこん【痛恨】°** 名 ひじょうに残念《ざんねん》に思《おも》う気持《きも》ち。例 痛恨のミスをおかす。

**つうさん【通算】** 名 動-する ある期間《きかん》を通《とお》して計算《けいさん》すること。例 通算、五日《いつか》欠席《けっせき》。

**つうじあう【通じ合う】** 動 たがいに相手《あいて》の気持《きも》ちや考《かんが》えがわかる。例 心《こころ》が通じ合う。

**つうしょう【通称】°** 名 世《よ》の中《なか》で、ふつうに使《つか》われている呼《よ》び名《な》。通《とお》り名《な》。

**つうしょう【通商】** 名 動-する 外国《がいこく》と品物《しなもの》の売《う》り買《か》いをすること。貿易《ぼうえき》。

**つうじょう【通常】** 名 ふつう。いつも。例 通常は十時《じゅうじ》開店《かいてん》だ。対 特別《とくべつ》。

**◦つうじる【通じる】** 動 〔「通《つう》ずる」ともいう。〕❶こちらから向《む》こう側《がわ》へ通《とお》る。通《かよ》う。例 バスが通じた。❷つながる。ある所《ところ》まで届《とど》く。例 駅《えき》に通じる道《みち》。❸言葉《ことば》が伝《つた》わる。例 話《はなし》が通じる。❹くわしく知《し》っている。例 パソコンに通じている。❺あるものを間《あいだ》においてものごとをする。例 テレビを通じて知《し》る。❻〔「…を通《つう》じて」の形《かたち》で〕その間《あいだ》ずっと。例 一生《いっしょう》を通じて変《か》わらない。

**◦つうしん【通信】** 名 動-する ❶便《たよ》り。知《し》らせ。例 学級《がっきゅう》通信。❷郵便《ゆうびん》・電信《でんしん》・電話《でんわ》などで、連《れん》絡《らく》し合《あ》うこと。

**つうしんえいせい【通信衛星】** 名 遠《とお》くはなれた二《ふた》つの地点《ちてん》で通信《つうしん》するときに、その電波《でんぱ》を中《なか》つぎするための人工衛星《じんこうえいせい》。テレビの衛星放送《えいせいほうそう》などに使《つか》われる。

**つうしんきょういく【通信教育】** 名 郵便《ゆうびん》や、ラジオ・テレビ・パソコンなどを利用《りよう》して、学校《がっこう》に通《かよ》わずに勉強《べんきょう》ができる制度《せいど》。

**つうしんしゃ【通信社】** 名 ニュースを集《あつ》めて、新聞《しんぶん》社《しゃ》・放送局《ほうそうきょく》・雑誌《ざっし》社《しゃ》などに送《おく》る仕《し》事《こと》をする会社《かいしゃ》。

**つうしんはんばい【通信販売】°** 名 ↓つうはん 850ページ

**つうしんぼ【通信簿】°** 名 ↓つうちひょう 850ページ

**つうずる【通ずる】** 動 ↓つうじる 849ページ

**つうせつ【通説】** 名 世《よ》の中《なか》に広《ひろ》く認《みと》められている考《かんが》え方《かた》。類 定説《ていせつ》。対 異説《いせつ》。

**つうせつ【痛切】** 形動 心《こころ》に強《つよ》く感《かん》じるようす。例 健康《けんこう》の大切《たいせつ》さを痛切に感《かん》じる。

**つうぞく【通俗】°** 名 形動 わかりやすくて親《した》しみやすいこと。例 通俗小説《しょうせつ》。

**つうぞくてき【通俗的】°** 形動 内容《ないよう》があまり難《むずか》しくなく、だれにでも喜《よろこ》ばれるようす。例 通俗的な音楽《おんがく》。

**つうたつ【通達】** 名 動-する (上《うえ》の役所《やくしょ》から、下《した》の役所《やくしょ》などへ)知《し》らせを伝《つた》えること。また、その知《し》らせ。例 県庁《けんちょう》からの通達。

**◦つうち【通知】** 名 動-する 必要《ひつよう》なことがらを知《し》らせること。また、その知《し》らせ。例 合格《ごうかく》の





ことわざ 水《みず》と油《あぶら》 あの兄弟《きょうだい》の性格《せいかく》は、まるで水《みず》と油《あぶら》で、しょっちゅう言《い》い合《あ》いをしている。

通知が届《とど》く。類 通告《つうこく》。報知《ほうち》。

**つうちひょう【通知表】** 名 その人《ひと》の学習成績《がくしゅうせいせき》などを、学校《がっこう》が家庭《かてい》に知《し》らせるために書《か》き記《しる》したもの。通知簿《つうちぼ》。通信簿《つうしんぼ》。

**つうちょう【通帳】** 名 ❶銀行《ぎんこう》や郵便局《ゆうびんきょく》などで、お金《かね》の出《だ》し入《い》れを書《か》きつけて、利用者《りようしゃ》にわたす帳面《ちょうめん》。例 貯金《ちょきん》通帳。❷品物《しなもの》の貸《か》し売《う》りなどをつけておく帳面《ちょうめん》。

✤**つうどく【通読】** 名 動-する はじめから終《お》わりまで読《よ》み通《とお》すこと。

**つうねん【通年】** 名 一年《いちねん》を通《とお》してであること。例 通年開《ひら》いている山小屋《やまごや》。

**つうはん【通販】** 名 〔「通信販売《つうしんはんばい》」の略《りゃく》。〕カタログやインターネットなどで商品《しょうひん》を紹介《しょうかい》し、電話《でんわ》やE《イー》メールなどで注文《ちゅうもん》を取《と》って、商品《しょうひん》を販売《はんばい》する方法《ほうほう》。

**ツーピース** 〔英語 two-piece〕 上着《うわぎ》とスカートでひと組《く》みになった、女性用《じょせいよう》の服《ふく》。

**つうふう【通風】** 名 動-する 風《かぜ》を通《とお》すこと。例 通風をよくする。

**つうぶん【通分】** 名 動-する 〔算数《さんすう》で〕分母《ぶんぼ》のちがう二《ふた》つ以上《いじょう》の分数《ぶんすう》を、その大《おお》きさを変《か》えないで、分母《ぶんぼ》を同《おな》じにすること。例《たと》えば、$\frac{1}{2}$と$\frac{1}{5}$を、$\frac{5}{10}$と$\frac{2}{10}$とする。

**つうほう【通報】** 名 動-する あることを知《し》らせること。例 消防署《しょうぼうしょ》に通報する。

**つうやく【通訳】** 名 動-する ちがう言葉《ことば》を話《はな》す人《ひと》の間《あいだ》に立《た》って、両方《りょうほう》の言葉《ことば》を翻訳《ほんやく》して伝《つた》えること。また、その人《ひと》。

°**つうよう【通用】** 名 動-する ❶だれにでも受《う》け入《い》れられ、認《みと》められること。例 そんな考《かんが》えは通用しない。❷ある期間《きかん》使《つか》うことができること。例 五日《いつか》まで通用する切符《きっぷ》。❸いつも通《とお》っていること。例 通用口《ぐち》。

**つうようもん【通用門】** 名 正門《せいもん》の他《ほか》の、ふだん使《つか》っている門《もん》。

**ツーリング** 〔英語 touring〕 名 自動車《じどうしゃ》・バイク・自転車《じてんしゃ》などで、遠乗《とおの》りをすること。

**ツール** 〔英語 tool〕 ❶道具《どうぐ》。工具《こうぐ》。例 ツールボックス。❷簡単《かんたん》な作業《さぎょう》をするための、コンピューターの小《ちい》さなプログラム。

**つうれい【通例】** 一 名 いつものやり方《かた》。例 正月《しょうがつ》は休《やす》むのが通例です。二 副 ふつう。例 下校時刻《げこうじこく》は通例四時《よじ》です。

**つうれつ【痛烈】** 形動 激《はげ》しいようす。手厳《てきび》しいようす。例 痛烈に批判《ひはん》する。

**つうろ【通路】** 名 通《とお》り道《みち》。

**つうわ【通話】** 名 動-する 電話《でんわ》で話《はなし》をすること。例 外国《がいこく》と通話できなくなる。

°**つえ【杖】** 名 歩《ある》きやすいように持《も》つ、細長《ほそなが》い棒《ぼう》。ステッキ。例 つえをつく。

**つか【塚】** 画数 12 部首 ⺙(つちへん)

音 ―― 訓 つか

❶土《つち》を盛《も》り上《あ》げた所《ところ》。熟語 貝塚《かいづか》。一里塚《いちりづか》。❷土《つち》を盛《も》って作《つく》った墓《はか》。例 高松塚古墳《たかまつづかこふん》。

**つか【塚】** 名 土《つち》をこんもりと盛《も》り上《あ》げた所《ところ》。例 塚のまわりを柵《さく》で囲《かこ》う。

**つか【柄】** 名 刀《かたな》や弓《ゆみ》の、手《て》で握《にぎ》る部分《ぶぶん》。例 刀《かたな》のつかに手《て》をかける。↓かたな 240ページ

**つかい【使い】** 名 ❶人《ひと》にたのまれて、用事《ようじ》を足《た》しに行《い》くこと。また、その人《ひと》。おつかい。例 使いを出《だ》す。❷(それを)使《つか》うこと。また、使《つか》う人《ひと》。例 象使《ぞうつか》い。

**つがい** 名 二《ふた》つ組《く》み合《あ》わせて一《ひと》つになるもの。特《とく》に、動物《どうぶつ》の雄《おす》と雌《めす》のひと組《く》み。対《つい》。例 つがいのおしどり。

**つかいかって【使い勝手】** 名 使《つか》いやすさ。つかいがって。例 使い勝手のよい台所《だいどころ》。

**つかいこなす【使いこなす】** 動 思《おも》いどおりに使《つか》う。例 パソコンを使いこなす。

**つかいこむ【使い込む】** 動 ❶お金《かね》を予定《よてい》よりも多《おお》く使《つか》う。❷人《ひと》のお金《かね》を、自分《じぶん》で勝手《かって》に使《つか》う。例 会社《かいしゃ》の金《かね》を使い込む。❸長《なが》い間《あいだ》、十分《じゅうぶん》に使《つか》う。例 使い込んで、手《て》になじんだラケット。

**つかいすて【使い捨て】** 名 一度《いちど》使《つか》っただけで捨《す》てること。例 使い捨ての紙《かみ》コップ。

**つかいはしり【使い走り】** 名 人《ひと》に用事《ようじ》を言《い》いつけられて、あちこちを歩《ある》き回《まわ》ること。また、その人《ひと》。つかいばしり。

**つかいはたす【使い果たす】** 動 残《のこ》らず使《つか》ってしまう。例 お金《かね》を使い果たす。

**つかいふるす【使い古す】** 動 古《ふる》くなるまで、長《なが》い間《あいだ》使《つか》う。例 使い古した自転車《じてんしゃ》。

**つかいみち【使い道】** 名 使《つか》い方《かた》。

**つかいもの【使い物】** 名 使《つか》って役《やく》に立《た》つ

ことわざ 三《み》つ子《こ》の魂《たましい》 百《ひゃく》まで　三《み》つ子《こ》の魂《たましい》 百《ひゃく》までというとおり、大人《おとな》になっても腕白《わんぱく》ぼうずの気性《きしょう》がなかなか抜《ぬ》けないね。



あいうえお かきくけこ さしすせそ たち つ てと なにぬねの はひふへほ まみむめも や ゆ よ らりるれろ わ を ん

もの。例 こわれて使い物にならない。

**つかいわける【使い分ける】** 動 区別《くべつ》して使《つか》う。例 道具《どうぐ》を使い分ける。

◦**つかう【使う】** 動 ❶人《ひと》を働《はたら》かせる。例 アルバイトの人《ひと》を使う。❷使用《しよう》する。例 道具《どうぐ》を使う。❸(お金《かね》や時間《じかん》などを)減《へ》らす。例 お金《かね》を使う。❹あることをする。例 上目《うわめ》を使う。居留守《いるす》を使う。⇩し【使】536ページ

**つかう【遣う】** 動 ❶(お金《かね》や時間《じかん》などを)減《へ》らす。例 お金《かね》を遣う。❷言葉《ことば》を話《はな》したり、書《か》いたりする。例 正《ただ》しい言葉《ことば》を遣う。❸心《こころ》を配《くば》る。例 気《き》を遣う。注意「使《つか》う」とも書《か》く。⇩けん【遣】408ページ

◦**つかえる【仕える】** 動 目上《めうえ》の人《ひと》のそばにいて、言《い》いつけに従《したが》って働《はたら》く。例 主人《しゅじん》に仕える。⇩し【仕】535ページ

◦**つかえる【支える】** 動 ❶物《もの》がふさがって、先《さき》へ通《つう》じない。つまる。例 車《くるま》がつかえる。❷じゃまがあって、ぶつかる。例 頭《あたま》が入《い》り口《ぐち》につかえる。❸すらすら進《すす》まない。例 言葉《ことば》がつかえる。❹胸《むね》がいっぱいになる。例 悲《かな》しさに胸《むね》がつかえる。

例解 ことばの窓

**使《つか》う の意味《いみ》で**

プールを使用《しよう》する。
水《みず》の力《ちから》を利用《りよう》する。
古新聞《ふるしんぶん》を活用《かつよう》する。
武力《ぶりょく》を行使《こうし》する。
技術《ぎじゅつ》を駆使《くし》する。

**つがえる** 動 二《ふた》つのものを組《く》み合《あ》わせる。特《とく》に、矢《や》を弓《ゆみ》のつるに当《あ》てる。

**つかさどる** 動 ❶役目《やくめ》として受《う》け持《も》つ。例 国《くに》の政治《せいじ》をつかさどる。❷支配《しはい》する。例 人《ひと》の運命《うんめい》をつかさどる。

**つかずはなれず【付かず離れず】** 付《つ》きすぎも離《はな》れすぎもせずに。ほどよい関係《かんけい》を保《たも》って。例 彼《かれ》とは付かず離れずの関係《かんけい》だ。

**つかつか** 副(-と) 遠慮《えんりょ》なく進《すす》み出《で》るようす。例 つかつかと入《はい》って来《き》た。

**つかぬこと** 関係《かんけい》のないこと。だしぬけなこと。例 つかぬことをお聞《き》きしますが。参考 急《きゅう》に何《なに》かをたずねたいときなどに使《つか》う。

**つかのま【つかの間】** 名 わずかの時間《じかん》。ちょっとの間《あいだ》。例 つかの間の出来事《できごと》。

◦**つかまえる【捕まえる】** 動 ❶手《て》でつかむ。例 虫《むし》を捕まえる。❷にげた者《もの》をとらえる。例 犯人《はんにん》を捕まえる。⇩ほ【捕】1188ページ

**つかまる【捕まる】** 動 とらえられる。つかまえられる。例 どろぼうが捕まる。⇩ほ【捕】1188ページ

◦**つかまる** 動 手《て》でしっかりと握《にぎ》る。例 手《て》すりにつかまる。つりかわにつかまる。

**つかみあう【つかみ合う】** 動 ❶たがいにつかむ。❷組《く》み合《あ》って、けんかする。

**つかみかかる【つかみ掛かる】** 動 相手《あいて》に激《はげ》しい勢《いきお》いで組《く》みついていく。

**つかみどころがない【つかみ所がない】** とらえどころがない。だいじな点《てん》がわからない。例 つかみどころがない話《はなし》。

◦**つかむ** 動 ❶ものをしっかりと握《にぎ》って持《も》つ。例 腕《うで》をつかむ。❷手《て》に入《い》れる。自分《じぶん》のものにする。例 幸運《こううん》をつかむ。❸(だいじな点《てん》を)理解《りかい》する。とらえる。例 要点《ようてん》をつかむ。

◦**つかる【漬かる】** 動 ❶液体《えきたい》の中《なか》に入《はい》る。ひたる。例 ふろにつかる。❷つけ物《もの》がよい味《あじ》になる。例 よく漬かったナス。参考 ふつう❶は、かな書《が》きにする。⇩つける【漬】856ページ

**つがる【津軽】** 地名 青森県西部《あおもりけんせいぶ》の昔《むかし》の呼《よ》び名《な》。

**つがるかいきょう【津軽海峡】** 地名 本州《ほんしゅう》と北海道《ほっかいどう》との間《あいだ》にある海峡《かいきょう》。

**つがるはんとう【津軽半島】** 地名 青森《あおもり》県北西部《けんほくせいぶ》につき出《で》た半島《はんとう》。

**つかれ【疲れ】** 名 疲《つか》れること。例 仕事《しごと》の疲れがたまる。

**つかれはてる【疲れ果てる】** 動 すっか

例解 表現の広場

**つかむ と 握《にぎ》る のちがい**

| | つかむ | 握《にぎ》る |
|---|---|---|
| しっかりと手《て》を | ○ | ○ |
| 絶好《ぜっこう》のチャンスを | ○ | × |
| 文章《ぶんしょう》の要点《ようてん》を | ○ | × |
| 勝敗《しょうはい》のかぎを | × | ○ |

ことわざ 無理《むり》が通《とお》れば道理《どうり》が引《ひ》っ込《こ》む　今《いま》の世《よ》の中《なか》は、無理《むり》が通《とお》れば道理《どうり》が引《ひ》っ込《こ》むで、まことになげかわしい。

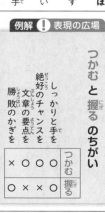

り疲《つか》れる。例 仕事《しごと》続《つづ》きで疲れ果てた。

○つかれる【疲れる】動 体《からだ》や心《こころ》の元気《げんき》がなくなる。くたびれる。例 長旅《ながたび》で、くたくたに疲れた。⇩ひ【疲】1080ページ

つかれる【憑かれる】動 霊《れい》などに乗《の》り移《うつ》られたような状態《じょうたい》になる。例 つかれたように、急《きゅう》に大声《おおごえ》でしゃべり始《はじ》めた。

つかわす【遣わす】動 ❶(人《ひと》を使《つか》いとして)行《い》かせる。例 使者《ししゃ》を遣わす。❷(目《め》上《うえ》の人《ひと》が目《め》下《した》の人《ひと》に)与《あた》える。例 ほうびを遣わす。⇩けん【遣】408ページ

○つき【月】名 ❶地《ち》球《きゅう》の周《まわ》りを回《まわ》る衛星《えいせい》で、地《ち》球《きゅう》にいちばん近《ちか》い天体《てんたい》。約《やく》一《いっ》か月《げつ》で地《ち》球《きゅう》をひと回《まわ》りする。❷一年《いちねん》を十二《じゅうに》に分《わ》けた一《ひと》つ。例 月が変《か》わる。⇩げつ【月】401ページ

月《つき》とすっぽん 二《ふた》つの物《もの》のちがいが、ひどく大《おお》きいことのたとえ。類 ちょうちんに釣《つ》り鐘《がね》。

つき【付き】一 名 ❶つくこと。つきぐあい。例 のりのつきがいい。❷火《ひ》が燃《も》えうつること。また、そのぐあい。例 火《ひ》のつきが早《はや》い。❸運《うん》がつくこと。幸運《こううん》。例 つきが回《まわ》ってきた。二〔ある言葉《ことば》のあとにつけて〕❶…のようす。例 顔《かお》つき。目《め》つき。❷そのものが、ついていること。例 食《しょく》事《じ》付き。参考 ふつう 一 と 二❶は、かな書《が》きにする。

つき【突き】名 ❶突《つ》くこと。例 やりでひと突き。❷すもうで、相《あい》手《て》を強《つよ》く押《お》すこと。❸剣道《けんどう》で、相《あい》手《て》ののどを竹刀《しない》で突《つ》くこと。

つき〔「…につき」の形《かたち》で〕❶…に関《かん》して。例 この点《てん》につき、説明《せつめい》します。❷…なので。例 病《びょう》気《き》につき、休《やす》みます。❸…ごとに。例 千《せん》円《えん》につき五本《ごほん》。

○つぎ【次】名 ❶すぐあとに続《つづ》くこと。また、続《つづ》くもの。例 次の人《ひと》。❷昔《むかし》の宿場《しゅくば》。例 東海《とうかい》道《どう》五《ご》十三《じゅうさん》次。⇩じ【次】539ページ

つぎ【継ぎ】名 服《ふく》などの破《やぶ》れ目《め》に、布《ぬの》をあててつくろうこと。また、その布《ぬの》。例 継ぎをあてる。

つきあい【付き合い】名 人《ひと》とつきあうこと。交際《こうさい》。例 つきあいが広《ひろ》い。

○つきあう【付き合う】動 ❶親《した》しくする。交際《こうさい》する。❷いっしょに、同《おな》じ行動《こうどう》をする。例 買《か》い物《もの》につきあう。

つきあかり【月明かり】名 月《つき》の光《ひかり》。月《つき》の光《ひかり》で明《あか》るいこと。例 月明かりの道《みち》。

つきあたり【突き当たり】名 行《い》き止《ど》まりの所《ところ》。例 ろうかの突き当たり。

つきあたる【突き当たる】動 ❶ぶつかる。衝突《しょうとつ》する。例 電《でん》柱《ちゅう》に突き当たる。❷行《い》きづまる。例 難《むずか》しい問題《もんだい》に突き当たる。

つきあわせる【突き合わせる】動 ❶すぐ近《ちか》くで向《む》かい合《あ》わせる。例 顔《かお》を突き合わせる。❷二《ふた》つのものを照《て》らし合《あ》わせる。照合《しょうごう》する。例 二《ふた》つの書類《しょるい》を突き合わせる。

つきおくれ【月遅れ・月後れ】名 ❶(正《しょう》月《がつ》やお盆《ぼん》などの)昔《むかし》の暦《こよみ》で行《おこな》われていた行事《ぎょうじ》を、新暦《しんれき》よりひと月《つき》おくらせて行《おこな》うこと。例 月おくれの正《しょう》月《がつ》。❷月《げっ》刊《かん》の雑《ざっ》誌《し》などで、その月《つき》よりも前《まえ》に出《だ》されたもの。

つきかえす【突き返す】動 ❶突《つ》いてきた相《あい》手《て》に、こちらからも突《つ》く。❷受《う》け取《と》らずに返《かえ》す。つっかえす。例 手紙《てがみ》を突き返す。

つきかげ【月影】名 ❶月《つき》の光《ひかり》。例 清《きよ》らかな月影。❷月《つき》の姿《すがた》。例 川面《かわも》に映《うつ》る月影。

つぎき【接ぎ木】名 動する 木《き》の枝《えだ》や芽《め》を切《き》り取《と》り、他《ほか》の木《き》の幹《みき》につぐこと。例《たと》えば、ミカンはカラタチに接《つ》ぎ木《き》する。

つきぎめ【月決め・月極め】名 ひと月《つき》いくらという約束《やくそく》。例 月ぎめの料金《りょうきん》。

つききり【付ききり】名 いつも、そばに付《つ》きそっていること。つきっきり。例 付ききりで看病《かんびょう》する。

つきくずす【突き崩す】動 ❶突《つ》いてくずす。例 かべを突き崩す。❷今《いま》の状態《じょうたい》をこわす。例 相《あい》手《て》の自《じ》信《しん》を突き崩す。❸敵《てき》の守《も》りを打《う》ち破《やぶ》る。

つぎこむ【つぎ込む】動 ❶注《そそ》ぎこむ。例 水筒《すいとう》に水《みず》をつぎ込む。❷(事《じ》業《ぎょう》・研《けん》究《きゅう》などに)お金《かね》や時《じ》間《かん》などをかける。例 全《ぜん》財《ざい》産《さん》をつぎ込む。

つきさす【突き刺す】動 ❶とがったもので、突《つ》いて刺《さ》す。突《つ》いて刺《さ》し通《とお》す。❷言《こと》葉《ば》や視《し》線《せん》などが痛《いた》みを感《かん》じさせる。例 突き刺すような視《し》線《せん》。

つきしたがう【付き従う】動 ❶あとについていく。供《とも》をする。例 影《かげ》のように付き

ことわざ 目《め》は口《くち》ほどにものを言《い》う　目《め》は口《くち》ほどにものを言《い》うからね。確実《かくじつ》にOK《オーケー》だよ。目《め》が合《あ》っただけでわかる。

従う。

**つきずえ【月末】** 名 その月《つき》の終《お》わり。げつまつ。対 月初《つきはじ》め。❷服従《ふくじゅう》する。例 大国《たいこく》に付き従う。

**つきすすむ【突き進む】** 動 勢《いきお》いよく、まっすぐに進《すす》む。例 ゴールへ突き進む。

**つきそい【付き添い】** 名 そばに付《つ》いていること。また、その人《ひと》。例 病人《びょうにん》の付き添い。

**つきそう【付き添う】** 動 そばに付《つ》いている。例 妹《いもうと》に付き添う。

**つきだす【突き出す】** 動 ❶突《つ》いて外《そと》へ出《だ》す。例 土俵《どひょう》から突き出す。❷勢《いきお》いよく出《だ》す。例 げんこつを突き出す。❸一部分《いちぶぶん》が外《そと》や先《さき》の方《ほう》に出《で》る。例 海《うみ》に突き出した半島《はんとう》。❹悪《わる》いことをした人《ひと》を警察《けいさつ》へ引《ひ》きわたす。例 犯人《はんにん》を突き出す。

**つぎたす【継ぎ足す】** 動 足《た》りない部分《ぶぶん》をあとから加《くわ》える。あるものに追加《ついか》する。例 ロープを継ぎ足して長《なが》くする。

**つきづき【月月】** 名 毎月《まいつき》。月《つき》ごと。例 月々のおこづかい。

**つぎつぎ【次次】** 副(-と) あとからあとから続《つづ》くようす。例 次々に現《あらわ》れる。

**つきっきり【付きっきり】** 名 ↓つききり 852ページ

**つきつける【突き付ける】** 動 目《め》の前《まえ》にさし出《だ》す。例 ピストルを突きつける。

**つきつめる【突き詰める】** 動 ❶どこまでも調《しら》べる。例 問題《もんだい》を突きつめる。❷深《ふか》く考《かん》えこむ。思《おも》いつめる。例 そんなに突きつめるなよ。

**つきでる【突き出る】** 動 ❶突《つ》き破《やぶ》って外《そと》に出《で》る。例 くぎが突き出る。❷(上《うえ》、または前《まえ》に)出《で》る。例 海面《かいめん》に突き出た岩《いわ》。

**つきとおす【突き通す】** 動 突《つ》いて裏側《うらがわ》まで通《とお》す。つらぬく。

**つきとばす【突き飛ばす】** 動 手《て》で突《つ》いたり、ぶつかったりしてはね飛《と》ばす。

**つきとめる【突き止める】** 動 調《しら》べて、はっきりと知《し》る。例 原因《げんいん》を突き止める。

**つきなみ【月並み】** 名 形動 ありふれていて、つまらないようす。例 月並みな話《はなし》。

**つきぬける【突き抜ける】** 動 ❶ある物《もの》をつらぬいて、向《む》こうへ出《で》る。❷通《とお》りぬける。例 広場《ひろば》を突き抜けて行《い》く。

**つきのわぐま【月の輪熊】** 名 本州《ほんしゅう》や四国《しこく》の山地《さんち》にすむクマ。体《からだ》の毛《け》は黒《くろ》く、胸《むね》とのどとの間《あいだ》に白《しろ》い三日月《みかづき》の模様《もよう》がある。

**つぎはぎ【継ぎはぎ】** 名 ❶服《ふく》の破《やぶ》れたところに、つぎがしてあること。例 継ぎはぎだらけのズボン。❷寄《よ》せ集《あつ》めて、つなぎ合《あ》わせてあること。例 継ぎはぎの文章《ぶんしょう》。

**つきはじめ【月初め】** 名 その月《つき》の初《はじ》め。対 月末《つきずえ》。

**つきはなす【突き放す】** 動 ❶突《つ》いてはなれさせる。例 両手《りょうて》で突き放す。❷相手《あいて》にしないで、冷《つめ》たい態度《たいど》を取《と》る。例 突き放した見方《みかた》。

**°つきひ【月日】** 名 ❶月《つき》と日《ひ》。例 開会式《かいかいしき》の月日を決《き》める。❷年月《としつき》。時間《じかん》。例 月日が流《なが》れる(=年月《ねんげつ》がどんどん過《す》ぎる)。

**つきびと【付き人】** 名 そばにいて、身《み》の回《まわ》りの世話《せわ》をする人《ひと》。例 スターの付き人。

**つきべつ【月別】** 名 月《つき》ごとに分《わ》けること。また、分《わ》けたもの。例 月別の売《う》り上《あ》げ。

**つきまとう【付きまとう】** 動 そばにくっついてまわる。ついてはなれない。例 子犬《こいぬ》が付きまとう。心配《しんぱい》が付きまとう。

**つきみ【月見】** 名 ❶月《つき》を見《み》て楽《たの》しむこと。特《とく》に、昔《むかし》の暦《こよみ》で八月《はちがつ》の十五夜《じゅうごや》と九月《くがつ》の十三夜《じゅうさんや》の月《つき》を見《み》て楽《たの》しむこと。❷卵《たまご》を落《お》としたうどんやそば。例 月見うどん。

**つきみそう【月見草】** 名 ❶夏《なつ》の夕方《ゆうがた》に白《しろ》い大《おお》きな花《はな》が咲《さ》き、翌朝《よくあさ》にしぼんでピンクに変《か》わる草花《くさばな》。❷↓おおまつよいぐさ 152ページ

**つきみだんご【月見団子】** 名 月見《つきみ》のときに供《そな》える、月《つき》に見立《みた》てた団子《だんご》。

**つぎめ【継ぎ目】** 名 物《もの》と物《もの》を、つなぎ合《あ》わせたところ。例 レールの継ぎ目。

**つきもの【付き物】** 名 いつでも付《つ》いているもの。例 冒険《ぼうけん》に試練《しれん》は付き物だ。

**つきやぶる【突き破る】** 動 ❶突《つ》いて、破《やぶ》る。例 障子《しょうじ》を突き破る。❷勢《いきお》いよく進《すす》んでくずす。例 敵陣《てきじん》を突き破る。

**つきやま【〈△築山〉】** 名 庭《にわ》などに、土《つち》や石《いし》で築《きず》いた小《ちい》さな山《やま》。参考「築山《つきやま》」は、特別《とくべつ》に認《みと》められた読《よ》み方《かた》。

**つきゆび【突き指】** 名 動-する 指先《ゆびさき》を物《もの》に強《つよ》





ことわざ 餅《もち》は餅屋《もちや》 餅《もち》は餅屋《もちや》ですから、そのことなら、慣《な》れているぼくにお任《まか》せください。

例解 ↔ 使い分け

**付《つ》くと着《つ》くと就《つ》く**

よごれが付《つ》く。
味《あじ》が付《つ》く。
母《はは》に付《つ》いて行《い》く。
気《き》が付《つ》く。

東京《とうきょう》に着《つ》く。
荷物《にもつ》が着《つ》く。
席《せき》に着《つ》く。

職《しょく》に就《つ》く。
床《とこ》に就《つ》く。
先生《せんせい》に就《つ》いて学《まな》ぶ。

く突《つ》き当《あ》てて、関節《かんせつ》を痛《いた》めること。

**つきよ【月夜】**名 月《つき》の明《あか》るい夜《よる》。対闇夜《やみよ》。

**月《つき》夜《よ》にちょうちん** 〔明《あか》るい月《つき》夜《よ》にちょうちんは不用《ふよう》であるように〕不必要《ふひつよう》であることのたとえ。

**つきる【尽きる】**動 なくなる。終《お》わる。例力《ちから》が尽きる。⇩じん【尽】657ページ

**つく【付く】**動 ❶ものがくっつく。例顔《かお》にどろが付く。❷つきそう。例親《おや》に付いてきてもらう。❸加《くわ》わる。例条件《じょうけん》が付く。❹味《み》方《かた》する。例弱《よわ》いほうに付く。❺能《のう》力《りょく》などが自《じ》分《ぶん》のものになる。例実力《じつりょく》が付く。❻決《き》まる。例やっと、話《はなし》がついた。❼草木《くさき》が、かれずに根《ね》をおろす。例植《う》えたツツジがついた。❽感《かん》じる。例目《め》に付く。❾ある値段《ねだん》になる。例高《たか》くつく。❿運《うん》が向《む》く。例今日《きょう》は朝《あさ》からついている。参考ふつう❻・❼・❾・❿は、かな書《が》きにする。⇩ふ【付】1122ページ

**つく【突く】**動 ❶棒《ぼう》のようなものの先《さき》で、こちらから向《む》こうに力《ちから》を加《くわ》える。(とがったもので)さす。例針《はり》で突く。❷おし当《あ》てる。例はんこをつく。❸細長《ほそなが》い物《もの》を当《あ》てて、支《ささ》えとする。例つえをつく。❹打《う》って鳴《な》らす。例かねをつく。❺まりをはずませる。例まりをつく。❻強《つよ》く感《かん》じる。例鼻《はな》をつくにおい。❼せめる。攻撃《こうげき》する。例敵《てき》の陣《じん》を突く。❽(風《かぜ》や雨《あめ》に)負《ま》けずに進《すす》む。例ふぶきをついて行《い》く。⇩とつ【突】937ページ

**つく【着く】**動 ❶(ある場所《ばしょ》に)届《とど》く。例列《れっ》車《しゃ》が駅《えき》に着いた。❷すわる。例席《せき》に着く。⇩ちゃく【着】828ページ

**つく【就く】**動 ❶その状態《じょうたい》になる。例職《しょく》に就く。❷ある地位《ちい》になる。例会長《かいちょう》の座《ざ》に就く。❸人《ひと》に従《したが》って学《まな》ぶ。例先生《せんせい》に就いて、ピアノを習《なら》う。⇩しゅう【就】592ページ

**つく【吐く】**動 ❶息《いき》をする。呼吸《こきゅう》する。例ため息《いき》をつく。❷言《い》う。例うそをつく。

**つく【点く】**動 ❶明《あ》かりがともる。例電気《てんき》がつく。❷火《ひ》が燃《も》え始《はじ》める。例火《ひ》がつく。

**つく【搗く】**動 米《こめ》などをうすに入《い》れて、きねで打《う》つ。例もちをつく。

**つく【憑く】**動 霊《れい》などが乗《の》り移《うつ》る。例悪霊《あくりょう》がつく。

例解 ↔ 使い分け

**次《つ》ぐと接《つ》ぐと継《つ》ぐ**

事《じ》故《こ》に次《つ》ぐ大《だい》事《じ》件《けん》。
大関《おおぜき》は横綱《よこづな》に次《つ》ぐ位《くらい》だ。

木《き》を接《つ》ぐ。
接《つ》ぎ木《き》。
骨《ほね》を接《つ》ぐ。

父《ちち》のあとを継《つ》ぐ。
布《ぬの》を継《つ》ぐ。
昔話《むかしばなし》を語《かた》り継《つ》ぐ。

**つぐ【次ぐ】**動 ❶あとに続《つづ》く。例去年《きょねん》に次いで今年《ことし》も優勝《ゆうしょう》だ。❷その次《つぎ》である。例東《とう》京《きょう》に次ぐ大都会《だいとかい》だ。⇩じ【次】539ページ

**つぐ【接ぐ】**動 二《ふた》つのものを、つなぎ合《あ》わせる。⇩せつ【接】717ページ

**つぐ【継ぐ】**動 ❶つなぎ合《あ》わせる。つなぐ。例破《やぶ》れた布《ぬの》を継ぐ。❷あとを受《う》けて続《つづ》ける。例仕《し》事《ごと》を継ぐ。❸あとから付《つ》け加《くわ》える。例炭《すみ》を継ぐ。⇩けい【継】388ページ

**つぐ【注ぐ】**動 (水《みず》などを)入《い》れ物《もの》の中《なか》に入《い》れる。例コップに水《みず》をつぐ。

**つくえ【机】**名 本《ほん》を読《よ》んだり、字《じ》を書《か》いたりするのに使《つか》う台《だい》。デスク。⇩き【机】290ページ

ことわざ **桃栗三年柿八年**《ももくりさんねんかきはちねん》 来年《らいねん》あたり柿《かき》が実《みの》りそうだね。だって、桃栗三年柿八年《ももくりさんねんかきはちねん》と言《い》われているから。

**つくし** 名 春先《はるさき》、土手《どて》などに生《は》える、胞子《ほうし》をつけたスギナの茎《くき》。筆《ふで》のような形《かたち》をしている。つくしんぼ。

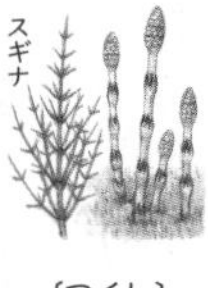

〔つくし〕

**つくし**【筑紫】地名 ❶昔《むかし》の筑前《ちくぜん》と筑後《ちくご》とを合《あ》わせた地域《ちいき》。今《いま》の福岡県《ふくおかけん》にあたる。❷九州地方《きゅうしゅうちほう》の古《ふる》い言《い》い方《かた》。

**つくしへいや**【筑紫平野】地名 福岡県《ふくおかけん》と佐賀県《さがけん》とにまたがる、九州《きゅうしゅう》でいちばん広《ひろ》い平野《へいや》。筑後川《ちくごがわ》が流《なが》れている。

○**つくす**【尽くす】一動 ❶ありったけ全部《ぜんぶ》出《だ》す。例全力《ぜんりょく》を尽くす。❷(人《ひと》のために)努力《どりょく》する。例町《まち》に尽くす。❸十分《じゅうぶん》に表《あらわ》す。例言葉《ことば》に尽くせない感動《かんどう》。二〔ある言葉《ことば》のあとにつけて〕すっかり…してしまう。例食《た》べ尽くす。⇩じん【尽】657ページ

**つくだに**【佃煮】名 小魚《こざかな》や貝《かい》・コンブなどを、しょうゆ・砂糖《さとう》などで煮《に》つめた食《た》べ物《もの》。

**つくづく** 副(-と) ❶深《ふか》く考《かんが》えるようす。例つくづくと母《はは》のありがたさを知《し》った。❷じっと見《み》るようす。例鏡《かがみ》の中《なか》の自分《じぶん》の顔《かお》をつくづくと見《み》る。❸ほんとうに。例いいかげんさにつくづくあきれ果《は》てる。

**つくつくぼうし**【つくつく法師】名 セミの一種《いっしゅ》。夏《なつ》の終《お》わりから秋《あき》の初《はじ》めにかけて見《み》られる。羽《はね》がすきとおっていて、ツクツクホーシと鳴《な》く。

**つぐない**【償い】名 お金《かね》などで、損害《そんがい》をうめ合《あ》わせること。弁償《べんしょう》。

**つぐなう**【償う】動 ❶自分《じぶん》の罪《つみ》やあやまちを、他《ほか》のものでうめ合《あ》わせる。例罪《つみ》を償う。❷弁償《べんしょう》する。⇩しょう【償】624ページ

**つくねんと** 副 一人《ひとり》でぼんやりとしているようす。例誰《だれ》もいない部屋《へや》につくねんと座《すわ》っている。

**つぐみ** 名 秋《あき》、群《む》れをつくって日本《にっぽん》の野山《のやま》へわたってくる冬鳥《ふゆどり》。ハトより小《ちい》さく、背《せ》は黒《くろ》茶色《ちゃいろ》である。⇩ふゆどり 1154ページ

**つぐむ** 動 口《くち》を閉《と》じる。だまる。例何《なに》を聞《き》いても、口《くち》をつぐんだままである。

**つくり**【作り】名 ❶作《つく》ること。できあがったようす。例手作《てづく》り。美《うつく》しい作りの箱《はこ》。❷ものの形《かたち》や組《く》み立《た》て。例体《からだ》の作り。❸身《み》なり。例はでなつくり。❹わざとすること。例作り笑《わら》い。❺さしみ。例タイのお作り。参考ふつう❸は、かな書《が》きにする。❺は「造《つく》り」とも書《か》く。

**つくり**【造り】名 ❶(船《ふね》・庭《にわ》・酒《さけ》などを)造《つく》ること。できぐあい。例庭《にわ》の造り。❷さしみ。参考❷は「作《つく》り」とも書く。

✤**つくり**【旁】名〔国語《こくご》で〕漢字《かんじ》を組《く》み立《た》てる部《ぶ》分《ぶん》の一《ひと》つ。「雑《ざつ》」の「隹〔ふるとり〕」や「則《そく》」の「刂〔りっとう〕」など、漢字《かんじ》の右《みぎ》の部分《ぶぶん》で、部《ぶ》首《しゅ》ともなる。対偏《へん》。⇩ふろく(2)ページ

**つくりごと**【作り事】名 ないことを、あるように作《つく》って言《い》うこと。うそ。

**つくりだす**【作り出す】動 ❶作《つく》り始《はじ》める。例はりきって料理《りょうり》を作りだした。❷物《もの》を生産《せいさん》する。例新商品《しんしょうひん》を作り出す。

**つくりつけ**【作り付け】名 取《と》り外《はず》せないように作《つく》ったもの。例作り付けの棚《たな》。

**つくりばなし**【作り話】名 ほんとうにはないことを、あったように作《つく》った話《はなし》。

**つくりもの**【作り物】名 ❶本物《ほんもの》そっくりにつくったもの。例作り物の埴輪《はにわ》。❷実際《じっさい》にはないものごと。例その話《はなし》は作り物だよ。❸舞台《ぶたい》に置《お》くかんたんな装置《そうち》。例松《まつ》の木《き》の作り物。❹田畑《たはた》で作《つく》るもの。農作物《のうさくぶつ》。〔❶〜❹「作《つく》りもん」とも言《い》う。〕

**つくりもん**【作りもん】名 ⇩つくりもの 855ページ

**つくりわらい**【作り笑い】名 動する おかしくも楽《たの》しくもないのに、むりに笑《わら》うこと。また、その顔《かお》。例作り笑いをしてごまかす。

○**つくる**【作る】動 ❶こしらえる。材料《ざいりょう》に手《て》を加《くわ》えて、新《あたら》しいものを生《う》み出《だ》す。例料理《りょうり》を作る。プラモデルを作る。❷形《かたち》づくる。例行列《ぎょうれつ》を作る。❸(植物《しょくぶつ》や人《ひと》などを)大《おお》きく育《そだ》てる。例花《はな》を作る。❹田《た》や畑《はたけ》を耕《たがや》す。例畑《はたけ》を作る。❺わざとそのようにする。例笑顔《えがお》を作る。⇩さく【作】509ページ

○**つくる**【造る】動 (船《ふね》・庭《にわ》・酒《さけ》などを)機械《きかい》などを使《つか》って、大仕《おおじ》かけにこしらえる。例船《ふね》を造る。⇩ぞう【造】744ページ

**つくる**【創る】動 (作品《さくひん》などを)新《あたら》しく生《う》み出《だ》す。例人《ひと》を感動《かんどう》させるような物語《ものがたり》を創




ことわざ 門前《もんぜん》の小僧習《こぞうなら》わぬ経《きょう》を読《よ》む 門前《もんぜん》の小僧習《こぞうなら》わぬ経《きょう》を読《よ》むのとおり、花屋《はなや》の子《こ》だから、花《はな》にくわしいわけだ。

**例解⇔使い分け**

**作《つく》る と 造《つく》る と 創《つく》る**

料《りょう》理《り》を作《つく》る。
米《こめ》を作《つく》る。
規《き》則《そく》を作《つく》る。

酒《さけ》を造《つく》る。
貨《か》物《もつ》船《せん》を造《つく》る。
公《こう》園《えん》を造《つく》る。

新《あたら》しく会《かい》社《しゃ》を創《つく》る。
日《にっ》本《ぽん》の未《み》来《らい》を創《つく》る。

る。参考「作《つく》る」とも書《か》く。

**つくろう【繕う】** 動 ❶破《やぶ》れたり、こわれたりした部《ぶ》分《ぶん》を直《なお》す。例 着《き》物《もの》のほころびを繕う。❷かざりたてる。うわべをかざる。例 体《てい》裁《さい》を繕う。❸ごまかす。例 その場《ば》を繕う。

**⇩ぜん【繕】** 729ページ

**つけ【付け】** 一 名 ❶書《か》きつけ。勘《かん》定《じょう》書《が》き。例 付けを回《まわ》す。❷勘《かん》定《じょう》を書《か》きつけて、お金《かね》をあとではらうこと。かけで売《う》ること。例 付けで買《か》う。二〔ある言《こと》葉《ば》のあとにつけて〕いつもそうしていることを表《あらわ》す。例 かかりつけの医《い》者《しゃ》。参考 ふつう 二 は、かな書《が》きにする。

**付《つ》けが回《まわ》る** 前《まえ》にしたことの影《えい》響《きょう》が出《で》る。例 なまけた付けが回ってきた。

**づけ【付け】**〔日《ひ》にちのあとにつけて〕その日《ひ》付《づけ》であることを表《あらわ》す。例 十《じゅう》一《いち》月《がつ》六《むい》日《か》付けの届《とど》け。

**づけ【漬け】**〔ある言《こと》葉《ば》のあとにつけて〕❶つけること。つけたもの。例 みそ漬け。❷そればかりになること。例 野《や》球《きゅう》漬けの毎《まい》日《にち》。

**つけあがる【付け上がる】** 動 相《あい》手《て》がおとなしいのをいいことに、思《おも》い上《あ》がる。例 ちょっとおだてると、すぐつけ上がる。

**つけいる【付け入る】** 動 相《あい》手《て》の弱《よわ》みをうまくとらえる。例 つけ入るすきをさがす。

**つげぐち【告げ口】** 名 動-する ある人《ひと》のかくしごとやあやまちを、こっそり他《ほか》の人《ひと》に知《し》らせること。例 先《せん》生《せい》に告げ口をする。

**つけくわえる【付け加える】** 動 あとから補《おぎな》う。付《つ》け足《た》す。例 ひと言《こと》付け加える。

**つけこむ【付け込む】** 動 相《あい》手《て》のすきや弱《じゃく》点《てん》を見《み》つけて、うまく利《り》用《よう》する。つけ入《い》る。例 人《ひと》の弱《よわ》みにつけ込む。

**つけたし【付け足し】** 名 つけ加《くわ》えたもの。付《つ》け足《た》り。例 付け足しの意《い》見《けん》を言《い》う。

**つけたす【付け足す】** 動 つけ加《くわ》える。例 説《せつ》明《めい》を付け足す。

**つけたり【付け足り】** 名 よけいにつけ加《くわ》えたもの。付《つ》け足《た》し。例 この最《さい》後《ご》の一《いち》行《ぎょう》は付け足りです。

**つけね【付け根】** 名 物《もの》がついている、根《ね》元《もと》の所《ところ》。例 指《ゆび》のつけ根が痛《いた》い。

**つけねらう【付け狙う】** 動 あとをつけて、すきをうかがう。

**つけまわす【付け回す】** 動 どこまでも、あとをつける。例 人《ひと》のあとをつけ回す。

**つけめ【付け目】** 名 相《あい》手《て》の弱《じゃく》点《てん》で、うまく利《り》用《よう》できるところ。例 相《あい》手《て》のつかれがつけめだ。参考 ふつう、かな書《が》きにする。

**つけもの【漬物】** 名 野《や》菜《さい》などを、塩《しお》・みそ・ぬかなどにつけた食《た》べ物《もの》。おしんこ。

**つけやきば【付け焼き刃】** 名 間《ま》に合《あ》わせで覚《おぼ》えた知《ち》識《しき》や態《たい》度《ど》など。例 付け焼き刃の知《ち》識《しき》をふりかざす。

**つける【漬】** 画数 14 部首 氵(さんずい)

音 ― 訓 つ-ける つ-かる

水《みず》にひたす。熟語 漬《つけ》物《もの》。

**つける【漬ける】** 動 ❶つける。ひたす。例 洗《せん》濯《たく》物《もの》を水《みず》につける。❷つけ物《もの》にする。例 大《だい》根《こん》を漬ける。参考 ふつう、❶はかな書《が》きにする。

**つける【付ける】** 一 動 ❶物《もの》が、はなれないようにする。例 リボンを付ける。薬《くすり》を付ける。❷しるしを残《のこ》す。例 紙《かみ》に折《お》り目《め》を付ける。❸書《か》きこむ。しるす。例 日《にっ》記《き》を付ける。❹加《くわ》える。例 おまけを付ける。味《あじ》を付ける。❺そっとあとについて行《い》く。例 友《とも》達《だち》のあとをつける。❻ものごとを収《おさ》める。例 けりをつける。❼注《ちゅう》意《い》を向《む》ける。例 気《き》を付ける。❽値《ね》段《だん》を決《き》める。例 値《ね》を付ける。目《め》を付ける。

る。❾そばに付《つ》きそわせる。例コーチを付ける。二〔ある言葉《ことば》のあとにつけて〕…し慣《な》れている。例いつも、見《み》つけている。食《た》べつけている。参考ふつう一の❺・❻と二は、かな書《が》きにする。↓ふ【付】1122ページ

°**つける【着ける】**動 ❶着《き》る。衣《い》服《ふく》などを体《からだ》にまとう。例下着《したぎ》を着ける。❷ある場《ば》所《しょ》に寄《よ》せる。例船《ふね》を港《みなと》に着ける。❸ある場《ば》所《しょ》にすわらせる。例席《せき》に着ける。❹とりかかる。例仕事《しごと》に手《て》を着ける。↓ちゃく【着】828ページ

**つける【就△ける】**動 役《やく》を与《あた》える。例彼《かれ》を役《やく》に就ける。↓しゅう【就】592ページ

**つける【点▲ける】**動 ❶明《あ》かりをともす。例蛍《けい》光《こう》灯《とう》をつける。❷火《ひ》を燃《も》やし始《はじ》める。例ガスに火《ひ》をつける。❸電《でん》気《き》のスイッチを入《い》れる。例テレビをつける。

°**つげる【告げる】**動 ❶言《こと》葉《ば》で知《し》らせる。例別《わか》れを告げる。❷音《おと》やようすで知《し》らせる。例春《はる》を告げる鳥《とり》。↓こく【告】452ページ

°**つごう【都合】**一名 ❶ぐあい。例都合が悪《わる》い。❷わけ。事《じ》情《じょう》。例都合で行《い》けない。二名動-する やりくり。例お金《かね》を都合する。三副 合《あ》わせて。例つごう千《せん》円《えん》です。参考ふつう、三はかな書《が》きにする。

**つし〘津市〙**地名 三《み》重《え》県《けん》の県《けん》庁《ちょう》がある市《し》。

**つじ【辻◆】**名 ❶十《じゅう》字《じ》路《ろ》。❷道《みち》ばた。

**つじつま**名 ものごとの筋《すじ》道《みち》や道《どう》理《り》。例話《はなし》のつじつまが合《あ》わない。

**つしま〘対馬〙**地名 ❶長《なが》崎《さき》県《けん》の北《ほく》部《ぶ》、対《つ》馬《しま》海《かい》峡《きょう》にある対《つし》馬《ま》島《とう》を中《ちゅう》心《しん》とする島《しま》々《じま》。対《つし》馬《ま》諸《しょ》島《とう》。❷昔《むかし》の国《くに》の名《な》の一《ひと》つ。今《いま》の対《つし》馬《ま》諸《しょ》島《とう》にあたる。

**つしまかいきょう〘対馬海峡〙**地名 九《きゅう》州《しゅう》北《ほく》岸《がん》と朝《ちょう》鮮《せん》半《はん》島《とう》との間《あいだ》の海《うみ》。

**つしまかいりゅう【▲〈対馬〉海流】**名 黒《くろ》潮《しお》から分《わ》かれて、対《つし》馬《ま》海《かい》峡《きょう》から日《に》本《ほん》海《かい》を北《きた》へ流《なが》れる暖《だん》流《りゅう》。↓かいりゅう207ページ

**つた**名 つる性《せい》の木《き》。巻《ま》きひげの先《さき》が吸《きゅう》盤《ばん》となり、石《いし》がきや壁《かべ》などにつく。

**つたう【伝う】**動 ある物《もの》に沿《そ》って動《うご》く。伝《つた》わる。例涙《なみだ》がほおを伝う。↓でん【伝】891ページ

**つだうめこ〘津田梅子〙**人名(女)(一八六四～一九二九)明《めい》治《じ》・大《たい》正《しょう》時《じ》代《だい》の教《きょう》育《いく》者《しゃ》。日《にっ》本《ぽん》最《さい》初《しょ》の女《じょ》子《し》留《りゅう》学《がく》生《せい》としてアメリカで学《まな》び、のちに女《じょ》子《し》英《えい》学《がく》塾《じゅく》(今《いま》の津《つ》田《だ》塾《じゅく》大《だい》学《がく》)を開《ひら》いて、女《じょ》子《し》高《こう》等《とう》教《きょう》育《いく》に貢《こう》献《けん》した。

**つたえあう【伝え合う】**動 たがいに伝《つた》える。

**つたえきく【伝え聞く】**動 人《ひと》から聞《き》いて知《し》る。例伝え聞くところでは……。

°**つたえる【伝える】**動 ❶受《う》けついで、あとに残《のこ》す。例伝《でん》統《とう》の技《わざ》を伝える。❷言《こと》葉《ば》で知《し》らせたり教《おし》えたりする。例ニュースを伝える。❸熱《ねつ》や電《でん》気《き》などを通《とお》す。例金《きん》属《ぞく》は熱《ねつ》を伝える。❹世《よ》の中《なか》に広《ひろ》める。例仏《ぶっ》教《きょう》を伝える。↓でん【伝】891ページ

**つたない【拙°い】**形 ❶下《へ》手《た》だ。おとっている。例つたない文《ぶん》章《しょう》。「つたない者《もの》ですが、よろしく〔自《じ》分《ぶん》を謙《けん》遜《そん》した言《い》い方《かた》〕。」❷運《うん》が悪《わる》い。例武《ぶ》運《うん》つたなく敗《やぶ》れる。↓せつ【拙】717ページ

°**つたわる【伝わる】**動 ❶物《もの》に沿《そ》って動《うご》いていく。伝《つた》う。例雨《あめ》が、といを伝わる。❷世《よ》の中《なか》に知《し》れわたる。例うわさが伝わる。❸昔《むかし》から受《う》けつがれる。例村《むら》に伝わる話《はなし》。❹よそから来《く》る。例漢《かん》字《じ》は、中《ちゅう》国《ごく》から伝わった。❺熱《ねつ》や電《でん》気《き》などが通《とお》る。例電《でん》流《りゅう》が伝わる。↓でん【伝】891ページ

°**つち【土】**名 ❶岩《いわ》や石《いし》がくだけて、粉《こな》になったもの。どろ。❷陸《りく》地《ち》の表《ひょう》面《めん》。地《じ》面《めん》。例日《にっ》本《ぽん》の土をふむ〔=そこに着《つ》く〕。↓ど【土】901ページ

**土《つち》が付《つ》く** (すもうなどで)負《ま》ける。特《とく》に、地《ち》位《い》が高《たか》い人《ひと》や、勝《か》ち続《つづ》けていた人《ひと》が負《ま》ける。

**つち**名 物《もの》をたたくのに使《つか》う道《どう》具《ぐ》。ハンマー。例金《かな》づち。木《き》づち。

**つちかう【培°う】**動 ❶草《くさ》木《き》を育《そだ》てる。❷力《ちから》や性《せい》質《しつ》などを育《そだ》て養《やしな》う。例公《こう》共《きょう》心《しん》を培う。

**例解 ! 表現の広場**

**伝《つた》える と 告《つ》げる と 報《ほう》じる のちがい**

| | 伝《つた》える | 告《つ》げる | 報《ほう》じる |
|---|---|---|---|
| ウグイスが春《はる》を | × | ○ | × |
| ラジオが一《いち》時《じ》を | ○ | ○ | ○ |
| 多《おお》くの昔《むかし》話《ばなし》を | ○ | × | × |
| 気《き》持《も》ちを | ○ | ○ | × |



ことわざ 安物《やすもの》買《が》いの銭《ぜに》失《うしな》い 母《はは》は安物《やすもの》買《が》いの銭《ぜに》失《うしな》いで、バーゲン品《ひん》を買《か》ってはあとでくやんでいる。

成長《せいちょう》に培う。[参考]もともとは「…につちかう」と使《つか》っていた。⇩ばい【培】1026ページ

**つちくさい**【土臭い】(形) ❶土《つち》のにおいがする。❷田舎《いなか》じみていてやぼったい。(類)泥臭《どろくさ》い。

**つちくれ**【土くれ】(名) 土《つち》のかたまり。

**つちけむり**【土煙】(名) 細《こま》かい土《つち》や砂《すな》がふき上《あ》げられて、けむりのように見《み》えるもの。

**つちつかず**【土付かず】(名) すもうや勝負《しょうぶ》事《ごと》などで、勝《か》ち続《つづ》けていること。全勝《ぜんしょう》。

**つちふまず**【土踏まず】(名) 足《あし》の裏《うら》のへこんでいるところ。⬇からだ❶262ページ

✤**つちへん**(名) 漢字《かんじ》の部首《ぶしゅ》で、「へん」の一《ひと》つ。「地《ち》」「場《じょう》」「坂《はん》」「境《きょう》」などの「土」の部分《ぶぶん》。土《つち》に関係《かんけい》のある漢字《かんじ》が多《おお》い。

○**つつ**【筒】(名) 円《まる》くて長《なが》く、中《なか》が空《あ》いているもの。管《くだ》。例 茶筒《ちゃづつ》。⇩とう【筒】905ページ

**つつ**(助) ❶…ながら。例 メモを取《と》りつつ聞《き》く。❷…にもかかわらず。例 悪《わる》いと知《し》りつつだます。❸動作《どうさ》が、今《いま》行《おこな》われていることを表《あらわ》す。例 書《か》きつつある作文《さくぶん》。

■**つつうらうら**【津津浦浦】(名)〔すべての港《みなと》や海岸《かいがん》という意味《いみ》から〕全国《ぜんこく》至《いた》る所《ところ》。つづうらうら。例 名前《なまえ》が津々浦々に知《し》れわたる。

**つっかい**(名) 支《ささ》えること。また、支《ささ》えるもの。つっかえ。例 つっかい棒《ぼう》。

**つっかかる**【突っ掛かる】(動) ❶ぶつかる。例 入《い》り口《ぐち》で突っかかる。❷くってかかる。例 友達《ともだち》に突っかかる。

**つっかける**【突っ掛ける】(動) ❶はき物《もの》をむぞうさにはく。例 げたを突っかけて行《い》く。❷相手《あいて》に勢《いきお》いよくぶつかる。

**つつがない**(形) 病気《びょうき》やけがなどもなく、無事《ぶじ》である。例 つつがなく暮《く》らす。

○**つづき**【続き】(名) 続《つづ》くこと。また、続《つづ》くもの。例 物語《ものがたり》の続きが読《よ》みたい。

**つづきがら**【続き柄】(名)(親子《おやこ》・きょうだい・親戚《しんせき》などのような)血縁《けつえん》関係《かんけい》。続柄《ぞくがら》。

**つづきもの**【続き物】(名)(新聞《しんぶん》・雑誌《ざっし》・テレビなどで)何回《なんかい》か続《つづ》いている読《よ》み物《もの》やドラマなど。(類)連載《れんさい》。(対)読《よ》み切《き》り。

**つっきる**【突っ切る】(動) まっすぐ通《とお》りぬける。横切《よこぎ》る。例 空《あ》き地《ち》を突っ切る。

○**つつく**(動)〔「つっつく」ともいう。〕❶細《ほそ》い物《もの》で何度《なんど》もつく。例 肩《かた》を指《ゆび》でつつく。❷はしなどで取《と》って食《た》べる。例 なべ料理《りょうり》をつつく。❸欠点《けってん》や失敗《しっぱい》などをとがめる。例 細《こま》かいことをあれやこれやとつつく。❹するように言《い》われる。例 親《おや》につつかれる。

○**つづく**【続く】(動) ❶同《おな》じようすがつながる。例 道《みち》が続く。❷あとからあとから起《お》こる。例 大《おお》きな事件《じけん》が続く。❸あとについていく。例 先頭《せんとう》に続く。⇩ぞく【続】754ページ

**つづけざま**【続け様】(名) 次《つぎ》から次《つぎ》へと、起《お》こるようす。ひっきりなし。矢《や》つぎ早《ばや》。例 続けざまに花火《はなび》が上《あ》がる。

○**つづける**【続ける】㊀(動) とぎれないようにする。絶《た》やさない。例 仕事《しごと》を続ける。㊁〔ある言葉《ことば》のあとにつけて〕ずっと…する。例 本《ほん》を読《よ》み続ける。⇩ぞく【続】754ページ

**例解 ことばの窓**
**続《つづ》く の意味《いみ》で**
二年《にねん》にわたる連続《れんぞく》テレビドラマ。
緊張《きんちょう》を持続《じぞく》させる。
古《ふる》い制度《せいど》が存続《そんぞく》している。
平和《へいわ》が永続《えいぞく》するように。
話《はな》し合《あ》いを継続《けいぞく》して行《おこな》う。

**つっけんどん**【突っけん貪】(形動) あいそのないようす。例 突っけんどんな言《い》い方《かた》。

**つっこみ**【突っ込み】(名) ❶突《つ》っ込《こ》むこと。❷深《ふか》く追《お》い求《もと》めること。例 研究《けんきゅう》に突っ込みが足《た》りない。❸漫才《まんざい》で、おかしなところをとがめながら話《はなし》を進《すす》める役《やく》の人《ひと》。(対)ぼけ。[参考]❸は「ツッコミ」とも書《か》く。

**つっこむ**【突っ込む】(動) ❶勢《いきお》いよく入《い》れる。入《はい》りこむ。例 水《みず》たまりに足《あし》を突っ込む。❷深《ふか》く中《なか》に入《はい》る。例 突っ込んだ話《はなし》をした。❸ものごとにかかわる。関係《かんけい》する。例 話《はなし》に首《くび》を突っ込む。❹中《なか》に入《い》れる。例 ポケットに手《て》を突っ込む。

**つつじ**(名) 野山《のやま》に生《は》え、庭《にわ》にも植《う》える低木《ていぼく》。春《はる》から夏《なつ》にかけて、赤《あか》・白《しろ》・むらさきなどの色《いろ》の花《はな》が咲《さ》く。種類《しゅるい》が多《おお》い。

**つつしみ**【慎み】(名) つつしむこと。ひかえ

ことわざ やぶから棒《ぼう》 やぶから棒《ぼう》に明日《あす》来《き》てくれと言《い》われても、こちらにも都合《つごう》があるんだ。

目《め》であること。

**つつしみぶかい**【慎み深い】（形） 言葉《ことば》や行《おこな》いが、ひかえ目《め》である。例 慎み深い態度《たいど》に心《こころ》がける。

**つつしむ**【慎む】（動） 行《おこな》いや発言《はつげん》に気《き》をつける。注意《ちゅうい》してひかえ目《め》にする。例 軽々《かるがる》しい行動《こうどう》を慎む。言葉《ことば》を慎む。↓しん【慎】656ページ

**つつしんで**【謹んで】（副） 〔多《おお》くは「謹《つつし》んで」の形《かたち》で〕尊敬《そんけい》の気持《きも》ちを表《あらわ》して、かしこまる。例 謹んで、お祝《いわ》い申《もう》し上《あ》げます。

**つつそで**【筒袖】（名） たもとがない、筒《つつ》のような形《かたち》の袖《そで》。また、そういう袖《そで》の着物《きもの》。

**つったつ**【突っ立つ】（動） まっすぐに立《た》つ。立《た》ったままでいる。例 突っ立っていないで、中《なか》に入《はい》りなさい。

**つつぬけ**【筒抜け】（名） ❶通《とお》りぬけること。例 風《かぜ》が筒抜けで寒《さむ》い。❷秘密《ひみつ》などが、他《ほか》の人《ひと》に伝《つた》わること。例 ないしょ話《ばなし》が筒抜けだ。

**つっぱしる**【突っ走る】（動） ❶勢《いきお》いよく走《はし》る。例 ゴール目《め》がけて、一気《いっき》に突っ走る。❷あとのことを考《かんが》えずに突《つ》き進《すす》む。

**つっぱねる**【突っぱねる】（動） 強《つよ》く断《ことわ》る。例 たのみを突っぱねる。

**つっぱり**【突っ張り】（名） ❶物《もの》が倒《たお》れたり動《うご》いたりしないように、当《あ》てて支《ささ》える棒《ぼう》。突《つ》っ張《ば》り棒《ぼう》。❷すもうの技《わざ》の一《ひと》つ。相手《あいて》を強《つよ》く突《つ》いて押《お》す。

**つっぱる**【突っ張る】（動） ❶強《つよ》く張《は》る。例 筋肉《きんにく》が突っ張る。❷自分《じぶん》の考《かんが》えをおし通《とお》す。例 あの人《ひと》はいつも突っ張る。❸すもうで、相手《あいて》を強《つよ》く突《つ》いて押《お》す。

**つつましい**（形） 礼儀正《れいぎただ》しく、ひかえ目《め》である。例 つつましい話《はな》し方《かた》。

**つつましやか**（形動） 遠慮深《えんりょぶか》く、ひかえ目《め》なようす。例 つつましやかで品《ひん》のいい人《ひと》。

**つづまる**（動） 短《みじか》くなる。簡単《かんたん》になる。縮《ちぢ》まる。

**つつみ**【堤】（名） ↓ていぼう877ページ／↓てい【堤】872ページ

**つつみ**【包み】（名） 紙《かみ》やふろしきで包《つつ》んだもの。例 包みを解《と》く。

**つづみ**【鼓】（名） 日本《にっぽん》の楽器《がっき》で、打楽器《だがっき》の一《ひと》つ。胴《どう》の両側《りょうがわ》に張《は》った皮《かわ》をひもでしめ、手《て》の指《ゆび》をそろえて打《う》ち鳴《な》らす。大《おお》つづみ・小《こ》つづみがある。↓こ【鼓】420ページ

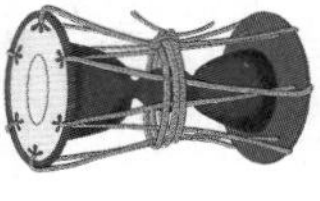
〔つづみ〕

**つつみかくす**【包み隠す】（動） ❶ある物《もの》を包《つつ》んで隠《かく》す。❷人《ひと》に知《し》られないようにする。例 包み隠さず話《はなし》をする。

**つつみがみ**【包み紙】（名） 物《もの》を包《つつ》む紙《かみ》。包《ほう》装紙《そうし》。

**つつむ**【包む】（動） ❶物《もの》を中《なか》に入《い》れて、外《そと》からおおう。例 ふろしきで包む。❷周《まわ》りをすっぽりと囲《かこ》む。全体《ぜんたい》をおおう。例 町《まち》は夕《ゆう》やみに包まれた。❸心《こころ》にかくす。例 悲《かな》しみを胸《むね》に包んでおく。↓ほう【包】1189ページ

**つづめる**（動） 短《みじか》くする。縮《ちぢ》める。

**つづら**（名） 衣類《いるい》を入《い》れておく、箱《はこ》のように作《つく》ったかご。フジのつるや、ヒノキのうすい板《いた》などを編《あ》んで作《つく》る。

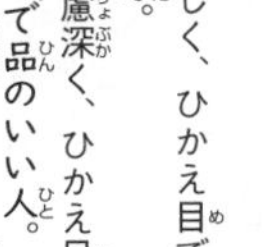
〔つづら〕

**つづらおり**【つづら折り】（名） くねくねと曲《ま》がりくねって続《つづ》く坂道《さかみち》。例 つづら折りの山《やま》道《みち》。

**つづり**【綴り】（名） ❶ひもなどでつなぎ合《あ》わせたもの。例 書類《しょるい》のつづり。❷外国語《がいこくご》で、言葉《ことば》の文字《もじ》の並《なら》べ方《かた》。スペリング。

**つづりかた**【綴り方】（名） ❶〔国語《こくご》で〕作文《さくぶん》のこと。〔古《ふる》い言《い》い方《かた》。〕❷外国語《がいこくご》で、文字《もじ》を連《つら》ねて言葉《ことば》を書《か》き表《あらわ》す方法《ほうほう》。

**つづる**【綴る】（動） ❶一《ひと》つにつなぎ合《あ》わせる。例 書類《しょるい》をつづる。❷詩《し》や文章《ぶんしょう》を作《つく》る。例 「山《やま》」という題《だい》で文《ぶん》をつづる。❸アルファベットを使《つか》って、言葉《ことば》を書《か》く。

**つて**（名） 人《ひと》とのつながり。てづる。例 つてをたよって上京《じょうきょう》する。

例解 ！ 表現の広場

**包《つつ》む と くるむ のちがい**

| | 本《ほん》をふろしきで | こい霧《きり》が町《まち》を | 赤《あか》んぼうを毛布《もうふ》で |
|---|---|---|---|
| 包《つつ》む | ○ | ○ | × |
| くるむ | ○ | × | ○ |



ことわざ 病《やまい》は気《き》から　病《やまい》は気《き》からと言《い》う。病気《びょうき》を忘《わす》れて動《うご》き回《まわ》ったほうが、かえっていいと思《おも》うよ。

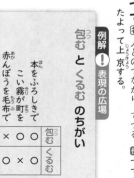

**例解↔使い分け**

**努《つと》めると務《つと》めると勤《つと》める**

体《たい》力《りょく》の向《こう》上《じょう》に努《つと》める。

事《じ》件《けん》の解《かい》決《けつ》に努《つと》める。

すききらいをなくすよう努《つと》める。

議《ぎ》長《ちょう》を務《つと》める。

主《しゅ》役《やく》を務《つと》める。

会《かい》社《しゃ》に勤《つと》める。

工《こう》場《じょう》に勤《つと》める。

**つと** (副) 急《きゅう》に体《からだ》を動《うご》かすようす。例 つと立《た》ち上《あ》がった。

**つど【都度】** (名) そのたび。毎《まい》回《かい》。例 外《がい》出《しゅつ》のつど、行《い》き先《さき》を書《か》いておく。

**つどい【集い】** (名) 集《あつ》まり。例 楽《たの》しい集い。

**つどう【集う】** (動) 集《あつ》まる。集《しゅう》合《ごう》する。例 若《わか》者《もの》たちが集う。↓しゅう【集】593ページ

**つとまる【務まる】** (動) 役《やく》目《め》を受《う》け持《も》つことができる。例 彼《かれ》なら会《かい》長《ちょう》が務まる。↓む【務】1270ページ

**つとまる【勤まる】** (動) 仕《し》事《ごと》をすることができる。例 だれにでも勤まる仕《し》事《ごと》だ。↓きん【勤】350ページ

○**つとめ【務め】** (名) しなくてはならないことがら。例 勉《べん》強《きょう》は学《がく》生《せい》の務めである。

○**つとめ【勤め】** (名) ❶働《はたら》きに行《い》くこと。また、その仕《し》事《ごと》。例 勤めに出《で》かける。❷仏《ぶっ》教《きょう》で、お経《きょう》をあげること。例 朝《あさ》のお勤め。

**つとめさき【勤め先】** (名) 勤《つと》めている役《やく》所《しょ》や会《かい》社《しゃ》など。勤《きん》務《む》先《さき》。

**つとめて【努めて】** (副) できるだけ努《ど》力《りょく》して。例 努めてきれいに書《か》く。

**つとめにん【勤め人】** (名) 役《やく》所《しょ》や会《かい》社《しゃ》などに勤《つと》めている人《ひと》。サラリーマン。

○**つとめる【努める】** (動) 一《いっ》生《しょう》懸《けん》命《めい》にする。例 サービスに努める。↓ど【努】901ページ

○**つとめる【務める】** (動) 役《やく》目《め》を受《う》け持《も》つ。例 司《し》会《かい》を務める。↓む【務】1270ページ

○**つとめる【勤める】** (動) 仕《し》事《ごと》場《ば》で働《はたら》く。例 銀《ぎん》行《こう》に勤める。↓きん【勤】350ページ

○**つな【綱】** (名) ❶長《なが》くて太《ふと》いなわ。ロープ。例 綱引《ひ》き。❷たのみとするもの。例 命《いのち》の綱。↓こう【綱】428ページ

**ツナ**〔英語 tuna〕(名) マグロやカツオの身《み》を加《か》工《こう》したもの。例 ツナ缶《かん》。

**つながり** (名) ❶つながっていること。❷関《かん》係《けい》。例 あの人《ひと》とのつながりは古《ふる》い。

○**つながる** (動) ❶はなれているものが結《むす》ばれる。例 電《でん》話《わ》がつながる。❷関《かん》係《けい》がある。結《むす》びつく。例 優《ゆう》勝《しょう》につながる試《し》合《あい》。

✤**つなぎことば【つなぎ言葉】** (名) 〔国《こく》語《ご》で〕文《ぶん》と文《ぶん》、語《ご》句《く》と語《ご》句《く》とを、つなぐはたらきをする言《こと》葉《ば》。「雨《あめ》がやんだ。だから出《で》かけた。」の「だから」のような接《せつ》続《ぞく》詞《し》や、「雨《あめ》が降《ふ》ったので、中《ちゅう》止《し》した。」の「ので」のような助《じょ》詞《し》をいう。接《せつ》続《ぞく》語《ご》。

**つなぎめ【つなぎ目】** (名) ❶(糸《いと》やひもなどを)つなぐために結《むす》び合《あ》わせた所《ところ》。❷はなれているものを、結《むす》び合《あ》わせてひと続《つづ》きにした所《ところ》。

○**つなぐ** (動) ❶はなれないように、他《ほか》のものに結《むす》びつける。例 ボートをつなぐ。❷はなれているものを、結《むす》び合《あ》わせてひと続《つづ》きのものにする。例 手《て》をつなぐ。❸長《なが》く続《つづ》くようにする。例 命《いのち》をつなぐ。望《のぞ》みをつなぐ。

**つなげる** (動) 結《むす》びつけて、はなれないようにする。つなぐ。例 ひもをつなげて長《なが》くする。

**つなひき【綱引き】** (名) 一《いっ》本《ぽん》の綱《つな》を引《ひ》き合《あ》って、力《ちから》を比《くら》べる競《きょう》技《ぎ》。

**つなみ【津波】** (名) 地《じ》震《しん》などのために、大《おお》きな波《なみ》が急《きゅう》に海《かい》岸《がん》におし寄《よ》せてくること。↓たかしお786ページ

**つなわたり【綱渡り】** (名) ❶空《くう》中《ちゅう》高《たか》く張《は》った綱《つな》の上《うえ》をわたり歩《ある》く曲《きょく》芸《げい》。❷危《あぶ》ないことのたとえ。例 綱渡りの連《れん》続《ぞく》で勝《か》った。

**つね【常】** (名) ❶いつも変《か》わらないこと。例 世《よ》の常。❷ふだん。例 常の兄《あに》とは思《おも》えない。❸ありがちなこと。習《なら》わし。例 遊《あそ》びたいのは、子《こ》どもの常だ。↓じょう【常】625ページ

**つねづね【常常】** (副) いつも。ふだん。例 火《か》事《じ》には常々気《き》をつけている。

○**つねに【常に】** (副) いつも。ふだん。絶《た》えず。

ことわざ **横《よこ》車《ぐるま》を押《お》す** 一人《ひとり》横《よこ》車《ぐるま》を押《お》す人《ひと》があったために、会《かい》議《ぎ》がすっかり長《なが》引《び》いてしまった。

例 常に健康《けんこう》に注意《ちゅうい》する。

**つねひごろ【常日頃】** 名 副 いつも。ふだん。例 常日ごろの勉強《べんきょう》がだいじだ。

**つねる** 動 （つめや指《ゆび》の先《さき》で）皮膚《ひふ》をつまんで強《つよ》くひねる。例 ほっぺたをつねる。

**つの【角】** 名 動物《どうぶつ》の頭《あたま》に突《つ》き出《で》ている、かたいとがったもの。↓かく【角】217ページ

**角《つの》を出《だ》す** 女性《じょせい》が、やきもちを焼《や》く。角《つの》を生《は》やす。

**例解！ことばの勉強室**

## つなぎ言葉《ことば》のはたらき

うまく歌《うた》えた。しかし、二《に》位《い》だった。
うまく歌《うた》えた。だから、二《に》位《い》だった。

合唱《がっしょう》コンクールの後《あと》の言葉《ことば》である。二人《ふたり》とも同《おな》じことがらについて、まったくちがったつなぎ言葉《ことば》を使《つか》って話《はな》している。なぜだろうか。

「しかし」でつないだひろしさんは、うまく歌《うた》えたのだから、一位《いちい》まちがいなしだと思《おも》っていた。ところが、惜《お》しくも二位《にい》だったので、残念《ざんねん》がっている。

一方《いっぽう》、「だから」でつないだあいさんは、もともと入賞《にゅうしょう》は無理《むり》だとあきらめていた。ところが、いつも以上《いじょう》にうまく歌《うた》えたので、思《おも》いがけず二位《にい》になれたと喜《よろこ》んでいる。

このように、ものごとに対《たい》する話《はな》し手《て》（書《か》き手《て》）のとらえ方《かた》や考《かんが》え方《かた》のちがいによって、使《つか》うつなぎ言葉《ことば》もちがってくるのである。

では、次《つぎ》の場合《ばあい》はどうか。

おなじみのパン屋《や》から新《あたら》しく売《う》り出《だ》されたパンを、二人《ふたり》がためしに食《た》べてみた。

あの店《みせ》のパンだ。
けれども、このパンは好《す》きじゃない。
けれども、このパンは好《す》きだ。

つなぎ言葉《ことば》「けれども」は同《おな》じなのに、後《あと》に続《つづ》くことがらが正反対《せいはんたい》になっている。

ひろしさんは、前《まえ》からそのパン屋《や》がお気《き》に入《い》りで、そこのパンが好《す》きだった。「けれども」今度《こんど》のパンは好《す》きになれなかったのである。

一方《いっぽう》、あいさんは、もともとその店《みせ》のパンが口《くち》に合《あ》わず、好《この》みのパン屋《や》ではなかった。だから、これもおいしくないだろうと食《た》べてみたら、意外《いがい》にもおいしかったのである。その気持《きも》ちが「けれども」に表《あらわ》されている。

このように、つなぎ言葉《ことば》は、ものごとに対《たい》する話《はな》し手《て》（書《か》き手《て》）のとらえ方《かた》や考《かんが》え方《かた》と、深《ふか》く結《むす》びついて使《つか》われている。

**つのかくし【角隠し】** 名 結婚式《けっこんしき》で、着物《きもの》姿《すがた》の花嫁《はなよめ》が日本髪《にほんがみ》を覆《おお》うように巻《ま》く布《ぬの》。

**つのぶえ【角笛】** 名 動物《どうぶつ》の角《つの》で作《つく》った笛《ふえ》。

**つのらせる【募らせる】** 動 しだいに勢《いきお》いが激《はげ》しくなる。例 不安《ふあん》を募らせる。

**つのる【募る】** 動 ❶広《ひろ》く人々《ひとびと》に呼《よ》びかけて集《あつ》める。例 参加者《さんかしゃ》を募る。❷ますます激《はげ》しくなる。例 雨《あめ》や風《かぜ》が募る。↓ぼ【募】1188ページ

**つば【唾】** 名 つばき。例 つばをはく。↓だえき 785ページ／↓だ【唾】766ページ

**唾《つば》を付《つ》ける** 人《ひと》に取《と》られないように、前《まえ》もって自分《じぶん》のものだとはっきり示《しめ》す。

**つば** 名 ❶刀《かたな》の、つかと刃《は》の間《あいだ》にある、円《まる》や四角《しかく》の形《かたち》をした金具《かなぐ》。↓かたな 240ページ。❷ぼうしの、ひさし。例 つばの広《ひろ》いぼうし。

**つばき【唾】** 名 つば。↓だえき 785ページ

**つばき【椿】** 名 暖《あたた》かい山地《さんち》に生《は》え、庭《にわ》にも植《う》えられる木《き》。葉《は》は厚《あつ》くてつやがある。春先《はるさき》に、赤《あか》・白《しろ》などの花《はな》が咲《さ》く。種《たね》からつばき油《あぶら》をとる。↓こうようじゅ 447ページ

**つばさ【翼】** 名 ❶（空《そら》を飛《と》ぶための）鳥《とり》の羽《はね》。❷飛行機《ひこうき》の羽根《はね》。↓よく【翼】1356ページ

**つばぜりあい【つばぜり合い】** 名 動-する ❶相手《あいて》の刀《かたな》を、自分《じぶん》の刀《かたな》のつばで受《う》け止《と》めて、おし合《あ》うこと。❷激《はげ》しい争《あらそ》いをすること。例 つばぜり合いを演《えん》じた。

**つばめ【燕】** 名 夏鳥《なつどり》として、春《はる》に南《みなみ》から来《き》て秋《あき》に帰《かえ》るわたり鳥《どり》。家《いえ》ののき先《さき》などに巣《す》をつ

あいうえお かきくけこ さしすせそ たち つ てと なにぬねの はひふへほ まみむめも やゆよ らりるれろ わをん



ことわざ 弱《よわ》り目《め》にたたり目《め》 テストのできが悪《わる》かったうえに、そのあとかぜをひいてねこんでしまった。弱《よわ》り目《め》にたたり目《め》だよ。

くる。尾《お》は長《なが》く、先《さき》が二《ふた》つに割《わ》れている。飛《と》びながら虫《むし》をつかまえる。

**°つぶ【粒】** 一 名 ❶小《ちい》さくて丸《まる》いもの。例 米《こめ》粒。❷集《あつ》まっているものの、一《ひと》つ一《ひと》つの質《しつ》や大《おお》きさ。例 粒のそろったイチゴ。二 〔数字《すうじ》のあとにつけて〕小《ちい》さくて丸《まる》いものを数《かぞ》える言《こと》葉《ば》。例 豆《まめ》一《ひと》粒。⇩りゅう【粒】1388ページ

**つぶさに** 副 ❶細《こま》かく。くわしく。例 事《じ》件《けん》をつぶさに調《しら》べた。❷残《のこ》らず。もれることなく、全《ぜん》部《ぶ》。例 つぶさに報《ほう》告《こく》する。

**つぶしがきく【潰しが効く】** 今《いま》の仕《し》事《ごと》を辞《や》めても、別《べつ》の仕《し》事《ごと》で十《じゅう》分《ぶん》やっていける。

**°つぶす【潰す】** 動 ❶おさえつけて形《かたち》をこわす。例 箱《はこ》をつぶす。❷だめにする。失《うしな》う。例 チャンスをつぶす。❸空《あ》いたところをうめる。例 おしゃべりをして時《じ》間《かん》をつぶす。❹そこなう。例 声《こえ》をつぶす。⇩かい【潰】195ページ

**つぶぞろい【粒ぞろい】** 名 すぐれた人《ひと》や物《もの》がそろっていること。例 粒ぞろいの選《せん》手《しゅ》たち。

**つぶて** 名 投《な》げつける小《こ》石《いし》。また、投《な》げつける、小《ち》さくてかたいもの。例 雪《ゆき》のつぶて。

**つぶやき** 名 つぶやくこと。また、つぶやいた言《こと》葉《ば》。例 つぶやきをもらす。

**°つぶやく** 動 小《ちい》さい声《こえ》で、独《ひと》り言《ごと》を言《い》う。例 ぽつりとつぶやく。

**つぶより【粒より】** 名 よいものを選《えら》び出《だ》すこと。また、選《えら》び出《だ》したもの。えりぬき。よりぬき。例 粒よりの作《さく》品《ひん》ばかり。

**つぶら** 形動 丸《まる》くてかわいらしいようす。例 つぶらなひとみ。

**つぶる** 動 〔目《め》を〕閉《と》じる。つむる。

**°つぶれる【潰れる】** 動 ❶おされて形《かたち》がくずれる。ぺちゃんこになる。例 ケーキがつぶれた。❷だめになる。例 会《かい》社《しゃ》がつぶれる。❸むだに過《す》ぎる。例 勉《べん》強《きょう》の時《じ》間《かん》がつぶれた。❹そこなわれる。例 声《こえ》がつぶれる。⇩かい【潰】195ページ

**つべこべ** 副〔-と〕あれこれと、理《り》屈《くつ》を並《なら》べ立《た》てるようす。例 つべこべ言《い》うな。

**ツベルクリン** 〔ドイツ語〕名 体《からだ》の中《なか》に、結《けっ》核《かく》菌《きん》があるかどうかを調《しら》べるための薬《くすり》。一八九〇年《ねん》、ドイツ人《じん》のコッホが作《つく》った。例 ツベルクリン反《はん》応《のう》〔=この薬《くすり》を注《ちゅう》射《しゃ》して、皮《ひ》膚《ふ》に起《お》きる反《はん》応《のう》で結《けっ》核《かく》菌《きん》が体《からだ》に入《はい》っているかどうかを調《しら》べる検《けん》査《さ》〕。

## つぼ【坪】 画数 8 部首 土（つちへん）

音 ― 訓 つぼ

尺《しゃっ》貫《かん》法《ぽう》で、土《と》地《ち》の広《ひろ》さの単《たん》位《い》。一《ひと》坪《つぼ》は、約《やく》三・三平《へい》方《ほう》メートル。畳《たたみ》二《に》枚《まい》ほどの広《ひろ》さ。

**つぼ** 名 ❶口《くち》がせまくて、胴《どう》が丸《まる》くふくらんだ入《い》れ物《もの》。❷深《ふか》くくぼんでいる所《ところ》。例 滝《たき》つぼ。❸だいじな点《てん》。急《きゅう》所《しょ》。例 つぼをおさえる。話《はなし》のつぼ。❹あらかじめ考《かんが》えておいたこと。例 こちらの思《おも》うつぼだ。

**つぼにはまる** ❶大《だい》事《じ》な点《てん》をおさえている。❷思《おも》い通《どお》りになる。❸笑《わら》いなどの趣《しゅ》味《み》にぴったり合《あ》う。例 笑《わら》いのつぼにはまる。

**っぽい** ↓ぽい 1188ページ

**つぼまる** 動 せまく小《ちい》さくなる。すぼまる。例 下《した》がつぼまった花《か》びん。

**°つぼみ** 名 花《はな》が開《ひら》く前《まえ》のつぼんでいるもの。例 桜《さくら》のつぼみがふくらむ。

**つぼむ** 動 ❶先《さき》がせまく、小《ちい》さくなる。すぼむ。例 口《くち》のつぼんだびん。❷花《はな》が閉《と》じる。しぼむ。例 朝《あさ》顔《がお》の花《はな》がつぼむ。

**つぼめる** 動 せまく小《ちい》さくする。すぼめる。例 かさをつぼめる。

**つま【爪】** 熟語 爪《つま》先《さき》。⇩つめ【爪】864ページ

**°つま【妻】** 名 夫《ふう》婦《ふ》のうち、女《おんな》の人《ひと》のほうをいう言《こと》葉《ば》。対 夫《おっと》。⇩さい【妻】495ページ

**つまさき【爪先】** 名 足《あし》の指《ゆび》先《さき》。↓からだ❶262ページ

**つまさきあがり【爪先上がり】** 名 少《すこ》しずつ登《のぼ》り坂《ざか》になること。

**つまされる** 動 ❶人《ひと》の情《なさ》けなどに、心《こころ》を動《うご》かされる。❷↓身《み》につまされる 1247ページ

**つましい** 形 ぜいたくをしないで、質《しっ》素《そ》である。例 つましい生《せい》活《かつ》を送《おく》る。

**°つまずく** 動 ❶つま先《さき》が物《もの》にぶつかって、転《ころ》びそうになる。けつまずく。例 小《こ》石《いし》につまずく。❷失《しっ》敗《ぱい》する。例 仕《し》事《ごと》につまずく。

**つまはじき【爪はじき】** 名 動-する ❶指《ゆび》先《さき》ではじくこと。❷きらって、仲《なか》間《ま》に入《い》れないこと。例 友《とも》達《だち》につまはじきされる。

**つまびく【爪弾く】** 動 弦《げん》楽《がっ》器《き》の糸《いと》を、指《ゆび》先《さき》

ことわざ 楽《らく》あれば苦《く》あり　人《じん》生《せい》は楽《らく》あれば苦《く》ありだけれど、また苦《く》あれば楽《らく》ありで、苦《く》労《ろう》することも、人《じん》生《せい》のひとこまなんだよ。

ではじいて鳴《な》らす。例ギターをつまびく。

**つまびらか** 形動 細《こま》かなところまでくわしいようす。例つまびらかに報告《ほうこく》する。

**つまみ** 名 ❶つまんだ量《りょう》。例塩《しお》をひとつまみ。❷つまんで持《も》つようにしたところ。例なべのふたのつまみ。❸お酒《さけ》やビールを飲《の》むときの、簡単《かんたん》な食《た》べ物《もの》。おつまみ。

**つまみぐい**【つまみ食い】名 動-する ❶指《ゆび》でつまんで食《た》べること。❷こっそり食《た》べること。例夕食《ゆうしょく》のおかずをつまみ食いする。

**つまみだす**【つまみ出す】動 ❶つまんで、外《そと》へ出《だ》す。❷無理《むり》に外《そと》へ追《お》い出《だ》す。例会《かい》場《じょう》からつまみ出す。

°**つまむ** 動 ❶指《ゆび》やはしではさんで持《も》つ。例毛《け》虫《むし》をつまんで捨《す》てる。❷手《て》で取《と》って食《た》べる。例サンドイッチをつまむ。❸ぬき出《だ》す。かいつまむ。例だいじな点《てん》をつまんで話《はな》す。

**つまようじ**【爪ようじ】名 歯《は》につまったものを取《と》り除《のぞ》いたり、食《た》べ物《もの》をさして取《と》ったりするのに使《つか》う、先《さき》のとがった小《ちい》さな細《ほそ》い棒《ぼう》。

°**つまらない** 形 ❶おもしろくない。例つまらない番組《ばんぐみ》。対おもしろい。❷値打《ねう》ちがない。例つまらないことで争《あらそ》う。参考自分《じぶん》がさし出《だ》した物《もの》について、「つまらない物《もの》ですがどうぞ。」のように謙遜《けんそん》して言《い》うときにも使《つか》う。

**つまり** 接 言《い》いかえれば。結局《けっきょく》。短《みじか》くまとめて言《い》うと。例昼《ひる》が長《なが》いということは、つまり、夜《よる》が短《みじか》いということだ。

°**つまる**【詰まる】動 ❶ふさがって、通《とお》らない。例下水《げすい》が詰まる。❷すき間《ま》がないほど、いっぱいになる。例観客《かんきゃく》がぎっしり詰まる。❸短《みじか》くなる。縮《ちぢ》む。例ズボンのたけが詰まった。❹終《お》わりが近《ちか》づく。おしつまる。例期日《きじつ》が詰まる。❺たくさんある。例仕事《しごと》が詰まる。❻苦《くる》しくなる。困《こま》る。例答《こた》えに詰まる。❼(話《はなし》が)続《つづ》かなくなる。例言葉《ことば》に詰まる。⇩きつ【詰】312ページ

°**つみ**【罪】一 名 ❶法律《ほうりつ》や、人《ひと》として守《まも》らなければならないことに、そむいた行《おこな》い。犯罪《はんざい》。例罪を犯《おか》す。❷罰《ばつ》。例罪に服《ふく》する。二 形動 思《おも》いやりがなく、意地悪《いじわる》なようす。例罪なことをする。⇩ざい【罪】497ページ

**罪《つみ》のない** 悪《わる》気《ぎ》のない。むじゃきな。例罪のないいたずら。

**罪《つみ》を着《き》せる** 自分《じぶん》の犯《おか》した過《あやま》ちなどを、他《た》人《にん》がしたことにする。

**罪《つみ》を憎《にく》んで人《ひと》を憎《にく》まず** 人《ひと》が犯《おか》した罪《つみ》は憎《にく》んでも、罪《つみ》を犯《おか》した人《ひと》まで憎《にく》んではならない。

**つみおろし**【積み下ろし】名 動-する 荷物《にもつ》などを積《つ》んだり下《お》ろしたりすること。参考「積《つ》み降《お》ろし」とも書《か》く。

**つみかさねる**【積み重ねる】動 ❶次々《つぎつぎ》に積《つ》んで高《たか》くする。例レンガを積み重ねる。❷くり返《かえ》す。例努力《どりょく》を積み重ねる。

**つみくさ**【摘み草】名 動-する 野原《のはら》などで、草《くさ》や花《はな》をつむこと。

**つみこむ**【積み込む】動 船《ふね》や車《くるま》などに、荷物《にもつ》を積《つ》む。例荷《に》を車《くるま》に積み込む。

**つみだす**【積み出す】動 荷物《にもつ》を車《くるま》や船《ふね》に積《つ》んで送《おく》り出《だ》す。例木材《もくざい》を積み出す。

**つみたて**【積み立て】名 お金《かね》を積《つ》み立《た》てること。例積み立て貯金《ちょきん》。

**つみたてる**【積み立てる】動 少《すこ》しずつお金《かね》を積《つ》んで多《おお》くする。例旅行《りょこう》の費用《ひよう》を毎《まい》月《つき》積み立てる。

**つみとる**【摘み取る】動 ❶つまんで取《と》る。❷早《はや》いうちに取《と》り除《のぞ》く。例悪《あく》の芽《め》を摘み取る。

**つみに**【積み荷】名 船《ふね》や車《くるま》などに積《つ》む荷《に》物《もつ》。また、積《つ》みこまれた荷物《にもつ》。

**つみのこし**【積み残し】名 ❶積《つ》みきれないで残《のこ》された乗客《じょうきゃく》や荷物《にもつ》。❷処理《しょり》しきれずに残《のこ》したもの。例積み残しの仕事《しごと》。

**つみぶかい**【罪深い】名 罪《つみ》が重《おも》い。悪《わる》い行《おこな》いをしている。

**つみほろぼし**【罪滅ぼし】名 動-する それまでの悪《わる》い行《おこな》いを、何《なに》かよい行《おこな》いをしてうめ合《あ》わせること。例働《はたら》いて罪滅ぼしをする。

**つむ**【詰む】動 ❶すき間《ま》がなくなる。例目《め》のつんだ布《ぬの》。❷将棋《しょうぎ》で、王《おう》がにげられなくなる。例あと一手《いって》で詰む。参考ふつう❶は、かな書《が》きにする。⇩きつ【詰】312ページ

°**つむ**【摘む】動 ❶(つめや指先《ゆびさき》で)つまみ取《と》る。例つくしを摘む。❷はさみなどで、先《さき》を切《き》り取《と》る。例枝《えだ》を摘む。⇩てき【摘】879ページ

°**つむ**【積む】動 ❶上《うえ》に重《かさ》ねる。例本《ほん》を積む。



ことわざ 良薬《りょうやく》は口《くち》に苦《にが》し　先生《せんせい》からの厳《きび》しい意見《いけん》も、良薬《りょうやく》は口《くち》に苦《にが》しで、自分《じぶん》のためになるものだ。

❷荷《に》物《もつ》をのせる。例車《くるま》に積む。❸同《おな》じことをくり返《かえ》す。例練《れん》習《しゅう》を積む。❹お金《かね》をためる。例銀《ぎん》行《こう》に積む。⇩せき【積】713ページ

**つむぐ【紡ぐ】** 動 綿《わた》や羊《ひつじ》の毛《け》などから繊《せん》維《い》を引《ひ》き出《だ》し、よりをかけて糸《いと》を作《つく》る。例糸《いと》を紡ぐ。⇩ぼう【紡】1192ページ

**つむじ** 名 頭《あたま》にうずを巻《ま》いて、生《は》えている毛《け》。また、その部《ぶ》分《ぶん》。

**つむじを曲《ま》げる** 不《ふ》機《き》嫌《げん》になる。わざと逆《さか》らったりする。例だめと言《い》われてつむじを曲げる。

**つむじかぜ【つむじ風】** 名 うずを巻《ま》いてふく風《かぜ》。旋《せん》風《ぷう》。たつまき。

**つむじまがり【つむじ曲がり】** 名 性《せい》質《しつ》がひねくれていること。へそ曲《ま》がり。

**つむる** 動 ⇩つぶる 862ページ

**つめ【爪】** 画数 4 部首 爪(つめ)

音 ―― 訓 つめ つま

指《ゆび》先《さき》にある、つめ。熟語 爪《つま》先《さき》。生《なま》爪《づめ》。

**つめ【爪】** 名 ❶指《ゆび》の先《さき》にある、皮《かわ》がかたく変《か》わったもの。例爪がのびる。❷琴《こと》などを弾《ひ》くときに、指《ゆび》先《さき》にはめるもの。例琴《こと》爪《づめ》。❸引《ひ》っかけてとめるための、小《ちい》さなもの。

**爪《つめ》に火《ひ》をともす** ひどくけちなようす。例爪に火をともすようにしてお金《かね》をためる。

**爪《つめ》のあかほど** ほんの少《すこ》しの量《りょう》。

**爪《つめ》のあかを煎《せん》じて飲《の》む** その人《ひと》を手《て》本《ほん》にして、そうなろうとする。例「兄《にい》さんの爪のあかを煎じて飲みなさい。」と母《はは》にしかられた。

**つめ【詰め】** 名 ❶つめること。また、すき間《ま》につめるもの。❷決《き》まりをつける最《さい》後《ご》の場《ば》面《めん》。例話《はな》し合《あ》いも詰めに入《はい》った。

**づめ【詰め】** 〔ある言《こと》葉《ば》のあとにつけて〕❶そのようすが、続《つづ》くこと。例終《しゅう》点《てん》までずっと立《た》ちづめだった。歩《ある》きづめ。❷つめること。中《なか》におしこむこと。例びん詰。❸役《やく》目《め》でそこにいること。例本《ほん》部《ぶ》詰め。参考 ふつう❶は、かな書《が》きにする。「びん詰《づめ》」「缶《かん》詰《づめ》」などの言《こと》葉《ば》は送《おく》りがなをつけない。

**つめあと【爪痕】** 名 ❶つめで、強《つよ》くおしたり、ひっかいたりしてできたあと。❷大《おお》きな被《ひ》害《がい》のあと。例台《たい》風《ふう》のつめあとが残《のこ》る。

**つめあわせ【詰め合わせ】** 名 一《ひと》つの箱《はこ》などに、いろいろな物《もの》をいっしょに詰《つ》めること。また、そのようにしたもの。例果《くだ》物《もの》の詰め合わせ。

**つめえり【詰め襟】** 名 洋《よう》服《ふく》のえりを立《た》てた形《かたち》のもの。男《だん》子《し》の学《がく》生《せい》服《ふく》に多《おお》い。

**つめかえる【詰め替える】** 動 ❶同《おな》じものを、別《べつ》の入《い》れ物《もの》に詰《つ》める。例クッキーを小《ちい》さな箱《はこ》に詰め替える。❷同《おな》じ入《い》れ物《もの》に、別《べつ》のものを詰《つ》める。例クッキーの箱《はこ》にチョコレートを詰め替える。

**つめかける【詰め掛ける】** 動 大《おお》勢《ぜい》でおし寄《よ》せる。例見《けん》物《ぶつ》人《にん》が詰めかけた。

**つめこむ【詰め込む】** 動 いっぱい入《い》れる。おしこむ。例箱《はこ》に本《ほん》を詰め込む。

**つめしょ【詰め所】** 名 係《かかり》の人《ひと》が待《たい》機《き》している所《ところ》。

**◦つめたい【冷たい】** 形 ❶温《おん》度《ど》が低《ひく》い。冷《ひ》えている。例冷たい風《かぜ》。対熱《あつ》い。❷思《おも》いやりがない。例冷たく断《ことわ》られた。対温《あたた》かい。関連 熱《あつ》い。温《あたた》かい。ぬるい。⇩れい【冷】1400ページ

**つめもの【詰め物】** 名 ❶魚《さかな》や鳥《とり》、野《や》菜《さい》などの中《なか》に、別《べつ》に調《ちょう》理《り》した食《しょく》材《ざい》を詰《つ》めたもの。❷荷《に》物《もつ》を運《はこ》ぶときに、中《なか》身《み》が傷《きず》つかないようにすき間《ま》に詰《つ》めるもの。類パッキング。❸虫《むし》歯《ば》の穴《あな》を詰《つ》めるために使《つか》うもの。

**つめよる【詰め寄る】** 動 激《はげ》しく相《あい》手《て》にせまる。例選《せん》手《しゅ》が審《しん》判《ばん》員《いん》に詰め寄る。

**◦つめる【詰める】** 動 ❶物《もの》を入《い》れて、いっぱいにする。例かばんに本《ほん》を詰める。❷決《き》まった場《ば》所《しょ》にずっといる。ひかえている。例医《い》師《し》が病《びょう》院《いん》に詰める。❸短《みじか》く縮《ちぢ》める。例ズボンのたけを詰める。❹ふさぐ。例穴《あな》を詰める。❺休《やす》みなく続《つづ》ける。例根《こん》を詰める。❻終《お》わりの段《だん》階《かい》までおし進《すす》める。例今日《きょう》じゅうに話《はなし》をつめる。❼将《しょう》棋《ぎ》で、相《あい》手《て》の王《おう》がにげられないようにする。⇩きつ【詰】312ページ

**◦つもり【積もり】** 名 ❶前《まえ》もって考《かんが》えたり、思《おも》ったりしていること。例本《ほん》を買《か》うつもりだ。❷そうではないが、そのように思《おも》いこむ気《き》持《も》ち。例死《し》んだつもりでがんばる。参考

ことわざ **類《るい》は友《とも》を呼《よ》ぶ** ぼくの仲《なか》間《ま》はみんな本《ほん》が好《す》きだ。類《るい》は友《とも》を呼《よ》ぶと言《い》うとおりだね。

ふつう、かな書《が》きにする。

**○つもる【積もる】**(動) ❶細《こま》かい物《もの》が重《かさ》なってたまる。(例)雪《ゆき》が積もる。❷同《おな》じようなことが何度《なんど》も重《かさ》なって、だんだん大《おお》きくなる。(例)不満《ふまん》が積もる。⇩せき【積】713ページ

**○つや【艶】**(名) 表面《ひょうめん》がなめらかで、光《ひか》っていること。(例)くつをみがいて、つやを出《だ》す。⇩えん【艶】136ページ

**つや【通夜】**(名) お葬式《そうしき》の前《まえ》に、死《し》んだ人《ひと》をしのびながら夜《よる》を過《す》ごすこと。お通夜《つや》。

**つやつや【艶艶】**(副)(-と)(動-する) つやがあって美《うつく》しいようす。(例)つやつやとした髪《かみ》の毛《け》。

**○つゆ【露】** 一 (名) ❶空気《くうき》中《ちゅう》の水分《すいぶん》が冷《ひ》えて細《こま》かい水《みず》のつぶとなり、物《もの》の表面《ひょうめん》についたもの。(例)朝《あさ》露。❷非常《ひじょう》にわずかであること。(例)露ほども疑《うたが》っていない。 二 (副)〔あとに「ない」などの打《う》ち消《け》しの言葉《ことば》をつけて〕少《すこ》しも…ない。(例)そんなことはつゆほども考《かんが》えなかった。(参考)ふつう 二 は、かな書《が》きにする。⇩ろ【露】1410ページ

**○つゆ【〈梅雨〉】**(名) 六月《ろくがつ》から七月《しちがつ》にかけて降《ふ》り続《つづ》く雨《あめ》。また、その季節《きせつ》。ばいう。(参考)「梅雨《つゆ》」は、特別《とくべつ》に認《みと》められた読《よ》み方《かた》。

**つゆ**(名) ❶吸《す》い物《もの》。汁《しる》。❷水《みず》け。汁《しる》。(例)果物《くだもの》のつゆ。❸そばや天《てん》ぷらなどをつけて食《た》べる汁《しる》。(例)そばつゆ。

**つゆあけ【〈梅雨〉明け】**(名) 梅雨《つゆ》の季節《きせつ》が終《お》わること。(対)梅雨《つゆ》入《い》り。

**つゆいり【〈梅雨〉入り】**(名) 梅雨《つゆ》の季節《きせつ》に入《はい》ること。入梅《にゅうばい》。(対)梅雨《つゆ》明《あ》け。

**つゆくさ【露草】**(名) 野原《のはら》や道《みち》ばたに生《は》える草花《くさばな》。夏《なつ》から秋《あき》にかけて、青《あお》むらさき色《いろ》の小《ちい》さな花《はな》をつける。ほたるぐさ。

**つゆしらず【つゆ知らず】** 少《すこ》しも知《し》らない。(例)そうとはつゆ知らずに、外《そと》で遊《あそ》んでいた。

**つゆばれ【〈梅雨〉晴れ】**(名) ❶梅雨《つゆ》が終《お》わって、お天気《てんき》になること。❷梅雨《つゆ》の季節《きせつ》に、ときどきある晴《は》れ間《ま》。五月《さつき》晴《ば》れ。

**○つよい【強い】**(形) ❶丈夫《じょうぶ》である。(例)体《からだ》が強い。❷力《ちから》がある。得意《とくい》だ。(例)強いチームを作《つく》る。兄《あに》はパソコンに強い。❸気《き》持《も》ちがしっかりしている。(例)意志《いし》が強い。❹激《はげ》しい。はっきりしている。(例)強い風《かぜ》。印象《いんしょう》が強い。(対)(❶〜❹)弱《よわ》い。⇩きょう【強】332ページ

**つよがり【強がり】**(名) 強《つよ》そうに見《み》せかけること。空《から》いばり。(例)強がりを言《い》う。

**つよがる【強がる】**(動) 強《つよ》いように見《み》せかける。(例)「こわくなんかない。」と強がる。

**つよき【強気】**(名)(形動) 気《き》が強《つよ》いこと。(例)強気な態度《たいど》。(対)弱気《よわき》。

**つよごし【強腰】**(名) 相手《あいて》に対《たい》して強《つよ》い態度《たいど》に出《で》ること。(例)強腰で交渉《こうしょう》する。(対)弱腰《よわごし》。

**つよさ【強さ】**(名) 強《つよ》い程度《ていど》。

**つよび【強火】**(名)〔煮《に》炊《た》きするときの〕火力《かりょく》を強《つよ》くした火《ひ》。(例)強火で煮《に》る。(対)弱火《よわび》。

**つよまる【強まる】**(動) 強《つよ》くなる。(例)風《かぜ》が強まってきた。(対)弱《よわ》まる。⇩きょう【強】332ページ

**つよみ【強み】**(名) 強《つよ》い点《てん》。たよりになるところ。(例)英語《えいご》が話《はな》せるのが強みだ。(対)弱《よわ》み。

**つよめる【強める】**(動) 強《つよ》くする。(例)火《ひ》を強める。(対)弱《よわ》める。⇩きょう【強】332ページ

**つら【面】**(名) ❶顔《かお》。〔ぞんざいな言《い》い方《かた》。〕(例)しかめっ面。❷ものの表面《ひょうめん》。(例)上《うわ》っ面。⇩めん【面】1296ページ

**面《つら》の皮《かわ》が厚《あつ》い** ずうずうしい。厚《あつ》かましい。

**つらあて【面当て】**(名) にくらしいと思《おも》う人《ひと》に対《たい》して、いやがるようなことを、わざと言《い》ったりしたりすること。あてつけ。(例)面当てに皮肉《ひにく》を言《い》う。

**○つらい**(形) ❶〔体《からだ》や気《き》持《も》ちが〕がまんできないほど苦《くる》しい。(例)練《れん》習《しゅう》がつらい。❷人《ひと》に対《たい》して冷《つめ》たい。(例)妹《いもうと》につらくあたる。⇩867ページ

**づらい**〔ある言葉《ことば》のあとにつけて〕…しにくい。(例)聞《き》きづらい。言《い》いづらい。

例解 ことばの窓

**強《つよ》い の意味《いみ》で**

強力《きょうりょく》な味方《みかた》がいる。
強大《きょうだい》な勢力《せいりょく》をもつ。
強固《きょうこ》な意志《いし》と体力《たいりょく》。
強烈《きょうれつ》な印象《いんしょう》を受《う》ける。
強健《きょうけん》な身体《しんたい》をもつ。
強靱《きょうじん》な肉体《にくたい》を作《つく》る。
屈強《くっきょう》な若者《わかもの》が集《あつ》まる。



ことわざ ローマは一日《いちにち》にして成《な》らず
ローマは一日《いちにち》にして成《な》らずで、あの合唱団《がっしょうだん》の美《うつく》しい歌声《うたごえ》は、長《なが》い伝統《でんとう》と努力《どりょく》があって、はじめてできたものだ。

**つらがまえ**【面構え】名 顔《かお》つき。例 不敵《ふてき》な面構え。

**つらくあたる**【つらく当たる】ひどい扱《あつか》いをする。

**つらだましい**【面魂】名 気持《きも》ちの強《つよ》さが表《あらわ》れている顔《かお》つき。

**つらつら** 副(-と) 深《ふか》く考《かんが》えるようす。つくづく。よくよく。〔古《ふる》い言《い》い方《かた》。〕例 つらつら思《おも》うに、この考《かんが》え方《かた》は誤《あやま》りだ。

**○つらなる**【連なる】動 ❶列《れつ》を作《つく》るように続《つづ》く。例 遠《とお》くに連なる山々《やまやま》。❷その席《せき》に出《で》る。参加《さんか》する。例 お祝《いわ》いの席《せき》に連なる〔=出席《しゅっせき》する〕。⇩れん【連】1407ページ

**○つらぬく**【貫く】動 ❶はしからはしへつき通《とお》す。例 矢《や》が的《まと》を貫く。❷最後《さいご》までする。しとげる。例 考《かんが》えを貫く。⇩かん【貫】272ページ

**つらねる**【連ねる】動 ❶一列《いちれつ》に並《なら》べる。❷(名前《なまえ》を)出《だ》す。例 委員《いいん》に名《な》を連ねる。例 バスを連ねて旅行《りょこう》に出《で》かける。⇩れん【連】1407ページ

**つらよごし**【面汚し】名 悪《わる》いことをして、仲間《なかま》の人《ひと》たちにはじをかかせること。例 不《ふ》正《せい》をするとは、とんだ面汚しだ。

**つらら** 名 (屋根《やね》などから垂《た》れる)水《みず》のしずくがこおって、垂《た》れ下《さ》がったもの。

**つられる**【釣られる】動 相手《あいて》のさそいに引《ひ》きこまれる。例 うまい話《はなし》につられて買《か》う。

参考 ふつう、かな書《が》きにする。

**つり**【釣り】名 ❶糸《いと》に釣《つ》り針《ばり》をつけて魚《さかな》をとること。❷つりせん。おつり。

**つりあい**【釣り合い】名 どちらにもかたよっていないこと。バランス。例 重《おも》さの釣り合いがとれている。

**○つりあう**【釣り合う】動 ❶釣《つ》り合《あ》いがとれている。例 左右《さゆう》が釣り合う。❷ふさわしい。例 机《つくえ》に釣り合ったいす。

**つりあげる**【釣り上げる】動 魚《さかな》を釣《つ》ってとらえる。例 大《おお》マグロを釣り上げた。

**つりあげる**【吊り上げる】動 ❶物《もの》をつって上《うえ》にあげる。例 クレーンで荷《に》をつり上げる。❷上《うえ》のほうに引《ひ》っぱる。例 目《め》をつり上げて怒《おこ》る。❸値段《ねだん》を高《たか》くする。例 物価《ぶっか》をつり上げる。

**つりいと**【釣り糸】名 魚《さかな》を釣《つ》るのに使《つか》う糸《いと》。例 釣り糸を垂《た》れる〔=釣《つ》りをする〕。

**つりがね**【釣り鐘】名 寺《てら》の鐘《かね》つき堂《どう》などにつるしてある大《おお》きな鐘《かね》。「撞木《しゅもく》」という棒《ぼう》でついて鳴《な》らす。ぼんしょう。

〔つりがね〕

**つりかわ**【吊り革】名 電車《でんしゃ》やバスで、乗《じょう》客《きゃく》がつかまるためにつるしてあるもの。

**つりこまれる**【釣り込まれる】動 引《ひ》き入《い》れられる。例 話《はなし》に釣り込まれる。

**つりざお**【釣りざお】名 魚《さかな》を釣《つ》るさお。

**つりせん**【釣り銭】名 値段《ねだん》よりもはらったお金《かね》が多《おお》いとき、多《おお》い分《ぶん》だけ返《かえ》してもらうお金《かね》。おつり。

**つりばし**【吊り橋・釣り橋】名 両岸《りょうがん》からつなを張《は》りわたし、そのつなにつるしてある橋《はし》。

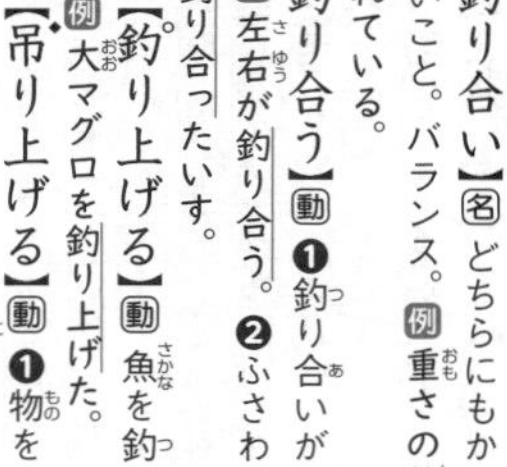
〔つりばし〕

**つりばり**【釣り針】名 魚《さかな》を釣《つ》るのに使《つか》う先《さき》の曲《ま》がった針《はり》。

**つりぼり**【釣り堀】名 池《いけ》に魚《さかな》を飼《か》っておいて、お金《かね》を取《と》って釣《つ》らせる所《ところ》。

**つりわ**【吊り輪】名 つり下《さ》げた二本《にほん》のつなの先《さき》の輪《わ》にぶら下《さ》がり、回転《かいてん》や懸垂《けんすい》などの運《うん》動《どう》をする器具《きぐ》。また、それを使《つか》ってする男子《だんし》の体操競技《たいそうきょうぎ》。

---

# つる【鶴】

画数 21 部首 鳥(とり)

音 ── 訓 つる

首《くび》や足《あし》、くちばしの長《なが》い鳥《とり》。熟語 千羽鶴《せんばづる》。

**つる**【鶴】名 水辺《みずべ》で暮《く》らす大《おお》きな鳥《とり》。首《くび》と足《あし》とくちばしが長《なが》い。渡《わた》りをするマナヅル、ナベヅルなどと、渡《わた》りをしないタンチョウがいる。

**鶴《つる》の一声《ひとこえ》** 実力《じつりょく》のある人《ひと》のひと言《こと》で、すべてが決《き》まってしまうこと。例 会長《かいちょう》の鶴の一声で、会《かい》の中止《ちゅうし》が決《き》まった。

**鶴《つる》は千年《せんねん》亀《かめ》は万年《まんねん》** 長生《ながい》きでめでたいもの

ことわざ **論《ろん》より証拠《しょうこ》** 言《い》ったとおりになるかどうか、論《ろん》より証拠《しょうこ》で、実際《じっさい》にやって見《み》せましょう。

のこと。昔《むかし》から、鶴《つる》と亀《かめ》は長生《ながい》きとされてきた。「亀《かめ》は万年《まんねん》」ともいう。

○**つる**【弦】名 ❶弓《ゆみ》に張《は》る糸《いと》。また、琴《こと》などに張《は》る糸《いと》。➡ゆみ❶ 1247ページ。❷なべや土《ど》びんなどの、弓形《ゆみがた》の取《と》っ手《て》。➡**げん**【弦】409ページ

○**つる**【釣る】動 ❶糸《いと》に釣《つ》り針《ばり》をつけて、魚《さかな》をとる。❷相手《あいて》をだます。例 お菓子《かし》で釣って、手伝《てつだ》わせる。➡**ちょう**【釣】837ページ

○**つる**【吊る】動 ❶上《うえ》からぶら下《さ》げる。つるす。例 のき下《した》にちょうちんをつる。❷すもうで、相手《あいて》のまわしに手《て》をかけて、持《も》ち上《あ》げる。❸わたしかける。例 棚《たな》をつる。

**つる**【攣る】動 ❶筋肉《きんにく》が、引《ひ》っぱられて縮《ちぢ》む。例 足《あし》がつる。❷一方《いっぽう》に引《ひ》っぱられる。例 ぬい目《め》がつる。

**つる** 名 ❶植物《しょくぶつ》の茎《くき》などが長《なが》くのびたもの。木《き》に巻《ま》きついたり、地面《じめん》をはったりする。例 朝顔《あさがお》のつる。❷めがねについている、耳《みみ》にかける細長《ほそなが》いところ。

例解 ことばを広げよう！

つらい 苦《くる》しい
いろいろな「つらい・苦《くる》しい」

**苦《くる》しむ**
悩《なや》む
あえぐ
窮《きゅう》する
てこずる

**きつい**
**切《せつ》ない**
むごい

**たまらない**
**たえがたい**
やり切《き》れない
忍《しの》びない
むごたらしい
うらめしい
悩《なや》ましい

苦心《くしん》
**苦痛《くつう》**
**苦難《くなん》**
**苦悩《くのう》**
難儀《なんぎ》
難渋《なんじゅう》

**困難《こんなん》**
困窮《こんきゅう》
困苦《こんく》
**過酷《かこく》**
冷酷《れいこく》
苛酷《かこく》

**骨身《ほねみ》にこたえる**
骨身《ほねみ》を削《けず》る
骨《ほね》が折《お》れる

**血《ち》のにじむような**
血《ち》を吐《は》く思《おも》い
息《いき》も絶《た》え絶《だ》え

**胸《むね》が痛《いた》む**
**音《ね》を上《あ》げる**
息《いき》が切《き》れる
肩《かた》で息《いき》をする

艱難辛苦《かんなんしんく》
苦心惨憺《くしんさんたん》
**四苦八苦《しくはっく》**
**七転八倒《しちてんばっとう》**

うんうん
きりきり
**ぎりぎり**
ひりひり
びりびり
ぴりぴり

**さんざん**

**くたくた**
へとへと
がくがく
あえぎあえぎ
ずしりと
がくっと

**つるかめざん**【鶴。亀。算】名〔算数《さんすう》で〕ツルとカメの数《かず》の合計《ごうけい》と、それぞれの足《あし》の数《かず》の合計《ごうけい》とから、ツル・カメそれぞれ何匹《なんびき》いるかを答《こた》える問題《もんだい》。日本《にっぽん》に昔《むかし》から伝《つた》わる計算問題《けいさんもんだい》の一《ひと》つ。

**つるぎ**【剣。】名 両側《りょうがわ》に刃《は》のついた、まっすぐな刀《かたな》。けん。➡**けん**【剣】407ページ

**つるくさ**【つる草】名 茎《くき》がつるになっている草《くさ》。

**つるしあげる**【吊るし上げる】動 ❶しばって高《たか》い所《ところ》につり上《あ》げる。例 クレーンで材木《ざいもく》をつるし上げる。❷大勢《おおぜい》で厳《きび》しく問《と》いつめて責《せ》める。

○**つるす**【吊るす】動 上《うえ》からつって下《さ》げる。ぶら下《さ》げる。例 風鈴《ふうりん》をつるす。

**つるつる** 一 副(-と) 形動 動-する ❶表面《ひょうめん》がなめらかで、つやのあるようす。例 つるつるした肌《はだ》。❷なめらかで、すべりやすいようす。例 氷《こおり》の上《うえ》をつるつるすべる。二 副(-と)

例解 ！表現の広場

**つるす と 垂《た》らす のちがい**

| | つるす | 垂《た》らす |
|---|---|---|
| 窓《まど》に風《ふう》りんを | ○ | × |
| 二《に》階《かい》から布《ぬの》を | × | ○ |
| 髪《かみ》の毛《け》を肩《かた》まで | × | ○ |



ことわざ 災《わざわ》いを転《てん》じて福《ふく》となす ひどい被害《ひがい》を受《う》けたが、災《わざわ》いを転《てん》じて福《ふく》となす気持《きも》ちで、がんばりましょう。

うどんやそばなどをすすって食《た》べるようす。

**つるはし【鶴はし】** 名 かたい土《つち》などをほりくずすときに使《つか》う道具《どうぐ》。ツルのくちばしのような形《かたち》をしている。

〔つるはし〕

**つるべ** 名 井戸《いど》から水《みず》をくみ上《あ》げるために、つなや長《なが》いさおの先《さき》につけた、おけ。

〔つるべ〕

**つるべうち【つるべ打ち】** 名 動-する ❶大勢《おおぜい》が並《なら》んで、鉄《てっ》砲《ぽう》を続《つづ》けざまにうつこと。❷野《や》球《きゅう》・ソフトボールで、続《つづ》けざまにヒットを打《う》つこと。

**つるべおとし【つるべ落とし】** 名 〔つるべを井戸《いど》に落《お》とすように〕まっすぐに、速《はや》く落《お》ちること。

**つるむ** 動 いっしょに行動《こうどう》する。例 友達《ともだち》とつるんで歩《ある》く。

**つれ【連れ】** 名 ❶いっしょに行《い》くこと。また、その人《ひと》。仲間《なかま》。例 連れの者《もの》。❷〔能《のう》・狂《きょう》言《げん》で〕シテ・ワキの演《えん》技《ぎ》を助《たす》ける役《やく》。ふつう、「ツレ」と書《か》く。

**つれあい【連れ合い】** 名 ❶いっしょにものごとをする相手《あいて》。❷夫婦《ふうふ》の一方《いっぽう》を呼《よ》ぶ言《い》い方《かた》。例 姉《あね》の連れ合い〔=姉《あね》の夫《おっと》〕。

**つれそう【連れ添う】** 動 ❶いっしょになる。❷夫婦《ふうふ》になって、いっしょに暮《く》らす。

**つれだす【連れ出す】** 動 外《そと》にさそい出《だ》す。例 弟《おとうと》を公園《こうえん》に連れ出す。

**つれだつ【連れ立つ】** 動 いっしょに出《で》かける。例 連れ立ってハイキングに行《い》く。

**つれづれぐさ【徒然草】** 作品名 鎌倉《かまくら》時代《じだい》に兼好法師《けんこうほうし》が書《か》いた随筆《ずいひつ》。世《よ》の中《なか》のさまざまなものごとを取《と》り上《あ》げ、筆者独特《ひっしゃどくとく》の見方《みかた》が示《しめ》されている。

**つれて** 〔「…するにつれて」の形《かたち》で〕…するにしたがって。…するとともに。例 夜《よる》がふけるにつれて寒《さむ》くなる。

**つれない** 形 ❶思《おも》いやりがない。例 つれないことを言《い》う。❷知《し》らん顔《かお》をしている。例 つれない顔《かお》で通《とお》り過《す》ぎる。

**◦つれる【連れる】** 動 いっしょについて来《こ》させる。伴《ともな》う。従《したが》える。例 犬《いぬ》を連れて散歩《さんぽ》する。⇩れん【連】1407ページ

**つれる【釣れる】** 動 魚《さかな》などが釣《つ》り上《あ》げられる。例 川《かわ》でフナが釣れた。

**つわもの** 名 ❶さむらい。兵士《へいし》。〔古《ふる》い言《い》い方《かた》。〕例 平家《へいけ》のつわもの。❷勇《いさ》ましく強《つよ》い人《ひと》。例 優勝《ゆうしょう》三回《さんかい》のつわもの。

**つわり** 名 妊娠《にんしん》の初期《しょき》に、はき気《け》がしたり、食欲《しょくよく》がなくなったりすること。

**つんざく** 動 はげしくつき破《やぶ》る。強《つよ》い音《おと》や光《ひかり》のようすを表《あらわ》す。例 耳《みみ》をつんざくような大《おお》きな音《おと》。

**つんつるてん** 名 形動 ❶衣《い》服《ふく》の丈《たけ》が短《みじか》くて、手《て》足《あし》が出《で》ていること。例 つんつるてんの浴衣《ゆかた》。❷頭《あたま》がすっかりはげていること。

**つんと** 副 ❶あいそのないようす。例 つんとすましている。❷鼻《はな》をつくにおいがするようす。例 鼻《はな》につんとくる。

**ツンドラ** 〔ロシア語〕 名 一年《いちねん》じゅうほとんど氷《こおり》が張《は》り、夏《なつ》の間《あいだ》だけ地表《ちひょう》の氷《こおり》が解《と》けて、コケなどが生《は》える寒《さむ》い地域《ちいき》。シベリアの北方《ほっぽう》や、アラスカ、カナダの北部《ほくぶ》など。

**つんのめる** 動 前《まえ》のほうへ、つっこむように、たおれかかる。

## て

テ te

**◦て【手】** 一 名 ❶体《からだ》の、肩《かた》から出《で》ている部《ぶ》分《ぶん》。例 手を上《うえ》にあげる。❷「❶」の手《て》首《くび》から先《さき》の部《ぶ》分《ぶん》。手《て》のひら。例 手をたたく。対（❶・❷）足《あし》。❸道《どう》具《ぐ》などの取《と》っ手《て》。柄《え》。例 手のついたなべ。❹支《ささ》えにする木《き》や竹《たけ》。例 ヘチマに手をやる。❺仕《し》事《ごと》をする人《ひと》。労力《ろうりょく》。例 手が足《た》りない。❻手《て》間《ま》。世《せ》話《わ》。例 手のかかる作業《さぎょう》。❼やり方《かた》。方法《ほうほう》。例 うまい手がある。打《う》つ手がない。❽腕前《うでまえ》。例 手を上《あ》げる。❾種類《しゅるい》。例 この手のものがほしい。❿文《も》字《じ》。筆跡《ひっせき》。例 この字《じ》は彼《かれ》の手だ。⓫つながり。例 手を切《き》る。⓬勢《いきお》い。例 火《ひ》の手があがる。⓭勝負《しょうぶ》ごとで、手《て》元《もと》に持《も》っている札《ふだ》やこま。例 手が悪《わる》い。二〔ある言《こと》葉《ば》の前《まえ》につけて〕❶意《い》味《み》を強《つよ》めるはたらきをする。例 手厳《きび》しい。手ご

ことわざ 渡《わた》りに船《ふね》 見《み》たいと思《おも》っていた展覧会《てんらんかい》に誘《さそ》われたので、渡《わた》りに船《ふね》と出《で》かけることにした。

わい。❷手《て》で持《も》てるくらいの。例手みやげ。

三〔ある言葉《ことば》のあとにつけて〕❶…する人《ひと》。例書《か》き手。語《かた》り手。❷方向《ほうこう》。方面《ほうめん》。例行《ゆ》く手。山《やま》の手。❸程度《ていど》。例古《ふる》手。厚手《あつて》の本《ほん》。↓しゅ【手】589ページ

**手《て》が上《あ》がる** ❶(習《なら》い事《ごと》などで)うでまえが上《あ》がる。類腕《うで》が上《あ》がる。❷酒《さけ》を飲《の》む量《りょう》が増《ふ》える。

**手《て》が空《あ》く** 仕事《しごと》の区切《くぎ》りがついて、ひまになる。例午後《ごご》には手があく。

**手《て》がかかる** 手数《てすう》がかかる。世話《せわ》がやける。例この赤《あか》ちゃんは手がかかる。

**手《て》が切《き》れる** 関係《かんけい》がなくなる。縁《えん》が切《き》れる。例悪《わる》いグループとの手が切れる。

**手《て》が込《こ》む** 手間《てま》をかけて、細工《さいく》が細《こま》かい。例手が込んだ仕《し》かけ。

**手《て》が付《つ》けられない** どうしようもない。例わんぱくで手がつけられない。

**手《て》が出《で》ない** ❶どうにもやりようがない。例難《むずか》しくて手が出ない。❷高《たか》くて買《か》えない。例値段《ねだん》が高《たか》すぎて手が出ない。

**手《て》が届《とど》く** ❶行《い》き届《とど》く。例指導《しどう》の手が届く。❷あと少《すこ》しである段階《だんかい》になる。例おじいさんは、もう八十《はちじゅう》に手が届く。❸自分《じぶん》のものにできる。例もう少《すこ》しでレギュラーに手が届く。

**手《て》が離《はな》せない** やりかけていることがあって、他《ほか》のことができない。例料理《りょうり》をしているので手が離せない。

**手《て》が離《はな》れる** ❶子《こ》どもが大《おお》きくなって、世話《せわ》がいらなくなる。❷仕事《しごと》が済《す》んで、それとの関係《かんけい》がなくなる。

**手《て》が塞《ふさ》がる** している仕事《しごと》があって、他《ほか》のことができない。

**手《て》が回《まわ》る** ❶行《い》き届《とど》く。例そこまで手が回らない。❷警察《けいさつ》の手配《てはい》が行《い》きわたる。

**手《て》に汗《あせ》を握《にぎ》る** どうなることかと、はらはらする。例手に汗を握る大接戦《だいせっせん》。

**手《て》に余《あま》る** ↓手《て》に負《お》えない 869ページ

**手《て》に入《い》れる** 自分《じぶん》のものとする。例ほしかったゲームをやっと手に入れた。

**手《て》に負《お》えない** 自分《じぶん》の力《ちから》ではどうにもならない。手《て》に余《あま》る。例弟《おとうと》は、やんちゃで手に負えない。

**手《て》に掛《か》ける** ❶(世話《せわ》などを)自分《じぶん》で直接《ちょくせつ》行《おこな》う。例手にかけて育《そだ》てた犬《いぬ》の子《こ》。❷自分《じぶん》の手《て》で殺《ころ》す。

**手《て》にする** ❶手《て》に持《も》つ。❷自分《じぶん》のものにする。例金《きん》メダルを手にする。

**手《て》に付《つ》かない** 他《ほか》のことが気《き》になって、落《お》ち着《つ》いていられない。例子《こ》どもが心配《しんぱい》で、仕事《しごと》も手につかない。

**手《て》に取《と》るように** 手《て》に取《と》って見《み》るように、はっきりと。例手に取るようにわかる。

**手《て》に乗《の》る** 計略《けいりゃく》にかかって、だまされる。例まんまと相手《あいて》の手に乗ってしまった。

**手《て》に入《はい》る** 自分《じぶん》のものになる。例めずらしい物《もの》が手に入った。

**手《て》の付《つ》けようがない** どこから手《て》をつけてよいのかわからない。

**手《て》も足《あし》も出《で》ない** どうすることもできない。例強《つよ》すぎて、手も足も出ない。

**手《て》を上《あ》げる** ❶手《て》を振《ふ》り上《あ》げてなぐる。❷降参《こうさん》する。❸技《わざ》がうまくなる。例最近《さいきん》、料理《りょうり》の手を上げたね。類腕《うで》を上《あ》げる。

**手《て》を合《あ》わせる** ❶手《て》のひらを合《あ》わせて拝《おが》む。❷手《て》のひらを合《あ》わせて人《ひと》に頼《たの》み事《ごと》をする。

**手《て》を入《い》れる** 作品《さくひん》などの悪《わる》いところや不十分《ふじゅうぶん》なところを直《なお》す。

**手《て》を打《う》つ** ❶手《て》のひらを合《あ》わせて、音《おと》をたてる。❷必要《ひつよう》な方法《ほうほう》をとる。例前《まえ》もって手を打っておく。❸話《はな》し合《あ》いなどをまとめる。例この値段《ねだん》で手を打とう。

**手《て》を替《か》え品《しな》を替《か》え** いろいろな方法《ほうほう》で。さまざまなやり方《かた》で。

**手《て》をかける** 手間《てま》や時間《じかん》をかける。例手をかけた料理《りょうり》。

**手《て》を貸《か》す** 手伝《てつだ》う。手助《てだす》けする。

**手《て》を借《か》りる** 手伝《てつだ》ってもらう。例兄《あに》の手を借りて工作《こうさく》を完成《かんせい》させた。

**手《て》を切《き》る** かかわり合《あ》うことをやめる。縁《えん》を切《き》る。

**手《て》を下《くだ》す** 他《ほか》の人《ひと》にまかせず、直接《ちょくせつ》、自分《じぶん》がする。

**手《て》を組《く》む** 協力《きょうりょく》する。例二《ふた》つの国《くに》が手を組んで交渉《こうしょう》に当《あ》たる。

**手《て》を加《くわ》える** 直《なお》したり補《おぎな》ったりする。例原《げん》





ことわざ 渡《わた》る世間《せけん》に鬼《おに》はない　渡《わた》る世間《せけん》に鬼《おに》はないと言《い》う。いざとなったら助《たす》けてくれる人《ひと》もいるはずだよ。

稿《こう》に手を加える。

**手《て》をこまねく** 何《なに》かしなければいけないのに何《なに》もしない。手《て》をこまぬく。

**手《て》を差《さ》し伸《の》べる** 助《たす》けになるように力《ちから》をかす。例 救《すく》いの手を差し伸べる。

**手《て》を染《そ》める** そのものごとを、し始《はじ》める。事《じ》業《ぎょう》などに関《かん》係《けい》する。例 茶《ちゃ》わん作《づく》りに手を染める。

**手《て》を出《だ》す** ❶ほしがる。例 人《ひと》の物《もの》に手を出す。❷はたらきかける。やってみる。例 スキーに手を出す。❸乱《らん》暴《ぼう》をする。例 先《さき》に手を出したのはどっちだ。

**手《て》を携《たずさ》える** 手《て》と手《て》をつなぐ。協《きょう》力《りょく》し合《あ》う。例 二人《ふたり》は手を携えて新《しん》事《じ》業《ぎょう》を始《はじ》めた。

**手《て》を尽《つ》くす** あらゆる方《ほう》法《ほう》を、やってみる。例 八《はっ》方《ぽう》手を尽くして探《さが》す。

**手《て》を付《つ》ける** ❶とりかかる。始《はじ》める。例 宿《しゅく》題《だい》に手をつける。❷勝《かっ》手《て》に使《つか》う。使《つか》い始《はじ》める。例 人《ひと》の物《もの》に手をつける。

**手《て》を取《と》る** ❶人《ひと》の手《て》を持《も》つ。例 お年《とし》寄《よ》りの手を取って歩《ある》く。❷親《しん》切《せつ》にする。例 折《お》り紙《がみ》を、手を取って教《おし》える。

**手《て》を握《にぎ》る** ❶握《あく》手《しゅ》をする。❷力《ちから》を合《あ》わせる。❸仲《なか》直《なお》りをする。

**手《て》を抜《ぬ》く** しなければならないことを、いいかげんにやる。

**手《て》を伸《の》ばす** 手《て》を差《さ》し出《だ》す。例 ミカンに手を伸ばす。

**手《て》を延《の》ばす** 手《て》を広《ひろ》げる。例 外《がい》国《こく》にまで調《ちょう》査《さ》の手を延ばす。

**手《て》を省《はぶ》く** ところどころを省《はぶ》いたりして、やり方《かた》を簡《かん》単《たん》にする。例 手を省いたためか、できあがりがよくない。

**手《て》を引《ひ》く** ❶連《つ》れて行《い》く。❷関《かん》係《けい》することをやめる。例 計《けい》画《かく》から手を引く。

**手《て》を広《ひろ》げる** 仕《し》事《ごと》の範《はん》囲《い》を広《ひろ》げる。手《て》をのばす。例 手を広げすぎて失《しっ》敗《ぱい》する。

**手《て》を回《まわ》す** ものごとがうまくいくように、必《ひつ》要《よう》なことを前《まえ》もってやっておく。例 提《てい》案《あん》が通《とお》るように手を回す。

**手《て》を結《むす》ぶ** たがいに協《きょう》力《りょく》する。例 ライバルと手を結ぶ。

**手《て》を焼《や》く** 持《も》て余《あま》す。てこずる。例 いたずらっ子《こ》に手をやく。

**手《て》を休《やす》める** 仕《し》事《ごと》をひと休《やす》みする。

**手《て》を緩《ゆる》める** きびしかった態《たい》度《ど》を、少《すこ》しゆるくする。例 取《と》り締《し》まりの手を緩める。

**手《て》を汚《よご》す** 実《じっ》際《さい》に自《じ》分《ぶん》で物《もの》事《ごと》をする。よくないことをすることにいう。例 お金《かね》もうけで手を汚す。

**手《て》を煩《わずら》わす** 人《ひと》に面《めん》倒《どう》をかける。例 友《とも》達《だち》の手を煩わして、連《れん》絡《らく》してもらった。

**て** 助 ❶ことがらを並《なら》べて言《い》うときに使《つか》う。例 見《み》て聞《き》いて考《かんが》える。❷あることが終《お》わって、次《つぎ》に移《うつ》ることを表《あらわ》す。例 着《き》がえをして、ねる。❸方《ほう》法《ほう》・手《しゅ》段《だん》を表《あらわ》す。例 走《はし》って届《とど》ける。❹わけを表《あらわ》す。例 かぜをひいて学《がっ》校《こう》を休《やす》んだ。❺…ても。…のに。例 悪《わる》いと知《し》っていて、ついしてしまった。❻動《どう》作《さ》のようすを表《あらわ》す。例 取《と》ってあげる。読《よ》んでいる。❼命《めい》令《れい》やお願《ねが》いの気《き》持《も》ちを表《あらわ》す。例 遊《ゆう》園《えん》地《ち》に連《つ》れていって。参考「泳《およ》ぐ」「学《まな》ぶ」「読《よ》む」などにつく場《ば》合《あい》は「で」となる。

**て【弟】** 熟語 弟《で》子《し》。↓てい【弟】871ページ

**で【出】** 名 ❶出《で》ること。現《あらわ》れ出《で》ること。例 月《つき》の出を待《ま》つ。対 入《い》り。❷出《しゅっ》身《しん》。例 出は関《かん》西《さい》です。❸〔ある言《こと》葉《ば》のあとにつけて〕…する分《ぶん》量《りょう》。例 読《よ》みでのある本《ほん》。参考 ふつう❸は、かな書《が》きにする。

**で** 助 一 ❶場《ば》所《しょ》を表《あらわ》す。例 砂《すな》場《ば》で遊《あそ》ぶ。❷道《どう》具《ぐ》や方《ほう》法《ほう》を表《あらわ》す。例 鉛《えん》筆《ぴつ》で書《か》く。❸材《ざい》料《りょう》を表《あらわ》す。例 紙《かみ》で作《つく》る。❹原《げん》因《いん》や理《り》由《ゆう》を表《あらわ》す。例 かぜで休《やす》む。❺時《じ》間《かん》や年《とし》、数《すう》量《りょう》を表《あらわ》す。例 千《せん》円《えん》で買《か》う。❻状《じょう》態《たい》を表《あらわ》す。例 すごい速《はや》さで走《はし》る。二「て 助」の変《へん》化《か》したもの。例 泳《およ》いでいる。読《よ》んでみる。↓て 助 870ページ

**であい【出会い】** 名 だいじなものごとや人《ひと》と行《い》きあうこと。思《おも》いがけず行《い》きあうこと。例 先《せん》生《せい》との出会いが、私《わたし》の生《い》き方《かた》を決《き》めた。

**であい【出合い】** 名 ❶出《で》来《き》事《ごと》に出《で》くわすこと。❷二《ふた》つの川《かわ》や道《みち》などが、一《ひと》つになること。注意 好《この》ましくない出《で》来《き》事《ごと》に出《で》くわす場《ば》合《あい》には「出《で》遭《あ》い」と書《か》く。

**であいがしら【出会い頭・出合い頭】** 名 出《で》会《あ》ったとたん。出《で》たとたん。例 出会いがしらに、先《せん》生《せい》とぶつかった。



ことわざ **笑《わら》う門《かど》には福《ふく》来《き》たる** ふさぎ込《こ》んでいてはだめだ。昔《むかし》から、笑《わら》う門《かど》には福《ふく》来《き》たるというじゃないか。

**であう【出会う】** 動 大事《だいじ》なものごとや人《ひと》と、行《い》きあう。思《おも》いがけず、行きあう。例 友達《ともだち》とばったり出会う。

**であう【出合う】** 動 ❶出来事《できごと》に出《で》くわす。❷川《かわ》や道《みち》などが、ある場所《ばしょ》でいっしょになる。例 二《ふた》つの川《かわ》が出合う。注意 好《この》ましくない出来事《できごと》に出《で》くわす場合《ばあい》には、「出遭《であ》う」と書《か》く。

**てあか【手あか】** 名 手《て》でさわったためについたよごれ。例 手あかにまみれた古本《ふるほん》。

**手あかのついた** 使《つか》い古《ふる》された。例 手あかのついた表現《ひょうげん》。

◦**てあし【手足】** 名 ❶手《て》と足《あし》。❷その人《ひと》のたよりになること。例 母《はは》の手足となる。

**手足となる** 〔その人《ひと》の手《て》や足《あし》の代《か》わりであるかのように〕その人《ひと》のために働《はたら》く。また、その人《ひと》のたよりになる。例 尊敬《そんけい》する人物《じんぶつ》の手足となって働《はたら》く。

**であし【出足】** 名 ❶人出《ひとで》のようす。例 客《きゃく》の出足がよい。❷スタートするときの速《はや》さ。例 この自動車《じどうしゃ》は出足がよい。❸ものごとの始《はじ》まりの状態《じょうたい》。例 試合《しあい》の出足は好調《こうちょう》だ。

**てあたりしだい【手当たり次第△】** 副 手《て》にさわるものは、なんでも。例 手当たり次第に物《もの》を投《な》げる。なんでもかんでも。

**てあつい【手厚い】** 形 取《と》り扱《あつか》いが丁寧《ていねい》だ。例 手厚くもてなす。

◦**てあて** 一【手当て】名 動する けがや病気《びょうき》などを治《なお》すための処置《しょち》。例 応急《おうきゅう》手当て。二【手当】名 ❶働《はたら》いたお礼《れい》に出《だ》すお金《かね》。例 一《いち》日分《にちぶん》の手当。❷給料《きゅうりょう》の他《ほか》にしはらうお金《かね》。例 通勤《つうきん》手当。

**てあみ【手編み】** 名 機械《きかい》を使《つか》わず、手《て》で編《あ》むこと。また、編《あ》んだもの。

**てあら【手荒】** 形動 扱《あつか》い方《かた》が乱暴《らんぼう》であるようす。例 手荒なことをするな。

**てあらい【手洗い】** 名 ❶手《て》を洗《あら》うこと。❷便所《べんじょ》。お手洗《てあら》い。

**てあらい【手荒い】** 形 扱《あつか》い方《かた》が乱暴《らんぼう》である。あらあらしい。

**てあわせ【手合わせ】** 名 動する 相手《あいて》になって、勝負《しょうぶ》をすること。例 将棋《しょうぎ》の手合わせをする。

**てい【低】** 画数 7 部首 亻(にんべん) 4年

音 テイ 訓 ひく-い ひく-める ひく-まる

筆順

ひくい。熟語 低温《ていおん》。低地《ていち》。高低《こうてい》。対 高《こう》。

《訓の使い方》**ひく-い** 例 気温《きおん》が低い。**ひく-める** 例 声《こえ》を低める。**ひく-まる** 例 人気《にんき》が低まる。

**てい【弟】** 画数 7 部首 弓(ゆみ) 2年

音 テイ ダイ デ△ 訓 おとうと

筆順

❶おとうと。熟語 弟妹《ていまい》。兄弟《けいてい》・兄弟《きょうだい》。対 兄《けい》。❷先生《せんせい》について学《まな》ぶ者《もの》。熟語 弟子《でし》。師弟《してい》。門《もん》弟《てい》。

**てい【定】** 画数 8 部首 宀(うかんむり) 3年

音 テイ ジョウ 訓 さだ-める さだ-まる さだ-か△

筆順
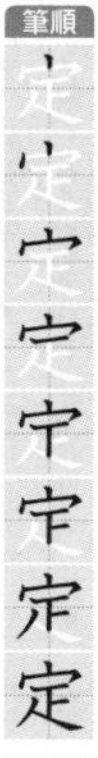

❶決《き》まる。決《き》める。決《き》まっている。熟語 定員《ていいん》。定価《ていか》。定石《じょうせき》。決定《けってい》。❷落《お》ち着《つ》いている。しずめる。熟語 安定《あんてい》。平定《へいてい》。❸きっと。確《たし》かに。熟語 必定《ひつじょう》〔=かならずそうなる〕。例 案《あん》の定《じょう》失敗《しっぱい》した。

《訓の使い方》**さだ-める** 例 規則《きそく》を定める。**さだ-まる** 例 目標《もくひょう》が定まる。**さだ-か** 例 記憶《きおく》が定かでない。

**てい【底】** 画数 8 部首 广(まだれ) 4年

音 テイ 訓 そこ

筆順

❶物《もの》のいちばん下《した》。そこ。熟語 海底《かいてい》。底力《そこぢから》。❷もとになるもの。熟語 底辺《ていへん》。底面《ていめん》。根底《こんてい》。

**てい【庭】** 画数 10 部首 广(まだれ) 3年

音 テイ 訓 にわ

筆順
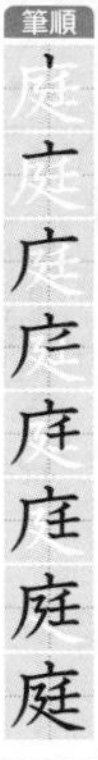

❶にわ。熟語 庭園《ていえん》。校庭《こうてい》。中庭《なかにわ》。❷家族《かぞく》が生《せい》





故事成語 言《い》うは易《やす》く行《おこな》うは難《かた》し　今年《ことし》こそ毎日日記《まいにちにっき》を付《つ》ける、と言《い》ったものの、ついつい付け忘《わす》れてしまう。言《い》うは易《やす》く行《おこな》うは難《かた》しとは、まさにこのことだね。

活《かつ》している場所《ばしょ》。熟語 家庭《かてい》。

## てい【停】

画数 11 部首 亻（にんべん） 5年

音 テイ 訓 ―

筆順

❶とまる。とめる。熟語 停止《ていし》。停車《ていしゃ》。停電《ていでん》。停留所《ていりゅうじょ》。❷やめる。やめさせる。熟語 停学《ていがく》。停戦《ていせん》。

## てい【提】

画数 12 部首 扌（てへん） 5年

音 テイ 訓 さ-げる

筆順

❶さし出《だ》す。かかげる。熟語 提案《ていあん》。提起《ていき》。提《てい》供《きょう》。提出《ていしゅつ》。❷手《て》をつなぐ。熟語 提携《ていけい》。

《訓の使い方》 さ-げる 例 かばんを提げる。

## てい【程】

画数 12 部首 禾（のぎへん） 5年

音 テイ 訓 ほど

筆順

❶度合《どあ》い。熟語 程度《ていど》。音程《おんてい》。例 身《み》の程《ほど》。❷決《き》まり。熟語 課程《かてい》。規程《きてい》。❸道《みち》のり。熟語 過《か》程《てい》。行程《こうてい》。道程《どうてい》。旅程《りょてい》。例 五《ご》キロメートル程《ほど》先《さき》の町《まち》。

## てい【呈】

画数 7 部首 口（くち）

音 テイ 訓 ―

❶さし出《だ》す。さし上《あ》げる。熟語 進呈《しんてい》。贈呈《ぞうてい》。例 疑問《ぎもん》を呈《てい》する。❷現《あらわ》す。現《あらわ》れる。熟語 露《ろ》呈《てい》〔＝はっきり現《あらわ》れること〕。例 活況《かっきょう》を呈《てい》する〔＝活気《かっき》がある〕。

## てい【廷】

画数 7 部首 廴（えんにょう）

音 テイ 訓 ―

❶政治《せいじ》を行《おこな》う所《ところ》。熟語 宮廷《きゅうてい》。朝廷《ちょうてい》。❷裁判《さいばん》所《しょ》。熟語 出廷《しゅってい》〔＝法廷《ほうてい》に出《で》ること〕。閉廷《へいてい》〔＝裁《さい》判《ばん》を終《お》えること〕。法廷《ほうてい》。

## てい【抵】

画数 8 部首 扌（てへん）

音 テイ 訓 ―

❶あたる。あてる。ふれる。熟語 抵触《ていしょく》〔＝決《き》まりなどに反《はん》すること〕。❷こばむ。逆《さか》らう。熟語 抵抗《ていこう》。❸だいたい。熟語 大抵《たいてい》。

## てい【邸】

画数 8 部首 阝（おおざと）

音 テイ 訓 ―

立派《りっぱ》な家《いえ》。熟語 邸宅《ていたく》。官邸《かんてい》。

## てい【亭】

画数 9 部首 亠（なべぶた）

音 テイ 訓 ―

人《ひと》の休《やす》む家《いえ》。旅館《りょかん》や料理店《りょうりてん》などの建物《たてもの》。熟語 亭主《ていしゅ》。料亭《りょうてい》。

## てい【貞】

画数 9 部首 貝（かい）

音 テイ 訓 ―

行《おこな》いや心《こころ》がまえが正《ただ》しい。熟語 貞節《ていせつ》〔＝（女性《じょせい》の）行《おこな》いが正《ただ》しいこと〕。

## てい【帝】

画数 9 部首 巾（はば）

音 テイ 訓 ―

天皇《てんのう》。天子《てんし》。みかど。熟語 皇帝《こうてい》。

## てい【訂】

画数 9 部首 言（ごんべん）

音 テイ 訓 ―

まちがいを直《なお》す。熟語 訂正《ていせい》。改訂《かいてい》。

## てい【逓】

画数 10 部首 辶（しんにょう）

音 テイ 訓 ―

❶次々《つぎつぎ》に伝《つた》える。熟語 逓信《ていしん》〔＝郵便《ゆうびん》・電信《でんしん》などを次々《つぎつぎ》と送《おく》り伝《つた》える〕。❷だんだんと。熟語 逓減《ていげん》〔＝だんだん減《へ》っていく〕。

## てい【偵】

画数 11 部首 亻（にんべん）

音 テイ 訓 ―

ようすをさぐる。熟語 偵察《ていさつ》。探偵《たんてい》。

## てい【堤】

画数 12 部首 土（つちへん）

音 テイ 訓 つつみ

つつみ。水《みず》があふれ出《で》ないように造《つく》った土《ど》手《て》。熟語 堤防《ていぼう》。防波堤《ぼうはてい》。例 川《かわ》の堤《つつみ》。

## てい【艇】

画数 13 部首 舟（ふねへん）

音 テイ 訓 ―

小舟《こぶね》。ボート。熟語 艇身《ていしん》〔＝ボートの長《なが》さ〕。舟艇《しゅうてい》〔＝小型《こがた》の舟《ふね》〕。



故事成語 井《い》の中《なか》のかわず　日本《にっぽん》のことしか知《し》らないと、井《い》の中《なか》のかわずになってしまう。

**てい【締】** 画数 15 部首 糸(いとへん)
音 テイ 訓 し-まる し-める
しめる。しまる。取《と》り決《き》める。熟語 締《てい》結《けつ》。例 帯《おび》を締《し》める。ねじが締《し》まる。

**てい【諦】** 画数 16 部首 言(ごんべん)
音 テイ 訓 あきら-める
だめだと思《おも》ってやめる。あきらめる。熟語 諦《てい》観《かん》〔=欲《よく》をなくして、見《み》ていること〕。諦《てい》念《ねん》〔=あきらめの気《き》持《も》ち〕。例 もうだめだと諦《あきら》める。

**てい【丁】** 熟語 丁《てい》重《ちょう》。丁《てい》寧《ねい》。⇩ちょう【丁】836ページ

**てい【体】** 名 姿《すがた》。ようす。例 世《せ》間《けん》体。体よく断《ことわ》られる。⇩たい【体】767ページ

**でい【泥】** 画数 8 部首 氵(さんずい)
音 デイ 訓 どろ
❶どろ。熟語 泥《でい》水《すい》・泥《どろ》水《みず》。❷こだわる。熟語 拘《こう》泥《てい》〔=何《なに》かにとらわれてこだわる〕。

**デイ** 〔英語 day〕名 ❶昼《ひる》間《ま》。例 デイサービス。❷⇩デー 877ページ

**ていあん【提案】** 名 動-する ある考《かんが》えや案《あん》を出《だ》すこと。また、その考《かんが》えや案《あん》。

**ティー【T・t】** 名「T」の形《かたち》。例 T字《じ》路《ろ》。

**ディー【D・d】** 名 ❶寸《すん》法《ぽう》で、奥《おく》行《ゆ》きや深《ふか》さを表《あらわ》す記《き》号《ごう》。❷食《しょく》堂《どう》。ダイニングルーム。例 2DK《ケー》〔=二《ふた》部《へ》屋《や》と、台《だい》所《どころ》と食《しょく》堂《どう》が一《ひと》つになった部《へ》屋《や》〕。❸ビタミンの一《ひと》つ。

**ディーアイワイ【DIY】** 名〔「自《じ》分《ぶん》でする」という意《い》味《み》の英《えい》語《ご》の頭《かしら》文《も》字《じ》。〕家《いえ》の大《だい》工《く》仕《し》事《ごと》や日《にち》用《よう》品《ひん》の製《せい》作《さく》などを、自《じ》分《ぶん》ですること。日《にち》曜《よう》大《だい》工《く》。

**ディーエイチ【DH】** 名〔「指《し》名《めい》した打《だ》者《しゃ》」という意《い》味《み》の英《えい》語《ご》の頭《かしら》文《も》字《じ》。〕(野《や》球《きゅう》で)指《し》名《めい》打《だ》者《しゃ》。

**ディーエヌエー【DNA】** 名〔「デオキシリボ核《かく》酸《さん》」という意《い》味《み》の英《えい》語《ご》の頭《かしら》文《も》字《じ》。〕生《せい》物《ぶつ》の細《さい》胞《ぼう》の中《なか》にあって、遺《い》伝《でん》子《し》を構《こう》成《せい》する物《ぶっ》質《しつ》。例 DNA鑑《かん》定《てい》〔=DNA《ディーエヌエー》を調《しら》べて、個《こ》人《じん》を判《はん》断《だん》すること〕。⇩いでんし 80ページ

**ディーエム【DM】** 名 ❶⇩ダイレクトメール 784ページ。❷⇩ダイレクトメッセージ 784ページ

**ディーケー【DK】** 名〔「ダイニングキッチン」の頭《かしら》文《も》字《じ》。〕⇩ダイニングキッチン 779ページ

**ディージェー【DJ】** 名〔「ディスクジョッキー」という英《えい》語《ご》の頭《かしら》文《も》字《じ》。〕⇩ディスクジョッキー 875ページ

**ティーシャツ【Tシャツ】** 名 広《ひろ》げた形《かたち》がT《ティー》の字《じ》に似《に》た、丸《まる》首《くび》のシャツ。

**ティーじろ【T字路】** 名 アルファベットのTの形《かたち》のように交《こう》差《さ》した道《みち》。丁《てい》字《じ》路《ろ》。

**ディーゼルエンジン** 〔英語 diesel engine〕名 ドイツ人《じん》ディーゼルが発《はつ》明《めい》したエンジン。圧《あっ》縮《しゅく》した空《くう》気《き》の中《なか》に重《じゅう》油《ゆ》や軽《けい》油《ゆ》をふきこんで爆《ばく》発《はつ》させ、その勢《いきお》いでピストンを動《うご》かす。ジーゼルエンジン。

**ディーゼルカー** 名〔日《にっ》本《ぽん》でできた英《えい》語《ご》ふうの言《こと》葉《ば》。〕ディーゼルエンジンで動《うご》かす鉄《てつ》道《どう》の車《しゃ》両《りょう》。ジーゼルカー。気《き》動《どう》車《しゃ》。

**ティーバッグ** 〔英語 tea bag〕名 紅《こう》茶《ちゃ》などの葉《は》を、一《いっ》杯《ぱい》分《ぶん》ずつ小《ちい》さなうすいふくろに入《い》れたもの。

**ティーピーオー【TPO】** 名〔「時《とき》・所《ところ》・場《ば》合《あい》」という意《い》味《み》の英《えい》語《ご》の頭《かしら》文《も》字《じ》。〕服《ふく》装《そう》や言《こと》葉《ば》づかいなどを、その時《とき》や所《ところ》、場《ば》合《あい》に合《あ》うようにすること。例 おしゃれにもTPOが必《ひつ》要《よう》だ。

**ディーブイ【DV】** 名 ⇩ドメスティックバイオレンス 944ページ

**ディーブイディー【DVD】** 名〔「デジタル多《た》目《もく》的《てき》ディスク」という意《い》味《み》の英《えい》語《ご》の頭《かしら》文《も》字《じ》。〕映《えい》像《ぞう》や音《おん》声《せい》などを特《とく》別《べつ》な信《しん》号《ごう》に変《か》えて、記《き》録《ろく》し再《さい》生《せい》するディスク。

**ていいん【定員】** 名 決《き》まった人《にん》数《ずう》。例 このバスの定員は五〇名《めい》です。

**ティーンエージャー** 〔英語 teenager〕名 十《じゅう》代《だい》、特《とく》に十《じゅう》三《さん》歳《さい》から十《じゅう》九《きゅう》歳《さい》までの少《しょう》年《ねん》少《しょう》女《じょ》。

**ていえん【庭園】** 名 草《くさ》木《き》を植《う》え、築《つき》山《やま》や池《いけ》などを造《つく》ったりした、広《ひろ》い庭《にわ》。

**ていおう【帝王】** 名 ❶王《おう》。王《おう》様《さま》。❷ある分《ぶん》野《や》で特《とく》に強《つよ》い力《ちから》を持《も》っている人《ひと》。例 悪《あく》の帝王。

故事成語 絵《え》に描《か》いた餅《もち》 この計《けい》画《かく》は実《じつ》現《げん》不《ふ》可《か》能《のう》だよ。絵《え》に描《か》いた餅《もち》だ。

**ていおん【低音】**名 ❶低《ひく》い声《こえ》や音《おと》。❷〔音《おん》楽《がく》で〕合唱《がっしょう》するときの、低《ひく》いほうの声《こえ》。対（❶・❷）高音《こうおん》。

**ていおん【低温】**名 低《ひく》い温度《おんど》。対高温《こうおん》。

**ていおんさっきん【低温殺菌】**名 動-する セ氏《し》六〇〜七〇度《ど》ぐらいの熱《ねつ》を長《なが》い時《じ》間《かん》加《くわ》えて、ばい菌《きん》を殺《ころ》す方法《ほうほう》。牛乳《ぎゅうにゅう》などを殺菌《さっきん》するときに使《つか》う。

**ていおんどうぶつ【定温動物】**名 ➡こうおんどうぶつ 430ページ

**ていか【低下】**名 動-する ❶低《ひく》いところに移《うつ》ること。度合《どあ》いが低《ひく》くなること。例気温《きおん》の低下。対上昇《じょうしょう》。❷品質《ひんしつ》・技術《ぎじゅつ》・能力《のうりょく》などの程《てい》度《ど》が悪《わる》くなること。例体力《たいりょく》の低下。対向《こう》上《じょう》。

**ていか【定価】**名 商品《しょうひん》につけてある、決《き》まった値段《ねだん》。

**ていがく【低額】**名 金額《きんがく》が少《すく》ないこと。少《しょう》額《がく》。対高額《こうがく》。

**ていがく【定額】**名 あらかじめ決《き》められた金額《きんがく》。例定額料金《りょうきん》で映画《えいが》が見放題《みほうだい》だ。

**ていがく【停学】**名 ある決《き》まった期間《きかん》、学《がっ》校《こう》に来《く》ることを禁止《きんし》する罰《ばつ》。

**ていがくねん【低学年】**名 小学校《しょうがっこう》で、下《した》の学年《がくねん》。一《いち》・二年《にねん》。関連高学年《こうがくねん》。中学年《ちゅうがくねん》。

**ていかっしゃ【定滑車】**名 〔理科《りか》で〕じくが、他《ほか》のものに取《と》りつけてある滑車《かっしゃ》。対動滑《どうかっ》車《しゃ》。➡かっしゃ 246ページ

**でいがん【泥岩】**名 泥《どろ》や粘土《ねんど》が長《なが》い間《あいだ》に固《かた》まってできた岩石《がんせき》。

**ていき【定期】**名 ❶期間《きかん》が決《き》まっていること。例定期預金《よきん》。❷日時《にちじ》や時期《じき》が決《き》まっていること。例定期便《びん》。対臨時《りんじ》。❸定期券《ていきけん》。

**ていき【提起】**名 動-する 問題《もんだい》や話題《わだい》を、その場《ば》に持《も》ち出《だ》すこと。例問題《もんだい》提起。

✤**ていぎ【定義】**名 動-する あるものごとの意《い》味《み》をはっきりと決《き》めること。また、決《き》めたもの。例正三角形《せいさんかくけい》の定義を言《い》いなさい。

**ていきあつ【低気圧】**名 周《まわ》りに比《くら》べて気《き》圧《あつ》の低《ひく》い所《ところ》。この付近《ふきん》はふつう、天《てん》気《き》が悪《わる》い。対高気圧《こうきあつ》。➡ぜんせん(前線)❷ 734ページ

**ていきけん【定期券】**名 決《き》まった期間《きかん》、決《き》まった区間《くかん》を、自由《じゆう》に乗《の》り降《お》りできる乗《じょう》車券《しゃけん》。定期《ていき》乗車券《じょうしゃけん》。定期《ていき》。

**ていきてき【定期的】**形動 期間《きかん》を決《き》めて、くり返《かえ》すようす。例定期的に検査《けんさ》する。

**ていきびん【定期便】**名 決《き》まった日《ひ》に、決《き》まった土地《とち》へ、客《きゃく》や荷物《にもつ》を運《はこ》ぶ船《ふね》・飛行機《ひこうき》・トラックなど。

**ていきゅう【低級】**名 形動 程度《ていど》が低《ひく》いこと。対高級《こうきゅう》。

**ていきゅう【庭球】**名 ➡テニス 886ページ

**ていきゅうび【定休日】**名 商店《しょうてん》や会社《かいしゃ》などの、決《き》まった休《やす》みの日《ひ》。

**ていきょう【提供】**名 動-する 役《やく》立《だ》つように、さし出《だ》すこと。例資料《しりょう》を提供する。

**ていきよきん【定期預金】**名 銀行《ぎんこう》などで、引《ひ》き出《だ》せるようになるまでの期間《きかん》が決《き》まっている預金《よきん》。

**テイクアウト**〔英語 takeout〕名 動-する 〔飲《いん》食店《しょくてん》などで〕飲食物《いんしょくぶつ》を店内《てんない》で食《た》べずに持《も》ち帰《かえ》ること。持《も》ち帰《かえ》り。テークアウト。

**ていくう【低空】**名 空《そら》の低《ひく》い所《ところ》。

**ていくうひこう【低空飛行】**名 飛《ひ》行《こう》機《き》などが、空《そら》の低《ひく》い所《ところ》を飛《と》ぶこと。

**テイクオフ**〔英語 takeoff〕名 動-する ❶(飛《ひ》行《こう》機《き》などが)飛《と》び立《た》つこと。❷(発展途上国《はってんとじょうこく》が)経済的《けいざいてき》に大《おお》きく進歩《しんぽ》すること。参考「テークオフ」ともいう。

**ていけい【定形】**名 決《き》まった形《かたち》。例定形郵《ゆう》便《びん》。

**ていけい【定型】**名 決《き》まった型《かた》。例定型詩《し》。

**ていけい【提携】**名 動-する 力《ちから》を合《あ》わせて助《たす》け合《あ》うこと。例技術《ぎじゅつ》提携。

✤**ていけいし【定型詩】**名 音《おん》の数《かず》や行《ぎょう》の数《かず》、その並《なら》べ方《かた》などに、決《き》まった型《かた》をもった詩《し》。五《ご》・七《しち》・五《ご》・七《しち》・七《しち》の短歌《たんか》、五《ご》・七《しち》・五《ご》の俳句《はいく》など。対自由詩《じゆうし》。

**ていけつ【締結】**名 動-する 条約《じょうやく》や契約《けいやく》を結《むす》ぶこと。例条約《じょうやく》を締結する。

**ていけつあつ【低血圧】**名 血圧《けつあつ》がふつうよりも低《ひく》いこと。対高血圧《こうけつあつ》。

**ていげん【提言】**名 動-する 考《かんが》えや意見《いけん》を出《だ》すこと。また、その考《かんが》えや意見《いけん》。例新《あら》たな街《まち》づくり計画《けいかく》を提言する。

○**ていこう【抵抗】**━名 動-する ❶逆《さか》らうこ



故事成語 温故知新《おんこちしん》 時代《じだい》が変《か》わっても、温故知新《おんこちしん》の精神《せいしん》で、昔《むかし》に学《まな》ぶことを忘《わす》れてはならない。

と。手向《てむ》かうこと。例 暴力《ぼうりょく》に抵抗する。❷すなおに従《したが》えないこと。例 父《ちち》の話《はなし》に抵抗を感《かん》じる。二 名 電気《でんき》の流《なが》れをさまたげる力《ちから》。

**ていこうりょく【抵抗力】** 名 手向《てむ》かう力《ちから》。特《とく》に、病気《びょうき》に負《ま》けない体《からだ》の丈夫《じょうぶ》さ。例 体《からだ》をきたえて抵抗力をつける。

**ていこく【定刻】** 名 決《き》められた時刻《じこく》。定《てい》時《じ》。例 試合《しあい》は、定刻に始《はじ》められた。

**ていこく【帝国】** 名 皇帝《こうてい》が治《おさ》める国《くに》。

**デイサービス** 名〔日本《にっぽん》でできた英語《えいご》ふうの言葉《ことば》。〕在宅《ざいたく》の高齢者《こうれいしゃ》や障害者《しょうがいしゃ》のために行《おこな》う、昼間《ひるま》だけの介護福祉《かいごふくし》サービス。デーサービス。

**°ていさい【体△裁】** 名 ❶外《そと》から見《み》た形《かたち》。例 体裁を整《ととの》える。❷見《み》ばえ。例 体裁が悪《わる》い。❸整《ととの》った形《かたち》。例 詩《し》の体裁をなしていない。

**ていさつ【偵°察】** 名 動-する 敵《てき》のようすをさぐること。例 相手《あいて》の動《うご》きを偵察する。

**ていし【停止】** 名 動-する ❶動《うご》いている途中《とちゅう》で止《と》まること。例 車《くるま》が停止する。❷さし止《と》めること。例 出場停止《しゅつじょうていし》。

**ていじ【定時】** 名 決《き》められた時刻《じこく》。定刻《ていこく》。

**ていじ【提示】** 名 動-する さし出《だ》して見《み》せること。例 プランを提示する。

**ていしせい【低姿勢】** 名 形動 相手《あいて》に対《たい》して、下手《したて》に出《で》ること。例 低姿勢でわびる。

**ていじせい【定時制】** 名 高等学校《こうとうがっこう》などで、夜間《やかん》や冬《ふゆ》など、特別《とくべつ》な時間《じかん》や時期《じき》に勉強《べんきょう》を教《おし》える制度《せいど》。

**ていしゃ【停車】** 名 動-する 自動車《じどうしゃ》や電車《でんしゃ》などが止《と》まること。例 急停車《きゅうていしゃ》。対 発車《はっしゃ》。

**ていしゃじょう【停車場】** 名 ↓ていしゃば 875ページ

**ていしゃば【停車場】** 名「駅《えき》」の古《ふる》い言《い》い方《かた》。ていしゃじょう。

**ていしゅ【亭°主】** 名 ❶夫《おっと》。例 うちの亭主。❷小《ちい》さな商店《しょうてん》などの主人《しゅじん》。

**ていじゅう【定住】** 名 動-する ある場所《ばしょ》に住《す》みつくこと。例 北海道《ほっかいどう》に定住する。

**ていしゅつ【提出】** 名 動-する さし出《だ》すこと。例 書類《しょるい》を提出する。

**ていしょう【提唱】** 名 動-する 新《あたら》しい考《かんが》えを言《い》いだすこと。例 新説《しんせつ》を提唱する。

**ていしょく【定食】** 名 食堂《しょくどう》などの、決《き》まった献立《こんだて》の食事《しょくじ》。

**ていしょく【定職】** 名 決《き》まった職業《しょくぎょう》。

**ていすう【定数】** 名 人《ひと》や物《もの》の決《き》められた数《かず》。例 市議会議員《しぎかいぎいん》の定数。

**ディスカウント**〔英語 discount〕名 値引《ねび》き。安売《やすう》り。例 ディスカウントショップ。

**ディスカッション**〔英語 discussion〕名 動-する ↓とうろん 918ページ

**ディスク**〔英語 disk〕名 音《おと》・映像《えいぞう》・言葉《ことば》などの情報《じょうほう》を、特別《とくべつ》な信号《しんごう》にして記録《きろく》できるようにした円盤《えんばん》。例 コンパクトディスク。

**ディスクジョッキー**〔英語 disk jockey〕名 ラジオなどで、音楽《おんがく》の合間《あいま》に短《みじか》い話《はなし》などをする人《ひと》。また、その番組《ばんぐみ》。DJ《ディージェー》。

**ディズニー** 人名（男）（一九〇一～一九六六）アメリカの映画製作者《えいがせいさくしゃ》、事業家《じぎょうか》。「ミッキーマウス」「白雪姫《しらゆきひめ》」など多《おお》くの映画《えいが》を製作《せいさく》した。「ディズニーランド」の創始者《そうししゃ》。

**ディスプレー**〔英語 display〕名 ❶商品《しょうひん》などのかざりつけ。展示《てんじ》。❷コンピューターで、文字《もじ》や図表《ずひょう》を映《うつ》し出《だ》す装置《そうち》。

**ていせい【訂°正】** 名 動-する まちがいを、正《ただ》しく改《あらた》めること。例 報告書《ほうこくしょ》の一部《いちぶ》を訂正する。類 修正《しゅうせい》。

**ていせつ【定説】** 名 正《ただ》しいと認《みと》められている説《せつ》。類 通説《つうせつ》。対 異説《いせつ》。

**ていせん【停船】** 名 動-する 船《ふね》を止《と》めること。また、船《ふね》が止《と》まること。例 停船命令《めいれい》。

**ていせん【停戦】** 名 動-する 一時《いちじ》、戦《たたか》いをやめること。休戦《きゅうせん》。

**ていそ【提訴°】** 名 動-する 裁判所《さいばんしょ》などにうったえ出《で》ること。

**ていそく【低速】** 名 速度《そくど》がおそいこと。対 高速《こうそく》。

**ていぞく【低俗°】** 名 形動 程度《ていど》が低《ひく》くて、品《ひん》がないこと。例 低俗な番組《ばんぐみ》。対 高尚《こうしょう》。

**ていたい【停滞°】** 名 動-する 進《すす》まないでたまること。ものごとがはかどらないこと。例 仕事《しごと》が停滞する。

**ていたい【手痛い】** 形 ひどい。厳《きび》しい。例 九回裏《きゅうかいうら》に手痛いエラーが出《で》た。

**ていたく【邸°宅】** 名 大《おお》きくて、立派《りっぱ》な家《いえ》。屋敷《やしき》。例 邸宅を構《かま》える。





故事成語 学問《がくもん》に王道《おうどう》なし テストでよい点《てん》をとるには、地道《じみち》な勉強《べんきょう》が欠《か》かせない。学問《がくもん》に王道《おうどう》なしだよ。

**ていたらく【体△たらく】** 名 すがた。ようす。例 なんという体たらくだ。参考 好《この》ましくない場合《ばあい》にいう。

**ていち【低地】** 名 低《ひく》い土地《とち》。対 高地《こうち》。

**ていちあみ【定置網】**° 名 陸《りく》に近《ちか》い海《うみ》の決《き》まった場《ば》所《しょ》に張《は》りめぐらしておいて、魚《さかな》をとる網《あみ》。↓ぎょほう 97ページ

**ていちゃく【定着】** 名 動する ある所《ところ》にしっかりつくこと。例 その土《と》地《ち》に定着する。

**ていちょう【丁△重】** 形動 敬《うやま》う気持《きも》ちをこめて、丁寧《ていねい》に行《おこな》うようす。例 お客《きゃく》を丁重にもてなす。類 懇切《こんせつ》。

**ていちょう【低調】** 名 形動 ❶程《てい》度《ど》が低《ひく》いこと。例 低調な作品《さくひん》。❷調子《ちょうし》が出《で》ないこと。例 売《う》れ行《ゆ》きが低調だ。

✤**ていちょうご【丁△重語】** 名 相手《あいて》に対《たい》して自分《じぶん》の側《がわ》のものごとを丁重《ていちょう》に述《の》べる言葉《ことば》。「申《もう》す」「参《まい》る」など。↓けいご(敬語) 390ページ

**ティッシュ** 〔英語 tissue〕名 うすくてやわらかい、上質《じょうしつ》のちり紙《がみ》。ティッシュペーパー。

**ティッシュペーパー** 〔英語 tissue paper〕名 ↓ティッシュ 876ページ

**ていっぱい【手一杯】**° 形動 仕事《しごと》がいっぱいあって、とても他《ほか》の仕事《しごと》をする余裕《よゆう》がないようす。例 かかえている仕事《しごと》で手一杯だ。

**ディテール** 〔英語 detail〕名 細《こま》かいところ。細部《さいぶ》。例 計画《けいかく》のディテールは未定《みてい》です。

**ていでん【停電】** 名 動する 電気《でんき》の送電《そうでん》が、一時《いちじ》止《と》まること。

**ていてんかんそく【定点観測】** 名 動する ❶ある決《き》まった場所《ばしょ》で行《おこな》う気象観測《きしょうかんそく》。例 天気《てんき》の移《うつ》り変《か》わりを定点観測する。❷ある決《き》まった場所《ばしょ》で、ものごとの変化《へんか》を継続《けいぞく》して調査《ちょうさ》すること。

°**ていど【程度】** 名 ❶ものごとのほどあい。度合《どあ》い。例 程度の高《たか》い問題《もんだい》。❷〔ある言葉《ことば》のあとにつけて〕およそ…ぐらい。例 一時間《いちじかん》程度で終《お》わる。

**ていとう【抵当】**° 名 借金《しゃっきん》を返《かえ》せないときのために、お金《かね》を貸《か》す人《ひと》に預《あず》けておくもの。

**ディナー** 〔英語 dinner〕名 (正式《せいしき》な)西洋風《せいようふう》の食事《しょくじ》。特《とく》に、その夕食《ゆうしょく》。

°**ていねい【丁△寧】**° 形動 ❶心《こころ》がこもっていて親切《しんせつ》なようす。例 丁寧に教《おし》える。❷注意深《ちゅういぶか》いようす。例 丁寧な仕事《しごと》。

✤**ていねいご【丁△寧語】**° 名 〔国語《こくご》で〕敬語《けいご》の一《ひと》つ。話《はな》し相手《あいて》に対《たい》して、丁寧《ていねい》な気持《きも》ちを表《あらわ》すときに使《つか》う言葉《ことば》。「行《い》きます」「これです」の「ます」や「です」、「お花《はな》」「ご本《ほん》」の「お」や「ご」など。関連 尊敬語《そんけいご》。謙譲語《けんじょうご》。↓けいご(敬語) 390ページ

**ていねん【定年・停年】** 名 会社《かいしゃ》や役所《やくしょ》などで、やめることが決《き》められている年齢《ねんれい》。例 定年退職《たいしょく》。

**ていはく【停泊】**° 名 動する 船《ふね》が、いかりを下《お》ろして港《みなと》にとまること。

**デイパック** 〔英語 day pack〕名 (ハイキングなどに用《もち》いる)一日分《いちにちぶん》の荷物《にもつ》が入《はい》るくらいの小型《こがた》の背負《せお》い袋《ぶくろ》。

**ていばん【定番】** 名 流行《りゅうこう》にかかわりなく、

例解 ! ことばの勉強室

**ディベートのしかた**

ディベートは、一《ひと》つの論題《ろんだい》につき、賛《さん》成《せい》・反対《はんたい》に分《わ》かれて相手《あいて》を説得《せっとく》しようとして行《おこな》う、討論会《とうろんかい》である。

ふつうは、賛成《さんせい》・反対《はんたい》の同人数《どうにんずう》のグループのほか、司会《しかい》、審判《しんぱん》、時間係《じかんがかり》などの係《かかり》を決《き》めて行《おこな》う。

それぞれのグループはあらかじめ、自《じ》分《ぶん》たちの立場《たちば》を主張《しゅちょう》する根拠《こんきょ》や資料《しりょう》などの準備《じゅんび》をして、討論《とうろん》にのぞむ。

討論《とうろん》は、司会者《しかいしゃ》の指示《しじ》に従《したが》い、グループ交互《こうご》に、決《き》められた時間《じかん》を守《まも》って意見《いけん》を発表《はっぴょう》し、相手《あいて》の主張《しゅちょう》に対《たい》して質問《しつもん》をする。途中《とちゅう》で作戦《さくせん》タイムをとって、意見《いけん》をさらに練《ね》り直《なお》したり整理《せいり》したりすることもある。

討論《とうろん》があらかじめ決《き》めておいたルールに従《したが》ってひととおり済《す》んだら、審判《しんぱん》が勝《か》ち負《ま》けの判定《はんてい》をする。

いつでも一定《いってい》の人気《にんき》がある商品《しょうひん》や基本《きほん》のもの。例 定番商品《しょうひん》。お弁当《べんとう》の定番。

**ていひょう【定評】** 名 世《よ》の中《なか》で一般《いっぱん》に通《とお》っている評判《ひょうばん》。例 定評のある店《みせ》。

**ディフェンス** 〔英語 defense〕名 スポーツで、守備《しゅび》。防御《ぼうぎょ》。対 オフェンス。

✤**ディベート** 〔英語 debate〕名 動-する ❶討論《とうろん》。❷〔国語《こくご》で〕あるテーマで、賛成《さんせい》と反対《はんたい》の二《ふた》つのグループに分《わ》かれて討論《とうろん》すること。

**ていへん【底辺】** 名 ❶三角形《さんかくけい》・台形《だいけい》などの底《そこ》にあたる辺《へん》。❷いちばん下《した》のほう。例 社会《しゃかい》の底辺。

°**ていぼう【堤防】** 名 川《かわ》や海《うみ》があふれないように、川岸《かわぎし》や海岸《かいがん》に、石《いし》やコンクリートなどで築《きず》いたもの。つつみ。土手《どて》。

**ていぼく【低木】** 名 幹《みき》が根元《ねもと》からたくさんに分《わ》かれていて、あまり高《たか》くならない木《き》。ツツジ・ヤツデなど。灌木《かんぼく》。対 高木《こうぼく》。

**ていほん【定本】** 名 その作品《さくひん》のいろいろある本《ほん》を比《くら》べ合《あ》わせて、標準《ひょうじゅん》となるように本文《ほんぶん》を定《さだ》めた本《ほん》。例『源氏物語《げんじものがたり》』の定本。

**ていまい【弟妹】** 名 弟《おとうと》と妹《いもうと》。

**ていめい【低迷】** 名 動-する 悪《わる》い状態《じょうたい》からぬけ出《だ》せないこと。例 景気《けいき》が低迷する。

**ていめん【底面】** 名 立体《りったい》の底《そこ》にあたる面《めん》。

**ていめんせき【底面積】** 名 立体《りったい》の底《そこ》の面《めん》積《せき》。

**ていよく【体よく】** 副 体裁《ていさい》よく。さしさわりのないように。例 体よく断《ことわ》る。

**ていり【低利】** 名 ふつうよりも利子《りし》が低《ひく》いこと。例 低利で貸《か》し出《だ》す。対 高利《こうり》。

**ていり【定理】** 名 学問《がくもん》の上《うえ》で、正《ただ》しいとはっきり証明《しょうめい》されている決《き》まり。例 ピタゴラスの定理。

**でいり【出入り】** 名 動-する ❶出《で》ることと入《はい》ること。ではいり。例 人《ひと》が大勢《おおぜい》出入りする。❷商人《しょうにん》などが、得意先《とくいさき》としてよくおとずれること。例 出入りの米屋《こめや》さん。

**ていりゅう【底流】** 名 ❶川《かわ》や海《うみ》の底《そこ》のほうの流《なが》れ。❷表面《ひょうめん》に現《あらわ》れない動《うご》き。例 事件《じけん》の底流。

**ていりゅうじょ【停留所】** 名 客《きゃく》の乗《の》り降《お》りのために、バスや路面電車《ろめんでんしゃ》がとまるように決《き》められた場所《ばしょ》。

**ていりょう【定量】** 名 決《き》まった分量《ぶんりょう》。例 定量の薬品《やくひん》。

°**ていれ【手入れ】** 名 動-する ❶直《なお》したりきれいにしたり、世話《せわ》をしたりすること。例 花壇《かだん》の手入れ。❷警察《けいさつ》が犯人《はんにん》をつかまえたりするために、その場《ば》にふみこむこと。

**ていれい【定例】** 名 定期的《ていきてき》に行《おこな》うことが決《き》まっていること。例 定例の会議《かいぎ》。類 恒例《こうれい》。

**ディレクター** 〔英語 director〕名 ❶映画《えいが》や演劇《えんげき》などの監督《かんとく》・演出家《えんしゅつか》。❷テレビなどの番《ばん》組《ぐみ》をつくる人《ひと》。

**ティンパニ** 〔イタリア語〕名 打楽器《だがっき》の一《ひと》つ。半球形《はんきゅうけい》の胴《どう》に皮《かわ》などを張《は》ったたいこ。ティンパニー。↓がっき(楽器) 244ページ

**てうす【手薄】** 形動 ❶人手《ひとで》などが少《すく》ないようす。例 守《まも》りが手薄だ。❷手《て》もとに品物《しなもの》やお金《かね》が少《すく》ないようす。品薄《しなうす》。例 商品《しょうひん》が手薄になった。

**てうち【手打ち】** 名 ❶そばやうどんなどを、手《て》でこねて作《つく》ること。例 手打ちそば。❷〔取引《とりひき》や仲直《なかなお》りなどで〕ものごとがうまくいったしるしに両手《りょうて》を打《う》ちならすこと。

**てうち【手討ち】** 名 武士《ぶし》が、家来《けらい》などを自《じ》分《ぶん》で斬《き》り殺《ころ》すこと。参考「手打《てう》ち」とも書《か》く。

**デー** 〔英語 day〕名〔ある言葉《ことば》のあとにつけて〕特別《とくべつ》のことが行《おこな》われる日《ひ》。デイ。例 安売《やすう》りデー。

**デーゲーム** 〔英語 day game〕名 野球《やきゅう》などの、昼間《ひるま》に行《おこな》う試合《しあい》。対 ナイトゲーム。ナイター。

**データ** 〔英語 data〕名 ❶考《かんが》えるもとになる材《ざい》料《りょう》や事実《じじつ》。例 データを集《あつ》める。❷コンピューターで使《つか》えるように、数字《すうじ》や記号《きごう》に置《お》きかえられた資料《しりょう》。

**データベース** 〔英語 data base〕名 コンピューターで、関係《かんけい》するデータをまとめて、すぐ利用《りよう》できるようにした仕組《しく》み。

**デート** 〔英語 date〕一 名 日付《ひづけ》。二 名 動-する 恋《こい》人《びと》どうしが待《ま》ち合《あ》わせて会《あ》うこと。

°**テープ** 〔英語 tape〕名 ❶紙《かみ》や布《ぬの》などで作《つく》った、はばがせまくて長《なが》いひも。❷録音《ろくおん》や録画《ろくが》のために作《つく》られた、うすくてはばがせまいひものようなもの。例 ビデオテープ。





故事成語 玉石混交《ぎょくせきこんこう》 絵本《えほん》といっても玉石混交《ぎょくせきこんこう》、中《なか》にはまったくつまらないものもある。

**テーブル**〔英語 table〕名 脚《あし》の長《なが》い机《つくえ》。食卓《しょくたく》。例テーブルにつく。

**テーブルクロス**〔英語 tablecloth〕名 テーブルにかける布《ぬの》。テーブルかけ。

**テーブルスピーチ**名〔日本《にっぽん》でできた英語《えい》ふうの言葉《ことば》。〕パーティーなどで、自分《じぶん》の席《せき》でする短《みじか》めのスピーチ。

**テーブルマナー**〔英語 table manners〕名 西洋式《せいようしき》の食事《しょくじ》のしかた。

**テープレコーダー**〔英語 tape recorder〕名 テープに、音《おと》や声《こえ》を磁気《じき》として録音《ろくおん》し、それを再生《さいせい》する装置《そうち》。

✤°**テーマ**〔ドイツ語〕名 ❶作品《さくひん》にかかれていることの中心《ちゅうしん》になっていることがら。または考《かん》え方《かた》。主題《しゅだい》。例小説《しょうせつ》のテーマ。❷論文《ろんぶん》や演説《えんぜつ》の題目《だいもく》。❸〔音楽《おんがく》で〕一《ひと》つの曲《きょく》の中心《ちゅうしん》となっているメロディー。

**テーマソング**名〔日本《にっぽん》でできた英語《えいご》ふうの言葉《ことば》。〕映画《えいが》・演劇《えんげき》・放送番組《ほうそうばんぐみ》などの、主題《しゅだい》を表《あらわ》す歌《うた》。主題歌《しゅだいか》。

**テーマパーク**名〔日本《にっぽん》でできた英語《えいご》ふうの言葉《ことば》。〕一《ひと》つのテーマに沿《そ》って作《つく》られた大型《おおがた》の遊園地《ゆうえんち》。

**ておい**【手負い】名 傷《きず》を負《お》っていること。例手負いのイノシシ。

**ておくれ**【手後△れ・手遅°れ】名 手当《てあ》てや処置《しょち》がおくれて、回復《かいふく》の見《み》こみのないこと。例手後れになるところだった。

**でおくれる**【出遅°れる】動 何《なに》かをし始《はじ》めるのがおくれる。例リレーのスタートで少《すこ》し出遅れた。

**ておけ**【手おけ】名 手《て》で持《も》つところがついている小《ちい》さなおけ。

**ておし**【手押°し】名 手《て》で動《うご》かすこと。例手押しポンプ。

**ておしぐるま**【手押°し車】名 人《ひと》が手《て》で押《お》して荷物《にもつ》などを運《はこ》ぶ車《くるま》。

**ておち**【手落ち】名 やり方《かた》などに、まちがいや足《た》りないところがあること。例話《はなし》を十分《じゅうぶん》に聞《き》かなかったのは私《わたし》の手落ちです。類手《て》ぬかり。

**ており**【手織り】名（道具《どうぐ》を使《つか》って）人《ひと》の手《て》で織《お》ること。

**でかい**形 大《おお》きい。でっかい。〔くだけた言《い》い方《かた》。〕

**てがかり**【手掛°かり】名 ❶手《て》をかけるところ。❷解決《かいけつ》の糸口《いとぐち》。きっかけ。例新《あたら》しい手がかりをつかむ。

**てがき**【手書き】名動-する じかに手《て》で書《か》くこと。手《て》で書《か》いたもの。例手書きの年賀状《ねんがじょう》。

**でがけ**【出がけ】名 出《で》かけようとする、そのとき。例出がけに人《ひと》が訪《たず》ねてきた。

**てがける**【手掛°ける】動 自分《じぶん》で、そのことをやる。例自分《じぶん》で手掛けた仕事《しごと》。

°**でかける**【出掛°ける】動 ❶出《で》て行《い》く。例学校《がっこう》へ出かける。❷出《で》ようとする。

**てかげん**【手加減】名動-する ❶手《て》で、分量《ぶんりょう》や程度《ていど》などをおし量《はか》ること。例重《おも》さを手加減でみる。❷ほどよくすること。手心《てごころ》。例小《ちい》さい子《こ》が相手《あいて》なので、手加減を加《くわ》える。

**てかず**【手数】名 手間《てま》やひまのかかる度合《どあ》い。手数《てすう》。例お手数をおかけしました。

**でかせぎ**【出稼°ぎ】名動-する 生活《せいかつ》している土地《とち》をはなれて、ある期間《きかん》、よその土地《とち》で働《はたら》くこと。例都会《とかい》へ出稼ぎに行《い》く。

**てがた**【手形】名 ❶手《て》のひらにすみをぬって、紙《かみ》におしつけた手《て》の形《かたち》。例力士《りきし》の手形。❷決《き》まった日《ひ》に、決《き》まったお金《かね》をわたすことを約束《やくそく》した証書《しょうしょ》。

**でかた**【出方】名 あることに対《たい》する、やり方《かた》。出《で》よう。例相手《あいて》の出方を見《み》る。

**てがたい**【手堅°い】形 確実《かくじつ》で、危《あぶ》なげがない。例手堅い仕事《しごと》ぶりだ。

**でかでか**副(-と) ことさらに大《おお》きく、目立《めだ》つようす。例新聞《しんぶん》にでかでかとのる。

✤°**てがみ**【手紙】名 用事《ようじ》や、こちらのようすなどを書《か》いて人《ひと》に送《おく》る書《か》き物《もの》。便《たよ》り。

**てがら**【手柄°】名 人《ひと》にほめられるような立《りっ》派《ぱ》な働《はたら》き。例手柄をたてる。

**てがる**【手軽】形動 たやすいようす。簡単《かんたん》。例手軽に食事《しょくじ》を済《す》ませる。

**てき**【的】画数 8 部首 白（しろへん） 4年

音テキ 訓まと

筆順 ′ ′ 白 白 的 的 的

❶まと。目当《めあ》て。熟語 的中《てきちゅう》。標的《ひょうてき》。目的《もくてき》。❷

故事成語 漁夫《ぎょふ》の利《り》 ぼくが姉《あね》と言《い》い争《あらそ》いしているすきに、まさしく漁夫《ぎょふ》の利《り》で、そばにいた弟《おとうと》に、ケーキのうまいところだけを食《た》べられてしまった。

明《あき》らか。はっきり。熟語 的確《てきかく》。端的《たんてき》。❸〔ある言葉《ことば》のあとにつけて〕…のような。…の性《せい》質《しつ》の。熟語 劇的《げきてき》。科学的《かがくてき》。文化的《ぶんかてき》。

**例解 ! ことばの勉強室**

## 手紙《てがみ》の書《か》き方《かた》

「一筆啓上《いっぴつけいじょう》　火《ひ》の用心《ようじん》　お仙泣《せんな》かすな　馬肥《うまこ》やせ」

これは昔《むかし》、本多重《ほんだしげ》次《つぐ》という武士《ぶし》が、留守《るす》を守《まも》る妻《つま》に送《おく》った手紙《てがみ》だという。「一筆啓上《いっぴつけいじょう》」は、手紙《てがみ》の書《か》き出《だ》しに使《つか》う挨拶《あいさつ》の言葉《ことば》で、続《つづ》けて、「火《ひ》の用心《ようじん》をせよ。幼《おさな》い仙千代《せんちよ》を泣《な》かしたりするな。馬《うま》の世話《せわ》をちゃんとしておくれ。」と、だいじなことを手短《てみじか》に、はっきり書《か》いている。

手紙文《てがみぶん》ではこのように、❶相手《あいて》のことを考《かんが》えた言葉《ことば》づかいで、❷知《し》らせたいことをはっきりと書《か》くことがだいじだ。

手紙文《てがみぶん》の書《か》き出《だ》しと結《むす》びには、決《き》まった言葉《ことば》を使《つか》うことが多《おお》い。

○ふつうの場合《ばあい》
拝啓《はいけい》　と書《か》き出《だ》して、結《むす》びに　敬具《けいぐ》

○返事《へんじ》の手紙《てがみ》の場合《ばあい》
拝復《はいふく》　と書《か》き出《だ》して、結《むす》びに　敬具《けいぐ》

○急《いそ》ぎなどで挨拶《あいさつ》を省《はぶ》く場合《ばあい》
前略《ぜんりゃく》　と書《か》き出《だ》して、結《むす》びに　草々《そうそう》

---

**てき【笛】** 画数 11 部首 ⺮（たけかんむり） 3年

音 テキ　訓 ふえ

筆順 ノ ⺈ 𥫗 ⺮ 笛 笛 笛

ふえ。熟語 汽笛《きてき》。警笛《けいてき》。霧笛《むてき》。鼓笛隊《こてきたい》。横笛《よこぶえ》。

**てき【適】** 画数 14 部首 辶（しんにょう） 5年

音 テキ　訓 ―

筆順 产 啇 啇 啇 啇 適 適

❶かなう。あてはまる。熟語 適切《てきせつ》。適度《てきど》。適当《てきとう》。最適《さいてき》。適材適所《てきざいてきしょ》。❷思《おも》いどおりだ。熟語 快適《かいてき》。 ↓てきする 880ページ

**てき【敵】** 画数 15 部首 攵（ぼくづくり） 6年

音 テキ　訓 かたき

筆順 产 啇 啇 啇 敵 敵 敵

❶争《あらそ》う相手《あいて》。うらみを持《も》つ相手《あいて》。かたき。❷相《あい》手《て》になる。熟語 敵意《てきい》。敵地《てきち》。強敵《きょうてき》。宿敵《しゅくてき》。対 味方《みかた》。熟語 敵対《てきたい》。無敵《むてき》。不敵《ふてき》。

**てき【敵】** 名 ❶戦争《せんそう》や試合《しあい》などで、争《あらそ》う相手《あいて》。例 敵と戦《たたか》う。❷うらみを持《も》つ相手《あいて》。例 むやみにいばるから、敵が多《おお》い。対（❶・❷）味《み》方《かた》。

**てき【摘】** 画数 14 部首 扌（てへん）

音 テキ　訓 つ-む

❶つむ。つまみ取《と》る。選《えら》び出《だ》す。熟語 摘出《てきしゅつ》。指摘《してき》。❷あばき出《だ》す。熟語 摘発《てきはつ》。

**てき【滴】** 画数 14 部首 氵（さんずい）

音 テキ　訓 しずく　したた-る

しずく。しずくとなって落《お》ちる。熟語 水滴《すいてき》。点滴《てんてき》。例 汗《あせ》が滴《したた》る。

**でき【溺】** 画数 13 部首 氵（さんずい）

音 デキ　訓 おぼ-れる

❶水《みず》におぼれる。熟語 溺死《できし》。例 海《うみ》で溺《おぼ》れる。❷むちゅうになる。熟語 溺愛《できあい》〔＝むやみにかわいがる〕。

**でき【出来】** 名 できること。できたもの。できぐあい。例 果物《くだもの》のできがいい。

**できあい【出来合い】** 名 前《まえ》からできていること。また、そのもの。既製《きせい》。例 できあいの洋服《ようふく》。対 あつらえ。

**できあがり【出来上がり】** 名 できばえ。例 でき上がりがよい。

**°できあがる【出来上がる】** 動 すっかりできる。完成《かんせい》する。例 作品《さくひん》ができ上がる。

**てきい【敵意】** 名 相手《あいて》をにくみ、はむかおうとする気持《きも》ち。例 敵意をいだく。

**てきおう【適応】** 名 動-する ❶うまく当《あ》てはまること。例 その場《ば》に適応したやり方《かた》。❷動植物《どうしょくぶつ》が、その場所《ばしょ》に適《てき》するように、体《からだ》や性質《せいしつ》を変《か》えていくこと。例 ジャングルに適応した植物《しょくぶつ》。類 順応《じゅんのう》。



故事成語 蛍雪《けいせつ》の功《こう》　蛍雪《けいせつ》の功《こう》を積《つ》んで、本日《ほんじつ》、ご卒業《そつぎょう》されるみなさん。おめでとう。

**てきおん【適温】** 名 ちょうどよい温度《おんど》。例 部屋《へや》を適温に保《たも》つ。

**てきがいしん【敵愾心】** 名 敵《てき》に対《たい》する強《つよ》い気持《きも》ち。例 敵がい心を燃《も》やす。

**てきかく【的確・適確】** 形動 〔「てっかく」とも読《よ》む。〕確《たし》かで、まちがいのないようす。例 的確に言《い》い表《あらわ》す。参考 特《とく》に、ねらいを外《はず》さず、まちがいがないという意味《いみ》では「的確」と書《か》く。

**てきかく【適格】** 名 形動 その資格《しかく》に当《あ》てはまっていること。てっかく。例 彼《かれ》は、会長《かいちょう》として適格だ。

**てきぎ【適宜】** 副 ❶その場《ば》にほどよく合《あ》わせるようす。例 適宜えさを与《あた》える。❷めいめいが思《おも》うようにするようす。例 休《やす》み時間《じかん》は外《そと》に出《で》て、適宜過《す》ごしなさい。

**てきごう【適合】** 名 動-する うまく当《あ》てはまること。例 条件《じょうけん》に適合する。

**てきこく【敵国】** 名 戦争《せんそう》をしている相手《あいて》の国《くに》。例 敵国であっても同《おな》じ人間《にんげん》どうしだ。

**できごころ【出来心】** 名 その場《ば》で、ふとうかんだ悪《わる》い考《かんが》え。例 出来心でやったこと。

°**できごと【出来事】** 名 世《よ》の中《なか》で起《お》こったこと。事件《じけん》。例 世界《せかい》の出来事を知《し》る。

■**てきざいてきしょ【適材適所】** 名 その人《ひと》の才能《さいのう》や力《ちから》に合《あ》うように、役目《やくめ》や仕事《しごと》を割《わ》り当《あ》てること。

**てきし【敵視】** 名 動-する 相手《あいて》を敵《てき》として見《み》ること。

**できし【溺死】** 名 動-する 水《みず》におぼれて死《し》ぬこと。類 水死《すいし》。

**てきしゅつ【摘出】** 名 動-する ❶手術《しゅじゅつ》をして、悪《わる》いところを取《と》り除《のぞ》くこと。❷取《と》り出《だ》すこと。例 問題点《もんだいてん》を摘出する。

**てきじん【敵陣】** 名 敵《てき》の軍隊《ぐんたい》が集《あつ》まっている陣地《じんち》。

**テキスト** 〔英語 text〕名 〔「テキストブック」の略《りゃく》。〕勉強《べんきょう》に使《つか》う本《ほん》。教科書《きょうかしょ》。テクスト。

**てきする【適する】** 動 うまく合《あ》う。ふさわしい。例 自分《じぶん》に適した仕事《しごと》。

**てきせい【適正】** 名 形動 うまく合《あ》っていて、正《ただ》しいこと。例 適正な値段《ねだん》。

**てきせい【適性】** 名 ふさわしい性質《せいしつ》や能力《のうりょく》。例 スポーツマンとしての適性。

°**てきせつ【適切】** 形動 ぴったりとよく当《あ》てはまるようす。例 適切な判断《はんだん》。類 適当《てきとう》。

**てきたい【敵対】** 名 動-する 相手《あいて》を敵《てき》と見《み》て、逆《さか》らうこと。例 敵対勢力《せいりょく》。

**できだか【出来高】** 名 ❶できあがった分量《ぶんりょう》。❷取《と》り入《い》れた農作物《のうさくぶつ》の分量《ぶんりょう》。例 米《こめ》の出来高。

**できたて【出来たて】** 名 できたばかり。例 できたての料理《りょうり》が食《た》べられる。

**てきち【敵地】** 名 敵《てき》の領土《りょうど》。

**てきちゅう【的中】** 名 動-する ❶矢《や》やたまが、的《まと》に当《あ》たること。類 命中《めいちゅう》。❷考《かんが》えていたとおりになること。例 予想《よそう》が的中する。参考 ❷は「適中《てきちゅう》」とも書《か》く。

**てきど【適度】** 名 形動 ほどよい程度《ていど》であること。例 適度の運動《うんどう》が必要《ひつよう》だ。対 過度《かど》。

°**てきとう【適当】** 形動 ❶うまく当《あ》てはまるようす。例 適当な広《ひろ》さの土地《とち》。類 適切《てきせつ》。❷いいかげんなようす。例 適当に答《こた》えておく。

**てきにん【適任】** 名 その仕事《しごと》や役《やく》によくあてはまること。例 彼《かれ》は会長《かいちょう》に適任だ。

**できばえ【出来栄え】** 名 できぐあい。例 みごとなできばえだ。

**てきぱき** 副(-と) 動-する 手《て》ぎわよくものごとをするようす。例 てきぱきとかたづける。

**てきはつ【摘発】** 名 動-する 悪《わる》いことを見《み》つけて、みんなの前《まえ》にはっきりさせること。例 不正《ふせい》を摘発する。

**てきひ【適否】** 名 適当《てきとう》かどうか。例 方法《ほうほう》の適否を話《はな》し合《あ》う。

**てきびしい【手厳しい】** 形 たいへん厳《きび》しい。例 手厳しい批判《ひはん》。対 手《て》ぬるい。

**できふでき【出来不出来】** 名 できあがりのよしあし。例 年《とし》によって農作物《のうさくぶつ》の出来不出来がある。

**てきめん** 形動 効《き》き目《め》や報《むく》いが、すぐに表《あらわ》れるようす。例 薬《くすり》がてきめんに効《き》いた。

**できもの【出来物】** 名 はれもの。おでき。

**てきやく【適役】** 名 劇《げき》や仕事《しごと》などで、その人《ひと》にぴったりあてはまる役《やく》。

**てきよう【適用】** 名 動-する 法律《ほうりつ》や規則《きそく》などを、実際《じっさい》にあてはめて使《つか》うこと。

**てきりょう【適量】** 名 ちょうどよい分量《ぶんりょう》。

故事成語 紅一点《こういってん》 彼女《かのじょ》はチームの紅一点《こういってん》として活躍《かつやく》している。

例 適量の塩《しお》を加《くわ》える。

**◦できる**【出来る】動 ❶生《しょう》じる。例 用事《ようじ》ができる。❷作《つく》られる。例 木《き》でできた家《いえ》。❸手《て》に入《はい》る。とれる。例 米《こめ》ができる。❹できあがる。例 用意《ようい》ができた。❺する力《ちから》がある。例 スケートができる。❻すぐれている。例 なかなかできた人《ひと》だ。参考 ふつう、かな書《が》きにする。

**てぎわ**【手際△】名 腕前《うでまえ》。やり方《かた》。例 手際よく仕事《しごと》をかたづける。

**てぐすねひく**【手ぐすね引く】動 十分《じゅうぶん》に準備《じゅんび》を整《ととの》えて、待《ま》ち構《かま》える。てぐすねをひく。例 てぐすねひいて、待《ま》ち構《かま》える。

**てくせ**【手癖◦】名 手《て》のくせ。特《とく》に、ぬすみをするくせ。例 手癖が悪《わる》い〔=ものをぬすんでしまうくせがある〕。

**てぐち**【手口】名 やり方《かた》。特《とく》に、悪《わる》いことをするときのやり方《かた》。例 ずるい手口を使《つか》う。

**◦でぐち**【出口】名 外《そと》へ出《で》る口《くち》。対 入《い》り口《ぐち》。

**てくてく** 副(-と) 同《おな》じ調子《ちょうし》で歩《ある》き続《つづ》けるようす。例 駅《えき》までてくてく歩《ある》く。

**テクニック**〔英語 technic〕名 技《わざ》。やり方《かた》。例 話《はな》し方《かた》のテクニックを学《まな》ぶ。

**でくのぼう**【でくの坊◦】名 ❶木《き》ぼりの人形《にんぎょう》。でく。❷〔木《き》の切《き》れはしのように〕役《やく》に立《た》たない人《ひと》を、あざけっていう言葉《ことば》。

**テクノロジー**〔英語 technology〕名 科学技術《かがくぎじゅつ》。例 テクノロジーの発達《はったつ》。

**てくばり**【手配り】名 動-する 必要《ひつよう》な準備《じゅんび》をすること。手配《てはい》。

**てくび**【手首】名 手《て》のひらと腕《うで》のつながるところ。腕首《うでくび》。⇩からだ❶ 262ページ

**デクレッシェンド**〔イタリア語〕名〔音楽《おんがく》で〕「だんだん弱《よわ》く」という意味《いみ》。

**でくわす**【出くわす】動 思《おも》いがけなく会《あ》う。でっくわす。例 大《おお》きな犬《いぬ》に出くわす。

**てこ** 名 小《ちい》さな力《ちから》を大《おお》きな力《ちから》に変《か》えて重《おも》い物《もの》を動《うご》かす棒《ぼう》。また、その仕《し》かけ。

**てこでも動《うご》かない** どんなことをしても動《うご》かない。例 言《い》い出《だ》したらてこでも動かない。

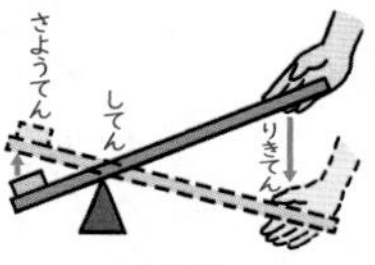

〔てこ〕

**てこいれ**【てこ入れ】名 動-する ものごとがうまくいかないところや弱《よわ》いところを、助《たす》けたり補《おぎな》ったりすること。例 不調《ふちょう》が続《つづ》くチームのてこ入れを図《はか》る。

**てごころ**【手心】名 適当《てきとう》に扱《あつか》うこと。手《て》かげん。例 手心を加《くわ》える〔=きびしさをゆるめて、少《すこ》しやさしく扱《あつか》う〕。

**てこずる** 動 扱《あつか》うのに、骨《ほね》が折《お》れる。例 弟《おとうと》のわがままにはてこずった。

**てごたえ**【手応え】名 ❶手《て》に受《う》ける感《かん》じ。❷相手《あいて》の反応《はんのう》。例 魚《さかな》をつり上《あ》げたときの手応え。例 しかっても、手応えがない。

**◦でこぼこ**【〈凸凹〉△】名 動-する 形動 ❶物《もの》の表面《ひょうめん》が、高《たか》くなったり低《ひく》くなったりしていること。例 道《みち》がでこぼこしている。❷ものごとが一定《いってい》でないこと。例 値段《ねだん》にでこぼこがある。参考「凸凹《でこぼこ》」は、特別《とくべつ》に認《みと》められた読《よ》み方《かた》。ふつう、かな書《が》きにする。

**デコレーション**〔英語 decoration〕名 かざり。例 クリスマスのデコレーション。

**デコレーションケーキ** 名〔日本《にっぽん》でできた英語《えいご》ふうの言葉《ことば》。〕クリームやチョコレート、果物《くだもの》などでかざったスポンジケーキ。

**てごろ**【手頃◦】形動 ❶手《て》に持《も》つのに、ちょうどよいようす。例 手ごろな大《おお》きさのかばん。❷自分《じぶん》の力《ちから》などに、合《あ》っているようす。例 手ごろな値段《ねだん》。

**てごわい**【手ごわい】形 強《つよ》くて、負《ま》かすのが難《むずか》しい。例 手ごわい相手《あいて》。

**テコンドー**〔韓国《かんこく》・朝鮮語《ちょうせんご》〕名 空手《からて》に似《に》た、韓国《かんこく》の格闘技《かくとうぎ》。防具《ぼうぐ》をつけ、足《あし》げりを多《おお》く使《つか》う。

**デザート**〔英語 dessert〕名 食事《しょくじ》のあとに出《だ》す、菓子《かし》や果物《くだもの》・アイスクリームなど。

**デザイナー**〔英語 designer〕名 洋服《ようふく》や建物《たてもの》などの形《かたち》や色《いろ》、模様《もよう》などを考《かんが》えることを仕事《しごと》にしている人《ひと》。

**デザイン**〔英語 design〕━名 動-する ❶物《もの》を作《つく》るときに、形《かたち》や色《いろ》、模様《もよう》などを工夫《くふう》すること。例 服《ふく》をデザインする。❷行《おこな》おうとすることについて、そのやり方《かた》を考《かんが》えること。例 生活《せいかつ》をデザインする。━名 図案《ずあん》。意匠《いしょう》。

**でさかり**【出盛△り】名 果物《くだもの》や野菜《やさい》などが、



故事成語 光陰矢《こういんや》のごとし　ついこの前入学《まえにゅうがく》したと思《おも》ったら、もう卒業《そつぎょう》だ。光陰矢《こういんや》のごとしだね。

たくさん出回《でまわ》ること。また、その時期《じき》。旬《しゅん》。〘例〙今《いま》はブドウの出盛りだ。

**てさき【手先】**〘名〙❶指《ゆび》や指先《ゆびさき》。〘例〙手先が器《き》用《よう》だ。❷子分《こぶん》。手下《てした》。〘例〙悪者《わるもの》の手先。

**でさき【出先】**〘名〙出《で》かけている先《さき》。外出先《がいしゅつさき》。〘例〙出先から電話《でんわ》をかける。

**てさぎょう【手作業】**〘名〙直接《ちょくせつ》、人《ひと》の手《て》で行《おこな》う作業《さぎょう》。〘例〙手作業でつくった工芸品《こうげいひん》。

**てさぐり【手探△り】**〘名〙〘動‐する〙❶手《て》でさぐって知《し》ること。〘例〙手探りでさがす。❷見通《みとお》しがないまま、さぐりながらものごとをすること。〘例〙仕事《しごと》は手探りの段階《だんかい》だ。

**てさげ【手提△げ】**〘名〙片手《かたて》にさげて持《も》つ、かばんやふくろ、かご。

**てさばき【手さばき】**〘名〙物《もの》をあつかうときの、たくみな手《て》の動《うご》かし方《かた》。〘例〙料理人《りょうりにん》の見事《みごと》な手さばき。

**てざわり【手触り】**〘名〙手《て》にさわった感《かん》じ。〘例〙手触りがよい。

**でし【弟△子】**〘名〙先生《せんせい》について教《おし》えを受《う》ける人《ひと》。門人《もんじん》。門弟《もんてい》。〘対〙師匠《ししょう》。

**でしいり【弟△子入り】**〘名〙〘動‐する〙弟子《でし》になること。入門《にゅうもん》。

**てしおにかける【手塩にかける】**いろいろ苦労《くろう》して育《そだ》て上《あ》げる。〘例〙手塩にかけて育《そだ》てた選手《せんしゅ》。

**デジカメ**〘名〙「デジタルカメラ」の略《りゃく》。↓デジタルカメラ 882ページ

**てしごと【手仕事】**〘名〙裁縫《さいほう》・細工物《さいくもの》など、手先《てさき》を使《つか》ってする仕事《しごと》。

**てした【手下】**〘名〙子分《こぶん》。部下《ぶか》。

**デジタル**〔英語 digital〕〘名〙量《りょう》や時刻《じこく》などを数《すう》字《じ》で表《あらわ》すこと。〘例〙デジタル体温計《たいおんけい》。〘対〙アナログ。

**デジタルカメラ**〔英語 digital camera〕〘名〙フィルムを使《つか》わず、写《うつ》したものを特別《とくべつ》な信号《しんごう》に変《か》えて、記録《きろく》できるようにしたカメラ。デジカメ。

**デジタルちょう【デジタル庁】**〘名〙社会《しゃかい》のデジタル化《か》を進《すす》め、より暮《く》らしやすい社会《しゃかい》環境《かんきょう》を整《ととの》える仕事《しごと》をする国《くに》の役所《やくしょ》。

**デジタルほうそう【デジタル放送】**〘名〙映像《えいぞう》や音声《おんせい》を0と1のデジタル信号《しんごう》に置《お》きかえて送信《そうしん》する放送《ほうそう》。アナログ放送《ほうそう》に比《くら》べて画質《がしつ》や音質《おんしつ》がよく、活用範囲《かつようはんい》が広《ひろ》い。

**てじな【手品】**〘名〙いろいろな道具《どうぐ》や仕《し》かけを使《つか》って、ふしぎな芸《げい》をして見《み》せること。マジック。奇術《きじゅつ》。〘例〙手品師《し》。

**デシベル**〔英語 decibel〕〘名〙音《おと》の強《つよ》さを表《あらわ》す単位《たんい》。記号《きごう》は「dB」。

**でじま【出島】**〘地名〙江戸《えど》時代《じだい》、長崎《ながさき》の港《みなと》に作《つく》られた人工《じんこう》の島《しま》。鎖国《さこく》のもとで、ここだけが貿易《ぼうえき》を許《ゆる》された場所《ばしょ》だった。

**でしゃばる**〘動〙自分《じぶん》に関係《かんけい》のないことにまで、口《くち》を出《だ》す。

**てじゅん【手順】**〘名〙仕事《しごと》を進《すす》める順序《じゅんじょ》。だんどり。〘例〙手順よく会《かい》を進《すす》める。

**デシリットル**〔フランス語〕〘名〙メートル法《ほう》で、容積《ようせき》を表《あらわ》す単位《たんい》の一《ひと》つ。一《いち》デシリットルは、一《いち》リットルの十分《じゅうぶん》の一《いち》。記号《きごう》は「dℓ」。↓リットル 1384ページ

**です**〘助動〙「だ」の丁寧《ていねい》な言《い》い方《かた》。〘例〙これは本《ほん》です。父《ちち》も喜《よろこ》ぶでしょう。

**てすう【手数】**〘名〙手間《てま》や時間《じかん》のかかる度合《どあ》い。てかず。〘例〙手数のかかる仕事《しごと》。

**てすうりょう【手数料】**〘名〙手数《てすう》をかけたことに対《たい》してはらうお金《かね》。

**てずから【手ずから】**〘副〙自分《じぶん》の手《て》で。じかに。〘例〙会長《かいちょう》手ずから車《くるま》を運転《うんてん》される。〘参考〙目上《めうえ》の人《ひと》について使《つか》う、改《あらた》まった言《い》い方《かた》。

**ですから**〘接〙「だから」の丁寧《ていねい》な言《い》い方《かた》。〘例〙ひどい雪《ゆき》です。ですから、車《くるま》も走《はし》れません。

**てすき【手隙・手透き】**〘名〙仕事《しごと》や用事《ようじ》がなくて、手《て》が空《あ》いていること。ひま。〘例〙お手すきの方《かた》は、手伝《てつだ》ってください。

**てすき【手すき】**〘名〙手《て》で紙《かみ》をすくこと。また、その紙《かみ》。〘例〙手すきの和紙《わし》。

**ですぎる【出過ぎる】**〘動〙❶余分《よぶん》に出《で》る。〘例〙水《みず》が出過ぎる。❷出《で》しゃばる。〘例〙出過ぎたまねをするな。

**デスク**〔英語 desk〕〘名〙❶机《つくえ》。事務用《じむよう》の机《つくえ》。❷新聞社《しんぶんしゃ》や放送局《ほうそうきょく》で、記事《きじ》を集《あつ》めたりまとめたりするための指揮《しき》をする人《ひと》。

**デスクトップ**〔英語 desktop〕〘名〙❶机《つくえ》の上《うえ》などに置《お》いて使《つか》う、大《おお》きいパソコン。❷コンピューターを起動《きどう》したときに現《あらわ》れる、基本《きほん》の



故事成語 呉越同舟《ごえつどうしゅう》　対戦相手《たいせんあいて》と偶然同《ぐうぜんおな》じ電車《でんしゃ》に乗《の》り合《あ》わせて、まさに呉越同舟《ごえつどうしゅう》だった。

画面《がめん》。

**テスター**〔英語 tester〕名 電圧《でんあつ》や電流《でんりゅう》などを調《しら》べる小型《こがた》の計器《けいき》。

**テスト**〔英語 test〕名 動-する 試験《しけん》。検査《けんさ》。例 機《き》械《かい》の調子《ちょうし》をテストする。

**てすり【手すり】**名 橋《はし》や階段《かいだん》などの、手《て》をかけるところ。

**てせい【手製】**名 自分《じぶん》の手《て》で作《つく》ること。また、作《つく》ったもの。手作《てづく》り。例 手製のケーキ。

**てぜま【手狭】**形動 使《つか》うには少《すこ》しせまいようす。例 成長《せいちょう》して、部屋《へや》が手狭になった。

**てそう【手相】**名 手《て》のひらの筋《すじ》や形《かたち》のようす。性格《せいかく》や運命《うんめい》がわかるといわれる。

**でぞめしき【出初め式】**名 一月《いちがつ》に、消防《しょうぼう》士《し》が集《あつ》まって、消火《しょうか》の訓練《くんれん》やはしご乗《の》りなどを見《み》せる、仕事始《しごとはじ》めの式《しき》。

**でそろう【出そろう】**動 出《で》るはずのものが、残《のこ》らず出《で》る。例 芽《め》が出そろった。

**てだし【手出し】**名 動-する ❶手《て》を出《だ》すこと。かまうこと。❷けんかをしかけること。例 どちらが先《さき》に手出ししたのか。

**でだし【出だし】**名 ものごとの始《はじ》まりの部《ぶ》分《ん》。例 出だしは順調《じゅんちょう》だ。

**てだすけ【手助け】**名 動-する 手伝《てつだ》うこと。例 母《はは》の仕事《しごと》の手助けをする。

**てだて【手立て】**名 方法《ほうほう》。手段《しゅだん》。やり方《かた》。例 別《べつ》の手立てを考《かんが》える。

**でたとこしょうぶ【出たとこ勝負】**名 計画《けいかく》を立《た》てないで、その場《ば》の成《な》り行《ゆ》きでものごとを決《き》めること。行《い》き当《あ》たりばったり。

**てだまにとる【手玉に取る】**相手《あいて》を思《おも》いどおりに扱《あつか》う。例 敵《てき》を手玉に取る。

**でたらめ**名 形動 出《で》まかせでいいかげんなこと。例 でたらめを言《い》う。

**てぢか【手近】**名 形動 ❶すぐそば。例 手近の図《ず》鑑《かん》で調《しら》べる。❷その辺《へん》によくあること。例 手近な話題《わだい》。

**てちがい【手違い】**名 やり方《かた》をまちがえること。例 手違いで迷惑《めいわく》をかける。

**てちょう【手帳】**名 予定《よてい》やものごとを書《か》きとめておく、小《ち》さいノート。

## てつ【鉄】
画数 13 部首 金(かねへん) 3年

音 テツ 訓 ―

筆順 𠆢 亼 仐 金 金 鉄 鉄 鉄

❶金属《きんぞく》の、てつ。熟語 鉄材《てつざい》。鉄板《てっぱん》。鋼鉄《こうてつ》。製《せい》鉄《てつ》。❷かたい。熟語 鉄則《てっそく》。❸鉄道《てつどう》。熟語 私《し》鉄《てつ》。

**てつ【鉄】**名 ❶鉄鉱石《てっこうせき》から取《と》り出《だ》した金属《きんぞく》。かたくて、使《つか》いみちが広《ひろ》い。例 鉄のくぎ。❷かたくて強《つよ》いこと。例 鉄の意志《いし》。

**鉄《てつ》は熱《あつ》いうちに打《う》て**〔鉄《てつ》は熱《あつ》くてやわらかなうちに鍛《きた》えるように〕何事《なにごと》も、それをするのにいちばんよい時《とき》をのがしてはならない。人《ひと》は、若《わか》いうちにきたえるべきだ。

## てつ【迭】
画数 8 部首 辶(しんにょう)

音 テツ 訓 ―

入《い》れかわる。入《い》れかえる。熟語 更迭《こうてつ》。

## てつ【哲】
画数 10 部首 口(くち)

音 テツ 訓 ―

ものごとの深《ふか》い道理《どうり》。道理《どうり》に深《ふか》く通《つう》じている人《ひと》。熟語 哲学《てつがく》。

## てつ【徹】
画数 15 部首 彳(ぎょうにんべん)

音 テツ 訓 ―

つらぬき通《とお》す。熟語 徹底《てってい》。徹夜《てつや》。↓てっする

884ページ

## てつ【撤】
画数 15 部首 扌(てへん)

音 テツ 訓 ―

取《と》り除《のぞ》く。引《ひ》きあげる。熟語 撤回《てっかい》。撤去《てっきょ》。撤《てっ》退《たい》。

**てっかい【撤回】**名 動-する 一度《いちど》出《だ》したものを取《と》り下《さ》げること。例 発言《はつげん》を撤回します。

**てづか おさむ〔手塚 治虫〕**人名(男)（一九二八～一九八九）漫画家《まんがか》。ストーリー漫《まん》画《が》やテレビアニメーションを開拓《かいたく》した。「鉄《てつ》腕《わん》アトム」「火《ひ》の鳥《とり》」など多《おお》くの作品《さくひん》がある。

**てっかく【的確・適確】**形動 ↓てきかく(的確・適確) 880ページ

**てっかく【適格】**名 形動 ↓てきかく(適格) 880ページ

**てつがく【哲学】**名 ものごとの、大《おお》もとのわけや、理屈《りくつ》を研究《けんきゅう》する学問《がくもん》。





故事成語 虎穴《こけつ》に入《い》らずんば虎児《こじ》を得《え》ず　虎穴《こけつ》に入《い》らずんば虎児《こじ》を得《え》ずだ。恐《おそ》れずに、思《おも》い切《き》って突《つ》き進《すす》もう。

**てつかず**【手付かず】名 ❶まだ取《と》りかかっていないこと。手《て》をつけていないこと。例宿題《しゅくだい》はまだ手つかずのままだ。❷まだ使《つか》っていないこと。例手つかずの預金《よきん》。

**てつかぶと**【鉄かぶと】名 戦場《せんじょう》などで、頭《あたま》を守《まも》るためにかぶる、鉄《てつ》で作《つく》られた帽子《ぼうし》。

**てづかみ**【手づかみ】名 直接《ちょくせつ》手《て》でつかむこと。例手づかみで食《た》べる。

**てっかん**【鉄管】名 鉄《てつ》で作《つく》った管《くだ》。

**てつき**【手付き】名 ものごとをするときの手《て》のかっこうや動《うご》かし方《かた》。例危《あぶ》なっかしい手つきでリンゴの皮《かわ》をむく。

**てっき**【鉄器】名 鉄《てつ》で作《つく》った道具《どうぐ》。例古墳《こふん》から鉄器が発見《はっけん》された。

**デッキ**〔英語 deck〕名 ❶船《ふね》の甲板《かんぱん》。❷客車《きゃくしゃ》の、足《あし》をかけて乗《の》り降《お》りする所《ところ》。❸外部《がいぶ》のスピーカーやモニターとつないで、音楽《おんがく》や映像《えいぞう》を再生《さいせい》する装置《そうち》。

**てっきじだい**【鉄器時代】名 青銅器《せいどうき》時代《じだい》に続《つづ》く、鉄《てつ》で作《つく》った道具《どうぐ》や武器《ぶき》を使《つか》うようになった時代《じだい》。

**てっきょ**゜【撤去】名 動する 建物《たてもの》などを取《と》り去《さ》ること。例物置《ものおき》小屋《こや》を撤去する。

**てっきょう**【鉄橋】名 鉄《てつ》で造《つく》った橋《はし》。

**てっきり** 副 きっと。まちがいなく。例てっきり晴《は》れると思《おも》ったのに、雨《あめ》になった。参考実際《じっさい》とはちがっている場合《ばあい》に使《つか》われる。

**てっきん**【鉄琴゜】名 打楽器《だがっき》の一《ひと》つ。長《なが》さのちがう鉄《てつ》の板《いた》を並《なら》べ、小《ちい》さな玉《たま》のついた棒《ぼう》でたたいて鳴《な》らす。

**てっきん**【鉄筋】名 コンクリートの建物《たてもの》の、しんに使《つか》われる鉄《てつ》の棒《ぼう》。

**てっきんコンクリート**【鉄筋コンクリート】名 鉄《てつ》の棒《ぼう》を中《なか》に入《い》れて、コンクリートで固《かた》めたもの。建物《たてもの》を造《つく》るのに使《つか》う。

**でつくす**【出尽゜くす】動 全部《ぜんぶ》出《で》てしまう。例話題《わだい》が出尽くす。

**てづくり**【手作り】名 自分《じぶん》で作《つく》ったもの。手製《てせい》。例妹《いもうと》の手作りのケーキ。

**てつけ**【手付け】名 売《う》り買《か》いなどの契約《けいやく》を結《むす》ぶとき、前《まえ》もって相手《あいて》にわたす、代金《だいきん》の一《いち》部《ぶ》。例手付け金《きん》。

**てっこう**【鉄鉱】名 鉄《てつ》を取《と》り出《だ》すもとの鉱《こう》物《ぶつ》。磁鉄鉱《じてっこう》・赤鉄鉱《せきてっこう》など。鉄鉱石《てっこうせき》。

**てっこう**【鉄鋼】名 車両《しゃりょう》・船《ふね》・機械《きかい》などを造《つく》る鉄材《てつざい》。

**てっこつ**【鉄骨】名 骨組《ほねぐ》みにする鉄材《てつざい》。

**てつざい**【鉄材】名 機械《きかい》や建築《けんちく》などに使《つか》う鉄《てつ》の材料《ざいりょう》。

**デッサン**〔フランス語〕名 絵《え》や彫刻《ちょうこく》の下絵《したえ》。鉛筆《えんぴつ》や木炭《もくたん》などで、物《もの》の形《かたち》を簡単《かんたん》に線《せん》でかいたもの。例人物《じんぶつ》のデッサン。

**てっしゅう**゜【撤収】名 動する ❶取《と》りはらってしまいこむこと。例テントを撤収する。❷軍隊《ぐんたい》が引《ひ》き上《あ》げること。

**てつじん**【鉄人】名 鉄《てつ》のように、体《からだ》や力《ちから》が強《つよ》い人《ひと》。例鉄人レース〔=トライアスロン〕。

**てっする**【徹゜する】動 ❶一《ひと》つのことをあくまでやり通《とお》す。おし通《とお》す。例正直《しょうじき》であることに徹する。❷深《ふか》く感《かん》じる。しみとおる。例痛《いた》さが骨身《ほねみ》に徹する。❸ある時間《じかん》を通《とお》して行《おこな》う。例夜《よ》を徹して工事《こうじ》をする。

**てっせい**【鉄製】名 〔「てつせい」とも読《よ》む。〕鉄《てつ》で作《つく》ること。また、鉄《てつ》で作《つく》ったもの。例鉄製のなべ。

**てっそく**【鉄則】名 絶対《ぜったい》に守《まも》るべき決《き》まり。例勝負《しょうぶ》の鉄則。

**てったい**【撤゜退】名 動する 軍隊《ぐんたい》などが、陣《じん》地《ち》を捨《す》てて、退《しりぞ》くこと。

○**てつだい**【〈手伝い〉】名 仕事《しごと》を助《たす》けること。また、助《たす》ける人《ひと》。手助《てだす》け。

○**てつだう**【〈手伝う〉】動 ❶人《ひと》の仕事《しごと》などを助《たす》ける。例母《はは》の仕事《しごと》を手伝う。❷さらに別《べつ》の原因《げんいん》が加《くわ》わる。例暗《くら》いうえに雨《あめ》も手伝って、進《すす》もうにも進《すす》めない。参考「手伝《てつだ》う」は、特別《とくべつ》に認《みと》められた読《よ》み方《かた》。

**でっち**【丁゜稚】名 昔《むかし》、商人《しょうにん》や職人《しょくにん》の家《いえ》にやとわれ、雑役《ざつえき》などをして奉公《ほうこう》した少年《しょうねん》。例丁稚奉公《ぼうこう》。

**でっちあげる**【でっち上げる】動 ないことを、あるように作《つく》り上《あ》げる。例にせの証拠《しょうこ》をでっち上げた。

**てつづき**【手続き】名 ものごとを進《すす》めていく順序《じゅんじょ》ややり方《かた》。例入学《にゅうがく》の手続き。

○**てってい**【徹゜底】名 動する ❶十分《じゅうぶん》に行《い》き届《とど》くこと。例サービスを徹底する。❷どこまでもおし通《とお》すこと。例徹底した平和《へいわ》主義者《しゅぎしゃ》。

故事成語 五十歩百歩《ごじっぽひゃっぽ》 ライバルと比《くら》べて、演奏《えんそう》技術《ぎじゅつ》はどちらも五十歩百歩《ごじっぽひゃっぽ》、あとは曲《きょく》の美《うつく》しさをどう表《あらわ》すかだ。

**てっていてき【徹底的】** 形動 どこまでもやりぬくようす。十分《じゅうぶん》に、残《のこ》らず。例 徹底的に調《しら》べた。

**てっとう【鉄塔】** 名 鉄骨《てっこつ》で組《く》み立《た》てた塔《とう》や柱《はしら》。

**○てつどう【鉄道】** 名 鉄《てつ》のレールをしいて、列車《れっしゃ》や電車《でんしゃ》を走《はし》らせる交通機関《こうつうきかん》。日本《にっぽん》では、一八七二年《ねん》(明治《めいじ》五年《ねん》)に東京《とうきょう》の新橋《しんばし》と横浜《よこはま》の間《あいだ》に初《はじ》めて開通《かいつう》した。

**■てっとうてつび【徹頭徹尾】** 副 始《はじ》めから終《お》わりまで。例 徹頭徹尾反対《はんたい》する。

**てつどうもう【鉄道網】** 名 網《あみ》の目《め》のように、たくさんしかれている鉄道《てつどう》。

**デッドスペース** 〔英語 dead space〕名 建《た》て物《もの》の中《なか》などで、使《つか》いみちのない空間《くうかん》。

**デッドヒート** 〔英語 dead heat〕名 〔競泳《きょうえい》や競《きょう》走《そう》で〕ぬきつぬかれつの激《はげ》しい競《きそ》い合《あ》い。また、ほとんど同時《どうじ》にゴールインすること。

**デッドボール** 名 〔日本《にっぽん》でできた英語《えいご》ふうの言葉《ことば》。〕野球《やきゅう》・ソフトボールで、投手《とうしゅ》の投《な》げたボールが、打者《だしゃ》の体《からだ》や服《ふく》にふれること。打《だ》者《しゃ》は一塁《いちるい》へ進《すす》める。死球《しきゅう》。

**てっとりばやい【手っ取り早い】** 形 ❶すばやい。例 仕事《しごと》を手っ取り早く済《す》ませる。❷手間《てま》がかからない。例 人《ひと》に聞《き》くより行《い》って見《み》たほうが手っ取り早い。

**てっぱい【撤廃】** 名 動-する 今《いま》までの制度《せいど》などを取《と》りやめること。例 意《い》味《み》のない校則《こうそく》を撤廃する。

**でっぱり【出っ張り】** 名 突《つ》き出《で》た部分《ぶぶん》。

**でっぱる【出っ張る】** 動 突《つ》き出《で》る。

**てっぱん【鉄板】** 名 鉄《てつ》の板《いた》。

**てつびん【鉄瓶】** 名 鉄《てつ》で作《つく》った湯《ゆ》わかし。

**でっぷり** 副(-と) 動-する どっしりと太《ふと》っているようす。例 でっぷりとした体《からだ》。

**てつぶん【鉄分】** 名 ある物《もの》に含《ふく》まれている鉄《てつ》の成分《せいぶん》。例 鉄分の多《おお》い食品《しょくひん》。

**てっぺき【鉄壁】** 名 鉄《てつ》の壁《かべ》のように、頑丈《がんじょう》な守《まも》りのこと。例 鉄壁の守備《しゅび》。

**てっぺん** 名 いちばん高《たか》い所《ところ》。頂上《ちょうじょう》。

**てつぼう【鉄棒】** 名 ❶鉄《てつ》の棒《ぼう》。❷二本《にほん》の柱《はしら》に鉄《てつ》の棒《ぼう》をわたした、器械体操《きかいたいそう》の道具《どうぐ》。また、それを使《つか》ってする体操《たいそう》の種目《しゅもく》。

**○てっぽう【鉄砲】** 名 筒《つつ》に火薬《かやく》をつめて弾《たま》を打《う》ち出《だ》す武器《ぶき》。特《とく》に、小銃《しょうじゅう》のこと。

**てっぽうだま【鉄砲玉】** 名 ❶鉄砲《てっぽう》のたま。❷行《い》ったまま帰《かえ》ってこないことのたとえ。例 お使《つか》いに行《い》ったまま帰《かえ》ってこない。まるで鉄砲玉だね。

**てっぽうみず【鉄砲水】** 名 大雨《おおあめ》で、大量《たいりょう》の水《みず》が、激《はげ》しい勢《いきお》いで流《なが》れ出《だ》したもの。

**てづまり【手詰まり】** 名 次《つぎ》の手段《しゅだん》や方法《ほうほう》が見《み》つからずにこまること。例 交渉《こうしょう》が手詰まりになる。

**てつめんぴ【鉄面皮】** 名 形動 〔顔《かお》の皮《かわ》が鉄《てつ》でできているかのように〕恥知《はじし》らずであつかましいこと。また、そのような人《ひと》。例 彼《かれ》の鉄面皮な言動《げんどう》は許《ゆる》せない。

**てつや【徹夜】** 名 動-する 夜通《よどお》し起《お》きていること。例 徹夜で勉強《べんきょう》する。

**てづる【手づる】** 名 たよりにするものや人《ひと》。つて。例 就職《しゅうしょく》の手づるをさがす。

**てつわん【鉄腕】** 名 鉄《てつ》のように強《つよ》い腕《うで》。また、そのような腕《うで》を持《も》つ人《ひと》。

**てつわんアトム**〖鉄腕アトム〗作品名 手塚治虫《てづかおさむ》のまんが。正義感《せいぎかん》の強《つよ》いロボットの少年《しょうねん》アトムの活躍《かつやく》が描《えが》かれている。

**でどころ【出所】** 名 ❶ものごとの出《で》てきたもと。しゅっしょ。例 お金《かね》の出所を確《たし》かめる。❷出《で》るのによい時《とき》や場所《ばしょ》。例 自分《じぶん》の出所をわきまえる。

**テトラポッド** 〔英語 Tetrapod〕名 打《う》ち寄《よ》せる大波《おおなみ》を消《け》すために、海岸《かいがん》や河口《かこう》に置《お》く、四《よっ》つの方向《ほうこう》に足《あし》がつき出《だ》したコンクリートのかたまり。テトラポット。商標名《しょうひょうめい》。

**てどり【手取り】** 名 給《きゅう》与《よ》などの収入《しゅうにゅう》から税金《ぜいきん》などを差《さ》し引《ひ》いた、実際《じっさい》に受《う》け取《と》る金《きん》額《がく》。例 給料《きゅうりょう》は手取りで十七万円《じゅうななまんえん》だ。

**てとりあしとり【手取り足取り】** 名 丁寧《ていねい》に教《おし》えるようす。例 筆算《ひっさん》のしかたを、手取り足取り教《おし》える。

**テナー** 〔英語 tenor〕名 ⬇テノール 886ページ

**てなおし【手直し】** 名 動-する 悪《わる》いところや、十分《じゅうぶん》でないところを直《なお》すこと。例 作文《さくぶん》を手直しする。

**でなおす【出直す】** 動 ❶一度《いちど》帰《かえ》って、もう一度《いちど》出《で》てくる。例 明日《あす》また出直します。❷



故事成語 五里霧中《ごりむちゅう》 国《くに》どうしの話《はな》し合《あ》いがうまくいくかどうかは、まったく五里霧中《ごりむちゅう》です。

始《はじ》めからやり直《なお》す。例 一《いち》から出直す。

**てなずける【手なずける】** 動 ❶かわいがって、言《い》うことをきくようにする。例 犬《いぬ》を手なずける。❷味方《みかた》に引《ひ》き入《い》れる。例 妹《いもうと》を手なずける。

**てなみ【手並み】** 名 腕前《うでまえ》。例 料理《りょうり》のお手並みを拝見《はいけん》しよう。

**てならい【手習い】** 名 動-する ❶字《じ》を習《なら》うこと。習字《しゅうじ》。❷勉強《べんきょう》。けいこごと。例 四十《しじゅう》の手習い〔=年《とし》をとってから勉強《べんきょう》や習《なら》い事《ごと》を始《はじ》めること〕。

**てなれる【手慣れる】** 動 ❶くり返《かえ》し行《おこな》って上手《じょうず》になる。例 手慣れたようすで紅茶《こうちゃ》をいれる。❷使《つか》い慣《な》れる。例 手慣れた道具《どうぐ》。

**テナント**〔英語 tenant〕名 ビルなどの一部《いちぶ》を借《か》りる店《みせ》や会社《かいしゃ》などのこと。借《か》り手《て》。

**テニス**〔英語 tennis〕名 コートの中央《ちゅうおう》にネットを張《は》り、ラケットでボールを打《う》ち合《あ》って、点《てん》をきそう競技《きょうぎ》。庭球《ていきゅう》。

**てにてに【手に手に】** 副 めいめいが、それぞれの手《て》に。例 手に手に旗《はた》を持《も》つ。

**てにもつ【手荷物】** 名 手《て》に持《も》って歩《ある》く荷物《もつ》。例 手荷物をあずける。

**てにをは** 名 助詞《じょし》や助動詞《じょどうし》、接尾語《せつびご》などのこと。例 てにをはが抜《ぬ》けている。

**てぬい【手縫い】** 名 ミシンなどを使《つか》わずに、手《て》で縫《ぬ》うこと。また、縫《ぬ》ったもの。

**てぬかり【手抜かり】** 名 やり方《かた》に、十分《じゅうぶん》でないところがあること。例 準備《じゅんび》に手抜かりがないようにしよう。類 手落《てお》ち。

**てぬき【手抜き】** 名 動-する 当然《とうぜん》しなければならないことを省《はぶ》いてしないこと。

**てぬぐい【手拭い】** 名 顔《かお》や手《て》・体《からだ》などをふく、細長《ほそなが》い、もめんのきれ。

**てぬるい【手ぬるい】** 形 扱《あつか》い方《かた》やり方《かた》が厳《きび》しくない。対 手厳《てきび》しい。

**てのうち【手の内】** 名 ❶心《こころ》にかくしている考《かんが》え。例 相手《あいて》の手の内を読《よ》む。❷力《ちから》のおよぶ範囲《はんい》。例 敵《てき》はこちらの手の内にある。❸腕前《うでまえ》。例 手の内拝見《はいけん》。

**手《て》の内《うち》を明《あ》かす** かくしている計画《けいかく》などを示《しめ》す。例 ライバルに手の内を明かす。

**テノール**〔ドイツ語〕名〔音楽《おんがく》で〕歌《うた》うときの男《おとこ》の人《ひと》のいちばん高《たか》い声《こえ》の範囲《はんい》。また、その声《こえ》で歌《うた》う人《ひと》。テナー。関連 バリトン。バス。

**てのこう【手の甲】** 名 手《て》のひらの反対側《はんたいがわ》で、手首《てくび》から指《ゆび》のつけ根《ね》までの間《あいだ》。⬇からだ❶ 262ページ

**てのひら【手のひら】** 名 物《もの》を握《にぎ》るときに物《もの》にさわる側《がわ》の、手《て》の平《たい》らなところ。⬇からだ❶ 262ページ

**手《て》のひらを返《かえ》す** それまでの態度《たいど》を、がらっと変《か》える。

**ては** 助 ❶あとに、あまり望《のぞ》んでいないことがあることを表《あらわ》す。例 こんなに寒《さむ》くては、外《そと》に出《で》られない。❷くり返《かえ》すことを表《あらわ》す。例 取《と》っては投《な》げ、取《と》っては投《な》げ。参考「泳《およ》ぐ」「読《よ》む」「飛《と》ぶ」などにつく場合《ばあい》は「では」となる。

**◦では** 一 接 それでは。それならば。例「そろったね。では、出《で》かけよう。」二 感 終《お》わりを告《つ》げたり、別《わか》れたりするときの言葉《ことば》。〔くだけた言《い》い方《かた》。〕例「またこんどね。では。」三 助「ては助」の変化《へんか》したもの。例 そんな長時《ちょうじ》間《かん》泳《およ》いでは、体《からだ》によくないよ。

**デパート** 名〔英語《えいご》の「デパートメントストア」の略《りゃく》。〕いろいろな商品《しょうひん》を、売《う》り場《ば》を分《わ》けて売《う》っている大《おお》きな店《みせ》。百貨店《ひゃっかてん》。

**てはい【手配】** 名 動-する ❶準備《じゅんび》。用意《ようい》。手《て》配《くば》り。例 バスの手配をする。❷警察《けいさつ》が犯人《はんにん》をつかまえるために、あちこちに連絡《れんらく》して調《しら》べること。

**ではいり【出入り】** 名 動-する 出《で》ることと入《はい》ること。でいり。例 人《ひと》の出入りが多《おお》い。

**てはじめ【手始め】** 名 ものごとに取《と》りかかる、いちばん始《はじ》め。例 手始めにまず歌《うた》ってみよう。

**てはず【手はず】** 名 準備《じゅんび》。手順《てじゅん》。例 手はずを整《ととの》える。

**てばたしんごう【手旗信号】** 名 右手《みぎて》に赤《あか》、左手《ひだりて》に白《しろ》の旗《はた》を持《も》ち、これを上《あ》げ下《さ》げして、遠《とお》くの人《ひと》と通信《つうしん》する信号《しんごう》。

**てはっちょうくちはっちょう【手八丁口八丁】** ⬇くちはっちょうてはっちょう 368ページ

**でばな【出鼻】** 名〔「ではな」ともいう。〕❶つき出《で》た所《ところ》。例 みさきの出鼻。❷出《で》るとす

故事成語 左遷《させん》 右大臣《うだいじん》だった菅原道真《すがわらのみちざね》は、藤原氏《ふじわらし》によって、九州《きゅうしゅう》にある大宰府《だざいふ》の役人《やくにん》に左遷《させん》された。

ぐ。ものごとの、しはじめ。参考 ❷は「出端《てばな》」とも書《か》く。

**出鼻《てばな》をくじく** 意気《いき》込《こ》んで始《はじ》めたところをじゃまする。出鼻《てばな》を折《お》る。例 事故《じこ》で出鼻をくじかれた。

**てばなし【手放し】** 名 ❶手《て》を放《はな》すこと。参考「出端《てばな》」とも書《か》く。❷遠慮《えんりょ》や気《き》がねをしないこと。例 入選《にゅうせん》を手放しでほめる。

**てばなす【手放す】** 動 ❶持《も》っている物《もの》を、人《ひと》にあげたり売《う》ったりする。例 車《くるま》を手放す。❷持《も》っている手《て》をはなす。

**てばやい【手早い】** 形 することが早《はや》い。すばやい。例 用《よう》を手早く済《す》ませる。

**ではらう【出払う】** 動 残《のこ》らず出《で》てしまう。例 店《みせ》の人《ひと》はみんな出払っている。

**でばん【出番】** 名 ❶舞台《ぶたい》に出《で》る番《ばん》。❷活躍《かつやく》する機会《きかい》。例 いよいよ君《きみ》の出番だよ。

**てびかえる【手控える】** 動 ❶忘《わす》れないように、書《か》きとめておく。❷ものごとを、ひかえめにする。例 買《か》い置《お》きを手控える。

**てびき【手引き】** 名 動-する ❶案内《あんない》すること。❷あるものごとをわかりやすく教《おし》え導《みちび》くこと。また、そのような書物《しょもつ》。❸世話《せわ》。紹介《しょうかい》。例 友人《ゆうじん》の手引きで安《やす》く買《か》えた。

**てひどい【手ひどい】** 形 ❶とてもむごい。思《おも》いやりがない。例 手ひどい仕打《しう》ちを受《う》ける。❷とてもはげしい。はなはだしい。例 地震《じしん》で手ひどい被害《ひがい》を受《う》けた。

**デビュー** 〔フランス語〕名 動-する 新人《しんじん》の俳優《はいゆう》・歌手《かしゅ》・作家《さっか》などが、初《はじ》めて舞台《ぶたい》や雑誌《ざっし》などに登場《とうじょう》すること。例 デビュー曲《きょく》。

**てびょうし【手拍子】** 名 手《て》をたたいてとる拍子《ひょうし》。例 手拍子を打《う》つ。

**てびろい【手広い】** 形 いろいろのことに広《ひろ》く関係《かんけい》しているようす。例 手広く商売《しょうばい》する。

**°てぶくろ【手袋】** 名 寒《さむ》さなどから手《て》を守《まも》るために、手《て》にはめるもの。

**でぶしょう【出不精△・出無精△】** 名 形動 出《で》かけるのを面倒《めんどう》に思《おも》うこと。また、そのような人《ひと》。例 出不精なので休日《きゅうじつ》はいつも家《いえ》にいる。

**てぶそく【手不足】** 名 働《はたら》く人手《ひとて》が足《た》りないこと。人手《ひとで》不足《ぶそく》。

**てふだ【手札】** 名 トランプや花札《はなふだ》などで、参加者《さんかしゃ》が手《て》に持《も》っているカード。

**でふね【出船】** 名 港《みなと》を出《で》て行《い》く船《ふね》。対 入《い》り船《ふね》。

**てぶら【手ぶら】** 名 手《て》に何《なに》も持《も》たないこと。空手《からて》。素手《すて》。例 手ぶらで歩《ある》く。

**てぶり【手振り】** 名 手《て》の動《うご》き。手《て》つき。例 身振《みぶ》り手振りで気持《きも》ちを伝《つた》える。

**デフレ** 名 〔英語《えいご》の「デフレーション」の略《りゃく》。〕商品《しょうひん》の量《りょう》に比《くら》べてお金《かね》の量《りょう》が少《すく》なくなって、お金《かね》の値打《ねう》ちが上《あ》がり、物《もの》の値段《ねだん》が下《さ》がること。不景気《ふけいき》になる。デフレーション。対 インフレ。

**デフレーション** 〔英語 deflation〕名 ↓デフレ 887ページ。対 インフレーション。

**✤てへん** 名 漢字《かんじ》の部首《ぶしゅ》で、「へん」の一《ひと》つ。「指《し》」「持《じ》」などの「扌」の部分《ぶぶん》。手《て》に関係《かんけい》がある字《じ》が多《おお》い。

**てほどき【手ほどき】** 名 動-する 学問《がくもん》や芸事《げいごと》などを、初《はじ》めて学《まな》ぶ人《ひと》にわかりやすく教《おし》えること。例 父《ちち》から習字《しゅうじ》の手ほどきを受《う》けた。

**°てほん【手本】** 名 ❶字《じ》や絵《え》をかくとき、見習《みなら》って練習《れんしゅう》するための本《ほん》。例 習字《しゅうじ》の手本。❷見習《みなら》うだけの値打《ねう》ちがある人《ひと》や行《おこな》い。例 兄《にい》さんを手本にしなさい。

**°てま【手間】** 名 ❶ある仕事《しごと》をするのにかかる時間《じかん》や労力《ろうりょく》。例 この料理《りょうり》は手間がかかる。❷仕事《しごと》に対《たい》してはらうお金《かね》。手間賃《てまちん》。

**デマ** 名 〔ドイツ語《ご》の「デマゴギー」の略《りゃく》。〕でたらめなうわさ。例 デマをとばす。

**てまえ【手前】** 一 名 ❶自分《じぶん》に近《ちか》いほう。こちら側《がわ》。例 手前に引《ひ》っぱる。❷人前《ひとまえ》。人《ひと》の見《み》ているところ。例 友達《ともだち》の手前、だらしなくはできない。❸茶《ちゃ》の湯《ゆ》のときの、茶《ちゃ》をたてる作法《さほう》。お点前《てまえ》。二 代名 ❶「わたし」をへりくだって言《い》う言《い》い方《かた》。店《みせ》の人《ひと》などが使《つか》う。例 てまえどもの店《みせ》。❷相手《あいて》を指《さ》して言《い》う。てめえ。例「てまえなんかにわかるか。」

**でまえ【出前】** 名 飲食店《いんしょくてん》が、料理《りょうり》を注文《ちゅうもん》した家《いえ》に届《とど》けること。また、届《とど》ける料理《りょうり》や人《ひと》。類 デリバリー。

**てまえがって【手前勝手】** 名 形動 自分《じぶん》



故事成語 四面楚歌《しめんそか》 中止《ちゅうし》を主張《しゅちょう》するのはぼくひとり。まったく四面楚歌《しめんそか》のありさまだった。

勝手《かって》。

**てまえみそ【手前みそ】** [名] 自分《じぶん》で自分《じぶん》のしたことをほめること。[例] てまえみそを並《なら》べる。[類] 自画自賛《じがじさん》。[参考] 自分《じぶん》の家《いえ》で作《つく》ったみそを、うまいと自分《じぶん》でほめることから。

**でまかせ【出任せ】** [名][形動] 思《おも》いつくまま、いいかげんなことを言《い》うこと。[例] 口《くち》から出任せを言《い》う。

**てまき【手巻き】** [名] ❶(機械《きかい》を使《つか》わずに)手《て》で巻《ま》くこと。[例] 手巻き式時計《しきどけい》。❷(道具《どうぐ》を使《つか》わないで)手《て》で巻《ま》いて作《つく》ったのり巻《ま》き。手巻《てま》きずし。

**でまど【出窓】** [名] 建物《たてもの》の外側《そとがわ》につき出《だ》した窓《まど》。張《は》り出《だ》し窓《まど》。

**てまどる【手間取る】** [動] 時間《じかん》がかかる。[例] 準備《じゅんび》に手間どる。

**てまね【手まね】** [名] 手《て》の動《うご》きでものごとのまねをすること。[例] 手まねで教《おし》える。

**てまねき【手招き】** [名][動-する] 手《て》をふって、こちらへ来《く》るように合図《あいず》すること。[例]「おいで、おいで。」と手招きする。

**てまひま【手間暇】** [名] 労力《ろうりょく》と時間《じかん》。[例] 手間ひまかけて作《つく》る。

**てまめ【手まめ】** [形動] 細《こま》かな仕事《しごと》をてきぱきとするようす。手先《てさき》が器用《きよう》なようす。[例] 手まめな人《ひと》。

**てまり【手まり】** [名] 手《て》でついて遊《あそ》ぶためのの、まり。

**てまわし【手回し】** [名] ❶手《て》で回《まわ》すこと。[例] 手回しのオルゴール。❷前《まえ》もって手配《てはい》しておくこと。[例] 手回しよく準備《じゅんび》する。

**てまわり【手回り】** [名] 身《み》の回《まわ》り。手《て》の届《とど》く辺《あた》り。[例] 手回り品《ひん》。

**でまわる【出回る】** [動] 産地《さんち》から市場《しじょう》や店《みせ》に品物《しなもの》が出《で》る。[例] リンゴが出回る季節《きせつ》。

**てみじか【手短】** [形動] 手《て》っ取《と》り早《ばや》く、簡単《かんたん》なようす。[例] 手短に話《はな》す。

**でみせ【出店】** [名] ❶支店《してん》。分店《ぶんてん》。❷道《みち》ばたなどに出《だ》した店《みせ》。露店《ろてん》。

**てみやげ【手〈土産〉】** [名] 手《て》にさげて持《も》っていけるほどの、ちょっとしたみやげ物《もの》。

**てむかう【手向かう】** [動] (目上《めうえ》の人《ひと》や強《つよ》い者《もの》に)立《た》ち向《む》かう。逆《さか》らう。はむかう。[例] 犬《いぬ》が飼《か》い主《ぬし》に手向かうこともある。

**でむかえ【出迎え】** [名] むかえに出《で》ること。また、むかえに出《で》ている人《ひと》。[対] 見送《みおく》り。

**でむく【出向く】** [動] そこに出《で》かけて行《い》く。[例] こちらから出向きます。

**デメリット**〔英語 demerit〕[名] 欠点《けってん》。短所《たんしょ》。損失《そんしつ》。[例] 選手交代《せんしゅこうたい》にはデメリットもある。[対] メリット。

**ても** [助] ❶もし…の場合《ばあい》でも。[例] 雨《あめ》が降《ふ》っても出《で》かける。❷…だけれども。[例] 行《い》きたくても行《い》けない。[参考]「転《ころ》んでも」「読《よ》んでも」のように、「でも」となることがある。

**°でも** 一 [接] それでも。けれども。[例] 風《かぜ》が強《つよ》い。でも、寒《さむ》くはない。二 [助] ❶例《れい》をあげて、その他《ほか》も同《おな》じであることを表《あらわ》す。[例] 一年生《いちねんせい》でもできる。❷思《おも》いついたことを軽《かる》い気持《きも》ちで言《い》う。[例] 本《ほん》でも読《よ》もう。❸ひっくるめて言《い》う気持《きも》ちを表《あらわ》す。[例] だれでも知《し》っている。❹「ても[助]」の変化《へんか》したもの。[例] 転《ころ》んでも平気《へいき》。読《よ》んでもわからない。↓ても[助] 888ページ

**デモ** [名]〔英語《えいご》の「デモンストレーション」の略《りゃく》。〕❶自分《じぶん》たちの考《かんが》えを相手《あいて》に認《みと》めさせようとして、大勢《おおぜい》が集《あつ》まって自分《じぶん》たちの勢《いきお》いを示《しめ》すこと。また、そのための行進《こうしん》。[例] デモ行進《こうしん》。❷宣伝《せんでん》のためにやってみせること。[例] 新《あたら》しい洗濯機《せんたくき》のデモを行《おこな》う。

**デモクラシー**〔英語 democracy〕[名] 国民《こくみん》が自分《じぶん》たちの手《て》で国《くに》の政治《せいじ》を行《おこな》っていくという考《かんが》え方《かた》。民主主義《みんしゅしゅぎ》。民主政治《みんしゅせいじ》。

**てもち【手持ち】** [名] 手元《てもと》に持《も》っていること。また、そのもの。[例] 手持ちのお金《かね》。

**てもちぶさた【手持ち無沙汰】** [名][形動] することがなくて、退屈《たいくつ》なこと。

**てもと【手元】** [名] ❶手《て》の届《とど》く辺《あた》り。すぐそば。❷手《て》の動《うご》かしぐあい。[例] 手元がくるう。❸ふだん使《つか》うお金《かね》。[例] 手元が足《た》りない。

**デモンストレーション**〔英語 demonstration〕[名] ↓デモ 888ページ

**チューバ**〔英語 tuba〕[名] 金管楽器《きんかんがっき》の一《ひと》つ。いちばん低《ひく》い音《おと》を出《だ》す、大型《おおがた》のラッパ。チューバ。↓がっき(楽器) 244ページ

**デュエット**〔英語 duet〕[名]〔音楽《おんがく》で〕二《ふた》つの楽器《がっき》で演奏《えんそう》したり、二人《ふたり》が高音《こうおん》・低音《ていおん》に分《わ》か

故事成語 少《しょう》年《ねん》老《お》いやすく学《がく》成《な》り難《がた》し　少年老《しょうねんお》いやすく学成《がくな》り難《がた》しだ。今勉強《いまべんきょう》しておかないと、のちのち後悔《こうかい》することになる。

れて歌《うた》ったりすること。また、その曲《きょく》。

**デュナン** 人名（男）（一八二八〜一九一〇）スイスの人《ひと》。戦争《せんそう》で傷《きず》ついた人々《ひとびと》を救《すく》うために、国際赤十字社《こくさいせきじゅうじしゃ》を作《つく》った。

**°てら【寺】** 名 仏像《ぶつぞう》をまつり、お坊《ぼう》さんが住《す》み、修行《しゅぎょう》などをする所《ところ》。お寺《てら》。⇩じ【寺】539ページ

**てらう** 動 ❶（知識《ちしき》などを）じまんげに人《ひと》に見《み》せつける。例 才《さい》をてらう。❷変《か》わったようすを見《み》せようとする。例 奇《き》をてらったような作品《さくひん》。

**てらこや【寺子屋】** 名 江戸時代《えどじだい》、おもに町《ちょう》人《にん》の子《こ》どもたちに、読《よ》み書《か》きやそろばんを教《おし》えた所《ところ》。注意「寺小屋《てらこや》」とは書《か》かない。

**てらしあわせる【照らし合わせる】** 動 両方《りょうほう》を比《くら》べ合《あ》わせて確《たし》かめる。例 下書《したが》きと清書《せいしょ》とを照らし合わせる。

**°てらす【照らす】** 動 ❶光《ひかり》を当《あ》てて、明《あか》るくする。例 電灯《でんとう》で照らす。❷照《て》らし合《あ》わせる。例 規則《きそく》に照らす。⇩しょう【照】621ページ

**テラス** 〔フランス語〕名 建物《たてもの》に続《つづ》けて、庭《にわ》などに張《は》り出《だ》した床《ゆか》。

**デラックス** 〔英語 deluxe〕形動 ぜいたくで美《うつく》しいようす。高級《こうきゅう》。例 デラックスな家《いえ》。

**てり【照り】** 名 ❶日《ひ》が照《て》ること。例 照りが強《つよ》い日《ひ》が続《つづ》く。❷（物《もの》や料理《りょうり》などの）つや。例 魚《さかな》にたれをぬって、照りを出《だ》す。❸（和《わ》食《しょく》で）しょうゆやみりんなどを混《ま》ぜて煮《に》つめたたれ。

**デリート** 〔英語 delete〕名 動-する コンピューターで、いらないデータなどを削除《さくじょ》すること。

**てりかえし【照り返し】** 名 日《ひ》の光《ひかり》の反《はん》射《しゃ》。例 夏《なつ》は道路《どうろ》の照り返しが強《つよ》い。

**デリケート** 〔英語 delicate〕形動 ❶するどく感《かん》じやすいようす。例 デリケートな年《とし》ごろだ。❷微妙《びみょう》で、注意《ちゅうい》がいるようす。例 デリケートな問題《もんだい》。

**てりつける【照りつける】** 動 太陽《たいよう》が激《はげ》しく照《て》らす。例 夏《なつ》の太陽《たいよう》が照りつける。

**テリトリー** 〔英語 territory〕名 勢力《せいりょく》のおよぶ範囲《はんい》。なわばり。領分《りょうぶん》。

**てりはえる【照り映える】** 動 光《ひかり》に当《あ》たってかがやく。例 もみじが照り映える。

**デリバリー** 〔英語 delivery〕名 動-する 荷物《にもつ》や注文《ちゅうもん》された料理《りょうり》などを届《とど》けること。また、届《とど》けてもらうこと。例 夕食《ゆうしょく》にピザをデリバリーする。類 出前《でまえ》。

**てりやき【照り焼き】** 名 料理《りょうり》で、てりをつけながら魚《さかな》や肉《にく》を焼《や》くこと。また、その料《りょう》理《り》。

**てりょうり【手料理】** 名 飲食店《いんしょくてん》でなく、自分《じぶん》の家《いえ》で作《つく》った料理《りょうり》。例 母《はは》の手料理。

**°てる【照る】** 動 ❶太陽《たいよう》や月《つき》が、かがやく。例 日《ひ》が照る。❷天気《てんき》が晴《は》れる。例 照る日《ひ》もあれば、くもる日《ひ》もある。⇩しょう【照】621ページ

**°でる【出る】** 動 ❶中《なか》から外《そと》へ行《い》く。例 庭《にわ》に出る。❷卒業《そつぎょう》する。例 大学《だいがく》を出る。対（❶・❷）入《はい》る。❸出発《しゅっぱつ》する。例 旅《たび》に出る。例 部屋《へや》を出る。バスが出る。❹進《すす》む。例 一歩《いっぽ》前《まえ》へ出る。❺行《い》き着《つ》く。例 右《みぎ》へ行《い》くと駅《えき》に出る。❻その場《ば》にのぞむ。例 クラス会《かい》に出る。❼表《おもて》に現《あらわ》れる。例 月《つき》が出る。涙《なみだ》が出る。❽本《ほん》が出版《しゅっぱん》される。例 本《ほん》が出る。❾起《お》きる。生《しょう》じる。例 風《かぜ》が出る。元気《げんき》が出る。❿物《もの》がとれる。例 山《やま》から金《きん》が出る。⓫結果《けっか》が得《え》られる。例 答《こた》えが出る。⓬与《あた》えられる。例 許《ゆる》しが出る。⓭ある範囲《はんい》をこえる。例 余《あま》りが出る。⓮売《う》れる。例 よく出る本《ほん》。⇩しゅつ【出】610ページ

**出《で》るくいは打《う》たれる** 目立《めだ》ったり、でしゃばったりする人《ひと》は、とかく、周《まわ》りの人《ひと》からにくまれるものだ。

**出《で》る所《ところ》へ出《で》る** 決着《けっちゃく》をつけるために、裁判《さいばん》所《しょ》や警察《けいさつ》で良《よ》い悪《わる》いを決《き》めてもらう。

**出《で》る幕《まく》がない** 活躍《かつやく》したり、口《くち》をはさんだりする場面《ばめん》がない。例 みんな上手《じょうず》で、ぼくなんかの出る幕がない。

**出《で》る幕《まく》ではない** 考《かんが》えを言《い》ったり、行動《こうどう》したりする場合《ばあい》ではない。例 今《いま》は君《きみ》の出る幕ではない。

**デルタ** 〔ギリシャ語〕名 ⇩さんかくす 529ページ

**てるてるぼうず【照る照る坊主】** 名 晴《は》れることを願《ねが》って、のき先《さき》などにつるす、紙《かみ》や布《ぬの》で作《つく》った人形《にんぎょう》。

**てれかくし【照れ隠し】** 名 はずかしさをかくそうとすること。

**てれくさい【照れくさい】** 形 改《あらた》まった



故事成語 食指《しょくし》が動《うご》く 賞金《しょうきん》の額《がく》を聞《き》いて食指《しょくし》が動《うご》いた。

感《かん》じがして、きまりが悪《わる》い。例 そんなにほめられては、てれくさい。

**テレパシー**〔英語 telepathy〕名 言葉《ことば》や身《み》ぶりなどによらないで、思《おも》いや考《かんが》えがはなれた所《ところ》にいる人《ひと》に伝《つた》わること。

**◦テレビ** 名〔英《えい》語《ご》の「テレビジョン」の略《りゃく》。〕映《えい》像《ぞう》や音《おん》声《せい》を電《でん》波《ぱ》に変《か》えて送《おく》る仕《し》組《く》み。また、その受《じゅ》像《ぞう》機《き》。テレビジョン。

**テレビゲーム** 名〔日《に》本《ほん》でできた英《えい》語《ご》ふうの言《こと》葉《ば》。〕コンピューターゲームのうち、ゲーム画《が》面《めん》をテレビに映《うつ》して遊《あそ》ぶもの。

**テレビとう【テレビ塔】** 名 テレビの電《でん》波《ぱ》を広《ひろ》い範《はん》囲《い》に送《おく》るための塔《とう》。

**テレフォン**〔英語 telephone〕名 電《でん》話《わ》。電《でん》話《わ》機《き》。テレホン。

**てれる【照れる】** 動 はずかしく思《おも》う。はにかむ。例 ほめられててれる。⇩**しょう【照】**

621ページ

**テレワーク** 名 動-する〔日《に》本《ほん》でできた英《えい》語《ご》ふうの言《こと》葉《ば》。〕勤《つと》め先《さき》に行《い》かずに、インターネット機《き》器《き》を使《つか》って、自《じ》分《ぶん》の都《つ》合《ごう》のよい場《ば》所《しょ》で働《はたら》く働《はたら》き方《かた》のこと。

■**てれんてくだ【手練手管】** 名 人《ひと》をだましてあやつる方《ほう》法《ほう》や技《ぎ》術《じゅつ》。例 手練手管にたけている。

**テロ** 名〔英《えい》語《ご》の「テロリズム」の略《りゃく》。〕政《せい》治《じ》的《てき》な目《もく》的《てき》を成《な》しとげるためには、人《ひと》の命《いのち》をうばうような暴《ぼう》力《りょく》を使《つか》ってもよいとする考《かんが》え。また、そのような考《かんが》えで起《お》こす事《じ》件《けん》。

**テロップ**〔英語 telop〕名 テレビなどの字《じ》幕《まく》。また、それを映《うつ》し出《だ》すしかけ。

**テロリスト**〔英語 terrorist〕名 政《せい》治《じ》的《てき》な目《もく》的《てき》を成《な》しとげるためには、他《た》人《にん》に暴《ぼう》力《りょく》をふるってもよいという考《かんが》えを持《も》つ人《ひと》。また、そのような行《こう》動《どう》をする人《ひと》や組《そ》織《しき》。

**でわ〖出羽〗** 地名 昔《むかし》の国《くに》の名《な》の一《ひと》つ。今《いま》の山《やま》形《がた》県《けん》の大《だい》部《ぶ》分《ぶん》と秋《あき》田《た》県《けん》にあたる。一八六八年《ねん》に「羽《う》前《ぜん》」と「羽《う》後《ご》」に分《わ》かれた。

**てわけ【手分け】** 名 動-する 一《ひと》つの仕《し》事《ごと》を、何《なん》人《にん》かで分《わ》けてすること。分《ぶん》担《たん》。例 落《お》とし物《もの》を手分けしてさがす。

**てわたす【手渡す】** 動 手《て》から手《て》に、じかに相《あい》手《て》に渡《わた》す。例 バトンを手渡す。

**てん【天】** 画数 4 部首 大（だい） 1年

音 テン 訓 あめ あま

筆順 一 二 天 天

❶空《そら》。熟語 天《てん》地《ち》。天《てん》体《たい》。天《てん》空《くう》。満《まん》天《てん》。対 地《ち》。❷空《そら》もよう。熟語 天《てん》気《き》。晴《せい》天《てん》。❸自《し》然《ぜん》の力《ちから》。熟語 天《てん》性《せい》。天《てん》災《さい》。天《てん》然《ねん》。❹生《う》まれつき。熟語 天《てん》才《さい》。天《てん》分《ぶん》。❺天《てん》にいる神《かみ》。熟語 天《てん》国《ごく》。天《てん》罰《ばつ》。❻天《てん》皇《のう》に関《かん》すること。熟語 天《てん》子《し》。天《てん》覧《らん》。❼高《たか》い所《ところ》。熟語 天《てん》井《じょう》。天《てん》窓《まど》。

**てん【天】** 名 ❶空《そら》。例 天を見《み》上《あ》げる。対 地《ち》。❷万《ばん》物《ぶつ》を治《おさ》めている神《かみ》。例 天の助《たす》け。❸神《かみ》のいる理《り》想《そう》の国《くに》。天《てん》国《ごく》。例 魂《たましい》が天に召《め》される。

**天《てん》高《たか》く馬《うま》肥《こ》ゆる秋《あき》**〔秋《あき》は空《そら》が高《たか》く澄《す》み、食《しょく》が進《すす》んで馬《うま》が太《ふと》るということから〕秋《あき》はさわやかで、よい気《き》候《こう》だということ。

**天《てん》にも昇《のぼ》る心《ここ》地《ち》** このうえなくうれしい気《き》持《も》ち。例 初《はつ》優《ゆう》勝《しょう》して、天にも昇る心地だ。

**天《てん》は二《に》物《ぶつ》を与《あた》えず** 一《ひと》人《り》が同《どう》時《じ》に、いくつもの長《ちょう》所《しょ》を持《も》っているようなことはない。

**天《てん》は人《ひと》の上《うえ》に人《ひと》を造《つく》らず** 人《ひと》として持《も》っている権《けん》利《り》には、上《うえ》も下《した》もないということ。福《ふく》沢《ざわ》諭《ゆ》吉《きち》の言《い》った言《こと》葉《ば》で、「人《ひと》の下《した》に人《ひと》を造《つく》らず」と続《つづ》く。

**天《てん》は自《みずか》ら助《たす》くる者《もの》を助《たす》く** 天《てん》は、自《じ》分《ぶん》から努《ど》力《りょく》する人《ひと》を、助《たす》けてくれるものだ。

**天《てん》を仰《あお》ぐ** 嘆《なげ》きや喜《よろこ》びの気《き》持《も》ちが高《たか》ぶって、思《おも》わず空《そら》を見《み》上《あ》げる。

**天《てん》を焦《こ》がす** 火《ひ》の勢《いきお》いがひじょうに強《つよ》いようす。例 炎《ほのお》は天を焦がすような勢《いきお》いだった。

**天《てん》をつく** ❶天《てん》にとどくほど高《たか》い。例 天をついてそびえる山《やま》。❷非《ひ》常《じょう》に高《たか》く上《あ》がる。例 意《い》気《き》天をつく勢《いきお》いが強《つよ》くなる。

**てん【典】** 画数 8 部首 八（はち） 4年

音 テン 訓 ―

筆順 丨 冂 巾 曲 曲 典 典

❶大《たい》切《せつ》な書《しょ》物《もつ》。熟語 古《こ》典《てん》。辞《じ》典《てん》。❷手《て》本《ほん》。よりどころ。熟語 典《てん》拠《きょ》。典《てん》型《けい》。❸儀《ぎ》式《しき》。熟語 祭《さい》

故事成語 人《じん》事《じ》を尽《つ》くして天《てん》命《めい》を待《ま》つ　できるだけのことはした。あとは人《じん》事《じ》を尽《つ》くして天《てん》命《めい》を待《ま》つだけだ。

典《てん》。式典《しきてん》。例 華《か》燭《しょく》の典《てん》〔=結《けっ》婚《こん》式《しき》〕。

## てん【店】

画数 8 部首 广（まだれ） 2年

音 テン 訓 みせ

筆順

みせ。熟語 店員《てんいん》。商店《しょうてん》。売店《ばいてん》。夜店《よみせ》。

## てん【点】

画数 9 部首 灬（れんが） 2年

音 テン 訓 ―

筆順

❶小《ちい》さなしるし。熟語 点字《てんじ》。点線《てんせん》。読点《とうてん》。❷ことがら。熟語 欠点《けってん》。要点《ようてん》。❸位置《いち》。熟語 観《かん》点《てん》。終点《しゅうてん》。❹調《しら》べる。熟語 点検《てんけん》。点呼《てんこ》。❺火《ひ》をともす。熟語 点火《てんか》。点滅《てんめつ》。❻少《すこ》しずつ入《い》れる。熟語 点滴《てんてき》。❼成績《せいせき》を表《あらわ》す数《かず》。熟語 得点《とくてん》。満点《まんてん》。❽品物《しなもの》を数《かぞ》える言葉《ことば》。例 三点《さんてん》セット。

↓てんじる（点じる）896ページ

## てん【点】

❶小《ちい》さなしるし。ぽち。例 空《そら》に黒《くろ》い点が一《ひと》つ見《み》える。❷文中《ぶんちゅう》の、意味《いみ》の切《き》れ目《め》につけるしるし。「、」。読点《とうてん》。例「しかし」の次《つぎ》に点を打《う》つ。❸ことがら。例 その点は疑問《ぎもん》だ。❹成績《せいせき》を表《あらわ》す数《かず》。例 算数《さんすう》の点が悪《わる》い。❺競技《きょうぎ》などの得点《とくてん》。例 なかなか点が入《はい》らない。

## てん【展】

画数 10 部首 尸（しかばね） 6年

音 テン 訓 ―

筆順

❶ひろげる。並《なら》べる。熟語 展開《てんかい》。展示《てんじ》。展覧《てんらん》会《かい》。❷のびる。のばす。熟語 進展《しんてん》。発展《はってん》。❸ながめる。熟語 展望《てんぼう》。❹「展覧会《てんらんかい》」の略《りゃく》。熟語 作品展《さくひんてん》。美術展《びじゅつてん》。

## てん【転】

画数 11 部首 車（くるまへん） 3年

音 テン

訓 ころ-がる ころ-げる ころ-がす ころ-ぶ

筆順

❶変《か》わる。移《うつ》る。熟語 転勤《てんきん》。転校《てんこう》。移転《いてん》。❷回《まわ》る。ころがる。熟語 転回《てんかい》。運転《うんてん》。回転《かいてん》。自《じ》転車《てんしゃ》。❸ひっくり返《かえ》る。ころぶ。熟語 転倒《てんとう》。転落《てんらく》。横転《おうてん》。↓てんじる（転じる）896ページ

《訓の使い方》**ころ-がる** 例 床《ゆか》に転がる。**ころ-げる** 例 笑《わら》い転げる。**ころ-がす** 例 玉《たま》を転がす。**ころ-ぶ** 例 つまずいて転ぶ。

## てん【添】

画数 11 部首 氵（さんずい）

音 テン 訓 そ-える そ-う

そえる。つけ加《くわ》える。熟語 添加《てんか》。添削《てんさく》。例 手《て》紙《がみ》を添《そ》える。より添《そ》う。

## てん【塡】

画数 13 部首 土（つちへん）

音 テン 訓 ―

うずめる。ふさぐ。熟語 装塡《そうてん》〔=弾丸《だんがん》などを装《そう》置《ち》の中《なか》につめて準備《じゅんび》をすること〕。補塡《ほてん》〔=足《た》りない分《ぶん》を補《おぎな》うこと〕。参考「塡《てん》」は、「填《てん》」と書《か》くことがある。

## てん【殿】

熟語 御殿《ごてん》。↓でん【殿】892ページ

## でん【田】

画数 5 部首 田（た） 1年

音 デン 訓 た

筆順

❶たんぼ。熟語 田地《でんち》。水田《すいでん》。青田《あおた》。❷いなか。熟語 田園《でんえん》。❸たんぼのように、何《なに》かがとれるところ。熟語 塩田《えんでん》。油田《ゆでん》。

## でん【伝】

画数 6 部首 亻（にんべん） 4年

音 デン 訓 つた-わる つた-える つた-う

筆順

❶つたわる。つたえる。熟語 伝言《でんごん》。伝統《でんとう》。❷世《よ》の中《なか》に広《ひろ》める。熟語 伝道《でんどう》。宣伝《せんでん》。❸人《ひと》の一《いっ》生《しょう》を書《か》いた本《ほん》。熟語 伝記《でんき》。自伝《じでん》。

《訓の使い方》**つた-わる** 例 うわさが伝わる。**つた-える** 例 ニュースを伝える。**つた-う** 例 涙《なみだ》がほおを伝う。

## でん【伝】

名 やり方《かた》。例 いつもの伝でいこう。

## でん【電】

画数 13 部首 雨（あめかんむり） 2年

音 デン 訓 ―

筆順





故事成語 **推敲《すいこう》** 書《か》き上《あ》げた作文《さくぶん》は、しっかり推敲《すいこう》してから、清書《せいしょ》に取《と》りかかる。

❶いなずま。いなびかり。熟語 電光《でんこう》。雷電《らいでん》。❷でんき。熟語 電波《でんぱ》。電流《でんりゅう》。停電《ていでん》。発電《はつでん》。❸「電信《でんしん》」「電話《でんわ》」「電報《でんぽう》」の略《りゃく》。熟語 外電《がいでん》。祝電《しゅくでん》。❹「電車《でんしゃ》」の略《りゃく》。熟語 市電《しでん》。

**でん【殿】** 画数 13 部首 殳（るまた）
音 デン テン 訓 との どの
❶大《おお》きく、立派《りっぱ》な建物《たてもの》。熟語 殿堂《でんどう》。宮殿《きゅうでん》。御《ご》殿《てん》。神殿《しんでん》。❷との。身分《みぶん》の高《たか》い人《ひと》を敬《うやま》って呼《よ》ぶ言葉《ことば》。熟語 殿下《でんか》。殿様《とのさま》。❸どの。（人《ひと》の名《な》前《まえ》などの下《した》につけて）敬《うやま》う気《き》持《も》ちを表《あらわ》す言《こと》葉《ば》。例 学校長殿《がっこうちょうどの》。

**でんあつ【電圧】** 名 電気《でんき》を流《なが》すはたらきの強《つよ》さ。単位《たんい》は、ボルトで表《あらわ》す。記号《きごう》は「V」。

**てんい【転移】** 名 動-する 他《ほか》の場所《ばしょ》へ移《うつ》ること。例 胃《い》のがんが肝臓《かんぞう》に転移した。

■**てんいむほう【天衣無縫】** 名 形動 〔天人《てんにん》の衣服《いふく》には縫《ぬ》い目《め》がないという意味《いみ》。〕❶文章《ぶんしょう》や詩歌《しいか》が、自然《しぜん》で味《あじ》わいがあること。❷飾《かざ》り気《け》がなく、あるがままであること。天真爛漫《てんしんらんまん》。例 天衣無縫な性格《せいかく》。

**てんいん【店員】** 名 デパートや商店《しょうてん》に勤《つと》めている人《ひと》。

**でんえん【田園】** 名 ❶田《た》や畑《はたけ》。❷いなか。自然《しぜん》の多《おお》い郊外《こうがい》。例 のどかな田園風景《ふうけい》。

**てんか【天下】** 名 ❶全国《ぜんこく》。国《くに》じゅう。例 天下を取《と》る。天下を治《おさ》める。❷世《よ》の中《なか》。例 天下太平《たいへい》。❸思《おも》うままにふるまうこと。例 父《ちち》がいないと弟《おとうと》の天下だ。

**てんか【点火】** 名 動-する 火《ひ》をつけること。例 ガスに点火する。類 着火《ちゃっか》。対 消火《しょうか》。

**てんか【添加】** 名 動-する ある物《もの》に何《なに》かを付《つ》け加《くわ》えること。例 食品添加物《しょくひんてんかぶつ》。

**てんか【転嫁】** 名 動-する 責任《せきにん》や罪《つみ》を、人《ひと》におしつけること。例 責任《せきにん》を転嫁する。

**でんか【殿下】** 名 皇族《こうぞく》などを敬《うやま》って言《い》う言《こと》葉《ば》。例 皇太子《こうたいし》殿下。

**でんか【電化】** 名 動-する 電気《でんき》を利用《りよう》してものごとをすること。例 電化製品《せいひん》。

**てんかい【展開】** 名 動-する ❶次々《つぎつぎ》に現《あらわ》れること。例 美《うつく》しい景色《けしき》が展開する。❷くり広《ひろ》げること。例 議論《ぎろん》を展開する。

**てんかい【転回】** 名 動-する ❶ぐるっと回《まわ》って、向《む》きを変《か》えること。例 空中《くうちゅう》転回。❷やり方《かた》や考《かんが》え方《かた》などを大《おお》きく変《か》えること。例 考《かんが》え方《かた》を一八〇度《ど》転回する。

■**てんがいこどく【天涯孤独】** 名 形動 身《み》寄《よ》りがなくて、ひとりぼっちの状態《じょうたい》。例 天涯孤独の身《み》。

**てんかいず【展開図】** 名 立体《りったい》の表面《ひょうめん》を、広《ひろ》げて平面《へいめん》にして表《あらわ》した図《ず》。

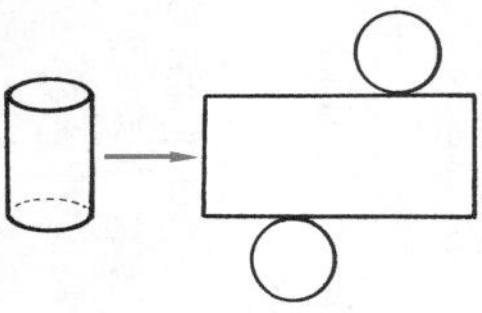

〔てんかいず〕

■**てんかいっぴん【天下一品】** 名 形動 比《くら》べるものがないほどすぐれていること。例 この店《みせ》の料理《りょうり》は天下一品だ。

✤**てんかく【点画】** 名 〔国語《こくご》で〕漢字《かんじ》を形作《かたちづく》っている点《てん》と線《せん》。例 点画をきちんと書《か》く。

**でんがく【田楽】** 名 ❶昔《むかし》、田《た》の神《かみ》を祭《まつ》り、豊作《ほうさく》をいのって、おどったおどりや音楽《おんがく》。❷とうふや野《や》菜《さい》・魚《さかな》などをくしにさし、みそをぬって焼《や》いた料理《りょうり》。

**でんかせいひん【電化製品】** 名 電気《でんき》を使《つか》って、はたらかせる機械《きかい》。電気《でんき》冷蔵庫《れいぞうこ》・電《でん》気《き》洗濯機《せんたくき》など。

■**てんかたいへい【天下太平】** 名 形動 世《よ》の中《なか》が穏《おだ》やかに治《おさ》まること。無事《ぶじ》でのんびりしていること。例 天下太平の世《よ》の中《なか》。参考 「天下泰平《てんかたいへい》」とも書《か》く。

**てんかとういつ【天下統一】** 名 国全体《くにぜんたい》を一《ひと》つにまとめて、支配《しはい》すること。参考 安土《あづち》桃山時代《ももやまじだい》の、全国《ぜんこく》の武将《ぶしょう》を一《ひと》つにまとめようとする動《うご》きを表《あらわ》す言葉《ことば》として使《つか》われる。

**でんかのほうとう【伝家の宝刀】** 〔「その家《いえ》に伝《つた》わっている大切《たいせつ》な刀《かたな》」の意味《いみ》から〕いざというときの切《き》り札《ふだ》。とっておきの手段《しゅだん》。

**てんかぶつ【添加物】** 名 ある物《もの》につけ加《くわ》えた物《もの》。特《とく》に、食品添加物《しょくひんてんかぶつ》。

■**てんかむてき【天下無敵】** 名 世《よ》の中《なか》に敵《てき》となる相手《あいて》がいないほど強《つよ》いこと。例 天下無敵の大将軍《だいしょうぐん》。

**てんかわけめ【天下分け目】** 名 天下《てんか》を取《と》るか取《と》られるかの運命《うんめい》の分《わ》かれ目《め》。だいじな勝負《しょうぶ》が決《き》まるときにいう。例 天下分け目

あいうえお かきくけこ さしすせそ たちつ て と なにぬねの はひふへほ まみむめも やゆよ らりるれろ わをん

故事成語 青天《せいてん》の霹靂《へきれき》 総理大臣《そうりだいじん》が辞職《じしょく》したのは、まさに青天《せいてん》の霹靂《へきれき》だ。

の大決戦《だいけっせん》。

**てんかん【転換】**〔名〕〔動する〕❶方向《ほうこう》や方針《ほうしん》などを変《か》えること。例方向《ほうこう》を転換する。❷気《き》持《も》ちなどを変《か》えること。例気分《きぶん》転換。

**てんがん【点眼】**〔名〕〔動する〕目《め》薬《ぐすり》をさすこと。

**てんかんき【転換期】**〔名〕ものごとが、今《いま》までとはちがう方向《ほうこう》に変《か》わる時期《じき》。例時《じ》代《だい》の転換期。

**°てんき【天気】**〔名〕❶空《そら》もよう。天候《てんこう》。例天気予《よ》報《ほう》。天気がいい。❷晴《は》れていること。例天気だといいが。❸晴《せい》天《てん》。例運《うん》動《どう》会《かい》の日《ひ》は、天気だといいが。❸気《き》分《ぶん》が変《か》わりやすいこと。例お天気屋《や》。

**てんき【転記】**〔名〕〔動する〕書《か》き写《うつ》すこと。

**てんき【転機】**〔名〕これまでとちがった状《じょう》態《たい》に変《か》わるきっかけ。例人《じん》生《せい》の転機。

**でんき【伝記】**〔名〕ある人《ひと》の一《いっ》生《しょう》のことを年《ねん》代《だい》順《じゅん》に書《か》いたもの。例偉《い》人《じん》の伝記。

**°でんき【電気】**〔名〕❶エネルギーの一《ひと》つ。モーターを回《まわ》したり、熱《ねつ》を出《だ》したり、電《でん》灯《とう》をともしたりする、もとになるもの。水《すい》力《りょく》・火《か》力《りょく》・原《げん》子《し》力《りょく》などで起《お》こす。❷電《でん》灯《とう》。

**例解❗表現の広場**

**天気《てんき》と天候《てんこう》のちがい**

| | 天気《てんき》 | 天候《てんこう》 | |
|---|---|---|---|
| よい | ○ | ○ | にめぐまれる。 |
| 今日《きょう》の | ○ | × | 予《よ》報《ほう》。 |
| 雲《くも》が切《き》れて | ○ | × | になった。 |
| 今年《ことし》の春《はる》は | × | ○ | が不《ふ》順《じゅん》だ。 |

**てんきあめ【天気雨】**〔名〕晴《は》れているのに降《ふ》る雨《あめ》。また、そのような天《てん》気《き》。類きつねの嫁《よめ》入《い》り。

**でんききかんしゃ【電気機関車】**〔名〕電《でん》気《き》の力《ちから》で動《うご》く機《き》関《かん》車《しゃ》。

**でんきじどうしゃ【電気自動車】**〔名〕電《でん》気《き》の力《ちから》で動《うご》く自《じ》動《どう》車《しゃ》。

**てんきず【天気図】**〔名〕同《おな》じ時《じ》刻《こく》の各《かく》地《ち》の天《てん》気《き》や風《かぜ》のようすを記《き》号《ごう》で書《か》き入《い》れた地《ち》図《ず》。

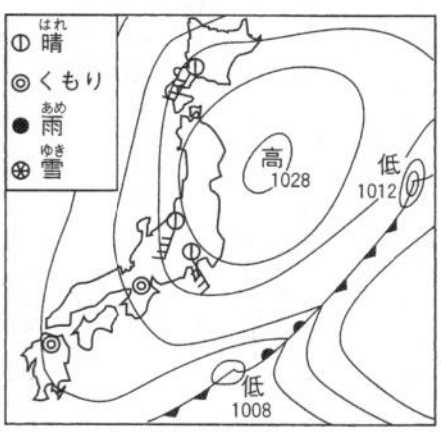

〔てんきず〕

**でんきスタンド【電気スタンド】**〔名〕机《つくえ》や床《ゆか》に置《お》く、台《だい》のついた電《でん》灯《とう》。

**でんきぶんかい【電気分解】**〔名〕〔動する〕ある物《もの》がとけている液《えき》に電《でん》流《りゅう》を通《とお》して、元《もと》の成《せい》分《ぶん》に分《わ》けること。水《みず》を電《でん》気《き》分《ぶん》解《かい》すると、酸《さん》素《そ》と水《すい》素《そ》とに分《わ》かれる。

**てんきゅう【天球】**〔名〕地《ち》球《きゅう》を中《ちゅう》心《しん》として、その周《まわ》りの空《そら》にある天《てん》体《たい》を、球《きゅう》面《めん》の内《うち》側《がわ》にあるように見《み》立《た》てたもの。

**でんきゅう【電球】**〔名〕電《でん》灯《とう》のガラスの球《たま》。球《たま》の中《なか》に、フィラメントが入《い》れてある。

**てんきょ【典拠】**〔名〕確《たし》かなよりどころ。例典拠とする資《し》料《りょう》。類出《しゅっ》典《てん》。

**てんきょ【転居】**〔名〕〔動する〕住《す》む家《いえ》を変《か》えること。引《ひ》っこし。類移《い》転《てん》。

**てんぎょう【転業】**〔名〕〔動する〕職《しょく》業《ぎょう》を変《か》えること。例農《のう》家《か》に転業する。類転《てん》職《しょく》。

**でんぎょうだいし【伝教大師】**〔人名〕⬇さいちょう（最澄）502ページ

**でんきょく【電極】**〔名〕電《でん》流《りゅう》を流《なが》すために取《と》りつけた金《きん》属《ぞく》の部《ぶ》分《ぶん》。流《なが》れ出《だ》す側《がわ》をプラス（＋）極《きょく》、流《なが》れこむ側《がわ》をマイナス（－）極《きょく》という。

**てんきよほう【天気予報】**〔名〕各《かく》地《ち》の天《てん》気《き》を、前《まえ》もって予《よ》想《そう》して知《し》らせること。また、その知《し》らせ。

**てんきん【転勤】**〔名〕〔動する〕同《おな》じ会《かい》社《しゃ》や役《やく》所《しょ》で、勤《つと》める地《ち》域《いき》が変《か》わること。例東《とう》京《きょう》の本《ほん》社《しゃ》に転勤になる。類転《てん》任《にん》。

**てんぐ【天狗】**〔名〕❶山《やま》おくに住《す》み、顔《かお》が赤《あか》く、鼻《はな》がたいへん高《たか》い、想《そう》像《ぞう》上《じょう》の怪《かい》物《ぶつ》。空《そら》を飛《と》ぶ。❷得《とく》意《い》になってうぬぼれること。また、その人《ひと》。例てんぐになる。

〔てんぐ❶〕

**てんくう【天空】**〔名〕広《ひろ》々《びろ》とした空《そら》。大《おお》空《ぞら》。

**てんぐさ【天草】**〔名〕浅《あさ》い海《うみ》の岩《いわ》などにつく海《かい》藻《そう》。ところてんや寒《かん》天《てん》の原《げん》料《りょう》となる。⬇かいそう（海藻）202ページ

**でんぐりがえし【でんぐり返し】**〔名〕

故事成語　他山《たざん》の石《いし》　外国《がいこく》での失敗例《しっぱいれい》を他山《たざん》の石《いし》として、よりよい対策《たいさく》を考《かんが》えよう。

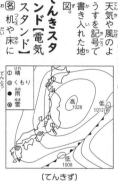

手《て》を地面《じめん》について、体《からだ》を前後《ぜんご》どちらかにくるりと回転《かいてん》させること。〔おさない言《い》い方《かた》。〕

**てんけい【典型】** 名 同《おな》じ種類《しゅるい》のものの中《なか》で、その種類《しゅるい》の特徴《とくちょう》を、いちばんよく表《あらわ》しているもの。例 ツバメは益鳥《えきちょう》の典型だ。

**てんけいてき【典型的】** 形動 ある種類《しゅるい》のものの特徴《とくちょう》をよく表《あらわ》しているようす。例 典型的な日本料理《にほんりょうり》。類 代表的《だいひょうてき》。

**でんげき【電撃】** 名 ❶体《からだ》に電流《でんりゅう》を感《かん》じたときのショック。❷すばやいようす。例 電撃作戦《さくせん》。

**でんげきてき【電撃的】** 形動 突然《とつぜん》で、すばやいようす。例 電撃的な引退発表《いんたいはっぴょう》。

**てんけん【点検】** 名 動する 一《ひと》つ一《ひと》つよく調《しら》べること。例 エンジンを点検する。

**でんげん【電源】** 名 ❶電気《でんき》を生《う》み出《だ》すもと。例 電源開発《かいはつ》。❷電気《でんき》のくるもと。例 電源を切《き》る。

**てんこ【点呼】** 名 動する 一人《ひとり》一人《ひとり》の名《な》を呼《よ》んで、みんないるかどうかを調《しら》べること。例 出発《しゅっぱつ》の前《まえ》に点呼をとる。

**てんこう【天候】** 名 ある期間《きかん》の天気《てんき》のようす。

**てんこう【転向】** 名 動する 仕事《しごと》や立場《たちば》・考《かんが》え方《かた》などを変《か》えること。

**てんこう【転校】** 名 動する 児童《じどう》・生徒《せいと》が他《ほか》の学校《がっこう》に移《うつ》ること。例 転校生《せい》。

**でんこう【電光】** 名 ❶いなびかり。いなずま。❷電気《でんき》の光《ひかり》。例 電光掲示板《けいじばん》。

**でんこうけいじばん【電光掲示板】** 名 LED《エルイーディー》や液晶《えきしょう》、電球《でんきゅう》などを使《つか》って情報《じょうほう》を発信《はっしん》するための掲示板《けいじばん》。

■**でんこうせっか【電光石火】** 名 いなびかりや石《いし》を打《う》ったときの火花《ひばな》のように、動作《どうさ》が速《はや》いたとえ。例 電光石火の早《はや》わざ。

○**てんごく【天国】** 名 ❶キリスト教《きょう》で、天上《てんじょう》の清《きよ》らかな世界《せかい》。❷すばらしい所《ところ》のたとえ。例 遊園地《ゆうえんち》は子《こ》どもの天国だ。類(❶・❷)極楽《ごくらく》。対(❶・❷)地獄《じごく》。

**でんごん【伝言】** 名 動する 人《ひと》にたのんで、用事《ようじ》を伝《つた》えること。ことづて。例 友達《ともだち》に伝言をたのむ。伝言板《ばん》。

**てんさ【点差】** 名 試合《しあい》などの、得点《とくてん》の差《さ》。例 点差が大《おお》きくひらいた。

**てんさい【天才】** 名 生《う》まれつき備《そな》わっている、非常《ひじょう》にすぐれた才能《さいのう》。また、それを持《も》っている人《ひと》。

**てんさい【天災】** 名 自然《しぜん》が起《お》こす災難《さいなん》。地震《じしん》・洪水《こうずい》・津波《つなみ》など。対 人災《じんさい》。

**天災《てんさい》は忘《わす》れた頃《ころ》にやってくる** 天《てん》災《さい》は、そのおそろしさを忘《わす》れたころに、またやってくるものだ。〔日《ひ》ごろから、備《そな》えを忘《わす》れてはならない。〕

**てんさい【転載】** 名 動する 記事《きじ》や写真《しゃしん》などを、そっくりそのまま、他《ほか》の本《ほん》や新聞《しんぶん》などにのせること。例 無断《むだん》での転載は固《かた》く禁《きん》じます。

**てんざい【点在】** 名 動する 点《てん》を打《う》ったように、あちらこちらに散《ち》らばってあること。例 島々《しまじま》が点在する海《うみ》。類 散在《さんざい》。

**てんさく【転作】** 名 動する 〔農業《のうぎょう》で〕今《いま》まで作《つく》っていた作物《さくもつ》をやめて、別《べつ》の作物《さくもつ》に切《き》りかえること。例 稲作《いなさく》から野菜《やさい》作《づく》りに転作する。

✤**てんさく【添削】** 名 動する 作文《さくぶん》や答案《とうあん》などを、書《か》き加《くわ》えたり、けずったりして、直《なお》すこと。例 作文《さくぶん》を添削してもらう。

**でんさんき【電算機】** 名 「電子計算機《でんしけいさんき》」の略《りゃく》。➡コンピューター 492ページ

**てんし【天子】** 名 君主《くんしゅ》。天皇《てんのう》。〔古《ふる》い言《い》い方《かた》。〕

**てんし【天使】** 名 ❶キリスト教《きょう》で、神《かみ》の使《つか》いとして、人間《にんげん》の世界《せかい》に来《く》るといわれるもの。エンゼル。❷やさしくいたわってくれる人《ひと》。例 白衣《はくい》の天使〔=看護師《かんごし》のこと〕。

✤**てんじ【点字】** 名 目《め》の不自由《ふじゆう》な人《ひと》が、指《ゆび》の先《さき》でさわって読《よ》む、文字《もじ》の代《か》わりになるしるし。紙《かみ》などの表面《ひょうめん》にうき出《だ》させた小《ちい》さな点《てん》を組《く》み合《あ》わせて使《つか》う。

**てんじ【展示】** 名 動する 品物《しなもの》を並《なら》べて、多《おお》くの人《ひと》に見《み》せること。類 陳列《ちんれつ》。

**でんし【電子】** 名 ❶原子《げんし》を作《つく》っている、マイナスの電気《でんき》を持《も》った小《ちい》さいつぶ。エレクトロン。❷電子工学《でんしこうがく》を応用《おうよう》していること。例 電子音楽《おんがく》。電子黒板《こくばん》。電子書籍《しょせき》。

**でんしか【電子化】** 名 動する ❶仕事《しごと》などにパソコンなどの情報《じょうほう》機器《きき》を取《と》り入《い》れていく

故事成語 蛇足《だそく》 せっかくの話《はなし》のあとに言《い》い訳《わけ》を言《い》ったのは、蛇足《だそく》だった。

〔てんじ〕（赤丸《あかまる》のところがうき出《だ》している）

こと。例 業務《ぎょうむ》の電子化を進《すす》める。❷紙《かみ》の書《しょ》類《るい》などをパソコンやスマホなどで見《み》られるように保存《ほぞん》すること。例 教科書《きょうかしょ》を電子化する。

**でんじき【電磁気】** 名 ❶電気《でんき》と磁気《じき》。❷電《でん》流《りゅう》によって生《しょう》じる磁気《じき》。

**てんじく【天竺】** 地名 インドのこと。昔《むかし》、中国《ちゅうごく》や日本《にっぽん》で呼《よ》んだ。

**でんしけいさんき【電子計算機】** 名 ⬇コンピューター 492ページ

**でんしけいじばん【電子掲示板】** 名 コンピューターネットワークに加入《かにゅう》している人《ひと》が、記事《きじ》を読《よ》んだり書《か》き込《こ》んだりできるようになっている仕組《しく》み。

**でんしけんびきょう【電子顕微鏡】** 名 光《ひかり》の代《か》わりに電子《でんし》を使《つか》った顕微鏡《けんびきょう》。非常《ひじょう》に小《ちい》さい物《もの》まで見《み》ることができる。

**でんしこうがく【電子工学】** 名 ⬇エレクトロニクス 134ページ

**でんしじしょ【電子辞書】** 名 辞典《じてん》や事《じ》典《てん》のデータを記録《きろく》した、手帳《てちょう》サイズの機器《きき》。

**でんじしゃく【電磁石】** 名 鉄《てつ》のしんに、コイルを巻《ま》いたもの。電《でん》流《りゅう》を通《とお》すと磁石《じしゃく》となる。モーターなどに使《つか》われる。

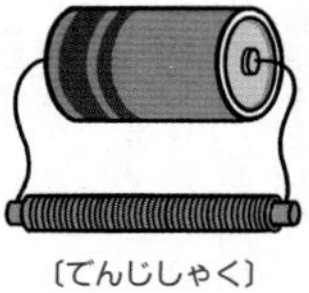

〔でんじしゃく〕

**でんししょせき【電子書籍】** 名 パソコン・スマホや専用《せんよう》の機器《きき》などの画面《がめん》で読《よ》む本《ほん》。





故事成語 **断腸《だんちょう》の思《おも》い** たった一人《ひとり》の親友《しんゆう》をこうして見送《みおく》るのは、断腸《だんちょう》の思《おも》いだ。

**でんじちょうりき【電磁調理器】** 名 磁気《じき》の力《ちから》を利用《りよう》して、なべ自体《じたい》を発熱《はつねつ》させて加熱調理《かねつちょうり》をする、火《ひ》を使《つか》わない調理器具《ちょうりきぐ》。IH《アイエイチちょうりき》調理器《き》。

**てんじてんのう**〖天智天皇〗 人名 ➡ なかのおおえのおうじ 963ページ

**でんじは【電磁波】** 名 電気《でんき》や磁気《じき》の振動《しんどう》が波《なみ》のように伝《つた》わっていく現象《げんしょう》。電波《でんぱ》・赤外《せきがい》線《せん》・光《ひかり》・紫外線《しがいせん》・エックス線《せん》など。

**てんじブロック【点字ブロック】** 名 目《め》の不自由《ふじゆう》な人《ひと》が安心《あんしん》して歩《ある》けるように、歩《ほ》道《どう》や駅《えき》などの地面《じめん》に並《なら》べてとりつけられている、突起《とっき》のついたブロック。

**でんしマネー【電子マネー】** 名 IC《アイシー》カードやスマホなどにたくわえて、実際《じっさい》のお金《かね》の代《か》わりに使《つか》える電子《でんし》データ。また、それを使《つか》った支払《しはら》い方法《ほうほう》。店頭《てんとう》でもインターネット上《じょう》でも使《つか》える。例 電子マネーで支払《しはら》う。

**でんしメール【電子メール】** 名 ➡ イーメール 55ページ

°**でんしゃ【電車】** 名 電気《でんき》の力《ちから》で車輪《しゃりん》を回《まわ》して、レールの上《うえ》を走《はし》る乗《の》り物《もの》。

**てんしゅ【店主】** 名 店《みせ》の主人《しゅじん》。

**てんじゅ【天寿】** 名 寿命《じゅみょう》。例 天寿を全《まっと》うする〔＝十分《じゅうぶん》長生《ながい》きして死《し》ぬ〕。

**でんじゅ【伝授】** 名 動‐する 技《わざ》や方法《ほうほう》などを師匠《ししょう》が弟子《でし》に教《おし》え伝《つた》えること。例 奥義《おうぎ》を伝授する。

**てんしゅかく【天守閣】** 名 城《しろ》の中心《ちゅうしん》にある、高《たか》い物見《ものみ》やぐら。天《てん》守《しゅ》。

〔てんしゅかく〕

**てんしゅつ【転出】** 名 動‐する ❶同《おな》じ勤《つと》め先《さき》で、他《ほか》の職場《しょくば》に変《か》わっていくこと。❷他《ほか》の土《と》地《ち》へ移《うつ》り住《す》むこと。例 転出届《とどけ》。対 転入《てんにゅう》。

**てんじょう【天上】** 名 ❶空《そら》。高《たか》い空《そら》の上《うえ》。❷仏教《ぶっきょう》で、人間《にんげん》世《せ》界《かい》の上《うえ》にある、苦《くる》しみのない理想《りそう》の世界《せかい》。天上界《てんじょうかい》。

°**てんじょう【天井】** 名 ❶部屋《へや》の上部《じょうぶ》に板《いた》を張《は》ったもの。また、その部分《ぶぶん》。➡ にほんま 991ページ。❷ものごとのいちばん高《たか》いところ。例 天井知《し》らずの高《たか》い値段《ねだん》。

**でんしょう【伝承】** 名 動‐する 古《ふる》くからある物語《ものがたり》・歌《うた》・しきたり・技《わざ》などを受《う》け伝《つた》えていくこと。また、受《う》け伝《つた》えられたもの。例 母《はは》から子《こ》へと昔話《むかしばなし》を伝承する。

**てんじょういん【添乗員】** 名 団体旅行《だんたいりょこう》につきそって、世話《せわ》や案内《あんない》をする人《ひと》。

**てんじょうがわ【天井川】** 名 川底《かわぞこ》が、周《まわ》りの土地《とち》よりも高《たか》くなった川《かわ》。

**てんしょく【天職】** 名 ❶天《てん》から授《さず》かった仕事《しごと》。❷その人《ひと》にふさわしい職業《しょくぎょう》や仕事《しごと》。

**てんしょく【転職】** 名 動‐する 職業《しょくぎょう》やつとめ先《さき》を変《か》えること。類 転業《てんぎょう》。

**でんしょばと【伝書鳩】** 名 はなれた所《ところ》に通信文《つうしんぶん》を運《はこ》ばせるよう訓練《くんれん》したハト。

**テンション**〔英語 tension〕 名 心《こころ》の緊張《きんちょう》。気《き》持《も》ちの盛《も》り上《あ》がり。例 テンションが高《たか》い。

**てんじる【点じる】** 動〔「点《てん》ずる」ともいう。〕❶明《あか》かりや火《ひ》をつける。例 灯《ひ》を点じる。❷しずくを垂《た》らす。例 目薬《めぐすり》を点じる。

**てんじる【転じる】** 動〔「転《てん》ずる」ともいう。〕向《む》き・ありさまなどを変《か》える。また、変《か》わる。例 方向《ほうこう》を北《きた》に転じる。

**でんしレンジ【電子レンジ】** 名 マイクロ波《は》という特別《とくべつ》な電波《でんぱ》によって食品《しょくひん》に熱《ねつ》を加《くわ》え、短《みじか》い時間《じかん》で調理《ちょうり》する器具《きぐ》。

**てんしん【転身】** 名 動‐する それまでの職業《しょくぎょう》や考《かんが》え方《かた》などをすっかり変《か》えること。例 実《じつ》業《ぎょう》家《か》から政治家《せいじか》に転身する。

**でんしん【電信】** 名 文字《もじ》や図《ず》などを電気《でんき》の信号《しんごう》に変《か》えて相手《あいて》に送《おく》る仕組《しく》み。電報《でんぽう》など。有線通信《ゆうせんつうしん》と無線通信《むせんつうしん》とがある。

**でんしんばしら【電信柱】** 名 電柱《でんちゅう》。

■**てんしんらんまん【天真爛漫】** 名 形動 むじゃきで明《あか》るいこと。例 天真爛漫な人柄《ひとがら》。

°**てんすう【点数】** 名 ❶勉強《べんきょう》や試合《しあい》の成績《せいせき》を、数字《すうじ》で表《あらわ》したもの。❷品物《しなもの》の数《かず》。

**てんずる【点ずる】** 動 ➡ てんじる〔点じる〕 896ページ

**てんずる【転ずる】** 動 ➡ てんじる〔転じる〕 896ページ

**てんせい【天性】** 名 生《う》まれつき備《そな》わってい

故事成語 竹馬《ちくば》の友《とも》 彼《かれ》とぼくとは竹馬《ちくば》の友《とも》で、幼稚園《ようちえん》にいっしょに通《かよ》った仲《なか》だ。

る性質《せいしつ》。例 天性のほがらかさ。

**でんせいかん【伝声管】** 名 声《こえ》を伝《つた》える長《なが》い管《くだ》の装置《そうち》。昔《むかし》、船《ふね》や工場《こうじょう》などで用《もち》いた。

✤**でんせつ【伝説】** 名 昔《むかし》から言《い》い伝《つた》えられている話《はなし》。言《い》い伝《つた》え。例 寺《てら》に残《のこ》る伝説。

**てんせん【点線】** 名 点《てん》が並《なら》んでできた線《せん》。

**てんせん【転戦】** 名 動する 場所《ばしょ》を変《か》えて戦《たたか》うこと。

**でんせん【伝染△】** 名 動する ❶病気《びょうき》がうつること。例 コレラの伝染をおそれる。類 感《かん》染《せん》。❷ものごとが他《ほか》にうつって、広《ひろ》まること。例 あくびが伝染する。

◦**でんせん【電線】** 名 電気《でんき》を通《とお》す金属《きんぞく》の線《せん》。

**でんせんびょう【伝染病△】** 名 感染症《かんせんしょう》のこと。現在《げんざい》では、特《とく》に家畜《かちく》などの感染症をいう。↓かんせんしょう 282ページ

**てんそう【転送】** 名 動する 送《おく》られてきた手《て》紙《がみ》などを、そのまま他《ほか》へ送《おく》ること。例 メールを転送する。類 回送《かいそう》。

**でんそう【電送】** 名 動する 写真《しゃしん》や文字《もじ》を電《でん》波《ぱ》や電流《でんりゅう》で遠《とお》くへ送《おく》ること。

**てんたい【天体】** 名 宇宙《うちゅう》にあるすべてのもの。太陽《たいよう》・月《つき》・星《ほし》など。

**てんだいしゅう【天台宗】** 名 平安時代《へいあんじだい》の初《はじ》め、最澄《さいちょう》が広《ひろ》めた仏教《ぶっきょう》の一《ひと》つ。↓さいちょう(最澄) 502ページ

**てんたいしょう【点対称】** 名 二《ふた》つの図《ず》形《けい》のうちの一《ひと》つを、ある点《てん》を中心《ちゅうしん》にして一八〇度《ど》回転《かいてん》したとき、もう一《ひと》つの図形《ずけい》に完全《かんぜん》に重《かさ》なること。関連 線対称《せんたいしょう》。面対称《めんたいしょう》。↓たいしょう(対称) 775ページ

**てんたいぼうえんきょう【天体望遠鏡】** 名 天体《てんたい》を観測《かんそく》するための望遠鏡《ぼうえんきょう》。

**でんたく【電卓】** 名 〔「電子式卓上計算機《でんししきたくじょうけいさんき》」の略《りゃく》。〕電子《でんし》のはたらきで計算《けいさん》をする、小型《こがた》の機械《きかい》。

**でんたつ【伝達】** 名 動する 命令《めいれい》や連絡《れんらく》などを、相手《あいて》に伝《つた》えること。例 役所《やくしょ》からの指示《しじ》をみんなに伝達する。

**てんち【天地】** 名 ❶天《てん》と地《ち》。❷世界《せかい》。例 新《あたら》しい天地が開《ひら》ける。❸上《うえ》と下《した》。例 天地を逆《ぎゃく》にする。

**てんち【転地】** 名 動する 病気《びょうき》の治療《ちりょう》などのために、他《ほか》の土地《とち》へ移《うつ》ること。例 転地療養《りょうよう》。

**でんち【田地】** 名 田《た》んぼ。でんじ。

◦**でんち【電池】** 名 薬《くすり》や金属《きんぞく》などのはたらきで、電流《でんりゅう》が起《お》きるようにしてある仕《し》かけ。例 乾電池《かんでんち》。蓄《ちく》電池。注意「電地」とは書かない。

■**てんちむよう【天地無用】** 名 上下《じょうげ》をさかさまにするなという意味《いみ》の注意書《ちゅういが》き。

✤**てんちゅう【転注】** 名 〔国語《こくご》で〕漢字《かんじ》の使《つか》い方《かた》の一《ひと》つ。↓ふろく(6ページ)

◦**でんちゅう【電柱】** 名 電線《でんせん》や電話線《でんわせん》などを支《ささ》える柱《はしら》。電信柱《でんしんばしら》。

**てんちょう【天頂】** 名 ❶てっぺん。山《やま》の頂《いただき》。❷真上《まうえ》の空《そら》。地球上《ちきゅうじょう》で天球《てんきゅう》を観測《かんそく》する人《ひと》の真上《まうえ》にあたるところ。

**てんちょう【店長】** 名 店《みせ》の責任者《せきにんしゃ》。

**てんちょう【転調】** 名 動する 〔音楽《おんがく》で〕曲《きょく》の途中《とちゅう》で、ある調《ちょう》から他《た》の調に変《か》わること。

**てんで** 副 まるっきり。まったく。〔くだけた言《い》い方《かた》。〕例 てんで話《はなし》にならない。注意 あとに「ない」などの打《う》ち消《け》しの言葉《ことば》がくる。

**てんてき【天敵】** 名 その動物《どうぶつ》にとって、おそろしい敵《てき》になる動物《どうぶつ》。例《たと》えば、アリマキを食《く》うテントウムシは、アリマキの天敵《てんてき》。

**てんてき【点滴】** 名 動する ❶雨《あま》だれ。しずく。❷薬《くすり》や栄養分《えいようぶん》の入《はい》った液《えき》を、長《なが》い時間《じかん》をかけて少《すこ》しずつ静脈《じょうみゃく》に注射《ちゅうしゃ》すること。

**てんてこまい【てんてこ舞い】** 名 動する ひどくいそがしくて、あわてること。例 おおぜいの客《きゃく》で、店《みせ》はてんてこ舞いだ。

**てんてつき【転轍機◆】** 名 ↓ポイント❹ 1189ページ

**てんでに** 副 めいめいが別々《べつべつ》に。例 てんでに勝手《かって》なことを言《い》う。

**てんてん【点点】** 一 副(-と) ❶あちこちに散《ち》らばっているようす。例 明《あ》かりが点々と見《み》える。❷ぽたぽたと落《お》ちるようす。例 血《ち》が点々と垂《た》れている。二 名 いくつかの点《てん》。例「か」に点々をつけると「が」になる。

**てんてん【転転】** 副(-と) ❶次々《つぎつぎ》と変《か》わるようす。例 住《す》まいを転々と変《か》える。❷転《ころ》がるようす。例 ボールが転々とする。

**でんでんむし** 名 ↓かたつむり 240ページ

**テント** 〔英語 tent〕名 キャンプや運動会《うんどうかい》などで、小屋《こや》のような形《かたち》に張《は》る幕《まく》。天幕《てんまく》。



故事成語 朝令暮改《ちょうれいぼかい》 朝令暮改《ちょうれいぼかい》で目《め》まぐるしく方針《ほうしん》が変《か》わるようでは、安心《あんしん》して政治《せいじ》を任《まか》せられない。

**てんとう【店頭】** 名 店先《みせさき》。例 商品《しょうひん》を店頭に並《なら》べる。

**てんとう【点灯】** 名 動-する 明《あ》かりをつけること。対 消灯《しょうとう》。

**てんとう【転倒】** 名 動-する ❶ひっくり返《かえ》ること。例 転倒して頭《あたま》を打《う》った。❷さかさまになること。例 本末《ほんまつ》転倒。❸おどろいて、うろたえること。例 気《き》が転倒する。類 動転《どうてん》。

**でんとう【伝統】** 名 昔《むかし》から受《う》けつがれてきた特色《とくしょく》のある習《なら》わし。

**°でんとう【電灯】** 名 電気《でんき》を使《つか》って、光《ひかり》を出《だ》す仕《し》かけ。電気《でんき》。

**でんどう【伝道】** 名 動-する おもにキリスト教《きょう》で、教《おし》えを世《よ》の中《なか》に広《ひろ》めること。

**でんどう【伝導】** 名 動-する 〔理《り》科《か》で〕熱《ねつ》の伝《つた》わり方《かた》の一《ひと》つ。熱《ねつ》や電気《でんき》がものを伝《つた》わって移《うつ》ること。関連 対流《たいりゅう》。放射《ほうしゃ》。⇩たいりゅう 784ページ

**でんどう【殿堂】°** 名 ❶立派《りっぱ》な建物《たてもの》。❷ある分野《ぶんや》の中心《ちゅうしん》となる建物《たてもの》。例 美《び》の殿堂。❸神《かみ》や仏《ほとけ》をまつる建物《たてもの》。

**でんどう【電動】** 名 電気《でんき》によって動《うご》くようになっていること。例 電動のこぎり。

**でんどうき【電動機】** 名 ⇩モーター❶ 1301ページ

**でんとうげいのう【伝統芸能】** 名 古《ふる》くからある劇《げき》やおどり、音楽《おんがく》などのこと。特《とく》に、歌舞伎《かぶき》や能《のう》など日本古来《にほんこらい》のものをさす。

**でんとうこうげい【伝統工芸】** 名 昔《むかし》から受《う》けつがれてきた工芸《こうげい》の技術《ぎじゅつ》やわざ。また、それによって作《つく》られた品物《しなもの》。

**てんどうせつ【天動説】** 名 地球《ちきゅう》は動《うご》かないで、太陽《たいよう》・月《つき》・星《ほし》などが地球《ちきゅう》の周《まわ》りを動《うご》いているという考《かんが》え方《かた》。昔《むかし》は、そう考《かんが》えられていた。対 地動説《ちどうせつ》。

**でんとうてき【伝統的】** 形動 伝統《でんとう》として長《なが》い間《あいだ》受《う》けつがれているようす。例 村《むら》に残《のこ》る伝統的な祭《まつ》り。

**でんとうぶんか【伝統文化】** 名 昔《むかし》から受《う》けつがれてきた特色《とくしょく》のある文化《ぶんか》。

**てんとうむし【てんとう虫】** 名 半球《はんきゅう》の形《かたち》をした小《ちい》さな昆虫《こんちゅう》。背中《せなか》に赤《あか》や黒《くろ》の斑点《はんてん》がある。ナナホシテントウ・ニジュウヤホシテントウなど種類《しゅるい》が多《おお》い。

〔てんとうむし〕

**てんどん【天丼】°** 名 天《てん》ぷらをご飯《はん》にのせ、専用《せんよう》のたれをかけた料理《りょうり》。

**てんにゅう【転入】** 名 動-する ❶他《ほか》の土地《とち》から移《うつ》ってくること。対 転出《てんしゅつ》。❷他《ほか》の学校《がっこう》から移《うつ》ってくること。

**てんにょ【天女】** 名 天《てん》に住《す》むといわれる美《うつく》しい女《おんな》の人《ひと》。天人《てんにん》。

**てんにん【天人】** 名 天上《てんじょう》の世界《せかい》に住《す》んでいるといわれる女《おんな》の人《ひと》。自由《じゆう》に空《そら》を飛《と》ぶと考《かんが》えられている。天女《てんにょ》。例 天人の羽衣《はごろも》。

**てんにん【転任】** 名 動-する 他《ほか》の役所《やくしょ》・学校《がっこう》やちがった役目《やくめ》に変《か》わること。類 転勤《てんきん》。

**でんねつき【電熱器】** 名 電流《でんりゅう》によって熱《ねつ》を出《だ》させる道具《どうぐ》。電気《でんき》こんろなど。

**例解 ! 表現の広場**

**天然《てんねん》と自然《しぜん》のちがい**

| | 資源《しげん》にめぐまれる。 | のダイヤモンド。 | 記念物《きねんぶつ》の鳥《とり》。 | を大切《たいせつ》にする心《こころ》。 | の中《なか》で生《い》きる。 |
|---|---|---|---|---|---|
| 天然《てんねん》 | ○ | ○ | ○ | × | × |
| 自然《しぜん》 | × | × | × | ○ | ○ |

**てんねん【天然】** 名 人《ひと》の手《て》が加《くわ》わっていないありさま。自然《しぜん》。対 人工《じんこう》。人造《じんぞう》。

**てんねんガス【天然ガス】** 名 地中《ちちゅう》からふき出《だ》す、燃《も》えるガス。

**てんねんきねんぶつ【天然記念物】** 名 法律《ほうりつ》で、だいじにするように決《き》められている、めずらしい動物《どうぶつ》や植物《しょくぶつ》・鉱物《こうぶつ》のこと。

**てんねんしげん【天然資源】** 名 自然《しぜん》に存在《そんざい》し、人間《にんげん》が利用《りよう》できる物質《ぶっしつ》やエネルギー。自然資源《しぜんしげん》。

**てんねんとう【天然痘】°** 名 感染症《かんせんしょう》の一《ひと》つ。熱《ねつ》が出《で》て、体《からだ》に小《ちい》さなおできができる。種痘《しゅとう》で予防《よぼう》できる。一九八〇年《ねん》に、絶滅《ぜつめつ》したと発表《はっぴょう》された。ほうそう。

**てんのう【天皇】** 名 日本国憲法《にほんこくけんぽう》によって、日本《にっぽん》の国《くに》の象徴《しょうちょう》としてあおがれている人《ひと》。

**てんのうざん【天王山】** 名 勝《か》ち負《ま》けや運命《うんめい》が決《き》まる、だいじな分《わ》かれ道《みち》。参考「天王山《てんのうざん》」は、京都《きょうと》と大阪《おおさか》の間《あいだ》にある山《やま》。豊臣秀吉《とよとみひでよし》



故事成語 頭角《とうかく》を現《あらわ》す　このところ若《わか》い選手《せんしゅ》が頭角《とうかく》を現《あらわ》してきて、将来《しょうらい》が楽《たの》しみだ。

が明智光秀《あけちみつひで》と戦《たたか》ったとき、この山《やま》をうばって勝《か》ちを決《き》めたことから。

**てんのうせい【天王星】** 名 惑星《わくせい》の一《ひと》つ。太陽《たいよう》から七番《ばん》めの星《ほし》。⬇たいようけい783ページ

**てんのうせい【天皇制】** 名 天皇《てんのう》を君主《くんしゅ》とする制度《せいど》。

**てんのうたんじょうび【天皇誕生日】** 名 国民《こくみん》の祝日《しゅくじつ》の一《ひと》つ。天皇《てんのう》の誕生《たんじょう》を祝《いわ》う日《ひ》。二月《にがつ》二十三日《にじゅうさんにち》。

**てんのうへいか【天皇陛下】** 名 「天皇《てんのう》」を敬《うやま》って言《い》う言葉《ことば》。

**でんぱ【電波】** 名 光《ひかり》と同《おな》じ速《はや》さで空間《くうかん》を運《うん》動《どう》している電気《でんき》の波《なみ》。通信《つうしん》や放送《ほうそう》に広《ひろ》く使《つか》われる。電磁波《でんじは》。

**でんぱ【伝播】** 名 動-する 伝《つた》わって広《ひろ》まること。例 文化《ぶんか》が伝播する。

**てんばい【転売】** 名 動-する 買《か》った物《もの》を、そのまま他《ほか》の人《ひと》に売《う》ること。

**でんぱた【田畑】** 名 ⬇たはた804ページ

**でんぱたんちき【電波探知機】** 名 ⬇レーダー1403ページ

**てんばつ【天罰】** 名 悪《わる》いことをすると、天《てん》が与《あた》えるという罰《ばつ》。例 天罰が下《くだ》る。

**てんぴ【天日】** 名 太陽《たいよう》の光《ひかり》や熱《ねつ》。例 天日にさらす。

**てんぴ【天火】** 名 ⬇オーブン151ページ

**てんびき【天引き】** 名 動-する 給料《きゅうりょう》などから、前《まえ》もって、決《き》まった金額《きんがく》だけ差《さ》し引《ひ》くこと。例 会費《かいひ》を月給《げっきゅう》から天引きする。

**てんびょう【点描】** 名 動-する ❶線《せん》ではなく、点《てん》の集《あつ》まりで絵《え》をかく方法《ほうほう》。❷特徴《とくちょう》をとらえて、簡単《かんたん》な文章《ぶんしょう》で書《か》き表《あらわ》すこと。スケッチ。例 人物《じんぶつ》点描。

**でんぴょう【伝票】** 名 お金《かね》の出《だ》し入《い》れや、商品《しょうひん》を受《う》け取《と》ったりわたしたりするときなどに使《つか》う、書《か》き付《つ》け。

**てんぴょうじだい【天平時代】** 名 奈良《なら》時代《じだい》の中《なか》ごろ、聖武《しょうむ》天皇《てんのう》の時代《じだい》。仏教《ぶっきょう》がさかんであった。

**てんびん【天秤】** 名 ❶はかりの一《ひと》つ。さおの真《ま》ん中《なか》を支《ささ》え、両《りょう》はしに皿《さら》をつけて、一方《いっぽう》に物《もの》を、一方《いっぽう》に分銅《ふんどう》をのせて量《はか》るもの。⬇はかり1033ページ。❷両《りょう》はしに、品物《しなもの》を下《さ》げて肩《かた》にかつぐ棒《ぼう》。天《てん》びん棒《ぼう》。

**天《てん》びんにかける** 二《ふた》つのうち、どっちがいいか、どっちが得《とく》かと、比《くら》べて考《かんが》える。類 はかりにかける。

**てんぷ【天賦】** 名 天《てん》が与《あた》えたもの。生《う》まれつき。例 天賦の才能《さいのう》。

**てんぷ【添付】** 名 動-する 書類《しょるい》などにそえて、つけること。例 地図《ちず》を添付する。

**てんぷく【転覆】** 名 動-する ❶ひっくり返《かえ》ること。また、ひっくり返《かえ》すこと。例 船《ふね》が転覆する。❷ほろびること。また、ほろぼすこと。例 幕府《ばくふ》の転覆をはかる。

**てんぷら【天ぷら】** 名 魚《さかな》やエビ、野菜《やさい》などに、水《みず》でといた小麦粉《こむぎこ》をつけて、油《あぶら》であげたもの。参考 もとはポルトガル語《ご》。

**てんぶん【天分】** 名 生《う》まれつき持《も》っている才能《さいのう》や性質《せいしつ》。天性《てんせい》。例 天分をのばす。

✤**でんぶん【伝聞】** 名 動-する 人《ひと》から伝《つた》え聞《き》くこと。例 伝聞によって知《し》った。

**でんぶん【電文】** 名 電報《でんぽう》の文章《ぶんしょう》。

**でんぷん【澱粉】** 名 米《こめ》・麦《むぎ》・イモなどに多《おお》く含《ふく》まれている成分《せいぶん》。炭水化物《たんすいかぶつ》。例《たと》えばジャガイモなどをすりつぶし、水《みず》にさらすとできる白《しろ》い粉《こな》で、味《あじ》も、においもない。

■**てんぺんちい【天変地異】** 名 自然界《しぜんかい》に起《お》こる異変《いへん》。台風《たいふう》・地震《じしん》・洪水《こうずい》・日照《ひで》りなど。例 今年《ことし》は天変地異になやまされる年《とし》だった。

**てんぽ【店舗】** 名 商品《しょうひん》を売《う》るための建物《たてもの》。みせ。例 店舗を構《かま》える。

**テンポ**〔イタリア語〕名 ❶〔音楽《おんがく》で〕曲《きょく》の速《はや》さ。❷ものごとの進《すす》む速《はや》さ。例 話《はなし》のテンポ。

**てんぼう【展望】** 名 動-する ❶広《ひろ》い範囲《はんい》を見《み》わたすこと。見晴《みは》らし。例 屋上《おくじょう》から町《まち》を展望する。❷将来《しょうらい》の見通《みとお》し。また、見通《みとお》すこと。例 今後《こんご》の社会《しゃかい》を展望する。

°**でんぽう【電報】** 名 電信《でんしん》を利用《りよう》して送《おく》る通信《つうしん》。例 電報を打《う》つ。

**てんぼうだい【展望台】** 名 周囲《しゅうい》をよく見《み》わたすことのできる高台《たかだい》。見晴《みは》らし台《だい》。

**デンマーク** 地名 ヨーロッパ北部《ほくぶ》、ドイツの北《きた》にあるユトランド半島《はんとう》と近《ちか》くの島々《しまじま》からなる国《くに》。首都《しゅと》はコペンハーゲン。

**てんまく【天幕】** 名 ⬇テント897ページ

**てんません【〈伝馬船〉】** 名 荷物《にもつ》を運《はこ》ぶ

故事成語 桃源郷《とうげんきょう》 大自然《だいしぜん》にいだかれた故郷《こきょう》にもどると、まるで桃源郷《とうげんきょう》に来《き》たようだ。

小《ちい》さな木《き》の船《ふね》。底《そこ》が平《たい》らで、浅《あさ》い。参考「伝馬船《てんません》」は、特別《とくべつ》に認《みと》められた読《よ》み方《かた》。↓ふね❶ 1150ページ

**てんまつ**【顚末】名 出来事《できごと》の始《はじ》めから終《お》わりまでのようす。いきさつ。例 事件《じけん》のてん末をくわしく話《はな》す。

**てんまど**【天窓】名 光《ひかり》を入《い》れたり、煙《けむり》を出《だ》したりするために、屋根《やね》に作《つく》った窓《まど》。

**てんめい**【天命】名 天《てん》から与《あた》えられた運命《うんめい》や寿命《じゅみょう》。例 天命がつきる〔=死《し》ぬ〕。

**てんめつ**【点滅】名 動-する 明《あ》かりを、つけたり消《け》したりすること。また、ついたり消《き》えたりすること。例 ネオンが点滅する。

**てんもん**【天文】名 太陽《たいよう》・月《つき》・星《ほし》などの天体《てんたい》に起《お》こる、いろいろな現象《げんしょう》。

**てんもんがく**【天文学】名 太陽《たいよう》・月《つき》・星《ほし》など、天体《てんたい》に起《お》こるさまざまなことがらを研究《けんきゅう》する学問《がくもん》。

**てんもんだい**【天文台】名 天体《てんたい》を観測《かんそく》して、研究《けんきゅう》をする所《ところ》。

**てんやく**【点訳】名 動-する 言葉《ことば》や文章《ぶんしょう》を点字《てんじ》に直《なお》すこと。

**てんやもの**【店屋物】名 飲食店《いんしょくてん》から取《と》り寄《よ》せた料理《りょうり》。〔少《すこ》し古《ふる》い言《い》い方《かた》。〕

**てんやわんや** 名 形動 混乱《こんらん》して収拾《しゅうしゅう》がつかないようす。ごった返《がえ》すようす。〔くだけた言《い》い方《かた》。〕例 てんやわんやの大騒動《おおそうどう》。

**てんよう**【転用】名 動-する 目的《もくてき》を変《か》えて、他《ほか》のことに使《つか》うこと。

**でんらい**【伝来】名 動-する ❶外国《がいこく》から伝《つた》わって来《く》ること。例 漢字《かんじ》は中国《ちゅうごく》から伝来した。❷先祖《せんぞ》から伝《つた》わっていること。例 先祖《せんぞ》伝来の宝物《たからもの》。

**てんらく**【転落】名 動-する ❶転《ころ》げ落《お》ちること。例 がけから転落する。❷落《お》ちぶれること。例 最下位《さいかい》に転落する。

**てんらん**【天覧】名 天皇《てんのう》がご覧《らん》になること。

**てんらんかい**【展覧会】名 品物《しなもの》や作品《さくひん》を並《なら》べて、たくさんの人《ひと》に見《み》せる会《かい》。例 展覧会に出品《しゅっぴん》する。

**でんりゅう**【電流】名 電気《でんき》の流《なが》れ。直流《ちょくりゅう》と交流《こうりゅう》とがある。流《なが》れの大《おお》きさの単位《たんい》は、アンペア。記号《きごう》は「A」。例 電流計《けい》。

**てんりゅうがわ**〘天竜川〙地名 長野県《ながのけん》の諏訪湖《すわこ》から南《みなみ》へ流《なが》れて、太平洋《たいへいよう》に注《そそ》ぐ川《かわ》。水力発電《すいりょくはつでん》に利用《りよう》されている。

**でんりゅうけい**【電流計】名 電流《でんりゅう》の大《おお》きさを測《はか》る器具《きぐ》。

**てんりょう**【天領】名 江戸時代《えどじだい》、幕府《ばくふ》が直接治《ちょくせつおさ》めた土地《とち》。

**○でんりょく**【電力】名 電流《でんりゅう》によるはたらきの力《ちから》。単位《たんい》は、ワット。記号《きごう》は「W」。

**でんれい**【伝令】名 命令《めいれい》や知《し》らせを伝《つた》えること。また、その人《ひと》。

**でんわ**【電話】一 名 音声《おんせい》を電気《でんき》の信号《しんごう》に変《か》えて、遠《とお》くの人《ひと》と話《はな》しができるようにした機械《かい》。アメリカのベルが発明《はつめい》した。電話機《でんわき》。二 名 動-する「一」を使《つか》って話《はな》すこと。

## と

ト | to

**と**【徒】画数 10 部首 彳（ぎょうにんべん） 4年

音 ト 訓 ―

筆順 徒

❶乗《の》り物《もの》に乗《の》らずに歩《ある》く。熟語 徒歩《とほ》。徒競走《ときょうそう》。❷むだな。熟語 徒労《とろう》。❸手《て》に何《なに》も持《も》たない。熟語 徒手体操《としゅたいそう》。❹なかま。熟語 徒党《ととう》。学徒《がくと》。❺でし。熟語 徒弟《とてい》。生徒《せいと》。

**と**【徒】名 なかま。例 学問《がくもん》の徒。

**と**【都】画数 11 部首 阝（おおざと） 3年

音 ト ツ 訓 みやこ

筆順 都

❶みやこ。熟語 首都《しゅと》。❷大《おお》きな町《まち》。熟語 都会《かい》。都市《とし》。❸東京都《とうきょうと》のこと。熟語 都庁《とちょう》。都内《ない》。❹すべて。熟語 都合《つごう》。都度《つど》。

**と**【都】名 国《くに》を治《おさ》めるために、全国《ぜんこく》を分《わ》けた区切《くぎ》りの一《ひと》つ。東京都《とうきょうと》のこと。例 都の防災対策《ぼうさいたいさく》。関連 道《どう》。府《ふ》。県《けん》。

**と**【斗】画数 4 部首 斗（と）

音 ト 訓 ―

あいうえお かきくけこ さしすせそ たちつてと なにぬねの はひふへほ まみむめも やゆよ らりるれろ わをん

故事成語 堂《どう》に入《い》る　社長《しゃちょう》も2年目《ねんめ》になると堂《どう》に入《い》ったもので、演説《えんぜつ》も堂々《どうどう》としてきた。

❶ひしゃく。ひしゃくの形《かたち》をしたもの。熟語 北斗七星《ほくとしちせい》。❷尺貫法《しゃっかんほう》で、量《りょう》の単位《たんい》の一《ひと》つ。一斗《と》は、一〇升《しょう》で、約《やく》一八リットル。例 四斗《と》だる。

**と【吐】** 画数 6 部首 口(くちへん)

音 ト 訓 は-く

はく。ものや息《いき》、言葉《ことば》を口《くち》から出《だ》す。熟語 吐《と》息《いき》。吐露《とろ》。例 息《いき》を吐《は》く。

**と【妬】** 画数 8 部首 女(おんなへん)

音 ト 訓 ねた-む

ねたむ。人《ひと》をうらやんだり、にくんだりする。熟語 嫉妬《しっと》。例 人《ひと》の成功《せいこう》を妬《ねた》む。

**と【途】** 画数 10 部首 辶(しんにょう)

音 ト 訓 ——

❶通《とお》る道《みち》。道筋《みちすじ》。熟語 途中《とちゅう》。帰途《きと》。中途《ちゅうと》。❷使《つか》い道《みち》。熟語 用途《ようと》。

**と【途】** 名 みち。旅《たび》。例 帰国《きこく》の途《と》につく。

**と【渡】** 画数 12 部首 氵(さんずい)

音 ト 訓 わた-る わた-す

❶わたる。向《む》こう側《がわ》へ行《い》く。熟語 渡航《とこう》。渡来《とらい》。❷移《うつ》る。過《す》ごす。熟語 渡世《とせい》。過渡期《かとき》。例 世《よ》を渡《わた》る。❸ものを人《ひと》の手《て》にわたす。熟語 譲渡《じょうと》。例 メモを渡《わた》す。

**と【塗】** 画数 13 部首 土(つち)

音 ト 訓 ぬ-る

❶ぬる。表面《ひょうめん》にぬりつける。熟語 塗装《とそう》。塗《と》料《りょう》。❷泥《どろ》にまみれる。例 塗《と》炭《たん》の苦《くる》しみ〔=ひどい苦《くる》しみ〕。

**と【賭】** 画数 16 部首 貝(かいへん)

音 ト 訓 か-ける

かけをする。かけ。熟語 賭博《とばく》〔=金《かね》や物《もの》をかけて、勝《か》ち負《ま》けを争《あらそ》うこと〕。例 お金《かね》を賭《か》ける。参考「賭《と》」は「賭《と》」と書《か》くことがある。

**と【土】** 熟語 土地《とち》。➡**ど【土】** 901ページ

**と【図】** 熟語 図書《としょ》。意図《いと》。➡**ず【図】** 669ページ

**と【度】** 熟語 法度《はっと》。➡**ど【度】** 901ページ

**と【登】** 熟語 登山《とざん》。➡**とう【登】** 903ページ

**と【頭】** 熟語 音頭《おんど》。➡**とう【頭】** 904ページ

**と【十】** 名〔数《かず》を表《あらわ》す言葉《ことば》。〕じゅう。例 十色《いろ》。➡**じゅう【十】** 593ページ

**°と【戸】** 名 建物《たてもの》の出入《でい》り口《ぐち》や窓《まど》に取《と》りつけて、開《あ》け閉《し》めするもの。例 戸《と》をたたく。➡**こ【戸】** 419ページ

**と** 一 接 すると。例 と、そこへ男《おとこ》が現《あらわ》れた。

二 助 ❶思《おも》ったことや言《い》った言葉《ことば》を受《う》けて、あとに続《つづ》ける。例「起《お》きなさい。」と父《ちち》が言《い》った。❷いっしょに、という意味《いみ》を表《あらわ》す。例 友達《ともだち》と遊《あそ》ぶ。❸ものごとを並《なら》べて言《い》うときに使《つか》う。例 本《ほん》とノートとを買《か》う。❹比《くら》べるときの相手《あいて》を表《あらわ》す。例 いつもとちがう。❺文《ぶん》を切《き》らないで、続《つづ》けるときに使《つか》う。例 少《すこ》し行《い》くと、寺《てら》があった。❻仮《かり》に、という意味《いみ》を表《あらわ》す。例 おくれると困《こま》る。

**ど【土】** 画数 3 部首 土(つち) 1年

音 ド ト 訓 つち

筆順

❶つち。熟語 土器《どき》。土台《どだい》。土俵《どひょう》。土煙《つちけむり》。❷人《ひと》の住《す》んでいる所《ところ》。熟語 土地《とち》。国土《こくど》。領土《りょうど》。❸「土曜《どよう》」の略《りゃく》。例 土日《どにち》は休《やす》みです。

**ど【努】** 画数 7 部首 力(ちから) 4年

音 ド 訓 つと-める

筆順

つとめる。はげむ。がんばる。熟語 努力《どりょく》。

《訓の使い方》**つと-める** 例 解決《かいけつ》に努《つと》める。

**ど【度】** 画数 9 部首 广(まだれ) 3年

音 ド ト タク 訓 たび

筆順

❶ていど。熟語 温度《おんど》。角度《かくど》。限度《げんど》。速度《そくど》。❷ものさし。熟語 度量衡《どりょうこう》。❸決《き》まり。熟語 制度《せいど》。法度《はっと》〔=おきて〕。❹ようす。熟語 度胸《どきょう》。態度《たいど》。❺おしはかる。熟語 支度《したく》。❻回数《かいすう》。また、回数《かいすう》を数《かぞ》える言葉《ことば》。熟語 今度《こんど》。再度《さいど》。毎度《まいど》。例 三度《さんど》の食事《しょくじ》。❼角度《かくど》や温度《おんど》などの単位《たんい》。熟語 分度器《ぶんどき》。例 セ氏《し》四度《よんど》。直角《ちょっかく》は九〇度《ど》。



故事成語 登竜門《とうりゅうもん》 このコンクールは、新人《しんじん》ピアニストの登竜門《とうりゅうもん》だ。

あいうえお かきくけこ さしすせそ たちつて と なにぬねの はひふへほ まみむめも やゆよ らりるれろ わをん

ど【度】［名］❶ていど。ころあい。［例］親《した》しみの度が増《ま》す。❷回数《かいすう》。［例］度を重《かさ》ねる。❸レンズの強《つよ》さ。［例］度の強《つよ》い眼鏡《めがね》。

**度《ど》が過《す》ぎる** 許《ゆる》される限度《げんど》をこえている。［例］冗談《じょうだん》の度が過ぎる。

**度《ど》を失《うしな》う** ふだんの落《お》ち着《つ》きをなくす。［例］あまりのおそろしさに度を失う。

**度《ど》を越《こ》す** ものごとの基準《きじゅん》を過《す》ぎてしまう。やりすぎる。度《ど》を過《す》ごす。［例］度をこしたいたずら。

**ど【奴】**［画数］5 ［部首］女（おんなへん）
［音］ド ［訓］—
❶自由《じゆう》を認《みと》められず、人《ひと》にこき使《つか》われる人《ひと》。［熟語］奴隷《どれい》。農奴《のうど》。❷人《ひと》をののしっていう言葉《ことば》。［熟語］守銭奴《しゅせんど》〔=お金《かね》をためることだけに熱中《ねっちゅう》する人《ひと》。けち〕。

**ど【怒】**［画数］9 ［部首］心（こころ）
［音］ド ［訓］いか-る おこ-る
❶おこる。腹《はら》を立《た》てる。［熟語］怒声《どせい》〔=おこってどなる声《こえ》〕。激怒《げきど》。［例］怒《いか》りをぶつける。❷はげしい。［熟語］怒濤《どとう》。

**ど**〔ある言葉《ことば》の前《まえ》につけて〕❶非常《ひじょう》に。［例］どえらいできごと。❷ちょうど。［例］ど真《ま》ん中《なか》のストライク。

**ドア**〔英語 door〕［名］開《ひら》き戸《ど》。とびら。

**どあい【度合い】**［名］ころあい。程度《ていど》。［例］安《あん》全《ぜん》の度合いを確《たし》かめる。

**ドアノブ**〔英語 door knob〕［名］ドアを開《あ》け閉《し》めするための取《と》っ手《て》。

**とあみ【〈投網〉】**［名］水中《すいちゅう》に広《ひろ》がるように投《な》げ入《い》れ、つなで引《ひ》き寄《よ》せて魚《さかな》をとる網《あみ》。［参考］「投網《とあみ》」は、特別《とくべつ》に認《みと》められた読《よ》み方《かた》。⬇ぎょほう 344ページ

**とある**［連体］日《ひ》や時間《じかん》や場所《ばしょ》などを、はっきり示《しめ》さないで言《い》うときに使《つか》う言葉《ことば》。ある。ある一《ひと》つの。［例］とある店《みせ》。

**とい【問い】**［名］❶たずねること。質問《しつもん》。［例］客《きゃく》の問いに答《こた》える。❷問題《もんだい》。［例］次《つぎ》の問いに答《こた》えなさい。［対］（❶・❷）答《こた》え。⬇もん【問】1314ページ

**とい【樋】**［名］❶屋根《やね》の雨水《あまみず》を受《う》けて、地面《じめん》へ流《なが》す仕《し》かけ。［例］雨《あま》どい。⬇いえ❶ 55ページ。❷湯《ゆ》や水《みず》を流《なが》すためにかけわたした管《くだ》や、その仕《し》かけ。

**といあわせ【問い合わせ】**［名］問《と》い合《あ》わせること。また、そのことがら。

**といあわせる【問い合わせる】**［動］聞《き》いて確《たし》かめる。［例］住所《じゅうしょ》を問い合わせる。

**といかえす【問い返す】**［動］❶くり返《かえ》して聞《き》く。［例］わからない点《てん》をわかるまで問い返す。❷質問《しつもん》に、逆《ぎゃく》にこちらから尋《たず》ねる。［例］弟《おとうと》の問《と》いに問い返した。

**といかける【問い掛ける】**［動］質問《しつもん》や問《もん》題《だい》を投《な》げかける。尋《たず》ねる。［例］このままでよいのかと問い掛ける。

**といき【吐息】**［名］⬇ためいき 807ページ

**といし【砥石】**［名］刃物《はもの》をとぐ石《いし》。

**といただす【問いただす】**［動］❶わからない点《てん》を聞《き》いて確《たし》かめる。［例］不明《ふめい》な点《てん》を問いただす。❷厳《きび》しく質問《しつもん》する。［例］事件《じけん》の真《しん》相《そう》を問いただす。

**どいつ**［代名］❶「だれ」「どの人《ひと》」をぞんざいに言《い》う言葉《ことば》。［例］いたずらしたのは、どこのどいつだ。❷「どれ」をぞんざいに言《い》う言葉《ことば》。［例］どいつを食《く》おうか。

**ドイツ**［地名］ヨーロッパの中部《ちゅうぶ》にある国《くに》。第《だい》二《に》次《じ》世界大戦《せかいたいせん》に負《ま》け、東《ひがし》ドイツと西《にし》ドイツに分《わ》けられていたが、一九九〇年《ねん》、一《ひと》つの国《くに》となった。首都《しゅと》はベルリン。

**といつめる【問い詰める】**［動］はっきり答《こた》えるまで、厳《きび》しく尋《たず》ねる。［例］矢《や》つぎ早《ばや》に容疑者《ようぎしゃ》を問い詰める。

**トイレ**［名］〔英語《えいご》の「トイレット」の略《りゃく》。〕便所《べんじょ》。手《て》洗《あら》い。

**とう【刀】**［画数］2 ［部首］刀（かたな）
［音］トウ ［訓］かたな
かたな。［熟語］刀剣《とうけん》。短刀《たんとう》。木刀《ぼくとう》。日本刀《にほんとう》。
筆順 刀 刀
2年

**とう【冬】**［画数］5 ［部首］夂（ふゆがしら）
［音］トウ ［訓］ふゆ
筆順 ノ ク 冬 冬 冬
2年

ふゆ。四季《しき》の一《ひと》つ。熟語 冬季《とうき》。冬至《とうじ》。越冬《えっとう》。初冬《しょとう》。真冬《まふゆ》。冬将軍《ふゆしょうぐん》。対 夏《か》。関連 春《しゅん》。夏。秋《しゅう》。

## とう【灯】 画数 6 部首 火（ひへん） 4年

音 トウ 訓 ひ△

筆順 灯

明《あ》かり。ともしび。熟語 灯火《とうか》。電灯《でんとう》。

## とう【当】 画数 6 部首 小（しょう） 2年

音 トウ 訓 あ-たる あ-てる

筆順 当

❶あたる。あてる。熟語 当選《とうせん》。当番《とうばん》。❷あてはまる。熟語 当然《とうぜん》。相当《そうとう》。適当《てきとう》。❸その。この。熟語 当日《とうじつ》。当人《とうにん》。当地《とうち》。

《訓の使い方》あ-たる 例 日《ひ》に当たる。あ-てる 例 的《まと》に当てる。

**とう【当】**名 ❶道理《どうり》に合《あ》うこと。例 当を得《え》た対策《たいさく》。❷その。例 私《わたくし》が当の本人《ほんにん》です。

## とう【投】 画数 7 部首 扌（てへん） 3年

音 トウ 訓 な-げる

筆順 投

❶なげる。なげだす。熟語 投下《とうか》。投球《とうきゅう》。投《とう》手《しゅ》。投棄《とうき》。❷さし出す。熟語 投資《とうし》。投書《とうしょ》。投《とう》票《ひょう》。❸合《あ》う。合《あ》わせる。熟語 投機《とうき》。投合《とうごう》。↓

とうじる 912ページ

《訓の使い方》な-げる 例 球《たま》を投げる。

**とう【投】**名 （野球《やきゅう》・ソフトボールで）投手《とうしゅ》のこと。例 投と打《だ》がうまくかみ合《あ》う。対 打《だ》。

## とう【豆】 画数 7 部首 豆（まめ） 3年

音 トウ ズ 訓 まめ

筆順 豆

まめ。また、まめに似《に》た小《ちい》さなもの。熟語 豆《とう》腐《ふ》。納豆《なっとう》。大豆《だいず》。空豆《そらまめ》。豆電球《まめでんきゅう》。

## とう【東】 画数 8 部首 木（き） 2年

音 トウ 訓 ひがし

筆順 東

ひがし。熟語 東西《とうざい》。東北《とうほく》。以東《いとう》。対 西《せい》。

## とう【島】 画数 10 部首 山（やま） 3年

音 トウ 訓 しま

筆順 島

しま。熟語 島民《とうみん》。群島《ぐんとう》。半島《はんとう》。列島《れっとう》。離島《りとう》。島国《しまぐに》。

## とう【討】 画数 10 部首 言（ごんべん） 6年

音 トウ 訓 う-つ△

筆順 討

❶せめる。うつ。熟語 討伐《とうばつ》。追討《ついとう》。❷調《しら》べる。考《かんが》える。熟語 討議《とうぎ》。討論《とうろん》。検討《けんとう》。

《訓の使い方》う-つ 例 かたきを討つ。

## とう【党】 画数 10 部首 儿（ひとあし） 6年

音 トウ 訓 ——

筆順 党

なかま。熟語 党派《とうは》。政党《せいとう》。野党《やとう》。与党《よとう》。

**とう【党】**名 同《おな》じ考《かんが》えを持《も》っている人《ひと》たちが作《つく》っている団体《だんたい》。政党《せいとう》。例 党の公約《こうやく》。

## とう【湯】 画数 12 部首 氵（さんずい） 3年

音 トウ 訓 ゆ

筆順 湯

❶ゆ。熟語 熱湯《ねっとう》。湯気《ゆげ》。湯水《ゆみず》。❷ふろ。温泉《おんせん》。熟語 湯治《とうじ》。銭湯《せんとう》。

## とう【登】 画数 12 部首 癶（はつがしら） 3年

音 トウ ト 訓 のぼ-る

筆順 登

❶のぼる。熟語 登場《とうじょう》。登板《とうばん》。登頂《とうちょう》・登頂《とちょう》。登《と》山《ざん》。❷行《い》く。熟語 登校《とうこう》。登庁《とうちょう》。登城《とじょう》。❸記録《きろく》する。熟語 登記《とうき》。登録《とうろく》。

《訓の使い方》のぼ-る 例 木《き》に登る。

## とう【答】 画数 12 部首 ⺮（たけかんむり） 2年





故事成語 背水《はいすい》の陣《じん》 最後《さいご》のチャンスだと、背水《はいすい》の陣《じん》でのぞんだが、それでも勝《か》つことはできなかった。

音トウ　訓こた-える　こた-え

筆順　答答答答答答答

こたえる。こたえ。熟語 答案《とうあん》。解答《かいとう》。対 問《もん》。

《訓の使い方》こた-える 例 問《と》いに答える。

## とう【等】画数 12 部首 ⺮（たけかんむり）　3年

音トウ　訓ひと-しい

筆順　等等等等等等等

❶同《おな》じ。熟語 等分《とうぶん》。同等《どうとう》。平等《びょうどう》。等間隔《とうかんかく》。❷位《くらい》。順序《じゅんじょ》。熟語 等級《とうきゅう》。一等《いっとう》。上等《じょうとう》。❸など。例 ペンや鉛筆等《えんぴつとう》で書《か》く。

《訓の使い方》ひと-しい 例 長《なが》さが等しい。

## とう【統】画数 12 部首 糸（いとへん）　5年

音トウ　訓す-べる

筆順　統統統統統統統

❶まとめる。熟語 統一《とういつ》。統計《とうけい》。統合《とうごう》。❷筋《すじ》。ひと続《つづ》きのもの。熟語 系統《けいとう》。血統《けっとう》。伝統《でんとう》。

《訓の使い方》す-べる 例 国《くに》を統べる。

## とう【糖】画数 16 部首 米（こめへん）　6年

音トウ　訓——

筆順　糖糖糖糖糖糖糖

さとう。甘《あま》みを持《も》っているもの。熟語 糖分《とうぶん》。砂糖《さとう》。製糖《せいとう》。

## とう【糖】名

糖分《とうぶん》。例 糖を控《ひか》える。

## とう【頭】画数 16 部首 頁（おおがい）　2年

音トウ　ズ　ト　訓あたま　かしら

筆順　頭頭頭頭頭頭頭

❶あたま。熟語 頭髪《とうはつ》。頭部《とうぶ》。頭上《ずじょう》。頭痛《ずつう》。頭《あたま》数《かず》。❷集団《しゅうだん》の上《うえ》に立《た》つ者《もの》。熟語 頭領《とうりょう》。船頭《せんどう》。番頭《ばんとう》。❸はじめ。熟語 先頭《せんとう》。年頭《ねんとう》。音頭《おんど》。頭《かしら》文字《もじ》。❹辺《あた》り。付近《ふきん》。熟語 駅頭《えきとう》。店頭《てんとう》。❺けものを数《かぞ》える言葉《ことば》。熟語 頭数《とうすう》。例 馬《うま》が二《に》頭《とう》いる。

## とう【到】画数 8 部首 刂（りっとう）

音トウ　訓——

❶至《いた》る。行《い》き着《つ》く。熟語 到着《とうちゃく》。殺到《さっとう》。❷行《い》き届《とど》く。行《い》きわたる。熟語 周到《しゅうとう》。

## とう【逃】画数 9 部首 ⻌（しんにょう）

音トウ

訓に-げる　に-がす　のが-す　のが-れる

にげる。のがれる。熟語 逃走《とうそう》。逃避《とうひ》。逃亡《とうぼう》。

例 チャンスを逃《のが》す。難《なん》を逃《のが》れる。

## とう【倒】画数 10 部首 イ（にんべん）

音トウ　訓たお-れる　たお-す

❶逆《さか》さまになる。たおれる。熟語 倒立《とうりつ》。倒《とう》。転倒《てんとう》。例 木《き》を倒《たお》す。❷（たおれるほど）一《いっ》方《ぽう》にかたむく。熟語 一辺倒《いっぺんとう》。傾倒《けいとう》。打《だ》

## とう【凍】画数 10 部首 冫（にすい）

音トウ　訓こお-る　こご-える

❶こおる。熟語 凍結《とうけつ》。冷凍《れいとう》。❷こごえる。熟語 凍死《とうし》。凍傷《とうしょう》。例 寒《さむ》さに凍《こご》える。

## とう【唐】画数 10 部首 口（くち）

音トウ　訓から

❶中国《ちゅうごく》の、昔《むかし》の国名《こくめい》。熟語 唐音《とうおん》。遣唐使《けんとうし》。❷昔《むかし》、日本《にっぽん》で、中国《ちゅうごく》や外国《がいこく》を指《さ》して言《い》った言葉《ことば》。から。熟語 唐人《とうじん》（＝中国《ちゅうごく》の人《ひと》）。唐紙《からかみ》。

## とう【唐】名

中国《ちゅうごく》の、昔《むかし》の国名《こくめい》。六一八年《ねん》におこり、九〇七年《ねん》にほろんだ。学問《がくもん》や文化《ぶんか》の上《うえ》で、日本《にっぽん》にも大《おお》きな影響《えいきょう》を与《あた》えた。

## とう【桃】画数 10 部首 木（きへん）

音トウ　訓もも

もも。夏《なつ》、あまい果実《かじつ》をつける木《き》。また、その実《み》。熟語 桃源郷《とうげんきょう》。

## とう【透】画数 10 部首 ⻌（しんにょう）

音トウ　訓す-く　す-かす　す-ける

すきとおる。通《とお》りぬける。つきぬける。熟語 透明《とうめい》。浸透《しんとう》。例 見《み》え透《す》く。ガラスを透《す》かして見《み》る。中《なか》が透《す》けて見《み》える。

## とう【悼】画数 11 部首 忄（りっしんべん）

音トウ　訓いた-む

人《ひと》の死《し》を悲《かな》しむ。熟語 哀悼《あいとう》。追悼《ついとう》。例 死《し》を悼《いた》

故事成語　薄氷《はくひょう》を踏《ふ》む　故障《こしょう》した飛行機《ひこうき》が無事着陸《ぶじちゃくりく》できるか、薄氷《はくひょう》を踏《ふ》む思《おも》いで見《み》ていた。

む。

**とう【盗】** 画数 11 部首 皿（さら）
音 トウ 訓 ぬす-む
ぬすむ。ぬすびと。熟語 盗賊《とうぞく》。盗難《とうなん》。盗人《ぬすびと》。

**とう【陶】** 画数 11 部首 阝（こざとへん）
音 トウ 訓 ―
❶焼《や》き物《もの》。せと物《もの》。熟語 陶器《とうき》。陶工《とうこう》。陶磁器《とうじき》。❷教《おし》え育《そだ》てる。熟語 陶冶《とうや》〔＝才能《さいのう》や性質《せいしつ》などをみがく〕。薫陶《くんとう》〔＝すぐれた人格《じんかく》によって人《ひと》を導《みちび》く〕。❸うっとりする。熟語 陶酔《とうすい》〔＝うっとりとその気分《きぶん》にひたる〕。

**とう【塔】** 画数 12 部首 ｔ（つちへん）
音 トウ 訓 ―
❶仏《ほとけ》や死者《ししゃ》をまつる高《たか》い建物《たてもの》。熟語 石塔《せきとう》。❷細長《ほそなが》く立《た》つ建物《たてもの》。熟語 鉄塔《てっとう》。管制塔《かんせいとう》。例 テレビ塔《とう》。

**とう【塔】** 名 ❶仏《ほとけ》や死者《ししゃ》の骨《ほね》をとむらうために建《た》てた高《たか》い建物《たてもの》。例 薬師寺《やくしじ》の五重《ごじゅう》の塔。❷高《たか》く細長《ほそなが》くそびえる建物《たてもの》。タワー。例 高《たか》さ日本一《にっぽんいち》の塔。

**とう【搭】** 画数 12 部首 扌（てへん）
音 トウ 訓 ―
のせる。乗《の》り物《もの》に乗《の》る。熟語 搭乗《とうじょう》。

**とう【棟】** 画数 12 部首 木（きへん）
音 トウ 訓 むね むな
❶屋根《やね》のいちばん高《たか》い所《ところ》。むね。熟語 棟木《むなぎ》。例 棟上《むねあ》げ。❷大《おお》きな建物《たてもの》。また、それを数《かぞ》える言葉《ことば》。熟語 病棟《びょうとう》。別棟《べつむね》・別棟《べっとう》。例 一棟《ひとむね》・一棟《いっとう》。

**とう【棟】** 名 むねの長《なが》い、大《おお》きい建物《たてもの》。例 この棟の二階《にかい》にある三号室《さんごうしつ》です。

**とう【痘】** 画数 12 部首 疒（やまいだれ）
音 トウ 訓 ―
ほうそう。高《たか》い熱《ねつ》が出《で》て、体《からだ》に小《ちい》さなおできができる病気《びょうき》。天然痘《てんねんとう》。熟語 種痘《しゅとう》。

**とう【筒】** 画数 12 部首 ⺮（たけかんむり）
音 トウ 訓 つつ
つつ。管《くだ》。熟語 円筒《えんとう》。水筒《すいとう》。封筒《ふうとう》。茶筒《ちゃづつ》。

**とう【稲】** 画数 14 部首 禾（のぎへん）
音 トウ 訓 いね いな
いね。熟語 水稲《すいとう》。陸稲《りくとう》。稲作《いなさく》。例 稲刈《いねか》り。

**とう【踏】** 画数 15 部首 ⻊（あしへん）
音 トウ 訓 ふ-む ふ-まえる
足《あし》でふむ。歩《ある》く。熟語 踏襲《とうしゅう》〔＝それまでのやり方《かた》を受《う》けつぐ〕。踏破《とうは》。雑踏《ざっとう》。舞踏会《ぶとうかい》。例 現実《げんじつ》を踏《ふ》まえる。

**とう【謄】** 画数 17 部首 言（げん）
音 トウ 訓 ―
写《うつ》す。その通《とお》りに書《か》き写《うつ》す。熟語 謄本《とうほん》。

**とう【藤】** 画数 18 部首 艹（くさかんむり）
音 トウ 訓 ふじ
ふじ。つるになってのび、春《はる》、ふさになった花《はな》を咲《さ》かせる木《き》。熟語 藤色《ふじいろ》〔＝藤《ふじ》の花《はな》のようなうすむらさき色《いろ》〕。葛藤《かっとう》。

**とう【闘】** 画数 18 部首 門（もんがまえ）
音 トウ 訓 たたか-う
たたかう。争《あらそ》う。熟語 闘牛《とうぎゅう》。闘志《とうし》。闘争《とうそう》。戦《せん》闘《とう》。例 病気《びょうき》と闘《たたか》う。

**とう【騰】** 画数 20 部首 馬（うま）
音 トウ 訓 ―
あがる。高《たか》くなる。熟語 沸騰《ふっとう》。暴騰《ぼうとう》。

**とう【納】△** 熟語 出納《すいとう》。↓**のう【納】** 1010ページ

**とう【道】△** 熟語 神道《しんとう》。↓**どう【道】** 906ページ

**とう【読】** 熟語 読点《とうてん》。↓**どく【読】** 923ページ

°**とう【問う】** 動 ❶人《ひと》に聞《き》く。尋《たず》ねる。例 賛否《さんぴ》を問う。対 答《こた》える。❷問題《もんだい》にする。例 大小《だいしょう》は問わない。❸責任《せきにん》や罪《つみ》を厳《きび》しく調《しら》べる。例 事故《じこ》の責任《せきにん》を問う。↓**もん【問】** 1314ページ

**とう【籐】◆** 名 熱帯地方《ねったいちほう》に生《は》える、長《なが》いつるになる木《き》。つるをかわかすと軽《かる》くて丈夫《じょうぶ》になるので、いす・かごなどを作《つく》る。

**とう【訪う】▲** 動 訪《たず》ねて行《い》く。おとずれる。〔古《ふる》い言《い》い方《かた》。〕

**とう** 名 アブラナやフキなどの、花《はな》をつける



故事成語 馬耳東風《ばじとうふう》 兄《あに》は、母《はは》からいくら注意《ちゅうい》されても馬耳東風《ばじとうふう》、知《し》らん顔《かお》をしている。

あいうえお かきくけこ さしすせそ たちつて と なにぬねの はひふへほ まみむめも や ゆ よ らりるれろ わ を ん

茎《くき》。例 ふきのとう。

**どう【同】** 画数 6 部首 口（くち） 2年
音 ドウ 訓 おな-じ
筆順
❶おなじ。熟語 同感《どうかん》。同権《どうけん》。同志《どうし》。同時《どうじ》。同《どう》情《じょう》。同窓《どうそう》。異同《いどう》。対 異《い》。❷合《あ》わせる。熟語 同《どう》行《こう》。共同《きょうどう》。協同《きょうどう》。❸みんな。熟語 一同《いちどう》。
《訓の使い方》**おな-じ** 例 同じ大《おお》きさ。

**どう【動】** 画数 11 部首 力（ちから） 3年
音 ドウ 訓 うご-く うご-かす
筆順
❶うごく。うごかす。熟語 動物《どうぶつ》。運動《うんどう》。活動《かつどう》。自動車《じどうしゃ》。対 静《せい》。❷さわぎ。熟語 動乱《どうらん》。暴動《ぼうどう》。❸ふるまい。熟語 動作《どうさ》。言動《げんどう》。行動《こうどう》。⇩どうじる 912ページ
《訓の使い方》**うご-く** 例 車《くるま》が動く。**うご-かす** 例 心《こころ》を動かす。

**どう【動】** 名 うごくこと。例 動と静《せい》の対比《たいひ》がおもしろい。

**どう【堂】** 画数 11 部首 土（つち） 5年
音 ドウ 訓 ―
筆順
❶寺《てら》や神社《じんじゃ》の建物《たてもの》。熟語 本堂《ほんどう》。礼拝堂《らいはいどう》・礼拝《れいはい》堂《どう》。❷人《ひと》が集《あつ》まる建物《たてもの》。熟語 講堂《こうどう》。食堂《しょくどう》。公《こう》会堂《かいどう》。❸りっぱ。熟語 堂々《どうどう》。❹屋号《やごう》などにつける言葉《ことば》。例 三省堂《さんせいどう》。

**どう【堂】** 名 神《かみ》や仏《ほとけ》をまつってある建物《たてもの》。例 お堂にお参《まい》りする。
**堂《どう》に入《い》る** よく身《み》についている。例 司《し》会《かい》のしかたが堂に入っている。

**どう【童】** 画数 12 部首 立（たつ） 3年
音 ドウ 訓 わらべ
筆順
子《こ》ども。熟語 童話《どうわ》。学童《がくどう》。児童《じどう》。童歌《わらべうた》。

**どう【道】** 画数 12 部首 辶（しんにょう） 2年
音 ドウ トウ 訓 みち
筆順
❶みち。熟語 道路《どうろ》。国道《こくどう》。鉄道《てつどう》。道順《みちじゅん》。坂道《さかみち》。❷行《おこな》うべきみち。教《おし》え。熟語 道徳《どうとく》。道理《どうり》。人《じん》道《どう》。神道《しんとう》。❸やり方《かた》。わざ。熟語 道具《どうぐ》。柔道《じゅうどう》。書道《しょどう》。❹言《い》う。熟語 報道《ほうどう》。❺北海道《ほっかいどう》。熟語 道《どう》庁《ちょう》。

**どう【道】** 名 国《くに》を治《おさ》めるために、全国《ぜんこく》を分《わ》けた区切《くぎ》りの一《ひと》つ。北海道《ほっかいどう》のこと。例 道の特《とく》産物《さんぶつ》を売《う》る。関連 都《と》。府《ふ》。県《けん》。

**どう【働】** 画数 13 部首 亻（にんべん） 4年
音 ドウ 訓 はたら-く
筆順
はたらく。熟語 実働《じつどう》。労働《ろうどう》。参考 日本《にっぽん》で作《つく》った漢字《かんじ》（＝国字《こくじ》）。
《訓の使い方》**はたら-く** 例 工場《こうじょう》で働く。

**どう【銅】** 画数 14 部首 金（かねへん） 5年
音 ドウ 訓 ―
筆順
金属《きんぞく》の、どう。熟語 銅像《どうぞう》。銅線《どうせん》。青銅《せいどう》。

**どう【銅】** 名 熱《ねつ》や電気《でんき》をよく伝《つた》える、赤《あか》っぽい金属《きんぞく》。あかがね。例 銅の湯《ゆ》わかし。

**どう【導】** 画数 15 部首 寸（すん） 5年
音 ドウ 訓 みちび-く
筆順
❶みちびく。手引《てび》きをする。熟語 導入《どうにゅう》。指《し》導《どう》。補導《ほどう》。❷熱《ねつ》や電気《でんき》を伝《つた》える。熟語 伝導《でんどう》。導火線《どうかせん》。半導体《はんどうたい》。
《訓の使い方》**みちび-く** 例 生徒《せいと》を導く。

**どう【洞】** 画数 9 部首 氵（さんずい）
音 ドウ 訓 ほら
❶ほら。ほら穴《あな》。空《から》っぽ。熟語 空洞《くうどう》。洞穴《ほらあな》・洞穴《どうけつ》。❷見通《みとお》す。つらぬく。熟語 洞察《どうさつ》。

**どう【胴】** 画数 10 部首 月（にくづき）

故事成語 破竹《はちく》の勢《いきお》い　一度《いちど》も点《てん》を取《と》られることなく、破竹《はちく》の勢《いきお》いで、優勝戦《ゆうしょうせん》まで勝《か》ち進《すす》んだ。

音ドウ　訓——
体《からだ》の中《なか》ほどの部分《ぶぶん》。熟語 胴体《どうたい》。例 胴回《どうまわ》り。

**どう【胴】** 名 ❶頭《あたま》や手足《てあし》を除《のぞ》いた、体《からだ》の中《なか》ほどの部分《ぶぶん》。どうたい。例 胴を締《し》めつける。❷物《もの》の本体《ほんたい》の部分《ぶぶん》。例 旅客機《りょかっき》の胴。三味線《しゃみせん》の胴。

**どう【瞳】** 画数 17 部首 目（めへん）
音ドウ　訓ひとみ
ひとみ。目《め》の中《なか》の黒《くろ》い部分《ぶぶん》。熟語 瞳孔《どうこう》。例 瞳《ひとみ》を凝《こ》らしてじっと見《み》る。

**どう** 副 ❶どのように。例 どうしようか、迷《まよ》う。❷どんなようす。例 その後《ご》、どうですか。❸いかが。例 どう、すてきでしょう。
↓こそあどことば 467ページ

**どうあげ【胴上げ】** 名 動-する 喜《よろこ》びや祝福《しゅくふく》の気持《きも》ちを表《あらわ》すために、大勢《おおぜい》で、一人《ひとり》の人《ひと》の体《からだ》を横《よこ》にして何回《なんかい》も空中《くうちゅう》にほうり上《あ》げること。

**とうあつせん【等圧線】** 名 天気図《てんきず》で、同《おな》じ気圧《きあつ》の所《ところ》を結《むす》んだ線《せん》。

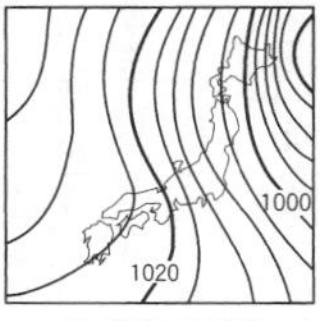

〔とうあつせん〕

**とうあん【答案】** 名 試験《しけん》などの答《こた》え。また、答《こた》えを書《か》いた紙《かみ》。例 答案用紙《ようし》を配《くば》る。

**どうい【同意】** ━ 名 同《おな》じ意味《いみ》。同義《どうぎ》。例 同意語《ご》。━ 名 動-する 賛成《さんせい》すること。例 友達《ともだち》の考《かんが》えに同意する。

**どういう** どんな。どのような。例 それはどういうものですか。

✤**どういご【同意語】** 名 〔国語《こくご》で〕同義語《どうぎご》のこと。

**どういたしまして** お礼《れい》を言《い》われたりほめられたりしたとき、それほどでもないと丁寧《ていねい》に打《う》ち消《け》す挨拶《あいさつ》の言葉《ことば》。

**とういつ【統一】** 名 動-する いくつかあるものを、一《ひと》つにまとめること。また、そのまとまり。例 言葉遣《ことばづか》いを統一する。

**どういつ【同一】** 名 形動 ❶同《おな》じであること。例 同一の品物《しなもの》。❷分《わ》けへだてのないこと。例 男女《だんじょ》を同一に扱《あつか》う。

**どういん【動員】** 名 動-する ある仕事《しごと》のために、人《ひと》や物《もの》を方々《ほうぼう》から集《あつ》めること。

**とうえい【投映】** 名 動-する スライドなどを画面《がめん》に映《うつ》し出《だ》すこと。

**とうえい【投影】** 名 動-する ❶物《もの》の形《かたち》や姿《すがた》を、ある物《もの》の上《うえ》に映《うつ》し出《だ》すこと。❷影響《えいきょう》が、他《ほか》のものごとの上《うえ》に現《あらわ》れること。例 服装《ふくそう》にも時代《じだい》が投影している。

**とうえいず【投影図】** 名 物《もの》の形《かたち》を決《き》まった方向《ほうこう》から見《み》て、平面《へいめん》にえがいた図《ず》。真上《まうえ》から見《み》た図《ず》・正面《しょうめん》から見《み》た図《ず》・真横《まよこ》から見《み》た図《ず》の三《みっ》つで表《あらわ》す。

**とうおう【東欧】** 地名 ヨーロッパの東部《とうぶ》。東《ひがし》ヨーロッパ。

✤**とうおん【唐音】** 名 〔国語《こくご》で〕漢字《かんじ》の音《おん》の一《ひと》つ。鎌倉《かまくら》、室町時代《むろまちじだい》に日本《にっぽん》に伝《つた》わった音《おん》。↓おん（音）❷ 184ページ

✤**どうおん【同音】** 名 ❶同《おな》じ高《たか》さの音《おと》。❷同《おな》じ発音《はつおん》。例 同音語《ご》。❸声《こえ》をそろえて言《い》うこと。例 異口《いく》同音。

✤**どうおんいぎご【同音異義語】** 名 〔国《こく》語《ご》で〕発音《はつおん》が同《おな》じで、意味《いみ》がちがう言葉《ことば》。同音語《おんご》。「行為《こうい》」と「好意《こうい》」と「厚意《こうい》」など。

✤**どうおんいじ【同音異字】** 名 同《おな》じ音《おん》をもつ異《こと》なる漢字《かんじ》。例《たと》えば「清《せい》」と「晴《せい》」。

✤**どうおんご【同音語】** 名 ↓どうおんいぎご 907ページ

**とうおんせん【等温線】** 名 天気図《てんきず》で、同《おな》じ気温《きおん》の所《ところ》を結《むす》んだ線《せん》。

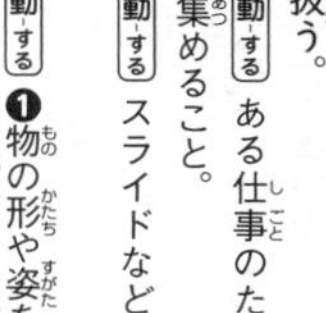

〔とうおんせん〕

**とうか【灯火】** 名 ともしび。明《あ》かり。
**灯火《とうか》親《した》しむ頃《ころ》** 明《あ》かりの下《した》で本《ほん》を読《よ》むのによい季節《きせつ》。秋《あき》のこと。灯火《とうか》親《した》しむ候《こう》。

**とうか【投下】** 名 動-する 高《たか》いところから物《もの》を落《お》とすこと。例 爆弾《ばくだん》投下。

**とうか【等価】** 名 値打《ねう》ちや値段《ねだん》が同《おな》じであること。

**どうか【同化】** 名 動-する ❶周《まわ》りのものと同《おな》じようになること。例 社会《しゃかい》に同化する。❷生物《せいぶつ》が、外《そと》から取《と》り入《い》れたものを、成長《せいちょう》に役《やく》立《だ》つものに変《か》えること。例 炭酸《たんさん》同化作用《さよう》。

**どうか【銅貨】** 名 銅《どう》を原料《げんりょう》として造《つく》ったお金《かね》。例 十円《じゅうえん》銅貨。

°**どうか** 副 ❶人《ひと》にたのんだり、いのったりす

あいうえお かきくけこ さしすせそ たちつて と なにぬねの はひふへほ まみむめも や ゆ よ らりるれろ わ を ん


故事成語 万事休《ばんじきゅう》す　突然《とつぜん》の停電《ていでん》で万事休《ばんじきゅう》す、作業《さぎょう》は全部中断《ぜんぶちゅうだん》されて、どうしようもなくなった。

るときの言葉《ことば》。どうぞ。例 どうかよろしくお願《ねが》いします。❷どうにか。なんとか。例 どうかこうかやっている。❸ふつうとはちがうようす。例 このごろどうかしている。

**どうが**【動画】名 ❶⬇アニメーション 32ページ。❷動《うご》いている画像《がぞう》。動画像《どうがぞう》。対 静止画《せいしが》。

**とうかい**【倒壊・倒潰】名 動-する 建物《たてもの》などが、たおれてこわれること。例 地震《じしん》で家《いえ》が倒壊した。

**とうがい**【等外】名 等級《とうきゅう》や順位《じゅんい》に入《はい》らないこと。例 等外に落《お》ちる。

**とうかいちほう**〘東海地方〙地名 本州《ほんしゅう》中央部《ちゅうおうぶ》の太平洋側《たいへいようがわ》の地方《ちほう》。静岡《しずおか》・愛知《あいち》・三重《みえ》の三県《さんけん》と岐阜県《ぎふけん》の南部《なんぶ》を指《さ》す。

**とうかいどう**【東海道】名 江戸《えど》から京都《きょうと》までの、海沿《うみぞ》いの街道《かいどう》。江戸《えど》時代《じだい》の五街道《ごかいどう》の一《ひと》つ。⬇ごかいどう 451ページ

**とうかいどうごじゅうさんつぎ**【東海道五十三次】名 江戸《えど》時代《じだい》、江戸《えど》の日本橋《にほんばし》から、京都《きょうと》の三条大橋《さんじょうおおはし》までの東海道《とうかいどう》の道筋《みちすじ》にあった、五三の宿場《しゅくば》。

**とうかいどうちゅうひざくりげ**〘東海道中膝栗毛〙作品名 江戸《えど》時代《じだい》の中《なか》ごろ、十返舎一九《じっぺんしゃいっく》が書《か》いた物語《ものがたり》。弥次郎兵衛《やじろべえ》と喜多八《きたはち》の二人《ふたり》が東海道《とうかいどう》を旅《たび》する道中《どうちゅう》での滑稽《こっけい》な話《はなし》。

**とうかく**【当確】名「当選確実《とうせんかくじつ》」の略《りゃく》。当選《とうせん》が確実《かくじつ》だと見込《みこ》まれていること。例 選挙速報《せんきょそくほう》で、当確だと言《い》っている。

**どうかく**【同格】名 ❶同《おな》じ身分《みぶん》や地位《ちい》。❷〔国語《こくご》で〕文《ぶん》の中《なか》で、二《ふた》つの語《ご》が同《おな》じ資格《しかく》で並《なら》ぶこと。例《たと》えば、「われわれ若者《わかもの》が、未来《みらい》をになう。」の場合《ばあい》、「われわれ」と「若者《わかもの》」の二語《にご》は、同格《どうかく》であると言《い》う。

**とうかくをあらわす**【頭角を現す】急《きゅう》にすぐれた才能《さいのう》を示《しめ》して、目立《めだ》つようになる。例 あの選手《せんしゅ》は最近《さいきん》めきめきと頭角を現してきた。参考 昔《むかし》の、中国《ちゅうごく》の詩人《しじん》の言葉《ことば》から。

**どうかせん**【導火線】名 ❶爆薬《ばくやく》などに火《ひ》をつけるための仕《し》かけの線《せん》。❷事件《じけん》などが起《お》こるきっかけ。

**とうかつ**【統括】名 動-する 分《わ》かれているものごとを、一《ひと》つにまとめること。例 各班《かくはん》を統括する係《かかり》を設《もう》ける。

✤**とうかつしき**【頭括式】名〔国語《こくご》で〕文《ぶん》章《しょう》や話《はなし》のはじめに、いちばん言《い》いたいことをまとめて示《しめ》す方法《ほうほう》。対 尾括式《びかつしき》。

**どうかっしゃ**【動滑車】名〔理科《りか》で〕車《くるま》が回《まわ》ると、じくもいっしょに移《うつ》り動《うご》くようにしてある滑車《かっしゃ》。対 定滑車《ていかっしゃ》。⬇かっしゃ 246ページ

**とうがらし**【唐辛子】名 野菜《やさい》の一《ひと》つ。実《み》はふつう赤《あか》く熟《じゅく》し、からい。味《あじ》つけに使《つか》う。

**とうかん**【投函】名 動-する はがきや手紙《てがみ》をポストに入《い》れること。

**どうかん**【同感】名 動-する 他《ほか》の人《ひと》と同《おな》じように感《かん》じること。例 山田君《やまだくん》と同感です。類 共感《きょうかん》。共鳴《きょうめい》。

**どうがん**【童顔】名 ❶子《こ》どもの顔《かお》。❷子《こ》どものような顔《かお》つき。例 父《ちち》は童顔だ。

**とうき**【冬季】名 冬《ふゆ》の季節《きせつ》。例 冬季オリンピック。関連 春季《しゅんき》。夏季《かき》。秋季《しゅうき》。

**とうき**【冬期】名 冬《ふゆ》の期間《きかん》。例 冬期は店《みせ》を閉《し》めます。関連 春期《しゅんき》。夏期《かき》。秋期《しゅうき》。

**とうき**【投棄】名 動-する 投《な》げすてること。例 ごみの不法《ふほう》投棄。

**とうき**【投機】名 ❶偶然《ぐうぜん》の幸運《こううん》をねらって、もうけようとすること。❷値段《ねだん》の変動《へんどう》を利用《りよう》して、金《かね》もうけをすること。

**とうき**【陶器】名 粘土《ねんど》で形《かたち》を作《つく》り、焼《や》いたもの。磁器《じき》とは土《つち》の質《しつ》がちがって、焼《や》く温度《おんど》も低《ひく》い。焼《や》き物《もの》。⬇じき(磁器) 548ページ

**とうき**【登記】名 動-する 権利《けんり》や事実《じじつ》を正式《せいしき》のものとするために、役所《やくしょ》の帳簿《ちょうぼ》に記《しる》しておくこと。

✤**とうぎ**【討議】名 動-する あることがらについて、たがいに意見《いけん》を言《い》い合《あ》うこと。例 討議を重《かさ》ねる。類 討論《とうろん》。

**どうき**【同期】一 名 ❶同《おな》じ時期《じき》。❷入学《にゅうがく》や卒業《そつぎょう》の年《とし》が同《おな》じであること。例 同期生《どうきせい》。二 名 動-する いくつかの機器《きき》の動作《どうさ》やコンピューターのデータを連動《れんどう》させること。

**どうき**【動機】名 あるものごとを始《はじ》めるようになった原因《げんいん》。きっかけ。例 マラソンを始《はじ》めた動機。

**どうき**【動悸】名 心臓《しんぞう》がどきどきすること。例 どうきが激《はげ》しい。

✤**どうぎ【動議】**［名］会議中《かいぎちゅう》に、予定《よてい》になかった議題《ぎだい》を臨時《りんじ》に出《だ》すこと。また、その議題《ぎだい》。

**どうぎ【道義】**［名］人《ひと》の守《まも》らなければならない正《ただ》しい道《みち》。［例］道義上許《じょうゆる》されない。

**とうきオリンピック【冬季オリンピック】**［名］冬《ふゆ》に行《おこな》われるオリンピック。スキー・スケートなどの種目《しゅもく》が行《おこな》われる。

✤**どうぎご【同義語】**［名］〔国語《こくご》で〕同《おな》じ意味《いみ》の言葉《ことば》。「本《ほん》」と「書物《しょもつ》」など。同意語《どういご》。広《ひろ》い意味《いみ》では類義語《るいぎご》に含《ふく》まれる。↓るいぎご 1398ページ

**どうぎてき【道義的】**［形動］言葉《ことば》や行《おこな》いが人《ひと》として正《ただ》しいようす。［例］道義的責任《せきにん》。

**とうきゅう【投球】**［名］［動する］投手《とうしゅ》が、打者《だしゃ》に対《たい》して球《たま》を投《な》げること。

**とうきゅう【等級】**［名］ものごとを、上《じょう》・中《ちゅう》・下《げ》などに分《わ》ける、その区別《くべつ》。

**とうぎゅう【闘牛】**［名］❶牛《うし》と牛《うし》を闘《たたか》わせる競技《きょうぎ》。❷人《ひと》と牛《うし》とが闘《たたか》う競技《きょうぎ》。スペインの国技《こくぎ》。

**どうきゅう【同級】**［名］❶同《おな》じ組《くみ》。［例］同級生《せい》。❷同《おな》じ等級《とうきゅう》。

**どうきょ【同居】**［名］［動する］❶同《おな》じ家《いえ》に家族《かぞく》がいっしょに住《す》むこと。［例］親子《おやこ》が同居している。［対］別居《べっきょ》。❷同《おな》じ家《いえ》に他人《たにん》がいっしょに住《す》むこと。

**どうきょう【同郷】**［名］生《う》まれ故郷《こきょう》が同《おな》じであること。［例］同郷の人《ひと》なら話《はな》しやすい。

**どうぎょう【同業】**［名］同《おな》じ職業《しょくぎょう》であること。また、その人《ひと》。［例］同業者《しゃ》。

**とうきょうだいくうしゅう【東京大空襲】**［名］一九四五年三月十日《ねんさんがつとおか》、東京《とうきょう》下《した》町《まち》地区《ちく》に行《おこな》われたアメリカ軍《ぐん》による爆撃《ばくげき》。死《し》者《しゃ》およそ十万人《じゅうまんにん》、被災者《ひさいしゃ》百万人《ひゃくまんにん》以上《いじょう》と推定《すいてい》されている。

**とうきょうと【東京都】**［地名］日本《にっぽん》の首《しゅ》都《と》。関東地方《かんとうちほう》の南部《なんぶ》にあり、東京湾《とうきょうわん》にのぞんでいる。中心部《ちゅうしんぶ》は昔《むかし》は江戸《えど》といい、江戸幕《えどばく》府《ふ》の中心《ちゅうしん》として栄《さか》えたが、一八六八年《ねん》（明治《めいじ》元年《がんねん》）に東京《とうきょう》と名《な》を変《か》えた。

**とうきょうわん【東京湾】**［地名］関東地《かんとうち》方《ほう》の南部《なんぶ》にある、房総半島《ぼうそうはんとう》と三浦半島《みうらはんとう》に囲《かこ》まれた入《い》り海《うみ》。

**とうきょく【当局】**［名］そのことを扱《あつか》う役《やく》所《しょ》や人《ひと》。［例］当局の意見《いけん》を聞《き》く。

○**どうぐ【道具】**［名］❶生活《せいかつ》や仕事《しごと》をするために使《つか》うもの。❷利用《りよう》されるものや人《ひと》。［例］言《い》いのがれの道具に使《つか》われる。

**とうぐう【東宮】**［名］皇太子《こうたいし》の宮殿《きゅうでん》。また、皇太子《こうたいし》のこと。

**どうくつ【洞窟】**［名］ほら穴《あな》。

✤**どうくんいぎご【同訓異義語】**［名］〔国《こく》語《ご》で〕訓読《くんよ》みが同《おな》じで、意味《いみ》のちがう言葉《ことば》。「鳴《な》く」と「泣《な》く」、「早《はや》い」と「速《はや》い」など。同訓《どうくん》語《ご》。

✤**どうくんいじ【同訓異字】**［名］同《おな》じ訓《くん》をもつ異《こと》なる漢字《かんじ》。「花《はな》」と「鼻《はな》」など。異字《いじ》同《どう》訓《くん》。

✤**どうくんご【同訓語】**［名］↓どうくんいぎご 909ページ

**とうげ【峠】**［画数］9 ［部首］山（やまへん）
［音］―― ［訓］とうげ
山道《やまみち》の、上《のぼ》り下《お》りの境《さかい》。［参考］日本《にっぽん》で作《つく》った漢《かん》字《じ》（＝国字《こくじ》）。

**とうげ【峠】**［名］❶山道《やまみち》を登《のぼ》りつめて、そこから下《くだ》りになる所《ところ》。［例］峠でひと休《やす》み。❷ものごとの頂上《ちょうじょう》。さかり。［例］寒《さむ》さも峠を越《こ》した。

**どうけ【道化】**［名］人《ひと》を笑《わら》わせるような言葉《ことば》や身《み》ぶり。また、それをする人《ひと》。

**とうけい【東経】**［名］イギリスの、グリニッジ天文台《てんもんだい》のもとの場所《ばしょ》を通《とお》る南北《なんぼく》の線《せん》を〇度《れいど》として、東《ひがし》へ一八〇度《ど》までの間《あいだ》の経度《けいど》。東《とう》京《きょう》は東経《とうけい》一四〇度《ど》。［対］西経《せいけい》。↓けいど（経度）394ページ

○**とうけい【統計】**［名］あることがらについて、資料《しりょう》を集《あつ》め、整理《せいり》して、数字《すうじ》や表《ひょう》に表《あらわ》すこと。［例］人口《じんこう》の統計をまとめる。

**とうげい【陶芸】**［名］陶磁器《とうじき》をつくる技術《ぎじゅつ》。陶器《とうき》や磁器《じき》の芸術《げいじゅつ》。［例］陶芸家《か》。

**どうけし【道化師】**［名］↓ピエロ 1083ページ

**とうけつ【凍結】**［名］［動する］❶こおりつくこと。［例］道路《どうろ》が凍結する。❷そのままの状態《じょうたい》にとどめておくこと。［例］工事《こうじ》を凍結する。

**とうけん【刀剣】**［名］刀《かたな》やつるぎ。

**どうけん【同権】**［名］ものごとを行《おこな》う権利《けんり》が同《おな》じであること。［例］男女《だんじょ》同権。

［故事成語］覆水盆《ふくすいぼん》に返《かえ》らず　落選《らくせん》したと落《お》ち込《こ》んでいるけれど、覆水盆《ふくすいぼん》に返《かえ》らずだよ。

**どうげん**〖道元〗［人名］（男）（一二〇〇～一二五三）鎌倉《かまくら》時代《じだい》のお坊《ぼう》さん。宋《そう》〔=中国《ちゅうごく》〕へ渡《わた》って、禅《ぜん》を学《まな》び、日本《にっぽん》に曹洞宗《そうとうしゅう》〔=禅宗《ぜんしゅう》の一《ひと》つ〕を伝《つた》えた。越前《えちぜん》〔=今《いま》の福井県《ふくいけん》〕に永平寺《えいへいじ》を開《ひら》いた。

**とうげんきょう**【桃源郷】［名］現実《げんじつ》の世界《せかい》にはない、すばらしい世界《せかい》。［参考］昔《むかし》、中国《ちゅうごく》の詩人《しじん》が書《か》いた、平和《へいわ》な別世界《べっせかい》の話《はなし》から。

**とうご**【頭語】［名］手紙《てがみ》の書《か》き始《はじ》めに使《つか》う言葉《ことば》。拝啓《はいけい》、前略《ぜんりゃく》など。［対］結語《けつご》。

**とうこう**【刀工】［名］刀《かたな》を作《つく》る人《ひと》。刀《かたな》かじ。

**とうこう**【投降】［名］［動-する］敵《てき》に降参《こうさん》すること。［類］降伏《こうふく》。

**とうこう**【投稿】［名］［動-する］読者《どくしゃ》が自分《じぶん》から、原稿《げんこう》を新聞社《しんぶんしゃ》や出版社《しゅっぱんしゃ》に送《おく》ること。また、その原稿《げんこう》。

**とうこう**【陶工】［名］陶磁器《とうじき》を作《つく》ることを仕事《しごと》にしている人《ひと》。

**とうこう**【登校】［名］［動-する］先生《せんせい》や生徒《せいと》が学校《がっこう》へ行《い》くこと。［例］朝八時《あさはちじ》に登校する。［対］下校《げこう》。

**とうごう**【投合】［名］［動-する］たがいの気持《きも》ちがよく合《あ》うこと。［例］意気《いき》投合する。

**とうごう**【等号】［名］［↓］イコール62ページ。［対］不等号《ふとうごう》。

**とうごう**【統合】［名］［動-する］一《ひと》つにまとめること。［例］二《ふた》つの町《まち》を統合する。

**どうこう**【同好】［名］好《この》みが同《おな》じであること。［例］サッカーの同好会《かい》。同好の士《し》〔=同《おな》じものを好《す》きな人《ひと》〕。

**どうこう**【同行】［名］［動-する］いっしょに行《い》くこと。また、その人《ひと》。道連《みちづ》れ。

**どうこう**【動向】［名］人《ひと》や社会《しゃかい》の動《うご》き。なりゆき。［例］世界《せかい》の動向を知《し》る。

**どうこう**【瞳孔】［名］黒目《くろめ》の中央《ちゅうおう》にある、光《ひかり》の通《とお》り道《みち》。光《ひかり》の強《つよ》さによって大《おお》きさを自動的《じどうてき》に変《か》える。ひとみ。

**どうこう**［副］いろいろ言《い》うようす。とやかく。どうのこうの。［例］今《いま》さらどうこう言《い》っても始《はじ》まらない。

■**どうこういきょく**【同工異曲】ちがうようでも、よく見《み》るとだいたい同《おな》じであること。［例］同工異曲のテレビドラマ。

**とうこうせん**【等高線】［名］地図《ちず》の上《うえ》で、標高《ひょうこう》が同《おな》じ所《ところ》を結《むす》んだ線《せん》。

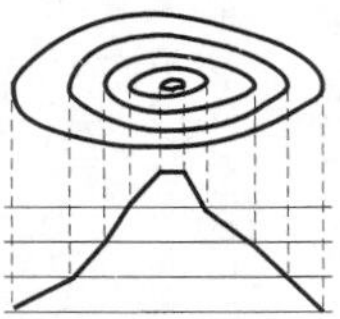

〔とうこうせん〕

**とうごうへいはちろう**〖東郷平八郎〗［人名］（男）（一八四七～一九三四）海軍《かいぐん》の軍人《ぐんじん》。日露戦争《にちろせんそう》で連合艦隊《れんごうかんたい》を率《ひき》い、ロシアのバルチック艦隊《かんたい》を日本海《にほんかい》で破《やぶ》った。

**とうごく**【投獄】［名］［動-する］罪《つみ》を犯《おか》した人《ひと》を、牢屋《ろうや》に入《い》れること。

**とうごく**【東国】［名］❶東《ひがし》のほうの国《くに》。❷昔《むかし》、京都《きょうと》からみて、今《いま》の関東地方《かんとうちほう》。

**とうざ**【当座】［名］❶その場《ば》。その時《とき》。［例］入学《にゅうがく》した当座は、みんな小《ちい》さかった。❷しばらくの間《あいだ》。［例］これで当座は間《ま》に合《あ》う。

**どうさ**【動作】［名］手足《てあし》や体《からだ》の動《うご》き。ふるまい。［例］動作がきびきびしている。

**とうさい**【搭載】［名］［動-する］❶飛行機《ひこうき》や船《ふね》などに荷物《にもつ》などをつみこむこと。［例］ミサイルを搭載した戦闘機《せんとうき》。❷機器《きき》などに、ある機能《きのう》や情報《じょうほう》を組《く》み込《こ》むこと。［例］通話機能《つうわきのう》を搭載した腕時計《うでどけい》。

**とうざい**【東西】［名］❶東《ひがし》と西《にし》。❷東洋《とうよう》と西洋《せいよう》。［例］東西文化《ぶんか》の交流《こうりゅう》。

**どうざい**【同罪】［名］同《おな》じ罪《つみ》。同《おな》じ責任《せきにん》。［例］暴力《ぼうりょく》を見《み》のがしていた人《ひと》も同罪だ。

**とうざいとうざい**【東西東西】［感］芝居《しばい》やすもうで、見物人《けんぶつにん》に呼《よ》びかけたりするときに言《い》う言葉《ことば》。［参考］実際《じっさい》は、「とざい、とうざい」と言《い》う。

■**とうざいなんぼく**【東西南北】［名］❶四方《しほう》。［例］東西南北を見《み》わたす。❷方向《ほうこう》。方角《ほうがく》。［例］東西南北がわからない。

**とうさく**【盗作】［名］［動-する］他人《たにん》の作品《さくひん》を、自分《じぶん》が作《つく》ったように見《み》せかけて使《つか》うこと。また、その作品《さくひん》。

**どうさつ**【洞察】［名］［動-する］ものごとの本質《ほんしつ》を見抜《みぬ》いたり、将来《しょうらい》を見通《みとお》したりすること。［例］人《ひと》の心理《しんり》を洞察する力《ちから》がある。

**とうさん**【倒産】［名］［動-する］会社《かいしゃ》や商店《しょうてん》がつぶれること。［例］会社《かいしゃ》が倒産した。

**とうさん**【〈父さん〉】［名］「父《ちち》」を敬《うやま》い親《した》し

故事成語　矛盾《むじゅん》　君《きみ》の今《いま》の説明《せつめい》は、昨日《きのう》言《い》っていたことと矛盾《むじゅん》していて、納得《なっとく》できない。

んで呼《よ》ぶ呼《よ》び方《かた》。対 母《かあ》さん。参考「父《とう》さん」は、特別《とくべつ》に認《みと》められた読《よ》み方《かた》。

**どうさん【動産】** 名 （土地《とち》などの、動《うご》かせない物《もの》に対《たい》して）お金《かね》などのように、持《も》ち運《はこ》びできる財産《ざいさん》。対 不動産《ふどうさん》。

**どうざん【銅山】** 名 銅《どう》を含《ふく》んだ鉱石《こうせき》をほり出《だ》す山《やま》。例 足尾《あしお》銅山。

**とうし【投資】** 名 動-する もうけるために、事業《じぎょう》に元手《もとで》を出《だ》すこと。例 新《あたら》しい会社《かいしゃ》に投資する。類 出資《しゅっし》。

**とうし【凍死】** 名 動-する 寒《さむ》さのために、こごえ死《し》ぬこと。

**とうし【透視】** 名 動-する さえぎられたものをすかして見《み》ること。

**とうし【闘志】** 名 進《すす》んで闘《たたか》おうとする気持《きも》ち。ファイト。例 闘志を燃《も》やす。

**とうじ【冬至】** 名 太陽《たいよう》が南回帰線《みなみかいきせん》の真上《まうえ》にくるときで、十二月二十二、三日ごろ。北半球《きたはんきゅう》では、一年《いちねん》じゅうで夜《よる》がいちばん長《なが》い。二十四節気《にじゅうしせっき》の一《ひと》つ。対 夏至《げし》。

**とうじ【当時】** 名 その時《とき》。そのころ。例 卒業《そつぎょう》当時のことを思《おも》い出《だ》す。

**とうじ【湯治】** 名 動-する 温泉《おんせん》に入《はい》って、病気《びょうき》やけがの治療《ちりょう》をすること。

**とうじ【答辞】** 名 卒業式《そつぎょうしき》などで、お祝《いわ》いの言葉《ことば》などに対《たい》して、答《こた》える言葉《ことば》。対 送辞《そうじ》。

**どうし【同士】** 一 名 仲間《なかま》。例 同士討《う》ち。二〔ある言葉《ことば》のあとにつけて〕たがいに。例 友達《ともだち》どうし。

**どうし【同志】** 名 同《おな》じ意見《いけん》や目的《もくてき》を持《も》っている人々《ひとびと》。例 同志をつのる。

✤**どうし【動詞】** 名 〔国語《こくご》で〕品詞《ひんし》の一《ひと》つ。人《ひと》やものの動《うご》きやはたらき、存在《そんざい》などを表《あらわ》す言葉《ことば》。「走《はし》る」「書《か》く」「する」「ある」「いる」など。動詞《どうし》はあとに続《つづ》く言葉《ことば》によって形《かたち》が変《か》わる。この辞典《じてん》では、動 と示《しめ》してある。

**どうじ【同時】** 名 ❶同《おな》じ時《とき》。例 二人《ふたり》がゴールしたのは同時だった。❷〔「と同時《どうじ》に」の形《かたち》で〕それとともに。例 欠点《けってん》であると同時に長所《ちょうしょ》でもある。❸〔「と同時《どうじ》に」の形《かたち》で〕するやいなや。例 笛《ふえ》が鳴《な》ると同時に走《はし》りだした。

**どうしうち【同士討ち】** 名 同《おな》じ仲間《なかま》のうちの争《あらそ》い。味方《みかた》どうしの戦《たたか》い。

**とうじき【陶磁器】** 名 陶器《とうき》と磁器《じき》。焼《や》き物《もの》。

**とうじしゃ【当事者】** 名 その事《こと》に、直接《ちょくせつ》関係《かんけい》のある人《ひと》。例 事件《じけん》の当事者に話《はなし》を聞《き》く。対 第三者《だいさんしゃ》。

**とうしつ【糖質】** 名 栄養素《えいようそ》の一《ひと》つ。炭水化物《たんすいかぶつ》のこと。ごはん、パン、めんや芋《いも》などに多《おお》く含《ふく》まれている。

**とうじつ【当日】** 名 その日《ひ》。例 運動会《うんどうかい》の当日は雨《あめ》だった。関連 前日《ぜんじつ》。翌日《よくじつ》。

**どうしつ【同室】** 名 動-する 同《おな》じ部屋《へや》。同《おな》じ部屋《へや》にいること。例 寮《りょう》で彼《かれ》と同室になった。

**どうしつ【同質】** 名 内容《ないよう》や性質《せいしつ》が同《おな》じであること。例 同質の材料《ざいりょう》。対 異質《いしつ》。

**どうじつ【同日】** 名 ❶同《おな》じ日《ひ》。例 誕生日《たんじょうび》が同日だ。❷その日《ひ》。例 同日早朝《そうちょう》に出発《しゅっぱつ》。

°**どうして** 一 副 ❶どのようにして。例 この

### 例解 ⟷ 使い分け

**同士《どうし》と同志《どうし》**

好《す》きな人《ひと》どうし。子《こ》どもどうし。

同志《どうし》を呼《よ》び集《あつ》める。

### 例解 ! ことばの勉強室

**動詞《どうし》について**

山《やま》に登《のぼ》る……動《うご》き
風《かぜ》がふく……はたらき
本《ほん》がある……存在《そんざい》

このように、動詞《どうし》は動《うご》き・はたらき・存在《そんざい》などを表《あらわ》し、言《い》い切《き》りの形《かたち》は「る」「く」など「ウ」段《だん》の音《おん》で終《お》わる。

動詞《どうし》は、下《した》にくる言葉《ことば》によって、言葉《ことば》の形《かたち》が変《か》わる（＝活用《かつよう》する）。例《たと》えば、「登《のぼ》る」は「る」の部分《ぶぶん》が次《つぎ》のように変《か》わる。

登《のぼ》ら-ない　登《のぼ》り-ます　登《のぼ》っ-た　登《のぼ》る-とき　登《のぼ》れ-ば　登《のぼ》れ　登《のぼ》ろ-う





慣用句 愛想《あいそ》を尽《つ》かす　いくら注意《ちゅうい》しても聞《き》かない弟《おとうと》に、母《はは》も愛想《あいそ》を尽《つ》かした。

戸《と》棚《だな》をどうして運《はこ》び出《だ》そうか。❷なぜ。例「どうして泣《な》いているのですか。」二感 それどころか。かえって。例弱《よわ》そうに見《み》えるが、どうしてなかなかたいしたものだ。

**。どうしても** 副 ❶どんなことがあっても。例どうしても見《み》たい。❷どんなにしても。例どうしてもわからない。注意❷は、あとに「ない」などの打《う》ち消《け》しの言《こと》葉《ば》がくる。

**とうしゅ【当主】** 名 その家《いえ》の現《げん》在《ざい》のあるじ。対先《せん》代《だい》。

**とうしゅ【投手】** 名 ⬇ピッチャー❶1097ページ。対捕《ほ》手《しゅ》。

**とうしゅ【党首】** 名 政《せい》党《とう》の、いちばん上《うえ》の位《くらい》の人《ひと》。政《せい》党《とう》の代《だい》表《ひょう》者《しゃ》。

**どうしゅ【同種】** 名 同《おな》じ種《しゅ》類《るい》。対異《い》種《しゅ》。

**とうしゅう【踏襲】** 名 動-する 今《いま》までのやり方《かた》などを、そのまま受《う》け継《つ》いでいくこと。例前《ぜん》任《にん》者《しゃ》のやり方《かた》を踏襲する。

**とうしょ【当初】** 名 いちばん初《はじ》め。最《さい》初《しょ》。例当初の計《けい》画《かく》どおり実《じっ》行《こう》する。

**とうしょ【投書】** 名 動-する 自《じ》分《ぶん》の考《かん》がえなどを書《か》いて、役《やく》所《しょ》や新《しん》聞《ぶん》社《しゃ》や放《ほう》送《そう》局《きょく》などに送《おく》ること。また、その文《ぶん》章《しょう》。

**とうしょう【凍傷】** 名 厳《きび》しい寒《さむ》さのために、皮《ひ》膚《ふ》がはれたり、ただれたりすること。その軽《かる》いものが「しもやけ」。

**とうじょう【搭乗】** 名 動-する 飛《ひ》行《こう》機《き》や船《ふね》などに乗《の》りこむこと。例搭乗手《て》続《つづ》き。

**とうじょう【登場】** 名 動-する ❶舞《ぶ》台《たい》や物《もの》語《がたり》などに出《で》てくること。例新《しん》型《がた》の車《くるま》が登場した。対退《たい》場《じょう》。❷世《よ》の中《なか》に現《あらわ》れること。

**どうじょう【同上】** 名 （横《よこ》書《が》きの文《ぶん》章《しょう》で）上《うえ》に書《か》いたことと同《おな》じであること。参考縦《たて》書《が》きの場《ば》合《あい》は主《おも》に「同《どう》右《みぎ》」を使《つか》う。

**どうじょう【同乗】** 名 動-する 同《おな》じ乗《の》り物《もの》にいっしょに乗《の》ること。

**。どうじょう【同情】** 名 動-する 人《ひと》の悲《かな》しみや苦《くる》しみを、その人《ひと》の身《み》になって思《おも》いやること。例負《ま》けたほうに同情が集《あつ》まる。

**どうじょう【道場】** 名 ❶仏《ほとけ》の道《みち》を修《おさ》める所《ところ》。❷柔《じゅう》道《どう》・剣《けん》道《どう》などを練《れん》習《しゅう》する所《ところ》。

**とうしょうぐう【東照宮】** 名 徳《とく》川《がわ》家《いえ》康《やす》をまつった神《じん》社《じゃ》。特《とく》に日《にっ》光《こう》東《とう》照《しょう》宮《ぐう》を指《さ》す。

**✤とうじょうじんぶつ【登場人物】** 名 物《もの》語《がたり》や劇《げき》などに出《で》てくる人《ひと》。

**どうしょくぶつ【動植物】** 名 動《どう》物《ぶつ》と植《しょく》物《ぶつ》。

**とうじる【投じる】** 動 〔「投《とう》ずる」ともいう。〕❶投《な》げる。例石《いし》を投じる。❷お金《かね》などを出《だ》す。つぎこむ。例大《たい》金《きん》を投じる。❸自《じ》分《ぶん》から進《すす》んでする。例平《へい》和《わ》運《うん》動《どう》に身《み》を投じる。❹投《とう》票《ひょう》する。例一《いっ》票《ぴょう》を投じる。

**どうじる【動じる】** 動 〔「動《どう》ずる」ともいう。〕気《き》持《も》ちがぐらつく。あわてる。例ちょっとぐらいのことには動じない。

**とうしん【灯心・灯芯】** 名 ランプなどのしん。灯《とう》油《ゆ》にひたして明《あ》かりをともす。

**とうしん【答申】** 名 動-する 上《うえ》の役《やく》所《しょ》や上《うわ》役《やく》からの質《しつ》問《もん》に答《こた》えて、意《い》見《けん》を書《か》いて出《だ》すこと。例答申書《しょ》。対諮《し》問《もん》。

**どうしん【童心】** 名 子《こ》どもの心《こころ》。子《こ》どものようにむじゃきな心《こころ》。例童心に返《かえ》る。

**どうじん【同人】** 名 〔「どうにん」ともいう。〕同《おな》じ志《こころざし》を持《も》っている仲《なか》間《ま》。

**とうしんだい【等身大】** 名 人《ひと》の体《からだ》と同《おな》じくらいの大《おお》きさ。例等身大の人《にん》形《ぎょう》。

**とうすう【頭数】** 名 動《どう》物《ぶつ》の数《かず》。注意「頭数」を「あたまかず」と読《よ》むと、ちがう意《い》味《み》になる。

**とうずる【投ずる】** 動 ⬇とうじる912ページ

**どうずる【動ずる】** 動 ⬇どうじる912ページ

**。どうせ** 副 どうやってみても。例どうせだめだ、あきらめよう。

**例解❗ことばの勉強室**

**登《とう》場《じょう》人《じん》物《ぶつ》について**

物《もの》語《がたり》や劇《げき》に出《で》てくる人《じん》物《ぶつ》を「登《とう》場《じょう》人《じん》物《ぶつ》」という。特《とく》にそのうちで、中《ちゅう》心《しん》になっている人《じん》物《ぶつ》のことを、「主《しゅ》人《じん》公《こう》」という。

物《もの》語《がたり》を読《よ》んだり劇《げき》を見《み》たりするときには、どんな出《で》来《き》事《ごと》が起《お》こり、主《しゅ》人《じん》公《こう》がどのようになっていくかをとらえるようにする。

慣用句 相《あい》づちを打《う》つ　先《せん》生《せい》のひと言《こと》ひと言《こと》に相《あい》づちを打《う》ちながら、聞《き》き入《い》っている。

°とうせい【当世】名 今《いま》の世《よ》の中《なか》。今《いま》の時《じ》代《だい》。現《げん》代《だい》。例 当世ふうの髪《かみ》型《がた》。

とうせい【統制】名 動する ❶ばらばらな動《うご》きを一《ひと》つにまとめること。例 統制をとる。❷決《き》まりを作《つく》って、ものごとを取《と》りしまること。例 言《げん》論《ろん》を統制する。

どうせい【同姓】名 同《おな》じ名《みょう》字《じ》。

どうせい【同性】名 （男《おとこ》どうし女《おんな》どうしのように）性《せい》が同《おな》じであること。対 異《い》性《せい》。

どうせい【動静】名 人《ひと》や世《よ》の中《なか》の動《うご》き。ようす。例 世《よ》の中《なか》の動静をさぐる。

とうせき【投石】名 動する 石《いし》を投《な》げること。例 投石でガラスが割《わ》れる。

とうせき【透析】名 動する 病《びょう》気《き》で腎《じん》臓《ぞう》のはたらきが悪《わる》くなった人《ひと》の血《けつ》液《えき》を、一《いち》度《ど》体《からだ》の外《そと》に取《と》り出《だ》して、機《き》械《かい》できれいにして再《ふたた》び体《からだ》の中《なか》に戻《もど》すこと。例 人《じん》工《こう》透析。

どうせき【同席】名 動する ❶同《おな》じテーブルにつくこと。❷同《おな》じ会《かい》合《ごう》に居《い》合《あ》わせること。例 会《かい》議《ぎ》に同席する。

とうせつ【当節】名 この頃《ごろ》。近《ちか》頃《ごろ》。〔古《ふる》い言《い》い方《かた》。〕例 当節はやりの服《ふく》装《そう》。

°とうせん【当選】名 動する 選《せん》挙《きょ》で選《えら》ばれること。例 委《い》員《いん》に当選する。対 落《らく》選《せん》。

とうせん【当籤】名 動する くじなどに当《あ》たること。参考「当《とう》選《せん》」とも書《か》く。

°とうぜん【当然】副 形動 あたりまえであること。決《き》まりきっていること。もちろん。例 決《き》まりを守《まも》るのは当然だ。

どうせん【銅線】名 銅《どう》でできた針《はり》金《がね》。電《でん》気《き》を送《おく》るのに使《つか》う。

どうせん【導線】名 電《でん》気《き》を伝《つた》えるための針《はり》金《がね》。

どうぜん【同然】名 同《おな》じようすであること。例 兄《きょう》弟《だい》同然のつき合《あ》い。

°どうぞ 副 人《ひと》に、ものをすすめたり、たのんだりするときに使《つか》う言《こと》葉《ば》。どうか。なにとぞ。例 どうぞお上《あ》がりください。

とうそう【逃走】名 動する にげること。例 どろぼうが逃走する。類 逃《とう》亡《ぼう》。

とうそう【闘争】名 動する 闘《たたか》うこと。争《あらそ》うこと。例 闘争心《しん》。

どうそう【同窓】名 同《おな》じ学《がっ》校《こう》で勉《べん》強《きょう》したこと。また、その人《ひと》。例 同窓生《せい》。

どうぞう【銅像】名 人《ひと》などの姿《すがた》を、青《せい》銅《どう》で作《つく》った像《ぞう》。

どうそうかい【同窓会】名 同《おな》じ学《がっ》校《こう》を卒《そつ》業《ぎょう》した人《ひと》たちで作《つく》っている会《かい》。また、その集《あつ》まり。

とうぞく【盗賊】名 どろぼう。特《とく》に、集《しゅう》団《だん》で盗《ぬす》みをする人《ひと》。また、その集《しゅう》団《だん》。

とうそつ【統率】名 動する 一《ひと》つにまとめて率《ひき》いること。例 チームを統率する。

とうた【淘汰】名 動する ❶役《やく》に立《た》つものを残《のこ》し、必《ひつ》要《よう》ないものをなくすこと。例 品《ひん》質《しつ》の悪《わる》い商《しょう》品《ひん》が淘汰された。❷➡しぜんせんたく 559ページ

とうだい【灯台】名 ❶港《みなと》やみさきなどにあって、夜《よる》、強《つよ》い光《ひかり》を出《だ》し、行《い》き来《き》する船《ふね》に安《あん》全《ぜん》な通《とお》り道《みち》を教《おし》える設《せつ》備《び》。飛《ひ》行《こう》機《き》のためのものもある。❷昔《むかし》、明《あ》かりをとるために、火《ひ》をともす皿《さら》をのせた台《だい》。

とうだい①

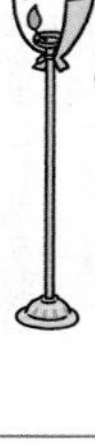
とうだい②

〔とうだい〕

灯《とう》台《だい》下《もと》暗《くら》し 〔「灯《とう》台《だい》❷」のすぐ下《した》が暗《くら》いように〕近《ちか》い所《ところ》のものごとのほうが、かえって気《き》づかないことが多《おお》いということ。

どうたい【胴体】名 ❶動《どう》物《ぶつ》の体《からだ》の、胸《むね》や腹《はら》のあたりのこと。胴《どう》。❷物《もの》の、真《ま》ん中《なか》の部《ぶ》分《ぶん》。例 飛《ひ》行《こう》機《き》の胴体。

どうたい【導体】名 電《でん》気《き》や熱《ねつ》をよく伝《つた》えるもの。良《りょう》導《どう》体《たい》。

とうだいじ【東大寺】名 奈《な》良《ら》時《じ》代《だい》に聖《しょう》武《む》天《てん》皇《のう》によって建《た》てられた、奈《な》良《ら》市《し》の寺《てら》。木《もく》造《ぞう》建《けん》築《ちく》では世《せ》界《かい》一《いち》大《おお》きい大《だい》仏《ぶつ》殿《でん》があり、大《だい》仏《ぶつ》や正《しょう》倉《そう》院《いん》は特《とく》に有《ゆう》名《めい》。

どうたく【銅鐸】名 弥《や》生《よい》時《じ》代《だい》に作《つく》られた、つりがねの形《かたち》の青《せい》銅《どう》器《き》。祭《まつ》りの道《どう》具《ぐ》として使《つか》われたといわれる。

とうたつ【到達】名 動する ある目《もく》標《ひょう》や地《ち》点《てん》



慣用句 赤《あか》恥《はじ》をかく まちがいに気《き》づかずにしゃべっていて、とんだ赤《あか》恥《はじ》をかいた。

にたどり着《つ》くこと。〔例〕結論《けつろん》に到達した。〔類〕到着《とうちゃく》。

**とうたん【東端】**〔名〕東《ひがし》のはし。〔対〕西端《せいたん》。

**とうち【当地】**〔名〕自分《じぶん》がいる、この土地《とち》。〔例〕当地のおもな産物《さんぶつ》はリンゴです。

**とうち【統治】**〔名〕〔動‐する〕国《くに》や人民《じんみん》を治《おさ》めること。〔例〕国《くに》を統治する。

✤**とうちほう【倒置法】**〔名〕〔国語《こくご》で〕意味《いみ》を強《つよ》めるために、言葉《ことば》の順序《じゅんじょ》を逆《ぎゃく》にする文《ぶん》の表《あらわ》し方《かた》。「咲《さ》いたよ、桜《さくら》が。」など。

**とうちゃく【到着】**〔名〕〔動‐する〕目的地《もくてきち》に着《つ》くこと。〔例〕時間《じかん》どおりに到着した。〔類〕到達《とうたつ》。〔対〕出発《しゅっぱつ》。

**とうちゅう【頭注】**〔名〕書物《しょもつ》の、本文《ほんぶん》の上《うえ》の部分《ぶぶん》につけた注釈《ちゅうしゃく》。〔対〕脚注《きゃくちゅう》。

**どうちゅう【道中】**〔名〕旅《たび》の途中《とちゅう》。または、旅《たび》のこと。〔例〕道中の安全《あんぜん》をいのる。

**とうちょう【盗聴】**〔名〕〔動‐する〕盗《ぬす》み聞《ぎ》きすること。〔例〕電話《でんわ》を盗聴する。

**とうちょう【登頂】**〔名〕〔動‐する〕〔「とちょう」ともいう。〕山《やま》の頂上《ちょうじょう》に登《のぼ》りつくこと。

**どうちょう【同調】**〔名〕〔動‐する〕人《ひと》の考《かんが》えなどに調子《ちょうし》を合《あ》わせること。〔例〕みんなの意見《いけん》に同調する。

**どうちょう【道庁】**〔名〕北海道庁《ほっかいどうちょう》のこと。道民《どうみん》のために、いろいろな仕事《しごと》をする役所《やくしょ》。〔関連〕都庁《とちょう》。府庁《ふちょう》。県庁《けんちょう》。

**とうちょく【当直】**〔名〕日直《にっちょく》や宿直《しゅくちょく》の番《ばん》に当《あ》たること。また、その人《ひと》。

**とうてい**〔副〕とても。どうしても。〔例〕今《いま》からでは、とうてい間《ま》に合《あ》わない。〔注意〕あとに「ない」などの打《う》ち消《け》しの言葉《ことば》がくる。

**どうてい【道程】**〔名〕❶ある場所《ばしょ》から、ある場所《ばしょ》までの距離《きょり》。道《みち》のり。❷ある場所《ばしょ》や状態《じょうたい》に行《い》き着《つ》くまでの道筋《みちすじ》。〔例〕できあがるまでの道程をふり返《かえ》る。

**どうてき【動的】**〔形動〕動《うご》きの多《おお》いようす。生《い》き生《い》きとしているようす。〔対〕静的《せいてき》。

**とうてん【当店】**〔名〕この店《みせ》。わが店《みせ》。〔例〕当店じまんの品《しな》。

✤**とうてん【読点】**〔名〕〔国語《こくご》で〕文《ぶん》の中《なか》の区切《くぎ》りの点《てん》。「、」。⬇くとうてん 370ページ

**どうてん【同点】**〔名〕同《おな》じ点数《てんすう》。

**どうてん【動転】**〔名〕〔動‐する〕びっくりして、あわてること。〔例〕気《き》が動転する。〔類〕転倒《てんとう》。

**とうど【凍土】**〔名〕凍《こお》った土地《とち》。

**とうど【陶土】**〔名〕やきものの原料《げんりょう》となる、ねばりけのある土《つち》。

**とうど【糖度】**〔名〕果物《くだもの》などに含《ふく》まれる糖分《とうぶん》の割合《わりあい》。〔例〕糖度の高《たか》いリンゴ。

◦**とうとい【尊い】**〔形〕立派《りっぱ》だと思《おも》って、敬《うやま》わないではいられない。たっとい。〔例〕尊い教《おし》えを聞《き》く。⬇そん【尊】 764ページ

◦**とうとい【貴い】**〔形〕❶値打《ねう》ちが高《たか》い。〔例〕貴い体験《たいけん》をした。❷地位《ちい》や身分《みぶん》が高《たか》い。〔例〕貴いお方《かた》。⬇き【貴】 294ページ

◦**とうとう【到頭】**〔副〕ついに。結局《けっきょく》。〔例〕とうとうこわれてしまった。〔参考〕ふつう、かな書《が》きにする。

**とうとう【滔滔】**〔副〕〔(‐と)〕❶水《みず》が勢《いきお》いよく流《なが》れるようす。〔例〕川《かわ》がとうとうと流《なが》れる。❷すらすらとよどみなく話《はな》すようす。〔例〕とうとうと話《はな》し続《つづ》ける。〔参考〕「とうとうたる流《なが》れ」などと使《つか》うこともある。

**どうとう【同等】**〔名〕〔形動〕位《くらい》や程度《ていど》が同《おな》じであること。対等《たいとう》。〔例〕同等に扱《あつか》う。

**どうどう【堂堂】**〔副〕〔(‐と)〕❶力強《ちからづよ》く、立派《りっぱ》なようす。〔例〕堂々とした体格《たいかく》。❷はずかしがったり、おそれたりしないようす。〔例〕堂々と話《はな》す。〔参考〕「堂々《どうどう》たる行進《こうしん》」などと使《つか》うこともある。

**どうどうめぐり【堂堂巡り】**〔名〕〔動‐する〕❶同《おな》じことのくり返《かえ》しで、先《さき》へ進《すす》まないこと。〔例〕会議《かいぎ》は堂々巡りで、結論《けつろん》は出《で》なかった。❷国会《こっかい》などで、議員《ぎいん》が一人《ひとり》一人《ひとり》順《じゅん》に投票《とうひょう》すること。

◦**どうとく【道徳】**〔名〕❶人《ひと》として守《まも》らなければならないことがら。モラル。〔例〕交通道徳《こうつうどうとく》。❷人間《にんげん》の生《い》き方《かた》などを学《まな》ぶ特別《とくべつ》な教科《きょうか》。道徳科《どうとくか》。

**どうとくてき【道徳的】**〔形動〕道徳《どうとく》にかなっているようす。〔例〕道徳的な行《おこな》い。

**とうとつ【唐突】**〔形動〕突然《とつぜん》であるようす。だしぬけ。〔例〕唐突に話《はな》し始《はじ》める。

**とうとぶ【尊ぶ】**〔動〕敬《うやま》って、大切《たいせつ》にする。たっとぶ。〔例〕祖先《そせん》を尊ぶ。⬇そん【尊】 764ページ

**とうとぶ【貴ぶ】**〔動〕価値《かち》を認《みと》めて、大切《たいせつ》に

〔慣用句〕**揚《あ》げ足《あし》を取《と》る** ごく小《ちい》さなまちがいを取《と》り上《あ》げて人《ひと》の揚《あ》げ足《あし》を取《と》るなんて、ひきょうだよ。

する。たっとぶ。[例]命《いのち》を貴ぶ。⬇き【貴】294ページ

**とうどり**【頭取】[名] ❶銀行《ぎんこう》などで、代表《だいひょう》となる人《ひと》。❷人々《ひとびと》のかしらとなる人《ひと》。

**とうなん**【東南】[名] ⬇なんとう 981ページ

**とうなん**【盗難】[名] お金《かね》や品物《しなもの》をぬすまれること。[例]盗難にあう。

**とうなんアジア**〖東南アジア〗[地名] アジアの南東部《なんとうぶ》。ベトナム・ラオス・カンボジア・マレーシア・タイ・ミャンマー・インドネシア・フィリピンなどの国《くに》がある。

**とうに** [副] ずっと前《まえ》に。とっくに。[例]そんなことはとうに済《す》んだ。

**どうにか** [副] ❶やっと。どうやら。[例]どうにか本物《ほんもの》らしく見《み》える。❷なんとか。[例]どうにかなりませんか。

**どうにも** [副] ❶どのようにしても。[例]どうにもならない。❷まったく。[例]どうにも困《こま》った。[参考]❶は、あとに「ない」などの打《う》ち消《け》しの言葉《ことば》がくる。

**とうにゅう**【投入】[名][動する] ❶投《な》げ入《い》れること。❷つぎこむこと。[例]全力《ぜんりょく》を投入してがんばる。

**とうにゅう**【豆乳】[名] 大豆《だいず》を煮《に》て、布《ぬの》でこして作《つく》る、牛乳《ぎゅうにゅう》のような飲《の》み物《もの》。固《かた》めると、とうふになる。

**どうにゅう**【導入】[名][動する] 導《みちび》き入《い》れること。[例]コンピューターを導入する。

**とうにょうびょう**【糖尿病】[名] 血液中《けつえきちゅう》のぶどう糖《とう》の量《りょう》が増《ふ》えて、尿《にょう》の中《なか》に糖《とう》がまじって出《で》てくる病気《びょうき》。

**とうにん**【当人】[名] その人《ひと》。本人《ほんにん》。

**とうねん**【当年】[名] 今年《ことし》。本年《ほんねん》。[例]当年とって十二歳《じゅうにさい》。

**どうねん**【同年】[名] ❶その年《とし》。同《おな》じ年《とし》。❷同《おな》じ年齢《ねんれい》。[例]いとこはわたしと同年です。

**とうのむかし**【とうの昔】 ずっと前《まえ》。とっくの昔《むかし》。[例]とうの昔に知《し》っている。

**とうは**【党派】[名] 考《かん》え方《かた》が同《おな》じ人《ひと》の集《あつ》まり。[例]党派を作《つく》る。

**とうは**【踏破】[名][動する] 困難《こんなん》な道《みち》や長《なが》い距離《きょり》を歩《ある》き通《とお》すこと。[例]北《きた》から南《みなみ》へ踏破する。

**どうはい**【同輩】[名] 年《とし》などが同《おな》じくらいの仲間《なかま》。同僚《どうりょう》。

**とうはいごう**【統廃合】[名][動する] 統合《とうごう》したり廃止《はいし》したりすること。[例]市内《しない》の小学校《しょうがっこう》を統廃合する。

**とうはつ**【頭髪】[名] 髪《かみ》の毛《け》。

**とうばつ**【討伐】[名][動する] 敵《てき》をせめてほろぼすこと。[例]反乱軍《はんらんぐん》を討伐する。[類]征伐《せいばつ》。

◦**とうばん**【当番】[名] その番《ばん》に当《あ》たること。また、当《あ》たった人《ひと》。[例]そうじ当番。[対]非番《ひばん》。

**とうばん**【登板】[名][動する] 野球《やきゅう》・ソフトボールで、ピッチャーとして試合《しあい》に出《で》ること。

**どうはん**【同伴】[名][動する] いっしょに連《つ》れて行《い》くこと。[例]子《こ》どもを同伴する。

**どうばん**【銅板】[名] 銅《どう》の板《いた》。

**とうひ**【当否】[名] 正《ただ》しいかそうでないか、また、当《あ》たっているかどうか、ということ。[例]当否を見《み》きわめる。

**とうひ**【逃避】[名][動する] 取《と》り組《く》まなければならない問題《もんだい》をさけて、のがれること。[例]現実《げんじつ》から逃避する。

◦**とうひょう**【投票】[名][動する] 選挙《せんきょ》や採決《さいけつ》で、選《えら》びたい人《ひと》の名前《なまえ》や、賛成《さんせい》か反対《はんたい》かを、紙《かみ》に書《か》くなどして出《だ》すこと。[例]委員長《いいんちょう》を投票で決《き》める。

**とうびょう**【闘病】[名][動する] 病気《びょうき》を治《なお》そうという強《つよ》い気持《きも》ちで、療養《りょうよう》すること。[例]闘病生活《せいかつ》。

**どうひょう**【道標】[名] 行《い》き先《さき》などを書《か》いて、道《みち》ばたに立《た》ててある札《ふだ》。道《みち》しるべ。

**どうびょう**【同病】[名] 同《おな》じ病気《びょうき》。

**同病相《どうびょうあい》あわれむ** 同《おな》じ苦《くる》しみや悩《なや》みを持《も》つ者《もの》は、互《たが》いに気持《きも》ちを分《わ》かりあえる。

**とうひょうりつ**【投票率】[名] 選挙《せんきょ》で、選挙権《せんきょけん》をもつ人《ひと》のうち、どれだけの人《ひと》が投票《とうひょう》したかを示《しめ》す割合《わりあい》。[例]投票率七〇パーセント。

**とうふ**【豆腐】[名] 大豆《だいず》をもとにして作《つく》った、白《しろ》くて、やわらかな食《た》べ物《もの》。

**豆腐《とうふ》にかすがい** 〔豆腐《とうふ》にかすがいを打《う》つように〕ぜんぜん効《き》き目《め》がないことのたとえ。[類]ぬかにくぎ。のれんに腕押《うでお》し。

**とうぶ**【頭部】[名] 頭《あたま》の部分《ぶぶん》。

**どうふう**【同封】[名][動する] 封筒《ふうとう》の中《なか》に手紙《てがみ》といっしょに入《い》れること。



[慣用句] あごを出《だ》す　長時間《ちょうじかん》のきびしい練習《れんしゅう》に、さすがの選手《せんしゅ》たちもあごを出《だ》した。

**°どうぶつ【動物】** 名 ❶生物《せいぶつ》を大《おお》きく二《ふた》つに分《わ》けたときの一《ひと》つで、植物《しょくぶつ》に対《たい》するもう一《ひと》つの生物《せいぶつ》。人間《にんげん》・けもの・鳥《とり》・魚《さかな》・虫《むし》など。❷特《とく》に、けもののこと。

**どうぶつえん【動物園】** 名 いろいろな動《どう》物を飼《か》っておいて、多《おお》くの人々《ひとびと》に見学《けんがく》させる所《ところ》。

**どうぶつせい【動物性】** 名 ❶動物《どうぶつ》がもっている性質《せいしつ》。❷動物《どうぶつ》から得《え》られるもの。例 動物性タンパク質《しつ》。対 植物性《しょくぶつせい》。

**とうぶん【当分】** 副 しばらくの間《あいだ》。さしあたり。例 雨《あめ》は、当分やまないでしょう。

**とうぶん【等分】** 名 動する 同《おな》じ数《かず》や量《りょう》に分《わ》けること。例 二《に》等分。三《さん》等分。

**とうぶん【糖分】** 名 食《た》べ物《もの》に含《ふく》まれているあまみ。例 糖分をひかえる。

**とうべん【答弁】** 名 動する 聞《き》かれたことに答《こた》えること。例 答弁に立《た》つ。

**とうへんぼく【唐変木】** 名 気《き》のきかない、まぬけな人《ひと》のことを、見下《みくだ》して言《い》う言《こと》葉《ば》。

**とうほう【当方】** 名 自分《じぶん》のほう。こちら。例 当方のまちがいです。対 先方《せんぽう》。

**とうほう【東方】** 名 東《ひがし》の方向《ほうこう》。対 西方《さいほう》。

**とうぼう【逃亡】** 名 動する 犯人《はんにん》などがにげて、姿《すがた》をかくすこと。類 逃走《とうそう》。

**どうほう【同胞】** 名 ❶同《おな》じ母《はは》から生《う》まれた兄弟《きょうだい》や姉妹《しまい》。❷同《おな》じ国《くに》の人《ひと》。同《おな》じ民族《みんぞく》。

**とうほく【東北】** 名 ❶ ➡ほくとう 1205ページ。❷東北地方《とうほくちほう》のこと。

**とうぼく【倒木】** 名 あらしなどでたおれた木《き》。

**とうほくちほう【東北地方】** 地名 本《ほん》州《しゅう》の北東部《ほくとうぶ》にあたる地方《ちほう》。青森《あおもり》・秋田《あきた》・岩手《いわて》・宮城《みやぎ》・山形《やまがた》・福島《ふくしま》の六県《ろっけん》がある。参考「奥羽《おうう》地《ち》方《ほう》」「みちのく」ともいう。

**とうほん【謄本】** 名 元《もと》になる書類《しょるい》などの内《ない》容《よう》を全部《ぜんぶ》写《うつ》し取《と》ったもの。例 戸籍《こせき》謄本。

**■とうほんせいそう【東奔西走】** 名 動する あちこち忙《いそが》しく走《はし》り回《まわ》ること。例 仕事《しごと》で東奔西走する。類 南船北馬《なんせんほくば》。

**どうみぎ【同右】** 名 (縦書《たてが》きの文章《ぶんしょう》で)右《みぎ》に書《か》いたことと同《おな》じであること。どうう。参考 横書《よこが》きの場合《ばあい》は主《おも》に「同上《どうじょう》」を使《つか》う。

**どうみゃく【動脈】** 名 ❶心臓《しんぞう》から、体《からだ》の各《かく》部分《ぶぶん》に血液《けつえき》を送《おく》る管《くだ》。対 静脈《じょうみゃく》。❷重要《じゅうよう》な交《こう》通路《つうろ》。例 国道《こくどう》は国《くに》の動脈だ。

**とうみょう【灯明】** 名 神《かみ》や仏《ほとけ》に供《そな》える明《あ》かり。例 お灯明を上《あ》げる。

**とうみん【冬眠】** 名 動する クマやヘビ、カエルなどが、土《つち》や穴《あな》の中《なか》で冬《ふゆ》をこすこと。冬《ふゆ》ごもり。

**とうみん【島民】** 名 島《しま》に住《す》んでいる人《ひと》。

**どうみん【道民】** 名 北海道《ほっかいどう》に住《す》んでいる人《ひと》。

**°とうめい【透明】** 名 形動 すきとおっていること。例 透明な水《みず》。

**どうめい【同名】** 名 同《おな》じ名前《なまえ》。

**どうめい【同盟】** 名 動する 同《おな》じ目的《もくてき》のために、力《ちから》を合《あ》わせることを約束《やくそく》すること。また、その約束《やくそく》。例 同盟国《こく》。類 連盟《れんめい》。

**とうめん【当面】** 一 名 動する 今《いま》、目《め》の前《まえ》にあること。例 当面の問題《もんだい》。二 副 今《いま》のところ。例 当面、これで間《ま》に合《あ》う。

**°どうも** 一 副 ❶どうしても。例 どうもうまくできない。❷まったく。ほんとうに。例 どうもありがとう。❸なんとなく。例 どうも頭《あたま》が痛《いた》い。二 感 軽《かる》い挨拶《あいさつ》の言葉《ことば》。例 昨日《きのう》はどうも。参考 一❶は、あとに「ない」などの打《う》ち消《け》しの言葉《ことば》がくる。

**どうもう【獰猛】** 形動 あらあらしくて、おそろしいようす。例 どうもうな動物《どうぶつ》。

**とうもろこし** 名 畑《はたけ》に作《つく》る作物《さくもつ》。夏《なつ》、じくの周《まわ》りにびっしり並《なら》んだ黄色《きいろ》い実《み》をたくさんつける。食用《しょくよう》や家畜《かちく》のえさにする。とうきび。コーン。

**どうもん【同門】** 名 ❶同《おな》じ先生《せんせい》について学《まな》ぶこと。また、学《まな》んだ者《もの》。例 彼《かれ》は同門の先輩《せんぱい》だ。❷同《おな》じ流派《りゅうは》であること。また、その人《ひと》。

**とうやく【投薬】** 名 動する 病気《びょうき》に合《あ》わせた薬《くすり》を患者《かんじゃ》に与《あた》えること。

**どうやら** 副 ❶なんとか。どうにか。例 どうやら歩《ある》けるようになった。❷どうも。なんだか。例 どうやら雨《あめ》になりそうだ。

**とうゆ【灯油】** 名 石油《せきゆ》ストーブなどの燃料《ねんりょう》にする油《あぶら》。

**とうよ【投与】** 名 動する 薬《くすり》などを患者《かんじゃ》に与《あた》え

慣用句 足《あし》が棒《ぼう》になる　次々《つぎつぎ》と足《あし》が棒《ぼう》になるほどたずね歩《ある》いたが、目当《めあ》ての家《いえ》は見《み》つからなかった。

えること。

**とうよう【東洋】** 名 アジアの東《ひがし》にあたる地《ち》方《ほう》。日本《にっぽん》・中国《ちゅうごく》・インド・インドネシアなどをまとめていう言葉《ことば》。対 西洋《せいよう》。

**とうよう【盗用】** 名 動-する 人《ひと》の物《もの》や考《かんが》え方《かた》などをぬすんで使《つか》うこと。

**とうよう【登用】** 名 動-する 能力《のうりょく》のある人《ひと》を上《うえ》の地位《ちい》に引《ひ》き上《あ》げ、仕事《しごと》をさせること。例 人材《じんざい》を登用する。類 起用《きよう》。

**どうよう【同様】** 名 形動 同《おな》じであるようす。同《おな》じこと。例 同様のやり方《かた》。

**どうよう【動揺】** 名 動-する ❶ゆれ動《うご》くこと。例 車《くるま》の動揺。❷心配《しんぱい》で、落《お》ち着《つ》かないこと。例 心《こころ》の動揺をおさえる。

✤**どうよう【童謡】** 名 子《こ》どものために作《つく》られた歌《うた》。類 童歌《わらべうた》。

**とうようかんじ【当用漢字】** 名 一九四六年《ねん》（昭和《しょうわ》二十一年《にじゅういちねん》）に、ふつうの社会生活《しゃかいせいかつ》の中《なか》で使《つか》う漢字《かんじ》として決《き》められた一八五〇字《じ》。一九八一年《ねん》（昭和五十六年《しょうわごじゅうろくねん》）に廃止《はいし》され、現在《げんざい》は常用漢字《じょうようかんじ》が決《き》められている。

**とうらい【到来】** 名 動-する ❶時機《じき》がやってくること。例 チャンスが到来する。❷おくり物《もの》が届《とど》くこと。例 到来物《もの》。

**とうらく【当落】** 名 当選《とうせん》と落選《らくせん》。

**どうらく【道楽】** 名 動-する ❶仕事《しごと》以外《いがい》の楽《たの》しみ。趣味《しゅみ》。例 つり道楽。❷仕事《しごと》もせず、遊《あそ》んでばかりいること。例 道楽息子《むすこ》。

**どうらん【胴乱】** 名 採集《さいしゅう》した草花《くさばな》などを入《い》れる、ブリキやトタンで作《つく》った入《い》れ物《もの》。

**どうらん【動乱】** 名 戦争《せんそう》などのために世《よ》の中《なか》が乱《みだ》れること。

**どうり【道理】** 名 ものごとの正《ただ》しい筋道《すじみち》。例 道理にかなった説明《せつめい》。対 無理《むり》。

**とうりつ【倒立】** 名 動-する 逆《さか》さまに立《た》つこと。逆立《さかだ》ち。

**どうりつ【道立】** 名 道《どう》〔=北海道《ほっかいどう》〕のお金《かね》で作《つく》り、運営《うんえい》しているもの。例 道立図書館《としょかん》。

**どうりで【道理で】** 副 なるほど。そういうわけで。例 どうりでおかしいと思《おも》った。参考 ふつう、かな書《が》きにする。

**とうりゅう【逗留】** 名 動-する 旅先《たびさき》などに、しばらくとどまること。例 なじみの旅館《りょかん》に二日間《ふつかかん》逗留した。類 滞在《たいざい》。

**とうりゅうもん【登竜門】** 名 そこを通《とお》り抜《ぬ》ければ立身出世《りっしんしゅっせ》ができるという大切《たいせつ》な場所《ばしょ》。例 この新人賞《しんじんしょう》は作家《さっか》への登竜門だ。参考 竜門《りゅうもん》という急流《きゅうりゅう》をのぼったコイは竜《りゅう》になるという、中国《ちゅうごく》の伝説《でんせつ》から。

**とうりょう【投了】** 名 動-する 将棋《しょうぎ》や囲碁《いご》で、一方《いっぽう》が負《ま》けを認《みと》めて勝負《しょうぶ》をやめること。

**とうりょう【棟梁】** 名 大工《だいく》などの、親方《おやかた》。〔少《すこ》し古《ふる》い言《い》い方《かた》。〕

**とうりょう【頭領】** 名 人《ひと》をまとめる頭《かしら》。

**どうりょう【同僚】** 名 同《おな》じ職場《しょくば》にいる、地位《ちい》が同《おな》じくらいの人《ひと》。例 同僚と食事《しょくじ》する。

**どうりょく【動力】** 名 機械《きかい》を動《うご》かす力《ちから》。火《か》力《りょく》・電力《でんりょく》・水力《すいりょく》・風力《ふうりょく》・原子力《げんしりょく》など。

**どうりん【動輪】** 名 機関車《きかんしゃ》などで、動力《どうりょく》を受《う》けて回《まわ》る車輪《しゃりん》。

**とうるい【盗塁】** 名 動-する 野球《やきゅう》・ソフトボールで、ランナーがすきをねらって、すばやく次《つぎ》の塁《るい》へ進《すす》むこと。スチール。

**どうるい【同類】** 名 同《おな》じ種類《しゅるい》。同《おな》じ仲間《なかま》。例 ブタとイノシシは同類だ。

**とうれい【答礼】** 名 動-する 相手《あいて》の挨拶《あいさつ》に対《たい》して、挨拶《あいさつ》を返《かえ》すこと。また、その挨拶《あいさつ》。

**どうれつ【同列】** 名 ❶同《おな》じ列《れつ》。❷同《おな》じ地位《ちい》や立場《たちば》であること。例 同列に扱《あつか》う。

°**どうろ【道路】** 名 人《ひと》や車《くるま》が通《とお》る道《みち》。通《とお》り道《みち》。例 道路工事《こうじ》。高速《こうそく》道路。

**とうろう【灯籠】** 名 石《いし》や金属《きんぞく》・木《き》などでわくを作《つく》り、中《なか》に明《あ》かりをともすようにして、庭《にわ》などに置《お》くもの。

〔とうろう〕

**とうろうながし【灯籠流し】** 名 お盆《ぼん》の終《お》わりの日《ひ》に、紙《かみ》などで作《つく》った小《ちい》さい灯籠《とうろう》に火《ひ》をつけて川《かわ》や海《うみ》に流《なが》すこと。なくなった人《ひと》のたましいの供養《くよう》。

**とうろうのおの【蟷螂の斧】** 自分《じぶん》の力《ちから》をわきまえず、強《つよ》い相手《あいて》に立《た》ち向《む》かうことのたとえ。例 小学生《しょうがくせい》がチャンピオンと戦《たたか》うなんて、まさに蟷螂の斧だ。参考 馬車《ばしゃ》を止《と》め




慣用句 穴《あな》があったら入《はい》りたい　こんな大失敗《だいしっぱい》をしでかしてしまって、もう穴《あな》があったら入《はい》りたい気分《きぶん》だ。

例解 ！ 表現の広場

**討論《とうろん》 と 討議《とうぎ》 のちがい**

| | 討論《とうろん》 | 討議《とうぎ》 |
|---|---|---|
| 会《かい》の進《すす》め方《かた》を　する。 | ○ | ○ |
| 政治《せいじ》　会《かい》。 | ○ | × |
| 対策《たいさく》を　する。 | × | ○ |

ようと、蟷螂《とうろう》〔=かまきり〕が前足《まえあし》を上《あ》げて立《た》ち向《む》かってきたという、昔《むかし》の中国《ちゅうごく》の話《はなし》から。

**とうろく【登録】** 名 動-する 役所《やくしょ》などに届《とど》け出《で》て、公《おおやけ》に認《みと》めてもらうこと。例 名簿《めいぼ》に登録する。

**とうろくしょうひょう【登録商標】** 名 登録《とうろく》の手続《てつづ》きをして、他人《たにん》が使《つか》うことをできないようにした商品《しょうひん》の名前《なまえ》やしるし。

**どうろひょうしき【道路標識】** 名 道《みち》の案内《あんない》や交通《こうつう》の安全《あんぜん》のために、道路《どうろ》にかかげてある標示板《ひょうじばん》。

**◆○とうろん【討論】** 名 動-する ある問題《もんだい》について、おたがいに意見《いけん》を述《の》べ合《あ》うこと。ディスカッション。類 討議《とうぎ》。

**◆○どうわ【童話】** 名 子《こ》どものために作《つく》られた物語《ものがたり》。例 アンデルセンの童話を読《よ》む。

**どうわきょういく【同和教育】** 名 差別《さべつ》をなくし、人権《じんけん》を尊重《そんちょう》する心《こころ》を育《そだ》てる教育《きょういく》。

**とうわく【当惑】** 名 動-する どうしてよいか、わからないで困《こま》ること。例 いきなり指名《しめい》されて当惑した。類 困惑《こんわく》。

**とえはたえ【〈十重二十重〉】** 名 幾重《いくえ》にも重《かさ》なっているようす。例 敵《てき》を十重二十重に取《と》り囲《かこ》む。参考「十重二十重《とえはたえ》」は、特別《とくべつ》に認《みと》められた読《よ》み方《かた》。

**○とお【十】** 名 ❶〔数《かず》を表《あらわ》す言葉《ことば》。〕じゅう。例 十日《とおか》。❷十歳《じっさい》。⇩じゅう【十】593ページ

**とおあさ【遠浅】** 名 海《うみ》や湖《みずうみ》で、岸《きし》から遠《とお》くのほうまで浅《あさ》いこと。

**○とおい【遠い】** 形 ❶距離《きょり》がはなれている。例 駅《えき》までは遠い。❷時間《じかん》がはなれている。例 遠い昔《むかし》の出来事《できごと》。❸つながりがうすい。例 遠い親類《しんるい》。対(❶〜❸)近《ちか》い。❹よく聞《き》こえない。例 耳《みみ》が遠い。❺ぼんやりする。例 気《き》が遠くなる。⇩えん【遠】135ページ

**とおえん【遠縁】** 名 遠《とお》い血筋《ちすじ》の人《ひと》。つながりのうすい親類《しんるい》。

**とおか【十日】** 名 ❶月《つき》の一〇番《ばん》めの日《ひ》。❷一〇日間《にちかん》。

**とおからず【遠からず】** 副 近《ちか》いうち。まもなく。例 遠からず解決《かいけつ》するだろう。

**とおく【遠く】** 名 遠《とお》い所《ところ》。対 近《ちか》く。

**遠《とお》くの親類《しんるい》より近《ちか》くの他人《たにん》** 遠《とお》くに住《す》んでいる親類《しんるい》よりも、近所《きんじょ》にいる他人《たにん》のほうが、たよりになるものだ。

**トーク**〔英語 talk〕名 (テレビ・ラジオなどでの)おしゃべり。気楽《きらく》な話《はなし》をすること。例 ゲストとスタジオでトークする番組《ばんぐみ》。

**とおざかる【遠ざかる】** 動 ❶遠《とお》くはなれる。例 船《ふね》が遠ざかっていく。❷関係《かんけい》がうすくなる。例 練習《れんしゅう》から遠ざかる。しばらく遠ざかっていた友達《ともだち》。対(❶・❷)近《ちか》づく。

**とおざける【遠ざける】** 動 ❶遠《とお》くへはなれさせる。例 人《ひと》を遠ざける。❷つき合《あ》わなくする。例 悪《わる》い友達《ともだち》を遠ざける。対(❶・❷)近《ちか》づける。

**○とおす【通す】** 動 ❶一方《いっぽう》から他方《たほう》に行《い》き着《つ》くようにする。例 道《みち》を通す。❷向《む》こうに届《とど》かせる。例 ひもを通す。❸通《とお》らせる。例 門《もん》を通す。❹終《お》わりまでつらぬきとおす。例 要求《ようきゅう》を通す。❺導《みちび》き入《い》れる。例 人《ひと》を部屋《へや》に通す。❻仲立《なかだ》ちにする。例 人《ひと》を通してたのみこむ。❼ひととおり見《み》る。例 書類《しょるい》に目《め》を通す。❽くぐらせる。例 熱湯《ねっとう》に通す。❾認《みと》める。認《みと》めさせる。例 原案《げんあん》を通す。❿〔ある言葉《ことば》のあとにつけて〕終《お》わりまでし続《つづ》ける。例 読《よ》み通す。⇩つう【通】848ページ

**トースター**〔英語 toaster〕名 電気《でんき》の熱《ねつ》でパンを焼《や》く器具《きぐ》。

**トースト**〔英語 toast〕名 食《しょく》パンをうすく切《き》って、焼《や》いたもの。

**とおせんぼ【通せんぼ】** 名 両手《りょうて》を広《ひろ》げて道《みち》をふさぎ、通《とお》れないようにすること。

**トータル**〔英語 total〕 一 名 動-する 合計《ごうけい》すること。総計《そうけい》。例 得点《とくてん》をトータルする。二 形動 全体的《ぜんたいてき》。例 問題《もんだい》をトータルに考《かんが》える。

**とおで【遠出】** 名 動-する 遠《とお》くへ出《で》かけること。例 日曜日《にちようび》には車《くるま》で遠出をした。

**トーテムポール**〔英語 totem pole〕名 アメリカ先住民《せんじゅうみん》の社会《しゃかい》などで、その部族《ぶぞく》の象徴《しょうちょう》としている動物《どうぶつ》や植物《しょくぶつ》などをほったりえがいたりした木《き》の柱《はしら》。

〔トーテムポール〕

**とおとうみ**〖遠江〗地名 昔《むかし》の国《くに》の名《な》の一《ひと》つ。今《いま》の静岡県《しずおかけん》の西部《せいぶ》にあたる。

**ドーナツ**〔英語 doughnut〕名 小麦粉《こむぎこ》に、卵《たまご》や砂糖《さとう》などを混《ま》ぜ、油《あぶら》であげた菓子《かし》。

**ドーナツかげんしょう**【ドーナツ化現象】名 都市《とし》の中心部《ちゅうしんぶ》に住《す》む人《ひと》が減《へ》って、そのまわりの郊外《こうがい》に住《す》む人《ひと》が増《ふ》えること。そのようすを、穴《あな》のあいたドーナツにたとえた。

**トーナメント**〔英語 tournament〕名 勝《か》った者《もの》どうしが次々《つぎつぎ》と試合《しあい》をし、最後《さいご》に残《のこ》った者《もの》を優勝《ゆうしょう》とする方法《ほうほう》。対 リーグ戦《せん》。

**とおのく**【遠のく】動 ❶遠《とお》くはなれる。例 かみなりも遠のいた。対 近《ちか》づく。❷関係《かんけい》が薄《うす》くなる。間《あいだ》が空《あ》くようになる。例 客足《きゃくあし》が遠のく。

**とおのり**【遠乗り】名 動-する 車《くるま》などに乗《の》って、遠《とお》くまで遊《あそ》びに行《い》くこと。

**ドーピング**〔英語 doping〕名 スポーツ選手《せんしゅ》が運動能力《うんどうのうりょく》を高《たか》めるために、不正《ふせい》な薬《くすり》を使《つか》うこと。

**とおぼえ**【遠ぼえ】名 動-する 犬《いぬ》などが、夜《よる》、長《なが》く尾《お》を引《ひ》くように鳴《な》くこと。また、その声《こえ》。例 犬《いぬ》の遠ぼえ。

**とおまき**【遠巻き】名 遠《とお》くから周《まわ》りを取《と》り巻《ま》くこと。例 遠巻きにして見《み》ている。

**とおまわし**【遠回し】名 はっきり言《い》わないで、それとなく相手《あいて》にわからせようとすること。例 遠回しに注意《ちゅうい》する。

**とおまわり**【遠回り】名 動-する 距離《きょり》の長《なが》いほうの道《みち》を行《い》くこと。回《まわ》り道《みち》。例 危険《きけん》をさけて遠回りする。

**ドーム**〔英語 dome〕名 丸《まる》い天井《てんじょう》。丸《まる》い屋根《やね》。例 ドーム球場《きゅうじょう》。

**とおめ**【遠目】名 ❶遠《とお》くから見《み》ること。例 遠目では見分《みわ》けがつかない。❷遠《とお》くまでよく見《み》えること。例 遠目がきく。

**とおめがね**【遠〈眼鏡〉】名「望遠鏡《ぼうえんきょう》」の古《ふる》い言《い》い方《かた》。

**°とおり**【通り】■一 名 ❶人《ひと》や車《くるま》の通《とお》る道《みち》。例 通りに出《で》る。❷行《い》き来《き》。通行《つうこう》。例 車《くるま》の通りが多《おお》い。❸通《とお》りぐあい。例 風《かぜ》の通りがいい。❹わかりやすさの程度《ていど》。例 通りのいい説明《せつめい》。■二〔ある言葉《ことば》のあとにつけて〕❶種類《しゅるい》。例 二《ふた》通りの方法《ほうほう》。❷そのまま。例 思《おも》ったとおりだ。

**どおり**【通り】〔ある言葉《ことば》のあとにつけて〕❶道路《どうろ》。例 電車《でんしゃ》通り。❷行《い》き来《き》。例 人《ひと》通りが絶《た》えない。❸およそ。例 八分《はちぶ》どおりできた。❹そのまま。それと同《おな》じ。例 もとどおりにする。

**とおりあめ**【通り雨】名 急《きゅう》に降《ふ》って、すぐ晴《は》れる雨《あめ》。にわか雨《あめ》。

**とおりいっぺん**【通り一遍°】名 形動 うわべだけで心《こころ》がこもっていないこと。例 通り一遍の挨拶《あいさつ》。

**とおりがかり**【通り掛°かり】名 ちょうどそこを通《とお》ろうとすること。例 通りがかりの人《ひと》に声《こえ》をかけられた。

**とおりかかる**【通り掛°かる】動 ちょうどそこを通《とお》ろうとする。例 友達《ともだち》の家《いえ》の前《まえ》を通りかかる。

**とおりこす**【通り越°す】動 ❶ある場所《ばしょ》を越《こ》えて、先《さき》へ行《い》く。通《とお》り過《す》ぎる。例 家《いえ》の前《まえ》を通り越す。❷ある程度《ていど》や限度《げんど》を越《こ》える。例 無責任《むせきにん》を通り越して、犯罪《はんざい》だ。

**とおりすがり**【通りすがり】名 通《とお》る途《と》中《ちゅう》。例 通りすがりに立《た》ち寄《よ》る。

**とおりすぎる**【通り過ぎる】動 止《と》まらないで行《い》ってしまう。通《とお》り越《こ》す。

**とおりぬける**【通り抜°ける】動 一方《いっぽう》から入《はい》って向《む》こう側《がわ》へ出《で》る。例 トンネルを通り抜ける。

**とおりま**【通り魔°】名 通《とお》りがかりの人《ひと》に襲《おそ》いかかって、傷《きず》つけたりする人《ひと》のこと。

**°とおる**【通る】動 ❶一方《いっぽう》から他方《たほう》に行《い》き着《つ》く。通《つう》じる。例 道《みち》が通る。❷向《む》こうに届《とど》く。例 針《はり》が通る。❸過《す》ぎて行《い》く。例 人《ひと》が通る。❹中《なか》へ入《はい》る。例 ざしきに通る。❺認《みと》められる。例 試験《しけん》に通る。❻広《ひろ》く知《し》られている。例 名《な》が通っている。❼よくわかる。例 筋《すじ》の通





慣用句 余《あま》すところなく　疑《うたが》わしいと思《おも》うところは、隅々《すみずみ》まで、余《あま》すところなく調《しら》べた。

例解 ことばの窓

**通《とお》る の意味《いみ》で**

工事中《こうじちゅう》のため通行《つうこう》できない。
急行列車《きゅうこうれっしゃ》が通過《つうか》する。
新《あたら》しい道路《どうろ》が開通《かいつう》する。
トンネルが貫通《かんつう》した。

った話《はなし》。⇩**つう**【通】848ページ

**とおる**【透る・通る】動 ❶光《ひかり》や水《みず》が、表《おもて》から裏《うら》まで届《とど》く。例ガラス戸《ど》を光《ひかり》がとおる。❷すみまで伝《つた》わる。例よくとおる声《こえ》。参考❷は「徹《とお》る」とも書《か》く。

**トーン**〔英語 tone〕名 ❶音《おと》や色《いろ》の調子《ちょうし》。❷ものごとを行《おこな》う調子《ちょうし》。

**とおんきごう**【ト音記号】名〔音楽《おんがく》で〕五線譜《ごせんふ》に記《しる》して、高音部《こうおんぶ》があることを表《あらわ》す記号《きごう》。五線譜《ごせんふ》のうちの第二線《だいにせん》〔=トの音《おと》〕の線《せん》を中心《ちゅうしん》にうず巻《ま》きをかく形《かたち》。高音部記号《こうおんぶきごう》。⇩がくふ 223ページ

**とか**【都下】名 ❶「東京都下《とうきょうとか》」の略《りゃく》。東京都《とうきょうと》にある二十三区《にじゅうさんく》以外《いがい》の市町村《しちょうそん》のこと。❷東《とう》京《きょう》都《と》全体《ぜんたい》。

**とか** 助 ❶いくつかのものを並《なら》べて言《い》うときに使《つか》う。例犬《いぬ》とかウサギとか。❷はっきりしていないことを表《あらわ》す。例値段《ねだん》は、百円《ひゃくえん》だとか。

**とかい**【都会】名 大勢《おおぜい》の人《ひと》が住《す》んでいて、にぎやかな町《まち》。都市《とし》。

**どがいし**【度外視】名 動する 問題《もんだい》にしないこと。例もうけを度外視する。

✤**とがき**【ト書き】名 脚本《きゃくほん》の中《なか》で、せりふにそえて、動作《どうさ》などを説明《せつめい》した部分《ぶぶん》。参考「…ト泣《な》く」「…ト立《た》ち上《あ》がる」のように、「ト」をつけて書《か》いたことから生《う》まれた言葉《ことば》。

**とかく** 副 ❶あれやこれや。いろいろ。例とかくのうわさがある。❷どうかすると。ともすれば。例日記《にっき》はとかく忘《わす》れやすい。

**とかげ** 名 家《いえ》の近《ちか》くや、草《くさ》むらなどにすむ小《こ》形《がた》の動物《どうぶつ》。体《からだ》は細長《ほそなが》く四本《よんほん》の短《みじか》い足《あし》があり、尾《お》をおさえると切《き》ってにげる。

°**とかす**【溶かす】動 ❶液体《えきたい》の中《なか》に、他《ほか》のものを入《い》れて混《ま》ぜ合《あ》わせる。例砂糖《さとう》をお湯《ゆ》に溶かす。❷固《かた》まっている物《もの》を、熱《ねつ》などで液体《えきたい》のようにする。例バターを溶かす。⇩**よう**【溶】1349ページ

**とかす**【解かす】動 固《かた》かったものをやわらかくする。例冷凍食品《れいとうしょくひん》を解かす。⇩**かい**【解】194ページ

**とかす** 動 髪《かみ》の毛《け》をくしなどできれいに整《ととの》える。とく。例髪《かみ》をとかす。

**どかす**【退かす】動 ちがう場所《ばしょ》に動《うご》かす。例机《つくえ》をどかす。

**とかちへいや**〘十勝平野〙地名 北海道《ほっかいどう》の南東部《なんとうぶ》、十勝川《とかちがわ》沿《ぞ》いに広《ひろ》がる平野《へいや》。

**どかどか** 副(-と) ❶急《きゅう》に人《ひと》が大勢《おおぜい》入《はい》ってくるようす。例どかどかとふみこむ。❷ものごとが続《つづ》けて起《お》こるようす。例荷物《にもつ》がどかどか届《とど》く。

例解 ことばの勉強室

**ト《と》書《が》き について**

劇《げき》などの脚本《きゃくほん》は、せりふとト《と》書《が》きとからできている。ト《と》書《が》きは、物語《ものがたり》でいえば、地《じ》の文《ぶん》にあたる。

ト《と》書《が》きは、せりふを言《い》う役《やく》の動作《どうさ》や表情《ひょうじょう》、舞台《ぶたい》の演出《えんしゅつ》などについても説明《せつめい》する。だから、ト《と》書《が》きによって、そのせりふが、どんな場面《ばめん》で、どんな気持《きも》ちで言《い》われるかがわかる。

同《おな》じ「いいよ。」でも、
「いいよ。」(と、なげやりに)
「いいよ。」(と、意気《いき》ごんで)
のように、ト《と》書《が》きがちがえば、言《い》い方《かた》もすっかりちがってくるのである。

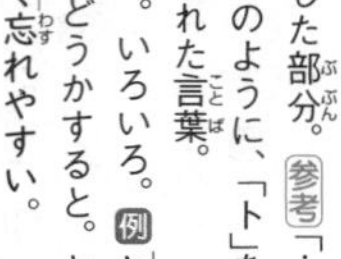


**とがめる** 動 ❶あやまちを取《と》り立《た》てて責《せ》める。非難《ひなん》する。例罪《つみ》をとがめる。❷あやしいと思《おも》って、質問《しつもん》する。例お巡《まわ》りさんにとがめられる。❸悪《わる》いと思《おも》って、心《こころ》が痛《いた》む。例気《き》がとがめる。

**とがらす** 動 ❶先《さき》を細《ほそ》く、するどくする。例鉛筆《えんぴつ》をとがらす。❷細《こま》かなことまで気《き》をくばる。例万一《まんいち》にそなえて神経《しんけい》をとがらす。

慣用句 **泡《あわ》を食《く》う** まだ自分《じぶん》の番《ばん》ではないと思《おも》ってのんびりしていたら、急《きゅう》に先生《せんせい》に指名《しめい》されたので、泡《あわ》を食《く》った。

**◦とがる** 動 ❶先《さき》が細《ほそ》くて、するどくなっている。例 先《さき》のとがったぼうし。❷感《かん》じやすくなる。例 神経《しんけい》がとがっている。

**どかん【土管】** 名 土《つち》を焼《や》いて作《つく》った管《くだ》。下《げ》水《すい》管《かん》などに使《つか》う。

**◦とき【時】** 名 ❶時《じ》間《かん》。例 時がたつ。❷時《じ》刻《こく》。例 時を告《つ》げる。❸そのころ。その折《おり》。例 家《いえ》を出《で》る時は晴《は》れていた。❹時《じ》期《き》。季《き》節《せつ》。例 若《わか》葉《ば》の時。❺年《ねん》代《だい》。時《じ》代《だい》。例 奈《な》良《ら》に都《みやこ》があった時。❻よい機《き》会《かい》。例 時を待《ま》つ。❼その時《とき》。この時《とき》。例 時の人《ひと》〔=今《いま》世《せ》間《けん》で話《わ》題《だい》になっている人《ひと》〕。❽場《ば》合《あい》。例 いそがしいときは助《たす》け合《あ》う。❾昔《むかし》の時《じ》間《かん》の単《たん》位《い》。一《いっ》時《とき》は今《いま》の二《に》時《じ》間《かん》。↓じ【時】540ページ

**時《とき》が解《かい》決《けつ》する** つらい気《き》持《も》ちや難《むずか》しい問《もん》題《だい》も、時《じ》間《かん》がたてば自《し》然《ぜん》とおさまるものだ。

**時《とき》の運《うん》** その時《とき》のめぐり合《あ》わせで変《か》わる幸《こう》運《うん》と不《ふ》運《うん》。例 勝《しょう》負《ぶ》は時の運とはよく言《い》ったものだ。

**時《とき》は金《かね》なり** 時《じ》間《かん》はお金《かね》のように大《たい》切《せつ》なものだから、むだにしてはならない。

**時《とき》を移《うつ》さず** すぐさま。ただちに。例 言《い》われたら、時を移さず実《じっ》行《こう》する。

**時《とき》を得《え》る** よい機《き》会《かい》にめぐりあう。例 時を得て、主《しゅ》役《やく》の座《ざ》につく。

**時《とき》を稼《かせ》ぐ** 都《つ》合《ごう》のよい時《とき》がくるまで、他《ほか》のことで時《じ》間《かん》をのばす。

**時《とき》を刻《きざ》む** 時《じ》間《かん》が進《すす》む。例 柱《はしら》時《ど》計《けい》が時を刻む。

**時《とき》をつくる** ニワトリが、鳴《な》いて夜《よ》明《あ》けを知《し》らせる。

**とき** 名 顔《かお》と足《あし》が赤《あか》く羽《はね》がうすも色《いろ》の、サギに似《に》た鳥《とり》。特《とく》別《べつ》天《てん》然《ねん》記《き》念《ねん》物《ぶつ》、国《こく》際《さい》保《ほ》護《ご》鳥《ちょう》。日《に》本《ほん》では野《や》生《せい》のものは絶《ぜつ》滅《めつ》したが、中《ちゅう》国《ごく》から二《に》羽《わ》をもらい受《う》け、人《じん》工《こう》的《てき》にふ化《か》することに成《せい》功《こう》。保《ほ》護《ご》が続《つづ》けられている。

**どき【土器】** 名 素《す》焼《や》きの焼《や》き物《もの》。例 弥《や》生《よい》土器。

**ときあかす【解き明かす】** 動 研《けん》究《きゅう》して、そのわけなどをはっきりさせる。例 宇《う》宙《ちゅう》のなぞを解き明かしたい。

**ときあかす【説き明かす】** 動 ものごとの意《い》味《み》をよくわかるように話《はな》す。説《せつ》明《めい》する。例 漢《かん》字《じ》の成《な》り立《た》ちを説き明かす。

**ときいろ【とき色】** 名 トキの羽《はね》の色《いろ》のような、うすいもも色《いろ》。

**ときおり【時折】** 副 ときどき。時《とき》たま。例 いなかのおばが、時折訪《たず》ねて来《く》る。

**とぎすます【研ぎ澄ます】** 動 ❶刃《は》物《もの》をといで、よく切《き》れるようにする。例 研ぎすましたナイフ。❷心《こころ》のはたらきをするどくする。例 神《しん》経《けい》をとぎすます。

**ときたま【時たま】** 副 ときどき。時《とき》折《おり》。例 あの人《ひと》とは、時たま会《あ》う。

**どぎつい** 形 いやな感《かん》じがするほど、非《ひ》常《じょう》に強《つよ》い、またはきつい。例 どぎつい色《いろ》の絵《え》。

**◦ときどき【時時】** 一 名 折《おり》々《おり》。その季《き》節《せつ》ごと。例 その時々の草《くさ》花《ばな》。二 副 たまに。時《とき》折《おり》。例 ときどき思《おも》い出《だ》す。

**どきどき** 副 動-する うれしいときや運《うん》動《どう》などのために、心《しん》臓《ぞう》がふだんより速《はや》く強《つよ》く脈《みゃく》打《う》つようす。例 胸《むね》がどきどきする。

**ときならぬ【時ならぬ】** 連体 思《おも》いがけない。時《じ》期《き》外《はず》れの。例 時ならぬ大《おお》雪《ゆき》。

**ときに【時に】** 一 副 たまに。どうかすると。例 時に厳《きび》しいことがある。二 接 ところで。例 ときに、あの話《はなし》はどうなったの。

**ときには【時には】** 副 場《ば》合《あい》によっては。例 時には父《ちち》も大《おお》声《ごえ》を出《だ》す。

**ときによって【時によって】** その時《とき》のようすによって。例 時によってちがう。

**ときのこえ【ときの声】** 名 戦《たたか》いなどで、大《おお》勢《ぜい》の人《ひと》が、力《ちから》をつけるために一《いち》度《ど》に上《あ》げるさけび声《ごえ》。例 ときの声を上《あ》げる。

**ときのひと【時の人】** 名 その時《とき》、みんなが話《わ》題《だい》にしている人《ひと》。例 あの事《じ》件《けん》で一《いち》躍《やく》、時の人になった。

**ときふせる【説き伏せる】** 動 相《あい》手《て》によく話《はなし》をして、自《じ》分《ぶん》の意《い》見《けん》に従《したが》わせる。

**ときほぐす【解きほぐす】** 動 ❶結《むす》んだり、縫《ぬ》ったりしてあるものをほどく。例 からまった糸《いと》を解きほぐす。❷かたくなった心《こころ》をやわらかくする。例 緊《きん》張《ちょう》を解きほぐす。❸問《もん》題《だい》をはっきりさせる。例 事《じ》件《けん》の真《しん》相《そう》を解きほぐす。

**どぎまぎ** 副(-と) 動-する 不《ふ》意《い》をつかれてあわてるようす。例 突《とつ》然《ぜん》先《せん》生《せい》に指《さ》されて、どぎ





慣用句 行《い》き当《あ》たりばったり　行《い》き当《あ》たりばったりの無《む》計《けい》画《かく》な旅《りょ》行《こう》だったから、時《じ》間《かん》のむだが多《おお》かったね。

まぎした。

**ときめく【時めく】** 動 よい時機《じき》にめぐり合《あ》って、栄《さか》える。例 今《いま》を時めくスター。

**ときめく** 動 喜《よろこ》びや期待《きたい》でどきどきする。例 胸《むね》がときめく。

**どぎもをぬく【度肝を抜く】** 非常《ひじょう》にびっくりさせる。例 度肝を抜くようなことを言《い》って、みんなを驚《おどろ》かす。

**ドキュメンタリー**〔英語 documentary〕名 事実《じじつ》をありのままに記録《きろく》した映画《えいが》や放送《ほうそう》など。ドキュメント。

**ドキュメント**〔英語 document〕名 ❶文書《ぶんしょ》。記録《きろく》。例 震災《しんさい》のドキュメントを本《ほん》にする。❷⬇ドキュメンタリー 922ページ

**どきょう【度胸】** 名 ものごとをおそれない心《こころ》。例 度胸がある。いい度胸をしている。

**度胸《どきょう》が据《す》わる** ものごとをおそれず、堂々《どうどう》としている。

**どきょう【〈読経〉】** 名 動-する 声《こえ》を出《だ》して、お経《きょう》を読《よ》むこと。参考「読経《どきょう》」は、特別《とくべつ》に認《みと》められた読《よ》み方《かた》。

**ときょうそう【徒競走】** 名 走《はし》る速《はや》さをきそう競技《きょうぎ》。かけっこ。

**とぎれとぎれ** 形動 途中《とちゅう》で切《き》れながらも続《つづ》いているようす。例 地震《じしん》で道《みち》がとぎれとぎれになった。

**とぎれる【途切れる】** 動 ❶人《ひと》の行《い》き来《き》がなくなる。例 人通《ひとどお》りがとぎれる。❷続《つづ》いていたものが、途中《とちゅう》で止《と》まる。例 話《はなし》がとぎれる。

る。

**ときわぎ【ときわ木】** 名 一年《いちねん》じゅう緑《みどり》の葉《は》をつけている木《き》。松《まつ》・スギ・ツバキなど。常《じょう》緑樹《りょくじゅ》。

**とく【特】** 画数 10 部首 牜(うしへん) 4年

音 トク 訓 ―

筆順

ふつうとちがっている。例 特《とく》に美《うつく》しい。熟語 特色《とくしょく》。特別《とくべつ》。特急《とっきゅう》。独特《どくとく》。

**とく【得】** 画数 11 部首 彳(ぎょうにんべん) 5年

音 トク 訓 え-る う-る

筆順

❶手《て》に入《い》れる。熟語 得点《とくてん》。獲得《かくとく》。対 失《しつ》。❷わかる。身《み》につける。熟語 習得《しゅうとく》。体得《たいとく》。心得《こころえ》。❸もうける。熟語 得策《とくさく》。所得《しょとく》。損得《そんとく》。対 損《そん》。⬇とくする 695ページ

《訓の使い方》え-る 例 賛成《さんせい》を得る。う-る 例 中止《ちゅうし》もあり得る。

**とく【得】** 名 形動 利益《りえき》になること。もうけ。例 得な買《か》い物《もの》。早起《はやお》きは三文《さんもん》の得。対 損《そん》。

**とく【徳】** 画数 14 部首 彳(ぎょうにんべん) 4年

音 トク 訓 ―

筆順

❶心《こころ》も行《おこな》いも正《ただ》しいこと。熟語 徳行《とっこう》(=正《ただ》しい行《おこな》い)。道徳《どうとく》。美徳《びとく》。❷もうけ。例 徳用《とくよう》。

**とく【徳】** 名 心《こころ》が正《ただ》しく、行《おこな》いが人《ひと》の道《みち》にかなっていること。例 徳の高《たか》いお坊《ぼう》さん。

**とく【匿】** 画数 10 部首 匸(かくしがまえ)

音 トク 訓 ―

かくす。かくれる。熟語 匿名《とくめい》。隠匿《いんとく》(=包《つつ》みかくすこと)。

**とく【督】** 画数 13 部首 目(め)

音 トク 訓 ―

❶見守《みまも》って取《と》りしまる。熟語 監督《かんとく》。❷せきたてる。熟語 督促《とくそく》。

**とく【篤】** 画数 16 部首 ⺮(たけかんむり)

音 トク 訓 ―

❶まじめだ。行《い》き届《とど》いている。熟語 篤実《とくじつ》(=人《にん》情《じょう》にあつく、誠実《せいじつ》なこと)。❷病気《びょうき》が重《おも》い。熟語 危篤《きとく》。

**とく【読】** 熟語 読本《とくほん》。⬇どく【読】923ページ

**°とく【溶く】** 動 溶《と》かす。例 小麦粉《こむぎこ》を水《みず》で溶く。絵《え》の具《ぐ》を溶く。⬇よう【溶】1349ページ

**°とく【解く】** 動 ❶結《むす》んであるものをほどく。例 ひもを解く。対 結《むす》ぶ。❷問題《もんだい》の答《こた》えを出《だ》す。はっきりさせる。例 疑問《ぎもん》を解く。❸役《やく》をやめさせる。例 職《しょく》を解く。❹取《と》り除《のぞ》く。例 緊張《きんちょう》を解く。囲《かこ》みを解く。⬇かい【解】194ページ

慣用句 息《いき》の根《ね》を止《と》める　敵軍《てきぐん》の息《いき》の根《ね》を止《と》めるには、城《しろ》に通《つう》じる道《みち》をふさぐのがいちばんだ。

∘**とく【説く】**動 わかるように、言《い》って聞《き》かせる。例 人《ひと》の道《みち》を説《と》く。➡**せつ【説】**717ページ

**とぐ【研ぐ】**動 ❶こすって、するどくする。例 小刀《こがたな》を研ぐ。❷米《こめ》や麦《むぎ》を、水《みず》の中《なか》でこすり合《あ》わせて洗《あら》う。➡**けん【研】**406ページ

**どく【毒】** 画数 8 部首 毋（なかれ） 5年

音 ドク 訓 ——

筆順 毒

害《がい》のあるもの。熟語 毒素《どくそ》。毒薬《どくやく》。消毒《しょうどく》。有毒《ゆうどく》。➡どくする 932ページ

**どく【毒】**名 体《からだ》や心《こころ》を傷《きず》つけるもの。害《がい》になるもの。例 夜《よ》ふかしは体《からだ》に毒だ。

例解 ⇔ 使い分け

**溶《と》くと解《と》くと説《と》く**

絵《え》の具《ぐ》を溶《と》く。
砂糖《さとう》を湯《ゆ》に溶《と》く。

結《むす》び目《め》を解《と》く。
問題《もんだい》を解《と》く。
緊張《きんちょう》を解《と》く。

新《あたら》しい理論《りろん》を説《と》く。

**毒《どく》にも薬《くすり》にもならない** 害《がい》もなく益《えき》もない。何《なん》の役《やく》にも立《た》たない。例 毒にも薬にもならない話《はなし》。

**毒《どく》を食《く》らわば皿《さら》まで** 一度《いちど》悪《わる》いことをすると、どこまでも悪《わる》いことをしてしまうことのたとえ。

**毒《どく》をもって毒《どく》を制《せい》す** 悪《わる》いものを取《と》りのぞくために、ちがう悪《わる》いものを用《もち》いることのたとえ。

**どく【独】** 画数 9 部首 犭（けものへん） 5年

音 ドク 訓 ひと-り

筆順 独

❶ひとり。熟語 独唱《どくしょう》。独立《どくりつ》。孤独《こどく》。単独《たんどく》。❷ひとりよがり。熟語 独断《どくだん》。❸ドイツのこと。熟語 日独《にちどく》。参考 ❸は、漢字《かんじ》で「独逸《ドイツ》」と書《か》いたことから。

《訓の使い方》**ひと-り** 例 独り立《だ》ちする。

**どく【読】** 画数 14 部首 言（ごんべん） 2年

音 ドク トク トウ 訓 よ-む

筆順 読

❶よむ。よみ取《と》る。熟語 読書《どくしょ》。読本《とくほん》。愛読《あいどく》。朗読《ろうどく》。❷文《ぶん》の中《なか》での区切《くぎ》り。熟語 読点《とうてん》。

《訓の使い方》**よ-む** 例 物語《ものがたり》を読《よ》む。

∘**どく** 動 今《いま》いる場所《ばしょ》を、空《あ》ける。去《さ》る。のく。例「そこをどいてください。」

**とくい【特異】**形動 ふつうとはちがって、めずらしいようす。例 特異な形《かたち》の花《はな》。

∘**とくい【得意】**一 名 形動 ❶思《おも》いどおりになって、満足《まんぞく》していること。例 優勝《ゆうしょう》して得意になっている。対 失意《しつい》。❷すぐれていて、自信《じしん》もあること。例 泳《およ》ぎが得意だ。対 苦手《にがて》。二 名 ➡とくいさき 923ページ。例 お得意さん。

**とくいがお【得意顔】**名 思《おも》いどおりになって、満足《まんぞく》そうな顔《かお》つき。

**とくいさき【得意先】**名 いつも買《か》ってくれる客《きゃく》。得意《とくい》。お得意《とくい》。例 得意先を回《まわ》る。

■**とくいまんめん【得意満面】**名 形動 自慢《じまん》したい気持《きも》ちが、顔《かお》じゅうに表《あらわ》れていること。例 絵をほめられて、弟《おとうと》は得意満面だ。

**どぐう【土偶】**名 土《つち》で作《つく》った人形《にんぎょう》。特《とく》に、人物《じんぶつ》をかたどった縄文時代《じょうもんじだい》のもの。

**どくがく【独学】**名 動する 学校《がっこう》に通《かよ》わず、先生《せんせい》にもつかないで、独《ひと》りで勉強《べんきょう》すること。独習《どくしゅう》。例 独学で英語《えいご》を身《み》につけた。

**とくがわ いえみつ【徳川家光】**人名 （男）（一六〇四〜一六五一）江戸幕府《えどばくふ》の第三代《だいさんだい》将軍《しょうぐん》。参勤交代《さんきんこうたい》の制度《せいど》を始《はじ》めた。また、キリスト教《きょう》を厳《きび》しく取《と》りしまり、鎖国令《さこくれい》を出《だ》した。

**とくがわ いえやす【徳川家康】**人名 （男）（一五四二〜一六一六）江戸幕府《えどばくふ》の初代《しょだい》将軍《しょうぐん》。豊臣秀吉《とよとみひでよし》のあと

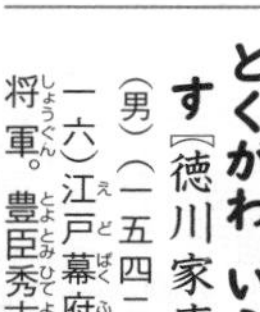

〔とくがわいえやす〕

あいうえお かきくけこ さしすせそ たちつてと なにぬねの はひふへほ まみむめも やゆよ らりるれろ わをん

慣用句 息《いき》をはずませる 帰《かえ》って来《く》るなりその日《ひ》の出来事《できごと》を、息《いき》をはずませながら話《はな》し始《はじ》めた。

を受《う》けて天下《てんか》を統一《とういつ》し、江戸《えど》に幕府《ばくふ》を開《ひら》いた。

**とくがわじだい【徳川時代】** 名 ⬇えどじだい 131ページ

**とくがわばくふ【徳川幕府】** 名 ⬇えどばくふ 131ページ

**とくがわ みつくに〖徳川光圀〗** 人名 (男)(一六二八〜一七〇〇)江戸《えど》時代《じだい》初期《しょき》の水戸《みと》藩主《はんしゅ》。学問《がくもん》を好《この》み、「大日本史《だいにほんし》」という本《ほん》をまとめた。水戸《みと》黄門《こうもん》と呼《よ》ばれた。

**とくがわ よしのぶ〖徳川慶喜〗** 人名 (男)(一八三七〜一九一三)江戸《えど》幕府《ばくふ》最後《さいご》の第十五《だいじゅうご》代《だい》将軍《しょうぐん》。政権《せいけん》を天皇《てんのう》に返《かえ》した。

**とくがわ よしむね〖徳川吉宗〗** 人名 (男)(一六八四〜一七五一)江戸《えど》幕府《ばくふ》の第八《だいはち》代《だい》将軍《しょうぐん》。学問《がくもん》や産業《さんぎょう》を奨励《しょうれい》し、幕府《ばくふ》を立《た》て直《なお》した。

**とくぎ【特技】** 名 特《とく》によくできる技《わざ》。例 ぼくの特技は絵《え》をかくことだ。

**どくけ【毒気】** 名「「どっけ」ともいう。」❶毒《どく》になる成分《せいぶん》。❷悪気《わるぎ》。例 毒気のない人《ひと》。

**毒気《どくけ》を抜《ぬ》かれる** あっけにとられる。拍子《ひょうし》ぬけする。

**どくご【読後】** 名 本《ほん》を読《よ》んだ後《あと》。例 読後の感想《かんそう》。

**どくさい【独裁】** 名 動-する 独《ひと》り、または一《いち》部《ぶ》の人《ひと》だけの考《かんが》えでものごとを決《き》めて行《おこな》うこと。例 独裁政治《せいじ》。

**どくさいしゃ【独裁者】** 名 権力《けんりょく》を握《にぎ》って、自分《じぶん》の思《おも》いどおりに支配《しはい》する人《ひと》。

**とくさく【得策】** 名 得《とく》になるやり方《かた》。うまいやり方《かた》。例 遠回《とおまわ》りするほうが得策だ。

**とくさつ【特撮】** 名「特殊撮影《とくしゅさつえい》」の略《りゃく》。映画《えいが》などで、本当《ほんとう》にはありえない場面《ばめん》を、工夫《くふう》した撮影《さつえい》でつくり出《だ》すこと。また、その技術《ぎじゅつ》。

**どくさつ【毒殺】** 名 動-する 毒物《どくぶつ》を使《つか》って、人《ひと》を殺《ころ》すこと。

**とくさん【特産】** 名 特《とく》に、その地方《ちほう》でできる物《もの》。例 この地方《ちほう》の特産物《ぶつ》。

**とくし【特使】** 名〔政府《せいふ》から外国《がいこく》などに派遣《はけん》される〕特別《とくべつ》な役目《やくめ》をもった使者《ししゃ》。

**どくじ【独自】** 名 形動 他《ほか》とちがって、特別《とくべつ》であること。例 独自の方法《ほうほう》。類 独特《どくとく》。

**とくしか【篤志家】** 名 社会《しゃかい》奉仕《ほうし》や慈善《じぜん》事業《じぎょう》に、熱心《ねっしん》に取《と》り組《く》む人《ひと》。

**どくじせい【独自性】** 名 他《た》にはない、特《とく》にきわだった性質《せいしつ》。例 色《いろ》づかいに、彼《かれ》らしい独自性がある。

**とくしつ【特質】** 名 そのものだけが持《も》っている性質《せいしつ》。特性《とくせい》。類 特色《とくしょく》。

**とくしつ【得失】** 名 得《とく》になることと、損《そん》になること。損得《そんとく》。

**とくしまけん〖徳島県〗** 地名 四国《しこく》地方《ちほう》の東部《とうぶ》にある県《けん》。県庁《けんちょう》は徳島市《とくしまし》にある。

**✤°どくしゃ【読者】** 名 本《ほん》や新聞《しんぶん》などを読《よ》む人《ひと》。読《よ》み手《て》。

**どくじゃ【毒蛇】** 名 毒《どく》をもつヘビ。毒《どく》ヘビ。

**とくしゅ【特殊】** 名 形動 ふつうとちがっていること。特別《とくべつ》。対 一般《いっぱん》。

**とくしゅう【特集】** 名 動-する 新聞《しんぶん》・雑誌《ざっし》・テレビなどで、特《とく》に一《ひと》つのことがらを取《と》り上《あ》げて、くわしい記事《きじ》・番組《ばんぐみ》にすること。また、その記事《きじ》・番組《ばんぐみ》のこと。

**どくしゅう【独習】** 名 動-する 先生《せんせい》なしで、自分《じぶん》独《ひと》りで勉強《べんきょう》すること。独学《どくがく》。

**✤°どくしょ【読書】** 名 動-する 本《ほん》を読《よ》むこと。例 読書の秋《あき》。

**読書《どくしょ》百遍《ひゃっぺん》義《ぎ》自《おの》ずから通《つう》ず** むずかしい本《ほん》でもくり返《かえ》し読《よ》めば、ひとりでに意味《いみ》がわかる。

**どくしょう【独唱】** 名 動-する〔音楽《おんがく》で〕人々《ひとびと》の前《まえ》で、独《ひと》りで歌《うた》を歌《うた》うこと。ソロ。関連 合唱《がっしょう》。斉唱《せいしょう》。

**°とくしょく【特色】** 名 特《とく》に目立《めだ》つところ。特《とく》にすぐれたところ。例 特色のある学校《がっこう》。類 特性《とくせい》。特質《とくしつ》。

**どくしょしゅうかん【読書週間】** 名 読書《どくしょ》をみんなにすすめるもよおしをする週《しゅう》間《かん》。十月《じゅうがつ》二十七日《にじゅうしちにち》から二週間《にしゅうかん》。

**とくしん【得心】** 名 動-する よくわかること。納得《なっとく》。

**得心《とくしん》がいく** よくわかる。納得《なっとく》する。例 得心がいく説明《せつめい》だ。

**どくしん【独身】** 名 結婚《けっこん》していないこと。また、その人《ひと》。

**とくする【得する】** 動 利益《りえき》を得《え》る。もうける。例 百円《ひゃくえん》得した。



慣用句 石《いし》にかじりついても 石《いし》にかじりついてもなしとげてみせるという、強《つよ》い決意《けつい》で臨《のぞ》んだ。

## おなかがすいたきみに

低学年

**❶『ウクライナのむかしばなし　空《そら》とぶ船《ふね》と　ゆかいな　なかま』**

むかし、ある国《くに》の王様《おうさま》が、おふれを出《だ》した。―「空《そら》とぶ船《ふね》に　のって、おしろまで　きたものを　王女《おうじょ》と　けっこんさせてやろう」。「世界一《せかいいち》のまぬけ」と呼《よ》ばれる若者《わかもの》が「空《そら》とぶ船《ふね》を　さがしてくる」と言《い》い出《だ》す。お母《かあ》さんは、しかたなくパンと水《みず》だけの弁当《べんとう》をもたせる。

低学年

**❷『クッキーのおうさま』**

りさちゃんは、クッキー作《づく》りでのこった生地《きじ》で手《て》と足《あし》の短《みじか》いふとっちょの人形《にんぎょう》をつくる。―「これは、クッキーのおうさま。」オーブンで焼《や》いた王様《おうさま》の味見《あじみ》をしようとすると、「おいしそうだって？　ぶれいもの。わたしは　おうさまだ」。

低学年

**❸『おすしやさんにいらっしゃい！　生《い》きものが食《た》べものになるまで』**

子どもはみんな、おすしが大好《だいす》きだけれど、カウンターのあるおすしやさんは大人《おとな》の世界《せかい》で、なかなか連《つ》れて行《い》ってもらえない。のれんをくぐって、おすしやさんという夢《ゆめ》の世界《せかい》にまぎれこんだ子《こ》どもたちの登場《とうじょう》する写真絵本《しゃしんえほん》。

中学年

**❹『ライラックどおりのおひるごはん　みんなで　たべたい　せかいの　レシピ』**

「ライラックどおり10ばんちの　たてものから、きょうも　いい　においが　ただよってくる。だれが　なにを　つくっているのかな？」―住人《じゅうにん》たちの作《つく》る、世界《せかい》の十五《じゅうご》の料理《りょうり》の材料《ざいりょう》とレシピが紹介《しょうかい》される。

中学年

**❺『クーちゃんとぎんがみちゃん　ふたりの春夏秋冬《はるなつあきふゆ》』**

「これは、板《いた》チョコレートのクーちゃんと、なかよしのぎんがみちゃんの、とろけるようなたのしい毎日《まいにち》のお話《はなし》です。」―全部《ぜんぶ》で八編《はちへん》の短《みじか》い話《はなし》が収《おさ》められている。

中学年

**❻『キツネのまいもん屋《や》』**

「まいもん屋《や》」は駄菓子《だがし》屋《や》のこと。岩根山《いわねさん》のふもとで、灰色《はいいろ》の大《おお》ギツネが「まいもん屋《や》」をやっていた。店《みせ》にまよいこんだ、ひさしは、くじ付《つ》きのキャラメルで賞品《しょうひん》を引《ひ》きあてる。賞品《しょうひん》は、なんと、お月《つき》さんだった。

高学年

**❼『チョコレートのおみやげ』**

「わたし」と、みこおばさんの神戸《こうべ》の町歩《まちある》き。港《みなと》の公園《こうえん》のベンチでチョコレートを食《た》べながら、おばさんが坂《さか》道《みち》の上《うえ》の洋館《ようかん》の物語《ものがたり》を語《かた》り出《だ》す。悲《かな》しい結末《けつまつ》を語《かた》り直《なお》す「わたし」の物語《ものがたり》を救《すく》うのがチョコレートだ。舌《した》の上《うえ》に印象的《いんしょうてき》な甘《あま》さを残《のこ》すような、物語《ものがたり》を語《かた》る物語《ものがたり》だ。

高学年

**❽『注文《ちゅうもん》の多《おお》い料理店《りょうりてん》』**

ふたりの若《わか》い紳士《しんし》がぴかぴかする鉄砲《てっぽう》をかついで、東京《とうきょう》から山奥《やまおく》にやって来《き》たけれど、鳥《とり》もけものも撃《う》ちとることができない。風《かぜ》がどうと吹《ふ》いてきて、ふたりがふと後《うし》ろを見《み》ると、立派《りっぱ》な西洋《せいよう》づくりの家《いえ》があって、玄関《げんかん》には「西洋料理店《せいようりょうりてん》　山猫軒《やまねこけん》」という札《ふだ》が出《で》ていた。

高学年

**❾『魔法使《まほうつか》いのチョコレート・ケーキ　マーガレット・マーヒーお話集《はなししゅう》』**

魔法《まほう》よりも料理《りょうり》が得意《とくい》な魔法使《まほうつか》いがいて、すばらしいチョコレート・ケーキを作《つく》る。町中《まちじゅう》の子《こ》どもたちを招待《しょうたい》してケーキ・パーティーをしようとするけれど、子《こ》どもたちは、悪《わる》い魔法使《まほうつか》いだと思《おも》っていたから近《ちか》づかない。魔法使《まほうつか》いは、リンゴの苗木《なえぎ》を相手《あいて》に、お茶《ちゃ》の時間《じかん》をすごす。全十編《ぜんじっぺん》を収録《しゅうろく》。



慣用句　痛《いた》い目《め》に遭《あ》う　ちょっと油断《ゆだん》したばかりに痛《いた》い目《め》にあって、大《おお》いに反省《はんせい》した。

## 思《おも》いきり笑《わら》いたいきみに

低学年

### ⑩桂文我《かつらぶんが》のまぬけなどろぼう『めがねどろぼう』

「どろぼうは、物《もの》をぬすむ悪《わる》い人《ひと》ですが、ズッコケた人《ひと》がどろぼうになることもあるようで。ふたりのどろぼうが、足音《あしおと》をしのばせて、夜《よる》の道《みち》を歩《ある》いています。」――上方落語《かみがたらくご》「眼鏡屋盗人《めがねやぬすっと》」をもとにした落《らく》語絵本《ごえほん》だ。

低学年

### ⑪『ちこくのりゆう』

「せんせい、きいてえな。」と男《おとこ》の子《こ》が遅刻《ちこく》の理由《りゆう》を語《かた》り出《だ》す。――「あさ　おきたら、とうちゃんとかあちゃんが　カブトムシにかわっとったんや。」おなかを空《す》かせたふたりに、クワガタを飼《か》っていたときのゼリーの残《のこ》りをあげてみると、食《た》べはじめた。

低学年

### ⑫『おとうふ　2ちょう』

ケンちゃんがおつかいをすませた帰《かえ》り道《みち》、おかあさんからケータイに電話《でんわ》がかかってくる。――「あのね、おとうふ　あと　もう1ちょうかってきて」でも、もう家《いえ》が近《ちか》い。おかあさんは、ふたごの妹《いもうと》たちに頼《たの》む。「はーい」といって出《で》かけたふたりは、なかなか帰《かえ》ってこない。

中学年

### ⑬『ぺちゃんこスタンレー』

夜《よる》のあいだにベッドにぶあつい板《いた》がたおれて、スタンレーは、ぺちゃんこになる。お医者《いしゃ》さんは、「ようすを見《み》ていくしかない」というが、スタンレーは、だんだんぺちゃんこが楽《たの》しくなる。かぎのかかった部屋《へや》でも、床《ゆか》にぺったりお腹《なか》をつければ、ドアの下《した》から入《はい》れる。

中学年

### ⑭『図書室《としょしつ》の日曜日《にちようび》』

せんねん町《ちょう》のまんねん小《しょう》学校《がっこう》の図書室《としょしつ》の話《はなし》。「きょうは、だれと遊《あそ》ぶ?」――日曜日《にちようび》になると、国語辞典《こくごじてん》が英語《えいご》辞典《じてん》にいう。「アイアム、先《せん》週《しゅう》はきょうりゅうにのって、エンジョイしたし。きょうは、アイアム、…」「おまえ、そのしゃべりかた、なんとかならんのか。」

中学年

### ⑮『ぼくんちの海賊《かいぞく》トレジャ』

下校《げこう》した「ぼく」が家《いえ》の近《ちか》くまで来《き》たら、雨《あめ》がどっと降《ふ》り出《だ》す。「ぼく」は、帰《かえ》りぎわに友《とも》だちが返《かえ》してきたマンガ『海賊飛《かいぞくと》び魚丸《うおまる》の大冒《だいぼう》険《けん》』を頭《あたま》にかざす。すると、雨《あめ》のなかから、どくろの旗《はた》つきの黒《くろ》い帆船《はんせん》が落《お》ちてきて、「ぼく」んちの屋根《やね》にドカッ!　とのっかった。

高学年

### ⑯『がむしゃら落語《らくご》』

岡本雄馬《おかもとゆうま》は小学五年生《しょうがくごねんせい》。優等生《ゆうとうせい》で学級委員長《がっきゅういいんちょう》だが、友《とも》だちがいない。その雄馬《ゆうま》が小学校《しょうがっこう》の「特技発表会《とくぎはっぴょうかい》」で落語《らくご》を演《えん》ずる羽目《はめ》になる。クラス一《いち》のおせっかいの早川鈴音《はやかわすずね》と、たまたま知《し》り合《あ》った二《ふた》つ目《め》の落語家《らくごか》、三笑亭笑八《さんしょうていしょうはち》(売《う》れていないようだ)の後《あと》おしで猛練習《もうれんしゅう》がはじまる。

高学年

### ⑰『わらしべ長者《ちょうじゃ》　日本民話選《にほんみんわせん》』

貧乏《びんぼう》なくらしを抜《ぬ》け出《だ》したくて旅《たび》に出《で》た若者《わかもの》が、たまたま手《て》にした、一本《いっぽん》のわらしべを次々《つぎつぎ》にほかのものと交換《こうかん》して、ついには長者《ちょうじゃ》になる。口伝《くちづた》えの民話《みんわ》の語《かた》り口《くち》を生《い》かして書《か》かれた二十二《にじゅうに》編《へん》を収《おさ》める。

高学年

### ⑱『おとうさんがいっぱい』

ある日《ひ》、どの家《いえ》でも、おとうさんが五《ご》、六人《ろくにん》に増殖《ぞうしょく》して、それぞれ自分《じぶん》が本物《ほんもの》だと主張《しゅちょう》する。こまった政《せい》府《ふ》は、その家《いえ》の子《こ》どもにひとりを選《えら》ばせて、残《のこ》りは「余分人間《よぶんにんげん》」としてあつかうというのだが…。表題作《ひょうだいさく》のほか四編《よんぺん》の不思議《ふしぎ》でこわい作《さく》品《ひん》を収録《しゅうろく》。

## 友達《ともだち》とけんかしたきみに

低学年

### ⑲『さくらんぼクラブにクロがきた』

学童保育所《がくどうほいくしょ》「さくらんぼクラブ」が舞台《ぶたい》の物語《ものがたり》だ。小学校《しょうがっこう》の運動場《うんどうじょう》にまよいこんできた犬《いぬ》がプレハブ校舎《こうしゃ》の床下《ゆかした》で子犬《こいぬ》を産《う》む。二年生《にねんせい》のなおとも、みつひろも、この犬《いぬ》のことが好《す》きなのに、ふたりの気《き》もちが行《い》きちがって、大《おお》げんかになる。

低学年

### ⑳『ともだちや』

「えー、ともだちや　です。ともだちは　いりませんか。さびしい　ひとは　いりませんか。ともだち　いちじかん　ひゃくえん。」キツネは、「ともだちや」と書《か》いたのぼりを立《た》てた帽子《ぼうし》をかぶって、森《もり》を歩《ある》いていく。

低学年

### ㉑『一ねん一くみ一ばんワル』

「ぼく」のクラスで一《いち》ばんのワル、くろさわくんは、きょうも、団地《だんち》のなかを自転車《じてんしゃ》で「ぼうそう」して大《おお》さわぎだ。それでも、くろさわくんを見守《みまも》ってくれる担任《たんにん》の先生《せんせい》やクラスメートも登場《とうじょう》する。『一ねん一くみ』シリーズ全二十五冊《ぜんにじゅうごさつ》の第一作《だいいっさく》。

中学年

### ㉒『野《の》ばら・月夜《つきよ》とめがね』

大《おお》きな国《くに》と、それよりは少《すこ》し小《ちい》さな国《くに》がとなりあっていてた。その国境《こっきょう》を守《まも》っているのは、大《おお》きな国《くに》の老人《ろうじん》と小《ちい》さな国《くに》の青年《せいねん》だった。二《ふた》つの国《くに》のあいだは平和《へいわ》だったから、ふたりは、したしくなる。ところが、何《なに》かの利益問題《りえきもんだい》から二《ふた》つの国《くに》は戦争《せんそう》をはじめた(「野《の》ばら」)

中学年

### ㉓『西沢杏子詩集《にしざわきょうこししゅう》　なんじゃらもんじゃら　ともだち』

最初《さいしょ》の「れんげの花《はな》さく帰《かえ》り道《みち》」は、「けんかしてしまった／けんかしてしまった」とはじまる。「あいつ　いまごろ／どこらを帰《かえ》っている　だろうか／あいつの帰《かえ》って　いるところにも／れんげの花《はな》が　さいているだろうか」けんかした友《とも》だちは、やっぱり怒《おこ》っているのか。

中学年

### ㉔『ぐうたらとけちとぷー』

これも、友《とも》だちの話。三人《さんにん》が登場《とうじょう》する。まず、めんどうくさのすけ。五歳《ごさい》のとき、起《お》きるのがめんどくさくて、三日三晩《みっかみばん》眠《ねむ》りつづけた。四日《よっか》めになると、「もうねるのが　めんどくさ〜い。」といって起《お》きてきたという。

高学年

### ㉕『トムは真夜中《まよなか》の庭《にわ》で』

真夜中《まよなか》、ホールの大時計《おおどけい》が十三時《じゅうさんじ》を打《う》つ。トムが下《した》に降《お》りていくと、昼間《ひるま》とはちがって、ホールはきれいにかざられ、昔《むかし》のかっこうの女《おんな》の人《ひと》がいる。でも、女《おんな》の人《ひと》にはトムが見《み》えないらしい。トムは、毎晩《まいばん》、そこへ行《い》くことになる。トムの夢《ゆめ》なのか。

高学年

### ㉖『劇団《げきだん》6年《ねん》2組《くみ》』

六年二組《ろくねんにくみ》は、卒業前《そつぎょうまえ》のお別《わか》れ会《かい》で「シンデレラ」の劇《げき》を上演《じょうえん》することになる。だが、どうして、継母《ままはは》は、シンデレラをいじめるのか。役《やく》の気《き》もちのつかめない、せりふは、書《か》き換《か》えて、六年二組《ろくねんにくみ》らしい「シンデレラ」を作《つく》っていく。

高学年

### ㉗『オタバリの少年探偵《しょうねんたんてい》たち』

ニックがけったボールがあたって、教室《きょうしつ》の窓《まど》ガラスがわれる。校長先生《こうちょうせんせい》は、わった者《もの》は弁償《べんしょう》するようにと言《い》いわたす。でも、ニックには、お金《かね》がない。テッドは、みんなでフットボールをけっていたのだから、みんなでお金《かね》を集《あつ》めようと言《い》い出《だ》す。





慣用句　痛《いた》しかゆし　勝《か》ちたいが、勝《か》てば試合続《しあいつづ》きで休《やす》みがなくなる。痛《いた》しかゆしだよ。

## 泣《な》きたいきみに

低学年

### ㉘『庭《にわ》にくるとり』

「ぼく」は、母《かあ》さんとふたり、母《かあ》さんが生《う》まれた家《いえ》で暮《く》らすことになった。おじいちゃんがひとりで住《す》んでいる。―「すぐになれるさ」庭《にわ》にいるおじいちゃんがいった。ぼくは、へんじをしなかった。

低学年

### ㉙『おじいちゃん　わすれないよ』

ヨーストは、海賊《かいぞく》ごっこで遊《あそ》んでくれたおじいちゃんの死《し》がつらすぎて、お葬式《そうしき》に行《い》きたくない。おじいちゃんの思《おも》い出《で》をわすれずに、おじいちゃんと別《わか》れることは、どうしたらできるのか。水彩《すいさい》の絵《え》がすばらしいオランダの絵本《えほん》。

低学年

### ㉚『こぶたのぶーぷ』

林《はやし》のなかに、ひとりで暮《く》らしている、こぶたのぶーぷの七《なな》つの話《はなし》。一番《いちばん》はじめは「たいへんな大《おお》そうじ」。部屋《へや》がきたなくなって、きょうは、どこにも出《で》かけずに、そうじの日《ひ》と決《き》めたけれど、失敗《しっぱい》つづきで洗濯物《せんたくもの》がふえてしまう。あすは、大洗濯《おおせんたく》の日《ひ》だ。

中学年

### ㉛『モナのとり』

フランスで暮《く》らす八歳《はっさい》のモナは、おどりをならっている。フランス語《ご》の書《か》き取《と》りが得意《とくい》で、算数《さんすう》はにがて。学校《がっこう》の友《とも》だちと遊《あそ》ぶのも大《だい》好《す》きだけれど、「でも、わたしは、みんなと　おなじじゃない……。」「わたしには、くろい　とりが　ついている。」

中学年

### ㉜『しあわせなときの地図《ちず》』

スペインの絵本《えほん》。「ソエはうまれてからずっと　この町《まち》でくらしてきました。けれども、戦争《せんそう》のせいで、家《か》族《ぞく》と　外国《がいこく》に逃《に》げなければならなくなりました。」ソエは、地図《ちず》を広《ひろ》げて、十年《じゅうねん》のあいだに楽《たの》しいことがあった場《ば》所《しょ》にしるしをつけることを思《おも》いつく。

中学年

### ㉝『わすれられない　おくりもの』

「長《なが》いトンネルの　むこうに行《い》くよ　さようなら　アナグマより」―森《もり》のみんなにしたわれていたアナグマが、冬《ふゆ》が来《く》る前《まえ》に死《し》んでしまった。動物《どうぶつ》たちは、なげき悲《かな》しむけれど、アナグマがそれぞれに残《のこ》してくれた大切《たいせつ》なものに気《き》づいていく。そして、また春《はる》が来《く》る。

高学年

### ㉞『ぼくは川《かわ》のように話《はな》す』

教室《きょうしつ》のみんなは、吃音《きつおん》の「ぼく」がうまく話《はな》せないのを見《み》て笑《わら》う。放課後《ほうかご》、おとうさんは、「ぼく」を川《かわ》に連《つ》れて行《い》く。「見《み》ると、川《かわ》は……あわだって、なみをうち、うずをまいて、くだけていた。」おとうさんが「おまえは、川《かわ》のように話《はな》してるんだ」という。

高学年

### ㉟『銀河鉄道《ぎんがてつどう》の夜《よる》』

ジョバンニの父《ちち》は、漁《りょう》に出《で》たまま連絡《れんらく》がない。母《はは》は病《びょう》気《き》だ。さびしい気《き》もちで丘《おか》に登《のぼ》ると、「銀河《ぎんが》ステーション」という声《こえ》がして、ジョバンニは、小《ちい》さな列車《れっしゃ》にのりこんでいる。カムパネルラとふたりで楽《たの》しい旅《たび》をするが、やがて、ジョバンニだけが降《お》りることになる。

高学年

### ㊱『なくしてしまった魔法《まほう》の時間《じかん》』

道《みち》にまよった山《やま》のなかの「そめもの　ききょうや」で、「ぼく」は、鉄砲《てっぽう》と引《ひ》き換《か》えに指《ゆび》を染《そ》めてもらう。染《そ》めた指《ゆび》で作《つく》る、ひし形《がた》の窓《まど》からは、なつかしい景色《けしき》が見《み》える。「きつねの窓《まど》」のほか十編《じっぺん》を収《おさ》める。



慣用句　板《いた》につく　一《いっ》か月《げつ》もたつとサラリーマンも板《いた》について、話《はな》し方《かた》まできちんとしてきた。

## 一人《ひとり》きりになりたいきみに

低学年

### ㊲『ウォッシュバーンさんがいえからでない13のりゆう』

絵本《えほん》のとびらに描《えが》かれた、ある家《いえ》の赤《あか》いドアは閉《し》まっている。―「ウォッシュバーンさんは　おうちから　いっぽも　そとに　でません。なぜかって？」ウォッシュバーンさんがつぎつぎに言《い》い出《だ》す理由《りゆう》は、だんだん、ありえないものになっていく。

低学年

### ㊳『わたしの妹《いもうと》は耳《みみ》がきこえません』

「わたしには、妹《いもうと》がいます。妹《いもうと》は、耳《みみ》がきこえません」―姉《あね》が妹《いもうと》とのくらしを語《かた》る。妹《いもうと》は、ピアノの低《ひく》い音《おと》の響《ひび》きを感《かん》じることが大好《だいす》きだけれど、歌《うた》うことはできない。ろくぼくのてっぺんまで登《のぼ》るのが大好《だいす》きだけれど、「あぶない！」という声《こえ》は聞《き》こえない。

低学年

### ㊴『空《そら》の王《おう》さま』

この町《まち》に引《ひ》っ越《こ》してきたばかりの少年《しょうねん》は、居場所《いばしょ》がない。でも、町《まち》の老人《ろうじん》エバンズさんと彼《かれ》の飼《か》っていたハトたちとだけは心《こころ》を通《かよ》わせる。少年《しょうねん》は、レース用《よう》に訓練《くんれん》された一羽《いちわ》のハトに「空《そら》の王《おう》さま」と名前《なまえ》をつけて、そのハトをもらう。

中学年

### ㊵『みんなのためいき図鑑《ずかん》』

四年生《よねんせい》の「ぼく」が昼休《ひるやす》みに保健室《ほけんしつ》登校《とうこう》の加世堂《かせどう》さんをたずねたとき、加世堂《かせどう》さんがノートに落書《らくが》きしていた「たのちんの、ためいきこぞう」の絵《え》をもらってくる。「たのちん」は、「ぼく」のあだ名《な》だ。「たのちんの、ためいきから生《う》まれたんや」といって描《か》いた絵《え》だった。

中学年

### ㊶『香菜《かな》となつの秘密《ひみつ》』

香菜《かな》のクラスに転校生《てんこうせい》がやってくる。広瀬圭吾《ひろせけいご》くんだ。サト先生《せんせい》にうながされて、あいさつをする。「おれ、友《とも》だちとかつくる気《き》ないんで……。だから、適当《てきとう》に無視《むし》してかまわないから。」にこりともせずにいったことばに、クラスのみんなは息《いき》をのむ。

中学年

### ㊷『ぼくたち、ロンリーハート・クラブ』

休《やす》みの日《ひ》、ママといっしょに郵便局《ゆうびんきょく》へ行《い》ったトールは、世《よ》の中《なか》には孤独《こどく》でさびしい人《ひと》たちがいることを知《し》る。その人《ひと》には、手紙《てがみ》も来《こ》ない。トールは、友《とも》だちをさそって、『ロンリーハート・クラブ』を結成《けっせい》する。さて、どんなことをするのか。

高学年

### ㊸『ジ エンド オブ ザ ワールド』

とうとう核戦争《かくせんそう》が起《お》こって、「ぼく」の家族《かぞく》は、シェルターに入《はい》る。だが、放射能《ほうしゃのう》が飲料水《いんりょうすい》を汚染《おせん》していたらしい。まず、ママが死《し》に、パパも死《し》んだ。「ぼく」は、どこかにいる、だれかの声《こえ》を聞《き》きたくて、無線機《むせんき》の前《まえ》に座《すわ》りつづける。表題作《ひょうだいさく》のほか九編《きゅうへん》を収録《しゅうろく》。

高学年

### ㊹『ぼくがゆびをぱちんとならして、きみがおとなになるまえの詩集《ししゅう》』

先生《せんせい》に「ことばがなってない」といわれた「きみ」に、おっさんの「ぼく」は詩《し》を一《ひと》つ読《よ》ませる。「あなたも笑《わら》ったし／僕《ぼく》も笑《わら》わなかった／／のであった／のであったり／世界《せかい》は何《なに》を待《ま》ってるか／と云《い》う人《ひと》がいて／何《なん》だかさっぱり分《わ》からない人《ひと》もいて……」（藤富保男《ふじとみやすお》「あの」）

高学年

### ㊺『家《いえ》をせおって歩《ある》く　かんぜん版《ばん》』

道路《どうろ》の歩行者《ほこうしゃ》のスペースや公園《こうえん》のなかを歩《ある》いているのは、小《ちい》さな一軒《いっけん》の家《いえ》である。「このおもちゃのような家《いえ》は私《わたし》の家《いえ》です。私《わたし》は自分《じぶん》の家《いえ》を発泡《はっぽう》スチロールで作《つく》り、そこに住《す》むということをしています。」著者《ちょしゃ》は、家《いえ》のなかに入《はい》って、家《いえ》をかついで移動《いどう》する。





慣用句　一《いち》か八《ばち》か　結果《けっか》はどうなるかわからないが、一《いち》か八《ばち》かやるしかない。

## むしゃくしゃしているきみに

低学年

### 46『ことばあそびうた』

声《こえ》に出《だ》して読《よ》むと、おもしろい詩集《ししゅう》。「かっぱかっぱらった／かっぱらっぱかっぱらった／とってちってた」（「かっぱ」前《ぜん》半《はん》）どうです、うまく言《い》えるかな。

低学年

### 47『まのいい　りょうし』

猟師《りょうし》のどんべえさんは、鉄砲《てっぽう》がへたなのに、まのいいことがつづき…。「まがいい」というのは、もう使《つか》われなくなったことばかもしれないけれど、この絵本《えほん》を読《よ》めば、意味《いみ》がよくわかる。「まがいい」が繰《く》り返《かえ》されるなかで、スピードが上《あ》がっていく物語《ものがたり》だ。

低学年

### 48『だいじょうぶ　だいじょうぶ』

小《ちい》さかった「ぼく」がいろいろなことに出会《であ》うたびに、おじいちゃんは、「だいじょうぶ　だいじょうぶ」といってくれた。やがて、「ぼく」は大《おお》きくなり、今度《こんど》は、ベッドのなかのおじいちゃんに「だいじょうぶ　だいじょうぶ」。

中学年

### 49『つくしちゃんとおねえちゃん』

小学《しょうがく》二《に》年生《ねんせい》のつくしがいう。―「おねえちゃんは、あたしより二《ふた》つ年上《としうえ》の四《よ》年生《ねんせい》です。／とっても頭《あたま》がよくて、ものしりです。」五《いつ》つの小《ちい》さな物語《ものがたり》のなかで、がんばりやのおねえちゃんがかかえている、やさしさがだんだんに描《えが》かれていく。

中学年

### 50『よい子《こ》への道《みち》』

一編《いっぺん》が見開《みひら》き、四《よん》コマの絵《え》で構成《こうせい》されたマンガ集《しゅう》。その一《いち》「学校《がっこう》へもっていってはいけないもの」には、「ことばづかいのわるい石《いし》」「ひげのはえるくすり」「超強《ちょうきょう》力《りょく》またたび」「じぶんとそっくりなロボット」の四《よっ》つの絵《え》がある。

中学年

### 51『ふしぎの森《もり》のヤーヤー』

からだは子《こ》ブタで耳《みみ》はウサギみたいなモニモニの男《おとこ》の子《こ》のヤーヤーが「♪さんぽ　さんぽ　二歩《にほ》でも　さんぽ」と歌《うた》いながら出《で》かけると、へんてこな仲間《なかま》たちに出会《であ》う。ヒトリゴトさんやシラネエさん、決《けっ》して飛《と》ばない鳥《とり》のコリゴリさんだ。

高学年

### 52『空《そら》へつづく神話《しんわ》』

理子《りこ》が小学校《しょうがっこう》の図書室《としょしつ》で古《ふる》い本《ほん》を手《て》にとったとき、白《しろ》ひげの神様《かみさま》があらわれる。神様《かみさま》は、記憶喪失《きおくそうしつ》だった。この神様《かみさま》につきあいながら、理子《りこ》は、町《まち》の底《そこ》にしずんでいた歴史《れきし》に出会《であ》っていく。

高学年

### 53『花《はな》のズッコケ児童会長《じどうかいちょう》』

六年四組《ろくねんよんくみ》から児童会長《じどうかいちょう》に立候補《りっこうほ》した津久田茂《つくだしげる》はスポーツマンで優等生《ゆうとうせい》、女子《じょし》たちにも人気《にんき》があるが、実《じつ》はいじわるなヤツだということがわかってしまう。彼《かれ》を当選《とうせん》させてなるものかと、ハチベエたち「ズッコケ三人《さんにん》組《ぐみ》」は、対立候補《たいりつこうほ》を立《た》てる。

高学年

### 54『坊《ぼ》っちゃん』

「おれ」は、「親《おや》ゆずりの無《む》鉄砲《てっぽう》で子《こ》どものときから損《そん》ばかりしている。」と語《かた》りはじめる。学校《がっこう》を卒業《そつぎょう》して四《し》国《こく》の松山《まつやま》の中学校《ちゅうがっこう》に数学《すうがく》教師《きょうし》として赴任《ふにん》するが、持《も》ち前《まえ》の正義感《せいぎかん》で学校《がっこう》のなかの許《ゆる》せないこととたたかって、やがて、東京《とうきょう》にもどってきてしまう。



慣用句　一事《いちじ》が万事《ばんじ》　勉強部屋《べんきょうべや》も散《ち》らかったままだ。お前《まえ》は一事《いちじ》が万事《ばんじ》こういうふうでこまる。

# 紹《しょう》介《かい》した本《ほん》について

## おなかがすいたきみに

P925

①バレリー・ゴルバチョフ 再話《さいわ》・絵《え》、こだま ともこ 訳《やく》、光村教育図書《みつむらきょういくとしょ》

②竹下文子《たけしたふみこ》 作《さく》、いちかわ なつこ 絵《え》、あかね書房《しょぼう》

③おかだ だいすけ 文《ぶん》、遠藤《えんどう》 宏《ひろし》 写真《しゃしん》、岩崎書店《いわさきしょてん》

④フェリシタ・サラ 作《さく》、石津《いしづ》ちひろ 訳《やく》、BL出版《ビーエルしゅっぱん》

⑤北川佳奈《きたがわかな》 作《さく》、くらはしれい 絵《え》、岩崎書店《いわさきしょてん》

⑥富安陽子《とみやすようこ》 さく、篠崎三朗《しのざきさぶろう》 え、新日本出版社《しんにほんしゅっぱんしゃ》

⑦岡田《おかだ》 淳《じゅん》 文《ぶん》、植田真《うえだしん》 絵《え》、BL出版《ビーエルしゅっぱん》

⑧宮沢賢治《みやざわけんじ》作《さく》、和田誠《わだまこと》 絵《え》、宮沢賢治《みやざわけんじ》のお話《はなし》2、岩崎《いわさき》書店《しょてん》

⑨シャーリー・ヒューズ 画《が》、石井桃子《いしいももこ》 訳《やく》、福音館書店《ふくいんかんしょてん》

## 思《おも》いきり笑《わら》いたいきみに

P926

⑩ぶん 桂文我《かつらぶんが》、え 荒戸里也子《あらとりやこ》、BL出版《ビーエルしゅっぱん》

⑪森《もり》くま堂《どう》 作《さく》、北村裕花《きたむらゆうか》 絵《え》、童心社《どうしんしゃ》

⑫くろだ かおる・さく、たけがみ たえ・え、ポプラ社《しゃ》

⑬ジェフ・ブラウン 文《ぶん》、トミー・ウンゲラー 絵《え》、さくまゆみこ 訳《やく》、あすなろ書房《しょぼう》

⑭作《さく》 村上《むらかみ》しいこ、絵《え》 田中六大《たなかろくだい》、講談社《こうだんしゃ》

⑮柏葉幸子《かしわばさちこ》 作《さく》、野見山響子《のみやまきょうこ》 絵《え》、偕成社《かいせいしゃ》

⑯赤羽《あかば》じゅんこ 作《さく》、きむらよしお 画《が》、福音館書店《ふくいんかんしょてん》

⑰木下順二《きのしたじゅんじ》 作《さく》、赤羽末吉《あかばすえきち》 画《が》、岩波少年文庫《いわなみしょうねんぶんこ》

⑱三田村信行《みたむらのぶゆき》 作《さく》、佐々木《ささき》マキ 絵《え》、理論社《りろんしゃ》

## 友達《ともだち》とけんかしたきみに

P927

⑲古田足日《ふるたたるひ》 作《さく》、長谷川知子《はせがわともこ》 絵《え》、岩崎書店《いわさきしょてん》

⑳内田麟太郎《うちだりんたろう》 作《さく》、降矢《ふりや》なな 絵《え》、偕成社《かいせいしゃ》

㉑後藤竜二《ごとうりゅうじ》 作《さく》、長谷川知子《はせがわともこ》 絵《え》、ポプラ社《しゃ》

㉒小川未明《おがわみめい》 作《さく》、中川貴雄《なかがわたかお》 絵《え》、宮川健郎《みやがわたけお》 編《へん》、はじめてよむ日本《にほん》の名作絵《めいさくえ》どうわ1、岩崎書店《いわさきしょてん》

㉓てらいんく

㉔加瀬健太郎《かせけんたろう》 作《さく》、横山寛多《よこやまかんた》 絵《え》、偕成社《かいせいしゃ》

㉕フィリパ・ピアス 作《さく》、高杉一郎《たかすぎいちろう》 訳《やく》、岩波少年文庫《いわなみしょうねんぶんこ》

㉖吉野真理子《よしのまりこ》 作《さく》、宮尾和孝《みやおかずたか》 絵《え》、Gakken《がっけん》

㉗セシル・デイ＝ルイス 作《さく》、脇明子《わきあきこ》 訳《やく》、岩波少年文庫《いわなみしょうねんぶんこ》

## 泣《な》きたいきみに

P928

㉘石川《いしかわ》えりこ、ポプラ社《しゃ》

㉙ベッテ・ウェステラ 作《さく》、ハルメン・ファン・テトラーテン 絵《え》、野坂悦子《のさかえつこ》 訳《やく》、金《きん》の星社《ほししゃ》

㉚西内《にしうち》ミナミ 作《さく》、真島節子《ましませつこ》 絵《え》、福音館書店《ふくいんかんしょてん》

㉛サンドラ・ポワロ＝シェリフ作《さく》、水橋《みずはし》はな 訳《やく》、新日本《しんにほん》出版社《しゅっぱんしゃ》

㉜フラン・ヌニョ 文《ぶん》、ズザンナ・セレイ 絵《え》、宇野和美《うのかずみ》 訳《やく》、ほるぷ出版《しゅっぱん》

㉝スーザン・バーレイさくえ、小川仁央《おがわひとみ》やく、評論社《ひょうろんしゃ》

㉞ジョーダン・スコット 文《ぶん》、シドニー・スミス 絵《え》、原田《はらだ》勝《まさる》 訳《やく》、偕成社《かいせいしゃ》

㉟宮沢賢治《みやざわけんじ》、宮沢賢治童話全集《みやざわけんじどうわぜんしゅう》Ⅱ、岩崎書店《いわさきしょてん》

㊱安房直子《あわなおこ》、安房直子《あわなおこ》コレクションⅠ、偕成社《かいせいしゃ》

## 一人《ひとり》きりになりたいきみに

P929

㊲作《さく》・中川《なかがわ》ひろたか、絵《え》・高畠那生《たかばたけなお》、文溪堂《ぶんけいどう》

㊳ジーン・W・ピーターソン 作《さく》、デボラ・レイ 絵《え》、土井《どい》美代子《みよこ》 訳《やく》、偕成社《かいせいしゃ》

㊴文《ぶん》 ニコラ・デイビス、絵《え》 ローラ・カーリン、訳《やく》 さくまゆみこ、BL出版《ビーエルしゅっぱん》

㊵村上《むらかみ》しいこ 作《さく》、中田《なかた》いくみ 絵《え》、童心社《どうしんしゃ》

㊶福田隆浩《ふくだたかひろ》、講談社《こうだんしゃ》

㊷ウルフ・スタルク 作《さく》、菱木晃子《ひしきあきらこ》 訳《やく》、堀川理万子《ほりかわりまこ》 絵《え》、小峰書店《こみねしょてん》

㊸那須正幹《なすまさもと》、ポプラ文庫《ぶんこ》

㊹斉藤倫《さいとうりん》、高野文子《たかのふみこ》 画《が》、福音館書店《ふくいんかんしょてん》

㊺村上慧《むらかみさとし》 作《さく》、福音館書店《ふくいんかんしょてん》

## むしゃくしゃしているきみに

P930

㊻谷川俊太郎《たにかわしゅんたろう》詩《し》、瀬川康男《せがわやすお》絵《え》、福音館書店《ふくいんかんしょてん》

㊼小沢正《おざわただし》・文《ぶん》、飯野知好《いいのかずよし》・絵《え》、教育画劇《きょういくがげき》

㊽いとうひろし 作《さく》・絵《え》、講談社《こうだんしゃ》

㊾いとうみく 作《さく》、丹地陽子《たんじようこ》 絵《え》、福音館書店《ふくいんかんしょてん》

㊿おかべりか 作《さく》、福音館書店《ふくいんかんしょてん》

(51)作《さく》・内田麟太郎《うちだりんたろう》、絵《え》・高畠純《たかばたけじゅん》、金《きん》の星社《ほししゃ》

(52)富安陽子《とみやすようこ》 作《さく》、広瀬弦《ひろせげん》 絵《え》、偕成社《かいせいしゃ》

(53)那須正幹《なすまさもと》・作《さく》、前川《まえがわ》かずお・絵《え》、ポプラ社文庫《しゃぶんこ》

(54)夏目漱石《なつめそうせき》、偕成社文庫《かいせいしゃぶんこ》



慣用句 一日《いちじつ》の長《ちょう》 年上《としうえ》の田中《たなか》さんのほうに一日《いちじつ》の長《ちょう》があることを、認《みと》めざるを得《え》ない。

**どくする【毒する】**動 悪《わる》い影響《えいきょう》を与《あた》える。例 青少年《せいしょうねん》を毒する本《ほん》。対 益《えき》する。

**とくせい【特性】**名 そのものだけがもつ特《とく》別《べつ》な性質《せいしつ》。特質《とくしつ》。例 地域《ちいき》の特性。類 特色《とくしょく》。

**とくせい【特製】**名 特別《とくべつ》に作《つく》ること。また、作《つく》ったもの。例 特製品《ひん》。

**どくせい【毒性】**名 毒《どく》のある性質《せいしつ》。例 毒性が強《つよ》い。

**とくせつ【特設】**名 動-する その時《とき》だけ特別《とくべつ》にもうけること。例 特設会場《かいじょう》。

**どくぜつ【毒舌】**名 人《ひと》を傷《きず》つけ、不愉快《ふゆかい》にする言葉《ことば》。例 毒舌をふるう。

**とくせん【特選】**名 ❶特別《とくべつ》に選《えら》ぶこと。例 特選品《ひん》。❷コンクールなどで、特《とく》にすぐれていると認《みと》められること。

**どくせん【独占】**名 動-する 自分《じぶん》だけのものにすること。独《ひと》りじめ。例 クラスの人気《にんき》を独占する。

**どくぜん【独善】**名 自分《じぶん》だけが正《ただ》しいと思《おも》いこむこと。独《ひと》りよがり。

**どくぜんてき【独善的】**形動 自分《じぶん》だけが正《ただ》しいと考《かんが》えているようす。例 彼《かれ》の独善的な考《かんが》え方《かた》には賛成《さんせい》できない。

**どくそ【毒素】**名 物《もの》がくさったりしてできる、毒《どく》を持《も》った物質《ぶっしつ》。体《からだ》に害《がい》になる。

**どくそう【独走】**名 動-する ❶他《ほか》を引《ひ》きはなして、先頭《せんとう》を走《はし》ること。例 首位《しゅい》を独走する。❷独《ひと》りだけ勝手《かって》に行動《こうどう》すること。

**どくそう【独奏】**名 動-する 〔音楽《おんがく》で〕人々《ひとびと》の前《まえ》で、独《ひと》りで演奏《えんそう》すること。ソロ。例 ピアノの独奏。対 合奏《がっそう》。

**どくそう【独創】**名 動-する 人《ひと》のまねでなく、自分《じぶん》の考《かんが》えで新《あたら》しくつくり出《だ》すこと。例 新《あたら》しいアイデアを独創する。

**どくそうてき【独創的】**形動 人《ひと》のまねでなく、新《あたら》しい考《かんが》えでものごとをするようす。例 独創的な考《かんが》え。

**とくそく【督促】**名 動-する 早《はや》くやるように、せきたてること。類 催促《さいそく》。

**ドクター**〔英語 doctor〕名 ❶医者《いしゃ》。❷博士《はくし》。

**とくだい【特大】**名 特別《とくべつ》に大《おお》きいこと。また、そのもの。例 特大のケーキ。

**とくだね【特種】**名 新聞《しんぶん》・雑誌《ざっし》・テレビなどで、ある社《しゃ》だけが、特《とく》に手《て》に入《い》れたニュース。スクープ。「特《とく》ダネ」とも書《か》く。

**どくだみ** 名 日《ひ》かげや、しめった土地《とち》に生《は》える草《くさ》。夏《なつ》、うすい黄色《きいろ》の小《ちい》さな花《はな》が咲《さ》く。臭《にお》いが強《つよ》く、葉《は》や地下茎《ちかけい》は薬《くすり》になる。

〔どくだみ〕

**どくだん【独断】**名 自分《じぶん》だけの考《かんが》えで決《き》めること。例 会長《かいちょう》の独断で中止《ちゅうし》になった。

**どくだんじょう【独壇場】**名 その人《ひと》だけが活躍《かつやく》できる場所《ばしょ》。独《ひと》り舞台《ぶたい》。参考 もともとは、「独擅場《どくせんじょう》」といった。

**とぐち【戸口】**名 建物《たてもの》の出入《でい》り口《ぐち》。

○**とくちょう【特長】**名 特《とく》にすぐれているところ。長所《ちょうしょ》。例 このはさみは、使《つか》いやすいのが特長だ。

○**とくちょう【特徴】**名 特《とく》に目立《めだ》つところ。例 特徴のある声《こえ》。

例解 ⟷ 使い分け

**特長《とくちょう》と特徴《とくちょう》**

選手《せんしゅ》の特長《とくちょう》を生《い》かす。
新製品《しんせいひん》の特長《とくちょう》を宣伝《せんでん》する。

特徴《とくちょう》のある話《はな》し方《かた》。
犯人《はんにん》は目《め》に特徴《とくちょう》がある。

**とくてい【特定】**名 動-する 多《おお》くの中《なか》から、特《とく》にこれと決《き》めること。例 特定の店《みせ》で買《か》う。

**とくてん【特典】**名 特別《とくべつ》の扱《あつか》い。例 学生《がくせい》には割引《わりびき》の特典がある。

**とくてん【得点】**名 動-する 試験《しけん》や試合《しあい》で点《てん》を取《と》ること。また、取《と》った点数《てんすう》。対 失点《しってん》。

**とくと** 副 念《ねん》を入《い》れて。しっかりと。例 この中《なか》をとくとごらんください。

**とくとう【特等】**名 特《とく》にすぐれた等級《とうきゅう》。一《いっ》等《とう》の上《うえ》の級《きゅう》。例 特等席《せき》。

**とくとく【得得】**副(-と) 得意《とくい》になって。例 勝《か》った試合《しあい》のようすを得々と話《はな》す。

○**どくとく【独特】**名 形動 そのものだけが、特別《とくべつ》にもっていること。例 独特な味《あじ》わいがある。類 独自《どくじ》。

**どくどくしい【毒毒しい】** 形 ❶いかにも毒《どく》がありそうだ。❷いかにもにくらしい。例 毒々しい言《い》い方《かた》をする。❸色《いろ》がけばけばしい。どぎつい。例 毒々しい赤《あか》。

◦**とくに【特に】** 副 多《おお》くの中《なか》で、特別《とくべつ》に。とりわけ。例 今日《きょう》は特に寒《さむ》い。

**どくは【読破】** 名 動-する 全部《ぜんぶ》読《よ》んでしまうこと。例 文学全集《ぶんがくぜんしゅう》を読破した。

**とくばい【特売】** 名 動-する 特別《とくべつ》に安《やす》く、物《もの》を売《う》ること。例 特売場《じょう》。

**とくはいん【特派員】** 名 ニュースの取材《しゅざい》のために、外国《がいこく》へ送《おく》られた、新聞社《しんぶんしゃ》や通信社《つうしんしゃ》や放送局《ほうそうきょく》の記者《きしゃ》。

**どくはく【独白】** 名 動-する ❶独《ひと》り言《ごと》。❷劇《げき》で、心《こころ》の中《なか》で思《おも》っていることを、相手《あいて》なしに言《い》うこと。また、そのせりふ。モノローグ。

**とくひつ【特筆】** 名 動-する 特《とく》に取《と》り上《あ》げて、目立《めだ》つように書《か》くこと。例 特筆すべき活躍《かつやく》。

**とくひょう【得票】** 名 動-する 選挙《せんきょ》で票《ひょう》を得《え》ること。また、その票《ひょう》の数《かず》。例 得票率《りつ》。

**どくぶつ【毒物】** 名 体《からだ》の中《なか》に入《はい》ると、命《いのち》をおびやかす危険《きけん》な性質《せいしつ》をもつもの。

◦**とくべつ【特別】** 副 形動 ふつうとはちがっているようす。例 特別な味《あじ》。対 普通《ふつう》。通常《つうじょう》。

**とくべつけいほう【特別警報】** 名 今《いま》までに起《お》きたことがないほどの重大《じゅうだい》な危険《きけん》がせまっているときに気象庁《きしょうちょう》が出《だ》す、住民《じゅうみん》に警戒《けいかい》をうながすための知《し》らせ。例 大雨《おおあめ》特別警報。

**とくべつしえんがっこう【特別支援学校】** 名 障害《しょうがい》がある人《ひと》に対《たい》して、その人《ひと》に合《あ》った助《たす》けを行《おこな》う学校《がっこう》。

**とくべつてんねんきねんぶつ【特別天然記念物】** 名 天然記念物《てんねんきねんぶつ》のうち、特《とく》にめずらしいもの。マリモ・アホウドリなど。

**とくほう【特報】** 名 動-する 特別《とくべつ》に知《し》らせること。例 ニュース特報。

**とくほん【読本】** 名 ❶国語《こくご》の教科書《きょうかしょ》の古《ふる》い言《い》い方《かた》。❷いろいろのことをわかりやすく書《か》いた本《ほん》。どくほん。例 人生《じんせい》読本。文章《ぶんしょう》読本。

**どくみ【毒味・毒見】** 名 動-する 料理《りょうり》の味《あじ》かげんをみること。参考 昔《むかし》、身分《みぶん》の高《たか》い人《ひと》に食事《しょくじ》を出《だ》す前《まえ》に、毒《どく》があるかないかを調《しら》べたところからいう。

**どくむし【毒虫】** 名 毒《どく》を持《も》っている虫《むし》。サソリ・ムカデ・毛虫《けむし》など。

**とくめい【匿名】** 名 名《な》をかくすこと。また、本名《ほんみょう》とは別《べつ》の名《な》を使《つか》うこと。

**とくめい【特命】** 名 特別《とくべつ》の命令《めいれい》や任務《にんむ》。

**とくやく【特約】** 名 動-する 特別《とくべつ》な関係《かんけい》を持《も》って、約束《やくそく》をすること。例 特約店《てん》。

**どくやく【毒薬】** 名 体《からだ》に入《はい》ると、命《いのち》を失《うしな》う危険《きけん》のある薬《くすり》。

**とくゆう【特有】** 名 形動 そのものだけが、特《とく》に持《も》っていること。例 日本《にっぽん》特有の習慣《しゅうかん》。

**とくよう【徳用】** 名 形動 値段《ねだん》の割《わり》に量《りょう》が多《おお》く、得《とく》になること。割安《わりやす》。例 徳用品《ひん》。

**とくり【徳利】** 名 酒《さけ》をいれる入《い》れもの。口《くち》がせまく、中《なか》ほどがふくらんだ、細長《ほそなが》い形《かたち》をしている。とっくり。

◦**どくりつ【独立】** 名 動-する ❶他《ほか》の助《たす》けや支配《しはい》を受《う》けないで、自分《じぶん》の力《ちから》だけでやっていくこと。独《ひと》り立《だ》ち。例 親《おや》から独立する。類 自立《じりつ》。対 従属《じゅうぞく》。❷一《ひと》つだけはなれていること。例 独立した火山《かざん》。

**どくりつぎょうせいほうじん【独立行政法人】** 名 国《くに》の省庁《しょうちょう》の事業《じぎょう》や研究《けんきゅう》に関係《かんけい》する機関《きかん》を、国《くに》から切《き》りはなし、法人《ほうじん》として独立《どくりつ》した組織《そしき》にしたもの。

**どくりつしん【独立心】** 名 人《ひと》にたよらないで、自分《じぶん》でものごとをやろうとする心《こころ》。

■**どくりつどっぽ【独立独歩】** 名 人《ひと》にたよらず、自力《じりき》で信《しん》じる道《みち》を進《すす》んでいくこと。

**どくりょく【独力】** 名 自分独《じぶんひと》りの力《ちから》。自力《じりき》。例 独力でやりとげる。

**とくれい【特例】** 名 特別《とくべつ》な場合《ばあい》。例 今回《こんかい》だけは特例を認《みと》める。

**とぐろ** 名 ヘビが、体《からだ》をうずのように巻《ま》いていること。

**とぐろを巻《ま》く** 用《よう》もない人《ひと》たちが、ある場所《ばしょ》に長《なが》い時間集《じかんあつ》まっている。

**どくろ【髑髏】** 名 長《なが》い年月《ねんげつ》がたったり、風雨《ふうう》にさらされたりして肉《にく》がなくなってしまった頭蓋骨《ずがいこつ》。されこうべ。しゃれこうべ。

✤**どくわ【独話】** 名 動-する ❶独《ひと》り言《ごと》。❷大勢《おおぜい》を前《まえ》にして、一人《ひとり》で話《はなし》をすること。

**とげ** 名 ❶小《ちい》さくて、先《さき》のとがったもの。例



慣用句 一目置《いちもくお》く　師匠《ししょう》のお父《とう》さんも、田中君《たなかくん》の腕前《うでまえ》には一目置《いちもくお》いている。

あいうえお かきくけこ さしすせそ たちつてと なにぬねの はひふへほ まみむめも や ゆ よ らりるれろ わ を ん

指《ゆび》にバラのとげがささった。❷人《ひと》の心《こころ》につきささるもの。例 とげのある言葉《ことば》。

**とけあう【溶°け合°う】** 動 ものがとけて、混《ま》ざり合《あ》う。例 味《あじ》がとけ合っておいしくなった。

**とけあう【解け合う】** 動 たがいに仲《なか》よくなる。例 気持《きも》ちが解け合う。

○**とけい【〈時計〉】** 名 時刻《じこく》を知《し》ったり、時間《じかん》を計《はか》ったりするための器械《きかい》。参考「時計《とけい》」は、特別《とくべつ》に認《みと》められた読《よ》み方《かた》。

**とけいだい【〈時計〉台】** 名 大《おお》きな時計《とけい》をとりつけた、高《たか》い建物《たてもの》。

**とけいまわり【〈時計〉回り】** 名 時計《とけい》の針《はり》と同《おな》じ回《まわ》り方《かた》。右回《みぎまわ》り。

**とけこむ【溶°け込°む】** 動 ❶物《もの》が液体《えきたい》の中《なか》に、とけて混《ま》ざる。❷周《まわ》りの雰囲気《ふんいき》になじむ。例 クラスに溶け込む。

**どげざ【土下座】** 名 動-する 地面《じめん》に正座《せいざ》して、手《て》と頭《あたま》をついておじぎすること。例 土下座してあやまる。

**とげとげしい** 形 言葉《ことば》や態度《たいど》が、人《ひと》の心《こころ》につきささるようだ。

○**とける【溶°ける】** 動 ❶液体《えきたい》などに混《ま》ざって、元《もと》の形《かたち》がなくなる。例 塩《しお》が水《みず》に溶ける。❷固《かた》まっている物《もの》が液体《えきたい》のようになる。例 バターが溶ける。⇩よう【溶】1349ページ

○**とける【解ける】** 動 ❶結《むす》んであるものがはなれる。例 帯《おび》が解ける。❷消《き》える。例 疑《うたが》いが解ける。❸わからなかったことがわかる。例 問題《もんだい》が解ける。❹固《かた》かったものがゆるむ。例 厚《あつ》い氷《こおり》が解ける。❺気持《きも》ちがゆるむ。例 緊張《きんちょう》が解ける。⇩かい【解】194ページ

**とげる【遂°げる】** 動 ❶しようと思《おも》ったことを果《は》たす。例 望《のぞ》みを遂げる。❷そういう結果《けっか》になる。例 進歩《しんぽ》を遂げる。⇩すい【遂】671ページ

**どける** 動 今《いま》ある場所《ばしょ》から、他《ほか》へ移《うつ》す。どかす。例 石《いし》ころをどける。

○**とこ【床°】** 名 ❶ゆか。❷ねどこ。例 床をしく。❸床《とこ》の間《ま》。❹苗《なえ》を育《そだ》てる所《ところ》。例 苗床《なえどこ》。❺川《かわ》の底《そこ》。⇩しょう【床】622ページ

**床《とこ》に就《つ》く** ❶ねどこに入《はい》る。❷病気《びょうき》でねこむ。例 かぜで一週間《いっしゅうかん》も床につく。

**とこ【常△】** 〔ある言葉《ことば》の前《まえ》につけて〕いつも。例 常春《とこはる》。常夏《とこなつ》。⇩じょう【常】625ページ

○**どこ** 代名 わからない場所《ばしょ》をさす言葉《ことば》。どの所《ところ》。例 どこへ行《い》くの。⇩こそあどことば467ページ

**とこあげ【床°上げ】** 名 動-する 病気《びょうき》のあとや、赤《あか》ちゃんを生《う》んだあと、元気《げんき》になって、寝具《しんぐ》を片付《かたづ》けること。また、そのお祝《いわ》い。

**とこう【渡°航】** 名 動-する 船《ふね》や飛行機《ひこうき》で海《うみ》をこえて、外国《がいこく》へ行《い》くこと。

**とこしえ** 名 いつまでも変《か》わらないこと。永久《えいきゅう》。永遠《えいえん》。例 とこしえに幸《さち》あれ。

**どことなく** 副 なんとなく。はっきりしないが。例 どことなく母《はは》に似《に》た人《ひと》。

**とことん** 一名 最後《さいご》の最後《さいご》。例 とことんまで調《しら》べあげる。二副 どこまでも。例 とことんやってみる。

**とこなつ【常△夏】** 名 一年《いちねん》じゅう夏《なつ》のような気候《きこう》であること。例 常夏の島《しま》。

**とこのま【床°の間】** 名 日本《にっぽん》の座敷《ざしき》で、床《ゆか》を一段《いちだん》高《たか》くした所《ところ》。花《はな》やかけじく・置物《おきもの》などをかざる。⇩にほんま991ページ

**どこふくかぜ【どこ吹°く風】** 自分《じぶん》には関係《かんけい》がないことだと、知《し》らん顔《かお》をしているようす。例 いくら注意《ちゅうい》してもどこ吹く風だ。

**どこもかしこも** どこもみんな。

**とこや【床°屋】** 名 髪《かみ》の毛《け》をかったり、ひげをそったりする店《みせ》。理髪店《りはつてん》。

○**ところ【所】** 名 ❶場所《ばしょ》。例 ポストのある所。❷住《す》んでいる場所《ばしょ》。住所《じゅうしょ》。例 所番地《ばんち》を聞《き》く。❸土地《とち》。地方《ちほう》。例 所によって雨《あめ》。❹部分《ぶぶん》。例 首《くび》のところがかゆい。❺最中《さいちゅう》。場面《ばめん》。例 今《いま》調《しら》べているところです。❻その時《とき》。例 出《で》かけるところへ電話《でんわ》がきた。❼点《てん》。例 すなおなところがいい。❽程度《ていど》。範囲《はんい》。例 これくらいのところでやめよう。❾とき。時期《じき》。例 今《いま》のところ元気《げんき》です。❿…したら。例 聞《き》いてみたところ、だれも知《し》らなかった。参考 ふつう❹〜❿は、かな書《が》きにする。⇩しょ【所】618ページ

**所《ところ》変《か》われば品《しな》変《か》わる** 土地《とち》によって、言葉《ことば》や習《なら》わしがちがうものだ。

**どころ** 一助 〔あとに「ない」などの打《う》ち消《け》しの言葉《ことば》をつけて〕…という程度《ていど》であることを

慣用句 一計《いっけい》を案《あん》じる 今度《こんど》こそライバルを攻略《こうりゃく》しようと、一計《いっけい》を案《あん》じて、ひそかに準備《じゅんび》を始《はじ》めた。

表《あらわ》す。例 宿題《しゅくだい》がいっぱいで、テレビどころではない。二〔ある言葉《ことば》のあとにつけて〕❶そのようにすべきところ。ふさわしいところ。例 映画《えいが》の見《み》どころ。勝負《しょうぶ》の決《き》めどころ。❷それを提供《ていきょう》するところ。作《つく》っているところ。例 お食事《しょくじ》どころ。米《こめ》どころ。❸そのような人《ひと》たち。例 中堅《ちゅうけん》どころの社員《しゃいん》。

**°ところが** 一接 そうであるのに。例 友達《ともだち》に電話《でんわ》をかけた。ところが、留守《るす》だった。二助 …が。…けれども。例 行《い》ってみたところが、だれもいなかった。

**どころか** 助 その反対《はんたい》に。逆《ぎゃく》に。例 ほめられるどころか、しかられてしまった。

**ところがき【所書き】** 名 住所《じゅうしょ》を書《か》きつけたもの。また、書《か》きつけられた住所《じゅうしょ》。

**ところかまわず【所構わず】** 副 どんな場所《ばしょ》でも構《かま》わず。所嫌《ところきら》わず。例 所構わずはり紙《がみ》をする。

**ところきらわず【所嫌わず】** 副 ⇩ところかまわず 935ページ

**ところせましと【所狭しと】** 場所《ばしょ》がせまく感《かん》じるくらいにたくさん。例 店《みせ》には、所狭しと特産物《とくさんぶつ》が並《なら》べられている。

**°ところで** 一接 前《まえ》の話《はなし》を打《う》ち切《き》って、別《べつ》の話《はなし》をするときに使《つか》う言葉《ことば》。例 ところで、遠足《えんそく》の件《けん》ですが。二助 …としても。例 走《はし》ったところで、間《ま》に合《あ》わない。

**ところてん** 名 海藻《かいそう》のテングサを煮《に》た汁《しる》を、冷《ひ》やして固《かた》めた食《た》べ物《もの》。細長《ほそなが》くしたものを、しょうゆや、酢《す》・黒《くろ》みつなどで食《た》べる。

**ところどころ【所所】** 名 あちらこちら。例 まだ所々に雪《ゆき》が残《のこ》っている。

**とさ【土佐】** 地名 昔《むかし》の国《くに》の名《な》の一《ひと》つ。今《いま》の高《こう》知県《ちけん》にあたる。

**とさか** 名 ニワトリなどの頭《あたま》の上《うえ》にある、赤《あか》いかんむりのようなもの。雄《おす》のほうが大《おお》きい。

〔とさか〕

**どさくさ** 名 用事《ようじ》や事件《じけん》などで、ごった返《がえ》していること。例 どさくさにまぎれて、こっそりにげ出《だ》す。

**とざす【閉ざす】** 動 ❶閉《し》める。ふさぐ。例 門《もん》を閉ざす。❷閉《と》じこめる。例 山《やま》で、ふぶきに閉ざされる。

**とざま【外様】** 名 江戸時代《えどじだい》、将軍《しょうぐん》の親類《しんるい》でも、元《もと》からの家臣《かしん》でもない、大名《だいみょう》。⇩へい【閉】1172ページ

**とさわん【土佐湾】** 地名 高知県《こうちけん》の南岸《なんがん》、室戸岬《むろとみさき》と足摺岬《あしずりみさき》との間《あいだ》の海《うみ》。

**とざん【登山】** 名 動-する 山《やま》に登《のぼ》ること。山登《やまのぼ》り。例 登山口《ぐち》。対 下山《げざん》。

**とざんか【登山家】** 名 登山《とざん》の専門家《せんもんか》。

**とざんぐち【登山口】** 名 山《やま》の登《のぼ》り口《ぐち》。

**どさんこ【道産子】** 名 ❶北海道産《ほっかいどうさん》の馬《うま》。❷北海道《ほっかいどう》で生《う》まれ育《そだ》った人《ひと》。

**°とし【年】** 名 ❶一年《いちねん》。十二《じゅうに》か月《げつ》。例 年のはじめ。❷年齢《ねんれい》。例 年をとる。❸年月《ねんげつ》。時間《じかん》。例 年のたつのは早《はや》い。

**年《とし》が改《あらた》まる** ❶新《あたら》しい年《とし》になる。❷年号《ねんごう》がかわる。⇩ねん【年】1008ページ

**年《とし》とともに** 年《とし》が過《す》ぎるにつれて。

**年《とし》を越《こ》す** 新《あたら》しい年《とし》をむかえる。例 旅先《たびさき》で年を越す。

**年《とし》を経《へ》る** 何年《なんねん》もたっている。

**°とし【都市】** 名 たくさんの人《ひと》が集《あつ》まり住《す》んでいる大《おお》きな町《まち》。都会《とかい》。

**どじ** 名 形動 間《ま》のぬけた失敗《しっぱい》をするようす。また、その失敗《しっぱい》。へま。〔くだけた言《い》い方《かた》。〕

**どじを踏《ふ》む** ふつうはしない失敗《しっぱい》をする。〔くだけた言《い》い方《かた》。〕例 どじを踏んで恥《は》ずかしい。

**としうえ【年上】** 名 年齢《ねんれい》が、人《ひと》より多《おお》いこと。また、その人《ひと》。年《とし》かさ。対 年下《としした》。

**としおいる【年老いる】** 動 年《とし》をとる。年《とし》寄《よ》りになる。例 年老いた夫婦《ふうふ》。

**としおとこ【年男】** 名 その年《とし》の「えと」と同《おな》じえとの年《とし》に生《う》まれた男《おとこ》の人《ひと》。

**としおんな【年女】** 名 その年《とし》の「えと」と同《おな》じえとの年《とし》に生《う》まれた女《おんな》の人《ひと》。

**としがいもなく【年がいもなく】** 年《ねん》齢《れい》にふさわしくないことをするようす。例 年がいもなく、思《おも》わずどなってしまった。

**としかさ【年かさ】** 名 年齢《ねんれい》が上《うえ》であること。また、その人《ひと》。年上《としうえ》。例 いちばん年かさの人《ひと》。

**としガス【都市ガス】** 名 ガス管《かん》をしいて



慣用句 一糸乱《いっしみだ》れず　練習《れんしゅう》のかいあって、今日《きょう》は一糸乱《いっしみだ》れず、いい演奏《えんそう》ができたと思《おも》います。

供給《きょうきゅう》する、燃料用《ねんりょうよう》のガス。

**としかっこう【年格好】** 名 見《み》てわかる、およその年齢《ねんれい》。例 三十《さんじゅう》ぐらいの年格好の人《ひと》。

**としがみ【年神・歳▲神】** 名 毎年正月《まいとししょうがつ》に、それぞれの家《いえ》にやって来《く》る神《かみ》。例 年神様《さま》にお供《そな》えをする。

**としけいかく【都市計画】** 名 住《す》みよい、立派《りっぱ》な都市《とし》を造《つく》るための計画《けいかく》。交通《こうつう》・道路《どうろ》・住宅《じゅうたく》など、全体《ぜんたい》にわたる計画《けいかく》。

**としご【年子】** 名 同《おな》じ母親《ははおや》から、一年《いちねん》ちがいで生《う》まれたきょうだい。

**としこし【年越し】** 名 動する 前《まえ》の年《とし》を送《おく》って、新年《しんねん》をむかえること。特《とく》に、大《おお》みそかの夜《よる》のこと。

**としこしそば【年越しそば】** 名 大《おお》みそかに食《た》べるそば。

**とじこむ【綴◆じ込む】** 動 とじて一《ひと》つにまとめる。例 書類《しょるい》をとじ込む。

**とじこめる【閉じ込める】** 動 外《そと》へ出《で》られないようにする。例 部屋《へや》に閉じ込める。

**とじこもる【閉じ籠もる】** 動 家《いえ》や部屋《へや》の中《なか》にいて、外《そと》へ出《で》ない。引《ひ》きこもる。

**としごろ【年頃】** 名 ❶だいたいの年齢《ねんれい》。例 年ごろ四十歳《よんじっさい》ぐらいの人《ひと》。❷あることにふさわしい年齢《ねんれい》。例 遊《あそ》びたい年ごろ。

**としした【年下】** 名 年齢《ねんれい》が、人《ひと》より少《すく》ないこと。また、その人《ひと》。対 年上《としうえ》。

**どしつ【土質】** 名 土《つち》の性質《せいしつ》。

**としつき【年月】** 名 年《とし》と月《つき》。長《なが》い間《あいだ》。歳月《さいげつ》。

**どしどし** 副(-と) ものごとがはかどっていくようす。どんどん。例 どしどし働《はたら》く。

**としのいち【年の市】** 名 年《とし》の暮《く》れに、新《しん》年《ねん》のかざり物《もの》などを売《う》る市《いち》。

**としのくれ【年の暮れ】** 名 一年《いちねん》の終《お》わりのころ。年末《ねんまつ》。年《とし》の瀬《せ》。

**としのこう【年の功】** 名 年《とし》をとって、いろいろ経験《けいけん》を積《つ》んで、ものごとがよくわかること。例 亀《かめ》の甲《こう》より年の功。

**としのころ【年の頃】** 名 だいたいの年齢《ねんれい》。例 年のころ四十一《しじゅういち》、二《に》の男《おとこ》。

**としのせ【年の瀬】** 名 一年《いちねん》の終《お》わり。年《ねん》末《まつ》。年《とし》の暮《く》れ。例 年の瀬が迫《せま》ってくる。

**とじまり【戸締まり】** 名 動する 戸《と》をしめて、外《そと》から入《はい》れないようにすること。

**どしゃ【土▲砂】** 名 土《つち》と砂《すな》。

**どしゃくずれ【土▲砂崩れ】** 名 動する 大雨《おおあめ》や地震《じしん》などによって、山《やま》やがけの斜面《しゃめん》がくずれて、多量《たりょう》の土砂《どしゃ》がずり落《お》ちてくること。例 土砂崩れで人家《じんか》に被害《ひがい》が出《で》た。

**どしゃぶり【土▲砂降り】** 名 雨《あめ》が激《はげ》しく降《ふ》ること。例 どしゃ降りの雨《あめ》。

**としゅたいそう【徒手体操】** 名 器械《きかい》を使《つか》わず、何《なに》も持《も》たないでする体操《たいそう》。

✤○**としょ【図書】** 名 本《ほん》。書物《しょもつ》。

**とじょう【途上】** 名 途中《とちゅう》。例 建設《けんせつ》の途上。

**どじょう【土壌】** 名 土《つち》。特《とく》に、田《た》んぼや畑《はたけ》などの、農作物《のうさくぶつ》をそだてる土《つち》。

**どじょう** 名 川《かわ》や沼《ぬま》にすむ、ウナギに似《に》た小《ちい》さい魚《さかな》。体《からだ》がぬるぬるしていて、よくどろの中《なか》にもぐる。↓たんすいぎょ815ページ

✤**としょかん【図書館】** 名 人々《ひとびと》が読《よ》んだり、調《しら》べたりするために、本《ほん》や資料《しりょう》・フィルムなどを集《あつ》めて、備《そな》えてある所《ところ》。

○**としより** 名 一【年寄り】 年《とし》をとった人《ひと》。老人《ろうじん》。二【年寄】 力士《りきし》を引退《いんたい》して、日本相撲《にほんすもう》協会《きょうかい》の役員《やくいん》になった人《ひと》。

**年寄《としよ》りの冷《ひ》や水《みず》** 年寄《としよ》りが自分《じぶん》の年《とし》を気《き》にせず、むちゃなことをするとあぶない、というたとえ。

○**とじる【閉じる】** 動 ❶閉《し》める。ふさぐ。閉《し》まる。例 目《め》を閉じる。❷終《お》わりにする。例 会《かい》を閉じる。対 (❶・❷)開《あ》ける。開《ひら》く。↓へい【閉】1172ページ

○**とじる【綴◆じる】** 動 紙《かみ》などを重《かさ》ね、ひもを通《とお》すなどしてまとめる。例 書類《しょるい》をとじる。

**としん【都心】** 名 都市《とし》の中心《ちゅうしん》になる所《ところ》。特《とく》に、東京都《とうきょうと》の中心部《ちゅうしんぶ》。

**トス**〔英語 toss〕名 動する ボールやコインを軽《かる》く上《あ》げたり投《な》げたりすること。

**どすう【度数】** 名 ❶ものごとの回数《かいすう》。❷角《かく》度《ど》や温度《おんど》を示《しめ》す数《かず》。例 温度計《おんどけい》の度数を見《み》る。

**どすぐろい【どす黒い】** 形 黒《くろ》くて、きたない感《かん》じがする。例 どす黒くにごった水《みず》。

**どせい【土星】** 名 惑星《わくせい》の一《ひと》つ。太陽《たいよう》から六《ろく》番《ばん》めの星《ほし》。小《ちい》さな星《ほし》の集《あつ》まりが周《まわ》りを回《まわ》っているので、輪《わ》に囲《かこ》まれたように見《み》える。↓た

慣用句 一矢《いっし》を報《むく》いる　いつも負《ま》けてばかりだが、今度《こんど》こそ一矢《いっし》を報《むく》いてみせる。

いようけい 783ページ

**どせい【怒声】** 名 おこった声《こえ》。どなり声《ごえ》。

**どせきりゅう【土石流】** 名 山《やま》くずれや大《おお》雨《あめ》などで、土《つち》や石《いし》が川《かわ》のようになって、一気《いっき》に流《なが》れ下《くだ》ってくる現象《げんしょう》。

**とぜつ【途絶】** 名 動する 交通《こうつう》や通信《つうしん》が途中《とちゅう》で切《き》れてしまうこと。

**とそ** 名 新年《しんねん》のお祝《いわ》いに飲《の》むお酒《さけ》。薬草《やくそう》を混《ま》ぜて酒《さけ》やみりんにひたしたもの。おとそ。

**とそう【塗装】** 名 動する ペンキやニスなどをぬったり、ふきつけたりすること。

**どそう【土葬】** 名 動する 死体《したい》を焼《や》かずに、土《つち》の中《なか》にうめてほうむること。

**どぞう【土蔵】** 名 周《まわ》りを、土《つち》などで厚《あつ》くぬり固《かた》めた蔵《くら》。

**どそく【土足】** 名 ❶どろだらけのはだしの足《あし》。❷はき物《もの》を、はいたままの足《あし》。例 土足で部屋《へや》に入《はい》ってくる。

**どだい【土台】** 一 名 ❶建物《たてもの》や橋《はし》などのいちばん下《した》にあって、それを支《ささ》えているもの。基《き》礎《そ》。例 土台石《いし》。❷ものごとのいちばんもとになるもの。基礎《きそ》。例 何事《なにごと》も、土台が大切《たいせつ》だ。二 副 もともと。どう考《かんが》えても。例 どだい無理《むり》な話《はなし》だ。参考 ふつう 二 は、かな書《が》きにする。

**とだえる【途絶える】** 動 続《つづ》いていたものが、途中《とちゅう》で切《き》れる。例 連絡《れんらく》がとだえる。

**とだな【戸棚】** 名 中《なか》に棚《たな》があり、前《まえ》に戸《と》のついた、物《もの》を入《い》れる家具《かぐ》。

**とたん【途端】** 名 ちょうどその時《とき》。そのすぐあと。例 家《いえ》を出《で》たとたんに、夕立《ゆうだち》がきた。

**トタン**〔ポルトガル語〕名 うすい鉄《てつ》の板《いた》に亜鉛《あえん》をめっきして、さびないようにしたもの。例 トタン屋《や》根《ね》。

**どたんば【土壇場】** 名 ものごとが決《き》まろうとする、最後《さいご》のぎりぎりのところ。例 土壇場で逆転《ぎゃくてん》される。類 土俵際《どひょうぎわ》。

**とち【栃】** 画数 9 部首 木（きへん） 4年

音 ―― 訓 とち

筆順 十 木 木 朽 析 栃 栃

落葉樹《らくようじゅ》の、とちのき。参考 栃木県《とちぎけん》。

**とち【栃】** 名 大《おお》きな落葉樹《らくようじゅ》。葉《は》は大《おお》きく、手《て》のひらのような形《かたち》。夏《なつ》の初《はじ》め、白《しろ》い花《はな》をつける。種《たね》は食用《しょくよう》にする。とちのき。

**とち【土地】** 名 ❶つち。大地《だいち》。例 土地を耕《たがや》す。❷地面《じめん》。地所《じしょ》。例 土地を買《か》う。❸その地《ち》方《ほう》。例 土地の人《ひと》。

**とちがら【土地柄】** 名 その土地《とち》の人情《にんじょう》や習《なら》わしのようす。例 旅行者《りょこうしゃ》に親切《しんせつ》な土地柄だ。

**とちぎけん〔栃木県〕** 地名 関東地方《かんとうちほう》の北《ほく》部《ぶ》にある県《けん》。県庁《けんちょう》は宇都宮市《うつのみやし》にある。

**とちのき【栃の木】** 名 ⇩とち【栃】937ページ

**どちゃく【土着】** 名 動する その土地《とち》に長《なが》く住《す》んでいること。根付《ねづ》いていること。

**とちゅう【途中】** 名 ❶ある場所《ばしょ》に行《い》き着《つ》くまでの間《あいだ》。例 学校《がっこう》へ行《い》く途中。❷ものごとが、まだ終《お》わらないうち。例 途中でやめる。

**とちょう【都庁】** 名 東京都庁《とうきょうとちょう》のこと。都《と》民《みん》のために、いろいろな仕事《しごと》をする役所《やくしょ》。関連 道庁《どうちょう》。府庁《ふちょう》。県庁《けんちょう》。

**とちょう【登頂】** 名 動する ⇩とうちょう 914ページ

**どちら** 代名 ❶どの方向《ほうこう》。どこ。例 どちらへおいでですか。❷(二《ふた》つのものを比《くら》べて)どっち。どれ。例 どちらが先《さき》に負《ま》けるか。❸どなた。例 どちらさまですか。⇩こそあどことば 467ページ

**とつ【凸】** 画数 5 部首 凵（うけばこ）

音 トツ 訓 ――

中《なか》ほどがつき出《で》た形《かたち》。でこ。熟語 凹凸《おうとつ》。凸面《とつめん》鏡《きょう》。例 凸《とつ》レンズ。対 凹《おう》。

**とつ【突】** 画数 8 部首 穴（あなかんむり）

音 トツ 訓 つ-く

❶つく。つき当《あ》たる。ぶつかる。熟語 突進《とっしん》。激突《げきとつ》。衝突《しょうとつ》。❷つき出《で》ている。熟語 突起《とっき》。煙《えん》突《とつ》。❸にわかに。急《きゅう》に。熟語 突然《とつぜん》。突風《とっぷう》。

**とっか【特価】** 名 特別安《とくべつやす》い値段《ねだん》。

**どっかい【読解】** 名 動する 文章《ぶんしょう》を読《よ》んで、内容《ないよう》を理解《りかい》すること。

**とっかえひっかえ【取っ替え引っ替え】** 名 動する 次々《つぎつぎ》に取《と》り替《か》えるようす。例 洋服《ようふく》を取っ替え引っ替え試《ため》している。参考



慣用句 居《い》ても立《た》ってもいられない 結果《けっか》の発表《はっぴょう》を、今《いま》か今《いま》かと、居《い》ても立《た》ってもいられない気持《きも》ちで待《ま》った。

「とりかえひきかえ」が変化《へんか》した言葉《ことば》。

**どっかり** 副(-と) ❶重《おも》い物《もの》を置《お》くようす。例どっかりと荷《に》を降《お》ろす。❷重々《おもおも》しく腰《こし》を下《お》ろすようす。例どっかりすわる。

**とっかん【突貫】** 名 休《やす》まずに仕事《しごと》をして、早《はや》く仕上《しあ》げること。例突貫工事《こうじ》。

**とっき【突起】** 名動-する 突《つ》き出《で》ていること。また、突《つ》き出《で》たもの。例突起物《ぶつ》。

**とっき【特記】** 名動-する 特別《とくべつ》に書《か》き出《だ》すこと。また、書《か》いたもの。例特記事項《じこう》。

**とっきゅう【特急】** 名 ❶「特別《とくべつ》急行《きゅうこう》列車《れっしゃ》」の略《りゃく》。主《おも》な駅《えき》だけに止《と》まり、急行列車《れっしゃ》よりも早《はや》く目的地《もくてきち》に着《つ》く列車《れっしゃ》。❷特《とく》に急《いそ》ぐこと。例特急便《びん》。

**とっきょ【特許】** 名 政府《せいふ》が、発明《はつめい》した人《ひと》や会社《かいしゃ》にだけ、それを作《つく》る権利《けんり》を認《みと》めること。特許権《とっきょけん》。パテント。

**ドッキング**〔英語 docking〕名動-する 結《むす》びつくこと。特《とく》に、人工衛星《じんこうえいせい》や、宇宙船《うちゅうせん》どうしが宇宙《うちゅう》で結合《けつごう》すること。

**とつぐ【嫁ぐ】** 動 嫁《よめ》に行《い》く。〔古《ふる》い言《い》い方《かた》。〕例娘《むすめ》を嫁がせる。↓か【嫁】190ページ

**ドック**〔英語 dock〕名 ❶船《ふね》の建造《けんぞう》や手入《てい》れをする設備《せつび》のある所《ところ》。❷↓にんげんドック996ページ

**ドッグ**〔英語 dog〕名 イヌ。例ドッグフード。

**とっくに** 副 ずっと前《まえ》に。とうに。例会議《かいぎ》はとっくに終《お》わった。

**とっくのむかし【とっくの昔】** とうの昔《むかし》。ずっと前《まえ》。〔くだけた言《い》い方《かた》。〕例とっくの昔から知《し》っていた。

**とっくみあい【取っ組み合い】** 名 たがいに組《く》み合《あ》って相手《あいて》をたおそうとすること。例取っ組み合いのけんか。

**とっくり【徳利】** 名 ↓とくり933ページ

**とっくり** 副(-と) 十分《じゅうぶん》。じっくり。例この問題《もんだい》は、とっくりと考《かんが》えよう。

**とっくん【特訓】** 名〔「特別訓練《とくべつくんれん》」の略《りゃく》。〕特別《とくべつ》に行《おこな》う、激《はげ》しい訓練《くんれん》。

**どっけ【毒気】** 名 ↓どくけ924ページ

**とつげき【突撃】** 名動-する 敵《てき》に向《む》かって突《つ》き進《すす》み、一気《いっき》にせめること。

**とっけん【特権】** 名 特別《とくべつ》の権利《けんり》。

**とっこう【特効】** 名 薬《くすり》などの特別《とくべつ》の効《き》き目《め》。例虫《むし》さされに特効がある。

**とっこうやく【特効薬】** 名 その病気《びょうき》や傷《きず》に、特《とく》に効《き》き目《め》のある薬《くすり》。

**とっさ** 名 すぐ。瞬間《しゅんかん》。例とっさの出来事《できごと》。

**どっさり** 副(-と) いっぱいあるようす。たくさん。例魚《さかな》がどっさりつれた。

**ドッジボール**〔英語 dodge ball〕名 ふた組《くみ》に分《わ》かれて、大形《おおがた》のボールを投《な》げ合《あ》い、相手《あいて》の組《くみ》の人《ひと》の体《からだ》に当《あ》てる遊《あそ》び。

**とっしゅつ【突出】** 名動-する ❶つき出《で》ていること。例海《うみ》に突出した半島《はんとう》。❷吹《ふ》き出《だ》すこと。例ガス突出防止《ぼうし》。❸目立《めだ》っていること。例突出した才能《さいのう》。

**とつじょ【突如】** 副 だしぬけに。突然《とつぜん》。例突如ものすごい音《おと》がした。

**どっしり** 副(-と) ❶目方《めかた》の多《おお》いようす。例どっしりとした大《おお》きな机《つくえ》。❷落《お》ち着《つ》いたようす。例どっしりと構《かま》えている。

**とっしん【突進】** 名動-する まっしぐらに突《つ》き進《すす》むこと。例ゴールに突進する。

**°とつぜん【突然】** 副 急《きゅう》に。思《おも》いがけなく。

**とつぜんへんい【突然変異】** 名 親《おや》とはちがった性質《せいしつ》や形《かたち》が突然子《とつぜんこ》に現《あらわ》れ、それが遺伝《いでん》すること。

**とったん【突端】** 名 突《つ》き出《で》た先《さき》。例みさきの突端に灯台《とうだい》がある。

**°どっち** 代名「どちら」のくだけた言《い》い方《かた》。例どっちがよいか。関連あっち。こっち。そっち。

**どっちもどっち** どちらも同《おな》じ程度《ていど》に悪《わる》いこと。例失礼《しつれい》という意味《いみ》ではどっちもどっちだ。

**どっちつかず** 名形動 どちらとも決《き》められないこと。例どっちつかずの返事《へんじ》。

**どっちみち** 副 どちらにしても。結局《けっきょく》は。例どっちみち間《ま》に合《あ》わない。

**とっちめる** 動 強《つよ》くしかる。やっつける。〔くだけた言《い》い方《かた》。〕例今度《こんど》こそ、とっちめてやる。

**とって【取っ手】** 名 道具《どうぐ》についている、手《て》で持《も》つところ。例ドアの取っ手。

**とって** ❶…を中心《ちゅうしん》に考《かんが》えてみると。例わたしにとってだいじな人《ひと》。❷年齢《ねんれい》を数《かぞ》えれば。例当年《とうねん》とって十五歳《じゅうごさい》。

慣用句 茨《いばら》の道《みち》　地区優勝《ちくゆうしょう》はたやすいことではない。まだまだ茨《いばら》の道《みち》が続《つづ》く。

**とってい**【突堤】名 海《うみ》や川《かわ》につき出《で》るように作《つく》った、細長《ほそなが》い堤防《ていぼう》。

**とっておき**【取って置き】名 だいじにしまっておいたもの。とっとき。例 取って置きの話《はなし》。

**とってかえす**【取って返す】動 すぐさま引《ひ》き返《かえ》す。例 学校《がっこう》から取って返す。

**とってかわる**【取って代わる】動 ある人《ひと》に代《か》わって、その立場《たちば》・地位《ちい》を手《て》に入《い》れる。例 ロボットが人間《にんげん》に取って代わる。

**とってつけたよう**【取って付けたよう】わざとらしくて、不自然《ふしぜん》なようす。例 取って付けたような挨拶《あいさつ》。

**どっと** 副 ❶（大勢《おおぜい》の人《ひと》が）いっしょに。例 友達《ともだち》がどっと笑《わら》った。❷（大量《たいりょう》の物《もの》や人《ひと》が）一度《いちど》に。例 水《みず》がどっと流《なが》れてきた。❸（体《からだ》の状態《じょうたい》が）急《きゅう》に。例 どっとつかれが出《で》た。

**ドット**〔英語 dot〕名 ❶点《てん》。❷水玉《みずたま》模様《もよう》。❸メールアドレスやURLの「.co」の「.」のこと。❹コンピューターの画面《がめん》を構成《こうせい》する点《てん》。

**とっとと** 副 さっさと。急《いそ》いで。例 とっとと行《い》きなさい。

**とっとりけん**〔鳥取県〕地名 中国地方《ちゅうごくちほう》の北東部《ほくとうぶ》、日本海《にほんかい》に面《めん》する県《けん》。県庁《けんちょう》は鳥取市《とっとりし》にある。

**とつにゅう**【突入】名 動-する 勢《いきお》いよく中《なか》に入《はい》ること。例 敵陣《てきじん》に突入する。

**とっぱ**【突破】名 動-する ❶突《つ》き破《やぶ》ること。例 囲《かこ》みを突破する。❷数量《すうりょう》が、ある境《さかい》をこえること。例 人口《じんこう》が一億《いちおく》を突破した。

**とっぱつ**【突発】名 動-する 事件《じけん》などが急《きゅう》に起《お》こること。例 突発事故《じこ》。

**とっぴ**【突飛】形動 考《かんが》えつかないほど変《か》わっているようす。例 とっぴな話《はなし》。

**とっぴょうしもない**【突拍子もない】❶調子《ちょうし》が外《はず》れているようす。例 突拍子もない声《こえ》。❷ふつうとはひどくちがっているようす。とっぴ。例 突拍子もない意見《いけん》。

**トッピング**〔英語 topping〕名 動-する 食《た》べ物《もの》の上《うえ》に、味《あじ》つけやかざりのために何《なに》かを乗《の》せること。また、その乗《の》せたもの。例《たと》えば、ピザに乗《の》せるさまざまな具《ぐ》など。

**トップ**〔英語 top〕名 ❶先頭《せんとう》。真《ま》っ先《さき》。一番《いちばん》。例 トップニュース。トップを切《き》る。対 ラスト。❷会社《かいしゃ》や団体《だんたい》・組織《そしき》などの、いちばん上《うえ》の人《ひと》。❸新聞《しんぶん》などのページでいちばん目立《めだ》つところ。例 トップ記事《きじ》。

**とっぷう**【突風】名 急《きゅう》にふく強《つよ》い風《かぜ》。

**トップダウン**〔英語 top-down〕名 会社《かいしゃ》などで、地位《ちい》の高《たか》い人《ひと》の意思《いし》や命令《めいれい》を、低《ひく》い人《ひと》に伝《つた》えて実行《じっこう》させるやり方《かた》。対 ボトムアップ。

**とっぷり** 副（-と）すっかり。全部《ぜんぶ》。例 日《ひ》がとっぷりと暮《く》れた。

**とつめんきょう**【凸面鏡】名 真《ま》ん中《なか》の部分《ぶぶん》が丸《まる》く盛《も》り上《あ》がった形《かたち》の鏡《かがみ》。広《ひろ》い範囲《はんい》が映《うつ》るので、バックミラーなどに使《つか》われる。対 凹面鏡《おうめんきょう》。

**とつレンズ**【凸レンズ】名 真《ま》ん中《なか》が厚《あつ》くなっているレンズ。小《ちい》さなものが大《おお》きく見《み》えるので、虫《むし》めがねや顕微鏡《けんびきょう》に使《つか》われる。対 凹《おう》レンズ。⬇レンズ 1408ページ

**どて**【土手】名 川《かわ》の岸《きし》などに沿《そ》って、土《つち》を積《つ》み上《あ》げた所《ところ》。堤《つつみ》。堤防《ていぼう》。

**とてつもない** ふつうでは考《かんが》えられない。とほうもない。例 とてつもない大《おお》きな計画《けいかく》。

**◦とても** 副 ❶どうしても。例 とても勝《か》てない。❷たいへんに。例 今日《きょう》は、とてもよい天気《てんき》だ。注意 ❶は、あとに「ない」などの打《う》ち消《け》しの言葉《ことば》がくる。参考「とっても」ともいう。

**どてら** 名 中《なか》に綿《わた》が入《はい》った大《おお》きめの着物《きもの》。寒《さむ》いときや寝《ね》るときに着《き》る。

**とど**【鯔】名 魚《さかな》のボラが成長《せいちょう》したもの。ボラは出世魚《しゅっせうお》とよばれ、成長《せいちょう》するにしたがって、オボコ、イナ、ボラと名《な》を変《か》え、最後《さいご》には、トドと呼《よ》ばれる。

**とどのつまり** 結局《けっきょく》は。例 とどのつまりは一点差《いってんさ》で負《ま》けた。参考 ボラが、最後《さいご》にはトドと呼《よ》ばれることから。

**とど** 名 アシカの仲間《なかま》で、海《うみ》にすむ動物《どうぶつ》。体《からだ》が大《おお》きく、三《さん》メートルくらいになる。北太平洋《きたたいへいよう》にいる。

**ととう**【徒党】名 よくないことをするために集《あつ》まった仲間《なかま》。例 徒党を組《く》む。

**どとう**【怒濤】名 ❶あれくるう大波《おおなみ》。❷（「怒濤《どとう》の」の形《かたち》で）ものすごい勢《いきお》いの。例 ど



慣用句 芋《いも》を洗《あら》うよう　炎天下《えんてんか》、市民《しみん》プールは涼《りょう》を求《もと》める人《ひと》で、芋《いも》を洗《あら》うようなありさまだった。

## 例解 ！ 表現の広場

### 届《とど》くと着《つ》くと至《いた》るのちがい

| | 届《とど》く | 着《つ》く | 至《いた》る |
|---|---|---|---|
| 母《はは》からの手紙《てがみ》が | ○ | ○ | × |
| 高《たか》い所《ところ》に手《て》が | ○ | × | × |
| 父《ちち》は五時《ごじ》に駅《えき》に | × | ○ | × |
| 山頂《さんちょう》に | × | ○ | ○ |
| この道《みち》は京都《きょうと》に | × | × | ○ |

とうの攻撃《こうげき》。

**とどうふけん【都道府県】** 名 全国《ぜんこく》を四七に分《わ》けた区画《くかく》。東京都《とうきょうと》・北海道《ほっかいどう》・大阪府《おおさかふ》・京都府《きょうとふ》と、四三の県《けん》。

**とどく【届く】** 動 ❶送《おく》った物《もの》が着《つ》く。例 手紙《てがみ》が届く。❷のばしたものが、つく。例 棚《たな》に手《て》が届く。❸行《い》きわたる。例 注意《ちゅうい》が届く。❹願《ねが》いなどがかなう。例 思《おも》いが届く。↓とどける【届】940ページ

**とどけ【届け】** 名 ❶届《とど》けること。例 届けを済《す》ませる。❷役所《やくしょ》・会社《かいしゃ》・学校《がっこう》などに申《もう》し出《で》る、書《か》き付《つ》け。例 欠席届《けっせきとどけ》。注意「欠席届《けっせきとどけ》」などにはふつう、送《おく》りがなをつけない。

**とどける【届】** 画数 8 部首 尸（しかばね） 6年

音 ——　訓 とど-ける　とど-く

筆順 届 届 届 届 届 届 届 届

相手《あいて》にわたす。

**とどける【届ける】** 動 ❶持《も》って行《い》ったり送《おく》ったりして、相手《あいて》にわたす。例 注文品《ちゅうもんひん》を届ける。❷役所《やくしょ》・会社《かいしゃ》・学校《がっこう》などに、申《もう》し出《で》る。例 警察《けいさつ》に落《お》とし物《もの》を届ける。

**とどこおりなく【滞りなく】** つかえることなく、すらすらと。例 開会式《かいかいしき》が滞りなくすんだ。

**とどこおる【滞る】** 動 ❶つかえて先《さき》に進《すす》まない。例 仕事《しごと》が滞る。❷はらっていないお金《かね》がたまる。例 会費《かいひ》が滞る。↓たい【滞】768ページ

**ととのう【調う】△** 動 ❶必要《ひつよう》なものが、すべてそろう。例 大工道具《だいくどうぐ》が調った。❷まとまる。例 商談《しょうだん》が調う。↓ちょう【調】837ページ

**ととのう【整う】** 動 ❶きちんとしている。乱《みだ》れたところがなくなる。例 文章《ぶんしょう》が整っている。❷用意《ようい》ができる。そろう。例 お祭《まつ》りの準備《じゅんび》が整った。↓せい【整】700ページ

**ととのえる【調える】△** 動 ❶必要《ひつよう》なものをそろえる。例 遠足《えんそく》に必要《ひつよう》なものを調える。❷まとめる。例 交渉《こうしょう》を調える。❸ほどよくかげんをする。例 ギターの音《おと》を調える。スープの味《あじ》を調える。↓ちょう【調】837ページ

**ととのえる【整える】** 動 ❶きちんとする。乱《みだ》れのないようにする。例 列《れつ》を整える。服装《ふくそう》を整える。❷手《て》ぬかりのないようにする。例 準備《じゅんび》を整える。↓せい【整】700ページ

**とどまる** 動 ❶そこを動《うご》かないでいる。例 島《しま》にとどまる。❷それだけに終《お》わる。例 意《い》見《けん》を述《の》べるにとどまる。

## 例解 ⟷ 使い分け

### 調《ととの》えると整《ととの》える

家具《かぐ》を調《ととの》える。
味《あじ》を調《ととの》える。

準備《じゅんび》を整《ととの》える。
言葉《ことば》を整《ととの》える。
体《からだ》の調子《ちょうし》を整《ととの》える。

**とどめ** 名 人《ひと》や動物《どうぶつ》ののどや心臓《しんぞう》をさして、息《いき》の根《ね》を止《と》めること。

**とどめを刺《さ》す** ❶殺《ころ》して息《いき》の根《ね》を止《と》める。❷徹底的《てっていてき》にやっつける。❸それがいちばんよい。例 秋《あき》は紅葉《こうよう》にとどめをさす。

**とどめる** 動 ❶同《おな》じ所《ところ》から動《うご》かさない。例 足《あし》をとどめて、立《た》ち話《ばなし》をする。❷やめる。中止《ちゅうし》する。例 筆《ふで》をとどめる。❸あとに残《のこ》す。例 記録《きろく》にとどめる。❹…するだけにする。例 注意《ちゅうい》をするにとどめる。

**とどろかす【轟かす】** 動 ❶鳴《な》りひびかせる。例 飛行機《ひこうき》が、爆音《ばくおん》をとどろかせて飛《と》び去《さ》った。❷広《ひろ》く世《よ》の中《なか》に知《し》らせる。例 作曲《さっきょく》家《か》として名《な》をとどろかす。❸心臓《しんぞう》をどきどきさせる。例 胸《むね》をとどろかす。

**とどろく【轟く】** 動 ❶音《おと》がひびきわたる。

慣用句　いや応《おう》なしに　父《ちち》の言《い》いつけには、いや応《おう》なしに従《したが》わなければならなかった。

例 雷鳴《らいめい》がとどろく。❷世《よ》の中《なか》によく知《し》れわたる。例 その名《な》は世界《せかい》にとどろいている。❸心臓《しんぞう》がどきどきする。

**ドナー**〔英語 donor〕名（移植手術《いしょくしゅじゅつ》のときの）臓器《ぞうき》や組織《そしき》を提供《ていきょう》する人《ひと》。

**ドナウがわ**〚ドナウ川《かわ》〛地名 ヨーロッパを東《ひがし》に流《なが》れる大《おお》きな川《かわ》。ドイツ南部《なんぶ》からオーストリア・ハンガリーなどを通《とお》って黒海《こっかい》に注《そそ》ぐ。ダニューブ川《がわ》ともいう。

**となえる【唱える】**動 ❶大声《おおごえ》で言《い》う。例 ばんざいを唱える。❷節《ふし》をつけて読《よ》む。例 お経《きょう》を唱える。❸先《さき》に立《た》って、意見《いけん》を言《い》う。例 平和《へいわ》を唱える。↓しょう【唱】621ページ

**トナカイ**〔アイヌ語〕名 北半球《きたはんきゅう》の寒《さむ》い地方《ちほう》にすむ動物《どうぶつ》。体《からだ》はシカに似《に》て長《なが》い枝《えだ》のような角《つの》を持《も》つ。そりを引《ひ》かせるために使《つか》う。

〔トナカイ〕

○**どなた** 代名「だれ」を敬《うやま》っていう言葉《ことば》。例 今《いま》の方《かた》は、どなたですか。

○**となり【隣】**名 ❶すぐ横《よこ》に並《なら》んでいる人《ひと》や物《もの》。例 隣の席《せき》。❷すぐ横《よこ》の家《いえ》。例 それは、隣の犬《いぬ》です。↓りん【隣】1396ページ

**隣《となり》の芝生《しばふ》は青《あお》い**〔隣《となり》の庭《にわ》の芝生《しばふ》は、自分《じぶん》の庭《にわ》の芝生《しばふ》より美《うつく》しく見《み》えるように〕他人《たにん》のものは何《なん》でも、自分《じぶん》のものよりよく見《み》える。参考「隣《となり》の花《はな》は赤《あか》い」ともいう。

**となりあわせ【隣り合わせ】**名 ❶隣《となり》どうしであること。例 隣り合わせに座《すわ》る。❷近《ちか》い関係《かんけい》にあること。例 危険《きけん》と隣り合わせの任務《にんむ》。

**となりぐみ【隣組】**名 第二次世界大戦中《だいにじせかいたいせんちゅう》につくられた、地域《ちいき》ごとの小《ちい》さな組織《そしき》。

**どなりたてる【怒鳴り立てる】**動 大声《おおごえ》を出《だ》して言《い》う。例 マイクでどなり立てる。

○**どなる【怒鳴る】**動 ❶大声《おおごえ》でさけぶ。わめく。例 どならなくても聞《き》こえるよ。❷大声《おおごえ》でしかる。例 父《ちち》は弟《おとうと》をどなりつけた。

○**とにかく** 副 他《ほか》のことは、あとにして。ともかく。例 とにかく、やってみよう。

**とにもかくにも** 副「とにかく」を強《つよ》めた言《い》い方《かた》。何《なに》かがあるとしても。

**とねがわ**〚利根川〛地名 関東平野《かんとうへいや》を流《なが》れ、千葉県《ちばけん》の銚子《ちょうし》で太平洋《たいへいよう》に注《そそ》ぐ、日本《にっぽん》で二番《にばん》めに長《なが》い川《かわ》。坂東太郎《ばんどうたろう》ともいう。

**との【殿】**名 君主《くんしゅ》や、身分《みぶん》の高《たか》い人《ひと》を敬《うやま》って呼《よ》ぶ言葉《ことば》。↓でん【殿】892ページ

**との**〔ある言葉《ことば》のあとにつけて〕…という。例 明日《あす》は休《やす》むとのことでした。

**どの【殿】**書類《しょるい》や手紙《てがみ》で、相手《あいて》の名前《なまえ》や役目《やくめ》の下《した》につけて、敬《うやま》う気持《きも》ちを表《あらわ》す言葉《ことば》。例 PＴＡ《ピーティーエー》会長《かいちょう》殿。参考 ふつうは、「様《さま》」を使《つか》う。「殿《どの》」は、公式《こうしき》の場合《ばあい》に使《つか》うことが多《おお》い。↓でん【殿】892ページ

○**どの** 連体 たくさんあって、一《ひと》つに決《き》められないときに言《い》う言葉《ことば》。例 どの本《ほん》を読《よ》もうかな。↓こそあどことば 467ページ

**どのう【土嚢】**名 土《つち》をつめたふくろ。洪水《こうずい》のときなどに積《つ》んで、水《みず》を防《ふせ》いだりする。

**とのさま【殿様】**名 江戸時代《えどじだい》に、大名《だいみょう》や旗本《はたもと》を敬《うやま》って呼《よ》んだ、呼《よ》び名《な》。

**とのさまがえる** 名 水田《すいでん》や池《いけ》・沼《ぬま》に多《おお》くすむカエル。背中《せなか》はうす茶色《ちゃいろ》で、黒《くろ》い筋《すじ》がまだらにある。↓かえる（蛙）210ページ

**とは**〔ある言葉《ことば》のあとにつけて〕❶…というのは。例 卒業《そつぎょう》とは出発《しゅっぱつ》でもある。❷…なんて。例 百円《ひゃくえん》とは安《やす》い。

**とはいえ【とは言え】**一 接 そうは言《い》っても。例 地震《じしん》は収《おさ》まった。とはいえ、まだ心配《しんぱい》だ。二〔ある言葉《ことば》のあとにつけて〕いくら…だといっても。例 春《はる》とはいえ、まだ寒《さむ》い。

**どばし【土橋】**名 木《き》で造《つく》り、上《うえ》に土《つち》をかぶせた橋《はし》。

○**とばす【飛ばす】**一 動 ❶飛《と》ぶようにする。例 風船《ふうせん》を飛ばす。❷散《ち》らす。例 泥《どろ》を飛ばす。❸走《はし》らせる。例 車《くるま》を飛ばす。❹間《あいだ》をぬいて、先《さき》に進《すす》む。例 一《ひと》つ飛ばして、次《つぎ》の問題《もんだい》に移《うつ》る。❺言《い》いふらす。例 デマを飛ばす。二〔ある言葉《ことば》のあとにつけて〕勢《いきお》いよく…する。例 投《な》げ飛ばす。↓ひ【飛】1079ページ

**とばっちり** 名 そばにいたために、思《おも》わぬ災《わざわ》いを受《う》けること。例 とばっちりをくう。類 巻《ま》き添《ぞ》え。

**とび** 名 ❶タカの一種《いっしゅ》。くちばしの曲《ま》がった、

慣用句 入《い》れ替《か》わり立《た》ち替《か》わり　何人《なんにん》もの人《ひと》が入《い》れ替《か》わり立《た》ち替《か》わり演説《えんぜつ》をして、みんなにうったえかけた。

あいうえお かきくけこ さしすせそ たちつて と なにぬねの はひふへほ まみむめも やゆよ らりるれろ わをん

こげ茶色《ちゃいろ》の鳥《とり》。大空《おおぞら》を、輪《わ》をえがきながら飛《と》ぶ。とんび。❷⬇とびしょく942ページ

**とびがたかを生《う》む** 平凡《へいぼん》な親《おや》から、優《すぐ》れた子《こ》が生《う》まれることのたとえ。とんびがたかを生《う》む。

**とびあがる【飛び上がる】** 動 飛《と》んで高《たか》く上《あ》がる。例 ヘリコプターが飛び上がる。

**とびあがる【跳び上がる】** 動 はねておどり上《あ》がる。例 跳び上がって喜《よろこ》ぶ。

**とびあるく【飛び歩く・跳び歩く】** 動 方々《ほうぼう》へ行《い》く。いそがしく歩《ある》き回《まわ》る。

**とびいし【飛び石】** 名 ❶庭《にわ》などに、とびとびに並《なら》べて、わたって行《い》けるようにしてある石《いし》。例 飛び石づたいに歩《ある》く。❷短《みじか》い間《あいだ》をおいて続《つづ》くこと。例 飛び石連休《れんきゅう》。

**とびいり【飛び入り】** 名 動する 予定《よてい》していなかった人《ひと》が、突然《とつぜん》仲間《なかま》に入《はい》ること。また、その人《ひと》。

**とびいろ【とび色】** 名 トビの羽《はね》のような色《いろ》。茶褐色《ちゃかっしょく》。例 とび色の目《め》。

**とびうお【飛魚】** 名 大《おお》きな胸《むな》びれを広《ひろ》げて、海上《かいじょう》を飛《と》ぶ魚《さかな》。おもに日本《にっぽん》の南《みなみ》の海《うみ》に、群《む》れを作《つく》ってすむ。⬇だんりゅうぎょ818ページ

**とびおきる【飛び起きる】** 動 勢《いきお》いよく起《お》きる。急《きゅう》に起《お》きる。

**とびおりる【飛び降りる】** 動 ❶高《たか》い所《ところ》から飛《と》んで降《お》りる。例 二階《にかい》から飛び降りる。❷動《うご》いているものから飛《と》んで降《お》りる。

**とびかう【飛び交△う】** 動 あちこち入《い》り乱《みだ》れて飛《と》ぶ。例 ホタルが飛びかう。

**とびかかる【飛び掛かる】** 動 勢《いきお》いよく相手《あいて》に飛《と》びつく。

**とびきゅう【飛び級】** 名 動する 成績《せいせき》のすぐれた人《ひと》が、学年《がくねん》を飛《と》び越《こ》えて進級《しんきゅう》・進学《しんがく》すること。

**とびきり** 副 飛《と》びぬけているようす。とびっきり。例 とびきり上手《じょうず》。

**とびぐち【とび口】** 名 棒《ぼう》の先《さき》に、トビのくちばしのような鉄《てつ》のかぎをつけた道具《どうぐ》。木《き》を運《はこ》ぶときなどに使《つか》う。

〔とびぐち〕

**とびこみ【飛び込み】** 名 ❶水中《すいちゅう》に飛《と》びこむこと。また、その競技《きょうぎ》。❷突然《とつぜん》訪《たず》ねること。また、起《お》こること。例 飛び込みの客《きゃく》。

**とびこむ【飛び込む】** 動 ❶勢《いきお》いよく入《はい》る。例 池《いけ》に飛び込む。❷突然《とつぜん》入《はい》りこむ。例 交番《こうばん》に飛び込む。❸自分《じぶん》から進《すす》んで入《はい》る。例 困難《こんなん》な仕事《しごと》に飛び込む。

**とびしょく【とび職】** 名 土木工事《どぼくこうじ》や建築《けんちく》工事《こうじ》などで、足場《あしば》の組《く》み立《た》てや、くい打《う》ちなどの仕事《しごと》をする人《ひと》。とび。

**とびだす【飛び出す】** 動 ❶勢《いきお》いよく外《そと》へ出《で》る。例 犬《いぬ》が飛び出す。❷外《そと》につき出《で》る。例 くぎが飛び出している。❸よそに行《い》ってしまう。例 家《いえ》を飛び出した。

**とびたつ【飛び立つ】** 動 ❶飛《と》んで、そこからはなれる。例 飛行機《ひこうき》が飛び立つ。❷心《こころ》がうきうきする。例 飛び立つ思《おも》い。

**とびち【飛び地】** 名 ほかの区画《くかく》の中《なか》に、はなれてある地区《ちく》。

**とびちる【飛び散る】** 動 勢《いきお》いよく飛《と》んで、あちこちに散《ち》らばる。例 火花《ひばな》が飛び散る。

**とびつく【飛び付く】** 動 ❶勢《いきお》いよくだきつく。例 子《こ》どもが母親《ははおや》に飛びつく。❷飛《と》び上《あ》がって手《て》でつかむ。例 枝《えだ》に飛びつく。❸心《こころ》がひかれて手《て》を出《だ》す。例 うまい話《はなし》に飛びつく。

**トピック**〔英語 topic〕名 話題《わだい》。話題《わだい》になるような出来事《できごと》。トピックス。

**とびどうぐ【飛び道具】** 名 遠《とお》くから敵《てき》をうつ武器《ぶき》。弓矢《ゆみや》・鉄砲《てっぽう》など。

**とびぬける【飛び抜ける】** 動 他《ほか》と比《くら》べて目立《めだ》っている。例 飛び抜けて強《つよ》い。

**とびのく【飛びのく】** 動 急《きゅう》に体《からだ》をかわして、よける。例 びっくりして、飛びのく。

**とびのる【飛び乗る】** 動 ❶勢《いきお》いよく飛《と》び上《あ》がって乗《の》る。例 馬《うま》の背中《せなか》に飛び乗る。❷急《いそ》いで乗《の》り物《もの》に乗《の》り込《こ》む。例 あわてて電車《でんしゃ》に飛び乗った。

**とびばこ【跳び箱】** 名 体操用具《たいそうようぐ》の一《ひと》つ。木《き》のわくを重《かさ》ねた箱形《はこがた》の台《だい》。はずみをつけてとびこしたりする。

**とびはなれる【飛び離れる】** 動 ❶遠《とお》く離《はな》れている。❷非常《ひじょう》にちがいがある。例 飛び離れて成績《せいせき》がいい。

慣用句 色《いろ》を失《うしな》う 交通事故《こうつうじこ》のむざんな現場《げんば》を目《め》の前《まえ》にして、色《いろ》を失《うしな》った。

**とびひ**【飛び火】㊀名 動-する ❶火事《かじ》のとき、火《ひ》の粉《こ》が飛《と》ぶこと。また、燃《も》え移《うつ》ること。❷思《おも》いがけないほうに、事件《じけん》が広《ひろ》がること。例事件《じけん》が飛び火する。㊁名 子《こ》どもにできやすい皮膚病《ひふびょう》の一種《いっしゅ》。

**とびまわる**【飛び回る】動 ❶あちらこちらと空中《くうちゅう》を飛《と》ぶ。例ミツバチが飛び回る。❷地上《ちじょう》を走《はし》り回《まわ》る。例原《はら》っぱを飛び回る。❸いそがしく方々《ほうぼう》を歩《ある》き回《まわ》る。かけ回《まわ》る。例仕事《しごと》で飛び回っている。

**とびまわる**【跳び回る】°動 はね回《まわ》る。例喜《よろこ》んで、部屋《へや》じゅうを跳び回る。

**どひょう**【土俵】名 ❶土《つち》をつめた俵《たわら》。❷すもうをとる所《ところ》。例土俵入《い》り。

**どひょうぎわ**【土俵際】△名 ❶すもうの土《ど》俵《ひょう》で、内《うち》と外《そと》の境《さかい》。例力士《りきし》が土俵際でふんばる。❷ものごとの決着《けっちゃく》がつく瀬戸際《せとぎわ》。類土壇場《どたんば》。

**とびら**【扉】°名 ❶開《ひら》き戸《ど》の戸《と》。ドア。❷本《ほん》の表紙《ひょうし》の次《つぎ》の、本《ほん》の名前《なまえ》などを書《か》いたページ。例文集《ぶんしゅう》の扉。↓ひ【扉】1080ページ

**どびん**【土瓶】°名 お茶《ちゃ》をいれるのに使《つか》う、つるのついた陶器《とうき》の入《い》れ物《もの》。

°**とぶ**【飛ぶ】動 ❶空中《くうちゅう》を進《すす》む。例鳥《とり》が飛ぶ。❷飛行機《ひこうき》で行《い》く。例アメリカへ飛ぶ。❸飛《と》び散《ち》る。例火花《ひばな》が飛ぶ。❹早《はや》く行《い》く。走《はし》る。例飛んで帰《かえ》る。❺間《あいだ》をぬかして先《さき》に進《すす》む。例ページが飛んでいる。飛び石《いし》。❻うわさなどが広《ひろ》まる。例デマが飛ぶ。❼遠《とお》くへにげる。例犯人《はんにん》は外国《がいこく》に飛んだらしい。❽急《きゅう》に切《き》れる。例ヒューズが飛ぶ。↓ひ【飛】1079ページ

°**とぶ**【跳ぶ】動 ❶とびこえる。例とび箱《ばこ》を跳ぶ。❷はねる。例ウサギがぴょんぴょん跳ぶ。↓ちょう【跳】838ページ

**どぶ** 名 みぞ。下水《げすい》。例どぶそうじ。

**とぶくろ**【戸袋】°名 雨戸《あまど》などの引《ひ》き戸《ど》をしまうために、縁側《えんがわ》や窓《まど》の敷居《しきい》の端《はし》につくられた囲《かこ》い。

**とぶとりをおとすいきおい**【飛ぶ鳥を落とす勢い】 勢《いきお》いが非常《ひじょう》に盛《さか》んなようす。例あの会社《かいしゃ》は急成長《きゅうせいちょう》して、今《いま》や飛ぶ鳥を落とす勢いだ。

**とべい**【渡米】°名 動-する アメリカへ行《い》くこと。

**どべい**【土塀】°名 土《つち》で作《つく》ったへい。

**とほ**【徒歩】名 乗《の》り物《もの》に乗《の》らないで、歩《ある》くこと。例徒歩で五分《ごふん》ほどの道《みち》のり。

**とほ**〖杜甫〗人名（男）（七一二～七七〇）昔《むかし》の中国《ちゅうごく》、唐《とう》の詩人《しじん》。人々《ひとびと》の苦《くる》しみをうたった詩《し》を多《おお》く残《のこ》した。

**とほうにくれる**【途方に暮れる】° どうしたらよいか、わからなくなる。困《こま》りきる。例失敗続《しっぱいつづ》きで途方に暮れた。

**とほうもない**【途方もない】° ❶とんでもない。例途方もない大《おお》うそ。❷並外《なみはず》れている。例途方もない計画《けいかく》。

**どぼく**【土木】名「土木工事《どぼくこうじ》」の略《りゃく》。例土木技師《ぎし》。

**どぼくこうじ**【土木工事】名 木材《もくざい》や石《いし》、鉄《てつ》などを使《つか》って、橋《はし》・鉄道《てつどう》・道路《どうろ》・水道《すいどう》・河川《かせん》などを造《つく》ったり修理《しゅうり》したりする工事《こうじ》。

**とぼける** 動 ❶わざと知《し》らないふりをする。しらばくれる。例聞《き》かれてもとぼけている。❷まのぬけたようなことを言《い》ったり、したりする。例とぼけて、人《ひと》を笑《わら》わせる。

**とぼしい**【乏しい】°形 少《すく》ない。足《た》りない。例材料《ざいりょう》が乏しい。↓ぼう【乏】1192ページ

**とぼとぼ** 副(-と) 元気《げんき》なく歩《ある》くようす。例日《ひ》暮《ぐ》れの道《みち》を、とぼとぼ帰《かえ》る。

**どま**【土間】名 家《いえ》の中《なか》の、床《ゆか》のない、地面《じめん》のままの所《ところ》。例農家《のうか》の土間。

**トマト** 名 ナスの仲間《なかま》の野菜《やさい》。夏《なつ》、赤《あか》く熟《じゅく》した実《み》を、生《なま》で食《た》べたり、料理《りょうり》に使《つか》ったりする。

例解↔使い分け

**飛《と》ぶ と 跳《と》ぶ**

鳥《とり》が空《そら》を飛《と》ぶ。
チョウが飛《と》ぶ。
うわさが飛《と》ぶ。
川《かわ》の向《む》こう岸《ぎし》へ跳《と》ぶ。
跳《と》んだりはねたりする。
三段跳《さんだんと》び。



慣用句 因果《いんが》を含《ふく》める　自分《じぶん》だけ損《そん》になると怒《おこ》っている弟《おとうと》を、あれこれ因果《いんが》を含《ふく》めて納得《なっとく》させた。

例解 ↔ 使い分け

**止《と》まる と 留《と》まる と 泊《と》まる**

自転《じてん》車《しゃ》が急《きゅう》に止《と》まる。
時《と》計《けい》が止《と》まる。
エンジンが止《と》まる。
水《すい》道《どう》が止《と》まる。

心《こころ》に留《と》まる。
目《め》に留《と》まる。

友《とも》達《だち》の家《いえ》に泊《と》まる。
港《みなと》に船《ふね》が泊《と》まる。

**とまどい**【戸惑い】名 まごつくこと。例とまどいを感《かん》じる。

**とまどう**【戸惑う】動 迷《まよ》う。まごつく。例いきなり質《しつ》問《もん》されて、戸惑った。

**とまや**【とま屋】名 草《くさ》を編《あ》んだ「とま」で屋《や》根《ね》を作《つく》った粗《そ》末《まつ》な家《いえ》。

**とまり**【泊まり】名 泊《と》まること。

**とまりがけ**【泊まり掛け】名 泊《と》まるつもりで出《で》かけること。対日《ひ》帰《がえ》り。

**とまりぎ**【止まり木】名 鳥《とり》かごなどの中《なか》に、鳥《とり》が止《と》まれるように作《つく》ってある横《よこ》木《ぎ》。

**とまりこむ**【泊まり込む】動 よその家《いえ》やホテルなどに、そのまま泊《と》まる。

**とまる**【止まる】動 ❶動《うご》かなくなる。例機《き》械《かい》が止まる。例血《ち》が止まる。対動《うご》く。❷出《で》なくなる。例痛《いた》みが止まる。❸終《お》わる。やむ。例セミが木《き》に止まる。❹一《ひと》つ所《ところ》にじっとしている。参考❹は「留《と》まる」とも書《か》く。↓し【止】535ページ

**とまる**【泊まる】動 ❶宿《やど》やよその家《いえ》で一《いち》夜《や》を過《す》ごす。例おじさんのうちに泊まる。❷船《ふね》が港《みなと》に休《やす》む。↓はく【泊】1034ページ

**とまる**【留まる】動 ❶はなれなくなる。例絵《え》が画《が》びょうで留まっている。❷あとに残《のこ》る。とどまる。例耳《みみ》に留まる。↓りゅう【留】1387ページ

**とみ**【富】名 ❶財《ざい》産《さん》。例巨《きょ》万《まん》の富。❷値《ね》打《う》ちのあるもの。資《し》源《げん》。例海《うみ》の富。↓ふ【富】1122ページ

**とみおかせいしじょう**【富岡製糸場】名 明《めい》治《じ》政《せい》府《ふ》が群《ぐん》馬《ま》県《けん》富《とみ》岡《おか》に設《もう》けた工《こう》場《じょう》。器《き》械《かい》で質《しつ》のよい生《き》糸《いと》をつくる技《ぎ》術《じゅつ》を開《かい》発《はつ》し、世《せ》界《かい》に広《ひろ》めた。世《せ》界《かい》遺《い》産《さん》。

**とみん**【都民】名 東《とう》京《きょう》都《と》に住《す》んでいる人《ひと》。

**とむ**【富む】動 ❶財《ざい》産《さん》がある。❷たくさん持《も》っている。例話《わ》題《だい》に富む。牛《ぎゅう》乳《にゅう》は栄《えい》養《よう》に富んでいる。↓ふ【富】1122ページ

**トム＝ソーヤーのぼうけん**〖トム＝ソーヤーの冒険〗作品名 アメリカの小《しょう》説《せつ》家《か》マーク＝トウェインが書《か》いた物《もの》語《がたり》。少《しょう》年《ねん》トムが、いろいろないたずらや冒《ぼう》険《けん》をする。

**とむらい**【弔い】名 ❶人《ひと》の死《し》を悲《かな》しむこと。おくやみ。例弔いの言《こと》葉《ば》。❷葬《そう》式《しき》。例お弔いに行《い》く。

**とむらう**【弔う】動 ❶人《ひと》の死《し》を悲《かな》しみ、おしむ。例おじの死《し》を弔う。❷死《し》んだ人《ひと》が、あの世《よ》で幸《しあわ》せであるように、いのる。例先《せん》祖《ぞ》の霊《れい》を弔う。↓ちょう【弔】837ページ

**とめ**【止め】名 ❶止《と》めること。例けんかを止めに入《はい》る。❷〔国《こく》語《ご》で〕字《じ》を書《か》くとき、線《せん》の終《お》わりを止《と》めること。

**とめがね**【留め金】名 物《もの》のつなぎ目《め》を、はなれないように留《と》めておく金《かな》具《ぐ》。

**ドメスティックバイオレンス**〔英語 domestic violence〕名 いっしょに暮《く》らしている相《あい》手《て》から受《う》ける、精《せい》神《しん》的《てき》・肉《にく》体《たい》的《てき》な暴《ぼう》力《りょく》。男《だん》性《せい》から女《じょ》性《せい》への暴《ぼう》力《りょく》を指《さ》すことが多《おお》い。DV《ディーブイ》。

**とめどなく** あとからあとから。限《かぎ》りなく。とめどもなく。例涙《なみだ》がとめどなく流《なが》れる。

**とめばり**【留め針】名 ❶裁《さい》縫《ほう》で、しるしやおさえのために、仮《かり》にさしておく針《はり》。まち針《ばり》。❷物《もの》を留《と》めておく針《はり》。虫《むし》ピン。

**とめる**【止める】動 ❶動《うご》かなくする。例車《くるま》を止める。❷出《で》ないようにする。例ガスを止める。❸終《お》わらせる。例痛《いた》みを止める。❹やめさせる。例けんかを止める。↓し【止】535ページ

**とめる**【泊める】動 ❶宿《しゅく》泊《はく》させる。人《ひと》に、自《じ》分《ぶん》の家《いえ》などで夜《よる》を過《す》ごさせる。例客《きゃく》を泊める。❷船《ふね》を港《みなと》に休《やす》ませる。↓はく【泊】1034ページ

慣用句 浮《う》き足《あし》立《だ》つ 大《たい》量《りょう》リードを追《お》いつかれて、みんなが浮《う》き足《あし》立《だ》っている。

◦**とめる【留める】** 動 ❶はなれないようにする。例 紙《かみ》をピンで留める。❷他《ほか》へ行《い》かないようにする。例 引《ひ》き留める。❸あとへ残《のこ》す。例 心《こころ》に留めておく。⇩りゅう【留】1387ページ

◦**とも【友】** 名 ❶友達《ともだち》。仲間《なかま》。例 竹馬《ちくば》の友。❷親《した》しんでいるもの。例 ギターを友とする。⇩ゆう【友】1333ページ

**とも【共】** 一 名 いっしょ。例 行動《こうどう》を共にする。二〔ある言葉《ことば》の前《まえ》につけて〕いっしょに。例 共働《ばたら》き。共倒《だお》れ。⇩きょう【共】331ページ

**とも【供】** 名 目上《めうえ》の人《ひと》について行《い》くこと。また、その人《ひと》。おとも。例 母《はは》のお供をして、旅行《りょこう》する。⇩きょう【供】331ページ

**とも【艫】** 名 船《ふね》の後《うし》ろのほう。船尾《せんび》。対 へさき。

◦**とも** 一 助 ❶たとえ…でも。ても。例 苦《くる》しくともがまんしなさい。❷程度《ていど》を表《あらわ》す。例 少《すく》なくとも一万円《いちまんえん》はする。❸もちろん…だ。例 そうだとも。二〔ある言葉《ことば》のあとにつけて〕含《ふく》めて。全部《ぜんぶ》。例 三人《さんにん》とも元気《げんき》です。送《そう》料《りょう》ともで五百円《ごひゃくえん》。

**例解 ことばの窓**

**止《と》める の意味《いみ》で**

「待《ま》て。」と制止《せいし》する。
車《くるま》を停止《ていし》する。
旅行《りょこう》を中止《ちゅうし》する。
外出《がいしゅつ》を禁止《きんし》する。
水《みず》もれを防止《ぼうし》する。

**ども** 一 助 …だが。…けれども。…ても。例 行《い》けども、行《い》けども、ただ砂原《すなはら》。二〔ある言葉《ことば》のあとにつけて〕❶数《かず》の多《おお》いことを表《あらわ》す言葉《ことば》。〔「たち」のぞんざいな言《い》い方《かた》。〕例 悪者《わるもの》ども。❷へりくだる気持《きも》ちを表《あらわ》す言葉《ことば》。例 わたしども。

**ともあれ** 副 接 いろいろなわけはあるにしても。とにかく。例 何《なに》はともあれ、出《で》かけよう。ともあれ、すぐ帰《かえ》りなさい。

◦**ともかく** 副 ❶いずれにしても。とにかく。例 ともかくすぐ行《い》こう。❷…は別《べつ》として。例 場《ば》所《しょ》はともかく、日程《にってい》を決《き》めよう。

**ともかせぎ【共稼ぎ】** 名 動-する ⇩ともばたらき 945ページ

**ともぐい【共食い】** 名 動-する ❶動物《どうぶつ》たちがたがいに、同《おな》じ仲間《なかま》を食《た》べ合《あ》うこと。例 カマキリの共食い。❷たがいにもうけを争《あらそ》って、どちらも損《そん》をすること。

**ともしび【灯火】** 名 明《あ》かり。ともした火《ひ》。

**ともす** 動 明《あ》かりをつける。とぼす。例 ろうそくに火《ひ》をともす。

**ともすると** 副 どうかすると。ともすれば。例 ともすると悪《わる》いくせが出《で》る。

**ともすれば** 副 ⇩ともすると 945ページ

**ともだおれ【共倒れ】** 名 動-する 両方《りょうほう》ともやっていけなくなること。例 安《やす》売《う》り競争《きょうそう》で共倒れになった。

◦**ともだち【〈友達〉】** 名 親《した》しくつき合《あ》っている人《ひと》。友人《ゆうじん》。友《とも》。例 幼《おさな》友達。参考「友達《ともだち》」は、特別《とくべつ》に認《みと》められた読《よ》み方《かた》。

**ともづな【とも綱】** 名 船《ふね》の後《うし》ろのほうにあって、船《ふね》をつないでおく綱《つな》。

**ともども【共共】** 副 いっしょに。もろともに。例 親子《おやこ》ともども参加《さんか》する。

**ともなう【伴う】** 動 ❶連《つ》れて行《い》く。例 母《はは》に伴われて挨拶《あいさつ》に行《い》く。❷つき従《したが》う。例 危険《きけん》の伴う工事《こうじ》。❸…につれて。…とともに。例 バスの進行《しんこう》に伴って、見晴《みは》らしがよくなる。⇩はん【伴】1070ページ

**ともなく**〔ある言葉《ことば》のあとにつけて〕…しようとしたわけではないが。自然《しぜん》に。例 見《み》るともなく見《み》る。

◦**ともに【共に】** 副 いっしょに。同時《どうじ》に。例 共に学《まな》び、共に遊《あそ》ぶ。

**ともばたらき【共働き】** 名 動-する 夫婦《ふうふ》が、二人《ふたり》とも職業《しょくぎょう》を持《も》っていること。共稼《ともかせ》ぎ。

**ともる** 動 明《あ》かりがつく。例 夕暮《ゆうぐ》れの町《まち》に、灯《ひ》がともる。

**例解 ことばの窓**

**友達《ともだち》 を表《あらわ》す言葉《ことば》**

仲《なか》よしの友人《ゆうじん》が集《あつ》まる。
いちばんの親友《しんゆう》に打《う》ち明《あ》ける。
十年来《じゅうねんらい》の知己《ちき》の間柄《あいだがら》だ。
久《ひさ》しぶりに旧友《きゅうゆう》と会《あ》う。
転校《てんこう》で級友《きゅうゆう》と別《わか》れる。

あいうえお かきくけこ さしすせそ たちつて と なにぬねの はひふへほ まみむめも や ゆ よ らりるれろ わ を ん

慣用句 **動《うご》きがとれない** 早《はや》く行《い》きたいのだが、外《そと》は風雨《ふうう》が激《はげ》しくて、行《い》こうにも動《うご》きがとれない。

**どもる** 動 ものを言《い》うとき、言葉《ことば》がつかえたり、つまったりする。

**とやかく** 副 あれこれと。何《なん》のかのと。例 とやかく言《い》われると、いやになる。

**どやどや** 副(-と) 大勢《おおぜい》でさわがしく入《はい》って来《き》たり、出《で》て行《い》ったりするようす。

**とやまけん**【富山県】地名 中部地方《ちゅうぶちほう》の北《ほく》部《ぶ》、日本海《にほんかい》に面《めん》する県《けん》。県庁《けんちょう》は富山市《とやまし》にある。

**とやまわん**【富山湾】地名 富山県《とやまけん》の富山《とやま》平野《へいや》と能登半島《のとはんとう》に囲《かこ》まれた湾《わん》。蜃気楼《しんきろう》で有《ゆう》名《めい》。

**どよう**【土用】名 立夏《りっか》・立秋《りっしゅう》・立冬《りっとう》・立春《りっしゅん》の前《まえ》、それぞれ一八日間《にちかん》。特《とく》に、夏《なつ》の土用《どよう》(=立《りっ》秋《しゅう》の前《まえ》の一八日間《にちかん》)のこと。参考 夏の土用《どよう》の丑《うし》の日《ひ》には、うなぎを食《た》べる習《なら》わしがある。

°**どよう**【土曜】名 金曜《きんよう》の次《つぎ》の日《ひ》。土曜日《どようび》。

**どようなみ**【土用波】名 夏《なつ》の土用《どよう》のころの、うねりの大《おお》きな波《なみ》。

**どようぼし**【土用干し】名 ⬇むしぼし 1275ページ

**とよとみ ひでよし**【豊臣秀吉】人名 (男)(一五三六～一五九八)安土桃山時代《あづちももやまじだい》の武将《ぶしょう》。織田信長《おだのぶなが》の死《し》んだあと、天下《てんか》を統一《とういつ》。検地《けんち》・刀狩《かたながり》などを行《おこな》った。若《わか》いときは木下藤吉郎《きのしたとうきちろう》、のちに羽柴秀吉《はしばひでよし》ともいった。

〔とよとみひでよし〕

**どよめき** 名 どっとさわぐ声《こえ》。ひびきわたる声《こえ》。例 野球場《やきゅうじょう》のどよめきが聞《き》こえる。

**どよめく** 動 大《おお》きな声《こえ》や音《おと》が、あたりをゆり動《うご》かすようにひびく。例 選手《せんしゅ》の好《こう》プレーに、観客席《かんきゃくせき》がどよめいた。

**とら**【虎】名 アジアにすむ、性質《せいしつ》のあらいけもの。体《からだ》は黄色《きいろ》で、黒《くろ》のしまがあり、きばや、つめがするどい。⬇こ【虎】420ページ

**虎《とら》の威《い》を借《か》りるきつね** 弱《よわ》い者《もの》が、強《つよ》い人《ひと》の力《ちから》を借《か》りて、いばることのたとえ。

**虎《とら》の尾《お》を踏《ふ》む** とても危険《きけん》なことをすることのたとえ。

**とら**【寅】名 十二支《じゅうにし》の三番《さんばん》め。⬇じゅうにし 601ページ

**どら** 名 青銅《せいどう》で作《つく》った、円《まる》いお盆《ぼん》の形《かたち》をしたもの。打《う》って音《おと》を出《だ》す。船《ふね》が出港《しゅっこう》するときなどに鳴《な》らす。

**とらい**【渡来】名 動-する 外国《がいこく》から海《うみ》をわたってくること。例 南蛮渡来《なんばんとらい》の品《しな》。

**トライ**〔英語 try〕名 動-する ❶ためしてみること。例 入学試験《にゅうがくしけん》にトライする。❷ラグビーで、相手《あいて》のゴールライン内《ない》の地面《じめん》に、手《て》でボールをつけること。得点《とくてん》になる。

**ドライ**〔英語 dry〕形動 ❶かわいているようす。水分《すいぶん》が少《すく》ないようす。例 ドライフラワー。❷割《わ》り切《き》っていて、人情《にんじょう》などにこだわらないようす。例 兄《あに》は意外《いがい》とドライだ。

**ドライアイ**〔英語 dry eye〕名 涙《なみだ》の量《りょう》が少《すく》なくなったりして、目《め》の表面《ひょうめん》がかわくために起《お》こる病気《びょうき》。

**ドライアイス**〔英語 dry ice〕名 二酸化炭素《にさんかたんそ》を冷《ひ》やして固《かた》めたもの。物《もの》を冷《ひ》やすために使《つか》う。とけると、気体《きたい》にもどる。

**トライアスロン**〔英語 triathlon〕名 一人《ひとり》で遠泳《えんえい》・自転車《じてんしゃ》ロードレース・マラソンの三種《さんしゅ》目《もく》を続《つづ》けて行《おこな》う競技《きょうぎ》。きつい競技《きょうぎ》なので、鉄人《てつじん》レースといわれる。

**トライアル**〔英語 trial〕名 ❶ためしにすること。試行《しこう》。❷運動競技《うんどうきょうぎ》で、試合前《しあいまえ》の予備的《よびてき》な演技《えんぎ》。また、予選《よせん》。

**トライアングル**〔英語 triangle〕名 ❶三角《さんかく》形《けい》。また、三者《さんしゃ》の間《あいだ》の関係《かんけい》。❷打楽器《だがっき》の一《ひと》つ。三角形《さんかくけい》に曲《ま》げた鉄《てつ》の棒《ぼう》を、金属《きんぞく》の棒《ぼう》でたたいて鳴《な》らす。⬇がっき(楽器)244ページ

**ドライカレー** 名〔日本《にっぽん》でできた英語《えいご》ふうの言葉《ことば》。〕汁気《しるけ》の少《すく》ないカレー。

**ドライクリーニング**〔英語 dry cleaning〕名 水《みず》を使《つか》わないで、ベンジンなどで汚《よご》れを落《お》とす洗濯《せんたく》のしかた。

**とらいじん**【渡来人】名 古墳時代《こふんじだい》から飛鳥時代《あすかじだい》にかけて、朝鮮半島《ちょうせんはんとう》や中国大陸《ちゅうごくたいりく》から渡《わた》ってきて日本《にっぽん》に住《す》みついた人々《ひとびと》。進《すす》んだ学問《がくもん》や技術《ぎじゅつ》を日本《にっぽん》に伝《つた》える役割《やくわり》を果《は》たした。

**ドライバー**〔英語 driver〕名 ❶ねじ回《まわ》し。⬇こうぐ 433ページ。❷自動車《じどうしゃ》の運転《うんてん》をする人《ひと》。❸コンピューターで、周辺《しゅうへん》の機器《きき》を使《つか》うためのソフトウエア。

**ドライブ**〔英語 drive〕一 名 動-する ❶自動車《じどうしゃ》

慣用句 **後《うし》ろ指《ゆび》をさされる** いくら困《こま》っても、人《ひと》から後《うし》ろ指《ゆび》をさされるようなことはするな、と言《い》われた。

などを走《はし》らせること。❷テニス・卓球《たっきゅう》などで、こすり上《あ》げるようにボールを強《つよ》く回転《かいてん》させて打《う》つこと。 ■二■名 コンピューターで、ディスクなどの、データを記憶《きおく》する媒体《ばいたい》を動《うご》かす装置《そうち》。

**ドライブイン**〔英語 drive-in〕名 広《ひろ》い駐車場《ちゅうしゃじょう》がある、道路沿《どうろぞ》いの食堂《しょくどう》や売店《ばいてん》、休憩所《きゅうけいじょ》。

**ドライブスルー**〔英語 drive-through〕名 自動車《じどうしゃ》に乗《の》ったまま買《か》い物《もの》などのサービスを受《う》けることのできる店《みせ》の形式《けいしき》。

**ドライフラワー**〔英語 dried flower〕名 草花《くさばな》を乾燥《かんそう》させたもの。長《なが》い間《あいだ》保存《ほぞん》できる。かざりなどに使《つか》う。

**ドライブレコーダー** 名〔日本《にっぽん》でできた英語《えいご》ふうの言葉《ことば》〕自動車《じどうしゃ》につけて、走《はし》っている間《あいだ》の映像《えいぞう》や音声《おんせい》、位置《いち》を記録《きろく》する装置《そうち》。ドラレコ。

**ドライヤー**〔英語 drier〕名 ぬれたもの、特《とく》に、髪《かみ》の毛《け》をかわかすのに使《つか》う道具《どうぐ》。

**トラウマ**〔ドイツ語〕名 はげしい精神的《せいしんてき》なショックや体験《たいけん》によって、後々《あとあと》まで残《のこ》る影響《えいきょう》。

**とらえどころがない** 判断《はんだん》の決《き》め手《て》となる材料《ざいりょう》や理由《りゆう》がない。つかみどころがない。例 話《はなし》が大《おお》まかで、とらえどころがない。

**とらえる【捉《゜》える】** 動 しっかりとつかむ。例 要点《ようてん》を捉《とら》える。特徴《とくちょう》を捉《とら》える。読者《どくしゃ》の心《こころ》を捉《とら》える。⇩そく【捉】753ページ

**゜とらえる【捕《゜》らえる】** 動 ❶つかまえる。例 ネズミを捕《と》らえる。❷ものの一部《いちぶ》をかたくつかむ。例 腕《うで》を捕《と》らえる。⇩ほ【捕】1188ページ

**トラクター**〔英語 tractor〕名 農作業《のうさぎょう》や工事《こうじ》などで、重《おも》い物《もの》を引《ひ》っぱったり、おしたりするのに使《つか》う車《くるま》。

**どらごえ【どら声】** 名 太《ふと》くて、にごった声《こえ》。例 どら声をはり上《あ》げる。

**トラコーマ**〔英語 trachoma〕名 ⇩トラホーム 947ページ

**トラック**〔英語 track〕名 運動場《うんどうじょう》の、競走《きょうそう》のときに使《つか》う道《みち》。また、そこで行《おこな》う競技《きょうぎ》。例 トラック競技《きょうぎ》。対 フィールド。

**トラック**〔英語 truck〕名 貨物自動車《かもつじどうしゃ》。⇩じどうしゃ 571ページ

**ドラッグストア**〔英語 drugstore〕名 薬《くすり》のほか、化粧品《けしょうひん》や日用品《にちようひん》・雑誌《ざっし》などを売《う》る店《みせ》。

**トラップ**〔英語 trap〕■一■名 ❶わな。❷洗面台《せんめんだい》や台所《だいどころ》の下《した》の排水管《はいすいかん》を曲《ま》げた部分《ぶぶん》。■二■名 動-する サッカーで、ボールをコントロールするために足元《あしもと》などに止《と》めること。

**とらぬたぬきのかわざんよう【捕《゜》らぬたぬきの皮算用】**〔つかまえてもいないタヌキの皮《かわ》のもうけを考《かんが》えることから〕まだそうなってもいないのに、あれこれと考《かんが》えて、計画《けいかく》を立《た》てること。

**とらのこ【虎《゜》の子】** 名 大切《たいせつ》にしていて手《て》ばなせないもの。例 とらの子の一万円《いちまんえん》。参考 トラは子《こ》どもをとても大切《たいせつ》にする、といわれるところから。

**とらのまき【虎《゜》の巻】** 名 ❶ものごとの秘訣《ひけつ》などが書《か》いてあるもの。❷教科書《きょうかしょ》の自習用《じしゅうよう》の参考書《さんこうしょ》。ガイド。あんちょこ。参考 昔《むかし》の中国《ちゅうごく》の、いくさのやり方《かた》などを書《か》いた巻《ま》き物《もの》の名《な》から。

**トラブル**〔英語 trouble〕名 ❶もめごと。例 トラブルを起《お》こす。❷機械《きかい》などの故障《こしょう》。例 エンジントラブル。

**トラホーム**〔ドイツ語〕名 目《め》の感染症《かんせんしょう》の一《ひと》つ。まぶたの裏《うら》に、つぶつぶができる。トラコーマ。

**✤ドラマ**〔英語 drama〕名 ❶劇《げき》。特《とく》に、テレビなどで放送《ほうそう》される劇《げき》。❷脚本《きゃくほん》。戯曲《ぎきょく》。

**ドラマチック**〔英語 dramatic〕形動 劇《げき》のような。劇的《げきてき》。例 ドラマチックな結末《けつまつ》。

**ドラム**〔英語 drum〕名 打楽器《だがっき》の一《ひと》つ。西洋音楽《せいようおんがく》などで使《つか》うたいこ。

**ドラムかん【ドラム缶《゜》】** 名 ガソリンなどを入《い》れる、鉄《てつ》で作《つく》った筒形《つつがた》の大《おお》きな缶《かん》。

**とらわれる【捕《゜》らわれる】** 動 ❶つかまる。例 敵《てき》に捕《と》らわれる。❷ぬけきれないでいる。例 古《ふる》い考《かんが》えにとらわれる。⇩ほ【捕】1188ページ

**トランク**〔英語 trunk〕名 ❶旅行《りょこう》などに使《つか》う、がっしりした大《おお》きなかばん。❷自動車《じどうしゃ》の後《うし》ろのほうの、荷物《にもつ》を入《い》れる所《ところ》。

**トランクス**〔英語 tranks〕名 ❶水泳《すいえい》やボク



慣用句 嘘《うそ》も方便《ほうべん》 体調《たいちょう》が悪《わる》かったけれど、うそも方便《ほうべん》、だいじょうぶだと伝《つた》えた。

シングなどではく短《みじか》いパンツ。❷「❶」の形《かたち》をした下着《したぎ》。

**トランシーバー**〔英語 transceiver〕名 近《きん》距離《きょり》の連絡《れんらく》に使《つか》う、小型《こがた》の無線《むせん》通信機《つうしんき》。

**トランジスター**〔英語 transistor〕名 ゲルマニウムやシリコンなどで作《つく》った、真空管《しんくうかん》のはたらきをするもの。ラジオやテレビ・コンピューターなどに使《つか》う。

**トランス** 名〔英語《えいご》の「トランスフォーマー」の略《りゃく》。〕電圧《でんあつ》を変《か》える装置《そうち》。変圧器《へんあつき》。

**トランスジェンダー**〔英語 transgender〕名 体《からだ》の性別《せいべつ》と心《こころ》の性別《せいべつ》が異《こと》なる人《ひと》。参考 体《からだ》と心《こころ》の性別《せいべつ》の違《ちが》いから起《お》こる違和感《いわかん》を「性別《せいべつ》違和《いわ》」という。

**トランプ**〔英語 trump〕名 西洋《せいよう》から伝《つた》わったかるた。ハート・ダイヤ・クラブ・スペードの一三枚《まい》ずつ四組《よんく》みのカードと、ジョーカーのカードからできている。カード。

**トランペット**〔英語 trumpet〕名 金《きん》管《かん》楽器《がっき》の一《ひと》つ。形《かたち》の小《ちい》さいラッパ。三《みっ》つの弁《べん》があり、高《たか》くするどい音《おと》が出《で》る。⇩がっき(楽器) 244ページ

**トランポリン**〔英語 trampoline〕名 金属《きんぞく》のわくに、マットをばねで取《と》りつけた体操用《たいそうよう》具《ぐ》。また、その上《うえ》で、とび上《あ》がったり、回転《かいてん》したりする競技《きょうぎ》。商標名《しょうひょうめい》。

°**とり**【鳥】名 ❶羽《はね》を持《も》ち、卵《たまご》を産《う》み、大部分《だいぶぶん》は空《そら》を飛《と》ぶことができる動物《どうぶつ》。❷ニワトリのこと。例 一番《いちばん》どり。参考 ❷は「鶏《とり》」と書《か》くことが多《おお》い。⇩ちょう【鳥】837ページ

**とり**【酉】名 十二支《じゅうにし》の一〇番《ばん》め。⇩じゅうにし 601ページ

**ドリア**〔フランス語〕名 ピラフの上《うえ》に白《しろ》いクリームソースをかけ、オーブンで焼《や》いた料理《りょうり》。

**とりあう**【取り合う】動 ❶たがいに取《と》る。例 手《て》を取り合って喜《よろこ》ぶ。❷たがいに争《あらそ》って取《と》る。例 点《てん》を取り合う。えさを取り合う。❸相手《あいて》にする。かまう。例 わからずやには、取り合わないほうがいい。

**とりあえず** 副 ❶(他《ほか》のことはおいておいて)まずは、それをすぐに。例 とりあえずやってみる。❷仮《かり》に。間《ま》に合《あ》わせに。さしあたって。例 とりあえず、返事《へんじ》をしておく。

°**とりあげる**【取り上げる】動 ❶下《した》にある物《もの》を手《て》にとって持《も》つ。例 受話器《じゅわき》を取り上げる。❷うばう。例 まんがの本《ほん》を取り上げられた。❸取《と》り立《た》てて扱《あつか》う。例 議題《ぎだい》に取り上げる。

**とりあげる**【採り上げる】動 意見《いけん》や申《もう》し出《で》たことを、受《う》けつける。例 あれほど言《い》っても採り上げてくれない。

**とりあつかい**【取り扱い】名 取《と》り扱《あつか》うこと。また、その方法《ほうほう》。例 どうしたらいい か、取り扱いに困《こま》る。注意「取《とり》扱《あつかい》所《じょ》」「取《とり》扱《あつかい》注意《ちゅうい》」にはふつう、送《おく》りがなをつけない。

°**とりあつかう**【取り扱う】動 ❶物《もの》を動《うご》かしたり、使《つか》ったりする。例 機械《きかい》を取り扱う係《かかり》。❷世話《せわ》をする。例 一人前《いちにんまえ》に取り扱う。❸処理《しょり》する。例 大事件《だいじけん》を取り扱う。

**とりあわせ**【取り合わせ】名 ちがったものを、ほどよく組《く》み合《あ》わせること。配合《はいごう》。例 色《いろ》の取り合わせがいいポスター。

**とりあわせる**【取り合わせる】動 ちがったものを、上手《じょうず》に組《く》み合《あ》わせる。配合《はいごう》する。例 春《はる》の花《はな》を取り合わせて、かざる。

**ドリアン**〔英語 durian〕名 熱帯《ねったい》アジアでとれる果物《くだもの》の木《き》。また、その実《み》。実《み》の表面《ひょうめん》はかたいとげでおおわれていて、独特《どくとく》のにおいがある。実《み》は食用《しょくよう》。

**とりい**【鳥居】名 神社《じんじゃ》の入《い》り口《ぐち》の門《もん》。

**とりいそぎ**【取り急ぎ】副 大急《おおいそ》ぎで。例 取り急ぎご返事《へんじ》いたします。

**ドリーム**〔英語 dream〕名 夢《ゆめ》。例 ドリームチーム〔=夢《ゆめ》のようなチーム〕。

**とりいる**【取り入る】動 目上《めうえ》の人《ひと》のごきげんをとり、気《き》に入《い》られるようにする。

°**とりいれ**【取り入れ】名 取《と》り入《い》れること。特《とく》に、実《みの》った農作物《のうさくぶつ》をかり取《と》ること。収穫《しゅうかく》。例 秋《あき》は取り入れの季節《きせつ》。

**とりいれぐち**【取り入れ口】名 水《みず》を、川《かわ》などから取《と》り入《い》れる場所《ばしょ》。取水口《しゅすいこう》。

°**とりいれる**【取り入れる】動 ❶取《と》って中《なか》に入《い》れる。例 シーツを取り入れる。❷実《みの》った農作物《のうさくぶつ》をかり取《と》る。例 リンゴを取り入れる。❸受《う》け入《い》れる。例 外国《がいこく》の制度《せいど》を取り入れる。参考 ❷は「穫《と》り入《い》れる」とも書《か》く。

**とりえ**【取り柄】名 よいところ。長所《ちょうしょ》。例

慣用句 うだつがあがらない　そんなになまけていたのでは、いつまでたってもうだつがあがらないよ。

まじめなのがとりえだ。

**トリオ**〔イタリア語〕名 ❶〔音楽《おんがく》で〕三人《さんにん》で演奏《えんそう》すること。また、その曲《きょく》。三重唱《さんじゅうしょう》。三重奏《さんじゅうそう》。❷三人《さんにん》で組《く》みになること。三人組《さんにんぐ》み。

**とりおさえる**【取り押さえる】動 しっかりとつかまえる。例どろぼうを取り押さえる。

**とりおとす**【取り落とす】動 ❶うっかり手《て》から落《お》とす。例刀《かたな》を取り落とす。❷失《うしな》う。例一命《いちめい》を取り落とす。❸うっかりぬかす。例名簿《めいぼ》から友達《ともだち》の名前《なまえ》を取り落としていた。

**とりかえし**【取り返し】名 元《もと》どおりにすること。例取り返しがつかない。

**とりかえす**【取り返す】動 ❶自分《じぶん》の手《て》に取《と》りもどす。例貸《か》してあった本《ほん》を取り返す。❷元《もと》のようにする。取《と》りもどす。例おくれを取り返す。

**とりかえる**【取り替える】動 ❶他《ほか》のものと替《か》える。交換《こうかん》する。❷新《あたら》しいものと替《か》える。例池《いけ》の水《みず》を取り替える。

**とりかかる**【取りかかる】動 仕事《しごと》を始《はじ》める。やりだす。例仕事《しごと》に取りかかる。

**とりかこむ**【取り囲む】動 周《まわ》りをぐるりと囲《かこ》む。例犯人《はんにん》を取り囲む。

**とりかじ**【取りかじ】名 船《ふね》を左《ひだり》に向《む》けるときの、かじの取《と》り方《かた》。対 面《おも》かじ。

**とりかわす**【取り交△わす】動 たがいにやりとりする。例約束《やくそく》を取り交わす。

**とりきめ**【取り決め】名 約束《やくそく》。

**とりきめる**【取り決める】動 相談《そうだん》して決《き》める。約束《やくそく》する。例条約《じょうやく》を取り決める。

**とりくち**【取り口】名 すもうをとる方法《ほうほう》。すもうのわざ。例うまい取り口。

**とりくみ** 名 一【取り組み】ものごとに取《と》りかかること。例勉強《べんきょう》への取り組みがあまい。二【取組】すもうなどの組《く》み合《あ》わせ。例優勝《ゆうしょう》をかけた取組。

**とりくむ**【取り組む】動 ❶たがいに組《く》み合《あ》う。例強敵《きょうてき》と取り組む。❷一生懸命《いっしょうけんめい》にする。例勉強《べんきょう》に取り組む。

**とりけす**【取り消す】動 前《まえ》に言《い》ったり、決《き》めたりしたことを、なかったことにする。例注文《ちゅうもん》を取り消す。

**とりこ** 名 ❶敵《てき》につかまえられた人《ひと》。捕虜《ほりょ》。❷何《なに》かに、夢中《むちゅう》になっている人《ひと》。例サッカーのとりこになる。

**とりこしぐろう**【取り越し苦労】名 動する 先《さき》のことまであれこれ考《かんが》えて、余計《よけい》な心配《しんぱい》をすること。例母《はは》は取り越し苦労ばかりしている。

**とりこぼす**【取りこぼす】動 ❶見落《みお》としたり、忘《わす》れたりする。取《と》りのがす。❷勝《か》てるはずの勝負《しょうぶ》に負《ま》ける。

**とりこむ**【取り込む】動 ❶取《と》って、中《なか》へ入《い》れる。例洗濯物《せんたくもの》を取り込む。❷取《と》って自《じ》分《ぶん》のものにする。例知識《ちしき》を取り込む。❸ごたごたする。例「取り込んでいるので、後《あと》にしてください。」

**とりこわす**【取り壊す】動 建物《たてもの》などをこわして、取《と》り除《のぞ》く。例ビルを取り壊す。

**とりさげる**【取り下げる】動 ❶一度《いちど》提《てい》出《しゅつ》した書類《しょるい》などを手元《てもと》に戻《もど》す。❷一度《いちど》示《しめ》した意見《いけん》や訴《うった》えを取《と》り消《け》す。例請求《せいきゅう》を取り下げる。

**とりざた**【取り沙汰】名 動する 世《よ》の中《なか》のうわさ。評判《ひょうばん》。例あやしいと、前《まえ》から取り沙汰されている。

**とりさる**【取り去る】動 すっかり取《と》ってしまう。取《と》ってなくす。

**とりしきる**【取り仕切る】動 中心《ちゅうしん》となって全体《ぜんたい》を取《と》りまとめる。例学級会《がっきゅうかい》を取り仕切る。

**とりしまり**【取り締まり】名 決《き》まりを破《やぶ》らないように、監督《かんとく》すること。

**とりしまりやく**【取締役】名 会社《かいしゃ》の仕事《しごと》を指図《さしず》する役目《やくめ》の人《ひと》。重役《じゅうやく》。

**とりしまる**【取り締まる】動 見守《みまも》って、悪《わる》い点《てん》は注意《ちゅうい》する。監督《かんとく》する。例スピード違反《いはん》を取り締まる。

**とりしらべ**【取り調べ】名 くわしく調《しら》べること。

**とりしらべる**【取り調べる】動 くわしく調《しら》べる。特《とく》に、警察官《けいさつかん》などが、事件《じけん》の関係者《かんけいしゃ》などから話《はなし》を聞《き》く。例容疑者《ようぎしゃ》を取り調べる。

**とりすがる**【取りすがる】動 相手《あいて》の体《からだ》



慣用句 腕《うで》によりをかける　今日《きょう》は母《はは》の誕生日《たんじょうび》だから、腕《うで》によりをかけて晩《ばん》ご飯《はん》を作《つく》ろう。

にしっかりとつかまる。しがみつく。例母親《ははおや》に取りすがって泣《な》きだした。

**とりすます【取り澄ます】**動 わざとすました態度《たいど》をとる。例まちがえても取りすましている。

**とりそろえる【取りそろえる】**動 ひと通《とお》りすべてそろえる。例旅行用品《りょこうようひん》を取りそろえる。

**とりだす【取り出す】**動 ❶中《なか》から取《と》って外《そと》へ出《だ》す。例ポケットからハンカチを取り出す。❷多《おお》くの中《なか》から選《えら》び出《だ》す。例必要《ひつよう》なデータを取り出す。

**とりたて【取り立て】**名 ❶催促《さいそく》して取《と》ること。例お金《かね》の取り立てをする。❷引《ひ》き上《あ》げて用《もち》いること。例社長《しゃちょう》の取り立てで出世《しゅっせ》する。❸取《と》って間《ま》がないこと。例取りたてのいちご。

**とりたてる【取り立てる】**動 ❶お金《かね》などを、催促《さいそく》して取《と》る。例税金《ぜいきん》を取り立てる。❷特《とく》に選《えら》んで、高《たか》い地位《ちい》に引《ひ》き上《あ》げる。例才《さい》能《のう》のある人《ひと》を取り立てる。❸特《とく》に問題《もんだい》にする。例取り立てて言《い》うほどでもない。

**とりちがえる【取り違える】**動 ❶まちがえる。例靴《くつ》を取り違える。❷思《おも》い違《ちが》いをする。例言葉《ことば》の意味《いみ》を取り違える。

**とりつ【都立】**名 都《と》(=東京都《とうきょうと》)のお金《かね》で作《つく》り、運営《うんえい》しているもの。例都立高校《こうこう》。

**とりつぎ【取り次ぎ】**名 両方《りょうほう》の間《あいだ》に立《た》って伝《つた》えること。また、その人《ひと》。中《なか》つぎ。例電《でん》話《わ》の取り次ぎをする。送《おく》りがなをつけない。注意「取次店《とりつぎてん》」にはふつう、送りがなをつけない。

**とりつく【取り付く】**動 ❶すがりつく。❷し始《はじ》める。取《と》りかかる。例次《つぎ》の仕事《しごと》に取りつく。❸たましいなどが、のりうつる。例亡霊《ぼうれい》が取りつく。例妹《いもうと》は、母《はは》に取りついてはなれない。

**取《と》り付《つ》く島《しま》もない** つっけんどんで、話《はな》しかけるきっかけもない。取《と》り付《つ》く島《しま》がない。例だまりこんでいて、取り付く島もない。

**トリック**〔英語 trick〕名 ❶人《ひと》をだますしかけ。例手品《てじな》のトリック。❷映画《えいが》などで、実《じっ》際《さい》にはないことを、ほんとうのことのように見《み》せる特別《とくべつ》の技術《ぎじゅつ》。

**とりつぐ【取り次ぐ】**動 間《あいだ》に入《はい》って、伝《つた》える。中《なか》つぎをする。例用件《ようけん》を聞《き》いて、父《ちち》に取り次ぐ。

**とりつくろう【取り繕う】**動 その時《とき》だけ、なんとかうまくごまかす。

**とりつける【取り付ける】**動 ❶作《つく》りつける。例棚《たな》を取り付ける。❷成立《せいりつ》させる。例約束《やくそく》を取り付ける。❸いつもその店《みせ》から買《か》う。例そばを取りつけている店《みせ》。

**とりで**名 昔《むかし》、城《しろ》を守《まも》るうえで重要《じゅうよう》な場所《ばしょ》に作《つく》った小《ちい》さな城《しろ》。また、木《き》のさくなどで囲《かこ》んだ簡単《かんたん》な陣地《じんち》。

**とりとめがない【取り留めがない】**まとまりがない。例彼《かれ》の話《はなし》にはとりとめがない。参考「とりとめのない」ともいう。

**とりとめる【取り留める】**動 危《あぶ》ないところでくい止《と》める。例一命《いちめい》を取り留めた。

**とりどり**名形動 それぞれちがっているようす。いろいろ。まちまち。例色《いろ》とりどりの花《はな》。

**とりなおす【取り直す】**動 ❶持《も》ち直《なお》す。例木刀《ぼくとう》を取り直す。❷気持《きも》ちを元《もと》のようにする。例気《き》を取り直して働《はたら》く。❸すもうで、勝負《しょうぶ》をし直《なお》す。

**とりなす【取りなす】**動 上手《じょうず》に扱《あつか》って、うまく収《おさ》める。例二人《ふたり》の間《あいだ》をとりなす。参考ふつう、かな書《が》きにする。

**とりにがす【取り逃がす】**動 つかまえそこなう。例犯人《はんにん》を取り逃がす。

**とりのいち【酉の市】**名 十一月《じゅういちがつ》の酉《とり》の日《ひ》に、神社《じんじゃ》などで行《おこな》われる祭《まつ》りに立《た》つ市《いち》。商売《しょうばい》繁盛《はんじょう》をいのってくま手《て》などが売《う》られる。おとり様《さま》。

**とりのこす【取り残す】**動 ❶全部《ぜんぶ》は取《と》れないで、残《のこ》す。例取り残した雑草《ざっそう》。❷置《お》きざりにする。例一人《ひとり》だけ取り残された。

**とりのぞく【取り除く】**動 取《と》りのける。例混《ま》ざり物《もの》を取り除く。

**とりはからう【取り計らう】**動 扱《あつか》う。始末《しまつ》をつける。処理《しょり》する。例うまく取り計らってください。

**とりはだ【鳥肌】**名 寒《さむ》さやおそろしさや感《かん》動《どう》などのために、体《からだ》の皮膚《ひふ》に、毛《け》をむしった

慣用句 **鵜《う》の目《め》鷹《たか》の目《め》** すきあらば一気《いっき》に攻《せ》めようと、鵜《う》の目《め》鷹《たか》の目《め》でチャンスをねらっている。

鳥《とり》の肌《はだ》のような小《ちい》さいぶつぶつができること。例 ぞっとして鳥肌が立《た》つ。

**とりはらう【取り払う】** 動 取《と》ってどける。とっぱらう。例 へいを取り払う。障害《しょうがい》を取り払う。

**とりひき【取り引き】** 名 動-する ❶商売《しょうばい》として売《う》り買《か》いすること。❷自分《じぶん》のほうが得《とく》になるように、かけひきすること。例 他国《たこく》との政治的《せいじてき》な取り引き。注意「取引先《とりひきさき》」「取引所《とりひきじょ》」などはふつう、送《おく》りがなをつけない。

**とりふだ【取り札】** 名 百人一首《ひゃくにんいっしゅ》などのかるたの、取《と》るほうの札《ふだ》。対 読《よ》み札《ふだ》。

**ドリブル** 〔英語 dribble〕名 動-する ❶サッカーやラグビーで、ボールをけりながら進《すす》むこと。❷バスケットボールやハンドボールで、ボールを手《て》でつきながら進《すす》むこと。❸バレーボールで、一人《ひとり》の人《ひと》がボールに、続《つづ》けて二度《にど》ふれる反則《はんそく》。

**とりぶん【取り分】** 名 何人《なんにん》かで物《もの》を分《わ》けるときの、自分《じぶん》の物《もの》になる分《ぶん》。分《わ》け前《まえ》。例 人《ひと》が増《ふ》えて、取り分が少《すく》なくなった。

**トリマー** 〔英語 trimmer〕名 犬《いぬ》や猫《ねこ》の毛《け》を刈《か》ったりして整《ととの》える仕事《しごと》をしている人《ひと》。

**とりまき【取り巻き】** 名 ある人《ひと》のそばにいて、ごきげんをとる人《ひと》。

**とりまぎれる【取り紛れる】** 動 あることに気《き》を取《と》られて、だいじなことに手《て》が回《まわ》らない。例 雑用《ざつよう》に取り紛れて仕事《しごと》がおくれる。

**◦とりまく【取り巻く】** 動 周《まわ》りを取《と》り囲《かこ》む。例 やじ馬《うま》に取り巻かれる。

**とりまぜる【取り混ぜる】** 動 いろいろなものを混《ま》ぜる。例 大小《だいしょう》取り混ぜて入《い》れる。

**とりまとめる【取りまとめる】** 動 ばらばらなものを一《ひと》つにまとめる。うまくおさめる。例 クラスの意見《いけん》を取りまとめる。

**とりみだす【取り乱す】** 動 思《おも》わぬ出来事《できごと》にあったりして、落《お》ち着《つ》きをなくす。

**とりむすぶ【取り結ぶ】** 動 ❶約束《やくそく》などをする。例 条約《じょうやく》を取り結ぶ。❷仲立《なかだ》ちをする。例 二人《ふたり》の縁《えん》を取り結ぶ。❸相手《あいて》の気《き》に入《い》るようにする。例 上役《うわやく》のご機嫌《きげん》を取り結ぶ。

**とりめ【鳥目】** 名 暗《くら》くなると目《め》が見《み》えにくくなる病気《びょうき》。参考 鳥《とり》は昼《ひる》は目《め》が見《み》えるが、夜《よる》は見《み》えなくなるので、こういわれる。

**とりもち【鳥もち】** 名 鳥《とり》や昆虫《こんちゅう》を捕《つか》まえるために使《つか》うねばりつくもの。モチノキなどの木《き》の皮《かわ》からとる。

**とりもつ【取り持つ】** 動 ❶もてなす。例 客《きゃく》を取り持つ。❷間《あいだ》にたって、世話《せわ》をする。例 二人《ふたり》の間《あいだ》を取り持つ。

**◦とりもどす【取り戻す】** 動 ❶取《と》り返《かえ》す。❷回復《かいふく》する。例 元気《げんき》を取り戻す。

**とりもなおさず【取りも直さず】** 副 そっくりそのまま。すなわち。例 便《たよ》りがないのは取りも直さず元気《げんき》だということだ。

**とりやめる【取り▲止める】** 動 予定《よてい》していたことをやめにする。中止《ちゅうし》する。例 花見《はなみ》の会《かい》を取り止める。

**とりょう【塗料】** 名 色《いろ》を着《つ》けたり、さび止《ど》めをしたりするために、物《もの》の表面《ひょうめん》にぬるもの。ペンキ・エナメル・ラッカーなど。

**どりょう【度量】** 名 人《ひと》の言《い》うことを受《う》け入《い》れる心《こころ》の広《ひろ》さ。例 度量の大《おお》きい人《ひと》。

**どりょうこう【度量衡】** 名 長《なが》さと容積《ようせき》と重《おも》さ。参考 ものさしと、ますと、はかりの意味《いみ》から。

**◦どりょく【努力】** 名 動-する 一生懸命《いっしょうけんめい》にすること。例 長年《ながねん》の努力が実《み》を結《むす》んだ。

**どりょくか【努力家】** 名 つねに努力《どりょく》をし続《つづ》ける人《ひと》。頑張《がんば》り屋《や》。

**とりよせる【取り寄せる】** 動 持《も》ってこさせる。送《おく》ってこさせる。例 注文《ちゅうもん》して本《ほん》を取り寄せる。

**ドリル** 〔英語 drill〕名 ❶モーターなどで回《まわ》して穴《あな》をあける道具《どうぐ》。例 電気《でんき》ドリル。❷くり返《かえ》しする練習《れんしゅう》。例 計算《けいさん》ドリル。

**とりわけ** 副 その中《なか》でも。特《とく》に。ことに。例

**例解 ことばの窓**

**努力《どりょく》を表《あらわ》す言葉《ことば》**

人々《ひとびと》のために尽力《じんりょく》する。
学問《がくもん》に精進《しょうじん》する。
任務《にんむ》に精励《せいれい》する。
問題《もんだい》を解《と》くのに奮闘《ふんとう》する。





慣用句 海《うみ》のものとも山《やま》のものともつかない　新商品《しんしょうひん》が売《う》れるかどうか、まだ海《うみ》のものとも山《やま》のものともつかない。

とりわけ大《おお》きな人《ひと》。

**とりわける【取り分ける】** 動 ❶（食《た》べ物《もの》などを）分《わ》けてとる。例 小皿《こざら》に取り分ける。❷他《ほか》のものと区別《くべつ》して選《えら》び取《と》る。例 傷《いた》んだ部分《ぶぶん》を取り分ける。

**ドリンク** 〔英語 drink〕 名 飲《の》み物《もの》。飲料《いんりょう》。

**◦とる【取る】** 動 ❶手《て》に持《も》つ。手《て》でつかむ。例 棚《たな》から本《ほん》を取る。❷自分《じぶん》のものにする。手に入《い》れる。例 資格《しかく》を取る。百点《ひゃくてん》を取る。❸うばう。例 人《ひと》の物《もの》を取る。❹集《あつ》める。例 キノコを取る。❺野菜《やさい》などを収穫《しゅうかく》する。例 大豆《だいず》を取る。❻必要《ひつよう》とする。例 休憩《きゅうけい》を取る。❼選《えら》ぶ。例 わたしは、こちらを取る。❽引《ひ》き受《う》ける。例 責任《せきにん》を取る。❾受《う》け入《い》れる。受《う》け取《と》る。例 栄養《えいよう》を取る。人《ひと》の言葉《ことば》を悪《わる》く取る。❿取《と》り除《のぞ》く。例 よごれを取る。⓫書《か》き記《しる》す。例 メモを取る。⓬つなげる。例 連絡《れんらく》を取る。⓭持《も》ってこさせて買《か》う。例 新聞《しんぶん》を取る。⓮つけていたものを外《はず》す。例 眼鏡《めがね》を取る。⓯うまく扱《あつか》う。例 きげんを取る。⓰試合《しあい》・ゲームをする。例 すもうを取る。⓱つくり出《だ》す。取《と》り出《だ》す。例 鉱石《こうせき》から鉄《てつ》を取る。⓲重《かさ》ねる。例 年《とし》を取る。⓳動《うご》きを合《あ》わせる。例 リズムを取る。参考 ❹・❺・❼・⓱は「採る」とも書《か》く。↓しゅ【取】590ページ

**取《と》るに足《た》りない** 取《と》り立《た》てて言《い》うだけの値《ね》打《う》ちがない。例 取るに足りない意見《いけん》が多《おお》かった。

**取《と》るものも取《と》りあえず** 物《もの》を手《て》に取《と》るひまさえないほど大急《おおいそ》ぎで。例 火事《かじ》だと聞《き》いて、取るものも取りあえずかけつけた。

**◦とる【捕る】** 動 つかまえる。とらえる。例 セミを捕る。↓ほ【捕】1188ページ

**◦とる【採る】** 動 ❶必要《ひつよう》なものを集《あつ》める。例 野草《やそう》を採って歩《ある》く。❷人《ひと》をやとう。例 新《あたら》しく社員《しゃいん》を採る。❸選《えら》びとる。例 ちがう考《かんが》えのほうを採る。↓さい【採】495ページ

**◦とる【執る】** 動 する。行《おこな》う。例 政治《せいじ》を執る。事務《じむ》を執る。↓しつ【執】564ページ

**◦とる【撮る】** 動 写真《しゃしん》や映画《えいが》などを写《うつ》しとる。例 ビデオカメラで撮る。↓さつ【撮】518ページ

**ドル** 〔オランダ語〕 名 ❶アメリカ・カナダなどで使《つか》われているお金《かね》の単位《たんい》。一《いち》ドルは一〇〇セント。❷お金《かね》。

**トルコ** 地名 アジアとヨーロッパの境《さかい》、小《しょう》アジア半島《はんとう》にある国《くに》。首都《しゅと》はアンカラ。

**トルストイ** 人名（男）（一八二八～一九一〇）ロシアの小説家《しょうせつか》。「戦争《せんそう》と平和《へいわ》」「アンナ＝カレーニナ」「復活《ふっかつ》」などを書《か》いた。

**ドルばこ【ドル箱】** 名 お金《かね》をもうけさせてくれる人《ひと》や、ものごと。例 ドル箱のタレント。参考 ドル（＝お金《かね》）を入《い》れる箱《はこ》から。

**◦どれ** 一 代名 いくつかある中《なか》で、はっきり決《き》められないものを指《さ》す言葉《ことば》。例「どれが好《す》きですか。」↓こそあどことば467ページ。 二 感 何《なに》かを始《はじ》めようとするときに使《つか》う言葉《ことば》。例「どれ、そろそろ出《で》かけようか。」

**例解 ↔ 使い分け**

**取《と》ると捕《と》ると採《と》ると執《と》ると撮《と》る**

手《て》に取《と》る。
よごれを取《と》る。
メモを取《と》る。
責任《せきにん》を取《と》る。

ネコがネズミを捕《と》る。
外野《がいや》フライを捕《と》る。

血《ち》を採《と》る。
決《けつ》を採《と》る。
昆虫《こんちゅう》を採《と》る。

ペンを執《と》る。
事務《じむ》を執《と》る。

写真《しゃしん》を撮《と》る。
映画《えいが》を撮《と》る。

**どれい【奴隷】** 名 ❶昔《むかし》、自由《じゆう》を認《みと》められず、売《う》り買《か》いされたり、労働《ろうどう》に使《つか》われたりした人《ひと》。❷あるものに、しばりつけられている人《ひと》。例 金銭《きんせん》の奴隷となる。

**トレー** 〔英語 tray〕 名 ❶お盆《ぼん》。❷店《みせ》で野菜《やさい》や果物《くだもの》を売《う》るときに使《つか》う、皿《さら》のような入《い》れ物《もの》。

慣用句 **瓜二《うりふた》つ** 双子《ふたご》だけあって、瓜二《うりふた》つだね。

❸底《そこ》の浅《あさ》い書類箱《しょるいばこ》。参考「トレイ」とも書《か》く。

**トレーサビリティー**〔英語 traceability〕名 商品《しょうひん》が、いつ、どこで、だれによって作《つく》られ、どのようにして消費者《しょうひしゃ》の手元《てもと》にきたのかという、生産《せいさん》から消費《しょうひ》までの流《なが》れがたどれること。また、その仕組《しく》み。

**トレード**〔英語 trade〕名 動-する プロ野球《やきゅう》やサッカーなどで、選手《せんしゅ》の籍《せき》をほかのチームに移《うつ》したり、取《と》りかえたりすること。

**トレードマーク**〔英語 trademark〕名 ❶自分《じぶん》のところで作《つく》った品物《しなもの》だけにつけるしるし。商標《しょうひょう》。❷その人《ひと》だけにある目立《めだ》った特徴《とくちょう》。例 彼《かれ》のトレードマークは、白《しろ》いひげだ。

**トレーナー**〔英語 trainer〕名 ❶スポーツで、トレーニングの指導《しどう》をする人《ひと》。❷動物《どうぶつ》の世話《せわ》や訓練《くんれん》をする人《ひと》。調教師《ちょうきょうし》。❸運動《うんどう》の時《とき》などに着《き》る、厚手《あつで》の長《なが》そでシャツ。

**トレーニング**〔英語 training〕名 動-する 運《うん》動競技《どうきょうぎ》などの練習《れんしゅう》や訓練《くんれん》。

**トレーラー**〔英語 trailer〕名 エンジンがなく、他《ほか》の車《くるま》に引《ひ》かれる形《かたち》で物《もの》を運《はこ》ぶ車《くるま》。

**ドレス**〔英語 dress〕名 女《おんな》の人《ひと》が着《き》る衣服《いふく》。特《とく》に、礼服《れいふく》。例 ウエディングドレス。

**とれだか【取れ高】** 名 農作物《のうさくぶつ》などの取《と》れた量《りょう》。例 米《こめ》の取れ高。

**トレッキング**〔英語 trekking〕名 山歩《やまある》き。

**ドレッシング**〔英語 dressing〕名 ❶西洋《せいよう》料理《りょうり》で、サラダなどにかけるソース。例 フレンチドレッシング。❷着付《きつ》け。化粧《けしょう》。例 ドレッシングルーム。

**どれほど** 副 どれだけ。どのくらい。例 どれほど待《ま》ったかしれない。

**とれる【取れる】** 動 ❶はなれて落《お》ちる。例 ボタンが取れる。❷つかれなどが、なくなる。例 痛《いた》みが取れる。❸その状態《じょうたい》になる。例 つり合《あ》いが取れる。❹取《と》ることができる。例 百点《ひゃくてん》が取れる。❺そう考《かんが》えられる。例 逆《ぎゃく》の意味《いみ》に取れる。❻作物《さくもつ》などが得《え》られる。例 いい米《こめ》が取れる。

**とれる【捕れる】** 動 ❶魚《さかな》・鳥《とり》などが得《え》られる。例 この川《かわ》では魚《さかな》が捕れる。❷とることができる。例 速《はや》い球《たま》が捕れる。

**とれる【採れる】** 動 ❶植物《しょくぶつ》などが得《え》られる。例 あの山《やま》で採れたキノコ。❷とることができる。例 新《あたら》しい社員《しゃいん》を五人《ごにん》採れる。

**とれる【撮れる】** 動 写真《しゃしん》や映画《えいが》などに写《うつ》しとることができる。例 そのカメラなら、ぼくでも撮れる。

**トレンド**〔英語 trend〕名 流行《りゅうこう》。動向《どうこう》。例 今年《ことし》のトレンドを取《と》り入《い》れた服《ふく》。

**とろ【吐露】** 名 動-する 心《こころ》の中《なか》の思《おも》いを話《はな》す。例 真情《しんじょう》を吐露する。

**とろ【瀞】** 名 川底《かわぞこ》が深《ふか》くて、流《なが》れのほとんどない所《ところ》。

**どろ【泥】** 名 水《みず》けのある、やわらかい土《つち》。⇩

でい【泥】873ページ

**泥《どろ》をかぶる** 不利《ふり》を承知《しょうち》で、損《そん》な役割《やくわり》を引《ひ》き受《う》ける。例 騒《さわ》ぎがおさまるなら泥をかぶるよ。

**泥《どろ》を塗《ぬ》る** 人《ひと》にはじをかかせる。例 親《おや》の顔《かお》に泥を塗るようなことはするな。

**泥《どろ》を吐《は》く** 問《と》いつめられて、かくしていた悪《わる》いことを白状《はくじょう》する。例 犯人《はんにん》がついに泥を吐いた。

**トロイカ**〔ロシア語〕名 三頭《さんとう》の馬《うま》で引《ひ》く、ロシアのそり。夏《なつ》には馬車《ばしゃ》となる。

**とろいせき【登呂遺跡】** 地名 静岡県《しずおかけん》静岡《しずおか》市《し》にある弥生《やよい》時代《じだい》後期《こうき》の遺跡《いせき》。一九四三年《ねん》に発見《はっけん》された。水田《すいでん》や集落《しゅうらく》あとなどが出土《しゅつど》した。

**とろう【徒労】** 名 むだな骨折《ほねお》り。例 せっかくの努力《どりょく》も徒労に終《お》わった。

**どろうみ【泥海】** 名 泥水《どろみず》の混《ま》ざった海《うみ》。また、一面《いちめん》のぬかるみ。例 大水《おおみず》で、町《まち》が泥海となった。

**ドロー**〔英語 draw〕名 ❶引《ひ》き分《わ》け。❷試合《しあい》の組《く》み合《あ》わせや対戦《たいせん》相手《あいて》を決《き》めるための抽選《ちゅうせん》。また、その結果《けっか》。❸(トランプなどで)山札《やまふだ》からカードを引《ひ》くこと。

**トロール**〔英語 trawl〕名「トロール網《あみ》」「トロール船《せん》」の略《りゃく》。

**トロールあみ【トロール網】** 名 船《ふね》で引《ひ》きながら魚《さかな》をとる、大《おお》きなふくろのような網《あみ》。トロール。

**トロールせん【トロール船】** 名 トロール網《あみ》を引《ひ》きながら走《はし》って、魚《さかな》をとる船《ふね》。おも





慣用句 雲泥《うんてい》の差《さ》 十年選手《じゅうねんせんしゅ》と新入《しんい》りとでは、動《うご》き一《ひと》つとっても、雲泥《うんてい》の差《さ》がある。

に遠洋漁業《えんようぎょぎょう》で使《つか》う。トロール。

**ドローン**〔英語 drone〕名 無線《むせん》で操縦《そうじゅう》する無《む》人《じん》飛《ひ》行《こう》機《き》。特《とく》に、小型《こがた》の無《む》人《じん》ヘリコプター。空中《くうちゅう》からの撮影《さつえい》などに使《つか》われる。

**どろくさい【泥臭い】** 形 ❶泥《どろ》のにおいがする。❷やぼったい。あかぬけしていない。例 泥臭いかっこう。類(❶・❷)土臭《つちくさ》い。

**とろける** 動 ❶固《かた》まっていたものが、どろどろになる。例 チョコレートがとろける。❷うっとりして、心《こころ》のしまりがなくなる。例 とろけるような美《うつく》しいメロディー。

**どろじあい【泥仕合】** 名 たがいに相手《あいて》の悪《わる》いところをあばき合《あ》う、みにくい争《あらそ》い。例 泥仕合を演《えん》じる。

**トロッコ** 名 レールの上《うえ》を、土《つち》や石《いし》などをのせて運《はこ》ぶ工事用《こうじよう》の車《くるま》。参考 英語《えいご》の「トラック〔=truck 貨物自動車《かもつじどうしゃ》〕」から変化《へんか》してできた言葉《ことば》。

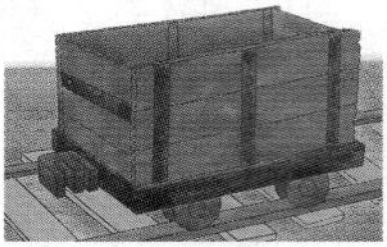
〔トロッコ〕

**ドロップ**〔英語 drop〕名 砂糖《さとう》にいろいろな味《あじ》や色《いろ》を加《くわ》えた、かたい小《こ》つぶのあめ。

**とろとろ** 副(-と) 動-する ❶ねばりけのあるようす。例 とろとろした水《みず》あめ。❷火《ひ》が弱《よわ》く燃《も》えるようす。例 シチューをとろとろと煮《に》る。❸うとうとねむるようす。例 つかれて、とろとろする。

**どろなわ【泥縄】** 名 何《なに》か事《こと》が起《お》こってから、あわてて用意《ようい》をすること。例 泥縄式《しき》の勉強《べんきょう》。参考「泥棒《どろぼう》を捕《と》らえて縄《なわ》をなう〔=泥棒《どろぼう》をつかまえてから、しばるための縄《なわ》をなう〕」ということわざから。

**どろぬま【泥沼】** 名 ❶泥《どろ》で、深《ふか》くぬかったぬま。❷なかなかぬけられない、悪《わる》い状態《じょうたい》。例 争《あらそ》いが泥沼にはまりこむ。

**とろび【とろ火】** 名 とろとろと燃《も》える、ごく弱《よわ》い火《ひ》。例 とろ火で煮込《にこ》む。

**トロフィー**〔英語 trophy〕名 優勝者《ゆうしょうしゃ》に与《あた》えられる、カップ・たてなど。

**◦どろぼう【泥棒】** 名 動-する 人《ひと》の物《もの》をぬすむこと。また、ぬすむ人《ひと》。ぬすびと。ぬすっと。

**泥棒《どろぼう》に追《お》い銭《せん》** 損《そん》をした上《うえ》に、さらに損《そん》をすること。

**泥棒《どろぼう》を捕《と》らえて縄《なわ》をなう** ↓どろなわ954ページ

**どろまみれ【泥まみれ】** 名 形動 泥《どろ》だらけであること。泥《どろ》んこ。例 泥まみれで遊《あそ》ぶ。

**とろみ** 名 とろとろした、ねばりけのある状《じょう》態《たい》。例 片栗粉《かたくりこ》を使《つか》ってとろみをつける。

**トロリーバス**〔英語 trolley bus〕電車《でんしゃ》のように電線《でんせん》から電気《でんき》を取《と》り入《い》れて、道路上《どうろじょう》を走《はし》るバス。

**とろろ** 名 とろろ芋《いも》をすりおろした、ねばりけのある食《た》べ物《もの》。また、それをまぜた汁《しる》。

**どろんこ【泥んこ】** 名 泥《どろ》。泥《どろ》だらけ。例 泥んこの道《みち》。

**トロンボーン**〔英語 trombone〕名 金管楽《きんかんがっ》器《き》の一《ひと》つ。組《く》み合《あ》わせた長《なが》いU《ユー》字形《じがた》の管《くだ》をのび縮《ちぢ》みさせて音《おと》の高《たか》さを変《か》える。低《ひく》くて力《ちから》強《づよ》い音《おと》が出《で》る。↓がっき(楽器)244ページ

**とわ【〈永久〉】** 名 ずっと。いつまでも変《か》わらない。永遠《えいえん》。例 とわの平和《へいわ》を願《ねが》う。

**とわの眠《ねむ》りにつく** 死《し》ぬ。

**どわすれ【度忘れ】** 名 動-する ふと忘《わす》れて思《おも》い出《だ》せないこと。例 名前《なまえ》を度忘れした。

**とわだこ【十和田湖】** 地名 青森県《あおもりけん》と秋田《あきた》県《けん》の境《さかい》の山《やま》の中《なか》にある湖《みずうみ》。

**とわだはちまんたいこくりつこうえん【十和田八幡平国立公園】** 地名 青森《あおもり》・秋田《あきた》・岩手《いわて》の三県《さんけん》にまたがる国立公園《こくりつこうえん》。十和田湖《とわだこ》・八甲田山《はっこうださん》・八幡平《はちまんたい》がある。↓こくりつこうえん457ページ

**とん【屯】** 画数 4 部首 屮(てつ)

音 トン 訓 ―

多《おお》くの人《ひと》が集《あつ》まってそこにいる。〔=軍隊《ぐんたい》がある土地《とち》に長《なが》くとどまっている〕。熟語 駐屯《ちゅうとん》。

**とん【豚】** 画数 11 部首 豕(ぶた)

音 トン 訓 ぶた

ぶた。熟語 養豚《ようとん》〔=ブタを飼《か》う〕。

**とん【頓】** 画数 13 部首 頁(おおがい)

音 トン 訓 ―

❶ぬかずく。頭《あたま》を下《さ》げる。❷急《きゅう》に。すぐに。❸ととのえる。かたづけ

熟語 頓挫《とんざ》。頓服《とんぷく》。

慣用句 得体《えたい》が知《し》れない　得体《えたい》が知《し》れない人《ひと》が家《いえ》のまわりをうろうろしている。

る。熟語 頓着《とんちゃく》・頓着《とんじゃく》。整頓《せいとん》。

**とん【団】** 熟語 布団《ふとん》。↓だん【団】811ページ

**とん【問】** 熟語 問屋《とんや》。↓もん【問】1314ページ

**トン** 〔英語 ton〕名 ❶メートル法《ほう》で、重《おも》さの単《たん》位《い》の一《ひと》つ。一トンは、一〇〇〇キログラム。記号《きごう》は「t」。例 五《ご》トン積《づ》みの貨車《かしゃ》。❷船《ふね》の大《おお》きさを表《あらわ》す単位《たんい》。例 一万《いちまん》トンの汽船《きせん》。

**どん【貪】** 画数 11 部首 貝（かい）

音 ドン 訓 むさぼ-る

むさぼる。欲深《よくふか》く、物《もの》を欲《ほ》しがる。熟語 貪《どん》欲《よく》。例 利益《りえき》を貪《むさぼ》る。

**どん【鈍】** 画数 12 部首 金（かねへん）

音 ドン 訓 にぶ-い にぶ-る

❶にぶい。刃物《はもの》の切《き》れ味《あじ》が悪《わる》い。なまくら。熟語 鈍器《どんき》〔=よく切《き》れない刃物《はもの》。また、棒《ぼう》など刃《は》のついていない重《おも》みのあるもの〕。例 切《き》れ味《あじ》が鈍《にぶ》い。❷頭《あたま》のはたらきや動作《どうさ》がおそい。熟語 鈍感《どんかん》。鈍重《どんじゅう》。対 敏《びん》。❸とがっていない。熟語 鈍角《どんかく》。対 鋭《えい》。

**どん【曇】** 画数 16 部首 日（ひ）

音 ドン 訓 くも-る

くもる。雲《くも》が空《そら》に広《ひろ》がる。熟語 曇天《どんてん》。

**どん【丼】** 熟語 天丼《てんどん》。↓どんぶり【丼】956ページ

**どんかく【鈍角】** 名 〔算数《さんすう》で〕九〇度《ど》〔=直《ちょっ》角《かく》〕より大《おお》きく、一八〇度《ど》より小《ちい》さい角《かく》。対 鋭角《えいかく》。↓えいかく 124ページ

**とんカツ【豚カツ】** 名 豚肉《ぶたにく》の切《き》り身《み》に小《こ》麦粉《むぎこ》、とき卵《たまご》、パン粉《こ》をつけて油《あぶら》であげた料《りょう》理《り》。ポークカツ。

**どんかん【鈍感】** 名 形動 感《かん》じ方《かた》がにぶいこと。例 鈍感な人《ひと》。対 敏感《びんかん》。

**とんきょう【頓狂】** 形動 突然《とつぜん》調子《ちょうし》外《はず》れなことをするようす。すっとんきょう。例 とんきょうな声《こえ》を出《だ》す。

**どんぐり** 名 カシ・クヌギ・ナラなどの実《み》。

**どんぐりの背比《せいくら》べ** みんな同《おな》じくらいで、目立《めだ》った者《もの》がいないこと。似《に》たり寄《よ》ったり。

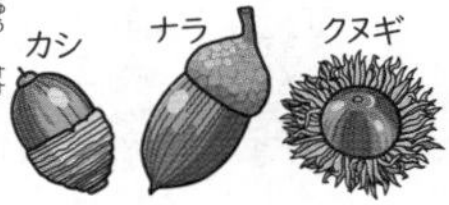

〔どんぐり〕

**どんこう【鈍行】** 名 どの駅《えき》にもとまる列車《れっしゃ》。普通列《ふつうれっ》車《しゃ》。

**とんざ【頓挫】** 名 動する うまくいっていたものごとが、急《きゅう》に進《すす》まなくなること。例 計画《けいかく》が頓挫する。

**とんじゃく【頓着】** 名 動する ↓とんちゃく 356ページ

**どんじゅう【鈍重】** 形動 反応《はんのう》がにぶくて、のろいようす。

**とんじる【豚汁】** 名 豚肉《ぶたにく》と野菜《やさい》などを入《い》れて、みそで味《あじ》をつけた汁《しる》。ぶたじる。

**どんぞこ【どん底】** 名 いちばん底《そこ》。いちばん悪《わる》い状態《じょうたい》。例 どん底の生活《せいかつ》からはい上《あ》がる。

**とんだ** 連体 ❶思《おも》ってもみない。たいへんな。例 とんだことになった。❷とんでもない。あきれた。例 とんだお笑《わら》いぐさだ。

**とんち【頓知】** 名 その場《ば》で出《で》る、うまい考《かんが》えや知恵《ちえ》。例 とんちをはたらかす。

**とんちゃく【頓着】** 名 動する 〔「とんじゃく」ともいう。〕気《き》にかけること。例 うわさなどには、頓着しない。

**どんちゃんさわぎ【どんちゃん騒ぎ】** 名 大騒《おおさわ》ぎすること。特《とく》に、宴会《えんかい》で大勢《おおぜい》が騒《さわ》ぐこと。ばか騒《さわ》ぎ。

**どんちょう【どん帳】** 名 劇場《げきじょう》の舞台《ぶたい》にある、ぶあつい垂《た》れ幕《まく》。

**とんちんかん** 名 形動 言《い》ったりしたりすることがちぐはぐで、間《ま》がぬけていること。例 とんちんかんなことを言《い》う。参考 かじ屋《や》の打《う》つ、つちの音《おと》が、ちぐはぐに聞《き》こえることから。

**どんつう【鈍痛】** 名 にぶくて重苦《おもくる》しい痛《いた》み。例 鈍痛を覚《おぼ》える。

**とんでひにいるなつのむし【飛んで火に入る夏の虫】** 何《なに》も知《し》らないで、自分《じぶん》から危《あぶ》ないところに飛《と》びこんでいくこと。

**とんでもない** 形 ❶ふつうでは、とても考《かんが》えることもできない。とほうもない。例 とんでもない大事件《だいじけん》。❷のぞましくない。例「あいつは、とんでもないやつだ。」❸人《ひと》の言葉《ことば》を、強《つよ》く打《う》ち消《け》すときの言《い》い方《かた》。例「とんでもない。それはうそです。」

慣用句 襟《えり》を正《ただ》す 今後《こんご》は襟《えり》を正《ただ》して、このようなご迷惑《めいわく》をかけないようにいたします。

**どんてん【曇天】** 名 くもり。また、くもった空《そら》。関連 晴天《せいてん》。雨天《うてん》。

**どんでんがえし【どんでん返し】** 名 それまでとは急《きゅう》に変《か》わって、正反対《せいはんたい》の状態《じょうたい》になること。例 この物語《ものがたり》には、最後《さいご》にどんでん返しがしかけられている。

**とんでんへい【屯田兵】** 名 明治《めいじ》時代《じだい》に、北海道《ほっかいどう》の守《まも》りと開拓《かいたく》に当《あ》たった兵士《へいし》。ふだんは家族《かぞく》とともに農業《のうぎょう》をした。

**とんと** 副 まるっきり。まったく。例 このごろはとんと見《み》かけない。参考 あとに「ない」などの打《う》ち消《け》しの言葉《ことば》がくる。

**どんどやき【どんど焼き】** 名 正月十五《しょうがつじゅうご》日《にち》ごろに、正月《しょうがつ》の飾《かざ》りや書《か》き初《ぞ》めなどを集《あつ》めて焼《や》く行事《ぎょうじ》。その火《ひ》で餅《もち》を焼《や》いて食《た》べると、一年《いちねん》を無事《ぶじ》に過《す》ごせるという。どんど。左義長《さぎちょう》。

**とんとん** 一 名 同《おな》じくらいであること。例 二人《ふたり》の力《ちから》はとんとんだ。二 副(-と) ❶ものごとがうまく進《すす》むようす。例 話《はなし》がとんとんと進《すす》んだ。❷物《もの》を軽《かる》くたたくようす。

**どんどん** 副(-と) ❶ものごとが、つかえないで進《すす》むようす。例 仕事《しごと》がどんどん進《すす》む。❷あとからあとから、続《つづ》くようす。例 雪《ゆき》がどんどん降《ふ》ってきた。

**とんとんびょうし【とんとん拍子】** 名 ものごとが調子《ちょうし》よく進《すす》むこと。例 とんとん拍子に話《はなし》がまとまる。

**とんとんぶき** 名 うすい木《き》の板《いた》を打《う》ちつけただけのそまつな屋根《やね》。こけらぶき。

**どんな** 形動 どのような。例 それは、どんな本《ほん》ですか。↓こそあどことば 467ページ

**トンネル**〔英語 tunnel〕一 名 山《やま》や地下《ちか》や海底《かい》に穴《あな》をあけて、人《ひと》や車《くるま》などが通《とお》れるようにしたもの。二 名 動-する 野球《やきゅう》・ソフトボールで、野手《やしゅ》がゴロを取《と》りそこなって、またの間《あいだ》から後《うし》ろにのがすこと。

**とんび** 名 ↓とび 941ページ

**とんびにあぶらげをさらわれる** だいじな物《もの》を、ふいに横《よこ》あいからうばわれることのたとえ。とびにあぶらげをさらわれる。

**どんぴしゃり** 形動 少《すこ》しのくるいもなく当《あ》たるようす。予想《よそう》どおりであるようす。どんぴしゃ。〔くだけた言《い》い方《かた》。〕例 どんぴしゃりの答《こた》え。

**とんぷく【頓服】** 名 薬《くすり》を、必要《ひつよう》なときに一《ひと》包《つつ》み分《ぶん》を飲《の》むこと。また、その薬《くすり》。

**どんぶり【丼】** 画数 5 部首 丶（てん）

音 —— 訓 どんぶり どん

瀬戸物《せともの》のはち。熟語 丼鉢《どんぶりばち》。丼飯《どんぶりめし》。天丼《てんどん》〔=天《てん》ぷらをのせて汁《しる》をかけた、どんぶりご飯《はん》〕。

**どんぶり【丼】** 名 ❶深《ふか》くて厚《あつ》みのある瀬戸《せと》物《もの》のはち。どんぶり。例 形《かたち》のよい丼。❷「❶」に、ご飯《はん》などを盛《も》ったもの。例 うまい丼だ。

**とんぼ【〈蜻蛉〉】** 名 野山《のやま》や、川《かわ》の近《ちか》くを飛《と》ぶ昆虫《こんちゅう》。種類《しゅるい》が多《おお》い。細長《ほそなが》い体《からだ》に、うすくすきとおった羽《はね》が左右《さゆう》に二枚《にまい》ずつついている。幼虫《ようちゅう》は「やご」といい、水《みず》の中《なか》にすんでいる。

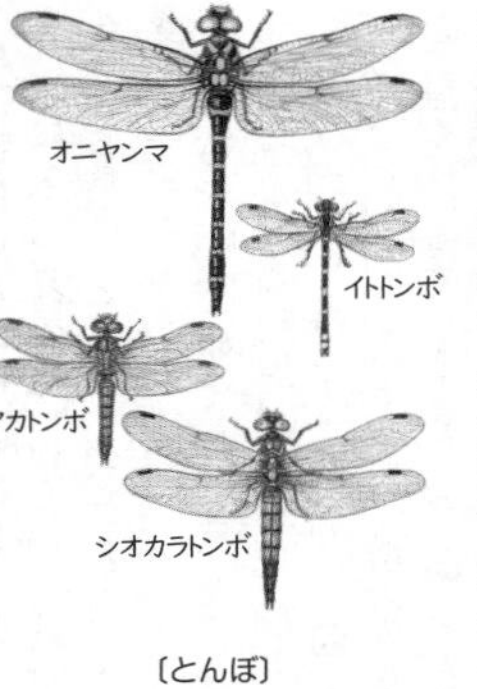

〔とんぼ〕

**とんぼがえり【とんぼ返り】** 名 動-する ❶地面《じめん》に両手《りょうて》をつかないで、勢《いきお》いよく宙返《ちゅうがえ》りをすること。❷目的地《もくてきち》に着《つ》くとすぐ、また、もどること。例 大阪《おおさか》まで、とんぼ返りで行《い》ってきた。

**とんま** 名 形動 まぬけなこと。

**ドンマイ** 感〔英語《えいご》の「ドントマインド」から。〕スポーツなどで、味方《みかた》が失敗《しっぱい》したときに、はげますためのかけ声《ごえ》。気《き》にするな。大丈夫《だいじょうぶ》。

**とんや【問屋】** 名 小売店《こうりてん》などにおろし売《う》りをする店《みせ》。例 問屋から品物《しなもの》を仕入《しい》れる。対 小売店《こうりてん》。参考「といや」とも読《よ》む。

**どんよく【貪欲】** 名 形動 非常《ひじょう》に欲《よく》が深《ふか》いこと。対 無欲《むよく》。

**どんより** 副(-と) 動-する ❶雲《くも》が低《ひく》く空《そら》をおおって、うす暗《ぐら》いようす。例 朝《あさ》からどんよりした空《そら》だ。❷色《いろ》がにごっているようす。例 どんよりとした目《め》。

慣用句 **縁起《えんぎ》を担《かつ》ぐ** 四《し》は「死《し》」だから避《さ》けるなどと縁起《えんぎ》を担《かつ》ぐのは、よしたほうがいいよ。

# な

ナ na

**な【奈】** 画数 8 部首 大（だい） 4年

音 ナ 訓 ―

筆順 奈奈奈奈奈奈奈奈

どんな。当て字 奈落《ならく》。

**な【那】** 画数 7 部首 阝（おおざと）

音 ナ 訓 ―

どの。どれ。なに。当て字 刹那《せつな》。旦那《だんな》。

**な【南△】** 熟語 南無《なむ》。↓なん【南】978ページ

**な【納△】** 熟語 納屋《なや》。↓のう【納】1010ページ

**◦な【名】** 名 ❶名前《なまえ》。例 名|を呼《よ》ぶ。❷評判《ひょうばん》。例 名|をあげる。❸うわべ。例 名|ばかりの役目《やくめ》。↓めい【名】1285ページ

**名《な》が売《う》れる** 知名度《ちめいど》が上《あ》がる。有名《ゆうめい》になる。例 彼《かれ》も名が売れて|、すっかり有名人《ゆうめいじん》だ。

**名《な》が立《た》つ** 評判《ひょうばん》になる。評判《ひょうばん》が高《たか》くなる。

**名《な》が通《とお》る** 世間《せけん》に名前《なまえ》がよく知《し》られる。例 バレーボールの強《つよ》い学校《がっこう》として名が通っ|ている。

**名《な》のある** 名《な》が知《し》られている。有名《ゆうめい》な。例 名|のある|人《ひと》が来《く》る店《みせ》。

**名《な》ばかり** 名前《なまえ》だけの。例 彼《かれ》は名ばかりの|部長《ぶちょう》だ。

**名《な》は体《たい》を表《あらわ》す** 名前《なまえ》は、そのものの内容《ないよう》を表《あらわ》す。

**名《な》もない** ❶世《よ》の中《なか》に名前《なまえ》が知《し》られていない。無名《むめい》の。例 名もない|詩人《しじん》。❷とるに足《た》りない。つまらない。例 名もない|草花《くさばな》。

**名《な》を上《あ》げる** 高《たか》い評価《ひょうか》を得《え》て有名《ゆうめい》になる。例 あの監督《かんとく》は、最下位《さいかい》だったチームを優勝《ゆうしょう》させて名を上げた|。

**名《な》を売《う》る** 自分《じぶん》の名前《なまえ》が世《よ》の中《なか》に知《し》れわたるようにする。例 日本一《にほんいち》きれいな水で名|を売る|。

**名《な》を惜《お》しむ** 名誉《めいよ》をだいじにする。

**名《な》を汚《けが》す** 名誉《めいよ》を傷《きず》つける。例 学校《がっこう》の名を|汚す|ようなことはするな。

**名《な》を捨《す》てて実《じつ》を取《と》る** うわべだけの名誉《めいよ》よりも、実際《じっさい》の利益《りえき》のほうを選《えら》ぶ。

**名《な》を成《な》す** 有名《ゆうめい》になる。成功《せいこう》する。例 音楽家《おんがくか》として名を成す|。

**名《な》を残《のこ》す** 後世《こうせい》にまで名《な》をとどめる。例 マラソン日本一《にほんいち》で名を残す|。

**◦な【菜】** 名 ❶葉《は》や、茎《くき》を食《た》べる野菜《やさい》。キャベツやハクサイ、ホウレンソウなど。菜《な》っ葉《ぱ》。❷アブラナ。例 菜|の花《はな》。↓さい【菜】495ページ

**な** 助 〔文《ぶん》の終《お》わりにつけて〕❶してはいけない、という意味《いみ》を表《あらわ》す。例 動《うご》くな|。❷強《つよ》く心《こころ》に感《かん》じたときにいう。例 花《はな》がきれいだな|。❸念《ねん》をおすときに使《つか》う。例 まちがいないな|。❹命令《めいれい》の意味《いみ》を表《あらわ》す。例 早《はや》く帰《かえ》りな|。

**なあ** 一 感 呼《よ》びかけたり、念《ねん》をおしたりするときの言葉《ことば》。例 なあ|、遊《あそ》ぼうよ。なあ|、それでいいね。二 助 〔「な」をのばしていう形《かたち》。〕❶深《ふか》く心《こころ》に感《かん》じたときにいう。例 うれしいなあ|。❷軽《かる》く念《ねん》をおす気持《きも》ちを表《あらわ》す。例 フランス料理《りょうり》、また食《た》べたいなあ|。

**ナース** 〔英語 nurse〕名 看護師《かんごし》。

**ない【内】** 画数 4 部首 冂（けいがまえ） 2年

音 ナイ ダイ△ 訓 うち

筆順 内内内内

うち。うちがわ。なか。熟語 内外《ないがい》。内部《ないぶ》。内野《ないや》。内裏《だいり》。以内《いない》。国内《こくない》。境内《けいだい》。身内《みうち》。対 外《がい》。

**ない【亡△い】** 形 死《し》んでしまって、この世《よ》にいない。例 祖父《そふ》も今《いま》は亡い|。↓ぼう【亡】1191ページ

**◦ない【無い】** 形 ❶ものごとが存在《そんざい》しない。見《み》当《あ》たらない。例 高《たか》い建物《たてもの》がない|。ちり一《ひと》つない|。❷感《かん》じ取《と》れない。欠《か》けている。足《た》りない。例 味《あじ》がない|。時間《じかん》がない|。❸持《も》っていない。そなえていない。例 お金《かね》がない|。クーラーのない|部屋《へや》。❹行《おこな》われない。起《お》こらない。例 遠足《えんそく》がない|。危険《きけん》がない|。対（❶〜❹）ある。❺ようすを表《あらわ》す言葉《ことば》などについて、上《うえ》にくる言葉《ことば》を打《う》ち消《け》す。例 寒《さむ》くない|。静《しず》かでない|。食《た》べたくない|。参考 ❺は、「寒《さむ》く（は）ない。」のように、上《うえ》の言葉《ことば》との間《あいだ》に「は」が入《はい》ることもある。↓む【無】1270ページ

**無《な》い袖《そで》は振《ふ》れない** 実際《じっさい》に持《も》っていないものは出《だ》したくても出《だ》せない。例 あげたい





慣用句 **多《おお》かれ少《すく》なかれ** 人《ひと》はだれもが、多《おお》かれ少《すく》なかれ、悩《なや》みを持《も》っているものだ。

が、ない袖《そで》は振《ふ》れない。

**°ない** 助動 上《うえ》にくる言葉《ことば》を打《う》ち消《け》す。…ぬ。例 行《い》かない。食《た》べない。

**ナイーブ**〔英語 naive〕形動 ❶かざりけがなく、素直《すなお》なようす。❷ものごとに感《かん》じやすいようす。

**ないえん【内炎°】** 名 ほのおの内側《うちがわ》にある、強《つよ》く輝《かがや》いている部分《ぶぶん》。関連 炎心《えんしん》。外炎《がいえん》。

**ないか【内科】** 名 内臓《ないぞう》の病気《びょうき》を、手術《しゅじゅつ》をしないで治《なお》す医学《いがく》の分野《ぶんや》。また、その病院《びょういん》。対 外科《げか》。

**ないかい【内海】** 名 周《まわ》りを、ほとんど陸《りく》で囲《かこ》まれている海《うみ》。瀬戸内海《せとないかい》・地中海《ちちゅうかい》など。うちうみ。対 外海《がいかい》。

**ないかい【内界】** 名 人間《にんげん》の心《こころ》など内面《ないめん》の世《せ》界《かい》。対 外界《がいかい》。

**ないがい【内外】** 一 名 ❶うちと、そと。例 家《いえ》の内外を見回《みまわ》る。❷国内《こくない》と国外《こくがい》。例 テレビが、内外の情勢《じょうせい》を伝《つた》える。二〔数《かず》を表《あらわ》す言《こと》葉《ば》のあとにつけて〕ほぼそのくらいであることを表《あらわ》す言葉《ことば》。…ぐらい。例 体育館《たいいくかん》の定員《ていいん》は四〇〇人《にん》内外だ。

**ないかく【内角】** 名 ❶〔算数《さんすう》で〕多角形《たかくけい》の内《うち》側《がわ》の角《かく》。❷野球《やきゅう》・ソフトボールで、ホームベースの打者《だしゃ》に近《ちか》いほうの側《がわ》。インコーナー。対(❶・❷)外角《がいかく》。

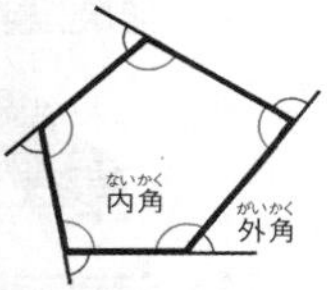

〔ないかく❶〕

**ないかく【内閣】** 名 国《くに》の政治《せいじ》を行《おこな》ういちばん上《うえ》の機関《きかん》。内閣総理大臣《ないかくそうりだいじん》とその他《た》の国務大《こくむだい》臣《じん》とで作《つく》られている。政府《せいふ》。

**ないかくそうりだいじん【内閣総理大臣】** 名 ↓そうりだいじん 751ページ

**ないかくふ【内閣府】** 名 国《くに》の重要《じゅうよう》な仕事《しごと》について案《あん》を作《つく》ったり、それぞれの省庁《しょうちょう》の仕事《しごと》を調整《ちょうせい》したりする国《くに》の役所《やくしょ》。

**ないがしろ** 形動 人《ひと》やものごとを軽《かる》くみるようす。あってもないもののように相手《あいて》にしないようす。例 運動《うんどう》もないがしろにしないように。

**ないき【内規】** 名 ある団体《だんたい》などの中《なか》だけの決《き》まり。

**ないけい【内径】** 名 円筒形《えんとうけい》や球形《きゅうけい》のものの、内側《うちがわ》の直径《ちょっけい》。対 外径《がいけい》。

**ないこうてき【内向的】** 形動 人《ひと》とつき合《あ》ったり進《すす》んで行動《こうどう》したりしないで、自分《じぶん》の中《なか》に閉《と》じこもりやすいようす。例 弟《おとうと》は内向的な性格《せいかく》だ。対 外向的《がいこうてき》。

**ないざい【内在】** 名 動-する あるものの内部《ないぶ》に存在《そんざい》すること。例 制度《せいど》じたいに欠点《けってん》が内在している。

**ないし** 接 ❶二《ふた》つの数量《すうりょう》の間《あいだ》を表《あらわ》す。…から…まで。例 乗《の》れるのは五《ご》ないし七人《しちにん》まで。❷または。あるいは。例 明日《あす》は雨《あめ》ないし雨《あめ》のち曇《くも》り。

**ないしきょう【内視鏡】** 名 レンズやカメラをつけて、胃《い》・腸《ちょう》・気管支《きかんし》など、体《からだ》の内部《ないぶ》を見《み》る装置《そうち》。

**ないじつ【内実】** 名 ❶内部《ないぶ》の実情《じつじょう》。なかみ。例 内実はひどい状態《じょうたい》だ。❷実際《じっさい》は。ほんとうのところ。例 平気《へいき》そうだが、内実困《こま》っている。

**ないしゅっけつ【内出血】** 名 動-する 体《からだ》の中《なか》で血管《けっかん》が破《やぶ》れて、内部《ないぶ》に血《ち》が出《で》ること。例 内出血で手《て》がはれあがった。

**°ないしょ【内緒°】** 名 人《ひと》に知《し》られないように、秘密《ひみつ》にしておくこと。例 内緒話《ばなし》。

**ないじょ【内助】** 名 かげで力《ちから》を貸《か》すこと。特《とく》に、妻《つま》が夫《おっと》の働《はたら》きを助《たす》けること。例 内助の功《こう》〔=手《て》がら〕。

**ないじょう【内情】** 名 外《そと》に現《あらわ》れていない、内部《ないぶ》の事情《じじょう》。うちうちのようす。例 敵《てき》の内情をさぐる。

**ないしょく【内職】** 名 動-する ❶本職《ほんしょく》の他《ほか》にする仕事《しごと》。❷収入《しゅうにゅう》の足《た》しにするため、家《いえ》でする細《こま》かい仕事《しごと》。例 内職をして、お金《かね》をためる。

**ないしん【内心】** 名 心《こころ》の中《なか》。心中《しんちゅう》。例 平気《へいき》そうだが内心はひやひやだ。

**ないしんしょ【内申書】** 名 進学《しんがく》を希望《きぼう》している生徒《せいと》の学校《がっこう》から、成績《せいせき》や活動《かつどう》のようすなどを書《か》いて、入学《にゅうがく》したい学校《がっこう》にあてて送《おく》る報告書《ほうこくしょ》。

**ないしんのう【内親王】** 名 天皇《てんのう》の娘《むすめ》。また、天皇《てんのう》の女《おんな》の孫《まご》。

**ないせい【内政】** 名 国《くに》の中《なか》の政治《せいじ》。

あいうえお かきくけこ さしすせそ たちつてと なにぬねの はひふへほ まみむめも やゆよ らりるれろ わをん

慣用句 大手《おおて》を振《ふ》る　かけられていた疑《うたが》いがやっと晴《は》れて、大手《おおて》を振《ふ》って出歩《であ》けるようになった。

**ないせい【内省】** 名 動-する 自分《じぶん》の行《おこな》いなどを心《こころ》の中《なか》で反省《はんせい》すること。

**ないせん【内戦】** 名 同《おな》じ国《くに》の者《もの》どうしがする戦争《せんそう》。類 内乱《ないらん》。

**ないせん【内線】** 名 会社《かいしゃ》や役所《やくしょ》などの中《なか》の電話《でんわ》どうしをつないである電話線《でんわせん》。対 外線《がいせん》。

**ないそう【内装】** 名 建物《たてもの》や乗《の》り物《もの》の内部《ないぶ》の設備《せつび》やかざりつけ。例 内装工事《こうじ》。

**ないぞう【内蔵】** 名 動-する 内部《ないぶ》に持《も》っていること。例 セルフタイマー内蔵のカメラ。いろいろな問題《もんだい》を内蔵している。

**ないぞう【内臓】** 名 胸《むね》や、腹《はら》の中《なか》にある心《しん》臓《ぞう》・肺《はい》・胃《い》・腸《ちょう》などのこと。はらわた。

**ナイター** 名 〔日本《にっぽん》でできた英語《えいご》ふうの言《こと》葉《ば》。〕夜《よる》に行《おこな》う、野《や》球《きゅう》などの試合《しあい》。英語《えいご》では、ナイトゲーム。

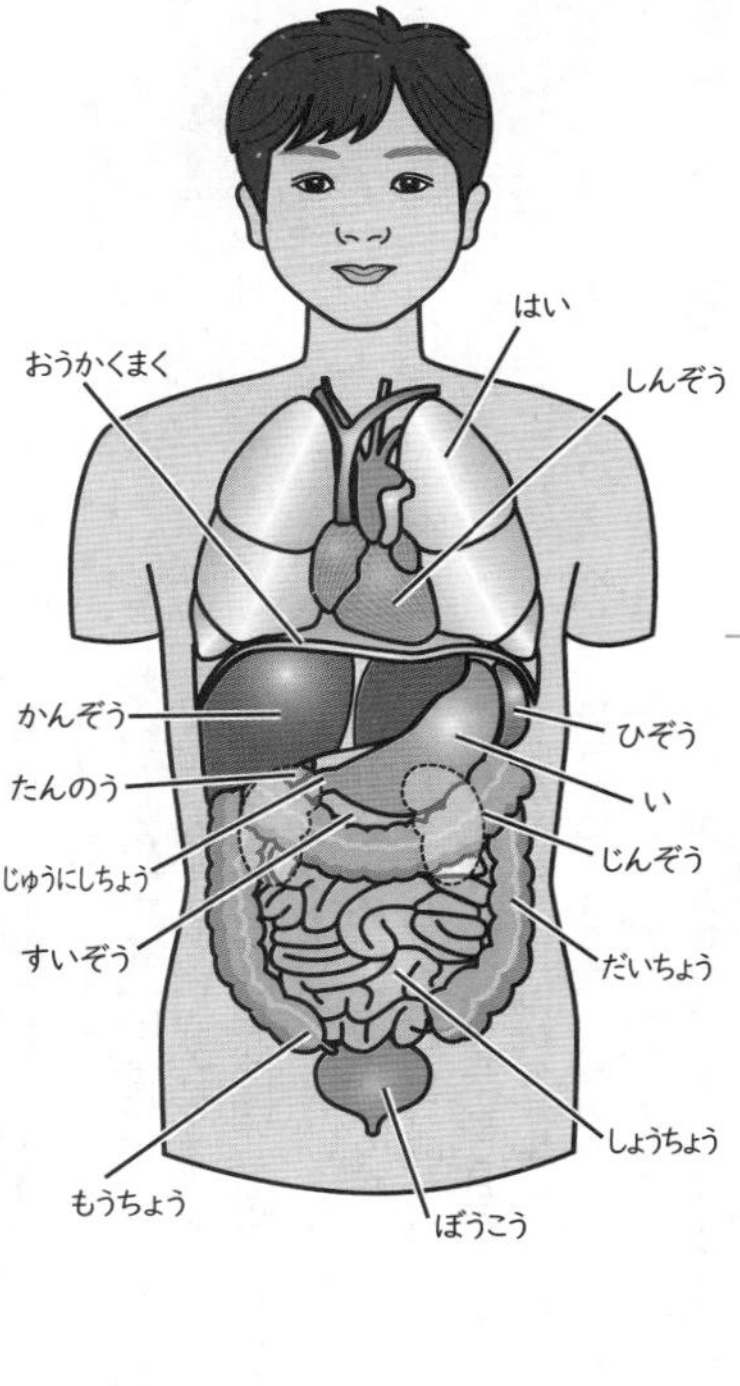

〔ないぞう〕

**ないだく【内諾】** 名 動-する 正式《せいしき》ではなく内々《ないない》に人《ひと》のたのみを聞《き》き入《い》れること。例 相《あい》手方《てがた》の内諾を得《え》る。

**ないち【内地】** 名 ❶国内《こくない》。例 内地米《まい》。❷本《ほん》国《ごく》。本土《ほんど》。対（❶・❷）外地《がいち》。

**ないつう【内通】** 名 動-する ❶ひそかに敵《てき》とつながること。うらぎり。❷内々《ないない》に前《まえ》もって話《はなし》を通《とお》すこと。

**ないてい【内定】** 名 動-する 内々《ないない》に決《き》まること。または、決《き》めること。例 就職《しゅうしょく》が内定する。

**ナイティンゲール** 人名（女）（一八二〇～一九一〇）イギリスの看護師《かんごし》。クリミア戦《せん》争《そう》〔＝一八五三年《ねん》から一八五六年《ねん》にかけて、トルコ・イギリス・フランスなどとロシアとの間《あいだ》でおきた戦争《せんそう》〕で、敵味方《てきみかた》の区別《くべつ》なく、けがをした兵《へい》の看護《かんご》をした。この活動《かつどう》が、のちに赤十字社《せきじゅうじしゃ》のできるもとになった。ナイチンゲール。

**ナイト** 〔英語 night〕名 夜《よる》。夜間《やかん》。例 ナイトゲーム。

**ナイト** 〔英語 knight〕名 ⬇きし（騎士）❷ 305ページ

**ナイトゲーム** 〔英語 night game〕名 夜《よる》に行《おこな》う、スポーツなどの試合《しあい》。ナイター。対 デーゲーム。

**ないない【内内】** 一 名 外《そと》に表《あらわ》さないこと。うちうち。例 内々の話《はなし》。二 副（-に）表向《おもてむ》きにしないで、こっそり。例 内々に相手《あいて》の考《かんが》えを聞《き》く。

**ナイフ** 〔英語 knife〕名 ❶小刀《こがたな》。例 果物《くだもの》ナイフ。❷洋食《ようしょく》を食《た》べるときに使《つか》う小刀《こがたな》。例 ナイフとフォーク。

**ないぶ【内部】** 名 ❶ものの内側《うちがわ》。中《なか》。内面《ないめん》。例 自動車《じどうしゃ》の内部の仕組《しく》み。❷仲間《なかま》うち。うちわ。例 内部の事情《じじょう》。対（❶・❷）外部《がいぶ》。

**ないふく【内服】** 名 動-する 薬《くすり》を飲《の》むこと。服用《ふくよう》。

**ないふくやく【内服薬】** 名 飲《の》み薬《ぐすり》。

**ないふん【内紛】** 名 国《くに》や団体《だんたい》などの内部《ないぶ》でのもめごと。例 内紛が起《お》こる。

**ないぶん【内分】** 名 動-する 〔算数《さんすう》で〕一《ひと》つの線《せん》を、その線上《せんじょう》の一点《いってん》で二《ふた》つに分《わ》けること。

**ないぶん【内聞】** 名 ❶表《おもて》ざたにしないこと。例 ご内聞に願《ねが》います。❷内密《ないみつ》で聞《き》くこと。



慣用句 大船《おおぶね》に乗《の》ったよう　山田《やまだ》さんの指揮《しき》なら、大船《おおぶね》に乗《の》ったような気持《きも》ちで、のびのびと歌《うた》えそうだ。

**例解 ことばの窓**

**直《なお》す の意味《いみ》で**

発言《はつげん》を訂正《ていせい》する。
かばんを修繕《しゅうぜん》する。
腕時計《うでどけい》を修理《しゅうり》する。
本堂《ほんどう》を修復《しゅうふく》する。
文章《ぶんしょう》を修正《しゅうせい》する。
古《ふる》いビルを改修《かいしゅう》する。
家《いえ》を改築《かいちく》する。
作文《さくぶん》を推敲《すいこう》する。

と。参考 ❶は「内分」とも書《か》く。

**ないぶんぴつ【内分泌】** 名 体内《たいない》で作《つく》られたホルモンが、直接血液《ちょくせつけつえき》の中《なか》に送《おく》り出《だ》されること。ないぶんぴ。

**ないみつ【内密】** 名 形動 外部《がいぶ》の人《ひと》に知《し》られないようにすること。内緒《ないしょ》。例 内密の話《はなし》。

**ないめん【内面】** 名 ❶内側《うちがわ》。内部《ないぶ》。例 箱《はこ》の内面。❷心《こころ》や精神《せいしん》のこと。例 内面的《てき》な美《うつく》しさ。対（❶・❷）外面《がいめん》。

**ないものねだり【無い物ねだり】** 名 そこにない物《もの》や、手《て》に入《はい》るはずのない物《もの》を、無理《むり》にほしがること。

**ないや【内野】** 名 野球《やきゅう》・ソフトボールで、本塁《ほんるい》・一塁《いちるい》・二塁《にるい》・三塁《さんるい》を結《むす》んだ線《せん》の内側《うちがわ》。ダイヤモンド。また、そこを守《まも》る人《ひと》。例 内野手《しゅ》。対 外野《がいや》。

**◆○ないよう【内容】** 名 ❶中身《なかみ》。例 包《つつ》みの内容。❷文章《ぶんしょう》や話《はなし》によって、表《あらわ》されたもの。例 物語《ものがたり》の内容。対 形式《けいしき》。

**ないらん【内乱】** 名 国《くに》の中《なか》での戦争《せんそう》。例 政《せい》府《ふ》をたおそうと内乱が起《お》こる。類 内戦《ないせん》。

**ないらん【内覧】** 名 動-する 一部《いちぶ》の人《ひと》だけが、内々《うちうち》で見《み》ること。

**ないりく【内陸】** 名 海《うみ》から遠《とお》くはなれた地《ち》方《ほう》。例 アメリカの内陸部《ぶ》。対 沿岸《えんがん》。

**ないりんさ【内輪差】** 名 自動車《じどうしゃ》がカーブを曲《ま》がるときに、内側《うちがわ》の前輪《ぜんりん》と内側《うちがわ》の後輪《こうりん》が通《とお》る跡《あと》にできる差《さ》。車体《しゃたい》の長《なが》い車《くるま》ほど、差《さ》が大《おお》きくなる。大《おお》きな車《くるま》が曲《ま》がるときに、歩行《ほこう》者《しゃ》が巻《ま》きこまれることがあるのはそのため。

**ないりんざん【内輪山】** 名 火山《かざん》で、火口《かこう》の中《なか》に新《あたら》しく火口《かこう》ができたとき、新《あたら》しい火口《かこう》を取《と》り囲《かこ》んでいる山《やま》。阿蘇山《あそさん》などに見《み》られる。対 外輪山《がいりんざん》。

**ナイルがわ【ナイル川】** 地名 アフリカ大《たい》陸《りく》を流《なが》れて、地中海《ちちゅうかい》に入《はい》る世界一長《せかいいちなが》い川《かわ》。長《なが》さ六六九〇キロメートル。エジプト文明《ぶんめい》はこの下流《かりゅう》でおこった。

**ナイロン**〔英語 nylon〕名 合成繊維《ごうせいせんい》の一《ひと》つ。水《みず》・石炭《せきたん》・空気《くうき》をもとに作《つく》った糸《いと》の名《な》。軽《かる》くて丈夫《じょうぶ》で、水《みず》に強《つよ》く、衣類《いるい》や網《あみ》・ロープなどに使《つか》われる。商標名《しょうひょうめい》。

**なう** 動 何本《なんぼん》かの糸《いと》やわらを、たがいにねじり合《あ》わせて一本《いっぽん》のなわにする。よる。例 なわをなう。

**なうて【名うて】** 名〔「名《な》うての…」の形《かたち》で〕有名《ゆうめい》であること。例 彼《かれ》は名うての医者《いしゃ》だ。

**ナウマンぞう【ナウマン象】** 名 ゾウに似《に》た大昔《おおむかし》の動物《どうぶつ》。日本《にっぽん》や東《ひがし》アジアで化石《かせき》が発《はっ》見《けん》された。ドイツの地質学者《ちしつがくしゃ》ナウマンが発見《はっけん》したので、この名《な》がある。

**○なえ【苗】** 名 芽《め》を出《だ》して移《うつ》し植《う》える前《まえ》の小《ちい》さい植物《しょくぶつ》。例 キクの苗を育《そだ》てる。⬇びょう【苗】1111ページ

**なえぎ【苗木】** 名 庭《にわ》や山林《さんりん》に植《う》える木《き》の苗《なえ》。特《とく》に、移《うつ》し植《う》えるために育《そだ》てた小《ちい》さい木《き》。

**なえどこ【苗床】** 名 草花《くさばな》や野菜《やさい》・木《き》などの苗《なえ》を育《そだ》てる所《ところ》。

**なえる【萎える】** 動 ❶力《ちから》がなくなる。例 手《て》足《あし》が萎える。❷気力《きりょく》がおとろえる。例 やる気《き》が萎える。❸草《くさ》などがしおれる。

**○なお** 一 副 ❶相変《あいか》わらず。それでも。まだ。例 山《やま》の上《うえ》は夏《なつ》でもなお寒《さむ》い。❷さらに。いっそう。例 あれより、このほうがなおいい。

**例解 使い分け**

**直《なお》す と 治《なお》す**

誤《あやま》りを直《なお》す。
機械《きかい》を直《なお》す。
言葉遣《ことばづか》いを直《なお》す。
くせを直《なお》す。

傷《きず》を治《なお》す。
かぜを治《なお》す。

二接 さらにつけ加《くわ》えれば。なお。例土曜日《どようび》に集会《しゅうかい》を開《ひら》く。なお、雨《あめ》のときは中止《ちゅうし》する。

**なおかつ**【なお且つ】副 ❶そのうえ。さらに。例勉強《べんきょう》もできて、なおかつ足《あし》も速《はや》い。❷それでも。やはり。例ばかにされても、なおかつあきらめなかった。

**なおさら** 副 いっそう。ますます。例だめだと言《い》われると、なおさらやりたくなる。

**なおざり** 名形動 いいかげんにしておくこと。おろそか。例勉強《べんきょう》をなおざりにする。

**なおし**【直し】名 直《なお》すこと。修理《しゅうり》。例時計《とけい》を直しに出《だ》す。

**°なおす**【直す】動 ❶悪《わる》いところをよくする。例まちがいを直す。❷変《か》えたものを、元通《もとどお》りにする。例きげんを直す。❸書《か》きかえる。例かなを漢字《かんじ》に直す。❹別《べつ》の単位《たんい》に言《い》いかえる。例メートル法《ほう》に直すと、一尺《しゃく》は約《やく》三〇センチです。❺〔ある言葉《ことば》のあとにつけて〕もう一度《いちど》…する。例作文《さくぶん》を書《か》き直す。↓ちょく【直】842ページ

**°なおす**【治す】動 病気《びょうき》やけがをよくする。例かぜを治す。虫歯《むしば》を治す。↓じ【治】539ページ

**°なおる**【直る】動 ❶元通《もとどお》りの状態《じょうたい》になる。例故障《こしょう》が直る。❷よくない状態《じょうたい》が改《あらた》まる。例悪《わる》いくせが直る。↓ちょく【直】842ページ

**°なおる**【治る】動 病気《びょうき》やけがが、よくなる。例傷《きず》が治る。↓じ【治】539ページ

**なおれ**【名折れ】名 名誉《めいよ》に傷《きず》がつくこと。不名誉《ふめいよ》。はじ。例母校《ぼこう》の名折れになることはするな。

**°なか**【中】名 ❶物《もの》の内側《うちがわ》。うち。例家《いえ》の中に入《はい》る。対外《そと》。❷間《あいだ》。例中一日《いちにち》置《お》く。❸ある範囲《はんい》のうち。例代表《だいひょう》は一組《いちくみ》の中から選《えら》ぶ。対外《そと》。❹最中《さいちゅう》。例雨《あめ》の中。↓ちゅう【中】830ページ

**中《なか》を取《と》る** 二《ふた》つの意見《いけん》の中間《ちゅうかん》の考《かんが》えを取《と》り上《あ》げる。例二人《ふたり》の言《い》い分《ぶん》の中を取る。

**°なか**【仲】名 人《ひと》と人《ひと》との間《あいだ》がら。例仲がいい。犬猿《けんえん》の仲。↓ちゅう【仲】830ページ

**仲《なか》を裂《さ》く** 親《した》しい者《もの》どうしをはなれさせる。例友達《ともだち》との仲を裂かれる。

**仲《なか》を取《と》り持《も》つ** 二人《ふたり》の間《あいだ》に入《はい》り、よい関係《かんけい》になるように世話《せわ》をする。例先輩《せんぱい》と後輩《こうはい》の仲を取り持つ。

**ながあめ**【長雨】名 何日間《なんにちかん》も降《ふ》り続《つづ》く雨《あめ》。ながめ。例秋《あき》の長雨。

**ながい**【長居】名動‐する よその家《いえ》などに長《なが》く居《い》ること。例話《はなし》がはずんで、つい長居してしまった。

**°ながい**【永い】形 久《ひさ》しい。いつまでも続《つづ》く。例永い眠《ねむ》りにつく〔=死《し》ぬ〕。↓えい【永】123ページ

**°ながい**【長い】形 ❶はしからはしまでが大《おお》きくはなれている。例長い道《みち》のり。❷時間《じかん》がたくさんかかる。例長いこと待《ま》った。日《ひ》が長くなる。❸のんびりしている。例気《き》が長い。対(❶〜❸)短《みじか》い。↓ちょう【長】836ページ

**長《なが》い目《め》で見《み》る** 将来《しょうらい》のことまでを考《かんが》えに入《い》れて判断《はんだん》する。例長い目で見ると、木造《もくぞう》のほうが安《やす》くつく。

**長《なが》い物《もの》には巻《ま》かれろ** 目上《めうえ》の人《ひと》や強《つよ》いものには、逆《さか》らってもむだなので、従《したが》ったほうがいい。

例解 ↔ 使い分け

**中《なか》と仲《なか》**

箱《はこ》の中《なか》。
部屋《へや》の中《なか》。
二人《ふたり》の中《なか》に立《た》つ。

仲《なか》がいい。
二人《ふたり》の仲《なか》を取《と》りもつ。

例解 ↔ 使い分け

**永《なが》いと長《なが》い**

永《なが》い眠《ねむ》りにつく。
永《なが》く名《な》を残《のこ》す。

長《なが》いリボン。
気《き》の長《なが》い人《ひと》。
長《なが》い目《め》で見《み》る。
話《はなし》が長《なが》い。



慣用句 おくびにも出《だ》さない 悩《なや》みなどおくびにも出《だ》さないで、明《あか》るい笑顔《えがお》でわたしたちを迎《むか》えてくれた。

**ながいき【長生き】** 名 動-する 長《なが》く生《い》きること。長命《ちょうめい》。例 祖母《そぼ》は長生きした。

**ながいも【長芋】** 名 畑《はたけ》に作《つく》る作物《さくもつ》。ヤマイモの一種《いっしゅ》で、長《なが》い棒《ぼう》のような形《かたち》をしている。食用《しょくよう》。

**なかいり【中入り】** 名 すもうや寄席《よせ》などで、途中《とちゅう》でしばらく休《やす》むこと。

**ながうた【長唄】** 名 江戸《えど》時代《じだい》に始《はじ》まった、三味線《しゃみせん》に合《あ》わせて歌《うた》う音楽《おんがく》。

**なかがい【仲買】** 名 品物《しなもの》の売《う》り買《か》いの世話《せわ》をして、手数料《てすうりょう》を取《と》ること。また、それを商売《しょうばい》にしている人《ひと》。例 仲買人《にん》。

**ながぐつ【長靴】** 名 皮《かわ》やゴムで作《つく》った、ひざの近《ちか》くまである長《なが》い靴《くつ》。

**ながくつしたのピッピ**〖長くつ下のピッピ〗 作品名 スウェーデンの作家《さっか》リンドグレーンが書《か》いた童話《どうわ》。空想《くうそう》好《ず》きで行動《こうどう》力《りょく》のある、世界《せかい》一《いち》強《つよ》い女《おんな》の子《こ》の痛快《つうかい》な物語《ものがたり》。シリーズになっている。

**なかぐろ【中黒】** 名 ↓なかてん 963ページ

**なかごろ【中頃】** 名 真《ま》ん中《なか》の辺《あた》り。例 五月《ごがつ》の中ごろ。坂《さか》の中ごろ。

**◦ながさ【長さ】** 名 ❶物《もの》の、はしからはしまでの距離《きょり》。例 橋《はし》の長さ。❷時間《じかん》。例 春分《しゅんぶん》と秋分《しゅうぶん》は、昼《ひる》と夜《よる》の長さが同《おな》じだ。

**ながさきけん**〖長崎県〗 地名 九州《きゅうしゅう》の北《ほく》西部《せいぶ》にある県《けん》。県庁《けんちょう》は長崎市《ながさきし》にある。

**ながし【流し】** 名 ❶台所《だいどころ》などにある、物《もの》を洗《あら》い、水《みず》を流《なが》す所《ところ》。❷客《きゃく》を探《さが》してあちらこちらを移動《いどう》すること。例 流しのタクシー。

**ながしかく【長四角】** 名 縦《たて》と横《よこ》の長《なが》さがちがう四角形《しかくけい》。長方形《ちょうほうけい》。

**ながしののたたかい【長篠の戦い】** 名 一五七五年《ねん》、今《いま》の愛知県《あいちけん》新城市《しんしろし》の長篠《ながしの》で、織田信長《おだのぶなが》が、鉄砲《てっぽう》を使《つか》って武田勝頼《たけだかつより》を破《やぶ》った戦《たたか》い。

**なかす【中州】** 名 川《かわ》の中《なか》に土《つち》や砂《すな》が積《つ》もって、島《しま》のように水《みず》の上《うえ》に出《で》ている所《ところ》。

**◦ながす【流す】** 動 ❶液体《えきたい》などが低《ひく》いほうへ動《うご》くようにする。例 水《みず》を流す。❷水《みず》などにうかべて動《うご》かす。例 ささ舟《ぶね》を流す。❸よごれを洗《あら》い落《お》とす。例 汗《あせ》を流す。❹うわさなどを広《ひろ》める。例 うわさを流す。❺予定《よてい》していたことを、取《と》りやめる。例 集会《しゅうかい》を流す。❻〔ある言葉《ことば》のあとにつけて〕そのことを気《き》に留《と》めない。例 聞《き》き流す。受《う》け流す。↓りゅう【流】 1387ページ

**ながすくじら【ながす鯨】** 名 クジラの一種《いっしゅ》で、長《なが》さ二〇～三〇メートル。背中《せなか》が黒《くろ》く、腹《はら》が白《しろ》い。

**なかせる【泣かせる】** 動 ❶泣《な》くようにさせる。例 けんかして妹《いもうと》を泣かせる。❷感動《かんどう》させる。例 泣かせる映画《えいが》だ。❸困《こま》らせる。例 無理《むり》を言《い》って、店員《てんいん》を泣かせる。

**なかせん【中線】** 名 ↓ダッシュ 二❶ 798ページ ／ふろく(11ページ)

**なかせんどう【中山道・中仙道】** 名 江《え》戸《ど》時代《じだい》の五街道《ごかいどう》の一《ひと》つ。江《え》戸《ど》から京都《きょうと》までの道《みち》で、今《いま》の埼玉《さいたま》・群馬《ぐんま》・長野《ながの》・岐阜県《ぎふけん》を通《とお》り、滋賀県《しがけん》の草津《くさつ》で東海道《とうかいどう》につながる。↓ごかいどう 451ページ

**ながそで【長袖】** 名 長《なが》い袖《そで》。また、長《なが》い袖《そで》のついた服《ふく》。ふつう、手首《てくび》までの長《なが》さのもの。例 長袖のT《ティー》シャツを着《き》る。

**なかぞら【中空】** 名 空《そら》の中《なか》ほど。例 中空に月《つき》がうかぶ。類 中天《ちゅうてん》。

**なかたがい【仲たがい】** 名 動-する 仲《なか》が悪《わる》くなること。例 親友《しんゆう》と仲たがいした。対 仲《なか》直《なお》り。

**なかだち【仲立ち】** 名 人《ひと》と人《ひと》との間《あいだ》に入《はい》って、取《と》り次《つ》ぎをしたり世話《せわ》をしたりすること。また、その人《ひと》。

**ながたらしい【長たらしい】** 形 だらだらと長《なが》い。長《なが》ったらしい。例 長たらしい話《はなし》にうんざりする。

**なかだるみ【中だるみ】** 名 動-する 途中《とちゅう》で、一時《いちじ》、勢《いきお》いが弱《よわ》くなること。例 試合《しあい》は中だるみの状態《じょうたい》が続《つづ》いている。

**ながだんぎ【長談義】** 名 ながたらしい話《はなし》。ながばなし。例 下手《へた》の長談義〔＝話《はなし》が下手《へた》な人《ひと》ほど長話《ながばなし》をしがちだ〕。

**ながちょうば【長丁場】** 名 ものごとが長《なが》い時間《じかん》続《つづ》くこと。例 長丁場の工事《こうじ》。

**なかつぎ【中継ぎ】** 名 動-する ❶途中《とちゅう》から引《ひ》きつぐこと。また、引《ひ》きつぐ人《ひと》。例 中継ぎの投手《とうしゅ》。❷途中《とちゅう》でつぎ合《あ》わせること。また、そのつぎ目《め》の部分《ぶぶん》。❸両方《りょうほう》の間《あいだ》の連絡《れんらく》を取《と》る

こと。取《と》り次《つ》ぎ。

**ながつき**【長月】名 昔《むかし》の暦《こよみ》で、九月《くがつ》のこと。

**ながつづき**【長続き】名動-する ものごとが長《なが》い間《あいだ》とぎれずに続《つづ》くこと。例 何《なに》をやっても長続きしない。

**なかでも**【中でも】多《おお》くの物《もの》の中《なか》で、特別《とくべつ》に。例 中でもこれはすぐれた作品《さくひん》だ。

✤**なかてん**【中点】名 文章《ぶんしょう》で、言葉《ことば》を並《なら》べて書《か》くときなどに使《つか》う「・」の符号《ふごう》。なかぐろ。なかポツ。⇩ふろく(11ページ)

**ながと**〖長門〗地名 昔《むかし》の国《くに》の名《な》の一《ひと》つ。今《いま》の山口県《やまぐちけん》の北部《ほくぶ》と西部《せいぶ》とにあたる。長州《ちょうしゅう》。

**なかとみの かまたり**〖中臣 鎌足〗人名 ⇩ふじわらのかまたり 1142ページ

∘**なかなおり**【仲直り】名動-する 前《まえ》のように、また仲《なか》がよくなること。例 けんかをしていた友達《ともだち》と仲直りした。対 仲《なか》たがい。

∘**なかなか** 副 ❶ずいぶん。かなり。例 なかなか感心《かんしん》だ。❷どうしても。簡単《かんたん》には。例 なかなかうまくいかない。注意 ❷は、あとに「ない」などの打《う》ち消《け》しの言葉《ことば》がくる。

**ながなが**【長長】副(-と) たいへん長《なが》いようす。例 長々としゃべる。

**なかにわ**【中庭】名 建物《たてもの》に取《と》り巻《ま》かれた庭《にわ》。うちにわ。例 学校《がっこう》の中庭。

**ながねん**【長年】名 長《なが》い年月《ねんげつ》。例 長年の疑《ぎ》問《もん》が解決《かいけつ》した。

**なかのおおえのおうじ**〖中大兄皇子〗人名(男)(六二六～六七一)飛鳥時代《あすかじだい》、中臣鎌足《なかとみのかまたり》(=のちの藤原鎌足《ふじわらのかまたり》)と共《とも》に蘇我氏《そがし》をほろぼし、大化《たいか》の改新《かいしん》を行《おこな》った。のち、天智天皇《てんじてんのう》となり、天皇中心《てんのうちゅうしん》の政治《せいじ》の仕組《しく》みを作《つく》った。

**ながのけん**〖長野県〗地名 中部地方《ちゅうぶちほう》のほぼ中央《ちゅうおう》にある県《けん》。県庁《けんちょう》は長野市《ながのし》にある。

∘**なかば**【半ば】名 ❶半分《はんぶん》。半分《はんぶん》ほど。例 半ばあきらめました。❷中《なか》ごろ。例 三月《さんがつ》も半ばを過《す》ぎた。❸途中《とちゅう》。例 会《かい》の半ばで帰《かえ》る。⇩はん【半】1069ページ

**ながばなし**【長話】名動-する 長《なが》い時間《じかん》、話《はなし》をすること。また、その話《はなし》。例 友達《ともだち》と電話《でんわ》で長話をする。

**なかはま まんじろう**〖中浜万次郎〗人名 ⇩ジョンまんじろう 648ページ

**なかび**【中日】名 すもうや芝居《しばい》などが行《おこな》われている期間《きかん》の、真《ま》ん中《なか》の日《ひ》。注意「中日」を「ちゅうにち」と読《よ》むと、ちがう意味《いみ》になる。

**ながびく**【長引く】名 なかなか終《お》わりにならず、時間《じかん》がかかる。例 病気《びょうき》が長引く。交渉《こうしょう》が長引く。

∘**なかほど**【中程】名 中《なか》ごろ。半《なか》ば。例 坂《さか》の中ほどで、友達《ともだち》に会《あ》った。

∘**なかま**【仲間】名 ❶いっしょにものごとをする人《ひと》。友達《ともだち》。グループ。例 いつもの仲間が集《あつ》まる。❷種類《しゅるい》の同《おな》じもの。例 トマトもナスも同《おな》じ仲間だ。

**なかまいり**【仲間入り】名動-する 新《あたら》しく仲間《なかま》に入《はい》ること。例 今日《きょう》から大人《おとな》の仲間入りだ。

**なかまはずれ**【仲間外れ】名 仲間《なかま》から、のけ者《もの》にされること。

**なかまわれ**【仲間割れ】名動-する 争《あらそ》いが起《お》こり、仲間《なかま》がいくつかに分《わ》かれること。例 仲間割れしても、だれも得《とく》をしない。

∘**なかみ**【中身】名 ❶中《なか》に入《はい》っている物《もの》。中《なか》の物《もの》。例 箱《はこ》の中身。❷文章《ぶんしょう》や話《はなし》などの内容《ないよう》。例 長《なが》いだけで、中身のない話《はなし》だ。

**なかみせ**【仲店・仲見世】名 神社《じんじゃ》や寺《てら》の境内《けいだい》、参道《さんどう》に並《なら》んでいる店《みせ》。例 浅草《あさくさ》の仲見世通《どお》り。

**なかむつまじい**【仲むつまじい】形 気持《きも》ちが通《つう》じていて、仲《なか》がよいようす。例 仲むつまじく暮《く》らす。

**ながめ**【長雨】名 ⇩ながあめ 961ページ

**ながめ**【長め】名 少《すこ》し長《なが》い感《かん》じであること。例 長めのズボン。対 短《みじか》め。

∘**ながめ**【眺め】名 見《み》わたした景色《けしき》。風景《ふうけい》。例 屋上《おくじょう》からの眺め。

∘**ながめる**【眺める】動 ❶遠《とお》くを見《み》る。見《み》わたす。例 山《やま》の上《うえ》から町《まち》を眺める。❷じっと見《み》つめる。例 人《ひと》の顔《かお》をつくづくと眺める。❸ぼんやりと見《み》る。例 眺めてばかりいないで、手伝《てつだ》いなさい。⇩ちょう【眺】837ページ

**ながもち** 一【長持ち】名動-する 長《なが》い間《あいだ》使《つか》えること。例 丈夫《じょうぶ》で、長持ちする。二【長持】名 衣服《いふく》などを入《い》れておく、ふたのつい




慣用句 押《お》し合《あ》いへし合《あ》い 朝《あさ》の電車《でんしゃ》は、通勤《つうきん》や通学《つうがく》の人《ひと》で、押《お》し合《あ》いへし合《あ》いの超満員《ちょうまんいん》です。

た長方形《ちょうほうけい》の大《おお》きな箱《はこ》。木《き》でできているものが多《おお》い。

**ながや**【長屋】名 細長《ほそなが》い一棟《ひとむね》の家《いえ》を、いくつかに区切《くぎ》って、それぞれ一軒《いっけん》として住《す》めるようにした建物《たてもの》。

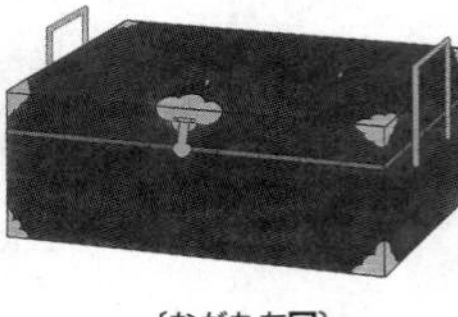

〔ながもち■〕

**なかやすみ**【中休み】名 動する (仕事《しごと》などの)途中《とちゅう》で休《やす》むこと。また、その休《やす》み。例 梅雨《つゆ》の中休み。

**ながゆ**【長湯】名 動する 長《なが》い時間《じかん》風呂《ふろ》に入《はい》ること。長風呂《ながぶろ》。

**なかゆび**【中指】名 手《て》と足《あし》の真《ま》ん中《なか》の指《ゆび》。

**○なかよし**【仲良し】名 仲《なか》がよいこと。また、仲《なか》がよい人《ひと》。例 二人《ふたり》は大《だい》の仲良しだ。

**○ながら** 助 ❶…のまま。…のとおり。例 昔《むかし》ながらの風景《ふうけい》。❷二《ふた》つの動作《どうさ》が同時《どうじ》に行《おこな》われることを表《あらわ》す。…つつ。例 歩《ある》きながら話《はな》す。❸…にもかかわらず。…のに。例 見《み》ていながら、見《み》ぬふり。❹…ではあるが。…でも。例 われながらあきれる。

**ながらえる**【長らえる】動 長《なが》く生《い》き続《つづ》ける。例 命《いのち》を長らえる。

**ながらがわ**〖長良川〗地名 岐阜県《ぎふけん》を南《みなみ》に流《なが》れ、伊勢湾《いせわん》に注《そそ》ぐ川《かわ》。鵜飼《うか》いで有名《ゆうめい》。

**ながらく**【長らく】副 長《なが》い間《あいだ》。久《ひさ》しく。例 長らくお待《ま》たせしました。

**なかれ** …してはいけない。〔古《ふる》い言《い》い方《かた》。〕例 油断《ゆだん》するなかれ。悲《かな》しむことなかれ。

**○ながれ**【流れ】名 ❶流《なが》れる水《みず》。川《かわ》。例 流れに沿《そ》って歩《ある》く。❷(川《かわ》のように)絶《た》えることなく動《うご》いているもの。例 車《くるま》の流れ。❸移《うつ》り変《か》わり。例 時《とき》の流れ。❹系統《けいとう》。つながり。血筋《ちすじ》。例 源氏《げんじ》の流れをひく。❺とりやめになること。例 祝賀会《しゅくがかい》がお流れになった。

**流《なが》れにさおさす** ❶〔さおを使《つか》って流《なが》れを下《くだ》るように〕世《よ》の中《なか》のなりゆきにまかせて進《すす》む。❷世《よ》の中《なか》のなりゆきに逆《さか》らう。参考 本来《ほんらい》は❶の意味《いみ》で使《つか》う。

**流《なが》れを汲《く》む** 血《ち》のつながりや、学問《がくもん》・芸術《げいじゅつ》などの系統《けいとう》を受《う》けついでいる。例 古典派《こてんは》の流れを汲む作曲家《さっきょくか》。

**ながれさぎょう**【流れ作業】名 工場《こうじょう》で品物《しなもの》を作《つく》るとき、めいめいがひと続《つづ》きの仕事《しごと》を分《わ》けて受《う》け持《も》ち、順々《じゅんじゅん》に次《つぎ》へ送《おく》る作業《さぎょう》のやり方《かた》。

**ながれだま**【流れ弾゜】名 ねらいから外《はず》れた銃《じゅう》の弾丸《だんがん》。例 流れ弾に当《あ》たる。

**ながれぼし**【流れ星】名 ↓りゅうせい(流星) 1389ページ

**○ながれる**【流れる】動 ❶液体《えきたい》などが、低《ひく》いほうへ動《うご》く。例 川《かわ》が流れる。❷時《とき》がたつ。例 月日《つきひ》が流れる。❸物《もの》が水《みず》で動《うご》かされる。例 ささ舟《ぶね》が流れる。❹広《ひろ》がって行《い》く。例 うわさが流れる。❺とりやめになる。例 運動会《うんどうかい》が雨《あめ》で流れる。↓りゅう【流】 1387ページ

**なき**【亡△き】連体 生《い》きていない。例 亡き父《ちち》の思《おも》い出《で》。

**なき**【泣き】名 泣《な》くこと。

**泣《な》きを入《い》れる** 泣《な》きついてお願《ねが》いをする。例 もう少《すこ》し待《ま》ってと、泣きを入れた。

**泣《な》きを見《み》る** 泣《な》きたいような辛《つら》い目《め》にあう。例 準備不足《じゅんびぶそく》で登山《とざん》をし、泣きを見た。

**なぎ**【凪】名 風《かぜ》がやみ、波《なみ》が静《しず》かになること。また、その状態《じょうたい》。例 朝《あさ》なぎ。対 しけ。

**なきあかす**【泣き明かす】動 ひと晩《ばん》じゅう泣《な》き続《つづ》ける。例 祖父《そふ》の訃報《ふほう》に一晩《ひとばん》泣き明かした。

**なきおとし**【泣き落とし】名 泣《な》いてかわいそうに思《おも》わせて、自分《じぶん》の願《ねが》いを聞《き》き入《い》れさせること。

**なきがお**【泣き顔】名 泣《な》いた顔《かお》。泣《な》きだしそうな顔《かお》。例 泣き顔になって頼《たの》む。

**なきがら** 名 死《し》んだ人《ひと》の体《からだ》。死骸《しがい》。

**なきくずれる**【泣き崩れる】動 姿勢《しせい》をくずすようにして、激《はげ》しく泣《な》く。例 悲《かな》しみのあまり、母《はは》は泣き崩れた。

**なきごえ**【泣き声】名 ❶人《ひと》の泣《な》く声《こえ》。例 赤《あか》んぼうの泣き声。❷泣《な》きだしそうな声《こえ》。なみだ声《ごえ》。

**なきごえ**【鳴き声】名 鳥《とり》・虫《むし》・けものなどの鳴《な》く声《こえ》。例 セミの鳴き声がする。

**なきごと**【泣き言】名 自分《じぶん》の不幸《ふしあわ》せや運《うん》の悪《わる》いことを、なげいて言《い》う言葉《ことば》。ぐち。例 くどくどと泣き言を言《い》う。



慣用句 押《お》しも押《お》されもしない 彼《かれ》は、日本《にっぽん》を代表《だいひょう》する、押《お》しも押《お》されもしないりっぱなピアニストです。

**なぎさ** 名 海《うみ》などの波《なみ》の打《う》ち寄《よ》せる所《ところ》。波打《なみう》ちぎわ。例 なぎさで貝《かい》を拾《ひろ》う。

**なきさけぶ**【泣き叫ぶ】動 大《おお》きな声《こえ》で泣《な》く。泣《な》きながら叫《さけ》ぶ。例 子《こ》どもが声《こえ》を限《かぎ》りに泣き叫ぶ。

**なきしきる**【鳴きしきる】動 鳥《とり》や虫《むし》がさかんに鳴《な》く。例 セミが鳴きしきる。

**なきじゃくる**【泣きじゃくる】動 しゃくりあげながら泣《な》く。

**なきじょうご**【泣き上戸】名 酒《さけ》に酔《よ》うとすぐ泣《な》いてしまうくせ。また、そのくせのある人《ひと》。

**なぎたおす**【なぎ倒す】動 ❶立《た》っているものを横《よこ》にはらい倒《たお》す。例 草《くさ》をなぎ倒す。❷次々《つぎつぎ》と負《ま》かす。例 敵《てき》をなぎ倒す。

**なきたてる**【鳴き立てる】動 (動物《どうぶつ》が)高《たか》い声《こえ》でさかんに鳴《な》く。例 犬《いぬ》が鳴き立てる。

**なきたてる**【泣き立てる】動 声《こえ》をあげてさかんに泣《な》く。例 子《こ》どもが地団駄《じだんだ》ふんで泣き立てる。

**なきつく**【泣き付く】動 ❶泣《な》きながらすがりつく。例 子《こ》どもが、お母《かあ》さんに泣きつく。❷泣《な》くようにしてたのみこむ。例 問題《もんだい》が解《と》けなくて、兄《あに》に泣きついた。

**なきっつら** 名 ⬇なきつら 965ページ

**なきつら**【泣き面】名「泣《な》き顔《がお》」のくだけた言《い》い方《かた》。また、泣《な》きそうな顔《かお》。泣《な》きっ面《つら》。

**泣《な》き面《つら》に蜂《はち》** (泣《な》いた顔《かお》に蜂《はち》が来《き》たようすから)悪《わる》いことで弱《よわ》っている上《うえ》に、さらに悪《わる》いことが重《かさ》なること。例 バスが遅《おく》れたうえに、雨《あめ》まで降《ふ》りだした。まさに泣き面に蜂だ。類 弱《よわ》り目《め》にたたり目《め》。

**なきなき**【泣き泣き】副 ❶泣《な》きながら。例 泣き泣きわけを話《はな》す。❷がまんして。なくなく。例 泣き泣き要求《ようきゅう》を受《う》け入《い》れる。

**なぎなた** 名 昔《むかし》の武器《ぶき》の一《ひと》つで、長《なが》い柄《え》の先《さき》に長《なが》く反《そ》り返《かえ》った刃《は》をつけたもの。

〔なぎなた〕

**なきにしもあらず**【無きにしもあらず】ないということもない。少《すこ》しはある。例 入選《にゅうせん》する可能性《かのうせい》は無きにしもあらずだ。

**なきねいり**【泣き寝入り】名 動-する ❶泣《な》きながらねむってしまうこと。❷不満《ふまん》だが、しかたがないとあきらめること。例 泣き寝入りするわけにはいかない。

**なきのなみだ**【泣きの涙】ひどく悲《かな》しい思《おも》いをすること。例 泣きの涙で別《わか》れる。

**なきはらす**【泣き腫らす】動 ひどく泣《な》いて、まぶたをはらす。例 目《め》を真《ま》っ赤《か》に泣きはらす。

**なきひと**【亡き人】名 死《し》んだ人《ひと》。故人《こじん》。例 亡き人をしのぶ。

**なきふす**【泣き伏す】動 泣《な》いて体《からだ》をうつ伏《ぶ》せにする。例 わっと泣き伏した。

**なきべそ**【泣きべそ】名 泣《な》きそうな顔《かお》。例 泣きべそをかく。

**なきむし**【泣き虫】名 ちょっとしたことですぐ泣《な》く人《ひと》。例 弟《おとうと》は意外《いがい》に泣き虫だ。

**なきわらい**【泣き笑い】名 動-する ❶泣《な》きながら笑《わら》ってしまうこと。❷悲《かな》しみと喜《よろこ》びとで、泣《な》いたり笑《わら》ったりすること。例 泣き笑いの人生《じんせい》。

**°なく**【泣く】動 悲《かな》しさや苦《くる》しさやうれしさを心《こころ》に強《つよ》く感《かん》じて、涙《なみだ》を流《なが》す。例 大声《おおごえ》で泣く。対 笑《わら》う。⬇きゅう【泣】323ページ

**泣《な》く子《こ》と地頭《じとう》には勝《か》てぬ** (泣《な》きわめく子《こ》どものような)わけ知《し》らずの者《もの》や、(地頭《じとう》のような)強《つよ》い権力《けんりょく》を持《も》っている者《もの》には、いくら正《ただ》しいことを言《い》っても通《つう》じないので、従《したが》っておくよりしかたがない。

**泣《な》く子《こ》も黙《だま》る** (泣《な》いている子《こ》も泣《な》きやむほど)おそれられている。例 泣く子も黙る鬼《おに》監督《かんとく》。

**°なく**【鳴く】動 鳥《とり》・虫《むし》・けものなどが、声《こえ》を出《だ》

例解 ことばの窓

**泣《な》く の意味《いみ》で**

悲《かな》しい場面《ばめん》に涙《なみだ》ぐむ。
思《おも》わず落涙《らくるい》する。
霊前《れいぜん》ですすり泣《な》く。
妹《いもうと》が泣《な》きじゃくる。
迷子《まいご》が泣《な》き叫《さけ》ぶ。
友達《ともだち》の死《し》に号泣《ごうきゅう》する。
負《ま》けてくやし涙《なみだ》を流《なが》す。
しかられて、泣《な》きべそをかく。



慣用句 お茶《ちゃ》の子《こ》さいさい 折《お》り紙《がみ》でツルを折《お》るなんて、お茶《ちゃ》の子《こ》さいさい、いくつでもすぐできます。

あいうえお かきくけこ さしすせそ たちつてと なにぬねの はひふへほ まみむめも や ゆ よ らりるれろ わ を ん

したり、羽《はね》をすり合《あ》わせて音《おと》を出《だ》したりする。例マツムシが鳴《な》く。⇩めい【鳴】1286ページ

**鳴《な》かず飛《と》ばず** なにも活躍《かつやく》できていない。例歌手《かしゅ》にはなったが、鳴かず飛ばずで終《お》わった。

**なぐ** 動 風《かぜ》がやんで、波《なみ》が静《しず》かになる。例海《うみ》がなぐ。対しける。

**なぐさみ【慰み】** 名 気晴《きば》らし。さびしさや悲《かな》しさなどをなぐさめてくれるもの。例慰みにカナリヤを飼《か》っている。

**なぐさむ【慰む】** 動 なぐさめる。⇩い【慰】52ページ

**なぐさめ【慰め】** 名 なぐさめること。また、なぐさめるもの。例あまりのことに慰めの言葉《ことば》もない。

**°なぐさめる【慰める】** 動 ❶悲《かな》しみや苦《くる》しみをやわらげる。やさしくいたわる。例病人《びょうにん》を慰める。❷心《こころ》をなごやかにし、楽《たの》しませる。例音楽《おんがく》は人《ひと》の心《こころ》を慰める。⇩い【慰】52ページ

**なくす【亡くす】** 動 死《し》なれる。死《し》に別《わか》れる。例交通事故《こうつうじこ》で父《ちち》を亡くす。

**°なくす【無くす】** 動 ないようにする。なくする。例事故《じこ》をなくす。さいふをなくす。

**なくてななくせ【無くて七癖】** 癖《くせ》がないような人《ひと》でも、探《さが》せば七《なな》つぐらいは癖《くせ》がある。癖《くせ》のない人《ひと》はいないということ。

**なくなく【泣く泣く】** 副 泣《な》き泣《な》き。また、泣《な》きたいほどのつらい気持《きも》ちで。例泣く泣く友達《ともだち》と別《わか》れた。

**°なくなる【亡くなる】** 動「死《し》ぬ」の丁寧《ていねい》な言《い》い方《かた》。例おじが亡くなった。

**°なくなる【無くなる】** 動 ❶見当《みあ》たらなくなる。失《うしな》う。例かぎがなくなる。❷すっかり使《つか》ってしまう。つきる。例お金《かね》がなくなる。

**なぐりがき【殴り書き】** 名 文字《もじ》や絵《え》を乱暴《らんぼう》に書《か》くこと。また、そのように書《か》いたもの。例なぐり書きのメモ。

**なぐりつける【殴り付ける】** 動 強《つよ》くなぐる。例いきなり殴りつけられた。

**°なぐる【殴る】** 動 強《つよ》く打《う》つ。例げんこつで殴る。⇩おう【殴】143ページ

**なげうつ** 動 おしいと思《おも》わないで、さし出《だ》す。例財産《ざいさん》をなげうって社会《しゃかい》のためにつくす。

**なげうり【投げ売り】** 名動する もうけを考《かんが》えないで、安《やす》く売《う》ること。大安売《おおやすう》り。例一山《ひとやま》いくらで投げ売りする。

**なげかける【投げ掛ける】** 動 ❶投《な》げるようにかける。❷その方向《ほうこう》に向《む》ける。例ほほえみを投げかける。❸問題《もんだい》や疑問《ぎもん》を出《だ》す。例疑問《ぎもん》を投げかける。

**なげかわしい【嘆かわしい】** 形 情《なさ》けない。悲《かな》しい。例高山植物《こうざんしょくぶつ》を持《も》ち去《さ》る人《ひと》がいるのは、嘆かわしい。⇩たん【嘆】810ページ

**なげき【嘆き】** 名 心《こころ》を痛《いた》め、悲《かな》しむこと。また、その思《おも》い。例子《こ》を失《うしな》った母《はは》の嘆き。

**°なげく【嘆く】** 動 ❶心《こころ》を痛《いた》めて悲《かな》しむ。例友《とも》の死《し》を嘆く。❷悲《かな》しさや苦《くる》しさを口《くち》に出《だ》して言《い》う。例練習《れんしゅう》をしてもうまくならないと嘆く。⇩たん【嘆】810ページ

**なげこむ【投げ込む】** 動 ❶投《な》げて中《なか》に入《い》れる。例かごにボールを投げこむ。❷野球《やきゅう》で、ピッチャーがたくさん投《な》げる練習《れんしゅう》をする。

**なげし** 名 日本《にっぽん》の建物《たてもの》で、柱《はしら》と柱《はしら》をつないで、水平《すいへい》につけた横木《よこぎ》。⇩にほんま 991ページ

**なげすてる【投げ捨てる】** 動 ❶ほうって捨《す》てる。例紙《かみ》くずを投げ捨てる。❷ほったらかしにする。例仕事《しごと》を投げ捨てる。

**なげだす【投げ出す】** 動 ❶ほうり出《だ》す。例かばんを床《ゆか》に投げ出す。❷あきらめて、やめる。例事業《じぎょう》を途中《とちゅう》で投げ出す。❸おしがらずに、さし出《だ》す。例慈善事業《じぜんじぎょう》に大金《たいきん》を投げ出す。❹やらないで、ほうっておく。例勉強《べんきょう》を投げ出す。

**なけなし** 名 ほとんどないこと。わずかしかないこと。例なけなしのお金《かね》で買《か》う。

**なげなわ【投げ縄】** 名 先《さき》を輪《わ》にした縄《なわ》。投《な》げて動物《どうぶつ》などを捕《つか》まえるために使《つか》う。

**なげやり【投げやり】** 名形動 いいかげんにすること。例投げやりな仕事《しごと》で残念《ざんねん》だ。

**°なげる【投げる】** 動 ❶物《もの》をつかんで遠《とお》くに向《む》かって手《て》からはなす。物《もの》を飛《と》ばす。例ボールを投げる。❷あきらめる。例試合《しあい》を投げる。❸組《く》んだ相手《あいて》を、技《わざ》をかけてたおす。⇩

慣用句 **お茶《ちゃ》を濁《にご》す** 本心《ほんしん》を聞《き》かれても、いいかげんなことを言《い》って、お茶《ちゃ》をにごしている。

とう【投】903ページ

**なこうど**【〈仲人〉】名 結婚《けっこん》の仲立《なかだ》ちをする人《ひと》。ばいしゃく人《にん》。参考「仲人《なこうど》」は、特別《とくべつ》に認《みと》められた読《よ》み方《かた》。

**なごむ**【和む】動 やわらぐ。おだやかになる。例 一輪《いちりん》の花《はな》に心《こころ》が和む。⇩わ【和】1419ページ

○**なごやか**【和やか】形動 打《う》ち解《と》けて、おだやかなようす。例 明《あか》るく和やかなパーティー。⇩わ【和】1419ページ

**なごやし**〘名古屋市〙地名 愛知県《あいちけん》の県庁《けんちょう》がある市《し》。

**なごり**【〈名残〉】名 ❶ものごとが過《す》ぎ去《さ》っても、まだ、そのときの気分《きぶん》やようすが残《のこ》っていること。例 梅雨《つゆ》の名残の雨《あめ》が続《つづ》く。❷心残《こころのこ》りで、別《わか》れがつらいと思《おも》う気持《きも》ち。例 いつまでいても名残はつきない。参考「名残《なごり》」は、特別《とくべつ》に認《みと》められた読《よ》み方《かた》。

**名残《なごり》を惜《お》しむ** 別《わか》れるのがつらいと思《おも》う気《き》持《も》ちが続《つづ》いている。例 母校《ぼこう》に名残を惜しむ卒業生《そつぎょうせい》。

**なごりおしい**【〈名残〉惜しい】形 心《こころ》がひかれて、別《わか》れるのがつらい。例「これでお別《わか》れとは名残惜しいなあ。」

**ナサ**【NASA】名〔「アメリカ航空宇宙《こうくううちゅう》局《きょく》」という意味《いみ》の英語《えいご》の頭文字《かしらもじ》。〕宇宙開発《うちゅうかいはつ》のために作《つく》られた、アメリカ政府《せいふ》の機関《きかん》。

**なさい**「なさる」の命令《めいれい》の言《い》い方《かた》。例 早《はや》くなさい。ご覧《らん》なさい。

○**なさけ**【情け】名 温《あたた》かい思《おも》いやり。気《き》の毒《どく》に思《おも》う心《こころ》。人情《にんじょう》。例 情けをかける。⇩じょう【情】625ページ

**情《なさ》けは人《ひと》のためならず** 人《ひと》に情《なさ》けをかけておけば、いつかはめぐりめぐって自分《じぶん》によいことが返《かえ》ってくる。参考「情《なさ》けをかけるのは、かえって相手《あいて》のためにならない」という意味《いみ》で使《つか》うのはまちがい。

**なさけしらず**【情け知らず】名 形動 思《おも》いやりがないこと。また、そのような人《ひと》。例 あんな情け知らずな人《ひと》だとは思《おも》わなかった。

○**なさけない**【情けない】形 残念《ざんねん》だ。みじめだ。例 忘《わす》れてしまうとは情けない。

**なさけぶかい**【情け深い】形 とてもやさしくて思《おも》いやりがある。例 情け深い処置《しょち》。

**なさけようしゃ**【情け容赦】名 相手《あいて》を思《おも》いやって許《ゆる》すこと。例 情け容赦もなく〔＝なんの思《おも》いやりもなく〕攻撃《こうげき》する。注意 あとに「ない」などの打《う》ち消《け》しの言葉《ことば》がくる。

**なざし**【名指し】名 動-する 名前《なまえ》を言《い》って、さし示《しめ》すこと。指名《しめい》。例 名指しで命令《めいれい》された。

○**なさる** 動「する」の敬《うやま》って言《い》う言《い》い方《かた》。例 先生《せんせい》が、若《わか》いころのお話《はなし》をなさった。

**なし**【梨】画数 11 部首 木（き） 4年

筆順 ニ 千 禾 利 利 利 梨 梨

音 ―― 訓 なし

果樹《かじゅ》の一《ひと》つ。ナシ。参考 山梨県《やまなしけん》。

**なし**【梨】名 果樹《かじゅ》の一《ひと》つ。春《はる》に白《しろ》い花《はな》が咲《さ》き、秋《あき》にあまい大《おお》きな実《み》がなる。また、その実《み》。例 梨の花《はな》。

**梨《なし》のつぶて** こちらから便《たよ》りをしても返事《へんじ》がないこと。例 心配《しんぱい》して手紙《てがみ》を出《だ》したのに、なしのつぶてだ。参考「投《な》げたつぶて〔＝小石《こいし》〕のように戻《もど》ってこない。」ということ。「梨《なし》」は「無《な》し」にかけた言葉《ことば》。

**なしくずし**【なし崩し】名 ❶ものごとを少《すこ》しずつ、くずすようになくしていくこと。例 お年玉《としだま》を、なしくずしに使《つか》ってしまう。❷ものごとを、くずすように少《すこ》しずつ処理《しょり》して、あるようにしてしまうこと。例 計画《けいかく》はなしくずしに実行《じっこう》された。

**なしとげる**【成し遂げる】動 終《お》わりまでやり通《とお》す。仕上《しあ》げる。例 みごとに大事業《だいじぎょう》を成しとげた。

**なじみ** 名 慣《な》れて親《した》しむこと。例 まだこの辺《あた》りにはなじみがうすい。

○**なじむ** 動 ❶慣《な》れて親《した》しくなる。仲《なか》よしになる。例 新《あたら》しい友達《ともだち》ともなじんできた。❷ぐあいがよくなる。慣《な》れる。例 この靴《くつ》は、足《あし》になじまない。❸味《あじ》がよくとけ合《あ》う。例 ぬかみそがなじんできた。

**ナショナルトラスト**〔英語 national trust〕名 開発《かいはつ》などから自然《しぜん》や歴史的《れきしてき》環境《かんきょう》を守《まも》るため、会員《かいいん》からお金《かね》を集《あつ》めて土地《とち》や建物《たてもの》などを買《か》い取《と》り、保護《ほご》・管理《かんり》しようという運

あいうえお かきくけこ さしすせそ たちつてと なにぬねの はひふへほ まみむめも やゆよ らりるれろ わをん



慣用句 鬼《おに》の首《くび》を取《と》ったよう 一回戦《いっかいせん》を勝《か》っただけなのに、まるで鬼《おに》の首《くび》を取《と》ったように喜《よろこ》んでいる。

動《どう》。

**なじる** 動 相手《あいて》の悪《わる》いところをとがめる。例 弟《おとうと》の失敗《しっぱい》をなじる。

**なす【成す】** 動 ❶作《つく》る。作《つく》り上《あ》げる。例 アリが群《む》れをなしている。❷する。やりとげる。例 大事《だいじ》をなす。❸ある状態《じょうたい》にする。例 わざわいを転《てん》じて福《ふく》となす。参考 ふつう、かな書《が》きにする。➡せい【成】698ページ

**なせば成《な》る** どんなことも、やればできる。参考「なさねば成《な》らぬ何事《なにごと》もならぬは人《ひと》のなさぬなりけり〔=やらなければできない。何事《なにごと》もできないのは人《ひと》がやらないからだ〕」と続《つづ》く、昔《むかし》の人《ひと》の教《おし》え。

**なす【茄子】** 名 野菜《やさい》の一《ひと》つ。夏《なつ》にむらさき色《いろ》の花《はな》が咲《さ》く。実《み》は、こいむらさき色《いろ》で、つけ物《もの》などにして食《た》べる。なすび。

**なす** 動「する」の古《ふる》い言《い》い方《かた》。例 妹《いもうと》のなすがままにした。

**なずな** 名 春《はる》の七草《ななくさ》の一《ひと》つ。畑《はたけ》や道《みち》ばたに生《は》える草《くさ》。春《はる》に白《しろ》い小《ちい》さな花《はな》がたくさん咲《さ》く。ペンペングサ。➡はるのななくさ 1067ページ

**なすりつける【なすり付ける】** 動 ❶こすりつける。例 顔《かお》にどろをなすりつける。❷罪《つみ》を人《ひと》のせいにする。例 失敗《しっぱい》の原因《げんいん》を友達《ともだち》になすりつける。

**なする** 動 ❶こすりつける。ぬる。例 顔《かお》にすみをなする。❷責任《せきにん》や罪《つみ》を、人《ひと》のせいにする。例 罪《つみ》をなする。

**°なぜ** 副 どうして。どんなわけで。例 なぜ宿《しゅく》題《だい》をしないの。

**なぜなら** 接 なぜかというと。そのわけは。なぜならば。

**なぜならば** 接 ➡なぜなら 968ページ

**なぞ【謎〈謎〉】** 画数 17 部首 言（ごんべん）
音 ―― 訓 なぞ
なぞなぞ。参考「謎《なぞ》」は、手書《てが》きではふつう「謎」と書《か》く。

**なぞ【謎°】** 名 ❶なぞなぞ。❷意味《いみ》やようす・わけなどが、はっきりつかめないこと。例 宇《う》宙《ちゅう》の謎。❸遠回《とおまわ》しに言《い》うこと。例 謎めいた言《い》い方《かた》をする。

**謎《なぞ》を掛《か》ける** ❶なぞなぞを出《だ》す。❷遠回《とおまわ》しに言《い》う。例 彼《かれ》が好《す》きなのか謎をかけてみる。

**✤なぞなぞ【謎°謎°】** 名 意味《いみ》をかくした言葉《ことば》で問題《もんだい》を出《だ》して、その意味《いみ》を当《あ》てさせる言葉《ことば》遊《あそ》び。なぞ。➡ことばあそび 476ページ

**なぞらえる** 動 ❶似《に》ているものにたとえる。例 人生《じんせい》を旅《たび》になぞらえる。❷似《に》せる。まねる。例 桜《さくら》の花《はな》になぞらえた菓子《かし》。

**°なぞる** 動 ❶すでにかいてある文字《もじ》・絵《え》・図形《ずけい》などの上《うえ》を、そのとおりにたどって、同《おな》じようにかく。例 お手本《てほん》の上《うえ》からなぞって書《か》く。❷人《ひと》のしたことをそっくりまねる。例 人《ひと》の意見《いけん》をなぞっただけの発言《はつげん》だ。

**なた** 名 枝《えだ》を切《き》ったり、まきを割《わ》ったりするのに使《つか》う、刃《は》の厚《あつ》い刃物《はもの》。

**なだ【灘】** 名 航海《こうかい》に困難《こんなん》な、波《なみ》のあらい海《うみ》。例 玄界《げんかい》灘。

**なだい【名代】** 名 形動 有名《ゆうめい》なこと。例 この辺《あた》りでは名代の店《みせ》だ。

**なだかい【名高い】** 形 名前《なまえ》を広《ひろ》く知《し》られている。有名《ゆうめい》だ。例 名高い人物《じんぶつ》。

**なだたる【名だたる】** 連体 有名《ゆうめい》な。例 名だたるスターがこぞって出演《しゅつえん》する。

**なたね【菜種】** 名 アブラナの種《たね》。これをしぼって、菜種油《なたねあぶら》をとる。

**なたねづゆ【菜種〈梅雨〉】** 名 菜《な》の花《はな》が咲《さ》く三月末《さんがつまつ》から四月《しがつ》にかけての、ぐずついた天気《てんき》。

**なだめすかす** 動 おこったり泣《な》いたりしている人《ひと》のきげんをとる。例 母《はは》は弟《おとうと》をなだめすかして医者《いしゃ》に連《つ》れて行《い》った。

**°なだめる** 動 おこったり、泣《な》いたりしている人《ひと》をなぐさめて、気《き》を落《お》ち着《つ》かせる。例 かんかんにおこっている兄《あに》をなだめる。

**°なだらか** 形動 ❶かたむきがゆるやかなようす。例 なだらかな坂《さか》。❷すらすらと進《すす》むようす。例 会《かい》はなだらかに進《すす》んだ。

**なだれ【〈雪崩〉】** 名 積《つ》もったたくさんの雪《ゆき》が、どっとくずれ落《お》ちること。参考「雪崩《なだれ》」は、特別《とくべつ》に認《みと》められた読《よ》み方《かた》。

**雪崩《なだれ》を打《う》つ** （雪崩《なだれ》が起《お》きたように）大勢《おおぜい》が一度《いちど》にどっと移動《いどう》する。例 大軍《たいぐん》が雪崩を打ってにげ出《だ》した。

**なだれおちる【なだれ落ちる】** 動 たく

慣用句 尾《お》ひれを付《つ》ける　弟《おとうと》は、話《はなし》に尾《お》ひれをつけて大《おお》げさに話《はな》すから、誤解《ごかい》を招《まね》くことが多《おお》い。

さんの物《もの》が一度《いちど》に落《お》ちる。[例]屋根《やね》の雪《ゆき》がなだれ落ちる。

**なだれこむ**【なだれ込む】[動]たくさんの人《ひと》がどっと入《はい》りこむ。[例]会場《かいじょう》に人々《ひとびと》がなだれこむ。

**ナチス**〔ドイツ語〕[名]第《だい》一《いち》次《じ》世《せ》界《かい》大《たい》戦《せん》後《ご》にドイツでできた政党《せいとう》。党首《とうしゅ》ヒトラーの独裁《どくさい》のもと、第《だい》二《に》次《じ》世《せ》界《かい》大《たい》戦《せん》を引《ひ》き起《お》こしたが、連合《れんごう》国《こく》に負《ま》けた。ナチ。

**ナチュラル**〔英語 natural〕[一][形動]自然《しぜん》のままであるようす。[例]ナチュラルな素材《そざい》。[二][名]〔音楽《おんがく》で〕シャープやフラットで半音《はんおん》上《あ》げたり下《さ》げたりした音《おと》を、元《もと》にもどすしるし。「♮」。↓がくふ223ページ

**なつ**【夏】[名]季節《きせつ》の名《な》で、ふつう六《ろく》、七《しち》、八《はち》月《がつ》の三《さん》か月《げつ》。日差《ひざ》しが強《つよ》くて暑《あつ》い季節《きせつ》。[例]夏休《やす》み。[対]冬《ふゆ》。[関連]春《はる》。秋《あき》。冬《ふゆ》。[参考]昔《むかし》の暦《こよみ》では、四《し》、五《ご》、六月《ろくがつ》を夏《なつ》とした。↓か【夏】189ページ

**なっ**【納】[熟語]納得《なっとく》。納豆《なっとう》。↓のう【納】1010ページ

**なついん**【捺印】[名][動-する]判《はん》をおすこと。[例]書類《しょるい》になつ印する。

**なつかしい**【懐かしい】[形]昔《むかし》のことに心《こころ》がひかれる。したわしい。[例]子《こ》どものころが懐かしい。↓かい【懐】195ページ

**なつかしむ**【懐かしむ】[動]なつかしく思《おも》う。[例]故郷《こきょう》を懐かしむ。↓かい【懐】195ページ

**なつがれ**【夏枯れ】[名]商店《しょうてん》などで、夏《なつ》(八《はち》月《がつ》ごろ)、品物《しなもの》の売《う》れ行《ゆ》きが落《お》ちて、景気《けいき》がよくないこと。

**なつく**【懐く】[動]慣《な》れて親《した》しくなる。なじむ。[例]犬《いぬ》が人《ひと》になつく。↓かい【懐】195ページ

**なつくさ**【夏草】[名]夏《なつ》に生《お》いしげる草《くさ》。

**なつぐも**【夏雲】[名]夏《なつ》の空《そら》に現《あらわ》れる雲《くも》。積《せき》乱雲《らんうん》など。

**なづけおや**【名付け親】[名]名《な》前《まえ》を付《つ》けた人《ひと》。[注意]人《ひと》の子《こ》どもの場合《ばあい》は、親《おや》以外《いがい》を指《さ》す。

**なづける**【名付ける】[動]名《な》をつける。[例]家《いえ》に来《き》た犬《いぬ》にハナと名付ける。

**なつこだち**【夏木立】[名]夏《なつ》の、青々《あおあお》と葉《は》のしげった木々《きぎ》。

**ナッツ**〔英語 nut〕[名]食《た》べられる木《き》の実《み》。クルミ・アーモンドなど。

**ナット**〔英語 nut〕[名]ボルトにはめて、物《もの》をしめつけるのに使《つか》う金具《かなぐ》。内側《うちがわ》が、ねじになっている。↓ボルト(bolt)1217ページ

**なっとう**【納豆】[名]むした大豆《だいず》に、なっとう菌《きん》をはたらかせてつくった食《た》べ物《もの》。

**なっとく**【納得】[名][動-する]心《こころ》からよくわかること。承知《しょうち》すること。[例]君《きみ》の考《かんが》えには、納得がいかない。

**なっとくずく**【納得ずく】[名]相手《あいて》の納《なっ》得《とく》をじゅうぶん得《え》たうえで。[例]納得ずくで工事《こうじ》を進《すす》める。

**なつどり**【夏鳥】[名]わたり鳥《どり》の一種《いっしゅ》。春《はる》に南《みなみ》から来《き》て夏《なつ》の間《あいだ》だけ日本《にっぽん》で子《こ》を育《そだ》て、秋《あき》に南《みなみ》に帰《かえ》る鳥《とり》。[対]冬鳥《ふゆどり》。↓わたりどり1427ページ

〔なつどり〕

**なつのだいさんかく**【夏の大三角】[名]七夕《たなばた》で知《し》られる牽牛星《けんぎゅうせい》(=アルタイル)・織《しょく》女星《じょせい》(=ベガ)と、白鳥座《はくちょうざ》のデネブの、三《みっ》つの明《あか》るい星《ほし》を結《むす》んでできる三角形《さんかくけい》で、夏《なつ》の星空《ほしぞら》に見《み》られるもの。↓せいざ(星座)703ページ

**なつば**【夏場】[名]夏《なつ》のころ。夏《なつ》の間《あいだ》。[例]夏場は海《うみ》がにぎわう。[対]冬場《ふゆば》。

**なっぱ**【菜っ葉】[名]野菜《やさい》の葉《は》。また、葉《は》が食《た》べられる野菜《やさい》。

**なつばて**【夏ばて】[名][動-する]夏《なつ》の暑《あつ》さのために、体《からだ》が弱《よわ》ること。夏負《なつま》け。[例]夏ばてして食欲《しょくよく》がない。

**なつび**【夏日】[名]一日《いちにち》の最高気温《さいこうきおん》が二五度《ど》以上《いじょう》、三〇度《ど》未満《みまん》の日《ひ》。

**ナップザック**〔英語 knapsack〕[名]ハイキングなどに使《つか》う、小形《こがた》のリュックサック。

**なつまけ**【夏負け】[名][動-する]夏《なつ》の暑《あつ》さのために、体《からだ》が弱《よわ》ること。夏《なつ》ばて。[例]夏負けしてだいぶやせた。


[慣用句] お目玉《めだま》を食《く》う　きょうだいげんかをして、母《はは》からきついお目玉《めだま》を食《く》った。

**なつまつり【夏祭り】**(名) 夏《なつ》に行《おこな》われる祭《まつ》り。

**なつみかん【夏みかん】**(名) ミカンの木《き》の一《ひと》つ。夏《なつ》の初《はじ》めに白《しろ》い花《はな》を開《ひら》き、次《つぎ》の年《とし》の二《に》月《がつ》から四《し》月《がつ》にかけて、大《おお》きな実《み》を結《むす》ぶ。

**なつめ そうせき**〖夏目漱石〗(人名)（男）（一八六七〜一九一六）明《めい》治《じ》・大《たい》正《しょう》時《じ》代《だい》の小《しょう》説《せつ》家《か》。「吾《わが》輩《はい》は猫《ねこ》である」「坊《ぼ》っちゃん」などを書《か》いた。

〔なつめそうせき〕

**なつもの【夏物】**(名) 夏《なつ》に着《き》るもの。例 夏物の衣《い》類《るい》をかたづける。対 冬《ふゆ》物《もの》。

°**なつやすみ【夏休み】**(名) 夏《なつ》の間《あいだ》、暑《あつ》さをさけるために休《やす》むこと。また、その休《やす》み。例 夏休みが待《ま》ち遠《どお》しい。

**なつやせ【夏痩せ】**(名)(動-する) 夏《なつ》の暑《あつ》さのために、食《しょく》欲《よく》がなくなったり、体《からだ》が弱《よわ》ったりして、やせること。例 夏やせしないように、しっかり食《た》べる。

**なでおろす【なで下ろす】**(動) ❶手《て》のひらで、上《うえ》から下《した》へなでるようにする。例 髪《かみ》の毛《け》をなで下ろす。❷〔「胸《むね》をなでおろす」の形《かたち》で〕安《あん》心《しん》する。ほっとする。例 無《ぶ》事《じ》だと聞《き》いて、胸《むね》をなでおろした。

**なでがた【なで肩】**(名) ふつうよりもなだらかに見《み》える肩《かた》。

**なでぎり【なで切り・なで斬り】**(名) ❶刃《は》物《もの》でなでるようにして切《き》ること。❷敵《てき》をかたっぱしから斬《き》りたおすこと。例 大《おお》勢《ぜい》の敵《てき》をなで切りにする。

**なでしこ** (名) 秋《あき》の七《なな》草《くさ》の一《ひと》つ。山《さん》野《や》に生《は》え、九《く》月《がつ》ごろ、うす紅《べに》色《いろ》やピンクなどの小《ちい》さな花《はな》が咲《さ》く。↓あきのななくさ 11ページ

**なでつける【なで付ける】**(動) なでておさえ付《つ》ける。例 乱《みだ》れた髪《かみ》をなで付ける。

°**なでる** (動) 手《て》のひらでやさしくさする。例「よくやったね。」と頭《あたま》をなでる。

**など** (助) ❶おもな例《れい》をあげて、他《ほか》は省《はぶ》くという意《い》味《み》、また、他《ほか》にもあるという意《い》味《み》を表《あらわ》す。例 秋《あき》の果《くだ》物《もの》には、カキ・ブドウなどがある。❷相《あい》手《て》を軽《かる》くみたり、へりくだったりする気《き》持《も》ちを表《あらわ》す。…なんか。例 おまえなどに、できるものか。この時《と》計《けい》は、わたしなどにはもったいない。❸はっきりさせないで言《い》うときに使《つか》う。例 パンなどいかがですか。

**ナトリウム**〔ドイツ語〕(名) 銀《ぎん》白《はく》色《しょく》でやわらかい金《きん》属《ぞく》。食《しょく》塩《えん》を電《でん》気《き》分《ぶん》解《かい》して作《つく》る。

**なな【七】**(名) ななつ。しち。例 七番《ばん》め。七枚《まい》。↓しち(七) 562ページ

**なないろ【七色】**(名) ❶七《なな》つの色《いろ》。赤《あか》・だいだい・黄《き》・緑《みどり》・青《あお》・あい・むらさき。例 七色のにじ。❷七《なな》つの種《しゅ》類《るい》。また、多《おお》くの種《しゅ》類《るい》。例 七色の声《こえ》を使《つか》い分《わ》ける。

**ななくさ【七草】**(名) 春《はる》と秋《あき》の代《だい》表《ひょう》的《てき》な七種《しゅ》類《るい》の草《くさ》のこと。↓はるのななくさ 1067ページ／あきのななくさ 11ページ

**ななくさがゆ【七草がゆ】**(名) 正《しょう》月《がつ》七《なの》日《か》に、春《はる》の七《なな》草《くさ》を入《い》れて作《つく》るかゆ。その年《とし》の健《けん》康《こう》を願《ねが》って食《た》べる。

**ななころびやおき【七転び八起き】**〔七《なな》回《かい》転《ころ》んで八《はち》回《かい》起《お》きるということから〕何《なん》回《かい》失《しっ》敗《ぱい》しても、勇《ゆう》気《き》を出《だ》してやり直《なお》すこと。

°**ななつ【七つ】**(名) ❶〔数《かず》を表《あらわ》す言《こと》葉《ば》。〕なな。しち。❷七《なな》歳《さい》。例 妹《いもうと》が七つになった。❸昔《むかし》の時《じ》刻《こく》の名《な》。今《いま》の午《ご》前《ぜん》と午《ご》後《ご》の四《よ》時《じ》。例「お江《え》戸《ど》日《に》本《ほん》橋《ばし》、七つ立《だ》ち。」↓しち【七】562ページ

**ななつどうぐ【七つ道具】**(名) ひとそろいにして、いつも持《も》ち歩《ある》く、仕《し》事《ごと》に必《ひつ》要《よう》な道《どう》具《ぐ》。例 大《だい》工《く》さんの七つ道具。

**ななつのうみ【七つの海】**(名) 地《ち》球《きゅう》上《じょう》にある大《おお》きな七《なな》つの海《うみ》。南《みなみ》太《たい》平《へい》洋《よう》・北《きた》太《たい》平《へい》洋《よう》・南《みなみ》大《たい》西《せい》洋《よう》・北《きた》大《たい》西《せい》洋《よう》・南《なん》極《きょく》海《かい》・北《ほっ》極《きょく》海《かい》・インド洋《よう》のこと。また、地《ち》球《きゅう》上《じょう》のすべての海《うみ》。

**ななひかり【七光】**(名) りっぱな親《おや》などのおかげを受《う》けること。例 親《おや》の七光。

**ななふしぎ【七不思議】**(名) ある地《ち》方《ほう》や場《ば》所《しょ》にかかわる、七《なな》つの不《ふ》思《し》議《ぎ》なことがらやできごと。例 学《がく》園《えん》の七不思議。

°**ななめ【斜め】**(名)(形動) ❶かたむいていること。はす。例 太《たい》陽《よう》が斜めにさす。❷きげんが悪《わる》いこと。例 ごきげんが斜めだ。↓しゃ【斜】583ページ

✤**ななめよみ【斜め読み】**(名)(動-する) 要《よう》点《てん》を押《お》さえながら、全《ぜん》体《たい》を大《おお》ざっぱに読《よ》むこと。例 新《しん》聞《ぶん》記《き》事《じ》を斜め読みする。

慣用句 同《おな》じ釜《かま》の飯《めし》を食《く》う　同《おな》じ釜《かま》の飯《めし》を食《く》った仲《なか》間《ま》を裏《うら》切《ぎ》ることはできない。

**○なに【何】** 一代名 ❶わからないものごとを人《ひと》にたずねるときの言葉《ことば》。例これは何かな。❷はっきりしないものごとを指《さ》していう言葉《ことば》。例何かいいものをあげよう。❸ものごとのすべてを指《さ》す言葉《ことば》。例何も知《し》らない。二副 ❶どうして。例何おこってるの。❷まったく。少《すこ》しも。例何不自《ふじ》由《ゆう》なく暮《く》らす。三感 ❶おどろいたり、いかったり、問《と》い返《かえ》したりするときに使《つか》う言葉《ことば》。例「なに、ほんとうかい。」「なに、できないって。」❷打《う》ち消《け》しや軽《かる》くみる気《き》持《も》ちを表《あらわ》す。なあに。例「なに、たいしたことはない。」参考ふつう三は、かな書《が》きにする。注意二❷は、あとに「ない」などの打《う》ち消《け》しの言葉《ことば》がくる。↓か【何】188ページ

**何《なに》が何《なん》でも** 他《ほか》のことはどうでも。例何が何でも仕《し》上《あ》げる。

**何《なに》から何《なに》まで** すべて。何《なに》もかも。例何から何まで確《たし》かめないと不《ふ》安《あん》だ。

**何《なに》はさておき** 何《なに》があっても、まず。例何はさておき、これだけはやっておこう。

**何《なに》はともあれ** 他《ほか》のことはどうあろうとも。とにかく。例何はともあれ、けががなくて何《なに》よりだ。

**何《なに》は無《な》くとも** 他《ほか》のものはなくても。例何はなくともまず雨《あま》具《ぐ》は必《ひつ》要《よう》だ。

**何《なに》をおいても** 他《ほか》のことをあと回《まわ》しにしても。何《なに》はさておき。例ピンチのときには、何をおいても助《たす》けにくるよ。

**なにか【何か】** 一副 なんとなく。どことなく。例何かあやしい。二 ❶はっきりしない物《もの》事《ごと》をさす言《こと》葉《ば》。例何か食《た》べたい。❷同《おな》じような他《ほか》の物《もの》事《ごと》をさす言《こと》葉《ば》。例図《ず》鑑《かん》か何かで調《しら》べてごらん。

**なにがし** 名 ❶金《きん》額《がく》があまり多《おお》くないこと。または、はっきりしないこと。例なにがしかの寄《き》付《ふ》をする。❷(名《な》前《まえ》を)はっきりと言《い》わないときに使《つか》う言《こと》葉《ば》。例京《きょう》都《と》のなにがしという人《ひと》だった。

**なにかしら【何かしら】** 副 ❶はっきりわからないものを指《さ》し示《しめ》す言《こと》葉《ば》。例何かしら言《い》いたいことがある。❷なんとなく。例秋《あき》は何かしらさびしさを感《かん》じさせる。

**なにかと【何かと】** 副 何《なに》やかやと。いろいろと。例何かとお世《せ》話《わ》になりました。

**なにかにつけて【何かにつけて】** 何《なに》かがあるたびに。例何かにつけて昔《むかし》を思《おも》い出《だ》す。

**なにくれとなく【何くれとなく】** 何《なに》やかやと。あれこれと。例おばあさんは、何くれとなく孫《まご》の面《めん》倒《どう》を見《み》てくれる。

**なにくわぬかお【何食わぬ顔】** 何《なに》も知《し》らないようなすまし顔《がお》。そしらぬ顔《かお》。例いたずらをしても、何食わぬ顔をしている。

**なにげない【何気ない】** 形 ❶気《き》にしていない。例何げないそぶり。❷これというはっきりした考《かんが》えがない。例何げなく外《そと》を見《み》る。

**なにごと【何事】** 名 ❶どんなこと。なんのこと。なに。例あのさわぎは何事だ。❷あらゆること。どんなこともすべて。例何事も初《はじ》めが大《たい》切《せつ》だ。❸なんということ。例今《いま》ごろ来《く》るとは何事だ。❹特《とく》に問《もん》題《だい》とすべきこと。例何事もなく終《お》わった。

**○なにしろ【何しろ】** 副 とにかく。なんといっても。例なにしろ暑《あつ》くてたまらない。

**なにせ【何せ】** 副 何《なに》にせよ。何《なに》しろ。例なにせ急《いそ》いでいたので、間《ま》に合《あ》わせるのでやっとだ。

**なにとぞ【何とぞ】** 副 どうか。なんとかして。例なにとぞお許《ゆる》しください。

**なにひとつ【何一つ】** 副 「一《ひと》つ」を強《つよ》めて言《い》う言《こと》葉《ば》。なんにも。例きらいなものは何一つない。注意あとに「ない」などの打《う》ち消《け》しの言《こと》葉《ば》がくる。

**なにふじゆうなく【何不自由なく】** 何《なに》一《ひと》つ思《おも》い通《どお》りにならないことがなく。例何不自由なく育《そだ》つ。

**なにぶん【何分】** 副 ❶なんといっても。なにしろ。例なにぶん夜《よる》のことで、わからなかった。❷どうぞ。例なにぶんよろしく。

**なにも【何も】** 一どんなことも。なんにも。例何もない。二副 特《とく》に。わざわざ。例なにも泣《な》くことはないよ。注意あとに「ない」などの打《う》ち消《け》しの言《こと》葉《ば》がくる。

**なにもかも【何もかも】** なんでもかんでも。全《ぜん》部《ぶ》。例何もかも捨《す》ててしまう。

慣用句 重《おも》きを置《お》く　見《み》栄《ば》えよりも中《なか》身《み》の質《しつ》に重《おも》きを置《お》いて、物《もの》づくりをする。

あいうえお かきくけこ さしすせそ たちつてと な にぬねの はひふへほ まみむめも やゆよ らりるれろ わをん

なにもの【何者】名 なんという人《ひと》。だれ。どういう人《ひと》。例 彼《かれ》は何者だ。

なにやかや【何やかや】 あれやこれや。いろいろ。例 何やかやといそがしい。

なにやら【何やら】副 何《なに》か知《し》らないが。例 子《こ》どもたちが空《あ》き地《ち》で何やら作《つく》っている。

なにゆえ【何△故】副 なぜ。どうして。〔やや固《かた》い言《い》い方《かた》。〕

なにより【何より】一副 どんなものより。いちばん。例 何よりチョコレートが好《す》きです。二名 いちばんよいこと。例 無事《ぶじ》だったのが何よりです。

なにわ【難波】地名 大阪市《おおさかし》とその周《まわ》りを示《しめ》す古《ふる》くからの呼《よ》び名《な》。

なにわぶし【▲〈浪花〉節】名 ➡ろうきょく 1412ページ

なぬし【名主】名 江戸《えど》時代《じだい》に村《むら》や町《まち》を治《おさ》め、税《ぜい》などを集《あつ》めていた役《やく》。また、その人《ひと》。参考 関西《かんさい》では、おもに「庄屋《しょうや》」といった。

なの【七】 ななつ。例 七日《か》。➡しち【七】562ページ

なのか【七日】名 〔「なぬか」とも言《い》う。〕❶月《つき》の七番《しちばん》めの日《ひ》。例 七月《しちがつ》七日。❷七日《しちにち》め。例 初《しょ》七日。❸七日《しちにち》の間《あいだ》。例 休《やす》みが七日ある。

なのはな【菜の花】名 アブラナの黄色《きいろ》い花《はな》。春《はる》に咲《さ》き、畑《はたけ》一面《いちめん》を美《うつく》しくかざる。

なのり【名乗り】名 ❶名《な》のること。❷昔《むかし》、いくさのとき、武士《ぶし》が敵《てき》に向《む》かって、自分《じぶん》の名前《なまえ》を大声《おおごえ》で言《い》ったこと。

名《な》乗《の》りを上《あ》げる ❶大声《おおごえ》で自分《じぶん》の名前《なまえ》を言《い》う。世《よ》の中《なか》に示《しめ》す。❷競争《きょうそう》に参加《さんか》したり、選挙《せんきょ》に出馬《しゅつば》したりすることを宣言《せんげん》する。例 彼《かれ》は生徒会《せいとかい》の選挙《せんきょ》に名乗りを上げた。

なのりでる【名乗り出る】動 自分《じぶん》の名《な》前《まえ》を言《い》って出《て》る。自分《じぶん》がその本人《ほんにん》であると告《つ》げて出《て》る。例 事件《じけん》の犯人《はんにん》が名乗り出た。

なのる【名乗る】動 ❶自分《じぶん》の名前《なまえ》をはっきり言《い》う。例 山本《やまもと》と名のる人《ひと》が来《き》た。❷自分《じぶん》の名《な》前《まえ》とする。例 八代目《はちだいめ》を名のる。

なはし【那覇市】地名 沖縄県《おきなわけん》の県庁《けんちょう》がある市《し》。

ナビ 名 〔英語《えいご》の「ナビゲート」の略《りゃく》。〕❶自動《じどう》車《しゃ》などの進《すす》む道《みち》を案内《あんない》すること。また、その人《ひと》。❷手助《てだす》けとなる情報《じょうほう》を与《あた》えること。例 就職《しゅうしょく》ナビ。❸➡カーナビ 192ページ

なびかす 動 なびくようにする。なびかせる。例 風《かぜ》に旗《はた》をなびかせて進《すす》む。

◦なびく 動 ❶風《かぜ》や水《みず》の動《うご》きに従《したが》って、流《なが》されるように動《うご》く。例 校旗《こうき》が風《かぜ》になびく。❷言《い》うとおりに従《したが》う。例 敵《てき》になびく。

ナビゲーター 〔英語 navigator〕名 ❶〔自動《じどう》車《しゃ》のラリーなどで〕進路《しんろ》の案内《あんない》をする人《ひと》。ナビ。❷案内役《あんないやく》。進行役《しんこうやく》。

ナプキン 〔英語 napkin〕名 ❶洋食《ようしょく》を食《た》べるときなどに、ひざにかけたり口《くち》をふいたりする布《ぬの》や紙《かみ》。ナフキン。❷月経《げっけい》のときに使《つか》う用品《ようひん》の一《ひと》つ。

なふだ【名札】名 名前《なまえ》を書《か》いた札《ふだ》。

なぶる 動 弱《よわ》い者《もの》を、からかっていじめる。例 ネコがネズミをなぶっている。

なべ【鍋】画数 17 部首 金(かねへん)

音 ― 訓 なべ

なべ【鍋】名 ❶食《た》べ物《もの》を煮《に》る、うつわ。例 鍋釜《なべかま》。鍋物《なべもの》。❷「❶」で、煮《に》ながら食《た》べる料理《りょうり》。鍋物《なべもの》。例 寒《さむ》い日《ひ》は鍋がいい。

✤なべぶた 名 ❶なべのふた。❷漢字《かんじ》の部首《ぶしゅ》で、「かんむり」の一《ひと》つ。「交《こう》」「京《きょう》」などの「亠」の部分《ぶぶん》。

ナポレオンいっせい【ナポレオン一世】人名 (男)(一七六九～一八二一)フランスの軍人《ぐんじん》で、皇帝《こうてい》。一《いち》時《じ》はヨーロッパの大部分《だいぶぶん》を征服《せいふく》したが、反撃《はんげき》にあい、セントヘレナ島《とう》に流《なが》されて死《し》んだ。

〔ナポレオンいっせい〕

◦なま【生】一名 ❶煮《に》たり、焼《や》いたり、干《ほ》したりしていない、そのままのもの。例 卵《たまご》を生で食《た》べる。❷手《て》を加《くわ》えず、そのままじかに行《おこな》うこと。例 音楽《おんがく》を生で聴《き》く。二〔ある言葉《ことば》の前《まえ》につけて〕❶十分《じゅうぶん》でないようす。例 生にえ。生がわき。❷手《て》を加《くわ》えてないようす。例 生ゴム。❸じかに行《おこな》うこと。例 生演奏《えんそう》。生放送《ほうそう》。❹生《なま》ビール〔=殺菌《さっきん》のための加熱《かねつ》をしていないビール〕のこと。❺半端《はんぱ》で、はっきりしないようす。例 生ぬるい。生返事《へんじ》。生か



慣用句 重荷《おもに》を下《お》ろす　クラス代表《だいひょう》という重荷《おもに》を下《お》ろして、やっと気《き》が楽《らく》になった。

じり。⇩せい【生】697ページ

**なまあたたかい【生暖かい】** 形 なんとなく、少《すこ》し暖《あたた》かい。例 生暖かい風《かぜ》。

**なまいき【生意気】** 名 形動 えらそうにしたり、知《し》ったかぶりをしたりすること。えらそうな態度《たいど》をとって、でしゃばること。例 生意気なことを言《い》いたがる年《とし》ごろだ。

**なまえ【名前】** 名 ❶人《ひと》や物《もの》を他《た》と区別《くべつ》するためにつける呼《よ》び方《かた》。名《な》。❷氏名《しめい》。または姓《せい》の下《した》の名《な》。

**なまえんそう【生演奏】** 名 実際《じっさい》の演奏《えんそう》。例 ジャズの生演奏を聴《き》く。

**なまがし【生菓子】** 名 あんやクリームなどを使《つか》って作《つく》った、水分《すいぶん》の多《おお》い、長持《ながも》ちしない菓子《かし》。

**なまかじり【生かじり】** 名 動する ものごとのうわべをちょっと知《し》っているだけで、十分《じゅうぶん》にはわかっていないこと。例 生かじりの知識《ちしき》をひけらかす。

**なまがわき【生乾き】** 名 しっかり乾《かわ》いていないこと。例 生乾きのタオル。

**なまき【生木】** 名 ❶生《は》えている木《き》。❷切《き》って間《ま》もない、水《みず》けのある木。

**なまきず【生傷】** 名 受《う》けたばかりの、新《あたら》しい傷《きず》。例 弟《おとうと》は生傷が絶《た》えない。

**なまぐさい【生臭い】** 形 ❶なまの魚《さかな》や肉《にく》のにおいがする。例 魚《さかな》をいじって手《て》が生臭くなった。❷血《ち》のにおいがする。例 このところ生臭い事件《じけん》が多《おお》すぎる。

**なまくら** 名 形動 ❶刃物《はもの》などの、切《き》れ味《あじ》が悪《わる》いこと。また、なまけ者《もの》。例 なまくらな包丁《ほうちょう》。❷なまけること。例 そんななまくらでは困《こま》る。

**なまクリーム【生クリーム】** 名 牛乳《ぎゅうにゅう》から取《と》り出《だ》した脂肪分《しぼうぶん》。洋菓子《ようがし》などに使《つか》う。

**なまけもの【怠け者】** 名 なまけてばかりいる人《ひと》。

**なまけもの** 名 南《みなみ》アメリカなどの、ジャングルにすむ動物《どうぶつ》。手足《てあし》にある長《なが》いつめで木《き》の枝《えだ》にぶら下《さ》がり、あまり動《うご》かない。

〔なまけもの〕

**なまける【怠ける】** 動 仕事《しごと》や勉強《べんきょう》などを、しないままほうっておく。おこたる。サボる。例 練習《れんしゅう》を怠ける。⇩たい【怠】768ページ

**なまこ** 名 海《うみ》の底《そこ》にすむ動物《どうぶつ》。ウリに似《に》た形《かたち》で、やわらかなとげがある。食用《しょくよう》になる。

**なまごみ【生ごみ】** 名 台所《だいどころ》などから出《で》る、野菜《やさい》などのくずや食《た》べ残《のこ》しのごみ。

**なまゴム【生ゴム】** 名 ゴムノキから採《と》った汁《しる》を固《かた》めたもの。ゴムを作《つく》る原料《げんりょう》。

**なまごろし【生殺し】** 名 死《し》にそうになるまで痛《いた》めつけるが、殺《ころ》しはしないこと。半殺《はんごろ》し。例 ヘビの生殺し。

**なまじ** 副 形動 ❶しなくともよいのに。なまじっか。例 なまじ口《くち》を出《だ》すからけんかになるのだ。❷いいかげんなようす。中途半端《ちゅうとはんぱ》なようす。なまじっか。例 なまじなことでは終《お》わりそうにない。

**なまじっか** 副 形動 ⇩なまじ 973ページ

**なます** 名 なまの魚《さかな》や貝《かい》、ダイコン・ニンジンなどを刻《きざ》み、酢《す》にひたした食《た》べ物《もの》。

**なまず【鯰】** 名 池《いけ》や川《かわ》などの底《そこ》のどろにすむ魚《さかな》。茶色《ちゃいろ》でうろこがなく、頭《あたま》は大《おお》きくて平《ひら》たい。食用《しょくよう》になる。⇩たんすいぎょ 331ページ

**なまちゅうけい【生中継】** 名 動する ものごとが行《おこな》われているようすを、その場《ば》から中継《ちゅうけい》放送《ほうそう》すること。例 オリンピックの生中継。

**なまつば【生唾】** 名 ひとりでに口《くち》の中《なか》にたまるつば。

**生唾《なまつば》を飲《の》み込《こ》む** 目《め》の前《まえ》のものが欲《ほ》しくてたまらないようすのたとえ。例 料理《りょうり》を前《まえ》にして、ごくりと生唾を飲み込んだ。

**なまづめ【生爪】** 名 指《ゆび》に生《は》えているつめ。例 生づめをはがす。

**なまなましい【生生しい】** 形 ❶非常《ひじょう》に新《あたら》しい。例 事件《じけん》直後《ちょくご》の生々しい写真《しゃしん》。❷ほんとうに、目《め》に見《み》えるようだ。例 生々しい表現《ひょうげん》。

**なまにえ【生煮え】** 名 ❶よく煮《に》えていないこと。例 生煮えの大根《だいこん》。❷返事《へんじ》や態度《たいど》が、はっきりしないこと。どっちつかず。例 生煮えの返事《へんじ》。

**なまぬるい【生ぬるい】** 形 ❶少《すこ》し温《あたた》かい。例 生ぬるい風《かぜ》。❷厳《きび》しくない。例 取《と》りしまりが生ぬるい。



慣用句 **親《おや》のすねをかじる** いつまでも親《おや》のすねをかじっていないで、自分《じぶん》で生活《せいかつ》できるようにしなさい。

**なまはげ** 名 秋田県《あきたけん》に伝《つた》わる行事《ぎょうじ》。一月十《いちがつじゅう》五日《ごにち》の夜《よる》、鬼《おに》のかっこうをした人《ひと》が、「なまけものはいないか」などと言《い》って、家《いえ》を訪《たず》ねて回《まわ》る。

**なまはんか【生半可】** 名 形動 ものごとが中途半端《ちゅうとはんぱ》なこと。例 なまはんかな知識《ちしき》をふり回《まわ》す。

**なまびょうほうはおおけがのもと【生兵法は大けがのもと】** いいかげんな知識《ちしき》や技術《ぎじゅつ》にたよると、大失敗《だいしっぱい》をするということ。

**なまへんじ【生返事】** 名 動-する はっきりしない返事《へんじ》。本気《ほんき》でない、いいかげんな返《へん》事《じ》。例 さそったが生返事だった。

**なまほうそう【生放送】** 名 動-する 録音《ろくおん》・録画《ろくが》などではなく、その場《ば》からの放送《ほうそう》。

**なまみ【生身】** 名 生《い》きている体《からだ》。例 生身の人間《にんげん》。

**なまみず【生水】** 名 わかしてない水《みず》。

**なまめかしい** 形 はなやかで、しっとりと美《うつく》しい。例 なまめかしい女《おんな》の人《ひと》。

**なまもの【生物】** 名 にたり焼《や》いたりしてない物《もの》。特《とく》に魚《さかな》についていう。例 生物はくさりやすいから気《き》をつける。注意 「生物」を「せいぶつ」と読《よ》むと、ちがう意味《いみ》になる。

**なまやさしい【生易しい】** 形 簡単《かんたん》で、たやすい。例 日記《にっき》を続《つづ》けて書《か》くのは、生易しいことではない。注意 あとに「ない」などの打《う》ち消《け》しの言葉《ことば》がくる。

**なまり【鉛】** 名 青《あお》みがかった灰色《はいいろ》の金属《きんぞく》。重《おも》くてやわらかい。⇩えん【鉛】136ページ

**なまり【訛り】** 名 共通語《きょうつうご》とちがった、ある地方《ちほう》だけの発音《はつおん》。

**なまる【訛る】** 動 共通語《きょうつうご》とちがう発音《はつおん》をする。例 「セ」を「シェ」となまる。

**なまる【鈍る】** 動 ❶刃物《はもの》の切《き》れ味《あじ》が悪《わる》くなる。例 包丁《ほうちょう》がなまってきた。❷力《ちから》が弱《よわ》まる。例 腕《うで》がなまる。

**°なみ** 一【並】名 ❶よくも悪《わる》くもないこと。ふつう。例 並の大《おお》きさ。❷食堂《しょくどう》などで安《やす》いもの。例 並のおすし。二【並み】〔ある言葉《ことば》のあとにつけて〕❶並《なら》んでいることを表《あらわ》す。例 家《いえ》並み。足《あし》並み。❷同《おな》じ程度《ていど》。同類《どうるい》。例 人《ひと》並みの暮《く》らし。⇩へい【並】1172ページ

**°なみ【波】** 名 ❶海《うみ》などの水面《すいめん》が、高《たか》くなったり低《ひく》くなったりすること。また、水面《すいめん》が高《たか》く盛《も》り上《あ》がっている所《ところ》。例 波が立《た》つ。❷ものごとの調子《ちょうし》が、上《あ》がったり下《さ》がったり、また、よくなったり悪《わる》くなったりすること。例 成績《せいせき》に波がある。❸次々《つぎつぎ》とおし寄《よ》せるものをたとえていう言葉《ことば》。例 人《ひと》の波をかき分《わ》けて進《すす》む。時代《じだい》の波。⇩は【波】1022ページ

**波《なみ》に乗《の》る** ❶世《よ》の中《なか》のなりゆきにうまく合《あ》う。例 流行《りゅうこう》の波に乗ってよく売《う》れた。❷勢《いきお》いに乗《の》る。例 運《うん》よく波に乗って優勝《ゆうしょう》できた。

**なみうちぎわ【波打ち際】** 名 海《うみ》などで、波《なみ》の打《う》ち寄《よ》せる所《ところ》。なぎさ。

例解 ことばの窓

**波《なみ》を表《あらわ》す言葉《ことば》**

台風《たいふう》のあとでうねりが残《のこ》る。
風《かぜ》が強《つよ》く大波《おおなみ》が打《う》ち寄《よ》せる。
海《うみ》はさざ波《なみ》で、静《しず》かだった。
沖《おき》には白波《しらなみ》が立《た》っている。
地震《じしん》のあとに津波《つなみ》がくる。
波頭《なみがしら》が白《しろ》くくだける。
午後《ごご》になって潮流《ちょうりゅう》が変《か》わった。

**なみうつ【波打つ】** 動 ❶波《なみ》が立《た》つ。例 池《いけ》の水《みず》が波打つ。❷まるで波《なみ》のようにうねる。例 イネのほが波打つ。

**なみがしら【波頭】** 名 波《なみ》のいちばん上《うえ》。例 波頭が白《しろ》くくだける。

**なみかぜ【波風】** 名 ❶波《なみ》と風《かぜ》。また、強《つよ》い風《かぜ》によって起《お》こる波《なみ》。❷もめごと。争《あらそ》い。例 チームの中《なか》に波風が立《た》つ。

**なみき【並木】** 名 道路《どうろ》に沿《そ》って一定《いってい》の間《あいだ》をあけて植《う》えてある木《き》。街路樹《がいろじゅ》。例 並木道《みち》。

**なみせい【並製】** 名 ふつうに作《つく》った物《もの》。例 並製の服《ふく》。

**°なみだ【涙】** 名 泣《な》いたときや目《め》にごみが入《はい》ったときなどに、目《め》から出《で》る水《みず》のようなもの。例 涙を流《なが》す。⇩るい【涙】1398ページ

**涙《なみだ》に暮《く》れる** ❶涙《なみだ》で何《なに》も見《み》えなくなるほど泣《な》く。例 悲《かな》しみのあまり涙に暮れた。❷泣《な》いて暮《く》らす。例 涙に暮れる日々《ひび》。

慣用句 折《お》り紙《がみ》付《つ》き 彼《かれ》の実力《じつりょく》は折《お》り紙《がみ》付《つ》きだ。

**涙《なみだ》にむせぶ** 涙《なみだ》で息《いき》がつまりそうになるほどひどく泣《な》く。例 無事《ぶじ》の知《し》らせを聞《き》き、安心《あんしん》して涙にむせんだ。

**涙《なみだ》を誘《さそ》う** 泣《な》きたい気《き》持《も》ちにさせる。例 悲《かな》しい話《はなし》が聞《き》く人《ひと》の涙を誘った。

**涙《なみだ》をのむ** くやしい気《き》持《も》ちをぐっとがまんする。例 決勝《けっしょう》を目前《もくぜん》にして涙をのんだ。

**なみたいてい【並大抵】** 名 形動 ふつう。ひととおり。なみなみ。例 並たいていの努《ど》力《りょく》では優勝《ゆうしょう》できない。注意 ふつう、あとに「ない」などの打《う》ち消《け》しの言葉《ことば》がくる。

**なみだぐましい【涙ぐましい】** 形 涙《なみだ》が出《で》そうなほど、いじらしい。例 涙ぐましい努《ど》力《りょく》。

**なみだぐむ【涙ぐむ】** 動 涙《なみだ》を目《め》にうかべる。例 涙ぐんだ目《め》。

**なみだごえ【涙声】** 名 泣《な》きながら話《はな》す声《こえ》。涙《なみだ》ぐんでいる人《ひと》の声《こえ》。例 涙声で話《はな》す。

**なみだつ【波立つ】** 動 ❶波《なみ》が起《お》こる。例 海面《かいめん》が波立つ。❷おだやかでなくなる。例 心《こころ》が波立つ。

**なみだながら【涙ながら】** 涙《なみだ》を流《なが》しながら。例 涙ながらにうったえる。

**なみだもろい【涙もろい】** 形 涙《なみだ》を流《なが》しやすい。感《かん》じやすい。例 涙もろい人《ひと》。

**なみなみ【並並】** 名 形動 ふつう。あたりまえ。例 北海道《ほっかいどう》の冬《ふゆ》の寒《さむ》さは並々ではない。注意 ふつう、あとに「ない」などの打《う》ち消《け》しの言葉《ことば》がくる。

**並並《なみなみ》ならぬ** ふつうではない。あたりまえでない。例 並々ならぬ決心《けっしん》をする。

**なみなみ** 副(-と) 水《みず》などが、あふれるほどいっぱいなようす。例 コップに牛乳《ぎゅうにゅう》をなみなみとつぐ。

**なみのり【波乗り】** 名 ↓サーフィン 494ページ

**なみはずれる【並外れる】** 動 ふつうのものとひどくちがう。特《とく》にすぐれている。例 並外れた才能《さいのう》の持《も》ち主《ぬし》。

**なみま【波間】** 名 波《なみ》と波《なみ》との間《あいだ》。例 波間に小舟《こぶね》がうかんでいる。

**なむあみだぶつ【南無阿弥陀仏】** 名 仏教《ぶっきょう》で、念仏《ねんぶつ》を唱《とな》えるときの言葉《ことば》。

**なめくじ** 名 しめった所《ところ》にすむ動物《どうぶつ》。カタツムリに似《に》ているが、からがなく、ぬるぬるしていて、塩《しお》をかけると縮《ちぢ》む。

**なめこ** 名 キノコの一種《いっしゅ》。茶色《ちゃいろ》で、ぬるぬるしている。食用《しょくよう》にする。↓きのこ 315ページ

**なめしがわ【なめし革】** 名 なめして、やわらかくした革《かわ》。レザー。

**なめす** 動 毛《け》やあぶらを取《と》って、皮《かわ》をやわらかくする。例 牛《うし》の皮《かわ》をなめす。

**なめらか【滑らか】** 形動 ❶物《もの》の表面《ひょうめん》がすべすべしているようす。例 滑らかな石《いし》。❷すらすら流《なが》れるように進《すす》むようす。例 仕《し》事《ごと》が滑らかに運《はこ》ぶ。↓かつ【滑】 243ページ

**なめる** 動 ❶舌《した》で物《もの》にさわる。味《あじ》をみる。例 あめをなめる。❷経験《けいけん》する。味《あじ》わう。例 苦《く》しみをなめる。❸軽《かる》くみる。ばかにする。例 相手《あいて》をなめてかかる。❹火《ひ》が燃《も》える。例 火《ひ》は町《まち》じゅうをなめつくした。

**なや【納屋】** 名 物《もの》を入《い》れてしまっておくための小屋《こや》。物置《ものおき》。

**なやましい【悩ましい】** 形 ❶悩《なや》みや苦《くる》しみがあって気《き》持《も》ちが晴《は》れない。例 どうするべきか、悩ましい問題《もんだい》だ。❷気《き》持《も》ちが刺激《しげき》されて、落《お》ち着《つ》かない。

**なやます【悩ます】** 動 苦《くる》しめる。困《こま》らせる。例 寒《さむ》さに悩まされる。

**なやみ【悩み】** 名 心《こころ》の苦《くる》しみ。心配《しんぱい》ごと。例 友達《ともだち》に悩みを打《う》ち明《あ》ける。

**なやむ【悩む】** 動 ❶心《こころ》の中《なか》で思《おも》って苦《くる》しむ。心配《しんぱい》する。例 友達《ともだち》ができないことを悩む。❷痛《いた》みなどで苦《くる》しむ。例 母《はは》は神経痛《しんけいつう》で悩んでいる。↓のう【悩】 1011ページ

**なよなよ** 副(-と) 動-する しなやかで弱々《よわよわ》しいようす。例 なよなよとした歩《ある》き方《かた》。

**なら【楢】** 名 雑木林《ぞうきばやし》や山《やま》に多《おお》い木《き》で、どんぐり形《がた》の実《み》がなる。家具《かぐ》などの材料《ざいりょう》やまき・炭《すみ》などに使《つか》われる。↓どんぐり 955ページ

**ならい【習い】** 名 そう決《き》まっていること。習慣《しゅうかん》。例 世《よ》の習い。

**習《なら》い性《せい》となる** 習慣《しゅうかん》が、いつのまにかその人《ひと》の生《う》まれつきの性質《せいしつ》のようになる。

**ならいごと【習い事】** 名 けいこごと。学《がっ》校《こう》の勉強《べんきょう》の他《ほか》に、ピアノ・習字《しゅうじ》などを習《なら》うこと。

**ならう【倣う】** 動 まねをする。見本《みほん》として





慣用句 終《お》わりを告《つ》げる 一週間《いっしゅうかん》にわたった大会《たいかい》も、今日《きょう》で終《お》わりを告《つ》げることとなりました。

例解⇔使い分け

**習《なら》うと倣《なら》う**

泳《およ》ぎ方《かた》を習《なら》う。
先生《せんせい》に習《なら》う。

お手本《てほん》に倣《なら》う。
前例《ぜんれい》に倣《なら》う。

従《したが》う。例 昔《むかし》のやり方《かた》に倣う。⇩**ほう【倣】**1190ページ

**ならう【習う】**動 ❶もののやり方《かた》を人《ひと》に教《おし》えてもらう。例 先生《せんせい》に習う。❷くり返《かえ》し練《れん》習《しゅう》して、身《み》につける。例 お手《て》本《ほん》を見《み》ながら習《しゅう》字《じ》を習う。⇩**しゅう【習】**592ページ

**習《なら》うより慣《な》れろ** 人《ひと》から教《おそ》わるよりも、自《じ》分《ぶん》で何《なん》度《ど》もやって身《み》につけてしまうことが大切《たいせつ》だ。例 早《はや》く上達《じょうたつ》したいのなら、習うより慣れろだよ。

**ならく【奈落】**名 ❶(仏《ぶっ》教《きょう》で)地《じ》獄《ごく》のこと。❷もっとも悪《わる》い状《じょう》態《たい》。例 すべてを失《うしな》って、奈落に突《つ》き落《お》とされた。❸劇《げき》場《じょう》などの、舞《ぶ》台《たい》や花道《はなみち》の床下《ゆかした》。

**奈《な》落《らく》の底《そこ》** ❶地《じ》獄《ごく》の底《そこ》。❷抜《ぬ》け出《だ》せないほど悪《わる》い状《じょう》態《たい》。例 奈落の底からはい上《あ》がる。

**ならけん【奈良県】**地名 近《きん》畿《き》地《ち》方《ほう》のほぼ真《ま》ん中《なか》にある県《けん》。県《けん》庁《ちょう》は奈《な》良《ら》市《し》にある。東《とう》大《だい》寺《じ》や法《ほう》隆《りゅう》寺《じ》など、歴《れき》史《し》上《じょう》有《ゆう》名《めい》な文《ぶん》化《か》財《ざい》が多《おお》い。

**ならじだい【奈良時代】**名 七一〇年《ねん》から七八四年《ねん》まで、奈《な》良《ら》の平《へい》城《じょう》京《きょう》に都《みやこ》があった時《じ》代《だい》。飛《あ》鳥《すか》時《じ》代《だい》に続《つづ》く時《じ》代《だい》で、仏《ぶっ》教《きょう》が栄《さか》えた。

**ならす【均す】**動 ❶平《たい》らにする。例 地《じ》面《めん》をならす。❷平《へい》均《きん》する。例 五《ご》回《かい》のテストの点《てん》をならすと、八〇点《てん》になる。

**ならす【慣らす】**動 慣《な》れるようにする。慣《な》れさせる。例 体《からだ》を水《みず》に慣らしてからプールに入《はい》る。⇩**かん【慣】**271ページ

**ならす【鳴らす】**動 ❶音《おと》を出《だ》す。例 笛《ふえ》を鳴らす。❷評《ひょう》判《ばん》になる。例 おじは高《こう》校《こう》野《や》球《きゅう》の投《とう》手《しゅ》で鳴らしたそうだ。❸言《い》い立《た》てる。例 不《ふ》平《へい》を鳴らす。⇩**めい【鳴】**1286ページ

**ならす** 動 動《どう》物《ぶつ》を思《おも》いどおりに動《うご》くよう、手《て》なずける。例 犬《いぬ》をならす。

**ならずもの【ならず者】**名 決《き》まった仕《し》事《ごと》を持《も》たず、悪《わる》いことをしている人《ひと》。

**ならづけ【奈良漬け】**名 ウリやダイコンなどを酒《さけ》かすにつけたつけ物《もの》。奈《な》良《ら》地《ち》方《ほう》で始《はじ》められたといわれる。

**ならでは** 〔ある言《こと》葉《ば》のあとにつけて〕…でなくては。…以《い》外《がい》には。…しかない。例 雪《ゆき》国《ぐに》ならではの祭《まつ》り。わが家《や》ならではのごちそう。

**ならぬかんにんするがかんにん【ならぬ堪忍するが堪忍】** これ以《い》上《じょう》こらえきれないところをこらえることが、本《ほん》当《とう》にこらえるということだ。

**ならび【並び】**名 ❶並《なら》んでいる状《じょう》態《たい》。例 歯《は》の並び。❷道《みち》の同《おな》じ側《がわ》。例 郵《ゆう》便《びん》局《きょく》はこの並びにあります。

**ならびない【並びない】**形 比《くら》べるものがない。例 世《せ》界《かい》に並びない名《めい》画《が》。

**ならびに【並びに】**接 および。また。例 中《ちゅう》国《ごく》並びにインドへ旅《りょ》行《こう》に行《い》く。⇩**へい【並】**1172ページ

**ならぶ【並ぶ】**動 ❶列《れつ》を作《つく》る。例 二《に》列《れつ》に並ぶ。❷横《よこ》または縦《たて》につながる。例 二《ふた》人《り》並んですわる。❸程《てい》度《ど》が同《おな》じ。つり合《あ》う。例 彼《かれ》に並ぶ者《もの》はいない。⇩**へい【並】**1172ページ

**ならべたてる【並べ立てる】**動 ❶物《もの》を一《ひと》つ一《ひと》つ並《なら》べる。例 棚《たな》いっぱいに人《にん》形《ぎょう》を並べ立てる。❷次《つぎ》々《つぎ》に並《なら》べて言《い》いたいことを言《い》う。例 不《ふ》満《まん》を並べ立てる。

**ならべる【並べる】**動 ❶列《れつ》を作《つく》って、そろえる。例 体《たい》育《いく》館《かん》にいすを並べる。❷続《つづ》ける。例 小《こ》言《ごと》を並べる。❸比《くら》べる。例 二《ふた》つを並べると大《おお》きなちがいがある。⇩**へい【並】**1172ページ

**ならぼんち【奈良盆地】**地名 奈《な》良《ら》県《けん》の北《ほく》部《ぶ》の、笠《かさ》置《ぎ》、生《い》駒《こま》・金《こん》剛《ごう》山《さん》地《ち》に囲《かこ》まれた盆《ぼん》地《ち》。

**ならわし【習わし】**名 昔《むかし》から行《おこな》われている決《き》まったやり方《かた》。しきたり。習《しゅう》慣《かん》。例 正《しょう》月《がつ》には、門《かど》松《まつ》をする習わしがある。

慣用句 尾《お》を引《ひ》く 二《ふた》つの国《くに》の対立《たいりつ》は今《いま》も尾《お》を引《ひ》いていて、事《こと》あるごとに問題《もんだい》を起《お》こす。

**なり**【形▲】一名 ❶姿《すがた》。体《からだ》つき。例六年生《ろくねんせい》にしては、なりが大《おお》きい。❷身《み》なり。ようす。例なりを気《き》にする。二〔ある言葉《ことば》のあとにつけて〕❶そのものにふさわしいようすだ。…らしい。例子《こ》どもなりの考《かんが》え。❷そのような形《かたち》や状態《じょうたい》だ。…の形《かたち》。例弓《ゆみ》なりに体《からだ》をそらす。❸そのとおりになる。…どおり。…するまま。例親《おや》の言《い》いなりになる。

**なり** 一助 ❶…するとすぐ。例帰《かえ》るなり、すぐ出《で》て行《い》った。❷…のままで。例出《で》て行《い》ったなり、帰《かえ》ってこない。❸〔「…なり、…なり」の形《かたち》で〕選《えら》び出《だ》す例《れい》をあげる言《い》い方《かた》。例赤《あか》なり青《あお》なり、好《す》きな色《いろ》をぬりなさい。二助動〔文《ぶん》語《ご》文《ぶん》で〕断定《だんてい》や説明《せつめい》をする言《い》い方《かた》。…である。…だ。例時《とき》は金《かね》なり。参考二は「也《なり》」とも書《か》き、金額《きんがく》などを記《しる》すときは「金壱《きんいち》万円《まんえん》也」のように書《か》く。

**なりあがり**【成り上がり】名 地位《ちい》の低《ひく》い人《ひと》が高《たか》い地位《ちい》についたり、貧《まず》しい人《ひと》がいきなり金持《かねも》ちになったりすること。また、そのような人《ひと》。参考よくない意味《いみ》で使《つか》うことが多《おお》い。

**なりかわる**【成り代わる】動 ある人《ひと》の代《か》わりとなる。例父《ちち》に成り代わってお礼《れい》を申《もう》し上《あ》げます。

**なりきる**【成りきる】動 すっかりそのものになる。例主人公《しゅじんこう》の気持《きも》ちになりきる。

**なりきん**【成金】名 ❶将棋《しょうぎ》で、金将《きんしょう》と同《おな》じはたらきができるようになった駒《こま》。特《とく》に、歩《ふ》のなったもの。❷急《きゅう》に金持《かねも》ちになった人《ひと》。例成金趣味《しゅみ》〔=はでなものを好《この》んで趣味《しゅみ》がよくないこと〕。

**なりすます**【成り済ます】動 すっかりそのものになりきる。例たぬきが子《こ》どもになりすます。

**なりそこねる**【成り損ねる▵】動 なることに失敗《しっぱい》する。例決勝《けっしょう》で負《ま》けてチャンピオンに成り損ねた。

**なりたち**【成り立ち】名 ❶でき上《あ》がるまでの順序《じゅんじょ》。でき方《かた》。例日本《にっぽん》の国《くに》の成り立ちを学《まな》ぶ。❷成分《せいぶん》。要素《ようそ》。例文《ぶん》の成り立ちを学習《がくしゅう》する。

°**なりたつ**【成り立つ】動 ❶でき上《あ》がる。まとまる。成立《せいりつ》する。例交渉《こうしょう》が成り立つ。❷組《く》み立《た》てられている。例水《みず》は酸素《さんそ》と水素《すいそ》から成り立っている。❸やっていける。例生活《せいかつ》が成り立つ。❹あり得《う》る。例そのような考《かんが》えも成り立つ。

**なりて**【なり手】名 ある役目《やくめ》になろうとする人《ひと》。例飼育係《しいくがかり》のなり手がいない。

**なりひびく**【鳴り響く°】動 ❶鳴《な》る音《おと》が、広《ひろ》く聞《き》こえる。例ベルが鳴り響く。❷評判《ひょうばん》が知《し》れわたる。例天下《てんか》に鳴り響いた名前《なまえ》。

**なりふり** 名 身《み》なりとそぶり。例なりふりかまわず、かけつける。

**なりもの**【鳴り物】名 歌舞伎《かぶき》などで、笛《ふえ》・三味線《しゃみせん》・太鼓《たいこ》などの、音《おと》の出《で》る楽器《がっき》をまとめていう言葉《ことば》。

**なりものいり**【鳴り物入り】名 ❶笛《ふえ》・三味線《しゃみせん》・太鼓《たいこ》などの楽器《がっき》を入《い》れて、にぎやかにすること。例鳴り物入りの応援《おうえん》。❷大《おお》げさに宣伝《せんでん》されること。例外国《がいこく》のサッカー選手《せんしゅ》が鳴り物入りで入団《にゅうだん》した。

**なりゆき**【成り行き】名 ものごとが移《うつ》り変《か》わって行《い》くようす。また、その結果《けっか》。例なりゆきにまかせる。

**なりわい**【〈生業〉▲】名 生活《せいかつ》していくための職業《しょくぎょう》。〔やや古《ふる》い言《い》い方《かた》。〕例我《わ》が家《や》は農業《のうぎょう》をなりわいとしている。

**なりわたる**【鳴り渡る°】動 ❶広《ひろ》く鳴《な》りひびく。例サイレンが鳴り渡る。❷名《な》や評判《ひょうばん》が広《ひろ》まる。例名《な》が天下《てんか》に鳴り渡る。

**なりをひそめる**【鳴りをひそめる】❶音《おと》を立《た》てずに静《しず》かにする。また、目立《めだ》たないようにする。❷目立《めだ》たないようになる。例得意《とくい》の速球《そっきゅう》が鳴りをひそめた。

°**なる**【成る】動 ❶別《べつ》の状態《じょうたい》や、他《ほか》のもの・形《かたち》・身分《みぶん》などに変《か》わる。例雨《あめ》になる。氷《こおり》が水《みず》になる。❷その時《とき》がくる。例新学期《しんがっき》になる。❸その数《かず》に達《たっ》する。例合《あ》わせて五人《ごにん》になる。❹でき上《あ》がる。例ついに体育館《たいいくかん》成る。❺できている。組《く》み立《た》てられている。例一《いっ》チームは九名《きゅうめい》から成る。❻〔「お…になる」の形《かたち》で〕そのことをする人《ひと》に対《たい》する尊敬《そんけい》を表《あらわ》す。例先生《せんせい》がお出《で》かけになる。参考ふつう❶〜❸と❻は、かな書《が》きにする。⇩せい【成】698ページ



慣用句 音頭《おんど》を取《と》る 町《まち》を美《うつく》しくしようと、父《ちち》が音頭《おんど》を取《と》って、ごみ拾《ひろ》い運動《うんどう》を始《はじ》めた。

例解 ! 表現の広場

**鳴《な》る と 響《ひび》く と 轟《とどろ》く のちがい**

| | そりの鈴《すず》が | 大砲《たいほう》の音《おと》が | 美《うつく》しい歌声《うたごえ》が | 雷鳴《らいめい》が |
|---|---|---|---|---|
| 鳴《な》る | ○ | × | × | × |
| 響《ひび》く | ○ | ○ | ○ | × |
| 轟《とどろ》く | × | ○ | × | ○ |

**°なる【鳴る】** 動 ❶音《おと》がする。ひびく。例時計《とけい》台《だい》のかねが鳴る。❷広《ひろ》く知《し》られる。例怪力《かいりき》をもって鳴る力士《りき し》。❸張《は》りきる。例腕《うで》がなる。⇩めい【鳴】1286ページ

**°なる【▲生る】** 動 植物《しょくぶつ》が実《み》を結《むす》ぶ。実《みの》る。例カキの実《み》がなる。

**なるこ【鳴子】** 名 田畑《たはた》の鳥《とり》を追《お》うために、板《いた》に竹《たけ》づつを並《なら》べて下《さ》げ、風《かぜ》がふいたときや、つなを引《ひ》いたときに音《おと》がするようにした仕《し》かけ。鳥《とり》おどし。⇩あぜみち22ページ

**なるたけ** 副 できるだけ。なるべく。「なるだけ」ともいう。〔少《すこ》しくだけた言《い》い方《かた》。〕例なるたけ早《はや》く来《き》てくれ。

**なるとかいきょう〘鳴門海峡〙** 地名 四国《しこく》と淡路島《あわじしま》との間《あいだ》にある海峡《かいきょう》。潮《しお》の干満《かんまん》で、大《おお》きなうずができる。

**°なるべく** 副 できるだけ。なるたけ。例なるべく自分《じぶん》の力《ちから》で問題《もんだい》を解《と》いてみる。

**°なるほど【成る△程】** 副 ❶確《たし》かに。ほんとうに。いかにも。例なるほど大仏《だいぶつ》は大《おお》きい。❷相手《あいて》の話《はなし》にあいづちを打《う》つ言葉《ことば》。例「なるほど。そのとおりです。」

**なれ【慣れ】** 名 慣《な》れること。習慣《しゅうかん》。例慣れというものは怖《こわ》い。

**なれあい【なれ合い】** 名 前《まえ》に示《しめ》し合《あ》わせておいて、うまくやること。ぐる。〔悪《わる》い意味《いみ》に使《つか》う。〕例なれ合いの政治《せいじ》。

**✤ナレーション** 〔英語 narration〕名 ❶話《はな》し方《かた》。話術《わじゅつ》。❷映画《えいが》・テレビなどで、場面《ばめん》の内容《ないよう》や筋《すじ》などを語《かた》ること。また、その内容《ないよう》や語《かた》り方《かた》。

**ナレーター** 〔英語 narrator〕名 語《かた》り手《て》。映画《えいが》・テレビ・ラジオなどで、内容《ないよう》や筋《すじ》などを語《かた》る人《ひと》。

**なれしたしむ【慣れ親しむ】** 動 いつも身近《みぢか》にあって、ごく自然《しぜん》に親《した》しみをもっている。例子《こ》どものころから慣れ親しんできたピアノ。

**なれそめ【なれ初△め】** 名 お互《たが》いが好《す》きになったきっかけ。例両親《りょうしん》のなれそめは小学《しょうがっ》校《こう》の同窓会《どうそうかい》だったそうだ。

**なれっこ【慣れっこ】** 名 すっかり慣《な》れていること。例朝早《あさはや》いのは慣れっこになっている。

**なれなれしい** 形 いかにも親《した》しそうで、遠慮《えんりょ》がない。心《こころ》やすい。例だれに対《たい》してもなれなれしく話《はな》しかける。

**なれのはて【成れの果て】** 落《お》ちぶれた結果《けっか》。身分《みぶん》や財産《ざいさん》をなくしたみじめな姿《すがた》。例スターのなれの果て。

**°なれる【慣れる】** 動 ❶何回《なんかい》もやって、ふつうに感《かん》じるようになる。例仕事《しごと》に慣れる。❷くり返《かえ》しているうちにうまくなる。例自動車《じどうしゃ》の運転《うんてん》に慣れてきた。⇩かん【慣】271ページ

**なれる** 動 よくなつく。例人《ひと》になれた鳥《とり》。

**なわ【縄】** 名 わらや麻《あさ》・化学繊維《かがくせんい》などを、何本《なんぼん》も細長《ほそなが》くより合《あ》わせて作《つく》った太《ふと》めのひも。ひもより太《ふと》く、つなより細《ほそ》い。ロープ。例縄をなう。⇩じょう【縄】625ページ

**なわしろ【苗△代】** 名 イネの種《たね》をまいて、苗《なえ》を育《そだ》てる田《た》。

**なわとび【縄飛び・縄跳び】** 名 縄《なわ》を回《まわ》して飛《と》んだり、張《は》った縄《なわ》を飛《と》びこしたりする遊《あそ》び。

**なわばしご【縄ばしご】** 名 縄《なわ》で作《つく》ったはしご。先《さき》のほうにかぎをつけ、高《たか》い所《ところ》にひっかけて、上《のぼ》り下《お》りする。

**なわばり【縄張り】** 名 ❶縄《なわ》を地面《じめん》に張《は》って、土地《とち》を区切《くぎ》ったり、建物《たてもの》の位置《いち》を決《き》めたりすること。❷ある仲間《なかま》の人《ひと》たちの勢力《せいりょく》のおよぶ範囲《はんい》。例縄張り争《あらそ》い。❸よくわかっている専門分野《せんもんぶんや》。例その辺《あた》りのことはぼくの縄張りだ。❹鳥《とり》やけものたちが、それぞれえさを取《と》って食《た》べる範囲《はんい》。例サルの縄張り。

## なん【南】 画数 9 部首 十（じゅう） 2年

音 ナン ナ△ 訓 みなみ

慣用句 恩《おん》に着《き》せる たいして助《たす》けてもくれないのに、彼《かれ》は恩《おん》に着《き》せるようなことを言《い》ってくる。

あいうえお かきくけこ さしすせそ たちつてと な にぬねの はひふへほ まみむめも やゆよ らりるれろ わをん

❶みなみ。熟語 南下《なんか》。南国《なんごく》。南方《なんぽう》。対 北《ほく》。❷仏教《ぶっきょう》の言葉《ことば》に使《つか》う字《じ》。熟語 南無《なむ》。

筆順

**なん【難】** 画数 18 部首 隹（ふるとり） 6年

音 ナン 訓 かた-い むずか-しい

筆順

❶むずかしい。熟語 難解《なんかい》。難題《なんだい》。難病《なんびょう》。困難《こんなん》。対 易《い》。❷苦《くる》しいこと。わざわい。熟語 難民《なんみん》。苦難《くなん》。災難《さいなん》。❸悪《わる》いところ。欠点《けってん》。熟語 難点《なんてん》。無難《ぶなん》。❹なじる。責《せ》める。熟語 非難《ひなん》。

《訓の使い方》 **むずか-しい** 例 問題《もんだい》が難しい。 **かた-い** 例 想像《そうぞう》に難くない。

**なん【難】** 名 ❶むずかしいこと。例 問題《もんだい》は易《い》から難に並《なら》んでいる。❷わざわい。例 うまく難をさけた。❸欠点《けってん》。例 難をいえば、値《ね》段《だん》が少《すこ》し高《たか》い。

**難《なん》を逃《のが》れる** 災難《さいなん》に巻《ま》き込《こ》まれずにすむ。例 電車《でんしゃ》に乗《の》り遅《おく》れたため、事故《じこ》から難を逃れた。

**なん【軟】** 画数 11 部首 車（くるまへん）

音 ナン 訓 やわ-らか やわ-らかい

やわらかい。熟語 軟弱《なんじゃく》。軟化《なんか》。柔軟《じゅうなん》。

**なん【男】** 熟語 長男《ちょうなん》。美男《びなん》。↓だん【男】811ページ

**なん【納】** 熟語 納戸《なんど》。↓のう【納】1010ページ

**なん【何】** 名 ❶なに。例 それは何だ。例 何回《かい》も言《い》う。❷はっきりしない数《かず》を表《あらわ》す言葉《ことば》。例 何人《にん》もの人《ひと》。↓か【何】188ページ

**なんい【南緯】** 名 赤道《せきどう》を〇度《れいど》として、そこから南極《なんきょく》までの間《あいだ》を九〇度《ど》に分《わ》けて数《かぞ》えた緯度《いど》。対 北緯《ほくい》。↓いど（緯度）80ページ

**なんい【難易】** 名 難《むずか》しいことと、易《やさ》しいこと。例 問題《もんだい》の難易度《ど》がちがう。

**なんおう【南欧】** 地名 南《みなみ》ヨーロッパ。ヨーロッパの南《みなみ》の地方《ちほう》。

**なんか【南下】** 名 動-する 南《みなみ》へ向《む》かって行《い》くこと。例 太平洋《たいへいよう》を南下した。対 北上《ほくじょう》。

**なんか【軟化】** 名 動-する ❶物《もの》がやわらかくなること。やわらかくすること。❷態度《たいど》がおだやかになること。例 相手《あいて》の態度《たいど》が軟化した。対（❶・❷）硬化《こうか》。

**なんかい【難解】** 名 形動 むずかしくて、わかりにくいこと。例 難解な文章《ぶんしょう》を読《よ》む。対 平易《へいい》。

**なんかん【難関】** 名 ❶通《とお》りにくい所《ところ》。例 このコースで最大《さいだい》の難関だ。❷切《き》りぬけるのが難《むずか》しいものごとや状態《じょうたい》。例 難関を突破《とっぱ》して合格《ごうかく》する。

**なんぎ【難儀】** 名 動-する 形動 苦《くる》しむこと。苦労《くろう》すること。例 山《やま》ごえに難儀した。

**なんきゅう【軟球】** 名 野《や》球《きゅう》やテニスなどで使《つか》う球《たま》のうち、やわらかいほうの球《たま》。対 硬《こう》球《きゅう》。

■**なんぎょうくぎょう【難行苦行】** 名 多《おお》くの苦《くる》しいことにうちかって、修行《しゅぎょう》すること。例 難行苦行の末《すえ》に身《み》につけたわざ。

**なんきょく【南極】** 名 ❶地球《ちきゅう》の南《みなみ》のはし。対 北極《ほっきょく》。❷南極大陸《なんきょくたいりく》。

**なんきょく【難局】** 名 どうしたらいいか困《こま》る、難《むずか》しい場面《ばめん》。例 難局を切《き》りぬける。

**なんきょくかい【南極海】** 地名 南極大《なんきょくたい》陸《りく》の周《まわ》りの海《うみ》。ペンギン・アザラシ・クジラなどがいる。南氷洋《なんぴょうよう》。

**なんきょくけん【南極圏】** 名 南緯《なんい》六六度《ど》三三分《ぶん》から南《みなみ》の地域《ちいき》。対 北極圏《ほっきょくけん》。

**なんきょくたいりく【南極大陸】** 地名 南極《なんきょく》を中心《ちゅうしん》とした大陸《たいりく》。一年《いちねん》じゅう厚《あつ》い氷《こおり》と雪《ゆき》におおわれている。

**なんきんまめ【南京豆】** 名 落花生《らっかせい》の、皮《かわ》をむいたもの。

**なんくせ【難癖】** 名 悪《わる》いところ。欠点《けってん》。

**難癖《なんくせ》をつける** 小《ちい》さな欠点《けってん》をわざわざ見《み》つけて悪《わる》く言《い》う。例 彼《かれ》は他人《たにん》の作品《さくひん》にいちいち難癖をつける。類 けちをつける。あらさがしをする。

**なんこう【難航】** 名 動-する ❶あらしなどのために、船《ふね》が思《おも》うように進《すす》まないこと。❷ものごとがうまく進《すす》まないこと。例 工事《こうじ》が難航する。

**なんこう【軟膏】** 名 脂肪《しぼう》やワセリンなどと混《ま》ぜてぬりやすくした薬《くすり》。

■**なんこうふらく【難攻不落】** 名 攻《せ》めることが難《むずか》しく、なかなか攻《せ》め落《お》とせないこ





慣用句 顔《かお》にどろをぬる 先輩《せんぱい》の顔《かお》にどろをぬるような、ぶざまな試合《しあい》をしてはならない。

と。例 難攻不落の城《しろ》。

**なんごく【南国】** 名 南《みなみ》のほうの暖《あたた》かい国《くに》や地方《ちほう》。対 北国《ほっこく》。

**なんこつ【軟骨】** 名 やわらかく弾力《だんりょく》のある骨《ほね》。人《ひと》の耳《みみ》や鼻《はな》の骨《ほね》など。

**なんざん【難産】** 名 ❶赤《あか》ちゃんがなかなか生《う》まれなくて、苦《くる》しいお産《さん》。対 安産《あんざん》。❷ものごとがなかなかでき上《あ》がらないこと。例 チーム作《づく》りは難産だった。

**なんじ** 代名 おまえ。〔目上《めうえ》の人《ひと》が目下《めした》の人《ひと》に呼《よ》びかけるときの古《ふる》い言葉《ことば》。〕

**なんしき【軟式】** 名 やわらかいボール〔=軟《なん》球《きゅう》〕を使《つか》ってするスポーツのやり方《かた》。例 軟式テニス。対 硬式《こうしき》。

**なんじゃく【軟弱】** 名 形動 ❶やわらかくて、しっかりしていないこと。例 雨《あめ》でグラウンドが軟弱になった。❷考《かんが》えや態度《たいど》がしっかりしていないこと。例 態度《たいど》が軟弱だ。

**なんじゅう【難渋】** 名 動-する ❶ものごとがうまく進《すす》まないこと。例 トンネル工事《こうじ》は難渋をきわめた。❷困《こま》ること。苦《くる》しむこと。例 道《みち》に迷《まよ》って難渋する。

**なんしょ【難所】** 名 けわしくて、通《とお》るのが危《あぶ》ない所《ところ》。例 箱根《はこね》の山《やま》は、難所だった。

**なんしょく【難色】** 名 賛成《さんせい》できないようす。例 高速道路《こうそくどうろ》の建設《けんせつ》に難色を示《しめ》した。

**なんすい【軟水】** 名 カルシウムやマグネシウムを、ほとんど含《ふく》まない水《みず》。蒸留水《じょうりゅうすい》など。せっけんがよくとける。対 硬水《こうすい》。

**なんせい【南西】** 名 南《みなみ》と西《にし》の真《ま》ん中《なか》の方《ほう》角《がく》。西南《せいなん》。対 北東《ほくとう》。

**なんせいしょとう【南西諸島】** 地名 鹿児島県《かごしまけん》の南部《なんぶ》と沖縄県《おきなわけん》にまたがる、地図《ちず》の上《うえ》で弓《ゆみ》のような形《かたち》に連《つら》なる島々《しまじま》。

**なんせん【難船】** 名 動-する 船《ふね》が、あらしにあって、こわれたり、しずんだりすること。また、その船《ふね》。難破《なんぱ》。

**ナンセンス**〔英語 nonsense〕名 形動 何《なん》の意《い》味《み》もない、ばかげたこと。例 そんな話《はなし》、ナンセンスだよ。

■**なんせんほくば【南船北馬】** 名 忙《いそが》しく、各地《かくち》を常《つね》に旅行《りょこう》していること。類 東奔西走《とうほんせいそう》。参考 中国《ちゅうごく》で、川《かわ》の多《おお》い南部《なんぶ》では船《ふね》を、山《やま》の多《おお》い北部《ほくぶ》では馬《うま》を使《つか》って旅《たび》したことから。

**なんだい【難題】** 名 ❶難《むずか》しい問題《もんだい》。難問《なんもん》。❷無理《むり》な言《い》いがかり。例 無理《むり》難題。難題をふっかける。

**なんたいさん【男体山】** 地名 栃木県《とちぎけん》の日光山地《にっこうさんち》にある火山《かざん》。日光国立公園《にっこうこくりつこうえん》の一部《いちぶ》。

**なんたいどうぶつ【軟体動物】** 名 からを持《も》つ貝《かい》のほか、イカやタコなどのような体《からだ》のやわらかい動物《どうぶつ》。

**なんだか【何だか】** 副 ❶何《なん》であるか。例 それが何だか知《し》りたい。❷何《なに》がどうだとは、はっきり言《い》えないが。なんとなく。例 何だかいいにおいがする。

**なんたん【南端】** 名 南《みなみ》のはし。例 日本《にっぽん》の南端は沖ノ鳥島《おきのとりしま》だ。

**なんちゃくりく【軟着陸】** 名 動-する ❶宇宙船《うちゅうせん》などが、ゆっくりと静《しず》かに着陸《ちゃくりく》すること。❷交渉《こうしょう》などで、混乱《こんらん》しないように慎重《しんちょう》に進《すす》めること。例 白熱《はくねつ》した議論《ぎろん》を軟着陸させる。

**なんちゅう【南中】** 名 動-する 太陽《たいよう》や星《ほし》が子午線《しごせん》の上《うえ》、特《とく》に真南《まみなみ》にくること。このとき、太陽《たいよう》や星《ほし》の高《たか》さがいちばん高《たか》くなる。

**なんちょう【難聴】** 名 聞《き》く力《ちから》が弱《よわ》くて、音《おと》や声《こえ》がよく聞《き》き取《と》れないこと。

**なんて【何て】** 副 ❶感心《かんしん》したり、あきれたりした気持《きも》ちを表《あらわ》す。なんという。なんとまあ。なんと。例 なんてすばらしい景色《けしき》だ。❷どのように。例 今《いま》、なんて言《い》ったの。参考 ふつう、かな書《が》きにする。

**なんて** 助 ❶例《れい》を示《しめ》す。…などというようなこと。例 いやだなんて言《い》わないでね。❷おどろきや軽《かる》くみる気持《きも》ちを表《あらわ》す。例 あの山《やま》で迷《まよ》うなんてふしぎだ。❸はっきり決《き》めないで考《かんが》えを示《しめ》す言葉《ことば》。なんか。例 みんなでハイキングなんてどうかしら。

°**なんでも【何でも】** 副 ❶どんなものでも。例 なんでもいい。❷はっきりわからないが。どうやら。例 この辺《あた》りはなんでも昔《むかし》は海《うみ》だったそうだ。❸どうあろうとも。どうしても。例 何《なに》がなんでもやりとげる。

**なんでもない【何でもない】** たいしたことではない。例 なんでもない話《はなし》だった。

**なんてん【南天】** 名 庭木《にわき》にする木《き》。六月《ろくがつ》ご

慣用句 顔向《かおむ》けができない　こんな恥《は》ずかしいことをしては、世間《せけん》に顔向《かおむ》けができない。

ろ白《しろ》い小《ちい》さな花《はな》がかたまって咲《さ》き、冬《ふゆ》に丸《まる》く赤《あか》い実《み》がなる。

**なんてん【難点】** 名 よくないところ。例 物《もの》はいいが、高《たか》いのが難点だ。

**なんと【何と】** 副 ❶どのように。どう。例 だれがなんと言《い》おうと、やってみせる。❷おどろいたり感心《かんしん》したりする気持《きも》ちを表《あらわ》す。例 なんと美《うつく》しい人《ひと》だろう。参考 ふつう、かな書《が》きにする。

**°なんど【何度】** 名 ❶何《なん》べん。例 この本《ほん》は、何度も読《よ》んだ。❷目盛《めも》りや度《ど》数《すう》などを尋《たず》ねる言葉《ことば》。例 気温《きおん》は何度かな。

**何度《なんど》となく** 何《なん》度《ど》も何《なん》度《ど》も。例 心《しん》配《ぱい》になって何度となく確《たし》かめた。

**なんど【納戸】** 名 家《いえ》の中《なか》で、衣《い》服《ふく》や道《どう》具《ぐ》類《るい》をしまっておく部屋《へや》。

**なんとう【南東】** 名 南《みなみ》と東《ひがし》の真《ま》ん中《なか》の方《ほう》角《がく》。東南《とうなん》。対 北西《ほくせい》。

**なんとか【何とか】** 副 あれこれやってみて、どうにか。例 宿《しゅく》題《だい》はなんとか済《す》んだ。参考 ふつう、かな書《が》きにする。

**なんどく【難読】** 名 文《も》字《じ》の読《よ》み方《かた》が難《むずか》しいこと。例 難読漢《かん》字《じ》。難読地《ち》名《めい》。

**なんとしても【何としても】** どんなことをしても。どうしても。例 なんとしても完《かん》成《せい》させよう。参考 ふつう、かな書《が》きにする。

**°なんとなく【何となく】** 副 はっきりしたわけもなく。どことなく。例 なんとなく気《き》になる。参考 ふつう、かな書《が》きにする。

**なんとなれば【何となれば】** 接 どういうわけかと言《い》えば。なぜかと言《い》うと。〔固《かた》い言《い》い方《かた》。〕参考 ふつう、かな書《が》きにする。

**なんとも【何とも】** 副 ❶ほんとうに。まったく。例 なんともあきれたことだ。❷どのようにも。どうとも。例 なんとも言《い》えない。注意 ❷は、あとに「ない」などの打《う》ち消《け》しの言葉《ことば》がくる。

**なんなく【難なく】** 副 たやすく。特《とく》に難《むずか》しいこともなく。例 難なく泳《およ》げた。

**なんなら【何なら】** 副 もしよければ。例 なんなら夕《ゆう》飯《はん》を作《つく》ろうか。参考 ふつう、かな書《が》きにする。

**なんなり【何なり】** 副(-と) どんなことでも。例 なんなりとお聞《き》きください。

**°なんにも【何にも】** 副 ❶どんなものも。❷何事《なにごと》にも。少《すこ》しも。例 なんにも聞《き》こえない。例 そんななぐさめは、なんの役《やく》にも立《た》たない。注意 あとに「ない」などの打《う》ち消《け》しの言葉《ことば》がくる。

**なんの【何の】** ❶どういう。例 何の仕《し》事《ごと》ですか。❷どれほどの。たいした。例 なんの役《やく》にも立《た》たない。❸〔「…のなんの」の形《かたち》で〕上《うえ》の言葉《ことば》を強《つよ》める言葉《ことば》。例 もう、うるさいのなんの。❹どうして。いや。例 なんの、これしき。参考 ふつう❸・❹は、かな書《が》きにする。注意 ❷は、あとに「ない」などの打《う》ち消《け》しの言葉《ことば》がくる。

**なんのかのと【何のかのと】** あれこれと。なんのかんのと。なんだかんだと。例 なんのかのと言《い》って本《ほん》を返《かえ》してくれない。

**なんのきなしに【何の気無しに】** 特《とく》別《べつ》にそうするつもりでなく。例 なんの気なしに本《ほん》を開《ひら》いたら、写《しゃ》真《しん》があった。

**なんのその【何のその】** たいしたことではない。例 雨《あめ》なんかなんのそのだ。

**なんぱ【難破】** 名 動-する あらしなどで、船《ふね》がこわれたり、しずんだりすること。難《なん》船《せん》。

**ナンバー** 〔英語 number〕名 ❶数《かず》。数《すう》字《じ》。番《ばん》号《ごう》。例 車《くるま》のナンバー。❷雑《ざっ》誌《し》などの号《ごう》数《すう》。

**ナンバープレート** 〔英語 number plate〕名 自《じ》動《どう》車《しゃ》の登《とう》録《ろく》番《ばん》号《ごう》を書《か》いた板《いた》。

**ナンバーワン** 〔英語 number one〕名 ❶第《だい》一《いち》番《ばん》。❷そのものごとに関《かん》して、いちばんすぐれている人《ひと》。例 ナンバーワンのピッチャー。

**なんばん【南蛮】** 名 ❶昔《むかし》、南《みなみ》のほうの国《くに》を指《さ》して呼《よ》んだ言葉《ことば》。東《とう》南《なん》アジアの国《くに》や、南《みなみ》のほうから船《ふね》でやってきた、イスパニア〔=今《いま》のスペイン〕やポルトガルについてもいった。❷トウガラシのこと。❸肉《にく》とネギを入《い》れたそばや、うどん。

**なんびょう【難病】** 名 治《なお》りにくい病《びょう》気《き》。

**なんぴょうよう〖南氷洋〗** 地名 南《なん》極《きょく》海《かい》の古《ふる》い呼《よ》び名《な》。

**なんぶ〖南部〗** 地名 青《あお》森《もり》県《けん》の東《とう》部《ぶ》から岩《いわ》手《て》県《けん》の北《ほく》部《ぶ》に至《いた》る地《ち》方《ほう》の古《ふる》い呼《よ》び名《な》。



慣用句 我《が》が強《つよ》い　弟《おとうと》は我《が》が強《つよ》いから、一《いち》度《ど》こうだと言《い》ったら、どこまでも言《い》い張《は》る。

**なんべい**〘南米〙[地名] 南《みなみ》アメリカ。

○**なんべん**【何遍】[名] ❶度数《どすう》を尋《たず》ねる言葉《ことば》。何度《なんど》。何回《なんかい》。[例] 何べん見《み》たの。❷たびたび。[例] できるまで何べんでもやる。

**なんぽう**【南方】[名] 南《みなみ》のほう。[対] 北方《ほっぽう》。

**なんぼく**【南北】[名] 南《みなみ》と北《きた》。

**なんぼくせんそう**【南北戦争】[名] 一八六一年《ねん》から一八六五年《ねん》、アメリカ合衆国《がっしゅうこく》の南部《なんぶ》と北部《ほくぶ》とが戦《たたか》った戦争《せんそう》。北部《ほくぶ》が勝《か》ち、奴《ど》隷制度《れいせいど》が廃止《はいし》された。↓リンカン 1396ページ

**なんぼくちょうじだい**【南北朝時代】[名] 後醍醐天皇《ごだいごてんのう》のたてた吉野《よしの》(奈良県《ならけん》西部《せいぶ》)の南朝《なんちょう》と、足利尊氏《あしかがたかうじ》がおし立《た》てた京都《きょうと》の北朝《ほくちょう》とが争《あらそ》った時代《じだい》。一三三六年《ねん》から一三九二年《ねん》までの間《あいだ》。

**なんみん**【難民】[名] 戦争《せんそう》や天災《てんさい》のために家《いえ》を失《うしな》い、よその土地《とち》へにげてきた人々《ひとびと》。

**なんもん**【難問】[名] 難《むずか》しい問題《もんだい》。難題《なんだい》。難《なん》問題《もんだい》。[例] 算数《さんすう》の難問に手《て》をやいた。

**なんもんだい**【難問題】[名] ↓なんもん 982ページ

**なんよう**【南洋】[名] 太平洋《たいへいよう》の西部《せいぶ》、赤道《せきどう》近《ちか》くの海《うみ》。また、その近《ちか》くの島々《しまじま》。[対] 北洋《ほくよう》。

**なんら**【何ら】[副] なんにも。少《すこ》しも。[例] なんら心配《しんぱい》はない。[注意] あとに「ない」などの打《う》ち消《け》しの言葉《ことば》がくる。

**なんらか**【何らか】[副] なにかしら。いくらか。[例] なんらかのかたちで伝《つた》える。[参考] ふつう、かな書《が》きにする。

## に

ニ ni

1年

**に【二】** [画数] 2 [部首] 二(に)

[音] ニ [訓] ふた ふた-つ

筆順 一 二

❶ふたつ。[熟語] 二重《にじゅう》・二重《ふたえ》。無二《むに》。二月《ふたつき》〔=二《に》か月《げつ》〕。❷つぎ。[熟語] 二人称《ににんしょう》。二世《にせい》。

**に【二】**[名] ❶〔数《かず》を表《あらわ》す言葉《ことば》。〕ふたつ。[例] 二台《だい》。二の五倍《ごばい》。❷二番《にばん》め。ふたつめ。[例] 二等《とう》。二の足《あし》をふむ。

**に【尼】** [画数] 5 [部首] 尸(しかばね)

[音] ニ [訓] あま

あま。仏《ほとけ》や神《かみ》につかえる女《おんな》の人《ひと》。[熟語] 尼僧《にそう》〔=女性《じょせい》のお坊《ぼう》さん〕。

**に【弐】** [画数] 6 [部首] 弋(しきがまえ)

[音] ニ [訓] —

金額《きんがく》などを書《か》くときに、読《よ》みちがえたり書《か》きかえられたりしないように、数字《すうじ》の「二《に》」の代《か》わりに使《つか》う字《じ》。[例] 弐拾万円《にじゅうまんえん》。

**に【仁△】** [熟語] 仁王《におう》。↓じん【仁】656ページ

**に【児△】** [熟語] 小児《しょうに》。↓じ【児】539ページ

**に【荷】**[名] ❶荷物《にもつ》。運《はこ》ばれるもの。[例] 荷を運《はこ》ぶ。❷やっかいもの。手数《てすう》のかかるもの。[例] 小《ちい》さい子《こ》の世話《せわ》は荷になる。❸責任《せきにん》。[例] 荷を下《お》ろす。

**荷《に》が重《おも》い** その人《ひと》の能力《のうりょく》に比《くら》べて、負担《ふたん》が大《おお》きすぎる。[例] この役《やく》は私《わたし》には荷が重い。↓か【荷】189ページ

**に** [助] ❶時《とき》・所《ところ》を示《しめ》す言葉《ことば》。[例] 六時《ろくじ》に起《お》きる。学校《がっこう》に着《つ》く。❷目的《もくてき》・相手《あいて》を示《しめ》す言葉《ことば》。[例] つりに行《い》く。人《ひと》に会《あ》う。❸ものをつけ加《くわ》えて言《い》うときに使《つか》う。[例] パンにバター。❹動作《どうさ》を強《つよ》めて言《い》う。[例] 泣《な》きに泣《な》く。❺原因《げんいん》や結果《けっか》を表《あらわ》す。[例] 病気《びょうき》になる。❻割合《わりあい》を表《あらわ》す。[例] 五人《ごにん》に二人《ふたり》が、当《あ》たる。❼不満《ふまん》や同情《どうじょう》の気持《きも》ちなどを表《あらわ》す。[例] さびしいだろうに。

○**にあう**【似合う】[動] ふさわしい。よくつり合《あ》う。[例] 弟《おとうと》には、青《あお》い服《ふく》がよく似合う。

**にあげ**【荷揚げ】[名][動-する] 船《ふね》に積《つ》んだ荷物《にもつ》を陸《りく》に揚《あ》げること。

**ニアミス**〔英語 near miss〕[名] 飛《ひ》行機《こうき》どうしが、ぶつかりそうになるほど近《ちか》づくこと。

**にい**【新】〔ある言葉《ことば》の前《まえ》につけて〕「新《あたら》しい」という意味《いみ》を表《あらわ》す。[例] 新妻《づま》。新盆《ぼん》。↓しん【新】655ページ

**にいがたけん**〘新潟県〙[地名] 中部《ちゅうぶ》地方《ちほう》の北東部《ほくとうぶ》、日本海《にほんかい》に面《めん》している県《けん》。県庁《けんちょう》は新《にい》潟市《がたし》にある。

**にいがたへいや**〘新潟平野〙[地名] 新潟《にいがた》県《けん》にある平野《へいや》。信濃川《しなのがわ》や阿賀野川《あがのがわ》が流《なが》れている。越後平野《えちごへいや》。

○**にいさん**【〈兄さん〉】[名] ❶兄《あに》を敬《うやま》ったり



[慣用句] かけがえのない　一人《ひとり》での海外旅行《かいがいりょこう》で、かけがえのない貴重《きちょう》な体験《たいけん》をさせてもらった。

親《した》しみをこめたりして言《い》う言葉《ことば》。❷若《わか》い男《おとこ》の人《ひと》。例となりのおにいさん。対(❶・❷)姉《ねえ》さん。参考「兄《にい》さん」は、特別《とくべつ》に認《みと》められた読《よ》み方《かた》。

**ニーズ**〔英語 needs〕名 必要《ひつよう》。要求《ようきゅう》。例お客《きゃく》様《さま》のニーズに合《あ》った品物《しなもの》をそろえる。

**ニート**〔英語 NEET〕名 仕事《しごと》をせず、学校《がっこう》に通《かよ》わず、職業訓練《しょくぎょうくんれん》も受《う》けず、それらをしようとする意志《いし》も持《も》たない若者《わかもの》。

**にいみ なんきち**〖新美南吉〗人名(男)(一九一三〜一九四三)童話作家《どうわさっか》。「ごんぎつね」、「手《て》ぶくろを買《か》いに」、「おじいさんのランプ」などの作品《さくひん》がある。

**にいんせい**【二院制】名 国会《こっかい》が、衆議院《しゅうぎいん》と参議院《さんぎいん》、上院《じょういん》と下院《かいん》のように、二《ふた》つの議院《ぎいん》によってできている制度《せいど》。

**にえきらない**【煮え切らない】ぐずぐずしてはっきりしない。例行《い》くのか行《い》かないのか、いっこうに煮え切らない。

**にえくりかえる**【煮えくり返る】動 ❶煮《に》えて、ぐらぐらわき立《た》つ。例やかんの湯《ゆ》が煮えくり返る。❷ひどく腹《はら》が立《た》つ。例いかりで、はらわたが煮えくり返る。

**にえたぎる**【煮えたぎる】動 ぐらぐら煮《に》えて、わき上《あ》がる。例湯《ゆ》が煮えたぎる。

**にえたつ**【煮え立つ】動 煮《に》えてわき上《あ》がる。煮《に》立《た》つ。例湯《ゆ》がぐらぐら煮え立つ。

**にえゆ**【煮え湯】名 煮《に》え立《た》っている湯《ゆ》。

**煮え湯《ゆ》を飲《の》まされる** 裏切《うらぎ》られてひどい目《め》にあわされる。

**◦にえる**【煮える】動 熱《ねつ》が通《とお》って物《もの》が食《た》べられるようになる。↓しゃ【煮】583ページ

**◦におい**【匂い】名 ❶鼻《はな》に感《かん》じるもの。かおり。例あまい匂い。❷ようす。おもむき。例京都《きょうと》には昔《むかし》の匂いが残《のこ》っている。

**◦におい**【臭い】名 ❶くさい感《かん》じ。例くさった魚《さかな》の臭い。❷うたがわしい感《かん》じ。例事件《じけん》の臭いがする。

**におう**【匂】画数 4 部首 勹(つつみがまえ)

音 ―― 訓 にお-う

かおりを感《かん》じる。参考 日本《にっぽん》で作《つく》った漢字《かんじ》(=国字《こくじ》)。

**におう**【匂う】動 ❶鼻《はな》に、かおりを感《かん》じる。例ユリの花《はな》が匂う。類香《かお》る。❷美《うつく》しくかがやく。例匂うばかりの美《うつく》しさ。

**◦におう**【臭う】動 ❶鼻《はな》に、くさく感《かん》じる。例生《なま》ごみが臭う。❷なんとなくそのような雰《ふん》囲気《いき》が感《かん》じられる。例不正《ふせい》が臭う。参考❷は好《この》ましくない場合《ばあい》に使《つか》われることが多《おお》い。

**におう**【仁王】名 仏《ほとけ》を守《まも》る神《かみ》。寺《てら》の門《もん》の両《りょう》わきに置《お》かれる、こわい顔《かお》をした一対《いっつい》の神《かみ》の像《ぞう》。金剛力士《こんごうりきし》。例仁王門《もん》。

〔におう(仁王)〕

**におうだち**【仁王立ち】名 仁王《におう》の像《ぞう》のように、足《あし》を広《ひろ》げてどっしりと立《た》つこと。例仁王立ちになって道《みち》をふさぐ。

**におわせる**【匂わせる】動 ❶におうようにする。例香水《こうすい》をぷんぷんにおわせる。❷それとなく、言葉《ことば》や態度《たいど》でわからせる。ほのめかす。例仕事《しごと》をやめたい気持《きも》ちをにおわせる。

**にかい**【二階】名 平屋《ひらや》の上《うえ》に、もう一階《いっかい》重《かさ》ねて造《つく》った部分《ぶぶん》。また、高《たか》い建物《たてもの》の二段《にだん》めの階《かい》。

**二階《にかい》から目薬《めぐすり》**〔二《に》階《かい》から目《め》薬《ぐすり》をさそうとしても、うまくできないことから〕思《おも》うようにならず、もどかしいこと。また、ききめがないこと。

例解！表現の広場

**匂《にお》うと臭《にお》うと香《かお》るのちがい**

| | 匂《にお》う | 臭《にお》う | 香《かお》る |
|---|---|---|---|
| 梅《うめ》の花《はな》が | ○ | × | ○ |
| 古《ふる》くなったご飯《はん》が | × | ○ | × |
| 作《つく》りたてのカレーが | ○ | × | × |



慣用句 陰《かげ》になりひなたになり 先輩《せんぱい》が、陰《かげ》になりひなたになり、私《わたし》の仕事《しごと》を支《ささ》えてくれた。

**○にがい【苦い】** 形 ❶こいお茶《ちゃ》やコーヒーなどを飲《の》んだときの味《あじ》だ。例 苦い薬《くすり》。❷おもしろくない。きげんが悪《わる》い。例 苦い顔《かお》。❸つらい。例 苦い経験《けいけん》。⇩く【苦】356ページ

**にがうり【苦瓜】** 名 ⇒ゴーヤ 450ページ

**にがおえ【似顔絵】** 名 ある人《ひと》の顔《かお》に似《に》せてかいた絵《え》。

**にがしたさかなはおおきい【逃がした魚は大きい】** あと少《すこ》しのところで手《て》に入《い》れそこなったものは、実際《じっさい》の値打《ねう》ちよりも、よいものだったように思《おも》われるものだ。

**○にがす【逃がす】** 動 ❶逃《に》げさせる。放《はな》す。例 セミを逃がしてやる。❷逃《に》げられる。つかまえそこなう。例 チャンスを逃がす。⇩とう【逃】904ページ

**○にがて【苦手】** 名 形動 ❶いやな相手《あいて》。例 あの人《ひと》は苦手だ。❷上手《じょうず》でないこと。例 テニスは苦手だ。対 得手《えて》。得意《とくい》。

**にがにがしい【苦苦しい】** 形 非常《ひじょう》にいやな気持《きも》ちがする。不愉快《ふゆかい》だ。例 だまして勝《か》つとは苦々しいことだ。

**にがみ【苦み】** 名 苦《にが》い感《かん》じ。苦《にが》さ。

**にがむしをかみつぶしたよう【苦虫をかみつぶしたよう】** 苦《にが》い虫《むし》をかみつぶしでもしたように、きげんの悪《わる》いようす。例 苦虫をかみつぶしたような、不《ふ》きげんな顔《かお》つき。

**にかよう【似通う】** 動 たがいによく似《に》ている。例 親子《おやこ》は似通った考《かんが》え方《かた》をする。

**にがり** 名 海水《かいすい》から塩《しお》を作《つく》るときにできる苦《にが》い汁《しる》。とうふを作《つく》るときなどに使《つか》う。

**にがりきる【苦り切る】** 動 とても不愉快《ふゆかい》な顔《かお》つきをする。例 苦り切った顔《かお》。

**にがる【苦る】** 動 不愉快《ふゆかい》に思《おも》う。不愉快《ふゆかい》な顔《かお》をする。⇩く【苦】356ページ

**にかわ** 名 動物《どうぶつ》の骨《ほね》や皮《かわ》などをにた液《えき》を、さまして固《かた》めたもの。板《いた》や、竹《たけ》などをくっつけるのに使《つか》う。

**にがわらい【苦笑い】** 名 動-する おこるわけにもいかず、しかたなく笑《わら》うこと。苦笑《くしょう》。例 自分《じぶん》のまちがいに気《き》づいて苦笑いする。

**にきさく【二期作】** 名 同《おな》じ田畑《たはた》に、一年《いちねん》に二回《にかい》同《おな》じ作物《さくもつ》を作《つく》ること。参考 ちがった作《さく》物《もつ》を二回《にかい》作《つく》ることは「二毛作《にもうさく》」という。

**にきび** 名 顔《かお》などにできる、小《ちい》さなふきでもの。若《わか》い人《ひと》にできやすい。

**○にぎやか** 形動 ❶人《ひと》がたくさんいて、活気《かっき》のあるようす。例 にぎやかな町《まち》。対 寂《さび》しい。❷明《あか》るくて陽気《ようき》なようす。例 にぎやかな笑《わら》い声《ごえ》。❸いろいろなものが、たくさん並《なら》んでいるようす。例 にぎやかなテーブル。

**にぎり【握り】** 名 ❶手《て》で握《にぎ》ること。❷手《て》で握《にぎ》った長《なが》さや、太《ふと》さや、量《りょう》。例 ひと握りの砂《すな》。❸手《て》で持《も》つ部分《ぶぶん》。え。例 ドアの握り。❹握《にぎ》りずし。

**にぎりこぶし【握り拳】** 名 固《かた》く握《にぎ》った手《て》のこと。げんこつ。

**にぎりしめる【握り締める】** 動 力《ちから》を入《い》れて握《にぎ》る。例 ハンカチを握り締める。

**にぎりずし【握りずし】** 名 すを入《い》れたご飯《はん》を握《にぎ》り、魚《さかな》や貝《かい》などをのせたもの。握《にぎ》り。

**にぎりつぶす【握り潰す】** 動 ❶固《かた》く握《にぎ》って、つぶす。❷行《おこな》わなければならない計画《けいかく》などを、わざと、そのままにしておく。例 反《はん》対《たい》意《い》見《けん》を握りつぶす。

**にぎりめし【握り飯】** 名 ご飯《はん》を握《にぎ》って固《かた》めたもの。おにぎり。おむすび。

**○にぎる【握る】** 動 ❶手《て》の指《ゆび》を全部《ぜんぶ》、内側《うちがわ》に曲《ま》げる。また、曲《ま》げて物《もの》をつかむ。❷自分《じぶん》のものにする。例 実権《じっけん》を握る。❸知《し》る。例 秘密《ひみつ》を握る。❹ご飯《はん》などを手《て》の中《なか》でかためて、握《にぎ》り飯《めし》や握《にぎ》りずしを作《つく》る。⇩あく【握】12ページ

**○にぎわう** 動 にぎやかになる。人《ひと》が多《おお》く出《で》て、こみ合《あ》う。例 祭《まつ》りでにぎわう。

**にぎわす** 動 にぎやかにする。活気《かっき》のあるようにする。例 新聞《しんぶん》をにぎわした事件《じけん》。

## にく【肉】 画数 6 部首 肉（にく） 2年

筆順 丨 冂 内 内 肉 肉

音 ニク 訓 ―

❶食用《しょくよう》にする、にく。熟語 肉食《にくしょく》。肉牛《にくぎゅう》。牛肉《ぎゅうにく》。魚肉《ぎょにく》。❷体《からだ》の、にく。熟語 筋肉《きんにく》。❸果物《くだもの》などの、やわらかな部分《ぶぶん》。熟語 果肉《かにく》。❹人《ひと》の体《からだ》。熟語 肉体《にくたい》。❺体《からだ》や物《もの》の厚《あつ》み。熟語 中肉《ちゅうにく》。

慣用句 影《かげ》も形《かたち》もない 昔《むかし》ここに城《しろ》があったというが、今《いま》はその影《かげ》も形《かたち》もなくなっている。

中背《ちゅうぜい》。肉太《にくぶと》。❻じかに。そのまま。熟語 肉《にく》眼《がん》。肉声《にくせい》。肉筆《にくひつ》。❼血筋《ちすじ》。熟語 肉親《にくしん》。❽判を押《お》すときにつけるもの。熟語 印肉《いんにく》。朱肉《しゅにく》。

**にく【肉】** 名 ❶牛肉《ぎゅうにく》・豚肉《ぶたにく》・とり肉《にく》など。例 カレー用《よう》の肉。❷動物《どうぶつ》の体《からだ》の中《なか》で、骨《ほね》を包《つつ》んでいるやわらかい部分《ぶぶん》。例 体《からだ》に肉がつく。❸果物《くだもの》などの、皮《かわ》に包《つつ》まれたやわらかい部《ぶ》分《ぶん》。例 種《たね》ばかりで肉が少《すく》ない。❹厚《あつ》み。例 肉の厚《あつ》い葉《は》っぱ。

**◦にくい【憎い】** 形 ❶いやで、しゃくにさわる。かわいらしさがなく、きらいだ。例 憎い敵《てき》。❷しゃくにさわるほど、みごとだ。例 相《あい》手《て》を喜《よろこ》ばせるような憎いことを言《い》う。⇩ぞう【憎】744ページ

**◦にくい** [ある言葉《ことば》のあとにつけて]「することが難《むずか》しい」「なかなかそのようにならない」という意味《いみ》を表《あらわ》す。例 書《か》きにくい。燃《も》えにくい。対 易《やす》い。

**にくがん【肉眼】** 名 眼鏡《めがね》などを使《つか》わないで、じかに物《もの》を見《み》る目《め》。例 肉眼で見《み》える。

**にくぎゅう【肉牛】** 名 食《た》べる肉《にく》を取《と》るために飼《か》う牛《うし》のこと。関連 乳牛《にゅうぎゅう》。役牛《えきぎゅう》。

**にくしみ【憎しみ】** 名 にくいと思《おも》う心《こころ》。例 憎しみをいだく。⇩ぞう【憎】744ページ

**にくしょく【肉食】** 名 ❶動物《どうぶつ》の肉《にく》を食《た》べること。例 肉食動物《どうぶつ》。関連 雑食《ざっしょく》。草食《そうしょく》。❷人《ひと》が、おもに肉類《にくるい》を食べること。対 菜食《さいしょく》。

**にくしん【肉親】** 名 親子《おやこ》・きょうだいなど、血《ち》のつながっている人《ひと》。身内《みうち》。

**にくせい【肉声】** 名 (マイクロホンなどを通《とお》さない)人《ひと》の口《くち》から直接《ちょくせつ》出《で》る声《こえ》。例 魅力《みりょく》的《てき》で美《うつく》しい肉声。

**にくたい【肉体】** 名 生《い》きている人《ひと》の体《からだ》。例 肉体労働《ろうどう》。対 精神《せいしん》。

**にくたいてき【肉体的】** 形動 体《からだ》にかかわるようす。例 歳《とし》のせいか、肉体的な衰《おとろ》えを感《かん》じる。対 精神的《せいしんてき》。

**にくたいろうどう【肉体労働】** 名 主《おも》に体《からだ》を使《つか》ってする労働《ろうどう》。対 頭脳労働《ずのうろうどう》。

**にくたらしい【憎たらしい】** 形 いかにもにくらしい。例 憎たらしいのらねこ。

**にくづき【肉付き】** 名 体《からだ》の肉《にく》のつきぐあい。太《ふと》りぐあい。例 肉づきのいい体《からだ》。

**✤にくづき** 名 漢字《かんじ》の部首《ぶしゅ》で、「へん」の一《ひと》つ。「腹《ふく》」「胸《きょう》」「脳《のう》」「肺《はい》」「脈《みゃく》」などの「月」の部分《ぶぶん》。「肉《にく》」の字《じ》が変化《へんか》したもので、体《からだ》に関係《かんけい》する字《じ》が多《おお》い。参考「服《ふく》」の「月」は「つきへん」。

**にくづけ【肉付け】** 名 動する 骨組《ほねぐ》みに手《て》を加《くわ》えて、内容《ないよう》を豊《ゆた》かにすること。例 細部《さいぶ》を肉付けして計画《けいかく》を具体化《ぐたいか》する。

**にくはく【肉薄・肉迫】** 名 動する すぐ近《ちか》くまでせまること。例 敵陣《てきじん》に肉薄する。

**にくばなれ【肉離れ】** 名 動する はげしい運動《うんどう》をしたときに、筋肉《きんにく》が切《き》れたり裂《さ》けたりすること。例 肉離れを起《お》こす。

**にくひつ【肉筆】** 名 印刷《いんさつ》やコピーをしたものではなく、実際《じっさい》に手《て》でかいた字《じ》や絵《え》。例 肉筆の手紙《てがみ》。

**にくぶと【肉太】** 名 形動 書《か》いた文字《もじ》の線《せん》が太《ふと》いこと。例 肉太の文字《もじ》。

**にくまれぐち【憎まれ口】** 名 人《ひと》ににくまれるような口《くち》のきき方《かた》。また、そういう言《こと》葉《ば》。悪態《あくたい》。例 憎まれ口をたたく。

**にくまれっこよにはばかる【憎まれっ子世《よ》にはばかる】** 人《ひと》からきらわれるような人《ひと》が、世《よ》の中《なか》では、かえってはばをきかせるものだ、という意味《いみ》のことわざ。

**◦にくむ【憎む】** 動 ❶にくいと思《おも》う。きらう。例 不正《ふせい》を憎む。❷ねたむ。そねむ。対(❶・❷)愛《あい》する。⇩ぞう【憎】744ページ

**◦にくらしい【憎らしい】** 形 ❶にくしみを感《かん》じるほどのようす。例 なまいきで憎らしい。❷しゃくにさわるほどすぐれている。例 憎らしいほど歌《うた》がうまい。⇩ぞう【憎】744ページ

**にぐるま【荷車】** 名 荷物《にもつ》を運《はこ》ぶ車《くるま》。人《ひと》・馬《うま》・牛《うし》などが引《ひ》く。

**ニクロムせん【ニクロム線】** 名 ニッケルやクローム・鉄《てつ》などの合金《ごうきん》で作《つく》った線《せん》。電《でん》気《き》を通《とお》すと熱《ねつ》を出《だ》す。参考「ニクロム」は商《しょう》標名《ひょうめい》。

**にげ【逃げ】** 名 逃《に》げること。例 逃げの姿勢《しせい》。

**逃《に》げを打《う》つ** 逃《に》げようとする。例 不利《ふり》にならないように逃げを打つ。

**にげあし【逃げ足】** 名 にげるときの足《あし》どり。例 逃げ足が速《はや》い。

**にげうせる【逃げ失せる】** 動 逃《に》げて姿《すがた》





慣用句 風上《かざかみ》にも置《お》けない　ひきょうなやり方《かた》で勝《か》つなんて、武士《ぶし》の風上《かざかみ》にも置《お》けないやつだ。

が見《み》えなくなる。ゆくえがわからなくなる。例 人《ひと》ごみの中《なか》へ逃げ失せた。

**にげごし**【逃げ腰】名 何《なに》かから、のがれようとする態度《たいど》。例 逃げ腰になる。

**にげこむ**【逃げ込む】動 逃《に》げて、ある場《ば》所《しょ》に入《はい》り込《こ》む。例 ねずみが縁《えん》の下《した》に逃げ込んだ。

**にげだす**【逃げ出す】動 逃《に》げてその場《ば》を去《さ》る。

**にげのびる**【逃げ延びる】動 つかまらないで、遠《とお》くの安全《あんぜん》な所《ところ》までにげきる。例 追《お》っ手《て》から逃げ延びる。

**にげまどう**【逃げ惑う】動 にげようとして、うろうろする。例 火事《かじ》でけむりにまかれ、逃げ惑う。

**にげみち**【逃げ道】名 ❶にげていく道《みち》。例 敵《てき》の逃げ道をふさぐ。❷責任《せきにん》をのがれる方《ほう》法《ほう》。例 失敗《しっぱい》したときの逃げ道を考《かんが》える。

**◦にげる**【逃げる】動 ❶つかまらないように、その場《ば》をはなれる。例 トラがおりから逃げる。❷責任《せきにん》をさける。例 いやな仕事《しごと》から逃げる。

**逃《に》げるが勝《か》ち** ⇩とう【逃】904ページ 無理《むり》に戦《たたか》ったりめんどうなことになったりするよりも、逃《に》げるほうが得《とく》だということ。

**にこごり**【煮こごり】名 魚《さかな》などを煮《に》たしるが冷《ひ》えて固《かた》まったもの。

**にごす**【濁す】動 ❶きれいな水《みず》などをよごして、すき通《とお》らなくする。濁《にご》らせる。対 澄《す》ます。❷あいまいにする。ごまかす。ぼかす。例 言葉《ことば》を濁す。⇩だく【濁】788ページ

**ニコチン**〔英語 nicotine〕名 タバコに含《ふく》まれている物質《ぶっしつ》。苦《にが》みが強《つよ》く、人体《じんたい》に害《がい》がある。

**にこにこ** 副(-と) 動-する うれしそうに、声《こえ》を出《だ》さずに笑《わら》っているようす。例 赤《あか》んぼうがにこにこしている。

**にこみ**【煮込み】名 煮《に》込《こ》んで作《つく》った料《りょう》理《り》。例 煮込みうどん。

**にこむ**【煮込む】動 ❶いろいろな材料《ざいりょう》を、いっしょに煮《に》る。❷時間《じかん》をかけてよく煮《に》る。例 肉《にく》をじっくり煮込む。

**にこやか** 形動 にこにこして、優《やさ》しいようす。例 にこやかに出《で》かける。

**にごり**【濁り】名 ❶にごっていること。例 濁りのない、清《きよ》らかな目《め》。❷かな文《も》字《じ》に付《つ》ける濁点《だくてん》。

**◦にごる**【濁る】動 ❶混《ま》じり物《もの》があって、すんでいない。よごれる。例 水《みず》が濁っている。❷けがれる。悪《わる》くなる。例 心《こころ》が濁る。❸濁音《だくおん》で読《よ》む。例「が」は「か」の濁った音《おん》だ。対（❶〜❸）澄《す》む。⇩だく【濁】788ページ

**にさんかたんそ**【二酸化炭素】名 炭《たん》素《そ》と酸《さん》素《そ》の化合物《かごうぶつ》で、色《いろ》もにおいもない気体《きたい》。炭火《すみび》の燃《も》えるときなどに発生《はっせい》し、人《ひと》のはく息《いき》の中《なか》にもふくまれている。ドライアイス・ソーダ水《すい》などに使《つか》われる。炭酸《たんさん》ガス。記号《きごう》は「$CO_2$《シーオーツー》」。参考 温室効果《おんしつこうか》によって地《ち》球温暖《きゅうおんだん》化《か》の原因《げんいん》となるといわれる。⬇おんしつこうか185ページ／ちきゅうおんだんか823ページ

**にさんかマンガン**【二酸化マンガン】名 マンガンと酸《さん》素《そ》の化合物《かごうぶつ》で、黒《こく》色《しょく》の粉《こな》。マッチ・花火《はなび》・乾電池《かんでんち》などに使《つか》われる。

**◦にし**【西】名 太陽《たいよう》がしずむ方角《ほうがく》。例 西日《び》。対 東《ひがし》。関連 東《ひがし》。南《みなみ》。北《きた》。⇩せい【西】698ページ

**西《にし》も東《ひがし》も分《わ》からない** ❶どこに何《なに》があるかが全《まった》くわからない。例 転校《てんこう》してきたばかりで、西も東もわからない。❷ものごとに慣《な》れていない。

---

# にじ【虹】 画数 9 部首 虫(むしへん)

音 ―― 訓 にじ

空《そら》にかかる、にじ。

**にじ**【虹】名 夕立《ゆうだち》などのあと、空《そら》に現《あらわ》れる、弓形《ゆみがた》で七色《なないろ》(=赤《あか》・だいだい・黄《き》・緑《みどり》・青《あお》・あい・むらさき)の光《ひかり》の帯《おび》。空気中《くうきちゅう》の小《ちい》さな水《みず》のつぶに、日光《にっこう》が当《あ》たってできる。例 虹が立《た》つ。

**にしかぜ**【西風】名 西《にし》から吹《ふ》いてくる風《かぜ》。

**にしき**【錦】名 ❶絹《きぬ》地《じ》に、金銀《きんぎん》などの色《いろ》のついた糸《いと》で模様《もよう》をつけた、地《じ》の厚《あつ》い織物《おりもの》。❷色《いろ》や模《も》様《よう》の美《うつく》しいもののたとえ。例 もみじのにしき。⇩きん【錦】351ページ

**錦《にしき》を飾《かざ》る** りっぱに成功《せいこう》して、生《う》まれた所《ところ》へ帰《かえ》る。例 故郷《こきょう》に錦を飾る。

**にしきえ**【錦絵】名 多《た》色《しょく》刷《ず》りの浮世絵《うきよえ》の版画《はんが》。喜《き》多《た》川《がわ》歌《うた》麿《まろ》、葛飾北斎《かつしかほくさい》などが有名《ゆうめい》。

**にしきへび**【錦蛇】名 熱帯《ねったい》地《ち》方《ほう》にすむヘビ。多《おお》くの種類《しゅるい》があるが、最大《さいだい》のものは全《ぜん》

慣用句 かさに着《き》る 父親《ちちおや》が有名《ゆうめい》なのをかさに着《き》ていばるなんて、いやなやつだ。

長《ちょう》一〇メートルにもなる。黄《き》色《いろ》の体《からだ》に茶《ちゃ》色《いろ》や黒《こく》色《しょく》の模《も》様《よう》がある種《しゅ》が多《おお》い。毒《どく》はない。

**にじげん【二次元】** 名 縦《たて》と横《よこ》の二《ふた》つの方《ほう》向《こう》へのひろがりをもつ、平《へい》面《めん》の空《くう》間《かん》。

**にしじんおり【西陣織】** 名 京《きょう》都《と》市《し》の西《にし》陣《じん》で織《お》っている高《こう》級《きゅう》な絹《きぬ》織《おり》物《もの》。

**にしにほん【西日本】** 名 日《にっ》本《ぽん》列《れっ》島《とう》の西《にし》半《はん》分《ぶん》。

**にしはんきゅう【西半球】** 名 地《ち》球《きゅう》の西《にし》側《がわ》の半《はん》分《ぶん》。北《きた》アメリカ・南《みなみ》アメリカなどがある。対 東《ひがし》半《はん》球《きゅう》。参考 ふつう〇度《ど》から西《せい》経《けい》一八〇度《ど》までの地《ち》域《いき》をさすが、西《せい》経《けい》二〇度《ど》から西《にし》、東《とう》経《けい》一六〇度《ど》から東《ひがし》とする説《せつ》もある。

**にしび【西日】** 名 西《にし》にしずみかけている太《たい》陽《よう》の光《ひかり》。例 西日が強《つよ》い。

**にじます【虹鱒】** 名 サケの仲《なか》間《ま》の魚《さかな》。体《からだ》にもも色《いろ》の線《せん》がある。養《よう》殖《しょく》もする。

**にじみでる【にじみ出る】** 動 ❶(色《いろ》・水《みず》・油《あぶら》などが)しみて、表《ひょう》面《めん》に出《て》る。例 あせがにじみ出る。❷自《し》然《ぜん》に現《あらわ》れる。例 苦《く》労《ろう》がにじみ出た顔《かお》。

∘**にじむ** 動 ❶(色《いろ》が)しみて広《ひろ》がる。例 インクがにじむ。❷(涙《なみだ》や、あせ・血《ち》が)うっすらと出《て》る。例 目《め》に涙《なみだ》がにじむ。❸表《ひょう》情《じょう》などに表《あらわ》れる。例 話《はな》す声《こえ》にも苦《く》労《ろう》がにじむ。

■**にしゃたくいつ【二者択一】** 名 二《ふた》つのうち、一《ひと》つだけを選《えら》ぶこと。例 二者択一をせまられる。

**にじゅう【二重】** 名 二《ふた》つ重《かさ》ねること。ふたえ。例 二重丸《まる》。

**にじゅういっせいき【二十一世紀】** 名 西《せい》暦《れき》二〇〇一年《ねん》から二一〇〇年《ねん》までの百《ひゃく》年《ねん》間《かん》。

**にじゅうかぎ【二重かぎ】** 名 ふたえかぎ。⬇ふろく(11ページ)

**にじゅうしせっき【二十四節気】** 名 太《たい》陽《よう》の位《い》置《ち》によって、一《いち》年《ねん》を二《に》十《じゅう》四《し》に分《わ》け、季《き》節《せつ》の移《うつ》り変《か》わりを知《し》る目《め》安《やす》としたもの。たとえば、春《しゅん》分《ぶん》、夏《げ》至《し》、立《りっ》秋《しゅう》、大《だい》寒《かん》など。

**にじゅうしょう【二重唱】** 名〔音《おん》楽《がく》で〕二《ふた》人《り》で、高《こう》音《おん》部《ぶ》と低《てい》音《おん》部《ぶ》に分《わ》かれて歌《うた》うこと。デュエット。

**にじゅうじんかく【二重人格】** 名 同《おな》じ人《ひと》が、場《ば》合《あい》によって別《べつ》の人《ひと》のようにふるまうこと。また、そういう性《せい》格《かく》。

✤**にじゅうひてい【二重否定】** 名〔国《こく》語《ご》で〕打《う》ち消《け》しの言《こと》葉《ば》を二《に》回《かい》重《かさ》ねて、ぎゃくに肯《こう》定《てい》の意《い》味《み》を表《あらわ》す言《い》い方《かた》。「足《た》りなくはない」「思《おも》わないはずがない」など。

**にじょう【二乗】** 名 動-する〔算《さん》数《すう》で〕同《おな》じ数《かず》を二《に》回《かい》かけ合《あ》わせること。例《たと》えば、3の二《に》乗《じょう》は3×3で、$3^2$と書《か》く。自《じ》乗《じょう》。

**にじりよる【にじり寄る】** 動 すわったままで、ひざを動《うご》かして近《ちか》づく。例 窓《まど》のそばににじり寄る。

**にしん** 名 北《きた》の海《うみ》にすむ魚《さかな》。卵《たまご》は、「かずのこ」という。⬇かんりゅうぎょ 288ページ

**ニス** 名〔英《えい》語《ご》の「ワニス」の略《りゃく》。〕木《き》のやにを、アルコールでとかしたもの。木《き》の家《か》具《ぐ》などにぬってつやを出《だ》し、よごれたりしめったりするのをふせぐ。

✤**にすい** 名 漢《かん》字《じ》の部《ぶ》首《しゅ》で、「へん」の一《ひと》つ。「冷《れい》」「凍《とう》」などの「冫」の部《ぶ》分《ぶん》。

**にせ【偽】** 名 本《ほん》物《もの》に似《に》せて作《つく》ること。また、作《つく》ったもの。例 偽札《さつ》。⬇ぎ【偽】296ページ

**にせい【二世】** 名 ❶同《おな》じ名《な》前《まえ》の二《に》代《だい》目《め》。例 エリザベス二世。❷移《い》民《みん》した人《ひと》の子《こ》で、その国《くに》の市《し》民《みん》権《けん》を持《も》つ人《ひと》。例 日《にっ》系《けい》二世。❸親《おや》にとっての子《こ》ども。あとつぎ。例 二世誕《たん》生《じょう》。

∘**にせもの【偽物】** 名 本《ほん》物《もの》に似《に》せて作《つく》った物《もの》。例 まっかな偽物。偽物が出《て》回《まわ》っている。対 本《ほん》物《もの》。

**にせもの【偽者】** 名 その人《ひと》のように見《み》せかけた別《べつ》の人《ひと》。また、身《み》分《ぶん》や職《しょく》業《ぎょう》をごまかしている人《ひと》。例 偽者の医《い》者《しゃ》。

**にせる【似せる】** 動 似《に》るようにする。まねをする。例 声《こえ》を似せる。

■**にそくさんもん【二束三文】** 名 たくさんあっても、安《やす》い値《ね》段《だん》にしかならないこと。参考 昔《むかし》、ぞうりを、二《に》束《そく》〔＝二《に》足《そく》〕で三《さん》文《もん》という安《やす》さで売《う》ったことからいう。

**にそくのわらじをはく【二足のわらじを履く】** 二《ふた》つの仕《し》事《ごと》を、同《どう》時《じ》にすることのたとえ。例 父《ちち》は会《かい》社《しゃ》員《いん》と画《が》家《か》という、二足のわらじを履いている。

**にだい【荷台】** 名 トラックや自《じ》転《てん》車《しゃ》などの、荷《に》物《もつ》を乗《の》せる所《ところ》。





慣用句 かじを取《と》る　クラス全《ぜん》体《たい》の意《い》見《けん》がうまくまとまるように、かじを取《と》る役《やく》目《め》を任《まか》された。

**にたき【煮。炊き。】** 名 動-する 食《た》べ物《もの》を煮《に》たり炊《た》いたりすること。炊事《すいじ》。 例 なべ一《ひと》つで煮炊きする。

**にたりよったり【似たり寄ったり】** あまりちがわないようす。 例 どの店《みせ》の品物《しなもの》も似たり寄ったりだ。

**にち【日】** 画数 4 部首 日(ひ) 1年
音 ニチ ジツ 訓 ひ か

筆順
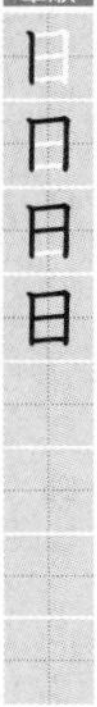

❶ひ。暦《こよみ》の上《うえ》の一日《いちにち》。日《にち》。曜日《ようび》。 例 二百十日《にひゃくとおか》。 熟語 日常《にちじょう》。平日《へいじつ》。毎《まい》日。 ❷太陽《たいよう》。 熟語 日没《にちぼつ》。日光《にっこう》。落日《らくじつ》。朝日《あさひ》。 ❸昼《ひる》。 熟語 日夜《にちや》。 ❹「日《にっ》本《ぽん》」の略《りゃく》。 熟語 日米《にちべい》〔=日本《にっぽん》とアメリカ〕。来《らい》日《にち》。 ❺「日曜《にちよう》」の略《りゃく》。 例 土日《どにち》。

**にちぎん【日銀】** 名 ↓にっぽんぎんこう 989ページ

**にちげつ【日月】** 名 〔「じつげつ」ともいう。〕 ❶太陽《たいよう》と月《つき》。 ❷月日《つきひ》。年月《ねんげつ》。

**にちげん【日限】** 名 前《まえ》もって、いつまでと決《き》められた日《ひ》。また、決《き》められた日数《にっすう》。 例 日限を切《き》って募《ぼ》集《しゅう》する。

**にちじ【日時】** 名 日《ひ》と時刻《じこく》。 例 次《つぎ》の会議《かいぎ》の日時を知《し》らせる。

**にちじょう【日常】** 名 ふだん。いつも。毎《まい》日《にち》。 例 日常の行《おこな》い。

**にちじょうさはんじ【日常茶△飯事】** 名 毎日《まいにち》の食事《しょくじ》のように、ごくありふれた、めずらしくないこと。 例 この道路《どうろ》が混《こ》むのは日常茶飯事だ。

**にちじょうせいかつ【日常生活】** 名 ふだんの生活《せいかつ》。毎日《まいにち》の暮《く》らし。 例 スターの日常生活を追《お》った番組《ばんぐみ》。

**にちじょうてき【日常的】** 形動 ふだんどおりのようす。 例 日常的に音楽《おんがく》に接《せっ》してきた。

**にちべいあんぜんほしょうじょうやく【日米安全保障条約】** 名 一九五一年《ねん》に日本《にっぽん》とアメリカとの間《あいだ》で結《むす》ばれた条約《じょうやく》。アメリカ軍《ぐん》が日本《にっぽん》にとどまることなどを決《き》めた。一九六〇年《ねん》に改定《かいてい》された。安保条約《あんぼじょうやく》。

**にちべいわしんじょうやく【日米和親条約】** 名 一八五四年《ねん》、江戸幕府《えどばくふ》がアメリカのペリーと結《むす》んだ条約《じょうやく》。日本《にっぽん》が鎖国《さこく》をやめる第一段階《だいいちだんかい》となった。

**にちぼつ【日没。】** 名 太陽《たいよう》が西《にし》にしずむこと。日《ひ》の入《い》り。

**にちや【日夜】** 名 副 昼《ひる》も夜《よる》も。いつも。 例 日夜、努力《どりょく》を続《つづ》ける。

**°にちよう【日曜】** 名 週《しゅう》の第一日《だいいちにち》。日曜日《にちようび》。

**にちようだいく【日曜大工】** 名 日曜日《にちようび》などの休日《きゅうじつ》に、自分《じぶん》の家庭《かてい》で大工仕事《だいくしごと》をすること。また、その人《ひと》。DIY《ディーアイワイ》。

**にちようひん【日用品】** 名 家庭《かてい》でふだん使《つか》う品物《しなもの》。タオル・ちり紙《がみ》など。 類 雑貨《ざっか》。

**にちれん【日蓮】**〘人名〙(男)(一二二二〜一二八二)鎌倉時代《かまくらじだい》のお坊《ぼう》さん。法華経《ほけきょう》をもとに日蓮宗《にちれんしゅう》を開《ひら》いた。

**にちろせんそう【日露。戦争】** 名 一九〇四年《ねん》から一九〇五年《ねん》にかけて、日本《にっぽん》とロシアとの間《あいだ》に起《お》こった戦争《せんそう》。

**にっか【日課】** 名 毎日《まいにち》決《き》まってする仕事《しごと》。 例 ふろ掃除《そうじ》がわたしの日課だ。

**にっかわしい【似つかわしい】** 形 ふさわしい。似合《にあ》っている。 例 表彰式《ひょうしょうしき》に似つかわしい服装《ふくそう》。

**にっかん【日刊】** 名 毎日《まいにち》発行《はっこう》すること。 関連 週刊《しゅうかん》。旬刊《じゅんかん》。月刊《げっかん》。季刊《きかん》。年刊《ねんかん》。

**✤°にっき【日記】** 名 毎日《まいにち》、その日《ひ》の出来事《できごと》や、感《かん》じたことなどを書《か》いておくもの。 例 絵《え》日記。 類 日誌《にっし》。

**にっきちょう【日記帳】** 名 日記《にっき》をつけるノート。ダイアリー。

**にっきゅう【日給】** 名 一日《いちにち》いくらと決《き》められた給料《きゅうりょう》。

**ニックネーム**〔英語 nickname〕 名 あだ名《な》。愛称《あいしょう》。 例 マスコットのニックネームを募《ぼ》集《しゅう》する。

**にづくり【荷造り】** 名 動-する 送《おく》ったり運《はこ》んだりするために、荷物《にもつ》を包《つつ》んだりゆわえたりすること。 例 引《ひ》っ越《こ》しのために、荷造りをする。

**につけ【煮。付け】** 名 魚《さかな》などを、汁《しる》で煮《に》た食《た》べ物《もの》。 例 魚《さかな》の煮つけ。

**にっけい【日系】** 名 日本人《にほんじん》の血筋《ちすじ》を引《ひ》いて

慣用句 風《かぜ》の便《たよ》り　転校《てんこう》していった山田君《やまだくん》が、向《む》こうでも大活躍《だいかつやく》していると、風《かぜ》の便《たよ》りに聞《き》いた。

いること。例 日系《にっけい》ブラジル人《じん》。

**ニッケル**〔英語 nickel〕名 金属《きんぞく》の一《ひと》つ。白《しろ》いつやがあり、銀《ぎん》に似《に》ている。

°**にっこう**【日光】名 太陽《たいよう》の光《ひかり》。陽光《ようこう》。

**にっこうかいどう**【日光街道《かいどう》】名 江戸《えど》時代《じだい》の五街道《ごかいどう》の一《ひと》つ。江戸《えど》〔=今《いま》の東京《とうきょう》〕から栃木県《とちぎけん》の日光《にっこう》に通《つう》じる。⇩ごかいどう 451ページ

**にっこうこくりつこうえん**〔日光国立公園〕地名 福島《ふくしま》・栃木《とちぎ》・群馬《ぐんま》の三県《さんけん》にまたがる国立公園《こくりつこうえん》。中禅寺湖《ちゅうぜんじこ》・華厳滝《けごんのたき》・男体山《なんたいさん》・那須高原《なすこうげん》などがある。⇩こくりつこうえん 457ページ

**にっこうしょうどく**【日光消毒】名 動-する 日光《にっこう》に当《あ》てて、ばいきんを殺《ころ》すこと。

**にっこうよく**【日光浴】名 動-する 健康《けんこう》のために、日光《にっこう》を体《からだ》に浴《あ》びること。例 浜辺《はまべ》で日光浴する。

**にっこり** 副(-と) 動-する 声《こえ》を出《だ》さないで、明《あか》るい笑顔《えがお》を作《つく》るようす。例 思《おも》わずにっこりとほほえんだ。

**にっさん**【日参】名 動-する ❶神社《じんじゃ》や寺《てら》に毎日《まいにち》お参《まい》りすること。❷同《おな》じ所《ところ》に毎日《まいにち》通《かよ》うこと。例 プールに日参する。

**にっさん**【日産】名 工場《こうじょう》などで、一日《いちにち》に作《つく》り出《だ》す品物《しなもの》の数量《すうりょう》。関連 月産《げっさん》。年産《ねんさん》。

**にっし**【日誌】名 学校《がっこう》や団体《だんたい》などで、毎日《まいにち》のできごとや、したことなどを書《か》き記《しる》しておくもの。例 学級《がっきゅう》日誌。類 日記《にっき》。

**にっしゃびょう**【日射病】名 夏《なつ》の強《つよ》い日光《にっこう》に、長《なが》く照《て》らされたときに起《お》こる病気《びょうき》。めまいやけいれんが起《お》きたりする。熱射病《ねっしゃびょう》の一《ひと》つ。

**にっしょう**【日照】名 太陽《たいよう》が地上《ちじょう》を照《て》らすこと。例 日照がいい部屋《へや》。

**にっしょうき**【日章旗】名 日本《にっぽん》の国旗《こっき》である「日《ひ》の丸《まる》」の旗《はた》。

**にっしょうけん**【日照権】名 日光《にっこう》が、自分《じぶん》の家《いえ》に当《あ》たるのを確保《かくほ》する権利《けんり》。

**にっしょうじかん**【日照時間】名 一日《いちにち》のうちで、太陽《たいよう》が地上《ちじょう》を照《て》らしている時間《じかん》。

**にっしょく**【日食】名 月《つき》が、太陽《たいよう》と地球《ちきゅう》の間《あいだ》にきて、太陽《たいよう》の光《ひかり》をさえぎり、太陽の一部《いちぶ》〔=部分《ぶぶん》日食《にっしょく》〕または全部《ぜんぶ》〔=皆既日食《かいきにっしょく》〕をかくすこと。対 月食《げっしょく》。

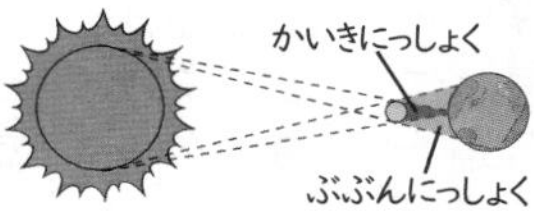

〔にっしょく〕

■**にっしんげっぽ**【日進月歩】名 動-する 日《ひ》ごと月《つき》ごとに、どんどん進歩《しんぽ》すること。例 科学技術《かがくぎじゅつ》は日進月歩している。

**にっしんせんそう**【日清戦争】名 一八九四年《ねん》から一八九五年《ねん》にかけて、日本《にっぽん》と清《しん》〔=中国《ちゅうごく》〕との間《あいだ》に起《お》こった戦争《せんそう》。

**にっすう**【日数】名 日《ひ》かず。例 欠席《けっせき》日数。

**にっちもさっちもいかない** どうにも動《うご》きがとれない。例 お金《かね》がなくて、にっちもさっちもいかない。

**にっちゅう**【日中】名 ❶日《ひ》の照《て》っているうち。昼間《ひるま》。例 日中の温度《おんど》。❷日本《にっぽん》と中国《ちゅうごく》。例 日中友好《ゆうこう》。

**にっちゅうせんそう**【日中戦争】名 一九三七年《ねん》に始《はじ》まった日本《にっぽん》と中国《ちゅうごく》との戦争《せんそう》。一九四一年《ねん》に太平洋戦争《たいへいようせんそう》へと広《ひろ》がり、一九四五年《ねん》、日本《にっぽん》の敗戦《はいせん》で終《お》わった。

**にっちょく**【日直】名 学校《がっこう》などでかわるがわるする、その日《ひ》の当番《とうばん》。また、当番《とうばん》の人《ひと》。対 宿直《しゅくちょく》。

**にってい**【日程】名 ❶前《まえ》もって決《き》めた、その日《ひ》の仕事《しごと》の計画《けいかく》。例 土曜日《どようび》の日程。❷旅行《りょこう》などのその日《ひ》その日《ひ》の予定《よてい》。日取《ひど》り。スケジュール。例 旅行《りょこう》の日程。

**ニット**〔英語 knit〕名 毛糸《けいと》などを編《あ》んで作《つく》った布地《ぬのじ》。例 ニットの帽子《ぼうし》。

**にっとう**【日当】名 一日《いちにち》ごとに支払《しはら》われる手当《てあて》。

°**にっぽん**〔日本〕地名 〔「にほん」ともいう。〕わが国《くに》の名《な》。アジアの東《ひがし》のはしにある島国《しまぐに》。面積《めんせき》約《やく》三七万《まん》八千平方《せんへいほう》キロメートル。人口《じんこう》約《やく》一億《いちおく》二千万人《にせんまんにん》。首都《しゅと》は東京《とうきょう》。

**にっぽんぎんこう**【日本銀行】名 日本《にっぽん》の金融《きんゆう》の中心《ちゅうしん》となる銀行《ぎんこう》。紙幣《しへい》を発行《はっこう》し、ふつうの銀行《ぎんこう》にお金《かね》を貸《か》し出《だ》す。日銀《にちぎん》。

**につまる**【煮詰まる】動 ❶煮《に》えて、水分《すいぶん》がなくなる。例 煮物《にもの》が煮詰まる。❷問題《もんだい》などが解決《かいけつ》に近《ちか》づく。例 話《はなし》が煮詰まる。

**につめる**【煮詰める】動 ❶水分《すいぶん》がなくなるまで、よく煮《に》る。例 トマトを煮詰める。



慣用句 かたずをのむ 大水《おおみず》で流《なが》された人《ひと》を助《たす》け出《だ》すシーンを、かたずをのんで見《み》ていた。

❷相談《そうだん》などを、解決《かいけつ》に近《ちか》づける。例 そろそろ話《はなし》を煮詰めよう。

**にて** 助〔「で」の古《ふる》い言《い》い方《かた》。〕❶場所《ばしょ》を表《あらわ》す。例 体育館《たいいくかん》にて式《しき》を行《おこな》います。❷原因《げんいん》を表《あらわ》す。例 かぜにて欠席《けっせき》します。❸手段《しゅだん》を表《あらわ》す。例 バスにて参《まい》ります。

**にてもにつかない【似ても似つかない】** 少《すこ》しも似《に》ていない。まるでちがっている。例 兄弟《きょうだい》なのに、似ても似つかない。

**にてもやいてもくえない【煮ても焼いても食えない】** どうしようもない。手《て》に負《お》えない。例 おまえは、煮ても焼いても食えないやつだ。

■**にてんさんてん【二転三転】** 名 動-する ものごとが何度《なんど》もころころ変《か》わること。例 試合《しあい》の形勢《けいせい》が二転三転する。

**にどあることはさんどある【二度あることは三度ある】** ものごとは何度《なんど》もくり返《かえ》されるものだ。

**にとうへんさんかくけい【二等辺三角形】** 名〔算数《さんすう》で〕二《ふた》つの辺《へん》が同《おな》じ長《なが》さの三角形《さんかくけい》。⬇さんかくけい 528ページ

**にどでま【二度手間】** 名 一度《いちど》ですむことに、もう一度《いちど》手間《てま》をかけること。例 二度手間にならないように、きちんと掃除《そうじ》しよう。

**にとべ いなぞう〘新渡戸稲造〙** 人名（男）（一八六二～一九三三）思想家《しそうか》・教育者《きょういくしゃ》。クラークに学《まな》び、教育者《きょういくしゃ》として活躍《かつやく》した。国際連盟《こくさいれんめい》の事務局次長《じむきょくじちょう》を務《つと》め、国際平和《こくさいへいわ》のためにつくした。

**にとをおうものはいっとをもえず【二兎を追う者は一兎をも得ず】**〔ウサギ（＝兎《と》）を二《に》ひき一度《いちど》につかまえようとすると、かえって一《いっ》ぴきもつかまえられないように〕同時《どうじ》に二《ふた》つの事《こと》をしようとすると、結局《けっきょく》どちらもうまくいかないこと。類 あぶはち取《と》らず。

**にないて【担い手】** 名 中心《ちゅうしん》になってものごとを進《すす》める人《ひと》。例 新《あたら》しい政治《せいじ》の担い手。

**になう【担う】** 動 ❶かつぐ。背負《せお》う。例 米《こめ》俵《だわら》を担う。❷受《う》け持《も》つ。引《ひ》き受《う》ける。例 責任《せきにん》を担う。⬇たん【担】810ページ

■**ににんさんきゃく【二人三脚】** 名 ❶二人《ふたり》一組《ひとくみ》で横《よこ》に並《なら》び、たがいに内側《うちがわ》の足《あし》をしばって走《はし》る競技《きょうぎ》。❷二人《ふたり》で力《ちから》を合《あ》わせて、ものごとに当《あ》たること。例 二人三脚で難題《なんだい》に取《と》り組《く》む。

✤**ににんしょう【二人称】** 名〔国語《こくご》で〕話《はな》しかける相手《あいて》を指《さ》す言葉《ことば》。「あなた」「あなたがた」「きみ」「きみたち」など。関連 一人称《いちにんしょう》。三人称《さんにんしょう》。

**にねんそう【二年草】** 名 秋《あき》に芽《め》が出《で》て冬《ふゆ》をこし、春《はる》に花《はな》や実《み》をつけてかれる植物《しょくぶつ》。発芽《が》してからかれるまで、足《あし》かけ二年《にねん》かかることからいう。ハコベ、オオイヌノフグリ、オオムギなど。越年草《えつねんそう》。関連 一年草《いちねんそう》。多年草《たねんそう》。

**にのあしをふむ【二の足を踏む】**〔第《だい》一歩《いっぽ》は進《すす》めるが、第二歩《だいにほ》めで足踏《あしぶ》みすることから〕ためらう。しりごみする。例 いざ実行《じっこう》となると、二の足を踏む。

**にのうで【二の腕】** 名 肩《かた》からひじまでの間《あいだ》の部分《ぶぶん》。

**にのくがつげない【二の句が継げない】** おどろいたり、あきれたりして、次《つぎ》の言葉《ことば》が出《で》てこない。例 あまりのずうずうしさに、二の句が継げなかった。

**にのつぎ【二の次】** 名 二番《にばん》め。あと回《まわ》し。例 勉強《べんきょう》は二の次にして遊《あそ》んでいる。

**にのまい【二の舞】** 名 他《ほか》の人《ひと》と同《おな》じような失敗《しっぱい》を、自分《じぶん》もくり返《かえ》すこと。例 兄《あに》の二の舞を演《えん》じる。

**にのみや そんとく〘二宮尊徳〙** 人名（男）（一七八七～一八五六）江戸《えど》時代《じだい》終《お》わりごろの人《ひと》。通称《つうしょう》は金次郎《きんじろう》。相模《さがみ》（＝今《いま》の神奈川《かながわ》県《けん》）の人《ひと》。倹約《けんやく》をすすめ、農民《のうみん》を指導《しどう》した。

**にばしゃ【荷馬車】** 名 馬《うま》に引《ひ》かせて荷物《にもつ》を運《はこ》ぶ車《くるま》。

**にばんせんじ【二番煎じ】** 名〔一度《いちど》煎《せん》じたお茶《ちゃ》をもう一度《いちど》煎《せん》じることから〕同《おな》じことのくり返《かえ》しで、新《あたら》しい感《かん》じのしないこと。例 二番煎じのギャグ。

**にひゃくとおか【二百十日】** 名 立春《りっしゅん》から数《かぞ》えて、二一〇日《にち》めの日《ひ》。九月《くがつ》一日《ついたち》ごろに当《あ》たり、よく台風《たいふう》が来《く》る。

°**にぶい【鈍い】** 形 ❶よく切《き》れない。例 切《き》れ味《あじ》が鈍い。❷すばしこくない。のろい。例 か

慣用句 型《かた》にはまる　式《しき》となると、型《かた》にはまった挨拶《あいさつ》が多《おお》くて、聞《き》いていてもいやになる。

んが鈍い。[対]（❶・❷）するどい。❸色《いろ》がにごっている。[例]鈍い色《いろ》。⇩どん【鈍】955ページ

**にぶがっしょう【二部合唱】**[名]〔音楽《おんがく》で〕高音部《こうおんぶ》と低音部《ていおんぶ》とに分《わ》かれて、声《こえ》を合《あ》わせて歌《うた》うこと。

**にふだ【荷札】**[名]あて先《さき》や、送《おく》る相手《あいて》の名《な》前《まえ》を書《か》いて、荷物《にもつ》に付《つ》ける札《ふだ》。

**◦にぶる【鈍る】**[動]❶するどさがなくなる。[例]はさみの切《き》れ味《あじ》が鈍る。❷腕前《うでまえ》が下《さ》がる。[例]剣道《けんどう》の腕《うで》が鈍る。❸勢《いきお》いが弱《よわ》くなる。[例]決心《けっしん》が鈍る。⇩どん【鈍】955ページ

**にぶん【二分】**[名][動する]二《ふた》つに分《わ》けること。[例]天下《てんか》を二分する争《あらそ》い。

**にべもない** まったく愛想《あいそ》がない。[例]頼《たの》んでみたが、にべもなく断《ことわ》られた。

**にぼし【煮干し】**[名]小《ちい》さなイワシを煮《に》て干《ほ》したもの。だし汁《じる》を取《と》るのに使《つか》う。

**◦にほん【日本】**[地名]↓にっぽん 989ページ

**にほんアルプス〖日本アルプス〗**[地名]中部地方《ちゅうぶちほう》の飛驒《ひだ》・木曽《きそ》・赤石《あかいし》の三《みっ》つの山脈《さんみゃく》に、ヨーロッパのアルプスをまねてつけた名《な》。それぞれを北《きた》アルプス・中央《ちゅうおう》アルプス・南《みなみ》アルプスともいう。

**にほんが【日本画】**[名]昔《むかし》から日本《にっぽん》に伝《つた》わっている方法《ほうほう》でかいた絵《え》。おもに、紙《かみ》や絹《きぬ》に、毛筆《もうひつ》でかく。邦画《ほうが》。[対]洋画《ようが》。

**にほんかい〖日本海〗**[地名]アジア大陸《たいりく》の東《ひがし》と日本列島《にほんれっとう》にはさまれた海《うみ》。

**にほんかいがわきこう【日本海側気候】**[名]日本海側《にほんかいがわ》の気候《きこう》のこと。冬《ふゆ》は、北西《ほくせい》の季節風《きせつふう》のため、雪《ゆき》が多《おお》い。夏《なつ》は、太平洋側《たいへいようがわ》より雨《あめ》は少《すく》ないが、湿度《しつど》は高《たか》く暑《あつ》い。

**にほんかいこう〖日本海溝〗**[地名]北海道《ほっかいどう》の南部《なんぶ》から相模湾《さがみわん》のおきまで、太平洋《たいへいよう》の海底《かいてい》に細長《ほそなが》くできている深《ふか》い部分《ぶぶん》。いちばん深《ふか》い所《ところ》は八〇〇〇メートルをこえる。

**にほんかいりゅう【日本海流】**[名]↓くろしお 382ページ

**にほんきろく【日本記録】**[名]日本《にっぽん》でいちばんすぐれた記録《きろく》。[例]十五年《じゅうごねん》ぶりに日本記録が更新《こうしん》された。

**にほんぎんこう【日本銀行】**[名]↓にっぽんぎんこう 989ページ

**◦にほんご【日本語】**[名]日本人《にほんじん》が昔《むかし》から使《つか》い、今《いま》も使《つか》っている言葉《ことば》。にっぽんご。

**にほんこくけんぽう【日本国憲法】**[名]日本《にっぽん》の現在《げんざい》の憲法《けんぽう》。一九四六年十一月三日《じゅういちがつみっか》に公布《こうふ》、一九四七年《ねん》の五月三日《ごがつみっか》から用《もち》いられている。国《くに》を治《おさ》める権利《けんり》が国民《こくみん》にあること、戦争《せんそう》を永久《えいきゅう》にしないこと、一人一人《ひとりひとり》の人間《にんげん》としての権利《けんり》を重《おも》んじること、などが決《き》められている。

**にほんざる【日本猿】**[名]日本特産《にっぽんとくさん》のサルで、北海道《ほっかいどう》を除《のぞ》く日本《にっぽん》の各地《かくち》に群《む》れを作《つく》ってすむ。

**にほんさんぎょうきかく【日本産業規格】**[名]↓ジスマーク 557ページ

**にほんさんけい【日本三景】**[名]日本《にっぽん》で、もっとも景色《けしき》がよいといわれる、三《みっ》つの場所《ばしょ》。宮城県《みやぎけん》の松島《まつしま》、京都府《きょうとふ》の天橋立《あまのはしだて》、広島県《ひろしまけん》の宮島《みやじま》。

**にほんし【日本史】**[名]日本《にっぽん》の歴史《れきし》。

**にほんし【日本紙】**[名]↓わし（和紙）1424ページ

**にほんしゅ【日本酒】**[名]米《こめ》から造《つく》る、日《にっ》本特有《ぽんとくゆう》の酒《さけ》。清酒《せいしゅ》。

**にほんしょき〖日本書紀〗**[作品名]奈良《なら》時代《じだい》、天皇《てんのう》の命令《めいれい》により舎人親王《とねりしんのう》らによって作《つく》られた正式《せいしき》な歴史《れきし》の本《ほん》。漢文《かんぶん》で書《か》かれている。

**にほんとう【日本刀】**[名]日本《にっぽん》の伝統的《でんとうてき》な作《つく》り方《かた》で作《つく》られた刀《かたな》。

**にほんのうえん【日本脳炎】**[名]感染症《かんせんしょう》の一《ひと》つ。カが運《はこ》ぶウイルスによって起《お》こる。高《たか》い熱《ねつ》が出《で》る。

**にほんのうりんきかく【日本農林規格】**[名]↓ジャスマーク 587ページ

**にほんばれ【日本晴れ】**[名]雲一《くもひと》つないほどよく晴《は》れた空《そら》。にっぽんばれ。

**にほんひょうじゅんじ【日本標準時】**[名]日本全国《にっぽんぜんこく》で使《つか》われている時間《じかん》。兵庫《ひょうご》県《けん》明石市《あかしし》を通《とお》る東経《とうけい》一三五度《ど》の経線《けいせん》の時刻《じこく》が基準《きじゅん》となっている。

**にほんぶよう【日本舞踊】**[名]三味線《しゃみせん》などを伴奏《ばんそう》とする日本《にっぽん》の伝統的《でんとうてき》なおどり。日《にち》舞《ぶ》。

**にほんま【日本間】**[名]たたみ・しょうじ・ふすまなどのある日本風《にほんふう》の部屋《へや》。和室《わしつ》。[対]洋《よう》



[慣用句] 片棒《かたぼう》をかつぐ 悪《わる》だくみの片棒《かたぼう》をかつぐ。

間《ま》。

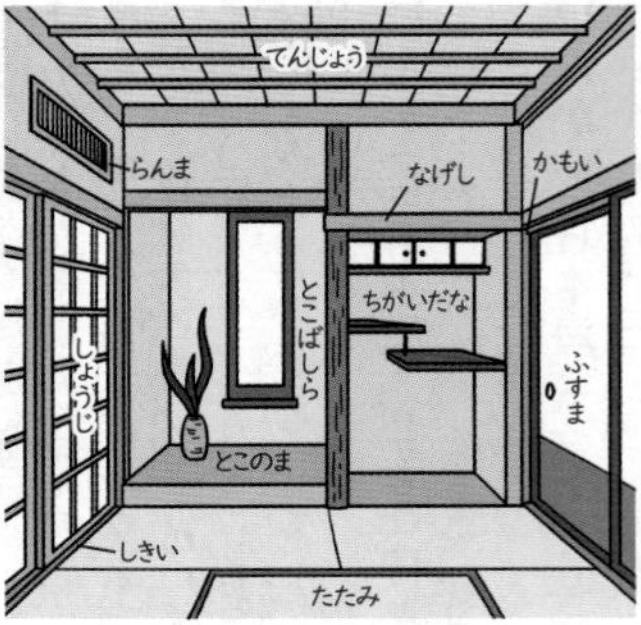

〔にほんま〕

**にほんれっとう**〖日本列島〗㊞地名 北海《ほっかい》道《どう》・本州《ほんしゅう》・四国《しこく》・九州《きゅうしゅう》や周辺《しゅうへん》の島《しま》を含《ふく》めた列《れっ》島《とう》のこと。

**にまいがい**【二枚貝】㊔名 二枚《にまい》の貝《かい》がらが、合《あ》わさる貝《かい》。⇩**かい**【貝】193ページ

〔にまいがい〕

**にまいじた**【二枚舌】㊔名 前《まえ》に言《い》ったこととちがうことを、平気《へいき》で言《い》うこと。うそをつくこと。例 二枚舌を使《つか》う。

**にまいめ**【二枚目】㊔名 ❶映画《えいが》や芝居《しばい》で、顔《かお》かたちのよい男《おとこ》の俳優《はいゆう》が演《えん》じる役《やく》。❷美男《びだん》子《し》。参考 昔《むかし》、歌舞伎《かぶき》の看板《かんばん》の二番《にばん》めに、美男《びなん》役《やく》の役者《やくしゃ》の名《な》が書《か》かれたことから。

**にもうさく**【二毛作】㊔名 同《おな》じ田《た》畑《はた》に、一《いち》年《ねん》に二《に》度《ど》、ちがった作物《さくもつ》を作《つく》ること。イネのあとに麦《むぎ》を植《う》えるなど。参考 同《おな》じ作物《さくもつ》を二《に》度《ど》作《つく》ることは「二期作《にきさく》」という。

**にもかかわらず** …であるのに。例 雨《あめ》にもかかわらず、試《し》合《あい》は行《おこな》われた。

°**にもつ**【荷物】㊔名 ❶持《も》ち運《はこ》んだり、送《おく》ったりする物《もの》。例 荷物を持《も》って出《て》る。小《こ》荷物。❷(「お荷物《にもつ》」の形《かたち》で)じゃまになるもの。例 みんなのお荷物になる。

**にもの**【煮物】㊔名 食《た》べ物《もの》に味《あじ》をつけて煮《に》ること。また、味《あじ》をつけて煮《に》たもの。

**にゃく**【若△】熟語 老若男女《ろうにゃくなんにょ》。⇩**じゃく**【若】585ページ

**ニュアンス**〔英語 nuance〕㊔名 言葉《ことば》・色《いろ》・音《おと》などの微妙《びみょう》な感《かん》じやちがい。例 文章《ぶんしょう》の細《こま》かいニュアンスを味《あじ》わう。

**にゅう**【入】画数 2 部首 入(いる) 1年
音 ニュウ 訓 い-る い-れる はい-る
筆順 ノ 入
❶はいる。いれる。熟語 入学《にゅうがく》。入賞《にゅうしょう》。出入《しゅつにゅう》。対 退《たい》。出《しゅつ》。❷必要《ひつよう》。熟語 入用《にゅうよう》。
《訓の使い方》**い-る** 例 気《き》に入る。**い-れる** 例 水《みず》を入れる。**はい-る** 例 学校《がっこう》に入る。

**にゅう**【乳】画数 8 部首 乙(おつ) 6年
音 ニュウ 訓 ちち ち△
筆順 乳 乳 乳 乳 乳 乳 乳 乳
❶ちち。熟語 乳牛《にゅうぎゅう》。牛乳《ぎゅうにゅう》。母乳《ぼにゅう》。乳酸菌《にゅうさんきん》。乳《にゅう》白色《はくしょく》。❷赤《あか》ちゃん。熟語 乳歯《にゅうし》。乳児《にゅうじ》。❸ちちのような液体《えきたい》。熟語 乳液《にゅうえき》。

**にゅう**【柔°】熟語 柔和《にゅうわ》。⇩**じゅう**【柔】594ページ

**ニュー**〔英語 new〕■一〔ある言葉《ことば》の前《まえ》につけて〕新《あたら》しいこと。例 ニューモデル。■二 ㊔名 (「おニューの」の形《かたち》で)おろしたての新《あたら》しいもの。例 おニューの服《ふく》。

**にゅういん**【入院】㊔名 動-する 病気《びょうき》や、けがを治《なお》すために、ある期間《きかん》病院《びょういん》に入《はい》ること。例 入院患者《かんじゃ》。対 退院《たいいん》。

**にゅうえき**【乳液】㊔名 ❶植物《しょくぶつ》に含《ふく》まれる白《しろ》いミルクのような液体《えきたい》。タンポポのくきなどを切《き》ると出《で》てくる。❷化粧品《けしょうひん》の一《ひと》つ。肌《はだ》を守《まも》る、ミルクに似《に》た液体《えきたい》。

**にゅうえん**【入園】㊔名 動-する ❶動物園《どうぶつえん》など、園《えん》のつく所《ところ》に、見学《けんがく》や遊《あそ》びに入《はい》ること。❷幼稚園《ようちえん》・保育園《ほいくえん》などの園児《えんじ》になること。

**にゅうか**【入荷△】㊔名 動-する 商品《しょうひん》が、市場《しじょう》や商店《しょうてん》に届《とど》くこと。例 頼《たの》んでいた品物《しなもの》が入荷した。対 出荷《しゅっか》。

**にゅうかい**【入会】㊔名 動-する 会《かい》に入《はい》ること。例 入会金《きん》。対 退会《たいかい》。脱会《だっかい》。

慣用句 **肩身《かたみ》が狭《せま》い** 大《おお》きなことを言《い》ったわりに何《なに》もできなくて、まったく肩身《かたみ》が狭《せま》い。

**にゅうかく【入閣】**名 動-する 大臣《だいじん》として内《ない》閣《かく》の一員《いちいん》となること。

○**にゅうがく【入学】**名 動-する 学校《がっこう》に入《はい》ること。例 高校《こうこう》にめでたく入学する。対 卒業《そつぎょう》。

**にゅうがくしき【入学式】**名 新入生《しんにゅうせい》の入学《にゅうがく》を祝《いわ》っておこなう儀式《ぎしき》。

**にゅうがくしけん【入学試験】**名 入《にゅう》学《がく》させる人《ひと》を選《えら》ぶために行《おこな》う試験《しけん》。入試《にゅうし》。

**にゅうぎゅう【乳牛】**名 乳《ちち》をしぼるための牛《うし》。ホルスタイン・ジャージー種《しゅ》など。ちちうし。関連 肉牛《にくぎゅう》。役牛《えきぎゅう》。⬇うし(牛)103ページ

**にゅうきょ【入居】**名 動-する 家《いえ》に入《はい》って住《す》むこと。例 マンションの入居者《しゃ》。

**にゅうきん【入金】**名 動-する ❶自分《じぶん》の手元《てもと》にお金《かね》が入《はい》ること。例 入金の合計《ごうけい》を出《だ》す。❷お金《かね》をはらいこむこと。例 銀行《ぎんこう》に入金する。

**にゅうこう【入港】**名 動-する 船《ふね》が港《みなと》に入《はい》ること。例 外国船《がいこくせん》が入港する。対 出港《しゅっこう》。

**にゅうこく【入国】**名 動-する ある国《くに》から、他《ほか》の国《くに》に入《はい》ること。例 フランスに入国する。対 出国《しゅっこく》。

**にゅうさつ【入札】**名 動-する 物《もの》の売《う》り買《か》いや、工事《こうじ》を注文《ちゅうもん》するとき、いちばん有利《ゆうり》な条《じょう》件《けん》で契約《けいやく》できるよう、複数《ふくすう》の希望者《きぼうしゃ》にその見《み》積《つ》もりの値段《ねだん》を書《か》いて出《だ》させること。また、そのようにして契約者《けいやくしゃ》を決《き》める仕組《しく》み。「競《きょう》争入札《そうにゅうさつ》」ともいう。

**にゅうさんきん【乳酸菌】**名 糖分《とうぶん》を発《はっ》酵《こう》させる細菌《さいきん》。牛乳《ぎゅうにゅう》から、チーズやヨーグルトを作《つく》るときなどに使《つか》われる。

**にゅうし【入試】**名 入学試験《にゅうがくしけん》。

**にゅうし【乳歯】**名 赤《あか》ちゃんのときに生《は》えて、十歳《じっさい》前後《ぜんご》で永久歯《えいきゅうし》にぬけかわる歯《は》。対 永久歯《えいきゅうし》。⬇は(歯)❶1022ページ

**にゅうじ【乳児】**名 生《う》まれてから一年《いちねん》くらいまでの、まだ乳《ちち》を飲《の》んでいる赤《あか》んぼう。ちのみご。

**ニュージーランド** 地名 オーストラリアの南東《なんとう》にある島国《しまぐに》。首都《しゅと》はウェリントン。

**にゅうしゃ【入社】**名 動-する その会社《かいしゃ》に社《しゃ》員《いん》として勤《つと》めるようになること。例 あこがれていた会社《かいしゃ》に入社する。対 退社《たいしゃ》。

**にゅうしゅ【入手】**名 動-する 手《て》に入《い》れること。例 めずらしい切手《きって》を入手した。

**にゅうしょう【入賞】**名 動-する 競技会《きょうぎかい》・展《てん》覧会《らんかい》などで、賞《しょう》に入《はい》ること。例 思《おも》いがけず入賞をはたした。

○**にゅうじょう【入場】**名 動-する 場内《じょうない》に入《はい》ること。例 入場行進《こうしん》。対 退場《たいじょう》。

**にゅうじょうけん【入場券】**名 劇《げき》場《じょう》や、競技場《きょうぎじょう》、駅《えき》などに入《はい》ることのできる切《きっ》符《ぷ》。

**にゅうじょうしき【入場式】**名 競《きょう》技《ぎ》などを始《はじ》めるとき、選手《せんしゅ》が会場《かいじょう》に入《はい》る式《しき》。

○**ニュース**〔英語 news〕名 ❶新《あたら》しい出来事《できごと》。めずらしい出来事《できごと》。また、その知《し》らせ。例 ビッグニュース。❷ラジオ・テレビの報道《ほうどう》番《ばん》組《ぐみ》。例 七時《しちじ》のニュース。

**ニュースキャスター**〔英語 newscaster〕名 テレビなどで、ニュースを伝《つた》えたり、解説《かいせつ》したりする人《ひと》。

**にゅうせいひん【乳製品】**名 牛乳《ぎゅうにゅう》に手《て》を加《くわ》えて作《つく》ったもの。チーズ・バターなど。

**にゅうせき【入籍】**名 動-する ❶生《う》まれた子《こ》どもや養子《ようし》になる人《ひと》を戸籍《こせき》に入《い》れること。また、戸籍《こせき》に入《い》れて、家族《かぞく》の一員《いちいん》とする手続《てつづ》き。❷結婚《けっこん》すること。〔俗《ぞく》な言《い》い方《かた》。〕

**にゅうせん【入選】**名 動-する 展覧会《てんらんかい》などに出《だ》した作品《さくひん》が、すぐれたものとして選《えら》ばれること。例 描《か》いた絵《え》が入選した。対 落選《らくせん》。

**ニュータウン**〔英語 new town〕名 大都市《だいとし》の周《まわ》りに計画的《けいかくてき》に作《つく》られた新《あたら》しい都市《とし》。

**にゅうどうぐも【入道雲】**名 夏《なつ》、天気《てんき》のよい日《ひ》に、もくもくと空《そら》に広《ひろ》がる雲《くも》。積乱《せきらん》雲《うん》。かみなり雲《ぐも》。⬇くも(雲)373ページ

**ニュートラル**〔英語 neutral〕一 名 形動 中《ちゅう》立《りつ》であること。例 ニュートラルな立場《たちば》。二 名 自動車《じどうしゃ》のギアで、エンジンの回転《かいてん》が車輪《しゃりん》に伝《つた》わらなくする位置《いち》。

**ニュートン** 人名（男）（一六四二〜一七二七）イギリスの物理学者《ぶつりがくしゃ》・数学者《すうがくしゃ》。現代《げんだい》の科学《かがく》のもとを開《ひら》いた人《ひと》で、万有引《ばんゆういん》力《りょく》を発見《はっけん》した。

〔ニュートン〕

**にゅうねん【入念】**名 形動 注意《ちゅうい》がよく行《い》き届《とど》いていること。例 入念に検査《けんさ》する。



慣用句 肩《かた》を落《お》とす 一点差《いってんさ》で第一戦《だいいっせん》に負《ま》けてしまい、みんな肩《かた》を落《お》として言葉《ことば》も出《で》なかった。

**にゅうばい【入梅】** 名 梅雨《つゆ》に入《はい》ること。梅雨《つゆ》入《い》り。六月十日《ろくがつとおか》ごろ。

**にゅうばち【乳鉢】** 名 薬《くすり》などを細《こま》かくすったり混《ま》ぜたりするのに使《つか》う、小《ちい》さな鉢《はち》。⬇じっけんきぐ303ページ

**にゅうぼう【乳房】** 名 ⬇ちぶさ493ページ

**にゅうぼう【乳棒】** 名 乳鉢《にゅうばち》で薬《くすり》などを細《こま》かくすったりするときに使《つか》う棒《ぼう》。⬇じっけんきぐ565ページ

**にゅうもん【入門】** 名 動-する ❶弟子入《でしい》りすること。❷初《はじ》めて勉強《べんきょう》する人《ひと》のための、手引《てび》きとなる本《ほん》。例 入門書《しょ》。

**にゅうよう【入用】** 名 形動 あることをするのにいること。入《い》り用《よう》。例「ご入用でしたら、おっしゃってください。」類 必要《ひつよう》。対 不《ふ》用《よう》。

**にゅうようじ【乳幼児】** 名 乳児《にゅうじ》と幼児《ようじ》。

**ニューヨーク** 地名 ❶アメリカ合衆国《がっしゅうこく》の東海岸《ひがしかいがん》にある大都市《だいとし》。アメリカの経済《けいざい》・文化《ぶんか》・交通《こうつう》の中心地《ちゅうしんち》。❷「❶」のある、アメリカ合衆国東部《がっしゅうこくとうぶ》の州《しゅう》。

**にゅうよく【入浴】** 名 動-する ふろに入《はい》ること。例 毎日《まいにち》、入浴する。

**にゅうりょく【入力】** 名 動-する コンピューターなどに、用意《ようい》した情報《じょうほう》を入《い》れること。インプット。例 最新《さいしん》のデータを入力する。対 出力《しゅつりょく》。

**にゅうわ【柔和】** 形動 やさしく、ものやわらかなようす。例 柔和な顔《かお》。

**にょ【女】** 熟語 女官《にょかん》。⇩じょ【女】619ページ

**にょ【如】** 熟語 如実《にょじつ》。⇩じょ【如】619ページ

**にょう【尿】** 画数 7 部首 尸(しかばね)

音 ニョウ 訓 ―

熟語 尿意《にょうい》(=小便《しょうべん》をしたい感《かん》じ)。小便《しょうべん》。

**にょう【尿】** 名 体《からだ》の中《なか》のいらなくなった水分《すいぶん》や物質《ぶっしつ》が、体外《たいがい》に出《だ》されるもの。小便《しょうべん》。おしっこ。例 尿の検査《けんさ》。

**にょう【女】** 熟語 女房《にょうぼう》。⇩じょ【女】619ページ

✤**にょう** 名〔国語《こくご》で〕漢字《かんじ》を組《く》み立《た》てる部分《ぶぶん》の一《ひと》つ。「道《どう》」の「辶〔しんにょう〕」や「延《えん》」の「廴〔えんにょう〕」など、漢字《かんじ》の左《ひだり》から下《した》にかけての部分《ぶぶん》で、部首《ぶしゅ》となる。⬇ふろく(2ページ)

**にょうぼう【女房】** 名 ❶「妻《つま》」の、やや古《ふる》い、くだけた言《い》い方《かた》。❷昔《むかし》、宮中《きゅうちゅう》などに仕《つか》えていた女《おんな》の人《ひと》。女官《じょかん》。

**にょかん【女官】** 名 ⬇じょかん640ページ

**にょじつに【如実に】** 副 そのとおりに。ありのままに。例 真相《しんそう》を如実に物語《ものがた》る。

**にょらい【如来】** 名 仏《ほとけ》を敬《うやま》って言《い》う言葉《ことば》。例 阿弥陀《あみだ》如来。

**にら** 名 ユリの仲間《なかま》の野菜《やさい》。細長《ほそなが》くて平《ひら》たい葉《は》を食用《しょくよう》にする。においが強《つよ》い。

**にらみ** 名 にらむこと。

**にらみをきかせる【にらみを利《き》かせる】** 無言《むごん》で相手《あいて》をおさえつける。例 練習《れんしゅう》をさぼらないように、上級生《じょうきゅうせい》がにらみを利かせる。

**にらみあわせる【にらみ合わせる】** 動 両方《りょうほう》を見比《みくら》べながら、考《かんが》える。例 予算《よさん》とにらみ合わせて計画《けいかく》を立《た》てる。

**にらみつける** 動 じっとこわい目《め》で見《み》る。例 けんか相手《あいて》をにらみつける。

○**にらむ** 動 ❶こわい目《め》でじっと見《み》る。例 さわいでいる子《こ》どもをにらむ。❷見当《けんとう》をつける。例 弟《おとうと》のいたずらだとにらんでいる。

**にらめっこ** 名 動-する ❶二人《ふたり》で向《む》かい合《あ》い、相手《あいて》を先《さき》に笑《わら》わせると勝《か》ちになる遊《あそ》び。❷長《なが》い間《あいだ》じっと見《み》つめていること。例 宿題《しゅくだい》とにらめっこしている。

■**にりつはいはん【二律背反】** 名 たがいに対立《たいりつ》・矛盾《むじゅん》する二《ふた》つのことがらが両立《りょうりつ》しないこと。一方《いっぽう》が成《な》り立《た》てば、もう一方《いっぽう》が成《な》り立《た》たない状態《じょうたい》。例「よく学《まな》び、よく遊《あそ》べ」は、二律背反の教《おし》えみたいだ。

**にりゅう【二流】** 名 もっともよいものと比《くら》べて、ややおとること。例 二流品《ひん》。

○**にる【似る】** 動 たがいに、同《おな》じように見《み》える。例 弟《おとうと》は父親《ちちおや》に似ている。⇩じ【似】539ページ

**似《に》て非《ひ》なる** 外見《がいけん》は似《に》ているが、実際《じっさい》は全《まった》くちがう。例「自由《じゆう》」と「自分勝手《じぶんかって》」は似て非なるものだ。

○**にる【煮る】** 動 水《みず》やだし汁《じる》に、生《なま》の食《た》べ物《もの》を入《い》れ、食《た》べられるように熱《ねつ》を加《くわ》える。例 大根《だいこん》を煮る。⇩しゃ【煮】583ページ

○**にわ【庭】** 名 ❶家《いえ》の敷地《しきち》の中《なか》で、草花《くさばな》や木《き》などが植《う》えてある所《ところ》。❷ものごとをする場所《ばしょ》。

慣用句 肩《かた》を並《なら》べる　必死《ひっし》に練習《れんしゅう》したかいがあって、小川君《おがわくん》と肩《かた》を並《なら》べるところまで上達《じょうたつ》した。

例 学《まな》びの庭。↓てい【庭】871ページ

**にわいし**【庭石】名 庭《にわ》に置《お》いてある石《いし》。

**にわか** 形動 急《きゅう》であるようす。突然《とつぜん》。例 雨《あめ》がにわかに降《ふ》ってきた。

**にわかあめ**【にわか雨】名 急《きゅう》に降《ふ》りだして、すぐやむ雨《あめ》。通《とお》り雨《あめ》。

**にわかじこみ**【にわか仕込み】名 ❶その場《ば》の間《ま》に合《あ》わせのために、大急《おおいそ》ぎで覚《おぼ》えこむこと。例 にわか仕込みの英語《えいご》で話《はな》す。❷必要《ひつよう》になって、急《きゅう》に品物《しなもの》を仕《し》入《い》れること。

**にわき**【庭木】名 庭《にわ》に植《う》えてある木《き》。庭《にわ》に植《う》える木《き》。例 庭木の手《て》入《い》れをする。

**にわさき**【庭先】名 庭《にわ》の、縁側《えんがわ》に近《ちか》い所《ところ》。例 庭先でバラが咲《さ》いている。

**にわし**【庭師】名 庭《にわ》を作《つく》ったり手《て》入《い》れをしたりすることを、仕事《しごと》にしている人《ひと》。

○**にわとり**【鶏】名 鳥《とり》の中《なか》で、おもに卵《たまご》や肉《にく》をとるために、飼《か》われるもの。雄《おす》は、とさかが大《おお》きい。↓けい【鶏】388ページ

**にん【任】** 画数 6 部首 亻(にんべん) 5年

音 ニン 訓 まか-せる まか-す

筆順 ノ 亻 仁 仁 任 任

❶つとめ。熟語 任務《にんむ》。新任《しんにん》。責任《せきにん》。❷まかせる。熟語 任命《にんめい》。委任《いにん》。信任《しんにん》。↓にんじる 996ページ

《訓の使い方》 **まか-せる** 例 仕事《しごと》を任せる。**まか-す** 例 妹《いもうと》に任す。

**にん**【任】名 つとめ。例 ただちに任に就《つ》く。

**にん【認】** 画数 14 部首 言(ごんべん) 6年

音 ニ△ン 訓 みと-める

筆順 言 言 言 訒 訒 認 認

❶みとめる。許《ゆる》す。熟語 認可《にんか》。認証《にんしょう》。公認《こうにん》。確認《かくにん》。❷見分《みわ》ける。はっきりと知《し》る。熟語 認識《にんしき》。誤認《ごにん》。

《訓の使い方》 **みと-める** 例 失敗《しっぱい》を認める。

**にん【妊】** 画数 7 部首 女(おんなへん)

音 ニン 訓 —

おなかに子《こ》どもを宿《やど》す。熟語 妊娠《にんしん》。

**にん【忍】** 画数 7 部首 心(こころ)

音 ニン 訓 しの-ぶ しの-ばせる

❶がまんする。熟語 忍耐《にんたい》。堪忍《かんにん》。例 はじを忍《しの》ぶ。❷むごい。熟語 残忍《ざんにん》。❸気《き》づかれぬようにする。熟語 忍者《にんじゃ》。忍術《にんじゅつ》。例 足音《あしおと》を忍《しの》ばせる。

**にん**【人】 ㊀熟語 人間《にんげん》。人魚《にんぎょ》。他人《たにん》。㊁〔数《すう》字《じ》のあとにつけて〕人《ひと》の数《かず》を表《あらわ》す言葉《ことば》。例 五《ご》人集《あつ》まる。↓じん【人】656ページ

**にんい**【任意】名 形動 思《おも》うとおりにすること。させること。例 任意に選《えら》ぶ。

**にんか**【認△可】名 動-する 願《ねが》い出《で》たことを、役《やく》所《しょ》などがよいと認《みと》めて、許《ゆる》すこと。例 認可がおりる。類 許可《きょか》。

○**にんき**【人気】名 世《よ》の中《なか》の人《ひと》たちのよい評《ひょう》判《ばん》。例 人気が出《で》る。

**にんき**【任期】名 その役目《やくめ》につくことが決《き》められた、ある一定《いってい》の期間《きかん》。例 委員《いいん》の任期が切《き》れる。

**にんきもの**【人気者】名 みんなから好《す》かれている人《ひと》。例 クラスの人気者。

**にんぎょ**【人魚】名 西洋《せいよう》の想像上《そうぞうじょう》の動物《どうぶつ》。腰《こし》から上《うえ》が女《おんな》の姿《すがた》で、腰《こし》から下《した》が魚《さかな》の形《かたち》をしている。

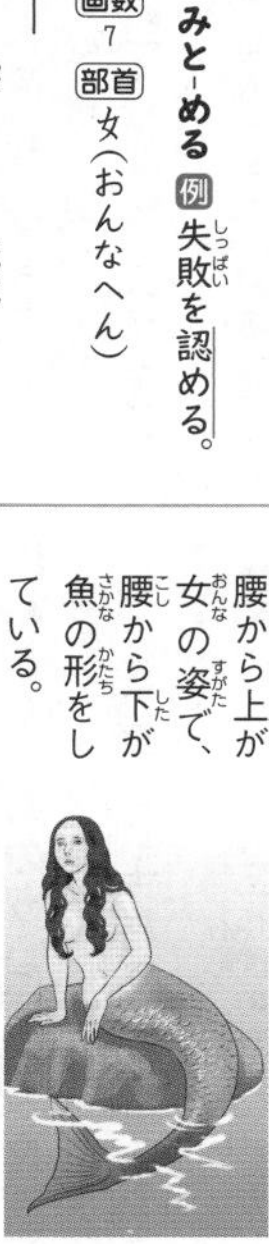

〔にんぎょ〕

○**にんぎょう**【人形】名 人《ひと》の形《かたち》に似《に》せて作《つく》ったもの。おもちゃやかざりにするほか、劇《げき》などに使《つか》う。例 ひな人形。

✤**にんぎょうげき**【人形劇】名 指人形《ゆびにんぎょう》や、あやつり人形《にんぎょう》などを使《つか》ってする劇《げき》。

✤**にんぎょうじょうるり**【人形浄瑠璃】名 江戸《えど》時代《じだい》から伝《つた》わる、日本独特《にほんどくとく》の人形芝居《にんぎょうしばい》。三味線《しゃみせん》の伴奏《ばんそう》のついた「浄《じょう》瑠《る》璃《り》」という語《かた》りに合《あ》わせて、人形《にんぎょう》をあやつる。「文楽《ぶんらく》」ともいう。

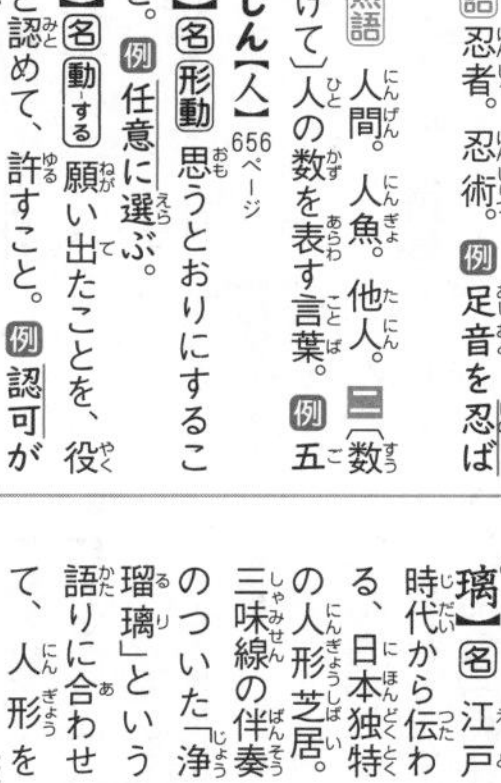

〔にんぎょうじょうるり〕

慣用句 活《かつ》を入《い》れる 部《ぶ》活《かつ》がどうもたるんでいるから、先輩《せんぱい》に活《かつ》を入《い》れてもらった。

◦**にんげん【人間】**［名］❶人《ひと》。人類《じんるい》。❷人《ひと》がら。人物《じんぶつ》。［例］あの人《ひと》は人間ができている。
**人間《にんげん》万《ばん》事《じ》塞《さい》翁《おう》が馬《うま》** ⇩さいおうがうま 113ページ

**にんげんかんけい【人間関係】**［名］人《ひと》と人《ひと》との関《かん》係《けい》のこと。［例］良《りょう》好《こう》な人間関係。

**にんげんこくほう【人間国宝】**［名］重《じゅう》要《よう》無《む》形《けい》文《ぶん》化《か》財《ざい》〔=値《ね》打《う》ちのあるりっぱな芸《げい》や技《わざ》〕を持《も》っていて、国《くに》が国《こく》宝《ほう》として認《みと》めている人《ひと》の通《つう》称《しょう》。

**にんげんせい【人間性】**［名］人間《にんげん》としてだれでも心《こころ》の中《なか》に持《も》っているもの。人間《にんげん》らしい心《こころ》のはたらき。［例］人間性を疑《うたが》う。

**にんげんぞう【人間像】**［名］性《せい》格《かく》や考《かんが》え方《かた》・生《い》き方《かた》など、その人《ひと》のすべてを含《ふく》んだ全《ぜん》体《たい》のすがた。［例］期《き》待《たい》される人間像について語《かた》る。

**にんげんてき【人間的】**［形動］行《おこな》いなどに人間《にんげん》らしさが現《あらわ》れているようす。［例］人間的なあつかい。

**にんげんドック【人間ドック】**［名］全《ぜん》身《しん》を細《こま》かく検《けん》査《さ》する健《けん》康《こう》診《しん》断《だん》。一《いち》日《にち》、または短《たん》期《き》間《かん》入《にゅう》院《いん》して行《おこな》う。

**にんげんみ【人間味】**［名］人間《にんげん》らしい温《あたた》かい心《こころ》のはたらき。［例］人間味あふれた作《さく》品《ひん》。

**にんげんわざ【人間業】**［名］人間《にんげん》の力《ちから》でできること。［例］人間業とは思《おも》われない。

**にんしき【認識】**［名］［動-する］ものごとのほんとうのことを、はっきり知《し》ること。また、その心《こころ》のはたらき。［例］人間《にんげん》の歴《れき》史《し》についての認識を深《ふか》める。責《せき》任《にん》を認識する。

**にんじゃ【忍者】**［名］忍《にん》術《じゅつ》を使《つか》う人《ひと》。しのびの者《もの》。

**にんじゅつ【忍術】**［名］人《ひと》目《め》につかないようにすばやく行《こう》動《どう》する術《じゅつ》。昔《むかし》、敵《てき》のようすをさぐるために城《しろ》や人《じん》家《か》などにしのびこんだことから。忍《しの》びの術《じゅつ》。忍《にん》法《ぽう》。

✤**にんしょう【人称】**［名］〔国《こく》語《ご》で〕話《はな》し手《て》や書《か》き手《て》が、自《じ》分《ぶん》自《じ》身《しん》をさす一《いち》人《にん》称《しょう》か、話《はな》しかける相《あい》手《て》をさす二《に》人《にん》称《しょう》か、それ以《い》外《がい》の人《じん》物《ぶつ》をさす三《さん》人《にん》称《しょう》かの区《く》別《べつ》。

**にんしょう【認証】**［名］［動-する］❶公《おおやけ》の機《き》関《かん》が正《ただ》しいと認《みと》めて証《しょう》明《めい》すること。❷〔コンピューターなどで〕本《ほん》人《にん》であると確《かく》認《にん》すること。［例］指《し》紋《もん》で認証する。

◦**にんじょう【人情】**［名］人《ひと》がもともと持《も》っているやさしい心《こころ》。情《なさ》け。［例］人情が厚《あつ》い。

**にんじょうみ【人情味】**［名］人《にん》情《じょう》のあるようす。

**にんじる【任じる】**［動］〔「任《にん》ずる」ともいう。〕❶役《やく》目《め》につかせる。［例］所《しょ》長《ちょう》に任じる。❷自《じ》分《ぶん》で、それにふさわしいと思《おも》っている。［例］彼《かれ》は、天《てん》才《さい》をもって任じている。

**にんしん【妊娠】**［名］［動-する］おなかの中《なか》に子《こ》どもを宿《やど》すこと。みごもること。［例］姉《あね》が二《ふた》人《り》目《め》の子《こ》を妊娠した。

**にんじん【人参】**［名］セリの仲《なか》間《ま》の野《や》菜《さい》。赤《あか》みがかった太《ふと》い根《ね》や若《わか》葉《ば》を食《しょく》用《よう》とする。

◦**にんずう【人数】**［名］人《ひと》の数《かず》。にんず。［例］人数を確《かく》認《にん》する。

**にんそう【人相】**［名］❶人《ひと》の顔《かお》のかたち。顔《かお》つき。［例］人相がよくない。❷顔《かお》かたちに現《あらわ》れた、性《せい》格《かく》や運《うん》勢《せい》。［例］人相を見《み》る。

**にんたい【忍耐】**［名］［動-する］がまんすること。しんぼう。［例］忍耐力《りょく》。忍耐強《づよ》い人《ひと》。

**にんち【任地】**［名］命《めい》じられた仕《し》事《ごと》をするために住《す》む土《と》地《ち》。［例］任地におもむく。

**にんち【認知】**［名］［動-する］確《たし》かにそうだと認《みと》めること。［例］ちがいを認知する。

**にんちしょう【認知症】**［名］ものごとを認《にん》知《ち》できなくなる病《びょう》気《き》。

**にんてい【認定】**［名］［動-する］役《やく》所《しょ》などが、申《しん》請《せい》されたものごとの内《ない》容《よう》を調《しら》べて、認《みと》めること。［例］認定試《し》験《けん》。

**にんとくてんのう〖仁徳天皇〗**［人名］（男）五《ご》世《せい》紀《き》前《ぜん》半《はん》の天《てん》皇《のう》。大《おお》阪《さか》府《ふ》堺《さかい》市《し》にある前《ぜん》方《ぽう》後《こう》円《えん》墳《ふん》〔=大《だい》仙《せん》古《こ》墳《ふん》〕は仁《にん》徳《とく》天《てん》皇《のう》のお墓《はか》といわれている。

**にんにく**［名］ユリの仲《なか》間《ま》の野《や》菜《さい》。地《ち》下《か》の球《きゅう》形《けい》の茎《くき》を食《た》べる。においが強《つよ》く、香《こう》味《み》料《りょう》にも使《つか》う。

**にんぷ【妊婦】**［名］妊《にん》娠《しん》している女《おんな》の人《ひと》。みごもっている女《おんな》の人《ひと》。

✤**にんべん**［名］漢《かん》字《じ》の部《ぶ》首《しゅ》で、「へん」の一《ひと》つ。「体《たい》」「作《さく》」などの「イ」の部《ぶ》分《ぶん》。人間《にんげん》に関《かん》係《けい》のある字《じ》が多《おお》い。

**にんぽう【忍法】**［名］⇩にんじゅつ 996ページ

慣用句　金《かね》に目《め》がくらむ　金《かね》に目《め》がくらんで、人間《にんげん》らしさを失《うしな》ってしまってはいけない。

**にんまり** 副(-と) 動-する 満足《まんぞく》そうに薄笑《うすわら》いをうかべるようす。例 作戦《さくせん》が当《あ》たって、思《おも》わずにんまりした。類 ほくそえむ。

**にんむ【任務】** 名 務《つと》め。役目《やくめ》。仕事《しごと》。例 会《かい》長《ちょう》としての任務を果《は》たす。

**にんめい【任命】** 名 動-する 役《やく》を命《めい》じること。例 委員《いいん》に任命する。対 解任《かいにん》。

# ぬ

ヌ nu

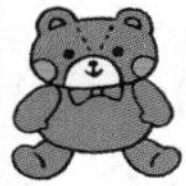

**ぬ** 助動 上《うえ》にくる言葉《ことば》を打《う》ち消《け》す言葉《ことば》。…ない。〔古《ふる》い言《い》い方《かた》。〕例 まかぬ種《たね》は生《は》えぬ。

**ぬいぐるみ【縫いぐるみ】** 名 ❶布《ぬの》などのふくろに、綿《わた》などをつめて作《つく》った、人形《にんぎょう》や動物《どうぶつ》などの形《かたち》をしたもの。❷劇《げき》などで着《き》る、動物《どうぶつ》などの形《かたち》をした衣装《いしょう》。

**ぬいしろ【縫い代】** 名 きれを縫《ぬ》い合《あ》わせるために、余分《よぶん》に取《と》ってあるはしの部分《ぶぶん》。

**ぬいとり【縫い取り】** 名 動-する 色糸《いろいと》でいろいろな模様《もよう》を縫《ぬ》うこと。また、縫《ぬ》いつけた模様《もよう》。ししゅう。

**ぬいばり【縫い針】** 名 縫《ぬ》い物《もの》に使《つか》う針《はり》。一《いっ》方《ぽう》の端《はし》に糸《いと》を通《とお》す穴《あな》がある。

**ぬいめ【縫い目】** 名 ❶縫《ぬ》い合《あ》わせたきれときれとの境目《さかいめ》。❷縫《ぬ》った糸目《いとめ》。

**ぬいもの【縫い物】** 名 衣服《いふく》などを縫《ぬ》うこと。また、縫《ぬ》った物《もの》。

**ぬう【縫う】** 動 ❶糸《いと》を通《とお》した針《はり》で、布《ぬの》などをつなぎ合《あ》わせる。例 ぞうきんを縫う。❷傷口《きずぐち》をとじ合《あ》わせる。例 ひざを三《み》針《はり》縫う。❸物《もの》の間《あいだ》を、右《みぎ》に左《ひだり》に折《お》れてすりぬける。例 人《ひと》ごみを縫って歩《ある》く。↓ほう【縫】1191ページ

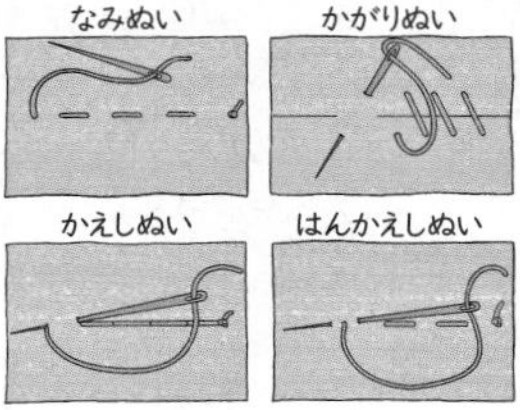


〔ぬう❶〕(ぬい方《かた》)

**ヌード** 〔英語 nude〕 名 はだか。裸体《らたい》。

**ヌードル** 〔英語 noodle〕 名 小麦粉《こむぎこ》などから作《つく》った、洋風《ようふう》のめん類《るい》。

**ぬえ【鵺】** 名 ❶頭《あたま》はサル、胴体《どうたい》はタヌキ、手《て》足《あし》はトラ、尾《お》はヘビ、鳴《な》き声《ごえ》はトラツグミに似《に》ているという正体《しょうたい》不明《ふめい》の伝説《でんせつ》上《じょう》の怪獣《かいじゅう》。❷正体《しょうたい》のはっきりしない人物《じんぶつ》や態度《たいど》。

**ぬか【糠】** 名 玄米《げんまい》をついて白米《はくまい》にするとき、うすい皮《かわ》がはがれて、粉《こな》になったもの。米《こめ》ぬか。

**ぬかにくぎ** 〔ぬかにくぎを打《う》っても効《き》かないように〕まるで手《て》ごたえがないこと。例 何度《なんど》注意《ちゅうい》してもぬかにくぎだ。類 豆腐《とうふ》にかすがい。のれんに腕押《うでお》し。

**ぬかあめ【ぬか雨】** 名 ↓こぬかあめ 478ページ

**ぬかす【抜かす】** 動 ❶落《お》とす。もらす。間《あいだ》を飛《と》ばす。例 一字《いちじ》抜かす。❷力《ちから》や勢《いきお》いをなくす。例 腰《こし》を抜かす。❸追《お》い抜《ぬ》く。例 二台《にだい》抜かした。↓ばつ【抜】1048ページ

**ぬかす** 動 しゃべる。言《い》いやがる。〔ぞんざいな言《い》い方《かた》。〕例 何《なに》をぬかすか。

**ぬかずく** 動 額《ひたい》が地面《じめん》に着《つ》くほど、頭《あたま》を低《ひく》く下《さ》げて、ていねいにおじぎをする。例 神《しん》前《ぜん》にぬかずく。

**ぬかたのおおきみ【額田王】** 人名(女) 飛鳥《あすか》時代《じだい》の歌人《かじん》。「万葉集《まんようしゅう》」を代表《だいひょう》する歌人《かじん》の一人《ひとり》。「君待《きみま》つとわが恋《こ》ひをれば《お》わが屋戸《やど》のすだれ動《うご》かし秋《あき》の風吹《かぜふ》く」などの歌《うた》がある。

**ぬかづけ【ぬか漬け】** 名 野菜《やさい》などをぬかみそに漬《つ》けた漬物《つけもの》。たくあんは大根《だいこん》をぬか漬《づ》けしたもの。

**ぬかどこ【ぬか床】** 名 ↓ぬかみそ 997ページ

**ぬかみそ** 名 ぬかに塩《しお》を加《くわ》えて、水《みず》で練《ね》ったもの。野菜《やさい》などをつけて、つけものを作《つく》るのに使《つか》う。ぬか床《どこ》。

**ぬかよろこび【ぬか喜び】** 名 初《はじ》め喜《よろこ》んだのが、あてが外《はず》れて、むだになること。例 ぬか喜びに終《お》わる。

**ぬかり【抜かり】** 名 油断《ゆだん》。手《て》ぬかり。例 ぼくのすることに抜かりはない。

**ぬかる【抜かる】** 動 油断《ゆだん》して失敗《しっぱい》する。例 最終回《さいしゅうかい》だ、抜かるな。↓ばつ【抜】1048ページ

**ぬかる** 動 雨《あめ》や雪《ゆき》で地面《じめん》や道《みち》が、どろどろになる。ぬかるむ。例 雨《あめ》で道《みち》がぬかる。

**ぬかるみ** 名 雨《あめ》や雪《ゆき》などで、どろどろになった地面《じめん》。例 車輪《しゃりん》がぬかるみにはまる。

**ぬかるむ** 動 ↓ぬかる 997ページ

**ぬき【抜き】** 名 ❶続《つづ》けて相手《あいて》を負《ま》かすこと。



慣用句 蚊《か》の鳴《な》くような声《こえ》 妹《いもうと》は、蚊《か》の鳴《な》くような声《こえ》で、ようやく「わたしです。」と返事《へんじ》をした。

例 五人《ごにん》抜き。❷抜《ぬ》かすこと。省《はぶ》くこと。例 朝《あさ》ごはん抜きで出《で》かけた。

**ぬきあしさしあし**【抜き足差し足】足音《あしおと》がしないように、そっと歩《ある》くこと。また、そのようす。しのび足《あし》。例 母《はは》を起《お》こさないように、抜き足差し足で歩《ある》く。

**ぬきうち**【抜き打ち】名 ❶刀《かたな》をぬくと同《どう》時《じ》に切《き》りつけること。❷知《し》らせなしに、急《きゅう》に行《おこな》うこと。例 抜き打ちのテスト。

✤**ぬきがき**【抜き書き】名 動-する 書物《しょもつ》などの必要《ひつよう》な部分《ぶぶん》を、ぬき出《だ》して書《か》くこと。また、書《か》いたもの。書《か》き抜《ぬ》き。例 気《き》に入《い》った文《ぶん》を抜き書きする。

**ぬきさしならない**【抜き差しならない】どうしようもない。動《うご》きがとれない。抜《ぬ》き差《さ》しならぬ。例 抜き差しならないはめにおちいる。

**ぬぎすてる**【脱ぎ捨てる】動 着《き》ていたものをぬいで、そのままにしておく。例 コートが脱ぎ捨てたまま置《お》いてある。

**ぬきだす**【抜き出す】動 ❶抜《ぬ》いて取《と》り出《だ》す。❷選《えら》び出《だ》す。例 キーワードを抜き出す。

**ぬきて**【抜き手】名 両手《りょうて》を代《か》わる代《が》わる水《みず》の中《なか》から強《つよ》くぬき出《だ》し、水《みず》をかき分《わ》けて進《すす》む泳《およ》ぎ方《かた》。例 抜き手をきって泳《およ》ぐ。

**ぬきとる**【抜き取る】動 ❶引《ひ》き抜《ぬ》いて取《と》り出《だ》す。例 くぎを抜き取る。❷選《えら》んで取《と》り出《だ》す。例 本棚《ほんだな》から地図《ちず》帳《ちょう》を抜き取る。❸中《なか》のものを取《と》り出《だ》して盗《ぬす》む。例 財《さい》布《ふ》から現《げん》金《きん》を抜き取る。

**ぬきみ**【抜き身】名 さやから抜《ぬ》き出《だ》した刀《かたな》ややりなど。

**ぬきんでる**【抜きん出る】動 飛《と》びぬけてすぐれている。例 抜きん出た才能《さいのう》。

°**ぬく**【抜く】動 ❶中《なか》に入《はい》っている物《もの》を、外《そと》に出《だ》す。例 くぎを抜く。❷取《と》ってきれいにする。例 しみを抜く。❸先《さき》のものを追《お》いこす。例 マラソンで、三人《さんにん》抜いた。❹省《はぶ》く。例 手《て》を抜く。❺負《ま》かす。例 すもうで十人《じゅうにん》抜いた。❻弱《よわ》める。例 力《ちから》を抜く。❼〔ある言葉《ことば》のあとにつけて〕あくまで…する。例 走《はし》り抜く。➡ばつ【抜】1048ページ

**抜《ぬ》きつ抜《ぬ》かれつ** 追《お》い越《こ》したり追《お》い越《こ》されたりと、はげしくあらそうようす。例 抜きつ抜かれつの接戦《せっせん》。

°**ぬぐ**【脱ぐ】動 身《み》に着《つ》けている物《もの》を取《と》る。例 着《き》物《もの》を脱ぐ。帽《ぼう》子《し》を脱ぐ。靴《くつ》を脱ぐ。対 かぶる。着《き》る。はく。➡だつ【脱】797ページ

**ぬぐう**【拭う】動 ふいて取《と》る。例 あせをぬぐう。➡しょく【拭】641ページ

**ぬくぬく** 副(-と) 動-する ❶温《あたた》かくて、気《き》持《も》ちのいいようす。例 こたつに入《はい》ってぬくぬくしている。❷自《じ》分《ぶん》だけ楽《らく》をしているようす。例 ぬくぬくと暮《く》らす。

**ぬくまる** 動 温《あたた》まる。ぬくもる。

**ぬくみ** 名 体《からだ》に少《すこ》し感《かん》じる温《あたた》かみ。ぬくもり。例 ふとんにぬくみがある。

**ぬくめる** 動 温《あたた》かくする。

**ぬくもり** 名 温《あたた》かい感《かん》じ。温《あたた》かみ。ぬくみ。例 こたつのぬくもり。

**ぬくもる** 動 ➡ぬくまる998ページ

**ぬけあな**【抜け穴】名 ❶通《とお》りぬけられる穴《あな》。❷にげ道《みち》。うまくにげる方法《ほうほう》。例 法律《ほうりつ》にも抜け穴はある。

**ぬけがけ**【抜け駆け】名 動-する だまって、先《さき》にものごとをすること。人《ひと》を出《だ》しぬくこと。例 自《じ》分《ぶん》だけ抜けがけしようなんて、ずるいやつだ。

**ぬけがら**【抜け殻】名 ❶セミやヘビなどが、脱《だっ》皮《ぴ》したあとの殻《から》。❷たましいがぬけたように、ぼんやりしている人《ひと》。例 決《けっ》勝《しょう》戦《せん》が終《お》わって、抜け殻のようになった。

**ぬけだす**【抜け出す】動 ❶そっと、ぬけて出《で》る。例 家《いえ》を抜け出す。❷悪《わる》い状《じょう》態《たい》からいい状《じょう》態《たい》になる。例 迷《まよ》いから抜け出す。❸追《お》いぬいて前《まえ》へ出《で》る。例 一《いっ》歩《ぽ》抜け出す。❹ぬけ始《はじ》める。例 髪《かみ》の毛《け》が抜けだす。

**ぬけでる**【抜け出る】動 ❶ある場《ば》所《しょ》や状《じょう》態《たい》からはなれる。❷他《た》よりもすぐれている。例 彼《かれ》の実力《じつりょく》は抜け出ている。

**ぬけぬけ** 副(-と) ずうずうしいようす。例 ぬけぬけとうそをつく。

**ぬけみち**【抜け道】名 ❶裏道《うらみち》。近道《ちかみち》。❷にげ道《みち》。❸言《い》い訳《わけ》。例 抜け道を考《かんが》える。

**ぬけめ**【抜け目】名 注《ちゅう》意《い》の足《た》りないところ。手《て》ぬかり。油《ゆ》断《だん》。

**抜《ぬ》け目《め》がない** ずるがしこく立《た》ちまわって

慣用句 かぶとを脱《ぬ》ぐ　今日《きょう》の試合《しあい》は完敗《かんぱい》だった。彼《かれ》にはかぶとを脱《ぬ》ぐしかないよ。

すきがない。例 着替《きが》えを用意《ようい》しておくとは、抜け目がない人《ひと》だ。

**°ぬける【抜ける】** 動 ❶はまっていたものが取《と》れる。例 傘《かさ》の柄《え》が抜ける。❷取《と》れて、きれいになる。例 しみが抜ける。❸一部《いちぶ》がもれて落《お》ちる。例 ページの抜けた本《ほん》。❹せまい所《ところ》を通《とお》り過《す》ぎる。例 路《ろ》地《じ》を抜ける。❺そっと、いなくなる。例 会《かい》議《ぎ》を抜けて出《て》る。❻ちえが足《た》りない。例 抜けた行動《こうどう》。❼なくなる。例 気《き》が抜ける。❽会《かい》などの仲間《なかま》をやめる。例 班《はん》から抜ける。↓ばつ【抜】1048ページ

**°ぬげる【脱げる】** 動 ❶身《み》に着《つ》けたものが、自然《しぜん》にはなれて落《お》ちる。例 靴《くつ》がすぐ脱げてしまう。❷脱《ぬ》ぐことができる。例 独《ひと》りで服《ふく》が脱げる。↓だつ【脱】797ページ

**ぬし【主】** 名 ❶その家《いえ》の主人《しゅじん》。あるじ。例 わが家《や》の主。❷その物《もの》を持《も》っている人《ひと》。持《も》ち主《ぬし》。例 落《お》とし物《もの》の主。❸土地《とち》や会社《かいしゃ》などに古《ふる》くからいる人《ひと》。例 この村《むら》の主のような存在《そんざい》。❹あることをする人《ひと》。また、あることがらの主人公《しゅじんこう》。例 手紙《てがみ》の送《おく》り主。話題《わだい》の主。❺山《やま》や川《かわ》などに、昔《むかし》からすんでいると言《い》い伝《つた》えられている動物《どうぶつ》。例 このぬまの主は白《しろ》へびだ。↓しゅ【主】589ページ

**ぬすっと【〈盗人〉】** 名 ぬすびと。

**盗人《ぬすっと》たけだけしい** 悪《わる》いことをしていながら、たいへんずうずうしい。例 盗人たけだけしいとは、このことだ。

**ぬすびと【盗人】** 名 人《ひと》の物《もの》をぬすむ人《ひと》。ぬすっと。どろぼう。

**盗人《ぬすびと》に追《お》い銭《せん》** 〔どろぼうに物《もの》をとられたうえにお金《かね》を与《あた》えることから〕損《そん》に損《そん》を重《かさ》ねること。どろぼうに追《お》い銭《せん》。

**盗人《ぬすびと》にも三分《さんぶ》の理《り》** 〔どろぼうが物《もの》をぬすむにも理由《りゆう》があることから〕どんなことでも無理《むり》やり理屈《りくつ》をつけられることのたとえ。どろぼうにも三分《さんぶ》の理《り》。〔古《ふる》い言《い》い方《かた》。〕

**ぬすみ【盗み】** 名 盗《ぬす》むこと。どろぼう。例 盗みを働《はたら》く。↓とう【盗】905ページ

**ぬすみぎき【盗み聞き】** 名 動-する 気《き》づかれないように、人《ひと》の話《はなし》をそっと聞《き》くこと。例 ドアの向《む》こうで盗み聞きする。

**ぬすみぐい【盗み食い】** 名 動-する ❶物《もの》を盗《ぬす》んで食《た》べること。❷人《ひと》にかくれて、こっそり物《もの》を食《た》べること。

**ぬすみみる【盗み見る】** 動 気《き》づかれないように、こっそり見《み》る。例 日記《にっき》を盗み見る。

**°ぬすむ【盗む】** 動 ❶人《ひと》の物《もの》を、こっそりとる。例 金《かね》を盗む。技《わざ》を盗む。❷こっそりとものごとをする。例 人《ひと》の目《め》を盗む。❸やりくりして利用《りよう》する。例 ひまを盗む。

**ぬた** 名 野菜《やさい》や魚《さかな》、海藻《かいそう》などを酢《す》みそであえた料理《りょうり》。

**ぬっと** 副 不意《ふい》に現《あらわ》れたり、急《きゅう》に立《た》ち上《あ》がったりするようす。例 横《よこ》からぬっと顔《かお》を出《だ》す。

**°ぬの【布】** 名 糸《いと》で織《お》った物《もの》。織物《おりもの》。きれ。例 布を裁《た》つ。↓ふ【布】1122ページ

**ぬのぎれ【布切れ】** 名 布《ぬの》を切《き》ったもの。布《ぬの》の切《き》れはし。例 傷口《きずぐち》を布切れでしばる。

**ぬのじ【布地】** 名 衣服《いふく》などを作《つく》るための布《ぬの》。生地《きじ》。

**ぬのせい【布製】** 名 布《ぬの》で作《つく》ってあること。

**ぬのめ【布目】** 名 布地《ぬのじ》の縦糸《たていと》と横糸《よこいと》の織《お》り目《め》のこと。

**°ぬま【沼】** 名 自然《しぜん》に、陸《りく》のくぼみに水《みず》がたまった所《ところ》。湖《みずうみ》より浅《あさ》いが、どろが深《ふか》くて、モなどが生《は》えている。↓しょう【沼】622ページ

**ぬまち【沼地】** 名 沼《ぬま》や水《みず》たまりがあって、どろの深《ふか》い所《ところ》。

**ぬめり** 名 ぬるぬるすること。また、ぬるぬるしたもの。例 排水溝《はいすいこう》のぬめりを取《と》る。

**°ぬらす** 動 ぬれるようにする。しめらす。例 ハンカチをぬらして顔《かお》をふく。

**ぬらりくらり** 副(-と) ↓のらりくらり 1019ページ

**ぬり【塗り】** 名 ぬること。特《とく》に、うるしをぬること。また、ぬったもの。例 塗りのおぼん。

**ぬりえ【塗り絵】** 名 紙《かみ》に線《せん》で絵《え》がかいてあり、それに色《いろ》をぬって遊《あそ》ぶもの。

**ぬりかえる【塗り替える】** 動 ❶もう一《いち》度《ど》塗《ぬ》り直《なお》す。例 壁《かべ》を塗り替える。❷以前《いぜん》とはちがった、新《あたら》しいものになる。例 世《せ》界《かい》記《き》録《ろく》を塗り替える。

**ぬりたくる【塗りたくる】** 動 加《か》減《げん》を考《かんが》えず、むやみに塗《ぬ》る。例 クリームを塗りたくる。





慣用句 かまをかける　うまくかまをかけて、彼《かれ》の本音《ほんね》を聞《き》き出《だ》した。

**ぬりたて【塗り立て】** 名 ぬったばかりで、時間《じかん》がたっていないこと。例 ペンキ塗り立て。

**ぬりたてる【塗り立てる】** 動 ❶きれいにぬる。❷むやみにぬる。例 おしろいを塗り立てる。

**ぬりつぶす【塗り潰す】** 動 すき間《ま》なく一面《いちめん》にぬる。例 赤一色《あかいっしょく》で塗りつぶす。

**ぬりもの【塗り物】** 名 うるしをぬった器《うつわ》。漆器《しっき》。例 塗り物のおわん。

**○ぬる【塗る】** 動 ❶表面《ひょうめん》に、液体《えきたい》や液状《えきじょう》のものをなすりつける。例 かべを塗る。❷表面《ひょうめん》に色《いろ》をつける。例 地図《ちず》に色《いろ》を塗る。⇩と【塗】901ページ

**○ぬるい** 形 ❶お湯《ゆ》などが、少《すこ》し冷《さ》めた感《かん》じである。例 ぬるいお茶《ちゃ》。対 温《あたた》かい。関連 熱《あつ》い。温《あたた》かい。冷《つめ》たい。❷厳《きび》しくない。例 練習《れんしゅう》がぬるい。

**ぬるぬる** 副(-と) 動-する 水《みず》けがあって少《すこ》しねばりけがあり、すべりやすいようす。例 手《て》すりがぬるぬるしている。

**ぬるまゆ【ぬるま湯】** 名 少《すこ》し温《あたた》かいお湯《ゆ》。

**ぬるま湯《ゆ》につかる** なんの心配《しんぱい》もない中《なか》で、のんびりと過《す》ごす。例 ぬるま湯につかったような毎日《まいにち》。

**ぬるむ** 動 少《すこ》し温《あたた》かくなる。例 春《はる》になると、水《みず》がぬるむ。

**ぬれえん【ぬれ縁】** 名 雨戸《あまど》の外《そと》にある、はばのせまい縁側《えんがわ》。

**ぬれぎぬ** 名 悪《わる》いことをしていないのに、自分《じぶん》がしたように言《い》われること。無実《むじつ》の罪《つみ》。例 ぬれぎぬを着《き》せられる。

**ぬれてにあわ【濡れ手に粟】** 〔ぬれた手《て》で粟《あわ》をつかむと、粟《あわ》のつぶがたくさんくっ付《つ》いてくるように〕苦労《くろう》せずに、もうけること。ぬれ手《て》であわ。

**ぬれねずみ** 名 衣服《いふく》を着《き》たまま、全身《ぜんしん》びっしょりぬれること。例 ぬれねずみになる。

**○ぬれる【濡れる】** 動 表面《ひょうめん》に水《みず》が付《つ》く。また、水《みず》がかかってしみこむ。例 雨《あめ》にぬれたベンチ。

# ね

ネ　ne

**ね【音】** 名 おと。声《こえ》。例 音色《いろ》。笛《ふえ》の音。虫《むし》の音。⇩おん【音】184ページ

**音《ね》を上《あ》げる** がまんできないほどつらい。例 きつい練習《れんしゅう》に、音を上げる。

**○ね【根】** 名 ❶草《くさ》や木《き》の、土《つち》の中《なか》にある部分《ぶぶん》。根《ね》っこ。❷ものごとのもと。原因《げんいん》。例 この事件《じけん》の根は深《ふか》い。❸生《う》まれつきの性質《せいしつ》。例 口《くち》は悪《わる》いが、根はやさしい。⇩こん【根】487ページ

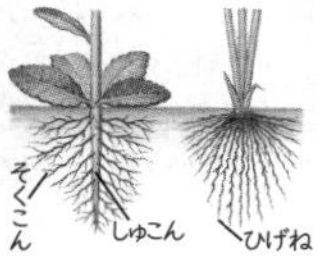

〔根❶〕

**根《ね》が生《は》える** その場《ば》から動《うご》こうとしないようす。例 まるで根が生えたように、こたつから出《で》ようとしない。

**根《ね》に持《も》つ** いつまでも、うらみを忘《わす》れないでいる。例 昔《むかし》のことを根に持つ。

**根《ね》も葉《は》もない** 何《なん》の理由《りゆう》もない。いいかげんな。例 根も葉もないうわさ。

**根《ね》を下《お》ろす** ❶草《くさ》や木《き》がしっかりと根《ね》づく。❷新《あたら》しいものごとが、その土地《とち》のものになる。例 新《あたら》しい文化《ぶんか》が根を下ろす。

**根《ね》を張《は》る** ❶植物《しょくぶつ》が土《つち》の中《なか》に深《ふか》く根《ね》をのばす。❷考《かんが》え、風習《ふうしゅう》・勢力《せいりょく》が定着《ていちゃく》する。例 ずるい考《かんが》えが根を張る。

**○ね【値】** 名 物《もの》の値段《ねだん》。例 値をつける。値が張《は》る〔=値《ね》段《だん》が高《たか》い〕。⇩ち【値】819ページ

**ね【子】** 名 十二支《じゅうにし》の一番《いちばん》め。ねずみ。⇩じゅうにし601ページ

**ね** 一 助 ❶相手《あいて》にもそうだと言《い》ってほしい気《き》持《も》ちを表《あらわ》す。ねえ。例「いいお天気《てんき》ですね。」❷念《ねん》をおす気《き》持《も》ちを表《あらわ》す。例「わかりましたね。」❸親《した》しみの気《き》持《も》ちを表《あらわ》したり、言《い》い方《かた》をやさしくしたりするときに使《つか》う。例「あれがね、ぼくの本《ほん》だよ。」二 感 呼《よ》びかけたり、念《ねん》をおしたりするときに使《つか》う言葉《ことば》。ねえ。例「ね、行《い》こうよ。」

**ねあがり【値上がり】** 名 動-する 物《もの》の値段《ねだん》が高《たか》くなること。対 値下《ねさ》がり。

**ねあげ【値上げ】** 名 動-する 物《もの》の値段《ねだん》を高《たか》くすること。例 今月《こんげつ》になって、値上げが続《つづ》いている。対 値下《ねさ》げ。

**ねあせ【寝汗】** 名 ねむっている間《あいだ》に出《で》る汗《あせ》。

慣用句　可《か》もなし不可《ふか》もなし　こんどの作品《さくひん》は、可《か》もなし不可《ふか》もなしで、平凡《へいぼん》な出来《でき》だと言《い》われてしまった。

**ねい【寧】** 画数 14 部首 宀（うかんむり）

音ネイ 訓 ―

❶やすらか。熟語 安寧《あんねい》〔＝世《よ》の中《なか》が静《しず》かなこと〕。❷心《こころ》をこめる。熟語 丁寧《ていねい》。

**ねいき【寝息】** 名 ねむっているときの息《いき》。

**ネイティブ**〔英語 native〕名 形動 ❶その土《と》地《ち》に生《う》まれ育《そだ》った人《ひと》。❷幼《おさな》いときから、生《う》まれ育《そだ》った土《と》地《ち》の言語《げんご》をひとりでに身《み》につけて育《そだ》った人《ひと》。「ネイティブスピーカー」の略《りゃく》。例 ネイティブの人《ひと》から英語《えいご》を教《おそ》わる。

**ネイティブアメリカン**〔英語 Native American〕名 アメリカ大陸《たいりく》に住《す》む先住民《せんじゅうみん》。ネーティブアメリカン。参考 最初《さいしょ》にアメリカ大陸《たいりく》に上陸《じょうりく》したヨーロッパ人《じん》たちが、アメリカをインドとかんちがいしたので、昔《むかし》はインディアン〔＝インド人《じん》〕とよばれていた。

**ねいりばな【寝入りばな】** 名 ねむってすぐのころ。例 寝入りばなを起《お》こされた。

**ねいる【寝入る】** 動 ❶ねむり始《はじ》める。寝《ね》つく。例 赤《あか》ちゃんがようやく寝入った。❷よくねむる。例 ぐっすりと寝入る。

**ネイル**〔英語 nail〕名〔「ネール」ともいう。〕❶爪《つめ》。❷「ネイルアート」の略《りゃく》。爪《つめ》に色《いろ》を塗《ぬ》ったり、飾《かざ》りをつけたりすること。

**ねいろ【音色】** 名 その音《おと》の感《かん》じ。その音《おと》だけにあるひびき。例 フルートのやわらかな音色。参考「おんしょく」とも読《よ》む。

**ねうち【値打ち】** 名 ❶値《ね》段《だん》。あたい。例 百《ひゃく》万円《まんえん》の値打ちがある。❷価《か》値《ち》。役《やく》に立《た》つ程《てい》度《ど》。例 この本《ほん》は、読《よ》む値打ちがある。

**ねえさん【〈姉さん〉】** 名 ❶姉《あね》を敬《うやま》ったり、親《した》しみをこめたりして言《い》う言葉《ことば》。❷若《わか》い女《おんな》の人《ひと》。対（❶・❷）兄《にい》さん。参考「姉《ねえ》さん」は、特《とく》別《べつ》に認《みと》められた読《よ》み方《かた》。

**ネーミング**〔英語 naming〕名 動-する 名《な》前《まえ》をつけること。特《とく》に、商品《しょうひん》や会社《かいしゃ》などの名《な》前《まえ》をつけること。

**ネーム**〔英語 name〕名 名《な》前《まえ》。例 ネームプレート〔＝名《な》札《ふだ》〕。

**ネームバリュー** 名〔日本《にっぽん》でできた英語《えいご》ふうの言葉《ことば》。〕その名《な》前《まえ》が世間《せけん》によく知《し》られている効果《こうか》や値《ね》うち。例 推薦者《すいせんしゃ》のネームバリューのおかげでよく売《う》れた。

**ネール**〔英語 nail〕名 ↓ネイル 1001ページ

**ねおき【寝起き】** 一 名 動-する ❶寝《ね》ることと、起《お》きること。❷ふだんの生活《せいかつ》をすること。例 子《こ》ども部屋《べや》で寝起きする。二 名 目覚《めざ》めて起《お》きること。例 寝起きが悪《わる》い〔＝起《お》きたときのきげんがよくない〕。

**ネオン**〔英語 neon〕名 ❶空気中《くうきちゅう》にほんの少《すこ》しある、色《いろ》もにおいも味《あじ》もない気体《きたい》。ネオンガス。❷ネオンサイン。

**ネオンサイン**〔英語 neon sign〕名 広告《こうこく》などに使《つか》う明《あ》かり。空気《くうき》をぬいたガラス管《かん》にネオンやヘリウムなどのガスを入《い》れ、電気《でんき》を通《とお》すと、赤《あか》・青《あお》・緑《みどり》・白《しろ》などの色《いろ》に光《ひか》る。ネオン。

**ネガ** 名〔英語《えいご》の「ネガティブ」の略《りゃく》。〕写真《しゃしん》を撮《と》って現像《げんぞう》したフィルム。白黒《しろくろ》や明暗《めいあん》が実際《じっさい》と逆《ぎゃく》になっている。

**ねがい【願い】** 名 ❶願《ねが》うこと。願《ねが》っていること。例 願いがかなう。❷希望《きぼう》を書《か》いて、さし出《だ》すもの。願書《がんしょ》。例 入学《にゅうがく》願い。

**ねがいさげ【願い下げ】** 名 ❶願《ねが》いを自分《じぶん》から取《と》り消《け》すこと。❷たのまれたことを、断《ことわ》ること。例 無理《むり》な注文《ちゅうもん》は願い下げだ。

**ねがいでる【願い出る】** 動 願《ねが》いごとを申《もう》し出《で》る。例 入場《にゅうじょう》の許可《きょか》を願い出る。

**ねがう【願う】** 動 ❶（神《かみ》や仏《ほとけ》や他《ほか》の人《ひと》に）こうしてほしいと思《おも》う。たのむ。望《のぞ》む。例 平和《へいわ》を願う。↓がん【願】274ページ

**ねがえり【寝返り】** 名 動-する ❶寝《ね》たまま体《からだ》の向《む》きを変《か》えること。例 寝返りをうつ。❷味方《みかた》にそむいて、敵《てき》につくこと。

**ねがえる【寝返る】** 動 味方《みかた》にそむいて敵《てき》につく。例 敵《てき》に寝返る。

**ねがお【寝顔】** 名 寝《ね》ているときの顔《かお》。例 幸《しあわ》せそうな寝顔。

例解 ! 表現の広場

**願《ねが》う と 望《のぞ》む と 求《もと》める のちがい**

| | 願《ねが》う | 望《のぞ》む | 求《もと》める |
|---|---|---|---|
| 世界《せかい》の平和《へいわ》を | ○ | ○ | ○ |
| 合格《ごうかく》を神《かみ》に | ○ | × | × |
| 努力《どりょく》を | × | ○ | ○ |
| 必死《ひっし》で助《たす》けを | × | × | ○ |



慣用句 かゆいところに手《て》が届《とど》く かゆいところに手《て》が届《とど》くような、細《こま》やかな心遣《こころづか》いに感心《かんしん》した。

**ねかす【寝かす】** 動 ⇩ねかせる 1002ページ／⇩しん【寝】 656ページ

**°ねかせる【寝かせる】** 動 〔「ねかす」とも言《い》う。〕❶寝《ね》るようにする。寝《ね》かしつける。例赤《あか》んぼうを寝かせる。❷立《た》っているものを横《よこ》にする。例本箱《ほんばこ》を寝かせて運《はこ》ぶ。病人《びょうにん》を寝かせる。❸そのまま手《て》もとに置《お》いておく。❹こうじなどを一《いっ》定《てい》の温度《おんど》の場所《ばしょ》において、発酵《はっこう》させる。例商品《しょうひん》を寝かせておく。例みそを三年《さんねん》寝かせる。

**ねかた【根方】** 名 木《き》の幹《みき》の下《した》のほう。根《ね》もと。例柳《やなぎ》の根方。

**ねがったりかなったり【願ったりかなったり】** 願《ねが》ったとおりになること。例そうなれば、願ったりかなったりだ。

**ねがってもない【願ってもない】** 〔かなえられそうもないことが〕そのとおりになって、ありがたい。例外国《がいこく》に行《い》けるなんて願ってもないことだ。

**ネガティブ** 〔英語 negative〕 一形動 そうではないと、打《う》ち消《け》すようす。否《ひ》定的《ていてき》なようす。例ネガティブな発言《はつげん》ばかりする。二名 ⇩ネガ 1001ページ

**ねぎ【葱】** 名 畑《はたけ》に作《つく》る、葉《は》が筒《つつ》のような形《かたち》をした細長《ほそなが》い野菜《やさい》。参考 葉先《はさき》につく球形《きゅうけい》の白《しろ》い花《はな》を「ねぎぼうず」という。

**ねぎぼうず【ねぎ坊主】** 名 ⇩ねぎ 1002ページ

**ねぎらう** 動 人《ひと》の苦労《くろう》をなぐさめ、感謝《かんしゃ》する。いたわる。例優勝《ゆうしょう》の労《ろう》をねぎらう。

**ねぎる【値切る】** 動 元《もと》の値段《ねだん》よりも安《やす》くさせる。例値切って買《か》う。

**ねぐせ【寝癖】** 名 ❶寝《ね》たときの、体《からだ》を動《うご》かすくせ。例寝ぐせが悪《わる》い。❷寝《ね》たときに、まくらなどにおしつけられて、髪《かみ》が変《へん》な形《かたち》になること。例寝ぐせがつく。

**ネクタイ** 〔英語 necktie〕 名 ワイシャツのえりに巻《ま》いて前《まえ》で結《むす》ぶ、細長《ほそなが》い布《ぬの》。タイ。

**ねぐら** 名 ❶鳥《とり》の寝《ね》る所《ところ》。例夕方《ゆうがた》、鳥《とり》たちはねぐらにもどる。❷寝《ね》る所《ところ》。〔くだけた言《い》い方《かた》。〕

**ネグリジェ** 〔フランス語〕 名 ワンピースの形《かたち》の、女《おんな》の人《ひと》のねまき。

**ねぐるしい【寝苦しい】** 形 気持《きも》ちよくねむれない。例暑《あつ》くて、寝苦しい。

**°ねこ【猫】** 名 家《いえ》の中《なか》で昔《むかし》から人《ひと》に飼《か》われてきた動物《どうぶつ》。⇩びょう【猫】 1111ページ

〔ねこ〕

**猫《ねこ》にかつお節《ぶし》** 〔かつお節《ぶし》は猫《ねこ》の大好物《だいこうぶつ》であることから〕好《す》きなものがすぐそばにあっては、あやまちが起《お》こりそうで油断《ゆだん》できない。

**猫《ねこ》に小判《こばん》** 〔猫《ねこ》に小判《こばん》を与《あた》えても、なんにもならないように〕どんなに値打《ねう》ちのあるものでも、その価値《かち》のわからない人《ひと》には役《やく》に立《た》たないこと。類豚《ぶた》に真珠《しんじゅ》。

**猫《ねこ》の首《くび》に鈴《すず》を付《つ》ける** 実行《じっこう》することが難《むずか》しいことのたとえ。参考 ネズミたちが、猫《ねこ》の首《くび》に鈴《すず》を付《つ》けようと話《はな》し合《あ》ったが、猫《ねこ》をこわがって付《つ》けに行《い》くネズミがいなかった、というイソップの話《はなし》から。

**猫《ねこ》の手《て》も借《か》りたい** 〔あまり役《やく》に立《た》たない猫《ねこ》にも手助《てだす》けをしてほしいほど〕たいへんいそがしい。例大掃除《おおそうじ》のときは、猫の手も借りたいほどだ。

**猫《ねこ》の額《ひたい》** 〔猫《ねこ》の額《ひたい》のように〕非常《ひじょう》にせまい場《ば》所《しょ》。例猫の額ほどの庭《にわ》。

**猫《ねこ》の目《め》のよう** 〔猫《ねこ》のひとみは光《ひかり》のかげんで、たえず大《おお》きさが変《か》わることから〕ものごとが目《め》まぐるしく変化《へんか》することのたとえ。例彼《かれ》の態度《たいど》は、猫の目のようにくるくる変《か》わる。

**猫《ねこ》もしゃくしも** だれもかれもがそろって。例猫もしゃくしも流行《りゅうこう》を追《お》う。

**猫《ねこ》をかぶる** 〔猫《ねこ》が人前《ひとまえ》ではおとなしいように〕ほんとうの性質《せいしつ》をかくして、おとなしく見《み》せかける。

**ねこかわいがり【猫かわいがり】** 名 動-する やたらにかわいがって、あまやかすこと。ねこっかわいがり。

**ねこぐるま【猫車】** 名 農作物《のうさくぶつ》や土砂《どしゃ》など





慣用句 間一髪《かんいっぱつ》 遅刻《ちこく》すれすれだったが、間一髪《かんいっぱつ》間《ま》に合《あ》った。

を運《はこ》ぶのに使《つか》う、手押《てお》しの一輪車《いちりんしゃ》。

**ねごこち**【寝〈心地〉】名 寝《ね》たときの気分《きぶん》。例 寝心地のよいふとん。

**ねこじた**【猫舌】名〔猫《ねこ》が熱《あつ》い食《た》べ物《もの》をきらうことから〕熱《あつ》い食《た》べ物《もの》が苦手《にがて》なこと。また、そのような人《ひと》。

**ねこじゃらし**【猫じゃらし】名〔くだけた言《い》い方《かた》。〕⇩えのころぐさ132ページ

**ねこぜ**【猫背】名〔猫《ねこ》のように〕背中《せなか》の上《うえ》のほうが曲《ま》がっていること。

**ねこそぎ**【根こそぎ】一名 草《くさ》や木《き》を、根《ね》をつけたまま全部《ぜんぶ》ぬき取《と》ること。例 雑草《ざっそう》を根こそぎにする。二副 そっくり。全部《ぜんぶ》。例 財産《ざいさん》を根こそぎ取《と》られた。

**ねごと**【寝言】名 ❶ねむっているときに言《い》う言葉《ことば》。例 寝言を言《い》う。❷わけのわからない言葉《ことば》。例 ふざけた寝言を言《い》うな。

**ねこなでごえ**【猫なで声】名 人《ひと》のきげんをとるために、わざとつくったあまえ声《ごえ》。

**ねこばば**【猫ばば】名 動-する 拾《ひろ》った物《もの》などをこっそり自分《じぶん》の物《もの》にすること。例 猫ばばを決《き》めこむ。

**ねこみ**【寝込み】名 よく眠《ねむ》っている最中《さいちゅう》。例 寝込みをおそう。

**ねこむ**【寝込む】動 ❶ぐっすりとねむる。❷病気《びょうき》になって、床《とこ》につく。例 二日間《ふつかかん》かぜで寝込んだ。

**ねこやなぎ**【猫柳】名 川《かわ》の岸《きし》などに生《は》える小《ち》さな木《き》。ヤナギの仲間《なかま》だが、枝《えだ》はたれない。春早《はるはや》く、葉《は》が出《で》る前《まえ》に、白《しろ》い毛《け》でおおわれた花《はな》のつぼみをたくさんつける。

**ねころぶ**【寝転ぶ】動 横《よこ》になって寝《ね》る。ねころがる。例 しばふの上《うえ》に寝転ぶ。

**ねさがり**【値下がり】名 動-する 物《もの》の値段《ねだん》が安《やす》くなること。対 値上《ねあ》がり。

**ねさげ**【値下げ】名 動-する 物《もの》の値段《ねだん》を安《やす》くすること。例 賞味期限《しょうみきげん》の近《ちか》い品物《しなもの》を値下げする。対 値上《ねあ》げ。

**ねざす**【根ざす】動 ❶草《くさ》や木《き》の根《ね》がしっかりつく。❷もとづく。例 ボランティア精神《せいしん》に根ざした行動《こうどう》。

**ねざめ**【寝覚め】名 ねむりから覚《さ》めること。目覚《めざ》め。例 寝覚めがよい。

**寝覚《ねざ》めが悪《わる》い** ❶起《お》きたときのきげんがよくない。❷自分《じぶん》のしたことが気《き》になって、あとまでいやな思《おも》いをする。例 友達《ともだち》を泣《な》かせて、寝覚めが悪い。

**ねじ** 名 ❶物《もの》をくっつけたり、しめつけたりする金属《きんぞく》のくぎ。らせんのようなみぞがあり、回《まわ》しながら物《もの》の中《なか》に入《い》れていく。例 ねじをしめる。❷ぜんまいを巻《ま》くもの。

**ねじが緩《ゆる》む** 緊張《きんちょう》がとけてだらしなくなる。気持《きも》ちがたるむ。例 テストが終《お》わってねじが緩んだ。

**ねじを巻《ま》く** しっかり行動《こうどう》するように強《つよ》くはげます。例 最近《さいきん》たるんでいるのでねじを巻く必要《ひつよう》がある。

**ねじくぎ**【ねじ釘】名 先《さき》のほうが、ねじになっているくぎ。

**ねじける** 動 ❶曲《ま》がりくねる。例 針金《はりがね》がねじける。❷気持《きも》ちがすなおでなくなる。ひねくれる。例 心《こころ》がねじける。

**ねじこむ**【ねじ込む】動 ❶ねじって入《い》れる。❷無理《むり》におしこめる。例 ポケットに雑誌《ざっし》をねじ込む。❸強《つよ》く文句《もんく》を言《い》う。例 夜中《よなか》にうるさいので、その家《いえ》にねじ込んだ。

**ねしずまる**【寝静まる】動 ねむって静《しず》かになる。例 寝静まるのを待《ま》つ。

**ねしな**【寝しな】名 寝《ね》ようとするとき。また、寝《ね》たばかりのとき。寝《ね》ぎわ。例 寝しなに外《そと》で大《おお》きな音《おと》がした。

**ねじふせる**【ねじ伏せる】動 ❶相手《あいて》の腕《うで》をねじって、体《からだ》を押《お》さえつける。例 泥棒《どろぼう》をねじふせる。❷力《ちから》づくで押《お》さえつける。例 反対意見《はんたいいけん》を人数《にんずう》でねじふせる。

**ねじまげる**【ねじ曲げる】動 ❶ねじって曲《ま》げる。❷わざと悪《わる》いほうに向《む》ける。例 事実《じじつ》をねじ曲げて報告《ほうこく》する。

**ねじまわし**【ねじ回し】名 ねじを回《まわ》すための道具《どうぐ》。ドライバー。⇩こうぐ433ページ

**ねしょうべん**【寝小便】名 動-する ねむっていて気《き》がつかないうちに小便《しょうべん》をしてしまうこと。おねしょ。

**ねじりはちまき**【ねじり鉢巻き】名 ❶手《て》ぬぐいをねじって、頭《あたま》に巻《ま》きつけること。❷気合《きあ》いを入《い》れて、ものごとをすること。例 ねじり鉢巻きで宿題《しゅくだい》を済《す》ませる。



 慣用句 考《かんが》えも及《およ》ばない 科学《かがく》の進歩《しんぽ》はめざましく、考《かんが》えも及《およ》ばないことが次々《つぎつぎ》に実現《じつげん》する。

**ねじる** 参考「ねじ鉢巻《はちま》き」ともいう。

**ねじる** 動 力《ちから》を加《くわ》えて回《まわ》す。また、両《りょう》はしをたがいに逆《ぎゃく》に回《まわ》す。例 体《からだ》をねじる。

**ねじれる** 動 ❶ねじったようになる。例 ロープがねじれる。❷性質《せいしつ》などがひねくれる。例 心《こころ》がねじれる。

**ねじろ【根城】** 名 活動《かつどう》の中心《ちゅうしん》となる場所《ばしょ》。根拠地《こんきょち》。例 海辺《うみべ》の宿《やど》を根城にして調査《ちょうさ》をする。

**ねすごす【寝過ごす】** 動 起《お》きる時刻《じこく》がきても、目《め》を覚《さ》まさないで寝《ね》ている。

**ねずのばん【寝ずの番】** 名 寝《ね》ないで、夜《よ》どおし番《ばん》をすること。例 寝ずの番をする。

**ねずみ【鼠】** 名 家《いえ》や畑《はたけ》などにすみ、物《もの》を食《く》いあらす小《ちい》さな動物《どうぶつ》。ノネズミ・イエネズミ・ハツカネズミなどがいる。

**ねずみいろ【鼠色】** 名 ➡はいいろ 1026ページ

**ねずみざん【鼠算】** 名 〔ネズミは、次々《つぎつぎ》に子《こ》を産《う》んで増《ふ》えるところから〕数《かず》が、非常《ひじょう》に速《はや》く増《ふ》えること。

**ねぞう【寝相】** 名 寝《ね》ているときのかっこう。寝姿《ねすがた》。例 寝相が悪《わる》い。

**ねそびれる【寝そびれる】** 動 寝《ね》ようとしたのに、ねむれなくなる。例 近所《きんじょ》のさわぎで寝そびれた。

**ねそべる【寝そべる】** 動 体《からだ》をのばして、ねころぶ。例 寝そべって本《ほん》を読《よ》む。

**ねたきり【寝たきり】** 病気《びょうき》などで体《からだ》が弱《よわ》って、寝《ね》たままでいること。例 寝たきりの状態《じょうたい》。

**ねたこをおこす【寝た子を起こす】** (ねている子《こ》を起《お》こしてきげんを悪《わる》くするように)しなくてもよいことをして、悪《わる》い結果《けっか》を招《まね》くことのたとえ。例 思《おも》いつきで言《い》った意見《いけん》が、寝た子を起こすことになってしまった。

**ねたましい【妬ましい】** 形 うらやましくて、にくらしい。例 何《なん》でもできる人《ひと》がねたましい。

**ねたみ【妬み】** 名 うらやみ、にくむこと。ねたむこと。例 人《ひと》びとのねたみを買《か》う。

**ねたむ【妬む】** 動 人《ひと》のすぐれているところを、うらやんだり、にくらしく思《おも》ったりする。そねむ。例 人《ひと》をねたんでもしかたがない。➡と【妬】 901ページ

**ねだやし【根絶やし】** 名 ❶根《ね》からぬき取《と》ってしまうこと。❷元《もと》からなくしてしまうこと。例 暴力《ぼうりょく》を根絶やしにする。

**ねだる** 動 あまえるようにして、ほしいものを手《て》に入《い》れようとする。せがむ。例 おこづかいをねだる。

**ねだん【値段】** 名 品物《しなもの》を売《う》り買《か》いするときの金額《きんがく》。値《ね》。価《あたい》。

**ねちがえる【寝違える】** 動 寝方《ねかた》が悪《わる》くて、首《くび》や肩《かた》の筋《すじ》を痛《いた》くする。

**ネチケット** 〔英語 netiquette〕名 インターネットを利用《りよう》するときの心《こころ》がけやマナー。参考「ネットワーク」と「エチケット」を組《く》み合《あ》わせてできた言葉《ことば》。

**ねちねち** 副(-と) 動-する いつまでも、しつこくからみつくようにくり返《かえ》すようす。例 ねちねちといやみを言《い》う。

**ねつ【熱】** 画数 15 部首 灬(れんが) 4年

音 ネツ 訓 あつ-い

筆順

❶あつい。温度《おんど》が高《たか》い。熟語 熱帯《ねったい》。熱湯《ねっとう》。熱風《ねっぷう》。対 冷《れい》。❷温度《おんど》を上《あ》げ下《さ》げするもと。熟語 熱源《ねつげん》。加熱《かねつ》。❸体《からだ》の温度《おんど》。熟語 発熱《はつねつ》。平熱《へいねつ》。❹心《こころ》を打《う》ち込《こ》む。熟語 熱心《ねっしん》。熱中《ねっちゅう》。情熱《じょうねつ》。

《訓の使い方》 **あつ-い** 例 熱いお茶《ちゃ》。

**ねつ【熱】** 名 ❶温度《おんど》を上《あ》げ下《さ》げするもとになるもの。エネルギーの一《ひと》つ。例 熱を加《くわ》える。❷病気《びょうき》のときなどの体温《たいおん》。例 かぜで熱が出《て》る。❸心《こころ》を打《う》ち込《こ》むこと。例 練習《れんしゅう》に熱が入《はい》る。

**熱《ねつ》が冷《さ》める** 夢中《むちゅう》になっていた状態《じょうたい》が、元《もと》にもどる。例 切手集《きってあつ》めの熱が冷めた。

**熱《ねつ》に浮《う》かされる** ❶高熱《こうねつ》のために、意識《いしき》がはっきりしなくなる。❷夢《む》中《ちゅう》になってのぼせる。例 熱に浮かされて、周囲《しゅうい》の忠告《ちゅうこく》も耳《みみ》に入《はい》らない。

**熱《ねつ》を上《あ》げる** 夢中《むちゅう》になる。例 アイドルに熱を上げる。

**熱《ねつ》を入《い》れる** 張《は》り切《き》ってものごとをする。例 ボランティア活動《かつどう》に熱を入れる。

慣用句 関心《かんしん》を引《ひ》く　テレビのCM《シーエム》は、人々《ひとびと》の関心《かんしん》を引《ひ》くような、さまざまな工夫《くふう》をしている。

**ねつい**【熱意】〈名〉ものごとに対《たい》する熱心《ねっしん》な気持《きも》ち。〈例〉虫《むし》の研究《けんきゅう》に熱意を燃《も》やす。

**ねつえん**【熱演】〈名〉〈動-する〉劇《げき》や映画《えいが》などで、一生懸命《いっしょうけんめい》演《えん》じること。〈例〉ヒロイン役《やく》を熱演する。

**ネッカチーフ**〔英語 neckerchief〕〈名〉首《くび》に巻《ま》いたり、頭《あたま》にかぶったりする、四角形《しかくけい》のうすい布《ぬの》。

**ねっから**【根っから】〈副〉❶もとから。もともと。〈例〉根っからの正直者《しょうじきもの》。❷ぜんぜん。まったく。〈例〉根っから信《しん》じない。〈注意〉❷は、あとに「ない」などの打《う》ち消《け》しの言葉《ことば》がくる。

**ねつき**【寝付き】〈名〉ねむりにつくこと。〈例〉寝つきが悪《わる》い〔＝すぐにねむれない〕。

**ねっき**【熱気】〈名〉❶熱《あつ》い空気《くうき》。〈例〉部屋《へや》に熱気がこもる。❷興奮《こうふん》した気持《きも》ち。〈例〉会場《かいじょう》は、熱気にあふれている。

**ねつききゅう**【熱気球】〈名〉大《おお》きなふくろに、ガスバーナーで暖《あたた》めた空気《くうき》をふきこみ、空中《くうちゅう》にうかび上《あ》がらせて飛《と》ぶ乗《の》り物《もの》。人《ひと》はふくろからつり下《さ》げたゴンドラに乗《の》る。

〔ねつききゅう〕

**ねっきょう**【熱狂】〈名〉〈動-する〉興奮《こうふん》して、夢中《むちゅう》になること。〈例〉熱狂的《てき》な応援《おうえん》。

**ねつく**【寝付く】〈動〉❶ねむり始《はじ》める。〈例〉赤《あか》ちゃんが寝ついた。❷病気《びょうき》になって寝込《ねこ》む。〈例〉かぜで寝ついてしまった。

**ねづく**【根付く】〈動〉❶植《う》えた植物《しょくぶつ》が根《ね》を張《は》って育《そだ》つ。〈例〉移《うつ》したユリが根付く。❷新《あたら》しい考《かんが》えなどが定着《ていちゃく》する。〈例〉民主主義《みんしゅしゅぎ》が根付く。

**ネックレス**〔英語 necklace〕〈名〉首《くび》かざり。

**ねっけつ**【熱血】〈名〉血《ち》がわき立《た》つように、激《はげ》しい心《こころ》。〈例〉熱血漢《かん》〔＝意気《いき》さかんな人《ひと》〕。

**ねっこ**【根っこ】〈名〉❶根《ね》。切《き》りかぶ。❷付《つ》け根《ね》。〈例〉首《くび》の根っこをつかまえる。

**ねっしゃびょう**【熱射病】〈名〉熱中症《ねっちゅうしょう》の一《ひと》つ。気温《きおん》の高《たか》い所《ところ》に長時間《ちょうじかん》いたために、体温《たいおん》の調節《ちょうせつ》ができなくなって起《お》こる病気《びょうき》。体温《たいおん》が上《あ》がって、けいれんなどを起《お》こす。↓ねっちゅうしょう 1006ページ

**ねっしょう**【熱唱】〈名〉〈動-する〉心《こころ》をこめて歌《うた》うこと。また、熱《ねつ》のこもった歌《うた》い方《かた》。〈例〉音楽《おんがく》会《かい》で熱唱する。

**ねつじょう**【熱情】〈名〉熱心《ねっしん》に打《う》ちこむ気持《きも》ち。情熱《じょうねつ》。〈例〉熱情あふれる話《はなし》。

°**ねっしん**【熱心】〈名〉〈形動〉一生懸命《いっしょうけんめい》に、はげむこと。心《こころ》を集中《しゅうちゅう》すること。〈例〉話《はなし》を熱心に聞《き》く。

°**ねっする**【熱する】〈動〉❶熱《ねつ》を加《くわ》える。〈例〉鉄《てつ》は熱すると赤《あか》くなる。❷熱中《ねっちゅう》する。〈例〉熱しやすく冷《さ》めやすい性格《せいかく》。

**熱《ねっ》しやすく冷《さ》めやすい** すぐに熱中《ねっちゅう》するが、長続《ながつづ》きしない。〈例〉熱しやすく冷めやすい性格《せいかく》で、三《さん》か月《げつ》で習《なら》い事《ごと》を辞《や》めてしまった。

**ねっせん**【熱戦】〈名〉力《ちから》のこもった、激《はげ》しい戦《たたか》い。〈例〉熱戦をくり広《ひろ》げる。

**ねつぞう**【捏造】〈名〉〈動-する〉事実《じじつ》でないことを、事実《じじつ》であるかのように作《つく》り上《あ》げること。〈例〉記事《きじ》をねつ造する。

**ねったい**【熱帯】〈名〉赤道《せきどう》を中心《ちゅうしん》とした、一年《いちねん》じゅう暑《あつ》い地帯《ちたい》。〈関連〉寒帯《かんたい》。温帯《おんたい》。

**ねったいうりん**【熱帯雨林】〈名〉熱帯《ねったい》の、雨《あめ》の多《おお》い地域《ちいき》にひろがる森林《しんりん》。熱帯降雨林《ねったいこううりん》。

**ねったいぎょ**【熱帯魚】〈名〉熱帯地方《ねったいちほう》の海《うみ》や川《かわ》にすんでいる魚《さかな》。グッピー・エンゼルフィッシュ・チョウチョウウオなど種類《しゅるい》が多《おお》い。色《いろ》があざやかで美《うつく》しい。

**ねったいしょくぶつ**【熱帯植物】〈名〉熱帯地方《ねったいちほう》に生《は》えている植物《しょくぶつ》。

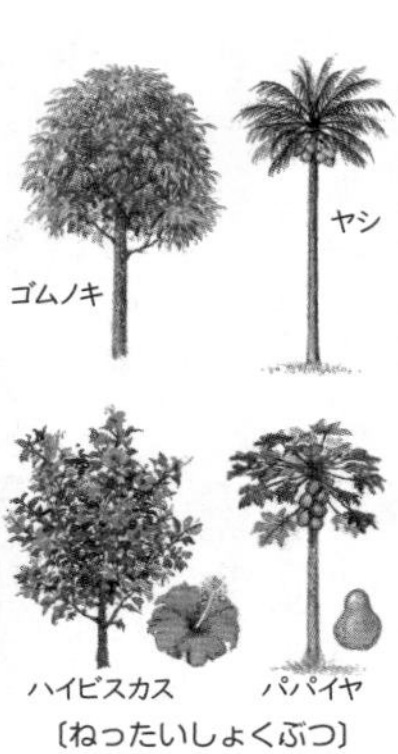

〔ねったいしょくぶつ〕

**ねったいていきあつ**【熱帯低気圧】〈名〉熱帯地方《ねったいちほう》の海上《かいじょう》にできる低気圧《ていきあつ》。日本《にっぽん》をおそう台風《たいふう》は、この低気圧《ていきあつ》が発達《はったつ》したもの。

**ねったいや**【熱帯夜】〈名〉夜《よる》になっても、最低気温《さいていきおん》が二五度《ど》より下《さ》がらない、暑《あつ》くて寝《ね》ぐるしい夜《よる》のこと。

**ねったいりん**【熱帯林】〈名〉熱帯地方《ねったいちほう》の森《しん》

〈慣用句〉**間髪《かんはつ》を入《い》れず** むずかしいクイズが出《で》ても、間髪《かんはつ》を入《い》れず答《こた》えるから、たいしたものだ。

林《りん》。広葉樹《こうようじゅ》の大《おお》きな木《き》が多《おお》い。関連 温帯林《おんたいりん》。寒帯林《かんたいりん》。

**ねっちゅう【熱中】** 名 動-する ある一《ひと》つのことに夢中《むちゅう》になること。例 将棋《しょうぎ》に熱中する。

**ねっちゅうしょう【熱中症】** 名 夏《なつ》の暑《あつ》さなどで、熱《ねつ》が体内《たいない》にたまって起《お》こる病気《びょうき》。ひどい頭痛《ずつう》がしたり、気《き》を失《うしな》ったりする。

**ねつっぽい【熱っぽい】** 形 ❶熱《ねつ》のありそうな感《かん》じだ。例 体《からだ》が熱っぽい。❷夢中《むちゅう》になっている。例 熱っぽく語《かた》る。

**ネット**〔英語 net〕名 ❶網《あみ》。例 バックネット。❷テニス・バレーボール・バドミントン・卓球《たっきゅう》などで、コートの真《ま》ん中《なか》を仕切《しき》って張《は》ってある網《あみ》。❸「ネットワーク」の略《りゃく》。❹「インターネット」の略《りゃく》。

**ねっとう【熱湯】** 名 煮《に》えたっているお湯《ゆ》。

**ネットショッピング**〔英語 net shopping〕名 インターネットを使《つか》った買《か》い物《もの》。

**ねっとり** 副(-と) 動-する 物《もの》がねばるようす。例 手《て》に油《あぶら》がねっとりとついた。

**ネットワーク**〔英語 network〕名 網《あみ》の目《め》のような組織《そしき》。特《とく》に、テレビやラジオで、一《ひと》つの番組《ばんぐみ》を同時《どうじ》に放送《ほうそう》するために、多数《たすう》の放送《ほうそう》局《きょく》を結《むす》んだもの。ネット。

**ねつびょう【熱病】** 名 高《たか》い熱《ねつ》が出《で》る病気《びょうき》。肺炎《はいえん》・チフス・マラリアなど。

**ねっぷう【熱風】** 名 太陽《たいよう》や電気《でんき》などで、ひどく熱《あつ》くなった風《かぜ》。

**ねつべん【熱弁】** 名 熱《ねつ》をこめた話《はな》し方《かた》。例 熱弁をふるう〔=熱《ねつ》をこめて話《はな》す〕。

**ねつぼう【熱望】** 名 動-する 熱心《ねっしん》に強《つよ》く望《のぞ》むこと。例 平和《へいわ》を熱望する。類 切望《せつぼう》。

**ねづよい【根強い】** 形 しっかりしていて、ぐらつかない。例 根強い人気《にんき》がある。

**ねつりょう【熱量】** 名 物《もの》が燃《も》えるときの熱《ねつ》の量《りょう》。単位《たんい》はカロリー。一《いち》カロリーは、一《いち》グラムの水《みず》をセ氏《し》一度《いちど》だけ上《あ》げる。

**ねつれつ【熱烈】** 形動 気持《きも》ちが、燃《も》えるように激《はげ》しいようす。例 熱烈なファン。

**ねてもさめても【寝ても覚めても】** 寝《ね》ているときも、起《お》きているときも。いつでも。例 寝ても覚めても気《き》にかかる。

**ねどこ【寝床】** 名 寝《ね》るために敷《し》いたふとんやベッド。とこ。例 寝床に入《はい》る。

**ねとまり【寝泊まり】** 名 動-する よそに泊《と》まって、寝《ね》ること。例 仕事《しごと》でホテルに寝泊まりする。

**ねなしぐさ【根無し草】** 名 ❶根《ね》の張《は》っていない草《くさ》。浮《う》き草《くさ》。❷しっかりしたよりどころがないこと。

**ネパール** 地名 インドと中国《ちゅうごく》との間《あいだ》にある国《くに》。国《くに》のほとんどが山地《さんち》で、ヒマラヤ登山《とざん》の基地《きち》となっている。首都《しゅと》は、カトマンズ。

**ねばつく【粘つく】** 動 ねばねばしてくっつく。ねばりつく。

**ねばっこい【粘っこい】** 形 ❶ねばりけが強《つよ》い。❷しつこい。例 ねばっこく戦《たたか》う。

**ねばねば** 副(-と) 動-する 物《もの》がしつこくねばりつくようす。例 油《あぶら》がねばねばする。

**○ねばり【粘り】** 名 ❶ねばること。ねばりけ。例 このもちは粘りが強《つよ》い。❷最後《さいご》までやりとげようとする力《ちから》。例 粘りがほしい。

**ねばりけ【粘り気】** 名 ねばる性質《せいしつ》。ねばる力《ちから》。例 粘り気のある食《た》べ物《もの》。

**ねばりづよい【粘り強い】** 形 ❶ねばりけが多《おお》い。❷がまん強《づよ》い。例 ねばり強く説《せっ》得《とく》を続《つづ》ける。

**○ねばる【粘る】** 動 ❶ねばねばとして、はなれにくい。例 このなっとうは、よく粘る。❷がまん強《づよ》くどこまでもやり通《とお》そうとする。例 やりとげるまで粘る。⬇ねん【粘】1008ページ

**ねびえ【寝冷え】** 名 動-する ねむっている間《あいだ》に体《からだ》が冷《ひ》えて、かぜをひいたり、おなかが痛《いた》くなったりすること。

**ねびき【値引き】** 名 動-する 元《もと》の値段《ねだん》より安《やす》くすること。また、安《やす》く売《う》ること。

**ねぶかい【根深い】** 形 ❶根《ね》が地中《ちちゅう》に深《ふか》く張《は》っている。❷原因《げんいん》や理由《りゆう》が前々《まえまえ》からある。例 この事件《じけん》は根深い。

**ねぶくろ【寝袋】** 名 登山《とざん》などで、野外《やがい》に寝《ね》るときに体《からだ》をすっぽり入《い》れる、ふくろのようなもの。シュラーフザック。

**ねぶそく【寝不足】** 名 形動 ねむりが足《た》りないこと。例 ゆうべ夜《よ》ふかししたので寝不足だ。

**ねふだ【値札】** 名 ねだんを書《か》いて品物《しなもの》につける、小《ちい》さい札《ふだ》。

慣用句 気《き》が置《お》けない　気《き》が置《お》けない仲間《なかま》と旅行《りょこう》するのは、とりわけ楽《たの》しいものだ。

**ねぶたまつり**【ねぶた祭】名 青森市《あおもりし》など東北地方《とうほくちほう》で八月上旬《はちがつじょうじゅん》に行《おこな》われる祭《まつ》り。竹《たけ》や針金《はりがね》の骨組《ほねぐ》みに紙《かみ》をはり、色《いろ》をぬって作《つく》った大《おお》きな人形《にんぎょう》の中《なか》に明《あ》かりをともし、街《まち》を引《ひ》き回《まわ》す。弘前市《ひろさきし》のように「ねぷた」と言《い》う地域《ちいき》もある。

**ねぶみ**【値踏み】名 動-する その物《もの》を見《み》て、だいたいの値段《ねだん》をつけること。例 骨《こっ》とう品《ひん》の値踏みをする。

**ねぼう**【寝坊】名 動-する 朝《あさ》おそくまで寝《ね》ていること。また、その人《ひと》。

**ねぼけまなこ**【寝ぼけ眼△】名 寝起《ねお》きでまだ眠《ねむ》そうな目《め》。例 寝ぼけ眼で朝《あさ》の支度《したく》をする。

**ねぼける**【寝ぼける】動 ❶目《め》が覚《さ》めても、まだ頭《あたま》がぼんやりしている。例 寝ぼけた声《こえ》を出《だ》す。❷ねむったまま起《お》き上《あ》がったりして、わけのわからないことをする。

**ねほりはほり**【根掘り葉掘り】副 こと細《こま》かに。残《のこ》らず。例 根掘り葉掘り聞《き》く。

**ねま**【寝間】名 ねる部屋《へや》。寝室《しんしつ》。

**ねまき**【寝巻き・寝間着】名 夜《よる》、寝《ね》るときに着《き》るもの。

**ねまわし**【根回し】名 動-する ❶木《き》を移植《いしょく》するとき、根《ね》のまわりを掘《ほ》って、いらない根《ね》を切《き》り取《と》ったりしておくこと。❷ものごとがうまくいくように、前《まえ》もって話《はなし》をつけておくこと。例 会議《かいぎ》の前《まえ》に根回しをしておく。

**ねみみにみず**【寝耳に水】不意《ふい》の出来《でき》事《ごと》に、びっくりすること。例 転校《てんこう》なんて寝耳に水だ。類 やぶから棒《ぼう》。

**ねむい**【眠い】形 〔「ねむたい」ともいう。〕ねむりたくなる感《かん》じである。例 おそくまで起《お》きていたので眠い。

**ねむけ**【眠気】名 ねむくなること。ねむりたい気分《きぶん》。例 眠けをもよおす。 ⇩みん【眠】1269ページ

**ねむたい**【眠たい】形 ねむい。

**ねむのき**【〈合歓〉の木】名 野山《のやま》に生《は》える高《たか》い木《き》で、夏《なつ》、糸《いと》を束《たば》ねたようなうす赤《あか》い花《はな》が咲《さ》く。また、夜《よる》になると葉《は》を閉《と》じる。

**ねむり**【眠り】名 ねむること。例 深《ふか》い眠りに落《お》ちる。眠りが浅《あさ》い。

**ねむりにつく**【眠りにつく】眠《ねむ》る。就寝《しゅうしん》する。例 本《ほん》を読《よ》んでいたら、いつの間《ま》にか眠りについていた。

**ねむりこける**【眠りこける】動 ぐっすりねむってしまう。例 疲《つか》れて眠りこけている。

**ねむる**【眠る】動 ❶目《め》をつむり、心《こころ》や体《からだ》が自然《しぜん》に活動《かつどう》をやめて、休《やす》んだ状態《じょうたい》になる。対 覚《さ》める。❷死《し》んで横《よこ》たわる。例 この墓《はか》には、祖先《そせん》が眠っている。❸物《もの》が使《つか》われないで、そのままになっている。例 本箱《ほんばこ》に本《ほん》が眠っている。⇩みん【眠】1269ページ

**ねむろかいきょう**〔根室海峡〕地名 北海道《ほっかいどう》の東《ひがし》、国後島《くなしりとう》との間《あいだ》の海峡《かいきょう》。

**ねむろはんとう**〔根室半島〕地名 北海《ほっかい》道《どう》の東《ひがし》の部分《ぶぶん》につき出《で》た半島《はんとう》。

**ねもと**【根元・根本】名 ❶草《くさ》や木《き》の根《ね》の出《で》ているところ。また、その周《まわ》り。つけ根《ね》。❷ものごとのもと。根本《こんぽん》。

**ねゆき**【根雪】名 降《ふ》り積《つ》もったまま春《はる》まで解《と》けない雪《ゆき》。

**ねらい**【狙い】名 ❶ねらうこと。❷だいじな目当《めあ》て。目的《もくてき》。例 学習《がくしゅう》のねらい。

**ねらう**【狙う】動 ❶目当《めあ》てとする物《もの》に、当《あ》てようとする。例 的《まと》をねらって矢《や》を放《はな》つ。❷あることをしようとして、よい時《とき》を待《ま》つ。例 チャンスをねらう。❸目標《もくひょう》とする。例 優《ゆう》勝《しょう》をねらう。⇩そ【狙】740ページ

**ねりあげる**【練り上げる】動 ❶十分《じゅうぶん》に練《ね》る。❷何度《なんど》も考《かんが》えて、よいものにする。例 計画《けいかく》を練り上げる。

**ねりあるく**【練り歩く】動 列《れつ》を作《つく》って、ゆっくりと歩《ある》く。例 行列《ぎょうれつ》が町《まち》を練り歩く。

**ねりせいひん**【練り製品】名 魚《さかな》の肉《にく》をすり身《み》にして作《つく》った食《た》べ物《もの》。かまぼこ・はんぺん・ちくわなど。練《ね》り物《もの》。

**ねりなおす**【練り直す】動 ❶もう一度《いちど》よく練《ね》る。❷もう一度《いちど》よく考《かんが》える。例 計画《けいかく》を練り直す。

**ねりもの**【練り物】名 ⇩ねりせいひん1007ページ

**ねる**【寝る】動 ❶ねむる。例 早《はや》く寝て、早《はや》く起《お》きる。❷横《よこ》になる。例 寝ながら本《ほん》を読《よ》む。対（❶・❷）起《お》きる。❸病気《びょうき》でとこにつく。例 かぜで、二日間《ふつかかん》寝ていた。敬語 丁寧《ていねい》

慣用句 聞《き》き捨《ず》てならない　聞《き》き捨《ず》てならないうわさが耳《みみ》に入《はい》って、じっとしてはいられない気持《きも》ちだ。



あいうえお かきくけこ さしすせそ たちつてと なにぬ ね の はひふへほ まみむめも や ゆ よ らりるれろ わ を ん

な言《い》い方《かた》は、「やすむ」。⇒しん【寝】656ページ

**寝《ね》る子《こ》は育《そだ》つ** よく寝《ね》る子《こ》はよく育《そだ》つ。

**◦ねる【練る】** 動 ❶水《みず》でこね合《あ》わせる。例 小《こ》麦粉《むぎこ》を練る。❷火《ひ》にかけて、こね固《かた》める。例 あんを練る。❸絹《きぬ》を、あくやせっけんなどで煮《に》て、やわらかくする。❹心《こころ》や体《からだ》をきたえる。例 技《わざ》を練る。❺いろいろ考《かんが》えてよいものにする。例 文章《ぶんしょう》を練る。❻列《れつ》を作《つく》って、ゆっくり進《すす》む。例 祭《まつ》りの行列《ぎょうれつ》が町《まち》を練る。

⇒れん【練】1407ページ

**ねれる【練れる】** 動 ❶練《ね》った状態《じょうたい》になる。例 あんが練れる。❷いろいろ経験《けいけん》して人柄《ひとがら》がおだやかになる。例 練れた人《ひと》。

**ねわけ【根分け】** 名 動-する 植物《しょくぶつ》の根《ね》をいくつかに分《わ》けて、他《ほか》の場所《ばしょ》へ植《う》えかえること。例 菊《きく》を根分けして増《ふ》やす。

**ねん【年】** 画数 6 部首 干(かん) 1年

音 ネン 訓 とし

筆順 年

❶とし。熟語 年月《ねんげつ》・年月《としつき》。年末《ねんまつ》。年輪《ねんりん》。新年《しんねん》。❷ねんれい。熟語 年少《ねんしょう》。少年《しょうねん》。青年《せいねん》。老年《ろうねん》。❸時代《じだい》。熟語 年代《ねんだい》。近年《きんねん》。❹年数《ねんすう》を数《かぞ》える言《こと》葉《ば》。例 西暦《せいれき》二〇〇〇年《ねん》。

**ねん【年】** 名 一年《いちねん》。例 年に一度《いちど》のお祭《まつ》り。

**ねん【念】** 画数 8 部首 心(こころ) 4年

音 ネン 訓 ―

筆順 念

❶思《おも》い。熟語 念頭《ねんとう》。観念《かんねん》。雑念《ざつねん》。信念《しんねん》。❷心《こころ》を集中《しゅうちゅう》する。熟語 念願《ねんがん》。一念《いちねん》。執念《しゅうねん》。❸よく注意《ちゅうい》する。熟語 入念《にゅうねん》。❹覚《おぼ》えている。熟語 記念《きねん》。❺いのる。唱《とな》える。熟語 念仏《ねんぶつ》。⇩ねんじる1009ページ

**ねん【念】** 名 ❶心《こころ》からの思《おも》い。例 尊敬《そんけい》の念を深《ふか》める。❷注意深《ちゅういぶか》くすること。例 念を入《い》れて調《しら》べる。

**念《ねん》には念《ねん》を入《い》れる** 注意《ちゅうい》の上《うえ》にも注意《ちゅうい》して、丁寧《ていねい》にする。例 念には念を入れてチェックする。

**念《ねん》のため** いっそう確実《かくじつ》にするため。例 念のため、ノートに書《か》いておく。

**念《ねん》を押《お》す** もう一度《いちど》確《たし》かめる。例「大丈夫《だいじょうぶ》ですね。」と念を押した。

**ねん【燃】** 画数 16 部首 火(ひへん) 5年

音 ネン 訓 も-える も-やす も-す

筆順 燃

もえる。もやす。熟語 燃焼《ねんしょう》。燃料《ねんりょう》。再燃《さいねん》。

《訓の使い方》**も-える** 例 木《き》が燃える。**も-やす** 例 ごみを燃やす。**も-す** 例 落《お》ち葉《ば》を燃す。

**ねん【捻】** 画数 11 部首 扌(てへん)

音 ネン 訓 ―

ねじる。ひねる。熟語 捻挫《ねんざ》。捻出《ねんしゅつ》(=ひねり出《だ》すこと)。

**ねん【粘】** 画数 11 部首 米(こめへん)

音 ネン 訓 ねば-る

ねばる。熟語 粘着《ねんちゃく》。粘土《ねんど》。

**ねん【然】** 熟語 天然《てんねん》。⇩ぜん【然】729ページ

**ねんいり【念入り】** 形動 気《き》をつけて、丁寧《ていねい》にするようす。例 念入りに調《しら》べる。

**ねんえき【粘液】** 名 ねばねばした液《えき》。

**ねんが【年賀】** 名 新年《しんねん》のお祝《いわ》い。類 年始《ねんし》。

**ねんがく【年額】** 名 金額《きんがく》の一年間《いちねんかん》の合計《ごうけい》。

**ねんがじょう【年賀状】** 名 新年《しんねん》を祝《いわ》って出《だ》す挨拶《あいさつ》のはがきや手紙《てがみ》。賀状《がじょう》。

**ねんがっぴ【年月日】** 名 年《ねん》と月《つき》と日《ひ》。例 生《う》まれた年月日を記入《きにゅう》する。

**ねんがらねんじゅう【年がら年中】** 副 一年《いちねん》じゅう。いつでも。例 二人《ふたり》は年がら年中けんかばかりしている。

**ねんかん【年刊】** 名 一年《いちねん》に一回《いっかい》発行《はっこう》すること。関連 日刊《にっかん》。週刊《しゅうかん》。旬刊《じゅんかん》。月刊《げっかん》。季刊《きかん》。

**ねんかん【年間】** 名 ❶一年《いちねん》の間《あいだ》。例 年間計《けい》画《かく》。❷ある年代《ねんだい》の間《あいだ》。例 昭和《しょうわ》年間。関連 週《しゅう》間《かん》。旬間《じゅんかん》。月間《げっかん》。

**ねんかん【年鑑】** 名 その年《とし》の出来事《できごと》、統計《とうけい》などを集《あつ》めて記録《きろく》し解説《かいせつ》した、毎年《まいとし》一回《いっかい》発行《はっこう》する本《ほん》。

**ねんがん【念願】** 名 動-する そうなるように、思《おも》い続《つづ》けた願《ねが》いや望《のぞ》み。例 念願の初勝《はつしょう》利《り》。

類宿願《しゅくがん》。

**ねんき【年季】** 名 昔《むかし》、人《ひと》をやとうときに決《き》めた約束《やくそく》の年数《ねんすう》。

**年季《ねんき》を入《い》れる** 何年《なんねん》もかけて腕《うで》をみがき、一《ひと》つの技《わざ》や仕事《しごと》に慣《な》れる。

**ねんきゅう【年給】** 名 ↓ねんぽう1010ページ

**ねんきん【年金】** 名 (国《くに》などから)毎年《まいとし》いくらと決《き》まって受《う》け取《と》るお金《かね》。

**ねんぐ【年貢】** 名 ❶昔《むかし》、領主《りょうしゅ》が土地《とち》や田畑《たはた》などにかけた税《ぜい》。穀物《こくもつ》などで納《おさ》めさせた。❷昔《むかし》、田畑《たはた》を借《か》りていた人《ひと》が、地主《じぬし》に納《おさ》めた米《こめ》やお金《かね》。小作料《こさくりょう》。

**年貢《ねんぐ》の納《おさ》めどき** ❶悪《わる》いことをした人《ひと》が、つかまって罰《ばつ》を受《う》けるとき。例泥棒《どろぼう》も年貢の納めどきだ。❷ものごとに見切《みき》りをつけて、あきらめなければならないとき。〔俗《ぞく》な言《い》い方《かた》。〕

**ねんげつ【年月】** 名 年《とし》と月《つき》。いく年《ねん》かの長《なが》い間《あいだ》。としつき。例長《なが》い年月。

**ねんげん【年限】** 名 いつまでと決《き》めた年《ねん》数《すう》。例約束《やくそく》の年限が切《き》れる。

**ねんごう【年号】** 名 日本《にっぽん》で、年《とし》につける呼《よ》び名《な》。元号《げんごう》。令和《れいわ》や平成《へいせい》など。

■**ねんこうじょれつ【年功序列】** 名 会社《かいしゃ》などで、年齢《ねんれい》や勤《つと》めた年数《ねんすう》によって、地《ち》位《い》や賃金《ちんぎん》などが決《き》まること。

**ねんごろ【懇ろ】** 形動 ❶心《こころ》をこめてするようす。例懇ろにもてなす。❷親《した》しいようす。例懇ろになる。↓こん【懇】488ページ

**ねんざ【捻挫】** 名 動-する 手《て》や足《あし》などの関節《かんせつ》を、ねじってくじくこと。例足首《あしくび》の捻挫。

**ねんさん【年産】** 名 一年間《いちねんかん》にできた物《もの》の量《りょう》や数《かず》の合計《ごうけい》。関連日産《にっさん》。月産《げっさん》。

**ねんし【年始】** 名 ❶年《とし》のはじめ。類年頭《ねんとう》。対年末《ねんまつ》。❷新年《しんねん》の挨拶《あいさつ》。類年賀《ねんが》。

**ねんじ【年次】** 名 ❶(入学《にゅうがく》や卒業《そつぎょう》の)年《とし》の順《じゅん》。例卒業《そつぎょう》年次。❷年度《ねんど》をもとにしたその一年《いちねん》。例学校行事《がっこうぎょうじ》の年次計画《けいかく》。

**ねんしゅう【年収】** 名 一年間《いちねんかん》に入《はい》ったお金《かね》。一年間《いちねんかん》の収入《しゅうにゅう》。

**ねんじゅう【年中】** 一 名 一年《いちねん》じゅう。二 副 いつも。絶《た》えず。例年中いそがしい。

**ねんじゅうぎょうじ【年中行事】** 名 毎年《まいとし》決《き》まった時期《じき》に行《おこな》う、儀式《ぎしき》やお祝《いわ》いなどの行事《ぎょうじ》。ねんちゅうぎょうじ。

**ねんしょう【年少】** 名 ❶年《とし》が下《した》のこと。また、その人《ひと》。❷幼稚園《ようちえん》などで、年齢《ねんれい》がいちばん下《した》の組《くみ》。また、その組《くみ》の子《こ》。対(❶・❷)年長《ねんちょう》。

**ねんしょう【燃焼】** 名 動-する ❶燃《も》えること。例石油《せきゆ》が燃焼する。❷持《も》っている力《ちから》や情熱《じょうねつ》などを出《だ》しきること。例マラソンで体力《たいりょく》を燃焼しつくした。

**ねんじる【念じる】** 動 心《こころ》の中《なか》でいのる。念《ねん》ずる。例無事《ぶじ》を念じる。

**ねんずる【念ずる】** 動 ↓ねんじる1009ページ

**ねんだい【年代】** 名 ❶過《す》ぎてきた時代《じだい》。例古《ふる》い年代の話《はなし》。❷ひとまとまりにして区切《くぎ》った期間《きかん》。世代《せだい》。例平成《へいせい》の年代。❸同《おな》じ年《とし》ごろの人《ひと》たち。例二人《ふたり》は同年代《どうねんだい》だ。

**ねんちゃく【粘着】** 名 ねばりつくこと。例粘着力《りょく》。粘着テープ。

**ねんちゅうぎょうじ【年中行事】** 名 ↓ねんじゅうぎょうじ1009ページ

**ねんちょう【年長】** 名 ❶年《とし》が上《うえ》のこと。また、その人《ひと》。❷幼稚園《ようちえん》などで、年齢《ねんれい》がいちばん上《うえ》の組《くみ》。また、その組《くみ》の子《こ》。対(❶・❷)年少《しょう》。

**ねんど【年度】** 名 仕事《しごと》の都合《つごう》で決《き》めた一年《いちねん》の期間《きかん》。ふつう四月《しがつ》一日《ついたち》に始《はじ》まり、翌年《よくねん》の三《さん》月三十一日《がつさんじゅういちにち》に終《お》わる。

**ねんど【粘土】** 名 ねばりけのある、きめの細《こま》かい土《つち》。焼《や》き物《もの》の原料《げんりょう》にする。

**ねんとう【年頭】** 名 一年《いちねん》の初《はじ》め。例年頭の挨拶《あいさつ》。類年始《ねんし》。

**ねんとう【念頭】** 名 頭《あたま》の中《なか》。考《かんが》え。例そんなことは念頭にない(=考《かんが》えていない)。

**念頭《ねんとう》に置《お》く** 忘《わす》れないように、心《こころ》にかける。例「安全第一《あんぜんだいいち》」を念頭に置く。

**ねんどまつ【年度末】** 名 年度《ねんど》の終《お》わり。例年度末に経費《けいひ》を精算《せいさん》する。

**ねんない【年内】** 名 その年《とし》のうち。例この仕事《しごと》は年内にかたづける。

**ねんねこ** 名 ❶「ねんねこ半《ばん》てん」の略《りゃく》。寒《さむ》いときなどに、背負《せお》った子《こ》どもの上《うえ》から着《き》る、綿《わた》の入《はい》った半《はん》てん。❷(子守歌《こもりうた》などで)寝《ね》ること。




慣用句 忌憚《きたん》のない　みなさんの忌憚《きたん》のないご意見《いけん》を、ぜひお聞《き》かせください。

**ねんねん【年年】** 名 副 毎年《まいとし》。年《とし》ごと。例 町《まち》の人口《じんこう》は年々増加《ぞうか》する。

**ねんぱい【年配・年輩】** 名 ❶だいたいの年齢《ねんれい》。❷世《よ》の中《なか》のことがよくわかっている年《とし》ごろ。中年《ちゅうねん》。例 年配の人《ひと》。

**ねんばんがん【粘板岩】** 名 板《いた》のようにうすくはがれやすい岩石《がんせき》。黒《くろ》っぽい色《いろ》をしている。すずりや、砥石《といし》などに使《つか》う。

**ねんぴ【燃費】** 名 機械《きかい》を動《うご》かすために必要《ひつよう》な燃料《ねんりょう》の量《りょう》。自動車《じどうしゃ》の場合《ばあい》は、燃料《ねんりょう》一《いち》リットルで走《はし》れるキロ数《すう》のこと。

**ねんぴょう【年表】** 名 歴史上《れきしじょう》の出来事《できごと》などを、年《とし》の順《じゅん》に書《か》いた表《ひょう》。例 日本史年表《にほんしねんぴょう》。

**ねんぷ【年譜】** 名 あるものごとや人《ひと》の一生《いっしょう》などについて、年《とし》の順《じゅん》に書《か》いた記録《きろく》。

**ねんぶつ【念仏】** 名「南無阿弥陀仏《なむあみだぶつ》」などと唱《とな》えて、仏《ほとけ》にいのること。

**ねんぽう【年俸】** 名 一年間《いちねんかん》にいくらと決《き》めた給料《きゅうりょう》。年給《ねんきゅう》。

**ねんまく【粘膜】** 名 目《め》・のど・鼻《はな》・胃《い》・腸《ちょう》などの内側《うちがわ》を包《つつ》むやわらかな膜《まく》。表面《ひょうめん》は、ねばねばした液《えき》でおおわれ、いつもしめっている。

**ねんまつ【年末】** 名 一年《いちねん》の終《お》わりのころ。十二月《じゅうにがつ》の末《すえ》。年《とし》の暮《く》れ。歳末《さいまつ》。対 年始《ねんし》。

**ねんらい【年来】** 名 何年《なんねん》も前《まえ》から。長年《ながねん》の間《あいだ》。例 年来の望《のぞ》みをとげる。

**ねんり【年利】** 名 一年間《いちねんかん》を単位《たんい》として決《き》めた利息《りそく》。

**ねんりき【念力】** 名 強《つよ》く願《ねが》うことによって、生《う》まれる力《ちから》。例 思《おも》う念力岩《いわ》をも通《とお》す。

**°ねんりょう【燃料】** 名 火《ひ》を燃《も》やして、熱《ねつ》や光《ひかり》などのエネルギーを得《え》るもの。まき・炭《すみ》・石炭《せきたん》・石油《せきゆ》・ガスなど。

**ねんりょうでんち【燃料電池】** 名 発電《はつでん》の仕組《しく》みの一《ひと》つ。水素《すいそ》と酸素《さんそ》を反応《はんのう》させて、電気《でんき》を取《と》り出《だ》す装置《そうち》。例 燃料電池自動車《じどうしゃ》。参考 反応《はんのう》によってできる物質《ぶっしつ》は水《みず》だけなので、公害《こうがい》の原因《げんいん》にならず、発電効率《はつでんこうりつ》もよい。

**ねんりん【年輪】** 名 木《き》を横《よこ》に切《き》ると見《み》える円《まる》い輪《わ》。一年《いちねん》に一《ひと》つずつできる。

**°ねんれい【年齢】** 名 生《う》まれてから今《いま》までの年《とし》の数《かず》。とし。参考「年令《ねんれい》」とも書《か》くが、もとは「年齢《ねんれい》」。

## の

ノ no

**°の【野】** 名 草《くさ》などが生《は》えた、広々《ひろびろ》とした平《たい》らな土地《とち》。野原《のはら》。例 野の花《はな》。↓や【野】 1316ページ

**の** 助 ❶そのものが、どういうものであるかを示《しめ》す。例 ぼくの家《いえ》。公園《こうえん》のベンチ。❷その動作《どうさ》をする人《ひと》や物《もの》を示《しめ》す。が。例 弟《おとうと》のかいた絵《え》。❸「もの」「こと」の代《か》わりにいう言葉《ことば》。例 赤《あか》いのをください。わたしは映画《えいが》をみるのが好《す》きです。❹ものごとを並《なら》べていうときに使《つか》う。とか。例 いいの悪《わる》いのとうるさい。❺疑問《ぎもん》を表《あらわ》す。例 だれがやったの。❻やわらかい感《かん》じを表《あらわ》す。わ。例 いいえ、かまいませんの。❼やわらかく命令《めいれい》する気持《きも》ちを表《あらわ》す。例 わがままを言《い》わないの。参考 ❺・❻・❼は、文《ぶん》の終《お》わりにつけて使《つか》う。

**ノイズ** 〔英語 noise〕 名 雑音《ざつおん》。うるさい音《おと》。

**ノイローゼ** 〔ドイツ語〕 名 心配《しんぱい》ごとなどのために、いらいらしたり、落《お》ちこんだりする心《こころ》の状態《じょうたい》。また、そのために起《お》こる神経《しんけい》の障害《しょうがい》。

**のう【納】** 画数 10 部首 糸(いとへん) 6年

音 ノウ ナッ ナ ナン トウ
訓 おさ-める おさ-まる

筆順 く 幺 糸 糸 納 納 納

❶〔お金《かね》や品物《しなもの》を〕入《い》れる。おさめる。熟語 納金《のうきん》。納税《のうぜい》。納入《のうにゅう》。❷受《う》け入《い》れる。受《う》け取《と》る。熟語 納得《なっとく》。受納《じゅのう》。出納《すいとう》。❸物《もの》をしまう。熟語 納骨《のうこつ》。納屋《なや》。納戸《なんど》。収納《しゅうのう》。

《訓の使い方》 **おさ-める** 例 授業料《じゅぎょうりょう》を納める。**おさ-まる** 例 税金《ぜいきん》が納まる。

**のう【能】** 画数 10 部首 月(にくづき) 5年

音 ノウ 訓 ―

筆順 ム ム 台 台 育 能 能 能

❶できる。熟語 可能《かのう》。万能《ばんのう》。不能《ふのう》。❷なしとげる力《ちから》。はたらき。熟語 能力《のうりょく》。能率《のうりつ》。効能《こうのう》。才能《さいのう》。本能《ほんのう》。❸はたらきかける。熟語 能動《のうどう》。❹わざ。熟語 技能《ぎのう》。芸能《げいのう》。❺能楽《のうがく》。熟語 能《のう》

面《めん》。

**のう【能】**名 ❶何《なに》かをなしとげる力《ちから》。例何《なん》の能もない。❷能楽《のうがく》のこと。例能や狂言《きょうげん》を楽《たの》しむ。⬇のうがく 1011ページ

**能《のう》あるたかは爪《つめ》を隠《かく》す** ほんとうに能力《のうりょく》のある人《ひと》は、それを人前《ひとまえ》で見《み》せびらかしたりしないものだというたとえ。

**能《のう》がない** ❶能力《のうりょく》や才能《さいのう》がない。例指導者《しどうしゃ》としての能がない。❷工夫《くふう》がない。例くり返《かえ》すだけでは能がない。

**のう【脳】** 画数 11 部首 月(にくづき) 6年
音 ノウ 訓 ―
筆順 月 月 月 月 脳 脳 脳

❶頭《あたま》の中《なか》の、のう。熟語 大脳《だいのう》。❷頭《あたま》のはたらき。熟語 頭脳《ずのう》。❸中心《ちゅうしん》となる人《ひと》。熟語 首《しゅ》脳《のう》。

**のう【脳】**名 頭《あたま》の中《なか》にあって、考《かんが》えたり体《からだ》を動《うご》かしたりするはたらきを受《う》け持《も》つところ。

**のう【農】** 画数 13 部首 辰(しんのたつ) 3年
音 ノウ 訓 ―
筆順 農 農 農 農 農 農

田《た》や畑《はたけ》を耕《たがや》して、農作物《のうさくぶつ》を作《つく》ること。また、それをする人《ひと》。熟語 農家《のうか》。農業《のうぎょう》。

**のう【農】**名 ❶農業《のうぎょう》のこと。例農は国《くに》の基《き》本《ほん》。❷農民《のうみん》。例士《し》農工商《こうしょう》。

**のう【悩】** 画数 10 部首 忄(りっしんべん)
音 ノウ 訓 なや-む なや-ます
なやむ。思《おも》い苦《くる》しむ。熟語 苦悩《くのう》。例心《こころ》を悩《なや》ます。

**のう【濃】** 画数 16 部首 氵(さんずい)
音 ノウ 訓 こ-い
色《いろ》、味《あじ》などがこい。熟語 濃厚《のうこう》。濃縮《のうしゅく》。濃淡《のうたん》。対 淡《たん》。

**のういっけつ【脳溢血】**名 ⬇のうしゅっけつ 1012ページ

**のうえん【農園】**名 野《や》菜《さい》・果物《くだもの》・草花《くさばな》などを大《おお》がかりに作《つく》る所《ところ》。例いちご農園。

**のうか【農家】**名 農業《のうぎょう》で暮《く》らしを立《た》てている家《いえ》。また、その建物《たてもの》。

**のうかい【納会】**名 その年《とし》、またはその年《ねん》度《ど》の締《し》めくくりとして行《おこな》う会《かい》。

**のうがき【能書き】**名 ❶薬《くすり》の効《き》き目《め》を書《か》き並《なら》べたもの。効能書《こうのうが》き。❷自分《じぶん》のよいことばかりを並《なら》べたてること。例あの人《ひと》は能書きばかり並《なら》べて、何《なに》もしない。

**のうがく【能楽】**名 わが国《くに》に古《ふる》くから伝《つた》わる演劇《えんげき》の一《ひと》つ。面《めん》(＝能面《のうめん》)を付《つ》け、笛《ふえ》・太《たい》鼓《こ》・つづみなどのおはやしや謡曲《ようきょく》に合《あ》わせて舞《ま》う。能《のう》。

〔のうがく〕

**のうかんき【農閑期】**名 一年《いちねん》のうちで農《のう》作業《さぎょう》がひまな時期《じき》。対 農繁期《のうはんき》。

**のうきぐ【農機具】**名 農作業《のうさぎょう》に使《つか》う機械《きかい》や道具《どうぐ》。

**のうきょう【農協】**名 ⬇のうぎょうきょうどうくみあい 1011ページ

**◦のうぎょう【農業】**名 田《た》や畑《はたけ》で、穀物《こくもつ》・野《や》菜《さい》・果物《くだもの》などを作《つく》る仕事《しごと》。牛《うし》などの家畜《かちく》を飼《か》う仕事《しごと》も含《ふく》めていうことがある。

**のうぎょうきょうどうくみあい【農業協同組合】**名 農民《のうみん》が作《つく》った助《たす》け合《あ》いの仕組《しく》み。協同《きょうどう》で物《もの》を買《か》ったり、作《つく》った物《もの》を出荷《しゅっか》したりする。また、お金《かね》を預《あず》かったり、貸《か》したりもする。農協《のうきょう》。ＪＡ《ジェイエー》。

**のうぎょうしけんじょう【農業試験場】**名 農産物《のうさんぶつ》や農業技術《のうぎょうぎじゅつ》の研究《けんきゅう》をしたり、その育《そだ》て方《かた》などを教《おし》えたりする所《ところ》。

**のうぎょうようすい【農業用水】**名 農業《のうぎょう》や畜産業《ちくさんぎょう》に使《つか》われる水《みず》。また、その水《みず》を引《ひ》いてくるための水路《すいろ》。

**のうぐ【農具】**名 農作業《のうさぎょう》に使《つか》う道具《どうぐ》。くわ・かま・すきなど。

**のうこう【農耕】**名 田《た》や畑《はたけ》を耕《たがや》すこと。耕《こう》作《さく》。

**のうこう【濃厚】**形動 ❶色《いろ》や味《あじ》・かおりなどがこいようす。例濃厚な牛乳《ぎゅうにゅう》。対 淡白《たんぱく》。❷可能性《かのうせい》が強《つよ》いようす。例敗色《はいしょく》が濃厚だ。対 希薄《きはく》。

慣用句 軌道《きどう》に乗《の》る　校舎《こうしゃ》の建築工事《けんちくこうじ》もようやく軌道《きどう》に乗《の》って、予定《よてい》どおりに完成《かんせい》しそうです。

**のうこつ【納骨】** 名 動-する 火葬《かそう》にした遺骨《いこつ》を墓《はか》などに納《おさ》めること。

**のうさぎょう【農作業】** 名 田《た》や畑《はたけ》を耕《たがや》して、作物《さくもつ》を作《つく》る仕事《しごと》。

**のうさくぶつ【農作物】** 名 田《た》や畑《はたけ》で作《つく》るもの。米《こめ》・野《や》菜《さい》・果物《くだもの》など。のうさくもつ。

**のうさんぶつ【農産物】** 名 農業《のうぎょう》をやってとれるもの。米《こめ》・麦《むぎ》・野《や》菜《さい》・果物《くだもの》・乳製品《にゅうせいひん》など。

**のうし【脳死】** 名 脳《のう》のはたらきがまったく失《うしな》われ、元《もと》にもどらなくなってしまった状《じょう》態《たい》。

**のうしゅく【濃縮】** 名 動-する 液体《えきたい》を、煮《に》つめるなどして、こくすること。例 濃縮したオレンジジュース。

**のうしゅっけつ【脳出血】** 名 脳《のう》の中《なか》の血管《けっかん》が破《やぶ》れて、血《ち》が脳《のう》の中《なか》にあふれる病気《びょうき》。脳溢血《のういっけつ》。

**のうじょう【農場】** 名 農作物《のうさくぶつ》を作《つく》ったり、家畜《かちく》を飼《か》ったりするために必要《ひつよう》な土地《とち》や、建《たて》物《もの》・農機具《のうきぐ》などが備《そな》わっている場所《ばしょ》。

**のうしんとう【脳震盪】** 名 頭《あたま》を強《つよ》く打《う》ったために、しばらく気《き》を失《うしな》ったり、ぼんやりしたりすること。

**のうずい【脳髄】** 名 脳《のう》。

**のうぜい【納税】** 名 動-する 税金《ぜいきん》を納《おさ》めること。例 納税の義務《ぎむ》がある。

**のうそっちゅう【脳卒中】** 名 脳《のう》の血管《けっかん》が破《やぶ》れたり、つまったりして起《お》こる病気《びょうき》。

**のうそん【農村】** 名 住民《じゅうみん》の多《おお》くが、農業《のうぎょう》で生活《せいかつ》している村《むら》。関連 漁村《ぎょそん》。山村《さんそん》。

**のうたん【濃淡】** 名 (色《いろ》や味《あじ》などが)こいことと、うすいこと。例 色《いろ》に濃淡をつける。

**のうち【農地】** 名 作物《さくもつ》を作《つく》る土地《とち》。田《た》や畑《はたけ》。例 農地を耕《たがや》す。類 耕地《こうち》。

**のうちかいかく【農地改革】** 名 第二次《だいにじ》世界大戦後《せかいたいせんご》に行《おこな》われた改革《かいかく》。地主《じぬし》の持《も》っている農地《のうち》を政府《せいふ》が買《か》い上《あ》げ、農地《のうち》を持っていない小作人《こさくにん》に売《う》りわたして、自作農《じさくのう》にした。

**のうてん【脳天】** 名 頭《あたま》のてっぺん。

**のうてんき【脳天気】** 名 形動 のんびりとしていて、物事《ものごと》を深《ふか》く考《かんが》えないこと。また、そのような人《ひと》。能天気《のうてんき》。例 大変《たいへん》なときに鼻歌《はなうた》とは、脳天気な人《ひと》だ。〔くだけた言《い》い方《かた》。〕

**のうど【濃度】** 名 液体《えきたい》や気体《きたい》のこい、うすいの度合《どあ》い。例 食塩水《しょくえんすい》の濃度。

**のうどうてき【能動的】** 形動 自分《じぶん》から進《すす》んではたらきかけるようす。例 能動的に行《こう》動《どう》する。対 受動的《じゅどうてき》。

**のうなし【能無し】** 名 能力《のうりょく》がなく、何《なん》の役《やく》にも立《た》たないこと。また、そのような人《ひと》。

**のうにゅう【納入】** 名 動-する 学校《がっこう》・役所《やくしょ》・会《かい》社《しゃ》・団体《だんたい》などに、お金《かね》や品物《しなもの》を納《おさ》めること。納付《のうふ》。例 月謝《げっしゃ》を納入する。

**のうのうと** 副 動-する のんきにしているようす。例 のうのうと暮《く》らす。

**のうは【脳波】** 名 脳《のう》の神経《しんけい》の活動《かつどう》にともなって現《あらわ》れる弱《よわ》い電流《でんりゅう》。また、それを紙《かみ》に記録《きろく》したもの。

**ノウハウ**〔英語 know-how〕名 ものごとのやり方《かた》に関《かん》する、専門的《せんもんてき》な知識《ちしき》や技術《ぎじゅつ》。例 仕《し》事《ごと》のノウハウを教《おそ》わる。

**のうはんき【農繁期】** 名 農作業《のうさぎょう》が忙《いそが》しい時期《じき》。対 農閑期《のうかんき》。

**のうびへいや**〔濃尾平野〕地名 愛知県《あいちけん》と岐阜県《ぎふけん》に広《ひろ》がる大《おお》きな平野《へいや》。

**のうひん【納品】** 名 動-する 注文先《ちゅうもんさき》などに、品物《しなもの》を納《おさ》めること。また、納《おさ》める品物《しなもの》。

**のうひんけつ【脳貧血】** 名 脳《のう》の中《なか》の血《ち》が少《すく》なくなること。顔色《かおいろ》が青《あお》くなり、めまいや頭痛《ずつう》、はきけがする。

**のうふ【納付】** 名 動-する 役所《やくしょ》に、税金《ぜいきん》などを納《おさ》めること。納入《のうにゅう》。

**のうふ【農夫・農婦】** 名 農業《のうぎょう》を仕事《しごと》にしている人《ひと》。

**のうほう【農法】** 名 農業《のうぎょう》のやり方《かた》、技術《ぎじゅつ》。

**のうみそ【脳みそ】** 名 「脳《のう》」のくだけた言《い》い方《かた》。例 脳みそをしぼって考《かんが》え出《だ》す。

**のうみん【農民】** 名 農業《のうぎょう》で生活《せいかつ》を立《た》てている人《ひと》。

**のうむ【濃霧】** 名 こく立《た》ちこめたきり。深《ふか》いきり。例 濃霧注意報《ちゅういほう》。

**のうめん【能面】** 名 能楽《のうがく》を演《えん》じる人《ひと》が付《つ》けるお面《めん》。

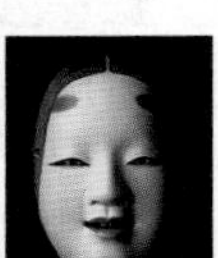
〔のうめん〕

**のうやく【農薬】** 名 農作物《のうさくぶつ》の病気《びょうき》や害虫《がいちゅう》を防《ふせ》いだり、雑草《ざっそう》をからしたりする薬《くすり》。

慣用句 着《き》の身《み》着《き》のまま　朝方《あさがた》かなりの地震《じしん》があって、ぼくは着《き》の身《み》着《き》のまま外《そと》へ飛《と》び出《だ》した。

**のうり【脳裏】** 名 頭《あたま》の中《なか》。心《こころ》の中《なか》。例 なくなった母《はは》の姿《すがた》が脳裏にうかぶ。

**のうりつ【能率】** 名 決《き》まった時間《じかん》でできる仕事《しごと》の割合《わりあい》。仕事《しごと》のはかどりぐあい。例 仕事《しごと》の能率を上《あ》げる。

**のうりつてき【能率的】** 形動 ものごとが、むだなく、はかどるようす。例 能率的に勉強《べんきょう》する。

**のうりょう【納涼】** 名 夏《なつ》の暑《あつ》い夜《よる》などに、外《そと》に出《で》て、すずしさを味《あじ》わうこと。すずみ。例 納涼大会《たいかい》。

**○のうりょく【能力】** 名 ものごとを成《な》しとげることのできる力《ちから》。例 運動《うんどう》能力。

**のうりんすいさんしょう【農林水産省】** 名 農業《のうぎょう》・林業《りんぎょう》・水産業《すいさんぎょう》・畜産業《ちくさんぎょう》などについての仕事《しごと》をする、国《くに》の役所《やくしょ》。農水省《のうすいしょう》。

**ノー** 〔英語 no〕 一感 打《う》ち消《け》す意味《いみ》を表《あらわ》す。いいえ。例 イエスかノーか。対 イエス。二〔ある言葉《ことば》の前《まえ》につけて〕❶…がない。例 ノーネクタイ。❷…してはいけない。例 ノースモーキング〔=禁煙《きんえん》〕。

**ノーカット** 名〔日本《にっぽん》でできた英語《えいご》ふうの言葉《ことば》。〕映画《えいが》やテレビなどで、削除《さくじょ》したシーンのないこと。例 映画《えいが》がノーカットで放送《ほうそう》される。

**ノーコメント** 〔英語 no comment〕 名 意見《いけん》や理由《りゆう》などをたずねられても、何《なに》も答《こた》えないこと。例 その件《けん》についてはノーコメントです。

**ノースリーブ** 名〔日本《にっぽん》でできた英語《えいご》ふうの言葉《ことば》。〕そでがない衣服《いふく》。

**ノータッチ** 名〔日本《にっぽん》でできた英語《えいご》ふうの言葉《ことば》。〕❶ふれないこと。さわらないこと。❷関《かか》わらないこと。例 その計画《けいかく》には、ぼくはノータッチだ。

**ノート** 〔英語 note〕 一名 動-する 書《か》きとめること。覚《おぼ》え書《が》き。例 ノートをとる。二名〔「ノートブック」の略《りゃく》。〕帳面《ちょうめん》。雑記帳《ざっきちょう》。

**ノートパソコン** 名〔日本《にっぽん》でできた英語《えいご》ふうの言葉《ことば》。〕ノートのように薄《うす》くて折《お》りたたむことができ、持《も》ち運《はこ》びに便利《べんり》な小型《こがた》のパソコン。

**ノーヒットノーラン** 〔英語 no-hit and no-run〕 名 野球《やきゅう》・ソフトボールで、投手《とうしゅ》が、ヒットも得点《とくてん》もまったく与《あた》えずにおさえること。また、その試合《しあい》。

**ノーベル** 人名（男）（一八三三～一八九六）スウェーデンの化学者《かがくしゃ》。一八六六年《ねん》にダイナマイトを発明《はつめい》した。

**ノーベルしょう【ノーベル賞】** 名 学問《がくもん》や世界《せかい》の平和《へいわ》のためにつくす立派《りっぱ》な仕事《しごと》をした人《ひと》に、毎年《まいとし》与《あた》えられる賞《しょう》。化学者《かがくしゃ》ノーベルの遺言《ゆいごん》で、この制度《せいど》ができた。

**ノーマーク** 名〔日本《にっぽん》でできた英語《えいご》ふうの言葉《ことば》。〕スポーツなどで、警戒《けいかい》や注意《ちゅうい》をしないこと。また、されないこと。例 ノーマークだった選手《せんしゅ》にやられた。

**ノーマライゼーション** 〔英語 normalization〕 名 障害《しょうがい》を持《も》つ人《ひと》やお年寄《としよ》りを特別《とくべつ》扱《あつか》いせず、社会生活《しゃかいせいかつ》を共《とも》にしようという考《かんが》え方《かた》。また、それをおし進《すす》める活動《かつどう》。

**ノーマル** 〔英語 normal〕 形動 正常《せいじょう》なようす。ふつう。例 ノーマルなやり方《かた》。対 アブノーマル。

**のがい【野飼い】** 名 牛《うし》・馬《うま》・羊《ひつじ》などを野《の》に放《はな》して飼《か》うこと。放《はな》し飼《が》い。

**○のがす【逃す】** 動 にがす。例 聞《き》き逃す。チャンスを逃す。↓とう【逃】904ページ

**のがれる【逃れる】** 動 ❶にげる。❷まぬかれる。助《たす》かる。例 あやうく難《なん》を逃れる。↓とう【逃】904ページ

**のき【軒】** 名 屋根《やね》のはしの、家《いえ》の壁《かべ》から外《そと》に出《で》ている部分《ぶぶん》。↓いえ❶55ページ／↓けん【軒】407ページ

**軒《のき》を並《なら》べる** 建物《たてもの》がとなり合《あ》って続《つづ》いている。例 飲食店《いんしょくてん》が軒を並べている。

**のぎ** 名 イネ・麦《むぎ》などの実《み》を包《つつ》む、からの先《さき》についているかたい毛《け》。

**のきうら【軒裏】** 名 軒《のき》の裏《うら》がわ。

**のきさき【軒先】** 名 ❶軒《のき》のはしのほう。例 軒先にツバメが巣《す》を作《つく》る。❷軒《のき》の近《ちか》く。また、家《いえ》の前《まえ》。軒《のき》ば。例 軒先で仕事《しごと》をする。

**のきした【軒下】** 名 軒《のき》の下《した》。例 軒下で雨宿《あまやど》りする。

**のきなみ【軒並み】** 一名 家《いえ》の軒《のき》が並《なら》んでいること。また、並《なら》んでいる家々《いえいえ》。例 軒並み

あいうえお かきくけこ さしすせそ たちつてと なにぬね の はひふへほ まみむめも や ゆ よ らりるれろ わ を ん


慣用句 きまりが悪《わる》い 大勢《おおぜい》の前《まえ》で注意《ちゅうい》されて、きまりが悪《わる》かった。

が美《うつく》しい。㊁副 ❶どの家《いえ》もどの家《いえ》も。例台《たい》風《ふう》の被《ひ》害《がい》を軒並み受《う》ける。❷どれもこれもすべて。例軒並み電車《でんしゃ》がおくれた。

**のきば【軒端】**名 ❶軒《のき》のはし。軒先《のきさき》。例軒端に、てるてるぼうずがゆれている。❷軒《のき》に近《ちか》い所《ところ》。軒先《のきさき》。例軒端の梅《うめ》。

✤**のぎへん**名 漢《かん》字《じ》の部《ぶ》首《しゅ》で、「へん」の一《ひと》つ。「科《か》」「秋《しゅう》」などの「禾」の部《ぶ》分《ぶん》。

**のく【退く】**動 どく。他《ほか》の所《ところ》に移《うつ》る。例「雀《すずめ》の子《こ》そこのけそこのけ御《お》馬《うま》が通《とお》る」(小《こ》林《ばやし》一《いっ》茶《さ》の俳《はい》句《く》)

**のぐち ひでよ**【野口英世】人名(男)(一八七六～一九二八)細《さい》菌《きん》の研《けん》究《きゅう》をした学《がく》者《しゃ》。アフリカにわたり黄《おう》熱《ねつ》病《びょう》の研《けん》究《きゅう》をして、世《せ》界《かい》に認《みと》められたが、黄《おう》熱《ねつ》病《びょう》にかかって死《し》んだ。

〔のぐちひでよ〕

**のけぞる**動 あお向《む》けに、反《そ》り返《かえ》る。例のけぞるようにたおれた。

**のけもの【のけ者】**名 仲《なか》間《ま》に加《くわ》えられない人《ひと》。仲《なか》間《ま》外《はず》れ。

**のける**動 ❶他《ほか》へ移《うつ》す。どける。例道《みち》の石《いし》をのける。❷〔「…てのける」の形《かたち》で〕みごとにする。思《おも》いきってする。例やってのける。言《い》ってのける。

**のこぎり**名 木《き》や、板《いた》などを切《き》るのに使《つか》う大《だい》工《く》道《どう》具《ぐ》の一《ひと》つ。細《ほそ》長《なが》いはがねに、ぎざぎざの刃《は》が並《なら》んで付《つ》いている。のこ。例のこぎりを引《ひ》く。↓こうぐ 433ページ

°**のこす【残す】**動 ❶あとに残《のこ》るようにする。余《あま》す。例ご飯《はん》を残す。❷使《つか》わないでおく。例こづかいを百《ひゃく》円《えん》残す。❸あとにとどまらせる。例友《とも》達《だち》を残して帰《かえ》る。❹後《のち》の世《よ》に伝《つた》える。例名《な》を残す。❺すもうで、もちこたえてふん張《ば》る。↓ざん【残】528ページ

**のこのこ**副(-と) ぐあいの悪《わる》いところへ、平《へい》気《き》でやってくるようす。例一《いち》時《じ》間《かん》も遅《ち》刻《こく》をして、のこのことやって来《き》た。

**のこらず【残らず】**副 全《ぜん》部《ぶ》。みんな。例ごちそうを残らず平《たい》らげた。

°**のこり【残り】**名 残《のこ》ること。残《のこ》ったもの。余《あま》り。例ご飯《はん》の残り。

**のこりものにはふくがある【残り物には福がある】** 残《のこ》ったものや余《あま》ったものの中《なか》に、かえっていいものがある。

°**のこる【残る】**動 ❶あとにそのままあり続《つづ》ける。例三《さん》人《にん》があとに残る。❷余《あま》る。例リンゴが二《ふた》つ残っている。❸あとまで続《つづ》く。例仕《し》事《ごと》が残る。つかれが残る。❹後《のち》の世《よ》に伝《つた》わる。例歴《れき》史《し》に残る。❺すもうで、もちこたえてまだ土《ど》俵《ひょう》の中《なか》にいる。例のこった、のこった。↓ざん【残】528ページ

**のさっぷみさき**〔納沙布岬〕地名 北《ほっ》海《かい》道《どう》の根《ね》室《むろ》半《はん》島《とう》の先《せん》端《たん》にあるみさき。

**のさばる**動 ❶勝《かっ》手《て》にのび広《ひろ》がる。はびこる。例雑《ざっ》草《そう》がのさばる。❷勝《かっ》手《て》なまねをする。例悪《あく》人《にん》がのさばる。

例解 ！ 表現の広場

**残《のこ》ると余《あま》るのちがい**

| | 残《のこ》る | 余《あま》る |
|---|---|---|
| 全《ぜん》部《ぶ》払《はら》ってもまだ百《ひゃく》円《えん》 | ○ | ○ |
| 5を2で割《わ》ると1 | ○ | ○ |
| 弟《おとうと》一《ひと》人《り》だけ家《いえ》に | ○ | × |
| 落《らく》書《が》きをしたあとが | ○ | × |
| ふざけた態《たい》度《ど》が目《め》に | × | ○ |

**のざらし【野ざらし】**名 雨《あめ》風《かぜ》にさらされていること。雨《あめ》ざらし。例さびた機《き》械《かい》が野ざらしになっている。

**のし【〈熨斗〉】**名 紅《こう》白《はく》の四《し》角《かく》の色《いろ》紙《がみ》を、細《ほそ》長《なが》い六《ろっ》角《かく》形《けい》に折《お》りたたんで黄《き》色《いろ》い紙《かみ》をはさんだもの。おくり物《もの》などに付《つ》ける。

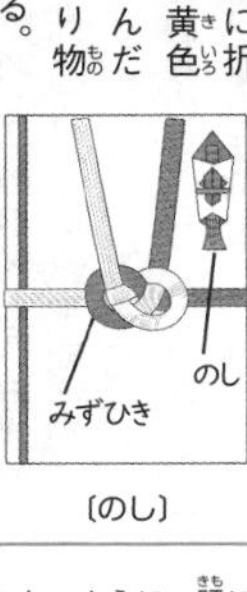

〔のし〕

**のしあがる【のし上がる】**動 他《ほか》の人《ひと》をおしのけて、地《ち》位《い》などが、どんどん上《あ》がる。例トップの地《ち》位《い》にのし上がる。

**のしかかる**動 ❶体《からだ》をのばして、相《あい》手《て》の上《うえ》におおいかかる。例相《あい》手《て》にのしかかって、おさえつける。❷いやなことが、心《こころ》をおさえつける。例重《おも》い責《せき》任《にん》がのしかかる。

**のしがみ【〈熨斗〉紙】**名 のしや水《みず》引《ひき》が印《いん》刷《さつ》してある紙《かみ》。

**のしぶくろ【〈熨斗〉袋】**名 お祝《いわ》いをおく

るときなどに使《つか》う、のしを付《つ》けたり印刷《いんさつ》したりしてある袋《ふくろ》。

**のしもち【のし餅】** 名 平《ひら》たく四角《しかく》にのばしたもち。

**のじゅく【野宿】** 名 動-する 野山《のやま》や屋根《やね》のない所《ところ》で、夜《よ》を明《あ》かすこと。

**のす** 動 ❶のばして、しわがないようにする。平《たい》らにする。例 アイロンでのす。❷なぐりたおす。例 相手《あいて》をのす。❸勢《いきお》いが、さかんになる。例 成績《せいせき》がのしてきた。

**ノズル** 〔英語 nozzle〕 名 水《みず》やガスの出方《でかた》を調節《ちょうせつ》する、筒形《つつがた》のふき出《だ》し口《ぐち》。

°**のせる【乗せる】** 動 ❶乗《の》り物《もの》や動物《どうぶつ》などに人《ひと》や物《もの》を積《つ》む。例 車《くるま》に乗せる。対 降《お》ろす。❷参加《さんか》させる。例 その話《はなし》に乗せてもらう。❸調子《ちょうし》を合《あ》わせる。例 リズムに乗せる。❹計略《けいりゃく》にかける。だます。例 まんまと乗せられて金《かね》をとられた。⇩じょう【乗】625ページ

°**のせる【載せる】** 動 ❶上《うえ》に置《お》く。例 本《ほん》をたなに載せる。❷新聞《しんぶん》や雑誌《ざっし》などの記事《きじ》にする。例 新聞《しんぶん》に載せる。⇩さい【載】496ページ

**のぞきこむ【のぞき込む】** 動 首《くび》を伸《の》ばすようにして、中《なか》のようすを見《み》る。例 井戸《いど》の底《そこ》をのぞき込む。

°**のぞく【除く】** 動 ❶取《と》り去《さ》る。のける。例 不良品《ふりょうひん》を除く。❷加《くわ》えない。入《い》れない。例 兄《あに》や姉《あね》のいる人《ひと》を除く。⇩じょ【除】619ページ

°**のぞく** 動 ❶すき間《ま》や小《ちい》さな穴《あな》から向《む》こうを見《み》る。例 望遠鏡《ぼうえんきょう》をのぞく。❷ちょっと見《み》る。例 本《ほん》をのぞく。❸中《なか》に入《はい》っている物《もの》が、少《すこ》しだけ外《そと》に出《で》ている。例 ポケットからハンカチがのぞいている。❹高《たか》い所《ところ》から低《ひく》い所《ところ》を見下《みお》ろす。例 谷底《たにぞこ》をのぞく。

**のそのそ** 副(-と) ゆっくりと動《うご》くようす。例 昼《ひる》ごろにのそのそと起《お》きてくる。

**のぞましい【望ましい】** 形 そのほうがよい。そうしてほしい。例 おたがいに助《たす》け合《あ》うことが望ましい。

°**のぞみ【望み】** 名 ❶願《ねが》い。希望《きぼう》。例 望みがかなう。❷できそうなこと。見《み》こみ。例 まだ勝《か》てる望みがある。

°**のぞむ【望む】** 動 ❶遠《とお》くのほうを見《み》る。例 海《うみ》を望む。❷こうあってほしいと思《おも》う。希望《きぼう》する。例 幸《しあわ》せを望む。⇩ぼう【望】1191ページ

°**のぞむ【臨△む】** 動 ❶向《む》かい合《あ》う。目《め》の前《まえ》に見《み》る。例 海《うみ》に臨んだホテル。❷出会《であ》う。ぶつかる。例 別《わか》れに臨む。❸その場所《ばしょ》に行《い》く。出席《しゅっせき》する。例 開会式《かいかいしき》に臨む。⇩りん【臨】1395ページ

**のたうちまわる【のたうち回る】** 動 苦《くる》しみのあまり、からだをよじったり転《ころ》がり回《まわ》ったりする。「のたうつ」を強《つよ》めた言《い》い方《かた》。例 激《はげ》しい痛《いた》みのために、のたうち回る。

**のたうつ** 動 苦《くる》しんで、転《ころ》がり回《まわ》る。例 おなかが痛《いた》くて、のたうつ。

**のたくる** 動 体《からだ》をくねらせてはい回《まわ》る。例 ミミズがのたくる。

**のたれじに【野垂れ死に】** 名 動-する 道《みち》ばたなどで、みじめな死《し》に方《かた》をすること。行《い》きだおれ。

°**のち【後】** 名 ❶あることが終《お》わったあと。例 晴《は》れ後くもり。❷少《すこ》し時間《じかん》のたったあと。これから先《さき》。未来《みらい》。例 後の世《よ》。⇩ご【後】421ページ

**のちのち【後後】** 名 これから先《さき》。ずっとあと。例 後々まで話題《わだい》になる。

**のちのよ【後の世】** ❶これから先《さき》の世《よ》の中《なか》。未来《みらい》。例 後の世まで語《かた》りつがれる話《はなし》。❷死《し》んでからあとの世《よ》。あの世《よ》。

**のちほど【後程△】** 副 あとで。例 後ほどおうかがいします。対 先程《さきほど》。

**のっかる【乗っかる】** 動 「乗《の》る」のくだけた言《い》い方《かた》。例 自転車《じてんしゃ》に乗っかる。

**ノック** 〔英語 knock〕 名 動-する ❶とびらを軽《かる》くたたくこと。❷野球《やきゅう》・ソフトボールで、守備練習《しゅびれんしゅう》のため、ボールを打《う》つこと。

**例解 ⇔ 使い分け**

**望《のぞ》む と 臨《のぞ》む**

平和《へいわ》を望《のぞ》む。
成功《せいこう》を望《のぞ》む。
遠《とお》くの山《やま》を望《のぞ》む。

海《うみ》に臨《のぞ》む建物《たてもの》。
試合《しあい》に臨《のぞ》む。
式《しき》に臨《のぞ》む。

あいうえお かきくけこ さしすせそ たちつてと なにぬねの はひふへほ まみむめも やゆよ らりるれろ わをん


慣用句 肝《きも》を冷《ひ》やす　目《め》の前《まえ》でキーッと急《きゅう》ブレーキをかける音《おと》がして、肝《きも》を冷《ひ》やした。

**ノックアウト**〔英語 knockout〕名 動-する ❶ボクシングで、相手《あいて》をたおし、一〇秒《びょう》以《い》内《ない》に立《た》ち上《あ》がれなくすること。❷相手《あいて》をとことん打《う》ち負《ま》かすこと。例論《ろん》の矛《む》盾《じゅん》を突《つ》いてノックアウトした。参考英語《えいご》を略《りゃく》して「KO《ケーオー》」とも書《か》く。また、そのまま「ケーオー」と読《よ》んで使《つか》うこともある。

**ノックダウン**〔英語 knockdown〕名 動-する ボクシングで、相手《あいて》に打《う》たれて立《た》ち上《あ》がれなくなること。

**のっける**【乗っける】動「乗《の》せる」のくだけた言《い》い方《かた》。例犬《いぬ》を車《くるま》に乗っける。

**のっしのっし** 副(-と) 体《からだ》の重《おも》いものが地《じ》面《めん》をふみしめるように、ゆっくり歩《ある》くようす。例のっしのっしと歩《ある》く。

**のっそり** 副(-と) 動《どう》作《さ》がのろいようす。例クマが穴《あな》からのっそり出《で》てくる。

**ノット**〔英語 knot〕名 船《ふね》の速《はや》さの単《たん》位《い》。一《いち》ノットは、一《いち》時《じ》間《かん》に一《いち》海《かい》里《り》〔=一八五二メートル〕進《すす》む速《はや》さ。

**のっとる**【乗っ取る】動 うばい取《と》って、自《じ》分《ぶん》のものにする。例城《しろ》を乗っ取る。

**のっとる** 動 あるものを手《て》本《ほん》として、そのとおりにする。例スポーツマンシップにのっとり正《せい》々《せい》堂《どう》々《どう》と戦《たたか》う。

**のっぴきならない** さけることができない。例のっぴきならない用《よう》事《じ》ができた。

**のっぺらぼう** 名 一《いち》面《めん》に平《たい》らで、なめらかなこと。例のっぺらぼうの化《ば》け物《もの》〔=目《め》も鼻《はな》も口《くち》もないお化《ば》け〕。

**のっぺり** 副(-と) 動-する でこぼこがなく、しまりのないようす。例のっぺりした顔《かお》。

**のっぽ** 名 形動 背《せ》がたいへん高《たか》いこと。

**ので** 助 そうなる理《り》由《ゆう》・原《げん》因《いん》を示《しめ》す。…から。例寒《さむ》いので、外《そと》へ出《で》ない。

**のてん**【野天】名 屋《や》根《ね》のない場《ば》所《しょ》。屋《おく》外《がい》。露《ろ》天《てん》。例野天風《ぶ》呂《ろ》。

**のと**〖能登〗地名 昔《むかし》の国《くに》の名《な》の一《ひと》つ。今《いま》の石《いし》川《かわ》県《けん》の北《ほく》部《ぶ》にあたる。

∘**のど**【喉】名 ❶口《くち》のおくから、食《しょく》道《どう》や気《き》管《かん》につながる部《ぶ》分《ぶん》。声《こえ》が出《で》るところ。例食《しょく》事《じ》が、のどを通《とお》らない。❷首《くび》の前《まえ》のところ。のど首《くび》。例えりがきつくて、のどが苦《くる》しい。❸歌《うた》う声《こえ》。例いいのどだ。のど自《じ》慢《まん》。↓こう【喉】428ページ

**喉《のど》が鳴《な》る**〔おいしそうなものを目《め》の前《まえ》にして〕思《おも》わずごくりと唾《つば》を飲《の》み込《こ》むようす。例カレーのにおいにのどが鳴る。

**喉《のど》から手《て》が出《で》る** ほしくてたまらないことのたとえ。例新《あたら》しいゲームソフトがのどから手が出るほどほしい。

**喉《のど》を詰《つ》まらせる** ❶緊《きん》張《ちょう》などで言《こと》葉《ば》が出《で》てこなくなる。例涙《なみだ》でのどをつまらせる。❷食《た》べ物《もの》がのどにつまる。

∘**のどか** 形動 ❶のんびりと静《しず》かなようす。例のどかな毎《まい》日《にち》を送《おく》る。❷空《そら》が晴《は》れて、おだやかなようす。うららか。例のどかな春《はる》の一《いち》日《にち》。

**のどごし**【喉越し】名 食《た》べ物《もの》や飲《の》み物《もの》がのどを通《とお》っていく感《かん》じ。例のど越しのなめらかな水《みず》ようかん。

**のどじまん**【喉自慢】名 声《こえ》がよくて、歌《うた》の上《じょう》手《ず》なことを自《じ》慢《まん》すること。

**のどちんこ**【喉ちんこ】名 のどのおくに垂《た》れ下《さ》がってみえる、やわらかいもの。のどひこ。

**のとはんとう**〖能登半島〗地名 石《いし》川《かわ》県《けん》の北《ほく》部《ぶ》。日《に》本《ほん》海《かい》に突《つ》き出《で》た半《はん》島《とう》。

**のどぼとけ**【喉仏】名 のどの前《まえ》にある軟《なん》骨《こつ》の出《で》っ張《ば》り。大《おと》人《な》の男《おとこ》の人《ひと》に目《め》立《だ》つ。

**のどもと**【喉元】名 のど。のどのおく。

**喉《のど》元《もと》過《す》ぎれば熱《あつ》さを忘《わす》れる** 熱《あつ》い物《もの》でも、飲《の》みこんでしまえば熱《あつ》さを感《かん》じなくなるように、つらいことも、過《す》ぎてしまえば忘《わす》れるものだ、ということわざ。

**のに** 助 ❶前《まえ》のことがらと、あとのことがらが、食《く》いちがっていることを表《あらわ》す。…けれど。例雨《あめ》が降《ふ》っているのに、出《で》かけた。❷残《ざん》念《ねん》に思《おも》う気《き》持《も》ちを表《あらわ》す。例言《い》わなければよかったのに。

**ののしる**【罵る】動 人《ひと》前《まえ》で、大《おお》声《ごえ》で相《あい》手《て》の悪《わる》口《ぐち》を言《い》う。例口《くち》ぎたなく人《ひと》をののしる。↓ば【罵】1023ページ

慣用句 脚光《きゃっこう》を浴《あ》びる　桜草《さくらそう》の群《ぐん》落《らく》がテレビで報《ほう》じられてから、この公《こう》園《えん》は一躍《いちやく》脚光《きゃっこう》を浴《あ》びるようになった。

**°のばす【伸°ばす】** 動 ❶長《なが》くする。例 髪《かみ》を伸ばす。❷縮《ちぢ》んだものをまっすぐにする。例 しわを伸ばす。対 縮《ちぢ》める。❸まがったものをまっすぐにする。例 腰《こし》を伸ばす。対 曲《ま》げる。❹もっとよくする。例 記《き》録《ろく》を伸ばす。❺差《さ》し出《だ》す。求《もと》めるものに体《からだ》や道《どう》具《ぐ》を近《ちか》づける。例 料《りょう》理《り》にはしを伸ばす。❻相《あい》手《て》を打《う》ち倒《たお》す。参考 ふつう❻は、かな書《が》きにする。⇩しん【伸】655ページ

**°のばす【延ばす】** 動 ❶時《じ》間《かん》をおそくする。おくらせる。例 返《へん》事《じ》を延ばす。❷先《さき》まで続《つづ》くようにする。例 線《せん》路《ろ》を延ばす。対 縮《ちぢ》める。❸広《ひろ》げる。例 絵《え》の具《ぐ》をのばす。⇩えん【延】135ページ

**のばなし【野放し】** 名 ❶鳥《とり》やけものを、野《の》に放《はな》して飼《か》うこと。❷気《き》ままにさせて、ほったらかしておくこと。例 違《い》反《はん》者《しゃ》を野放しにしておいてはよくない。

例解 ⇔ 使い分け

**伸《の》ばす と 延《の》ばす**

腰《こし》を伸《の》ばす。
実《じつ》力《りょく》を伸《の》ばす。
売《う》り上《あ》げを伸《の》ばす。
時《じ》間《かん》を五《ご》分《ふん》延《の》ばす。
出《しゅっ》発《ぱつ》を延《の》ばす。
道《どう》路《ろ》を先《さき》まで延《の》ばす。

**°のはら【野原】** 名 草《くさ》の生《は》えた広《ひろ》い平《へい》地《ち》。

**のばら【野ばら】** 名 野《や》生《せい》のバラ。

**のび【野火】** 名 春《はる》の初《はじ》めに、野《の》山《やま》のかれ草《くさ》を焼《や》く火《ひ》。

**のび【伸°び】** 名 ❶のびること。例 背《せ》の伸びがとまる。❷手《て》足《あし》をのばし、あくびなどをすること。例 伸びをする。

**のびあがる【伸°び上がる】** 動 足《あし》のつま先《さき》で立《た》って、背《せ》をのばす。例 伸び上がって棚《たな》の上《うえ》の荷《に》物《もつ》を取《と》る。

**のびざかり【伸°び盛△り】** 名 ❶身《しん》長《ちょう》がもっとも伸《の》びる年《とし》ごろ。例 伸び盛りなので、服《ふく》がすぐ合《あ》わなくなる。❷能《のう》力《りょく》が大《おお》いに伸《の》びる時《じ》期《き》。

**のびなやむ【伸°び悩°む】** 動 ものごとが思《おも》うほどよくならない。例 期《き》待《たい》された若《わか》手《て》だったのに、伸び悩んでいる。

**のびのび【伸°び伸°び】** 副(-と) 動-する 体《からだ》や心《こころ》が、自《じ》由《ゆう》でゆったりすること。例 のびのびと育《そだ》つ。

**のびのび【延び延び】** 名 だんだんおくれること。例 雨《あめ》で試《し》合《あい》が延び延びになる。

**のびやか【伸°びやか】** 形動 伸《の》び伸《の》びとしているようす。例 伸びやかな歌《うた》声《ごえ》。

**°のびる【伸°びる】** 動 ❶長《なが》さが長《なが》くなる。例 ゴムが伸びる。❷縮《ちぢ》んでいたものが、ぴんとなる。例 しわが伸びる。対(❶・❷)縮《ちぢ》む。❸曲《ま》がっていたものが、まっすぐになる。例 腰《こし》が伸びる。対 曲《ま》がる。❹生《せい》長《ちょう》する。成《せい》長《ちょう》する。例 背《せ》が伸びる。❺さかんになる。例 貿《ぼう》易《えき》が伸びる。❻もっとよくなる。例 学《がく》力《りょく》が伸びる。❼殴《なぐ》られたりつかれたりして動《うご》けなくなる。参考 ふつう❼は、かな書《が》きにする。⇩しん【伸】655ページ

**°のびる【延びる】** 動 ❶時《じ》間《かん》がおそくなる。おくれる。例 出《しゅっ》発《ぱつ》が延びる。❷先《さき》まで続《つづ》く。❸順《じゅん》に先《さき》に送《おく》る。例 雨《あめ》で運《うん》動《どう》会《かい》が延びる。例 寿《じゅ》命《みょう》が延びる。⇩えん【延】135ページ

**ノブ**〔英語 knob〕名 ドアや引《ひ》き出《だ》しなどの取《と》っ手《て》。

**のぶん** 名 ⇩ぼくづくり 1205ページ

**のべ【野辺】** 名 野《の》原《はら》。例 野辺の花《はな》。野辺の送《おく》り〔=死《し》者《しゃ》をとむらうこと〕。

**のべ【延べ】** 名 同《おな》じものごとが重《かさ》なっていても、それぞれを一《ひと》つとして数《かぞ》えて合《ごう》計《けい》したもの。例 四《よ》人《にん》で五《いつ》日《か》かかるから延べ二〇人《にん》分《ぶん》の仕《し》事《ごと》だ。

**のべつ** 副 絶《た》えず。ひっきりなしに。例 朝《あさ》からのべつ電《でん》話《わ》がかかってくる。

**のべつまくなし【のべつ幕なし】** 休《やす》みなく続《つづ》けること。例 のべつまくなしにおしゃべりする。参考 芝《しば》居《い》で、幕《まく》を下《お》ろさずにずっと続《つづ》けることから。

**のべにっすう【延べ日数】** 名 その仕《し》事《ごと》を仮《かり》に一《ひと》人《り》で仕《し》上《あ》げるとして計《けい》算《さん》した日《にっ》数《すう》。例《たと》えば、五《ご》人《にん》で四《よっ》日《か》かかった仕《し》事《ごと》の延《の》べ日《にっ》数《すう》は、二〇日《にち》となる。



慣用句 旧《きゅう》交《こう》を温《あたた》める　3年《ねん》ぶりに山《やま》田《だ》君《くん》と旧《きゅう》交《こう》を温《あたた》めることができて、楽《たの》しかった。

**のべにんずう【延べ人数】** 名 何日間《なんにちかん》かにわたったことにかかわった人数《にんずう》を、仮《かり》に一《いち》日《にち》として計算《けいさん》した人数《にんずう》。例《たと》えば、五人《ごにん》が四日《よっか》間《かん》かかわったとすれば、延《の》べ人数《にんずう》は二〇人《にん》となる。延《の》べ人員《じんいん》。

**のべぼう【延べ棒】** 名 金属《きんぞく》を棒《ぼう》のようにのばしたもの。例 金《きん》の延べ棒。

**のべる【伸べる】** 動 さし出《だ》す。例 救《すく》いの手《て》を伸べる。↓しん【伸】655ページ

**のべる【延べる】** 動 広《ひろ》げる。のばす。例 床《とこ》を延べる。↓えん【延】135ページ

○**のべる【述べる】** 動 思《おも》っていることを、話《はな》したり書《か》いたりする。説明《せつめい》する。例 意《い》見《けん》を述べる。↓じゅつ【述】610ページ

**のほうず【野放図】** 形動 ❶したいほうだいするようす。例 野放図に暮《く》らす。❷しまりがないようす。例 野放図に金《かね》を使《つか》う。

**のぼす【上す】** 動 のぼらせる。のぼせる。例 議《ぎ》題《だい》にのぼす。↓じょう【上】624ページ

**のぼせあがる【のぼせ上がる】** 動 ❶すっかり夢《む》中《ちゅう》になる。例 好《す》きな歌《か》手《しゅ》にのぼせ上がる。❷すっかりいい気《き》になる。例 一《いち》度《ど》できるとすぐのぼせ上がる。

**のぼせる【上せる】** 動 取《と》り上《あ》げる。のぼす。例 話《わ》題《だい》に上せる。↓じょう【上】624ページ

**のぼせる** 動 ❶頭《あたま》が熱《あつ》くなって、ぼうっとする。例 ふろでのぼせる。❷夢《む》中《ちゅう》になる。例 スターにのぼせる。❸得《とく》意《い》になる。うぬぼれる。例 ほめるとすぐのぼせる。

**のほほんと** 副 何《なに》もしないで、のんきにしているようす。例 他人事《たにんごと》のようにのほほんと見《み》ている。

○**のぼり【上り】** 名 ❶上《うえ》へ上《あ》がること。例 上りのエレベーター。❷自《し》然《ぜん》に高《たか》くなっていく道《みち》。坂道《さかみち》。例 道《みち》は上りになった。❸地《ち》方《ほう》から中央《ちゅうおう》、特《とく》に東京《とうきょう》に向《む》かうこと。例 上り列《れっ》車《しゃ》。対（❶〜❸）下《くだ》り。

○**のぼり【登り】** 名 低《ひく》い所《ところ》から、高《たか》い所《ところ》へ行《い》くこと。例 登りがきつい。

**のぼり** 名 細《ほそ》長《なが》いきれの片側《かたがわ》と上《うえ》をさおに止《と》めて、外《そと》に立《た》てる旗《はた》。例 祭《まつ》りののぼり。

**のぼりがま【登り窯】** 名 陶《とう》器《き》を焼《や》くために、斜《しゃ》面《めん》の下《した》から上《うえ》に向《む》かって、細《ほそ》長《なが》く作《つく》ったかま。

**のぼりざか【上り坂】** 名 ❶上《のぼ》りになっている坂《さか》。❷よいほうへ向《む》かっていくこと。例 成績《せいせき》は上り坂だ。対（❶・❷）下《くだ》り坂《ざか》。

**のぼりちょうし【上り調子】** 名 だんだん勢《いきお》いがよくなること。のぼりぢょうし。例 上り調子の選《せん》手《しゅ》。

**のぼりつめる【上り詰める】** 動 いちばん上《うえ》までのぼる。例 坂《さか》道《みち》を上り詰める。首《しゅ》相《しょう》に上り詰める。

○**のぼる【上る】** 動 ❶上《うえ》のほうへいく。例 山《やま》道《みち》を上る。❷川《かわ》の上《じょう》流《りゅう》へ進《すす》む。さかのぼる。例 船《ふね》で川《かわ》を上る。❸地《ち》方《ほう》から都《みやこ》へ行《い》く。例 京《きょう》に上る。対（❶〜❸）下《くだ》る。❹地《ち》位《い》が高《たか》くなる。例 位《くらい》が上る。❺数《かず》や量《りょう》が、あるところまで達《たっ》する。…にもなる。例 数《すう》百《ひゃく》人《にん》に上る死《し》者《しゃ》。❻取《と》り上《あ》げられる。話《わ》題《だい》にする。例 議《ぎ》題《だい》に上る。↓じょう【上】624ページ

○**のぼる【昇る】** 動 空《そら》の上《うえ》のほうへあがる。例 朝《あさ》日《ひ》が昇る。対 沈《しず》む。落《お》ちる。参考「上《のぼ》る」とも書《か》く。↓しょう【昇】622ページ

○**のぼる【登る】** 動 高《たか》い所《ところ》へ行《い》く。例 山《やま》に登る。対 降《お》りる。下《お》りる。↓とう【登】903ページ

**のまれる** 動 ❶すっかり中《なか》に入《はい》ってしまう。例 波《なみ》にのまれる。❷相《あい》手《て》やその場《ば》の勢《いきお》いにおされる。例 雰《ふん》囲《い》気《き》にのまれて、上《あ》がってしまった。

**のみ【蚤】** 名 人《ひと》や動《どう》物《ぶつ》の血《ち》を吸《す》う、非《ひ》常《じょう》に小《ちい》さな昆《こん》虫《ちゅう》。あしが強《つよ》くよくはねる。

例解 ↔ 使い分け

上《のぼ》ると昇《のぼ》ると登《のぼ》る

はしごを上《のぼ》る。
損《そん》害《がい》は五《ご》万《まん》円《えん》に上《のぼ》った。
話《わ》題《だい》に上《のぼ》る。

日《ひ》が昇《のぼ》る。
高《たか》い位《くらい》に昇《のぼ》る。
天《てん》に昇《のぼ》る。

山《やま》に登《のぼ》る。
木《き》に登《のぼ》る。
演《えん》壇《だん》に登《のぼ》る。

慣用句 興《きょう》に乗《の》る　少《すこ》しお酒《さけ》が入《はい》ったせいか、父《ちち》も興《きょう》に乗《の》って、演《えん》歌《か》を歌《うた》い出《だ》した。

**のみ**【鑿】名 大工道具《だいくどうぐ》の一つ《ひと》。木《き》に穴《あな》を空《あ》けたり、みぞをほったりするもの。⬇こうぐ 433ページ

**のみ** 助 ものごとを限《かぎ》る意味《いみ》を表《あらわ》す。…だけ。…ばかり。例 努力《どりょく》あるのみだ。

**のみくい**【飲み食い】名 動-する 飲《の》んだり食《く》ったりすること。

**のみくち**【飲み口】名 ❶飲《の》み物《もの》を飲《の》んだときの口《くち》あたり。例 飲み口がよい。❷コップなどで、飲むときに口《くち》をつけるところ。

**のみこみ**【飲み込み】名 ❶飲《の》みこむこと。❷ものわかり。理解《りかい》。例 彼《かれ》は、のみ込みが早《はや》くて、ちょっと説明《せつめい》を聞《き》くだけでわかってしまう。

**のみこむ**【飲み込む】動 ❶口《くち》に入《い》れてのどの中《なか》を通《とお》す。例 肉《にく》をまるごと飲み込む。❷よくわかる。理解《りかい》する。例 難《むずか》しくて、話《はなし》がよくのみ込めなかった。

**のみち**【野道】名 野原《のはら》の中《なか》の道《みち》。

**のみならず** 接 そればかりでなく。例 文学《ぶんがく》のみならず音楽《おんがく》にもすぐれている。

**ノミネート**〔英語 nominate〕名 動-する 候補《こうほ》として推薦《すいせん》したり指名《しめい》したりすること。例 大賞《たいしょう》にノミネートされる。

**のみほす**【飲み干す】動 なくなるまで、すっかり飲《の》んでしまう。例 水《みず》を飲み干す。

**のみみず**【飲み水】名 飲《の》むための水《みず》。飲《いん》料水《りょうすい》。

°**のみもの**【飲み物】名 飲《の》むためのもの。お茶《ちゃ》・ジュース・ビールなど。

**のみや**【飲み屋】名 酒《さけ》を飲《の》ませることを商《しょう》売《ばい》にしている店《みせ》。

°**のむ**【飲む】動 ❶(水《みず》などを)口《くち》からのどを通《とお》して、おなかへ入《い》れる。例 薬《くすり》を飲む。❷吸《す》いこむ。例 たばこをのむ。❸相手《あいて》を見くびる。例 敵《てき》をのんでかかる。❹おどろきなどで、出《で》なくなる。例 声《こえ》をのむ。息《いき》をのむ。❺相《あい》手《て》の考《かんが》えなどをそのとおり受《う》け入《い》れる。例 要求《ようきゅう》をのむ。参考 ふつう❷〜❺は、かな書《が》きにする。敬語 ❶・❷の敬《うやま》った言《い》い方《かた》は、「あがる」「めしあがる」。へりくだった言《い》い方《かた》は「いただく」。⬇いん【飲】93ページ

**のめりこむ**【のめり込む】動 そこからぬけられないほどに、入《はい》りこむ。例 テレビゲームにのめり込む。

**のめる** 動 体《からだ》がたおれるように前《まえ》にかたむく。例 石《いし》につまずいて、前《まえ》にのめる。

**のやき**【野焼き】名 草《くさ》がよく生《は》えるように、春先《はるさき》に野原《のはら》のかれ草《くさ》を焼《や》きはらうこと。

**のやま**【野山】名 野《の》と山《やま》。例 春《はる》の野山。

**のら**【〈野良〉】名 ❶野原《のはら》。例 野良をかけ回《まわ》る。❷田《た》や畑《はたけ》。例 野良着《ぎ》。野良に出《で》る。参考「野良《のら》」は、特別《とくべつ》に認《みと》められた読《よ》み方《かた》。

**のらいぬ**【〈野良〉犬】名 飼《か》い主《ぬし》のいない犬《いぬ》。野犬《やけん》。

**のらしごと**【〈野良〉仕事】名 田《た》や畑《はたけ》での仕事《しごと》。農作業《のうさぎょう》。

**のらねこ**【〈野良〉猫】名 飼《か》い主《ぬし》のいない猫《ねこ》。

**のらりくらり** 副(-と) 動-する 〔「ぬらりくらり」ともいう。〕❶態度《たいど》がはっきりしないようす。例 のらりくらり質問《しつもん》をかわす。❷なまけて何《なに》もしないようす。例 のらりくらりと毎日《まいにち》を送《おく》る。

°**のり**【糊】名 物《もの》をはりつけるのに使《つか》う、ねばねばしたもの。

**のり**【〈海苔〉】名 ❶海中《かいちゅう》の岩《いわ》などにコケのようについている海藻《かいそう》。アサクサノリ・アオノリなど。❷アサクサノリなどを、紙《かみ》のようにうすくのばして、かわかした食《た》べ物《もの》。板《いた》のり。例 のり巻《ま》き。⬇かいそう(海藻)202ページ

**のりあい**【乗り合い】名 同《おな》じ乗《の》り物《もの》に大《おお》勢《ぜい》がいっしょに乗《の》ること。また、その乗《の》り物《もの》。例 乗合バス。参考「乗合《のりあい》」とも書《か》く。

**のりあわせる**【乗り合わせる】動 同《おな》じ乗《の》り物《もの》に、偶然《ぐうぜん》にいっしょに乗《の》る。例 先生《せんせい》と同《おな》じバスに乗り合わせる。

**のりいれる**【乗り入れる】動 ❶乗《の》ったままで、中《なか》へ入《はい》る。例 車《くるま》を乗り入れる。❷鉄道《てつどう》やバスが通《とお》るようになる。例 地下鉄《ちかてつ》がJR《ジェイアール》線《せん》に乗り入れる。

**のりうつる**【乗り移る】動 ❶別《べつ》の乗《の》り物《もの》に乗《の》りかえる。例 船《ふね》からボートに乗り移る。❷何《なに》かのたましいなどが、人間《にんげん》にとりつく。例 悪魔《あくま》が乗り移る。

**のりおり**【乗り降り】名 動-する 乗《の》り物《もの》に乗《の》ることと降《お》りること。例 客《きゃく》が大勢《おおぜい》乗り降



 慣用句 虚《きょ》をつく　ピッチャーの虚《きょ》をついて、いきなり盗塁《とうるい》したのが成功《せいこう》した。

りする。

**のりかえ**【乗り換え。】名 ある乗《の》り物《もの》から降《お》りて、別《べつ》の乗《の》り物《もの》に乗《の》ること。例電車《でんしゃ》の乗り換えに時間《じかん》がかかる。

**のりかえる**【乗り換える。】動 ❶乗《の》っていた乗《の》り物《もの》から、他《ほか》の乗《の》り物《もの》に移《うつ》る。例バスから電車《でんしゃ》に乗り換える。❷今《いま》までのやり方《かた》を捨《す》てて、他《ほか》のものにかえる。

**のりかかったふね**【乗りかかった船】〔乗《の》ってこぎ出《だ》した船《ふね》からは降《お》りられないように〕いったん始《はじ》めたことは、途中《とちゅう》ではやめられない。例乗りかかった船だ、ぼくもいっしょに行《い》ってあげよう。

**のりき**【乗り気】名 形動 ぜひやってみようという気持《きも》ちになること。例文集《ぶんしゅう》を作《つく》ることには、みんな乗り気だ。

**のりきる**【乗り切る】動 ❶乗《の》ったままで最後《さいご》まで行《い》く。❷苦《くる》しさをがまんして、やりとげる。例困難《こんなん》を乗り切る。

**のりくみいん**【乗組員】名 船《ふね》や飛行機《ひこうき》などに乗《の》り組《く》んで、仕事《しごと》をする人《ひと》。

**のりくむ**【乗り組む】動 操縦《そうじゅう》などの仕事《しごと》のために、船《ふね》や飛行機《ひこうき》などに乗《の》る。例運転士《うんてんし》として乗り組む。

**のりくらだけ**〔乗鞍岳〕地名 長野県《ながのけん》と岐阜県《ぎふけん》にまたがる、北《きた》アルプス南部《なんぶ》にある火山《かざん》。国立公園《こくりつこうえん》に指定《してい》されている。

**のりこえる**【乗り越える。】動 ❶乗《の》って、その上《うえ》をこえる。例へいを乗り越える。❷上《うえ》にいる人《ひと》を追《お》いこす。例練習《れんしゅう》して先生《せんせい》を乗り越える。❸苦《くる》しいところを切《き》りぬける。例スランプを乗り越える。

**のりごこち**【乗り〈心地〉】名 乗《の》ってみた気持《きも》ち。例乗り心地のよい車《くるま》。

**のりこす**【乗り越す。】動 降《お》りようと思《おも》っていた所《ところ》より先《さき》まで乗《の》って行《い》く。例乗り越した分《ぶん》の料金《りょうきん》を精算《せいさん》する。

**のりこなす**【乗りこなす】動 上手《じょうず》に乗《の》る。例一輪車《いちりんしゃ》を乗りこなす。

**のりこむ**【乗り込む。】動 ❶乗《の》り物《もの》の中《なか》に入《はい》る。例車《くるま》に乗り込む。❷元気《げんき》よく、ある場所《ばしょ》へ入《はい》る。例敵地《てきち》に乗り込む。

**のりしろ**【のり代】名 紙《かみ》などをはり合《あ》わせるとき、のりをつけるために残《のこ》してある部分《ぶぶん》。例一センチののりしろをとる。

**のりすごす**【乗り過ごす】動 〔乗《の》り物《もの》で〕降《お》りるつもりの所《ところ》をうっかり通《とお》り過《す》ぎる。例うっかりバスを乗り過ごした。

**のりすてる**【乗り捨てる】動 乗《の》り物《もの》から降《お》りて、そのまま乗《の》り物《もの》をほうっておく。例自転車《じてんしゃ》が乗り捨ててある。

**のりだす**【乗り出す】動 ❶乗《の》って出《で》て行《い》く。例船《ふね》で海《うみ》へ乗り出す。❷進《すす》んでものごとを始《はじ》める。例新《あたら》しい仕事《しごと》に乗り出す。❸体《からだ》を前《まえ》のほうに出《だ》す。例身《み》を乗り出す。

**のりつぐ**【乗り継ぐ。】動 別《べつ》な乗《の》り物《もの》に乗《の》りかえて進《すす》む。例電車《でんしゃ》を乗り継ぐ。

**のりづけ**【のり付け】名 動-する 物《もの》と物《もの》を、のりで付《つ》けること。例封筒《ふうとう》の口《くち》をのり付けする。

**のりつける**【乗り付ける】動 ❶乗《の》り物《もの》で、その場所《ばしょ》へ行《い》く。例タクシーで駅《えき》に乗り付ける。❷乗《の》ることに慣《な》れている。例飛行機《ひこうき》には乗りつけている。

**のりて**【乗り手】名 車《くるま》や馬《うま》などに乗《の》って走《はし》らせる人《ひと》。例車《くるま》の乗り手がいない。

**のりと**【〈祝詞〉】名 神《かみ》をまつったり、いのったりするときに、神主《かんぬし》が唱《とな》える言葉《ことば》。例祝詞をあげる。参考「祝詞《のりと》」は、特別《とくべつ》に認《みと》められた読《よ》み方《かた》。

**のりば**【乗り場】名 乗《の》り物《もの》に乗《の》るための、決《き》まった場所《ばしょ》。例バスの乗り場。

**のりまき**【のり巻き】名 海藻《かいそう》のノリで作《つく》った食品《しょくひん》(板《いた》のり)で巻《ま》いた、すし。まきずし。

**のりまわす**【乗り回す】動 乗《の》り物《もの》に乗《の》って、あちこちを走《はし》り回《まわ》る。例買《か》ったばかりの自転車《じてんしゃ》を乗り回す。

**°のりもの**【乗り物】名 人《ひと》を乗《の》せて運《はこ》ぶもの。列車《れっしゃ》・電車《でんしゃ》・船《ふね》・飛行機《ひこうき》など。

**のりものよい**【乗り物酔い。】名 乗《の》り物《もの》に乗《の》ってゆられたために、気分《きぶん》が悪《わる》くなって、はき気《け》をもよおしたりすること。

**°のる**【乗る】動 ❶物《もの》の上《うえ》に上《あ》がる。例ふみ台《だい》に乗る。❷乗《の》り物《もの》の中《なか》に入《はい》る。例バスに乗る。対(❶・❷)降《お》りる。❸仲間《なかま》に加《くわ》わる。例相談《そうだん》に乗る。話《はなし》に乗る。❹勢《いきお》いのままに

慣用句 悔《く》いを残《のこ》す　自然《しぜん》を破壊《はかい》して、後《のち》の世《よ》まで悔《く》いを残《のこ》すようなことはしてはならない。

進《すす》む。例 流《なが》れに乗る。気《き》が乗る。❺だまされる。例 口車《くちぐるま》に乗る。❻調子《ちょうし》がうまく合《あ》う。例 リズムに乗る。❼十分《じゅうぶん》につく。よくなじむ。例 インクがのらない紙《かみ》。❽調子《ちょうし》づく。例 図《ず》に乗る。↓じょう【乗】625ページ

**◦のる【載る】** 動 ❶何《なに》かの上《うえ》に置《お》かれている。積《つ》んである。例 棚《たな》に、本《ほん》が載っている。❷新聞《しんぶん》や、雑誌《ざっし》などに書《か》かれる。例 新聞《しんぶん》に載っていた。↓さい【載】496ページ

**ノルウェー** 地名 ヨーロッパの北部《ほくぶ》、スカンジナビア半島《はんとう》の西側《にしがわ》にある国《くに》。水産業《すいさんぎょう》が盛《さか》ん。首都《しゅと》はオスロ。

**のるかそるか【のるか反るか】** うまくいくか、失敗《しっぱい》するか。例 のるかそるかの勝負《しょうぶ》。

**ノルマ**〔ロシア語〕名 一人《ひとり》一人《ひとり》に割《わ》り当《あ》てられた仕事《しごと》の量《りょう》。例 ノルマを果《は》たす。

**のれん** 名 ❶店《みせ》の名《な》や品物《しなもの》の名《な》などを書いて、店先《みせさき》にかけておく布《ぬの》。❷部屋《へや》の入《い》り口《ぐち》などに垂《た》らす「❶」に似《に》た布《ぬの》。❸店《みせ》の信用《しんよう》。例 のれんにかかわる〔=店《みせ》の信用《しんよう》が傷《きず》つく〕。❹店《みせ》の名《な》。

**のれんに腕押《うでお》し** いくら力《ちから》を入《い》れても、何《なに》も手《て》ごたえがないことのたとえ。例 何度《なんど》たのんでも、のれんに腕押しだ。類 ぬかにくぎ。豆腐《とうふ》にかすがい。

**のれんを下《お》ろす** ❶商売《しょうばい》をやめる。❷その日《ひ》の商売《しょうばい》を終《お》わりにする。例 毎晩《まいばん》九時《くじ》にのれんを下ろす。

**のれんを分《わ》ける** 長年《ながねん》よく勤《つと》めた店員《てんいん》や弟子《でし》に、同《おな》じ店名《てんめい》の新《あたら》しい店《みせ》を出《だ》させる。

**◦のろい【呪い】** 名 のろうこと。また、その言葉《ことば》。例 のろいをかける。

**のろい** 形 体《からだ》の動《うご》かし方《かた》や進《すす》み方《かた》が、おそい。例 仕事《しごと》がのろい。

**◦のろう【呪う】** 動 ❶うらみに思《おも》う相手《あいて》に、悪《わる》いことが起《お》こるようにいのる。❷ひどくうらむ。例 世《よ》の中《なか》をのろう。↓じゅ【呪】591ページ

**ノロウイルス**〔ドイツ語〕名 急性胃腸炎《きゅうせいいちょうえん》や食中毒《しょくちゅうどく》を引《ひ》き起《お》こすウイルスの一《ひと》つ。人《ひと》の口《くち》に入《はい》ると感染《かんせん》し、吐《は》き気《け》や腹痛《はらいた》・下痢《げり》などの症状《しょうじょう》が出《で》る。

**のろし** 名 昔《むかし》、戦《たたか》いなどの合図《あいず》のため、山《やま》の上《うえ》などで上《あ》げた煙《けむり》。

**のろしを上《あ》げる** ❶火《ひ》をたいて、煙《けむり》を高《たか》く上《あ》げる。❷事件《じけん》を起《お》こすきっかけをつくる。例 革命《かくめい》ののろしを上げる。

**のろのろ** 副(-と) 動-する 動作《どうさ》がにぶくておそいようす。例 のろのろと歩《ある》く。

**のろま** 名 形動 動作《どうさ》などがおそいこと。

**のわき【野分き】** 名 秋《あき》から冬《ふゆ》にかけてふく、強《つよ》い風《かぜ》。台風《たいふう》。のわけ。

**のんき** 形動 のんびりしていて、心配《しんぱい》や苦労《くろう》がないようす。例 のんきに寝《ね》ている場合《ばあい》ではない。対 せっかち。

**ノンステップバス** 名〔日本《にっぽん》でできた英語《えいご》ふうの言葉《ことば》。〕床《ゆか》を低《ひく》くして、楽《らく》に乗《の》り降《お》りできるようにつくったバス。低床《ていしょう》バス。

**ノンストップ**〔英語 nonstop〕名 電車《でんしゃ》などが途中《とちゅう》で停車《ていしゃ》しないこと。

**のんでかかる** 相手《あいて》を軽《かる》く見《み》て、立《た》ち向《む》かう。例 弱《よわ》い相手《あいて》と見《み》ると、最初《さいしょ》からのんでかかってねじ伏《ふ》せる。

**のんびり** 副(-と) 動-する 心《こころ》や体《からだ》が、ゆったりしているようす。例 日曜日《にちようび》はのんびりしよう。

**ノンフィクション**〔英語 nonfiction〕名 映画《えいが》や文学《ぶんがく》で、事実《じじつ》にもとづいた作品《さくひん》。記録《きろく》・歴史《れきし》・伝記《でんき》・旅行記《りょこうき》など。対 フィクション。

**ノンプロ** 名〔英語《えいご》の「ノンプロフェッショナル」の略《りゃく》。〕職業《しょくぎょう》としていないこと。アマチュア。対 プロ。

**のんべんだらり** 副(-と) これといったこともせず、だらだらとしているようす。例 気《き》がゆるんで、のんべんだらりと毎日《まいにち》過《す》ごしている。

例解 ↔ 使い分け

**乗《の》る と 載《の》る**

自転車《じてんしゃ》に乗《の》る。
飛行機《ひこうき》に乗《の》る。
調子《ちょうし》に乗《の》る。

うちの店《みせ》が雑誌《ざっし》に載《の》った。
机《つくえ》に本《ほん》が載《の》っている。

あいうえお かきくけこ さしすせそ たちつてと なにぬねの はひふへほ まみむめも やゆよ らりるれろ わをん



慣用句 ぐうの音《ね》も出《で》ない 第《だい》2戦《せん》は、毎回点《まいかいてん》を取《と》られて、ぐうの音《ね》も出《で》ないほど打《う》ち負《ま》かされた。

# は

ハ ha

は【波】画数 8 部首 氵（さんずい） 3年
音 ハ 訓 なみ
筆順
❶なみ。熟語 波《は》紋《もん》。波《は》浪《ろう》。波《なみ》間《ま》。❷なみのような動《うご》き。熟語 波《は》乱《らん》。音《おん》波《ぱ》。寒《かん》波《ぱ》。

は【派】画数 9 部首 氵（さんずい） 6年
音 ハ 訓 ―
筆順
❶分《わ》かれる。熟語 派《は》出《しゅつ》。派《は》生《せい》。分《ぶん》派《ぱ》。❷仲《なか》間《ま》。組《くみ》。熟語 各《かく》派《は》。宗《しゅう》派《は》。党《とう》派《は》。❸行《い》かせる。熟語 派《は》遣《けん》。特《とく》派《は》員《いん》。

は【派】名 分《わ》かれてできた、人々《ひとびと》の集《あつ》まり。例 二《ふた》つの派に分《わ》かれる。

は【破】画数 10 部首 石（いしへん） 5年
音 ハ 訓 やぶ-る やぶ-れる
筆順
❶やぶる。やぶれる。こわす。熟語 破《は》壊《かい》。破《は》損《そん》。破《は》片《へん》。❷だめになる。熟語 破《は》局《きょく》。破《は》産《さん》。❸やりとげる。熟語 走《そう》破《は》。読《どく》破《は》。

《訓の使い方》やぶ-る 例 紙《かみ》を破る。やぶ-れる 例 夢《ゆめ》が破れる。

は【把】画数 7 部首 扌（てへん）
音 ハ 訓 ―
❶つかむ。手《て》で握《にぎ》る。熟語 把《は》握《あく》。❷束《たば》ねたものを数《かぞ》える言《こと》葉《ば》。熟語 一《いち》把《わ》。参考 ❷は前《まえ》につく数《かず》によって、「一《いち》把《わ》」「三《さん》把《ば》」「六《ろっ》把《ぱ》」と読《よ》み方《かた》が変《か》わる。

は【覇】画数 19 部首 襾（にし）
音 ハ 訓 ―
力《ちから》でみんなの上《うえ》にたつ。熟語 覇《は》気《き》（＝進《すす》んで取《と》り組《く》もうとする意《い》気《き》込《こ》み）。制《せい》覇《は》。連《れん》覇《ぱ》。

は【覇】名 力《ちから》で天《てん》下《か》をとること。優《ゆう》勝《しょう》すること。例 各《かく》校《こう》の代《だい》表《ひょう》選《せん》手《しゅ》が覇をきそう。

は【刃】名 包《ほう》丁《ちょう》・はさみなどの、物《もの》を切《き》る部《ぶ》分《ぶん》。例 刃がこぼれる。⇩じん【刃】656ページ

は【羽】名 はね。例 羽音《おと》。⇩う【羽】97ページ

は【歯】名 ❶動《どう》物《ぶつ》の口《くち》の中《なか》にあって、食《た》べ物《もの》をかみくだく役《やく》割《わり》をはたすもの。❷器《き》具《ぐ》・機《き》械《かい》の部《ぶ》品《ひん》のふちなどで、ぎざぎざのところ。例 歯車《ぐるま》。のこぎりの歯。❸げたの下《した》の部《ぶ》分《ぶん》で、地《じ》面《めん》をふむところ。⇩し【歯】537ページ

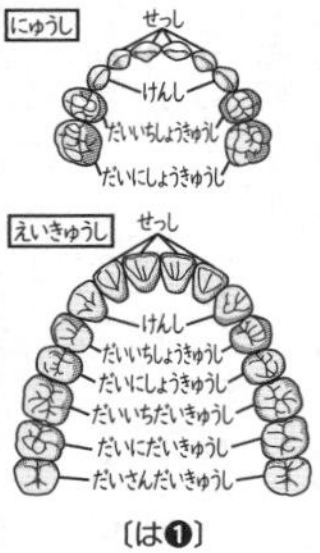

〔は❶〕

**歯《は》が浮《う》く** ❶歯《は》のつけ根《ね》がゆるんだように感《かん》じられる。❷言《い》うことやすることが、わざとらしくて、いやな気《き》がする。

**歯《は》が立《た》たない** ❶かたくてかめない。❷かなわない。例 兄《あに》には歯が立たない。

**歯《は》が抜《ぬ》けたよう** ❶あるはずのものが欠《か》けて、さびしいようす。例 彼《かれ》がいないと、歯が抜けたようだ。❷まばらで、さびしいようす。例 会《かい》場《じょう》は歯が抜けたようだ。

**歯《は》に衣《きぬ》を着《き》せない** 思《おも》っていることをそのまま言《い》う。例 歯に衣を着せない言《い》い方《かた》。

**歯《は》の根《ね》が合《あ》わない** 寒《さむ》さやおそろしさに、歯《は》ががちがち鳴《な》るほど、ふるえる。

**歯《は》を食《く》いしばる** 苦《くる》しいときや、くやしいときなどに、懸《けん》命《めい》にこらえる。

は【葉】名 植《しょく》物《ぶつ》の茎《くき》や枝《えだ》についているもの。

例解 ことばの窓
**葉《は》を表《あらわ》す言《こと》葉《ば》**
風《かぜ》が木《こ》の葉《は》を静《しず》かにゆらす。
芽《め》が出《で》て、双《ふた》葉《ば》が開《ひら》いた。
春《はる》になって、青《あお》葉《ば》がまぶしい。
若《わか》葉《ば》のかがやく季《き》節《せつ》。
秋《あき》、北《きた》の山《やま》から紅《こう》葉《よう》が始《はじ》まる。
もみじが山《やま》をいろどっている。
落《お》ち葉《ば》をかき集《あつ》めて、たき火《び》をする。
風《かぜ》がふいて、枯《か》れ葉《は》が舞《ま》う。

慣用句 くぎを刺《さ》す　この間《あいだ》のような失《しっ》敗《ぱい》はだめだよと、先《せん》生《せい》からくぎを刺《さ》された。

種類《しゅるい》によってちがうが、ふつうは緑《みどり》色《いろ》で平《ひら》たい。呼《こ》吸《きゅう》や養《よう》分《ぶん》を作《つく》るはたらきをする。葉《は》っぱ。↓よう【葉】1349ページ

**は** 助 ❶何《なに》についてのことかを示《しめ》す。例 私《わたし》は読《どく》書《しょ》が好《す》きです。今《きょう》日は雨《あめ》です。❷他《ほか》と区《く》別《べつ》して、取《と》り上《あ》げていう。例 力《ちから》は強《つよ》いが、気《き》は弱《よわ》い。❸意《い》味《み》を強《つよ》める。例 少《すこ》しはうまくなった。注意「ワ」と発《はつ》音《おん》する。

**ば【馬】** 画数 10 部首 馬(うま) 2年
音 バ 訓 うま ま
筆順

熟語 馬《ば》車《しゃ》。馬《ば》力《りき》。競《けい》馬《ば》。木《もく》馬《ば》。子《こ》馬《うま》。絵《え》馬《ま》。

**ば【婆】** 画数 11 部首 女(おんな)
音 バ 訓 ——
年《とし》をとった女《おんな》の人《ひと》。熟語 老《ろう》婆《ば》。

**ば【罵】** 画数 15 部首 罒(あみがしら)
音 バ 訓 ののし-る
ののしる。悪《わる》口《くち》を言《い》う。口《くち》ぎたなく罵《ののし》る。熟語 罵《ば》声《せい》。罵《ば》倒《とう》。例

**ば【場】** 名 ❶所《ところ》。場《ば》所《しょ》。例 公《こう》園《えん》は、いこいの場です。❷場《ば》合《あい》。とき。例 その場はなんとかおさまった。❸劇《げき》の中《なか》の一《いち》場《ば》面《めん》。例 第《だい》一《いち》幕《まく》第《だい》三《さん》場。↓じょう【場】625ページ

**ば** 助 ❶仮《かり》に決《き》めて言《い》うときに使《つか》う。例 雨《あめ》が降《ふ》れば、遠《えん》足《そく》は中《ちゅう》止《し》だ。❷前《まえ》のことがらのときにはいつもそうなる、という意《い》味《み》を表《あらわ》す。例 春《はる》になれば、花《はな》が咲《さ》く。❸並《なら》べ上《あ》げるときに使《つか》う。例 金《かね》もなければ、ひまもない。❹〔「…と言《い》えば」の形《かたち》で〕話《はなし》をきりだすときに使《つか》う。例 そう言《い》えば、彼《かれ》はどうしたの。❺…すると、いっそう。例 聞《き》けば聞《き》くほど、気《き》の毒《どく》だ。

**バー**〔英語 bar〕名 ❶棒《ぼう》。❷高《たか》とびで、とびこす横《よこ》棒《ぼう》。❸バレエの練《れん》習《しゅう》をするときにつかまる棒《ぼう》。❹酒《さけ》を飲《の》ませる店《みせ》。

**ぱあ** 名 ❶〔じゃんけんの〕紙《かみ》。指《ゆび》を全《ぜん》部《ぶ》開《ひら》いた形《かたち》。関連 ぐう。ちょき。❷何《なに》も残《のこ》らないこと。台《だい》なしになること。例 計《けい》画《かく》がぱあになる。

**◦ばあい【場合】** 名 ❶おり。とき。例 雨《あめ》の場合は、中《ちゅう》止《し》します。❷ようす。事《じ》情《じょう》。例 場合によっては引《ひ》き受《う》ける。

**パーキング**〔英語 parking〕名 車《くるま》を止《と》めておくこと。駐《ちゅう》車《しゃ》場《じょう》。例 パーキングエリア。

**はあく【把握】** 名 動-する ことがらを、正《ただ》しく知《し》ったり理《り》解《かい》したりすること。例 正《せい》確《かく》な人《にん》数《ずう》を把握する。

**バーゲン**〔英語 bargain〕名 ↓バーゲンセール 1023ページ

**バーゲンセール**〔英語 bargain sale〕名 大《おお》安《やす》売《う》り。大《だい》特《とく》売《ばい》。バーゲン。

**バーコード**〔英語 bar code〕名 商《しょう》品《ひん》の種《しゅ》類《るい》や価《か》格《かく》・製《せい》造《ぞう》年《ねん》月《がっ》日《ぴ》などを、太《ふと》さのちがう何《なん》本《ぼん》もの線《せん》を組《く》み合《あ》わせて表《あらわ》したもの。コンピューターによる商《しょう》品《ひん》の管《かん》理《り》に使《つか》う。

**バージョン**〔英語 version〕名 (書《しょ》物《もつ》やコンピューターのソフトなどの)改《かい》訂《てい》した版《はん》。

**バージョンアップ** 名 動-する 〔日《にっ》本《ぽん》でできた英《えい》語《ご》ふうの言《こと》葉《ば》。〕❶今《いま》まであったものを、新《あたら》しくすること。❷〔コンピューターで〕ソフトウエアなどの機《き》能《のう》を向《こう》上《じょう》させること。

**バースデー**〔英語 birthday〕名 誕《たん》生《じょう》日《び》。

**パーセンテージ**〔英語 percentage〕名 パーセントで表《あらわ》した割《わり》合《あい》。百《ひゃく》分《ぶん》率《りつ》。

**パーセント**〔英語 percent〕名 全《ぜん》体《たい》を一〇〇としたとき、その部《ぶ》分《ぶん》が、全《ぜん》体《たい》のどれくらいの割《わり》合《あい》に当《あ》たるのかを示《しめ》す数《かず》。百《ひゃく》分《ぶん》率《りつ》。記《き》号《ごう》は「%」。

**パーソナリティー**〔英語 personality〕名 ❶性《せい》格《かく》。個《こ》性《せい》。例 独《どく》特《とく》のパーソナリティーの持《も》ち主《ぬし》。❷放《ほう》送《そう》番《ばん》組《ぐみ》などで、司《し》会《かい》進《しん》行《こう》をする人《ひと》。

**パーソナルコンピューター**〔英語 personal computer〕名 ↓パソコン 1044ページ

**パーソン**〔英語 person〕名 人《ひと》。人《にん》間《げん》。

**ばあたり【場当たり】** 名 ❶〔演《えん》劇《げき》・集《しゅう》会《かい》などで〕その場《ば》の思《おも》いつきで、人《にん》気《き》やかっさいを得《え》ること。❷その場《ば》しのぎ。例 場当たり的《てき》な発《はつ》言《げん》。

**バーチャル**〔英語 virtual〕形動 実《じっ》際《さい》にはない、仮《かり》のものであるようす。仮《か》想《そう》であるようす。例 テレビゲームはバーチャルな世《せ》界《かい》だ。参考 多《おお》く、コンピューターによって作り




慣用句 草《くさ》の根《ね》を分《わ》けても 草《くさ》の根《ね》を分《わ》けても探《さが》し出《だ》す。

出《だ》される世界《せかい》をいう。

**バーチャルリアリティー**〔英語 virtual reality〕名 コンピューターなどを用《もち》いて、人工的《じんこうてき》に作《つく》り出《だ》した世界《せかい》を、まるで本物《ほんもの》のように知覚《ちかく》させる技術《ぎじゅつ》。また、その技術《ぎじゅつ》によって作《つく》り出《だ》された現実感《げんじつかん》。仮想現実《かそうげんじつ》。ＶＲ《ブイアール》。

**パーツ**〔英語 parts〕名 ❶機械《きかい》、器具《きぐ》などの部品《ぶひん》。❷全体《ぜんたい》の中《なか》の一部分《いちぶぶん》。

**パーティー**〔英語 party〕名 ❶大勢《おおぜい》の人《ひと》の集《あつ》まり。会合《かいごう》。例 ダンスパーティー。❷仲間《なかま》。特《とく》に、山登《やまのぼ》りにいっしょに行《い》く仲間《なかま》。

**ハート**〔英語 heart〕名 ❶心《こころ》。気《き》持《も》ち。例 ハートをつかむ。❷心臓《しんぞう》。❸赤《あか》い「♥」のしるし。また、そのしるしのついたトランプのカード。

**ハード**〔英語 hard〕一 名 形動 ❶かたいようす。❷厳《きび》しいようす。例 ハードカバーの本《ほん》。ハードな練習《れんしゅう》。二 名「ハードウエア」の略《りゃく》。例 対 ソフト。

**パート**〔英語 part〕名 ❶受《う》け持《も》ち。役割《やくわり》。❷部分《ぶぶん》。❸ 例 パート別《べつ》に合奏《がっそう》の練習《れんしゅう》をする。「パートタイム」「パートタイマー」の略《りゃく》。

**バードウイーク** 名〔日本《にっぽん》でできた英語《えいご》ふうの言葉《ことば》。〕↓あいちょうしゅうかん 4ページ

**ハードウエア**〔英語 hardware〕名〔「ソフトウエア」に対《たい》して〕機械《きかい》や装置《そうち》のこと。特《とく》に、コンピューターの機械《きかい》や装置《そうち》の部分《ぶぶん》。ハード。対 ソフトウエア。

**バードウォッチング**〔英語 bird watching〕名 山《やま》や野《の》に出《で》て、自然《しぜん》の中《なか》で、鳥《とり》を観察《かんさつ》して楽《たの》しむこと。

**パートタイマー**〔英語 part-timer〕名 パートタイムで働《はたら》く人《ひと》。パート。

**パートタイム**〔英語 part-time〕名 一日《いちにち》のうち、決《き》められた短《みじか》い時間《じかん》だけ勤《つと》めること。パート。

**ハードディスク**〔英語 hard disk〕名 金属《きんぞく》などで作《つく》った、コンピューター用《よう》のうすい円板《えんばん》。たくさんの記録《きろく》ができ、データの読《よ》み書《か》きも速《はや》い。ＨＤ《エイチディー》。

**パートナー**〔英語 partner〕名 ❶〔ダンスや仕事《しごと》などで〕二人《ふたり》で組《く》むときの相手《あいて》。❷配偶者《はいぐうしゃ》。

**ハードル**〔英語 hurdle〕名 ❶障害物競走《しょうがいぶつきょうそう》で使《つか》う、木《き》や鉄《てつ》パイプでできた、わく。また、それをとびこえながら走《はし》る競走《きょうそう》。❷こえなければならない困難《こんなん》。例 試験《しけん》というハードルをこえる。

**バーナー**〔英語 burner〕名 ガスなどの燃料《ねんりょう》を燃《も》やす装置《そうち》。また、その火《ひ》をつける口《くち》のところ。

**ハーネス**〔英語 harness〕名 つれて歩《ある》くために、盲導犬《もうどうけん》などの体《からだ》につける、ひものついた器具《きぐ》。

**ハーバー**〔英語 harbo(u)r〕名 港《みなと》。例 ヨットハーバー。

**ハーフ**〔英語 half〕名 ❶半分《はんぶん》。中間《ちゅうかん》。例 ハーフサイズ。ハーフタイム。❷〔サッカーなどの試合《しあい》の〕前半《ぜんはん》、または後半《こうはん》。❸人種《じんしゅ》の異《こと》なる男女《だんじょ》から生《う》まれた人《ひと》。

**ハーブ**〔英語 herb〕名 薬草《やくそう》。香草《こうそう》。料理《りょうり》の風味《ふうみ》づけや薬用《やくよう》にする草《くさ》。

**ハープ**〔英語 harp〕名 縦《たて》に張《は》った四十七本《ほん》の糸《いと》を、両手《りょうて》の指《ゆび》ではじいてひく楽器《がっき》。たてごと。↓がっき(楽器) 244ページ

**パーフェクト**〔英語 perfect〕名 形動 完全《かんぜん》であること。例 パーフェクトに仕上《しあ》げる。

**ハーフタイム**〔英語 half time〕名〔サッカーなどで〕前半《ぜんはん》と後半《こうはん》の間《あいだ》の休《やす》み時間《じかん》。

**バーベキュー**〔英語 barbecue〕名 野外《やがい》で、くしにさした肉《にく》や野菜《やさい》などを焼《や》いて食《た》べること。また、その料理《りょうり》。ＢＢＱ《ビービーキュー》。

**バーベル**〔英語 barbell〕名 重量挙《じゅうりょうあ》げに使《つか》う鉄《てつ》の棒《ぼう》。両《りょう》はしに鉄《てつ》のおもりをつける。

**パーマ** 名〔英語《えいご》の「パーマネントウエーブ」の略《りゃく》。〕薬《くすり》などで、髪《かみ》の毛《け》に波《なみ》の形《かたち》をつけること。また、その髪《かみ》の毛《け》。

**バーミキュライト**〔英語 vermiculite〕名 軽《かる》くて水《みず》持《も》ちがよい人工《じんこう》の土《つち》。園芸《えんげい》や農業《のうぎょう》で使《つか》われる。

**ハーモニー**〔英語 harmony〕名 ❶〔音楽《おんがく》で〕二《ふた》つ以上《いじょう》の高《たか》さのちがう音《おと》が、一《ひと》つにとけ合《あ》って聞《き》こえること。❷調和《ちょうわ》。つり合《あ》い。例 色彩《しきさい》のハーモニー。

**ハーモニカ**〔英語 harmonica〕名 小《ちい》さな長方形《ちょうほうけい》の楽器《がっき》。口《くち》に当《あ》てて、息《いき》をはいたり吸《す》ったりして音《おと》を出《だ》す。ハモニカ。

慣用句 口八丁手八丁《くちはっちょうてはっちょう》　口八丁手八丁《くちはっちょうてはっちょう》の彼《かれ》にはかなわないよ。

**パール**〔英語 pearl〕名 ❶真珠《しんじゅ》。❷真珠《しんじゅ》のような色《いろ》やつや。例パールホワイト（=真珠《しんじゅ》のようなつやのある白色《はくしょく》）。

**はい【拝】** 画数 8 部首 扌（てへん） 6年

音 ハイ 訓 おが-む

筆順

❶おがむ。熟語 拝礼《はいれい》。参拝《さんぱい》。❷へりくだる意味《いみ》を表《あらわ》す。熟語 拝見《はいけん》。拝借《はいしゃく》。❸手紙《てがみ》の挨拶《あいさつ》の言葉《ことば》。熟語 拝啓《はいけい》。拝復《はいふく》。↓はいする（拝する）1029ページ

《訓の使い方》**おが-む** 例 初日《はつひ》の出《で》を拝む。

**はい【背】** 画数 9 部首 月（にくづき） 6年

音 ハイ 訓 せ せい そむ-く△ そむ-ける△

筆順

❶うしろ。せなか。熟語 背泳《はいえい》。背景《はいけい》。背後《はいご》。背骨《せぼね》。❷そむく。熟語 背信《はいしん》（=信義《しんぎ》にそむくこと）。

《訓の使い方》**そむ-く** 例 信頼《しんらい》に背く。**そむ-ける** 例 顔《かお》を背ける。

**はい【肺】** 画数 9 部首 月（にくづき） 6年

音 ハイ 訓 —

筆順

胸《むね》にある呼吸器《こきゅうき》。熟語 肺臓《はいぞう》。肺炎《はいえん》。肺活量《はいかつりょう》。

**はい【肺】** 名 胸《むね》の右《みぎ》と左《ひだり》にあって、息《いき》を吸《す》ったり、はいたりするはたらきをするところ。肺臓《はいぞう》。↓ないぞう（内臓）959ページ

**はい【俳】** 画数 10 部首 亻（にんべん） 6年

音 ハイ 訓 —

筆順

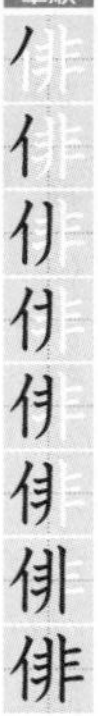

❶役者《やくしゃ》。熟語 俳優《はいゆう》。❷俳句《はいく》のこと。熟語 俳人《はいじん》。

**はい【配】** 画数 10 部首 酉（とりへん） 3年

音 ハイ 訓 くば-る

筆順

❶くばる。熟語 配給《はいきゅう》。配達《はいたつ》。心配《しんぱい》。分配《ぶんぱい》。❷従《したが》える。熟語 支配《しはい》。❸取《と》り合《あ》わせる。並《なら》べる。つり合《あ》う。熟語 配色《はいしょく》。配列《はいれつ》。↓はいする（配する）1029ページ

《訓の使い方》**くば-る** 例 用紙《ようし》を配る。

**はい【敗】** 画数 11 部首 攵（ぼくづくり） 4年

音 ハイ 訓 やぶ-れる

筆順

❶やぶれる。負《ま》ける。熟語 敗戦《はいせん》。敗北《はいぼく》。完敗《かんぱい》。勝敗《しょうはい》。大敗《たいはい》。対 勝《しょう》。❷ものごとがだめになる。そこなわれる。熟語 失敗《しっぱい》。腐敗《ふはい》。

《訓の使い方》**やぶ-れる** 例 戦《たたか》いに敗れる。

**はい【杯】** 画数 8 部首 木（きへん）

音 ハイ 訓 さかずき

❶さかずき。熟語 乾杯《かんぱい》。祝杯《しゅくはい》。❷器《うつわ》に入《い》れたものを数《かぞ》える言葉《ことば》。例 お茶《ちゃ》を二杯《にはい》。

**はい【排】** 画数 11 部首 扌（てへん）

音 ハイ 訓 —

おしのける。おし出《だ》す。熟語 排気《はいき》。排除《はいじょ》。例 万難《ばんなん》を排《はい》する。↓はいする（排する）1029ページ

**はい【廃】** 画数 12 部首 广（まだれ）

音 ハイ 訓 すた-れる すた-る

❶すたれる。役《やく》に立《た》たなくなる。熟語 廃虚《はいきょ》。廃品《はいひん》。荒廃《こうはい》。例 流行《りゅうこう》が廃《すた》れる。❷捨《す》てる。やめる。熟語 廃棄《はいき》。廃業《はいぎょう》。↓はいする（廃する）1029ページ

**はい【輩】** 画数 15 部首 車（くるま）

音 ハイ 訓 —

❶次々《つぎつぎ》と並《なら》ぶ。熟語 輩出《はいしゅつ》。❷仲間《なかま》。熟語 先輩《せんぱい》。年輩《ねんぱい》。

**°はい【灰】** 名 物《もの》が燃《も》えたあとに残《のこ》る、粉《こな》のようなもの。例 火山灰《かざんばい》。灰になる。↓**かい**【灰】193ページ

**はい【胚】** 名 ↓はいが 1027ページ

**はい【蝿】** 名 ↓はえ 1031ページ

**°はい** 感 ❶返事《へんじ》をするときの言葉《ことば》。例「中村《なかむら》さん。」「はい。」❷承知《しょうち》したことを表《あらわ》す言葉《ことば》。



 慣用句 唇《くちびる》をかむ 入賞《にゅうしょう》めざしてがんばったが、望《のぞ》みがかなわず、唇《くちびる》をかんだ。

例「来《き》てください。」「はい。」対いいえ。❸注意《ちゅうい》したり、合図《あいず》したりするときの言葉《ことば》。例はい、口《くち》を開《あ》けて。

**ばい【売】** 画数 7 部首 儿（ひとあし） 2年

音 バイ 訓 う-る う-れる

筆順

うる。熟語 売店《ばいてん》。売買《ばいばい》。商売《しょうばい》。販売《はんばい》。対 買《ばい》。

《訓の使い方》 **う-る** 例 物《もの》を売る。 **う-れる** 例 よく売れる。

**ばい【倍】** 画数 10 部首 亻（にんべん） 3年

音 バイ 訓 ―

筆順

❶同《おな》じ数《かず》を二《ふた》つ合《あ》わせる。熟語 倍加《ばいか》。倍増《ばいぞう》。❷多《おお》くする。熟語 倍率《ばいりつ》。❸同《おな》じ数《かず》を何回《なんかい》足《た》したかを表《あらわ》す言葉《ことば》。例 五《ご》の三倍《さんばい》。

**ばい【倍】** 名 二倍《にばい》。例 倍にして返《かえ》す。

**ばい【梅】** 画数 10 部首 木（きへん） 4年

音 バイ 訓 うめ

筆順

❶うめ。熟語 梅園《ばいえん》。紅梅《こうばい》。❷うめが実《みの》るころ。熟語 梅雨《ばいう》。入梅《にゅうばい》。

**ばい【買】** 画数 12 部首 貝（かい） 2年

音 バイ 訓 か-う

筆順

かう。熟語 買収《ばいしゅう》。購買《こうばい》。売買《ばいばい》。対 売《ばい》。

《訓の使い方》 **か-う** 例 本《ほん》を買う。

**ばい【培】** 画数 11 部首 扌（つちへん）

音 バイ 訓 つちか-う

つちかう。草木《くさき》を育《そだ》てる。熟語 培養《ばいよう》。栽培《さいばい》。

**ばい【陪】** 画数 11 部首 阝（こざとへん）

音 バイ 訓 ―

従《したが》う。お供《とも》をする。熟語 陪席《ばいせき》〔＝身分《みぶん》の高《たか》い人《ひと》といっしょの席《せき》に着《つ》く〕。

**ばい【媒】** 画数 12 部首 女（おんなへん）

音 バイ 訓 ―

仲立《なかだ》ちをする。間《あいだ》に立《た》ってとりもつ。熟語 媒介《ばいかい》。媒酌《ばいしゃく》〔＝結婚《けっこん》の仲立《なかだ》ちをする〕。

**ばい【賠】** 画数 15 部首 貝（かいへん）

音 バイ 訓 ―

つぐなう。損害《そんがい》のうめ合《あ》わせをする。熟語 賠償《ばいしょう》。

**パイ**〔英語 pie〕名 小麦粉《こむぎこ》にバターを加《くわ》えて練《ね》り合《あ》わせ、果物《くだもの》や肉《にく》などを包《つつ》んで焼《や》いたもの。例 アップルパイ。

**パイ**〔ギリシャ語〕名 ↓えんしゅうりつ 138ページ

**はいあがる【はい上がる】** 動 ❶はって高《たか》い所《ところ》へ上《あ》がる。例 がけをはい上がる。❷悪《わる》い状態《じょうたい》から、苦労《くろう》して抜《ぬ》け出《だ》す。例 どん底《ぞこ》からはい上がる。

**はいいろ【灰色】** 名 ❶灰《はい》のような色《いろ》。ねずみ色《いろ》。グレー。❷希望《きぼう》がないこと。例 灰色の青春《せいしゅん》。❸疑《うたが》わしいこと。例 灰色高官《こうかん》〔＝疑《うたが》わしいけれど逮捕《たいほ》できない政治家《せいじか》〕。

**はいいん【敗因】** 名 負《ま》けた原因《げんいん》。例 敗因は気《き》のゆるみだ。対 勝因《しょういん》。

**ばいう【梅雨】** 名 ↓つゆ（梅雨） 865ページ

**ハイウエー**〔英語 highway〕名 ↓こうそくどうろ 440ページ

**ばいうぜんせん【梅雨前線】** 名 六月《ろくがつ》から七月《しちがつ》にかけて、日本《にっぽん》の南岸《なんがん》にとどまって、長雨《ながあめ》を降《ふ》らせる前線《ぜんせん》。この前線《ぜんせん》によって梅雨《つゆ》がもたらされる。

**はいえい【背泳】** 名 あお向《む》けで進《すす》む泳《およ》ぎ方《かた》。背泳《せおよ》ぎ。バックストローク。

**はいえん【肺炎】** 名 細菌《さいきん》によって起《お》こる肺《はい》の病気《びょうき》。高《たか》い熱《ねつ》が出《で》る。

**ばいえん【煤煙】** 名 石炭《せきたん》や石油《せきゆ》などを燃《も》やしたときに出《で》る、すすやけむり。

**バイオ**〔英語 bio〕名 生物《せいぶつ》の生命《せいめい》の仕組《しく》みなどを研究《けんきゅう》して、医学《いがく》や農業《のうぎょう》、環境《かんきょう》などに応用《おう》する技術《ぎじゅつ》。生命工学《せいめいこうがく》。バイオテクノロジー。

**はいおく【廃屋】** 名 住《す》む人《ひと》のいない荒《あ》れ果《は》てた家《いえ》。

**バイオテクノロジー**〔英語 biotechnolo-

あいうえお かきくけこ さしすせそ たちつてと なにぬねの はひふへほ まみむめも やゆよ らりるれろ わをん

慣用句 口火《くちび》を切《き》る 運動会《うんどうかい》の口火《くちび》を切《き》って、かわいい1年生《ねんせい》のかけっこが始《はじ》まった。

gy〕名 ↓バイオ 1026ページ

**パイオニア**〔英語 pioneer〕名 新《あたら》しいことを初《はじ》めて行《おこな》った人《ひと》。草分《くさわ》け。先駆者《せんくしゃ》。

**バイオねんりょう【バイオ燃料】**名 植《しょく》物《ぶつ》や木《き》くずなどのバイオマスから作《つく》る燃《ねん》料《りょう》。

**バイオマス**〔英語 biomass〕名 エネルギーや工業燃料《こうぎょうねんりょう》に使《つか》われる植物《しょくぶつ》や木《き》くず、家畜《かちく》のふん尿《にょう》、生《なま》ごみなど。参考 石油《せきゆ》や石炭《せきたん》に代《か》わる新《あたら》しいエネルギーとして注目《ちゅうもく》されている。

**バイオリズム**〔英語 biorhythm〕名 生物《せいぶつ》が生《う》まれつき体内《たいない》に持《も》っているリズム。

**バイオリン**〔英語 violin〕名 弦楽器《げんがっき》の一《ひと》つ。木《き》で作《つく》った胴《どう》に四本《よんほん》の糸《いと》が張《は》ってあり、弓《ゆみ》でひいて音《おと》を出《だ》す。↓がっき(楽器) 244ページ

**はいか【配下】**名 ある人《ひと》の支配下《しはいか》にある人《ひと》。手下《てした》。部下《ぶか》。

**はいが【胚芽】**名 植物《しょくぶつ》の種《たね》の中《なか》にあって、芽《め》となって生長《せいちょう》する部分《ぶぶん》。胚《はい》。

**ばいか【売価】**名 品物《しなもの》を売《う》るときの値段《ねだん》。売値《うりね》。

**ばいか【倍加】**名 動-する ❶二倍《にばい》に増《ふ》えること。二倍《にばい》に増《ふ》やすこと。倍増《ばいぞう》。❷非常《ひじょう》に増《ふ》えること。例 危険《きけん》が倍加する。

**はいかい【俳諧】**名 ❶おもしろさを中心《ちゅうしん》とした和歌《わか》や連歌《れんが》。❷江戸時代《えどじだい》にさかんだった、今《いま》で言《い》う「俳句《はいく》」のこと。

**はいかい【徘徊】**名 動-する あてもなく歩《ある》き回《まわ》ること。例 街中《まちなか》を徘徊する。

**ばいかい【媒介】**名 動-する 間《あいだ》をとりもつこと。仲立《なかだ》ち。例 感染症《かんせんしょう》を媒介する。

**はいかつりょう【肺活量】**名 息《いき》を思《おも》いきり吸《す》いこみ、それをはき出《だ》したときの空気《くうき》の量《りょう》。肺《はい》のはたらきを知《し》るのに使《つか》う。

**はいがまい【胚芽米】**名 胚芽《はいが》を残《のこ》して精《せい》米《まい》した米《こめ》。ビタミン$B_1$《ビーワン》などを多《おお》く含《ふく》む。関連 玄米《げんまい》。白米《はくまい》。

**ハイカラ**名 形動〔日本《にっぽん》でできた英語《えいご》ふうの言葉《ことば》。〕❶洋風《ようふう》で、しゃれていること。また、そのような人《ひと》。例 母《はは》はなかなかのハイカラだ。❷西洋《せいよう》ふうに気《き》どっていること。また、そのような人《ひと》。参考 昔《むかし》、高《たか》いえり〔=ハイ・カラー〕の洋服姿《ようふくすがた》が、西洋風《せいようふう》でモダンだとされたことから。

**はいかん【拝観】**名 動-する 神社《じんじゃ》や寺《てら》、またそこの宝物《たからもの》をつつしんで見《み》ること。

**はいかん【配管】**名 動-する 水道《すいどう》やガスなどを通《とお》すための管《くだ》。また、その管《くだ》を取《と》りつけること。例 配管工事《こうじ》。

**はいかん【廃刊】**名 動-する 今《いま》まで出《だ》していた新聞《しんぶん》・雑誌《ざっし》などの発行《はっこう》をやめること。

**はいき【排気】**名 動-する ❶中《なか》の空気《くうき》を外《そと》へ出《だ》すこと。例 排気口《こう》。❷エンジンなどからガスをはき出《だ》すこと。例 排気ガス。対(❶・❷)吸気《きゅうき》。

**はいき【廃棄】**名 動-する いらなくなった物《もの》を捨《す》てること。例 古《ふる》い雑誌《ざっし》を廃棄する。

**はいきガス【排気ガス】**名 自動車《じどうしゃ》などのエンジンからはき出《だ》される、不用《ふよう》になったガス。有害《ゆうがい》な物質《ぶっしつ》を含《ふく》み、大気汚染《たいきおせん》の原因《げんいん》になる。排出《はいしゅつ》ガス。

**はいきぶつ【廃棄物】**名 いらなくなって捨《す》てられる物《もの》。例 産業《さんぎょう》廃棄物。

**ばいきゃく【売却】**名 動-する 売《う》りはらうこと。例 土地《とち》を売却する。

**はいきゅう【配給】**名 動-する 割《わ》り当《あ》てて、配《くば》ること。例 食糧《しょくりょう》を配給する。

**はいきょ【廃墟】**名 町《まち》や建物《たてもの》が、あれ果《は》てて、くずれたあと。例 廃墟と化《か》した町《まち》。

**はいぎょう【廃業】**名 動-する 今《いま》までしていた商売《しょうばい》などをやめること。対 開業《かいぎょう》。

**ばいきん【ばい菌】**名 病気《びょうき》などのもととなる、有害《ゆうがい》な細菌《さいきん》。

**ハイキング**〔英語 hiking〕名 動-する 山《やま》や野《の》を、楽《たの》しみながら歩《ある》くこと。

**バイキング**〔英語 Viking〕名 ❶八世紀《はっせいき》から十一世紀《じゅういっせいき》にかけて北《きた》ヨーロッパを中心《ちゅうしん》に活《かつ》躍《やく》したノルマン人《じん》のこと。❷決《き》まった料金《りょうきん》で、並《なら》べられた多《おお》くの料理《りょうり》の中《なか》から、好《す》きな料《りょう》理《り》を好《す》きなだけ食《た》べられる形式《けいしき》の食事《しょくじ》。

**はいく【俳句】**名 五《ご》・七《しち》・五《ご》の一七音《おん》で表《あらわ》す短《みじか》い詩《し》。日本独特《にっぽんどくとく》の詩《し》。例《たと》えば、「名月《めいげつ》や池《いけ》をめぐりて夜《よ》もすがら」(松尾芭蕉《まつおばしょう》)など。↓1028ページ 参考 ❷は日本《にっぽん》で名《な》づけた言《い》い方《かた》。

**バイク**〔英語 bike〕名 ❶エンジンで動《うご》く二輪《にりん》





慣用句 苦肉《くにく》の策《さく》 人手《ひとて》が足《た》りないので、一人《ひとり》が二役《ふたやく》受《う》け持《も》つ苦肉《くにく》の策《さく》を取《と》った。

例解 ! ことばの勉強室

**俳句《はいく》について**

俳句《はいく》は、連歌《れんが》がもとになってできたものである。連歌《れんが》の初《はじ》めの句《く》（五《ご》・七《しち》・五《ご》）を発句《ほっく》といい、それが独立《どくりつ》して作《つく》られるようになったもので、江戸《えど》時代《じだい》に、松尾芭蕉《まつおばしょう》によって、芸術《げいじゅつ》にまで高《たか》められた。

江戸《えど》時代《じだい》には「俳諧《はいかい》」と呼《よ》ばれていたが、明治《めいじ》時代《じだい》になって正岡子規《まさおかしき》が、「俳句《はいく》」と名《な》づけた。

俳句《はいく》には、季節《きせつ》を表《あらわ》す言葉《ことば》（＝季語《きご》）を詠《よ》みこむなどの約束《やくそく》があり、季語《きご》によって、春夏秋冬《しゅんかしゅうとう》の季節感《きせつかん》が表《あらわ》される。しかし、季語《きご》を入《い》れない俳句《はいく》もある。

俳句《はいく》は、今《いま》でも多《おお》くの人々《ひとびと》に親《した》しまれ、このごろでは、世界《せかい》一《いち》短《みじか》い詩《し》として、外国《がいこく》でも注目《ちゅうもく》されている。（⬇きご 303ページ）

車《しゃ》。自動《じどう》二輪車《にりんしゃ》。オートバイ。❷自転車《じてんしゃ》。例 マウンテンバイク。

**はいぐうしゃ【配偶者】** 名 結婚《けっこん》している相手《あいて》。夫《おっと》からは妻《つま》、妻《つま》からは夫《おっと》のこと。連《つ》れ合《あ》い。パートナー。参考 書類《しょるい》などで使《つか》う言葉《ことば》。

**°はいけい【拝啓】** 名 手紙《てがみ》の書《か》き始《はじ》めに使《つか》う言葉《ことば》の一《ひと》つ。「つつしんで申《もう》し上《あ》げます。」という意味《いみ》。類 謹啓《きんけい》。参考「拝啓《はいけい》」で始《はじ》めたら、終《お》わりはふつう「敬具《けいぐ》」で結《むす》ぶ。

**はいけい【背景】** 名 ❶絵《え》・写真《しゃしん》などの、後《うし》ろの景色《けしき》。バック。例 背景が海《うみ》の写真《しゃしん》。❷演劇《えんげき》で、舞台《ぶたい》の後《うし》ろの景色《けしき》。❸裏《うら》にかくれている事情《じじょう》。例 事件《じけん》の背景をさぐる。

**はいけっかく【肺結核】** 名 感染症《かんせんしょう》の一《ひと》つ。結核菌《けっかくきん》が、肺《はい》に入《はい》って起《お》こる病気《びょうき》。肺《はい》病《びょう》。

**はいけん【拝見】** 名 動する「見《み》ること」をへりくだって言《い》う言葉《ことば》。見《み》せていただくこと。例 お手紙《てがみ》拝見しました。

**はいご【背後】** 名 ❶後《うし》ろ。例 背後の敵《てき》。❷ものごとの表面《ひょうめん》に出《で》ない、かげの部分《ぶぶん》。

**はいこう【廃校】** 名 学校《がっこう》を廃止《はいし》すること。また、廃止《はいし》された学校《がっこう》。

**はいごう【俳号】** 名 本名《ほんみょう》とは別《べつ》の、俳人《はいじん》としての名前《なまえ》。参考 小林《こばやし》一茶《いっさ》の「一茶《いっさ》」は俳号《はいごう》で、本名《ほんみょう》は弥太郎《やたろう》。

**はいごう【配合】** 名 動する いくつかの物《もの》を、組《く》み合《あ》わせたり、混《ま》ぜ合《あ》わせたりすること。例 色《いろ》の配合がいい。

**はいざい【廃材】** 名 いらなくなった材木《ざいもく》。

**はいし【廃止】** 名 動する 今《いま》まで行《おこな》われてきたことをやめること。例 奴隷《どれい》制度《せいど》を廃止する。

**はいじつせい【背日性】** 名 植物《しょくぶつ》の根《ね》などが、光《ひかり》の来《こ》ない方《ほう》へ向《む》かってのびていく性質《せいしつ》。類 向地性《こうちせい》。対 向日性《こうじつせい》。

**はいしゃ【敗者】** 名 勝負《しょうぶ》や試合《しあい》に負《ま》けた人《ひと》やチーム。例 敗者復活戦《ふっかつせん》。対 勝者《しょうしゃ》。

**はいしゃ【歯医者】** 名 歯《は》の病気《びょうき》を治《なお》す医者《いしゃ》。歯科医《しかい》。

**はいしゃく【拝借】** 名 動する「借《か》りること」をへりくだって言《い》う言葉《ことば》。お借《か》りすること。例 先生《せんせい》のかさを拝借する。

**ハイジャック**〔英語 hijack〕名 動する 飛行機《ひこうき》を乗《の》っ取《と》ること。

**ばいしゅう【買収】** 名 動する ❶買《か》い取《と》ること。例 土地《とち》を買収する。❷お金《かね》などを与《あた》えて、味方《みかた》に引《ひ》き入《い》れること。

**はいしゅつ【排出】** 名 動する 中《なか》にたまったものを、外《そと》へおし出《だ》すこと。

**はいしゅつ【輩出】** 名 動する すぐれた人《ひと》が続《つづ》いて世《よ》の中《なか》に出《で》ること。例 町《まち》からすぐれた人材《じんざい》が輩出する。

**はいしゅつガス【排出ガス】** 名 ⬇はいきガス 233ページ

**はいじょ【排除】** 名 動する おしのけて、どかせること。取《と》り除《のぞ》くこと。例 どんな可能性《かのうせい》も排除しない。

**ばいしょう【賠償】** 名 動する 相手《あいて》に与《あた》えた損害《そんがい》のうめ合《あ》わせをすること。弁償《べんしょう》。例 賠償金《きん》。

**はいしょく【配色】** 名 色《いろ》の取《と》り合《あ》わせ。例 部屋《へや》の配色を工夫《くふう》する。

**はいしょく【敗色】** 名 試合《しあい》などに、負《ま》けそうなようす。例 味方《みかた》の敗色が濃《こ》い。

**はいしん【配信】** 名 動する ❶通信社《つうしんしゃ》・新聞《しんぶん》

慣用句 首《くび》をかしげる　彼《かれ》の説明《せつめい》はつじつまが合《あ》わず、みんなは首《くび》をかしげるばかりだった。

社《しゃ》・放送局《ほうそうきょく》などが、情報《じょうほう》を他《ほか》の新聞社《しんぶんしゃ》や放送《ほうそう》局《きょく》などに流《なが》すこと。❷インターネットを通《つう》じて、情報《じょうほう》などをたくさんの人《ひと》に送《おく》ること。

**はいじん【俳人】** 名 俳句《はいく》を作《つく》る人《ひと》。

**はいすい【配水】** 名 動-する 水道《すいどう》などの水《みず》を、各方面《かくほうめん》に配《くば》ること。例 配水管《かん》。

**はいすい【排°水】** 名 動-する 中《なか》の水《みず》を外《そと》に流《なが》し出《だ》すこと。水《みず》はけ。例 排水溝《こう》。

**はいすい【廃°水】** 名 一度《いちど》使《つか》い、いらなくなって捨《す》てた水《みず》。例 工場《こうじょう》廃水。

**はいすいのじん【背水の陣°】** 一歩《いっぽ》もあとには引《ひ》けないというせっぱつまった状態《じょうたい》で、全力《ぜんりょく》をつくすこと。例 今度《こんど》の試合《しあい》には、背水の陣でのぞむ。参考 昔《むかし》、中国《ちゅうごく》で、川《かわ》を後《うし》ろにして陣地《じんち》をかまえ、決死《けっし》の覚悟《かくご》で兵《へい》を戦《たたか》わせて、いくさに勝《か》った話《はなし》から。

**はいすいりょう【排°水量】** 名 うかんだ船《ふね》がおしのけた水《みず》の量《りょう》。船《ふね》の大《おお》きさを表《あらわ》す。

**はいすいろ【排°水路】** 名 いらなくなった水《みず》を外《そと》へ流《なが》し出《だ》すために作《つく》った水路《すいろ》。

**ばいすう【倍数】** 名〔算数《さんすう》で〕ある数《かず》の何倍《なんばい》かになっている数《かず》。例 8は4の倍数。対 約《やく》数《すう》。

**はいする【拝する】** 動 ❶拝《おが》む。❷つつしんで見《み》る。例 ご尊顔《そんがん》を拝する〔=お目《め》にかかる〕。

**はいする【配する】** 動 ❶人《ひと》や物《もの》をちょうどよい所《ところ》に置《お》く。例 人《ひと》を配する。❷取《と》り合《あ》わせる。そえる。例 黒《くろ》に白《しろ》を配する。

**はいする【排°する】** 動 おしのける。排除《はいじょ》する。例 万難《ばんなん》を排する。

**はいする【廃°する】** 動 今《いま》まで行《おこな》ってきたことをやめる。例 古《ふる》い習慣《しゅうかん》を廃する。

**はいせき【排°斥°】** 名 動-する 仲間《なかま》からのけものにすること。きらって、退《しりぞ》けること。例 排斥運動《うんどう》。

**はいせつ【排°泄◆】** 名 動-する 大便《だいべん》や小便《しょうべん》を、体《からだ》の外《そと》に出《だ》すこと。例 排せつ物《ぶつ》。

**はいぜつ【廃°絶】** 名 動-する 今《いま》まであったものをなくすこと。また、なくなること。例 核《かく》兵器《へいき》を廃絶する。

**はいせん【配線】** 名 動-する ❶電線《でんせん》や電話線《でんわせん》を引《ひ》いて、取《と》り付《つ》けること。❷機械《きかい》などの内《ない》部《ぶ》の部品《ぶひん》を電線《でんせん》でつなぐこと。

**はいせん【敗戦】** 名 動-する 戦《たたか》いや試合《しあい》に負《ま》けること。敗北《はいぼく》。例 敗戦投手《とうしゅ》。

**はいせん【廃°線】** 名 鉄道《てつどう》やバスなどで、ある区間《くかん》の路線《ろせん》をやめること。また、やめた路《ろ》線《せん》。

**はいぜん【配膳°】** 名 動-する 料理《りょうり》を並《なら》べたおぜんを人《ひと》の前《まえ》に配《くば》ること。例 配膳係《がかり》。

**はいそう【配送】** 名 動-する あちこちに配《くば》って送《おく》り届《とど》けること。例 配送係《がかり》。

**はいそう【敗走】** 名 動-する 戦《たたか》いに負《ま》けて、にげること。例 くもの子《こ》を散《ち》らすように敗走する。

**はいぞう【肺臓】** 名 ⬇ はい(肺) 1025ページ

**ばいぞう【倍増】** 名 動-する 二倍《にばい》に増《ふ》やすこと。二倍《にばい》に増《ふ》えること。倍加《ばいか》。例 ポイント倍増のキャンペーン。

**はいぞく【配属】** 名 動-する それぞれの部署《ぶしょ》に人《ひと》をふり当《あ》てること。例 配属を決《き》める。

**ハイソックス** 名〔日本《にっぽん》でできた英語《えいご》ふうの言葉《ことば》。〕ひざ下《した》まである長《なが》めのくつした。

**はいたい【敗退】** 名 動-する 戦《たたか》いや試合《しあい》に負《ま》けて、退《しりぞ》くこと。例 一回戦《いっかいせん》で敗退する。

**ばいたい【媒°体】** 名 ❶間《あいだ》に入《はい》って仲立《なかだ》ちするもの。❷広《ひろ》く情報《じょうほう》を伝《つた》えるときの手段《しゅだん》として使《つか》うもの。メディア。例 広告《こうこく》の媒体。

**°はいたつ【配達】** 名 動-する 物《もの》を配《くば》って届《とど》けること。例 新聞《しんぶん》を配達する。

**はいたてき【排°他的】** 形動 自分《じぶん》や自分《じぶん》の仲間《なかま》以外《いがい》のものは、受《う》け入《い》れないようす。例 排他的な態度《たいど》はよくない。

**バイタリティ** 〔英語 vitality〕 名 力《ちから》強《づよ》さ。活力《かつりょく》。生命力《せいめいりょく》。例 バイタリティにあふれた人《ひと》。

**はいち【配置】** 名 動-する 人《ひと》や物《もの》を、適当《てきとう》な場《ば》所《しょ》や地位《ちい》に置《お》くこと。例 机《つくえ》の配置。

**はいちょう【拝聴°】** 名 動-する 「聞《き》くこと」をへりくだって言《い》う言葉《ことば》。うかがう。例 ご意見《いけん》を拝聴する。

**はいつくばう** 動 ⬇ はいつくばる 1029ページ

**はいつくばる** 動 両手《りょうて》両《りょう》ひざをついて、はうようにして体《からだ》を低《ひく》くする。はいつくばう。例 はいつくばってあやまる。

**ハイティーン** 名〔日本《にっぽん》でできた英語《えいご》ふう

あいうえお かきくけこ さしすせそ たちつてと なにぬねの は ひふへほ まみむめも や ゆ よ らりるれろ わ を ん


慣用句 首《くび》を長《なが》くする この日《ひ》が来《く》るのを首《くび》を長《なが》くして待《ま》っていたのは、私《わたし》だけではない。

の言葉《ことば》。〕十六歳《じゅうろくさい》から十九歳《じゅうきゅうさい》ぐらいまでの年《とし》ごろの少年《しょうねん》や少女《しょうじょ》。

**ハイテク** [名] 〔英語《えいご》の「ハイテクノロジー」の略《りゃく》。〕もっとも進《すす》んだ科学技術《かがくぎじゅつ》。[例] ハイテク産業《さんぎょう》。

**はいてん【配点】** [名][動-する] 試験《しけん》などで、問題《もんだい》や科目《かもく》ごとに点《てん》を割《わ》りふること。また、割《わ》りふられた点数《てんすう》。[例] 一問五点《いちもんごてん》の配点です。

**はいでん【拝殿】** [名] 神社《じんじゃ》で、お参《まい》りのために本殿《ほんでん》の前《まえ》に造《つく》った建物《たてもの》。

**はいでん【配電】** [名][動-する] 電気《でんき》をほうぼうに配《くば》ること。[例] 配電室《しつ》。

**ばいてん【売店】** [名] 駅《えき》・病院《びょういん》・学校《がっこう》・劇場《げきじょう》などにある、物《もの》を売《う》る小《ちい》さな店《みせ》。

**バイト** [名][動-する] 〔ドイツ語《ご》の「アルバイト」の略《りゃく》。〕↓アルバイト 44ページ

**はいとう【配当】** [名][動-する] ❶割《わ》り当《あ》てること。[例] 時間《じかん》を配当する。❷株式会社《かぶしきがいしゃ》などが、株主《かぶぬし》にもうけを分《わ》けること。また、分《わ》けたお金《かね》。[例] 配当金《きん》。

**はいどく【拝読】** [名][動-する] 「読《よ》むこと」をへりくだって言《い》う言葉《ことば》。つつしんで読《よ》むこと。[例] お手紙《てがみ》を拝読いたしました。

**ハイドン** [人名](男)(一七三二〜一八〇九)オーストリアの作曲家《さっきょくか》。一〇〇曲《きょく》以上《いじょう》の交響曲《こうきょうきょく》を作曲《さっきょく》し、「交響曲《こうきょうきょく》の父《ちち》」といわれる。

**パイナップル** [名] 熱帯産《ねったいさん》の果物《くだもの》。松《まつ》かさを大《おお》きくしたような形《かたち》で、中《なか》の黄色《きいろ》い部分《ぶぶん》を食《た》べる。パイン。

**はいにゅう【胚乳】** [名] 植物《しょくぶつ》の種《たね》の中《なか》にあり、胚芽《はいが》が生長《せいちょう》するときの養分《ようぶん》となるもの。

**はいねつ【廃熱】** [名] ある目的《もくてき》に使《つか》った熱《ねつ》の残《のこ》り。余熱《よねつ》。[例] 廃熱を利用《りよう》した温水《おんすい》プール。

**ばいばい【売買】** [名][動-する] 売《う》ったり、買《か》ったりすること。[例] 土地《とち》を売買する。

**バイパス** 〔英語 bypass〕[名] ❶わき道《みち》。❷交通《こうつう》の混雑《こんざつ》を少《すく》なくするために、わきに造《つく》った自動車用《じどうしゃよう》の回《まわ》り道《みち》。

**はいはんちけん【廃藩置県】** [名] 一八七一年《ねん》に明治政府《めいじせいふ》が行《おこな》った改革《かいかく》。それまでの藩《はん》をなくして府《ふ》と県《けん》を置《お》いた。

**はいび【配備】** [名][動-する] 手配《てはい》して準備《じゅんび》をすること。[例] 警官《けいかん》を配備する。

**ハイヒール** [名] 〔英語《えいご》の「ハイヒールドシューズ」の略《りゃく》。〕かかとの高《たか》いくつ。女《おんな》の人《ひと》がはくことが多《おお》い。

**ハイビジョン** [名] 〔日本《にっぽん》でできた英語《えいご》ふうの言葉《ことば》。〕あざやかな画像《がぞう》と質《しつ》のよい音声《おんせい》を実現《じつげん》した、テレビ放送《ほうそう》の方式《ほうしき》の愛称《あいしょう》。商標名《しょうひょうめい》。

**ハイビスカス** [名] 熱帯地方《ねったいちほう》に生《は》える低木《ていぼく》。赤《あか》い大《おお》きな花《はな》をつける。

**はいびょう【肺病】** [名] ↓はいけっかく 1028ページ

**はいひん【廃品】** [名] いらなくなった物《もの》。[例] 廃品回収《かいしゅう》。[類] 廃物《はいぶつ》。

**はいふ【配付】** [名][動-する] 関係《かんけい》のある人《ひと》に配《くば》ってわたすこと。[例] 証明書《しょうめいしょ》を配付する。

**はいふ【配布】** [名][動-する] 多《おお》くの人《ひと》に行《い》きわたるように配《くば》ること。[例] ビラの配布。

**パイプ** 〔英語 pipe〕[名] ❶管《くだ》。ガスや水《みず》などを送《おく》るのに使《つか》う管《くだ》。[例] パイプライン。❷西洋風《せいようふう》のたばこをすう用具《ようぐ》。❸通《つう》じ合《あ》うようにすること。[例] 話《はな》し合《あ》いのパイプ役《やく》。

**パイプオルガン** 〔英語 pipe organ〕[名] 大型《おおがた》のオルガン。大小《だいしょう》さまざまな管《くだ》に空気《くうき》を送《おく》りこみ、鍵盤《けんばん》やペダルをおして音《おと》を出《だ》す楽器《がっき》。

**はいふく【拝復】** [名] 返事《へんじ》の手紙《てがみ》の書《か》き始《はじ》めに使《つか》う言葉《ことば》。「つつしんでご返事《へんじ》いたします。」という意味《いみ》。

**はいぶつ【廃物】** [名] 役《やく》に立《た》たなくなった物《もの》。いらなくなった物《もの》。[類] 廃品《はいひん》。

**ハイブリッド** 〔英語 hybrid〕[名] ちがった性質《せいしつ》の物《もの》どうしを、組《く》み合《あ》わせること。また、組《く》み合《あ》わせたもの。[例] ハイブリッドカー〔=ガソリンと電力《でんりょく》とを組《く》み合《あ》わせた動力《どうりょく》で走《はし》る自動車《じどうしゃ》〕。

**バイブル** 〔英語 Bible〕[名] ❶↓せいしょ(聖書) 705ページ。❷ある分野《ぶんや》で、必《かなら》ず読《よ》むべきだとされている本《ほん》。[例] 経済学《けいざいがく》のバイブル。

**ハイフン** 〔英語 hyphen〕[名] 外来語《がいらいご》などで、言葉《ことば》と言葉《ことば》とをつなぐときなどに使《つか》う符号《ふごう》。「-」。↓ふろく(11ページ)

**はいぶん【配分】** [名][動-する] 割《わ》り当《あ》てて配《くば》ること。分配《ぶんぱい》。[例] 時間《じかん》配分。

**ハイペース** [名] 〔日本《にっぽん》でできた英語《えいご》ふうの言葉《ことば》。〕(速度《そくど》が)ふつうより速《はや》いこと。[例] スタ



慣用句 くもの子《こ》を散《ち》らすよう 大声《おおごえ》でどなられて、子《こ》どもたちは、くもの子《こ》を散《ち》らすように逃《に》げていった。

ートからいきなりハイペースで飛《と》ばす。

**はいべん【排便】** 名 動-する 大便《だいべん》を体《からだ》の外《そと》に出《だ》すこと。

**はいぼく【敗北】** 名 動-する いくさや試合《しあい》に負《ま》けること。敗戦《はいせん》。対 勝利《しょうり》。

**ばいめい【売名】** 名 自分《じぶん》の名前《なまえ》を、世《よ》の中《なか》に広《ひろ》めようとすること。例 売名行為《こうい》。参考 よくない意味《いみ》で使《つか》われることが多《おお》い。

**はいめん【背面】** 名 後《うし》ろ。後《うし》ろ側《がわ》。関連 正《しょう》面《めん》。側面《そくめん》。断面《だんめん》。

**ハイヤー** 〔英語 hire〕名 運転手《うんてんしゅ》つきの、貸《か》し切《き》りの自動車《じどうしゃ》。

**はいやく【配役】** 名 劇《げき》や映画《えいが》などで、役《やく》を割《わ》り当《あ》てること。また、その役《やく》。キャスト。

**ばいやく【売約】** 名 動-する 売《う》る約束《やくそく》をすること。例 売約済《ず》み。

**ばいやく【売薬】** 名 製品《せいひん》として薬局《やっきょく》などで売《う》っている薬《くすり》。

**はいゆう【俳優】** 名 劇《げき》・映画《えいが》・テレビなどで、役《やく》を演《えん》じる人《ひと》。役者《やくしゃ》。

**ばいよう【培養】** 名 動-する ❶草木《くさき》を育《そだ》てること。❷研究《けんきゅう》などのために、細菌《さいきん》などを育《そだ》てて、増《ふ》やすこと。

**ハイライト** 〔英語 highlight〕名 ❶絵《え》や写真《しゃしん》などで、光《ひかり》を強《つよ》く受《う》けて、明《あか》るく見《み》える部分《ぶぶん》。❷ニュースや行事《ぎょうじ》などで、注目《ちゅうもく》される場面《ばめん》。例 今週《こんしゅう》のハイライト。

**はいらん【排卵】** 名 動-する 女《おんな》の人《ひと》や動物《どうぶつ》の雌《めす》が、卵巣《らんそう》から卵子《らんし》や卵《たまご》を出《だ》すこと。

**ばいりつ【倍率】** 名 ❶レンズで見《み》たときの大《おお》きさと、ほんものの大《おお》きさとの割合《わりあい》。例 倍率五〇倍《ばい》の顕微鏡《けんびきょう》。❷ある数《かず》が、元《もと》の数《かず》の何倍《なんばい》かを表《あらわ》す数《かず》。例 入試《にゅうし》の倍率。

**はいりょ【配慮】** 名 動-する 気《き》をつかうこと。心《こころ》づかい。例 行《い》き届《とど》いた配慮。

**バイリンガル** 〔英語 bilingual〕名 二《ふた》つの言語《げんご》を自由《じゆう》に話《はな》すこと。また、そのような人《ひと》。

**はいる【入る】** 動 ❶中《なか》へ進《すす》む。中《なか》へ移《うつ》る。例 教室《きょうしつ》に入る。❷学校《がっこう》や団体《だんたい》などに加《くわ》わる。例 合唱部《がっしょうぶ》に入る。対(❶・❷)出《で》る。❸その状態《じょうたい》になる。例 話《はな》し合《あ》いに入る。❹その時期《じき》になる。例 冬《ふゆ》に入る。❺ちょうど中《なか》に収《おさ》まる。例 六個《ろっこ》入る箱《はこ》。❻自分《じぶん》のものになる。例 こづかいが入る。❼別《べつ》のものが加《くわ》わる。例 油《あぶら》の中《なか》に水《みず》が入る。❽耳《みみ》や目《め》に届《とど》く。例 うわさが耳《みみ》に入る。❾一生懸命《いっしょうけんめい》になる。集中《しゅうちゅう》する。例 力《ちから》が入る。熱《ねつ》が入る。⇩にゅう【入】992ページ

**はいれつ【配列】** 名 動-する 順序《じゅんじょ》よく並《なら》べること。また、その並《なら》び。例 五十音順《ごじゅうおんじゅん》に配列する。

**ハイレベル** 〔英語 high level〕名 形動 水準《すいじゅん》や段階《だんかい》が高《たか》いこと。例 ハイレベルな技術《ぎじゅつ》。

**パイロット** 〔英語 pilot〕名 ❶飛行機《ひこうき》を操縦《そうじゅう》する人《ひと》。操縦士《そうじゅうし》。飛行士《ひこうし》。❷大《おお》きな船《ふね》が港《みなと》に入《はい》るとき、誘導《ゆうどう》する人《ひと》。水先案内《みずさきあんない》。

**バインダー** 〔英語 binder〕名 ❶書類《しょるい》やノートなどをとじこむための表紙《ひょうし》。❷イネやムギなどをかり取《と》って束《たば》にする機械《きかい》。

**はう** 動 ❶両手《りょうて》やひざを床《ゆか》や地面《じめん》などにつけて進《すす》む。例 赤《あか》ちゃんがはう。❷虫《むし》やヘビなどが、体《からだ》をすって進《すす》む。例 カタツムリがはう。❸つる草《くさ》などが、物《もの》を伝《つた》ってのびる。例 ツタが壁《かべ》をはってのびる。

**ハウス** 〔英語 house〕名 ❶家《いえ》。❷ビニルハウス。例 ハウス栽培《さいばい》。

**ハウスさいばい【ハウス栽培】** 名 動-する ビニルハウスの中《なか》で、野菜《やさい》や花《はな》、果物《くだもの》を育《そだ》てること。

**ハウツー** 〔英語 how-to〕名 しかた。作《つく》り方《かた》。例 ハウツー本《ぼん》。料理《りょうり》のハウツーを学《まな》ぶ。

**バウンド** 〔英語 bound〕名 動-する ボールなどが、はね返《かえ》ること。はずむこと。

**はえ【蠅】** 名 食《た》べ物《もの》に集《あつ》まり、台所《だいどころ》・便所《べんじょ》などを飛《と》び回《まわ》る昆虫《こんちゅう》。イエバエなど種類《しゅるい》が多《おお》い。ばい菌《きん》を運《はこ》ぶ害虫《がいちゅう》。はい。

**はえ【栄え】** 名 名誉《めいよ》なこと。ほまれ。例 栄えある勝利《しょうり》。⇩えい【栄】123ページ

**ばえ【栄え・映え】** 〔ある言葉《ことば》のあとにつけて〕引《ひ》き立《た》って見《み》えること。例 みごとなでき栄え。見《み》栄えのする服《ふく》。夕《ゆう》映え。

**はえなわ【延縄】** 名 一本《いっぽん》のなわに、つり針《ばり》のついた糸《いと》をたくさんつけて、海《うみ》の中《なか》に流《なが》して魚《さかな》をつる道具《どうぐ》。⇩ぎょほう 344ページ

**はえぬき【生え抜き】** 名 ❶その土地《とち》で生《う》まれ、育《そだ》つこと。生《き》っ粋《すい》。例 生え抜きの江戸《えど》っ子《こ》。❷初《はじ》めから一《ひと》つのところに勤《つと》めている

慣用句 雲《くも》をつかむよう　細《こま》かい部分《ぶぶん》がまったくわからない、まるで雲《くも》をつかむような話《はなし》だ。

こと。例 生え抜きの社員《しゃいん》。

○はえる【生える】動 ❶植物《しょくぶつ》の芽《め》や根《ね》が出《で》る。また、のびて育《そだ》つ。例 草《くさ》が生える。❷動物《どうぶつ》の歯《は》やひげ、毛《け》がのび出《で》る。例 歯《は》が生える。↓せい【生】697ページ

○はえる【映△える】動 ❶照《て》りかがやく。例 カキの実《み》が夕日《ゆうひ》に映えて美《うつく》しい。❷目立《めだ》って、よく見《み》える。例 黒《くろ》い服《ふく》にネックレスがよく映える。↓えい【映】123ページ

はえる【栄△える】動 立派《りっぱ》に見《み》える。よく合《あ》う。例 母《はは》には赤《あか》い服《ふく》が栄える。↓えい【栄】123ページ

はおと【羽音】名 鳥《とり》や虫《むし》が、飛《と》ぶときの羽《はね》の音《おと》。例 水鳥《みずとり》の羽音におどろく。

はおり【羽織】名 和《わ》服《ふく》の上《うえ》に着《き》る、短《みじか》い上《うわ》着《ぎ》。前《まえ》をひもで結《むす》ぶ。↓わふく 1428ページ

はおる【羽織る】動 着《き》ている物《もの》の上《うえ》から、軽《かる》くかけて着《き》る。例 コートを羽織る。

○はか【墓】名 死《し》んだ人《ひと》や、遺骨《いこつ》をうめる所《ところ》。また、そのしるし。↓ぼ【墓】1188ページ

はか 名 仕事《しごと》の進《すす》みぐあい。例 はかが行《い》く〔＝はかどる〕。

○ばか 一名形動 ❶おろかなこと。また、そのような人《ひと》。❷くだらないこと。例 ばかな話《はなし》だ。❸ふつうでないようす。例 ばかに暑《あつ》い。❹効《き》き目《め》がないようす。例 ねじがばかになった。二〔ある言《こと》葉《ば》の前《まえ》につけて〕ふつう以《い》上《じょう》の。例 ばかでかい。参考「馬《ば》鹿《か》」とも書《か》く。

ばかにならない 軽《かる》く考《かんが》えたりすることはできない。例 月々《つきづき》の電《でん》気《き》代《だい》がばかにならない。

ばかを見《み》る つまらないめにあう。損《そん》をする。例 まじめにやって、ばかを見た。

はかい【破壊°】名動する こわれること。また、こわすこと。例 環《かん》境《きょう》破壊。対 建《けん》設《せつ》。

はがいじめ【羽交△い締°め・羽交△い絞°め】名動する 相《あい》手《て》の後《うし》ろから両《りょう》わきの下《した》に手《て》を通《とお》し、首《くび》の後《うし》ろで組《く》み合《あ》わせて、しめつけること。

○はがき【葉書】名 通《つう》信《しん》に使《つか》う、大《おお》きさの決《き》まった用《よう》紙《し》。特《とく》に郵《ゆう》便《びん》はがきのこと。

はかく【破格】名形動 並《なみ》外《はず》れていること。例 破格の条《じょう》件《けん》が示《しめ》される。

ばかげる 動 ばからしくて、くだらなく思《おも》われる。例 ばかげた話《はなし》。

ばかさわぎ【ばか騒°ぎ】名動する ばかげた大《おお》騒《さわ》ぎ。どんちゃん騒《さわ》ぎ。例 一晩《ひとばん》じゅうばか騒ぎする。

ばかしょうじき【ばか正直】名形動 あまりに正《しょう》直《じき》すぎて、気《き》がきかないこと。例 ばか正直な態《たい》度《ど》。

○はがす【剝°がす】動 はぎ取《と》る。めくり取《と》る。例 切《きっ》手《て》をはがす。↓はく【剝】1035ページ

ばかす【化かす】動 だまして、迷《まよ》わせる。例 きつねに化かされる。↓か【化】188ページ

ばかず【場数】名 実《じっ》際《さい》にやってみた回《かい》数《すう》。

場《ば》数《かず》を踏《ふ》む 経《けい》験《けん》を重《かさ》ねて、場《ば》慣《な》れする。例 場数を踏んで、スピーチに対《たい》する苦《に》手《が》意《い》識《しき》がなくなった。

はかせ【〈博士〉】名 ❶あることに、特《とく》にくわしい人《ひと》。例 昆《こん》虫《ちゅう》博士。❷学《がく》問《もん》にすぐれた人《ひと》に与《あた》えられる呼《よ》び名《な》。正《せい》式《しき》には「はくし」という。例 医《い》学《がく》博士。参考「博《は》士《かせ》」は、特《とく》別《べつ》に認《みと》められた読《よ》み方《かた》。

ばかていねい【ばか丁△寧°】形動 丁《てい》寧《ねい》すぎるようす。例 ばか丁寧な挨《あい》拶《さつ》。

はかどる 動 仕《し》事《ごと》がどんどん進《すす》む。例 勉《べん》強《きょう》がはかどる。

はかない 形 ❶消《き》えてなくなりやすい。長《なが》く続《つづ》かない。例 はかない命《いのち》。❷あてにならない。例 はかない望《のぞ》み。

はかなむ 動 はかないと思《おも》う。世《よ》の中《なか》を、むなしく思《おも》う。例 世《よ》をはかなんで、山《やま》にこもる。

はがね【鋼△】名 炭《たん》素《そ》を含《ふく》んだ、かたくて丈《じょう》夫《ぶ》な鉄《てつ》。加《か》工《こう》しやすく、刃《は》物《もの》・ばね・レールなどを作《つく》るのに使《つか》う。鋼《こう》鉄《てつ》。スチール。↓こう【鋼】426ページ

はかば【墓場】名 墓《はか》のある所《ところ》。墓《ぼ》地《ち》。

はかばかしい 形 ものごとが望《のぞ》みどおりに進《すす》む。例 病《びょう》状《じょう》がはかばかしくない。注意 ふつう、あとに「ない」などの打《う》ち消《け》しの言《こと》葉《ば》がくる。

ばかばかしい 形 取《と》るに足《た》らない。つまらない。例 ばかばかしい話《はなし》だ。

はかま 名 和《わ》服《ふく》の上《うえ》からはき、腰《こし》から下《した》をおおう、ひだのある衣《い》類《るい》。↓わふく 1428ページ

慣用句 比《くら》べものにならない 昨年《さくねん》とは比《くら》べものにならないほど、事《じ》故《こ》の件《けん》数《すう》が減《へ》った。

**はかまいり【墓参り】** 名 動-する 墓《はか》へ行《い》って、死者《ししゃ》の霊《れい》をとむらうこと。墓参《ぼさん》。

**はがゆい【歯がゆい】** 形 思《おも》うようにいかないで、いらいらする。例 あと一点《いってん》が取《と》れなくて歯がゆい。

**はからい【計らい】** 名 考《かんが》えて、よいと思《おも》うように取《と》り扱《あつか》うこと。例 おじの計らいで、仕事《しごと》につくことができた。

**はからう【計らう】** 動 ❶うまくいくように考《かんが》えて決《き》める。例 便宜《べんぎ》を計らう。❷相談《そうだん》する。例 両親《りょうしん》と計らって決《き》める。⇩**けい**【計】387ページ

**ばからしい** 形 つまらない。くだらない。例 大騒《おおさわ》ぎするのがばからしくなる。

**はからずも** 副 思《おも》いがけなく。意外《いがい》にも。例 はからずもお会《あ》いできてうれしい。

**はかり【秤◆】** 名 物《もの》の重《おも》さを量《はか》る道具《どうぐ》。さおばかり・台《だい》ばかり・ばねばかりなどがある。

〔はかり〕

**はかりに掛《か》ける** ❶はかりで重《おも》さを調《しら》べる。❷どちらが得《とく》かを考《かんが》える。類 天《てん》びんにかける。

**ばかり** 助 ❶だいたいの数《かず》や量《りょう》を表《あらわ》す。…くらい。…ほど。例 五年《ごねん》ばかり前《まえ》。❷ただそれだけ。例 遊《あそ》んでばかりいる。❸時間《じかん》がたっていない。…して間《ま》もない。例 買《か》ったばかりの本《ほん》。❹今《いま》にもそうなりそう。例 泣《な》かんばかりの顔《かお》。❺強《つよ》めるときに使《つか》う。例「やっ」とばかりに投《な》げつける。❻それだけのために。例 急《いそ》いだばかりに、転《ころ》んだ。

**はかりうり【量り売り・計り売り】** 名 動-する 客《きゃく》が求《もと》めるだけの量《りょう》をはかって、売《う》ること。

**はかりごと** 名 前《まえ》もって考《かんが》えた計画《けいかく》や方法《ほうほう》。計略《けいりゃく》。たくらみ。例 はかりごとをめぐらす。

**はかりしれない【計り知れない】** 形 想像《そうぞう》もできない。例 計り知れない苦労《くろう》。

**はかる【図る△】** 動 ❶計画《けいかく》する。考《かんが》える。例 問題《もんだい》の解決《かいけつ》を図る。❷工夫《くふう》する。例 便宜《べんぎ》を図る。⇩**ず**【図】669ページ

**はかる【計る】** 動 ❶数《かず》や時間《じかん》を数《かぞ》える。例 所要時間《しょようじかん》を計る。❷考《かんが》えて決《き》める。例 タイミングを計る。❸人《ひと》をだます。例 まんまと計られた。⇩**けい**【計】387ページ

**はかる【測る】** 動 長《なが》さ・高《たか》さ・深《ふか》さ・広《ひろ》さなどを調《しら》べる。例 水深《すいしん》を測る。⇩**そく**【測】753ページ

**はかる【量る】** 動 ❶容積《ようせき》や重《おも》さを調《しら》べる。例 目方《めかた》を量る。❷想像《そうぞう》する。例 相手《あいて》の気持《きも》ちを量る。⇩**りょう**【量】1391ページ

**はかる【諮る◦】** 動 相談《そうだん》する。意見《いけん》を聞《き》く。例 会議《かいぎ》に諮って決《き》める。⇩**し**【諮】539ページ

**はかる【謀る◦】** 動 よくないことをたくらむ。例 脱走《だっそう》を謀る。⇩**ぼう**【謀】1193ページ

**はがれる【剝がれる◦】** 動 自然《しぜん》にめくれて取《と》れる。例 切手《きって》がはがれる。⇩**はく**【剝】1035ページ

**バカンス** 〔フランス語〕名 長《なが》い休《やす》み。特《とく》に、夏《なつ》にとるものをいう。類 バケーション。

**はき【破棄◦・破毀◦】** 名 動-する ❶破《やぶ》り捨《す》てること。例 書類《しょるい》を破棄する。❷取《と》り消《け》すこと。例 契約《けいやく》を破棄する。

**はぎ【萩◆】** 名 秋《あき》の七草《ななくさ》の一《ひと》つ。山《やま》や野《の》に生《は》える背《せ》の低《ひく》い細《ほそ》い木《き》で、秋《あき》、赤《あか》むらさきや白《しろ》の、チョウの羽《はね》のような形《かたち》をした小《ちい》さい花《はな》

**例解 ⇔ 使い分け**

**計《はか》る と 量《はか》る と 測《はか》る**

時間《じかん》を計《はか》る。
タイムを計《はか》る。
タイミングを計《はか》る。

重《おも》さを量《はか》る。
分量《ぶんりょう》を量《はか》る。
容積《ようせき》を量《はか》る。

距離《きょり》を測《はか》る。
川《かわ》の深《ふか》さを測《はか》る。
面積《めんせき》を測《はか》る。


慣用句 群《ぐん》を抜《ぬ》く 合唱《がっしょう》は昔《むかし》から、となりの高校《こうこう》が、群《ぐん》を抜《ぬ》いてうまかったそうだ。

あいうえお かきくけこ さしすせそ たちつてと なにぬねの はひふへほ まみむめも や ゆ よ らりるれろ わ を ん

が、たくさん咲《さ》く。⇩あきのななくさ 11ページ

**はぎあわせる【はぎ合《あ》わせる】** 動 布《ぬの》と布《ぬの》や、板《いた》と板《いた》などをつないで、一《ひと》つの物《もの》にする。

**バギー** 〔英語 buggy〕 名 軽《かる》くて折《お》りたためるうば車《ぐるま》。

**はきけ【吐《は》き気】** 名 むかついて、食《た》べた物《もの》をはき出《だ》したくなる気持《きも》ち。例 吐き気をもよおす。

**はぎしり【歯《は》ぎしり】** 名 動する ❶ねむっているとき、歯《は》をかみ合《あ》わせて、ぎりぎりと音《おと》を立《た》てること。❷ひどく、くやしがること。例 歯ぎしりをしてくやしがる。

**パキスタン** 地名 インド半島《はんとう》の北西部《ほくせいぶ》にある国《くに》。首都《しゅと》はイスラマバード。

**はきだす【吐《は》き出す】** 動 ❶口《くち》から出《だ》す。例 ブドウの種《たね》を吐き出す。❷中《なか》から外《そと》へ出《だ》す。例 煙《けむり》を吐き出す。対（❶・❷）吸《す》いこむ。❸ためていたお金《かね》や物《もの》を出《だ》す。例 こづかいを吐き出す。❹思《おも》っていることを言《い》う。例 不満《ふまん》を吐き出す。

**はきだめ【掃《は》きだめ】** 名 ごみを集《あつ》めて捨《す》てておく所《ところ》。ごみ捨《す》て場《ば》。

**掃《は》きだめに鶴《つる》** その場《ば》にふさわしくないほど、すぐれたものや美《うつく》しいものがあること。

**はきちがえる【履《は》き違《ちが》える】** 動 ❶人《ひと》のはき物《もの》を、まちがえてはく。❷考《かんが》えちがいをする。例 自由《じゆう》をはき違えてはいけない。

**はぎとる【剝《は》ぎ取る】** 動 ❶表面《ひょうめん》からはがして取《と》る。例 ラベルをはぎ取る。❷人《ひと》の衣《い》服《ふく》をぬがせて、うばってしまう。

**はきはき** 副（-と） 動する ものの言《い》い方《かた》や態度《たいど》がはっきりしているようす。例 はきはき答《こた》える。

**◦はきもの【履《は》物】** 名 足《あし》にはくもの。靴《くつ》・げた・ぞうりなど。

**ばきゃくをあらわす【馬脚《ば》を現す】** かくしていた正体《しょうたい》がばれる。類 化《ば》けの皮《かわ》がはがれる。

**はきゅう【波及《きゅう》】** 名 動する あることの影響《えいきょう》が次々《つぎつぎ》に広《ひろ》がっていくこと。例 反対運動《はんたいうんどう》が全国《ぜんこく》に波及する。

**はきょく【破局】** 名 行《い》きづまって、どうにもならないありさまになること。例 破局をむかえる。

**はぎれ【歯切れ】** 名 ❶物《もの》をかみ切《き》るときのぐあい。❷ものの言《い》い方《かた》のはっきりしている度合《どあ》い。例 歯切れのいい話《はな》し方《かた》。

**はぎれ【端《は》切れ】** 名 半端《はんぱ》な布《ぬの》きれ。何《なに》かを作《つく》った、残《のこ》りの布《ぬの》きれ。

**はく【白】** 画数 5 部首 白（しろ） 1年

音 ハク ビャク 訓 しろ しら しろ-い

筆順 白

❶しろい。熟語 白米《はくまい》。紅白《こうはく》。黒白《こくびゃく》。純白《じゅんぱく》。白星《しろぼし》。白波《しらなみ》。例 白《しら》羽《は》の矢《や》。❷明《あか》るい。明《あき》らか。熟語 白夜《はくや》・白夜《びゃくや》。潔白《けっぱく》。明白《めいはく》。❸何《なに》も書《か》いていない。熟語 白紙《はくし》。空白《くうはく》。❹言《い》う。熟語 白状《はくじょう》。告白《こくはく》。

《訓の使い方》 しろ-い 例 白い雲《くも》。

**はく【博】** 画数 12 部首 十（じゅう） 4年

音 ハク バク 訓 —

筆順 博

❶広《ひろ》い。行《い》きわたっている。熟語 博愛《はくあい》。博識《はくしき》。博士《はくし》・博士《はかせ》。❷かけごと。熟語 博打《ばくち》。❸「博覧会《はくらんかい》」の略《りゃく》。熟語 医博《いはく》。万国博《ばんこくはく》。参考「博士《はかせ》」は、特別《とくべつ》に認《みと》められた読《よ》み方《かた》。

**はく【伯】** 画数 7 部首 亻（にんべん）

音 ハク 訓 —

❶きょうだいのうちでいちばん年上《としうえ》。また、父《ふ》母《ぼ》の兄《あに》や姉《あね》。熟語 伯父《おじ》・伯父《はくふ》。伯母《おば》・伯母《はくぼ》。❷すぐれた芸術家《げいじゅつか》。熟語 画伯《がはく》。❸貴族《きぞく》の位《くらい》の三番《さんばん》め。熟語 伯爵《はくしゃく》。参考「伯父《おじ》」も「伯母《おば》」も、特別《とくべつ》に認《みと》められた読《よ》み方《かた》。

**はく【拍】** 画数 8 部首 扌（てへん）

音 ハク ヒョウ 訓 —

❶うつ。たたく。熟語 拍車《はくしゃ》。拍手《はくしゅ》。❷リズム。熟語 拍子《ひょうし》。脈拍《みゃくはく》。❸拍子《ひょうし》を数《かぞ》える言葉《ことば》。熟語 一拍《いっぱく》。

**はく【泊】** 画数 8 部首 氵（さんずい）

慣用句 下駄《げた》を預《あず》ける 今度《こんど》の件《けん》は、君《きみ》に下駄《げた》を預《あず》けるよ。

音 ハク 訓 と-まる と-める
❶船《ふね》が港《みなと》にとまる。熟語 停泊《ていはく》。❷自分《じぶん》の家《いえ》でない所《ところ》にとまる。熟語 宿泊《しゅくはく》。例 客《きゃく》が泊《と》まる。❸あっさりしている。熟語 淡泊《たんぱく》。❹とまった数《かず》を数《かぞ》える言葉《ことば》。例 一泊二日《いっぱくふつか》。

**はく【迫】** 画数 8 部首 辶(しんにょう)
音 ハク 訓 せま-る
❶せまる。せっぱつまる。熟語 緊迫《きんぱく》。切迫《せっぱく》。❷追《お》いつめる。苦《くる》しめる。熟語 迫害《はくがい》。圧迫《あっぱく》。

**はく【剥】** 画数 10 部首 刂(りっとう)
音 ハク 訓 は-がす は-ぐ は-がれる は-げる
表面《ひょうめん》や、身《み》につけているものをはぎ取《と》る。はぐ。むく。熟語 剥奪《はくだつ》(=無理《むり》に奪《うば》い取《と》ること)。参考「剥」は「剝」と書《か》くことがある。

**はく【舶】** 画数 11 部首 舟(ふねへん)
音 ハク 訓 ――
海《うみ》を行《い》く大型《おおがた》のふね。熟語 舶来《はくらい》。船舶《せんぱく》。

**はく【薄】** 画数 16 部首 艹(くさかんむり)
音 ハク 訓 うす-い うす-める うす-まる うす-らぐ うす-れる
❶うすい。熟語 薄氷《はくひょう》。例 味《あじ》を薄《うす》める。対 厚《こう》。❷わずか。熟語 薄謝《はくしゃ》。薄弱《はくじゃく》。例 痛《いた》みが薄《うす》らぐ。❸心《こころ》がこもっていない。あさはか。熟語 薄情《はくじょう》。軽薄《けいはく》。対 厚《こう》。❹せまる。近《ちか》づく。熟語 肉薄《にくはく》。

**はく【吐く】** 動 ❶口《くち》から外《そと》へ出《だ》す。例 つばを吐《は》く。❷中《なか》から外《そと》へ出《だ》す。ふき出《だ》す。例 煙《けむり》を吐く。対(❶・❷)吸《す》う。❸口《くち》に出《だ》して言《い》う。例 弱音《よわね》を吐く。⇩と【吐】901ページ

**はく【掃く】** 動 ほうきで、ごみをどける。掃除《そうじ》をする。⇩そう【掃】743ページ

**はく【履く】** 動 はき物《もの》を足《あし》につける。例 靴《くつ》を履く。対 脱《ぬ》ぐ。⇩り【履】1379ページ

**はく【箔】** 名 金属《きんぞく》をうすくのばしたもの。例 アルミ箔。金箔《きんぱく》。

**はくが付《つ》く** 値打《ねう》ちが上《あ》がる。例 最優秀《さいゆうしゅう》賞《しょう》を受賞《じゅしょう》してはくが付く。

**はく** 動 ❶腰《こし》から下《した》につける。例 スカートをはく。❷足《あし》につける。例 靴下《くつした》をはく。対(❶・❷)脱《ぬ》ぐ。

**はぐ【剥ぐ】** 動 ❶めくり取《と》る。例 木《き》の皮《かわ》をはぐ。❷ぬがせる。ぬぐ。例 ねぼうして、母《はは》にふとんをはがれた。❸(位《くらい》を)うばう。取《と》り上《あ》げる。例 王《おう》の位《くらい》をはぐ。⇩はく【剥】1035ページ

**ハグ**〔英語 hug〕名 動-する (あいさつなどで)抱《だ》きしめること。

**ばく【麦】** 画数 7 部首 麦(むぎ) 2年
筆順

音 バク 訓 むぎ
むぎ。熟語 麦芽《ばくが》。麦秋《ばくしゅう》・麦秋《むぎあき》。大麦《おおむぎ》。

**ばく【漠】** 画数 13 部首 氵(さんずい)
音 バク 訓 ――
❶果《は》てしなく広《ひろ》い。熟語 砂漠《さばく》。❷はっきりしない。熟語 漠然《ばくぜん》。例 漠《ばく》とした記憶《きおく》。

**ばく【縛】** 画数 16 部首 糸(いとへん)
音 バク 訓 しば-る
しばる。熟語 束縛《そくばく》。

**ばく【爆】** 画数 19 部首 火(ひへん)
音 バク 訓 ――
❶はじける。光《ひかり》・熱《ねつ》や大《おお》きな音《おと》を出《だ》して破裂《はれつ》する。熟語 爆笑《ばくしょう》。爆弾《ばくだん》。爆発《ばくはつ》。❷「爆弾《ばくだん》」の略《りゃく》。熟語 原爆《げんばく》。

**ばく【博】** 熟語 博打《ばくち》。⇩はく【博】1034ページ

**ばく【幕】** 熟語 幕府《ばくふ》。⇩まく【幕】1228ページ

**ばく【暴】** 熟語 暴露《ばくろ》。⇩ぼう【暴】1192ページ

**ばく【貘】** 名 ❶中南米《ちゅうなんべい》や東南《とうなん》アジアにいる、サイに似《に》た鼻《はな》の長《なが》い動物《どうぶつ》。❷中国《ちゅうごく》から伝《つた》わった想像上《そうぞうじょう》の動物。クマに似《に》た体《からだ》で、ゾウのような鼻《はな》を持《も》つ。悪《わる》い夢《ゆめ》を食《た》べるといわれる。

**ばぐ【馬具】** 名 くら・たづな・あぶみなど、乗馬《じょうば》のとき馬《うま》につける道具《どうぐ》。

**バグ**〔英語 bug〕名 コンピューターのプログラム上《じょう》の誤《あやま》り。例 バグを見《み》つける。

**はくあい【博愛】** 名 すべての人《ひと》を、同《おな》じように愛《あい》すること。例 博愛の心《こころ》。

**はくい【白衣】** 名 医者《いしゃ》や看護師《かんごし》、実験《じっけん》をする

あいうえお かきくけこ さしすせそ たちつてと なにぬねの はひふへほ まみむめも やゆよ らりるれろ わをん

慣用句 けちをつける することなすことにけちをつけるのは、どうかと思《おも》うよ。

る人《ひと》などが着《き》る、白《しろ》い上着《うわぎ》。参考「びゃくい」「びゃくえ」ともいう。

**ばくおん【爆音】** 名 ❶飛行機《ひこうき》などのエンジンの音《おと》。❷火薬《かやく》などが爆発《ばくはつ》する音《おと》。

**ばくが【麦芽】** 名 芽《め》を出《だ》させたオオムギを干《ほ》したもの。ビールや、あめの原料《げんりょう》。

**はくがい【迫害】** 名 動-する ひどいめにあわせて、苦《くる》しめること。例 少数派《しょうすうは》を迫害する。

**はくがく【博学】** 名 いろいろなものごとについて、広《ひろ》く知《し》っていること。物知《ものし》り。博識《はくしき》。

**ばくがとう【麦芽糖】** 名 麦芽《ばくが》をでんぷんに作用《さよう》させてできた、あまいもの。あめを作《つく》るのに使《つか》う。

**はくがんし【白眼視】** 名 動-する ↓しろいめでみる 653ページ

**はぐき【歯茎】** 名 歯《は》の根《ね》もとを包《つつ》んでいる肉《にく》。

**はくぎん【白銀】** 名 ❶銀《ぎん》。しろがね。❷雪《ゆき》の白《しろ》さをたとえた言葉《ことば》。例 白銀の世界《せかい》。

**°はぐくむ【育む】** 動 ❶親鳥《おやどり》が、羽《はね》の下《した》にひなをだいて育《そだ》てる。❷大切《たいせつ》に育《そだ》てる。例 親《おや》の愛《あい》に育まれる。❸育《そだ》て守《まも》る。例 友情《ゆうじょう》を育む。↓いく【育】61ページ

**ばくげき【爆撃】** 名 動-する 飛行機《ひこうき》などから、爆弾《ばくだん》を落《お》として、敵《てき》を攻《せ》めること。

**はくさい【白菜】** 名 畑《はたけ》に作《つく》る野菜《やさい》。葉《は》は重《かさ》なり合《あ》い、根《ね》もとは白《しろ》くて厚《あつ》い。つけ物《もの》やなべ物《もの》にする。

**はくさん〖白山〗** 地名 石川《いしかわ》と岐阜《ぎふ》の県境《けんざかい》にある山《やま》。白山国立公園《はくさんこくりつこうえん》の中心《ちゅうしん》。

**はくさんこくりつこうえん〖白山国立公園〗** 地名 白山《はくさん》を中心《ちゅうしん》に富山《とやま》・石川《いしかわ》・福井《ふくい》・岐阜《ぎふ》の四県《よんけん》にまたがる国立公園《こくりつこうえん》。↓こくりつこうえん 457ページ

**はくし【白紙】** 名 ❶何《なに》も書《か》いていない白《しろ》い紙《かみ》。❷何《なに》もなかったときの状態《じょうたい》。❸あらかじめ特別《とくべつ》な考《かんが》えを持《も》たないこと。例 会議《かいぎ》に白紙でのぞむ。

**白紙《はくし》に戻《もど》す** 何《なに》もなかったときの、初《はじ》めの状態《じょうたい》にもどす。白紙《はくし》に返《かえ》す。

**はくし【博士】** 名 ↓はかせ❷ 1032ページ

**はくしき【博識】** 名 形動 広《ひろ》く、ものごとを知《し》っていること。博学《はくがく》。例 博識な人《ひと》。

**はくじつ【白日】** 名 日《ひ》が照《て》って明《あか》るいこと。例 青天《せいてん》白日。

**白日《はくじつ》の下《もと》にさらされる** かくしていたものごとを、人々《ひとびと》の目《め》にふれるように明《あき》らかにされる。

**はくしゃ【拍車】** 名 馬《うま》に乗《の》る人《ひと》の、靴《くつ》のかかとにつける金具《かなぐ》。これで馬《うま》の腹《はら》をけって、速《はや》く走《はし》らせる。

**拍車《はくしゃ》をかける** せきたてて、いっそう早《はや》く進《すす》める。例 工事《こうじ》に拍車をかける。

**はくしゃ【薄謝】** 名 わずかなお礼《れい》。参考 お礼《れい》を出《だ》す人《ひと》が、へりくだって言《い》う言葉《ことば》。

**はくじゃく【薄弱】** 名 形動 ❶弱《よわ》くてはっきりしないこと。例 意志《いし》が薄弱である。❷たしかでないこと。例 根拠《こんきょ》が薄弱だ。

**°はくしゅ【拍手】** 名 動-する ほめるときや、賛成《さんせい》のときなどに、手《て》のひらを打《う》ち合《あ》わせて音《おと》を出《だ》すこと。例 新入生《しんにゅうせい》を拍手で迎《むか》える。

**はくじゅ【白寿】** 名 九十九歳《きゅうじゅうきゅうさい》。また、そのお祝《いわ》い。参考「百《ひゃく》」の字《じ》から上《うえ》の「一《いち》」を除《のぞ》くと「白《はく》」となるところから。

**ばくしゅう【麦秋】** 名 初夏《しょか》、麦《むぎ》が実《みの》り、取《と》り入《い》れをするころ。麦《むぎ》の秋《あき》。むぎあき。

**■はくしゅかっさい【拍手喝采】** 名 動-する 手《て》をたたいて、声《こえ》を上《あ》げてほめたり喜《よろこ》んだりすること。

**はくしょ【白書】** 名 政府《せいふ》が、政治《せいじ》・経済《けいざい》や社会《しゃかい》のようすを調《しら》べて出《だ》す報告書《ほうこくしょ》。例 経済《けいざい》白書。参考 イギリス政府《せいふ》の報告書《ほうこくしょ》が白《しろ》い表紙《ひょうし》であったことによる。

**はくじょう【白状】** 名 動-する かくしていたことを、打《う》ち明《あ》けること。

**はくじょう【薄情】** 名 形動 人情《にんじょう》がうすいこと。思《おも》いやりがないこと。

**ばくしょう【爆笑】** 名 動-する 大勢《おおぜい》の人《ひと》が、どっと笑《わら》うこと。

**はくしょく【白色】** 名 白《しろ》い色《いろ》。

**はくしょくじんしゅ【白色人種】** 名 皮膚《ひふ》の色《いろ》が白色《はくしょく》の人種《じんしゅ》。類 白人《はくじん》。

**はくじん【白人】** 名 白《しろ》っぽい皮膚《ひふ》の色《いろ》をした人《ひと》たち。類 白色人種《はくしょくじんしゅ》。

**ばくしん【驀進】** 名 動-する 勢《いきお》いよく進《すす》むこと。例 列車《れっしゃ》がばく進する。

**ばくしんち【爆心地】** 名 爆発《ばくはつ》の中心地《ちゅうしんち》



慣用句 血相《けっそう》を変《か》える　弟《おとうと》が、「たいへんだ。」と血相《けっそう》を変《か》えて、家《いえ》に飛《と》びこんできた。

点《てん》。

**はくする【博する】** 動 自分《じぶん》のものにする。得《え》る。例 人気《にんき》を博する。

**はくせい【剝製】** 名 動物《どうぶつ》の筋肉《きんにく》や内臓《ないぞう》などを除《のぞ》いて皮《かわ》だけを残《のこ》し、綿《わた》などをつめて、生《い》きているときの姿《すがた》に似《に》せたもの。

**ばくぜん【漠然】** 副(-と) はっきりしていないようす。例 漠然とした話《はなし》。

**ばくだい【莫大】** 形動 非常《ひじょう》に大《おお》きいようす。例 ばく大な損害《そんがい》。

**バグダッド** 地名 イラク共和国《きょうわこく》の首都《しゅと》。バグダードともいう。

**ばくだん【爆弾】** 名 ❶中《なか》に火薬《かやく》をつめて、投《な》げたり落《お》としたりして爆発《ばくはつ》させる兵器《へいき》。❷人《ひと》をおどろかせたり、混乱《こんらん》させたりすることのたとえ。例 爆弾発言《はつげん》。

**ばくち【博打】** 名 お金《かね》や品物《しなもの》をかけて、トランプなどで勝負《しょうぶ》をすること。賭博《とばく》。

**ばくちく【爆竹】** 名 竹《たけ》や紙《かみ》の筒《つつ》に火薬《かやく》をつめて、火《ひ》をつけて鳴《な》らすもの。

**はくちず【白地図】** 名 地形《ちけい》の輪郭《りんかく》だけを示《しめ》した地図《ちず》。川《かわ》や鉄道《てつどう》など、いろいろなしるしを書《か》きこむのに使《つか》う。

**はくちゅう【白昼】** 名 真昼《まひる》。まっぴるま。例 白昼堂々《どうどう》と泥棒《どろぼう》に入《はい》る。

**はくちゅう【伯仲】** 名 動-する 技《わざ》や力《ちから》がどちらも同《おな》じくらいすぐれていて、差《さ》がないこと。例 実力《じつりょく》伯仲。

**はくちょう【白鳥】** 名 首《くび》が長《なが》く、羽《はね》が白《しろ》い水鳥《みずとり》。冬《ふゆ》、シベリアから、日本《にっぽん》の北《きた》の地方《ちほう》の湖《みずうみ》や湾《わん》にわたってくる。➡ふゆどり 1154ページ

**バクテリア**〔英語 bacteria〕名 ➡さいきん（細菌）498ページ

**はくどう【白銅】** 名 銅《どう》とニッケルの合金《ごうきん》。銀白色《ぎんはくしょく》で、お金《かね》や台所用品《だいどころようひん》などに使《つか》う。

**はくどう【拍動】** 名 動-する 心臓《しんぞう》がふくらんだり縮《ちぢ》んだりする動《うご》き。例 寝《ね》ている間《あいだ》も心臓《しんぞう》は拍動している。

**ばくとした【漠とした】** ぼんやりしていて、とらえどころがないようす。例 漠とした不安《ふあん》がある。

**はくねつ【白熱】** 名 動-する ❶物《もの》が、高温《こうおん》で熱《ねっ》せられて、白《しろ》い光《ひかり》を出《だ》すこと。❷ものごとが、熱気《ねっき》を帯《お》びて、激《はげ》しい状態《じょうたい》になること。例 白熱した試合《しあい》だった。

**はくねつでんきゅう【白熱電球】** 名 電球《でんきゅう》の一《ひと》つ。フィラメントという金属《きんぞく》の線《せん》に電流《でんりゅう》を流《なが》して、発熱《はつねつ》したときに出《で》る光《ひかり》を利用《りよう》した電球《でんきゅう》。

**ばくは【爆破】** 名 動-する 火薬《かやく》を爆発《ばくはつ》させて、こわすこと。例 岩《いわ》を爆破する。

**はくはつ【白髪】** 名 白《しろ》くなった頭《あたま》の毛《け》。しらが。

**ばくはつ【爆発】** 名 動-する ❶急《きゅう》に激《はげ》しく破裂《はれつ》すること。例 火山《かざん》が爆発した。❷おさえていた気持《きも》ちが、一度《いちど》に激《はげ》しく出《で》ること。例 いかりが爆発した。

**ばくはつてき【爆発的】** 形動 はげしい勢《いきお》いで何《なに》かが起《お》こるようす。例 爆発的に人気《にんき》が出《で》た。

**はくひょう【薄氷】** 名 うすく張《は》った氷《こおり》。

**薄氷《はくひょう》を踏《ふ》む** うすい氷《こおり》の上《うえ》を歩《ある》くように、非常《ひじょう》に危《あぶ》ないことのたとえ。参考 昔《むかし》の中国《ちゅうごく》の詩《し》から。

**ばくふ【幕府】** 名 武家《ぶけ》政治《せいじ》のころ、将軍《しょうぐん》が国《くに》を治《おさ》めていた役所《やくしょ》。また、政府《せいふ》。例 江戸《えど》幕府。

**ばくふう【爆風】** 名 爆発《ばくはつ》によって起《お》こる激《はげ》しい風《かぜ》。

**はくぶつかん【博物館】** 名 自然《しぜん》や文化《ぶんか》、歴史《れきし》などについての資料《しりょう》を集《あつ》めて、人々《ひとびと》に見《み》せる施設《しせつ》。例 交通《こうつう》博物館。

**はくぼ【薄暮】** 名 夕暮《ゆうぐ》れ。夕方《ゆうがた》。

**はくぼく【白墨】** 名 黒板《こくばん》に書《か》くための道具《どうぐ》。チョーク。

**はくまい【白米】** 名 玄米《げんまい》をついて、白《しろ》くした米《こめ》。精米《せいまい》。関連 玄米《げんまい》。胚芽米《はいがまい》。

**ばくまつ【幕末】** 名 江戸《えど》時代《じだい》の末期《まっき》。

**はくめい【薄命】** 名 命《いのち》が短《みじか》いこと。短命《たんめい》。例 薄命の詩人《しじん》を悼《いた》む。

**はくや【白夜】** 名 北極《ほっきょく》や南極《なんきょく》に近《ちか》い地方《ちほう》で、夏《なつ》、日《ひ》がしずんでから日《ひ》の出《で》まで、空《そら》が太陽《たいよう》の光《ひかり》を映《うつ》してうす明《あか》るいこと。びゃくや。

**ばくやく【爆薬】** 名 熱《ねつ》や圧力《あつりょく》を加《くわ》えると、爆発《ばくはつ》を起《お》こす薬品《やくひん》。火薬《かやく》。

**はくらい【舶来】** 名 外国《がいこく》から運《はこ》んで来《く》るこ





慣用句 けむに巻《ま》く 聞《き》かれても冗談《じょうだん》ばかり言《い》って、相手《あいて》をけむに巻《ま》いている。

と。また、その品物《しなもの》。例 舶来品《はくらいひん》。対 国産《こくさん》。

**はぐらかす** 動 別《べつ》のことを言《い》って、うまくごまかす。例 すぐ話《はなし》をはぐらかす。

**はくらんかい【博覧会】** 名 文化《ぶんか》や産業《さんぎょう》についてのいろいろな物《もの》を集《あつ》めて、人々《ひとびと》に見《み》せるもよおし。例 万国博覧会《ばんこくはくらんかい》。

**はくりきこ【薄力粉】** 名 ねばりけの弱《よわ》い小麦粉《こむぎこ》。てんぷら・菓子《かし》などに使《つか》う。対 強力粉《きょうりきこ》。

■**はくりたばい【薄利多売】** 名 もうけを少《すく》なくした安《やす》い値段《ねだん》でたくさん売《う》って、全体《ぜんたい》でもうけること。

**はくりょく【迫力】** 名 人《ひと》の心《こころ》におし迫《せま》ってくる力《ちから》。例 迫力のある映画《えいが》。

**はぐるま【歯車】** 名 周《まわ》りに歯《は》が刻《きざ》んである車《くるま》。他《ほか》の車《くるま》の歯《は》とかみ合《あ》わせて、動力《どうりょく》を伝《つた》える。ギア。

〔はぐるま〕

**はぐれる** 動 ❶連《つ》れの人《ひと》と、はなればなれになる。例 遊園地《ゆうえんち》で、母《はは》とはぐれた。❷〔ある言葉《ことば》のあとにつけて〕…しそこなう。例 昼飯《ひるめし》を食《く》いはぐれる。

**はくろ【白露】** 名 露《つゆ》が草《くさ》に宿《やど》るようになるころ。九月八日《くがつようか》ごろ。二十四節気《にじゅうしせっき》の一《ひと》つ。

**ばくろ【暴露】** 名 動する 秘密《ひみつ》などをあばくこと。例 たくらみを暴露する。

**はけ【刷毛】** 名 のりや、ペンキなどをぬるための道具《どうぐ》。毛《け》を束《たば》ねて、柄《え》などを付《つ》けたもの。ブラシ。

**はけ** 名 ❶水《みず》がたまらずに流《なが》れるぐあい。例 この土地《とち》は水《みず》のはけがいい。❷品物《しなもの》の売《う》れぐあい。例 この本《ほん》は、はけがいい。

**バケーション**〔英語 vacation〕名 ⇩バカンス 1033ページ

**はけぐち【はけ口】** 名 ❶水《みず》などを流《なが》し出《だ》す口《くち》。❷品物《しなもの》の売《う》れていく先《さき》。❸心《こころ》にたまった気持《きも》ちを、はき出《だ》す場所《ばしょ》や方法《ほうほう》。例 不満《ふまん》のはけ口がない。

◦**はげしい【激しい】** 形 ❶勢《いきお》いが強《つよ》い。例 激しい雨《あめ》。❷ものごとの程度《ていど》がきつい。例 好《す》ききらいが激しい。⇩げき【激】397ページ

**はげたか** 名 ⇩はげわし 1038ページ

**バケツ**〔英語 bucket〕名 おけの形《かたち》をした入《い》れ物《もの》。つるが付《つ》いて、水《みず》などをくんだり運《はこ》んだりするのに使《つか》う。

**バケット**〔英語 bucket〕名 ❶バケツ。❷土砂《どしゃ》などをけずり取《と》ったり運《はこ》んだりする大《おお》きな容器《ようき》。ショベルカーなどの先《さき》にとり付《つ》けて使《つか》う。

**ばけのかわ【化けの皮】** 名 ごまかすために、うわべをかざった見《み》せかけ。

**化《ば》けの皮《かわ》が剝《は》がれる** うわべをかざっていたものがなくなって、かくしていたものごとや正体《しょうたい》がばれる。類 馬脚《ばきゃく》を現《あらわ》す。

◦**はげます【励ます】** 動 元気《げんき》をつけてやる。力《ちから》づける。例 人《ひと》を励ます。⇩れい【励】1401ページ

**はげみ【励み】** 名 やろうとする気持《きも》ちや意気《いき》ごみ。例 勉強《べんきょう》に励みが出《で》る。

◦**はげむ【励む】** 動 一生懸命《いっしょうけんめい》がんばる。精《せい》を出《だ》す。例 練習《れんしゅう》に励む。⇩れい【励】1401ページ

**ばけもの【化け物】** 名 あやしい姿《すがた》で化《ば》けて出《で》るもの。お化け。妖怪《ようかい》。

**はける** 動 ❶水《みず》などがたまらないでよく流《なが》れる。例 雨水《あまみず》がなかなかはけない。❷品物《しなもの》がよく売《う》れる。例 商品《しょうひん》が全部《ぜんぶ》はけた。

**はげる【剝げる】** 動 ❶表面《ひょうめん》がめくれて、取《と》れる。例 ペンキがはげる。❷色《いろ》などがうすくなる。例 カーテンの色《いろ》がはげる。⇩はく【剝】1035ページ

**はげる** 動 ❶頭《あたま》の毛《け》がぬけ落《お》ちる。例 はげ山《やま》。❷山《やま》などの木《き》がなくなる。

◦**ばける【化ける】** 動 姿《すがた》を変《か》えて、他《ほか》のものに見《み》せかける。まったく別《べつ》のものに変《か》わる。例 タヌキが人《ひと》に化ける話《はなし》。⇩か【化】188ページ

**はげわし** 名 大形《おおがた》のワシ。羽《はね》は黒《くろ》く、首《くび》の後《うし》ろがはげている。草原《そうげん》にすみ、動物《どうぶつ》の死肉《しにく》を食《た》べる。はげたか。

**はけん【派遣】** 名 動する 仕事《しごと》を言《い》いつけて、ある場所《ばしょ》へ人《ひと》を行《い》かせること。

## はこ【箱】 画数 15 部首 ⺮（たけかんむり） 3年

音 ―― 訓 はこ

筆順 箱 箱 箱 箱 箱 箱

入《い》れ物《もの》。熟語 箱庭《はこにわ》。小箱《こばこ》。重箱《じゅうばこ》。巣箱《すばこ》。

慣用句 けりをつける 宿題《しゅくだい》にけりをつけて、早《はや》く遊《あそ》びに行《い》こう。

**はこ【箱】** 名 物《もの》を入《い》れるために、木《き》・紙《かみ》・金属《きんぞく》などで作《つく》ったうつわ。例ミカンを箱につめる。

**はごいた【羽子板】** 名 羽根《はね》つきに使《つか》う、柄《え》の付《つ》いた、絵《え》やかざりのある板《いた》。

**はこいりむすめ【箱入り娘】** 名 とても大切《たいせつ》に育《そだ》てられたむすめ。

**はごたえ【歯応え】** 名 ❶物《もの》をかんだときに歯《は》に受《う》ける感《かん》じ。類歯触《はざわ》り。❷ものごとのやりがい。例歯ごたえのある問題《もんだい》。

**はこにわ【箱庭】** 名 箱《はこ》に土《つち》や砂《すな》を入《い》れ、木《き》・家《いえ》・橋《はし》などの模型《もけい》を置《お》いて、実際《じっさい》の景色《けしき》のように作《つく》ったもの。

**はこび【運び】** 名 ❶進《すす》め方《かた》。進《すす》み方《かた》。例話《はなし》の運びが上手《じょうず》だ。❷ものごとが進《すす》んで、ある状態《じょうたい》までになること。例ようやく開店《かいてん》の運びとなった。

**はこびこむ【運び込む】** 動 中《なか》へ運《はこ》んで入《い》れる。例たんすを部屋《へや》に運び込む。

**°はこぶ【運ぶ】** 動 ❶物《もの》を、他《ほか》の場所《ばしょ》へ移《うつ》す。例机《つくえ》を運ぶ。❷ものごとが進《すす》む。はかどる。例会合《かいごう》がすらすらと運んだ。❸進《すす》める。例何度《なんど》も足《あし》を運ぶ。❹そこへ行《い》く。例話《はなし》をうまく運ぶ。
➡うん【運】120ページ

例解 ことばの窓

**運《はこ》ぶ の意味《いみ》で**

土砂《どしゃ》を運搬《うんぱん》する。
荷物《にもつ》を運送《うんそう》する。
鉄道《てつどう》で人《ひと》を輸送《ゆそう》する。
飛行機《ひこうき》で空輸《くうゆ》する。

**はこぶね【箱船・方船】** 名 ❶箱《はこ》の形《かたち》をした船《ふね》。❷旧約聖書《きゅうやくせいしょ》に出《で》てくる「ノアの箱舟《はこぶね》」のこと。参考神《かみ》が大洪水《だいこうずい》を起《お》こしたとき、ノアは箱形《はこがた》の大舟《おおぶね》をつくり、家族《かぞく》とすべての動物《どうぶつ》のつがいを乗《の》せたため、人類《じんるい》や生物《せいぶつ》は生《い》き残《のこ》ったという。

**はこべ** 名 春《はる》の七草《ななくさ》の一《ひと》つ。道《みち》ばたや草原《そうげん》に生《は》え、春《はる》、白《しろ》い花《はな》が咲《さ》く。はこべら。➡はるのななくさ1067ページ

**はごろも【羽衣】** 名 天人《てんにん》が着《き》て空《そら》を飛《と》ぶといわれる、うすい衣《ころも》。

**はさ** 名 刈《か》り取《と》った稲《いね》をかけて乾《かわ》かすために、木《き》などを組《く》んだもの。いねかけ。はざ。

**バザー**〔英語 bazaar〕名 慈善事業《じぜんじぎょう》や社会事業《しゃかいじぎょう》などの資金《しきん》を集《あつ》めるために、持《も》っている物《もの》や、作《つく》った物《もの》を持《も》ち寄《よ》って売《う》る、もよおし。

**ハザードマップ**〔英語 hazard map〕名 自然災害《しぜんさいがい》による被害《ひがい》を予測《よそく》し、避難《ひなん》するための情報《じょうほう》をかき表《あらわ》した地図《ちず》。

**バザール**〔ペルシャ語〕名 ❶西《にし》アジアの国々《くにぐに》の、屋外《おくがい》の市場《いちば》。❷デパートなどの特売場《とくばいじょう》。大安売《おおやすう》り。

**はざかいき【端境期】** 名 米《こめ》・野菜《やさい》・果物《くだもの》・商品《しょうひん》などの、新《あたら》しいものが出回《でまわ》り始《はじ》める少《すこ》し前《まえ》の時期《じき》。

**はざくら【葉桜】** 名 花《はな》が散《ち》って、若葉《わかば》の出《で》始《はじ》めた桜《さくら》。

**ばさばさ** 副(-に、-と) 形動 動-する ❶うすい物《もの》が、ふれ合《あ》ったり風《かぜ》で音《おと》を立《た》てたりするようす。例鳥《とり》がばさばさと羽《は》ばたく。❷乾《かわ》いていて、まとまりがなくなっているようす。例髪《かみ》の毛《け》がばさばさだ。

**ぱさぱさ** 副(-に、-と) 形動 動-する 水分《すいぶん》が少《すく》なくて、乾《かわ》いているようす。例ぱさぱさするパン。

**はさまる【挟まる】** 動 ❶物《もの》と物《もの》との、せまい間《あいだ》に入《はい》る。例歯《は》に物《もの》が挟まる。❷対立《たいりつ》し合《あ》う人《ひと》の間《あいだ》に立《た》つ。例意見《いけん》のちがう二人《ふたり》の間《あいだ》に挟まって、困《こま》った。
➡きょう【挟】333ページ

**はさみ** 名 ❶物《もの》をはさんで切《き》る道具《どうぐ》。❷紙《かみ》に穴《あな》や切《き》りこみを入《い》れる道具《どうぐ》。パンチ。❸じゃんけんの、ちょき。❹カニなどの大《おお》きな前足《まえあし》。

**はさみうち【挟み打ち】** 名 動-する 敵《てき》をはさむようにして、両方《りょうほう》から攻《せ》めること。例前後《ぜんご》からはさみ打ちにされた。

**°はさむ【挟む】** 動 ❶間《あいだ》に入《い》れる。例パンに

例解 ！ 表現の広場

**はさむ と つまむ のちがい**

| | はさむ | つまむ |
|---|---|---|
| はしで豆《まめ》を | ○ | ○ |
| 話《はなし》の途中《とちゅう》で口《くち》を | ○ | × |
| 思《おも》わず鼻《はな》を | × | ○ |
| お菓子《かし》をひと口《くち》 | × | ○ |





慣用句 言《げん》を左右《さゆう》にする 賛成《さんせい》か反対《はんたい》か、見解《けんかい》をたずねても、言《げん》を左右《さゆう》にして答《こた》えない。

ハムを挟む。❷両側《りょうがわ》からおさえる。例はしで挟む。❸間《あいだ》に置《お》く。例川《かわ》を挟む。❹口出《くちだ》しする。例口《くち》を挟む。⇩きょう【挟】333ページ

**はざわり**【歯触り】名 歯《は》で物《もの》をかんだときの感《かん》じ。例さくっとした歯触り。類歯応《はごた》え。

**はさん**【破産】名 動-する 財産《ざいさん》をすっかりなくすこと。

**はし**【箸】画数15 部首⺮（たけかんむり）
音―― 訓はし
食《た》べ物《もの》をはさむ棒《ぼう》。例割《わ》り箸《ばし》。参考「箸《はし》」は「箸」と書《か》くことがある。

**はし**【箸】名 食《た》べ物《もの》をはさむのに使《つか》う、二本《にほん》の細《ほそ》い棒《ぼう》。

**箸《はし》が転《ころ》んでもおかしい** 何《なん》でもないことや、つまらないことにもよく笑《わら》う。例箸が転んでもおかしい年《とし》ごろ。類箸《はし》が転《ころ》んでも笑《わら》う。

**箸《はし》にも棒《ぼう》にもかからない** まったくだめで、どうしようもない。例なまけていたせいで、箸にも棒にもかからない成績《せいせき》だった。

°**はし**【端】名 ❶中心《ちゅうしん》からいちばん遠《とお》い部分《ぶぶん》。はじ。❷一部分《いちぶぶん》。例言葉《ことば》の端をとらえる。❸切《き》り捨《す》てたところ。例木《き》の端。❹〔「…するはしから」の形《かたち》で〕次々《つぎつぎ》と。例作《つく》るはしから食《た》べる。⇩たん【端】811ページ

°**はし**【橋】名 川《かわ》や谷《たに》・道路《どうろ》などの両側《りょうがわ》にかけわたして、行《い》き来《き》できるようにするもの。例橋をかける。⇩きょう【橋】332ページ

°**はじ**【恥】名 はずかしいこと。名誉《めいよ》を傷《きず》つけられること。例恥をかく〔＝人前《ひとまえ》ではずかしい思《おも》いをする〕。⇩ち【恥】819ページ

**恥《はじ》の上塗《うわぬ》り** 恥《はじ》をかいたうえに、さらに恥《はじ》をかくこと。例遅刻《ちこく》したうえに、教科書《きょうかしょ》も忘《わす》れるなんて、恥の上塗りだ。

**恥《はじ》も外聞《がいぶん》もない** 人《ひと》からどのように見《み》られるかを気《き》にしていられない。例金《かね》もうけとなれば、恥も外聞もない。

**恥《はじ》をさらす** 大勢《おおぜい》の前《まえ》で、恥《はじ》をかく。例学校《がっこう》じゅうに恥をさらす。

**はじ**【端】名 ⇩はし（端）1040ページ

**はじいる**【恥じ入る】動 はずかしく思《おも》う。例自分《じぶん》の行動《こうどう》を深《ふか》く恥じ入る。

**はしおき**【箸置き】名 食事《しょくじ》のときに、箸《はし》の先《さき》のほうをのせるもの。

**はしか** 名 子《こ》どもに多《おお》い、感染症《かんせんしょう》の一《ひと》つ。体《からだ》に赤《あか》いぼつぼつができて、熱《ねつ》が出《で》る。「麻疹《ましん》」ともいう。

**はしがき**【端書き】名 ❶本《ほん》の初《はじ》めにのせる、その本を作《つく》ったわけなどを書《か》いた文章《ぶんしょう》。前書《まえが》き。序文《じょぶん》。❷手紙《てがみ》の終《お》わりに書《か》きそえる文章《ぶんしょう》。追《お》って書《が》き。

**はじきだす**【はじき出す】動 ❶はねとばして外《そと》へ出《だ》す。例土俵《どひょう》から、勢《いきお》いよくはじき出された。❷のけものにする。例悪者《わるもの》をはじき出す。❸計算《けいさん》して必要《ひつよう》な数《かず》や量《りょう》を出《だ》す。例経費《けいひ》をはじき出す。❹やりくりして費用《ひよう》を作《つく》り出《だ》す。例雑誌代《ざっしだい》をはじき出す。

°**はじく** 動 ❶小《ち》さな物《もの》をはねとばす。例指先《ゆびさき》で服《ふく》のごみをはじく。❷寄《よ》せつけない。例油《あぶら》は水《みず》をはじく。❸（そろばんで）計算《けいさん》する。例出費《しゅっぴ》をはじく。

**はしくれ**【端くれ】名 ❶切《き》れ端《はし》。例木材《もくざい》の端くれ。❷その仲間《なかま》ではあるが、役《やく》に立《た》たないもの。自分《じぶん》について、へりくだって言《い》うことが多《おお》い。例医者《いしゃ》の端くれです。

**はしけ** 名 沖《おき》にいる大《おお》きな船《ふね》と岸《きし》との間《あいだ》を行《い》き来《き》して、客《きゃく》や荷物《にもつ》を運《はこ》ぶ小《ち》さい舟《ふね》。

**はしげた**【橋桁】名 橋《はし》のくいの上《うえ》にかけわたし、橋《はし》の板《いた》を支《ささ》える材木《ざいもく》。

**はじける** 動 ❶はちきれて割《わ》れる。さけて割《わ》れる。例クリの実《み》がはじける。❷いきおいよく現《あらわ》れる。例はじける笑《わら》い声《ごえ》。

**はしご** 名 高《たか》い所《ところ》へ登《のぼ》るときに使《つか》う道具《どうぐ》。

**はしごしゃ**【はしご車】名 長《なが》く伸《の》びるはしごをそなえた消防自動車《しょうぼうじどうしゃ》。

**はじさらし**【恥さらし】名 形動 はじを、世《よ》の中《なか》にさらけ出《だ》すこと。また、そういう人《ひと》。例恥さらしなことはよそう。

**はじしらず**【恥知らず】名 形動 はずかしいことをしても、平気《へいき》でいること。また、そういう人《ひと》。例あんな恥知らずな人《ひと》だとは思《おも》わなかった。

**はした**【端た】名 ちょうどの数《かず》に満《み》たない部分《ぶぶん》。はんぱ。端数《はすう》。例はしたは切《き》り捨《す》てる。

あいうえお かきくけこ さしすせそ たちつてと なにぬねの は ひふへほ まみむめも や ゆ よ らりるれろ わ を ん

慣用句 甲乙《こうおつ》つけがたい　どちらの絵《え》も力作《りきさく》で、甲乙《こうおつ》つけがたいできばえです。

はしたがね【端た金】名 わずかのお金《かね》。

はしたない 形 つつしみがなく、下品《げひん》だ。例はしたないことを言《い》う。

はしっこ【端っこ】名 はし。はじっこ。はじっぽ。〔くだけた言《い》い方《かた》。〕例バットの端っこ。

■ばじとうふう【馬耳東風】名 他人《たにん》の意《い》見《けん》や批《ひ》評《ひょう》を気《き》にかけず、平《へい》気《き》でいること。類馬《うま》の耳《みみ》に念《ねん》仏《ぶつ》。参考 昔《むかし》の中《ちゅう》国《ごく》の詩《し》から。

はしばし【端端】名 あちこちの部《ぶ》分《ぶん》。ところどころ。例言《こと》葉《ば》のはしばしに気《き》持《も》ちが表《あらわ》れる。

はじまらない【始まらない】しかたがない。…してもむだだ。例くよくよしても始まらない。

はじまり【始まり】名 ❶始《はじ》まること。例授《じゅ》業《ぎょう》の始まり。対終《お》わり。❷事《こと》の起《お》こり。もと。例すもうの始まりは古《ふる》い。

°はじまる【始まる】動 ❶新《あたら》しく事《こと》が起《お》こる。例一《いち》学《がっ》期《き》が始まる。対終《お》わる。❷いつものくせが出《で》る。例また、わがままが始まった。↓し【始】536ページ

例解 ↔ 使い分け

初《はじ》め と 始《はじ》め

秋《あき》の初《はじ》め。
初《はじ》めの曲《きょく》。

仕《し》事《ごと》の始《はじ》め。
運《うん》動《どう》会《かい》の始《はじ》めの合《あい》図《ず》。

°はじめ【初め】名 始《はじ》まったとき。最《さい》初《しょ》。例年《とし》の初め。初めのうちはよかった。対終《お》わり。末《すえ》。参考 ふつう、「初《はじ》め」は、時《じ》間《かん》や順《じゅん》序《じょ》の最《さい》初《しょ》を指《さ》し、「始《はじ》め」は、ある行《こう》動《どう》の最《さい》初《しょ》をいう。↓しょ【初】618ページ

°はじめ【始め】名 ❶始《はじ》めること。例仕《し》事《ごと》始め。対終《お》わり。❷ものごとの起《お》こり。例国《くに》の始め。❸〔「…をはじめ」の形《かたち》で〕…を代《だい》表《ひょう》として。例先《せん》生《せい》をはじめ、全《ぜん》員《いん》がんばっている。↓し【始】536ページ

°はじめて【初めて】副 ❶それが最《さい》初《しょ》であるようす。例初めてできた。❷そのときにやっと。例今《いま》初めてわかった。↓しょ【初】618ページ

はじめまして【初めまして】感 初《はじ》めて会《あ》った人《ひと》に言《い》う、挨《あい》拶《さつ》の言《こと》葉《ば》。例「初めまして。私《わたし》が新《しん》任《にん》の山《やま》田《だ》です。」

°はじめる【始める】動 ❶新《あたら》しくやりだす。例話《はなし》を始める。対終《お》える。❷いつものくせを出《だ》す。例また、いたずらを始めた。❸〔ある言《こと》葉《ば》のあとにつけて〕…しだす。例書《か》き始める。さわぎ始める。↓し【始】536ページ

はしゃ【覇者】名 ❶武《ぶ》力《りょく》で世《よ》の中《なか》を治《おさ》めた人《ひと》。例戦《せん》国《ごく》時《じ》代《だい》の覇者。❷大《たい》会《かい》などで優《ゆう》勝《しょう》した人《ひと》。例全《ぜん》国《こく》大《たい》会《かい》の覇者。

ばしゃ【馬車】名 人《ひと》や荷《に》物《もつ》を乗《の》せて、馬《うま》に引《ひ》かせる車《くるま》。例荷《に》馬車。

ばしゃうま【馬車馬】名 ❶馬《ば》車《しゃ》をひく馬《うま》。❷わき目《め》もふらず、あることを一《いっ》生《しょう》懸《けん》命《めい》にするたとえ。例馬車馬のように働《はたら》く。

はしゃぐ 動 調《ちょう》子《し》にのって、さわぐ。ふざける。例「金《きん》賞《しょう》だ。」とはしゃぐ。

はしやすめ【箸休め】名 食《しょく》事《じ》の途《と》中《ちゅう》に出《で》る、口《くち》をさっぱりさせる料《りょう》理《り》。例箸休めのつけもの。

パジャマ〔英語 pajamas〕名 上《うわ》着《ぎ》とズボンに分《わ》かれた、洋《よう》風《ふう》のねまき。

ばじゅつ【馬術】名 馬《うま》を上《じょう》手《ず》に乗《の》りこなす技《わざ》。例馬術競《きょう》技《ぎ》。

はしゅつじょ【派出所】名 ❶本《ほん》部《ぶ》からはなれた所《ところ》に設《もう》けた、小《ちい》さな事《じ》務《む》所《しょ》。❷「交《こう》番《ばん》」の古《ふる》い呼《よ》び方《かた》。

°ばしょ【場所】名 ❶ところ。位《い》置《ち》。例ポストの場所。❷居《い》る所《ところ》。席《せき》。例すわる場所。❸

例解 ことばの窓

始《はじ》める の意《い》味《み》で

授《じゅ》業《ぎょう》を開《かい》始《し》する。
児《じ》童《どう》会《かい》を開《かい》会《かい》する。
一《いち》学《がっ》期《き》の始《し》業《ぎょう》式《しき》。
研《けん》究《きゅう》に着《ちゃく》手《しゅ》する。
工《こう》事《じ》に着《ちゃっ》工《こう》する。
パン屋《や》を開《かい》業《ぎょう》する。
研《けん》究《きゅう》所《じょ》を開《かい》設《せつ》する。



慣用句 効《こう》を奏《そう》する 毎日《まいにち》欠《か》かさず練習《れんしゅう》したのが効《こう》を奏《そう》して、チームに底力《そこぢから》がついた。

↓ほんばしょ 1220ページ

**はじょう【波状】** 名 ❶波《なみ》のように、上下《じょうげ》にうねる形《かたち》。例 波状の曲線《きょくせん》。❷波《なみ》のように、一定《いってい》の間隔《かんかく》でくりかえすこと。例 波状攻撃《こうげき》。

**ばしょう【芭蕉】** 名 高《たか》さが五《ご》メートルほどで、二《に》メートルほどの長《なが》い楕円形《だえんけい》の葉《は》を持《も》つ植物《しょくぶつ》。夏《なつ》、うす黄色《きいろ》い花《はな》が咲《さ》く。

**ばしょう〘芭蕉〙** 人名 ↓まつおばしょう 1235ページ

**ばじょう【馬上】** 名 馬《うま》の背《せ》の上《うえ》。また、馬《うま》に乗《の》っていること。例 馬上の人《ひと》。

**はしょうふう【破傷風】** 名 傷口《きずぐち》から、破《は》傷風菌《しょうふうきん》が入《はい》って起《お》こる感染症《かんせんしょう》。高《たか》い熱《ねつ》を出《だ》し、けいれんを起《お》こす。

**ばしょがら【場所柄】** 名 その場《ば》の雰囲気《ふんいき》や特色《とくしょく》。例 場所柄をわきまえた話《はな》し方《かた》。

**はしょる** 動 ❶和服《わふく》のすそを持《も》ち上《あ》げて、帯《おび》などにはさむ。例 すそをはしょる。❷省《はぶ》いて、短《みじか》く縮《ちぢ》める。例 話《はなし》をはしょる。

**°はしら【柱】** 名 ❶土台《どだい》の上《うえ》に立《た》てて、屋根《やね》などを支《ささ》える材木《ざいもく》や鉄材《てつざい》。❷まっすぐに立《た》っているもの。例 火柱《ひばしら》。茶柱《ちゃばしら》。❸(集団《しゅうだん》や組織《そしき》などの)中心《ちゅうしん》となるだいじな人《ひと》。例 父《ちち》は一家《いっか》の柱だ。❹神《かみ》や死《し》んだ人《ひと》の霊《れい》を数《かぞ》える言葉《ことば》。例 二《ふた》柱の神様《かみさま》。↓ちゅう【柱】831ページ

**はじらう【恥じらう】** 動 はずかしそうにする。↓ち【恥】819ページ

**はしらす【走らす】** 動 ↓はしらせる❷ 1042ページ

**はしらせる【走らせる】** 動 ❶走《はし》って行《い》かせる。急《いそ》いで行《い》かせる。例 使《つか》いを走らせる。❷すばやく動《うご》かす。走《はし》らす。例 ペンを走らせる(=すらすらと書《か》く)。

**はしり【走り】** 名 ❶走《はし》ること。例 軽快《けいかい》な走り。❷その季節《きせつ》に先《さき》がけて出回《でまわ》る、魚《さかな》・野菜《やさい》など。初物《はつもの》。先《さき》がけ。例 サンマのはしり。❸ものごとの始《はじ》まり。例 梅雨《つゆ》のはしり。

**はしりがき【走り書き】** 名 動する 急《いそ》いで字《じ》を書《か》くこと。また、その書《か》いたもの。例 メモ用紙《ようし》に走り書きする。

**はしりこむ【走り込む】** 動 ❶練習《れんしゅう》でじゅうぶんに走《はし》る。例 試合《しあい》に向《む》けて走り込む。❷走《はし》って中《なか》に入《はい》る。駆《か》け込《こ》む。例 電車《でんしゃ》に走り込む。

**はしりたかとび【走り高跳び】** 名 陸《りく》上競技《じょうきょうぎ》の一《ひと》つ。走《はし》ってきて、横《よこ》にわたした木《き》(=バー)をとびこえる。

**はしりづかい【走り使い】** 名 たのまれて、ちょっとした用事《ようじ》を走《はし》り回《まわ》ってすること。また、その人《ひと》。

**はしりぬける【走り抜ける】** 動 ❶走《はし》って通《とお》り過《す》ぎる。駆《か》け抜《ぬ》ける。例 全力《ぜんりょく》でゴールを走り抜ける。❷感覚《かんかく》などが、体《からだ》の中《なか》を一気《いっき》に伝《つた》わる。例 寒気《さむけ》が走り抜ける。

**はしりはばとび【走り幅跳び】** 名 陸《りく》上競技《じょうきょうぎ》の一《ひと》つ。走《はし》ってきて、できるだけ遠《とお》くへとぶ。

**はしりまわる【走り回る】** 動 ❶あちこちを走《はし》る。駆《か》け回《まわ》る。例 校庭《こうてい》を走り回る。❷忙《いそが》しく動《うご》き回《まわ》る。例 イベントの準備《じゅんび》に走り回る。

**例解 ！ 表現の広場**

**走《はし》る と 駆《か》ける のちがい**

| | 走《はし》る | 駆《か》ける |
|---|---|---|
| 一〇〇メートルを全力《ぜんりょく》で | ○ | ○ |
| 馬《うま》に乗《の》って野原《のはら》を | ○ | ○ |
| 時速《じそく》一〇〇キロで電車《でんしゃ》が | ○ | × |
| 湖面《こめん》をヨットが | ○ | × |

**✤はしりよみ【走り読み】** 名 動する 急《いそ》いで、ざっと読《よ》むこと。

**°はしる【走る】** 動 ❶足《あし》で地面《じめん》を後《うし》ろにけるようにして、速《はや》く進《すす》む。かける。例 馬《うま》が走る。❷速《はや》く動《うご》く。例 車《くるま》が走る。❸川《かわ》や道《みち》などが通《とお》っている。例 東西《とうざい》に走る道《みち》。❹その方向《ほうこう》にかたむく。例 感情《かんじょう》に走る。❺さっと現《あらわ》れて、消《き》える。例 痛《いた》みが走る。❻気持《きも》ちよく動《うご》く。例 筆《ふで》が走る。↓そう【走】741ページ

**はじる【恥じる】** 動 ❶自分《じぶん》のしたことや欠《けっ》点《てん》を、はずかしく思《おも》う。例 自分《じぶん》の不注意《ふちゅうい》を恥じる。❷(「…に恥《は》じない」の形《かたち》で)…にそむかない。…をうらぎらない。例 代表選手《だいひょうせんしゅ》の名《な》に恥じない活躍《かつやく》。↓ち【恥】819ページ

**はしわたし【橋渡し】** 名 動する 間《あいだ》に入《はい》って、世話《せわ》をすること。仲立《なかだ》ち。例 二《ふた》つの国《くに》の交渉《こうしょう》を橋渡しする。



慣用句 声《こえ》が弾《はず》む　電話《でんわ》の向《む》こうで、「合格《ごうかく》したよ。」と、声《こえ》が弾《はず》んでいた。

**はす【蓮】**名 池《いけ》や沼《ぬま》に生《は》え、水田《すいでん》で栽培《さいばい》される水草《みずくさ》。葉《は》は円形《えんけい》で大《おお》きく、夏《なつ》に白《しろ》や桃《もも》色《いろ》の大《おお》きな花《はな》が咲《さ》く。地下茎《ちかけい》は「れんこん」で、食用《しょくよう》になる。

〔はす〕

**はす**名 ななめ。はすかい。例はすにたすきをかける。

**°はず**名 ❶わけ。道理《どうり》。例そんなはずはない。❷予定《よてい》。例今日《きょう》帰《かえ》るはずだ。

**バス**〔英語 bass〕名〔音楽《おんがく》で〕❶歌《うた》を歌《うた》うときの、男《おとこ》の人《ひと》のいちばん低《ひく》い声《こえ》の範囲《はんい》。また、その声《こえ》で歌《うた》う人《ひと》。関連テノール。バリトン。❷「コントラバス」の略《りゃく》。❸同《おな》じ種類《しゅるい》の楽器《がっき》のうちで、低《ひく》い音《おと》を出《だ》すもの。例バスドラム。

**バス**〔英語 bath〕名 洋風《ようふう》のふろ。

**バス**〔英語 bus〕名 大勢《おおぜい》の人《ひと》を乗《の》せる大型《おおがた》の自動車《じどうしゃ》。乗合自動車《のりあいじどうしゃ》。例観光《かんこう》バス。

**パス**〔英語 pass〕一名動-する❶試験《しけん》などに合格《ごうかく》すること。例検査《けんさ》にパスする。❷順番《じゅんばん》をぬかすこと。例自分《じぶん》の番《ばん》をパスした。❸球技《きゅうぎ》などで、ボールを味方《みかた》に送《おく》ること。例正確《せいかく》にパスを通《とお》す。二名 定期券《ていきけん》。また、入場《にゅうじょう》券《けん》、通行証《つうこうしょう》など。

**はすう【端数】**名 きりのよい数《かず》で切《き》ったときの余《あま》りの数《かず》。例端数を切《き》り捨《す》てる。

**ばすえ【場末】**名 都市《とし》の、にぎやかな中心《ちゅうしん》部《ぶ》からはなれた、さびれた場所《ばしょ》。町外《まちはず》れ。例場末の小《ちい》さな食堂《しょくどう》。

**はすかい【はす交△い】**名 ななめ。はす。例家《いえ》のはすかいにある店《みせ》。

**バスガイド**名〔日本《にっぽん》でできた英語《えいご》ふうの言葉《ことば》。〕観光《かんこう》バスに乗《の》って、乗客《じょうきゃく》に案内《あんない》や説明《せつめい》をする人《ひと》。

**°はずかしい【恥°ずかしい】**形 ❶人《ひと》の前《まえ》に出《で》られないような気持《きも》ちになる。きまりが悪《わる》い。例このかっこうでは恥ずかしい。❷相手《あいて》にひけめを感《かん》じる。人《ひと》に合《あ》わせる顔《かお》がない。例失敗《しっぱい》して恥ずかしい。↓ち【恥】819ページ

**はずかしめる【辱°める】**動 ❶はずかしい思《おも》いをさせる。はじをかかせる。例人前《ひとまえ》で辱められた。❷名誉《めいよ》を傷《きず》つける。例学校《がっこう》の名《な》を辱める。↓じょく【辱】641ページ

**ハスキー**〔英語 husky〕形動 声《こえ》がかすれているようす。例ハスキーな歌声《うたごえ》。

**バスケット**〔英語 basket〕名 ❶かご。特《とく》に、手《て》さげかご。❷「バスケットボール」の略《りゃく》。

**バスケットボール**〔英語 basketball〕名 五人《ごにん》ずつのチームが、決《き》まった時間内《じかんない》に、相手側《あいてがわ》のつり下《さ》げた網《あみ》に、ボールを入《い》れ合《あ》ってきそう競技《きょうぎ》。バスケット。バスケ。

**バスコ=ダ=ガマ**人名（男）（一四六九ごろ～一五二四）ポルトガルの航海者《こうかいしゃ》。一四九七年《ねん》からの航海《こうかい》で、ヨーロッパ人《じん》として初《はじ》めてアフリカの南《みなみ》の端《はし》、喜望峰《きぼうほう》を回《まわ》ってインドに着《つ》き、インド航路《こうろ》を開《ひら》いた。

**°はずす【外す】**動 ❶取《と》ってはなす。例ボタンを外す。例メンバーから外す。名札《なふだ》を外す。❷取《と》り除《のぞ》く。例チャンスを外す。❸取《と》りにがす。例ねらいを外す。❹そらす。対（❸・❹）当《あ》てる。❺その場《ば》をはなれる。例席《せき》を外す。↓がい【外】195ページ

**✤バズセッション**〔英語 buzz session〕名 討論《とうろん》のしかたの一《ひと》つ。参加者《さんかしゃ》が小《しょう》グループに分《わ》かれて、あるテーマのもとに自由《じゆう》に話《はな》し合《あ》うこと。各《かく》グループの話《はな》し合《あ》いをもとに、もう一度全員《いちどぜんいん》で話《はな》し合《あ》うことが多《おお》い。

**パスタ**〔イタリア語〕名 マカロニやスパゲッティなど、イタリア料理《りょうり》に使《つか》うめん類《るい》のこと。

**バスターミナル**〔英語 bus terminal〕名 たくさんのバスが、出発《しゅっぱつ》したり到着《とうちゃく》したりする場所《ばしょ》。

**バスタブ**〔英語 bathtub〕名 湯《ゆ》ぶね。浴槽《よくそう》。

**パスツール**人名（男）（一八二二～一八九五）フランスの科学者《かがくしゃ》。細菌《さいきん》の研究《けんきゅう》をし、ワクチンを使《つか》って病気《びょうき》を予防《よぼう》する方法《ほうほう》を発明《はつめい》した。

**バスてい【バス停】**名 バスの停留所《ていりゅうじょ》。

**パステル**〔英語 pastel〕名 クレヨンの一《ひと》つ。油《あぶら》けが少《すく》なくて、やわらかい。

**バスト**〔英語 bust〕名 胸《むね》。胸回《むねまわ》り。

**パスポート**〔英語 passport〕名 国《くに》が発行《はっこう》する、外国旅行《がいこくりょこう》に必要《ひつよう》な身分証明書《みぶんしょうめいしょ》。旅券《りょけん》。

**°はずみ【弾°み】**名 ❶はずむこと。はね返《かえ》ること。例ボールの弾みがいい。❷調子《ちょうし》。勢《いきお》



慣用句 心《こころ》を鬼《おに》にする　父《ちち》は姉《あね》の健康《けんこう》を考《かんが》え、心《こころ》を鬼《おに》にして、部活動《ぶかつどう》をやめさせた。

い。例 例 話《はなし》に弾みがつく。❸その場《ば》のなりゆき。例 ふとしたはずみで仲良《なかよ》しになった。❹そのとたん。ひょうし。例 転《ころ》んだはずみに、手《て》をすりむいた。参考 ❸・❹はふつう、かな書《が》きにする。

**弾《はず》みを食《く》う** ふいに、他《ほか》からの力《ちから》を受《う》ける。例 急停車《きゅうていしゃ》の弾みを食ってたおれた。

**°はずむ【弾む】** 動 ❶はね返《かえ》る。例 ボールが弾む。❷調子《ちょうし》が出《で》る。例 話《はなし》が弾む。心《こころ》が弾む。❸息《いき》があらくなる。例 息《いき》を弾ませて帰《かえ》る。❹思《おも》い切《き》ってよけいに出《だ》す。例 こづかいをはずんでもらう。↓だん【弾】812ページ

**はすむかい【はす向かい】** 名 ななめ向《む》かい。例 はす向かいにある家《いえ》。

**パズル**〔英語 puzzle〕名 考《かんが》えてなぞを解《と》く遊《あそ》び。例 クロスワードパズル。

**はずれ【外れ】** 名 ❶当《あ》たらないこと。それること。例 期待《きたい》外れ。くじは外ればかりだ。対 当《あ》たり。❷中心《ちゅうしん》からはなれた所《ところ》。例 町《まち》の外れ。

**°はずれる【外れる】** 動 ❶取《と》れてはなれる。例 戸《と》が外れる。❷それて、当《あ》たらない。例 天気予報《てんきよほう》が外れる。対 当《あ》たる。❸ある基準《きじゅん》からそれる。例 人《ひと》の道《みち》に外れる。❹ある範《はん》囲《い》から外《そと》に出《で》る。例 先発《せんぱつ》メンバーから外れる。↓がい【外】195ページ

**パスワード**〔英語 password〕名 コンピューターを使《つか》うときなどに、その人《ひと》であることを確認《かくにん》する、特別《とくべつ》な言葉《ことば》や符号《ふごう》。

**はぜ【鯊・〈沙魚〉】** 名 川《かわ》の下流《かりゅう》などにすむ小《ち》さな魚《さかな》。背《せ》にうす黒《ぐろ》いまだらがある。食用《しょくよう》になる。

**はぜ【櫨】** 名 山地《さんち》に生《は》える落葉樹《らくようじゅ》。実《み》から「ろう」を採《と》る。はぜのき。

**はせい【派生】** 名 動-する もとになるものから、分《わ》かれて出《で》てくること。例 新《あたら》しい問題《もんだい》が派生する。

**ばせい【罵声】** 名 悪口《わるぐち》を言《い》う大《おお》きな声《こえ》。例 罵声を浴《あ》びせる。

**はせくら つねなが**〔支倉常長〕人名 (男)(一五七一～一六二二)江戸《えど》時代《じだい》初期《しょき》の人《ひと》。一六一三年《ねん》に、伊達政宗《だてまさむね》の命令《めいれい》で貿易《ぼうえき》の交渉《こうしょう》にローマへ行《い》った。

**パセリ**〔英語 parsley〕名 葉《は》が細《こま》かく縮《ちぢ》れ、かおりがある野菜《やさい》。西洋料理《せいようりょうり》で、おもな料理《りょうり》にそえて使《つか》う。

**はせる** 動 ❶走《はし》らせる。例 馬《うま》をはせる。❷遠《とお》くまで届《とど》かせる。例 思《おも》いをはせる。

**はぜる** 動 勢《いきお》いよくさけて、開《ひら》く。はじける。例 くりがはぜる。

**パソコン** 名〔英語《えいご》の「パーソナルコンピューター」の略《りゃく》。〕個人用《こじんよう》の小型《こがた》のコンピューター。

**はそん【破損】** 名 動-する こわれること。また、こわすこと。例 車《くるま》が破損した。

**はた【畑】** 画数 9 部首 田(た) 3年

音 ―― 訓 はた はたけ

筆順

はたけ。漢字《かんじ》〔=国字《こくじ》〕。熟語 畑作《はたさく》。田畑《たはた》。参考 日本《にっぽん》で作《つく》った

**はた【畑】** 名 野菜《やさい》や穀物《こくもつ》などを作《つく》るための、水《みず》をはらない土地《とち》。はたけ。例 畑を耕《たがや》す。

**°はた【旗】** 名 布《ぬの》や紙《かみ》で作《つく》り、さおなどの先《さき》につけて、かざりや目《め》じるしとするもの。例 クラスの旗。↓き【旗】294ページ

**はた【端】** 名 ❶物《もの》の周《まわ》り。へり。例 池《いけ》の端。❷そば。近《ちか》く。例 端から口《くち》を出《だ》す。↓たん【端】△811ページ

**はた【機】** 名 布《ぬの》を織《お》る機械《きかい》。↓き【機】294ページ

**機《はた》を織《お》る** 機《はた》で布地《ぬのじ》をつくる。

**はだ【肌】** 画数 6 部首 月(にくづき)

音 ―― 訓 はだ

❶皮膚《ひふ》。熟語 肌着《はだぎ》。素肌《すはだ》。❷物《もの》の表面《ひょうめん》。熟語 地肌《じはだ》。❸性質《せいしつ》。熟語 学者肌《がくしゃはだ》。

**はだ【肌】** 名 ❶人《ひと》の体《からだ》の表面《ひょうめん》。皮膚《ひふ》。例 肌があれる。❷物《もの》の表面《ひょうめん》。例 山《やま》の肌がむき出《だ》しになる。❸性質《せいしつ》。例 職人肌《しょくにんはだ》。

**肌《はだ》が合《あ》う** 気《き》が合《あ》う。気持《きも》ちがよく通《つう》じる。例 あの子《こ》とは肌が合う。

**肌《はだ》で感《かん》じる** 直接見聞《ちょくせつみき》きしたり、体験《たいけん》したりしてわかる。例 火事《かじ》のこわさを肌で感じる。

**バター**〔英語 butter〕名 牛乳《ぎゅうにゅう》から取《と》ったあぶらを固《かた》めて作《つく》った食品《しょくひん》。

慣用句 **腰《こし》が砕《くだ》ける** やる気《き》があったのに、やってもむだだと言《い》われ、急《きゅう》に腰が砕けて やる気《き》がなくなってしまった。

**はたあげ**【旗揚げ】名 動-する ❶いくさを起《お》こすこと。〔古《ふる》い言《い》い方《かた》。〕例源氏《げんじ》の旗揚げ。❷新《あたら》しく事業《じぎょう》などを起《お》こすこと。例劇団《げきだん》を旗揚げする。旗揚げ公演《こうえん》

**ばたあし**【ばた足】名 水泳《すいえい》で、足《あし》を代《か》わる代《が》わる上下《じょうげ》に動《うご》かして、水《みず》を打《う》つ動《うご》き。例クロールのばた足の練習《れんしゅう》。

**パターン**〔英語 pattern〕名 ❶型《かた》。一《ひと》つの決《き》まったやり方《かた》。例行動《こうどう》のパターン。❷図《ず》がら。模様《もよう》。例テレビのテストパターン。

**はたいろ**【旗色】名 試合《しあい》などの勝《か》ち負《ま》けのようす。

**旗色《はたいろ》が悪《わる》い** 負《ま》けそうだ。例今日《きょう》の試合《しあい》は、旗色が悪い。

**はだいろ**【肌色】名 人《ひと》の肌《はだ》のような色《いろ》。赤《あか》みがかったうすい黄色《きいろ》。注意 人《ひと》の肌《はだ》の色《いろ》はさまざまなので、今《いま》は使《つか》われない。

**はたおり**【機織り】名 動-する 機《はた》で、糸《いと》から布《ぬの》を織《お》ること。また、織《お》る人《ひと》。

**はたおりぼし**【機織り星】名 ⇩しょくじょせい 642ページ

○**はだか**【裸】名 ❶何《なに》も着《き》ていない体《からだ》。例裸になる。❷おおうものがないこと。例裸電《でん》球《きゅう》。❸財産《ざいさん》などの持《も》ち物《もの》がないこと。例火《か》事《じ》にあって裸になった。❹かくしだてしないこと。例裸で話《はな》し合《あ》う。⇩ら【裸】1370ページ

**はだかいっかん**【裸一貫】名 自分《じぶん》の体《からだ》のほか、何《なに》も持《も》っていないこと。例裸一貫で商売《しょうばい》を始《はじ》める。

**はだかうま**【裸馬】名 くらなどをつけていない馬《うま》。

**はたがしら**【旗頭】名 仲間《なかま》や団体《だんたい》を率《ひき》いる人《ひと》。かしら。リーダー。例反対派《はんたいは》の旗頭。

**はだかのおうさま** 一〔裸の王様〕作品名 アンデルセンの童話《どうわ》。見《み》えない布《ぬの》で作《つく》られた服《ふく》を着《き》ていると信《しん》じている王様《おうさま》に対《たい》して、子《こ》どもだけが、「王様《おうさま》は裸《はだか》だ」と本当《ほんとう》のことを言《い》ったという物語《ものがたり》。二【裸の王様】名 一の王様《おうさま》のように、自分《じぶん》の本当《ほんとう》の姿《すがた》がわかっていない権力者《けんりょくしゃ》のたとえ。例社長《しゃちょう》は、裸の王様だ。

**はたき** 名 ほこりをはらう道具《どうぐ》。棒《ぼう》の先《さき》に細《ほそ》い布《ぬの》などをつけたもの。

**はだぎ**【肌着】名 肌《はだ》に直接《ちょくせつ》つけて着《き》るもの。シャツなど。下着《したぎ》。

**はたく** 動 ❶たたく。打《う》つ。例ほおをはたく。❷はらいのける。例ほこりをはたく。❸お金《かね》を使《つか》い果《は》たす。例こづかいをはたいて、本《ほん》を買《か》った。

○**はたけ**【畑】名 ❶野菜《やさい》や穀物《こくもつ》などを作《つく》る土地《とち》。例畑を耕《たがや》す。❷専門《せんもん》とする分野《ぶんや》。例外《がい》交畑《こうばたけ》の人《ひと》。⇩はた【畑】1044ページ

**はたけちがい**【畑違い】名 自分《じぶん》の専門《せんもん》とちがうこと。例畑ちがいの仕事《しごと》につく。

**はだける** 動 着《き》ている物《もの》の合《あ》わせ目《め》を開《ひら》く。例胸《むね》をはだける。

**はたご**【〈旅籠〉】名 (江戸《えど》時代《じだい》の)宿屋《やどや》。

**はたさく**【畑作】名 畑《はたけ》に作物《さくもつ》を作《つく》ること。また、その作物《さくもつ》。

**はださむい**【肌寒い】形 なんとなく肌《はだ》に寒《さむ》さを感《かん》じる。はだざむい。例朝夕《あさゆう》は肌寒くなった。

**はだざわり**【肌触り】名 ❶肌《はだ》にふれたときの感《かん》じ。例肌触りのよい下着《したぎ》。❷人《ひと》に与《あた》える感《かん》じ。例肌触りのやわらかい人《ひと》。

○**はだし** 名 ❶足《あし》に何《なに》もはかないこと。また、その足《あし》。すあし。❷〔ある言葉《ことば》のあとにつけて〕(…さえ)かなわないこと。例くろうとはだしの歌《うた》い方《かた》。参考 ❷は「(…さえ)はだしでにげだす」という意味《いみ》。

**はたしあい**【果たし合い】名 うらみや争《あらそ》い事《ごと》の決《き》まりをつけるため、たがいに命《いのち》をかけて戦《たたか》うこと。決闘《けっとう》。

**はたして**【果たして】副 ❶思《おも》ったとおり。やっぱり。例果たして雨《あめ》が上《あ》がった。❷ほんとうに。例果たして勝《か》てるか。参考 ❷は、あとに疑問《ぎもん》を表《あらわ》す言葉《ことば》がくる。

**はたじるし**【旗印】名 ❶昔《むかし》、戦場《せんじょう》で、目《め》じるしとして旗《はた》につけた絵《え》や文字《もじ》。❷目当《めあ》て。団体《だんたい》などの行動《こうどう》の目標《もくひょう》。例平和《へいわ》の旗印。

**はたす**【果たす】動 ❶やりとげる。例望《のぞ》みを果たす。❷〔ある言葉《ことば》のあとにつけて〕すっかりなくす。例おこづかいを使《つか》い果たす。⇩か【果】189ページ

**はたせるかな**【果たせるかな】思《おも》っていたとおり。やっぱり。例果たせるかな、大《おお》さわぎになった。





慣用句 事無《ことな》きを得《え》る　ちょっとした事故《じこ》があったが、さいわい事無《ことな》きを得《え》て、ほっとしている。

**はたち【〈二十〉・〈二十歳〉】** 名 年齢《ねんれい》で、二十《にじゅう》。二十歳《にじっさい》。参考「二十《はたち》」「二十歳《はたち》」は、特《とく》別《べつ》に認《みと》められた読《よ》み方《かた》。

**はたち【畑地】** 名 畑《はたけ》になっている土地《とち》。

**はたと** 副 ❶急《きゅう》に物《もの》をたたくようす。例はたとひざを打《う》つ。❷急《きゅう》に。突然《とつぜん》。例はたと思《おも》い当《あ》たる。

**はたはた** 名 海《うみ》にすむ魚《さかな》。口《くち》が大《おお》きくてうろこがない。冬《ふゆ》の初《はじ》めに秋田県《あきたけん》や山形県《やまがたけん》の沿岸《えんがん》で多《おお》くとれる。

**ばたばた** 副(-と) 動-する ❶物《もの》が風《かぜ》にあおられたり、何《なに》かにぶつかったりするようす。例強《きょう》風《ふう》でドアがばたばたと鳴《な》る。❷鳥《とり》がはばたくようす。例鳥《とり》がばたばたと飛《と》び立《た》つ。❸人《ひと》が手足《てあし》を激《はげ》しく動《うご》かすようす。例廊下《ろうか》をばたばたと走《はし》る。❹人《ひと》や物《もの》が次々《つぎつぎ》にたおれるようす。例不景気《ふけいき》でばたばたと倒産《とうさん》する。❺忙《いそが》しくて落《お》ち着《つ》かないようす。例トラブル続《つづ》きでばたばたする。

**バタフライ** 〔英語 butterfly〕名 ❶チョウ。ちょうちょ。❷泳《およ》ぎ方《かた》の一《ひと》つ。両手《りょうて》で同時《どうじ》に水《みず》をかき、両足《りょうあし》をそろえて水《みず》をける。

**はたふり【旗振り】** 名 ❶合図《あいず》などの旗《はた》を振《ふ》ること。また、その人《ひと》。例交差点《こうさてん》で旗振りをする。❷先頭《せんとう》に立《た》って人々《ひとびと》を引《ひ》っ張《ぱ》っていくこと。また、その人《ひと》。例改革《かいかく》の旗振りをする。

**はだみ【肌身】** 名 はだ。体《からだ》。例肌身に感《かん》じる〔=実感《じっかん》する〕。

**肌《はだ》身《み》離《はな》さず** いつも大切《たいせつ》に身《み》につけているようす。例母《はは》の写真《しゃしん》を肌身離さず持《も》つ。

**はため【はた目】** 名 他人《たにん》が見《み》た感《かん》じ。よそ目《め》。例はた目にも、あわれだ。

**はためいわく【はた迷惑】** 名 形動 そばにいる人《ひと》が迷惑《めいわく》を受《う》けること。例道《みち》にごみを捨《す》てるとは、はた迷惑な話《はなし》だ。

**はためく** 動 旗《はた》などが風《かぜ》にふかれて、はたはたと音《おと》を立《た》てる。例万国旗《ばんこくき》が風《かぜ》にはためく。

**はたもと【旗本】** 名 江戸時代《えどじだい》、将軍《しょうぐん》に直接《ちょくせつ》会《あ》うことができた家来《けらい》のうち、将軍《しょうぐん》に仕《つか》えた武士《ぶし》。また、その身分《みぶん》。

**はたらかす【働かす】** 動〔「はたらかせる」ともいう。〕❶人《ひと》に仕事《しごと》をさせる。例部下《ぶか》を働かす。❷よいように活用《かつよう》する。考《かんが》える。例頭《あたま》を働かす。

**はたらかせる【働かせる】** 動 ↓はたらかす 1046ページ

**◦はたらき【働き】** 名 ❶仕事《しごと》をすること。例朝《あさ》から働きに出《で》る。❷活動《かつどう》すること。例頭《あたま》の働きがにぶる。❸他《ほか》に影響《えいきょう》や力《ちから》をおよぼすこと。作用《さよう》。例このおもちゃは、モーターの働きで動《うご》く。❹活躍《かつやく》。骨折《ほねお》り。例彼《かれ》の働きで橋《はし》ができた。❺仕事《しごと》をして収入《しゅうにゅう》を得《え》る力《ちから》。かせぎ。例働きのある人《ひと》。

**はたらきかける【働きかける】** 動 あることをするように、相手《あいて》にしかける。例チームに入《はい》るよう働きかける。

**はたらきぐち【働き口】** 名 働《はたら》く場所《ばしょ》。勤《つと》め先《さき》。例働き口を探《さが》す。

**はたらきざかり【働き盛り】** 名 いちばん実力《じつりょく》を出《だ》して働《はたら》くことのできる年《とし》ごろ。壮年《そうねん》。

**はたらきて【働き手】** 名 ❶よく働《はたら》く人《ひと》。働《はたら》き者《もの》。例彼《かれ》は店《みせ》いちばんの働き手だ。❷その家《いえ》の、中心《ちゅうしん》になって暮《く》らしを立《た》てていく人《ひと》。例一家《いっか》の働き手を失《うしな》う。

**はたらきばち【働き蜂】** 名 ミツバチなどで、巣《す》をつくったり蜜《みつ》を集《あつ》めたりする、卵《たまご》を産《う》まないメスの蜂《はち》。

**はたらきもの【働き者】** 名 よく働《はたら》く人《ひと》。

**◦はたらく【働く】** 動 ❶仕事《しごと》をする。例会社《かいしゃ》で働く。❷よく動《うご》く。活動《かつどう》する。例頭《あたま》が働く。知恵《ちえ》が働く。❸役目《やくめ》を果《は》たす。例胃《い》が働く。❹作用《さよう》をする。仕《し》かける。例引力《いんりょく》が働く。❺悪《わる》いことをする。例ぬすみを働く。

↓どう【働】 906ページ

**ばたり** 副(-と) ↓ばったり❶❸ 1051ページ

**ぱたり** 副(-と) ↓ぱったり 1051ページ

**はたん【破綻】** 名 動-する ものごとが、うまくいかなくなること。例計画《けいかく》が破綻する。

**はだん【破談】** 名 一度《いちど》決《き》まっていた約束《やくそく》などを取《と》り消《け》すこと。例縁談《えんだん》が破談になる。

**はち【八】** 画数 2 部首 八(はち) 1年

音 ハチ 訓 や やーつ やっーつ よう

筆順 ノ 八

慣用句 言葉《ことば》が過《す》ぎる 言葉《ことば》が過《す》ぎて、つい相手《あいて》の感情《かんじょう》を害《がい》してしまい、反省《はんせい》している。

❶やっつ。熟語 八《はち》分目《ぶんめ》。❷数《かず》が多《おお》い。熟語 八《はっ》方美人《ぼうびじん》。七転八倒《しちてんばっとう》。

**はち【八】** 名 〔数《かず》を表《あらわ》す言葉《ことば》。〕やっつ。例 八里《り》。八曲《きょく》。八の字《じ》にひげを生《は》やす。

## はち【鉢】 画数 13 部首 金（かねへん）

音 ハチ ハツ 訓 ——

深《ふか》めのうつわ。熟語 植木鉢《うえきばち》。火鉢《ひばち》。托鉢《たくはつ》。

**はち【鉢】** 名 ❶皿《さら》より深《ふか》くて、上《うえ》が開《ひら》いた入《い》れ物《もの》。例 料理《りょうり》を鉢に盛《も》る。❷頭《あたま》。例 鉢巻《ま》き。

**はち【蜂】** 名 頭《あたま》・胸《むね》・腹《はら》の境《さかい》のくびれがはっきりしていて、四枚《よんまい》の羽《はね》を持《も》つ昆虫《こんちゅう》。雌《めす》には針《はり》があり、敵《てき》をさすのに使《つか》う。↓ほう【蜂】1191ページ

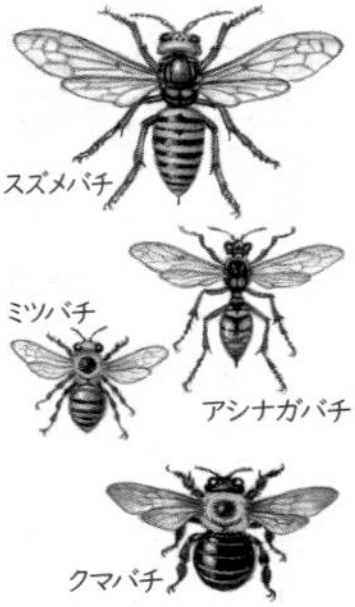

〔はち〕

**蜂《はち》の巣《す》をつついたよう** 急《きゅう》に大《おお》さわぎになるようす。例 アイドルの登場《とうじょう》で、会場《かいじょう》は蜂の巣をつついたようになった。

**ばち【罰】** 名 悪《わる》い行《おこな》いに、神《かみ》や仏《ほとけ》が与《あた》えるこらしめ。例 罰が当《あ》たる。↓ばつ【罰】1048ページ

**ばち** 名 ❶びわや三味線《しゃみせん》をひくときに、弦《げん》をはじく道具《どうぐ》。❷太鼓《たいこ》などを打《う》つ棒《ぼう》。

**ばちあたり【罰当たり】** 名 形動 悪《わる》い行《おこな》いをして、ばちが当《あ》たって当然《とうぜん》であること。また、そのような行《おこな》いをした人《ひと》。例 罰当たりなことをする。

**はちあわせ【鉢合わせ】** 名 動-する ❶頭《あたま》と頭《あたま》をぶつけること。❷思《おも》いがけずばったり出《で》会《あ》うこと。例 町《まち》で先生《せんせい》と鉢合わせした。

**はちうえ【鉢植え】** 名 草花《くさばな》や木《き》を植木鉢《うえきばち》に植《う》えること。また、その草花《くさばな》や木《き》。

**ばちがい【場違い】** 名 形動 その場《ば》にふさわしくないこと。例 場違いな服装《ふくそう》。

**バチカン** 地名 ローマ市内《しない》にあり、ローマ法王《ほうおう》が治《おさ》める小《ちい》さな国《くに》。世界《せかい》のカトリック教《きょう》会《かい》の中心地《ちゅうしんち》。バチカン市国《しこく》。

**はちきれる** 動 ❶中《なか》がいっぱいになって破《やぶ》れる。例 食《た》べすぎて、おなかがはちきれそうだ。❷大《おお》いに張《は》り切《き》っている。例 元気《げんき》ではちきれそうな子《こ》ども。

**はちくのいきおい【破竹の勢い】** おさえきれない激《はげ》しい勢《いきお》い。例 破竹の勢いで勝《か》ち進《すす》む。参考 竹《たけ》は、いったん割《わ》れ目《め》を入《い》れると、あとは一気《いっき》に割《わ》れることからいう。

**はちじゅうはちや【八十八夜】** 名 立《りっ》春《しゅん》から数《かぞ》えて八十八日《はちじゅうはちにち》めの日《ひ》。五月一日《ごがつついたち》か二日《ふつか》にあたる。種《たね》まきを始《はじ》める時期《じき》とされる。

**はちどり【蜂鳥】** 名 南《みなみ》アメリカの森林《しんりん》などにすむ小《ちい》さな鳥《とり》。美《うつく》しい色《いろ》の羽《はね》で、羽《は》ばたきが速《はや》く、羽音《はおと》がハチに似《に》ている。空中《くうちゅう》にとどまりながら、花《はな》のみつを吸《す》う。

**はちぶどおり【八分通り】** 副 十分《じゅうぶん》の八《はち》ぐらい。だいたい。例 道《みち》が八分通りできた。

**はちほうい【八方位】** 名 東《ひがし》・西《にし》・南《みなみ》・北《きた》・北《ほく》東《とう》・北西《ほくせい》・南東《なんとう》・南西《なんせい》の八《やっ》つの方位《ほうい》。はっぽうい。八方《はっぽう》。

**はちまき【鉢巻き】** 名 動-する 頭《あたま》に細長《ほそなが》い布《ぬの》を巻《ま》くこと。また、その布《ぬの》。

**はちみつ【蜂蜜】** 名 ミツバチが花《はな》から集《あつ》めてきて、巣《す》にたくわえたみつ。

**はちゅうるい【爬虫類】** 名 ヘビ・カメ・ワニ・トカゲなどのように、体《からだ》がうろこやこうらで包《つつ》まれていて、卵《たまご》を産《う》み、肺《はい》で息《いき》をする、脊椎動物《せきついどうぶつ》。

**はちょう【波長】** 名 ❶光《ひかり》・音《おと》・電気《でんき》などの波《なみ》の長《なが》さ。❷たがいの調子《ちょうし》。例 あの人《ひと》とはどうも波長が合《あ》わない。

**はちろうがた【八郎潟】** 地名 秋田県西部《あきたけんせいぶ》にある湖《みずうみ》。以前《いぜん》は日本第二《にっぽんだいに》の湖《みずうみ》だったが、約《やく》八割《はちわり》が干拓《かんたく》されて大潟村《おおがたむら》となった。

**ぱちんこ** 名 ❶Y《ワイ》字形《じがた》の木《き》や金属《きんぞく》にゴムを取《と》り付《つ》け、小石《こいし》などを飛《と》ばすおもちゃ。❷多《おお》くのくぎのある盤《ばん》に、鉄《てつ》の玉《たま》をはじいて、穴《あな》に入《い》れる遊《あそ》び。パチンコ。

## はつ【発】 画数 9 部首 癶（はつがしら） 3年

音 ハツ ホツ 訓 ——

筆順

慣用句 言葉巧《ことばたく》みに　言葉巧《ことばたく》みにその気《き》にさせて、たくさんの物《もの》を売《う》りつける。

❶放《はな》つ。うつ。熟語 発射《はっしゃ》。連発《れんぱつ》。❷出《だ》す。始《はじ》める。熟語 発行《はっこう》。発作《ほっさ》。突発《とっぱつ》。❸明《あき》らかになる。熟語 発見《はっけん》。発表《はっぴょう》。発明《はつめい》。❹開《ひら》ける。さかんになる。熟語 発育《はついく》。発達《はったつ》。発展《はってん》。開発《かいはつ》。❺出《で》かける。たつ。熟語 発車《はっしゃ》。始発《しはつ》。出発《しゅっぱつ》。例 東京《とうきょう》発《はつ》九時《くじ》。対 着《ちゃく》。❻弾丸《だんがん》などを数《かぞ》える言《こと》葉《ば》。例 三発《さんぱつ》のたま。

**はつ【髪】** 画数 14 部首 髟（かみがしら）

音 ハツ 訓 かみ

かみ。頭《あたま》に生《は》える毛《け》。熟語 散髪《さんぱつ》。頭髪《とうはつ》。

**はつ【鉢】** 熟語 托鉢《たくはつ》。➡はち【鉢】1047ページ

**はっ【法】** 熟語 法度《はっと》〔＝おきて〕。➡ほう【法】1190ページ

**はつ【初】** 名 ❶はじめ。例 初の宇《う》宙《ちゅう》遊《ゆう》泳《えい》。❷〔ある言《こと》葉《ば》の前《まえ》につけて〕はじめての。例 初日《ひ》の出《で》。初優勝《ゆうしょう》。➡しょ【初】618ページ

**ばつ【伐】** 画数 6 部首 亻（にんべん）

音 バツ 訓 ―

❶木《き》を切《き》る。熟語 伐採《ばっさい》。乱伐《らんばつ》。❷せめる。敵《てき》をやっつける。熟語 殺伐《さつばつ》。征伐《せいばつ》。

**ばつ【抜】** 画数 7 部首 扌（てへん）

音 バツ 訓 ぬ-く ぬ-ける ぬ-かす ぬ-かる

❶ぬく。引《ひ》きぬく。熟語 抜歯《ばっし》〔＝歯《は》をぬく〕。例 腰《こし》を抜《ぬ》かす。❷選《えら》び出《だ》す。熟語 抜粋《ばっすい》。抜擢《ばってき》。選抜《せんばつ》。❸とびぬけている。熟語 卓抜《たくばつ》〔＝とてもすぐれている〕。抜群《ばつぐん》。海抜《かいばつ》。

**ばつ【罰】** 画数 14 部首 罒（あみがしら）

音 バツ バチ 訓 ―

こらしめ。熟語 罰金《ばっきん》。刑罰《けいばつ》。例 罰《ばち》が当《あ》たる。

➡ばっする 1050ページ

**ばつ【罰】** 名 あやまちや罪《つみ》に対《たい》する、こらしめ。むくい。例 重《おも》い罰を受《う》ける。

**ばつ【閥】** 画数 14 部首 門（もんがまえ）

音 バツ 訓 ―

強《つよ》いつながりを持《も》つ仲間《なかま》。熟語 財閥《ざいばつ》。派閥《はばつ》。

**ばつ【閥】** 名 出身《しゅっしん》や利害《りがい》などを同《おな》じにする人《ひと》たちの集《あつ》まり。例 閥を作《つく》る。

**ばつ【末】** 熟語 末子《ばっし》（末子《まっし》）。末弟《ばってい》（末弟《まってい》）。➡まつ【末】1235ページ

**ばつ** 名 まちがいや取《と》り消《け》しなどを表《あらわ》す、「×」のしるし。ばってん。ぺけ。

**はつあん【発案】** 名 動-する 考《かんが》えを新《あたら》しく出《だ》すこと。また、その考《かんが》え。例 新《あたら》しいゲームを発案する。

**はついく【発育】** 名 育《そだ》ってだんだん大《おお》きくなること。例 発育が早《はや》い。

**はつうま【初午】** 名 二月《にがつ》になって、初《はじ》めての、午《うま》の日《ひ》。また、この日《ひ》に行《おこな》われる、稲荷《いなり》神社《じんじゃ》の祭《まつ》り。

**はつうり【初売り】** 名 新年《しんねん》になって初《はじ》めて、店《みせ》がものを売《う》り出《だ》すこと。

**はつおん【発音】** 名 動-する 言《こと》葉《ば》を表《あらわ》す音《おと》を出《だ》すこと。また、その音《おと》。例 はっきりと発音する。

✤**はつおん【撥音】** 名 〔国語《こくご》で〕「ん」や「ン」で書《か》き表《あらわ》される音《おん》。「げんき」「パン」のように言《こと》葉《ば》の間《あいだ》、または終《お》わりにくる。はねる音《おん》。関連 直音《ちょくおん》。拗音《ようおん》。促音《そくおん》。

✤**はつおんびん【撥音便】** 名 〔国語《こくご》で〕発音《はつおん》の都合《つごう》で「に」「び」「み」などの音《おん》が撥音《はつおん》「ん」「ン」の音《おん》のように変《か》わること。「飛《と》びて」が「飛《と》んで」に、「死《し》にて」が「死《し》んで」に、「飲《の》みて」が「飲《の》んで」になるなど。

○**はつか【〈二十日〉】** 名 ❶月《つき》の二〇番《ばん》めの日《ひ》。❷日数《にっすう》が二〇。例 二十日間《かん》。参考「二《は》十《っ》日《か》」は、特別《とくべつ》に認《みと》められた読《よ》み方《かた》。

**はっか【発火】** 名 動-する ものが燃《も》えだすこと。例 落雷《らくらい》による発火。

**はっか【薄荷】** 名 湿《しめ》った草地《くさち》に生《は》える草《くさ》。葉《は》から、香料《こうりょう》や薬品《やくひん》にするはっか油《ゆ》がとれる。また、そのとれた香料《こうりょう》。ミント。

**はつが【発芽】** 名 動-する 草《くさ》や木《き》の芽《め》が出《で》ること。芽生《めば》え。

**ハッカー** 〔英語 hacker〕名 他《ほか》のコンピューターに不正《ふせい》に侵入《しんにゅう》して、プログラムやデータをぬすんだり書《か》き換《か》えたりする者《もの》。

**はっかく【発覚】** 名 動-する かくしていたことが、わかること。例 不正《ふせい》が発覚する。

✤**はつがしら** 名 漢字《かんじ》の部首《ぶしゅ》で、「かんむり」の一《ひと》つ。「発《はつ》」「登《とう》」などの「癶」の部分《ぶぶん》。

**はっかてん【発火点】** 名 ❶物《もの》を熱《ねっ》していった場合《ばあい》に、自然《しぜん》に燃《も》えだすときの最低《さいてい》の温《おん》

慣用句 小耳《こみみ》にはさむ　へんなうわさを小耳《こみみ》にはさんだ。

度《ど》。例 発火点が低《ひく》い。❷争《あらそ》いのきっかけ。例 戦争《せんそう》の発火点。

**はつかねずみ**【〈二十日〉ねずみ】名 ネズミの一種《いっしゅ》。ペットや実験用《じっけんよう》に飼育《しいく》されている。マウス。

**ばつがわるい**【ばつが悪い】きまりが悪《わる》い。例 人前《ひとまえ》で転《ころ》んで、ばつが悪かった。

**はっかん**【発刊】名 動-する 新聞《しんぶん》や本《ほん》を印刷《いんさつ》して、世《よ》の中《なか》に出《だ》すこと。

**はっかん**【発汗】名 動-する 汗《あせ》をかくこと。例 発汗作《さ》用《よう》。

**はっき**【発揮】名 動-する 持《も》っている力《ちから》を外《そと》に現《あらわ》すこと。例 実力《じつりょく》を発揮する。

**はつぎ**【発議】名 動-する 〔「ほつぎ」とも読《よ》む。〕❶会議《かいぎ》の場《ば》で、意見《いけん》を出《だ》すこと。❷議会《ぎかい》に議案《ぎあん》を出《だ》すこと。例 改正案《かいせいあん》の発議。

**はづき**【葉月】名 昔《むかし》の暦《こよみ》で、八月《はちがつ》のこと。

**はっきゅう**【白球】名 野《や》球《きゅう》やゴルフなどの白《しろ》いボール。例 白球を追《お》う。

**はっきょう**【発狂】名 動-する 気《き》がくるうこと。

°**はっきり** 副(-と) 動-する ❶あいまいなところがないようす。例 月《つき》がはっきり見《み》える。原《げん》因《いん》がはっきりする。対 ぼんやり。❷気《き》分《ぶん》がすっきりするようす。例 頭《あたま》がはっきりしない。

**はっきん**【白金】名 ⇩プラチナ 1156ページ

**ばっきん**【罰金】名 罰《ばつ》として出《だ》させるお金《かね》。例 約束《やくそく》を破《やぶ》ったら罰金だよ。

**ハッキング**〔英語 hacking〕名 他《ほか》のコンピューターに不正《ふせい》に侵入《しんにゅう》すること。

**バック**〔英語 back〕━ 名 ❶後《うし》ろ。例 バックに回《まわ》る。❷絵《え》や舞《ぶ》台《たい》などの背景《はいけい》。例 山《やま》をバックにした写真《しゃしん》。❸スポーツで、後《うし》ろを守《まも》る人《ひと》。後衛《こうえい》。例 フルバック。❹後《うし》ろだて。後援《こうえん》者《しゃ》。例 有力《ゆうりょく》なバックがいる。❺背泳《せおよ》ぎ。━ 名 動-する 後《うし》ろに下《さ》がること。例 自動車《じどうしゃ》がバックする。

**バッグ**〔英語 bag〕名 手《て》にさげたり、肩《かた》にかけたりして持《も》ち歩《ある》くかばん。

**パック**〔英語 pack〕━ 名 動-する ❶品物《しなもの》を包《つつ》むこと。包《つつ》んだもの。また、容器《ようき》などにつめること。容器《ようき》。例 真空《しんくう》パック。❷栄養《えいよう》を与《あた》えるものをぬって、皮膚《ひふ》をきれいにする方法《ほうほう》。━ 名 旅行《りょこう》で、乗《の》り物《もの》・ホテル・行《い》き先《さき》などをひとまとめにしたもの。パッケージ旅行《りょこう》。

**バックアップ**〔英語 backup〕名 動-する ❶野《や》球《きゅう》・ソフトボールで、守備《しゅび》の人《ひと》の後《うし》ろで失敗《しっぱい》にそなえること。❷かげで支《ささ》えること。例 研《けん》究《きゅう》を側面《そくめん》からバックアップする。❸〔コンピューターで〕使《つか》えなくなったときに備《そな》えて、データなどのコピーを作《つく》っておくこと。例 だいじなデータをバックアップする。

**はっくつ**【発掘】名 動-する ❶土《つち》の中《なか》から、掘《ほ》り出《だ》すこと。例 遺跡《いせき》を発掘する。❷かくれているものを見《み》つけ出《だ》すこと。例 すぐれた人材《じんざい》を発掘する。

**バックナンバー**〔英語 back number〕名 ❶すでに発行《はっこう》された雑誌《ざっし》の号《ごう》。古《ふる》い号《ごう》の雑《ざっ》誌《し》。❷背番号《せばんごう》。

**バックボーン**〔英語 backbone〕名 ❶背骨《せぼね》。❷信念《しんねん》。思想《しそう》。例 小《ちい》さいときの経験《けいけん》がバックボーンになっている。

**バックミラー** 名 〔日本《にっぽん》でできた英語《えいご》ふうの言葉《ことば》。〕自動車《じどうしゃ》などに取《と》り付《つ》けてある、後《うし》ろを見《み》るための小《ちい》さな鏡《かがみ》。

**ばつぐん**【抜群】名 形動 多《おお》くのものの中《なか》で、ずばぬけて、すぐれていること。例 成績《せいせき》が抜群だ。類 出色《しゅっしょく》。

**パッケージ**〔英語 package〕名 動-する ❶品物《しなもの》を包《つつ》むこと。包装《ほうそう》。パック。また、そのための紙《かみ》や箱《はこ》。例 パッケージのデザイン。❷つながりのあるいくつかのものをまとめて、一《ひと》つにすること。例 パッケージ旅行《りょこう》。

**はっけっきゅう**【白血球】名 血液《けつえき》の中《なか》にある、色《いろ》のない細胞《さいぼう》。細菌《さいきん》を殺《ころ》すはたらきがある。⇩せっけっきゅう 719ページ

**はっけつびょう**【白血病】名 血液《けつえき》の中《なか》の白血球《はっけっきゅう》が異常《いじょう》に増《ふ》える病気《びょうき》。

**はっけよい** 感 相撲《すもう》で、行司《ぎょうじ》が力士《りきし》をうながすかけ声《ごえ》。立《た》ち合《あ》いのときや、動《うご》きが止《と》まったときに言《い》う。

°**はっけん**【発見】名 動-する まだ知《し》られていないものを、初《はじ》めて見《み》つけ出《だ》すこと。例 新《あたら》しい星《ほし》を発見する。

**はっけん**【発券】名 動-する 券《けん》を発行《はっこう》すること。例 発券機《き》でチケットを買《か》う。



慣用句 渾身《こんしん》の力《ちから》 年《とし》とった作者《さくしゃ》が、渾身《こんしん》の力《ちから》をふりしぼってかいた大作《たいさく》の壁画《へきが》が残《のこ》っている。

あいうえお かきくけこ さしすせそ たちつてと なにぬねの はひふへほ まみむめも やゆよ らりるれろ わをん

°**はつげん【発言】** 名 動-する 意見《いけん》を述《の》べること。また、その意見《いけん》。例 注目《ちゅうもく》すべき発言。すすんで発言する。

**はつこい【初恋】** 名 初《はじ》めての恋《こい》。

**はっこう【発光】** 名 動-する 光《ひかり》を出《だ》すこと。例 発光塗料《とりょう》。

°**はっこう【発行】** 名 動-する ❶本《ほん》・新聞《しんぶん》などを印刷《いんさつ》して、世《よ》の中《なか》に出《だ》すこと。例 発行所《じょ》。❷証明書《しょうめいしょ》や定期券《ていきけん》などを作《つく》って出《だ》すこと。例 証明書《しょうめいしょ》を発行する。

**はっこう【発酵】** 名 動-する 米《こめ》・麦《むぎ》・豆《まめ》・牛乳《ぎゅうにゅう》などに、酵母菌《こうぼきん》やバクテリアがはたらいて、アルコールや、乳酸《にゅうさん》などができること。酒《さけ》・みそ・チーズなどをつくるのに利用《りよう》する。

**はっこうダイオード【発光ダイオード】** 名 ⬇エルイーディー 134ページ

**はっこうださん〖八甲田山〗** 地名 青森《あおもり》県《けん》の中央部《ちゅうおうぶ》、十和田湖《とわだこ》の北《きた》にある火山群《かざんぐん》。

**はっこつ【白骨】** 名 雨《あめ》や風《かぜ》にさらされて、白《しろ》くなった骨《ほね》。

**ばっさい【伐採】** 名 動-する 木《き》などを切《き》りたおすこと。例 森林《しんりん》の伐採。

**ばっさり** 副(-と) ❶一度《いちど》に切《き》ってしまうようす。例 大《おお》きな枝《えだ》をばっさり切《き》り落《お》とした。❷思《おも》いきって、取《と》り除《のぞ》くようす。例 文章《ぶんしょう》をばっさりけずる。

**はっさん【発散】** 名 動-する 外《そと》へ散《ち》らすこと。また、外《そと》へ散《ち》ること。例 においを発散する。若《わか》さを発散させる。

**ばっし【抜糸】** 名 動-する 傷口《きずぐち》を縫《ぬ》い合《あ》わせていた糸《いと》を、抜《ぬ》き取《と》ること。

**バッジ**〔英語 badge〕名 えりや胸《むね》につける記章《きしょう》。例 学校《がっこう》のバッジ。

**はつしも【初霜】** 名 その冬《ふゆ》になって、初《はじ》めて降《お》りた霜《しも》。

**はっしゃ【発車】** 名 動-する 電車《でんしゃ》やバスなどが動《うご》きだすこと。例 定刻《ていこく》に発車する。対 停車《ていしゃ》。

**はっしゃ【発射】** 名 動-する 鉄砲《てっぽう》のたまやロケットなどを、打《う》ち出《だ》すこと。

**ハッシュタグ**〔英語 Hashtag〕名 SNS《エスエヌエス》などに投稿《とうこう》するときに使《つか》う記号《きごう》の一《ひと》つ。記号《きごう》「#」に続《つづ》けて言葉《ことば》を書《か》き、他《ほか》の利用者《りようしゃ》が対象《たいしょう》をさがしやすくするためのもの。

**はっしょう【発症】** 名 動-する 病気《びょうき》の症状《しょうじょう》が現《あらわ》れること。

**はっしょう【発祥】** 名 動-する ものごとが、初《はじ》めて起《お》こること。例 文明《ぶんめい》の発祥。

**はっしょく【発色】** 名 動-する 色《いろ》があらわれること。色《いろ》の仕上《しあ》がり。例 発色のいい染料《せんりょう》。

**はっしん【発信】** 名 動-する ❶郵便《ゆうびん》や電信《でんしん》を送《おく》り出《だ》すこと。❷SNS《エスエヌエス》やインターネットなどでの発言《はつげん》や書《か》き込《こ》み。例 新《あたら》しい情報《じょうほう》を発信する。類(❶・❷)送信《そうしん》。対(❶・❷)受信《じゅしん》。

**はっしん【発進】** 名 動-する 飛行機《ひこうき》や自動車《じどうしゃ》などを、出発《しゅっぱつ》させること。

**はっしん【発疹】** 名 皮膚《ひふ》などにできる、小《ちい》さなふきでもの。ほっしん。

**バッシング**〔英語 bashing〕名 動-する 特定《とくてい》の対象《たいしょう》をはげしく非難《ひなん》すること。例 試合《しあい》のミスでバッシングを受《う》けた。

**はっすい【撥水】** 名 動-する 水《みず》をはじくこと。例 はっ水加工《かこう》したスーツ。

**ばっすい【抜粋】** 名 動-する 書物《しょもつ》や曲《きょく》などから、必要《ひつよう》な部分《ぶぶん》をぬき出《だ》すこと。また、ぬき出《だ》したもの。例 参考書《さんこうしょ》の抜粋。

**はっする【発する】** 動 ❶光《ひかり》や声《こえ》などを出《だ》す。例 光《ひかり》を発する。❷外《そと》に向《む》けて出《だ》す。例 命令《めいれい》を発する。❸起《お》こる。始《はじ》まる。例 琵琶《びわ》湖《こ》から発している川《かわ》。❹出発《しゅっぱつ》する。例 東京《とうきょう》を九時《くじ》に発した列車《れっしゃ》。⬇はつ【発】1047ページ

**ハッスル**〔英語 hustle〕名 動-する 張《は》りきること。例 あとひと息《いき》とハッスルする。

°**ばっする【罰する】** 動 罰《ばつ》を与《あた》える。こらしめる。例 犯人《はんにん》を罰する。

**はっせい【発生】** 名 動-する ものごとが起《お》こること。ものごとが現《あらわ》れ出《て》ること。例 事件《じけん》が発生する。ボウフラが発生する。

**はっせい【発声】** 名 動-する ❶声《こえ》を出《だ》すこと。また、声《こえ》の出《だ》し方《かた》。例 発声が悪《わる》い。❷最初《さいしょ》に声《こえ》を出《だ》して、大勢《おおぜい》の人《ひと》の音頭《おんど》をとること。例 先生《せんせい》の発声で乾杯《かんぱい》する。

**はっそう【発走】** 名 動-する 競走《きょうそう》が始《はじ》まること。

**はっそう【発送】** 名 動-する 物《もの》を送《おく》り出《だ》すこと。例 注文《ちゅうもん》の品《しな》を発送する。

**はっそう【発想】** 名 動-する ❶思《おも》いつき。ア

慣用句 最善《さいぜん》を尽《つ》くす　最善《さいぜん》を尽《つ》くしたのだから、思《おも》い残《のこ》すことはない。

イデア。例 おもしろい発想《はっそう》。類 着想《ちゃくそう》。❷考《かんが》えを組《く》み立《た》てること。考《かんが》え方《かた》。例 発想法《はっそうほう》。

**はっそく**【発足】名 動-する ➡ほっそく 1212ページ

**ばっそく**【罰則】名 どういう罰《ばつ》を与《あた》えるかを決《き》めた規則《きそく》。

**ばった** 名 草《くさ》の中《なか》で生活《せいかつ》し、後《うし》ろ足《あし》の発達《はったつ》した、よくとびはねる昆虫《こんちゅう》。トノサマバッタ・ショウリョウバッタなど種類《しゅるい》が多《おお》い。

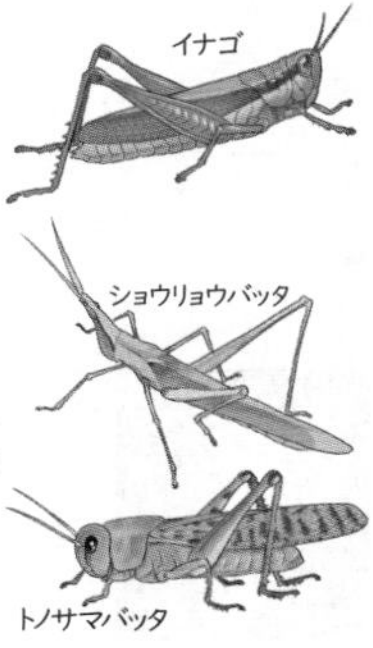

〔ばった〕

**バッター**〔英語 batter〕名 野球《やきゅう》・ソフトボールで、ボールを打《う》つ人《ひと》。打者《だしゃ》。

**バッターボックス** 名〔英語《えいご》の「バッターズボックス」から。〕野球《やきゅう》・ソフトボールで、バッターがボールを打《う》つために立《た》つ所《ところ》。打《だ》席《せき》。

**°はったつ**【発達】名 動-する ❶育《そだ》って大《おお》きくなること。例 心身《しんしん》の発達が早《はや》い。❷進歩《しんぽ》すること。例 科学《かがく》の発達。

**はったつしょうがい**【発達障害】名 脳《のう》の成長《せいちょう》のかたよりによって、人《ひと》づきあいや集団行動《しゅうだんこうどう》などに、他《ほか》の多《おお》くの人《ひと》とはちがう点《てん》が現《あらわ》れる障害《しょうがい》。類 神経発達症《しんけいはったつしょう》。

**はったり** 名 実際《じっさい》以上《いじょう》によく見《み》せようとして、大《おお》げさに言《い》ったり、したりすること。例 はったりをきかす。

**ばったり** 副(-と) ❶急《きゅう》にたおれるようす。例 選手《せんしゅ》がゴールでばったりたおれた。❷ふいに出会《であ》うようす。例 町《まち》でばったり先生《せんせい》に会《あ》った。❸急《きゅう》にとだえるようす。例 彼《かれ》はばったり来《こ》なくなった。

**ぱったり** 副(-と)〔「ぱたり」ともいう。〕❶軽《かる》いものが、落《お》ちたり、たおれたりするようす。例 障子《しょうじ》がぱったりたおれた。❷急《きゅう》にとだえるようす。例 風《かぜ》がぱったりとやんだ。

**はっちゃく**【発着】名 動-する 電車《でんしゃ》やバスなどが、出《で》たり着《つ》いたりすること。出発《しゅっぱつ》と到《とう》着《ちゃく》。例 バスの発着所《じょ》。

**はっちゅう**【発注】名 動-する 注《ちゅう》文《もん》すること。例 工事《こうじ》を発注する。対 受注《じゅちゅう》。

**パッチワーク**〔英語 patchwork〕名 色《いろ》や形《かたち》のちがう布《ぬの》をはぎ合《あ》わせて、きれいな模様《もよう》をつくること。

**バッティング**〔英語 batting〕名 野《や》球《きゅう》・ソフトボールで、ボールを打《う》つこと。打撃《だげき》。例 バッティングの練習《れんしゅう》をする。

**ばってき**【抜擢】名 動-する 大勢《おおぜい》の中《なか》から、特《とく》に選《えら》び出《だ》すこと。例 主役《しゅやく》に抜擢された。

**バッテリー**〔英語 battery〕名 ❶野《や》球《きゅう》・ソフトボールの、ピッチャーとキャッチャー。例 バッテリーを組《く》む。❷充電《じゅうでん》して、くり返《かえ》し使《つか》える電池《でんち》。蓄電池《ちくでんち》。充電池《じゅうでんち》。

**°はってん**【発展】名 動-する ❶栄《さか》えていくこと。勢《いきお》いがのび広《ひろ》がること。例 町《まち》が発展する。❷次《つぎ》の段階《だんかい》に進《すす》むこと。例 話《はなし》が思《おも》いがけないところへ発展する。

**はつでん**【発電】名 動-する 電《でん》気《き》を起《お》こすこと。例 水力《すいりょく》発電。

**はつでんき**【発電機】名 電《でん》気《き》を起《お》こす機《き》械《かい》。

**はつでんしょ**【発電所】名 電《でん》気《き》を起《お》こす所《ところ》。例 火力《かりょく》発電所。

**はってんとじょうこく**【発展途上国】名 ➡かいはつとじょうこく 205ページ

**はっと**【法度】名 ❶武士《ぶし》の時代《じだい》のきまり。おきて。例 武家《ぶけ》諸《しょ》法度。❷〔「ご法度《はっと》」の形《かたち》で〕してはいけないこと。例 飲酒運転《いんしゅうんてん》はご法度だ。

**はっと** 副 動-する 急《きゅう》に気《き》づいたり、おどろいたりするようす。例 はっと思《おも》い出《だ》す。

**バット**〔英語 bat〕名 野《や》球《きゅう》・ソフトボールで、打者《だしゃ》がボールを打《う》つのに使《つか》う用具《ようぐ》。

**はつどうき**【発動機】名 ➡エンジン❶ 138ページ

**ハットトリック**〔英語 hat trick〕名 サッカーやアイスホッケーで、一人《ひとり》の選手《せんしゅ》が、ひと試合《しあい》で三点《さんてん》以上《いじょう》の得点《とくてん》をすること。

**はつに**【初荷】名 その年《とし》初《はじ》めて、問《とん》屋《や》や市《いち》場《ば》から送《おく》り出《だ》す荷物《にもつ》。ふつうは一月二日《いちがつふつか》に、きれいにかざりつけをして運《はこ》ぶ。

**はつねつ**【発熱】名 動-する ❶熱《ねつ》を発生《はっせい》する




慣用句 細大漏《さいだいも》らさず　あったことは細大漏《さいだいも》らさず、責任者《せきにんしゃ》に報告《ほうこく》する。

こと。例発熱量《りょう》。❷体温《たいおん》が高《たか》くなること。

**はつのり【初乗り】**名動-する ❶新年《しんねん》になって初《はじ》めて、馬《うま》や乗《の》り物《もの》に乗《の》ること。❷新《あたら》しいものに初《はじ》めて乗《の》ること。例新車《しんしゃ》に初乗りする。❸鉄道《てつどう》やタクシーなどの最低料金《さいていりょうきん》。例初乗り運賃《うんちん》。

**はっぱ【発破】**名 火薬《かやく》を仕《し》かけて、岩《いわ》などを爆破《ばくは》すること。また、その火薬《かやく》。

**発破《はっぱ》をかける** ❶発破《はっぱ》を仕《し》かける。❷あらっぽい口調《くちょう》ではげます。気合《きあ》いを入《い》れる。例ミスをした選手《せんしゅ》に発破をかける。

**はっぱ【葉っぱ】**名「葉《は》」のくだけた言《い》い方《かた》。

**バッハ** 人名(男)(一六八五〜一七五〇)ドイツの作曲家《さっきょくか》。近代音楽《きんだいおんがく》のもとを築《きず》き、教会《きょうかい》での音楽《おんがく》をはじめ、いろいろな分野《ぶんや》に多《おお》くの名曲《めいきょく》を残《のこ》した。「音楽《おんがく》の父《ちち》」といわれる。

〔バッハ〕

**はつばい【発売】**名動-する 品物《しなもの》を売《う》り出《だ》すこと。例新製品《しんせいひん》を発売する。

**はつはる【初春】**名 年《とし》の初《はじ》め。新年《しんねん》。新春《しんしゅん》。↓しょしゅん644ページ

**はつひ【初日】**名 一月一日《いちがつついたち》の朝《あさ》にのぼる太陽《たいよう》。初日《はつひ》の出《で》。例初日を拝《おが》む。注意「初日」を「しょにち」と読《よ》むとちがう意味《いみ》になる。

**はっぴ【法被】**名 背中《せなか》に店《みせ》の名《な》などを染《そ》めぬいた、たけが短《みじか》く、そでの広《ひろ》い和風《わふう》の上着《うわぎ》。しるしばんてん。はんてん。例はっぴ姿《すがた》。

**ハッピー**〔英語 happy〕名形動 幸《しあわ》せなこと。例ハッピーな気持《きも》ち。

**ハッピーエンド**名〔日本《にっぽん》でできた英語《えいご》ふうの言葉《ことば》。〕物語《ものがたり》や映画《えいが》などが、幸《しあわ》せな結末《けつまつ》で終《お》わること。

**はつひので【初日の出】**名↓はつひ1052ページ

**はつびょう【発病】**名動-する 病気《びょうき》が起《お》こること。病気《びょうき》になること。

**○はっぴょう【発表】**名動-する 多《おお》くの人《ひと》に広《ひろ》く知《し》らせること。例研究《けんきゅう》発表。

**はっぷ【発布】**名動-する 新《あたら》しい法律《ほうりつ》などを、世《よ》の中《なか》に広《ひろ》く知《し》らせること。公布《こうふ》。

**はっぷん【発奮】**名動-する やる気《き》を起《お》こすこと。例今度《こんど》こそと、発奮する。

**はっぽう【八方】**名 ❶東《ひがし》・西《にし》・南《みなみ》・北《きた》・北東《ほくとう》・南東《なんとう》・北西《ほくせい》・南西《なんせい》の八《やっ》つの方位《ほうい》。八方位《はちほうい》。❷あらゆる方面《ほうめん》。例八方に気《き》を配《くば》る。

**はっぽう【発泡】**名 泡《あわ》が出《で》ること。例発泡酒《しゅ》。

**はっぽう【発砲】**名動-する 大砲《たいほう》や鉄砲《てっぽう》のたまをうち出《だ》すこと。

**はっぽうスチロール【発泡スチロール】**名 あわのような小《ちい》さなすき間《ま》を含《ふく》んでいる、軽《かる》くてもろい合成樹脂《ごうせいじゅし》。包装《ほうそう》などに使《つか》う。

■**はっぽうびじん【八方美人】**名 だれからもよく思《おも》われるようにふるまう人《ひと》。参考ふつう、よくない意味《いみ》に使《つか》う。

**はっぽうふさがり【八方塞がり】**名 何《なに》をしてもうまくいかないで、困《こま》りきってしまうこと。例八方ふさがりで、どうしようもない。

**はっぽうやぶれ【八方破れ】**名形動 すきだらけであること。相手《あいて》に対《たい》して、もうどうなってもかまわないという態度《たいど》。例八方破れで開《ひら》き直《なお》っている。

**ばっぽんてき【抜本的】**形動 ものごとの

**例解 ことばの勉強室**

**発表《はっぴょう》のしかた**

自分《じぶん》が調《しら》べたり考《かんが》えたりした内容《ないよう》を、大勢《おおぜい》に向かって説明《せつめい》したり報告《ほうこく》したりすることがある。一人《ひとり》でする場合《ばあい》でも、グループでする場合《ばあい》でも、相手《あいて》によく伝《つた》わるように工夫《くふう》する必要《ひつよう》がある。

**スピーチ** 大勢《おおぜい》に向かって話すときの基本《きほん》で、相手《あいて》や場面《ばめん》などを考《かんが》えて、順序《じゅんじょ》よく、筋道立《すじみちた》てて、わかりやすく話《はな》すことが大事《だいじ》だ。

**プレゼンテーション** 発表内容《はっぴょうないよう》に合《あ》った適切《てきせつ》な資料《しりょう》を活用《かつよう》して発表《はっぴょう》する。

**ポスターセッション** 資料《しりょう》を見《み》やすくまとめたポスターを前《まえ》にして、見学者《けんがくしゃ》にわかりやすく説明《せつめい》する。

慣用句 **采配《さいはい》を振《ふ》る** みんなにおされて、運動会準備《うんどうかいじゅんび》の采配《さいはい》を振《ふ》ることになった。

おおもとに立《た》ちもどるようす。例 練《れん》習《しゅう》の方《ほう》法《ほう》を抜本的に改《あらた》める。

**はつまご【初孫】** 名 初《はじ》めてできた孫《まご》。ういまご。

**はつみみ【初耳】** 名 初《はじ》めて聞《き》くこと。例 その話《はなし》は初耳だ。

**○はつめい【発明】** 名 動-する 今《いま》までになかったものを、初《はじ》めてつくり出《だ》すこと。例 暮《く》らしに役《やく》立《だ》つ発明。

**はつもうで【初詣°】** 名 動-する 新《しん》年《ねん》になって初《はじ》めて、神《じん》社《じゃ》や寺《てら》にお参《まい》りすること。

**はつもの【初物】** 名 その季《き》節《せつ》に、初《はじ》めてとれた、野《や》菜《さい》や果《くだ》物《もの》・穀《こく》物《もつ》・魚《さかな》など。はしり。また、その季《き》節《せつ》に初《はじ》めて食《た》べる物《もの》。

**はつもん【発問】** 名 動-する 相《あい》手《て》に問《と》いを出《だ》すこと。質《しつ》問《もん》すること。例 先《せん》生《せい》の発問に答《こた》える。

**はつゆき【初雪】** 名 その冬《ふゆ》、初《はじ》めて降《ふ》った雪《ゆき》。例 今年《ことし》は初雪が早《はや》かった。

**はつゆめ【初夢】** 名 一月《いちがつ》一日《ついたち》、または二日《ふつか》の夜《よる》に見《み》る夢《ゆめ》。

**はつらつ** 副(-と) 元《げん》気《き》で、勢《いきお》いのいいようす。例 はつらつとした入《にゅう》場《じょう》行《こう》進《しん》。参考「はつらつたる姿《すがた》」などと使《つか》うこともある。

**はて【果て】** 名 終《お》わり。限《かぎ》り。いちばんはし。例 世《せ》界《かい》の果て。なれの果て。↓**か【果】**189ページ

**はて** 感 疑《うたが》いや迷《まよ》いの気《き》持《も》ちを表《あらわ》す言《こと》葉《ば》。例 はて、なんだろう。

**○はで【派手】** 形動 ❶身《み》なりなどが、はなやかなようす。例 はでな色《いろ》。❷行《おこな》いなどが大《おお》げさなようす。例 はでなけんか。対(❶・❷)地《じ》味《み》。

**パティシエ** 〔フランス語〕名 ケーキなど、洋《よう》菓《が》子《し》作《づく》りを仕《し》事《ごと》としている人《ひと》。例 将《しょう》来《らい》はパティシエになりたい。

**はてしない【果てしない】** 形 ずっと続《つづ》いていて、限《かぎ》りがない。例 果てしなく広《ひろ》がる海《うみ》。

**はてな** 感 疑《ぎ》問《もん》に思《おも》うときや考《かん》え込《こ》むときに、思《おも》わず出《だ》す言《こと》葉《ば》。例 はてな、おかしいぞ。

**○はてる【果てる】** 動 ❶終《お》わる。つきる。例 いつ果てるともなくわき出《だ》す水《みず》。❷死《し》ぬ。例 旅《たび》先《さき》で果てる。❸〔ある言《こと》葉《ば》のあとにつけて〕すっかり…する。例 あきれ果てる。つかれ果てる。↓**か【果】**189ページ

**ばてる** 動 非《ひ》常《じょう》につかれる。〔「つかれはてる」のくだけた言《い》い方《かた》。〕

**はてんこう【破天荒°】** 名 形動 今《いま》までだれもしなかったようなことを、なしとげること。例 破天荒の大《だい》事《じ》業《ぎょう》。参考 昔《むかし》、中《ちゅう》国《ごく》で、役《やく》人《にん》の採《さい》用《よう》試《し》験《けん》にだれも受《う》からず、「天《てん》荒《こう》〔＝未《み》開《かい》の地《ち》〕」だといわれた地《ち》域《いき》から、それを破《やぶ》って合《ごう》格《かく》者《しゃ》が一《ひと》人《り》出《で》たことをいった言《こと》葉《ば》から。

**パテント** 〔英語 patent〕名 ↓とっきょ938ページ

**はと【鳩】** 名 寺《てら》や公《こう》園《えん》でよく見《み》かける中《ちゅう》形《がた》の鳥《とり》。目《め》が丸《まる》く、胸《むね》をつき出《だ》して歩《ある》く。遠《とお》くからでも巣《す》に帰《かえ》る性《せい》質《しつ》がある。平《へい》和《わ》のシンボルとされる。

**はとが豆《まめ》鉄《てっ》砲《ぽう》を食《く》ったよう** 突《とつ》然《ぜん》のことにおどろいて、きょとんとするようす。例 びっくりして、はとが豆鉄砲を食ったような顔《かお》になった。

**ばとう【罵°倒°】** 名 動-する ひどく悪《わる》口《ぐち》を言《い》うこと。例 興《こう》奮《ふん》して相《あい》手《て》チームを罵倒する。

**ばとうきん【馬頭琴°】** 名 モンゴルの楽《がっ》器《き》。形《かたち》は三《しゃ》味《み》線《せん》に似《に》て、弦《げん》は二《に》本《ほん》。弓《ゆみ》でひいて鳴《な》らす。弦《げん》も弓《ゆみ》も馬《うま》の毛《け》を使《つか》い、さおの先《さき》に馬《うま》の頭《あたま》のかざりがついている。

**パトカー** 名〔英《えい》語《ご》の「パトロールカー」の略《りゃく》。〕見《み》回《まわ》りをしたり事《じ》件《けん》の現《げん》場《ば》に急《いそ》いだりするのに使《つか》う、警《けい》察《さつ》の自《じ》動《どう》車《しゃ》。

**はとば【〈波止場〉】△** 名 港《みなと》で、海《うみ》につき出《だ》させて、船《ふね》を横《よこ》づけできるようにした所《ところ》。船《ふな》着《つ》き場《ば》。埠《ふ》頭《とう》。参考「波《は》止《と》場《ば》」は、特《とく》別《べつ》に認《みと》められた読《よ》み方《かた》。

**バドミントン** 〔英語 badminton〕名 ネットをはさんで、羽《は》根《ね》のついたボール〔＝シャトル〕を、ラケットで打《う》ち合《あ》う競《きょう》技《ぎ》。

**はどめ【歯止め】** 名 ❶車《しゃ》輪《りん》が回《まわ》るのを止《と》めるもの。ブレーキ。❷止《と》めてある車《くるま》が動《うご》きださないように、車《しゃ》輪《りん》に当《あ》てるもの。❸ものごとの行《い》き過《す》ぎをくい止《と》めること。例 さわぎに歯止めをかける。

**パトロール** 〔英語 patrol〕名 動-する 見《み》回《まわ》るこ


慣用句 探《さぐ》りを入《い》れる　相《あい》手《て》チームがどんな布《ふ》陣《じん》でくるか、探《さぐ》りを入《い》れるようにたのまれた。

と。特《とく》に、警官《けいかん》が犯罪《はんざい》や事故《じこ》の防止《ぼうし》のために見《み》て回《まわ》ること。

**パトロールカー**〔英語 patrol car〕名 ↓パトカー 1053ページ

**ハトロンし【ハトロン紙】**名 包装《ほうそう》や封筒《ふうとう》などに使《つか》う、うすくてじょうぶな茶色《ちゃいろ》の紙《かみ》。

**バトン**〔英語 baton〕名 ❶リレー競走《きょうそう》で、次《つぎ》に走《はし》る人《ひと》にわたす筒《つつ》。❷行進《こうしん》や応援《おうえん》で使《つか》う、かざりのついた棒《ぼう》。❸〔音楽《おんがく》で〕指揮棒《しきぼう》。タクト。

**バトンを渡《わた》す** ❶リレーで、次《つぎ》に走《はし》る人《ひと》に役割《やくわり》をつなぐ。❷役目《やくめ》などを、次《つぎ》の人《ひと》にひきつぐ。例 若《わか》い人《ひと》にバトンを渡して、世《せ》代交替《だいこうたい》しよう。

**バトンタッチ** 名 動-する〔日本《にっぽん》でできた英《えい》語《ご》ふうの言葉《ことば》。〕❶リレー競走《きょうそう》で、次《つぎ》の走者《そうしゃ》にバトンをわたすこと。❷次《つぎ》の人《ひと》に、仕事《しごと》や役目《やくめ》を引《ひ》きわたすこと。例 新会長《しんかいちょう》にバトンタッチする。

**°はな【花】**名 ❶植物《しょくぶつ》が実《み》を結《むす》ぶために咲《さ》かせるもの。❷桜《さくら》の花《はな》。例 花見《み》に行《い》く。❸生《い》け花《ばな》。例 お花のけいこ。❹美《うつく》しいこと。美《うつく》しいもの。例 花の都《みやこ》パリ。❺いちばんよいとき。例 若《わか》いうちが花。❻すぐれたもの。例 サッカーはスポーツの花だ。↓か【花】188ページ

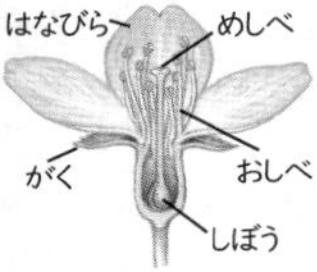

〔はな❶〕

**花《はな》より団子《だんご》** 見《み》かけよりも、実際《じっさい》に役立《やくだ》つものがいい、というたとえ。例 妹《いもうと》は花より団子だから、お菓子《かし》ばかり見《み》ている。

**花《はな》を添《そ》える** はなやかさをつけ加《くわ》える。例 話題《わだい》のアイドルがあいさつし、開会式《かいかいしき》に花を添えた。

**花《はな》を持《も》たせる** 名誉《めいよ》や手柄《てがら》を相手《あいて》にゆずる。例 弟《おとうと》に花を持たせる。

**°はな【鼻】**名 ❶顔《かお》の真《ま》ん中《なか》につき出《で》たもの。息《いき》をしたり、においをかいだりする。❷においをかぎ分《わ》ける力《ちから》。例 鼻がいい。❸鼻汁《はなじる》。鼻《はな》水《みず》。例 鼻をかむ。↓び【鼻】1081ページ

**鼻《はな》が利《き》く** ❶においをよくかぎ分《わ》ける。❷さぐり当《あ》てる力《ちから》がすぐれている。

**鼻《はな》が高《たか》い** 得意《とくい》である。例 先生《せんせい》にほめられて鼻が高い。

**鼻《はな》が曲《ま》がる** ひどいにおいがする。

**鼻《はな》であしらう** 人《ひと》を軽《かる》くみて、本気《ほんき》で相手《あいて》にしない。例 子《こ》どもだからか、鼻であしらわれた。

**鼻《はな》で笑《わら》う** 相手《あいて》をばかにしたようにふんと笑《わら》う。例 それ見《み》たことかと鼻で笑う。

**鼻《はな》にかける** 自慢《じまん》する。例 勉強《べんきょう》ができるのを鼻にかける。

**鼻《はな》につく** あきあきして、いやになる。例 あの人《ひと》のおせじは鼻につく。

**鼻《はな》の下《した》が長《なが》い** 女性《じょせい》に対《たい》して甘《あま》い。例 女性《じょせい》から頼《たの》まれると、彼《かれ》はすぐ鼻の下が長くなる。類 鼻《はな》の下《した》を伸《の》ばす。

**鼻《はな》も引《ひ》っ掛《か》けない** まったく相手《あいて》にしない。例 あんなにわがままでは、誰《だれ》も鼻も引っ掛けない。

**鼻《はな》を明《あ》かす** 得意《とくい》になっている人《ひと》を出《だ》しぬいて、あっとおどろかせる。例 ライバルの鼻を明かす。

**鼻《はな》をうごめかす**（鼻《はな》をひくひくさせて）得《とく》意《い》になっている。例 自分《じぶん》の手柄《てがら》だと思《おも》って鼻をうごめかしている。

**鼻《はな》を折《お》る** 相手《あいて》の自慢《じまん》をくじく。例 高慢《こうまん》な人《ひと》の鼻を折る。

**鼻《はな》を高《たか》くする** 得意《とくい》になる。例 みんなにほめられて、鼻を高くする。

**鼻《はな》を突《つ》く** においが強《つよ》くて、鼻《はな》がつんとする。例 ガスのにおいが鼻を突く。

**はな【華】**名 はなやかで美《うつく》しいもの。人目《ひとめ》を引《ひ》くもの。例 チームの華。↓か【華】190ページ

**はな**名 ❶はし。物《もの》の先《さき》。例 みさきのはなに灯台《とうだい》がある。❷ものごとの始《はじ》め。例 はなからやり直《なお》す。

**ばな**〔「ある言葉《ことば》のあとにつけて」〕それを始《はじ》めたとたん。例 寝入《ねい》りばなを起《お》こされる。

**はないき【鼻息】**名 ❶鼻《はな》でする息《いき》。❷意気《いき》ごみ。例 負《ま》けるものかと、すごい鼻息だ。

**鼻息《はないき》が荒《あら》い** 得意《とくい》になって、意気《いき》ごんでいるようす。例 絶対《ぜったい》に優勝《ゆうしょう》すると鼻息が荒い。

**はなうた【鼻歌・鼻唄】**名 気《き》持《も》ちがうき

うきしたときなどに、鼻《はな》にかかった小《ちい》さい声《こえ》で歌《うた》うこと。また、その歌《うた》。例 鼻歌まじりに散歩《さんぽ》する。

**はなお**【鼻緒°】名 げたやぞうりの、足《あし》の指《ゆび》にかけるひもの部分《ぶぶん》。

**はながた**【花形】名 ❶花《はな》の形《かたち》や模様《もよう》。❷特《とく》に人気《にんき》のある人《ひと》やものごと。例 マラソンは大会《たいかい》の花形だ。

**はながみ**【鼻紙】名 鼻《はな》をかむときなどに使《つか》う、うすくてやわらかい紙《かみ》。類 ちり紙《がみ》。

**はなぐもり**【花曇り°】名 桜《さくら》の花《はな》が咲《さ》くころの、くもり空《ぞら》。

**はなごえ**【鼻声】名 ❶鼻《はな》にかかった声《こえ》。例 鼻声であまえている。❷鼻《はな》のつまった声《こえ》。例 かぜをひいて鼻声になった。

**はなことば**【花言葉】名 いろいろな花《はな》に、意味《いみ》を持《も》たせていう言葉《ことば》。ゲッケイジュは「栄光《えいこう》」、バラは「愛《あい》」を表《あらわ》すなど。

**はなごよみ**【花暦°】名 花《はな》とその花《はな》の名所《めいしょ》を、咲《さ》く季節《きせつ》の順《じゅん》に並《なら》べた暦《こよみ》。

**はなざかり**【花盛り△】名 ❶花《はな》がさかんに咲《さ》いていること。また、そのころ。例 桜《さくら》の花盛り。❷あるものごとがさかんなようす。例 秋《あき》は運動会《うんどうかい》が花盛りです。

**はなさき**【鼻先】名 ❶鼻《はな》の頭《あたま》。❷すぐ目《め》の前《まえ》。例 鼻先につきつける。

°**はなし**【話】名 ❶話《はな》すこと。また、その中《なか》身《み》。例 父《ちち》は話がうまい。❷物語《ものがたり》。例「宝島《たからじま》」の話。❸うわさ。例 新人《しんじん》が来《く》るという話だ。❹わけ。例 話はわかった。❺相談《そうだん》。例 話がまとまる。

**話《はなし》が付《つ》く** 相談《そうだん》や交渉《こうしょう》がまとまる。例 だれが受《う》け持《も》つか、話がついた。

**話《はなし》が弾《はず》む** 話《はなし》が楽《たの》しく、活発《かっぱつ》に続《つづ》く。例 久《ひさ》しぶりに会《あ》った友達《ともだち》と話が弾んだ。

**話《はなし》が分《わ》かる** 世《よ》の中《なか》の道《どう》理《り》がよくわかる。例 彼《かれ》は話がわかる人《ひと》だから、相談《そうだん》してごらん。

**話《はなし》にならない** 問題《もんだい》にならない。あきれてものが言《い》えない。例 負《ま》けてばかりでは話にならない。

**話《はなし》に花《はな》が咲《さ》く** 話《はなし》がにぎやかにはずむ。次々《つぎつぎ》と、おもしろい話《はなし》が出《で》る。例 仲間《なかま》が集《あつ》まって、話に花が咲く。

**話《はなし》に実《み》が入《はい》る** 話《はなし》が盛《も》り上《あ》がって熱中《ねっちゅう》する。例 好《す》きなアイドルの話に実が入る。

**話《はなし》の腰《こし》を折《お》る** 相手《あいて》が話《はな》しているのに、口《くち》出《だ》しをして、話《はなし》のじゃまをする。例「話の腰を折るようで、申《もう》し訳《わけ》ありませんが…。」

**話《はなし》をつける** 相談《そうだん》や交渉《こうしょう》をまとめる。例 値《ね》段《だん》を下《さ》げるように話をつける。

✤°**はなしあい**【話し合い】名 話《はな》し合《あ》うこと。相談《そうだん》。例 話し合いで解決《かいけつ》する。

°**はなしあう**【話し合う】動 ❶たがいに話《はな》す。おたがいに相手《あいて》の話《はなし》を聞《き》き、自分《じぶん》も話《はな》す。例 友達《ともだち》と将来《しょうらい》のことを話し合う。❷意《い》見《けん》を出《だ》し合《あ》う。例 話し合って決《き》める。

**はなしか**【はなし家】名 落語《らくご》などのたくみな話《はなし》で人《ひと》を楽《たの》しませる職業《しょくぎょう》の人《ひと》。

**はなしがい**【放し飼い】名 動-する 牛《うし》や馬《うま》などを、つながないで野原《のはら》などに放《はな》して飼《か》うこと。放牧《ほうぼく》。例 羊《ひつじ》の放し飼い。

**はなしかける**【話し掛°ける】動 ❶相手《あいて》に話《はなし》をしかける。例 英語《えいご》で話しかけられた。❷話《はなし》を始《はじ》める。

✤°**はなしことば**【話し言葉】名〔国語《こくご》で〕

例解 ! ことばの勉強室

**話《はな》し合《あ》い のしかた**

二人《ふたり》でする対話《たいわ》や会話《かいわ》から、グループでの相談《そうだん》、討議《とうぎ》、会議《かいぎ》まで、話《はな》し合《あ》いの形《かたち》はいろいろある。

最近では、よりよい話《はな》し合《あ》いをするために、次《つぎ》にあげるような方法《ほうほう》が工夫《くふう》されている。

**ブレーンストーミング** 新《あたら》しい発想《はっそう》を生《う》み出《だ》すために、思《おも》い思《おも》いの考《かんが》えを出《だ》し合《あ》う。（1162ページ）

**バズセッション** 少人数《しょうにんずう》に分《わ》かれて、気《き》がねなく意見《いけん》を出《だ》し合《あ》う。（1043ページ）

**ディベート** 肯定派《こうていは》と否定派《ひていは》に分《わ》かれて意《い》見《けん》をたたかわせる。（877ページ）

**パネルディスカッション** 数人《すうにん》のパネリストが出《で》て、公開討論《こうかいとうろん》をする。（1059ページ）

**シンポジウム** 数人《すうにん》の意見《いけん》発表《はっぴょう》をもとにして、参加者《さんかしゃ》で討論《とうろん》をする。（667ページ）




慣用句 三度目《さんどめ》の正直《しょうじき》 一昨年《おととし》も去年《きょねん》も不合格《ふごうかく》だった。三度目《さんどめ》の正直《しょうじき》で、今年《ことし》こそ合格《ごうかく》するぞ。

例解 ↔ 使い分け

**放《はな》す と 離《はな》す**

池《いけ》に金魚《きんぎょ》を放《はな》す。
馬《うま》を放《はな》す。

机《つくえ》の間《あいだ》を離《はな》す。
子《こ》どもから目《め》を離《はな》す。
苗《なえ》を離《はな》して植《う》える。

おもに、話《はな》すときに使《つか》う言葉《ことば》。㊜書《か》き言葉《ことば》。

**はなしこむ【話し込む】**動 話《はなし》に夢中《むちゅう》になる。例一時間《いちじかん》も話し込んでいた。

✤**はなして【話し手】**名 話《はなし》をする人《ひと》。例話し手の顔《かお》を見《み》て聞《き》く。㊜聞《き》き手《て》。

**はなしはんぶん【話半分】**名 話《はなし》は大《おお》げさになりがちなので、事実《じじつ》は、その話《はなし》の半分《はんぶん》ぐらいと思《おも》ってよい、ということ。例話半分としても、すごいものだ。

**はなしぶり【話しぶり】**名 話《はなし》をするときのようす。例落《お》ち着《つ》いた話しぶりだ。

**はなしょうぶ【花菖蒲】**名 水辺《みずべ》に生《は》える草花《くさばな》。葉《は》はアヤメに似《に》て細長《ほそなが》い。夏《なつ》の初《はじ》め、むらさきや白《しろ》などの花《はな》が咲《さ》く。ノハナショウブの変種《へんしゅ》。➡あやめ 39ページ

○**はなす【放す】**動 ❶自由《じゆう》にしてやる。例魚《さかな》を川《かわ》に放す。❷つかんでいたのをやめる。例たこの糸《いと》を放す。❸〔ある言葉《ことば》のあとにつけて〕そのままにしておく。例窓《まど》を開《あ》け放す。相手《あいて》を見《み》放す。↓ほう【放】1189ページ

○**はなす【話す】**動 ❶言《い》う。声《こえ》に出《だ》して伝《つた》える。例考《かんが》えを話す。❷意見《いけん》を出《だ》し合《あ》う。相談《そうだん》する。例あんな人《ひと》とは話してもむだだ。↓わ【話】1419ページ

○**はなす【離す】**動 ❶くっついていたものをはなれるようにする。例皮《かわ》と実《み》を離す。❷間《あいだ》をあける。例目《め》を離す。↓り【離】1379ページ

**はなすじ【鼻筋】**名 まゆ毛《げ》の間《あいだ》から鼻《はな》の先《さき》までの線《せん》。例鼻筋が通《とお》っている。

**はなせる【話せる】**動 ❶話《はな》すことができる。例父《ちち》はフランス語《ご》が話せる。❷ものわかりがいい。例君《きみ》は話せる男《おとこ》だ。

**はなぞの【花園】**名 草花《くさばな》をたくさん植《う》えてある所《ところ》。

**はなたかだか【鼻高高】**形動 たいへん得意《とくい》なようす。例弟《おとうと》はほめられて鼻高々だ。

**はなたば【花束】**名 何本《なんぼん》かの花《はな》を一《ひと》つに束《たば》ねたもの。

**はなだより【花便り】**名 桜《さくら》や梅《うめ》の咲《さ》いたようすを知《し》らせる便《たよ》り。

**はなぢ【鼻血】**名 鼻《はな》から出《で》る血《ち》。

**はなつ【放つ】**動 ❶自由《じゆう》にさせる。例牛《うし》を草原《くさはら》に放つ。❷光《ひかり》・音《おと》・においなどを出《だ》す。例星《ほし》が光《ひかり》を放つ。❸射《い》る。うつ。とばす。例矢《や》を放つ。❹火《ひ》をつける。例かれ草《くさ》に火《ひ》を放つ。↓ほう【放】1189ページ

**はなっぱしら【鼻っ柱】**名 人《ひと》に負《ま》けまいと、意地《いじ》を張《は》る気持《きも》ち。負《ま》けん気《き》。鼻《はな》っぱし。例鼻っ柱が強《つよ》い。鼻っ柱を折《お》る。

**はなつまみ【鼻つまみ】**名 人《ひと》からひどくきらわれること。また、そういう人《ひと》。

**はなづら【鼻面】**名 鼻《はな》のすぐ前《まえ》。例鼻面につきつける。

**バナナ**名 熱帯《ねったい》アジア原産《げんさん》の植物《しょくぶつ》。また、その実《み》。バショウの仲間《なかま》で、葉《は》は大《おお》きく、実《み》は細長《ほそなが》くふさになってつき、熟《じゅく》すと皮《かわ》が黄色《きいろ》になる。実《み》は食用《しょくよう》。

**はなはだ【甚だ】**副 たいそう。非常《ひじょう》に。例甚だ迷惑《めいわく》だ。↓じん【甚】657ページ

**はなばたけ【花畑】**名 ❶草花《くさばな》を作《つく》っている畑《はたけ》。❷野《の》の花《はな》が一面《いちめん》に咲《さ》いている所《ところ》。お花畑《ばたけ》。例高山植物《こうざんしょくぶつ》の花畑。

**はなはだしい【甚だしい】**形 たいへんである。ひどい。例津波《つなみ》の被害《ひがい》が甚だしい。↓じん【甚】657ページ

**はなばなしい【華華しい】**形 はなやかで、立派《りっぱ》である。例華々しい活躍《かつやく》。

**はなび【花火】**名 いろいろな火薬《かやく》を混《ま》ぜて作《つく》ったものに火《ひ》をつけ、はじけて出《で》る光《ひかり》の色《いろ》や形《かたち》の美《うつく》しさなどを楽《たの》しむもの。

**はなびえ【花冷え】**名 桜《さくら》が咲《さ》くころに、寒《さむ》さがもどること。また、その寒《さむ》さ。

**はなびら【花びら】**名 花《はな》を形作《かたちづく》っている一枚一枚《いちまいいちまい》のうすいもの。花弁《かべん》。➡はな(花)❶ 1054ページ

あいうえお かきくけこ さしすせそ たちつてと なにぬねの は ひふへほ まみむめも やゆよ らりるれろ わをん

慣用句 思案《しあん》にくれる　こんなに反対《はんたい》ばかりされて、どうしたらいいのか、思案《しあん》にくれている。

**はなぶさ**【花房。】名 小《ちい》さな花《はな》がたくさん集《あつ》まって、ふさのようになっているもの。

**はなふぶき**【花〈吹雪〉】名 桜《さくら》の花《はな》びらが、吹雪《ふぶき》のようにみだれ散《ち》ること。桜《さくら》吹雪《ふぶき》。例 花吹雪が舞《ま》う。

**パナマ** 地名 北《きた》アメリカの南《みなみ》の端《はし》にある共《きょう》和国《わこく》。パナマ運河《うんが》がある。首都《しゅと》はパナマ。

**パナマうんが**〖パナマ運河〗地名 パナマにある運河《うんが》。太平洋《たいへいよう》と大西洋《たいせいよう》を結《むす》んでいる。

**はなまつり**【花祭り】名 四月八日《しがつようか》に行《おこな》う、釈迦《しゃか》の誕生《たんじょう》を祝《いわ》う祭《まつ》り。釈迦《しゃか》の像《ぞう》に甘茶《あまちゃ》をかけてお参《まい》りする。

**はなまる**【花丸】名 学校《がっこう》などで、よくできた作品《さくひん》につける、花《はな》の形《かたち》の丸《まる》じるし。

**はなみ**【花見】名 花《はな》、特《とく》に桜《さくら》の花《はな》を見《み》て楽《たの》しむこと。例 花見の客《きゃく》。

**はなみち**【花道】名 ❶劇場《げきじょう》で、舞台《ぶたい》のはしから客席《きゃくせき》の中《なか》につけた道《みち》。演技者《えんぎしゃ》が通《とお》る。❷力士《りきし》が土俵《どひょう》に出入《でい》りする道《みち》。

**花道《はなみち》を飾《かざ》る** 最後《さいご》に活躍《かつやく》して、惜《お》しまれながらその役目《やくめ》を終《お》える。例 引退《いんたい》試合《じあい》でゴールを決《き》めて、花道を飾った。

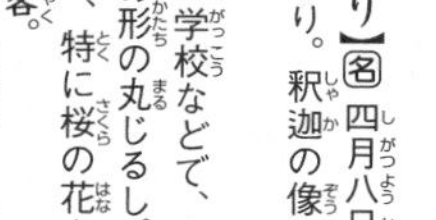
〔はなみち❶〕

**はなむけ** 名 旅《たび》に出《で》る人《ひと》や別《わか》れて行《い》く人《ひと》におくるお金《かね》や品物《しなもの》・言葉《ことば》など。餞別《せんべつ》。類 有終《ゆうしゅう》の美《び》を飾《かざ》る。

**はなむこ**【花婿。】名 もうすぐ結婚式《けっこんしき》を挙《あ》げる、または挙《あ》げたばかりの男《おとこ》の人《ひと》。新郎《しんろう》。対 花嫁《はなよめ》。

**はなむしろ**【花むしろ】名 イグサで美《うつく》しい模様《もよう》を織《お》り出《だ》した、しき物《もの》。花《はな》ござ。

**はなもちならない**【鼻持ちならない】言《い》うことやすることがいやらしくて、我慢《がまん》できない。例 彼《かれ》の態度《たいど》は鼻持ちならない。

°**はなやか**【華。やか】形動 ❶たいへん美《うつく》しく目立《めだ》つようす。例 華やかに着《き》かざる。❷勢《いきお》いがさかんで、かがやかしいようす。例 華やかな一生《いっしょう》を送《おく》る。

**はなやぐ**【華。やぐ】動 辺《あた》りがぱっとはなやかになる。例 場《ば》が華やぐ。

**はなよめ**【花嫁。】名 もうすぐ結婚式《けっこんしき》を挙《あ》げる、または挙《あ》げたばかりの女《おんな》の人《ひと》。新婦《しんぷ》。対

例解 ことばを広げよう！

いろいろな「話《はな》す」

話《はな》す

**言《い》う** 言《い》い出《だ》す 切《き》り出《だ》す おっしゃる **語《かた》る** **述《の》べる** ささやく **しゃべる**

**伝《つた》える** 告《つ》げる **申《もう》す** 説《と》く 論《ろん》じる 漏《も》らす

語《かた》らう 語《かた》り合《あ》う 語《かた》り明《あ》かす 語《かた》り伝《つた》える

**対話《たいわ》** 対談《たいだん》 座談《ざだん》 会談《かいだん》 **会話《かいわ》** 雑談《ざつだん》 懇談《こんだん》 談話《だんわ》

**会議《かいぎ》** **討議《とうぎ》** 討論《とうろん》 弁論《べんろん》 **発言《はつげん》** 質疑《しつぎ》

口外《こうがい》 口述《こうじゅつ》

**口《くち》に出《だ》す** **口《くち》にする** 口《くち》を切《き》る **口《くち》を開《ひら》く** **口《くち》をきく** 口《くち》を出《だ》す 口《くち》をはさむ 口《くち》を滑《すべ》らす

**異口同音《いくどうおん》** **立《た》て板《いた》に水《みず》** 口八丁手八丁《くちはっちょうてはっちょう》 **話《はなし》が弾《はず》む** 話《はなし》に花《はな》が咲《さ》く かんで含《ふく》める

**すらすら** **はきはき** きっぱりと ずばずば ずけずけ べらべら ぺらぺら せかせか

くどくど **だらだら** ぶつぶつ **ぼそぼそ** のらりくらり **ぽつりぽつり** **しみじみ** **ひそひそ**





慣用句 敷居《しきい》が高《たか》い 最近勉強《さいきんべんきょう》していないので、先生《せんせい》のお宅《たく》にうかがうのは、敷居《しきい》が高《たか》い。

花婿《はなむこ》。

**はならび【歯並び】** 名 歯《は》の並《なら》び方《かた》。

**はなれ【離れ】** 名 母屋《おもや》からはなれた所《ところ》にある部屋《へや》。例 離れを学生《がくせい》に貸《か》す。

**ばなれ【離れ】** 〔ある言葉《ことば》のあとにつけて〕かけはなれること。つながりがなくなること。例 日本人《にほんじん》離れした顔《かお》。親《おや》離れ。

**ばなれ【場慣れ】** 名 動-する 何度《なんど》も経験《けいけん》して、その場《ば》に慣《な》れていること。例 三年《さんねん》続《つづ》けて参《さん》加《か》しているから場慣れしている。

**はなれじま【離れ島】** 名 陸地《りくち》から遠《とお》く離《はな》れた所《ところ》にある島《しま》。離島《りとう》。

**はなればなれ【離れ離れ】** 名 ばらばらに別《わか》れてしまうこと。例 家族《かぞく》が離れ離れになってしまった。

**はなれる【放れる】** 動 つながれていたものなどが、解《と》かれて自由《じゆう》に動《うご》きだす。例 くさりを放れた犬《いぬ》。↓ほう【放】1189ページ

**はなれる【離れる】** 動 ❶くっついていたものが分《わ》かれる。例 船《ふね》が岸《きし》から離れる。対 合《あ》う。❷距離《きょり》がある。例 学校《がっこう》と家《いえ》は離れている。❸間《あいだ》があく。例 年《とし》が離れている。❹やめる。例 仕事《しごと》を離れる。↓り【離】1379ページ

**はなれわざ【離れ業・離れ技】** 名 ふつうの人《ひと》にはできないような、思《おも》いきったふるまい。例 あっとおどろくような離れ業。

**はなわ【花輪】** 名 造花《ぞうか》や生花《せいか》で輪《わ》に作《つく》った、かざり物《もの》。お祝《いわ》いや葬式《そうしき》などに使《つか》う。

**はにかみや【はにかみ屋】** 名 すぐに、はずかしがる人《ひと》。はずかしがりや。

**はにかむ** 動 はずかしそうなようすをする。例 はにかみながら挨拶《あいさつ》する。

**パニック** 〔英語 panic〕 名 ❶思《おも》いがけない出来事《できごと》で、混乱《こんらん》が起《お》こること。❷急《きゅう》に景気《けいき》が悪《わる》くなって、世《よ》の中《なか》が混乱《こんらん》すること。恐慌《きょうこう》。

**バニラ** 〔英語 vanilla〕 名 ❶ランの仲間《なかま》の植《しょく》物《ぶつ》。果実《かじつ》には特有《とくゆう》の香《かお》りがある。❷「❶」の果《か》実《じつ》からとった香料《こうりょう》。菓子《かし》の香《かお》りづけなどに使《つか》う。

**はにわ【埴輪】** 名 人《ひと》・動物《どうぶつ》・家《いえ》・道具《どうぐ》などの形《かたち》に作《つく》った土《つち》の焼《や》き物《もの》。大昔《おおむかし》、身分《みぶん》の高《たか》い人《ひと》の墓《はか》の周《まわ》りに立《た》てた。

〔はにわ〕

**はね【羽】** 名 ❶鳥《とり》や昆虫《こんちゅう》などのつばさ。❷鳥《とり》の体《からだ》に生《は》えている毛《け》。羽毛《うもう》。例 羽ぶとん。❸飛行機《ひこうき》のつばさ。↓う【羽】97ページ

**羽《はね》が生《は》えたよう** 物《もの》のなくなるのが早《はや》いようす。品物《しなもの》がどんどん売《う》れるようす。例 新《しん》製品《せいひん》は羽が生えたように売《う》れた。

**羽《はね》を伸《の》ばす** のびのびと自由《じゆう》にふるまう。例 羽を伸ばして遊《あそ》び回《まわ》る。

**はね【羽根】** 名 ❶黒《くろ》い小《ちい》さな玉《たま》に鳥《とり》の羽《はね》をつけて、羽子板《はごいた》でつくもの。羽子《はご》。例 羽根つき。❷器械《きかい》につけた、羽《はね》の形《かたち》をしたもの。例 扇風機《せんぷうき》の羽根。

**はね【跳ね】** 名 どろや水《みず》が、飛《と》び散《ち》ってかかったもの。例 着物《きもの》にはねが上《あ》がる。

**はね【撥ね】** 名 〔国語《こくご》で〕字《じ》を書《か》くとき、線《せん》の終《お》わりを上《うえ》にはね上《あ》げて書《か》くこと。また、その部《ぶ》分《ぶん》。

〔はね〕

**ばね** 名 ❶はがねなどを、巻《ま》いたり、曲《ま》げたりして、はね返《かえ》る性質《せいしつ》を強《つよ》くもたせたもの。スプリング。コイルの形《かたち》に巻《ま》いたものをぜんまいという。❷はね上《あ》がる力《ちから》。例 足《あし》のばねをきかせる。

**はねあがる【跳ね上がる】** 動 ❶とび上《あ》がる。例 水面《すいめん》に魚《さかな》が跳ね上がる。❷値段《ねだん》が急《きゅう》に上《あ》がる。例 値段《ねだん》が跳ね上がった。

**はねおきる【跳ね起きる】** 動 勢《いきお》いよくとび起《お》きる。例 びっくりして跳ね起きる。

**はねかえす【跳ね返す】** 動 ❶勢《いきお》いよく、はねとばす。例 どろを跳ね返す。❷勢《いきお》いよくおし返《かえ》す。例 攻撃《こうげき》を跳ね返す。

**はねかえる【跳ね返る】** 動 ❶はねて、元《もと》にもどる。例 弾《たま》が跳ね返る。❷飛《と》び散《ち》る。例 どろ水《みず》が跳ね返る。❸他《ほか》に影響《えいきょう》して、もどってくる。例 気《き》のゆるみが、テストの点《てん》に跳ね返ってきた。

**はねつき【羽根突き】** 名 羽子板《はごいた》で羽根《はね》を打《う》ち合《あ》う遊《あそ》び。追《お》い羽根《ばね》。

**はねつける** 動 断《ことわ》る。受《う》け付《つ》けない。例 要《よう》求《きゅう》をはねつける。

**はねのける【はね除ける】** 動 ❶ぱっと

慣用句 地獄《じごく》で仏《ほとけ》に会《あ》ったよう　手術前日《しゅじゅつぜんじつ》に君《きみ》が来《き》てくれて、まるで地獄《じごく》で仏《ほとけ》に会《あ》ったように思《おも》ったよ。

強《つよ》い力《ちから》でどける。例 毛布《もうふ》をはね除ける。❷いらないものを取《と》り除《のぞ》く。例 不良品《ふりょうひん》をはね除ける。❸強《つよ》くことわる。例 申《もう》し入《い》れをはね除ける。

**ばねばかり** 名 コイルの形《かたち》のばねののび縮《ちぢ》みを利用《りよう》して重《おも》さをはかるはかり。ばねの一《ひと》つの端《はし》を固定《こてい》し、もう一方《いっぽう》に物《もの》をつるしてはかる。ぜんまいばかり。↓はかり 1033ページ

**はねばし【跳ね橋】** 名 ❶城《しろ》の入《い》り口《ぐち》にある、くさりなどでつり上《あ》げるしかけの橋《はし》。❷船《ふね》が通《とお》るときに、はね上《あ》げるしかけの橋《はし》。

**はねぶとん【羽布団】** 名 鳥《とり》の羽《はね》を入《い》れて作《つく》ったふとん。軽《かる》くて暖《あたた》かい。

**パネラー** 名 〔日本《にっぽん》でできた英語《えいご》ふうの言葉《ことば》。〕↓パネリスト 687ページ

**パネリスト** 〔英語 panelist〕名 パネルディスカッションで、それぞれの立場《たちば》を代表《だいひょう》して意見《いけん》を述《の》べ、討論《とうろん》をする役目《やくめ》の人《ひと》。パネラー。

**はねる【跳ねる】** 動 ❶とび上《あ》がる。例 カエルが跳ねる。❷飛《と》び散《ち》る。例 油《あぶら》がはねる。❸その日《ひ》の芝居《しばい》などが終《お》わる。例 劇場《げきじょう》は、九時《くじ》にはねる。⇩ちょう【跳】838ページ

**はねる【撥ねる】** 動 ❶はじきとばす。例 車《くるま》が人《ひと》をはねた。❷取《と》り除《のぞ》く。例 不良品《ふりょうひん》をはねる。❸人《ひと》にわたす分《ぶん》の一部分《いちぶぶん》を自分《じぶん》が取《と》る。例 もうけをはねる。❹〔国語《こくご》で〕字《じ》を書《か》くとき、線《せん》の終《お》わりをはらい上《あ》げる。

**はねる** 動 切《き》り落《お》とす。例 首《くび》をはねる。

**パネル** 〔英語 panel〕名 ❶壁《かべ》・床《ゆか》などにはめこむ板《いた》。また、板《いた》にかいた絵《え》。❷絵《え》をかく板《いた》。❸写真《しゃしん》などをはった板《いた》。

**パネルディスカッション** 〔英語 panel discussion〕名 大勢《おおぜい》の人《ひと》の前《まえ》で行《おこな》う討論会《とうろんかい》の形《かたち》の一《ひと》つ。まず、何人《なんにん》かの立場《たちば》のちがう人《ひと》が、意見発表《いけんはっぴょう》と討論《とうろん》を行《おこな》い、そのあと聞《き》き手《て》も加《くわ》わって討論《とうろん》をする。

**パノラマ** 〔英語 panorama〕名 ❶背景《はいけい》をかいた絵《え》の前《まえ》に、山《やま》・森《もり》・川《かわ》などの模型《もけい》を置《お》き、実際《じっさい》の景色《けしき》を見《み》わたすようにさせる仕《し》かけ。❷大《おお》きく広《ひろ》がる景色《けしき》。見晴《みは》らし。

**はは【母】** 名 ❶女《おんな》の親《おや》。お母《かあ》さん。例 母親《ははおや》。対 父《ちち》。❷ものごとの作《つく》り出《だ》されるもと。例 必要《ひつよう》は発明《はつめい》の母。⇩ぼ【母】1188ページ

**はば【幅】** 名 ❶横《よこ》の長《なが》さ。例 道《みち》の幅。❷へだたり。開《ひら》き。例 値段《ねだん》の幅。❸ゆとり。余裕《よゆう》。例 幅のある考《かんが》え。⇩ふく【幅】1134ページ

**幅《はば》をきかせる** 思《おも》いのままに勢力《せいりょく》をふるう。例 野球部《やきゅうぶ》で幅をきかせる。

**ばば【馬場】** 名 馬《うま》に乗《の》る練習《れんしゅう》や、競馬《けいば》などをする所《ところ》。

**パパ** 〔英語 papa〕名 お父《とう》さん。対 ママ。

**パパイヤ** 名 熱帯地方《ねったいちほう》で栽培《さいばい》される木《き》。また、その実《み》。実《み》は楕円形《だえんけい》で黄色《きいろ》く、食用《しょくよう》や薬用《やくよう》にする。パパイア。↓ねったいしょくぶつ 1005ページ

**ははうえ【母上】** 名 母《はは》を敬《うやま》っていう言葉《ことば》。対 父上《ちちうえ》。

**ははおや【母親】** 名 女《おんな》の親《おや》。母《はは》。対 父親《ちちおや》。例 母方の祖父《そふ》。対 父方《ちちかた》。

**ははかた【母方】** 名 母《はは》のほうの血筋《ちすじ》。例 母方の祖父《そふ》。対 父方《ちちかた》。

**はばかる** 動 ❶遠慮《えんりょ》する。例 人前《ひとまえ》をはばかって、何《なに》も言《い》わない。❷大《おお》きな顔《かお》をする。例 にくまれっ子世《こよ》にはばかる。

**ははこぐさ** 名 キクの仲間《なかま》の二年草《にねんそう》。全体《ぜんたい》が白《しろ》い綿毛《わたげ》につつまれ、春《はる》から夏《なつ》に小《ちい》さな黄色《きいろ》い花《はな》をつける。↓ごぎょう 452ページ

**はばたく【羽ばたく】** 動 ❶鳥《とり》がつばさを広《ひろ》げてぱたぱたと動《うご》かす。❷人《ひと》が社会《しゃかい》へ出《で》て活躍《かつやく》する。例 海外《かいがい》に羽ばたく。

**はばつ【派閥】** 名 一《ひと》つの集団《しゅうだん》の中《なか》で、出身地《しゅっしんち》・学歴《がくれき》や利害関係《りがいかんけい》などによって結《むす》びついた仲間《なかま》。例 派閥争《あらそ》いをする。

**はばとび【幅跳び】** 名 跳《と》んだ距離《きょり》を争《あらそ》う競技《きょうぎ》。走《はし》り幅跳《はばと》び・立《た》ち幅跳《はばと》びがある。

**ははのひ【母の日】** 名 母親《ははおや》に感謝《かんしゃ》する日《ひ》。五月《ごがつ》の第二日曜日《だいににちようび》。

**はばひろい【幅広い】** 形 ❶幅《はば》が広《ひろ》い。❷範囲《はんい》が広《ひろ》い。例 幅広い活動《かつどう》。

**はばむ【阻む】** 動 じゃまをする。さまたげる。例 山《やま》が行《ゆ》く手《て》を阻む。⇩そ【阻】740ページ

**はびこる** 動 ❶草《くさ》や木《き》がしげって広《ひろ》がる。例 雑草《ざっそう》がはびこる。❷よくないものが勢《いきお》いをふるう。例 悪者《わるもの》がはびこる。

**パビリオン** 〔英語 pavilion〕名 博覧会《はくらんかい》で展示《てんじ》をするための、短《みじか》い間《あいだ》だけ使《つか》う建物《たてもの》。

**パピルス** 〔ラテン語〕名 ❶エジプトのナイル



慣用句 姿勢《しせい》を正《ただ》す　お客様第一《きゃくさまだいいち》の店《みせ》になるよう、姿勢《しせい》を正《ただ》して、いっそう努力《どりょく》します。

川《がわ》の岸《きし》などに生《は》える、カヤツリグサの仲間《なかま》の草《くさ》。❷「❶」の茎《くき》の繊維《せんい》から作《つく》った一種《いっしゅ》の紙《かみ》。古代《こだい》エジプトで文字《もじ》を書《か》くのに使《つか》った。

**はぶ** 名 沖縄《おきなわ》や奄美大島《あまみおおしま》などにすむ毒《どく》ヘビ。頭《あたま》が平《ひら》たい三角形《さんかくけい》をしている。

**パフォーマンス**〔英語 performance〕名 ❶体《からだ》を使《つか》って人《ひと》の前《まえ》で表現《ひょうげん》すること。また、その力《ちから》。演技《えんぎ》。❷能力《のうりょく》。機能《きのう》。

○**はぶく**【省く】動 ❶取《と》り除《のぞ》く。例 むだを省く。❷減《へ》らす。簡単《かんたん》にする。例 手間《てま》を省く。⇩せい【省】699ページ

**はぶたえ**【羽二重】名 ❶うすくてなめらかで、つやのある、高級《こうきゅう》な絹《きぬ》の織物《おりもの》。❷真《ま》っ白《しろ》でなめらかなこと。例 羽二重餅《もち》。

**ハプニング**〔英語 happening〕名 思《おも》いがけない出来事《できごと》。例 ハプニングが起《お》こった。

**はブラシ**【歯ブラシ】名 歯《は》をみがくのに使《つか》う、柄《え》のついたブラシ。

**はぶり**【羽振り】名 世間《せけん》が認《みと》める勢《いきお》い。例 羽振りがいい。

**バブル**〔英語 bubble〕名 ❶泡《あわ》。❷泡《あわ》のように消《き》えやすいもののたとえ。例 バブル人気《にんき》。

**はへい**【派兵】名 動-する 軍隊《ぐんたい》をさし向《む》けること。例 人命救助《じんめいきゅうじょ》のために派兵する。

**はへん**【破片】名 こわれた物《もの》のかけら。例 ガラスの破片。

**はぼたん** 名 公園《こうえん》などで観賞用《かんしょうよう》に植《う》える草花《くさばな》。秋《あき》から冬《ふゆ》に、縮《ちぢ》れた葉《は》がボタンの花《はな》のように、赤《あか》むらさきや白《しろ》などになる。

○**はま**【浜】名 海《うみ》や湖《みずうみ》の水《みず》ぎわに沿《そ》った平《たい》らなところ。浜辺《はまべ》。⇩ひん【浜】1119ページ

**はまき**【葉巻】名 タバコの葉《は》を、筒《つつ》の形《かたち》に太《ふと》く巻《ま》いて作《つく》ったたばこ。

**はまぐり** 名 浅《あさ》い海《うみ》の砂《すな》の中《なか》にすむ二枚貝《にまいがい》。貝《かい》がらはクリに似《に》た丸《まる》みのある三角形《さんかくけい》で、表《ひょう》面《めん》はなめらか。食用《しょくよう》にする。⇒にまいがい 992ページ

**はまだ ひろすけ**〔浜田広介〕人名（男）（一八九三～一九七三）大正《たいしょう》・昭和時代《しょうわじだい》の童話作家《どうわさっか》。弱《よわ》い立場《たちば》のものに温《あたた》かい愛情《あいじょう》を注《そそ》ぐ、やさしい心《こころ》の童話《どうわ》を書《か》いた。「泣《な》いた赤《あか》鬼《おに》」「むく鳥《どり》の夢《ゆめ》」などがある。

**はまなこ**〔浜名湖〕地名 静岡県南西部《しずおかけんなんせいぶ》にある湖《みずうみ》。海水《かいすい》と真水《まみず》が混《ま》じり合《あ》った湖《みずうみ》で、ウナギの養殖《ようしょく》で有名《ゆうめい》。

**はまなす** 名 本州以北《ほんしゅういほく》の海岸《かいがん》に生《は》える低木《ていぼく》。春《はる》から夏《なつ》にかけて赤《あか》い大《おお》きな花《はな》が咲《さ》く。北海《ほっかい》道《どう》の道花《どうか》〔＝北海道《ほっかいどう》を代表《だいひょう》する花《はな》〕とされている。

**はまべ**【浜辺】名 波打《なみう》ちぎわ。海辺《うみべ》。

**はまや**【破魔矢】名 正月《しょうがつ》に、幸《しあわ》せを呼《よ》びこむためにかざる、矢《や》の形《かたち》をした縁起物《えんぎもの》。

**はまゆう** 名 暖《あたた》かい地方《ちほう》の海岸《かいがん》に生《は》える草《くさ》花《ばな》。夏《なつ》に白《しろ》い、大形《おおがた》の花《はな》をつける。

**はまる** 動 ❶ちょうどよく入《はい》る。例 戸《と》がはまる。❷ぴったり合《あ》う。例 役《やく》にはまる。❸穴《あな》などに落《お》ちこむ。例 池《いけ》にはまる。❹だまされる。例 わなにはまる。❺あることに夢中《むちゅう》になる。例 ゲームにはまっている。

**はみがき**【歯磨き】名 ❶歯《は》をみがくこと。❷歯《は》をみがくのに使《つか》うクリームや粉《こな》。

**はみだす**【はみ出す】動 その場所《ばしょ》から余《あま》って、おし出《だ》される。はみ出《で》る。例 店先《みせさき》の野《や》菜《さい》が道路《どうろ》にはみ出している。

**ハミング**〔英語 humming〕名 動-する〔音《おん》楽《がく》で〕口《くち》を閉《と》じて、声《こえ》を鼻《はな》から出《だ》すようにして、メロディーだけを歌《うた》うこと。また、そういう歌《うた》い方《かた》。

**はむ** 動 ❶食《た》べる。例 馬《うま》が草《くさ》をはむ。〔古《ふる》い言《い》い方《かた》。〕❷給《きゅう》料《りょう》をもらう。例 高給《こうきゅう》をはむ。

**ハム**〔英語 ham〕名 ❶ブタの肉《にく》を塩《しお》づけにして、煙《けむり》でいぶした食《た》べ物《もの》。❷アマチュアの、無《む》線通信《せんつうしん》をする人《ひと》。

**ばむ**〔ある言葉《ことば》のあとにつけて〕そのようなようすになる。例 汗《あせ》ばむ。黄《き》ばむ。

**はむかう**【歯向かう・刃向かう】動 強《つよ》いものに向《む》かっていく。逆《さか》らう。例 権力《けんりょく》に歯向かう。

**ハムスター** 名 ネズミの仲間《なかま》の小動物《しょうどうぶつ》。キヌゲネズミ。ペットや実験《じっけん》用《よう》に飼育《しいく》されている。

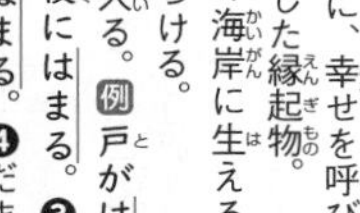
〔ハムスター〕

**はめ**【羽目】名 ❶板《いた》を張《は》りつけた壁《かべ》。❷困《こま》った立場《たちば》。例 のっぴきならないはめにおちいる。参考 ふつう❷は、かな書《が》きにする。

**はめを外す**《はずす》 調子《ちょうし》に乗《の》って、度《ど》をこす。例

慣用句 舌《した》を巻《ま》く　声《こえ》といい節《ふし》まわしといい、島田《しまだ》さんの歌《うた》のうまさには舌《した》を巻《ま》いた。

はめを外して大《おお》さわぎをした。

**はめいた【羽目板】** 名 すき間《ま》なく並《なら》べて張《は》って、外壁《そとかべ》を作《つく》る板《いた》。

**はめこむ【はめ込む】** 動 ぴったり入《い》れこむ。例 戸《と》にガラスをはめ込む。

**はめつ【破滅】** 名 動-する ほろびること。だめになること。例 身《み》の破滅を招《まね》く。

○**はめる** 動 ❶ぴったり入《い》れる。さしこむ。例 障子《しょうじ》をはめる。❷ぴったりかぶせる。例 グローブをはめる。❸だます。例 敵《てき》を計略《けいりゃく》にはめる。

> **例解 ! ことばの勉強室**
>
> **場面《ばめん》について**
>
> 説明文《せつめいぶん》などの「段落《だんらく》」にあたるのが、物語文《ものがたりぶん》の「場面《ばめん》」である。物語《ものがたり》は、いくつかの場面《ばめん》がつながってできている。
>
> 場面《ばめん》の区切《くぎ》りは、
>
> ◎時《とき》が変《か》わる。
> ◎場所《ばしょ》が変《か》わる。
> ◎人物《じんぶつ》の出入《でい》りがある。
> ◎行動《こうどう》が大《おお》きく変《か》わる。
> ◎気持《きも》ちが大《おお》きく変《か》わる。
>
> などによって示《しめ》される。
>
> 特《とく》に、一《ひと》つの場面《ばめん》は、時《とき》・場所《ばしょ》と、そこでの人物《じんぶつ》の行動《こうどう》によって構成《こうせい》されている場合《ばあい》が多《おお》い。
>
> 物語《ものがたり》を読《よ》むときは、場面《ばめん》の区切《くぎ》りやまとまりに気《き》をつけ、それをもとに物語《ものがたり》全体《ぜんたい》の組《く》み立《た》てを考《かんが》えるとよい。

✤○**ばめん【場面】** 名 ❶劇《げき》・映画《えいが》・物語《ものがたり》などの、一《ひと》まとまりの部分《ぶぶん》。シーン。例 最後《さいご》の場面がおもしろかった。❷その場《ば》のようす。場《ば》合《あい》。例 悲《かな》しい場面に出《で》あった。

**はもの【刃物】** 名 刀《かたな》や包丁《ほうちょう》など、刃《は》のついている道具《どうぐ》。

**はもの【端物】** 名 そろっていないもの。中《ちゅう》途《と》半《はん》端《ぱ》なもの。例 茶器《ちゃき》の端物。

**はもん【波紋】** 名 ❶静《しず》かな水面《すいめん》に石《いし》などを投《な》げたときに、輪《わ》になって広《ひろ》がる、波《なみ》の模《も》様《よう》。❷影響《えいきょう》。例 波紋を巻《ま》き起《お》こす。

**はもん【破門】** 名 動-する ❶先生《せんせい》が、弟《て》子《し》を弟《て》子《し》と認《みと》めなくなること。❷宗教《しゅうきょう》で、その人《ひと》を信者《しんじゃ》と認《みと》めないで追《お》い出《だ》すこと。

**はや【早】** 副 早《はや》くも。すでに。例 入学《にゅうがく》してから早、半年《はんとし》がたった。

**はやあし【早足・速足】** 名 ❶速《はや》く歩《ある》くこと。❷馬術《ばじゅつ》で、馬《うま》の駆《か》け方《かた》の一《ひと》つ。例 早足でかけ抜《ぬ》ける。

○**はやい【早い】** 形 ❶時刻《じこく》が前《まえ》である。例 早く起《お》きる。❷まだその時《とき》になっていない。例 喜《よろこ》ぶのは早い。❸先《さき》である。例 父《ちち》より早く着《つ》いた。❹時間《じかん》が短《みじか》くてすむ。例 仕事《しごと》が早い。対（❶〜❹）遅《おそ》い。❺〔「…が早《はや》いか」の形《かたち》で〕…とすぐに。例 帰《かえ》るが早いか、急《いそ》いで出《で》て行《い》った。⇩そう【早】741ページ

○**はやい【速い】** 形 ❶時間《じかん》がかからない。スピードがある。例 理解《りかい》が速い。❷動《うご》きが激《はげ》しい。例 脈《みゃく》が速い。対（❶・❷）遅《おそ》い。⇩そく【速】753ページ

**はやいはなしが【早い話が】** 簡単《かんたん》に言《い》えば。つまり。例 早い話が、君《きみ》も行《い》きたいということだね。

**はやいものがち【早い者勝ち】** 名 先《さき》にした者《もの》のほうが得《とく》をすること。例 見《み》はらしのよい場所《ばしょ》は早い者勝ちだ。

**はやうまれ【早生まれ】** 名 一月一日《いちがつついたち》から四月一日《しがつついたち》までの間《あいだ》に生《う》まれること。また、生《う》まれた人《ひと》。対 遅生《おそう》まれ。

**はやおき【早起き】** 名 動-する 朝早《あさはや》く起《お》きること。また、その人《ひと》。対 早寝《はやね》。

**早起《はやお》きは三文《さんもん》の得《とく》** 〔「…徳《とく》」とも書《か》く。〕朝《あさ》早《はや》く起《お》きると、何《なに》かいいことがあるということ。朝起《あさお》きは三文《さんもん》の得《とく》。

> **例解 ↔ 使い分け**
>
> **早《はや》いと速《はや》い**
>
> 
>
> 時刻《じこく》が早《はや》い。
> 朝早《あさはや》く出発《しゅっぱつ》する。
> 早《はや》く起《お》きる。
> 気《き》が早《はや》い。
>
> 
> 
>
> 走《はし》るのが速《はや》い。
> 投手《とうしゅ》の球《たま》が速《はや》い。
> 脈《みゃく》が速《はや》い。

あいうえお かきくけこ さしすせそ たちつてと なにぬねの は ひふへほ まみむめも や ゆ よ らりるれろ わ を ん

慣用句 十指《じっし》に余《あま》る　その新薬《しんやく》は、すでに十指《じっし》に余《あま》る会社《かいしゃ》が作《つく》り始《はじ》めています。

**はやおくり**【早送り】名 動-する 録音《ろくおん》・録画《ろくが》テープやディスク、コンピューターのデータなどを、先《さき》のほうへ速《はや》く進《すす》めること。

**はやがてん**【早合点】名 動-する 勝手《かって》に、早《はや》のみこみ。早《はや》がってん。例 早合点して、文章《ぶんしょう》の意味《いみ》を読《よ》みちがえた。

**はやがね**【早鐘】名 火事《かじ》などを知《し》らせるために、続《つづ》けざまに打《う》ち鳴《な》らす鐘《かね》。例 胸《むね》が早鐘を打《う》つ〔=心臓《しんぞう》がどきどきする〕。

**はやがわり**【早変わり】名 動-する ❶歌舞伎《かぶき》などで、同《おな》じ役者《やくしゃ》がすばやく衣装《いしょう》を変《か》えて、すぐ別《べつ》の役《やく》を演《えん》じること。❷服装《ふくそう》や態度《たいど》などを、すばやく変《か》えること。

**はやくち**【早口】名 ものの言《い》い方《かた》が早《はや》いこと。例 早口でまくしたてる。

✤**はやくちことば**【早口言葉】名 同《おな》じ音《おん》が重《かさ》なっていて、言《い》いにくい言葉《ことば》。また、それを早口《はやくち》で言《い》う言葉《ことば》遊《あそ》び。「なま麦《むぎ》、なま米《ごめ》、なま卵《たまご》」など。⬇ことばあそび 476ページ

**はやくも**【早くも】副 思《おも》っていたより早《はや》く。すぐに。例 早くもゴールにさしかかる。

○**はやさ**【速さ】名 速《はや》い程度《ていど》。速度《そくど》。スピード。

**はやざき**【早咲き】名 花《はな》が、ふつうより早《はや》く咲《さ》くこと。また、その花《はな》。対 遅咲《おそざ》き。

○**はやし**【林】名 木《き》がたくさんしげっている所《ところ》。例 雑木林《ぞうきばやし》。⬇りん【林】1395ページ

**はやし**【囃子】名 笛《ふえ》・たいこ・三味線《しゃみせん》などで、芝居《しばい》や、おどりの拍子《ひょうし》をとったり、気分《きぶん》を盛《も》り上《あ》げたりする、伴奏《ばんそう》の音楽《おんがく》。おはやし。

**はやしたてる**【はやし立てる】動 声《こえ》を出《だ》したり、手《て》をたたいたりして、さかんにほめる。または、からかう。例 エラーした選手《せんしゅ》をはやし立てる。

**はやじに**【早死に】名 動-する 若《わか》いうちに死《し》ぬこと。

**はやじまい**【早じまい】名 動-する いつもより早《はや》く、仕事《しごと》や店《みせ》を終《お》えること。例 店《みせ》を早じまいして出《で》かける。

**ハヤシライス** 名 〔日本《にっぽん》でできた英語《えいご》ふうの言葉《ことば》。〕牛肉《ぎゅうにく》とタマネギをいため、トマト味《あじ》のソースを加《くわ》えて煮《に》こんだものを、ご飯《はん》にかけた料理《りょうり》。

**はやす**【生やす】動 ❶生《は》えるようにする。のばす。例 ひげを生やす。❷生《は》えたままにする。例 草《くさ》を生やす。⬇せい【生】697ページ

**はやす** 動 ❶声《こえ》を出《だ》したり手《て》を打《う》ったりして、調子《ちょうし》を合《あ》わせる。❷声《こえ》をあげて、からかったりほめたりする。例「いいぞ、いいぞ。」とはやす。❸はやしを演奏《えんそう》する。

**はやせ**【早瀬】名 川《かわ》の流《なが》れの、浅《あさ》くて早《はや》い所《ところ》。

**はやて** 名 急《きゅう》にふく強《つよ》い風《かぜ》。疾風《しっぷう》。例 はやてのように走《はし》りぬける。

**はやてまわし**【早手回し】名 早《はや》めに用意《ようい》などをすること。例 早手回しに申《もう》しこむ。

**はやとちり**【早とちり】名 動-する 早《はや》のみこみをして、そのためまちがえること。例 あわてていて早とちりしてしまった。

**はやね**【早寝】名 動-する 早《はや》く寝《ね》ること。対 早起《はやお》き。

**はやのみこみ**【早のみ込み】名 動-する よく聞《き》きもしないで、わかったと思《おも》いこむこと。早合点《はやがてん》。

**はやばまい**【早場米】名 取《と》り入《い》れが他《ほか》より早《はや》い地方《ちほう》でできた米《こめ》。

**はやばや**【早早】副(-と) たいへん早《はや》く。例 早々と優勝《ゆうしょう》を決《き》めた。

**はやばん**【早番】名 交代《こうたい》でする仕事《しごと》で、早《はや》くから仕事《しごと》をする番《ばん》の人《ひと》。対 遅番《おそばん》。

**はやびき**【早引き】名 動-する ⬇はやびけ 1062ページ

**はやびけ**【早引け】名 動-する 決《き》められている時間《じかん》より早《はや》く、学校《がっこう》や勤《つと》め先《さき》から帰《かえ》ること。早退《そうたい》。早引《はやび》き。

**はやぶさ** 名 トビぐらいの大《おお》きさの、タカの仲間《なかま》の鳥《とり》。つばさが長《なが》く、飛《と》ぶのが速《はや》い。小鳥《ことり》などをとって食《た》べる。

**はやまる**【早まる】動 ❶時期《じき》や時刻《じこく》が早《はや》くなる。例 開会式《かいかいしき》が一時間《いちじかん》早まった。❷よく考《かんが》えずに、軽《かる》はずみなことをしてしまう。例 早まったことをした。⬇そう【早】741ページ

**はやまる**【速まる】動 速度《そくど》が速《はや》くなる。速度《そくど》を増《ま》す。例 スピードが速まる。⬇そく【速】753ページ

**はやみち**【早道】名 ❶近道《ちかみち》。❷簡単《かんたん》で便利《べんり》

慣用句 しっぽを出《だ》す　しらを切《き》り通《とお》していたが、とうとうしっぽを出《だ》したな。



あいうえお かきくけこ さしすせそ たちつてと なにぬねの はひふへほ まみむめも や ゆ よ らりるれろ わ を ん

なやり方《かた》。例 英語上達《えいごじょうたつ》の早道。

**はやみひょう【早見表】** 名 見《み》ただけで、簡単《かんたん》にわかるように作《つく》られた表《ひょう》や図表《ずひょう》。

**はやみみ【早耳】** 名 うわさなどを人《ひと》より早《はや》く聞《き》きつけること。また、その人《ひと》。

**はやめる【早める】** 動 時期《じき》や時刻《じこく》を早《はや》くする。例 予定《よてい》を早める。⇩ **そう【早】** 741ページ

**はやめる【速める】** 動 速力《そくりょく》を増《ま》す。例 足《あし》を速める。⇩ **そく【速】** 753ページ

**はやり** 名 はやっているものごと。流行《りゅうこう》。例 はやりの靴《くつ》を買《か》う。

**はやりすたり【はやり廃り】** 名 はやったり、はやらなくなったりすること。例 はやりすたりが激《はげ》しい。

**はやる【逸る】** 動 そのことを早《はや》くしたくて、あせる。例 勝《か》ちたいとはやる。

**°はやる** 動 ❶世《よ》の中《なか》で、さかんに行《おこな》われる。流行《りゅうこう》する。対 すたれる。例 テレビゲームがはやりだした。❷繁盛《はんじょう》する。例 はやっている店《みせ》。❸次々《つぎつぎ》に伝《つた》わって広《ひろ》まる。例 かぜがはやる。

**はやわかり【早分かり】** 名 ❶すばやくわかること。❷すぐにわかるようにまとめられたもの。例 早分かり医学入門《いがくにゅうもん》。

**はやわざ【早業・早技】** 名 すばやくて、上手《じょうず》な腕前《うでまえ》。例 目《め》にもとまらぬ早業。

**はら【原】** 名 耕《たがや》していない、平《たい》らで広《ひろ》い土地《とち》。原《はら》っぱ。野原《のはら》。⇩ **げん【原】** 409ページ

**°はら【腹】** 名 ❶胃《い》や腸《ちょう》のあるところ。おなか。例 腹が痛《いた》い。❷心《こころ》の中《なか》。本心《ほんしん》。例 腹がわからない。対 背《せ》。❸度胸《どきょう》。例 腹が太《ふと》い。❹物《もの》の真《ま》ん中の平《たい》らな部分《ぶぶん》。例 指《ゆび》の腹。⇩ **ふく【腹】** 1134ページ

**腹《はら》が黒《くろ》い** 悪《わる》い考《かんが》えを持《も》っている。腹黒《はらぐろ》い。

**腹《はら》が据《す》わる** 落《お》ち着《つ》いている。度胸《どきょう》がある。例 父《ちち》は腹が据わっている。

**腹《はら》が立《た》つ** しゃくにさわる。

**腹《はら》が減《へ》っては戦《いくさ》ができぬ** 腹《はら》が減《へ》っていては、いい働《はたら》きができない。しっかり腹《はら》ごしらえをしておくことが大切《たいせつ》だ。

**腹《はら》に一物《いちもつ》** 何《なに》かをたくらんでいるようす。例 腹に一物ありそうな態度《たいど》。

**腹《はら》に据《す》えかねる** しゃくにさわって、どうにも我慢《がまん》ができない。例 彼《かれ》のひどい言《い》い方《かた》は、腹に据えかねる。

**腹《はら》を痛《いた》める** ❶腹痛《はらいた》を起《お》こす。❷出産《しゅっさん》する。例 腹を痛めた子《こ》。

**腹《はら》を抱《かか》える** 大笑《おおわら》いする。例 漫才《まんざい》を見《み》て腹を抱える。

**腹《はら》を決《き》める** 決心《けっしん》する。

**腹《はら》を切《き》る** ❶切腹《せっぷく》する。❷責任《せきにん》を取《と》って辞《や》める。例 失敗《しっぱい》したら腹を切るつもりだ。

**腹《はら》をくくる** 覚悟《かくご》を決《き》める。例 あとは成《な》り行《ゆ》きだと腹をくくる。

**腹《はら》を探《さぐ》る** それとなく相手《あいて》の心《こころ》の中《なか》を知《し》ろうとする。例 痛《いた》くもない腹を探られる〔＝悪《わる》いことをしていないのに、疑《うたが》われる〕。

**腹《はら》を据《す》える** 覚悟《かくご》を決《き》める。

**腹《はら》を立《た》てる** おこる。いかる。

**腹《はら》を割《わ》って話《はな》す** 何《なに》もかくさずに、ほんとうのことを話《はな》す。例 腹を割って話せば、わかってくれるはずだ。

**ばら【〈薔薇〉】** 名 庭《にわ》に植《う》える、とげのある低木《ていぼく》。花《はな》はかおりがよく、形《かたち》や色《いろ》はさまざま。多《おお》くの園芸品種《えんげいひんしゅ》がある。

**ばら** 名 (ひとまとまりだったものを)ばらばらに分《わ》けたもの。例 ばらで買《か》う。

**✤はらい【払い】** 名 ❶代金《だいきん》などを払《はら》うこと。例 すす払い。❷取《と》り除《のぞ》くこと。❸〔国語《こくご》で〕字《じ》を書《か》くとき、「人《じん》」のように、ななめ下《した》に、力《ちから》をぬきながら書《か》く線《せん》。

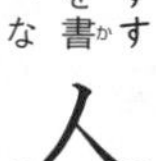

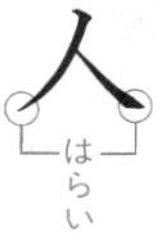

〔はらい❸〕

**はらいこむ【払い込む】** 動 銀行《ぎんこう》などを通《とお》してお金《かね》を納《おさ》める。例 毎月《まいつき》の会費《かいひ》を払い込む。

**はらいさげる【払い下げる】** 動 役所《やくしょ》などが、いらなくなったものを、一般《いっぱん》の人《ひと》に売《う》りわたす。

**はらいせ【腹いせ】** 名 いかりやうらみを、別《べつ》のところで晴《は》らすこと。

**はらいた【腹痛】** 名 腹《はら》が痛《いた》むこと。腹痛《ふくつう》。

**はらいのける【払い除ける】** 動 払《はら》ってどける。例 相手《あいて》の手《て》を払いのける。

**はらいもどす【払い戻す】** 動 ❶余分《よぶん》にもらったお金《かね》を返《かえ》す。例 運賃《うんちん》を払い戻す。❷〔銀行《ぎんこう》・郵便局《ゆうびんきょく》などで〕預《あず》かったお金《かね》を、その人《ひと》に返《かえ》す。





慣用句 しびれを切《き》らす　いくら待《ま》っても来《こ》ないので、しびれを切《き》らして電話《でんわ》をかけてみた。

**ばらいろ**【ばら色】[名] ❶バラの花《はな》のような、うすい赤色《あかいろ》。❷明《あか》るくて希望《きぼう》にあふれていること。[例]ばら色の人生《じんせい》。

**○はらう**【払う】[動] ❶代金《だいきん》や給料《きゅうりょう》などをわたす。[例]バス代《だい》を払う。❷取《と》り除《のぞ》く。どける。[例]ほこりを払う。木《き》の枝《えだ》を払う。❸横《よこ》にふる。[例]足《あし》を払ってたおす。❹心《こころ》を向《む》ける。[例]注意《ちゅうい》を払う。⬇ふつ【払】1145ページ

**バラエティー**〔英語 variety〕[名] ❶変化《へんか》があること。[例]バラエティーに富《と》む。❷歌《うた》・おどりや短《みじか》い劇《げき》などを組《く》み合《あ》わせた演芸《えんげい》。

**はらがけ**【腹掛け】[名] ❶小《ち》さい子《こ》どもが着《き》るはだ着《ぎ》。胸《むね》や腹《はら》をおおい、背中《せなか》でひもを結《むす》ぶ。腹当《はらあ》て。❷大工《だいく》さんなどが、はっぴの下《した》に着《き》る仕事着《しごとぎ》。

**はらぐあい**【腹具合】[名] ❶胃《い》や腸《ちょう》の調子《ちょうし》。❷腹《はら》がへっているかどうかのぐあい。

**はらくだし**【腹下し】[名] ❶おなかを下《くだ》すこと。下痢《げり》。❷下剤《げざい》。

**パラグライダー**〔英語 paraglider〕[名] 山《やま》の斜面《しゃめん》から飛《と》び出《だ》し、長方形《ちょうほうけい》のパラシュートで、空中《くうちゅう》へ舞《ま》い上《あ》がるスポーツ。

〔パラグライダー〕

**はらぐろい**【腹黒い】[形] 心《こころ》に悪《わる》い考《かんが》えを持《も》っていて、ずるい。[例]腹黒い人《ひと》。

**はらごしらえ**【腹ごしらえ】[名][動-する] 何《なに》かをする前《まえ》に、食事《しょくじ》をしておくこと。[例]時間《じかん》があるうちに腹ごしらえをしておこう。

**はらごなし**【腹ごなし】[名] 消化《しょうか》を助《たす》けるために体《からだ》を動《うご》かすこと。[例]腹ごなしに散歩《さんぽ》する。

**パラシュート**〔英語 parachute〕[名] 上空《じょうくう》から飛《と》び降《お》りたり物《もの》を落《お》としたりするとき、安全《ぜん》に地面《じめん》に着《つ》けるように使《つか》う、傘《かさ》のようなもの。落下傘《らっかさん》。

**はらす**【晴らす】[動] いやな気持《きも》ちを取《と》り除《のぞ》いて、心《こころ》をさっぱりさせる。[例]疑《うたが》いを晴らす。⬇せい【晴】699ページ

**はらす**【腫らす】[動] はれた状態《じょうたい》にする。はれさせる。[例]まぶたを腫らす。⬇しゅ【腫】590ページ

**ばらす**[動] ❶ばらばらにする。[例]機械《きかい》をばらす。❷人《ひと》の秘密《ひみつ》を言《い》いふらす。あばく。[例]二人《ふたり》だけの話《はなし》をみんなにばらす。

**ハラスメント**〔英語 harassment〕[名] いやがらせ。[例]パワーハラスメント。

**パラソル**〔英語 parasol〕[名] 洋風《ようふう》な日《ひ》よけの傘《かさ》。日傘《ひがさ》。

**パラダイス**〔英語 paradise〕[名] 天国《てんごく》。楽園《らくえん》。

**はら たかし**〖原敬〗[人名]（男）（一八五六～一九二一）政治家《せいじか》。日本《にっぽん》最初《さいしょ》の政党内閣《せいとうないかく》を作《つく》った人《ひと》。

**はらだたしい**【腹立たしい】[形] 腹《はら》が立《た》つ。しゃくにさわる。[例]腹立たしい思《おも》い。

**はらだち**【腹立ち】[名] おこること。[例]お腹立ちは、ごもっともです。

**はらだちまぎれ**【腹立ち紛れ】[名][形動] おこった気《き》持《も》ちに任《まか》せて行動《こうどう》すること。[例]腹立ち紛れに石《いし》をけとばした。

**ばらつき**[名] ❶そろっていないこと。[例]製品《せいひん》にばらつきがある。❷数値《すうち》がふぞろいなこと。[例]偏差値《へんさち》にばらつきがある。

**ばらつく**[動] ❶雨《あめ》などが少《すこ》し降《ふ》る。ぱらつく。[例]雨《あめ》がばらつく。❷そろっていない。[例]地区《ちく》ごとの売《う》り上《あ》げがばらついている。

**バラック**〔英語 barrack〕[名] 間《ま》に合《あ》わせに作《つく》った、木造《もくぞう》の建物《たてもの》。

**はらつづみ**【腹鼓】[名] たくさん食《た》べて満《まん》足《ぞく》し、ふくれた腹《はら》のこと。はらづつみ。

**腹鼓《はらつづみ》を打《う》つ** たくさん食《た》べて満足《まんぞく》し、ふくれた腹《はら》を鼓《つづみ》のように打《う》つ。[参考]「はらづつみを打《う》つ」ともいう。

**はらっぱ**【原っぱ】[名] （遊《あそ》び場《ば》になるような）空《あ》き地《ち》。野原《のはら》。

**はらづもり**【腹積もり】[名] 心《こころ》の中《なか》に持《も》っている、だいたいの計画《けいかく》や予定《よてい》。[類]心積《こころづ》もり。

**はらどけい**【腹〈時計〉】[名] 腹《はら》のすきぐあいで、およその時刻《じこく》が感《かん》じ取《と》れることのたとえ。

**はらのむし**【腹の虫】[名] ❶体《からだ》の中《なか》に寄生《きせい》する虫《むし》。❷腹立《はらだ》たしい気持《きも》ち。

**腹《はら》の虫《むし》が治《おさ》まらない** おこった気持《きも》ちをどうすることもできない。[例]ぬれぎぬを着《き》せられて、腹の虫がおさまらない。

慣用句 **私腹《しふく》を肥《こ》やす** 自分第一《じぶんだいいち》で私腹《しふく》を肥《こ》やすような人《ひと》とは、つきあいたくない。

**はらばい**【腹ばい】名 腹《はら》を下《した》にしてねそべること。例腹ばいになって本《ほん》を読《よ》む。

**はらばう**【腹ばう】動 腹《はら》を下《した》につけて、ねそべる。例床《ゆか》に腹ばう。

**はらはちぶ**【腹八分】名 腹《はら》いっぱい食《た》べないで、ほどよいところでやめること。例腹八分が健康《けんこう》によい。

**はらはら** 一副(-と) 木《こ》の葉《は》や涙《なみだ》などが、続《つづ》いて落《お》ちるようす。例かれ葉《は》がはらはら散《ち》る。二副動-する どうなるかと心配《しんぱい》するようす。例見《み》ていてはらはらする。

**ばらばら** 一形動 まとまりのないようす。例気持《きも》ちがばらばらだ。二副(-と) 大《おお》つぶの雨《あめ》などが、続《つづ》けざまに降《ふ》るようす。例夕立《ゆうだち》がばらばらと降《ふ》ってきた。

**ぱらぱら** 副(-と) ❶まばらなようす。例客《きゃく》はぱらぱらといるだけだった。❷本《ほん》などをめくるようす。例ページをぱらぱらめくる。❸雨《あめ》などが少《すこ》し降《ふ》るようす。例雨《あめ》がぱらぱら落《お》ちてきた。

**はらびれ**【腹びれ】名 魚《さかな》の、腹《はら》にある二枚《にまい》のひれ。⇩さかな(魚)507ページ

**パラフィン**〔英語 paraffin〕名 石油《せきゆ》からとれる、白《しろ》いろうのようなもの。ろうそくやクレヨンなどの原料《げんりょう》になる。

**はらぺこ**【腹ぺこ】名 とてもお腹《なか》がすいていること。〔くだけた言《い》い方《かた》。〕

**パラボラアンテナ** 名 〔日本《にっぽん》でできた英語《えいご》ふうの言葉《ことば》。〕衛星放送《えいせいほうそう》や衛星通信《えいせいつうしん》に使《つか》う、おわん形《がた》のアンテナ。

〔パラボラアンテナ〕

**ばらまく** 動 ❶あちらこちらに散《ち》らしてまく。例砂《すな》をばらまく。❷お金《かね》や品物《しなもの》を、多《おお》くの人《ひと》に気前《きまえ》よく与《あた》える。

**はらむ** 動 ❶おなかの中《なか》に子《こ》どもができる。❷ふくんで、いっぱいになる。例風《かぜ》をはらんだ帆《ほ》。危険《きけん》をはらむ。

**はらもち**【腹持ち】名 お腹《なか》がなかなか空《す》かないこと。例さつまいもは腹持ちがいい。

**パラリンピック**〔英語 Paralympics〕名 身体障害者《しんたいしょうがいしゃ》の国際《こくさい》スポーツ大会《たいかい》。四年《よねん》に一度《いちど》、オリンピック開催地《かいさいち》で行《おこな》われる。

**パラレル**〔英語 parallel〕名形動 平行《へいこう》。並列《へいれつ》。

**はらわた** 名 ❶腸《ちょう》。❷動物《どうぶつ》の内臓《ないぞう》。❸心《こころ》。

**はらわたがちぎれる** たえられないほど、悲《かな》しくてつらい。例祖父《そふ》を亡《な》くしたときは、はらわたがちぎれる思《おも》いだった。

**はらわたが煮《に》え繰《く》り返《かえ》る** 腹《はら》が立《た》って、我慢《がまん》できない。

**はらん**【波乱】名 ❶さわぎ。もめごと。例彼《かれ》の発言《はつげん》が波乱を巻《ま》き起《お》こす。❷変化《へんか》。例波乱に富《と》んだ一生《いっしょう》。波乱万丈《ばんじょう》。

**バランス**〔英語 balance〕名 つり合《あ》い。平均《へいきん》。例バランスをとる。

■**はらんばんじょう**【波乱万丈△・波瀾◆万丈△】名形動 変化《へんか》が激《はげ》しくて、劇的《げきてき》であること。例波乱万丈の人生《じんせい》。

●**はり**【針】名 ❶糸《いと》をつけて布《ぬの》などをぬう、細《ほそ》くて先《さき》のとがったもの。例ぬい針《ばり》。❷裁縫《さいほう》。例針仕事《しごと》。❸細《ほそ》くて先《さき》のとがったもの。例時計《とけい》の針。❹釣《つ》り針《ばり》。❺とげとげしい感《かん》じ。例話《はなし》に針がある。⇩しん【針】655ページ

**針《はり》のむしろ** 大勢《おおぜい》に責《せ》められたりして、つらい場面《ばめん》や立場《たちば》。

●**はり**【張り】一名 ❶引《ひ》っぱる力《ちから》。例張りの強《つよ》い弓《ゆみ》。❷引《ひ》きしまっていること。例張りのある声《こえ》で話《はな》す。❸やりがい。例張りのある仕事《しごと》。二〔数字《すうじ》のあとにつけて〕弓《ゆみ》・ちょうちん・幕《まく》などを数《かぞ》える言葉《ことば》。例テント一《ひと》張り。

**はり** 名 屋根《やね》の重《おも》みを支《ささ》えるために、柱《はしら》の上《うえ》に横《よこ》にわたした木《き》。⇩いえ❶55ページ

**ばり** 〔ある言葉《ことば》のあとにつけて〕やり方《かた》などが似《に》ていること。例ピカソばりの絵《え》。

**パリ** 地名 フランスの首都《しゅと》。文化《ぶんか》・芸術《げいじゅつ》の都《みやこ》といわれる。

**バリア**〔英語 barrier〕名 守《まも》りの壁《かべ》。じゃまになるもの。さまたげるもの。さく。バリアー。例バリアを張《は》る。

**はりあい**【張り合い】名 ❶せり合《あ》うこと。例意地《いじ》の張り合いになる。❷やりがい。張《は》り。例張り合いのある仕事《しごと》。

**はりあう**【張り合う】動 たがいにゆずらずに、せり合《あ》う。競争《きょうそう》する。例二人《ふたり》が主張《しゅちょう》

あいうえお かきくけこ さしすせそ たちつてと なにぬねの は ひふへほ まみむめも や ゆ よ らりるれろ わ を ん


慣用句 始末《しまつ》に負《お》えない かたづけないでこのままほうっておくと、ごみの山《やま》になって始末《しまつ》に負《お》えなくなる。

して張り合う。

**はりあげる【張り上げる】** 動 声《こえ》を強《つよ》く高《たか》く出《だ》す。例 大声《おおごえ》を張り上げる。

**バリアフリー**〔英語 barrier-free〕名 お年《とし》寄《よ》りや身体《しんたい》に障害《しょうがい》のある人《ひと》の、日常生活《にちじょうせいかつ》のさまたげになる障害《しょうがい》を取《と》り除《のぞ》くこと。床《ゆか》の段差《だんさ》をなくしたり、スロープを造《つく》ったりする。

**ハリウッド** 地名 アメリカ合衆国《がっしゅうこく》ロサンゼルス市北西部《しほくせいぶ》の地区《ちく》。映画《えいが》の撮影所《さつえいじょ》が多《おお》く集《あつ》まっていて、映画《えいが》の都《みやこ》と言《い》われる。

**はりえ【貼り絵】** 名 いろいろな材料《ざいりょう》を台紙《だいし》にはり合《あ》わせて作《つく》る絵《え》。

**バリエーション**〔英語 variation〕名 変《か》わること。変化《へんか》。例 バリエーションに富《と》んだ見本市《みほんいち》。

**はりかえる【張り替える】** 動 今《いま》張《は》ってあるものを取《と》り除《のぞ》いて、新《あたら》しいものを張《は》る。例 畳《たたみ》を張り替える。

**はりがね【針金】** 名 銅《どう》や鉄《てつ》などの金属《きんぞく》を線《せん》のように細長《ほそなが》くしたもの。

**はりがみ【張り紙・貼り紙】** 名 動-する 知《し》らせたいことを書《か》いて、張《は》り出《だ》した紙《かみ》。

**バリカン**〔フランス語〕名 髪《かみ》を刈《か》り上《あ》げるときに使《つか》う道具《どうぐ》。

**ばりき【馬力】** 名 ❶物《もの》を動《うご》かす力《ちから》の単位《たんい》。一秒間《びょうかん》に、七五キログラムのものを一メートル引《ひ》く力《ちから》を一馬力《ばりき》とする。❷がんばる力《ちから》。例 馬力のある人《ひと》。

**馬力《ばりき》をかける** 勢《いきお》いをつけてがんばる。例 馬力をかけて勉強《べんきょう》する。

**はりきりあみ【張り切り網】** 名 川《かわ》はばいっぱいに張《は》って、入《はい》ってきた魚《さかな》を捕《と》るしかけの網《あみ》。

**°はりきる【張り切る】** 動 ❶ぴんと張《は》る。例 張り切った糸《いと》。❷やる気《き》を出《だ》す。元気《げんき》があふれている。例 やるぞ、と張り切る。

**バリケード**〔英語 barricade〕名 敵《てき》を防《ふせ》いだり、人《ひと》や車《くるま》の行《い》き来《き》を止《と》めたりするために、道路《どうろ》などに一時的《いちじてき》に作《つく》る障害物《しょうがいぶつ》。

**ハリケーン**〔英語 hurricane〕名 メキシコ湾《わん》や大西洋西部《たいせいようせいぶ》に発生《はっせい》して、北《きた》アメリカをおそう暴風雨《ぼうふうう》。

**はりこ【張り子】** 名 型《かた》の上《うえ》に、紙《かみ》を重《かさ》ねてはり、かわいてから型《かた》をぬき取《と》って作《つく》ったもの。

**張《は》り子《こ》の虎《とら》** 見《み》かけは強《つよ》そうだけれど、実《じつ》は弱《よわ》い人《ひと》。例 いばっているけれど、あの人《ひと》は張り子の虎だよ。

**はりこむ【張り込む】** 動 ❶見張《みは》りをして待《ま》ち構《かま》える。例 警官《けいかん》が張り込む。❷思《おも》いきってお金《かね》を出《だ》す。例 百万円《ひゃくまんえん》張り込む。

**はりさける【張り裂ける】** 動 ❶ふくれきって、さける。例 のどが張り裂けるほどにさけぶ。❷悲《かな》しみやいかりで、胸《むね》がいっぱいになって我慢《がまん》できなくなる。例 胸《むね》が張り裂けるような悲《かな》しみ。

**はりさし【針刺し】** 名 使《つか》わない裁縫用《さいほうよう》の針《はり》を、さしておく道具《どうぐ》。針山《はりやま》。針立《はりた》て。

**はりしごと【針仕事】** 名 裁縫《さいほう》。ぬい物《もの》。

**ハリス** 人名（男）（一八〇四〜一八七八）アメリカの外交官《がいこうかん》。一八五六年《ねん》、伊豆《いず》の下田《しもだ》に来《き》て、一八五八年《ねん》、江戸幕府《えどばくふ》と通商条約《つうしょうじょうやく》を結《むす》んだ。

■**ばりぞうごん【罵詈雑言】** 名 ひどい言《こと》葉《ば》で相手《あいて》をののしること。また、その言葉《ことば》。例 罵詈雑言を浴《あ》びせる。

**はりたおす【張り倒す】** 動 平手《ひらて》などで強《つよ》く打《う》ってたおす。例 おこって、兄《あに》を張り倒す。

**はりつく【張り付く・貼り付く】** 動 ❶くっついてはなれない。例 汗《あせ》でシャツが背中《せなか》に張り付く。❷人《ひと》や場所《ばしょ》などからはなれないでいる。例 話題《わだい》の人《ひと》に張り付いて取材《しゅざい》する。

**はりつけ** 名 昔《むかし》、罪人《ざいにん》を地上《ちじょう》に立《た》てた柱《はしら》や板《いた》にしばりつけ、つき殺《ころ》した刑罰《けいばつ》。

**はりつける【張り付ける・貼り付ける】** 動 ❶ほかのものにくっつける。例 ポスターを張り付ける。❷人《ひと》をある場所《ばしょ》にとどめておく。

**はりつめる【張り詰める】** 動 ❶一面《いちめん》におおう。例 池《いけ》に氷《こおり》が張り詰める。❷気《き》を引《ひ》きしめる。例 張り詰めていた心《こころ》がゆるむ。

**バリトン**〔英語 baritone〕名〔音楽《おんがく》で〕歌《うた》を歌《うた》うときの、男《おとこ》の人《ひと》の中《ちゅう》ぐらいの高《たか》さの声《こえ》の範囲《はんい》。また、その声《こえ》で歌《うた》う人《ひと》。関連 テノール。

慣用句 柔《じゅう》よく剛《ごう》を制《せい》す　柔《じゅう》よく剛《ごう》を制《せい》すだから、あまり強引《ごういん》な手段《しゅだん》はとらず、相手《あいて》の言《い》うことも聞《き》いてゆったり構《かま》えたほうがいいよ。

バス。

**はりねずみ**【針ねずみ】名 ネズミの一《いっ》種《しゅ》。背中《せなか》が針《はり》のような毛《け》でおおわれている。

**はりばこ**【針箱】名 裁縫用具《さいほうようぐ》を入《い》れておく箱《はこ》。

**ばりばり** 副(-と) ❶固《かた》いものをかみくだいたり、ものをやぶったりするときの音《おと》。例 せんべいをばりばり食《た》べる。❷元気《げんき》に取《と》り組《く》むようす。例 今日《きょう》もばりばり仕事《しごと》をする。

**ぱりぱり** 副(-と) ❶うすいものをかむときの音《おと》。例 たくわんをぱりぱり食《た》べる。❷新《あたら》しいようす。例 ぱりぱりのシャツを着《き》る。

**はりま**【播磨】地名 昔《むかし》の国《くに》の名《な》の一《ひと》つ。今《いま》の兵庫県《ひょうごけん》の南西部《なんせいぶ》にあたる。

**はりめぐらす**【張り巡らす】動 周《まわ》りに、ぐるりと張《は》る。例 幕《まく》を張り巡らす。

○**はる**【春】名 ❶季《き》節《せつ》の名《な》で、ふつう三《さん》、四《し》、五《ご》月《がつ》の三《さん》か月《げつ》。いろいろな花《はな》の咲《さ》く暖《あたた》かい季《き》節《せつ》。関連 夏《なつ》。秋《あき》。冬《ふゆ》。❷正月《しょうがつ》。新年《しんねん》。❸もっともさかんな時《とき》。例 わが世《よ》の春。参考 昔《むかし》の暦《こよみ》では、一《いち》、二《に》、三月《さんがつ》を春《はる》とした。⇩**しゅん**【春】614ページ

○**はる**【張る】動 ❶引《ひ》っぱりわたす。例 ロープを張る。❷のび広《ひろ》がる。のばし広《ひろ》げる。例 根《ね》が張る。❸一面《いちめん》におおう。いっぱいにする。例 氷《こおり》が張る。❹つき出《で》る。つき出《だ》す。例 ひじを張る。胸《むね》を張って歩《ある》く。❺ふくれる。例 おなかが張る。❻緊張《きんちょう》する。例 気《き》が張る。❼おし通《とお》す。例 意《い》地《じ》を張る。❽多《おお》くなる。例 値《ね》段《だん》が張る。❾設《もう》ける。構《かま》える。例 店《みせ》を張る。❿見《み》た目《め》をよくする。例 見《み》えを張る。⓫さかんにする。例 勢力《せいりょく》を張る。⓬手《て》のひらでたたく。例 横《よこ》っつらを張る。⇩**ちょう**【張】836ページ

○**はる**【貼る】動 (「張《は》る」とも書《か》く。)のりなどで、ぴったりとつける。例 切手《きって》をはる。⇩**ちょう**【貼】837ページ

**はるいちばん**【春一番】名 春《はる》になりかけるころ、初《はじ》めてふく強《つよ》い南風《みなみかぜ》。

○**はるか** 形動 ❶場所《ばしょ》や時間《じかん》がへだたっているようす。例 はるかかなた。❷ちがいが大《おお》きいようす。例 こちらがはるかに高《たか》い。

**はるがすみ**【春がすみ】名 春《はる》のころ、立《た》ちこめるかすみ。遠《とお》くがかすんで見《み》える。

**はるかぜ**【春風】名 春《はる》にふく、暖《あたた》かい風《かぜ》。

**バルコニー**〔英語 balcony〕名 西洋《せいよう》ふうの建《たて》物《もの》で、二階《にかい》より上《うえ》の部屋《へや》の、外《そと》につき出《だ》している台《だい》。手《て》すりがついている。

**はるさき**【春先】名 春《はる》の初《はじ》め。

**はるさめ**【春雨】名 ❶春《はる》、しとしとと降《ふ》る細《こま》かい雨《あめ》。対 秋雨《あきさめ》。❷でんぷんから作《つく》った、すきとおった糸《いと》のような食品《しょくひん》。

**はるつげどり**【春告げ鳥】名 うぐいすの別《べつ》の呼《よ》び名《な》。

**はるのななくさ**【春の七草】名 春《はる》を代《だい》表《ひょう》する、セリ・ナズナ・ゴギョウ(ハハコグサ)・ハコベ(ハコベラ)・ホトケノザ(コオニタビラコ)・スズナ(カブ)・スズシロ(大根《だいこん》)の七《なな》種類《しゅるい》の草《くさ》。昔《むかし》から正月《しょうがつ》七日《なのか》に、おかゆに入《い》れて食《た》べると、その年《とし》の健康《けんこう》によいといわれる。対 秋《あき》の七草《ななくさ》。

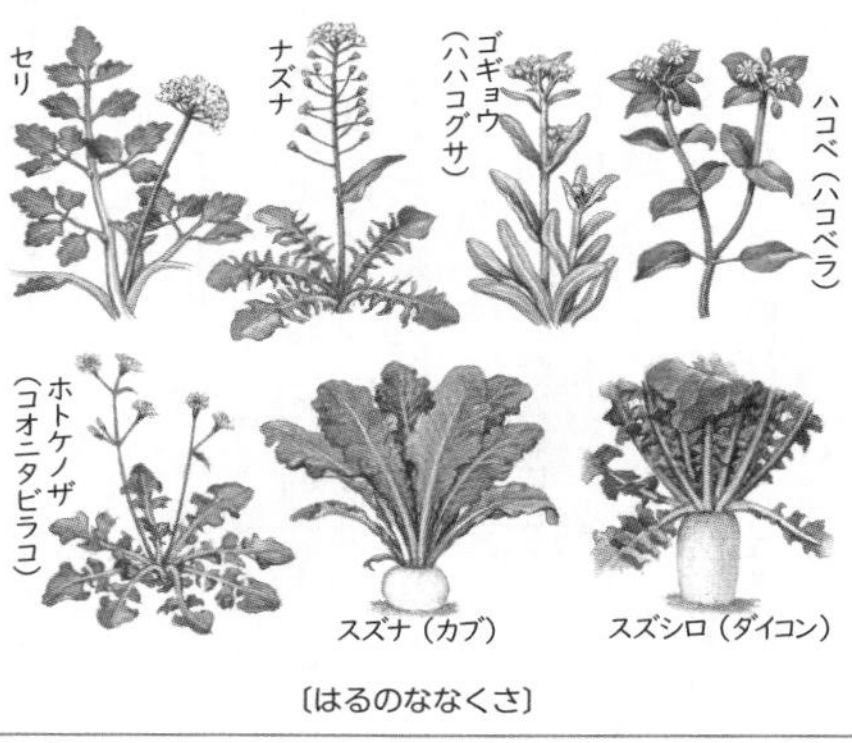

〔はるのななくさ〕

**はるばる** 副(-と) 遠《とお》くから来《き》たり、遠《とお》くへ行《い》ったりするようす。

**バルブ**〔英語 valve〕名 液体《えきたい》や気体《きたい》などの通《とお》り道《みち》を開《あ》けたり閉《し》めたりする装置《そうち》。弁《べん》。

**パルプ**〔英語 pulp〕名 トドマツ・エゾマツなどの木《き》の繊維《せんい》を取《と》り出《だ》して、固《かた》めたもの。紙《かみ》や化学繊維《かがくせんい》の原料《げんりょう》になる。

**はるまき**【春巻き】名 味《あじ》つけした肉《にく》や野《や》菜《さい》などを小麦粉《こむぎこ》で作《つく》ったうすい皮《かわ》で包《つつ》み、油《あぶら》

慣用句 手《しゅ》中《ちゅう》に収《おさ》める 宝《たから》のありかを突《つ》きとめ、ついにそれを手《しゅ》中《ちゅう》に収《おさ》めることができた。

例解 ことばの窓

**晴《は》れ を表《あらわ》す言葉《ことば》**

遠足《えんそく》は、晴天《せいてん》にめぐまれた。
雲《くも》ひとつない快晴《かいせい》の空《そら》。
五月晴《さつきば》れの空《そら》にこいのぼりが泳《およ》ぐ。
真夏《まなつ》の炎天《えんてん》下《か》を歩《ある》く。
空《そら》の高《たか》い、さわやかな秋日和《あきびより》。
冬《ふゆ》のはじめの小春日和《こはるびより》の日《ひ》。

で揚《あ》げた中華料理《ちゅうかりょうり》。

**はるめく**【春めく】［動］春《はる》らしくなる。［例］日一日《ひいちにち》と春めいてきた。［対］秋《あき》めく。

**はるやすみ**【春休み】［名］学年末《がくねんまつ》の休《やす》み。

○**はれ**【晴れ】［名］❶天気《てんき》がよいこと。晴天《せいてん》。［例］日本晴《にほんば》れ。❷大勢《おおぜい》の人《ひと》が見《み》ていて、はなやかなこと。表立《おもてだ》って晴《は》れがましいこと。［例］晴れの舞台《ぶたい》でおどる。

**はれ**【腫れ】［名］はれて、ふくれあがること。はれている状態《じょうたい》。［例］傷口《きずぐち》の腫れがなかなか引《ひ》かない。

**はれあがる**【晴れ上がる】［動］すっかり晴《は》れる。［例］晴れ上がった秋《あき》の空《そら》。

**ばれいしょ**［名］↓じゃがいも 584ページ

**バレエ**〔フランス語〕［名］西洋《せいよう》のおどり。歌《うた》や言葉《ことば》を使《つか》わずに、音楽《おんがく》に合《あ》わせて、身《み》ぶりや、おどりだけで物語《ものがたり》を表《あらわ》す。

**バレー**［名］〔英語《えいご》の「バレーボール」の略《りゃく》。〕六人《ろくにん》、または九人《くにん》ずつのチームが、ネットをはさんで、ボールを落《お》とさないように手《て》で打《う》ち合《あ》う競技《きょうぎ》。

**ハレーすいせい**【ハレー彗星】［名］約《やく》七十六年《ねん》ごとに太陽《たいよう》に近《ちか》づく彗星《すいせい》。イギリスの天文学者《てんもんがくしゃ》ハレーの名《な》からつけられた。

**パレード**〔英語 parade〕［名］［動-する］行列《ぎょうれつ》を整《ととの》えた、はなやかな行進《こうしん》。［例］優勝《ゆうしょう》パレード。

**バレーボール**〔英語 volleyball〕［名］↓バレー 1068ページ

**はれがましい**【晴れがましい】［形］表立《おもてだ》っていて、気《き》はずかしいほどはなやかだ。［例］晴れがましい席《せき》にすわる。

**はれぎ**【晴れ着】［名］表立《おもてだ》った場所《ばしょ》に行《い》くときに着《き》るきれいな衣服《いふく》。よそ行《い》き。［例］正月《しょうがつ》の晴れ着。

**はれすがた**【晴れ姿】［名］❶晴《は》れ着《ぎ》を着《き》た姿《すがた》。❷表立《おもてだ》った場所《ばしょ》に出《で》る、はれやかな姿《すがた》。［例］卒業式《そつぎょうしき》の晴れ姿。

**パレスチナ**［地名］西《にし》アジアの地中海沿岸《ちちゅうかいえんがん》の地域《ちいき》。ヨルダン川《がわ》と死海《しかい》を結《むす》ぶ線《せん》の西側《にしがわ》をいうことが多《おお》い。

○**はれつ**【破裂】［名］［動-する］❶勢《いきお》いよく破《やぶ》れること。また、さけること。［例］寒《さむ》さで、水道管《すいどうかん》が破裂した。❷話《はな》し合《あ》いがつかず、だめになること。決裂《けつれつ》。

**パレット**〔英語 palette〕［名］絵《え》の具《ぐ》の色《いろ》を混《ま》ぜ合《あ》わせたり、絵《え》の具《ぐ》をとかしたりするために使《つか》う板《いた》。

**はればれ**【晴れ晴れ】［副（-と）］［動-する］気持《きも》ちが明《あか》るく、すっきりしているようす。［例］晴れ晴れした顔《かお》。

**はれぶたい**【晴れ舞台】［名］大勢《おおぜい》の人《ひと》の前《まえ》で行動《こうどう》する、はなやかな場面《ばめん》。晴《は》れの舞台《ぶたい》。［例］一世一代《いっせいいちだい》の晴れ舞台。

**はればったい**【腫れぼったい】［形］はれてふくれたようす。［例］はればったい目《め》。

**はれま**【晴れ間】［名］❶雨《あめ》や雪《ゆき》などがやんでいる間《あいだ》。［例］つゆの晴れ間。❷雲《くも》やきりの切《き》れ間《ま》。［例］晴れ間から日《ひ》がさす。

**はれもの**【腫れ物】［名］おでき。できもの。

**腫《は》れ物《もの》に触《さわ》るよう** おそるおそるするようす。［例］腫れ物に触るように扱《あつか》う。

**はれやか**【晴れやか】［形動］❶空《そら》が晴《は》れわたっているようす。❷気《き》持《も》ちがさっぱりして、明《あか》るいようす。［例］晴れやかな顔《かお》。❸はなやか。［例］晴れやかに着《き》かざる。

**バレリーナ**〔イタリア語〕［名］バレエの、女性《じょせい》のおどり手《て》。

○**はれる**【晴れる】［動］❶晴《は》れになる。雨《あめ》や雪《ゆき》がやむ。❷きりや雲《くも》が消《き》えて、青空《あおぞら》が出《で》る。［例］きりが晴れて、日《ひ》がさす。❸いやな気分《きぶん》がなくなり、さっぱりする。［例］気《き》が晴れる。❹疑《うたが》いがなくなる。［例］晴れて自由《じゆう》の身《み》になる。［対］（❶～❸）曇《くも》る。↓せい【晴】699ページ

**はれる**【腫れる】［動］けがや病気《びょうき》などのために、皮膚《ひふ》の一部《いちぶ》がふくれ上《あ》がる。↓しゅ【腫】590ページ

**ばれる**［動］秘密《ひみつ》やうそが、人《ひと》に知《し》られてしま

慣用句 春秋《しゅんじゅう》に富《と》む 春秋《しゅんじゅう》に富《と》む青年時代《せいねんじだい》を、彼《かれ》は外国《がいこく》で過《す》ごした。

う。〔くだけた言《い》い方《かた》。〕[例] うそがばれる。

**はれわたる【晴れ渡る】** [動] 雲《くも》一《ひと》つなく一《いち》面《めん》に晴《は》れる。[例] 青《あお》く晴れ渡った秋空《あきぞら》。

**ばれん【馬連】** [名] 〔図画工作《ずがこうさく》で〕木版《もくはん》を刷《す》るとき、版木《はんぎ》に当《あ》てた紙《かみ》を、上《うえ》からこする道《どう》具《ぐ》。

**バレンタインデー** 〔英語 Valentine's Day〕 [名] キリスト教《きょう》の聖人《せいじん》バレンタインを記念《きねん》する日《ひ》。二月十四日《にがつじゅうよっか》。男女《だんじょ》の愛《あい》の誓《ちか》いの日《ひ》とされ、贈《おく》り物《もの》をする習慣《しゅうかん》が世界各地《せかいかくち》にある。日本《にっぽん》では女性《じょせい》から男性《だんせい》へ、チョコレートなどをプレゼントする習慣《しゅうかん》がある。

**はれんち【破廉恥】** [名][形動] はずかしいことを平気《へいき》で行《おこな》うこと。恥知《はじし》らず。[例] はれんちなふるまい。

**ハロウィーン** 〔英語 Halloween〕 [名] 聖人《せいじん》を記念《きねん》するキリスト教《きょう》の行事《ぎょうじ》(十一月一日《じゅういちがつついたち》)の前夜祭《ぜんやさい》。アメリカなどではカボチャをくりぬいてかざったり、子《こ》どもたちが仮装《かそう》して家々《いえいえ》を回《まわ》ったりする。

**ハローワーク** [名] 〔日本《にっぽん》でできた英語《えいご》ふうの言葉《ことば》。〕[↓] しょくぎょうあんていじょ 641ページ

**パロディ** 〔英語 parody〕 [名] よく知《し》られた作《さく》品《ひん》の特徴《とくちょう》をまねて、それをからかったり誇《こ》張《ちょう》したりして作《つく》りかえた作品《さくひん》。[例] モナリザのパロディ画《が》。

**バロメーター** 〔英語 barometer〕 [名] ❶気圧《きあつ》計《けい》。晴雨計《せいうけい》。❷ものごとの程度《ていど》を決《き》める、ものさし。[例] 健康《けんこう》のバロメーター。

**パワー** 〔英語 power〕 [名] 力《ちから》。馬力《ばりき》。権力《けんりょく》。軍《ぐん》事力《じりょく》。[例] パワーのある車《くるま》。

**パワーアップ** 〔英語 power up〕 [名][動-する] 能《のう》力《りょく》をいちだんと上《あ》げること。[例] 練習《れんしゅう》によって、チームのパワーアップを図《はか》る。

**パワースポット** [名] 〔日本《にっぽん》でできた英語《えいご》ふうの言葉《ことば》。〕目《め》に見《み》えない不思議《ふしぎ》な力《ちから》が宿《やど》っているとされる場所《ばしょ》。

**パワーハラスメント** [名] 〔日本《にっぽん》でできた英語《えいご》ふうの言葉《ことば》。〕[↓] パワハラ 1069ページ

**ハワイ** [地名] アメリカ合衆国《がっしゅうこく》の州《しゅう》の一《ひと》つ。太平洋上《たいへいようじょう》にあるハワイ島《とう》、オアフ島《とう》などからなる。観光地《かんこうち》として知《し》られている。

**パワハラ** [名] 〔「パワーハラスメント」の略《りゃく》。〕職場《しょくば》などで、地位《ちい》や立場《たちば》を利用《りよう》したいじめやいやがらせ。

**パワフル** 〔英語 powerful〕 [形動] 力《ちから》に満《み》ちているようす。[例] パワフルな走《はし》り方《かた》。

**はん【反】** [画数] 4 [部首] 又(また) [3年]

[音] ハン ホン タン [訓] そ-る そ-らす

筆順 一 厂 反 反

[一] 〔「ハン・ホン」と読《よ》んで〕 ❶もとにもどる。かえる。[熟語] 反射《はんしゃ》。反省《はんせい》。❷そむく。逆《さか》らう。[熟語] 反《はん》抗《こう》。反対《はんたい》。違反《いはん》。謀反《むほん》。❸逆《ぎゃく》。[熟語] 反《はん》作用《さよう》。反比例《はんぴれい》。[二] 〔「タン」と読《よ》んで〕 ❶田畑《たはた》の広《ひろ》さの単位《たんい》。[熟語] 減反《げんたん》。❷布《ぬの》を数《かぞ》える単位《たんい》。[熟語] 反物《たんもの》。

《[訓]の使い方》 そ-る [例] 板《いた》が反る。 そ-らす [例] 体《からだ》を反らす。

**はん【半】** [画数] 5 [部首] 十(じゅう) [2年]

[音] ハン [訓] なか-ば

筆順 丶 丷 䒑 兰 半

❶二《ふた》つに分《わ》けた一《ひと》つ。[熟語] 半円《はんえん》。半額《はんがく》。半《はん》径《けい》。前半《ぜんはん》・前半《ぜんばん》。大半《たいはん》。上半身《じょうはんしん》。❷完全《かんぜん》でない。なかば。[熟語] 半熟《はんじゅく》。半端《はんぱ》。

《[訓]の使い方》 なか-ば [例] 半ばできた。

**はん【半】** [名] 時刻《じこく》の、三〇分《ぶん》。[例] 半になったら出発《しゅっぱつ》します。

**はん【犯】** [画数] 5 [部首] 犭(けものへん) [5年]

[音] ハン [訓] おか-す

筆順 ノ 犭 犭 犯 犯

❶決《き》まりを破《やぶ》る。罪《つみ》をおかす。[熟語] 犯罪《はんざい》。犯《はん》人《にん》。防犯《ぼうはん》。現行犯《げんこうはん》。❷刑《けい》を受《う》けた回数《かいすう》を数《かぞ》える言葉《ことば》。[例] 前科一犯《ぜんかいっぱん》。

《[訓]の使い方》 おか-す [例] 罪《つみ》を犯す。

**はん【判】** [画数] 7 [部首] 刂(りっとう) [5年]

[音] ハン バン [訓] ——

筆順 丶 丷 䒑 兰 半 判 判

❶はっきり見《み》きわめる。[熟語] 判断《はんだん》。批判《ひはん》。裁《さい》判《ばん》。評判《ひょうばん》。❷はっきりしている。[熟語] 判明《はんめい》。



 慣用句 情《じょう》が移《うつ》る　メダカのようなものでも、飼《か》ってみると情《じょう》が移《うつ》って、かわいいものだ。

❸紙《かみ》や本《ほん》の大《おお》きさ。熟語 判型《はんけい》。❹はんこ。熟語 太鼓判《たいこばん》。❺昔《むかし》のお金《かね》。熟語 小判《こばん》。

**はん【判】**名 はんこ。印鑑《いんかん》。例 判を押《お》す。

**判《はん》で押《お》したよう** いつも同《おな》じで、決《き》まりきっている。例 判で押したような返事《へんじ》。

**はん【坂】** 画数 7 部首 土（つちへん） 3年

音 パ△ン 訓 さか

筆順 一 十 土 圹 坂 坂

さか。熟語 急坂《きゅうはん》〔＝急《きゅう》な坂道《さかみち》〕。登坂《とうはん》・登坂《とはん》〔＝（車《くるま》が）坂《さか》を登《のぼ》る〕。坂道《さかみち》。

**はん【阪】** 画数 7 部首 阝（こざとへん） 4年

音 パ△ン 訓 ―

筆順 ７ 阝 阝一 阝厂 阪 阪

坂《さか》。例 京阪神《けいはんしん》。阪神工業地帯《はんしんこうぎょうちたい》。参考「大阪府《おおさかふ》」のようにも読《よ》む。注意 現在《げんざい》では、地名《ちめい》・人名《じんめい》にしか使《つか》わない。

**はん【板】** 画数 8 部首 木（きへん） 3年

音 ハン バン 訓 いた

筆順 一 十 才 木 木一 杤 板 板

いた。熟語 板木《はんぎ》。板書《ばんしょ》。看板《かんばん》。黒板《こくばん》。鉄板《てっぱん》。羽子板《はごいた》。

**はん【版】** 画数 8 部首 片（かたへん） 5年

音 ハン 訓 ―

筆順 丿 丿' 片 片 片一 版 版 版

❶印刷用《いんさつよう》に活字《かつじ》や絵《え》などを整《ととの》えたもの。熟語 版画《はんが》。活版《かっぱん》。木版《もくはん》。❷本《ほん》を作《つく》ること。熟語 版元《はんもと》。出版《しゅっぱん》。絶版《ぜっぱん》。

**はん【版】**名 ❶印刷《いんさつ》するために、文字《もじ》や絵《え》をほったり、活字《かつじ》などを組《く》んだりしたもの。例 版を組《く》み上《あ》げる。❷印刷《いんさつ》して本《ほん》を作《つく》ること。例 よく売《う》れて、版を重《かさ》ねる。

**はん【班】** 画数 10 部首 王（おうへん） 6年

音 ハン 訓 ―

筆順 一 T 王 王丿 玐 玔 班 班

組《く》み分《わ》けしたもの。また、それを数《かぞ》える言葉《ことば》。熟語 班長《はんちょう》。作業班《さぎょうはん》。例 二班《にはん》に分《わ》ける。

**はん【班】**名 全体《ぜんたい》を小《ちい》さな組《くみ》に分《わ》けたもの。グループ。チーム。例 班ごとに調査《ちょうさ》する。

**はん【飯】** 画数 12 部首 食（しょくへん） 4年

音 ハン 訓 めし

筆順 𠆢 今 今 食 飣 飯 飯 飯

米《こめ》をたいたもの。ごはん。熟語 赤飯《せきはん》。夕飯《ゆうはん》・夕飯《ゆうめし》。炊飯器《すいはんき》。

**はん【氾】** 画数 5 部首 氵（さんずい）

音 ハン 訓 ―

あふれる。ひろがる。熟語 氾濫《はんらん》。

**はん【帆】** 画数 6 部首 巾（はばへん）

音 ハン 訓 ほ

ほ。船《ふね》の柱《はしら》に張《は》る大《おお》きな布《ぬの》。熟語 帆船《はんせん》。出帆《しゅっぱん》。

**はん【汎】** 画数 6 部首 氵（さんずい）

音 ハン 訓 ―

広《ひろ》くゆきわたる。熟語 汎用《はんよう》〔＝一《ひと》つの物《もの》を、いろいろに使《つか》うこと〕。

**はん【伴】** 画数 7 部首 亻（にんべん）

音 ハン バン 訓 ともな-う

ともなう。連《つ》れて行《い》く。つき従《したが》う。熟語 同伴《どうはん》。伴奏《ばんそう》。

**はん【畔】** 画数 10 部首 田（た）

音 ハン 訓 ―

水《みず》のほとり。水《みず》ぎわ。熟語 湖畔《こはん》。

**はん【般】** 画数 10 部首 舟（ふねへん）

音 ハン 訓 ―

❶めぐる。ひとめぐり。（この）たび。熟語 今般《こんぱん》〔＝このたび〕。❷ひとまとまりのことがら。同《おな》じようなものごと。熟語 一般《いっぱん》。諸般《しょはん》〔＝いろいろなこと〕。全般《ぜんぱん》。

**はん【販】** 画数 11 部首 貝（かいへん）

慣用句 性懲《しょうこ》りもなく　あんなにしかられても、性懲《しょうこ》りもなくゲーム機《き》にかじりついている。

音 ハン 訓 —
商品《しょうひん》を売《う》る。熟語 販売《はんばい》。市販《しはん》。

**はん【斑】** 画数 12 部首 文（ぶん）
音 ハン 訓 —
まだら。ぶち。熟語 斑点《はんてん》。

**はん【搬】** 画数 13 部首 扌（てへん）
音 ハン 訓 —
はこぶ。熟語 搬出《はんしゅつ》。運搬《うんぱん》。

**はん【煩】** 画数 13 部首 火（ひへん）
音 ハン ボン 訓 わずら-う わずら-わす
❶思《おも》いなやむ。熟語 煩悶《はんもん》〔＝なやみ苦《くる》しむ〕。煩悩《ぼんのう》〔＝仏教《ぶっきょう》で、すべての迷《まよ》いや欲望《よくぼう》〕。例 あれこれと思《おも》い煩《わずら》う。❷わずらわしい。熟語 煩雑《はんざつ》。

**はん【頒】** 画数 13 部首 頁（おおがい）
音 ハン 訓 —
配《くば》る。熟語 頒布《はんぷ》〔＝多《おお》くの人《ひと》に分《わ》けて配《くば》る〕。

**はん【範】** 画数 15 部首 ⺮（たけかんむり）
音 ハン 訓 —
❶手本《てほん》。熟語 師範《しはん》。模範《もはん》。❷区切《くぎ》り。わく。熟語 範囲《はんい》。広範《こうはん》〔＝範囲《はんい》が広《ひろ》い〕。

**はん【範】°** 名 手本《てほん》。模範《もはん》。例 範を示《しめ》す。

**はん【繁】** 画数 16 部首 糸（いと）
音 ハン 訓 —
❶生《お》いしげる。増《ふ》える。さかんになる。熟語 繁栄《はんえい》。繁盛《はんじょう》。繁殖《はんしょく》。繁茂《はんも》。繁華街《はんかがい》。❷わずらわしい。いそがしい。熟語 繁雑《はんざつ》。頻繁《ひんぱん》。

**はん【藩】** 画数 18 部首 艹（くさかんむり）
音 ハン 訓 —
大名《だいみょう》の領地《りょうち》。熟語 藩士《はんし》。藩主《はんしゅ》。

**はん【藩】°** 名 江戸時代《えどじだい》、大名《だいみょう》が治《おさ》めていた領《りょう》地《ち》。例 藩をあげて米作《こめづく》りにはげんだ。

**はん【凡】°** 熟語 凡例《はんれい》。↓ぼん【凡】1218ページ

**ばん【晩】** 画数 12 部首 日（ひへん） 6年
音 バン 訓 —
筆順
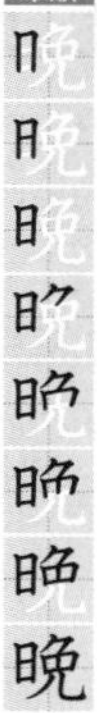
❶夕方《ゆうがた》。夜《よる》。熟語 晩飯《ばんめし》。朝晩《あさばん》。今晩《こんばん》。対 朝《あさ》。❷時期《じき》がおそい。熟語 晩春《ばんしゅん》。晩年《ばんねん》。

**ばん【晩】** 名 日《ひ》がくれてから寝《ね》るまでの間《あいだ》。例 朝《あさ》から晩まで働《はたら》く。対 朝《あさ》。

**ばん【番】** 画数 12 部首 田（た） 2年
音 バン 訓 —
筆順

❶交代《こうたい》で受《う》け持《も》つこと。熟語 週番《しゅうばん》。当番《とうばん》。❷見張《みは》り。熟語 番犬《ばんけん》。交番《こうばん》。❸順序《じゅんじょ》。熟語 番組《ばんぐみ》。番号《ばんごう》。順番《じゅんばん》。❹ふだん使《つか》うもの。熟語 番茶《ばんちゃ》。

**ばん【番】** 名 ❶見張《みは》り。例 店《みせ》の番をする。❷順番《じゅんばん》。例 自分《じぶん》の番が回《まわ》ってくる。

**ばん【蛮】** 画数 12 部首 虫（むし）
音 バン 訓 —
❶文化《ぶんか》の開《ひら》けていない者《もの》。自分《じぶん》たち以外《いがい》の民《みん》族《ぞく》や外国人《がいこくじん》をさげすんだ言葉《ことば》。熟語 南蛮《なんばん》。❷あらあらしい。熟語 野蛮《やばん》。

**ばん【盤】** 画数 15 部首 皿（さら）
音 バン 訓 —
❶大《おお》きな皿《さら》。皿《さら》のような形《かたち》のもの。熟語 円《えん》盤《ばん》。❷平《たい》らな台《だい》。熟語 碁盤《ごばん》。羅針盤《らしんばん》。❸大《おお》きな岩石《がんせき》。熟語 地盤《じばん》。岩盤《がんばん》。落盤《らくばん》。

**ばん【盤】°** 名 碁盤《ごばん》・将棋盤《しょうぎばん》・レコード盤《ばん》などの略《りゃく》。

**ばん【万△】** 熟語 万事《ばんじ》。万能《ばんのう》。↓まん【万】1244ページ

**ばん【伴】°** 熟語 伴奏《ばんそう》。↓はん【伴】1070ページ

**ばん【判】** 熟語 小判《こばん》。↓はん【判】1069ページ

**ばん【板】** 熟語 黒板《こくばん》。掲示板《けいじばん》。↓はん【板】1070ページ

°**パン**〔ポルトガル語〕名 小麦粉《こむぎこ》にイースト菌《きん》や塩《しお》を混《ま》ぜ、水《みず》でこねて発酵《はっこう》させ、焼《や》いた食《た》べ物《もの》。

°**はんい【範囲】°** 名 ある限《かぎ》られた広《ひろ》がりの中《なか》。例 広《ひろ》い範囲で被害《ひがい》が出《で》た。

**はんえい【反映】** 名 動-する ❶色《いろ》や光《ひかり》が反射《はんしゃ》して映《うつ》ること。例 池《いけ》に朝日《あさひ》が反映している。

あいうえお かきくけこ さしすせそ たちつてと なにぬねの はひふへほ まみむめも やゆよ らりるれろ わをん

慣用句 触手《しょくしゅ》を伸《の》ばす　プロ球団《きゅうだん》が、高校野球《こうこうやきゅう》の有名選手《ゆうめいせんしゅ》に触手《しょくしゅ》を伸《の》ばしているそうだ。

❷あるものごとの影響《えいきょう》が現《あらわ》れること。例 ものの言《い》い方《かた》に、人柄《ひとがら》が反映する。

**はんえい【繁栄】** 名 動-する 栄《さか》えること。さかんになること。例 国家《こっか》の繁栄。

**はんえいきゅうてき【半永久的】** 形動 ずっと長《なが》く続《つづ》くようす。例 半永久的に使《つか》える道具《どうぐ》。

**はんえん【半円】** 名 円《えん》を直径《ちょっけい》で二《ふた》つに分《わ》けたうちの一《ひと》つ。例 半円形《けい》の月《つき》。

**はんえんけい【半円形】** 名 〔算数《さんすう》で〕円《えん》を直径《ちょっけい》で半分《はんぶん》に分《わ》けた形《かたち》。半円《はんえん》。

**はんおん【半音】** 名 〔音楽《おんがく》で〕全音《ぜんおん》の半分《はんぶん》の音程《おんてい》。例《たと》えば、「ミ」と「ファ」、「シ」と「ド」の間《あいだ》の音《おと》。

**はんが【版画】** 名 木《き》・銅《どう》・石《いし》などの板《いた》に絵《え》をほり、インクや絵《え》の具《ぐ》などをつけて、それを紙《かみ》にうつした絵《え》。

**ばんか【晩夏】** 名 ❶夏《なつ》の終《お》わりごろ。❷昔《むかし》の暦《こよみ》で、八月《はちがつ》。関連 初夏《しょか》。仲夏《ちゅうか》。

**ハンガー** 〔英語 hanger〕名 洋服《ようふく》をかけてつるしておくもの。

**ばんかい【挽回】** 名 動-する 取《と》りもどすこと。例 名誉《めいよ》をばん回する。

**ばんがい【番外】** 名 ❶決《き》まっていたこと以外《いがい》のもの。例 プログラムにない番外の出《だ》し物《もの》。❷ふつうとは、かけはなれていること。例 あのやり方《かた》は番外だ。

**はんかがい【繁華街】** 名 店《みせ》などが多《おお》く、人《ひと》が集《あつ》まるにぎやかな町《まち》や通《とお》り。

**はんがく【半額】** 名 決《き》まった金額《きんがく》の半分《はんぶん》。半値《はんね》。

**ハンカチ** 名 〔英語《えいご》の「ハンカチーフ」の略《りゃく》。〕四角《しかく》い布《ぬの》の手《て》ふき。ハンケチ。

**ハンガリー** 地名 ヨーロッパの中《なか》ほどにある共和国《きょうわこく》。首都《しゅと》はブダペスト。

**バンガロー** 〔英語 bungalow〕名 キャンプ地《ち》などにある、簡単《かんたん》な小屋《こや》。

**はんかん【反感】** 名 相手《あいて》に逆《さか》らう気持《きも》ち。例 周《まわ》りの人《ひと》の反感を買《か》う。

**ばんかん【万感】** 名 心《こころ》にわき起《お》こるさまざまな思《おも》い。例 万感胸《むね》にせまる。

**はんき【半期】** 名 ❶一年《いちねん》の半分《はんぶん》。❷決《き》められた期間《きかん》の半分《はんぶん》。

**はんき【半旗】** 名 人《ひと》の死《し》を悲《かな》しむ気持《きも》ちを表《あらわ》すために、さおの先《さき》から少《すこ》し下《さ》げてかかげる旗《はた》。

**はんきをひるがえす【反旗を翻す】** 謀反《むほん》を起《お》こす。反対《はんたい》の意思《いし》を表《あらわ》す。参考「反旗《はんき》」は、謀反《むほん》を起《お》こした人《ひと》がかかげる旗《はた》のこと。

**はんぎ【版木・板木】** 名 版画《はんが》や木版印刷《もくはんいんさつ》をするために、文字《もじ》や絵《え》をほった板《いた》。

**はんきかん【半規管】** 名 脊椎動物《せきついどうぶつ》の耳《みみ》のおくにあって、体《からだ》の回転《かいてん》する方向《ほうこう》や、速度《そくど》などを感《かん》じる器管《きかん》。三本《さんぼん》の半円形《はんえんけい》の管《くだ》からできているので「三半規管《さんはんきかん》」ともいう。

**はんぎゃく【反逆】** 名 動-する 国《くに》など、権力《けんりょく》のあるものに逆《さか》らうこと。そむくこと。例 反逆者《しゃ》。

**はんきょう【反響】** 名 動-する ❶音《おと》が、物《もの》につき当《あ》たって、もう一度《いちど》聞《き》こえること。❷あるものごとの影響《えいきょう》を受《う》けて起《お》こる、世《よ》の中《なか》の動《うご》き。例 大《おお》きな反響を呼《よ》ぶ。

**パンク** 名 動-する 〔英語《えいご》の「パンクチャー」の略《りゃく》。〕❶タイヤに穴《あな》があくこと。❷ふくれて破《やぶ》れること。例 おなかがパンクしそうだ。❸一《いっ》か所《しょ》に集《あつ》まりすぎて、役《やく》に立《た》たなくなること。例 電話回線《でんわかいせん》がパンクした。

**ハンググライダー** 〔英語 hang glider〕名 三角形《さんかくけい》のわくに布《ぬの》を張《は》ったつばさの下《した》につかまって、空《そら》を飛《と》ぶスポーツ。ハンググライダー。

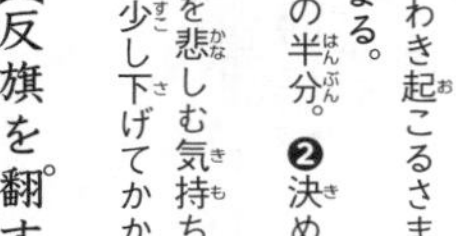

〔ハンググライダー〕

**°ばんぐみ【番組】** 名 放送《ほうそう》やもよおし物《もの》などの、順序《じゅんじょ》や組《く》み合《あ》わせ。プログラム。

**バングラデシュ** 地名 南《みなみ》アジア、インド半島北東部《はんとうほくとうぶ》にある国《くに》。首都《しゅと》はダッカ。

**ハングリー** 〔英語 hungry〕名 形動 ❶空腹《くうふく》。❷満《み》たされないこと。例 ハングリー精神《せいしん》。

**ハングル** 〔韓国《かんこく》・朝鮮語《ちょうせんご》〕名 朝鮮語《ちょうせんご》を書《か》き表《あらわ》すための独自《どくじ》の文字《もじ》。日本語《にほんご》における仮名《かな》のようなはたらきをする。参考「韓国語《かんこくご》」「朝鮮語《ちょうせんご》」そのものの意味《いみ》で使《つか》われることもある。

**ばんくるわせ【番狂わせ】** 名 勝《か》ち負《ま》けが、思《おも》いがけない結果《けっか》になること。例 横綱《よこづな》が負《ま》ける番狂わせ。

慣用句 知《し》らぬが仏《ほとけ》 けさクマが出《で》たという道《みち》を、兄《あに》は知《し》らぬが仏《ほとけ》で、平気《へいき》で通《とお》ってやって来《き》た。

**°はんけい**【半径】名 〔算数《さんすう》で〕円《えん》や球《きゅう》の中心《ちゅうしん》と、円周《えんしゅう》または球面《きゅうめん》とを結《むす》ぶ直線《ちょくせん》の長《なが》さ。直径《ちょっけい》の半分《はんぶん》。↓えん(円)❶ 135ページ

**はんげき**【反撃°】名 動-する 攻《せ》められていたものが、反対《はんたい》に攻《せ》め返《かえ》すこと。例 反撃に出《で》て、勝《か》ちを収《おさ》めた。

**はんけつ**【判決】名 動-する 裁判所《さいばんしょ》が、法律《ほうりつ》によって、罪《つみ》のあるなしを決《き》めること。例 無《む》罪《ざい》の判決がくだる。

**はんげつ**【半月】名 半円形《はんえんけい》に見《み》える月《つき》。注意「半月」を「はんつき」と読《よ》むと、「一《いっ》か月《げつ》の半分《はんぶん》」という意味《いみ》になる。

**はんけん**【半券】名 品物《しなもの》や料金《りょうきん》を受《う》け取《と》ったしるしとして渡《わた》される半分《はんぶん》の券《けん》。

**はんけん**【版権】名 本《ほん》などを出版《しゅっぱん》したり売《う》ったりできる権利《けんり》。

**はんげん**【半減】名 動-する 半分《はんぶん》に減《へ》ること。半分《はんぶん》に減《へ》らすこと。例 事故《じこ》の発生件数《はっせいけんすう》が半減する。

**ばんけん**【番犬】名 家《いえ》の見張《みは》りをする犬《いぬ》。

**はんこ**【判子】名 はん。印鑑《いんかん》。

✤**はんご**【反語】名 ❶疑問《ぎもん》の形《かたち》で表現《ひょうげん》しながら、それを打《う》ち消《け》して逆《ぎゃく》の気持《きも》ちを表《あらわ》す言《い》い方《かた》。例《たと》えば、「だれがするだろうか。」と言《い》うことによって、「いや、だれもしない。」という反対《はんたい》の意味《いみ》を強《つよ》く表《あらわ》す言《い》い方《かた》。❷わざと逆《ぎゃく》を言《い》うことで、あてこすりを言《い》う言《い》い方《かた》。皮《ひ》肉《にく》。おくれてきた人《ひと》に、「お早《はや》いことで。」と言《い》う、など。

**パンこ**【パン粉】名 ❶パンを乾燥《かんそう》させ、粉《こな》にしたもの。フライの衣《ころも》などに使《つか》う。❷パンの原料《げんりょう》となる小麦粉《こむぎこ》。

**はんこう**【反抗°】名 動-する 親《おや》や目上《めうえ》の人《ひと》に手向《てむ》かうこと。逆《さか》らうこと。例 親《おや》に反抗する。対 服従《ふくじゅう》。

**はんこう**【犯行】名 罪《つみ》になるような悪《わる》い行《おこな》い。例 犯行を重《かさ》ねる。

**はんこう**【藩校°】名 江戸時代《えどじだい》、武士《ぶし》の家《いえ》の男《おとこ》の子《こ》を教育《きょういく》するために、藩《はん》がつくった学《がっ》校《こう》。藩学《はんがく》。

**はんごう**【飯盒】名 キャンプなどで、ご飯《はん》をたくときなどに使《つか》う、アルミニウムなどでできた容器《ようき》。

**°ばんごう**【番号】名 順番《じゅんばん》を表《あらわ》す数字《すうじ》。ナンバー。

**はんこうき**【反抗°期】名 子《こ》どもから大人《おとな》へと成長《せいちょう》するあいだで、まわりの人《ひと》に抵抗《ていこう》したり反発《はんぱつ》したりする時期《じき》。

**ばんこく**【万△国】名 世界《せかい》じゅうの国《くに》。

**ばんこくはくらんかい**【万△国博覧会】名 世界《せかい》の国々《くにぐに》が参加《さんか》する博覧会《はくらんかい》。万国《ばんこく》博《はく》。万博《ばんぱく》。エキスポ。

**ばんこっき**【万△国旗】名 世界《せかい》の国々《くにぐに》の旗《はた》。ばんこくき。例 運動会《うんどうかい》に万国旗をかざる。

**ばんごはん**【晩ご飯】名 晩《ばん》の食事《しょくじ》。夕飯《ゆうはん》。

**はんざい**【犯罪】名 罪《つみ》を犯《おか》すこと。法律《ほうりつ》を破《やぶ》ること。また、犯《おか》した罪《つみ》。例 犯罪を重《かさ》ねる。

**°ばんざい**【万△歳°】一感 うれしいとき、めでたいときに、大声《おおごえ》で言《い》う言葉《ことば》。例「万歳、うまくいったぞ。」二名 動-する ❶めでたいときなどに、「一」を大声《おおごえ》で言《い》うこと。例 万歳を三《さん》唱《しょう》する。❷どうしようもなくなること。お手《て》上《あ》げ。例 これでだめならもう万歳だ。三名 めでたいこと。例 無事《ぶじ》に帰《かえ》れて万歳だ。

**ばんさく**【万△策】名 あらゆる手段《しゅだん》や方法《ほうほう》。
**万策《ばんさく》尽《つ》きる** どうしようもなくなる。例 万策尽きて店《みせ》をたたんだ。

**はんざつ**【煩°雑】名 形動 こみ入《い》っていて、面倒《めんどう》なこと。例 煩雑な手続《てつづ》き。

**はんざつ**【繁°雑】名 形動 ものごとが多《おお》くて、ごたごたしていること。例 繁雑な日常《にちじょう》生活《せいかつ》。

**ばんさん**【晩餐】名 ごちそうの出《で》る、改《あらた》まった夕食《ゆうしょく》。例 晩さん会《かい》。

**はんし**【半紙】名 習字《しゅうじ》などに使《つか》う和紙《わし》。縦《たて》三四センチメートル、横《よこ》二四センチメートルくらいの大《おお》きさ。

**はんし**【藩士°】名 江戸時代《えどじだい》、大名《だいみょう》の家来《けらい》になっていた武士《ぶし》。

**はんじ**【判事】名 裁判官《さいばんかん》の位《くらい》の一《ひと》つ。裁判《さいばん》で、法律《ほうりつ》に従《したが》って、罪《つみ》があるかないかを判断《はんだん》する役目《やくめ》の人《ひと》。

**ばんじ**【万△事】名 すべてのこと。全部《ぜんぶ》。例 万事よろしくお願《ねが》いします。
**万《ばん》事《じ》休《きゅう》す** 何《なに》もかも、もうだめだ。もうこれ以上方法《いじょうほうほう》がない。例 万事休すだ。参考




慣用句 白羽《しらは》の矢《や》が立《た》つ 全国大会《ぜんこくたいかい》の会場校《かいじょうこう》として、私《わたし》たちの学校《がっこう》に白羽《しらは》の矢《や》が立《た》った。

昔《むかし》の中国《ちゅうごく》の詩《し》から。

**パンジー** 名 スミレの仲間《なかま》の草花《くさばな》。春《はる》、白《しろ》・黄《き》・むらさきなどの花《はな》が咲《さ》く。花壇《かだん》やはちに植《う》えて楽《たの》しむ。三色《さんしょく》すみれ。

**はんしはんしょう【半死半生】** 名 今《いま》にも死《し》にそうなこと。例 交通事故《こうつうじこ》で、半死半生の目《め》にあった。

**°はんしゃ【反射】** 名 動-する ❶光《ひかり》や音《おと》、電波《でんぱ》などが、物《もの》に当《あ》たってはね返《かえ》ること。❷生物《せいぶつ》が無意識《むいしき》に反応《はんのう》すること。また、その反応《はんのう》。例 条件《じょうけん》反射。

**はんしゃきょう【反射鏡】** 名 光《ひかり》を反射《はんしゃ》させる鏡《かがみ》。

**ばんじゃく【盤°石】** 名 ❶大《おお》きな石《いし》や岩《いわ》。❷しっかりして安定《あんてい》していること。例 彼《かれ》は盤石の地位《ちい》にいる。

**はんしゃてき【反射的】** 形動 何《なに》かが起《お》こったとき、すぐに反応《はんのう》するようす。例 反射的に目《め》を閉《と》じる。

**はんしゅ【藩°主】** 名 江戸時代《えどじだい》の大名《だいみょう》。

**ばんしゅう【晩秋】** 名 ❶秋《あき》の終《お》わりごろ。❷昔《むかし》の暦《こよみ》で、九月《くがつ》。関連 初秋《しょしゅう》。仲秋《ちゅうしゅう》。

**はんじゅく【半熟】** 名 ❶ゆで卵《たまご》の、十分《じゅうぶん》固《かた》まっていないもの。❷果物《くだもの》が、まだよく熟《じゅく》していないこと。

**はんしゅつ【搬°出】** 名 動-する 大《おお》きい物《もの》を運《はこ》び出《だ》すこと。例 作品《さくひん》を搬出する。

**ばんしゅん【晩春】** 名 ❶春《はる》の終《お》わりごろ。❷昔《むかし》の暦《こよみ》で、三月《さんがつ》。関連 初春《しょしゅん》。仲春《ちゅうしゅん》。

**ばんしょ【板書】** 名 動-する 黒板《こくばん》に書《か》くこと。また、その書《か》かれた文字《もじ》など。例 板書をノートに書《か》き写《うつ》す。

**はんしょう【半焼△】** 名 動-する 火事《かじ》で半分《はんぶん》ぐらい焼《や》けること。

**はんしょう【半鐘°】** 名 火《ひ》の見《み》やぐらなどの上《うえ》につけた、火事《かじ》を知《し》らせるために打《う》ち鳴《な》らす小形《こがた》のつりがね。

**はんじょう【繁°盛△】** 名 動-する にぎわって栄《さか》えること。例 店《みせ》が繁盛する。

**バンジョー** 〔英語 banjo〕 名 丸《まる》く平《ひら》べったい胴《どう》に長《なが》い柄《え》をつけ、弦《げん》を張《は》った楽器《がっき》。アメリカの音楽《おんがく》に使《つか》われる。↓がっき(楽器) 244ページ

**はんしょく【繁°殖°】** 名 動-する 動物《どうぶつ》や植物《しょくぶつ》がどんどん増《ふ》えること。例 鳥《とり》の繁殖地《ち》。

**はんしん【半身】** 名 ❶体《からだ》の、右《みぎ》または左《ひだり》の半分《はんぶん》。例 右《みぎ》半身。❷体《からだ》の、上《うえ》または下《した》の半分《はんぶん》。例 上《じょう》半身はだかになる。注意「半身」を「はんみ」と読《よ》むと、ちがう意味《いみ》になる。

**はんしんあわじだいしんさい【阪△神°淡路大震°災】** 名 一九九五年《ねん》(平成《へいせい》七年《ねん》)一月十七日《いちがつじゅうしちにち》、兵庫県南部《ひょうごけんなんぶ》を中心《ちゅうしん》に起《お》きた大《おお》地震《じしん》による災害《さいがい》。死者《ししゃ》が約《やく》六五〇〇人《にん》も出《で》るなどの大被害《だいひがい》をもたらした。

**はんしんこうぎょうちたい**〖阪神工業地帯〗 地名 大阪《おおさか》と神戸《こうべ》を中心《ちゅうしん》とする工業《こうぎょう》のさかんな地域《ちいき》。

■**はんしんはんぎ【半信半疑】** 名 半分《はんぶん》信《しん》じ、半分《はんぶん》疑《うたが》うこと。例 友達《ともだち》のじまん話《ばなし》を半信半疑で聞《き》いていた。

**はんすう【半数】** 名 全体《ぜんたい》の数《かず》の半分《はんぶん》。例 ほぼ半数の人《ひと》が反対《はんたい》した。

**はんすう【反芻•】** 名 動-する ❶一度《いちど》飲《の》みこんだ食《た》べ物《もの》を、また口《くち》にもどして、かみ直《なお》すこと。牛《うし》、羊《ひつじ》などの草食動物《そうしょくどうぶつ》がする。❷くり返《かえ》し、よく考《かんが》えること。例 学校《がっこう》で習《なら》ったことを反すうする。

**はんする【反する】** 動 ❶反対《はんたい》になる。例 予想《よそう》に反する結果《けっか》。❷違反《いはん》する。ちがう。例 規則《きそく》に反する。❸そむく。例 教《おし》えに反する行《おこな》い。

**°はんせい【反省】** 名 動-する 自分《じぶん》の行《おこな》いをふり返《かえ》って、よく考《かんが》えてみること。例 本当《ほんとう》に申《もう》し訳《わけ》ないと反省する。

**はんせい【半生】** 名 人生《じんせい》の半分《はんぶん》。例 半生を研究《けんきゅう》にささげた。

**はんせいき【半世紀】** 名 一世紀《いっせいき》の半分《はんぶん》。五〇年間《ねんかん》。

**はんせきほうかん【版籍°奉°還°】** 名 明治《めいじ》二年《にねん》(一八六九年《ねん》)、各藩《かくはん》の大名《だいみょう》が、自分《じぶん》の領地《りょうち》とそこに住《す》む人々《ひとびと》を、朝廷《ちょうてい》に返《かえ》したこと。

**はんせん【反戦】** 名 戦争《せんそう》に反対《はんたい》すること。

**はんせん【帆°船】** 名 帆《ほ》を張《は》って風《かぜ》の力《ちから》で走《はし》る船《ふね》。ほかけぶね。↓ふね❶ 1150ページ

**はんぜん【判然】** 副(-と) はっきりとわかるようす。例 判然としない説明《せつめい》。参考「判然《はんぜん》たる証拠《しょうこ》」などと使《つか》うこともある。

**ばんぜん【万△全】** 名 形動 完全《かんぜん》で、少《すこ》しも不《ふ》

慣用句 尻切《しりき》れとんぼ 話《はな》し合《あ》いが尻切《しりき》れとんぼに終《お》わる。

十分《じゅうぶん》な点《てん》がないこと。例 備《そな》えは万全だ。

**はんそう【搬送】** 名 動-する 車《くるま》や船《ふね》などに乗《の》せて運《はこ》ぶこと。例 けが人《にん》を救急車《きゅうきゅうしゃ》で搬送する。

**◦ばんそう【伴奏】** 名 動-する 〔音楽《おんがく》で〕歌《うた》や中《ちゅう》心《しん》となる楽器《がっき》の演奏《えんそう》を引《ひ》き立《た》てるために、それに合《あ》わせて演奏《えんそう》すること。また、その演《えん》奏《そう》。

**ばんそうこう** 名 傷口《きずぐち》を守《まも》ったり、ガーゼなどを止《と》めたりするためにはる、ねばりけのあるものをぬった布《ぬの》。

**はんそく【反則】** 名 動-する 規則《きそく》、特《とく》にスポーツのルールを破《やぶ》ること。例 反則して、退《たい》場《じょう》させられる。

**はんそく【販促】** 名 「販売促進《はんばいそくしん》」の略《りゃく》。売《う》り上《あ》げを増《ふ》やすために行《おこな》ういろいろな活動《かつどう》。例 販促のために、広告《こうこく》を出《だ》す。

**はんそで【半袖】** 名 ひじくらいまでの長《なが》さのそで。また、そういうそでの服《ふく》。

**はんだ【半田】** 名 すずとなまりの合金《ごうきん》。金《きん》属《ぞく》をつなぎ合《あ》わせるのに使《つか》う。例 はんだづけ。

**パンダ** 名 ❶アジア大陸《たいりく》の中央部《ちゅうおうぶ》にすむけもの。ジャイアントパンダとレッサーパンダがいる。❷特《とく》に、ジャイアントパンダのこと。中国西部《ちゅうごくせいぶ》の山地《さんち》にすむ。体《からだ》は白《しろ》と黒《くろ》に色分《いろわ》けされて、顔《かお》つきや動作《どうさ》がかわいい。

〔パンダ❷〕

**ハンター** 〔英語 hunter〕 名 かりをする人《ひと》。かりゅうど。

**◦はんたい【反対】** 一 名 形動 ❶逆《ぎゃく》であること。あべこべ。逆《さか》さま。例 反対の方向《ほうこう》。❷対《つい》になっているものの一方《いっぽう》。もう一方《いっぽう》。例 反対の足《あし》でける。二 名 動-する 考《かんが》えや、やり方《かた》に逆《さか》らうこと。例 戦争《せんそう》に反対する。対 賛成《さんせい》。

**ばんだい【番台】** 名 ふろ屋《や》などの入《い》り口《ぐち》で、料金《りょうきん》を受《う》け取《と》ったり見張《みは》りをしたりする人《ひと》のいる台《だい》。また、そこにいる人《ひと》。

**ばんだいあさひこくりつこうえん** 〔磐梯朝日国立公園〕 地名 山形《やまがた》・新潟《にいがた》・福島《ふくしま》の県境《けんざかい》に広《ひろ》がる国立公園《こくりつこうえん》。磐梯山《ばんだいさん》・猪苗《いなわ》代湖《しろこ》などがある。↓こくりつこうえん 457ページ

**✤はんたいご【反対語】** 名 〔国語《こくご》で〕たがいに反対《はんたい》の意味《いみ》になる言葉《ことば》。「のぼる」と「くだる」など。対義語《たいぎご》。↓たいぎご❶ 771ページ

**はんたいしょく【反対色】** 名 赤《あか》と緑《みどり》のように、混《ま》ぜると灰色《はいいろ》になる二《ふた》つの色《いろ》。光《ひかり》の場合《ばあい》は、混《ま》ぜると白色光《はくしょくこう》になる二《ふた》つの色《いろ》。補色《ほしょく》。

**✤はんだくおん【半濁音】** 名 〔国語《こくご》で〕「ぱ」「ぴ」「ぷ」「ぺ」「ぽ」の五《いつ》つの音《おん》のこと。かなで書《か》くときは、「ぱ」「パ」のように、かなの右《みぎ》上《うえ》に「。」をつける。関連 清音《せいおん》。濁音《だくおん》。

**✤はんだくてん【半濁点】** 名 半濁音《はんだくおん》を表《あらわ》すために、かなの右上《みぎうえ》につけるしるし。「。」。↓だくてん 789ページ

**パンタグラフ** 〔英語 pantograph〕 名 電《でん》車《しゃ》や電気機関車《でんききかんしゃ》の屋根《やね》にある、電線《でんせん》から電《でん》気《き》を取《と》り入《い》れるためのひし形《がた》の装置《そうち》。

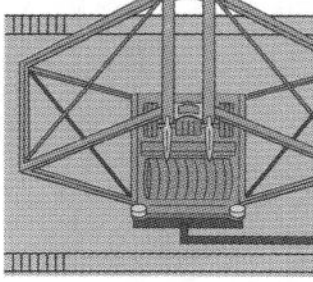
〔パンタグラフ〕

**◦はんだん【判断】** 名 動-する 根拠《こんきょ》に基《もと》づいて、自分《じぶん》の考《かんが》えを、こうだと決《き》めること。例 判断に迷《まよ》う。

**ばんたん【万端】** 名 すべてのことがら。例 準備《じゅんび》万端を整《ととの》える。

**ばんち【番地】** 名 住所《じゅうしょ》を表《あらわ》すために、細《こま》かく分《わ》けてつけた番号《ばんごう》。

**パンチ** 〔英語 punch〕 名 ❶紙《かみ》などに穴《あな》をあけるはさみ。❷ボクシングで、相手《あいて》を打《う》つこと。例 強烈《きょうれつ》なパンチ。❸迫力《はくりょく》があること。例 パンチのきいた歌《うた》い方《かた》。

**ばんちゃ【番茶】** 名 一番茶《いちばんちゃ》〔＝最初《さいしょ》につむ新《しん》芽《め》で作《つく》る茶《ちゃ》〕・二番茶《にばんちゃ》をつみ取《と》ったあとの、かたい葉《は》を使《つか》ったお茶《ちゃ》。

**番茶《ばんちゃ》も出花《でばな》** 〔質《しつ》のよくない番茶《ばんちゃ》もいれたてはおいしいように〕どんな娘《むすめ》も年《とし》ごろにはきれいになることのたとえ。参考 「鬼《おに》も十《じゅう》八《はち》〔＝鬼《おに》でも年《とし》ごろになればきれいに見《み》える〕」に続《つづ》けていうこともある。

**はんちゅう【範ちゅう】** 名 範囲《はんい》。部類《ぶるい》。例 二人《ふたり》の意見《いけん》は、同《おな》じ範ちゅうに属《ぞく》する。

**はんちょう【班長】** 名 班《はん》のいちばん上《うえ》に立《た》って、班《はん》の仕事《しごと》を進《すす》める人《ひと》。


慣用句 白《しろ》い目《め》で見《み》る 憎《にく》まれ口《ぐち》をきいたために、友達《ともだち》から白《しろ》い目《め》で見《み》られてしまった。

**パンツ**〔英語 pants〕名 ❶ズボン。例トレーニングパンツ。❷腰《こし》から下《した》にはく、短《みじか》い下《した》着《ぎ》。

**ばんづけ【番付】**名 ❶すもうで力士《りきし》の地位《ちい》の順序《じゅんじょ》を記《しる》した表《ひょう》。❷人名《じんめい》などを一位《いちい》から順《じゅん》に書《か》いたもの。例長者《ちょうじゃ》番付。

**ハンデ** 名「ハンディキャップ」の略《りゃく》。参考「ハンディ」ともいう。例ハンデをつける。

**はんてい【判定】**名 動-する 見分《みわ》けて、決《き》めること。また、その決定《けってい》。例審判《しんぱん》の判定。判定勝《が》ち。

**ハンディー**〔英語 handy〕形動 手軽《てがる》で扱《あつか》いやすいようす。例ハンディーカメラを持《も》っていく。

**ハンディキャップ**〔英語 handicap〕名 ❶スポーツで、力《ちから》のつり合《あ》いをとるために、強《つよ》いほうに不利《ふり》な条件《じょうけん》をつけること。ハンデ。ハンディ。❷不利《ふり》なこと。ハンデ。ハンディ。例ハンディキャップを乗《の》りこえる。

**はんてん【反転】**名 動-する ❶ひっくり返《かえ》ること。また、ひっくり返《かえ》すこと。例体《からだ》が反転する。❷逆《ぎゃく》の方向《ほうこう》に向《む》きが変《か》わること。また、変《か》えること。例機《き》首《しゅ》を反転する。

**はんてん【半天】**名 ❶空《そら》の半分《はんぶん》。❷空《そら》の中《なか》ほど。例半天にかかる月《つき》。

**はんてん【半纏】**名 ❶羽《は》織《おり》に似《に》た、短《みじか》い上《うわ》っ張《ば》り。えりの折《お》り返《かえ》しや胸《むね》のひもがない。❷「しるしばんてん」の略《りゃく》。⬇はっぴ 1052ページ

**はんてん【斑点】**名 ところどころに散《ち》らばっている点《てん》。まだら。ぶち。

**ハンド**〔英語 hand〕名 ❶手《て》。❷「ハンドリング」の略《りゃく》。サッカーで、ゴールキーパーでない選手《せんしゅ》が、わざと手《て》でボールにさわる反則《はんそく》。

**バント**〔英語 bunt〕名 動-する（野球《やきゅう》・ソフトボールで）バットにボールをゆるく当《あ》てて、ボールを内野《ないや》にころがす打《う》ち方《かた》。

**バンド**〔英語 band〕名 ❶ズボンなどの、腰《こし》をしめる帯《おび》。ベルト。例バンドをゆるめる。❷はばの広《ひろ》い平《ひら》たいひも。例時計《とけい》のバンド。❸楽団《がくだん》や楽隊《がくたい》。例ブラスバンド。

**はんとう【半島】**名 海《うみ》に細長《ほそなが》くつき出《で》た陸《りく》地《ち》。例伊《い》豆《ず》半島。参考小《ちい》さいものは「岬《みさき》」「崎《さき》」「鼻《はな》」などとよばれる。

**はんどう【反動】**名 ❶他《ほか》からの力《ちから》が加《くわ》わったときに、反対《はんたい》の方向《ほうこう》にはたらく力《ちから》。❷世《よ》の中《なか》の進歩《しんぽ》をさまたげようとすること。例反動的《てき》な考《かんが》え方《かた》。

**ばんとう【晩冬】**名 ❶冬《ふゆ》の終《お》わりごろ。❷昔《むかし》の暦《こよみ》で、十二月《じゅうにがつ》。関連初冬《しょとう》。仲冬《ちゅうとう》。

**ばんとう【番頭】**名 商店《しょうてん》や旅館《りょかん》にやとわれて働《はたら》いている人《ひと》の中《なか》で、いちばん上《うえ》の人《ひと》。

**はんどうたい【半導体】**名 電気《でんき》を通《とお》しやすいものと通《とお》しにくいものの、中間《ちゅうかん》の性質《せいしつ》を持《も》った物質《ぶっしつ》。シリコンやゲルマニウムなど。トランジスターなどに使《つか》われる。

**はんとき【半時】**名 ❶昔《むかし》の時間《じかん》の長《なが》さで、一時《いっとき》の半分《はんぶん》。今《いま》の一時間《いちじかん》のこと。❷ほんの少《すこ》しの時間《じかん》。

**はんどく【判読】**名 動-する わかりにくい文《も》字《じ》や文章《ぶんしょう》を、見当《けんとう》をつけながら読《よ》むこと。

✤**はんどく【範読】**名 動-する 教師《きょうし》などが児《じ》童《どう》・生徒《せいと》に、読《よ》み方《かた》の手本《てほん》として読《よ》み聞《き》かせること。

**はんとし【半年】**名 一年《いちねん》の半分《はんぶん》。六《ろっ》か月《げつ》。

**ハンドバッグ**〔英語 handbag〕名 手《て》にさげて持《も》ち歩《ある》く、小《ちい》さなかばん。主《おも》に女《おんな》の人《ひと》が持《も》つ。

**ハンドブック**〔英語 handbook〕名 手引《てび》き。案内書《あんないしょ》。例海外旅行《かいがいりょこう》のハンドブック。

**ハンドボール**〔英語 handball〕名 七人《しちにん》ずつのチームが、ボールを手《て》で受《う》けわたして相手《あいて》のゴールに入《い》れ、得点《とくてん》を争《あらそ》う競技《きょうぎ》。

**パントマイム**〔英語 pantomime〕名 せりふを言《い》わないで、身《み》ぶりや表情《ひょうじょう》だけでする劇《げき》。無言劇《むごんげき》。

**ハンドメード**〔英語 handmade〕名 手作《てづく》り。ハンドメイド。例ハンドメードのバッグを買《か》う。

**パンドラのはこ【パンドラの箱】**名 あらゆる災《わざわ》いのたとえ。参考（ギリシャ神話《しんわ》で）ゼウスという神《かみ》が、あらゆる災《わざわ》いを入《い》れて、パンドラという女性《じょせい》に持《も》たせた箱《はこ》。パンドラがこれを開《あ》けたため、中《なか》の災《わざわ》いが飛《と》び出《だ》し、人類《じんるい》は不幸《ふこう》に見舞《みま》われるようになったが、最後《さいご》に出《で》てきたのが希望《きぼう》だったという。

**ハンドル**〔英語 handle〕名 ❶機械《きかい》を動《うご》かすときに、手《て》で握《にぎ》って扱《あつか》うもの。例自転車《じてんしゃ》の



慣用句 **心血《しんけつ》を注《そそ》ぐ** 心血《しんけつ》を注《そそ》いだ作品《さくひん》が展示《てんじ》されている。

ハンドル。❷取《と》っ手《て》。握《にぎ》り。

**ハンドルネーム**〔英語 handle name〕名 インターネット上《じょう》で名乗《なの》るニックネームのこと。ハンネ。

**ばんなんをはいす【万難を排す】** どんな困難《こんなん》も必《かなら》ず乗《の》りこえる。例 万難を排して完成《かんせい》させる。

**はんにち【半日】** 名 一日《いちにち》の半分《はんぶん》。

**はんにゃ【般若】** 名 角《つの》があり、恐《おそ》ろしい顔《かお》つきをした女《おんな》の鬼《おに》。また、その能面《のうめん》。

**はんにゅう【搬入】** 名 動-する （大《おお》きな物《もの》を）運《はこ》び入《い》れること。例 作品《さくひん》を搬入する。

**はんにん【犯人】** 名 罪《つみ》を犯《おか》した人《ひと》。

**ばんにん【万人】** 名 すべての人《ひと》。多《おお》くの人《ひと》。例 万人が望《のぞ》むこと。

**ばんにん【番人】** 名 見張《みは》りをする人《ひと》。

**はんにんまえ【半人前】** 名 人《ひと》の半分程度《はんぶんていど》の働《はたら》きしかできないこと。例 慣《な》れないせいか、まだ半人前の仕事《しごと》しかできない。対 一人前《いちにんまえ》。

**ばんねん【晩年】** 名 人《ひと》の一生《いっしょう》のうち、年《とし》をとってからの時期《じき》。例 晩年の作品《さくひん》。

**はんのう【反応】** 名 動-する ❶外《そと》からの働《はたら》きかけを受《う》けて起《お》こる変化《へんか》や動《うご》き。例 呼《よ》びかけても反応がない。❷二《ふた》つ以上《いじょう》のちがった物《もの》をいっしょにしたときに起《お》こる変化《へんか》。例 アルカリ性《せい》の反応。

**ばんのう【万能】** 名 ❶何《なに》にでも効《き》き目《め》があること。例 万能薬《やく》。❷何《なん》でもよくできること。例 スポーツなら万能だ。

■**はんのうはんぎょ【半農半漁】** 名 農業《のうぎょう》と漁業《ぎょぎょう》を半々《はんはん》にやりながら生活《せいかつ》すること。

**はんのき【榛の木】** 名 カバノキの仲間《なかま》。湿《しめ》った所《ところ》に生《は》え、春《はる》の初《はじ》め、葉《は》よりも先《さき》に花《はな》が咲《さ》き、小《ちい》さい松《まつ》かさのような実《み》をつける。

**はんぱ【半端】** 名 形動 ❶数量《すうりょう》がそろっていないこと。例 半端な時間《じかん》。半端が出《で》る。❷どっちつかずで、はっきりしないこと。例 中途《ちゅうと》半端。半端な気持《きも》ち。

**バンパー**〔英語 bumper〕名 自動車《じどうしゃ》などの前《ぜん》後《ご》につけて、衝突《しょうとつ》したときの強《つよ》い力《ちから》をやわらげる装置《そうち》。

**ハンバーガー**〔英語 hamburger〕名 丸《まる》いパンにハンバーグなどをはさんだもの。

**ハンバーグ** 名〔英語《えいご》の「ハンバーグステーキ」の略《りゃく》。〕ひき肉《にく》、玉《たま》ねぎのみじん切《ぎ》りをおもな材料《ざいりょう》として、卵《たまご》・パン粉《こ》などを混《ま》ぜてこねたものを小判形《こばんがた》にして焼《や》いた料理《りょうり》。

**◦はんばい【販売】** 名 動-する 品物《しなもの》を売《う》ること。

**ばんぱく【万博】** 名 ⬇ばんこくはくらんかい 1073ページ

**はんぱつ【反発】** 名 動-する ❶はね返《かえ》ること。また、はね返《かえ》すこと。例 ばねの反発力《りょく》。❷人《ひと》に逆《さか》らうこと。また、逆《さか》らいたい気持《きも》ち。例 彼《かれ》の意見《いけん》には反発を感《かん》じる。

**はんはん【半半】** 名 半分《はんぶん》ずつ。五分五分《ごぶごぶ》。例 おやつを弟《おとうと》と半々に分《わ》けた。

**はんぴれい【反比例】** 名 動-する〔算数《さんすう》で〕一《ひと》つの量《りょう》が増《ふ》えるにつれて、他《ほか》の量《りょう》が同《おな》じ割《わり》合《あい》で減《へ》ること。例《たと》えば、一方《いっぽう》が二倍《にばい》になれば、もう一方《いっぽう》は二分《にぶん》の一《いち》になるような関係《かんけい》。逆比例《ぎゃくひれい》。対 正比例《せいひれい》。比例《ひれい》。⬇ひれい 1118ページ

**はんぷ【頒布】** 名 動-する 広《ひろ》く多《おお》くの人《ひと》に配《くば》ること。例 報告書《ほうこくしょ》を頒布する。

✤**はんぷく【反復】** 名 動-する くり返《かえ》すこと。例 反復して練習《れんしゅう》する。

**はんぷくきごう【反復記号】** 名 楽譜《がくふ》で、曲《きょく》の一部《いちぶ》、または全部《ぜんぶ》をくり返《かえ》すことを示《しめ》す記号《きごう》。リピート。⬇がくふ 223ページ

**ばんぶつ【万物】** 名 あらゆるもの。例 人間《にんげん》は万物の霊長《れいちょう》といわれる。類 森羅万象《しんらばんしょう》。

**パンフレット**〔英語 pamphlet〕名 簡単《かんたん》にとじた、うすい本《ほん》。パンフ。

**◦はんぶん【半分】** 名 ❶一《ひと》つのものを同《おな》じように二《ふた》つに分《わ》けた、その一《ひと》つ。二分《にぶん》の一《いち》。例 リンゴを半分に切《き》る。出席者《しゅっせきしゃ》の半分が賛成《さんせい》した。❷〔ある言葉《ことば》のあとにつけて〕半《なか》ばそういう気持《きも》ちで。例 おもしろ半分でやってはいけない。

**ばんぺい【番兵】** 名 見張《みは》り番《ばん》の兵士《へいし》。

**はんべつ【判別】** 名 動-する 見分《みわ》けること。例 ヒヨコの雌雄《おすめす》を判別する。

**はんぺん** 名 魚《さかな》の白身《しろみ》に、ヤマイモなどを混《ま》ぜてすりつぶし、むした食《た》べ物《もの》。

**ハンマー**〔英語 hammer〕名 ❶大型《おおがた》の金《かな》づち。❷ハンマー投《な》げに使《つか》う道具《どうぐ》。鉄《てつ》の玉《たま》に鉄《てつ》の線《せん》のついたもの。



慣用句 寝食《しんしょく》を忘《わす》れる　寝食《しんしょく》を忘《わす》れて研究《けんきゅう》に取《と》り組《く》んだ。

**ハンマーなげ【ハンマー投《な》げ】** 名 陸《りく》上《じょう》競《きょう》技《ぎ》の一《ひと》つ。鉄《てつ》の玉《たま》に鉄《てつ》の線《せん》を取《と》りつけたものを両《りょう》手《て》でふり回《まわ》して投《な》げ、飛《と》んだ距《きょ》離《り》をきそう。

**はんみ【半身】** 名 ❶相手《あいて》に対《たい》して、からだをななめにかまえること。例 半身にかまえる。❷一匹《いっぴき》の魚《さかな》を二枚《にまい》に開《ひら》いたときの一方《いっぽう》。注意「半身」を「はんしん」と読《よ》むと、ちがう意《い》味《み》になる。

**はんみち【半道】** 名 ❶一里《いちり》の半分《はんぶん》。今《いま》の約《やく》二《に》キロメートル。例 あと半道歩《ある》けば宿場《しゅくば》に着《つ》く。❷道《みち》のりの半分《はんぶん》。

**はんめい【判明】** 名 動-する はっきりわかること。例 事件《じけん》の真相《しんそう》が判明した。

**ばんめし【晩飯】** 名 晩《ばん》の食事《しょくじ》。晩《ばん》ご飯《はん》。

**はんめん【反面】** 一 名 反対側《はんたいがわ》の面《めん》。二 副 別《べつ》の側《がわ》から見《み》ると。一方《いっぽう》では。例 楽《たの》しい反面、いやなことも多《おお》い。

**はんめん【半面】** 名 ❶顔《かお》の半分《はんぶん》。❷一方《いっぽう》だけの面《めん》。例 ものごとの半面しか見《み》ないで判断《はんだん》してはいけない。

■**はんめんきょうし【反面教師】** 名 まねしてはいけない、悪《わる》い手本《てほん》。例 不満《ふまん》ばかり言《い》う兄《あに》を反面教師にする。

**はんも【繁茂】** 名 動-する 草《くさ》や木《き》が、さかんにおいしげること。例 雑草《ざっそう》が繁茂する。

**はんもく【反目】** 名 動-する 仲《なか》が悪《わる》くて、たがいに対立《たいりつ》すること。例 兄弟《きょうだい》なのに反目し合《あ》う。

**ハンモック**〔英語 hammock〕名 二本《にほん》の木《き》や柱《はしら》の間《あいだ》につって、寝床《ねどこ》にするもの。丈夫《じょうぶ》なひもで編《あ》んで作《つく》る。つり床《どこ》。

〔ハンモック〕

**はんもん【反問】** 名 動-する 問《と》いに答《こた》えずに、逆《ぎゃく》に聞《き》き返《かえ》すこと。

**はんもん【煩もん】** 名 動-する なやみ苦《くる》しむこと。例 だれにも相談《そうだん》できずに煩もんする。

**ばんゆういんりょく【万有引力】** 名 すべての物体《ぶったい》の間《あいだ》にはたらいている、たがいに引《ひ》き合《あ》う力《ちから》。ニュートンが発見《はっけん》した。

**ばんらいのはくしゅ【万雷の拍手】** 雷《かみなり》が一度《いちど》に鳴《な》りひびくように、多《おお》くの人《ひと》がさかんに拍手《はくしゅ》をすること。例 万雷の拍手にむかえられて入場《にゅうじょう》する。

**はんらん【反乱】** 名 動-する 政府《せいふ》などにそむいて、武力《ぶりょく》などを使《つか》ってさわぎを起《お》こすこと。例 反乱軍《ぐん》。

**はんらん【氾濫】** 名 動-する ❶川《かわ》の水《みず》があふれ出《で》ること。例 大《おお》雨《あめ》で川《かわ》が氾濫した。❷物《もの》があふれるほどいっぱい出回《でまわ》ること。例 道《どう》路《ろ》に車《くるま》が氾濫する。

**ばんり【万里】** 名 とても遠《とお》い距離《きょり》。

**ばんりのちょうじょう【万里の長城】** 地名 中国《ちゅうごく》の古《ふる》い時代《じだい》、外敵《がいてき》の侵入《しんにゅう》を防《ふせ》ぐために建設《けんせつ》された長《なが》くて大《おお》きな城壁《じょうへき》。

**はんりょ【伴侶】** 名 ともに歩《あゆ》む人《ひと》。仲間《なかま》。例 人生《じんせい》の伴侶〔＝夫《おっと》。または妻《つま》〕。

**ばんりょく【万緑】** 名 一面《いちめん》の緑《みどり》。

**はんれい【凡例】** 名 本《ほん》の初《はじ》めに、その本《ほん》の組《く》み立《た》てや読《よ》むときの注意《ちゅうい》、記号《きごう》の説明《せつめい》などを書《か》いた部分《ぶぶん》。〔この辞典《じてん》では「上手《じょうず》な辞典《じてん》の使《つか》い方《かた》」が、それにあたる。〕

**はんろ【販路】** 名 品物《しなもの》を売《う》りさばく先《さき》。売《う》れて行《い》く先《さき》。例 販路を広《ひろ》げる。

✤**はんろん【反論】** 名 動-する 相手《あいて》の意見《いけん》に、反対《はんたい》の意見《いけん》を述《の》べること。また、その意見《いけん》。例 父《ちち》の意見《いけん》に反論する。

## ひ

ヒ hi

**ひ【比】** 画数 4 部首 比（ならびひ） 5年

音 ヒ 訓 くら-べる

筆順

❶くらべる。熟語 比較《ひかく》。比類《ひるい》。対比《たいひ》。無比《むひ》。❷二《ふた》つの数《かず》を比《くら》べた割合《わりあい》。熟語 比重《ひじゅう》。比率《ひりつ》。比例《ひれい》。⬇ひする 1093ページ

《訓の使い方》 **くら-べる** 例 背《せ》を比べる。

**ひ【比】** 名 ❶くらべるもの。例 広《ひろ》さは日本《にっぽん》の比ではない。❷〔算数《さんすう》で〕二《ふた》つの数《かず》をくらべたとき、一方《いっぽう》が、もう一方《いっぽう》の何倍《なんばい》にあたるかを表《あらわ》したもの。例 縦《たて》と横《よこ》の比。

慣用句 進退《しんたい》きわまる 思《おも》わぬ障害《しょうがい》が生《しょう》じて進退《しんたい》きわまり、ついに助《たす》けを求《もと》めてきた。

## ひ【皮】 画数 5 部首 皮（けがわ） 3年

音 ヒ 訓 かわ

筆順

かわ。熟語 皮下《ひか》。皮革《ひかく》。皮膚《ひふ》。樹皮《じゅひ》。脱皮《だっぴ》。表皮《ひょうひ》。毛皮《けがわ》。

## ひ【否】 画数 7 部首 口（くち） 6年

音 ヒ 訓 いな

筆順

❶打《う》ち消《け》す。断《ことわ》る。熟語 否決《ひけつ》。否定《ひてい》。否認《ひにん》。拒否《きょひ》。❷そうではない。熟語 安否《あんぴ》。可否《かひ》。賛否《さんぴ》。適否《てきひ》。良否《りょうひ》。

ひ【否】名 打《う》ち消《け》すこと。例 提案《ていあん》を否とする。

## ひ【批】 画数 7 部首 扌（てへん） 6年

音 ヒ 訓 ―

筆順

よい悪《わる》いを明《あき》らかにする。熟語 批准《ひじゅん》。批判《ひはん》。批評《ひひょう》。

## ひ【肥】 画数 8 部首 月（にくづき） 5年

音 ヒ 訓 こ-える こえ こ-やす こ-やし

筆順

❶こえる。ふとる。熟語 肥大《ひだい》。肥満《ひまん》。❷こやし。熟語 肥料《ひりょう》。追肥《ついひ》。

《訓の使い方》**こ-える** 例 土《つち》が肥える。**こ-やす** 例 家畜《かちく》を肥やす。

## ひ【非】 画数 8 部首 非（あらず） 5年

音 ヒ 訓 ―

筆順

❶よくない。熟語 非行《ひこう》。非道《ひどう》。是非《ぜひ》。対 是《ぜ》。❷とがめる。熟語 非難《ひなん》。❸…ではない。熟語 非常《ひじょう》。非公式《ひこうしき》。非売品《ひばいひん》。

ひ【非】名 ❶よくないこと。例 是《ぜ》か非か話《はな》し合《あ》う。対 是《ぜ》。❷あやまり。例 自分《じぶん》の非を認《みと》める。

**非《ひ》の打《う》ちどころがない** 悪《わる》いところが少《すこ》しもない。申《もう》し分《ぶん》ない。例 準備《じゅんび》は万全《ばんぜん》で、非の打ちどころがない。

## ひ【飛】 画数 9 部首 飛（とぶ） 4年

音 ヒ 訓 と-ぶ と-ばす

筆順

とぶ。熟語 飛躍《ひやく》。雄飛《ゆうひ》（＝（新《あたら》しい所《ところ》で）さかんに活躍《かつやく》すること）。飛行機《ひこうき》。

《訓の使い方》**と-ぶ** 例 鳥《とり》が飛ぶ。**と-ばす** 例 紙飛行機《かみひこうき》を飛ばす。

## ひ【秘】 画数 10 部首 禾（のぎへん） 6年

音 ヒ 訓 ひ-める

筆順

❶わからないように、かくしておく。熟語 秘蔵《ひぞう》。秘伝《ひでん》。秘密《ひみつ》。極秘《ごくひ》。❷はかり知《し》れないふしぎ。熟語 秘境《ひきょう》。神秘《しんぴ》。❸つまって、通《つう》じない。熟語 便秘《べんぴ》。

《訓の使い方》**ひ-める** 例 胸《むね》に秘める。

## ひ【悲】 画数 12 部首 心（こころ） 3年

音 ヒ 訓 かな-しい かな-しむ

筆順

❶かなしい。熟語 悲劇《ひげき》。悲痛《ひつう》。悲鳴《ひめい》。対 喜《き》。❷あわれみの心《こころ》。熟語 悲願《ひがん》。慈悲《じひ》。

《訓の使い方》**かな-しい** 例 別《わか》れが悲しい。**かな-しむ** 例 人《ひと》の死《し》を悲しむ。

## ひ【費】 画数 12 部首 貝（かい） 5年

音 ヒ 訓 つい-やす つい-える

筆順

❶必要《ひつよう》なお金《かね》。熟語 費用《ひよう》。会費《かいひ》。経費《けいひ》。旅費《りょひ》。❷使《つか》い減《へ》らす。熟語 消費《しょうひ》。浪費《ろうひ》。

《訓の使い方》**つい-やす** 例 多《おお》くの時間《じかん》を費やす。**つい-える** 例 財産《ざいさん》が費える。

## ひ【妃】 画数 6 部首 女（おんなへん）

音 ヒ 訓 ―



慣用句 砂《すな》をかむ　たった一人《ひとり》で、何《なに》をするでもない、砂《すな》をかむような毎日《まいにち》を送《おく》っていた。

**例解 ことばの窓**

**日《ひ》の数《かぞ》え方《かた》**

一日《ついたち》。二日《ふつか》。三日《みっか》。四日《よっか》。五日《いつか》。六日《むいか》。七日《なのか》。八日《ようか》。九日《ここのか》。十日《とおか》。…二十日《はつか》。…

皇族《こうぞく》や王《おう》・王子《おうじ》の妻《つま》。おきさき。例 妃殿下《ひでんか》。

**ひ【彼】** 画数 8 部首 亻(ぎょうにんべん)

音 ヒ 訓 かれ かの

❶あれ。あの。向《む》こうの。熟語 彼岸《ひがん》。彼女《かのじょ》。❷かれ。あの人《ひと》。例 彼《かれ》ら。

**ひ【披】** 画数 8 部首 扌(てへん)

音 ヒ 訓 ―

見《み》るために広《ひろ》げる。広《ひろ》める。熟語 披露《ひろう》。

**ひ【卑】** 画数 9 部首 十(じゅう)

音 ヒ 訓 いや-しい いや-しむ いや-しめる

❶地位《ちい》が低《ひく》い。熟語 卑賎《ひせん》〔=地位《ちい》や身分《みぶん》が低《ひく》い〕。❷品《ひん》がなくおとっている。下品《げひん》。熟語 卑屈《ひくつ》。卑劣《ひれつ》。❸見下《みさ》げる。また、へりくだる。熟語 卑下《ひげ》。

**ひ【疲】** 画数 10 部首 疒(やまいだれ)

音 ヒ 訓 つか-れる

つかれる。くたびれる。熟語 疲労《ひろう》。

**ひ【被】** 画数 10 部首 衤(ころもへん)

音 ヒ 訓 こうむ-る

❶おおう。かぶせる。着《き》る。熟語 被服《ひふく》。❷こうむる。受《う》ける。熟語 被害《ひがい》。被災《ひさい》。

**ひ【扉】** 画数 12 部首 戸(と)

音 ヒ 訓 とびら

とびら。開《ひら》き戸《ど》。熟語 門扉《もんぴ》〔=門《もん》のとびら〕。

**ひ【碑】** 画数 14 部首 石(いしへん)

音 ヒ 訓 ―

いしぶみ。熟語 石碑《せきひ》。記念碑《きねんひ》。

**ひ【碑】** 名 文章《ぶんしょう》などをほりつけて、記念《きねん》に建《た》てた石《いし》。せきひ。例 創立《そうりつ》記念《きねん》の碑。

**ひ【罷】** 画数 15 部首 罒(あみがしら)

音 ヒ 訓 ―

やめる。やめさせる。熟語 罷免《ひめん》。

**ひ【避】** 画数 16 部首 辶(しんにょう)

音 ヒ 訓 さ-ける

さける。よける。熟語 避暑《ひしょ》。避難《ひなん》。回避《かいひ》。

**ひ【泌】** 熟語 分泌《ぶんぴ》(分泌《ぶんぴつ》)。↓ひつ【泌】1095ページ

**ひ【日】** 名 ❶太陽《たいよう》。例 日の出《で》。❷太陽《たいよう》の光《ひかり》や熱《ねつ》。例 日当《あ》たり。❸昼間《ひるま》。例 日が長《なが》い。❹日《ひ》かず。例 日がたつ。❺一日《いちにち》。二四時間《じかん》。例 日に三時間《さんじかん》は勉強《べんきょう》する。❻とき。ころ。時代《じだい》。例 幼《おさな》い日の思《おも》い出《で》。↓にち【日】988ページ

**日《ひ》が浅《あさ》い** あまり日《ひ》がたっていない。例 入学《にゅうがく》してまだ日が浅い。

**日《ひ》を改《あらた》める** その日《ひ》はやめて、別《べつ》の日《ひ》にする。例 日を改めて出《で》かける。

**日《ひ》を追《お》って** 日数《にっすう》がたつにつれて。例 日を追って上手《じょうず》になる。

**ひ【火】** 名 ❶物《もの》が燃《も》えて、光《ひかり》や熱《ねつ》を出《だ》しているもの。例 火をつける。❷ほのお。例 火がゆれる。❸炭火《すみび》。たき火《び》。例 火にあたる。❹火事《かじ》。例 となりから火が出《で》た。↓か【火】188ページ

**例解 ことばの窓**

**火《ひ》を表《あらわ》す言葉《ことば》**

キャベツと肉《にく》を強火《つよび》でいためる。
弱火《よわび》でじっくりと煮《に》こむ。
試験管《しけんかん》を炎《ほのお》に近《ちか》づける。
落《お》ち葉《ば》を集《あつ》めてたき火《び》をする。
炭火《すみび》でバーベキューをする。
春《はる》の初《はじ》めに野焼《のや》きを行《おこな》う。
真《ま》っ暗《くら》な夜《よる》の海《うみ》にいさり火《び》が見《み》える。
猛火《もうか》が民家《みんか》をおそった。
たき火《び》の残《のこ》り火《び》に気《き》をつける。
オリンピック会場《かいじょう》の聖火《せいか》が美《うつく》しい。

**火《ひ》が消《き》えたよう** 急《きゅう》にひっそりとなるようす。火《ひ》の消《き》えたよう。例 火が消えたように静《しず》かになった。

**火《ひ》がつく** ❶燃《も》え始《はじ》める。❷大《おお》きな問題《もんだい》になる。例 領土《りょうど》問題《もんだい》に火がついた。❸勢《いきお》いが出《で》る。例 闘志《とうし》に火がつく。

慣用句 **図《ず》に乗《の》る** やさしい顔《かお》を見《み》せればすぐ図《ず》に乗《の》って、わがままを言《い》い出《だ》す。

**火《ひ》に油《あぶら》を注《そそ》ぐ** 勢《いきお》いの強《つよ》いものに、さらに勢《いきお》いを加《くわ》える。例よけいなことを言《い》うと、火に油を注ぐことになるよ。

**火《ひ》のついたよう** ❶赤《あか》ん坊《ぼう》が激《はげ》しく泣《な》くようす。❷あわただしいようす。例火のついたようなさわぎだ。

**火《ひ》のない所《ところ》に煙《けむり》は立《た》たない** 原因《げんいん》になるような何《なに》かがなければ、うわさがたつはずがない、というたとえ。

**火《ひ》を通《とお》す** 食《た》べ物《もの》の中《なか》まで、熱《ねつ》をとどかせる。例生《なま》ものは煮《に》たり焼《や》いたりして、火を通したほうがいい。

**火《ひ》を見《み》るよりも明《あき》らか** 調《しら》べてみるまでもなく、はっきりしている。例失敗《しっぱい》するのは火を見るよりも明らかだ。

**ひ【氷】** こおり。例氷雨《ひさめ》。➡ひょう【氷】1110ページ

**ひ【灯】** 名 明《あ》かり。ともしび。例あちこちの家《いえ》に灯《ひ》がともる。➡とう【灯】903ページ

## び【美】 画数 9 部首 羊(ひつじ) 3年

音ビ 訓うつく-しい

筆順

❶うつくしい。きれい。熟語美化《びか》。美声《びせい》。優《ゆう》美《び》。❷りっぱ。熟語美談《びだん》。美徳《びとく》。❸おいしい。熟語美食《びしょく》。美味《びみ》。❹ほめる。熟語賛美《さんび》。賞《しょう》美《び》。

《訓の使い方》**うつく-しい** 例花《はな》が美しい。

**び【美】** 名 ❶うつくしいこと。例大自然《だいしぜん》の美。❷立派《りっぱ》なこと。例有終《ゆうしゅう》の美をかざる。

## び【備】 画数 12 部首 亻(にんべん) 5年

音ビ 訓そな-える そな-わる

筆順

そなえる。熟語備考《びこう》。守備《しゅび》。準備《じゅんび》。設備《せつび》。

《訓の使い方》**そな-える** 例試験《しけん》に備える。**そな-わる** 例実力《じつりょく》が備わる。

## び【鼻】 画数 14 部首 鼻(はな) 3年

音ビ 訓はな

筆順

はな。熟語鼻音《びおん》。鼻濁音《びだくおん》。耳鼻科《じびか》。鼻息《はないき》。

## び【尾】 画数 7 部首 尸(しかばね)

音ビ 訓お

❶お。動物《どうぶつ》のしっぽ。熟語尾骨《びこつ》〔=背骨《せぼね》の下《した》のはしの骨《ほね》〕。交尾《こうび》。❷後《うし》ろ。ものごとの後《うし》ろの方《ほう》。熟語尾行《びこう》。語尾《ごび》。❸魚《さかな》を数《かぞ》える言葉《ことば》。例アジ三尾《さんび》。

## び【眉】 画数 9 部首 目(め)

音ビ ミ 訓まゆ

目《め》の少《すこ》し上《うえ》に生《は》えている毛《け》。まゆ。熟語眉目《びもく》〔=まゆと目《め》。顔《かお》かたち〕。眉間《みけん》。眉毛《まゆげ》。例焦《しょう》眉《び》の急《きゅう》〔=さし迫《せま》った危険《きけん》〕。

## び【微】 画数 13 部首 彳(ぎょうにんべん)

音ビ 訓―

❶ごくわずか。かすか。熟語微笑《びしょう》。微妙《びみょう》。❷非常《ひじょう》に小《ちい》さい。熟語微小《びしょう》。微生物《びせいぶつ》。

**び【微】** 名 細《こま》かいこと。

**微《び》に入《い》り細《さい》に入《い》り** 非常《ひじょう》に細《こま》かいところまで入《はい》りこむようす。微《び》に入《い》り細《さい》をうがつ。例微に入り細に入り解説《かいせつ》する。

**ひあい【悲哀】** 名 悲《かな》しみ。あわれ。例悲哀を感《かん》じる。

**ひあがる【干上がる】** 動 ❶水気《みずけ》がすっかりなくなる。かわききる。例日照《ひで》りで、田《た》が干上がる。❷お金《かね》がなくなって生活《せいかつ》に困《こま》る。例一家《いっか》が干上がる。

**ひあそび【火遊び】** 名 火《ひ》を使《つか》って遊《あそ》ぶこと。例火遊びは火事《かじ》のもと。

**ひあたり【日当たり】** 名 日光《にっこう》が当《あ》たること。例日当たりのよい部屋《へや》。

**ピアニスト**〔英語 pianist〕名 ピアノをひくことを仕事《しごと》にしている人《ひと》。

**ピアノ**〔イタリア語〕名 ❶鍵盤楽器《けんばんがっき》の一《ひと》つ。大《おお》きな箱《はこ》の中《なか》に、何十本《なんじっぽん》もの金属《きんぞく》の線《せん》が張《は》ってあり、白《しろ》と黒《くろ》の鍵盤《けんばん》をたたくと、それにつながるつちが、線《せん》を打《う》って、音《おと》が出《で》る仕組《しく》みになっている。➡がっき(楽器)244ページ。❷〔音楽《おんがく》で〕「音《おと》を弱《よわ》く」という意味《いみ》を表《あらわ》すしるし。記号《きごう》は「*p*」。対フォルテ。➡がくふ223ページ

**ヒアリング**〔英語 hearing〕名 ❶〔英語《えいご》など





慣用句 **隅《すみ》に置《お》けない** いつのまにか兄《にい》さんのおやつにまで手《て》をのばすとは、隅《すみ》に置《お》けない弟《おとうと》だ。

の)聞《き》き取《と》り。例ヒアリングのテスト。❷説《せつ》明《めい》や意《い》見《けん》などを聞《き》くこと。聞《き》き取《と》り調《ちょう》査《さ》。

**ビー【B・b】**名 ❶等《とう》級《きゅう》の二《に》番《ばん》め。A《エー》の次《つぎ》。例B級《きゅう》グルメ。❷鉛《えん》筆《ぴつ》のしんのやわらかさを表《あらわ》す記《き》号《ごう》。例4Bの鉛《えん》筆《ぴつ》。❸建《たて》物《もの》の地《ち》階《かい》を表《あらわ》す記《き》号《ごう》。例B2まで降《お》りる。❹血《けつ》液《えき》型《がた》の一《ひと》つ。例B型《がた》。❺ビタミンの一《ひと》つ。

**ピーアール【PR】**名動-する〔「広《こう》報《ほう》活《かつ》動《どう》」という意《い》味《み》の英《えい》語《ご》の頭《かしら》文《も》字《じ》。〕仕《し》事《ごと》の内《ない》容《よう》や商《しょう》品《ひん》のよさなどを、多《おお》くの人《ひと》に知《し》らせること。宣《せん》伝《でん》。

**ビーエスほうそう【BS放送】**名 放《ほう》送《そう》衛《えい》星《せい》を利《り》用《よう》したテレビ放《ほう》送《そう》。参考 BS《ビーエス》は「放《ほう》送《そう》」「衛《えい》星《せい》」という意《い》味《み》の英《えい》語《ご》の頭《かしら》文《も》字《じ》。

**ピーエム【p.m.・P.M.】**名〔ラテン語《ご》の頭《かしら》文《も》字《じ》。〕午《ご》後《ご》。対a.m.《エーエム》

**ひいおじいさん**名 その人《ひと》の父《ちち》や母《はは》のおじいさん。曽《そう》祖《そ》父《ふ》。⬇かぞく(家族) 236ページ

**ひいおばあさん**名 その人《ひと》の父《ちち》や母《はは》のおばあさん。曽《そう》祖《そ》母《ぼ》。⬇かぞく(家族) 236ページ

**ビーカー**〔英語 beaker〕名 理《り》科《か》の実《じっ》験《けん》などに使《つか》う、コップに似《に》た、口《くち》の広《ひろ》いガラスの入《い》れ物《もの》。⬇じっけんきぐ 565ページ

**ひいき**名動-する ❶気《き》に入《い》った人《ひと》を特《とく》別《べつ》にかわいがること。例ひいきにしているチーム。❷力《ちから》ぞえをしたり、世《せ》話《わ》をしたりしてくれる人《ひと》。例昔《むかし》からのごひいきさん。

**ひいきの引《ひ》き倒《たお》し** ひいきしすぎて、かえってその人《ひと》が不《ふ》利《り》になること。

**ひいきめ【ひいき目】**名 ある人《ひと》や物《もの》を、実《じっ》際《さい》よりもよく思《おも》う見《み》方《かた》。例ひいき目に見《み》る。

**ビーきゅう【B級】**名(A《エー》クラスの下《した》の)B《ビー》クラス。二《に》級《きゅう》品《ひん》。例B級グルメ(=安《やす》くておいしい料《りょう》理《り》)。

**ピーク**〔英語 peak〕名 ❶山《やま》の頂《ちょう》上《じょう》。頂《ちょう》点《てん》。❷もののいちばんさかんなとき。

**ピーケー【PK】**名〔英《えい》語《ご》の「ペナルティーキック」の頭《かしら》文《も》字《じ》。〕サッカーやラグビーで、相《あい》手《て》に反《はん》則《そく》があったときに、ゴールに向《む》かってボールをける権《けん》利《り》がもらえること。また、そのキックのこと。

**ピーケーオー【PKO】**名〔「平《へい》和《わ》維《い》持《じ》活《かつ》動《どう》」という意《い》味《み》の英《えい》語《ご》の頭《かしら》文《も》字《じ》。〕紛《ふん》争《そう》の起《お》きている地《ち》域《いき》の平《へい》和《わ》を守《まも》るために、国《こく》連《れん》が小《しょう》規《き》模《ぼ》の軍《ぐん》隊《たい》を派《は》遣《けん》して行《おこな》う活《かつ》動《どう》。国《こく》際《さい》連《れん》合《ごう》平《へい》和《わ》維《い》持《じ》活《かつ》動《どう》。

**ビーご【B5】**名 紙《かみ》の大《おお》きさの一《ひと》つ。縦《たて》二五・七センチ、横《よこ》一八・二センチ。国《こく》語《ご》の教《きょう》科《か》書《しょ》がこの大《おお》きさ。

**ビーシー【B.C.】**名〔「キリスト以《い》前《ぜん》」という意《い》味《み》の英《えい》語《ご》の頭《かしら》文《も》字《じ》。〕紀《き》元《げん》前《ぜん》を表《あらわ》す記《き》号《ごう》。例《たと》えば、B.C.《ビーシー》100は、紀《き》元《げん》前《ぜん》一〇〇年《ねん》で、西《せい》暦《れき》元《がん》年《ねん》より一〇〇年《ねん》昔《むかし》となる。対A.D.《エーディー》

**ビージーエム【BGM】**名〔「背《はい》景《けい》音《おん》楽《がく》」という意《い》味《み》の英《えい》語《ご》の頭《かしら》文《も》字《じ》。〕❶テレビや映《えい》画《が》などで、背《はい》景《けい》に流《なが》す音《おん》楽《がく》。❷工《こう》場《じょう》や店《みせ》などで、快《こころよ》い環《かん》境《きょう》をつくるために流《なが》す音《おん》楽《がく》。

**ビーシージー【BCG】**名〔フランス語《ご》の頭《かしら》文《も》字《じ》。〕結《けっ》核《かく》を予《よ》防《ぼう》するためのワクチン。⬇ワクチン 1423ページ

**ピーシービー【PCB】**名〔「ポリ塩《えん》化《か》ビフェニル」という意《い》味《み》の英《えい》語《ご》の略《りゃく》。〕印《いん》刷《さつ》や塗《と》料《りょう》などに使《つか》われていた化《か》合《ごう》物《ぶつ》。人《じん》体《たい》に有《ゆう》害《がい》なことがわかり、今《いま》は使《つか》われていない。

**びいしき【美意識】**名 美《うつく》しさを感《かん》じる感《かん》覚《かく》。例美意識が高《たか》い人《ひと》。

**ビーズ**〔英語 beads〕名 美《うつく》しい色《いろ》をした、かざり用《よう》の小《ちい》さなガラス玉《だま》。穴《あな》に糸《いと》を通《とお》して使《つか》う。

**ピース**〔英語 peace〕名 平《へい》和《わ》。

**ヒーター**〔英語 heater〕名 ❶電《でん》気《き》で熱《ねつ》を出《だ》す道《どう》具《ぐ》。電《でん》熱《ねつ》器《き》。❷部《へ》屋《や》などを暖《あたた》める仕《し》組《く》み。暖《だん》房《ぼう》。

**ピーター・パン**作品名 イギリスの作《さっ》家《か》バリーが一九〇四年《ねん》に書《か》いた空《くう》想《そう》劇《げき》。永《えい》久《きゅう》に大《おと》人《な》にならない少《しょう》年《ねん》ピーター・パンが、少《しょう》女《じょ》ウェンディと、ふしぎな冒《ぼう》険《けん》をする。のちに、物《もの》語《がたり》にも書《か》き改《あらた》められた。

**ビーだま【ビー玉】**名 子《こ》どもが遊《あそ》びに使《つか》う小《ちい》さなガラス玉《だま》。また、それを使《つか》った遊《あそ》び。参考「ビー」は「ビードロ(=「ガラス」の古《ふる》い言《い》い方《かた》)」から。

**ビーチ**〔英語 beach〕名 はまべ。海《かい》岸《がん》。例ビーチサンダル。ビーチパラソル。

**ひいちにちと【日一日と】**副 一《いち》日《にち》たつごとに。日《ひ》増《ま》しに。例日一日と暖《あたた》かくなる。

**ビーチバレー** 名 〔英語《えいご》の「ビーチバレーボール」の略《りゃく》。〕砂浜《すなはま》で、二人《ふたり》一組《ひとくみ》で行《おこな》うバレーボール。

**ピーティーエー【PTA】** 名 〔「親《おや》と教《きょう》師《し》の会《かい》」という意味《いみ》の英語《えいご》の頭文字《かしらもじ》。〕親《おや》と先《せん》生《せい》が力《ちから》を合《あ》わせて、子《こ》どもたちの教育《きょういく》に役《やく》立《だ》つ取《と》り組《く》みについて相談《そうだん》などをする会《かい》。

**ひいては** 副 それがもとになって、さらに。例 一人《ひとり》の気《き》のゆるみが、ひいてはチーム全《ぜん》体《たい》のゆるみにつながる。

**ひいでる【秀でる】** 動 他《ほか》のものよりいちだんとすぐれる。ぬきんでる。例 スポーツに秀でた人《ひと》。↓しゅう【秀】593ページ

**ヒートアイランド** 〔英語 heat island〕名 大都市《だいとし》の気温《きおん》が、まわりの地域《ちいき》より高《たか》くなること。また、そのような地域《ちいき》。ヒートアイランド現象《げんしょう》。参考 もと「熱《ねつ》の島《しま》」という意味《いみ》。

**ビートばん【ビート板】** 名 水泳《すいえい》でばた足《あし》の練習《れんしゅう》などに使《つか》う板《いた》。

**ビーナス** 〔英語 Venus〕名 〔「ヴィーナス」ともいう。〕❶ローマ神話《しんわ》に出《で》てくる、美《び》と愛《あい》の女神《めがみ》。❷金星《きんせい》。

**ピーナッツ** 〔英語 peanuts〕名 落花生《らっかせい》の実《み》。特《とく》に、いって塩味《しおあじ》をつけるなどして加工《かこう》したもの。ピーナツ。

**ビーバー** 名 北《きた》アメリカやヨーロッパの川《かわ》や湖《みずうみ》にすむ動物《どうぶつ》。するどい歯《は》で木《き》をかじりたおして、川《かわ》の中《なか》に巣《す》を作《つく》る。泳《およ》ぎがうまい。

**ピーピーエム【ppm】** 名 〔「百万分《ひゃくまんぶん》の」という意味《いみ》の英語《えいご》の頭文字《かしらもじ》。〕空気《くうき》や水《みず》の中《なか》にわずかに含《ふく》まれる物質《ぶっしつ》の量《りょう》の単位《たんい》。百万《ひゃくまん》分《ぶん》のいくつで示《しめ》し、これで、よごれぐあいがわかる。

**ビーフ** 〔英語 beef〕名 牛肉《ぎゅうにく》。例 ビーフステーキ。ビーフシチュー。

**ビーフン** 〔中国語〕名 米粉《こめこ》で作《つく》っためん。

**ピーマン** 名 トウガラシの仲間《なかま》。実《み》は長《なが》い円《えん》形《けい》で、中《なか》は空《から》になっている。外側《そとがわ》のやわらかい緑色《みどりいろ》の部分《ぶぶん》を食《た》べる。

**ひいらぎ** 名 山地《さんち》に生《は》え、庭《にわ》にも植《う》える常《じょう》緑樹《りょくじゅ》。葉《は》のへりに、するどいとげがある。クリスマスのかざりや節分《せつぶん》のときの魔《ま》よけとして使《つか》う。

**ビール** 〔オランダ語〕名 大麦《おおむぎ》を原料《げんりょう》にした酒《さけ》。

**ビールス** 〔ドイツ語〕名 ↓ウイルス 98ページ

**ヒーロー** 〔英語 hero〕名 ❶英雄《えいゆう》。勇者《ゆうしゃ》。また、もっとも活躍《かつやく》した人《ひと》。例 ヒーローインタビュー。❷小説《しょうせつ》や物語《ものがたり》などの、男《おとこ》の主人《しゅじん》公《こう》。対 (❶·❷)ヒロイン。

**ひうちいし【火打ち石】** 名 石英《せきえい》の一種《いっしゅ》で、昔《むかし》、鉄《てつ》と打《う》ち合《あ》わせて火《ひ》をおこすのに使《つか》ったかたい石《いし》。

**ひうん【悲運】** 名 不幸《ふしあわ》せ。悲《かな》しい運命《うんめい》。例 悲運に泣《な》く。

**ひえ** 名 イネの仲間《なかま》。夏《なつ》、うす茶色《ちゃいろ》がかった緑《みどり》色《いろ》の花《はな》が穂《ほ》の形《かたち》に咲《さ》き、小《ちい》さいつぶの実《み》がつく。おもに家畜《かちく》のえさにする。↓あわ(粟)45ページ

**ひえいざん〖比叡山〗** 地名 京都市《きょうとし》の北東《ほくとう》にある山《やま》。山《やま》の上《うえ》に最澄《さいちょう》が開《ひら》いた延暦寺《えんりゃくじ》がある。叡山《えいざん》。↓さいちょう(最澄)502ページ

**ひえきる【冷え切る】** 動 ❶すっかり冷《つめ》たくなる。❷愛情《あいじょう》や思《おも》いがすっかりなくなる。例 冷え切った関係《かんけい》。

**ひえこむ【冷え込む】** 動 ❶寒《さむ》さが強《つよ》くなる。例 今夜《こんや》はひどく冷え込む。❷冷《つめ》たさが体《からだ》にしみ通《とお》る。

**ひえしょう【冷え性△】** 名 足《あし》や腰《こし》などが冷《ひ》えやすい性質《せいしつ》。例 冷え性だから厚着《あつぎ》をする。

**ひえびえ【冷え冷え】** 副(-と) 動-する 風《かぜ》や空《くう》気《き》などが冷《つめ》たいようす。例 冷え冷えとした冬《ふゆ》の夜《よる》。

**°ひえる【冷える】** 動 ❶前《まえ》よりも温度《おんど》が下《さ》がって、冷《つめ》たくなる。例 お茶《ちゃ》が冷える。❷寒《さむ》く感《かん》じる。例 体《からだ》が冷える。対 (❶·❷)暖《あたた》まる。温《あたた》まる。❸愛情《あいじょう》や熱意《ねつい》などがなくなる。例 親友《しんゆう》との仲《なか》が冷える。↓れい【冷】1400ページ

**ピエロ** 〔フランス語〕名 喜劇《きげき》やサーカスなどで、おどけたことをして人《ひと》を笑《わら》わせる役《やく》。また、その人《ひと》。道化師《どうけし》。

〔ピエロ〕

**びえん【鼻炎△】** 名 鼻《はな》の粘膜《ねんまく》の炎症《えんしょう》。

**ビオトープ** 〔ドイツ語〕名 動植物《どうしょくぶつ》が、自然《しぜん》のままに共生《きょうせい》できる環境《かんきょう》。特《とく》に、公園《こうえん》などで、それができるように造《つく》った場所《ばしょ》。



慣用句 精《せい》も根《こん》も尽《つ》きる 夏《なつ》の道《みち》を8時間《じかん》も歩《ある》きとおして、もう、精《せい》も根《こん》も尽《つ》きた。

**ビオラ**〔イタリア語〕[名] 弦楽器《げんがっき》の一《ひと》つ。バイオリンより少《すこ》し大《おお》きい。

✤**びおん**【鼻音】[名]〔国語《こくご》で〕五十音図《ごじゅうおんず》のナ行《ぎょう》やマ行《ぎょう》の音《おん》のように、息《いき》が鼻《はな》を通《とお》って出《て》る音《おん》。鼻《はな》にかかる音《おん》。

**ひか**【皮下】[名] 皮膚《ひふ》のすぐ下《した》。[例] 皮下脂肪《しぼう》。

**びか**【美化】[名][動-する] ❶美《うつく》しくすること。きれいにすること。[例] 町《まち》を美化する。❷実際《じっさい》より美《うつく》しいもののように考《かんが》えること。[例] 思《おも》い出《て》を美化する。

○**ひがい**【被害】[名] 損害《そんがい》を受《う》けること。また、受《う》けた害《がい》。[例] 台風《たいふう》の被害。

**ひがいしゃ**【被害者】[名] 損害《そんがい》を受《う》けた人《ひと》。[対] 加害者《かがいしゃ》。

**ぴかいち** [名] いちばん優《すぐ》れていること。また、その人《ひと》。〔くだけた言《い》い方《かた》。〕[例] 実力《じつりょく》は、クラスでぴかいちだ。

■**ひがいもうそう**【被害妄想】[名] ありもしないのに、他人《たにん》から危《あぶ》ないことやいやなことをされたと思《おも》い込《こ》むこと。

**ひかえ**【控え】[名] ❶必要《ひつよう》なときのために、備《そな》えておくもの。[例] 控えの選手《せんしゅ》。❷忘《わす》れないため、また、証拠《しょうこ》のために書《か》き留《と》めておくもの。[例] 控えを取《と》る。

**ひかえしつ**【控え室】[名] ものごとが始《はじ》まる前《まえ》に、待《ま》っているための部屋《へや》。

**ひかえめ**【控え目】[名][形動] ❶遠慮《えんりょ》がちなこと。[例] 控え目な人《ひと》。❷少《すく》なめ。[例] 食事《しょくじ》を控え目にする。

**ひがえり**【日帰り】[名][動-する] 出《て》かけて、その日《ひ》のうちに帰《かえ》ること。[例] 日帰り旅行《りょこう》。[対] 泊《と》まりがけ。

○**ひかえる**【控える】[動] ❶すぐに行動《こうどう》できるようにして、その場所《ばしょ》で待《ま》つ。[例] ベンチに控える。❷そばにいる。[例] 先生《せんせい》のわきに控える。❸書《か》き留《と》める。メモする。[例] ノートに控える。❹見《み》あわせる。[例] 外出《がいしゅつ》を控える。❺少《すく》なめにする。[例] 糖分《とうぶん》を控える。❻近《ちか》いうちにある。[例] 卒業《そつぎょう》を明日《あす》に控える。⇩こう【控】427ページ

✤○**ひかく**【比較】[名][動-する] たがいに比《くら》べること。[例] 日本《にっぽん》を外国《がいこく》と比較する。[類] 対比《たいひ》。

**ひかく**【皮革】[名] 動物《どうぶつ》の皮《かわ》を、加工《かこう》したもの。レザー。

**ひかく**【非核】[名] 核兵器《かくへいき》の実験《じっけん》や使用《しよう》などを、行《おこな》わないこと。

**ひかくさんげんそく**【非核三原則】[名] 核兵器《かくへいき》を、持《も》たず、作《つく》らず、持《も》ち込《こ》ませず、という、日本《にっぽん》の三《みっ》つの原則《げんそく》。

**ひかくてき**【比較的】[副] 他《ほか》のものと比《くら》べて。わりあいに。[例] 今日《きょう》は、比較的暖《あたた》かい。

○**ひかげ**【日陰】[名] 日光《にっこう》の当《あ》たらない所《ところ》。[例] 日陰で休《やす》む。[対] 日《ひ》なた。

**ひかげん**【火加減】[名] 火《ひ》の燃《も》えぐあい。火《か》力《りょく》の強《つよ》さ。[例] 火加減を調節《ちょうせつ》する。

✤**びかご**【美化語】[名]〔国語《こくご》で〕敬語《けいご》の一《ひと》つ。ものごとを、美化《びか》して述《の》べる言葉《ことば》。「お米《こめ》」「お金《かね》」「ご飯《はん》」など。⇩けいご(敬語)390ページ

**ひがさ**【日傘】[名] 夏《なつ》の強《つよ》い日《ひ》ざしをよけるためにさす、かさ。パラソル。

○**ひがし**【東】[名] 方角《ほうがく》の一《ひと》つ。太陽《たいよう》が出《て》る方《ほう》角《がく》。[対] 西《にし》。[関連] 西《にし》。南《みなみ》。北《きた》。⇩とう【東】903ページ

**ひがし**【干菓子】[名] 水分《すいぶん》の少《すく》ない和菓子《わがし》。おこし・らくがん・こんぺいとうなど。

**ひがしかぜ**【東風】[名] 東《ひがし》から吹《ふ》いてくる風《かぜ》。こち。

**ひがしシナかい**〖東シナ海〗[地名] 中国《ちゅうごく》大陸《たいりく》と九州《きゅうしゅう》・南西諸島《なんせいしょとう》との間《あいだ》にある海《うみ》。

**ひがしにほん**【東日本】[名] 日本列島《にっぽんれっとう》の東《ひがし》半分《はんぶん》。

**ひがしにほんだいしんさい**【東日本大震災】[名] 二〇一一年《ねん》(平成《へいせい》二三年《ねん》)三《さん》月十一日《がつじゅういちにち》に起《お》きた、東北地方《とうほくちほう》の太平洋側《たいへいようがわ》を中心《ちゅうしん》とする大地震《おおじしん》と、それにともなう津波《つなみ》による大災害《だいさいがい》。死者《ししゃ》・行方不明者《ゆくえふめいしゃ》が合計《ごうけい》で二《に》万人《まんにん》以上《いじょう》にのぼった。

**ひがしはんきゅう**【東半球】[名] 地球《ちきゅう》の東側《ひがしがわ》の半分《はんぶん》。アジア・ヨーロッパ・アフリカ・オーストラリアの各大陸《かくたいりく》を含《ふく》む。[対] 西半球《にしはんきゅう》。[参考] ふつう〇度《ど》から東経《とうけい》一八〇度《ど》までの地域《ちいき》をさすが、西経《せいけい》二〇度《ど》から東《ひがし》、東経《とうけい》一六〇度《ど》から西《にし》の地域《ちいき》とする説《せつ》もある。

**ひかしぼう**【皮下脂肪】[名] 皮膚《ひふ》の下《した》の層《そう》に蓄《たくわ》えられている脂肪《しぼう》。

**ひかず**【日数】[名] 日《ひ》の数《かず》。にっすう。

**ピカソ** [人名](男)(一八八一～一九七三)スペ

イン の画家《がか》。キュービズム(立体派《りったいは》)をおこして、現代絵画《げんだいかいが》に大《おお》きな影響《えいきょう》を与《あた》えた。「泣《な》く女《おんな》」「ゲルニカ」などが有名《ゆうめい》。

〔ピカソ〕

**ひがた【干潟】** 名 遠浅《とおあさ》の海《うみ》で、引《ひ》き潮《しお》のときに現《あらわ》れる砂地《すなじ》。

✤**びかつしき【尾括式】** 名 〔国語《こくご》で〕文章《ぶんしょう》や話《はなし》の終《お》わりに、いちばん言《い》いたいことをまとめて示《しめ》す方法《ほうほう》。対 頭括式《とうかつしき》。

**ぴかぴか** 副(-と) 動-する 形動 ❶つやがあって光《ひか》るようす。例 靴《くつ》をぴかぴかにみがき上《あ》げる。❷真新《まあたら》しいようす。例 ぴかぴかの一年生《いちねんせい》。❸くり返《かえ》して光《ひか》るようす。例 星《ほし》がぴかぴか光《ひか》る。

**ひがみ** 名 ひがむこと。自分《じぶん》だけが悪《わる》くされていると思《おも》いこむこと。

**ひがむ** 動 ものごとをすなおにとらないで、ひねくれて考《かんが》える。例 仲間外《なかまはず》れにされたとひがむ。

**ひからす【光らす】** 動 ❶光《ひか》るようにする。❷厳《きび》しく見《み》る。例 監視《かんし》の目《め》を光らす。

**ひからびる【干からびる】** 動 水気《みずけ》がなくなって、かわききる。例 干からびたみかんの皮《かわ》。類 しなびる。

°**ひかり【光】** 名 ❶太陽《たいよう》・電灯《でんとう》などから出《で》る、明《あか》るく感《かん》じられるもの。例 光がさす。❷希《き》望《ぼう》。例 前途《ぜんと》に光を見《み》いだす。❸人《ひと》を従《したが》わせる力《ちから》。例 親《おや》の七光《ななひかり》。⇩こう【光】423ページ

**光《ひかり》を放《はな》つ** ❶光《ひかり》を出《だ》す。❷目立《めだ》ってすぐれている。例 いちだんと光を放って見《み》える作品《さくひん》。

**ひかりファイバー【光ファイバー】** 名 非常《ひじょう》に細《ほそ》いガラスの繊維《せんい》。信号《しんごう》を光《ひかり》に変《か》えて送《おく》るときに使《つか》う。光通信《ひかりつうしん》やインターネット回線《かいせん》、胃《い》カメラなどに使《つか》われる。

°**ひかる【光る】** 動 ❶光《ひかり》を出《だ》す。かがやく。

例解 考えるためのことば

## 【比較《ひかく》】を表《あらわ》すときに使《つか》う言葉《ことば》

たがいに比《くら》べること

くだけた表現《ひょうげん》

相違点《そういてん》
- 違《ちが》う　ずれる　食《く》い違《ちが》う　異《こと》なる　別《べつ》　相違《そうい》
- …より～　…のほうが～　…と比《くら》べて～　一方《いっぽう》～　他方《たほう》～

共通点《きょうつうてん》
- そっくり　似《に》ている　近《ちか》い　同《おな》じような　重《かさ》なる　同様《どうよう》　同然《どうぜん》　類似《るいじ》
- 同《おな》じ　等《ひと》しい　一緒《いっしょ》　共通《きょうつう》　イコール　同一《どういつ》　等価《とうか》

あらたまった表現《ひょうげん》

例解 ! 表現の広場

**光《ひか》る と 輝《かがや》く と 照《て》る のちがい**

| | 太陽《たいよう》や月《つき》が | 夜空《よぞら》にきらきら星《ほし》が | ピカッといなずまが |
|---|---|---|---|
| 光《ひか》る | ○ | ○ | ○ |
| 輝《かがや》く | ○ | ○ | × |
| 照《て》る | ○ | × | × |


慣用句 背筋《せすじ》が寒《さむ》くなる　命《いのち》からがら逃《に》げたあの日《ひ》のことを思《おも》い出《だ》すだけで、背筋《せすじ》が寒《さむ》くなる。

反射《はんしゃ》してかがやく。例 ガラス窓《まど》がきらりと光る。❷才能《さいのう》が、特《とく》にすぐれている。例 あの人《ひと》の技《わざ》は光っている。➡こう【光】423ページ

**ひかれる**【引かれる】動 心《こころ》が引《ひ》き寄《よ》せられる。例 美《うつく》しい風景《ふうけい》に引かれる。

**ひがわり**【日替わり】名 （献立《こんだて》などが）一《いち》日《にち》ごとに変《か》わること。例 日替わりランチ。

**ひかん**【悲観】名 動-する ものごとがうまくいかないと思《おも》って希望《きぼう》を失《うしな》うこと。希望《きぼう》を失《うしな》って悲《かな》しむこと。例 失敗《しっぱい》しても悲観するな。対 楽観《らっかん》。

°**ひがん**【彼岸】名 春分《しゅんぶん》の日《ひ》と秋分《しゅうぶん》の日《ひ》を中《ちゅう》日《にち》として、その前後《ぜんご》の三日間《みっかかん》を合《あ》わせた七日《なのか》間《かん》。お墓参《はかまい》りなどをする。

**ひがん**【悲願】名 ❶どうしてもやりとげたいと思《おも》っている願《ねが》い。例 悲願を達成《たっせい》する。❷仏《ほとけ》が人々《ひとびと》を救《すく》おうとして立《た》てた願《ねが》い。

**びかん**【美観】名 美《うつく》しいながめ。例 看板《かんばん》が、町《まち》の美観をそこなう。

**ひかんてき**【悲観的】形動 ものごとが、何《なに》もうまくいかないと思《おも》うようす。例 悲観的な考《かんが》え。対 楽観的《らっかんてき》。

**ひがんばな**【彼岸花】名 野原《のはら》やあぜ道《みち》などに群《むら》がって生《は》える草《くさ》花《ばな》。秋《あき》の彼岸《ひがん》のころ、真《ま》っ赤《か》な花《はな》が咲《さ》く。まんじゅしゃげ。

〔ひがんばな〕

°**ひき**【匹】〔数《かず》を表《あらわ》す言葉《ことば》のあとにつけて〕生《い》き物《もの》を数《かぞ》える言葉《ことば》。例 ネコ五《ご》匹。メダカ六《ろっ》匹《ぴき》。参考 上《うえ》につく数《かず》によって「一匹《いっぴき》」「二匹《にひき》」「三匹《さんびき》」など、「ぴき」「びき」と読《よ》み方《かた》が変《か》わる。➡ひっ【匹】1095ページ

**ひきあい**【引き合い】名 ❶たがいに、引《ひ》っ張《ば》り合《あ》うこと。例 つなの引き合い。❷例《れい》として取《と》り出《だ》すこと。また、その例《れい》。証拠《しょうこ》。例 昔《むかし》の話《はなし》を引き合いに出《だ》す。❸売《う》り買《か》いの問《と》い合《あ》わせ。

**ひきあう**【引き合う】動 ❶引《ひ》っ張《ば》り合《あ》う。例 つなを引き合う。❷苦労《くろう》しただけの値打《ねう》ちがある。割《わり》に合《あ》う。例 労力《ろうりょく》に引き合わない仕事《しごと》。

°**ひきあげる**【引き上げる】動 ❶引《ひ》っ張《ば》って上《うえ》に上《あ》げる。例 ロープで引き上げる。❷上《うえ》の地位《ちい》にする。例 主将《しゅしょう》に引き上げる。❸金額《きんがく》を高《たか》くする。例 値段《ねだん》を引き上げる。

**ひきあげる**【引き揚げる】動 ❶元《もと》のところへ帰《かえ》る。❷用《よう》が終《お》わって、帰《かえ》る。例 今日《きょう》はこれで引き揚げよう。❸物《もの》を元《もと》へもどす。例 商品《しょうひん》を引き揚げる。

**ひきあてる**【引き当てる】動 ❶くじなどで、当《あ》たりを引《ひ》く。❷当《あ》てはめる。例 問題《もんだい》を自分《じぶん》の生活《せいかつ》に引き当てて考《かんが》える。

**ひきあわせる**【引き合わせる】動 ❶知《し》らない人《ひと》どうしを会《あ》わせる。紹介《しょうかい》する。例 兄《あに》に友達《ともだち》を引き合わせる。❷二《ふた》つの物《もの》を照《て》らしあわせる。引《ひ》き比《くら》べる。例 元《もと》の本《ほん》と引き合わせる。

°**ひきいる**【率いる】動 ❶先《さき》に立《た》って、大勢《おおぜい》の人《ひと》を連《つ》れて行《い》く。例 生徒《せいと》を率いて見学《けんがく》に行《い》く。❷大勢《おおぜい》の人《ひと》に指図《さしず》をする。例 チームを率いる。➡そつ【率】758ページ

**ひきいれる**【引き入れる】動 ❶引《ひ》っ張《ば》って中《なか》に入《い》れる。❷さそって、仲間《なかま》に入《い》れる。例 グループに引き入れる。

°**ひきうける**【引き受ける】動 ❶責任《せきにん》を持《も》って受《う》け持《も》つ。例 図書係《としょがかり》を引き受ける。❷あとを受《う》けつぐ。例 店《みせ》を引き受ける。❸保証《ほしょう》する。例 身元《みもと》を引き受ける。注意「引受人《ひきうけにん》」「引受時刻《ひきうけじこく》」などには送《おく》りがなをつけない。

**ひきうす**【ひき臼】名 豆《まめ》や穀物《こくもつ》をくだいて粉《こな》にする道具《どうぐ》。平《ひら》たくて円《まる》い二《ふた》つの石《いし》の間《あいだ》に物《もの》を入《い》れ、上《うえ》の石《いし》をぐるぐる回《まわ》して使《つか》う。➡うす（臼）❷104ページ

**ひきおこす**【引き起こす】動 ❶たおれたものを引《ひ》っ張《ば》って、起《お》こす。例 転《ころ》んだ妹《いもうと》を引き起こす。❷事件《じけん》などを起《お》こす。例 火《か》事《じ》を引き起こす。

**ひきおとす**【引き落とす】動 料金《りょうきん》などを、銀行《ぎんこう》の口座《こうざ》などから差《さ》し引《ひ》く。例 授業《じゅぎょう》料《りょう》を引き落とす。

°**ひきかえ**【引き換え・引き替え】名 物《もの》と物《もの》とを取《と》りかえること。交換《こうかん》すること。例 お金《かね》と引き換えに本《ほん》をわたす。注意「引換《ひきかえ》券《けん》」「代金引換《だいきんひきかえ》」などには送《おく》りがなをつけない。

°**ひきかえす**【引き返す】動 元《もと》の所《ところ》へもどる。例 途中《とちゅう》で家《いえ》に引き返す。

慣用句 背《せ》に腹《はら》はかえられない　背《せ》に腹《はら》はかえられない。仕事《しごと》を休《やす》みにして、復旧《ふっきゅう》の手伝《てつだ》いに行《い》こう。

**ひきかえる【引き換える・引き替える】** 動 ❶物《もの》と物《もの》とを取《と》りかえる。交換《こうかん》する。例当《あ》たりくじを賞品《しょうひん》と引き換える。❷まったく逆《ぎゃく》になる。反対《はんたい》になる。例昨日《きのう》の雨《あめ》に引き替え、今日《きょう》はいい天気《てんき》だ。参考❷はふつう「…に引《ひ》き替《か》え〔‼…とはまったくちがって〕」の形《かたち》で使《つか》う。

**ひきがえる** 名 カエルの仲間《なかま》。体《からだ》は大《おお》きく、背中《せなか》にいぼがある。動《うご》きはにぶく、危険《きけん》を感《かん》じると白《しろ》い毒液《どくえき》を出《だ》す。ガマガエル。ガマ。
➡かえる(蛙)210ページ

**ひきがたり【弾き語り】** 名 楽器《がっき》を演奏《えんそう》しながら、歌《うた》ったり話《はなし》をしたりすること。

**ひきがね【引き金】** 名 ❶鉄砲《てっぽう》やピストルなどをうつときに、指《ゆび》をかけて引《ひ》く金具《かなぐ》。例引き金を引《ひ》く。❷何《なに》かが起《お》こるもとになるもの。きっかけ。例言《い》い争《あらそ》いが引き金になって大《おお》げんかになった。

**ひきぎわ【引き際△】** 名 仕事《しごと》や地位《ちい》から退《しりぞ》くときの態度《たいど》や時期《じき》。例引き際がりっぱな政治家《せいじか》。

**ひきこまれる【引き込まれる】** 動 ❶中《なか》に引《ひ》き入《い》れられる。例運営《うんえい》メンバーに引き込まれた。❷強《つよ》く心《こころ》を引《ひ》き付《つ》けられる。例大自然《だいしぜん》の力強《ちからづよ》さに引き込まれる。

**ひきこみせん【引き込み線】** 名 中心《ちゅうしん》となる本線《ほんせん》から分《わ》かれて、別《べつ》に引《ひ》きこんだ鉄道《てつどう》線路《せんろ》や電線《でんせん》など。例工場《こうじょう》の中《なか》まで、貨物《かもつ》の引き込み線が来《き》ている。

**ひきこむ【引き込む】** 動 ❶引《ひ》いて中《なか》に入《い》れる。例川《かわ》から田《た》に水《みず》を引き込む。❷さそって仲間《なかま》に入《い》れる。例悪《わる》い遊《あそ》びに引き込む。❸ひどくかぜをひく。例かぜを引き込む。

**ひきこもごも【悲喜こもごも】** 悲《かな》しみと喜《よろこ》びが、同時《どうじ》に、もしくは代《か》わる代《が》わる生《しょう》じるようす。例悲喜こもごもの人生《じんせい》。参考本来《ほんらい》は一人《ひとり》の気持《きも》ちのあり方《かた》を表《あらわ》す言葉《ことば》。

**ひきこもり【引き籠もり】** 名 家《いえ》に引《ひ》きこもっていること。また、その人《ひと》。

**ひきこもる【引き籠もる】** 動 家《いえ》の中《なか》に、入《はい》ったままでいる。閉《と》じこもる。

**ひきさがる【引き下がる】** 動 ❶その場《ば》から去《さ》る。いなくなる。例すごすごと引き下がる。❷自分《じぶん》が関係《かんけい》していたことから手《て》を引《ひ》く。例この程度《ていど》で引き下がるわけにはいかない。

**ひきさく【引き裂く】** 動 ❶引《ひ》っぱって、破《やぶ》ったり裂《さ》いたりする。例布《ぬの》を引き裂く。❷無理《むり》やりはなれさせる。例二人《ふたり》の仲《なか》を引き裂く。

**ひきざん【引き算】** 名〔算数《さんすう》で〕ある数《かず》から、他《ほか》の数《かず》を引《ひ》く計算《けいさん》。計算《けいさん》して出《で》た答《こた》えを差《さ》という。減法《げんぽう》。対足《た》し算《ざん》。関連足《た》し算《ざん》。掛《か》け算《ざん》。割《わ》り算《ざん》。

**ひきしお【引き潮】** 名 海水《かいすい》がおきへ引《ひ》いていくこと。下《さ》げ潮《しお》。対上《あ》げ潮《しお》。満《み》ち潮《しお》。

**ひきしぼる【引き絞る】** 動 ❶弓《ゆみ》に矢《や》をつがえて、十分《じゅうぶん》に引《ひ》っ張《ば》る。例弓《ゆみ》を引き絞る。❷声《こえ》などを無理《むり》に出《だ》す。振《ふ》り絞《しぼ》る。例声《こえ》を引き絞ってさけんだ。

**ひきしまる【引き締まる】** 動 ❶かたくしまる。例引き締まった体《からだ》。❷緊張《きんちょう》する。例心《こころ》が引き締まる。

**ひきしめる【引き締める】** 動 ❶引《ひ》っ張《ば》って、強《つよ》くしめる。例馬《うま》のたづなを引き締める。❷心《こころ》をしっかりとさせる。例気《き》を引き締めてがんばる。❸むだをなくする。例予《よ》算《さん》を引き締める。

**ひきずる【引きずる】** 動 ❶地面《じめん》の上《うえ》などを、すって行《い》く。例すそを引きずる。❷無《む》理《り》に引《ひ》っ張《ば》って行《い》く。例いやがる子《こ》を病院《びょういん》へ引きずって行《い》く。❸長引《ながび》かせる。例解決《かいけつ》を引きずったままだ。❹あとまで影響《えいきょう》を受《う》けている。例過去《かこ》の失敗《しっぱい》を引きずる。❺〔「引《ひ》きずられる」の形《かたち》で〕影響《えいきょう》される。例友達《ともだち》の意見《いけん》に引きずられる。

**ひきだし【引き出し】** 名 机《つくえ》・たんすなどにある、引《ひ》いて出《だ》し入《い》れができる箱《はこ》。

**ひきだす【引き出す】** 動 ❶引《ひ》いて外《そと》へ出《だ》す。例棚《たな》から、本《ほん》を引き出す。❷かくれていたものを取《と》り出《だ》す。例才能《さいのう》を引き出す。❸貯金《ちょきん》を下《お》ろす。例預金《よきん》を引き出す。

**ひきたつ【引き立つ】** 動 見《み》ばえがする。いちだんとよく見《み》える。例額《がく》ぶちを取《と》りかえたら、絵《え》が引き立ってきた。

**ひきたてる【引き立てる】** 動 ❶面倒《めんどう》をみる。例先輩《せんぱい》に引き立ててもらう。❷元気《げんき》



慣用句 世話《せわ》が焼《や》ける 母《はは》はいつも弟《おとうと》のことを、世話《せわ》が焼《や》ける子《こ》だとこぼしている。

をつける。はげます。例 気《き》持《も》ちを引き立てる。❸無《む》理《り》に連《つ》れて行《い》く。例 警《けい》官《かん》に引き立てられる。❹特《とく》別《べつ》に、よく見《み》えるようにする。例 絵《え》が、部《へ》屋《や》を引き立てている。

**ひきつぐ【引き継ぐ】** 動 あとを受《う》けつぐ。例 友《とも》達《だち》のあとを引き継ぐ。

**ひきつける【引き付ける】** 動 ❶引《ひ》っ張《ば》って、近《ちか》くに寄《よ》せる。例 敵《てき》を引き付ける。❷人《ひと》の心《こころ》をさそい寄《よ》せる。例 人《ひと》を引き付ける。❸けいれんを起《お》こす。

**ひきつづき【引き続き】** 副 すぐあとに続《つづ》けて。例 去《きょ》年《ねん》に引き続き今《こ》年《とし》も勝《か》った。

**ひきつる【引きつる】** 動 ❶皮《ひ》膚《ふ》が引《ひ》っ張《ば》られる。例 やけどのあとが引きつる。❷けいれんを起《お》こす。例 足《あし》が引きつる。❸かたくなる。こわばる。例 緊《きん》張《ちょう》して、顔《かお》が引きつる。

**ひきつれる【引き連れる】** 動 いっしょに連《つ》れて行《い》く。率《ひき》いる。例 親《おや》鳥《どり》がひなを引き連れて歩《ある》く。

**ひきて【引き手】** 名 戸《と》・障《しょう》子《じ》などを開《あ》けたり閉《し》めたりするときに、手《て》をかけるところ。また、その金《かな》具《ぐ》。

**ひきでもの【引き出物】** 名 お祝《いわ》いの会《かい》や法《ほう》事《じ》のときに、主《しゅ》人《じん》から客《きゃく》に配《くば》るおみやげ。

**ひきど【引き戸】** 名 横《よこ》に引《ひ》いて、開《あ》けたり閉《し》めたりする戸《と》。

**ひきとめる【引き止める】** 動 ❶帰《かえ》ろうとする人《ひと》をとめる。例 お客《きゃく》さんを引き止める。❷何《なに》かするのをやめさせる。例 人《ひと》になぐりかかるのを引き止める。

**ひきとる【引き取る】** 動 ❶預《あず》けてあった物《もの》を受《う》け取《と》る。例 荷《に》物《もつ》を引き取る。❷引《ひ》き受《う》けて世《せ》話《わ》をする。例 子《こ》犬《いぬ》を引き取る。❸その場《ば》所《しょ》からどく。例 どうぞ、お引き取りください。❹息《いき》が絶《た》える。死《し》ぬ。例 息《いき》を引き取る。

**ビギナー**〔英語 beginner〕名 初《しょ》心《しん》者《しゃ》。例 ビギナーのための講《こう》習《しゅう》会《かい》。

**ひきにく【ひき肉】** 名 器《き》械《かい》で細《こま》かくひきつぶした、牛《うし》・ブタ・鳥《とり》などの肉《にく》。ミンチ。

**ひきにげ【ひき逃げ】** 名 車《くるま》などで人《ひと》をひき、そのままその場《ば》から逃《に》げること。

**ひきぬく【引き抜く】** 動 ❶引《ひ》っぱって抜《ぬ》く。例 大《だい》根《こん》を引き抜く。❷ほかの会《かい》社《しゃ》の人《ひと》などを、自《じ》分《ぶん》のほうに連《つ》れてきて入《い》れる。例 よその事《じ》務《む》所《しょ》のタレントを引き抜く。

**ひきのばす【引き伸ばす】** 動 ❶引《ひ》っ張《ば》って長《なが》くしたり、大《おお》きくしたりする。例 ゴムひもを引き伸ばす。❷写《しゃ》真《しん》を大《おお》きくする。

**ひきのばす【引き延ばす】** 動 日《ひ》にちや、時《じ》間《かん》を長《なが》引《び》かせる。おくらせる。例 解《かい》決《けつ》を引き延ばす。

**ひきはなす【引き離す】** 動 ❶無《む》理《り》に別《べつ》々《べつ》にする。例 二《ふた》人《り》の仲《なか》を引き離す。❷間《あいだ》をあける。例 五《ご》メートルも引き離して勝《か》った。

**ひきはらう【引き払う】** 動 整《せい》理《り》をして、よそへ移《うつ》る。例 店《みせ》を引き払う。

**ひきまわす【引き回す】** 動 ❶あちこち連《つ》れて歩《ある》く。例 町《まち》じゅうを引き回す。❷幕《まく》やなわなどを張《は》りめぐらす。

**ひきもきらず【引きも切らず】** 副 次《つぎ》から次《つぎ》へと、絶《た》え間《ま》がなく。ひっきりなしに。例 見《けん》物《ぶつ》人《にん》が、引きも切らずつめかける。

**ひきゃく【飛脚】** 名 ❶昔《むかし》、遠《とお》くまで、急《きゅう》用《よう》を知《し》らせに走《はし》った使《つか》いの人《ひと》。❷江《え》戸《ど》時《じ》代《だい》に、手《て》紙《がみ》や品《しな》物《もの》を届《とど》けることを仕《し》事《ごと》にしていた人《ひと》。

**◦ひきょう【卑怯】** 形動 ❶ずるくて心《こころ》がきたないようす。例 ごまかすなんて卑怯なやつだ。❷臆《おく》病《びょう》なようす。例 にげだすとは卑怯だ。

**ひきょう【秘境】** 名 まだ人《ひと》が行《い》ったこともなく、ようすの知《し》られていない所《ところ》。

**ひきよせる【引き寄せる】** 動 ❶引《ひ》っ張《ば》って、そばに寄《よ》せる。例 ざぶとんを引き寄せる。❷近《ちか》くまで来《こ》させる。例 敵《てき》を引き寄せる。

**ひきわけ【引き分け】** 名 勝《か》ち負《ま》けが決《き》まらないで終《お》わること。例 試《し》合《あい》は引き分けになった。

**ひきわたす【引き渡す】** 動 ❶つな・幕《まく》・なわなどを、長《なが》く張《は》る。例 ロープを引き渡す。❷人《ひと》や物《もの》を、他《ほか》の人《ひと》にわたす。例 犯《はん》人《にん》を引き渡す。

**ひきん【卑近】** 名 形動 身《み》近《ぢか》にありふれていること。例 卑近な例《れい》を挙《あ》げて説《せつ》明《めい》する。

慣用句 想《そう》像《ぞう》を絶《ぜっ》する　東《とう》京《きょう》に大《おお》地《じ》震《しん》が起《お》きたら、想《そう》像《ぞう》を絶《ぜっ》する被《ひ》害《がい》があるだろう。

**°ひく【引く】** 動 ❶力《ちから》を入《い》れて全体《ぜんたい》を近寄《ちかよ》せる。引《ひ》っ張《ば》る。例 車《くるま》を引く。対 押《お》す。❷自分《じぶん》のほうへ寄《よ》せる。例 あごを引く。対 出《だ》す。❸心《こころ》をさそう。例 注意《ちゅうい》を引く。❹体《からだ》の中《なか》に入《い》れる。例 かぜを引く。❺選《えら》び出《だ》す。例 くじを引く。❻辞書《じしょ》で言葉《ことば》を探《さが》す。例 辞書《じしょ》を引く。❼減《へ》らす。例 値段《ねだん》を引く。❽〔算数《さんすう》で〕引《ひ》き算《ざん》をする。記号《きごう》は「－」を使《つか》う。対 加《くわ》える。足《た》す。❾長《なが》くのばして書《か》く。例 線《せん》を引く。❿取《と》り付《つ》ける。例 電話《でんわ》を引く。⓫受《う》けつぐ。例 血《ち》を引く。⓬一面《いちめん》にぬる。例 油《あぶら》を引く。⓭少《すく》なくなる。例 熱《ねつ》が引く。はれが引く。⇩いん【引】92ページ

**°ひく【弾く】** 動 琴《こと》・三味線《しゃみせん》・ピアノ・バイオリンなどの楽器《がっき》を鳴《な》らす。演奏《えんそう》する。例 ピアノを弾く。⇩だん【弾】812ページ

**ひく【退▲く】** 動 ❶退《しりぞ》く。下《さ》がる。例 少《すこ》しもあとへひかない。❷勤《つと》めをやめる。例 会社《かいしゃ》をひく。❸少《すく》なくなる。例 傷《きず》のはれがひいた。参考「引《ひ》く」とも書《か》く。

**ひく** 動 ❶のこぎりで、切《き》る。例 木《き》をひく。❷肉《にく》を器械《きかい》で細《こま》かくする。❸ひきうすを回《まわ》して、すりくだく。粉《こな》にする。例 豆《まめ》をひく。❹車輪《しゃりん》が、人《ひと》・動物《どうぶつ》・物《もの》の上《うえ》をおしつぶして通《とお》る。例 車《くるま》にひかれる。

**びく** 名 つった魚《さかな》を入《い》れておく、小《ちい》さいかご。

**°ひくい【低い】** 形 ❶高《たか》さが少《すく》ない。例 雲《くも》が低い。山《やま》が低い。❷地位《ちい》などが下《した》だ。例 地《ち》位が低い。❸能力《のうりょく》がおとっている。例 学力《がくりょく》が低い。❹値打《ねう》ちが下《した》である。例 評価《ひょうか》が低い。❺値《ね》段《だん》や程度《ていど》が下《した》である。例 温度《おんど》が低い。❻声《こえ》や音《おと》が高《たか》くない。例 低い声《こえ》。対（❶〜❻）高《たか》い。⇩てい【低】871ページ

**ひぐち いちよう【樋口一葉】** 人名（女）（一八七二〜一八九六）明治《めいじ》時代《じだい》の作家《さっか》。「たけくらべ」「にごりえ」などの、すぐれた小説《しょうせつ》を書《か》いた。

**ひくつ【卑屈】** 形動 自信《じしん》がないので、いじけたり、相手《あいて》に必要《ひつよう》以上《いじょう》にへりくだったりするようす。例 卑屈な態度《たいど》。

**ひくてあまた【引く手あまた】** 多《おお》くの人《ひと》からさそわれること。例 引く手あまたの人気者《にんきもの》。

**びくともしない** ❶少《すこ》しも動《うご》かない。例 おしても、びくともしない。❷少《すこ》しもおどろかない。例 少々《しょうしょう》のことではびくともしない。

**ピクニック**〔英語 picnic〕名（弁当《べんとう》などを持《も》って）近《ちか》くの野《の》や山《やま》に遊《あそ》びに行《い》くこと。遠足《えんそく》。

**ひくにひけない【引くに引けない】** 逃《に》げたりやめたりするわけにいかない。例 引くに引けない立場《たちば》にある。

**びくびく** 副（-と）動-する よくないことが起《お》きないかと、おそれるようす。例 しかられないかとびくびくしている。

**ひぐま** 名 大型《おおがた》のクマで、冬《ふゆ》は穴《あな》に入《はい》って冬眠《とうみん》する。性質《せいしつ》は荒《あら》い。日本《にっぽん》では北海道《ほっかいどう》にすむ。

**ひくまる【低まる】** 動 低《ひく》くなる。例 音《おと》が低まる。対 高《たか》まる。⇩てい【低】871ページ

**ひくめ【低め】** 名 形動 少《すこ》し低《ひく》いようす。例 低めのとび箱《ばこ》。低めの温度《おんど》。対 高《たか》め。

**ひくめる【低める】** 動 低《ひく》くする。例 声《こえ》を低める。対 高《たか》める。⇩てい【低】871ページ

**ひぐらし** 名 セミの一種《いっしゅ》。夏《なつ》の早朝《そうちょう》と日暮《ひぐ》れに、カナカナと鳴《な》く。かなかな。

**ひぐれ【日暮れ】** 名 太陽《たいよう》のしずむころ。類 夕暮《ゆうぐ》れ。対 夜明《よあ》け。

**ひげ【卑下】** 名 動-する 自分《じぶん》を人《ひと》よりおとっているとして、へりくだること。例「私《わたし》などはとても。」などと卑下している。

**ひげ** 名 人《ひと》や動物《どうぶつ》の、口《くち》の周《まわ》りに生《は》えている毛《け》。例 あごひげ。ひげをそる。

**✤°ひげき【悲劇】** 名 ❶悲《かな》しい筋《すじ》の劇《げき》。❷世《よ》の中《なか》の、悲《かな》しい出来事《できごと》。対（❶・❷）喜劇《きげき》。

**ひけし【火消し】** 名 ❶火《ひ》を消《け》すこと。❷火《か》事《じ》を消《け》す仕事《しごと》に当《あ》たる人《ひと》。〔古《ふる》い言《い》い方《かた》。〕例 江戸《えど》の火消し。❸問題《もんだい》が大《おお》きくならないようにすること。例 外交問題《がいこうもんだい》の火消しに走《はし》り回《まわ》る。

**ひけつ【否決】** 名 動-する 会議《かいぎ》などで、出《だ》された案《あん》を認《みと》めないと決《き》めること。例 提案《ていあん》は否決された。対 可決《かけつ》。

**ひけつ【秘訣◆】** 名 うまくやるための秘密《ひみつ》の方法《ほうほう》。奥《おく》の手《て》。例 成功《せいこう》のひけつを教《おし》える。

**ひげづら【ひげ面▲】** 名 ひげをのばしたままにしている顔《かお》。

**ひげね【ひげ根】** 名 稲《いね》・麦《むぎ》などの根《ね》のよう

あいうえお かきくけこ さしすせそ たちつてと なにぬねの は ひ ふへほ まみむめも や ゆ よ らりるれろ わ を ん

慣用句 底《そこ》をつく 食欲旺盛《しょくよくおうせい》でよく食《た》べるので、買《か》っておいた米《こめ》が底《そこ》をついた。

に、茎《くき》の下《した》からひげのようになってたくさん出《で》ている根《ね》。⇩ね（根）1000ページ

**ひけめ【引け目】** 名 おとっていると感《かん》じること。例 引け目を感《かん》じる。

**ひけらかす** 動 自慢《じまん》して、人《ひと》に見《み》せつける。例 知識《ちしき》をひけらかす。

**ひける【引ける】** 動 ❶その日《ひ》の仕事《しごと》などが終《お》わる。例 会社《かいしゃ》が引ける。❷気《き》おくれする。例 気《き》が引ける。⇩いん【引】92ページ

**ひけをとる【引けを取る】** 負《ま》ける。おくれを取《と》る。例 数《かず》では引けを取らない。

**ひご〔肥後〕** 地名 昔《むかし》の国《くに》の名《な》の一《ひと》つ。今《いま》の熊《くま》本県《もとけん》にあたる。

**ひご** 名 竹《たけ》を細《ほそ》く割《わ》って、けずったもの。竹《たけ》ひご。工作《こうさく》に使《つか》う。

**ひごい【緋鯉】** 名 体《からだ》の色《いろ》が赤《あか》や赤黄《あかき》色《いろ》、または赤《あか》と白《しろ》などのまだらになっているコイ。

**ひこう【非行】** 名 してはならない、悪《わる》い行《おこな》い。例 非行を防止《ぼうし》する。

**ひこう【飛行】** 名 動-する 空中《くうちゅう》を飛《と》ぶこと。例 大空《おおぞら》を飛行する。

**ひごう【非業】** 名 この世《よ》で、思《おも》いがけない悪《わる》いできごとにあうこと。例 非業の最期《さいご》をとげた〔＝思《おも》いがけない災難《さいなん》にあって死《し》んだ〕。

**びこう【尾行】** 名 動-する そっと、人《ひと》のあとをつけて行《い》くこと。

**びこう【備考】** 名 参考《さんこう》のために、書《か》き加《くわ》えておくこと。また、そのことがら。例 備考欄《らん》にメモしておく。

**ひこうかい【非公開】** 名 一般《いっぱん》の人《ひと》に見《み》せたり、聞《き》かせたりしないこと。公開《こうかい》でないこと。例 会議《かいぎ》は非公開とする。

**ひこうき【飛行機】** 名 プロペラやジェットエンジンなどの力《ちから》で、空《そら》を飛《と》ぶ乗《の》り物《もの》。

**ひこうきぐも【飛行機雲】** 名 飛行機《ひこうき》が高《たか》い空《そら》を飛《と》んだあとにできる、細長《ほそなが》い筋《すじ》のような白《しろ》い雲《くも》。

**ひこうしき【非公式】** 名 形動 公《おおやけ》でないこと。例 非公式の記者会見《きしゃかいけん》。

**ひこうじょう【飛行場】** 名 空港《くうこう》。

**ひこうせん【飛行船】** 名 空気《くうき》より軽《かる》いガスを胴体《どうたい》につめて、プロペラを回転《かいてん》させて空《そら》を飛《と》ぶ乗《の》り物《もの》。

〔ひこうせん〕

**ひごうほう【非合法】** 名 形動 法律《ほうりつ》に合《あ》っていないこと。

**ひこく【被告】** 名 裁判《さいばん》で、うったえられたほうの人《ひと》。対 原告《げんこく》。

**ひごと【日ごと】** 名 ❶毎日《まいにち》。日々《ひび》。❷日《ひ》がたつにつれて。例 日ごとにすずしくなる。

**ひこぼし【彦星】** 名 ⇩けんぎゅうせい411ページ

**ひごろ【日頃】** 名 ふだん。平生《へいぜい》。例 日ごろの心《こころ》がけがだいじだ。

**ひざ【膝】** 画数 15 部首 月（にくづき）

音 ―― 訓 ひざ

足《あし》の、ひざ。熟語 膝頭《ひざがしら》。膝小僧《ひざこぞう》。

**ひざ【膝】** 名 ❶ももと、すねのつなぎ目《め》にある、関節《かんせつ》の前側《まえがわ》の部分《ぶぶん》。例 膝をすりむく。⇩からだ❶262ページ。❷すわったときの、ももの上《うえ》の部分《ぶぶん》。例 赤《あか》ちゃんを膝に抱《だ》く。

**膝《ひざ》が笑《わら》う** 登山《とざん》などで、足《あし》が疲《つか》れて膝《ひざ》ががくがくする。例 富士山《ふじさん》の下《くだ》りでは、だれだって膝が笑う。

**膝《ひざ》を打《う》つ** 突然思《とつぜんおも》いついたり、なるほどと感《かん》心《しん》したりして、手《て》で膝《ひざ》をたたく。

**膝《ひざ》を崩《くず》す** 楽《らく》な姿勢《しせい》ですわる。例 どうぞ膝をくずして、楽《らく》になさってください。

**膝《ひざ》を進《すす》める** ❶すわったまま相手《あいて》に近《ちか》づく。❷⇩ひざをのりだす1090ページ

**膝《ひざ》を正《ただ》す** きちんと正座《せいざ》してすわる。改《あらた》まった態度《たいど》をとる。

**膝《ひざ》を乗《の》り出《だ》す** 興味《きょうみ》を感《かん》じて、前《まえ》へ進《すす》み出《で》る。例 膝を乗り出して話《はなし》に聞《き》き入《い》る。

**膝《ひざ》を交《まじ》える** たがいに親《した》しく話《はな》し合《あ》う。例 留学生《りゅうがくせい》と膝を交えて語《かた》り合《あ》った。

**ビザ**〔英語 visa〕名 外国《がいこく》から来《き》た人《ひと》の旅券《りょけん》を調《しら》べ、その国《くに》に入《はい》ることを認《みと》める許可証《きょかしょう》。査《さ》証《しょう》。

**ピザ**〔イタリア語〕名 小麦粉《こむぎこ》をねって広《ひろ》げた生《き》地《じ》に、チーズ・トマトなどをのせて焼《や》いた食《た》べ物《もの》。イタリアのパイ。ピッツア。

**ひさい【被災】** 名 動-する 大水《おおみず》・火事《かじ》・地震《じしん》・戦《せん》争《そう》などの災難《さいなん》にあうこと。罹災《りさい》。例 被災者《しゃ》。

慣用句 素知《そし》らぬ顔《かお》　自分《じぶん》でやっておきながら、素知《そし》らぬ顔《かお》でいるなんて、ひきょうだ。

**びさい【微細】** 形動 非常《ひじょう》に細《こま》かいようす。例 微細な点《てん》にも注意《ちゅうい》する。

**ひざがしら【膝頭】** 名 ひざの関節《かんせつ》のまるく出《で》たところ。ひざこぞう。⬇ からだ❶ 262ページ

**ひさかたぶり【久方ぶり】** 名 久《ひさ》しぶり。例 おじさんと久方ぶりに会《あ》った。

**ひざかり【日盛り】** 名 一日《いちにち》のうちで太陽《たいよう》がいちばん強《つよ》く照《て》りつける時《とき》。日中《にっちゅう》。例 日盛りのむっとする暑《あつ》さ。

**ひざこぞう【膝小僧】** 名 ひざがしら。ひざ。ひざっこぞう。

**ひさし** 名 ❶家《いえ》の出入《でい》り口《ぐち》や、窓《まど》などの上《うえ》にさし出《で》た、小《ちい》さな屋根《やね》。⬇ いえ❶ 55ページ。❷帽子《ぼうし》の前《まえ》についているつば。

**ひさしを貸《か》して母屋《おもや》を取《と》られる** 一部分《いちぶぶん》を貸《か》したために、最後《さいご》には全体《ぜんたい》を取《と》られてしまう。親切《しんせつ》にした相手《あいて》にひどい目《め》にあわされる。

**ひざし【日差し・陽射し】** 名 日光《にっこう》が差《さ》すこと。日《ひ》の光《ひかり》。例 春《はる》の日ざしが差《さ》しこむ。

**ひさしい【久しい】** 形 何《なに》かがあってから多《おお》くの日数《にっすう》や時間《じかん》が過《す》ぎている。例 もう久しく会《あ》っていない。⬇ きゅう【久】 323ページ

**ひさしぶり【久しぶり】** 名 形動 そのことがあってから、長《なが》い時間《じかん》がたっていること。久方《ひさかた》ぶり。例 久しぶりの雨《あめ》。

**ひさびさ【久久】** 名 形動 久《ひさ》しぶり。例 久々におじの家《いえ》に行《い》った。

**ひざまずく** 動 両《りょう》ひざを地《ち》につけ、かがむ。例 ひざまずいて、いのる。

**ひさめ【氷雨】** 名 ❶ひょう。あられ。❷秋《あき》の終《お》わりごろに降《ふ》る、冷《つめ》たい雨《あめ》。

**ひざもと【膝元】** 名 ❶ひざのそば。身近《みぢか》。例 本《ほん》をひざ元に置《お》く。❷すぐそば。身近《みぢか》。例 親《おや》のひざ元をはなれて働《はたら》く。❸〔「お」をつけて〕天皇《てんのう》や将軍《しょうぐん》などが住《す》んでいる所《ところ》。例 幕府《ばくふ》のおひざ元。

**ひさん【悲惨】** 形動 悲《かな》しく痛《いた》ましいようす。例 悲惨な話《はなし》。

**ひさん【飛散】** 名 動-する とびちること。例 春先《はるさき》になると花粉《かふん》が飛散する。

**ひじ【肘】** 画数 7 部首 月（にくづき）

音 ―― 訓 ひじ

腕《うで》にある関節《かんせつ》の、ひじ。

**ひじ【肘】** 名 腕《うで》の関節《かんせつ》で、曲《ま》がる外側《そとがわ》の部分《ぶぶん》。例 椅子《いす》の肘掛《ひじか》け。例 机《つくえ》に肘をつく。⬇ からだ❶ 262ページ

**ひしがた【菱形】** 名 辺《へん》の長《なが》さがみな等《ひと》しい四角形《しかくけい》。トランプのダイヤの形《かたち》。⬇ しかくけい 546ページ

**ひじき** 名 海中《かいちゅう》の岩《いわ》につく海藻《かいそう》。茎《くき》は細長《ほそなが》く、黄色《きいろ》みを帯《お》びた茶色《ちゃいろ》をしているが、干《ほ》すと黒《くろ》くなる。煮《に》て食《た》べる。

**ひししょくぶつ【被子植物】** 名 種《たね》でふえる植物《しょくぶつ》の一《ひと》つ。その多《おお》くは花《はな》を咲《さ》かせ、果実《かじつ》の中《なか》に種《たね》ができる。アサガオ・イネなど。対 裸子《らし》植物《しょくぶつ》。

**ひじでっぽう【肘鉄砲】** 名 ❶ひじで相手《あいて》をつきのけること。❷きっぱり断《ことわ》ること。例 無理《むり》を言《い》う相手《あいて》にひじ鉄砲を食《く》らわせる。

**ひしと** 副 強《つよ》く引《ひ》きしめるようす。強《つよ》く。しっかりと。例 ひしとだきしめる。

**ビジネス**〔英語 business〕名 仕事《しごと》。勤《つと》め。商売《しょうばい》。

**ひしひし** 副(-と) ❶強《つよ》く身《み》にこたえるようす。例 寒《さむ》さがひしひしとせまる。❷心《こころ》に強《つよ》く感《かん》じるようす。例 親《おや》のありがたさをひしひし感《かん》じる。

**びしびし** 副(-と) 相手《あいて》に遠慮《えんりょ》しないで、厳《きび》しくするようす。例 びしびしきたえる。

**ひしめきあう【ひしめき合う】** 動 人《ひと》がぎっしり集《あつ》まって、押《お》し合《あ》いへし合《あ》いする。例 バーゲンセールで、お客《きゃく》がひしめき合う。

**ひしめく** 動 大勢《おおぜい》が、集《あつ》まっておし合《あ》うようにする。例 会場《かいじょう》には人《ひと》がひしめいていた。

**ひしもち【菱餅】** 名 ひな祭《まつ》りに供《そな》える、ひし形《がた》のもち。赤《あか》・白《しろ》・緑《みどり》の三色《さんしょく》のもちを重《かさ》ねる。⬇ ひなにんぎょう 1104ページ

**ひしゃく** 名 お湯《ゆ》や水《みず》などをくみ取《と》る、長《なが》い柄《え》のついたおわん形《がた》の道具《どうぐ》。

**びじゃく【微弱】** 名 形動 かすかで弱《よわ》いこと。例 微弱な電波《でんぱ》をとらえた。

**ひしゃたい【被写体】** 名 写真《しゃしん》で写《うつ》しとられるもの。例 被写体に近《ちか》づいて写真《しゃしん》をとる。



慣用句 そりが合《あ》わない 彼《かれ》は意地悪《いじわる》なところがあって、どうもぼくとはそりが合《あ》わない。

**びしゃもんてん**【毘沙門天】名 七福神《しちふくじん》の一人《ひとり》。よろいかぶとをつけ、仏教《ぶっきょう》を保護《ほご》する神《かみ》。多聞天《たもんてん》。↓しちふくじん563ページ

**ぴしゃり** 副(-と) ❶戸《と》などを乱暴《らんぼう》に閉《し》めるようす。❷勢《いきお》いよくたたくようす。❸おさえつけるように、きっぱりと言《い》うようす。例ぴしゃりと断《ことわ》る。❹ぴたりと合《あ》うようす。例ぴしゃりと閉《し》まる。❺正確《せいかく》に合《あ》うようす。例計算《けいさん》がぴしゃりと合《あ》う。

**ひじゅう**【比重】名 ❶セ氏《し》四度《ど》の水《みず》の重《おも》さを一《いち》として、その水《みず》と同《おな》じ体積《たいせき》の物《もの》の重《おも》さを比《くら》べたときの割合《わりあい》。❷物《もの》と物《もの》とを比《くら》べたときの割合《わりあい》。例暗記《あんき》より、考《かんが》えることに比重を置《お》いた問題《もんだい》。

✤**ひしゅうしょくご**【被修飾語】名〔国《こく》語《ご》で〕修飾語《しゅうしょくご》によって説明《せつめい》されている語《ご》。例《たと》えば、「高《たか》い山《やま》」「たいへん美《うつく》しい」の場合《ばあい》の、「山《やま》」「美《うつく》しい」が被修飾語《ひしゅうしょくご》である。

**ひじゅつ**【秘術】名 秘密《ひみつ》にして、人《ひと》に教《おし》えない、とっておきの技《わざ》。

°**びじゅつ**【美術】名 絵《え》や彫刻《ちょうこく》・建築《けんちく》など、色《いろ》や形《かたち》で美《うつく》しく表現《ひょうげん》する芸術《げいじゅつ》。

**びじゅつかん**【美術館】名 美術品《びじゅつひん》を並《なら》べて見《み》せるための建物《たてもの》。

**びじゅつひん**【美術品】名 絵《え》・彫刻《ちょうこく》など、美術《びじゅつ》として値打《ねう》ちのある作品《さくひん》。美術作品《びじゅつさくひん》。

**ひじゅん**【批准】名 動する 外国《がいこく》と結《むす》ぼうとする条約《じょうやく》を、国《くに》が最終的《さいしゅうてき》に確《たし》かめ、認《みと》めること。また、その手続《てつづ》き。日本《にっぽん》では、国会《こっかい》の役割《やくわり》。

**ひしょ**【秘書】名 重《おも》い役目《やくめ》を持《も》つ人《ひと》のそばで、仕事《しごと》を助《たす》ける役《やく》。また、その人《ひと》。

**ひしょ**【避暑】名 夏《なつ》の暑《あつ》さをさけて、すずしい土地《とち》へ行《い》くこと。例避暑地《ち》。

°**ひじょう**【非常】一名 たいへんなこと。ふつうでないこと。例非常口《ぐち》。二形動 たいへん。とても。例非常な努力《どりょく》。非常に美《うつく》しい。

**ひじょう**【非情】名 形動 人間《にんげん》らしい思《おも》いやりがなく、冷《つめ》たいこと。例勝負《しょうぶ》の世界《せかい》は非情だ。

**びしょう**【微小】形動 たいへん小《ちい》さく、細《こま》かいようす。例微小な生物《せいぶつ》。

**びしょう**【微少】形動 たいへん少《すく》ないようす。例重《おも》さの微少な変化《へんか》。

**びしょう**【微笑】名 動する 声《こえ》を出《だ》さないで、にっこりと笑《わら》うこと。ほほえむこと。ほほえみ。例微笑をうかべる。

**ひじょうかいだん**【非常階段】名 地震《じしん》や火事《かじ》など、非常《ひじょう》のときに使《つか》う階段《かいだん》。

**ひじょうきん**【非常勤】名 常勤《じょうきん》でない勤務《きんむ》のしかた。例非常勤の先生《せんせい》。

**ひじょうぐち**【非常口】名 地震《じしん》や火事《かじ》など、非常《ひじょう》のときに使《つか》う出口《でぐち》。

**ひじょうじ**【非常時】名 災害《さいがい》や戦争《せんそう》などで、ふだんの生活《せいかつ》ができないたいへんな状態《じょうたい》の時《とき》。有時《ゆうじ》。対平時《へいじ》。

**ひじょうしき**【非常識】名 形動 ふつうの人《ひと》の考《かんが》え方《かた》や行《おこな》いから、外《はず》れていること。常識外《じょうしきはず》れ。例夜《よる》おそく、人《ひと》の家《いえ》に行《い》くのは非常識だ。

**ひじょうしゅだん**【非常手段】名 さしせまったときにとられる、特別《とくべつ》なやり方《かた》。例非常手段にうったえる。

**ひじょうしょく**【非常食】名 災害《さいがい》など、いざというときのために準備《じゅんび》しておく食《た》べ物《もの》。例災害《さいがい》に備《そな》えて非常食を点検《てんけん》する。

**びしょく**【美食】名 おいしくてぜいたくな食《た》べ物《もの》。また、それを好《この》んで食《た》べること。例美食家《か》で知《し》られる。対粗食《そしょく》。

**びしょぬれ** 名 ひどくぬれること。ぐしょぬれ。ずぶぬれ。例急《きゅう》な雨《あめ》で、全身《ぜんしん》がびしょぬれだ。

**ビジョン**〔英語 vision〕名 将来《しょうらい》への見通《みとお》しや計画《けいかく》。例政治《せいじ》にはビジョンが必要《ひつよう》だ。

■**びじれいく**【美辞麗句】名 うわべだけを美《うつく》しくかざった、言葉《ことば》や文句《もんく》。例美辞麗句を並《なら》べる。

**びじん**【美人】名 美《うつく》しい女《おんな》の人《ひと》。

**ひすい**【翡翠】名 緑色《みどりいろ》の半透明《はんとうめい》な宝石《ほうせき》。

**ビスケット**〔英語 biscuit〕名 小《こ》麦《むぎ》粉《こ》に、卵《たまご》・砂糖《さとう》・牛乳《ぎゅうにゅう》・バターなどを混《ま》ぜて焼《や》いた菓子《かし》。

**ヒステリー**〔ドイツ語〕名 興奮《こうふん》して、激《はげ》しく泣《な》いたり怒《おこ》ったりする精神《せいしん》の状態《じょうたい》。例ヒステリーを起《お》こす。

慣用句 **太鼓判《たいこばん》を押《お》す** 彼《かれ》は合格《ごうかく》まちがいなしと、先生《せんせい》が太鼓判《たいこばん》を押《お》した。

**ピストル**〔英語 pistol〕〈名〉片手《かたて》でうてる、小《こ》型《がた》の鉄砲《てっぽう》。拳銃《けんじゅう》。

**ピストン**〔英語 piston〕〈名〉蒸気機関《じょうききかん》やポンプなどで、筒《つつ》〔=シリンダー〕の中《なか》を、蒸気《じょうき》・水《みず》・ガスなどの力《ちから》で行《い》ったり来《き》たりする、栓《せん》のような部分《ぶぶん》。

**ピストンゆそう**【ピストン輸送】〈名〉〈動-する〉ピストンのように休《やす》みなしに往復《おうふく》して、人《ひと》や物《もの》を運《はこ》ぶこと。

**ひずみ**〈名〉❶形《かたち》がゆがんだりねじれたりしていること。いびつ。ゆがみ。〈例〉板《いた》にひずみができる。❷結果《けっか》として現《あらわ》れた悪《わる》い状態《じょうたい》。〈例〉情報化社会《じょうほうかしゃかい》のひずみ。

**ひする**【比する】〈動〉比《くら》べる。〈例〉今年《ことし》は去年《きょねん》に比してかなり暑《あつ》い。

**ひする**【秘する】〈動〉隠《かく》し、秘密《ひみつ》にする。〈例〉長《なが》い間《あいだ》、秘されていた事実《じじつ》を知《し》る。

**びせい**【美声】〈名〉美《うつく》しい声《こえ》。うっとりするようなよい声《こえ》。〈例〉美声の持《も》ち主《ぬし》。〈対〉悪声《あくせい》。

**びせいぶつ**【微生物】〈名〉細菌《さいきん》やアメーバなどのように、顕微鏡《けんびきょう》でなければ見《み》えないような小《ちい》さい生物《せいぶつ》。

**ひぜに**【日銭】〈名〉毎日《まいにち》手《て》に入《はい》る現金《げんきん》。〈例〉日銭をかせいで生活《せいかつ》する。

**ひぜん**【肥前】〈地名〉昔《むかし》の国《くに》の名《な》の一《ひと》つ。今《いま》の佐賀県《さがけん》と、壱岐《いき》・対馬《つしま》以外《いがい》の長崎県《ながさきけん》にあたる。

**びぜん**【備前】〈地名〉昔《むかし》の国《くに》の名《な》の一《ひと》つ。今《いま》の岡山県《おかやまけん》の南東部《なんとうぶ》にあたる。

**ひせんきょけん**【被選挙権】〈名〉選挙《せんきょ》されて、議員《ぎいん》や知事《ちじ》・市町村長《しちょうそんちょう》などの公《おおやけ》の職《しょく》につくことのできる権利《けんり》。〈参考〉例《たと》えば、衆議院議員《しゅうぎいんぎいん》については満二十五歳《まんにじゅうごさい》、参議院議員《さんぎいんぎいん》については満三十歳《まんさんじっさい》になると、この権利《けんり》が得《え》られる。

**ひそう**【皮相】㊀〈名〉ものごとの表面《ひょうめん》。㊁〈形動〉ものごとの理解《りかい》が浅《あさ》いようす。〈例〉皮相な考《かんが》え。

**ひそう**【悲壮】〈形動〉悲《かな》しさの中《なか》にも、勇《いさま》しさが感《かん》じられるようす。〈例〉悲壮な覚悟《かくご》を決《き》める。

**ひぞう**【秘蔵】〈名〉〈動-する〉❶大切《たいせつ》にしまっておくこと。また、その品物《しなもの》。〈例〉秘蔵の品《しな》。❷大切《たいせつ》にしてかわいがること。〈例〉秘蔵っ子《こ》。

**ひそか**〈形動〉人《ひと》に気《き》づかれないようにするようす。こっそり。〈例〉ひそかに相手《あいて》のようすをさぐる。

**ひそひそ**〈副(-と)〉人《ひと》に聞《き》こえないように、小《ちい》さい声《こえ》で話《はな》すようす。〈例〉ひそひそないしょ話《ばなし》をする。

**ひそむ**【潜む】〈動〉❶こっそりとかくれる。〈例〉へいのかげに潜む。❷外部《がいぶ》に、はっきり現《あらわ》れないでいる。〈例〉なまけたい気持《きも》ちが心《こころ》に潜んでいる。↓せん【潜】728ページ

**ひそめる**【潜める】〈動〉❶そっとかくす。〈例〉身《み》を潜める。❷外《そと》へ出《だ》さないようにする。〈例〉息《いき》を潜めて、じっと待《ま》つ。

**ひそめる**〈動〉まゆの間《あいだ》にしわを寄《よ》せる。顔《かお》をしかめる。〈例〉まゆをひそめる〔=いやそうな顔《かお》をする〕。

**ひそやか**〈形動〉❶ひっそりしているようす。❷人目《ひとめ》につかないように静《しず》かにしているようす。〈例〉ひそやかに暮《く》らす。

**ひだ**〈名〉❶はかまやスカートなどの、細長《ほそなが》くたたんだ折《お》り目《め》。❷細長《ほそなが》くしわのように見《み》えるもの。〈例〉山《やま》ひだに雪《ゆき》が残《のこ》る。

**ひだ**【飛驒】〈地名〉昔《むかし》の国《くに》の名《な》の一《ひと》つ。今《いま》の岐阜県《ぎふけん》の北部《ほくぶ》にあたる。

**ひたい**【額】〈名〉まゆと、頭《あたま》の毛《け》の生《は》えぎわの間《あいだ》。おでこ。↓からだ❶262ページ／↓がく【額】219ページ

**額《ひたい》を集《あつ》める** 集《あつ》まって相談《そうだん》する。〈例〉額を集めて対策《たいさく》を練《ね》る。

**ひだい**【肥大】〈名〉〈動-する〉太《ふと》って、大《おお》きくなること。〈例〉肥大した都市《とし》。

**びたいちもん**【びた一文】〈名〉きわめてわずかなお金《かね》。〈例〉そんなことには、びた一文出《だ》せない。〈参考〉「びた」は「びた銭《せん》」のことで、昔《むかし》のすりへった質《しつ》の悪《わる》いお金《かね》(硬貨《こうか》)のこと。

**ひたかくし**【ひた隠し】〈名〉ひたすら隠《かく》し通《とお》すこと。〈例〉過去《かこ》の失敗《しっぱい》をひた隠しにする。

あいうえお
かきくけこ
さしすせそ
たちつてと
なにぬねの
は ひ ふへほ
まみむめも
や ゆ よ
らりるれろ
わ を ん



慣用句 高《たか》みの見物《けんぶつ》 人《ひと》が苦労《くろう》しているのに高《たか》みの見物《けんぶつ》とは、思《おも》いやりがないね。

**ひだかさんみゃく【日高山脈】** 地名 北海道《ほっかいどう》の南部《なんぶ》にある山脈《さんみゃく》。

✤**びだくおん【鼻濁音】** 名 〔国語《こくご》で〕鼻《はな》にかかって、やわらかく聞《き》こえる、「が」「ぎ」「ぐ」「げ」「ご」の音《おん》。東京地方《とうきょうちほう》では、例《たと》えば、「わたしが」の「が」、「どんぐり」の「ぐ」、「えいご」の「ご」など。

**ピタゴラス** 人名（男）紀元前六世紀《きげんぜんろくせいき》ごろの人《ひと》。ギリシャの数学者《すうがくしゃ》・哲学者《てつがくしゃ》。直角三角形《ちょっかくさんかくけい》についてのピタゴラスの定理《ていり》を発見《はっけん》した。

**ひださんみゃく【飛驒山脈】** 地名 長野《ながの》・富山《とやま》・岐阜《ぎふ》・新潟《にいがた》の四県《よんけん》の県境《けんざかい》を南北《なんぼく》に走《はし》る山脈《さんみゃく》。三〇〇〇メートル級《きゅう》の山々《やまやま》が並《なら》ぶ。「北《きた》アルプス」ともいう。

°**ひたす【浸す】** 動 ❶水《みず》などの中《なか》につける。例 足《あし》を水《みず》に浸《ひた》す。❷水《みず》などでしめらす。ぬらす。例 ガーゼをアルコールに浸《ひた》す。⇩**しん【浸】** 656ページ

**ひたすら** 副 ただそればかり。例 病気《びょうき》が治《なお》ることをひたすらいのる。

**ひたち【常陸】** 地名 昔《むかし》の国《くに》の名《な》の一《ひと》つ。今《いま》の茨城県《いばらきけん》の大部分《だいぶぶん》。

**ひだね【火種】** 名 ❶火《ひ》をおこすときのもとになる火《ひ》。❷もめごとなどの原因《げんいん》。例 争《あらそ》いの火種。

**ひたはしり【ひた走り】** 名 休《やす》まずに一心《いっしん》に走《はし》り続《つづ》けること。ひたばしり。例 ひた走りに走《はし》る。

**ひたひた** 副(-と) ❶水《みず》が軽《かる》く、くり返《かえ》して当《あ》たるようす。例 波《なみ》がひたひたと船《ふね》べりをたたく。❷だんだんせまってくるようす。例 敵《てき》がひたひたとせまる。

**ひだまり【日だまり】** 名 日当《ひあ》たりのよい、暖《あたた》かい所《ところ》。例 庭《にわ》の日《ひ》だまり。

**ビタミン** 〔ドイツ語〕名 人《ひと》や動物《どうぶつ》の体《からだ》の調子《ちょうし》を整《ととの》えるはたらきをする、なくてはならない栄養素《えいようそ》の一《ひと》つ。ビタミンA《エー》、ビタミン$B_1$《ビーワン》・$B_2$《ビーツー》、ビタミンC《シー》など、種類《しゅるい》が多《おお》い。

**ひたむき** 形動 一《ひと》つのことに夢中《むちゅう》になるようす。例 ひたむきな努力《どりょく》が実《み》を結《むす》ぶ。

°**ひだり【左】** 名 南《みなみ》を向《む》いたときに、東《ひがし》に当《あ》たるほう。例 左を向《む》く。対 右《みぎ》。⇩**さ【左】** 493ページ

**ひだりうちわ【左うちわ】** 名 働《はたら》かないでも、楽《らく》に暮《く》らしていけること。例 左うちわで暮《く》らす。

**ひだりきき【左利き】** 名 右手《みぎて》よりも、左《ひだり》手がよく使《つか》えること。また、その人《ひと》。

**ひだりて【左手】** 名 ❶左《ひだり》の手《て》。❷左《ひだり》のほう。例 左手に海《うみ》が見《み》える。対（❶・❷）右手《みぎて》。

**ぴたりと** 副 ❶完全《かんぜん》に合《あ》うようす。例 答《こた》えがぴたりと合《あ》う。❷すき間《ま》がなくて、くっついているようす。例 戸《と》がぴたりと閉《し》まる。❸動《うご》いていたものが、急《きゅう》に止《と》まるようす。例 機械《きかい》がぴたりと止《と》まる。

**ひだりまえ【左前】** 名 ❶和服《わふく》を〔ふつうとは逆《ぎゃく》に〕左《ひだり》の前《まえ》を内側《うちがわ》にして着《き》ること。❷商売《しょうばい》などがうまくいかなくなること。例 店《みせ》が左前になった。参考 死《し》んだ人《ひと》に着《き》せるときは❶のようにする。

**ひだりまわり【左回り】** 名 左《ひだり》の方向《ほうこう》に回《まわ》っていくこと。時計《とけい》の針《はり》と反対《はんたい》の方向《ほうこう》に回《まわ》っていくこと。

**ひたる【浸る】** 動 ❶水《みず》や湯《ゆ》の中《なか》に入《はい》る。例 温《あたた》かいおふろに肩《かた》まで浸る。❷喜《よろこ》びや悲《かな》しみなどの気持《きも》ちに入《はい》りきる。例 喜《よろこ》びに浸る。⇩**しん【浸】** 656ページ

**ひだるま【火〈達磨〉】** 名 体全体《からだぜんたい》が火《ひ》に包《つつ》まれて、燃《も》え上《あ》がること。

**ひたん【悲嘆】** 名・動する 悲《かな》しみ、なげくこと。例 親友《しんゆう》をなくして悲嘆にくれる。

**びだん【美談】** 名 人《ひと》の心《こころ》を打《う》つ、美《うつく》しく立《りっ》派な行《おこな》いの話《はなし》。

**びちく【備蓄】** 名・動する 必要《ひつよう》な物《もの》をたくわえ、保管《ほかん》しておくこと。例 石油《せきゆ》を備蓄する。

**ひちりき** 名 雅楽《ががく》で使《つか》う木管楽器《もっかんがっき》。竹《たけ》でできた縦笛《たてぶえ》で、するどい、もの悲《がな》しい音《ね》色《いろ》がする。

**ひつ【必】** 画数 5 部首 心（こころ） 4年

筆順 必 ソ 义 必 必

音 ヒツ 訓 かなら-ず

かならず。きっと。熟語 必見《ひっけん》。必死《ひっし》。必勝《ひっしょう》。必着《ひっちゃく》。必要《ひつよう》。必需品《ひつじゅひん》。

《訓の使い方》かなら-ず 例 必ず行《い》く。

**ひつ【筆】** 画数 12 部首 ⺮（たけかんむり） 3年

音 ヒツ 訓 ふで

筆順

❶ふで。❷書《か》く。書《か》いたもの。熟語 鉛筆《えんぴつ》。毛筆《もうひつ》。万年筆《まんねんひつ》。筆箱《ふでばこ》。絵筆《ふで》。筆順《ひつじゅん》。執筆《しっぴつ》。随筆《ずいひつ》。達筆《たっぴつ》。肉筆《にくひつ》。熟語 筆記《ひっき》。筆者《ひっしゃ》。

**ひっ【筆】** 名 筆《ふで》で書《か》いたもの。例 良寛《りょうかん》の筆。

**ひつ【匹】** 画数 4 部首 匚（かくしがまえ）

音 ヒツ 訓 ひき

❶つれそう。対等《たいとう》である。熟語 匹敵《ひってき》。❷いやしい。熟語 匹夫《ひっぷ》〔＝特別《とくべつ》な身分《みぶん》でないふつうの男《おとこ》〕。❸生《い》き物《もの》を数《かぞ》える言葉《ことば》。ひき。例 犬《いぬ》五匹《ごひき》。

**ひつ【泌】** 画数 8 部首 氵（さんずい）

音 ヒツ ヒ 訓 ―

しみる。にじみ出《で》る。熟語 分泌《ぶんぴつ》・分泌《ぶんぴ》。

**ひつあつ【筆圧】** 名 文字《もじ》を書《か》くときの、筆《ふで》・鉛筆《えんぴつ》などに加《くわ》わる力《ちから》。

**ひつう【悲痛】** 形動 非常《ひじょう》に悲《かな》しくて、痛《いた》ましいようす。例 悲痛なさけび声《ごえ》。

**ひっかかる【引っ掛かる】** 動 ❶物《もの》にかかって止《と》まる。例 たこが電線《でんせん》に引っ掛かる。❷気《き》になる。例 あの言葉《ことば》がどうも引っかかる。❸だまされる。例 計略《けいりゃく》に引っかかる。

**ひっかく【引っかく】** 動 つめや、先《さき》のとがった物《もの》で強《つよ》くかく。例 たたみを引っかく。

**ひっかける【引っ掛ける】** 動 ❶かけてぶらさげる。例 枝《えだ》にタオルを引っ掛ける。❷無造作《むぞうさ》に着《き》る。例 コートを引っかけて出《で》かける。❸水《みず》などを浴《あ》びせる。例 水《みず》を引っかける。❹だます。例 友達《ともだち》を引っかける。❺とがったものに当《あ》てて傷《きず》つける。例 バラのとげに服《ふく》を引っかける。❻酒《さけ》をちょっと飲《の》む。例 一杯《ぱい》引っかける。

**ひっき【筆記】** 名 動-する 書《か》き記《しる》すこと。書《か》き取《と》ること。例 筆記試験《しけん》。

**ひつぎ【棺・柩】** 名 死《し》んだ人《ひと》を入《い》れる、木《き》で作《つく》った箱《はこ》。かんおけ。

**ひっきりなし【引っ切りなし】** 名 切《き》れ目《め》がなく続《つづ》くこと。例 自動車《じどうしゃ》がひっきりなしに通《とお》る。

**ビッグ**〔英語 big〕 一 形動 大《おお》きいようす。立《りっ》派《ぱ》なようす。例 ビッグな人間《にんげん》になりたい。二〔ある言葉《ことば》の前《まえ》につけて〕大《おお》きい。重要《じゅうよう》。例 ビッグニュースが飛《と》び込《こ》んできた。

**ピックアップ**〔英語 pick up〕 名 動-する 拾《ひろ》い上《あ》げること。選《えら》び出《だ》すこと。例 いいものをピックアップする。

**ビッグバン**〔英語 big bang〕 名 ❶宇《う》宙《ちゅう》の始《はじ》まりにあったとされる大爆発《だいばくはつ》。❷大《おお》きな改《かい》革《かく》。例 金融《きんゆう》ビッグバン。

**びっくり** 名 動-する 思《おも》いがけないことに気《き》持《も》ちが動《うご》くこと。おどろくこと。例 突然《とつぜん》の出《で》来事《きごと》にびっくりする。

**ひっくりかえす【ひっくり返す】** 動 ❶裏返《うらがえ》しにする。逆《さか》さまにする。例 カードをひっくり返す。❷たおす。例 花《か》びんをひっくり返す。❸関係《かんけい》や立場《たちば》を、あべこべにする。例 負《ま》けていた試合《しあい》をひっくり返す。

**ひっくりかえる【ひっくり返る】** 動 ❶裏返《うらがえ》しになる。反対《はんたい》になる。例 ボートがひっくり返った。❷たおれる。例 いすがひっくり返る。❸関係《かんけい》が逆《ぎゃく》になる。例 勝敗《しょうはい》がひっくり返った。

**びっくりぎょうてん【びっくり仰天】** 名 動-する ひどくおどろくこと。例 話《はなし》を聞《き》いて、びっくり仰天した。

**ひっくるめる【引っくるめる】** 動 一《ひと》つにまとめる。引《ひ》きくるめる。例 全《ぜん》部《ぶ》ひっくるめて売《う》る。

**ひづけ【日付】** 名 暦《こよみ》の上《うえ》の年月日《ねんがっぴ》。特《とく》に、書《しょ》類《るい》や手紙《てがみ》などに書《か》かれた、それを書《か》いたり作《つく》ったりした年月日《ねんがっぴ》。例 手《て》紙《がみ》に日付を書《か》く。

**ひっけい【必携】** 名 必《かなら》ず持《も》っていなければいけないこと。また、そのようなもの。例 海《かい》外旅行《がいりょこう》に必携の書《しょ》。

**ひづけへんこうせん【日付変更線】** 名 地《ち》球《きゅう》上《じょう》で、日付《ひづけ》を変《か》える境目《さかいめ》の線《せん》。経度《けいど》一八〇度《ど》に沿《そ》って、太平洋《たいへいよう》のハワイの西《にし》、ニュージーランドの東《ひがし》を縦《たて》に通《とお》っている。この線《せん》を西《にし》から東《ひがし》にこえるときは、同《おな》じ日《ひ》をくり返《かえ》し、東《ひがし》から西《にし》

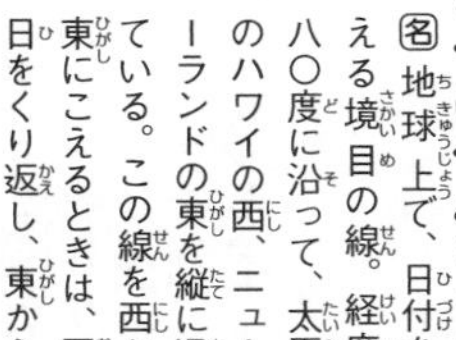

〔ひづけへんこうせん〕

慣用句 高《たか》をくくる 簡単《かんたん》だと高《たか》をくくっていたが、意外《いがい》と手《て》こずった。

にこえるときは一日《いちにち》進《すす》める。

**ひつけやく【火付け役】** 名 事件《じけん》などを起《お》こすきっかけを作《つく》る人《ひと》。例 改革《かいかく》の火付け役。

**ピッケル** 〔ドイツ語〕名 山登《やまのぼ》りの道具《どうぐ》の一《ひと》つ。つえの先《さき》につるはしの形《かたち》をした金具《かなぐ》がついている。雪《ゆき》山《やま》で足《あし》場《ば》作《づく》りに使《つか》う。

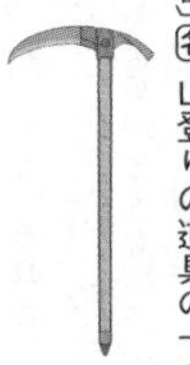

〔ピッケル〕

**ひっけん【必見】** 名 必《かなら》ず見《み》たり読《よ》んだりしなければならないこと。また、そういうもの。例 あの映画《えいが》は必見だよ。

○**ひっこし【引っ越し】** 名 動する 引《ひ》っ越《こ》すこと。転居《てんきょ》。移転《いてん》。

○**ひっこす【引っ越す】** 動 住《す》まいを移《うつ》す。家《いえ》や場所《ばしょ》を変《か》える。例 東京《とうきょう》へ引っ越す。

**ひっこぬく【引っこ抜く】** 動 勢《いきお》いよくぬく。〔くだけた言《い》い方《かた》。〕例 大根《だいこん》を引っこ抜く。

**ひっこみがつかない【引っ込みがつかない】** やりかけて、途中《とちゅう》でやめるわけにいかない。例 自分《じぶん》で言《い》い出《だ》したので、引っ込みがつかなくなった。

**ひっこみじあん【引っ込み思案】** 名 自分《じぶん》から進《すす》んで人前《ひとまえ》に出《で》てものごとをやろうという気持《きも》ちのない、内気《うちき》な性質《せいしつ》。

**ひっこむ【引っ込む】** 動 ❶中《なか》に入《はい》って、外《そと》に出《で》ない。例 家《いえ》に引っ込む。❷奥《おく》のほうに入《はい》る。例 通《とお》りから引っ込んだ場《ば》所《しょ》。❸くぼむ。へこむ。例 こぶが引っ込む。

**ひっこめる【引っ込める】** 動 ❶中《なか》に入《い》れる。例 首《くび》を引っ込める。❷取《と》り下《さ》げる。例 その意見《いけん》は引っ込めます。

**ピッコロ** 〔イタリア語〕名 木《き》や金属《きんぞく》でできている横笛《よこぶえ》の一《ひと》つ。長《なが》さがフルートの半分《はんぶん》くらいで、フルートより一《いち》オクターブ高《たか》い音《おと》を出《だ》す。↓がっき(楽器) 244ページ

**ひっさん【筆算】** 名 動する 紙《かみ》やノートなどに数字《すうじ》を書《か》いて計算《けいさん》すること。また、その計《けい》算《さん》。対 暗算《あんざん》。

**ひっし【必死】** 名 形動 死《し》ぬ覚悟《かくご》で全力《ぜんりょく》を尽《つ》くす。例 必死でゴールまで走《はし》った。

**ひっし【必至】** 名 必《かなら》ずそうなること。例 このままでは負《ま》けるのは必至だ。

**ひつじ【羊】** 名 人《ひと》に飼《か》われる動物《どうぶつ》。性質《せいしつ》はおとなしく、群《む》れを作《つく》って暮《く》らす。毛《け》は織物《おりもの》に、肉《にく》は食用《しょくよう》にする。綿羊《めんよう》。↓よう【羊】1348ページ

**ひつじ【未】** 名 十二支《じゅうにし》の八番《はちばん》め。↓じゅうにし 601ページ

**ひつじかい【羊飼い】** 名 羊《ひつじ》を飼《か》って育《そだ》てることを仕事《しごと》にしている人《ひと》。

**ひつじぐも【羊雲】** 名 羊《ひつじ》の群《む》れのように見《み》える雲《くも》。五《ご》、六千《ろくせん》メートルの高《たか》さに現《あらわ》れる。むら雲《くも》。高積雲《こうせきうん》。↓くも(雲) 373ページ

**ひっしゃ【筆写】** 名 動する 書《か》き写《うつ》すこと。例 文章《ぶんしょう》を筆写する。

✤**ひっしゃ【筆者】** 名 文章《ぶんしょう》や文字《もじ》を書《か》いた人《ひと》。

**ひっしゅう【必修】** 名 〔学校《がっこう》で〕必《かなら》ず学習《がくしゅう》しなければならないこと。また、その科目《かもく》。例 英語《えいご》が必修になる。

**ひつじゅひん【必需品】** 名 暮《く》らしになくてはならない品物《しなもの》。例 生活《せいかつ》必需品。

✤**ひつじゅん【筆順】** 名 〔国語《こくご》で〕一《ひと》つの文《も》字《じ》の書《か》き始《はじ》めから、書《か》き終《お》わりまでの順序《じゅんじょ》。書《か》き順《じゅん》。この辞典《じてん》では、学習《がくしゅう》漢字《かんじ》の見出《みだ》しに、その筆順《ひつじゅん》が示《しめ》してある。

**ひっしょう【必勝】** 名 必《かなら》ず勝《か》つこと。例 必勝をいのる。

**びっしょり** 副(-と) ひどくぬれるようす。ぐっしょり。例 びっしょりあせをかく。

**びっしり** 副(-と) すき間《ま》がないほど、いっぱいになっているようす。例 家《いえ》がびっしり建《た》ち並《なら》ぶ。

**ひっす【必須】** 名 どうしても必要《ひつよう》なこと。例 必須の条件《じょうけん》。

**ひっせい【筆勢】** 名 書《か》かれた文字《もじ》や絵《え》に表《あらわ》れている、筆《ふで》づかいの勢《いきお》い。

**ひっせき【筆跡】** 名 書《か》かれた文字《もじ》。また、書《か》かれた文字《もじ》の特徴《とくちょう》。例 筆跡を鑑定《かんてい》する。

**ひっぜつにつくしがたい【筆舌に尽くし難い】** 文章《ぶんしょう》や言葉《ことば》では表《あらわ》しきれない。例 母《はは》は、筆舌に尽くし難い苦《くる》しみを味《あじ》わった。

**ひつぜん【必然】** 名 必《かなら》ずそうなると決《き》まっていること。例 上《うえ》にあるものが下《した》に落《お》ちるのは必然だ。対 偶然《ぐうぜん》。

○**ひっそり** 副(-と) 動する ❶静《しず》かでさびしいよ

慣用句 多勢《たぜい》に無勢《ぶぜい》 ディベートだといっても多勢《たぜい》に無勢《ぶぜい》、たった二人《ふたり》じゃ勝《か》てない。

うす。例 ひっそりとした家《いえ》の中《なか》。❷目《め》立《だ》たないようす。例 ひっそり暮《く》らす。

**ひったくる** 動 人《ひと》が持《も》っているものを無理《むり》にうばい取《と》る。

**°ぴったり** 副(-と) 動-する ❶すき間《ま》をあけずに、つけるようす。例 戸《と》をぴったりしめる。❷ちがいがないようす。例 予《よ》想《そう》がぴったり当《あ》たる。❸よく似《に》合《あ》うようす。例 あの子《こ》には赤《あか》い服《ふく》がぴったりする。❹急《きゅう》に完《かん》全《ぜん》に止《と》まること。例 風《かぜ》がぴったりやんだ。

**ひつだん【筆談】** 名 動-する 話《はな》す代《か》わりに、字《じ》を書《か》いて言《こと》葉《ば》をやり取《と》りすること。

**ピッチ** 〔英語 pitch〕 名 ❶同《おな》じ動《どう》作《さ》をくり返《かえ》す回《かい》数《すう》や速《はや》さ。例 ピッチを速《はや》めて泳《およ》ぐ。❷ボールを投《な》げること。ピッチング。例 ワイルドピッチ〔=暴《ぼう》投《とう》〕。❸サッカーなどの競《きょう》技《ぎ》場《じょう》。例 ピッチに立《た》つ。❹音《おと》の高《たか》さや調《ちょう》子《し》。例 ピッチを合《あ》わせる。❺歯《は》車《ぐるま》の歯《は》や文《も》字《じ》の行《ぎょう》などの間《かん》隔《かく》。

**ヒッチハイク** 〔英語 hitchhike〕 名 動-する 通《とお》りがかりの自《じ》動《どう》車《しゃ》に、ただで乗《の》せてもらいながらする旅《たび》のこと。

**ピッチャー** 〔英語 pitcher〕 名 ❶野《や》球《きゅう》・ソフトボールで、バッターにボールを投《な》げる人《ひと》。投《とう》手《しゅ》。❷水《みず》差《さ》し。

**ひっちゃく【必着】** 名 必《かなら》ずその日《ひ》までに届《とど》くこと。例 十《じゅう》五《ご》日《にち》必着のこと。

**びっちゅう【備中】** 地名 昔《むかし》の国《くに》の名《な》の一《ひと》つ。今《いま》の岡《おか》山《やま》県《けん》西《せい》部《ぶ》にあたる。

**ピッツァ** 〔イタリア語〕 名 ↓ピザ 1090ページ

**ひってき【匹敵】** 名 動-する 力《ちから》などが同《おな》じくらいであること。例 彼《かれ》に匹敵する選《せん》手《しゅ》はいない。

**ヒット** 〔英語 hit〕 名 動-する ❶野《や》球《きゅう》・ソフトボールで、安《あん》打《だ》。❷大《おお》当《あ》たり。例 ヒット曲《きょく》。

**ビット** 〔英語 bit〕 名 コンピューターで扱《あつか》う情《じょう》報《ほう》の大《おお》きさを表《あらわ》す単《たん》位《い》。

**ひっとう【筆頭】** 名 名《な》前《まえ》を書《か》き並《なら》べた中《なか》の一《いち》番《ばん》め。例 筆頭にあげられる。

**ひつどく【必読】** 名 必《かなら》ず読《よ》まなければならないこと。例 小《しょう》学《がく》生《せい》必読の本《ほん》。

**ひっぱりだこ【引っ張りだこ】** 名 一《ひと》つのものを多《おお》くの人《ひと》がほしがって、争《あらそ》うこと。人《にん》気《き》があること。例 この本《ほん》は引っ張りだこだ。

**°ひっぱる【引っ張る】** 動 ❶強《つよ》く引《ひ》き寄《よ》せる。例 車《くるま》で荷《に》物《もつ》を引っ張る。❷たるまないように、ぴんと張《は》る。例 ロープを引っ張る。❸無《む》理《り》に連《つ》れて行《い》く。例 遊《あそ》んでいる弟《おとうと》を引

例解 ことばの勉強室

## 筆《ひつ》順《じゅん》について

◎筆《ひつ》順《じゅん》のおもな決《き》まり

1 上《うえ》から下《した》へ書《か》く。
例 言 言 言 ― 喜 喜 喜 喜

2 左《ひだり》から右《みぎ》へ書《か》く。
例 湖 湖 湖 ― 門 門 門 門

3 縦《たて》横《よこ》が交《まじ》わるときは、横《よこ》から先《さき》に書《か》く。
例 土 土 土 ― 左 左 左 左
ただし、次《つぎ》のような字《じ》は、縦《たて》から書《か》く。
例 田 田 田 ― 馬 馬 馬 馬

4 中《ちゅう》心《しん》から左《さ》右《ゆう》へ書《か》く。
例 小 小 小 ― 承 承 承 承
ただし、次《つぎ》の字《じ》は左《さ》右《ゆう》から中《ちゅう》心《しん》へ書《か》く。

例 火 火 火 ― 性 性 性 性

5 外《そと》側《がわ》の囲《かこ》みから書《か》く。
例 内 内 内 ― 国 国 国 国

6 左《ひだり》はらい、右《みぎ》はらいの順《じゅん》に書《か》く。
例 文 文 文 ― 金 金 金 金

7 横《よこ》、または、縦《たて》につらぬくものは最《さい》後《ご》に書《か》く。
例 中 中 中 ― 子 子 子
例 女 女 女 ― 母 母 母 母

◎まちがいやすい筆《ひつ》順《じゅん》

例 九 九 ― 上 上 上
例 右 右 右 ― 必 必 必
例 耳 耳 耳 耳 ― 非 非 非
例 卵 卵 卵 卵 卵 卵
例 飛 飛 飛 飛 飛 飛 飛 飛



慣用句 だだをこねる 店《みせ》先《さき》で妹《いもうと》がだだをこねたので、母《はは》が困《こま》っていた。

**例解 ことばの窓**

**必《ひつ》要《よう》 を表《あらわ》す言《こと》葉《ば》**

東《とう》京《きょう》までの所《しょ》要《よう》時《じ》間《かん》。
登《と》山《ざん》に入《い》り用《よう》の品《しな》を買《か》う。
急《きゅう》にお金《かね》が入《にゅう》用《よう》になる。
体《からだ》にはビタミンが不《ふ》可《か》欠《けつ》である。
健《けん》康《こう》に必《ひっ》須《す》の栄《えい》養《よう》。

っ張って帰《かえ》る。❹仲《なか》間《ま》にさそいこむ。例サッカー部《ぶ》に引っ張る。❺長《なが》くのばす。例語《ご》尾《び》を引っ張って話《はな》す。

**ヒップ**〔英語 hip〕名 おしり。または、腰《こし》の周《まわ》り。

**ビップ【VIP】**名〔「最《さい》重《じゅう》要《よう》人《じん》物《ぶつ》」という意《い》味《み》の英《えい》語《ご》の頭《かしら》文《も》字《じ》。〕政《せい》府《ふ》の重《じゅう》要《よう》な地《ち》位《い》にある人《ひと》や、国《こく》賓《ひん》・皇《こう》族《ぞく》など。ブイアイピー。例VIP待《たい》遇《ぐう》の出《で》迎《むか》えを受《う》ける。

✤**ひっぽう【筆法】**名❶筆《ふで》の運《はこ》び方《かた》。字《じ》の書《か》き方《かた》。類運《うん》筆《ぴつ》。❷文《ぶん》章《しょう》の書《か》き方《かた》。

**ひづめ**名 牛《うし》・馬《うま》・羊《ひつじ》などの足《あし》の先《さき》にある、かたいつめ。

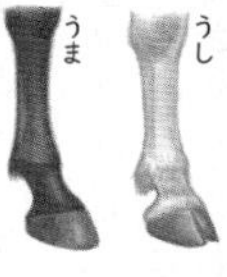

〔ひづめ〕

°**ひつよう【必 要】**名形動 必《かなら》ずいること。なくてはならないこと。例火《ひ》が燃《も》えるには、酸《さん》素《そ》が必要だ。対不《ふ》要《よう》。

**必《ひつ》要《よう》は発《はつ》明《めい》の母《はは》** 必《ひつ》要《よう》にせまられると、人《ひと》は工《く》夫《ふう》して新《あたら》しい道《どう》具《ぐ》を作《つく》り出《だ》すものだ、ということわざ。

**ひてい【否定】**名動-する 打《う》ち消《け》すこと。例うわさを否定する。対肯《こう》定《てい》。

**びていこつ【尾てい骨】**名 背《せ》骨《ぼね》のいちばん下《した》の部《ぶ》分《ぶん》の骨《ほね》。尾《び》骨《こつ》。

**ひていてき【否定的】**形動 否《ひ》定《てい》する内《ない》容《よう》であるようす。例制《せい》服《ふく》に否定的な意《い》見《けん》が多《おお》い。

**ビデオ**〔英語 video〕名❶〔テレビなどで、音《おん》声《せい》に対《たい》して〕映《えい》像《ぞう》。❷「ビデオテープ」の略《りゃく》。❸〔「ビデオデッキ」「ビデオレコーダー」などの略《りゃく》。〕映《えい》像《ぞう》や音《おと》を、記《き》録《ろく》したり再《さい》生《せい》したりする装《そう》置《ち》。VTR《ブイティーアール》。

**ビデオカメラ**〔英語 video camera〕名 映《えい》像《ぞう》や音《おと》を記《き》録《ろく》する機《き》械《かい》。

**ビデオテープ**〔英語 videotape〕名 映《えい》像《ぞう》や音《おと》を記《き》録《ろく》し、再《さい》生《せい》するための、磁《じ》気《き》テープ。ビデオ。

**ひでり【日照り】**名 夏《なつ》、雨《あめ》が降《ふ》らず天《てん》気《き》の日《ひ》が続《つづ》くこと。例日照りで、田《た》んぼの水《みず》がかれる。

**ひでん【秘伝】**名 秘《ひ》密《みつ》にして、特《とく》別《べつ》の人《ひと》にだけ教《おし》えることがら。例秘伝の技《わざ》。

**びてん【美点】**名 すぐれたところ。立《りっ》派《ぱ》なところ。長《ちょう》所《しょ》。例彼《かれ》の美点は正《しょう》直《じき》なことだ。対欠《けっ》点《てん》。

**ひと【一】**❶ひとつ。いち。例一晩《ばん》。一切《き》れ。❷ちょっとの間《あいだ》。例一休《やす》み。↓**いち【一】**70ページ

°**ひと【人】**名❶人《にん》間《げん》。人《じん》類《るい》。立《た》って歩《ある》き、手《て》で道《どう》具《ぐ》を使《つか》い、言《こと》葉《ば》で考《かんが》えたり話《はな》したりする動《どう》物《ぶつ》。❷他《ほか》の人《ひと》。他《た》人《にん》。例人の目《め》を気《き》にする。❸人《ひと》柄《がら》。性《せい》質《しつ》。例人がいい。❹すぐれた人《ひと》。人《じん》物《ぶつ》。例会《かい》長《ちょう》にする人がいない。↓**じん【人】**656ページ

**人《ひと》が変《か》わる** 考《かんが》えなどが変《か》わって、別《べつ》の人《ひと》のようになる。例人が変わったように働《はたら》き始《はじ》めた。

**人《ひと》のうわさも七《しち》十《じゅう》五《ご》日《にち》** 人《ひと》のうわさ話《ばなし》も、七《しち》十《じゅう》五《ご》日《にち》もすれば消《き》えてしまう。あれこれ人《ひと》が言《い》うのも長《なが》続《つづ》きはしないものだ。

**人《ひと》の口《くち》には戸《と》が立《た》てられない** 人《ひと》がうわさ話《ばなし》をするのは、防《ふせ》ぎようがない。

**人《ひと》のふり見《み》て我《わ》がふり直《なお》せ** 他《た》人《にん》のよくない行《おこな》いを見《み》て、自《じ》分《ぶん》の行《おこな》いがどうかを反《はん》省《せい》せよ、ということわざ。

**人《ひと》のふんどしで相《す》撲《もう》を取《と》る** 他《た》人《にん》のものを使《つか》って、自《じ》分《ぶん》が得《とく》をしようとする。

**人《ひと》は見《み》かけによらぬもの** 人《ひと》を、外《がい》見《けん》だけで判《はん》断《だん》してはならない。まったくちがうことだってある。

**人《ひと》を食《く》った** 相《あい》手《て》をばかにしたような。例人を食った話《はなし》で、腹《はら》が立《た》つ。

**ひとあし【一足】**名❶一《いっ》歩《ぽ》。❷ほんの少《すこ》しの時《じ》間《かん》。例一足遅《おそ》かった。

✤**ひとあし**名 漢《かん》字《じ》の部《ぶ》首《しゅ》で「あし」の一《ひと》つ。「兄《けい》」「先《せん》」などの「儿」の部《ぶ》分《ぶん》。

**ひとあじ【一味】**名 他《ほか》とはちょっとちがっ

慣用句 **立《た》つ瀬《せ》がない** あの研《けん》究《きゅう》はむだだったと言《い》われては、彼《かれ》の立《た》つ瀬《せ》がない。

た味《あじ》わい。例 一味違《ちが》った料理《りょうり》。

**ひとあしちがい【一足違い】** 名 わずかな時間《じかん》のちがい。例 一足ちがいで売《う》り切《き》れだった。

**ひとあせかく【一汗かく】** ひとしきり体《からだ》を動《うご》かして汗《あせ》をかく。例 庭《にわ》の手《て》入《い》れで一汗かいた。

**ひとあたり【人当たり】** 名 人《ひと》と話《はな》したりするときの、相手《あいて》に与《あた》える感《かん》じ。例 人当たりのよい人《ひと》。

**ひとあめ【一雨】** 名 ❶一時的《いちじてき》に降《ふ》る雨《あめ》。例 一雨来《き》そうだ。❷一回《いっかい》雨《あめ》が降《ふ》ること。例 一雨ごとに暖《あたた》かくなる。

**ひとあわふかせる【一泡吹かせる】** 思《おも》いがけないことをして、おどろかす。あわてさせる。例 相手《あいて》チームに一泡吹かせる。

**ひとあんしん【一安心】** 名 動-する ひとまず安心《あんしん》すること。例 宿題《しゅくだい》もすませて、これで一安心だ。

**ひどい** 形 ❶むごい。むごたらしい。例 ひどいことをする。❷激《はげ》しい。程度《ていど》がはなはだしい。例 外《そと》は、ひどい風《かぜ》だ。参考 あまりよくないことについていう。

**ひといき【一息】** 名 ❶息《いき》を一回《いっかい》吸《す》いこむ間《あいだ》。一気《いっき》。例 水《みず》を一息に飲《の》む。❷ひと休《やす》み。例 一息入《い》れる。❸休《やす》まずに仕事《しごと》を続《つづ》けること。一気《いっき》。例 勉強《べんきょう》を一息にやってしまう。❹少《すこ》し。例 もう一息だ。

**一息《ひといき》つく** ❶ひと休《やす》みする。一息《ひといき》入《い》れる。例 歩《ある》きつかれて一息つく。❷ほっとする。例 就職《しゅうしょく》が決《き》まって一息つく。

**ひといきれ【人いきれ】** 名 人《ひと》がたくさん集《あつ》まっていて、むんむんすること。例 満員電《まんいんでん》車《しゃ》は、人いきれがひどい。

**ひといちばい【人一倍】** 名 ふつうの人《ひと》よりずっと多《おお》いこと。例 人一倍勉強《べんきょう》する。

**ひどう【非道】** 名 形動 人《ひと》が行《おこな》うべき正《ただ》しい筋道《すじみち》に外《はず》れること。例 非道な行《おこな》い。

**びどう【微動】** 名 わずかに動《うご》くこと。例 微動だにしない〔=少《すこ》しも動《うご》かない〕。

**ひとえ【一重】** 名 ❶重《かさ》なっていないこと。一枚《いちまい》だけのこと。例 紙《かみ》一重の差《さ》。❷花《はな》びらが重《かさ》なっていないこと。例 一重の桜《さくら》。

**ひとえ** 名 裏地《うらじ》のついていない和服《わふく》。参考「単《ひとえ》」「単衣《ひとえ》」とも書《か》く。

**ひとえに** 副 ❶ただそれだけが理由《りゆう》で。まったく。ほんとうに。例 これも、ひとえに先生《せんせい》のおかげです。❷ただそのことだけを。ひたすら。ぜひ。例 ひとえに、皆様《みなさま》のお力《ちから》ぞえをお願《ねが》いします。

**ひとおもいに【一思いに】** 副 思《おも》いきって。例 一思いに気持《きも》ちを打《う》ち明《あ》ける。

**ひとかかえ【一抱え】** 名 両手《りょうて》を広《ひろ》げてかかえられるくらいの大《おお》きさや太《ふと》さ。例 一抱えもある木《き》。

**ひとがき【人垣】** 名 垣根《かきね》のように、人《ひと》が大勢《おおぜい》立《た》ち並《なら》ぶこと。例 見物人《けんぶつにん》が人垣を作《つく》る。

**ひとかげ【人影】** 名 ❶何《なに》かに映《うつ》った、人《ひと》の影《かげ》。例 障子《しょうじ》に人影が映《うつ》った。❷人《ひと》の姿《すがた》。例 人影も見《み》えない夜《よる》の町《まち》。

**ひとかたならぬ** 連体 ひととおりでない。たいへんな。例 このたびは、ひとかたならぬお世話《せわ》になりました。

**ひとかど** 名 ❶ふつうよりすぐれていること。例 ひとかどの人物《じんぶつ》だ。❷一人前《いちにんまえ》。例 ひとかどの働《はたら》きをする。

**ひとがら【人柄】** 名 ひとりでに感《かん》じられるその人《ひと》の性質《せいしつ》や品格《ひんかく》。例 たいへん人柄のよい人《ひと》。類 人格《じんかく》。

**ひとかわむける【一皮むける】** ずっとよくなる。あか抜《ぬ》ける。例 一皮むけたデザイン。

**ひとぎきがわるい【人聞きが悪い】** 人《ひと》に聞《き》かれたときの感《かん》じが悪《わる》い。

**ひときわ【一際】** 副 他《ほか》のものに比《くら》べて、いちだんと。いっそう。例 ひときわ美《うつく》しい。

**びとく【美徳】** 名 立派《りっぱ》な心《こころ》がけや行《おこな》い。

**ひとくぎり【一区切り】** 名 ものごとのひ

例解 ! 表現の広場

**人柄《ひとがら》と性質《せいしつ》と性格《せいかく》と人格《じんかく》のちがい**

| | 人柄《ひとがら》 | 性質《せいしつ》 | 性格《せいかく》 | 人格《じんかく》 |
|---|---|---|---|---|
| 書《か》いた人《ひと》の | ○ | × | ○ | ○ |
| おこりっぽい | ○ | ○ | ○ | × |
| 兄《あに》に似《に》た | ○ | ○ | ○ | × |
| 立派《りっぱ》な | ○ | × | × | ○ |




慣用句 立《た》て板《いた》に水《みず》 話《はな》し上手《じょうず》で、まるで立《た》て板《いた》に水《みず》、しゃべりだしたら止《と》まらない。

とまとまり。一段落《ひとだんらく》。例 長期間《ちょうきかん》の工事《こうじ》に一区切りがついた。

**ひとくさり**【一くさり】名 話《はなし》の中《なか》の、ひとまとまり。例 昔《むかし》のことを一くさり話《はな》す。

**ひとくせ**【一癖°】名 性格《せいかく》にくせがあること。どことなく、油断《ゆだん》できないような性格《せいかく》。例 一癖ありそうな顔《かお》つき。

**ひとくち**【一口】名 ❶一度《いちど》に食《た》べること。例 まんじゅうを一口で食《た》べた。❷軽《かる》く、飲《の》んだり食《た》べたりすること。例 一口いかがですか。❸まとめて短《みじか》く言《い》うこと。ひと言《こと》。例 一口メモ。❹寄付金《きふきん》などの単位《たんい》。例 一口一《いち》万円《まんえん》。

**ひとくちばなし**【一口話】名 短《みじか》くて、滑稽《こっけい》な話《はなし》。短《みじか》い笑《わら》い話《ばなし》。

**ひとくふう**【一工夫△】名 動-する よくするためのちょっとした工夫《くふう》。例 一工夫して仕《し》上《あ》げる。

**ひとけ**【人気】名 人《ひと》のいるようす。例 この家《いえ》は、ぜんぜん人気がない。注意「人気」を「にんき」と読《よ》むと、ちがう意味《いみ》になる。

**ひどけい**【日〈時計〉】名 太陽《たいよう》を利用《りよう》した時計《とけい》。目盛《めも》りがついた板《いた》の上《うえ》に、棒《ぼう》を立《た》て、それが日《ひ》に照《て》らされてできる、かげの長《なが》さと方向《ほうこう》によって、時刻《じこく》を知《し》る。

〔ひどけい〕

**ひとこいしい**【人恋°しい】形 人《ひと》に会《あ》ったり話《はな》したりしたい。例 一人《ひとり》暮《ぐ》らしで人恋しくなる。

**ひとこえ**【一声】名 ❶一回《いっかい》だけの声《こえ》。短《みじか》い鳴《な》き声《ごえ》。例 ワンと一声ほえた。❷短《みじか》い言葉《ことば》を口《くち》に出《だ》すこと。また、その言葉《ことば》。例 父《ちち》の一声で、迷《まよ》っていた行《ゆ》き先《さき》が決《き》まった。

**ひとごこち**【人〈心地△〉】名 危険《きけん》な目《め》にあったりしたあとの、ほっとした感《かん》じ。例 人心地がつく。

**ひとこと**【一言】名 ❶一《ひと》つの言葉《ことば》。例 一言も言《い》わない。❷短《みじか》い言葉《ことば》。例 一言ずつ挨拶《あいさつ》をする。一言で言《い》うと…。

**ひとごと**【人事・〈他人▲〉事】名 自分《じぶん》には関係《かんけい》のない、他《ほか》の人《ひと》のこと。例 いくら言《い》っても人事のように聞《き》いている。注意「人事」を「じんじ」と読《よ》むとちがう意味《いみ》になる。

**ひとこま**【一こま】名 ❶劇《げき》や映画《えいが》などの一《ひと》つの場面《ばめん》。❷一《ひと》つの出来事《できごと》。例 学校生活《がっこうせいかつ》の一こま。

**ひとごみ**【人混み・人込°み】名 たくさんの人《ひと》で、こみ合《あ》っていること。また、そういう場所《ばしょ》。例 人混みをかき分《わ》ける。

**ひところ**【一頃°】名 以前《いぜん》のある時期《じき》。いちじ。例 あの店《みせ》もひところは、はやっていた。

**ひとさしゆび**【人差し指】名 手《て》の親指《おやゆび》の次《つぎ》の指《ゆび》。人《ひと》をさすのに使《つか》う指《ゆび》。参考「人指《ひとさ》し指《ゆび》」とも書《か》く。

**ひとざと**【人里】名 いなかで、人《ひと》が集《あつ》まって住《す》んでいる所《ところ》。例 人里はなれた山《やま》おく。

**ひとさま**【人様】名 他人《たにん》のこと。〔敬《うやま》った言《い》い方《かた》。〕例 人様の迷惑《めいわく》にならないようにする。

**ひとさわがせ**【人騒°がせ】名 形動 わけもなく人《ひと》をおどろかしてさわがせたり、迷惑《めいわく》をかけたりすること。例 人騒がせな事件《じけん》。

°**ひとしい**【等しい】形 ❶数量《すうりょう》・程度《ていど》・性質《せいしつ》などが同《おな》じである。例 長《なが》さが等しい。❷同《おな》じようである。似《に》ている。例 だまっているのは、認《みと》めたことに等しい。➡とう【等】904ページ

**ひとしお** 副 いっそう。ひときわ。例 雪《ゆき》も降《ふ》ってきて、ひとしお寒《さむ》さが身《み》にしみる。

**ひとしきり** 副 しばらくさかんに続《つづ》くようす。しばらく。例 林《はやし》の中《なか》は、またひとしきりせみの声《こえ》でにぎわった。

**ひとしごと**【一仕事】名 動-する ❶ちょっとした一区切《ひとくぎ》りの仕事《しごと》。例 朝《あさ》のうちに一仕事する。❷まとまったたいへんな仕事《しごと》。例 動《うご》かすだけで一仕事だ。

**ひとじち**【人質△】名 ❶要求《ようきゅう》を認《みと》めさせるために、無理《むり》やりにつかまえておく相手側《あいてがわ》の人《ひと》。❷昔《むかし》、約束《やくそく》を守《まも》ることをちかうしるしとして、相手側《あいてがわ》に預《あず》けられた人《ひと》。

**ひとしれず**【人知れず】人《ひと》にわからないように。ひそかに。例 人知れず心配《しんぱい》する。

**ひとしれぬ**【人知れぬ】連体 他《ほか》の人《ひと》にはわからない。例 人知れぬ苦心《くしん》があった。

慣用句 たて食《く》う虫《むし》も好《す》き好《ず》き　そんなにからいものが好《す》きだなんて、たて食《く》う虫《むし》も好《す》き好《ず》きだね。

**ひとすじ【一筋】** 名 ❶一本《いっぽん》の細長《ほそなが》いもの。例一筋のけむりが立《た》ち上《のぼ》る。❷そのことだけに心《こころ》を向《む》けること。例勉強《べんきょう》一筋の毎日《まいにち》。類いちず。

**ひとすじなわではいかない【一筋縄ではいかない】** ふつうのやり方《かた》では、とうていうまくいかない。例がんこな父《ちち》を説得《せっとく》するには一筋縄ではいかない。

**ひとだかり【人だかり】** 名 たくさんの人《ひと》が、集《あつ》まっていること。例店《みせ》の前《まえ》に人だかりがする。

**ひとだすけ【人助け】** 名 困《こま》っている人《ひと》を助《たす》けること。例人助けになることをする。

**ひとだのみ【人頼み】** 名 他人《たにん》を当《あ》てにすること。人《ひと》まかせ。例人頼みにしておけない作業《さぎょう》。

**ひとたび【一度】** 副 ❶いちど。いっぺん。もしも。例彼《かれ》の話《はなし》は、ひとたび始《はじ》まると、なかなか終《お》わらない。❷いったん。

**ひとだま【人魂】** 名 夜《よる》に青白《あおじろ》く光《ひか》って飛《と》ぶという火《ひ》の玉《たま》のこと。死《し》んだ人《ひと》の魂《たましい》とされる。

**ひとたまりもない【一たまりもない】** わずかの間《あいだ》も、持《も》ちこたえられない。例この家《いえ》は、台風《たいふう》が来《き》たらひとたまりもない。

**ひとちがい【人違い】** 名 動-する 別《べつ》の人《ひと》をその人《ひと》と思《おも》いちがえること。

**ひとつ【一つ】** 一 名 ❶〔数《かず》を表《あらわ》す言葉《ことば》。〕いち。例リンゴが一つ。❷一歳《いっさい》。例一つ年上《としうえ》。❸同《おな》じであること。例父《ちち》も母《はは》も思《おも》いは一つだ。❹それだけであること。例君《きみ》の考《かんが》え一つで決《き》まる。❺一方《いっぽう》。例一つにはこんな考《かんが》えもある。❻〔「一《ひと》つ…できない」の形《かたち》で〕意味《いみ》を強《つよ》めるはたらきをする。例挨拶《あいさつ》一つできない。二 副 ❶ためしに。ちょっと。例ひとつやってみよう。❷どうぞ。どうか。例ひとつよろしく。参考ふつう二は、かな書《が》きにする。⇩いち【一】70ページ

**一《ひと》つとして** ぜんぜん。一《ひと》つも。例一つとして似《に》たものがない。注意あとに「ない」などの打《う》ち消《け》しの言葉《ことば》がくる。

**ひとづかい【人使い】** 名 人《ひと》に仕事《しごと》をさせるときのさせ方《かた》。例人使いのあらい人《ひと》だ。

**ひとつき【一月】** 名 毎月《まいつき》の始《はじ》めの日《ひ》から終《お》わりの日《ひ》まで。一《いっ》か月《げつ》。

**ひとづきあい【人付き合い】** 名 人《ひと》との付《つ》き合《あ》い方《かた》。交際《こうさい》。例人づきあいがいい人《ひと》。

**ひとっこひとり【人っ子〈一人〉】** だれ一人《ひとり》。例人っ子一人通《とお》らない。注意あとに「ない」などの打《う》ち消《け》しの言葉《ことば》がくる。

**ひとつづき【一続き】** 名 一《ひと》つにつながって続《つづ》いていること。例二《ふた》つの部屋《へや》が一続きになっている。

**ひとづて【人づて】** 名 ❶人《ひと》にたのんで、伝《つた》えてもらうこと。例人づてに用《よう》をたのむ。❷直接《ちょくせつ》でなく、他《ほか》の人《ひと》から伝《つた》わること。例人づてに聞《き》いた話《はなし》。

**ひとっとび【ひとっ飛び】** 名 「ひと飛《と》び」を強《つよ》めた言《い》い方《かた》。例飛行機《ひこうき》ならひとっ飛びで行《い》ける。

**ひとつのはな【一つの花】** 作品名 今西《いまにし》祐行《すけゆき》の書《か》いた童話《どうわ》。戦争《せんそう》の時代《じだい》、幼《おさな》いわが子《こ》に一輪《いちりん》のコスモスの花《はな》をわたして戦争《せんそう》に行《い》ったお父《とう》さんと、その家族《かぞく》の話《はなし》。

**ひとつぶだね【一粒種】** 名 その人《ひと》のたった一人《ひとり》の子《こ》ども。一人《ひとり》っ子《こ》。

**ひとつまみ【一つまみ】** 名 ほんの少《すこ》しの量《りょう》。例一つまみの塩《しお》。

**ひとで【人手】** 名 ❶働《はたら》く人《ひと》。例人手が足《た》りない。❷人《ひと》の助《たす》け。人《ひと》の行《おこな》い。例人手を借《か》りる。❸他人《たにん》。例家《いえ》を人手にわたす。

**ひとで【人出】** 名 遊《あそ》びや買《か》い物《もの》などに人《ひと》が出《で》ること。例花見《はなみ》で、たいへんな人出だ。

**ひとで** 名 海底《かいてい》にすむ、ウニの仲間《なかま》の動物《どうぶつ》。星《ほし》の形《かたち》をしていて、体《からだ》の外側《そとがわ》はとげのようになっている。

〔ひとで〕

**ひとでなし【人でなし】** 名 思《おも》いやりもなく、人《ひと》の情《なさ》けもわからない人《ひと》。例そんなひどいことをするなんて、人でなしだ。

**°ひととおり【一通り】** 一 名 ふつう。あたりまえ。例この作品《さくひん》は一通りの努力《どりょく》ではできない。二 副 ざっと。初《はじ》めから終《お》わりまで。あらまし。例ひととおり読《よ》んだ。



慣用句 棚《たな》に上《あ》げる　都合《つごう》の悪《わる》い問題《もんだい》は棚《たな》に上《あ》げて、いい話《はなし》ばかりしている。

あいうえお かきくけこ さしすせそ たちつてと なにぬねの はひふへほ まみむめも や ゆ よ らりるれろ わ を ん

**ひとどおり【人通り】** 名 人《ひと》の行《い》き来《き》。例 この辺《へん》は人通りが少《すく》ない。

**ひととき【一時】** 名 しばらくの間《あいだ》。例 楽《たの》しいひとときを過《す》ごす。

**ひととなり【人となり】** 名 生《う》まれつきの性質《せいしつ》や人柄《ひとがら》。例 彼《かれ》はおだやかな人となりのために人《ひと》に好《す》かれる。

**ひとなか【人中】** 名 ❶大勢《おおぜい》の人《ひと》の中《なか》。例 人中に出《で》る。❷世《よ》の中《なか》。

**ひとなかせ【人泣かせ】** 名 形動 人《ひと》に迷惑《めいわく》をかけて、困《こま》らせること。例 人泣かせな要求《ようきゅう》だ。

**ひとなつこい【人懐こい】** 形 人《ひと》にすぐ慣《な》れて、親《した》しみやすい。人《ひと》なつっこい。例 うちの犬《いぬ》は、人なつこい。

**ひとなみ【人波】** 名 人《ひと》がこみ合《あ》って波《なみ》のように動《うご》いて行《い》くこと。例 人波にもまれる。

**ひとなみ【人並み】** 名 形動 他《ほか》の人《ひと》と同《おな》じぐらいであること。世間《せけん》並《な》み。例 人並みの暮《く》らしをする。

**ひとなみはずれる【人並み外れる】** ふつうの人《ひと》と程度《ていど》がちがう。例 人並み外れて大《おお》きな人《ひと》。

**ひとにぎり【一握り】** 名 ❶片手《かたて》で握《にぎ》ること。❷ほんの少《すこ》しであること。例 喜《よろこ》んだのは一握りの人《ひと》たちだけだ。

**ひとねいり【一寝入り】** 名 動-する ➡ひとねむり 1102ページ

**ひとねむり【一眠り】** 名 動-する 少《すこ》しの間《あいだ》眠《ねむ》ること。一寝入《ひとねい》り。例 夕方《ゆうがた》に一眠りする。

**ひとばしら【人柱】** 名 ❶昔《むかし》、城《しろ》や橋《はし》などのむずかしい工事《こうじ》の完成《かんせい》をいのって、いけにえとして生《い》きた人《ひと》を土《つち》や水《みず》の中《なか》に埋《う》めたこと。また、いけにえになった人《ひと》。❷目的《もくてき》を達成《たっせい》するために犠牲《ぎせい》になること。また、その人《ひと》。

**ひとはだ【人肌】** 名 ❶人《ひと》のひふ。❷人《ひと》の肌《はだ》くらいのあたたかさ。例 人肌にあたためたミルク。

**ひとはたあげる【一旗揚げる】** 新《あたら》しく事業《じぎょう》を始《はじ》める。例 兄《あに》は、一旗揚げようと上京《じょうきょう》した。

**ひとはだぬぐ【一肌脱ぐ】** 本気《ほんき》になって他《ほか》の人《ひと》を助《たす》けたり世話《せわ》をしたりする。例 親友《しんゆう》のために一肌脱ぐ。

**ひとはたらき【一働き】** 名 動-する ❶やりとげた仕事《しごと》。例 彼女《かのじょ》の一働きのおかげで助《たす》かった。❷しばらくの間《あいだ》働《はたら》くこと。例 もう一働きして休憩《きゅうけい》だ。

**ひとはなさかせる【一花咲かせる】** ある期間《きかん》はなやかに栄《さか》える。例 死《し》ぬ前《まえ》にもう一花咲かせたい。

**ひとばらい【人払い】** 名 動-する 関係《かんけい》のない人《ひと》を、その場《ば》から遠《とお》ざけること。例 この話《はなし》の前《まえ》に、人払いをお願《ねが》いします。

**ひとばん【一晩】** 名 夕方《ゆうがた》から、翌日《よくじつ》の朝《あさ》まで。一夜《いちや》。例 一晩で仕上《しあ》げる。

**ひとびと【人々】** 名 たくさんの人《ひと》たち。例 町《まち》の人々。

**ひとふで【一筆】** 名 ❶短《みじか》く書《か》きつけること。いっぴつ。例 手紙《てがみ》の最後《さいご》に一筆書《か》きそえる。❷一度《いちど》筆《ふで》にすみをつけただけで、ひと息《いき》に終《お》わりまで書《か》くこと。例 一筆で書く。

**ひとふでがき【一筆書き】** 名 ❶一度《いちど》だけ筆《ふで》にすみをつけて、一気《いっき》に書《か》き終《お》えること。また、そのようにして書《か》いた絵《え》や書《しょ》。❷どの線《せん》も一度《いちど》しか通《とお》らずに、筆《ふで》やペンを紙《かみ》からはなさないで図形《ずけい》を書《か》くこと。また、その図形《ずけい》。

**ひとまえ【人前】** 名 ❶人々《ひとびと》の見《み》ている所《ところ》。例 人前ではじをかく。❷外《そと》から見《み》たようす。体裁《ていさい》。人目《ひとめ》。例 人前をかざる。

**ひとまかせ【人任せ】** 名 仕事《しごと》などを、自分《じぶん》でしないで、人《ひと》に任《まか》せてしまうこと。例 この仕事《しごと》は、人任せにはできない。

**ひとまず** 副 とにかく。いちおう。例 ひとまずけりをつけよう。

**ひとまとめ【一まとめ】** 名 ばらばらになっているものを、一《ひと》つにまとめること。例 作品《さくひん》を一まとめにして本《ほん》にする。

**ひとまね【人まね】** 名 動-する ❶他《ほか》の人《ひと》のまねをすること。例 人まねがうまい。❷サルなどが、人間《にんげん》のまねをすること。

**ひとまわり【一回り】** ■一 名 動-する 一度《いちど》回《まわ》ること。一周《いっしゅう》。例 池《いけ》を一回りする。■二 名 ❶十二年《じゅうにねん》。十二支《じゅうにし》がひとめぐりする年数《ねんすう》。例 年齢《ねんれい》が一回りちがう。❷物《もの》の大《おお》きさや太《ふと》さ

あいうえお かきくけこ さしすせそ たちつてと なにぬねの は ひ ふへほ まみむめも や ゆ よ らりるれろ わ を ん

慣用句 **他人《たにん》の空似《そらに》** 他人《たにん》の空似《そらに》で、妹《いもうと》は人気歌手《にんきかしゅ》とそっくりだ。

などの見《み》た感《かん》じの一段階《いちだんかい》。例 弟《おとうと》も一回り大《おお》きくなった。

**ひとみ【瞳】** 名 目《め》の真《ま》ん中《なか》の、黒《くろ》いところ。例 ひとみをかがやかせる。⇩**どう【瞳】** 907ページ

**瞳《ひとみ》を凝《こ》らす** じっと、ひと所《ところ》だけを見《み》つめる。例 ひとみを凝らして鏡《かがみ》を見《み》つめる。

**ひとみしり【人見知り】** 名 動-する (子《こ》どもなどが)見慣《みな》れない人《ひと》を見《み》て、はずかしがること。例 人見知りをする子《こ》ども。

**ひとむかし【一昔】** 名 ちょっと前《まえ》。少《すこ》し昔《むかし》。例 十年《じゅうねん》一昔。参考 ふつう、十年《じゅうねん》ぐらい前《まえ》をいう。

**ひとめ【一目】** 名 ❶一度《いちど》見《み》ること。ちょっと見《み》ること。例 いい悪《わる》いは、一目でわかる。❷一度《いちど》に見《み》わたせること。例 全市《ぜんし》を一目で見《み》わたす。

**ひとめ【人目】** 名 他《ほか》の人《ひと》が見《み》ていること。世間《せけん》の注意《ちゅうい》。例 人目をさける。

**人目《ひとめ》に余《あま》る** 見《み》ていられないほどに、ひどい。例 人目に余る乱暴《らんぼう》な行《おこな》いだ。

**人目《ひとめ》に付《つ》く** すぐ人《ひと》の目《め》にふれる。目《め》立《だ》つ。例 ポスターを人目につく所《ところ》にはる。

**人目《ひとめ》をくらます** 人《ひと》の目《め》をごまかす。例 変《へん》装《そう》して人目をくらます。

**人目《ひとめ》を忍《しの》ぶ** 人《ひと》に見《み》られないように、気《き》をつかう。例 人目を忍んで暮《く》らす。

**人目《ひとめ》を盗《ぬす》む** 人《ひと》に見《み》られないように、こっそりする。

**人目《ひとめ》をはばかる** 人《ひと》に見《み》られないようにと用心《ようじん》する。例 人目をはばかって、人《ひと》に会《あ》う。

**人目《ひとめ》を引《ひ》く** 人《ひと》の注意《ちゅうい》を集《あつ》める。目《め》立《だ》つ。例 真《ま》っ赤《か》な車《くるま》が人目を引く。

**ひとめぐり【一巡り】** 名 動-する ひと回《まわ》りすること。例 池《いけ》を一巡りしてくる。

**ひとめぼれ【一目惚れ】** 名 動-する 一度《いちど》見《み》ただけで、心《こころ》が引《ひ》かれること。

**ひともじ【人文字】** 名 はなれて見《み》ると文《も》字《じ》などの形《かたち》に見《み》えるように、多《おお》くの人《ひと》が並《なら》んだもの。また、その文字《もじ》など。例 運動場《うんどうじょう》に学校《がっこう》の名前《なまえ》を人文字で作《つく》る。

**ひとやくかう【一役買う】** ある仕事《しごと》の一部《いちぶ》を、自分《じぶん》から進《すす》んで引《ひ》き受《う》ける。例 町《まち》の美化《びか》に一役買う。

**ひとやすみ【一休み】** 名 動-する 仕事《しごと》などの途中《とちゅう》で、ちょっと休《やす》むこと。

**ひとやまあてる【一山当てる】** 運《うん》よく成功《せいこう》して大《おお》もうけする。例 新商品《しんしょうひん》を開発《かいはつ》して一山当てた。

**ヒトラー** 人名 (男) (一八八九〜一九四五)ドイツの政治家《せいじか》。ナチスの党首《とうしゅ》で、第二次世界《だいにじせかい》大戦《たいせん》を引《ひ》き起《お》こした。

**°ひとり【〈一人〉】** 名 人《ひと》の数《かず》で一《ひと》つ。一個《いっこ》の人《ひと》。例 兄《あに》が一人いる。参考 「一人《ひとり》」は、特別《とくべつ》に認《みと》められた読《よ》み方《かた》。

**°ひとり【独り】** 一 名 ❶自分《じぶん》だけであること。自《じ》分《ぶん》だけですること。例 独りで考《かんが》える。

独り遊び。

❷結婚《けっこん》していないこと。独身《どくしん》。二 副 ただ…。単《たん》に…。例 これは、ひとりこのクラスだけの問題《もんだい》ではない。注意 二は、あとに「ない」などの打《う》ち消《け》しの言葉《ことば》がくる。参考 ふつう 二 は、かな書《が》きにする。⇩**どく【独】** 923ページ

**ひどり【日取り】** 名 ある事《こと》を行《おこな》う日《ひ》を決《き》めること。また、決《き》めた日《ひ》。例 運動会《うんどうかい》の日取りが決《き》まった。

**ひとりあるき【〈一人〉歩き・独り歩き】** 名 動-する ❶ただ一人《ひとり》で歩《ある》くこと。例 夜《よる》の一人歩きは危《あぶ》ない。❷自分《じぶん》だけの力《ちから》で歩《ある》くこと。例 赤《あか》ちゃんが独り歩きを始《はじ》める。❸自分《じぶん》だけの力《ちから》で行《おこな》うこと。自立《じりつ》すること。例 経済的《けいざいてき》にも独り歩きできる。❹勝手《かって》にものごとが進《すす》むこと。例 うわさだけが独り歩きする。参考 ふつう、❶は「一人歩《ひとりある》き」、❷〜❹は「独《ひと》り歩《ある》き」と書《か》く。

**ひとりがてん【独り合点】** 名 動-する 自分《じぶん》だけ、わかったつもりでいること。ひとりがってん。例 あなたの独り合点だ。

**ひとりぎめ【独り決め】** 名 動-する 人《ひと》に相《そう》談《だん》せず、自分《じぶん》だけで決《き》めること。独断《どくだん》。例 自《じ》分《ぶん》が一番《いちばん》だと独り決めしている。

**ひとりごと【独り言】** 名 相手《あいて》がいないのに、ひとりでものを言《い》うこと。また、言《い》ったことがら。例 独り言を言《い》う。

**ひとりじめ【独り占め】** 名 動-する 自分《じぶん》だけのものにしてしまうこと。独占《どくせん》。例 おもち



慣用句 たぬき寝入《ねい》り　さっきから弟《おとうと》はたぬき寝入《ねい》りをしている。

やを独り占めにする。

**ひとりずもう【独り〈相撲〉】** 名 他《ほか》の人《ひと》とは関係《かんけい》なく、自分《じぶん》だけが勢《いきお》いこんでいること。例 結局《けっきょく》はぼくの独り相撲に終《お》わった。

**ひとりだち【独り立ち】** 名 動-する ❶自分《じぶん》だけの力《ちから》で立《た》つこと。例 赤《あか》ちゃんが独り立ちした。❷他《ほか》からの助《たす》けなしに、自分《じぶん》だけの力《ちから》でやっていくこと。独立《どくりつ》。例 修業《しゅぎょう》したあと、独り立ちして店《みせ》を開《ひら》いた。

**ひとりっこ【〈一人〉っ子】** 名 兄弟《きょうだい》や姉《し》妹《まい》がいない子《こ》。ひとりご。

**ひとりでに【独りでに】** 副 自然《しぜん》に。いつとはなしに。例 ひとりでにドアが閉《し》まった。

**ひとりのこらず【〈一人〉残らず】** 一人《ひとり》も残《のこ》らないで。全員《ぜんいん》。例 一人残らず参《さん》加《か》する。

**ひとりひとり【〈一人〉〈一人〉】** 名 副 それぞれの人《ひと》。各自《かくじ》。めいめい。例 一人一人発《はっ》表《ぴょう》する。

**ひとりぶたい【独り舞台】** 名 ❶独《ひと》りだけでする芝居《しばい》。独演《どくえん》。独《ひと》り芝居《しばい》。❷大勢《おおぜい》の中《なか》で、その人《ひと》だけが目立《めだ》ってすぐれていること。独壇場《どくだんじょう》。例 今日《きょう》の試合《しあい》は、彼《かれ》の独り舞台だった。❸独《ひと》りで思《おも》うままにふるまうこと。例 車《くるま》の話《はなし》となると、彼《かれ》の独り舞台だ。

**ひとりぼっち【独りぼっち】** 名 仲間《なかま》がいなくて、独《ひと》りでいること。

**ひとりもの【〈一人〉者】** 名 ❶結婚《けっこん》していない人《ひと》。独身《どくしん》。❷家族《かぞく》がなく、自分《じぶん》だけで生活《せいかつ》している人《ひと》。

**ひとりよがり【独りよがり】** 名 形動 自分《じぶん》だけで、よいと思《おも》いこみ、他《ほか》の人《ひと》の意見《いけん》を聞《き》かないこと。例 それは独りよがりな考《かんが》えだ。

**ひな【雛】** 一 名 ❶鳥《とり》の子《こ》。ひな鳥《どり》。例 ニワトリのひな。❷ひな人形《にんぎょう》。例 おひなさま。二〔ある言葉《ことば》の前《まえ》につけて〕小《ちい》さい。かわいらしい。例 ひな型《がた》。ひな菊《ぎく》。

**ひなあられ** 名 ひな祭《まつ》りにそなえるあられ。

**ひなが【日長・日永】** 名 昼間《ひるま》の時間《じかん》が長《なが》いこと。また、その昼《ひる》のこと。例 春《はる》の日長。対 夜長《よなが》。

**ひながた【雛型・雛形】** 名 ❶実物《じつぶつ》に似《に》せて、小《ちい》さく作《つく》ったもの。模型《もけい》。例 船《ふね》のひな型。❷見本《みほん》。手本《てほん》。例 ひな型を見《み》て書《か》く。

**ひなぎく【ひな菊】** 名 庭《にわ》に植《う》えたりする草花《くさばな》。春《はる》から秋《あき》にかけて白《しろ》やうすい赤色《あかいろ》などの花《はな》をつける。デイジー。

**°ひなた【日なた】** 名 日光《にっこう》の当《あ》たる所《ところ》。対 日《ひ》陰《かげ》。

**ひなたぼっこ【日なたぼっこ】** 名 動-する 日《ひ》なたで暖《あたた》まること。

**ひなだん【雛壇】** 名 ❶ひな人形《にんぎょう》などをかざる壇《だん》。❷国会《こっかい》やテレビ番組《ばんぐみ》などで、「❶」のように段《だん》を作《つく》って高《たか》くした座席《ざせき》。例 ひな壇の大臣《だいじん》たち。

**ひなどり【雛鳥】** 名 卵《たまご》からかえったばかりの鳥《とり》の子《こ》。ひな。

**ひなにんぎょう【雛人形】** 名 ひな祭《まつ》りにかざる人形《にんぎょう》。おひなさま。

**ひなびる** 動 いなからしい感《かん》じがする。例 山《やま》おくのひなびた旅館《りょかん》。

**ひなまつり【雛祭り】** 名 三月三日《さんがつみっか》にする女《おんな》の子《こ》の幸《しあわ》せをいのるお祭《まつ》り。ひな人形《にんぎょう》をかざり、白酒《しろざけ》や、あられ・ひしもち、桃《もも》の花《はな》などを供《そな》える。桃《もも》の節句《せっく》。ひなの節句《せっく》。参考 男《おとこ》の子《こ》は、端午《たんご》の節句《せっく》。

**ひなわじゅう【火縄銃】** 名 火《ひ》なわにつけた火《ひ》で火薬《かやく》を爆発《ばくはつ》させて、弾《たま》を発射《はっしゃ》させる仕《し》組《く》みの、昔《むかし》の鉄砲《てっぽう》。

**ひなん【非難】** 名 動-する 相手《あいて》の悪《わる》いところやおかしなところをせめて、とがめること。例 激《はげ》しい非難を受《う》ける。

**°ひなん【避難】** 名 動-する 危《あぶ》ない目《め》にあわないように、にげること。例 安全《あんぜん》な場所《ばしょ》に避難する。類 退避《たいひ》。

**ひなんしじ【避難指示】** 名 災害《さいがい》のときやそのおそれのあるとき、市町村長《しちょうそんちょう》が住民《じゅうみん》に、安全《あんぜん》な場所《ばしょ》に立《た》ち退《の》くように呼《よ》びかける指示《しじ》。

**ひなんじょ【避難所】** 名 災害《さいがい》などにあったときの、一時的《いちじてき》なにげ場所《ばしょ》。

**ひなんみん【避難民】** 名 災害《さいがい》や戦争《せんそう》などのあった所《ところ》からにげてきた人《ひと》たち。

**ビニール**〔英語 vinyl〕名 ↓ビニル 1105ページ

**ビニールハウス** 名〔日本《にっぽん》でできた英語《えいご》ふ

うの言葉《ことば》。〕➡ビニルハウス 1105ページ

**ひにく【皮肉】** 名 形動 ❶遠回《とおまわ》しに人《ひと》の弱点《じゃくてん》を言《い》うこと。また、その言葉《ことば》。あてこすり。例皮肉を言《い》う。❷期待《きたい》に反《はん》して、思《おも》いどおりにならないようす。例皮肉な話《はなし》だ。

**ひにくる【皮肉る】** 動 皮肉《ひにく》を言《い》う。〔くだけた言《い》い方《かた》。〕例現代社会《げんだいしゃかい》を皮肉《ひにく》った小説《しょうせつ》。

**ひにち【日日】** 名 ❶日《ひ》かず。例日《ひ》にちがたつ。❷予定《よてい》の日《ひ》。例日《ひ》にちを決《き》める。

**ひにひに【日に日に】** 副 一日一日《いちにちいちにち》と日《ひ》がたつにつれて。一日《いちにち》ごとに。例日に日に暖《あたた》かくなる。

**ビニル** 〔英語 vinyl〕 名 〔「ビニール」ともいう。〕合成樹脂《ごうせいじゅし》の一《ひと》つ。水《みず》に強《つよ》く、色《いろ》もつけやすいので、布《ぬの》・革《かわ》・ゴムなどの代《か》わりに広《ひろ》く使《つか》われる。

**ビニルハウス** 名 〔日本《にっぽん》でできた英語《えいご》ふうの言葉《ことば》。〕ビニルでおおいをして作《つく》った温室《おんしつ》。野菜《やさい》や果物《くだもの》、花《はな》などをふつうよりも早《はや》い時期《じき》に育《そだ》てるためのもの。

**ひにん【否認】** 名 動する 事実《じじつ》でないとして、認《みと》めないこと。例犯行《はんこう》を否認《ひにん》する。対是認《ぜにん》。

①びょうぶ　②ぼんぼり　③だいりさま（おびな）　④おみき　⑤だいりさま（めびな）　⑥⑧⑨さんにんかんじょ　⑦たかつきともち　⑩〜⑭ごにんばやし　⑩たいこ　⑪おおつづみ　⑫こつづみ　⑬ふえ　⑭うたい　⑮うだいじん　⑯ごぜん　⑰ひしだいとひしもち　⑱さだいじん　⑲うこんのたちばな　⑳〜㉒じちょう　⑳だいがさ　㉑くつ　㉒たてかさ　㉓さこんのさくら　㉔たんす　㉕ながもち　㉖きょうだい　㉗はりばこ　㉘まるひばち　㉙ちゃどうぐ　㉚かご　㉛じゅうばこ　㉜ごしょぐるま

〔ひなにんぎょう〕

**ひねくる** 動 ❶手先《てさき》でいじり回《まわ》す。❷いろいろ理屈《りくつ》を言《い》う。

**ひねくれる** 動 考《かんが》え方《かた》ややり方《かた》が、すなおでなくなる。例心《こころ》がひねくれている。

**びねつ【微熱】** 名 ふだんより少《すこ》し高《たか》い体温《たいおん》。ふつう、三七度《ど》を少《すこ》しこえたくらい。例微熱がある。

**ひねもす** 副 一日《いちにち》じゅう。〔古《ふる》い言葉《ことば》。〕例「春《はる》の海《うみ》ひねもすのたりのたりかな」（与謝蕪村《よさぶそん》）。

**ひねりだす【ひねり出す】** 動 ❶工夫《くふう》して考《かんが》え出《だ》す。例別《べつ》の案《あん》をひねり出《だ》す。❷工夫《くふう》して費用《ひよう》を作《つく》る。例旅費《りょひ》をひねり出す。

**°ひねる** 動 ❶指先《ゆびさき》でねじる。例スイッチをひねる。❷ねじって向《む》きを変《か》える。例腰《こし》をひねる。❸あれこれと考《かんが》える。例頭《あたま》をひねってよい案《あん》を出《だ》す。❹簡単《かんたん》に負《ま》かす。例白組《しろぐみ》が赤組《あかぐみ》にひねられた。

**ひのいり【日の入り】** 名 太陽《たいよう》が、しずむこと。また、その時刻《じこく》。日没《にちぼつ》。対日《ひ》の出《で》。

**ひのうみ【火の海】** 名 一面《いちめん》に火《ひ》が燃《も》え広《ひろ》がっているようす。例辺《あた》り一面《いちめん》火の海だった。

**ひのき【檜】** 名 高《たか》くのびて、いつも緑《みどり》の葉《は》のある木《き》。材木《ざいもく》は、つやがあって水《みず》にも強《つよ》いので、上等《じょうとう》とされる。例ひのき造《づく》りの家《いえ》。➡しんようじゅ 668ページ

**ひのきぶたい【檜舞台】** 名 〔ヒノキで造《つく》った立派《りっぱ》な舞台《ぶたい》の意味《いみ》から〕自分《じぶん》の腕前《うでまえ》を見《み》



慣用句 **地《ち》に落《お》ちる** あれほど強《つよ》かった名人《めいじん》の勢《いきお》いも、地《ち》に落《お》ちた感《かん》じだ。

せる、晴《は》れの場所《ばしょ》。［例］ひのき舞台に立《た》つ。

**ひのくるま【火の車】**［名］お金《かね》がなくて、暮《く》らしがたいへん苦《くる》しいこと。［例］わが家《や》の家計《かけい》は火の車だ。

**ひのけ【火の気】**［名］❶火《ひ》の暖《あたた》かみ。［例］この部屋《へや》には、火の気がないので寒《さむ》い。❷火《ひ》。［例］寝《ね》る前《まえ》には、火の気に注意《ちゅうい》する。

**ひのこ【火の粉】**［名］火《ひ》が燃《も》えるときに飛《と》び散《ち》る細《こま》かい火《ひ》。［例］たき火《び》で火の粉がまう。

**ひのたま【火の玉】**［名］❶火《ひ》のかたまり。❷墓地《ぼち》などで空中《くうちゅう》に浮《う》かんでいるという不《ふ》思《し》議《ぎ》な火《ひ》。❸激《はげ》しく戦《たたか》うようすなどのたとえ。［例］火の玉となって戦《たたか》う。

**ひのて【火の手】**［名］❶火事《かじ》で燃《も》え上《あ》がった火《ひ》の勢《いきお》い。［例］ようやく火の手が弱《よわ》まった。❷さわぎなどの激《はげ》しい勢《いきお》い。［例］戦《たたか》いの火の手が上《あ》がる。

**ひので【日の出】**［名］太陽《たいよう》がのぼること。また、その時刻《じこく》。［対］日《ひ》の入《い》り。

**日《ひ》の出《で》の勢《いきお》い**（朝日《あさひ》がのぼるように）勢《いきお》いがさかんであるようす。

**ひのべ【日延べ】**［名］［動・する］決《き》められた日《ひ》や、日数《にっすう》をのばすこと。延期《えんき》。［例］雨《あめ》で運動会《うんどうかい》が日延べになる。

**ひのまる【日の丸】**［名］日本《にっぽん》の国旗《こっき》。白地《しろじ》に太陽《たいよう》をかたどった赤《あか》い丸《まる》をつけたもの。日《にっ》章旗《しょうき》。

**ひのみやぐら【火の見櫓】**［名］火事《かじ》を警戒《けいかい》して見張《みは》るための、遠《とお》くまで見《み》わたせる高《たか》い建物《たてもの》。

**ひのめをみる【日の目を見る】** 今《いま》まで知《し》られていなかったものが、世《よ》の中《なか》に認《みと》められるようになる。［例］長《なが》い間《あいだ》の研究《けんきゅう》が、やっと日の目を見た。

**ひのもと【火の元】**［名］❶火事《かじ》のもとになった物《もの》や、場所《ばしょ》。火元《ひもと》。❷火《ひ》のある場所《ばしょ》。［例］火の元に用心《ようじん》する。

**ひのようじん【火の用心】**［名］火事《かじ》を出《だ》さないように、注意《ちゅうい》すること。

**ひばいひん【非売品】**［名］売《う》り物《もの》でない品《しな》物《もの》。［例］この本《ほん》は非売品です。

**ひばく【被爆】**［名］［動・する］爆弾《ばくだん》などを落《お》とされて、攻撃《こうげき》されること。特《とく》に、原爆《げんばく》・水爆《すいばく》の被《ひ》害《がい》を受《う》けること。［例］日本《にっぽん》は世界《せかい》でただ一《ひと》つの被爆国《こく》だ。

**ひばく【被曝】**［名］［動・する］放射線《ほうしゃせん》を浴《あ》びること。［例］被ばく事故《じこ》。

**ひばし【火箸】**［名］炭火《すみび》をはさむための、金《きん》属《ぞく》で作《つく》られた長《なが》いはし。

**ひばしら【火柱】**［名］柱《はしら》のように、まっすぐ立《た》ち上《のぼ》る、ほのお。［例］火柱が立《た》つ。

**ひばち【火鉢】**［名］灰《はい》を入《い》れ、炭火《すみび》をおこして、暖《あたた》まったり、湯《ゆ》をわかしたりするのに使《つか》う道具《どうぐ》。［例］火鉢にあたる。

**ひばな【火花】**［名］かたい金属《きんぞく》や石《いし》などが、激《はげ》しくぶつかったときや、電気《でんき》がふれ合《あ》ったときなどに、細《こま》かく飛《と》び散《ち》る火《ひ》。

**火花《ひばな》を散《ち》らす** 激《はげ》しくやり合《あ》う。［例］火花を散らす大熱戦《だいねっせん》。

**ひばり**［名］スズメぐらいの大《おお》きさの小鳥《ことり》。畑《はたけ》・野原《のはら》などに巣《す》を作《つく》り、春《はる》、空高《そらたか》くまい上《あ》がって鳴《な》く。雄《おす》は声《こえ》が美《うつく》しい。

**°ひはん【批判】**［名］［動・する］ものごとのよい悪《わる》いを取《と》り上《あ》げて言《い》うこと。［例］人《ひと》のやり方《かた》を批判する。［類］批評《ひひょう》。［参考］特《とく》に、よくない点《てん》について意見《いけん》を言《い》うときに使《つか》う。

**ひばん【非番】**［名］その当番《とうばん》に当《あ》たっていないこと。［例］非番で、家《いえ》にいる。［対］当番《とうばん》。

**ひはんてき【批判的】**［形動］批判《ひはん》する立場《たちば》をとるようす。［例］国《くに》の方針《ほうしん》には批判的だ。［参考］よくないところをいう意味《いみ》で使《つか》う。

**ひび【日日】**［名］毎日《まいにち》。その日《ひ》、その日《ひ》。一日《いちにち》一日《いちにち》。［例］日々の仕事《しごと》に精《せい》を出《だ》す。

**°ひび**［名］❶ガラス・壁《かべ》・焼《や》き物《もの》・ぬり物《もの》などの表《ひょう》面《めん》にできる、細《ほそ》いさけ目《め》。［例］コップにひびが入《はい》る。❷寒《さむ》さのために、手《て》や足《あし》などの皮膚《ひふ》にできる、細《こま》かいさけ目《め》。［例］ひびがきれる。

**ひびが入《はい》る** ❶細《ほそ》い割《わ》れ目《め》ができる。❷仲《なか》が悪《わる》くなる。［例］友情《ゆうじょう》にひびが入る。❸仲間《なかま》割《わ》れ。

**ひびき【響き】**［名］伝《つた》わってくる音《おと》や震動《しんどう》。耳《みみ》で聞《き》いた音《おと》の感《かん》じ。［例］地《じ》響き。たいこの響き。言葉《ことば》の響き。

**ひびきわたる【響き渡る】**［動］音《おと》が遠《とお》くまで大《おお》きく伝《つた》わる。［例］歌声《うたごえ》が響き渡る。

**°ひびく【響く】**［動］❶音《おと》が辺《あた》りに伝《つた》わる。［例］チャイムが響く。❷音《おと》がはね返《かえ》る。［例］声《こえ》が

慣用句 血《ち》の気《け》がうせる　父《ちち》が救急車《きゅうきゅうしゃ》で運《はこ》ばれたと聞《き》いて、一瞬《いっしゅん》、血《ち》の気《け》がうせた。

よく響く部屋《へや》。❸震動《しんどう》が伝《つた》わる。例ズシンズシンと床《ゆか》に響く。❹広《ひろ》く知《し》れわたる。例世界《せかい》にその名《な》が響いている。❺心《こころ》に感《かん》じる。例母《はは》の言葉《ことば》が胸《むね》に響く。❻影響《えいきょう》する。例天気《てんき》の具合《ぐあい》が物《もの》の値段《ねだん》に響く。↓きょう【響】333ページ

✤**ひひょう【批評】** 名 動する ものごとのよしあしについて意見《いけん》を言《い》うこと。例劇《げき》のできばえを批評する。類批判《ひはん》。

**ひびわれる【ひび割れる】** 動 ひびが入《はい》って、割《わ》れ目《め》ができる。例皿《さら》がひび割れる。

**びひん【備品】** 名 机《つくえ》・ロッカーなど、備《そな》えつけてある品物《しなもの》。例教室《きょうしつ》の備品。

°**ひふ【皮膚】** 名 人《ひと》や動物《どうぶつ》の体《からだ》を包《つつ》んでいる皮《かわ》。肌《はだ》。例皮膚があれる。

**ひぶ【日歩】** 名 お金《かね》の一日《いちにち》あたりの利息《りそく》。百《ひゃく》円《えん》に対《たい》していくら、で表《あらわ》す。

**びふう【美風】** 名 りっぱな習《なら》わし。よい習《しゅう》慣《かん》。良風《りょうふう》。例母校《ぼこう》の美風を受《う》け継《つ》ぐ。

**びふう【微風】** 名 かすかにふく風《かぜ》。そよ風《かぜ》。

**ひふく【被服】** 名 体《からだ》に着《き》るもの。衣服《いふく》。

**ひぶくれ【火ぶくれ】** 名 やけどのために、皮膚《ひふ》が赤《あか》くはれて、ふくれること。

**ひぶた【火蓋】** 名 火縄銃《ひなわじゅう》の、火薬《かやく》をつめるところをおおうふた。

**火蓋《ひぶた》を切《き》る** 〔火蓋を開《あ》けて、たまをうつ用《よう》意《い》をする、ということから〕戦《たたか》いを始《はじ》める。例熱戦《ねっせん》の火蓋を切る。

**ビフテキ** 〔フランス語〕名 牛肉《ぎゅうにく》を厚《あつ》く平《たい》らに切《き》って焼《や》いた料理《りょうり》。ビーフステーキ。

**ひふびょう【皮膚病】** 名 皮膚《ひふ》の病気《びょうき》。しっしんや、おでき、水虫《みずむし》など。

**ピペット** 〔フランス語〕名 少量《しょうりょう》の液体《えきたい》を正確《せいかく》にはかったり取《と》り出《だ》したりするための、先《さき》の細《ほそ》いガラス管《かん》。↓じっけんきぐ565ページ

✤**ひへん** 名 漢字《かんじ》の部首《ぶしゅ》で、「へん」の一《ひと》つ。「晴《せい》」「時《じ》」などの「日《ひ》」の部分《ぶぶん》。日《ひ》や光《ひかり》に関係《かんけい》のある字《じ》が多《おお》い。

✤**ひへん** 名 漢字《かんじ》の部首《ぶしゅ》で、「へん」の一《ひと》つ。「焼《しょう》」「灯《とう》」などの「火《ひ》」の部分《ぶぶん》。火《ひ》に関係《かんけい》のある字《じ》が多《おお》い。

**ひほう【秘宝】** 名 秘密《ひみつ》の宝物《たからもの》。

**ひほう【秘法】** 名 秘密《ひみつ》にしている方法《ほうほう》。

**ひほう【悲報】** 名 悲《かな》しい知《し》らせ。特《とく》に死《し》の知《し》らせ。例悲報が届《とど》く。対朗報《ろうほう》。

**びぼう【美貌】** 名 顔《かお》かたちが整《ととの》って美《うつく》しいこと。例美貌の持《も》ち主《ぬし》。

**ひぼし【干乾し】** 名 食《た》べ物《もの》がなくて、うえること。例干ぼしになる。

**ひぼし【日干し】** 名 日《ひ》に当《あ》てて、かわかすこと。また、かわかしたもの。

**ひぼん【非凡】** 名 形動 ふつうよりずっとすぐれていること。例非凡な才能《さいのう》。対平凡《へいぼん》。

°**ひま【暇】** 一名 ❶あることのできる自由《じゆう》な時間《じかん》。また、あることをするのに必要《ひつよう》な時《じ》間《かん》。例映画《えいが》を見《み》ている暇がない。❷休《やす》み。例久《ひさ》しぶりに、暇をもらって出《で》かける。❸やとい人《にん》をやめさせること。〔少《すこ》し古《ふる》い言《い》い方《かた》。〕例暇を出《だ》す。二形動 仕事《しごと》などにしばられていないようす。手《て》が空《あ》いているようす。例暇な人《ひと》は手伝《てつだ》ってください。↓か【暇】190ページ

**暇《ひま》を潰《つぶ》す** 余《あま》った時間《じかん》を、何《なに》かをして過《す》ごす。例そこらを散歩《さんぽ》して暇をつぶす。

**暇《ひま》を取《と》る** ❶休《やす》みをとる。例家《いえ》の用事《ようじ》で暇を取る。❷勤《つと》め先《さき》をやめる。〔少《すこ》し古《ふる》い言《い》い方《かた》。〕

**ひまご【ひ孫】** 名 孫《まご》の子《こ》ども。ひい孫《まご》。曽《そう》孫《そん》。↓かぞく(家族)236ページ

**ひましに【日増しに】** 副 日《ひ》ごとに。ますます。例日増しに寒《さむ》くなる。

**ひまつ【飛沫】** 名 細《こま》かく飛《と》び散《ち》るしぶき。例飛沫を浴《あ》びる。

**ひまつぶし【暇潰し】** 名 ❶時間《じかん》をむだにすること。❷ひまな時間《じかん》を、何《なに》かをして過《す》ごすこと。

**ひまつり【火祭り】** 名 ❶火事《かじ》のないように祈《いの》る祭《まつ》り。❷火《ひ》をたいて神《かみ》をうやまう行《ぎょう》事《じ》。

**ヒマラヤさんみゃく〖ヒマラヤ山脈〗** 地名 中国《ちゅうごく》・インド・ネパール・ブータン・パキスタンにまたがる大《おお》きな山脈《さんみゃく》。エベレストをはじめ八〇〇〇メートル前後《ぜんご》の山《やま》が多《おお》く、「世界《せかい》の屋根《やね》」といわれている。

**ひまわり【〈向日葵〉】** 名 キクの仲間《なかま》の草《くさ》花《ばな》。夏《なつ》、二《に》メートルをこす茎《くき》の先《さき》に、大《おお》きな黄色《きいろ》の花《はな》が咲《さ》く。種《たね》は食用《しょくよう》にしたり、油《あぶら》をと

慣用句 血《ち》も涙《なみだ》もない　貧《まず》しい人《ひと》から物《もの》をとるなんて、血《ち》も涙《なみだ》もないやつだ。

っ たりする。

**ひまん【肥満】** 名 動-する 体《からだ》がこえ太《ふと》っていること。

**びみ【美味】** 名 形動 味《あじ》がよいこと。おいしいこと。例 有名店《ゆうめいてん》の美味な料理《りょうり》。

**ひみこ〖卑弥呼〗** 人名 (女)三世紀《さんせいき》ごろの邪《や》馬台国《またいこく》の女王《じょおう》。中国《ちゅうごく》の古《ふる》い本「魏志倭人伝《ぎしわじんでん》」に出《で》てくる女王《じょおう》で、まじないの力《ちから》で周《まわ》りの小《ちい》さな国《くに》を従《したが》えていたといわれる。

**°ひみつ【秘密】** 名 形動 かくして人《ひと》に知《し》らせないこと。かくしごと。ないしょ。例 公然《こうぜん》の秘密。秘密を明《あ》かす。

**ひみつり【秘密裏△】** 名 物事《ものごと》が秘密《ひみつ》に行《おこな》われること。例 秘密裏に交渉《こうしょう》を進《すす》める。

**びみょう【微°妙°】** 形動 こみ入《い》っていて、簡《かん》単《たん》には言《い》い表《あらわ》せないようす。例 二人《ふたり》の考《かん》えは微妙にちがう。

**ひむろ【氷△室△】** 名 冬《ふゆ》の間《あいだ》にできた氷《こおり》を夏《なつ》までたくわえておく部屋《へや》や穴《あな》。

**ひめ【姫】** 画数 10 部首 女(おんなへん)

音 ―― 訓 ひめ

❶身分《みぶん》のある人《ひと》の娘《むすめ》。例 お姫様《ひめさま》。熟語 姫君《ひめぎみ》。❷女《おんな》の子《こ》。女《おんな》の人《ひと》。例 歌姫《うたひめ》。❸〔ある言葉《ことば》の前《まえ》につけて〕小《ちい》さくてかわいらしい。例 姫《ひめ》ゆり。

**ひめ【姫°】** 名 身分《みぶん》の高《たか》い人《ひと》の娘《むすめ》。例 姫のわがままを聞《き》き入《い》れる。

**ひめい【悲鳴】** 名 ❶おどろいたとき、こわいときなどに思《おも》わず出《で》るさけび声《ごえ》。例 キャッと悲鳴を上《あ》げる。❷困《こま》りきって言《い》う弱音《よわね》。例 難問《なんもん》ばかりで、悲鳴を上《あ》げる。

**ひめじじょう【姫°路城】** 名 兵庫県姫路市《ひょうごけんひめじし》にある城《しろ》。美《うつく》しいことで知《し》られ、「白鷺城《しらさぎじょう》」ともいわれる。国宝《こくほう》。世界遺産《せかいいさん》。

**ひめる【秘△める】** 動 かくして人《ひと》に知《し》られないようにする。ないしょにする。例 心《こころ》に秘めた決意《けつい》。

**ひめん【罷°免°】** 名 動-する 公務員《こうむいん》をやめさせること。例 大臣《だいじん》を罷免する。

⇩ひ【秘】 1079ページ

**°ひも** 名 物《もの》を結《むす》んだり、束《たば》ねたりするのに使《つか》う、太《ふと》い糸《いと》のようなもの。

**ひもじい** 形 おなかがすいている。例 食《た》べ物《もの》がなくひもじい思《おも》いをする。

**ひもち【日持ち】** 名 動-する 何日《なんにち》も保存《ほぞん》できること。例 日持ちがよい食品《しょくひん》。

**ひもと【火元】** 名 ❶火《ひ》を使《つか》う場所《ばしょ》。例 火元の安全《あんぜん》を確《たし》かめる。❷火事《かじ》を出《だ》した所《ところ》。例 ふろ場《ば》が火元だった。❸さわぎのもと。例 彼《かれ》のひと言《こと》がさわぎの火元だ。

**ひもとく** 動 本《ほん》を開《ひら》いて読《よ》む。例 古典《こてん》をひもとく。

**ひもの【干△物】** 名 魚《さかな》や貝《かい》を干《ほ》したもの。例 アジの干物。

**ひや【冷や】** 名 ❶〔「お冷《ひ》や」の形《かたち》で〕冷《つめ》たい水《みず》。❷冷《つめ》たい酒《さけ》。❸〔ある言葉《ことば》の前《まえ》につけて〕冷《つめ》たいこと。例 冷や飯《めし》。冷や水《みず》。

⇩れい【冷】 1400ページ

**ひやあせ【冷や汗°】** 名 はずかしいときや、おそろしいときなどに出《で》る汗《あせ》。例 まちがいをして、冷や汗をかく。

**ひやかす【冷やかす】** 動 ❶からかう。例 友達《ともだち》をひやかす。❷買《か》う気《き》がないのに、品物《しなもの》を見《み》たり値段《ねだん》を聞《き》いたりする。例 夜店《よみせ》をひやかして歩《ある》く。

⇩れい【冷】 1400ページ

**ひやく【飛躍°】** 名 動-する ❶高《たか》く大《おお》きく飛《と》ぶこと。❷急《きゅう》に進歩《しんぽ》すること。例 技術《ぎじゅつ》が、いちだんと飛躍した。❸順序《じゅんじょ》を追《お》わないで進《すす》むこと。例 考《かん》え方《かた》が飛躍している。

**ひゃく【百】** 画数 6 部首 白(しろ) 1年

音 ヒャク 訓 ――

筆順 一 丆 丆 百 百 百

❶十《じゅう》の十倍《じゅうばい》。熟語 百分率《ひゃくぶんりつ》。百人一首《ひゃくにんいっしゅ》。❷数《かず》が多《おお》い。熟語 百貨店《ひゃっかてん》。百葉箱《ひゃくようばこ》。

**ひゃく【百】** 名 ❶〔数《かず》を表《あらわ》す言葉《ことば》。〕十《じゅう》の十《じゅう》倍《ばい》。例 百枚《まい》。百まで生《い》きる。❷数《かず》が多《おお》い。例 百も承知、二百《にひゃく》も合点《がってん》。

**百《ひゃく》も承知《しょうち》** よくわかっている。

**びゃく【白△】** 熟語 白夜《びゃくや》(白夜《はくや》)。黒白《こくびゃく》。

⇩はく【白】 1034ページ

**ひゃくがいあっていちりなし【百害あって一利なし】** 悪《わる》いことばかりで、よいことは一《ひと》つもない。例 たばこは、百害あって一利なしだ。

**ひゃくじゅうのおう【百獣°の王】** 名

慣用句 宙《ちゅう》に浮《う》く　予期《よき》せぬ災難《さいなん》のために、工事《こうじ》の計画《けいかく》が宙《ちゅう》に浮《う》いたままになっている。

いちばん強《つよ》い動物《どうぶつ》。ライオンのこと。

**ひゃくしょう【百姓】** 名 田《た》や畑《はたけ》を耕《たがや》し、作物《さくもつ》を作《つく》ることを仕事《しごと》にしている人《ひと》。農民《のうみん》。〔古《ふる》い言《い》い方《かた》。〕

**ひゃくしょういっき【百姓一揆】** 名 江戸《えど》時代《じだい》、重《おも》い年貢《ねんぐ》に苦《くる》しめられた農民《のうみん》が、代官《だいかん》などに対《たい》して自分《じぶん》たちの要求《ようきゅう》を直接《ちょくせつ》うったえた集団行動《しゅうだんこうどう》。農民一揆《のうみんいっき》。

■**ひゃくせんれんま【百戦錬磨】** 名 たくさんの経験《けいけん》をして、きたえられること。例 百戦錬磨のベテラン選手《せんしゅ》。

**ひやくてき【飛躍的】** 形動 ものごとの進《すす》みぐあいや発展《はってん》ぶりが、非常《ひじょう》に速《はや》いようす。例 車《くるま》の性能《せいのう》が飛躍的に進歩《しんぽ》した。

**ひゃくにちぜき【百日ぜき】** 名 子《こ》どもに多《おお》い感染症《かんせんしょう》の一《ひと》つ。せきが百日《ひゃくにち》も続《つづ》くといわれるほど、治《なお》りがおそい。

✤**ひゃくにんいっしゅ**〖百人一首〗 作品名 百人《ひゃくにん》の歌人《かじん》の歌《うた》を一首《しゅ》ずつ選《えら》んだもの。ふつう、藤原定家《ふじわらのさだいえ》(一一六二〜一二四一)が選《えら》んだといわれ、かるたにもなっている小《お》倉百人一首《ぐらひゃくにんいっしゅ》をさす。

**ひゃくにんりき【百人力】** 名 ❶とても力《ちから》が強《つよ》いこと。❷〔百人分《ひゃくにんぶん》の助《たす》けを得《え》られたように〕心強《こころづよ》く感《かん》じること。例 君《きみ》が加《くわ》われば百人力だ。

**ひゃくぶんはいっけんにしかず【百聞は一見にしかず】** 何回《なんかい》も聞《き》くよりも、一度《いちど》でも実際《じっさい》に見《み》るほうが、ずっとよくわかる。

**ひゃくぶんりつ【百分率】** 名 ⬇パーセンテージ 1023ページ 参考 昔《むかし》の中国《ちゅうごく》の書物《しょもつ》から。

**ひゃくめんそう【百面相】** 名 いろいろな顔《かお》つき。また、いろいろな変《か》わった顔《かお》つきを見《み》せること。その芸《げい》。例 百面相の名人《めいじん》。

**びゃくや【白夜】** 名 ⬇はくや 1037ページ

**ひゃくようばこ【百葉箱】** 名 地上《ちじょう》の気《き》温《おん》や湿度《しつど》などを調《しら》べるために温度計《おんどけい》や湿《しつ》度計《どけい》が入《い》れてある、白《しろ》ペンキをぬった木《き》の箱《はこ》。

〔ひゃくようばこ〕

**ひやけ【日焼け】** 名 動-する 日《ひ》に当《あ》たって、顔《かお》や体《からだ》の色《いろ》が黒《くろ》くなること。

**ヒヤシンス** 名 ユリの仲間《なかま》の草花《くさばな》。春《はる》、むらさき・赤《あか》・白《しろ》などの花《はな》が、ふさのような形《かたち》に咲《さ》く。水栽培《みずさいばい》もできる。

°**ひやす【冷やす】** 動 ❶冷《つめ》たくする。例 スイカを冷やす。対 暖《あたた》める。温《あたた》める。❷びっくりする。例 きもを冷やす。❸気持《きも》ちを落《お》ち着《つ》かせる。例 頭《あたま》を冷やす。⬇れい【冷】1400ページ

**ひゃっかじてん【百科事典】** 名 地理《ちり》・歴《れき》史《し》・科学《かがく》・芸術《げいじゅつ》・人物《じんぶつ》など、あらゆる分野《ぶんや》のことがらについて説明《せつめい》してある事典《じてん》。

**ひゃっかてん【百貨店】** 名 ⬇デパート 886ページ

■**ひゃっかりょうらん【百花繚乱】** 名 ❶さまざまな花《はな》が咲《さ》き乱《みだ》れること。❷すぐれた人物《じんぶつ》が、一時期《いちじき》にたくさん現《あらわ》れること。例 すぐれた作家《さっか》が百花繚乱のように現《あらわ》れる。

■**ひゃっぱつひゃくちゅう【百発百中】** 名 ❶うった矢《や》や弾《たま》が、全部《ぜんぶ》当《あ》たること。❷予想《よそう》などが、全部《ぜんぶ》当《あ》たること。

**ひやとい【日雇い】** 名 一日《いちにち》ごとの契約《けいやく》でやとわれること。

**ひやひや【冷や冷や】** 副(-と) 動-する ❶冷《つめ》たく感《かん》じるようす。❷悪《わる》いことになるのではないかと、気《き》が気《き》でないようす。例 しかられやしないかと、ひやひやする。

**ひやむぎ【冷や麦】** 名 うどんより細《ほそ》く、そうめんより太《ふと》いめん。ゆでたものを水《みず》に冷《ひ》やし、つゆにつけて食《た》べる。

**ひやめし【冷や飯】** 名 冷《つめ》たくなった飯《めし》。
**冷《ひ》や飯《めし》を食《く》う** 冷《つめ》たい扱《あつか》いを受《う》ける。例 一《いち》年間《ねんかん》冷や飯を食った。

**ひややか【冷ややか】** 形動 ❶冷《ひ》えていると感《かん》じるようす。例 冷ややかな、高原《こうげん》の朝《あさ》の空気《くうき》。❷思《おも》いやりのないようす。例 冷ややかな態度《たいど》。

**ひやりと【冷やりと】** 副 動-する ❶冷《つめ》たさを感《かん》じるようす。例 夜風《よかぜ》がほおに冷やりと当《あ》たる。❷はっとおどろくようす。例 皿《さら》を落《お》としそうになり、ひやりとした。

✤**ひゆ【比喩】** 名 〔国語《こくご》で〕あるものごとを、似《に》たところのある他《ほか》のものごとを使《つか》って、わか




慣用句 注目《ちゅうもく》の的《まと》 こんどの映画《えいが》の主人公《しゅじんこう》をだれが演《えん》じるかが、注目《ちゅうもく》の的《まと》になっている。

例解 ! ことばの勉強室

**比《ひ》喩《ゆ》 について**

比《ひ》喩《ゆ》は、詩《し》や物語《ものがたり》によく使《つか》われる。

◎ひがん花《ばな》が、赤《あか》いきれのようにさき続《つづ》いていました。（「ごんぎつね」）

◎赤《あか》いさつまいもみたいな元気《げんき》のいい顔《かお》が、今日《きょう》はなんだかしおれていました。（「ごんぎつね」）

◎じいさんは、思《おも》わず子《こ》どものように声《こえ》をあげて喜《よろこ》びました。（「大造《だいぞう》じいさんとがん」）

それぞれ、どんなようすを表《あらわ》しているのか、思《おも》いうかべながら読《よ》むことが大切《たいせつ》である。

りやすく言《い》い表《あらわ》すこと。たとえ。例《たと》えば、大《おお》つぶの汗《あせ》を「玉《たま》のような汗《あせ》」と言《い》うとき、「玉《たま》のような」は「汗《あせ》」のようすを表《あらわ》す比《ひ》喩《ゆ》（直《ちょく》喩《ゆ》）。また、「ような」を省《はぶ》いて、「玉《たま》の汗《あせ》」とも言《い》う。この「玉《たま》の」も比《ひ》喩《ゆ》の一《ひと》つ（隠《いん》喩《ゆ》）。

**ひゅうが**〖日向〗地名 昔《むかし》の国《くに》の名《な》の一《ひと》つ。ほぼ今《いま》の宮崎県《みやざきけん》にあたる。

**ひゅうがなだ**〖日向灘〗地名 宮崎県《みやざきけん》の東《ひがし》にある海《うみ》。太平洋《たいへいよう》の一部《いちぶ》で、波《なみ》のあらいことで知《し》られている。

**ヒューズ**〔英語 fuse〕名 電気《でんき》の安全器《あんぜんき》の中《なか》などにあって、強《つよ》すぎる電流《でんりゅう》が流《なが》れると、その熱《ねつ》でとけて切《き》れ、危険《きけん》を防《ふせ》ぐ線《せん》。鉛《なまり》とすずの合金《ごうきん》で作《つく》られている。

**ピューマ** 名 北《きた》アメリカ・南《みなみ》アメリカにすむ、ネコの仲間《なかま》のけもの。アメリカライオンともいわれる。

**ヒューマニズム**〔英語 humanism〕名 すべての人間《にんげん》を、大切《たいせつ》にしようとする考《かんが》え方《かた》。人道主義《じんどうしゅぎ》。

**ヒューマン**〔英語 human〕形動 人間的《にんげんてき》。人間《にんげん》らしいようす。例 ヒューマンな感情《かんじょう》。

**ビュッフェ**〔フランス語〕名 ❶立《た》ったまま食《た》べる形式《けいしき》の食堂《しょくどう》。❷バイキング形式《けいしき》の食事《しょくじ》。

**°ひよう**【費用】名 あることをするのに、必《ひつ》要《よう》なお金《かね》。例 旅行《りょこう》の費用に当《あ》てる。

**ひょう【氷】** 画数 5 部首 水（みず） 3年

音 ヒョウ 訓 こおり ひ△

筆順

❶こおり。熟語 氷《ひょう》河《が》。氷山《ひょうざん》。樹氷《じゅひょう》。流氷《りゅうひょう》。❷こおる。熟語 氷結《ひょうけつ》。氷点《ひょうてん》。氷《ひ》雨《さめ》。

**ひょう【表】** 画数 8 部首 衣（ころも） 3年

音 ヒョウ 訓 おもて あらわ-す あらわ-れる

筆順

❶おもて側《がわ》。熟語 表紙《ひょうし》。表面《ひょうめん》。表裏《ひょうり》。地表《ちひょう》。裏表《うらおもて》。対 裏《り》。❷あらわす。熟語 表記《ひょうき》。表現《ひょうげん》。発表《はっぴょう》。表情《ひょうじょう》。❸わかりやすくまとめたもの。熟語 図表《ずひょう》。年表《ねんぴょう》。時刻表《じこくひょう》。↓ひょうする（表する）1113ページ

《訓の使い方》**あらわ-す** 例 言葉《ことば》に表す。**あらわ-れる** 例 気持《きも》ちが顔《かお》に表れる。

**ひょう**【表】名 ひと目《め》でわかるように、まとめて書《か》いたもの。例 調査結果《ちょうさけっか》を表にまとめる。

**ひょう【俵】** 画数 10 部首 亻（にんべん） 6年

音 ヒョウ 訓 たわら

筆順

❶たわら。熟語 土俵《どひょう》。米俵《こめだわら》。❷米《こめ》や炭《すみ》など、たわらにつめた物《もの》を数《かぞ》えるときの言葉《ことば》。例 五俵《ごひょう》の米《こめ》。

**ひょう【票】** 画数 11 部首 示（しめす） 4年

音 ヒョウ 訓 ―

筆順

❶紙《かみ》のふだ。熟語 伝票《でんぴょう》。❷書《か》き込《こ》むための小《ちい》さな用紙《ようし》。また、それを数《かぞ》える言葉《ことば》。熟語 票決《ひょうけつ》。票数《ひょうすう》。投票《とうひょう》。例 二〇票《ひょう》。

**ひょう**【票】名 選挙《せんきょ》や採決《さいけつ》のときに、自分《じぶん》の選《えら》んだ候補者名《こうほしゃめい》や賛否《さんぴ》の意見《いけん》を書《か》いて出《だ》す、小《ちい》さな用紙《ようし》。例 票を数《かぞ》える。

**ひょう【評】** 画数 12 部首 言（ごんべん） 5年

音 ヒョウ 訓 ―

筆順 評

よい悪《わる》いや値打《ねう》ちを決《き》めること。熟語 評価《ひょうか》。評判《ひょうばん》。好評《こうひょう》。定評《ていひょう》。批評《ひひょう》。品評会《ひんぴょうかい》。↓ひょうする(評する) 1113ページ

**ひょう【評】** 名 よい悪《わる》いや値打《ねう》ちについての意見《いけん》。例 審査員《しんさいん》の評を聞《き》く。

**ひょう【標】** 画数 15 部首 木(きへん) 4年

音 ヒョウ 訓 —

筆順 標

❶しるし。熟語 標示《ひょうじ》。標識《ひょうしき》。商標《しょうひょう》。道標《どうひょう》。門標《もんぴょう》。❷めあて。的《まと》。熟語 標高《ひょうこう》。標準《ひょうじゅん》。標的《ひょうてき》。座標《ざひょう》。目標《もくひょう》。❸はっきりと示《しめ》す。熟語 標語《ひょうご》。標本《ひょうほん》。

**ひょう【漂】** 画数 14 部首 氵(さんずい)

音 ヒョウ 訓 ただよ-う

❶ただよう。熟語 漂着《ひょうちゃく》。漂流《ひょうりゅう》。例 波《なみ》に漂《ただよ》う。❷水《みず》などにつけて白《しろ》くする。熟語 漂白《ひょうはく》。

**ひょう【兵】** 熟語 兵糧《ひょうろう》。↓へい【兵】 1172ページ

**ひょう【拍】** 熟語 拍子《ひょうし》。↓はく【拍】 1034ページ

**ひょう【豹】** 名 アジア・アフリカなどの熱帯《ねったい》にすむ、ネコの仲間《なかま》のけもの。トラより少《すこ》し小形《こがた》で動作《どうさ》はすばやい。体《からだ》に黒《くろ》いはんてんがある。

**ひょう** 名 雷雨《らいう》のときなどに降《ふ》ってくる、小《ちい》さな粒《つぶ》の氷《こおり》のかたまり。作物《さくもつ》などに害《がい》を与《あた》える。参考 直径《ちょっけい》五ミリメートル以上《いじょう》のものをいう。それより小《ちい》さいものは「あられ」という。

**びよう【美容】** 名 顔《かお》や、姿《すがた》を美《うつく》しくすること。例 美容院《びよういん》。

**びょう【秒】** 画数 9 部首 禾(のぎへん) 3年

音 ビョウ 訓 —

筆順 秒

一分《ぷん》の六〇分《ぷん》の一。熟語 秒針《びょうしん》。秒速《びょうそく》。一秒《いちびょう》。

**びょう【秒】** 名 ❶時間《じかん》の単位《たんい》。一分《ぷん》の六〇分《ぷん》の一。例 コチコチと秒を刻《きざ》む。❷角度《かくど》の単《たん》位《い》。一分《ぷん》の六〇分《ぷん》の一。

**びょう【病】** 画数 10 部首 疒(やまいだれ) 3年

音 ビョウ ヘイ 訓 や-む やまい

筆順 病

びょうき。熟語 病人《びょうにん》。急病《きゅうびょう》。疾病《しっぺい》。

《訓の使い方》 や-む 例 胸《むね》を病む。

**びょう【苗】** 画数 8 部首 艹(くさかんむり)

音 ビョウ 訓 なえ なわ

なえ。熟語 種苗《しゅびょう》〔=作物《さくもつ》や草花《くさばな》の種《たね》となえ〕。苗床《なえどこ》。苗代《なわしろ》。

**びょう【描】** 画数 11 部首 扌(てへん)

音 ビョウ 訓 えが-く か-く

えがく。熟語 描写《びょうしゃ》。素描《そびょう》。例 夢《ゆめ》を描《えが》く。絵《え》を描《か》く。

**びょう【猫】** 画数 11 部首 犭(けものへん)

音 ビョウ 訓 ねこ

ねこ。熟語 愛猫《あいびょう》〔=かわいがっているネコ〕。

**びょう【平】** 熟語 平等《びょうどう》。↓へい【平】 1171ページ

**びょう【鋲】** 名 ❶おしピン。画《が》びょう。❷頭《あたま》の丸《まる》い大《おお》きなくぎ。

✤**ひょういもじ【表意文字】** 名 一《ひと》つ一《ひと》つの文字《もじ》が、意味《いみ》を表《あらわ》している文字《もじ》。漢字《かんじ》など。例《たと》えば、「山」は一字《いちじ》で「やま」を意味《いみ》する。対 表音文字《ひょうおんもじ》。

**びよういん【美容院】** 名 髪《かみ》や顔《かお》かたちを美《うつく》しく整《ととの》えたり、着物《きもの》を着付《きつ》けたりすることを仕事《しごと》としている店《みせ》。

°**びょういん【病院】** 名 医師《いし》が病人《びょうにん》を診察《しんさつ》したり、治《なお》したりする所《ところ》。また、治療《ちりょう》する設《せつ》備《び》を持《も》っている建物《たてもの》。

✤**ひょうおんもじ【表音文字】** 名 一《ひと》つ一《ひと》つの文字《もじ》に意味《いみ》はなく、音《おん》だけを表《あらわ》す文字《もじ》。かたかなやひらがな、ローマ字《じ》など。対 表《ひょう》意文字《いもじ》。

**ひょうか【氷菓】** 名 こおらせた菓子《かし》。アイスクリームやシャーベットなど。

✤**ひょうか【評価】** 名 動-する ❶ものごとのよしあしや、値打《ねう》ちを決《き》めること。例 研究《けんきゅう》が、高《たか》く評価された。❷品物《しなもの》の値段《ねだん》を決《き》めること。例 評価額《がく》。



慣用句 長足《ちょうそく》の進歩《しんぽ》 半世紀《はんせいき》の間《あいだ》に、コンピューター技術《ぎじゅつ》は、長足《ちょうそく》の進歩《しんぽ》をとげた。

例解 ことばの窓

**病気《びょうき》を表《あらわ》す言葉《ことば》**

旅先《たびさき》で急病《きゅうびょう》にかかる。
大病《たいびょう》で学校《がっこう》を長《なが》く休《やす》む。
兄《あに》が重病《じゅうびょう》で心配《しんぱい》だ。
祖母《そぼ》の危篤《きとく》の知《し》らせが来《く》る。
重体《じゅうたい》で命《いのち》が危《あぶ》ない。
原因《げんいん》不明《ふめい》の難病《なんびょう》。
軽《かる》い症状《しょうじょう》ですんだ。
医者《いしゃ》が病状《びょうじょう》をみる。

**ひょうが【氷河】** 名 万年雪《まんねんゆき》が巨大《きょだい》な氷《こおり》のかたまりとなって、その重《おも》みで少《すこ》しずつ流《なが》れ下《くだ》って行《い》くもの。南極《なんきょく》やヒマラヤ・アルプスなどに見《み》られる。

**ひょうかい【氷解】** 名 動-する 〔氷《こおり》が解《と》けるように〕疑《うたが》いや誤解《ごかい》などが消《き》えてしまうこと。例 長《なが》い間《あいだ》の疑問《ぎもん》が氷解した。

**ひょうがき【氷河期】** 名 ❶氷河時代《ひょうがじだい》のうち、特《とく》に気候《きこう》が寒冷《かんれい》で、広《ひろ》く氷河《ひょうが》が発達《はったつ》した時期《じき》。❷困難《こんなん》なことが続《つづ》く時期《じき》。例 就職《しゅうしょく》氷河期。

**ひょうがじだい【氷河時代】** 名 大昔《おおむかし》、地球《ちきゅう》全体《ぜんたい》の気温《きおん》が下《さ》がり、雪《ゆき》や氷《こおり》におおわれた時代《じだい》。

✤**ひょうき【表記】** 名 動-する ❶表《おもて》に書《か》くこと。また、書《か》かれたもの。表書《おもてが》き。例 表記の所《ところ》に引《ひ》っこしました。❷文字《もじ》・記号《きごう》・数字《すうじ》などで、書《か》いて示《しめ》すこと。例 ローマ字《じ》で正《ただ》しく表記する。

**ひょうぎ【評議】** 名 動-する 集《あつ》まって相談《そうだん》すること。例 評議員《いん》。

°**びょうき【病気】** 名 ❶体《からだ》のどこかのぐあいが悪《わる》くなること。やまい。例 病気になる。❷悪《わる》いくせ。例 いつもの病気が出《で》た。

✤**ひょうきほう【表記法】** 名 言葉《ことば》を、文字《もじ》で書《か》くときの書《か》き表《あらわ》し方《かた》。かなで書《か》くか漢字《かんじ》で書《か》くか、また、かなづかいや送《おく》りがななどの決《き》まり。

**ひょうきん【剽軽】** 形動 気軽《きがる》で、滑稽《こっけい》なようす。例 ひょうきんな人《ひと》。

**ひょうぐ【表具】** 名 紙《かみ》や布《ぬの》を張《は》って、ふすまやびょうぶなどを作《つく》ること。

**びょうく【病苦】** 名 病気《びょうき》による苦《くる》しみ。例 病苦になやまされる。

**ひょうけつ【氷結】** 名 動-する 水《みず》がこおること。こおりつくこと。例 池《いけ》が氷結する。

**ひょうけつ【表決】** 名 動-する 出席《しゅっせき》している人《ひと》が、賛成《さんせい》か反対《はんたい》かの考《かんが》えをはっきり示《しめ》すこと。例 起立《きりつ》によって表決する。

**ひょうけつ【票決】** 名 動-する そのことがらについて、賛成《さんせい》か反対《はんたい》かを、投票《とうひょう》によって決《き》めること。例 委員会《いいんかい》で票決する。

**ひょうけつ【評決】** 名 動-する 集《あつ》まって、相談《そうだん》して決《き》めること。例 役員会《やくいんかい》で評決する。

**びょうけつ【病欠】** 名 動-する 病気《びょうき》で、学校《がっこう》や会社《かいしゃ》を休《やす》むこと。

**ひょうげん【氷原】** 名 一面《いちめん》に氷《こおり》が張《は》った広《ひろ》い平地《へいち》。例 南極《なんきょく》の氷原。

✤°**ひょうげん【表現】** 名 動-する 考《かんが》えたことや思《おも》ったことを、言葉《ことば》・身《み》ぶり・絵《え》・文字《もじ》・色《いろ》・音《おと》などで表《あらわ》すこと。また、その表《あらわ》し方《かた》。例 たくみな表現。文章《ぶんしょう》で表現する。

**びょうげんきん【病原菌】** 名 病気《びょうき》のもとになるばい菌《きん》。

**びょうげんたい【病原体】** 名 病気《びょうき》のもとになるごく小《ちい》さい生物《せいぶつ》。細菌《さいきん》・ウイルスなど。

**ひょうご【評語】** 名 ❶批評《ひひょう》の言葉《ことば》。❷〔学校《がっこう》で〕勉強《べんきょう》のできばえを評価《ひょうか》する言葉《ことば》。

✤**ひょうご【標語】** 名 ある考《かんが》えや目的《もくてき》などを、短《みじか》く、はっきりと表《あらわ》した言葉《ことば》。スローガン。例 交通安全《こうつうあんぜん》の標語。

**びょうご【病後】** 名 病気《びょうき》の治《なお》ったあと。やみ上《あ》がり。例 病後の体《からだ》をいたわる。

**ひょうこう【標高】** 名 海面《かいめん》をもとにして測《はか》る陸地《りくち》や山《やま》の高《たか》さ。海抜《かいばつ》。例 標高二〇〇〇メートルの山《やま》。

**ひょうごけん【兵庫県】** 地名 近畿地方《きんきちほう》の西部《せいぶ》にある県《けん》。県庁《けんちょう》は神戸市《こうべし》にある。

**ひょうさつ【表札】** 名 家《いえ》の、門《もん》や入《い》り口《ぐち》にかける名札《なふだ》。門札《もんさつ》。

**ひょうざん【氷山】** 名 氷河《ひょうが》のはしのほうがくずれて海《うみ》に落《お》ちてうかんだ、山《やま》のような氷《こおり》のかたまり。

**氷山《ひょうざん》の一角《いっかく》** 多《おお》くの悪《わる》いことのうちの、ほ

あいうえお かきくけこ さしすせそ たちつてと なにぬねの は ひ ふへほ まみむめも や ゆ よ らりるれろ わ を ん

慣用句 土《つち》がつく 彼《かれ》ほどの横綱《よこづな》でも、ふとした油断《ゆだん》から土《つち》がつくことがある。

んの一部分《いちぶぶん》。例 この事件《じけん》は氷山の一角だ。参考 水面《すいめん》の上《うえ》に出《で》ているのは、氷山《ひょうざん》全体《ぜんたい》のうち、わずかでしかないことからいう。

**°ひょうし【拍子】** 名 ❶〔音楽《おんがく》で〕音《おと》の強《つよ》いところと弱《よわ》いところが、規則正《きそくただ》しく、くり返《かえ》されること。例 四拍子《よんびょうし》。拍子をとる。❷はずみ。…したとたん。例 転《ころ》んだ拍子に、眼鏡《めがね》がとんでしまった。

**✤ひょうし【表紙】** 名 本《ほん》やノートの、表《おもて》や裏《うら》についている厚《あつ》い紙《かみ》や布《ぬの》。

**ひょうじ【表示】** 名 動-する ❶はっきりと示《しめ》すこと。例 意思《いし》表示。❷表《ひょう》にして示《しめ》すこと。

**ひょうじ【標示】** 名 動-する 目《め》じるしとして示《しめ》すこと。また、示《しめ》したもの。例 入《い》り口《ぐち》までの案内図《あんないず》を標示する。

**びようし【美容師】** 名 資格《しかく》を持《も》って、お客《きゃく》の顔《かお》や髪《かみ》などを、美《うつく》しく整《ととの》える仕事《しごと》をする人《ひと》。

**びょうし【病死】** 名 動-する 病《びょう》気《き》で死《し》ぬこと。

**ひょうしき【標識】** 名 目《め》じるし。例 道路《どうろ》標識。標識を立《た》てる。

**ひょうしぎ【拍子木】** 名 打《う》ち合《あ》わせて鳴《な》らす、四角《しかく》にけずった二本《にほん》の細長《ほそなが》い木《き》。夜回《よまわ》りのときや、芝居《しばい》の幕開《まくあ》き・幕切《まくぎ》れなどに使《つか》う。

**びょうしつ【病室】** 名 病院《びょういん》などで、病人《びょうにん》がいる部屋《へや》。

**ひょうしぬけ【拍子抜け】** 名 動-する がっかりして、気《き》がぬけること。例 運動会《うんどうかい》が中《ちゅう》止《し》になり、拍子抜けした。

**✤びょうしゃ【描写】** 名 動-する ものごとのようす・動《うご》き・感《かん》じなどを、文《ぶん》や絵《え》や音《おと》によって表《あらわ》すこと。例 田園風景《でんえんふうけい》を描写した絵《え》。

**びょうじゃく【病弱】** 名 形動 体《からだ》が弱《よわ》くて、病《びょう》気《き》にかかりやすいこと。

**°ひょうじゅん【標準】** 名 ❶ものごとの程《てい》度《ど》を決《き》める目安《めやす》。よりどころ。基準《きじゅん》。例 標準時《じ》。類 水準《すいじゅん》。❷もっともふつうであること。例 標準サイズのシャツ。

**✤ひょうじゅんご【標準語】** 名〔国語《こくご》で〕その国《くに》の標準《ひょうじゅん》となるような言葉《ことば》。全国《ぜんこく》に共《きょう》通《つう》して使《つか》えるもの。類 共通語《きょうつうご》。

**ひょうじゅんじ【標準時】** 名 その国《くに》の（広《ひろ》い国《くに》では、ある地方《ちほう》の）標準《ひょうじゅん》となる時刻《じこく》。日本《にっぽん》では、兵庫県《ひょうごけん》の明石市《あかしし》を通《とお》る東経《とうけい》一三五度《ど》の経線《けいせん》を基準《きじゅん》にした時刻《じこく》。

**ひょうしょう【表彰】** 名 動-する よい行《おこな》いや、立派《りっぱ》な成績《せいせき》をたたえて、世《よ》の中《なか》に知《し》らせること。例 表彰式《しき》。表彰状《じょう》。

**°ひょうじょう【表情】** 名 自分《じぶん》の気《き》持《も》ちを顔《かお》や身《み》ぶりに表《あらわ》すこと。また、その顔《かお》つき。例 うれしそうな表情。明《あか》るい表情。

**びょうしょう【病床】** 名 病人《びょうにん》の寝床《ねどこ》。例 病床につく。

**びょうじょう【病状】** 名 病《びょう》気《き》のようす。容体《ようだい》。容態《ようだい》。例 病状が思《おも》わしくない。

**びょうしん【秒針】** 名 時計《とけい》の、秒《びょう》を刻《きざ》む針《はり》。関連 時針《じしん》。分針《ふんしん》。

**びょうしん【病身】** 名 病《びょう》気《き》の体《からだ》。病《びょう》気《き》がちの弱《よわ》い体《からだ》。例 病身をおして出席《しゅっせき》する。

**ひょうする【表する】** 動 あらわす。示《しめ》す。例 心《こころ》から敬意《けいい》を表する。

**ひょうする【評する】** 動 よい悪《わる》いなどを考《かんが》えて言《い》う。批評《ひひょう》する。例 作品《さくひん》を評する。

**びょうそく【秒速】** 名 一秒間《いちびょうかん》に進《すす》む速《はや》さ。例 秒速二五メートルの風《かぜ》。関連 時速《じそく》。分速《ふんそく》。

例解 ❗ ことばの勉強室

## 描写《びょうしゃ》 について

あかつきの光《ひかり》が、小屋《こや》の中《なか》にすがすがしく流《なが》れこんできました。ぬま地《ち》にやってくるがんのすがたが、かなたの空《そら》に黒《くろ》く点々《てんてん》と見《み》えだしました。（「大《だい》造《ぞう》じいさんとがん」）

ここには、明《あ》け方《がた》の光《ひかり》、点々《てんてん》と見《み》えるがんの群《む》れが、描写《びょうしゃ》されている。この描《びょう》写《しゃ》の部分《ぶぶん》を読《よ》むと、場《ば》面《めん》のようすが目《め》に見《み》えるように感《かん》じられる。

しかもここは、がんをむかえうつ場面《ばめん》だから、がんを待《ま》ちかまえる大造《だいぞう》じいさんの緊張《きんちょう》した気《き》持《も》ちや姿《すがた》までも、想像《そうぞう》することができる。

描写《びょうしゃ》の部分《ぶぶん》を読《よ》むと、場《ば》面《めん》のようすや、人物《じんぶつ》のようすや気《き》持《も》ちを想像《そうぞう》することができる。

あいうえお かきくけこ さしすせそ たちつてと なにぬねの は ひ ふへほ まみむめも やゆよ らりるれろ わをん

 慣用句 つばぜり合《あ》い 優勝候補《ゆうしょうこうほ》の２チームが、はげしいつばぜり合《あ》いを演《えん》じた。

✤**ひょうだい**【表題・標題】名 ❶表紙《ひょうし》に書《か》いてある、本《ほん》の名前《なまえ》。❷文章《ぶんしょう》や講演《こうえん》などの題《だい》。

**ひょうたん**【瓢簞】名 ウリの仲間《なかま》のつる草《くさ》。夏《なつ》に白《しろ》い花《はな》が咲《さ》く。実《み》は長《なが》く、途中《とちゅう》がくびれている。また、この実《み》の中身《なかみ》をぬいて作《つく》った、酒《さけ》などを入《い》れる器《うつわ》のこともいう。

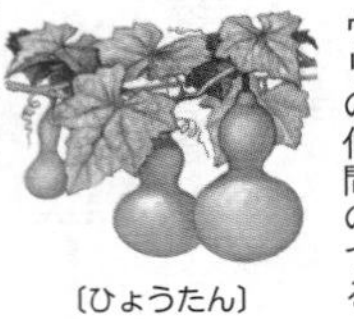
〔ひょうたん〕

**ひょうたんから駒《こま》** 冗談《じょうだん》で言《い》ったことが、思《おも》いがけずほんとうになること。

**ひょうちゃく**【漂着】名 動-する 波《なみ》にただよって、岸《きし》に流《なが》れ着《つ》くこと。例 無人島《むじんとう》に漂着する。

**ひょうちゅう**【氷柱】名 ❶夏《なつ》、すずしい感《かん》じを出《だ》すために、部屋《へや》の中《なか》に立《た》てる氷《こおり》の柱《はしら》。❷つらら。

**びょうちゅうがい**【病虫害】名 植物《しょくぶつ》、特《とく》に農作物《のうさくぶつ》が、病気《びょうき》や害虫《がいちゅう》のために受《う》ける害《がい》。

**ひょうてき**【標的】名 鉄砲《てっぽう》や弓《ゆみ》などの的《まと》。攻撃《こうげき》の目標《もくひょう》。例 敵《てき》の標的となってしまった。

**びょうてき**【病的】形動 言《い》うことやすることが、ふつうでないようす。例 病的な顔《かお》色《いろ》をしている。

**ひょうてん**【氷点】名 水《みず》がこおり始《はじ》める温度《おんど》。セ氏《し》〇度《れいど》。対 沸点《ふってん》。

**ひょうてん**【評点】名 できばえや成績《せいせき》を評価《ひょうか》してつける点数《てんすう》。例 評点一〇をもらった。

**ひょうてんか**【氷点下】名 セ氏《し》〇度《れいど》より低《ひく》い温度《おんど》。零下《れいか》。

**ひょうど**【表土】名 地面《じめん》の表面《ひょうめん》の土《つち》。

**びょうとう**【病棟】名 病院《びょういん》などで、病室《びょうしつ》が並《なら》んでいる一棟《ひとむね》の建物《たてもの》。

**びょうどう**【平等】名 形動 すべて同《おな》じであること。差別《さべつ》のないこと。公平《こうへい》。例 大人《おとな》も子《こ》どもも平等に扱《あつか》う。

**びょうどういん**【平等院】名 一〇五二年《ねん》に藤原頼通《ふじわらのよりみち》が、京都《きょうと》の宇治《うじ》に建《た》てた寺《てら》。平安時代《へいあんじだい》を代表《だいひょう》する建物《たてもの》で、鳳凰堂《ほうおうどう》は、国宝《こくほう》として有名《ゆうめい》。

**びょうにん**【病人】名 病気《びょうき》の人《ひと》。

**ひょうのう**【氷嚢】名 氷《こおり》や水《みず》を入《い》れて、頭《あたま》などを冷《ひ》やすふくろ。

**ひょうはく**【漂白】名 動-する 布《ぬの》などを水《みず》や薬《くすり》でさらして、白《しろ》くすること。

**ひょうはくざい**【漂白剤】名 布《ぬの》などを白《しろ》くする薬品《やくひん》。

°**ひょうばん**【評判】名 ❶世《よ》の中《なか》の批評《ひひょう》。例 評判のいい店《みせ》。❷うわさ。例 よくない評判がたつ。❸名高《なだか》いこと。例 今《いま》、あちこちで評判の本《ほん》。

**ひょうひ**【表皮】名 動物《どうぶつ》や植物《しょくぶつ》の表面《ひょうめん》をおおっている、うすい皮《かわ》。

**びょうぶ**【屛風】名 折《お》り曲《ま》げて、部屋《へや》の中《なか》に立《た》て、仕切《しき》りやかざりなどにする家具《かぐ》。

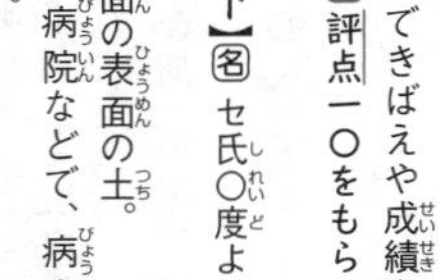
〔びょうぶ〕

**ひょうへん**【豹変】名 動-する 態度《たいど》や考《かんが》えが急《きゅう》に変《か》わること。例 君子《くんし》は豹変す。

**びょうぼつ**【病没】名 動-する 病気《びょうき》で死《し》ぬこと。病死《びょうし》。

**ひょうほん**【標本】名 動物《どうぶつ》・植物《しょくぶつ》・鉱物《こうぶつ》などの、実物《じつぶつ》の見本《みほん》。サンプル。例 昆虫《こんちゅう》の標本。

**ひょうめい**【表明】名 動-する 考《かんが》えや意見《いけん》を、人《ひと》の前《まえ》にはっきりと示《しめ》すこと。例 立候補《りっこうほ》することを、表明する。

**びょうめい**【病名】名 病気《びょうき》の名前《なまえ》。

°**ひょうめん**【表面】名 ❶物《もの》の外側《そとがわ》。表《おもて》。例 月《つき》の表面。❷うわべ。見《み》せかけ。対（❶・❷）裏面《りめん》。

**ひょうめんか**【表面化】名 動-する かくれていたものごとが、表《おもて》に現《あらわ》れること。例 意見《いけん》の対立《たいりつ》が表面化する。

**ひょうめんせき**【表面積】名 立方体《りっぽうたい》・直方体《ちょくほうたい》・球《きゅう》など、立体《りったい》の表面全体《ひょうめんぜんたい》の面積《めんせき》。

**ひょうめんちょうりょく**【表面張力】名 液体《えきたい》の表面《ひょうめん》が面積《めんせき》をできるだけ小《ちい》さくするようにはたらく力《ちから》。しずくやシャボン玉《だま》が丸《まる》くなるのは、この力《ちから》がはたらくため。

**ひょうめんてき**【表面的】形動 ものごとがうわべだけであるようす。例 表面的な

あいうえお かきくけこ さしすせそ たちつてと なにぬねの は ひ ふへほ まみむめも や ゆ よ らりるれろ わ を ん

見《み》方《かた》しかできない。

**びょうよみ【秒読み】** 名 ❶あることまでの時間《じかん》を秒《びょう》の単位《たんい》で数《かぞ》えること。例 ロケット発射《はっしゃ》の秒読みが始《はじ》まる。❷間近《まぢか》にせまっている状態《じょうたい》。例 工事完成《こうじかんせい》も秒読みの段階《だんかい》になった。

**ひょうり【表裏△】** 名 ❶表《おもて》と裏《うら》。例 紙《かみ》の表裏を見分《みわ》ける。❷うわべや見《み》かけが、本心《ほんしん》とちがうこと。かげひなた。例 表裏のない人《ひと》。

■**ひょうりいったい【表裏△一体】** 名 二《ふた》つのものの関係《かんけい》がとても強《つよ》く切《き》り離《はな》せないこと。例 この二《ふた》つの出来事《できごと》は表裏一体だ。

**ひょうりゅう【漂流】** 名 動-する 船《ふね》などが風《かぜ》や波《なみ》のままに流《なが》され、ただようこと。例 漂流していたボートが救助《きゅうじょ》された。

**ひょうろう【兵糧】** 名 軍隊《ぐんたい》などの食《た》べ物《もの》。例 兵糧攻《ぜ》め〔=敵《てき》に食《た》べ物《もの》がわたらないようにしてしまう攻《せ》め方《かた》〕。

✤**ひょうろん【評論】** 名 動-する ものごとの、よい悪《わる》いや価値《かち》について、自分《じぶん》の意見《いけん》を述《の》べること。また、それを述《の》べた文章《ぶんしょう》。例 時事《じじ》評論。評論家《か》。

**ひよく【肥沃】** 形動 土地《とち》がよく肥《こ》えていて、作物《さくもつ》がよく育《そだ》つようす。例 肥沃な農地《のうち》が広《ひろ》がっている。

**びよく【尾翼】** 名 飛行機《ひこうき》の胴体《どうたい》の後《うし》ろの方《ほう》にあるつばさ。水平《すいへい》と垂直《すいちょく》の二種類《にしゅるい》がある。対 主翼《しゅよく》。

**ひよけ【日よけ】** 名 日光《にっこう》をさえぎるためのおおい。日《ひ》おおい。

**ひよこ** 名 ❶鳥《とり》の子《こ》。特《とく》に、ニワトリの子《こ》。❷まだ十分《じゅうぶん》に成長《せいちょう》せず、幼稚《ようち》なもの。ひよっこ。例 技術者《ぎじゅつしゃ》としては、まだひよこだ。

**ひょっこり** 副(-と) 思《おも》いがけず現《あらわ》れたりするようす。例 ひょっこり顔《かお》を出《だ》す。

**ひょっとこ** 名 口《くち》のとがった、滑稽《こっけい》な顔《かお》をした男《おとこ》のお面《めん》。↓おかめ 154ページ

**ひょっとすると** もしかしたら。例 明日《あす》は、ひょっとすると大雨《おおあめ》になるかもしれない。

**ひよどり** 名 山林《さんりん》にすみ、秋《あき》から冬《ふゆ》にかけて人家《じんか》の近《ちか》くにも来《く》る、ハトより少《すこ》し小《ちい》さい鳥《とり》。黒《くろ》っぽい体《からだ》で、尾《お》が長《なが》い。ピーヨピーヨとやかましく鳴《な》く。

〔ひよどり〕

**ひより【〈日和〉△】** 名 ❶天気《てんき》。例 いいお日和ですね。❷〔「…びより」の形《かたち》で〕いかにもぴったりした、よい天気《てんき》。例 小《こ》春《はる》日和《びより》。運動会《うんどうかい》日和《びより》。参考「日和《ひより》」は、特別《とくべつ》に認《みと》められた読《よ》み方《かた》。

**ひよりみ【〈日和〉△見】** 名 動-する ❶天気《てんき》のようすを見《み》ること。❷なりゆきを見《み》て、得《とく》なほうにつこうとすること。例 日和見を決《き》めこむ。

**ひよわ【ひ弱】** 形動 いかにも弱々《よわよわ》しいようす。例 ひ弱な体《からだ》。

**ピョンヤン** 地名 朝鮮《ちょうせん》民主主義《みんしゅしゅぎ》人民《じんみん》共和《きょうわ》国《こく》の首都《しゅと》。

**ひら【平】** 名 ❶平《たい》らなこと。平《たい》らなところ。例 平屋根《やね》。❷会社《かいしゃ》などで、役職《やくしょく》についていないこと。また、その人《ひと》。例 平の社員《しゃいん》。↓へい【平】1171ページ

**びら** 名 広告《こうこく》や宣伝《せんでん》のために、人々《ひとびと》に配《くば》ったり、目立《めだ》つところにはったりする紙《かみ》。ちらし。例 びらをまく。参考「ビラ」とも書《か》く。

**ひらあやまり【平謝△り】** 名 ひたすらあやまること。例 平謝りにあやまる。

**ひらい【飛来】** 名 動-する 飛《と》んで来《く》ること。例 渡《わた》り鳥《どり》が飛来する。

**ひらいしん【避雷針】** 名 かみなりの害《がい》を防《ふせ》ぐために高《たか》い建物《たてもの》などの上《うえ》に取《と》り付《つ》けた金《きん》属《ぞく》の棒《ぼう》。かみなりが落《お》ちると電流《でんりゅう》がこの棒《ぼう》を伝《つた》って地《ち》中《ちゅう》に流《なが》れる。

〔ひらいしん〕

**ひらおよぎ【平泳ぎ】** 名 泳《およ》ぎ方《かた》の一《ひと》つ。体《からだ》をふせて、両手《りょうて》・両足《りょうあし》をカエルのように縮《ちぢ》めたりのばしたりして進《すす》む。ブレスト。

**ひらが げんない〔平賀源内〕** 人名 (男)(一七二八～一七七九)江戸《えど》時代《じだい》中《なか》ごろの学《がく》者《しゃ》・作家《さっか》。日本《にっぽん》で初《はじ》めて、エレキテルという電気《でんき》の器械《きかい》を作《つく》った。

✤○**ひらがな【平〈仮名〉△】** 名 〔国語《こくご》で〕漢字《かんじ》をくずして書《か》いた字《じ》をもとにして作《つく》った、日本《にっぽん》

あいうえお かきくけこ さしすせそ たちつてと なにぬねの は ひ ふへほ まみむめも やゆよ らりるれろ わをん



慣用句 面《つら》の皮《かわ》が厚《あつ》い　どこへ買《か》い物《もの》に行《い》っても必ず値切《ねぎ》る、面《つら》の皮《かわ》が厚《あつ》い人《ひと》がいる。

の文字《もじ》。

**例解 ! ことばの勉強室**

**ひらがな について**

ひらがなは、下《した》のように、漢字《かんじ》の形《かたち》をくずして簡単《かんたん》に速《はや》く書《か》けるようにしてできた文字《もじ》である。
平安《へいあん》時代《じだい》に入《はい》ると、女《おんな》の人《ひと》が、このひらがなを使《つか》って、さまざまな文章《ぶんしょう》を書《か》くようになった。「源氏物語《げんじものがたり》」の作者《さくしゃ》の紫式部《むらさきしきぶ》も、「枕草子《まくらのそうし》」の作者《さくしゃ》の清少納言《せいしょうなごん》も、ひらがなを使《つか》って書《か》いたのである。

**ひらき【開き】** 名 ❶閉《と》じていたものが開《ひら》くこと。例 このとびらは開きが悪《わる》い。❷開《ひら》き戸《ど》。例 開きの物入《ものい》れ。❸花《はな》が咲《さ》くこと。例 今年《ことし》は桜《さくら》の開きが遅《おそ》い。❹へだたり。ちがい。例 二人《ふたり》の考《かんが》えには、まだまだ開きがある。❺魚《さかな》を切《き》り開《ひら》いて、干《ほ》したもの。例 アジの開き。❻〔「お開《ひら》き」の形《かたち》で〕会《かい》などを終《お》えること。例 そろそろお開きにしよう。

**びらき【開き】** 〔ある言葉《ことば》のあとにつけて〕開《ひら》くこと。始《はじ》めること。例 両《りょう》開き。海《うみ》開き。

**ひらきど【開き戸】** 名 一方《いっぽう》をちょうつがいでくっつけて、もう一方《いっぽう》を前後《ぜんご》に開《ひら》くようにした戸《と》。

**ひらきなおる【開き直る】** 動 ❶急《きゅう》に改《あらた》まった態度《たいど》になる。例 しかられて開き直る。❷急《きゅう》にふてぶてしい態度《たいど》をとる。例 なぜいけないのかと開き直る。類 居直《いなお》る。

**°ひらく【開く】** 動 ❶閉《と》じていたものが、あく。あける。例 ドアが開く。包《つつ》みを開く。❷花《はな》が咲《さ》く。例 つぼみが開く。❸始《はじ》める。例 店《みせ》を開く。❹会《かい》などを行《おこな》う。例 同窓会《どうそうかい》を開く。対（❶～❹）閉《と》じる。❺ちがいができる。差《さ》がつく。例 一位《いちい》との差《さ》が三《さん》メートルも開く。❻手《て》を加《くわ》えて、役立《やくだ》つようにする。例 あれ地《ち》を開いて畑《はたけ》にする。⇩かい【開】194ページ

**°ひらける【開ける】** 動 ❶広《ひろ》がる。見晴《みは》らしがよくなる。例 ながめが開ける。❷文化《ぶんか》が進《すす》んでくる。例 世《よ》の中《なか》が開けてくる。❸通《つう》じる。例 鉄道《てつどう》が開ける。❹よいほうに向《む》かう。例 運《うん》が開ける。❺住《す》む人《ひと》が多《おお》くなったりして、にぎやかになる。例 この辺《あた》りも、ずいぶん開けてきた。❻ものわかりがよい。例 父《ちち》は開けている。

**°ひらたい【平たい】** 形 ❶うすくて、横《よこ》に広《ひろ》い。例 平たい箱《はこ》。❷でこぼこがない。例 平たい土地《とち》。❸わかりやすい。例 平たい言葉《ことば》で説明《せつめい》する。

**ひらつか らいちょう【平塚らいてう】** 人名（女）（一八八六～一九七一）大正《たいしょう》・昭和《しょうわ》時代《じだい》の社会運動家《しゃかいうんどうか》。「青鞜社《せいとうしゃ》」をおこし雑誌《ざっし》『青鞜《せいとう》』を創刊《そうかん》して、女性解放運動《じょせいかいほううんどう》、女性《じょせい》参政権運動《さんせいけんうんどう》をおし進《すす》めた。「雷鳥《らいちょう》」とも書《か》く。

**ひらて【平手】** 名 開《ひら》いた手《て》のひら。例 平手で打《う》つ。

**ひらに【平に】** 副 どうか。なにとぞ。例 ひらにお許《ゆる》しください。

**ひらひら** 副（-と）動-する 紙《かみ》や花《はな》びら、旗《はた》など、軽《かる》くてうすいものがゆれ動《うご》くようす。例 花《はな》びらがひらひらとまい散《ち》る。

**ピラフ** 〔フランス語〕名 洋風《ようふう》の炊《た》きこみご飯《はん》。もとは中東《ちゅうとう》の料理《りょうり》で、米《こめ》をバターでいためてからスープで煮《に》たもの。

**ひらべったい【平べったい】** 形 平《ひら》たい。例 粘土《ねんど》を平べったくのばす。

**ピラミッド** 〔英語 pyramid〕名 大《おお》きな石《いし》をたくさん積《つ》み上《あ》げて作《つく》った建物《たてもの》。底面《ていめん》が真四角《ましかく》で、だんだんせまくなり、上《うえ》がとがっている。大昔《おおむかし》のエジプトの王《おう》の墓《はか》が有名《ゆうめい》。

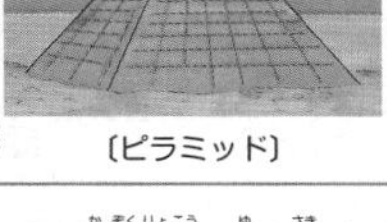
〔ピラミッド〕

**ひらめ** 名 海底《かいてい》の砂《すな》にすむ、体《からだ》の平《ひら》たい魚《さかな》。体《からだ》の左側《ひだりがわ》を上《うえ》にして泳《およ》ぎ、目《め》は二《ふた》つとも左《ひだり》側《がわ》にある。食用《しょくよう》にする。

**ひらめき** 名 ❶ぴかっと光《ひか》ること。また、その光《ひかり》。❷いい思《おも》いつきが、ぱっと浮《う》かぶこと。例 知的《ちてき》なひらめきに満《み》ちた文章《ぶんしょう》。

**ひらめく** 動 ❶ぱっと光《ひか》る。例 いなびかりがひらめく。❷ぱっと頭《あたま》にうかぶ。例 すばらしい考《かんが》えがひらめいた。❸ひらひらと動《うご》く。例 旗《はた》が風《かぜ》にひらめく。

慣用句 鶴《つる》の一声《ひとこえ》　父《ちち》の鶴《つる》の一声《ひとこえ》で、もめていた家族旅行《かぞくりょこう》の行《ゆ》き先《さき》が、すっと決《き》まった。

**ひらや【平屋・平家】** 名 二階《にかい》のない家《いえ》。例 平屋建《だ》て。

**ひらり** 副(-と) 軽々《かるがる》と体《からだ》をおどらせるようす。例 馬《うま》にひらりとまたがる。

**びり** 名 いちばんあと。どんじり。

**ピリオド** 〔英語 period〕名 ローマ字の文章《ぶんしょう》や外国語《がいこくご》など、横書《よこが》きの文《ぶん》の終《お》わりに打《う》つ点《てん》。「.」の符号《ふごう》。終止符《しゅうしふ》。

**ピリオドを打《う》つ** ❶文《ぶん》の終《お》わりに「.」をつける。❷おしまいにする。例 長年《ながねん》の研究《けんきゅう》にピリオドを打つ。

**ひりき【非力】** 名 形動 〔「ひりょく」とも読《よ》む。〕❶筋肉《きんにく》の力《ちから》がないこと。❷実力《じつりょく》がないこと。何《なに》かをするのに、力《ちから》が足《た》りないこと。例 自分《じぶん》の非力を知《し》る。

**°ひりつ【比率】** 名 二《ふた》つ以上《いじょう》の数《かず》や量《りょう》を、比《くら》べた割合《わりあい》。比《ひ》。例 男女《だんじょ》の数《かず》の比率は、ほぼ六対五《ろくたいご》です。

**ひりひり** 副(-と) 動する ❶皮膚《ひふ》が、さされるように痛《いた》むようす。例 すり傷《きず》がひりひり痛《いた》む。❷からい物《もの》を食《た》べたとき、口《くち》の中《なか》がほてるようなようす。例 舌《した》がひりひりするようなカレー。

**びりびり** 副(-と) 動する ❶紙《かみ》などを破《やぶ》るようす。例 ノートをびりびり破《やぶ》る。❷しびれたようになるようす。例 電気《でんき》がびりびりとくる。二 形動 紙《かみ》などが乱暴《らんぼう》に破《やぶ》れているようす。例 びりびりに破《やぶ》れたメモ。

**ぴりぴり** 副(-と) 動する ❶さされるように痛《いた》く感《かん》じるようす。例 口《くち》の中《なか》がぴりぴりする。❷神経《しんけい》が張《は》りつめているようす。例 みんな緊張《きんちょう》してぴりぴりしている。

**びりゅうし【微°粒°子】** 名 非常《ひじょう》に細《こま》かい粒《つぶ》。例 目《め》に見《み》えない微粒子となって飛《と》び散《ち》る。

**ひりょう【肥料】** 名 植物《しょくぶつ》の生長《せいちょう》をよくするために、土《つち》に与《あた》える栄養分《えいようぶん》。

**びりょう【微°量】** 名 ごくわずかな量《りょう》。

**ひりょく【非力】** 名 形動 ⇩ひりき 1117ページ

**びりょく【微°力】** 名 形動 わずかの力《ちから》しかないこと。特《とく》に、自分《じぶん》の力《ちから》をへりくだって言《い》う言葉《ことば》。例 微力ですが、努力《どりょく》いたします。

**°ひる【昼】** 名 ❶朝《あさ》から夕方《ゆうがた》までの間《あいだ》。昼間《ひるま》。例 春分《しゅんぶん》を過《す》ぎると昼の時間《じかん》が長《なが》くなる。対 夜《よる》。❷真昼《まひる》。正午《しょうご》。例 昼過《す》ぎに友達《ともだち》の家《いえ》へ行《い》く。❸昼《ひる》の食事《しょくじ》。例 そろそろ、お昼にしよう。⇩ちゅう【昼】 831ページ

**ひる【干△る】** 動 ❶かわく。例 田《た》んぼの水《みず》が干る。❷引《ひ》き潮《しお》のときに、海《うみ》の底《そこ》が現《あらわ》れる。例 潮《しお》が干る。対 満《み》ちる。⇩かん【干】 270ページ

**びる** 〔ある言葉《ことば》のあとにつけて〕…のようになる。…らしくなる。例 大人《おとな》びる。古《ふる》びる。

**ビル** 名 〔英語《えいご》の「ビルディング」の略《りゃく》。〕コンクリート造《づく》りの大《おお》きな高《たか》い建物《たてもの》。例 駅《えき》ビル。

**ひるい【比類】** 名 比《くら》べることのできるもの。例 世界《せかい》に比類のない名作《めいさく》。注意 あとに「ない」などの打《う》ち消《け》しの言葉《ことば》がくる。

**ひるがえす【翻°す】** 動 ❶裏返《うらがえ》しにする。例 手《て》のひらを翻す。❷ひらひらさせる。例 旗《はた》を翻す。❸体《からだ》をおどらせる。例 身《み》を翻して飛《と》びこむ。❹急《きゅう》に考《かんが》えや態度《たいど》を変《か》える。例 初《はじ》めの考《かんが》えを翻す。⇩ほん【翻】 1218ページ

**ひるがえって【翻°って】** 副 これまでとちがった立場《たちば》で。例 ひるがえって考《かんが》えてみると、自分《じぶん》にも悪《わる》い点《てん》があった。

**ひるがえる【翻°る】** 動 ❶裏返《うらがえ》しになる。例 風《かぜ》に木《こ》の葉《は》が翻る。❷ひらひらと動《うご》く。例 風《かぜ》に旗《はた》が翻る。⇩ほん【翻】 1218ページ

**ひるがお【昼顔】** 名 野原《のはら》に生《は》えるつる草《くさ》。夏《なつ》の昼間《ひるま》、朝顔《あさがお》に似《に》た小《ちい》さい花《はな》を開《ひら》き、夜《よる》には、しぼむ。

**ひるげ【昼げ】** 名 昼《ひる》の食事《しょくじ》。昼食《ちゅうしょく》。昼飯《ひるめし》。〔古《ふる》い言《い》い方《かた》。〕関連 朝《あさ》げ。夕《ゆう》げ。

**ひるさがり【昼下がり】** 名 正午《しょうご》を少《すこ》し過《す》ぎたころ。午後二時《ごごにじ》ごろ。

例解 ことばの窓

**昼《ひる》を表《あらわ》す言葉《ことば》**

夏休《なつやす》みの昼間《ひるま》はプールに通《かよ》った。
日中《にっちゅう》はずっと山歩《やまある》きをした。
真昼《まひる》は暑《あつ》いので休憩《きゅうけい》とする。
白昼《はくちゅう》に起《お》きた事件《じけん》。
日盛《ひざか》りには休息《きゅうそく》を取《と》る。
正午《しょうご》になったら外出《がいしゅつ》する。
日曜日《にちようび》は、昼前《ひるまえ》に宿題《しゅくだい》を済《す》ます。
昼過《ひるす》ぎから友達《ともだち》と遊《あそ》ぶ。



慣用句 手《て》がつけられない　部屋《へや》が散《ち》らかって、もう手《て》がつけられないありさまだ。

あいうえお かきくけこ さしすせそ たちつてと なにぬねの は ひ ふへほ まみむめも やゆよ らりるれろ わをん

**ビルディング**〔英語 building〕名 ➡ビル 1117ページ

**ひるどき【昼時】**名 正午《しょうご》ごろ。昼食《ちゅうしょく》のころ。お昼時《ひるどき》。例 昼時には食堂《しょくどう》がにぎわう。

**ひるね【昼寝】**名 動-する 昼間寝《ひるまね》ること。

**ひるひなか【昼日中】**名 昼間《ひるま》。まっぴるま。例 昼日中から寝入《ねい》っている。

**ひるま【昼間】**名 昼《ひる》の間《あいだ》。日中《にっちゅう》。

**ひるむ**動 勢《いきお》いをおそれて、気持《きも》ちがくじける。おじける。例 相手《あいて》の勢《いきお》いにひるむ。

**ひるめし【昼飯】**名 昼《ひる》の食事《しょくじ》。昼《ひる》ご飯《はん》。ひるはん。関連 朝飯《あさめし》。夕飯《ゆうめし》。

**ひるやすみ【昼休み】**名 昼《ひる》の食事《しょくじ》のため、また、そのあとの休憩《きゅうけい》のためにしばらく休《やす》むこと。また、その時間《じかん》。

**ひれ**名 魚《さかな》が泳《およ》ぐときに使《つか》う、小《ちい》さなせんすのような形《かたち》をしたもの。背《せ》びれ・尾《お》びれ・胸《むな》びれ・腹《はら》びれ・しりびれがある。➡さかな(魚) 507ページ

**ひれい【比例】**名 動-する〔算数《さんすう》で〕一《ひと》つの量《りょう》が増《ふ》えるにつれて、他《ほか》の量《りょう》も同《おな》じ割合《わりあい》で増《ふ》えること。例《たと》えば、一方《いっぽう》が二倍《にばい》になれば、もう一方《いっぽう》も二倍《にばい》になるような関係《かんけい》。正比例《せいひれい》。対 反比《はんぴ》例《れい》。

| | 比例《ひれい》 | 反比例《はんぴれい》 |
|---|---|---|
| 1人 | 1コ | 1コ |
| 2人 | 2コ | $\frac{1}{2}$コ |
| 3人 | 3コ | $\frac{1}{3}$コ |
| 4人 | 4コ | $\frac{1}{4}$コ |
| 5人 | 5コ | $\frac{1}{5}$コ |

〔ひれい〕

**ひれい【非礼】**名 礼儀《れいぎ》にはずれること。例 非礼をわびる。類 無礼《ぶれい》。

**ひれつ【卑劣】**形動 性質《せいしつ》や行《おこな》いが、ずるくて、いやしいようす。例 ごまかして勝《か》つような、卑劣なまねはするな。

**ひれふす【ひれ伏す】**動 すわって、両手《りょうて》をつき、頭《あたま》を地《ち》につける。例 地《ち》にひれ伏していのる。

**ひろい【広い】**形 ❶面積《めんせき》が大《おお》きい。例 広い野原《のはら》。❷はばが大《おお》きい。例 道《みち》が広い。❸こせこせしない。例 心《こころ》が広い。❹範囲《はんい》が大《おお》きい。例 知識《ちしき》が広い。対(❶〜❹)狭《せま》い。➡こう【広】423ページ

**ひろいもの【拾い物】**名 ❶拾《ひろ》った品物《しなもの》。❷思《おも》いがけないもうけもの。例 値段《ねだん》のわりには、これは拾い物だった。

**ひろいよみ【拾い読み】**名 動-する ❶ところどころを選《えら》んで読《よ》むこと。❷一字《いちじ》ずつ、たどたどしく読《よ》むこと。

**ヒロイン**〔英語 heroine〕名 ❶物語《ものがたり》や劇《げき》などの、女《おんな》の主人公《しゅじんこう》。❷中心《ちゅうしん》となって活躍《かつやく》をした女性《じょせい》。対(❶・❷)ヒーロー。

**ひろう【披露】**名 動-する 広《ひろ》く人々《ひとびと》に知《し》らせること。例 かいた絵《え》を披露する。

**ひろう【疲労】**名 動-する 体《からだ》や心《こころ》が疲《つか》れること。疲《つか》れ。例 疲労がたまる。

**ひろう【拾う】**動 ❶落《お》ちているものを、取《と》り上《あ》げる。例 ごみを拾う。対 捨《す》てる。❷選《えら》んで取《と》る。例 だいじな項目《こうもく》を拾う。❸走《はし》っている車《くるま》を止《と》めて乗《の》る。例 タクシーを拾う。❹思《おも》いがけず手《て》に入《い》れる。なくさないですむ。例 相手《あいて》のエラーで一点《いってん》拾う。命《いのち》を拾う。➡しゅう【拾】592ページ

**ひろうこんぱい【疲労困憊】**名 動-する くたくたに疲《つか》れはてること。例 休《やす》みなしの練習《れんしゅう》で、疲労困憊している。

**ビロード**〔ポルトガル語〕名 絹《きぬ》・綿《わた》・毛《け》などの表面《ひょうめん》の毛《け》を立《た》てた、やわらかくて、なめらかなつやのある織物《おりもの》。

**ひろがる【広がる】**動 ❶広《ひろ》くなる。例 道《みち》が広がる。❷広々《ひろびろ》と見《み》わたせる。例 遠《とお》くまで広がる水田《すいてん》。❸行《い》きわたる。例 うわさが広がる。❹大《おお》きくなる。例 病気《びょうき》が広がる。差《さ》が広がる。➡こう【広】423ページ

**ひろげる【広げる】**動 ❶広《ひろ》くする。例 入《い》り口《ぐち》を広げる。❷大《おお》きくする。例 事業《じぎょう》を広げる。❸開《ひら》く。あける。例 本《ほん》を広げる。❹いっぱいに並《なら》べちらかす。例 おもちゃを、部屋《へや》じゅうに広げる。➡こう【広】423ページ

**ひろさ【広さ】**名 広《ひろ》いこと。また、その程度《ていど》。面積《めんせき》。

**ひろしげ【広重】**人名 ➡うたがわひろしげ 106ページ

**ひろしまけん【広島県】**地名 中国地方《ちゅうごくちほう》の中《なか》ほどの、瀬戸内海《せとないかい》に面《めん》した県《けん》。県庁《けんちょう》は広島市《ひろしまし》にある。広島市《ひろしまし》は、世界《せかい》で最初《さいしょ》に原子爆弾《げんしばくだん》の被害《ひがい》にあった。

**ひろっぱ【広っぱ】**名 ➡ひろば 1118ページ

**ひろば【広場】**名 大勢《おおぜい》の人《ひと》が集《あつ》まることの

慣用句 てこでも動《うご》かない　兄《あに》はとてもがんこで、一度《いちど》こうと決《き》めると、てこでも動《うご》かない。

できる広《ひろ》い場所《ばしょ》。広《ひろ》っぱ。例 駅前広場《えきまえひろば》。

**ひろびろ【広広】** 副(-と) 動-する たいへん広《ひろ》いようす。例 広々とした公園《こうえん》。

**ひろま【広間】** 名 大勢《おおぜい》の人《ひと》が集《あつ》まることのできる広《ひろ》い部屋《へや》。広《ひろ》いざしき。例 大広間《おおひろま》。

**。ひろまる【広まる】** 動 ❶広《ひろ》くなる。例 知《ち》識《しき》が広まる。❷広《ひろ》く知《し》れわたる。例 うわさが広まる。❸広《ひろ》く行《おこな》われる。例 挨拶運動《あいさつうんどう》が広まる。➡こう【広】423ページ

**。ひろめる【広める】** 動 ❶広《ひろ》くする。例 知《ち》識《しき》を広める。❷広《ひろ》く知《し》らせる。宣伝《せんでん》する。例 新《あたら》しい薬《くすり》を広める。❸広《ひろ》く行《おこな》われるようにする。例 仏《ほとけ》の教《おし》えを広める。➡こう【広】423ページ

**ひわ【秘話】** 名 一般《いっぱん》には知《し》られていない、かくされた話《はなし》。例 事件《じけん》にまつわる秘話。

**びわ【枇杷】** 名 実《み》を果物《くだもの》として食《た》べる木《き》。夏《なつ》の初《はじ》めに、卵形《たまごがた》をした、だいだい色《いろ》の実《み》がなる。

**びわ【琵琶】** 名 日本《にっぽん》に昔《むかし》からある楽器《がっき》の一《ひと》つ。四本《よんほん》または五本《ごほん》の糸《いと》が張《は》ってあり、ばちで糸《いと》をはじいて鳴《な》らす。➡がっき(楽器)244ページ

**びわこ〘琵琶湖〙** 地名 滋賀県《しがけん》にある、日本《にっぽん》でいちばん大《おお》きな湖《みずうみ》。面積《めんせき》は六七〇平方《へいほう》キロメートル。その水《みず》は、流《なが》れ出《で》て淀川《よどがわ》となる。

**びわほうし【琵琶法師】** 名 昔《むかし》、琵琶《びわ》をひきながら、物語《ものがたり》などを語《かた》り歩《ある》いた僧《そう》。また、僧《そう》の姿《すがた》をした人《ひと》。特《とく》に、「平家物語《へいけものがたり》」を語《かた》った人《ひと》。目《め》の不自由《ふじゆう》な人《ひと》が多《おお》かった。

**ひわり【日割り】** 名 ❶前《まえ》もって、その日《ひ》その日《ひ》に何《なに》をするかという予定《よてい》を決《き》めること。例 工事《こうじ》の日割りを作《つく》る。❷給料《きゅうりょう》などを、一日《いちにち》ごとに計算《けいさん》すること。例 日割り計算《けいさん》で支払《しはら》う。

**ひん【品】** 画数 9 部首 口(くち) 3年

音 ヒン 訓 しな

筆順 品品品品品品品品品

❶しな。熟語 品物《しなもの》。日用品《にちようひん》。❷人《ひと》や物《もの》に備《そな》わっている値打《ねう》ち。熟語 品位《ひんい》。品格《ひんかく》。品行《ひんこう》。気品《きひん》。下品《げひん》。上品《じょうひん》。

熟語 品質《ひんしつ》。品種《ひんしゅ》。作品《さくひん》。商品《しょうひん》。製品《せいひん》。

**ひん【品】** 名 人《ひと》や物《もの》に備《そな》わっている、感《かん》じのよさや立派《りっぱ》さ。例 品のある人《ひと》。品の悪《わる》い言葉《ことば》。

**ひん【貧】** 画数 11 部首 貝(かい) 5年

音 ヒン ビン 訓 まず-しい

筆順 貧貧貧貧貧貧貧

❶まずしい。熟語 貧苦《ひんく》。貧困《ひんこん》。貧富《ひんぷ》。貧乏《びんぼう》。貧民《ひんみん》。❷少《すく》ない。とぼしい。熟語 貧血《ひんけつ》。貧弱《ひんじゃく》。対(❶・❷)富《ふ》。

《訓の使い方》 **まず-しい** 例 貧しい生活《せいかつ》。

**ひん【浜】** 画数 10 部首 氵(さんずい)

音 ヒン 訓 はま

❶はま。熟語 海浜《かいひん》。例 浜辺《はまべ》。❷「横浜《よこはま》」の略《りゃく》。例 京浜工業地帯《けいひんこうぎょうちたい》。

**ひん【賓】** 画数 15 部首 貝(かい)

音 ヒン 訓 ―

大切《たいせつ》な客《きゃく》。熟語 主賓《しゅひん》。来賓《らいひん》。

**ひん【頻】** 画数 17 部首 頁(おおがい)

音 ヒン 訓 ―

しきりに。たびたび。熟語 頻度《ひんど》。頻繁《ひんぱん》。

**びん【敏】** 画数 10 部首 攵(ぼくづくり)

音 ビン 訓 ―

❶すばやい。熟語 敏捷《びんしょう》。敏速《びんそく》。機敏《きびん》。❷頭《あたま》の回転《かいてん》がはやい。熟語 敏感《びんかん》。敏腕《びんわん》。鋭敏《えいびん》。対(❶・❷)鈍《どん》。

**。びん【敏】** 形動 すばやいようす。例 機《き》を見《み》るに敏だ。

**びん【瓶】** 画数 11 部首 瓦(かわら)

音 ビン 訓 ―

物《もの》を入《い》れる、入《い》れ物《もの》。熟語 花瓶《かびん》。鉄瓶《てつびん》。牛乳瓶《ぎゅうにゅうびん》。

**びん【瓶】** 名 ガラスや瀬戸物《せともの》・金属《きんぞく》などで作《つく》った入《い》れ物《もの》。例 ジャムを瓶につめる。

**びん【貧】** 熟語 貧乏《びんぼう》。➡ひん【貧】1119ページ

**びん【便】** 名 人《ひと》や荷物《にもつ》・手紙《てがみ》などを運《はこ》ぶ手段《しゅだん》。例 定期便《ていきびん》。➡べん【便】1183ページ





慣用句 手玉《てだま》に取《と》る　相手《あいて》チームを手玉《てだま》に取《と》り、大差《たいさ》をつけて楽勝《らくしょう》した。

**ピン**〔英語 pin〕名 ❶物《もの》を止《と》めるための針《はり》。例 虫《むし》ピン。❷ボウリングで、ボールを当《あ》ててたおす、とくりの形《かたち》をした的《まと》。

**ひんい**【品位】名 その人《ひと》や物《もの》に備《そな》わった品《ひん》のよさ。例 品位のある人《ひと》。類 品格《ひんかく》。

**ひんかく**【品格】名 人《ひと》や物《もの》の持《も》つ品《ひん》のよさ。上品《じょうひん》さ。例 品格に欠《か》ける。類 品位《ひんい》。

**びんかつ**【敏活】形動 すばしこくて活発《かっぱつ》なようす。例 敏活な動作《どうさ》。

**ピンからキリまで** いちばんよいものから、いちばん悪《わる》いものまで。ピンキリ。例 筆《ふで》にも、ピンからキリまである。参考「ピン」は、さいころの目《め》の「一《いち》」。「キリ」は、ものごとの区切《くぎ》りや「十《じゅう》」の意味《いみ》だとされる。

**びんかん**【敏感】形動 感《かん》じ方《かた》がすばやく、するどいようす。例 わずかな音《おと》でも敏感に聞《き》き取《と》る。対 鈍感《どんかん》。

**ひんく**【貧苦】名 貧乏《びんぼう》の苦《くる》しみ。例 貧苦にあえぐ。類 貧困《ひんこん》。

**ピンク**〔英語 pink〕名 もも色《いろ》。うすい赤色《あかいろ》。

**ひんけつ**【貧血】名 血液《けつえき》の中《なか》の赤血球《せっけっきゅう》が少《すく》なくなること。

**びんご**〖備後〗地名 昔《むかし》の国《くに》の名《な》の一《ひと》つ。今《いま》の広島県《ひろしまけん》の東部《とうぶ》にあたる。

**ビンゴ**〔英語 bingo〕名 一定《いってい》のルールで選《えら》んだ数字《すうじ》と、各自《かくじ》のカードに書《か》かれたマス目《め》の中《なか》の数字《すうじ》とが、一致《いっち》したら消《け》していき、早《はや》く縦《たて》・横《よこ》・斜《なな》めのどれかのマス目《め》がつながった者《もの》を勝《か》ちとするゲーム。

**ひんこう**【品行】名 人間《にんげん》としての行《おこな》い。ふるまい。素行《そこう》。例 品行を正《ただ》す。

■**ひんこうほうせい**【品行方正】名 日《ひ》ごろの行《おこな》いが正《ただ》しいこと。例 彼《かれ》なら品行方正で信用《しんよう》できる。

**ひんこん**【貧困】名 形動 ❶貧乏《びんぼう》で、生活《せいかつ》に困《こま》っていること。例 貧困にたえる。類 貧苦《ひんく》。❷必要《ひつよう》な物《もの》がとぼしいこと。足《た》りないこと。例 知識《ちしき》が貧困だ。

✤**ひんし**【品詞】名〔国語《こくご》で〕一《ひと》つ一《ひと》つの言葉《ことば》を、その性質《せいしつ》やはたらき方《かた》などのちがいによって分《わ》けたもの。名詞《めいし》・動詞《どうし》・形容詞《けいようし》など。⬇ことばの勉強室《べんきょうしつ》「単語《たんご》について」813ページ

**ひんし**【瀕死】名 死《し》にそうなこと。死《し》にかかること。例 ひん死の重傷《じゅうしょう》を負《お》う。

**ひんしつ**【品質】名 品物《しなもの》の質《しつ》。品物《しなもの》のよしあし。例 米《こめ》の品質を改良《かいりょう》する。

**ひんじゃく**【貧弱】形動 ❶みすぼらしくて、見《み》おとりがするようす。例 貧弱な建物《たてもの》。❷十分《じゅうぶん》でないようす。例 話《はなし》の中身《なかみ》が貧弱だ。

**ひんじゃのいっとう**【貧者の一灯】金持《かねも》ちがお金《かね》をかけてつくすより、わずかでも貧《まず》しい人《ひと》が心《こころ》をこめてつくすほうがとうといということ。参考 説法《せっぽう》を終《お》えた釈迦《しゃか》の帰《かえ》り道《みち》を、王《おう》がたくさんの灯火《とうか》でともした。それを見《み》た貧《まず》しい老婆《ろうば》が、やっと一灯《いっとう》だけともしたところ、王《おう》の灯火《とうか》は消《き》えたが、老婆《ろうば》の一《いっ》灯《とう》は朝《あさ》になっても消《き》えなかったという昔《むかし》のインドの話《はなし》から。

**ひんしゅ**【品種】名 ❶家畜《かちく》や農作物《のうさくぶつ》の種類《しゅるい》。例 大《おお》きな実《み》のなる品種。❷品物《しなもの》の種類《しゅるい》。例 品種が豊富《ほうふ》だ。

**ひんしゅかいりょう**【品種改良】名 家畜《かちく》や農作物《のうさくぶつ》を、もっと役立《やくだ》つ品種《ひんしゅ》に作《つく》り変《か》えること。

**ひんしゅつ**【頻出】名 動-する 同《おな》じものごとが、何度《なんど》も現《あらわ》れること。例 似《に》た問題《もんだい》が頻出する。

**びんしょう**【敏捷】名 形動 動《うご》きがすばやいようす。例 ネコのように敏捷な身《み》のこなし。

**びんじょう**【便乗】名 動-する ❶他《ほか》の人《ひと》が乗《の》る乗《の》り物《もの》に、ついでに乗《の》せてもらうこと。例 知《し》り合《あ》いのトラックに便乗する。❷都合《つごう》のよいことに加《くわ》わること。例 さわぎに便乗してにげ出《だ》す。

**ヒンズーきょう**【ヒンズー教】名 古代《こだい》インドの信仰《しんこう》をもとにしてできた、たくさんの神《かみ》を信《しん》じる宗教《しゅうきょう》。ヒンドゥー教《きょう》。

**ひんせい**【品性】名 その人《ひと》に備《そな》わっている性質《せいしつ》や人柄《ひとがら》。例 品性を高《たか》める。

**ピンセット**〔オランダ語〕名 小《ちい》さいものをつまむ、V《ブイ》の字《じ》の形《かたち》をした金属《きんぞく》の道具《どうぐ》。⬇じっけんきぐ565ページ

**びんせん**【便箋】名 手紙《てがみ》を書《か》くための用紙《ようし》。

**ひんそう**【貧相】名 形動 顔《かお》つきや姿《すがた》がみす

慣用句 手《て》のひらを返《かえ》す 反対《はんたい》だったはずの人《ひと》たちが、手《て》のひらを返《かえ》すように賛成《さんせい》し始《はじ》めた。

ぼらしいこと。例 貧相な身《み》なり。

**びんそく【敏速】** 名 形動 動《うご》きが速《はや》くて、すばしこいようす。例 敏速な動作《どうさ》。類 迅速《じんそく》。

**ピンチ**〔英語 pinch〕名 追《お》いつめられて、危《あぶ》ない状態《じょうたい》。危機《きき》。例 ピンチになる。

**ピンチヒッター**〔英語 pinch hitter〕名 ❶野球《やきゅう》・ソフトボールで、チャンスに出す、代《か》わりの打者《だしゃ》。代打《だいだ》。❷本人《ほんにん》が都合《つごう》の悪《わる》いときに、代《か》わりにその役《やく》をする人《ひと》。代役《だいやく》。例 司会《しかい》のピンチヒッターをたのまれる。

**びんづめ【瓶詰】** 名 動する 食品《しょくひん》を瓶《びん》につめること。また、つめたもの。例 ハチミツの瓶詰。

**°ヒント**〔英語 hint〕名 問題《もんだい》を解《と》く手《て》がかり。かぎ。例 ヒントを与《あた》える。

**ひんど【頻°度】** 名 同《おな》じことがくり返《かえ》し起《お》こる度合《どあ》い。例 頻度が高《たか》い。

**ピント**〔オランダ語〕名 ❶カメラの、レンズの光《ひかり》の集《あつ》まる所《ところ》。焦点《しょうてん》。例 ピントを合《あ》わせる。❷ものごとの中心《ちゅうしん》。例 話《はなし》のピントがずれている。

**ひんぱつ【頻°発】** 名 動する 同《おな》じ種類《しゅるい》の出来《でき》事《こと》が次々《つぎつぎ》に起《お》こること。例 事件《じけん》が頻発する。

**ひんぱん【頻°繁】** 形動 ものごとが、たびたびくり返《かえ》されるようす。例 火事《かじ》が頻繁に起《お》こる。

**ひんぴょうかい【品評会】** 名 同《おな》じ種類《しゅるい》の、産物《さんぶつ》や品物《しなもの》を持《も》ち寄《よ》って、できばえをきそう会《かい》。例 バラの品評会。

**ひんぴん【頻°頻】** 副(と) 同《おな》じことがしきりに起《お》こるようす。例 頻々と事故《じこ》が起《お》こる。

**ぴんぴん** 副(と) 動する ❶勢《いきお》いよく、はねるようす。例 魚《さかな》がぴんぴんはねる。❷健康《けんこう》で、元気《げんき》のよいようす。例 元気《げんき》でぴんぴんしている。❸強《つよ》く心《こころ》にひびくようす。例 先生《せんせい》の言葉《ことば》がぴんぴんと胸《むね》にひびく。

**ひんぷ【貧富△】** 名 貧乏《びんぼう》と金持《かねも》ち。貧《まず》しいことと、豊《ゆた》かなこと。例 貧富の差《さ》。

**ピンポイント**〔英語 pinpoint〕名 ❶目標《もくひょう》の位置《いち》を正確《せいかく》に決《き》めること。例 ピンポイント攻撃《こうげき》。❷ごく限《かぎ》られた地域《ちいき》。例 ピンポイントの天気予報《てんきよほう》。参考 元《もと》は、「針《はり》の先《さき》」のこと。

**°びんぼう【貧乏°】** 名 動する 形動 お金《かね》がなくて、暮《く》らしが苦《くる》しいこと。貧《まず》しいこと。例 貧乏を苦にしない。対 裕福《ゆうふく》。

**貧《びん》乏《ぼう》暇《ひま》無《な》し** 貧《まず》しくて生活《せいかつ》に追《お》われ、時間《じかん》のゆとりがない。例 貧乏暇無しで働《はたら》いてきた。

**びんぼうくじ【貧乏°くじ】** 名 他《た》に比《くら》べて損《そん》なくじ。また、損《そん》な役割《やくわり》。例 役決《やくぎ》めで貧乏くじを引《ひ》いた。

**びんぼうしょう【貧乏°性△】** 名 貧《まず》しいわけではないのに、けちけちしてゆとりの持《も》てない性質《せいしつ》。

**びんぼうゆすり【貧乏°揺すり】** 名 動する 座《すわ》っているとき、ひざなどをたえず細《こま》かく動《うご》かすくせ。

**ピンぼけ** 名 ❶写真《しゃしん》で、ピントが合《あ》わず、ぼやけて写《うつ》ること。❷ものごとのいちばんだいじなところが、はっきりしないこと。例 答《こた》えがピンぼけだ。

**ピンポン**〔英語 ping-pong〕名 ➡たっきゅう 797ページ

**ひんめい【品名】** 名 品物《しなもの》の名前《なまえ》。

**ひんもく【品目】** 名 品物《しなもの》の種類《しゅるい》。また、品物《しなもの》の種類《しゅるい》の名前《なまえ》。例 輸出《ゆしゅつ》品目。

**ひんやり** 副(と) 動する 冷《つめ》たく感《かん》じるようす。例 空気《くうき》がひんやりとしている。

**びんらん【便覧】** 名 あることがらを、見《み》るのに便利《べんり》なように、わかりやすくまとめた本《ほん》。べんらん。例 学校《がっこう》便覧。

**びんわん【敏腕】** 名 形動 ものごとをてきぱきとかたづける腕前《うでまえ》があること。腕《うで》きき。例 敏腕をふるう。

# ふ

フ hu

**ふ【不】** 画数 4 部首 一（いち） 4年

音 フ ブ 訓 ―

筆順 一 ア 不 不

〔ある言葉《ことば》の前《まえ》につけて〕「…ない」「…でない」などの意味《いみ》を表《あらわ》す。熟語 不安《ふあん》。不運《ふうん》。不便《ふべん》。不明《ふめい》。不利《ふり》。不可能《ふかのう》。不器用《ぶきよう》。不可抗力《ふかこうりょく》。不可思議《ふかしぎ》。



慣用句 **出鼻《でばな》をくじく** 開会早々反対意見《かいかいそうそうはんたいいけん》が出《で》て、出鼻《でばな》をくじかれた。

### ふ【夫】 画数 4 部首 大(だい) 4年

音 フ フウ 訓 おっと

筆順

❶おっと。熟語 夫《ふ》妻《さい》。夫《ふう》婦《ふ》。対 妻《さい》。婦《ふ》。❷おとこ。大人《おとな》の男《おとこ》の人《ひと》。また、働《はたら》く人《ひと》。熟語 漁《ぎょ》夫《ふ》。農《のう》夫《ふ》。対 婦《ふ》。

### ふ【父】 画数 4 部首 父(ちち) 2年

音 フ 訓 ちち

筆順

男《おとこ》の親《おや》。ちち。熟語 父《ふ》兄《けい》。父《ふ》子《し》。父《ふ》母《ぼ》。義《ぎ》父《ふ》。神《しん》父《ぷ》。祖《そ》父《ふ》。父《ちち》親《おや》。対 母《ぼ》。

### ふ【付】 画数 5 部首 亻(にんべん) 4年

音 フ 訓 つ-ける つ-く

筆順

❶つける。つく。熟語 付《ふ》近《きん》。付《ふ》属《ぞく》。付《ふ》録《ろく》。添《てん》付《ぷ》。受《うけ》付《つけ》。付《ふ》和《わ》雷《らい》同《どう》。❷与《あた》える。わたす。熟語 寄《き》付《ふ》。交《こう》付《ふ》。配《はい》付《ふ》。参考「付《ふ》属《ぞく》」は「附《ふ》属《ぞく》」とも書《か》く。↓ふす(付す)1142ページ

《訓の使い方》つ-ける 例 日《にっ》記《き》を付ける。つ-く 例 気《き》が付く。

### ふ【布】 画数 5 部首 巾(はば) 5年

音 フ 訓 ぬの

筆順

❶ぬの。おりもの。熟語 湿《しっ》布《ぷ》。綿《めん》布《ぷ》。毛《もう》布《ふ》。布《ぬの》地《じ》。❷広《ひろ》める。行《い》きわたらせる。熟語 布《ふ》教《きょう》。公《こう》布《ふ》。散《さん》布《ぷ》。配《はい》布《ふ》。分《ぶん》布《ぷ》。

### ふ【府】 画数 8 部首 广(まだれ) 4年

音 フ 訓 —

筆順

❶役《やく》所《しょ》。熟語 政《せい》府《ふ》。幕《ばく》府《ふ》。首《しゅ》府《ふ》。❷みやこ。熟語 府《ふ》庁《ちょう》。❸大《おお》阪《さか》府《ふ》、京《きょう》都《と》府《ふ》のこと。

**ふ【府】** 名 ❶中《ちゅう》心《しん》地《ち》。例 学《がく》問《もん》の府。❷国《くに》を治《おさ》めるために、全《ぜん》国《こく》を分《わ》けた区《く》切《ぎ》りの一《ひと》つ。大《おお》阪《さか》府《ふ》と京《きょう》都《と》府《ふ》がある。例 府の予《よ》算《さん》案《あん》。関連 都《と》。道《どう》。県《けん》。

### ふ【阜】 画数 8 部首 阜(おか) 4年

音 フ 訓 —

筆順

❶おか。❷ゆたか。参考 岐《ぎ》阜《ふ》県《けん》。

### ふ【負】 画数 9 部首 貝(かい) 3年

音 フ 訓 ま-ける ま-かす お-う

筆順

❶おう。せおう。熟語 負《ふ》傷《しょう》。負《ふ》担《たん》。❷まける。熟語 勝《しょう》負《ぶ》。対 勝《しょう》。❸たのみにする。熟語 自《じ》負《ふ》。抱《ほう》負《ふ》。❹0《ゼロ》より小《ちい》さい数《かず》。熟語 負《ふ》数《すう》。

《訓の使い方》ま-ける 例 試《し》合《あい》に負ける。ま-かす 例 相《あい》手《て》を負かす。お-う 例 責《せき》任《にん》を負う。

**ふ【負】** 名〔算《さん》数《すう》で〕0《ゼロ》より小《ちい》さい数《かず》。負《ふ》数《すう》。マイナス。例 負の数《すう》。対 正《せい》。

**負《ふ》の遺《い》産《さん》** ❶後《こう》世《せい》の人《ひと》がつぐなわなければならないこと。❷後《こう》世《せい》へのいましめとして、残《のこ》されたもの。原《げん》爆《ばく》ドームなど。

### ふ【婦】 画数 11 部首 女(おんなへん) 5年

音 フ 訓 —

筆順

❶つま。熟語 主《しゅ》婦《ふ》。夫《ふう》婦《ふ》。❷女《じょ》性《せい》。熟語 婦《ふ》人《じん》。対(❶・❷)夫《ふ》。

### ふ【富】 画数 12 部首 宀(うかんむり) 4年

音 フ フウ 訓 と-む とみ

筆順

財《ざい》産《さん》の多《おお》いこと。豊《ゆた》か。また、多《おお》いこと。熟語 富《ふ》裕《ゆう》。富《ふう》貴《き》(富《ふっ》貴《き》)。貧《ひん》富《ぷ》。豊《ほう》富《ふ》。対 貧《ひん》。参考「富《と》山《やま》県《けん》」のようにも読《よ》む。

《訓の使い方》と-む 例 資《し》源《げん》に富む。

### ふ【扶】 画数 7 部首 扌(てへん)

音 フ 訓 —

助《たす》ける。力《ちから》を貸《か》す。熟語 扶《ふ》助《じょ》。扶《ふ》養《よう》。

慣用句 **手《て》を替《か》え品《しな》を替《か》え** 手《て》を替《か》え品《しな》を替《か》え説《せつ》明《めい》してみたが、なかなか納《なっ》得《とく》してくれない。

あいうえお かきくけこ さしすせそ たちつてと なにぬねの はひふへほ まみむめも やゆよ らりるれろ わをん

## ふ【怖】 画数 8 部首 忄(りっしんべん)

音 フ 訓 こわ-い

こわい。こわがる。熟語 恐怖《きょうふ》。

## ふ【附】 画数 8 部首 阝(こざとへん)

音 フ 訓 ―

❶従《したが》う。熟語 附属《ふぞく》。❷つく。つける。熟語 寄《き》附《ふ》(=寄《き》付《ふ》)。参考「付《ふ》」と同《おな》じような使《つか》われ方《かた》をする字《じ》。今《いま》ではほとんど「付《ふ》」が使《つか》われる。

## ふ【訃】 画数 9 部首 言(ごんべん)

音 フ 訓 ―

死亡《しぼう》の知《し》らせ。熟語 訃《ふ》報《ほう》。

ふ【訃】名 死《し》亡《ぼう》についての知《し》らせ。例 恩《おん》師《し》の訃|に接《せっ》する。

## ふ【赴】 画数 9 部首 走(そうにょう)

音 フ 訓 おもむ-く

おもむく。その方《ほう》へ行《い》く。熟語 赴《ふ》任《にん》。

## ふ【浮】 画数 10 部首 氵(さんずい)

音 フ

訓 う-く う-かれる う-かぶ う-かべる

❶うく。うかぶ。うかべる。熟語 浮《ふ》上《じょう》。浮《ふ》沈《ちん》。対 沈《ちん》。❷よりどころがない。熟語 浮《ふ》説《せつ》(=根《こん》拠《きょ》のないうわさ)。例 浮《う》|き世《よ》。❸うわついている。熟語 浮《ふ》薄《はく》(=うわついている)。例 浮《う》|かれた気《き》分《ぶん》。

## ふ【符】 画数 11 部首 ⺮(たけかんむり)

音 フ 訓 ―

❶ふだ。熟語 切《きっ》符《ぷ》。❷しるし。熟語 符《ふ》号《ごう》。音《おん》符《ぷ》。

## ふ【普】 画数 12 部首 日(ひ)

音 フ 訓 ―

❶広《ひろ》く行《い》きわたる。熟語 普《ふ》及《きゅう》。普《ふ》請《しん》。❷並《なみ》の。熟語 普《ふ》段《だん》。普《ふ》通《つう》。

## ふ【腐】 画数 14 部首 肉(にく)

音 フ 訓 くさ-る くさ-れる くさ-らす

❶くさる。熟語 腐《ふ》敗《はい》。防《ぼう》腐《ふ》剤《ざい》。❷古《ふる》くさい。熟語 陳《ちん》腐《ぷ》(=古《ふる》くさいようす)。❸心《こころ》をなやます。熟語 腐《ふ》心《しん》(=うまくいくように苦《く》心《しん》する)。

## ふ【敷】 画数 15 部首 攵(ぼくづくり)

音 フ 訓 し-く

しく。平《たい》らにのべ広《ひろ》げる。熟語 敷《ふ》設《せつ》。座《ざ》敷《しき》。

## ふ【膚】 画数 15 部首 月(にくづき)

音 フ 訓 ―

はだ。熟語 皮《ひ》膚《ふ》。

## ふ【賦】 画数 15 部首 貝(かいへん)

音 フ 訓 ―

❶割《わ》り当《あ》てる。取《と》り立《た》てる。熟語 賦《ふ》課《か》(=負《ふ》担《たん》を割《わ》り当《あ》てる)。月《げっ》賦《ぷ》。❷さずける。あたえる。熟語 天《てん》賦《ぷ》(=天《てん》からさずかった)生《う》まれつき)。

## ふ【譜】 画数 19 部首 言(ごんべん)

音 フ 訓 ―

❶順《じゅん》序《じょ》立《だ》てて書《か》きつけたもの。熟語 楽《がく》譜《ふ》。年《ねん》譜《ぷ》。❷代《だい》々《だい》受《う》けつぐ。熟語 譜《ふ》代《だい》。

ふ【譜】名 楽《がく》譜《ふ》。例 譜|を見《み》ながら歌《うた》う。

ふ【風】熟語 風《ふ》情《ぜい》。↓ふう【風】1126ページ

ふ【歩】名 将《しょう》棋《ぎ》のこまの一《ひと》つ。↓ほ【歩】1187ページ

ふ【麩】名 小《こ》麦《むぎ》粉《こ》などに含《ふく》まれるたんぱく質《しつ》をねって固《かた》めて作《つく》った食《しょく》品《ひん》。おふ。

## ぶ【武】 画数 8 部首 止(とめる) 5年

音 ブ ム 訓 ―

筆順

❶強《つよ》い。勇《いさ》ましい。熟語 武《ぶ》勇《ゆう》伝《でん》。武《ぶ》器《き》。武《ぶ》士《し》。武《ぶ》術《じゅつ》。文《ぶん》武《ぶ》両《りょう》道《どう》。❷いくさ。戦《たたか》い。武《む》者《しゃ》。❸ごつごつしている。熟語 武《ぶ》骨《こつ》。

## ぶ【部】 画数 11 部首 阝(おおざと) 3年

音 ブ 訓 ―

筆順

❶区《く》分《わ》け。熟語 部《ぶ》員《いん》。部《ぶ》分《ぶん》。全《ぜん》部《ぶ》。例 広《こう》報《ほう》部《ぶ》|。❷本《ほん》や新《しん》聞《ぶん》などを数《かぞ》える言《こと》葉《ば》。例 一《いち》部《ぶ》|ずつ配《くば》る。熟語 部《ぶ》数《すう》。

あいうえお かきくけこ さしすせそ たちつてと なにぬねの はひふへほ まみむめも やゆよ らりるれろ わをん



慣用句 手《て》を休《やす》める 時《とき》々《どき》パソコンの手《て》を休《やす》めて、体《からだ》をほぐしたりするとよい。

**ぶ【部】** 名 ❶区《く》分《わ》けした一《ひと》つ。例 午《ご》後《ご》の部が始《はじ》まる。❷役《やく》所《しょ》や会《かい》社《しゃ》などの区《く》分《ぶん》。例 経《けい》理《り》部。部のメンバー。❸同《どう》類《るい》の人《ひと》の集《あつ》まり。例 合《がっ》唱《しょう》部。部の活《かつ》動《どう》に協《きょう》力《りょく》する。

**ぶ【侮】** 画数 8 部首 イ（にんべん）
音 ブ 訓 あなど-る
あなどる。見《み》下《さ》げる。熟語 侮《ぶ》辱《じょく》。

**ぶ【舞】** 画数 15 部首 舛（まいあし）
音 ブ 訓 ま-う まい
❶まう。おどる。熟語 舞《ぶ》台《たい》。舞《ぶ》踊《よう》。例 舞《まい》を舞《ま》う。❷はげます。熟語 鼓《こ》舞《ぶ》〔=気《き》持《も》ちをふるい立《た》たせる〕。

**ぶ【不】** 熟語 不《ぶ》気《き》味《み》。不《ぶ》作《さ》法《ほう》。⇩ふ【不】1121ページ

**ぶ【奉】** 熟語 奉《ぶ》行《ぎょう》。⇩ほう【奉】1190ページ

**ぶ【無】** 熟語 無《ぶ》作《さ》法《ほう》。無《ぶ》礼《れい》。⇩む【無】1270ページ

**ぶ【分】** 名 ❶割《わり》合《あい》を表《あらわ》す単《たん》位《い》。一《いち》分《ぶ》は一《いち》割《わり》の十《じゅう》分《ぶん》の一《いち》。例 打《だ》率《りつ》三《さん》割《わり》二《に》分。❷全《ぜん》体《たい》の十《じゅう》分《ぶん》の一《いち》。例 五《ご》分咲《ざ》きの桜《さくら》。❸角《かく》度《ど》や温《おん》度《ど》などの単《たん》位《い》。一《いち》度《ど》の十《じゅう》分《ぶん》の一《いち》。例 熱《ねつ》が三七度《ど》五分ある。❹昔《むかし》の尺《しゃっ》貫《かん》法《ほう》で、長《なが》さの単《たん》位《い》の一《ひと》つ。一《いち》分《ぶ》は一《いっ》寸《すん》の十《じゅう》分《ぶん》の一《いち》で、約《やく》三《さん》ミリメートル。例 一《いっ》寸《すん》五《ご》分。❺うまくいく程《てい》度《ど》。例 分が悪《わる》い〔=不《ふ》利《り》だ〕。分がある〔=有《ゆう》利《り》だ〕。❻厚《あつ》さの程《てい》度《ど》。例 分厚《あつ》い書《しょ》類《るい》。❼〔音《おん》楽《がく》で〕全《ぜん》音《おん》を分《わ》けた長《なが》さ。例 二《に》分音《おん》符《ぷ》。参考 ❺は「歩《ぶ》」とも書《か》く。⇩ぶん【分】1165ページ

**ぶ【歩】** 名 ❶昔《むかし》の尺《しゃっ》貫《かん》法《ほう》で、田《た》・畑《はたけ》・山《やま》などの広《ひろ》さの単《たん》位《い》の一《ひと》つ。一《いち》歩《ぶ》は、一《いっ》間《けん》四《し》方《ほう》のことで、約《やく》三・三平《へい》方《ほう》メートル。坪《つぼ》。❷割《わり》合《あい》。歩《ぶ》合《あい》。例 歩のいい仕《し》事《ごと》。⇩ほ【歩】1187ページ

**ファースト**〔英語 first〕名 ❶第《だい》一《いち》。最《さい》初《しょ》。例 レディーファースト。❷野《や》球《きゅう》・ソフトボールで一《いち》塁《るい》。また、一《いち》塁《るい》を守《まも》る人《ひと》。

**ファーストフード**〔英語 fast food〕名 ⇩ファストフード1124ページ

**ファーブル** 人名（男）（一八二三～一九一五）フランスの昆《こん》虫《ちゅう》学《がく》者《しゃ》。昆《こん》虫《ちゅう》の観《かん》察《さつ》と研《けん》究《きゅう》に一《いっ》生《しょう》をささげ、「昆《こん》虫《ちゅう》記《き》」を書《か》いた。

**ファーム**〔英語 farm〕名 ❶農《のう》場《じょう》。農《のう》園《えん》。❷プロ野《や》球《きゅう》で、まだ主《しゅ》力《りょく》ではない選《せん》手《しゅ》などが練《れん》習《しゅう》する場《ば》所《しょ》。また、その選《せん》手《しゅ》たちでつくるチーム。二《に》軍《ぐん》。

**ぶあい【歩合】** 名 ❶ある数《すう》量《りょう》の、他《ほか》の数《すう》量《りょう》に対《たい》する割《わり》合《あい》。歩《ぶ》。❷手《て》数《すう》料《りょう》。例 一《いち》割《わり》の歩合を取《と》る。

**ぶあいそう【無愛想】** 名 形動 親《した》しみがなく、そっけないようす。ぶあいそ。例 むっつりとして無愛想な人《ひと》。

**ファイト**〔英語 fight〕名 ❶戦《たたか》おうとする気《き》力《りょく》。闘《とう》志《し》。例 ファイトを燃《も》やす。❷戦《たたか》い。試《し》合《あい》。

**ファイナル**〔英語 final〕一〔ある言《こと》葉《ば》の前《まえ》につけて〕最《さい》後《ご》の。最《さい》終《しゅう》の。例 ファイナルアンサー。二 名 決《けっ》勝《しょう》戦《せん》。

**ファイリング**〔英語 filing〕名 動-する 書《しょ》類《るい》やデータなどを、ファイルに入《い》れて整《せい》理《り》すること。

**ファイル**〔英語 file〕一 名 ❶書《しょ》類《るい》などをとじこんでおくもの。書《しょ》類《るい》ばさみ。フォルダー。❷コンピューターで扱《あつか》う文《ぶん》書《しょ》や画《が》像《ぞう》などのデータ。例 画《が》像《ぞう》ファイルを添《てん》付《ぷ》する。二 名 動-する 書《しょ》類《るい》や新《しん》聞《ぶん》の切《き》りぬきなどを整《せい》理《り》して、とじこむこと。また、とじこんだもの。

**ファインプレー**〔英語 fine play〕名（スポーツで）みごとな技《わざ》。

**ファウル**〔英語 foul〕名 ❶スポーツで、試《し》合《あい》のとき、規《き》則《そく》を破《やぶ》ること。反《はん》則《そく》。❷〔「ファウルボール」の略《りゃく》。〕野《や》球《きゅう》・ソフトボールで、打《だ》球《きゅう》が本《ほん》塁《るい》と一《いち》塁《るい》、または本《ほん》塁《るい》と三《さん》塁《るい》の線《せん》の外《そと》に出《で》ること。対 フェア。

**ファクシミリ**〔英語 facsimile〕名 文《ぶん》書《しょ》や図《ず》面《めん》などを、電《でん》話《わ》線《せん》や電《でん》波《ぱ》を使《つか》って送《おく》ったり、受《う》け取《と》ったりする装《そう》置《ち》。ファックス。

**ファゴット**〔イタリア語〕名 長《なが》い管《くだ》を二《ふた》つに折《お》り曲《ま》げた形《かたち》をしている木《もっ》管《かん》楽《がっ》器《き》。低《ひく》い音《おと》を出《だ》す。バスーン。⇩がっき（楽器）244ページ

**ファストフード**〔英語 fast food〕名 すぐにできる簡《かん》単《たん》な食《た》べ物《もの》。ハンバーガー・フライドチキン・牛《ぎゅう》丼《どん》など。ファーストフード。対 スローフード。

**ファスナー**〔英語 fastener〕名 服《ふく》やかばんなどにつけて、開《あ》け閉《し》めする止《と》め具《ぐ》。金《きん》属《ぞく》などの歯《は》を、つまみで引《ひ》っ張《ぱ》ってかみ合《あ》わせる。参考「チャック」「ジッパー」は、もと、この商《しょう》標《ひょう》名《めい》。

慣用句 **天《てん》びんにかける** グアムかハワイか、二《ふた》つを天《てん》びんにかけてみて、旅《りょ》行《こう》先《さき》を決《き》める。

**ぶあつい【分厚い】** 形 厚《あつ》みがあるようす。例分厚い本《ほん》。

**ファックス** 〔英語 fax〕名 動-する ファクシミリを使《つか》って文書《ぶんしょ》や図面《ずめん》などを送《おく》ること。また、送《おく》られたもの。ファクシミリを指《さ》すこともある。

**ファッション** 〔英語 fashion〕名 ❶流行《りゅうこう》。はやり。服装《ふくそう》や髪型《かみがた》についていうことが多《おお》い。例おすすめのファッション。❷服装《ふくそう》。例ファッションのセンスがいい。

**ファッションショー** 〔英語 fashion show〕名 デザイナーが作《つく》った新《あたら》しい型《かた》の服《ふく》などを発表《はっぴょう》する会《かい》。

**ファミリー** 〔英語 family〕名 家族《かぞく》。

**ファミリーレストラン** 名 〔日本《にっぽん》でできた英語《えいご》ふうの言葉《ことば》。〕家族連《かぞくづ》れが利用《りよう》しやすいように工夫《くふう》されたレストラン。ファミレス。

**ファラデー** 人名（男）（一七九一～一八六七）イギリスの科学者《かがくしゃ》。「ファラデーの法則《ほうそく》」とよばれる電気《でんき》の法則《ほうそく》を発見《はっけん》するなど、電気《でんき》の学問《がくもん》のもとを作《つく》った。

◦**ふあん【不安】** 名 形動 気《き》がかりなこと。心配《しんぱい》なこと。例将来《しょうらい》が不安《ふあん》だ。対安心《あんしん》。

**不安《ふあん》にかられる** 心配《しんぱい》でたまらなくなる。例何《なに》か起《お》こりはしないかと不安《ふあん》にかられて振《ふ》り返《かえ》った。

**ファン** 〔英語 fan〕名 ❶スポーツや映画《えいが》・演劇《えんげき》などが、特別《とくべつ》に好《す》きな人《ひと》。または、ある俳優《はいゆう》や、選手《せんしゅ》などを熱心《ねっしん》に応援《おうえん》する人《ひと》。フアン。例野球《やきゅう》ファン。❷扇風機《せんぷうき》。送風機《そうふうき》。換気扇《かんきせん》。例クーラーのファン。

✤**ファンタジー** 〔英語 fantasy〕名 ❶空想《くうそう》。夢《ゆめ》。空想物語《くうそうものがたり》。❷〔音楽《おんがく》で〕幻想曲《げんそうきょく》。ファンタジア。

**ふあんてい【不安定】** 形動 安定《あんてい》しないようす。落《お》ち着《つ》かないようす。例足場《あしば》が不安定《ふあんてい》だ。気持《きも》ちが不安定《ふあんてい》になる。

**ふあんない【不案内】** 名 形動 ようすや地理《ちり》などを、よく知《し》らないこと。例この辺《へん》の地理《ちり》には不案内《ふあんない》だ。

**ファンファーレ** 〔ドイツ語〕名 ❶〔音楽《おんがく》で〕トランペットや太鼓《たいこ》で演奏《えんそう》する、はなやかな感《かん》じの、短《みじか》い曲《きょく》。❷トランペットによる合図《あいず》。開会式《かいかいしき》などでふき鳴《な》らす。

**ふい【不意】** 名 形動 思《おも》いがけないこと。だしぬけ。突然《とつぜん》。例不意《ふい》に現《あらわ》れた。

**不意《ふい》を打《う》つ** 突然《とつぜん》思《おも》いがけないことをする。例不意《ふい》を打《う》たれて面食《めんく》らった。

**不意《ふい》を食《く》らう** 突然《とつぜん》、思《おも》いがけない目《め》にあう。例不意《ふい》を食《く》らって逃《に》げ出《だ》した。参考「不意《ふい》を食《く》う」ともいう。

**不意《ふい》をつく** 相手《あいて》が思《おも》ってもいないことを、だしぬけにする。例不意《ふい》をつかれてうろたえる。

**ふい** 名 全部《ぜんぶ》なくなること。むだになること。例チャンスをふいにする。

**ブイ【V・v】** 名 ❶勝利《しょうり》。優勝《ゆうしょう》。例Vサイン。❷「v」の形《かたち》。例Vネック。

**ブイ** 〔英語 buoy〕名 ❶海《うみ》の上《うえ》にうかべた目《め》じるし。うき。浮標《ふひょう》。❷救命用《きゅうめいよう》のうきぶくろ。

**ブイアール【VR】** 名 ➡バーチャルリアリティー 1024ページ

**ブイアイピー【VIP】** 名 ➡ビップ 1098ページ

**フィート** 〔英語 feet〕名 長《なが》さの単位《たんい》。一フィートは一二インチで、約《やく》三〇・五センチメートル。

**フィーバー** 〔英語 fever〕名 動-する 興奮《こうふん》してさわぐこと。熱狂《ねっきょう》。例チーム全体《ぜんたい》がフィーバーに包《つつ》まれる。

**フィーリング** 〔英語 feeling〕名 感覚《かんかく》。なんとなく受《う》ける感《かん》じ方《かた》や印象《いんしょう》。例フィーリングが合《あ》う。

**フィールド** 〔英語 field〕名 ❶陸上競技場《りくじょうきょうぎじょう》で、トラックの内側《うちがわ》の、はばとびや砲丸投《ほうがんな》げなどの競技《きょうぎ》をする所《ところ》。例フィールド競技《きょうぎ》。対トラック（track）。❷野球《やきゅう》・サッカーなどで、競技場《きょうぎじょう》。グラウンド。❸〔研究室《けんきゅうしつ》ではなくて〕実際《じっさい》の場所《ばしょ》。現地《げんち》。

**フィールドアスレチック** 名 〔日本《にっぽん》でできた英語《えいご》ふうの言葉《ことば》。〕自然《しぜん》の地形《ちけい》を利用《りよう》したコースの中《なか》に、丸太《まるた》やつななどで障害物《しょうがいぶつ》を作《つく》り、それを次々《つぎつぎ》に通《とお》り過《す》ぎていくスポーツ。また、その施設《しせつ》。商標名《しょうひょうめい》。

**フィールドワーク** 〔英語 fieldwork〕名 学問《がくもん》の研究方法《けんきゅうほうほう》の一《ひと》つ。実地《じっち》に行《おこな》う調査《ちょうさ》や研究《けんきゅう》。野外調査《やがいちょうさ》など。例《たと》えば、方言《ほうげん》を調《しら》べるた




慣用句 灯火親《とうかした》しむ頃《ころ》 灯火親《とうかした》しむころとなり、例年《れいねん》のように読書週間《どくしょしゅうかん》が始《はじ》まった。

めに、実際《じっさい》にその土地《とち》へ行《い》って現地《げんち》の人々《ひとびと》にインタビューする、など。

**ふいうち【不意打ち】** 名 ❶相手《あいて》を突然《とつぜん》おそうこと。例 敵《てき》に不意打ちをかける。❷だしぬけにすること。ぬきうち。

**ブイエス【VS】**〔ラテン語〕勝負《しょうぶ》などの組《く》み合《あ》わせ。「対《たい》」を表《あらわ》す記号《きごう》。バーサス。例 東《とう》軍《ぐん》VS西軍《せいぐん》。

**ブイエイチエフ【VHF】** 名〔「超短波《ちょうたんぱ》」という意味《いみ》の英語《えいご》の頭文字《かしらもじ》。〕⇩ちょうたんぱ 841ページ

**フィギュア**〔英語 figure〕名 ❶〔英語《えいご》の「フィギュアスケート」の略《りゃく》。〕氷《こおり》の上《うえ》を、音楽《おんがく》に合《あ》わせておどるようにすべって、美《うつく》しさや技《わざ》をきそうスケート競技《きょうぎ》。❷(漫画《まんが》やアニメ、ゲームなどのキャラクターの)人形《にんぎょう》。像《ぞう》。

✤**フィクション**〔英語 fiction〕名 ❶実際《じっさい》にはない、作《つく》りごと。❷作《つく》り話《ばなし》。小説《しょうせつ》。対 ノンフィクション。

**ふいご** 名 鍛冶屋《かじや》などで使《つか》う、火《ひ》をおこし、火力《かりょく》を強《つよ》める装置《そうち》。手《て》や足《あし》で動《うご》かして風《かぜ》を送《おく》る。

**ブイサイン【Vサイン】** 名 勝利《しょうり》を示《しめ》するし。人差《ひとさ》し指《ゆび》と中指《なかゆび》で作《つく》るV《ブイ》字形《じがた》のサイン。参考「V《ブイ》」は「勝利《しょうり》」という意味《いみ》の英語《えいご》の頭文字《かしらもじ》。

**フィジカル**〔英語 physical〕名 形動 肉体的《にくたいてき》。身体的《しんたいてき》。例 フィジカルが強《つよ》い選手《せんしゅ》。

**ふいちょう【吹聴】** 名 動する 言《い》いふらすこと。例 手柄《てがら》を吹聴する。

**ブイティーアール【VTR】** 名〔「ビデオテープ録画装置《ろくがそうち》」という意味《いみ》の英語《えいご》の頭文字《かしらもじ》。〕❶テレビ番組《ばんぐみ》中《ちゅう》に使《つか》う、前《まえ》もってとっておいた映像《えいぞう》。例「南極《なんきょく》でとったVTRをご覧《らん》ください。」❷⇩ビデオ❸ 1098ページ

**ぷいと** 副 ❶急《きゅう》にきげんが悪《わる》くなるようす。例 ぷいとそっぽを向《む》く。❷急《きゅう》に立《た》ち去《さ》るようす。例 ぷいといなくなる。

**フィナーレ**〔イタリア語〕名 ❶〔音楽《おんがく》で〕曲《きょく》やオペラなどの終《お》わりの部分《ぶぶん》。❷劇《げき》や行事《ぎょうじ》などの終《お》わりの部分《ぶぶん》。大《おお》づめ。例 オリンピックのフィナーレ。

**フィニッシュ**〔英語 finish〕名 ❶終《お》わり。仕上《しあ》げ。❷(スポーツで)終《お》わりの部分《ぶぶん》。特《とく》に体操競技《たいそうきょうぎ》で、最後《さいご》の技《わざ》から着地《ちゃくち》まで。

**ブイネック【Vネック】** 名 セーターなどのえり首《くび》が、V《ブイ》字形《じがた》になっているもの。

**フィフティーフィフティー**〔英語 fifty-fifty〕名 形動 五分五分《ごぶごぶ》。半々《はんはん》。例 実力《じつりょく》はフィフティーフィフティーだ。

**フィラメント**〔英語 filament〕名 電球《でんきゅう》や真空管《しんくうかん》の中《なか》にあって、電流《でんりゅう》を通《とお》すと強《つよ》く光《ひか》る細《ほそ》い金属《きんぞく》の線《せん》。多《おお》くはタングステンを使《つか》う。

**フィリピン** 地名 東南《とうなん》アジアにある共和国《きょうわこく》。ルソン島《とう》、ミンダナオ島《とう》などからなる島国《しまぐに》。首都《しゅと》はマニラ。

**フィルター**〔英語 filter〕名 ❶流《なが》れこんでくる混《ま》じり物《もの》や有害《ゆうがい》なものなどを、こしたり、ふるい分《わ》けたりする装置《そうち》。ろか装置《そうち》。❷カメラのレンズの前《まえ》につけて光《ひかり》を調節《ちょうせつ》する色《いろ》ガラス。

**フィルタリング**〔英語 filtering〕名 動する ❶いらないものを取《と》り除《のぞ》くこと。❷インターネットで、適切《てきせつ》でないサイトなどを制限《せいげん》できる機能《きのう》。

**フィルム**〔英語 film〕名 ❶物《もの》を包《つつ》んだりするうすい膜《まく》。❷写真《しゃしん》が写《うつ》る薬《くすり》をぬった、うすいセルロイド。フイルム。❸映画《えいが》。

**ぶいん【部員】** 名 部《ぶ》に入《はい》っている人《ひと》。例 野《や》球《きゅう》部員。

**フィンランド** 地名 ヨーロッパの北部《ほくぶ》、スカンジナビア半島《はんとう》の東側《ひがしがわ》にある国《くに》。首都《しゅと》はヘルシンキ。森《もり》や湖《みずうみ》が多《おお》い。

**ふう【風】** 画数 9 部首 風(かぜ) 2年

音 フウ フ 訓 かぜ かざ

筆順

❶吹《ふ》く、かぜ。熟語 風雨《ふうう》。強風《きょうふう》。台風《たいふう》。風上《かざかみ》。雨風《あめかぜ》。潮風《しおかぜ》。❷習《なら》わし。熟語 風習《ふうしゅう》。古風《こふう》。校風《こうふう》。❸景色《けしき》。おもむき。熟語 風景《ふうけい》。風光《ふうこう》。風情《ふぜい》。❹かっこう。熟語 風格《ふうかく》。風姿《ふうし》。❺うわさ。熟語 風評《ふうひょう》。風聞《ふうぶん》。❻ようす。熟語 洋風《ようふう》。和風《わふう》。中国風《ちゅうごくふう》。

**ふう【風】** 一 名 ❶ならわし。例 その土地《とち》の風《ふう》になじむ。❷すがた。状態《じょうたい》。例 学生《がくせい》らしい風《ふう》をする。❸ふり。ようす。例 忘《わす》れた風

慣用句 遠目《とおめ》が利《き》く 父《ちち》は遠目《とおめ》がきくらしく、向《む》こう岸《ぎし》の看板《かんばん》の文字《もじ》まで読《よ》めると、得意《とくい》げに話《はな》していた。

をする。しいようす。㊁〔ある言葉《ことば》のあとにつけて〕それら日本風《にっぽんふう》の庭園《ていえん》。

**ふう【封】** 画数 9 部首 寸（すん）
音 フウ ホウ 訓 ―
㊀〔「フウ」と読《よ》んで〕閉《と》じる。熟語 封印《ふういん》。封筒《ふうとう》。封鎖《ふうさ》。完封《かんぷう》。密封《みっぷう》。㊁〔「ホウ」と読《よ》んで〕領地《りょうち》をあたえる。熟語 封建的《ほうけんてき》。⇩ふうじる 1128ページ

**ふう【封】** 名 物《もの》の口《くち》を閉《と》じること。例 手紙《てがみ》に封をする。

**ふう【夫】** 熟語 夫婦《ふうふ》。工夫《くふう》。⇩ふ【夫】 1122ページ

**ふう【富】** 熟語 富貴《ふうき》。⇩ふ【富】 1122ページ

**ふうあい【風合い】** 名 織物《おりもの》などの、見《み》たりさわったりした感《かん》じ。例 本物《ほんもの》の絹《きぬ》のような風合い。

**ふうあつ【風圧】** 名 風《かぜ》の圧力《あつりょく》。風《かぜ》が物《もの》をおす力《ちから》。例 風圧にたえる。

**ふういん【封印】** 名 動‐する ❶〔開《あ》けられないように〕封《ふう》をして印《いん》をおすこと。また、その印《いん》。❷表《おもて》に出《て》てこないようにすること。例 苦《くる》しんだ記憶《きおく》を封印する。

**ブーイング**〔英語 booing〕名 観客《かんきゃく》が、選手《せんしゅ》や出演者《しゅつえんしゃ》に不満《ふまん》や怒《いか》りを表《あらわ》すこと。また、その声《こえ》。例 エラーにブーイングが起《お》こる。

**ふうう【風雨】** 名 ❶風《かぜ》と雨《あめ》。❷あらし。風交《かぜま》じりの雨《あめ》。例 激《はげ》しい風雨。

**ふううん【風雲】** 名 ❶風《かぜ》と雲《くも》。❷世《よ》の中《なか》が大《おお》きく変《か》わろうとする動《うご》き。

**風雲急《ふううんきゅう》を告《つ》げる** 今《いま》にも事件《じけん》が起《お》こりそうなようすである。例 二国間《にこくかん》の状況《じょうきょう》は風雲急を告げている。

**ふううんじ【風雲児】** 名 社会《しゃかい》が大《おお》きく変化《へんか》するときに、大活躍《だいかつやく》をする人《ひと》。例 IT《アイティー》業界《ぎょうかい》の風雲児。

**ふうか【風化】** 名 動‐する ❶岩《いわ》や石《いし》が、雨《あめ》や風《かぜ》でだんだんくずれ、土《つち》や砂《すな》になること。例 風化作用《さよう》。❷生々《なまなま》しい感《かん》じや記憶《きおく》がしだいにうすれていくこと。例 戦争体験《せんそうたいけん》が風化する。

**ふうが【風雅】** 名 形動 ❶品《ひん》がよく、立派《りっぱ》なこと。例 風雅を解《かい》する人《ひと》。❷芸術《げいじゅつ》や文学《ぶんがく》などの趣味《しゅみ》。

**ふうがい【風害】** 名 大風《おおかぜ》のために受《う》ける損害《そんがい》。

**ふうかく【風格】** 名 ❶立派《りっぱ》な人柄《ひとがら》や品位《ひんい》。例 彼《かれ》も風格を備《そな》えてきた。❷味《あじ》わい。おもむき。例 風格のある字《じ》。

**ふうがわり【風変わり】** 形動 性質《せいしつ》・方法《ほうほう》・ようすなどが、ふつうと変《か》わっているようす。例 風変わりな造《つく》りの家《いえ》。

**ふうき【風紀】** 名 きちんとした生活《せいかつ》をする上《うえ》での決《き》まり。例 風紀が乱《みだ》れる。

**ふうき【富貴】** 名 形動 金持《かねも》ちで、身分《みぶん》も高《たか》いこと。例 富貴な家《いえ》に生《う》まれる。参考「ふっき」ともいう。

**ふうきり【封切り】** 名 動‐する〔封《ふう》を切《き》る意《い》味《み》から〕新《あたら》しい映画《えいが》を、初《はじ》めて上映《じょうえい》すること。ふうぎり。

**ブーケ**〔フランス語〕名 小《ちい》さな花束《はなたば》。

**◦ふうけい【風景】** 名 ❶景色《けしき》。ながめ。例 風景画《が》。美《うつく》しい風景。❷その場《ば》のようす。例 なごやかな風景。

**ふうけいが【風景画】** 名 風景《ふうけい》を描《えが》いた絵画《かいが》。

**ふうこう【風向】** 名 風《かぜ》の吹《ふ》いてくる方向《ほうこう》。かざむき。

**ふうこうけい【風向計】** 名 風向《ふうこう》を測《はか》る器械《きかい》。風見《かざみ》。

**■ふうこうめいび【風光明媚】** 名 形動 景色《けしき》がとても美《うつく》しいこと。例 風光明媚で知《し》られる南《みなみ》の島《しま》。

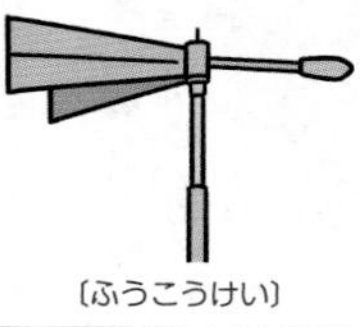
〔ふうこうけい〕

**ふうさ【封鎖】** 名 動‐する 閉《と》じて、出入《でい》りや出《だ》し入《い》れができないようにすること。例 道路《どうろ》を封鎖する。

**ふうさい【風采】** 名 身《み》なり。ようす。見《み》かけ。例 風采が上《あ》がらない〔=見《み》た目《め》がぱっとしない〕。

**ふうし【風刺】** 名 動‐する 世《よ》の中《なか》の悪《わる》いところや人《ひと》のあやまちなどを、遠回《とおまわ》しにそれとなく批判《ひはん》したり、からかったりすること。例 政治《せいじ》を風刺したまんが。

**ふうじこめる【封じ込める】** 動 ❶中《なか》に入《い》れて出《て》られないようにする。例 悪臭《あくしゅう》を封じ込める。❷自由《じゆう》に活動《かつどう》できないようにする。例 反対意見《はんたいいけん》を封じ込める。


慣用句 度《ど》が過《す》ぎる　いたずらも度《ど》が過《す》ぎると、笑《わら》って済《す》ませられなくなる。

**ふうしゃ**【風車】名 風《かぜ》の力《ちから》で回《まわ》す大《おお》きな羽《は》根《ね》車《ぐるま》。回《まわ》る力《ちから》を使《つか》って、粉《こな》をひいたり米《こめ》をついたりする。かざぐるま。

〔ふうしゃ〕

**ふうしゅう**【風習】名 その地《ち》方《ほう》や国《くに》に、昔《むかし》から伝《つた》わっている生《せい》活《かつ》や行《ぎょう》事《じ》のやり方《かた》。習《なら》わし。例 正《しょう》月《がつ》にぞうにを食《た》べる風習。類 習《しゅう》慣《かん》。風《ふう》俗《ぞく》。

**ふうしょ**【封書】名 封《ふう》筒《とう》に入《い》れて、封《ふう》をした手《て》紙《がみ》。

**ふうじる**【封じる】動 ❶封《ふう》をする。例 ふくろの口《くち》を封じる。❷とじこめる。ふさぐ。例 通《つう》路《ろ》を封じる。❸できないようにする。例 発《はつ》言《げん》を封じる。参考「封《ふう》ずる」ともいう。

**ふうしん**【風疹】名 子《こ》どもがよくかかる、ウイルスによる急《きゅう》性《せい》の感《かん》染《せん》症《しょう》。はしかに似《に》ている。三《みっ》日《か》ばしか。

**ふうじん**【風神】名 風《かぜ》を支《し》配《はい》する神《かみ》。風《かぜ》をおこす袋《ふくろ》をかついだ姿《すがた》でえがかれる。

**ブース**〔英語 booth〕名 ❶区《く》切《ぎ》られた場《ば》所《しょ》や部《へ》屋《や》。❷仮《かり》の小《こ》屋《や》や店《みせ》。

**ふうすいがい**【風水害】名 大《おお》風《かぜ》や大《おお》水《みず》のために受《う》ける損《そん》害《がい》。

**ふうずる**【封ずる】動 ↓ふうじる 1128ページ

**ふうせつ**【風雪】名 ❶強《つよ》い風《かぜ》と雪《ゆき》。ふぶき。例 風雪をおして進《すす》む。❷世《よ》の中《なか》の苦《くる》しみや悲《かな》しみ。例 世《よ》の中《なか》の風雪にたえる。

**ふうせつ**【風説】名 世《よ》の中《なか》に広《ひろ》まっているうわさ。例 風説に迷《まよ》わされるな。

**ふうせん**【風船】名 紙《かみ》やゴムのふくろの中《なか》に空《くう》気《き》などを入《い》れてふくらませ、飛《と》ばして遊《あそ》ぶおもちゃ。例 紙《かみ》風船。ゴム風船。

**ふうぜんのともしび**【風前の▲灯火】〈風《かぜ》の前《まえ》の、ろうそくなどの火《ひ》のように〉今《いま》にもだめになりそうなことのたとえ。例 敵《てき》の勢《いきお》いも、もはや風前のともしびだ。

**ふうそく**【風速】名 風《かぜ》のふく速《はや》さ。一《いち》秒《びょう》間《かん》に風《かぜ》の進《すす》む距《きょ》離《り》で表《あらわ》す。風《ふう》力《りょく》。例 風速四〇メートルの強《つよ》い風《かぜ》。

**ふうぞく**【風俗】名 ❶昔《むかし》からの習《なら》わし。衣《い》・食《しょく》・住《じゅう》や行《ぎょう》事《じ》など、生《せい》活《かつ》上《じょう》の決《き》まったやり方《かた》。例 外《がい》国《こく》の風俗。類 風《ふう》習《しゅう》。❷行《ぎょう》儀《ぎ》や決《き》まり。例 風俗が乱《みだ》れる。

**ふうそくけい**【風速計】名 風《かぜ》のふく速《はや》さを測《はか》る器《き》械《かい》。風《ふう》力《りょく》計《けい》。

**ふうたい**【風袋】名 入《い》れ物《もの》や袋《ふくろ》など。また、その重《おも》さ。例 風袋を差《さ》し引《ひ》いて重《おも》さを示《しめ》す。

**ふうちょう**【風潮】名 世《よ》の中《なか》の傾《けい》向《こう》。例 物《もの》を粗《そ》末《まつ》にする風潮がある。

**ブーツ**〔英語 boots〕名 長《なが》靴《ぐつ》。

**ふうてい**【風▵体】名 身《み》なり。ようす。ふうたい。例 あやしげな風体。

**ふうど**【風土】名 その土《と》地《ち》の気《き》候《こう》や地《ち》形《けい》などの自《し》然《ぜん》のようす。例 風土に合《あ》った作《さく》物《もつ》。

**フード**〔英語 food〕名 食《しょく》品《ひん》。食《しょく》物《もつ》。

**フード**〔英語 hood〕名 ❶寒《さむ》さや雨《あめ》を防《ふせ》ぐための頭《ず》巾《きん》のような帽《ぼう》子《し》。❷カメラのレンズなどの、おおい。❸台《だい》所《どころ》などに取《と》りつける、煙《けむり》を外《そと》に出《だ》すための装《そう》置《ち》。レンジフード。

○**ふうとう**【封筒】名 手《て》紙《がみ》などを入《い》れる紙《かみ》のふくろ。

**ふうどびょう**【風土病】名 ある地《ち》方《ほう》だけに起《お》こる病《びょう》気《き》。熱《ねっ》帯《たい》地《ち》方《ほう》のマラリアなど。地《ち》方《ほう》病《びょう》。

**フードマイレージ**〔英語 food mileage〕名 食《しょく》料《りょう》が生《せい》産《さん》地《ち》から消《しょう》費《ひ》者《しゃ》に届《とど》くまでの輸《ゆ》送《そう》距《きょ》離《り》を、数《すう》字《じ》で表《あらわ》したもの。参考 食《しょく》料《りょう》の輸《ゆ》送《そう》が環《かん》境《きょう》に与《あた》える影《えい》響《きょう》を表《あらわ》す数《すう》字《じ》。↓ちさんちしょう 824ページ

**ふうにゅう**【封入】名 動-する ❶封《ふう》筒《とう》や箱《はこ》などに入《い》れて、とじること。❷閉《と》じ込《こ》めること。例 ガスを封入した電《でん》球《きゅう》。

**ふうは**【風波】名 ❶風《かぜ》と波《なみ》。❷風《かぜ》のために起《お》こるあら波《なみ》。❸争《あらそ》い。もめごと。波《なみ》風《かぜ》。

**ふうばいか**【風媒花】名 おしべの花《か》粉《ふん》が、風《かぜ》でめしべに運《はこ》ばれて受《じゅ》粉《ふん》する花《はな》。松《まつ》・杉《すぎ》・トウモロコシなど。↓ちゅうばいか 835ページ

**ふうひょう**【風評】名 世《よ》の中《なか》の、よくないうわさや評《ひょう》判《ばん》。例 風評が広《ひろ》がる。風評被《ひ》害《がい》〔=根《こん》拠《きょ》のないうわさで受《う》ける被《ひ》害《がい》〕。

○**ふうふ**【夫▵婦】名 結《けっ》婚《こん》している男《おとこ》の人《ひと》と女《おんな》の人《ひと》。夫《おっと》と妻《つま》。類 夫《ふ》妻《さい》。

**ふうぶつ**【風物】名 ❶景《け》色《しき》。ながめ。例 田《でん》

慣用句 どこ吹《ふ》く風《かぜ》 景《けい》気《き》のよしあしなどどこ吹《ふ》く風《かぜ》で、のんびりと商《しょう》売《ばい》をしている。

園《えん》の風物。❷その季節《きせつ》や土地《とち》らしいもの。例花火《はなび》は夏《なつ》の風物だ。

**ふうぶつし【風物詩】** 名 その季節《きせつ》らしい感《かん》じを表《あらわ》しているもの。例夕《ゆう》すずみは夏《なつ》の風物詩の一《ひと》つです。

**ふうぶん【風聞】** 名 どこからともなく耳《みみ》に入《はい》るうわさ。例よくない風聞を聞《き》く。

**ふうみ【風味】** 名 上品《じょうひん》な味《あじ》。例メロンには独特《どくとく》の風味がある。

**ブーム** 〔英語 boom〕名 急《きゅう》に、人気《にんき》が出《で》たり、流行《りゅうこう》したり、景気《けいき》がよくなったりすること。例ブームに乗《の》る。

**ブーメラン** 〔英語 boomerang〕名「く」の字《じ》の形《かたち》の飛《と》び道具《どうぐ》。投《な》げると、回転《かいてん》しながら元《もと》にもどってくる。参考元《もと》は、オーストラリアの先住民《せんじゅうみん》が、狩《か》りなどに使《つか》ったもの。

**ふうもん【風紋】** 名 風《かぜ》のために、砂地《すなじ》の表《ひょう》面《めん》にできた波《なみ》のような模様《もよう》。

**ふうらいぼう【風来坊】** 名 ❶どこからともなくやって来《き》た人《ひと》。❷気《き》まぐれで落《お》ち着《つ》かない人《ひと》のたとえ。

**ふうりゅう【風流】** 名 形動 ❶上品《じょうひん》で、味《あじ》わいのあること。例風流な庭《にわ》。❷世間《せけん》からはなれて、詩《し》や歌《うた》を作《つく》ったり、茶《ちゃ》の湯《ゆ》を楽《たの》しんだりすること。例風流の道《みち》。

**ふうりょく【風力】** 名 風《かぜ》のふく強《つよ》さ。風《ふう》速《そく》。例風力発電《はつでん》。

**ふうりょくけい【風力計】** 名 ⇩ふうそくけい 1128ページ

**ふうりょくはつでん【風力発電】** 名 風車《ふうしゃ》で発電機《はつでんき》を回転《かいてん》させて、電気《でんき》を起《お》こすこと。

**ふうりん【風鈴】** 名 ガラスや鉄《てつ》などで作《つく》った、小《ちい》さなつりがね形《がた》の鈴《すず》。夏《なつ》に、風《かぜ》にふかれて鳴《な》る音《おと》を楽《たの》しむ。

■**ふうりんかざん【風林火山】** 名 戦《たたか》いでだいじな四《よっ》つの姿勢《しせい》のこと。風《かぜ》のようにすばやく動《うご》き、林《はやし》のように静《しず》かに構《かま》え、火《ひ》のように激《はげ》しく攻《せ》め、山《やま》のようにどっしり構《かま》えること。参考戦国大名《せんごくだいみょう》の武田信玄《たけだしんげん》が軍《ぐん》の旗《はた》に書《か》いたことで知《し》られる。

**プール** 〔英語 pool〕一名 ❶コンクリートなどで周《まわ》りを囲《かこ》って作《つく》った水泳場《すいえいじょう》。例プールサイド。❷置《お》き場《ば》。例モータープール〔=駐車《ちゅうしゃ》場《じょう》〕。二名 動-する ためておくこと。例おこづかいをプールしておく。

**プールびらき【プール開き】** 名 その年《とし》に初《はじ》めてプールを使《つか》うこと。また、そのときの行事《ぎょうじ》。

**ふうん【不運】** 名 形動 運《うん》が悪《わる》いこと。不幸《ふしあわ》せ。例不運続《つづ》きで苦《くる》しむ。対幸運《こううん》。

**ぶうん【武運】** 名 いくさの勝《か》ち負《ま》けの運《うん》。例武運つたなく〔=運悪《うんわる》く〕敗《やぶ》れる。

◦**ふえ【笛】** 名 ❶楽器《がっき》の一《ひと》つ。竹《たけ》・木《き》・金属《きんぞく》などの管《くだ》に穴《あな》をあけ、息《いき》をふきこんで鳴《な》らすもの。例横笛《よこぶえ》。❷合図《あいず》のために、ふいて音《おと》を出《だ》す道具《どうぐ》。呼《よ》び子《こ》。ホイッスル。例試合開始《しあいかいし》の笛が鳴《な》った。⇩てき【笛】879ページ

**笛《ふえ》吹《ふ》けども踊《おど》らず** やらせようと呼《よ》びかけても、まるで反応《はんのう》がない。

**フェア** 〔英語 fair〕一名 ❶見本市《みほんいち》などのもよおし。祭《まつ》り。例自動車《じどうしゃ》フェア。❷野球《やきゅう》・ソフトボールで、打《う》ったボールが本塁《ほんるい》と一塁《いちるい》、本《ほん》塁《るい》と三塁《さんるい》の線《せん》の内側《うちがわ》に飛《と》ぶこと。対ファウル。二名 形動 公明正大《こうめいせいだい》なようす。例フェアな判定《はんてい》。

**フェアトレード** 〔英語 fair trade〕名 発展《はってん》途上国《とじょうこく》との貿易《ぼうえき》で、公正《こうせい》な値段《ねだん》で取引《とりひき》をして、生産者《せいさんしゃ》の生活《せいかつ》を支《ささ》える取《と》り組《く》み。

**フェアプレー** 〔英語 fair play〕名 正《ただ》しく、立派《りっぱ》な試合《しあい》ぶり。正々堂々《せいせいどうどう》とした行《おこな》い。例フェアプレーの精神《せいしん》。

**フェイクニュース** 〔英語 fake news〕名 ウェブサイトやSNS《エスエヌエス》などで発信《はっしん》される、うその情報《じょうほう》。

**フェイス** 〔英語 face〕名 顔《かお》。フェース。例フェイスタオル。

**ふえいせい【不衛生】** 名 形動 体《からだ》や住《す》まいなどがよごれていて、健康《けんこう》のためによくないこと。例不衛生な環境《かんきょう》。

**フェイント** 〔英語 feint〕名 スポーツで、相《あい》手《て》をまどわすためにする、見《み》せかけだけの動《うご》き。例フェイントをかける。

**フェース** 〔英語 face〕名 ⇩フェイス 1129ページ

**フェーンげんしょう【フェーン現象】** 名 山脈《さんみゃく》をこえた空気《くうき》が、かわいた高温《こうおん》の風《かぜ》になってふき下《お》りる現象《げんしょう》。日本海側《にほんかいがわ》に


慣用句 取《と》って付《つ》けたよう 取《と》って付《つ》けたようなお世辞《せじ》を言《い》われたって、ちっともうれしくない。

例解 ! 表現の広場

**増《ふ》える と 増《ま》す のちがい**

| | 増《ふ》える | 増《ま》す |
|---|---|---|
| 年《とし》ごとに人口《じんこう》が | ○ | ○ |
| 大雨《おおあめ》で川《かわ》の水《みず》が | ○ | ○ |
| メダカが | ○ | × |
| 練習《れんしゅう》で実力《じつりょく》が | × | ○ |
| 日《ひ》に日《ひ》に暑《あつ》さが | × | ○ |

多《おお》い。

**フェスタ**〔イタリア語〕名 祭《まつ》り。祝日《しゅくじつ》。フェスティバル。

**フェスティバル**〔英語 festival〕名 祭典《さいてん》。もよおし物《もの》の名前《なまえ》に広《ひろ》く使《つか》われる。祭《まつ》り。「サマーフェスティバル」など。フェスタ。

**ふえて**【不得手】名形動 得意《とくい》でないこと。下手《へた》なこと。不得意《ふとくい》。苦手《にがて》。例 不得手な科目《かもく》。対 得手《えて》。

**フェノロサ** 人名（男）（一八五三〜一九〇八）アメリカの美術研究家《びじゅつけんきゅうか》。明治時代《めいじじだい》に日《にっ》本《ぽん》に来《き》て、日本《にっぽん》の美術《びじゅつ》を研究《けんきゅう》した。

**フェリーボート**〔英語 ferryboat〕名 自動《じどう》車《しゃ》と客《きゃく》をそのまま いっしょに乗《の》せて運《はこ》ぶ船《ふね》。フェリー。カーフェリー。⇩ふね❶ 1150ページ

**ふえる**【殖える】動 お金《かね》や生《い》き物《もの》が、次々《つぎつぎ》と多《おお》くなる。例 暖《あたた》かいと、ばい菌《きん》が殖える。

⇩しょく【殖】641ページ

○**ふえる**【増える】動 量《りょう》や数《かず》が多《おお》くなる。増《ま》す。対 減《へ》る。⇩ぞう【増】744ページ

**フェルト**〔英語 felt〕名 羊毛《ようもう》などに、しめり気《け》や熱《ねつ》を加《くわ》え、強《つよ》くおしつけて作《つく》った厚《あつ》い布《ぬの》地《じ》。ぼうしや敷物《しきもの》などに使《つか》う。フエルト。

**フェルトペン**〔英語 felt pen〕名 ペン先《さき》にフェルトを使《つか》った筆記用具《ひっきようぐ》。

**フェンシング**〔英語 fencing〕名 西洋《せいよう》の剣《けん》術《じゅつ》をもとにした競技《きょうぎ》。片手《かたて》に細長《ほそなが》い剣《けん》を持《も》ち、突《つ》いたりきったりして勝負《しょうぶ》を争《あらそ》う。

**フェンス**〔英語 fence〕名 ❶垣根《かきね》。さく。❷野球場《やきゅうじょう》などのグラウンドを囲《かこ》む、へい。

**ぶえんりょ**【無遠慮】名形動 遠慮《えんりょ》がないこと。ぶしつけ。例 無遠慮な態度《たいど》。

**フォアボール** 名〔日本《にっぽん》でできた英語《えいご》ふうの言葉《ことば》。〕野球《やきゅう》・ソフトボールで、投手《とうしゅ》が、一人《ひとり》の打者《だしゃ》にボールの球《たま》を四回《よんかい》投《な》げること。打者《だしゃ》は一塁《いちるい》に出《で》ることができる。四球《しきゅう》。

**フォーク**〔英語 fork〕名 洋食《ようしょく》で、食《た》べ物《もの》をさして口《くち》へ運《はこ》ぶ道具《どうぐ》。ホーク。

**フォークソング**〔英語 folk song〕名 ❶民謡《みんよう》。❷もと、アメリカで生《う》まれた民謡調《みんようちょう》の歌《うた》。民衆《みんしゅう》の生活《せいかつ》や感情《かんじょう》を歌《うた》ったものが多《おお》い。

**フォークダンス**〔英語 folk dance〕名 ❶土地《とち》や、民族《みんぞく》の特徴《とくちょう》を持《も》っているおどり。民族舞踊《みんぞくぶよう》。❷みんなで、輪《わ》を作《つく》りながらおどって楽《たの》しむダンス。

**フォークリフト**〔英語 forklift〕名 車《くるま》の前《まえ》につき出《で》た二本《にほん》の腕《うで》のような鉄《てつ》の板《いた》を上下《じょうげ》に動《うご》かして、荷物《にもつ》を運《はこ》んだり積《つ》み降《お》ろしをしたりする自動車《じどうしゃ》。⇩じどうしゃ 571ページ

**フォーマット**〔英語 format〕一名 書類《しょるい》の決《き》まった書《か》き方《かた》。形式《けいしき》。例 共通《きょうつう》のフォーマットを使《つか》う。二名動する〔コンピューターで〕ディスクなどを、情報《じょうほう》が書《か》き込《こ》める状態《じょうたい》にすること。

**フォーマル**〔英語 formal〕一形動 正式《せいしき》であるようす。例 フォーマルな服装《ふくそう》。二名 礼服《れいふく》。礼装《れいそう》。

**フォーム**〔英語 form〕名 形《かたち》。また、型《かた》。格好《かっこう》。例 きれいなフォームで泳《およ》ぐ。

**フォーラム**〔英語 forum〕名「フォーラムディスカッション」の略《りゃく》。公開《こうかい》で行《おこな》う討論会《とうろんかい》。

**フォスター** 人名（男）（一八二六〜一八六四）アメリカの作曲家《さっきょくか》。多《おお》くの親《した》しみやすい歌《うた》を作《つく》った。「オールド・ブラック・ジョー」「おおスザンナ」などがある。

**フォルダー**〔英語 folder〕名 ❶書類《しょるい》を整理《せいり》するための文房具《ぶんぼうぐ》。書類《しょるい》ばさみ。ファイル。❷〔コンピューターで〕複数《ふくすう》のファイルをひとまとめにしたもの。

**フォルテ**〔イタリア語〕名〔音楽《おんがく》で〕「音《おと》を強《つよ》く」という意味《いみ》を表《あらわ》すしるし。記号《きごう》は「*f*」。対 ピアノ。⇩がくふ 223ページ

**フォロー**〔英語 follow〕名動する ❶あとを追《お》い求《もと》めること。例 交渉経過《こうしょうけいか》をフォローする。❷失敗《しっぱい》のないように補《おぎな》ったり助《たす》けたりすること。例 説明不足《せつめいぶそく》をフォローする。❸バスケットボールなどで、ボールをもった味方《みかた》



慣用句 とどめをさす 去年《きょねん》負《ま》けた相手《あいて》だけに、今年《ことし》はとどめをさすべく、必死《ひっし》に練習《れんしゅう》した。

の選手《せんしゅ》のあとを追《お》って助《たす》けること。❹ツイッターなどで、相手《あいて》を登録《とうろく》し、その相手《あいて》の情報《じょうほう》を得《え》られるようにすること。

**フォワード**〔英語 forward〕名 ❶前《まえ》。先《さき》。❷ラグビーやサッカーなどで、いちばん前《まえ》にいて、主《おも》に攻撃《こうげき》をする選手《せんしゅ》。

**ふおん【不穏】**形動 おだやかでないようす。ぶっそうなようす。例 不穏な空気《くうき》が流《なが》れる。

**フォント**〔英語 font〕名〔印刷《いんさつ》やコンピューターで〕大《おお》きさや字体《じたい》が同《おな》じ文字《もじ》のセット。また、書体《しょたい》。

**ふか【不可】**名 してはいけないこと。また、よくないこと。例 可《か》もなく不可もない〔=よくも悪《わる》くもない〕。

**ふか【付加】**名 動-する あるものに、さらにつけ加《くわ》えること。例 新《あたら》しい条件《じょうけん》を付加する。

**ふか【鱶】**名 ↓さめ 523ページ

**ふか【孵化】**名 動-する 卵《たまご》から、子《こ》やひながかえること。また、かえすこと。例 ひよこがふ化する。

**ぶか【部下】**名 ある人《ひと》の下《した》にいて、指図《さしず》や監督《かんとく》を受《う》けて行動《こうどう》する人《ひと》。

**ふかい【不快】**名 形動 ❶気持《きも》ちがよくないこと。おもしろくないこと。不愉快《ふゆかい》。例 不快な話《はなし》。対 愉快《ゆかい》。❷気分《きぶん》がよくないこと。病気《びょうき》。

**◦ふかい【深い】**形 ❶底《そこ》や奥《おく》までの距離《きょり》が長《なが》い。例 川《かわ》が深い。森《もり》が深い。❷色《いろ》や密度《みつど》がこい。例 深い緑色《みどりいろ》。❸程度《ていど》がふつう以上《いじょう》である。例 ねむりが深い。❹真《ま》っ最中《さいちゅう》である。例 秋《あき》が深い。❺多《おお》い。十分《じゅうぶん》だ。例 深い意味《いみ》。理解《りかい》が深い。考《かんが》えが深い。対（❶〜❺）浅《あさ》い。↓しん【深】655ページ

**ぶがい【部外】**名 その団体《だんたい》や組織《そしき》に関係《かんけい》していないこと。例 部外者《ぶがいしゃ》は立入禁止《たちいりきんし》だ。対 部内《ぶない》。

**ふかいしすう【不快指数】**名 人《ひと》が感《かん》じるむし暑《あつ》さの程度《ていど》を、温度《おんど》と湿度《しつど》の関係《かんけい》で、数字《すうじ》に表《あらわ》したもの。七五以上《いじょう》では半数《はんすう》の人《ひと》が、八〇以上《いじょう》になると、ほとんどの人《ひと》が不快《ふかい》を感《かん》じるとされる。

**ふがいない** 形 いくじがない。情《なさ》けない。例 ふがいない負《ま》け方《かた》をする。

**ふかいり【深入り】**名 動-する ものごとに必要以上《ひつよういじょう》に深《ふか》くかかわること。例 ものごとには深入りするな。

**ふかおい【深追い】**名 動-する いつまでもどこまでもしつこく追《お》うこと。例 敵《てき》を深追いしすぎるとかえって危《あぶ》ない。

**ふかかい【不可解】**形動 わけがわからないようす。例 不可解な話《はなし》。

**ふかく【不覚】**名 形動 ❶感《かん》じがなくなって、何《なに》もわからなくなること。例 前後《ぜんご》不覚におちいる。❷油断《ゆだん》して、失敗《しっぱい》すること。例 不覚を取《と》る。❸思《おも》わず、そうなること。例 不覚にも涙《なみだ》を流《なが》す。

**ふかくじつ【不確実】**形動 確実《かくじつ》でないこと。不確《ふたし》かであること。例 その情報《じょうほう》は不確実だ。

**ふかけつ【不可欠】**形動 なくてはならないようす。例 火《ひ》と水《みず》は、生活《せいかつ》に不可欠だ。

**■ふかこうりょく【不可抗力】**名 人《ひと》の力《ちから》では、防《ふせ》ぎようのないこと。例 不可抗力で起《お》こった事故《じこ》。

**◦ふかさ【深さ】**名 深《ふか》い程度《ていど》。例 湖《みずうみ》の深さを測《はか》る。

**■ふかしぎ【不可思議】**名 形動 ふしぎなこと。例 不可思議な出来事《できごと》。

**ふかす【吹かす】**動 ❶すったたばこの煙《けむり》をはき出《だ》す。❷〔「…風《かぜ》を吹《ふ》かす」の形《かたち》で〕いばったようすをする。ふかせる。例 大臣風《だいじんかぜ》を吹かす。❸エンジンの回転数《かいてんすう》を上《あ》げる。例 エンジンを吹かす。

**ふかす【蒸かす】**動 むして、やわらかにする。むす。例 サツマイモをふかす。

**ぶかつ【部活】**名〔「部活動《ぶかつどう》」の略《りゃく》。〕学校《がっこう》で行《おこな》うクラブ活動《かつどう》。

**ぶかっこう【不格好】**名 形動 格好《かっこう》が悪《わる》いこと。例 不格好な服《ふく》。

**ふかづめ【深爪】**名 動-する 爪《つめ》を深《ふか》く切《き》りすぎること。また、切《き》りすぎた爪《つめ》。

**ふかで【深手】**名 重《おも》い傷《きず》。重傷《じゅうしょう》。例 深手を負《お》う。

**ふかのう【不可能】**名 形動 できないこと。力《ちから》がおよばないこと。例 この本《ほん》を、一日《いちにち》で読《よ》むのは不可能だ。対 可能《かのう》。

**ふかひ【不可避】**名 形動 避《さ》けることができ

あいうえお かきくけこ さしすせそ たちつてと なにぬねの はひふへほ まみむめも やゆよ らりるれろ わをん



慣用句 飛《と》ぶ鳥《とり》を落《お》とす勢《いきお》い　売《う》り上《あ》げも知名度《ちめいど》も上《あ》がって、あの会社《かいしゃ》はまさに飛《と》ぶ鳥《とり》を落《お》とす勢《いきお》いだね。

ないこと。例意見《いけん》の対立《たいりつ》は不可避だ。

**ふかふか** 副 形動 動する やわらかくふくらんでいるようす。例ふかふかしたパン。

**ふかぶか【深深】** 副と いかにも深《ふか》そうなようす。例深々とおじぎをする。

**ぶかぶか** 副 形動 動する 大《おお》きすぎて、ゆるくすき間《ま》があるようす。例帽子《ぼうし》が大《おお》きすぎてぶかぶかだ。

**ぷかぷか** 副 ❶軽《かる》いものが水《みず》に浮《う》かんでいるようす。例ごみがぷかぷか流《なが》れている。❷タバコを吸《す》っているようす。例タバコをぷかぷかふかす。

**ふかぶん【不可分】** 名 形動 しっかり結《むす》びついて、分《わ》けることができないこと。例二《ふた》つの問題《もんだい》は、不可分の関係《かんけい》にある。

**ふかまる【深まる】** 動 深《ふか》くなる。だんだん進《すす》む。例秋《あき》が深まる。⇩しん【深】655ページ

**ふかみ【深み】** 名 ❶水《みず》の深《ふか》い所《ところ》。例池《いけ》の深みにはまる。❷ものの見方《みかた》・考《かんが》え方《かた》・感《かん》じ方《かた》の味《あじ》わいが深《ふか》いこと。例この絵《え》には深みがある。❸ものごとに深《ふか》く関係《かんけい》してしまい、そこからぬけ出《だ》せないこと。例深みにはまって、悪《わる》い仲間《なかま》と手《て》が切《き》れない。

**ふかみどり【深緑】** 名 濃《こ》い緑色《みどりいろ》。

°**ふかめる【深める】** 動 深《ふか》くする。程度《ていど》を進《すす》める。例知識《ちしき》を深める。⇩しん【深】655ページ

**ふかよみ【深読み】** 名 動する 文章《ぶんしょう》の意味《いみ》や人《ひと》の気持《きも》ちなどを、必要《ひつよう》以上《いじょう》に考《かんが》えること。

**ふかんぜん【不完全】** 名 形動 ぬけたり欠《か》けたりしていて、完全《かんぜん》でないこと。例戸《と》じまりが不完全だ。

**ふかんぜんへんたい【不完全変態】** 名 昆虫《こんちゅう》で、さなぎの時期《じき》がない変態《へんたい》。トンボやバッタなどのように、卵《たまご》からかえって幼虫《ようちゅう》になり、それから成虫《せいちゅう》となる。脱皮《だっぴ》をくり返《かえ》して成虫《せいちゅう》の形《かたち》に近《ちか》づいていく。

**ふき【付記】** 名 動する 書《か》きそえること。付《つ》け足《た》して書《か》くこと。例電話番号《でんわばんごう》を付記する。

**ふき【蕗】** 名 キクの仲間《なかま》の草《くさ》。長《なが》い葉柄《ようへい》の先《さき》に丸《まる》くて広《ひろ》い葉《は》をつける。春早《はるはや》く、白《しろ》い花《はな》を咲《さ》かせ、「ふきのとう」とよばれる穂《ほ》を出《だ》し、穂《ほ》や葉柄《ようへい》の部分《ぶぶん》を食《た》べる。

**ぶき【武器】** 名 ❶戦《たたか》いに使《つか》う道具《どうぐ》。兵器《へいき》。❷相手《あいて》に勝《か》つための、道具《どうぐ》や手《て》だて。例ねばり強《づよ》さが彼《かれ》の武器だ。

**ふきあげる【吹き上げる】** 動 ❶風《かぜ》が上《うえ》に向《む》かって強《つよ》くふく。例谷《たに》から風《かぜ》が吹き上げる。❷風《かぜ》が吹いて、ものを上《うえ》にあげる。例砂《すな》ぼこりを吹き上げる。❸(水蒸気《すいじょうき》などを)勢《いきお》いよく上《うえ》に向《む》かって出《だ》す。例火山《かざん》が噴煙《ふんえん》を吹き上げる。参考❸は「噴《ふ》き上《あ》げる」とも書く。

**ふきあれる【吹き荒れる】** 動 風《かぜ》がひどくふく。ふきすさぶ。例風《かぜ》が吹き荒れてうずをまいている。

**ふきおろす【吹き下ろす】** 動 風《かぜ》が下《した》に向《む》かって強《つよ》くふく。例山《やま》から吹き下ろす冷《つめ》たい風《かぜ》。

**ふきかえ【吹き替え】** 名 ❶外国《がいこく》の映画《えいが》やテレビ番組《ばんぐみ》のせりふを、日本語《にほんご》に直《なお》してふきこむこと。❷映画《えいが》や演劇《えんげき》などで、危険《きけん》な場面《ばめん》などを代《か》わりの人《ひと》が演《えん》じること。また、その演《えん》じる人《ひと》。

**ふきかえ【葺き替え】** 名 屋根《やね》のかわら・かや・わらなどを新《あたら》しくすること。例かや葺《ぶ》き屋根《やね》のふき替え。

**ふきかえす【吹き返す】** 動 ❶風《かぜ》が吹《ふ》いて物《もの》を裏返《うらがえ》す。例落《お》ち葉《ば》を吹き返す。❷もう一度《いちど》呼吸《こきゅう》をし始《はじ》める。生《い》き返《かえ》る。例息《いき》を吹き返す。

**ふきかける【吹き掛ける】** 動 ⇩ふっかける 1146ページ

**ふきけす【吹き消す】** 動 息《いき》をかけたり風《かぜ》が吹《ふ》いたりして、火《ひ》を消《け》す。例ろうそくの炎《ほのお》を吹き消す。

**ふきげん【不機嫌】** 名 形動 きげんが悪《わる》いこと。例不機嫌で口《くち》もきかない。対上機嫌《じょうきげん》。

**ふきこぼれる【吹きこぼれる】** 動 ふっとうして、なべなどから中《なか》のものがあふれ出《で》る。例みそ汁《しる》が吹きこぼれる。

**ふきこむ【吹き込む】** 動 ❶風《かぜ》や雪《ゆき》などがふいて、中《なか》へ入《はい》る。例すき間《ま》から雪《ゆき》が吹き込む。❷ふいて入《い》れる。例風船《ふうせん》に空気《くうき》を吹き込む。❸テープやCD《シーディー》などに録音《ろくおん》する。例自分《じぶん》の声《こえ》を吹き込む。❹(よくないことを)人《ひと》に教《おし》え込《こ》む。例悪知恵《わるぢえ》を吹き込む。



慣用句 途方《とほう》に暮《く》れる 水害《すいがい》で家《いえ》を失《うしな》い、この先《さき》どうしようか途方《とほう》に暮《く》れている。

**ふきさらし**【吹きさらし】名 ↓ ふきっさらし 1133ページ

**ふきすさぶ**【吹きすさぶ】動 風《かぜ》が激《はげ》しくふきあれる。ふきすさむ。例 寒風《かんぷう》が吹きすさぶ。

**ふきそく**【不規則】名 形動 規則《きそく》正《ただ》しくないこと。例 不規則な生活《せいかつ》を送《おく》る。

✤**ふきだし**【吹き出し】名 まんがなどで、人物《じんぶつ》のせりふを書《か》き入《い》れるために、口《くち》からふき出《だ》した形《かたち》に線《せん》で囲《かこ》んだ部分《ぶぶん》。

**ふきだす**【吹き出す】動 ❶ふき始《はじ》める。例 北風《きたかぜ》が吹きだす。❷芽《め》が出《で》る。例 木《き》の芽《め》が吹き出す。❸水《みず》などが勢《いきお》いよく出《で》る。例 湯気《ゆげ》が吹き出す。❹我慢《がまん》しきれずに笑《わら》いだす。例 話《はなし》を聞《き》いて吹き出した。参考 ❸・❹は「噴《ふ》き出《だ》す」とも書《か》く。

**ふきだまり**【吹きだまり】名 風《かぜ》に吹《ふ》きつけられて、雪《ゆき》や木《こ》の葉《は》などが一《いっ》か所《しょ》にたまるところ。例 吹きだまりができる。

**ふきつ**【不吉】名 形動 何《なに》か悪《わる》いことが起《お》きそうなこと。例 不吉な夢《ゆめ》を見《み》る。

**ふきつける**【吹き付ける】動 ❶息《いき》などを、強《つよ》くふいてかける。風《かぜ》が強《つよ》くふいて当《あ》たる。例 冷《つめ》たい北風《きたかぜ》が吹きつける。❷水《みず》やペンキなどを、霧《きり》のようにふき出《だ》して、つける。例 ラッカーを吹き付ける。

**ふきっさらし**【吹きっさらし】名 囲《かこ》いがなくて、風《かぜ》が当《あ》たるままになること。また、そのような場所《ばしょ》。ふきさらし。例 吹きっさらしの広場《ひろば》。

**ぶきっちょ** 名 ↓ ぶきよう 1133ページ

**ふきでもの**【吹き出物】名 皮膚《ひふ》にできる、小《ちい》さいつぶのようなできもの。

**ふきとばす**【吹き飛ばす】動 ❶吹《ふ》いて、物《もの》を飛《と》ばす。例 ごみを吹き飛ばす。❷一気《いっき》にはらいのける。例 いやな気分《きぶん》を吹き飛ばす。

**ふきながし**【吹き流し】名 輪《わ》に長《なが》い布《ぬの》をつけ、それをさおの先《さき》につけて、風《かぜ》になびかせるもの。昔《むかし》は、いくさで目《め》じるしに使《つか》ったが、今《いま》は、こいのぼりといっしょにあげたり、風向《かざむ》きを調《しら》べたりするのに使《つか》う。

**ふきぬけ**【吹き抜け】名 二階《にかい》以上《いじょう》の建物《たてもの》の天井《てんじょう》をなくして、下《した》から上《うえ》までひと続《つづ》きにつくった空間《くうかん》。ふきぬき。例 居間《いま》が吹き抜けになっている。

**ふきぬける**【吹き抜ける】動 風《かぜ》がふいて通《とお》りぬける。例 風《かぜ》が吹き抜けて気持《きも》ちいい。

**ふきのとう**【蕗の薹】名 春《はる》の初《はじ》めに地面《じめん》から出《で》る、つぼみをつけたフキの若芽《わかめ》。食用《しょくよう》にする。

**ぶきみ**【不気味・無気味】形動 気味《きみ》が悪《わる》いようす。こわい感《かん》じがするようす。例 どこからか不気味な物音《ものおと》がする。

**ふきや**【吹き矢】名 竹《たけ》や木《き》でできた筒《つつ》に羽《はね》をつけた短《みじか》い矢《や》を入《い》れて、息《いき》を吹《ふ》いて飛《と》ばすもの。また、その矢《や》。

**ふきゅう**【不朽】名 いつまでも、ほろびないで残《のこ》ること。のちの世《よ》まで伝《つた》わること。例 不朽の名作《めいさく》。

**ふきゅう**【普及】名 動-する 広《ひろ》く行《い》きわたること。例 パソコンが普及した。

**ふきょう**【不況】名 景気《けいき》が悪《わる》いこと。不景気《ふけいき》。対 好況《こうきょう》。

**ふきょう**【布教】名 動-する 宗教《しゅうきょう》を教《おし》え広《ひろ》めること。

**ぶきよう**【不器用・無器用】名 形動 ❶器用《きよう》でないこと。手先《てさき》でする仕事《しごと》が下手《へた》なこと。ぶきっちょ。例 不器用な手《て》つき。❷やり方《かた》がうまくないこと。例 人《ひと》づきあいが不器用だ。

**ぶぎょう**【奉行】名 武家政治《ぶけせいじ》の時代《じだい》の、政治《せいじ》を行《おこな》う役《やく》の名《な》の一《ひと》つ。特《とく》に、江戸時代《えどじだい》、幕府《ばくふ》の言《い》いつけで、政治《せいじ》や裁判《さいばん》の仕事《しごと》に当《あ》たった、いちばん上《うえ》の役《やく》の名《な》。また、その役《やく》の人《ひと》。例 町奉行《まちぶぎょう》。

**ふきょうをかう**【不興を買う】（目上《めうえ》の人《ひと》を）不機嫌《ふきげん》にさせる。例 よけいなことを言《い》って、先生《せんせい》の不興を買ってしまった。

**ぶきょく**【舞曲】名 〔音楽《おんがく》で〕おどりをするときに使《つか》う音楽《おんがく》。また、その形式《けいしき》の曲《きょく》。例 ハンガリー舞曲。

**ふきん**【布巾】名 食器《しょっき》や、おぜんなどをふく小《ちい》さい布《ぬの》。

°**ふきん**【付近】名 その辺《あた》り。例 この付近には、店《みせ》が多《おお》い。類 近所《きんじょ》。近辺《きんぺん》。

**ふきんしん**【不謹慎】名 形動 ふまじめな




慣用句 取《と》り付《つ》く島《しま》もない　おじさんは気《き》むずかし屋《や》で、いつ話《はな》しかけても、取《と》り付《つ》く島《しま》もない。

態度《たいど》で、つつしみがないこと。例 不謹慎な行動《こうどう》をつつしむ。

## ふく【服】
画数 8 部首 月(つきへん) 3年

音 フク 訓 —

筆順 服

❶着《き》るもの。熟語 服地《ふくじ》。衣服《いふく》。洋服《ようふく》。和服《わふく》。❷従《したが》う。熟語 服従《ふくじゅう》。感服《かんぷく》。心服《しんぷく》。❸薬《くすり》などを飲《の》む。熟語 服薬《ふくやく》。服用《ふくよう》。❹飲《の》む回数《かいすう》や、薬《くすり》の包《つつ》みを数《かぞ》える言葉《ことば》。例 お茶《ちゃ》を一服《いっぷく》。薬《くすり》を日《ひ》に三服《さんぷく》。↓ふくする(服する)1136ページ

## ふく【服】名
着《き》るもの。衣服《いふく》。洋服《ようふく》。例 新《あたら》しい服を着《き》る。

## ふく【副】
画数 11 部首 刂(りっとう) 4年

音 フク 訓 —

筆順 副

❶おもなものの次《つぎ》の。ひかえの。熟語 副業《ふくぎょう》。副委員長《ふくいいんちょう》。対 正《せい》。❷そえるもの。つきもの。熟語 副食《ふくしょく》。副作用《ふくさよう》。副産物《ふくさんぶつ》。

## ふく【副】名
おもなものの助《たす》けとなるもの。例 正《せい》と副の委員長《いいんちょう》が並《なら》ぶ。対 正《せい》。

## ふく【復】
画数 12 部首 彳(ぎょうにんべん) 5年

音 フク 訓 —

筆順 復

❶行《い》った道《みち》をもどる。熟語 復路《ふくろ》。往復《おうふく》。対 往《おう》。❷くり返《かえ》す。熟語 復習《ふくしゅう》。反復《はんぷく》。❸元《もと》にもどる。熟語 復職《ふくしょく》。復活《ふっかつ》。復興《ふっこう》。回復《かいふく》。↓ふくする(復する)1136ページ

## ふく【福】
画数 13 部首 ネ(しめすへん) 3年

音 フク 訓 —

筆順 福

しあわせ。熟語 福祉《ふくし》。幸福《こうふく》。祝福《しゅくふく》。

## ふく【福】名
しあわせ。幸福《こうふく》。例「福は内《うち》、鬼《おに》は外《そと》」。笑《わら》う門《かど》には福来《き》たる。

## ふく【腹】
画数 13 部首 月(にくづき) 6年

音 フク 訓 はら

筆順 腹

❶はら。おなか。熟語 腹痛《ふくつう》。満腹《まんぷく》。❷こころ。熟語 腹案《ふくあん》。立腹《りっぷく》。❸物《もの》の中《なか》ほどの所《ところ》。熟語 山腹《さんぷく》。中腹《ちゅうふく》。

## ふく【複】
画数 14 部首 ネ(ころもへん) 5年

音 フク 訓 —

筆順 複

❶重《かさ》なる。重《かさ》ねる。二《ふた》つ以上《いじょう》ある。熟語 複合《ふくごう》。複雑《ふくざつ》。複数《ふくすう》。複線《ふくせん》。重複《ちょうふく》・重複《じゅうふく》。複式火山《ふくしきかざん》。対 単《たん》。❷同《おな》じことを、もう一度《いちど》する。熟語 複写《ふくしゃ》。複製《ふくせい》。

## ふく【伏】
画数 6 部首 亻(にんべん)

音 フク 訓 ふ-せる ふ-す

❶ふせる。うつぶせになる。熟語 起伏《きふく》。平伏《へいふく》。例 床《とこ》に伏《ふ》す。対 起《き》。❷かくれる。ひそむ。かくす。熟語 伏線《ふくせん》。伏兵《ふくへい》。潜伏《せんぷく》。❸従《したが》う。熟語 降伏《こうふく》。

## ふく【幅】
画数 12 部首 巾(はばへん)

音 フク 訓 はば

❶はば。熟語 幅員《ふくいん》。振幅《しんぷく》。横幅《よこはば》。❷掛《か》け軸《じく》を数《かぞ》える言葉《ことば》。例 一幅《いっぷく》の絵《え》。

## ふく【覆】
画数 18 部首 襾(にし)

音 フク 訓 おお-う くつがえ-す くつがえ-る

❶おおう。つつむ。熟語 覆面《ふくめん》。例 頭《あたま》を覆《おお》う。❷くつがえす。くつがえる。熟語 転覆《てんぷく》。例 判決《はんけつ》を覆《くつがえ》す。

## °ふく【吹く】動
❶風《かぜ》が起《お》こる。例 こがらしが吹く。❷口《くち》をすぼめて息《いき》を出《だ》す。例 熱《あつ》いお茶《ちゃ》を吹いて飲《の》む。❸息《いき》を出《だ》して鳴《な》らす。例 口笛《くちぶえ》を吹く。❹草《くさ》や木《き》が芽《め》を出《だ》す。例 木《き》の芽《め》が吹く。❺大《おお》げさに言《い》う。例 ほらを吹く。❻粉《こな》などが表面《ひょうめん》に現《あらわ》れ出《で》る。例 干《ほ》しがきが粉《こ》を吹く。↓すい【吹】670ページ

## °ふく【拭く】動
きれいにするために、布《ぬの》や紙《かみ》などでこすって、よごれや水分《すいぶん》を取《と》る。例 窓《まど》ガラスをふく。↓しょく【拭】641ページ

慣用句 取《と》るものも取《と》りあえず　事故《じこ》の知《し》らせを聞《き》いて、取《と》るものも取《と》りあえず病院《びょういん》にかけつけた。

**ふく【噴《ふ》く】** 動 内部《ないぶ》から勢《いきお》いよく出《で》る。例 クジラが潮《しお》を噴いている。↓ふん【噴】1165ページ

**ふく【葺く】** 動 屋根《やね》を、かわら・わら・トタンなどでおおう。例 わらでふいた屋根《やね》。

**ふぐ【〈河豚〉】** 名 体《からだ》がまるく、口《くち》が小《ち》さい魚《さかな》。海《うみ》にすんでいて、種類《しゅるい》が多《おお》い。トラフグなどは食用《しょくよう》にするが、肝臓《かんぞう》・卵《らん》巣《そう》に強《つよ》い毒《どく》を持《も》つ。おどろくと腹《はら》をふくらませる。

〔ふぐ〕

**ぶぐ【武具】** 名 いくさに使《つか》う道具《どうぐ》。よろい、かぶと、弓矢《ゆみや》など。

**ふぐあい【不具合】** 名 形動 具合《ぐあい》がよくないこと。特《とく》に、商品《しょうひん》や機械《きかい》などの調子《ちょうし》が悪《わる》くて、うまく動《うご》かないこと。例 エンジンに不具合が生《しょう》じた。

**ふくあん【腹案】** 名 心《こころ》の中《なか》に持《も》っている考《かんが》えや計画《けいかく》。例 腹案を練《ね》る。

**例解 ↔ 使い分け**

**吹《ふ》くと噴《ふ》く**

笛《ふえ》を吹《ふ》く。
風《かぜ》が吹《ふ》く。
木《き》の芽《め》が吹《ふ》く。
ほらを吹《ふ》く。

火山《かざん》が火《ひ》を噴《ふ》く。
勢《いきお》いよく蒸気《じょうき》を噴《ふ》く。

**ふくいけん【福井県】** 地名 中部地方《ちゅうぶちほう》の日《に》本海側《ほんかいがわ》にある県《けん》。県庁《けんちょう》は福井市《ふくいし》にある。

**フクイサウルス** 名 日本《にっぽん》に生《い》きていた陸《りく》の恐竜《きょうりゅう》。福井県《ふくいけん》で見《み》つかった。フクイリュウ。

**ふぐう【不遇】** 名 形動 運《うん》が悪《わる》くて、世《よ》の中《なか》に認《みと》められないこと。例 不遇な一生《いっしょう》。

**ふくえき【服役】** 名 動-する 罪《つみ》をおかした人《ひと》が、決《き》められた間《あいだ》、刑《けい》に服《ふく》すること。

**ふくおかけん【福岡県】** 地名 九州北部《きゅうしゅうほくぶ》にある県《けん》。県庁《けんちょう》は福岡市《ふくおかし》にある。

**ふくおんせい【副音声】** 名 テレビなどで、主《おも》に流《なが》れている音声《おんせい》以外《いがい》の音声《おんせい》。

**ふくがく【復学】** 名 動-する 休学《きゅうがく》などしていた学生《がくせい》や生徒《せいと》が、もう一度《いちど》学校《がっこう》に通《かよ》い始《はじ》めること。

**ふくがん【複眼】** 名 (トンボなどの目《め》のように)たくさんの小《ち》さな目《め》が集《あつ》まって、全体《ぜんたい》として一《ひと》つの目《め》のはたらきをする目《め》。対 単《たん》眼《がん》。

**ふくぎょう【副業】** 名 おもな仕事《しごと》の他《ほか》にする別《べつ》の仕事《しごと》。例 副業でイラストを描《か》いている。対 本業《ほんぎょう》。

**ふくげん【復元・復原】** 名 動-する 元《もと》の形《かたち》や状態《じょうたい》にもどすこと。また、もどること。例 壁画《へきが》を復元する。

**ふくごう【複合】** 名 動-する 二《ふた》つ以上《いじょう》のものが集《あつ》まって、一《ひと》つになること。例 スキーの複合競技《きょうぎ》。

✤**ふくごうご【複合語】** 名 〔国語《こくご》で〕二《ふた》つ以《い》上《じょう》の言葉《ことば》が結《むす》びついて、一《ひと》つの言葉《ことば》となったもの。「海開《うみびら》き」「買《か》い物《もの》」「読《よ》み通《とお》す」「むし暑《あつ》い」など。

**ふくさい【副菜】** 名 中心《ちゅうしん》となるおかずを補《おぎな》うための料理《りょうり》。野菜《やさい》や豆《まめ》・イモなどを使《つか》ったものが多《おお》い。

◦**ふくざつ【複雑】** 名 形動 こみ入《い》ってややこしいこと。例 複雑なしくみのロボット。対 単純《たんじゅん》。簡単《かんたん》。

**ふくさよう【副作用】** 名 薬《くすり》が、病気《びょうき》を治《なお》すはたらきの他《ほか》に、体《からだ》に与《あた》えてしまう害《がい》。例 かぜ薬《ぐすり》の副作用。

**ふくざわ ゆきち【福沢諭吉】** 人名 (男) (一八三五～一九〇一) 明治時代《めいじじだい》の思想家《しそうか》・教育《きょういく》家《か》。近代《きんだい》の進《すす》んだ考《かんが》えを持《も》って、世《よ》の中《なか》の人々《ひとびと》を導《みちび》いた。慶応義塾《けいおうぎじゅく》を作《つく》り、「学問《がくもん》ノススメ」などの本《ほん》を書《か》いた。

〔ふくざわゆきち〕

**ふくさんぶつ【副産物】** 名 ❶ある物《もの》を作《つく》るときに、それといっしょにできる、別《べつ》のもの。例 コールタールは、コークスを作《つく》るときの副産物だ。❷あるものごとに関係《かんけい》して起《お》こってくる、別《べつ》のものごと。例 水泳教室《すいえいきょうしつ》に通《かよ》った副産物で、たくさんの友達《ともだち》ができた。

✤**ふくし【副詞】** 名 〔国語《こくご》で〕品詞《ひんし》の一《ひと》つ。動《どう》




慣用句 泥《どろ》を塗《ぬ》る ひどい負《ま》け方《かた》をして、先輩《せんぱい》の顔《かお》に泥《どろ》を塗《ぬ》るようなことはするな。

例解 ! ことばの勉強室

## 副詞《ふくし》について

「ごんぎつね」の終《お》わりの場面《ばめん》で、

◎ごんは、…こっそり中《なか》へ入《はい》りました。

◎兵十《ひょうじゅう》は、ふと顔《かお》を上《あ》げました。

◎ごんを、ドンと、うちました。

◎ごんは、ばたりとたおれました。

太字《ふとじ》の部分《ぶぶん》が、状態《じょうたい》を表《あらわ》す副詞《ふくし》である。

これらは、場面《ばめん》や人物《じんぶつ》のようすを生《い》き生《い》きと表《あらわ》すはたらきをしている。

また、副詞《ふくし》には、次《つぎ》のような、ものごとの程度《ていど》を表《あらわ》すものがある。

○今年《ことし》の冬《ふゆ》は、たいへん寒《さむ》い。

○これよりももっと大《おお》きいリンゴ。

○あなたと会《あ》うよりも、かなり前《まえ》の話《はなし》だ。

そのほか、副詞《ふくし》には、次《つぎ》のような、特《とく》別《べつ》の決《き》まった言《い》い方《かた》になるものがある。

○なぜ…をするのか

○もし…ならば

○たとえ…しても

○まるで…のようだ

○たぶん…するだろう

詞《し》や形容詞《けいようし》・形容動詞《けいようどうし》などの前《まえ》について、その言葉《ことば》の状態《じょうたい》や程度《ていど》などをくわしく表《あらわ》す言《こと》葉《ば》。この辞典《じてん》では副と示《しめ》してある。

**ふくし【福祉】** 名 多《おお》くの人々《ひとびと》の幸《しあわ》せ。幸福《こうふく》。例 社会《しゃかい》福祉。

**ふくじ【服地】** 名 洋服《ようふく》を作《つく》るのに使《つか》う布地《ぬのじ》。洋服《ようふく》生地《きじ》。

**ふくしき【複式】** 名 二《ふた》つ以上《いじょう》のものが、組《く》み合《あ》わさったり、結《むす》び付《つ》いたりして、一《ひと》つになること。また、そのようなやり方《かた》。例 複式火山《かざん》。複式学級《がっきゅう》。

**ふくしきかざん【複式火山】** 名 火口《かこう》の中《なか》にさらに火口《かこう》ができ、二重三重《にじゅうさんじゅう》になっている火山《かざん》。箱根山《はこねやま》、阿蘇山《あそさん》など。

**ふくしきこきゅう【腹式呼吸】** 名 おなかをふくらませたりへこませたりするようにして、横隔膜《おうかくまく》を使《つか》って行《おこな》う呼吸法《こきゅうほう》。

**ふくしまけん〖福島県〗** 地名 東北地方《とうほくちほう》の南部《なんぶ》にある県《けん》。県庁《けんちょう》は福島市《ふくしまし》にある。

**ふくしゃ【複写】** 名 動-する ❶機械《きかい》を使《つか》って書類《しょるい》や図面《ずめん》をそのまま写《うつ》し取《と》ること。コピー。❷紙《かみ》を二枚以上《にまいいじょう》重《かさ》ねて書《か》いて、一度《いちど》に写《うつ》し取《と》ること。例 カーボン紙《し》で複写する。

**ふくしゃ【輻射】** 名 動-する ↓ほうしゃ❸ 1197ページ

**◦ふくしゅう【復習】** 名 動-する 教《おし》えられたことを、くり返《かえ》して勉強《べんきょう》すること。おさらい。例 家《いえ》で復習をする。対 予習《よしゅう》。

**ふくしゅう【復讐】** 名 動-する 仕返《しかえ》しをすること。かたきうち。例 復しゅうの機会《きかい》をねらう。

**ふくじゅう【服従】** 名 動-する 言《い》いつけにそのまま従《したが》うこと。例 命令《めいれい》に服従する。対 反抗《はんこう》。

**ふくじゅそう【福寿草】** 名 キンポウゲの仲間《なかま》の草《くさ》。春早《はるはや》く、黄色《きいろ》い花《はな》を咲《さ》かせる。正月《しょうがつ》のはち植《う》えなどにされる。

**ふくしょう【副賞】** 名 正式《せいしき》の賞《しょう》にそえておくられる、お金《かね》や品物《しなもの》。例 副賞で図書《としょ》カードをもらった。

**ふくしょう【復唱】** 名 動-する 言《い》われたことを、そのとおりくり返《かえ》して言《い》うこと。例 先生《せんせい》からの言《こと》づてを復唱する。

**ふくしょく【服飾】** 名 着《き》るものと、それにつけるかざり。例 服飾デザイナー。

**ふくしょく【副食】** 名 ご飯《はん》やパンにそえて食《た》べるもの。おかず。副食物《ふくしょくぶつ》。対 主食《しゅしょく》。

**ふくしん【腹心】** 名 心《こころ》から信《しん》じることができる人《ひと》。例 腹心の部下《ぶか》。注意 自分《じぶん》より目上《めうえ》の人《ひと》には使《つか》わない。

**ふくすいぼんにかえらず【覆水盆に返らず】** 〔ひっくり返《かえ》した水《みず》は、盆《ぼん》(=うつわ)にもどせないように〕一度《いちど》やってしまったことは、もう取《と》り返《かえ》しがつかない。例 今《いま》さらあやまっても覆水盆に返らずだ。もう遅《おそ》いよ。類 後悔先《こうかいさき》に立《た》たず。

**ふくすう【複数】** 名 二《ふた》つ以上《いじょう》の数《かず》。例 それには複数の反対意見《はんたいいけん》がある。対 単数《たんすう》。

**ふくする【服する】** 動 そのまま従《したが》う。受《う》ける。例 刑《けい》に服する。

**ふくする【復する】** 動 元《もと》の状態《じょうたい》にもどる。例 電車《でんしゃ》のダイヤが正常《せいじょう》に復する。

**ふくせい【複製】** 名 動-する 絵《え》などを、元《もと》の

慣用句 なくて七癖《ななくせ》 なくて七癖《ななくせ》というとおり、ぼくには鼻歌《はなうた》を歌《うた》うくせがあるようだ。

ものとそっくり同《おな》じように、まねて作《つく》ること。また、作《つく》ったもの。例 名画《めいが》の複製。

**ふくせん**【伏線】名 物語《ものがたり》や劇《げき》などで、あとで起《お》こることを、前《まえ》もってそれとなく知《し》らせておくこと。例 伏線を張《は》る。

**ふくせん**【複線】名 上《のぼ》りと下《くだ》りの線《せん》路《ろ》が並《なら》んでいるもの。対 単線《たんせん》。

○**ふくそう**【服装】名 身《み》なり。よそおい。例 カジュアルな服装。

✤**ふくだい**【副題】名 本《ほん》などで、内容《ないよう》をつかみやすくするために、題《だい》の横《よこ》にそえてつける題《だい》。サブタイトル。

**ふくちょう**【復調】名 動-する 調《ちょう》子《し》が元《もと》のよい状《じょう》態《たい》にもどること。例 少《すこ》しずつ復調してきた。

**ふくつ**【不屈】名 へこたれないこと。くじけないこと。例 不屈の精《せい》神《しん》で取《と》り組《く》む。

**ふくつう**【腹痛】名 腹《はら》が痛《いた》むこと。はらいた。例 腹痛を起《お》こす。

**ふくどく**【服毒】名 動-する 毒《どく》を飲《の》むこと。

**ふくどくほん**【副読本】名 学校《がっこう》で、教《きょう》科《か》書《しょ》とは別《べつ》に、学《がく》習《しゅう》の助《たす》けとして使《つか》われる本《ほん》。

**ふくとしん**【副都心】名 大《だい》都《と》市《し》で、都《と》心《しん》とは別《べつ》の場《ば》所《しょ》にできた、二《に》番《ばん》めの中《ちゅう》心《しん》地《ち》。都《と》心《しん》の機《き》能《のう》の一《いち》部《ぶ》を分《ぶん》担《たん》してはたすようになっている。

**ふくのかみ**【福の神】名 人《ひと》々《びと》に幸《しあわ》せを授《さず》けてくれるといわれる神《かみ》。また、そのような人《ひと》。

**ふくびき**【福引き】名 当《あ》たった人《ひと》に、景《けい》品《ひん》を出《だ》すくじ。

**ふくぶ**【腹部】名 腹《はら》の部《ぶ》分《ぶん》。腹《はら》の辺《あた》り。

**ふくぶくしい**【福福しい】形 顔《かお》がふっくらして、幸《こう》福《ふく》いっぱいなようすである。例 福々しい顔《かお》立《だ》ち。

**ふくふくせん**【複複線】名 複《ふく》線《せん》がふた組《くみ》並《なら》んでいる線《せん》路《ろ》。

**ふくぶくろ**【福袋】名 いろいろな商《しょう》品《ひん》を詰《つ》め合《あ》わせた袋《ふくろ》。正《しょう》月《がつ》の売《う》り出《だ》しなどで売《う》られる。

✤**ふくぶん**【複文】名 〔国《こく》語《ご》で〕主《しゅ》語《ご》と述《じゅつ》語《ご》のある文《ぶん》の一《いち》部《ぶ》分《ぶん》に、さらに主《しゅ》語《ご》と述《じゅつ》語《ご》を含《ふく》んでいる文《ぶん》。例《たと》えば、「わたしは、雨《あめ》がやんでから、出《で》かけた。」という文《ぶん》の主《しゅ》語《ご》と述《じゅつ》語《ご》は「わたしは」「出《で》かけた」だが、その文《ぶん》の中《なか》にさらに「雨《あめ》が」「やんでから」という主《しゅ》語《ご》と述《じゅつ》語《ご》が含《ふく》まれている。関連 単《たん》文《ぶん》。重《じゅう》文《ぶん》。↓ぶん【文】1165ページ

**ふくへい**【伏兵】名 ❶待《ま》ち伏《ぶ》せをしていて、敵《てき》を急《きゅう》におそう兵《へい》隊《たい》。❷思《おも》いがけないじゃま者《もの》や競《きょう》争《そう》相《あい》手《て》。例 伏兵に優《ゆう》勝《しょう》をはばまれる。

**ふくみ**【含み】名 言《こと》葉《ば》に表《あらわ》れていない別《べつ》の深《ふか》い意《い》味《み》。例 その言《こと》葉《ば》には含みがある。

**ふくむ**【服務】名 動-する 仕《し》事《ごと》や務《つと》めにつくこと。勤《きん》務《む》。

○**ふくむ**【含む】動 ❶口《くち》に入《い》れる。例 水《みず》を口《くち》に含む。❷中《なか》に入《い》れる。例 費《ひ》用《よう》には、お菓《か》子《し》代《だい》も含まれている。❸理《り》解《かい》して覚《おぼ》えておく。例 こちらの事《じ》情《じょう》も含んでおいてください。❹表《ひょう》情《じょう》や態《たい》度《ど》に表《あらわ》す。例 うれいを含んだ目《め》。↓がん【含】274ページ

**ふくめる**【含める】動 ❶中《なか》に入《い》れていっしょにする。例 こづかいには、本《ほん》代《だい》も含める。❷よくわかるように言《い》い聞《き》かせる。例 かんで含めるように話《はな》す。↓がん【含】274ページ

**ふくめん**【覆面】名 動-する ❶布《ぬの》などで、顔《かお》をおおい包《つつ》むこと。また、そのきれ。マスク。❷正《しょう》体《たい》をかくすこと。例 覆面パトカー。

**ふくよう**【服用】名 動-する 薬《くすり》を飲《の》むこと。服《ふく》薬《やく》。例 食《しょく》後《ご》に薬《くすり》を服用する。

**ふくよう**【複葉】名 ❶ダリア・フジなどの葉《は》のように、一《ひと》つの葉《は》が小《ちい》さな葉《は》の集《あつ》まりによってできているもの。❷飛《ひ》行《こう》機《き》で、つばさが上《じょう》下《げ》二《に》枚《まい》あるもの。対（❶・❷）単《たん》葉《よう》。

**ふくよか** 形動 ふっくらとしているようす。例 ふくよかな体《からだ》つき。

**ふくらはぎ** 名 すねの裏《うら》側《がわ》で、肉《にく》がついてふくれた部《ぶ》分《ぶん》。↓からだ❶262ページ

**ふくらます**【膨らます】動 ふくらむようにする。ふくらす。例 風《ふう》船《せん》を膨らます。

○**ふくらむ**【膨らむ】動 中《なか》から盛《も》り上《あ》がって大《おお》きくなる。ふくれて大《おお》きくなる。例 つぼみが膨らむ。↓ぼう【膨】1193ページ

**ふくり**【福利】名 幸《こう》福《ふく》と利《り》益《えき》。例 公《こう》共《きょう》の福利。

**ふくり**【複利】名 ある期《き》間《かん》ごとに利《り》息《そく》を計《けい》

慣用句 なしのつぶて　3回《かい》も催《さい》促《そく》したがなしのつぶてで、まったく返《かえ》す気《き》がないらしい。

算《さん》して、それを元金《がんきん》にくり入《い》れ、その合計《ごうけい》に、また利息《りそく》をつける計算《けいさん》のしかた。

**ふくれあがる**【膨れ上がる】動 ❶ふくれて大《おお》きくなる。例ねんざをした足首《あしくび》が膨れ上がった。❷予《よ》想《そう》をこえて大《おお》きくなる。例予《よ》算《さん》が膨れ上がった。

**ふくれっつら**【膨れっ面】名 怒《いか》りや不《ふ》満《まん》でむっとした顔《かお》。

○**ふくれる**【膨れる】動 ❶中《なか》からおして、外《そと》が出《で》っ張《ば》る。例おもちが膨れる。❷不《ふ》平《へい》そうな顔《かお》をする。むっとする。例しかられるとすぐふくれる。↓ぼう【膨】1193ページ

○**ふくろ**【袋】名 ❶紙《かみ》や布《ぬの》などを縫《ぬ》い合《あ》わせたり貼《は》ったりして口《くち》の部《ぶ》分《ぶん》だけを残《のこ》し、中《なか》に物《もの》を入《い》れるようにしたもの。例紙袋《かみぶくろ》。❷「❶」に似《に》た形《かたち》のもの。例ミカンの袋。↓たい【袋】768ページ

**袋《ふくろ》のねずみ**〔「袋《ふくろ》の中《なか》のねずみ」ともいう。〕追《お》いつめられて、にげようにもにげる方法《ほうほう》がないことのたとえ。絶《ぜっ》体《たい》絶《ぜつ》命《めい》。例犯《はん》人《にん》は、もう袋のねずみだ。

**ふくろ**【復路】名 帰《かえ》り道《みち》。帰《き》路《ろ》。例駅《えき》伝《てん》の復路。対往《おう》路《ろ》。

**ふくろう** 名 森《もり》などにすむ鳥《とり》。種《しゅ》類《るい》が多《おお》いが、多《おお》くは夜《よる》に活《かつ》動《どう》して、小《こ》鳥《とり》や野《の》ネズミなどをとって食《た》べる。頭《あたま》と目《め》が大《おお》きく、くちばしはするどい。

**ふくろくじゅ**【福禄寿】名 七《しち》福《ふく》神《じん》の一人《ひとり》。福《ふく》と富《とみ》と寿《じゅ》命《みょう》の神《かみ》。↓しちふくじん563ページ

**ふくろこうじ**【袋小路】名 ❶行《い》き止《ど》まりになっているせまい道《みち》。❷ものごとが行《い》きづまること。例交《こう》渉《しょう》が袋小路に入《はい》る。

**ふくろだたき**【袋だたき】名 一人《ひとり》を大《おお》勢《ぜい》で取《と》り囲《かこ》んで、さんざんにたたいたり、非《ひ》難《なん》したりすること。例袋だたきにあう。

**ふくわじゅつ**【腹話術】名 くちびるを動《うご》かさずに声《こえ》を出《だ》して、人《にん》形《ぎょう》などがしゃべっているように見《み》せかけ、一人《ひとり》で何《なん》役《やく》かを演《えん》じる芸《げい》。

**ふくわらい**【福笑い】名 正《しょう》月《がつ》の遊《あそ》びの一《ひと》つ。りんかくだけかかれた顔《かお》の上《うえ》に、目《め》隠《かく》しをした人《ひと》が、まゆ・目《め》・鼻《はな》・口《くち》を置《お》いて、正《ただ》しい顔《かお》を作《つく》る遊《あそ》び。

**ふけ** 名 頭《あたま》の皮《ひ》膚《ふ》がかわいて、白《しろ》い小《ちい》さなうろこのように、はがれたもの。

**ぶけ**【武家】名 武《ぶ》士《し》の家《いえ》柄《がら》。武《ぶ》士《し》。

**ふけい**【父兄】名 父《ちち》と兄《あに》。参考かつては児《じ》童《どう》や生《せい》徒《と》の保《ほ》護《ご》者《しゃ》のことを言《い》った。

**ぶげい**【武芸】名 弓《ゆみ》・馬《うま》・刀《かたな》・やりなど、武《ぶ》士《し》が身《み》につけるべき技《わざ》。武《ぶ》術《じゅつ》。

**ふけいき**【不景気】名 形動 ❶景《けい》気《き》が悪《わる》いこと。例不景気を乗《の》りこえる。❷繁《はん》盛《じょう》しないこと。例不景気な店《みせ》。❸元《げん》気《き》がないこと。例不景気な顔《かお》をしている。

**ふけいざい**【不経済】名 形動 お金《かね》・時《じ》間《かん》・物《もの》などの使《つか》い方《かた》に、むだが多《おお》いこと。例その方《ほう》法《ほう》は時《じ》間《かん》の不経済だ。

**ふけこむ**【老け込む】動 すっかり年《とし》をとったようになる。例まだ老け込む年《とし》ではない。

**ぶけしょはっと**【武家諸法度】名 江《え》戸《ど》幕《ばく》府《ふ》が大《だい》名《みょう》を統《とう》制《せい》するために定《さだ》めた決《き》まり。城《しろ》を築《きず》くことを制《せい》限《げん》したり、参《さん》勤《きん》交《こう》代《たい》の制《せい》度《ど》を定《さだ》めたりした。

**ぶけせいじ**【武家政治】名 武《ぶ》士《し》が中《ちゅう》心《しん》になって行《おこな》った政《せい》治《じ》。鎌《かま》倉《くら》・室《むろ》町《まち》時《じ》代《だい》から江《え》戸《ど》時《じ》代《だい》までの政《せい》治《じ》。約《やく》七〇〇年《ねん》間《かん》続《つづ》いた。

**ふけつ**【不潔】名 形動 きたならしいこと。例不潔な手《て》。不潔な金《かね》。対清《せい》潔《けつ》。

**ふけばとぶよう**【吹けば飛ぶよう】軽《かる》くて頼《たよ》りなげなようす。例吹けば飛ぶような小《ちい》さい会《かい》社《しゃ》。

**ふける**【老ける】動 年《とし》をとる。例あの人《ひと》は、年《とし》よりも老けて見《み》える。↓ろう【老】1410ページ

**ふける**【更ける】動 ❶夜《よ》になって時《とき》がたつ。例夜《よ》が更ける。❷その季《き》節《せつ》になって時《とき》がたつ。例秋《あき》が更ける。↓こう【更】427ページ

**ふける**【耽る】動 夢《む》中《ちゅう》になる。熱《ねっ》中《ちゅう》する。例もの思《おも》いにふける。読《どく》書《しょ》にふける。

**ふける**【蒸ける】動 むされて、中《なか》まで熱《ねつ》が通《とお》る。例いもが、おいしそうにふけた。

■**ふげんじっこう**【不言実行】名 口《くち》であれこれ言《い》わずに、するべきことをしっかり行《おこな》うこと。例不言実行の人《ひと》。

慣用句 涙《なみだ》をのむ　優勝《ゆうしょう》チームとわずか半《はん》ゲームの差《さ》で、今年《ことし》のリーグ戦《せん》は涙《なみだ》をのんだ。

**ふこう【不孝】** 名 形動 子《こ》どもが、親《おや》をだいじにしないこと。例 親《おや》不孝。対 孝行《こうこう》。

**○ふこう【不幸】** 名 形動 ❶幸《しあわ》せでないこと。不運《ふうん》なこと。対 幸福《こうふく》。❷家族《かぞく》などに、死《し》んだ人《ひと》のあること。例 親類《しんるい》に不幸があった。

**❖ふごう【符号】** 名 しるし。記号《きごう》。例 符号で表《あらわ》す。↓ふろく(11ページ)

**ふごう【符合】** 名 動-する 二《ふた》つのものごとが、ぴったり合《あ》うこと。例 調《しら》べた結果《けっか》が事実《じじつ》と符合する。

**例解 ！ ことばの勉強室**

**符号《ふごう》 について**

「レ・ミゼラブル」という物語《ものがたり》の作者《さくしゃ》として有《ゆう》名《めい》な、フランスの作家《さっか》ユーゴーの話《はなし》である。

自分《じぶん》の書《か》いた本《ほん》の売《う》れ行《ゆ》きが気《き》になって、本屋《ほんや》に、次《つぎ》のような手紙《てがみ》を出《だ》した。

「?」

すぐ返事《へんじ》が来《き》た。それも、たった一《いち》字《じ》。

「!」

「売《う》れているか?」「よく売《う》れています!」というのだろう。符号《ふごう》だけで話《はなし》が通《つう》じているから、おもしろい。このように、符号《ふごう》には、それぞれ特別《とくべつ》のはたらきがある。

**ふごう【富豪】** 名 たいへんな金持《かねも》ち。

**ふごうかく【不合格】** 名 試験《しけん》や検査《けんさ》などに受《う》からないこと。

**ふこうちゅうのさいわい【不幸中の幸い】** 幸《しあわ》せでない中《なか》で、これだけは幸《さいわ》いだと思《おも》われることがら。例 家《いえ》は焼《や》けたが、家族《かぞく》が無事《ぶじ》だったのは不幸中の幸いだ。

**ふこうへい【不公平】** 名 形動 公平《こうへい》でないこと。一方《いっぽう》ばかりひいきにすること。例 不公平な扱《あつか》い。

**ふごうり【不合理】** 名 形動 理屈《りくつ》に合《あ》わないこと。筋《すじ》が通《とお》らないこと。例 不合理な制《せい》度《ど》を改《あらた》める。

**ふこく【布告】** 名 動-する (役所《やくしょ》などが)広《ひろ》く世《よ》の中《なか》に知《し》らせること。

**■ふこくきょうへい【富国強兵】** 名 国《くに》の経済《けいざい》を富《と》ませ、軍事《ぐんじ》力《りょく》を強《つよ》めること。

**ふこころえ【不心得】** 名 形動 心《こころ》がけが悪《わる》いこと。よくない心《こころ》がけ。例 花壇《かだん》をあらす不心得な人《ひと》。

**ぶこつ【武骨・無骨】** 名 形動 ❶ごつごつしていて、荒々《あらあら》しいこと。例 武骨な手《て》。❷礼儀《れいぎ》知《し》らずで、上品《じょうひん》さがないこと。

**○ふさ【房】** 名 ❶花《はな》や実《み》などがたくさん集《あつ》まって、一《ひと》つにまとまって垂《た》れ下《さ》がったもの。例 ぶどうの房。❷糸《いと》などを束《たば》ねて先《さき》を切《き》りそろえ、ふさふさと垂《た》らしたもの。例 マフラーに房をつける。↓ぼう【房】1192ページ

**ブザー**〔英語 buzzer〕名 電磁石《でんじしゃく》で、うすい鉄《てっ》片《ぺん》をふるわせて、音《おと》を出《だ》す仕《し》かけ。呼《よ》び出《だ》しや警報《けいほう》などに使《つか》う。

**ふさい【夫妻】** 名 夫《おっと》と妻《つま》。例 大統領《だいとうりょう》夫妻。田中《たなか》夫妻。類 夫婦《ふうふ》。注意 自《じ》分《ぶん》のことについては言《い》わない。

**ふさい【負債】** 名 人《ひと》から、お金《かね》などを借《か》りること。また、借《か》りたお金《かね》や物《もの》。

**ふざい【不在】** 名 ❶家《いえ》にいないこと。留《る》守《す》。例 今《いま》、父《ちち》は不在です。❷存在《そんざい》しないこと。例 国民《こくみん》不在の政治《せいじ》。

**ぶさいく【不細工】** 名 形動 でき上《あ》がりが下手《へた》なこと。不格好《ぶかっこう》。例 不細工な作《つく》り。

**○ふさがる【塞がる】** 動 ❶開《ひら》いていたものが閉《と》じる。しまる。例 傷口《きずぐち》がふさがる。開《あ》いた口《くち》がふさがらない。❷じゃまなものがあって、通《つう》じなくなる。例 がけ崩《くず》れで道《みち》がふさがる。ごみで穴《あな》がふさがる。❸すでに使《つか》われていて、あいていない。例 手《て》がふさがっている。対(❶〜❸)開《あ》く。空《あ》く。❹胸《むね》などが、いっぱいになる。例 悲《かな》しみに胸《むね》がふさがる。↓さい【塞】496ページ

**ふさぎこむ【塞ぎ込む】** 動 気《き》分《ぶん》が晴《は》れ晴《ば》れしないで、ひどくしずむ。例 先生《せんせい》にしかられて、ふさぎ込んでいる。

**ふさく【不作】** 名 農作物《のうさくぶつ》のできが悪《わる》いこと。また、収穫《しゅうかく》が少《すく》ないこと。類 凶作《きょうさく》。対 豊作《ほうさく》。

**○ふさぐ【塞ぐ】** 動 ❶開《ひら》いていたものを閉《と》じる。しめる。例 思《おも》わず目《め》をふさぐ。❷物《もの》を



慣用句 鳴《な》りをひそめる 建設反対《けんせつはんたい》の動《うご》きも鳴《な》りをひそめてしまって、とうとう工事《こうじ》が始《はじ》まるようだ。

置《お》いたりつめたりして、通《つう》じなくする。例すき間《ま》をふさぐ。通《とお》り道《みち》をふさぐ。❸場《ば》所《しょ》や時《じ》間《かん》をいっぱいにする。例席《せき》をふさぐ。対（❶〜❸）開《あ》ける。空《あ》ける。❹気《き》分《ぶん》が晴《は》れない。例気《き》がふさぐ。⇩さい【塞】496ページ

○**ふざける** 動 ❶おどけたことを言《い》ったり、さわいだりする。❷人《ひと》をばかにする。例ふざけたまねをするな。

**ぶさた【無沙汰】** 名 動する 長《なが》い間《あいだ》、会《あ》ったり連《れん》絡《らく》したりしていないこと。例ずいぶんごぶさたしております。

**ふさふさ** 副（-と） 動する たくさん集《あつ》まって、ふさのように垂《た》れ下《さ》がっているようす。例ふさふさした髪《かみ》。

**ぶさほう【無作法・不作法】** 名 形動 礼儀《れいぎ》に外《はず》れること。例挨拶《あいさつ》なしとは無作法だ。

**ぶざま【無様・不様】** 名 形動 見苦《みぐる》しいこと。例ぶざまな負《ま》け方《かた》。

**ふさわしい** 形 よく合《あ》っているようす。例小学生《しょうがくせい》にふさわしい服装《ふくそう》。

**ふさんか【不参加】** 名 会《かい》やもよおしなどに加《くわ》わらないこと。出席《しゅっせき》しないこと。例来月《らいげつ》の大会《たいかい》には不参加だ。

○**ふし【節】** 名 ❶竹《たけ》などの、茎《くき》にある区切《くぎ》り。❷木《き》の幹《みき》から出《で》た枝《えだ》のあと。例節のない材木《ざいもく》。❸骨《ほね》の関節《かんせつ》。例腕《うで》の節が痛《いた》む。❹区切《くぎ》り目《め》。例中学生《ちゅうがくせい》になることは、人生《じんせい》のだいじな節だ。類（❶・❹）節目《ふしめ》。❺点《てん》。部分《ぶぶん》。例思《おも》い当《あ》たる節がある。❻〔音楽《おんがく》で〕歌《うた》や曲《きょく》の音《おと》の流《なが》れ。メロディー。例節をつけて歌《うた》う。❼〔音楽《おんがく》で〕民謡《みんよう》などの名《な》につける言葉《ことば》。例ソーラン節《ぶし》。⇩せつ【節】717ページ

**ふし【父子】** 名 父親《ちちおや》と子《こ》ども。

**ふじ【藤】** 名 みきが、つるのように巻《ま》き付《つ》いてのびる木《き》。春《はる》、むらさきや白《しろ》の、チョウの羽《はね》のような花《はな》が、長《なが》いふさになって咲《さ》く。棚《たな》を作《つく》って花《はな》を楽《たの》しんだりする。⇩とう【藤】905ページ

**ふじ【不治】** 名 病気《びょうき》が治《なお》らないこと。例不治の病《やまい》。参考「ふち」とも読《よ》む。

**ぶし【武士】** 名 昔《むかし》、武芸《ぶげい》を身《み》につけて、いくさで戦《たたか》った人《ひと》。さむらい。

**武士《ぶし》は食《く》わねど高《たか》ようじ** 武士《ぶし》というものは、何《なに》も食《た》べなくても食《た》べたふりをしてようじを使《つか》い、他人《たにん》に弱《よわ》みを見《み》せないものだということ。〔「高《たか》ようじ」は、食後《しょくご》にゆったりとようじを使《つか》うこと。〕

○**ぶじ【無事】** 名 形動 ❶変《か》わったことがないこと。例遠足《えんそく》も無事に終《お》わった。❷健康《けんこう》なこと。元気《げんき》。例家族全員《かぞくぜんいん》無事に過《す》ごす。

**ふしあな【節穴】** 名 ❶板《いた》などの節《ふし》が取《と》れてできた穴《あな》。例節穴からのぞく。❷ものごとをきちんと見《み》る目《め》がないこと。〔ばかにして言《い》う言葉《ことば》。〕例あいつの目《め》は節穴だ。

**ふしあわせ【不幸せ】** 名 形動 幸《しあわ》せでないこと。不幸《ふこう》。不運《ふうん》。対幸《しあわ》せ。

○**ふしぎ【不思議】** 名 形動 ふつうでは考《かんが》えられないこと。あやしいこと。不可思議《ふかしぎ》。例不思議な出来事《できごと》。

**ふしぎのくにのアリス〘不思議の国のアリス〙** 作品名 イギリスのルイス＝キャロルが一八六五年《ねん》に書《か》いた童話《どうわ》。少女《しょうじょ》アリスが、次々《つぎつぎ》と不思議《ふしぎ》な出来事《できごと》にあう。

**ふしくれだつ【節くれ立つ】** 動 ❶木《き》などに節《ふし》がたくさんあって、でこぼこしている。❷手《て》や足《あし》などがごつごつしている。例節くれ立った指《ゆび》。

**ふじごこ〘富士五湖〙** 地名 富士山《ふじさん》のふもとにある五《いつ》つの湖《みずうみ》。山中湖《やまなかこ》・河口湖《かわぐちこ》・西湖《さいこ》・精《しょう》進湖《じこ》・本栖湖《もとすこ》。

**ふじさん〘富士山〙** 地名 静岡県《しずおかけん》と山梨県《やまなしけん》の境《さかい》にある、日本一《にっぽんいち》高《たか》い山《やま》。高《たか》さは三七七六メートル。江戸時代《えどじだい》に大《おお》きな噴火《ふんか》があった。二〇一三年《ねん》に世界遺産《せかいいさん》に登録《とうろく》された。

**ふしぜん【不自然】** 名 形動 どこかに無理《むり》のあること。わざとらしい感《かん》じがあること。例動作《どうさ》が不自然だ。

**ふしだら** 名 形動 だらしがないこと。例ふしだらな生活《せいかつ》。

**ふじちゃく【不時着】** 名 動する 飛行機《ひこうき》やヘリコプターが、故障《こしょう》などのために、目的地《もくてきち》以外《いがい》の場所《ばしょ》に降《お》りること。

**ふしちょう【不死鳥】** 名 エジプトの神話《しんわ》に出《で》てくる鳥《とり》。五百年《ごひゃくねん》ごとに火《ひ》に焼《や》かれては生《い》き返《かえ》るという。フェニックス。

**ぶしつけ** 名 形動 礼儀《れいぎ》に外《はず》れていること。無遠慮《ぶえんりょ》。例ぶしつけなお願《ねが》いをする。

慣用句 煮《に》え切《き》らない まだ迷《まよ》っているらしく、チケットをくれるのかどうか聞《き》いても、煮《に》え切《き》らない返事《へんじ》だった。

**ふじつぼ** 名 エビやカニの仲間《なかま》の生物《せいぶつ》。小《ちい》さな富士山《ふじさん》のような形《かたち》をした、かたいからに囲《かこ》まれ、海岸《かいがん》の岩《いわ》などにくっついている。

**ぶしどう【武士道】** 名 武士《ぶし》の間《あいだ》で生《う》まれた道徳《どうとく》。

**ふじばかま【藤ばかま】** 名 秋《あき》の七草《ななくさ》の一《ひと》つ。野原《のはら》に生《は》える草《くさ》で、秋《あき》、たくさんのうすむらさき色《いろ》の小《ちい》さい花《はな》が咲《さ》く。⬇あきのななくさ 11ページ

**ふじはこねいずこくりつこうえん**〔富士箱根伊豆国立公園〕 地名 富士《ふじ》山《さん》を中心《ちゅうしん》に、神奈川《かながわ》・山梨《やまなし》・静岡《しずおか》・東京《とうきょう》の一都《いっと》三県《さんけん》にまたがる国立公園《こくりつこうえん》。⬇こくりつこうえん 457ページ

**ふしぶし【節節】** 名 ❶手足《てあし》などの関節《かんせつ》。例体《からだ》の節々が痛《いた》む。❷いろいろなところ。例話《はなし》の節々に気持《きも》ちが表《あらわ》れている。

**ふしまつ【不始末】** 名 ❶あと始末《しまつ》が悪《わる》いこと。例火《ひ》の不始末から火事《かじ》になる。❷人《ひと》に迷惑《めいわく》をかける、よくない行《おこな》い。例不始末をしでかす。

**ふしまわし【節回し】** 名 歌《うた》などの節《ふし》の上《あ》がり下《さ》がりのぐあい。例たくみな節回し。

**ふじみ【不死身】** 名 形動 ❶けっして死《し》なないこと。類不老不死《ふろうふし》。❷どんなにひどい目《め》にあってもくじけないこと。また、そのような強《つよ》い体《からだ》。例不死身のヒーロー。

**ふしめ【節目】** 名 ❶竹《たけ》や材木《ざいもく》の、節《ふし》になっているところ。❷ものごとの区切《くぎ》り目《め》。例卒《そつ》業《ぎょう》は人生《じんせい》の節目だ。

**ふしめ【伏し目】** 名 目《め》を下《した》に向《む》けること。うつむくこと。例伏し目がちに話《はな》す。

✤**ぶしゅ【部首】** 名〔国語《こくご》で〕漢和辞典《かんわじてん》などで漢字《かんじ》を引《ひ》くときに目《め》じるしとなる、へん・つくり・かんむり・かまえなど。この辞典《じてん》の漢字《かんじ》の項目《こうもく》には、それぞれの漢字《かんじ》の部首《ぶしゅ》が示《しめ》してある。⬇ふろく(2ページ)

**ふじゆう【不自由】** 名 動-する 形動 思《おも》うようにならないこと。不便《ふべん》。例食《た》べる物《もの》に不自由する。

**ふじゅうぶん【不十分・不充分】** 名 形動 十分《じゅうぶん》でないこと。足《た》りないところがあること。例説明《せつめい》が不十分だ。

✤**ぶしゅさくいん【部首索引】** 名 漢和辞《かんわじ》典《てん》などで、漢字《かんじ》を、同《おな》じ部首《ぶしゅ》ごとに画数順《かくすうじゅん》に並《なら》べた索引《さくいん》。部首《ぶしゅ》からその漢字《かんじ》がのっている場所《ばしょ》を調《しら》べることができる。

**ぶじゅつ【武術】** 名 弓《ゆみ》やり、剣道《けんどう》、馬術《ばじゅつ》など、武士《ぶし》がいくさに備《そな》えて、身《み》につける技《わざ》。武芸《ぶげい》。

**ふじゅん【不純】** 名 形動 ❶いろいろな物《もの》が混《ま》じって、きれいでないようす。例不純物《ぶつ》。❷心《こころ》がきれいでないようす。例不純な考《かんが》え。対(❶・❷)純粋《じゅんすい》。

**ふじゅん【不順】** 名 形動 順調《じゅんちょう》でないこと。いつものようでないこと。例天候《てんこう》が不順だ。

**ふじょ【扶助】** 名 動-する 力《ちから》を貸《か》して、助《たす》けること。例生活《せいかつ》を扶助する。

**ぶしょ【部署】** 名 割《わ》り当《あ》てられた受《う》け持《も》ち・役目《やくめ》・持《も》ち場《ば》など。例部署につく。

**ふしょう【負傷】** 名 動-する けがをすること。傷《きず》を負《お》うこと。例多数《たすう》の負傷者《しゃ》が出《で》た。

**ふじょう【浮上】** 名 動-する ❶水面《すいめん》にうかび上《あ》がること。例潜水艦《せんすいかん》が浮上する。❷目立《めだ》つ状態《じょうたい》になること。例上位《じょうい》に浮上する。

**ぶしょう【武将】** 名 武士《ぶし》の大将《たいしょう》。

例解 ! ことばの勉強室

## 部首《ぶしゅ》について

部首《ぶしゅ》ごとに漢字《かんじ》を分《わ》け、画数順《かくすうじゅん》に並《なら》べた最《さい》初《しょ》の辞典《じてん》は、十八世紀《じゅうはっせいき》はじめに中国《ちゅうごく》で作《つく》られた「康熙字典《こうきじてん》」だといわれている。

これによると、例《たと》えば「間《かん》」「開《かい》」は「門《もん》〔もんがまえ〕」の部《ぶ》であるのに、「問《もん》」は「口《くち》」、「聞《ぶん》」は「耳《みみ》」の部《ぶ》に入《はい》っている。意《い》味《み》や成《な》り立《た》ちによって、漢字《かんじ》を分《わ》けたためである。

現在行《げんざいおこな》われている分《わ》け方《かた》も、この字典《じてん》がもとになっている。

この辞書《じしょ》も、「問《もん》」は口《くち》、「聞《ぶん》」は耳《みみ》の部《ぶ》に入《い》れているが、探《さが》すのに迷《まよ》ったりするので、「問《もん》」「聞《ぶん》」も門《もん》の部《ぶ》に入《い》れている辞《じ》典《てん》もある。



慣用句 錦《にしき》を飾《かざ》る　日本《にっぽん》に来《き》て修業《しゅぎょう》した力士《りきし》が、みごと横綱《よこづな》となって、故郷《こきょう》に錦《にしき》を飾《かざ》った。

あいうえお かきくけこ さしすせそ たちつてと なにぬねの はひふへほ まみむめも やゆよ らりるれろ わをん

**ぶしょう**【無精・不精】名 動-する 形動 なまけること。面倒《めんどう》がること。ものぐさ。例 無精ひげ。無精者《もの》。

**ふしょうか**【不消化】名 形動 ❶食《た》べた物《もの》のこなれが悪《わる》いこと。例 よくかまないと不消化を起《お》こす。❷内容《ないよう》がよく理解《りかい》されていないこと。例 不消化な知識《ちしき》。

**ふしょうぶしょう**【不承不承】副 気《き》が進《すす》まないようす。いやいや。しぶしぶ。例 父《ちち》に言《い》われて、不承不承手伝《てつだ》った。

**ふじょうり**【不条理】名 形動 道理《どうり》が立《た》たないこと。例 不条理な世《よ》の中《なか》。

**ふしょく**【腐食】名 動-する さびたり、くさったりして、形《かたち》がくずれること。例 鉄《てつ》の手《て》すりが腐食する。

**ぶじょく**【侮辱】名 動-する ばかにして、はじをかかせること。例 侮辱を受《う》ける。

**ふしょくふ**【不織布】名 織維《せんい》を織《お》らずに、機械《きかい》や熱《ねつ》を使《つか》って布《ぬの》にしたもの。例 不織布のマスク。

**ふじわらの かまたり**〖藤原鎌足〗人名（男）（六一四～六六九）飛鳥時代《あすかじだい》の政治《せいじ》家《か》。中大兄皇子《なかのおおえのおうじ》とともに蘇我氏《そがし》をたおし、大化《たいか》の改新《かいしん》の新《あたら》しい政治《せいじ》を助《たす》け、のちの、藤原氏《ふじわらし》の繁栄《はんえい》のもとを築《きず》いた。初《はじ》め中臣鎌足《なかとみのかまたり》といった。

**ふじわらの さだいえ**〖藤原定家〗人名（男）（一一六二～一二四一）鎌倉時代初《かまくらじだいはじ》めの歌人《かじん》・学者《がくしゃ》。「新古今和歌集《しんこきんわかしゅう》」をまとめた人《ひと》の一人《ひとり》。「小倉百人一首《おぐらひゃくにんいっしゅ》」を選《えら》んだ人《ひと》ともいわれる。「駒《こま》とめて袖《そで》うちはらふ《う》かげもなしさののわたりの雪《ゆき》の夕暮《ゆうぐ》れ」などの歌《うた》がある。名《な》は「ていか」ともいう。

**ふじわらの ていか**〖藤原定家〗人名 ↓ふじわらのさだいえ 1142ページ

**ふじわらの みちなが**〖藤原道長〗人名（男）（九六六～一〇二七）平安時代中《へいあんじだいなか》ごろの貴族《きぞく》。摂政《せっしょう》となって、政治《せいじ》を思《おも》いのままに行《おこな》い、藤原氏《ふじわらし》のもっとも栄《さか》えた時代《じだい》を築《きず》いた。

**ふしん**【不信】名 ❶真心《まごころ》がないこと。例 友達《ともだち》の不信をせめる。❷信用《しんよう》できないこと。例 人々《ひとびと》の不信を招《まね》く。

**ふしん**【不振】名 形動 勢《いきお》いがふるわないこと。調子《ちょうし》が悪《わる》いこと。例 売《う》れ行《ゆ》きが不振だ。

**ふしん**【不審】名 形動 ❶はっきりわからないこと。不詳《ふしょう》。❷あやしいこと。疑《うたが》わしいこと。例 不審な男《おとこ》。

**ふしん**【普請】名 動-する 建物《たてもの》や道《みち》などを、造《つく》ったり直《なお》したりすること。工事《こうじ》。例 道普請《みちぶしん》。

**ふじん**【夫人】名 人《ひと》の妻《つま》を敬《うやま》って言《い》う言葉《ことば》。例 キュリー夫人。

°**ふじん**【婦人】名 大人《おとな》の女《おんな》の人《ひと》。女性《じょせい》。

**ふしんかん**【不信感】名 信用《しんよう》できないという気持《きも》ち。例 不信感をいだく。

**ふしんせつ**【不親切】名 形動 親切《しんせつ》でないこと。例 言《い》い方《かた》が不親切だ。

**ふしんにん**【不信任】名 動-する その人《ひと》に、その役目《やくめ》を信《しん》じて任《まか》せることができないこと。例 内閣《ないかく》の不信任案《あん》。

**ふす**【付す】動〔「付《ふ》する」ともいう。〕❶つける。そえる。例 証明書《しょうめいしょ》を付す。❷任《まか》せる。ゆだねる。例 問題《もんだい》を会議《かいぎ》に付す。

°**ふす**【伏す】動 ❶うつむく。また、顔《かお》を下《した》に向《む》けて、腹《はら》ばいになる。例 泣《な》き伏す。地《ち》に伏す。❷体《からだ》を低《ひく》くしてかくす。かくれる。例 物《もの》かげに伏す。❸横《よこ》になって寝《ね》る。例 病《やまい》の床《とこ》に伏す。↓ふく【伏】1134ページ

**ふずい**【不随】名 体《からだ》が思《おも》うように動《うご》かせないこと。例 半身不随《はんしんふずい》。

**ふずい**【付随】名 動-する おもなことがらに、つながりがあること。例 金銭《きんせん》に付随するもめごと。

**ふずいいきん**【不随意筋】名 自分《じぶん》の意《い》志《し》では動《うご》かすことができない筋肉《きんにく》。心臓《しんぞう》の筋《きん》肉《にく》など。

**ふすう**【負数】名〔算数《さんすう》で〕0《ゼロ》よりも小《ちい》さい数《かず》。負《ふ》の数《すう》。例《たと》えば、数字《すうじ》の前《まえ》に「－」をつけて、マイナス2、マイナス5などという。対 正数《せいすう》。

**ぶすう**【部数】名 本《ほん》や新聞《しんぶん》・雑誌《ざっし》などの数《かず》。

**ふすま**【襖】名 木《き》の骨組《ほねぐ》みの上《うえ》に表裏両側《おもてうらりょうがわ》から紙《かみ》や布《ぬの》をはった建具《たてぐ》。ふすま障子《しょうじ》。からかみ。↓にほんま 991ページ

**ふする**【付する】動 ↓ふす（付す）1142ページ

**ふせ**【布施】名 ↓おふせ 173ページ

**ふせい**【不正】名 形動 正《ただ》しくないこと。例

慣用句 二足《にそく》のわらじを履《は》く　父《ちち》は、会社員《かいしゃいん》と作家《さっか》の二足《にそく》のわらじを履《は》いている。

不正を働《はたら》く。

**ふせい【父性】** [名] 父親《ちちおや》らしい性質《せいしつ》。[対] 母性《ぼせい》。

**ふぜい【風△情△】** [一][名] ❶上品《じょうひん》な感《かん》じ。味《あじ》わい。おもむき。[例] 風情のある庭《にわ》。❷ありさま。ようす。[例] さびしそうな風情。[二]〔ある言葉《ことば》のあとにつけて〕人《ひと》を軽蔑《けいべつ》したり、自分《じぶん》をへりくだったりする気持《きも》ちを表《あらわ》す。…のような者《もの》。[例]「私《わたくし》ふぜいには、できません。」

**ぶぜい【無勢】** [名] 人数《にんずう》が少《すく》ないこと。[例] 多《た》勢《ぜい》に無勢。[対] 多《た》勢《ぜい》。

**ふせいあい【父性愛】** [名] 父親《ちちおや》として子《こ》どもに対《たい》して持《も》つ愛情《あいじょう》。[対] 母《ぼ》性《せい》愛《あい》。

**ふせいじつ【不誠実】** [形動] 誠実《せいじつ》でないこと。[例] 不誠実な態度《たいど》が許《ゆる》せない。

**ふせいりつ【不成立】** [名] 話《はな》し合《あ》いや相談《そうだん》などがまとまらないこと。[例] 交渉《こうしょう》は不成立に終《お》わった。

**ふせき【布石】** [名] (碁《ご》で)対局《たいきょく》のはじめに打《う》つ石《いし》のならべ方《かた》。

**布《ふ》石《せき》を打《う》つ** 先々《さきざき》のために、前《まえ》もって準備《じゅんび》する。[例] 勝利《しょうり》のための布石を打つ。

**○ふせぐ【防ぐ】** [動] ❶攻《せ》めて来《こ》られないように守《まも》る。[例] 相手《あいて》のシュートを防ぐ。[対] 攻《せ》める。❷寒《さむ》さ・風《かぜ》などをさえぎる。[例] 風《かぜ》を防ぐ。❸病気《びょうき》・火事《かじ》などのよくないことを、くい止《と》める。起《お》こさないようにする。[例] 事故《じこ》を防ぐ。↓ぼう【防】1191ページ

**ふせつ【敷設】** [名][動する] 鉄道《てつどう》や電線《でんせん》・水道《すいどう》・都市《とし》ガスなどの設備《せつび》をしくこと。[例] 国道《こくどう》に沿《そ》って鉄道《てつどう》を敷設する。

**ふせっせい【不摂生】** [名][形動] 健康《けんこう》に注意《ちゅうい》しないこと。不養生《ふようじょう》。[例] 日《ひ》ごろの不摂生がたたって、体《からだ》をこわした。

**○ふせる【伏せる】** [動] ❶下《した》に向《む》ける。うつむける。[例] 顔《かお》を伏せる。❷裏《うら》を向《む》ける。[例] 本《ほん》を伏せる。❸体《からだ》をかくす。腹《はら》ばいになる。[例] 草《くさ》むらに身《み》を伏せる。❹内緒《ないしょ》にする。[例] 話《はなし》を伏せておく。↓ふく【伏】1134ページ

**ふせる【臥せる】** [動] 病気《びょうき》になって寝《ね》る。[例] 妹《いもうと》はかぜをひいてふせっている。

**ふせん【付箋】** [名] メモを書《か》きつけたり、目《め》じるしにしたりするためにはりつける、小《ちい》さい紙《かみ》。[例] 付箋をはる。

**ぶぜん【豊前】** [地名] 昔《むかし》の国《くに》の名《な》の一《ひと》つ。今《いま》の福岡県東部《ふくおかけんとうぶ》と、大分県北部《おおいたけんほくぶ》にあたる。

**ふせんしょう【不戦勝】** [名] 相手《あいて》が休《やす》んだり、棄権《きけん》したりしたため、戦《たたか》わないで勝《か》つこと。

**ふせんめい【不鮮明】** [形動] はっきりしないようす。ぼやけているようす。[例] 不鮮明なコピーで、字《じ》が読《よ》めない。

**ふそ【父祖】** [名]〔父《ちち》や祖《そ》父《ふ》も含《ふく》めて〕祖先《そせん》。先《せん》祖《ぞ》。[例] 父祖の地《ち》。

**ぶそう【武装】** [名][動する] 戦《たたか》いに備《そな》えて、武器《ぶき》を身《み》に着《つ》けること。また、武器《ぶき》を用意《ようい》すること。[例] 核《かく》武装に反対《はんたい》する。

**ふそうおう【不相応】** [名][形動] つり合《あ》わないこと。ふさわしくないこと。[例] 子《こ》どもには不相応な持《も》ち物《もの》。

**○ふそく【不足】** [名][動する][形動] ❶十分《じゅうぶん》でないこと。足《た》りないこと。[例] 百円《ひゃくえん》不足している。❷満足《まんぞく》しないこと。不満《ふまん》。[例] 相手《あいて》にとって不足はない。

**ふそく【不測】** [名] 前《まえ》もって予測《よそく》できないこと。[例] 不測の事態《じたい》にそなえる。

**ふぞく【付属・附属】** [名][動する] あるものに付《つ》いていること。[例] 付属品《ひん》。

**ぶぞく【部族】** [名] ある決《き》まった地域《ちいき》に住《す》み、共通《きょうつう》の言葉《ことば》や、文化《ぶんか》や宗教《しゅうきょう》などを持《も》つ人々《ひとびと》のまとまり。種族《しゅぞく》。[例] 少数《しょうすう》部族。

**✤ふぞくご【付属語】** [名]〔国語《こくご》で〕それだけでは使《つか》われず、いつも自立語《じりつご》について、意味《いみ》をつけ加《くわ》えたり、関係《かんけい》を示《しめ》したりする言葉《ことば》。例《たと》えば、「作文《さくぶん》を書《か》いた。」の「を」と「た」。助詞《じょし》と助動詞《じょどうし》。↓ことばの勉強室《べんきょうしつ》「単語《たんご》について」813ページ

**ふぞろい【不ぞろい】** [名][形動] そろっていないこと。ばらばらなこと。[例] 大《おお》きさが不ぞろいのリンゴ。

**ぶそん【蕪村】** [人名] ↓よさぶそん 1359ページ

**ふた【二】** ふたつ。[例] 二間《ま》。二葉《ば》。二重《え》まぶた。二通《とお》りのやり方《かた》。↓に【二】982ページ

**○ふた【蓋】** [名] 入《い》れ物《もの》の口《くち》をおおうもの。[例] なべのふた。↓がい【蓋】196ページ

**蓋《ふた》を開《あ》ける** ❶ものごとを始《はじ》める。[例] スキーシーズンがふたを開ける。❷結果《けっか》を見《み》る。[例] 勝《か》ち負《ま》けは、ふたを開けてみなけ



慣用句 二《に》の足《あし》を踏《ふ》む 道《みち》も険《けわ》しく遭難者《そうなんしゃ》も多《おお》い山《やま》だと聞《き》くと、登《のぼ》るにもつい二《に》の足《あし》を踏《ふ》んでしまう。

ればわからない。

○**ふだ【札】** 名 ❶文字《もじ》や記号《きごう》などを書《か》いた、小《ちい》さい板《いた》や紙《かみ》。例 名札《なふだ》。❷神社《じんじゃ》や寺《てら》で出《だ》すお守《まも》り。例 交通安全《こうつうあんぜん》のお札《ふだ》。❸かるたやトランプなどのカード。例 切《き》り札《ふだ》。❹入場券《にゅうじょうけん》。〔古《ふる》い言《い》い方《かた》。〕例 芝居《しばい》の札《ふだ》。↓さつ【札】517ページ

**ぶた【豚】** 名 人《ひと》に飼《か》われているけもの。ずんぐり太《ふと》っている。肉《にく》は食《た》べられ、皮《かわ》も使《つか》われる。↓とん【豚】954ページ

**豚《ぶた》に真珠《しんじゅ》** どんなによい物《もの》でも、その物《もの》の値《ね》打《う》ちを知《し》らない者《もの》には、役《やく》に立《た》たない、というたとえ。類 猫《ねこ》に小判《こばん》。

**ふだい【譜代】** 名 ❶江戸《えど》時代《じだい》に、関《せき》ケ原《がはら》の戦《たたか》いの前《まえ》から、徳川《とくがわ》氏《し》に仕《つか》えていた大名《だいみょう》。譜《ふ》代大名《だいだいみょう》。❷代々《だいだい》同《おな》じ家《いえ》の主人《しゅじん》に仕《つか》えること。また、その人《ひと》。

**ぶたい【部隊】** 名 ❶軍隊《ぐんたい》のひとまとまり。❷ひとまとまりの集団《しゅうだん》。例 応援部隊《おうえんぶたい》。

○**ぶたい【舞台】** 名 ❶芝居《しばい》やおどりなどの演《えん》技《ぎ》をする場所《ばしょ》。ステージ。❷腕前《うでまえ》を見《み》せる場《ば》所《しょ》。例 政治《せいじ》の舞台で活躍《かつやく》する。

**ぶたいうら【舞台裏】** 名 ❶劇場《げきじょう》などの舞《ぶ》台《たい》の裏《うら》。ひかえ室《しつ》や、舞台装置《ぶたいそうち》を置《お》く所《ところ》。❷ものごとが行《おこな》われる裏側《うらがわ》。例 交渉《こうしょう》の舞台裏での取《と》り引《ひ》き。

**ぶたいかんとく【舞台監督】** 名 舞台《ぶたい》で、劇《げき》などがうまく進行《しんこう》するように、指図《さしず》する人《ひと》。

**ぶたいげいこ【舞台稽古】** 名 劇《げき》で、実際《じっさい》の舞台《ぶたい》で本番《ほんばん》と同《おな》じようにして行《おこな》うけいこ。

**ぶたいそうち【舞台装置】** 名 ❶劇《げき》の場《ば》面《めん》を表《あらわ》すために、舞台の上《うえ》にこしらえる物《もの》や、並《なら》べる道具《どうぐ》のこと。❷ものごとをする条《じょう》件《けん》や環境《かんきょう》。例 会議《かいぎ》の舞台装置を整《ととの》える。

**ふたえ【二重】** 名 二《ふた》つ重《かさ》なっていること。また、重《かさ》なったもの。例 二重まぶた。

**ふたえかぎ【二重かぎ】** 名 にじゅうかぎ。↓ふろく(11ページ)

**ふたおや【二親】** 名 父《ちち》と母《はは》。両親《りょうしん》。

**ふたご【双子】** 名 同《おな》じ母親《ははおや》から、一度《いちど》に生《う》まれた、二人《ふたり》の子《こ》。双生児《そうせいじ》。

**ふたことめ【二言目】** 名 ❶二《ふた》つ目《め》にいう言葉《ことば》。❷状況《じょうきょう》とは関係《かんけい》なく、必《かなら》ず言《い》うことがら。例 二言目には、不満《ふまん》を言《い》う。

**ふたしか【不確か】** 形動 確《たし》かでないようす。あやふや。例 記憶《きおく》は不確かだ。

○**ふたたび【再び】** 副 重《かさ》ねて。また。もう一《いち》度《ど》。例 再び会《あ》える日《ひ》を楽《たの》しみにする。↓さい【再】495ページ

○**ふたつ【二つ】** 名 ❶〔数《かず》を表《あらわ》す言葉《ことば》。〕二《に》。❷二歳《にさい》。❸両方《りょうほう》。例 答《こた》えは二つとも正《ただ》しい。❹二《ふた》つめ。例 守《まも》ることの一《ひと》つは体《からだ》をだいじにすること、二つはよく勉強《べんきょう》すること。↓に【二】982ページ

**二《ふた》つとない** 一《ひと》つしかない。めったにない。例 世《よ》に二つとない貴重《きちょう》な作品《さくひん》。

**ふだつき【札付き】** 名 ❶(商品《しょうひん》などに)札《ふだ》がついていること。❷(悪《わる》い評判《ひょうばん》などが)広《ひろ》まっていること。また、その人《ひと》。例 札付きの悪《あく》人《にん》。

**ふたつへんじ【二つ返事】** 名 〔「はい、はい。」と二《ふた》つ重《かさ》ねて返事《へんじ》をして〕気軽《きがる》に、すぐ承知《しょうち》すること。例 二つ返事で引《ひ》き受《う》ける。

**ふたて【二手】** 名 二《ふた》つの方向《ほうこう》。例 道《みち》が二手に分《わ》かれる。

**ふたば【二葉・双葉】** 名 植物《しょくぶつ》が芽《め》を出《だ》したときに見《み》られる、小《ちい》さな二《に》枚《まい》の葉《は》。

**ふたまた【二股】** 名 ❶先《さき》が二《ふた》つに分《わ》かれていること。❷二《ふた》つのものに同時《どうじ》にかかわること。例 二またをかける。

○**ふたり【二人】** 名 一人《ひとり》と一人《ひとり》。二人《ににん》。例 二人づれ。参考「二人《ふたり》」は、特別《とくべつ》に認《みと》められた読《よ》み方《かた》。

**ふたん【負担】** 名 動する ❶仕事《しごと》や義務《ぎむ》などを引《ひ》き受《う》けること。例 代金《だいきん》を負担する。❷引《ひ》き受《う》けた仕事《しごと》などが重《おも》すぎること。重荷《おもに》。例 それは弟《おとうと》には負担だ。

**ふだん【不断】** 名 絶《た》え間《ま》なく続《つづ》くこと。例 不断の努力《どりょく》。

○**ふだん【普段】** 名 副 いつも。平生《へいぜい》。平素《へいそ》。例 ふだんの服《ふく》。参考 ふつう、かな書《が》きにする。

**ふだんぎ【普段着】** 名 いつもの生活《せいかつ》で着《き》ている衣服《いふく》。

○**ふち【縁】** 名 もののはし。へり。周《まわ》り。例 めがねの縁。池《いけ》の縁を歩《ある》く。↓えん【縁】136ページ

**ふち【不治】** 名 ↓ふじ(不治)1140ページ

慣用句 **二《に》の句《く》が継《つ》げない** あまりにも自分勝手《じぶんかって》な言《い》い分《ぶん》に、二《に》の句《く》が継《つ》げなかった。

**ふち【淵】**名 ❶川《かわ》や湖《みずうみ》で、底《そこ》が深《ふか》く、水《みず》が動《うご》かないでたまっている所《ところ》。対瀬《せ》。❷なかなかぬけ出《だ》せない、つらい立場《たちば》。例悲《かな》しみのふちにしずむ。

**ぶち** 名 地色《じいろ》に別《べつ》の色《いろ》が混《ま》じっていること。また、そのような毛《け》なみの動物《どうぶつ》。まだら。例黒《くろ》いぶちのある白《しろ》い犬《いぬ》。

**プチ**〔フランス語〕〔ある言葉《ことば》の前《まえ》につけて〕「小《ちい》さい」「かわいらしい」「ちょっとした」などの意味《いみ》を表《あらわ》す。例プチトマト。

**ぶちこわす【ぶち壊す】**動 ❶徹底的《てっていてき》にこわす。例小屋《こや》をぶち壊す。❷ものごとを、だいなしにする。例計画《けいかく》をぶち壊す。

**ふちどる【縁取る】**動 物《もの》の周《まわ》りやへりに飾《かざ》りをつけること。

**ぶちまける** 動 ❶ひっくり返《かえ》して、中《なか》のものをまき散《ち》らす。例おもちゃや箱《ばこ》をぶちまける。❷かくさずにすっかり言《い》う。例秘密《ひみつ》をぶちまける。

**ふちゃく【付着】**名 動-する くっついて、取《と》れないこと。例服《ふく》に油《あぶら》が付着する。

**ふちゅうい【不注意】**名 形動 注意《ちゅうい》が足《た》りないこと。例不注意は事故《じこ》のもとだ。

**ふちょう【不調】**名 形動 ❶調子《ちょうし》が悪《わる》いこと。例エンジンの不調。対好調《こうちょう》。❷うまくまとまらないこと。例交渉《こうしょう》は不調に終《お》わった。

**ふちょう【府庁】**名 府《ふ》を治《おさ》める仕事《しごと》をする役所《やくしょ》。関連都庁《とちょう》。道庁《どうちょう》。県庁《けんちょう》。

**ぶちょう【部長】**名 部《ぶ》のいちばん上《うえ》の役《やく》。また、その役《やく》の人《ひと》。例経理《けいり》部長。

**ぶちょうほう【不調法・無調法】**名 形動 ❶慣《な》れていなくて、下手《へた》なこと。行《い》き届《とど》かないこと。❷しくじり。失敗《しっぱい》。例不調法をしでかす。❸酒《さけ》が飲《の》めないこと。

**ふちょうわ【不調和】**名 形動 つり合《あ》いがとれていないこと。しっくりしないこと。例不調和な色《いろ》の組《く》み合《あ》わせ。

**ふちん【浮沈】**名 動-する ❶ういたりしずんだりすること。❷栄《さか》えたり、おとろえたりすること。例会社《かいしゃ》の浮沈にかかわる。

**ふつ【払】** 画数5 部首扌(てへん)
音フツ 訓はら-う
はらう。取《と》り除《のぞ》く。例支払《しはら》い。熟語払拭《ふっしょく》。払底《ふってい》(=すっかりなくなる)。

**ふつ【沸】** 画数8 部首氵(さんずい)
音フツ 訓わ-く わ-かす
わく。にえたつ。熟語沸騰《ふっとう》。煮沸《しゃふつ》。

**ぶつ【仏】** 画数4 部首亻(にんべん) 5年
音ブツ 訓ほとけ
筆順 ノ 亻 仏 仏
ほとけ。熟語仏教《ぶっきょう》。仏像《ぶつぞう》。神仏《しんぶつ》。念仏《ねんぶつ》。参考漢字《かんじ》で「仏蘭西《フランス》」と書《か》いたことから、「ふつ」と読《よ》んで、フランスを指《さ》すこともある。

**ぶつ【物】** 画数8 部首牜(うしへん) 3年
音ブツ モツ 訓もの
筆順 ノ 𠂉 牛 牛 牜 物 物 物
もの。熟語物価《ぶっか》。物質《ぶっしつ》。人物《じんぶつ》。生物《せいぶつ》。名物《めいぶつ》。作物《さくもつ》。書物《しょもつ》。物語《ものがたり》。着物《きもの》。絵巻物《えまきもの》。

**ぶつ** 動 ❶(人《ひと》や動物《どうぶつ》を)たたく。例弟《おとうと》をぶつ。❷演説《えんぜつ》などをする。例一席《いっせき》ぶつ。

**ふつう【不通】**名 ❶連絡《れんらく》や交通《こうつう》が通《つう》じないこと。例大雨《おおあめ》で、電車《でんしゃ》が不通になる。❷便《たよ》りがないこと。例音信《おんしん》不通。

**ふつう【普通】** 一名 形動 他《ほか》の多《おお》くのものと、変《か》わっていないこと。特別《とくべつ》でないこと。なみ。一般《いっぱん》。例そうするのが普通だ。類通常《つうじょう》。対特別《とくべつ》。二副 たいてい。いつも。例普通、九時《くじ》に寝《ね》ます。

**ふつうせんきょ【普通選挙】**名 国民《こくみん》のだれもが、決《き》められた年齢《ねんれい》になれば選挙《せんきょ》することができる制度《せいど》。

**ふつうめいし【普通名詞】**名 〔国語《こくご》で〕同《おな》じ種類《しゅるい》のものに共通《きょうつう》して使《つか》われる名詞《めいし》。「山《やま》」「川《かわ》」など。対固有名詞《こゆうめいし》。

**ふつか【〈二日〉】**名 ❶月《つき》の二番《にばん》めの日《ひ》。❷一日《いちにち》の二倍《にばい》。二日《ににち》。例休《やす》みが二日続《つづ》く。参考「二日《ふつか》」は、特別《とくべつ》に認《みと》められた読《よ》み方《かた》。

**ぶっか【物価】**名 物《もの》の値段《ねだん》。例物価高《だか》。

**ぶっかく【仏閣】**名 寺《てら》の建物《たてもの》。例神社《じんじゃ》仏閣。

あいうえお かきくけこ さしすせそ たちつてと なにぬねの はひふへほ まみむめも やゆよ らりるれろ わをん



慣用句 抜《ぬ》け目《め》がない 何《なに》かをねだるとなると妹《いもうと》は抜《ぬ》け目《め》がなくて、すぐ母《はは》に甘《あま》えて承知《しょうち》させる。

**ふっかける**【吹っ掛ける】動〔「吹《ふ》き掛《か》ける」ともいう。〕❶強《つよ》くふきつける。例息《いき》を吹っかける。❷仕《し》かける。例けんかをふっかける。❸値《ね》段《だん》などを高《たか》く言《い》う。例倍《ばい》の料《りょう》金《きん》をふっかける。

**◦ふっかつ**【復活】名動-する ❶一《いち》度《ど》死《し》んだ人《ひと》が生《い》き返《かえ》ること。例キリストの復活。❷もう一《いち》度《ど》、元《もと》どおりにすること。元《もと》どおりになること。例昔《むかし》の祭《まつ》りが復活した。

**ふっかつさい**【復活祭】名 ⇩イースター 53ページ

**◦ぶつかる** 動 ❶打《う》ち当《あ》たる。つき当《あ》たる。例自《じ》転《てん》車《しゃ》とぶつかる。意《い》見《けん》がぶつかる。❷困《こん》難《なん》なことに出《で》あう。例問《もん》題《だい》にぶつかる。❸争《あらそ》う。立《た》ち向《む》かう。例敵《てき》とぶつかる。❹重《かさ》なる。例日《にち》曜《よう》と祝《しゅく》日《じつ》がぶつかる。

**ふっき**【復帰】名動-する 元《もと》の場《ば》所《しょ》・地《ち》位《い》にもどること。例職《しょく》場《ば》に復帰する。

**ふづき**【文月】名 昔《むかし》の暦《こよみ》で、七《しち》月《がつ》のこと。ふみづき。

**ぶつぎ**【物議】名 世《せ》間《けん》で、あれこれと言《い》われること。例物議の種《たね》。

**物《ぶっ》議《ぎ》を醸《かも》す** そのことがもとになって、言《い》い争《あらそ》いやもめごとが起《お》こる。例大《だい》臣《じん》の発《はっ》言《げん》が物議をかもした。

**ふっきゅう**【復旧】名動-する 元《もと》どおりの状《じょう》態《たい》にすること。例橋《はし》の復旧を急《いそ》ぐ。

**ぶっきょう**【仏教】名 キリスト教《きょう》、イスラム教《きょう》とともに、世《せ》界《かい》三《さん》大《だい》宗《しゅう》教《きょう》の一《ひと》つ。紀《き》元《げん》前《ぜん》五《ご》世《せい》紀《き》ごろ、インドで釈《しゃ》迦《か》が説《と》いた教《おし》え。日《に》本《ほん》には、六《ろく》世《せい》紀《き》の中《なか》ごろ中《ちゅう》国《ごく》を通《とお》して伝《つた》わった。

**ぶっきょうと**【仏教徒】名 仏《ぶっ》教《きょう》を信《しん》仰《こう》している人《ひと》。

**ぶっきらぼう** 名形動 話《はな》し方《かた》や態《たい》度《ど》に、あいそがないこと。無《ぶ》愛《あい》想《そう》。例ぶっきらぼうな言《い》い方《かた》。

**ふっきん**【腹筋】名 腹《はら》の部《ぶ》分《ぶん》にある筋《きん》肉《にく》。

**フック**〔英語 hook〕名 ❶ものを引《ひ》っかけたり、衣《い》服《ふく》をつないだりするかぎ。ホック。❷ボクシングで、腕《うで》を曲《ま》げて打《う》つこと。

**ブック**〔英語 book〕名 本《ほん》。書《しょ》物《もつ》。また、本《ほん》の形《かたち》をしたもの。例ブックカバー。スケッチブック。

**ブックエンド**〔英語 bookend〕名 並《なら》べて立《た》てた本《ほん》がたおれないように、その両《りょう》はしに立《た》てるもの。本《ほん》立《た》て。

**ブックカバー** 名〔日《に》本《ほん》でできた英《えい》語《ご》ふうの言《こと》葉《ば》。〕本《ほん》の表《ひょう》紙《し》にかけるおおい。

**✤ブックトーク**〔英語 book talk〕名 あるテーマに沿《そ》っていくつかの本《ほん》を紹《しょう》介《かい》し、そのあら筋《すじ》や感《かん》想《そう》について話《はな》す活《かつ》動《どう》。

**ブックマーク**〔英語 bookmark〕名動-する インターネット上《じょう》で、ウェブサイトのアドレス（URL《ユーアールエル》）を名《な》前《まえ》をつけて保《ほ》存《ぞん》し、あとから簡《かん》単《たん》に開《ひら》くことができる機《き》能《のう》。

**◦ぶつける** 動 ❶投《な》げて当《あ》てる。例ボールをぶつける。❷強《つよ》く当《あ》てる。例おでこをぶつける。❸言《こと》葉《ば》や態《たい》度《ど》に強《つよ》く表《あらわ》して言《い》う。例いかりをぶつける。

**ふっけん**【復権】名動-する 失《うしな》っていた権《けん》利《り》などを取《と》りもどすこと。

**ふっこ**【復古】名動-する 昔《むかし》のようすに、もどすこと。また、もどること。例王《おう》政《せい》に復古する。

**ふっこう**【復興】名動-する 元《もと》どおりさかんになること。また、さかんにすること。例戦《せん》後《ご》の復興は目《め》覚《ざ》ましい。

**ふつごう**【不都合】名形動 ❶ぐあいが悪《わる》いこと。例集《あつ》まるには不都合な場《ば》所《しょ》。対好《こう》都《つ》合《ごう》。❷よくないこと。ふとどき。例不都合を働《はたら》く。

**ふっこうちょう**【復興庁】名 東《ひがし》日《に》本《ほん》大《だい》震《しん》災《さい》の復《ふっ》興《こう》を進《すす》める国《くに》の役《やく》所《しょ》。

**ぶっさん**【物産】名 その土《と》地《ち》にできるもの。例物産展《てん》。

**ぶっし**【仏師】名 仏《ぶつ》像《ぞう》を作《つく》る職《しょく》人《にん》。

**ぶっし**【物資】名 生《せい》活《かつ》に必《ひつ》要《よう》なもの。例救《きゅう》援《えん》物資。

**◦ぶっしつ**【物質】名 見《み》たりさわったりすることができるもの。例化《か》学《がく》物質。

**ぶっしつてき**【物質的】形動 心《こころ》ではなく、物《もの》にかかわるようす。実《じっ》際《さい》の物《もの》の。例物質的には、めぐまれた生《せい》活《かつ》。

**ふっしょく**【払拭】名動-する すっかりぬぐい去《さ》ること。ふっしき。例悪《わる》い評《ひょう》判《ばん》を払拭する。

**ぶっしょく**【物色】名動-する 多《おお》くの中《なか》から

慣用句 **盗《ぬす》っ人《と》猛《たけ》々《だけ》しい** 自《じ》分《ぶん》が悪《わる》いのに文《もん》句《く》を言《い》うなんて、盗《ぬす》っ人《と》猛《たけ》々《だけ》しいとはこのことだ。

ちょうどよい物《もの》や人《ひと》を探《さが》すこと。例 本屋《ほんや》で参考書《さんこうしょ》を物色する。

**ぶつぜん【仏前】** 名 仏《ほとけ》の前《まえ》。例 仏前に供《そな》える。

**ふっそ【ふっ素】** 名 元素《げんそ》の一《ひと》つ。うすい黄《き》色《いろ》の気体《きたい》で、鼻《はな》をつくにおいがある。参考 ふつうは、「フッ素《そ》」と書《か》く。

**ぶっそう【物騒】** 形動 ❶何《なに》かよくないことが起《お》こりそうな感《かん》じがして、世《よ》の中《なか》がおだやかでないようす。❷危《あぶ》ないようす。例 夜《よる》の独《ひと》り歩《ある》きは物騒だ。

**ぶつぞう【仏像】** 名 彫刻《ちょうこく》したり絵《え》にかいたりして表《あらわ》した、仏《ほとけ》の姿《すがた》。

**ぶったい【物体】** 名 物《もの》のうち、特《とく》に目《め》に見《み》える形《かたち》のあるもの。例 ふしぎな物体。

**ぶったぎる【ぶった切る】** 動 勢《いきお》いよく切《き》る。〔くだけた言《い》い方《かた》。〕例 大根《だいこん》をぶった切る。

**ぶつだん【仏壇】** 名 仏像《ぶつぞう》や位牌《いはい》をまつっておく戸棚《とだな》。

**ぶっちぎり** 名 (競技《きょうぎ》などで)相手《あいて》を大《おお》きく引《ひ》き離《はな》すこと。例 ぶっちぎりで優勝《ゆうしょう》した。

**ぶっちょうづら【仏頂面】** 名 無愛想《ぶあいそう》な顔《かお》。ふきげんな顔《かお》。例 仏頂面をする。

**ふつつか** 形動 行《い》き届《とど》かないようす。例「ふつつかな者《もの》ですがよろしく。」参考 ふつう、自分《じぶん》の側《がわ》をへりくだって言《い》うときに使《つか》う。

**ぶっつけほんばん【ぶっつけ本番】** 名 準備《じゅんび》や練習《れんしゅう》をせずに、いきなり行《おこな》うこと。例 ぶっつけ本番だったが、うまくいった。

**ぶっつづけ【ぶっ続け】** 名 休《やす》まないで、続《つづ》けてすること。続《つづ》けざま。例 二《に》時間《じかん》ぶっ続けで歩《ある》く。

**ふっつり** 副(-と) (「ぷっつり」ともいう。)すっかりやめるようす。とぎれるようす。例 ふっつり連絡《れんらく》がとだえた。

**ぷっつり** 副(-と) ❶ ↓ ふっつり 1147ページ。❷ ↓ ぷつり 1147ページ

**ふってわいたような【降って湧いたような】** 思《おも》いがけなく何《なに》かが起《お》こることのたとえ。例 降ってわいたような災難《さいなん》。

**ふってん【沸点】** 名 液体《えきたい》が沸騰《ふっとう》するときの温度《おんど》。沸騰点《ふっとうてん》。対 氷点《ひょうてん》。

**ふっとう【沸騰】** 名 動-する ❶煮《に》えたつこと。わきたつこと。例 お湯《ゆ》が沸騰する。❷さかんになること。例 議論《ぎろん》が沸騰する。

**ふっとうてん【沸騰点】** 名 ↓ ふってん 1147ページ

**ぶっとおし【ぶっ通し】** 名 ❶かべなどがなく、広々《ひろびろ》としていること。例 ぶっ通しの大広間《おおひろま》。❷休《やす》まずに物事《ものごと》を続《つづ》けること。例 十二《じゅうに》時間《じかん》ぶっ通しで仕事《しごと》をする。

**フットサル**〔英語 futsal〕名 小《ちい》さな競技場《きょうぎじょう》で行《おこな》う、五人制《ごにんせい》のサッカー。室内《しつない》でも行《おこな》う。

**フットボール**〔英語 football〕名 ボールをけり合《あ》って、相手《あいて》のゴールに入《い》れて勝《か》ち負《ま》けを決《き》めるスポーツ。ラグビー・サッカー・アメリカンフットボールの三種類《さんしゅるい》がある。類 蹴《しゅう》球《きゅう》。

**フットライト**〔英語 footlights〕名 舞台《ぶたい》の床《ゆか》の前《まえ》の端《はし》に取《と》りつけて、舞台の上《うえ》の人《ひと》の足《あし》もとから照《て》らす明《あ》かり。脚光《きゃっこう》。

**フットワーク**〔英語 footwork〕名 ❶(サッカーやボクシングなどで)足《あし》の動《うご》かし方《かた》。足《あし》さばき。❷身軽《みがる》に行動《こうどう》すること。例 フットワークのいいセールスマン。

**ぶっぴん【物品】** 名 品物《しなもの》。もの。

**ぶつぶつ** 一 副(-と) ❶小《ちい》さい声《こえ》で続《つづ》けてものを言《い》うようす。例 ぶつぶつ独《ひと》り言《ごと》を言《い》う。❷小《ちい》さい声《こえ》で不平《ふへい》を言《い》うようす。例 ぶつぶつ言《い》う。❸たくさんの小《ちい》さいつぶがあるようす。例 カニがぶつぶつあわをふく。二 名 表面《ひょうめん》にできるつぶのようなもの。例 顔《かお》にぶつぶつができる。

**ぶつぶつこうかん【物物交換】** 名 動-する お金《かね》を使《つか》わないで、物《もの》と物《もの》とを取《と》りかえること。

**ぶっぽう【仏法】** 名 仏《ほとけ》の説《と》いた教《おし》え。

**ぶつま【仏間】** 名 仏壇《ぶつだん》や位牌《いはい》が置《お》かれている部屋《へや》。

**ぶつめつ【仏滅】** 名 ❶釈迦《しゃか》が死《し》ぬこと。❷暦《こよみ》の上《うえ》で、何《なに》をするにもよくないとされる日《ひ》。

**ぶつもん【仏門】** 名 仏《ほとけ》の教《おし》えた道《みち》。例 仏門に入《はい》る(=お坊《ぼう》さんになる)。

**ぷつり** 副(-と) (「ぷっつり」ともいう。)❶音《おと》を立《た》てるようにして、糸《いと》などが切《き》れるよう



慣用句 ぬれ手《て》に粟《あわ》 仕入《しい》れておいたものが急《きゅう》に値上《ねあ》がりして、ぬれ手《て》にあわの大《おお》もうけをした。

す。例 毛《け》糸《いと》がぷつりと切《き》れる。❷続《つづ》いていたものが、とぎれるようす。すっかりやめるようす。例 連《れん》絡《らく》がぷつりとなくなる。

**ふつりあい**【不釣り合い】名 形動 つり合《あ》わないこと。似《に》つかわしくないこと。例 子《こ》どもには不釣り合いな時《と》計《けい》。

**ぶつりがく**【物理学】名 物《もの》の性《せい》質《しつ》や運《うん》動《どう》、熱《ねつ》・光《ひかり》・電《でん》気《き》・音《おと》のはたらきなどについて研《けん》究《きゅう》する学《がく》問《もん》。

**ぶつりゅう**【物流】名 作《つく》った物《もの》が生《せい》産《さん》者《しゃ》から消《しょう》費《ひ》者《しゃ》へわたるまでの流《なが》れ。また、その流《なが》れの中《なか》で行《おこな》われる荷《に》造《づく》り・輸《ゆ》送《そう》・連《れん》絡《らく》などのさまざまな仕《し》事《ごと》。

○**ふで**【筆】名 ❶竹《たけ》などで作《つく》った、細《ほそ》いじくの先《さき》に、毛《け》を束《たば》にしてつけた、文《も》字《じ》や絵《え》をかくための道《どう》具《ぐ》。例 絵《え》筆。❷「❶」でかいた、文《も》字《じ》や絵《え》。例 この書《しょ》は弘《こう》法《ぼう》大《だい》師《し》の筆だそうです。❸文《ぶん》を書《か》くこと。文《ぶん》章《しょう》。例 筆の力《ちから》でみんなを動《うご》かす。❹「❶」にすみをつける回《かい》数《すう》。例 ひと筆で書《か》きあげる。⇩**ひつ**【筆】1094ページ

**筆《ふで》が立《た》つ** 文《ぶん》章《しょう》を書《か》くことが、上《じょう》手《ず》である。例 母《はは》はなかなか筆が立つ。

**筆《ふで》を入《い》れる** 文《ぶん》章《しょう》などを直《なお》す。例 原《げん》稿《こう》に筆を入れる。類 筆《ふで》を加《くわ》える。

**筆《ふで》を置《お》く** ❶書《か》き終《お》わる。文《ぶん》章《しょう》を終《お》わりにする。❷(作《さっ》家《か》などが)文《ぶん》章《しょう》を書《か》くのをやめる。

**筆《ふで》を折《お》る** (作《さっ》家《か》などが)文《ぶん》章《しょう》を書《か》くのをやめる。文《ぶん》章《しょう》を書《か》く仕《し》事《ごと》をやめる。例 この作《さく》品《ひん》を最《さい》後《ご》に筆を折るつもりだ。

**筆《ふで》を加《くわ》える** ❶文《ぶん》章《しょう》などを直《なお》す。類 筆《ふで》を入《い》れる。例 発《はっ》表《ぴょう》原《げん》稿《こう》に筆を加える。❷書《か》き加《くわ》える。

**筆《ふで》を執《と》る** 絵《え》や文《ぶん》章《しょう》をかく。

**筆《ふで》を走《はし》らせる** 文《ぶん》章《しょう》をすらすら書《か》く。例 一《いっ》気《き》に筆を走らせる。

**筆《ふで》をふるう** さかんに字《じ》や絵《え》や文《ぶん》章《しょう》をかく。例 スポーツ新《しん》聞《ぶん》に筆をふるう。

**ふてい**【不定】名 形動 決《き》まっていないこと。例 住《じゅう》所《しょ》不定。

**ふていき**【不定期】名 形動 時《じ》間《かん》や期《き》限《げん》が決《き》まっていないこと。例 不定期の会《かい》合《ごう》。

**ブティック**〔フランス語〕名 おしゃれな洋《よう》服《ふく》やアクセサリーなどを扱《あつか》う店《みせ》。

**ふでいれ**【筆入れ】名 ⇩ふでばこ 1148ページ

**ふてき**【不敵】名 形動 大《だい》胆《たん》で、おそれを知《し》らないこと。敵《てき》をおそれないこと。例 不敵なつら構《がま》え。大《だい》胆《たん》不敵。

**ふでき**【不出来】名 形動 でき上《あ》がりがよくないこと。例 不出来な作《さく》品《ひん》。

**ふてきせつ**【不適切】形動 適《てき》切《せつ》でないようす。好《この》ましくないようす。例 言《こと》葉《ば》づかいが不適切だ。

**ふてきとう**【不適当】形動 適《てき》当《とう》でないようす。不《ふ》適《てき》。例 その言《い》い方《かた》は不適当だ。

**ふてきにん**【不適任】名 形動 その役《やく》目《め》や仕《し》事《ごと》に、ふさわしくないこと。不《ふ》適《てき》。

**ふてぎわ**【不手際△】名 形動 やり方《かた》がまずいこと。例 不手際をわびる。

**ふてくされる** 動 不《ふ》平《へい》や不《ふ》満《まん》があって、逆《さか》らったりやけを起《お》こしたりする。例 注《ちゅう》意《い》されて、ふてくされた。

✤**ふでづかい**【筆遣い】名 絵《え》や文《も》字《じ》をかくときの、筆《ふで》のつかい方《かた》。かき方《かた》。例 のびのびした筆遣い。

**ふてってい**【不徹底】名 形動 徹《てっ》底《てい》していないこと。中《ちゅう》途《と》半《はん》端《ぱ》。例 連《れん》絡《らく》が不徹底だ。

**ふでばこ**【筆箱】名 鉛《えん》筆《ぴつ》や消《け》しゴムなどを入《い》れておく箱《はこ》。筆《ふで》入《い》れ。

**ふでぶしょう**【筆無精△・筆不精△】名 形動 手《て》紙《がみ》や文《ぶん》を書《か》くことを面《めん》倒《どう》がること。また、そのような人《ひと》。対 筆《ふで》まめ。

**ふてぶてしい** 形 大《だい》胆《たん》で、ずうずうしい。例 態《たい》度《ど》がふてぶてしい。

**ふでまめ**【筆まめ】名 形動 手《て》紙《がみ》や文《ぶん》を、面《めん》倒《どう》がらずにせっせと書《か》くこと。また、そのような人《ひと》。対 筆《ふで》無《ぶ》精《しょう》。

○**ふと** 副 何《なに》かのはずみに。何《なに》げなく。急《きゅう》に。例 ふと思《おも》い出《だ》す。ふと空《そら》を見《み》上《あ》げた。

○**ふとい**【太い】形 ❶周《まわ》りが大《おお》きい。太《ふと》っている。例 腕《うで》が太い。❷声《こえ》が低《ひく》くて大《おお》きい。例 声《こえ》の太い人《ひと》。❸細《こま》かいことにこだわらない。大《だい》胆《たん》だ。例 神《しん》経《けい》が太い。対(❶～❸)細《ほそ》い。❹ずうずうしい。例 太いやつだ。⇩**たい**【太】767ページ

**ふとう**【不当】名 形動 理《り》屈《くつ》に合《あ》わないこと。例 不当な利《り》益《えき》を得《え》る。対 正《せい》当《とう》。



慣用句 猫《ねこ》の手《て》も借《か》りたい ひっそりとしたコンビニも、お昼《ひる》どきになると、猫《ねこ》の手《て》も借《か》りたいほど忙《いそが》しくなる。

ふとう【埠頭】［名］↓はとば 1053ページ

ふどう【不同】［名］［形動］❶同《おな》じでないこと。［例］大小《だいしょう》不同。❷順序《じゅんじょ》などがそろわないこと。［例］順《じゅん》不同。

ふどう【不動】［名］❶動《うご》かないこと。［例］不動の姿勢《しせい》。❷〔「不動明王《ふどうみょうおう》」の略《りゃく》。〕仏教《ぶっきょう》で、悪魔《あくま》をはらう神《かみ》。

ぶとう【武闘】［名］武力《ぶりょく》で相手《あいて》と争《あらそ》うこと。［例］武闘派《は》。

ぶとう【舞踏】［名］［動する］〔西洋《せいよう》のダンスやバレエなどの〕おどりをおどること。［例］舞踏会《かい》。

ぶどう【武道】［名］❶武芸《ぶげい》。剣道《けんどう》・柔道《じゅうどう》・弓道《きゅうどう》など。❷武士《ぶし》の守《まも》るべき道《みち》。武士道《ぶしどう》。

ぶどう［名］つるのような茎《くき》をした植物《しょくぶつ》の一《ひと》つ。秋《あき》に、小《ちい》さな丸《まる》い、むらさきや緑色《みどりいろ》の実《み》がふさになって垂《た》れ下《さ》がる。実《み》は食《た》べたり、ぶどう酒《しゅ》にしたりする。

ふとういつ【不統一】［名］［形動］ばらばらで、まとまりのないこと。［例］意見《いけん》の不統一。

ふとうこう【不登校】［名］なんらかの理由《りゆう》で、児童《じどう》や生徒《せいと》が学校《がっこう》に行《い》かなくなること。

ふとうごう【不等号】［名］〔算数《さんすう》で〕二《ふた》つの数《かず》や式《しき》の、大小《だいしょう》の関係《かんけい》を表《あらわ》す記号《きごう》。「＜」「＞」「≦」「≧」など。［対］等号《とうごう》。

ふどうさん【不動産】［名］土地《とち》や建物《たてもの》など、持《も》ち歩《ある》きできない財産《ざいさん》。［対］動産《どうさん》。

ぶどうしゅ【ぶどう酒】［名］ぶどうの実《み》からつくった酒《さけ》。ワイン。

ぶどうとう【ぶどう糖】［名］果物《くだもの》やはちみつの中《なか》に多《おお》く含《ふく》まれている糖分《とうぶん》。大切《たいせつ》な栄養《えいよう》分《ぶん》の一《ひと》つ。

ふどうとく【不道徳】［名］［形動］人《ひと》として、守《まも》るべき道《みち》から外《はず》れていること。［例］不道徳な行《おこな》いをはじる。

ふとうめい【不透明】［名］［形動］❶すきとおらないこと。［例］不透明なガラス。❷はっきり見通《みとお》せないこと。［例］景気《けいき》の動向《どうこう》が不透明だ。

ふどき【風土記】［名］❶奈良《なら》時代《じだい》に、天皇《てんのう》の命令《めいれい》で、地方《ちほう》ごとに、地名《ちめい》の起《お》こり・産物《さんぶつ》・伝説《でんせつ》などをまとめた書物《しょもつ》。❷地方《ちほう》ごとに、関係《かんけい》のあるものごとをまとめた本《ほん》。

ふとく【不徳】［名］［形動］行《おこな》いや心《こころ》がけが、よくないこと。［例］不徳のいたすところ〔＝「自《じ》分《ぶん》の責任《せきにん》です」とあやまる言葉《ことば》〕。

ふとくい【不得意】［名］［形動］得意《とくい》でないこと。不得手《ふえて》。苦手《にがて》。［例］不得意科目《かもく》をがんばる。

ふとくていたすう【不特定多数】［名］年齢《ねんれい》・性別《せいべつ》・性格《せいかく》などと関係《かんけい》のない、個々《ここ》ばらばらの大勢《おおぜい》の人々《ひとびと》。［例］不特定多数の有権者《ゆうけんしゃ》。

ふところ【懐】［名］❶着《き》た着物《きもの》と胸《むね》との間《あいだ》。［例］懐にさいふを入《い》れる。❷物《もの》に囲《かこ》まれた所《ところ》。［例］山《やま》の懐。❸持《も》っているお金《かね》。［例］懐がさびしい〔＝お金《かね》が少《すく》ない〕。❹内部《ないぶ》の事情《じじょう》。内幕《うちまく》。［例］相手《あいて》の懐をさぐる。↓かい【懐】195ページ

懐《ふところ》が暖《あたた》かい お金《かね》をたくさん持《も》っている。

懐《ふところ》が寒《さむ》い 持《も》っている金《かね》が少《すく》ない。

懐《ふところ》が深《ふか》い 心《こころ》が広《ひろ》くて、おおらかである。［例］懐が深い人《ひと》。

ふところぐあい【懐具合】［名］持《も》っている金《かね》の程度《ていど》。［例］懐具合がよい。

ふところで【懐手】［名］❶手《て》をふところに入《い》れていること。［例］寒《さむ》いので、懐手をして立《た》っている。❷人《ひと》にやらせて、自分《じぶん》では何《なに》もしないこと。［例］懐手で暮《く》らす。

ふとした［連体］ちょっとした。［例］ふとしたことから、けんかになった。

ふとっぱら【太っ腹】［名］［形動］❶気持《きも》ちが大《おお》きく、こせこせしないこと。❷気前《きまえ》がいいこと。［例］ごちそうしてくれるなんて、ずいぶん太っ腹だね。

ふとどき【不届き】［名］［形動］❶決《き》まりにそむく行《おこな》いをすること。［例］不届き千万《せんばん》〔＝よくないことだ〕。❷注意《ちゅうい》が行《い》き届《とど》かないこと。［例］不届きをわびる。

ふとめ【太め】［名］［形動］どちらかというと太《ふと》いこと。［例］太めのバット。［対］細《ほそ》め。

ふともも【太股】［名］ももの、足《あし》の付《つ》け根《ね》に近《ちか》い、太《ふと》くなっているところ。

◦ふとる【太る】［動］❶肉《にく》がついてふくらむ。肥《こ》える。［例］太った子犬《こいぬ》。［対］やせる。❷財産《ざいさん》が増《ふ》える。［例］景気《けいき》がよくて、会社《かいしゃ》が太った。↓たい【太】767ページ

◦ふとん【布団】［名］ぬい合《あ》わせた布《ぬの》の間《あいだ》に、綿《わた》や鳥《とり》の羽《はね》などを入《い》れて、ねるときや、すわるときに使《つか》う物《もの》。



慣用句 ねじを巻《ま》く 弟《おとうと》はのんびり屋《や》だから、時々《ときどき》ねじを巻《ま》かないと、作業《さぎょう》が進《すす》まない。

**ふな**【船】「船《ふね》」の意味《いみ》を表《あらわ》す。例 船旅《たび》。船賃《ちん》。船出《で》。⇩せん【船】727ページ

**ふな** 名 川《かわ》や、池《いけ》にすむ魚《さかな》。食用《しょくよう》にする。⇩たんすいぎょ 815ページ

**ぶな** 名 山《やま》に生《は》える木《き》。五月《ごがつ》ごろ、うす緑色《みどりいろ》の花《はな》が咲《さ》き、秋《あき》にドングリがなり、葉《は》が落《お》ちる。家具《かぐ》や建築《けんちく》などに使《つか》われる。

**ふなあし**【船足・船脚】名 ❶船《ふね》の進《すす》む速《はや》さ。例 船足が速《はや》い。❷船《ふね》の、水《みず》の中《なか》に入《はい》っている部分《ぶぶん》。例 船足が深《ふか》い。類 喫水《きっすい》。

**ぶない**【部内】名 その組織《そしき》や団体《だんたい》の内部《ないぶ》。対 部外《ぶがい》。

**ふなうた**【舟歌・船歌・舟唄】名 船頭《せんどう》が舟《ふね》をこいだり、引《ひ》いたりするときに歌《うた》う歌《うた》。

**ふなじ**【船路】名 ❶船《ふね》の行《い》き来《き》する道《みち》。航路《こうろ》。❷船《ふね》の旅《たび》。船旅《ふなたび》。

**ふなぞこ**【船底】名 ❶船《ふね》の底《そこ》。❷船《ふね》の底《そこ》のように反《そ》った形《かたち》のもの。例 船底天井《てんじょう》〔＝中央《ちゅうおう》が高《たか》く反《そ》った形《かたち》の天井《てんじょう》〕。

**ふなたび**【船旅】名 船《ふね》で行《い》く旅《たび》。船路《ふなじ》。

**ふなちん**【船賃】名 船《ふね》に乗《の》ったり、船《ふね》を使《つか》ったりするときにはらうお金《かね》。

**ふなつきば**【船着き場】名 小《ちい》さな船《ふね》が着《つ》いたり出《で》たりする所《ところ》。波止場《はとば》。

**ふなで**【船出】名 動-する 船《ふね》が、港《みなと》を出《で》ること。

**ふなぬし**【船主】名 船《ふね》の持《も》ち主《ぬし》。

**ふなのり**【船乗り】名 船《ふね》に乗《の》って働《はたら》く人《ひと》。船員《せんいん》。

**ふなばた**【船端】名 船《ふね》のふちのところ。船《ふね》のへり。船《ふな》べり。

**ふなびと**【船人】名 ❶船頭《せんどう》。❷舟《ふね》に乗《の》っている人《ひと》。〔古《ふる》い言《い》い方《かた》。〕

**ふなびん**【船便】名 船《ふね》で移動《いどう》したり、荷物《にもつ》を送《おく》ったりすること。

**ふなべり**【船べり】名 ⇩ふなばた 1150ページ

**ふなむし**【船虫】名 海岸《かいがん》の岩《いわ》や船《ふね》などにすんで、すばやくはい回《まわ》る、小判形《こばんがた》の小《ちい》さい節足動物《せっそくどうぶつ》。足《あし》がたくさんある。

**ふなよい**【船酔い】名 動-する 船《ふね》のゆれで気持《きも》ちが悪《わる》くなること。

**ふなれ**【不慣れ】名 形動 慣《な》れていないこと。例 不慣れな仕事《しごと》。

**ぶなん**【無難】名 形動 ❶安全《あんぜん》で危《あぶ》なくないこと。例 無難に過《す》ごす。❷欠点《けってん》がないこと。例 無難なやり方《かた》。

**ふにあい**【不似合い】名 形動 似合《にあ》わないこと。例 不似合いな洋服《ようふく》。

**ふにおちない**【ふに落ちない】なるほどと思《おも》えない。例 どう考《かんが》えてもふに落ちない。

**ふにん**【赴任】名 動-する 新《あたら》しい勤《つと》め先《さき》のある土地《とち》に行《い》くこと。例 単身赴任《たんしんふにん》。

**ふにんじょう**【不人情】名 形動 人情《にんじょう》のないようす。思《おも》いやりがないようす。

**ふぬけ**【ふ抜け】名 気持《きも》ちがしっかりしていないこと。意気地《いくじ》がないこと。

○**ふね**【船・舟】名 ❶人《ひと》や物《もの》を乗《の》せて水《みず》の上《うえ》を進《すす》む乗《の》り物《もの》。例 船が港《みなと》に入《はい》る。❷水《みず》などを入《い》れる箱《はこ》の形《かたち》の入《い》れ物《もの》。例 湯船《ゆぶね》につかる。❸さしみなどを入《い》れる、「❶」の形《かたち》をした底《そこ》の浅《あさ》い入《い》れ物《もの》。参考「船出《ふなで》」「舟歌《ふなうた》」のように、あとに他《ほか》の言葉《ことば》がつくときは「ふな」と読《よ》むことが多《おお》い。ふつう、小型《こがた》のものを「舟」と書《か》き、大型《おおがた》のものを「船」と書《か》く。⇩せん【船】727ページ／しゅう【舟】593ページ

**舟《ふね》をこぐ** 〔格好《かっこう》が、舟《ふね》をこいで進《すす》ませる姿《すがた》に似《に》ているところから〕居《い》ねむりをする。

**ふねんごみ**【不燃ごみ】名 燃《も》えないか、燃《も》やすと害《がい》になるごみ。瀬戸物《せともの》・ガラス類《るい》・金属類《きんぞくるい》・電池《でんち》など。対 可燃《かねん》ごみ。

**ふねんせい**【不燃性】名 火《ひ》をつけても燃《も》えにくい性質《せいしつ》。対 可燃性《かねんせい》。

**ふのう**【不能】名 形動 できないこと。不可能《ふかのう》。例 使用不能《しよう》だ。

**ふのり** 名 海《うみ》の浅《あさ》い所《ところ》の石《いし》や岩《いわ》などについている、赤《あか》むらさき色《いろ》の海藻《かいそう》。煮《に》て、食用《しょくよう》にしたり、着物《きもの》などにつけるのりの材料《ざいりょう》にしたりする。

**ふはい**【不敗】名 負《ま》けないこと。負《ま》けたことがないこと。例 不敗の力士《りきし》。

**ふはい**【腐敗】名 動-する ❶くさること。例 腐敗した肉《にく》。❷だらしなくなること。だめになること。例 腐敗した政治《せいじ》。

**ふばい**【不買】名 申《もう》し合《あ》わせをして、その商品《しょうひん》を買《か》わないようにすること。例 不買運《うん》動《どう》。

慣用句 **根掘《ねほ》り葉掘《はほ》り** あの人は、疑問《ぎもん》に思《おも》ったことは、根掘《ねほ》り葉掘《はほ》り質問《しつもん》しなければ気《き》がすまない性格《せいかく》だ。

〔ふね❶〕

**ふはつ**【不発】名 ❶弾丸《だんがん》がうち出《だ》されないこと。また、爆弾《ばくだん》や大砲《たいほう》の弾《たま》が破裂《はれつ》しないこと。例不発弾《だん》。❷しようとしたことが、だめになること。例計画《けいかく》は不発に終《お》わった。

**ふばらい**【不払い】名 はらわなければならないお金《かね》をはらわないこと。

**ふび**【不備】名形動 必要《ひつよう》なものごとが十分《じゅうぶん》にととのっていないこと。例計画《けいかく》に不備な点《てん》がある。対完備《かんび》。

**ふひつよう**【不必要】名形動 必要《ひつよう》でないこと。不要《ふよう》。例不必要な物《もの》を捨《す》てる。

**ふひょう**【不評】名 評判《ひょうばん》がよくないこと。例コンサートは不評だった。類悪評《あくひょう》。対好評《こうひょう》。

**ふひょう**【付表】名 本文《ほんぶん》などに付《つ》ける表《ひょう》。

**ふびょうどう**【不平等】名形動 差別《さべつ》があること。公平《こうへい》でないこと。

**フビライ** 人名（男）（一二一五～一二九四）チンギス＝ハンの孫《まご》で、モンゴル帝国《ていこく》の皇帝《こうてい》。元《げん》の国《くに》をおこし、中国《ちゅうごく》を統一《とういつ》。のちに東南《とうなん》アジア・朝鮮《ちょうせん》を従《したが》わせ、日本《にっぽん》にも二度《にど》攻《せ》めてきた（＝元寇《げんこう》）が、敗《やぶ》れた。クビライ。

**ふびん**【不憫◆】名形動 かわいそうなこと。あわれなこと。例親《おや》に死《し》なれた子《こ》はふびんだ。

**ぶひん**【部品】名 機械《きかい》などを組《く》み立《た》てている、一《ひと》つ一《ひと》つの部分《ぶぶん》の品《しな》。部分品《ぶぶんひん》。例部品を組《く》み立《た》てる。

**ふぶき**【〈吹雪〉▵】名 ❶強《つよ》い風《かぜ》にふかれて、

あいうえお
かきくけこ
さしすせそ
たちつてと
なにぬねの
はひふへほ
まみむめも
やゆよ
らりるれろ
わをん

慣用句 根《ね》も葉《は》もない　根《ね》も葉《は》もないことを言《い》いふらして人《ひと》を困《こま》らせる、悪《わる》い人《ひと》がいる。

降《ふ》る雪《ゆき》。例 ひどい吹雪になる。❷細《こま》かいものがいっせいにたくさん散《ち》るようす。例 花《はな》吹雪。参考「吹雪《ふぶき》」は、特別《とくべつ》に認《みと》められた読《よ》み方《かた》。

**ふふく**【不服】名 形動 納得《なっとく》できないこと。例 不服を申《もう》し立《た》てる。類 不平《ふへい》。

○**ぶぶん**【部分】名 全体《ぜんたい》を、いくつかに分《わ》けたものの一《ひと》つ。例 昆虫《こんちゅう》の体《からだ》は、頭《あたま》・胸《むね》・腹《はら》の三《みっ》つの部分に分《わ》けられる。対 全体《ぜんたい》。

**ぶぶんしょく**【部分食】名 太陽《たいよう》や月《つき》の一《いち》部《ぶ》分《ぶん》だけが欠《か》けて見《み》える、日食《にっしょく》や月食《げっしょく》。

**ぶぶんてき**【部分的】形動 全体《ぜんたい》の中《なか》の一《いち》部《ぶ》分《ぶん》であるようす。例 部分的にはできているが、完成《かんせい》はしていない。対 全面的《ぜんめんてき》。

**ぶぶんひん**【部分品】名 ➡ぶひん 1151ページ

**ふぶんりつ**【不文律】名 文書《ぶんしょ》などで示《しめ》したりせず、たがいの心《こころ》の中《なか》でわかり合《あ》って、守《まも》っている決《き》まり。例「時《じ》間《かん》を守《まも》れ」が、わがチームの不文律です。

○**ふへい**【不平】名 思《おも》いどおりにならなくて、気《き》に入《い》らないこと。例 不平を言《い》う。類 不服《ふふく》。

**不《ふ》平《へい》を並《なら》べる** 気《き》に入《い》らなくて、ぶつぶつ文《もん》句《く》を言《い》う。

**ぶべつ**【侮蔑】名 動-する 人《ひと》を見《み》下《さ》げて、ばかにすること。例 侮蔑のまなざしで見《み》る。

**ふへん**【不変】名 変《か》わらないこと。例 不変の真《しん》理《り》。

○**ふべん**【不便】名 形動 便《べん》利《り》でないこと。不《ふ》自《じ》由《ゆう》。例 不便をかける。対 便《べん》利《り》。

**ふべんきょう**【不勉強】名 形動 勉《べん》強《きょう》をしないこと。努《ど》力《りょく》をしないこと。例 不勉強で申《もう》し訳《わけ》ありません。

**ふへんせい**【普遍性】名 ひろくすべてのものにあてはまる性《せい》質《しつ》。例 彼《かれ》の説《せつ》には普遍性がない。

**ふへんてき**【普遍的】形動 すべてのものにあてはまるようす。例 普遍的な問《もん》題《だい》。

○**ふぼ**【父母】名 父《ちち》と母《はは》。ふた親《おや》。両《りょう》親《しん》。例 父母と暮《く》らす。

**ふほう**【不法】名 形動 法《ほう》律《りつ》にそむくこと。例 不法な行《こう》為《い》。

**ふほう**【訃報】名 人《ひと》が亡《な》くなったという知《し》らせ。例 恩《おん》師《し》の訃報に接《せっ》する。

**ふほんい**【不本意】名 形動 自《じ》分《ぶん》のほんとうの気《き》持《も》ちや希《き》望《ぼう》とはちがうこと。例 不本意な結《けっ》果《か》に終《お》わる。

**ふまえる**【踏まえる】動 ❶しっかりとふむ。力《ちから》を入《い》れてふみつける。例 大《だい》地《ち》を踏まえて立《た》つ。❷よりどころにする。例 事《じ》実《じつ》を踏まえて意《い》見《けん》を言《い》う。

○**ふまじめ**【不〈真面目〉】名 形動 真《しん》剣《けん》でないようす。例 ふまじめな態《たい》度《ど》。➡とう【踏】905ページ

○**ふまん**【不満】名 形動 もの足《た》りないこと。不《ふ》満《まん》足《ぞく》。例 不満をもらす。対 満《まん》足《ぞく》。

**ふまんぞく**【不満足】名 形動 満《まん》足《ぞく》しないこと。不《ふ》満《まん》。例 不満足な結《けっ》果《か》。

**ふみ**【文】名〔古《ふる》い言《い》い方《かた》。〕❶手《て》紙《がみ》。❷本《ほん》。例 文読《よ》む月《つき》日《ひ》重《かさ》ねつつ。➡ぶん【文】1165ページ

**ふみあらす**【踏み荒らす】動 ふんでめちゃめちゃにする。例 畑《はたけ》を踏み荒らす。

**ふみいし**【踏み石】名 ❶はき物《もの》をぬぐ所《ところ》に置《お》く石《いし》。❷庭《にわ》などに、とびとびに置《お》いてある石《いし》。飛《と》び石《いし》。

**ふみいれる**【踏み入れる】動〔ある場《ば》所《しょ》や状《じょう》況《きょう》に〕入《はい》りこむ。例 ジャングルに足《あし》を踏み入れる。

**ふみえ**【踏み絵】名 ❶絵《え》踏《ふ》み。また、絵《え》踏《ふ》みに使《つか》う絵《え》。➡えふみ 133ページ。❷その人《ひと》の考《かんが》えや忠《ちゅう》誠《せい》心《しん》を確《たし》かめるための材《ざい》料《りょう》。例 入《にゅう》会《かい》するための踏み絵を踏《ふ》む。

○**ふみきり** 名 一【踏切】線《せん》路《ろ》を横《よこ》切《ぎ》る道《みち》。例 踏切をわたる。二【踏み切り】❶高《たか》とびやはばとびなどで、とぶ前《まえ》に強《つよ》くけって、はずみをつけること。また、その場《ば》所《しょ》。例 踏み切りがうまくいった。❷思《おも》いきってすること。ふんぎり。❸すもうで、足《あし》を土《ど》俵《ひょう》の外《そと》に出《だ》すこと。

**ふみきる**【踏み切る】動 ❶地《じ》面《めん》を強《つよ》くふんで、はずみをつける。❷思《おも》いきってする。決《けっ》心《しん》する。例 いよいよ実《じっ》行《こう》に踏み切った。❸すもうで、力《りき》士《し》が土《ど》俵《ひょう》の外《そと》に足《あし》を出《だ》す。

**ふみこえる**【踏み越える】動 ❶向《む》こう側《がわ》に行《い》く。例 白《はく》線《せん》を踏み越える。❷困《こん》難《なん》を越《こ》えて進《すす》む。例 苦《くる》しみを踏み越える。

**ふみこたえる**【踏みこたえる】動 ふんばってこらえる。例 土《ど》俵《ひょう》ぎわで踏みこたえる。

慣用句 軒《のき》を並《なら》べる　裏《うら》通《どお》りは古《ふる》い民《みん》家《か》が軒《のき》を並《なら》べていて、しっとりと落《お》ち着《つ》いた感《かん》じがする。

**ふみこむ【踏み込む】**動 ❶ふんで落《お》ちこむ。例ぬかるみに踏み込む。❷中《なか》へ深《ふか》く入《はい》る。例迷路《めいろ》に踏み込む。❸いきなり入《はい》りこむ。例賊《ぞく》が、家《いえ》の中《なか》に踏み込んできた。❹つっこんで考《かんが》える。例一歩《いっぽ》踏み込んだ考《かんが》え。

**ふみしめる【踏み締める】**動 ❶力《ちから》を入《い》れてふむ。例大地《だいち》を踏み締める。❷ふんで固《かた》める。例雪《ゆき》を踏み締める。

**ふみだい【踏み台】**名 ❶高《たか》い所《ところ》で何《なに》かをするときに乗《の》る台《だい》。例踏み台に乗《の》って、棚《たな》の箱《はこ》を降《お》ろす。❷ある目的《もくてき》のために利用《りよう》すること。例人《ひと》を踏み台にして出世《しゅっせ》する。

**ふみたおす【踏み倒す】**動 ❶ふみつけてたおす。例犬《いぬ》が花《はな》を踏み倒す。❷代金《だいきん》や借《か》りたお金《かね》を、はらわないままにする。例借《しゃっ》金《きん》を踏み倒す。

**ふみだす【踏み出す】**動 ❶足《あし》を前《まえ》へ出《だ》す。例一歩《いっぽ》踏み出して構《かま》える。❷足《あし》を、決《き》められた場所《ばしょ》から外《そと》へ出《だ》す。例ラインから踏み出す。❸ものごとを始《はじ》める。出発《しゅっぱつ》する。例中学生《ちゅうがくせい》としての第一歩《だいいっぽ》を踏み出す。

**ふみづき【文月】**名 ↓ふづき 1146ページ

**ふみつける【踏み付ける】**動 ❶足《あし》で強《つよ》くふんでおさえつける。例空《あ》き缶《かん》を踏みつける。❷人《ひと》をばかにしたやり方《かた》をする。例人《ひと》を踏みつけた態度《たいど》をとる。

**ふみつぶす【踏み潰す】**動 ❶ふんで、つぶす。例缶《かん》を踏みつぶす。❷人《ひと》の名誉《めいよ》を傷《きず》つける。例友達《ともだち》の評判《ひょうばん》を踏みつぶす。

**ふみとどまる【踏みとどまる】**動 ❶足《あし》に力《ちから》を入《い》れて止《と》まる。例土俵《どひょう》ぎわで踏みとどまる。❷人《ひと》がいなくなっても、そこに残《のこ》る。例一人《ひとり》で、島《しま》に踏みとどまる。❸したいと思《おも》う気持《きも》ちを我慢《がまん》する。例さけびたくなるのを、踏みとどまった。

**ふみならす【踏み鳴らす】**動 足《あし》でふんで、音《おと》を立《た》てる。例床《ゆか》を踏み鳴らす。

**ふみならす【踏みならす】**動 土《つち》などをふんで、平《たい》らにする。例地面《じめん》を踏みならす。

**ふみにじる【踏みにじる】**動 ❶ふんで、めちゃめちゃにする。例草花《くさばな》を踏みにじる。❷人《ひと》の気持《きも》ちや名誉《めいよ》などを傷《きず》つける。例人《ひと》の好意《こうい》を踏みにじる。

**ふみはずす【踏み外す】**動 ❶ふむ所《ところ》をまちがえる。例はしごを踏み外す。❷まちがった行《おこな》いをする。例人《ひと》の道《みち》を踏み外す。

**ふみまよう【踏み迷う】**動 ❶(山《やま》などに入《はい》って)道《みち》に迷《まよ》う。例ジャングルの中《なか》に踏み迷う。❷あやまちをおかす。

**ふみわける【踏み分ける】**動 草《くさ》などをかき分《わ》けながら進《すす》む。例ジャングルを踏み分けて進《すす》む。

**ふみん【不眠】**名 ねむらないこと。また、ねむれないこと。例不眠に悩《なや》まされる。

**ふみん【府民】**名 府《ふ》に住《す》んでいる人《ひと》。

■**ふみんふきゅう【不眠不休】**名 ねむりも休《やす》みもしないで一生懸命《いっしょうけんめい》すること。例不眠不休で工事《こうじ》をする。

**ふむ【踏む】**動 ❶足《あし》を乗《の》せておしつける。例京都《きょうと》の地《ち》を踏む。例地面《じめん》を踏む。❷歩《ある》く。行《い》く。例場数《ばかず》を踏む。❸経験《けいけん》する。例手続《てつづ》きを踏む。❹順序《じゅんじょ》に従《したが》う。例手続《てつづ》きを踏む。❺値段《ねだん》などの見当《けんとう》をつける。例高《たか》く踏む。❻予想《よそう》する。例七時《しちじ》につくと踏む。↓とう【踏】905ページ

**ふむき【不向き】**名形動 向《む》いていないこと。適《てき》していないこと。例不向きな仕事《しごと》。

**ふめい【不明】**名形動 ❶よくわからないこと。例原因《げんいん》不明。❷見《み》ぬく力《ちから》が足《た》りないこと。例自分《じぶん》の不明をはじる。

**ふめいよ【不名誉】**名形動 名誉《めいよ》を傷《きず》つけること。例不名誉な行《おこな》い。

**ふめいりょう【不明瞭】**形動 はっきりしないようす。例印刷《いんさつ》が不明瞭だ。

**ふめつ【不滅】**名形動 いつまでも残《のこ》ること。例不滅の大記録《だいきろく》を残《のこ》す。

**ふもう【不毛】**名形動 ❶土地《とち》が悪《わる》くて、作《さく》物《もつ》が育《そだ》たないこと。例不毛の地《ち》。❷ものごとの進歩《しんぽ》がないこと。実《みの》りがないこと。例不毛の議論《ぎろん》。

**ふもと【麓】**名 山《やま》のすそ。山《やま》の下《した》のほう。例ふもとの村《むら》。対頂《いただき》。頂上《ちょうじょう》。↓ろく【麓】1415ページ

**ぶもん【部門】**名 全体《ぜんたい》を種類《しゅるい》によっていくつかに分《わ》けた、その一《ひと》つ一《ひと》つ。例音楽《おんがく》コンクールの合唱《がっしょう》部門。

**ふもんにふす【不問に付す】** 問題《もんだい》として取《と》り上《あ》げないでおく。例今回《こんかい》のトラブル




慣用句 乗《の》りかかった船《ふね》 損《そん》な仕事《しごと》だと途中《とちゅう》で気《き》づいたが、乗《の》りかかった船《ふね》だから、ともかく続《つづ》けることにした。

は不問《ふもん》に付《ふ》す。

**ふやける** 動 ❶水《みず》をすって、やわらかくふくれる。例 水《みず》にふやけた豆《まめ》。❷しまりがなくなる。例 ふやけた考《かんが》え。

**ふやす【殖やす】** 動 お金《かね》や生《い》き物《もの》が、ふえるようにする。↓しょく【殖】641ページ

**◦ふやす【増やす】** 動 多《おお》くする。例 人数《にんずう》を増やす。対 減《へ》らす。↓ぞう【増】744ページ

**◦ふゆ【冬】** 名 季節《きせつ》の名《な》で、ふつう十二《じゅうに》、一《いち》、二月《にがつ》の三《さん》か月《げつ》。一年《いちねん》じゅうでいちばん寒《さむ》い季節《せつ》。例 冬景色《げしき》。関連 春《はる》。夏《なつ》。秋《あき》。参考 昔《むかし》の暦《こよみ》では、十《じゅう》、十一《じゅういち》、十二月《じゅうにがつ》を冬《ふゆ》とした。↓とう【冬】902ページ

**ぶゆ** 名 ↓ぶよ 1154ページ

**ふゆう【富裕】** 名 形動 財産《ざいさん》があって、生活《せいかつ》が豊《ゆた》かなこと。裕福《ゆうふく》。例 富裕な家《いえ》。

**ぶゆう【武勇】** 名 武術《ぶじゅつ》にすぐれていて、勇《いさ》ましいこと。例 武勇の誉《ほま》れが高《たか》い。

**ぶゆうでん【武勇伝】** 名 ❶武術《ぶじゅつ》にすぐれた人《ひと》の物語《ものがたり》。❷勇気《ゆうき》のあることをした話《はなし》。

**ふゆかい【不愉快】** 名 形動 いやな気持《きも》ちがすること。おもしろくないこと。不快《ふかい》。例 不愉快な出来事《できごと》。対 愉快《ゆかい》。

**ふゆがれ【冬枯れ】** 名 ❶冬《ふゆ》に草《くさ》や木《き》が枯《か》れること。例 冬枯れの景色《けしき》。❷冬《ふゆ》、特《とく》に二月《にがつ》ごろ、店《みせ》がはやらないこと。

**ふゆきとどき【不行き届き】** 名 形動 注《ちゅう》意《い》や世話《せわ》などが足《た》りないこと。例 不行き届きをおわびする。

**ふゆげしょう【冬化粧】** 名 動-する 雪《ゆき》がつもって、冬《ふゆ》らしいようすになること。例 山《やま》が冬化粧する。

**ふゆごし【冬越し】** 名 ❶寒《さむ》い冬《ふゆ》を越《こ》すこと。越冬《えっとう》。❷生《い》き物《もの》が冬《ふゆ》の間《あいだ》、形《かたち》を変《か》えたり動《うご》きや生長《せいちょう》を止《と》めたりして過《す》ごすこと。例 幼虫《ようちゅう》は土《つち》の中《なか》で冬越しをする。

**ふゆこだち【冬木立】** 名 冬《ふゆ》になって、葉《は》が落《お》ちてしまった木々《きぎ》。

**ふゆごもり【冬籠もり】** 名 動-する 冬《ふゆ》の間《あいだ》、雪《ゆき》や寒《さむ》さをさけて、家《いえ》や巣《す》の中《なか》に、閉《と》じこもること。冬眠《とうみん》。例 冬ごもりをするクマ。

**ふゆじたく【冬支度】** 名 動-する 冬《ふゆ》の寒《さむ》さにそなえること。

**ふゆしょうぐん【冬将軍】** 名 寒《さむ》さの厳《きび》しい冬《ふゆ》のことを、将軍《しょうぐん》にたとえていう言葉《ことば》。例 冬将軍がやって来《き》た。参考 ナポレオン一世《いっせい》がモスクワを攻撃《こうげき》したとき、厳《きび》しい寒《さむ》さと雪《ゆき》のせいで敗《やぶ》れたことから。

〔ふゆどり〕

**ふゆどり【冬鳥】** 名 秋《あき》、日本《にっぽん》へ来《き》て冬《ふゆ》を過《す》ごし、春《はる》になると北《きた》へ帰《かえ》る渡《わた》り鳥《どり》。ハクチョウ・カモ・ツグミなど。対 夏鳥《なつどり》。↓わたりどり 1427ページ

**ふゆのだいさんかく【冬の大三角】** 名 こいぬ座《ざ》のプロキオン・おおいぬ座《ざ》のシリウス・オリオン座《ざ》のベテルギウスの、三《みっ》つの明《あか》るい星《ほし》を結《むす》んでできる三角形《さんかくけい》で、冬《ふゆ》の星空《ほしぞら》に見《み》られるもの。↓せいざ(星座)703ページ

**ふゆば【冬場】** 名 冬《ふゆ》のころ。冬《ふゆ》の間《あいだ》。例 冬場はスキー客《きゃく》でにぎわう。対 夏場《なつば》。

**ふゆび【冬日】** 名 一日《いちにち》の最低《さいてい》気温《きおん》が〇度《れいど》未《み》満《まん》の日《ひ》。

**ふゆもの【冬物】** 名 冬《ふゆ》向《む》きのもの。特《とく》に、冬《ふゆ》に着《き》る衣服《いふく》など。対 夏物《なつもの》。

**ふゆやすみ【冬休み】** 名 冬《ふゆ》に学校《がっこう》などが休《やす》みになること。正月《しょうがつ》の前後《ぜんご》の休《やす》み。

**ぶよ** 名 ハエに似《に》た小《ち》さい虫《むし》。やぶや草地《くさち》などにいて、雌《めす》は人《ひと》や動物《どうぶつ》の血《ち》をすう。ぶゆ。

**ふよう【不用】** 名 形動 使《つか》わないこと。いらないこと。例 不用品《ひん》の整理《せいり》。対 入用《にゅうよう》。

**ふよう【不要】** 名 形動 必要《ひつよう》でないこと。いらないこと。不必要《ふひつよう》。例 不要な言葉《ことば》をけずる。対 必要《ひつよう》。

**ふよう【扶養】** 名 動-する 世話《せわ》をして、養《やしな》うこと。例 扶養家族《かぞく》。

**ぶよう【舞踊】** 名 おどり。まい。例 日本《にほん》舞踊。

**ふようい【不用意】** 名 形動 注《ちゅう》意《い》が足《た》りないこと。例 不用意な言葉《ことば》で気《き》まずくなる。

**ふようじょう【不養生】** 名 形動 自分《じぶん》の体《からだ》に気《き》をつけないこと。不摂生《ふせっせい》。例 医者《いしゃ》の不養生。

**ぶようじん【不用心・無用心】** 名 形動 用心《ようじん》が悪《わる》いこと。注意《ちゅうい》や警戒《けいかい》が足《た》りないこと。例 かぎをかけなくては不用心だ。

**ふようど【腐葉土】** 名 落《お》ち葉《ば》が腐《くさ》ってできた土《つち》。

**ブラームス** 人名 (男)(一八三三～一八九七)ドイツの作曲家《さっきょくか》。四《よっ》つの交響曲《こうきょうきょく》や「ハンガリー舞曲《ぶきょく》」などの名曲《めいきょく》を残《のこ》した。

**フライ** 〔英語 fly〕 名 野球《やきゅう》・ソフトボールで、バッターが高《たか》く打《う》ち上《あ》げた球《たま》。飛球《ひきゅう》。

**フライ** 〔英語 fry〕 名 魚《さかな》・肉《にく》などにパン粉《こ》をつけ、油《あぶら》であげた料理《りょうり》。例 えびフライ。

**フライト** 〔英語 flight〕 名 動-する ❶航空機《こうくうき》の飛行《ひこう》。また、定期飛行《ていきひこう》。❷スキーのジャンプ競技《きょうぎ》で、空中《くうちゅう》を飛《と》ぶこと。

**プライド** 〔英語 pride〕 名 自分《じぶん》をえらいと思《おも》う気持《きも》ち。ほこり。自尊心《じそんしん》。例 プライドが高《たか》い。

**フライドポテト** 名 〔日本《にっぽん》でできた英語《えいご》ふうの言葉《ことば》。〕小《ちい》さく切《き》ったジャガイモを油《あぶら》であげた料理《りょうり》。

**プライバシー** 〔英語 privacy〕 名 他《ほか》の人《ひと》に知《し》られたくない個人的《こじんてき》なことがらや生活《せいかつ》。例 プライバシーを保護《ほご》する。

**フライパン** 〔英語 frying pan〕 名 食《た》べ物《もの》を焼《や》いたりいためたりするときに使《つか》う、柄《え》のついた浅《あさ》いなべ。

**プライベート** 〔英語 private〕 名 形動 個人《こじん》にかかわるようす。個人的《こじんてき》。私的《してき》。例 プライベートな問題《もんだい》。

**フライング** 名 動-する 〔英語《えいご》の「フライングスタート」の略《りゃく》。〕競走《きょうそう》、競泳《きょうえい》で出発《しゅっぱつ》の合図《あいず》が鳴《な》る前《まえ》に、とび出《だ》してしまうこと。

**ブラインド** 〔英語 blind〕 名 日《ひ》よけなどのために窓《まど》に取《と》り付《つ》けて、上《あ》げ下《さ》げするおおい。

**ブラウザー** 〔英語 browser〕 名 (コンピューターなどで)インターネットを見《み》るときに使《つか》うソフトウェア。ブラウザ。

**ブラウス** 〔英語 blouse〕 名 主《おも》に女《おんな》の人《ひと》や子《こ》どもが着《き》る、シャツのような上着《うわぎ》。

**プラカード** 〔英語 placard〕 名 広告《こうこく》や世《よ》の中《なか》にうったえたいこと、チーム名《めい》などを書《か》いて、持《も》って歩《ある》く看板《かんばん》。例 プラカードを先頭《せんとう》に入場《にゅうじょう》する。

**ぶらく【部落】** 名 ↓しゅうらく 604ページ

**プラグ** 〔英語 plug〕 名 電気器具《でんききぐ》のコードの先《さき》についているさしこみ。コンセントにさして、電流《でんりゅう》を通《とお》す。↓コンセント 490ページ

**プラザ** 〔英語 plaza〕 名 広場《ひろば》。市場《いちば》。例 ショッピングプラザ。

**ブラザー** 〔英語 brother〕 名 兄《あに》と弟《おとうと》。男《おとこ》のきょうだい。

**°ぶらさがる【ぶら下がる】** 動 ぶらりと下《さ》がる。例 鉄棒《てつぼう》にぶら下がる。

**°ぶらさげる【ぶら下げる】** 動 ぶらりと下《さ》げる。例 こしに手《て》ぬぐいをぶら下げる。

**ブラシ** 〔英語 brush〕 名 はけ。ほこりやよごれを取《と》ったり、髪《かみ》を整《ととの》えたりするもの。例 ヘアブラシ。

**ブラジャー** 〔英語 brassiere〕 名 胸《むね》の形《かたち》を整《ととの》えるために着《つ》ける女性用《じょせいよう》の下着《したぎ》。

**ブラジル** 地名 南《みなみ》アメリカの東部《とうぶ》にある国《くに》。首都《しゅと》はブラジリア。日本《にっぽん》から移民《いみん》した日系人《にっけいじん》も多《おお》い。リオ〔=リオデジャネイロ〕のカーニバルが有名《ゆうめい》。

**°プラス** 〔英語 plus〕 一 名 動-する ❶加《くわ》えること。足《た》すこと。例 百円《ひゃくえん》をプラスする。❷ためになること。例 村《むら》の発展《はってん》にプラスする。
二 名 ❶足《た》し算《ざん》のしるし。例 二プラス三は五。❷0《ゼロ》より大《おお》きい数《すう》。正《せい》の数《すう》。例 プラスの数《すう》。❸電気《でんき》の陽極《ようきょく》。プラス極《きょく》。❹検査《けんさ》などで、ある性質《せいしつ》が表《あらわ》れること。陽性《ようせい》。例 ツベルクリン反応《はんのう》がプラス。❺利益《りえき》。余分《よぶん》。例 しめて一万円《いちまんえん》のプラスだ。対 (一・二)マイナス。参考 二❶～❹の記号《きごう》は「＋」。

**プラスアルファ** 名 〔日本《にっぽん》でできた英語《えいご》ふうの言葉《ことば》。〕あるものに少《すこ》し足《た》すこと。また、足《た》したもの。例 交通費《こうつうひ》プラスアルファを支《し》払《はら》う。

**プラスきょく【プラス極】** 名 ↓ようきょく(陽極) 1351ページ

**フラスコ** 〔ポルトガル語〕 名 熱《ねつ》に強《つよ》いガラスで作《つく》った、首《くび》が細長《ほそなが》い入《い》れ物《もの》。化学《かがく》の実験《じっけん》などに使《つか》う。↓じっけんきぐ 565ページ

**プラスチック** 〔英語 plastic〕 名 熱《ねつ》や圧力《あつりょく》を





慣用句 白紙《はくし》に戻《もど》す　この問題《もんだい》は、一度《いちど》白紙《はくし》に戻《もど》して、それから考《かんが》え直《なお》すことにしよう。

加《くわ》えて、自由《じゆう》に形《かたち》を作《つく》ることができる物質《ぶっしつ》。特《とく》に合成樹脂《ごうせいじゅし》を指《さ》す。使《つか》い道《みち》が広《ひろ》い。

**ブラスバンド**〔英語 brass band〕名 管楽器《かんがっき》と打楽器《だがっき》を使《つか》って演奏《えんそう》する楽隊《がくたい》。吹奏楽団《すいそうがくだん》。

**プラタナス** 名 ➡すずかけのき 683ページ

**フラダンス** 名〔日本《にっぽん》でできた英語《えいご》ふうの言葉《ことば》。〕音楽《おんがく》に合《あ》わせて、独特《どくとく》な振《ふ》りつけや手《て》の動《うご》きをする、ハワイの伝統的《でんとうてき》なおどり。

**プラチナ**〔スペイン語〕名 銀白色《ぎんはくしょく》で、つやのある貴金属《ききんぞく》。白金《はっきん》。例 プラチナの指輪《ゆびわ》。

**ふらつく** 動 ❶ふらふらとよろける。例 病《びょう》気《き》で足《あし》がふらつく。❷考《かんが》えや気《き》持《も》ちが、あれこれと動《うご》く。例 考《かんが》えがふらつく。

**ぶらつく** 動 どこへ行《い》くというあてもなく歩《ある》く。ぶらぶらする。例 一人《ひとり》で公園《こうえん》をぶらつく。

**ブラック**〔英語 black〕名 ❶黒《くろ》。黒《くろ》い色《いろ》。❷コーヒーに、クリームなどを入《い》れないこと。例 コーヒーをブラックで飲《の》む。

**ブラックバス**〔英語 black bass〕名 流《なが》れのゆるやかな川《かわ》や湖《みずうみ》などにすむ魚《さかな》。大型《おおがた》で、黒《くろ》ずんだ色《いろ》をしている。北《きた》アメリカ原産《げんさん》の魚《さかな》で、大正時代《たいしょうじだい》に日本《にっぽん》に移《い》入《にゅう》された。

**ブラックホール**〔英語 black hole〕名 太陽《たいよう》よりも巨大《きょだい》な星《ほし》が縮《ちぢ》んでできた天体《てんたい》。強《つよ》い引《いん》力《りょく》を持《も》ち、あらゆる物《もの》をのみこみ、光《ひかり》さえもすいこむので、黒《くろ》い穴《あな》のように見《み》える。

**ブラックリスト**〔英語 blacklist〕名 注《ちゅう》意《い》しなければならない人物《じんぶつ》や団体名《だんたいめい》の一覧表《いちらんひょう》。

**フラッシュ**〔英語 flash〕名 暗《くら》い所《ところ》で写真《しゃしん》をとるときに使《つか》う、ぱっと強《つよ》く光《ひか》る電気《でんき》の光《ひかり》。また、そのような電球《でんきゅう》。例 フラッシュを浴《あ》びる。

**フラット**〔英語 flat〕一 名 ❶〔音楽《おんがく》で〕半音下《はんおんさ》げることを表《あらわ》すしるし。記号《きごう》は「♭」。対 シャープ（♯）。➡がくふ 223ページ。❷競走《きょうそう》などで、かかった時間《じかん》に、秒《びょう》より下《した》の数《かず》がつかないこと。ちょうど。例 一〇秒《びょう》フラット。二 形動 平《たい》らなこと。例 フラットな面《めん》。

**プラットホーム**〔英語 platform〕名 ❶駅《えき》で乗客《じょうきゃく》が乗《の》り降《お》りする場所《ばしょ》。ホーム。❷検《けん》索《さく》サイトなど、インターネット上《じょう》で情報《じょうほう》を集《あつ》めるための拠点《きょてん》。

**プラネタリウム**〔英語 planetarium〕名 星《ほし》の位置《いち》や、月《つき》や星《ほし》の動《うご》きをわかりやすく説明《せつめい》するために、円《まる》い天《てん》井《じょう》に星空《ほしぞら》そっくりの天体《てんたい》の動《うご》きを映《うつ》し出《だ》す仕《し》かけ。

〔プラネタリウム〕

**ふらふら** 副(-と) 動-する ❶体《からだ》がゆれ動《うご》くようす。例 頭《あたま》がふらふらする。❷心《こころ》が決《き》まらないようす。例 ふらふらしないで早《はや》く決《き》めよう。❸あてもなく行動《こうどう》するようす。例 ふらふら出《で》かける。

**ぶらぶら** 副(-と) 動-する ❶ぶら下《さ》がってゆれているようす。例 足《あし》をぶらぶらさせる。❷あてもなく動《うご》き回《まわ》るようす。ぶらつく。例 ぶらぶら歩《ある》く。❸仕事《しごと》をしないで、暮《く》らすようす。例 昼間《ひるま》からぶらぶらしている。

**フラミンゴ** 名 ツルに似《に》た、ピンク色《いろ》の水《みず》鳥《とり》。湖《みずうみ》や海《うみ》の岸《きし》に、大《おお》きな群《む》れを作《つく》ってすんでいる。熱帯《ねったい》から温帯《おんたい》にかけて六種類《ろくしゅるい》がいる。ベニヅル。

〔フラミンゴ〕

**フラメンコ**〔スペイン語〕名 スペインに伝《つた》わる音楽《おんがく》と踊《おど》り。手《て》をたたき、床《ゆか》を足《あし》で踏《ふ》みならす踊《おど》りが特徴《とくちょう》。

**プラモデル** 名〔英語《えいご》の「プラスチックモデル」から。〕プラスチックでできた部品《ぶひん》を組《く》み立《た》てて作《つく》る、いろいろな物《もの》の模型《もけい》。商標名《しょうひょうめい》。

**フラワー**〔英語 flower〕名 花《はな》。

**プラン**〔英語 plan〕名 計画《けいかく》。案《あん》。例 旅行《りょこう》のプランを立《た》てる。

**ふらんき【孵卵器】** 名 鳥《とり》や魚《さかな》の卵《たまご》を、人工《じんこう》的《てき》にかえす器具《きぐ》。

**ブランク**〔英語 blank〕名 ❶（ノートや書類《しょるい》などの）空白《くうはく》の部分《ぶぶん》。❷仕事《しごと》などが途切《とぎ》れていた期間《きかん》。例 二年間《にねんかん》のブランクがある。

**プランクトン**〔英語 plankton〕名 海《うみ》・池《いけ》・湖《みずうみ》などの水《みず》にすむ、非常《ひじょう》に小《ちい》さな生《い》き物《もの》。魚《さかな》のえさになる。



慣用句 拍車《はくしゃ》をかける　試験《しけん》が間近《まぢか》に迫《せま》ったから、勉強《べんきょう》にも拍車《はくしゃ》をかけなければならない。

**フランクリン** 人名（男）（一七〇六～一七九〇）アメリカの政治家《せいじか》で、アメリカの独立《どくりつ》に力《ちから》をつくした人《ひと》。また、科学者《かがくしゃ》として、かみなりが電気《でんき》であることを確《たし》かめ、避雷針《ひらいしん》を発明《はつめい》した。

**ぶらんこ** 名 つり下《さ》げた、二本《にほん》のくさりやつなの先《さき》に横木《よこぎ》をわたし、そこに乗《の》って前後《ぜんご》にゆり動《うご》かしながら遊《あそ》ぶ道具《どうぐ》。

**フランシスコ＝ザビエル** 人名 ⇩ザビエル 522ページ

**フランス** 地名 ヨーロッパの西部《せいぶ》にある国《くに》。首都《しゅと》はパリ。古《ふる》くから芸術《げいじゅつ》の進《すす》んだ国《くに》で、農業《のうぎょう》・工業《こうぎょう》もさかん。

**フランスパン** 名〔日本《にっぽん》でできた英語《えいご》ふうの言葉《ことば》〕太《ふと》い棒《ぼう》に似《に》た形《かたち》をした、固《かた》いパン。

**プランター** 〔英語 planter〕名 草花《くさばな》や野菜《やさい》を育《そだ》てる、四角《しかく》い箱《はこ》。

**フランダースのいぬ**〘フランダースの犬〙作品名 イギリスの作家《さっか》ウィーダが、一八七二年《ねん》に書《か》いた物語《ものがたり》。画家志望《がかしぼう》の貧《まず》しい少年《しょうねん》ネロと、その愛犬《あいけん》パトラッシュの、心《こころ》の交流《こうりゅう》と悲《かな》しい運命《うんめい》が描《えが》かれている。

**ブランド** 〔英語 brand〕名 ❶商標《しょうひょう》。❷すぐれた製品《せいひん》で知《し》られた会社《かいしゃ》。また、そこで作《つく》られた商品《しょうひん》。例 ブランド品《ひん》。

**ブランドまい**【ブランド米】名 よく知《し》られた特別《とくべつ》の産地《さんち》や品種《ひんしゅ》の、質《しつ》のよい米《こめ》。銘柄米《めいがらまい》。

**プランニング** 〔英語 planning〕名 動-する 計《けい》画《かく》を立《た》てること。立案《りつあん》。

**ふり**【不利】名 形動 都合《つごう》が悪《わる》いこと。損《そん》をしたり負《ま》けたりしそうなこと。例 不利な立場《たちば》。対 有利《ゆうり》。

**ふり**【降り】名 雨《あめ》や雪《ゆき》などが降《ふ》ること。例 ひどい降りになった。

**ふり**【振り】一 名 ❶振《ふ》ること。振《ふ》り方《かた》。例 バットの振りがするどい。❷動作《どうさ》やおどりの形《かたち》。例 ダンスの振りをつける。❸姿《すがた》。態度《たいど》。例 人《ひと》のふり見《み》てわがふり直《なお》せ。❹そのようなようす。例 知《し》らないふりをする。二〔数《かず》を表《あらわ》す言葉《ことば》のあとにつけて〕刀《かたな》を数《かぞ》える言葉《ことば》。例 日本刀《にほんとう》ひと振り。参考 ふつう 一 の❸・❹は、かな書《が》きにする。

**ぶり**【鰤】名 暖《あたた》かな海《うみ》にすむ魚《さかな》。背《せ》は青《あお》く腹《はら》は白《しろ》い。横腹《よこはら》に黄色《きいろ》い筋《すじ》がある。育《そだ》つにつれて名前《なまえ》が変《か》わる出世魚《しゅっせうお》。関東《かんとう》では、ワカシ→イナダ→ワラサ→ブリ、関西《かんさい》では、ツバス→ハマチ→メジロ→ブリと変《か》わる。

**ぶり** 〔ある言葉《ことば》のあとにつけて〕❶…のようす。…のぐあい。例 話《はな》しぶり。知《し》ったかぶり。❷〔時間《じかん》を表《あらわ》す言葉《ことば》のあとにつけて〕それだけ時間《じかん》がたったことを表《あらわ》す。例 一年《いちねん》ぶり。しばらくぶり。参考 ❶は、「話《はな》しっぷり」のように「…っぷり」になることもある。

**ふりあおぐ**【振り仰ぐ】動 顔《かお》を上《うえ》に向《む》けて見《み》る。例 星空《ほしぞら》を振り仰ぐ。

**ふりあげる**【振り上げる】動 勢《いきお》いよく上《あ》げる。例 げんこつを振り上げる。

**フリー** 〔英語 free〕名 形動 ❶じゃまされないで、自由《じゆう》であること。例 フリーな立場《たちば》。❷どこにも所属《しょぞく》していないこと。例 フリーのカメラマン。❸無料《むりょう》。ただ。例 フリーパス。

**フリーサイズ** 名〔日本《にっぽん》でできた英語《えいご》ふうの言葉《ことば》。〕（衣服《いふく》などで）どのような体格《たいかく》の人《ひと》でも着《き》られるように作《つく》ってあること。

**フリース** 〔英語 fleece〕名 ポリエステルなどでできた、軽《かる》くて柔《やわ》らかい、毛羽立《けばだ》った生地《きじ》。また、それで作《つく》った服《ふく》。

**フリーズ** 〔英語 freeze〕名 動-する ❶凍《こお》ること。凍《こお》らせること。❷コンピューターやソフトウエアが停止《ていし》して、操作《そうさ》できなくなること。

**フリーター** 名〔日本《にっぽん》でできた英語《えいご》ふうの言葉《ことば》。〕決《き》まった仕事《しごと》をせずに、アルバイトなどをして生活《せいかつ》している人《ひと》。

**フリートーキング** 名〔日本《にっぽん》でできた英語《えい》語《ご》ふうの言葉《ことば》。〕（少《すく》ない人数《にんずう》で行《おこな》う）自由《じゆう》な話《はな》し合《あ》い。

**フリーパス** 〔英語 free pass〕名 ❶無料《むりょう》で入場《にゅうじょう》や乗車《じょうしゃ》ができること。また、その券《けん》。例 フリーパスだから、好《す》きなものに乗《の》ろう。❷試験《しけん》などを受《う》けずに合格《ごうかく》できること。

**ブリーフ** 〔英語 briefs〕名 体《からだ》にぴったりとした、男性用《だんせいよう》の短《みじか》い下着《したぎ》。

**フリーマーケット** 〔英語 flea market〕名 いらなくなった物《もの》などを持《も》ち寄《よ》って、売《う》り買《か》いや交換《こうかん》をする青空市場《あおぞらいちば》。のみの市《いち》。フリマ。


慣用句 弾《はず》みを食《く》う 曲《ま》がり角《かど》でぶつかったとたん、弾《はず》みを食《く》ってころび、大《おお》けがをした。

**ふりえき【不利益】** 名 もうけにならないこと。ためにならないこと。損《そん》。例 不利益をこうむる。

**ふりかえ** 名 一【振り替え】他《ほか》のものと取《と》りかえること。例 振り替え休日《きゅうじつ》。二【振替】お金《かね》を動《うご》かさず、帳簿《ちょうぼ》をつけかえることによって、しはらいを済《す》ませること。例 振替口座《こうざ》。

**ぶりかえす【ぶり返す】** 動 よくなりかけていたのに、また、よくない状態《じょうたい》にもどる。例 寒《さむ》さがぶり返す。風邪《かぜ》がぶり返す。

**°ふりかえる【振り返る】** 動 ❶後《うし》ろをふり向《む》く。例 呼《よ》ばれて、思《おも》わず振り返る。❷今《いま》までのことを思《おも》い出《だ》してみる。例 この一年《いちねん》を振り返る。

**ふりかえる【振り替える】** 動 臨時《りんじ》に、別《べつ》のものに取《と》りかえる。例 休日《きゅうじつ》を振り替える。

**ふりかかる【降り掛かる】** 動 ❶上《うえ》からばらばらと落《お》ちてきて当《あ》たる。例 火《ひ》の粉《こ》が降りかかる。❷身《み》の上《うえ》によくないことが起《お》こる。例 災難《さいなん》が降りかかる。

**ふりかけ** 名 ご飯《はん》などにふりかけて食《た》べる粉《こな》になった食品《しょくひん》。

**ふりかざす【振りかざす】** 動 ❶頭《あたま》の上《うえ》にふり上《あ》げる。例 刀《かたな》を振りかざす。❷はっきりと相手《あいて》に示《しめ》す。例 規則《きそく》を振りかざす。

**✤ふりがな【振り〈仮名〉】** 名 漢字《かんじ》の読《よ》み方《かた》を示《しめ》すために、その右側《みぎがわ》や下《した》に書《か》く小《ちい》さな仮《か》名《な》。ルビ。この辞典《じてん》では、漢字《かんじ》の右側《みぎがわ》に小《ちい》さく書《か》いてある。参考 横書《よこが》きの場合《ばあい》には上《うえ》または右側《みぎがわ》に書《か》く。

**ふりかぶる【振りかぶる】** 動 勢《いきお》いよく大《おお》きくふり上《あ》げる。例 大《おお》きく振りかぶってボールを投《な》げる。

**ブリキ**〔オランダ語〕名 表面《ひょうめん》にすずをめっきしたうすい鉄《てつ》の板《いた》。例 ブリキ板《ばん》。

**ふりきる【振り切る】** 動 ❶強《つよ》くふって、無理《むり》にはなす。例 つかんだ手《て》を振り切ってにげる。❷きっぱりと断《ことわ》る。例 さそいを振り切って家《いえ》に帰《かえ》る。❸追《お》いつかせない。例 相手《あいて》を振り切ってゴールインする。❹十分《じゅうぶん》に振《ふ》る。例 バットを振り切る。

**ふりこ【振り子】** 名 つり下《さ》げたおもりが、左右《さゆう》にゆれ動《うご》くようにした仕《し》かけ。例 柱《はしら》時計《どけい》の振り子。

**振《ふ》り子《こ》の等時性《とうじせい》** 振《ふ》り子《こ》は、糸《いと》の長《なが》さが決《き》まっていれば、糸《いと》の先《さき》につけたおもりが重《おも》くても軽《かる》くても、行《ゆ》き来《き》する時間《じかん》は同《おな》じであるということ。ガリレオ＝ガリレイが発《はっ》見《けん》した。

**ふりこむ【振り込む】** 動 ❶ふって、中《なか》へ入《い》れる。❷銀行《ぎんこう》口座《こうざ》などにお金《かね》を入《い》れる。例 料金《りょうきん》を振り込む。

**ふりこめる【降りこめる】** 動 外出《がいしゅつ》ができないほど、雨《あめ》や雪《ゆき》が激《はげ》しく降《ふ》る。例 まる一日《いちにち》、大雨《おおあめ》に降りこめられる。

**ブリザード**〔英語 blizzard〕名 南極《なんきょく》地方《ちほう》などにふく、雪《ゆき》あらし。

**ふりしきる【降りしきる】** 動 雨《あめ》や雪《ゆき》がさかんに降《ふ》る。例 細《こま》かな雪《ゆき》が降りしきる。

**ふりしぼる【振り絞る】** 動 自分《じぶん》の力《ちから》をありったけ出《だ》す。引《ひ》き絞《しぼ》る。例 声《こえ》を振り絞る。

**ふりすてる【振り捨てる】** 動 思《おも》い切《き》って捨《す》てる。例 迷《まよ》いを振り捨てる。

**プリズム**〔英語 prism〕名 ガラスや水晶《すいしょう》などで作《つく》った、切《き》り口《くち》が三角形《さんかくけい》の器具《きぐ》。光《ひかり》を散《ち》らしたり、光《ひかり》の進《すす》む方向《ほうこう》を変《か》えたりするために使《つか》う。↓前見返《まえみかえ》しの裏《うら》

**ふりそそぐ【降り注ぐ】** 動 雨《あめ》や太陽《たいよう》の光《ひかり》などが、絶《た》え間《ま》なく降《ふ》りかかる。例 日光《にっこう》が降り注ぐ。

**ふりそで【振り袖】** 名 若《わか》い女《おんな》の人《ひと》が着《き》る、たもとの長《なが》い着物《きもの》。

**ふりだし【振り出し】** 名 ❶すごろくで、出発《しゅっぱつ》する所《ところ》。❷ものごとの出発点《しゅっぱつてん》。例 交渉《こうしょう》が振り出しにもどる。❸手形《てがた》や為替《かわせ》を発行《はっこう》すること。

**ふりつ【府立】** 名 府《ふ》〔＝大阪府《おおさかふ》や京都府《きょうとふ》〕のお金《かね》で作《つく》り、運営《うんえい》しているもの。例 府立高校《こうこう》。

**ふりつけ【振り付け・振付】** 名 歌《うた》や、音楽《おんがく》に合《あ》わせて、おどる動作《どうさ》などを工夫《くふう》すること。例 ダンスの振り付けをする。

**ブリッジ**〔英語 bridge〕名 ❶橋《はし》。❷船《ふね》の甲板《かんぱん》の上《うえ》にあって、見張《みは》りや指図《さしず》をする所《ところ》。船《せん》橋《きょう》。❸トランプの遊《あそ》びの一《ひと》つ。❹レスリングで、あお向《む》けになって、体《からだ》を橋《はし》のように反《そ》ら



慣用句 **ばつが悪《わる》い** けんかしている友達《ともだち》とばったり出会《であ》って、ばつが悪《わる》い思《おも》いをした。

せる技《わざ》。

**フリップ** 名 〔「フリップチャート」という英《えい》語《ご》の略《りゃく》。〕テレビ放送《ほうそう》などで使《つか》う、図《ず》表《ひょう》や説《せつ》明《めい》などを示《しめ》したカード。

**ふりつもる【降り積もる】** 動 雪《ゆき》などが降《ふ》って積《つ》もる。

**ふりはらう【振り払う】** 動 ふって、はなれさせる。まとわりつくものを払《はら》いのける。例 不《ふ》安《あん》を振り払う。

**プリペイドカード** 〔英語 prepaid card〕 名 代《だい》金《きん》を先《さき》に払《はら》って使《つか》うカード。決《き》まった目《もく》的《てき》のために現《げん》金《きん》のように使《つか》える。

**ふりほどく【振りほどく】** 動 ❶勢《いきお》いよく振《ふ》って、ひき離《はな》そうとする。例 人《ひと》の手《て》を振りほどく。❷結《むす》んだものをほどく。例 ロープを振りほどく。

**ふりまく【振りまく】** 動 ❶そこらじゅうにまく。例 えさを振りまく。❷多《おお》くの人《ひと》に与《あた》える。例 笑《え》顔《がお》を振りまく。

◦**ふりまわす【振り回す】** 動 ❶勢《いきお》いよく回《まわ》す。例 棒《ぼう》を振り回す。❷やたらに使《つか》う。例 権《けん》力《りょく》を振り回す。❸見《み》せびらかす。例 覚《おぼ》えたての知《ち》識《しき》を振り回す。❹思《おも》うように動《うご》かす。例 わがままを言《い》って、人《ひと》を振り回す。

**ふりみだす【振り乱す】** 動 激《はげ》しく動《うご》いて、ばらばらにする。例 髪《かみ》を振り乱してあばれ回《まわ》る。

◦**ふりむく【振り向く】** 動 ふり返《かえ》って見《み》る。例 声《こえ》のするほうを振り向く。

**ふりむける【振り向ける】** 動 ❶その方《ほう》へ向《む》かせる。例 顔《かお》を振り向ける。❷あるものを他《ほか》の方《ほう》面《めん》に使《つか》う。例 お年《とし》玉《だま》をノート代《だい》に振り向ける。

**ふりょ【不慮】** 名 思《おも》いがけないこと。例 不慮の事《じ》故《こ》にあう。参考 よくないできごとについていう。

**ふりょう【不良】** 一 名 形動 よくないこと。悪《わる》いこと。例 天《てん》候《こう》不良。二 名 行《おこな》いの悪《わる》いこと。また、そのような人《ひと》。例 不良の仲《なか》間《ま》。

**ふりょう【不漁】** 名 魚《さかな》や貝《かい》が、あまりとれないこと。対 大《たい》漁《りょう》。豊《ほう》漁《りょう》。

**ふりょうさいけん【不良債権】** 名 銀《ぎん》行《こう》などが貸《か》した金《かね》のうち、回《かい》収《しゅう》できなくなりそうな金《かね》のこと。

**ふりょうどうたい【不良導体】** 名 熱《ねつ》または電《でん》気《き》を伝《つた》えにくい物《ぶっ》質《しつ》。木《き》・石《いし》・布《ぬの》など。絶《ぜつ》縁《えん》体《たい》。

**ふりょく【浮力】** 名 液《えき》体《たい》や気《き》体《たい》が、その中《なか》にある他《ほか》の物《もの》をおし上《あ》げる力《ちから》。例 浮力が働《はたら》いて、体《からだ》がうく。

**ぶりょく【武力】** 名 軍《ぐん》隊《たい》や武《ぶ》器《き》の力《ちから》。例 武《ぶ》力《りょく》にうったえる。

**ふりわける【振り分ける】** 動 ❶二《ふた》つに分《わ》ける。例 荷《に》物《もつ》を前《ぜん》後《ご》に振り分ける。❷割《わ》り当《あ》てる。例 仕《し》事《ごと》を三《さん》人《にん》に振り分ける。

**プリン** 名 〔英《えい》語《ご》の「プディング」からできた言《こと》葉《ば》。〕卵《たまご》・牛《ぎゅう》乳《にゅう》・砂《さ》糖《とう》などを混《ま》ぜ合《あ》わせ、型《かた》に入《い》れてむした菓《か》子《し》。

**プリンス** 〔英語 prince〕 名 王《おう》様《さま》の、男《おとこ》の子《こ》。王《おう》子《じ》。対 プリンセス。

**プリンセス** 〔英語 princess〕 名 王《おう》様《さま》の、女《おんな》の子《こ》。王《おう》女《じょ》。また、王《おう》子《じ》の妻《つま》。対 プリンス。

**プリンター** 〔英語 printer〕 名 印《いん》刷《さつ》機《き》。特《とく》に、コンピューターのデータを印《いん》刷《さつ》する装《そう》置《ち》。

**プリント** 〔英語 print〕 名 動-する ❶印《いん》刷《さつ》すること。また、印《いん》刷《さつ》したもの。例 プリントを配《くば》る。❷模《も》様《よう》を染《そ》めること。また、その布《ぬの》。例 花《はな》がらのプリント。❸とった写《しゃ》真《しん》を、紙《かみ》に焼《や》きつけること。また、そのもの。例 記《き》念《ねん》写《しゃ》真《しん》を大《おお》きくプリントする。

**プリントアウト** 〔英語 print out〕 名 動-する 〔コンピューターで〕プリンターで印《いん》刷《さつ》すること。また、印《いん》刷《さつ》したもの。例 資《し》料《りょう》をプリントアウトする。

◦**ふる【降る】** 動 空《そら》から、雨《あめ》や雪《ゆき》などが落《お》ちてくる。例 雨《あめ》が降る。↓こう【降】 425ページ

◦**ふる【振る】** 動 ❶ゆり動《うご》かす。例 バットを振る。手《て》を振る。❷物《もの》をまく。まき散《ち》らす。例 魚《さかな》に塩《しお》を振る。さいころを振る。❸役《やく》目《め》などを割《わ》り当《あ》てる。例 主《しゅ》役《やく》を振る。❹読《よ》みがなや番《ばん》号《ごう》などをつける。例 漢《かん》字《じ》に仮《か》名《な》を振る。❺失《うしな》う。むだにする。例 今《いま》の職《しょく》を振る。仕《し》事《ごと》を棒《ぼう》に振る。❻相《あい》手《て》にしない。断《ことわ》る。例 入《にゅう》学《がく》試《し》験《けん》を振る。❼向《む》きを変《か》える。例 コースを北《きた》に振る。相《あい》手《て》に話《はなし》を振る。↓しん【振】 656ページ

**フル** 〔英語 full〕 名 いっぱい。全《ぜん》部《ぶ》。例 フル回《かい》



慣用句 **鼻息《はないき》が荒《あら》い** 弟《おとうと》はこのところ3回《かい》も満《まん》点《てん》続《つづ》きで、家《いえ》にいても鼻《はな》息《いき》が荒《あら》い。

転《てん》。自由時間《じゆうじかん》をフルに使《つか》う。いい格好《かっこう》をする。例彼《かれ》は

**ぶる** ㊀動 気《き》どる。ぶっている。㊁〔ある言葉《ことば》のあとにつけて〕それらしく見《み》せる。例上品《じょうひん》ぶる。学者《がくしゃ》ぶった話《はな》し方《かた》をする。

**°ふるい【古い】** 形 ❶昔《むかし》のことである。長《なが》い時間《じかん》がたっている。例古い都《みやこ》。❷新《あたら》しさがない。時代《じだい》おくれである。例父《ちち》は頭《あたま》が古い。❸変《か》わる前《まえ》のものである。例古い校舎《こうしゃ》。❹新鮮《しんせん》でない。例この魚《さかな》は古い。対(❶〜❹)新《あたら》しい。⇩こ【古】419ページ

**ふるい** 名 わくに網《あみ》を張《は》った道具《どうぐ》。粉《こな》や砂《すな》などをふるって、より分《わ》けるのに使《つか》う。

〔ふるい〕

**ふるいに掛《か》ける** いいものや必要《ひつよう》なものをより分《わ》ける。例候補者《こうほしゃ》をふるいにかけて三名《さんめい》にしぼる。

**ぶるい【部類】** 名 種類《しゅるい》によって分《わ》けた、それぞれのまとまり。例クジラは、けものの部類に入《はい》る。

**ふるいおこす【奮い起こす】** 動 心《こころ》をはげまして、わき立《た》たせる。例勇気《ゆうき》を奮い起こす。

**ふるいおとす【ふるい落とす】** 動 ❶ふるいにかけて落《お》とす。例小《ちい》さい石《いし》をふるい落とす。❷たくさんの中《なか》から、選《えら》んで捨《す》てる。例試験《しけん》で、半分《はんぶん》をふるい落とす。

**ふるいたつ【奮い立つ】** 動 元気《げんき》が起《お》こる。例試合《しあい》を前《まえ》に、心《こころ》が奮い立つ。

**ふるう【震う】** 動 ふるえる。ゆれる。⇩しん【震】656ページ

**ふるう【奮う】** 動 気力《きりょく》が盛《も》り上《あ》がる。また、気力を盛り上《あ》げる。例勇気《ゆうき》を奮って取《と》り組《く》む。⇩ふん【奮】1164ページ

**°ふるう【振るう】** 動 ❶勢《いきお》いよくゆする。例靴《くつ》を振るって砂《すな》を落《お》とす。❷実力《じつりょく》を出《だ》す。例料理《りょうり》の腕《うで》を振るう。❸さかんである。さかんになる。例成績《せいせき》が振るわない。❹とっぴで、おもしろい。例弟《おとうと》の話《はなし》は振るっている。⇩しん【振】656ページ

**ブルー** 〔英語 blue〕㊀名 青《あお》。青色《あおいろ》。例ブルーの上着《うわぎ》。㊁形動 ゆううつな。例ブルーな気分《きぶん》。

**ブルース** 〔英語 blues〕名 アメリカの黒人《こくじん》の間《あいだ》で生《う》まれた音楽《おんがく》。ジャズやダンス音楽《おんがく》などに影響《えいきょう》を与《あた》えた。

**フルーツ** 〔英語 fruit〕名 果物《くだもの》。

**フルート** 〔英語 flute〕名 管楽器《かんがっき》の一《ひと》つ。木《き》や、金属《きんぞく》でできた横笛《よこぶえ》。高《たか》くすんだ、やわらかい音《おと》を出《だ》す。⇩がっき(楽器)244ページ

**ブルーベリー** 〔英語 blueberry〕名 あまずっぱい青《あお》むらさき色《いろ》の実《み》をつける植物《しょくぶつ》。実《み》は、そのまま食《た》べたり、ジャムなどにしたりする。

**ブルーレイディスク** 〔英語 Blu-ray Disc〕名 音声《おんせい》や映像《えいぞう》など、多《おお》くのデータを保存《ほぞん》できる円盤《えんばん》。DVD《ディーブイディー》よりも画質《がしつ》や音質《おんしつ》がよい。

**ふるえ【震え】** 名 寒《さむ》さやこわさ、高《たか》い熱《ねつ》などで、体《からだ》が震《ふる》えること。例こわくて震えが止《と》まらない。

**ふるえあがる【震え上がる】** 動 おそろしさや寒《さむ》さなどで、ひどく震《ふる》える。例どなられて震え上がる。

**°ふるえる【震える】** 動 ❶小《ちい》さくゆれる。例地震《じしん》で窓《まど》が震える。❷体《からだ》や、その一部《いちぶ》が小《こ》刻《きざ》みに動《うご》く。例寒《さむ》さに震える。⇩しん【震】656ページ

**ふるかぶ【古株】** 名 ❶古《ふる》くなった木《き》の根元《ねもと》。❷ずっと昔《むかし》からその集団《しゅうだん》にいる人《ひと》。古顔《ふるがお》。例グループの古株。

例解 ⟷ 使い分け

**奮《ふる》うと震《ふる》うと振《ふ》るう**

勇気《ゆうき》を奮《ふる》う。奮《ふる》ってご参加《さんか》ください。

地震《じしん》で大地《だいち》が震《ふる》う。声《こえ》が震《ふる》う。寒《さむ》さで体《からだ》が震《ふる》う。

筆《ふで》を振《ふ》るう。刀《かたな》を振《ふ》るう。権力《けんりょく》を振《ふ》るう。

慣用句 鼻《はな》が高《たか》い 私《わたし》たちの組《くみ》から学校代表《がっこうだいひょう》が出《で》たので、みんなはちょっと鼻《はな》が高《たか》い。

**ふるぎ【古着】** 名 古《ふる》くなった服《ふく》や着物《きもの》。 例 古着を子《こ》どもも会《かい》のバザーに出《だ》す。

**ふるきず【古傷】** 名 ❶ずっと前《まえ》に受《う》けた傷《きず》。 例 足《あし》の古傷が痛《いた》む。 ❷ずっと前《まえ》にした失敗《しっぱい》や悪《わる》いこと。 例 古傷をあばく。

**ふるきをあたためてあたらしきをしる【故きを温めて新しきを知る】** ↓おんこちしん 185ページ

**ふるきをたずねてあたらしきをしる【故きを温ねて新しきを知る】** ↓おんこちしん 185ページ

**ふるくさい【古臭い】** 形 古《ふる》ぼけている。古《ふる》くて新《あたら》しさがない。 例 古くさい考《かんが》え。

**フルコース**〔英語 full course〕名 西洋料理《せいようりょうり》で、決《き》まった順序《じゅんじょ》で出《だ》される正式《せいしき》の食事《しょくじ》。

**ふるさと【故郷】** 名 自分《じぶん》が生《う》まれ育《そだ》った所《ところ》。故郷《こきょう》。 例 なつかしいふるさとの山《やま》。 参考「古里《ふるさと》」と書《か》くこともある。

**ブルジョア**〔フランス語〕名 ❶資本《しほん》や土地《とち》などを多《おお》く持《も》っている人《ひと》。資本家《しほんか》。 対 プロレタリア。 ❷お金持《かねも》ち。〔くだけた言《い》い方《かた》。〕

**ふるす【古巣】** 名 ❶元《もと》の巣《す》。 例 ツバメが古巣に帰《かえ》って来《き》た。 ❷昔《むかし》、住《す》んでいたり、働《はたら》いていたりした所《ところ》。

**ふるす【古す】**〔ある言葉《ことば》のあとにつけて〕長《なが》い間《あいだ》使《つか》って、古《ふる》くする。 例 使《つか》い古す。着《き》古す。言《い》い古した言葉《ことば》。 ↓こ【古】 419ページ

**フルスピード**〔英語 full speed〕名 全速力《ぜんそくりょく》。 例 フルスピードで走《はし》る。

**ふるって【奮って】** 副 自分《じぶん》から進《すす》んで。積《せっ》極的《きょくてき》に。 例 親子《おやこ》リレーに、ふるって参加《さんか》してください。

**ブルドーザー**〔英語 bulldozer〕名 土《つち》をほったり、ならしたりするのに使《つか》う、工事用《こうじよう》の機械《きかい》。 ↓じどうしゃ 571ページ

**プルトニウム**〔英語 plutonium〕名 人間《にんげん》の手《て》で作《つく》られた元素《げんそ》の一《ひと》つ。原子力《げんしりょく》の燃料《ねんりょう》となる。放射能《ほうしゃのう》があり、有毒《ゆうどく》。

**ふるとり** 名 漢字《かんじ》の部首《ぶしゅ》で、「つくり」の一《ひと》つ。「雑《ざつ》」「難《なん》」などの「隹」の部分《ぶぶん》。

**フルネーム**〔英語 full name〕名 名字《みょうじ》と名前《なまえ》がそろった、略《りゃく》されていない名前《なまえ》。 例 フルネームを記入《きにゅう》する。

**ふるびる【古びる】** 動 古《ふる》くなる。 例 この家《いえ》も、だいぶ古びてきた。

**ぶるぶる** 副(-と) 細《こま》かくふるえるようす。 例 寒《さむ》さでぶるぶるふるえる。

**ふるぼける【古ぼける】** 動 古《ふる》くなって、うすぎたなくなる。 例 古ぼけた写真《しゃしん》。

**ふるほん【古本】** 名 人《ひと》が読《よ》んでから、手放《てばな》した本《ほん》。また、昔《むかし》、出《だ》された本《ほん》。古書《こしょ》。 例 古本屋《や》。

**ふるまい【振る舞い】** 名 ❶行《おこな》い。しわざ。 例 勝手《かって》な振る舞い。 ❷もてなし。ごちそう。 例 新築祝《しんちくいわ》いの振る舞い。

**ふるまう【振る舞う】** 動 ❶ある動作《どうさ》をする。行《おこな》う。 例 自分勝手《じぶんかって》に振る舞う。 ❷ごちそうして、もてなす。 例 ごちそうを振る舞う。

**ふるめかしい【古めかしい】** 形 いかにも古《ふる》い感《かん》じがする。 例 この寺《てら》は、見《み》るからに古めかしい。

**ふるわす【震わす】** 動 ↓ふるわせる 1161ページ。 例 いかりに声《こえ》を震わす。

**ふるわせる【震わせる】** 動 ふるえるようにする。ふるわす。 例 体《からだ》を震わせて泣《な》く。

**ふれあい【触れ合い】** 名 ❶たがいにふれること。 ❷親《した》しくつき合《あ》うこと。 例 心《こころ》の触れ合い。

**ふれあう【触れ合う】** 動 ❶たがいにふれる。 例 体《からだ》が触れ合う。 ❷感《かん》じ合《あ》う。 例 心《こころ》が触れ合う。

**ふれあるく【触れ歩く】** 動 あちらこちらに知《し》らせて回《まわ》る。 例 開店《かいてん》を触れ歩く。

**ぶれい【無礼】** 名 形動 礼儀《れいぎ》に合《あ》っていないこと。失礼《しつれい》。 例 無礼な態度《たいど》。 類 非礼《ひれい》。

**プレイバック**〔英語 play back〕名 動-する 録音《ろくおん》や録画《ろくが》したものを再生《さいせい》すること。

**プレー**〔英語 play〕名 動-する 〔「プレイ」ともいう。〕 ❶遊《あそ》び。 例 プレールーム。 ❷競技《きょうぎ》・試《し》合《あい》。また、その一《ひと》つ一《ひと》つの動作《どうさ》。 例 ファインプレー。 ❸試合《しあい》を始《はじ》めること。プレーボール。 ❹劇《げき》などのもよおし物《もの》。 例 プレーガイド。

**プレーオフ**〔英語 play off〕名 通常《つうじょう》の公式《こうしき》戦《せん》の後《あと》に行《おこな》われる順位決定戦《じゅんいけっていせん》。

**ブレーカー**〔英語 breaker〕名 ふつう以上《いじょう》



慣用句 話《はなし》に花《はな》が咲《さ》く 幼稚園《ようちえん》の同窓会《どうそうかい》に行《い》ったら、話《はなし》に花《はな》が咲《さ》いて、大《おお》いに盛《も》り上《あ》がった。

の電流《でんりゅう》が流《なが》れると、自動的《じどうてき》に電流《でんりゅう》が切《き》れるようにしてある装置《そうち》。安全器《あんぜんき》。

**プレーガイド** 名〔日本《にっぽん》でできた英語《えいご》ふうの言葉《ことば》。〕スポーツ・音楽《おんがく》・劇《げき》などのもよおし物《もの》の案内《あんない》や、切符《きっぷ》の前売《まえう》りをする所《ところ》。

°**ブレーキ**〔英語 brake〕名 ❶車《くるま》を止《と》める仕《し》かけ。例ブレーキをふむ。❷ものごとの進《すす》むのをおさえたり、止《と》めたりすること。例会《かい》の進行《しんこう》にブレーキをかける。

**ブレーク**〔英語 break〕名 動-する ❶(ボクシングやレスリングで)組《く》みついている選手《せんしゅ》に、はなれることを命《めい》じる言葉《ことば》。❷(テニスで)相《あい》手《て》にサービスの権利《けんり》があるゲームに勝《か》つこと。❸(ラグビーで)スクラムを解《と》くこと。❹休憩《きゅうけい》。例コーヒーブレーク。❺急《きゅう》に人気《にんき》が出《で》ること。例物《もの》まねでブレークしたタレント。

**フレーズ**〔英語 phrase〕名 ❶ひとまとまりになった単語《たんご》の集《あつ》まり。句《く》。例キャッチフレーズ。❷〔音楽《おんがく》で〕旋律《せんりつ》のひと区切《くぎ》り。

**プレート**〔英語 plate〕名 ❶金属《きんぞく》の板《いた》。例ナンバープレート。❷皿《さら》。❸野球《やきゅう》・ソフトボールで、ピッチャーが球《たま》を投《な》げるときにふむ板《いた》。また、本塁《ほんるい》。ホームプレート。❹地球《ちきゅう》の表面《ひょうめん》を一〇〇キロメートルほどの厚《あつ》さでおおっている岩盤《がんばん》。

**プレーボール**〔英語 play ball〕名 野《や》球《きゅう》などで、ボールを使《つか》う試合《しあい》を始《はじ》めること。また、始《はじ》めるときの合図《あいず》。対ゲームセット。

**フレーム**〔英語 frame〕名 ❶わく。ふち。額《がく》縁《ぶち》。例眼鏡《めがね》のフレーム。❷周《まわ》りを板《いた》で囲《かこ》み、上《うえ》にガラスをのせた、苗《なえ》どこ。

**プレーヤー**〔英語 player〕名 ❶競技《きょうぎ》をする人《ひと》。❷音楽《おんがく》を、演奏《えんそう》する人《ひと》。❸レコードプレーヤーなど、録音《ろくおん》された音楽《おんがく》などを再生《さいせい》する装置《そうち》。

**ブレーン**〔英語 brain〕名 ❶頭脳《ずのう》。❷政府《せいふ》や会社《かいしゃ》などの相談役《そうだんやく》として、助言《じょげん》をしたりする学者《がくしゃ》や専門家《せんもんか》。例首相《しゅしょう》のブレーン。

**ブレーンストーミング**〔英語 brainstorming〕名 一《ひと》つの問題《もんだい》について、たがいに批判《ひはん》や反論《はんろん》をしない約束《やくそく》でみんなが自由《じゆう》に考《かんが》えを出《だ》し合《あ》って、そこから新《あたら》しい考《かんが》えを導《みちび》き出《だ》す方法《ほうほう》。

**ふれこみ【触れ込み】** 名 前《まえ》もって、大《おお》げさに言《い》いふらすこと。前宣伝《まえせんでん》。例日本一《にっぽんいち》というふれこみで売《う》り出《だ》す。

**ブレザー**〔英語 blazer〕名 背広型《せびろがた》の上着《うわぎ》。ブレザーコート。

**ブレス**〔英語 breath〕名〔音楽《おんがく》や水泳《すいえい》で〕息《いき》つぎ。⬇がくふ 223ページ

**プレス**〔英語 press〕一 名 動-する ❶アイロンをかけること。例シャツをプレスする。❷おしつけること。また、おしつける機械《きかい》。二 名 新聞《しんぶん》。新聞社《しんぶんしゃ》。報道機関《ほうどうきかん》。例プレスクラブ。

✤**プレゼンテーション**〔英語 presentation〕名 資料《しりょう》や映像《えいぞう》など、目《め》に見《み》える形《かたち》で示《しめ》しながら、自分《じぶん》の考《かんが》えをわかりやすく伝《つた》えること。

°**プレゼント**〔英語 present〕名 動-する おくり物《もの》をすること。また、そのおくり物《もの》。例クリスマスのプレゼント。

**プレッシャー**〔英語 pressure〕名 圧力《あつりょく》。気《き》持《も》ちの上《うえ》で圧迫《あっぱく》を感《かん》じること。例見《み》られていると、プレッシャーがかかる。

**フレッシュ**〔英語 fresh〕形動 新鮮《しんせん》な感《かん》じのするようす。さわやかなようす。例フレッシュなメンバーになった。

**プレハブ**〔英語 prefab〕名 工場《こうじょう》で作《つく》っておいた部品《ぶひん》を、現場《げんば》で組《く》み立《た》てて、建物《たてもの》を造《つく》る方法《ほうほう》。また、その建物《たてもの》。例プレハブ住宅《じゅうたく》。

**プレパラート**〔ドイツ語〕名 二枚《にまい》のガラス板《いた》にはさんだ、生物《せいぶつ》や鉱物《こうぶつ》などの、顕微鏡《けんびきょう》の標本《ひょうほん》。

**プレビュー**〔英語 preview〕名 ❶(映画《えいが》・演《えん》劇《げき》などで)一般《いっぱん》に公開《こうかい》する前《まえ》の試写《ししゃ》・試演《しえん》。❷コンピューターで、データを印刷《いんさつ》・再生《さいせい》する前《まえ》に、どのような結果《けっか》になるかを確認《かくにん》できる機能《きのう》。

**ふれまわる【触れ回る】** 動 人々《ひとびと》に知《し》らせて歩《ある》く。例となり近所《きんじょ》に触れ回る。

**プレミア** 名 一〔英語《えいご》の「プレミアム」の略《りゃく》。〕もともとの料金《りょうきん》に加《くわ》えられる割増金《わりましきん》。プレミアム。例プレミアがついたチケット。二〔英語 premiere〕映画《えいが》や演劇《えんげき》などの初日《しょにち》。初《しょ》演《えん》。例映画《えいが》のプレミア試写会《ししゃかい》。

**プレミアム**〔英語 premium〕名〔「プレミ



慣用句 歯《は》にきぬを着《き》せない　歯《は》にきぬを着《き》せないで、思《おも》ったことを率直《そっちょく》に話《はな》してください。

ア」ともいう。〕❶入場券《にゅうじょうけん》などの額面《がくめん》以上《いじょう》に加《くわ》えられる割増金《わりましきん》。❷商品《しょうひん》などのおまけ。

**フレミング** 人名 (男)(一八八一〜一九五五)イギリスの細菌学者《さいきんがくしゃ》。一九二八年《ねん》にアオカビからペニシリンを発見《はっけん》した。

**ふれる【振れる】** 動 ❶ゆれ動《うご》く。例 地震計《じしんけい》の針《はり》が大《おお》きく振れる。❷正《ただ》しい方向《ほうこう》からずれる。例 船《ふね》の向《む》きが左《ひだり》に振れる。❸ふることができる。⇩しん【振】656ページ

**ふれる【触れる】** 動 ❶軽《かる》くさわる。例 手《て》を触れる。❷感《かん》じる。例 目《め》に触れる。❸取《と》り上《あ》げて述《の》べる。例 その話《はなし》には触れないでおく。❹ものごとに出《で》会《あ》う。例 折《おり》に触れて思《おも》い出《だ》す。名曲《めいきょく》に触れる。❺決《き》まりに逆《さか》らう。例 法律《ほうりつ》に触れる。❻広《ひろ》く知《し》らせる。例 町《まち》じゅうに触れて回《まわ》る。⇩しょく【触】641ページ

**ぶれる** 動 ❶ふれ動《うご》いて、定《さだ》まった位置《いち》から外《はず》れる。例 放《はな》った矢《や》が少《すこ》し右《みぎ》にぶれる。❷意見《いけん》や考《かんが》えなどがゆれ動《うご》く。例 友達《ともだち》の話《はなし》を聞《き》いて、考《かんが》えがぶれる。❸カメラが動《うご》いて、画面《がめん》がぼやける。

**ふれんぞくせん【不連続線】** 名 空気《くうき》の温度《おんど》・湿度《しつど》・風向《かざむ》きなどが急《きゅう》に変《か》わる境目《さかいめ》。この近《ちか》くは天気《てんき》が悪《わる》い。温暖前線《おんだんぜんせん》や寒冷前線《かんれいぜんせん》は、この一《ひと》つ。⇩ぜんせん(前線)❷734ページ

**フレンド**〔英語 friend〕名 友達《ともだち》。

**ふろ【風呂】** 名 湯《ゆ》ぶね。また、湯《ゆ》ぶねの中《なか》のお湯《ゆ》。例 風呂をわかす。風呂に入《はい》る。

**プロ** 名 一〔英語《えいご》の「プロフェッショナル」の略《りゃく》。〕職業《しょくぎょう》にすること。本職《ほんしょく》。専門《せんもん》。例 プロ野球《やきゅう》。対 アマ。ノンプロ。二〔英語《えいご》の「プロダクション」の略《りゃく》。〕⇩プロダクション1163ページ

**フロア**〔英語 floor〕名 ❶建物《たてもの》の床《ゆか》。❷建物《たてもの》の階《かい》。例 フロアごとにトイレがある。❸会議場《かいぎじょう》などの聴衆席《ちょうしゅうせき》。

■**ふろうちょうじゅ【不老長寿】** 名 いつまでも年《とし》をとらないで長生《なが》《い》きすること。例 不老長寿の薬《くすり》。

■**ふろうふし【不老不死】** 名 いつまでも年《とし》をとらず、死《し》にもしないこと。

**ブローチ**〔英語 brooch〕名 洋服《ようふく》の胸《むね》やえりもとにつける、かざり。

**フローリング**〔英語 flooring〕名 木材《もくざい》を加工《かこう》してつくった床《ゆか》の材料《ざいりょう》。また、それを張《は》った床《ゆか》。

**ふろく【付録・附録】** 名 ❶本《ほん》・雑誌《ざっし》などに、おまけとしてついているもの。❷本《ほん》などで、本文《ほんぶん》のあとについている、図《ず》や表《ひょう》や説明《せつめい》。

**ブログ**〔英語 blog〕名 インターネット上《じょう》で公開《こうかい》されていて読《よ》み手《て》と情報《じょうほう》のやりとりのできる、日記《にっき》ふうのサイト〔=ページ〕。ウェブログ。

**プログラマー**〔英語 programmer〕名 コンピューターのプログラムをつくる人《ひと》。

**プログラミング**〔英語 programming〕名 動-する コンピューターのプログラムを組《く》むこと。例 プログラミング教育《きょういく》。

**プログラム**〔英語 program〕名 ❶番組《ばんぐみ》。予《よ》定表《ていひょう》。例 運動会《うんどうかい》のプログラム。❷コンピューターに仕事《しごと》をさせるための手順《てじゅん》や方法《ほうほう》をコンピューター用《よう》の言葉《ことば》で書《か》くこと。また、書《か》いたもの。

**プロジェクター**〔英語 projector〕名 (資料《しりょう》などを)スクリーンに映《うつ》し出《だ》す機器《きき》。投影機《とうえいき》。映写機《えいしゃき》。

**プロジェクト**〔英語 project〕名 事業《じぎょう》や研究《けんきゅう》の計画《けいかく》。例 太陽光発電《たいようこうはつでん》のプロジェクト。

**ふろしき【風呂敷】** 名 物《もの》を包《つつ》む四角《しかく》い布《ぬの》。

**プロセス**〔英語 process〕名 過程《かてい》。経過《けいか》。手《て》順《じゅん》。例 問題解決《もんだいかいけつ》までのプロセス。

**プロダクション**〔英語 production〕名 ❶映画《えいが》・テレビなどの作品《さくひん》を製作《せいさく》する会社《かいしゃ》。プロ。❷タレントなどの仕事《しごと》の世話《せわ》をする会社《かいしゃ》。プロ。

**ブロック**〔英語 block〕一 名 ❶かたまり。例 ぶた肉《にく》のブロック。❷コンクリートを四角《しかく》にかためたもの。例 ブロックのへい。❸土地《とち》や場所《ばしょ》のひと区切《くぎ》り。例 関東《かんとう》ブロックの決勝戦《けっしょうせん》。二 名 動-する ❶スポーツで、相手《あいて》の攻撃《こうげき》を防《ふせ》いだり、じゃましたりすること。❷さえぎること。例 SNS《エスエヌエス》の相手《あいて》をブロックする〔=やりとりできなくする〕。花粉《かふん》をブロックする。

**ブロッコリー**〔英語 broccoli〕名 キャベツの仲間《なかま》の野菜《やさい》。球《たま》のような形《かたち》にかたまっている緑色《みどりいろ》のつぼみや太《ふと》い茎《くき》を食《た》べる。

あいうえお かきくけこ さしすせそ たちつてと なにぬねの はひふへほ まみむめも やゆよ らりるれろ わをん

慣用句 腹《はら》に据《す》えかねる　乗《の》り物《もの》でマナーを守《まも》らない人《ひと》を見《み》ると、どうにも腹《はら》に据《す》えかねる。

**プロテスタント**〔英語 Protestant〕名 キリスト教《きょう》の宗派《しゅうは》の一《ひと》つ。新教《しんきょう》。十六世紀《じゅうろくせいき》の宗《しゅう》教改革《きょうかいかく》で、ローマ教会《きょうかい》〔=カトリック〕に反抗《はんこう》して興《おこ》った。

**プロデューサー**〔英語 producer〕名 映画《えいが》・演劇《えんげき》・放送《ほうそう》などを作《つく》る責任者《せきにんしゃ》。また、テレビやラジオの番組《ばんぐみ》を制作《せいさく》する人《ひと》。

**プロデュース**〔英語 produce〕名 動-する 映《えい》画《が》・演劇《えんげき》・放送番組《ほうそうばんぐみ》や、コンサート・イベントなどを企画《きかく》し制作《せいさく》すること。

**プロバイダー**〔英語 provider〕名 インターネットの、接続《せつぞく》のサービスをする業者《ぎょうしゃ》のこと。

**プロパンガス**〔英語 propane gas〕名 石油《せきゆ》からとれるガス。家庭用《かていよう》の燃料《ねんりょう》として使《つか》われる。プロパン。

**プロフィール**〔英語 profile〕名 その人《ひと》の簡《かん》単《たん》な紹介《しょうかい》。例 校長先生《こうちょうせんせい》のプロフィール。

**プロフェッショナル**〔英語 professional〕形動 ➡プロ 一 1163ページ。対 アマチュア。

**プロペラ**〔英語 propeller〕名 軸《じく》の周《まわ》りを回《まわ》る、回転羽根《かいてんばね》。飛行機《ひこうき》や船《ふね》などを動《うご》かすもの。

**プロポーション**〔英語 proportion〕名 体《からだ》全体《ぜんたい》のつり合《あ》い。例 プロポーションがいい。

**プロポーズ**〔英語 propose〕名 動-する 結婚《けっこん》を申《もう》しこむこと。

**ブロマイド**〔英語 bromide〕名 人気《にんき》のある俳優《はいゆう》・歌手《かしゅ》・選手《せんしゅ》などの写真《しゃしん》。専門家《せんもんか》が写《うつ》し、売《う》られているもの。参考「プロマイド」ともいうが、もとは「ブロマイド」。

**プロムナード**〔フランス語〕名 散歩道《さんぽみち》。遊歩《ゆうほ》道《どう》。

**プロレス** 名〔英語《えいご》の「プロフェッショナルレスリング」の略《りゃく》。〕入場料《にゅうじょうりょう》をとって見《み》せるために行《おこな》うレスリング。

**プロレタリア**〔ドイツ語〕名 資本《しほん》や土地《とち》などを持《も》たず、賃金《ちんぎん》で生活《せいかつ》している人《ひと》。労働《ろうどう》者《しゃ》。対 ブルジョア。

✤**プロローグ**〔英語 prologue〕名 ❶物語《ものがたり》や劇《げき》などの前置《まえお》きの部分《ぶぶん》。❷ものごとの始《はじ》まりの部分《ぶぶん》。対(❶・❷)エピローグ。

**フロンガス** 名〔日本《にっぽん》でできた英語《えいご》ふうの言《こと》葉《ば》。〕冷房《れいぼう》や冷蔵庫《れいぞうこ》、スプレーなどに使《つか》われたガス。オゾン層《そう》を破壊《はかい》するので、使《つか》われなくなった。

**ブロンズ**〔英語 bronze〕名 青銅《せいどう》。また、それで作《つく》ったもの。例 ブロンズ像《ぞう》。

**フロント**〔英語 front〕名 ❶正面《しょうめん》。前《まえ》の部分《ぶぶん》。❷受付《うけつけ》。例 ホテルのフロント。❸プロスポーツチームの経営陣《けいえいじん》。

**ブロンド**〔英語 blond〕名 金《きん》色《いろ》の髪《かみ》の毛《け》。金《きん》髪《ぱつ》。また、金髪《きんぱつ》の女《おんな》の人《ひと》。

**ふわ【不和】**名 形動 仲《なか》が悪《わる》いこと。例 二人《ふたり》の間《あいだ》が不和になる。

**ふわふわ** 副(-と) 動-する ❶軽《かる》そうに、ういているようす。例 風船《ふうせん》がふわふわ飛《と》んで行《い》く。❷やわらかくふくらんでいるようす。例 ふわふわしたふとん。❸落《お》ち着《つ》きのないようす。例 ふわふわした気持《きも》ち。

■**ふわらいどう【付和雷同】**名 動-する 自分《じぶん》にしっかりとした考《かんが》えがなく、人《ひと》の意見《いけん》にすぐに従《したが》うこと。

**ふわり** 副(-と) ❶空中《くうちゅう》に軽《かる》くうかぶようす。例 雲《くも》がふわりとうかんでいる。❷軽《かる》くゆれるようす。例 カーテンがふわりとゆれる。❸軽《かる》くそっとのせるようす。例 肩《かた》にスカーフをふわりとかける。❹やわらかいようす。例 ふわりと焼《や》けたパン。

**ふん【粉】**画数 10 部首 米(こめへん) 5年

音 フン 訓 こ こな

筆順

熟語 粉末《ふんまつ》。花粉《かふん》。金粉《きんぷん》。

**ふん【奮】**画数 16 部首 大(だい) 6年

音 フン 訓 ふる-う

筆順

熟語 奮起《ふんき》。奮闘《ふんとう》。興奮《こうふん》。

《訓の使い方》**ふる-う** 例 勇気《ゆうき》を奮《ふる》う。心《こころ》をふるい起《お》こす。

**ふん【紛】**画数 10 部首 糸(いとへん)

音 フン 訓 まぎ-れる まぎ-らす まぎ-らわす まぎ-らわしい

❶入《い》り乱《みだ》れる。もつれる。熟語 紛糾《ふんきゅう》。紛争《ふんそう》。

慣用句 腹《はら》を決《き》める こちらの要求《ようきゅう》を必《かなら》ず承知《しょうち》させようと、腹《はら》を決《き》めて交渉《こうしょう》に臨《のぞ》んだ。

❷まぎれる。まぎらわす。区別《くべつ》がつかなくなる。熟語 紛失《ふんしつ》。例 姿《すがた》を紛《まぎ》らす。❸あることに気《き》を取《と》られて、他《ほか》のことを一時《いちじ》忘《わす》れる。例 気《き》が紛《まぎ》れる。

**ふん【雰】** 画数 12 部首 ⻗(あめかんむり)
音フン 訓―
気分《きぶん》。もやもやと辺《あた》りに立《た》ちこめている空《くう》気《き》。熟語 雰囲気《ふんいき》。

**ふん【噴】** 画数 15 部首 口(くちへん)
音フン 訓ふ-く
ふき出《だ》す。勢《いきお》いよく出《で》る。熟語 噴火《ふんか》。噴射《ふんしゃ》。噴水《ふんすい》。

**ふん【墳】** 画数 15 部首 土(つちへん)
音フン 訓―
土《つち》を盛《も》り上《あ》げて作《つく》った墓《はか》。熟語 墳墓《ふんぼ》(=墓《はか》)。古墳《こふん》。

**ふん【憤】** 画数 15 部首 忄(りっしんべん)
音フン 訓いきどお-る
いきどおる。激《はげ》しくおこる。熟語 憤慨《ふんがい》。憤《ふん》然《ぜん》。

○**ふん【分】** 名 ❶時間《じかん》の単位《たんい》。一時間《いちじかん》の六〇分《ぶん》の一。例 九時《くじ》五分《ごふん》。❷角度《かくど》の単位《たんい》。一度《いちど》の六〇分の一。⇩ぶん【分】1165ページ

**ふん【糞】** 名 食《た》べ物《もの》を消化《しょうか》したあと、体外《たいがい》に出《だ》されるもの。大便《だいべん》。

**ぶん【分】** 画数 4 部首 刀(かたな) 2年
音ブン フン ブ
訓わ-ける わ-かれる わ-かる わ-かつ
筆順 分

一「ブン」と読《よ》んで ❶わける。熟語 分解《ぶんかい》。分数《ぶんすう》。分別《ぶんべつ》。分類《ぶんるい》。配分《はいぶん》。例 二分《にぶん》の一《いち》。❷あるものの一部《いちぶ》。熟語 塩分《えんぶん》。水分《すいぶん》。部分《ぶぶん》。❸持《も》っているもの。立場《たちば》や役割《やくわり》。熟語 性分《しょうぶん》。天分《てんぶん》。本分《ほんぶん》。身分《みぶん》。❹ようす。ころあい。熟語 気分《きぶん》。時分《じぶん》。夜分《やぶん》。
二「フン」と読《よ》んで ❶見《み》分《わ》ける。熟語 分別《ふんべつ》。❷一時間《じかん》の六〇分《ぷん》の一。❸角度《かくど》で、一度の六〇分《ぷん》の一。熟語 分針《ふんしん》。
三「ブ」と読《よ》んで ❶度合《どあ》い。熟語 五分五分《ごぶごぶ》。四分六《しぶろく》。例 腹八《はらはち》分《ぶ》に食《た》べる。❷全体《ぜんたい》の一〇分《ぶん》の一。❸一割《わり》・一度《ど》・一寸《すん》の、一〇分の一。例 打率《だりつ》三割《わり》二分《ぶ》。体温《たいおん》三七度《ど》三分《ぶ》。厚《あつ》さ一寸《すん》五分《ぶ》。参考「大分県《おおいたけん》」のようにも読む。
《訓の使い方》**わ-ける** 例 二《ふた》つに分ける。**わ-かれる** 例 紅白《こうはく》に分かれる。**わ-かる** 例 わけが分かる。**わ-かつ** 例 苦《くる》しみを分かち合う。

**ぶん【分】** 名 ❶全体《ぜんたい》をわけた中《なか》の一部《いちぶ》。例 妹《いもうと》の分も引《ひ》き受《う》ける。❷その人《ひと》の能力《のうりょく》や立《た》場《ば》。例 分に応《おう》じた仕事《しごと》をする。❸ようす。例 この分なら明日《あす》は晴《は》れる。

**ぶん【文】** 画数 4 部首 文(ぶん) 1年
音ブン モン 訓ふみ
筆順 文
一「ブン」と読《よ》んで ❶言葉《ことば》をつづって、ひとまとまりにしたもの。熟語 文書《ぶんしょ》。文章《ぶんしょう》。文例《ぶんれい》。英文。作文《さくぶん》。❷学問《がくもん》や芸術《げいじゅつ》。熟語 文化《ぶんか》。文明《ぶんめい》。
二「モン」と読《よ》んで ❶もよう。熟語 文様《もんよう》。縄文《じょうもん》。❷言葉《ことば》。字《じ》。熟語 文句《もんく》。文字《もんじ》・文字《もじ》。❸昔《むかし》の、長《なが》さやお金《かね》の単位《たんい》。熟語 一文《いちもん》銭《せん》。二束三文《にそくさんもん》。

**ぶん【文】** 名 ❶言葉《ことば》をつづって、ひとまとまりの内容《ないよう》を表《あらわ》したもの。文の終《お》わりに句点《くてん》(。)をつける。例 文を書《か》く。⇩1166ページ

**ぶん【聞】** 画数 14 部首 耳(みみ) 2年
音ブン モン 訓き-く き-こえる
筆順 聞
❶きく。きいて知《し》る。熟語 見聞《けんぶん》。伝聞《でんぶん》。前代《ぜんだい》未聞《みもん》。外聞《がいぶん》。風聞《ふうぶん》。❷うわさ。
《訓の使い方》**き-く** 例 話《はなし》を聞く。**き-こえる** 例 物音《ものおと》が聞こえる。

**ぶんあん【文案】** 名 文章《ぶんしょう》の下書《したが》き。例 文案を練《ね》る。

✤**ぶんい【文意】** 名 文章《ぶんしょう》の意味《いみ》。文《ぶん》の内容《ないよう》。

○**ふんいき【雰囲気】** 名 その場《ば》の感《かん》じや気《き》分《ぶん》。例 なごやかな雰囲気。

**ふんえん【噴煙】** 名 火山《かざん》などからふき出《だ》す煙《けむり》。例 噴煙が上《あ》がる。




慣用句 腹《はら》を割《わ》って話《はな》す むずかしい相手《あいて》だって、腹《はら》を割《わ》って話《はな》せば、わかってくれるよ。

例解！ことばの勉強室

## 文《ぶん》について

文《ぶん》とは、ひとまとまりの内容《ないよう》のことを言《い》い表《あらわ》した、ひとつながりの言葉《ことば》である。

文字《もじ》で書《か》いてあると、ふつう、最後《さいご》に「。」(句点《くてん》)がついている(「？」や「！」をつける場合《ばあい》もある)。だから、「。」があったら、そこまでが一《ひと》つの文《ぶん》だと考《かんが》えればよい。

次《つぎ》の文章《ぶんしょう》は、四《よっ》つの文《ぶん》からできている。

雨《あめ》が降《ふ》っていました。急《きゅう》に雨《あめ》が強《つよ》くなり、風《かぜ》も吹《ふ》きだしました。風《かぜ》が強《つよ》くなったので、姉《あね》はぼうしをかぶりました。姉《あね》のぼうしは、父《ちち》が買《か》ってきたぼうしです。

文《ぶん》は、主語《しゅご》・述語《じゅつご》の関係《かんけい》から、次《つぎ》の三種類《さんしゅるい》に分《わ》けられる。

❶主語《しゅご》・述語《じゅつご》の関係《かんけい》がひと組《くみ》だけの文《ぶん》(単《たん》文《ぶん》)

主語《しゅご》　述語《じゅつご》
・雨《あめ》が降《ふ》っていました。

❷主語《しゅご》・述語《じゅつご》の関係《かんけい》がふた組《くみ》以上《いじょう》重《かさ》なっている文《ぶん》(重文《じゅうぶん》)

主語《しゅご》　述語《じゅつご》　主語《しゅご》　述語《じゅつご》
・雨《あめ》が強《つよ》くなり、風《かぜ》が吹《ふ》きだしました。

❸主語《しゅご》・述語《じゅつご》の関係《かんけい》の中《なか》に、別《べつ》の主語《しゅご》・述語《じゅつご》の関係《かんけい》が含《ふく》まれている文《ぶん》(複文《ふくぶん》)

主語《しゅご》　述語《じゅつご》　主語《しゅご》　述語《じゅつご》
・(風《かぜ》が強《つよ》くなったので、)姉《あね》はぼうしをかぶって出《で》かけました。

主語《しゅご》　主語《しゅご》　述語《じゅつご》　述語《じゅつご》
・姉《あね》のぼうしは、(父《ちち》が買《か》ってきた)ぼうしです。

(⬇たんぶん 817ページ／じゅうぶん 603ページ／ふくぶん 1137ページ)

**ふんか**【噴火】名 動-する 火山《かざん》が爆発《ばくはつ》して、とけた溶岩《ようがん》や、火山灰《かざんばい》・水蒸気《すいじょうき》・ガスをふき出《だ》すこと。

**ぶんか**【分化】名 動-する ものごとが発展《はってん》するにつれて、細《こま》かく分《わ》かれていくこと。例 学《がく》問《もん》が細《こま》かく分化する。

○**ぶんか**【文化】名 ❶学問《がくもん》・芸術《げいじゅつ》・宗教《しゅうきょう》など、人間《にんげん》の心《こころ》のはたらきによって作《つく》り出《だ》されたもの。例 東洋《とうよう》文化。❷世《よ》の中《なか》が進歩《しんぽ》して、生活《せいかつ》が豊《ゆた》かで、便利《べんり》になること。例 文化生活《せいかつ》。

**ふんがい**【憤慨】名 動-する ひどくおこること。腹《はら》を立《た》ててなげくこと。例 ばかにされて憤慨する。

○**ぶんかい**【分解】名 動-する ❶まとまっているものを、細《こま》かく分《わ》けること。また、分《わ》かれること。例 時計《とけい》を分解する。❷〔理科《りか》で〕化《か》合物《ごうぶつ》が二《ふた》つ以上《いじょう》の物質《ぶっしつ》に分《わ》かれること。

**ぶんかいさん**【文化遺産】名 昔《むかし》の人《ひと》の残《のこ》したすぐれた文化《ぶんか》。

✤○**ぶんがく**【文学】名 詩歌《しいか》・小説《しょうせつ》・随筆《ずいひつ》など、言葉《ことば》で書《か》き表《あらわ》される芸術《げいじゅつ》。文芸《ぶんげい》。

**ぶんがくしゃ**【文学者】名 ❶小説家《しょうせつか》・詩《し》人《じん》など文学《ぶんがく》を仕事《しごと》にする人《ひと》。❷文学《ぶんがく》を研究《けんきゅう》する学者《がくしゃ》。

**ぶんかくんしょう**【文化勲章】名 学《がく》問《もん》・芸術《げいじゅつ》など、文化《ぶんか》の発達《はったつ》のために、特《とく》に大《おお》きな功績《こうせき》のあった人《ひと》に与《あた》えられる勲章《くんしょう》。毎《まい》年《とし》、「文化《ぶんか》の日《ひ》」に与《あた》えられる。

**ふんかこう**【噴火口】名 噴火《ふんか》のときに、とけた岩《いわ》やガスなどのふき出《で》る所《ところ》。火口《かこう》。

**ぶんかさい**【文化祭】名 学習《がくしゅう》やクラブ活《かつ》動《どう》の成果《せいか》などを発表《はっぴょう》する行事《ぎょうじ》。

**ぶんかざい**【文化財】名 国《くに》の文化《ぶんか》的《てき》な財《ざい》産《さん》。文化《ぶんか》活動《かつどう》によって生《う》み出《だ》された、文化《ぶんか》的《てき》な価値《かち》の高《たか》いもの。重要《じゅうよう》なものは、法律《ほうりつ》で保《ほ》護《ご》されている。例 無形《むけい》文化財。重要《じゅうよう》文化財。

**ぶんかしせつ**【文化施設】名 図書館《としょかん》・博《はく》物館《ぶつかん》・美術館《びじゅつかん》など、知識《ちしき》を広《ひろ》め、生活《せいかつ》を豊《ゆた》かにするための施設《しせつ》。

**ぶんかじん**【文化人】名 学問《がくもん》・芸術《げいじゅつ》などについて、高《たか》い教養《きょうよう》を持《も》った人《ひと》。

**ぶんかちょう**【文化庁】名 文化《ぶんか》をさかんにし、文化財《ぶんかざい》を守《まも》る仕事《しごと》をする国《くに》の役所《やくしょ》。

慣用句 判《はん》で押《お》したよう　どの窓口《まどぐち》できいてみても、判《はん》で押《お》したような言葉《ことば》しか返《かえ》ってこなかった。

**ぶんかつ【分割△】** 名 動する 分《わ》けて、別々《べつべつ》にすること。例 領土《りょうど》を分割する。

**ぶんかてき【文化的】** 形動 文化《ぶんか》に関係《かんけい》のあるようす。文化《ぶんか》を取《と》り入《い》れたようす。例 文化的な生活《せいかつ》を送《おく》る。

**ぶんかのひ【文化の日】** 名 国民《こくみん》の祝日《しゅくじつ》の一《ひと》つ。文化《ぶんか》の栄《さか》えることを、みんなで願《ねが》う日《ひ》。十一月三日《じゅういちがつみっか》。この日《ひ》、文化勲章《ぶんかくんしょう》が与《あた》えられる。

例解 ❗ ことばの勉強室

## 文語《ぶんご》 について

文語《ぶんご》は、平安時代《へいあんじだい》の言《こと》葉《ば》をもとにしたもので、書《か》き言葉《ことば》としてずっと使《つか》われてきた。

法律《ほうりつ》や役所《やくしょ》の文書《ぶんしょ》は、今《いま》から数十年前《すうじゅうねんまえ》までは、文語《ぶんご》で書《か》かれていた。

短歌《たんか》や俳句《はいく》は、今《いま》でも文語《ぶんご》で書《か》かれることが多《おお》い。

今《いま》、わたしたちが使《つか》っている言葉《ことば》の中《なか》にも、文語《ぶんご》の言《い》い方《かた》がそのまま残《のこ》っているものがある。例《たと》えば、

◎急《いそ》がば〔＝急《いそ》ぐならば〕回《まわ》れ。

◎負《ま》けることも、なきにしもあらず〔＝ないわけでもない〕。

◎うさぎ追《お》ひし〔＝追《お》った〕かの〔＝あの〕山《やま》小《こ》ぶなつりし〔＝つった〕かの〔＝あの〕川《かわ》

**ふんき【奮起】** 名 動する 勇気《ゆうき》を奮《ふる》い起《お》こすこと。奮《ふる》い立《た》つこと。例 奮起してやり直《なお》す。

**ぶんき【分岐△】** 名 動する 行《ゆ》く先《さき》などが分《わ》かれること。例 川《かわ》が分岐する。

**ぶんきてん【分岐△点】** 名 分《わ》かれ目《め》になっている所《ところ》。例 国道《こくどう》と県道《けんどう》との分岐点。

**ふんきゅう【紛°糾°】** 名 動する 意見《いけん》が対立《たいりつ》して、まとまらないこと。例 会議《かいぎ》が紛糾する。

**ぶんきょう【文教】** 名 文化《ぶんか》や教育《きょういく》に関《かん》すること。例 文教施設《しせつ》。

**ぶんぎょう【分業】** 名 動する 手分《てわ》けをして仕事《しごと》をすること。例 分業で仕事《しごと》をする。

**ぶんきょうじょう【分教場】** 名 ⬇ぶんきょうこう 1167ページ

**ぶんきょうちく【文教地区】** 名 学校《がっこう》や図書館《としょかん》などが多《おお》く集《あつ》まっている所《ところ》。

**ふんぎり【踏°ん切り】** 名 思《おも》いきって、心《こころ》を決《き》めること。決心《けっしん》。例 踏ん切りがつく。

**ぶんぐ【文具】** 名 ⬇ぶんぼうぐ 1170ページ

**ぶんけ【分家】** 名 動する 家族《かぞく》の中《なか》のだれかが、分《わ》かれて別《べつ》に一家《いっか》を作《つく》ること。また、その家《いえ》。対 本家《ほんけ》。

✤**ぶんけい【文型】** 名 〔国語《こくご》で〕組《く》み立《た》ての違《ちが》いなどによって分類《ぶんるい》した文《ぶん》の型《かた》。

**ぶんげい【文芸】** 名 ❶文学《ぶんがく》。例 文芸作品《さくひん》。❷学問《がくもん》と芸術《げいじゅつ》。

**ぶんげいふっこう【文芸復興】** 名 ⬇ルネサンス 1399ページ

**ふんげき【憤°激】** 名 動する ひどくいかること。例 むごい仕打《しう》ちに憤激する。

✤**ぶんけん【文献°】** 名 ❶昔《むかし》のことを調《しら》べるのに、よりどころとなる本《ほん》や記録《きろく》。❷参考《さんこう》になる書物《しょもつ》。例 参考《さんこう》文献。

**ぶんこ【文庫】** 名 ❶本《ほん》をしまっておく所《ところ》。また、そこにある本《ほん》。例 学級《がっきゅう》文庫。❷書《か》き物《もの》や、紙《かみ》・筆《ふで》などを入《い》れておく、小《ちい》さい箱《はこ》。例 手《て》文庫。❸同《おな》じ出版社《しゅっぱんしゃ》から、続《つづ》けて出《だ》す小型《こがた》の同《おな》じデザインの本《ほん》。例 文庫本《ぼん》。

✤**ぶんご【文語】** 名 〔国語《こくご》で〕❶(話《はな》す言葉《ことば》に対《たい》して)おもに文章《ぶんしょう》を書《か》くときに使《つか》われる言《こと》葉《ば》。書《か》き言葉《ことば》。❷日本《にっぽん》の、昔《むかし》の文章《ぶんしょう》に使《つか》ってある言葉《ことば》。対(❶・❷)口語《こうご》。

**ぶんご〖豊後〗** 地名 昔《むかし》の国《くに》の名《な》の一《ひと》つ。今《いま》の大分県《おおいたけん》の大部分《だいぶぶん》にあたる。

**ぶんこう【分校】** 名 本校《ほんこう》と分《わ》かれて、他《ほか》の土地《とち》に造《つく》られた学校《がっこう》。分教場《ぶんきょうじょう》。対 本校《ほんこう》。

**ぶんごう【文豪°】** 名 立派《りっぱ》な文学作品《ぶんがくさくひん》をいくつも残《のこ》した人《ひと》。例 夏目漱石《なつめそうせき》は、日本《にっぽん》を代表《だいひょう》する文豪だ。

✤**ぶんごたい【文語体】** 名 昔《むかし》の文章《ぶんしょう》の言葉《ことば》で書《か》いた文章《ぶんしょう》の形式《けいしき》。対 口語体《こうごたい》。

■**ふんこつさいしん【粉骨砕°身】** 名 動する 力《ちから》の限《かぎ》り努力《どりょく》すること。例 粉骨砕身して町《まち》の復興《ふっこう》につくす。

✤**ぶんごぶん【文語文】** 名 文語体《ぶんごたい》で書《か》かれた文章《ぶんしょう》。対 口語文《こうごぶん》。

**ふんさい【粉砕°】** 名 動する ❶こなごなに打《う》

慣用句 **万難《ばんなん》を排《はい》す** そんな重要《じゅうよう》な会議《かいぎ》なら、万難《ばんなん》を排《はい》してぜひ出席《しゅっせき》したいと思《おも》います。

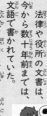

例解 ことばの勉強室

## 文章《ぶんしょう》の組《く》み立《た》て について

文章《ぶんしょう》はふつう、「はじめ↓中《なか》↓終《お》わり」の三部分《さんぶぶん》からできている。論文《ろんぶん》や説明文《せつめいぶん》では、特《とく》に「序論《じょろん》↓本論《ほんろん》↓結論《けつろん》」といって、この組《く》み立《た》てに従《したが》って書《か》かれていることが多《おお》い。また、スピーチなどのようにまとまった話《はなし》をするときも、この組《く》み立《た》てをよく使《つか》う。

はじめ(序論《じょろん》)＝前置《まえお》きの部分《ぶぶん》…どんな話題《わだい》や問題《もんだい》について述《の》べるのか、そのあらましを前《まえ》もって示《しめ》す。

中《なか》(本論《ほんろん》)＝考《かんが》えを進《すす》める部分《ぶぶん》…ここが文章《ぶんしょう》の中心《ちゅうしん》である。取《と》り上《あ》げた話題《わだい》についてくわしく述《の》べたり、出《だ》された問題《もんだい》について筋《すじ》道《みち》立《だ》てて考《かんが》えを進《すす》めたりする。

終《お》わり(結論《けつろん》)＝まとめの部分《ぶぶん》…述《の》べてきたことを簡潔《かんけつ》にまとめ、文章《ぶんしょう》をしめくくる。

作文《さくぶん》を書《か》くときも、まとまった話《はなし》をするときも、この三部分《さんぶぶん》の組《く》み立《た》てを頭《あたま》においておくとよい。

ちくだくこと。例岩石《がんせき》を粉砕する。❷完全《かんぜん》にうち負《ま》かすこと。例敵《てき》を粉砕する。

**ぶんさい【文才】**名 文章《ぶんしょう》を上手《じょうず》に作《つく》る才《さい》能《のう》。例姉《あね》には文才がある。

**ぶんさん【分散】**名動-する 一《ひと》つにまとまっていたものが、分《わ》かれて散《ち》らばること。例人《じん》口《こう》を分散させる。対集中《しゅうちゅう》。

**ぶんし【分子】**名 ❶物質《ぶっしつ》の性質《せいしつ》をなくさないで分《わ》けられる、いちばん小《ちい》さなつぶ。❷グループの中《なか》の一人《ひとり》一人《ひとり》。例不平《ふへい》分子。❸〔算《さん》数《すう》で〕分数《ぶんすう》で、横線《よこせん》の上《うえ》に書《か》かれた数《かず》。割《わ》られるほうの数《かず》。例《たと》えば、2/3の2。対分母《ぶんぼ》。

**ふんしつ【紛失】**名動-する 物《もの》がまぎれてなくなること。また、なくすこと。例大事《だいじ》な書《しょ》類《るい》を紛失する。

**ふんしゃ【噴射】**名動-する 液体《えきたい》や気体《きたい》を勢《いきお》いよくふき出《だ》させること。例ガスを噴射する。

✤**ぶんしゅう【文集】**名 文章《ぶんしょう》や詩《し》を集《あつ》めて作《つく》った本《ほん》。特《とく》に、学校《がっこう》やサークルなどで作《つく》るもの。例卒業《そつぎょう》文集。

**ぶんしゅく【分宿】**名動-する 一《ひと》つの集団《しゅうだん》の人《ひと》たちが、いくつかに分《わ》かれて、宿屋《やどや》などにとまること。

**ふんしゅつ【噴出】**名動-する せまい所《ところ》から、勢《いきお》いよくふき出《だ》すこと。例火口《かこう》からガスが噴出する。

**ぶんしょ【文書】**名 文字《もじ》で書《か》いたもの。書《か》き物《もの》。特《とく》に事務的《じむてき》な書類《しょるい》。例重要《じゅうよう》文書。

✤**ぶんしょう【文章】**名 文字《もじ》を使《つか》って、まとまった考《かんが》えを書《か》き表《あらわ》したもの。特《とく》に、いくつかの文《ぶん》が集《あつ》まったものをいう。文《ぶん》。例見学《けんがく》したことを文章にまとめる。

例解 ことばの勉強室

## 文章《ぶんしょう》 のいろいろ

文章《ぶんしょう》には、おもに記録《きろく》・報告《ほうこく》のための文章《ぶんしょう》や、説明《せつめい》・解説《かいせつ》のための文章《ぶんしょう》、意《い》見《けん》・感想《かんそう》を述《の》べるための文章《ぶんしょう》などがある。そのほか、手紙《てがみ》や詩歌《しいか》、俳句《はいく》、物語《ものがたり》の創作《そうさく》などもある。

それぞれの文章《ぶんしょう》の特徴《とくちょう》を考《かんが》えて、文《ぶん》章《しょう》の読《よ》み方《かた》や書《か》き方《かた》を工夫《くふう》しよう。

**ぶんじょう【分乗】**名動-する いくつかの乗《の》り物《もの》などに、分《わ》かれて乗《の》ること。例二台《にだい》のバスに分乗する。

**ぶんじょう【分譲】**名動-する 土地《とち》などを、いくつかに分《わ》けて人《ひと》にゆずること。分《わ》けて売《う》ること。例分譲マンション。

✤**ぶんしょうご【文章語】**名 〔国語《こくご》で〕話《はな》し言葉《ことば》としてはあまり使《つか》わず、特《とく》に文章《ぶんしょう》を書《か》くときに使《つか》われる言葉《ことば》。たとえば、「手紙《てがみ》」と同《おな》じ意味《いみ》でも、「書簡《しょかん》」は文章語《ぶんしょうご》である。

**ふんしょく【粉飾】**名動-する よく見《み》せるために、実際《じっさい》の程度《ていど》よりもうわべをかざり立《た》てること。例事実《じじつ》を粉飾する。

**ふんしん【分針】**名 時計《とけい》の、分《ふん》を示《しめ》す、長《なが》いほうの針《はり》。長針《ちょうしん》。関連時針《じしん》。秒針《びょうしん》。

**ふんじん【粉塵】**名 石炭《せきたん》・金属《きんぞく》などの、粉《こな》

慣用句 火《ひ》が消《き》えたよう 次々《つぎつぎ》と店《みせ》がなくなって、駅前通《えきまえどお》りも火《ひ》が消《き》えたようにさびしくなった。



あいうえお かきくけこ さしすせそ たちつてと なにぬねの はひふへほ まみむめも やゆよ らりるれろ わをん

のように細《こま》かいちり。

**ぶんしん【分身】** 名 元《もと》の体《からだ》から分《わ》かれ出《で》た、もう一《ひと》つの体《からだ》。例 この物語《ものがたり》の主人公《しゅじんこう》は、作者《さくしゃ》の分身といってよい。

**ぶんじん【文人】** 名 文学《ぶんがく》や絵《え》などを、かいたり親《した》しんだりする人《ひと》。

**ふんすい【噴水】** 名 水《みず》をふき上《あ》がらせる仕《し》かけ。また、その水《みず》。例 噴水のある公園《こうえん》。

**ぶんすいれい【分水嶺】** 名 山《やま》に降《ふ》った雨《あめ》が、分《わ》かれて下《した》に流《なが》れて行《い》く、その境目《さかいめ》の山《やま》の尾根《おね》。

**ぶんすう【分数】** 名〔算数《さんすう》で〕ある数《かず》を、他《ほか》の数《かず》で割《わ》るときの形《かたち》を、ひとまとまりに表《あらわ》したもの。例《たと》えば、「2割《わ》る5」を分数《ぶんすう》で表《あらわ》すと、$\frac{2}{5}$となる。関連 整数《せいすう》。小数《しょうすう》。

**ふんする【扮する】** 動 役割《やくわり》に合《あ》わせて、その人物《じんぶつ》の姿《すがた》になる。扮装《ふんそう》する。例 劇《げき》で、女王《じょおう》にふんする。

**ぶんせき【分析】** 名 動-する ものごとを、細《こま》かく分《わ》けて、成《な》り立《た》ちなどを調《しら》べること。例 原因《げんいん》を分析する。対 総合《そうごう》。

**ぶんせつ【文節】** 名〔国語《こくご》で〕文《ぶん》を、意味《いみ》や発音《はつおん》のまとまりの上《うえ》で区切《くぎ》った場合《ばあい》の、いちばん小《ちい》さい区切《くぎ》り。例《たと》えば、「赤《あか》い花《はな》が咲《さ》く」という文《ぶん》は、「赤《あか》い」「花《はな》が」「咲《さ》く」という三《みっ》つの文節《ぶんせつ》からできている。

**ふんせん【奮戦】** 名 動-する 力《ちから》いっぱい戦《たたか》うこと。例 強《つよ》いチームを相手《あいて》に奮戦する。

**ふんぜん【憤然】** 副(-と) ひどくおこったようす。例 憤然と席《せき》を立《た》つ。参考 「憤然《ふんぜん》たる顔《かお》つき」などと使《つか》うこともある。

**ふんそう【紛争】** 名 動-する ものごとがもつれて、争《あらそ》うこと。もめごと。いざこざ。例 国《こっ》境《きょう》をめぐる紛争が解決《かいけつ》する。

**ふんそう【扮装】** 名 動-する 演劇《えんげき》などで、身《み》なりを変《か》えたり、化粧《けしょう》をしたりして、役《やく》に合《あ》わせた姿《すがた》になること。また、その姿《すがた》。例 王様《おうさま》の扮装。

**ぶんそうおう【分相応】** 名 形動 その人《ひと》の地位《ちい》や才能《さいのう》にふさわしいこと。例 分相応の生活《せいかつ》。

**ぶんそく【分速】** 名 一分間《いっぷんかん》に進《すす》む速《はや》さ。関連 時速《じそく》。秒速《びょうそく》。

**ふんぞりかえる【ふんぞり返る】** 動 いばって、体《からだ》を後《うし》ろへ反《そ》らす。えらそうな態度《たいど》をする。例 いすにふんぞり返る。

**ぶんたい【文体】** 名 ❶文章《ぶんしょう》の形式《けいしき》。口語体《こうごたい》・文語体《ぶんごたい》や、敬体《けいたい》・常体《じょうたい》など。❷言葉遣《ことばづか》いや、言《い》い回《まわ》しなど、その人《ひと》だけが持《も》っている、文章《ぶんしょう》の特徴《とくちょう》。例 作家《さっか》の文体。

**ふんだくる** 動 乱暴《らんぼう》にうばい取《と》る。〔くだけた言《い》い方《かた》。〕例 かばんをふんだくられる。

**ふんだりけったり【踏んだり蹴ったり】** 続《つづ》けざまにひどい仕打《しう》ちや不運《ふうん》な目《め》にあうこと。例 試合《しあい》に負《ま》けた上《うえ》に大《おお》けがをして、もうふんだりけったりだよ。

**ぶんたん【分担】** 名 動-する 一《ひと》つのものごとを、いくつかに分《わ》けて受《う》け持《も》つこと。手分《てわ》け。例 掃除《そうじ》の分担を決《き》める。

**ぶんだん【分断】** 名 動-する つながっているものを分《わ》けること。例 災害《さいがい》で線路《せんろ》が分断された。

**ぶんだん【文壇】** 名 文学者《ぶんがくしゃ》たちの社会《しゃかい》。

**ふんだんに** 副 多《おお》く。たくさん。豊《ゆた》かに。例 食《た》べ物《もの》がふんだんにある。

**ぶんちょう【文鳥】** 名 スズメぐらいの大《おお》きさの鳥《とり》。頭《あたま》が黒《くろ》く、腹《はら》は白《しろ》い。足《あし》とくちばしはピンク色《いろ》。人《ひと》によくなれる。

**ぶんちん【文鎮】** 名 紙《かみ》などを、動《うご》かないようにおさえるもの。特《とく》に、書道《しょどう》で使《つか》う。

**ぶんつう【文通】** 名 動-する 手紙《てがみ》を送《おく》ったり、もらったりすること。例 転校《てんこう》した友達《ともだち》と文通する。

**ふんづける【踏んづける】** 動 足《あし》でふんで、おさえつける。ふみつける。例 うっかりして箱《はこ》を踏んづけた。

**ふんとう【奮闘】** 名 動-する ❶力《ちから》をつくして戦《たたか》うこと。例 奮闘の末《すえ》、優勝《ゆうしょう》した。❷一生《いっしょう》懸命《けんめい》努力《どりょく》すること。例 問題《もんだい》解決《かいけつ》に奮闘する。

**ぶんどう【分銅】** 名 さおばかり・台《だい》ばかりに使《つか》う、金属《きんぞく》のおもり。

**ぶんとう【文頭】** 名 文《ぶん》や文章《ぶんしょう》のはじまり。対 文末《ぶんまつ》。

**ぶんどき【分度器】** 名 角度《かくど》を測《はか》る用具《ようぐ》。

**ふんどし** 名 男《おとこ》の人《ひと》が、またをおおうためにつけた、長《なが》い布《ぬの》でできた下着《したぎ》。例 ふんどしをしめてかかる〔=気持《きも》ちを引《ひ》きしめてものの

慣用句 光《ひかり》を放《はな》つ 的確《てきかく》な判断《はんだん》をし、確実《かくじつ》にパスを送《おく》っていた彼《かれ》の活躍《かつやく》が、特《とく》に光《ひかり》を放《はな》っていた。

ごとにとりかかる」。

**ぶんどる【分捕°る】** [動] ❶敵《てき》の武器《ぶき》などを取《と》り上《あ》げる。❷人《ひと》の物《もの》をうばい取《と》る。[例]弟《おとうと》のゲームをぶんどる。

**ふんにょう【ふん尿°】** [名] 大便《だいべん》と小便《しょうべん》のこと。

**ぶんぱい【分配】** [名][動-する] 分《わ》けて、それぞれに配《くば》ること。配分《はいぶん》。[例]財産《ざいさん》を分配する。

**ふんぱつ【奮発】** [名][動-する] ❶心《こころ》を奮《ふる》い起《お》こすこと。[例]もうひと奮発がんばろう。❷思《おも》いきってお金《かね》を出《だ》すこと。[例]お年玉《としだま》を奮発する。

**ふんばり【踏°ん張り】** [名] ふんばること。[例]もうひと踏ん張りで、完成《かんせい》だ。

**ふんばる【踏°ん張る】** [動] ❶足《あし》に力《ちから》を入《い》れて、ふみこらえる。[例]土俵《どひょう》ぎわで踏ん張る。❷がんばる。[例]最後《さいご》まで踏ん張る。

**ぶんぴ【分泌°】** [名][動-する] ↓ぶんぴつ(分泌)

1170ページ

**ぶんぴつ【分泌°】** [名][動-する] あせや消化液《しょうかえき》など、体《からだ》の活動《かつどう》に必要《ひつよう》な液《えき》を、体《からだ》の中《なか》や外《そと》に送《おく》り出《だ》すこと。ぶんぴ。

**ぶんぴつ【文筆】** [名] 詩《し》や文章《ぶんしょう》を書《か》くこと。[例]文筆家《か》。

**ぶんぷ【分布】** [名][動-する] 同《おな》じ種類《しゅるい》のものが分《わ》かれて、ある範囲《はんい》のところどころに広《ひろ》がっていること。また、広《ひろ》がっている状態《じょうたい》。[例]タンポポの分布を調《しら》べる。

**ぶんぷず【分布図】** [名] ものごとが分布《ぶんぷ》しているようすを示《しめ》した図《ず》。

**ぶんぶつ【文物】** [名] 学問《がくもん》・宗教《しゅうきょう》・芸術《げいじゅつ》・法《ほう》律《りつ》など、文化《ぶんか》に関係《かんけい》のあるもの。[例]西洋《せいよう》の文物。

■**ぶんぶりょうどう【文武両道】** [名] 学問《がくもん》と武道《ぶどう》の両方《りょうほう》の道《みち》。また、勉学《べんがく》とスポーツの両方《りょうほう》にすぐれていること。[例]本校《ほんこう》のモットーは文武両道だ。

**ふんべつ【分別】** [名][動-する] ものごとの、よい悪《わる》いを考《かんが》えて決《き》めること。わきまえ。[例]分別が足《た》りない。[注意]「分別」を「ぶんべつ」と読《よ》むとちがう意味《いみ》になる。

**ぶんべつ【分別】** [名][動-する] 種類《しゅるい》ごとに区別《くべつ》すること。[例]ごみを分別する。[注意]「分別」を「ふんべつ」と読《よ》むとちがう意味《いみ》になる。

**ぶんべん【分娩•】** [名][動-する] 出産《しゅっさん》。

**ぶんぼ【分母】** [名]〔算数《さんすう》で〕分数《ぶんすう》で、横線《よこせん》の下《した》に書《か》かれた数《かず》。割《わ》る数《かず》。例《たと》えば、$\frac{2}{3}$の3。[対]分子《ぶんし》。

✤**ぶんぽう【文法】** [名] 言葉《ことば》や文《ぶん》の、決《き》まりやはたらき。[例]日本語《にほんご》の文法。

**ぶんぼうぐ【文房°具】** [名] 勉強《べんきょう》したり、ものを書《か》いたりするときに使《つか》う用具《ようぐ》。紙《かみ》・鉛筆《えんぴつ》・ノートなど。文具《ぶんぐ》。

**ふんまつ【粉末】** [名] 非常《ひじょう》に細《こま》かなつぶの集《あつ》まり。こな。[例]粉末の薬《くすり》。

✤**ぶんまつ【文末】** [名] 文《ぶん》の終《お》わり。ふつう「。」〔=句点《くてん》〕をうつ。[対]文頭《ぶんとう》。

✤**ぶんみゃく【文脈】** [名] 文章《ぶんしょう》の筋道《すじみち》。文章《ぶんしょう》の中《なか》の語《ご》から語《ご》へ、文《ぶん》から文《ぶん》への続《つづ》きぐあい。[例]文脈の通《とお》らない文章《ぶんしょう》。

**ふんむき【噴°霧°器】** [名] 水《みず》や、薬《くすり》の液《えき》を、きりのようにしてふき出《だ》す道具《どうぐ》。

°**ぶんめい【文明】** [名] 人間《にんげん》の知恵《ちえ》や技術《ぎじゅつ》が進《すす》んで、世《よ》の中《なか》が便利《べんり》で豊《ゆた》かになること。[例]文明国《こく》。[対]未開《みかい》。

**文明《ぶんめい》の利器《りき》** 生活《せいかつ》をする上《うえ》で、文明《ぶんめい》が生《う》み出《だ》した便利《べんり》なもの。[例]コンピューターは新《あたら》しい文明の利器だ。

■**ぶんめいかいか【文明開化】** [名] 文明《ぶんめい》が進《すす》み、世《よ》の中《なか》が開《ひら》けること。特《とく》に、明治時代《めいじじだい》の初《はじ》めに、外国《がいこく》の文化《ぶんか》を急速《きゅうそく》に取《と》り入《い》れたことをいう。

例解 ❗ ことばの勉強室

### 文末《ぶんまつ》について

「犬《いぬ》がいる。」の文末《ぶんまつ》を、変《か》えてみよう。

◎犬《いぬ》がいるか。(たずねている。)

◎犬《いぬ》がいるよ。(話《はな》しかけている。)

◎犬《いぬ》がいない。(打《う》ち消《け》している。)

◎犬《いぬ》がいます。(丁寧《ていねい》に言《い》う。)

このように、話《はな》し手《て》や書《か》き手《て》の気持《きも》ちが、文末《ぶんまつ》に示《しめ》される。

日本語《にほんご》は、文《ぶん》の終《お》わりまで読《よ》んだり聞《き》いたりしないと、どう言《い》いたいのかがわからないといわれる。これは、文末《ぶんまつ》に言《い》いたいことの中心《ちゅうしん》がくるからである。

慣用句 引《ひ》きも切《き》らず　たこ焼《や》きが評判《ひょうばん》になって、店《みせ》にお客《きゃく》が、引《ひ》きも切《き》らずにおしかけるようになった。

**ぶんめん【文面】** 名 文章《ぶんしょう》や手紙《てがみ》に書《か》かれてあることがら。

**ぶんや【分野】** 名 いくつかに分《わ》かれている、それぞれの範囲《はんい》。区域《くいき》。例 音楽《おんがく》の分野が得意《とくい》だ。

**ぶんらく【文楽】** 名 ⬇にんぎょうじょうるり 995ページ

**ぶんり【分離】** 名 動-する 分《わ》かれること。別々《べつべつ》にすること。例 水《みず》と油《あぶら》が分離する。

**ぶんりゅう【分流】** 名 動-する 本流《ほんりゅう》から分《わ》かれて流《なが》れること。また、その流《なが》れ。支流《しりゅう》。例 利根川《とねがわ》の分流。

**○ぶんりょう【分量】** 名 重《おも》さやかさ、割合《わりあい》などの程度《ていど》。例 砂糖《さとう》の分量。仕事《しごと》の分量。

**○ぶんるい【分類】** 名 動-する 種類《しゅるい》・性質《せいしつ》などによって分《わ》けること。例 図書《としょ》の分類。

**✤ぶんれい【文例】** 名 文《ぶん》や文章《ぶんしょう》の実例《じつれい》。例 文例をあげる。

例解 考えるためのことば

**【分類《ぶんるい》】して考《かんが》えるときに使《つか》う言葉《ことば》**

似《に》たものどうしをあつめてまとめること

くだけた表現《ひょうげん》

集《あつ》める
種類《しゅるい》ごと
テーマごと
ジャンルごと
タイプ別《べつ》
カテゴリー別《べつ》
要素別《ようそべつ》

なかま
グループ
まとまり
集団《しゅうだん》
集合体《しゅうごうたい》

わける
わける
選《えら》ぶ
区別《くべつ》する
振《ふ》り分《わ》ける
分別《ぶんべつ》する
選別《せんべつ》する
区分《くぶん》する

あらたまった表現《ひょうげん》

～別
～系

**ぶんれつ【分裂】** 名 動-する いくつかに分《わ》かれること。例 細胞《さいぼう》分裂。

**ふんわり** 副(-と) 動-する 「ふわり」を強《つよ》めた言《い》い方《かた》。⬇ふわり 1164ページ

# へ

へ he

**へ** 名 腸《ちょう》にたまったガスが、おしりから出《で》たもの。おなら。

**へとも思《おも》わない** なんとも思《おも》わない。例 これくらいの寒《さむ》さ、へとも思わない。

**へ** 助 ❶方向《ほうこう》を示《しめ》す。例 学校《がっこう》へ行《い》く。例 左《ひだり》へ曲《ま》がる。❷場所《ばしょ》を示《しめ》す。例 いなかのおじいさんへ手紙《てがみ》を書《か》く。❸相手《あいて》を示《しめ》す。注意 「え」と発音《はつおん》する。

**べ【辺】**〔ある言葉《ことば》のあとにつけて〕…の辺《あた》り。…のそば。例 海辺《うみべ》。窓辺《まどべ》。⬇へん【辺】1182ページ

**ヘア**〔英語 hair〕名 髪《かみ》の毛《け》。また、毛《け》。ヘアー。例 ヘアブラシ。

**ペア**〔英語 pair〕名 二《ふた》つまたは二人《ふたり》で、ひと組《く》みになったもの。対《つい》。ペアー。例 ペアを組《く》んでおどる。

**ヘアスタイル**〔英語 hairstyle〕名 髪型《かみがた》。

**ヘアピン**〔英語 hairpin〕名 ❶髪《かみ》の毛《け》を止《と》めるための小《ちい》さなピン。❷道路《どうろ》で、U《ユー》字形《じがた》にするどく曲《ま》がるカーブ。ヘアピンカーブ。

**へい【平】** 画数 5 部首 干(かん) 3年



慣用句 膝《ひざ》を交《まじ》える 膝《ひざ》を交《まじ》えてじっくりと話《はな》し合《あ》った結果《けっか》、ようやく問題《もんだい》が解決《かいけつ》できた。

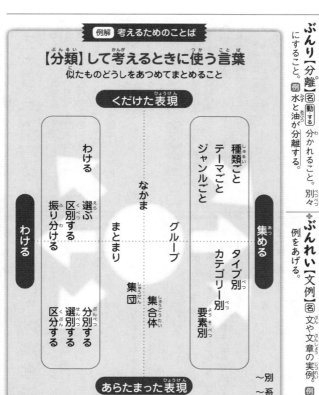

音 ヘイ ビョウ 訓 たい-ら ひら

筆順 平

❶たいら。❷おだやか。❸ふつう。ふだん。❹かたよりがない。熟語 平面《へいめん》。平野《へいや》。水平《すいへい》。平屋《ひらや》。地平線《ちへいせん》。熟語 平気《へいき》。平静《へいせい》。平和《へいわ》。熟語 平日《へいじつ》。平常《へいじょう》。平年《へいねん》。熟語 平均《へいきん》。平等《びょうどう》。公平《こうへい》。

《訓の使い方》たい-ら 例 平らな土地《とち》。

## へい【兵】 画数 7 部首 八（はち） 4年

音 ヘイ ヒョウ 訓 —

筆順 兵

❶戦《たたか》う人《ひと》。熟語 兵士《へいし》。兵隊《へいたい》。兵糧《ひょうろう》。❷いくさ。戦争《せんそう》。熟語 兵器《へいき》。兵法《へいほう》・兵法《ひょうほう》。

へい【兵】名 戦《たたか》う人《ひと》。兵士《へいし》。例 兵を集《あつ》める。

兵《へい》を挙《あ》げる 兵《へい》を集《あつ》めて、いくさを始《はじ》める。

## へい【並】 画数 8 部首 一（いち） 6年

音 ヘイ 訓 なみ なら-べる なら-ぶ なら-びに

筆順 並

ならぶ。ならべる。熟語 並行《へいこう》。並列《へいれつ》。並木《なみき》。

《訓の使い方》なら-ぶ 例 まっすぐに並ぶ。なら-べる 例 一列《いちれつ》に並べる。なら-びに 例 先生《せんせい》並びに生徒《せいと》のみなさん。

## へい【陛】 画数 10 部首 阝（こざとへん） 6年

音 ヘイ 訓 —

筆順 陛

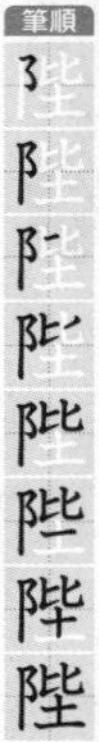

〔天子《てんし》のごてんにのぼる階段《かいだん》のことから〕天皇《てんのう》・皇后《こうごう》などを敬《うやま》って呼《よ》ぶときに使《つか》う。熟語 天陛下《へいか》。

## へい【閉】 画数 11 部首 門（もんがまえ） 6年

音 ヘイ 訓 と-じる と-ざす し-める し-まる

筆順 閉

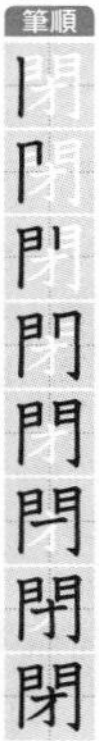

とじる。ふさぐ。熟語 閉会《へいかい》。閉口《へいこう》。閉店《へいてん》。閉門《へいもん》。開閉《かいへい》。密閉《みっぺい》。対 開《かい》。

《訓の使い方》と-じる 例 目《め》を閉じる。と-ざす 例 口《くち》を閉ざす。し-める 例 戸《と》を閉める。し-まる 例 店《みせ》が閉まる。

## へい【丙】 画数 5 部首 一（いち）

音 ヘイ 訓 —

十干《じっかん》の三番《さんばん》め。ひのえ。

へい【丙】名 ものごとの三番《さんばん》め。例 評価《ひょうか》は甲《こう》・乙《おつ》の下《した》の丙だった。

## へい【併】 画数 8 部首 亻（にんべん）

音 ヘイ 訓 あわ-せる

❶あわせる。一《ひと》つにする。熟語 併合《へいごう》。併用《へいよう》。合併《がっぺい》。❷ならぶ。ならべる。熟語 併願《へいがん》。併記《へいき》。併発《へいはつ》。

## へい【柄】 画数 9 部首 木（きへん）

音 ヘイ 訓 がら え

❶え。とって。熟語 葉柄《ようへい》。例 かさの柄《え》。❷勢《いきお》い。熟語 横柄《おうへい》。❸体格《たいかく》や性質《せいしつ》。熟語 大柄《おおがら》。家柄《いえがら》。土地柄《とちがら》。例 柄《がら》が悪《わる》い。❹模様《もよう》。熟語 絵柄《えがら》。花柄《はながら》。

## へい【塀】 画数 12 部首 土（つちへん）

音 ヘイ 訓 —

囲《かこ》い。仕切《しき》り。熟語 板塀《いたべい》。土塀《どべい》。

へい【塀】名 家《いえ》の周《まわ》りや、敷地《しきち》などの境《さかい》に立《た》てる、仕切《しき》り。例 塀に囲《かこ》まれた家《いえ》。

## へい【幣】 画数 15 部首 巾（はば）

音 ヘイ 訓 —

❶神《かみ》に供《そな》える布《ぬの》などのささげ物《もの》。熟語 御幣《ごへい》〔=神主《かんぬし》がおはらいのときに使《つか》う、短《みじか》い棒《ぼう》に細《ほそ》長《なが》い紙《かみ》をはさんだもの〕。❷お金《かね》。熟語 貨幣《かへい》。紙幣《しへい》。

## へい【弊】 画数 15 部首 廾（にじゅうあし）

音 ヘイ 訓 —

❶やぶれる。弱《よわ》る。熟語 疲弊《ひへい》〔=つかれて弱《よわ》る〕。❷よくない。熟語 弊害《へいがい》。語弊《ごへい》。❸自分《じぶん》の側《がわ》をへりくだって言《い》う言葉《ことば》。熟語 弊社《へいしゃ》〔=私《わたくし》どもの会社《かいしゃ》〕。

へい【弊】名 よくない習慣《しゅうかん》。例 旧来《きゅうらい》の弊を改《あらた》める。

慣用句 額《ひたい》を集《あつ》める どうやって反論《はんろん》したらいいか、グループ全員《ぜんいん》額《ひたい》を集《あつ》めて話《はな》し合《あ》った。

**へい【蔽】** 画数 15 部首 艹(くさかんむり)

音 ヘイ 訓 ――

おおう。かぶせる。熟語 隠蔽《いんぺい》。

**へい【餅(餠)】** 画数 15 部首 飠(しょくへん)

音 ヘイ 訓 もち

❶小麦粉《こむぎこ》や米《こめ》の粉《こな》をこねて、焼《や》いて作《つく》った食《た》べ物《もの》。熟語 煎餅《せんべい》。❷蒸《む》したもち米《ごめ》を、ついて作《つく》った食《た》べ物《もの》。熟語 尻餅《しりもち》。例 餅《もち》は餅屋《もちや》。参考「餅《へい》」は、手書《てが》きではふつう「餠《へい》」と書《か》く。

**へい【病】** 熟語 疾病《しっぺい》。➡びょう【病】1111ページ

**べい【米】** 画数 6 部首 米(こめ) 2年

音 ベイ マイ 訓 こめ

筆順 米米米米米米

❶こめ。熟語 米価《べいか》。米作《べいさく》。新米《しんまい》。白米《はくまい》。米所《こめどころ》。❷アメリカのこと。熟語 米国《べいこく》。日米《にちべい》。参考 ❷は漢字《かんじ》で「亜米利加《アメリカ》」と書《か》いたことから。

**へいあん【平安】** 名 形動 無事《ぶじ》で、おだやかなこと。例 今年《ことし》は平安に過《す》ごした。

**へいあんきょう【平安京】** 名 平安時代《へいあんじだい》の都《みやこ》。今《いま》の京都市《きょうとし》の中心部《ちゅうしんぶ》。

**へいあんじだい【平安時代】** 名 七九四年《ねん》に桓武天皇《かんむてんのう》が今《いま》の京都《きょうと》に都《みやこ》をうつしてから、鎌倉幕府《かまくらばくふ》が開《ひら》かれるまでの、約《やく》四〇〇年《ねん》間《かん》。貴族《きぞく》が政治《せいじ》を行《おこな》い、文化《ぶんか》が栄《さか》えた。

**へいい【平易】** 名 形動 わかりやすく、易《やさ》しいこと。難《むずか》しくないこと。例 平易な文章《ぶんしょう》。対 難解《なんかい》。

**へいえき【兵役△】** 名 兵士《へいし》として軍隊《ぐんたい》に入《はい》る義務《ぎむ》のこと。例 一年間《いちねんかん》の兵役に就《つ》く。

**へいえん【閉園】** 名 動-する ❶遊園地《ゆうえんち》や動物園《どうぶつえん》などが、その日《ひ》の入場《にゅうじょう》を打《う》ち切《き》ること。例 午後四時《ごごよじ》に閉園。❷幼稚園《ようちえん》など、園《えん》とつく場所《ばしょ》を閉《と》じること。例 一《いっ》か月《げつ》閉園します。対(❶・❷)開園《かいえん》。

**へいおん【平温】** 名 平年並《へいねんな》みの温度《おんど》。

**へいおん【平穏】** 名 形動 何事《なにごと》もなくおだやかなこと。例 毎日《まいにち》を平穏に暮《く》らす。

■**へいおんぶじ【平穏無事】** 名 形動 変《か》わったこともなく穏《おだ》やかなこと。例 平穏無事な世《よ》の中《なか》。

**へいか【陛下】** 名 天皇《てんのう》や皇后《こうごう》などを敬《うやま》って呼《よ》ぶ言葉《ことば》。例 天皇陛下《てんのうへいか》。皇后陛下《こうごうへいか》。

**べいか【米価】** 名 米《こめ》の値段《ねだん》。

○**へいかい【閉会】** 名 動-する 会《かい》が終《お》わること。また、終《お》わりにすること。例 閉会式《しき》。対 開会《かいかい》。

**へいがい【弊害】** 名 害《がい》になる悪《わる》いこと。さしさわり。例 弊害が生《しょう》じる。

**へいかん【閉館】** 名 動-する ❶図書館《としょかん》や映画館《えいがかん》などが、その日《ひ》の入場《にゅうじょう》を打《う》ち切《き》ること。例 毎日五時《まいにちごじ》で閉館になる。❷館《かん》とつく場所《ばしょ》を閉《と》じること。例 五月《ごがつ》まで閉館する。対(❶・❷)開館《かいかん》。

**へいがん【併願】** 名 動-する 受験《じゅけん》するときに、いくつかの学校《がっこう》に、同時《どうじ》に願書《がんしょ》を出《だ》すこと。

○**へいき【平気】** 名 形動 ❶ものごとにおどろかないこと。例 かみなりが鳴《な》っても平気な顔《かお》をしている。❷気《き》にしないこと。例 負《ま》けたって平気だ。

**へいき【兵器】** 名 戦争《せんそう》に使《つか》う、器械《きかい》や道具《どうぐ》。武器《ぶき》。

**へいき【併記】** 名 動-する 並《なら》べて書《か》くこと。例 二人《ふたり》の名前《なまえ》を併記する。

○**へいきん【平均】** 一 名 動-する ❶多《おお》い少《すく》ないや高《たか》い低《ひく》いなどの差《さ》がないようにすること。例 大《おお》きさが平均している。❷二《ふた》つ以上《いじょう》の数《かず》や量《りょう》の中間《ちゅうかん》の数《かず》や量《りょう》。例 二《に》と四《よん》の平均は三《さん》です。二 名 つり合《あ》いがとれること。バランス。例 体《からだ》の平均をとる。

**へいきんだい【平均台】** 名 体操競技《たいそうきょうぎ》の平均運動《へいきんうんどう》で使《つか》う細長《ほそなが》い台《だい》。また、それを使《つか》って女子《じょし》がする体操《たいそう》の種目《しゅもく》。

**へいきんてん【平均点】** 名 試験《しけん》などの点数《てんすう》の合計《ごうけい》を、足《た》したものの数《かず》で割《わ》った点数《てんすう》。例 この組《くみ》の国語《こくご》の平均点は八〇点《てん》だ。

**へいけ【平家】** 名 ➡へいし(平氏)1174ページ

**へいけものがたり【平家物語】** 作品名 鎌倉時代《かまくらじだい》に作《つく》られた物語《ものがたり》。作者《さくしゃ》はわかっていない。平家《へいけ》が栄《さか》えてから源氏《げんじ》にほろぼされるまでを、琵琶法師《びわほうし》(=昔《むかし》、僧《そう》の姿《すがた》をした、琵《び》琶《わ》を弾《ひ》く仕事《しごと》の人《ひと》)が語《かた》ったもの。

**へいげん【平原】** 名 平《たい》らで、広々《ひろびろ》とした野原《のはら》。例 モンゴルの平原を馬《うま》で走《はし》る。



慣用句 引《ひ》っ込《こ》みがつかない 人前《ひとまえ》でちゃんと約束《やくそく》したことだから、やめようにも引《ひ》っ込《こ》みがつかない。

**例解⇔使い分け**

**平行《へいこう》と並行《へいこう》**

二本《にほん》の線《せん》は平行《へいこう》だ。段《だん》ちがい平行棒《へいこうぼう》。

電車《でんしゃ》の線路《せんろ》と道路《どうろ》とが並行《へいこう》して走《はし》る。並行《へいこう》して行《おこな》う。

**へいこう【平行】** 名 動する ❶〔算数《さんすう》で〕二《ふた》つの平面《へいめん》または二本《にほん》の直線《ちょくせん》が、どこまで延《の》びても交《まじ》わらないこと。例 平行線《せん》。❷⬇へいこう(並行)❷ 1174ページ

**へいこう【平衡】** 名 ものごとのつり合《あ》いがとれていて、安定《あんてい》していること。バランス。例 体《からだ》の平衡を失《うしな》って転《ころ》ぶ。

**へいこう【並行】** 名 動する ❶二《ふた》つ以上《いじょう》のものが並《なら》んでいくこと。例 線路《せんろ》に並行して道《みち》がある。❷二《ふた》つのものごとが同時《どうじ》に行《おこな》われること。例 二《ふた》つの会《かい》を並行して開《ひら》く。参考 ❷は「平行《へいこう》」とも書《か》く。

**へいこう【閉口】** 名 動する 困《こま》ってしまうこと。へきえき。例 今年《ことし》の暑《あつ》さには閉口した。

**へいこう【閉校】** 名 動する ❶学校《がっこう》が授業《じゅぎょう》を休《やす》みにすること。休校《きゅうこう》。例 インフルエンザで閉校になる。❷学校《がっこう》の経営《けいえい》をやめること。例 児童数減少《じどうすうげんしょう》のため、小学校《しょうがっこう》を閉校する。

**へいごう【併合】** 名 動する いくつかのものを合《あ》わせて、一《ひと》つにすること。合併《がっぺい》。例 二《ふた》つの町《まち》を併合する。

**へいこうしへんけい【平行四辺形】** 名 ふた組《く》みの向《む》き合《あ》っている辺《へん》が、それぞれ平行《へいこう》な四辺形《しへんけい》。⬇しかくけい 546ページ

**へいこうせん【平行線】** 名 ❶〔算数《さんすう》で〕平行《へいこう》する二本《にほん》の直線《ちょくせん》。❷意見《いけん》などが対立《たいりつ》したまま、まとまらないこと。例 話《はな》し合《あ》いは平行線のまま終《お》わった。

**へいこうぼう【平行棒】** 名 体操競技《たいそうきょうぎ》で使《つか》う、二本《にほん》の棒《ぼう》を平行《へいこう》にわたした器具《きぐ》。また、それを使《つか》って男子《だんし》がする体操《たいそう》の種目《しゅもく》。

**べいこく【米穀】** 名 米《こめ》や穀物《こくもつ》。特《とく》に、米《こめ》のこと。

**べいこく【米国】** 地名 アメリカ合衆国《がっしゅうこく》。

**べいごま** 名 こまの一種《いっしゅ》。バイ貝《がい》という巻《ま》き貝《がい》の形《かたち》をした、鉄《てつ》でできた小《ちい》さなこま。べえごま。

**へいさ【閉鎖】** 名 動する ❶入《い》り口《ぐち》などを閉《と》じること。例 校門《こうもん》を閉鎖する。❷出入《でい》りを止《と》めて、活動《かつどう》をやめること。例 インフルエンザで学級《がっきゅう》閉鎖になった。対(❶・❷)開放《かいほう》。

**べいさく【米作】** 名 ❶米作《こめづく》り。稲作《いなさく》。❷米《こめ》の取《と》れぐあい。

**へいさつ【併殺】** 名 動する 野球《やきゅう》・ソフトボールで、一度《いちど》に続《つづ》けて二人《ふたり》をアウトにすること。ダブルプレー。例 併殺打《だ》。

**へいさてき【閉鎖的】** 形動 内《うち》にこもってしまって、外《そと》からのものを受《う》け入《い》れようとしないようす。例 閉鎖的な社会《しゃかい》。対 開放的《かいほうてき》。

**へいし【平氏】** 名 平安時代《へいあんじだい》の終《お》わりに、平《たいら》と名《な》のった武士《ぶし》の一族《いちぞく》。平清盛《たいらのきよもり》の時《とき》に栄《さか》えたが、源氏《げんじ》にほろぼされた。平家《へいけ》。

**へいし【兵士】** 名 いちばん下《した》の位《くらい》の軍人《ぐんじん》。兵隊《へいたい》。兵卒《へいそつ》。

**へいじ【平時】** 名 ❶ふだん。いつも。平常《へいじょう》。❷平和《へいわ》な時《とき》。対 戦時《せんじ》。非常時《ひじょうじ》。

**へいじつ【平日】** 名 日曜《にちよう》・祝日《しゅくじつ》以外《いがい》の日《ひ》。ウイークデー。例 平日ダイヤ。対 休日《きゅうじつ》。参考 今《いま》は、土曜《どよう》も平日《へいじつ》から除《のぞ》くことが多《おお》い。

**べいじゅ【米寿】** 名〔「米」の字《じ》が八十八《はちじゅうはち》に分解《ぶんかい》できることから〕八十八歳《はちじゅうはっさい》。また、そのお祝《いわ》い。

**へいじょう【平常】** 名 ふだん。日《ひ》ごろ。平生《へいぜい》。例 平常どおり始《はじ》める。

**へいじょう【閉場】** 名 動する 会場《かいじょう》などを閉《し》めて人《ひと》を入《い》れないようにすること。対 開場《かいじょう》。

**へいじょうきょう【平城京】** 名 奈良時代《ならじだい》の都《みやこ》。今《いま》の奈良市《ならし》の辺《あた》り。

**へいじょうしん【平常心】** 名 ふだんと変《か》わらない落《お》ち着《つ》いた気持《きも》ち。例 平常心で試合《しあい》にのぞむ。

**べいしょく【米食】** 名 米《こめ》の飯《めし》。また、米《こめ》を主食《しゅしょく》とすること。

✤**へいじょぶん【平叙文】** 名〔国語《こくご》で〕〔疑《ぎ》問文《もんぶん》・命令文《めいれいぶん》・感嘆文《かんたんぶん》に対《たい》して〕事実《じじつ》をそのまま述《の》べている文《ぶん》。「花《はな》がきれいだ」「雪《ゆき》が降《ふ》り

慣用句 一泡吹《ひとあわふ》かせる　今年《ことし》こそ一泡吹《ひとあわふ》かせようと、相手《あいて》の弱点《じゃくてん》を調《しら》べあげて試合《しあい》に臨《のぞ》んだ。

はじめた」など。

■**へいしんていとう【平身低頭】**名 動-する 頭《あたま》を低《ひく》く下《さ》げて、あやまったり、たのんだりすること。例 平身低頭して、ひたすらあやまった。

**へいせい【平成】**名 一九八九年一月八日《ねんいちがつようか》から二〇一九年四月三十日《ねんしがつさんじゅうにち》までの、日本《にっぽん》の年《ねん》号《ごう》。

**へいせい【平静】**名 形動 おだやかで、静《しず》かなこと。落《お》ち着《つ》いていること。例 心《こころ》の平静を取《と》りもどす。

**へいぜい【平生】**名 ふだん。常日《つねひ》ごろ。平《へい》常《じょう》。例 平生から気《き》をつける。

**へいせいじだい【平成時代】**名 平成天《へいせいてん》皇《のう》が位《くらい》についていた時代《じだい》。一九八九年一月八《ねんいちがつよう》日《か》から二〇一九年四月三十日《ねんしがつさんじゅうにち》まで。

**へいせつ【併設】**名 動-する 主《おも》な建物《たてもの》に、別《べつ》の建物《たてもの》をつけ加《くわ》えて設置《せっち》すること。例 図書《としょ》館《かん》に喫茶店《きっさてん》が併設された。

**へいぜん【平然】**副(-と) あわてないようす。平《へい》気《き》なようす。例 雨《あめ》の中《なか》を平然と歩《ある》く。

**へいそ【平素】**名 ふだん。日《ひ》ごろ。例 平素は、ごぶさたしております。

**へいそつ【兵卒】**名 いちばん下《した》の位《くらい》の軍《ぐん》人《じん》。兵士《へいし》。

**へいたい【兵隊】**名 ❶兵士《へいし》。❷軍隊《ぐんたい》。

**へいたん【平坦】**名 形動 ❶土地《とち》が平《たい》らなこと。例 平たんな道《みち》。❷何事《なにごと》もなくおだやかなこと。例 成功《せいこう》するまでは平たんな道《みち》のりではなかった。

**へいち【平地】**名 平《たい》らな土地《とち》。

**へいちゃら** 形動 ⇩へっちゃら 1179ページ

**へいてい【平定】**名 動-する 敵《てき》をほろぼして世《よ》の中《なか》を平和《へいわ》にすること。例 天下《てんか》を平定する。

**へいてん【閉店】**名 動-する ❶その日《ひ》の仕事《しごと》を終《お》わって店《みせ》をしめること。例 五時《ごじ》に閉店する。❷商売《しょうばい》をやめること。店《みせ》じまい。例 閉店売《う》りつくし。対(❶・❷)開店《かいてん》。

**ヘイトスピーチ**〔英語 hate speech〕名 ある民族《みんぞく》や国《くに》・宗教《しゅうきょう》などの人々《ひとびと》を見下《みくだ》したりおどしたりするような、差別的《さべつてき》な発言《はつげん》や行《こう》動《どう》。

**へいねつ【平熱】**名 健康《けんこう》なときの体温《たいおん》。セ氏《し》三六度《ど》から三七度《ど》ぐらい。

**へいねん【平年】**名 ❶一年《いちねん》が三六五日《にち》の年《とし》。❷ふつうの年《とし》。いつもの年《とし》。例 平年並《なみ》の気《き》温《おん》。

**へいはつ【併発】**名 動-する 二《ふた》つ以上《いじょう》のものごとが同時《どうじ》に起《お》こること。例 かぜをひいたうえ、肺炎《はいえん》を併発した。

**へいばん【平板】**形動 変化《へんか》がなくて、おもしろくないようす。例 話《はなし》が平板だ。

**べいはん【米飯】**名 米《こめ》の飯《めし》。例 米飯給食《きゅうしょく》。

**へいふく【平伏】**名 動-する 両手《りょうて》をつき、頭《あたま》を地《ち》につけること。ひれふすこと。例 平伏してあやまる。

**へいふく【平服】**名 ふだん着《ぎ》ている服《ふく》。対 礼服《れいふく》。

**へいほう【平方】**名 ❶ある数《かず》に同《おな》じ数《かず》をかけ合《あ》わせること。二乗《にじょう》。自乗《じじょう》。例 三《さん》の平方は九《きゅう》。❷広《ひろ》さの単《たん》位《い》を表《あらわ》す言葉《ことば》。例 一〇〇平方メートル。❸正方形《せいほうけい》の広《ひろ》さを表《あらわ》す言葉《ことば》。例 五《ご》メートル平方〔=一辺《いっぺん》が五《ご》メートルの正《せい》方形《ほうけい》の広《ひろ》さ〕。

**へいほうキロメートル【平方キロメートル】**名 メートル法《ほう》で、面積《めんせき》の単位《たんい》の一《ひと》つ。記号《きごう》は「$km^2$」。一平方《いちへいほう》キロメートルは、一辺《いっぺん》が一《いち》キロメートルの正方形《せいほうけい》の面積《めんせき》にあたる。

**へいほうセンチメートル【平方センチメートル】**名 メートル法《ほう》で、面積《めんせき》の単位《たんい》の一《ひと》つ。記号《きごう》は「$cm^2$」。一平方《いちへいほう》センチメートルは、一辺《いっぺん》が一《いっ》センチメートルの正方形《せいほうけい》の面積《めんせき》にあたる。

**へいほうメートル【平方メートル】**名 メートル法《ほう》で、面積《めんせき》の単位《たんい》の一《ひと》つ。記号《きごう》は「$m^2$」。一平方《いちへいほう》メートルは、一辺《いっぺん》が一《いち》メートルの正方形《せいほうけい》の面積《めんせき》にあたる。

°**へいぼん【平凡】**名 形動 変《か》わったところやすぐれたところがないこと。例 どこにでもある平凡な風景《ふうけい》。対 非凡《ひぼん》。

**へいまく【閉幕】**名 動-する 会《かい》・芝居《しばい》・映画《えいが》・ものごとなどが終《お》わること。例 オリンピックも閉幕を迎《むか》える。対 開幕《かいまく》。

**へいみん【平民】**名 ❶位《くらい》のない、ふつうの国民《こくみん》。❷昔《むかし》の、華族《かぞく》〔=爵《しゃく》の位《くらい》を持《も》っていた貴《き》




慣用句 一筋縄《ひとすじなわ》ではいかない 兄《あに》はがんこだから、説得《せっとく》するにしても、一筋縄《ひとすじなわ》ではいかないだろう。

族《ぞく》〕・士族《しぞく》以外《いがい》の人《ひと》。

**へいめい【平明】** 名 形動 わかりやすく、はっきりしていること。例 平明な文章《ぶんしょう》を書《か》くようにしている。

**へいめん【平面】** 名 平《たい》らな面《めん》。対 立体《りったい》。

**へいめんず【平面図】** 名 物《もの》の形《かたち》を、真上《まうえ》から見《み》たようにかき表《あらわ》した図《ず》。

**へいめんてき【平面的】** 形動 ❶平《たい》らに感《かん》じるようす。例 おくゆきのない平面的な絵《え》。❷ものごとを、うわべだけ見《み》てすませているようす。例 平面的な考《かんが》えしかできない。対 (❶・❷)立体的《りったいてき》。

**へいもん【閉門】** 名 動-する 門《もん》をしめること。対 開門《かいもん》。

**へいや【平野】** 名 山《やま》がなくて、平《たい》らな広《ひろ》い土地《とち》が続《つづ》いている所《ところ》。

**へいよう【併用】** 名 動-する 他《ほか》のものといっしょに使《つか》うこと。例 二種類《にしゅるい》の薬《くすり》を併用する。

**へいりつ【並立】** 名 動-する 二《ふた》つ以上《いじょう》のものが、並《なら》び立《た》つこと。例 二名《にめい》の候補者《こうほしゃ》が並立している。

**へいりょく【兵力】** 名 戦《たたか》う力《ちから》。兵隊《へいたい》や兵器《へいき》などの数《かず》で表《あらわ》す。例 兵力を削減《さくげん》する。

✤**へいれつ【並列】** 名 動-する ❶いくつかのものが、並《なら》ぶこと。また、並《なら》べること。❷いくつかある電池《でんち》などの、同《おな》じ極《きょく》どうしをつなぐこと。また、そのつなぎ方《かた》。対 直列《ちょくれつ》。⬇ちょくれつ 843ページ

○**へいわ【平和】** 名 形動 ❶おだやかで、無事《ぶじ》なこと。例 平和な家庭《かてい》。❷戦争《せんそう》がなく、世《よ》の中《なか》が無事《ぶじ》に治《おさ》まっていること。例 世界《せかい》の平和を願《ねが》う。対 戦争《せんそう》。

**へいわうんどう【平和運動】** 名 戦争《せんそう》をなくして、平和《へいわ》な世《よ》の中《なか》になるように、社会《しゃかい》にはたらきかける運動《うんどう》。

**ベーカリー**〔英語 bakery〕名 パンや洋菓子《ようがし》などを作《つく》って売《う》る店《みせ》。

**ベーコン**〔英語 bacon〕名 ブタなどの肉《にく》を塩《しお》づけにして、煙《けむり》でいぶした食《た》べ物《もの》。

○**ページ**〔英語 page〕名 本《ほん》やノートの紙《かみ》の片《かた》面《めん》。また、それを数《かぞ》える言葉《ことば》。例 ページをめくる。

**ベーシック**〔英語 basic〕形動 基礎的《きそてき》であるようす。基本的《きほんてき》。例 ベーシックな問題《もんだい》。

**ベージュ**〔フランス語〕名 明《あか》るくうすい茶色《ちゃいろ》。例 ベージュのコート。

**ベース**〔英語 base〕名 ❶土台《どだい》。基本《きほん》。例 魚《さかな》をベースにした料理《りょうり》。❷野球《やきゅう》・ソフトボールで、塁《るい》のこと。❸基地《きち》。例 ベースキャンプ。

**ベース**〔英語 bass〕名〔音楽《おんがく》で〕❶低《ひく》い音《おと》や声《こえ》。また、低《ひく》い音《おと》を出《だ》す楽器《がっき》。❷コントラバスのこと。バス。

**ペース**〔英語 pace〕名 ❶歩《ある》いたり走《はし》ったりするときの調子《ちょうし》や速《はや》さ。例 速《はや》いペースで歩《ある》く。❷ものごとをする調子《ちょうし》。例 自分《じぶん》のペースで仕事《しごと》をする。

**ベースキャンプ**〔英語 base camp〕名 ❶登山隊《とざんたい》や探検隊《たんけんたい》が、活動《かつどう》の基地《きち》とするキャンプ。❷軍隊《ぐんたい》の基地《きち》。例 エベレスト登山《とざん》のベースキャンプ。

**ベースボール**〔英語 baseball〕名 ⬇やきゅう 1318ページ

**ペースメーカー**〔英語 pacemaker〕名 ❶中《ちゅう》・長距離競走《ちょうきょりきょうそう》などで、先頭《せんとう》を走《はし》ってレースを引《ひ》っぱる役目《やくめ》の選手《せんしゅ》。❷電流《でんりゅう》による刺《し》激《げき》を与《あた》えて、心臓《しんぞう》が正常《せいじょう》に動《うご》くようにする装置《そうち》。

**ベートーベン** 人名（男）（一七七〇～一八二七）ドイツの作曲《さっきょく》家《か》。「英雄《えいゆう》」「運命《うんめい》」「田《でん》園《えん》」などの交響曲《こうきょうきょく》の他《ほか》、ピアノ曲《きょく》「月光《げっこう》」など多《おお》くの名曲《めいきょく》を残《のこ》した。楽聖《がくせい》と呼《よ》ばれている。

〔ベートーベン〕

**ペーハー【pH】** 名〔水素《すいそ》の濃度《のうど》という意味《いみ》のドイツ語《ご》の頭文字《かしらもじ》。〕液体《えきたい》がどの程度《ていど》酸性《さんせい》・アルカリ性《せい》であるかを示《しめ》す数《かず》。ピーエイチ。ペーハー七《しち》がどちらでもない「中性《ちゅうせい》」、七《しち》より小《ちい》さければ「酸性《さんせい》」、大《おお》きければ「アルカリ性《せい》」。

**ペーパー**〔英語 paper〕名 ❶紙《かみ》。例 ティッシュペーパー。❷サンドペーパー。紙《かみ》やすり。例 ペーパーをかける。

**ペープサート** 名〔日本《にっぽん》でできた英語《えいご》ふうの言葉《ことば》。〕二枚《にまい》の紙《かみ》を棒《ぼう》の両側《りょうがわ》にはり合《あ》わせた紙人形《かみにんぎょう》。また、それを使《つか》った人形劇《にんぎょうげき》。

**ベール**〔英語 veil〕名〔「ヴェール」ともいう。〕

慣用句 一旗揚《ひとはたあ》げる　父《ちち》は、新《あたら》しい会社《かいしゃ》で一旗揚《ひとはたあ》げようと、夜遅《よるおそ》くまで働《はたら》いている。

❶女《おんな》の人《ひと》が頭《あたま》からかぶるうすい布《ぬの》。❷ものごとをおおいかくすもの。例真相《しんそう》はベールに包《つつ》まれている。

**へおんきごう【へ音記号】**名〔音楽《おんがく》で〕五線譜《ごせんふ》に記《しる》して低音部《ていおんぶ》であることを表《あらわ》す記号《きごう》。第四線《だいよんせん》〔=への音《おん》〕から書《か》き始《はじ》める、低音部記号《ていおんぶきごう》。↓がくふ 223ページ

**べが**名↓しょくじょせい 642ページ

**べからず**〔ある言葉《ことば》のあとにつけて〕…してはいけない。例芝生《しばふ》に入《はい》るべからず。

**へき【壁】**画数16 部首土(つち)
音ヘキ 訓かべ
❶かべ。熟語壁画《へきが》。壁面《へきめん》。❷かべのように切《き》り立《た》った所《ところ》。熟語岸壁《がんぺき》。絶壁《ぜっぺき》。

**へき【璧】**画数18 部首玉(たま)
音ヘキ 訓——
たま。玉《たま》のように美《うつく》しいもの。熟語完璧《かんぺき》。双璧《そうへき》。注意「壁《へき》」とは別《べつ》の字《じ》。

**へき【癖】**画数18 部首疒(やまいだれ)
音ヘキ 訓くせ
くせ。熟語潔癖《けっぺき》。性癖《せいへき》。

**べき**❶…しなければならない。例決《き》まりは守《まも》るべきだ。❷…のはずだ。…のは当然《とうぜん》だ。例おどろくべき話《はなし》だ。❸…できる。例満足《まんぞく》すべき結果《けっか》だ。参考言《い》い切《き》りの形《かたち》は「べし」。

**へきえき【辟易】**名動-する うんざりすること。閉口《へいこう》すること。例長《なが》いお説教《せっきょう》にへきえきした。

**へきが【壁画】**名壁《かべ》や天井《てんじょう》などにかいた絵《え》。

**へきち【僻地】**名都会《とかい》から遠《とお》くはなれた不便《ふべん》な土地《とち》。辺地《へんち》。

**へきめん【壁面】**名壁《かべ》の表面《ひょうめん》。例壁面に絵《え》をかざる。

**ペキン〖北京〗**地名中華人民共和国《ちゅうかじんみんきょうわこく》の首都《しゅと》。

**ヘクタール**〔フランス語〕名メートル法《ほう》で、土地《とち》の面積《めんせき》の単位《たんい》の一《ひと》つ。記号《きごう》は「ha」。一ヘクタールは、一〇〇アールで、一万平方《いちまんへいほう》メートル。

**ヘクトパスカル**〔英語 hectopascal〕名気象《きしょう》で、気圧《きあつ》を表《あらわ》す単位《たんい》。記号《きごう》は「hPa」。以前《いぜん》は、ミリバールといった。

**ベクトル**〔ドイツ語〕名❶速度《そくど》や力《ちから》のように、大《おお》きさと方向《ほうこう》をもった量《りょう》。❷動《うご》いていく方向《ほうこう》。

**へこたれる**動元気《げんき》がなくなって、弱《よわ》る。へたばる。例中途《ちゅうと》でへこたれた。

**ベゴニア**名おもに春《はる》に、白《しろ》や赤《あか》、黄色《きいろ》などの花《はな》が咲《さ》く植物《しょくぶつ》。種類《しゅるい》が多《おお》い。

**ぺこぺこ**一形動お腹《なか》がすいているようす。例お腹《なか》がぺこぺこだ。二副(-と)薄《うす》い板《いた》などが、へこんだりゆがんだりするようす。例下敷《したじ》きでぺこぺこあおぐ。三副(-と)動-する❶頭《あたま》を下《さ》げて謝《あやま》るようす。例失敗《しっぱい》をして、ぺこぺこ謝《あやま》る。❷相手《あいて》のきげんをとるようす。例上司《じょうし》にぺこぺこする。

**へこます**動〔「へこませる」ともいう。〕❶へこんだようにする。例腹《はら》をへこます。❷相手《あいて》をやりこめる。まいらせる。例クイズで父《ちち》をへこました。

**へこませる**動↓へこます 1177ページ

**◦へこむ**動❶そこだけが、周《まわ》りより低《ひく》く落《お》ちこむ。例ピンポン玉《だま》がへこんでしまった。❷やりこめられる。負《ま》ける。例そんなことでへこむぼくではないぞ。

**へさき**名船《ふね》の前《まえ》の方《ほう》の部分《ぶぶん》。船首《せんしゅ》。対とも。

**べし**助動…しなければならない。…しなさい。〔古《ふる》い言《い》い方《かた》。〕例ただちに集合《しゅうごう》すべし。

**へしおる【へし折る】**動強《つよ》い力《ちから》でおしつけて折《お》る。例枝《えだ》をへし折る。高慢《こうまん》の鼻《はな》をへし折る〔=高慢《こうまん》な人《ひと》をやりこめる〕。

**ベジタリアン**〔英語 vegetarian〕名菜食《さいしょく》主義《しゅぎ》の人《ひと》。

**ペスタロッチ**人名(男)(一七四六〜一八二七)スイスの教育者《きょういくしゃ》。恵《めぐ》まれない子《こ》どもの教育《きょういく》に一生《いっしょう》をささげ、近代《きんだい》の教育《きょういく》に大《おお》きな影響《えいきょう》を与《あた》えた。

**◦ベスト**〔英語 best〕名❶もっともよいこと。最上《さいじょう》。例そのやり方《かた》がベストだ。対ワースト。❷全力《ぜんりょく》。最善《さいぜん》。

**ベストを尽《つ》くす**全力《ぜんりょく》でものごとに当《あ》たる。例ベストを尽くしたが、負《ま》けた。

**ベスト**〔英語 vest〕名そでなしの、たけの短《みじか》い服《ふく》。チョッキ。



慣用句 瞳《ひとみ》を凝《こ》らす　ちょうちょがみつを吸《す》っているようすを、瞳《ひとみ》を凝《こ》らして見《み》つめている。

**ペスト**〔ドイツ語〕名 感染症《かんせんしょう》の一《ひと》つ。ネズミについたノミなどからうつる。高《たか》い熱《ねつ》が出《で》て、死《し》ぬことが多《おお》い。黒死病《こくしびょう》。

**ベストセラー**〔英語 best-seller〕名 ある期間《きかん》に、とてもよく売《う》れた本《ほん》。

**ベストテン**〔英語 best ten〕名 あることがらについて、すぐれているものを、一番《ばん》めから一〇番《ばん》めまで挙《あ》げたもの。

°**へそ** 名 ❶腹《はら》の真《ま》ん中《なか》の、くぼんだ所《ところ》。へそのおのついていたあと。❷物《もの》の真《ま》ん中《なか》の、くぼんだり出《で》っ張《ぱ》ったりしている所《ところ》。例 あんパンのへそ。

**へそが茶《ちゃ》を沸《わ》かす** おかしくてたまらないこと、ばかばかしくてしかたがないことのたとえ。へそで茶《ちゃ》を沸《わ》かす。

**へそを曲《ま》げる** きげんを悪《わる》くする。例 妹《いもうと》はへそを曲げて、口《くち》もきかない。

**べそ** 名 子《こ》どもが泣《な》き顔《がお》になること。

**べそをかく** 泣《な》きだしそうになる。例 父《ちち》にしかられてべそをかく。

**へそくり** 名 倹約《けんやく》して、ないしょでためたお金《かね》。

**へそのお**【へその緒°】名 おなかの中《なか》の赤《あか》ちゃんが、母親《ははおや》の体《からだ》から栄養《えいよう》をとる管《くだ》。

**へそまがり**【へそ曲《ま》がり】名 性質《せいしつ》がすなおでないこと。つむじ曲《ま》がり。あまのじゃく。例 へそ曲がりだと言《い》ってしかられた。

°**へた**【〈下手〉】名 形動 ❶ものごとがうまくできないこと。例 下手な歌《うた》。対 上手《じょうず》。うまい。❷いいかげんなこと。注意深《ちゅういぶか》くないこと。例 下手をすると元《もと》も子《こ》もなくなる〔＝何《なに》もかもなくしてしまう〕。参考「下手《へた》」は、特別《とくべつ》に認《みと》められた読《よ》み方《かた》。注意「下手」を「したて」「しもて」と読《よ》むと、ちがう意味《いみ》になる。

**下手《へた》な鉄砲《てっぽう》も数撃《かずう》ちゃ当《あ》たる** 数多《かずおお》くやれば、どれかはうまくいくというたとえ。

**下手《へた》の考《かんが》え休《やす》むに似《に》たり** よい考《かんが》えが浮《う》かばないのに、長《なが》い間《あいだ》考《かんが》えているのは、時間《じかん》のむだだ。

**下手《へた》の横好《よこず》き** 下手《へた》なくせに、そのことをするのがとても好《す》きなこと。例 弟《おとうと》の将棋《しょうぎ》は下手の横好きだ。

**へた** 名 カキ、ナス、トマトなどの実《み》のつけ根《ね》についているがく。➡がく 220ページ

〔へた〕

**ベター**〔英語 better〕形動 よりよいようす。比較的《ひかくてき》よいようす。例 中止《ちゅうし》したほうがベターだ。

**へたくそ**【〈下手〉くそ】名 形動 ひどく下手《へた》なこと。また、その人《ひと》。例 下手くそな字《じ》。

**へだたり**【隔°たり】名 ❶距離《きょり》や時間《じかん》がはなれていること。例 年齢《ねんれい》の隔たり。❷考《かんが》えや気持《きも》ちのちがい。例 二人《ふたり》の意見《いけん》には、まだ隔たりがある。

**へだたる**【隔°たる】動 ❶距離《きょり》や時間《じかん》がはなれる。例 遠《とお》く隔たった山《やま》。❷ちがいができる。例 実力《じつりょく》が隔たる。➡かく【隔】218ページ

**へだて**【隔°て】名 ❶境《さかい》。仕切《しき》り。❷ちがい。区別《くべつ》。例 男女《だんじょ》の隔てなく扱《あつか》う。

°**へだてる**【隔°てる】動 ❶間《あいだ》に物《もの》を置《お》く。仕切《しき》る。例 机《つくえ》を隔ててすわる。❷距離《きょり》や時《じ》間《かん》をおく。例 中一日《なかいちにち》を隔てて会《あ》う。❸じゃまをする。さえぎる。例 二人《ふたり》の仲《なか》を隔てる。➡かく【隔】218ページ

**へたばる** 動 へとへとにつかれて、ぐったりする。例 暑《あつ》さですっかりへたばった。

**べたぼめ**【べた褒°め】名 動-する 何《なに》から何《なに》までほめること。ほめちぎること。例 あの子《こ》の歌《うた》を、先生《せんせい》はべた褒めだった。

**へたりこむ**【へたり込°む】動 気《き》が抜《ぬ》けたり、疲《つか》れきったりしてすわりこむ。例 マラソン選手《せんしゅ》が、ゴールでへたり込んだ。

**ペダル**〔英語 pedal〕名 自転車《じてんしゃ》やピアノなどの、足《あし》でふむところ。

**へちま** 名 ウリの仲間《なかま》で、夏《なつ》に黄色《きいろ》い花《はな》が咲《さ》き、秋《あき》に細長《ほそなが》くて下《した》がふくらんだ実《み》をつける。茎《くき》からは、へちま水《すい》〔＝化粧水《けしょうすい》などに使《つか》う〕をとり、実《み》の繊維《せんい》は、たわしなどにする。

〔へちま〕

**ぺちゃんこ** 名 形動〔くだけた言《い》い方《かた》。〕❶おしつけられて平《ひら》たくなること。例 箱《はこ》をぺちゃんこにする。❷やっつけられて手《て》も足《あし》も出《で》ないこと。例 敵《てき》をぺちゃんこにする。参考「ぺしゃんこ」ともいう。

慣用句 人目《ひとめ》に付《つ》く　人目《ひとめ》に付《つ》くように大《おお》きめの看板《かんばん》を立《た》てて、通《とお》る人《ひと》に注意《ちゅうい》を呼《よ》びかけている。

**べつ【別】** 画数 7 部首 刂（りっとう） 4年
音 ベツ 訓 わか-れる
筆順 丨 口 号 另 別 別 別
❶わける。わかれる。熟語 区別《くべつ》。差別《さべつ》。死別《しべつ》。
❷ほかの。熟語 別人《べつじん》。特別《とくべつ》。

《訓の使い方》 **わか-れる** 例 友達《ともだち》と別れる。

**べつ【別】** 名 形動 ❶それとちがうもの。ほか。例 別にもう一《ひと》つ買《か》う。別な見方《みかた》ができる。❷区別《くべつ》。ちがい。例 男女《だんじょ》の別がない。

**べつ【蔑】** 画数 14 部首 艹（くさかんむり）
音 ベツ 訓 さげす-む
ばかにする。そまつにあつかう。熟語 蔑視《べっし》。軽蔑《けいべつ》。例 人《ひと》を蔑《さげす》む。

**べっかく【別格】** 名 特別《とくべつ》の扱《あつか》い方《かた》をすること。例 別格に扱《あつか》う。

**べっかん【別館】** 名 本館《ほんかん》の他《ほか》に、別《べつ》に建《た》てた建物《たてもの》。対 本館《ほんかん》。

**べっきょ【別居】** 名 動-する 家族《かぞく》が別《わか》れ別《わか》れに住《す》むこと。対 同居《どうきょ》。

**べっけん【別件】** 名 別《べつ》のことがら。例 別件で連絡《れんらく》する。

**べっこ【別個】** 名 形動 別《べつ》なこと。別々《べつべつ》。例 二《ふた》つは別個の問題《もんだい》だ。

**べっこう【鼈甲】** 名 タイマイという、ウミガメの一種《いっしゅ》のこうらを煮《に》て作《つく》ったもの。アクセサリーなどに使《つか》ったが、今《いま》では輸入《ゆにゅう》が禁《きん》止《し》されている。

**べっさつ【別冊】** 名 本体《ほんたい》とは別《べつ》に出《て》る本《ほん》や雑誌《ざっし》。

**べっし【別紙】** 名 ❶別《べつ》にそえた書類《しょるい》。例 別紙のとおり。❷その紙《かみ》でない、他《ほか》の紙《かみ》。

**べっし【蔑視】** 名 動-する ばかにして見下《みさ》げること。

**べっしつ【別室】** 名 別《べつ》の部屋《へや》。

**べつじょう【別状】** 名 ふつうと変《か》わったようす。異状《いじょう》。例 命《いのち》に別状はない〔＝大丈夫《だいじょうぶ》だ〕。

**べつじん【別人】** 名 別《べつ》の人《ひと》。他《ほか》の人《ひと》。

**べっせかい【別世界】** 名 ❶この世《よ》にはない、すばらしい世界《せかい》。別天地《べってんち》。例 このながめは、まるで別世界のようだ。❷ものごとの見方《みかた》・考《かんが》え方《かた》などが、ちがう社会《しゃかい》。例 彼《かれ》は、われわれとは別世界の人間《にんげん》だ。

**べっそう【別荘】** 名 海岸《かいがん》や高原《こうげん》などに、ふだん住《す》む家《いえ》とは別《べつ》に造《つく》った家《いえ》。

**べったり** 副(-と) ❶ねばりつくようす。例 どろがべったりつく。❷相手《あいて》にくっついているようす。例 母親《ははおや》にべったりとくっつく。❸すわりこむようす。例 べったり腰《こし》を下《お》ろす。

**べつだん【別段】** 副 いつもとちがって。特《とく》に。とりわけ。例 転《ころ》んだが、別段けがはしなかった。注意 ふつう、あとに「ない」などの打《う》ち消《け》しの言葉《ことば》がくる。

**へっちゃら** 形動 平気《へいき》であるようす。へいちゃら。〔くだけた言《い》い方《かた》。〕例「そんなことへっちゃらだ。」

**べってんち【別天地】** 名 この世《よ》とは思《おも》えないような場所《ばしょ》。別世界《べっせかい》。例 都会《とかい》をはなれた別天地。

**ヘット**〔オランダ語〕名 牛《うし》の脂肪《しぼう》からとった、料理用《りょうりよう》のあぶら。

**ヘッド**〔英語 head〕名 ❶頭《あたま》。例 ヘッドスライディング。❷人《ひと》の上《うえ》に立《た》つ人《ひと》。例 ヘッドコーチ。❸先端《せんたん》。例 車《くるま》のヘッドライト。❹テープレコーダーやビデオレコーダーなどの、テープのふれるつき出《で》た部分《ぶぶん》。録音《ろくおん》や再《さい》生《せい》などのはたらきをする。

**べっと【別途】** 名 副 他《ほか》のやり方《かた》。別《べつ》の方面《ほうめん》。例 バス代《だい》は別途おしはらいします。

**ベッド**〔英語 bed〕名 寝台《しんだい》。

**ペット**〔英語 pet〕名 かわいがるために飼《か》う動物《どうぶつ》。愛玩動物《あいがんどうぶつ》。

**ベッドタウン** 名〔日本《にっぽん》でできた英語《えいご》ふうの言葉《ことば》。〕大都市《だいとし》の周《まわ》りにある住宅地《じゅうたくち》。

**ペットボトル**〔英語 PET bottle〕名 樹脂製《じゅしせい》の容器《ようき》。軽《かる》くて丈夫《じょうぶ》なので飲《の》み物《もの》などの容《よう》器《き》に使《つか》われる。「PET《ペット》」は材料《ざいりょう》となる樹脂《じゅし》の名《な》「ポリエチレンテレフタレート」の頭文字《かしらもじ》。

**ヘッドホン**〔英語 headphone〕名 頭《あたま》に掛《か》け両耳《りょうみみ》に当《あ》てて、音声《おんせい》、特《とく》に音楽《おんがく》を聴《き》く装置《そうち》。

**ヘッドライト**〔英語 headlight〕名 乗《の》り物《もの》の前《まえ》についている明《あ》かり。

**べっとり** 副(-と) ねばねばしたものなどが一《いち》

あいうえお かきくけこ さしすせそ たちつてと なにぬねの はひふへほ まみむめも やゆよ らりるれろ わをん


慣用句 一《ひと》役《やく》買《か》う ぼくは、山田君《やまだくん》を児童会長《じどうかいちょう》にするために一《ひと》役《やく》買《か》って、応援演説《おうえんえんぜつ》をした。

面《めん》にくっつくようす。例 むし暑《あつ》く、べっとり汗《あせ》をかく。

**べつに【別に】** 副 これといって特《とく》に。例 別に話《はな》すことはない。注意 ふつう、あとに「ない」などの打《う》ち消《け》しの言葉《ことば》がくる。

**べっぴょう【別表】** 名 本《ほん》や書類《しょるい》で、本文《ほんぶん》とは別《べつ》に付《つ》けてある表《ひょう》。

**へっぴりごし【へっぴり腰】** 名 ❶おしりを後《うし》ろに突《つ》き出《だ》して少《すこ》し前《まえ》かがみになった、落《お》ち着《つ》かない格好《かっこう》。❷ものごとを、こわごわやること。例 へっぴり腰の反論《はんろん》では効果《こうか》がない。

**べつびん【別便】** 名 別《べつ》に出《だ》す郵便物《ゆうびんぶつ》や荷物《にもつ》。例 写真《しゃしん》は別便で送《おく》りました。

**べっぴん** 名 美人《びじん》。〔くだけた言《い》い方《かた》。〕

**°べつべつ【別別】** 名 形動 ❶一《ひと》つ一《ひと》つちがうこと。それぞれ。例 三人《さんにん》が別々の仕事《しごと》をする。❷別《わか》れ別《わか》れ。例 別々に帰《かえ》る。

**べつめい【別名】** 名 本名《ほんみょう》とは別《べつ》の名前《なまえ》。例 牽牛星《けんぎゅうせい》は別名彦星《ひこぼし》ともいう。

**べつもの【別物】** 名 ❶ちがった他《ほか》のもの。例 たのんだ物《もの》とは別物だ。❷特別《とくべつ》なもの。例外《れいがい》。例 別物扱《あつか》いはしない。

**べつもんだい【別問題】** 名 他《ほか》の問題《もんだい》。そのこととは関係《かんけい》のないことがら。例 それとこれとは別問題だ。

**へつらう** 動 相手《あいて》に気《き》に入《い》られようとして、ごきげんをとる。おべっかを使《つか》う。こびる。例 先輩《せんぱい》にへつらう。

**べつり【別離°】** 名 別《わか》れること。遠《とお》くはなれること。例 別離をおしむ。類 離別《りべつ》。

**ヘディング**〔英語 heading〕名 動-する サッカーで、ボールを頭《あたま》で受《う》けたりついたりすること。ヘッディング。

**ベテラン**〔英語 veteran〕名 そのことに十分《じゅうぶん》経験《けいけん》があって、上手《じょうず》にできる人《ひと》。例 兄《あに》は登山《とざん》のベテランだ。

**ぺてん** 名 うそを言《い》って人《ひと》をだますこと。また、その手段《しゅだん》。いんちき。例 人《ひと》をぺてんにかける。

**へど** 名 一度《いちど》のみこんだ物《もの》を、はいてもどすこと。また、もどした物《もの》。げろ。例 へどが出《で》る〔=不愉快《ふゆかい》になる〕。

**べとつく** 動 ねばってべとべとする。例 油《あぶら》で手《て》がべとついている。

**ベトナム** 地名 アジア南東部《なんとうぶ》、インドシナ半島《はんとう》にある国《くに》。首都《しゅと》はハノイ。

**へとへと** 形動 ひどくつかれているようす。例 へとへとになるまで働《はたら》く。

**べとべと** 副 動-する ねばりつくようす。例 汗《あせ》で体《からだ》がべとべとする。

**ペトリざら【ペトリ皿】** 名 理科《りか》の実験道具《じっけんどうぐ》の一《ひと》つ。ガラスやプラスチックでできた、円《まる》くて浅《あさ》い、ふたつきの入《い》れ物《もの》。シャーレ。

**へどろ** 名 川《かわ》や海《うみ》、湖《みずうみ》などの岸近《きしちか》くにたまった、どろのようなもの。工場《こうじょう》から出《で》るよごれた水《みず》などがたまってできたもので、公害《こうがい》のもとになる。

**へなへな** 副(-と) 動-する ❶簡単《かんたん》にへこんだり曲《ま》がったりするようす。例 へなへなしたつりざお。❷元気《げんき》をなくすようす。例 へなへなとすわりこむ。

**ペナルティー**〔英語 penalty〕名 ❶罰《ばつ》。罰金《ばっきん》。❷スポーツで、反則《はんそく》したための罰《ばつ》。例 ペナルティーキック。

**ペナント**〔英語 pennant〕名 ❶細長《ほそなが》い三角形《さんかくけい》の旗《はた》。❷野球《やきゅう》などの優勝旗《ゆうしょうき》。また、優勝《ゆうしょう》のこと。

**ペナントレース**〔英語 pennant race〕名 プロ野球《やきゅう》で、優勝《ゆうしょう》を争《あらそ》うこと。また、公式戦《こうしきせん》。

**べに【紅】** 名 ❶紅花《べにばな》の花《はな》びらをしぼって作《つく》った赤《あか》い色《いろ》。くれない。❷口紅《くちべに》やほお紅《べに》。↓こう【紅】425ページ

**ペニシリン**〔英語 penicillin〕名 アオカビが作《つく》り出《だ》す抗生物質《こうせいぶっしつ》。肺炎《はいえん》やおできなどに効《き》く。一九二八年《ねん》、イギリスのフレミングが発見《はっけん》した。

**べにばな【紅花】** 名 キク科《か》の一年草《いちねんそう》で、アザミに似《に》た植物《しょくぶつ》。夏《なつ》、赤黄色《あかきいろ》の花《はな》をつける。花《はな》から染料《せんりょう》の紅《べに》をとる。

**ベニヤいた【ベニヤ板】** 名 うすい板《いた》を縦横《たてよこ》に何枚《なんまい》か張《は》り合《あ》わせて作《つく》った板《いた》。建築《けんちく》や家具《かぐ》などに使《つか》う。合板《ごうばん》。ベニヤ。

**ベネズエラ** 地名 南《みなみ》アメリカの北部《ほくぶ》にある国《くに》。首都《しゅと》はカラカス。

**へばりつく** 動 ついてはなれない。例 岩《いわ》に

慣用句 微《び》に入《い》り細《さい》に入《い》り　なぜそうなったのか、微《び》に入《い》り細《さい》に入《い》り、ていねいに話《はな》してくれた。

貝《かい》がへばりついている。

**へばる** 動 へとへとにつかれる。へたばる。例 練習《れんしゅう》がきつくてへばった。

**へび【蛇】** 名 体《からだ》が細長《ほそなが》く、足《あし》がなくて、うろこでおおわれている動物《どうぶつ》。種類《しゅるい》が多《おお》く、毒《どく》を持《も》つものもある。⇩じゃ【蛇】583ページ

**蛇《へび》ににらまれた蛙《かえる》** 〔ヘビを前《まえ》にしたカエルのように〕強《つよ》いものや苦手《にがて》なものの前《まえ》で、身《み》がすくんで、何《なに》もできなくなるようす。

**ベビー** 〔英語 baby〕名 ❶赤《あか》ちゃん。例 ベビーカー。❷小《ちい》さいこと。小型《こがた》。例 ベビーオルガン。

**へぼ** 名 形動 下手《へた》なこと。下手《へた》な人《ひと》。〔くだけた言《い》い方《かた》。〕例 へぼ将棋《しょうぎ》。

**ヘボン** 人名（男）（一八一五～一九一一）江戸《えど》時代《じだい》の終《お》わりに日本《にっぽん》に来《き》たアメリカの医者《いしゃ》・宣教師《せんきょうし》。ヘボン式《しき》ローマ字《じ》を考《かんが》え出《だ》し、和英辞典《えいじてん》を作《つく》った。

例解 ことばの窓

**部屋《へや》を表《あらわ》す言葉《ことば》**

わが家《や》には和室《わしつ》が二《ふた》つある。
お客《きゃく》さまを座敷《ざしき》にお通《とお》しする。
居間《いま》でテレビを見《み》る。
ピアノは応接室《おうせつしつ》にある。
台所《だいどころ》で夕食《ゆうしょく》のしたくをする。
食堂《しょくどう》に集《あつ》まって食事《しょくじ》をする。
寝室《しんしつ》でおやすみになる。
父《ちち》の書斎《しょさい》から本《ほん》を借《か》りてくる。

**へま** 名 間《ま》のぬけたこと。失敗《しっぱい》。〔くだけた言《い》い方《かた》。〕例 このごろ、へまばかりしている。

**ヘモグロビン** 〔英語 hemoglobin〕名 血液《けつえき》中《ちゅう》の赤血球《せっけっきゅう》に含《ふく》まれている赤《あか》い色《いろ》のたんぱく質《しつ》。酸素《さんそ》を運《はこ》ぶはたらきをする。

**°へや【〈部屋〉】** 名 ❶家《いえ》の中《なか》の、壁《かべ》などで区切《くぎ》られた一《ひと》つの空間《くうかん》。例 子《こ》ども部屋《べや》。❷すもうで、それぞれの力士《りきし》が所属《しょぞく》するところ。参考「部屋《へや》」は、特別《とくべつ》に認《みと》められた読《よ》み方《かた》。

**へら** 名 木《き》・竹《たけ》・象牙《ぞうげ》などを細長《ほそなが》く平《たい》らにけずり、先《さき》をうすくした道具《どうぐ》。裁縫《さいほう》や、物《もの》を練《ね》るときなどに使《つか》う。

**°へらす【減らす】** 動 少《すく》なくする。例 母《はは》の負担《ふたん》を減らす。対 増《ふ》やす。増《ま》す。加《くわ》える。⇩げん【減】409ページ

**へらずぐち【減らず口】** 名 負《ま》けおしみで言《い》う、にくまれ口《ぐち》。例 減らず口をたたく。減らず口をきく。

**へらへら** 副(-と) 動-する だらしなく笑《わら》うようす。例 へらへら笑《わら》ってごまかす。

**べらべら** 副(-と) よくしゃべるようす。例 余《よ》分《ぶん》なことをべらべらしゃべる。

**ぺらぺら** 一 副(-と) ❶よくしゃべるようす。例 ぺらぺらとまくしたてる。❷重《かさ》ねた紙《かみ》などをめくるようす。例 本《ほん》をぺらぺらめくる。二 副(-と) 形動 外国語《がいこくご》を上手《じょうず》に話《はな》すようす。例 父《ちち》は英語《えいご》がぺらぺらだ。三 動-する 形動 紙《かみ》などがうすくて弱《よわ》いようす。例 この下《した》じきはぺらぺらだ。

**べらぼう** 名 形動 〔くだけた言《い》い方《かた》。〕❶程《てい》度《ど》がかけはなれていること。例 今年《ことし》はべらぼうに暑《あつ》い。❷相手《あいて》を悪《わる》く言《い》うときに使《つか》う言葉《ことば》。ばか者《もの》。例 てやんでぇ、べらぼうめ〔＝何《なに》を言《い》っていやがるんだ、ばか者《もの》め〕。

**ベランダ** 〔英語 veranda〕名 洋風《ようふう》の建物《たてもの》から張《は》り出《だ》した、ひさしのある縁側《えんがわ》。例 ベランダにふとんを干《ほ》す。

**へり【縁】** 名 ❶物《もの》のはしの部分《ぶぶん》。ふち。例 川《かわ》べり。❷カーテンやたたみのはしにつける布《ぬの》やかざり。例 たたみのへり。

**ペリー** 人名（男）（一七九四～一八五八）アメリカの軍人《ぐんじん》。一八五三年《ねん》に軍艦《ぐんかん》に乗《の》って日本《にっぽん》に来《き》た。江戸《えど》幕府《ばくふ》と日米和親条約《にちべいわしんじょうやく》を結《むす》び、日本《にっぽん》を開国《かいこく》させた。ペルリ。

**ヘリウム** 名 水素《すいそ》の次《つぎ》に軽《かる》くて、色《いろ》も、においもない気体《きたい》。風船《ふうせん》や気球《ききゅう》などに使《つか》われる。

**ペリカン** 名 温帯《おんたい》・熱帯《ねったい》地方《ちほう》の海岸《かいがん》に、群《む》れを作《つく》ってすむ大《おお》きな水《みず》鳥《とり》。体《からだ》は白《しろ》く、あしが赤《あか》い。くちばしの下側《したがわ》に、大《おお》きなふくろがある。

〔ペリカン〕

**へりくだる** 動 相手《あいて》を敬《うやま》って、自分《じぶん》を低《ひく》く扱《あつか》う。謙遜《けんそん》する。例 へりくだったものの言《い》い方《かた》。

**へりくつ【へ理屈】** 名 筋《すじ》の通《とお》らない、勝手《かって》な言《い》い分《ぶん》。例 へ理屈をこねる。





慣用句 非《ひ》の打《う》ちどころがない　この絵《え》は、どこから見《み》ても非《ひ》の打《う》ちどころがないほどのできばえだ。

**ヘリコプター**〔英語 helicopter〕名 大《おお》きなプロペラが上《うえ》に取《と》りつけてあり、まっすぐ上《うえ》に飛《と》び上《あ》がったり、空中《くうちゅう》にとまったりできる航空機《こうくうき》。ヘリ。

**ヘリポート**〔英語 heliport〕名 ヘリコプターが、飛《と》び立《た》ったり、降《お》りたりする所《ところ》。

**°へる【経る】**動 ❶ある場所《ばしょ》を通《とお》り過《す》ぎる。例秋田《あきた》を経て青森《あおもり》に行《い》く。❷時《とき》がたつ。例開店《かいてん》から一〇年《ねん》を経た。❸ある道筋《みちすじ》をたどる。例苦《くる》しみを経て大人《おとな》になる。⇩けいけん【経験】⇩けい【経】387ページ

**°へる【減る】**動 ❶数量《すうりょう》や程度《ていど》が少《すく》なくなる。例人口《じんこう》が減る。口《くち》が減らない〔=へりくつや言《い》い訳《わけ》が多《おお》い〕。対増《ふ》える。増《ま》す。❷すく。例おなかが減る。⇩げん【減】409ページ

**ベル**〔英語 bell〕名 ❶電気《でんき》仕《じ》かけで音《おと》を出《だ》す装《そう》置《ち》。呼《よ》びりん。例非常《ひじょう》ベル。電話《でんわ》のベルが鳴《な》る。❷教会《きょうかい》などの、かね。例ウエディングベル。

**ベル** 人名（男）（一八四七〜一九二二）アメリカの発明家《はつめいか》。一八七六年《ねん》に電話機《でんわき》を発明《はつめい》した。

**ペルー** 地名 南《みなみ》アメリカの西部《せいぶ》、太平洋《たいへいよう》に面《めん》した国《くに》。首都《しゅと》はリマ。

**ベルギー** 地名 ヨーロッパの北西部《ほくせいぶ》にある国《くに》。首都《しゅと》はブリュッセル。

**ベルサイユ** 地名 フランスの都市《とし》。世界遺《せかいい》産《さん》として有名《ゆうめい》なベルサイユ宮殿《きゅうでん》がある。

**ヘルシー**〔英語 healthy〕形動 健康《けんこう》なようす。健康《けんこう》によいようす。例ヘルシーな食事《しょくじ》。

**ペルシャ** 地名 「イラン」の古《ふる》い呼《よ》び名《な》。ペルシア。

**ヘルツ**〔ドイツ語〕名 音《おと》や電流《でんりゅう》の波《なみ》が、一秒《いちびょう》間《かん》に振動《しんどう》する数《かず》〔=周波数《しゅうはすう》〕を表《あらわ》す単位《たんい》。記号《きごう》は「Hz」。古《ふる》くはサイクルといった。

**ベルト**〔英語 belt〕名 ❶洋服《ようふく》に使《つか》う帯《おび》。バンド。例ズボンのベルト。❷乗《の》り物《もの》で、体《からだ》を固定《こてい》させるもの。例シートベルト。❸機械《きかい》で、動力《どうりょく》を伝《つた》えるために、二《ふた》つの車《くるま》にかけわたす帯《おび》のようなもの。❹帯《おび》のように続《つづ》く所《ところ》。例グリーンベルト〔=広《ひろ》い道路《どうろ》の中央《ちゅうおう》につくる緑地帯《りょくちたい》〕。

**ベルトコンベヤー**〔英語 belt conveyor〕名 長《なが》くかけわたしたベルトの上《うえ》に物《もの》を乗《の》せ、ベルトを回《まわ》して、物《もの》を運《はこ》ぶ仕《し》かけ。ベルトコンベア。

**ヘルパー**〔英語 helper〕名 ❶手伝《てつだ》いをする人《ひと》。助手《じょしゅ》。❷手助《てだす》けを必要《ひつよう》とするお年寄《としよ》りや体《からだ》の不自由《ふじゆう》な人《ひと》の家《いえ》に行《い》って、世話《せわ》をする人《ひと》。ホームヘルパー。

**ヘルメット**〔英語 helmet〕名 危険《きけん》から頭《あたま》を守《まも》るためにかぶる、かたいぼうし。プラスチックなどでできている。

**ベルリン** 地名 ドイツの首都《しゅと》。

**ベレーぼう【ベレー帽】**名 つばのない、平《ひら》たくて円《まる》くやわらかいぼうし。ベレー。

**ヘレン ケラー** 人名（女）（一八八〇〜一九六八）アメリカの教育者《きょういくしゃ》。目《め》・耳《みみ》・口《くち》が不自由《ふじゆう》な体《からだ》であったが、努《ど》力《りょく》をして学問《がくもん》を身《み》につけ、世界各地《せかいかくち》で体《からだ》の不自由《ふじゆう》な人々《ひとびと》のために力《ちから》をつくした。

〔ヘレンケラー〕

**べろ** 名 口《くち》の中《なか》の舌《した》。〔くだけた言《い》い方《かた》。〕例べろを出《だ》す。

**ぺろり** 副（-と）❶舌《した》を出《だ》すようす。例失敗《しっぱい》してぺろりと舌《した》を出《だ》す。❷あっさり全部《ぜんぶ》食《た》べてしまうようす。ぺろっ。例大盛《おおも》りのカレーライスをぺろりと平《たい》らげた。

**へん【片】** 画数 4 部首 片（かた） 6年

音 ヘ゜ン 訓 かた

筆順

❶きれはし。かけら。熟語 一片《いっぺん》。紙片《しへん》。断片《だんぺん》。破片《はへん》。片隅《かたすみ》。❷二《ふた》つのうちの一方《いっぽう》。熟語 片《かた》側《がわ》。片方《かたほう》。片道《かたみち》。❸ごくわずか。熟語 片言隻《へんげんせき》語《ご》〔=ほんの短《みじか》い言葉《ことば》〕。片時《かたとき》。片手間《かたてま》。

**へん【辺】** 画数 5 部首 辶（しんにょう） 4年

音 ヘン 訓 あた-り べ

筆順

❶そば。あたり。熟語 海辺《かいへん》・海辺《うみべ》。近辺《きんぺん》。周《しゅう》辺《へん》。❷いなか。熟語 辺境《へんきょう》。辺地《へんち》。❸図形《ずけい》を作《つく》る直線《ちょくせん》。熟語 一辺《いっぺん》。底辺《ていへん》。四辺形《しへんけい》。

**へん【辺】**名 ❶あたり。例この辺の地図《ちず》。❷

慣用句 日《ひ》の出《で》の勢《いきお》い　あの力士《りきし》は最近《さいきん》めきめきと力《ちから》をつけてきて、まさに日《ひ》の出《で》の勢《いきお》いだ。

程度《ていど》。例この辺《へん》まで入《い》れる。❸多角形《たかくけい》を作《つく》っている直線《ちょくせん》。例三角形《さんかくけい》の三《みっ》つの辺《へん》。

**へん【返】** 画数 7 部首 辶(しんにょう) 3年
音ヘン 訓かえ-す かえ-る
筆順

こちらからかえす。かえし。熟語返金《へんきん》。返《へん》事《じ》。返信《へんしん》。返答《へんとう》。返礼《へんれい》。
《訓の使い方》**かえ-す** 例本《ほん》を返《かえ》す。**かえ-る** 例忘《わす》れ物《もの》が返《かえ》る。

**へん【変】** 画数 9 部首 夂(ふゆがしら) 4年
音ヘン 訓か-わる か-える
筆順

❶別《べつ》のものになる。かわる。熟語変化《へんか》・変化《へんげ》。変形《へんけい》。変更《へんこう》。不変《ふへん》。❷ふつうでない。熟語変《へん》異《い》。変人《へんじん》。変則《へんそく》。❸突然《とつぜん》の出来事《できごと》。熟語異変《いへん》。政変《せいへん》。❹〔音楽《おんがく》で〕その音《おと》を半音下《はんおんさ》げること。フラット。記号《きごう》は「♭」。例変《へん》ロ長調《ちょうちょう》。
《訓の使い方》**か-わる** 例考《かんが》えが変《か》わる。**か-える** 例姿《すがた》を変《か》える。

**へん【変】** ㊀形動 ふつうでないようす。例変な音《おと》がする。体《からだ》のぐあいが変だ。㊁名 突《とつ》然起《ぜんお》こった事件《じけん》。例本能寺《ほんのうじ》の変。

**へん【編】** 画数 15 部首 糸(いとへん) 5年
音ヘン 訓あ-む
筆順

❶まとめる。組《く》み立《た》てる。熟語編曲《へんきょく》。編集《へんしゅう》。編成《へんせい》。編入《へんにゅう》。再編《さいへん》。続編《ぞくへん》。短編《たんぺん》。長編《ちょうへん》。❷書物《しょもつ》。作品《さくひん》。熟語前編《ぜんぺん》。
《訓の使い方》**あ-む** 例セーターを編《あ》む。

**へん【偏】** 画数 11 部首 亻(にんべん)
音ヘン 訓かたよ-る
かたよる。一方《いっぽう》による。熟語偏見《へんけん》。偏食《へんしょく》。例それは偏《かたよ》った考《かんが》えだ。➡へんする 1186ページ

✤**へん【偏】** 名〔国語《こくご》で〕漢字《かんじ》を組《く》み立《た》てる部分《ぶぶん》の一《ひと》つ。へん。「秋《しゅう》」の「禾〔のぎへん〕」、「後《ご》」の「彳〔ぎょうにんべん〕」、「絵《かい》」の「糸〔いとへん〕」など、漢字《かんじ》の左半分《ひだりはんぶん》にあたり、部首《ぶしゅ》ともなる。対旁《つくり》。➡ふろく(2ページ)

**へん【遍】** 画数 12 部首 辶(しんにょう)
音ヘン 訓—
❶広《ひろ》く行《い》きわたる。熟語遍歴《へんれき》。普遍《ふへん》〔=すべてのものごとに共通《きょうつう》していること〕。❷回数《かいすう》を表《あらわ》す言葉《ことば》。…回《かい》。例二遍《にへん》くり返《かえ》す。

**べん【弁】** 画数 5 部首 廾(にじゅうあし) 5年
音ベン 訓—
筆順

❶話《はな》す。熟語弁解《べんかい》。弁明《べんめい》。弁論《べんろん》。答弁《とうべん》。熱弁《ねつべん》。❷言葉遣《ことばづか》い。熟語関西弁《かんさいべん》。❸見分《みわ》ける。熟語弁別《べんべつ》〔=区別《くべつ》する〕。❹役立《やくだ》てる。熟語弁償《べんしょう》。❺花《はな》びら。熟語花弁《かべん》。例五弁《ごべん》の花《はな》。❻液体《えきたい》や気体《きたい》の流《なが》れを調整《ちょうせい》するもの。熟語安全弁《あんぜんべん》。❼「弁当《べんとう》」の略《りゃく》。熟語駅弁《えきべん》。

**べん【弁】** 名 ❶話《はなし》。話《はな》しぶり。例会長就任《かいちょうしゅうにん》の弁。❷液体《えきたい》や気《き》体《たい》の流《なが》れを調整《ちょうせい》する仕《し》かけ。例ポンプの弁を開《ひら》く。
**弁《べん》が立《た》つ** しゃべることがうまい。例あの人《ひと》は、なかなか弁が立つ。

**べん【便】** 画数 9 部首 亻(にんべん) 4年
音ベン ビン 訓たよ-り
筆順

㊀〔「ベン」と読《よ》んで〕❶体内《たいない》のいらないものを外《そと》に出《だ》すこと。熟語便所《べんじょ》。検便《けんべん》。小便《しょうべん》。❷都合《つごう》がよい。熟語便利《べんり》。簡便《かんべん》。不便《ふべん》。㊁〔「ビン」と読《よ》んで〕❶人《ひと》や物《もの》を運《はこ》ぶこと。熟語船《ふな》便《びん》。航空便《こうくうびん》。郵便《ゆうびん》。❷たより。熟語便《びん》箋《せん》。❸都合《つごう》がよい。熟語便乗《びんじょう》。例夜《よる》の便《びん》。

**べん【便】** 名 ❶大便《だいべん》や小便《しょうべん》。特《とく》に、大便《だいべん》のこと。例便がやわらかい。❷都合《つごう》よく整《ととの》っていること。便利《べんり》。例交通《こうつう》の便がいい。

**べん【勉】** 画数 10 部首 力(ちから) 3年
音ベン 訓—
筆順

精《せい》を出《だ》す。はげむ。熟語勉強《べんきょう》。勤勉《きんべん》。

あいうえお かきくけこ さしすせそ たちつてと なにぬねの はひふへほ まみむめも やゆよ らりるれろ わをん


慣用句 火花《ひばな》を散《ち》らす 賛成《さんせい》・反対《はんたい》の二《ふた》つのグループに分《わ》かれて、討論《とうろん》の火花《ひばな》を散《ち》らした。

**◦ペン**〔英語 pen〕名 インクをつけて、字《じ》などを書《か》く用具《ようぐ》。

**ペンは剣《けん》よりも強《つよ》し** 言論《げんろん》によってうったえる力《ちから》は、武《ぶ》力《りょく》や暴力《ぼうりょく》によるよりも、はるかに強《つよ》い。参考 イギリスの政治家《せいじか》・小説《しょうせつ》家《か》リットンが使《つか》って、知《し》られるようになった。

**ペンを執《と》る** 文章《ぶんしょう》を書《か》く。

**ペンを走《はし》らせる** すらすらと文章《ぶんしょう》や文字《もじ》を書《か》く。例 講演《こうえん》を聞《き》きながらペンを走らせる。

**へんあつき【変圧器】**名 交流電流《こうりゅうでんりゅう》の電圧《でんあつ》を変《か》える器械《きかい》。トランス。

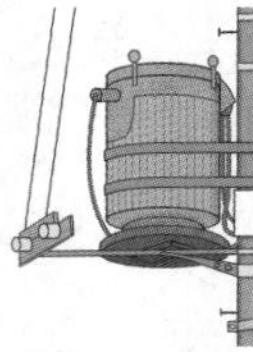

〔へんあつき〕

**へんい【変異】**名 動-する ❶ふだんと変《か》わった出来事《できごと》。❷同《おな》じ種類《しゅるい》の生物《せいぶつ》の一《ひと》つ一《ひと》つの個体《こたい》の形《かたち》や性質《せいしつ》に、ちがいが現《あらわ》れること。例 突然《とつぜん》変異が起《お》こる。

**へんおんどうぶつ【変温動物】**名 気温《きおん》の高《たか》い低《ひく》いによって、体温《たいおん》が変《か》わる動物《どうぶつ》。魚《さかな》の仲間《なかま》やヘビ・ワニ・カメの仲間《なかま》など、哺《ほ》乳《にゅう》類《るい》と鳥類《ちょうるい》を除《のぞ》く、多《おお》くの動物《どうぶつ》が含《ふく》まれる。冷《れい》血動物《けつどうぶつ》。対 恒温動物《こうおんどうぶつ》。

**◦へんか【変化】**名 動-する ようすや性質《せいしつ》が変《か》わること。例 気《き》温《おん》の変化。注意「変化」を「へんげ」と読《よ》むと、ちがう意味《いみ》になる。

**べんかい【弁解】**名 動-する 言《い》い訳《わけ》。例 今《いま》さら弁解してもむだだ。

**へんかきゅう【変化球】**名 ❶〔野《や》球《きゅう》・ソフトボールで〕投手《とうしゅ》が投《な》げる球《たま》のうち、曲《ま》がったり落《お》ちたりするもの。シュートやカーブなど。❷目先《めさき》を変《か》えたやり方《かた》。対（❶・❷）直球《ちょっきゅう》。例 変化球の質問《しつもん》を投《な》げかける。

**へんかく【変革】**名 動-する 政《せい》治《じ》や社《しゃ》会《かい》の仕《し》組《く》みを変《か》えること。また、変《か》わること。例 制《せい》度《ど》の変革を目《め》ざす。

**べんがく【勉学】**名 動-する 学問《がくもん》をしっかり学《まな》ぶこと。勉強《べんきょう》。例 勉学にはげむ。

**ベンガルわん**〘ベンガル湾〙地名 インド半島《はんとう》とインドシナ半島《はんとう》の間《あいだ》の大《おお》きな湾《わん》。

**へんかん【返還】**名 動-する 元《もと》の持《も》ち主《ぬし》に返《かえ》すこと。例 土《と》地《ち》を返還する。

**へんかん【変換】**名 動-する 別《べつ》なものに変《か》えること。例 かなを漢字《かんじ》に変換する。

**べんき【便器】**名 大便《だいべん》・小便《しょうべん》を受《う》ける器具《きぐ》。

**べんぎ【便宜】**名 ❶都合《つごう》のいいこと。例 便宜上《じょう》、二《ふた》つに分《わ》ける。❷都合《つごう》のいい取《と》り扱《あつか》い。例 お客《きゃく》の便宜を図《はか》る。

**ペンキ**〔オランダ語〕名 板《いた》などがくさるのを防《ふせ》いだり、色《いろ》をつけたりするためにぬる塗《と》料《りょう》。ペイント。例 ペンキぬり立《た》て。

**へんきゃく【返却】**名 動-する 借《か》りた物《もの》や預《あず》かった物《もの》を返《かえ》すこと。例 土《ど》曜《よう》日《び》までにご返却ください。

**へんきょう【辺境】**名 国《くに》の中《ちゅう》心《しん》から遠《とお》くはなれた土《と》地《ち》。国《くに》境《ざかい》。

**◦べんきょう【勉強】**名 動-する ❶学問《がくもん》にはげむこと。例 算《さん》数《すう》の勉強をする。❷商品《しょうひん》の値《ね》段《だん》を安《やす》くすること。例 これは、だいぶ勉強してあります。

**へんきょく【編曲】**名 動-する 元《もと》の曲《きょく》を、演《えん》奏《そう》の形《かたち》に合《あ》わせて作《つく》り変《か》えること。

**へんきん【返金】**名 動-する 借《か》りたお金《かね》を返《かえ》すこと。また、そのお金《かね》。

**ペンギン**名 南《なん》極《きょく》地《ち》方《ほう》などにすむ海《うみ》鳥《どり》。種《しゅ》類《るい》が多《おお》い。短《みじか》い足《あし》で立《た》って歩《ある》く。飛《と》べないが、ひれのような形《かたち》のつばさがあり、水中《すいちゅう》を泳《およ》ぐ。

〔ペンギン〕

**へんくつ【偏屈】**名 形動 性質《せいしつ》がねじけていること。気《き》難《むずか》しく、がんこ。例 へんくつな考《かんが》え方《かた》。

**へんげ【変化】**名 動物《どうぶつ》などが、化《ば》けたもの。化《ば》け物《もの》。例 妖《よう》怪《かい》変化。注意「変化」を「へんか」と読《よ》むと、ちがう意《い》味《み》になる。

**へんけい【変形】**名 動-する 形《かたち》が変《か》わること。また、その形《かたち》。例 元《もと》の形《かたち》がわからなくなるくらい変形する。

**べんけい**〘弁慶〙人名（男）（?～一一八九）平《へい》安《あん》時《じ》代《だい》の末《まっ》期《き》、源《みなもとの》義経《よしつね》に仕《つか》えたお坊《ぼう》さん。豪傑《ごうけつ》として知《し》られ、「内弁慶《うちべんけい》」のように、「強《つよ》い者《もの》」のたとえにも使《つか》われる。武《む》蔵《さし》坊《ぼう》弁《べん》慶《けい》。

**弁《べん》慶《けい》の泣《な》き所《どころ》** ❶むこうずね。❷ただ一《ひと》つの弱点《じゃくてん》。例 実力《じつりょく》は一番《いちばん》だが、スタミナ不《ぶ》足《そく》が弁慶の泣き所だ。類 アキレス腱《けん》。参考 強《つよ》いはずの弁慶《べんけい》さえ、「❶」をけられて痛《いた》がったということから。

**へんけん【偏見】** 名 かたよった考《かんが》えや見《み》方《かた》。例 外国《がいこく》に対《たい》する偏見をなくす。

■**へんげんじざい【変幻自在】** 名 形動 思《おも》いのままに形《かたち》を変《か》えたり、現《あらわ》れたり消《き》えたりできること。例 変幻自在に見《み》える手品《てじな》。

**べんご【弁護】** 名 動する その人《ひと》の利益《りえき》になるように、当人《とうにん》に代《か》わってわけを説明《せつめい》してかばってやること。例 友達《ともだち》を弁護する。

**へんこう【変更】** 名 動する 前《まえ》に決《き》めてあったことを変《か》えること。例 予定《よてい》を変更する。

**へんこう【偏向】** 名 動する 考《かんが》え方《かた》などが、かたよっていること。例 偏向した主張《しゅちょう》。

**べんごし【弁護士】** 名 裁判《さいばん》などで、事件《じけん》に関係《かんけい》のある人の、権利《けんり》や利益《りえき》を守《まも》るために、本人《ほんにん》の代理《だいり》や弁護《べんご》をする職業《しょくぎょう》の人《ひと》。

**べんごにん【弁護人】** 名 裁判《さいばん》で、うったえられた人《ひと》のために弁護《べんご》をする人《ひと》。

**へんさい【返済】** 名 動する 借《か》りたお金《かね》や品《しな》物《もの》などを返《かえ》すこと。例 借金《しゃっきん》を返済する。

**べんざいてん【弁財天】** 名 七福神《しちふくじん》の一人《ひとり》。音楽《おんがく》と弁舌《べんぜつ》の神《かみ》。弁天様《べんてんさま》。➡しちふくじん 563ページ

**へんさち【偏差値】** 名 その人《ひと》のテストの得点《とくてん》などが、全体《ぜんたい》の平均《へいきん》からみてどの辺《あた》りの位置《いち》にあるかを示《しめ》す数値《すうち》。ふつう平均値《へいきんち》を五〇とする。

**へんさん【編纂】** 名 動する 本《ほん》にまとめること。編集《へんしゅう》。例 辞書《じしょ》を編さんする。

**へんし【変死】** 名 動する 病気《びょうき》や老衰《ろうすい》でなく、災難《さいなん》にあったり、自殺《じさつ》したり、殺《ころ》されたりして、ふつうではない死《し》に方《かた》をすること。例 変死者《しゃ》。

❖**へんじ【返事】** 名 動する ❶答《こた》え。返答《へんとう》。例 呼《よ》ばれたら、返事をしよう。❷答《こた》えの手紙《てがみ》。返《へん》信《しん》。例 お見《み》まいの返事を出《だ》す。

**べんし【弁士】** 名 ❶演説《えんぜつ》をする人《ひと》。❷無声《むせい》映画《えいが》(=せりふや音楽《おんがく》のない映画《えいが》)で、画面《がめん》の説明《せつめい》をする役目《やくめ》の人《ひと》。

**へんしつ【変質】** 名 動する ❶物《もの》の性質《せいしつ》が変《か》わること。例 この薬《くすり》は、日《ひ》がたつと変質する。❷ふつうとちがった、変《へん》な性質《せいしつ》。

**へんじゃ【編者】** 名 本《ほん》などの編集《へんしゅう》をする人《ひと》。へんしゃ。

**へんしゅ【変種】** 名 動物《どうぶつ》や植物《しょくぶつ》の、同《おな》じ種《しゅ》類《るい》の中《なか》で、形《かたち》や性質《せいしつ》の変《か》わったもの。例 金魚《きんぎょ》はフナの変種です。

**へんしゅう【編集】** 名 動する 原稿《げんこう》や写真《しゃしん》などを集《あつ》めて、本《ほん》や新聞《しんぶん》にまとめること。編《へん》さん。例 文集《ぶんしゅう》を編集する。参考 映画《えいが》やビデオ、録音《ろくおん》などをまとめることにも使《つか》う。

**へんしゅうこうき【編集後記】** 名 雑《ざっ》誌《し》・新聞《しんぶん》などで、編集者《へんしゅうしゃ》が、本文《ほんぶん》のあとに書《か》き記《しる》す文《ぶん》。あとがき。

○**べんじょ【便所】** 名 大便《だいべん》や小便《しょうべん》をするための場所《ばしょ》。お手洗《てあら》い。トイレ。

**へんじょう【返上】** 名 動する 返《かえ》すこと。例 休《やす》みを返上して仕事《しごと》をする。

○**べんしょう【弁償】** 名 動する 相手《あいて》に損《そん》をさせたとき、お金《かね》や品物《しなもの》でつぐなうこと。例 なくしたボールを弁償する。

**へんしょく【変色】** 名 動する 色《いろ》が変《か》わること。また、色《いろ》を変《か》えること。例 茶色《ちゃいろ》っぽく変色した古《ふる》い写真《しゃしん》。

**へんしょく【偏食】** 名 動する 食《た》べ物《もの》に好《す》ききらいがあって、好《す》きな物《もの》しか食《た》べないこと。例 偏食は体《からだ》によくない。

**へんじる【変じる】** 動 「変《へん》ずる」ともいう。変わる。変える。変化する。例 粘土《ねんど》変じて、瀬戸物《せともの》となる。

**ペンシル**〔英語 pencil〕名 ➡えんぴつ 140ページ

**へんしん【返信】** 名 返事《へんじ》の手紙《てがみ》やメール。対 往信《おうしん》。

**へんしん【変心】** 名 動する 考《かんが》えや気持《きも》ちが変《か》わること。心変《こころが》わり。例 手紙《てがみ》を読《よ》んで変心した。

**へんしん【変身】** 名 動する 体《からだ》や姿《すがた》を、他《ほか》のものに変《か》えること。例 ヒーローに変身する。

**へんじん【変人】** 名 考《かんが》えや行《おこな》いが、ふつうとは変《か》わっている人《ひと》。変《か》わり者《もの》。例 彼《かれ》は変人だといわれている。

**ベンジン**〔英語 benzine〕名 石油《せきゆ》から取《と》り出《だ》した無色《むしょく》の液体《えきたい》。蒸発《じょうはつ》しやすく、燃《も》えやすい。燃料《ねんりょう》や、しみぬきなどに使《つか》う。揮発油《きはつゆ》。


慣用句 氷山《ひょうざん》の一角《いっかく》　この故障《こしょう》は氷山《ひょうざん》の一角《いっかく》で、実際《じっさい》にはもっと大《おお》きな欠陥《けっかん》があるのではないか。

**へんする**【偏°する】動 ものの見方《みかた》や考《かんが》え方《かた》が片寄《かたよ》る。例 一方《いっぽう》に偏した考《かんが》え。

**へんずる**【変ずる】動 ➡へんじる 1185ページ

**へんせい**【編成】名 動-する ばらばらのものを集《あつ》めて、まとまりのあるものにすること。例 登山隊《とざんたい》を編成する。

**へんせいがん**【変成岩】名 地下深《ちかふか》くで高《こう》熱《ねつ》や圧力《あつりょく》を受《う》け、変化《へんか》してできた岩石《がんせき》。大理《だいり》石《せき》など。

**へんせいき**【変声期】名 声変《こえが》わりする年《とし》ごろ。ふつう、小学校高学年《しょうがっこうこうがくねん》から中学校《ちゅうがっこう》のころ。

**へんせいふう**【偏°西風】名 南北《なんぼく》の緯度《いど》三〇～六〇度《ど》辺《あた》りの高《たか》い空《そら》を、一年《いちねん》じゅう、西《にし》から東《ひがし》にふいている強《つよ》い風《かぜ》。

**べんぜつ**【弁舌△】名 ものの言《い》い方《かた》や話《はな》し方《かた》。例 弁舌さわやかに意見《いけん》を言《い》う。

**へんせん**【変遷°】名 動-する 時《とき》がたつにつれて変《か》わっていくこと。移《うつ》り変《か》わり。例 日本文《にほんぶん》化《か》の変遷を調《しら》べる。

**へんそう**【返送】名 動-する 送《おく》り返《かえ》すこと。例 まちがって届《とど》いた手紙《てがみ》を返送する。

**へんそう**【変装】名 動-する 別《べつ》の人《ひと》に見《み》えるように、姿《すがた》や形《かたち》を変《か》えること。また、その姿《すがた》。例 かつらとめがねで変装する。

**へんそうきょく**【変奏曲】名〔音楽《おんがく》で〕中心《ちゅうしん》となるメロディーをさまざまに変化《へんか》させてまとめた曲《きょく》。

**へんそく**【変則】名 形動 ふつうの決《き》まりややり方《かた》に、外《はず》れていること。例 今日《きょう》の時間《じかん》割《わり》は変則だ。

**へんそく**【変速】名 速《はや》さを変《か》えること。例 自転車《じてんしゃ》の変速ギア。

**へんそくてき**【変則的】形動 決《き》まったやり方《かた》ではないようす。例 変則的な時間割《じかんわり》。

**へんたい**【変態】名 ❶カエルや昆虫《こんちゅう》などが、卵《たまご》から成虫《せいちゅう》になるまでに、時期《じき》によって形《かたち》を変《か》えること。不完全変態《ふかんぜんへんたい》と完全変態《かんぜんへんたい》とがある。❷ふつうではない状態《じょうたい》。

**へんたい**【編隊】名 飛行機《ひこうき》などが、組《く》みを作《つく》って一団《いちだん》となったもの。例 編隊を組《く》む。

**ペンダント**〔英語 pendant〕名 宝石《ほうせき》やメダルなどを長《なが》いくさりにつけたもの。首《くび》に下《さ》げてかざりにする。

**へんち**【辺地】名 都会《とかい》から遠《とお》くはなれた、不便《ふべん》な土地《とち》。へんぴな土地《とち》。へき地《ち》。

**ベンチ**〔英語 bench〕名 ❶木《き》や石《いし》などで作《つく》った長《なが》い腰《こし》かけ。長《なが》いす。例 公園《こうえん》のベンチ。❷野球《やきゅう》などで、選手《せんしゅ》・監督《かんとく》のいる席《せき》。ダッグアウト。また、作戦《さくせん》を指示《しじ》する監督《かんとく》やコーチをまとめた言《い》い方《かた》。

**ペンチ** 名〔英語《えいご》の「ピンチャーズ」から変化《へんか》した言葉《ことば》。〕針金《はりがね》を切《き》ったり、物《もの》をはさんだりする道具《どうぐ》。➡こうぐ 433ページ

**へんちくりん**【変ちくりん】形動 非常《ひじょう》に変《へん》なようす。へんてこりん。へんちょこりん。〔くだけた言《い》い方《かた》。〕例 変ちくりんな絵《え》。

**へんちょう**【変調】名 動-する ❶調子《ちょうし》がいつもとちがうこと。例 体《からだ》の変調。❷〔音楽《おんがく》で〕曲《きょく》の調子《ちょうし》を別《べつ》の調子《ちょうし》に変《か》えること。

**へんちょう**【偏°重】名 動-する 一方《いっぽう》だけを、片寄《かたよ》って重《おも》んじること。例 学歴《がくれき》偏重。

**べんつう**【便通】名 大便《だいべん》が出《で》ること。つうじ。例 毎日《まいにち》便通がある。

**へんてこ**【変てこ】形動 変《へん》なようす。〔くだけた言《い》い方《かた》。〕例 変てこな服《ふく》を着《き》ている。

**へんてつもない**【変哲°もない】どうということはない。ありふれている。例 きれいだが、何《なん》の変哲もない石《いし》だ。

**ヘンデル** 人名 (男)(一六八五～一七五九)ドイツ生《う》まれの、イギリスの作曲家《さっきょくか》。「水上《すいじょう》の音楽《おんがく》」「メサイア」などの作品《さくひん》がある。

**へんてん**【変転】名 動-する 状態《じょうたい》がいろいろに移《うつ》り変《か》わること。例 世《よ》の中《なか》は目《め》まぐるしく変転している。

**へんでんしょ**【変電所】名 発電所《はつでんしょ》から送《おく》られる電流《でんりゅう》を弱《よわ》くして工場《こうじょう》や家庭《かてい》に配《くば》ったり、電圧《でんあつ》を高《たか》くして遠《とお》くに送《おく》ったりする設備《せつび》のある所《ところ》。

**へんとう**【返答】名 動-する 聞《き》かれたり、呼《よ》ばれたりしたとき、答《こた》えること。また、その答《こた》え。返事《へんじ》。例 返答につまる。

**へんどう**【変動】名 動-する ものごとが変化《へんか》すること。例 物価《ぶっか》が変動する。

**べんとう**【弁当】名 外出先《がいしゅつさき》で食《た》べるために、入《い》れ物《もの》に入《い》れた食事《しょくじ》。

**へんとうせん**【扁•桃°腺°】名 のどのおくに

慣用句 ピンからキリまで 茶《ちゃ》わんといってもピンからキリまであって、中《なか》には国宝級《こくほうきゅう》のものもある。

ある、左右一対《さゆういっつい》の卵形《たまごがた》のリンパ腺《せん》。細菌《さいきん》が体《たい》内《ない》に入《はい》るのを防《ふせ》ぐ。

**へんにゅう【編入】** 名 動-する 組《く》み入《い》れること。組《く》みこむこと。例 転校生《てんこうせい》を編入する。

**ペンネーム**〔英語 pen name〕名 小説《しょうせつ》や詩《し》などを発表《はっぴょう》するときに使《つか》う、本名《ほんみょう》以外《いがい》の名《な》前《まえ》。筆名《ひつめい》。

**へんのう【返納】** 名 動-する 借《か》りていた物《もの》を、元《もと》の所《ところ》に返《かえ》すこと。例 運転免許証《うんてんめんきょしょう》を返納する。

**へんぴ【辺鄙】** 形動 都会《とかい》からはなれていて、開《ひら》けていないようす。例 へんぴな所《ところ》。

**べんぴ【便秘】** 名 大便《だいべん》の出《で》が、よくないこと。

**へんぴん【返品】** 名 動-する 一度《いちど》買《か》った商品《しょうひん》や、仕入《しい》れた商品《しょうひん》を返《かえ》すこと。また、その商《しょう》品《ひん》。例 傷《きず》があるので返品する。

**へんぺいそく【扁平足】** 名 足《あし》の裏《うら》が平《ひら》たくて、土《つち》ふまずがほとんどない足《あし》。

**ぺんぺんぐさ【ぺんぺん草】** 名 ⬇なずな 968ページ

**へんぼう【変貌】** 名 動-する 姿《すがた》やようすが変《か》わること。例 街《まち》が大《おお》きく変貌をとげた。

**へんぽん** 副(-と) 旗《はた》などがひらひらとひるがえるようす。例 校旗《こうき》がへんぽんと風《かぜ》にひるがえる。

**へんめい【変名】** 名 動-する 名《な》前《まえ》をかえること。また、その名前《なまえ》。改名《かいめい》。

**べんめい【弁明】** 名 動-する 自分《じぶん》のしたことや言《い》ったことのわけを説明《せつめい》して、相手《あいて》にわかってもらうようにすること。例 昨日《きのう》の発言《はつげん》について弁明する。類 釈明《しゃくめい》。

**へんよう【変容】** 名 動-する ようすが大《おお》きく変《か》わること。また、変《か》えること。例 噴火《ふんか》で山《やま》のすがたが変容した。

**べんらん【便覧】** 名 ⬇びんらん 1121ページ

**べんり【便利】** 名 形動 都合《つごう》がいいこと。役《やく》に立《た》って、ぐあいのいいこと。例 交通《こうつう》が便利な所《ところ》。対 不便《ふべん》。

**へんりん【片鱗】** 名 全体《ぜんたい》の中《なか》の一部分《いちぶぶん》。一《いっ》端《たん》。例 実力《じつりょく》のへんりんを見《み》せる。

**へんれい【返礼】** 名 動-する 人《ひと》から受《う》けた挨《あい》拶《さつ》やおくり物《もの》などに、お礼《れい》をすること。また、その挨拶《あいさつ》や品物《しなもの》。お返《かえ》し。

**へんれき【遍歴】** 名 動-する ❶方々《ほうぼう》を広《ひろ》くめぐり歩《ある》くこと。例 諸国《しょこく》を遍歴する。❷いろいろな経験《けいけん》をすること。例 人生《じんせい》の遍歴。

**へんろ【遍路】** 名 四国《しこく》の八八か所《しょ》の寺《てら》〔=弘《こう》法大師《ぼうだいし》のゆかりの寺《てら》〕を、お参《まい》りして回《まわ》ること。また、その人《ひと》。おへんろさん。巡礼《じゅんれい》。

**べんろん【弁論】** 名 動-する 大勢《おおぜい》の人《ひと》の前《まえ》で、自分《じぶん》の意見《いけん》を述《の》べること。

# ほ

ホ ho

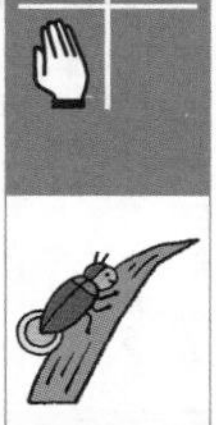

## ほ【歩】

画数 8 部首 止(とめる) 2年

音 ホ ブ フ 訓 ある-く あゆ-む

筆順

一〔「ホ」と読んで〕❶あるく。熟語 歩行《ほこう》。歩《ほ》道《どう》。散歩《さんぽ》。徒歩《とほ》。❷段階《だんかい》。熟語 初歩《しょほ》。進歩《しんぽ》。❸あるくときの、足《あし》を動《うご》かす回数《かいすう》を表《あらわ》す言《こと》葉《ば》。例 五十歩《ごじっぽ》百歩《ひゃっぽ》。二〔「ブ」と読《よ》んで〕割合《わりあい》。熟語 歩合《ぶあい》。日歩《ひぶ》。三〔「フ」と読《よ》んで〕将棋《しょうぎ》のこまの一《ひと》つ。

《訓の使い方》**ある-く** 例 道《みち》を歩く。**あゆ-む** 例 休《やす》まず歩む。

**ほ【歩】** 名 あるくこと。あゆみ。例 ゆっくり歩を運《はこ》ぶ。

## ほ【保】

画数 9 部首 亻(にんべん) 5年

音 ホ 訓 たも-つ

筆順

❶世話《せわ》をする。守《まも》る。熟語 保育《ほいく》。保護《ほご》。❷持《も》ちこたえる。たもつ。熟語 保温《ほおん》。保健《ほけん》。保存《ほぞん》。❸引《ひ》き受《う》ける。受《う》け合《あ》う。熟語 保険《ほけん》。保証《ほしょう》。保障《ほしょう》。担保《たんぽ》。

《訓の使い方》**たも-つ** 例 健康《けんこう》を保つ。順位《じゅんい》を保つ。

## ほ【補】

画数 12 部首 衤(ころもへん) 6年

音 ホ 訓 おぎな-う

筆順

慣用句 不意《ふい》をつく　ふっと気《き》がゆるんだすきに、不意《ふい》をつかれて、ロングシュートを決《き》められた。

あいうえお かきくけこ さしすせそ たちつてと なにぬねの はひふへほ まみむめも やゆよ らりるれろ わをん

❶おぎなう。熟語 補強《ほきょう》。補欠《ほけつ》。補習《ほしゅう》。補充《ほじゅう》。補足《ほそく》。❷助《たす》ける。熟語 補佐《ほさ》。補助《ほじょ》。❸その資格《しかく》を持《も》つ前《まえ》の身分《みぶん》。熟語 候補《こうほ》。警部補《けいぶほ》。
《訓の使い方》**おぎな-う** 例 不足《ふそく》を補う。

**ほ【哺】** 画数 10 部首 口（くちへん）
音 ホ 訓 ―
食《た》べ物《もの》を口《くち》の中《なか》に含《ふく》ませる。熟語 哺乳類《ほにゅうるい》。

**ほ【捕】** 画数 10 部首 扌（てへん）
音 ホ 訓 と-らえる と-らわれる と-る つか-まえる つか-まる
とらえる。つかまえる。とる。熟語 捕獲《ほかく》。捕鯨《ほげい》。例 トンボを捕《と》る。犯人《はんにん》を捕《つか》まえる。

**ほ【舗】** 画数 15 部首 人（ひとがしら）
音 ホ 訓 ―
❶しき並《なら》べる。熟語 舗装《ほそう》。舗道《ほどう》。❷店《みせ》。熟語 店舗《てんぽ》。老舗《ろうほ》・老舗《しにせ》。

**ほ【火△】** ひ。ほのお。例 火影《かげ》。⬇**か**【火】188ページ

°**ほ【帆°】** 名 船《ふね》の柱《はしら》に張《は》る、大《おお》きな布《ぬの》。これに風《かぜ》を受《う》けて船《ふね》を走《はし》らせる。例 帆をいっぱいに上《あ》げて出港《しゅっこう》する。⬇**はん**【帆】1070ページ

°**ほ【穂°】** 名 ❶イネ・ムギなどの、茎《くき》のいちばん先《さき》の部分《ぶぶん》。花《はな》や実《み》が群《むら》がりついているところ。例 ススキの穂。❷棒《ぼう》のような物《もの》の、とがった先《さき》。例 筆《ふで》の穂。⬇**すい**【穂】671ページ

**ぼ【母】** 画数 5 部首 母（はは） 2年
音 ボ 訓 はは
筆順

❶はは。女親《おんなおや》。熟語 母子《ぼし》。母乳《ぼにゅう》。生母《せいぼ》。祖母《そぼ》。父母《ふぼ》・父母《ちちはは》。母親《ははおや》。対 父《ふ》。❷おおもとになるもの。熟語 母音《ぼいん》・母音《ぼおん》。母校《ぼこう》。母港《ぼこう》。母国《ぼこく》。分母《ぶんぼ》。

**ぼ【墓】** 画数 13 部首 土（つち） 5年
音 ボ 訓 はか
筆順

はか。熟語 墓参《ぼさん》。墓前《ぼぜん》。墓地《ぼち》。墓場《はかば》。

**ぼ【暮】** 画数 14 部首 日（ひ） 6年
音 ボ 訓 く-れる く-らす
筆順

❶日《ひ》ぐれ。夕方《ゆうがた》。熟語 暮色《ぼしょく》。薄暮《はくぼ》。❷季節《きせつ》や年《とし》の終《お》わりごろ。熟語 暮春《ぼしゅん》。歳暮《せいぼ》。
《訓の使い方》**く-れる** 例 日《ひ》が暮れる。途方《とほう》に暮れる。**く-らす** 例 元気《げんき》で暮らす。

**ぼ【募】** 画数 12 部首 力（ちから）
音 ボ 訓 つの-る
つのる。呼《よ》びかけて、広《ひろ》く集《あつ》める。熟語 募金《ぼきん》。募集《ぼしゅう》。例 参加《さんか》を募《つの》る。

**ぼ【慕】** 画数 14 部首 小（したごころ）
音 ボ 訓 した-う
したう。熟語 慕情《ぼじょう》〔=こいしたう気持《きも》ち〕。思慕《しぼ》〔=心《こころ》の中《なか》でこいしく思《おも》うこと〕。

**ぼ【簿】** 画数 19 部首 ⺮（たけかんむり）
音 ボ 訓 ―
紙《かみ》をとじたもの。帳面《ちょうめん》。熟語 簿記《ぼき》。帳簿《ちょうぼ》。名簿《めいぼ》。

**ぼ【模】** 熟語 規模《きぼ》。⬇**も**【模】1298ページ

**ほあん【保安】** 名 人々《ひとびと》の生活《せいかつ》や世《よ》の中《なか》の安全《あんぜん》を守《まも》ること。例 保安官《かん》。

**ほあんりん【保安林】** 名 大水《おおみず》を防《ふせ》ぎ、水源《すいげん》を守《まも》り、美《うつく》しい自然《しぜん》を残《のこ》すために、国《くに》が法律《ほうりつ》で守《まも》っている森林《しんりん》。

**ぽい** 〔ある言葉《ことば》のあとにつけて〕〔多《おお》く「っぽい」の形《かたち》で〕…という感《かん》じがする。…しやすい。例 水《みず》っぽい。忘《わす》れっぽい。

**ホイール** 〔英語 wheel〕名 車輪《しゃりん》。例 ホイールキャップ。

**ほいく【保育】** 名 動-する 幼《おさな》い子《こ》どもの世話《せわ》をして、心身《しんしん》を守《まも》り育《そだ》てること。例 学童《がくどう》保育。

**ほいくえん【保育園】** 名 保育所《ほいくじょ》のこと。

**ほいくし【保育士】** 名 保育所《ほいくじょ》などで、子《こ》どもの保育《ほいく》をすることを仕事《しごと》にしている人《ひと》。また、その資格《しかく》。

**ほいくじょ【保育所】** 名 幼《おさな》い子《こ》どもを朝《あさ》から夕方《ゆうがた》まで預《あず》かって、世話《せわ》をする所《ところ》。ほいくしょ。保育園《ほいくえん》。

慣用句 不幸中《ふこうちゅう》の幸《さいわ》い 追突《ついとつ》されて車《くるま》はこわれたが、けががなかったのが、不幸中《ふこうちゅう》の幸《さいわ》いだった。

**ボイコット**〔英語 boycott〕名 動-する ❶ある人《ひと》やものごとを、みんなで、断《ことわ》ったり退《しりぞ》けたりすること。例 会合《かいごう》をボイコットする。❷仲間《なかま》を作《つく》って、ある商品《しょうひん》を買《か》わないこと。例 製品《せいひん》をボイコットする。

**ボイスレコーダー**〔英語 voice recorder〕名 録音《ろくおん》をする装置《そうち》。特《とく》に、飛行機《ひこうき》の操縦室《そうじゅうしつ》内《ない》の会話《かいわ》や音《おと》を、自動的《じどうてき》に記録《きろく》する装置《そうち》。

例解 ❗ ことばの勉強室

### 母音《ぼいん》について

五《いつ》つの母音《ぼいん》をはっきり発音《はつおん》することが、日本語《にほんご》では特《とく》に大切《たいせつ》だといわれている。

ためしに次《つぎ》の文《ぶん》を、声《こえ》に出《だ》して言《い》ってみよう。「綾《あや》」という名《な》の女《おんな》の子《こ》に話《はな》している文《ぶん》である。

「お綾《あや》や、母《はは》親《おや》に、おあやまりなさい。」

始《はじ》めはゆっくり一音《いちおん》ずつのばして発音《はつおん》してみる。すると、「お・あ・あ・あ、あ・あ・お・あ・い、お・あ・あ・い・あ・あ・い」と母音《ぼいん》が並《なら》んでいることがわかるだろう。

次《つぎ》に、ふつうの速《はや》さにもどしていって、はっきり言《い》えるようにしてみよう。口《くち》をしっかり開《ひら》いて発音《はつおん》することがだいじである。

**ホイッスル**〔英語 whistle〕名 ❶合図《あいず》のふえ。❷スポーツなどで、審判《しんぱん》の鳴《な》らすふえ。

**ボイラー**〔英語 boiler〕名 ❶機械《きかい》を動《うご》かしたりするための蒸気《じょうき》を起《お》こすかま。例 ボイラー室《しつ》。❷給湯《きゅうとう》などのために、湯《ゆ》をわかす装《そう》置《ち》。

✤**ぼいん【母音】**名〔国語《こくご》で〕「あ・い・う・え・お」の五《いつ》つの音《おん》のこと。ぼおん。対 子音《しいん》。

**ぼいん【拇印】**名 手《て》の親指《おやゆび》の腹《はら》に朱肉《しゅにく》などをつけ、はんこの代《か》わりとしておすこと。また、その印《しるし》。

**ポインセチア** 名 クリスマスのかざりによく使《つか》われる低木《ていぼく》。冬《ふゆ》、上《うえ》のほうの葉《は》が赤《あか》くなる。はち植《う》えにして、主《おも》に温室《おんしつ》で育《そだ》てる。

〔ポインセチア〕

**ポイント**〔英語 point〕名 ❶点《てん》。要《よう》点《てん》。例 話《はなし》のポイント。❷得点《とくてん》。点数《てんすう》。例 ポイントをかせぐ。❸地点《ちてん》。場所《ばしょ》。例 魚《さかな》の集《あつ》まるポイント。❹線路《せんろ》の分《わ》かれ目《め》で、車両《しゃりょう》を別《べつ》の線《せん》に入《い》れかえる仕《し》かけ。転《てん》てつ機《き》。

**ほう【方】** 画数 4 部首 方(ほう) 2年
音 ホウ 訓 かた
筆順 方

❶向《む》き。熟語 方角《ほうがく》。方向《ほうこう》。前方《ぜんぽう》。❷場所《ばしょ》。地《ち》域《いき》。熟語 方言《ほうげん》。地方《ちほう》。方眼《ほうがん》。平《へい》方《ほう》。正方形《せいほうけい》。❸四角《しかく》。熟語 方針《ほうしん》。方法《ほうほう》。❹やりかた。熟語 処方《しょほう》。両方《りょうほう》。仕方《しかた》。❺分《わ》けたときの一《ひと》つ。熟語 片《かた》方。親方《おやかた》。敵方《てきがた》。❻人《ひと》をうやまって言《い》う言《こと》葉《ば》。例 お待《ま》ちの方《かた》。

**ほう【方】**名 ❶向《む》き。方角《ほうがく》。例 西《にし》の方を向《む》く。❷くらべたうちの一《ひと》つ。例 すぐ行《い》ったほうがいい。❸属《ぞく》するところ。例 今日《きょう》はまだ暖《あたた》かいほうだ。参考 ふつう、❷・❸はかな書《が》きにする。

**ほう【包】** 画数 5 部首 勹(つつみがまえ) 4年
音 ホウ 訓 つつ-む
筆順 包

つつむ。熟語 包囲《ほうい》。包装《ほうそう》。包帯《ほうたい》。小包《こづつみ》。
《訓の使い方》 **つつ-む** 例 荷物《にもつ》を包む。

**ほう【宝】** 画数 8 部首 宀(うかんむり) 6年
音 ホウ 訓 たから
筆順 宝

たからもの。熟語 宝庫《ほうこ》。宝石《ほうせき》。国宝《こくほう》。財宝《ざいほう》。宝船《たからぶね》。

**ほう【放】** 画数 8 部首 攵(ぼくづくり) 3年
音 ホウ
訓 はな-す はな-つ はな-れる ほう-る
筆順 放

❶はなす。自由《じゆう》にする。遠《とお》くへやる。熟語 放《ほう》

あいうえお かきくけこ さしすせそ たちつてと なにぬねの はひふへほ まみむめも やゆよ らりるれろ わをん



慣用句 降《ふ》ってわいたような 彼《かれ》を会長《かいちょう》に推薦《すいせん》するという、降《ふ》ってわいたような話《はなし》に、みんながおどろいた。

水《すい》。放《ほう》送《そう》。解《かい》放《ほう》。追《つい》放《ほう》。放《ほう》課《か》後《ご》。❷思《おも》うままにする。捨《す》てておく。熟語 放《ほう》置《ち》。放《ほう》任《にん》。

《訓の使い方》**はな-す** 例 鳥《とり》を放す。**はな-つ** 例 矢《や》を放つ。**はな-れる** 例 犬《いぬ》がくさりから放れる。**ほう-る** 例 速《はや》い球《たま》を放る。

## ほう【法】 画数 8 部首 氵（さんずい） 4年

音 ホウ ハッ ホッ 訓 ——

筆順 法法法法法法法法

❶決《き》まり。おきて。熟語 法《ほう》案《あん》。法《ほう》則《そく》。法《ほう》廷《てい》。法《ほう》律《りつ》。憲《けん》法《ぽう》。文《ぶん》法《ぽう》。無《む》法《ほう》。法《はっ》度《と》〔=禁《きん》じられていること〕。❷しかた。熟語 作《さ》法《ほう》。手《しゅ》法《ほう》。方《ほう》法《ほう》。用《よう》法《ほう》。❸仏《ぶっ》教《きょう》の教《おし》え。熟語 法《ほう》師《し》。法《ほっ》主《す》・法《ほう》主《しゅ》。説《せっ》法《ぽう》。仏《ぶっ》法《ぽう》。

## ほう【法】名

❶決《き》まり。法《ほう》律《りつ》。例 法を守《まも》る。❷やりかた。例 今《いま》さらあやまる法はない。❸仏《ぶっ》教《きょう》の教《おし》え。例 お坊《ぼう》さんが法を説《と》く。

## ほう【訪】 画数 11 部首 言（ごんべん） 6年

音 ホウ 訓 おとず-れる たず-ねる

筆順 訪訪訪訪訪訪訪訪訪訪訪

❶人《ひと》をたずねる。おとずれる。熟語 訪《ほう》問《もん》。来《らい》訪《ほう》。歴《れき》訪《ほう》。❷探《さが》し求《もと》める。熟語 探《たん》訪《ぼう》。

《訓の使い方》**おとず-れる** 例 冬《ふゆ》が訪れる。**たず-ねる** 例 桜《さくら》の名《めい》所《しょ》を訪ねる。

## ほう【報】 画数 12 部首 土（つち） 5年

音 ホウ 訓 むく-いる

筆順 報報報報報報報報報報報報

❶むくいる。仕《し》返《かえ》しをする。熟語 報《ほう》恩《おん》。報《ほう》復《ふく》。報《ほう》酬《しゅう》。果《か》報《ほう》。❷知《し》らせる。熟語 報《ほう》告《こく》。報《ほう》道《どう》。速《そく》報《ほう》。予《よ》報《ほう》。↓ほうじる 1198ページ

《訓の使い方》**むく-いる** 例 恩《おん》に報いる。

## ほう【報】名

知《し》らせ。例 合《ごう》格《かく》の報が届《とど》く。

## ほう【豊】 画数 13 部首 豆（まめ） 5年

音 ホウ 訓 ゆた-か

筆順 豊豊豊豊豊豊豊豊豊豊豊豊豊

ゆたか。熟語 豊《ほう》作《さく》。豊《ほう》年《ねん》。豊《ほう》富《ふ》。豊《ほう》漁《りょう》。

《訓の使い方》**ゆた-か** 例 豊かな暮《く》らし。

## ほう【芳】 画数 7 部首 艹（くさかんむり）

音 ホウ 訓 かんば-しい

❶かんばしい。かおりがよい。熟語 芳《ほう》香《こう》。❷よい。例 芳《かんば》しくないうわさ。❸相《あい》手《て》のことを敬《うやま》って言《い》う言《こと》葉《ば》。熟語 芳《ほう》名《めい》〔=相《あい》手《て》の名《な》前《まえ》を敬《うやま》って言《い》う言《こと》葉《ば》〕。

## ほう【邦】 画数 7 部首 阝（おおざと）

音 ホウ 訓 ——

❶国《くに》。国《こっ》家《か》。熟語 本《ほん》邦《ぽう》。連《れん》邦《ぽう》。❷わが国《くに》の。日《にっ》本《ぽん》の。熟語 邦《ほう》画《が》。邦《ほう》楽《がく》。邦《ほう》人《じん》。

## ほう【奉】 画数 8 部首 大（だい）

音 ホウ ブ 訓 たてまつ-る

❶たてまつる。つつしんでさしあげる。熟語 奉《ほう》納《のう》。例 神《かみ》に奉《たてまつ》る。❷人《ひと》のためにつくす。熟語 奉《ほう》公《こう》。奉《ほう》仕《し》。❸上《うえ》からの言《い》いつけで行《おこな》う。熟語 奉《ぶ》行《ぎょう》。❹大《たい》切《せつ》にする。つつしんで行《おこな》う。熟語 信《しん》奉《ぽう》〔=信《しん》じて大《たい》切《せつ》に思《おも》う〕。

## ほう【抱】 画数 8 部首 扌（てへん）

音 ホウ 訓 だ-く いだ-く かか-える

❶いだく。だきかかえる。熟語 抱《ほう》擁《よう》。介《かい》抱《ほう》。抱《ほう》腹《ふく》絶《ぜっ》倒《とう》。例 荷《に》物《もつ》を抱《かか》える。❷心《こころ》に思《おも》う。熟語 抱《ほう》負《ふ》。例 希《き》望《ぼう》を抱《いだ》く。

## ほう【泡】 画数 8 部首 氵（さんずい）

音 ホウ 訓 あわ

あわ。熟語 気《き》泡《ほう》。例 水《すい》泡《ほう》に帰《き》す〔=水《みず》の泡《あわ》になる。むだになる〕。

## ほう【胞】 画数 9 部首 月（にくづき）

音 ホウ 訓 ——

❶胎《たい》児《じ》を包《つつ》む膜《まく》。また、母《はは》親《おや》のおなかの中《なか》。熟語 同《どう》胞《ほう》。❷生《せい》物《ぶつ》の体《からだ》を作《つく》る小《ちい》さなつぶ。熟語 胞《ほう》子《し》。細《さい》胞《ぼう》。

## ほう【俸】 画数 10 部首 亻（にんべん）

音 ホウ 訓 ——

給《きゅう》料《りょう》。熟語 俸《ほう》給《きゅう》。年《ねん》俸《ぽう》。

## ほう【倣】 画数 10 部首 亻（にんべん）

慣用句 ふに落《お》ちない　中《ちゅう》止《し》にした理《り》由《ゆう》をいくら説《せつ》明《めい》してくれても、どうもふに落《お》ちない。

音ホウ 訓なら-う

まねをする。熟語 模倣《もほう》。例 先生《せんせい》のやり方《かた》に倣《なら》う。

## ほう【峰】 画数10 部首山（やまへん）

音ホウ 訓みね

山《やま》の、みね。高《たか》い山《やま》。熟語 連峰《れんぽう》。最高峰《さいこうほう》。

## ほう【砲】 画数10 部首石（いしへん）

音ホウ 訓——

火薬《かやく》で弾丸《だんがん》を飛《と》ばす兵器《へいき》。熟語 砲撃《ほうげき》。大砲《たいほう》。鉄砲《てっぽう》。

## ほう【崩】 画数11 部首山（やま）

音ホウ 訓くず-れる くず-す

❶くずれる。くずす。熟語 崩壊《ほうかい》。例 がけ崩《くず》れ。❷天子《てんし》が亡《な》くなる。熟語 崩御《ほうぎょ》。

## ほう【蜂】 画数13 部首虫（むしへん）

音ホウ 訓はち

ハチ。ハチのように群《むら》がること。熟語 蜂起《ほうき》〔＝大勢《おおぜい》の人《ひと》が、いっせいに立《た》ち向《む》かうこと〕。蜜蜂《みつばち》。女王蜂《じょおうばち》。

## ほう【飽】 画数13 部首食（しょくへん）

音ホウ 訓あ-きる あ-かす

❶あきる。腹《はら》いっぱいになる。熟語 飽食《ほうしょく》〔＝腹《はら》いっぱい食《た》べて満《み》ち足《た》りること〕。❷いっぱいになる。熟語 飽和《ほうわ》。例 読書《どくしょ》に飽《あ》きる。暇《ひま》に飽《あ》かして〔＝十分《じゅうぶん》に時間《じかん》をかけて〕作《つく》った模型《もけい》。

## ほう【褒】 画数15 部首衣（ころも）

音ホウ 訓ほ-める

ほめる。熟語 褒美《ほうび》。

## ほう【縫】 画数16 部首糸（いとへん）

音ホウ 訓ぬ-う

ぬう。熟語 縫合《ほうごう》〔＝ぬい合《あ》わせる〕。裁縫《さいほう》。天衣無縫《てんいむほう》。

**ほう【封】** 熟語 封建的《ほうけんてき》。↓ふう【封】1127ページ

**ほう** 名 芽《め》やつぼみを包《つつ》み、それを守《まも》る役《やく》をする特別《とくべつ》の葉《は》。

## ぼう【亡】 画数3 部首亠（なべぶた） 6年

音ボウ モウ△ 訓な△-い

筆順 亡

❶ほろびる。なくなる。熟語 興亡《こうぼう》。存亡《そんぼう》・存亡《そんぼう》。❸死《し》亡《もう》。滅亡《めつぼう》。❷にげる。熟語 亡命《ぼうめい》。逃亡《とうぼう》。亡父《ぼうふ》。亡霊《ぼうれい》。亡者《もうじゃ》。死亡《しぼう》。❸死ぬ。熟語 亡父《ぼうふ》。

《訓の使い方》**な-い** 例 父《ちち》も今《いま》は亡《な》い。

## ぼう【忘】 画数7 部首心（こころ） 6年

音ボウ 訓わす-れる

筆順 忘

わすれる。熟語 忘却《ぼうきゃく》。備忘《びぼう》〔＝忘《わす》れたときのための用意《ようい》〕。忘年会《ぼうねんかい》。

《訓の使い方》**わす-れる** 例 かさを忘れる。

## ぼう【防】 画数7 部首阝（こざとへん） 5年

音ボウ 訓ふせ-ぐ

筆順 防

ふせぐ。熟語 防火《ぼうか》。防止《ぼうし》。消防《しょうぼう》。予防《よぼう》。

《訓の使い方》**ふせ-ぐ** 例 事故《じこ》を防ぐ。

## ぼう【望】 画数11 部首月（つき） 4年

音ボウ モウ△ 訓のぞ-む

筆順 望

❶遠《とお》くを見《み》る。ながめる。熟語 一望《いちぼう》。展望《てんぼう》。望遠鏡《ぼうえんきょう》。❷ほしいと思《おも》う。のぞみ。熟語 願望《がんぼう》。希望《きぼう》。志望《しぼう》。失望《しつぼう》。本望《ほんもう》。欲望《よくぼう》。❸人気《にんき》。熟語 衆望《しゅうぼう》。人望《じんぼう》。徳望《とくぼう》。

《訓の使い方》**のぞ-む** 例 平和《へいわ》を望む。

## ぼう【棒】 画数12 部首木（きへん） 6年

音ボウ 訓——

筆順 棒

❶細長《ほそなが》い木《き》や竹《たけ》・金属《きんぞく》など。熟語 金棒《かなぼう》。鉄棒《てつぼう》。❷まっすぐな線《せん》。熟語 横棒《よこぼう》。例 棒《ぼう》グラフ。❸まっすぐ。そのまま。熟語 棒暗記《ぼうあんき》。例 棒読《ぼうよ》み。

**ぼう【棒】** 名 ❶持《も》てるくらいの長《なが》さの、細長《ほそなが》

あいうえお かきくけこ さしすせそ たちつてと なにぬねの はひふへほ まみむめも や ゆ よ らりるれろ わ を ん



慣用句 船《ふね》をこぐ ゆうべ夜《よ》ふかしをしたので、テレビを見《み》ながら船《ふね》をこいでしまった。

い木《き》や竹《たけ》や金属《きんぞく》。例棒をふり回《まわ》す。❷まっすぐな線《せん》。例棒を二本《にほん》引く。

**棒《ぼう》に振《ふ》る** 苦心《くしん》や努力《どりょく》の結果《けっか》をむだにする。例試験《しけん》に落《お》ちて、一年《いちねん》を棒に振る。

## ぼう【貿】 画数12 部首貝(かい) 5年

音ボウ 訓——

売《う》り買《か》い。取《と》り引《ひ》き。熟語貿易《ぼうえき》。

筆順

## ぼう【暴】 画数15 部首日(ひ) 5年

音ボウ バク 訓あば-く あば-れる

一「ボウ」と読《よ》んで ❶乱暴《らんぼう》する。あらあらしい。熟語暴力《ぼうりょく》。横暴《おうぼう》。乱暴《らんぼう》。❷度《ど》が過《す》ぎる。熟語暴利《ぼうり》。暴飲暴食《ぼういんぼうしょく》。❸突然《とつぜん》。急《きゅう》に。熟語暴発《ぼうはつ》。二「バク」と読《よ》んで むき出《だ》しにする。熟語暴露《ばくろ》。

《訓の使い方》**あば-く** 例秘密《ひみつ》を暴く。**あば-れる** 例馬《うま》が暴れる。

筆順

## ぼう【乏】 画数4 部首ノ(の)

音ボウ 訓とぼ-しい

とぼしい。物《もの》が足《た》りない。熟語窮乏《きゅうぼう》。欠乏《けつぼう》。貧乏《びんぼう》。

## ぼう【忙】 画数6 部首忄(りっしんべん)

音ボウ 訓いそが-しい

いそがしい。熟語多忙《たぼう》。忙殺《ぼうさつ》。

## ぼう【坊】 画数7 部首土(つちへん)

音ボウ ボッ 訓——

❶僧《そう》の住《す》む建物《たてもの》。熟語坊主《ぼうず》(＝もと、坊《ぼう》のあるじ、の意味《いみ》)。宿坊《しゅくぼう》(＝寺《てら》の、お参《まい》りした人《ひと》を泊《と》める所《ところ》)。❷(ある言葉《ことば》の後《あと》につけて)親《した》しみをこめたり、見下《みくだ》したりして言《い》う言葉《ことば》。例食いしん坊《ぼう》。あわてん坊《ぼう》。

**ぼう【坊】**名 ❶僧《そう》。僧《そう》の住《す》まい。例お坊さん。❷男《おとこ》の子《こ》を呼《よ》ぶ言葉《ことば》。例「坊、こっちへおいで。」

## ぼう【妨】 画数7 部首女(おんなへん)

音ボウ 訓さまた-げる

さまたげる。じゃまをする。熟語妨害《ぼうがい》。例通《つう》行《こう》を妨《さまた》げる。

## ぼう【房】 画数8 部首戸(と)

音ボウ 訓ふさ

❶部屋《へや》。家《いえ》。熟語暖房《だんぼう》。❷中《なか》が小部屋《こべや》のように区切《くぎ》られているもの。熟語子房《しぼう》。❸ふさ。熟語花房《はなぶさ》。

## ぼう【肪】 画数8 部首月(にくづき)

音ボウ 訓——

あぶら。動物《どうぶつ》の体《からだ》の中《なか》の固《かた》まったあぶら。熟語脂肪《しぼう》。

## ぼう【某】 画数9 部首木(き)

音ボウ 訓——

人《ひと》や時《とき》・所《ところ》などがわからないときや、はっきりさせたくないときに、使《つか》う言葉《ことば》。例某氏《ぼうし》。某日《ぼうじつ》。某所《ぼうしょ》。

## ぼう【冒】 画数9 部首目(め)

音ボウ 訓おか-す

❶おかす。困難《こんなん》をものともせずに進《すす》む。熟語冒険《ぼうけん》。例危険《きけん》を冒《おか》す。❷害《がい》を与《あた》える。害《がい》を受《う》ける。熟語感冒《かんぼう》。例肺《はい》を冒《おか》される。❸ものごとの、はじめ。熟語冒頭《ぼうとう》。

## ぼう【剖】 画数10 部首刂(りっとう)

音ボウ 訓——

切《き》りさく。分《わ》ける。熟語解剖《かいぼう》。

## ぼう【紡】 画数10 部首糸(いとへん)

音ボウ 訓つむ-ぐ

つむぐ。繊維《せんい》をより合《あ》わせて糸《いと》にする。熟語紡績《ぼうせき》。

## ぼう【傍】 画数12 部首亻(にんべん)

音ボウ 訓かたわ-ら

そば。わき。かたわら。熟語傍観《ぼうかん》。傍線《ぼうせん》。例道《みち》の傍《かたわ》ら。

## ぼう【帽】 画数12 部首巾(はばへん)

慣用句 **踏《ふ》んだり蹴《け》ったり** 試合《しあい》には負《ま》けるし、その上《うえ》けが人《にん》も出《で》るしで、もう踏《ふ》んだりけったりだった。

音 ボウ 訓 ―― 頭《あたま》にかぶるもの。熟語 帽子《ぼうし》。脱帽《だつぼう》。例 ベレー帽《ぼう》。

**ぼう【貌】** 画数 14 部首 豸（むじなへん）
音 ボウ 訓 ――
かたち。すがた。熟語 変貌《へんぼう》。美貌《びぼう》。容貌《ようぼう》。

**ぼう【膨】** 画数 16 部首 月（にくづき）
音 ボウ 訓 ふく-らむ ふく-れる
ふくらむ。ふくれて大《おお》きくなる。熟語 膨大《ぼうだい》。膨張《ぼうちょう》。

**ぼう【謀】** 画数 16 部首 言（ごんべん）
音 ボウ ム 訓 はか-る
❶はかる。くわだてる。あれこれと考《かんが》える。熟語 参謀《さんぼう》。無謀《むぼう》。例 逃亡《とうぼう》を謀《はか》る。❷よくないことをたくらむ。熟語 謀略《ぼうりゃく》。陰謀《いんぼう》。共謀《きょうぼう》。謀反《むほん》。

**ぼう【妄】** 熟語 妄言《ぼうげん》（妄言《もうげん》）。➡もう【妄】1298ページ

**ほうあん【法案】** 名 法律《ほうりつ》のもとになる案《あん》。例 法案を国会《こっかい》に出《だ》す。

**ほうい【方位】** 名 東《ひがし》・西《にし》・南《みなみ》・北《きた》などの向き。方角《ほうがく》。

〔ほうい〕

**ほうい【包囲】** 名 動する 取《と》り囲《かこ》むこと。例 敵《てき》に包囲される。

**ほうい【法衣】** 名 お坊《ぼう》さんが着《き》る服《ふく》。「ほうえ」ともいう。

**ほういじしん【方位磁針】** 名 真《ま》ん中《なか》を支《ささ》えて自由《じゆう》に回《まわ》るようにした、磁石《じしゃく》の針《はり》。地《ち》球《きゅう》の磁気に反応《はんのう》して、両《りょう》はしが南《みなみ》と北《きた》を指《さ》す。方位磁石《ほういじしゃく》。

■**ぼういんぼうしょく【暴飲暴食】** 名 動する むやみに飲《の》んだり食《た》べたりすること。例 暴飲暴食をつつしむ。類 牛飲馬食《ぎゅういんばしょく》。

**ほうえい【放映】** 名 動する テレビで放送《ほうそう》すること。特《とく》に、映画《えいが》を放送《ほうそう》すること。例 去年《きょねん》の映画《えいが》を放映している。

**ぼうえい【防衛】** 名 動する 他《ほか》からの攻撃《こうげき》や危害《きがい》を防《ふせ》ぎ守《まも》ること。例 タイトルを防衛する。

**ぼうえいしょう【防衛省】** 名 日本《にっぽん》の防《ぼう》衛《えい》を受け持ち、自衛隊《じえいたい》を取《と》り仕切《しき》る役所《やくしょ》。

**ぼうえき【防疫】** 名 動する 病気《びょうき》のもとになるウイルスや細菌《さいきん》の侵入《しんにゅう》を防《ふせ》ぐこと。また、感染症《かんせんしょう》の発生《はっせい》や流行《りゅうこう》を防《ふせ》ぐこと。例 空港《くうこう》での防疫対策《たいさく》。

**ぼうえき【貿易】** 名 動する 外国《がいこく》と、品物《しなもの》を売《う》り買《か》いすること。通商《つうしょう》。例 貿易をさかんにする。類 交易《こうえき》。

**ぼうえきしょう【貿易商】** 名 外国《がいこく》と、商《しょう》品《ひん》を売《う》り買いする店《みせ》。また、その人《ひと》。

**ぼうえきふう【貿易風】** 名 緯度《いど》三〇度《ど》の辺《あた》りから赤道《せきどう》に向《む》かって、一年《いちねん》じゅうふいている風《かぜ》。北半球《きたはんきゅう》では北東《ほくとう》、南半球《みなみはんきゅう》では南東《なんとう》の風《かぜ》。参考 昔《むかし》、貿易船《ぼうえきせん》がこの風《かぜ》を帆《ほ》に受《う》けて航海《こうかい》したので、この名《な》がついた。

**ぼうえきまさつ【貿易摩擦】** 名 輸《ゆ》出《しゅつ》と輸《ゆ》入《にゅう》のバランスが一方《いっぽう》に大《おお》きくかたよることで起《お》こる、国《くに》と国《くに》との間《あいだ》のもめごと。

**ぼうえんきょう【望遠鏡】** 名 筒《つつ》にレンズや反射鏡《はんしゃきょう》をはめて、遠《とお》くのものを大《おお》きく見《み》えるようにした装置《そうち》。例 望遠鏡で星《ほし》を観《かん》察《さつ》する。

**ほうおう【法王】** 名 ➡きょうこう（教皇）336ページ

**ほうおう【法皇】** 名 天皇《てんのう》の位《くらい》を退《しりぞ》いてお坊《ぼう》さんになった人《ひと》。例 後白河《ごしらかわ》法皇。

**ほうおう【鳳凰】** 名 中国《ちゅうごく》で、めでたいとされた、想像上《そうぞうじょう》の鳥《とり》。クジャクに似《に》ている。

**ぼうおん【防音】** 名 動する やかましい音《おと》が聞《き》こえないようにすること。例 窓《まど》を二重《にじゅう》にして防音する。

**ぼうおんそうち【防音装置】** 名 内部《ないぶ》の音《おと》が外《そと》にひびいたり、外の音《おと》が室内《しつない》に入《はい》るのを防《ふせ》いだりする仕《し》かけ。例 防音装置のしっかりした放送室《ほうそうしつ》。

**ほうか【放火】** 名 動する 火事《かじ》を起《お》こそうとして、家《いえ》などに、わざと火《ひ》をつけること。つけ火《び》。

**ほうか【法科】** 名 大学《だいがく》で、法律《ほうりつ》を研究《けんきゅう》する学科《がっか》。また、大学《だいがく》の法学部《ほうがくぶ》。

**ほうか【砲火】** 名 大砲《たいほう》をうったときに出《で》る




慣用句 へとも思《おも》わない　ちょっとの雨《あめ》ぐらい、へとも思《おも》わないで、傘《かさ》もささずにゆうゆうと歩《ある》いて行《い》く。

火《ひ》。

**砲火《ほうか》を交《まじ》える** 戦争《せんそう》をする。

**ほうが【邦画】** 名 ❶日本《にっぽん》で作《つく》った映画《えいが》。❷日本画《にほんが》。対（❶・❷）洋画《ようが》。

**ほうが【萌芽】** 名 ❶草木《くさき》が芽《め》を出《だ》すこと。❷ものごとの始《はじ》まり。きざし。例 復興《ふっこう》の萌芽が見《み》られる。

**○ぼうか【防火】** 名 火事《かじ》を防《ふせ》ぐこと。例 防火訓練《くんれん》が行《おこな》われる。

**ほうかい【崩壊・崩潰】** 名 動-する くずれて、こわれること。つぶれること。例 建物《たてもの》が崩壊する。古《ふる》い制度《せいど》が崩壊する。

**ほうがい【法外】** 形動 ふつうの程度《ていど》をこえているようす。例 法外な値段《ねだん》で取《と》り引《ひ》きされている。

**ぼうがい【妨害】** 名 動-する じゃまをすること。さまたげ。例 交通妨害《こうつうぼうがい》。

**ほうかいせき【方解石】** 名 石灰岩《せっかいがん》の一種《いっしゅ》。たたくとひし形《がた》に割《わ》れる。

**○ほうがく【方角】** 名 ❶東《ひがし》・西《にし》・南《みなみ》・北《きた》などの向《む》き。方位《ほうい》。例 東《ひがし》の方角に進《すす》む。❷向《む》き。方向《ほうこう》。例 駅《えき》の方角に向《む》かって歩《ある》いていった。

**ほうがく【邦楽】** 名 日本《にっぽん》に古《ふる》くからある音楽《おんがく》。三味線《しゃみせん》・琴《こと》・びわ・つづみなどを使《つか》う。対 洋楽《ようがく》。

**ほうがく【法学】** 名 法律《ほうりつ》を研究《けんきゅう》する学問《がくもん》。法律学《ほうりつがく》。例 法学部《ぶ》。

**ぼうかけんちく【防火建築】** 名 燃《も》えにくい材料《ざいりょう》で造《つく》ってある建物《たてもの》。

**ほうかご【放課後】** 名 学校《がっこう》で、その日《ひ》の授業《じゅぎょう》時間《じかん》が終《お》わったあと。

**ぼうかん【防寒】** 名 寒《さむ》さを防《ふせ》ぐこと。寒《さむ》さよけ。例 防寒服《ふく》。

**ぼうかん【傍観】** 名 動-する 何《なに》もしないで、そばで見《み》ていること。例 傍観していて助《たす》けようとしない。

**ぼうかん【暴漢】** 名 乱暴《らんぼう》をする男《おとこ》。例 暴漢におそわれる。

**ぼうかんぐ【防寒具】** 名 寒《さむ》さを防《ふせ》ぐための、体温《たいおん》をよく保《たも》つ衣類《いるい》。オーバー・手《て》ぶくろ・えり巻《ま》きなど。

**ほうがんし【方眼紙】** 名 縦横《たてよこ》に細《こま》かく線《せん》を引《ひ》き、たくさんの小《ちい》さな正方形《せいほうけい》のかいてある紙《かみ》。グラフ・展開図《てんかいず》・設計図《せっけいず》などをかくのに使《つか》う。

**ほうがんなげ【砲丸投げ】** 名 陸上競技《りくじょうきょうぎ》の一《ひと》つ。鉄《てつ》の重《おも》い球《たま》を投《な》げて、飛《と》んだ距離《きょり》を争《あらそ》う。

**ほうき【法規】** 名 法律《ほうりつ》や規則《きそく》。特《とく》に、法律《ほうりつ》上《じょう》の決《き》まり。例 交通法規《こうつうほうき》。

**ほうき【放棄】** 名 動-する 投《な》げ捨《す》てること。自分《じぶん》の役割《やくわり》や権利《けんり》などを投《な》げ出《だ》すこと。例 責任《せきにん》を放棄する。

**ほうき** 名 ちりや、ごみをはく道具《どうぐ》。

**ほうき〔伯耆〕** 地名 昔《むかし》の国《くに》の名《な》の一《ひと》つ。今《いま》の鳥取県《とっとりけん》の西部《せいぶ》にあたる。

**ほうきぼし【ほうき星】** 名 ほうきのような形《かたち》の尾《お》を引《ひ》いた星《ほし》。彗星《すいせい》。

**ぼうきゃく【忘却】** 名 動-する 忘《わす》れてしまうこと。例 あのことはもう忘却のかなたにある〔＝すっかり忘《わす》れてしまっている〕。

**ほうきゅう【俸給】** 名 会社《かいしゃ》や役所《やくしょ》などの勤《つと》め人《にん》に、しはらわれるお金《かね》。給料《きゅうりょう》。

**ぼうきょ【暴挙】** 名 ❶乱暴《らんぼう》なふるまい。❷だれがみても無理《むり》な計画《けいかく》。例 暴挙をくわだてる。

**ぼうぎょ【防御】** 名 動-する 防《ふせ》ぎ守《まも》ること。例 攻撃《こうげき》は最大《さいだい》の防御だ。対 攻撃《こうげき》。

**ぼうきょう【望郷】** 名 ふるさとをなつかしく思《おも》うこと。例 望郷の念《ねん》にかられる。

**ほうぎょく【宝玉】** 名 宝《たから》の玉《たま》。宝石《ほうせき》。

**ぼうきれ【棒切れ】** 名 木《き》の枝《えだ》や、小《ちい》さい木《き》ぎれ。例 棒切れをふり回《まわ》す。

**ぼうぐ【防具】** 名 攻撃《こうげき》などから身《み》を守《まも》る道具《どうぐ》。特《とく》に、剣道《けんどう》やフェンシングなどで身《み》につける面《めん》や胴《どう》、小手《こて》など。

**ぼうくうごう【防空壕】** 名 飛行機《ひこうき》などによる空《そら》からの攻撃《こうげき》に対《たい》して、身《み》を守《まも》るために作《つく》った穴《あな》や地下室《ちかしつ》。

**ぼうくうずきん【防空頭巾】** 名 太平洋《たいへいよう》戦争中《せんそうちゅう》、空襲《くうしゅう》から身《み》を守《まも》るために、頭《あたま》にすっぽりかぶった、綿入《わたい》れのずきん。

**ぼうグラフ【棒グラフ】** 名 〔算数《さんすう》で〕棒《ぼう》の形《かたち》を使《つか》って、数《かず》や量《りょう》を表《あらわ》したグラフ。➡グラフ❶ 377ページ

**ぼうくん【暴君】** 名 ❶人々《ひとびと》を苦《くる》しめる乱暴《らんぼう》な王様《おうさま》や殿様《とのさま》。❷わがままをおし通《とお》す人《ひと》。例

慣用句 ペンを走《はし》らせる 手紙《てがみ》をもらうと、父《ちち》はすぐ気軽《きがる》にペンを走《はし》らせて、返事《へんじ》を書《か》いている。

家《いえ》では暴君ぶりを発揮《はっき》する。

**ほうけい【方形】**（名）四角形《しかくけい》。

**ほうげき【砲撃】**（名）（動する）大砲《たいほう》をうって、攻撃《こうげき》すること。

**ほうける【惚ける】**（動）❶ぼんやりしている。（例）寝起《ねお》きのほうけた顔《かお》。❷何《なに》かに夢中《むちゅう》になる。（例）遊《あそ》びほうける。

✤**ほうげん【方言】**（名）ある地域《ちいき》だけで使《つか》われている言葉《ことば》。意味《いみ》や発音《はつおん》などが、共通語《きょうつうご》とちがう言葉《ことば》。（対）共通語《きょうつうご》。↓ことばの勉強室《べんきょうしつ》1196ページ

**ほうげん【放言】**（名）（動する）無責任《むせきにん》なことを言《い》うこと。また、その言葉《ことば》。（例）放言してはばからない。

◦**ぼうけん【冒険】**（名）（動する）危《あぶ》ないことや、成功《せいこう》するかどうかわからないことを、おしきってすること。（例）命《いのち》がけの冒険。

**ぼうげん【暴言】**（名）乱暴《らんぼう》で、失礼《しつれい》な言葉《ことば》。（例）暴言をはく。

**ほうけんじだい【封建時代】**（名）封建制《ほうけんせい》度《ど》の時代《じだい》。日本《にっぽん》では、武士《ぶし》が世《よ》の中《なか》を治《おさ》めていた鎌倉時代《かまくらじだい》から明治維新《めいじいしん》まで。ヨーロッパでは、九世紀《きゅうせいき》から十五世紀《じゅうごせいき》ごろまで。

**ほうけんしゅぎ【封建主義】**（名）封建的《ほうけんてき》なものの見方《みかた》や考《かんが》え方《かた》。

**ほうけんせいど【封建制度】**（名）将軍《しょうぐん》や王様《おうさま》が、その領地《りょうち》を大名《だいみょう》や家来《けらい》に分《わ》け与《あた》えて、治《おさ》めさせた仕組《しく》み。大名《だいみょう》は、自分《じぶん》の領地《りょうち》の人々《ひとびと》を支配《しはい》し、税金《ぜいきん》などを取《と》り立《た》てた。

**ほうけんてき【封建的】**（形動）地位《ちい》や身分《みぶん》の上下《じょうげ》を重《おも》んじ、個人《こじん》の権利《けんり》や自由《じゆう》をおさえつけているようす。（対）民主的《みんしゅてき》。

**ほうこ【宝庫】**（名）❶宝《たから》をしまっておく倉庫《そうこ》。❷すぐれた物《もの》や役立《やくだ》つ物《もの》がたくさんある所《ところ》。（例）図書館《としょかん》は知識《ちしき》の宝庫だ。

**ぼうご【防護】**（名）（動する）害《がい》を受《う》けないように、ふせぎまもること。（例）防護服《ふく》。

◦**ほうこう【方向】**（名）❶向《む》き。方角《ほうがく》。❷目当《めあ》て。方針《ほうしん》。方向性《ほうこうせい》。（例）将来《しょうらい》の方向を決《き》める。

**ほうこう【芳香】**（名）とてもよいかおり。（例）芳香剤《ざい》。

**ほうこう【奉公】**（名）（動する）❶国《くに》や社会《しゃかい》のためにつくすこと。（例）滅私《めっし》奉公〔=自分《じぶん》の損得《そんとく》を考《かんが》えず公《おおやけ》につくすこと〕。❷住《す》みこみで、主人《しゅじん》に仕《つか》えて働《はたら》くこと。〔古《ふる》い言《い》い方《かた》。〕

**ぼうこう【暴行】**（名）（動する）人《ひと》に暴力《ぼうりょく》をふるうこと。乱暴《らんぼう》すること。（例）通行人《つうこうにん》に暴行を加《くわ》える。

**ぼうこう**（名）腹《はら》の下《した》の方《ほう》にある器官《きかん》。腎臓《じんぞう》から送《おく》られてくる尿《にょう》を、一時《いちじ》ためておくところ。↓ないぞう（内臓）959ページ

**ほうこうおんち【方向音痴】**（名）方向《ほうこう》の感覚《かんかく》がにぶく、道《みち》にまよいやすい人《ひと》。

**ほうこうづける【方向づける】**（動）目当《めあ》てを決《き》める。方針《ほうしん》を決《き》める。（例）監督《かんとく》の考《かんが》え方《かた》がチームを方向づける。

**ほうこうてんかん【方向転換】**（名）（動する）❶進《すす》む方向《ほうこう》を変《か》えること。❷めあてや方針《ほうしん》を、別《べつ》の向《む》きに変《か》えること。（例）誤《あやま》りに気《き》づいて、早《はや》めに方向転換できた。

✤◦**ほうこく【報告】**（名）（動する）ものごとのなりゆきや、結果《けっか》などを知《し》らせること。また、その内容《ないよう》。（例）報告書《しょ》。実態《じったい》を報告する。

**ぼうこく【亡国】**（名）国《くに》がほろびること。また、ほろびた国《くに》。

✤**ほうこくぶん【報告文】**（名）〔国語《こくご》で〕ものごとのなりゆきや結果《けっか》などを知《し》らせる文章《ぶんしょう》。

**ぼうさい【防災】**（名）地震《じしん》や台風《たいふう》などからの

例解 ! ことばの勉強室

**報告《ほうこく》のしかた**

報告《ほうこく》でだいじなことは、相手《あいて》に伝《つた》えなければならないことを、できるだけわかりやすく伝えることだ。

まず、報告《ほうこく》の内容《ないよう》をしっかりと整理《せいり》しておこう。具体的《ぐたいてき》には、いくつのことを報告《ほうこく》するかをはっきりさせ、事実《じじつ》とそれに対《たい》する意見《いけん》とを分《わ》けておくとよい。

文章《ぶんしょう》で報告《ほうこく》するときは、小見出《こみだ》しをつけたり、だいじなことを箇条書《かじょうが》きにしたりするとわかりやすい。図表《ずひょう》や写真《しゃしん》などを使《つか》うのも効果的《こうかてき》だ。

また、話《はな》し言葉《ことば》で報告《ほうこく》するときは、見《み》やすい資料《しりょう》を示《しめ》しながら、聞《き》いている人《ひと》のことを考《かんが》えて、丁寧《ていねい》に、ゆっくり話《はな》すようにしよう。



慣用句 砲火《ほうか》を交《まじ》える　今《いま》も地球上《ちきゅうじょう》のどこかで、砲火《ほうか》を交《まじ》えている国《くに》があると聞《き》く。

## 例解❗ことばの勉強室

### 方言《ほうげん》

方言《ほうげん》は、その地域《ちいき》の人々《ひとびと》の生活《せいかつ》の言葉《ことば》、ふだん着《ぎ》の言葉《ことば》である。

「でんでんむしむし、かたつむり」と歌《うた》ったりするが、あなたの地域《ちいき》ではカタツムリを、どう呼《よ》んでいるだろうか。デンデンムシ、デデムシ、あるいはマイマイ、ツブリ、ツンナ…。

カタツムリの方言《ほうげん》分布《ぶんぷ》を地図《ちず》上《じょう》に表《あらわ》すと、左《ひだり》のようになる。

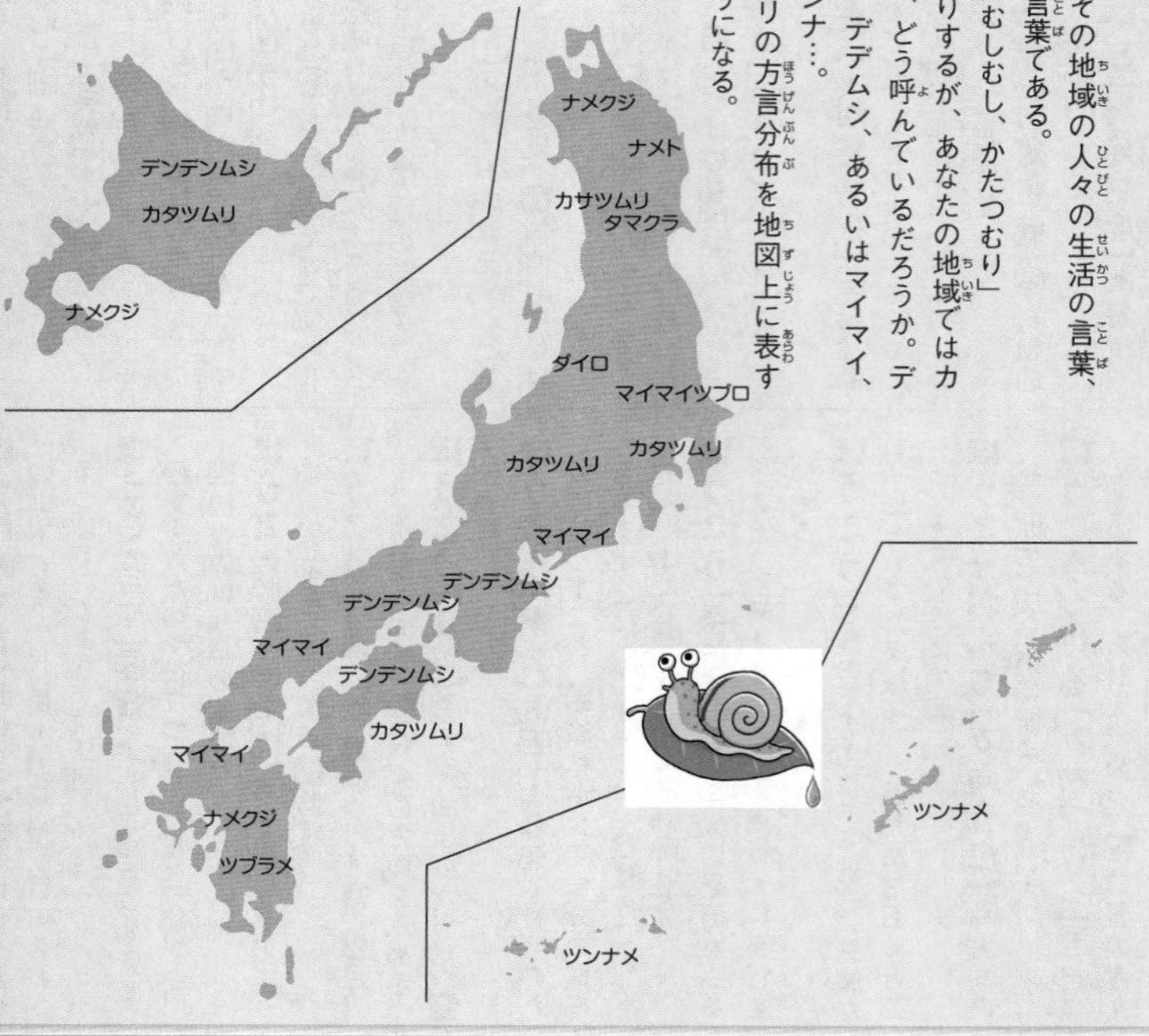


被害《ひがい》を、前《まえ》もって防《ふせ》ぐこと。また、被害《ひがい》をできるだけ少《すく》なくおさえること。例 防災訓練《くんれん》を行《おこな》う。

**ぼうさいずきん【防災頭巾】** 名 災害《さいがい》のときに頭《あたま》を守《まも》るために着《つ》ける、綿《わた》をつめて作《つく》ったずきん。

**ほうさく【方策】** 名 はかりごと。やり方《かた》。手《て》だて。方法《ほうほう》。例 方策を練《ね》る。類 手段《しゅだん》。

**ほうさく【豊作】** 名 農作物《のうさくぶつ》のできがいいこと。特《とく》に、米《こめ》がたくさん取《と》れること。満作《まんさく》。対 凶作《きょうさく》。不作《ふさく》。

**ぼうさつ【忙殺】** 名 動-する 〔「…される」の形《かたち》で〕非常《ひじょう》にいそがしいこと。例 仕事《しごと》に忙殺される。

**ぼうさりん【防砂林】** 名 風《かぜ》にふき飛《と》ばされた砂《すな》による害《がい》を防《ふせ》ぐために植《う》えた林《はやし》。

**ほうさん【放散】** 名 動-する 中《なか》にこもっているものを外《そと》に出《だ》して散《ち》らすこと。例 熱《ねつ》を放散する。

**ほうさん【ほう酸】** 名 白《しろ》くて、つやのある、うろこ形《がた》の結晶《けっしょう》。うがい・消毒《しょうどく》などに使《つか》われる。

**ぼうさん【坊さん】** 名 仏《ほとけ》に仕《つか》える人《ひと》。「僧侶《そうりょ》」を親《した》しみ敬《うやま》って呼《よ》ぶ言葉《ことば》。お坊《ぼう》さん。

**ほうし【奉仕】** 名 動-する ❶世《よ》の中《なか》のためにつくすこと。例 社《しゃ》会《かい》奉仕。❷商品《しょうひん》を安《やす》く売《う》ること。サービス。例 奉仕品《ひん》。

**ほうし【法師】** 名 お坊《ぼう》さん。僧侶《そうりょ》。〔古《ふる》い言《い》い方《かた》。〕例 兼好《けんこう》法師。

慣用句 **ほうほうの体《てい》** 場《ば》ちがいな所《ところ》に出《で》てしまい、これはまずいと、ほうほうの体《てい》で逃《に》げ帰《かえ》った。

カボチャや、空《そら》にあげるタコにも、地域《ちいき》によってちがった方言《ほうげん》がある。

●カボチャ
ボウブラ（九州《きゅうしゅう》）
トウナス（関東《かんとう》）
ナンキン（関西《かんさい》）

●タコ
イカ（北陸《ほくりく》・関西《かんさい》）
ハタ（東北《とうほく》・北九州《きたきゅうしゅう》）
ヨーズ（広島《ひろしま》・山口《やまぐち》）

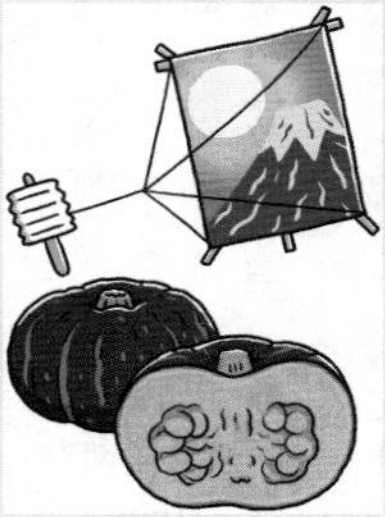

呼《よ》び名《な》だけではない。関西《かんさい》では「買《か》った」を「買《こ》うた」とも言《い》い、「本《ほん》をかった」と言えば「本《ほん》を借《か》りた」ことになる。

あるいは「かたづける」ことを「かたす」、「捨《す》てる」ことを「なげる・ほかす」、「暑《あつ》いから」を「暑《あつ》いさかい・暑《あつ》いで・暑《あつ》いけー・暑《あつ》かけん」などと言《い》う地域《ちいき》もある。

「シャベル」と「スコップ」のように、東日本《ひがしにほん》と西日本《にしにほん》では、さすものの大小《だいしょう》が逆《ぎゃく》になる例《れい》もある。

また、同《おな》じ言葉《ことば》でも、東京《とうきょう》の下町《したまち》では「一《ひと》つ」を「シトツ」、「お日様《ひさま》」を「オシサマ」と発音《はつおん》したりする。関西《かんさい》では「橋《はし》」「雨《あめ》」「歌《うた》」など、共通語《きょうつうご》と逆《ぎゃく》のアクセントになる言葉《ことば》がある。これも方言《ほうげん》の一《ひと》つである。

なかには、広《ひろ》く知《し》られて、共通語《きょうつうご》のようになった方言《ほうげん》もある。

・しばれる（＝ひどく寒《さむ》い）（北海道《ほっかいどう》・東北《とうほく》）
・めんこい（＝かわいい）（東北《とうほく》）
・うざったい（＝わずらわしい）（関東《かんとう》）
・しんどい（＝つかれてつらい）（関西《かんさい》）
・がめつい（＝抜《ぬ》け目《め》がない）（関西《かんさい》）
・わや（＝むちゃ）（関西《かんさい》）
・めんそーれ（＝いらっしゃいませ）（沖縄《おきなわ》）

**ほうし【胞子】** 名 コケやキノコなどにできる、粉《こな》のような細胞《さいぼう》。

**ほうじ【法事】** 名 死《し》んだ人《ひと》のたましいをなぐさめるために行《おこな》う、仏教《ぶっきょう》の儀式《ぎしき》。法要《ほうよう》。

**ぼうし【防止】** 名 動する 起《お》こっては困《こま》ることなどが起《お》こらないように防《ふせ》ぐこと。例 交通事故《こうつうじこ》を防止する。

**°ぼうし【帽子】** 名 頭《あたま》を守《まも》ったり身《み》なりを整《ととの》えたりするために、頭《あたま》にかぶるもの。

**ほうしき【方式】** 名 決《き》まったやり方《かた》や形式《けいしき》。例 新《あたら》しい方式にきりかえる。

**ぼうじしゃく【棒磁石】** 名 ↓じしゃく❶ 555ページ

**ほうししょくぶつ【胞子植物】** 名 シダ・コケなど、花《はな》が咲《さ》かず、胞子《ほうし》で増《ふ》える植物《しょくぶつ》。

**ほうじちゃ【ほうじ茶】** 名 番茶《ばんちゃ》を強火《つよび》でいって作《つく》った茶《ちゃ》。独特《どくとく》の香《かお》りがある。

**ほうしゃ【放射】** 名 動する ❶一《いっ》か所《しょ》から四《し》方八方《ほうはっぽう》にのびて出《で》ること。❷光《ひかり》や電波《でんぱ》を外《そと》へ放《はな》つこと。輻射《ふくしゃ》。例 Ｘ線《エックスせん》を放射する。❸〔理科《りか》で〕熱《ねつ》の伝《つた》わり方《かた》の一《ひと》つ。熱《ねつ》が空間《くうかん》を通《とお》って物《もの》に伝《つた》わること。輻射《ふくしゃ》。関連 伝導《でんどう》。対《たい》流《りゅう》。↓たいりゅう 784ページ

**■ぼうじゃくぶじん【傍若無人】** 名 形動 そばに人《ひと》がいないかのように、勝手《かって》気ままにふるまうこと。例 傍若無人な態度《たいど》。

**ほうしゃじょう【放射状】** 名 一《ひと》つの点《てん》から、四方八方《しほうはっぽう》へ向《む》かって広《ひろ》がっているよう

あいうえお かきくけこ さしすせそ たちつてと なにぬねの はひふへほ まみむめも や ゆ よ らりるれろ わ を ん

 慣用句 他《ほか》ならない 他《ほか》ならないお得意《とくい》さんのことだからと、父《ちち》は少《すこ》し値引《ねび》きをした。

す。例 広場《ひろば》から放射状にのびた道路《どうろ》。

**ほうしゃせいげんそ**【放射性元素】名 放射線《ほうしゃせん》を出《だ》す性質《せいしつ》を持《も》っている元素《げんそ》。ウランやラジウムなど。

**ほうしゃせん**【放射線】名 ウランやラジウムなどの放射性元素《ほうしゃせいげんそ》がこわれて、他《ほか》の元素《げんそ》に変《か》わるときに出《だ》すもの。大量《たいりょう》に浴《あ》びると有害《ゆうがい》である。

**ほうしゃのう**【放射能】名 放射線《ほうしゃせん》を出《だ》すはたらきや性質《せいしつ》。

**ぼうしゅ**【芒種】名 イネなどの穀物《こくもつ》を植《う》えるころ。六月六日《ろくがつむいか》ごろ。二十四節気《にじゅうしせっき》の一《ひと》つ。

**ほうしゅう**【報酬】名 仕事《しごと》や骨折《ほねお》りに対《たい》するお礼《れい》としてしはらわれる、お金《かね》や品物《しなもの》。例 五千円《ごせんえん》の報酬を得《え》る。

**ほうしゅつ**【放出】名 動-する ❶勢《いきお》いよくふき出《だ》させること。例 ホースから、水《みず》を放出する。❷たくわえていた物《もの》を、一度《いちど》に出《だ》すこと。例 食糧《しょくりょう》を放出する。

**ほうしょう**【法相】名 法務省《ほうむしょう》のいちばん上《うえ》の役《やく》の人《ひと》。法務大臣《ほうむだいじん》。

**ほうじょう ときむね**〔北条時宗〕人名（男）（一二五一～一二八四）鎌倉幕府《かまくらばくふ》第八代《だいはちだい》の執権《しっけん》。二度《にど》にわたって元《げん》の国《くに》が攻《せ》めてきたのを、退《しりぞ》けた。

**ほうじょう まさこ**〔北条政子〕人名（女）（一一五七～一二二五）源頼朝《みなもとのよりとも》の妻《つま》。頼朝《よりとも》の死後《しご》、鎌倉幕府《かまくらばくふ》の政治《せいじ》の実権《じっけん》を握《にぎ》り、尼将軍《あましょうぐん》とよばれた。

**ほうしょく**【飽食】名 動-する 腹《はら》いっぱい食《た》べること。また、食《た》べ物《もの》に不自由《ふじゆう》しないこと。例 飽食の時代《じだい》。

**ほうじる**【報じる】動〔「報《ほう》ずる」ともいう。〕❶広《ひろ》く知《し》らせる。告《つ》げる。例 ラジオが七時《しちじ》を報じた。❷報《むく》いる。例 ご恩《おん》に報じる。

○**ほうしん**【方針】名 目《め》ざす方向《ほうこう》。目当《めあ》て。やり方《かた》。例 今後《こんご》の方針を決《き》める。

**ほうしん**【放心】名 動-する 気《き》がぬけて、ぼんやりしてしまうこと。例 放心状態《じょうたい》。

**ほうじん**【邦人】名 日本人《にほんじん》。特《とく》に、外国《がいこく》にいる日本人《にほんじん》。例 在留《ざいりゅう》邦人。

**ほうじん**【法人】名 会社《かいしゃ》や団体《だんたい》などで、法律《ほうりつ》の上《うえ》で、人間《にんげん》と同《おな》じように権利《けんり》や義務《ぎむ》を認《みと》められているもの。例 財団《ざいだん》法人。

**ぼうず**【坊主】名 ❶お坊《ぼう》さん。僧侶《そうりょ》。❷頭《あたま》の毛《け》を短《みじか》くかってあること。例 坊主頭《あたま》。❸男《おとこ》の子《こ》を親《した》しんで呼《よ》ぶ言葉《ことば》。例 うちの坊主の誕生日《たんじょうび》。❹〔ある言葉《ことば》のあとにつけて〕親《した》しみやあざけりの気持《きも》ちを表《あらわ》す言葉《ことば》。例 いたずら坊主。三日《みっか》坊主。

**ほうすい**【放水】名 動-する ❶水《みず》を流《なが》すこと。例 ダムの放水。❷ホースで水《みず》を勢《いきお》いよくかけること。例 はしご車《しゃ》で放水する。

**ぼうすい**【防水】名 動-する 水《みず》がしみこまないようにすること。例 防水加工《かこう》の服《ふく》。

**ほうすいろ**【放水路】名 ❶洪水《こうずい》を防《ふせ》ぐために、本流《ほんりゅう》から分《わ》けた人工《じんこう》の川《かわ》。❷水力発電所《すいりょくはつでんしょ》で、使《つか》った水《みず》を流《なが》す人工《じんこう》の川《かわ》。

**ほうずる**【報ずる】動 ⇩ほうじる 1198ページ

**ほうせい**【砲声】名 大砲《たいほう》をうったときに出《で》る音《おと》。例 砲声がとどろく戦場《せんじょう》。

**ほうせき**【宝石】名 美《うつく》しくて値打《ねう》ちのある、かざりに使《つか》われる石《いし》。ダイヤモンド・ルビー・サファイア・エメラルドなど。

**ぼうせき**【紡績】名 羊《ひつじ》の毛《け》や綿《わた》などから、糸《いと》を作《つく》ること。例 紡績工場《こうじょう》。

**ぼうせつりん**【防雪林】名 ふぶきやなだれなどの雪《ゆき》の害《がい》を防《ふせ》ぐために、家《いえ》や鉄道《てつどう》の近《ちか》くなどに作《つく》った林《はやし》。

**ぼうせん**【防戦】名 動-する 敵《てき》や相手《あいて》の攻撃《こうげき》を防《ふせ》いで、戦《たたか》うこと。例 防戦一方《いっぽう》の試合《しあい》。

✤**ぼうせん**【傍線】名 字《じ》や文《ぶん》のわきに引《ひ》いた線《せん》。サイドライン。例 だいじなところに傍線を引《ひ》く。参考 横書《よこが》きの場合《ばあい》は、「下線《かせん》」「アンダーライン」という。

**ぼうぜん**【呆然】副(-と) あっけにとられたようす。例 ぼう然と立《た》ちつくす。

**ほうせんか**名 夏《なつ》のころ葉《は》のつけ根《ね》に花《はな》をつける草花《くさばな》。花《はな》の色《いろ》は赤《あか》・白《しろ》など。実《み》は熟《じゅく》すと、種《たね》をはじき飛《と》ばす。

**ほうそう**【包装】名 動-する 品物《しなもの》を紙《かみ》などで包《つつ》むこと。ラッピング。例 プレゼントを包装する。

✤○**ほうそう**【放送】名 動-する ❶ラジオ・テレビなどで、ニュース・演芸《えんげい》・ドラマ・音楽《おんがく》などの番組《ばんぐみ》を送《おく》ること。❷拡声装置《かくせいそうち》を使《つか》って多《おお》くの人《ひと》に伝《つた》えること。例 場内《じょうない》放送。

あいうえお かきくけこ さしすせそ たちつてと なにぬねの はひふへほ まみむめも や ゆ よ らりるれろ わ を ん

慣用句 矛先《ほこさき》をかわす　次々《つぎつぎ》と反論《はんろん》してくる相手《あいて》の矛先《ほこさき》をかわしながら、言《い》い返《かえ》すすきをねらう。

**ほうそう** [名] ↓てんねんとう 898ページ

**ほうそう【法曹】** [名] 法律《ほうりつ》の仕事《しごと》をしている人《ひと》。裁判官《さいばんかん》や検察官《けんさつかん》、弁護士《べんごし》など。

**ぼうそう【暴走】** [名][動-する] ❶乱暴《らんぼう》な走《はし》り方《かた》をすること。[例]バイクが暴走する。❷車《くるま》などが、自然《しぜん》に走《はし》りだすこと。[例]無人電車《むじんでんしゃ》の暴走。❸自分勝手《じぶんかって》にものごとをすること。[例]暴走は迷惑《めいわく》だ。

**ほうそうきょく【放送局】** [名] ラジオやテレビなどの放送《ほうそう》を行《おこな》う所《ところ》。

✤**ほうそうげき【放送劇】** [名] ラジオで放送《ほうそう》する劇《げき》。ラジオドラマ。

**ほうそうし【包装紙】** [名] 品物《しなもの》を包《つつ》むための紙《かみ》。

**ぼうそうはんとう**〔房総半島〕[地名] 千葉県《ちばけん》の南半分《みなみはんぶん》にあたる半島《はんとう》。西《にし》は東京湾《とうきょうわん》、東《ひがし》と南《みなみ》は太平洋《たいへいよう》に面《めん》している。

○**ほうそく【法則】** [名] ❶いつ、どこでも当《あ》てはまる決《き》まり。[例]万有引力《ばんゆういんりょく》の法則。❷決《き》まり。

**ほうたい【包帯】** [名][動-する] 傷口《きずぐち》などをおおうために巻《ま》く、細長《ほそなが》いきれ。

**ほうだい【放題】** 〔ある言葉《ことば》のあとにつけて〕思《おも》うぞんぶん…する。…ままにしておく。[例]食《た》べほうだい。草《くさ》がのびほうだいだ。

**ぼうだい【膨大】** [形動] 量《りょう》や規模《きぼ》が非常《ひじょう》に大《おお》きくなるようす。非常《ひじょう》に大《おお》きいようす。非《ひ》常《じょう》に多《おお》いようす。[例]膨大なごみの量《りょう》。

**ぼうたかとび【棒高跳び】** [名] 陸上競技《りくじょうきょうぎ》の一《ひと》つ。棒《ぼう》〔=ポール〕を使《つか》って、高《たか》い横木《よこぎ》〔=バー〕をとびこす。

〔ぼうたかとび〕

**ぼうだち【棒立ち】** [名] 〔おどろいたり、心《こころ》を強《つよ》く動《うご》かされたりして〕棒《ぼう》のように立《た》ったままになること。[例]突《とつ》然《ぜん》のかみなりに、足《あし》がすくんで棒立ちになった。

**ほうだん【砲弾】** [名] 大砲《たいほう》の弾《たま》。

**ほうち【放置】** [名][動-する] かまわず、そのままにしておくこと。ほうりっぱなし。[例]自転車《じてんしゃ》が放置されている。

**ほうち【報知】** [名][動-する] 知《し》らせること。知《し》らせ。[例]火災報知機《かさいほうちき》。[類]通知《つうち》。

**ほうちく【放逐】** [名][動-する] 追《お》い出《だ》すこと。[例]悪者《わるもの》を島《しま》から放逐する。

**ほうちこっか【法治国家】** [名] 法律《ほうりつ》をもとにして、政治《せいじ》が行《おこな》われている国《くに》。

**ぼうちゅうざい【防虫剤】** [名] 衣類《いるい》や書《しょ》物《もつ》などに、虫《むし》がつくのを防《ふせ》ぐ薬《くすり》。しょうのう・ナフタリンなど。

**ほうちょう【包丁】** [名] 野菜《やさい》・魚《さかな》・肉《にく》などを切《き》るのに使《つか》う刃物《はもの》。

**ぼうちょう【傍聴】** [名][動-する] 会議《かいぎ》や裁判《さいばん》を、そばにいて聞《き》くこと。[例]傍聴席《ぼうちょうせき》。

**ぼうちょう【膨張】** [名][動-する] ❶ふくれあがること。[例]風船《ふうせん》が膨張する。❷熱《ねつ》などで、物《もの》の体積《たいせき》が増《ふ》えること。[例]空気《くうき》が膨張する。[対](❶・❷)収縮《しゅうしゅく》。❸数量《すうりょう》や規模《きぼ》などが大《おお》きくなること。[例]人口《じんこう》が膨張する。

**ぼうちょうてい【防潮堤】** [名] 海水《かいすい》や高《たか》潮《しお》が入《はい》りこむのを防《ふせ》ぐために設《もう》けた堤防《ていぼう》。

**ほうっておく【放っておく】** そのままにしておく。[例]弟《おとうと》が泣《な》きだしてもほうっておく。

**ほうてい【法廷】** [名] 裁判《さいばん》が行《おこな》われる所《ところ》。

**ほうてい【法定】** [名] 法律《ほうりつ》で定《さだ》めること。また、定《さだ》められていること。[例]法定伝染病《ほうていでんせんびょう》。

**ほうていしき【方程式】** [名] ❶答《こた》えのわからない文字《もじ》を含《ふく》む等式《とうしき》。[例]方程式 $x+2=8$ の解《かい》は、$x=6$ だ。❷ものごとを解決《かいけつ》するための決《き》まった方法《ほうほう》。[例]勝利《しょうり》の方程式。

**ほうでん【放電】** [名][動-する] ❶電気《でんき》が流《なが》れ出《で》ること。[例]電池《でんち》の放電を防《ふせ》ぐ。[対]充電《じゅうでん》。❷プラスとマイナスの電極《でんきょく》の間《あいだ》の空間《くうかん》を、電《でん》流《りゅう》が流《なが》れること。

**ぼうてん【傍点】** [名] 読《よ》む人《ひと》の注意《ちゅうい》を引《ひ》くために、字《じ》のわきに打《う》つ点《てん》。[例]傍点の部分《ぶぶん》に注《ちゅう》意《い》する。

**ぼうと【暴徒】** [名] 集《あつ》まって乱暴《らんぼう》をする人々《ひとびと》。[例]暴徒を取《と》りしまる。

✤○**ほうどう【報道】** [名][動-する] 〔新聞《しんぶん》・テレビなどで〕世《よ》の中《なか》の出来事《できごと》を、広《ひろ》く人々《ひとびと》に知《し》らせること。また、その知《し》らせ。ニュース。[例]報道番組《ほうどうばんぐみ》。

**ぼうとう【冒頭】** [名] 文章《ぶんしょう》・話《はなし》・ものごとなどの初《はじ》めの部分《ぶぶん》。[例]冒頭の挨拶《あいさつ》。

あいうえお かきくけこ さしすせそ たちつてと なにぬねの はひふへほ まみむめも やゆよ らりるれろ わをん



慣用句 骨折《ほねお》り損《ぞん》のくたびれもうけ　せっかく世話《せわ》をしたのにやめてしまうなんて、骨折《ほねお》り損《ぞん》のくたびれもうけだった。

**ぼうとう**【暴投】名 動-する 野球《やきゅう》・ソフトボールで、相手《あいて》がとれないような悪《わる》い球《たま》を投《な》げること。

**ぼうとう**【暴騰】名 動-する 物《もの》の値段《ねだん》などがひどく高《たか》くなること。例 土《と》地《ち》の暴騰で、家《いえ》が買《か》えない。対 暴落《ぼうらく》。

**ぼうどう**【暴動】名 たくさんの人《ひと》が集《あつ》まって、社会《しゃかい》を乱《みだ》すようなさわぎを起《お》こすこと。

**ほうどうきかん**【報道機関】名 社会《しゃかい》の出来事《できごと》を、広《ひろ》く人々《ひとびと》に知《し》らせる仕事《しごと》をしている所《ところ》。新聞社《しんぶんしゃ》・放送局《ほうそうきょく》など。マスコミ。

**ぼうとく**【冒とく】名 動-する 尊《とうと》いものなどをけがすこと。例 神《かみ》を冒とくする。

**ぼうどく**【防毒】名 毒《どく》を防《ふせ》ぐこと。特《とく》に、毒《どく》ガスを防《ふせ》ぐこと。例 防毒マスク。

**ほうにち**【訪日】名 動-する 外国人《がいこくじん》が、日本《にっぽん》を訪《たず》ねて来《く》ること。来日《らいにち》。例 訪日客《きゃく》。

**ほうにん**【放任】名 動-する 口出《くちだ》しをしないで、そのままほうっておくこと。例 子《こ》どものいたずらを放任する。

**ほうねん**【放念】名 動-する 気《き》にかけないこと。参考「なにとぞご放念《ほうねん》ください」のように、手紙文《てがみぶん》で使《つか》う。

**ほうねん**【豊年】名 米《こめ》・麦《むぎ》などの穀物《こくもつ》がよく実《みの》った年《とし》。例 豊年満作《まんさく》(=穀物《こくもつ》、特《とく》に米《こめ》がよくとれること)。対 凶年《きょうねん》。

**ほうねん**〖法然〗人名 (男)(一一三三〜一二一二)平安《へいあん》時代《じだい》の末《すえ》から鎌倉《かまくら》時代《じだい》の初《はじ》めに、浄土宗《じょうどしゅう》を開《ひら》き念仏《ねんぶつ》の教《おし》えを広《ひろ》めたお坊《ぼう》さん。

**ぼうねんかい**【忘年会】名 年《とし》の暮《く》れに、その年《とし》の苦労《くろう》などを忘《わす》れるために行《おこな》う宴会《えんかい》。年忘《としわす》れの会《かい》。

**ほうのう**【奉納】名 動-する 神《かみ》や仏《ほとけ》にさしあげること。例 舞《まい》を奉納する。

**ぼうはつ**【暴発】名 動-する ❶不《ふ》注《ちゅう》意《い》のために、不《ふ》意《い》にピストルなどの弾《たま》が飛《と》び出《だ》すこと。❷よくないことが急《きゅう》に起《お》こること。例 群《ぐん》衆《しゅう》が暴発する。

**ぼうはてい**【防波堤】名 外海《がいかい》からの大波《おおなみ》を防《ふせ》ぎ、港《みなと》の中《なか》が静《しず》かになるように、海《うみ》に作《つく》った堤防《ていぼう》。

**ぼうはん**【防犯】名 犯罪《はんざい》が起《お》こらないように防《ふせ》ぐこと。例 防犯ベル。

**◦ほうび**【褒美】名 その人《ひと》のしたことなどをほめて、与《あた》える品物《しなもの》やお金《かね》。例 入選《にゅうせん》して褒美をいただいた。

**ぼうび**【防備】名 動-する 敵《てき》や災害《さいがい》を防《ふせ》ぐための備《そな》えをすること。また、その設備《せつび》。例 防備を固《かた》める。

**ほうふ**【抱負】名 こうしてみたいと、考《かんが》えていること。例 今年《ことし》の抱負を語《かた》る。

**ほうふ**【豊富】形動 たっぷりあるようす。例 資源《しげん》の豊富な国《くに》。

**ぼうふ**【亡父】名 死《し》んだ父《ちち》。

**ぼうふう**【暴風】名 激《はげ》しい風《かぜ》。木《き》がたおれたり、家《いえ》がこわれたりするような大風《おおかぜ》。

**ぼうふういき**【暴風域】名 台風《たいふう》の周《まわ》りで、風速《ふうそく》二五メートル以上《いじょう》の風《かぜ》がふいているか、ふくと予想《よそう》される領域《りょういき》。予報図《よほうず》では、円《えん》で示《しめ》される。

**ぼうふうう**【暴風雨】名 激《はげ》しい雨《あめ》と風《かぜ》。あらし。

**ぼうふうけん**【暴風圏】名 暴風《ぼうふう》がふきあれている範囲《はんい》。例 台風《たいふう》の暴風圏に入《はい》る。

**ぼうふうりん**【防風林】名 風《かぜ》の害《がい》を防《ふせ》ぐために、木《き》を植《う》えて作《つく》った林《はやし》。

**ほうふく**【報復】名 動-する 仕返《しかえ》しをすること。例 敵《てき》の報復に備《そな》える。

**■ほうふくぜっとう**【抱腹絶倒】名 動-する 腹《はら》をかかえて転《ころ》げ回《まわ》るほど、大笑《おおわら》いすること。例 抱腹絶倒のお笑《わら》い番組《ばんぐみ》。

**ぼうふざい**【防腐剤】名 物《もの》がくさるのを防《ふせ》ぐ薬《くすり》。

**ほうふつ** 副-と 動-する よく似《に》たものを、ありありと思《おも》いうかべるようす。例 昔《むかし》をほうふつとさせる町並《まちな》み。

**ほうぶつせん**【放物線】名 ななめに投《な》げ上《あ》げた物《もの》が、落《お》ちてくるまでに空中《くうちゅう》にえがく曲線《きょくせん》。また、その形《かたち》の線《せん》。

**ぼうふら** 名 蚊《か》の幼虫《ようちゅう》。水《みず》たまりなどにいる。

**ほうぶん**【邦文】名 日本語《にほんご》の文字《もじ》や文章《ぶんしょう》。和文《わぶん》。

**ぼうへき**【防壁】名 敵《てき》の侵入《しんにゅう》などを防《ふせ》ぐための壁《かべ》。

**ほうべん**【方便】名 目的《もくてき》のために、そのと

慣用句 ぼろが出《で》る　うそをついていたが、とうとうぼろが出《で》てしまった。

あいうえお かきくけこ さしすせそ たちつてと なにぬねの はひふへほ まみむめも やゆよ らりるれろ わをん

きだけ使《つか》う方法《ほうほう》。例 うそも方便。

**ºほうほう【方法】** 名 ものごとを行《おこな》うやり方《かた》。しかた。例 問題《もんだい》を解《と》く方法。

**ºほうぼう【方方】** 名 あちらこちら。例 工事《こうじ》を望《のぞ》む声《こえ》が方々から聞《き》かれる。

**ほうほうのてい【ほうほうの体△】** ひどい目《め》にあって、やっとのことでにげだすようす。例 ほうほうの体でにげ帰《かえ》った。

**ほうぼく【放牧】** 名 動-する 牛《うし》や馬《うま》などを、野原《のはら》や牧場《ぼくじょう》に放《はな》して飼《か》うこと。放《はな》し飼《が》い。例 放牧場《じょう》。

**ほうまん【豊満】** 名 形動 肉《にく》付《づ》きがよいこと。例 豊満な体《からだ》つきの人《ひと》。

**ほうむしょう【法務省】** 名 裁判《さいばん》や法律《ほうりつ》に関《かん》した仕事《しごと》をする、国《くに》の役所《やくしょ》。

**ほうむりさる【葬º り去る】** 動 表《おもて》に出《で》てこないようにする。例 事件《じけん》を闇《やみ》に葬り去る。社会《しゃかい》から葬り去る。

**ほうむる【葬º る】** 動 ❶死体《したい》や骨《ほね》を墓《はか》に納《おさ》める。❷人《ひと》に知《し》られないようにかくす。例 事件《じけん》をやみに葬る。❸世《よ》の中《なか》に出《で》られないようにする。例 社会《しゃかい》から葬られる。⬇そう【葬】743ページ

**ほうめい【芳º名】** 名 相手《あいて》の名前《なまえ》をうやまった言《い》い方《かた》。お名前《なまえ》。

**ぼうめい【亡命】** 名 動-する 政治上《せいじじょう》の理由《りゆう》などで、外国《がいこく》にのがれること。

**ほうめん【方面】** 名 ❶その辺《あた》り。そちらの方《ほう》。例 台風《たいふう》は、関東《かんとう》方面に向《む》かっている。❷分野《ぶんや》。例 音楽《おんがく》方面にくわしい。

**ほうめん【放º免】** 名 動-する ❶罪人《ざいにん》などを、自由《じゆう》にしてやること。❷解《と》き放《はな》つこと。例 試験勉強《しけんべんきょう》から放免される。

**ほうもつ【宝物】** 名 昔《むかし》から伝《つた》えられてきた、値打《ねう》ちのあるもの。例 正倉院《しょうそういん》の宝物。

**ºほうもん【訪問】** 名 動-する よその家《いえ》を訪《たず》ねること。例 先生《せんせい》の家《いえ》を訪問する。

**ぼうや【坊º や】** 名 男《おとこ》の子《こ》を、親《した》しんで呼《よ》ぶ言葉《ことば》。

**ほうよう【法要】** 名 ⬇ほうじ 1197ページ

**ほうよう【抱º擁º】** 名 動-する だきしめること。だき合《あ》うこと。例 別《わか》れを惜《お》しんで抱擁を交《か》わす。

**ほうようりょく【包容力】** 名 人《ひと》の欠点《けってん》やあやまちなどを、気《き》にかけないで、受《う》け入《い》れることのできる力《ちから》。例 包容力のある人《ひと》。

**ぼうよみ【棒読み】** 名 動-する 声《こえ》の強弱《きょうじゃく》などを考《かんが》えないで、同《おな》じ調子《ちょうし》で読《よ》むこと。例 せりふを棒読みする。

**ほうらく【崩º落】** 名 動-する くずれ落《お》ちること。例 岩石《がんせき》が崩落した。

**ぼうらく【暴落】** 名 動-する 物《もの》の値段《ねだん》などが、ひどく下《さ》がること。例 株式《かぶしき》の値段《ねだん》が暴落する。対 暴騰《ぼうとう》。

**ぼうり【暴利】** 名 並外《なみはず》れたもうけ。例 暴利をむさぼる。

**ほうりこむ【放り込º む】** 動 投《な》げて入《い》れる。乱暴《らんぼう》に入《い》れる。例 ごみをごみ箱《ばこ》に放り込む。

**ほうりだす【放り出す】** 動 ❶乱暴《らんぼう》に外《そと》に出《だ》す。例 窓《まど》から放り出す。❷投《な》げるようにして置《お》く。例 本《ほん》を放り出す。❸途中《とちゅう》でやめる。例 宿題《しゅくだい》を放り出す。❹世話《せわ》をせずに、捨《す》てておく。例 弟《おとうと》を放り出して遊《あそ》びに行《い》く。

**ºほうりつ【法律】** 名 国民《こくみん》が従《したが》わなくてはならない、国《くに》が決《き》めた決《き》まり。

**ほうりなげる【放り投げる】** 動 ❶乱暴《らんぼう》に投《な》げる。例 かばんを放り投げる。❷ものごとを途中《とちゅう》でやめる。例 宿題《しゅくだい》を放り投げて遊《あそ》びに行《い》く。

**ほうりゃく【方略】** 名 はかりごと。たくらみ。例 強敵《きょうてき》に打《う》ち勝《か》つ方略を考《かんが》える。

**ぼうりゃく【謀º略】** 名 人《ひと》をだますためのはかりごと。たくらみ。

**ほうりゅう【放流】** 名 動-する ❶せき止《と》めた水《みず》を流《なが》すこと。例 ダムの水《みず》を放流する。❷魚《さかな》を増《ふ》やすために、魚《さかな》の稚魚《ちぎょ》を川《かわ》などに放《はな》すこと。例 サケを放流する。

**ほうりゅうじ【法隆º寺】** 名 奈良県《ならけん》斑鳩町《いかるがちょう》にある寺《てら》。六〇七年《ねん》に聖徳太子《しょうとくたいし》によって建《た》てられたといわれ、その一部《いちぶ》は

〔ほうりゅうじ〕



慣用句 本腰《ほんこし》を入《い》れる　テストが一週間後《いっしゅうかんご》に迫《せま》っているから、そろそろ本腰《ほんこし》を入《い》れて勉強《べんきょう》しよう。

世界《せかい》でいちばん古《ふる》い木造建築《もくぞうけんちく》。国宝《こくほう》も多《おお》い。世界遺産《せかいいさん》。

**ほうりょう【豊漁】** 名 魚《さかな》がたくさんとれること。大漁《たいりょう》。例 サンマが豊漁だ。

**ぼうりょく【暴力】** 名 力《ちから》でする、乱暴《らんぼう》な行《おこな》い。例 暴力をふるう。

**ボウリング**〔英語 bowling〕名 屋内競技《おくないきょうぎ》の一《ひと》つ。ボールを転《ころ》がして、十本《じっぽん》のとくり形《がた》の的《まと》〔=ピン〕をたおして得点《とくてん》を争《あらそ》う。ボーリング。

°**ほうる【放る】** 動 ❶投《な》げる。例 ボールを放る。❷かまわずにおく。例 ぼくのことはほうっておいてくれ。❸途中《とちゅう》でやめる。例 仕《し》事《こと》を放る。↓ほう【放】 1189ページ

**ほうれい【法令】** 名 法律《ほうりつ》と命令《めいれい》。決《き》まり。

**ぼうれい【亡霊】** 名 ❶死《し》んだ人《ひと》のたましい。❷ゆうれい。❸もうないのに、恐《おそ》れられるもののたとえ。例 軍国主義《ぐんこくしゅぎ》の亡霊。

**ほうれんそう** 名 畑《はたけ》に作《つく》る野菜《やさい》。葉《は》はこい緑色《みどりいろ》で、根《ね》が赤《あか》い。ゆでたりいためたりして食《た》べる。

**ほうろう【放浪】** 名 動-する あてもなく、あちらこちらを歩《ある》き回《まわ》ること。さすらうこと。例 放浪の旅《たび》に出《で》る。

**ほうろう** 名 金属《きんぞく》の表面《ひょうめん》にガラス質《しつ》の上薬《うわぐすり》を塗《ぬ》って焼《や》きつけたもの。また、その上薬《うわぐすり》のこともいう。例 ほうろうの鍋《なべ》。参考「ホーロー」と書《か》かれることもある。

**ぼうろん【暴論】** 名 理屈《りくつ》に合《あ》わない、乱暴《らんぼう》な意見《いけん》。例 暴論をはく。

**ほうわ【飽和】** 名 動-する ❶これ以上《いじょう》は無理《むり》なほど、いっぱいになること。例 町《まち》の人口《じんこう》は飽和状態《じょうたい》だ。❷〔理科《りか》で〕水《みず》に、他《ほか》のものを、もうそれ以上《いじょう》、とかしたり含《ふく》ませたりできない状態《じょうたい》。例 食塩《しょくえん》の飽和溶液《ようえき》。

°**ほえる** 動 動物《どうぶつ》が大《おお》きな声《こえ》で鳴《な》く。例 ライオンがほえる。

## ほお【頬】 画数 16 部首 頁(おおがい)

音 ―― 訓 ほお

ほっぺた。ほほ。例 頬《ほお》づえ。参考「頬《ほお》」は「頬《ほお》」と書《か》くことがある。

**ほお【頬】** 名 顔《かお》の両《りょう》わきにある、ふっくらした部分《ぶぶん》。ほっぺた。例 頬ずりする。頬をふくらませる〔=不満《ふまん》そうにする〕。参考「ほほ」とも読《よ》む。

**頬《ほお》がこける** やせて、ほおの肉《にく》が落《お》ちる。例 病気《びょうき》がちで頬がこけてきた。

**頬《ほお》がゆるむ** にこにこする。例 ほめられて思《おも》わず頬がゆるんだ。

**頬《ほお》を染《そ》める** はずかしくて顔《かお》を赤《あか》くする。例 思《おも》わず頬を染める。

**ボーイ**〔英語 boy〕名 ❶男《おとこ》の子《こ》。少年《しょうねん》。例 ボーイソプラノ。対 ガール。❷ホテルやレストランの、サービス係《がかり》の男《おとこ》の人《ひと》。

**ボーイスカウト**〔英語 Boy Scouts〕名 奉《ほう》仕活動《しかつどう》などをしながら、心《こころ》や体《からだ》をきたえる少《しょう》年《ねん》の団体《だんたい》。イギリスで始《はじ》まり、世界《せかい》に広《ひろ》がった。対 ガールスカウト。

**ボーイフレンド**〔英語 boyfriend〕名〔交《こう》際相手《さいあいて》としての〕男《おとこ》の友達《ともだち》。対 ガールフレンド。

**ほおえむ** 動 ↓ほほえむ 1215ページ

**ポーカーフェイス**〔英語 poker face〕名 気持《きも》ちを隠《かく》した無表情《むひょうじょう》な顔《かお》。例 何《なに》を言《い》われてもポーカーフェイスで通《とお》す。

**ほおかぶり【頬かぶり】** 名 動-する ❶頭《あたま》からほおにかけて、手《て》ぬぐいなどで包《つつ》むこと。❷知《し》らないふりをすること。例 コップを割《わ》ったのにほおかぶりする。参考「ほおかむり」「ほっかぶり」ともいう。

**ボーキサイト**〔英語 bauxite〕名 アルミニウムなどの原料《げんりょう》となる鉱石《こうせき》。灰色《はいいろ》や茶色《ちゃいろ》の粘土《ねんど》のようなかたまりで出《で》る。

**ポーク**〔英語 pork〕名 ブタの肉《にく》。

**ほおじろ【頬白】** 名 スズメに似《に》た小鳥《ことり》。茶《ちゃ》色《いろ》で、ほおに白《しろ》い筋《すじ》がある。声《こえ》が美《うつく》しい。

〔ほおじろ〕

**ホース**〔オランダ語〕名 ゴムやビニルなどで作《つく》った、ガスや水《みず》などを送《おく》るための管《くだ》。

✤**ポーズ**〔英語 pause〕名 間《ま》。休止《きゅうし》。

✤**ポーズ**〔英語 pose〕名 ❶姿勢《しせい》。特《とく》に写真《しゃしん》や絵《え》などのモデルになる人物《じんぶつ》の姿勢《しせい》。例 カメラの前《まえ》でポーズをとる。❷気取《きど》った態度《たいど》。例 思《おも》わせぶりなポーズ。

**ほおずき** 名 庭《にわ》に植《う》えたり、はち植《う》えにする

慣用句 枚挙《まいきょ》にいとまがない 当《あ》たって調《しら》べた資料《しりょう》の数《かず》は枚挙《まいきょ》にいとまがないが、まだ未解決《みかいけつ》だ。

草花《くさばな》。夏《なつ》にふくろのような形《かたち》のがくの中《なか》に、赤《あか》い実《み》がなる。実《み》の中《なか》を空《から》にし、口《くち》の中《なか》に入《い》れて鳴《な》らして遊《あそ》ぶ。

**ほおずり【頰擦り】** 名 動-する 自分《じぶん》のほおを、相手《あいて》のほおにすりつけて、愛情《あいじょう》を示《しめ》すこと。例 赤《あか》ちゃんにほおずりする。

**ボーダーライン** 〔英語 borderline〕名 境《さかい》目《め》。境界線《きょうかいせん》。

**ポータブル** 〔英語 portable〕名 持《も》ち運《はこ》びができる大《おお》きさや重《おも》さであること。携帯用《けいたいよう》。例 ポータブルラジオ。

**ポーチ** 〔英語 pouch〕名 小物《こもの》を入《い》れる小《ちい》さな袋《ふくろ》。

**ほおづえ【頰杖】** 名 ひじをついて、手《て》のひらでほおを支《ささ》えること。例 ほおづえをつく。

**ボート** 〔英語 boat〕名 オールでこぐ、小《ちい》さい舟《ふね》。例 池《いけ》でボートをこぐ。

**ボード** 〔英語 board〕名 板《いた》。板《いた》のように平《ひら》たいもの。例 スノーボード。

**ポートボール** 名 〔日本《にっぽん》でできた英語《えいご》ふうの言葉《ことば》。〕七人《しちにん》ずつ二組《ふたくみ》に分《わ》かれ、パスやドリブルで、コートのはしにいる味方《みかた》のゴールマンにボールをわたし、得点《とくてん》をきそうゲーム。主《おも》に小学校《しょうがっこう》で行《おこな》われる。

**ボーナス** 〔英語 bonus〕名 給料《きゅうりょう》の他《ほか》に、特別《とくべつ》にもらうお金《かね》。賞与《しょうよ》。

**ほおのき【朴の木】** 名 山地《さんち》に生《は》える、葉《は》の大《おお》きな高木《こうぼく》。夏《なつ》の初《はじ》めに白《しろ》い大《おお》きな花《はな》が咲《さ》く。木材《もくざい》は家具《かぐ》などに使《つか》われる。葉《は》で食《た》べ物《もの》を包《つつ》んだりする。

**ほおばる【頰張る】** 動 口《くち》いっぱいに食《た》べ物《もの》を入《い》れる。例 おにぎりをほおばる。

**ホープ** 〔英語 hope〕名 希望《きぼう》。また、望《のぞ》みをかけられている人《ひと》。例 水泳界《すいえいかい》のホープ。

**ホーム** 〔英語 home〕名 ❶家《いえ》。家庭《かてい》。❷野球《やきゅう》・ソフトボールで本塁《ほんるい》のこと。例 ホームベース。❸〔スポーツで〕根拠地《こんきょち》。本拠地《ほんきょち》。例 ホームゲーム。対 アウェー。❹施設《しせつ》。例 老人《ろうじん》ホーム。

**ホーム** 名 「プラットホーム」の略《りゃく》。

**ホームイン** 名 動-する 〔日本《にっぽん》でできた英語《えいご》ふうの言葉《ことば》。〕野球《やきゅう》・ソフトボールで、ランナー〔＝走者《そうしゃ》〕がホーム〔＝本塁《ほんるい》〕に行《い》き着《つ》いて、得点《とくてん》すること。

**ホームグラウンド** 〔英語 home ground〕名 ❶(プロ野球《やきゅう》などで)そのチームの本拠地《ほんきょち》のグラウンド。❷その人《ひと》の故郷《こきょう》。また、慣《な》れている場所《ばしょ》。

**ホームシック** 〔英語 homesick〕名 自分《じぶん》の家《いえ》やふるさとがなつかしくなって、さびしい気持《きも》ちになること。例 ホームシックにかかる。

**ホームステイ** 〔英語 homestay〕名 動-する 留学生《りゅうがくせい》など外国人《がいこくじん》が、その土地《とち》のふつうの家庭《かてい》にとまって、家族《かぞく》の一人《ひとり》として生活《せいかつ》すること。

**ホームセンター** 〔英語 home center〕名 日曜大工用品《にちようだいくようひん》や園芸用品《えんげいようひん》・家庭用雑貨《かていようざっか》などを、数多《かずおお》くそろえて売《う》る大型《おおがた》の店《みせ》。

**ホームドラマ** 名 〔日本《にっぽん》でできた英語《えいご》ふうの言葉《ことば》。〕家庭《かてい》の出来事《できごと》を扱《あつか》った劇《げき》や映画《えいが》。

**ホームページ** 〔英語 home page〕名 ❶団体《だんたい》や個人《こじん》が、インターネットを通《つう》じて情報《じょうほう》を広《ひろ》く知《し》らせるために、用意《ようい》するウェブサイト。❷「❶」の表紙《ひょうし》となるページ。トップページ。

**ホームヘルパー** 名 〔日本《にっぽん》でできた英語《えいご》ふうの言葉《ことば》。〕⇩ヘルパー❷ 1182ページ

**ホームラン** 〔英語 home run〕名 野球《やきゅう》・ソフトボールで、打《う》った球《たま》が外野《がいや》のスタンドに入《はい》ったりして、打者《だしゃ》が一気《いっき》に本塁《ほんるい》まで帰《かえ》ることのできるヒット。ホーマー。本塁打《ほんるいだ》。

**ホームルーム** 〔英語 homeroom〕名 中学校《ちゅうがっこう》や高等学校《こうとうがっこう》で、担任《たんにん》の先生《せんせい》と生徒《せいと》が、いろいろな問題《もんだい》についてクラスで話《はな》し合《あ》いをすること。また、その時間《じかん》。

**ホームレス** 〔英語 homeless〕名 住《す》む家《いえ》がないこと。また、そのような状態《じょうたい》にある人《ひと》。

**ポーランド** 地名 ヨーロッパの中《なか》ほどにある国《くに》。首都《しゅと》はワルシャワ。

**ボーリング** 〔英語 boring〕名 動-する ❶かたいものに穴《あな》をあけること。❷地質《ちしつ》を調査《ちょうさ》したり、温泉《おんせん》をくみあげたり、石油《せきゆ》をとったりするために、地中深《ちちゅうふか》く穴《あな》をほること。

**ボーリング** 〔英語 bowling〕名 ⇩ボウリング 1202ページ

**ホール** 〔英語 hall〕名 ❶大広間《おおひろま》。❷会館《かいかん》。例



 慣用句 **間《ま》が抜《ぬ》ける** 自分《じぶん》から言《い》い出《だ》しておいて、約束《やくそく》を忘《わす》れてしまうなんて、ずいぶん間《ま》が抜《ぬ》けた話《はなし》だ。

コンサートホール。

**°ボール**〔英語 ball〕名 ❶ゴムや皮《かわ》で作《つく》ったたまり。球《たま》。❷野球《やきゅう》・ソフトボールで、ストライクにならない投球《とうきゅう》。例 フォアボール。対 ストライク。

**ポール**〔英語 pole〕名 ❶細長《ほそなが》い棒《ぼう》や柱《はしら》。例 ポールに旗《はた》がはためく。❷棒高《ぼうたか》とびに使《つか》う棒《ぼう》。

**ボールがみ【ボール紙】**名 わらなどをもとにして作《つく》った、黄色《きいろ》っぽい厚《あつ》い紙《かみ》。

**ボールベアリング**〔英語 ball bearing〕名 回転《かいてん》するじく〔=心棒《しんぼう》〕をなめらかに回《まわ》すための、金属《きんぞく》の玉《たま》を入《い》れたじく受《う》け。

**ボールペン**名〔英語《えいご》の「ボールポイントペン」の略《りゃく》。〕しんの先《さき》の小《ちい》さな玉《たま》が回転《かいてん》して、しんの中《なか》のインクが出《て》る仕《し》かけのペン。

**ホーロー**名 ➡ほうろう 1202ページ

**ほおん【保温】**名 動-する 温度《おんど》が下《さ》がらないようにすること。また、一定《いってい》の温度《おんど》を保《たも》つようにすること。例 保温装置《そうち》。

**ぼおん【母音】**名 ➡ぼいん(母音) 1189ページ

**°ほか【外】**名 ある範囲《はんい》をこえていること。例 思《おも》いの外の出来事《できごと》。⇩がい【外】 195ページ

**°ほか【他】**名 それとは別《べつ》の、ものごとや人《ひと》・場所《ばしょ》。よそ。例 他にない。他へ移《うつ》す。山田《やまだ》他三名《さんめい》。参考「外《ほか》」と書《か》くこともある。⇩た【他】 766ページ

**ほか** 助 それ以外《いがい》、という意味《いみ》を表《あらわ》す。例 あやまるほかない。注意 あとに「ない」などの打《う》ち消《け》しの言葉《ことば》がくる。

**ぽか** 名 つまらない失敗《しっぱい》。例 だいじなところで、ぽかをやってしまった。

**ほかく【捕獲】**名 動-する ❶動物《どうぶつ》や鳥《とり》を生《い》けどること。つかまえること。例 動物園《どうぶつえん》から逃《に》げだしたサルを捕獲する。❷ぶんどること。例 敵《てき》の兵器《へいき》を捕獲する。

**ほかげ【火影】**名 ❶火《ひ》の光《ひかり》。ともしび。例 火影がゆれる。❷明《あ》かりで映《うつ》し出《だ》された影《かげ》。

**ほかけぶね【帆掛け船】**名 帆《ほ》を張《は》って、風《かぜ》の力《ちから》を利用《りよう》して進《すす》む船《ふね》。帆前船《ほまえせん》。帆船《はんせん》。

**°ぼかす** 動 ❶色《いろ》や形《かたち》などの境目《さかいめ》をぼんやりとさせる。例 輪郭《りんかく》をぼかす。❷はっきりと言《い》わない。あいまいな表現《ひょうげん》にする。ぼやかす。例 答《こた》えをぼかす。

**ほかでもない【他でもない】**別《べつ》のことではない。まさにそれだ。例 他でもない、例《れい》の話《はなし》ですが、引《ひ》き受《う》けてくれますか。参考「外《ほか》でもない」と書《か》くこともある。

**ほかならない【他ならない】**❶特別《とくべつ》な間柄《あいだがら》である。例 他ならないきみのことだ、応援《おうえん》しよう。❷それ以外《いがい》のものではない。例 努力《どりょく》の結果《けっか》に他ならない。参考「他《ほか》ならぬ」ともいう。

**ほかほか** 副(-と) 動-する あたたかいようす。例 ほかほかのまんじゅう。

**ぽかぽか** 一 副(-と) 動-する 暖《あたた》かで、気持《きも》ちがいいようす。例 ぽかぽかした春《はる》の一日《いちにち》。二 副(-と) 続《つづ》けざまにたたくようす。例 頭《あたま》をぽかぽかなぐられた。

**°ほがらか【朗らか】**形動 ❶気持《きも》ちが明《あか》るいようす。例 朗らかな人《ひと》。❷空《そら》が晴《は》れわたったようす。例 朗らかな青空《あおぞら》。⇩ろう【朗】 1411ページ

**ほかん【保管】**名 動-する お金《かね》や品物《しなもの》を預《あず》かって、なくならないようにしまっておくこと。例 落《お》とし物《もの》を保管する。

**ぽかんと** 副 ❶あっけにとられているようす。例 ぽかんと口《くち》を開《ひら》いている。❷ものをたたくようす。例 ぽかんと頭《あたま》をたたく。

**ぼき【簿記】**名 会社《かいしゃ》などのお金《かね》の出《だ》し入《い》れや取《と》り引《ひ》きなどを、一定《いってい》の形式《けいしき》で帳面《ちょうめん》に書《か》き記《しる》す方法《ほうほう》。

**ほきゅう【補給】**名 動-する 足《た》りない分《ぶん》を補《おぎな》うこと。例 ガソリンを補給する。

**ほきょう【補強】**名 動-する 弱《よわ》いところを補《おぎな》って、強《つよ》くすること。例 チームを補強する。

**ぼきん【募金】**名 動-する 多《おお》くの人《ひと》から寄付《きふ》のお金《かね》を集《あつ》めること。例 共同募金《きょうどうぼきん》。

**ほきんしゃ【保菌者】**名 発病《はつびょう》はしていないが、体《からだ》の中《なか》に病気《びょうき》を起《お》こす細菌《さいきん》を持《も》っている人《ひと》。

**ほく【北】**画数 5 部首 匕(ひ) 2年

音 ホク 訓 きた

筆順

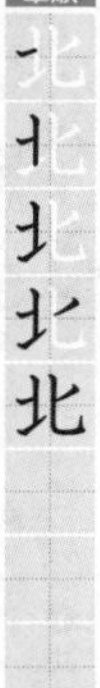

❶きた。熟語 北極《ほっきょく》。北部《ほくぶ》。北方《ほっぽう》。東北《とうほく》。北風《きたかぜ》。対 南《なん》。❷にげる。熟語 敗北《はいぼく》。

慣用句 勝《まさ》るとも劣《おと》らない　大賞《たいしょう》の作品《さくひん》に勝《まさ》るとも劣《おと》らない作品《さくひん》がいくつもあった。

**ぼく【木】** 画数 4 部首 木（き） 1年
音 ボク モク 訓 き こ
筆順 一 十 才 木
き。熟語 木刀《ぼくとう》。木材《もくざい》。木造《もくぞう》。大木《たいぼく》。材木《ざいもく》。樹《じゅ》木《もく》。土木工事《どぼくこうじ》。木戸《きど》。雑木《ぞうき》。木立《こだち》。木陰《こかげ》。例 木《こ》の葉《は》。

**ぼく【牧】** 画数 8 部首 牛（うしへん） 4年
音 ボク 訓 まき
筆順 ノ 𠂉 牛 牛 牜 牧 牧 牧
❶動物《どうぶつ》を放《はな》し飼《が》いにすること。また、その場《ば》所《しょ》。熟語 牧場《ぼくじょう》・牧場《まきば》。牧草《ぼくそう》。牧畜《ぼくちく》。牧童《ぼくどう》。放《ほう》牧《ぼく》。遊牧《ゆうぼく》。❷導《みちび》く。熟語 牧師《ぼくし》。

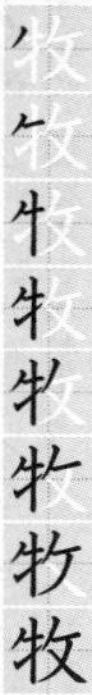

**ぼく【朴】** 画数 6 部首 木（きへん）
音 ボク 訓 ―
かざりけがない。熟語 純朴《じゅんぼく》。素朴《そぼく》。

**ぼく【睦】** 画数 13 部首 目（めへん）
音 ボク 訓 ―
仲《なか》がよい。仲《なか》よくする。熟語 親睦《しんぼく》。和睦《わぼく》。

**ぼく【僕】** 画数 14 部首 亻（にんべん）
音 ボク 訓 ―
下働《したばたら》きをする男子《だんし》。熟語 公僕《こうぼく》〔＝国民《こくみん》に奉仕《ほうし》する人《ひと》〕。

**ぼく【僕】** 名 おもに男子《だんし》が、自分《じぶん》を指《さ》していう言葉《ことば》。〔今《いま》は、おもに親《した》しい人《ひと》に対《たい》して使《つか》う。〕例 僕の家《いえ》。対 君《きみ》。

**ぼく【墨】** 画数 14 部首 土（つち）
音 ボク 訓 すみ
❶字《じ》や絵《え》を書《か》くすみ。熟語 墨汁《ぼくじゅう》。水墨画《すいぼくが》。❷字《じ》を書《か》くのに使《つか》うもの。熟語 白墨《はくぼく》。

**ぼく【撲】** 画数 15 部首 扌（てへん）
音 ボク 訓 ―
❶打《う》つ。なぐる。熟語 打撲《だぼく》。❷ほろぼす。熟語 撲滅《ぼくめつ》。

**ぼく【目】** 熟語 面目《めんぼく》（面目《めんもく》）。↓もく【目】1301ページ

**ほくい【北緯】** 名 赤道《せきどう》を〇度《ど》として、そこから北極《ほっきょく》までの間《あいだ》を九〇度《ど》に分《わ》けて数《かぞ》えた緯度《いど》。対 南緯《なんい》。↓いど（緯度）80ページ

**ほくおう〖北欧〗** 地名 北《きた》ヨーロッパ。スウェーデン・ノルウェー・フィンランドなど。

**ほくげん【北限】** 名 北《きた》のほうの限界《げんかい》。例 ニホンザルのすむ北限は下北半島《しもきたはんとう》だという。

**ほくさい〖北斎〗** 人名 ↓かつしかほくさい246ページ

**ぼくし【牧師】** 名 キリスト教《きょう》の新教《しんきょう》で、人《ひと》を教《おし》え導《みちび》いたり、教《おし》えを広《ひろ》めたりする人《ひと》。参考 旧教《きゅうきょう》では、神父《しんぷ》などという。

**ぼくじゅう【墨汁】** 名 墨《すみ》をすった液《えき》。特《とく》に、そのまま筆《ふで》につけて書《か》けるようにしてある墨《すみ》の液《えき》。

**ほくじょう【北上】** 名 動-する 北《きた》へ向《む》かって行《い》くこと。例 台風《たいふう》が北上する。対 南下《なんか》。

**ぼくじょう【牧場】** 名 牛《うし》・馬《うま》などを、放《はな》し飼《が》いにして育《そだ》てる広《ひろ》い所《ところ》。まきば。

**ボクシング**〔英語 boxing〕名 二人《ふたり》の選手《せんしゅ》が、両手《りょうて》にグローブをつけ、たがいに打《う》ち合《あ》う競技《きょうぎ》。拳闘《けんとう》。

**ほぐす** 動 ❶もつれたものをほどく。ほごす。例 もつれた糸《いと》をほぐす。❷かたくなったものをやわらかくする。例 肩《かた》こりをほぐす。気分《きぶん》をほぐす。

**ほくせい【北西】** 名 北《きた》と西《にし》の真《ま》ん中《なか》の方《ほう》位《い》。西北《せいほく》。対 南東《なんとう》。

**ぼくそう【牧草】** 名 牛《うし》や馬《うま》などの家畜《かちく》のえさにする草《くさ》。例 牧草地《ち》。

**ほくそえむ【ほくそ笑む】** 動 思《おも》いどおりになって、うまくやったと、独《ひと》りでにやにやする。例 してやったりとほくそえむ。類 にんまりする。

**ほくたん【北端】** 名 北《きた》のはし。例 青森県《あおもりけん》は本州《ほんしゅう》の北端にある。

**ぼくちく【牧畜】** 名 牧場《ぼくじょう》で牛《うし》・馬《うま》・羊《ひつじ》・豚《ぶた》などを飼《か》って育《そだ》てたり、増《ふ》やしたりすること。

**ぼくづくり** 名 漢字《かんじ》の部首《ぶしゅ》で、「つくり」の一《ひと》つ。「改《かい》」「放《ほう》」「敗《はい》」などの「攵」の部分《ぶぶん》。動《どう》作《さ》に関係《かんけい》がある字《じ》が多《おお》い。のぶん。

**ほくとう【北東】** 名 北《きた》と東《ひがし》の真《ま》ん中《なか》の方《ほう》角《がく》。東北《とうほく》。対 南西《なんせい》。



 慣用句 股《また》に掛《か》ける 自然保護《しぜんほご》をうったえるために、全国《ぜんこく》をまたにかけて飛《と》び回《まわ》っている。

**ぼくとう**【木刀】名 木《き》で、刀《かたな》の形《かたち》に作《つく》ったもの。木剣《ぼっけん》。

**ぼくどう**【牧童】名 牧場《ぼくじょう》で牛《うし》や羊《ひつじ》などの世《せ》話《わ》をする少年《しょうねん》や男《おとこ》の人《ひと》。

**ほくとしちせい**【北斗七星】名 北《きた》の空《そら》の、おおぐま座《ざ》の中《なか》にある、ひしゃくの形《かたち》をした七《なな》つの星《ほし》。

**ぼくとつ**【朴訥】名 形動 かざりけがなく、口数《くちかず》が少《すく》ないようす。気取《きど》らず、無口《むくち》なようす。例 ぼくとつな人柄《ひとがら》。

**ほくべい**〘北米〙地名 北《きた》アメリカ。

**ほくほく** 副(-と) 動-する ❶うれしくてたまらないようす。例 くじに当《あ》たって、ほくほくしている。❷ふかしたいもなどが、温《あたた》かくやわらかで、おいしそうなようす。例 ほくほくとうまそうなサツマイモ。

**ぼくめつ**【撲滅】名 動-する 全部《ぜんぶ》うちほろぼすこと。例 害虫《がいちゅう》を撲滅する。

**ほくよう**【北洋】名 北《きた》の海《うみ》。北《きた》の方《ほう》の海《うみ》。例 北洋漁業《ぎょぎょう》。対 南洋《なんよう》。

**ほくりく**〘北陸〙地名 中部地方《ちゅうぶちほう》のうち、日《に》本海側《ほんかいがわ》の地方《ちほう》。福井《ふくい》・石川《いしかわ》・富山《とやま》・新潟《にいがた》の四県《よんけん》。

**ほぐれる** 動 ❶もつれたものがほどける。例もつれた糸《いと》がほぐれる。❷かたくなっているものがやわらかになる。例 肩《かた》のこりがほぐれる。気持《きも》ちがほぐれる。

**ほくろ** 名 皮膚《ひふ》の表面《ひょうめん》にある、黒《くろ》い点《てん》。

**ぼけ** 名 ❶ぼんやりすること。例 時差《じさ》ぼけ。❷漫才《まんざい》でおかしなことを言《い》って笑《わら》わせる役《やく》の人《ひと》。対 つっこみ。❸年《とし》を取《と》って起《お》きる、もの忘《わす》れ。参考 ❷は「ボケ」とも書《か》く。

**ほげい**【捕鯨】名 クジラをとること。例 捕鯨を禁止《きんし》する。

**ほげいせん**【捕鯨船】名 クジラをとるために、特別《とくべつ》な仕《し》かけをした船《ふね》。

**ほけつ**【補欠】名 欠《か》けた分《ぶん》を、他《ほか》の人《ひと》で補《おぎな》うこと。また、そのための人《ひと》。例 補欠選挙《せんきょ》を行《おこな》う。

**ポケット**〔英語 pocket〕名 ❶洋服《ようふく》についている、物入《ものい》れ。❷「❶」に入《はい》るくらいの大《おお》きさ。小型《こがた》のもの。例 ポケットサイズ。❸袋《ふくろ》状《じょう》のもの。例 エアポケット。

**ぼけつをほる**【墓穴を掘る】〔自《じ》分《ぶん》の入《はい》る墓穴《はかあな》を自分《じぶん》で掘《ほ》ることから〕自分《じぶん》で自分《じぶん》をだめにする原因《げんいん》を作《つく》る。例 ピッチャーを代《か》えたことが、墓穴を掘る結果《けっか》となった。

**ぼける** 動 ❶(年《とし》をとったりして)頭《あたま》のはたらきがにぶくなる。例 年《とし》のせいかぼけてきた。❷わざとピントの外《はず》れたことを言《い》ったりしたりする。❸色《いろ》や形《かたち》がはっきりしない。ぼやける。例 ピントのぼけた写真《しゃしん》。

○**ほけん**【保健】名 体《からだ》を健康《けんこう》にしておくこと。例 保健衛生《えいせい》。

**ほけん**【保険】名 大勢《おおぜい》で少《すこ》しずつお金《かね》を積《つ》み立《た》てておき、病気《びょうき》や事故《じこ》などの災難《さいなん》にあった人《ひと》が、決《き》まったお金《かね》を受《う》け取《と》る仕組《しくみ》み。例 生命保険《せいめいほけん》。

**ほけんし**【保健師】名 保健所《ほけんじょ》などで、住《じゅう》民《みん》の健康《けんこう》・栄養《えいよう》、また、育児《いくじ》などについて指《し》導《どう》する人《ひと》。

**ほけんしつ**【保健室】名 学校《がっこう》や会社《かいしゃ》などで、けが人《にん》やぐあいの悪《わる》くなった人《ひと》の手当《てあ》てをしたり、健康《けんこう》を守《まも》るための世話《せわ》をしたりする所《ところ》。

**ほけんじょ**【保健所】名 都道府県《とどうふけん》や大《おお》きな市《し》や区《く》にある、住民《じゅうみん》の健康《けんこう》・衛生《えいせい》・栄養《えいよう》などを守《まも》る仕事《しごと》をする役所《やくしょ》。

**ほけんしょう**【保険証】名 健康保険《けんこうほけん》に入《はい》っていることの証明書《しょうめいしょ》。例 健康《けんこう》保険証。

**ほこ**【矛】名 昔《むかし》の武器《ぶき》の一《ひと》つ。やりのような形《かたち》をしていて、先《さき》に両《りょう》刃《ば》の剣《けん》がついたもの。⇩む【矛】1270ページ

〔ほこ〕

**矛《ほこ》を収《おさ》める** たたかいや争《あらそ》いをやめる。

○**ほご**【保護】名 動-する 危《あぶ》なくないように守《まも》ること。かばって守《まも》ること。例 保護者《しゃ》。自然《しぜん》を保護する。

**ほご**【反古】名 ❶使《つか》って、いらなくなった紙《かみ》。例 書《か》き初《ぞ》めで、半紙《はんし》を何枚《なんまい》もほごにした。❷役《やく》に立《た》たなくなった、いらないもの。例 約束《やくそく》をほごにする〔=約束《やくそく》を取《と》り消《け》す〕。

✤**ぼご**【母語】名 人《ひと》が生《う》まれてから初《はじ》めに覚《おぼ》え、自由《じゆう》に使《つか》えるようになった言葉《ことば》。

**ほこう**【歩行】名 動-する 歩《ある》くこと。例 道路《どうろ》の右側《みぎがわ》を歩行する。

**ぼこう**【母校】名 自分《じぶん》が卒業《そつぎょう》した学校《がっこう》。出《しゅっ》身校《しんこう》。例 母校の思《おも》い出《で》を語《かた》る。

慣用句 真《ま》っ赤《か》なうそ　二十一世紀初《にじゅういっせいきはじ》めに地球《ちきゅう》が破滅《はめつ》するという説《せつ》は、真《ま》っ赤《か》なうそだった。

**ほこうしゃ**【歩行者】名 道路《どうろ》を歩《ある》いている人《ひと》。例歩行者優先《ゆうせん》。

**ほこうしゃてんごく**【歩行者天国】名 休日《きゅうじつ》などに、区域《くいき》や時間《じかん》を決《き》めて、自動車《じどうしゃ》などの乗《の》り入《い》れを禁止《きんし》し、車道《しゃどう》まで人《ひと》が自由《じゆう》に歩《ある》けるようにすること。

**ぼこく**【母国】名 自分《じぶん》が生《う》まれた国《くに》。祖国《そこく》。故国《ここく》。

**ぼこくご**【母国語】名 自分《じぶん》の国《くに》の言葉《ことば》。

**ほこさき**【矛先】名 ❶矛《ほこ》の刃《は》の先《さき》。❷攻《せ》める方向《ほうこう》や勢《いきお》い。例矛先を向《む》ける〔＝攻撃《こうげき》する〕。

**矛先《ほこさき》をかわす** 自分《じぶん》に向《む》かってくる攻撃《こうげき》を、うまくよける。例批判《ひはん》の矛先をかわす。

**矛先《ほこさき》を向《む》ける** 攻撃《こうげき》の方向《ほうこう》を相手《あいて》に向《む》ける。例兄《あに》に怒《いか》りの矛先を向ける。

**ほごしゃ**【保護者】名 子《こ》どもなどを守《まも》り育《そだ》てる責任《せきにん》のある人《ひと》。親《おや》。または、親《おや》に代《か》わる人《ひと》。

**ほごしょく**【保護色】名 他《ほか》の動物《どうぶつ》から身《み》を守《まも》るため、周《まわ》りの色《いろ》と見分《みわ》けにくくなっている動物《どうぶつ》の体《からだ》の色《いろ》。対警戒色《けいかいしょく》。

**ほごちょう**【保護鳥】名 法律《ほうりつ》で、とってはならないと決《き》めてある鳥《とり》。天然記念物《てんねんきねんぶつ》になっている鳥《とり》など。例国際《こくさい》保護鳥。

**ほこら** 名 神《かみ》をまつった小《ちい》さな社《やしろ》。

**ほこらしい**【誇らしい】形 人《ひと》に自慢《じまん》したい気持《きも》ちだ。例母校《ぼこう》を誇らしく思《おも》う。

**ほこらしげ**【誇らしげ】形動 得意《とくい》そうなようす。自慢《じまん》そう。例誇らしげに行進《こうしん》する。

○**ほこり**【誇り】名 得意《とくい》に思《おも》うこと。自慢《じまん》。名誉《めいよ》。例自分《じぶん》の仕事《しごと》に誇りを持《も》つ。

**ほこり** 名 細《こま》かなちり。例ほこりがたつ。

○**ほこる**【誇る】動 ❶自慢《じまん》する。得意《とくい》になる。例料理《りょうり》の腕《うで》を誇る。❷名誉《めいよ》だと思《おも》う。例千年《せんねん》の伝統《でんとう》を誇る町《まち》。⇩こ【誇】420ページ

**ほころばせる**【綻ばせる】動 ほころびるようにする。ほころばす。例顔《かお》をほころばせる〔＝にこにこする〕。

**ほころび**【綻び】名 ぬい目《め》の解《と》けた所《ところ》。例スカートのほころびをぬう。

○**ほころびる**【綻びる】動〔「ほころぶ」ともいう。〕❶服《ふく》などのぬい目《め》が解《と》ける。例そで口《ぐち》がほころびる。❷つぼみが少《すこ》し開《ひら》く。例梅《うめ》の花《はな》が、ほころびる。❸にこにこする。例うれしくて顔《かお》がほころびる。⇩たん【綻】811ページ

**ほころぶ**【綻ぶ】動 ⇩ほころびる 1207ページ

**ほさ**【補佐】名動-する 中心《ちゅうしん》となる人《ひと》を助《たす》けて、仕事《しごと》をすること。また、その人《ひと》。例課長《かちょう》補佐。会長《かいちょう》を補佐する。

**ほさき**【穂先】名 ❶イネやムギなどの穂《ほ》の先《さき》。❷剣《けん》・やり・筆《ふで》など、細長《ほそなが》い物《もの》の、とがった先《さき》。

**ぼさつ**【菩薩】名 ❶仏教《ぶっきょう》で仏《ほとけ》の次《つぎ》の位《くらい》。あわれみの心《こころ》をもってすべての生《い》き物《もの》を救《すく》おうと修行《しゅぎょう》する人《ひと》。例観音《かんのん》菩薩。❷神《かみ》を仏《ほとけ》になぞらえた呼《よ》び方《かた》。例南《な》無《む》八幡《はちまん》大《だい》菩薩。

**ぼさん**【墓参】名 墓参《はかまい》り。

○**ほし**【星】名 ❶晴《は》れた夜空《よぞら》に、小《ちい》さくかがやいて見《み》える天体《てんたい》。特《とく》に、太陽《たいよう》・月《つき》・地球《ちきゅう》以外《いがい》のもの。例星がまたたく。❷小《ちい》さい点《てん》。❸すもうなどの、勝《か》ち負《ま》けを表《あらわ》す丸《まる》いしるし。例勝《か》ち星。❹運命《うんめい》。例幸《しあわ》せな星のもとに生《う》まれる。❺〔ふつう「ホシ」と書《か》いて〕犯人《はんにん》。⇩せい【星】698ページ

**ほじ**【保持】名動-する 保《たも》ち続《つづ》けること。持《も》つこと。例世界記録《せかいきろく》を保持する。

**ぼし**【母子】名 母親《ははおや》と子《こ》ども。

**ほしあかり**【星明かり】名 星《ほし》の光《ひかり》で明《あか》るいこと。また、星《ほし》の光《ひかり》。例星明かりの夜道《よみち》を行《い》く。

○**ほしい**【欲しい】形 ❶自分《じぶん》のものにした

例解 ことばの窓

### 星《ほし》を表《あらわ》す言葉《ことば》

明《あ》け方《がた》の明《あ》けの明星《みょうじょう》。
夕暮《ゆうぐ》れの宵《よい》の明星《みょうじょう》。
夜空《よぞら》に天《あま》の川《がわ》が横《よこ》たわる。
オリオン座《ざ》は冬《ふゆ》の星座《せいざ》だ。
太陽《たいよう》は光《ひかり》と熱《ねつ》を出《だ》す恒星《こうせい》だ。
地球《ちきゅう》は太陽《たいよう》の周《まわ》りを回《まわ》る惑星《わくせい》。
月《つき》は地球《ちきゅう》の周《まわ》りを回《まわ》る衛星《えいせい》。
長《なが》い尾《お》を引《ひ》いた彗星《すいせい》が現《あらわ》れる。
流星《りゅうせい》が夜空《よぞら》にたくさん流《なが》れる。
北極星《ほっきょくせい》は真北《まきた》にある。

慣用句 眉《まゆ》をひそめる 車内《しゃない》での、心《こころ》ない人《ひと》のマナーの悪《わる》さに、眉《まゆ》をひそめることが多《おお》い。

い。手《て》に入《い》れたい。例 本《ほん》が欲しい。❷あるとよい。例 弟《おとうと》にはすなおさが欲しい。❸〔「…てほしい」「…でほしい」の形《かたち》で〕…してもらいたい。例 よく聞《き》いてほしい。参考 ふつう❸は、かな書《が》きにする。⇩よく【欲】1356ページ

**ほしいまま** 形動 自分《じぶん》がしたいようにするようす。思《おも》うまま。例 ほしいままに行動《こうどう》する。権力《けんりょく》をほしいままにする。

**ほしうらない【星占い】** 名 星座《せいざ》や星《ほし》の動《うご》きで、運勢《うんせい》やものごとの吉凶《きっきょう》を占《うらな》うこと。

**ポシェット** 〔フランス語〕名 小物《こもの》を入《い》れて肩《かた》からさげる、小型《こがた》のバッグ。

**ほしがき【干し柿】** 名 皮《かわ》をむいたシブガキを、干《ほ》したもの。つるし柿《がき》。

**ほしかげ【星影】** 名 星《ほし》の光《ひかり》。例 星影さやか〔=星《ほし》の光《ひかり》が明《あか》るくすみわたっている〕。

**ほしがる【欲しがる】** 動 ほしそうなようすをする。例 人《ひと》の物《もの》を欲しがる。

**ほしくさ【干し草】** 名 家畜《かちく》のえさにするために、かり取《と》って日《ひ》に干《ほ》した草《くさ》。

**ほしくず【星くず】** 名 夜空《よぞら》にかがやいているたくさんの小《ちい》さな星《ほし》。

**ほじくりかえす【ほじくり返す】** 動 ❶もう一度《いちど》ほじくる。例 一度《いちど》埋《う》めた穴《あな》をほじくり返す。❷終《お》わったことをもう一度《いちど》あばき出《だ》す。例 昔《むかし》のことをほじくり返す。

**ほじくる** 動 〔「ほじる」ともいう。〕❶つつくようにしてほって、中《なか》のものを出《だ》す。例 耳《みみ》をほじくる。❷人《ひと》の秘密《ひみつ》や欠点《けってん》などを探《さが》す。例 人《ひと》のあらをほじくる。

**ポジション** 〔英語 position〕名 ❶仕事《しごと》をする上《うえ》での持《も》ち場《ば》。地位《ちい》。例 部長《ぶちょう》は責任《せきにん》の重《おも》いポジションだ。❷スポーツで、選手《せんしゅ》の位置《いち》。例 外野《がいや》のポジションにつく。

**ほしぞら【星空】** 名 星《ほし》がたくさんかがやいている、晴《は》れた夜空《よぞら》。

**ほしづきよ【星月夜】** 名 星《ほし》の光《ひかり》で、月夜《つきよ》のように明《あか》るく見《み》える夜《よる》。ほしづくよ。

**ポジティブ** 〔英語 positive〕形動 積極的《せっきょくてき》で肯定的《こうていてき》なようす。例 ポジティブな考《かんが》え方《かた》。

**ほしまつり【星祭り】** 名 ⇩たなばた 802ページ

**ほしもの【干し物】** 名 日《ひ》に干《ほ》してかわかすこと。また、かわかした物《もの》。特《とく》に洗濯物《せんたくもの》。

**ほしゅ【保守】** 名 動-する ❶今《いま》までのやり方《かた》や伝統《でんとう》を重《おも》んじて、それを守《まも》ろうとすること。対 革新《かくしん》。❷正《ただ》しい状態《じょうたい》を保《たも》つこと。例 機械《きかい》の保守と点検《てんけん》。

**ほしゅ【捕手】** 名 ⇩キャッチャー 322ページ。対 投手《とうしゅ》。

**ほしゅう【補修】** 名 動-する いたんだところを直《なお》すこと。例 家《いえ》を補修する。

**ほしゅう【補習】** 名 動-する 決《き》まった授業《じゅぎょう》の他《ほか》に、足《た》りないところを補《おぎな》う勉強《べんきょう》をすること。例 補習授業《じゅぎょう》を受《う》ける。

**ほじゅう【補充】** 名 動-する 足《た》りないところを補《おぎな》うこと。例 欠員《けついん》を補充する。

**ぼしゅう【募集】** 名 動-する 人《ひと》や作品《さくひん》などを、大勢《おおぜい》の人《ひと》に呼《よ》びかけて集《あつ》めること。例 会員《かいいん》を募集する。対 応募《おうぼ》。

**ほしゅてき【保守的】** 形動 今《いま》までのやり方《かた》や伝統《でんとう》を守《まも》っていこうとするようす。例 保守的な考《かんが》え方《かた》。対 革新的《かくしんてき》。進歩的《しんぽてき》。

**ほじょ【補助】** 名 動-する 足《た》りないところを補《おぎな》って、助《たす》けること。また、その助《たす》けとなるもの。例 国《くに》から補助を受《う》ける。

**ほしょう【保証】** 名 動-する 大丈夫《だいじょうぶ》だと、うけ合《あ》うこと。例 保証期間《きかん》。

**ほしょう【保障】** 名 動-する 災《わざわ》いを受《う》けないように守《まも》ること。危険《きけん》がないようにすること。例 安全《あんぜん》保障。

**ほしょう【補償】** 名 動-する 与《あた》えた損害《そんがい》を、

例解 ⇔ 使い分け

**保《ほ》証《しょう》と保《ほ》障《しょう》と補《ほ》償《しょう》**

品質《ひんしつ》を保《ほ》証《しょう》する。
保《ほ》証《しょう》つきの時計《とけい》。

人権《じんけん》を保《ほ》障《しょう》する。
安全《あんぜん》を保《ほ》障《しょう》する。
生活《せいかつ》を保《ほ》障《しょう》する。

国《くに》が損害《そんがい》を補《ほ》償《しょう》する。
補《ほ》償《しょう》金《きん》。

慣用句 まんじりともしない 高熱《こうねつ》で寝《ね》こんでいる妹《いもうと》の看病《かんびょう》で、母《はは》はまんじりともしなかったと言《い》う。

あいうえお かきくけこ さしすせそ たちつてと なにぬねの はひふへほ まみむめも やゆよ らりるれろ わをん

お金《かね》などでつぐなうこと。

**ほしょうにん【保証人】** 名 お金《かね》を借《か》りたり、就職《しゅうしょく》や進学《しんがく》したりする人《ひと》などの身元《みもと》や責任《せきにん》を引《ひ》き受《う》ける人《ひと》。

**ほじょきん【補助金】** 名 足《た》りない分《ぶん》を補《おぎな》って助《たす》けるために出《だ》すお金《かね》。

**ほしょく【補色】** 名 ⇩はんたいしょく 1075ページ

**ほしょく【捕食】** 名 動する 生物《せいぶつ》がほかの生物《せいぶつ》を捕《つか》まえて食《た》べること。例 鳥《とり》が昆虫《こんちゅう》を捕食する。

**ぼしょく【暮色】** 名 夕暮《ゆうぐ》れの薄暗《うすぐら》い色《いろ》。また、夕暮《ゆうぐ》れの景色《けしき》。

**ほじょけん【補助犬】** 名 盲導犬《もうどうけん》・介助犬《かいじょけん》・聴導犬《ちょうどうけん》を、まとめていう言葉《ことば》。

**ほじょせき【補助席】** 名 バスなどの乗《の》り物《もの》や人《ひと》が集《あつ》まる場所《ばしょ》などで、普通《ふつう》の座席《ざせき》がいっぱいになったときに使《つか》う席《せき》。

✤**ほじょどうし【補助動詞】** 名〔国語《こくご》で〕他《ほか》の言葉《ことば》の下《した》に付《つ》いて意味《いみ》をそえる動詞《どうし》。「書《か》いてある」「書《か》いている」「書《か》いておく」「書《か》いてみる」「書《か》いてください」など。

**ほじる** 動 ⇩ほじくる 1208ページ

**ほしん【保身】** 名 自分《じぶん》の地位《ちい》や名誉《めいよ》を守《まも》ること。例 保身をはかる。

○**ほす【干す】** 動 ❶日光《にっこう》、熱《ねつ》、風《かぜ》などに当《あ》てて水分《すいぶん》を取《と》り去《さ》る。かわかす。例 洗濯物《せんたくもの》を干す。❷中《なか》に入《はい》っている水《みず》などをすっかりなくす。例 プールの水《みず》を干す。❸仕事《しごと》などをさせないでおく。例 半年近《はんとしちか》く仕事《しごと》を干される。⇩かん【干】270ページ

**ボス**〔英語 boss〕名 かしら。親分《おやぶん》。

**ほすい【保水】** 名 動する 水分《すいぶん》を保《たも》つこと。

**ほすう【歩数】** 名 歩《ある》いて何歩《なんぽ》あるかという数《かず》。足《あし》を踏《ふ》む回数《かいすう》。

**ほすうけい【歩数計】** 名 歩数《ほすう》を計《はか》る器具《きぐ》。

**ポスター**〔英語 poster〕名 絵《え》や文《ぶん》をかいた宣伝用《せんでんよう》の張《は》り紙《がみ》。例 ポスターを張《は》る。

**ポスターカラー**〔英語 poster color〕名 ポスターなどをかくのに使《つか》う、半透明《はんとうめい》の明《あか》るい感《かん》じの絵《え》の具《ぐ》。

✤**ポスターセッション**〔英語 poster session〕名 資料《しりょう》を壁《かべ》などに貼《は》り、見学者《けんがくしゃ》が発表者《はっぴょうしゃ》の前《まえ》に立《た》つたびに説明《せつめい》をするという、発表《はっぴょう》や報告《ほうこく》のやり方《かた》。

**ポスト**〔英語 post〕一 名 ❶手紙《てがみ》やはがきなどを出《だ》すために入《い》れる箱《はこ》。❷郵便受《ゆうびんう》け。❸地位《ちい》。役目《やくめ》。例 会長《かいちょう》のポスト。❹支柱《しちゅう》。二〔ある言葉《ことば》の前《まえ》につけて〕「それ以後《いご》」という意味《いみ》を表《あらわ》す。

**ボストンバッグ**〔英語 Boston bag〕名 底《そこ》が長四角《ながしかく》で横《よこ》がふくらんだ、旅行用《りょこうよう》の手《て》さげかばん。

**ホスピス**〔英語 hospice〕名 末期《まっき》のがんの患者《かんじゃ》などを看護《かんご》する病院《びょういん》。

**ほせい【補正】** 名 動する 足《た》りないところを補《おぎな》って、正《ただ》しいものにすること。

**ぼせい【母性】** 名 母親《ははおや》らしい性質《せいしつ》。子《こ》を生《う》み育《そだ》てるはたらき。対 父性《ふせい》。

**ぼせいあい【母性愛】** 名 母親《ははおや》として子《こ》どもに対《たい》して持《も》つ愛情《あいじょう》。対 父性愛《ふせいあい》。

**ぼせき【墓石】** 名 墓《はか》のしるしとして置《お》く石《いし》。はかいし。

**ほせん【保線】** 名 鉄道線路《てつどうせんろ》の安全《あんぜん》を守《まも》ること。例 保線作業《さぎょう》。

**ほぜん【保全】** 名 動する 安全《あんぜん》であるように守《まも》ること。例 国土《こくど》の保全。

**ぼせん【母船】** 名 船団《せんだん》の中心《ちゅうしん》になる船《ふね》で、他《ほか》の船《ふね》がとった魚《さかな》の保存《ほぞん》や加工《かこう》の設備《せつび》などを備《そな》えた船《ふね》。

**ぼぜん【墓前】** 名 お墓《はか》の前《まえ》。

○**ほそい【細い】** 形 ❶周《まわ》りが小《ちい》さい。棒《ぼう》のようなものの直径《ちょっけい》が短《みじか》い。例 細い竹《たけ》。体《からだ》が細い。❷はばが小《ちい》さい。例 細い道《みち》。目《め》を細くする。❸力《ちから》が弱《よわ》い。例 細い声《こえ》。神経《しんけい》が細い。❹量《りょう》が少《すく》ない。例 妹《いもうと》は食《しょく》が細い。対（❶〜❸）太《ふと》い。⇩さい【細】495ページ

**ほそう【舗装】** 名 動する 道路《どうろ》の表面《ひょうめん》を、アスファルトやコンクリートなどで固《かた》めること。例 舗装道路《どうろ》。

**ほそうで【細腕】** 名 ❶やせて細《ほそ》い腕《うで》。❷か弱《よわ》い力《ちから》。例 細腕で一家《いっか》を養《やしな》う。

**ほそく【歩測】** 名 動する 歩《ある》いて、その歩数《ほすう》で、距離《きょり》を測《はか》ること。

**ほそく【補足】** 名 動する 足《た》りないところをつけ足《た》すこと。つけ加《くわ》えること。例 説明《せつめい》を補足する。



慣用句 磨《みが》きをかける　母《はは》は、料理《りょうり》の腕《うで》に磨《みが》きをかけようと、調理講習会《ちょうりこうしゅうかい》に出《で》かけていった。

**ほそながい**【細長い】形 はばがせまくて、長《なが》い。例 白《しろ》くて細長い指《ゆび》。

**ほそぼそ**【細細】副(-と) ❶とても細《ほそ》いようす。例 細々と続《つづ》く山道《やまみち》。❷やっと暮《く》らすようす。どうにか。例 親子《おやこ》で細々暮《く》らしている。注意「細々」を「こまごま」と読《よ》むと、ちがう意味《いみ》になる。

**ぼそぼそ** 副(-と) 低《ひく》い小《ちい》さな声《こえ》で話《はな》すようす。例 ぼそぼそ独《ひと》り言《ごと》を言《い》う。

**ほそめ**【細目】名 少《すこ》しだけ開《ひら》いた目《め》。例 細目を開《あ》ける。

**ほそめ**【細め】名 形動 ❶細《ほそ》いと思《おも》われるようす。例 細めのネクタイ。❷すき間《ま》やはばなどがせまいようす。例 窓《まど》を細めに開《あ》ける。

**ほそめる**【細める】動 細《ほそ》くする。例 目《め》を細める。ガスの火《ひ》を細める。

**ほそる**【細る】動 ❶細《ほそ》くなる。例 身《み》の細る思《おも》い。❷減《へ》る。例 食《しょく》が細る。➡さい【細】495ページ

**ほぞをかむ** 後悔《こうかい》する。例 もっと勉強《べんきょう》しておけばよかったとほぞをかむ。参考「ほぞ」は、へそのこと。

°**ほぞん**【保存】名 動-する そのままの状態《じょうたい》で、変《か》わらないようにしてしまっておくこと。例 書類《しょるい》を保存する。

**ほぞんりょう**【保存料】名 くさりにくくするために食品《しょくひん》に加《くわ》えるもの。

**ポタージュ**〔フランス語〕名 とろみのある濃《こ》いスープ。

**ぼたい**【母体】名 ❶(出産《しゅっさん》する)母親《ははおや》の体《からだ》。例 母体の健康《けんこう》。❷元《もと》になっている団体《だんたい》。例 理科《りか》クラブを母体としてできた会《かい》。

**ぼだいじゅ**【菩提樹】名 ❶お寺《てら》などによく植《う》える木《き》。葉《は》はハートの形《かたち》でぎざぎざがあり、夏《なつ》、うす黄色《きいろ》の小《ちい》さい花《はな》が咲《さ》く。❷イチジクに似《に》た丸《まる》い実《み》をつける大《おお》きな木《き》。釈迦《しゃか》がこの木《き》の下《した》でさとりを開《ひら》いたといわれている。インドぼだいじゅ。

**ほたかだけ**〔穂高岳〕地名 長野県《ながのけん》と岐阜《ぎふ》県《けん》の境《さかい》にある山々《やまやま》をまとめた呼《よ》び名《な》。いちばん高《たか》い奥穂高岳《おくほたかだけ》は三一九〇メートルで、北《きた》アルプスの山《やま》のうちでも最高《さいこう》。

**ほだされる** 動 気《き》の毒《どく》だ、という気持《きも》ちにさせられてしまう。例 情《じょう》にほだされる。

**ほたてがい**【帆立貝】名 寒《さむ》い地方《ちほう》の海《うみ》にすむ二枚貝《にまいがい》。殻《から》は丸《まる》い扇形《おうぎがた》で、大《おお》きな貝柱《かいばしら》を食用《しょくよう》にする。養殖《ようしょく》も盛《さか》んである。

**ぼたもち**【ぼた餅】名 もち米《こめ》とふつうの米《こめ》を混《ま》ぜてたき、軽《かる》くつぶしたものを丸《まる》めて、あんやきなこをまぶした食《た》べ物《もの》。参考「おはぎ」ともいう。

**ほたる**【蛍】名 夏《なつ》、水辺《みずべ》の草《くさ》むらを飛《と》ぶ、黒《くろ》い小《ちい》さな昆虫《こんちゅう》。しりの先《さき》から、青白《あおじろ》い光《ひかり》を出《だ》す。ヘイケボタル・ゲンジボタルなどがいる。➡けい【蛍】388ページ

**ほたるがり**【蛍狩り】名 ホタルが飛《と》ぶのをながめたり、とらえたりする遊《あそ》び。

**ぼたん**【牡丹】名 中国《ちゅうごく》から来《き》た、庭《にわ》に植《う》える低木《ていぼく》。夏《なつ》の初《はじ》め、赤《あか》やピンクや白《しろ》などの大《おお》きい、八重《やえ》の花《はな》が咲《さ》く。

**ボタン**〔ポルトガル語〕名 ❶洋服《ようふく》などの合《あ》わせ目《め》を止《と》めたり、かざりにしたりするもの。❷機械《きかい》などを動《うご》かすために、指《ゆび》でおすところ。例 エレベーターのボタン。

**ボタンでんち**【ボタン電池】名 ボタンの形《かたち》をした小《ちい》さな電池《でんち》。時計《とけい》やおもちゃなどに使《つか》う。

**ぼたんゆき**【牡丹雪】名 ふっくらと大《おお》きなかたまりで降《ふ》る雪《ゆき》。ぼた雪《ゆき》。

**ぼち**【墓地】名 墓《はか》のある所《ところ》。墓場《はかば》。

**ホチキス** 名 コの字形《じがた》の針《はり》で紙《かみ》をとじ合《あ》わせる道具《どうぐ》。ホッチキス。ステープラーの商《しょう》標名《ひょうめい》。参考 発明《はつめい》したアメリカ人《じん》の名前《なまえ》からとった言葉《ことば》。

**ぼちぼち** 副 ゆっくり取《と》りかかるようす。そろそろ。例 ぼちぼち始《はじ》めようか。

**ほちゅうあみ**【捕虫網】名 トンボやチョウなどの昆虫《こんちゅう》をとるための網《あみ》。

**ほちょう**【歩調】名 ❶歩《ある》く調子《ちょうし》。足並《あしな》み。例 歩調を合《あ》わせる。❷多《おお》くの人《ひと》が、いっしょにものごとをするときの調子《ちょうし》。例 仕事《しごと》の歩調がそろう。

**ほちょうき**【補聴器】名 耳《みみ》のよく聞《き》こえない人《ひと》が、はっきり聞《き》き取《と》るために、耳《みみ》に当《あ》てて使《つか》う器具《きぐ》。

**ほつ**【発】熟語 発作《ほっさ》。発起人《ほっきにん》。➡はつ【発】1047ページ

**ほっ【法】** 熟語 法主《ほっす》〔=仏教《ぶっきょう》の一宗派《いちしゅうは》の長《ちょう》〕。⬇**ほう【法】**1190ページ

**ぼつ【没】** 画数 7 部首 氵(さんずい)
音 ボツ 訓 ―
❶しずんで、見《み》えなくなる。熟語 出没《しゅつぼつ》。日《にち》没《ぼつ》。沈没《ちんぼつ》。❷熱中《ねっちゅう》する。熟語 没頭《ぼっとう》。没入《ぼつにゅう》。❸なくなる。死《し》ぬ。ほろびる。熟語 没落《ぼつらく》。病《びょう》没《ぼつ》。例 令和《れいわ》三年《さんねん》没《ぼつ》。❹取《と》り上《あ》げる。熟語 没収《ぼっしゅう》。❺〔ある言葉《ことば》の前《まえ》につけて〕…がない。熟語 没交渉《ぼつこうしょう》。没個性《ぼつこせい》。⬇ぼっする 1211ページ

**ぼつ【没】** 名 採用《さいよう》しないこと。例 原案《げんあん》を没にする。

**ぼつ【勃】** 画数 9 部首 力(ちから)
音 ボツ 訓 ―
ものごとがにわかに起《お》こる。熟語 勃興《ぼっこう》。勃発《ぼっぱつ》。

**ぼっ【坊】** 例 坊ちゃん。⬇**ぼう【坊】**1192ページ

**ほっかい【北海】** 地名 イギリスとヨーロッパ大陸《たいりく》との間《あいだ》にある海《うみ》。漁場《ぎょじょう》、石油《せきゆ》や天然《てんねん》ガスの産出《さんしゅつ》で知《し》られる。

**ほっかいどう【北海道】** 地名 日本《にっぽん》のいちばん北《きた》にある、都道府県《とどうふけん》の一《ひと》つ。道庁《どうちょう》は札幌《さっぽろ》市《し》にある。

**ほっかいどうちほう【北海道地方】** 地名 日本《にっぽん》のいちばん北《きた》にある地方《ちほう》。都《と》道《どう》府《ふ》県《けん》の北海道《ほっかいどう》と同《おな》じ。

**ぼっかてき【牧歌的】** 形動 かざりけがなく、のどかなようす。例 牧歌的な風景《ふうけい》。

**ぽっかり** 副(-と) ❶軽《かる》そうにうかんでいるようす。例 雲《くも》がぽっかりうかんでいる。❷急《きゅう》に現《あらわ》れるようす。例 水中《すいちゅう》からぽっかり頭《あたま》を出《だ》す。❸突然《とつぜん》穴《あな》や口《くち》が大《おお》きく開《あ》くようす。例 穴《あな》がぽっかり開《あ》いた。

**ほっきにん【発起人】** 名 新《あたら》しくものごとを始《はじ》めようと計画《けいかく》する人《ひと》。例 会《かい》の発起人。

**ほっきょく【北極】** 名 地《ち》球《きゅう》の北《きた》のはし。対 南極《なんきょく》。

**ほっきょくかい【北極海】** 地名 北極《ほっきょく》の周《まわ》りにある海《うみ》。アジア・ヨーロッパ・北《きた》アメリカに囲《かこ》まれ、大部分《だいぶぶん》は氷《こおり》におおわれている。北氷洋《ほっぴょうよう》。

**ほっきょくぐま【北極熊】** 名 北極《ほっきょく》にすむ白《しろ》いクマ。クマの中《なか》でいちばん大《おお》きい。シロクマ。

**ほっきょくけん【北極圏】** 名 北緯《ほくい》六六度《ど》三三分《ぶん》から北《きた》の地域《ちいき》。対 南極圏《なんきょくけん》。

**ほっきょくせい【北極星】** 名 「こぐま座《ざ》」にある二等星《にとうせい》。地球《ちきゅう》が動《うご》いても、いつも北《きた》に見《み》えるので、昔《むかし》から方角《ほうがく》を知《し》るのに役立《やくだ》てた。⬇せいざ(星座) 703ページ

✤**ほっく【発句】** 名 ❶連歌《れんが》の初《はじ》めの五《ご》・七《しち》・五《ご》の部分《ぶぶん》。❷俳句《はいく》のこと。「❶」から独立《どくりつ》してできた。

**ホック**〔英語 hook〕名 かぎの形《かたち》をした小《ちい》さな留《と》め金《がね》。また、スナップのこともいう。

**ボックス**〔英語 box〕名 ❶箱《はこ》。例 アイスボックス。❷箱《はこ》のような小《ちい》さな建物《たてもの》。例 電話《でんわ》ボックス。❸箱《はこ》のように仕切《しき》った所《ところ》。例 オーケストラボックス。❹野《や》球《きゅう》・ソフトボールで、バッターやコーチが立《た》つ所《ところ》。例 バッターボックス。

**ホッケー**〔英語 hockey〕名 十一人《じゅういちにん》ずつ二組《ふたくみ》に分《わ》かれ、先《さき》の曲《ま》がった棒《ぼう》でボールを転《ころ》がしながら、相手《あいて》のゴールへ入《い》れる競技《きょうぎ》。

**ぼつご【没後】** 名 死《し》んだのち。例 夏目漱石《なつめそうせき》没後百年《ひゃくねん》。

**ぼっこう【勃興】** 名 動-する 急《きゅう》に勢《いきお》いがさかんになって、栄《さか》えること。例 新《あたら》しい勢力《せいりょく》が勃興する。

**ほっこく【北国】** 名 北《きた》の方《ほう》の国《くに》。北国《きたぐに》。対 南国《なんごく》。

**ほっさ【発作】** 名 痛《いた》みやけいれんなどが、急《きゅう》に激《はげ》しく起《お》こること。また、そのようす。例 ぜんそくの発作が起《お》こる。

**ほっさてき【発作的】** 形動 考《かんが》えもなしに急《きゅう》にするようす。例 発作的に大声《おおごえ》を出《だ》す。

**ぼっしゅう【没収】** 名 動-する 決《き》まりによって、人《ひと》の持《も》ち物《もの》や権利《けんり》などを取《と》り上《あ》げること。例 財産《ざいさん》を没収する。

**ほっしん【発疹】** 名 ⬇はっしん(発疹) 1050ページ

**ほっする【欲する】** 動 欲《ほ》しいと思《おも》う。望《のぞ》む。例 平和《へいわ》を欲する。⬇**よく【欲】**1356ページ

**ぼっする【没する】** 動 ❶しずむ。かくれる。例 船《ふね》が海中《かいちゅう》に没した。❷かくす。例 草《くさ》


慣用句 みそをつける 得意《とくい》になって歌《うた》ったが、途中《とちゅう》で言葉《ことば》につまって、みそをつけた。

むらに姿《すがた》を没する。❸死《し》ぬ。例 祖《そ》母《ぼ》は九十《きゅうじっ》歳《さい》で没した。

**ほっそく**【発△足】名 動‐する 会《かい》などが仕《し》事《ごと》を始《はじ》めること。はっそく。例 四《し》月《がつ》から音《おん》楽《がく》部《ぶ》が発足する。

**ほっそり** 副(‐と) 動‐する 細《ほそ》くてすらりとしているようす。例 ほっそりとした体《からだ》つき。

**ほったてごや**【掘っ建て小屋】名 土《ど》台《だい》を造《つく》らないで、柱《はしら》をじかに地《じ》面《めん》に打《う》ちこんで建《た》てた、粗《そ》末《まつ》な小《こ》屋《や》。

**ポツダムせんげん**【ポツダム宣言】名 一九四五年《ねん》ドイツのポツダムで、アメリカ・中《ちゅう》国《ごく》・イギリスの三《さん》国《ごく》(のちにソ連《れん》も参《さん》加《か》)が日《に》本《ほん》に向《む》けて行《おこな》った共《きょう》同《どう》宣《せん》言《げん》。これを日《にっ》本《ぽん》が受《う》け入《い》れて、第《だい》二《に》次《じ》世《せ》界《かい》大《たい》戦《せん》が終《お》わった。

**ほったらかす** 動 そのままにしておく。ほうっておく。〔くだけた言《い》い方《かた》。〕例 仕《し》事《ごと》をほったらかす。

**ほったん**【発△端】名 ものごとの始《はじ》まり。事《こと》の起《お》こり。例 事《じ》件《けん》の発端。

**ぼっち**〔ある言《こと》葉《ば》のあとにつけて〕わずかに…だけ。ぽっち。例 独《ひと》りぼっち。

**ホッチキス** 名 ⇩ホチキス 1210ページ

**ボッチャ**〔イタリア語〕名 赤《あか》と青《あお》のカラーボールを投《な》げたり転《ころ》がしたりして、目《もく》標《ひょう》の白《しろ》い球《たま》にどれだけ近《ちか》づけるかを競《きそ》う競《きょう》技《ぎ》。パラリンピックの正《せい》式《しき》種《しゅ》目《もく》。

**ぼっちゃん**【坊ちゃん】名 ❶よその男《おとこ》の子《こ》を、親《した》しみや敬《うやま》いの気《き》持《も》ちをこめて呼《よ》ぶ言《こと》葉《ば》。❷世《せ》間《けん》知《し》らずの男《おとこ》の人《ひと》のこと。例 彼《かれ》は、いくつになっても坊ちゃんだ。

**ぼっちゃん**〘坊っちゃん〙作品名 一九〇六年《ねん》に夏《なつ》目《め》漱《そう》石《せき》が発《はっ》表《ぴょう》した小《しょう》説《せつ》。東《とう》京《きょう》生《う》まれの正《せい》義《ぎ》感《かん》が強《つよ》い青《せい》年《ねん》「坊《ぼ》っちゃん」が、四《し》国《こく》松《まつ》山《やま》の中《ちゅう》学《がく》の先《せん》生《せい》になり、次《つぎ》々《つぎ》と騒《さわ》ぎを引《ひ》き起《お》こす話《はなし》。

**ほっと** 副 動‐する ❶ため息《いき》が出《で》るようす。例 ほっとため息《いき》をつく。❷安《あん》心《しん》するようす。例 宿《しゅく》題《だい》を終《お》えてほっとする。

**ホット**〔英語 hot〕一 形動 ❶熱《あつ》いようす。❷いちばん新《あたら》しいようす。例 ホットニュース。二 名 ホットコーヒーのこと。熱《あつ》いコーヒー。

**ポット**〔英語 pot〕名 ❶つぼ。また、つぼの形《かたち》をした入《い》れ物《もの》。例 コーヒーポット。❷魔《ま》法《ほう》びん。例 ポットに湯《ゆ》を入《い》れる。

**ぼっとう**【没頭】名 動‐する ものごとに熱《ねっ》中《ちゅう》すること。例 研《けん》究《きゅう》に没頭する。

**ホットケーキ**〔英語 hot cake〕名 小《こ》麦《むぎ》粉《こ》に卵《たまご》・牛《ぎゅう》乳《にゅう》・砂《さ》糖《とう》などを混《ま》ぜ合《あ》わせ、平《ひら》たく焼《や》いた食《た》べ物《もの》。

**ホットドッグ**〔英語 hot dog〕名 細《ほそ》長《なが》いパンに温《あたた》かいソーセージや野《や》菜《さい》などをはさみ、ケチャップやからしをぬった食《た》べ物《もの》。

**ほづな**【帆綱】名 ヨットや帆《はん》船《せん》の帆《ほ》を、上《あ》げたり下《お》ろしたり、つなぎ留《と》めたりする綱《つな》。

**ぼつにゅう**【没入】名 動‐する 一《ひと》つのことに心《こころ》をうちこむこと。例 仕《し》事《ごと》に没入する。

**ぼつねん**【没年】名 ❶死《し》んだときの年《ねん》齢《れい》。享《きょう》年《ねん》。❷死《し》んだ年《とし》。

**ぼっぱつ**【勃発】名 動‐する 事《じ》件《けん》などが、突《とつ》然《ぜん》起《お》こること。例 戦《せん》争《そう》が勃発した。

**ほっぴょうよう**〘北氷洋〙地名 ⇩ほっきょくかい 1211ページ

**ポップ**【POP】名 〔「買《か》い求《もと》める時《じ》点《てん》」という意《い》味《み》の英《えい》語《ご》の頭《かしら》文《も》字《じ》。〕商《しょう》品《ひん》を売《う》る場《ば》で行《おこな》う広《こう》告《こく》の一《ひと》つ。キャッチコピーや説《せつ》明《めい》・値《ね》段《だん》・イラストなどをかいた、手《て》作《づく》りのカードやポスターを、商《しょう》品《ひん》のそばに取《と》りつける方《ほう》法《ほう》。POP《ポップ》広《こう》告《こく》。ピーオーピー。

**ポップコーン**〔英語 popcorn〕名 とうもろこしの粒《つぶ》をいってはじけさせ、味《あじ》をつけたお菓《か》子《し》。

**ほっぺた** 名 ほお。ほっぺ。

**ほっぺたがおちそう**【ほっぺたが落《お》ちそう】非《ひ》常《じょう》においしいことのたとえ。例 このケーキは、ほっぺたが落ちそうにうまい。

**ほっぽう**【北方】名 北《きた》の方《ほう》。北《きた》の方《ほう》角《がく》。例 駅《えき》の北方一《いち》キロメートル。対 南《なん》方《ぽう》。

**ほっぽうりょうど**〘北方領土〙地名 北《ほっ》海《かい》道《どう》の東《ひがし》にある、国《くな》後《しり》・択《えと》捉《ろふ》・歯《はぼ》舞《まい》・色《しこ》丹《たん》の諸《しょ》島《とう》のこと。第《だい》二《に》次《じ》世《せ》界《かい》大《たい》戦《せん》のあとソ連《れん》〔=今《いま》のロシア〕に占《せん》領《りょう》されたが、もともと日《に》本《ほん》の領《りょう》土《ど》だから返《かえ》してほしいとロシアに求《もと》めている。

**ぼつぼつ** 一 副(‐と) ❶ものごとが少《すこ》しずつ進《すす》むようす。例 ぼつぼつと人《ひと》が集《あつ》まる。❷も

慣用句 道《みち》草《くさ》を食《く》う 母《はは》に聞《き》くと、昔《むかし》は学《がっ》校《こう》の行《い》き帰《かえ》りに、よく道《みち》草《くさ》を食《く》ったものだそうだ。

のごとを始《はじ》めるようす。[例]ぼつぼつ行《い》こう。❸小《ちい》さな点《てん》などがあちこちにあるようす。[例]箱《はこ》にぼつぼつと穴《あな》がある。[二][名]小《ちい》さな点《てん》のようなもの。[例]顔《かお》にぼつぼつができる。

**ぽつぽつ** [副(-と)] ❶つぶのようなものがあちこちにあるようす。❷しずくなどが少《すこ》しずつ落《お》ちるようす。[例]雨《あめ》がぽつぽつ降《ふ》る。

**ぼつらく【没落】** [名][動-する] 栄《さか》えていたものが、勢《いきお》いがおとろえて、落《お》ちぶれること。[例]武《ぶ》士《し》が没落する。

**ぽつりぽつり** [副(-と)] 雨《あめ》の音《おと》や話《はなし》などが、切《き》れ切《ぎ》れに続《つづ》くようす。[例]雨《あめ》がぽつりぽつり降《ふ》り出《だ》した。ぽつりぽつり話《はな》す。

**ほつれる** [動] ❶ぬったところや、編《あ》んだ糸《いと》などが解《と》ける。[例]そで口《ぐち》がほつれる。❷そろっていたものが乱《みだ》れる。[例]風《かぜ》で髪《かみ》の毛《け》がほつれる。

**ぽつんと** [副] ❶雨《あめ》やしずくが一滴《いってき》落《お》ちるようす。❷はなれて一《ひと》つだけあるようす。[例]家《いえ》が一軒《いっけん》、ぽつんとある。❸小《ちい》さな点《てん》や穴《あな》が一《ひと》つできるようす。[例]ぽつんとインクのあとが残《のこ》る。

**ほてい【布袋】** [名] 七福神《しちふくじん》の一人《ひとり》。財産《ざいさん》の神《かみ》。⇒しちふくじん 563ページ

**ボディー** 〔英語 body〕[名] ❶体《からだ》。胴体《どうたい》。[例]ボディーチェック。❷物《もの》の胴体《どうたい》の部分《ぶぶん》。[例]車《くるま》のボディー。

**ボディーガード** 〔英語 bodyguard〕[名] 重《じゅう》要《よう》な人物《じんぶつ》につきそって、その人《ひと》を守《まも》る役目《やくめ》の人《ひと》。護衛《ごえい》。

**ボディーチェック** [名]〔日本《にっぽん》でできた英《えい》語《ご》ふうの言葉《ことば》。〕危険《きけん》な物《もの》を持《も》っていないかを確認《かくにん》するためにおこなう検査《けんさ》。

**ボディーランゲージ** 〔英語 body language〕[名] 言葉《ことば》でなく、身《み》ぶりや手《て》ぶりなどで意思《いし》を伝《つた》えること。

**ポテト** 〔英語 potato〕[名] ジャガイモ。[例]ポテトチップス。

**ほてる【火照る】** [動] 顔《かお》や体《からだ》が熱《あつ》くなる。[例]はずかしさで顔《かお》がほてる。

**ホテル** 〔英語 hotel〕[名] 西洋《せいよう》ふうの旅館《りょかん》。[例]ビジネスホテル。[類]旅館《りょかん》。宿屋《やどや》。

**ほど【程】** [名] ❶ものごとの程度《ていど》。[例]身《み》のほど知《し》らず。ふざけるにもほどがある。❷時間《じかん》。[例]ほどなく。のちほど。❸ようす。ぐあい。[例]生死《せいし》のほどはわからない。⇒てい【程】872ページ

**ほど** [助] ❶およその数量《すうりょう》を表《あらわ》す。[例]五日《いつか》ほどかかる。❷程度《ていど》を表《あらわ》す。[例]山《やま》ほど仕事《しごと》がある。❸比《くら》べて言《い》う気持《きも》ちを表《あらわ》す。[例]水泳《すいえい》ほど楽《たの》しいものはない。❹…するにつれて、ますます。[例]聞《き》けば聞《き》くほどふしぎな話《はなし》だ。[注意]❸は、あとに「ない」などの打《う》ち消《け》しの言葉《ことば》がくる。

**ほどう【歩道】** [名] 道《みち》を区切《くぎ》って、人《ひと》の歩《ある》くところと決《き》めてある所《ところ》。人《ひと》の歩《ある》く道《みち》。人道《じんどう》。[例]横断《おうだん》歩道。[対]車道《しゃどう》。

**ほどう【補導】** [名][動-する] 正《ただ》しいほうに導《みちび》くこと。[例]少年《しょうねん》を補導する。

**ほどう【舗道】** [名] 舗装《ほそう》した道《みち》。

**ぼどう【母堂】** [名] 他人《たにん》の母親《ははおや》を敬《うやま》って言《い》う言葉《ことば》。ご母堂《ぼどう》。[対]尊父《そんぷ》。

**ほどうきょう【歩道橋】** [名] 歩《ある》く人《ひと》が安全《あんぜん》に渡《わた》れるように、道路《どうろ》の上《うえ》にかけわたした橋《はし》。

**○ほどく** [動] 結《むす》んであるものや、ぬってあるものを解《と》きはなす。解《と》く。[例]靴《くつ》のひもをほどく。[対]しばる。結《むす》ぶ。

**○ほとけ【仏】** [名] ❶仏教《ぶっきょう》で、さとりを開《ひら》いた人《ひと》。仏陀《ぶっだ》。❷釈迦《しゃか》のこと。❸仏像《ぶつぞう》。❹死《し》んだ人《ひと》。[例]仏になる。❺情《なさ》け深《ぶか》い人《ひと》。[例]生《い》き仏《ぼとけ》。⇒ぶっ【仏】1145ページ

**仏《ほとけ》造《つく》って魂《たましい》入《い》れず** ほとんど成《な》しとげたのに、いちばんだいじな点《てん》をぬかしていたために、役《やく》に立《た》たないこと。

**仏《ほとけ》の顔《かお》も三度《さんど》** どんなにおだやかな人《ひと》でも、何度《なんど》もひどいことをされれば、腹《はら》を立《た》てるということ。[例]がまんも限界《げんかい》だ。仏の顔も三度だからね。

**ほとけごころ【仏心】** [名] 情《なさ》け深《ぶか》い心《こころ》。[例]仏心を起《お》こしてにがしてやる。

**ほとけのざ** [名] ❶春《はる》の七草《ななくさ》の一《ひと》つ。田《た》のあぜなどに生《は》え、春《はる》に黄色《きいろ》の花《はな》が咲《さ》く。コオニタビラコ。⇒はるのななくさ 1067ページ。❷道《みち》ばたに生《は》えるシソの仲間《なかま》の草《くさ》の一《ひと》つ。春《はる》、赤《あか》むらさき色《いろ》のくちびるの形《かたち》の花《はな》が咲《さ》く。

**ほどける** [動] 結《むす》んであるものが、自然《しぜん》にとけてはなれる。[例]靴《くつ》のひもがほどけた。



[慣用句] 実《みの》りの秋《あき》　今年《ことし》は台風《たいふう》も来《こ》なくて、期待《きたい》どおり、実《みの》りの秋《あき》を迎《むか》えることができた。

**ほどこし【施し】**名 めぐみ与《あた》えるお金《かね》や品《しな》物《もの》。例施しを受《う》ける。

**ほどこす【施す】**動 ❶めぐみ与《あた》える。例めぐみを施す。❷人《ひと》のために、あることを行《おこな》う。例手当《てあ》てを施す。❸つけ加《くわ》える。例ふりがなを施す。❹人々《ひとびと》の前《まえ》に広《ひろ》く知《し》らせる。例面目《めんぼく》を施す。⇩し【施】538ページ

**ほどちかい【程近い】**形 道《みち》のりや時《じ》間《かん》が近《ちか》い。例学校《がっこう》からほど近い所《ところ》。

**ほどとおい【程遠い】**形 へだたりがかなりある。例完成《かんせい》にはまだほど遠い。

**ほととぎす**名 夏鳥《なつどり》としてわたってきて、森林《しんりん》にすむ鳥《とり》。大《おお》きさはハトぐらい。背中《せなか》は灰色《はいいろ》。卵《たまご》をウグイスの巣《す》などに産《う》んで、ひなを育《そだ》てさせる。鳴《な》き声《ごえ》がするどい。⇩なつどり969ページ

**ほどなく【程なく】**副 間《ま》もなく。例ほどなく母《はは》も帰《かえ》って来《き》ます。

**ほとばしる**動 勢《いきお》いよくあふれ出《で》る。ふき出《だ》す。例あせがほとばしる。

**ほとほと**副 まったく。ほんとうに。例弟《おとうと》のいたずらには、ほとほと困《こま》った。

**ほどほど【程程】**名 ちょうどよい程《てい》度《ど》。例テレビゲームもほどほどにしなさい。

**ほとぼり**名 ❶まだ残《のこ》っている熱《ねつ》。例ほとぼりで、こたつがまだ暖《あたた》かい。❷まだ残《のこ》っているたかぶった気《き》持《も》ち。例けんかのほとぼりが冷《さ》めない。❸世《よ》の中《なか》の関《かん》心《しん》。

**ほとぼりが冷《さ》める** 事《じ》件《けん》などが終《お》わった後《あと》の興《きょう》味《み》や関《かん》心《しん》がうすれる。

**ボトムアップ**〔英語 bottom-up〕名 会《かい》社《しゃ》などで、地《ち》位《い》の低《ひく》い人《ひと》の意《い》見《けん》を取《と》り入《い》れて、全《ぜん》体《たい》をまとめていくやり方《かた》。対トップダウン。

**ほどよい【程よい】**形 ちょうどよい。例ほどよい湯《ゆ》かげんのふろ。

**ほとり**名 そば。周《まわ》り。ふち。例池《いけ》のほとりで休《やす》む。

**ボトル**〔英語 bottle〕名 (お酒《さけ》などの)びん。

**ほとんど** 一副 ❶すべてといっていいくらい。たいてい。おおかた。例工《こう》事《じ》はほとんど終《お》わった。❷もう少《すこ》しのところで。例ほとんど負《ま》けるところだった。❸ほんの少《すこ》ししか。例近《ちか》ごろほとんど会《あ》っていない。二名 全《ぜん》部《ぶ》に近《ちか》い数《かず》。大《だい》部《ぶ》分《ぶん》。例メンバーのほとんどが少《しょう》年《ねん》だ。

**ぼにゅう【母乳】**名 母《はは》親《おや》の乳《ちち》。

**ほにゅうどうぶつ【哺乳動物】**名 ⇩ほにゅうるい 1214ページ

**ほにゅうるい【哺乳類】**名 人《じん》類《るい》・サル・犬《いぬ》などの仲《なか》間《ま》。肺《はい》で息《いき》をし、母《はは》親《おや》の乳《ちち》を飲《の》んで育《そだ》つ、脊《せき》椎《つい》動《どう》物《ぶつ》。哺《ほ》乳《にゅう》動《どう》物《ぶつ》。

**ほね【骨】**名 ❶動《どう》物《ぶつ》の体《からだ》の中《なか》にあって、体《からだ》を支《ささ》えているかたいもの。例足《あし》の骨を折《お》った。❷物《もの》のしんにする細《ほそ》長《なが》い竹《たけ》や金《きん》属《ぞく》。例かさの骨。❸ものごとの中《ちゅう》心《しん》。例チームの骨になる人《ひと》。❹へこたれない強《つよ》い性《せい》質《しつ》。例骨のある人《ひと》。❺苦《く》労《ろう》なこと。例明《あ》日《す》までに作《つく》るのは骨だ。⇩こつ【骨】469ページ

**骨《ほね》が折《お》れる** 苦《く》労《ろう》する。面《めん》倒《どう》だ。例説《せつ》明《めい》するのに骨が折れる。

**骨《ほね》の髄《ずい》まで** 体《からだ》の中《ちゅう》心《しん》まで。完《かん》全《ぜん》に。例骨の髄まで冷《ひ》え込《こ》む。

**骨《ほね》をうずめる** ❶その土《と》地《ち》で死《し》ぬ。❷一《いっ》生《しょう》をささげる。例仕《し》事《ごと》に骨をうずめる。

**骨《ほね》を惜《お》しむ** 苦《く》労《ろう》を嫌《きら》ってなまける。

**骨《ほね》を折《お》る** 苦《く》労《ろう》する。ほねおる。例骨を折ったかいがあった。

**ほねおしみ【骨惜しみ】**名 苦《く》労《ろう》をいやがること。なまけること。例骨惜しみをしないで働《はたら》く。

**ほねおり【骨折り】**名 努《ど》力《りょく》すること。苦《く》労《ろう》すること。尽《じん》力《りょく》。例町《まち》の人《ひと》たちの骨折りで橋《はし》ができた。

**ほねおりぞんのくたびれもうけ【骨折り損のくたびれもうけ】** 苦《く》労《ろう》するばかりで、何《なん》の効《こう》果《か》もないこと。

**ほねぐみ【骨組み】**名 ❶体《からだ》の骨《ほね》の組《く》み立《た》て。骨《こっ》格《かく》。例骨組みのがっしりした人《ひと》。❷全《ぜん》体《たい》のもとになる組《く》み立《た》て。例家《いえ》の骨組みができる。文《ぶん》章《しょう》の骨組みを考《かんが》える。

**ほねつぎ【骨接ぎ・骨継ぎ】**名 骨《ほね》が折《お》れたり関《かん》節《せつ》が外《はず》れたりしたときに、正《ただ》しく治《なお》すこと。また、それを仕《し》事《ごと》としている人《ひと》のこと。

**ほねぬき【骨抜き】**名 ❶料《りょう》理《り》で、鳥《とり》や魚《さかな》の骨《ほね》をぬき取《と》ること。❷考《かんが》えや計《けい》画《かく》の、だいじな部《ぶ》分《ぶん》を取《と》り去《さ》ること。例法《ほう》案《あん》を骨抜き

慣用句 耳《みみ》にたこができる 帰《かえ》ったらまず宿《しゅく》題《だい》をやれと、耳《みみ》にたこができるほど言《い》われてきた。

にする。❸強《つよ》い心《こころ》がなくなること。例 わいろをもらって骨抜きにされた。

**ほねみ【骨身】** 名 骨《ほね》と肉《にく》。体《からだ》。全身《ぜんしん》。

**骨《ほね》身《み》にこたえる** 体《からだ》や心《こころ》につらいほどに強《つよ》く感《かん》じる。例 冬《ふゆ》の風《かぜ》が骨身にこたえる。

**骨《ほね》身《み》に染《し》みる** うれしさや苦《くる》しさなどを強《つよ》く感《かん》じる。例 友達《ともだち》の優《やさ》しさが骨身に染みる。

**骨《ほね》身《み》を惜《お》しまない** 苦《く》労《ろう》をいやがらない。例 骨身を惜しまないで働《はたら》く。

**骨《ほね》身《み》を削《けず》る** 体《からだ》がやせるほどにつらい努《ど》力《りょく》をする。例 骨身を削って完《かん》成《せい》された作《さく》品《ひん》。

**ほねやすめ【骨休め】** 名 動-する 働《はたら》いたあとで、休《やす》むこと。例 温《おん》泉《せん》で骨休めする。

°**ほのお【炎】** 名 燃《も》えている火《ひ》の先《さき》のところ。火《か》炎《えん》。例 ろうそくの炎がゆらめく。⇩**えん**【炎】135ページ

**ほのか** 形動 はっきりしないようす。ほんのり。かすか。例 ほのかな梅《うめ》のかおり。

**ほのぐらい【ほの暗い】** 形 うす暗《ぐら》い。例 日《ひ》が落《お》ちて、辺《あた》りがほの暗くなった。

**ほのじろい【ほの白い】** 形 ほのかに白《しろ》い。少《すこ》し明《あか》るい。例 東《ひがし》の空《そら》がほの白くなってきた。

**ほのぼの** 副(-と) 動-する ❶ほのかに明《あか》るいようす。例 ほのぼのと夜《よ》が明《あ》けてきた。❷心《こころ》の温《あたた》まるようなようす。例 ほのぼのとした話《はなし》。

**ほのめかす** 動 それとなくわかるように言《い》う。例 答《こた》えをほのめかす。

**ホノルル** 地名 ハワイ諸《しょ》島《とう》のオアフ島《とう》にある港《みなと》町《まち》。アメリカのハワイ州《しゅう》の州《しゅう》都《と》。ワイキキ海《かい》岸《がん》がある。

**ホバークラフト** 〔英語 Hovercraft〕名 下《した》に向《む》けて空《くう》気《き》を強《つよ》くふきつけ、その力《ちから》で地《じ》面《めん》や水《すい》面《めん》から少《すこ》しうき上《あ》がって走《はし》る乗《の》り物《もの》。おもに、船《ふね》として使《つか》われる。ホーバークラフト。商《しょう》標《ひょう》名《めい》。⇩ふね❶1150ページ

**ほばしら【帆柱】** 名 帆《ほ》を上《あ》げるために、船《ふね》に立《た》てる柱《はしら》。マスト。

**ほはば【歩幅】** 名 歩《ある》くときの、一《いっ》歩《ぽ》のはば。例 せまい歩幅でせかせか歩《ある》く。

**ポピュラー** 〔英語 popular〕一 名 形動 よく知《し》られて親《した》しまれていること。例 ポピュラーな作《さく》品《ひん》。二 名 ジャズなど、西《せい》洋《よう》ふうの親《した》しみやすい音《おん》楽《がく》。例 ポピュラーソング。

**ぼひょう【墓標】** 名 墓《はか》のしるしとして建《た》てる木《き》や石《いし》。

**ボブスレー** 〔英語 bobsleigh〕名 ❶ブレーキやハンドルのある鋼《こう》鉄《てつ》製《せい》のそり。❷「❶」を使《つか》って氷《こおり》でできたコースを走《はし》り、速《はや》さを競《きそ》う競《きょう》技《ぎ》。冬《とう》季《き》オリンピックの正《せい》式《しき》競《きょう》技《ぎ》。

**ポプラ** 名 公《こう》園《えん》や街《がい》路《ろ》樹《じゅ》に多《おお》い高《こう》木《ぼく》。枝《えだ》はまっすぐ上《うえ》にのび、葉《は》は秋《あき》に黄《き》色《いろ》くなり冬《ふゆ》には落《お》ちる。

**ほへい【歩兵】** 名 歩《ある》いて進《すす》み、戦《たたか》う兵《へい》。

**ほほ【頰】** 名 ⇩ほお1202ページ

°**ほぼ** 副 だいたい。およそ。おおかた。例 家《いえ》もほぼできあがった。

**ほほえましい【ほほ笑ましい】** 形 ほほえみたくなるようなようすである。例 きょうだいが助《たす》け合《あ》うほほえましい光《こう》景《けい》。

°**ほほえみ【ほほ笑み】** 名 にっこり笑《わら》うこと。微《び》笑《しょう》。例 ほほえみをもらす。

°**ほほえむ【ほほ笑む】** 動 〔「ほおえむ」ともいう。〕声《こえ》を立《た》てずににっこり笑《わら》う。例 赤《あか》ちゃんにほほえみかける。

**ほまえせん【帆前船】** 名 帆《ほ》に風《かぜ》を受《う》けて走《はし》る大《おお》型《がた》の船《ふね》。西《せい》洋《よう》式《しき》の帆《はん》船《せん》。

**ほまれ【誉れ】** 名 ❶よい評《ひょう》判《ばん》。例 天《てん》才《さい》の誉れが高《たか》い。❷名《めい》誉《よ》に思《おも》うこと。例 国《くに》の誉れ。⇩**よ**【誉】1347ページ

**ほめそやす【褒めそやす】** 動 さかんにほめる。例 みんなが口《くち》々《ぐち》に褒めそやす。

**ほめたたえる【褒めたたえる】** 動 感《かん》心《しん》してほめる。立《りっ》派《ぱ》だとほめる。例 彼《かれ》の成《せい》功《こう》を褒めたたえる。

**ほめちぎる【褒めちぎる】** 動 それ以《い》上《じょう》ないほど、さかんにほめる。例 先《せん》生《せい》は彼《かれ》の絵《え》を褒めちぎっていた。

°**ほめる【褒める】** 動 立《りっ》派《ぱ》だ、うまい、えらいなどと言《い》う。たたえる。例 上《じょう》手《ず》な絵《え》だと、みんなが褒める。対 けなす。⇩**ほう**【褒】1191ページ

**ぼや** 名 小《ちい》さい火《か》事《じ》。大《おお》きくならないうちに、消《け》し止《と》めた火《か》事《じ》。例 ぼやさわぎ。

慣用句 **見《み》よう見《み》まね** 料《りょう》理《り》名《めい》人《じん》の母《はは》にならって、私《わたし》も見《み》よう見《み》まねで、オムレツを作《つく》ってみた。

**ぼやかす** 動 あいまいにする。ぼかす。例 言葉《ことば》をぼやかす。

**ぼやく** 動 ぶつぶつ不平《ふへい》を言《い》う。例 宿題《しゅくだい》が多《おお》いとぼやく。

**ぼやける** 動 はっきりしなくなる。ぼんやりする。例 色《いろ》がぼやける。

**ほやほや** 名 形動 ❶できたてで、温《あたた》かくて、ふっくらしていること。例 ほやほやのパン。❷そのようになったばかりであること。例 学級委員《がっきゅういいん》になりたてのほやほやだ。

**ぼやぼや** 副(-と) 動-する ぼんやりしているようす。例 ぼやぼやしていると遅刻《ちこく》だ。

**ほゆう【保有】** 名 動-する 自分《じぶん》のものとして持《も》っていること。例 核兵器《かくへいき》を保有する。

**ほよう【保養】** 名 動-する ❶体《からだ》や心《こころ》を休《やす》めて、元気《げんき》を取《と》りもどすこと。例 保養のために温泉《おんせん》へ行《い》く。❷心《こころ》を楽《たの》しませること。例 いい絵《え》を見《み》て、目《め》の保養になった。

**ほら【法螺】** 名 ❶大《おお》げさに言《い》うこと。でたらめ。例 ほらをふく。❷ほら貝《がい》。

**ほら** 感 相手《あいて》に注意《ちゅうい》を向《む》けさせる言葉《ことば》。例 ほら、見《み》てごらん。

**ぼら** 名 川口《かわぐち》に近《ちか》い海《うみ》にすむ魚《さかな》。成長《せいちょう》するにつれてイナ、ボラ、トドと呼《よ》び名《な》が変《か》わるため、出世魚《しゅっせうお》といわれる。

**ほらあな【洞穴】** 名 岩《いわ》やがけにあいた、大《おお》きな深《ふか》い穴《あな》。洞窟《どうくつ》。

**ほらがい【法螺貝】** 名 ❶日本《にっぽん》の南《みなみ》の海《うみ》でとれる大《おお》きな巻《ま》き貝《がい》。殻《から》は四〇センチメートルにもなる。❷「❶」の頭《あたま》の部分《ぶぶん》に穴《あな》をあけ、ふき鳴《な》らせるようにしたもの。山伏《やまぶし》などが使《つか》った。ほら。⬇まきがい 1227ページ

**ほらふき【法螺吹き】** 名 大《おお》げさに言《い》ったり、でたらめを言《い》ったりする人《ひと》。

**ボランティア**〔英語 volunteer〕名 社会《しゃかい》のために、自分《じぶん》から進《すす》んで、無料《むりょう》で奉仕活動《ほうしかつどう》をする人《ひと》。

## ほり【堀】

画数 11 部首 土(つちへん)

音 —— 訓 ほり

ほって造《つく》った水路《すいろ》。熟語 堀端《ほりばた》。

**ほり【堀】** 名 ❶地面《じめん》を細長《ほそなが》くほって、水《みず》を通《とお》した所《ところ》。舟《ふね》で物《もの》を運《はこ》ぶのに使《つか》う。ほり割《わ》り。❷敵《てき》を防《ふせ》ぐために、城《しろ》の周《まわ》りを細長《ほそなが》くほって造《つく》ったみぞ。例 堀に囲《かこ》まれた城《しろ》。

**ほり【彫り】** 名 ❶ほること。また、ほり上《あ》げたできばえ。❷顔《かお》の目鼻《めはな》だち。例 彫りの深《ふか》い顔《かお》。

**ポリエステル**〔英語 polyester〕名 合成樹脂《ごうせいじゅし》の一《ひと》つ。合成繊維《ごうせいせんい》やいろいろな容器《ようき》などに、広《ひろ》く使《つか》われる。

**ポリエチレン**〔英語 polyethylene〕名 天然《てんねん》ガスから作《つく》る合成樹脂《ごうせいじゅし》。空気《くうき》や水《みず》などを通《とお》さないので、食品《しょくひん》を包《つつ》む材料《ざいりょう》などに使《つか》われる。

**ポリオ**〔英語 polio〕名 ウイルスの感染《かんせん》によって起《お》こる、手足《てあし》が麻痺《まひ》する病気《びょうき》。小児麻痺《しょうにまひ》。

**ほりおこす【掘り起こす】** 動 ❶ほって、中《なか》から土《つち》を出《だ》す。例 道路《どうろ》を掘り起こす。❷ほって、中《なか》から物《もの》を出《だ》す。例 化石《かせき》を掘り起こす。❸隠《かく》れていたものや新《あたら》しいものを発見《はっけん》する。例 才能《さいのう》を掘り起こす。

**ほりかえす【掘り返す】** 動 ❶ほって下《した》の土《つち》を上《うえ》に出《だ》す。例 畑《はたけ》を掘り返す。❷もう一度《いちど》ほる。

**ほりごたつ【掘りごたつ】** 名 床《ゆか》の一部《いちぶ》を切《き》り取《と》ってつくったこたつ。

**ほりさげる【掘り下げる】** 動 ❶地面《じめん》を下《した》へ下《した》へとほる。❷一《ひと》つのことを深《ふか》く考《かんが》える。例 ものごとを掘り下げて考《かんが》える。

**ほりだしもの【掘り出し物】** 名 思《おも》いがけなく手《て》に入《はい》った、めずらしい品物《しなもの》。安《やす》く手《て》に入《い》れたもの。例 掘り出し物の花《か》びん。

**ほりだす【掘り出す】** 動 ❶ほって、地面《じめん》の下《した》にある物《もの》を出《だ》す。例 石炭《せきたん》を掘り出す。❷思《おも》いがけなく、値打《ねう》ちのあるものを手《て》に入《い》れる。

**ほりつける【彫りつける】** 動 ほって、その物《もの》に形《かたち》を刻《きざ》みつける。ほりこむ。例 かさの柄《え》に、名前《なまえ》を彫りつける。

**ホリデー**〔英語 holiday〕名 休日《きゅうじつ》。祭日《さいじつ》。

**ほりぬきいど【掘り抜き井戸】** 名 地面《じめん》を深《ふか》く掘《ほ》り、地下水《ちかすい》をわき出《だ》させた井戸《いど》。

**ポリネシア** 地名 太平洋《たいへいよう》にある島々《しまじま》のうち、日付変更線《ひづけへんこうせん》より東《ひがし》にある島々《しまじま》をまとめた呼《よ》び名《な》。ハワイ諸島《しょとう》、サモア諸島《しょとう》、ニュージーランド、イースター島《とう》など。

**ほりばた【堀端】** 名 ほりのそば。

慣用句 **見《み》るに忍《しの》びない** お姉《ねえ》さんの困《こま》り果《は》てたようすが気《き》の毒《どく》で、私《わたし》は見《み》るに忍《しの》びなかった。

**ポリぶくろ【ポリ袋】** [名] ポリエチレンでできた袋《ふくろ》。

**ほりもの【彫り物】** [名] ❶木《き》・石《いし》・金属《きんぞく》などに、形《かたち》や模様《もよう》をほること。また、ほったもの。彫刻《ちょうこく》。[例] 仏像《ぶつぞう》の彫り物。❷肌《はだ》に、形《かたち》や絵《え》などをほったもの。いれずみ。

**ほりゅう【保留】** [名] [動-する] その場《ば》で決《き》めずに、残《のこ》しておくこと。[例] どうするか、態度《たいど》を保留する。

**ボリューム**〔英語 volume〕[名] ❶分量《ぶんりょう》。[例] ボリュームのある食事《しょくじ》。❷音《おと》の量《りょう》。[例] テレビのボリュームを上《あ》げる。

**ほりょ【捕虜】** [名] 戦争《せんそう》などで敵《てき》につかまった人《ひと》。とりこ。

**ほりわり【掘り割り】** [名] 地面《じめん》をほって、水《みず》を通《とお》した水路《すいろ》。ほり。

**ほる【掘る】** [動] ❶地面《じめん》に穴《あな》をあける。[例] 池《いけ》を掘る。❷土《つち》の中《なか》から、何《なに》かを取《と》り出《だ》す。[例] いもを掘る。⇩くつ【掘】369ページ

**ほる【彫る】** [動] 刃物《はもの》で、物《もの》の形《かたち》や絵《え》を刻《きざ》みつける。[例] 板《いた》に名前《なまえ》を彫る。⇩ちょう【彫】837ページ

**ポルカ**〔英語 polka〕[名] 四分《しぶん》の二拍子《にびょうし》の軽快《けいかい》なおどりの曲《きょく》。また、そのおどり。

**ボルガがわ**【ボルガ川】[地名] ロシアの中《なか》ほどを南《みなみ》へ流《なが》れカスピ海《かい》に注《そそ》ぐ、ヨーロッパでいちばん長《なが》い川《かわ》。長《なが》さ三六九〇キロメートル。

**ホルスタイン**〔ドイツ語〕[名] 牛《うし》の一《ひと》つ。体《からだ》は黒《くろ》と白《しろ》のまだら。乳《ちち》を出《だ》す量《りょう》が多《おお》い。

**ボルダリング**〔英語 bouldering〕[名] 岩《いわ》や凹凸《おうとつ》のある壁《かべ》を道具《どうぐ》を使《つか》わないで登《のぼ》る、スポーツクライミングの一種《いっしゅ》。

**ボルト**〔英語 bolt〕[名] 四角《しかく》・六角《ろっかく》・八角《はっかく》などの頭《あたま》をつけ、もう一方《いっぽう》のはしをねじにし、ナットを組《く》み合《あ》わせて使《つか》う、太《ふと》いくぎ。

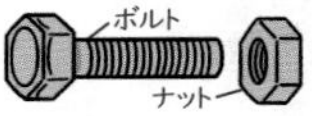

〔ボルト〕

**ボルト**〔英語 volt〕[名]〔理科《りか》で〕電圧《でんあつ》の単位《たんい》。記号《きごう》は「V」。例《たと》えば、乾電池《かんでんち》はふつう一・五ボルトである。

**ポルトガル** [地名] ヨーロッパの西部《せいぶ》、イベリア半島《はんとう》にあり、大西洋《たいせいよう》に面《めん》した国《くに》。首都《しゅと》はリスボン。

**ホルマリン**〔英語 formalin〕[名] 消毒《しょうどく》などに使《つか》う液体《えきたい》。強《つよ》いにおいがあり、物《もの》がくさるのを防《ふせ》ぐので、動物標本《どうぶつひょうほん》を作《つく》るときなどにも使《つか》う。

**ホルモン**〔ドイツ語〕[名] 体《からだ》の中《なか》の特別《とくべつ》な部分《ぶぶん》から出《で》る液《えき》。血液《けつえき》といっしょに体《からだ》の中《なか》を回《まわ》って、いろいろな器官《きかん》のはたらきを調節《ちょうせつ》する。

**ホルン**〔英語 horn〕[名] 金管楽器《きんかんがっき》の一《ひと》つ。丸《まる》く巻《ま》いた管《くだ》の先《さき》が朝顔形《あさがおがた》に広《ひろ》がったらっぱ。やわらかい音《おと》を出《だ》す。⇩がっき(楽器)244ページ

**ほれい【保冷】** [名] [動-する] 低《ひく》い温度《おんど》のまま保《たも》つこと。[例] 保冷車《しゃ》。

**ほれいざい【保冷剤】** [名] 低《ひく》い温度《おんど》を保《たも》つための薬品《やくひん》。また、それを詰《つ》めたもの。

**ほれぼれ** [副(-と)] [動-する] 心《こころ》をうばわれて、うっとりするようす。[例] われながら、ほれぼれするようなできばえだ。

**ほれる【惚れる】** [動] ❶だれかを好《す》きになり、交際《こうさい》したいと思《おも》う。恋《こい》をする。❷人物《じんぶつ》やものごとのすばらしさに心《こころ》を引《ひ》かれる。[例] 腕《うで》の確《たし》かさにほれた。❸〔動作《どうさ》を表《あらわ》す言葉《ことば》について〕そうすることに夢中《むちゅう》になる。[例] 歌《うた》に聴《き》きほれる。

**ほろ【幌】** [名] 風《かぜ》や雨《あめ》や日光《にっこう》を防《ふせ》ぐために、車《くるま》などにつけたおおい。[例] ほろ馬車《ばしゃ》。

**ぼろ** [一] [名] ❶使《つか》い古《ふる》した布《ぬの》きれや衣服《いふく》。[例] ぼろを着《き》ている。❷古《ふる》くなったり、いたんだりしたもの。[例] ぼろの自転車《じてんしゃ》。❸知《し》られたくない欠点《けってん》や失敗《しっぱい》。[二]〔ある言葉《ことば》の前《まえ》につけて〕めちゃくちゃなようす。[例] ぼろ負《ま》け。ぼろもうけ。

**ぼろが出る《でる》** 知《し》られたくない欠点《けってん》や失敗《しっぱい》が表《おもて》に出《で》てしまう。[例] 思《おも》わずぼろが出る。

**ぼろを出す《だす》** 欠点《けってん》や失敗《しっぱい》を、人《ひと》に見《み》せてしまう。[例] 追《お》いつめられてぼろを出した。

**ポロシャツ**〔英語 polo shirt〕[名] 半《はん》そでで、えりがあって、頭《あたま》からかぶって着《き》るスポーツシャツ。

**ほろにがい【ほろ苦い】** [形] 少《すこ》し苦《にが》い。[例] ビールはほろ苦い。ほろ苦い思《おも》い出《で》。

**ほろばしゃ【幌馬車】** [名] ほろをかけた馬《ば》車《しゃ》。[例] 大草原《だいそうげん》をほろ馬車で行《い》く。

**ほろびる【滅びる】** [動] 勢《いきお》いがおとろえて、



慣用句 向《む》きになる　ふざけていただけなのに、急《きゅう》にむきになってかかってきたので、おどろいた。

なくなる。絶《た》える。滅《ほろ》ぶ。例 マンモスは大《おお》昔《むかし》に滅びた。

**ほろぶ【滅ぶ】** 動 ⇩めつ【滅】1293ページ ⇩ほろびる1217ページ

**°ほろぼす【滅ぼす】** 動 ほろびるようにする。栄《さか》えていたものをなくしてしまう。絶《た》やす。例 敵《てき》を滅ぼす。⇩めつ【滅】1293ページ

**ほろほろ** 副(-と) ❶涙《なみだ》や花《はな》びらなどが、こぼれ落《お》ちるようす。❷山鳥《やまどり》などの鳴《な》く声《こえ》のようす。

**ぼろぼろ** 一 副(-と) ❶つぶのようなものがこぼれ落《お》ちるようす。例 大《おお》つぶの涙《なみだ》をぼろぼろこぼす。❷はがれたりくずれたりするようす。例 壁《かべ》がぼろぼろとくずれる。❸かくしごとが出《で》てしまうようす。例 悪事《あくじ》がぼろぼろと明《あか》るみに出《で》る。二 形動 ❶いたんだり破《やぶ》れたりするようす。例 ぞうきんがぼろぼろだ。❷ひどくつかれて、みじめなようす。例 体《からだ》がぼろぼろだ。

**ぽろぽろ** 副(-と) 小《ちい》さなつぶがこぼれ落《お》ちるようす。例 涙《なみだ》がぽろぽろと落《お》ちる。

**ほろりと** 副 動-する 涙《なみだ》ぐむようす。例 ほろりとするような話《はなし》。

**ホワイト** 〔英語 white〕名 白《しろ》。白《しろ》い色《いろ》。

**ホワイトハウス** 〔英語 White House〕名 アメリカのワシントンにある大統領《だいとうりょう》の官邸《かんてい》。ここで大統領《だいとうりょう》が政治《せいじ》を行《おこな》う。建物《たてもの》が白《しろ》いのでこう呼《よ》ばれる。

**ホワイトボード** 〔英語 white board〕名 フエルトペンなどで書《か》き込《こ》める白《しろ》い板《いた》。黒板《こくばん》と同《おな》じように使《つか》う。

**ほん【本】** 画数 5 部首 木(き) 1年

筆順 一 十 木 木 本

音 ホン 訓 もと

❶書物《しょもつ》。ほん。熟語 本屋《ほんや》。絵本《えほん》。古本《ふるほん》。❷ほんとうの。熟語 本気《ほんき》。本心《ほんしん》。本名《ほんみょう》。❸もと。熟語 基本《きほん》。根本《こんぽん》。対 末《まつ》。❹この。ここ。いま。熟語 本日《ほんじつ》。本人《ほんにん》。本年《ほんねん》。本邦《ほんぽう》。❺細長《ほそなが》い物《もの》を数《かぞ》える言葉《ことば》。例 鉛筆五本《えんぴつごほん》。❻剣道《けんどう》などの勝負《しょうぶ》を数《かぞ》える言葉《ことば》。例 三本勝負《さんぼんしょうぶ》。

**ほん【本】** 名 人《ひと》に読《よ》んでもらうために、印刷《いんさつ》してまとめたもの。書物《しょもつ》。例 一冊《いっさつ》の本にまとめる。

**ほん【奔】** 画数 8 部首 大(だい)

音 ホン 訓 ―

勢《いきお》いよく走《はし》る。熟語 奔走《ほんそう》。奔流《ほんりゅう》。

**ほん【翻】** 画数 18 部首 羽(はね)

音 ホン 訓 ひるがえ-る ひるがえ-す

❶ひるがえる。ひっくり返《かえ》る。例 旗《はた》が翻《ひるがえ》る。❷作《つく》り変《か》える。熟語 翻意《ほんい》〔=気《き》持《も》ちを変《か》える〕。熟語 翻訳《ほんやく》。

**ほん【反△】** 熟語 謀反《むほん》。⇩はん【反】1069ページ

**ホン** 〔英語 phon〕名 音《おと》の大《おお》きさの単位《たんい》。話《はな》す声《こえ》が、ふつう四〇ホンぐらい。フォン。参考 現在《げんざい》は、「デシベル」を使《つか》う。⇩デシベル882ページ

**ぼん【凡】** 画数 3 部首 几(つくえ)

音 ボン ハン 訓 ―

❶すべて。熟語 凡例《はんれい》。❷ふつうの。熟語 凡人《ぼんじん》。非凡《ひぼん》。平凡《へいぼん》。

**ぼん【盆】** 画数 9 部首 皿(さら)

音 ボン 訓 ―

物《もの》を運《はこ》ぶ、おぼん。熟語 盆栽《ぼんさい》。盆地《ぼんち》。

**ぼん【盆】** 名 ❶平《ひら》たくて、ふちの浅《あさ》い、物《もの》をのせて運《はこ》ぶ道具《どうぐ》。おぼん。例 うるし塗《ぬ》りの盆。覆水盆《ふくすいぼん》に返《かえ》らず。❷⇩うらぼん116ページ

**盆《ぼん》と正月《しょうがつ》がいっしょに来《き》たよう** うれしいことばかりが重《かさ》なって、いそがしいようす。参考「盆《ぼん》」は「うら盆《ぼん》」のこと。

**ぼん【煩°】** 熟語 煩悩《ぼんのう》。⇩はん【煩】1071ページ

**ほんあん【翻°案】** 名 原作《げんさく》の内容《ないよう》をもとにして、改《あらた》めて作《つく》った作品《さくひん》。

**ほんい【本位】** 名 考《かんが》えなどの基本《きほん》となるもの。例 子《こ》ども本位に考《かんが》える。

**ほんい【本意】** 名 ❶ほんとうの気《き》持《も》ち。本心《ほんしん》。例 あの人《ひと》の本意がわからない。❷前々《まえまえ》からの望《のぞ》み。例 本意をとげる。

**ぼんおどり【盆°踊°り】** 名 お盆《ぼん》〔=うら盆《ぼん》〕に、野外《やがい》で大勢《おおぜい》の人《ひと》が集《あつ》まっておどるおどり。輪《わ》になっておどるところが多《おお》い。

**ほんかくか【本格化】** 名 動-する ものごとが正《ただ》しいやり方《かた》で進《すす》み始《はじ》めること。例 工事《こうじ》

慣用句 虫《むし》が好《す》かない　特《とく》に理由《りゆう》もないのに、何《なん》となく虫《むし》が好《す》かない人《ひと》がいるものだ。

が本格化する。

**ほんかくてき【本格的】** 形動 ❶決《き》まりに合《あ》っていて、正《ただ》しいようす。本式《ほんしき》。例 本格的にピアノを習《なら》う。❷すっかり、そのものになっているようす。例 本格的な冬《ふゆ》になる。

**ほんかん【本館】** 名 ❶いくつかある建物《たてもの》の中《なか》で主《しゅ》になる建物《たてもの》。対 別館《べっかん》。❷この建物《たてもの》。当《とう》館《かん》。例 本館はサービス第一《だいいち》です。

**°ほんき【本気】** 名 形動 まじめな心《こころ》。真剣《しんけん》な気《き》持《も》ち。例 本気になって勉強《べんきょう》する。

**本《ほん》気《き》にする** ほんとうだと思《おも》いこむ。例 冗《じょう》談《だん》で言《い》ったことを本気にする。

**ほんぎまり【本決まり】** 名 正式《せいしき》に決《き》まること。例 工事《こうじ》が本決まりになった。

**ほんきょ【本拠】** 名 仕事《しごと》や活動《かつどう》の中心《ちゅうしん》となる場《ば》所《しょ》。例 本拠地《ち》。

**ほんぎょう【本業】** 名 その人《ひと》の主《しゅ》とする職《しょく》業《ぎょう》。対 副業《ふくぎょう》。

**ほんきょく【本局】** 名 ❶郵《ゆう》便《びん》局《きょく》や放《ほう》送《そう》局《きょく》・新《しん》聞《ぶん》社《しゃ》などで、中心《ちゅうしん》になる局《きょく》。対 支《し》局《きょく》。❷この局《きょく》。当局《とうきょく》。

**ほんぐもり【本曇り】** 名 今《いま》にも雨《あめ》か雪《ゆき》が降《ふ》りだしそうに、空《そら》がすっかりくもること。

**ほんけ【本家】** 名 ❶一《いち》族《ぞく》の大《おお》もとの家《いえ》。分《ぶん》家《け》からみて、もとの家《いえ》。対 分《ぶん》家《け》。❷家《いえ》元《もと》。例 茶《ちゃ》の湯《ゆ》の本家。類(❶・❷)宗《そう》家《け》。

**■ほんけほんもと【本家本元】** 名 いちばんもとになるところ。また、もとになる人《ひと》。

**ほんこう【本校】** 名 ❶分《ぶん》校《こう》に対《たい》して、そのもとになる学校《がっこう》。対 分校《ぶんこう》。❷自《じ》分《ぶん》のいる学校《がっこう》を指《さ》していう言《こと》葉《ば》。この学校《がっこう》。当校《とうこう》。

**ほんごく【本国】** 名 ❶自《じ》分《ぶん》の生《う》まれた国《くに》。国《こく》籍《せき》のある国《くに》。母国《ぼこく》。❷植《しょく》民《みん》地《ち》に対《たい》して、そこを支《し》配《はい》している国《くに》。

**ほんごし【本腰】** 名 本《ほん》気《き》になること。例 本腰で取《と》り組《く》む。

**本《ほん》腰《ごし》を入《い》れる** 本《ほん》気《き》になる。例 少《すこ》しは本腰を入れて勉《べん》強《きょう》をしなさい。

**ぽんこつ** 名 こわれかかって役《やく》に立《た》たなくなったもの。〔くだけた言《い》い方《かた》。〕例 ぽんこつの車《くるま》。

**ホンコン〘香港〙** 地名 中《ちゅう》国《ごく》の広《カン》東《トン》省《しょう》の南《みなみ》にある島《しま》。また、そこにある都《と》市《し》。イギリスの植《しょく》民《みん》地《ち》であったが、一九九七年《ねん》に中国《ちゅうごく》に返《へん》還《かん》された。貿《ぼう》易《えき》がさかん。

**ぼんさい【盆栽】** 名 鉢《はち》に小《ち》さい木《き》を植《う》え、美《うつく》しく手《て》入《い》れをして楽《たの》しむもの。

**ほんざん【本山】** 名 ❶一《ひと》つの宗《しゅう》派《は》の大《おお》もとになる寺《てら》。❷この寺《てら》。わが寺《てら》。

**ほんし【本紙】** 名 ❶付《ふ》録《ろく》などに対《たい》して、そのもとになる新《しん》聞《ぶん》。❷この新《しん》聞《ぶん》。

**ほんし【本誌】** 名 ❶付《ふ》録《ろく》などに対《たい》して、そのもとになる雑《ざっ》誌《し》。❷この雑《ざっ》誌《し》。例 本誌の読《どく》者《しゃ》は、おもに中《ちゅう》学《がく》生《せい》です。

**ほんしき【本式】** 名 形動 正《ただ》しいやり方《かた》。また、本《ほん》格《かく》的《てき》に取《と》り組《く》むこと。例 茶《さ》道《どう》を本式に習《なら》う。類 正《せい》式《しき》。対 略《りゃく》式《しき》。

**ほんしつ【本質】** 名 そのものの、いちばんもとになる性《せい》質《しつ》。例 問《もん》題《だい》の本質。

**°ほんじつ【本日】** 名 今《きょ》日《う》。この日《ひ》。例 本日開《かい》店《てん》。関連 ↓ きょう(今日) 333ページ

**ほんしつてき【本質的】** 形動 いちばんもとになっていて、重《じゅう》要《よう》なようす。例 本質的な問《もん》題《だい》。

**ほんしゃ【本社】** 名 ❶会《かい》社《しゃ》の中《ちゅう》心《しん》になっている事《じ》業《ぎょう》所《しょ》。対 支《し》社《しゃ》。❷いくつかの神《じん》社《じゃ》の大《おお》もとになっている神《じん》社《じゃ》。❸この会《かい》社《しゃ》。わが社《しゃ》。当《とう》社《しゃ》。

**ほんしゅう〘本州〙** 地名 日《にっ》本《ぽん》列《れっ》島《とう》の中《なか》で、いちばん大《おお》きい島《しま》。東《とう》北《ほく》、関《かん》東《とう》、中《ちゅう》部《ぶ》、近《きん》畿《き》、中《ちゅう》国《ごく》の五《いつ》つの地《ち》方《ほう》に分《わ》けられる。

**ほんしょ【本書】** 名 この本《ほん》。

**ほんしょう【本性】** 名 ❶生《う》まれつきの性《せい》質《しつ》。例 本性が現《あらわ》れる。❷本《ほん》心《しん》。正《しょう》気《き》。例 本性を失《うしな》う。

**ほんしょく【本職】** 名 ❶自《じ》分《ぶん》の生《せい》活《かつ》を支《ささ》えているおもな職《しょく》業《ぎょう》。本《ほん》業《ぎょう》。❷専《せん》門《もん》家《か》。くろうと。例 さすがに本職だ。

**ほんしん【本心】** 名 ほんとうの心《こころ》。例 親《しん》友《ゆう》にだけ本心を打《う》ち明《あ》ける。

**ほんじん【本陣】** 名 ❶昔《むかし》、戦《たたか》いのとき、大《たい》将《しょう》のいた所《ところ》。例 武《たけ》田《だ》信《しん》玄《げん》の本陣。❷江《え》戸《ど》時《じ》代《だい》に、大《だい》名《みょう》が、江《え》戸《ど》への行《い》き帰《かえ》りにとまった宿《しゅく》場《ば》の特《とく》別《べつ》の宿《やど》。

**ぼんじん【凡人】** 名 ふつうの人《ひと》。あたりまえの人《ひと》。例 凡人には思《おも》いつかない発《はっ》想《そう》。

**ポンず【ポン酢】** 名 ❶だいだいやゆずなど



慣用句 虫《むし》の知《し》らせ　あのときみょうに胸《むな》騒《さわ》ぎがしたのは、虫《むし》の知《し》らせだったのかもしれない。

のしぼり汁《じる》。❷「❶」にしょうゆを加《くわ》えた調味《ちょうみ》料《りょう》。

**ほんすじ【本筋】** 名 中心《ちゅうしん》になる筋道《すじみち》。例 話《はなし》を本筋にもどす。

**ほんせき【本籍】** 名 その人《ひと》の戸籍《こせき》のある所《ところ》。例 本籍地《ち》。

**ほんせん【本線】** 名 中心《ちゅうしん》となる線路《せんろ》。幹《かん》線《せん》。例 東海道《とうかいどう》本線。対 支線《しせん》。

**ほんそう【奔走】** 名 動-する ものごとがうまくいくように、あちこち動《うご》き回《まわ》って、努力《どりょく》すること。例 準備《じゅんび》に奔走する。

**ほんぞん【本尊】** 名 ❶その寺《てら》で、中心《ちゅうしん》になる仏《ほとけ》。ご本体《ほんたい》。例 この寺の本尊は阿弥陀如《あみだにょ》来《らい》だ。❷本人《ほんにん》。当人《とうにん》。例 ご本尊が遊《あそ》んでいては話《はなし》にならない。

**ほんたい【本体】** 名 ❶ほんとうの姿《すがた》。正《しょう》体《たい》。例 本体を見《み》ぬく。❷機械《きかい》などの中心《ちゅうしん》になる部分《ぶぶん》。例 カメラの本体。❸寺《てら》の本尊《ほんぞん》。神《じん》社《じゃ》の神体《しんたい》。

**ほんたい【本隊】** 名 中心《ちゅうしん》になる隊《たい》。例 本隊と分《わ》かれて先《さき》に行《い》く。

**ほんだい【本題】** 名 中心《ちゅうしん》になる議題《ぎだい》。例 前《まえ》置《お》きなしに、いきなり本題に入《はい》る。

**ほんだな【本棚】** 名 本《ほん》を並《なら》べておく棚《たな》。書《しょ》棚《だな》。

**ぼんち【盆地】** 名 周《まわ》りを山《やま》などに囲《かこ》まれていて、盆《ぼん》の底《そこ》のように広《ひろ》くて平《たい》らな土地《とち》。例 奈良《なら》盆地。

**ほんちょうし【本調子】** 名 ❶本来《ほんらい》の調子《ちょうし》が出《で》ること。例 打線《だせん》が本調子だ。❷三味線《しゃみせん》の、基本《きほん》となる調子《ちょうし》。

**ほんてん【本店】** 名 ❶いくつかの支店《してん》の、中心《ちゅうしん》となっている店《みせ》。対 支店《してん》。❷この店《みせ》。わが店《みせ》。当店《とうてん》。

**ほんと** 一 名 ほんとう。例 ほんとの話《はなし》。↓ほんとう 1220ページ。二 感 おどろいて聞《き》き返《かえ》すときに言《い》う言葉《ことば》。例「えっ、ほんと?」

**ほんど【本土】** 名 ❶本国《ほんごく》。例 三年《さんねん》ぶりに本土に帰《かえ》る。❷その国《くに》のおもな国土《こくど》。例 台風《たいふう》が本土に上陸《じょうりく》した。

**ポンド**〔英語 pound〕名 ❶イギリスやアメリカで使《つか》うヤードポンド法《ほう》で、重《おも》さの単位《たんい》の一《ひと》つ。一ポンドは、約《やく》四五四グラム。❷イギリスのお金《かね》の単位《たんい》。一ポンドは一〇〇ペンス。

**◦ほんとう【本当】** 名 うそや、ごまかしのないこと。まこと。ほんと。例 本当のことを話《はな》す。対 いつわり。うそ。

**ほんどう【本堂】** 名 寺《てら》で、「本尊《ほんぞん》❶」をまつってある建物《たてもの》。

**ほんどう【本道】** 名 ❶中心《ちゅうしん》となる大《おお》きな道《みち》。対 間道《かんどう》。❷正《ただ》しい道筋《みちすじ》。例 人間《にんげん》としての本道に立《た》ち返《かえ》る。

**ほんにん【本人】** 名 その人《ひと》自身《じしん》。当人《とうにん》。例 本人かどうか確《たし》かめる。

**ほんね【本音】** 名 本心《ほんしん》から出《で》た言葉《ことば》。例 本音をはく。対 建《た》て前《まえ》。

**ボンネット**〔英語 bonnet〕名 ❶自動車《じどうしゃ》の前《まえ》の部分《ぶぶん》にある、エンジンをおおっているもの。❷女性《じょせい》や子《こ》ども用《よう》の帽子《ぼうし》で、頭《あたま》の後《うし》ろの方《ほう》にかぶり、額《ひたい》を出《だ》すようにして、ひもで結《むす》ぶ形《かたち》のもの。

**ほんねん【本年】** 名 今年《ことし》。この年《とし》。例 本年もよろしく。関連 ↓きょう(今日) 333ページ

**ほんの** 連体 ただそれだけの。全《まった》くの。例 ほんのかすり傷《きず》ですんだ。

**ほんのう【本能】** 名 生《い》き物《もの》が、生《う》まれながらに持《も》っている性質《せいしつ》や心《こころ》のはたらき。例 子《こ》を守《まも》るのは親《おや》の本能だ。

**ほんのうてき【本能的】** 形動 生《う》まれつきその性質《せいしつ》を持《も》っているようす。例 本能的に顔《かお》をそらせる。

**ほんのり** 副(-と) ほのかに現《あらわ》れるようす。かすかに。例 梅《うめ》の花《はな》がほんのりにおう。

**ほんば【本場】** 名 ❶そのものごとが、さかんに行《おこな》われている場所《ばしょ》。例 本場できたえた腕前《うでまえ》。❷ある品物《しなもの》のおもな産地《さんち》。例 そうめんの本場。

**ほんば【本葉】** 名 ↓ほんよう 1221ページ

**ほんばこ【本箱】** 名 本《ほん》を並《なら》べて入《い》れておく、箱《はこ》の形《かたち》をした家具《かぐ》。

**ほんばしょ【本場所】** 名 大相撲《おおずもう》の正式《せいしき》の興行《こうぎょう》。初場所《はつばしょ》・春場所《はるばしょ》など、年《ねん》に六回《ろっかい》行《おこな》われる。場《ば》所《しょ》。

**ほんばん【本番】** 名 練習《れんしゅう》ではなく、実際《じっさい》の放送《ほうそう》や撮影《さつえい》など。また、練習《れんしゅう》でなく本式《ほんしき》に行《おこな》うこと。例 ぶっつけ本番でやりきった。

**ほんぶ【本部】** 名 団体《だんたい》・組織《そしき》などの中心《ちゅうしん》とな

慣用句 胸《むね》が躍《おど》る　いよいよ明日《あす》はプールに入《はい》れると思《おも》うと、うれしくて胸《むね》が躍《おど》る。

るところ。例 国連《こくれん》本部。対 支部《しぶ》。

**ポンプ**〔オランダ語〕名 水《みず》や油《あぶら》などを低《ひく》い所《ところ》から高《たか》い所《ところ》へ上《あ》げたり、一《いっ》か所《しょ》から他《ほか》へ送《おく》ったりするのに使《つか》う機械《きかい》。例 消防《しょうぼう》ポンプ。

**ポンプしゃ【ポンプ車】**名 消防車《しょうぼうしゃ》の一《ひと》つ。ついているポンプで水《みず》を吸《す》い上《あ》げ、放水《ほうすい》する。

**ほんぶり【本降り】**名 止《や》みそうもない雨《あめ》や雪《ゆき》の降《ふ》り方《かた》。例 とうとう本降りになった。

**ほんぶん【本分】**名 その人《ひと》の、行《おこな》わなければならない務《つと》め。義務《ぎむ》。例 学生《がくせい》の本分。

✤**ほんぶん【本文】**名 〔「ほんもん」ともいう。〕❶書物《しょもつ》などで、前書《まえが》きやあと書《が》きをのぞいた、中心《ちゅうしん》となる部分《ぶぶん》。❷引用《いんよう》のよりどころになる、その元《もと》の文章《ぶんしょう》。❸注釈《ちゅうしゃく》などの対象《たいしょう》になっている元《もと》の文章《ぶんしょう》。

**ボンベ**〔ドイツ語〕名 気体《きたい》をおし縮《ちぢ》めて入《い》れてある、鋼鉄《こうてつ》などで作《つく》った、筒形《つつがた》の入《い》れ物《もの》。例 プロパンガスのボンベ。

**ほんぺん【本編】**名 本《ほん》や映画《えいが》などの中心《ちゅうしん》となる部分《ぶぶん》。本体《ほんたい》となる部分《ぶぶん》。対 続編《ぞくへん》。

**ほんぽう【本°邦】**名 この国《くに》。わが国《くに》。例 本邦初公開《はつこうかい》。

**ほんぽう【奔°放】**形動 思《おも》うままにふるまうようす。例 奔放なタッチで花《はな》をえがく。

**ぼんぼり** 名 昔《むかし》の明《あ》かりの一《ひと》つ。紙《かみ》や布《ぬの》をはりつけたおおいのある昔《むかし》の明《あ》かり。例 ひな祭《まつ》りのぼんぼり。⇩ひなにんぎょう 1104ページ

**ぽんぽん** 副(-と) ❶遠慮《えんりょ》なく、次々《つぎつぎ》に言《い》うようす。例 そうぽんぽん言《い》われても困《こま》る。❷続《つづ》けて破裂《はれつ》するようす。例 ぽんぽんと花火《はなび》が上《あ》がる。

■**ほんまつてんとう【本末転倒°】**名 大切《たいせつ》なことと、そうでないことを取《と》りちがえること。例 本末転倒もはなはだしい。

**ほんまる【本丸】**名 日本《にっぽん》の城《しろ》の中心《ちゅうしん》となる部分《ぶぶん》。ふつう、周《まわ》りに堀《ほり》をほり、真《ま》ん中《なか》に天守閣《てんしゅかく》を造《つく》る。

**ほんみょう【本名】**名 ほんとうの名《な》。実名《じつめい》。例 本名を名《な》のる。対 仮名《かめい》。

**ほんめい【本命】**名 スポーツや競馬《けいば》などで、一番《いちばん》になると予想《よそう》される人《ひと》や馬《うま》。

**ほんもう【本△望】**名 ❶前《まえ》からの望《のぞ》み。例 本望をとげる。❷満足《まんぞく》。例 さぞ本望だろう。

○**ほんもの【本物】**名 ❶にせものでないこと。例 本物の真珠《しんじゅ》。対 偽物《にせもの》。❷もとのもの。実物《じつぶつ》。例 本物そっくりに作《つく》る。❸技《わざ》などがすぐれていること。例 あの演技《えんぎ》は、本物だ。

**ほんもん【本文】**名 ⇩ほんぶん(本文) 1221ページ

**ほんや【本屋】**名 本《ほん》を売《う》る店《みせ》。書店《しょてん》。

✤**ほんやく【翻°訳】**名 動-する ある国《くに》の言葉《ことば》を、他《ほか》の国《くに》の言葉《ことば》に直《なお》すこと。

○**ぼんやり** 副(-と) 動-する ❶はっきりしないようす。例 遠《とお》くの山《やま》がぼんやりと見《み》える。対 はっきり。❷気《き》持《も》ちがゆるんでいるようす。例 ぼんやりつっ立《た》っている。

**ほんよう【本葉】**名 植物《しょくぶつ》が芽《め》を出《だ》して、子《し》葉《よう》が出《で》たあとに出《で》てくる葉《は》。ほんば。

**ほんよみ【本読み】**名 ❶本《ほん》を読《よ》むこと。また、本《ほん》をよく読《よ》む人《ひと》。❷劇《げき》の練習《れんしゅう》などで、台《だい》本《ほん》を読《よ》み合《あ》って、けいこをすること。

**ほんらい【本来】**名 ❶もとから。もともと。例 本来の明《あか》るさをとりもどす。類 元《がん》来《らい》。❷あたりまえ。ふつう。例 本来なら、私《わたし》が行《い》くはずだった。

**ほんりゅう【本流】**名 ❶川《かわ》の、もとの大《おお》きな流《なが》れ。❷ものごとの中心《ちゅうしん》となっている流《りゅう》派《は》やグループ。例 本流から外《はず》れる。類 (❶・❷)主流《しゅりゅう》。対 (❶・❷)支流《しりゅう》。

**ほんりゅう【奔°流】**名 激《はげ》しい勢《いきお》いの流《なが》れ。例 舟《ふね》が奔流にのみこまれた。

**ほんりょう【本領】**名 元《もと》から持《も》っている性質《せいしつ》や特色《とくしょく》。例 本領を発揮《はっき》する。

**ほんるい【本塁°】**名 野球《やきゅう》・ソフトボールで、ホームベースのこと。

**ほんるいだ【本塁°打】**名 ⇩ホームラン 1203ページ

**ほんろう【翻°弄°】**名 動-する 人《ひと》や物《もの》を自分《じぶん》の思《おも》いのままにすること。もてあそぶこと。例 波《なみ》に翻弄されて、船《ふね》が進《すす》まない。

✤**ほんろん【本論】**名 〔議論《ぎろん》や論文《ろんぶん》などの〕中心《ちゅうしん》となる部分《ぶぶん》。例 本論に入《はい》る。関連 序《じょ》論《ろん》。結論《けつろん》。

**ほんわか** 副(-と) 動-する あたたかな気《き》持《も》ちに包《つつ》まれているようす。例 ほんわかとした雰《ふん》囲《い》気《き》。



慣用句 明暗《めいあん》を分《わ》ける　たった一票《いっぴょう》が国《くに》の明暗《めいあん》を分《わ》けることもあるから、よく考《かんが》えて投票《とうひょう》したい。

# ま

マ ma

**ま【麻】** 画数 11 部首 麻（あさ）
音 マ 訓 あさ
❶あさ。例 麻《あさ》のひも。❷しびれる。熟語 麻《ま》酔《すい》。麻《ま》薬《やく》。

**ま【摩】** 画数 15 部首 手（て）
音 マ 訓 —
こする。なでる。熟語 摩《ま》擦《さつ》。摩《ま》滅《めつ》。

**ま【磨】** 画数 16 部首 石（いし）
音 マ 訓 みが-く
❶みがく。こする。すりへらす。熟語 磨《ま》滅《めつ》。❷研《けん》磨《ま》〔=刃《は》物《もの》などを、といでみがくこと〕。きたえる。熟語 錬《れん》磨《ま》。例 技《わざ》を磨《みが》く。

**ま【魔】** 画数 21 部首 鬼（おに）
音 マ 訓 —
❶人《ひと》の心《こころ》を害《がい》したり、なやませたりする悪《わる》い神《かみ》。熟語 魔《ま》女《じょ》。悪《あく》魔《ま》。❷人《ひと》を迷《まよ》わせるふしぎな力《ちから》。熟語 魔《ま》術《じゅつ》。魔《ま》法《ほう》。

**ま【魔】** 名 ふしぎな力《ちから》で人《ひと》をおびやかすもの。例 魔の交《こう》差《さ》点《てん》〔=事《じ》故《こ》がよく起《お》こる交《こう》差《さ》点《てん》〕。魔にとりつかれる。

**魔《ま》が差《さ》す** 思《おも》いもよらない悪《わる》い考《かんが》えが起《お》こる。例 ぬすむなんて、魔がさしたとしか思《おも》えない。

**ま【目】** め。例 目深《ぶか》。目の当《あ》たりにする。➡ **もく【目】** 1301ページ

**ま【真】** 一 名 ほんとう。二〔ある言《こと》葉《ば》の前《まえ》につけて〕「ほんとうの」「正《せい》確《かく》な」「混《ま》じりけのない」などの意《い》味《み》を表《あらわ》す。例 真心《ごころ》。真四《し》角《かく》。真水《みず》。➡ **しん【真】** 654ページ

**真《ま》に受《う》ける** ほんとうのことだと思《おも》ってしまう。例 冗《じょう》談《だん》を真に受ける。

**ま【馬】** うま。例 馬子《ご》。絵《え》馬。➡ **ば【馬】** 1023ページ

**ま【間】** 名 ❶物《もの》と物《もの》との間《あいだ》。すきま。例 前《まえ》の人《ひと》との間を取《と》る。間をはかる。❷ひま。時《じ》間《かん》。例 休《やす》む間もない。❸部《へ》屋《や》。例 次《つぎ》の間。❹ぐあい。ころあい。例 間を見《み》はからう。❺音《おん》楽《がく》で、音《おと》と音《おと》との間《あいだ》。❻〔国《こく》語《ご》で〕〔話《はな》したり、音《おん》読《どく》したりするとき〕意《い》味《み》の切《き》れ目《め》に置《お》く、ちょっとした時《じ》間《かん》。ポーズ。例 ちょっと間を置《お》いて読《よ》む。❼〔数《かず》を表《あらわ》す言《こと》葉《ば》のあとにつけて〕部《へ》屋《や》の数《かず》を数《かぞ》える言《こと》葉《ば》。例 二《ふた》間。➡ **かん【間】** 270ページ

**間《ま》が抜《ぬ》ける** 調《ちょう》子《し》が外《はず》れる。だいじなことがぬける。例 間が抜けた挨《あい》拶《さつ》。

**間《ま》が持《も》てない** 会《かい》話《わ》が途《と》切《ぎ》れたり、時《じ》間《かん》を持《も》てあましたりして、どうしたらよいかわからない。間《ま》が持《も》たない。例 知《し》らない人《ひと》と話《はな》すと間が持てないものだ。

**間《ま》が悪《わる》い** ❶はずかしいような気《き》持《も》ちだ。きまりが悪《わる》い。例 いたずらを見《み》つけられて、間が悪かった。❷運《うん》が悪《わる》い。タイミングが悪《わる》い。例「間が悪いな、どの店《みせ》も休《やす》みだ。」

**間《ま》を持《も》たせる** ❶空《あ》いた時《じ》間《かん》を何《なに》かして過《す》ごす。❷会《かい》話《わ》が続《つづ》かないときに、うまく時《じ》間《かん》をつなぐ。例 天《てん》気《き》の話《はなし》で間をもたせる。

**まあ** 一 感 おどろいたり、感《かん》心《しん》したときに出《で》る言《こと》葉《ば》。例 まあ、うれしい。二 副 ❶十《じゅう》分《ぶん》ではないが、まずまず。どうやら。例 まあ、いいだろう。❷とりあえず。ひとまず。例 まあ、やめておこう。

**まあい【間合い】** 名 ものとものとのへだたり。また、ものごとをするのに適《てき》当《とう》な、時《じ》間《かん》や間《かん》隔《かく》。例 間合いをとる。

**マーカー**〔英語 marker〕名 しるしをつけるための筆《ひっ》記《き》用《よう》具《ぐ》。

**マーガリン**〔英語 margarine〕名 植《しょく》物《ぶつ》の油《あぶら》や動《どう》物《ぶつ》の脂《あぶら》を、おもな原《げん》料《りょう》とした食《しょく》品《ひん》。味《あじ》はバターに似《に》ている。

**マーク**〔英語 mark〕名 動-する ❶しるし。記《き》号《ごう》。また、しるしをつけること。例 リボンのマークをつける。❷特《とく》に目《め》をつけて注《ちゅう》意《い》すること。例 競《きょう》争《そう》相《あい》手《て》をマークする。❸記《き》録《ろく》を作《つく》ること。例 新《しん》記《き》録《ろく》をマークする。

**マークシート** 名〔日《にっ》

エコマーク　SGマーク　Gマーク
JASマーク　JISマーク
〔マーク❶〕



慣用句 眼鏡《めがね》にかなう　審《しん》査《さ》員《いん》の眼鏡《めがね》にかなう応《おう》募《ぼ》者《しゃ》は、なかなか見《み》つからなかった。

本《ぼん》でできた英語《えいご》ふうの言葉《ことば》。〕試験《しけん》やアンケートで、当《あ》てはまる空欄《くうらん》を鉛筆《えんぴつ》などでぬりつぶすようになっている用紙《ようし》。

**マーケット**〔英語 market〕名 ❶食料品《しょくりょうひん》や日用品《にちようひん》などを売《う》る店《みせ》が、一《いっ》か所《しょ》に集《あつ》まっている所《ところ》。市場《いちば》。例 マーケットで買《か》い物《もの》をする。❷↓しじょう(市場)❷ 556ページ

**マージャン【麻雀】**〔中国語〕名 四角《しかく》いテーブルを囲《かこ》み、「パイ」というこまを使《つか》って四人《よにん》でする遊《あそ》び。

**まあたらしい【真新しい】**形 まったく新《あたら》しい。例 真新しいランドセル。

**マーチ**〔英語 march〕名 行進《こうしん》に合《あ》うように作《つく》られた曲《きょく》。行進曲《こうしんきょく》。例 子犬《こいぬ》のマーチ。

**マーマレード**〔英語 marmalade〕名 オレンジやナツミカンなどの皮《かわ》で作《つく》ったジャム。

**まい【毎】** 画数 6 部首 毋(なかれ) 2年

音 マイ 訓 —

筆順

そのたびごと。いつも。それぞれ。熟語 毎《まい》回《かい》。毎時《まいじ》。毎日《まいにち》。

**まい【妹】** 画数 8 部首 女(おんなへん) 2年

音 マイ 訓 いもうと

筆順

いもうと。熟語 姉妹《しまい》。対 姉《し》。

**まい【枚】** 画数 8 部首 木(きへん) 6年

音 マイ 訓 —

筆順

❶数《かず》を数《かぞ》える。熟語 枚挙《まいきょ》。❷平《ひら》たくて、うすいものを数《かぞ》える言葉《ことば》。例 三枚《さんまい》の色紙《しきし》。

**まい【昧】** 画数 9 部首 日(ひへん)

音 マイ 訓 —

くらい。うすぐらい。熟語 曖昧《あいまい》。当て字 読書《どくしょ》三昧《ざんまい》〔=読書《どくしょ》に熱中《ねっちゅう》すること〕。

**まい【埋】** 画数 10 部首 扌(つちへん)

音 マイ 訓 う-める う-まる う-もれる

土《つち》の中《なか》にうめる。うもれる。熟語 埋蔵《まいぞう》。埋《まい》没《ぼつ》。例 雪《ゆき》に埋《う》もれる。

**まい【米】** 熟語 新米《しんまい》。白米《はくまい》。↓べい【米】1173ページ

**まい【舞】**名 歌《うた》や音楽《おんがく》に合《あ》わせて、手《て》や体《からだ》をしなやかに美《うつく》しく動《うご》かすこと。例 舞を舞《ま》う。類 おどり。↓ぶ【舞】1124ページ

**まい** 助動 ❶…ないだろう。例 雨《あめ》は降《ふ》るまい。❷…しないつもりだ。…しないようにしよう。例 もう二度《にど》と行《い》くまい。

**まいあがる【舞い上がる】**動 ❶舞《ま》うように高《たか》く上《あ》がる。例 土《つち》ぼこりが舞い上がる。❷いい気《き》になってうかれる。例 三連勝《さんれんしょう》して舞い上がっている。

**まいあさ【毎朝】**名 朝《あさ》ごと。毎日《まいにち》の朝《あさ》。例 毎朝体操《たいそう》する。

**まいおりる【舞い降りる】**動 空《そら》から、舞《ま》うようにゆっくり降《お》りる。例 一羽《いちわ》のツルが舞い降りた。

**まいかい【毎回】**名 そのたびごと。例 委員《いいん》会《かい》には毎回出席《しゅっせき》した。

**まいきょ【枚挙】**名 動-する 一《ひと》つ一《ひと》つ数《かぞ》えあげること。

**枚挙《まいきょ》にいとまがない** 一《ひと》つ一《ひと》つ数《かぞ》えあげることができないほど数《かず》が多《おお》い。例 エディソンの発明《はつめい》したものは、枚挙にいとまがない。

**マイク**名〔英語《えいご》の「マイクロホン」の略《りゃく》。〕録《ろく》音《おん》や放送《ほうそう》をするとき、声《こえ》や音《おと》を電気《でんき》の流《なが》れに変《か》える器械《きかい》。

**マイクロ**〔英語 micro〕〔ある言葉《ことば》の前《まえ》につけて〕非常《ひじょう》に小《ちい》さいこと。ミクロ。例 マイクロバス。

**マイクロバス**〔英語 microbus〕名 小《こ》型《がた》のバス。

**マイクロフィルム**〔英語 microfilm〕名 書類《しょるい》や図面《ずめん》などをとっておくために、小《ちい》さく撮影《さつえい》したフィルム。

**マイクロホン**〔英語 microphone〕名 ↓マイク 1223ページ

**まいげつ【毎月】**名 ↓まいつき 1224ページ

**まいご【〈迷子〉】**名 いっしょにいた人《ひと》からはぐれたり、道《みち》に迷《まよ》ったりした子《こ》ども。例 駅《えき》

あいうえお かきくけこ さしすせそ たちつてと なにぬねの はひふへほ まみむめも や ゆ よ らりるれろ わ を ん

慣用句 目《め》くじらを立《た》てる　ちょっとしたことにも目《め》くじらを立《た》てていちいち文句《もんく》を言《い》うものだから、みんなが怒《おこ》り出《だ》した。

前《まえ》で迷子《まいご》になる。参考「迷子《まいご》」は、特別《とくべつ》に認《みと》められた読《よ》み方《かた》。

**まいこむ【舞い込む】** 動 ❶舞《ま》うように入《はい》ってくる。例 雪《ゆき》が部屋《へや》の中《なか》に舞い込む。❷思《おも》いがけないものが入《はい》ってくる。例 外国《がいこく》の友人《ゆうじん》からの便《たよ》りが舞い込んだ。

**まいじ【毎時】** 名 一時間《いちじかん》ごと。一時間《いちじかん》に。例 この電車《でんしゃ》は毎時八〇キロメートルで走《はし》る。

**まいしゅう【毎週】** 名 一週《いっしゅう》ごと。どの週《しゅう》も。例 毎週、日曜日《にちようび》には出《で》かける。

**まいしん【邁進】** 名 動-する 目的《もくてき》に向《む》かってつき進《すす》むこと。例 一路《いちろ》まい進する。

**まいすう【枚数】** 名 紙《かみ》や着物《きもの》など、「枚《まい》」をつけて数《かぞ》える物《もの》の数《かず》。

**まいせつ【埋設】** 名 動-する 地中《ちちゅう》にうめて、備《そな》えつけること。例 水道管《すいどうかん》を埋設する。

**まいそう【埋葬】** 名 動-する 死《し》んだ人《ひと》の体《からだ》や骨《ほね》を地中《ちちゅう》にうめて、ほうむること。例 先祖《せんぞ》代々《だいだい》の墓《はか》に埋葬する。

**まいぞう【埋蔵】** 名 動-する 地中《ちちゅう》にうめてかくしておくこと。また、うまってかくれていること。例 宝物《ほうもつ》を埋蔵する。

**まいちもんじ【真一文字】** 名 まっすぐ。一直線《いっちょくせん》。例 真一文字につき進《すす》む。

**◦まいつき【毎月】** 名 月《つき》ごと。どの月《つき》も。月々《つきづき》。まいげつ。例 毎月一回《いっかい》の廃品回収《はいひんかいしゅう》。

**まいど【毎度】** 名 いつも。そのたびごと。例 毎度ありがとうございます。

**◦まいとし【毎年】** 名 年《とし》ごと。どの年《とし》も。例 年々《ねんねん》。まいねん。例 毎年行《おこな》われる大会《たいかい》。

**マイナー**〔英語 minor〕一 名 形動 規模《きぼ》が小《ちい》さいこと。重要《じゅうよう》でないこと。下位《かい》であること。例 マイナーチェンジ。マイナーな作家《さっか》〔＝あまり有名《ゆうめい》でない作家《さっか》〕。二 名〔音楽《おんがく》で〕短調《たんちょう》。対（一・二）メジャー。

**◦マイナス**〔英語 minus〕一 名 動-する 数《かず》を引《ひ》くこと。例 一〇から五をマイナスする。二 名 ❶〔算数《さんすう》で〕引《ひ》き算《ざん》のしるし。❷〔算数《さんすう》で〕0《ゼロ》より小《ちい》さな数《かず》のしるし。❸〔理科《りか》で〕電流《でんりゅう》の陰《いん》極《きょく》。❹検査《けんさ》などで、ある性質《せいしつ》が表《あらわ》れないこと。陰性《いんせい》。例 ツベルクリン反応《はんのう》がマイナス。❺損《そん》になること。例 そんな態度《たいど》をとるとマイナスになるよ。❻足《た》りないこと。例 予定《よてい》より五〇円《えん》マイナスだ。対（一・二）プラス。参考 二❶～❹の記号《きごう》は「－」。

**マイナスきょく【マイナス極】** 名 ↓いんきょく 94ページ

**マイナンバー** 名〔日本《にっぽん》でできた英語《えいご》ふうの言葉《ことば》。〕法律《ほうりつ》によって、国民一人一人《こくみんひとりひとり》に割《わ》り当《あ》てられた個人番号《こじんばんごう》。十二《じゅうに》けたの数字《すうじ》で表《あらわ》される。

**◦まいにち【毎日】** 名 日《ひ》ごと。どの日《ひ》も。

**まいねん【毎年】** 名 ↓まいとし 1224ページ

**マイノリティー**〔英語 minority〕名 全体《ぜんたい》から見《み》て、人数《にんずう》が少《すく》ないこと。少数派《しょうすうは》。また、弱《よわ》い立場《たちば》の人《ひと》。対 マジョリティー。

**マイバッグ** 名〔日本《にっぽん》でできた英語《えいご》ふうの言《こと》葉《ば》。〕〔買《か》い物《もの》などのときに持《も》って行《い》く〕自分専《じぶんせん》用《よう》の手《て》さげ袋《ぶくろ》やかばん。

**まいばん【毎晩】** 名 夜《よ》ごと。毎夜《まいよ》。

**まいびょう【毎秒】** 名 一秒《いちびょう》ごと。

**まいふん【毎分】** 名 一分《いっぷん》ごと。

**マイペース** 名〔日本《にっぽん》でできた英語《えいご》ふうの言《こと》葉《ば》。〕他《た》の人《ひと》とは関係《かんけい》なく、自分《じぶん》にあった調子《ちょうし》や速度《そくど》で進《すす》めること。例 マイペースで練習《れんしゅう》する。

**まいぼつ【埋没】** 名 動-する ❶うずもれて見《み》えなくなること。例 地中《ちちゅう》に埋没していた古《こ》代《だい》の都市《とし》。❷うずもれて人《ひと》に認《みと》められずにいること。例 埋没している人材《じんざい》を発掘《はっくつ》する。

**まいもどる【舞い戻る】** 動 元《もと》の所《ところ》に帰《かえ》る。例 手紙《てがみ》が舞い戻ってきた。

**まいよ【毎夜】** 名 夜《よ》ごと。毎晩《まいばん》。

**◦まいる【参る】** 動 ❶「行《い》く」「来《く》る」を、へりくだって言《い》う言葉《ことば》。例「わたしがそちらへまいります。」❷神社《じんじゃ》や寺《てら》に行《い》って拝《おが》む。例 神《じん》社《じゃ》に参る。❸降参《こうさん》する。弱《よわ》る。例 この寒《さむ》さにはまいる。↓さん【参】527ページ

**マイル**〔英語 mile〕名 イギリスやアメリカなどで使《つか》う、長《なが》さの単位《たんい》。一マイルは、約《やく》一・六キロメートル。

**◦まう【舞う】** 動 ❶舞《まい》をする。おどる。例 舞《まい》を舞う。❷空中《くうちゅう》を軽《かる》く飛《と》ぶ。例 花《はな》びらが舞う。トビが舞っている。↓ぶ【舞】1124ページ

**まうえ【真上】** 名 ちょうどその上《うえ》。例 真上を見上《みあ》げる。対 真下《ました》。

**マウス**〔英語 mouse〕名 ❶ハツカネズミ。ネ

慣用句 **目先《めさき》を変《か》える** 合唱《がっしょう》ばかりのプログラムではあきられてしまうから、少《すこ》し目先《めさき》を変《か》えて、器楽合奏《きがくがっそう》を取《と》り入《い》れよう。

ズミの一種《いっしゅ》で実験《じっけん》に使《つか》われる。❷〔コンピューターで〕片手《かたて》に持《も》って机《つくえ》の上《うえ》で動《うご》かして使《つか》う入力装置《にゅうりょくそうち》。参考 形《かたち》がネズミに似《に》ているので「マウス」という。

**マウスピース**〔英語 mouthpiece〕名 ❶ボクシングなどで、舌《した》や歯《は》をきずつけないように、口《くち》の中《なか》に入《い》れるゴム製《せい》のもの。❷管楽器《かんがっき》を吹《ふ》くときに、くちびるの当《あ》たる部分《ぶぶん》。

**マウンテンバイク**〔英語 mountain bike〕名 野山《のやま》を自由《じゆう》に走《はし》れるように、太《ふと》めのタイヤをつけた、がっしりした作《つく》りの自転車《じてんしゃ》。

○**まえ**【前】一 名 ❶自然《しぜん》に顔《かお》の向《む》いているほう。対 後《うし》ろ。後《あと》。❷ものごとを始《はじ》めないうち。例 前ぶれ。食事《しょくじ》の前。対 後《あと》。❸はじめ。以前《いぜん》。例 文章《ぶんしょう》の前のほう。対 後《あと》。❹もと。以前《いぜん》。例 ここは、前は畑《はたけ》でした。二〔ある言葉《ことば》のあとにつけて〕割《わ》り当《あ》ての量《りょう》を表《あらわ》す。例 おすし三人《さんにん》前。⇩ぜん【前】728ページ

**まえあし**【前足】名 動物《どうぶつ》の前《まえ》のほうの足《あし》。対 後足《あとあし》。後《うし》ろ足《あし》。

**まえいわい**【前祝い】名 動する あることがうまくいくことを見《み》こして、前《まえ》もってお祝《いわ》いをすること。また、その祝《いわ》い。例 合格《ごうかく》の前祝いをする。

**まえうり**【前売り】名 動する 入場券《にゅうじょうけん》や乗《じょう》車券《しゃけん》などを、使《つか》う日《ひ》より前《まえ》に売《う》ること。例 前売り券《けん》を買《か》う。

○**まえおき**【前置き】名 動する 話《はな》したいことの、前《まえ》に述《の》べること。また、その言葉《ことば》。例 前置きは簡単《かんたん》にすませる。

**まえかがみ**【前かがみ】名 体《からだ》を少《すこ》し前《まえ》のほうに曲《ま》げること。前《まえ》こごみ。例 前かがみになって進《すす》む。

✤**まえがき**【前書き】名 本文《ほんぶん》の前《まえ》に書《か》きそえる文章《ぶんしょう》。対 後書《あとが》き。

**まえかけ**【前掛け】名 衣服《いふく》をよごさないように、体《からだ》の前《まえ》にかける布《ぬの》。エプロン。

**まえがしら**【前頭△】名 すもうの番付《ばんづけ》で、十両《じゅうりょう》の上《うえ》で三役《さんやく》よりも下《した》の力士《りきし》の位《くらい》。

**まえがみ**【前髪】名 額《ひたい》の上《うえ》のところの髪《かみ》の毛《け》。例 前髪を垂《た》らした女《おんな》の子《こ》。

**まえがり**【前借り】名 動する 受《う》け取《と》り日《び》より前《まえ》に、お金《かね》を借《か》りること。例 お小遣《こづか》いを前借りする。

**まえきん**【前金】名 品物《しなもの》を受《う》け取《と》る前《まえ》に、お金《かね》をはらうこと。また、そのお金《かね》。例 前金で支払《しはら》うきまりです。

**まえじま ひそか**〘前島 密〙人名（男）（一八三五〜一九一九）明治時代《めいじじだい》の政治家《せいじか》。郵《ゆう》便《びん》ポストの設置《せっち》、郵便切手《ゆうびんきって》の発行《はっこう》など、日本《にっぽん》の郵便制度《ゆうびんせいど》の基礎《きそ》を築《きず》いた。

**まえだおし**【前倒し】名 動する ❶予定《よてい》の期日《きじつ》を早《はや》めて行《おこな》うこと。例 前倒しで祭《まつ》りを行《おこな》う。❷予算《よさん》をくり上《あ》げて使《つか》うこと。

**まえのめり**【前のめり】名 体《からだ》が前《まえ》に倒《たお》れそうになること。例 つまづいて、前のめりになる。

**まえの りょうたく**〘前野良沢〙人名（男）（一七二三〜一八〇三）江戸時代中期《えどじだいちゅうき》の蘭学者《らんがくしゃ》。オランダ語《ご》を学《まな》び、杉田玄白《すぎたげんぱく》らと協力《きょうりょく》して「解体新書《かいたいしんしょ》」を翻訳《ほんやく》した。

**まえば**【前歯】名 ⬇せっし（切歯）719ページ

**まえばしし**〘前橋市〙地名 群馬県《ぐんまけん》の県庁《けんちょう》がある市《し》。

**まえばらい**【前払い】名 動する 給料《きゅうりょう》や代金《だいきん》を先《さき》に払《はら》うこと。先払《さきばら》い。例 料金《りょうきん》の一部《いちぶ》を前払いする。対 後払《あとばら》い。

**まえぶれ**【前触れ】名 ❶前《まえ》もって知《し》らせること。また、その知《し》らせ。予告《よこく》。例 なんの前触れもなく訪問《ほうもん》する。❷何《なに》か起《お》こりそうなようす。きざし。先《さき》ぶれ。例 いなずまは夕立《ゆうだち》の前触れであった。

**まえまえから**【前前から】ずっと前《まえ》から。例 その話《はなし》は前々から聞《き》いている。

**まえむき**【前向き】名 形動 ❶前《まえ》を向《む》くこと。❷ものごとに、進《すす》んで取《と》り組《く》んでいくこと。積極的《せっきょくてき》。例 前向きな考《かんが》え方《かた》。対（❶・❷）後《うし》ろ向《む》き。

**まえもって**【前もって】副 そのことの起《お》こる前《まえ》から。あらかじめ。例 前もって、集《あつ》まる場所《ばしょ》を決《き》めておく。

**まえわたし**【前渡し】名 動する 商品《しょうひん》やお金《かね》などを、決《き》めた日《ひ》より前《まえ》にわたすこと。例 給料《きゅうりょう》を前渡しする。

**まがいもの**【まがい物】名 にせ物《もの》。イミテーション。例 まがい物の宝石《ほうせき》。

**まがお**【真顔】名 まじめな顔《かお》。真剣《しんけん》な顔《かお》。例



慣用句 目玉《めだま》が飛《と》び出《で》る　かざってある時計《とけい》を見《み》たら、目玉《めだま》が飛《と》び出《で》るほど高《たか》い値段《ねだん》がついていた。

**例解 ことばの窓**

**任《まか》せる の意味《いみ》で**

君《きみ》に処分《しょぶん》を一任《いちにん》する。
すべての権利《けんり》を委任《いにん》する。
商品《しょうひん》の販売《はんばい》を委託《いたく》する。
チームの主将《しゅしょう》を委嘱《いしょく》する。

急《きゅう》に真顔になって話《はな》しだした。

**マガジン**〔英語 magazine〕名 雑誌《ざっし》。

**まかす【任す】**動 ⇩にん【任】995ページ ⬇まかせる 1226ページ。例 委《い》員《いん》に任す。

**まかす【負かす】**動 相手《あいて》に勝《か》つ。例 横綱《よこづな》を負かす。⇩ふ【負】1122ページ

**◦まかせる【任せる】**動 〔「まかす」ともいう。〕❶相手《あいて》のしたいようにさせる。例 想像《そうぞう》に任せる。❷自分《じぶん》でしないで、他《ほか》の人《ひと》にやってもらう。例 この計画《けいかく》は君《きみ》に任せる。❸なるようにならせる。例 運《うん》を天《てん》に任せる。❹勢《いきお》いのままにしておく。例 足《あし》に任せて歩《ある》き回《まわ》る。⇩にん【任】995ページ

**まがたま【曲玉・勾玉】**名 大昔《おおむかし》の日本人《にほんじん》が、めのう・ひすいなどをみがき、ひもを通《とお》して首《くび》かざりなどにした、曲《ま》がった形《かたち》の玉《たま》。

〔まがたま〕

**まかない【賄い】**名 食《た》べ物《もの》を作《つく》って食《た》べさせること。また、その役目《やくめ》の人《ひと》。例 寮《りょう》の賄いをしている。

**まかなう【賄う】**動 ❶食事《しょくじ》の用意《ようい》や世話《せわ》をする。❷決《き》められたお金《かね》で、上手《じょうず》にやりくりをする。例 運営《うんえい》は会費《かいひ》で賄う。⇩わい【賄】1419ページ

**まかぬたねははえぬ【まかぬ種は生えぬ】**〔種《たね》をまかなければ芽《め》が出《で》ないように〕努力《どりょく》しなければ、よい結果《けっか》は得《え》られない。

**まがも【真がも】**名 カモの一種《いっしゅ》。秋《あき》から冬《ふゆ》にかけて日本《にっぽん》にわたってきて、春《はる》に帰《かえ》る渡《わた》り鳥《どり》。おすは頭《あたま》・首《くび》の部分《ぶぶん》が緑色《みどりいろ》でつやがある。食用《しょくよう》にもなる。

**まがり【間借り】**名 動-する お金《かね》をはらって、部屋《へや》を借《か》りること。

**まがりかど【曲がり角】**名 ❶道《みち》が曲《ま》がっている角《かど》の所《ところ》。❷新《あたら》しい状態《じょうたい》に移《うつ》る変《か》わり目《め》。例 歴史《れきし》の曲がり角となる出来事《できごと》。

**まがりくねる【曲がりくねる】**動 道《みち》や川《かわ》がくねくねと曲《ま》がる。例 曲がりくねる坂《さか》道《みち》を進《すす》む。

**まかりでる【まかり出る】**動 ❶〔あつかましく〕人前《ひとまえ》に出《で》る。❷「出《で》る」のへりくだった言《い》い方《かた》。参上《さんじょう》する。退出《たいしゅつ》する。

**まかりとおる【まかり通る】**動 〔「通《とお》る」を強《つよ》めて言《い》う言葉《ことば》。〕❶どうどうと通《とお》る。❷よくないことがどうどうと行《おこな》われる。例 わがままがまかり通る。

**まがりなりにも【曲がりなりにも】**副 十分《じゅうぶん》とはいえないが。どうにか。例 計画《けいかく》は曲がりなりにもうまくいきそうだ。

**まかりまちがう【まかり間違う】**動 万《まん》が一《いち》というようなまちがいをする。例 まかりまちがえば、大事故《だいじこ》になるところだ。参考 ふつう、例のように「…ば」「…と」などの仮定《かてい》の形《かたち》で使《つか》う。

**◦まがる【曲がる】**動 ❶まっすぐなものが、まっすぐでなくなる。例 腰《こし》が曲がる。対 伸《の》びる。❷向《む》きを変《か》える。例 車《くるま》が左《ひだり》に曲がる。❸性格《せいかく》が、ねじける。ひねくれる。例 曲がった心《こころ》を直《なお》す。⇩きょく【曲】341ページ

**マカロニ**〔英語 macaroni〕名 小麦粉《こむぎこ》を練《ね》って、筒《つつ》や貝《かい》がらなどの形《かたち》にした食品《しょくひん》。グラタンやサラダなどに用《もち》いる。イタリアの代表《だいひょう》的《てき》なパスタ。

**まき【牧】**名 「牧場《まきば》」の古《ふる》い言《い》い方《かた》。⇩ぼく【牧】1205ページ

**まき【薪】**名 燃《も》やしやすい大《おお》きさに切《き》ったり割《わ》ったりした木《き》。例 まきを割《わ》る。

**まき** 名 ━【巻き】❶巻《ま》くこと。また、巻《ま》いたもの。例 のり巻き。糸《いと》の巻きが弱《よわ》い。❷〔数字《すうじ》のあとにつけて〕巻《ま》いた回数《かいすう》を数《かぞ》える言葉《ことば》。例 あとひと巻きする。━【巻】本《ほん》の、全体《ぜんたい》の内容《ないよう》から区分《くぶん》された、それぞれの一冊《いっさつ》。例 上《じょう》の巻。⇩かん【巻】270ページ

**まきあげる【巻き上げる】**動 ❶巻《ま》いて上《うえ》へ引《ひ》き上《あ》げる。例 すだれを巻き上げる。❷無理《むり》に取《と》り上《あ》げる。例 お金《かね》を巻き上げられた。

**まきあみ【巻き網】**名 漁船《ぎょせん》から一枚《いちまい》の大《おお》

慣用句 目《め》の前《まえ》が暗《くら》くなる 思《おも》いがけない不運《ふうん》が次々《つぎつぎ》と続《つづ》いて、目《め》の前《まえ》が暗《くら》くなってしまった。

きな網《あみ》を海《うみ》に投《な》げ入《い》れながら、魚《さかな》の群《む》れを取《と》り囲《かこ》んでとる方法《ほうほう》。🄫ぎょほう 344ページ

**まきえ【蒔・絵】** 名 器《うつわ》の表面《ひょうめん》にうるしで絵《え》や模様《もよう》をかき、金《きん》や銀《ぎん》などの粉《こな》をまき散《ち》らしてみがいたもの。また、その技《わざ》。日本《にっぽん》の工芸品《こうげいひん》。

**まきえ【まき餌°】** 名 鳥《とり》や魚《さかな》をおびきよせるために、えさをまくこと。また、まくえさ。

**まきおこす【巻き起こす】** 動 (思《おも》いがけないことを)強《つよ》い勢《いきお》いで引《ひ》き起《お》こす。例 反対《はんたい》運動《うんどう》を巻き起こす。

**まきがい【巻き貝】** 名 貝《かい》がらがうずのように巻《ま》いている貝《かい》。サザエ・タニシなど。

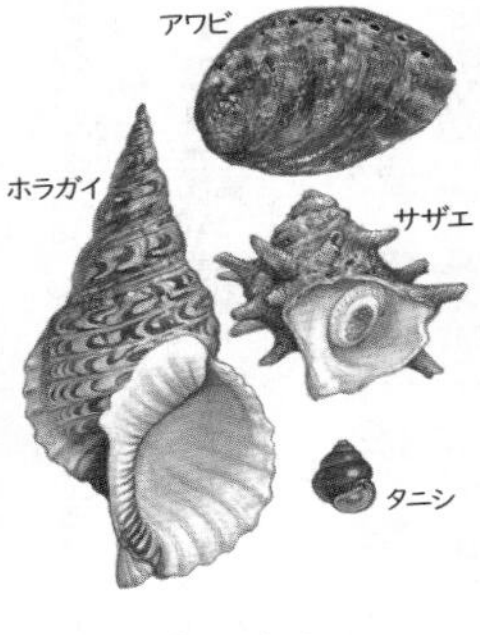

〔まきがい〕

**まきかえす【巻き返す】** 動 ❶巻《ま》いたものを、もう一度《いちど》巻き直《なお》す。例 毛糸《けいと》を巻き返す。❷負《ま》けそうになっているのを、逆《ぎゃく》に攻《せ》めかける。例 試合《しあい》を必死《ひっし》で巻き返した。

**まきがみ【巻紙】** 名 半紙《はんし》を半分《はんぶん》にして、横《よこ》につなぎ合《あ》わせて巻《ま》いたもの。筆《ふで》で手紙《てがみ》を書《か》くのに使《つか》う。

**まきげ【巻き毛】** 名 うずのように巻《ま》いているかみの毛《け》。

**まきこむ【巻き込°む】** 動 ❶巻《ま》いて中《なか》に引《ひ》きこむ。例 車輪《しゃりん》がひもを巻き込んだ。❷無《む》理《り》に引《ひ》っぱりこむ。仲間《なかま》に引《ひ》き入《い》れる。例 もめごとに巻き込まれる。

**まきじた【巻き舌】** 名 ❶舌《した》を巻《ま》くようにして、勢《いきお》いよく話《はな》すこと。例 江戸《えど》っ子《こ》の巻き舌。❷英語《えいご》のR《アール》のように、舌《した》の先《さき》を上《うわ》あごにつけないで発音《はつおん》すること。

**まきじゃく【巻き尺】** 名 はがねや布《ぬの》などで作《つく》られた、テープのようなものさし。多《おお》くは、ケースの中《なか》に巻《ま》きこんである。メジャー。🄫こうぐ 433ページ

**まきずし【巻きずし】** 名 のりなどで、すしめしや具材《ぐざい》を巻《ま》いたもの。のり巻《ま》き。

**まきぞえ【巻き添°え】** 名 よくないことに巻《ま》きこまれて、迷惑《めいわく》を受《う》けること。まきぞい。例 けんかの巻き添えを食《く》う。

**まきちらす【まき散らす】** 動 辺《あた》り一面《いちめん》にばらまく。例 ごみをまき散らす。

**まきつく【巻き付く】** 動 物《もの》の周《まわ》りに、巻《ま》くようにくっつく。例 朝顔《あさがお》のつるが棒《ぼう》に巻きつく。

**まきつける【巻き付ける】** 動 細長《ほそなが》いものなどを、他《ほか》の物《もの》のまわりにぐるぐる巻《ま》いてつける。例 糸《いと》を棒《ぼう》に巻き付ける。

**まきの とみたろう〔牧野 富太郎〕** 人名 (男)(一八六二～一九五七)植物学者《しょくぶつがくしゃ》。独学《どくがく》で植物《しょくぶつ》の採集《さいしゅう》や分類《ぶんるい》をし、たくさんの新種《しんしゅ》を発見《はっけん》した。

**まきば【牧△場】** 名 牛《うし》や馬《うま》などを、放《はな》し飼《が》いにしている広《ひろ》い場所《ばしょ》。ぼくじょう。

**まきひげ【巻きひげ】** 名 植物《しょくぶつ》の葉《は》や茎《くき》などの一部《いちぶ》が、細長《ほそなが》いつるのように変化《へんか》したもの。エンドウやブドウなどにあり、他《ほか》の物《もの》に巻《ま》きつく。

**まきもの【巻き物】** 名 横《よこ》に細長《ほそなが》い紙《かみ》や布《ぬの》に字《じ》や絵《え》をかき、じくに巻《ま》いたもの。

**まぎゃく【真逆】** 名 形動 まったくの逆《ぎゃく》。正《せい》反対《はんたい》。〔くだけた言《い》い方《かた》。〕例 二人《ふたり》の意見《いけん》は真逆だ。

**°まぎらす【紛°らす】** 動 〔「まぎらわす」ともいう。〕❶他《ほか》のものごとと入《い》り交《ま》じって、区《く》別《べつ》がしにくいようにする。例 人《ひと》ごみに姿《すがた》をまぎらす。❷他《ほか》のものごとに心《こころ》を向《む》けて、気《き》分《ぶん》を変《か》える。例 気《き》をまぎらす。🄫ふん【紛】1164ページ

**°まぎらわしい【紛°らわしい】** 形 まちがえやすい。区《く》別《べつ》がしにくい。例 表紙《ひょうし》が似《に》ていてまぎらわしい本《ほん》。🄫ふん【紛】1164ページ

**まぎらわす【紛°らわす】** 動 🄫まぎらす 1227ページ／🄫ふん【紛】1164ページ

**まぎれ【紛°れ】** 一 名 まぎれること。区別《くべつ》がしにくいこと。二(ある言葉《ことば》のあとにつけて)…のあまり、がまんしきれずに。例 苦《くる》しまぎれに、ついうそをつく。

**まぎれこむ【紛れ込°む】** 動 多《おお》くのものの中《なか》に入《い》り交《ま》じって、わからなくなる。例 人《ひと》ご



慣用句 目《め》鼻《はな》がつく　一時《いちじ》はどうなることかと思《おも》ったが、どうやら工事完成《こうじかんせい》の目鼻《めはな》がついた。

あいうえお かきくけこ さしすせそ たちつてと なにぬねの はひふへほ まみむめも やゆよ らりるれろ わをん

みにまぎれこむ。

**まぎれもない【紛れもない】** まぎれることはない。まちがいない。確《たし》かだ。例 これは、まぎれもなくぼくの本《ほん》だ。

**°まぎれる【紛れる】** 動 ❶入《い》り交《ま》じってわからなくなる。例 やみにまぎれて見《み》えなくなる。❷他《ほか》のことに心《こころ》が移《うつ》る。例 テレビを見《み》ていると気《き》がまぎれる。⬇ふん【紛】1164ページ

**まぎわ【間際】** 名 そのときになるすぐ前《まえ》。寸前《すんぜん》。例 出発《しゅっぱつ》間際。

**まく【幕】** 画数 13 部首 巾(はば) 6年

音 マク バク 訓 ―

筆順

❶はばの広《ひろ》い布《ぬの》。熟語 暗幕《あんまく》。天幕《てんまく》。❷劇《げき》のひと区切《くぎ》り。例 序幕《じょまく》。第一幕《だいいちまく》。❸すもうで、番付《ばんづけ》の上位《じょうい》。熟語 幕内《まくうち》。入幕《にゅうまく》。❹昔《むかし》、将軍《しょうぐん》が政治《せいじ》を行《おこな》った所《ところ》。熟語 幕府《ばくふ》。幕末《ばくまつ》。倒幕《とうばく》。

**まく【幕】** 名 ❶仕切《しき》りやかざりに使《つか》う、はばの広《ひろ》い布《ぬの》。例 紅白《こうはく》の幕。舞台《ぶたい》の幕が上《あ》がる。❷劇《げき》のひと区切《くぎ》り。例 次《つぎ》の幕が楽《たの》しみだ。❸場面《ばめん》。場合《ばあい》。例 おまえの出《で》る幕じゃない。❹ものごとの終《お》わり。例 事件《じけん》もこれで幕だ。

**幕《まく》が上《あ》がる** ⬇まくがあく 1228ページ

**幕《まく》が開《あ》く** 〔劇《げき》の幕《まく》が開《あ》くことから〕ものごとが始《はじ》まる。幕《まく》が上《あ》がる。例 新時代《しんじだい》の幕が開く。

**幕《まく》が下《お》りる** ⬇まくをとじる 1228ページ

**幕《まく》を切《き》って落《お》とす** 〔舞台《ぶたい》の幕《まく》を落《お》としてものごとを始《はじ》める。

演技《えんぎ》を始《はじ》めることから〕ものごとを始《はじ》める。例 戦《たたか》いの幕を切って落とす。

**幕《まく》を閉《と》じる** 〔劇《げき》の幕《まく》を閉《と》じることから〕ものごとが終《お》わりになる。また、ものごとを終《お》わりにする。幕《まく》が下《お》りる。例 展覧会《てんらんかい》が幕を閉じる。

**まく【膜】** 画数 14 部首 月(にくづき)

音 マク 訓 ―

うすい皮《かわ》。熟語 鼓膜《こまく》。横隔膜《おうかくまく》。

**まく【膜】** 名 生物《せいぶつ》の体内《たいない》にある、内臓《ないぞう》をおおううすい皮《かわ》。また、物《もの》をへだてたり、表面《ひょうめん》をおおったりする、うすい皮《かわ》。例 表面《ひょうめん》の膜をはがす。

**°まく【巻く】** 動 ❶長《なが》いものを、はしから丸《まる》める。例 画用紙《がようし》を巻く。❷長《なが》いものを物《もの》の周《まわ》りにからみつける。例 指《ゆび》に包帯《ほうたい》を巻く。❸ぐるぐるとまるく動《うご》く。また、動《うご》かす。例 うずが巻く。❹回《まわ》してしめる。例 ねじを巻く。❺取《と》り囲《かこ》む。例 きりに巻かれる。⬇かん【巻】270ページ

**°まく【蒔く】** 動 種《たね》を土《つち》の上《うえ》に散《ち》らしたり、うめたりする。例 花壇《かだん》に種《たね》をまく。

**°まく【撒く】** 動 ❶(水《みず》や花《はな》びらなどを)散《ち》らす。例 節分《せつぶん》に豆《まめ》をまく。❷ついてきた人《ひと》を、途中《とちゅう》ではぐれさせる。例 友達《ともだち》をまく。

**まくあい【幕あい】** 名 劇《げき》で、ひと区切《くぎ》りがついて、次《つぎ》の幕《まく》が始《はじ》まるまでの間《あいだ》。幕《まく》の下《お》りている間《あいだ》。

**まくあき【幕開き】** 名 ❶劇《げき》で、幕《まく》が開《あ》いて、演技《えんぎ》が始《はじ》まること。開幕《かいまく》。❷ものごとが始《はじ》まること。まくあけ。例 連休《れんきゅう》の幕開き。

**まくあけ【幕開け】** 名 ⬇まくあき❷ 1228ページ

**まくうち【幕内】** 名 すもうの番付《ばんづけ》で、前頭《まえがしら》以上《いじょう》の力士《りきし》の位《くらい》。幕《まく》の内《うち》。

**マグカップ** 名 〔日本《にっぽん》でできた英語《えいご》ふうの言葉《ことば》。〕取《と》っ手《て》のついた、大《おお》きめのカップ。マグ。

**まくぎれ【幕切れ】** 名 ❶(芝居《しばい》や映画《えいが》などの)終《お》わり。例 感動的《かんどうてき》な幕切れ。❷ものごとの終《お》わり。例 さわぎも幕切れとなった。

**まぐさ** 名 馬《うま》や牛《うし》のえさにする草《くさ》。

**まくしあげる【まくし上げる】** 動 ⬇まくりあげる 1229ページ

**まくした【幕下】** 名 すもうの番付《ばんづけ》で、十両《じゅうりょう》のすぐ下《した》の位《くらい》。

**まくしたてる【まくし立てる】** 動 激《はげ》しい勢《いきお》いで、続《つづ》けざまにしゃべる。例 興奮《こうふん》して、早口《はやくち》でまくし立てる。

**まぐち【間口】** 名 ❶家《いえ》や土地《とち》などの正面《しょうめん》のはば。例 間口の広《ひろ》い商店《しょうてん》。❷研究《けんきゅう》や仕事《しごと》などの範囲《はんい》。対(❶・❷)奥行《おくゆ》き。

**マグニチュード** 〔英語 magnitude〕名 地震《じしん》の大《おお》きさの単位《たんい》。⬇しんど(震度)665ページ

**マグネシウム** 〔英語 magnesium〕名 銀白《ぎんはく》色《しょく》をした軽《かる》い金属《きんぞく》。粉《こな》を燃《も》やすと強《つよ》い光《ひかり》を出《だ》

すので、花火《はなび》などに使《つか》われる。

**マグネット**〔英語 magnet〕名 ⬇じしゃく❶ 555ページ

**まくのうち【幕の内】**名 ❶⬇まくうち 1228ページ。❷〔「幕《まく》の内弁当《うちべんとう》」の略《りゃく》。芝居《しばい》で幕《まく》あいに食《た》べたことから〕小《ちい》さな俵形《たわらがた》のご飯《はん》とおかずをつめ合《あ》わせた弁当《べんとう》。

**まくひき【幕引き】**名 ❶舞台《ぶたい》の幕《まく》を閉《し》めること。❷ものごとを終《お》わらせること。例 人《じん》生《せい》の幕引き。

**マグマ**〔英語 magma〕名 地下《ちか》の深《ふか》い所《ところ》で、高《たか》い熱《ねつ》でどろどろにとけているもの。岩漿《がんしょう》。地《ち》上《じょう》に出《で》たものが溶岩《ようがん》。

## まくら【枕】 画数 8 部首 木(きへん)

音 ―― 訓 まくら

頭《あたま》をささえる、まくら。熟語 枕元《まくらもと》。

**まくら【枕】**名 ❶寝《ね》るときに頭《あたま》をのせるもの。❷話《はなし》の前置《まえお》き。例 話《はなし》の枕。

**枕《まくら》を高《たか》くする** 安心《あんしん》してねむる。例 心配《しんぱい》ごとがなくなって、枕を高くして寝《ね》る。

**枕《まくら》を並《なら》べる** ❶ならんで寝《ね》る。例 親子《おやこ》で枕を並べる。❷多《おお》くの人《ひと》が同《おな》じ場所《ばしょ》で倒《たお》れる。例 枕を並べて討《う》ち死《じ》にする。

**まくらぎ【枕木】**名 鉄道《てつどう》のレールを支《ささ》えるため、下《した》にしいてある木《き》。参考 今《いま》はコンクリートのものが多《おお》い。

✤**まくらことば【枕詞】**名 和歌《わか》で、決《き》まった言葉《ことば》の上《うえ》につけて、その言葉《ことば》を引《ひ》き出《だ》したり、かざったり、調子《ちょうし》を整《ととの》えたりする言葉《ことば》。例《たと》えば、「あおによし」は「奈良《なら》」、「あらたまの」は「年《とし》」、「ひさかたの」は「光《ひかり》」にかかる枕《まくら》詞《ことば》。

**まくらのそうし〘枕草子〙**作品名 平安《へいあん》時代《じだい》の中《なか》ごろ、清少納言《せいしょうなごん》が、宮中《きゅうちゅう》の生活《せいかつ》や自然《しぜん》などについて書《か》いた随筆《ずいひつ》。

**まくらもと【枕元】**名 寝《ね》ている人《ひと》のまくらのそば。例 眼鏡《めがね》を枕元に置《お》く。

**まくりあげる【まくり上げる】**動 まくって上《うえ》にあげる。まくし上《あ》げる。例 シャツのそでをまくり上げる。

○**まくる** 動 ❶裏返《うらがえ》すように、はしのほうから巻《ま》いて上《あ》げる。例 シャツのそでをまくる。❷めくる。はがす。例 ふとんをまくる。❸〔動作《どうさ》を表《あらわ》す言葉《ことば》のあとにつけて〕…し続《つづ》ける。さかんに…する。例 しゃべりまくる。書《か》きまくる。

**まぐれ** 名 たまたまうまくいくこと。運《うん》よく、そうなること。例 今《いま》のは、まぐれだ。

**まぐれあたり【まぐれ当たり】**名 偶然《ぐうぜん》にうまく当《あ》たること。例 まぐれ当たりのヒット。

**まくれる** 動 まくったようになる。

**マクロ**〔英語 macro〕名 形動 非常《ひじょう》に大《おお》きいこと。全体的《ぜんたいてき》な立場《たちば》から考《かんが》えること。対 ミクロ。

**まぐろ【鮪】**名 暖《あたた》かな海《うみ》を回遊《かいゆう》する大《おお》きな魚《さかな》。メバチマグロ・キハダマグロ・クロマグロなどがいる。さし身《み》やすし、ステーキなどにして食《た》べる。⬇だんりゅうぎょ 818ページ

○**まけ【負け】**名 負《ま》けること。例 ぼくの負けだ。対 勝《か》ち。

**まげ** 名 髪《かみ》の毛《け》を頭《あたま》の上《うえ》で束《たば》ねたもの。例 力士《りきし》がまげを結《ゆ》う。

**まけいくさ【負け戦】**名 戦《たたか》いに負《ま》けること。また、負《ま》けた戦《たたか》い。

**まけおしみ【負け惜しみ】**名 負《ま》けたのをくやしがって、言《い》い訳《わけ》をすること。例 負け惜しみが強《つよ》い。

**まけこす【負け越す】**動 負《ま》けた数《かず》が、勝《か》った数《かず》より多《おお》くなる。例 五勝六敗《ごしょうろっぱい》で負け越す。対 勝《か》ち越《こ》す。

**まけじだましい【負けじ魂】**名 他《ほか》の人《ひと》に負《ま》けまいとして、がんばる気持《きも》ち。

**まけずおとらず【負けず劣らず】**勝《か》ち負《ま》けを決《き》められないほど、たがいの力《ちから》や技《わざ》が同《おな》じぐらいのようす。例 二人《ふたり》とも負けず劣らず字《じ》がうまい。

**まけずぎらい【負けず嫌い】**名 形動 勝《か》ち気《き》で、負《ま》けることがきらいな性質《せいしつ》。また、その人《ひと》。負けぎらい。

**まげて** 副 無理《むり》に。ぜひとも。例 お願《ねが》いですから、まげてお引《ひ》き受《う》けください。

○**まける【負ける】**動 ❶たたかったり比《くら》べたりして、力《ちから》や技《わざ》が相手《あいて》にかなわない。敗《やぶ》れる。例 試合《しあい》に負ける。❷逆《さか》らえない。耐《た》えられない。例 さそいに負ける。暑《あつ》さに負ける。





慣用句 もったいをつける 兄《あに》は、いちいちもったいをつけてお下《さ》がりをくれるので、気《き》に入《い》らない。

例解 ことばの窓

**負《ま》ける の意味《いみ》で**

一点差《いってんさ》で惜敗《せきはい》する。
大差《たいさ》で完敗《かんぱい》する。
思《おも》いがけぬ大敗《たいはい》。
五戦《ごせん》して全敗《ぜんぱい》。
前日《ぜんじつ》に続《つづ》いて連敗《れんぱい》する。
無残《むざん》な敗北《はいぼく》。
敵《てき》に降参《こうさん》する。
目《め》もあてられぬ惨敗《ざんぱい》。

対（❶・❷）勝《か》つ。❸かぶれる。例薬《くすり》にまけて、赤《あか》くただれた。❹値段《ねだん》を安《やす》くする。例百円《ひゃくえん》まけてくれた。参考ふつう❸・❹は、かな書《が》きにする。➡ふ【負】1122ページ

**負《ま》けるが勝《か》ち** 無理《むり》をして勝つよりも、相《あい》手《て》にゆずって負《ま》けたほうが結局《けっきょく》は得《とく》であるということ。

○**まげる【曲げる】** 動 ❶まっすぐなものをまっすぐでないようにする。例木《き》の枝《えだ》を曲げる。対伸《の》ばす。❷事実《じじつ》をゆがめる。わざと変《か》える。例事実を曲げて伝《つた》える。❸自分《じぶん》の主張《しゅちょう》を無理《むり》に変《か》える。例自分の考《かんが》えを曲げて賛成《さんせい》する。➡きょく【曲】341ページ

**まけんき【負けん気】** 名 負《ま》けるものか、という気持《きも》ち。例負けん気が強《つよ》い人《ひと》。類向《む》こう意気《いき》。

○**まご【孫】** 名 その人《ひと》の子《こ》どもの子《こ》ども。➡かぞく236ページ／➡そん【孫】764ページ

**まご【馬子】** 名 昔《むかし》、人《ひと》や物《もの》を乗《の》せた馬《うま》を引《ひ》く仕事《しごと》をしていた人《ひと》。

**馬子《まご》にも衣装《いしょう》** ちゃんとした着物《きもの》を着《き》せれば、だれでも立派《りっぱ》に見《み》えるということ。参考身内《みうち》以外《いがい》に使《つか》うと失礼《しつれい》になる。

**まごい【真鯉】** 名 黒《くろ》っぽい色《いろ》のコイ。

**まごころ【真心】** 名 うそや、かざりけのないほんとうの心《こころ》。例真心をこめた言葉《ことば》。

**まごつく** 動 どうしてよいのかわからずに、迷《まよ》う。まごまごする。例急《きゅう》に質問《しつもん》されたので、まごついてしまった。

**まこと【誠】** 名 ❶ほんとうのこと。例誠の愛《あい》。対いつわり。うそ。❷まごころ。誠意《せいい》。例誠をつくす。➡せい【誠】699ページ

**まことしやか** 形動 いかにもほんとうらしいようす。例まことしやかなうわさ。

**まことに【誠に】** 副 ほんとうに。実《じつ》に。例この本《ほん》はまことにおもしろい。

**まごのて【孫の手】** 名 背中《せなか》をかくための道具《どうぐ》。棒《ぼう》の先《さき》に小《ちい》さな指《ゆび》の形《かたち》のものがついている。

**まごまご** 副 動する まごついて、うろうろするようす。例知《し》らない場所《ばしょ》でまごまごする。

**まさ【正】** ほんとう。例正夢《ゆめ》。➡せい【正】697ページ

**マザー＝テレサ** 人名（女）（一九一〇〜一九九七）〔本名《ほんみょう》はアグネス＝ゴンジャ＝ボヤジュで、マザー＝テレサは通称《つうしょう》。〕キリスト教《きょう》の信《しん》仰《こう》にもとづいて、インドで、貧《まず》しい人々《ひとびと》を救《すく》うための活動《かつどう》を行《おこな》い、ノーベル平和賞《へいわしょう》を受《う》けた。

**まさおか しき【正岡子規】** 人名（男）（一八六七〜一九〇二）明治《めいじ》時代《じだい》の俳人《はいじん》・歌人《かじん》。俳句《はいく》や短歌《たんか》を新《あたら》しくする運動《うんどう》を唱《とな》え、ものごとをありのままに表《あらわ》すことを主張《しゅちょう》した。俳《はい》句《く》に、「柿食《かきく》へば鐘《かね》が鳴《な》るなり法隆寺《ほうりゅうじ》」などがある。

○**まさか** 副 いくらなんでも。例まさか、それはないだろう。注意あとに「ない」などの打《う》ち消《け》しの言葉《ことば》がくる。

**まさかの時《とき》** 思《おも》ってもいないことが起《お》こって、せっぱつまったとき。例まさかのときの用意《ようい》をする。

**まさかり** 名 木《き》を切《き》るための大《おお》きなおの。

**まさぐる** 動 ❶手先《てさき》でさぐる。例ポケットの中《なか》をまさぐる。❷指先《ゆびさき》でいじる。例じゅずをまさぐる。

**まさしく【正しく】** 副 まちがいなく。確《たし》かに。例まさしくこれは父《ちち》のものだ。

○**まさつ【摩擦】** 名 動する ❶物《もの》と物《もの》とが、こすれ合《あ》うこと。こすること。例木《き》と木とを摩擦して、火《ひ》をおこす。❷周《まわ》りの人《ひと》と、うまくいかないこと。争《あらそ》い。例兄《あに》と弟《おとうと》の間《あいだ》に、摩擦が絶《た》えない。

**まさつねつ【摩擦熱】** 名 物《もの》をこすり合《あ》わせたときに出《で》る熱《ねつ》。

慣用句 **元《もと》も子《こ》もない** 選手《せんしゅ》になりたいからといって、そんな無理《むり》をして体《からだ》をこわしたら元《もと》も子《こ》もないよ。

**まさに【正に】** [副] ❶ほんとうに。確《たし》かに。[例]まさにその通《とお》りだ。❷ちょうど今《いま》。[例]まさに出《で》かけようとする時《とき》であった。

**まざまざ** [副(-と)] 目《め》に見《み》えるように、はっきりと。ありありと。[例]去年《きょねん》の出来事《できごと》がまざまざと思《おも》い出《だ》される。

**まさめ【正目】** [名] 板《いた》の、縦《たて》にまっすぐ通《とお》っている木目《もくめ》。[対]板目《いため》。➡もくめ 1302ページ

**まさゆめ【正夢】** [名] 夢《ゆめ》に見《み》たとおりのことが起《お》こったときの、夢《ゆめ》。[対]逆夢《さかゆめ》。

**○まさる【勝△る】** [動] 比《くら》べてみて、他《ほか》のものより上《うえ》である。すぐれている。[例]去年《きょねん》に勝る豊作《ほうさく》だ。[対]劣《おと》る。⇩しょう【勝】621ページ

**勝《まさ》るとも劣《おと》らない** 他《ほか》のものと比《くら》べて、決《けっ》して劣《おと》っていない〔=すぐれている〕。[例]チャンピオンに勝るとも劣らない腕前《うでまえ》。

**○まざる【交ざる】** [動] ちがう種類《しゅるい》のものが、いっしょになる。[例]リンゴの中《なか》にミカンが交ざっている。⇩こう【交】423ページ

**○まざる【混ざる】** [動] ちがう種類《しゅるい》のものが合《あ》わさって、一《ひと》つのものになる。[例]黒《くろ》と白《しろ》が混ざって灰色《はいいろ》になる。⇩こん【混】488ページ

**○まし【増し】** [一][名] 増《ま》すこと。増《ふ》えること。[例]値段《ねだん》が一割《いちわり》増しになる。[二][名][形動] そのほうが少《すこ》しはよいこと。まさっていること。[例]こんなものでも、ないよりはましだ。[参考]ふつう[二]は、かな書《が》きにする。

**まし** 〔「ます[助動]」の活用《かつよう》した形《かたち》。「いらっしゃい」「なさい」などのあとについて〕丁寧《ていねい》な気《き》持《も》ちを表《あらわ》す。ませ。[例]「いらっしゃいまし。」

**マシーン** 〔英語 machine〕[名] ➡マシン 1232ページ

**まじえる【交える】** [動] ❶いっしょに中《なか》に入《い》れる。まぜる。[例]母《はは》も交えてトランプをした。❷組《く》み合《あ》わせる。交差《こうさ》させる。[例]ひざを交えて話《はな》す〔=親《した》しく話《はな》す〕。❸やりとりする。とりかわす。[例]言葉《ことば》を交える。戦火《せんか》を交える〔=戦争《せんそう》をする〕。⇩こう【交】423ページ

**ましかく【真四角】** [名][形動] 縦《たて》・横《よこ》の辺《へん》の長《なが》さが同《おな》じで、角《かど》は四《よっ》つとも直角《ちょっかく》の四角形《しかくけい》。正方形《せいほうけい》。

**まじきり【間仕切り】** [名][動-する] 部屋《へや》と部屋《へや》のあいだの仕切《しき》り。また、仕切《しき》ること。[例]間仕切りを取《と》り外《はず》す。

**ました【真下】** [名] ちょうどその下《した》。[例]真下を見下《みお》ろす。[対]真上《まうえ》。

**マジック** 〔英語 magic〕[名] ❶魔術《まじゅつ》・奇術《きじゅつ》・手品《てじな》などのこと。❷「マジックインキ」の略《りゃく》。油性《ゆせい》のペンの一種《いっしゅ》。

**マジックテープ** 〔英語 Magic Tape〕[名] （ボタンやファスナーなどを使《つか》わずに）、重《かさ》ね合《あ》わせるだけで布《ぬの》などをとめる仕《し》かけのテープ。

**マジックハンド** [名] 〔日本《にっぽん》でできた英語《えいご》ふうの言葉《ことば》。〕人間《にんげん》の手《て》と同《おな》じはたらきをするようにした機械《きかい》。危険《きけん》な物《もの》を取《と》り扱《あつか》うときなどに使《つか》う。

**まして** [副] なおさら。それ以上《いじょう》に。[例]ぼくも負《ま》けた、まして弟《おとうと》が勝《か》てるはずがない。

**まじない** [名] ➡おまじない 174ページ

**まじまじ** [副(-と)] じっと見《み》つめるようす。[例]相手《あいて》の顔《かお》をまじまじと見《み》つめた。

**○まじめ【〈真面目〉】** [名][形動] ❶真剣《しんけん》であること。[例]まじめに勉強《べんきょう》する。❷性質《せいしつ》や行動《こうどう》にうそがないこと。[例]まじめな人柄《ひとがら》。[参考]「真面目《まじめ》」は、特別《とくべつ》に認《みと》められた読《よ》み方《かた》。

**ましゅうこ【摩周湖】** [地名] 北海道東部《ほっかいどうとうぶ》にある湖《みずうみ》。水《みず》がすきとおっていることで有名《ゆうめい》。

**まじゅつ【魔°術】** [名] ❶人《ひと》の心《こころ》を迷《まよ》わすふしぎな術《じゅつ》。魔法《まほう》。❷大《おお》がかりな道具《どうぐ》を使《つか》ってする奇術《きじゅつ》や手品《てじな》。

**マシュマロ** 〔英語 marshmallow〕[名] ふわふわして弾力《だんりょく》のあるお菓子《かし》。たまごの白身《しろみ》、砂糖《さとう》、ゼラチンなどで作《つく》る。マシマロ。

**まじょ【魔°女】** [名] ❶魔法使《まほうつか》いの女《おんな》。❷ふしぎな力《ちから》を持《も》った女《おんな》。

**ましょうめん【真正面】** [名] 〔「まっしょうめん」ともいう。〕たがいに向《む》き合《あ》っていること。また、その方向《ほうこう》。真向《まむ》かい。[例]うちの真正面はパン屋《や》だ。

**マジョリティー** 〔英語 majority〕[名] 全体《ぜんたい》から見《み》て、人数《にんずう》が多《おお》いこと。多数派《たすうは》。また、強《つよ》い立場《たちば》の人《ひと》。[対]マイノリティー。

**まじり【混じり】** [名] 混《ま》じっていること。[例]砂《すな》混じりの風《かぜ》。

**まじりけ【混じり気】** [名] 他《ほか》のよくない物《もの》が、加《くわ》わっていること。[例]混じり気のないオレンジジュース。



 [慣用句] 役《やく》に立《た》つ　手《て》が空《あ》いていますから、お役《やく》に立《た》つことがあればお手伝《てつだ》いします。

**例解 ⟷ 使い分け**

**交《ま》じる と 混《ま》じる**

大人《おとな》の中《なか》に子《こ》どもが交《ま》じる。
かなに漢字《かんじ》が交《ま》じる。

砂糖《さとう》に塩《しお》が混《ま》じる。
青《あお》と赤《あか》の絵《え》の具《ぐ》が混《ま》じる。

°**まじる【交じる】** [動] ❶ちがう種類《しゅるい》のものがいっしょになる。[例]雨《あめ》に雪《ゆき》が交じるような天気《てんき》。❷仲間《なかま》に入《はい》る。[例]大人《おとな》たちに交じって働《はたら》く。⬇こう【交】423ページ

°**まじる【混じる】** [動] ちがう種類《しゅるい》のものが合《あ》わさって、一《ひと》つのものになる。[例]ラジオに雑音《ざつおん》が混じる。⬇こん【混】488ページ

**まじわり【交わり】** [名] ❶〔算数《さんすう》で〕線《せん》や図形《ずけい》が交差《こうさ》すること。また、交差《こうさ》しているところ。❷つき合《あ》い。交際《こうさい》。[例]今後《こんご》、彼《かれ》らとの交わりを断《た》つ。

°**まじわる【交わる】** [動] ❶二《ふた》つ以上《いじょう》の線《せん》などが交差《こうさ》する。[例]線路《せんろ》と道路《どうろ》とが交わる。❷つき合《あ》う。[例]友《とも》と交わる。⬇こう【交】423ページ

**ましん【麻疹】** [名] ⬇はしか 1040ページ

**マシン** 〔英語 machine〕[名] 〔「マシーン」ともいう。〕❶機械《きかい》。❷競走用《きょうそうよう》の自動車《じどうしゃ》やオートバイ。

**ます【升】** [名] ❶昔《むかし》、米《こめ》やしょうゆ、酒《さけ》などの量《りょう》を量《はか》るために用《もち》いた、箱《はこ》の形《かたち》をした道具《どうぐ》。[例]一合《いちごう》升。❷すもうや芝居《しばい》で、四角《しかく》に区切《くぎ》ってある見物席《けんぶつせき》。ます席《せき》。⬇しょう【升】622ページ

°**ます【増す】** [動] ❶増《ふ》える。加《くわ》わる。[例]川《かわ》の水《みず》が増す。[対]減《へ》る。❷増《ふ》やす。加《くわ》える。[例]速度《そくど》を増す。[対]減《へ》らす。⬇ぞう【増】744ページ

**ます【鱒】** [名] サケに似《に》た魚《さかな》。川《かわ》や湖《みずうみ》にすむニジマスや、産卵《さんらん》のために海《うみ》から川《かわ》へ上《のぼ》るカラフトマスなどがいる。食用《しょくよう》にする。

**ます** [助動] 丁寧《ていねい》な気持《きも》ちを表《あらわ》す言葉《ことば》。[例]学校《がっこう》へ行《い》きます。「早《はや》く行《い》きましょう。」「いらっしゃいませ。」

°**まず** [副] ❶真《ま》っ先《さき》に。はじめに。[例]まず、ぼくから話《はな》そう。❷何《なに》はともあれ。とにかく。[例]これさえできれば、まず一安心《ひとあんしん》だ。❸だいたい。たぶん。[例]まずまちがいないだろう。

**ますい【麻酔】** [名] [動-する] 手術《しゅじゅつ》などのために、薬《くすり》を使《つか》って、体《からだ》に感《かん》じる痛《いた》みを一時《いちじ》なくすこと。[例]麻酔をかける。

°**まずい** [形] ❶味《あじ》がよくない。[例]まずい食《た》べ物《もの》。[対]うまい。おいしい。❷下手《へた》だ。[例]まずい字《じ》。[対]うまい。❸ぐあいが悪《わる》い。[例]遅刻《ちこく》はまずい。

**マスク** 〔英語 mask〕[名] ❶お面《めん》。仮面《かめん》。❷ほこりや花粉《かふん》、ウイルスなどを吸《す》わないように、口《くち》や鼻《はな》をおおう布《ぬの》。❸ガスなどを吸《す》わないように、消防士《しょうぼうし》などが顔《かお》につけるお面《めん》。防毒面《ぼうどくめん》。❹野球《やきゅう》・ソフトボールで、キャッチャーや球審《きゅうしん》が顔《かお》につけるお面《めん》。❺顔《かお》。顔《かお》だち。[例]あまいマスク〔＝美《うつく》しい顔《かお》だち〕。

**マスゲーム** [名] 〔日本《にっぽん》でできた英語《えいご》ふうの言葉《ことば》。〕広《ひろ》い場所《ばしょ》で、大勢《おおぜい》の人《ひと》がそろってする、体操《たいそう》やダンス。

**マスコット** 〔英語 mascot〕[名] ❶運《うん》や幸《しあわ》せを招《まね》いてくれるとして、身近《みぢか》において大切《たいせつ》にするもの。❷かわいがっている人形《にんぎょう》や小《ちい》さな動物《どうぶつ》など。

**マスコミ** [名] 〔英語《えいご》の「マスコミュニケーション」の略《りゃく》。〕新聞《しんぶん》・雑誌《ざっし》・ラジオ・テレビなどのマスメディアによって、ものごとを一度《いちど》に大勢《おおぜい》の人《ひと》に伝《つた》えること。また、その機関《きかん》。

°**まずしい【貧しい】** [形] ❶お金《かね》や物《もの》が少《すこ》ししかなく、暮《く》らしに困《こま》る。貧乏《びんぼう》だ。[例]貧しい生活《せいかつ》。❷少《すく》ない。とぼしい。[例]貧しい経験《けいけん》。[対](❶・❷)豊《ゆた》か。⬇ひん【貧】1119ページ

**マスター** 〔英語 master〕 [一][名] ❶店《みせ》などの主人《しゅじん》。責任者《せきにんしゃ》。❷修士《しゅうし》。大学院《だいがくいん》で勉強《べんきょう》して得《え》られる学位《がくい》の一《ひと》つ。[二][名] [動-する] 知識《ちしき》や技術《ぎじゅつ》を身《み》につけ、使《つか》えるようにすること。[例]英語《えいご》をマスターする。

**マスト** 〔英語 mast〕[名] 船《ふね》の帆柱《ほばしら》。

°**ますます** [副] 前《まえ》よりもずっと。いっそう。[例]町《まち》がますますにぎやかになる。

**まずまず** [副] 十分《じゅうぶん》ではないが、まあまあ。い

[慣用句] 痩《や》せても枯《か》れても 「やせても枯《か》れても親《おや》は親《おや》だぞ。」が、説教《せっきょう》するときの、父《ちち》の口癖《くちぐせ》です。

ちおう。[例]成績《せいせき》は、まずまずのできだった。

**ますめ**【升目】[名] ❶升《ます》ではかった量《りょう》。❷升《ます》のような四角《しかく》の形《かたち》。[例]原稿用紙《げんこうようし》のます目。

**マスメディア**〔英語 mass media〕[名] 新聞《しんぶん》・雑誌《ざっし》・ラジオ・テレビ・インターネットなど、報道《ほうどう》や伝達《でんたつ》をする手段《しゅだん》となるもの。

**ませ**〔「ます[助動]」の活用《かつよう》した形《かたち》。「いらっしゃい」「なさい」などのあとについて〕丁寧《ていねい》な気《き》持《も》ちを表《あらわ》す。まし。[例]「いらっしゃいませ。」「お帰《かえ》りなさいませ。」

**まぜかえす**【混ぜ返す】[動] ❶下《した》から上《うえ》へ、何度《なんど》もかき混《ま》ぜる。[例]ふろの湯《ゆ》を混ぜ返す。❷冗談《じょうだん》などを言《い》って、話《はなし》を混乱《こんらん》させる。混《ま》ぜっ返《かえ》す。[例]話《はなし》を混ぜ返す。

**まぜがき**【交ぜ書き】[名] 漢字《かんじ》だけでも書《か》ける言葉《ことば》を、漢字《かんじ》と仮名《かな》をまぜて書《か》くこと。[参考]「円錐《えんすい》」を「円《えん》すい」と書《か》くなど。

**まぜこぜ** [名][形動] いろいろなものが、混《ま》ざっているようす。ごっちゃ。ごちゃごちゃ。[例]色《いろ》がまぜこぜの折《お》り紙《がみ》。

**まぜごはん**【混ぜ御飯】[名] 炊《た》いたごはんに、味《あじ》をつけた肉《にく》、魚《さかな》、野菜《やさい》などを混《ま》ぜ込《こ》んだもの。混《ま》ぜめし。

**マゼラン** [人名]（男）（一四八〇ごろ～一五二一）ポルトガルの航海者《こうかいしゃ》。初《はじ》めての世界一周《せかいいっしゅう》をめざし、南《みなみ》アメリカ大陸《たいりく》の南《みなみ》はしに海峡《かいきょう》〔=マゼラン海峡《かいきょう》〕を発見《はっけん》した。フィリピンで原地《げんち》の住民《じゅうみん》に殺《ころ》されたが、部下《ぶか》が世界一周《せかいいっしゅう》に成功《せいこう》し、地球《ちきゅう》の丸《まる》いことがわかった。

**ませる** [動] 考《かんが》えや行《おこな》いが、年《とし》のわりに大人《おとな》っぽい。[例]ませた口《くち》をきく小学生《しょうがくせい》。

**○まぜる**【交ぜる】[動] ちがう種類《しゅるい》のものを入《い》れて、いっしょにする。[例]かなと漢字《かんじ》を交ぜて書《か》く。⇩こう【交】423ページ

**○まぜる**【混ぜる】[動] ❶ちがう種類《しゅるい》のものを合《あ》わせて、一《ひと》つのものにする。[例]粉《こな》に水《みず》を混ぜて練《ね》る。❷かき回《まわ》す。[例]ご飯《はん》を混ぜる。⇩こん【混】488ページ

## また【又】 [画数]2 [部首]又（また）

[音]― [訓]また

そのうえに。再《ふたた》び。

**また**【又】㊀[名] つぎ。別《べつ》。[例]この続《つづ》きは又の機会《きかい》にしましょう。㊁〔ある言葉《ことば》の前《まえ》につけて〕直接《ちょくせつ》ではないこと。[例]又聞《ぎ》き。又貸《が》し。㊂[副] ❶もう一度《いちど》。再《ふたた》び。[例]また来《き》ます。またとない機会《きかい》。❷同《おな》じように。やはり。[例]兄《あに》に続《つづ》いて、弟《おとうと》もまた柔道《じゅうどう》を始《はじ》めた。❸それにしても。[例]「なんでまた、守《まも》らないんだ。」㊃[接] そのうえに。ならびに。[例]文学者《ぶんがくしゃ》であり、また、医者《いしゃ》でもあった。[参考]㊂・㊃はふつう、かな書《が》きにする。

**○また**【股】[名] ❶足《あし》のつけねのところ。また、足《あし》と足《あし》との間《あいだ》。❷一《ひと》つのもとから二《ふた》つ以上《いじょう》に分《わ》かれているところ。[例]木《き》のまた。⇩こ【股】420ページ

**股《また》に掛《か》ける** 広《ひろ》くいろいろな土地《とち》を歩《ある》き回《まわ》る。[例]世界《せかい》をまたにかけて活動《かつどう》する。

**○まだ** [副] ❶ある状態《じょうたい》になっていないようす。また、ある状態《じょうたい》が続《つづ》いているようす。今《いま》になっても。[例]まだ来《こ》ない。まだ雨《あめ》が降《ふ》っている。❷どちらかというと。[例]暑《あつ》いよりは、まだ寒《さむ》いほうがいい。❸さらに。もっと。[例]まだ話《はなし》がある。❹時間《じかん》がたっていないようす。[例]まだ起《お》きたばかりだ。

**またいとこ** [名] 親《おや》がいとこどうしである場《ば》合《あい》の、両方《りょうほう》の子《こ》どもどうしの関係《かんけい》。はとこ。

**またがし**【又貸し】[名][動-する] 自分《じぶん》が借《か》りたものを、さらに他《ほか》の人《ひと》に貸《か》すこと。[例]又貸しは禁止《きんし》だ。

**またがる** [動] ❶足《あし》を開《ひら》いて乗《の》る。[例]馬《うま》にまたがる。❷二《ふた》つ以上《いじょう》にわたってかかわる。[例]三県《さんけん》にまたがる国立公園《こくりつこうえん》。

**またぎき**【又聞き】[名][動-する] その話《はなし》を聞《き》いた人《ひと》から、さらに聞《き》くこと。[例]その話《はなし》は、また聞きなので確《たし》かではない。

**○またぐ** [動] 足《あし》を広《ひろ》げて、物《もの》をふみつけないようにしてこえる。[例]みぞをまたぐ。

**またした**【股下】[名] ズボンなどの、またの分《わ》かれ目《め》から下《した》の部分《ぶぶん》。また、その長《なが》さ。

**またしても**【又しても】[副] 再《ふたた》び。またもや。[例]またしても台風《たいふう》の被害《ひがい》にあった。[参考]ふつう、かな書《が》きにする。

**まだしも** [副] ❶どちらかといえば。[例]川《かわ》よりも、まだしも海《うみ》のほうがいい。❷それだけならまだいいが。[例]雨《あめ》だけならまだしも風《かぜ》までふいてきた。





[慣用句] やむにやまれず 待《ま》ちきれなくなって、やむにやまれず、こちらから出《で》かけていった。

**またたき**【瞬き】名 動-する ❶まばたき。❷小《ちい》さく見《み》える遠《とお》くの光《ひかり》などが、見《み》えたり見《み》えなくなったりすること。例 星《ほし》の瞬き。

○**またたく**【瞬く】動 ❶目《め》をぱちぱちと閉《と》じたり開《ひら》いたりする。まばたきする。❷光《ひかり》などが遠《とお》くにちらちらと見《み》える。例 夜空《よぞら》に星《ほし》が瞬く。↓しゅん【瞬】614ページ

**またたくま**【瞬く間】まばたきをするほどの、ほんのちょっとの間《あいだ》。例 みんなで力《ちから》を合《あ》わせたら、瞬く間に終《お》わった。

**またとない**【又とない】二《ふた》つとない。二《に》度《ど》とない。例 またとないチャンス。

○**または**【又は】接 それでなければ。あるいは。例 電話《でんわ》、または、メールで知《し》らせる。参考 ふつう、かな書《が》きにする。

**またまた**【又又】副 その上《うえ》に。重《かさ》ねて。例 またまた忘《わす》れ物《もの》をしてしまった。参考 ふつう、かな書《が》きにする。

**まだまだ** 副 「まだ」を強《つよ》めていう言葉《ことば》。例 まだまだへこたれないぞ。

**またもや**【又もや】副 またまた。またしても。例 やんだと思《おも》ったら、またもや降《ふ》りだした。参考 ふつう、かな書《が》きにする。

**まだら** 名 形動 ちがう色《いろ》が模様《もよう》のように、ところどころに混《ま》じっていること。また、そのようなもの。ぶち。例 雪《ゆき》がまだらに残《のこ》っている。

**まだるっこい** 形 のろのろしていて、じれったい。まだるっこしい。例 まだるっこい話《はな》し方《かた》。

✤**まだれ** 名 漢字《かんじ》の部首《ぶしゅ》で、「たれ」の一《ひと》つ。「広《こう》」「店《てん》」「庭《てい》」などの「广」の部分《ぶぶん》。建物《たてもの》に関係《かんけい》のある漢字《かんじ》が多《おお》い。

○**まち**【町】名 ❶家《いえ》や店《みせ》がたくさん集《あつ》まっている所《ところ》。❷地方公共団体《ちほうこうきょうだんたい》の一《ひと》つ。人口《じんこう》が市《し》よりも少《すく》ない。❸市《し》や区《く》などの中《なか》を分《わ》けた一《ひと》つの地区《ちく》。↓ちょう【町】836ページ

○**まち**【街】名 商店《しょうてん》や会社《かいしゃ》などが並《なら》んでいて、にぎやかな所《ところ》。↓がい【街】196ページ

**まちあいしつ**【待合室】名 駅《えき》や病院《びょういん》などで、時間《じかん》や順番《じゅんばん》を待《ま》つための部屋《へや》。

**まちあぐむ**【待ちあぐむ】動 あきてしまうほど長《なが》く待《ま》つ。例 連絡《れんらく》を待ちあぐむ。

**まちあわせる**【待ち合わせる】動 時間《じかん》と場所《ばしょ》とを決《き》めておき、人《ひと》と会《あ》うようにする。例 母《はは》と三時《さんじ》に駅《えき》で待ち合わせる。

**まちうける**【待ち受ける】動 来《く》るのを用意《ようい》して待《ま》つ。例 よい知《し》らせを待ち受ける。

**まぢか**【間近】名 形動 そこまでの時間《じかん》や距離《きょり》が近《ちか》いこと。もうすぐ。例 選挙《せんきょ》が間近に迫《せま》る。目的地《もくてきち》は、もう間近です。

○**まちがい**【間違い】名 ❶まちがえてしまうこと。あやまり。例 計算《けいさん》のまちがい。❷よくない出来事《できごと》。事故《じこ》。例 おそいので、まちがいでも起《お》きたかと心配《しんぱい》した。

**まぢかい**【間近い】形 もうすぐである。例 冬休《ふゆやす》みも間近い。家《いえ》が間近くなった。

○**まちがう**【間違う】動 ↓まちがえる 1234ページ

例解 ↔ 使い分け

**町《まち》と街《まち》**

町《まち》の役場《やくば》。
村《むら》と町《まち》。
町外《まちはず》れ。

学生《がくせい》の街《まち》。
銀座《ぎんざ》の街角《まちかど》。
街《まち》の明《あ》かり。

○**まちがえる**【間違える】動 〔「まちがう」ともいう。〕❶やりそこなって、正《ただ》しくない状態《じょうたい》にする。ちがえる。例 計算《けいさん》をまちがえる。❷とりちがえてしくじる。例 行《い》き先《さき》をまちがえる。

**まちかど**【街角】名 ❶街《まち》の通《とお》りの曲《ま》がり角《かど》。❷街《まち》の通《とお》り。街頭《がいとう》。例 街角で募金《ぼきん》をする。

**まちかねる**【待ちかねる】動 来《く》るのがおそいので、がまんできなくなる。例 友達《ともだち》を待ちかねて、家《いえ》までむかえに行《い》った。

**まちかまえる**【待ち構える】動 用意《ようい》をして、今《いま》か今《いま》かと待《ま》っている。例 選手《せんしゅ》の到《とう》着《ちゃく》を待ち構える。

**まちくたびれる**【待ちくたびれる】動 長《なが》い間《あいだ》待《ま》っていてつかれる。例 一時間《いちじかん》も待《ま》たされて、もう待ちくたびれた。

**まちこうば**【町工場】名 町《まち》の中《なか》にある小《ちい》



慣用句 **矢《や》も盾《たて》もたまらない** ディズニーランドへ行《い》くと聞《き》くと、ぼくはもう、矢《や》も盾《たて》もたまらなくなる。

さな工場《こうじょう》。

**まちこがれる**【待ち焦がれる】［動］まだかまだかと待ち続ける。［例］島民《とうみん》は、橋《はし》の完《かん》成《せい》を待ち焦がれていた。

**まちどおしい**【待ち遠しい】［形］今《いま》か今《いま》かと、待《ま》っている間《あいだ》が長《なが》く感《かん》じられる。［例］遠《えん》足《そく》の日《ひ》が待ち遠しい。

**まちなみ**【町並み】［名］町《まち》に家《いえ》が建《た》ち並《なら》んでいるようす。［例］美《うつく》しい町並み。

**まちにまった**【待ちに待った】長《なが》く待《ま》ち続《つづ》けていた。［例］待ちに待った旅行《りょこう》。

**まちのぞむ**【待ち望む】［動］そうなることを心《こころ》から待《ま》つ。［例］再会《さいかい》を待ち望む。

**まちはずれ**【町外れ】［名］町《まち》の中心《ちゅうしん》から外《はず》れた、はしのほう。

**まちばり**【待ち針】［名］布《ぬの》のぬい合《あ》わせる所《ところ》がずれないようにとめる、頭《あたま》に玉《たま》などのついた針《はり》。

**まちぶせ**【待ち伏せ】［名］［動-する］不意《ふい》打《う》ちをするために、ものかげにかくれて、相《あい》手《て》が来《く》るのを待《ま》つこと。［例］ビルの陰《かげ》で敵《てき》を待ち伏せする。

**まちぼうけ**【待ちぼうけ】［名］待《ま》っている相《あい》手《て》が、いつまでも来《こ》ないこと。［例］待ちぼうけをくう〔＝相《あい》手《て》にすっぽかされる〕。

**まちまち**［名］［形動］同《おな》じでないこと。さまざま。いろいろ。［例］意《い》見《けん》がまちまちだ。

**まちわびる**【待ちわびる】［動］来《く》るのがおそいので、気《き》をもみながら待《ま》つ。［例］返《へん》事《じ》を待ちわびる。

**まつ**【末】［画数］5 ［部首］木（き） 4年
［音］マツ バツ ［訓］すえ
筆順 一 二 キ 末 末
❶しまい。終《お》わり。［熟語］末《まっ》期《き》・末《まつ》期《ご》。末《まっ》子《し》・末《ばっ》子《し》。末《まつ》路《ろ》。週《しゅう》末《まつ》。終《しゅう》末《まつ》。［対］本《ほん》。❷つまらないこと。［熟語］粗《そ》末《まつ》。枝《し》葉《よう》末《まっ》節《せつ》。❸粉《こな》。［熟語］粉《ふん》末《まつ》。［注意］「未《み》」とは別《べつ》の字《じ》である。

**まつ**【抹】［画数］8 ［部首］扌（てへん）
［音］マツ ［訓］―
❶こする。ぬりつぶす。ぬりけす。［熟語］抹《まっ》消《しょう》。❷粉《こな》にする。［熟語］抹《まっ》茶《ちゃ》。

**まつ**【松】［名］幹《みき》はざらざらして、針《はり》のような緑《みどり》の葉《は》を一《いち》年《ねん》じゅうつけている木《き》。アカマツ・クロマツ・エゾマツなど種《しゅ》類《るい》が多《おお》い。枝《えだ》を正《しょう》月《がつ》の門《かど》松《まつ》として使《つか》う。⬇しんようじゅ 668ページ／⬇しょう【松】620ページ

**まつ**【待つ】［動］❶人《ひと》やものごとなどが来《く》るのを、用《よう》意《い》してむかえる。［例］客《きゃく》を待つ。春《はる》を待つ。❷期《き》限《げん》を先《さき》に延《の》ばす。［例］返《へん》事《じ》を来《らい》週《しゅう》まで待つ。❸期《き》待《たい》する。［例］君《きみ》の努《ど》力《りょく》に待つ。⬇たい【待】767ページ

**まっ**【真っ】〔ある言《こと》葉《ば》の前《まえ》につけて〕「真《ま》」を強《つよ》めた言《い》い方《かた》。［例］真っ白《しろ》。真っ正《しょう》面《めん》。

**まつえい**【末裔】［名］子《し》孫《そん》。［例］将《しょう》軍《ぐん》家《け》の末裔。

**まつえし**〘松江市〙［地名］島《しま》根《ね》県《けん》の県《けん》庁《ちょう》がある市《し》。

**まつお ばしょう**〘松尾芭蕉〙［人名］（男）（一六四四～一六九四）江《え》戸《ど》時《じ》代《だい》前《ぜん》期《き》の俳《はい》人《じん》。すぐれた俳《はい》句《く》をよんで、俳《はい》句《く》を文《ぶん》学《がく》にまで高《たか》めた。各《かく》地《ち》を旅《たび》して、「おくのほそ道《みち》」などの紀《き》行《こう》文《ぶん》を書《か》いた。俳《はい》句《く》に、「古《ふる》池《いけ》や蛙《かわず》飛《と》びこむ水《みず》の音《おと》」などがある。

〔まつおばしょう〕

**まっか**【〈真っ赤〉】［形動］❶たいへん赤《あか》いようす。［例］真っ赤な顔《かお》。❷まるっきり。［例］真っ赤なにせ物《もの》。［参考］「真《ま》っ赤《か》」は、特《とく》別《べつ》に認《みと》められた読《よ》み方《かた》。

**真《ま》っ赤《か》なうそ** まったくのでたらめ。［例］病《びょう》気《き》だというのは真っ赤なうそだ。

**まつかさ**【松かさ】［名］松《まつ》の実《み》。まつぼっくり。

**まつかざり**【松飾り】［名］⬇かどまつ 250ページ

**まっき**【末期】［名］終《お》わりのころ。終《お》わりの時《じ》期《き》。［例］江《え》戸《ど》時《じ》代《だい》末期。［関連］初《しょ》期《き》。中《ちゅう》期《き》。［注意］「末期」を「まつご」と読《よ》むと、ちがう意《い》味《み》になる。

**まっくら**【真っ暗】［形動］❶たいへん暗《くら》いようす。［例］真っ暗な夜《よ》道《みち》。❷見《み》通《とお》しがつかないようす。［例］お先《さき》真っ暗だ。

**まっくろ**【真っ黒】［形動］たいへん黒《くろ》いようす。［例］真っ黒なネコ。

あいうえお かきくけこ さしすせそ たちつてと なにぬねの はひふへほ まみむめも やゆよ らりるれろ わをん



慣用句 やり玉《だま》に挙《あ》げる 一人《ひとり》だけやり玉《だま》に挙《あ》げるのはまちがいで、責任《せきにん》は全員《ぜんいん》にあるはずだ。

**まつげ**【まつ毛】[名] まぶたのふちに生《は》えている毛《け》。[参考]「まゆげ」とはちがう。

**まつご**【末期△】[名] 人《ひと》の死《し》にぎわ。臨終《りんじゅう》。[例]末期の水《みず》をとる〔=人《ひと》の死《し》にぎわに、口《くち》に水《みず》を含《ふく》ませる〕。[注意]「末期」を「まっき」と読《よ》むと、ちがう意味《いみ》になる。

**まっこう**【真っ向】[名] 真正面《ましょうめん》。[例]真っ向から反対《はんたい》する。

**まっこうくじら**[名] 海《うみ》にすみ、歯《は》のあるクジラの仲間《なかま》の中《なか》で最大《さいだい》のもの。体長《たいちょう》は約《やく》二〇メートル。↓くじら 363ページ

**マッサージ**〔英語 massage〕[名][動-する] 体《からだ》をもんだりさすったりして、血《ち》のめぐりをよくし、つかれやこりをほぐすこと。

**まっさいちゅう**【真っ最中】[名] ものごとが、いちばんさかんに行《おこな》われている時《とき》。まっさかり。[例]テストの真っ最中。

○**まっさお**【〈真っ青〉】[形動] ❶たいへん青《あお》いようす。[例]秋《あき》の空《そら》は真っ青だ。❷顔《かお》が青《あお》ざめているようす。[例]おどろいて、みんな真っ青だ。[参考]「真《ま》っ青《さお》」は、特別《とくべつ》に認《みと》められた読《よ》み方《かた》。

**まっさかさま**【真っ逆様】[形動] 物《もの》がまったく逆《さか》さまなようす。[例]真っ逆さまにプールに飛《と》びこむ。

**まっさかり**【真っ盛り△】[名] ものごとのいちばんさかんなころ。[例]夏《なつ》の真っ盛り。

**まっさき**【真っ先】[名] いちばんはじめ。先《せん》頭《とう》。[例]真っ先に飛《と》び出《だ》す。

**まっさつ**【抹°殺】[名][動-する] 人《ひと》や事実《じじつ》・意見《いけん》などを無視《むし》したり、なかったものにしたりすること。[例]反対《はんたい》の意見《いけん》を抹殺する。

**まっさら**【真っさら】[名][形動] 一度《いちど》も使《つか》っていなくて、新《あたら》しいこと。[例]まっさらなノート。

**まっしぐら**[副-に] 激《はげ》しい勢《いきお》いで進《すす》むようす。一目散《いちもくさん》に。[例]家《いえ》までまっしぐらに帰《かえ》る。

**まつじつ**【末日】[名] ある期間《きかん》の終《お》わりの日《ひ》。また、月《つき》の最後《さいご》の日《ひ》。

**まつしま**〔松島〕[地名] 宮城県《みやぎけん》中部《ちゅうぶ》の松島《まつしま》湾《わん》と、その湾内《わんない》にある二六〇あまりの大小《だいしょう》の島々《しまじま》をいう。日本三景《にほんさんけい》の一《ひと》つ。

**マッシュルーム**〔英語 mushroom〕[名] 白《しろ》またはうすい茶色《ちゃいろ》をした西洋原産《せいようげんさん》のキノコ。シチューやスープに入《い》れたり、いためたりして食《た》べる。

**まっしょう**【抹°消】[名][動-する] 文字《もじ》やことがらなどを消《け》すこと。[例]いらないデータを抹消する。

**まっしょうめん**【真っ正面】[名] ↓ましょうめん 1231ページ

○**まっしろ**【真っ白】[形動] たいへん白《しろ》いようす。[例]真っ白な紙《かみ》。

○**まっすぐ**【真っすぐ】[形動] ❶少《すこ》しも曲《ま》がっていないようす。[例]まっすぐに線《せん》を引《ひ》く。❷寄《よ》り道《みち》をしないようす。[例]まっすぐ家《いえ》に帰《かえ》る。❸正直《しょうじき》なようす。[例]心《こころ》のまっすぐな人《ひと》だ。

**まっせき**【末席】[名] いちばん下《した》の地位《ちい》。また、高《たか》い位《くらい》の人《ひと》からいちばんはなれた席《せき》。下《しも》座《ざ》。[対]上席《じょうせき》。

**末《まっ》席《せき》を汚《けが》す** 集《あつ》まりの中《なか》に、自分《じぶん》がいることを謙遜《けんそん》して言《い》う言《い》い方《かた》。[例]委員会《いいんかい》の末席を汚す。

**まった**【待った】[名] すもうや将棋《しょうぎ》などで、相手《あいて》に待《ま》ってもらうこと。[例]待ったをかける。

**待《ま》った無《な》し** ❶(すもうや将棋《しょうぎ》などで)「待《ま》った」をみとめないこと。❷時間《じかん》によゆうがないこと。[例]待ったなしで洪水対策《こうずいたいさく》が必要《ひつよう》だ。

**マッターホルン**[地名] スイスとイタリアとの国境《こっきょう》のアルプスにある山《やま》。頂上《ちょうじょう》は切《き》り立《た》っている。マッターホーン。

**まつだい**【末代】[名] 自分《じぶん》が死《し》んだあとの世《よ》。後《のち》の世《よ》。[例]家宝《かほう》を末代まで伝《つた》える。

○**まったく**【全く】[副] ❶すっかり。全部《ぜんぶ》。[例]野《の》も山《やま》も、全く雪《ゆき》におおわれてしまった。❷ほんとうに。実《じつ》に。[例]全く困《こま》った子《こ》だ。❸少《すこ》しも。ちっとも。[例]ぼくには全く関係《かんけい》ない話《はなし》だ。[注意]❸は、あとに「ない」などの打《う》ち消《け》しの言葉《ことば》がくる。↓ぜん【全】728ページ

**まつたけ**【松たけ】[名] 秋《あき》、アカマツの林《はやし》に生《は》えるキノコ。かさは赤茶色《あかちゃいろ》でえは太《ふと》い。かおりがよく、食用《しょくよう》にする。↓きのこ 315ページ

**まっただなか**【真っただ中】[名] ❶真《ま》ん中《なか》。[例]敵《てき》の真っただ中にとびこんだ。❷い

[慣用句] 湯水《ゆみず》のように使《つか》う　大金《たいきん》を湯水《ゆみず》のように使《つか》うなんて、信《しん》じられない。

ちばんさかんなとき。[例] あらしの真っただ中を出《で》かける。

**まったん【末端】** [名] ❶物《もの》のいちばん端《はし》。[例] ひもの末端。❷中心《ちゅうしん》からもっともはなれた部分《ぶぶん》。[例] 命令《めいれい》が末端まで行《い》きわたる。

**マッチ** 〔英語 match〕 [一][名] ❶じくの先《さき》に、リンなどの薬《くすり》をつけ、すって火《ひ》をつけるもの。❷試合《しあい》。[例] タイトルマッチ。[二][名][動-する] つり合《あ》うこと。似合《にあ》うこと。[例] この服《ふく》と帽子《ぼうし》は、よくマッチする。

**まっちゃ【抹茶】** [名] 上等《じょうとう》の緑茶《りょくちゃ》を粉《こな》にしたもの。湯《ゆ》にとかして飲《の》む。

**マット** 〔英語 mat〕 [名] ❶体操《たいそう》やレスリングなどで使《つか》う、やわらかいしき物《もの》。[例] マット運動《うんどう》。❷床《ゆか》やベッドなどにしく、やわらかいしき物《もの》。[例] 玄関《げんかん》マット。

**まっとうする【全うする】** [動] 全部《ぜんぶ》を終《お》わらせる。やりとげる。[例] 仕事《しごと》を全うする。

**マットレス** 〔英語 mattress〕 [名] ふとんの下《した》などにしく、厚《あつ》くてやわらかいしき物《もの》。

**まつのうち【松の内】** [名] 正月《しょうがつ》の、松《まつ》かざりのある間《あいだ》。ふつう、一月一日《いちがつついたち》から七日《なのか》までだが、地域《ちいき》によってちがう。

**マッハ** 〔ドイツ語〕 [名] 飛行機《ひこうき》などの飛《と》ぶ速《はや》さの単位《たんい》。マッハ一《いち》は、音《おと》の伝《つた》わる速《はや》さと同《おな》じ。⇩おんそく 186ページ

**まつばづえ【松葉杖】** [名] 足《あし》の不自由《ふじゆう》な人《ひと》が歩《ある》くときに、脇《わき》の下《した》に当《あ》てて体《からだ》を支《ささ》えるつえ。上《うえ》のほうが松《まつ》の葉《は》のように二《ふた》つに分《わ》かれている。

**まつばぼたん【松葉ぼたん】** [名] 庭先《にわさき》などに植《う》える草花《くさばな》。葉《は》は松《まつ》の葉《は》に似《に》ており、夏《なつ》、赤《あか》・白《しろ》・黄《き》などの小《ち》さな花《はな》が咲《さ》く。

**まつばやし【松林】** [名] 松《まつ》の木《き》の林《はやし》。

**まつばら【松原】** [名] 海岸《かいがん》の近《ちか》くなどで、松《まつ》がたくさん生《は》えている所《ところ》。[例] 三保《みほ》の松原。

**まつび【末尾】** [名] ひとつながりのものの、終《お》わりの所《ところ》。[例] 手紙《てがみ》の末尾。

**まっぴつ【末筆】** [名] 手紙《てがみ》の終《お》わりに書《か》く、文章《ぶんしょう》やあいさつの言葉《ことば》。[例] 末筆ながら、どうぞお元気《げんき》でお過《す》ごしください。

**まっぴら** [副] どんなことがあってもいやだ。[例] こんな面倒《めんどう》な仕事《しごと》はまっぴらだ。

**まっぴるま【真っ昼間】** [名] 「昼間《ひるま》」を強《つよ》めた言《い》い方《かた》。

**マップ** 〔英語 map〕 [名] 地図《ちず》。[例] 地域安全《ちいきあんぜん》マップを作《つく》る。

**まっぷたつ【真っ二つ】** [名] ちょうど二《ふた》つ。まふたつ。[例] スイカを真っ二つに切《き》る。

**まつぶん【末文】** [名] ❶手紙《てがみ》の終《お》わりに書《か》く文《ぶん》。❷文章《ぶんしょう》の終《お》わりの部分《ぶぶん》。

**まつぼっくり【松ぼっくり】** [名] ⇩まつかさ 1235ページ

**まつむし【松虫】** [名] コオロギの仲間《なかま》の昆虫《こんちゅう》。赤茶色《あかちゃいろ》で、雄《おす》は秋《あき》の初《はじ》めごろ「チンチロリン」と美《うつく》しく鳴《な》く。⇩こおろぎ 451ページ

**まつやに【松やに】** [名] 松《まつ》の木《き》の幹《みき》から出《で》る、ねばねばした液《えき》。せっけんやニスなどの材料《ざいりょう》にする。

**まつやまし【松山市】** [地名] 愛媛県《えひめけん》の県庁《けんちょう》がある市《し》。

**°まつり【祭り】** [名] ❶神《かみ》をまつる行事《ぎょうじ》や儀式《ぎしき》。供《そな》え物《もの》をし、お神楽《かぐら》を奉納《ほうのう》したり、おみこしや山車《だし》を出《だ》したりする。祭礼《さいれい》。お祭《まつ》り。[例] 村《むら》祭り。❷にぎやかに行《おこな》う、もよおし。[例] 桜《さくら》祭り。⇩さい【祭】 495ページ

**まつりあげる【祭り上げる】** [動] 人《ひと》をおだてたり、推薦《すいせん》したりして、無理《むり》に高《たか》い地位《ちい》につかせる。[例] 会長《かいちょう》に祭り上げる。

**まつりごと【政】** [名] 国《くに》を治《おさ》めること。政治《せいじ》。〔古《ふる》い言《い》い方《かた》。〕⇩せい【政】 698ページ

**まつりばやし【祭りばやし】** [名] 祭《まつ》りのとき、笛《ふえ》・太鼓《たいこ》・かねなどの楽器《がっき》で演奏《えんそう》する音楽《おんがく》。おはやし。

**まつる【祭る】** [動] ❶神《かみ》や先祖《せんぞ》の霊《れい》を、供《そな》え物《もの》やにぎやかなもよおしをしてなぐさめる。❷ある場所《ばしょ》に神《かみ》としておさめて、敬《うやま》う。[例] 安産《あんざん》の神様《かみさま》を祭った神社《じんじゃ》。⇩さい【祭】 495ページ

**まつろ【末路】** [名] 人《ひと》の一生《いっしょう》や、ものごとの終《お》わり。特《とく》に、さかえていたものがおちぶれた最後《さいご》の状態《じょうたい》。[例] 不幸《ふこう》な末路をたどる。

**まつわりつく** [動] そばにくっついて、離《はな》れない。まとわりつく。[例] 子《こ》ネコがまつわりつく。

**まつわる** [動] ❶からみついて、はなれない。[例] コートのすそが足《あし》にまつわる。❷つながりがある。関係《かんけい》がある。[例] 寺《てら》にまつわる伝《でん》





慣用句 夢《ゆめ》を抱《いだ》く　若者《わかもの》たちは大《おお》きな夢《ゆめ》を抱《いだ》いて、これからの人生《じんせい》を切《き》り開《ひら》いていってほしい。

説《せつ》。

**°まで** 助 ❶行《い》きつく場所《ばしょ》を表《あらわ》す。例月《つき》まで行《い》く。❷時間《じかん》や数量《すうりょう》などの限界《げんかい》を表《あらわ》す。例五時《ごじ》まで待《ま》つ。❸ものごとをいっそう強《つよ》く言《い》う。例弟《おとうと》にまで、なぐさめられる。❹ものごとをつけ加《くわ》える。例風《かぜ》に加《くわ》えて雨《あめ》まで降《ふ》り出《だ》した。❺それ以上《いじょう》にはおよばない。…する必要《ひつよう》がない。それだけ。例わざわざ行《い》くまでもない。勝《か》てたのは運《うん》がよかったまでだ。

**まてんろう【摩天楼】** 名 天《てん》に届《とど》くほどに高《たか》い建物《たてもの》。超高層《ちょうこうそう》ビル。ニューヨークのエンパイアステートビルなどの摩天楼《まてんろう》が有名《ゆうめい》。

**°まと【的】** 名 ❶矢《や》や鉄砲《てっぽう》の弾《たま》を当《あ》てるときの目《め》じるし。例的を射《い》る。❷〔「…の的《まと》」の形《かたち》で〕目当《めあ》てにしているもの。例注目《ちゅうもく》の的。あこがれの的。❸だいじな点《てん》。例的をそらさずに答《こた》える。⇩てき【的】878ページ

**的《まと》が外《はず》れる** ❶矢《や》が的《まと》にうまく当《あ》たらない。❷ねらいとちがっている。例彼《かれ》の言《い》うことは的が外れている。

**的《まと》を射《い》る** ❶矢《や》がねらった的《まと》に当《あ》たる。❷きちんと当《あ》てはまる。例的を射た意見《いけん》。

**°まど【窓】** 名 光《ひかり》や風《かぜ》を取《と》り入《い》れるために、部《へ》屋《や》の壁《かべ》などを切《き》り取《と》り、ガラスなどをはめたところ。例ガラス窓。⇩そう【窓】742ページ

**まとい** 名 ❶昔《むかし》の戦《いくさ》で、大将《たいしょう》のそばに立《た》てた目《め》じるし。❷昔《むかし》の火消《ひけ》し〔=今《いま》の消防団《しょうぼうだん》〕の組《くみ》が持《も》っていた、自分《じぶん》たちの組《くみ》のしるし。

**まとう** 動 身《み》につける。着《き》る。例ガウンをまとう。

**まどう【惑う】** 動 ❶どうしたらいいのか決《き》められなくてまごつく。迷《まよ》う。例逃《に》げ惑う。❷よくないことに心《こころ》をうばわれる。例欲《よく》に惑う。⇩わく【惑】1423ページ

**まどぎわ【窓際】** 名 窓《まど》のすぐそば。例窓際の席《せき》にすわる。類窓辺《まどべ》。

**まどぐち【窓口】** 名 役所《やくしょ》・会社《かいしゃ》・病院《びょういん》などで、書類《しょるい》や品物《しなもの》、お金《かね》などの受《う》けわたしをする所《ところ》。また、その係《かかり》の人《ひと》。例書類《しょるい》を窓口に提《てい》出《しゅつ》する。

**まどごし【窓越し】** 名 窓《まど》を通《とお》して。窓《まど》から。例窓越しに月《つき》を見《み》る。

**まとはずれ【的外れ】** 名 形動 ねらいから外《はず》れていること。例的外れな答《こた》え。

**まどべ【窓辺】** 名 窓《まど》の近《ちか》く。窓《まど》のそば。例窓辺に腰《こし》をおろす。類窓際《まどぎわ》。

**まとまり** 名 まとまること。まとまっていること。例文章《ぶんしょう》のまとまり。ごとに意味《いみ》をとらえる。まとまりのよいクラス。

**°まとまる** 動 ❶ばらばらだったものが一《ひと》つになる。例全員《ぜんいん》の意見《いけん》がまとまる。❷話《はな》し合《あ》いがつく。うまく解決《かいけつ》する。例相談《そうだん》がまとまる。❸一《ひと》つのものとして、きちんとできあがる。例作品《さくひん》がまとまった。

**まど・みちお** 人名（男）（一九〇九～二〇一四）詩人《しじん》。童謡集《どうようしゅう》「ぞうさん」の他《ほか》、「てんぷらぴりぴり」「しゃっくりうた」など多《た》数《すう》の詩《し》集《しゅう》がある。

**°まとめる** 動 ❶ばらばらだったものを一《ひと》つにする。例荷物《にもつ》をまとめる。❷うまく解決《かいけつ》する。例けんかをまとめる。❸一《ひと》つのものとして、きちんと仕上《しあ》げる。例文章《ぶんしょう》にまとめる。

**まとも** 名 形動 ❶真正面《ましょうめん》。真向《まむ》かい。例風《かぜ》をまともに受《う》ける。❷まじめなこと。きちんとしていること。例まともな考《かんが》え。❸ふつうのやり方《かた》。例まともにやっては勝《か》てない。

**まどり【間取り】** 名 家《いえ》の中《なか》の部屋《へや》の配置《はいち》。例使《つか》いやすい間取りの家《いえ》。

**まどろむ** 動 ほんの少《すこ》しねむる。うとうとする。例ソファーでまどろむ。

**まどわす【惑わす】** 動 ❶どうしたらいいのかわからなくさせる。迷《まよ》わす。例人《ひと》の心《こころ》を惑わす。❷悪《わる》いことにさそいこむ。だます。例うまい言葉《ことば》で人《ひと》を惑わす。

**まとわりつく** 動 ❶からみつく。例着物《きもの》のすそがまとわりつく。❷付《つ》きまとって離《はな》れない。例子《こ》どもが親《おや》にまとわりつく。参考「まつわりつく」とも言《い》う。

**マトン** 〔英語 mutton〕名 ヒツジの肉《にく》。

**マドンナ** 〔イタリア語〕名 ❶キリスト教《きょう》で、聖母《せいぼ》マリア。また、マリアの像《ぞう》。❷あこがれの女性《じょせい》。例クラスのマドンナ。

**まな【真名】** 名 〔「仮名《かな》」に対《たい》して、「正式《せいしき》の字《じ》」という意味《いみ》で〕漢字《かんじ》のこと。〔古《ふる》い言《い》い

慣用句 様子《ようす》をうかがう　洞穴《ほらあな》の入《い》り口《ぐち》で中《なか》の様子《ようす》をうかがっていたが、人《ひと》のいる気配《けはい》はなかった。

方《かた》。〕

**マナー**〔英語 manner〕名 行儀《ぎょうぎ》。作法《さほう》。例 食事《しょくじ》のマナー。

**マナーモード** 名〔日本《にっぽん》でできた英語《えいご》ふうの言葉《ことば》。〕携帯電話《けいたいでんわ》で、音《おと》を出《だ》さずに着信《ちゃくしん》を知《し》らせる設定《せってい》のこと。

**まないた【まな板】** 名 料理《りょうり》のとき、材料《ざいりょう》をのせて切《き》ったり刻《きざ》んだりするための厚《あつ》い板《いた》。

**まな板《いた》に載《の》せる** 議《ぎ》論《ろん》や批《ひ》判《はん》の対象《たいしょう》として、話題《わだい》にする。例 事《じ》故《こ》防《ぼう》止《し》案《あん》をまな板に載せて話《はな》し合《あ》う。

**まな板《いた》のこい**〔まな板《いた》の上《うえ》に載《の》せられたコイと同《おな》じように〕相《あい》手《て》の思《おも》うとおりになるより他《ほか》に、方法《ほうほう》がない状態《じょうたい》。

**まなこ【眼△】** 名 目《め》。目《め》だま。例 ねぼけ眼。↓がん【眼】274ページ

**まなざし** 名 物《もの》や人《ひと》を見《み》るときの目《め》のようす。目《め》つき。例 真剣《しんけん》なまなざし。

**まなじり** 名 目《め》の、耳《みみ》に近《ちか》いほうのはし。目《め》じり。

**まなじりを決《けっ》する**（怒《おこ》ったり、決《けっ》心《しん》したりして）目《め》を大《おお》きく開《ひら》く。例 まなじりを決して抗議《こうぎ》する。

**まなつ【真夏】** 名 夏《なつ》のいちばん暑《あつ》い時《とき》。対 真《ま》冬《ふゆ》。

**まなつび【真夏日】** 名 一日《いちにち》の最高《さいこう》気《き》温《おん》が三〇度《ど》以上《いじょう》の日《ひ》。

**まなでし【まな弟子△】** 名 期《き》待《たい》をかけて、大切《たいせつ》に育《そだ》てている弟子《でし》。例 彼《かれ》が先《せん》生《せい》の最後《さいご》の愛弟子だ。

**まなびや【学び舎▲】** 名 学校《がっこう》。〔古《ふる》い言《い》い方《かた》。〕例 学び舎を巣立《すだ》つ〔=卒業《そつぎょう》する〕。

**○まなぶ【学ぶ】** 動 ❶教《おし》えを受《う》ける。見習《みなら》う。例 本《ほん》から学ぶ。親《おや》の行《おこな》いを学ぶ。❷勉強《べんきょう》する。例 国語《こくご》を学ぶ。↓がく【学】219ページ

**マニア**〔英語 mania〕名 好《す》きなことに、夢《む》中《ちゅう》になっている人《ひと》。例 切《きっ》手《て》マニア。

**○まにあう【間に合う】** 動 ❶時《じ》間《かん》におくれない。例 始《し》発《はつ》に間に合う。❷十《じゅう》分《ぶん》である。例 千円《せんえん》で間に合う。

**まにあわせ【間に合わせ】** 名 その場《ば》しのぎに適当《てきとう》なものをあてること。例 割《わ》れ目《め》を間に合わせにテープでとめる。

**まにあわせる【間に合わせる】** 動 ❶時《じ》間《かん》におくれないように、ものごとをする。❷その場《ば》の役《やく》に立《た》てる。例 家《いえ》にあるもので間に合わせる。

**マニキュア**〔英語 manicure〕名 手《て》のつめにぬって、色《いろ》やつやをつける液《えき》。

**マニフェスト**〔英語 manifesto〕名 ❶具《ぐ》体《たい》的《てき》な政《せい》策《さく》をくわしく書《か》いた文《ぶん》書《しょ》。例 選《せん》挙《きょ》になるとマニフェストが注《ちゅう》目《もく》される。❷宣言《せんげん》。

**まにまに** 副 なりゆきに任《まか》せるようす。ままに。例 海《かい》草《そう》が波《なみ》のまにまにただよう。

✤**マニュアル**〔英語 manual〕名 ❶使《つか》い方《かた》などの説《せつ》明《めい》書《しょ》。手《て》引《び》き。例 パソコンのマニュアル。❷〔自《じ》動《どう》車《しゃ》で〕変《へん》速《そく》装《そう》置《ち》を、自《じ》動《どう》でなく、手《て》で操《そう》作《さ》すること。例 マニュアル車《しゃ》。

**マニラ** 地名 フィリピンの首《しゅ》都《と》。ルソン島《とう》にある、海《うみ》に面《めん》した大《おお》きな都《と》市《し》。

**まにんげん【真人間】** 名 正《ただ》しい行《おこな》いをする人《ひと》。まじめな人《ひと》。例 真人間になる。

**まぬかれる【免れる】** 動〔「まぬがれる」ともいう。〕うまく逃《に》げる。やらないですむ。例 難《なん》を免れる〔=困《こん》難《なん》なことに出《で》あわないですむ〕。↓めん【免】1296ページ

**まぬがれる【免れる】** 動 ↓まぬかれる 1239ページ

**まぬけ【間抜け】** 名 形動 だいじなことがぬけていて、気《き》がきかないこと。また、そのような人《ひと》を、あざけっていう言《こと》葉《ば》。

**○まね【真似▲】** 名 動-する ❶他《ほか》のものに似《に》せること。例 人《ひと》のまねをする。❷行《おこな》い。ふるまい。例「ふざけたまねをするな。」

**マネー**〔英語 money〕名 お金《かね》。例 ポケットマネー〔=おこづかい〕。

**マネージメント**〔英語 management〕名（会《かい》社《しゃ》などの）経《けい》営《えい》。管《かん》理《り》。

**マネージャー**〔英語 manager〕名 ❶ホテルなどの支《し》配《はい》人《にん》。❷チームなどの世《せ》話《わ》係《がかり》。例 野《や》球《きゅう》部《ぶ》のマネージャー。

**まねき【招き】** 名 招《まね》くこと。招《しょう》待《たい》。例 パーティーに招きを受《う》ける。

**マネキン**〔英語 mannequin〕名 ❶服《ふく》を着《き》せて店《みせ》にかざる人《にん》形《ぎょう》。マネキン人《にん》形《ぎょう》。❷デパートなどで、説《せつ》明《めい》したり、やってみせたりし



慣用句 善《よ》かれ悪《あ》しかれ　約束《やくそく》したことだから、よかれあしかれ、その通《とお》りにやってみるしかない。

て、品物《しなもの》の宣伝《せんでん》をする人《ひと》。〔やや古《ふる》い言《い》い方《かた》。〕

**○まねく**【招く】［動］❶手《て》などをふって、近《ちか》くへ呼《よ》び寄《よ》せる。手招《てまね》きする。［例］おいでと招く。❷遊《あそ》びや会《かい》などに来《き》てくれるように呼《よ》ぶ。招待《しょうたい》する。［例］誕生日会《たんじょうびかい》に招く。❸（よくないことを）引《ひ》き起《お》こす。［例］不幸《ふこう》を招く。

↓**しょう**【招】620ページ

**まねごと**【真似事】［名］❶まねてすること。ものまね。❷形《かたち》をまねて、それらしくすること。［例］ピアノ演奏《えんそう》のまねごと。［参考］へりくだった言《い》い方《かた》。

**○まねる**［動］他《ほか》のものにならって同《おな》じようにする。まねをする。［例］話《はな》し方《かた》をまねる。

**まのあたり**【目の当たり】［名］［副］目《め》の前《まえ》。じかに。［例］事故《じこ》を目の当たりにする。

**まのて**【魔の手】［名］害《がい》を与《あた》えたり、破滅《はめつ》させたりする恐《おそ》ろしいもの。ましゅ。［例］魔の手がせまる。

**まのび**【間延び】［名］［動-する］間《ま》がふつう以上《いじょう》に長《なが》くなること。しまりがないこと。［例］間延びした話《はなし》。

**まばたき**［名］［動-する］まぶたを閉《と》じて、すばやく開《あ》けること。またたき。

**まばゆい**［形］❶きらきらと光《ひか》りかがやいて、まぶしい。❷目《め》を開《あ》けていられないほど美《うつく》しい。［例］まばゆいほどの御殿《ごてん》。

**まばら**［形動］すき間《ま》があるようす。［例］木《き》がまばらに植《う》わっている。

**まひ**【麻痺】［名］［動-する］❶しびれて、感《かん》じがなくなること。［例］寒《さむ》さで指先《ゆびさき》がまひする。❷はたらきがにぶること。［例］交通《こうつう》がまひする。

**まびき**【間引き】［名］［動-する］間引《まび》くこと。

**まびく**【間引く】［動］❶（作物《さくもつ》がよく育《そだ》つように）生《は》えた芽《め》の間《あいだ》をあけるため、混《こ》んでいる所《ところ》の芽《め》を引《ひ》きぬく。［例］苗《なえ》を間引く。❷間《あいだ》にあるものを省《はぶ》く。［例］バスの運転《うんてん》を間引く。

**まひる**【真昼】［名］昼《ひる》のさかり。［対］真夜中《まよなか》。

**まぶか**【目深】［形動］帽子《ぼうし》などを、目《め》がかくれるほど深《ふか》くかぶるようす。［例］帽子《ぼうし》を目深にかぶる。

**○まぶしい**［形］❶光《ひかり》が強《つよ》くて見《み》にくい。まばゆい。［例］太陽《たいよう》がまぶしい。❷光《ひか》りかがやいて、見《み》ていられないほど美《うつく》しい。

**まぶす**［動］粉《こな》のようなものを一面《いちめん》につける。［例］おもちにきなこをまぶす。

**○まぶた**［名］目《め》の上《うえ》をおおっていて、目《め》を閉《と》じたり、開《あ》けたりする皮膚《ひふ》。［例］二重《ふたえ》まぶた。

**まぶたに浮《う》かぶ**　目《め》に見《み》えるように思《おも》い出《だ》される。［例］生前《せいぜん》の母《はは》がまぶたに浮かぶ。

**まふゆ**【真冬】［名］冬《ふゆ》のいちばん寒《さむ》い時《とき》。［対］真夏《まなつ》。

**まふゆび**【真冬日】［名］一日《いちにち》の最高気温《さいこうきおん》が○度未満《れいどみまん》の日《ひ》。

**マフラー**〔英語 muffler〕［名］❶えり巻《ま》き。❷自動車《じどうしゃ》やオートバイの音《おと》を小《ちい》さくするための装置《そうち》。

**まほう**【魔法】［名］人《ひと》を迷《まよ》わすふしぎな術《じゅつ》。魔術《まじゅつ》。［例］魔法をかける。

**まほうじん**【魔方陣】［名］縦《たて》と横《よこ》とが同《おな》じ数《かず》のます目《め》にひと続《つづ》きの整数《せいすう》を入《い》れて、縦《たて》・横《よこ》・ななめに並《なら》んだ数《かず》の和《わ》が同《おな》じになるようにしたもの。

| | | | |
|---|---|---|---|
| 16 | 3 | 2 | 13 |
| 5 | 10 | 11 | 8 |
| 9 | 6 | 7 | 12 |
| 4 | 15 | 14 | 1 |

〔まほうじん〕

**まほうつかい**【魔法使い】［名］魔法《まほう》を使《つか》うことのできる人《ひと》。

**まほうびん**【魔法瓶】［名］中《なか》の物《もの》の温度《おんど》を長《なが》い時間《じかん》、保《たも》たせるための瓶《びん》。ガラスやステンレスを二重《にじゅう》にして間《あいだ》の空気《くうき》をぬき、熱《ねつ》の出入《でい》りを防《ふせ》ぐ。ポット。

**マホメット**［人名］↓ムハンマド 1280ページ

**まぼろし**【幻】［名］❶実際《じっさい》にはないのに、あるように見《み》えるもの。［例］なき母《はは》の幻がうかぶ。❷あるように聞《き》いても、実際《じっさい》に確《たし》かめられないもの。［例］幻の名画《めいが》。↓**げん**【幻】409ページ

**○まま**【儘】［名］❶ありさまが変《か》わらないこと。［例］すわったままで答《こた》える。❷そのとおり。［例］見《み》たままを話《はな》す。❸思《おも》うとおり。自由《じゆう》。［例］思《おも》いのままに動《うご》かす。❹なりゆきに任《まか》せること。［例］足《あし》の向《む》くままに歩《ある》く。［参考］❶・❷・❹は、「まんま」ともいう。

**まま**［副］ときどき。たまに。［例］そういうまちがいは、ままあることだ。

**ママ**〔英語 mamma, mama〕［名］お母《かあ》さん。［対］パパ。

**ままこ**【まま子】［名］❶血《ち》のつながりがない

［慣用句］世《よ》に出《で》る　実力《じつりょく》はあるのに、世《よ》に出《で》るのが遅《おそ》かったから、三十歳《さんじっさい》でも新人《しんじん》だといわれた。

子《こ》ども。対 実子《じっし》。❷仲間《なかま》外《はず》れにされる人《ひと》。例 まま子 扱《あつか》いされる。

**ままごと** 名 子《こ》どもが、おもちゃなどを使《つか》って台所《だいどころ》の仕事《しごと》や食事《しょくじ》のまねをする遊《あそ》び。

**ままならない** 形 思《おも》い通《どお》りにできない。ままにならない。例 読《よ》み書《か》きもままならない子《こ》ども。

**ままはは【まま母】** 名 血《ち》のつながりがない母《はは》。育《そだ》ての母《はは》。

**まみず【真水】** 名 塩気《しおけ》のない、ふつうの水《みず》。淡水《たんすい》。対 塩水《しおみず》。

**まみやかいきょう〖間宮海峡〗** 地名 アジア大陸《たいりく》の東部《とうぶ》、シベリアと樺太《からふと》〔=サハリン〕との間《あいだ》にある海峡《かいきょう》。間《ま》宮《みや》林《りん》蔵《ぞう》が発見《はっけん》した。タタール海峡《かいきょう》ともいう。

**まみや りんぞう〖間宮林蔵〗** 人名（男）（一七七五～一八四四）江戸《えど》時代《じだい》終《お》わりごろの探検家《たんけんか》。千島《ちしま》列島《れっとう》や樺太《からふと》〔=サハリン〕などを探検《たんけん》し、間《ま》宮《みや》海峡《かいきょう》を発見《はっけん》して、樺太《からふと》が島《しま》であることを確《たし》かめた。

**まみれ** 〔ある言葉《ことば》のあとにつけて〕体《からだ》や物《もの》がよごれたようすを表《あらわ》す。例 汗《あせ》まみれ。

**まみれる** 動（あせやどろなどが）一面《いちめん》について よごれる。例 どろにまみれる。

**まむかい【真向かい】** 名 まったくの正《しょう》面《めん》。真《ま》ん前《まえ》。例 真向かいの家《いえ》。

**まむし** 名 毒《どく》を持《も》つヘビ。頭《あたま》は三角形《さんかくけい》で、背《せ》に黒褐色《こっかっしょく》のまるい模様《もよう》がある。人《ひと》をかむことがある。

**°まめ【豆】** ━名 ダイズ・アズキ・ソラマメなど、さやの中《なか》に種《たね》ができる植物《しょくぶつ》。また、その種《たね》。例 枝豆《えだまめ》。━〔ある言葉《ことば》の前《まえ》につけて〕「小《ちい》さい」や「子《こ》ども」という意味《いみ》を表《あらわ》す。例 豆電《でん》球《きゅう》。豆記《き》者《しゃ》〔=小学生《しょうがくせい》が記《き》者《しゃ》の仕事《しごと》をすること〕。↓とう【豆】903ページ

**まめ【〈肉刺〉】** 名 物《もの》にこすれて、手《て》や足《あし》にできる水《みず》ぶくれ。例 くつずれでまめができた。

**まめ** 名 形動 ❶面倒《めんどう》がらずにものごとをすること。また、そのような人《ひと》。まじめ。例 筆《ふで》まめ。まめに働《はたら》く。❷体《からだ》が丈夫《じょうぶ》なこと。例 まめに暮《く》らす。

**まめちしき【豆知識】** 名 ちょっとした知《ち》識《しき》。例 豆知識を披露《ひろう》する。

**まめつ【磨滅・摩滅】** 名 動する すりへること。例 車《くるま》のタイヤが磨滅する。

**まめでんきゅう【豆電球】** 名 懐中電灯《かいちゅうでんとう》や電気《でんき》の実験《じっけん》などに使《つか》う、小《ちい》さな電球《でんきゅう》。

**まめまき【豆まき】** 名 ❶豆《まめ》の種《たね》をまくこと。❷節分《せつぶん》の夜《よる》に、わざわいを追《お》い出《だ》し福《ふく》を招《まね》くために、豆《まめ》〔=いったダイズ〕をまくこと。

**まめまめしい** 形 陰《かげ》ひなたなく、よく働《はたら》くようす。例 まめまめしく母《はは》の看病《かんびょう》をする。

**°まもなく【間もなく】** 副 あまり間《ま》を置《お》かずに。ほどなく。例 間もなく電車《でんしゃ》が来《く》る。

**まもの【魔物】** 名 ❶ふしぎな力《ちから》を持《も》ち、人《ひと》を苦《くる》しめたり、害《がい》を与《あた》えたりするもの。化《ば》け物《もの》。❷こわいもの。例 勝負《しょうぶ》は魔物で、どうなるかわからない。

**°まもり【守り】** 名 守《まも》ること。防《ふせ》ぐこと。守《しゅ》備《び》。例 守りを固《かた》める。

**まもりがみ【守り神】** 名 わざわいから自《じ》分《ぶん》を守《まも》ってくれる神《かみ》。

**°まもる【守る】** 動 ❶害《がい》を受《う》けないように、防《ふせ》ぐ。例 城《しろ》を守る。対 攻《せ》める。❷決《き》めたとおりにする。例 規則《きそく》を守る。約束《やくそく》を守る。対 破《やぶ》る。↓しゅ【守】590ページ

**まやかし** 名 ❶ごまかすこと。例 まやかしは通用《つうよう》しない。❷にせもの。いんちき。

**まやく【麻薬】** 名 神経《しんけい》をしびれさせ、感《かん》じる力《ちから》をなくさせる薬《くすり》。麻酔《ますい》や痛《いた》み止《ど》めに使《つか》う。医療《いりょう》以外《いがい》には使用《しよう》が禁止《きんし》されている。

**°まゆ【眉】** 名 目《め》の少《すこ》し上《うえ》に生《は》えている毛《け》。まゆ毛《げ》。↓び【眉】1081ページ

**眉《まゆ》に唾《つば》を付《つ》ける** 〔眉《まゆ》に唾《つば》をつけるとキツ

例解 ことばの窓

**守《まも》る の意味《いみ》で**

集合《しゅうごう》時間《じかん》を厳守《げんしゅ》する。
城門《じょうもん》を守護《しゅご》する。
自然《しぜん》を保護《ほご》する。
人権《じんけん》を擁護《ようご》する。
仲間《なかま》を援護《えんご》する。
大統領《だいとうりょう》を護衛《ごえい》する。
国境《こっきょう》を防御《ぼうぎょ》する。
自分《じぶん》の国《くに》を防衛《ぼうえい》する。



慣用句 余念《よねん》がない　兄《あに》は試合《しあい》の準備《じゅんび》に余念《よねん》がない。

ネやタヌキに化《ば》かされない、と信《しん》じられたことから〕だまされないように用心《ようじん》をする。眉唾《まゆつば》。例 うますぎる話《はなし》は、眉に唾を付けて聞《き》いたほうがいい。

**眉《まゆ》をひそめる** まゆの辺《あた》りにしわをよせ、いやそうな顔《かお》をする。例 悪口《わるくち》ばかり言《い》うので、みんなが眉をひそめた。

**まゆ【繭】** 名 昆虫《こんちゅう》の幼虫《ようちゅう》がさなぎに変《か》わるときに、口《くち》から糸《いと》を出《だ》して作《つく》る殻《から》のようなもの。特《とく》に、カイコの繭《まゆ》からは、生糸《きいと》をとる。⇩けん【繭】408ページ

**まゆげ【眉毛】** 名 ⬇まゆ(眉) 1241ページ

**まゆだま【繭玉】** 名 ヤナギの枝《えだ》などに、まゆの形《かたち》をしただんごなどをつけた、正月《しょうがつ》のかざり。

**まゆつば【眉唾】** 名 ❶⬇まゆにつばをつける 1241ページ。❷「眉唾物《まゆつばもの》」の略《りゃく》。

**まゆつばもの【眉唾物】** 名 あやしく、疑《うたが》わしいもの。例 その話《はなし》はまゆつばものだ。

**まよい【迷い】** 名 ❶迷《まよ》うこと。❷心《こころ》があれこれと動《うご》くこと。例 気持《きも》ちに迷いがある。

**○まよう【迷う】** 動 ❶行《い》く方向《ほうこう》がわからなくなる。例 道《みち》に迷う。❷考《かん》えが決《き》まらなかったり、判断《はんだん》できなかったりする。例 突然《とつぜん》で返事《へんじ》に迷う。⇩めい【迷】1286ページ

**まよけ【魔除け】** 名 魔物《まもの》から身《み》を守《まも》ること。また、そのためのお守《まも》りやおまじない。例 魔よけのおまじないを唱《とな》える。

**まよなか【真夜中】** 名 夜《よる》がいちばんふけたころ。夜《よ》ふけ。対 真昼《まひる》。

**マヨネーズ**〔フランス語〕名 サラダ油《ゆ》・塩《しお》・酢《す》・卵《たまご》の黄身《きみ》などを混《ま》ぜて作《つく》ったソース。サラダなどに使《つか》う。

**まよわす【迷わす】** 動 迷《まよ》うようにする。迷《まよ》わせる。まごつかせる。例 人《ひと》を迷わすうわさ話《ばなし》。

**マラカス**〔スペイン語〕名 リズム楽器《がっき》の一《ひと》つ。ウリの仲間《なかま》の植物《しょくぶつ》マラカの果実《かじつ》をくりぬいて干《ほ》し、中《なか》に種《たね》などを入《い》れたもの。手《て》で振《ふ》って鳴《な》らす。

**マラソン**〔英語 marathon〕名〔「マラソン競《きょう》走《そう》」の略《りゃく》。〕四二・一九五キロメートルの道路《どうろ》上《じょう》を走《はし》る陸上競技《りくじょうきょうぎ》。参考 昔《むかし》、ギリシャの兵《へい》士《し》が、勝利《しょうり》を伝《つた》えるために、戦場《せんじょう》のマラトンからアテネまで走《はし》ったことが始《はじ》まり。最近《さいきん》では一〇キロメートルや二〇キロメートルなどを走《はし》る競技《きょうぎ》のことも「マラソン」と呼《よ》ぶ。

**マラリア**〔英語 malaria〕名 熱帯地方《ねったいちほう》に多《おお》い感染症《かんせんしょう》。高熱《こうねつ》が出《で》る。ハマダラカというカがなかだちをする。

**まり** 名 遊《あそ》びに使《つか》う、丸《まる》い球《たま》。ボール。例 まりをつく。

**マリア** 人名(女) イエス=キリストの母《はは》。聖母《せいぼ》マリア。

**マリアナかいこう〖マリアナ海溝〗** 地名 太平洋《たいへいよう》の西部《せいぶ》、マリアナ諸島《しょとう》の東《ひがし》の海《かい》底《てい》にある溝《みぞ》。世界《せかい》でいちばん深《ふか》い場所《ばしょ》〔=深《ふか》さ約《やく》一〇九九四メートル〕がある。

**マリオネット**〔フランス語〕名 あやつり人《にん》形《ぎょう》。また、その人形《にんぎょう》を使《つか》って演《えん》じる劇《げき》。

**まりも** 名 寒《さむ》い地方《ちほう》の湖《みずうみ》に育《そだ》つ、緑色《みどりいろ》のまりのような形《かたち》の藻《も》。北海道阿寒湖《ほっかいどうあかんこ》のものは、特《とく》別天然記念物《べってんねんきねんぶつ》として有名《ゆうめい》。絶滅危惧種《ぜつめつきぐしゅ》。

**まりょく【魔力】** 名 魔法《まほう》の力《ちから》。

**マリンバ**〔英語 marimba〕名 大《おお》きな木琴《もっきん》のような打楽器《だがっき》。音板《おんばん》の下《した》に共鳴《きょうめい》させるための金属《きんぞく》の管《くだ》がついている。

**○まる【丸】** 一 名 ❶まるい形《かたち》のもの。円形《えんけい》。球《きゅう》形《けい》。例 正《ただ》しい答《こた》えに丸をつける。❷文《ぶん》の終《お》わりにつける小《ちい》さな、まるいしるし。「。」のこと。句点《くてん》。二〔ある言葉《ことば》の前《まえ》につけて〕「完《かん》全《ぜん》」「全部《ぜんぶ》」「ちょうど」などの意味《いみ》を表《あらわ》す。例 丸飲《の》み。丸一年《いちねん》。三〔ある言葉《ことば》のあとにつけて〕船《ふね》や刀《かたな》や子《こ》どもの名前《なまえ》などにつける言葉《ことば》。例 日本《にほん》丸。牛若《うしわか》丸。⇩がん【丸】273ページ

**まるあらい【丸洗い】** 名 動する 和服《わふく》などを、ほどかずにそのまま洗《あら》うこと。例 浴衣《ゆかた》を丸洗いする。

**まるあんき【丸暗記】** 名 動する あることを、そのまま覚《おぼ》えてしまうこと。例 鉄道《てつどう》の駅名《えきめい》を丸暗記する。

**○まるい【丸い】** 形 ❶円《えん》や球《きゅう》の形《かたち》をしている。例 丸い石《いし》。❷角《かど》ばっていない。おだやかである。例 話《はなし》をまるくおさめる。⇩がん【丸】273ページ

**○まるい【円い】** 形 輪《わ》のような形《かたち》をしている。例 円く輪《わ》になる。⇩えん【円】135ページ

慣用句 弱音《よわね》を吐《は》く　ランニングがつらいからといって、すぐ弱音《よわね》を吐《は》くようではだめだよ。

**まるがお【丸顔】** 名 ふっくらと丸《まる》い顔《かお》。

**まるかじり【丸かじり】** 名 動-する 丸《まる》ごとかじって食《た》べること。例 キュウリを丸かじりする。

**まるき【丸木】** 名 けずったり、みがいたりしていない、切《き》り出《だ》したままの木《き》。例 丸木橋《ばし》。

**まるきばし【丸木橋】** 名 丸《まる》木《き》をわたして、橋《はし》にしたもの。

**まるきぶね【丸木舟】** 名 丸《まる》木《き》をくりぬいて作《つく》った舟《ふね》。カヌー。

**まるごと【丸ごと】** 副 そのまま。そっくり。例 リンゴをまるごとかじる。

**マルコ＝ポーロ** 人名 (男)(一二五四～一三二四)イタリアの旅行家《りょこうか》。商人《しょうにん》の父《ちち》と中国《ちゅうごく》を旅行《りょこう》する。帰国《きこく》してから「東方見聞録《とうほうけんぶんろく》」を口《こう》述《じゅつ》し、日本《にっぽん》を「ジパング〔＝黄金《おうごん》の国《くに》〕」としてヨーロッパに紹介《しょうかい》した。

**まるぞん【丸損】** 名 すっかり損《そん》をすること。対 丸《まる》もうけ。

**まるた【丸太】** 名 切《き》りたおして、皮《かわ》をはいだだけの木《き》。まるたんぼう。

**まるだし【丸出し】** 名 かくさないで、ありのままを出《だ》すこと。むき出《だ》し。例 子《こ》どもがおなかをまる出しにして寝《ね》ている。

**まるたんぼう【丸太ん棒】** 名 丸太《まるた》。

**マルチメディア**〔英語 multimedia〕名 映《えい》像《ぞう》・音声《おんせい》・文字《もじ》などの情報《じょうほう》を伝《つた》えるために、コンピューター・テレビ・電話《でんわ》など、さまざまな機器《きき》を組《く》み合《あ》わせて通信《つうしん》すること。

**まるっきり** 副 ぜんぜん。まったく。まるで。例 まるっきり元気《げんき》がない。注意 あとに「ない」などの打《う》ち消《け》しの言葉《ことば》がくる。

**まるつぶれ【丸潰れ】** 名 ❶全部《ぜんぶ》つぶれること。❷すっかりだめになること。例 信用《しんよう》が丸つぶれだ。

**°まるで** 副 ❶まったく。ぜんぜん。例 まるで、話《はなし》にならない。❷ちょうど。例 まるで絵《え》のようだ。注意 ❶は、あとに「ない」などの打《う》ち消《け》しの言葉《ことば》がくる。

**まるなげ【丸投げ】** 名 動-する 自分《じぶん》の仕事《しごと》や役目《やくめ》を、そのまま他《ほか》にまかせること。例 調《ちょう》査《さ》を外部《がいぶ》に丸投げする。

**まるのみ【丸飲み】** 名 動-する ❶かまないでひと口《くち》に飲《の》みこむこと。❷わからないまま覚《おぼ》えたり、受《う》け入《い》れたりすること。例 相手《あいて》の言《い》い分《ぶん》を丸飲みする。

**まるはだか【丸裸】** 名 ❶体《からだ》に何《なに》も着《き》ていないこと。すっぱだか。❷財産《ざいさん》が何《なに》もないこと。例 火事《かじ》で丸裸になった。

**まるぼうず【丸坊主】** 名 ❶坊《ぼう》主《ず》頭《あたま》。丸刈《まるが》り。❷山《やま》などの木《き》が全部《ぜんぶ》なくなること。

**まるまる【丸丸】** 副(-と) ❶太《ふと》っているようす。例 まるまるとした赤《あか》ちゃん。❷すっかり。全部《ぜんぶ》。例 これでは、まるまる損《そん》になる。

**まるみ【丸み】** 名 丸《まる》いようす。丸《まる》い感《かん》じ。例 テーブルの角《かど》に丸みをつける。

**まるみえ【丸見え】** 名 すっかり見《み》えること。例 部屋《へや》の中《なか》がまる見えだ。

**まるめこむ【丸め込む】** 動 ❶まるめて中《なか》に入《い》れる。❷うまいことを言《い》って、人《ひと》を自分《じぶん》の思《おも》いどおりにする。例 姉《あね》に丸めこまれたような気《き》がする。

**°まるめる【丸める】** 動 ❶丸《まる》い形《かたち》にする。例 おだんごを丸める。❷うまいことをいって、人《ひと》を自分《じぶん》の思《おも》うようにする。だます。例 うその話《はなし》に丸められた。❸髪《かみ》の毛《け》をそる。例 頭《あたま》を丸めてお坊《ぼう》さんになる。❹〔算数《さんすう》で〕四捨《ししゃ》五《ご》入《にゅう》などをして、切《き》りのいい数字《すうじ》にすること。

↓がん【丸】273ページ

**まるもうけ【丸もうけ】** 名 全部《ぜんぶ》もうけになること。対 丸損《まるぞん》。

**まるやき【丸焼き】** 名 形《かたち》のまま焼《や》くこと。また、焼《や》いたもの。例 イカの丸焼き。

**まるやけ【丸焼け】** 名 火事《かじ》ですっかり焼《や》けること。全焼《ぜんしょう》。

**まれ** 形動 めずらしいようす。めったにないようす。例 まれに見《み》るファインプレー。

**マレーシア** 地名 東南《とうなん》アジアにある国《くに》。インドシナ半島《はんとう》から南《みなみ》に突《つ》き出《だ》すマレー半島《はんとう》の南半分《みなみはんぶん》と、その東《ひがし》にあるカリマンタン島《とう》の北部《ほくぶ》とからなる。首都《しゅと》は、クアラルンプール。

**まろやか** 形動 ❶形《かたち》が丸《まる》いようす。❷やわらかみがあって、おだやかなようす。例 まろやかな味《あじ》。

**まわしもの【回し者】** 名 相手《あいて》側《がわ》にまぎれ



慣用句 らちがあかない　いくら聞《き》いてもらちがあかないので、自分《じぶん》で行《い》って確《たし》かめてきた。

**例解 ⇔ 使い分け**

**回《まわ》りと周《まわ》り**

回《まわ》りぶたい。
火《ひ》の回《まわ》りが早《はや》い。
ひと回《まわ》り大《おお》きい。
家《いえ》の周《まわ》り。
池《いけ》の周《まわ》りを回《まわ》る。
周《まわ》りの人《ひと》がうるさい。

こんで、ようすをさぐる者《もの》。スパイ。例 敵《てき》の回し者。

**まわす【回す】** 動 ❶円《えん》をかくように動《うご》かす。例 時計《とけい》の針《はり》を回す。こまを回す。❷順《じゅん》に送《おく》る。例 本《ほん》を次《つぎ》の人《ひと》に回す。❸必要《ひつよう》とするところへふり向《む》ける。さし向《む》ける。例 むかえの車《くるま》を回す。❹周《まわ》りを取《と》り巻《ま》くようにする。例 八方《はっぽう》に手《て》を回す〔＝あちこちに手《て》配《はい》する〕。❺行《い》き届《とど》かせる。❻〔動《うご》きを表《あらわ》す言葉《ことば》のあとについて〕「すみずみまで…する」「さんざん…する」という意味《いみ》を表《あらわ》す。例 機《き》械《かい》をいじくりまわす。↓かい【回】193ページ

**まわた【真綿】** 名 くずまゆ〔＝絹《きぬ》糸《いと》にできない、不良《ふりょう》のまゆ〕を煮《に》て、引《ひ》きのばして綿《わた》のように作《つく》ったもの。

**真《ま》綿《わた》で首《くび》を締《し》める** じわじわと相手《あいて》を責《せ》めたり、痛《いた》めつけたりする。

**まわり【回り】** 一 名 ❶回《まわ》ること。例 夜《よ》回り。❷行《い》きわたること。例 火《ひ》の回りが早《はや》い。❸付近《ふきん》。その辺《あた》り。例 身《み》の回りを整理《せいり》する。
二〔数字《すうじ》のあとにつけて〕❶回《まわ》る回数《かいすう》を数《かぞ》える言葉《ことば》。例 時計《とけい》の針《はり》がひと回りする。❷大《おお》きさや太《ふと》さなどを、比《くら》べるときに使《つか》う言葉《ことば》。例 ひと回り大《おお》きなピザ。❸十二支《じゅうにし》により十二《に》年《ねん》をひと区切《くぎ》りとして、年齢《ねんれい》を数《かぞ》える言葉《ことば》。例 子《こ》どもとは、ふた回り年《とし》がちがう。

**まわり【周り】** 名 ❶物《もの》の外側《そとがわ》のふち。周囲《しゅうい》。例 池《いけ》の周り。❷取《と》り巻《ま》いていること。例 周りの人《ひと》。↓しゅう【周】592ページ

**まわりくどい【回りくどい】** 形 よぶんなことが多《おお》くて、かえってわかりにくい。例 回りくどくて、何《なに》が言《い》いたいのかわからない。

**まわりどうろう【回り灯籠】** 名 ↓そうまとう 751ページ

**まわりぶたい【回り舞台】** 名 場面《ばめん》をすばやく変《か》えるため、中央《ちゅうおう》の床《ゆか》を円《まる》く切《き》り、回転《かいてん》するようにした舞台《ぶたい》。

**まわりみち【回り道】** 名 遠《とお》回《まわ》りの道《みち》。例 回り道をして帰《かえ》る。

**まわる【回る】** 動 ❶円《えん》をかくように動《うご》く。例 こまが回る。❷順《じゅん》に行《い》く。例 友達《ともだち》の家《いえ》を回る。❸すべてに行《い》きわたる。例 薬《くすり》が回る。❹別《べつ》の所《ところ》へ立《た》ち寄《よ》る。例 デパートに回って帰《かえ》る。❺ある時《じ》刻《こく》を過《す》ぎる。例 今《いま》、三《さん》時《じ》を回った。❻〔「目《め》が回《まわ》る」の形《かたち》で〕目《め》まいがする。❼よくはたらく。例 頭《あたま》が回る。❽〔動《うご》きを表《あらわ》す言葉《ことば》のあとについて〕「そのあたりを…する」という意味《いみ》を表《あらわ》す。例 動《うご》き回る。↓かい【回】193ページ

**まわれみぎ【回れ右】** 名 右《みぎ》回《まわ》りに向《む》きを変《か》えて後《うし》ろを向《む》くこと。また、その号令《ごうれい》。

**まん【万】** 画数 3 部首 一（いち） 2年
音 マン バン 訓 ―
筆順 一 万 万
❶千《せん》の十倍《じゅうばい》。熟語 万《まん》病《びょう》。万年筆《まんねんひつ》。万事《ばんじ》。巨万《きょまん》。❷数《かず》が多《おお》い。熟語 万一《まんいち》。

**まん【万】** 名〔数《かず》を表《あらわ》す言葉《ことば》。〕千《せん》の十倍《じゅうばい》。例 百《ひゃく》万石《ごく》。万を数《かぞ》える人《ひと》が集《あつ》まる。

**まん【満】** 画数 12 部首 氵（さんずい） 4年
音 マン 訓 み-ちる み-たす
筆順 満 満 満 満 満 満 満
❶いっぱいになる。みちる。熟語 満員《まんいん》。満月《まんげつ》。満身《まんしん》。満潮《まんちょう》。充満《じゅうまん》。❷豊《ゆた》かである。十分《じゅうぶん》にある。熟語 満足《まんぞく》。円満《えんまん》。
《訓の使い方》 み-ちる 例 潮《しお》が満ちる。み-たす 例 おけに水《みず》を満たす。

**まん【満】** 名 生《う》まれた日《ひ》から一年《いちねん》が過《す》ぎた日《ひ》を一歳《いっさい》とする、年《とし》の数《かぞ》え方《かた》。例 満で五歳《ごさい》になった。

**満《まん》を持《じ》す** 十分準備《じゅうぶんじゅんび》をして待《ま》つ。例 満を持して発表会《はっぴょうかい》にのぞむ。

慣用句 理屈《りくつ》に合《あ》わない　父《ちち》はぼくたちに厳《きび》しくて、理屈《りくつ》に合《あ》わないことは認《みと》めてくれない。

**まん【慢】** 画数 14 部首 忄(りっしんべん)

音 マン 訓 —

❶なまける。熟語 怠慢《たいまん》。❷思《おも》い上《あ》がる。いい気《き》になる。熟語 慢心《まんしん》。高慢《こうまん》。❸ゆっくりしている。熟語 慢性《まんせい》。緩慢《かんまん》。

**まん【漫】** 画数 14 部首 氵(さんずい)

音 マン 訓 —

❶気《き》の向《む》くまま。熟語 漫然《まんぜん》。❷とりとめがない。しまりがない。熟語 散漫《さんまん》。❸滑稽《こっけい》な。熟語 漫画《まんが》。漫才《まんざい》。

**まん【真ん】** 〔ある言葉《ことば》の前《まえ》につけて〕「真《ま》」を強《つよ》めた言《い》い方《かた》。例 真ん中《なか》。真ん丸《まる》。

**°まんいち【万一】** 〔「万《まん》が一《いち》」ともいう。〕 一 名 万《まん》のうちに一《ひと》つ。もしかして起《お》こるかもしれないこと。例 万一の場《ば》合《あい》に備《そな》える。二 副 ひょっとして。もしも。例 万一けがでもしたら、たいへんだ。

**°まんいん【満員】** 名 ❶人《ひと》がいっぱいで、それ以《い》上《じょう》は、入《はい》れないこと。例 満員電《でん》車《しゃ》。❷乗《の》り物《もの》や会《かい》場《じょう》の中《なか》に、決《き》められた人《にん》数《ずう》の人《ひと》が入《はい》ること。例 座《ざ》席《せき》は満員です。

**まんえん【蔓延】** 名 動-する 病《びょう》気《き》などが、広《ひろ》がって流《りゅう》行《こう》すること。例 インフルエンザがまん延する。

**✤°まんが【漫画】** 名 ❶世《よ》の中《なか》の出《で》来《き》事《ごと》などを、批《ひ》判《はん》をこめたり、おもしろおかしくかいたりした絵《え》。❷絵《え》を中《ちゅう》心《しん》にして、文《ぶん》をそえた物《もの》語《がたり》。例 漫画本《ぼん》。

**まんかい【満開】** 名 花《はな》がすっかり開《ひら》くこと。花《はな》ざかり。例 桜《さくら》が満開だ。

**まんがいち【万が一】** 名 副 ⇩まんいち 1245ページ

**マンガン** 〔ドイツ語〕 名 かたくてもろい銀《ぎん》白《はく》色《しょく》の金《きん》属《ぞく》。鉄《てつ》をつくるときや電《でん》池《ち》の材《ざい》料《りょう》に使《つか》われる。

**まんき【満期】** 名 決《き》められた期《き》日《じつ》になること。例 定《てい》期《き》預《よ》金《きん》が満期になる。

**まんきつ【満喫】** 名 動-する ❶十《じゅう》分《ぶん》に飲《の》み食《く》いすること。例 春《はる》の味《み》覚《かく》を満喫する。❷心《こころ》ゆくまで楽《たの》しむこと。例 休《きゅう》日《じつ》を満喫する。

**マングローブ** 〔英語 mangrove〕 名 亜《あ》熱《ねっ》帯《たい》や熱《ねっ》帯《たい》の湾《わん》や河《か》口《こう》の浅《あさ》い場《ば》所《しょ》にできる林《はやし》。タコの足《あし》のような気《き》根《こん》を出《だ》す植《しょく》物《ぶつ》が多《おお》い。

**まんげきょう【万華鏡】** 名 細《ほそ》長《なが》い三《さん》枚《まい》の鏡《かがみ》を筒《つつ》のようにはり合《あ》わせて、その中《なか》に切《き》った色《いろ》紙《がみ》などを入《い》れ、回《まわ》しながら一《いっ》方《ぽう》のはしの穴《あな》からのぞいて、きれいな模《も》様《よう》を見《み》るおもちゃ。

**まんげつ【満月】** 名 真《ま》ん丸《まる》い月《つき》。十《じゅう》五《ご》夜《や》の月《つき》。例 満月の夜《よる》。対 新《しん》月《げつ》。

**マンゴー** 〔英語 mango〕 名 熱《ねっ》帯《たい》でとれる果《くだ》物《もの》の一《ひと》つ。卵《たまご》形《がた》の実《み》はオレンジ色《いろ》で甘《あま》く、独《どく》特《とく》のかおりがある。

**まんさい【満載】** 名 動-する ❶乗《の》り物《もの》に、人《ひと》や荷《に》物《もつ》をいっぱいのせること。例 荷《に》物《もつ》を満載したトラック。❷新《しん》聞《ぶん》や雑《ざっ》誌《し》などに、ある記《き》事《じ》をたくさんのせること。例 特《とく》集《しゅう》記《き》事《じ》を満載した新《しん》年《ねん》号《ごう》。

**まんざい【漫才】** 名 二《ふた》人《り》で滑《こっ》稽《けい》な話《はなし》のやりとりをする演《えん》芸《げい》。

**まんざら** 副 それほど。必《かなら》ずしも。例 まんざらでもない〔=それほどいやでもない〕。まんざらうそでもなさそうだ。注意 あとに「ない」などの打《う》ち消《け》しの言《こと》葉《ば》がくる。

**まんしゃ【満車】** 名 駐《ちゅう》車《しゃ》場《じょう》などで車《くるま》をとめる空《あ》きがないこと。

**まんしゅう【満州】** 地名 中《ちゅう》国《ごく》の東《とう》北《ほく》部《ぶ》の古《ふる》い呼《よ》び方《かた》。

**まんじゅう【饅頭】** 名 小《こ》麦《むぎ》粉《こ》をこねて作《つく》った皮《かわ》の中《なか》に、あんや肉《にく》を入《い》れてむした食《た》べ物《もの》。

**まんじゅしゃげ** 名 ⇩ひがんばな 1086ページ

**まんじょう【満場】** 名 会《かい》場《じょう》いっぱいに人《ひと》が集《あつ》まっていること。例 満場の観《かん》客《きゃく》から拍《はく》手《しゅ》が起《お》こった。

**■まんじょういっち【満場一致】** 名 その場《ば》所《しょ》にいる人《ひと》たちの意《い》見《けん》や考《かん》えが一《ひと》つになること。例 満場一致で決《き》まった。

**マンション** 〔英語 mansion〕 名 コンクリートで造《つく》った高《たか》い建《たて》物《もの》で、高《こう》級《きゅう》な感《かん》じがするアパート。

**まんじりともしない** 心《しん》配《ぱい》なことがあって、少《すこ》しもねむらない。例 ひと晩《ばん》じゅう、まんじりともしないで夜《よ》を明《あ》かす。

**まんしん【満身】** 名 体《からだ》全《ぜん》体《たい》。全《ぜん》身《しん》。例 満身



慣用句 立《りっ》すいの余《よ》地《ち》もない　人《にん》気《き》のグループが出《しゅつ》演《えん》するとあって、会《かい》場《じょう》は立《りっ》すいの余《よ》地《ち》もなかった。

あいうえお かきくけこ さしすせそ たちつてと なにぬねの はひふへほ まみむめも やゆよ らりるれろ わをん

の力《ちから》をこめて持《も》ち上《あ》げる。

**まんしん**【慢心】名 動する うぬぼれていい気《き》になること。おごりたかぶる気《き》持《も》ち。例 試《し》合《あい》に勝《か》っても慢心するな。

**まんせい**【慢性】名 病《びょう》気《き》やけがなどが、なかなか治《なお》らないで長《なが》びくこと。例 慢性の肩《かた》こり。対 急性《きゅうせい》。

**まんぜん**【漫然】副(と) これというあてもなく。ただなんとなく。例 休日《きゅうじつ》を漫然と過《す》ごす。参考「漫然《まんぜん》たる時間《じかん》」などと使《つか》うこともある。

**まんぞく**【満足】名 動する 形動 ❶すべて思《おも》うようになっていて、不平《ふへい》や不満《ふまん》のないこと。例 仕事《しごと》のできに満足した。対 不満《ふまん》。❷十分《じゅうぶん》であること。完全《かんぜん》。例 質問《しつもん》に満足に答《こた》えられない。

**まんだん**【漫談】名 世《よ》の中《なか》のことを、おもしろく話《はな》して聞《き》かせる演芸《えんげい》。

**まんちょう**【満潮】名 潮《しお》が満《み》ちて、海面《かいめん》がもっとも高《たか》くなること。満《み》ち潮《しお》。対 干潮《かんちょう》。

**マンツーマン**〔英語 man-to-man〕名 一人《ひとり》の人《ひと》に対《たい》して、一人《ひとり》がついて相手《あいて》になること。例 マンツーマンで教《おし》える。

**まんてん**【満天】名 空《そら》いっぱい。例 満天の星《ほし》がまたたく。

**まんてん**【満点】名 ❶決《き》められたいちばん上《うえ》の点数《てんすう》。例 テストは満点だ。❷ものごとが完全《かんぜん》なこと。例 サービス満点の店《みせ》。

**マント**〔フランス語〕名 そでがなく、体《からだ》をすっぽりと包《つつ》むような、外套《がいとう》。

**マンドリン**〔英語 mandolin〕名 イチジクの実《み》を、縦《たて》に半分《はんぶん》に切《き》ったような形《かたち》をした弦楽器《げんがっき》。さおに八本《はちほん》の弦《げん》が二本《にほん》ひと組《く》みになって張《は》ってあり、セルロイドのつめではじいて音《おと》を出《だ》す。

**まんなか**【真ん中】名 もののちょうど中央《ちゅうおう》のところ。中心《ちゅうしん》の部分《ぶぶん》。例 紙《かみ》の真ん中に穴《あな》を開《あ》ける。

**マンネリ** 名〔英語《えいご》の「マンネリズム」の略《りゃく》。〕同《おな》じことのくり返《かえ》しで、新《あたら》しさのないこと。例 生活《せいかつ》がマンネリになる。

**まんねんひつ**【万年筆】名 ペンじくの中《なか》のインクが、ペン先《さき》に自然《しぜん》に出《で》て書《か》けるようになっているペン。

**まんねんゆき**【万年雪】名 高《たか》い山《やま》の上《うえ》や、寒《さむ》い所《ところ》などで、年々《ねんねん》降《ふ》り積《つ》もって、夏《なつ》でも解《と》けない雪《ゆき》。

**まんねんれい**【満年齢】名 誕生日《たんじょうび》がきたときに、一《ひと》つを加《くわ》える年齢《ねんれい》の数《かぞ》え方《かた》。また、その年齢《ねんれい》。対 数《かぞ》え年《どし》。

**まんびき**【万引き】名 動する 買《か》い物《もの》をするふりをして、店《みせ》の品物《しなもの》をこっそりぬすむこと。また、その人《ひと》。

**まんびょう**【万病】名 すべての病気《びょうき》。例 かぜは万病のもと。

**まんぷく**【満腹】名 たくさん食《た》べて、腹《はら》いっぱいになること。対 空腹《くうふく》。

**まんべんなく** 副 すみからすみまで。もれなく。例 みんなにまんべんなく配《くば》る。

**マンホール**〔英語 manhole〕名 地下《ちか》の下水《げすい》道《どう》などに出入《でい》りするための穴《あな》。入《い》り口《ぐち》に鉄《てつ》やコンクリートのふたがある。

**まんまと** 副 とてもうまく。うまいぐあいに。例 まんまとだまされた。

**まんまる**【真ん丸】名 形動 完全《かんぜん》に丸《まる》いこと。例 真ん丸な月《つき》。

**まんまん**【満満】副(と) 満《み》ちあふれるほどのようす。例 自信《じしん》満々。

**まんめん**【満面】名 顔《かお》じゅう。顔《かお》いっぱい。例 満面に喜《よろこ》びをうかべる。

**マンモス**〔英語 mammoth〕一 名 百万年前《ひゃくまんねんまえ》から一万年前《いちまんねんまえ》ぐらいに、アジア・ヨーロッパの寒《さむ》い地方《ちほう》にすんでいた、ゾウに似《に》たけもの。ゾウよりも大《おお》きくてきばが長《なが》く、全身《ぜんしん》長《なが》い毛《け》でおおわれていた。二〔ある言葉《ことば》の前《まえ》につけて〕非常《ひじょう》に大《おお》きいことを表《あらわ》す言葉《ことば》。例 マンモス都市《とし》。

〔マンモス一〕

**まんゆう**【漫遊】名 動する 気《き》ままにあちこちを旅行《りょこう》すること。

**まんようがな**【万葉〈仮名〉】名 万葉集《まんようしゅう》などの中《なか》で、漢字《かんじ》の音《おん》や訓《くん》を仮名《かな》のように使《つか》って、言葉《ことば》を書《か》き表《あらわ》したもの。また、その仮名《かな》のこと。「夜麻」と書《か》いて「やま〈=山〉」と読《よ》み、「波流」と書《か》いて「はる〈=春〉」と読《よ》むなど。

慣用句 理《り》にかなう 「薄《うす》い物《もの》でも、重《かさ》ね着《ぎ》すると温《あたた》かい。」というのは、理《り》にかなっている。

ひらがな・かたかなのできるもとになった。

**まんようしゅう**〖万葉集〗作品名 奈良《なら》時代《じだい》の終《お》わりごろにできた、日本《にっぽん》でもっとも古《ふる》い歌集《かしゅう》。さまざまな人《ひと》の歌《うた》が約《やく》四五〇〇首《しゅ》、二〇巻《かん》にまとめられている。大伴家持《おおとものやかもち》が中心《ちゅうしん》になって集《あつ》めたといわれる。

**まんりき**【万力】名 工作《こうさく》のとき、小《ちい》さい工作物《こうさくぶつ》をはさんで、動《うご》かないようにしめつける道具《どうぐ》。バイス。

〔まんりき〕

**まんりょう**【満了】名動-する 決《き》められた期間《きかん》が終《お》わること。例 任期《にんき》満了。

**まんるい**【満塁】名 野球《やきゅう》・ソフトボールで、三《みっ》つの塁《るい》すべてに走者《そうしゃ》がいること。フルベース。

# み

ミ mi

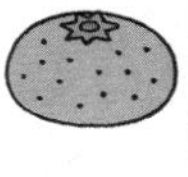

**み【未】** 画数 5 部首 木（き） 4年

音 ミ 訓 ―

筆順 一 二 キ 未 未

❶まだ…しない。熟語 未知《みち》。未定《みてい》。前代未聞《ぜんだいみもん》。❷〔ある言葉《ことば》の前《まえ》につけて〕まだ…でない。熟語 未完成《みかんせい》。未経験《みけいけん》。未成年《みせいねん》。注意「末《まつ》」とは別《べつ》の字《じ》である。

**み【味】** 画数 8 部首 ロ（くちへん） 3年

音 ミ 訓 あじ あじ-わう

筆順 丨 ㇕ ロ ロ一 ロ二 口キ 味 味

❶あじ。あじわう。熟語 味覚《みかく》。味読《みどく》。調味料《ちょうみりょう》。後味《あとあじ》。❷おもむき。わけ。ようす。熟語 意味《いみ》。興味《きょうみ》。趣味《しゅみ》。❸仲間《なかま》。熟語 味方《みかた》。一味《いちみ》。

《訓の使い方》 **あじ-わう** 例 味わって食《た》べる。

**み【魅】** 画数 15 部首 鬼（きにょう）

音 ミ 訓 ―

人《ひと》の心《こころ》を引《ひ》きつけて迷《まよ》わす。熟語 魅《み》いる。魅力《みりょく》。

**み【眉】** 熟語 眉間《みけん》。↓び【眉】1081ページ

**み【三】** 名 みっつ。さん。例 三日月《みかづき》。三毛猫《みけねこ》。一《ひい》・二《ふう》・三《み》。↓さん【三】527ページ

**°み【身】** 名 ❶からだ。例 身を清《きよ》める。対 心《こころ》。❷自分《じぶん》。例 身をもって示《しめ》す。❸地位《ちい》。例 身を落《お》とす。❹立場《たちば》。例 人《ひと》の身になって考《かんが》える。❺生《い》き方《かた》。例 身をあやまる。❻その人《ひと》の力《ちから》。例 練習《れんしゅう》が身になる。❼肉《にく》。例 魚《さかな》の身。❽ふたのある入《い》れ物《もの》の、物《もの》を入《い》れるほう。↓しん【身】654ページ

**身《み》が入《はい》る** 一生懸命《いっしょうけんめい》になる。例 練習《れんしゅう》に身が入る。

**身《み》が持《も》たない** 体力《たいりょく》が続《つづ》かない。例 忙《いそが》しすぎて身が持たない。

**身《み》から出《で》たさび** 自分《じぶん》のした悪《わる》い行《おこな》いのために、自分《じぶん》が苦《くる》しむこと。

**身《み》に余《あま》る** 自分《じぶん》にとって、十分《じゅうぶん》すぎる。例 身に余る光栄《こうえい》。

**身《み》に覚《おぼ》えがない** 思《おも》い当《あ》たることがない。例 身に覚えがない疑《うたが》いをかけられた。

**身《み》にしみる** しみじみと感《かん》じる。例 寒さ《さむ》さが身にしみる。人《ひと》の親切《しんせつ》が身にしみる。

**身《み》に付《つ》く** 知識《ちしき》・技術《ぎじゅつ》・能力《のうりょく》などが自分《じぶん》のものになる。例 英語《えいご》が身につく。

**身《み》に付《つ》ける** 学《まな》んだ知識《ちしき》や技術《ぎじゅつ》などを、しっかりと覚《おぼ》えこむ。例 作法《さほう》を身につける。

**身《み》に着《つ》ける** ❶着《き》たり、体《からだ》につけたりする。❷体《からだ》からはなさないようにして持《も》っている。例 お守《まも》りを身に着ける。

**身《み》につまされる** 人《ひと》の悲《かな》しみや苦《くる》しみが、自分《じぶん》のことのように思《おも》いやられる。例 彼《かれ》の身《み》の上話《うえばなし》は身につまされる。

**身《み》になる** ❶自分《じぶん》のためになる。利益《りえき》になる。例 本《ほん》で読《よ》んだことが身になる。❷その立場《たちば》になる。例 困《こま》っている人《ひと》の身になって考《かんが》える。

**身《み》の置《お》き所《どころ》がない** ❶体《からだ》の置《お》き場所《ばしょ》がない。❷はずかしくて、どうしていいかわからない。例 みっともなくて、身の置きどころがない。

**身《み》の毛《け》がよだつ** あまりのおそろしさに、



慣用句 例《れい》に漏《も》れず 今回《こんかい》も例《れい》に漏《も》れず、全員参加《ぜんいんさんか》を原則《げんそく》として、大会《たいかい》を開《ひら》きます。

全身《ぜんしん》の毛《け》が立《た》つほどぞっとする。例 身の毛がよだつ、むごたらしい光景《こうけい》。

**身《み》のこなし** 体《からだ》の動《うご》かし方《かた》。例 若《わか》いから身のこなしが軽《かろ》やかだ。

**身《み》の振《ふ》り方《かた》** 自分《じぶん》の将来《しょうらい》についての方針《ほうしん》。例 身の振り方が決《き》まらない。

**身《み》も蓋《ふた》もない** あまりはっきり言《い》いすぎて、おもしろみやおもむきがなく、味気《あじけ》ない。例 身もふたもない言《い》い方《かた》。

**身《み》を誤《あやま》る** 間違《まちが》った生《い》き方《かた》をする。例 甘《あま》い言葉《ことば》にまどわされて身を誤る。

**身《み》を入《い》れる** 心《こころ》をこめて、一生懸命《いっしょうけんめい》にする。例 仕事《しごと》に身を入れる。

**身《み》を固《かた》める** ❶結婚《けっこん》して、家庭《かてい》をつくる。❷決《き》まった仕事《しごと》につく。❸身《み》じたくする。例 制服《せいふく》に身を固める。

**身《み》を切《き》られるよう** 寒《さむ》さや、つらさがたいへん厳《きび》しいようす。身《み》を切《き》るよう。例 身を切られるような思《おも》いで別《わか》れた。

**身《み》を削《けず》る** 体《からだ》がやせるほどの、たいへんな心配《しんぱい》や苦労《くろう》をする。例 身を削る思《おも》い。

**身《み》を粉《こ》にする** 苦労《くろう》をいやがらず、一生懸命《いっしょうけんめい》に働《はたら》く。

**身《み》を捨《す》てる** 自分《じぶん》を犠牲《ぎせい》にする。例 身を捨てる覚悟《かくご》で取《と》り組《く》む。

**身《み》を立《た》てる** ❶ある仕事《しごと》について、生活《せいかつ》ができるようにする。例 コックになって身を立てる。❷その道《みち》のすぐれた人《ひと》になる。出世《しゅっせ》する。例 学問《がくもん》で身を立てる。

**身《み》を乗《の》り出《だ》す** 心《こころ》を引《ひ》かれて、思《おも》わず体《からだ》を前《まえ》のほうにおし出《だ》す。例 身を乗り出して話《はなし》を聞《き》く。

**身《み》を引《ひ》く** ❶あとに下《さ》がる。❷その立場《たちば》から退《しりぞ》く。例 委員《いいん》から身を引く。

**身《み》をもって** 自分《じぶん》の体《からだ》で。自《みずか》ら。例 身をもって苦《くる》しみを体験《たいけん》する。

**身《み》を寄《よ》せる** よその家《いえ》に世話《せわ》になって暮《く》らす。例 兄《あに》の家《いえ》に身を寄せる。

°**み【実】** 名 ❶花《はな》が終《お》わったあとにできるもの。中《なか》に種《たね》がある。例 かきの実。❷植物《しょくぶつ》の種《たね》。❸みそ汁《しる》などの中《なか》に入《い》れる、野菜《やさい》・肉《にく》など。❹中身《なかみ》。内容《ないよう》。例 実のある話《はなし》。⇩じつ【実】564ページ

**実《み》を結《むす》ぶ** ❶実《み》がなる。❷よい結果《けっか》を得《え》る。成功《せいこう》する。例 苦労《くろう》が実を結ぶ。

**み【巳】** 名 十二支《じゅうにし》の六番《ろくばん》め。ヘビ。⇩じゅうにし 601ページ

**み【御】** 〔ある言葉《ことば》の前《まえ》につけて〕尊敬《そんけい》や丁寧《ていねい》の気持《きも》ちを表《あらわ》す。例 神《かみ》のみ心《こころ》。

**み【箕】** 名 穀物《こくもつ》を入《い》れ、上下《じょうげ》にふり動《うご》かして、ごみやからを取《と》り除《のぞ》く道具《どうぐ》。ふつう、竹《たけ》を編《あ》んで作《つく》る。

**み** 〔ある言葉《ことば》のあとにつけて〕❶そういう感《かん》じや、ようす・状態《じょうたい》を表《あらわ》す。例 楽《たの》しみ。❷そのようなところ。例 深《ふか》み。弱《よわ》み。

**みあい【見合い】** 名 動する 結婚《けっこん》の相手《あいて》を決《き》めるために、本人《ほんにん》どうしが、たがいに会《あ》ってみること。

**みあう【見合う】** 動 ❶たがいに相手《あいて》を見《み》る。❷つり合《あ》う。例 商品《しょうひん》に見合った代金《だいきん》。❸すもうで、仕切《しき》りのとき、力士《りきし》がたがいに相手《あいて》のようすを見《み》る。

**みあきる【見飽きる】** 動 何度《なんど》も見《み》て、見《み》るのがいやになる。例 何度《なんど》見《み》ても見飽きない映画《えいが》。

°**みあげる【見上げる】** 動 ❶下《した》から上《うえ》を見《み》る。例 空《そら》を見上げる。対 見下《みお》ろす。❷立派《りっぱ》だと思《おも》う。例 見上げた行《おこな》いだ。対 見下《みさ》げる。

**みあたる【見当たる】** 動 見《み》つかる。例 どこをさがしても見当たらない。参考 ふつう、あとに「ない」などの打《う》ち消《け》しの言葉《ことば》がくる。

**みあやまる【見誤る】** 動 見《み》まちがえる。例 信号《しんごう》を見誤ると、たいへんだ。

**みあわせる【見合わせる】** 動 ❶たがいに見《み》る。例 顔《かお》を見合わせる。❷品物《しなもの》などを見《み》比《くら》べる。❸するのをやめて、ようすを見《み》る。例 雨《あめ》のため、外出《がいしゅつ》を見合わせた。

**みいだす【見いだす】** 動 見《み》つける。発見《はっけん》する。例 弟《おとうと》のよいところを見いだす。

**ミーティング** 〔英語 meeting〕名 会合《かいごう》。打《う》ち合《あ》わせ。例 ミーティングは三時《さんじ》からだ。

**ミイラ** 〔ポルトガル語〕名 人《ひと》や動物《どうぶつ》の死体《したい》がくさらないでかわいて、そのまま固《かた》まったもの。

**ミイラ取《と》りがミイラになる** ❶人《ひと》をさがしに行《い》った人《ひと》が、帰《かえ》ってこなくなる。❷相《あい》

慣用句 労《ろう》をねぎらう 「長《なが》い間《あいだ》のお勤《つと》めご苦労《くろう》さまでした。」と、労《ろう》をねぎらうお言葉《ことば》をいただいた。

手《て》を説《と》きふせようとした人《ひと》が、逆《ぎゃく》に相手《あいて》に説《と》きふせられてしまう。

**みいり【実入り】**〔名〕❶イネ・麦《むぎ》などが熟《じゅく》すこと。❷収入《しゅうにゅう》。もうけ。〔例〕実入りのよい仕《し》事《こと》。

**みいる【見入る】**〔動〕じっと見《み》る。見《み》とれる。〔例〕美《うつく》しい景色《けしき》に見入っていた。

**みうける【見受ける】**〔動〕❶自然《しぜん》に目《め》に入《はい》る。見《み》かける。〔例〕外国人《がいこくじん》をよく見受ける。❷ようすなどを見《み》て、そのように思《おも》う。〔例〕元《げん》気《き》だと見受けた。

**みうごき【身動き】**〔名〕〔動‐する〕体《からだ》を動《うご》かすこと。〔例〕身動きもできないほどこみ合《あ》う。

**みうしなう【見失う】**〔動〕❶見《み》えなくなる。〔例〕駅《えき》で父《ちち》を見失った。❷わからなくなる。〔例〕目的《もくてき》を見失う。

**みうち【身内】**〔名〕❶体《からだ》の中《なか》。体《からだ》じゅう。〔例〕身内が熱《あつ》くなる。❷親類《しんるい》。家族《かぞく》。〔例〕身内の者《もの》。〔類〕縁続《えんつづ》き。

**みえ【見得】**〔名〕歌舞伎《かぶき》で、役者《やくしゃ》が動《うご》きを止《と》め、目立《めだ》つ動作《どうさ》をすること。

**見得《みえ》を切《き》る** ❶歌舞伎《かぶき》で、役者《やくしゃ》が見得《みえ》の動《どう》作《さ》をする。❷自信《じしん》のある態度《たいど》を見《み》せる。〔例〕必《かなら》ずできますと、見得を切った。

**みえ【見栄】**〔名〕人《ひと》の目《め》によく見《み》えるように、うわべをかざること。うわべ。見《み》かけ。〔例〕見えで高《たか》い車《くるま》を買《か》う。

**見《み》えを張《は》る** 見《み》かけをかざる。うわべをつくろって、よく見《み》せようとする。〔例〕見えをはってブランド物《もの》ばかり着《き》る。

**みえかくれ【見え隠れ】**〔名〕〔動‐する〕見《み》えたり、見《み》えなくなったりすること。みえがくれ。〔例〕月《つき》が雲《くも》の間《あいだ》に見え隠れする。

**みえけん【三重県】**〔地名〕近畿《きんき》地方《ちほう》の東部《とうぶ》にある県《けん》。県庁《けんちょう》は津市《つし》にある。

**みえすく【見え透く】**〔動〕うそだとすぐ見《み》ぬける。〔例〕見え透いたお世辞《せじ》を言《い》う。

**みえっぱり【見栄っ張り】**〔名〕見《み》えをはること。また、見《み》えをはる人《ひと》。〔例〕見えっぱりで自慢《じまん》ばかりしている。

**みえみえ【見え見え】**〔名〕〔形動〕本心《ほんしん》がすぐわかること。〔例〕うそが見え見えだ。

**◦みえる【見える】**〔動〕❶物《もの》の形《かたち》が目《め》に映《うつ》る。見《み》ることができる。〔例〕海《うみ》が見える。❷「来《く》る」の敬《うやま》った言《い》い方《かた》。いらっしゃる。〔例〕先生《せんせい》がうちに見えた。❸思《おも》われる。〔例〕いやだと見える。

**みおくり【見送り】**〔名〕❶(別《わか》れていく)人《ひと》を見送《みおく》ること。〔例〕見送りの人々《ひとびと》。〔対〕出迎《でむか》え。❷先《さき》にのばすこと。〔例〕結論《けつろん》は見送りにする。❸見《み》ているだけ。〔例〕見送りの三振《さんしん》。

⬇けん【見】406ページ

**◦みおくる【見送る】**〔動〕❶遠《とお》ざかるあとを目《め》で追《お》う。〔例〕バスを見送る。❷別《わか》れて行《い》く人《ひと》を送《おく》る。〔例〕空港《くうこう》で見送る。❸死《し》ぬまで世《せ》話《わ》をする。〔例〕親《おや》を見送る。❹先《さき》にのばす。〔例〕決定《けってい》を見送る。❺何《なに》もせずにやり過《す》ごす。〔例〕ストライクを見送る。

**みおさめ【見納め】**〔名〕二《に》度《ど》と見《み》ることができないこと。〔例〕今年《ことし》の桜《さくら》も見納めだ。

**みおとす【見落とす】**〔動〕見《み》たのに気《き》がつかないでいる。〔例〕まちがいを見落とす。

**みおとり【見劣り】**〔名〕〔動‐する〕他《ほか》と比《くら》べて劣《おと》っていること。〔例〕写真《しゃしん》は実物《じつぶつ》より見劣りする。〔対〕見栄《みば》え。

**みおぼえ【見覚え】**〔名〕前《まえ》に見《み》て、覚《おぼ》えていること。〔例〕この本《ほん》には見覚えがある。

**みおろす【見下ろす】**〔動〕❶上《うえ》から下《した》を見《み》る。〔例〕谷《たに》を見下ろす。〔対〕見《み》上《あ》げる。❷見《み》下《さ》げる。あなどる。〔例〕相手《あいて》を見下ろす。

**みかい【未開】**〔名〕❶文明《ぶんめい》や文化《ぶんか》がまだ開《ひら》けていないこと。〔例〕未開社会《しゃかい》。〔類〕野蛮《やばん》。〔対〕文《ぶん》明《めい》。❷土《と》地《ち》がまだ開《ひら》かれていないこと。〔例〕未《み》開《かい》拓《たく》。〔例〕未開の原野《げんや》。

**みかいけつ【未解決】**〔名〕〔形動〕ものごとの決《き》まりが、まだついていないこと。〔例〕あの事《じ》件《けん》は未解決のままだ。

**みかいたく【未開拓】**〔名〕〔形動〕❶野《の》や山《やま》がまだ切《き》り開《ひら》かれていないこと。〔例〕未開拓の地《ち》。❷まだ研究《けんきゅう》がされていないこと。〔例〕未開拓の学問《がくもん》。

**みかいち【未開地】**〔名〕❶文明《ぶんめい》が開《ひら》けていない土《と》地《ち》や場《ば》所《しょ》。❷開拓《かいたく》されていない、自《し》然《ぜん》のままの土《と》地《ち》や場《ば》所《しょ》。

**みかえし【見返し】**〔名〕❶見返《みかえ》すこと。❷本《ほん》の表紙《ひょうし》の裏側《うらがわ》。

**みかえす【見返す】**〔動〕❶後《うし》ろをふり返《かえ》って見《み》る。❷自分《じぶん》を見《み》ている相手《あいて》を、こちらも



慣用句 路頭《ろとう》に迷《まよ》う　いつまでも仕事《しごと》にもつかずにいては、路頭《ろとう》に迷《まよ》うことになりかねない。

見《み》る。例じろじろ見《み》るので、見返してやった。❸見直《みなお》す。例念《ねん》のため、見返す。❹仕返《しかえ》しに、立派《りっぱ》になって見《み》せつける。例優勝《ゆうしょう》して、彼《かれ》らを見返してやる。

**みかえり【見返り】**名 ❶振《ふ》り返《かえ》って後《うし》ろを見《み》ること。❷相手《あいて》がしてくれたことにこたえて、何《なに》かをすること。また、したもの。例見返りの物資《ぶっし》を送《おく》る。

**みがきあげる【磨き上げる】**動 ❶しっかり磨《みが》く。❷経験《けいけん》をつんで実力《じつりょく》をつける。例磨き上げた技術《ぎじゅつ》。

**みかぎる【見限る】**動 望《のぞ》みがないと思《おも》って、相手《あいて》にするのをやめる。例見限るのはまだ早《はや》い。

**みがきをかける【磨きをかける】** いっそう立派《りっぱ》なものに仕上《しあ》げる。例技《わざ》に磨きをかける。

**みかく【味覚】**名 舌《した》で、あまい・からい・すっぱい・苦《にが》い・塩《しお》からいなどを感《かん》じ取《と》るはたらき。味《あじ》の感覚《かんかく》。関連視覚《しかく》。聴覚《ちょうかく》。嗅覚《きゅうかく》。触覚《しょっかく》。

**°みがく【磨く】**動 ❶つやを出《だ》すために、こする。例床《ゆか》を磨く。❷努力《どりょく》して、立派《りっぱ》なものにする。例技《わざ》を磨く。⬇ま【磨】1222ページ

**みかけ【見掛け】**名 外《そと》から見《み》たようす。うわべ。外見《がいけん》。例見かけは立派《りっぱ》だ。

**みかげいし【みかげ石】**名 ⬇かこうがん228ページ。参考兵庫県神戸市御影《ひょうごけんこうべしみかげ》が産地《さんち》として有名《ゆうめい》だったことからこう呼《よ》ばれる。

**みかけだおし【見掛け倒し】**名 見《み》たところはよいが、中身《なかみ》は、それほどではないこと。例この商品《しょうひん》は見かけだおしだ。

**みかける【見掛ける】**動 ちらっと見《み》る。見受《みう》ける。例道《みち》で友達《ともだち》を見かけた。

**みかた【見方】**名 ❶見《み》る方法《ほうほう》。例顕微鏡《けんびきょう》の見方を習《なら》った。❷考《かんが》え方《かた》。例ものの見方を変《か》える。

**°みかた【味方】**名 自分《じぶん》の仲間《なかま》。例味方になる。対敵《てき》。

**みかづき【三日月】**名 ❶陰暦《いんれき》で、三日《みっか》ごろに出《で》る月《つき》。弓《ゆみ》のような形《かたち》をした細《ほそ》い月《つき》。新月《げつ》。❷「❶」のような形《かたち》のもの。注意「みかずき」と書《か》くのはまちがい。

**みかづきこ【三日月湖】**名 三日月《みかづき》のような形《かたち》の湖《みずうみ》。川《かわ》の曲《ま》がりくねった部分《ぶぶん》が残《のこ》って、湖《みずうみ》となったもの。

**みがって【身勝手】**名形動 自分勝手《じぶんかって》。わがまま。例なんて身勝手な人《ひと》だ。

**みかど**名 天皇《てんのう》。〔古《ふる》い言《い》い方《かた》。〕

**みかねる【見かねる】**動 だまって見《み》ていられなくなる。例見《み》るに見かねて助《たす》けを出《だ》した。

**みがまえ【身構え】**名 ❶敵《てき》に向《む》かうときの、体《からだ》の構《かま》え方《かた》。❷ものごとを始《はじ》めようとするときの姿勢《しせい》。

**みがまえる【身構える】**動 向《む》かってくる相手《あいて》に対《たい》して、「さあこい。」と構《かま》える。例人《ひと》の気配《けはい》を感《かん》じて身構える。

**みがら【身柄】**名 その人《ひと》の体《からだ》。その人自身《ひとじしん》。例身柄を引《ひ》き取《と》る。

**みがる【身軽】**名形動 ❶体《からだ》が軽《かる》く動《うご》くこと。例身軽な服装《ふくそう》。❷気《き》にかかることがなくて、楽《らく》なこと。例身軽な立場《たちば》。

**みかわ【三河】**地名 昔《むかし》の国《くに》の名《な》の一《ひと》つ。今《いま》の愛知県《あいちけん》の東部《とうぶ》にあたる。

**みかわす【見交わす】**動 たがいに相手《あいて》を見《み》る。例目《め》と目《め》を見交わす。

**みがわり【身代わり】**名 人《ひと》の代《か》わりになること。また、その人《ひと》。例王《おう》の身代わり。

**みかん【未刊】**名 書物《しょもつ》や雑誌《ざっし》などが刊行《かんこう》されていないこと。例未刊の作品《さくひん》が見《み》つかる。

**みかん【未完】**名 まだでき上《あ》がっていないこと。未完成《みかんせい》。例未完の作品《さくひん》。

**みかん【蜜柑】**名 暖《あたた》かい地方《ちほう》に多《おお》い果物《くだもの》の木《き》。また、その実《み》。六月《ろくがつ》ごろ白《しろ》い花《はな》が咲《さ》き、秋《あき》の終《お》わりに実《み》がなる。あまみ・酸味《さんみ》がある。

**みかんせい【未完成】**名形動 まだ全部《ぜんぶ》はでき上《あ》がっていないこと。未完《みかん》。例作品《さくひん》は未完成のままだ。

**°みき【幹】**名 ❶木《き》の、枝《えだ》が出《で》ている太《ふと》いところ。例まっすぐのびた杉《すぎ》の幹。❷ものごとのだいじな部分《ぶぶん》。⬇かん【幹】270ページ

**°みぎ【右】**名 ❶北《きた》を向《む》いたときに、東《ひがし》にあたるほう。例右側《みぎがわ》。対左《ひだり》。❷縦書《たてが》きにした文章《ぶんしょう》で、前《まえ》に書《か》いたこと。例メンバーは右のとおり。⬇う【右】97ページ

**右《みぎ》から左《ひだり》** 受《う》け取《と》ってすぐなくしたり、他《ほか》へ

慣用句 若気《わかげ》の至《いた》り　若気《わかげ》の至《いた》りでつい力《りき》みすぎ、しなくてもよい失敗《しっぱい》をしてしまった。

渡《わた》したりして、手元《てもと》に置《お》かないこと。例右からから左へとお金《かね》を使《つか》ってしまう。

**右《みぎ》と言《い》えば左《ひだり》** 他《ほか》の人《ひと》の言《い》うことに、何《なん》でも反対《はんたい》すること。参考 続《つづ》けて、「左《ひだり》と言《い》えば右《みぎ》」と言《い》うこともある。

**右《みぎ》に出《で》る者《もの》がない** いちばんすぐれている。右《みぎ》に出《で》る者《もの》がいない。例足《あし》の速《はや》さでは、彼《かれ》の右に出る者がない。参考 昔《むかし》、中《ちゅう》国《ごく》では、右《みぎ》を上《うえ》の位《くらい》と考《かんが》えたことから。

**右《みぎ》へ倣《なら》え** ❶横並《よこなら》びに整列《せいれつ》させるときの号《ごう》令《れい》。右側《みぎがわ》の人《ひと》に合《あ》わせて並《なら》べ。❷考《かんが》えもなしに、人《ひと》のまねをする。例なんでも右へならえでは困《こま》る。

**右《みぎ》も左《ひだり》も分《わ》からない** ごく簡単《かんたん》なこともわからない。例まだ右も左もわからない子《こ》どものころの話《はなし》だ。

**みぎうで【右腕】** 名 ❶右《みぎ》のほうの腕《うで》。❷いちばんたよりになる部下《ぶか》。例社長《しゃちょう》の右腕となって働《はたら》く。

**みきき【見聞き】** 名 動-する 見《み》たり聞《き》いたりすること。例見聞きしたことをメモする。

**みぎきき【右利△き】** 名 左手《ひだりて》よりも、右手《みぎて》がよく使《つか》えること。また、その人《ひと》。

**ミキサー**〔英語 mixer〕名 ❶セメント・砂《すな》・砂利《じゃり》・水《みず》をかき混《ま》ぜて、コンクリートを作《つく》る機械《きかい》。❷果物《くだもの》・野菜《やさい》などをくだいて、ジュースなどにする器械《きかい》。❸放送局《ほうそうきょく》などで、音《おと》や映《えい》像《ぞう》の調節《ちょうせつ》をする役目《やくめ》の人《ひと》。また、その機械《きかい》。

**みぎて【右手】** 名 ❶右《みぎ》の手《て》。❷右《みぎ》のほう。例森《もり》の右手に学校《がっこう》がある。対（❶・❷）左手《ひだりて》。

**みぎまわり【右回り】** 名 右《みぎ》の方向《ほうこう》に回《まわ》っていくこと。時計《とけい》の針《はり》と同《おな》じ方向《ほうこう》に回《まわ》っていくこと。

**みきり【見切り】** 名 ❶見《み》こみがなくて、あきらめること。❷値段《ねだん》をひどく安《やす》くして売《う》ること。例見切り品《ひん》。

**見《み》切《き》りを付《つ》ける** 見《み》こみがないと考《かんが》えて、あきらめる。例自分《じぶん》の才能《さいのう》に見切りをつける。

**みきりはっしゃ【見切り発車】** 名 動-する ❶バスや電車《でんしゃ》などが、乗客全員《じょうきゃくぜんいん》を乗《の》せる前《まえ》に発車《はっしゃ》すること。❷準備不足《じゅんびぶそく》のまま、ものごとを決《き》めたり進《すす》めたりすること。例時間《じかん》がないので見切り発車する。

**みきわめる【見極△める】** 動 ❶終《お》わりまでよく見《み》る。例なりゆきを見極める。❷確《たし》かめる。例事実《じじつ》かどうかを見極める。

**みくだす【見下す】** 動 ばかにする。見《み》さげる。例人《ひと》を見下したような態度《たいど》。

**みくびる【見くびる】** 動 たいしたことはないと相手《あいて》を軽《かる》く見《み》る。例子《こ》どもだと思《おも》って見くびっていた。

**みくらべる【見比べる】** 動 いくつかのものを見《み》て比《くら》べる。比較《ひかく》する。例よく見比べてから決《き》める。

**みぐるしい【見苦しい】** 形 みにくい。みっともない。例見苦しい負《ま》け方《かた》をした。

**みぐるみ【身ぐるみ】** 名 身《み》につけているもの全部《ぜんぶ》。例どろぼうに身ぐるみ取《と》られた。

**ミクロ**〔フランス語・ドイツ語〕名 形動 非常《ひじょう》に小《ちい》さいこと。マイクロ。例ミクロの世界《せかい》（＝顕《けん》微《び》鏡《きょう》で見《み》なければならないような、非常《ひじょう》に小《ちい》さいものの世界《せかい》）。対マクロ。

**ミクロネシア** 地名 ❶太平洋西部《たいへいようせいぶ》の、フィリピンの東方《とうほう》に広《ひろ》がる島々《しまじま》をまとめた呼《よ》び名《な》。マリアナ諸島《しょとう》、カロリン諸島《しょとう》、マーシャル諸島《しょとう》などがある。❷「❶」の中《なか》のカロリン諸《しょ》島《とう》にある国《くに》。ミクロネシア連邦《れんぽう》。首都《しゅと》はパリキール。

**みけいけん【未経験】** 名 形動 まだ経験《けいけん》したことがないこと。例未経験の仕事《しごと》。

**みけつ【未決】** 名 ❶まだ決定《けってい》がされていないこと。例未決の議題《ぎだい》。❷裁判《さいばん》で、まだ判決《はんけつ》がおりていないこと。

**みけねこ【三毛猫】** 名 白《しろ》・黒《くろ》・茶《ちゃ》の三色《さんしょく》の毛《け》の交《ま》じったネコ。みけ。↓ねこ 1002ページ

**ミケランジェロ** 人名（男）（一四七五～一五六四）ルネサンス時代《じだい》のイタリアの彫刻《ちょうこく》家《か》・画家《がか》・建築家《けんちくか》。作品《さくひん》に「ダビデ像《ぞう》」などの彫《ちょう》刻《こく》、「最後《さいご》の審判《しんばん》」などの絵《え》がある。

**みけん【眉間】** 名 まゆとまゆの間《あいだ》。また、額《ひたい》の中央《ちゅうおう》。例眉間にしわを寄《よ》せる（＝考《かんが》えこむ）。↓からだ❶ 262ページ

**みこ【〈巫女〉】** 名 神《かみ》に仕《つか》えて、かぐらを舞《ま》ったり、おいのりをしたりする女《おんな》の人《ひと》。

**みこうかい【未公開】** 名 形動 まだ一般《いっぱん》に公開《こうかい》されていないこと。例未公開の仏像《ぶつぞう》。



慣用句 脇目《わきめ》もふらず　よほどおもしろいらしく、弟《おとうと》は脇目《わきめ》もふらずに、まんがを読《よ》んでいる。

**みこし【御輿・神輿】**[名] 神社《じんじゃ》の祭《まつ》りのときにかつぐもの。中《なか》にご神体《しんたい》が入《はい》っている。おみこし。

**みこしを上《あ》げる** ❶やっと立《た》ち上《あ》がる。❷仕事《しごと》などにとりかかる。[例]せかされて、やっとみこしを上げる。

**みこしを担《かつ》ぐ** 他人《たにん》をおだててその気《き》にさせる。[例]みこしを担いで、彼《かれ》に応援団長《おうえんだんちょう》をやらせる。

**みごしらえ【身ごしらえ】**[名][動-する] 服装《ふくそう》を整《ととの》えること。身《み》じたく。

**みこす【見越す】**[動] こうなるだろうと予測《よそく》する。[例]先《さき》を見越して準備《じゅんび》をととのえる。

**みごたえ【見応え】**[名] 見《み》て満足《まんぞく》できること。見《み》る価値《かち》があること。[例]見応えのある劇《げき》。

**○みごと【見事】**[形動] ❶立派《りっぱ》なようす。[例]桜《さくら》がみごとに咲《さ》いた。❷完全《かんぜん》であるようす。すっかり。[例]予想《よそう》がみごとにはずれた。

**みことのり【詔】**[名] 天皇《てんのう》の言葉《ことば》。また、それを書《か》いたもの。↓**しょう【詔】**623ページ

**○みこみ【見込み】**[名] ❶将来《しょうらい》についての予《よ》想《そう》。あて。[例]先《さき》の見込みが立《た》たない。❷望《のぞ》み。[例]あの子《こ》は見込みがある。❸予《よ》定《てい》。[例]来年《らいねん》、卒業《そつぎょう》の見込み。

**○みこむ【見込む】**[動] ❶望《のぞ》みがあると思《おも》う。あてにする。[例]将来《しょうらい》を見込んで育《そだ》てる。❷前《まえ》もって考《かんが》える。[例]損《そん》は見込んである。❸じっと見《み》る。[例]ヘビに見込まれたカエル。

**みごもる【身ごもる】**[動] 妊娠《にんしん》する。

**みごろ【見頃】**[名] 見《み》るのにちょうどよい時期《じき》。[例]今《いま》が紅葉《こうよう》の見ごろです。

**みごろ【身頃】**[名] 衣服《いふく》の、そでやえりなどをのぞいた前《まえ》と後《うし》ろの部分《ぶぶん》。

**みごろし【見殺し】**[名] 人《ひと》が死《し》にそうだったり、困《こま》ったりしているのを見《み》ていながら、助《たす》けてやらないこと。[例]困《こま》っている親友《しんゆう》を見殺しにはできない。

**みこん【未婚】**[名] 結婚《けっこん》していないこと。[対]既婚《きこん》。

**ミサイル**〔英語 missile〕[名] ロケットなどの力《ちから》で飛《と》び、誘導装置《ゆうどうそうち》によって、目標《もくひょう》をとらえる爆弾《ばくだん》。誘導弾《ゆうどうだん》。

**みさお【操】**[名] 志《こころざし》をかたく守《まも》ること。[例]操を立《た》てる。↓**そう【操】**742ページ

**みさかい【見境】**[名] 見分《みわ》けること。区別《くべつ》。[例]いい悪《わる》いの見境がつかない。

## みさき【岬】 [画数]8 [部首]山(やまへん)

[音]―― [訓]みさき

細《ほそ》く突《つ》き出《で》た陸地《りくち》の先《さき》。[例]襟裳岬《えりもみさき》。

**みさき【岬】**[名] 海《うみ》や湖《みずうみ》などにつき出《で》ている陸《りく》地《ち》の先《さき》。[例]岬の灯台《とうだい》。

**みさげる【見下げる】**[動] 軽蔑《けいべつ》する。見《み》くだす。[例]おべっかを使《つか》うとは、見下げたやつだ。[対]見上《みあ》げる。

**みささぎ【陵】**[名] 天皇《てんのう》・皇后《こうごう》などの墓《はか》。御《ご》陵《りょう》。↓**りょう【陵】**1391ページ

**みさだめる【見定める】**[動] よく見《み》て、確《たし》かめる。見《み》きわめる。[例]なりゆきを見定める。

**みざるきかざるいわざる【見猿聞か猿言わ猿】**〔両目《りょうめ》、両耳《りょうみみ》、口《くち》をそれぞれ両手《りょうて》でふさいでいる三匹《さんびき》の猿《さる》の像《ぞう》のように〕よけいなことは見《み》ない、聞《き》かない、言《い》わないほうがよいということ。三猿《さんざる》。

**○みじかい【短い】**[形] ❶物《もの》の長《なが》さが少《すく》ない。[例]短いひも。❷時間《じかん》が少《すく》ない。[例]夏《なつ》の夜《よ》は短い。❸せっかちだ。[例]気《き》が短い。[対](❶〜❸)長《なが》い。↓**たん【短】**810ページ

**みじかめ【短め】**[名][形動] 少《すこ》し短《みじか》い感《かん》じであること。[例]毛《け》を短めに切《き》る。[対]長《なが》め。

**ミシシッピがわ**〖ミシシッピ川〗[地名] アメリカ合衆国《がっしゅうこく》の中央《ちゅうおう》を南《みなみ》に流《なが》れ、メキシコ湾《わん》に注《そそ》ぐ大《おお》きな川《かわ》。

**みじたく【身支度・身仕度】**[名][動-する] 身《み》なりを整《ととの》えること。身《み》ごしらえ。[例]旅行《りょこう》の身支度をする。

**みじめ【惨め】**[形動] 見《み》ていられないほどあわれなようす。[例]惨めな生活《せいかつ》。↓**さん【惨】**528ページ

**みじゅく【未熟】**[名][形動] ❶果物《くだもの》などの実《み》が、まだよく熟《じゅく》していないこと。[対]完熟《かんじゅく》。成《せい》熟《じゅく》。❷人間《にんげん》の体《からだ》や心《こころ》が、まだ十分《じゅうぶん》成長《せいちょう》していないこと。[対]成熟《せいじゅく》。❸勉強《べんきょう》や、腕前《うでまえ》が足《た》りないこと。[例]未熟な運転《うんてん》。[対]熟練《じゅくれん》。円熟《えんじゅく》。

**みしょう【未詳】**[名] まだくわしくわからないこと。[例]作者《さくしゃ》未詳の物語《ものがたり》。

[慣用句] **わらをもつかむ** せっぱつまったあげく、わらをもつかむ思《おも》いで、おじさんに相談《そうだん》してみた。

**みしらぬ【見知らぬ】** 連体 まだ見《み》たことがない。知《し》らない。例 見知らぬ人《ひと》がいる。

**みじろぎ【身じろぎ】** 名 動‐する 体《からだ》を少《すこ》し動《うご》かすこと。身動《みうご》き。例 身じろぎ一《ひと》つせずに聞《き》いている。

**ミシン** 名 布《ぬの》などをぬい合《あ》わせる機械《きかい》。参考 英語《えいご》の「ソーイングマシン」からできた言葉《ことば》。

**みじん** 名 ❶ちりやほこり。❷とても細《こま》かいこと。例 ガラスがみじんにくだける。

**みじんこ** 名 池《いけ》や水田《すいでん》などにすむ動物《どうぶつ》。体《たい》長《ちょう》二《に》ミリメートルぐらい。魚《さかな》のえさになる。

**みじんも** 副 少《すこ》しも。まったく。例 だますつもりはみじんもない。注意 あとに「ない」などの打《う》ち消《け》しの言葉《ことば》がくる。

**ミス**〔英語 Miss〕名 ❶結婚《けっこん》していない女《おんな》の人《ひと》。また、その人《ひと》の名前《なまえ》の前《まえ》につける言葉《ことば》。「さん」にあたる。対 ミスター。ミセス。❷コンテストなどで優勝《ゆうしょう》した女《おんな》の人《ひと》。例 ミス着物《きもの》。参考 ❶は、結婚《けっこん》しているかいないかの区別《くべつ》をしないで、「ミズ」を使《つか》うことがある。

**ミス**〔英語 miss〕名 動‐する やりそこない。失《しっ》敗《ぱい》。まちがい。例 ミスをする。

°**みず【水】** 名 ❶水《すい》素《そ》と酸《さん》素《そ》の化合物《かごうぶつ》。すきとおっていて味《あじ》やにおいがなく、冷《つめ》たい液体《えきたい》。生物《せいぶつ》の生活《せいかつ》になくてはならないもの。例 雨《あま》水。❷↓みずいり88ページ。例 水が入《はい》る。↓すい【水】670ページ

**水《みず》と油《あぶら》** 水《みず》と油《あぶら》がとけ合《あ》わないように、ものごとが調《ちょう》和《わ》しないこと。例 彼《かれ》とは水と油で、まったく意見《いけん》が合《あ》わない。

**水《みず》に流《なが》す** 過《す》ぎ去《さ》ったもめごとなどを、きれいに忘《わす》れる。例 いやなことは水に流そう。

**水《みず》も漏《も》らさぬ** 一滴《いってき》の水《みず》ももれないほど、完全《かんぜん》である。例 水も漏らさぬ守《しゅ》備《び》。

**水《みず》をあける** 競争《きょうそう》相手《あいて》を引《ひ》きはなす。例 首《しゅ》位《い》のチームとはずいぶん水をあけられた。

**水《みず》を打《う》ったよう** しんと静《しず》まり返《かえ》っているようす。例 会場《かいじょう》は水を打ったように静《しず》かだ。

**水《みず》を得《え》た魚《うお》のよう** 活躍《かつやく》できる場《ば》を得《え》て、生《い》き生《い》きしているようす。例 ふるさとに帰《かえ》って、水を得た魚のように活躍《かつやく》している。

**水《みず》を差《さ》す** じゃまをして、うまくいかないようにする。例 話《はなし》に水をさす。

**水《みず》を向《む》ける** 相手《あいて》が関心《かんしん》を持《も》つように、さそいかける。例 遊《あそ》びに行《い》こうと水を向ける。

**ミズ**〔英語 Ms.〕名 結婚《けっこん》しているかいないかの区別《くべつ》をしないで、女《おんな》の人《ひと》の名前《なまえ》の前《まえ》につける言葉《ことば》。「さん」にあたる。対 ミスター。ミス。

**みずあか【水垢】** 名 水《みず》にとけている物質《ぶっしつ》が、入《い》れ物《もの》などについたもの。

**みずあげ【水揚げ】** 名 ❶船《ふね》の荷物《にもつ》を陸《りく》に揚《あ》げること。❷漁《りょう》のえものを陸《りく》に揚《あ》げること。また、とれた量《りょう》。例 水揚げ高《だか》。❸生《い》け花《ばな》などの草花《くさばな》が水《みず》を吸《す》い上《あ》げること。例 キクは水揚げがいい。

**みずあそび【水遊び】** 名 水《みず》を使《つか》って遊《あそ》ぶこと。

**みずあび【水浴び】** 名 ❶水《みず》を浴《あ》びること。水浴《すいよく》。❷水泳《すいえい》。

**みずあめ【水飴】** 名 でんぷんから作《つく》ったあめ。やわらかくねばり気《け》がある。

**みすい【未遂】** 名 （よくないことを）やりかけて、まだやりとげていないこと。例 たくらみは未遂に終《お》わった。

**みずいらず【水入らず】** 名 よその人《ひと》が入《はい》らず、内輪《うちわ》の者《もの》だけでいること。例 一家《いっか》水入らずで旅行《りょこう》する。

**みずいり【水入り】** 名 すもうで、なかなか勝《しょう》負《ぶ》が決《き》まらないとき、その取組《とりくみ》を一時《いちじ》中《ちゅう》…

例解 ことばの窓

**水《みず》を表《あらわ》す言葉《ことば》**

川《かわ》があふれて、泥《どろ》水《みず》が流《なが》れる。
汚《お》水《すい》を処理《しょり》する。
地《ち》下《か》水《すい》をくみ上《あ》げる。
この池《いけ》は、底《そこ》からわき水《みず》が出《で》ている。
夏《なつ》の井《い》戸《ど》水《みず》はひんやりしている。
雨《あま》水《みず》をためて、使《つか》っている。
生《なま》水《みず》を飲《の》むのをやめる。
コイは淡《たん》水《すい》にすむ魚《さかな》だ。
海《かい》水《すい》から塩《しお》を作《つく》る。
日《ひ》照《て》り続《つづ》きで飲《の》み水《みず》に困《こま》る。



慣用句 我《われ》を忘《わす》れる　ひいきのチームの試合《しあい》となると、我《われ》を忘《わす》れてテレビにかじりついている。

止《し》して力士《りきし》を休《やす》ませること。水《みず》。例 水入りの大《おお》ずもうだった。

**みずいろ【水色】** 名 うすい青色《あおいろ》。空色《そらいろ》。

**°みずうみ【湖】** 名 陸地《りくち》のくぼみ一面《いちめん》に水《みず》をたたえた所《ところ》。池《いけ》や沼《ぬま》よりも大《おお》きくて深《ふか》い。➡こ【湖】420ページ

**みすえる【見据°える】** 動 じっと見《み》る。例 勝敗《しょうはい》を見すえる。現実《げんじつ》を見すえる。

**みずおち** 名 ➡みぞおち 1256ページ

**みずかき【水かき】** 名 カエルや水鳥《みずとり》などの指《ゆび》と指《ゆび》の間《あいだ》にある、うすいまく。

**みずかけろん【水掛°け論】** 名 たがいに自分《じぶん》の意見《いけん》ばかり言《い》い張《は》って、決《き》まりがつかない議論《ぎろん》。例 水かけ論で結論《けつろん》が出《て》ないまま終《お》わった。

**みずかさ【水かさ】** 名 川《かわ》・池《いけ》などの、水《みず》の量《りょう》。例 川《かわ》の水かさが増《ま》す。

**みずがし【水菓°子】** 名 果物《くだもの》。〔古《ふる》い言《い》い方《かた》。〕

**みすかす【見透°かす】** 動 相手《あいて》の考《かんが》えなど、表面《ひょうめん》に現《あらわ》れていないことを見通《みとお》す。見《み》ぬく。例 相手《あいて》の本心《ほんしん》を見透かす。

**みずから【自ら】** 一 名 自分自身《じぶんじしん》。例 自らの力《ちから》でやりぬく。二 副 自分自身《じぶんじしん》で。自分《じぶん》から。例 自ら委員《いいん》に立候補《りっこうほ》する。➡じ【自】539ページ

**みずぎ【水着】** 名 泳《およ》ぐときに着《き》るもの。海《かい》水着《すいぎ》。

**みずききん【水°飢饉】** 名 日照《ひて》りが続《つづ》いて、飲《の》み水《みず》や田畑《たはた》の水《みず》がなくなること。

**みずきり【水切り】** 名 ❶水分《すいぶん》を落《お》とすこと。❷〔生《い》け花《ばな》で〕「水揚《みずあ》げ❸」のために、水中《すいちゅう》で茎《くき》を切《き》ること。❸水面《すいめん》に向《む》かって石《いし》を投《な》げ、はねて進《すす》むのを楽《たの》しむ遊《あそ》び。石切《いしき》り。

**みずぎわ【水際△】** 名 海《うみ》や川《かわ》・池《いけ》などの、陸地《りくち》の近《ちか》く。水辺《みずべ》。例 水際で遊《あそ》ぶ。

**みずぎわだつ【水際△立つ】** 動 いちだんと上手《じょうず》で、目立《めだ》つ。例 水際立ったプレー。

**みずくさ【水草】** 名 水中《すいちゅう》または水辺《みずべ》に生《は》える草《くさ》。

**みずくさい【水臭°い】** 形 ❶よそよそしい。例 ぼくに遠慮《えんりょ》するなんて水くさい。❷水《みず》っぽくて味《あじ》がうすい。

**みずぐるま【水車】** 名 ➡すいしゃ 673ページ

**みずけ【水気】** 名 物《もの》に含《ふく》まれている水分《すいぶん》。また、その量《りょう》。例 水気の多《おお》い果物《くだもの》。

**みずけむり【水煙°】** 名 水《みず》が飛《と》び散《ち》って、煙《けむり》のように見《み》えるもの。水《みず》しぶき。すいえん。例 モーターボートが水煙を上《あ》げて進《すす》む。

**みすごす【見過ごす】** 動 ❶見《み》ていながら、気《き》がつかない。例 だいじな点《てん》を見過ごす。❷知《し》っていながら、そのままにしておく。例 いたずらを見過ごす。

**みずさいばい【水栽°培°】** 名 ➡すいこうさいばい 672ページ

**みずさきあんない【水先案内】** 名 港《みなと》などで、船《ふね》の針路《しんろ》を案内《あんない》すること。また、その人《ひと》。パイロット。

**みずさし【水差し】** 名 花《か》びんやコップなどに、水《みず》をつぎ入《い》れる道具《どうぐ》。

**みずしごと【水仕事】** 名 炊事《すいじ》や洗濯《せんたく》など、家庭《かてい》で水《みず》を使《つか》う仕事《しごと》。

**みずしぶき【水しぶき】** 名 勢《いきお》いよく飛《と》び散《ち》る、水《みず》の細《こま》かいつぶ。例 水しぶきが上《あ》がる。

**みずしらず【見ず知らず】** ぜんぜん知《し》らないこと。例 見ず知らずの人《ひと》。

**みずすまし** 名 池《いけ》や川《かわ》の水面《すいめん》を、くるくると回《まわ》って泳《およ》ぐ小《ちい》さな昆虫《こんちゅう》。体《からだ》は卵形《たまごがた》で、黒《くろ》っぽいつやがある。➡すいせいこんちゅう 673ページ

**みずぜめ【水攻°め】** 名 敵《てき》の城《しろ》に水《みず》が届《とど》かないようにしたり、城《しろ》を水《みず》びたしにしたりして、敵《てき》を苦《くる》しめること。

**ミスター**〔英語 Mr.〕名 ❶男《おとこ》の人《ひと》の名前《なまえ》の前《まえ》につける言葉《ことば》。「さん」「氏《し》」にあたる。対 ミス。ミセス。ミズ。❷その分野《ぶんや》を代表《だいひょう》する男《おとこ》の人《ひと》。例 ミスタープロ野球《やきゅう》。

**みずたま【水玉】** 名 ❶丸《まる》く玉《たま》になった水《みず》のしずく。❷小《ちい》さい円《えん》を散《ち》らしたような模様《もよう》。水玉模様《みずたまもよう》。

**みずたまり【水たまり】** 名 地面《じめん》のくぼんだ所《ところ》に雨水《あまみず》などがたまったもの。

**みずっぽい【水っぽい】** 形 水気《みずけ》が多《おお》くて味《あじ》がうすい。例 水っぽいミルク。

**ミステーク**〔英語 mistake〕名 まちがい。ミス。



慣用句 輪《わ》をかける　競《きょう》技会《ぎかい》も終《お》わり近《ちか》く、リレーになると、応援《おうえん》の声《こえ》が輪《わ》をかけて大《おお》きくなる。

**みずでっぽう【水鉄砲】** 名 筒《つつ》の先《さき》の小《ちい》さい穴《あな》から、水《みず》を飛《と》ばすようにしたおもちゃ。

**ミステリー**〔英語 mystery〕名 ❶神秘《しんぴ》。ふしぎ。❷推理小説《すいりしょうせつ》・怪奇小説《かいきしょうせつ》のこと。

**みすてる【見捨てる】** 動 相手《あいて》にしなくなる。見放《みはな》す。例 人《ひと》に見捨てられる。

**みずとり【水鳥】** 名 川《かわ》や湖《みずうみ》の水辺《みずべ》にすむ鳥《とり》。水上《すいじょう》を泳《およ》いだり、水中《すいちゅう》にもぐったりする。カモ・オシドリなど。

**みずのあわ【水の泡】** 名〔水面《すいめん》にうかぶあわは、すぐ消えることから〕せっかくの努力《どりょく》がむだになること。例 今《いま》までの苦労《くろう》も水の泡だ。

**みずはけ【水はけ】** 名 水《みず》のはけぐあい。例 水はけのいい土地《とち》。

**みずばしょう** 名 山地《さんち》のしめった所《ところ》に群《むら》がって生える草花《くさばな》。春《はる》から夏《なつ》にかけて、白《しろ》い大《おお》きな苞《ほう》〔=芽《め》やつぼみを包《つつ》む葉《は》〕の中《なか》に、棒《ぼう》のような黄色《きいろ》い花《はな》をつける。

**みずひき【水引】** 名 こよりを、のりで固《かた》めたもの。おくり物《もの》などをゆわえるのに使《つか》う。例 水引をかける。参考 祝《いわ》い事《ごと》〔=祝儀《しゅうぎ》〕には赤白《あかしろ》・金銀《きんぎん》、不幸《ふこう》のときには黒白《くろしろ》・銀のものを使《つか》う。➡のし 1014ページ

**みずびたし【水浸し】** 名 物《もの》が水《みず》にすっかりつかること。例 大水《おおみず》で、どの家《いえ》も水浸しになった。

**みずぶくれ【水膨れ】** 名 皮膚《ひふ》の、ある部《ぶ》分《ぶん》に水分《すいぶん》がたまってふくれること。また、ふくれたもの。例 やけどで水ぶくれができた。

**ミスプリント**〔英語 misprint〕名 まちがって印刷《いんさつ》すること。また、そのまちがい。誤植《ごしょく》。例 ミスプリントを見《み》つける。

**みずべ【水辺】** 名 川《かわ》・池《いけ》・湖《みずうみ》・海《うみ》など、水《みず》のある所《ところ》のそば。水のほとり。水際《みずぎわ》。

**みずぼうそう【水疱瘡】** 名 子《こ》どものかかりやすい感染症《かんせんしょう》。熱《ねつ》が出《で》て、体《からだ》じゅうに赤《あか》いぼつぼつができ、その中《なか》に水《みず》がたまる。

**みすぼらしい** 形 身なりなどが粗末《そまつ》で、貧《まず》しそうだ。例 みすぼらしい身《み》なりの少年《しょうねん》。

**みずまくら【水枕】** 名 中《なか》に氷《こおり》や水《みず》を入《い》れて使《つか》う、ゴム製《せい》のまくら。熱《ねつ》が出《で》たときに頭《あたま》などを冷《ひ》やす。

**みずまし【水増し】** 名 動する ❶飲《の》み物《もの》などに、水《みず》を足《た》して、分量《ぶんりょう》を増《ふ》やすこと。❷決《き》められた数《かず》よりも多《おお》くすること。例 参加人数《さんかにんずう》を水増しする。

**ミスマッチ**〔英語 mismatch〕名 つりあわないこと。ぴったりしないこと。例 服《ふく》の上下《じょうげ》がミスマッチだ。

**みずまわり【水回り】** 名 建物《たてもの》の中《なか》で、水《みず》を使《つか》う場所《ばしょ》。台所《だいどころ》・ふろ場《ば》・洗面所《せんめんじょ》など。

**みすみす** 副 目《め》の前《まえ》に見《み》ていながら。知《し》っていながら。例 みすみす損《そん》をする。

**みずみずしい** 形 ❶とれたてで新鮮《しんせん》だ。例 みずみずしい果物《くだもの》。❷若々《わかわか》しく、生《い》き生《い》きしている。例 みずみずしい肌《はだ》。

**みずむし【水虫】** 名 手足《てあし》の指《ゆび》の間《あいだ》などに、かびの仲間《なかま》がつき、小《ちい》さなぶつぶつができたり、ただれたりして、かゆくなる皮膚病《ひふびょう》。

**みずもの【水物】** 名 ❶水分《すいぶん》を多《おお》く含《ふく》んだ食《た》べ物《もの》や飲《の》み物《もの》。❷変《か》わりやすくあてにならないもの。例 商売《しょうばい》は水物だ。

**みずやり【水やり】** 名 植物《しょくぶつ》に水《みず》を与《あた》えること。

**みずわり【水割り】** 名 酒《さけ》などに水《みず》を入《い》れてうすめること。また、うすめたもの。

**°みせ【店】** 名 商品《しょうひん》を並《なら》べて売《う》る所《ところ》。商店《しょうてん》。店屋《みせや》。例 店を開《ひら》く。➡てん【店】891ページ
**店《みせ》を畳《たた》む** 商売《しょうばい》をやめる。店《みせ》じまいをする。

**みせいねん【未成年】** 名 まだ成年《せいねん》にならない人《ひと》。

**みせかけ【見せ掛け】** 名 うわべ。外見《がいけん》。

**みせかける【見せ掛ける】** 動 うわべをかざって、そう見《み》えるようにする。例 本物《ほんもの》のように見せかける。

例解 ことばの窓

**店《みせ》を表《あらわ》す言葉《ことば》**

通《とお》りに商店《しょうてん》が立《た》ち並《なら》ぶ。
デパートで大《おお》売《う》り出《だ》しをしている。
スーパーマーケットに買《か》い物《もの》に行《い》く。
金魚《きんぎょ》すくいなどの露店《ろてん》が並《なら》ぶ。
屋台《やたい》でラーメンを食《た》べる。
駅《えき》の売店《ばいてん》でガムを買《か》う。


四字熟語 意気消沈《いきしょうちん》 自信作《じしんさく》だったのに落選《らくせん》だと言《い》われ、意気消沈《いきしょうちん》して言葉《ことば》も出《で》ないようだ。

**みせがまえ【店構え】** 名 商店《しょうてん》の、造《つく》り方《かた》や大《おお》きさ。例 りっぱな店構え。

**みせさき【店先】** 名 商店《しょうてん》の前《まえ》。

**みせじまい【店仕舞い】** 名 動-する ❶その日《ひ》の営業《えいぎょう》を終《お》えて、店《みせ》を閉《し》めること。例 毎《まい》日《にち》七《しち》時《じ》に店じまいする。❷その店《みせ》での商売《しょうばい》をやめること。店《みせ》をたたむこと。例 今月《こんげつ》いっぱいで、店じまいする。対（❶・❷）店開《みせびら》き。

**みせしめ【見せしめ】** 名 他《ほか》の人《ひと》が同《おな》じようなことをしないように、悪《わる》いことをした人《ひと》を罰《ばっ》して、見《み》せつけること。例 見せしめのために厳《きび》しく罰《ばっ》する。

**ミセス**〔英語 Mrs.〕名 結婚《けっこん》している女《おんな》の人《ひと》。また、その名前《なまえ》の前《まえ》につける言葉《ことば》。「さん」にあたる。対 ミス。ミスター。参考 現在《げんざい》では、結婚《けっこん》しているかいないかの区別《くべつ》をしないで、「ミズ」を使《つか》うことがある。

**みせつける【見せつける】** 動 得意《とくい》そうに、わざと人《ひと》に見《み》せる。見《み》せびらかす。例 仲《なか》のいいところを見せつける。

**みせどころ【見せどころ】** 名 得意《とくい》な芸《げい》や、腕前《うでまえ》を知《し》らせる場面《ばめん》。いちばん人《ひと》に見《み》てもらいたいところ。見《み》せ場《ば》。例 今《いま》こそ、腕《うで》の見せどころだ。

**みぜにをきる【身銭を切る】** 自分《じぶん》の金《かね》で払《はら》う。自腹《じばら》を切《き》る。例 身銭を切ってけいこ場《ば》をつくる。

**みせば【見せ場】** 名 人《ひと》に見《み》せる値打《ねう》ちのある場面《ばめん》。特《とく》に見《み》せたい場面《ばめん》。見《み》せどころ。例 このドラマの見せ場は最後《さいご》にある。

**みせばん【店番】** 名 動-する 店《みせ》にいて番《ばん》をしたり、客《きゃく》の相手《あいて》をしたりすること。また、その人《ひと》。例 外出《がいしゅつ》している間《あいだ》店番を頼《たの》む。

**みせびらかす【見せびらかす】** 動 見《み》せて、自慢《じまん》する。例 作品《さくひん》を見せびらかす。

**みせびらき【店開き】** 名 動-する ❶その日《ひ》の営業《えいぎょう》を始《はじ》めること。例 十時《じゅうじ》に店開きする。❷その店《みせ》で新《あたら》しく商売《しょうばい》を始《はじ》めること。開店《かいてん》。例 近《ちか》くにすし屋《や》が店開きした。対（❶・❷）店仕舞《みせじま》い。

**みせもの【見せ物・見世物】** 名 ❶お金《かね》を取《と》って見《み》せる、演芸《えんげい》など。❷人々《ひとびと》から、おもしろ半分《はんぶん》に見《み》られるもの。例 みんなの見せ物になるのは、ごめんだ。

**みせや【店屋】** 名 ⇩みせ 1255ページ

◦**みせる【見せる】** 動 ❶人《ひと》が見《み》るようにする。例 母《はは》に手紙《てがみ》を見せる。❷外《そと》からわかるようにする。外《そと》に表《あらわ》す。例 つかれを見せる。❸経験《けいけん》させる。例 つらい目《め》を見せたくない。❹〔「…てみせる」の形《かたち》で〕強《つよ》い気持《きも》ちを表《あらわ》す。例 今度《こんど》こそ絶対《ぜったい》に勝《か》ってみせる。参考 ふつう❹は、かな書《が》きにする。⇩けん【見】406ページ

**みせる【診せる】** 動 診察《しんさつ》してもらう。例 せきがひどいので、医者《いしゃ》に診せる。

**みぜん【未然】** 名 事《こと》がまだ起《お》こらないうち。例 火事《かじ》を未然に防《ふせ》ぐ。

**みそ【味噌】** 名 ❶大豆《だいず》を煮《に》てくだき、こうじ・塩《しお》などを混《ま》ぜて、発酵《はっこう》させた調味料《ちょうみりょう》。例 みそ汁《しる》。❷自慢《じまん》したいところ。例 手前《てまえ》みそ。

**みそをつける** 失敗《しっぱい》して、はじをかく。例 ここぞという場面《ばめん》でみそをつけた。

◦**みぞ【溝】** 名 ❶水《みず》を流《なが》すために、地面《じめん》を細長《ほそなが》くほったもの。どぶ。❷しきいや、かもいなどにある、細長《ほそなが》いくぼみ。❸人《ひと》との気持《きも》ちのへだたり。例 二人《ふたり》の間《あいだ》に溝ができる。⇩こう【溝】428ページ

**みぞう【未曽有】** 名 今《いま》までにないこと。例 みぞうの大事件《だいじけん》。

**みぞおち** 名 胸《むね》の下《した》、腹《はら》の上《うえ》あたりの真《ま》ん中《なか》にあるくぼみ。みずおち。⇩からだ❶ 262ページ

◦**みそか【晦日】** 名 月《つき》の終《お》わりの日《ひ》。月末《つきずえ》・月《げつ》末《まつ》。対 ついたち。参考 もとは、三十日《さんじゅうにち》のこと。一年《いちねん》の終《お》わりの日《ひ》〔＝十二月三十一日《じゅうにがつさんじゅういちにち》〕は、「大《おお》みそか」という。

◦**みそこなう【見損なう】** 動 ❶まちがえて見《み》る。例 矢《や》じるしの向《む》きを見損なう。❷まちがった見方《みかた》をする。例 やさしい人《ひと》だと思《おも》っていたが、見損なった。❸見《み》ないでしまう。例 テレビのすもうを見損なった。

**みそしる【味噌汁】** 名 みそをとかし、野菜《やさい》などを入《い》れて煮《に》た汁《しる》。おみおつけ。

**みそひともじ【三十一文字】** 名 和歌《わか》・短歌《たんか》のこと。参考 一首《いっしゅ》が五《ご》・七《しち》・五《ご》・七《しち》・七《しち》の、仮名《かな》で三十一《さんじゅういち》の文字《もじ》であることから。

**みぞれ** 名 とけかけて、雨交《あめま》じりになって降《ふ》る雪《ゆき》。

あいうえお かきくけこ さしすせそ たちつてと なにぬねの はひふへほ まみむめも やゆよ らりるれろ わをん

四字熟語 **意気投合《いきとうごう》** 見知《みし》らぬ人《ひと》と意気投合《いきとうごう》、そこからいっしょに旅《たび》を続《つづ》けることになった。

**みたいだ** 助動 ❶…のようだ。例まるで夢《ゆめ》みたいだ。❷…らしい。例明日《あす》は晴《は》れるみたいだ。❸例《れい》をあげて示《しめ》す。例彼《かれ》みたいな努力家《どりょくか》はめずらしい。

✤**みだし【見出し】** 名 ❶新聞《しんぶん》や雑誌《ざっし》・本《ほん》などで、内容《ないよう》がひと目《め》でわかるように、大《おお》きな文《も》字《じ》で文章《ぶんしょう》の前《まえ》につけた短《みじか》い文《ぶん》や言葉《ことば》。❷辞《じ》書《しょ》で、項目《こうもく》となっている言葉《ことば》。見出《みだ》し語《ご》。

✤**みだしご【見出し語】** 名 ⬇みだし❷ 1257ページ

例解 ❗ ことばの勉強室

## 見出《みだ》し について

新聞《しんぶん》の記事《きじ》には、必《かなら》ず短《みじか》い題《だい》がついている。これが見出《みだ》しである。長《なが》い記《き》事《じ》になると、字《じ》の大《おお》きさを変《か》えて、二《ふた》つついていたりする。大見出《おおみだ》しと小見《こみ》出《だ》しである。

文章《ぶんしょう》を読《よ》むときも、これにならって、段落《だんらく》のまとまりごとに、自分《じぶん》で見出《みだ》しをつけてみるとよい。文章《ぶんしょう》の内容《ないよう》がとらえやすくなる。

また、文章《ぶんしょう》を書《か》くときも、書《か》きたいことを、見出《みだ》しの形《かたち》で書《か》き並《なら》べてみよう。文章《ぶんしょう》の組《く》み立《た》てを考《かんが》えるのに、役立《やくだ》つはずである。

**みだしなみ【身だしなみ】** 名 服装《ふくそう》などを整《ととの》えていること。例身だしなみがいい。

°**みたす【満たす】** 動 ❶入《い》れ物《もの》の中《なか》にいっぱいにする。例バケツに水《みず》を満たす。❷満足《まんぞく》させる。例要求《ようきゅう》を満たす。⬇まん【満】1244ページ

°**みだす【乱す】** 動 乱《みだ》れた状態《じょうたい》にする。例列《れつ》を乱す。心《こころ》を乱す。⬇らん【乱】1376ページ

**みたて【見立て】** 名 見立《みた》てること。

**みたてる【見立てる】** 動 ❶見《み》て、よい悪《わる》いを決《き》める。例母《はは》に、洋服《ようふく》を見立ててもらう。❷他《ほか》のものにたとえてみる。仮《かり》に…だとする。例砂糖《さとう》を雪《ゆき》に見立てる。❸医者《いしゃ》が、病気《びょうき》について、判断《はんだん》を下《くだ》す。例医者《いしゃ》が見立てたとおり、かぜだった。

**みため【見た目】** 名 見《み》たところ。外見《がいけん》。例見た目はよいが、すぐこわれる。

**みだら【淫ら】** 形動 ふしだらなようす。⬇いん【淫】93ページ

**みだりに** 副 やたらに。むやみに。例みだりに人《ひと》のうわさをするものではない。

°**みだれる【乱れる】** 動 ❶整《ととの》っているものが、ばらばらになる。決《き》まりがなくなる。例髪《かみ》の毛《け》が乱れる。世《よ》の中《なか》が乱れる。❷迷《まよ》ってなやむ。例心《こころ》が乱れる。⬇らん【乱】1376ページ

°**みち【道】** 名 ❶人《ひと》や車《くるま》が通《とお》る所《ところ》。目的《もくてき》の所《ところ》に行《い》くのに通《とお》る所《ところ》。道路《どうろ》。例道順《じゅん》。❷人《ひと》として、しなければならないこと。正《ただ》しい生《い》き方《かた》。例人《ひと》の道。❸やり方《かた》。方法《ほうほう》。例こうするより道がない。❹方面《ほうめん》。例学問《がくもん》の道。❺距離《きょり》。例駅《えき》までの道は遠《とお》い。⬇どう【道】906ページ

**道《みち》を付《つ》ける** ❶通路《つうろ》を作《つく》る。❷ものごとの糸口《いとぐち》をつける。例平和解決《へいわかいけつ》への道をつける。

**みち【未知】** 名 まだ知《し》られていないこと。例未知の世界《せかい》。対既知《きち》。

**みちあふれる【満ちあふれる】** 動 あふれるほどいっぱいになる。例希望《きぼう》に満ちあふれる。

**みちあんない【道案内】** 名 動-する ❶道順《みちじゅん》や距離《きょり》などを書《か》いて立《た》ててあるもの。道《みち》しるべ。❷道《みち》を教《おし》えること。また、その人《ひと》。例観《かん》光客《こうきゃく》を道案内する。

**みぢか【身近】** 名 形動 体《からだ》の近《ちか》く。身《み》の回《まわ》り。手近《てぢか》。例身近な問題《もんだい》から取《と》りかかる。

**みちがえる【見違える】** 動 見《み》まちがう。例見違えるほど、大《おお》きくなった。

例解 ❗ 表現の広場

## 道《みち》 と 道路《どうろ》 のちがい

| | 道《みち》 | 道路《どうろ》 |
|---|---|---|
| 広《ひろ》い を横切《よこぎ》る。 | ○ | ○ |
| 並木《なみき》 を歩《ある》く。 | ○ | × |
| 大《おお》がかりな 工事《こうじ》。 | × | ○ |
| 駅《えき》までの を聞《き》く。 | ○ | × |



四字熟語 **意気揚揚《いきようよう》** みごと優勝《ゆうしょう》を果《は》たして、意気揚々《いきようよう》とふるさとに帰《かえ》ってきた。

**みちかけ**【満ち欠け】名 月《つき》が丸《まる》くなっていくことと、欠《か》けていくこと。例 潮《しお》の満《み》ち干《ひ》は、月《つき》の満ち欠けに関係《かんけい》がある。

**みちくさ**【道草】名 動-する 目的地《もくてきち》へ着《つ》く途《と》中《ちゅう》で、他《ほか》のことをすること。寄《よ》り道《みち》。

**道草《みちくさ》を食《く》う** 道草《みちくさ》をして、時間《じかん》をむだにする。例 道草を食ったせいで遅《おそ》くなった。

**みちしお**【満ち潮】名 潮《しお》が満《み》ちて、海面《かいめん》が高《たか》くなること。類 上《あ》げ潮《しお》。

°**みちじゅん**【道順】名 ある所《ところ》へ行《い》くために通《とお》る道《みち》の順序《じゅんじょ》。例 会場《かいじょう》への道順を確《たし》かめる。類 順路《じゅんろ》。

**みちしるべ**【道標】名 行《い》き先《さき》や距離《きょり》などを書《か》き、道《みち》ばたに立《た》てたもの。道案内《みちあんない》。道《どう》標《ひょう》。

〔みちしるべ〕

**みちすう**【未知数】名 ❶〔算数《さんすう》で〕まだ答《こた》えがわかっていない数《かず》。❷この先《さき》どうなるか、見当《けんとう》がつかないこと。例 この選手《せんしゅ》の力《ちから》は未知数だ。

**みちすがら**【道すがら】副 道《みち》を行《い》く間《あいだ》。途中《とちゅう》で。例 道すがら話《はなし》を聞《き》いた。

**みちすじ**【道筋】名 ❶通《とお》って行《い》く道《みち》。通《とお》り道《みち》。例 ポストは学校《がっこう》へ行《い》く道筋にある。❷ものごとが進《すす》む過程《かてい》。筋道《すじみち》。例 事件《じけん》の道筋をたどる。

**みちたりる**【満ち足りる】動 十分《じゅうぶん》に満《まん》足《ぞく》する。例 満ち足りた気分《きぶん》。

**みちづれ**【道連れ】名 いっしょに行《い》くこと。また、その人《ひと》。例 旅《たび》は道連れ（＝旅《たび》には道《みち》連《づ》れがあるとよい）。

**みちのえき**【道の駅】名 幹線道路《かんせんどうろ》に設《もう》けられた休憩施設《きゅうけいしせつ》。その地域《ちいき》の特産物《とくさんぶつ》売《う》り場《ば》などもある。

**みちのく**〔陸奥〕地名 ❶昔《むかし》の国《くに》の名《な》の一《ひと》つ。「陸奥《むつ》❶」の古《ふる》い呼《よ》び方《かた》。❷東北地方全体《とうほくちほうぜんたい》をいう。参考「道《みち》の奥《おく》」からできた言葉《ことば》。

**みちのり**【道のり】名 道《みち》の長《なが》さ。距離《きょり》。例 駅《えき》までの道のり。

**みちばた**【道端】名 道《みち》のそば。道《みち》のはし。路傍《ろぼう》。例 道端にタンポポがさいている。

**みちひ**【満ち干】名 海水《かいすい》が、満《み》ちたり、引《ひ》いたりすること。満《み》ち潮《しお》と引《ひ》き潮《しお》。

**みちびき**【導き】名 導《みちび》くこと。指導《しどう》。例 先《せん》生《せい》のお導きで合格《ごうかく》できた。

°**みちびく**【導く】動 ❶案内《あんない》する。例 会場《かいじょう》へ導く。❷教《おし》える。指導《しどう》する。例 生徒《せいと》を導く。❸そうなるように仕向《しむ》ける。例 成功《せいこう》に導く。⇩どう【導】906ページ

**みちみち**【道道】副 道《みち》を歩《ある》いていきながら。途中《とちゅう》で。道《みち》すがら。例 帰《かえ》る道々花《はな》をつむ。

**みちゃく**【未着】名 まだ着《つ》かないこと。

°**みちる**【満ちる】動 ❶いっぱいになる。あふれる。例 池《いけ》に水《みず》が満ちる。喜《よろこ》びに満ちた顔《かお》。❷海《うみ》の水《みず》が増《ふ》える。例 潮《しお》が満ちる。対 干《ひ》る。❸月《つき》がまんまるになる。例 月《つき》が満ちる。対 欠《か》ける。❹決《き》められた期間《きかん》が終《お》わる。例 任期《にんき》が満ちる。⇩まん【満】1244ページ

**みつ**【密】画数 11 部首 宀（うかんむり） 6年

音 ミツ 訓 —

筆順

❶こっそりと。ひそかに。熟語 密告《みっこく》。密漁《みつりょう》。密輸《みつゆ》。秘密《ひみつ》。❷すき間《ま》がない。細《こま》かい。熟語 密接《みっせつ》。密着《みっちゃく》。密度《みつど》。綿密《めんみつ》。対 粗《そ》。疎《そ》。

**みつ**【密】形動 ❶すき間《ま》がないようす。例 人《じん》口《こう》が密だ。❷細《こま》かくて、行《い》き届《とど》いているようす。例 連絡《れんらく》を密にする。対（❶・❷）粗《そ》。疎《そ》。

**みつ**【蜜】画数 14 部首 虫（むし）

音 ミツ 訓 —

はちみつ。熟語 蜜蜂《みつばち》。蜜豆《みつまめ》。

**みつ**【蜜】名 ❶花《はな》の雌《め》しべのもとから出《で》る、あまい汁《しる》。はちみつ。例 花《はな》の蜜を集《あつ》める。❷「❶」のように、あまい汁《しる》。

**みつ**【三つ】名 みっつ。さん。例 三つ子《ご》。⇩さん【三】527ページ

**みっか**【三日】名 ❶月《つき》の三番《さんばん》めの日《ひ》。例 三《さん》月《がつ》三日。❷三日間《みっかかん》。例 休《やす》みを三日取《と》る。

■**みっかてんか**【三日天下】名 ほんのわずかの期間《きかん》、権力《けんりょく》を握《にぎ》ること。参考 明智光《あけちみつ》秀《ひで》が本能寺《ほんのうじ》の変《へん》で天下《てんか》を取《と》ったが、わずかの間《あいだ》で倒《たお》されてしまったことから。

■**みっかぼうず**【三日坊主】名 あきやす



四字熟語 異口同音《いくどうおん》 その場《ば》にいた人々《ひとびと》みんなが異口同音《いくどうおん》に、会議《かいぎ》を開《ひら》くよう求《もと》めた。

くて長《なが》続《つづ》きしないことを、からかっていう言《こと》葉《ば》。例 早《はや》起《お》きも三日坊主に終《お》わった。

**みつかる【見つかる】** 動 ❶見《み》つけることができる。例 さがしていた本《ほん》が見つかる。❷見《み》つけられる。発見《はっけん》される。例 かくれても、すぐ見つかる。

**みつぎもの【貢ぎ物】** 名 支配者《しはいしゃ》にさし出《だ》す、お金《かね》や品物《しなもの》。

**みっきょう【密教】** 名 仏教《ぶっきょう》の一《ひと》つ。日本《にっぽん》では、天台宗《てんだいしゅう》と真言宗《しんごんしゅう》の二《ふた》つがある。

**みつぐ【貢ぐ】** 動 ❶支配者《しはいしゃ》にお金《かね》や品物《しなもの》をささげる。献上《けんじょう》する。例 王様《おうさま》に金銀《きんぎん》を貢ぐ。❷お金《かね》や品物《しなもの》をあげる。⬇こう【貢】427ページ

**ミックス**〔英語 mix〕名 動-する 混《ま》ぜ合《あ》わせること。また、混《ま》ぜ合《あ》わせたもの。例 リンゴとミカンのミックスジュース。

**みづくろい【身繕い】** 名 身《み》ごしらえ。身《み》じたく。例 身づくろいをして外出《がいしゅつ》する。

**みつくろう【見繕う】** 動 品物《しなもの》を適当《てきとう》に選《えら》んで、整《ととの》える。例 材料《ざいりょう》を見つくろう。

○**みつける【見付ける】** 動 ❶見《み》てさがし出《だ》す。発見《はっけん》する。例 メダカを見つけた。自分《じぶん》の長所《ちょうしょ》を見つける。❷いつも見慣《みな》れている。例 近所《きんじょ》では見つけない顔《かお》。

**みっこう【密航】** 名 動-する 国《くに》の規則《きそく》を破《やぶ》って、こっそり外国《がいこく》へ行《い》くこと。

**みっこく【密告】** 名 動-する 人《ひと》の秘密《ひみつ》などを、そっと知《し》らせること。例 匿名《とくめい》で犯人《はんにん》を密告する。

**みつごのたましいひゃくまで【三つ子の魂百まで】** 幼《おさな》いころの性質《せいしつ》は、大《おお》きくなっても変《か》わらない、ということ。参考「三《み》つ子《こ》」は「三歳《さんさい》の子《こ》ども」のこと。

**みっしつ【密室】** 名 ❶人《ひと》の出《で》入《い》りができない、閉《し》め切《き》った部屋《へや》。例 密室に閉《と》じこめる。❷秘密《ひみつ》にしてある部屋《へや》。

**みっしゅう【密集】** 名 動-する ぎっしりと集《あつ》まること。例 家《いえ》が密集している。

**ミッション**〔英語 mission〕名 ❶果《は》たすべき役割《やくわり》。使命《しめい》。例 ミッションをクリアする。❷使節団《しせつだん》。❸キリスト教《きょう》を広《ひろ》める組織《そしき》。

**ミッションスクール**〔英語 mission school〕名 キリスト教《きょう》の団体《だんたい》が作《つく》った学校《がっこう》。

**みっせい【密生】** 名 動-する すき間《ま》なく、生《は》えること。例 草木《くさき》が密生する。

**みっせつ【密接】** 一 形動 つながりが深《ふか》いようす。例 密接な関係《かんけい》がある。二 名 動-する すき間《ま》なく、くっついていること。例 家《いえ》と家《いえ》が密接して建《た》っている。

**みつぞう【密造】** 名 動-する かくれて、ひそかに作《つく》ること。例 密造酒《しゅ》。

**みつだん【密談】** 名 動-する 人《ひと》に知《し》られないようにして、こっそり相談《そうだん》すること。例 物《もの》かげで密談する。

**みっちゃく【密着】** 名 動-する ぴったりとくっつくこと。例 板《いた》と板《いた》を密着させる。

**みっちり** 副(-と) しっかり。みっしり。例 水泳《すいえい》をみっちりとしこまれる。

○**みっつ【三つ】** 名 ❶〔数《かず》を表《あらわ》す言葉《ことば》。〕さん。❷三歳《さんさい》。❸第三番《だいさんばん》めに当《あ》たること。例 三つめの曲《ま》がり角《かど》。⬇さん【三】527ページ

**ミット**〔英語 mitt〕名 野球《やきゅう》・ソフトボールで、親指《おやゆび》とそれ以外《いがい》の指《ゆび》の二《ふた》つに分《わ》かれているグローブ。キャッチャーやファーストが使《つか》う。

**みつど【密度】** 名 ❶ある決《き》まった広《ひろ》さや、量《りょう》の中《なか》での、同《おな》じ種類《しゅるい》のものがある度合《どあ》い。こみ合《あ》いの程度《ていど》。例 人口《じんこう》密度が高《たか》い。❷ものごとの、あらい・細《こま》かいの程度《ていど》。例 密度のこい計画《けいかく》。

**みつどもえ【三つ巴】** 名 ❶ともえ〔=まが玉《たま》のような形《かたち》〕を三《みっ》つ組《く》み合《あ》わせて丸《まる》くした模様《もよう》。例 三つどもえの紋《もん》。⬇もん(紋)1314ページ。❷三《みっ》つのものが入《い》り乱《みだ》れて争《あらそ》うこと。例 三つどもえの戦《たたか》い。

○**みっともない** 形 体裁《ていさい》が悪《わる》い。はずかしい。見苦《みぐる》しい。例 みっともないまねはよそう。

**みつにゅうこく【密入国】** 名 動-する 正式《せいしき》の手続《てつづ》きをしないで、ひそかにその国《くに》に入《はい》ること。

**みつば【三つ葉】** 名 セリの仲間《なかま》の草《くさ》。葉《は》が三《みっ》つに分《わ》かれ、茎《くき》が細長《ほそなが》い。かおりがよくて、食用《しょくよう》にする。

**みつばち【蜜蜂】** 名 ハチの一種《いっしゅ》。一匹《いっぴき》の女王《じょおう》バチと、たくさんの雄《おす》バチ、働《はたら》きバチが集《あつ》まって、巣《す》を作《つく》る。はちみつをとるために飼《か》う。⬇はち(蜂)1047ページ



四字熟語 以心伝心《いしんでんしん》　さすが親子《おやこ》だ。以心伝心《いしんでんしん》で、だまっていても父親《ちちおや》の思《おも》いが通《つう》じる。

**みっぷう【密封】** 名 動する しっかりと封《ふう》をすること。例 手紙《てがみ》を密封する。

**みっぺい【密閉】** 名 動する ぴったり閉《と》ざすこと。例 容器《ようき》を密閉する。

**みつまた【三つまた】** 名 三本《さんぼん》に分《わ》かれていること。例 三つまたのソケット。

**みつまた** 名 枝《えだ》が三《みっ》つに分《わ》かれていて、春《はる》、黄色《きいろ》の花《はな》をつける木《き》。高《たか》さは二《に》メートルほど。皮《かわ》の繊維《せんい》で和紙《わし》を作《つく》る。

°**みつめる【見つめる】** 動 一《ひと》つのものをいつまでも見《み》る。じっと見《み》る。例 穴《あな》のあくほど見つめる。

**みつもり【見積もり】** 名 動する 必要《ひつよう》な費《ひ》用《よう》・日数《にっすう》・数量《すうりょう》などを、ざっと計算《けいさん》すること。また、その計算《けいさん》したもの。例 建築《けんちく》の見積もりをする。注意「見積書《みつもりしょ》」などの言葉《ことば》は、送《おく》りがなをつけない。

**みつもる【見積もる】** 動 ❶目《め》で見《み》て、だいたいの数量《すうりょう》をはかる。❷必要《ひつよう》な日数《にっすう》や費《ひ》用《よう》などを、ざっと計算《けいさん》する。例 旅行《りょこう》の費《ひ》用《よう》を見積もる。

**みつやく【密約】** 名 動する こっそりと契約《けいやく》や条約《じょうやく》などを結《むす》ぶこと。例 密約を交《か》わす。

**みつゆ【密輸】** 名 動する 規則《きそく》を破《やぶ》って、こっそりと輸《ゆ》出《しゅつ》や輸《ゆ》入《にゅう》をすること。

**みづらい【見づらい】** 形 ❶見《み》にくい。例 暗《くら》くて、本《ほん》が見づらい。❷見苦《みぐる》しい。

**みつりょう【密猟】** 名 動する とってはいけない鳥《とり》やけものを、こっそりとること。

**みつりょう【密漁】** 名 動する とってはいけない魚《さかな》や貝《かい》を、こっそりとること。

**みつりん【密林】** 名 奥深《おくふか》くしげっている林《はやし》。ジャングル。特《とく》に、熱帯地方《ねったいちほう》の林《はやし》についていう。

**みてい【未定】** 名 まだ決《き》まらないこと。例 会《かい》の日《ひ》取《ど》りは未定です。対 既定《きてい》。

**みてくれ【見てくれ】** 名 外《そと》から見《み》たようす。見《み》かけ。外見《がいけん》。例 見てくれがいい。

**みてとる【見て取る】** 動 見《み》て判断《はんだん》する。さとる。見破《みやぶ》る。例 相手《あいて》の弱点《じゃくてん》を見て取る。

**みてみぬふり【見て見ぬふり】** 見《み》ても、見《み》ていないような態度《たいど》をとること。例 赤《あか》ちゃんが泣《な》いているのに、見て見ぬふりをする。

**みとう【未到】** 名 まだだれも行《い》きついていないこと。例 前人《ぜんじん》未到の記録《きろく》。

**みとう【未踏】** まだだれも足《あし》を踏《ふ》み入《い》れていないこと。例 人跡《じんせき》未踏の地《ち》。

°**みとおし【見通し】** 名 ❶遠《とお》くまで、ひと目《め》に見《み》えること。例 晴《は》れていて、見通しがきく。❷先《さき》のことについて見当《けんとう》をつけること。例 仕事《しごと》の見通しをつける。❸人《ひと》の気持《きも》ちや、かくしていることを見《み》ぬくこと。例 気《き》持《も》ちはお見通しだ。

**みとおす【見通す】** 動 ❶遠《とお》くまでを、ひと目《め》で見《み》る。例 山頂《さんちょう》までを見通す。❷先《さき》のことの見当《けんとう》をつける。例 結果《けっか》を見通すことができる。❸かくしていることを見《み》ぬく。例 人《ひと》の本心《ほんしん》を見通す。❹始《はじ》めから終《お》わりまで見《み》る。例 テレビドラマを見通す。

例解 ことばの窓

**認《みと》める の意味《いみ》で**

原案《げんあん》を承認《しょうにん》する。
申《もう》し入《い》れを是認《ぜにん》する。
工事《こうじ》の認可《にんか》が下《お》りる。
そろばん三級《さんきゅう》に認定《にんてい》された。
新記録《しんきろく》を公認《こうにん》する。
不正《ふせい》を黙認《もくにん》するな。
事実《じじつ》を肯定《こうてい》する。
何《なに》が正《ただ》しいかを認識《にんしき》する。

**みとがめる【見とがめる】** 動 見《み》てあやしいと思《おも》い、注意《ちゅうい》する。例 いたずらを見とがめる。

✤**みどく【味読】** 名 動する 内容《ないよう》をよく味《あじ》わいながら読《よ》むこと。例 詩《し》を味読する。類 熟読《じゅくどく》。精読《せいどく》。

**みと こうもん**〘水戸黄門〙 人名 ↓とくがわみつくに 924ページ

**みどころ【見所】** 名 ❶見《み》る値打《ねう》ちのあるところ。例 学芸会《がくげいかい》の見どころ。❷将来《しょうらい》の見《み》こみ。例 見どころのある少年《しょうねん》。

**みとし**〘水戸市〙 地名 茨城県《いばらきけん》の県庁《けんちょう》がある市《し》。

**みとどける【見届ける】** 動 どうなるか、終《お》わりまでしっかりと見《み》る。例 勝敗《しょうはい》のゆくえを見届《みとど》ける。

**みとめいん**【認め印】㊔ 役所《やくしょ》に届《とど》けていない、ふだん使《つか》うはんこ。認《みと》め。㊍実印《じついん》。

**°みとめる**【認める】㊗ ❶実際《じっさい》に見《み》る。㊎人《ひと》かげを認める。❷確《たし》かにそのとおりだと判断《はんだん》する。㊎事実《じじつ》を認める。❸承知《しょうち》する。許《ゆる》す。㊎入学《にゅうがく》を認める。❹値打《ねう》ちがあると考《かんが》える。評価《ひょうか》する。㊎実力《じつりょく》を認める。❺確《たし》かに自分《じぶん》のしたことであると同意《どうい》する。㊎犯行《はんこう》を認める。⇩にん【認】995ページ

**みども**【身共】㊹ わたし。おれ。われわれ。〔古《ふる》い言《い》い方《かた》。〕㊫ 昔《むかし》、武士《ぶし》が、自分《じぶん》と同《おな》じくらいか、目下《めした》の人《ひと》に対《たい》して使《つか》った。

**°みどり**【緑】㊔ ❶青《あお》と黄《き》を混《ま》ぜた色《いろ》。❷木《き》。㊎緑の多《おお》い町《まち》。⇩りょく【緑】1394ページ

**みどりご** ㊔ 生《う》まれたばかりの赤《あか》ちゃん。また、生《う》まれてから二《に》、三歳《さんさい》くらいまでの子《こ》ども。〔古《ふる》い言《い》い方《かた》。〕

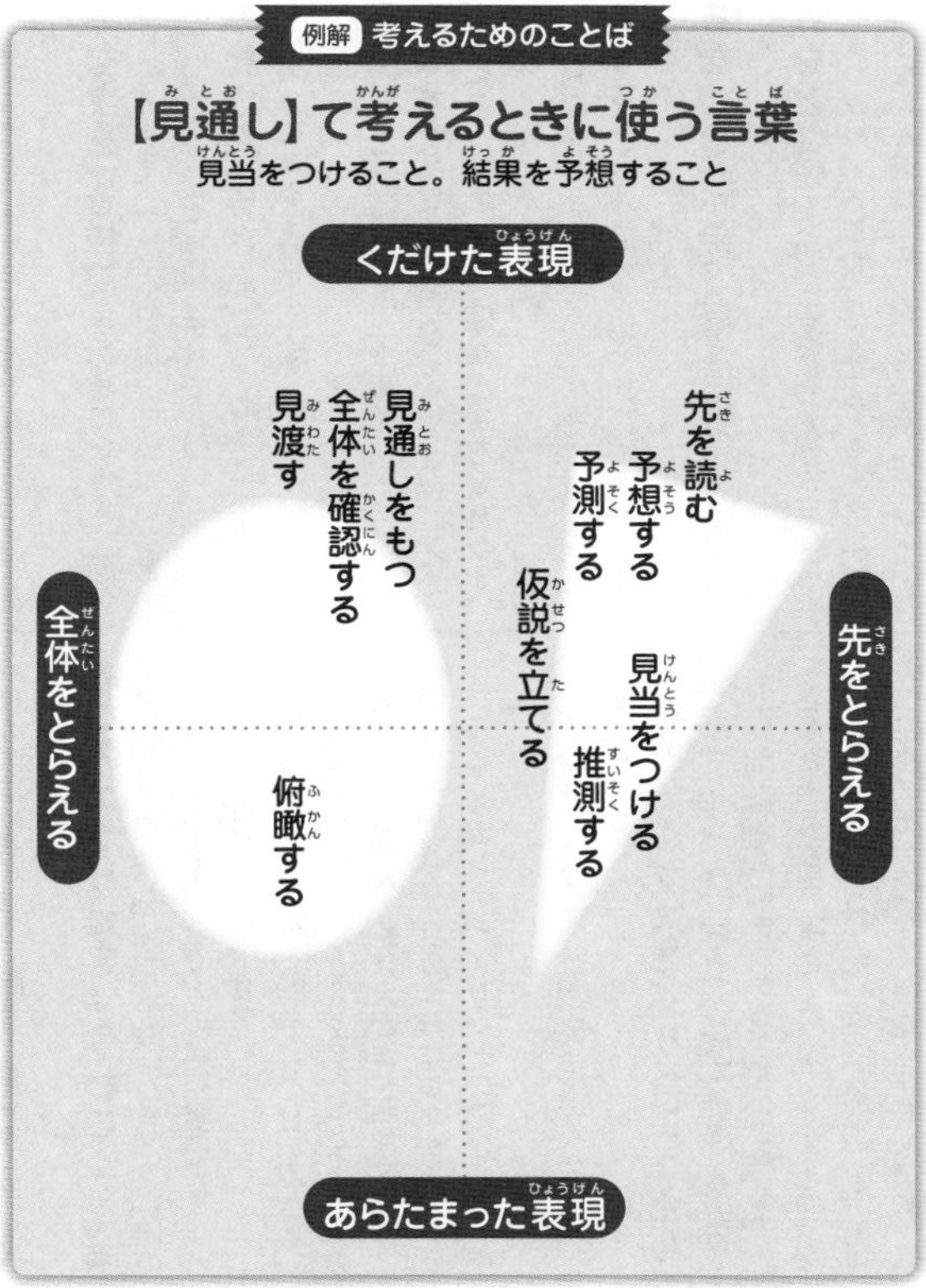


**みとりざん**【見取り算】㊔ そろばんで、数字《すうじ》を見《み》ながらする計算《けいさん》。

**みとりず**【見取り図】㊔ 形《かたち》や位置《いち》などを、わかりやすく簡単《かんたん》にかいた図面《ずめん》。

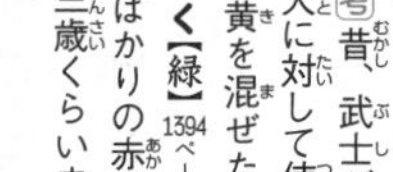

〔みとりず〕

**みどりのひ**【みどりの日】㊔ 国民《こくみん》の祝日《しゅくじつ》の一《ひと》つ。五月四日《ごがつよっか》。自然《しぜん》に親《した》しみ、感謝《かんしゃ》し、豊《ゆた》かな心《こころ》をはぐくむ日《ひ》。

**みとる**【見取る】㊗ 見《み》てはっきりと知《し》る。㊎結末《けつまつ》を見取る。

**みとる**【看取る】㊗ 看病《かんびょう》する。㊎父《ちち》の最期《さいご》をみとる。

**みとれる**【見とれる】㊗ うっとりとして見《み》る。㊎きれいな花《はな》に見とれる。

**ミトン**〔英語 mitten〕㊔ 親指《おやゆび》だけ別《べつ》で、他《ほか》の四本《よんほん》の指《ゆび》が一《ひと》つになっている手袋《てぶくろ》。

**°みな**【皆】㊔㊟ ❶全部《ぜんぶ》。ことごとく。みんな。㊎皆忘《わす》れてしまった。❷すべての人《ひと》。みんな。㊎皆が言《い》う。⇩かい【皆】195ページ

**°みなおす**【見直す】㊗ ❶もう一度《いちど》よく見《み》る。㊎書《か》いた作文《さくぶん》を見直す。❷今《いま》まで気《き》がつかなかった値打《ねう》ちを認《みと》める。考《かんが》え直《なお》す。㊎弟《おとうと》を改《あらた》めて見直した。

**みなぎる** ㊗ ❶水《みず》が、いっぱいにあふれる。㊎ダムに水《みず》がみなぎる。❷いっぱいに、行《い》きわたる。㊎体《からだ》じゅうに力《ちから》がみなぎる。

**みなげ**【身投げ】㊔㊗する 海《うみ》や川《かわ》などに飛《と》

あいうえお かきくけこ さしすせそ たちつてと なにぬねの はひふへほ まみむめも やゆよ らりるれろ わをん


四字熟語 一日千秋《いちじつせんしゅう》 一人旅《ひとりたび》に出《で》かけたわが子《こ》の帰《かえ》りを、両親《りょうしん》は一日千秋《いちじつせんしゅう》の思《おも》いで待《ま》っていた。

びこんだり、高《たか》い所《ところ》から飛《と》び降《お》りたりして死《し》ぬこと。

**みなさま**【皆様】[名] その場《ば》にいる人《ひと》や関《かか》わりのあるすべての人《ひと》をさす、ていねいな言《い》い方《かた》。「皆《みな》さん」より敬《うやま》う気《き》持《も》ちが強《つよ》い。

**みなさん**【皆さん】[名] その場《ば》にいる人《ひと》や関《かか》わりのあるすべての人《ひと》をさす、ていねいな言《い》い方《かた》。

**みなしご** [名] 親《おや》のない子《こ》。孤児《こじ》。

**みなす**【見なす】[動] ❶そうでないことを、仮《かり》にそうだとする。[例]星《ほし》を宝石《ほうせき》と見なす。❷そうだと決《き》める。[例]九時《くじ》を過《す》ぎたら遅刻《ちこく》と見なす。

**みなそこ**【水底】[名] 海《うみ》や川《かわ》、湖《みずうみ》などの水《みず》の底《そこ》。

**みなづき**【水無月】[名] 昔《むかし》の暦《こよみ》で、六月《ろくがつ》のこと。

°**みなと**【港】[名] 船《ふね》が出入《でい》りしたり、安全《あんぜん》にとまったりできるように造《つく》ってある所《ところ》。[例]大《おお》きな船《ふね》が港に入《はい》る。⬇こう【港】426ページ

**みなとまち**【港町】[名] ❶港《みなと》を中心《ちゅうしん》に栄《さか》えた町《まち》。❷港《みなと》のある町《まち》。

**みなまたびょう**【水俣病】[名] 熊本県《くまもとけん》水俣市《みなまたし》周辺《しゅうへん》に発生《はっせい》した公害病《こうがいびょう》。化学工場《かがくこうじょう》から海《うみ》に出《だ》された有機水銀《ゆうきすいぎん》によって汚染《おせん》された魚介類《ぎょかいるい》が原因《げんいん》。神経《しんけい》がおかされ体《からだ》がまひして、死《し》に至《いた》ることもある。新潟県《にいがたけん》阿賀野川《あがのがわ》流域《りゅういき》でも発生《はっせい》した。

°**みなみ**【南】[名] 方角《ほうがく》の一《ひと》つ。日《ひ》の出《で》るほうに向《む》かって、右《みぎ》のほう。[対]北《きた》。[関連]東《ひがし》。西《にし》。北《きた》。⬇なん【南】978ページ

**みなみアフリカきょうわこく**〘南アフリカ共和国〙[地名] アフリカ大陸《たいりく》の南《みなみ》はしにある国《くに》。金《きん》などの鉱物資源《こうぶつしげん》に恵《めぐ》まれている。首都《しゅと》はプレトリア。

**みなみアメリカ**〘南アメリカ〙[地名] 六大州《ろくだいしゅう》の一《ひと》つ。南《みなみ》アメリカ大陸《たいりく》と、周辺《しゅうへん》の島々《しまじま》を含《ふく》む地域《ちいき》。東《ひがし》は大西洋《たいせいよう》、西《にし》は太平洋《たいへいよう》に面《めん》し、北《きた》は北《きた》アメリカ大陸《たいりく》につながる。ブラジル・アルゼンチン・チリなどの国《くに》がある。南米《なんべい》。

**みなみアルプス**〘南アルプス〙[地名] ⬇あかいしさんみゃく 8ページ

**みなみアルプスこくりつこうえん**〘南アルプス国立公園〙[地名] 長野県《ながのけん》・山梨県《やまなしけん》・静岡県《しずおかけん》にまたがる、赤石山脈《あかいしさんみゃく》を中心《ちゅうしん》とした国立公園《こくりつこうえん》。⬇こくりつこうえん 457ページ

**みなみかいきせん**【南回帰線】[名] 南緯《なんい》二三度《ど》二七分《ふん》を通《とお》る、赤道《せきどう》と平行《へいこう》な緯線《いせん》。冬至《とうじ》のとき、太陽《たいよう》はこの真上《まうえ》にくる。[対]北回帰線《きたかいきせん》。⬇かいきせん 198ページ

**みなみかぜ**【南風】[名] 南《みなみ》から吹《ふ》く暖《あたた》かい風《かぜ》。「はえ」とも読《よ》む。

**みなみシナかい**〘南シナ海〙[地名] 太平洋《たいへいよう》の一部《いちぶ》。中国《ちゅうごく》・フィリピン・ボルネオ・インドシナ半島《はんとう》などに囲《かこ》まれた海《うみ》。

**みなみじゅうじせい**【南十字星】[名] 南半球《みなみはんきゅう》で見《み》られる、十《じゅう》の字《じ》に並《なら》んだ、よく光《ひか》る四《よっ》つの星《ほし》。南《みなみ》の方角《ほうがく》を知《し》るのに役立《やくだ》つ。

**みなみとりしま**〘南鳥島〙[地名] 小笠原《おがさわら》諸島《しょとう》に属《ぞく》する、日本最東端《にっぽんさいとうたん》のさんご礁《しょう》の孤島《ことう》。

**みなみはんきゅう**【南半球】[名] 地球《ちきゅう》の、赤道《せきどう》を境《さかい》にして、南側《みなみがわ》の半分《はんぶん》。[対]北半球《きたはんきゅう》。

**みなも**【水面】[名] 水《みず》の表面《ひょうめん》。水面《すいめん》。〔古《ふる》い言《い》い方《かた》。〕

**みなもと**【源】[名] ❶川《かわ》の水《みず》の流《なが》れ出《で》るもと。水源《すいげん》。❷ものごとの起《お》こり。始《はじ》まり。起源《きげん》。[例]人類《じんるい》の源。⬇げん【源】409ページ

**みなもとの さねとも**〘源実朝〙[人名] (男)(一一九二〜一二一九)鎌倉幕府《かまくらばくふ》の第三代将軍《だいさんだいしょうぐん》。源 頼朝《みなもとのよりとも》の二男《じなん》。歌人《かじん》としてすぐれ、「金槐和歌集《きんかいわかしゅう》」を残《のこ》す。鶴岡八幡宮《つるがおかはちまんぐう》で、兄《あに》頼家《よりいえ》の子《こ》公暁《くぎょう》に暗殺《あんさつ》された。

**みなもとの よしつね**〘源義経〙[人名] (男)(一一五九〜一一八九)平安時代《へいあんじだい》終《お》わりごろの武将《ぶしょう》。源 頼朝《みなもとのよりとも》の弟《おとうと》。牛若丸《うしわかまる》。兄《あに》を助《たす》けて平家《へいけ》をほろぼしたが、後《のち》に兄《あに》と対立《たいりつ》し、平泉《ひらいずみ》で自害《じがい》した。

**みなもとの よりとも**〘源頼朝〙[人名] (男)(一一四七〜一一九九)鎌倉幕府《かまくらばくふ》の初代《しょだい》将軍《しょうぐん》。平家《へいけ》をほろぼして、鎌倉《かまくら》に幕府《ばくふ》を開《ひら》き、武士《ぶし》の政治《せいじ》を行《おこな》った。

〔みなもとのよりとも〕

**みならい**【見習い】[名] 仕事《しごと》を見《み》ながら覚《おぼ》

四字熟語 一網打尽《いちもうだじん》 強盗《ごうとう》の一味《いちみ》を一網打尽《いちもうだじん》にする。

えること。また、その人《ひと》。例見習い社員《しゃいん》。

**みならう【見習う】**動 見《み》て学《まな》ぶ。見《み》てまねをする。見《み》て覚《おぼ》える。手本《てほん》にする。例姉《あね》を見習って勉強《べんきょう》する。

**みなり【身なり】**名 衣服《いふく》を着《き》た姿《すがた》。服装《ふくそう》。例身なりがいい。

**みなれる【見慣れる】**動 いつも見《み》ていて、目《め》に慣《な》れる。例見慣れた景色《けしき》。

**ミニ**〔英語 mini〕〔ある言葉《ことば》の前《まえ》につけて〕小《ちい》さい。短《みじか》い。小型《こがた》の。例ミニサイクル。

**ミニカー**〔英語 minicar〕名 ❶小型《こがた》の自動《じどう》車《しゃ》。❷車《くるま》の形《かたち》をまねて作《つく》られたおもちゃ。

**みにくい【醜い】**形 ❶形《かたち》が整《ととの》っていなくて、見《み》たときの感《かん》じが悪《わる》い。❷見苦《みぐる》しい。例身内《みうち》どうしの醜い争《あらそ》い。対（❶・❷）美《うつく》しい。
⬇しゅう【醜】593ページ

**みにくい【見にくい】**形 見《み》づらい。例小《ちい》さい字《じ》は見にくい。対見《み》やすい。

**ミニスカート**〔英語 miniskirt〕名 ひざよりも丈《たけ》の短《みじか》いスカート。

**ミニチュア**〔英語 miniature〕名 本物《ほんもの》そっくりに作《つく》られた、小型《こがた》のもの。例ミニチュアカー。

**ミニトマト**名〔日本《にっぽん》でできた英語《えいご》ふうの言葉《ことば》。〕実《み》が小《ちい》さく一口《ひとくち》で食《た》べられる品種《ひんしゅ》のトマト。

**みぬく【見抜く】**動 見破《みやぶ》る。見通《みとお》す。例本《ほん》心《しん》を見抜く。

**みね【峰】**名 ❶山《やま》。山《やま》のてっぺん。例峰続《つづ》き。❷ものの高《たか》くなったところ。例雲《くも》の峰。❸刀《かたな》や包丁《ほうちょう》などの、刃《は》と反対《はんたい》の部分《ぶぶん》。背《せ》。例峰打《う》ち。⬇かたな240ページ／⬇ほう【峰】1191ページ

**ミネラル**〔英語 mineral〕名 カルシウム・鉄《てつ》・燐《りん》など、生《い》きていく上《うえ》で必要《ひつよう》な栄養素《えいようそ》。無機《むき》質《しつ》。例ミネラルが豊富《ほうふ》だ。

**ミネラルウオーター**〔英語 mineral water〕名 体《からだ》によいミネラルを含《ふく》んだ飲《の》み水《みず》。また、それをびんなどにつめたもの。

**みの【蓑】**名 カヤ・スゲ・わらなどを編《あ》んで作《つく》った、体《からだ》に着《き》る雨具《あまぐ》。

**みの【美濃】**地名 昔《むかし》の国《くに》の名《な》の一《ひと》つ。今《いま》の岐《ぎ》阜《ふ》県《けん》の南部《なんぶ》にあたる。

**みのう【未納】**名 まだ納《おさ》めていないこと。例会費《かいひ》が未納になっている。

〔みの（蓑）〕

**みのうえ【身の上】**名 ❶その人《ひと》の暮《く》らしや、生《う》まれてから今《いま》までのようす。例身の上話《ばなし》。❷運命《うんめい》。例身の上をうらなう。

**みのがす【見逃す】**動 ❶見《み》ていながら、気《き》がつかないでそのままにする。例だいじな点《てん》を見逃す。❷気《き》がついていても、とがめないでいる。例いたずらを見逃す。❸見《み》ないでしまう。例九時《くじ》のニュースを見逃す。

**みのけがよだつ【身の毛がよだつ】**おそろしさなどのために、体《からだ》の毛《け》が逆立《さかだ》つ。例身の毛がよだつ思《おも》いがする。

**みのしろきん【身の代金】**名 人《ひと》を誘拐《ゆうかい》した犯人《はんにん》が、その人《ひと》を返《かえ》す代《か》わりに要求《ようきゅう》してくるお金《かね》。

**みのたけ【身の丈】**名 ❶身長《しんちょう》。❷身のほど。例身の丈に合《あ》った暮《く》らし。

**みのほど【身の程】**名 自分《じぶん》の地位《ちい》や才能《さいのう》の程度《ていど》。例身の程をわきまえる。

**身《み》の程《ほど》知《し》らず** 自分《じぶん》の地位《ちい》や才能《さいのう》の程度《ていど》を理解《りかい》していない。例身の程知らずの願《ねが》い。

**みのまわり【身の回り】**名 ❶日常生活《にちじょうせいかつ》のさまざまなものごと。例身の回りの世話《せわ》。❷自分《じぶん》の体《からだ》に着《つ》けたり、使《つか》ったりするもの。例身の回りの品《しな》。❸周辺《しゅうへん》のものごと。例身の回りの人《ひと》たち。

**みのむし【蓑虫】**名 ミノガというガの仲間《なかま》の幼虫《ようちゅう》。木《き》の枝《えだ》や葉《は》で、蓑《みの》のような巣《す》を作《つく》り、その中《なか》にすむ。

**みのり【実り】**名 ❶農作物《のうさくぶつ》などが実《みの》ること。実《み》が熟《じゅく》すこと。例クリの実りがいい。❷すばらしくよい結果《けっか》。例実りの多《おお》い会《かい》だった。

**実《みの》りの秋《あき》** イネや果物《くだもの》などが実《みの》る秋《あき》。

**みのる【実る】**動 ❶実《み》がなる。熟《じゅく》する。❷よい結果《けっか》が現《あらわ》れる。例努力《どりょく》が実る。⬇じつ【実】564ページ

**実《みの》るほど頭《あたま》の下《さ》がる稲穂《いなほ》かな** 〔稲《いね》の穂《ほ》が、実《みの》るほど重《おも》くなって、垂《た》れ下《さ》がるように〕人《ひと》も、修養《しゅうよう》を積《つ》めば積《つ》むほど、ひかえめで、いばったりしないようになるものだ。


四字熟語 一目瞭然《いちもくりょうぜん》 どれだけ言《い》い訳《わけ》してごまかしたって、お前《まえ》のしわざであることは一目瞭然《いちもくりょうぜん》だ。

**みばえ**【見栄△え】[名] 外《そと》から見《み》て立派《りっぱ》なこと。見《み》かけがよいこと。[例] この服《ふく》は見栄えがする。[対] 見劣《みおと》り。

**みはからう**【見計らう】[動] ❶見《み》て、ちょうどよいものを決《き》める。見《み》つくろう。[例] おくり物《もの》を見計らって買《か》う。❷見当《けんとう》をつける。[例] 時間《じかん》を見計らって出《で》かける。

**みはなす**【見放す】[動] 相手《あいて》にしなくなる。見捨《みす》てる。見限《みかぎ》る。[例] 医者《いしゃ》に見放される。

**みはらい**【未払い】[名] まだお金《かね》を払《はら》っていないこと。みばらい。[例] 未払いの代金《だいきん》。

○**みはらし**【見晴らし】[名] 広《ひろ》く遠《とお》くまで見《み》わたせること。ながめ。[例] 見晴らしがいい。

**みはらす**【見晴らす】[動] 遠《とお》くまで、広《ひろ》く見《み》わたす。[例] 町《まち》を見晴らす高台《たかだい》。

**みはり**【見張り】[名] 辺《あた》りのようすに注意《ちゅうい》しながら、番《ばん》をすること。また、その人《ひと》。

○**みはる**【見張る】[動] ❶目《め》を大《おお》きく開《ひら》いて見《み》つめる。[例] 美《うつく》しさに目《め》を見張る。❷見守《みまも》って、番《ばん》をする。[例] 犯人《はんにん》を見張る。

**みはるかす**【見はるかす】[動] はるか遠《とお》くまで見渡《みわた》す。〔古《ふる》い言《い》い方《かた》。〕

**みびいき**【身びいき】[名][動-する] 自分《じぶん》と関《かか》わりのある人《ひと》を特別《とくべつ》扱《あつか》いすること。

**みひらき**【見開き】[名] 本《ほん》や雑誌《ざっし》を開《ひら》いたときの、左右《さゆう》の二《に》ページ。[例] 見開き全体《ぜんたい》に地図《ちず》をのせる。

**みひらく**【見開く】[動] 目《め》をはっきりと開《ひら》く。[例] 目《め》を大《おお》きく見開く。

○**みぶり**【身振り】[名] 考《かんが》えや気持《きも》ちを表《あらわ》すための、体《からだ》の動《うご》かし方《かた》。ジェスチャー。[例] 大《おお》げさな身ぶり。

**みぶるい**【身震い】[名][動-する] 寒《さむ》さやおそろしさなどで、体《からだ》が震《ふる》えること。[例] 身震いするほどの寒《さむ》さ。

**みぶん**【身分】[名] ❶世《よ》の中《なか》での地位《ちい》や資格《しかく》。[例] 身分を証明《しょうめい》する。身分制度《せいど》。❷身《み》の上《うえ》。境遇《きょうぐう》。[例] 楽《らく》な身分。

**みぶんしょうめいしょ**【身分証明書】[名] その学校《がっこう》や会社《かいしゃ》などの者《もの》であることを証明《しょうめい》する書《か》き付《つ》け。

**みぶんせいど**【身分制度】[名] 昔《むかし》の社会《しゃかい》で、支配者《しはいしゃ》が生《う》まれつき人々《ひとびと》の身分《みぶん》や立場《たちば》を決《き》めて支配《しはい》した制度《せいど》。

**みほのまつばら**〔三保の松原〕[地名] 静岡《しずおか》市《し》の三保《みほ》半島《はんとう》にある景勝地《けいしょうち》。富士山《ふじさん》を望《のぞ》む景色《けしき》が美《うつく》しく、富士山《ふじさん》とともに世界遺産《せかいいさん》になっている。

**みほれる**【見ほれる】[動]（人《ひと》の動作《どうさ》や作品《さくひん》などを）見《み》て、ほれぼれする。[例] 職人《しょくにん》の技《わざ》に見ほれる。

○**みほん**【見本】[名] ❶商品《しょうひん》の一例《いちれい》。サンプル。[例] 見本市《いち》。❷手近《てぢか》に見《み》られる、よい例《れい》。手本《てほん》。[例] 努力家《どりょくか》の見本。

○**みまい**【見舞い】[名] 病気《びょうき》や災難《さいなん》にあった人《ひと》をなぐさめること。また、その人《ひと》におくるお金《かね》や手紙《てがみ》・品物《しなもの》。[例] 病気《びょうき》見舞い。

○**みまう**【見舞う】[動] ❶病気《びょうき》や災難《さいなん》にあった人《ひと》を、なぐさめたり元気《げんき》づけたりする。[例] 病人《びょうにん》を見舞う。❷よくないものがおそう。[例] あらしが町《まち》を見舞う。

**みまがう**【見紛▲う】[動] 他《ほか》の物《もの》と見《み》まちがえる。見《み》まごう。[例] 宝石《ほうせき》と見まがう美《うつく》しい石《いし》。

**みまさか**〔美作〕[地名] 昔《むかし》の国《くに》の名《な》の一《ひと》つ。今《いま》の岡山県《おかやまけん》の北部《ほくぶ》にあたる。

**みまもる**【見守る】[動] ❶見《み》て、番《ばん》をする。[例] 子《こ》どもの水遊《みずあそ》びを見守る。❷じっと目《め》をはなさずに見《み》る。見《み》つめる。[例] 事件《じけん》のなりゆきを見守る。

**みまわす**【見回す】[動] まわりをぐるりと見《み》る。[例] 見回したが、だれもいない。

**みまわり**【見回り】[名] 見回《みまわ》ること。また、その人《ひと》。[例] 校内《こうない》の見回りをする。

○**みまわる**【見回る】[動] ようすを見《み》ながら、回《まわ》って歩《ある》く。[例] 週番《しゅうばん》が教室《きょうしつ》を見回る。

**みまわれる**【見舞われる】[動] よくないものごとにおそわれる。害《がい》を受《う》ける。[例] あらしに見舞われる。

**みまん**【未満】[名]〔数字《すうじ》のあとにつけて〕まだその数《かず》に届《とど》かないこと。[例] 十八歳《じゅうはっさい》未満〔＝十七歳《じゅうななさい》以下《いか》〕。[類] 以下《いか》。[参考]「二十歳《にじっさい》未満《みまん》」は二十歳《にじっさい》を含《ふく》まないが、「二十歳《にじっさい》以下《いか》」だと二《に》十歳《じっさい》も含《ふく》む。

○**みみ**【耳】[名] ❶顔《かお》の両側《りょうがわ》にあって、音《おと》を聞《き》くはたらきをするところ。❷聞《き》くこと。聞《き》く力《ちから》。❸物《もの》の両側《りょうがわ》についていて、「❶」のようなな



[四字熟語] 一喜一憂《いっきいちゆう》 結果《けっか》に一喜一憂《いっきいちゆう》してばかりいないで、立《た》てた計画《けいかく》どおりに勉強《べんきょう》を続《つづ》けることが大切《たいせつ》だ。

形《かたち》をしたもの。例 なべの耳《=取《と》っ手《て》》。❹布《ぬの》や食《しょく》パンなどのはし。↓じ【耳】539ページ

**耳《みみ》が痛《いた》い** 悪《わる》いところなどをつかれて、聞《き》くのがつらい。例 耳が痛い話《はなし》。

**耳《みみ》が肥《こ》える** 音楽《おんがく》などを聞《き》き慣《な》れていて、よい悪《わる》いを判断《はんだん》する力《ちから》がある。例 彼女《かのじょ》は両親《りょうしん》が音楽家《おんがくか》なだけに耳が肥えている。

**耳《みみ》が遠《とお》い** 聞《き》く力《ちから》が弱《よわ》い。例 年《とし》のせいか、祖母《そぼ》は耳が遠くなった。

**耳《みみ》が早《はや》い** ものごとを人《ひと》より早《はや》く聞《き》きつける。耳《みみ》ざとい。例 事件《じけん》のことをもう知《し》っているとは、耳が早いね。

**耳《みみ》に入《い》れる** ❶聞《き》いて知《し》る。例 変《へん》なうわさを耳に入れた。❷人《ひと》に話《はな》して聞《き》かせる。例 ぜひ耳に入れたいことがある。

**耳《みみ》にする** 何《なに》げなく聞《き》く。例 人《ひと》のうわさを耳にする。

**耳《みみ》にたこができる** 同《おな》じことを何回《なんかい》も聞《き》かされて、聞《き》きあきる。例 その話《はなし》は、耳にたこができるほど聞《き》かされた。

**耳《みみ》につく** ❶聞《き》いた声《こえ》や物音《ものおと》が、いつまでも忘《わす》れられない。例 犬《いぬ》の悲《かな》しそうな鳴《な》き声《こえ》が耳についてはなれない。❷音《おと》や声《こえ》がうるさく感《かん》じられる。聞《き》きあきる。

**耳《みみ》に留《と》まる** 聞《き》いたことに注意《ちゅうい》が向《む》く。例 彼《かれ》の演奏《えんそう》が審査員《しんさいん》の耳に留まった。

**耳《みみ》に残《のこ》る** 聞《き》いた声《こえ》や音《おと》が記憶《きおく》に残《のこ》っている。例 友達《ともだち》のはげましの言葉《ことば》が今《いま》も耳に残っている。

**耳《みみ》に入《はい》る** 聞《き》きたいと思《おも》わないのに聞《き》こえてくる。例 悪口《わるくち》が耳に入る。

**耳《みみ》に挟《はさ》む** ちらっと聞《き》く。例 うわさを耳に挟む。

**耳《みみ》を疑《うたが》う** 信《しん》じられなくて、聞《き》きちがいではないかと思《おも》う。例 彼《かれ》がなくなったと聞《き》いて、思《おも》わず耳を疑った。

**耳《みみ》を貸《か》す** 人《ひと》の話《はなし》を聞《き》こうとする。例 どう言《い》っても耳を貸そうとしない。

**耳《みみ》を傾《かたむ》ける** 聞《き》きもらさないように注意《ちゅうい》して聞《き》く。例 先生《せんせい》の話《はなし》に耳を傾ける。

**耳《みみ》を澄《す》ます** 心《こころ》を落《お》ち着《つ》けて、集中《しゅうちゅう》して聞《き》く。例 美《うつく》しい音色《ねいろ》に耳を澄ます。

**耳《みみ》をそばだてる** 音《おと》のほうに耳《みみ》を向《む》けてよく聞《き》く。例 話《はな》し声《ごえ》に耳をそばだてる。

**耳《みみ》をそろえる** お金《かね》を、決《き》められた額《がく》だけそろえる。例 借金《しゃっきん》を、耳をそろえて返《かえ》す。参考 小判《こばん》などの縁《ふち》を、きちんと整《ととの》える意味《いみ》から。

**耳《みみ》を塞《ふさ》ぐ** 聞《き》かないようにする。例 反対《はんたい》の意見《いけん》には耳をふさいでいる。

**みみあか【耳垢】** 名 耳《みみ》の中《なか》にたまるあか。耳《みみ》くそ。

**みみあたらしい【耳新しい】** 形 初《はじ》めて聞《き》く。例 耳新しい話《はなし》。

**みみうち【耳打ち】** 名 動-する 相手《あいて》の耳《みみ》に口《くち》を寄《よ》せて、小声《こごえ》で話《はな》すこと。例 となりの人《ひと》に耳打ちする。

**みみかき【耳かき】** 名 耳《みみ》のあかをかいて取《と》る、細長《ほそなが》い道具《どうぐ》。

**みみがくもん【耳学問】** 名 ちゃんと習《なら》ったのではなく、聞《き》いて覚《おぼ》えただけの知識《ちしき》。例 耳学問をひけらかす。

**みみざとい【耳ざとい】** 形 ❶聴覚《ちょうかく》がするどい。❷うわさ話《ばなし》などを聞《き》きつけるのが早《はや》い。

**みみざわり【耳障△り】** 形動 ❶聞《き》いていて、うるさく思《おも》うようす。例 テレビの音《おと》が耳障りだ。❷聞《き》いて、いやだと思《おも》うようす。例 耳障りな話《はなし》だ。

**みみず** 名 土《つち》の中《なか》にすむ、ひものような形《かたち》をした動物《どうぶつ》。体《からだ》は赤茶色《あかちゃいろ》で、輪《わ》のような節《ふし》がたくさんある。

**みみずく** 名 山《やま》にすむフクロウの仲間《なかま》の鳥《とり》。頭《あたま》に、耳《みみ》のような羽《はね》がある。夜《よる》、活動《かつどう》して、えさをとる。

**みみずばれ** 名 ひっかいたあとなどが、細《ほそ》長《なが》く赤《あか》くはれ上《あ》がること。また、その傷《きず》。

**みみせん【耳栓】** 名 水《みず》や雑音《ざつおん》をさえぎるために、耳《みみ》の穴《あな》に詰《つ》める栓《せん》。

**みみたぶ【耳たぶ】** 名 耳《みみ》の下《した》のほうの、やわらかくふくらんだ部分《ぶぶん》。耳《みみ》たぼ。↓からだ❶262ページ

**みみなり【耳鳴り】** 名 音《おと》がしていないのに、耳《みみ》の中《なか》で何《なに》かが聞《き》こえること。

**みみなれる【耳慣れる】** 動 いつも聞《き》いているので、めずらしく思《おも》わなくなる。聞《き》き慣《な》れる。例 耳慣れない言葉《ことば》を聞《き》いた。



四字熟語 一挙両得《いっきょりょうとく》 自転車《じてんしゃ》で行《い》けば運動《うんどう》にもなり、お使《つか》いもできるから、一挙両得《いっきょりょうとく》というものだ。

**みみもと【耳元】** 名 耳《みみ》のすぐそば。例 耳元でささやく。

**みみより【耳寄り】** 形動 聞《き》く値《ね》打《う》ちのあるようす。例 耳寄りな話《はなし》を聞《き》いた。

**みむきもしない【見向きもしない】** 関心《かんしん》がなく、そちらを見《み》ようとしない。例 本《ほん》なんか見向きもしない。

**みめい【未明】** 名 夜《よる》がまだすっかり明《あ》けきらないころ。明《あ》け方《がた》。

**みめうるわしい【見目麗しい】** 顔《かお》だちが美《うつく》しい。例 みめうるわしい人《ひと》。

**みもしらぬ【見も知らぬ】** 見《み》たことがない。ぜんぜん知《し》らない。見《み》も知《し》らない。例 見も知らぬ人《ひと》。

**みもだえ【身もだえ】** 名 動‐する 悲《かな》しみや苦《く》痛《つう》などのために、体《からだ》をよじらせること。例 身もだえして痛《いた》がる。

**みもち【身持ち】** 名 ふだんの生《せい》活《かつ》態《たい》度《ど》。例 身持ちの悪《わる》い人《ひと》。

**みもと【身元】** 名 ❶その人《ひと》の名《な》前《まえ》や生《う》まれ、経《けい》歴《れき》や住《じゅう》所《しょ》など。素《す》性《じょう》。例 身元不《ふ》明《めい》。❷身《み》の上《うえ》にかかわること。一《いっ》身《しん》上《じょう》のこと。例 身元を保《ほ》証《しょう》する。

**みもの【見物】** 名 見《み》る値《ね》打《う》ちのあるもの。例 これは見ものだ。注意 「見物」を「けんぶつ」と読《よ》むと、ちがう意《い》味《み》になる。

**みや【宮】** 名 ❶神《かみ》をまつってある所《ところ》。社《やしろ》。神《じん》社《じゃ》。❷皇《こう》族《ぞく》を敬《うやま》っていう言《こと》葉《ば》。例 宮様《さま》。↓きゅう【宮】324ページ

**みやぎけん【宮城県】** 地名 東《とう》北《ほく》地《ち》方《ほう》の中《ちゅう》部《ぶ》、太《たい》平《へい》洋《よう》側《がわ》に面《めん》した県《けん》。県《けん》庁《ちょう》は仙《せん》台《だい》市《し》にある。

**みゃく【脈】** 画数 10 部首 月（にくづき） 5年

音 ミャク 訓 ―

筆順 脈

❶血《けつ》液《えき》の通《とお》る管《くだ》。熟語 静《じょう》脈《みゃく》。動《どう》脈《みゃく》。❷血《けつ》液《えき》の流《なが》れ。熟語 脈《みゃく》拍《はく》。❸ひと続《つづ》きになっているもの。つながり。熟語 脈《みゃく》々《みゃく》。山《さん》脈《みゃく》。人《じん》脈《みゃく》。文《ぶん》脈《みゃく》。

**みゃく【脈】** 名 血《けつ》液《えき》の流《なが》れ。脈《みゃく》拍《はく》。例 走《はし》ったあとは、脈が速《はや》い。

**脈《みゃく》がある** ❶脈《みゃく》拍《はく》があり、生《い》きている。❷望《のぞ》みがある。例 努《ど》力《りょく》すれば、まだじゅうぶん脈がある。

**脈《みゃく》を取《と》る** （手《て》首《くび》をとって脈《みゃく》拍《はく》をはかることから）医《い》者《しゃ》が病《びょう》人《にん》を診《しん》察《さつ》する。

**みゃくうつ【脈打つ】** 動 ❶脈《みゃく》がどきどきと打《う》つ。❷表《おもて》には出《で》ないが、生《い》き生《い》きと流《なが》れている。例 人《にん》間《げん》愛《あい》が脈打っている。

**みゃくはく【脈拍・脈搏】** 名 心《しん》臓《ぞう》から血《けつ》液《えき》が送《おく》り出《だ》されるたびに、動《どう》脈《みゃく》に起《お》こる規《き》則《そく》的《てき》な動《うご》き。脈《みゃく》。

**みゃくみゃく【脈脈】** 副（‐と） ずっと続《つづ》いて、絶《た》えないようす。例 伝《でん》統《とう》が脈々と続《つづ》いている。参考 「脈《みゃく》々《みゃく》たる伝《でん》統《とう》」などと使《つか》うこともある。

**みゃくらく【脈絡】** 名 ものごとのつながり。筋《すじ》道《みち》。例 話《はなし》の脈絡がおかしい。

**◦みやげ【〈土産〉】** 名 ❶旅《たび》先《さき》から持《も》って帰《かえ》る、その土《と》地《ち》の産《さん》物《ぶつ》。❷人《ひと》の家《いえ》に行《い》くときに持《も》っていく、おくり物《もの》。手《て》みやげ。参考 「土産《みやげ》」は、特《とく》別《べつ》に認《みと》められた読《よ》み方《かた》。

**みやげばなし【〈土産〉話】** 名 旅《りょ》行《こう》中《ちゅう》に、見《み》聞《き》きしたことについての話《はなし》。

**みやこ【都】** 名 ❶天《てん》皇《のう》が住《す》んでいる所《ところ》。また、政《せい》治《じ》の中《ちゅう》心《しん》地《ち》。首《しゅ》都《と》。❷はなやかな町《まち》。都《と》会《かい》。例 花《はな》の都。❸暮《く》らしやすい所《ところ》。例 住《す》めば都。↓と【都】900ページ

**みやこおち【都落ち】** 名 動‐する ❶都《みやこ》にいられなくなり、逃《に》げていくこと。❷都《と》会《かい》を離《はな》れて地《ち》方《ほう》に就《しゅう》職《しょく》したり、進《しん》学《がく》したりすること。

**みやざきけん【宮崎県】** 地名 九《きゅう》州《しゅう》の東《とう》南《なん》部《ぶ》にあり、太《たい》平《へい》洋《よう》に面《めん》している県《けん》。県《けん》庁《ちょう》は宮《みや》崎《ざき》市《し》にある。

**みやざわ けんじ【宮沢賢治】** 人名（男）（一八九六～一九三三）大《たい》正《しょう》・昭《しょう》和《わ》時《じ》代《だい》の詩《し》人《じん》・童《どう》話《わ》作《さっ》家《か》。岩《いわ》手《て》県《けん》花《はな》巻《まき》で、農《のう》業《ぎょう》の研《けん》究《きゅう》や指《し》導《どう》をしながら、多《おお》くの作《さく》品《ひん》を書《か》いた。詩《し》「雨《あめ》ニモマケズ」や、童《どう》話《わ》「注《ちゅう》文《もん》の多《おお》い料《りょう》理《り》店《てん》」「銀《ぎん》河《が》鉄《てつ》道《どう》の夜《よる》」などがある。

**みやじま【宮島】** 地名 厳《いつく》島《しま》の別《べつ》名《めい》。

**みやすい【見やすい】** 形 ❶楽《らく》に見《み》られる。見《み》よい。例 見やすい場《ば》所《しょ》。対 見《み》にくい。❷わかりやすい。例 見やすい字《じ》を心《こころ》がける。

四字熟語 一進一退《いっしんいったい》 母《はは》の病状《びょうじょう》は一進一退《いっしんいったい》で、私《わたし》たちは祈《いの》るような気《き》持《も》ちで見《み》守《まも》っています。



あいうえお かきくけこ さしすせそ たちつてと なにぬねの はひふへほ まみむめも やゆよ らりるれろ わをん

**みやだいく【宮大工】** 名 神社《じんじゃ》や寺《てら》の建築《けんちく》や修復《しゅうふく》を専門《せんもん》にしている大工《だいく》。

**みやづかえ【宮仕え】** 名 動‐する ❶宮中《きゅうちゅう》に仕《つか》えること。❷会社《かいしゃ》や役所《やくしょ》などに勤《つと》めること。〔くだけた言《い》い方《かた》。〕

**みやび【雅び】** 名 形動 上品《じょうひん》で美《うつく》しいようす。例 みやびな琴《こと》の音色《ねいろ》。

**みやびやか** 形動 上品《じょうひん》で美《うつく》しく見《み》えるようす。例 みやびやかなおどり。

**みやぶる【見破る】** 動 相手《あいて》のかくしていることを見《み》てとる。見《み》ぬく。例 うそを見破る。

**みやまいり【宮参り】** 名 ❶神社《じんじゃ》にお参《まい》りすること。お宮参《みやまい》り。例 七五三《しちごさん》の宮参り。❷生《う》まれた子《こ》が初《はじ》めて氏神《うじがみ》にお参《まい》りすること。

**みやもと むさし〔宮本武蔵〕** 人名 (男)(一五八四～一六四五)江戸時代《えどじだい》初《はじ》めごろの剣道《けんどう》の達人《たつじん》。佐々木小次郎《ささきこじろう》との巌流島《がんりゅうじま》〔＝関門海峡《かんもんかいきょう》にある小島《こじま》〕の決闘《けっとう》は有名《ゆうめい》。水墨画《すいぼくが》にもすぐれていた。

**みやる【見やる】** 動 ❶遠《とお》くのほうを見《み》る。例 かなたを見やる。❷そちらに目《め》を向《む》ける。例 時計《とけい》をちらっと見やる。

**ミャンマー** 地名 インドシナ半島《はんとう》の北西部《ほくせいぶ》にある国《くに》。もと、ビルマといった。首都《しゅと》はネーピードー。

**ミュージアム** 〔英語 museum〕 名 美術館《びじゅつかん》。博物館《はくぶつかん》。

**ミュージカル** 〔英語 musical〕 名 歌《うた》とおどりを中心《ちゅうしん》にした劇《げき》。

**ミュージシャン** 〔英語 musician〕 名 音楽《おんがく》を仕事《しごと》としている人《ひと》。音楽家《おんがくか》。

**ミュージック** 〔英語 music〕 名 音楽《おんがく》。

**みよ【御代】** 名 その天皇《てんのう》の治《おさ》めている世《よ》を敬《うやま》っていう言葉《ことば》。

**みよう** 〔ある言葉《ことば》のあとにつけて〕ためしてみる気持《きも》ちを表《あらわ》す。例 遠《とお》いけれど、行《い》ってみよう。

---

**みょう【妙】** 画数 7 部首 女(おんなへん)

音 ミョウ 訓 ――

❶たくみで、すぐれている。熟語 妙技《みょうぎ》。巧妙《こうみょう》。❷若《わか》い。熟語 妙齢《みょうれい》〔＝若《わか》くて美《うつく》しい年《とし》ごろ〕。❸ふつうでない。ふしぎな。熟語 奇妙《きみょう》。珍妙《ちんみょう》。

---

**みょう【妙】** 名 形動 ❶非常《ひじょう》にすぐれていること。例 人工《じんこう》の妙をつくす。❷ふつうでないこと。ふしぎなこと。例 妙にカラスが鳴《な》く。

**みょう【名】** 熟語 名字《みょうじ》。功名《こうみょう》。⇩めい【名】1285ページ

**みょう【命】** 熟語 寿命《じゅみょう》。⇩めい【命】1285ページ

**みょう【明】** 熟語 明日《みょうにち》。光明《こうみょう》。⇩めい【明】1285ページ

**みょう【冥】** 熟語 冥利《みょうり》。⇩めい【冥】1286ページ

**みょうあん【妙案】** 名 すばらしい思《おも》いつき。例 妙案がうかぶ。

**みょうぎ【妙技】** 名 みごとな技《わざ》。例 選手《せんしゅ》の妙技に感心《かんしん》した。

**みょうこうざん〔妙高山〕** 地名 新潟県《にいがたけん》南西部《なんせいぶ》にある火山《かざん》。スキーと温泉《おんせん》で有名《ゆうめい》。

**みょうこうとがくしれんざんこくりつこうえん〔妙高戸隠連山国立公園〕** 地名 長野県《ながのけん》から新潟県《にいがたけん》にまたがる国立公園《こくりつこうえん》。野尻湖《のじりこ》や妙高山《みょうこうざん》、戸隠山《とがくしやま》などの山々《やまやま》からなる。

**みょうごにち【明後日】** 名 あさって。明日《あす》の次《つぎ》の日《ひ》。関連 ⇩きょう(今日)333ページ

**みょうごねん【明後年】** 名 さらいねん。一年《いちねん》おいて次《つぎ》の年《とし》。関連 ⇩きょう(今日)333ページ

**みょうじ【名字】** 名 姓《せい》。例 わたしの名字は「山田《やまだ》」です。

**みょうしゅ【妙手】** 名 ❶すぐれた腕前《うでまえ》。また、それを持《も》っている人《ひと》。例 姉《あね》はピアノの妙手だ。❷うまいやり方《かた》。

**みょうじょう【明星】** 名 金星《きんせい》のこと。明《あ》け方《がた》に東《ひがし》の空《そら》に見《み》えるのを「明《あ》けの明星《みょうじょう》」、夕暮《ゆうぐ》れに西《にし》の空《そら》に見《み》えるのを「宵《よい》の明星《みょうじょう》」という。

**みょうちょう【明朝】** 名 明日《あす》の朝《あさ》。

**◦みょうにち【明日】** 名 あした。あす。参考 「あす」とも読《よ》む。関連 ⇩きょう(今日)333ページ

**みょうねん【明年】** 名 来年《らいねん》。翌年《よくねん》。関連 ⇩きょう(今日)333ページ

**みょうばん【明晩】** 名 明日《あす》の夜《よる》。関連 昨《さく》



 四字熟語 一心同体《いっしんどうたい》 コーチと選手《せんしゅ》とが一心同体《いっしんどうたい》になって、練習《れんしゅう》に取《と》り組《く》んだ。

例解 ！ 表現の広場

**未来《みらい》と将来《しょうらい》のちがい**

| | 未来《みらい》 | 将来《しょうらい》 |
|---|---|---|
| わが市《し》の＿を考《かんが》える。 | ○ | ○ |
| 君《きみ》の＿は明《あか》るい。 | ○ | ○ |
| ぼくは＿医者《いしゃ》になる。 | × | ○ |

晩《ばん》。今晩《こんばん》。

**みょうばん【明礬】** [名] 無色《むしょく》で、水《みず》によく溶《と》ける、硫酸《りゅうさん》アルミニウムの化合物《かごうぶつ》。食品《しょくひん》の加工《かこう》・薬《くすり》・染色《せんしょく》などに使《つか》われる。

**みょうみ【妙味】** [名] 深《ふか》い味《あじ》わい。おもむき。[例] スキーの妙味を楽《たの》しむ。

**みようみまね【見よう見まね】** 人《ひと》のするのを何度《なんど》も見《み》ていて、覚《おぼ》えること。[例] 見よう見まねでダンスをする。

**みょうやく【妙薬】** [名] ふしぎなほど効《き》き目《め》のある薬《くすり》。[例] かぜの妙薬。

**みより【身寄り】** [名] 親類《しんるい》。身内《みうち》。[例] 身寄りがないとさびしい。

**みらい【未来】** [名] これから先《さき》のこと。将来《しょうらい》。[例] 日本《にっぽん》の未来。[関連] 過去《かこ》。現在《げんざい》。

**ミラクル** 〔英語 miracle〕 [名] 奇跡《きせき》。

**ミリ** 〔フランス語〕 [名] ❶〔単位《たんい》を表《あらわ》す言葉《ことば》の前《まえ》につけて〕その単位《たんい》の千分《せんぶん》の一《いち》を表《あらわ》す言葉《ことば》。記《き》号《ごう》は「m」。❷「ミリメートル」などの略《りゃく》。

**ミリオンセラー** 〔英語 million seller〕 [名] 百万以上《ひゃくまんいじょう》売《う》れた本《ほん》やCD《シーディー》など。

**ミリグラム** 〔フランス語〕 [名] メートル法《ほう》で、重《おも》さの単位《たんい》の一《ひと》つ。一《いち》グラムの千分《せんぶん》の一《いち》。記《き》号《ごう》は「mg」。↓グラム 377ページ

**ミリバール** 〔英語 millibar〕 [名] ↓ヘクトパスカル 1177ページ

**ミリメートル** 〔フランス語〕 [名] メートル法《ほう》で、長《なが》さの単位《たんい》の一《ひと》つ。一《いち》ミリメートルは、一《いち》メートルの千分《せんぶん》の一《いち》。記《き》号《ごう》は「mm」。↓メートル 1289ページ

**みりょう【魅了】** [名] [動する] 人《ひと》の心《こころ》をひきつけ、夢中《むちゅう》にさせること。[例] 聞《き》く人《ひと》を魅了する歌声《うたごえ》。

**みりょく【魅力】** [名] 人《ひと》の心《こころ》を引《ひ》きつける力《ちから》。[例] 魅力のある話《はなし》。

**みりょくてき【魅力的】** [形動] 人《ひと》の心《こころ》を引《ひ》きつける力《ちから》があるようす。[例] 魅力的な声《こえ》。

**ミリリットル** 〔フランス語〕 [名] メートル法《ほう》で、容積《ようせき》の単位《たんい》の一《ひと》つ。一《いち》リットルの千分《せんぶん》の一《いち》で、一立方《いちりっぽう》センチメートルにあたる。記号《きごう》は「mℓ」。↓リットル 1384ページ

**みりん** [名] 焼酎《しょうちゅう》に、むしたもち米《ごめ》やこうじを混《ま》ぜて造《つく》る、あまみのある酒《さけ》。料理《りょうり》などに使《つか》う。

**みる【見る】** [動] ❶目《め》を向《む》ける。[例] 黒板《こくばん》を見る。❷ながめる。見物《けんぶつ》する。[例] 景色《けしき》を見る。❸読《よ》む。目《め》を通《とお》す。[例] 新聞《しんぶん》を見る。❹調《しら》べる。[例] 味《あじ》を見る。❺考《かんが》える。思《おも》う。[例] 十日《とおか》かかると見る。❻経験《けいけん》する。[例] ばかを見る。❼世話《せわ》をする。[例] 面倒《めんどう》を見る。❽〔「…てみる」の形《かたち》で〕ためしに…する。[例] 筆《ふで》で書《か》いてみる。[敬語] 敬《うやま》った言《い》い方《かた》は、「ご覧《らん》になる」。へりくだった言《い》い方《かた》は、「拝見《はいけん》する」。[参考] ふつう❽は、かな書《が》きにする。↓けん【見】406ページ

例解 ことばの窓

**見《み》るの意味《いみ》で**

工場《こうじょう》を見学《けんがく》する。
祭《まつ》りを見物《けんぶつ》する。
授業《じゅぎょう》を参観《さんかん》する。
野球《やきゅう》を観戦《かんせん》する。
海外《かいがい》を視察《しさつ》する。
ハワイを観光《かんこう》する。
昆虫《こんちゅう》を観察《かんさつ》する。
星《ほし》を観測《かんそく》する。

**見《み》る影《かげ》もない** 昔《むかし》の立派《りっぱ》なようすが、どこにもない。[例] 見る影もない変《か》わりようだ。

**見《み》るに忍《しの》びない** あまりに気《き》の毒《どく》で見《み》ていられない。[例] 見るに忍びないあわれな姿《すがた》。

**見《み》るに堪《た》えない** あまりにひどすぎて、見《み》ていられない。[例] 見るに堪えない失敗作《しっぱいさく》だ。

**見《み》るに見《み》かねて** だまって見《み》ていられないで。[例] 見るに見かねて手伝《てつだ》った。

四字熟語 一石二鳥《いっせきにちょう》 橋《はし》をかければ便利《べんり》にもなる、町《まち》もにぎわう。まさに一石二鳥《いっせきにちょう》だね。

**みる【診る】**動 体《からだ》のようすを調《しら》べる。診察《しんさつ》する。例 一度《いちど》医者《いしゃ》に診てもらおう。↓しん【診】656ページ

**みるからに【見るからに】**副 ちょっと見《み》ただけでも。例 見るからに強《つよ》そうだ。

**ミルク**〔英語 milk〕名 ❶牛乳《ぎゅうにゅう》。❷牛乳《ぎゅうにゅう》を煮《に》つめたり、粉《こな》にしたりしたもの。

**みるともなく【見るともなく】**見《み》るつもりもなく。なんとなく。例 見るともなく夜空《よぞら》を見《み》ていると、星《ほし》が流《なが》れた。

**みるなり【見るなり】**見《み》てすぐ。見《み》るとすぐ。例 大《おお》きな犬《いぬ》を見るなりにげだした。

**みるまに【見る間に】**ちょっとの間《あいだ》に。たちまち。例 しゃぼん玉《だま》が見るまに消《き》えた。

**みるみる【見る見る】**副 見《み》ているうちに。またたく間《ま》に。例 みるみる雪《ゆき》が積《つ》もっていく。参考 ふつう、かな書《が》きにする。

**みるめ【見る目】**❶人《ひと》から見《み》られること。人《ひと》から見《み》た感《かん》じ。例 世間《せけん》の見る目が気《き》になる。❷よしあしを見《み》分《わ》ける力《ちから》。例 陶器《とうき》について見る目がある。

**ミレー** 人名(男)(一八一四～一八七五)フランスの画家《がか》。農村《のうそん》で働《はたら》く人々《ひとびと》を愛《あい》して、その生活《せいかつ》を絵《え》にかいた。「落穂拾《おちぼひろ》い」「晩鐘《ばんしょう》」などが有名《ゆうめい》。

**ミレニアム**〔英語 millennium〕名 西暦《せいれき》を千《せん》年単位《ねんたんい》で区切《くぎ》ったもの。千年紀《せんねんき》。

**みれん【未練】**名 あきらめきれないこと。心残《こころのこ》り。例 あの試合《しあい》には未練が残《のこ》る。

**みれんがましい【未練がましい】**形 あきらめが悪《わる》い。例 未練がましく文句《もんく》を言《い》う。

**みわけ【見分け】**名 見《み》て区別《くべつ》すること。例 よいか悪《わる》いか見分けがつかない。

**みわける【見分ける】**動 見《み》て区別《くべつ》する。例 よしあしを見分ける。

**°みわたす【見渡す】**動 遠《とお》くまでずうっとながめる。例 広《ひろ》い会場《かいじょう》を見渡す。

**みわたすかぎり【見渡す限り】**目《め》の届《とど》くところいっぱい。例 見渡す限りの青空《あおぞら》。

**みん【民】**画数 5 部首 氏(うじ) 4年

音 ミン 訓 たみ

筆順

多《おお》くのふつうの人《ひと》。たみ。熟語 民間《みんかん》。民族《みんぞく》。移民《いみん》。国民《こくみん》。住民《じゅうみん》。農民《のうみん》。対 官《かん》。

**みん【民】**名 ふつうの社会《しゃかい》。民間《みんかん》。例 官《かん》と民の間《あいだ》に考《かんが》えのちがいがある。対 官《かん》。

**みん【眠】**画数 10 部首 目(めへん)

音 ミン 訓 ねむ-る ねむ-い

ねむる。熟語 安眠《あんみん》。睡眠《すいみん》。

**みん〖明〗**地名 中国《ちゅうごく》の昔《むかし》の国名《こくめい》。一三六八年《ねん》から一六四四年《ねん》まで続《つづ》いた王朝《おうちょう》。室町時代《むろまちじだい》の日本《にっぽん》と行《い》き来《き》があった。

**みんい【民意】**名 国民《こくみん》の意思《いし》。例 選挙《せんきょ》によって民意を問《と》う。

**みんえい【民営】**名 民間《みんかん》の人《ひと》が経営《けいえい》すること。対 公営《こうえい》。

**みんか【民家】**名 人々《ひとびと》が住《す》んでいる家《いえ》。例 民家が建《た》ちならぶ地域《ちいき》。

**みんかん【民間】**名 政府《せいふ》や役所《やくしょ》に関係《かんけい》のない、一般《いっぱん》の社会《しゃかい》。世間《せけん》。例 民間に伝《つた》わってきた歌《うた》。

**みんかんほうそう【民間放送】**名 広告《こうこく》主《ぬし》からの広告料《こうこくりょう》などで、まかなっている放送《ほうそう》。民放《みんぽう》。

**ミンク**〔英語 mink〕名 イタチに似《に》たけもの。毛《け》は黒茶色《くろちゃいろ》でやわらかく、つやがあるので、高級《こうきゅう》な毛皮《けがわ》にされる。

**みんぐ【民具】**名 一般《いっぱん》の人《ひと》たちが、ふだんの生活《せいかつ》の中《なか》で使《つか》ってきた道具《どうぐ》や器具《きぐ》。

**みんげい【民芸】**名 昔《むかし》から人々《ひとびと》の暮《く》らしの中《なか》に伝《つた》えられてきた芸術《げいじゅつ》。民謡《みんよう》・おどり・工芸《こうげい》品《ひん》など。

**みんげいひん【民芸品】**名 昔《むかし》から人々《ひとびと》の暮《く》らしの中《なか》で、日用品《にちようひん》として作《つく》られ、伝《つた》えられてきた工芸品《こうげいひん》。芸術的《げいじゅつてき》にも値打《ねう》ちのあるもの。

**みんけん【民権】**名 人民《じんみん》の権利《けんり》。特《とく》に、人民《みん》が政治《せいじ》に参加《さんか》する権利《けんり》。例 自由《じゆう》民権運動《うんどう》。

**みんじ【民事】**名 人《ひと》の財産《ざいさん》や権利《けんり》、契約《けいやく》などについて定《さだ》めた法律《ほうりつ》に関《かん》することがら。対 刑事《けいじ》。

**みんしゅ【民主】**名 国《くに》を治《おさ》める権利《けんり》が国民《こくみん》





四字熟語 一朝一夕《いっちょういっせき》 この成功《せいこう》は一朝一夕《いっちょういっせき》で手《て》にしたものではない。苦《くる》しみを乗《の》り越《こ》えた賜物《たまもの》だ。

にあること。例 民主社会《しゃかい》。民主国家《こっか》。

**みんしゅう【民衆】**名 世《よ》の中《なか》の一般《いっぱん》の人《ひと》たち。大衆《たいしゅう》。庶民《しょみん》。例 民衆に語《かた》りかける。類 庶民《しょみん》。大衆《たいしゅう》。

**みんしゅか【民主化】**名 動-する 人《ひと》の権利《けんり》を認《みと》め、大勢《おおぜい》の人《ひと》の考《かんが》え方《かた》を重《おも》んじるという、民主主義《みんしゅしゅぎ》の考《かんが》え方《かた》にかなうようにすること。例 民主化をおし進《すす》める。

**みんしゅく【民宿】**名 旅館《りょかん》とちがい、ふつうの家《いえ》が営《いとな》む、簡単《かんたん》な宿《やど》。

°**みんしゅしゅぎ【民主主義】**名 国《くに》を治《おさ》める権利《けんり》が国民《こくみん》にあり、国民全体《こくみんぜんたい》の幸《しあわ》せや利《り》益《えき》を考《かんが》えて国《くに》を治《おさ》めようとする考《かんが》え方《かた》。デモクラシー。

**みんしゅせいじ【民主政治】**名 民主主《みんしゅしゅ》義《ぎ》による政治《せいじ》。

**みんしゅてき【民主的】**形動 大勢《おおぜい》の人《ひと》の考《かんが》えを、だいじにするようす。例 民主的な考《かんが》え方《かた》。対 封建的《ほうけんてき》。

**みんせいいいん【民生委員】**名 役所《やくしょ》から任《まか》されて、住《す》んでいる地区《ちく》の人々《ひとびと》の幸《しあわ》せをはかり、その世話《せわ》をする役目《やくめ》。また、その役《やく》目《め》の人《ひと》。

**みんぞく【民俗】**名 昔《むかし》から人々《ひとびと》に受《う》けつがれている習《なら》わし。例 民俗芸能《げいのう》。

**みんぞく【民族】**名 同《おな》じ祖先《そせん》から起《お》こり、一体感《いったいかん》をもつ人々《ひとびと》の集《あつ》まり。多《おお》くは、同《おな》じ言《こと》葉《ば》や文化《ぶんか》をもつ。例 民族音楽《おんがく》。民族衣装《いしょう》。

**みんちょうたい【明朝体】**名 活字《かつじ》の書《しょ》体《たい》の一《ひと》つ。縦画《たてかく》が太《ふと》く、横画《よこかく》が細《ほそ》い。新聞《しんぶん》や本《ほん》などに、多《おお》く使《つか》われている。⇩しょたい（書体）❶ 645ページ

**ミント**〔英語 mint〕名 はっか（薄荷《はっか》）。

°**みんな** 名 副「皆《みな》」の強《つよ》めた言《い》い方《かた》。また、くだけた言《い》い方《かた》。例「みんな、集《あつ》まれ。」

**みんぱく【民泊】**名 動-する 民家《みんか》に泊《と》まること。

**みんぽう【民放】**名「民間放送《みんかんほうそう》」の略《りゃく》。

**みんぽう【民法】**名 日常生活《にちじょうせいかつ》の中《なか》で、人《ひと》と人《ひと》との間《あいだ》の権利《けんり》や義務《ぎむ》をまとめた法律《ほうりつ》。

✤**みんよう【民謡】**名 その地方《ちほう》の人《ひと》たちの間《あいだ》に生《う》まれ、その地方《ちほう》の生活《せいかつ》や、人々《ひとびと》の気持《きも》ちが表《あらわ》されている歌《うた》。

✤**みんわ【民話】**名 その地方《ちほう》の人々《ひとびと》の生活《せいかつ》の中《なか》から自然《しぜん》に生《う》まれ、語《かた》り伝《つた》えられてきた話《はなし》。昔話《むかしばなし》。例 民話劇《げき》。

## む

ム　mu

**む【務】** 画数 11 部首 力（ちから） 5年

音 ム　訓 つと-める　つと-まる

筆順

つとめ。役目《やくめ》。仕事《しごと》。熟語 外務《がいむ》。義務《ぎむ》。業務《ぎょうむ》。勤務《きんむ》。公務《こうむ》。事務《じむ》。職務《しょくむ》。任務《にんむ》。

《訓の使い方》**つと-める** 例 会長《かいちょう》を務める。**つと-まる** 例 大臣《だいじん》が務まる。

**む【無】** 画数 12 部首 灬（れんが） 4年

音 ム　ブ　訓 な-い

筆順

❶ものごとが、ない。熟語 無害《むがい》。無実《むじつ》。無理《むり》。無事《ぶじ》。有無《うむ》。対 有《ゆう》。❷ないがしろにする。熟語 無視《むし》。❸〔ある言葉《ことば》の前《まえ》につけて〕…がない。熟語 無意味《むいみ》。無愛想《ぶあいそう》。

《訓の使い方》**な-い** 例 ひまが無い。

**む【無】**名 ❶何《なに》もないこと。例 無から有《ゆう》を生《しょう》じる。対 有《ゆう》。❷むだ。例 努力《どりょく》が無になる。

**無《む》にする** むだにする。例 せっかくの好意《こうい》を無にしては、申《もう》しわけない。

**む【夢】** 画数 13 部首 夕（ゆうべ） 5年

音 ム　訓 ゆめ

筆順

ゆめ。ゆめのようなもの。熟語 夢想《むそう》。夢中《むちゅう》。悪夢《あくむ》。白昼夢《はくちゅうむ》〔＝現実《げんじつ》にはないような空想《くうそう》〕。初夢《はつゆめ》。夢物語《ゆめものがたり》。

**む【矛】** 画数 5 部首 矛（ほこ）

音 ム　訓 ほこ

ほこ。熟語 矛盾《むじゅん》。矛先《ほこさき》。

**む【霧】** 画数 19 部首 雨（あめかんむり）

音 ム　訓 きり

きり。熟語 霧《む》氷《ひょう》。濃《のう》霧《む》。霧雨《きりさめ》。

**む【武】** 熟語 武《む》者《しゃ》。↓**ぶ【武】** 1123ページ

**む【謀】** 熟語 謀《む》反《ほん》。↓**ぼう【謀】** 1193ページ

**む【六】** 名 むっつ。ろく。例 六月《つき》目《め》。五《いつ》・六・七《なな》。↓**ろく【六】** 1415ページ

**むい【六】** ろく。例 六日《か》。

**むいか【六日】** 名 ❶月《つき》の六《ろく》番《ばん》めの日《ひ》。❷六《ろく》日間《にちかん》。例 週《しゅう》に六日プールへ通《かよ》う。↓**ろく【六】** 1415ページ

**むいしき【無意識】** 名 ❶意《い》識《しき》を失《うしな》っていること。例 無意識のまま病《びょう》院《いん》に運《はこ》ばれる。❷自分《じぶん》のしていることに気《き》づかないこと。例 無意識に手《て》が動《うご》く。

**むいそん【無医村】** 名 医《い》者《しゃ》のいない村《むら》。

**むいちぶつ【無一物】** 名 ↓むいちもつ 1271ページ

**むいちもつ【無一物】** 名 何《なに》一《ひと》つ持《も》っていないこと。例 火《か》事《じ》で無一物になった。参考「むいちぶつ」とも読《よ》む。

**むいちもん【無一文】** 名 お金《かね》をぜんぜん持《も》っていないこと。一《いち》文《もん》なし。例 おこづかいを使《つか》いはたして無一文になった。

**むいみ【無意味】** 名 形動 意《い》味《み》がないこと。つまらないこと。例 無意味な会《かい》議《ぎ》。

**ムード** 〔英語 mood〕名 気《き》分《ぶん》。雰《ふん》囲《い》気《き》。例 会《かい》場《じょう》は、楽《たの》しいムードにあふれている。

**ムードメーカー** 名 〔日《にっ》本《ぽん》でできた英《えい》語《ご》ふうの言《こと》葉《ば》。〕その場《ば》の雰《ふん》囲《い》気《き》を、上《じょう》手《ず》にもり上《あ》げる人《ひと》。例 チームのムードメーカー。

**むえき【無益】** 名 形動 少《すこ》しも役《やく》に立《た》たないこと。例 無益な争《あらそ》い。対 有益《ゆうえき》。

**むえん【無縁】** 名 形動 ❶縁《えん》がないこと。関《かん》係《けい》がないこと。無《む》関《かん》係《けい》。❷死《し》んだあとをとむらう身《み》寄《よ》りがないこと。例 無縁仏《ぼとけ》。

**むが【無我】** 名 ❶何《なに》かに一《いっ》生《しょう》懸《けん》命《めい》になって、われを忘《わす》れること。例 無我の境《きょう》地《ち》。❷自分《じぶん》の利《り》益《えき》を考《かん》がえないこと。無《む》私《し》。例 無我の愛《あい》。

**むかい【向かい】** 名 向《む》き合《あ》っていること。例 すし屋《や》の向かいにある本《ほん》屋《や》。

**むがい【無害】** 名 形動 害《がい》がないこと。例 この薬《くすり》は無害です。対 有《ゆう》害《がい》。

**むかいあう【向かい合う】** 動 たがいに、相《あい》手《て》の正《しょう》面《めん》を向《む》いている。向《む》き合《あ》う。例 向かい合って話《はな》そう。

**むかいあわせ【向かい合わせ】** 名 たがいに向《む》かい合《あ》っていること。例 二人《ふたり》で向かい合わせに座《すわ》る。

**むかいかぜ【向かい風】** 名 進《すす》む方《ほう》向《こう》の前《まえ》からふいてくる風《かぜ》。例 向かい風に逆《さか》らって進《すす》む。類 逆《ぎゃく》風《ふう》。対 追《お》い風《かぜ》。

**°むかう【向かう】** 動 ❶そのほうへ顔《かお》を向《む》ける。例 机《つくえ》に向かう。❷目《め》ざして行《い》く。例 アメリカへ向かう旅《りょ》客《かっ》機《き》。❸ある状《じょう》態《たい》に近《ちか》づく。例 病《びょう》気《き》は、快《かい》方《ほう》に向かう。❹はむかう。例 敵《てき》に向かって行《い》く。↓**こう【向】** 423ページ

**むかえいれる【迎え入れる】** 動 ❶来《き》た人《ひと》を迎《むか》えて中《なか》に入《い》れる。例 来《らい》客《きゃく》を応《おう》接《せつ》間《ま》に迎え入れる。❷仲《なか》間《ま》として迎《むか》える。例 転《てん》校《こう》生《せい》をクラスに迎え入れる。

**むかえうつ【迎え撃つ】** 動 攻《せ》めてくる敵《てき》を待《ま》ち受《う》けて戦《たたか》う。例 敵《てき》を迎え撃つ。

**むかえび【迎え火】** 名 うら盆《ぼん》の初《しょ》日《にち》の夕《ゆう》方《がた》に、祖《そ》先《せん》の霊《れい》を迎《むか》えるために家《いえ》の前《まえ》でたく火《ひ》。対 送《おく》り火《び》。

**°むかえる【迎える】** 動 ❶来《く》るのを待《ま》っている。例 友《とも》達《だち》を迎える。❷来《き》てもらう。招《まね》く。例 先《せん》生《せい》を迎える。❸その時《じ》期《き》になる。例 春《はる》を迎える。対（❶〜❸）送《おく》る。↓**げい【迎】** 389ページ

**むがく【無学】** 名 形動 学《がく》問《もん》や知《ち》識《しき》のないこと。例 無学の人《ひと》。

**°むかし【昔】** ━名 長《なが》い年《ねん》月《げつ》が過《す》ぎ去《さ》った、ずっと前《まえ》。例 昔の思《おも》い出《で》。対 今《いま》。━〔数《すう》字《じ》のあとにつけて〕過《す》ぎ去《さ》った十《じゅう》年《ねん》をまとまりとしていう言《こと》葉《ば》。例 十《じゅう》年《ねん》ひと昔。ふた昔前《まえ》〔=二《に》十《じゅう》年《ねん》前《まえ》〕。↓**せき【昔】** 713ページ

**昔《むかし》取《と》ったきねづか** 昔《むかし》きたえていたため、今《いま》でもおとろえていない腕《うで》前《まえ》。例 昔取ったきねづかで、フォームがきれいだ。

**むかしかたぎ【昔〈気質〉】** 名 形動 性《せい》質《しつ》が昔《むかし》ふうで、がんこなこと。例 父《ちち》には昔かたぎなところがある。

**むかしながら【昔ながら】** 副 昔《むかし》のままで、少《すこ》しも変《か》わらないようす。例 昔ながらの習《しゅう》慣《かん》が残《のこ》っている。

**むかしなじみ【昔なじみ】** 名 ずっと前《まえ》に親《した》しくしていたこと。また、その人《ひと》。例 昔なじみに偶《ぐう》然《ぜん》出《で》会《あ》う。



 四字熟語 一刀両断《いっとうりょうだん》 難問《なんもん》を一刀両断《いっとうりょうだん》に解決《かいけつ》する。

✤**むかしばなし【昔話】** 名 ❶昔《むかし》の話《はなし》。思《おも》い出話《でばなし》。例 おたがいの昔話をする。❷昔《むかし》から伝《つた》えられてきた話《はなし》。「むかしむかし」で始《はじ》まることが多《おお》い。おとぎ話《ばなし》。

**むかしふう【昔風】** 名 形動 昔《むかし》のようすを残《のこ》していること。古風《こふう》。例 昔風の家《いえ》。

**むかつく** 動 ❶むかむかして、はき気《け》がする。例 船《ふな》よいで胸《むね》がむかつく。❷腹《はら》が立《た》つ。例 友達《ともだち》の悪口《わるくち》にむかつく。

**むかで【〈百足〉】** 名 足《あし》のたくさんある、平《ひら》たくて長《なが》い虫《むし》。あごから強《つよ》い毒《どく》を出《だ》す。

**むかむか** 副(-と) 動-する ❶気《き》持《も》ちが悪《わる》く、はき気《け》がするようす。例 胸《むね》がむかむかする。❷腹《はら》が立《た》ってしかたがないようす。例 聞《き》いただけで、むかむかする。

■**むがむちゅう【無我夢中】** 名 あることに心《こころ》をうばわれ、他《ほか》のことを忘《わす》れること。例 優勝《ゆうしょう》を目《め》ざし、無我夢中で練習《れんしゅう》する。

**むかんけい【無関係】** 名 形動 関係《かんけい》がないこと。例 事件《じけん》とは無関係だ。

**むかんしん【無関心】** 名 形動 ❶気《き》にかけないこと。例 身《み》なりには無関心だ。❷興味《きょうみ》を持《も》たないこと。例 政治《せいじ》には無関心だ。

**むき【無期】** 名 期限《きげん》が決《き》まっていないこと。無期限《むきげん》。例 無期延期《えんき》。

∘**むき【向き】** 名 ❶向《む》いている方向《ほうこう》。例 風《かぜ》の向きが変《か》わる。❷ちょうど合《あ》っていること。例 子《こ》ども向きの番組《ばんぐみ》。❸人《ひと》。おかた。例 ご用《よう》の向きはこちらへどうぞ。❹話《はなし》や用事《ようじ》などの内容《ないよう》。例 ご用《よう》の向きをお聞《き》かせください。❺くせや傾向《けいこう》。例 すぐ人《ひと》にたよる向きがある。

**向《む》きになる** それほどでもないことなのに本気《ほんき》になる。例 むきになっておこる。

∘**むぎ【麦】** 名 畑《はたけ》に作《つく》る作物《さくもつ》。大麦《おおむぎ》・小麦《こむぎ》・ハダカ麦《むぎ》・ライ麦《むぎ》など、種類《しゅるい》が多《おお》い。世界的《せかいてき》に重《じゅう》要《よう》な穀物《こくもつ》。⬇ばく【麦】1035ページ

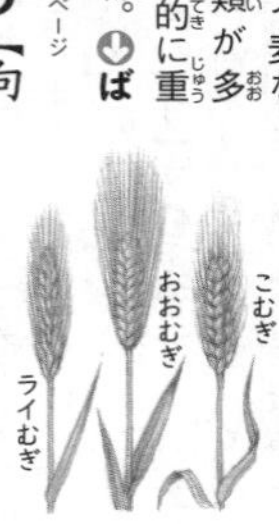

〔むぎ〕

**むきあう【向き合う】** 動 たがいに、体《からだ》を相手《あいて》のほうに向《む》ける。向《む》かい合《あ》う。

**むきげん【無期限】** 名 期限《きげん》を決《き》めないこと。無期《むき》。例 無期限には延《の》ばせない。

**むきしつ【無機質】** 一 名 栄養素《えいようそ》の一《ひと》つ。カルシウム・カリウム・燐《りん》・鉄《てつ》など。ミネラル。二 形動 機械《きかい》のような冷《つめ》たさを与《あた》えるようす。例 彼《かれ》の話《はな》し方《かた》は無機質だ。

**むきず【無傷】** 名 形動 ❶傷《きず》がないこと。例 無傷で助《たす》け出《だ》された。❷失敗《しっぱい》や負《ま》けがないこと。例 無傷のまま勝《か》ち進《すす》んだ。

**むきだし【むき出し】** 名 形動 包《つつ》まないこと。かくさないこと。まる出《だ》し。例 腕《うで》をむき出しにする。闘志《とうし》をむき出しにする。

**むぎちゃ【麦茶】** 名 大麦《おおむぎ》を、からつきのまま、いったもの。また、それを入《い》れてわかしたお茶《ちゃ》。

**むきどう【無軌道】** 名 形動 行動《こうどう》や考《かんが》え方《かた》がむちゃなこと。非常識《ひじょうしき》。例 無軌道な生活《せいかつ》。

**むきなおる【向き直る】** 動 体《からだ》の向《む》きを変《か》える。例 向き直って話《はな》しかける。

**むぎばたけ【麦畑】** 名 麦《むぎ》を作《つく》る畑《はたけ》。

**むきぶつ【無機物】** 名 水《みず》・空気《くうき》・鉱物《こうぶつ》など。生《い》き物《もの》のはたらきを持《も》たない物質《ぶっしつ》。対 有機《ゆうき》物《ぶつ》。

**むぎふみ【麦踏み】** 名 冬《ふゆ》から春《はる》にかけて、麦《むぎ》の芽《め》を足《あし》でふむこと。根《ね》を強《つよ》く張《は》らせるために行《おこな》う。

**むきふむき【向き不向き】** 名 その人《ひと》に適《てき》していることと、適《てき》していないこと。例 仕《し》事《ごと》にも向き不向きがある。

**むきみ【むき身】** 名 からを取《と》り去《さ》った貝《かい》の身《み》。例 あさりのむき身。

**むきめい【無記名】** 名 自分《じぶん》の名前《なまえ》を書《か》かないこと。例 無記名投票《とうひょう》。対 記名《きめい》。

**むぎめし【麦飯】** 名 米《こめ》に大麦《おおむぎ》を混《ま》ぜて炊《た》いた飯《めし》。また、麦《むぎ》だけを炊《た》いた飯《めし》。

**むきゅう【無休】** 名 休《やす》みのないこと。休《やす》まないこと。例 年《ねん》じゅう無休。

**むきゅう【無給】** 名 給料《きゅうりょう》がはらわれないこと。また、はらわれていないこと。

**むきりょく【無気力】** 名 形動 何《なに》かをしようとする気《き》持《も》ちのないこと。例 無気力そうにうなだれている。

**むぎわら【麦わら】** 名 実《み》を取《と》ったあとの麦《むぎ》の茎《くき》。

四字熟語 意味深長《いみしんちょう》 「それもあり得《う》る。」と意味深長《いみしんちょう》な返事《へんじ》だったが、果《は》たしてどうなることやら。

**むぎわらぼうし【麦わら帽子】** 名 麦《むぎ》わらを編《あ》んで作《つく》った帽子《ぼうし》。夏《なつ》に日《ひ》よけ用《よう》として使《つか》うことが多《おお》い。

**むく【無垢◆】** 名 形動 ❶けがれがないこと。例 赤《あか》ちゃんの無垢な笑顔《えがお》。❷混《ま》じりけがないこと。例 金《きん》無垢の製品《せいひん》。❸着物《きもの》が無地《むじ》で色《いろ》が混《ま》じっていないこと。例 白《しろ》無垢の衣装《いしょう》。❹木材《もくざい》を張《は》り合《あ》わせたりしていないこと。例 無垢材《ざい》のテーブル。

○**むく【向く】** 動 ❶顔《かお》や体《からだ》をそのほうに回《まわ》す。そのほうに向《む》ける。例 先生《せんせい》のほうを向く。❷そのほうに面《めん》している。例 南《みなみ》に向いた家《いえ》。❸うまく合《あ》う。適《てき》している。例 子《こ》どもに向く本《ほん》。❹ある状態《じょうたい》になる。例 運《うん》が向く。❺あるほうへ進《すす》む。例 公園《こうえん》へ足《あし》が向く。↓こう【向】423ページ

○**むく** 動 外側《そとがわ》をおおっているものを取《と》り去《さ》って、中《なか》のものを出《だ》す。例 リンゴの皮《かわ》をむく。目《め》をむく〔=目《め》を大《おお》きく開《ひら》く〕。

**むくい【報△い】** 名 自分《じぶん》のしたことが、めぐりめぐってもどってくること。例 人《ひと》をだました報いで、ひどい目《め》にあう。

○**むくいる【報△いる】** 動 人《ひと》から受《う》けたことに対《たい》して、それにつり合《あ》ったお返《かえ》しをする。例 ご恩《おん》に報いる。↓ほう【報】1190ページ

**むくげ** 名 庭木《にわき》や生《い》け垣《がき》にする木《き》。夏《なつ》から秋《あき》にかけて、白《しろ》やむらさきの花《はな》が咲《さ》く。

**むくち【無口】** 名 形動 口数《くちかず》が少《すく》ないこと。例 無口で、いつもひかえめな人《ひと》。

**むくどり** 名 スズメより少《すこ》し大《おお》きい鳥《とり》。全体《ぜんたい》が茶《ちゃ》褐《かっ》色《しょく》で、頭《あたま》の一部《いちぶ》とこしが白《しろ》く、くちばしとあしがだいだい色《いろ》。群《む》れになってくらし、やかましく鳴《な》く。

〔むくどり〕

**むく はとじゅう〖椋鳩十〗** 人名 (男)(一九〇五〜一九八七)童話《どうわ》作家《さっか》。動物《どうぶつ》物語《ものがたり》をたくさん書《か》いた。「大造《だいぞう》じいさんとがん」「月《つき》の輪《わ》ぐま」「片耳《かたみみ》の大鹿《おおしか》」などがある。

**むくみ** 名 はればったくふくらむこと。また、ふくらんだところ。例 足《あし》にむくみがくる。

**むくむ** 動 病気《びょうき》などのために、顔《かお》や手《て》などがはれてふくれる。例 寝《ね》不《ぶ》足《そく》で顔《かお》がむくんでいる。

**むくむく** 一 副(-と) ❶重《かさ》なり合《あ》ってわき上《あ》がるようす。例 雲《くも》がむくむくと盛《も》り上《あ》がる。❷寝《ね》ていたものが起《お》き上《あ》がるようす。例 ライオンがむくむくと起《お》き上《あ》がった。二 副(-と) 動-する 厚《あつ》く、ふくらんでいるようす。例 毛《け》がむくむくした小犬《こいぬ》。

**むくれる** 動 ❶むける。はがれる。例 皮《かわ》がむくれる。❷おこってふきげんになる。例 ちょっとのことですぐむくれる。

**むくわれる【報△われる】** 動 しただけのお返《かえ》しがある。したかいがある。例 日《ひ》ごろの努力《どりょく》が報われる。

**むけい【無形】** 名 はっきりした形《かたち》がないこと。例 先輩《せんぱい》から無形の恩恵《おんけい》を受《う》けている。対 有形《ゆうけい》。

**むけいぶんかいさん【無形文化遺産】** 名 ユネスコの「無形《むけい》文化《ぶんか》遺産《いさん》保護《ほご》条約《じょうやく》」で保護《ほご》される、形《かたち》のない文化《ぶんか》遺産《いさん》。日本《にっぽん》では能楽《のうがく》、和食《わしょく》、和紙《わし》などが登録《とうろく》されている。

**むけいぶんかざい【無形文化財】** 名 音楽《おんがく》・演劇《えんげき》・工芸《こうげい》などで、後《のち》の世《よ》まで伝《つた》える値《ね》打《う》ちがある技《わざ》。特《とく》にすぐれたものは、国《くに》が重《じゅう》要《よう》無形《むけい》文化《ぶんか》財《ざい》に指定《してい》して、保護《ほご》している。

**むげに【無下に】** 副 そっけなく。まったく相手《あいて》にしないで。例 この仕事《しごと》は、むげに断《ことわ》れない。参考 ふつう、かな書《が》きにする。注意 あとに「ない」などの打《う》ち消《け》しの言葉《ことば》がくる。

○**むける【向ける】** 動 ❶向《む》くようにする。向《む》かせる。例 顔《かお》を横《よこ》に向ける。注意《ちゅうい》を向ける。❷その方向《ほうこう》を目《め》ざす。例 北海道《ほっかいどう》に向けて出発《しゅっぱつ》する。❸人《ひと》を行《い》かせる。例 すぐ使《つか》いを向けます。❹ふり当《あ》てる。例 残《のこ》りを旅費《りょひ》に向ける。↓こう【向】423ページ

**むける** 動 はがれる。例 日焼《ひや》けで、背中《せなか》の皮《かわ》がむける。

**むげん【無限】** 名 形動 限《かぎ》りのないようす。例 夢《ゆめ》は、無限に広《ひろ》がる。対 有限《ゆうげん》。

**むげんだい【無限大】** 名 形動 限《かぎ》りなく大《おお》きいこと。例 宇宙《うちゅう》は、無限大だ。

○**むこ【婿】** 名 ❶娘《むすめ》の夫《おっと》。❷結婚《けっこん》相手《あいて》の男性《だんせい》。対(❶・❷)嫁《よめ》。↓せい【婿】700ページ

**むごい** 形 ❶見《み》ていられないほど痛《いた》ましい。例 事故《じこ》現場《げんば》のむごいようす。❷残酷《ざんこく》だ。例

四字熟語 因果応報《いんがおうほう》 よくない行《おこな》いをすれば、因果応報《いんがおうほう》で、必《かなら》ずどこかでよくないことが起《お》こる。

むごい仕打《しう》ちを受《う》ける。

**むこう**【無効】名 形動 効《き》き目《め》がないこと。役《やく》に立《た》たないこと。例「この切符《きっぷ》は無効です。」対 有効《ゆうこう》。

°**むこう**【向こう】名 ❶前《まえ》のほう。正面《しょうめん》。例向こう三軒両《さんげんりょう》どなり。❷遠《とお》くのほう。例向こうの山《やま》。❸あちら。例向こうで待《ま》っていなさい。❹今後《こんご》。これから。例向こう三年《さんねん》間《かん》は保証《ほしょう》します。❺相手《あいて》のほう。先方《せんぽう》。例費用《ひよう》は向こう持《も》ちです。⇩**こう**【向】423ページ

**向《む》こうに回《まわ》す** 相手《あいて》にして争《あらそ》う。例大人《おとな》たちを向こうに回して議論《ぎろん》する。

**向《む》こうを張《は》る** 対抗《たいこう》する。張《は》り合《あ》う。例近《ちか》くのスーパーの向こうを張って値下《ねさ》げする。

**むこういき**【向こう意気】名 相手《あいて》と張《は》り合《あ》う気持《きも》ち。向《む》こう気《き》。例向こう意気の強《つよ》い人《ひと》。類 負《ま》けん気《き》。

**むこうぎし**【向こう岸】名 川《かわ》などで、自《じ》分《ぶん》がいるのとは反対側《はんたいがわ》の岸《きし》。対岸《たいがん》。例向こう岸に渡《わた》る。

**むこうずね**【向こうずね】名 ひざから足首《あしくび》までの前側《まえがわ》の部分《ぶぶん》。⬇からだ❶262ページ

**むこうはちまき**【向こう鉢巻き】名 額《ひたい》のところで結《むす》んだ鉢巻《はちま》き。例向こう鉢巻きでがんばる〔=元気《げんき》いっぱいがんばる〕。

**むこうみず**【向こう見ず】名 形動 あとのことを考《かんが》えずに、思《おも》ったとおりに行動《こうどう》すること。無鉄砲《むてっぽう》。例一人《ひとり》で山《やま》へ行《い》くなんてあまりに向こう見ずだ。

**むごたらしい** 形 見《み》ていられないほど、かわいそうなようす。むごいようす。例むごたらしい死《し》に方《かた》だった。

**むごん**【無言】名 ものを言《い》わないこと。だまっていること。例無言のままうなずく。

**むごんげき**【無言劇】名 ⬇パントマイム1076ページ

**むざい**【無罪】名 罪《つみ》がないこと。罪《つみ》にならないこと。例裁判《さいばん》の結果《けっか》、無罪となる。対 有罪《ゆうざい》。

**むさくい**【無作為】名 手《て》を加《くわ》えないで、偶《ぐう》然《ぜん》にまかせること。例無作為に選《えら》び出《だ》す。

**むさくるしい**【むさ苦しい】形 散《ち》らかって、きたならしい。例むさ苦しい部屋《へや》。

**むささび** 名 山《やま》や森《もり》にすむ、リスに似《に》たけもの。前足《まえあし》と後《うし》ろ足《あし》の間《あいだ》の皮《かわ》のまくを広《ひろ》げて、木《き》から木《き》へ飛《と》ぶ。夜《よる》、活動《かつどう》する。

〔むささび〕

**むさし**〖武蔵〗地名 昔《むかし》の国《くに》の名《な》の一《ひと》つ。今《いま》の東京《とうきょう》都《と》と埼玉《さいたま》県《けん》の大部分《だいぶぶん》と、神奈川《かながわ》県《けん》の一部《いちぶ》にあたる。

**むさべつ**【無差別】名 形動 差別《さべつ》がないこと。分《わ》けへだてのないこと。例無差別攻撃《こうげき》。

**むさぼる**【貪る】動 いくらでもほしがる。欲《よく》ばる。例むさぼるように食《た》べる。⇩**どん**【貪】955ページ

**むざむざ** 副(-と) ❶おしげもなく。例むざむざ命《いのち》を捨《す》てるな。❷あっけなく。やすやすと。例むざむざ相手《あいて》の仕《し》かけたわなにかかる。

**むざん**【無残・無惨】形動 あまりにもひどくて、あわれなようす。例無残な最期《さいご》を遂《と》げる。

°**むし**【虫】名 ❶昆虫《こんちゅう》や、昆虫《こんちゅう》のような小《ちい》さな生《い》き物《もの》。例虫とり網《あみ》。❷秋《あき》に鳴《な》く昆虫《こんちゅう》。スズムシ・マツムシなど。例虫の声《こえ》に秋《あき》を感《かん》じる。❸害《がい》になる小《ちい》さな生《い》き物《もの》。❹人間《にんげん》の体《からだ》の中《なか》にいて、さまざまな気持《きも》ちや考《かんが》えを起《お》こすもとになると考《かんが》えられているもの。例腹《はら》の虫がおさまらない。虫の知《し》らせ。❺〔「…の虫《むし》」の形《かたち》で〕一《ひと》つのことに熱中《ねっちゅう》する人《ひと》。例本《ほん》の虫。仕事《しごと》の虫。❻〔「…虫《むし》」の形《かたち》で〕人《ひと》をからかっていう言葉《ことば》。例泣《な》き虫。弱《よわ》虫。⇩**ちゅう**【虫】830ページ

**虫《むし》がいい** 自分《じぶん》の都合《つごう》だけしか考《かんが》えない。身《み》勝手《がって》。例勉強《べんきょう》もしないで合格《ごうかく》しようなんて虫がいい。

**虫《むし》が知《し》らせる** 予感《よかん》がする。なんとなく心《こころ》に感《かん》じる。参考 悪《わる》いことについていうことが多《おお》い。

**虫《むし》が好《す》かない** なんとなく気《き》に入《い》らない。例あの人《ひと》はどうも虫が好かない。

**虫《むし》の息《いき》** 今《いま》にも止《と》まりそうな息《いき》。死《し》にそうなようす。例事故《じこ》の直後《ちょくご》はもう虫の息だった。

**虫《むし》の居所《いどころ》が悪《わる》い** なんとなく、きげんが悪《わる》



四字熟語 右往左往《うおうさおう》 あわてふためいて右往左往《うおうさおう》するばかり。どうしたらいいのかわからない。

くて、おこりっぽい。例 兄《あに》は、今日《きょう》は虫の居所が悪い。

**虫《むし》の知《し》らせ** なんとなく悪《わる》いことが起《お》こりそうな予感《よかん》がすること。例 虫の知らせなのか、どうも落《お》ち着《つ》かない。

**虫《むし》も殺《ころ》さない** (小《ちい》さな虫《むし》も殺《ころ》せないほど)気《き》がやさしい。例 虫も殺さないような顔《かお》で、意外《いがい》にひどいことをする。

**むし【無私】** 名 形動 自分《じぶん》の都合《つごう》や利益《りえき》を考《かんが》えないこと。例 公平《こうへい》無私。

**むし【無視】** 名 動-する あっても、ないようにあつかうこと。まったく問題《もんだい》にしないこと。例 彼《かれ》の意見《いけん》は無視できない。

**むじ【無地】** 名 全体《ぜんたい》が一《ひと》つの色《いろ》で、模様《もよう》のないこと。例 無地の着物《きもの》。

**むしあつい【蒸し暑い】** 形 風《かぜ》がなく、しめりけが多《おお》くて、蒸《む》されるように暑《あつ》い。例 蒸し暑くて寝苦《ねぐる》しい。

**むしかえす【蒸し返す】** 動 ❶もう一度《いちど》蒸《む》す。❷一度《いちど》決《き》まったことを、もう一度《いちど》問題《もんだい》にする。例 議論《ぎろん》を蒸し返す。

**むしかく【無資格】** 名 必要《ひつよう》な資格《しかく》がないこと。

**むじかく【無自覚】** 名 形動 自分《じぶん》のしていることの意味《いみ》や責任《せきにん》などが、わかっていないようす。例 無自覚に日々《ひび》を送《おく》る。

**むしかご【虫籠】** 名 マツムシ・スズムシ・ホタルなどの虫《むし》を飼《か》うための、かご。

**むしくい【虫食い】** 名 虫《むし》が食《く》うこと。虫《むし》が食《く》ったあと。例 虫食いの本《ほん》。

**むしくだし【虫下し】** 腹《はら》の中《なか》にいる寄生《きせい》虫《ちゅう》を体《からだ》の外《そと》に出《だ》すための薬《くすり》。

**むしけら【虫けら】** 名 虫《むし》を悪《わる》くいう言葉《ことば》。つまらない虫《むし》。例 虫けらのような扱《あつか》い。

**むじこ【無事故】** 名 事故《じこ》のないこと。事故《じこ》を起《お》こさないこと。例 無事故無《む》違《い》反《はん》。

**むしずがはしる【虫ずが走る】** いやでたまらない気持《きも》ちになる。例 想像《そうぞう》するだけでも虫ずが走る。参考「虫《むし》ず」は、胸《むね》がむかむかしたときに出《で》る、すっぱい液体《えきたい》のこと。

**むじつ【無実】** 名 ❶罪《つみ》となる事実《じじつ》がないこと。例 無実をうったえる。❷中身《なかみ》がないこと。例 有名《ゆうめい》無実。

**無《む》実《じつ》の罪《つみ》** 罪《つみ》がないのに、罪《つみ》があるとされること。ぬれぎぬ。えん罪《ざい》。例 無実の罪を着《き》せられる。

**むしとり【虫取り・虫捕り】** 名 虫《むし》をつかまえること。

**むしのね【虫の音】** 名 虫《むし》の鳴《な》き声《ごえ》。特《とく》に秋《あき》の虫《むし》についていう。

**むしば【虫歯】** 名 ばいきんがはたらいてできる酸《さん》のために、いたんだり穴《あな》があいたりした歯《は》。

**むしばむ** 動 (虫《むし》が物《もの》を食《く》うように)少《すこ》しずつ悪《わる》くなる。例 心《こころ》がむしばまれる。

**むじひ【無慈悲】** 名 形動 あわれみの心《こころ》がないこと。思《おも》いやりがないこと。例 無慈悲な言葉《ことば》。

**むしピン【虫ピン】** 名 昆虫《こんちゅう》の標本《ひょうほん》を作《つく》るとき、虫《むし》をとめておく針《はり》のようなピン。

**むしぶろ【蒸し風呂】** 名 湯気《ゆげ》で体《からだ》を蒸《む》して温《あたた》める、湯《ゆ》のないふろ。サウナ。例 蒸し風呂のような暑《あつ》さ。

**むしぼし【虫干し】** 名 動-する 夏《なつ》の土用《どよう》のころ、かびや虫《むし》を防《ふせ》ぐため、衣類《いるい》などを、日光《にっこう》や風《かぜ》に当《あ》てること。土用干《どようぼ》し。

**むしむし【蒸し蒸し】** 副 動-する 風《かぜ》がなく、蒸《む》し暑《あつ》いようす。例 蒸し蒸しして寝苦《ねぐる》しい。

**むしめがね【虫〈眼鏡〉】** 名 小《ちい》さな物《もの》を大《おお》きくして見《み》るための、凸《とつ》レンズでできた道具《どうぐ》。ルーペ。拡大鏡《かくだいきょう》。

**むしゃ【武者】** 名 武士《ぶし》。特《とく》に、よろい・かぶとをつけた、さむらい。例 武者絵《え》。

**むしやき【蒸し焼き】** 名 料理《りょうり》で、材料《ざいりょう》をなべやかまなどに入《い》れ、ふたをして焼《や》くこと。また、その料理《りょうり》。例 鳥《とり》の蒸し焼き。

°**むじゃき【無邪気】** 名 形動 ❶心《こころ》がすなおで、かざりけや悪気《わるぎ》がないこと。例 赤《あか》ちゃんの無邪気な顔《かお》。❷深《ふか》い考《かんが》えがないこと。例 無邪気な質問《しつもん》。

**むしゃくしゃ** 副(-と) 動-する 腹《はら》が立《た》ってたまらないようす。例 朝《あさ》から気分《きぶん》がむしゃくしゃする。

**むしゃしゅぎょう【武者修行】** 名 ❶武士《ぶし》が武術《ぶじゅつ》をみがくために各地《かくち》を回《まわ》ること。❷よその土地《とち》へ行《い》って自分《じぶん》をみがくこと。例 技術《ぎじゅつ》向上《こうじょう》のために海外《かいがい》へ武者修行に行《い》く。





四字熟語 紆余曲折《うよきょくせつ》 紆余曲折《うよきょくせつ》を経《へ》て、今《いま》の計画《けいかく》に落《お》ち着《つ》いた。

**むしゃにんぎょう**【武者人形】名 五月《ごがつ》五日《いつか》の節句《せっく》にかざる、武士《ぶし》の姿《すがた》の人形《にんぎょう》。五月人形《ごがつにんぎょう》。

〔むしゃにんぎょう〕

**むしゃぶりつく** 動 激《はげ》しい勢《いきお》いで、しがみつく。例 母親《ははおや》にむしゃぶりつく。

**むしゃぶるい**【武者震い】名 動-する 心《こころ》が勇《いさ》み立《た》って体《からだ》がふるえること。例 決勝戦《けっしょうせん》を前《まえ》に武者震いする。

**むしゅう**【無臭】名 においやくさみがないこと。例 無色《むしょく》無臭の液体《えきたい》。

**むじゅうりょく**【無重力】名 重力《じゅうりょく》がないこと。例 人工衛星《じんこうえいせい》の中《なか》は無重力状態《じょうたい》だ。

◦**むじゅん**【矛盾】名 動-する つじつまが合《あ》わないこと。理屈《りくつ》に合《あ》わないこと。例「君《きみ》の話《はなし》は、矛盾している。」参考 どんな盾《たて》でも突《つ》き通《とお》すという矛《ほこ》と、どんな矛《ほこ》も通《とお》さないという盾《たて》を売《う》る者《もの》が、その矛《ほこ》でその盾《たて》を突《つ》いたらどうなるかと聞《き》かれて返事《へんじ》に困《こま》ったという、中国《ちゅうごく》の古《ふる》い話《はなし》からできた言葉《ことば》。

**むしょう**【無償】名 ❶仕事《しごと》などに対《たい》してお金《かね》などをもらわないこと。例 無償の奉仕《ほうし》。❷代金《だいきん》をはらわないこと。無料《むりょう》。ただ。例 教科書《きょうかしょ》の無償配布《はいふ》。

**むじょう**【無上】名 形動 この上《うえ》もないこと。最上《さいじょう》。例 無上の喜《よろこ》び。

**むじょう**【無常】名 形動 ❶仏教《ぶっきょう》で、すべてのものは移《うつ》り変《か》わっていって、いつも同《おな》じものはないということ。❷人《ひと》の世《よ》は変《か》わりやすく、はかないこと。例 人生《じんせい》の無常を感《かん》じる。

**むじょう**【無情】名 形動 ❶思《おも》いやりのないこと。例 無情な人《ひと》。❷心《こころ》や感情《かんじょう》を持《も》たないこと。例 無情の雨《あめ》。

**むじょうけん**【無条件】名 なんの条件《じょうけん》もつけないこと。例 無条件で引《ひ》き受《う》ける。

**むしょうに**【無性△に】副 むやみに。やたらに。例 むしょうに腹《はら》が立《た》つ。

**むしょく**【無色】名 色《いろ》がついていないこと。例 無色透明《とうめい》。

**むしょく**【無職】名 決《き》まった職業《しょくぎょう》や、仕事《しごと》がないこと。

**むしょぞく**【無所属】名 どの団体《だんたい》や政党《せいとう》にも入《はい》っていないこと。例 無所属の候補者《こうほしゃ》。

◦**むしる** 動 ❶つかんで引《ひ》きぬく。例 草《くさ》をむしる。❷少《すこ》しずつ、つまみ取《と》る。例 パンをむしって食《た》べる。

**むしろ**【筵◆】名 わら・イグサなどで編《あ》んで作《つく》ったしきもの。ござ。

**むしろ**【寧▲ろ】副 どちらかというと。例 映《え》画《が》よりむしろテレビのほうがいい。

**むしん**【無心】一 名 形動 よけいなことを考《かんが》えないこと。例 子《こ》どもが無心に遊《あそ》んでいる。二 名 動-する お金《かね》や品物《しなもの》をほしいとねだること。例 こづかいを無心する。

**むじん**【無人】名 ❶人《ひと》が住《す》んでいないこと。❷仕事《しごと》をする人《ひと》がいないこと。例 無人島《とう》。例 無人駅《えき》。

**むしんけい**【無神経】名 形動 ❶感《かん》じ方《かた》がにぶいこと。鈍感《どんかん》。❷人《ひと》のいやがるようなことを、平気《へいき》でするようす。例 無神経な言《い》い方《かた》。

**むじんぞう**【無尽蔵】名 形動 いくら使《つか》ってもなくならないほど、たくさんあること。例 石油《せきゆ》は無尽蔵にはない。

**むじんとう**【無人島】名 人《ひと》の住《す》んでいない島《しま》。例 無人島に流《なが》れ着《つ》く。

**むす**【生▲す】動 草《くさ》やコケなどが生《は》える。例 こけむした岩《いわ》。

◦**むす**【蒸△す】動 ❶湯気《ゆげ》で熱《ねっ》する。ふかす。例 いもを蒸す。❷むし暑《あつ》く感《かん》じられる。例「今日《きょう》も蒸すね。」↓じょう【蒸】625ページ

◦**むすう**【無数】名 形動 数《かぞ》えきれないほど、数《かず》が多《おお》いこと。例 無数の星《ほし》。

◦**むずかしい**【難しい】形〔「むつかしい」ともいう。〕❶わかりにくい。例 難しい本《ほん》。❷なかなかできない。やっかいだ。例 難しい問題《もんだい》。❸面倒《めんどう》だ。困難《こんなん》だ。例 難しい手続《てつづ》き。対（❶〜❸）易《やさ》しい。❹病《びょう》気《き》などが治《なお》りにくい。例 難しい病気《びょうき》。❺きげんが悪《わる》い。気難《きむずか》しい。例 難しい顔《かお》をしている。↓なん【難】

四字熟語 栄枯盛衰《えいこせいすい》 この映画《えいが》は、源氏《げんじ》と平家《へいけ》の栄枯盛衰《えいこせいすい》のさまをえがいている。

**むずがゆい** 形 むずむずするように、かゆい。例 虫《むし》にさされてむずがゆい。 979ページ

**むずかる** 動 小《ちい》さい子《こ》どもなどが、ぐずぐず言《い》ったり、泣《な》いたりする。ぐずる。例 赤《あか》ちゃんがむずかっている。

**むすこ【〈息子〉】** 名 男《おとこ》の子《こ》。特《とく》に、自分《じぶん》の、男《おとこ》の子《こ》ども。せがれ。対 娘《むすめ》。参考「息子《むすこ》」は、特別《とくべつ》に認《みと》められた読《よ》み方《かた》。

**むずと** 副 勢《いきお》いよく力《ちから》をこめるようす。むんずと。例 むずと腕《うで》をつかむ。

✤**むすび【結び】** 名 ❶結《むす》ぶこと。また、結《むす》んだところ。例 こま結び。❷終《お》わり。例 文章《ぶんしょう》の結び。❸握《にぎ》り飯《めし》。例 おむすび。

**むすびつき【結び付き】** 名 関係《かんけい》。つながり。例 二《ふた》つの国《くに》は結びつきが強《つよ》い。

**むすびつく【結び付く】** 動 ❶結《むす》ばれて一《ひと》つになる。例 糸《いと》が結びついている。❷深《ふか》い関《かん》係《けい》を持《も》つ。例 勝利《しょうり》に結びつくヒット。

**むすびつける【結び付ける】** 動 ❶ひもなどでしばって固定《こてい》する。ゆわえる。例 荷物《にもつ》を自転車《じてんしゃ》に結びつける。❷関係《かんけい》づける。関《かん》連《れん》づける。例 二《ふた》つの事件《じけん》を結びつけて考《かんが》える。

**むすびめ【結び目】** 名 糸《いと》やひもなどの結《むす》び合《あ》わさったところ。例 結び目を解《と》く。

°**むすぶ【結ぶ】** 動 ❶糸《いと》やひもの両《りょう》はじをからませて、はなれないようにする。くくる。つなぐ。しばる。例 ひもを結ぶ。対 解《と》く。ほどく。❷はなれているものや場《ば》所《しょ》をつなぐ。例 手《て》を結ぶ。二《ふた》つの町《まち》を結ぶ道路《どうろ》。❸関係《かんけい》をつける。例 関係《かんけい》を結ぶ。❹約束《やくそく》などを取《と》り決《き》める。例 条約《じょうやく》を結ぶ。❺かたく閉《と》じる。例 口《くち》を結ぶ。❻生《しょう》じる。生《う》み出《だ》す。例 実《み》を結ぶ。❼しめくくる。例 話《はなし》を結ぶ。↓けっ【結】400ページ

**むずむず** 副(-と) 動-する ❶虫《むし》がはうような、かゆい感《かん》じがするようす。例 背中《せなか》がむずむずする。❷じっとしていられないようす。例 帰《かえ》りたくてむずむずしている。

**むすめ【娘】** 画数 10 部首 女(おんなへん)

音 ―― 訓 むすめ

女《おんな》の人《ひと》。女《おんな》の子《こ》。

**むすめ【娘】** 名 ❶女《おんな》の子《こ》。特《とく》に、自分《じぶん》の、女《おんな》の子《こ》ども。例 うちの娘。対 息子《むすこ》。❷結婚《けっこん》していない、若《わか》い女《おんな》の人《ひと》。例 娘のころの写真《しゃしん》。

**むせい【無声】** 名 声《こえ》や音《おと》がないこと。また、声《こえ》や音《おと》を出《だ》さないこと。例 無声映画《えいが》。

**むぜい【無税】** 名 税金《ぜいきん》がかからないこと。

**むせいげん【無制限】** 名 形動 数《かず》や量《りょう》などを、制限《せいげん》しないこと。例 無制限に許可《きょか》する。

**むせかえる【むせ返る】** 動 ひどくむせる。例 たばこの煙《けむり》にむせ返る。

**むせきにん【無責任】** 名 形動 責任《せきにん》を持《も》とうとしないこと。いいかげんであること。例 無責任な態度《たいど》が許《ゆる》せない。

**むせびなき【むせび泣き】** 名 声《こえ》をつまらせて、激《はげ》しく泣《な》くこと。

**むせぶ** 動 ❶↓むせる 1277ページ。❷息《いき》をつまらせるようにして泣《な》く。例 涙《なみだ》にむせぶ。

°**むせる** 動 息《いき》がつまりそうになって、せきこむ。むせぶ。例 たき火《び》の煙《けむり》にむせる。

**むせん【無線】** 名 通信《つうしん》や放送《ほうそう》で、電線《でんせん》を使《つか》わずに、電波《でんぱ》を使《つか》うこと。また、電線《でんせん》を使《つか》わない通信《つうしん》。例 無線電信《でんしん》。無線電話《でんわ》。対 有線《ゆうせん》。

例解 ことばの窓

**難《むずか》しい の意味《いみ》で**

複雑《ふくざつ》で困難《こんなん》な工事《こうじ》。
今年《ことし》は多難《たなん》な一年《いちねん》だった。
なぞが多《おお》くて、面倒《めんどう》な事件《じけん》だ。
反対《はんたい》の多《おお》い厄介《やっかい》な問題《もんだい》。
わからせるのは難儀《なんぎ》なことだ。
勝《か》つのは至難《しなん》のわざ。
読《よ》みにくくて難解《なんかい》な文章《ぶんしょう》。

例解 表現の広場

**結《むす》ぶ と しばる のちがい**

| | 結《むす》ぶ | しばる |
|---|---|---|
| ふくろの口《くち》を | ○ | ○ |
| くつひもを | ○ | × |
| 島《しま》と島《しま》とを | ○ | × |
| 本《ほん》を一〇冊《さつ》ずつ | × | ○ |
| 傷口《きずぐち》を包帯《ほうたい》で | × | ○ |



四字熟語 岡目八目《おかめはちもく》 しろうとの君《きみ》の考《かんが》えのほうが正《ただ》しかったよ。岡目八目《おかめはちもく》とはよく言《い》ったものだ。

**むせんまい**【無洗米】[名] 前《まえ》もってぬかが取《と》り除《のぞ》いてあって、とがずに炊《た》ける米《こめ》。

**むせんラン**【無線LAN】[名] LAN《ラン》ケーブルの代《か》わりに電波《でんぱ》を使《つか》って通信《つうしん》を行《おこな》う仕《し》組《く》み。⇩ラン 1376ページ

**むそう**【夢想】[名][動-する] ❶夢《ゆめ》の中《なか》で思《おも》うこと。[例] こうなるとは夢想だにしなかった。❷夢《ゆめ》のようなことを考《かんが》えること。空想《くうそう》。[例] 幸《しあわ》せな未来《みらい》を夢想する。

**むぞうさ**【無造作】[名][形動] 気軽《きがる》にものごとをすること。[例] 本《ほん》をむぞうさに積《つ》む。

**°むだ**【無駄】[名][形動] 役《やく》に立《た》たないこと。効《こう》果《か》がないこと。[例] 努《ど》力《りょく》がむだになる。

**むだあし**【無駄足】[名] 目的《もくてき》が果《は》たせず、出《て》かけたかいがないこと。[例] むだ足をふむ。

**むだぐち**【無駄口】[名] 役《やく》に立《た》たないおしゃべり。[例] むだ口をたたく。

**むだづかい**【無駄遣い】[名][動-する] お金《かね》や物《もの》などを役《やく》に立《た》たないことに使《つか》うこと。[例] 資《し》源《げん》の無駄遣い。

**むだばなし**【無駄話】[名][動-する] 役《やく》に立《た》たない話《はなし》。おしゃべり。[例] 無駄話ばかりしていないで勉《べん》強《きょう》しなさい。

**むだぼね**【無駄骨】[名] 苦《く》労《ろう》や努《ど》力《りょく》をしたかいがないこと。むだな骨《ほね》折《お》り。[例] 無駄骨を折《お》る。

**むだん**【無断】[名] 前《まえ》もって知《し》らせたり、許《ゆる》しを受《う》けたりしていないこと。[例] 無断欠席《けっせき》。

**むち**【無知】[名][形動] ❶何《なに》も知《し》らないこと。[例] 機械《きかい》については無知だ。❷おろかなこと。[例] 無知な人《ひと》たち。

**むち** [名] ❶馬《うま》などを進《すす》ませるときに打《う》つ細《ほそ》長《なが》い棒《ぼう》やひも。❷人《ひと》をしかったり、はげましたりする言《こと》葉《ば》や態《たい》度《ど》。[例] 愛《あい》のむち〔=愛《あい》するからこそとるきびしい態《たい》度《ど》〕。

**むちうちしょう**【むち打ち症】[名] 自《じ》動《どう》車《しゃ》の衝《しょう》突《とつ》などの事《じ》故《こ》で、首《くび》の骨《ほね》や筋《きん》肉《にく》などを痛《いた》めたときに出《で》る症《しょう》状《じょう》。

**むちうつ**【むち打つ】[動] ❶むちでたたく。❷しっかりするようにはげます。[例] つかれた体《からだ》にむち打ってがんばる。

**むちつじょ**【無秩序】[名][形動] 秩《ちつ》序《じょ》がなくて、みだれていること。[例] 無秩序に散《ち》らばった部《へ》屋《や》。

**°むちゃ** [名][形動] ❶筋《すじ》道《みち》が通《とお》らないこと。[例] むちゃを言《い》う。❷程《てい》度《ど》がひどすぎること。[例] むちゃな値《ね》段《だん》。❸乱《らん》暴《ぼう》なこと。[例] むちゃをする。

**むちゃくちゃ** [名][形動] 「むちゃ」を強《つよ》めた言《い》い方《かた》。

**°むちゅう**【夢中】[名][形動] あることに、一《いっ》生《しょう》懸《けん》命《めい》になるようす。[例] カメラに夢中になる。突《とつ》然《ぜん》の火《か》事《じ》に夢中で逃《に》げた。

**むつ**【六つ】[名] むっつ。ろく。⇩ろく【六】1415ページ

**むつ**〖陸奥〗[地名] ❶昔《むかし》の国《くに》の名《な》の一《ひと》つ。今《いま》の青《あお》森《もり》県《けん》・岩《いわ》手《て》県《けん》・宮《みや》城《ぎ》県《けん》・福《ふく》島《しま》県《けん》の全《ぜん》部《ぶ》と秋《あき》田《た》県《けん》の一《いち》部《ぶ》にあたる。みちのく。❷昔《むかし》の国《くに》の名《な》の一《ひと》つ。一八六八年《ねん》に「❶」を分《ぶん》割《かつ》してできた。今《いま》の青《あお》森《もり》県《けん》と岩《いわ》手《て》県《けん》の一《いち》部《ぶ》にあたる。

**むつかしい**【難しい】[形] ⇩むずかしい 1276ページ

**むつき**【睦月】[名] 昔《むかし》の暦《こよみ》で、一《いち》月《がつ》のこと。

**むっくり** 一[副(-と)] ❶急《きゅう》に起《お》き上《あ》がるようす。[例] むっくり起《お》き上《あ》がる。❷まるく高《たか》くなっているようす。[例] 地《じ》面《めん》がむっくり盛《も》り上《あ》がる。二[副(-と)][動-する] よく太《ふと》っているようす。[例] むっくりと太《ふと》っている。

**むつごろう** [名] 有《あり》明《あけ》海《かい》にいる、ハゼによく似《に》た魚《さかな》。潮《しお》が引《ひ》くと、干《ひ》潟《がた》のどろの上《うえ》を、胸《むな》びれでとび歩《ある》く。食《た》べられる。絶《ぜつ》滅《めつ》危《き》惧《ぐ》種《しゅ》。

**°むっつ**【六つ】[名] ❶〔数《かず》を表《あらわ》す言《こと》葉《ば》。〕ろく。❷六《ろく》歳《さい》。⇩ろく【六】1415ページ

**むっつり** [副(-と)][動-する] 口《くち》数《かず》が少《すく》なくてあいそのないようす。[例] あの人《ひと》は、いつもむっつりしている。

**むっと** [副][動-する] ❶急《きゅう》におこって、だまりこむようす。[例] むっとして、そっぽを向《む》いた。❷暑《あつ》さやいやなにおいで、息《いき》がつまりそうなようす。[例] 部《へ》屋《や》がむっとする。

**むつまじい** [形] 仲《なか》がいい。[例] 仲《なか》むつまじい夫《ふう》婦《ふ》。

**むつ むねみつ**〖陸奥宗光〗[人名]（男）（一八四四〜一八九七）明《めい》治《じ》時《じ》代《だい》の政《せい》治《じ》家《か》。伊《い》藤《とう》博《ひろ》文《ぶみ》内《ない》閣《かく》の外《がい》務《む》大《だい》臣《じん》を務《つと》め、江《え》戸《ど》時《じ》代《だい》の末《まっ》期《き》に欧《おう》米《べい》諸《しょ》国《こく》と結《むす》んだ条《じょう》約《やく》(不《ふ》平《びょう》等《どう》条《じょう》約《やく》)を改《あらた》めたり、日《にっ》清《しん》戦《せん》争《そう》の講《こう》和《わ》条《じょう》約《やく》を結《むす》んだり



四字熟語 花《か》鳥《ちょう》風《ふう》月《げつ》 日本《にっぽん》は四季《しき》それぞれに、花《か》鳥《ちょう》風《ふう》月《げつ》を楽《たの》しむことができる、美《うつく》しい国《くに》です。

した。

**むつわん**【陸奥湾】地名 青森県《あおもりけん》北部《ほくぶ》の湾《わん》。下北半島《しもきたはんとう》と津軽半島《つがるはんとう》に囲《かこ》まれ、津軽海峡《つがるかいきょう》に通《つう》じている。

**むていこう**【無抵抗】名形動 逆《さか》らわないこと。手向《てむ》かいしないこと。例無抵抗のまつかまる。

**むてき**【無敵】名形動 非常《ひじょう》に強《つよ》くて、相手《あいて》になるものがいないこと。例無敵の強《つよ》さをほこる。

**むてき**【霧笛】名 霧《きり》の深《ふか》いとき、安全《あんぜん》に航海《こうかい》するために、船《ふね》などが鳴《な》らす合図《あいず》の汽笛《きてき》。

**むてっぽう**【無鉄砲】名形動 あと先《さき》を考《かんが》えず、むちゃなことをすること。向《む》こう見《み》ず。例無鉄砲な人《ひと》。

**むてんか**【無添加】名 食品《しょくひん》などに、健康《けんこう》に害《がい》のある成分《せいぶん》が混《ま》ざっていないこと。例無添加食品《しょくひん》。

**むとうか**【無灯火】名 暗《くら》いのに明《あ》かりをつけないこと。例無灯火の自転車《じてんしゃ》。

**むとうは**【無党派】名 ❶どの政党《せいとう》にも属《ぞく》していないこと。❷どの政党《せいとう》も支持《しじ》していないこと。例無党派層《そう》。

**むとくてん**【無得点】名 点《てん》がまったく取《と》れないこと。零点《れいてん》。

**むとどけ**【無届け】名 届《とど》けを出《だ》さないこと。例無届け欠席《けっせき》。

**むとんちゃく**【無頓着】名形動 〔「むとんじゃく」ともいう。〕ものごとを気《き》にかけないこと。例服装《ふくそう》に無頓着な人《ひと》。

**むな**【胸△】 むね。例胸ぐら。胸毛《げ》。胸騒《さわ》ぎ。⇩きょう【胸】332ページ

**むないた**【胸板△】名 胸《むね》の、板《いた》のように平《たい》らな部分《ぶぶん》。例厚《あつ》い胸板のがっしりした体格《たいかく》。

**むなぎ**【棟木】名 屋根《やね》の棟《むね》に使《つか》う、太《ふと》くて長《なが》い材木《ざいもく》。「棟《むね》」ともいう。⇩いえ❶55ページ

**むなくそがわるい**【胸△くそが悪《わる》い】 不愉快《ふゆかい》である。いまいましい。〔下品《げひん》な言《い》い方《かた》。〕

**むなぐら**【胸△倉】名 着物《きもの》のえりが、重《かさ》なり合《あ》う辺《あた》り。例相手《あいて》の胸ぐらをつかむ。

**むなぐるしい**【胸苦しい】形 胸《むね》がしめつけられるように苦しい。

**むなさわぎ**【胸△騒ぎ】名動する よくないことが起《お》こりそうな気《き》がして、不安《ふあん》になること。胸《むね》が騒《さわ》ぐ。例なんだか胸騒ぎがする。

**むなざんよう**【胸算用】名動する 心《こころ》の中《なか》で、ひそかに計算《けいさん》すること。むねざんよう。例胸算用どおりにはいかなかった。

○**むなしい**【空しい・虚しい】形 ❶中身《なかみ》がない。からっぽの感《かん》じだ。例心《こころ》をむなしくする〔＝よけいな気持《きも》ちを捨《す》て去《さ》る〕。❷むだである。かいがない。例奮闘《ふんとう》もむなしく負《ま》けてしまった。❸はかない。あっけない。例人生《じんせい》はむなしい。

**むなつきはっちょう**【胸突き八丁】 ❶けわしくて長《なが》い登《のぼ》り道《みち》。❷物事《ものごと》をなしとげる手前《てまえ》の、一番《いちばん》苦《くる》しい場面《ばめん》。例優勝《ゆうしょう》を目指《めざ》して、ここからが胸突き八丁だ。参考 富士《ふじ》登山《とざん》で、最後《さいご》の八丁《はっちょう》〔＝約《やく》八七二メートル〕がとてもけわしく苦《くる》しいことからいう。

**むなびれ**【胸びれ】名 魚《さかな》の胸《むね》のところにあるひれ。⇩さかな(魚)507ページ

**むなもと**【胸△元】名 胸《むね》のあたり。例胸元を広《ひろ》く開《あ》ける。

**むに**【無二】名 二《ふた》つとないこと。比《くら》べるものがないこと。例無二の親友《しんゆう》。

**むね**【旨】名 ❶人《ひと》が伝《つた》えようとした意味《いみ》や考《かんが》え。例その旨を伝《つた》える。❷第一《だいいち》に大切《たいせつ》にしている点《てん》。例サービスを旨とする。⇩し【旨】538ページ

○**むね**【胸】名 ❶体《からだ》の前《まえ》の部分《ぶぶん》で、首《くび》と腹《はら》の間《あいだ》。例胸に手《て》を当《あ》てる。❷心《こころ》。心の中《なか》。例胸に秘《ひ》めた思《おも》い出《で》。❸心臓《しんぞう》。例胸がどきどきする。❹肺《はい》。例ずっと胸をわずらっている。⇩きょう【胸】332ページ

**胸《むね》が熱《あつ》くなる** 感情《かんじょう》が高《たか》まってくる。例けなげな姿《すがた》に胸が熱くなる。

**胸《むね》が痛《いた》む** 悲《かな》しさや心配《しんぱい》で、つらい思《おも》いをする。例家《いえ》をなくした人《ひと》のことを思《おも》うと胸が痛む。

**胸《むね》がいっぱいになる** 喜《よろこ》び・悲《かな》しみ・感動《かんどう》などで、心《こころ》が強《つよ》く動《うご》かされる。例思《おも》い出《で》で胸がいっぱいになる。

**胸《むね》が躍《おど》る** 喜《よろこ》びや期待《きたい》などで、胸《むね》がわくわくする。例うれしい知《し》らせに胸が躍る。

**胸《むね》が騒《さわ》ぐ** 不安《ふあん》でどきどきする。胸騒《むなさわ》ぎがす



 四字熟語 我田引水《がでんいんすい》 それは自分《じぶん》のことしか考《かんが》えない、我田引水《がでんいんすい》の意見《いけん》だと思《おも》うよ。

る。例 妹《いもうと》の帰《かえ》りが遅《おそ》く、胸が騒ぐ。

**胸《むね》がすく** さっぱりする。せいせいする。例 胸がすくようなシュートだった。

**胸《むね》が高鳴《たかな》る** 希望《きぼう》や期待《きたい》などで、わくわくする。例 あこがれの人《ひと》と会《あ》えると思《おも》うと、胸が高鳴る。

**胸《むね》が潰《つぶ》れる** たいへんおどろく。ひどく悲《かな》しむ。例 事故《じこ》の知《し》らせに、胸がつぶれる思《おも》いだった。

**胸《むね》が詰《つ》まる** ❶食《た》べた物《もの》が胸《むね》につかえる。❷悲《かな》しみなどで、何《なに》も言《い》えなくなる。例 胸が詰まって、これ以上《いじょう》話《はな》せない。

**胸《むね》が弾《はず》む** うれしさなどで、わくわくする。例 旅行《りょこう》のことを考《かんが》えると、胸が弾む。

**胸《むね》が張《は》り裂《さ》ける** たえきれないほどの、悲《かな》しさやつらさを感《かん》じる。

**胸《むね》が塞《ふさ》がる** 心配《しんぱい》や悲《かな》しさで、暗《くら》い気持《きも》ちになる。

**胸《むね》に描《えが》く** いろいろと想像《そうぞう》する。例 将来《しょうらい》のことを胸に描く。

**胸《むね》に納《おさ》める** 誰《だれ》にも言《い》わずに、自分《じぶん》の心《こころ》の中《なか》だけにしまう。胸《むね》にたたむ。例 真相《しんそう》を胸におさめる。

**胸《むね》に刻《きざ》む** しっかり覚《おぼ》えておく。例 思《おも》い出《で》を胸に刻む。

**胸《むね》に迫《せま》る** 思《おも》いがこみ上《あ》げてきて、心《こころ》に強《つよ》く感《かん》じる。例 胸に迫る悲《かな》しい物語《ものがたり》。

**胸《むね》に手《て》を当《あ》てる** 自分《じぶん》の言動《げんどう》を振《ふ》り返《かえ》って、よく反省《はんせい》する。例 胸に手を当てて、よく考《かんが》えなさい。

**胸《むね》に響《ひび》く** 心《こころ》にじいんと感《かん》じる。例 真剣《しんけん》なうったえが、胸に響く。

**胸《むね》のつかえが下《お》りる** 不安《ふあん》が消《き》えて、気持《きも》ちがすっきりする。例 真実《しんじつ》を打《う》ち明《あ》けて、胸のつかえが下りる。

**胸《むね》を痛《いた》める** たいへん心配《しんぱい》する。例 わが子《こ》の行《ゆ》く末《すえ》に胸を痛める。

**胸《むね》を打《う》たれる** 深《ふか》く感動《かんどう》させられる。例 感《かん》心《しん》な行《おこな》いに胸を打たれた。

**胸《むね》を打《う》つ** 心《こころ》に強《つよ》く感《かん》じる。深《ふか》く感動《かんどう》する。例 真剣《しんけん》な姿《すがた》が胸を打つ。

**胸《むね》を躍《おど》らせる** うれしさなどで、心《こころ》がうきうきする。例 胸を躍らせながら待《ま》つ。

**胸《むね》を借《か》りる** 実力《じつりょく》のある相手《あいて》に、練習《れんしゅう》の相《あい》手《て》になってもらう。例 横綱《よこづな》の胸を借りる。

**胸《むね》を焦《こ》がす** 強《つよ》く恋《こい》しいと思《おも》う。思《おも》いこがれる。例 あこがれの人《ひと》に胸を焦がす。

**胸《むね》を反《そ》らす** 得意《とくい》そうに胸《むね》を前《まえ》につき出《だ》す。例 自慢《じまん》げに胸を反らす。

**胸《むね》をときめかす** 胸《むね》をわくわくさせる。胸《むね》をときめかせる。例 胸をときめかせながら手紙《てがみ》を読《よ》む。

**胸《むね》をなで下《お》ろす** ほっと安心《あんしん》する。例 無事《ぶじ》に終《お》わって胸をなで下ろす。

**胸《むね》を弾《はず》ませる** うれしさなどで、心《こころ》をわくわくさせる。例 明日《あす》は遠足《えんそく》だと、胸をはずませている。

**胸《むね》を張《は》る** 胸《むね》を前《まえ》につき出《だ》して、ほこらしそうにする。例 胸を張って行進《こうしん》する。

**胸《むね》を膨《ふく》らませる** 心《こころ》が楽《たの》しさでいっぱいになる。例 喜《よろこ》びに胸を膨らませる。

**むね【棟】** 一 名 ❶屋根《やね》のいちばん高《たか》い所《ところ》。❷棟木《むなぎ》。二〔数字《すうじ》のあとにつけて〕建物《たてもの》を数《かぞ》える言葉《ことば》。例 三《み》棟。⬇とう【棟】905ページ

**むねあげ【棟上げ】** 名 動-する 家《いえ》の骨組《ほねぐ》みができて、棟木《むなぎ》を上《あ》げること。また、そのお祝《いわ》い。建《た》て前《まえ》。

**むねやけ【胸焼け】** 名 食《た》べすぎや、胃《い》の病《びょう》気《き》などで、みぞおちのあたりが、焼《や》けつくように重苦《おもくる》しく感《かん》じられること。

**むねん【無念】** 名 形動 ❶よけいなことを何《なに》も考《かんが》えないこと。例 無念の境地《きょうち》に至《いた》る。❷とてもくやしがること。例 無念の涙《なみだ》。

■**むねんむそう【無念無想】** 名 迷《まよ》いを捨《す》て去《さ》って何《なに》も考《かんが》えず、心《こころ》がすみきっているようす。例 無念無想の心境《しんきょう》。

**むのう【無能】** 名 形動 仕事《しごと》をする力《ちから》がないこと。役《やく》に立《た》たないこと。例 自分《じぶん》の無能さを取《と》りつくろう。対 有能《ゆうのう》。

**むのうやく【無農薬】** 名 農薬《のうやく》を使《つか》わないで、農作物《のうさくぶつ》を育《そだ》てること。無農薬栽培《むのうやくさいばい》。

**ムハンマド** 人名 (男)(五七〇ごろ〜六三二)アラビアのメッカに生《う》まれ、イスラム教《きょう》を開《ひら》いた人《ひと》。アッラー〔=神《かみ》〕の教《おし》えを受《う》けて人々《ひとびと》に伝《つた》えた。マホメット。

**むひ【無比】** 名 他《ほか》に比《くら》べるものがないほどすぐれていること。例 正確無比《せいかくむひ》な仕事《しごと》。

四字熟語 **勧善懲悪《かんぜんちょうあく》** これは、結局《けっきょく》最後《さいこ》には悪者《わるもの》が滅《ほろ》びるという、勧善懲悪《かんぜんちょうあく》の物語《ものがたり》だ。

**むひはん【無批判】** 名 形動 ものごとのよしあしをよく考《かんが》えないこと。例 人《ひと》の意《い》見《けん》を無批判に受《う》け入《い》れる。

**むひょう【霧氷】** 名 霧《きり》のつぶが、木《き》の枝《えだ》などに白《しろ》くこおりついたもの。樹《じゅ》氷《ひょう》は、その一《いっ》種《しゅ》。

**むひょうじょう【無表情】** 名 形動 喜《よろこ》びや悲《かな》しみなどの気《き》持《も》ちが、顔《かお》に表《あらわ》れないこと。例 無表情に見《み》つめる。

■**むびょうそくさい【無病息災】** 名 病《びょう》気《き》をしないで、元《げん》気《き》なこと。例 家《か》族《ぞく》の無病息災をいのった。

**むふう【無風】** 名 ❶風《かぜ》がほとんどないこと。❷さわぎがなく、静《しず》かなこと。例 無風状《じょう》態《たい》。

**むふんべつ【無分別】** 名 形動 ものごとの、よい悪《わる》いを判《はん》断《だん》する力《ちから》のないこと。例 無分別な行《こう》動《どう》はつつしもう。

**むほう【無法】** 名 形動 ❶法《ほう》律《りつ》や決《き》まりが守《まも》られないこと。例 無法地《ち》帯《たい》。❷乱《らん》暴《ぼう》なこと。例 無法な行《おこな》い。

**むぼう【無謀】** 名 形動 よく考《かんが》えないでむちゃをすること。例 無謀な運《うん》転《てん》をする。

**むぼうび【無防備】** 名 形動 危《き》険《けん》や災《さい》害《がい》などに対《たい》する備《そな》えがないこと。例 地《じ》震《しん》に無防備な都《と》市《し》。

**むほん【謀反】** 名 動-する 家《け》来《らい》が主《しゅ》人《じん》にそむくこと。例 謀反を起《お》こす。

■**むみかんそう【無味乾燥】** 名 形動 味《あじ》わいやうるおいなど、人《ひと》を引《ひ》きつけるものが何《なに》もないこと。例 無味乾燥な挨《あい》拶《さつ》だった。

■**むみむしゅう【無味無臭】** 名 味《あじ》もにおいもないこと。例 酸《さん》素《そ》は無味無臭の気《き》体《たい》だ。

**むめい【無名】** 名 ❶名《な》前《まえ》が知《し》られていないこと。例 無名の作《さっ》家《か》。対 有《ゆう》名《めい》。❷名《な》前《まえ》がわからないこと。例 無名の投《とう》書《しょ》。

**むめんきょ【無免許】** 名 免《めん》許《きょ》を受《う》けていないこと。例 無免許運《うん》転《てん》。

○**むやみ** 形動 ❶あと先《さき》を考《かんが》えないでするようす。例 むやみな発《はつ》言《げん》は迷《めい》惑《わく》だ。❷度《ど》をこしているようす。例 むやみに食《た》べるのはよくない。

**むやみやたら** 形動 「むやみ」を強《つよ》めていう言《こと》葉《ば》。例 むやみやたらに水《みず》を飲《の》む。

**むよう【無用】** 名 形動 ❶用《よう》事《じ》がないこと。例 無用の者《もの》立《た》ち入《い》り禁《きん》止《し》。❷役《やく》に立《た》たないこと。例 無用の品《しな》。対 有《ゆう》用《よう》。❸必《ひつ》要《よう》がないこと。例 遠《えん》慮《りょ》は無用。❹してはいけないこと。例 他《た》言《ごん》は無用〔=他《ほか》の人《ひと》には言《い》うな〕。

**無《む》用《よう》の長《ちょう》物《ぶつ》** あっても、じゃまになるばかりで、役《やく》に立《た》たないもの。例 鉄《てっ》塔《とう》も無用の長物となった。

**むよく【無欲】** 名 形動 欲《よく》がないこと。対 貪《どん》欲《よく》。

**むら【群】** 熟語 群《むら》雲《くも》。例 ひと群の草《くさ》。群すずめ。⇩ぐん【群】384ページ

○**むら【村】** 名 ❶いなかで、家《いえ》が集《あつ》まっている所《ところ》。例 村の祭《まつ》り。❷地《ち》方《ほう》公《こう》共《きょう》団《だん》体《たい》の一《ひと》つ。市《し》・町《まち》より人《じん》口《こう》が少《すく》ない。例 村役《やく》場《ば》。⇩そん【村】764ページ

**むら** 名 ❶色《いろ》のこいうすいがあって、まだらなこと。例 染《そ》め方《かた》にむらがある。❷ものごとが一《いっ》定《てい》していないこと。例 気《き》分《ぶん》にむらがある。

○**むらがる【群がる】** 動 たくさんのものがひと所《ところ》に集《あつ》まる。例 駅《えき》前《まえ》に人《ひと》が群がる。草《くさ》が群がって生《は》える。⇩ぐん【群】384ページ

**むらき【むら気】** 名 形動 気《き》持《も》ちが変《か》わりやすいこと。気《き》まぐれ。例 むら気な性《せい》格《かく》。

**むらくも【群雲】** 名 ひとかたまりの雲《くも》。群《むら》がり集《あつ》まった雲《くも》。

○**むらさき【紫】** 名 ❶赤《あか》と青《あお》の混《ま》じった色《いろ》。❷夏《なつ》、白《しろ》い小《こ》花《ばな》をつける草《くさ》。根《ね》からむらさき色《いろ》の染《せん》料《りょう》をとる。❸「しょうゆ」の別《べつ》の呼《よ》び方《かた》。⇩し【紫】538ページ

**むらさきしきぶ【紫式部】** 人名（女）（九七三ごろ〜一〇一四ごろ）平《へい》安《あん》時《じ》代《だい》中《なか》ごろの作《さっ》家《か》・歌《か》人《じん》。宮《きゅう》中《ちゅう》に仕《つか》え、そこでの生《せい》活《かつ》をもとに、「源《げん》氏《じ》物《もの》語《がたり》」や「紫《むらさき》式《しき》部《ぶ》日《にっ》記《き》」を書《か》いた。

**むらさきつゆくさ** 名 野《の》原《はら》に生《は》え、栽《さい》培《ばい》もする草《くさ》花《ばな》。夏《なつ》、茎《くき》の先《さき》にむらさき色《いろ》の花《はな》をつける。花《はな》は一《いち》日《にち》でしぼむ。観《かん》賞《しょう》用《よう》に育《そだ》てる。

〔むらさきつゆくさ〕

**むらざと【村里】** 名 いなかで、家《いえ》が集《あつ》まっている所《ところ》。人《ひと》里《ざと》。

**むらさめ【村雨】** 名 ひとしきり降《ふ》って、す




四字熟語 完《かん》全《ぜん》無《む》欠《けつ》 いくら努《ど》力《りょく》しても、完《かん》全《ぜん》無《む》欠《けつ》の品《しな》物《もの》を作《つく》り出《だ》すのはむずかしい。

ぐやむ雨《あめ》。にわか雨《あめ》。

○**むらす【蒸△らす】** 動 (煮《に》えてもしばらくふたを取《と》らないで)食《た》べ物《もの》に十分《じゅうぶん》に湯気《ゆげ》を通《とお》して、ふっくらとさせる。例 ご飯《はん》を蒸らす。↓じょう【蒸】625ページ

**むらはずれ【村外れ】** 名 村《むら》のはしのほう。

**むらはちぶ【村八分】** 名 ❶昔《むかし》、村《むら》の決《き》まりを破《やぶ》った者《もの》などをこらしめるために、村《むら》の人《ひと》たちが申《もう》し合《あ》わせて、お葬式《そうしき》と火事《かじ》のとき以外《いがい》のつき合《あ》いをやめたこと。❷仲間《なかま》外《はず》れ。

**むらびと【村人】** 名 村《むら》に住《す》んでいる人《ひと》。村《そん》民《みん》。

**むらむら** 副(-と) 強《つよ》い気《き》持《も》ちが急《きゅう》にわき起《お》こるようす。例 いかりが、むらむらとこみ上《あ》げる。

○**むり【無理】** 名 動-する 形動 ❶理屈《りくつ》に合《あ》わないこと。例 無理を通《とお》す。対 道理《どうり》。❷ものごとを、おしきってすること。例 無理して、体《からだ》をこわした。❸するのが難《むずか》しいこと。例 この問題《もんだい》は、君《きみ》には無理だ。

**無理《むり》が通《とお》れば道理《どうり》が引《ひ》っ込《こ》む** 道理《どうり》に合《あ》わないことが通用《つうよう》してしまうと、道理《どうり》に合《あ》った正《ただ》しいことが行《おこな》われなくなるものだ。

**無《む》理《り》もない** やむをえない。当然《とうぜん》である。例 君《きみ》がおこるのは無理もない。

**むりおし【無理押し】** 名 動-する ものごとを、無理《むり》やりに押《お》し進《すす》めること。

**むりかい【無理解】** 名 形動 人《ひと》の気《き》持《も》ちなどが、わかっていないこと。例 周《まわ》りの人《ひと》の無理解に苦《くる》しむ。

**むりじい【無理強△い】** 名 動-する 無理《むり》にさせようとすること。例 参加《さんか》したくない人《ひと》に無理強いはしない。

■**むりなんだい【無理難題】** 名 理屈《りくつ》に合《あ》わない無理《むり》な注文《ちゅうもん》。例 無理難題ばかり押《お》しつける。

**むりやり【無理やり】** 副 無理《むり》に行《おこな》うようす。例 無理やり仕事《しごと》を押《お》しつける。

○**むりょう【無料】** 名 料金《りょうきん》のいらないこと。ただ。例 入場《にゅうじょう》無料。対 有料《ゆうりょう》。

**むりょく【無力】** 名 形動 そのことをするだけの体力《たいりょく》や実力《じつりょく》などがないこと。例 自分《じぶん》の無力が情《なさ》けない。対 有力《ゆうりょく》。

**むるい【無類】** 名 形動 比《くら》べるものがないこと。例 無類の人《にん》気《き》者《もの》。

○**むれ【群れ】** 名 ひと所《ところ》に多《おお》くのものが集《あつ》まっている状態《じょうたい》。また、その集《あつ》まり。例 ガンの群れ。↓ぐん【群】384ページ

**群《む》れをなす** 群《む》れを作《つく》る。例 スズメが群れをなす。

○**むれる【群れる】** 動 人《ひと》や動物《どうぶつ》がそこに集《あつ》まる。群《むら》がる。例 スズメが田《た》んぼに群れている。↓ぐん【群】384ページ

○**むれる【蒸△れる】** 動 ❶食《た》べ物《もの》に十分《じゅうぶん》湯気《ゆげ》が通《とお》る。例 ご飯《はん》が蒸れる。❷熱《ねつ》や湿気《しっけ》がこもる。例 足《あし》が蒸れる。↓じょう【蒸】625ページ

**むろ【室△】** 名 地下《ちか》などに、外気《がいき》にふれないように作《つく》った部屋《へや》。物《もの》をたくわえておいたり、植物《しょくぶつ》を育《そだ》てたりするのに使《つか》う。↓しつ【室】563ページ

**むろとざき〖室戸岬〗** 地名 高知県《こうちけん》の土佐《とさ》湾《わん》の東《ひがし》のはしにある岬《みさき》。むろとみさき。

**むろまちじだい【室△町時代】** 名 一三三六年《ねん》、足利尊氏《あしかがたかうじ》が京都《きょうと》に幕府《ばくふ》を開《ひら》いてから、一五七三年《ねん》、織田信長《おだのぶなが》にほろぼされるまでの時代《じだい》。「室町《むろまち》」は幕府《ばくふ》のあった場所《ばしょ》。

**むろまちばくふ【室△町幕府】** 名 一三三六年《ねん》に足利尊氏《あしかがたかうじ》が京都《きょうと》に開《ひら》いた幕府《ばくふ》。一五七三年《ねん》まで続《つづ》いた。「足利幕府《あしかがばくふ》」ともいう。

**むろん【無論】** 副 言《い》うまでもなく。もちろん。例 むろん、わたしも賛成《さんせい》します。

**むんずと** 副 急《きゅう》に力《ちから》を入《い》れて、物《もの》をつかむようす。ぐっと。むずと。例 むんずと腕《うで》をつかむ。

**むんむん** 副(-と) 動-する むし暑《あつ》さや、いやなにおいで、息《いき》がつまりそうなようす。例 暑《あつ》くて、部屋《へや》の中《なか》がむんむんする。

# め

メ　me

**め【女△】** おんな。女性《じょせい》。例 女神《がみ》。↓じょ【女】619ページ

○**め【目】** 一 名 ❶物《もの》を見《み》るはたらきをする器官《きかん》。目《め》だま。まなこ。例 目にしみる。❷目《め》つき。例 変《へん》な目で見《み》る。❸見《み》ること。見張《みは》ること。例 はたの目がうるさい。❹見《み》えるあり

四字熟語 危機一髪《ききいっぱつ》 大雨《おおあめ》による突然《とつぜん》の洪水《こうずい》であわてたが、危機一髪《ききいっぱつ》のところで助《たす》かった。

さま。例見《み》た目がよくない。❺見方《みかた》。例さめた目で見《み》る。見《み》る目がある。❻物《もの》を見《み》分《わ》ける力《ちから》。例人《ひと》を見る目がある。❼視力《しりょく》。例目が悪《わる》い。❽経験《けいけん》。場合《ばあい》。例ひどい目にあう。❾物《もの》の中心《ちゅうしん》にある穴《あな》。例台風《たいふう》の目。❿縦《たて》・横《よこ》に区切《くぎ》られた小《ちい》さいすき間《ま》。例網《あみ》の目。たたみの目。⓫一列《いちれつ》に続《つづ》いているものの一《ひと》つ一《ひと》つ。例のこぎりの目。はかりの目。⓬さいころのしるし。例六《ろく》の目が出《で》た。二〔ある言葉《ことば》のあとにつけて〕❶順番《じゅんばん》を表《あらわ》す。例二日《ふつか》目。一丁《いっちょう》目。❷区切《くぎ》り。例境《さかい》目。切《き》れ目。親《おや》の死《し》に目。❸程度《ていど》を表《あらわ》す。例早《はや》めに出《で》る。太《ふと》めの筆《ふで》。参考ふつう二❸は、かな書《が》きにする。⇩もく【目】1301ページ

**目《め》が粗《あら》い** （あみやざるなどの）すき間《ま》が大《おお》きい。

**目《め》が潤《うる》む** 涙《なみだ》で、目《め》がぬれる。

**目《め》が利《き》く** ものごとを、見《み》分《わ》ける力《ちから》がある。例兄《あに》は、いい物《もの》か悪《わる》い物《もの》かの区別《くべつ》がつく。絵《え》のことには目が利きます。

**目《め》がくらむ** ❶まぶしくて、急《きゅう》に目《め》が見《み》えなくなる。例ヘッドライトに目がくらんだ。❷心《こころ》をうばわれて、いい悪《わる》いの見《み》分《わ》けがつかなくなる。例金《かね》に目がくらむ。❸くらくらと、めまいがする。

**目《め》が肥《こ》える** もののよしあしがわかるようになる。例あの人《ひと》は目が肥えている。

**目《め》がさえる** 興奮《こうふん》したりして、眠《ねむ》くなくなる。例目がさえてなかなか寝《ね》つけない。

**目《め》が覚《さ》める** ❶眠《ねむ》りから覚《さ》める。目覚《めざ》める。❷まちがいに気《き》づいて、本心《ほんしん》に立《た》ち返《かえ》る。例父《ちち》にさとされて目が覚めた。

**目《め》が据《す》わる** 目玉《めだま》が動《うご》かなくなる。例怒《いか》りのあまり、目が据わる。

**目《め》が高《たか》い** ものごとを見《み》分《わ》ける力《ちから》がすぐれている。例さすがあの人《ひと》は目が高い。

**目《め》が届《とど》く** 注意《ちゅうい》がゆきとどく。例隅々《すみずみ》まで目が届く。

**目《め》がない** ❶ものごとを見《み》分《わ》ける力《ちから》がない。例物《もの》を見《み》る目がない。❷非常《ひじょう》に好《す》きである。例果物《くだもの》には目がない。

**目《め》が離《はな》せない** ずっと注意《ちゅうい》して見《み》ている必要《ひつよう》がある。例赤《あか》んぼうから、目が離せない。

**目《め》が早《はや》い** 見《み》つけるのが早《はや》い。

**目《め》が光《ひか》る** きびしく見《み》張《は》る。例監視《かんし》の目が光る。

**目《め》が回《まわ》る** ❶めまいがする。❷たいへんいそがしい。例来客《らいきゃく》が多《おお》くて、目が回るようないそがしさだった。

**目《め》からうろこが落《お》ちる** あるきっかけで、今《いま》までわからなかったことが、一気《いっき》にわかるようになる。例くわしい説明《せつめい》を聞《き》いて、目からうろこが落ちた。参考聖書《せいしょ》にある言葉《ことば》から。

**目《め》から鼻《はな》へ抜《ぬ》ける** ❶わかりが速《はや》い。❷りこうで、ぬけ目《め》がない。例彼《かれ》は目から鼻へ抜けるようなやり手《て》だ。

**目《め》から火《ひ》が出《で》る** 頭《あたま》やひたいをひどくぶつけたときのたとえ。例フェンスにぶつかって、目から火が出たよ。

**目《め》じゃない** 問題《もんだい》にならない。例今日《きょう》の対《たい》戦《せん》相《あい》手《て》は目じゃない。

**目《め》と鼻《はな》の間《あいだ》** ⇩めとはなのさき1283ページ

**目《め》と鼻《はな》の先《さき》** すぐ近《ちか》くにある。目《め》と鼻《はな》の間《あいだ》。例駅《えき》は目と鼻の先にある。

**目《め》に余《あま》る** ひどすぎて、だまって見《み》ていられない。例いたずらが、目に余る。

**目《め》に入《い》れても痛《いた》くない** ⇩目《め》の中《なか》に入《い》れても痛《いた》くない1284ページ

**目《め》に浮《う》かぶ** ようすが目《め》の前《まえ》に表《あらわ》れる。想像《そうぞう》することができる。例あの時《とき》のことが今《いま》も目に浮かぶ。

**目《め》に角《かど》を立《た》てる** おこって、人《ひと》をにらみつける。

**目《め》に障《さわ》る** ❶視界《しかい》をさまたげる。例大《おお》きな看板《かんばん》が目に障る。❷見《み》ると、いやな気持《きも》ちになる。例相手《あいて》の態度《たいど》が目に障る。

**目《め》に染《し》みる** ❶目《め》を刺激《しげき》する。例煙《けむり》が目にしみる。❷色《いろ》などが、あざやかに目《め》に入《はい》る。例新緑《しんりょく》の若葉《わかば》が目にしみる。

**目《め》にする** 見《み》かける。例よく目にする光景《こうけい》だ。

**目《め》に付《つ》く** 目立《めだ》つ。例赤《あか》は目につく色《いろ》だ。

**目《め》に留《と》まる** ❶見《み》える。見《み》かける。例広告《こうこく》の言葉《ことば》が目に留まった。❷認《みと》められる。例監督《かんとく》の目に留まった。



四字熟語 起死回生《きしかいせい》 つぶれかかった会社《かいしゃ》を救《すく》う、起死回生《きしかいせい》の策《さく》はないものかと悩《なや》んでいる。

**目《め》に入《はい》る** 気《き》がつく。自然《しぜん》に見《み》える。例 新《あたら》しいビルが目《め》に入《はい》る。

**目《め》には目《め》を歯《は》には歯《は》を** やられたら、同《おな》じやり方《かた》で仕返《しかえ》しすること。

**目《め》に触《ふ》れる** 自然《しぜん》と見《み》える。例 目に触れるものはみな美《うつく》しい。

**目《め》に見《み》えて** 目立《めだ》って。はっきりと。例 病《びょう》気《き》が目に見えてよくなる。

**目《め》にも留《と》まらぬ** 見《み》ることができないほど速《はや》い。例 目にも留まらぬ速《はや》さ。

**目《め》に物見《ものみ》せる** ひどい目《め》にあわせて、こらしめる。例「今度《こんど》こそ、目に物見せてやろう。」

**目《め》の色《いろ》を変《か》える** おこったり、おどろいたり、夢中《むちゅう》になったりして、目《め》つきを変《か》える。例 目の色を変えて反対《はんたい》した。

**目《め》の上《うえ》のこぶ** 〔目の上《うえ》にあるこぶは、いつもじゃまであることから〕じゃまな存在《そんざい》。目《め》ざわりな人《ひと》。目《め》の上《うえ》のたんこぶ。例 あの強敵《きょうてき》が目の上のこぶだ。

**目《め》の敵《かたき》** 何《なに》かにつけて、にくく思《おも》うこと。例 目の敵にして追《お》い回《まわ》す。

**目《め》の黒《くろ》いうち** 生《い》きている間《あいだ》。例 私《わたくし》の目の黒いうちは許可《きょか》しません。

**目《め》の覚《さ》めるような** はっきりしていて、立《りっ》派《ぱ》なようす。例 目の覚めるようなホームラン。

**目《め》の付《つ》け所《どころ》** 気《き》をつけて見《み》るところ。着眼《ちゃくがん》点《てん》。例 目のつけどころがすばらしい。

**目《め》の中《なか》に入《い》れても痛《いた》くない** かわいくてたまらないようす。目《め》に入《い》れても痛《いた》くない。例 孫《まご》は、目の中に入れても痛くないほどかわいい。

**目《め》は口《くち》ほどにものを言《い》う** 口《くち》に出《だ》して言《い》わなくとも、目《め》の表情《ひょうじょう》で、気持《きも》ちは伝《つた》わるものだ。

**目《め》も当《あ》てられない** あまりひどくて見《み》ていられない。例 目も当てられないほどのひどい被害《ひがい》。

**目《め》もくれない** 見《み》ようともしない。例 目もくれないで行《い》ってしまう。

**目《め》を射《い》る** 強《つよ》く目《め》に入《はい》る。例「合格《ごうかく》」の字《じ》が強《つよ》く目を射る。

**目《め》を疑《うたが》う** 見《み》たことがまちがいではないかと思《おも》う。例 この絵《え》が金賞《きんしょう》とは、思《おも》わず目を疑った。

**目《め》を奪《うば》う** 目《め》を見張《みは》らせる。心《こころ》をとらえる。例 美《うつく》しい姿《すがた》に目を奪われる。

**目《め》を覆《おお》う** ❶目《め》をふさぐ。❷あまりのむごたらしさで、見《み》てはいられない。例 戦場《せんじょう》は目を覆うありさまだった。

**目《め》を落《お》とす** 下《した》を向《む》く。うつむく。下《した》にあるものを見《み》る。例 手《て》もとのノートに目を落とす。

**目《め》を輝《かがや》かす** 生《い》き生《い》きとする。例 野球《やきゅう》のことになると目を輝かす。

**目《め》をかける** 成長《せいちょう》を期待《きたい》し、注意《ちゅうい》して面倒《めんどう》を見《み》る。例 コーチに目をかけられる。

**目《め》をかすめる** こっそり何《なに》かをする。目《め》をぬすむ。例 親《おや》の目をかすめて外《そと》に出《で》る。

**目《め》を配《くば》る** あちらこちらを注意《ちゅうい》してよく見《み》る。例 細《こま》かい点《てん》にまで目を配る。

**目《め》をくらます** 人《ひと》の目をごまかす。例 見張《みは》りの目をくらましてにげる。

**目《め》を凝《こ》らす** じっと見《み》つめる。例 やみの中《なか》を目を凝らして見《み》る。

**目《め》を覚《さ》ます** ❶ねむりから覚《さ》める。❷本心《ほんしん》に返《かえ》る。例 悪《あく》の道《みち》から目を覚《さ》ます。

**目《め》を皿《さら》のようにする** 目《め》を大《おお》きく見開《みひら》く。例 目を皿のようにしてさがす。

**目《め》を三角《さんかく》にする** 怒《おこ》って、怖《こわ》い目《め》つきをする。例 目を三角にしてどなりちらす。

**目《め》を白黒《しろくろ》させる** おどろいたり苦《くる》しんだりして、目玉《めだま》をぐるぐる動《うご》かす。例 あまりのおどろきに目を白黒させる。

**目《め》を据《す》える** 目玉《めだま》を動《うご》かさずにじっと見つめる。例 目をすえて見《み》る。

**目《め》を注《そそ》ぐ** じっと注意《ちゅうい》して見《み》る。例 子《こ》どもの行動《こうどう》に目を注ぐ。

**目《め》を背《そむ》ける** ひどいようすで、見《み》ていることができない。例 ひどい事故《じこ》で、思《おも》わず目を背けた。

**目《め》をそらす** まっすぐ見《み》ないで、他《ほか》のほうを見《み》る。例 こわくて目をそらす。

**目《め》をつける** ❶見当《けんとう》をつける。❷特《とく》に注意《ちゅうい》する。例 あやしい男《おとこ》に目をつける。

**目《め》をつぶる** ❶まぶたを閉《と》じる。❷わざと



四字熟語 **起承転結《きしょうてんけつ》** これは、親《した》しみやすくて起承転結《きしょうてんけつ》のはっきりした、よくできた物語《ものがたり》です。

見《み》ないふりをする。例 小《ちい》さなまちがいには目をつぶる。

**目《め》を転《てん》じる** 目《め》を別《べつ》のほうに向《む》ける。例 世《せ》界《かい》に目を転じる。

**目《め》を通《とお》す** ひととおり、ざっと見《み》る。例 出《だ》された文《ぶん》書《しょ》に目を通す。

**目《め》を留《と》める** 心《こころ》を留《と》めて見《み》る。着《ちゃく》目《もく》する。例 色《いろ》の変《へん》化《か》に目を留める。

**目《め》を盗《ぬす》む** 人《ひと》に見《み》つからないように、こっそりする。例 父《ちち》の目を盗んで遊《あそ》ぶ。

**目《め》を離《はな》す** 見《み》ていたのをやめる。ちょっとの間《あいだ》、見ないでおく。例 目を離したすきに、小《こ》鳥《とり》がにげてしまった。

**目《め》を光《ひか》らす** 注《ちゅう》意《い》深《ぶか》く見《み》張《は》る。例 まちがいのないように目を光らす。

**目《め》を引《ひ》く** 注《ちゅう》意《い》を引《ひ》きつける。例 オリンピックの記《き》事《じ》が目を引いた。

**目《め》を細《ほそ》くする** ↓目《め》を細《ほそ》める 1285ページ

**目《め》を細《ほそ》める** 〔「目《め》を細《ほそ》くする。」ともいう。〕❶まぶしそうにする。❷満《まん》足《ぞく》そうにほほえむ。例 孫《まご》の笑《え》顔《がお》に目を細めた。

**目《め》を丸《まる》くする** ❶目《め》を大《おお》きくあける。❷おどろく。感《かん》心《しん》する。例 手《て》品《じな》のうまさにみんな目を丸くした。

**目《め》を回《まわ》す** ❶気《き》を失《うしな》う。❷いそがしくあわてる。例 あまりのいそがしさに目を回す。❸びっくりする。例 あまりの混《こん》雑《ざつ》に目を回す。

**目《め》を見《み》張《は》る** 目《め》を大《おお》きくして、じっと見《み》る。例 目を見張るようなできばえ。

**目《め》を向《む》ける** 別《べつ》のほうを見《み》る。関《かん》心《しん》を持《も》つ。例 海《かい》外《がい》に目を向ける。

**目《め》をやる** …のほうを見《み》る。例 空《そら》のかなたに目をやる。

**°め【芽】** 名 ❶植《しょく》物《ぶつ》の種《たね》や根《ね》から、生《は》えたばかりのもの。❷茎《くき》や枝《えだ》についていて、これから花《はな》や葉《は》になるもの。例 新《しん》芽。❸新《あら》たに生《しょう》じるもの。↓が【芽】 191ページ

**芽《め》が出《で》る** ❶草《くさ》や木《き》の芽《め》が出《で》てくる。❷運《うん》が向《む》いてくる。例 ぼくらのチームも、やっと芽が出てきた。

**芽《め》を摘《つ》む** ❶草《くさ》花《ばな》の芽《め》をつまみ取《と》る。❷大《おお》きくならないうちにだめにしてしまう。例 悪《あく》の芽をつむ。

**芽《め》を吹《ふ》く** 芽《め》が出《で》る。

**めあたらしい【目新しい】** 形 めずらしい感《かん》じがする。初《はじ》めて見《み》る感《かん》じがする。例 目新しいニュースはありませんか。

**°めあて【目当て】** 名 ❶目《め》をつけて見《み》るところ。目《もく》標《ひょう》。例 煙《えん》突《とつ》を目当てにまっすぐ行《い》く。❷目《め》ざすところ。目《もく》的《てき》。例 学《がく》習《しゅう》の目当て。

**めい【名】** 画数 6 部首 口(くち) 1年

音 メイ ミョウ 訓 な

筆順 ノ ク タ タ 名 名

❶なまえ。熟語 名《みょう》字《じ》。記《き》名《めい》。氏《し》名《めい》。書《しょ》名《めい》。姓《せい》名《めい》。本《ほん》名《みょう》。名《な》札《ふだ》。❷名《な》高《だか》い。すぐれている。熟語 名《めい》作《さく》。名《めい》山《ざん》。名《めい》人《じん》。有《ゆう》名《めい》。名《めい》選《せん》手《しゅ》。❸なまえだけのもの。熟語 名《めい》目《もく》。❹人《にん》数《ずう》を数《かぞ》えるときに使《つか》う言《こと》葉《ば》。例 欠《けっ》席《せき》は三《さん》名《めい》。

**めい【命】** 画数 8 部首 口(くち) 3年

音 メイ ミョウ 訓 いのち

筆順 ノ 人 亼 亼 合 合 命 命

❶いのち。熟語 命《めい》日《にち》。人《じん》命《めい》。生《せい》命《めい》。寿《じゅ》命《みょう》。命《いのち》綱《づな》。❷名《な》づける。熟語 命《めい》名《めい》。命《めい》令《れい》。❸めぐり合《あ》わせ。熟語 運《うん》命《めい》。宿《しゅく》命《めい》。❹言《い》いつける。使《し》命《めい》。↓めいじる(命じる) 1288ページ

**めい【命】** 名 言《い》いつけ。命《めい》令《れい》。例 社《しゃ》長《ちょう》の命に従《したが》う。

**めい【明】** 画数 8 部首 日(ひへん) 2年

音 メイ ミョウ 訓 あ-かり あ-かるい あ-かるむ あ-からむ あき-らか あ-ける あ-く あ-くる あ-かす

筆順 丨 冂 日 日 明 明 明 明

❶あきらか。熟語 明《めい》確《かく》。明《めい》白《はく》。説《せつ》明《めい》。発《はつ》明《めい》。❷あかるい。熟語 明《めい》月《げつ》。明《めい》朗《ろう》。照《しょう》明《めい》。光《こう》明《みょう》。対 暗《あん》。❸かしこい。熟語 明《めい》君《くん》。明《めい》敏《びん》。賢《けん》明《めい》。❹暦《こよみ》の上《うえ》で、次《つぎ》の。熟語 明《みょう》朝《ちょう》。明《あ》日《す》。

《訓の使い方》**あか-るい** 例 月《つき》が明るい。**あか-るむ** 例 山《やま》ぎわが明るむ。**あか-らむ** 例 空《そら》が明らむ。**あき-らか** 例 明らかなまちがい



四字熟語 **疑《ぎ》心《しん》暗《あん》鬼《き》** いくら大《だい》丈《じょう》夫《ぶ》だと言《い》われても疑《ぎ》心《しん》暗《あん》鬼《き》で、不《ふ》安《あん》が心《こころ》の底《そこ》から消《き》えない。

あいうえお かきくけこ さしすせそ たちつてと なにぬねの はひふへほ まみむめも やゆよ らりるれろ わをん

い。**あ-ける** 例 夜《よる》が明ける。**あ-く** 例 目《め》が明く。**あ-くる** 例 明くる年《とし》。**あ-かす** 例 正体《しょうたい》を明かす。

**めい【明】** 名 ❶あかるさ。例 明と暗《あん》の対比《たいひ》。対 暗《あん》。❷見通《みとお》す力《ちから》。例 先見《せんけん》の明がある。

**めい【迷】** 画数 9 部首 辶（しんにょう） 5年
音 メイ 訓 まよ-う
筆順 丷 䒑 半 米 米 米 迷 迷
まよう。熟語 迷信《めいしん》。迷路《めいろ》。迷惑《めいわく》。低迷《ていめい》。
《訓の使い方》**まよ-う** 例 どうするか迷う。

**めい【盟】** 画数 13 部首 皿（さら） 6年
音 メイ 訓 ―
筆順 口 日 日 明 明 明 盟 盟
ちかう。ちかい。熟語 盟主《めいしゅ》。同盟《どうめい》。連盟《れんめい》。

**めい【鳴】** 画数 14 部首 鳥（とり） 2年
音 メイ 訓 な-く な-る な-らす
筆順 口 口 叩 叩 鳴 鳴 鳴 鳴
❶なる。音《おと》がする。熟語 鳴動《めいどう》。共鳴《きょうめい》。雷鳴《らいめい》。
❷動物《どうぶつ》がなく。声《こえ》を出《だ》す。熟語 悲鳴《ひめい》。
《訓の使い方》**な-く** 例 虫《むし》が鳴く。**な-る** 例 すずが鳴る。**な-らす** 例 かねを鳴らす。

**めい【冥】** 画数 10 部首 冖（わかんむり）
音 メイ ミョウ 訓 ―
❶光《ひかり》のない、暗《くら》いやみ。あの世《よ》。熟語 冥土《めいど》。冥福《めいふく》。❷神《かみ》や仏《ほとけ》のはたらき。熟語 冥利《みょうり》（＝これ以上《いじょう》ない幸《しあわ》せ）。

**めい【銘】** 画数 14 部首 金（かねへん）
音 メイ 訓 ―
❶刻《きざ》みつけた言葉《ことば》。熟語 墓碑銘《ぼひめい》（＝墓石《はかいし》に刻《きざ》んだ言葉《ことば》）。❷心《こころ》に刻《きざ》みつける。熟語 銘記《めいき》。感銘《かんめい》。❸名高《なだか》くて上等《じょうとう》なもの。熟語 銘菓《めいか》（＝有名《ゆうめい》な菓子《かし》）。銘柄《めいがら》。↓めいじる（銘じる）1288ページ

**めい【銘】** 名 ❶物《もの》に刻《きざ》みつけた言葉《ことば》や名前《なまえ》。例 銘の入《はい》った刀《かたな》。❷いましめの言葉《ことば》。例「誠心誠意《せいしんせいい》」が、私《わたくし》の座右《ざゆう》の銘です。

**めい** 名 兄弟《きょうだい》や姉妹《しまい》の子《こ》どもの中《なか》で、女《おんな》の子《こ》のこと。対 おい。

**めいあん【名案】** 名 すぐれた考《かんが》え。よい思《おも》いつき。よい考《かんが》え。例 名案がうかぶ。

**めいあん【明暗】** 名 ❶明《あか》るさと暗《くら》さ。例 明暗がはっきりした写真《しゃしん》。❷いい面《めん》とよくない面《めん》。例 人生《じんせい》の明暗。
**明暗《めいあん》を分《わ》ける** 成功《せいこう》か失敗《しっぱい》か、勝《か》ち か負《ま》けかなどが、それによって分《わ》かれる。例 ヒット一本《いっぽん》が両《りょう》チームの明暗を分けた。

**めいい【名医】** 名 すぐれた医者《いしゃ》。

**めいうつ【銘打つ】** 動 目立《めだ》つ呼《よ》び名《な》をつける。例 世界初《せかいはつ》と銘打った商品《しょうひん》。

**めいおうせい【冥王星】** 名 太陽《たいよう》の周《まわ》りを回《まわ》る星《ほし》の一《ひと》つ。惑星《わくせい》の一《ひと》つと考《かんが》えられていたが、小《ち》さすぎて惑星《わくせい》とはいえないことがわかった。

**めいか【名家】** 名 ❶りっぱな家柄《いえがら》。名門《めいもん》。❷学問《がくもん》や芸《げい》などで、その道《みち》にすぐれた名人《めいじん》。例 彼女《かのじょ》は書道《しょどう》の名家だ。

**めいか【名歌】** 名 有名《ゆうめい》な歌《うた》。すぐれた歌《うた》。

**めいが【名画】** 名 ❶有名《ゆうめい》な絵《え》。すぐれた絵《え》。❷評判《ひょうばん》のいい映画《えいが》。

**めいかい【明快】** 形動 はっきりしていて、わかりやすいようす。例 明快な結論《けつろん》。

**めいかい【明解】** 名 形動 解釈《かいしゃく》がわかりやすく述《の》べられていること。また、よくわかる解釈《かいしゃく》。例 明解な注釈《ちゅうしゃく》。

**めいかい【冥界】** 名 死後《しご》の世界《せかい》。あの世《よ》。

**めいかく【明確】** 形動 はっきりして、確《たし》かなようす。例 明確な判断《はんだん》を下《くだ》す。

**めいがら【銘柄】** 名 商品《しょうひん》の商標《しょうひょう》。ブランド。例 有名《ゆうめい》な銘柄の品物《しなもの》。

**めいき【明記】** 名 動-する はっきりと書《か》くこと。例 名前《なまえ》を明記する。

**めいき【銘記】** 名 動-する はっきりと心《こころ》に刻《きざ》みつけて忘《わす》れないこと。例 先生《せんせい》の教《おし》えを銘記する。

**めいぎ【名義】** 名 書類《しょるい》などに使《つか》う表向《おもてむ》きの名前《なまえ》。例 名義を書《か》きかえる。

**めいきゅう【迷宮】** 名 入《はい》ると、なかなか出《で》られないように、通路《つうろ》が複雑《ふくざつ》に造《つく》られた建《たて》物《もの》。

四字熟語 奇想天外《きそうてんがい》 奇想天外《きそうてんがい》なできごとが次々《つぎつぎ》に起《お》きる。

**めいきゅういり【迷△宮入り】**［名］［動-する］事件《じけん》が解決《かいけつ》しないまま、捜査《そうさ》が終《お》わること。［例］事件《じけん》は迷宮入りして未解決《みかいけつ》のままだ。

■**めいきょうしすい【明鏡止水】**［名］心《こころ》にわだかまりがなく、明《あか》るく澄《す》みきっていること。［例］明鏡止水の心境《しんきょう》。

**めいきょく【名曲】**［名］すぐれた曲《きょく》。すぐれた音楽《おんがく》。有名《ゆうめい》な曲《きょく》。［例］名曲鑑賞《かんしょう》。

**めいく【名句】**［名］❶すぐれた俳句《はいく》。有名《ゆうめい》な俳句《はいく》。［例］芭蕉《ばしょう》は、たくさんの名句を残《のこ》した。❷人《ひと》の心《こころ》を動《うご》かすような文句《もんく》。名言《めいげん》。

**めいくん【名君・明君】**［名］立派《りっぱ》な、すぐれた君主《くんしゅ》。

**めいげつ【名月】**［名］昔《むかし》の暦《こよみ》で、八月十五日《はちがつじゅうごにち》の夜《よる》の月《つき》〔=いも明月《めいげつ》〕。また、九月十三日《くがつじゅうさんにち》の夜《よる》の月《つき》〔=豆明月《まめめいげつ》〕。［例］中秋《ちゅうしゅう》の名月。

**めいげつ【明月】**［名］晴《は》れた夜《よる》に、きれいにかがやく円《まる》い月《つき》。

**めいげん【名言】**［名］すぐれた言葉《ことば》。うまく言《い》い表《あらわ》してある言葉《ことば》。［例］「急《いそ》がば回《まわ》れ」とは、確《たし》かに名言である。

**めいげん【明言】**［名］［動-する］はっきり言《い》うこと。［例］今週中《こんしゅうちゅう》に仕上《しあ》げると明言する。

**めいこう【名工】**［名］細工物《さいくもの》や焼《や》き物《もの》を作《つく》る人《ひと》で、その技《わざ》のすぐれている人《ひと》。［例］名工の手《て》になる茶《ちゃ》わん。

**めいさい【明細】**［一］［形動］細《こま》かいところまで、はっきりしているようす。［例］明細に書《か》き入《い》れる。［二］［名］くわしく書《か》いたもの。［例］旅費《りょひ》の明細。

**めいさいしょ【明細書】**［名］金銭《きんせん》の出《だ》し入《い》れなど、内容《ないよう》をくわしく書《か》いた書類《しょるい》。［例］明細書を提出《ていしゅつ》する。

**めいさく【名作】**［名］文学《ぶんがく》・美術《びじゅつ》・音楽《おんがく》・映画《えいが》・劇《げき》などの、すぐれた作品《さくひん》。有名《ゆうめい》な作品《さくひん》。［例］あの作家《さっか》は、数多《かずおお》くの名作を書《か》き著《あらわ》した。

**めいさん【名産】**［名］その土地《とち》にできる有名《ゆうめい》な産物《さんぶつ》。名物《めいぶつ》。

**めいざん【名山】**［名］有名《ゆうめい》な山《やま》。景色《けしき》などが特《とく》に美《うつく》しく立派《りっぱ》な山《やま》。［例］富士山《ふじさん》は世界《せかい》の名山だ。

**めいし【名士】**［名］立派《りっぱ》な人《ひと》。有名《ゆうめい》な人《ひと》。［例］郷土《きょうど》の名士。

**めいし【名刺】**［名］自分《じぶん》の名前《なまえ》・職業《しょくぎょう》・住所《じゅうしょ》などを印刷《いんさつ》した、小《ち》さいカード。初対面《しょたいめん》の人《ひと》とあいさつするときなどに使《つか》う。

✤**めいし【名詞】**［名］〔国語《こくご》で〕品詞《ひんし》の一《ひと》つ。物《もの》や人《ひと》の名前《なまえ》、ことがらなどを表《あらわ》す言葉《ことば》。普通《ふつう》名詞《めいし》(机《つくえ》・水《みず》・運動《うんどう》など)と固有名詞《こゆうめいし》(東京《とうきょう》・富《ふ》士山《じさん》・花子《はなこ》など)がある。この辞典《じてん》では、名詞《めいし》を［名］としている。そのうち、人名《じんめい》などは［人名］・［地名］・［作品名］と示《しめ》してある。

**めいじ【明示】**［名］［動-する］はっきりと示《しめ》すこと。［例］中身《なかみ》を明示する。

**めいじ【明治】**［名］一八六八年《ねん》から一九一二年《ねん》までの日本《にっぽん》の年号《ねんごう》。

**めいじいしん【明治維新】**［名］江戸幕府《えどばくふ》をなくし、政治《せいじ》のしかたをそれまでとすっかり変《か》えて、明治政府《めいじせいふ》による新《あたら》しい形《かたち》に改《あらた》めたこと。また、その改革《かいかく》の過程《かてい》。

**めいじけんぽう【明治憲法】**［名］↓だいにっぽんていこくけんぽう 779ページ

**めいじじだい【明治時代】**［名］明治天皇《めいじてんのう》が位《くらい》にあった時代《じだい》。江戸幕府《えどばくふ》が倒《たお》れ、元号《げんごう》が「明治《めいじ》」となった一八六八年《ねん》から一九一二年《ねん》まで。鎖国《さこく》をやめ、西洋《せいよう》の進《すす》んだ文明《ぶんめい》を取《と》り入《い》れた時代《じだい》。

**めいじつ【名実】**［名］評判《ひょうばん》と実際《じっさい》の内容《ないよう》。［例］名実ともに立派《りっぱ》な人《ひと》。

**めいじてんのう〖明治天皇〗**［人名］(男)(一八五二〜一九一二)明治時代《めいじじだい》(一八六八〜一九一二)の天皇《てんのう》。明治維新《めいじいしん》のあと、政府《せいふ》の

例解 ことばの窓

**名詞《めいし》について**

今《いま》までにないものが現《あらわ》れると、その呼《よ》び名《な》、つまり名詞《めいし》が生《う》まれる。「液晶《えきしょう》」「パソコン」「アイシー」「インターネット」などは、新《あたら》しいものにつけられた名詞《めいし》である。

すでにある言葉《ことば》を組《く》み合《あ》わせて、名《な》づけることもある。宇宙《うちゅう》に打《う》ち上《あ》げるものは「人工衛星《じんこうえいせい》」、屋根《やね》つきの野球場《やきゅうじょう》は「ドーム球場《きゅうじょう》」など。

四字熟語 喜怒哀楽《きどあいらく》 喜怒哀楽《きどあいらく》がすぐ顔《かお》に出《で》るといって、私《わたし》は母《はは》からよくしかられる。

中心《ちゅうしん》となって、大《おお》きな役割《やくわり》を果《は》たした。参考 天皇《てんのう》の位《くらい》についたのは、元号《げんごう》が明治《めいじ》になる前《まえ》の一八六七年《ねん》。

✤**めいしどめ【名詞止め】** 名 ⇩たいげんどめ 773ページ

**めいしゅ【名手】** 名 腕前《うでまえ》のすぐれた人《ひと》。名人《めいじん》。例 ピアノの名手。

**めいしゅ【盟主】** 名 同《おな》じ目的《もくてき》を持《も》った集《あつ》まりの、中心《ちゅうしん》となる人《ひと》や国《くに》。

**めいしょ【名所】** 名 景色《けしき》がよいので有名《ゆうめい》な所《ところ》。名勝《めいしょう》。または、歴史《れきし》の上《うえ》で有名《ゆうめい》な所《ところ》。例 紅葉《もみじ》の名所。

**めいしょう【名将】** 名 名高《なだか》い将軍《しょうぐん》。すぐれた、立派《りっぱ》な将軍《しょうぐん》。

**めいしょう【名称】** 名 呼《よ》び名《な》。名前《なまえ》。例 会《かい》の名称を考《かんが》える。

**めいしょう【名勝】** 名 景色《けしき》がよくて有名《ゆうめい》な土地《とち》。名所《めいしょ》。例 天下《てんか》の名勝。類 景勝《けいしょう》。

■**めいしょきゅうせき【名所旧跡】** 名 景色《けしき》がよかったり、歴史《れきし》の上《うえ》で有名《ゆうめい》だったりする場所《ばしょ》。例 名所旧跡にめぐまれた観光《かんこう》地《ち》。

◦**めいじる【命じる】** 動 〔「命《めい》ずる」ともいう。〕❶言《い》いつける。命令《めいれい》する。例 部下《ぶか》に仕《し》事《こと》を命じる。❷ある位《くらい》につける。任命《にんめい》する。例 委員《いいん》を命じる。

**めいじる【銘じる】** 動 心《こころ》に刻《きざ》みつける。忘《わす》れないようにする。例 失敗《しっぱい》を肝《きも》に銘じる。

**めいしん【迷信】** 名 理屈《りくつ》に合《あ》わないことを、正《ただ》しいと信《しん》じること。また、その信《しん》じていることがら。例 それは昔《むかし》からの迷信にすぎない。

◦**めいじん【名人】** 名 ❶腕前《うでまえ》のすぐれた人《ひと》。例 つりの名人。❷将棋《しょうぎ》や囲碁《いご》で、いちばん上《うえ》の位《くらい》の人《ひと》。例 名人戦《せん》。

**めいずる【命ずる】** 動 ⇩めいじる〔命じる〕1288ページ

**めいせい【名声】** 名 世《よ》の中《なか》のよい評判《ひょうばん》。例 名声を高《たか》める。

**めいせき【明晰】** 形動 筋道《すじみち》が通《とお》っていて、はっきりしているようす。例 あの人《ひと》は頭脳《ずのう》明せきだ。

**めいそう【名僧】** 名 すぐれたお坊《ぼう》さん。有《ゆう》名《めい》なお坊《ぼう》さん。

**めいそう【迷走】** 名 動する ❶決《き》まった道《みち》すじや予想《よそう》とはちがう方向《ほうこう》へ進《すす》むこと。例 迷走台風《たいふう》。❷進《すす》むべき方向《ほうこう》が決《き》まらないこと。例 議論《ぎろん》が迷走する。

**めいそう【冥想・瞑想】** 名 動する 目《め》を閉《と》じて、静《しず》かに考《かんが》えること。例 めい想にふける。

**めいだい【命題】** 名 ❶題《だい》をつけること。また、その題《だい》。❷ある考《かんが》えを「AはBである」のような形《かたち》で、言葉《ことば》で表《あらわ》したもの。❸解決《かいけつ》すべきだいじな課題《かだい》。例 真相究明《しんそうきゅうめい》が命題だ。

**めいちゅう【命中】** 名 動する 目当《めあ》てとしている所《ところ》に当《あ》たること。例 矢《や》が的《まと》に命中する。類 的中《てきちゅう》。

**めいちょ【名著】** 名 すぐれた書物《しょもつ》。名高《なだか》い本《ほん》。例 名著として知《し》られた論文集《ろんぶんしゅう》。

**めいっぱい【目一杯】** 名 形動 〔はかりの目盛《めも》りいっぱいの意味《いみ》から〕ぎりぎりいっぱい。例 勉強《べんきょう》を目一杯がんばる。

**めいてんがい【名店街】** 名 駅《えき》ビルやデパートなどで、有名《ゆうめい》な店《みせ》が並《なら》んでいる場所《ばしょ》。

**めいど【明度】** 名 〔図工《ずこう》で〕色《いろ》の明《あか》るさの度《ど》合《あ》い。例 明度が高《たか》い。関連 色相《しきそう》。彩度《さいど》。⇩前《まえ》見返《みかえ》しの裏《うら》

**めいど【冥土】** 名 仏教《ぶっきょう》で、死《し》んだ人《ひと》のたましいが行《い》くといわれている所《ところ》。あの世《よ》。例 冥土のみやげ。

**めいとう【名答】** 名 立派《りっぱ》な答《こた》え。正《ただ》しい答《こた》え。例「ご名答！」

**めいどう【鳴動】** 名 動する 地鳴《じな》りがして、ゆれ動《うご》くこと。また、その音《おと》のひびき。例 大《たい》山《ざん》鳴動してねずみ一匹《いっぴき》。

**めいにち【命日】** 名 毎月《まいつき》めぐってくる、その人《ひと》の死《し》んだ日《ひ》と同《おな》じ日《ひ》。特《とく》に毎年《まいとし》めぐってくる同《おな》じ月日《つきひ》。

**めいば【名馬】** 名 すぐれた馬《うま》。名高《なだか》い馬《うま》。

**めいはく【明白】** 形動 はっきりとしていて、疑《うたが》いのないようす。例 明白な事実《じじつ》。

**めいふく【冥福】** 名 死《し》んだ人《ひと》の、あの世《よ》での幸《しあわ》せ。例 ご冥福をいのる。

**めいぶつ【名物】** 名 ❶その土地《とち》の名高《なだか》い産《さん》物《ぶつ》。名産《めいさん》。❷有名《ゆうめい》で、評判《ひょうばん》になっている人《ひと》やものごと。例 名物先生《せんせい》。

**めいぶん【名文】** 名 すぐれた文章《ぶんしょう》。例 この



四字熟語 急転直下《きゅうてんちょっか》 もめていた会議《かいぎ》が、先生《せんせい》のひと言《こと》で急転直下《きゅうてんちょっか》、一気《いっき》にまとまった。

手紙《てがみ》は名文だ。対 悪文《あくぶん》。

**めいぶんか【明文化】** 名 動-する 文章《ぶんしょう》にはっきりと書《か》き表《あらわ》すこと。例 口約束《くちやくそく》を明文化する。

**めいぼ【名簿】** 名 大勢《おおぜい》の名前《なまえ》が書《か》いてある本《ほん》や帳簿《ちょうぼ》。例 会員名簿《かいいんめいぼ》。

**めいみゃく【命脈】** 名 (細々《ほそぼそ》とつながっている)命《いのち》。例 命脈を保《たも》つ。

**めいめい【命名】** 名 動-する 名前《なまえ》をつけること。例 特急《とっきゅう》を「ひかり」と命名する。

**○めいめい【銘銘】** 名 一人《ひとり》一人《ひとり》。それぞれ。おのおの。例 めいめいで作《つく》る。

**めいめつ【明滅】** 名 動-する 明《あ》かりなどが、ついたり消《き》えたりすること。点滅《てんめつ》。例 ネオンサインが明滅する。

**めいもく【名目】** 名 表向《おもてむ》きの呼《よ》び方《かた》や理由《りゆう》。言《い》い訳《わけ》。例 病気《びょうき》という名目で休《やす》む。

**めいもん【名門】** 名 昔《むかし》から続《つづ》いている、立派《りっぱ》な家柄《いえがら》や学校《がっこう》。例 野球《やきゅう》の名門校《めいもんこう》。

**めいもんく【名文句】** 名 有名《ゆうめい》な言葉《ことば》。また、言《い》い回《まわ》しのうまい言葉《ことば》。

**めいやく【名訳】** 名 すぐれた翻訳《ほんやく》。

**めいやく【盟約】** 名 動-する 誓《ちか》い。固《かた》い約束《やくそく》。例 盟約を結《むす》ぶ。

**めいゆう【名優】** 名 すぐれた俳優《はいゆう》。有名《ゆうめい》な俳優《はいゆう》。

**○めいよ【名誉】** 一 名 形動 すぐれていると認《みと》められること。ほまれ。例 賞《しょう》を受《う》けるのは名誉なことだ。二 名 ❶立派《りっぱ》だという評判《ひょうばん》。体面《たいめん》。例 名誉を重《おも》んじる。❷尊敬《そんけい》のしるしとしておくられる名《な》。例 名誉市民《めいよしみん》。

**■めいよきそん【名誉棄損・名誉毀損】** 名 人《ひと》の、よい評判《ひょうばん》を傷《きず》つけるようなことをすること。例 名誉棄損でうったえる。

**■めいよばんかい【名誉挽回】** 名 動-する なくした名誉《めいよ》や評判《ひょうばん》を取《と》りもどすこと。例 今度《こんど》こそ名誉挽回のチャンスだ。

**めいりょう【明瞭】** 形動 はっきりしているようす。例 明瞭な事実《じじつ》。

**めいる** 動 元気《げんき》がなくなる。ふさぎこむ。気持《きも》ちが暗《くら》くなる。例 雨続《あめつづ》きで、気《き》がめいる。

**○めいれい【命令】** 名 動-する 相手《あいて》に自分《じぶん》の考《かんが》えや仕事《しごと》などを言《い》いつけること。言《い》いつけ。例 命令に従《したが》う。

**✤めいれいぶん【命令文】** 名 〔国語《こくご》で〕禁止《きんし》や命令《めいれい》を示《しめ》す文《ぶん》のこと。

**めいろ【迷路】** 名 入《はい》ると、入《い》り口《ぐち》も出口《でぐち》も、方向《ほうこう》さえもわからなくなるような道《みち》。迷《まよ》いやすい道《みち》。例 迷路にふみこむ。

**めいろう【明朗】** 形動 ❶明《あか》るくほがらかなようす。例 明朗な性格《せいかく》。❷うそやごまかしがないようす。例 会計《かいけい》が明朗だ。

**○めいわく【迷惑】** 名 動-する 形動 他《ほか》の人《ひと》がしたことで、いやな思《おも》いをしたり困《こま》ったりすること。例 迷惑をかける。

**めうえ【目上】** 名 自分《じぶん》よりも、年齢《ねんれい》・地位《ちい》などが上《うえ》の人《ひと》。対 目下《めした》。

**めうつり【目移り】** 名 動-する 次々《つぎつぎ》に新《あたら》しいものに心《こころ》が引《ひ》かれること。あれこれ見《み》て、心《こころ》が迷《まよ》うこと。例 食《た》べたい物《もの》が多《おお》くて目移りする。

**メーカー** 〔英語 maker〕名 ❶製造元《せいぞうもと》。特《とく》に、名《な》の通《とお》った製造会社《せいぞうがいしゃ》。例 メーカー品《ひん》。自動車《じどうしゃ》メーカー。❷ある状態《じょうたい》を作《つく》り出《だ》す人《ひと》。例 チャンスメーカー。

**メーキャップ** 〔英語 makeup〕名 動-する 化粧《けしょう》。特《とく》に、俳優《はいゆう》が、役《やく》の上《うえ》でする化粧《けしょう》。メークアップ。メーク。

**メーク** 〔英語 make〕名 動-する ❶「メーキャップ」の略《りゃく》。化粧《けしょう》。メイク。例 メークを落《お》とす。❷人《ひと》の化粧《けしょう》をすることを仕事《しごと》とする人《ひと》。メークさん。

**メーター** 〔英語 meter〕名 ❶長《なが》さの単位《たんい》。メートルのこと。❷電気《でんき》・ガス・水道《すいどう》などの使《つか》った量《りょう》や、タクシーの料金《りょうきん》などが、自動的《じどうてき》にわかる器械《きかい》。計器《けいき》。

**メーデー** 〔英語 May Day〕名 毎年《まいとし》五月《ごがつ》一日《ついたち》に行《おこな》われる、世界的《せかいてき》な労働者《ろうどうしゃ》の祭典《さいてん》。

**○メートル** 〔フランス語〕名 メートル法《ほう》で、長《なが》さの基本《きほん》の単位《たんい》。メーター。記号《きごう》は「m」。参考 一《いち》メートルの千分《せんぶん》の一《いち》を「ミリメートル」、百分《ひゃくぶん》の一《いち》を「センチメートル」、千倍《せんばい》を「キロメートル」という。

**メートルほう【メートル法】** 名 長《なが》さはメートル、容積《ようせき》はリットル、重《おも》さはキログラムを基本《きほん》の単位《たんい》とするはかり方《かた》。

**メーリングリスト** 〔英語 mailing list〕名



 四字熟語 共存共栄《きょうそんきょうえい》 国々《くにぐに》が共存共栄《きょうそんきょうえい》できるような、平和《へいわ》な世界《せかい》が来《く》ることを望《のぞ》む。

あらかじめ登録《とうろく》された人《ひと》たちに、一度《いちど》に同《おな》じメールを送《おく》ることができる仕組《しく》み。メーリス。

**メール**〔英語 mail〕名 ❶郵便《ゆうびん》。郵便物《ゆうびんぶつ》。例 エアメール〔=航空便《こうくうびん》〕。❷↓イーメール 55ページ

**メールアドレス**〔英語 mail address〕名 Eメール〔=電子《でんし》メール〕のあて先《さき》。メアド。

**メーン**〔英語 main〕名 主《おも》となるもの。中心《ちゅうしん》となるもの。メイン。例 メーンとなる料理《りょうり》。

**メーンイベント**〔英語 main event〕名 中心《しん》となるもよおし物《もの》。特《とく》に、プロレスリングやボクシングなどで、その日《ひ》の中心《ちゅうしん》となる試合《しあい》。メーンエベント。例 今日《きょう》のメーンイベントはタイトルマッチだ。

**メーンスタンド** 名〔日本《にっぽん》でできた英語《えいご》ふうの言葉《ことば》。〕競技場《きょうぎじょう》の、正面《しょうめん》の見物席《けんぶつせき》。例 メーンスタンドに陣取《じんど》る。

**メーンストリート**〔英語 main street〕名 大通《おおどお》り。本通《ほんどお》り。目《め》ぬき通《どお》り。

**メーンディッシュ**〔英語 main dish〕名 洋食《ようしょく》の献立《こんだて》で、中心《ちゅうしん》となる料理《りょうり》。メインディッシュ。

**メーンテーブル** 名〔日本《にっぽん》でできた英語《えいご》ふうの言葉《ことば》。〕会議《かいぎ》や宴会《えんかい》などで、中央《ちゅうおう》の正面《しょうめん》の席《せき》。いちばん重要《じゅうよう》な人《ひと》がすわる。

**めおと**【〈夫婦〉】名 夫婦《ふうふ》。〔古《ふる》い言《い》い方《かた》。〕例 めおと茶《ちゃ》わん。

**メカ** 名〔英語《えいご》の「メカニズム」の略《りゃく》。〕↓メカニズム❶ 1290ページ

**メガ**〔英語 mega〕〔ある言葉《ことば》の前《まえ》につけて〕百万倍《ひゃくまんばい》の。記号《きごう》は「M」。例 メガトン〔=百万《ひゃくまん》トン〕。

**めかくし**【目隠し】名 動-する ❶目《め》を、手《て》や布《ぬの》でおおって、見《み》えないようにすること。また、その布《ぬの》など。❷外《そと》から家《いえ》の中《なか》が見《み》えないようにすること。また、そのための木《き》や、へいなど。

°**めがける**【目掛ける】動 目当《めあ》てにする。目指《めざ》す。例 ゴールを目がけて走《はし》る。

**めかしこむ**【めかし込む】動 着《き》かざって、入念《にゅうねん》におしゃれをする。例 姉《あね》がめかし込んで出《で》かけていく。

**めがしら**【目頭】名 目《め》の、鼻《はな》に近《ちか》いほうのはし。対 目《め》じり。

**目頭《めがしら》が熱《あつ》くなる** 心《こころ》を動《うご》かされて、涙《なみだ》がうかんでくる。例 マラソン選手《せんしゅ》のがんばりに目頭が熱くなった。

**目頭《めがしら》を押《お》さえる** 涙《なみだ》が流《なが》れ出《で》ないように、目元《めもと》をそっとおさえる。例 気《き》の毒《どく》で、思《おも》わず目頭を押さえる。

**めかす** 一 動 着《き》かざって、おしゃれをする。例 めかしてパーティーに出《で》かける。二〔ある言葉《ことば》のあとにつけて〕…らしく見《み》せる。例 冗談《じょうだん》めかして言《い》う。

**めかた**【目方】名 物《もの》の、重《おも》さ。重量《じゅうりょう》。

**メカニズム**〔英語 mechanism〕名 ❶機械《きかい》の装置《そうち》。仕《し》かけ。メカ。❷構造《こうぞう》。仕組《しく》み。例 人《ひと》の体《からだ》のメカニズム。

°**めがね**【〈眼鏡〉】名 ❶目《め》がよく見《み》えるようにしたり、目《め》を守《まも》ったりするために、レンズや色《いろ》ガラスで作《つく》った、目《め》にかける器具《きぐ》。❷人《ひと》やものを見《み》て、そのよしあしを見分《みわ》ける力《ちから》。例 父《ちち》の眼鏡にくるいはない。参考「眼鏡《めがね》」は、特別《とくべつ》に認《みと》められた読《よ》み方《かた》。

**眼鏡《めがね》にかなう** 目上《めうえ》の人《ひと》に気《き》に入《い》られたり、認《みと》められたりする。例 監督《かんとく》の眼鏡にかなった選手《せんしゅ》。

**メガヘルツ**〔英語 megahertz〕名 音波《おんぱ》などの振動数《しんどうすう》の単位《たんい》。百万《ひゃくまん》ヘルツ。記号《きごう》は「MHz」。

**メガホン**〔英語 megaphone〕名 声《こえ》を遠《とお》くまで届《とど》かせるため、口《くち》に当《あ》てるらっぱ形《がた》の筒《つつ》。

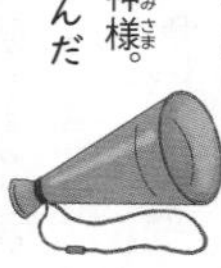
〔メガホン〕

**めがみ**【女神】名 女《おんな》の神様《かみさま》。例 勝利《しょうり》の女神がほほえんだ〔=勝利《しょうり》した〕。

**めきき**【目利き】名 品物《しなもの》のよしあしや本物《ほんもの》かどうかなどを見分《みわ》けること。また、それがうまい人《ひと》。例 骨《こっ》とう品《ひん》の目利きをする。

**メキシコ** 地名 北《きた》アメリカ大陸《たいりく》の南部《なんぶ》にある国《くに》。首都《しゅと》はメキシコシティー。

**メキシコわん**【メキシコ湾】地名 北《きた》アメリカ大陸《たいりく》の南東《なんとう》にある大《おお》きな湾《わん》。

**めきめき** 副(-と) 目立《めだ》って。どんどん。例 近《ちか》ごろ、めきめき力《ちから》がついてきた。

**めく**〔ある言葉《ことば》のあとにつけて〕…のようになる。…らしくなる。例 春《はる》めく。ゆらめく。



四字熟語 興味津津《きょうみしんしん》 おじさんのアフリカ旅行《りょこう》の話《はなし》を、兄《あに》は興味津々《きょうみしんしん》で、じっと聞《き》いていた。

**めくじらをたてる**【目くじらを立てる】小《ちい》さな欠点《けってん》などを大《おお》げさにとがめる。例 そんなささいなことに目くじらを立てることはない。

**めぐすり**【目薬】名 目《め》の病気《びょうき》を治《なお》すために、目《め》にさす薬《くすり》。

**めくばせ**【目配せ】名 動-する 目《め》で合図《あいず》をすること。例 友達《ともだち》にそっと目配せした。

**めくばり**【目配り】名 動-する あちこちへ、注意《ちゅうい》の目《め》を向《む》けること。例 グラウンド全体《ぜんたい》に目配りをする。

◦**めぐまれる**【恵まれる】動 ❶恵《めぐ》みを受《う》ける。よいものごとが与《あた》えられる。例 音楽《おんがく》の才能《さいのう》に恵まれる。❷運《うん》がよくて幸《しあわ》せである。例 天候《てんこう》に恵まれる。

◦**めぐみ**【恵み】名 情《なさ》けをかけること。いつくしみ。例 恵みの雨《あめ》。神様《かみさま》のお恵み。

◦**めぐむ**【恵む】動 気《き》の毒《どく》に思《おも》って、自分《じぶん》の持《も》っているものを与《あた》える。例 人《ひと》にお金《かね》を恵む。⬇けい【恵】388ページ

**めぐむ**【芽ぐむ】動 芽《め》を出《だ》す。芽《め》ぶく。例 春《はる》になって、草木《くさき》が芽ぐむ。

**めぐらす**【巡らす】動 ❶ぐるりと回《まわ》す。例 首《くび》を巡らす。❷周《まわ》りを囲《かこ》む。例 石垣《いしがき》を巡らす。❸いろいろ考《かんが》える。例 思《おも》いを巡らす。

**めぐり**【巡り】名 ❶ぐるっと回《まわ》ること。例 池《いけ》をひと巡りする。❷順《じゅん》に回《まわ》って行《い》くこと。例 名所《めいしょ》巡り。

**めぐりあい**【巡り会い】名 はなれていた者《もの》どうしが、思《おも》いがけなく出会《であ》うこと。例 運《うん》命的《めいてき》な巡り会い。

**めぐりあう**【巡り会う】動 はなれていた者《もの》どうしが、思《おも》いがけない所《ところ》で出会《であ》う。例 幼《おさな》なじみと巡り会う。

**めぐりあわせ**【巡り合わせ】名 ひとりでにそうなるように決《き》まっていること。運《うん》命《めい》。例 巡り合わせがいい。

◦**めくる** 動 くる。まくる。はがす。例 ページをめくる。カレンダーをめくる。

◦**めぐる**【巡る】動 ❶周《まわ》りをぐるりと回《まわ》る。例 月《つき》は地球《ちきゅう》の周《まわ》りを巡っている。❷回《まわ》って、元《もと》にもどる。例 春《はる》が巡ってくる。❸あちこちを回《まわ》る。例 名所《めいしょ》を巡る。❹周《まわ》りを囲《かこ》む。例 池《いけ》を巡る道《みち》。❺そのことに関係《かんけい》する。例 その問題《もんだい》を巡って話《はな》し合《あ》う。⬇じゅん【巡】615ページ

**めくるめく**【目くるめく】動 目《め》がくらくらする。例 めくるめくような高《たか》いビル。

**めげる** 動 元気《げんき》がなくなる。例 失敗《しっぱい》にもめげず研究《けんきゅう》を続《つづ》ける。

**めこぼし**【目こぼし】名 動-する わざと見《み》逃《のが》すこと。大《おお》目《め》に見《み》ること。例 どうかお目こぼしをお願《ねが》いします。

**メコンがわ**〖メコン川〗地名 インドシナ半島《はんとう》をつらぬいて南《みなみ》シナ海《かい》に流《なが》れこむ大《おお》きな川《かわ》。

**めさき**【目先】名 ❶目《め》の前《まえ》。例 目先にちらつく。❷その場《ば》。例 目先のことにとらわれる。❸近《ちか》い将来《しょうらい》のこと。例 目先のことも見《み》えない。❹見《み》た感《かん》じ。例 目先の変化《へんか》。

**目《め》先《さき》が利《き》く** 近《ちか》い将来《しょうらい》のことが、よく見通《みとお》せる。例 あの人《ひと》は、目先が利く人《ひと》だ。

**目《め》先《さき》を変《か》える** やり方《かた》を変《か》えてちがった感《かん》じを出《だ》す。例 目先を変えたデザイン。

**めざし**【目刺し】名 くしやわらで、数匹《すうひき》のイワシの目《め》のところをさし通《とお》した、ひもの。

◦**めざす**【目指す・目差す】動 それに向《む》かって、望《のぞ》みをかなえようとする。目《め》がける。目《め》当《あ》てにする。例 優勝《ゆうしょう》を目指す。

**めざとい**【目ざとい】形 ❶見《み》つけることが早《はや》い。すぐ見《み》つける。例 人《ひと》ごみの中《なか》で目ざとく友達《ともだち》を見《み》つけた。❷ねむりから覚《さ》めやすい。例 年《とし》をとると目ざとくなる。

**めざまし**【目覚まし】名 ❶目《め》を覚《さ》ますこと。眠気《ねむけ》ざまし。例 目覚ましにコーヒーを飲《の》む。❷「目《め》覚《ざ》まし時計《どけい》」の略《りゃく》。

◦**めざましい**【目覚ましい】形 目《め》が覚《さ》めるように、すばらしい。見《み》ちがえるほど立派《りっぱ》である。例 めざましい働《はたら》きをする。

**めざましどけい**【目覚まし〈時計〉】名 起《お》きる予定《よてい》の時刻《じこく》にベルなどが鳴《な》る仕《し》かけの時計《とけい》。目《め》覚《ざ》まし。例 午前《ごぜん》七時《しちじ》に目覚まし時計をセットする。

**めざめ**【目覚め】名 ❶ねむりから覚《さ》めること。❷気《き》づかなかった気持《きも》ちなどが動《うご》き始《はじ》めること。例 学問《がくもん》への目覚め。

◦**めざめる**【目覚める】動 ❶目《め》が覚《さ》める。ねむりから覚《さ》める。❷心《こころ》の迷《まよ》いがなくなる。




四字熟語 謹厳実直《きんげんじっちょく》　祖父《そふ》は謹厳実直《きんげんじっちょく》な人《ひと》で、村《むら》じゅうの人《ひと》から尊敬《そんけい》されていたそうだ。

例悪《あく》から目覚める。❸はっきりと自覚《じかく》する。例学問《がくもん》に目覚める。

**めざわり【目障り】**名形動 ❶物《もの》を見《み》るのに邪魔《じゃま》になること。例看板《かんばん》が目障りだ。❷見《み》て不愉快《ふゆかい》に感《かん》じること。例目障りな態度《たいど》。

**◦めし【飯】**名 ❶ごはん。例五目《ごもく》飯。❷食事《しょくじ》。例昼《ひる》飯。↓はん【飯】1070ページ

**めじ【目地】**名 れんがやブロックなどを積《つ》んだり、タイルなどをはったりするときの継《つ》ぎ目《め》。

**めしあがる【召し上がる】**動「食《た》べる」「飲《の》む」の敬《うやま》った言《い》い方《かた》。例どうぞ召し上がってください。

**めしかかえる【召し抱える】**動 家来《けらい》にする。やとう。〔古《ふる》い言《い》い方《かた》。〕

**めした【目下】**名 自分《じぶん》よりも年齢《ねんれい》・地位《ちい》などが下《した》の人《ひと》。対目上《めうえ》。注意「目下」を「もっか」と読《よ》むと、ちがう意味《いみ》になる。

**めしつかい【召し使い】**名 家《いえ》の用《よう》をしてもらうためにやとっている人《ひと》。〔古《ふる》い言《い》い方《かた》。〕

**めしべ【雌しべ】**名 花《はな》の真《ま》ん中《なか》にあって、雄《お》しべから花粉《かふん》を受《う》け入《い》れるもの。下《した》の部分《ぶぶん》が実《み》になる。対雄《お》しべ。↓はな(花)❶1054ページ

**メジャー**〔英語 major〕 一名形動 規模《きぼ》が大《おお》きいこと。一流《いちりゅう》であること。主流《しゅりゅう》であること。例メジャーな会社《かいしゃ》。メジャーになる。二名〔音楽《おんがく》で〕長調《ちょうちょう》。対(一・二)マイナー。

**メジャー**〔英語 measure〕名 ❶小《ち》さい巻《ま》き尺《じゃく》。ものさし。❷料理《りょうり》で、決《き》まった量《りょう》。また、量《りょう》をはかるもの。例メジャーカップ。

**メジャーリーグ**〔英語 major league〕名 アメリカのプロ野球《やきゅう》で、いちばん上《うえ》のリーグ。大《だい》リーグ。

**めじり【目尻】**名 目《め》の、耳《みみ》に近《ちか》いほうのはし。まなじり。対目頭《めがしら》。

**目尻《めじり》を下《さ》げる** うれしそうな顔《かお》をする。例孫《まご》のしぐさに目尻を下げる。

**めじるし【目印】**名 ❶見《み》つけやすくするためのしるし。例青《あお》リボンが会員《かいいん》の目印です。❷行《い》きつくために目《め》をつけるところ。目《もく》標《ひょう》になるもの。例旗《はた》を目印に行進《こうしん》する。

**めじろ【目白】**名 背《せ》が緑色《みどりいろ》で、目《め》の周《まわ》りが白《しろ》い小鳥《ことり》。鳴《な》き声《ごえ》が美《うつく》しい。

**めじろおし【目白押し】**名 大勢《おおぜい》の人《ひと》がぎっしり並《なら》んだり、続《つづ》いたりしているようす。例見物人《けんぶつにん》が目白押しに並《なら》ぶ。参考たくさんのメジロが、木《き》の枝《えだ》に、おし合《あ》うように止《と》まっているようすから。

**◦めす【雌】**名 動物《どうぶつ》で、子《こ》や卵《たまご》を生《う》む能力《のうりょく》があるほう。対雄《おす》。↓し【雌】538ページ

**めす【召す】**動 ❶「呼《よ》び寄《よ》せる」「取《と》り寄《よ》せる」の敬《うやま》った言《い》い方《かた》。例王様《おうさま》が、家来《けらい》を召される。❷「食《た》べる」「飲《の》む」「着《き》る」「乗《の》る」などの敬《うやま》った言《い》い方《かた》。例美《うつく》しい着物《きもの》をお召しになる。〔❶・❷古《ふる》い言《い》い方《かた》。〕↓しょう【召】622ページ

**メス**〔オランダ語〕名 手術《しゅじゅつ》や解剖《かいぼう》などに使《つか》う小《こ》刀《がたな》。

**メスを入《い》れる** ❶手術《しゅじゅつ》や解剖《かいぼう》をする。❷ものごとを解決《かいけつ》するために、思《おも》いきったやり方《かた》をする。例事件《じけん》にメスを入れる。

**メスシリンダー**〔ドイツ語〕名 理科《りか》の実験《じっけん》などに使《つか》う、細長《ほそなが》い円筒形《えんとうけい》の目《め》盛《も》り付《つ》きのます。ガラスでできていて、大小《だいしょう》いろいろある。↓じっけんきぐ565ページ

**◦めずらしい【珍しい】**形 ❶めったにない。まれである。例こんな大雪《おおゆき》は珍しい。❷ふつうとはちがっている。例珍しいみやげをもらった。↓ちん【珍】845ページ

**めずらしがる【珍しがる】**動 めずらしいと思《おも》う。例外国人《がいこくじん》が着物《きもの》を珍しがる。

**めせん【目線】**名 ❶目《め》が向《む》いている方向《ほうこう》。視線《しせん》。例目線をそらす。❷ものの見方《みかた》・とらえ方《かた》。例上《うえ》から目線でものを言《い》う。

**メゾソプラノ**〔イタリア語〕名〔音楽《おんがく》で〕女性《じょせい》の声《こえ》のうちで、ソプラノとアルトの中間《ちゅうかん》の音域《おんいき》。また、その声《こえ》の歌手《かしゅ》。

**メゾピアノ**〔イタリア語〕名〔音楽《おんがく》で〕「少《すこ》し弱《よわ》く」という意味《いみ》を表《あらわ》すしるし。記号《きごう》は「mp」。対メゾフォルテ。

**メゾフォルテ**〔イタリア語〕名〔音楽《おんがく》で〕「少《すこ》し強《つよ》く」という意味《いみ》を表《あらわ》すしるし。記号《きごう》は「mf」。対メゾピアノ。

**メソポタミア** 地名 チグリス川《がわ》とユーフラテス川《がわ》の間《あいだ》の地域《ちいき》。古代文明《こだいぶんめい》が栄《さか》えたところ。

四字熟語 空前絶後《くうぜんぜつご》 この映画《えいが》は、莫大《ばくだい》な費用《ひよう》と労力《ろうりょく》をかけて作《つく》った、空前絶後《くうぜんぜつご》の大作《たいさく》です。

**めそめそ** 副（-と） 動する 弱々《よわよわ》しく泣《な》くようす。例すぐめそめそする。

**めだか【目高】** 名 池《いけ》や川《かわ》などにすむ小《ちい》さな魚《さかな》。体長《たいちょう》三《さん》センチメートルぐらい。目《め》が大《おお》きく、水面《すいめん》近《ちか》くを群《む》れをなして泳《およ》ぐ。近年《きんねん》、数《かず》が減《へ》っている。↓たんすいぎょ815ページ

◦**めだつ【目立つ】** 動 はっきり見《み》える。目《め》につきやすい。例よく目立つ色《いろ》の服《ふく》。

**めたて【目立て】** 名 のこぎりややすりの、すり減《へ》った目《め》をするどくすること。例よく目立てがされたのこぎり。

✤**メタファー**〔英語 metaphor〕名 「…のようだ」などを使《つか》わないで、あるものを別《べつ》のものにたとえる言《い》い方《かた》。（比喩《ひゆ》のうちの）隠喩《いんゆ》のこと。

**メタボ** 名 ↓メタボリックシンドローム1293ページ

**メタボリックしょうこうぐん【メタボリック症候群】** 名 ↓メタボリックシンドローム1293ページ

**メタボリックシンドローム**〔英語 metabolic syndrome〕名 内臓《ないぞう》の回《まわ》りに脂肪《しぼう》がたまり、高血圧《こうけつあつ》、高《こう》コレステロールなど複数《ふくすう》の症状《しょうじょう》が重《かさ》なった状態《じょうたい》。脳卒中《のうそっちゅう》などの重《おも》い病気《びょうき》を引《ひ》き起《お》こしやすいとされる。メタボリック症候群《しょうこうぐん》。メタボ。

**めだま【目玉】** 名 ❶目《め》の玉《たま》。玉《たま》のような形《かたち》の、目《め》のおもな部分《ぶぶん》。眼球《がんきゅう》。❷注意《ちゅうい》を引《ひ》くためのもの。もっとも強調《きょうちょう》したいことがら。例目玉商品《しょうひん》。❸こごとを言《い》われること。例大目玉《おおめだま》をくった。

**目玉が飛び出る** 「目《め》の玉《たま》が飛《と》び出《で》る」ともいう。❶ひどくしかられるようす。例目玉《めだま》が飛び出るほどしかられた。❷値段《ねだん》が高《たか》くておどろくようす。例目玉が飛び出るほど高《たか》い果物《くだもの》。

**めだまやき【目玉焼き】** 名 フライパンに生卵《なまたまご》を割《わ》って落《お》とし、焼《や》いたもの。黄身《きみ》を目玉《めだま》に見立《みた》てていう。

**メダリスト**〔英語 medalist〕名 スポーツ競技《きょうぎ》などで、メダルを受賞《じゅしょう》した人《ひと》のこと。

**メダル**〔英語 medal〕名 金属《きんぞく》の板《いた》に、絵《え》や文字《もじ》などをうきぼりにしたもの。記念品《きねんひん》や賞品《しょうひん》などにする。例金《きん》メダル。

**メタンガス**〔ドイツ語〕名 無色無臭《むしょくむしゅう》の気体《きたい》。天然《てんねん》ガスに多《おお》く含《ふく》まれ、うす青色《あおいろ》のほのおを出《だ》して燃《も》える。都市《とし》ガスの原料《げんりょう》などにする。

**めちゃくちゃ** 名 形動 ↓めちゃめちゃ1293ページ

**めちゃめちゃ** 名 形動 「めちゃくちゃ」ともいう。くだけた言《い》い方《かた》。❶理屈《りくつ》に合《あ》わないこと。例めちゃめちゃな話《はなし》だ。❷度《ど》をこえていること。例めちゃめちゃに車《くるま》を走《はし》らせる。❸元《もと》にもどせないほどになること。例おもちゃがめちゃめちゃにこわれた。

## めつ【滅】

画数 13 部首 氵（さんずい）

音 メツ 訓 ほろ-びる ほろ-ぼす

❶ほろびる。ほろぼす。なくなる。熟語 滅亡《めつぼう》。消滅《しょうめつ》。全滅《ぜんめつ》。破滅《はめつ》。❷明《あ》かりが消《き》える。熟語 点滅《てんめつ》。明滅《めいめつ》。

**メッカ** 一 地名 サウジアラビアにある都市《とし》。ムハンマドが生《う》まれた所《ところ》で、イスラム教《きょう》の聖地《せいち》。二 名 あるものごとの中心地《ちゅうしんち》。例ハワイはサーフィンのメッカだ。

**めつき【目付き】** 名 ものを見《み》るときの目《め》のようす。まなざし。例するどい目つき。

**めっき** 名 動する 金属《きんぞく》の上《うえ》に、他《ほか》の金属《きんぞく》のうすいまくをかぶせて、さびが出《で》ないようにしたり、美《うつく》しくしたりすること。例金《きん》めっき。

**めっきが剝げる** うわべがはげて、みすぼらしい中身《なかみ》が現《あらわ》れる。例知《し》ったかぶりをすると、すぐめっきがはげて恥《はじ》をかく。

**めっきり** 副（-と） 目立《めだ》って。きわ立《だ》って。例このごろめっきり寒《さむ》くなった。

✤**メッセージ**〔英語 message〕名 ❶伝言《でんごん》。❷挨拶《あいさつ》の言葉《ことば》。声明文《せいめいぶん》。例メッセージを読《よ》み上《あ》げる。

**めっそうもない【滅相もない】** とんでもない。例めっそうもないことを言《い》いだす。

**めった** 形動 いいかげんなようす。例めったなことは言《い》えない。

**めったうち【めった打ち】** 名 動する ❶めちゃめちゃにたたくこと。❷野球《やきゅう》・ソフトボールで、たて続《つづ》けに何本《なんぼん》もヒットを打《う》つこと。例めった打ちにあう。





四字熟語 苦心惨憺《くしんさんたん》 苦心惨憺《くしんさんたん》して手《て》に入《い》れた宝物《たからもの》を、ちょっとのすきに奪《うば》われてしまった。

**めったに** 副 ほとんど。例 映画《えいが》は、めったに見《み》ない。注意 あとに「ない」などの打《う》ち消《け》しの言葉《ことば》がくる。

**めったやたら** 形動 「めった」を強《つよ》めていう言葉《ことば》。むやみに。例 こんな話《はなし》はめったやたらにあるものではない。

**めつぼう【滅亡】** 名 動-する ほろびること。例 国《くに》が滅亡する。

**めっぽう【滅法】** 一 形動 度《ど》をこしているようす。ひどい。例 めっぽうな寒《さむ》さだ。二 副 非常《ひじょう》に。とても。例 彼《かれ》はめっぽう強《つよ》い。

**メディア** 〔英語 media〕 名 ❶新聞《しんぶん》やテレビなど、情報《じょうほう》を伝《つた》えるためのなかだちをするもの。例 マスメディア。❷コンピューターで、データを記録《きろく》するためのもの。CD《シーディー》・DVD《ディーブイディー》など。

**メディアリテラシー** 〔英語 media literacy〕 名 マスメディアの情報《じょうほう》を的確《てきかく》に理解《りかい》したり、コンピューターなどの情報《じょうほう》機器《きき》を使《つか》いこなして情報《じょうほう》を活用《かつよう》したりする能力《のうりょく》。

**°めでたい** 形 ❶お祝《いわ》いする値打《ねう》ちがある。喜《よろこ》ばしい。❷人《ひと》にだまされやすい。お人《ひと》よしだ。例 あの人《ひと》は実《じつ》におめでたい。

**めでる** 動 ❶大切《たいせつ》にかわいがる。❷よさをほめて、味《あじ》わう。感心《かんしん》する。例 花《はな》をめでる。

**めど** 名 ❶目《め》ざすところ。目当《めあ》て。例 仕事《しごと》のめどがたった。❷見《み》こみ。見通《みとお》し。❸針《はり》の穴《あな》。

**めどが付《つ》く** 見通《みとお》しがはっきりする。例 仕《し》事《こと》のめどが付く。類 めどが立《た》つ。

**めとる** 動 結婚《けっこん》して妻《つま》をむかえる。〔古《ふる》い言《い》い方《かた》。〕

**メドレー** 〔英語 medley〕 名 ❶〔音楽《おんがく》で〕いくつかの曲《きょく》をつないで、ひと続《つづ》きの曲《きょく》にしたもの。例 ヒット曲《きょく》のメドレー。❷「メドレーリレー」の略《りゃく》。

**メドレーリレー** 〔英語 medley relay〕 名 ❶水泳《すいえい》で、四人《よにん》が一定《いってい》の距離《きょり》を、背泳《はいえい》・平泳《ひらおよ》ぎ・バタフライ・自由形《じゆうがた》の順《じゅん》に泳《およ》ぐリレー。メドレー。❷陸上競技《りくじょうきょうぎ》で、四人《よにん》の走者《そうしゃ》が、それぞれ距離《きょり》を変《か》えて走《はし》るリレー。メドレー。

**メトロ** 〔フランス語〕 名 地下鉄《ちかてつ》。

**メトロノーム** 〔ドイツ語〕 名 〔音楽《おんがく》で〕曲《きょく》の速《はや》さを示《しめ》す器具《きぐ》。

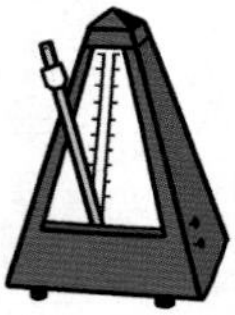
〔メトロノーム〕

**メニュー** 〔フランス語〕 名 ❶料理《りょうり》の献立《こんだて》。また、それを書《か》いた紙《かみ》。❷練習《れんしゅう》や作業《さぎょう》の一覧《いちらん》表《ひょう》。

**メヌエット** 〔ドイツ語〕 名 〔音楽《おんがく》で〕フランスで生《う》まれた、四分《よんぶん》の三拍子《さんびょうし》の上品《じょうひん》なおどりの曲《きょく》。

**めぬきどおり【目抜き通り】** 名 町《まち》の中心《ちゅうしん》にある、いちばんにぎやかな大通《おおどお》り。例 優勝《ゆうしょう》祝《いわ》いで、目抜き通りをパレードする。

**めのう** 名 美《うつく》しい色《いろ》としま模様《もよう》の宝石《ほうせき》。指輪《ゆびわ》やかざり物《もの》などに使《つか》う。

**めのたまがとびでる【目の玉が飛び出る】** ➡めだまがとびでる 1293ページ

**めのどく【目の毒】** 名 見《み》ると心《こころ》がひかれたり、悪《わる》い影響《えいきょう》を受《う》けたりするもの。例 暴力的《ぼうりょくてき》な場面《ばめん》は、子《こ》どもには目の毒だ。

**めのまえ【目の前】** 名 ❶見《み》ている人《ひと》の前《まえ》。目前《もくぜん》。例 目の前で起《お》こった事故《じこ》。❷すぐ近《ちか》い将来《しょうらい》。例 テストが目の前にせまる。

**目《め》の前《まえ》が暗《くら》くなる** 希望《きぼう》を失《うしな》って、ぼう然《ぜん》となる。例 コンクールの日程《にってい》をまちがえて、目の前が暗くなる。

**めばえ【芽生え】** 名 ❶芽《め》が出始《ではじ》めること。また、その芽《め》。例 草木《くさき》の芽生え。❷ものごとの起《お》こり始《はじ》め。例 友情《ゆうじょう》の芽生え。

**めばえる【芽生える】** 動 ❶芽《め》が出《で》る。❷ものごとが起《お》こり始《はじ》める。例 愛《あい》が芽生える。

**めはしがきく【目端が利く】** その場《ば》に合《あ》った行動《こうどう》ができる。例 目端が利くリーダー。

**めはな【目鼻】** 名 ❶目《め》と鼻《はな》。❷顔立《かおだ》ち。例 目鼻の整《ととの》った顔《かお》。❸ものごとの見通《みとお》し。

**目鼻《めはな》が付《つ》く** ものごとの見通《みとお》しがつく。例 仕事《しごと》の目鼻がつく。

**めばな【雌花】** 名 雌《め》しべだけあって、雄《お》しべのない花《はな》。マツ・イチョウ・ヘチマ・スイカなどにある。対 雄花《おばな》。

**めはなだち【目鼻立ち】** 名 顔《かお》だち。器量《きりょう》。例 目鼻立ちの整《ととの》った人《ひと》。

**めばり【目張り・目貼り】** 名 動-する すき間《ま》を、紙《かみ》などをはって、ふさぐこと。例 窓《まど》に目張りをして、すき間風《まかぜ》を防《ふせ》ぐ。

**メビウスのおび**【メビウスの帯】名 細長《ほそなが》い紙《かみ》の帯《おび》を一回《いっかい》ねじって、端《はし》と端《はし》をはりあわせてできた輪《わ》。表《おもて》と裏《うら》の区別《くべつ》がなくなる。メビウスの輪《わ》。参考 メビウスは、ドイツの数学者《すうがくしゃ》の名《な》。

**めぶく**【芽吹く】動 植物《しょくぶつ》の芽《め》が出始《ではじ》める。芽生《めば》える。例 草木《くさき》がいっせいに芽吹く。

**めぶんりょう**【目分量】名 ものさしや、はかりを使《つか》わず、目《め》で見《み》て、およその見当《けんとう》をつけること。例 目分量で砂糖《さとう》を入《い》れる。

**めべり**【目減り】名 動-する ❶物《もの》の目方《めかた》が自然《しぜん》に減《へ》ること。例 ふたをしないでおくと目減りする。❷実際《じっさい》の値打《ねう》ちが下《さ》がること。例 貯金《ちょきん》が目減りする。

**めぼし**【目星】名 目当《めあ》て。見当《けんとう》。

**目星《めぼし》を付《つ》ける** おおよその見当《けんとう》をつける。例 犯人《はんにん》の目星をつける。

**めぼしい**【目ぼしい】形 目立《めだ》っていて、値打《ねう》ちがある。例 目ぼしいものはない。

**めまい** 名 目《め》が回《まわ》るように感《かん》じること。目がくらむこと。例 がけから下《した》をのぞくと、めまいがする。

**めまぐるしい**【目まぐるしい】形 ものごとの動《うご》きが激《はげ》しくて、目《め》が回《まわ》るような感《かん》じがする。例 状況《じょうきょう》が目まぐるしく変化《へんか》する。

**めめしい**【女々しい】形 いくじがない。弱々《よわよわ》しい。注意 偏見《へんけん》を含《ふく》んだ言《い》い方《かた》。

**メモ**〔英語 memo〕名 動-する 忘《わす》れないように書《か》きつけておくこと。また、その紙《かみ》やノート。覚《おぼ》え書《が》き。例 だいじなことをメモする。

**めもと**【目元】名 ❶目《め》の辺《あた》り。例 目もとの美《うつく》しい人《ひと》。❷目《め》つき。例 目もとがやさしい。

**めもり**【目盛り】名 はかり・ものさし・温度《おんど》計《けい》・メーターなどに刻《きざ》んであるしるし。例 目盛りを読《よ》む。

**メモリー**〔英語 memory〕名 ❶記憶《きおく》。思《おも》い出《で》。❷コンピューターの、情報《じょうほう》を記憶《きおく》しておく場所《ばしょ》。

**めやす**【目安】名 目当《めあ》て。めど。見当《けんとう》。例 仕事《しごと》の目安をつける。

**めやに**【目やに】名 目《め》から出《で》た液《えき》が、目《め》のふちに固《かた》まってついたもの。

**メラニン**〔英語 melanin〕名 体《からだ》の表面《ひょうめん》にある黒《くろ》や茶色《ちゃいろ》の色素《しきそ》。日焼《ひや》けして黒《くろ》くなるのは、これが増《ふ》えるから。

**メラネシア** 地名 太平洋《たいへいよう》の南西部《なんせいぶ》、オーストラリア大陸《たいりく》の近《ちか》くに連《つら》なる島々《しまじま》をまとめた呼《よ》び名《な》。ニューギニア島《とう》、ソロモン諸島《しょとう》、フィジー諸島《しょとう》、ニューカレドニア島《とう》などがある。

**めらめら** 副(-と) ほのおを出《だ》して、火《ひ》が勢《いきお》いよく燃《も》えるようす。例 火《ひ》がめらめらと燃《も》え上《あ》がる。

**メリークリスマス**〔英語 Merry Christmas〕感 クリスマスを祝《いわ》って言《い》う言葉《ことば》。楽《たの》しいクリスマスを。

**メリーゴーランド**〔英語 merry-go-round〕名 木馬《もくば》や自動車《じどうしゃ》の形《かたち》をした物《もの》などを周《まわ》りにつけて、ぐるぐる回《まわ》るようにした仕《し》かけ。遊《ゆう》園地《えんち》などにある。回転木馬《かいてんもくば》。

**めりこむ**【めり込む】動 ❶深《ふか》くはまりこむ。例 ぬかるみにタイヤがめり込んだ。❷強《つよ》くおされてへこむ。例 地面《じめん》がめり込む。

**メリット**〔英語 merit〕名 あるものごとを行《おこな》って得《え》られる利益《りえき》。利点《りてん》。長所《ちょうしょ》。例 小型《こがた》にするメリットは大《おお》きい。対 デメリット。

**めりはり**【めり張り】名（せりふや声《こえ》などの）調子《ちょうし》に、強《つよ》い弱《よわ》い、高《たか》い低《ひく》いなどの変化《へんか》をつけること。例 めり張りのきいたせりふ。めり張りのある文章《ぶんしょう》。

例解 ! ことばの勉強室

### メモ について

メモにも、いろいろある。

❶記録《きろく》のために―予定《よてい》のメモ・電話《でんわ》のメモ・約束《やくそく》のメモ。

❷理解《りかい》のために―聞《き》き取《と》りメモ・要点《ようてん》のメモ。

❸伝《つた》えるために―伝言《でんごん》メモ・お知《し》らせのメモ。

❹表現《ひょうげん》のために―取材《しゅざい》メモ・作文《さくぶん》の構想《こうそう》メモ・話《はな》すときのメモ。

どのメモも、必要《ひつよう》なことを落《お》とさず、箇条《かじょう》書《が》きにするなどして、短《みじか》くわかりやすく書《か》くことがだいじである。


四字熟語 荒唐無稽《こうとうむけい》 こんな荒唐無稽《こうとうむけい》な作《つく》り話《ばなし》を、今《いま》まで読《よ》んだことがない。

**メリヤス**〔スペイン語〕名 機械《きかい》で編《あ》んだ、のび縮《ちぢ》みする布地《ぬのじ》。例 メリヤスのシャツ。

**メルヘン**〔ドイツ語〕名 空想《くうそう》をまじえながら語《かた》られる物語《ものがたり》。おとぎ話《ばなし》。

**メロディー**〔英語 melody〕名 音《おん》楽《がく》の節《ふし》回《まわ》し。旋律《せんりつ》。例 なつかしいメロディー。

**メロドラマ**〔英語 melodrama〕名 テレビや映画《えいが》などで、恋愛《れんあい》を中心《ちゅうしん》とした感傷的《かんしょうてき》なドラマ。

**メロン**〔英語 melon〕名 ウリの一種《いっしゅ》。果実《かじつ》はあまくて食用《しょくよう》になる。マスクメロンやプリンスメロンなど種類《しゅるい》が多《おお》い。

**めん【面】** 画数 9 部首 面（めん） 3年

音 メン 訓 おも おもて つら

筆順

❶人《ひと》の顔《かお》。熟語 面前《めんぜん》。顔面《がんめん》。洗面《せんめん》。面長《おもなが》。面《つら》魂《だましい》。❷おめん。熟語 仮面《かめん》。能面《のうめん》。❸名誉《めいよ》。ほまれ。熟語 面目《めんぼく》・面目《めんもく》。体面《たいめん》。❹向《む》き合《あ》う。熟語 面会《めんかい》。面接《めんせつ》。対面《たいめん》。矢面《やおもて》。❺向《む》き。そちらのほう。熟語 正面《しょうめん》。前面《ぜんめん》。方面《ほうめん》。❻おもて。熟語 面積《めんせき》。地面《じめん》。表面《ひょうめん》。❼平《ひら》たいもの。熟語 紙面《しめん》。平面《へいめん》。❽テニスコートや鏡《かがみ》・すずりなど、平《ひら》たいものを数《かぞ》える言葉《ことば》。↓めんする 1297ページ

**めん【面】** 名 ❶顔《かお》につけるもの。おめん。例 オニの面。❷剣道《けんどう》で、頭《あたま》や顔《かお》を守《まも》るためにかぶるもの。❸剣道《けんどう》で、相手《あいて》の頭《あたま》を打《う》つわざ。❹そちらの方面《ほうめん》。例 お金《かね》の面は心配《しんぱい》ない。❺おもて。平面《へいめん》。例 鏡《かがみ》の面をみがく。

**面《めん》と向《む》かって** 正面《しょうめん》から、まともに向《む》き合《あ》って。例 面と向かって文句《もんく》を言《い》う。

**めん【綿】** 画数 14 部首 糸（いとへん） 5年

音 メン 訓 わた

筆順

❶わた。もめん。熟語 綿花《めんか》。綿糸《めんし》。綿布《めんぷ》。綿《めん》織物《おりもの》。綿毛《わたげ》。❷長《なが》く続《つづ》く。熟語 綿々《めんめん》。連綿《れんめん》。❸細《こま》かい。小《ちい》さい。熟語 綿密《めんみつ》。

**めん【綿】** 名 もめん。例 綿のT《ティー》シャツ。

**めん【免】** 画数 8 部首 儿（ひとあし）

音 メン 訓 まぬか-れる

❶まぬかれる。のがれる。熟語 免疫《めんえき》。免除《めんじょ》。例 当番《とうばん》を免《まぬか》れる。❷許《ゆる》す。資格《しかく》を認《みと》める。熟語 免許《めんきょ》。免状《めんじょう》。❸やめさせる。熟語 免職《めんしょく》。参考 訓は、「まぬがれる」とも読《よ》む。↓めんじる 1297ページ

**めん【麺】** 画数 16 部首 麦（むぎ）

音 メン 訓 ―

そばや、うどん。熟語 麺類《めんるい》。

**めん【麺】** 名 そば・うどんなどを、まとめていう言葉《ことば》。例 麺なら何《なん》でも好《す》きだ。

**めんえき【免疫】** 名 ❶病《びょう》気《き》にかかりにくくしている体《からだ》のはたらき。前《まえ》に一度《いちど》その病《びょう》気《き》にかかったり、予防接種《よぼうせっしゅ》を受《う》けたりするとできる。❷それに慣《な》れてしまって、気《き》にしなくなること。例 騒音《そうおん》にも免疫ができた。

**めんおりもの【綿織物】** 名 もめん糸《いと》で織《お》った織物《おりもの》。

**めんか【綿花】** 名 植物《しょくぶつ》のワタの種《たね》を包《つつ》んでいる白《しろ》い毛《け》のようなもの。綿《わた》に使《つか》ったり、つむいでもめん糸《いと》を作《つく》ったり、綿織物《めんおりもの》を織《お》ったりする。

**めんかい【面会】** 名 動する 人《ひと》に会《あ》うこと。例 大臣《だいじん》に面会を申《もう》し入《い》れる。

■**めんかいしゃぜつ【面会謝絶】** 名 入院《にゅういん》中《ちゅう》や仕事《しごと》をしているときなどに、人《ひと》と会《あ》うのを断《ことわ》ること。

°**めんきょ【免許】** 名 動する ❶あることがらについて、役所《やくしょ》などが許《ゆる》しを与《あた》えること。例 運転《うんてん》免許。免許証《しょう》。❷芸事《げいごと》で、先生《せんせい》が弟子《でし》に与《あた》える資格《しかく》。例 生《い》け花《ばな》の免許。

**めんくらう【面食らう】** 動 おどろいてまごつく。急《きゅう》なことであわてる。例 先生《せんせい》に、急《きゅう》に指名《しめい》されて面食らった。

**めんこ【面子】** 名 子《こ》どもの遊《あそ》び。丸《まる》や四角《しかく》のボール紙《がみ》を地面《じめん》にたたきつけ合《あ》って争《あらそ》う。また、その紙《かみ》。

**めんざいふ【免罪符】** 名 罪《つみ》や責任《せきにん》をまぬかれるための行《おこな》い。参考 もとは、中世《ちゅうせい》ヨーロッパの教会《きょうかい》が出《だ》した、宗教上《しゅうきょうじょう》の罪《つみ》を許《ゆる》す証明書《しょうめいしょ》のこと。

**めんし【綿糸】** 名 もめん糸《いと》。

**めんしき【面識】** 名 たがいに顔《かお》を知《し》っていること。顔見《かおみ》知《し》りの間柄《あいだがら》の人《ひと》。例 彼《かれ》の弟《おとうと》とはまだ面識がない。

**めんじょ【免除】** 名 動-する しなくてもよいと許《ゆる》すこと。例 会費《かいひ》を免除する。

**めんじょう【免状】** 名 ❶免許《めんきょ》の証明書《しょうめいしょ》。❷卒業証書《そつぎょうしょうしょ》。

**めんしょく【免職】** 名 動-する 勤《つと》めをやめさせること。解職《かいしょく》。解任《かいにん》。

**めんじる【免じる】** 動 〔「免《めん》ずる」ともいう。〕❶許《ゆる》す。例 罪《つみ》を免じる。❷職《しょく》をやめさせる。例 職《しょく》を免じる。❸他《ほか》の人《ひと》の顔《かお》を立《た》てるために許《ゆる》す。例 努力《どりょく》に免じて、今度《こんど》は許《ゆる》そう。

**メンス** 〔ドイツ語〕名 ↓げっけい 401ページ

**めんする【面する】** 動 ❶向《む》き合《あ》う。例 海《うみ》に面した家《いえ》。❷事件《じけん》などにぶつかる。例 危《き》機に面する。

**めんずる【免ずる】** 動 ↓めんじる 1297ページ

**めんぜい【免税】** 名 税金《ぜいきん》を納《おさ》めなくてよいこと。例 免税品《ひん》。

**めんせいひん【綿製品】** 名 綿織物《めんおりもの》で作《つく》った、シャツ・タオルなど。

**めんせき【面積】** 名 平面《へいめん》や曲面《きょくめん》の広《ひろ》さ。例 面積一〇〇アールの畑《はたけ》。

**めんせつ【面接】** 名 動-する じかに会《あ》うこと。例 面接試験《しけん》。

**めんぜん【面前】** 名 目《め》の前《まえ》。人《ひと》の見《み》ている前《まえ》。例 公衆《こうしゅう》の面前ではじをかく。

**めんたいしょう【面対称】** 名 二《ふた》つの点《てん》・線《せん》・図形《ずけい》が一《ひと》つの面《めん》を間《あいだ》にして、完全《かんぜん》に向《む》き合《あ》う位置《いち》にあること。関連 点対称《てんたいしょう》。線対称《せんたいしょう》。↓たいしょう(対称) 775ページ

**めんだん【面談】** 名 動-する その人《ひと》に、じかに会《あ》って話《はな》すこと。例 先生《せんせい》と面談する。

**メンツ** 〔中国語〕名 ❶体裁《ていさい》。面目《めんぼく》。名誉《めいよ》。例 メンツがつぶれる。❷顔《かお》ぶれ。例 メンツがそろう。

**メンテナンス** 〔英語 maintenance〕名 動-する 建物《たてもの》や機械《きかい》がよい状態《じょうたい》を保《たも》つように、その面倒《めんどう》をみること。メインテナンス。例 自動車《じどうしゃ》のメンテナンス。

**メンデル** 人名 (男)(一八二二～一八八四)オーストリアの植物学者《しょくぶつがくしゃ》。牧師《ぼくし》をしながら教《きょう》会《かい》の庭《にわ》でエンドウマメを育《そだ》て、遺伝《いでん》の法則《ほうそく》を発見《はっけん》した。

**メンデルスゾーン** 人名 (男)(一八〇九～一八四七)ドイツの作曲家《さっきょくか》。バイオリン協《きょう》奏曲《そうきょく》や「真夏《まなつ》の夜《よ》の夢《ゆめ》」など、美《うつく》しい曲《きょく》をたくさん残《のこ》した。

**めんどう【面倒】** 一 名 形動 手数《てすう》がかかること。わずらわしいこと。例 面倒な仕事《しごと》。二 名 人《ひと》の世話《せわ》をすること。例 子《こ》どもの面倒をたのむ。

**面倒《めんどう》をかける** 手間《てま》をかけさせる。世話《せわ》になる。例 入院中《にゅういんちゅう》は親《おや》に面倒をかけた。

**面倒《めんどう》をみる** 人《ひと》の世話《せわ》をする。例 後輩《こうはい》の面倒をみる。

**めんどうくさい【面倒臭い】** 形 手数《てすう》がかかって、やっかいだ。めんどくさい。例 手《て》続《つづ》きが面倒くさい。

**めんどうみ【面倒見】** 名 人《ひと》の世話《せわ》をすること。例 面倒見がよい人《ひと》。

**めんどり** 名 雌《めす》の鳥《とり》。特《とく》に雌《めす》のニワトリ。対 おんどり。

**メンバー** 〔英語 member〕名 ある会《かい》や仲間《なかま》の人《ひと》。仲間《なかま》。会員《かいいん》。例 最強《さいきょう》のメンバー。

**めんぷ【綿布】** 名 もめんの布《ぬの》。

**めんぼく【面目】** 名 〔「めんもく」とも読《よ》む。〕❶人《ひと》に合《あ》わせる顔《かお》。世間《せけん》に対《たい》する体裁《ていさい》。❷ありさま。姿《すがた》。例 面目が立《た》たない。例 面目を一新《いっしん》する。

**面目《めんぼく》を施《ほどこ》す** 立派《りっぱ》につとめを果《は》たして、名《めい》誉《よ》を高《たか》める。例 優勝《ゆうしょう》して面目を施す。

**めんぼくない【面目ない】** 形 人前《ひとまえ》に出《で》られないほどはずかしい。例 試合《しあい》に負《ま》けてしまって、面目ない。

**めんみつ【綿密】** 名 形動 よく考《かんが》えてあって、手《て》ぬかりのないこと。例 綿密な計画《けいかく》を立《た》てる。類 緻密《ちみつ》。対 ずさん。

**めんめん【面面】** 名 集団《しゅうだん》や仲間《なかま》の一人《ひとり》一人《ひとり》。人々《ひとびと》。おのおの。例 チームの面々が集《あつ》まる。

**めんめん【綿綿】** 副(-と) 絶《た》えることなく続《つづ》いているようす。例 綿々と訴《うった》える。参考「綿々《めんめん》たる伝統《でんとう》」などと使《つか》うこともある。

**めんもく【面目】** 名 ↓めんぼく 1297ページ



四字熟語 公明正大《こうめいせいだい》 審判《しんぱん》は公明正大《こうめいせいだい》、だれが見《み》ても納得《なっとく》できる判定《はんてい》をしなければならない。

**めんよう**【綿羊】名 ⇩ひつじ 1096ページ

**めんるい**【麺類】名 粉《こな》を練《ね》って細長《ほそなが》くしたものをまとめていう言葉《ことば》。うどん・そば・ラーメン・スパゲッティなど。

# も

モ mo

**も**【模】画数 14 部首 木(きへん) 6年

音 モ ボ 訓 —

筆順 模

❶手本《てほん》。ひながた。熟語 模型《もけい》。模範《もはん》。規模《きぼ》。❷まねる。熟語 模擬《もぎ》。模写《もしゃ》。模造《もぞう》。❸かざり。熟語 模様《もよう》。❹手《て》さぐりをする。熟語 模索《もさく》。

**も**【茂】画数 8 部首 艹(くさかんむり)

音 モ 訓 しげ-る

しげる。熟語 繁茂《はんも》。

**も**【喪】名 人《ひと》が死《し》んだあと、家族《かぞく》がある期間《きかん》、家《いえ》にこもってつき合《あ》いなどをひかえること。例 父《ちち》の喪に服《ふく》する。⇩**そう**【喪】 743ページ

**も**【藻】名 水《みず》の中《なか》に生《は》える植物《しょくぶつ》。海藻《かいそう》や水草《みずくさ》のこと。⇩**そう**【藻】 743ページ

**も** 助 ❶同《おな》じようなものごとを、並《なら》べていう意味《いみ》を表《あらわ》す。例 野球《やきゅう》もサッカーも好《す》きだ。❷他《ほか》と同《おな》じだという気持《きも》ちを表《あらわ》す。例 わたしも見《み》たい。❸「ぜんぜん」「まったく」の意味《いみ》を表《あらわ》す。例 だれもいない。❹…でも。…でさえ。例 サルも木《き》から落《お》ちる。❺意味《いみ》を強《つよ》める気持《きも》ちを表《あらわ》す。例 一時間《いちじかん》も待《ま》った。❻おおよその範囲《はんい》や程度《ていど》を表《あらわ》す。例 千円《せんえん》もあれば足《た》りる。

**モアイ**〔英語 moai〕名 南太平洋《みなみたいへいよう》のイースター島《とう》にある、巨大《きょだい》な石像遺跡《ぞういせき》。一〇トンから八〇トンもある像《ぞう》が、六〇〇あまりも立《た》っている。

〔モアイ〕

**もう**【毛】画数 4 部首 毛(け) 2年

音 モウ 訓 け

筆順 毛

❶け。熟語 毛筆《もうひつ》。毛布《もうふ》。羽毛《うもう》。羊毛《ようもう》。毛糸《けいと》。毛織物《けおりもの》。❷作物《さくもつ》が実《みの》る。熟語 不毛《ふもう》。二毛作《にもうさく》。❸昔《むかし》のお金《かね》、長《なが》さ、割合《わりあい》などの単位《たんい》。一毛《もう》は一厘《りん》の十分《じゅうぶん》の一《いち》。

**もう**【妄】画数 6 部首 女(おんな)

音 モウ ボウ 訓 —

よく考《かんが》えずに。むやみに。熟語 妄言《もうげん》・妄言《ぼうげん》(=道理《どうり》に合《あ》わない、でたらめな言葉《ことば》)。妄信《もうしん》(=むやみに信《しん》じこむこと)。妄想《もうそう》。

**もう**【盲】画数 8 部首 目(め)

音 モウ 訓 —

❶目《め》が見《み》えない。熟語 盲人《もうじん》。盲目《もうもく》。❷わけもなく。熟語 盲従《もうじゅう》。❸一方《いっぽう》がふさがっている。熟語 盲腸《もうちょう》。

**もう**【耗】画数 10 部首 耒(すきへん)

音 モウ コウ 訓 —

減《へ》る。なくなる。おとろえる。熟語 消耗《しょうもう》。心神耗弱《しんこうじゃく》。

**もう**【猛】画数 11 部首 犭(けものへん)

音 モウ 訓 —

あらあらしい。激《はげ》しい。熟語 猛犬《もうけん》。猛烈《もうれつ》。勇猛《ゆうもう》。

**もう**【網】画数 14 部首 糸(いとへん)

音 モウ 訓 あみ

あみ。あみの目《め》のように張《は》りめぐらしたもの。熟語 網膜《もうまく》。通信網《つうしんもう》。金網《かなあみ》。

**もう**【亡】熟語 亡者《もうじゃ》。⇩**ぼう**【亡】 1191ページ

**もう**【望】熟語 所望《しょもう》。本望《ほんもう》。⇩**ぼう**【望】 1191ページ

**もう** 副 ❶その時《とき》が過《す》ぎているようす。すでに。もはや。例 もう十時《じゅうじ》だ。❷まもなく。やがて。例 もう来《く》るだろう。❸さらに。例 もう少《すこ》し待《ま》つ。

**もうい**【猛威】名 激《はげ》しい勢《いきお》い。例 台風《たいふう》が猛威をふるう。

**もうか**【猛火】名 激《はげ》しく燃《も》え上《あ》がる火《ひ》。大《おお》

四字熟語 孤軍奮闘《こぐんふんとう》 みんな帰《かえ》ってしまったので、彼《かれ》一人《ひとり》孤軍奮闘《こぐんふんとう》して、仕事《しごと》をかたづけた。

火事《かじ》。例 家《いえ》が猛火に包《つつ》まれる。

**もうがっこう【盲学校】** 名 目《め》の不自由《ふじゆう》な人《ひと》のための学校《がっこう》。視覚障害特別支援学校《しかくしょうがいとくべつしえんがっこう》。

**もうかる** 動 もうけになる。得《とく》をする。

**もうきん【猛禽】** 名 肉食《にくしょく》で、性質《せいしつ》のあらい大形《おおがた》の鳥《とり》。ワシ・タカなど。

**もうけ** 名 もうけた額《がく》。利益《りえき》。得《とく》。

**∘もうける【設ける】** 動 ❶用意《ようい》する。支度《したく》する。例 話《はな》し合《あ》いの場《ば》を設ける。❷作《つく》る。例 規則《きそく》を設ける。⇩せつ【設】717ページ

**∘もうける** 動 利益《りえき》を自分《じぶん》のものにする。得《とく》をする。例 商売《しょうばい》でだいぶもうけた。

**もうけん【猛犬】** 名 性質《せいしつ》のあらい、強《つよ》い犬《いぬ》。例 猛犬に注意《ちゅうい》。

**もうこ〖蒙古〗** 地名 ⇩モンゴル 1314ページ

**もうこう【猛攻】** 名 動-する 激《はげ》しく攻《せ》めること。例 全力《ぜんりょく》で猛攻を加《くわ》える。

**もうさいかん【毛細管】** 名 ❶毛《け》のように細《ほそ》い管《くだ》。❷⇩もうさいけっかん 1299ページ

**もうさいかんげんしょう【毛細管現象】** 名 液体《えきたい》の中《なか》に細《ほそ》い管《くだ》を入《い》れると、液《えき》の種類《しゅるい》によって管《くだ》の中《なか》の液《えき》の位置《いち》が外《そと》の液《えき》よりも、高《たか》くなったり低《ひく》くなったりする現象《げんしょう》。「毛管現象《もうかんげんしょう》」ともいう。

**もうさいけっかん【毛細血管】** 名 体《からだ》の中《なか》を網《あみ》の目《め》のように通《とお》っている、非常《ひじょう》に細《ほそ》い血液《けつえき》の管《くだ》。動脈《どうみゃく》と静脈《じょうみゃく》をつないでいる。毛細管《もうさいかん》。

**もうし〖孟子〗** 人名 （男）（紀《き》元《げん》前《ぜん》三七二～紀《き》元前《げんぜん》二八九）昔《むかし》の中国《ちゅうごく》の思想家《しそうか》。孔子《こうし》の教《おし》えを受《う》けつぎ、その教《おし》えは「孟子《もうし》」という本《ほん》にまとめられている。

**もうしあげる【申し上げる】** 動 ❶「言《い》う」のへりくだった言《い》い方《かた》。例 お祝《いわ》いを申し上げる。❷〔自分《じぶん》の動作《どうさ》を表《あらわ》す言葉《ことば》のあとにつけて〕「…する」をへりくだって言《い》う言《い》い方《かた》。例 お願《ねが》い申し上げます。

**もうしあわせ【申し合わせ】** 名 話《はな》し合《あ》って決《き》めること。また、その約束《やくそく》。例 申し合わせを守《まも》る。

**もうしあわせる【申し合わせる】** 動 ❶話《はな》し合《あ》って、約束《やくそく》する。例 全員参加《ぜんいんさんか》を申し合わせた。❷前《まえ》もってうち合《あ》わせる。例 申し合わせたように、制服《せいふく》で集《あつ》まった。

**もうしいれ【申し入れ】** 名 申《もう》し入《い》れること。また、その内容《ないよう》。例 道路《どうろ》を造《つく》ってほしいという申し入れがあった。

**もうしいれる【申し入れる】** 動 考《かんが》えや意見《いけん》・要求《ようきゅう》・条件《じょうけん》を、相手《あいて》に伝《つた》える。例 大臣《だいじん》に会見《かいけん》を申し入れる。

**もうしおくる【申し送る】** 動 ❶相手《あいて》に言《い》い伝《つた》える。例 手紙《てがみ》で申し送る。❷だいじなことがらを、次《つぎ》に仕事《しごと》をする人《ひと》に言《い》い伝《つた》える。例 来年《らいねん》の委員《いいん》に申し送る。

**もうしかねる【申しかねる】** 動 「言《い》いかねる」のへりくだった言《い》い方《かた》。言《い》いにくい。例 私《わたし》の口《くち》からは申しかねます。

**もうしご【申し子】** 名 ❶神《かみ》や仏《ほとけ》に祈《いの》って授《さず》かった子《こ》。例 観音様《かんのんさま》の申し子。❷その世《よ》の中《なか》の、ある特徴《とくちょう》を表《あらわ》すようなもの。例 時代《じだい》の申し子。

**∘もうしこみ【申し込み】** 名 申《もう》しこむこと。例 試合《しあい》の申し込みを受《う》け付《つ》ける。注意 「申込書《もうしこみしょ》」「申込期限《もうしこみきげん》」などは、送《おく》りがなをつけない。

**∘もうしこむ【申し込む】** 動 望《のぞ》みを、相手《あいて》に伝《つた》える。申《もう》し入《い》れる。例 大会《たいかい》への参加《さんか》を申し込む。

**もうしたてる【申し立てる】** 動 目上《めうえ》の人《ひと》や役所《やくしょ》などに、意見《いけん》をはっきり言《い》う。例 審判《しんぱん》に異議《いぎ》を申し立てる。

**もうしつける【申し付ける】** 動 目下《めした》の人《ひと》に、言《い》いつける。命令《めいれい》する。例 なんなりとお申しつけください。

**もうしで【申し出】** 名 申《もう》し出《で》ること。また、そのことがら。例 寄付《きふ》の申し出をする。

**もうしでる【申し出る】** 動 希望《きぼう》や意見《いけん》を自分《じぶん》から言《い》って出《で》る。例 見学《けんがく》を申し出る。

**もうしひらき【申し開き】** 名 動-する 言《い》い訳《わけ》をすること。弁解《べんかい》。例 申し開きのできないことをした。

**もうしぶん【申し分】** 名 ❶言《い》い分《ぶん》。言《い》いたいことがら。例 わがままな申し分。❷〔あとに「ない」などの打《う》ち消《け》しの言葉《ことば》をつけて〕不満《ふまん》なところ。欠点《けってん》。例 申し分のない、みごとなできばえ。

**もうじゃ【亡者】** 名 ❶（仏教《ぶっきょう》で）死《し》んだ人《ひと》。



四字熟語 古今東西《ここんとうざい》 このような傑作《けっさく》は、古今東西《ここんとうざい》を通《つう》じて見《み》たことがない。

また、死後《しご》の世界《せかい》をさまよっている魂《たましい》。❷欲《よく》が深《ふか》い人《ひと》。例 金《かね》の亡者。

**もうじゅう【盲従】** 名 動-する 自分《じぶん》で考《かんが》えないで、人《ひと》の言《い》うとおりに従《したが》うこと。

**もうじゅう【猛獣】** 名 性質《せいしつ》があらく、肉《にく》を食《た》べるけもの。ライオン・トラ・ヒョウなど。

**もうしょ【猛暑】** 名 激《はげ》しい暑《あつ》さ。例 今年《ことし》の夏《なつ》は十年《じゅうねん》ぶりの猛暑だ。

**もうしょび【猛暑日】** 名 一日《いちにち》の最高気温《さいこうきおん》が、三五度《ど》以上《いじょう》の日《ひ》。

**もうしわけ【申し訳】** 名 ❶自分《じぶん》の失敗《しっぱい》したわけなどを説明《せつめい》すること。言《い》い訳《わけ》。例 おくれた申し訳をする。❷形《かたち》ばかりのこと。ほんの少《すこ》し。例 申し訳程度《ていど》に勉強《べんきょう》する。

**もうしわけない【申し訳ない】** 言《い》い訳《わけ》ができない。大変《たいへん》すまない。例 窓《まど》ガラスを割《わ》ってしまい大変《たいへん》申し訳ない。敬語 丁寧《ていねい》に言うときは「申《もう》し訳《わけ》ありません」。

**もうしわたす【申し渡す】** 動 目下《めした》の人《ひと》に言《い》い伝《つた》える。例 判決《はんけつ》を申し渡す。

**もうしん【猛進】** 名 動-する 激《はげ》しい勢《いきお》いで進《すす》むこと。例 猪突《ちょとつ》猛進。

**もうじん【盲人】** 名 目《め》の見《み》えない人《ひと》。

**°もうす【申す】** 動 ❶「言《い》う」のへりくだった言《い》い方《かた》。例 田中《たなか》と申します。❷〔自分《じぶん》の動作《どうさ》を表《あらわ》す言葉《ことば》のあとにつけて〕「…する」のへりくだった言《い》い方《かた》。例 ご説明《せつめい》申します。❸〔改《あらた》まった場《ば》での〕「言《い》う」の丁寧《ていねい》な言《い》い方《かた》。⇩しん【申】654ページ

**もうせん【毛氈】** 名 毛《け》と綿《わた》とを混《ま》ぜて作《つく》った、厚《あつ》い織物《おりもの》。敷物《しきもの》にする。

**もうぜん【猛然】** 副(-と) 勢《いきお》いの激《はげ》しいようす。例 猛然と飛《と》びかかる。

**もうせんごけ** 名 湿原《しつげん》など、しめった所《ところ》に生《は》える食虫植物《しょくちゅうしょくぶつ》。葉《は》の表面《ひょうめん》のねばり気《け》のある毛《け》で虫《むし》をとらえる。⇩しょくちゅうしょくぶつ 642ページ

**もうそう【妄想】** 名 動-する ありもしないことを想像《そうぞう》して、事実《じじつ》だと信《しん》じ込《こ》むこと。例 すぐ日本一《にっぽんいち》になれるなんて妄想だよ。

**もうそうちく【孟宗竹】** 名 タケの一種《いっしゅ》。茎《くき》が太《ふと》く、工芸品《こうげいひん》の材料《ざいりょう》に使《つか》われる。若《わか》い芽《め》は、タケノコとして食《た》べる。

**もうだ【猛打】** 名 動-する 激《はげ》しく打《う》つこと。特《とく》に、野球《やきゅう》で次々《つぎつぎ》にヒットを打《う》つこと。例 猛打をあびせる。

**もう たくとう【毛沢東】** 人名 (男)(一八九三～一九七六)中国《ちゅうごく》の政治家《せいじか》。中国共産党《ちゅうごくきょうさんとう》の中心《ちゅうしん》となって中華人民共和国《ちゅうかじんみんきょうわこく》を作《つく》り、主席《しゅせき》となった。マオツォートン。

**もうちょう【盲腸】** 名 ❶大腸《だいちょう》の一部《いちぶ》で小腸《しょうちょう》との境目《さかいめ》の部分《ぶぶん》。⇩ないぞう(内臓)959ページ。❷「盲腸炎《もうちょうえん》」の略《りゃく》。⇩ちゅうすいえん 834ページ

**もうでる【詣でる】** 動 神社《じんじゃ》や寺《てら》にお参《まい》りする。⇩けい【詣】388ページ

**もうてん【盲点】** 名 ❶物《もの》を見《み》るはたらきをする神経《しんけい》が、眼球《がんきゅう》の内部《ないぶ》に入《はい》ってくるところ。この部分《ぶぶん》にだけ、網膜《もうまく》がなく、物《もの》を映《うつ》さない。❷気《き》づかないところ。見落《みお》としているところ。例 相手《あいて》の盲点をつく。

**もうとう【毛頭】** 副 少《すこ》しも。全然《ぜんぜん》。例 行《い》く気《き》は毛頭ない。注意 あとに「ない」などの打《う》ち消《け》しの言葉《ことば》がくる。

**もうどうけん【盲導犬】** 名 目《め》の不自由《ふじゆう》な人《ひと》を、安全《あんぜん》に道案内《みちあんない》するように、訓練《くんれん》された犬《いぬ》。関連 介助犬《かいじょけん》。聴導犬《ちょうどうけん》。

**もうどく【猛毒】** 名 非常《ひじょう》に激《はげ》しい作用《さよう》をする毒《どく》。例 猛毒を持《も》ったヘビ。

**もうはつ【毛髪】** 名 髪《かみ》の毛《け》。頭《あたま》の毛《け》。

✤**もうひつ【毛筆】** 名 けものの毛《け》で作《つく》った筆《ふで》。また、それで字《じ》を書《か》くこと。対 硬筆《こうひつ》。

**もうふ【毛布】** 名 羊毛《ようもう》などで織《お》った厚《あつ》い織物《おりもの》。

**もうまく【網膜】** 名 目《め》の中《なか》のいちばんおくにあって、光《ひかり》を感《かん》じるはたらきをする膜《まく》。

**もうもう** 副(-と) 煙《けむり》やほこりなどが立《た》ちこめているようす。例 温泉《おんせん》から湯気《ゆげ》がもうもうと立《た》っている。参考「もうもうたる砂煙《すなけむり》」などと使《つか》うこともある。

**もうもく【盲目】** 名 目《め》が見《み》えないこと。

**もうら【網羅】** 名 動-する もらすことなく、すべてを残《のこ》さず集《あつ》めること。例 必要事項《ひつようじこう》を網羅した資料《しりょう》。

**もうれつ【猛烈】** 形動 勢《いきお》いが激《はげ》しいようす。例 猛烈な風《かぜ》が吹《ふ》き荒《あ》れる。

**もうれんしゅう【猛練習】** 名 激《はげ》しい練《れん》

四字熟語 虎視眈々《こしたんたん》 レギュラーの座《ざ》を虎視眈々《こしたんたん》とねらっている。



あいうえお かきくけこ さしすせそ たちつてと なにぬねの はひふへほ まみむめ も やゆよ らりるれろ わをん

習《しゅう》。〔例〕猛練習のかいがあった。

**もうろう** 副と ぼんやりして、はっきりしないようす。例 意識《いしき》がもうろうとする。

**もうろく** 名 動する 年《とし》をとって、体《からだ》や、頭《あたま》のはたらきがおとろえること。例 祖《そ》父《ふ》も少《すこ》しもうろくしてきた。

**もえぎいろ【もえぎ色】** 名 緑《みどり》と黄《き》との間《あいだ》の色《いろ》。うす緑《みどり》。

**もえさかる【燃え盛る】** 動 さかんに燃《も》える。例 燃えさかるほのお。

**もえさし【燃えさし】** 名 燃《も》えきらないで残《のこ》っているもの。燃《も》え残《のこ》り。

**もえでる【萌え出る】** 動 草《くさ》や木《き》が芽《め》を出《だ》す。芽《め》生《ば》える。例 若《わか》葉《ば》のもえ出る季《き》節《せつ》。

**°もえる【燃える】** 動 ❶火《ひ》がついて、ほのおが上《あ》がる。例 紙《かみ》くずが燃える。❷燃《も》えているようなようすになる。例 かげろうが燃える。❸その気《き》持《も》ちが、さかんに起《お》こる。例 希《き》望《ぼう》に燃える。↓ねん【燃】1008ページ

**もえる【萌える】** 動 草《くさ》や木《き》の芽《め》が出《で》る。例 若《わか》草《くさ》のもえる春《はる》。

**モーション** 〔英語 motion〕名 動《どう》作《さ》。身《み》ぶり。例 モーションを起《お》こす。

**モーター** 〔英語 motor〕名 ❶電《でん》気《き》や蒸《じょう》気《き》・ガソリンなどで、物《もの》を動《うご》かす力《ちから》を起《お》こす機《き》械《かい》。電《でん》動《どう》機《き》。発《はつ》動《どう》機《き》。例 モーターが回《まわ》る。❷自《じ》動《どう》車《しゃ》。例 モーターショー。

**モーターボート** 〔英語 motorboat〕名 モーターの力《ちから》で走《はし》る小《こ》型《がた》の船《ふね》。↓ふね❶1150ページ

**モーツァルト** 人名（男）（一七五六～一七九一）オーストリアの作《さっ》曲《きょく》家《か》。小《ちい》さいころから作《さっ》曲《きょく》を始《はじ》め、ピアノ曲《きょく》「トルコ行《こう》進《しん》曲《きょく》」、オペラ「フィガロの結《けっ》婚《こん》」、交《こう》響《きょう》曲《きょく》「ジュピター」など、たくさんの曲《きょく》を残《のこ》した。

〔モーツァルト〕

**モーニング** 〔英語 morning〕名 ❶朝《あさ》。午《ご》前《ぜん》。❷〔「モーニングコート」の略《りゃく》。〕男《おとこ》の人《ひと》の礼《れい》服《ふく》。上《うわ》着《ぎ》の後《うし》ろが長《なが》く、ズボンには縦《たて》じまがある。

**モーニングコール** 名 〔日《にっ》本《ぽん》でできた英《えい》語《ご》ふうの言《こと》葉《ば》。〕（ホテルなどで）人《ひと》を起《お》こすために、あらかじめ頼《たの》まれた時《じ》刻《こく》に電《でん》話《わ》をかけること。

**モールスふごう【モールス符号】** 名 電《でん》信《しん》で使《つか》う符《ふ》号《ごう》。「・」〔＝短《みじか》い音《おと》のしるし〕と「―」〔＝長《なが》い音《おと》のしるし〕を組《く》み合《あ》わせて、文《も》字《じ》の代《か》わりに使《つか》う。アメリカ人《じん》のモールスが発《はつ》明《めい》した。モールス信《しん》号《ごう》。

**もがく** 動 ❶苦《くる》しんで手《て》足《あし》を動《うご》かす。例 虫《むし》がくもの巣《す》に引《ひ》っかかってもがく。❷問《もん》題《だい》を解《かい》決《けつ》しようとして、あせっていらいらする。

**もがみがわ【最上川】** 地名 山《やま》形《がた》県《けん》の南《なん》部《ぶ》から山《やま》形《がた》盆《ぼん》地《ち》を北《きた》に流《なが》れ、日《に》本《ほん》海《かい》に注《そそ》ぐ川《かわ》。

**もぎ【模擬】** 名 本《ほん》物《もの》と同《おな》じように行《おこな》うこと。例 模擬店《てん》。

**もぎしけん【模擬試験】** 名 ほんとうの試《し》験《けん》に似《に》せてする試《し》験《けん》。模《も》試《し》。

**もぎたて** 名 もいでから、間《ま》がないこと。もいだばかり。例 もぎたてのトマト。

**もぎてん【模擬店】** 名 祭《まつ》りやバザーなどで、実《じっ》際《さい》の店《みせ》のように作《つく》った、簡《かん》単《たん》な食《た》べ物《もの》店《てん》。

**もぎとる【もぎ取る】** 動 ❶ねじり取《と》る。例 カキを木《き》からもぎ取る。❷無《む》理《り》やり、うばい取《と》る。例 勝《しょう》利《り》をもぎ取る。

**もく【目】** 画数 5 部首 目（め） 1年

音 モク ボク 訓 め ま

筆順 丨 冂 月 月 目

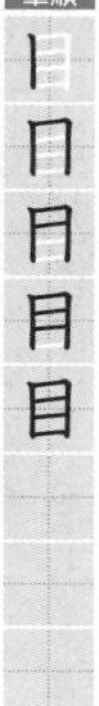

❶め。熟語 目《もく》前《ぜん》。面《めん》目《ぼく》・面《めん》目《もく》。目《め》先《さき》。目《ま》深《ぶか》。❷見《み》る。熟語 目《もく》撃《げき》。目《もく》測《そく》。着《ちゃく》目《もく》。注《ちゅう》目《もく》。横《よこ》目《め》。❸めあて。熟語 目《もく》的《てき》。目《もく》標《ひょう》。目《め》印《じるし》。❹細《こま》かく分《わ》けたもの。熟語 科《か》目《もく》。項《こう》目《もく》。❺見《み》出《だ》し。熟語 目《もく》次《じ》。目《もく》録《ろく》。題《だい》目《もく》。❻大《たい》切《せつ》なところ。熟語 眼《がん》目《もく》。❼囲《い》碁《ご》で、碁《ご》盤《ばん》の目《め》や石《いし》の数《かず》を数《かぞ》える言《こと》葉《ば》。

**もく【黙】** 画数 15 部首 黒（くろ）

音 モク 訓 だま-る

だまる。声《こえ》を出《だ》さない。何《なに》も言《い》わない。熟語 黙《もく》読《どく》。沈《ちん》黙《もく》。↓もくする1302ページ

**もく【木】** 熟語 木《もく》材《ざい》。樹《じゅ》木《もく》。↓ぼく【木】1205ページ

**もぐ** 動 ねじって取《と》る。ちぎり取《と》る。例 ナシをもぐ。



 四字熟語 言《ごん》語《ご》道《どう》断《だん》 人《ひと》をだまして物《もの》を奪《うば》うなどとは言《ごん》語《ご》道《どう》断《だん》、許《ゆる》すことはできない。

**もくぎょ【木魚】** 名 お経《きょう》をよむときにたたく道具《どうぐ》。木《き》で作《つく》ってあり、魚《さかな》が口《くち》を開《あ》けた形《かたち》をしている。

**もくげき【目撃】** 名 動-する 事件《じけん》などを実際《じっさい》に見《み》ること。例 事故《じこ》を目撃した。

**もぐさ** 名 ヨモギの葉《は》を干《ほ》して作《つく》った、綿《わた》のようなもの。おきゅうに使《つか》う。

**もくざい【木材】** 名 建物《たてもの》や家具《かぐ》などを作《つく》るのに使《つか》う木《き》。類 材木《ざいもく》。

**もくさつ【黙殺】** 名 動-する 無視《むし》して、相手《あいて》にしないこと。例 反対意見《はんたいいけん》を黙殺する。

**もくさん【目算】** 名 動-する ❶およその見当《けんとう》をつけること。例 目算で五百人《ごひゃくにん》ほどいる。❷見《み》こみ。計画《けいかく》。例 やれるという目算がある。

**もくし【黙視】** 名 動-する だまって見《み》ていること。例 いたずらを黙視する。

✤**もくじ【目次】** 名 本《ほん》などの初《はじ》めにあって、内容《ないよう》の見出《みだ》しを並《なら》べたもの。

**もくず【藻くず】** 名 ❶海中《かいちゅう》をただよっている、海藻《かいそう》のくず。❷海中《かいちゅう》のごみ。例 船《ふね》は海《うみ》の藻くずと消《き》えた〔=しずんだ〕。

**もくする【黙する】** 動 だまる。だまっている。例 黙して語《かた》らず。

**もくせい【木星】** 名 惑星《わくせい》の一《ひと》つ。太陽《たいよう》から五番《ごばん》めにあり、太陽系《たいようけい》でいちばん大《おお》きな惑《わく》星《せい》。➡ たいようけい 783ページ

**もくせい【木製】** 名 木《き》で作《つく》ること。木《き》で作《つく》った物《もの》。例 木製の箱《はこ》。

**もくせい【木犀】** 名 一年《いちねん》じゅう緑《みどり》の葉《は》をつけている木《き》。秋《あき》、白《しろ》または黄色《きいろ》の、かおりの強《つよ》い小《ちい》さい花《はな》が、集《あつ》まって咲《さ》く。

**もくぜん【目前】** 名 目《め》の前《まえ》。すぐ近《ちか》く。例 夏休《なつやす》みが目前にせまった。類 眼前《がんぜん》。

**もくそう【黙想】** 名 動-する 黙《だま》ったまま考《かんが》えをめぐらすこと。例 黙想にふける。

**もくぞう【木造】** 名 (家《いえ》や船《ふね》などの大《おお》きなものを)木《き》で造《つく》ること。木《き》で造《つく》った物《もの》。例 木造住宅《じゅうたく》。

**もくぞう【木像】** 名 木《き》をほって作《つく》った、仏《ほとけ》や人物《じんぶつ》などの像《ぞう》。

**もくぞうけんちく【木造建築】** 名 木材《もくざい》で造《つく》った建物《たてもの》。

**もくそく【目測】** 名 動-する おおよその長《なが》さや高《たか》さ、広《ひろ》さなどを、目《め》で見《み》て測《はか》ること。例 川《かわ》はばを目測する。対 実測《じっそく》。

**もくたん【木炭】** 名 ❶木《き》をむし焼《や》きにして作《つく》った燃料《ねんりょう》。炭《すみ》。❷絵《え》のデッサンをするときに使《つか》う、細《ほそ》くてやわらかい炭《すみ》。

**もくちょう【木彫】** 名 木《き》に人物《じんぶつ》・仏像《ぶつぞう》、模《も》様《よう》などをほりつけること。また、木《き》を使《つか》った彫刻《ちょうこく》。

○**もくてき【目的】** 名 なしとげようとすること。目《め》ざしているところ。目当《めあ》て。ねらい。例 なんのための練習《れんしゅう》か、目的がわからない。

**もくてきいしき【目的意識】** 名 何《なん》のためにするのかという、はっきりした考《かんが》え。例 目的意識をもって練習《れんしゅう》しよう。

**もくてきち【目的地】** 名 行《い》こうと考《かんが》えている場所《ばしょ》。例 目的地に向《む》かう。

**もくとう【黙禱】** 名 動-する 声《こえ》を出《だ》さないで、心《こころ》の中《なか》でいのること。例 死者《ししゃ》に黙とうをささげる。

✤○**もくどく【黙読】** 名 動-する 声《こえ》を出《だ》さないで読《よ》むこと。例 教科書《きょうかしょ》を黙読する。対 音読《おんどく》。

**もくにん【黙認】** 名 動-する とがめないで、黙《だま》って認《みと》めること。見《み》のがすこと。例 不正《ふせい》を黙認するな。

**もくねじ【木ねじ】** 名 木材《もくざい》に使《つか》うねじくぎ。

**もくば【木馬】** 名 木《き》で作《つく》った馬《うま》の形《かたち》をした物《もの》。乗《の》って遊《あそ》ぶ。例 回転《かいてん》木馬。

**もくはん【木版】** 名 印刷用《いんさつよう》に、木《き》の板《いた》に、字《じ》や絵《え》をほったもの。例 木版画《が》。

**もくひ【黙秘】** 名 動-する たずねられても、だまっていて、答《こた》えないこと。例 かたくなに黙秘を通《とお》す。

**もくひけん【黙秘権】** 名 取《と》り調《しら》べや裁判《さいばん》のとき、自分《じぶん》に不利《ふり》になることには答《こた》えなくてよいという権利《けんり》。

○**もくひょう【目標】** 名 ❶ものごとをなしとげるための目当《めあ》て。例 平均《へいきん》九〇点《てん》が目標だ。❷行《い》きつくための目《め》じるし。例 テレビ塔《とう》を目標に歩《ある》く。

**もくめ【木目】** 名 木《き》の切《き》り口《くち》に現《あらわ》れている、模《も》様《よう》のような筋《すじ》。きめ。「正目《まさめ》」と「板目《いため》」があ

四字熟語 再三再四《さいさんさいし》 危《あぶ》ないからと再三再四《さいさんさいし》注意《ちゅうい》をしたが、どうしても聞《き》き入《い》れてくれない。

る。

**もくもく**【黙。黙。】副〈-と〉だまってものごとにはげむようす。例 黙々と働《はたら》く。

**もくもく** 副〈-と〉煙《けむり》などが、あとからあとから出《で》てくるようす。例 煙《けむり》がもくもくと上《あ》がる。

**もぐもぐ** 副〈-と〉動-する ❶口《くち》を開《あ》けないで、ものをかむようす。例 もぐもぐと食《た》べる。❷ものを言《い》いかけて、口《くち》だけ動《うご》かすようす。例 口《くち》をもぐもぐさせる。

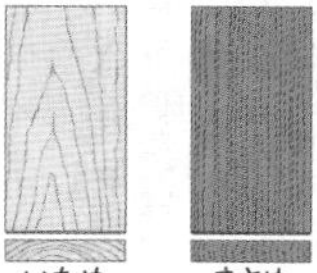

〔もくめ〕

°**もくよう**【木曜】名 水曜《すいよう》の次《つぎ》の日《ひ》。木曜《もくよう》日《び》。

**もぐら** 名 土《つち》の中《なか》に穴《あな》をほってすすむ、ネズミに似《に》た動物《どうぶつ》。畑《はたけ》の作物《さくもつ》をあらす。

**もぐり**【潜。り】名 ❶水《みず》の中《なか》にもぐること。例 潜りが得意《とくい》だ。❷許《ゆる》しを受《う》けないで、こっそりとすること。また、その人《ひと》。例 もぐりで商売《しょうばい》をする。❸仲間《なかま》でないこと。例 あの人《ひと》を知《し》らないとはもぐりだ。

**もぐりこむ**【潜。り込。む】動 ❶水《みず》の中《なか》や、物《もの》の下《した》などに入《はい》りこむ。例 ふとんの中《なか》に潜り込む。❷人《ひと》に知《し》られないように、こっそり入《はい》りこむ。例 会場《かいじょう》に潜り込む。

°**もぐる**【潜。る】動 ❶水《みず》の中《なか》に深《ふか》く入《はい》る。❷物《もの》の下《した》に入《はい》りこむ。例 海《うみ》に潜って魚《さかな》をとる。例 床下《ゆかした》に潜る。❸人目《ひとめ》につかないようにかくれる。↓せん【潜】728ページ

**もくれい**【目礼】名 動-する 目《め》で挨拶《あいさつ》すること。また、その挨拶《あいさつ》。例 目礼してすれちがう。

**もくれい**【黙。礼】名 動-する 黙《だま》って、丁寧《ていねい》におじぎをすること。例 静《しず》かに黙礼して立《た》ち去《さ》った。

**もくれん**【木蓮◆】名 高《たか》さ四《よん》メートルぐらいの、庭《にわ》に植《う》える木《き》。春《はる》、葉《は》の出《で》る前《まえ》に、白《しろ》や赤《あか》むらさきの大《おお》きな花《はな》をつける。

**もくろく**【目録】名 ❶物《もの》の名前《なまえ》を整理《せいり》して書《か》き並《なら》べたもの。例 作品《さくひん》の目録。❷おくり物《もの》の名前《なまえ》を書《か》いたもの。例 記念品《きねんひん》の目録を手《て》わたす。❸本《ほん》などの目次《もくじ》。

**もくろみ** 名 計画《けいかく》。くわだて。考《かんが》え。例 もくろみが外《はず》れて、がっかりする。

**もくろむ** 動 計画《けいかく》する。くわだてる。例 よくないことをもくろむ。

°**もけい**【模型】名 実物《じつぶつ》の形《かたち》や仕組《しく》みに似《に》せて作《つく》ったもの。ひながた。例 模型飛行機《ひこうき》を組《く》み立《た》てる。

**もげる** 動 ちぎれて取《と》れる。例 人形《にんぎょう》の首《くび》がもげてしまった。

**もさ**【〈猛△者〉】名 強《つよ》くて勇《いさ》ましい人《ひと》。すぐれた腕前《うでまえ》を持《も》っている人《ひと》。例 すもう部《ぶ》の猛者。参考「猛《も》者《さ》」は、特別《とくべつ》に認《みと》められた読《よ》み方《かた》。

**モザイク**〔英語 mosaic〕名 ガラス・貝《かい》がら・石《いし》・木《き》などの切《き》れはしを組《く》み合《あ》わせて、模様《もよう》や絵《え》などを表《あらわ》したかざり。

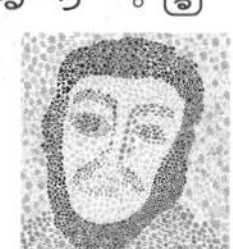

**もさく**【模索。】名 動-する 手《て》さぐりでさがすこと。あれこれとためしながら解決方法《かいけつほうほう》をさがし求《もと》めること。例 よい方法《ほうほう》を模索する。

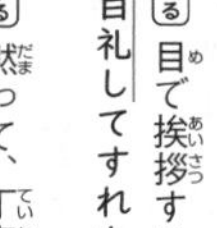
〔モザイク〕

°**もし** 副 仮《かり》に。ひょっとして。もしも。万一《まんいち》。例 もし雨《あめ》だったら遠足《えんそく》は中止《ちゅうし》です。注意 あとに「たら」「ならば」「すれば」などの言葉《ことば》がくる。

**もし**【模試】名「模擬試験《もぎしけん》」の略《りゃく》。

✤°**もじ**【文字】名 言葉《ことば》を書《か》き表《あらわ》すための記号《きごう》。もんじ。字《じ》。日本《にっぽん》では、かたかな・ひらがな・漢字《かんじ》・アルファベットや数字《すうじ》を使《つか》う。例 象形《しょうけい》文字。

**もじえ**【文字絵】名 文字《もじ》で人《ひと》の顔《かお》や姿《すがた》などをかいた、おかしみのある絵《え》。

**もしかしたら** ひょっとすると。例 もしかしたら勝《か》てるかもしれない。

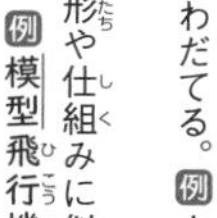
〔もじえ〕

**もしくは**【若△しくは】接 そうでなければ。または。例 電話《でんわ》、もしくははがきでお申《もう》しこみください。参考 ふつう、かな書《が》きにする。↓じゃく【若】585ページ

✤**もじげんご**【文字言語】名〔国語《こくご》で〕書《か》き言葉《ことば》のこと。対 音声言語《おんせいげんご》。

**もじづら**【文字面△】名 ↓じづら 569ページ

**もじどおり**【文字通り】名 文字《もじ》に書《か》かれ

てあるとおり。言葉《ことば》どおり。例 試合《しあい》は、文字どおりの熱戦《ねっせん》だった。

**もじばけ【文字化け】** 名 動-する コンピューターで、文字《もじ》のデータがまったく別《べつ》の文字《もじ》や記号《きごう》に変換《へんかん》され、意味不明《いみふめい》で読《よ》めなくなること。

**もじばん【文字盤°】** 名 時計《とけい》・はかりなどの、字《じ》や目盛《めも》りなどが書《か》いてある面《めん》。

**°もしも** 副 「もし」を強《つよ》めた言葉《ことば》。万一《まんいち》。例 もしも行《い》けなかったら、電話《でんわ》するよ。

**もしものこと** (病気《びょうき》や火事《かじ》など)思《おも》いがけないこと。万一《まんいち》のこと。例 もしものことがあったらたいへんだ。

**°もしもし** 感 ❶呼《よ》びかける言葉《ことば》。例 もしもし、ハンカチを落《お》としましたよ。❷電話《でんわ》で、最初《さいしょ》に呼《よ》びかけるときに言《い》う言葉《ことば》。例 もしもし、山田《やまだ》さんですか。参考「申《もう》し申《もう》し(=申《もう》しあげます)」を略《りゃく》した言葉《ことば》。

**もじもじ** 副(-と) 動-する 遠慮《えんりょ》したり、はずかしがったりして、ぐずぐずするようす。例 人《ひと》前《まえ》でもじもじしている子《こ》ども。

**もしや** 副 はっきりしないが、ひょっとして。もしかしたら。例 もしや木村《きむら》さんではありませんか。

**もしゃ【模写】** 名 動-する 絵《え》や字《じ》、声《こえ》などを同《おな》じようにまねて写《うつ》すこと。また、写《うつ》したもの。例 壁画《へきが》を模写する。

**もしょう【喪°章】** 名 死者《ししゃ》を悲《かな》しむ気持《きも》ちを表《あらわ》すために、腕《うで》に巻《ま》く黒《くろ》い布《ぬの》や胸《むね》につける黒《くろ》いリボン。

**もじる** 動 他《ほか》の有名《ゆうめい》な文章《ぶんしょう》などに似《に》せて、おもしろく言《い》いかえる。例 ことわざをもじって笑《わら》わせる。

**もす【▲燃す】** 動 燃《も》やす。⇩ねん【燃】1008ページ

**もず【〈百舌〉】** 名 スズメより少《すこ》し大《おお》きい鳥《とり》。虫《むし》やカエルなどを食《た》べる。とらえたものを木《き》の枝《えだ》にさしておく性質《せいしつ》がある。⇩りゅうちょう(留鳥)1389ページ

**モスク** 〔英語 mosque〕 名 イスラム教《きょう》の礼拝《れいはい》堂《どう》。

**モスクワ** 地名 ロシア連邦《れんぽう》の首都《しゅと》。

**もぞう【模造】** 名 動-する 実物《じつぶつ》に似《に》せて造《つく》ること。また、造《つく》ったもの。例 革《かわ》の模造品《ひん》。

**もぞうし【模造紙】** 名 ポスターや図表《ずひょう》などに使《つか》う、表面《ひょうめん》がなめらかな紙《かみ》。

**もぞもぞ** 副(-と) 動-する ❶小《ちい》さな虫《むし》などが動《うご》き回《まわ》るようす。また、そのように感《かん》じるようす。例 背中《せなか》がもぞもぞする。❷体《からだ》を小《ちい》さく動《うご》かすようす。例 体《からだ》をもぞもぞさせる。

**もだえる** 動 ❶苦《くる》しんで手足《てあし》を動《うご》かす。もがく。例 おなかが痛《いた》くて、もだえ苦《くる》しむ。❷心《こころ》の中《なか》で深《ふか》くなやむ。例 罪《つみ》を打《う》ち明《あ》けられずにもだえる。

**もたげる** 動 ❶持《も》ち上《あ》げる。例 ツクシが、土《つち》の中《なか》から頭《あたま》をもたげている。❷目立《めだ》つようになる。例 勢力《せいりょく》をもたげる。

**もたせかける** 動 物《もの》に寄《よ》りかからせて立《た》てる。例 はしごを壁《かべ》にもたせかける。

**もたせる【持たせる】** 動 ❶持《も》つようにさせる。例 弟《おとうと》に荷物《にもつ》を持たせる。❷持《も》って行《い》かせる。例 おみやげを持たせる。❸期待《きたい》させる。例 気《き》を持たせる。❹費用《ひよう》をはらわせる。例 代金《だいきん》は彼《かれ》に持たせた。❺そのまま変《か》わらないようにする。例 肉《にく》を一週間《いっしゅうかん》もたせる。参考 ふつう❺は、かな書《が》きにする。

**もたつく** 動 物事《ものごと》が順調《じゅんちょう》に進《すす》まない。もたもたする。

**もたらす** 動 持《も》ってくる。引《ひ》き起《お》こす。例 台《たい》風《ふう》が被害《ひがい》をもたらした。

**°もたれる** 動 ❶寄《よ》りかかる。例 壁《かべ》にもたれる。❷食《た》べ物《もの》が胃《い》にたまっている感《かん》じがする。例 食《た》べすぎて胃《い》がもたれる。

**モダン** 〔英語 modern〕 形動 今《いま》の世《よ》の中《なか》に合《あ》っていて、新《あたら》しいようす。現代的《げんだいてき》。

**°もち【餅°】** 名 もち米《ごめ》をむして、ついた食《た》べ物《もの》。例 かがみもち。⇩へい【餅】1173ページ

**餅《もち》は餅屋《もちや》** それぞれに専門家《せんもんか》がいて、素人《しろうと》はかなわないということ。

**もち【持ち】** 名 ❶持《も》つこと。例 手《て》持ちのかばん。❷費用《ひよう》を負担《ふたん》すること。例 費用《ひよう》は会《かい》社《しゃ》持ちだ。❸決《き》められた範囲《はんい》。例 持ち時間《じかん》。❹長《なが》く使《つか》えること。例 この靴《くつ》は持ちがいい。❺所有《しょゆう》すること。例 土地《とち》持ち。

**もちあがる【持ち上がる】** 動 ❶上《うえ》へあがる。例 地震《じしん》で地面《じめん》が持ち上がる。❷事《こと》が起《お》こる。例 大事件《だいじけん》が持ち上がる。❸担任《たんにん》の先生《せんせい》が、児童《じどう》や生徒《せいと》が進級《しんきゅう》した後《あと》も担任《たんにん》を

四字熟語 三面記事《さんめんきじ》 三面記事《さんめんきじ》ばかり読《よ》んでないで、一面《いちめん》の政治《せいじ》や経済《けいざい》のニュースや、できたら社説《しゃせつ》などにも目《め》を通《とお》しなさい。

続《つづ》ける。

**°もちあげる【持ち上げる】** 動 ❶持《も》って上《うえ》にあげる。例 石《いし》を持ち上げる。❷ほめる。おだてる。例 相手《あいて》を持ち上げる。

**もちあじ【持ち味】** 名 そのものが持《も》っている、独特《どくとく》の味《あじ》わいや性質《せいしつ》。例 一人《ひとり》一人《ひとり》が持ち味を生《い》かして活躍《かつやく》する。

**もちあわせ【持ち合わせ】** 名 ちょうどその場《ば》に、都合《つごう》よく持《も》っている物《もの》やお金《かね》など。例 お金《かね》の持ち合わせがない。

**もちあわせる【持ち合わせる】** 動 ちょうどその場《ば》に都合《つごう》よく持《も》っている。例 あいにくかさを持ち合わせていません。

**モチーフ** 〔フランス語〕名 ❶芸術《げいじゅつ》作品《さくひん》の創作《そうさく》の動機《どうき》。また、動機《どうき》となった中心的《ちゅうしんてき》な題材《だいざい》。❷音楽《おんがく》を構成《こうせい》する最小単位《さいしょうたんい》。❸編《あ》み物《もの》の模様《もよう》の最小単位《さいしょうたんい》。

**°もちいる【用いる】** 動 ❶使《つか》う。物《もの》をあることのために役立《やくだ》てる。例 道具《どうぐ》を用いる。❷取《と》り上《あ》げる。採用《さいよう》する。例 彼《かれ》の意見《いけん》を用いる。❸ある仕事《しごと》や役目《やくめ》につかせる。例 重《おも》く用いる。➡よう【用】1348ページ

**例解 ! 表現の広場**

**用《もち》いる と 使《つか》う のちがい**

| | 用《もち》いる | 使《つか》う |
|---|---|---|
| 道具《どうぐ》を | ○ | ○ |
| 彼《かれ》の提案《ていあん》を | ○ | × |
| 頭《あたま》を | × | ○ |
| お金《かね》をむだに | × | ○ |

**もちかける【持ちかける】** 動 相手《あいて》になってもらえるように、はたらきかける。話《はなし》を切《き》りだす。例 相談《そうだん》を持ちかける。

**もちきり【持ち切り】** 名 その話題《わだい》が中心《ちゅうしん》となって、ずっと続《つづ》くこと。例 朝《あさ》からあの人《ひと》のうわさで持ち切りだ。

**もちぐされ【持ち腐れ】** 名 ➡たからのもちぐされ 787ページ

**もちこす【持ち越す】** 動 残《のこ》りをそのまま、次《つぎ》のときに回《まわ》す。例 仕事《しごと》の残《のこ》りを、明日《あす》に持ち越す。

**もちこたえる【持ちこたえる】** 動 ある状態《じょうたい》を辛抱《しんぼう》して続《つづ》ける。例 病人《びょうにん》はなんとか夏《なつ》を持ちこたえた。

**もちごま【持ち駒】** 名 ❶(将棋《しょうぎ》で)相手《あいて》から取《と》り、いつでも使《つか》える手《て》もとの駒《こま》。手駒《てごま》。❷必要《ひつよう》な時《とき》にいつでも使《つか》える人《ひと》や物《もの》。

**もちこむ【持ち込む】** 動 ❶物《もの》を持《も》って入《はい》る。運《はこ》び入《い》れる。例 車内《しゃない》に危険物《きけんぶつ》は持ち込まない。❷相談《そうだん》や用件《ようけん》などを持《も》ちかける。例 新《あたら》しい企画《きかく》を持ち込む。❸ある状態《じょうたい》にもっていく。例 同点《どうてん》に持ち込む。

**もちごめ【糯米】** 名 ねばり気《け》の強《つよ》い種類《しゅるい》の米《こめ》。もちや赤飯《せきはん》を作《つく》る。糯《もち》。対 うるち。

**もちだし【持ち出し】** 名 ❶持《も》って、外《そと》へ出《で》ること。例 持ち出し厳禁《げんきん》。❷費用《ひよう》の足《た》りない分《ぶん》を、自分《じぶん》が負担《ふたん》すること。

**もちだす【持ち出す】** 動 ❶持《も》って外《そと》へ出《だ》す。例 いすを庭《にわ》に持ち出す。❷自分《じぶん》のお金《かね》を使《つか》う。例 費用《ひよう》は持ち出すことになる。❸あることを言《い》いだす。例 話《はなし》を持ち出す。

**もちつき【餅つき】** 名 餅《もち》をつくこと。

**もちづき【望月】** 名 満月《まんげつ》。特《とく》に、昔《むかし》の暦《こよみ》でいう、十五夜《じゅうごや》の月《つき》。

**もちつもたれつ【持ちつ持たれつ】** たがいに助《たす》けたり、助《たす》けられたりするようす。例 世《よ》の中《なか》は持ちつ持たれつだ。

**もちなおす【持ち直す】** 動 ❶持《も》ち方《かた》を変《か》える。例 荷物《にもつ》を右手《みぎて》に持ち直す。❷悪《わる》くなったものが、元《もと》の状態《じょうたい》にもどる。例 病人《びょうにん》が持ち直す。

**もちぬし【持ち主】** 名 その物《もの》を、自分《じぶん》の物《もの》として持《も》っている人《ひと》。所有者《しょゆうしゃ》。

**もちば【持ち場】** 名 受《う》け持《も》ちの場所《ばしょ》。例 持ち場をはなれてはいけません。

**もちはこぶ【持ち運ぶ】** 動 手《て》に持《も》って運《はこ》ぶ。例 パソコンを持ち運ぶ。

**モチベーション** 〔英語 motivation〕名 ❶ものごとにとり組《く》む動機《どうき》を与《あた》えること。動機《どうき》づけ。❷ものごとにとり組《く》む意欲《いよく》。例 研究《けんきゅう》のモチベーションを高《たか》める。

**もちまえ【持ち前】** 名 生《う》まれつきの性質《せいしつ》。例 持ち前の明《あか》るさでがんばる。

**もちまわり【持ち回り】** 名 ❶仕事《しごと》などを順《じゅん》に回《まわ》すこと。例 司会《しかい》は持ち回りにする。❷問題《もんだい》を関係者《かんけいしゃ》に持《も》って回《まわ》って、意見《いけん》を聞《き》く




四字熟語 自学自習《じがくじしゅう》 勉強《べんきょう》の基本《きほん》は、自学自習《じがくじしゅう》の精神《せいしん》だ。人《ひと》にたよってするようでは、長続《ながつづ》きしない。

こと。例 持ち回りで会議《かいぎ》をする。

**例解 ことばの窓**

**持《も》つ の意味《いみ》で**

許可証《きょかしょう》を所持《しょじ》する。
免許証《めんきょしょう》を携帯《けいたい》する。
印鑑《いんかん》を持参《じさん》する。
広《ひろ》い土地《とち》を所有《しょゆう》する。
核兵器《かくへいき》を保有《ほゆう》する。
世界記録《せかいきろく》を保持《ほじ》する。
健康《けんこう》を維持《いじ》する。
緊張《きんちょう》を持続《じぞく》する。
憲法《けんぽう》を堅持《けんじ》する。

**もちもの【持ち物】** 名 ❶手《て》もとに持《も》っている物《もの》。所持品《しょじひん》。❷その人《ひと》の所有《しょゆう》している物《もの》。所有物《しょゆうぶつ》。例 あの車《くるま》は、父《ちち》の持ち物だ。

**もちゅう【喪中】** 名 人《ひと》の死後《しご》、その家族《かぞく》や親類《しんるい》が、喪《も》に服《ふく》している期間《きかん》。類 忌中《きちゅう》。

**もちよる【持ち寄る】** 動 めいめいが自分《じぶん》の物《もの》を持《も》って集《あつ》まる。例 おこづかいを持ち寄って、花《はな》を買《か》う。

**◦もちろん** 副 言《い》うまでもなく。むろん。例 勉《べん》強《きょう》はもちろん、スポーツも得意《とくい》だ。

**もつ【物】** 熟語 荷物《にもつ》。食物《しょくもつ》。⇩ぶつ【物】1145ページ

**◦もつ【持つ】** 動 ❶手《て》に取《と》る。握《にぎ》る。例 鉛筆《えんぴつ》を持つ。❷身《み》につける。例 ハンカチを持っている。❸自分《じぶん》のものにする。例 パソコンを持つ。❹その人《ひと》に備《そな》わる。例 実力《じつりょく》を持っている。❺心《こころ》にいだく。例 希望《きぼう》を持つ。❻引《ひ》き受《う》ける。例 委員《いいん》の仕事《しごと》を持つ。責任《せきにん》を持つ。❼開《ひら》く。行《おこな》う。例 会議《かいぎ》を持つ。❽負担《ふたん》する。例 旅費《りょひ》はこちらで持つ。❾そのままの状態《じょうたい》が続《つづ》く。保《たも》つ。例 冷蔵庫《れいぞうこ》に入《い》れておけば一週間《いっしゅうかん》はもつ。参考 ふつう❾は、かな書《が》きにする。⇩じ【持】540ページ

**もっか【目下】** 名 今《いま》のところ。現在《げんざい》。例 目下、仕事中《しごとちゅう》だ。注意「目下」を「めした」と読《よ》むと、ちがう意味《いみ》になる。

**もっかん【木簡】** 名 紙《かみ》のない昔《むかし》、文字《もじ》を書《か》き記《しる》すために使《つか》った、細長《ほそなが》い木《き》の板《いた》。

**もっかんがっき【木管楽器】** 名 フルート・クラリネット・オーボエなど、もともとは木《き》で作《つく》られた管楽器《かんがっき》。⇩がっき(楽器)244ページ

**もっきん【木琴】** 名 打楽器《だがっき》の一《ひと》つ。台《だい》の上《うえ》に、長《なが》さのちがうかたい板《いた》を音階《おんかい》の順《じゅん》にならべ、玉《たま》をつけた二本《にほん》の棒《ぼう》でたたいて鳴《な》らす。シロホン。⇩がっき(楽器)244ページ

**もっけのさいわい【もっけの幸い】** 思《おも》いがけない幸運《こううん》。例 雨《あめ》が降《ふ》り出《だ》したのはもっけの幸いだ。

**もっこ** 名 縄《なわ》で編《あ》んだ四角《しかく》な網《あみ》の四隅《よすみ》に綱《つな》をつけたもの。綱《つな》を棒《ぼう》にかけてかつぎ、土《つち》などを運《はこ》ぶ。

**もっこう【木工】** 名 木《き》を使《つか》って、家具《かぐ》などを作《つく》ること。また、それを作《つく》る人《ひと》。

**◦もったいない** 形 ❶ありがたい。おそれおおい。例 もったいないお言葉《ことば》。❷むだにするのがおしい。例 捨《す》てるのはもったいない。

**もったいぶる** 動 わざとおもおもしい態度《たいど》をとる。例 もったいぶって、買《か》った時計《とけい》を見《み》せてくれた。

**もったいをつける** 何《なに》かわけがありそうにする。えらそうにする。例 もったいをつけて話《はな》す。

**もって** 〔ふつう、「…をもって」の形《かたち》で〕❶…を使《つか》って。例 はがきの通知《つうち》をもって当選《とうせん》の発表《はっぴょう》に代《か》えます。❷「で」の意味《いみ》を強《つよ》める。限界《げんかい》や原因《げんいん》となるものを示《しめ》す。例 これをもって会《かい》を終《お》わります。

**もってうまれた【持って生まれた】** 生《う》まれつきの。例 持って生まれた丈夫《じょうぶ》な体《からだ》。

**もってこい** もっとも適《てき》した。うってつけ。例 運動会《うんどうかい》にもってこいの天気《てんき》。

**もってのほか【もっての外】** とんでもないこと。例 落書《らくが》きをするなんて、もっての外だ。

**もってまわる【持って回る】** 動 変《へん》に遠《とお》回《まわ》しに言《い》う。例 持って回った言《い》い方《かた》。

**◦もっと** 副 それ以上《いじょう》。さらに。いっそう。

**モットー** 〔英語 motto〕名 目標《もくひょう》にすることがら。また、それを表《あらわ》す言葉《ことば》。標語《ひょうご》。座右《ざゆう》の銘《めい》。例 正直《しょうじき》をモットーとする。

**◦もっとも【最も】** 副 他《ほか》のものと比《くら》べて、いちばん。この上《うえ》なく。何《なに》よりも。例 世界《せかい》で最

四字熟語 **自画自賛《じがじさん》** 今回《こんかい》の研究発表《けんきゅうはっぴょう》は、我《われ》ながらよくできたと、自画自賛《じがじさん》している。

も高《たか》い山《やま》。

**もっとも** ⇩さい【最】495ページ
⇩さい【最】495ページ

**もっとも** 一 形動 理屈《りくつ》に合《あ》っているようす。当然《とうぜん》。例もっともな話《はなし》。それはごもっとも。二 接 そうは言《い》うけれど。ただし。例スポーツは体《からだ》によい。もっとも、やりすぎると体《からだ》をこわす。

**もっともらしい** 形 ❶いかにも、理屈《りくつ》に合《あ》っているようにみえる。例もっともらしく話《はな》す。❷まじめくさって、気《き》どったようすだ。例もっともらしい顔《かお》で挨拶《あいさつ》する。

**もっぱら【専ら】** 副 そのことばかり。いちずに。ひたすら。例最近《さいきん》は、もっぱらサッカーにこっている。⇩せん【専】726ページ

**モップ** 〔英語 mop〕名 長《なが》い柄《え》のついた、ぞうきん。

°**もつれる** 動 ❶からみついて、ほどけなくなる。例糸《いと》がもつれる。❷思《おも》うように動《うご》かなくなる。例足《あし》がもつれる。❸ものごとが、食《く》いちがって、うまくいかなくなる。例話《はなし》がもつれる。

**もてあそぶ【弄ぶ】** 動 ❶手《て》に持《も》っていじり回《まわ》す。例ボールをもてあそぶ。❷思《おも》いどおりにあやつる。例人《ひと》の気《き》持《も》ちをもてあそぶな。⇩ろう【弄】1411ページ

**もてあます【持て余す】** 動 始末《しまつ》に困《こま》る。取《と》り扱《あつか》いに困《こま》る。例泣《な》く子《こ》を持て余す。時《じ》間《かん》を持て余す。

**もてなし** 名 ❶客《きゃく》の扱《あつか》い方《かた》。例あの店《みせ》はもてなしが下手《へた》だ。❷ごちそう。例もてなしを受《う》ける。

°**もてなす** 動 ❶客《きゃく》をだいじに扱《あつか》う。例友達《ともだち》を手《て》厚《あつ》くもてなす。❷ごちそうする。例日《に》本料理《ほんりょうり》でもてなす。

**もてはやす** 動 さかんにほめる。例すばらしいと口々《くちぐち》にもてはやす。

**もてる【持てる】** 一 動 ❶持《も》つことができる。例一人《ひとり》で持てる。❷好《す》かれる。人気《にんき》がある。例あの子《こ》はクラスでいちばんもてる。二 連体 持《も》っている。例持てる力《ちから》を十分《じゅうぶん》発《はっ》揮《き》する。参考 一❷は、ふつう、かな書《が》きにする。

**モデル** 〔英語 model〕名 ❶模《も》型《けい》。例自《じ》動《どう》車《しゃ》のモデル。❷型《かた》。例モデルチェンジ。❸手本《てほん》。模《も》範《はん》。例この町《まち》は環《かん》境《きょう》美《び》化《か》のモデル地《ち》区《く》だ。❹絵《え》・彫《ちょう》刻《こく》・写《しゃ》真《しん》などの題《だい》材《ざい》になる人《ひと》。❺劇《げき》や小《しょう》説《せつ》などのもとになった、実《じっ》際《さい》の事《じ》件《けん》や人《ひと》。❻ファッションモデル。

**モデルケース** 〔英語 model case〕名 手《て》本《ほん》となる例《れい》。代《だい》表《ひょう》例《れい》。例改《かい》革《かく》のモデルケース。

**モデルチェンジ** 〔英語 model change〕名 動する 商《しょう》品《ひん》などの性《せい》能《のう》やデザインを改《かい》良《りょう》して新《しん》製《せい》品《ひん》とすること。

**もと【下】** 名 ❶物《もの》の下《した》。例目《め》印《じるし》の青《あお》い旗《はた》の下に集《あつ》まる。❷その人《ひと》のそば。例親《おや》の下で暮《く》らす。❸よりどころ。例きちんとした計《けい》画《かく》の下に進《すす》める。⇩か【下】188ページ

°**もと【元】** 名 ❶起《お》こり。始《はじ》まり。原《げん》因《いん》。例火《ひ》の元。元をただす〔=原《げん》因《いん》を調《しら》べる〕。❷原《げん》料《りょう》。例お酒《さけ》の元はお米《こめ》です。例この車《くるま》は元がかかっている。❸元《もと》手《で》。資《し》本《ほん》。❹昔《むかし》。以《い》前《ぜん》。例元市《し》長《ちょう》。例元はここに林《はやし》があった。⇩げん【元】408ページ

**元《もと》のさやに収《おさ》まる** 〔さやからぬかれた刀《かたな》が、もとのさやの中《なか》に収《おさ》まることから〕けんかなどで別《わか》れた人《ひと》どうしが、再《ふたた》び元《もと》の関《かん》係《けい》にもどる。

**元《もと》の木《もく》阿《あ》弥《み》** よくなりかかっていたのに、また元《もと》の状《じょう》態《たい》にもどってしまうこと。例せっかく仲《なか》直《なお》りしたのに、また元の木阿弥だ。参考「木《もく》阿《あ》弥《み》」は、戦《せん》国《ごく》時《じ》代《だい》の僧《そう》の名《な》

例解 ⟷ 使い分け

**下《もと》と元《もと》と本《もと》**

親《おや》の下《もと》を離《はな》れる。
法《ほう》の下《もと》の平《びょう》等《どう》。

元《もと》の首《しゅ》相《しょう》。
元《もと》にもどってやり直《なお》す。
火《ひ》の元《もと》に気《き》をつける。

本《もと》から分《わ》かれる。
本《もと》を正《ただ》す。
本《もと》と末《すえ》。
木《き》が本《もと》から枯《か》れる。




四字熟語 自《じ》給《きゅう》自《じ》足《そく》 国《こく》内《ない》の食《しょく》糧《りょう》をすべて自《じ》給《きゅう》自《じ》足《そく》でまかなうのは、なかなかむずかしい。

で、死《し》んだ武将《ぶしょう》の身《み》代《が》わりにやとわれたが、のちに用《よう》がなくなって、元《もと》の身分《みぶん》にもどったという話《はなし》から。

**元《もと》も子《こ》もない** 損《そん》をして、何《なに》もかもすっかりなくなる。例 ひどい被害《ひがい》を受《う》けて、元も子もなくなった。

**もと【本】** 名 ❶根《ね》もと。例 本が枯《か》れる。❷ものごとの中心《ちゅうしん》となるところ。根本《こんぽん》。例 本を正《ただ》す。対(❶・❷)末《すえ》。↓ほん【本】1218ページ

**もと【基△】** 名 土台《どだい》。基礎《きそ》。よりどころ。例 資料《りょう》を基にして報告《ほうこく》する。↓き【基】293ページ

**もとい【基△】** 名 土台《どだい》。基礎《きそ》。もと。例 家《いえ》の基。↓き【基】293ページ

**もとおり のりなが〖本居宣長〗** 人名 (男)(一七三〇～一八〇一)江戸《えど》時代《じだい》の国学《こくがく》者《しゃ》。「古事記《こじき》」や「源氏物語《げんじものがたり》」などの研究《けんきゅう》をして、国学《こくがく》を発展《はってん》させた。

**もどかしい** 形 思《おも》うようにならないで、いらいらする。はがゆい。じれったい。例 うまく言《い》えなくてもどかしい。

**もときん【元金】** 名 ↓がんきん 277ページ

**もとごえ【元肥】** 名 植《う》えつけや種《たね》まきの前《まえ》に、田畑《たはた》にまいておく肥料《ひりょう》。

**もとじめ【元締°め】** 名 ❶お金《かね》の管理《かんり》や取《と》りしまりをする役目《やくめ》。また、その役目《やくめ》の人《ひと》。❷仕事《しごと》やそのために集《あつ》まった人《ひと》を取《と》りまとめる人《ひと》。親分《おやぶん》。

◦**もどす【戻°す】** 動 ❶元《もと》に返《かえ》す。例 元《もと》の場所《ばしょ》に戻す。❷胃《い》の中《なか》のものをはく。例 車《くるま》によって、もどした。↓れい【戻】1401ページ

**もとせん【元栓°】** 名 水道《すいどう》・ガスなどの、一《ひと》つ一《ひと》つの器具《きぐ》の栓《せん》に対《たい》して、その引《ひ》き込《こ》み口《ぐち》に付《つ》いている栓《せん》。特《とく》に、屋内《おくない》への引《ひ》き込《こ》み口《ぐち》の栓《せん》のこと。

◦**もとづく【基△づく】** 動 もととする。基礎《きそ》にする。…による。例 体験《たいけん》に基づいた話《はなし》。

**もとで【元手】** 名 ❶商売《しょうばい》などをする元《もと》になるお金《かね》。資本《しほん》。例 父《ちち》のお金《かね》を元手に、店《みせ》を開《ひら》いた。❷よりどころになるもの。基礎《きそ》となるもの。例 体《からだ》が元手だ。

**もとどおり【元通り】** 名 前《まえ》と同《おな》じようす。例 元どおりに修理《しゅうり》して返《かえ》す。

**もとなり【本なり】** 名 植物《しょくぶつ》のつるや幹《みき》の、もとのほうに実《み》がなること。また、その実《み》。対 末《うら》なり。

**もとね【元値】** 名 商品《しょうひん》を仕《し》入《い》れたときの値《ね》段《だん》。仕《し》入《い》れ値《ね》。原価《げんか》。

◦**もとめる【求める】** 動 ❶手《て》に入《い》れようとしてさがす。例 仕事《しごと》を求める。❷買《か》う。例 本《ほん》を求める。❸望《のぞ》む。たのむ。例 助《たす》けを求める。↓きゅう【求】323ページ

**もともと【元元】** 一名 はじめと変《か》わらないこと。損《そん》も得《とく》もないこと。例 だめでもともとだ。二副 もとから。はじめから。例 ぼくは、もともと乗《の》り気《き》でなかった。参考 ふつう、かな書《が》きにする。

**もとより** 副 ❶はじめから。もともと。例 それはもとより覚悟《かくご》の上《うえ》だ。❷言《い》うまでもなく。例 食糧《しょくりょう》はもとより、水《みず》さえない。

**もとる** 動 道理《どうり》にそむく。逆《さか》らう。例 友人《ゆうじん》を裏切《うらぎ》ることは、人《ひと》の道《みち》にもとる。

◦**もどる【戻°る】** 動 ❶元《もと》の場所《ばしょ》に帰《かえ》る。例 学校《がっこう》から戻る。❷元《もと》の状態《じょうたい》に返《かえ》る。引《ひ》き返《かえ》す。例 寒《さむ》さが戻る。↓れい【戻】1401ページ

**もなか【最△中】** 名 和菓子《わがし》の一種《いっしゅ》。もち米《ごめ》の粉《こな》でつくった薄《うす》い皮《かわ》の間《あいだ》に、あんをはさんで作《つく》る。

**モニター**〔英語 monitor〕名 動-する ❶放送《ほうそう》や録音《ろくおん》などが、よいかどうかを確《たし》かめること。また、その装置《そうち》や係《かかり》の人《ひと》。❷コンピューターなどの映像《えいぞう》を映《うつ》し出《だ》す機械《きかい》。❸放送《ほうそう》や商品《しょうひん》などについて、たのまれて意見《いけん》を言《い》う人《ひと》。

**モニュメント**〔英語 monument〕名 記念《きねん》碑《ひ》。記念《きねん》となる建物《たてもの》や作品《さくひん》など。

**もぬけのから【もぬけの殻°】** 人《ひと》がいなくなってからっぽになっていること。例 部《へ》屋《や》の中《なか》はもぬけの殻だった。

◦**もの【者】** 名 人《ひと》。人間《にんげん》。例 働《はたら》き者。あやしい者ではありません。↓しゃ【者】582ページ

◦**もの【物】** 一名 ❶物体《ぶったい》。品物《しなもの》。例 物を大切《たいせつ》にする。物置《おき》。❷食《た》べ物《もの》。飲《の》み物《もの》。例 物も食《た》べない。❸ものごと。例 物知《し》り。❹言葉《ことば》。文章《ぶんしょう》。例 物も言《い》わない。物書《か》き。❺理屈《りくつ》。わけ。例 物のわかった人《ひと》。❻しっかりした状態《じょうたい》。例 作品《さくひん》が物にならない。❼〔「ものだ」「ものです」などの形《かたち》で〕ことがらを強《つよ》めたり、希望《きぼう》・感動《かんどう》を表《あらわ》したりする。例 人生《じんせい》とはそう

四字熟語 四苦八苦《しくはっく》 模型《もけい》のロボットを作《つく》るのに、四苦八苦《しくはっく》してあちこちから材料《ざいりょう》を集《あつ》めた。

いうものだ。大《おお》きくなったものだ。二〔ある言葉《ことば》の前《まえ》につけて〕なんとなく。例ものさびしい。もの足《た》りない。参考ふつう一❼と二は、かな書《が》きにする。一❼は、「もん」ともいう。

**物《もの》ともせず** なんとも思《おも》わないで。例大雪《おおゆき》を物ともせず進《すす》む。

⇩ぶつ【物】1145ページ

**物《もの》にする** ❶ちゃんと仕上《しあ》げる。例やっと物にすることができた。❷自分《じぶん》の物《もの》にする。例勝利《しょうり》を物にする。❸習《なら》って身《み》につける。例英会話《えいかいわ》をものにする。

**物《もの》になる** 立派《りっぱ》に成功《せいこう》する。一人前《いちにんまえ》になる。例彼《かれ》もやっと物になった。

**物《もの》の弾《はず》み** その場《ば》のなりゆき。そのときの勢《いきお》い。例もののはずみで余計《よけい》なことを言《い》ってしまった。

**物《もの》の見事《みごと》に** とてもあざやかに。例もののみごとに成功《せいこう》した。

**物《もの》は言《い》いよう** 言《い》い方《かた》や話《はな》し方《かた》しだいで、ものごとはどのようにもなる。参考「物《もの》は言《い》いようで角《かど》が立《た》つ〔=話《はな》し方《かた》しだいで、気《き》持《も》ちを害《がい》することがある〕」とも言《い》う。

**物《もの》は考《かんが》えよう** ものごとは考《かんが》え方《かた》しだいで、よくも悪《わる》くもなるものだ。

**物《もの》は試《ため》し** ものごとは、やってみないとほんとうのところがわからない。例物は試しで、まずやってみるのがよい。

**物《もの》を言《い》う** ❶口《くち》をきく。意見《いけん》を言《い》う。❷効《き》き目《め》がある。例最後《さいご》には体力《たいりょく》が物を言う。

**物《もの》を言《い》わせる** 効《き》き目《め》をじゅうぶんに発揮《はっき》させる。例金《かね》に物を言わせる。

**もの** 助 不満《ふまん》な気《き》持《も》ちやものごとの理由《りゆう》を、やわらかく表《あらわ》す。例「説明《せつめい》してくれないんだもの。」「子《こ》どもだもの、むりもない。」参考話《はな》し言葉《ことば》で使《つか》う。「もん」ということもある。

**ものいい【物言い】** 名 ❶しゃべり方《かた》。言葉《ことば》遣《づか》い。例母《はは》は、物言いがやさしい。❷〔すもうなどで〕判定《はんてい》などに対《たい》して疑問《ぎもん》や異議《いぎ》を唱《とな》えること。例委員会《いいんかい》の決定《けってい》に物言いがついた。

**ものいり【物入り・物要△り】** 名形動 お金《かね》がかかること。出費《しゅっぴ》。例年末《ねんまつ》は物入りだ。

**ものうい【物憂い】** 形 なんとなくだるくて、心《こころ》がすっきりしない。例何《なに》をするのも物憂く感《かん》じる。

**ものうり【物売り】** 名 商品《しょうひん》を持《も》ち歩《ある》いて売《う》ること。また、その人《ひと》。行商《ぎょうしょう》。

**ものおき【物置】** 名 ふだんあまり使《つか》わない物《もの》や道具《どうぐ》などをしまっておく所《ところ》。

**ものおじ【物おじ】** 名動-する びくびくして、こわがること。例物おじせずに話《はな》す。

**ものおしみ【物惜しみ】** 名動-する 物《もの》をむやみに惜《お》しがること。けちけちすること。例物惜しみして、しまいこむ。

**ものおと【物音】** 名 何《なに》かの音《おと》。

**ものおぼえ【物覚え】** 名 ものごとをよく覚《おぼ》えること。記憶力《きおくりょく》。例物覚えがいい。

**ものおもい【物思い】** 名 心配《しんぱい》したり、考《かんが》えこんだりすること。例物思いにしずむ。

**ものか** 助 強《つよ》く打《う》ち消《け》す気《き》持《も》ちを表《あらわ》す。例負《ま》けるものか〔=負《ま》けないぞ〕。参考「もんか」ともいう。

**ものかき【物書き】** 名 文章《ぶんしょう》を書《か》く仕事《しごと》。また、それを仕事《しごと》とする人《ひと》。

**ものかげ【物陰】** 名 物《もの》にかくれて見《み》えない所《ところ》。物の陰《かげ》。例物陰にかくれる。

✤◦**ものがたり【物語】** 名 ❶話《はなし》。または、話《はなし》をすること。例父《ちち》の若《わか》いころの物語。❷昔《むかし》から伝《つた》わっている話《はなし》。例この池《いけ》にまつわる物語。❸筋《すじ》のある、まとまった作品《さくひん》。例かぐや姫《ひめ》の物語。

✤**ものがたりぶん【物語文】** 名 登場人物《とうじょうじんぶつ》の生《い》き方《かた》や気《き》持《も》ちの変化《へんか》、社会《しゃかい》の動《うご》きなどをえがいた文章《ぶんしょう》。

◦**ものがたる【物語る】** 動 ❶あることがらを話《はな》して聞《き》かせる。例狩《か》りのようすを物語る。❷あることがらを表《あらわ》す。伝《つた》える。例荒《あ》れた手《て》が苦労《くろう》を物語る。

**ものがなしい【物悲しい】** 形 なんとなく悲《かな》しい。例もの悲しい笛《ふえ》の音《ね》。

**ものぐさ** 名形動 面倒《めんどう》がること。不精《ぶしょう》。例ものぐさな人《ひと》。

**モノクロ** 名〔英語《えいご》の「モノクローム」の略《りゃく》。〕❶一《ひと》つの色《いろ》だけでかいた絵《え》。❷白黒《しろくろ》の映画《えいが》や写真《しゃしん》。対カラー(color)。

**ものごい【物乞い】** 名動-する 他人《たにん》に物《もの》をめぐんでくれるように頼《たの》むこと。また、そのよ



四字熟語 試行錯誤《しこうさくご》 試行錯誤《しこうさくご》をくり返《かえ》した末《すえ》に、ようやく実験《じっけん》に成功《せいこう》した。

うにする人《ひと》。こじき。

**ものごころがつく【物心がつく】** 成《せい》長《ちょう》して、世《よ》の中《なか》のことや人《ひと》の心《こころ》などがわかるようになる。例 物心がついたころには、母《はは》はもうなくなっていた。

**ものごし【物腰°】** 名 人《ひと》に対《たい》するものの言《い》い方《かた》や態《たい》度《ど》。例 物腰がやわらかい。

°**ものごと【物事】** 名 物《もの》や事《こと》。いろいろなことがら。例 父《ちち》は、物事にこだわらない。

°**ものさし【物差し】** 名 ❶長《なが》さを測《はか》る道《どう》具《ぐ》。❷値《ね》打《う》ちなどを決《き》める基《き》準《じゅん》。例 ふつうの物差しでは、とうてい測《はか》りきれない人《ひと》。

**ものさびしい【物寂°しい】** 形 なんとなくさびしい。例 秋《あき》の夜《よ》はもの寂しい。

**ものしずか【物静か】** 形動 ❶言《こと》葉《ば》やようすが、落《お》ち着《つ》いて静《しず》かなようす。例 もの静かに話《はな》す。❷なんとなく、静《しず》かなようす。例 もの静かな公《こう》園《えん》。

**ものしり【物知り】** 名 いろいろなことをよく知《し》っていること。また、その人《ひと》。博《はく》学《がく》。

**ものしりがお【物知り顔】** 名 何《なん》でも知《し》っているような顔《かお》つき。例 物知り顔に話《はな》す。

**ものずき【物好き】** 名 形動 変《か》わったことをしたり、見《み》たりするのが好《す》きなこと。また、そのような人《ひと》。例 物好きな人《ひと》。

°**ものすごい【物すごい】** 形 ❶ひどくおそろしい。例 ものすごい顔《かお》をする。❷びっくりするほど、たいへんである。例 ものすごい大《おお》雨《あめ》。

**ものたりない【物足りない】** 形 なんとなく満《まん》足《ぞく》できない。例 そんな説《せつ》明《めい》では、もの足りない。

**ものづくり【物作り】** 名 高《たか》い技《ぎ》術《じゅつ》を使《つか》ってものを作《つく》ること。特《とく》に、受《う》けついできた技《ぎ》術《じゅつ》を生《い》かして、よい品《しな》物《もの》を作《つく》ること。参考 日《にっ》本《ぽん》の高《たか》い技《ぎ》術《じゅつ》について言《い》うことが多《おお》い。

**ものなら** 助 ❶…としたら。例 やれるものならやってみなさい。❷…したら最《さい》後《ご》。例 地《じ》震《しん》が起《お》きようものなら、たいへんだ。

**ものの【物の】** 連体 ほんの。せいぜい。例 学《がっ》校《こう》までは、ものの三《さん》分《ぷん》もかからない。参考 ふつう、かな書《が》きにする。

**ものの** 助 …したけれども。例 書《か》いてはみたものの、気《き》に入《い》らない。

**もののかず【物の数】** 名 取《と》り立《た》てて言《い》うほどのもの。例 今《きょ》日《う》の試《し》合《あい》の相《あい》手《て》は物の数ではない。注意 あとに「ない」などの打《う》ち消《け》しの言《こと》葉《ば》がくる。

**もののけ【物の怪▲】** 名 人《ひと》にたたりをするといわれる、あやしい霊《れい》魂《こん》。

**ものはづくし** 名 言《こと》葉《ば》遊《あそ》びの一《ひと》つ。⬇ことばあそび 476ページ

**ものほし【物干し】** 名 洗《せん》濯《たく》物《もの》などをかわかすこと。また、その場《ば》所《しょ》や道《どう》具《ぐ》。例 物干しざお。

**ものまね【物真似▲】** 名 動する 人《ひと》や動《どう》物《ぶつ》などの、身《み》ぶりや顔《かお》、姿《すがた》、声《こえ》などをまねること。また、その芸《げい》。例 ネコの物まねをする。

**ものみ【物見】** 名 ❶見《けん》物《ぶつ》。例 物見遊《ゆ》山《さん》〔＝あちこち見《けん》物《ぶつ》して回《まわ》ること〕。❷昔《むかし》のいくさで、敵《てき》のようすをさぐること。また、その役《やく》。❸「物《もの》見《み》やぐら」の略《りゃく》。遠《とお》くを見《み》るために高《たか》く造《つく》った台《だい》。

**ものみだかい【物見高い】** 形 何《なん》でもおもしろがって見《み》たがる。例 火《か》事《じ》場《ば》は、物見高い人《ひと》でいっぱいだった。

**ものめずらしい【物珍°しい】** 形 なんとなく珍《めずら》しい。例 何《なに》もかももの珍しい。

**ものもち【物持ち】** 名 ❶お金《かね》や物《もの》を、たくさん持《も》っている人《ひと》。❷物《もの》をだいじにいつまでも持《も》っていること。例 物持ちがいい。

**ものものしい【物物しい】** 形 ❶厳《げん》重《じゅう》である。厳《きび》しい。例 物々しい警《けい》備《び》。❷大《おお》げさである。例 あの人《ひと》の服《ふく》装《そう》は、物々しい。

**ものもらい【物もらい】** 名 まぶたにできる小《ちい》さなはれ物《もの》。赤《あか》みや痛《いた》みがでる。

**ものやわらか【物柔°らか】** 形動 態《たい》度《ど》や言《こと》葉《ば》遣《づか》いなどがおだやかなようす。

**モノラル**〔英語 monaural〕 名 音《おん》声《せい》を一《ひと》つのマイクで録《ろく》音《おん》したり、一《ひと》つのスピーカーで再《さい》生《せい》したりすること。対 ステレオ。

**モノレール**〔英語 mono-rail〕 名 一《いっ》本《ぽん》のレールにまたがって、またはつり下《さ》がって走《はし》る鉄《てつ》道《どう》。

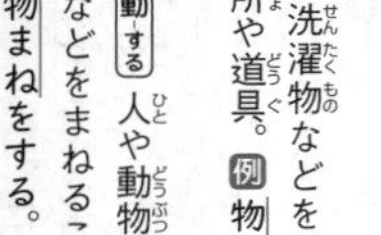
〔モノレール〕

四字熟語 自《じ》業《ごう》自《じ》得《とく》 「食《た》べ過《す》ぎておなかをこわすなんて、自《じ》業《ごう》自《じ》得《とく》だよ。」と、しかられた。

**ものわかり【物分かり】** 名 ものごとの、わけがわかること。例 物わかりがいい。

**ものわかれ【物別れ】** 名 話《はな》し合《あ》いがうまくいかずに別《わか》れること。例 会談《かいだん》は物別れに終《お》わった。

**ものわすれ【物忘れ】** 名 動-する ものごとを忘《わす》れやすいこと。例 物忘れがひどい。

**ものわらい【物笑い】** 名 みんなにばかにされ、笑《わら》われること。例 物笑いの種《たね》になる。

**ものを** 助 残念《ざんねん》がって言《い》う気《き》持《も》ちを表《あらわ》す。…のに。例 行《い》けばいいものを、まだまよっている。

**モバイル** 〔英語 mobile〕名 携《けい》帯《たい》電《でん》話《わ》や小《こ》型《がた》のパソコンを使《つか》って、外《がい》出《しゅっ》先《さき》でもコンピューターを活用《かつよう》すること。また、そのための機《き》器《き》。

**もはや** 副 今《いま》となっては。もう。すでに。例 もはや手《て》おくれだ。

**◦もはん【模範】** 名 正《ただ》しい型《かた》。見《み》習《なら》うべきもの。手《て》本《ほん》。例 人《ひと》の模範となる。

**モビール** 〔英語 mobile〕名 紙《かみ》や金《きん》属《ぞく》の板《いた》などを針《はり》金《がね》や糸《いと》でバランスよくつり下《さ》げて、微《び》妙《みょう》に動《うご》くようにしたもの。室《しつ》内《ない》に飾《かざ》ったりする。動《うご》く彫《ちょう》刻《こく》。

**もふく【喪服】** 名 葬《そう》式《しき》や法《ほう》事《じ》に着《き》る、おもに黒《くろ》い色《いろ》の衣《い》服《ふく》。

**もほう【模倣】** 名 動-する 似《に》せること。まね。例 人《ひと》の作《さく》品《ひん》を模倣する。対 創《そう》造《ぞう》。

**もみ【籾】** 名 ❶イネから取《と》ったままの、からの付《つ》いた米《こめ》。❷もみがら。「❶」の外《そと》側《がわ》の皮《かわ》。

**もみ【樅】** 名 針《はり》のように細《ほそ》い緑《みどり》の葉《は》を一《いち》年《ねん》じゅうつけている木《き》。建《けん》築《ちく》や家《か》具《ぐ》などの材《ざい》料《りょう》になる。クリスマスツリーに使《つか》われる。

**もみあう【もみ合う】** 動 入《い》り乱《みだ》れて、おし合《あ》ったりして争《あらそ》う。例 デモ隊《たい》と警《けい》官《かん》がもみ合う。

**もみあげ【もみ上げ】** 名 耳《みみ》の前《まえ》に細《ほそ》長《なが》く生《は》えている髪《かみ》の毛《け》。

**もみがら【籾殻】** 名 ↓もみ(籾)❷ 1311ページ

**もみけす【もみ消す】** 動 ❶火《ひ》のついた物《もの》をもんで消《け》す。例 たばこの火《ひ》をもみ消す。❷悪《わる》いうわさや不《ふ》利《り》なことが、広《ひろ》まらないようにかくす。例 事《じ》件《けん》をもみ消す。

**◦もみじ【〈紅葉〉】** 名 ❶〔「こうよう」とも読《よ》む。〕秋《あき》の終《お》わりに、木《こ》の葉《は》の色《いろ》が赤《あか》や黄《き》色《いろ》に変《か》わること。また、その葉《は》。例 紅葉が山《やま》を染《そ》める。❷カエデの別《べつ》の名《な》。参考「紅《もみ》葉《じ》」は、特《とく》別《べつ》に認《みと》められた読《よ》み方《かた》。

**もみじおろし【〈紅葉〉おろし】** 名 ❶ダイコンと唐《とう》辛《がら》子《し》をいっしょにすりおろしたもの。❷ダイコンとニンジンをいっしょにすりおろしたもの。

**もみじがり【〈紅葉〉狩り】** 名 野《の》山《やま》に出《て》て、紅《もみ》葉《じ》の美《うつく》しさを楽《たの》しむこと。

**もみで【もみ手】** 名 左《さ》右《ゆう》の手のひらをすり合《あ》わせ、もむようにすること。あやまったり、頼《たの》み事《ごと》をしたりするときの動《どう》作《さ》。例 もみ手できげんを取《と》る。

**◦もむ** 動 ❶両《りょう》手《て》をこすり合《あ》わせる。例 手《て》をもむ。❷両《りょう》手《て》にはさんで、こする。例 紙《かみ》をもんでやわらかくする。きりをもむ。❸指《ゆび》で、何《なん》度《ど》もつまんだり、おさえたりする。例 肩《かた》をもむ。❹大《おお》勢《ぜい》でおし合《あ》う。例 人《ひと》ごみにもまれる。❺経《けい》験《けん》する。きたえる。例 世《せ》間《けん》でもまれる。❻議《ぎ》論《ろん》を重《かさ》ねる。例 この議《ぎ》題《だい》はもっともむ必《ひつ》要《よう》がある。❼心《しん》配《ぱい》する。例 気《き》をもむ。

**もめごと【もめ事】** 名 争《あらそ》い事《ごと》。ごたごた。例 もめ事を起《お》こす。

**◦もめる** 動 ❶争《あらそ》いが起《お》こる。なかなか決《き》まらない。例 会《かい》議《ぎ》がもめる。❷気《き》がかりで、落《お》ち着《つ》けない。例 気《き》がもめる。

**もめん【〈木綿〉】** 名 ❶綿《わた》の実《み》からとれる繊《せん》維《い》。綿《めん》。コットン。例 木綿わた。❷「❶」をつむいで作《つく》った糸《いと》。木《も》綿《めん》糸《いと》。❸「❷」で織《お》った布《ぬの》。例 木綿のハンカチ。参考「木《も》綿《めん》」は、特《とく》別《べつ》に認《みと》められた読《よ》み方《かた》。

**もめんどうふ【〈木綿〉豆腐】** 名 表《ひょう》面《めん》に木《も》綿《めん》の布《ぬの》目《め》がある、すこし固《かた》めの豆《とう》腐《ふ》。

**もも【桃】** 名 ❶果《か》樹《じゅ》の一《ひと》つ。春《はる》、うす赤《あか》色《いろ》の花《はな》が咲《さ》き、夏《なつ》に、あまくて種《たね》の大《おお》きい実《み》がなる。❷桃《もも》色《いろ》。↓とう【桃】 904ページ

**もも【股】** 名 足《あし》のひざから上《うえ》の、腰《こし》につながるまでの部《ぶ》分《ぶん》。例 太《ふと》もも。↓からだ❶ 262ページ

**ももいろ【桃色】** 名 うすい赤《あか》色《いろ》。ピンク。

**ももくりさんねんかきはちねん【桃栗三年柿八年】** ❶芽《め》が出《て》てからモモ



四字熟語 七《しち》転《てん》八《ばっ》倒《とう》 七《しち》転《てん》八《ばっ》倒《とう》の苦《くる》しみようで、一《いち》時《じ》はいったいどうなることかと思《おも》った。

あいうえお かきくけこ さしすせそ たちつてと なにぬねの はひふへほ まみむめ も やゆよ らりるれろ わをん

とクリは三年《さんねん》、カキは八年《はちねん》たつと実《み》がなる、ということ。❷ものごとをなしとげるには、それなりの時間《じかん》がかかるということ。

**ももたろう**【桃太郎】〔作品名〕 日本《にっぽん》の昔《むかし》話《ばなし》。モモの実《み》から生《う》まれた主人公《しゅじんこう》が、犬《いぬ》・サル・キジを連《つ》れて、鬼退治《おにたいじ》に行《い》く。

**もものせっく**【桃の節句】名 ↓ひなまつり 1104ページ

**ももひき**【股引き】名 体《からだ》にぴったりとはく、ズボンのようなもの。下着用《したぎよう》と仕事用《しごとよう》とがある。

**ももやまじだい**【桃山時代】名 豊臣秀吉《とよとみひでよし》が桃山城《ももやまじょう》〔＝「伏見城《ふしみじょう》」のこと〕で政治《せいじ》を行《おこな》った時代《じだい》。はなやかな絵《え》や建物《たてもの》がつくられた。↓あづちももやまじだい 27ページ

**もや** 名 水蒸気《すいじょうき》が、小《ちい》さな水《みず》のつぶになって、空中《くうちゅう》にただよっているもの。例 山《やま》のふもとに、うっすらともやがたなびいている。

**もやし** 名 大豆《だいず》や麦《むぎ》などの種《たね》を水《みず》にひたして、暗《くら》い所《ところ》で芽《め》を出《だ》させたもの。

○**もやす**【燃やす】動 ❶火《ひ》をつけて、ほのおを出《だ》させる。燃《も》えるようにする。例 紙《かみ》くずを燃やす。❷気《き》持《も》ちを高《たか》ぶらせる。例 情熱《じょうねつ》を燃やす。↓ねん【燃】1008ページ

**もやもや** 一 副(-と) 動-する ❶もやがかかったように、ぼんやりしているようす。例 もやもやとしてよく見《み》えない。❷すっきりしないようす。例 言《い》いくるめられたようで、もやもやした気分《きぶん》だ。二 名 すっきりしないこと。例 心《こころ》のもやもやが晴《は》れた。

○**もよう**【模様】名 ❶かざりにする形《かたち》や絵《え》。例 紋様《もんよう》。例 しま模様。❷ようす。ありさま。例 空《そら》模様。事件《じけん》の模様を話《はな》す。

**もようがえ**【模様替え】名 動-する ❶室内《しつない》の家具《かぐ》の場所《ばしょ》やかざりつけなどを変《か》えること。例 部屋《へや》の模様替えをする。❷ものごとのやり方《かた》・順序《じゅんじょ》などを変《か》えること。

**もよおし**【催し】名 ❶会《かい》などの計画《けいかく》。くわだて。例 新聞社《しんぶんしゃ》の催しで、音楽会《おんがくかい》が開《ひら》かれる。❷催《もよお》し物《もの》。

**もよおしもの**【催し物】名 大勢《おおぜい》の人《ひと》を集《あつ》めて行《おこな》う、いろいろな行事《ぎょうじ》。催《もよお》し。イベント。

○**もよおす**【催す】動 ❶会《かい》などを行《おこな》う。計画《けいかく》する。例 七時《しちじ》から、映画会《えいがかい》を催します。❷感《かん》じがする。気分《きぶん》が起《お》こる。例 ねむけを催す。↓さい【催】496ページ

**もより**【〈最寄り〉】名 いちばん近《ちか》い所《ところ》。近所《きんじょ》。例 最寄りの駅《えき》。参考「最《も》寄《よ》り」は、特別《とくべつ》に認《みと》められた読《よ》み方《かた》。

**もらいなき**【もらい泣き】名 動-する 泣《な》いている人《ひと》に同情《どうじょう》して、いっしょに泣《な》くこと。例 思《おも》わずもらい泣きをしてしまった。

**もらいもの**【もらい物】名 人《ひと》から物《もの》をもらうこと。また、その物《もの》。いただき物《もの》。

○**もらう** 動 ❶人《ひと》から与《あた》えられた物《もの》を受《う》け取《と》る。例 プレゼントをもらう。対 やる。くれる。❷試合《しあい》に勝《か》つ。例 この一戦《いっせん》はもらった。❸〔「…てもらう」の形《かたち》で〕人《ひと》にたのんで、ある動作《どうさ》を受《う》ける。例 教《おし》えてもらう。対 やる。くれる。敬語 へりくだった言《い》い方《かた》は、「いただく」。

○**もらす**【漏らす】動 ❶外《そと》にもれるようにする。こぼす。例 水《みず》を漏らす。❷ぬかしたり、落《お》としたりする。例 名簿《めいぼ》から漏らす。聞《き》き漏らす。❸こっそり人《ひと》に知《し》らせる。また、思《おも》っていることを口《くち》に出《だ》す。例 秘密《ひみつ》を漏らす。不平《ふへい》を漏らす。❹服《ふく》の中《なか》で、おしっこなどをしてしまう。↓ろう【漏】1411ページ

**モラル**〔英語 moral〕名 人《ひと》として守《まも》らなければならない、正《ただ》しい行《おこな》いや考《かんが》え方《かた》。道徳《どうとく》。例 モラルに欠《か》けた行《おこな》い。

○**もり**【森】名 木《き》がたくさんしげっている所《ところ》。例 お宮《みや》の森。↓しん【森】655ページ

**もり**【守り】名 ❶子《こ》どもの世話《せわ》をすること。また、その人《ひと》。例 妹《いもうと》のお守りをする。子《こ》守。❷守《まも》ること。また、守《まも》る人《ひと》。例 灯台《とうだい》守。注意「子守《こもり》」「灯台守《とうだいもり》」は、送《おく》りがなをつけない。↓しゅ【守】590ページ

**もり**【盛り】名 ❶器《うつわ》に食《た》べ物《もの》などを盛《も》ること。また、盛《も》った分量《ぶんりょう》。例 山《やま》盛り。❷「盛《も》りそば」の略《りゃく》。

**もり** 名 魚《さかな》などを突《つ》きさしてとる道具《どうぐ》。

**もりあがる**【盛り上がる】動 ❶中《なか》からふくらんで高《たか》くなる。例 しも柱《ばしら》で土《つち》が盛り上がる。❷高《たか》まる。さかんになる。例 気分《きぶん》がしだいに盛り上がる。

**もりあげる**【盛り上げる】動 ❶高《たか》く積《つ》

四字熟語 質疑応答《しつぎおうとう》 発表《はっぴょう》が終《お》わったところで、質疑応答《しつぎおうとう》の時間《じかん》を少《すこ》し設《もう》けます。

み上《あ》げる。例 土《つち》を盛り上げる。❷気分《きぶん》や勢《いきお》いを高《たか》める。例 運動会《うんどうかい》を盛り上げよう。

**もりあわせ【盛り合わせ】** 名 一《ひと》つの食器《しょっき》に、いくつかの食《た》べ物《もの》を合《あ》わせて盛《も》ったもの。

**もり おうがい〘森鷗外〙** 人名 (男)(一八六二～一九二二)明治《めいじ》・大正《たいしょう》時代《じだい》の小説家《しょうせつか》・医者《いしゃ》。日本《にっぽん》の近代文学《きんだいぶんがく》の中心《ちゅうしん》となって活躍《かつやく》した。「舞姫《まいひめ》」「山椒太夫《さんしょうだゆう》」「高瀬舟《たかせぶね》」などの作品《さくひん》がある。

〔もりおうがい〕

**もりおかし〘盛岡市〙** 地名 岩手県《いわてけん》の県庁《けんちょう》のある都市《とし》。

**もりかえす【盛り返す】** 動 勢《いきお》いを取《と》りもどす。例 味方《みかた》が力《ちから》を盛り返した。

**もりこむ【盛り込む】** 動 中《なか》にたくさん入《い》れる。例 みんなのアイデアを盛り込んだイベント。

**もりじお【盛り塩】** 名 料理店《りょうりてん》などで、よいことがあるようにと、入《い》り口《ぐち》に塩《しお》を小《ちい》さく盛《も》ること。また、その塩《しお》。

**もりそば【盛りそば】** 名 ゆでて冷《ひ》やしたそばを、すのこを張《は》った入《い》れ物《もの》に盛《も》りつけたもの。汁《しる》につけて食《た》べる。

**もりだくさん【盛り沢山】** 形動 種類《しゅるい》や分量《ぶんりょう》が多《おお》いようす。例 行事《ぎょうじ》が盛りだくさんだ。

**もりたてる【もり立てる】** 動 ❶助《たす》けて、いい仕事《しごと》をさせる。例 新《あたら》しい会長《かいちょう》をもり立てる。❷おとろえたものをさかんにする。例 さびれた店《みせ》をもり立てる。

**もりつけ【盛り付け】** 名 動-する 料理《りょうり》を食器《しょっき》にきれいにのせること。

**もりつける【盛り付ける】** 動 盛《も》り付《つ》けをする。例 鉢《はち》にサラダを盛り付ける。

**もりつち【盛り土】** 名 土《つち》を上《うえ》にのせて高《たか》くすること。また、その土《つち》。

°**もる【盛る】** 動 ❶高《たか》く積《つ》む。例 土《つち》を盛る。❷器《うつわ》にいっぱいに入《い》れる。例 ご飯《はん》を盛る。❸薬《くすり》を混《ま》ぜる。例 毒《どく》を盛る。❹考《かんが》えや意見《いけん》を入《い》れる。例 みんなの意見《いけん》を盛った案《あん》。❺大《おお》げさに言《い》う。例 話《はなし》を盛る。↓せい【盛】699ページ

°**もる【漏る】** 動 液体《えきたい》や気体《きたい》、光《ひかり》などが、小《ちい》さな穴《あな》やすき間《ま》を通《とお》って外《そと》に出《で》る。もれる。例 雨《あめ》が漏る。↓ろう【漏】1411ページ

**モルタル**〔英語 mortar〕名 セメントに砂《すな》を混《ま》ぜて、水《みず》で練《ね》ったもの。壁《かべ》ぬりや、タイルなどのつぎ合《あ》わせに使《つか》う。

**モルヒネ**〔オランダ語〕名 アヘンからとれる薬《くすり》の一種《いっしゅ》。痛《いた》みをおさえるために使《つか》われるが、中毒《ちゅうどく》を起《お》こしやすく、麻薬《まやく》にもなる。

**モルモット**〔オランダ語〕名 ウサギに似《に》ていて体《からだ》の小《ちい》さな、ネズミの仲間《なかま》の動物《どうぶつ》。耳《みみ》が小《ちい》さく尾《お》が短《みじか》い。実験《じっけん》に使《つか》う。テンジクネズミ。

〔モルモット〕

**もれなく【漏れなく】** 副 残《のこ》らず。全部《ぜんぶ》。例 要点《ようてん》を漏れなくメモする。

°**もれる【漏れる】** 動 ❶液体《えきたい》・気体《きたい》・光《ひかり》などが、小《ちい》さな穴《あな》やすき間《ま》から外《そと》に出《で》る。もる。例 ガスが漏れる。❷かくしていることが、他《ほか》に知《し》れる。例 秘密《ひみつ》が漏れる。❸ぬけ落《お》ちる。例 選《せん》に漏れる。↓ろう【漏】1411ページ

°**もろい** 形 ❶こわれやすい。くずれやすい。対 固《かた》い。堅《かた》い。❷感《かん》じやすい。例 情《じょう》にもろい。

**もろくも** 副 わけなく。あっけなく。思《おも》っていたより簡単《かんたん》に。例 もろくも敗《やぶ》れる。

**もろこし【〈唐土〉・唐】** 名 昔《むかし》、日本《にっぽん》から中国《ごく》を指《さ》していった言葉《ことば》。唐《から》。

**もろこし【〈唐黍〉】** 名 ❶葉《は》や茎《くき》がトウモロコシに似《に》た作物《さくもつ》で、茎《くき》の先端《せんたん》に穂《ほ》ができ、たくさんの小《ちい》さな赤茶色《あかちゃいろ》の実《み》がつく。コーリャン。❷トウモロコシの別名《べつめい》。

**もろて【諸手】** 名 両手《りょうて》。例 もろ手をあげて〔＝心《こころ》から〕賛成《さんせい》する。

**もろとも** 名 副 いっしょ。ともどもに。例 自転車《じてんしゃ》もろとも川《かわ》に落《お》ちた。

**もろはだ【諸肌】** 名 上半身《じょうはんしん》の肌《はだ》。

**もろ肌《はだ》を脱《ぬ》ぐ** ❶上半身《じょうはんしん》はだかになる。❷人《ひと》のために力《ちから》をつくす。

**もろはのつるぎ【両刃の剣・諸刃の剣】** 〔両側《りょうがわ》に刃《は》がついている刀《かたな》のように〕相手《あいて》を傷《きず》つけると同時《どうじ》に、こちらも傷《きず》つく状態《じょうたい》。また、役《やく》に立《た》つが、同時《どうじ》に害《がい》を与《あた》える危険《きけん》もある状態《じょうたい》。例 原子力発電《げんしりょくはつでん》は両刃の剣



四字熟語 自問自答《じもんじとう》 なぜこんな失敗《しっぱい》をしたのか、家《いえ》へ帰《かえ》ってから自問自答《じもんじとう》してみた。

といわれる。参考「両刃《りょうば》の剣《つるぎ》」ともいう。

**もろもろ** 名 いろいろなもの。数《かず》多《おお》くのこと。例 もろもろの試《こころ》み。

**もん【門】** 画数 8 部首 門（もん） 2年
音 モン 訓 かど
筆順
❶出入《てい》り口《ぐち》。熟語 門戸《もんこ》。校門《こうもん》。❷教《おし》えを受《う》けた仲間《なかま》。熟語 門人《もんじん》。門弟《もんてい》。門下生《もんかせい》。❸家柄《いえがら》。熟語 名門《めいもん》。❹分野《ぶんや》。方面《ほうめん》。熟語 専門《せんもん》。仏門《ぶつもん》。

**もん【門】** 名 ❶家《いえ》や敷地《しきち》の出入《てい》り口《ぐち》。例 門を出《て》る。❷先生《せんせい》に教《おし》えを受《う》けるところ。また、その仲間《なかま》。例 先生《せんせい》の門をたたく。

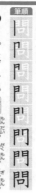

**もん【問】** 画数 11 部首 口（くち） 3年
音 モン 訓 と-う と-い とん
筆順
❶とう。たずねる。熟語 問題《もんだい》。学問《がくもん》。疑問《ぎもん》。対 答《とう》。❷おとずれる。熟語 慰問《いもん》。訪問《ほうもん》。
《訓の使い方》 **と-う** 例 責任《せきにん》を問う。 **と-い** 例 問いと答《こた》え。 **とん** 例 問屋《や》。

**もん【紋】** 画数 10 部首 糸（いとへん）
音 モン 訓 ―
❶家《いえ》のしるし。紋所《もんどころ》。熟語 紋章《もんしょう》。家紋《かもん》。❷もよう。熟語 指紋《しもん》。波紋《はもん》。

**もん【紋】** 名 その家《いえ》に代々《だいだい》伝《つた》えられている、家《いえ》のしるし。家紋《かもん》。紋所《もんどころ》。例 わが家《や》の紋は「ふじ」だ。

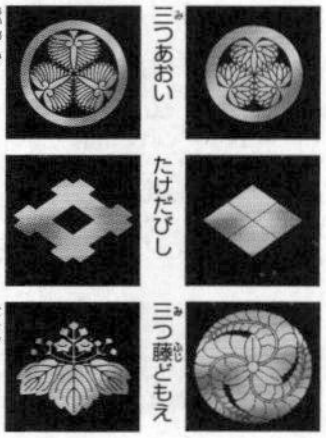

〔もん〕

**もん【聞】** 熟語 前代未聞《ぜんだいみもん》。
⇩ぶん【聞】 1165ページ

**もん【文】** 名 ❶昔《むかし》のお金《かね》の単位《たんい》。例 一文《いちもん》銭《せん》。❷たび、靴《くつ》などの大《おお》きさの単位《たんい》。一文《もん》は約《やく》二・四センチメートル。例 十文《と》半《はん》。⇩ぶん【文】 1165ページ

**もんえい【門衛】** 名 役所《やくしょ》・会社《かいしゃ》・工場《こうじょう》などの門《もん》にいて、出入《てい》りの見張《みは》りなどをする人《ひと》。守衛《しゅえい》。門番《もんばん》。

**もんか【門下】** 名 その先生《せんせい》について教《おし》えを受《う》けること。また、教《おし》えを受《う》ける人《ひと》。

**もんがいかん【門外漢】** 名 そのことを専門《せんもん》にしていない人《ひと》。例 ぼくのような門外漢にはわからない。

■**もんがいふしゅつ【門外不出】** 名 他《ほか》の人《ひと》に見《み》せたり貸《か》したりしないで、大切《たいせつ》にしまい込《こ》むこと。例 門外不出の古文書《こもんじょ》。

**もんかせい【門下生】** 名 その先生《せんせい》について教《おし》えを受《う》けている人《ひと》。門人《もんじん》。例 門下生は数千人《すうせんにん》にのぼる。

✤**もんがまえ【門構え】** 名 ❶門《もん》の作《つく》り。例 立派《りっぱ》な門構えの家《いえ》。❷漢字《かんじ》の部首《ぶしゅ》で、「かまえ」の一《ひと》つ。「開《かい》」「間《かん》」などの「門」の部分《ぶぶん》。家《いえ》の門《もん》をかたどっている。

**もんきりがた【紋切り型】** 名 その型《かた》ややり方《かた》が、決《き》まりきっていること。例 紋切り型の挨拶《あいさつ》。

○**もんく【文句】** 名 ❶文章《ぶんしょう》の中《なか》の、短《みじか》い言葉《ことば》。例 歌《うた》の文句。❷言《い》い分《ぶん》。不満《ふまん》。例 いちいち文句を言《い》う。文句なしのできばえだ。

**もんげん【門限】** 名 ❶夜《よる》、門《もん》を閉《し》める時《じ》刻《こく》。❷帰《かえ》ってこなくてはいけないと、決《き》められている時刻《じこく》。例 九時《くじ》がうちの門限だ。

**もんこ【門戸】** 名 家《いえ》の出入《てい》り口《ぐち》。門《もん》と戸口《とぐち》。例 門戸を閉《と》ざす。

■**もんこかいほう【門戸開放】** 名 ❶ある国《くに》と自由《じゆう》に取《と》り引《ひ》きができるように、港《みなと》や市場《しじょう》を利用《りよう》させること。❷だれでも出入《てい》りさせること。

**モンゴル** 地名 中国《ちゅうごく》の北《きた》にある国《くに》。首都《しゅと》はウランバートル。蒙古《もうこ》。

**もんごん【文言】** 名 文章《ぶんしょう》の中《なか》の語句《ごく》。〔やや かたい言《い》い方《かた》。〕例 法律《ほうりつ》の文言を一部《いちぶ》改《あらた》める。

**もんさつ【門札】** 名 ⇩ひょうさつ 1112ページ

**もんし【門歯】** 名 ⇩せっし（切歯） 719ページ

**もんじ【文字】** 名 ⇩もじ 1303ページ

**もんしょう【紋章】** 名 家《いえ》や団体《だんたい》のしるしとして使《つか》う、決《き》められた図形《ずけい》。

**もんしろちょう** 名 白《しろ》い羽《はね》に黒《くろ》い斑点《はんてん》のあるチョウ。幼虫《ようちゅう》の青虫《あおむし》はキャベツなどを食《た》べる。⇩ちょう（蝶） 838ページ

あいうえお かきくけこ さしすせそ たちつてと なにぬねの はひふへほ まみむめも や ゆ よ らりるれろ わ を ん

**もんじん【門人】** 名 その先生《せんせい》について、教《おし》えを受《う》けている人《ひと》。弟子《でし》。門弟《もんてい》。

**モンスーン** 〔英語 monsoon〕 名 ↓きせつふう 308ページ

**モンスター** 〔英語 monster〕 名 怪物《かいぶつ》。化《ば》け物《もの》。

**もんぜん【門前】** 名 門《もん》の前《まえ》。昔《むかし》は、特《とく》に寺《てら》の前《まえ》のことをいった。

**門前市《もんぜんいち》を成《な》す** 門《もん》の前《まえ》に人《ひと》が群《むら》がり集《あつ》まる。その家《いえ》をたずねる人《ひと》が多《おお》いことのたとえ。

**門前《もんぜん》の小僧《こぞう》習《なら》わぬ経《きょう》を読《よ》む** 〔寺《てら》のそばの子《こ》どもは、寺《てら》から聞《き》こえるお経《きょう》を覚《おぼ》えて、自然《しぜん》に唱《とな》えるようになるという意味《いみ》から〕日《ひ》ごろ見《み》たり聞《き》いたりしていると、知《し》らないうちにそのことができるようになる、というたとえ。

**もんぜんばらい【門前払い】** 名 用事《ようじ》で訪《たず》ねてきた人《ひと》を、会《あ》わないで帰《かえ》すこと。例 訪《たず》ねたが、門前払いをくわされた。

**もんぜんまち【門前町】** 名 神社《じんじゃ》や寺《てら》を中心《ちゅうしん》に開《ひら》けた町《まち》。伊勢神宮《いせじんぐう》のある伊勢市《いせし》、善光寺《ぜんこうじ》のある長野市《ながのし》など。関連 城下町《じょうかまち》。宿場町《しゅくばまち》。

**モンタージュ** 〔フランス語〕 名 動-する 映画《えいが》や写真《しゃしん》で、多《おお》くの映像《えいぞう》を組《く》み合《あ》わせて、新《あたら》しい映像《えいぞう》を作《つく》り上《あ》げること。また、できあがった映像《えいぞう》。例 犯人《はんにん》のモンタージュ写真《しゃしん》。

✤**もんだい【問題】** 名 ❶答《こた》えを出《だ》させるためにたずねることがら。例 試験《しけん》の問題。❷決《き》まりをつけなければならないことがら。例 掃除当番《そうじとうばん》のことが問題になった。❸うわさの種《たね》。例 問題の映画《えいが》。❹面倒《めんどう》なことがら。事件《じけん》。例 問題を起《お》こす。

**問題《もんだい》にならない** ❶取《と》り上《あ》げる価値《かち》がない。例 こんな案《あん》では問題にならない。❷違《ちが》いが大《おお》きすぎて、くらべるまでもない。例 初心者《しょしんしゃ》が相手《あいて》では問題にならない。

✤**もんだいいしき【問題意識】** 名 ものごとに接《せっ》したときに、何《なに》が問題《もんだい》かをとらえ、積極的《せっきょくてき》にそれを追及《ついきゅう》しようとする意識《いしき》。

**もんだいがい【問題外】** 名 問題《もんだい》にする値《ね》打《う》ちがないこと。論外《ろんがい》。例 お金《かね》のことは問題外だ。

**もんちゃく【悶着】** 名 争《あらそ》い。もめごと。例 もんちゃくが起《お》きる。

**もんちゅう【門柱】** 名 門《もん》の柱《はしら》。

**もんつき【紋付き】** 名 正式《せいしき》のときに着《き》る和服《わふく》で、家《いえ》の紋所《もんどころ》がついているもの。

**もんてい【門弟】** 名 門人《もんじん》。弟子《でし》。

✤**もんどう【問答】** 名 動-する ❶問《と》いと答《こた》え。例 問答をくり返《かえ》す。❷議論《ぎろん》すること。例 問答無用《むよう》。

■**もんどうむよう【問答無用】** 名 話《はな》し合《あ》う意味《いみ》や必要《ひつよう》がないということ。例 頼《たの》んでみたが、問答無用で断《ことわ》られた。

**もんどころ【紋所】** 名 ↓もん(紋) 1314ページ

**もんどりうつ【もんどり打つ】** 動 宙返《ちゅうがえ》りをする。とんぼ返《がえ》りをする。例 もんどり打ってがけから落《お》ちる。

**もんなし【文無し】** 名 お金《かね》がないこと。また、お金《かね》がない人《ひと》。一文《いちもん》なし。例 商売《しょうばい》に失敗《しっぱい》して文無しになる。

**もんばん【門番】** 名 門《もん》を守《まも》る人《ひと》。門衛《もんえい》。

**もんぴ【門扉】** 名 門《もん》のとびら。

**もんぶかがくしょう【文部科学省】** 名 教育《きょういく》や文化《ぶんか》についての仕事《しごと》や、科学技術《かがくぎじゅつ》を発展《はってん》させる仕事《しごと》をする国《くに》の役所《やくしょ》。文科省《もんかしょう》。参考 昔《むかし》は、「文部省《もんぶしょう》」といっていた。

**もんぶしょうしょうか【文部省唱歌】** 名 明治時代《めいじじだい》から昭和時代《しょうわじだい》にかけて、文部省《もんぶしょう》(今《いま》の文部科学省《もんぶかがくしょう》)が作《つく》った音楽《おんがく》の教科書《きょうかしょ》にのっていた唱歌《しょうか》。「春《はる》の小川《おがわ》」「おぼろ月夜《づきよ》」「故郷《ふるさと》」など。

**モンブラン** 一 地名 フランスとイタリアの国境《こっきょう》にある、アルプス山脈《さんみゃく》でいちばん高《たか》い山《やま》。二 名 クリームのようにしたクリやサツマイモを、生地《きじ》の上《うえ》にうずを巻《ま》くようにしぼり出《だ》したケーキ。参考 ❶にちなんだ名前《なまえ》。

**もんぺ** 名 女《おんな》の人《ひと》が働《はたら》くときなどに、和服《わふく》の上《うえ》などにはく、すそのつぼまった、ズボンのような形《かたち》の衣服《いふく》。

**もんめ【匁】** 名 (昔《むかし》の尺貫法《しゃっかんほう》で)重《おも》さを表《あらわ》す単位《たんい》の一《ひと》つ。一匁《いちもんめ》は、一貫《いっかん》の千分《せんぶん》の一《いち》で、約《やく》三・七五グラム。

**もんもう【文盲】** 名 文字《もじ》の読《よ》み書《か》きができないこと。また、その人《ひと》。参考 今《いま》は「非識字《ひしきじ》」という。

**もんよう【紋様】** 名 ↓もよう❶ 1312ページ


四字熟語 弱肉強食《じゃくにくきょうしょく》 弱肉強食《じゃくにくきょうしょく》の世《よ》の中《なか》になると、人情《にんじょう》がうすれて、生《い》きづらくなる。

# や

ヤ ya

**や【夜】** 画数 8 部首 夕（ゆうべ） 2年

音 ヤ 訓 よ よる

筆順

よる。熟語 夜間《やかん》。深夜《しんや》。昼夜《ちゅうや》。夜店《よみせ》。対 昼《ちゅう》。

**や【野】** 画数 11 部首 里（さとへん） 2年

音 ヤ 訓 の

筆順

❶のはら。熟語 野外《やがい》。原野《げんや》。平野《へいや》。野宿《のじゅく》。野《の》原《はら》。❷区域《くいき》。範囲《はんい》。熟語 視野《しや》。分野《ぶんや》。❸自然《しぜん》に育《そだ》った。熟語 野生《やせい》。野性《やせい》。野草《やそう》。野鳥《やちょう》。❹身《み》にふさわしくない。熟語 野心《やしん》。野望《やぼう》。❺政《せい》府《ふ》の外《そと》。熟語 野党《やとう》。

**や【野】** 名 民間《みんかん》。政府《せいふ》の外《そと》。例 野に下る《くだ》〔＝役《やく》所《しょ》の役目《やくめ》や議員《ぎいん》をやめて、民間《みんかん》の生活《せいかつ》にはいる〕。

**や【冶】** 画数 7 部首 冫（にすい）

音 ヤ 訓 ―

❶金属《きんぞく》をとかして、器《うつわ》や道具《どうぐ》を作《つく》る。熟語 冶《や》金《きん》。❷立派《りっぱ》なものにする。熟語 陶冶《とうや》〔＝その人《ひと》の力《ちから》を引《ひ》き出《だ》し、育《そだ》て上《あ》げること〕。参考「鍛《か》冶《じ》」のように読《よ》むこともある。注意「治《じ》」とは別《べつ》の字《じ》。

**や【弥】** 画数 8 部首 弓（ゆみへん）

音 ― 訓 や

ゆきわたる。いよいよ。参考「弥生《やよい》〔＝三月《さんがつ》〕」や、地名《ちめい》・人名《じんめい》などに使《つか》われる。

**や【八】** 名 ❶やっつ。はち。例 五《いつ》、六《む》、七《なな》、八。❷数《かず》が多《おお》いこと。例 八百《はっぴゃく》八町《ちょう》。七重《ななえ》八重《え》。↓はち【八】1046ページ

**°や【矢】** 名 昔《むかし》の武器《ぶき》の一《ひと》つ。弓《ゆみ》のつるにつがえて射《い》るもの。↓ゆみ❶ 1344ページ／↓し【矢】536ページ

**矢《や》の催促《さいそく》** 早《はや》く早《はや》くと、しきりにせきたてること。例 本《ほん》を返《かえ》せと矢の催促だ。

**矢《や》のように** 非常《ひじょう》に速《はや》いようす。例 月日《つきひ》が矢のように過《す》ぎ去《さ》る。

**矢《や》も盾《たて》もたまらない** そのことを考《かんが》えると、じっとしていられない。例 スキーに行《い》きたくて矢も盾もたまらなくなる。

**や【屋】**〔ある言葉《ことば》のあとにつけて〕❶職業《しょくぎょう》や、その職業《しょくぎょう》の人《ひと》であることを表《あらわ》す。例 本《ほん》屋。魚《さかな》屋さん。❷店《みせ》の名《な》にそえる。例 朝日《あさひ》屋。中村《なかむら》屋。❸そういう性質《せいしつ》の人《ひと》。例 さみしがりや。のんびりや。参考 ふつう❸は、かな書《が》きにする。↓おく【屋】156ページ

**や【家】** 名 いえ。家庭《かてい》。例 わが家。↓か【家】189ページ

**や** 助 ❶ものごとを並《なら》べて言《い》うときに使《つか》う。例 本《ほん》やノートや鉛筆《えんぴつ》。❷…と同時《どうじ》に。…やいなや。例 ボールを受《う》け取《と》るや、すぐ投《な》げ返《かえ》す。❸さそいや呼《よ》びかけを表《あらわ》す。例 花子《はなこ》や。早《はや》く行《い》こうや。❹軽《かる》く言《い》い切《き》るときに使《つか》う。例 まあ、いいや。❺意味《いみ》を強《つよ》める。例 必《かなら》ずや合格《ごうかく》するだろう。❻〔文語文《ぶんごぶん》で〕感動《かんどう》を表《あらわ》す。例「菜《な》の花《はな》や月《つき》は東《ひがし》に日《ひ》は西《にし》に」〈与謝《よさ》蕪村《ぶそん》〉参考 俳句《はいく》で、切《き》れ字《じ》といわれるものの一《ひと》つ。❼〔文語文《ぶんごぶん》で〕疑問《ぎもん》を表《あらわ》す。…だろうか。例 白鳥《しらとり》は悲《かな》しからずや。

**ヤード**〔英語 yard〕名 イギリスやアメリカなどで使《つか》う長《なが》さの単位《たんい》。一ヤードは、三フィートで、約《やく》九一・四センチメートル。ヤール。

**ヤードポンドほう【ヤードポンド法】** 名 長《なが》さにヤード、重《おも》さにポンドを使《つか》うのを基本《きほん》の単位《たんい》とするはかり方《かた》。アメリカ、イギリスなどで使《つか》われる。

**やいなや【や否や】** ❶…したかと思《おも》うとすぐに。例 立《た》ち上《あ》がるやいなや、走《はし》りだした。❷…かどうか。〔やや古《ふる》い言《い》い方《かた》。〕例 明《あ》日《す》までにできるやいなや、不安《ふあん》だ。

**やいのやいの** 副 しつこくたのむようす。例 やいのやいのとせかされる。

**やいば【刃】** 名 刀《かたな》。刃物《はもの》。例 やいばを交《まじ》える〔＝戦《たたか》う〕。

**やいん【夜陰】** 名 夜《よる》の暗《くら》さ。例 夜陰にまぎれる。

**夜陰《やいん》に乗《じょう》じる** 夜《よる》の暗《くら》さを利《り》用《よう》する。例 夜陰に乗じて忍《しの》び込《こ》む。

**やえ【八重】** 名 ❶八《やっ》つ、またはいくつも重《かさ》なっていること。例 八重に折《お》る。❷⇩やえざき 290ページ。例 八重桜《ざくら》。

**やえい【野営】** 名 動-する 野外《やがい》にテントなどを張《は》って、寝《ね》ること。野宿《のじゅく》。類 露営《ろえい》。

**やえざき【八重咲き】** 名 花《はな》びらがいくつも重《かさ》なっていること。また、その花《はな》。八重《やえ》。

**やえざくら【八重桜】** 名 八重咲《やえざ》きの花《はな》をつけるサクラ。ボタンザクラ。

**やえば【八重歯】** 名 重《かさ》なって生《は》えている歯《は》。例 笑《わら》うと八重歯がかわいい。

**やおちょう【〈八百長〉】** 名 勝《か》ち負《ま》けを前《まえ》もってうち合《あ》わせておき、うわべでは本気《ほんき》で争《あらそ》っているように見《み》せかけること。参考「八百長《やおちょう》」は、特別《とくべつ》に認《みと》められた読《よ》み方《かた》。

**やおもて【矢面】** 名 ❶矢《や》の飛《と》んでくる正面《しょうめん》。❷質問《しつもん》・非難《ひなん》などをまともに受《う》ける立場《たちば》。例 質問《しつもん》の矢面に立《た》つ。

**やおや【〈八百屋〉】** 名 野菜《やさい》や果物《くだもの》を売《う》る店《みせ》。参考「八百屋《やおや》」は、特別《とくべつ》に認《みと》められた読《よ》み方《かた》。

**やおよろず【八百万】** 名 数《かず》がとても多《おお》いこと。多数《たすう》。例 八百万の神々《かみがみ》。

**やおら** 副 重々《おもおも》しく、静《しず》かに。ゆっくり。例 父《ちち》は、やおら立《た》ち上《あ》がった。

**やかい【夜会】** 名 夜《よる》の集《あつ》まり。特《とく》に、西洋《せいよう》ふうの音楽会《おんがくかい》や舞踏会《ぶとうかい》など。

**やがい【野外】** 名 建物《たてもの》の外《そと》。例 野外学習《がくしゅう》。

**やがいげき【野外劇】** 名 野外《やがい》で、自然《しぜん》を背景《はいけい》にして演《えん》じる劇《げき》。

**やがく【夜学】** 名 夜《よる》、授業《じゅぎょう》をする学校《がっこう》。

**やかた【館】** 名 身分《みぶん》の高《たか》い人《ひと》のやしき。〔古《ふる》い言《い》い方《かた》。〕例 豪族《ごうぞく》のやかた。⇩**かん【館】**271ページ

**やかたぶね【屋形船】** 名 屋根《やね》をつけた、日本風《にほんふう》の遊覧船《ゆうらんせん》。

○**やがて** 副 ❶間《ま》もなく。そのうちに。例 母《はは》はやがて帰《かえ》ってきます。❷おおかた。かれこれ。例 東京《とうきょう》へ来《き》てやがて八年《はちねん》になる。

○**やかましい** 形 ❶声《こえ》や音《おと》が大《おお》きすぎてうるさい。例 テレビの音《おと》がやかましい。❷厳《きび》しい。例 取《と》りしまりがやかましい。❸好《この》みが難《むずか》しい。例 味《あじ》にやかましい。❹細《こま》かいことまでうるさく言《い》う。❺話題《わだい》になっている。例 新聞《しんぶん》でやかましく取《と》り上《あ》げられる。

**やかん【夜間】** 名 夜《よる》の間《あいだ》。夜《よる》のうち。例 夜間工事《こうじ》。対 昼間《ちゅうかん》。

**やかん** 名 アルマイトやステンレスなどで作《つく》った、湯《ゆ》をわかす道具《どうぐ》。

**やき【焼き】** 一 名 ❶焼《や》くこと。焼《や》いたぐあい。例 卵《たまご》焼き。❷焼《や》き入《い》れをすること。例 焼きを入《い》れる〔=厳《きび》しくこらしめる、という意味《いみ》でも使《つか》われる〕。二〔ある言葉《ことば》のあとにつけて〕陶器《とうき》などの焼《や》き物《もの》。例 清水焼《きよみずやき》。参考 一は、送《おく》りがなをつけないことが多《おお》い。

**焼《や》きが回《まわ》る** ❶刃物《はもの》などの切《き》れ味《あじ》が悪《わる》くなる。❷年《とし》をとって能力《のうりょく》が鈍《にぶ》る。例 祖父《そふ》も焼きが回ったのか、初歩的《しょほてき》なミスをした。

**焼《や》きを入《い》れる** ❶刀《かたな》などを焼《や》いてきたえる。❷きびしくこらしめて、ゆるんだ気持《きも》ちを引《ひ》きしめさせる。例 さぼってばかりいるから、一度《いちど》焼きを入れてやる。

**やぎ【〈山羊〉】** 名 ヒツジに似《に》た、ウシの仲間《なかま》の動物《どうぶつ》。二本《にほん》の角《つの》があり、雄《おす》にはあごひげがある。乳《ちち》や肉《にく》・毛《け》などを利用《りよう》する。

**やきいれ【焼き入れ】** 名 動-する 刀《かたな》などを作《つく》るとき、高温《こうおん》に熱《ねっ》した鉄《てつ》を急《きゅう》に冷《ひ》やしてかたくすること。

**やきいん【焼き印】** 名 火《ひ》で熱《ねっ》して物《もの》に押《お》し当《あ》て、しるしをつける金属製《きんぞくせい》のはんこ。

**やきうち【焼き打ち・焼き討ち】** 名 動-する 敵《てき》の陣地《じんち》や町《まち》などに、火《ひ》をつけて攻《せ》めること。火攻《ひぜ》め。例 城《しろ》に焼き打ちをかける。

**やきざかな【焼き魚】** 名 魚《さかな》をあぶって焼《や》いた料理《りょうり》。

**やきそば【焼きそば】** 名 むした中華《ちゅうか》めんに野菜《やさい》や肉《にく》などを加《くわ》えて、焼《や》いたりいためたりした料理《りょうり》。

**やきたて【焼きたて】** 名 今《いま》、焼《や》いたばかりであること。例 焼きたてのもち。

**やきつく【焼き付く】** 動 ❶焼《や》けてくっつく。❷強《つよ》くあとに残《のこ》る。例 あの日《ひ》の光景《こうけい》が目《め》に焼き付いている。

**やきつけ【焼き付け】** 名 動-する ❶瀬戸物《せともの》に絵《え》をかいて、絵《え》がとれないように、また焼《や》くこと。❷現像《げんぞう》したフィルムを印画紙《いんがし》に写《うつ》し





四字熟語 十人十色《じゅうにんといろ》 顔《かお》も性格《せいかく》も十人十色《じゅうにんといろ》、人《ひと》それぞれにちがっている。

て、写真《しゃしん》にすること。

**やきつける【焼き付ける】** 動 ❶金属《きんぞく》などを熱《ねっ》しておしつけ、しるしをつける。例名《な》前《まえ》を焼き付ける。❷瀬戸物に絵《え》をかいて、絵《え》がとれないように、また焼く。❸現像《げんぞう》したフィルムを印画紙《いんがし》に写《うつ》して、写真《しゃしん》にする。❹心《こころ》に強《つよ》く残《のこ》す。例心《こころ》に思《おも》い出《で》を焼き付ける。

**やきとり【焼き鳥】** 名 鳥《とり》の肉《にく》をくしにさして焼き、味《あじ》をつけた食《た》べ物《もの》。

**やきなおし【焼き直し】** 名 動-する ❶一度《いちど》焼《や》いたものを、もう一度《いちど》焼《や》くこと。❷前《まえ》にあった作品《さくひん》を少《すこ》し変《か》えて、新《あたら》しい作品《さくひん》とすること。また、そのような作品《さくひん》。例十年前《じゅうねんまえ》の小《しょう》説《せつ》の焼き直し。

**やきにく【焼き肉】** 名 牛《うし》や豚《ぶた》、羊《ひつじ》などの肉《にく》をあぶって焼《や》いた料理《りょうり》。

**やきはた【焼き畑】** 名 山地《さんち》の草《くさ》などを焼《や》きはらい、その灰《はい》を肥料《ひりょう》にして、農作物《のうさくぶつ》を育《そだ》てること。また、その畑《はたけ》。やきばた。例焼き畑農業《のうぎょう》。

**やきはらう【焼き払う】** 動 すっかり焼《や》いてしまう。例雑草《ざっそう》を焼き払う。

**やきもき** 副(-と) 動-する どうなることかと、いらいらすること。例電車《でんしゃ》が来《こ》ないのでやきもきする。

**やきもち【焼き餅】** 名 ❶焼《や》いたもち。❷ねたむこと。しっと。例かわいがられている妹《いもうと》にやきもちをやく。

**やきもの【焼き物】** 名 ❶土《つち》を焼《や》いて作《つく》った物《もの》。陶器《とうき》や磁器《じき》など。❷魚《さかな》や肉《にく》などを、火《ひ》で焼《や》いた食《た》べ物《もの》。

**◦やきゅう【野球】** 名 九人《くにん》ずつの二《に》チームが、たがいにバットでボールを打《う》って攻《せ》め合《あ》い、点《てん》を争《あらそ》う競技《きょうぎ》。ベースボール。

**やぎゅう【野牛】** 名 牛《うし》の仲間《なかま》の動物《どうぶつ》。ふつうの牛《うし》より大《おお》きく、野生《やせい》で、草《くさ》を食《た》べる。バイソン。

**やきん【冶金】** 名 鉱石《こうせき》から、金属《きんぞく》を取《と》り出《だ》すこと。製錬《せいれん》。

**やきん【夜勤】** 名 動-する 夜《よる》、勤《つと》めに行《い》くこと。また、その勤《つと》め。

**やく【役】** 画数 7 部首 彳(ぎょうにんべん) 3年

音 ヤク エキ 訓 ―

筆順 役役役役役役

一〔「ヤク」と読《よ》んで〕❶仕事《しごと》。つとめ。熟語 役所《やくしょ》。役目《やくめ》。配役《はいやく》。❷劇《げき》や映画《えいが》の中《なか》の受《う》け持《も》ち。熟語 主役《しゅやく》。二〔「エキ」と読《よ》んで〕❶しなければならない務《つと》め。熟語 役務《えきむ》。服役《ふくえき》。❷働《はたら》かせる。熟語 使役《しえき》。❸戦争《せんそう》。例西南《せいなん》の役《えき》〔=西南戦争《せいなんせんそう》〕。

**やく【役】** 名 ❶受《う》け持《も》つ仕事《しごと》。つとめ。例案《あん》内《ない》の役《やく》を務《つと》める。❷人《ひと》の上《うえ》に立《た》つ地位《ちい》。例役《やく》がつく年齢《ねんれい》だ。❸劇《げき》や映画《えいが》の中《なか》での受《う》け持《も》ち。例主人公《しゅじんこう》の役《やく》を演《えん》じる。

**役《やく》に立《た》つ** 使《つか》ってためになる。役立《やくだ》つ。例このかばんは役《やく》に立《た》つ。

**やく【約】** 画数 9 部首 糸(いとへん) 4年

音 ヤク 訓 ―

筆順 約約約約約約約約約

❶ちかう。取《と》り決《き》める。熟語 約束《やくそく》。規約《きやく》。条《じょう》約《やく》。節約《せつやく》。❷縮《ちぢ》める。省《はぶ》く。簡単《かんたん》にする。熟語 約分《やくぶん》。節約《せつやく》。要約《ようやく》。❸おおよそ。ほぼ。だいたい。例約《やく》一〇キログラム。⇩やくす(約す)1319ページ

**やく【訳】** 画数 11 部首 言(ごんべん) 6年

音 ヤク 訓 わけ

筆順 訳訳訳訳訳訳訳訳訳訳訳

別《べつ》の言葉《ことば》に言《い》いかえる。熟語 訳者《やくしゃ》。英訳《えいやく》。通《つう》訳《やく》。翻訳《ほんやく》。口語訳《こうごやく》。⇩やくす(訳す)1319ページ

**やく【訳】** 名 ある国《くに》の言葉《ことば》を、別《べつ》の国《くに》の言葉《ことば》に直《なお》したもの。また、昔《むかし》の言葉《ことば》を今《いま》の言葉《ことば》に直《なお》したもの。例日本語《にほんご》の訳《やく》をつける。

**やく【薬】** 画数 16 部首 艹(くさかんむり) 3年

音 ヤク 訓 くすり

筆順 薬薬薬薬薬薬

❶くすり。熟語 薬草《やくそう》。薬品《やくひん》。薬局《やっきょく》。❷ある変《へん》化《か》を起《お》こさせる材料《ざいりょう》。熟語 火薬《かやく》。爆薬《ばくやく》。

**やく【厄】** 画数 4 部首 厂(がんだれ)

四字熟語 首尾一貫《しゅびいっかん》 彼《かれ》の信念《しんねん》は、首尾一貫《しゅびいっかん》して一生《いっしょう》変《か》わらなかった。

音ヤク　訓――

わざわい。めんどう。熟語 厄介《やっかい》。厄年《やくどし》。災厄《さいやく》

**やく【厄】**名 ❶わざわい。例厄《やく》をはらう。❷〔＝不幸《ふこう》な出来事《できごと》〕。例厄払《やくはら》い。↓やくどし 1320ページ

**やく【躍】**画数21 部首⻊（あしへん）

音ヤク　訓おど-る

おどる。とびはねる。勢《いきお》いがいい。熟語 躍《やく》進《しん》。活躍《かつやく》。飛躍《ひやく》。例躍《おど》り上《あ》がる。

**やく【疫】**熟語 疫病神《やくびょうがみ》。↓えき【疫】127ページ

**やく【益】**熟語 御利益《ごりやく》。↓えき【益】127ページ

**°やく【焼く】**動 ❶火《ひ》をつけて、燃《も》やす。例ごみを焼く。❷火《ひ》にあて、食《た》べられるようにする。例魚《さかな》を焼く。❸かまの中《なか》に入《い》れて熱《ねつ》を加《くわ》え、炭《すみ》や茶《ちゃ》わんなどを作《つく》る。例炭《すみ》を焼く。❹日光《にっこう》に当《あ》てて、皮膚《ひふ》を黒《くろ》くする。例はだを焼く。❺写真《しゃしん》の焼《や》き付《つ》けをする。❻あれこれ気《き》をつけて、人《ひと》の面倒《めんどう》を見《み》る。例世《せ》話《わ》をやく。↓しょう【焼】621ページ

**例解 ❗ 表現の広場**

**焼《や》くと燃《も》やすのちがい**

| | 焼《や》く | 燃《も》やす |
|---|---|---|
| 落《お》ち葉《ば》をかき集《あつ》めて | ○ | ○ |
| 古《ふる》い日記帳《にっきちょう》を | ○ | ○ |
| トースターでパンを | ○ | × |
| 闘志《とうし》を | × | ○ |

**やく【妬く】**動 人《ひと》をねたみ、うらやましがる。例二人《ふたり》の仲《なか》がいいのをやく。

**やぐ【夜具】**名 寝《ね》るときに使《つか》う、ふとん・まくら・毛布《もうふ》など。寝具《しんぐ》。

**やくいん【役員】**名 ❶会社《かいしゃ》や団体《だんたい》などで、特別《とくべつ》の役《やく》についている人《ひと》。幹部《かんぶ》。重役《じゅうやく》。❷特《とく》に決《き》められた仕事《しごと》を受《う》け持《も》つ人《ひと》。例文化祭《ぶんかさい》の役員。

**やくがい【薬害】**名 病気《びょうき》を治《なお》すための薬《くすり》によって引《ひ》き起《お》こされる、体《からだ》への害《がい》。

**やくがら【役柄】**名 ❶仕事《しごと》や役目《やくめ》の性質《せいしつ》。役目《やくめ》のある身分《みぶん》。例役柄をわきまえる。❷〔演劇《えんげき》などで〕演《えん》じる登場人物《とうじょうじんぶつ》の性格《せいかく》。例明《あか》るくすなおな役柄を演《えん》じる。

**やくご【訳語】**名 ❶ある国《くに》（または民族《みんぞく》）の言葉《ことば》を、別《べつ》の国《くに》（または民族《みんぞく》）の言葉《ことば》に訳《やく》した言葉《ことば》。対原語《げんご》。❷古語《こご》を今《いま》の言葉《ことば》に直《なお》した言《こと》葉《ば》。

**やくざい【薬剤】**名 薬《くすり》。特《とく》に、いくつかの薬《くすり》を混《ま》ぜ合《あ》わせたもの。例畑《はたけ》に薬剤をまく。

**やくざいし【薬剤師】**名 薬《くすり》を混《ま》ぜ合《あ》わせて、病気《びょうき》に合《あ》う薬《くすり》をつくる資格《しかく》のある人《ひと》。また、その資格《しかく》。

**やくしにょらい【薬師如来】**名 仏教《ぶっきょう》で、人々《ひとびと》の病気《びょうき》を治《なお》すといわれている仏《ほとけ》。左《ひだり》手《て》に薬《くすり》つぼを持《も》つ像《ぞう》が多《おお》い。

**やくしま〖屋久島〗**地名 鹿児島県大隅諸《かごしまけんおおすみしょ》島《とう》の島《しま》の一《ひと》つ。屋久杉《やくすぎ》がある。世界遺産《せかいいさん》。

**やくしまこくりつこうえん〖屋久島国立公園〗**地名 鹿児島県南部《かごしまけんなんぶ》にある国《こく》立公園《りつこうえん》。二〇一二年《ねん》に霧島屋久国立公園《きりしまやくこくりつこうえん》から分離《ぶんり》された。屋久島《やくしま》と口永良部島《くちのえらぶじま》とからなる。↓こくりつこうえん 457ページ

**やくしゃ【役者】**名 ❶芝居《しばい》をする人《ひと》。俳《はい》優《ゆう》。例歌舞伎《かぶき》の役者。❷腕前《うでまえ》・能力《のうりょく》などがすぐれている人《ひと》。例役者が一枚上《いちまいうえ》だ。

**✤やくしゃ【訳者】**名 翻訳《ほんやく》をする人《ひと》。翻訳《ほんやく》者《しゃ》。

**°やくしょ【役所】**名 国《くに》や地方公共団体《ちほうこうきょうだんたい》の仕事《しごと》をする所《ところ》。官庁《かんちょう》。役場《やくば》。例市《し》役所。

**やくしょく【役職】**名 会社《かいしゃ》や役所《やくしょ》での地《ち》位《い》。課長《かちょう》や次長《じちょう》、部長《ぶちょう》、局長《きょくちょう》など。例役職に就《つ》く。類管理職《かんりしょく》。

**やくしん【躍進】**名動-する めざましい勢《いきお》いで進《すす》むこと。例一位《いちい》に躍進する。

**やくす【約す】**動〔「約《やく》する」ともいう。〕❶約束《やくそく》をする。例再会《さいかい》を約して別《わか》れる。❷簡《かん》単《たん》にする。略《りゃく》する。例高等学校《こうとうがっこう》を約して高《こう》校《こう》という。❸〔算数《さんすう》で〕約分《やくぶん》する。

**°やくす【訳す】**動〔「訳《やく》する」ともいう。〕❶ある国《くに》（または民族《みんぞく》）の言葉《ことば》を、他《ほか》の国《くに》（または民族《みんぞく》）の言葉《ことば》に言《い》いかえる。例英文《えいぶん》を日本《にほん》文《ぶん》に訳す。❷難《むずか》しい意味《いみ》の言葉《ことば》や文《ぶん》を易《やさ》しく言《い》い直《なお》す。例昔《むかし》の文章《ぶんしょう》を今《いま》の言葉《ことば》に訳す。

**やくすう【約数】**名〔算数《さんすう》で〕ある数《かず》を割《わ》りきることができる数《かず》。例《たと》えば、8の約数《やくすう》は、1・2・4・8である。例公《こう》約数。対倍数《ばいすう》。



四字熟語 春夏秋冬《しゅんかしゅうとう》　温帯《おんたい》にある日本《にっぽん》は、春夏秋冬《しゅんかしゅうとう》、季節《きせつ》の変化《へんか》がはっきりした国《くに》です。

**やくすぎ**【屋久杉】名 屋久島《やくしま》の山地《さんち》に自生《じせい》するスギ。天然記念物《てんねんきねんぶつ》。大木《たいぼく》が多《おお》く、樹齢《じゅれい》三〇〇〇年以上《ねんいじょう》ともいわれる「縄文杉《じょうもんすぎ》」などが有名《ゆうめい》。↓やくしま 1319ページ

**やくする**【約する】動 ↓やくす(約す) 1319ページ

**やくする**【訳する】動 ↓やくす(訳す) 1319ページ

**やくぜん**【薬膳】名 漢方薬《かんぽうやく》の材料《ざいりょう》を使《つか》った中国料理《ちゅうごくりょうり》。

**やくそう**【薬草】名 薬《くすり》になる植物《しょくぶつ》。センブリ・ゲンノショウコなど。

○**やくそく**【約束】一 名 動する これからすることを、他《ほか》の人《ひと》と前《まえ》もって決《き》めること。例 五時《ごじ》に会《あ》う約束をした。二 名 ❶決《き》めておいたこと。ルール。例 約束事《ごと》を守《まも》ってゲームをする。❷運命《うんめい》。さだめ。例 前世《ぜんせ》からの約束。

○**やくだつ**【役立つ】動 役《やく》に立《た》つ。有効《ゆうこう》である。例 理科《りか》の勉強《べんきょう》に役立つ本《ほん》。

**やくだてる**【役立てる】動 役《やく》に立《た》たせる。ためになるように使《つか》う。例 このお金《かね》は、みんなのために役立てます。

**やくどう**【躍動】名 動する 生《い》き生《い》きと活動《かつどう》すること。例 若《わか》さが躍動している。

**やくどし**【厄年】名 ❶昔《むかし》からの言《い》い伝《つた》えで、災難《さいなん》にあいやすいといわれる年《とし》。数《かぞ》え年《どし》で、男《おとこ》は、二十五《にじゅうご》、四十二《よんじゅうに》歳《さい》など、女《おんな》は、十九《じゅうきゅう》、三十三歳《さんじゅうさんさい》など。略《りゃく》して「厄《やく》」ともいう。❷災難《さいなん》の多《おお》い年《とし》。例 今年《ことし》はぼくにとって厄年だ。

**やくにん**【役人】名 役所《やくしょ》に勤《つと》めている人《ひと》。公務員《こうむいん》。

**やくば**【役場】名 町《まち》や村《むら》の仕事《しごと》をする役所《やくしょ》。例 町《まち》役場。村《むら》役場。

**やくはらい**【厄払い】名 動する 悪《わる》いことが起《お》こらないように、神仏《しんぶつ》などにいのること。厄落《やくお》とし。やくばらい。例 神社《じんじゃ》に行《い》って厄払いする。

**やくび**【厄日】名 ❶よくないことが起《お》こるとされている日《ひ》。例 二百十日《にひゃくとおか》は農家《のうか》の厄日だ。❷悪《わる》いことがあった日《ひ》。例 今日《きょう》は厄日だった。

**やくびょうがみ**【疫病神】名 ❶病気《びょうき》をはやらせる神《かみ》。❷悪《わる》いことを招《まね》くとして、きらわれる人《ひと》。例 疫病神が来《き》た。

**やくひん**【薬品】名 薬《くすり》。例 化学《かがく》薬品。

**やくぶそく**【役不足】名 その人《ひと》の能力《のうりょく》に対《たい》して、役目《やくめ》が軽《かる》すぎること。例 こんな簡単《かんたん》な仕事《しごと》は彼《かれ》にとって役不足だ。

**やくぶつ**【薬物】名 薬《くすり》。薬《くすり》の材料《ざいりょう》。

**やくぶん**【約分】名 動する 〔算数《さんすう》で〕分数《ぶんすう》の分母《ぶんぼ》と分子《ぶんし》を、同《おな》じ数《かず》で割《わ》って、形《かたち》を簡単《かんたん》にすること。例《たと》えば、$\frac{2}{4}$を約分《やくぶん》すると$\frac{1}{2}$になる。約《やく》す。

**やくぶん**【訳文】名 ❶ある国《くに》(または民族《みんぞく》)の文章《ぶんしょう》を、他《ほか》の国《くに》(または民族)の言葉《ことば》に直《なお》した文章《ぶんしょう》。翻訳文《ほんやくぶん》。❷昔《むかし》の文章《ぶんしょう》のように難《むずか》しい文章《ぶんしょう》を、わかりやすく直《なお》した文章《ぶんしょう》。

**やくまわり**【役回り】名 割《わ》り当《あ》てられた役《やく》。例 損《そん》な役回りを引《ひ》き受《う》ける。

**やくみ**【薬味】名 食《た》べ物《もの》の味《あじ》をひきたてるために少《すこ》しそえるもの。トウガラシ・ワサビ・ショウガ・ネギなど。

○**やくめ**【役目】名 与《あた》えられた仕事《しごと》。務《つと》め。役《やく》。例 役目を果《は》たす。

**やくよう**【薬用】名 薬《くすり》として使《つか》うこと。例 薬用植物《しょくぶつ》。

**やくよけ**【厄除け】名 動する 災難《さいなん》をはらいのけること。また、その方法《ほうほう》。例 厄よけのお守《まも》り。

**やぐら**名 ❶遠《とお》くを見《み》るために高《たか》く造《つく》った建物《たてもの》。例 火《ひ》の見《み》やぐら。❷城《しろ》の石垣《いしがき》の上《うえ》に造《つく》った物見《ものみ》などのための建物《たてもの》。❸祭《まつ》りや、すもう小屋《こや》などで、太鼓《たいこ》を鳴《な》らすために造《つく》った高《たか》い台《だい》。❹こたつの、木《き》のわくのこと。

**やぐるま**【矢車】名 じくの周《まわ》りに矢《や》の形《かたち》の羽《はね》をつけ、風《かぜ》で回《まわ》るようにしたもの。こいのぼりのさおの先《さき》につける。

○**やくわり**【役割】名 役《やく》をそれぞれ割《わ》り当《あ》てること。また、割《わ》り当《あ》てられた役《やく》。例 運動会《うんどうかい》の役割が決《き》まった。

**やけ** 名 形動 思《おも》うようにならないので、どうにでもなれという気持《きも》ちになること。例 やけを起《お》こす。

**やけあと**【焼け跡】名 火事《かじ》で焼《や》けたあと。例 焼け跡にも草《くさ》が生《は》えてきた。

**やけい**【夜景】名 夜《よる》の景色《けしき》。例 都会《とかい》の夜景



四字熟語 順風満帆《じゅんぷうまんぱん》 人《ひと》の一生《いっしょう》は波《なみ》あり風《かぜ》ありで、順風満帆《じゅんぷうまんぱん》というわけにはいかない。

は美《うつく》しい。

**やけい【夜警】** 名 火事《かじ》やどろぼうなどの用《よう》心《じん》のために、夜《よる》、見《み》回《まわ》って番《ばん》をすること。また、その人《ひと》。例 ビルの夜警をする。

**やけいしにみず【焼け石に水】**〔焼《や》けた石《いし》に水《みず》をかけてもすぐかわいてしまうように〕少《すこ》しぐらいの努《ど》力《りょく》や、他《ほか》からの助《たす》けでは、効《き》き目《め》がないことのたとえ。例 これぐらいの援《えん》助《じょ》では、焼け石に水だ。

**やけおちる【焼け落ちる】** 動 火《か》事《じ》で、建《たて》物《もの》が焼《や》けて、くずれ落《お》ちる。例 天《てん》守《しゅ》閣《かく》が焼け落ちる。

**やけぐい【やけ食い】** 名 動-する やけになって、むやみに食《た》べること。

**やけくそ** 名 形動 「やけ」を強《つよ》めた言《い》い方《かた》。例 損《そん》ばかりして、やけくそになる。

**やけだされる【焼け出される】** 動 火事《かじ》で、家《いえ》が焼《や》けて、住《す》む所《ところ》がなくなる。

例解 ⟷ 使い分け

易《やさ》しい と 優《やさ》しい

易《やさ》しい問《もん》題《だい》。
だれでも読《よ》める易《やさ》しい物《もの》語《がたり》。
扱《あつか》い方《かた》が易《やさ》しい。

優《やさ》しいえがお。
人《ひと》に優《やさ》しくする。
優《やさ》しい話《はな》し方《かた》。

**やけただれる【焼けただれる】** 動 やけどなどで、皮《ひ》膚《ふ》や肉《にく》が破《やぶ》れたり、くずれたりする。

**やけつく【焼け付く】** 動 焼《や》けてくっつく。こげつく。例 焼け付くような暑《あつ》さ。

**やけっぱち** 名 形動 「やけ」を強《つよ》めた言《い》い方《かた》。例 失《しっ》敗《ぱい》続《つづ》きで、やけっぱちになる。

**やけど【▲〈火傷〉】** 名 火《ひ》や、熱《あつ》いお湯《ゆ》などにふれて、皮《ひ》膚《ふ》がただれること。

**やけに** 副 むやみに。やたらに。〔くだけた言《い》い方《かた》。〕例 今《こん》夜《や》はやけに寒《さむ》い。

**やけのはら【焼け野原】** 名 ❶かれ草《くさ》を焼《や》いた野《の》原《はら》。❷大《おお》火《か》事《じ》などですっかり焼《や》けて、まるで野《の》原《はら》のようになった所《ところ》。例 戦《せん》争《そう》で、町《まち》は焼け野原になってしまった。

◦**やける【焼ける】** 動 ❶火《ひ》で燃《も》える。例 家《いえ》が焼ける。❷火《ひ》や日《にっ》光《こう》などで熱《あつ》くなる。例 もちが焼ける。❸中《なか》まで熱《ねつ》が通《とお》る。例 焼けた砂《すな》浜《はま》。❹日《ひ》に当《あ》たって、皮《ひ》膚《ふ》が黒《くろ》くなったり、物《もの》の色《いろ》が変《か》わったりする。例 日《ひ》に焼けた顔《かお》。❺空《そら》や雲《くも》の色《いろ》が赤《あか》くなる。例 西《にし》の空《そら》が真《ま》っ赤《か》に焼けた。❻胸《むね》が熱《あつ》くなって苦《くる》しい。例 食《た》べすぎで胸《むね》が焼ける。❼手《て》がかかる。例 世《せ》話《わ》がやける。⇩しょう【焼】621ページ

**やける【▲妬ける】** 動 ねたましく感《かん》じられる。例 仲《なか》のよい二《ふた》人《り》を見《み》るとやけてくる。

**やけん【野犬】** 名 飼《か》い主《ぬし》のない犬《いぬ》。のら犬《いぬ》。

**やご** 名 トンボの幼《よう》虫《ちゅう》。池《いけ》や沼《ぬま》にすむ。⇩すいせいこんちゅう 673ページ

**やこう【夜行】** 名 ❶夜《よる》、行《こう》動《どう》すること。例 夜行性《せい》動《どう》物《ぶつ》。❷夜《や》行《こう》列《れっ》車《しゃ》や夜《や》行《こう》バスのこと。

**やごう【屋号】** 名 ❶商《しょう》店《てん》の呼《よ》び名《な》。三《み》河《かわ》屋《や》・越《えち》後《ご》屋《や》など。❷歌《か》舞《ぶ》伎《き》役《やく》者《しゃ》の家《いえ》の呼《よ》び名《な》。成《なり》田《た》屋《や》・音《おと》羽《わ》屋《や》など。

**やこうせい【夜行性】** 名 昼《ひる》間《ま》はねむっていて、夜《よる》に活《かつ》動《どう》する性《せい》質《しつ》。例 夜行性の動《どう》物《ぶつ》。

**やこうちゅう【夜光虫】** 名 海《うみ》の中《なか》に群《む》れをつくってすみ、ハスの葉《は》の形《かたち》をしている小《ちい》さな虫《むし》。夜《よる》、光《ひかり》を出《だ》して海《かい》面《めん》にうかぶ。

**やこうとりょう【夜光塗料】** 名 ぬった部《ぶ》分《ぶん》が、暗《くら》い所《ところ》でも光《ひか》って見《み》えるようにする塗《と》料《りょう》。発《はっ》光《こう》塗《と》料《りょう》。

**やこうれっしゃ【夜行列車】** 名 夜《よる》、運《うん》行《こう》する列《れっ》車《しゃ》。夜《よ》汽《ぎ》車《しゃ》。夜《や》行《こう》。

◦**やさい【野菜】** 名 大《だい》根《こん》・ネギ・トマト・キャベツなど、食《しょく》用《よう》にするために畑《はたけ》で育《そだ》てる植《しょく》物《ぶつ》。青《あお》物《もの》。

**やさがし【家捜し・家探し】** 名 動-する ❶家《いえ》の中《なか》を残《のこ》らずさがすこと。例 家捜ししたが、出《て》てこなかった。❷住《す》まいをさがすこと。

**やさき【矢先】** 名〔もとは「矢《や》の先《さき》」の意《い》味《み》。〕ものごとが今《いま》にも始《はじ》まろうとする、ちょうどその時《とき》。間《ま》ぎわ。例 出《て》かけようとした矢先、弟《おとうと》が帰《かえ》ってきた。

◦**やさしい【易しい】** 形 簡《かん》単《たん》だ。わかりやすい。すぐできる。例 易しい問《もん》題《だい》。対 難《むずか》しい。



 四字熟語 正真正銘《しょうしんしょうめい》 これこそ正真正銘《しょうしんしょうめい》の大《おお》クワガタだと、みんなに自《じ》慢《まん》している。

⇩えき【易】127ページ

**°やさしい**【優しい】形 ❶おだやかで、おとなしい。例人柄《ひとがら》が優しい。❷上品《じょうひん》で美《うつく》しい。例優しい姿《すがた》。❸思《おも》いやりがある。例優しい言葉《ことば》をかける。⇩ゆう【優】1334ページ

**やさしさ**【優しさ】名 優《やさ》しいと感《かん》じること。優《やさ》しい気《き》持《も》ち。例優しさに満《み》ちた言葉《ことば》。

**やし**【椰子】名 熱《ねっ》帯《たい》地《ち》方《ほう》に生《は》える木《き》。実《み》は、食《た》べたり油《あぶら》を取《と》ったりする。⬇ねったいしょくぶつ 1005ページ

**やじ**【野次】名 やじること。また、その言《こと》葉《ば》。例演《えん》説《ぜつ》会《かい》で、やじを飛《と》ばす。

**やじうま**【野次馬】名 自《じ》分《ぶん》には関《かん》係《けい》ないことなのに、人《ひと》のあとについて、のぞきこんだり、さわぎたてたりする人《ひと》。

**やしき**【屋敷】名 ❶家《いえ》が建《た》っているひと区《く》切《ぎ》りの土《と》地《ち》。❷大《おお》きくて立《りっ》派《ぱ》な家《いえ》。

**°やしなう**【養う】動 ❶育《そだ》てる。また、世《せ》話《わ》をする。例子《こ》どもを養う。❷育《そだ》て、たくわえる。例力《ちから》を養う。❸だんだんに作《つく》り上《あ》げていく。例よい習《しゅう》慣《かん》を養う。❹治《なお》るようにする。例病《びょう》気《き》の体《からだ》を養う。⇩よう【養】1349ページ

**やしゅ**【野手】名 野《や》球《きゅう》・ソフトボールで、守《まも》る役《やく》目《め》の選《せん》手《しゅ》。

**やしゅう**【夜襲】名動-する 夜《よる》の暗《くら》さを利《り》用《よう》して、急《きゅう》に敵《てき》を攻《せ》めること。夜《よ》うち。

**やじゅう**【野獣】名 野《や》生《せい》のけもの。

**やしょく**【夜食】名 夕《ゆう》食《しょく》のあと、夜《よる》おそくなって食《た》べる食《しょく》事《じ》。例夜食のうどん。

**やじり**【矢尻】名 矢《や》の先《さき》の、とがった部《ぶ》分《ぶん》。鉄《てつ》や石《いし》でできている。⬇ゆみ❶1344ページ

**°やじる**【野次る】動 人《ひと》を、大《おお》声《ごえ》でからかったりひやかしたりする。例スタンドからファンがやじる。

**やじるし**【矢印】名 矢《や》の形《かたち》を書《か》いたしるし。方《ほう》向《こう》を教《おし》えるしるしなどに使《つか》う。「↓」「→」など。

**やしろ**【社】名 神《かみ》をまつってある建《たて》物《もの》。神《じん》社《じゃ》。⇩しゃ【社】582ページ

**やじろべえ** 名 左《さ》右《ゆう》の腕《うで》を細《ほそ》長《なが》くのばした、人《にん》形《ぎょう》の形《かたち》のおもちゃ。両《りょう》手《て》のはしにおもりをつけ、とがった足《あし》先《さき》を支《ささ》えに、つり合《あ》いがとれるようにしたもの。

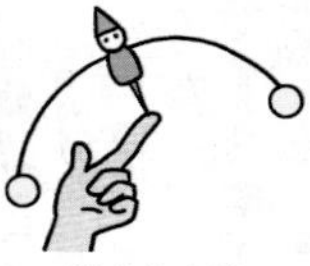
〔やじろべえ〕

**やしん**【野心】名 ❶(実《じつ》現《げん》の難《むずか》しい)大《おお》きな望《のぞ》み。例野心をいだく。類野《や》望《ぼう》。❷大《だい》胆《たん》で、新《あたら》しい試《こころ》み。例野心作《さく》。

**やすあがり**【安上がり】名形動 安《やす》い費《ひ》用《よう》ですむこと。例歩《ある》いていけば安上がりだ。

**°やすい**【安い】形 値《ね》段《だん》が低《ひく》い。例安い本《ほん》。対高《たか》い。⇩あん【安】46ページ

**安《やす》かろう悪《わる》かろう** 値《ね》段《だん》が安《やす》ければ質《しつ》も落《お》ちるだろう。類安《やす》物《もの》買《が》いの銭《ぜに》失《うしな》い。

**°やすい**【易い】━形 たやすくできる。例言《い》うはやすいが、なかなかできない。対難《かた》い。━〔ある言《こと》葉《ば》のあとにつけて〕…しやすい。…しがちだ。例話《はな》しやすい人《ひと》。この茶《ちゃ》わんは割《わ》れやすい。対にくい。

**やすうけあい**【安請け合い】名動-する よく考《かんが》えないで、気《き》軽《がる》に引《ひ》き受《う》けること。例安うけ合いして、後《あと》で困《こま》っている。

**やすうり**【安売り】名動-する ❶安《やす》い値《ね》段《だん》で売《う》ること。例大《おお》安売り。❷気《き》軽《がる》に引《ひ》き受《う》けたり、やったりすること。例親《しん》切《せつ》の安売りはかえって迷《めい》惑《わく》だ。

**やすっぽい**【安っぽい】形 ❶いかにも値《ね》段《だん》が安《やす》く見《み》える。例安っぽい服《ふく》。❷品《ひん》がなく、軽《かる》々《がる》しい。例安っぽい人《にん》間《げん》に見《み》える。

**やすね**【安値】名 値《ね》段《だん》が安《やす》いこと。また、その値《ね》段《だん》。対高《たか》値《ね》。

**やすまる**【休まる】動 心《こころ》や体《からだ》が、楽《らく》になる。例音《おん》楽《がく》を聴《き》いていると、気《き》持《も》ちが休まる。

**°やすみ**【休み】名 ❶休《きゅう》息《そく》。例三〇分《ぷん》の休み。❷仕《し》事《ごと》や学《がっ》校《こう》などがないこと。例夏《なつ》休み。❸仕《し》事《ごと》や学《がっ》校《こう》などに行《い》かないこと。⇩きゅう【休】323ページ

**やすみやすみ**【休み休み】副 ❶間《あいだ》に休《やす》

例解 ! 表現の広場

**休《やす》みと休《きゅう》憩《けい》と休《きゅう》息《そく》のちがい**

| | 休《やす》み | 休《きゅう》憩《けい》 | 休《きゅう》息《そく》 |
|---|---|---|---|
| しばらく　を取《と》る。 | ○ | ○ | ○ |
| 大《たい》切《せつ》な　時《じ》間《かん》。 | ○ | ○ | ○ |
| そろそろ　にしよう。 | ○ | ○ | × |
| 一《いち》年《ねん》間《かん》の　を取《と》る。 | ○ | × | × |



四字熟語 枝《し》葉《よう》末《まっ》節《せつ》 枝《し》葉《よう》末《まっ》節《せつ》に気《き》を取《と》られて、おおもとを見《み》落《お》としてはならない。

みをとりながら。例休み休み仕事《しごと》をする。❷よく考《かんが》えて。例ばかも休み休み言《い》え〔=ばかなことを言《い》うのはいい加減《かげん》にしろ〕。

**°やすむ【休む】**動 ❶心《こころ》や体《からだ》を、楽《らく》にする。例休むひまなく働《はたら》く。❷仕事《しごと》や学校《がっこう》に行《い》かない。例病気《びょうき》で休む。❸ねむる。例すやすやとよく休んでいる。❹しばらく、やめる。例毎朝《まいあさ》の散歩《さんぽ》を休む。↓きゅう【休】323ページ

**やすめ【安め】**名形動 値段《ねだん》が少《すこ》し安《やす》いこと。対高《たか》め。

**やすめ【休め】**感 楽《らく》な姿勢《しせい》をとる時《とき》のかけ声《ごえ》。例気《き》をつけ、礼《れい》、休め。

**°やすめる【休める】**動 ❶心《こころ》や体《からだ》を、楽《らく》にする。例体《からだ》を休める。❷仕事《しごと》を、一時《いちじ》やめる。例手《て》を休める。↓きゅう【休】323ページ

**やすもの【安物】**名 値段《ねだん》が安《やす》く、品質《ひんしつ》の悪《わる》い品物《しなもの》。

**安物《やすもの》買《が》いの銭《ぜに》失《うしな》い** 安《やす》い物《もの》を買《か》うと、すぐだめになったりして、かえって損《そん》をするということ。類安《やす》かろう悪《わる》かろう。

**やすやす**副(-と) たやすく。簡単《かんたん》に。例やすやすと飛《と》びこした。

**やすらか【安らか】**形動 おだやかで無事《ぶじ》なようす。心配《しんぱい》がないようす。例安らかに暮《く》らす。

**やすらぐ【安らぐ】**動 気持《きも》ちがゆったりと休《やす》まる。例音楽《おんがく》をきくと、心《こころ》が安らぐ。

**やすり**名 金属《きんぞく》や木《き》などをこすって、けずったりなめらかにしたりする道具《どうぐ》。例やすりをかける。↓こうぐ433ページ

**やすんじる【安んじる】**動〔「安《やす》んずる」とも言《い》う。〕❶安心《あんしん》する。例安んじて作業《さぎょう》を任《まか》せる。❷満足《まんぞく》する。例質素《しっそ》な暮《く》らしに安んじる。

**やせい【野生】**名 動植物《どうしょくぶつ》が、山《やま》や野原《のはら》で自然《しぜん》に育《そだ》ち、生《い》きていること。例野生動物《どうぶつ》。

例解 ことばを広げよう!

**いたわる**
**いつくしむ**
いとおしむ
**かわいがる**
はぐくむ
**思《おも》いやる**

**温《あたた》かい**
こまやかだ
やわらかい
つつましい
**穏《おだ》やかだ**
**おとなしい**
すなおだ

温厚《おんこう》
**温和《おんわ》**
**柔和《にゅうわ》**
穏健《おんけん》
従順《じゅうじゅん》
純真《じゅんしん》

**親切《しんせつ》**
懇切《こんせつ》
**誠実《せいじつ》**
善意《ぜんい》
優美《ゆうび》
優雅《ゆうが》

寛大《かんだい》
寛容《かんよう》
**献身的《けんしんてき》**
好意的《こういてき》
**友好的《ゆうこうてき》**
人間味《にんげんみ》

**優《やさ》しい**
いろいろな「優《やさ》しい」

心温《こころあたた》かい
**心温《こころあたた》まる**
**心《こころ》のこもった**
血《ち》の通《かよ》った
**情《なさ》け深《ぶか》い**

心配《こころくば》り
**思《おも》いやり**

**思《おも》いやりがある**
気配《きくば》りができる
**気《き》だてがよい**
心《こころ》を通《かよ》わせる
心《こころ》を配《くば》る
気《き》づかう

**ほのぼの**
**ほかほか**
ほっこり
ほんわか

そうっと
ふわっと
**ふんわり**
ふわふわ
**やんわり**
おっとり

例解 ↔ 使い分け

**野生《やせい》と野性《やせい》**

野生《やせい》の馬《うま》。
野生《やせい》のバラ。

野性《やせい》的《てき》な青年《せいねん》。
野性《やせい》に返《かえ》る。

あいうえお かきくけこ さしすせそ たちつてと なにぬねの はひふへほ まみむめも や ゆ よ らりるれろ わ を ん

 四字熟語 **私利私欲《しりしよく》** 私利私欲《しりしよく》を先《さき》に立《た》てて考《かんが》えるようでは、人《ひと》から信頼《しんらい》されなくなるよ。

**やせい【野性】** 名 生《う》まれたままのあらあらしい性質《せいしつ》。かざりけのない性質《せいしつ》。例 野性を取《と》りもどす。

**やせいてき【野性的】** 形動 かざりけがなく、自然《しぜん》のままのようす。あらあらしいようす。例 野性的な人《ひと》。

**やせおとろえる【痩せ衰える】** 動 やせて、元気《げんき》がなくなる。

**やせがまん【痩せ我慢】** 名 動する 無理《むり》にがまんして、平気《へいき》なふりをすること。例 寒《さむ》いのに、やせ我慢してうす着《ぎ》でいる。

**やせぎす【痩せぎす】** 名 やせて骨《ほね》ばって見《み》えること。例 やせぎすの青年《せいねん》。

**やせこける【痩せこける】** 動 たいへんやせる。例 骨《ほね》と皮《かわ》ばかりにやせこける。

**やせち【痩せ地】** 名 養分《ようぶん》が少《すく》なく、植物《しょくぶつ》や作物《さくもつ》が育《そだ》ちにくい土地《とち》。

**やせっぽち【痩せっぽち】** 名 形動 ひどくやせていること。また、やせている人《ひと》。〔くだけた言《い》い方《かた》。〕例 やせっぽちな少年《しょうねん》。

**やせてもかれても【痩せても枯れても】** どんなにおとろえ、また落《お》ちぶれても。例 やせても枯れてもプロの選手《せんしゅ》だ。

**やせのおおぐい【痩せの大食い】** やせているのに、たくさん食《た》べること。

**やせほそる【痩せ細る】** 動 やせて細《ほそ》くなる。例 心配《しんぱい》でやせ細る思《おも》いだ。

**°やせる【痩せる】** 動 ❶体《からだ》が細《ほそ》くなって、体重《たいじゅう》が減《へ》る。例 病気《びょうき》でやせる。対 太《ふと》る。肥《こ》える。❷土地《とち》に、作物《さくもつ》を育《そだ》てる力《ちから》がなくなる。例 土《つち》がやせている。対 肥《こ》える。↓そう【痩】743ページ

**やせるおもい【やせる思い】** やせ細《ほそ》るほどのつらい思《おも》い。例 やせる思いで過《す》ごした日々《ひび》。

**やそう【野草】** 名 野山《のやま》に自然《しぜん》に生《は》えている草《くさ》。例 野草を採集《さいしゅう》する。

**やたい【屋台】** 名 ❶小《ちい》さな家《いえ》の形《かたち》をした店《みせ》。特《とく》に、車《くるま》をつけて売《う》り歩《ある》けるようにしたもの。例 屋台のラーメン屋《や》。❷祭《まつ》りのときに引《ひ》く、屋根《やね》のついた台《だい》。だし。

**やたいぼね【屋台骨】** 名 ❶家《いえ》の骨組《ほねぐ》み。また、家屋《かおく》の柱《はしら》やはりなど。❷家《いえ》や組織《そしき》を支《ささ》えているもの。例 一家《いっか》の屋台骨としてがんばる。

**やたら** 形動 副(-と) ❶程度《ていど》が並外《なみはず》れているようす。例 やたらいそがしい。❷考《かんが》えもなしにするようす。むやみ。例 やたらなことを言《い》うものではない。

**やちょう【野鳥】** 名 野山《のやま》にすむ野生《やせい》の鳥《とり》。例 野鳥を観察《かんさつ》する。

**やちん【家賃】** 名 家《いえ》を借《か》りている人《ひと》が、家《いえ》の持《も》ち主《ぬし》にはらうお金《かね》。家《いえ》の借《か》り賃《ちん》。

**やつ【奴】** 一 代名 軽蔑《けいべつ》したり、親《した》しんだりしている人《ひと》をさしていう言葉《ことば》。あいつ。例 やつにはたのまない。二 名 ❶人《ひと》を軽蔑《けいべつ》したり親《した》しんだりして言《い》う言葉《ことば》。例 変《へん》なやつに出会《であ》った。❷「もの」「こと」のぞんざいな言《い》い方《かた》。例 もっと大《おお》きいやつがほしい。

**やつ【八つ】** 名 ❶やっつ。はち。❷昔《むかし》の時刻《じこく》で、今《いま》の午前《ごぜん》または午後《ごご》の二時《にじ》ごろ。八《や》つ時《どき》。↓おやつ 180ページ／↓はち【八】1046ページ

**やつあたり【八つ当たり】** 名 動する 腹《はら》を立《た》てて、だれかれかまわず、おこり散《ち》らすこと。例 弟《おとうと》に八つ当たりする。

**°やっかい【厄介】** 一 名 形動 手数《てすう》がかかること。面倒《めんどう》なこと。例 厄介な問題《もんだい》。二 名 世《せ》話《わ》。例 親類《しんるい》の家《いえ》に厄介になる。

**厄介《やっかい》を掛《か》ける** 他人《たにん》の世話《せわ》になる。例 しばらくの間《あいだ》厄介をかける。

**やっかいもの【厄介者】** 名 他人《たにん》に迷惑《めいわく》をかける人《ひと》。面倒《めんどう》がかかる人《ひと》。

**やっき【躍起】** 名 形動 あせって、むきになること。例 やっきになって応援《おうえん》する。

**やつぎばや【矢継ぎ早】** 名 次々《つぎつぎ》。続《つづ》けざま。例 矢継ぎ早に質問《しつもん》する。

**やっきょく【薬局】** 名 ❶薬剤師《やくざいし》のいる薬《くすり》屋《や》。❷病院《びょういん》で、薬《くすり》を調合《ちょうごう》する所《ところ》。

**やっこ【奴】** 名 江戸《えど》時代《じだい》、武士《ぶし》に仕《つか》えていた身分《みぶん》の低《ひく》い男《おとこ》。

**やっこう【薬効】** 名 薬《くすり》の効《き》き目《め》。例 薬効あらたかだ〔=薬《くすり》がよく効《き》いている〕。

**やつす** 動 ❶目立《めだ》たないように身《み》なりを変《か》える。❷やせるほど、熱中《ねっちゅう》する。例 研究《けんきゅう》に身《み》をやつす。

**°やっつ【八つ】** 名 ❶〔数《かず》を表《あらわ》す言葉《ことば》。〕はち。やつ。❷八歳《はっさい》。↓はち【八】1046ページ

**やっつけしごと【やっつけ仕事】** 名

急《いそ》いでする、いいかげんな仕事《しごと》。〔くだけた言《い》い方《かた》。〕

**やっつける** 動 〔くだけた言《い》い方《かた》。〕❶相手《あいて》をこらしめる。負《ま》かす。例 悪人《あくにん》をやっつける。❷「する」を強《つよ》めた言《い》い方《かた》。思《おも》いきってする。例 やさしい問題《もんだい》からやっつける。

**やつで** 名 手《て》のひらのような形《かたち》の大《おお》きな葉《は》をつける木《き》。葉《は》は一年《いちねん》じゅう緑色《みどりいろ》をしている。よく庭《にわ》に植《う》える。

**やってくる【やって来る】** 動 ❶こちらへくる。例 大勢《おおぜい》の人《ひと》がやって来る。❷続《つづ》ける。例 今日《きょう》までやって来られたのはみんなのおかげだ。

**やってのける** 動 むずかしいことをうまくなしとげる。例 四回転《よんかいてん》ジャンプをやってのける。

°**やっと** 副 ❶なかなかそうならなかったが、ようやく。例 やっと仕事《しごと》が完成《かんせい》した。❷十分《じゅうぶん》ではないが、どうにかこうにか。例 やっと生活《せいかつ》できる程度《ていど》です。

**やっとの思《おも》いで** 苦労《くろう》してようやく。例 やっとの思いでゴールする。

**やっとこ** 名 焼《や》けた鉄《てつ》をはさんだり、金属《きんぞく》の板《いた》や針金《はりがね》を曲《ま》げたりするのに使《つか》う道具《どうぐ》。

**やっぱり** 副 「やはり」を強《つよ》めた言《い》い方《かた》。話《はな》し言葉《ことば》で使《つか》うことが多《おお》い。例 やっぱりできなかった。

**ヤッホー** 〔英語 yo-ho〕感 山《やま》などで、仲間《なかま》を呼《よ》び合《あ》ったりするときの、さけび声《こえ》。

**やつれる** 動 ❶やせおとろえる。例 やみ上《あ》がりの、やつれた顔《かお》。❷みすぼらしくなる。例 やつれた姿《すがた》の旅人《たびびと》。

°**やど【宿】** 名 ❶住《す》む家《いえ》。住《す》みか。例 スズメのお宿。❷宿屋《やどや》。旅館《りょかん》。例 温泉《おんせん》宿。宿を取《と》る。

⇩**しゅく【宿】** 605ページ

**やといいれる【雇《やと》い入れる】** 動 あたらしく人《ひと》を雇《やと》う。例 アルバイトを雇い入れる。

**やといぬし【雇い主】** 名 人《ひと》を雇《やと》っている人《ひと》。

**やとう【野党】** 名 内閣《ないかく》を作《つく》っていない政党《せいとう》。対 与党《よとう》。

°**やとう【雇う】** 動 ❶お金《かね》をはらって人《ひと》を使《つか》う。例 店員《てんいん》を雇う。❷お金《かね》をはらって車《くるま》や船《ふね》を利用《りよう》する。例 ハイヤーを雇う。⇩**こ【雇】** 420ページ

**やどかり【宿借り】** 名 岩《いわ》の多《おお》い海岸《かいがん》にいる動物《どうぶつ》。エビやカニに似《に》ていて、巻《ま》き貝《がい》の貝《かい》がらの中《なか》にすむ。

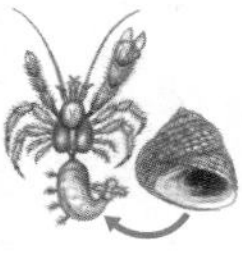

〔やどかり〕

**やどす【宿す】** 動 ❶中《なか》に含《ふく》んで持《も》つ。例 希望《きぼう》を胸《むね》に宿す。新《あたら》しい命《いのち》を宿す〔=母親《ははおや》のおなかに子《こ》どもができる〕。❷表面《ひょうめん》にとどめる。例 つゆを宿した葉《は》。昔《むかし》のおもかげを宿す。

⇩**しゅく【宿】** 605ページ

**やどちん【宿賃】** 名 宿屋《やどや》にとまったときにはらうお金《かね》。宿泊料《しゅくはくりょう》。

**やどなし【宿無し】** 名 決《き》まった住《す》みかがないこと。また、その人《ひと》。

**やどや【宿屋】** 名 旅行者《りょこうしゃ》をとめることを商売《しょうばい》にしている家《いえ》。宿《やど》。類 旅館《りょかん》。ホテル。

**やどり【宿り】** 名 旅先《たびさき》でとまること。また、その場所《ばしょ》。例 一夜《いちや》の宿り。

**やどりぎ【宿り木】** 名 他《ほか》の大《おお》きな木《き》にくっついて、その木《き》から養分《ようぶん》をとって生《い》きている木《き》。

°**やどる【宿る】** 動 ❶宿屋《やどや》などにとまる。❷ある場所《ばしょ》に、とどまる。例 花《はな》につゆが宿る。❸中《なか》にある。中《なか》にとどまる。例 たましいが宿っている。⇩**しゅく【宿】** 605ページ

**やな** 名 川《かわ》に簀《す》〔=竹《たけ》などを編《あ》んだもの〕を張《は》って、魚《さかな》をとる仕《し》かけ。

**やなぎ【柳】** 名 シダレヤナギ・ネコヤナギ・カワヤナギなどをまとめた呼《よ》び名《な》。ふつう、枝《えだ》が糸《いと》のように垂《た》れ、葉《は》が細長《ほそなが》いシダレヤナギを指《さ》す。⇩**りゅう【柳】** 1388ページ

**柳《やなぎ》に風《かぜ》** 〔柳《やなぎ》が風《かぜ》に吹《ふ》かれてなびくように〕おだやかに受《う》け流《なが》して、人《ひと》に逆《さか》らわないようす。「柳《やなぎ》に風《かぜ》と受《う》け流《なが》す」とも言《い》う。例 いくら悪口《わるくち》を言《い》われても柳に風だ。

**柳《やなぎ》の下《した》にいつもどじょうはいない** 〔柳《やなぎ》の下《した》にドジョウがいたからといって、次《つぎ》もそこにいるとは言《い》えないように〕一度《いちど》うまくいったからといって、次《つぎ》も同《おな》じようにうまくいくとは限《かぎ》らない。

**やなみ【家並み】** 名 多《おお》くの家《いえ》が並《なら》んでいるようす。また、並《なら》んでいる家々《いえいえ》。いえなみ。





四字熟語 四六時中《しろくじちゅう》 製品《せいひん》が売《う》れに売《う》れて、工場《こうじょう》は、四六時中《しろくじちゅう》動《うご》いている。

例 車窓《しゃそう》を家並みが通《とお》りすぎてゆく。

**やに** 名 ❶木《き》の幹《みき》などから出《で》る、ねばっこい液《えき》。例 松《まつ》やに。❷パイプなどにたまる、たばこのねばっこい液《えき》。

**やにわに** 副 だしぬけに。いきなり。例 やにわに犬《いぬ》が飛《と》びかかってきた。

**やぬし【家主】** 名 貸家《かしや》の持《も》ち主《ぬし》。大家《おおや》。

**°やね【屋根】** 名 ❶雨《あめ》などを防《ふせ》ぐために、家《いえ》をおおうもの。例 かわらで屋根をふく。❷上《うえ》をおおうもの。例 車《くるま》の屋根。❸いちばん高《たか》い所《ところ》。例 ヒマラヤは世界《せかい》の屋根だ。

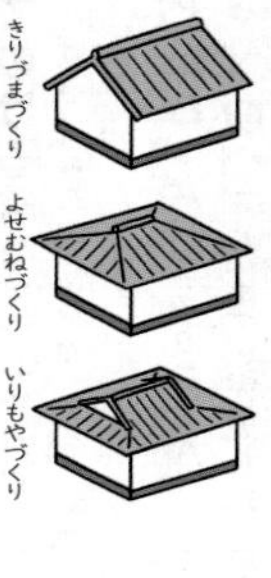

〔やね❶〕

**やねうら【屋根裏】** 名 屋根《やね》のすぐ下《した》と、天井《てんじょう》との間《あいだ》。例 屋根裏部屋《べや》。

**やねがわら【屋根瓦】** 名 屋根《やね》をおおっているかわら。

**やのあさって** 名 しあさっての次《つぎ》の日《ひ》。今日《きょう》から数《かぞ》えて五日《いつか》めの日《ひ》。地方《ちほう》によっては、しあさってのこと。やなあさって。

**やばい** 形 感 〔くだけた言《い》い方《かた》。〕❶あぶない。例 やばい仕事《しごと》。❷よくない。例 先生《せんせい》を怒《おこ》らせるとやばい。❸すばらしい。最高《さいこう》だ。例 このケーキ、やばいよ。参考 ❸は最近広《さいきんひろ》まった言《い》い方《かた》。

**°やはり** 副 〔「やっぱり」ともいう。〕❶前《まえ》と同《おな》じように。他《ほか》と同《おな》じように。例 今年《ことし》もやはり雪《ゆき》が多《おお》い。❷思《おも》っていたとおり。例 やはりだめだった。❸いろいろ考《かんが》えたが、結局《けっきょく》。例 やはりやめにしよう。❹何《なん》といっても。確《たし》かに。例 やはり専門家《せんもんか》はちがう。参考「やっぱり」は話《はな》し言葉《ことば》で使《つか》うことが多《おお》く、「やはり」を強《つよ》めた言《い》い方《かた》になる。

**やはん【夜半】** 名 夜中《よなか》。夜《よ》ふけ。例 台風《たいふう》は夜半過《す》ぎに上陸《じょうりく》する。

**やばん【野蛮】** 名 形動 ❶文明《ぶんめい》の進《すす》んでいないこと。類 未開《みかい》。❷あらあらしくて、乱暴《らんぼう》なこと。例 野蛮なふるまい。

**°やぶ【藪】** 名 ❶草《くさ》や木《き》が群《むら》がって生《は》えている所《ところ》。❷竹《たけ》やぶ。

**藪《やぶ》から棒《ぼう》** 〔やぶの中《なか》から急《きゅう》に棒《ぼう》をつき出《だ》すように〕だしぬけなようす。突然《とつぜん》。例 やぶから棒にそんなことを言《い》われても困《こま》る。類 寝耳《ねみみ》に水《みず》。

**やぶいしゃ【藪医者】** 名 下手《へた》な医者《いしゃ》。

**やぶいり【藪入り】** 名 昔《むかし》の習慣《しゅうかん》で、一月《いちがつ》と七月《しちがつ》の十六日《じゅうろくにち》の前後《ぜんご》に、住《す》みこみで勤《つと》めている人《ひと》が、休《やす》みをもらって、自分《じぶん》の家《いえ》に帰《かえ》ること。また、その日《ひ》。

**°やぶく【破く】** 動 紙《かみ》や布《ぬの》などを、引《ひ》きさく。例 紙《かみ》を破く。参考「やぶる」と「さく」からできた言葉《ことば》。

**やぶける【破ける】** 動 引《ひ》きさける。やぶれる。例 ふくろが破ける。

**やぶさか** 形動 〔「…でない」「…ではない」の形《かたち》で〕…する努力《どりょく》を惜《お》しまない。喜《よろこ》んで…する。例 いざとなれば、中止《ちゅうし》するにやぶさかではない。参考 もともとは、「けちなようす」の意味《いみ》。

**やぶさめ【〈流鏑馬〉】** 名 馬《うま》に乗《の》って走《はし》りながら、矢《や》で的《まと》を射《い》る競技《きょうぎ》。昔《むかし》、武士《ぶし》の間《あいだ》で行《おこな》われ、のち、祭《まつ》りの行事《ぎょうじ》となった。

**やぶへび【藪蛇】** 名 〔「やぶをつついて蛇《へび》を出《だ》す」ということから〕よけいなことをして、かえって自分《じぶん》が困《こま》ること。例 おやつをねだったのがやぶ蛇で、お使《つか》いに行《い》かされてしまった。

**°やぶる【破る】** 動 ❶紙《かみ》や布《ぬの》などを、引《ひ》きさく。例 紙《かみ》を破る。❷こわして、あける。例 から《を》破って、ひよこが出《で》てくる。❸おだやかなようすをこわす。例 平和《へいわ》を破る。❹決《き》めたことをだめにする。例 約束《やくそく》を破る。対 守《まも》る。❺相手《あいて》を負《ま》かす。例 敵《てき》を破る。❻ある線《せん》をつきぬける。こえる。例 記録《きろく》を破る。⇩

**は【破】** 1022ページ

**やぶれかぶれ【破れかぶれ】** 名 形動 もう、どうなってもかまわないという気持《きも》ちになること。やけ。例 どうしても勝《か》てなくて、破れかぶれになった。

**やぶれさる【敗れ去る】** 動 戦《たたか》いに負《ま》けて引《ひ》き下《さ》がる。例 二回戦《にかいせん》で敗れ去る。

**°やぶれる【破れる】** 動 ❶引《ひ》きさける。やぶける。例 表紙《ひょうし》が破れる。❷こわれる。例 夢《ゆめ》が破れる。❸ものごとが成《な》り立《た》たないで終《お》

四字熟語 心機一転《しんきいってん》 失敗《しっぱい》にくじけず、心機一転《しんきいってん》して、新《あたら》しい仕事《しごと》に取《と》り組《く》む。

わる。例 計画《けいかく》が破れる。⇩は【破】1022ページ

○やぶれる【敗れる】動 戦《たたか》いなどに、負《ま》ける。例 試《し》合《あい》に敗れる。⇩はい【敗】1025ページ

やぶん【夜分】名 夜《よる》。夜《や》間《かん》。例「夜分におじゃまして、すみません。」

やぼ【野暮】名 形動 ❶洗《せん》練《れん》されていないこと。すっきりしていないこと。例 やぼな身《み》なり。❷世《せ》間《けん》知《し》らずで、気《き》がきかないこと。例 そんなことは聞《き》くだけやぼだ。対（❶・❷）粋《いき》。

やぼう【野望】名 自《じ》分《ぶん》の力《ちから》以《い》上《じょう》の大《おお》きな望《のぞ》み。例 野望をいだく。類 野《や》心《しん》。

やぼったい 形 やぼな感《かん》じがする。あかぬけていない。例 どうにもやぼったい服《ふく》装《そう》だ。

✤○やま【山】名 ❶平《へい》地《ち》よりも、ずっと高《たか》く盛《も》り上《あ》がった所《ところ》。例 山に登《のぼ》る。❷うず高《たか》く盛《も》り上《あ》げたもの。例 洗《せん》濯《たく》物《もの》の山。❸鉱《こう》山《ざん》。例 山から石《せき》炭《たん》をほり出《だ》す。❹山《さん》林《りん》。例 山持《も》ち。❺数《かず》や量《りょう》が多《おお》いこと。例 宿《しゅく》題《だい》の山。❻いちばんだいじなところ。いちばん盛《も》り上《あ》がったところ。山《やま》場《ば》。クライマックス。例 ここが試《し》合《あい》の山だ。❼当《あ》たるだろうと思《おも》ってすること。予《よ》想《そう》。例 山が当《あ》たって、テストの点《てん》が上《あ》がった。⇩さん【山】527ページ

山《やま》が外《はず》れる 当《あ》たるだろうと思《おも》って立《た》てた予《よ》想《そう》が外《はず》れてしまう。

山《やま》眠《ねむ》る 冬《ふゆ》の山《やま》の静《しず》かなようすのたとえ。例 山眠る雰《ふん》囲《い》気《き》を写《しゃ》真《しん》に収《おさ》める。

山《やま》笑《わら》う 春《はる》に山《やま》の草《くさ》木《き》がいっせいにめぶき始《はじ》めるようすのたとえ。例 山笑う陽《よう》気《き》になった。

山《やま》をかける 当《あ》たるだろうと思《おも》って、予《よ》想《そう》を立《た》てる。山《やま》を張《は》る。例 山をかけて試《し》験《けん》勉《べん》強《きょう》をする。

山《やま》を越《こ》す ❶いちばん難《むずか》しい場《ば》面《めん》を切《き》り抜《ぬ》ける。例 病《びょう》気《き》は山を越した。❷さかんな時《とき》が過《す》ぎる。例 人《にん》気《き》も山を越した。

山《やま》を張《は》る ⇩やまをかける1327ページ

やまあい【山あい】名 山《やま》と山《やま》の間《あいだ》。また、その低《ひく》い所《ところ》。例 山あいに村《むら》がある。

やまあらし 名 東《とう》南《なん》アジアやアフリカ、南《なん》北《ぼく》アメリカにすむ、ウサギくらいの大《おお》きさの、けもの。毛《け》がかたくて長《なが》い針《はり》のようになっていて、敵《てき》が近《ちか》づくと毛《け》を逆《さか》立《だ》てて身《み》を守《まも》る。

〔やまあらし〕

やまい【病】名 ❶病《びょう》気《き》。例 胸《むね》の病。❷悪《わる》いくせ。欠《けっ》点《てん》。例 ゲームに熱《ねっ》中《ちゅう》しすぎるのは、あの子《こ》の病だ。⇩びょう【病】1111ページ

病《やまい》は気《き》から 病《びょう》気《き》は、気《き》持《も》ちの持《も》ちようで、よくも悪《わる》くもなるものだ。

病《やまい》を押《お》して 病《びょう》気《き》なのに無《む》理《り》をして。例 病をおして会《かい》議《ぎ》に出《で》る。

✤やまいだれ 名 漢《かん》字《じ》の部《ぶ》首《しゅ》で、「たれ」の一《ひと》つ。「病《びょう》」「痛《つう》」などの「疒」の部《ぶ》分《ぶん》。病《びょう》気《き》に関《かん》係《けい》のある字《じ》が多《おお》い。

やまいも【山芋】名 ⇩やまのいも1329ページ

やまおく【山奥】名 山《やま》のずっと奥《おく》。例 山奥の一《いっ》軒《けん》家《や》。

やまおとこ【山男】名 ❶山《やま》に住《す》んでいる男《おとこ》の人《ひと》。また、山《やま》で働《はたら》いている男《おとこ》の人《ひと》。❷登《と》

例解 ⟷ 使い分け

**破《やぶ》れる と 敗《やぶ》れる**

ズボンが破《やぶ》れる。
障《しょう》子《じ》が破《やぶ》れる。
平《へい》和《わ》が破《やぶ》れる。

戦《たたか》いに敗《やぶ》れる。
試《し》合《あい》に敗《やぶ》れる。
一《いっ》回《かい》戦《せん》で敗《やぶ》れる。

例解 ことばの窓

**山《やま》にかかわる言《こと》葉《ば》**

山《さん》頂《ちょう》でひと休《やす》みする。
尾《お》根《ね》づたいの道《みち》を歩《ある》く。
山《やま》のりょう線《せん》がくっきり見《み》える。
雪《ゆき》をいただいた山《やま》並《な》みが見《み》える。
ヒマラヤ山《さん》脈《みゃく》は世《せ》界《かい》の屋《や》根《ね》。
山《やま》裾《すそ》に牧《ぼく》場《じょう》が広《ひろ》がる。
富《ふ》士《じ》山《さん》の裾《すそ》野《の》にある町《まち》。
高《たか》くそびえる峰《みね》を見《み》上《あ》げる。
山《やま》の頂《いただき》を目《め》ざして登《のぼ》る。
山《やま》のふもとに小《ち》さな学《がっ》校《こう》がある。

あいうえお かきくけこ さしすせそ たちつてと なにぬねの はひふへほ まみむめも や ゆ よ らりるれろ わ を ん


四字熟語 針《しん》小《しょう》棒《ぼう》大《だい》 何《なん》でもないことを針《しん》小《しょう》棒《ぼう》大《だい》にふれ回《まわ》るから、こまったものだ。

山《ざん》の好《す》きな男《おとこ》の人《ひと》。登山家《とざんか》。❸昔《むかし》、山《やま》おくにいるといわれた、男《おとこ》の怪物《かいぶつ》。

**やまおり**【山折り】名 (折《お》り紙《がみ》などで)折《お》り目《め》が外側《そとがわ》になるように折《お》ること。対 谷折《たにお》り。

**やまおろし**【山おろし】名 高《たか》い山《やま》からふきおろす強《つよ》い冷《つめ》たい風《かぜ》。例 昨日《きのう》の山おろしとはうって変《か》わった天気《てんき》。

**やまが**【山家】名 山《やま》の中《なか》にある家《いえ》。例 山家育《そだ》ち。

**やまかげ**【山陰。】名 ❶山《やま》にさえぎられて、日《ひ》の当《あ》たらない所《ところ》。例 山陰にまだ雪《ゆき》が残《のこ》る。❷山《やま》のかげになって、見《み》えない所《ところ》。例 山陰に日《ひ》が沈《しず》む。注意「山陰」を「さんいん」と読むと、ちがう意味《いみ》になる。

**やまかじ**【山火事】名 山《やま》で起《お》こる火事《かじ》。

**やまかぜ**【山風】名 ❶山《やま》を吹《ふ》く風《かぜ》。山《やま》から吹《ふ》く風《かぜ》。❷夜《よる》、山《やま》の上《うえ》から谷《たに》に向《む》かって吹《ふ》き下《お》ろす風《かぜ》。対 谷風《たにかぜ》。

**やまがた ありとも**〖山県有朋〗人名 (男)(一八三八〜一九二二)明治《めいじ》・大正《たいしょう》時代《じだい》の軍人《ぐんじん》・政治家《せいじか》。明治政府《めいじせいふ》の中心《ちゅうしん》の一人《ひとり》。軍隊《ぐんたい》を作《つく》り、徴兵制度《ちょうへいせいど》を定《さだ》めたりした。

**やまがたけん**〖山形県〗地名 東北地方《とうほくちほう》の西部《せいぶ》、日本海《にほんかい》に面《めん》した県《けん》。県庁《けんちょう》は山形市《やまがたし》にある。

**やまかん**【山勘。】名 かんにたよった予想《よそう》。当《あ》てずっぽう。〔くだけた言《い》い方《かた》。〕例 山勘が当《あ》たる。

**やまぎわ**【山際△】名 ❶山《やま》のそば。例 山際の村《むら》。❷空《そら》の、山《やま》との境目《さかいめ》。山《やま》のきわの空《そら》。例 夕日《ゆうひ》で、山際が真《ま》っ赤《か》に染《そ》まる。

〔やまぎわ❷〕

**やまくずれ**【山崩れ。】名 大雨《おおあめ》や地震《じしん》などで、山《やま》から岩《いわ》や土《つち》などが、急《きゅう》にくずれ落《お》ちてくること。参考 大《おお》きいものを「山津波《やまつなみ》」という。

**やまぐちけん**〖山口県〗地名 中国地方《ちゅうごくちほう》の西部《せいぶ》、本州《ほんしゅう》のいちばん西《にし》にある県《けん》。県庁《けんちょう》は山口市《やまぐちし》にある。

**やまぐに**【山国】名 山《やま》の多《おお》い国《くに》や地方《ちほう》。また、周《まわ》りを山《やま》で囲《かこ》まれた国《くに》や地方《ちほう》。

**やまごや**【山小屋】名 登山《とざん》をする人《ひと》が、とまったり休《やす》んだりするために、山《やま》の中《なか》に建《た》ててある小屋《こや》。ヒュッテ。

**やまざくら**【山桜】名 ❶山《やま》に咲《さ》く桜《さくら》。❷桜《さくら》の一種《いっしゅ》。四月《しがつ》ごろ、若葉《わかば》といっしょに、ひとえの白《しろ》やあわいピンクの花《はな》がさく。

**やまざと**【山里】名 山《やま》の中《なか》にある村《むら》。また、山《やま》に近《ちか》い村《むら》。

**やまし**【山師】名 ❶山《やま》の木《き》を売《う》ったり、鉱物《こうぶつ》をほり出《だ》したりするのを仕事《しごと》にしている人《ひと》。❷万一《まんいち》の大《おお》もうけを目当《めあ》てにして、仕事《しごと》をする人《ひと》。❸人《ひと》をだまして金《かね》もうけをしようとする人《ひと》。詐欺師《さぎし》。

**やまじ**【山路】名 山《やま》の中《なか》の小道《こみち》。山道《やまみち》。例 山路をたどる。

**°やましい** 形 心《こころ》に、はじるところがある。後《うし》ろめたい。例 疑《うたが》われても、やましいところがないから平気《へいき》です。

**やましろ**〖山城〗地名 昔《むかし》の国《くに》の名《な》の一《ひと》つ。今《いま》の京都府《きょうとふ》の南東部《なんとうぶ》にあたる。

**やますそ**【山裾。】名 山《やま》のふもと。例 山すそに広《ひろ》がる畑《はたけ》。

**やませ**【山背】名 山《やま》をこえて吹《ふ》いてくる風《かぜ》。特《とく》に、北海道《ほっかいどう》や東北地方《とうほくちほう》などで、夏《なつ》に吹《ふ》く冷《つめ》たい北東《ほくとう》の風《かぜ》。冷害《れいがい》の原因《げんいん》となる。

**やまたいこく**〖邪馬台国〗地名 中国《ちゅうごく》の古《ふる》い本《ほん》に書《か》いてある、三世紀《さんせいき》ごろ日本《にっぽん》にあったという国《くに》。卑弥呼《ひみこ》という女王《じょおう》が治《おさ》めていたとされる。位置《いち》については、北九州《きたきゅうしゅう》説《せつ》と大和《やまと》(今《いま》の奈良県《ならけん》)説《せつ》がある。

**やまだ こうさく**〖山田耕筰〗人名 (男)(一八八六〜一九六五)作曲家《さっきょくか》。「からたちの花《はな》」「この道《みち》」など、多《おお》くの曲《きょく》を残《のこ》した。また、日本《にっぽん》のオペラや交響楽《こうきょうがく》の発展《はってん》にもつくした。

**やまだし**【山出し】名 ❶山《やま》から木材《もくざい》や炭《すみ》などを運《はこ》び出《だ》すこと。❷いなかから都会《とかい》に出《で》て来《き》たばかりの人《ひと》。

**やまつなみ**【山津波。】名 大雨《おおあめ》や地震《じしん》のために起《お》こる大《おお》きな山《やま》くずれ。

**やまづみ**【山積み】名 動-する ❶山《やま》のように高《たか》く積《つ》むこと。例 荷物《にもつ》を山積みにする。❷問題《もんだい》や仕事《しごと》がたまっていること。例 難《むずか》しい問題《もんだい》が山積みになっている。類 山積《さんせき》。

**やまて**【山手】名 町《まち》や村《むら》などで、山《やま》に近《ちか》いほう。山《やま》の手《て》。

**やまでら**【山寺】名 山《やま》の中《なか》にある寺《てら》。

**やまと**〖大和〗地名 ❶日本《にっぽん》の国《くに》の昔《むかし》の呼《よ》び名《な》。❷昔《むかし》の国《くに》の名《な》の一《ひと》つ。今《いま》の奈良県《ならけん》にあたる。参考「大和《やまと》」は、特別《とくべつ》に認《みと》められた読《よ》み方《かた》。

**やまとえ**【〈大和〉絵】名 ❶日本《にっぽん》の風景《ふうけい》やものごとのようすをかいた絵《え》。❷平安時代《へいあんじだい》に起《お》こった絵画《かいが》の流《なが》れ。絵巻物《えまきもの》もその一《ひと》つ。

✤**やまとことば**【〈大和〉言葉】名 昔《むかし》からの純粋《じゅんすい》な日本語《にほんご》。➡わご 1424ページ

**やまとじだい**【〈大和〉時代】名 ➡こふんじだい 480ページ

**やまとたけるのみこと**〖日本武尊〗人名 (男)「古事記《こじき》」「日本書紀《にほんしょき》」などに書《か》かれている英雄《えいゆう》。天皇《てんのう》の皇子《おうじ》で、武勇《ぶゆう》にすぐれ、関東《かんとう》から九州《きゅうしゅう》までを、天皇《てんのう》に従《したが》うようにさせたとされる。

**やまとちょうてい**【〈大和〉朝廷】名 今《いま》の奈良県《ならけん》(大和地方《やまとちほう》)に都《みやこ》を置《お》いて政治《せいじ》を行《おこな》った、天皇《てんのう》を中心《ちゅうしん》とした政府《せいふ》。「大和政権《やまとせいけん》」ともいう。

**やまとなでしこ**【〈大和〉なでしこ】名 ❶ナデシコの別名《べつめい》。❷日本《にっぽん》の女性《じょせい》を美《うつく》しく表現《ひょうげん》した言葉《ことば》。

**やまどり**【山鳥】名 ❶山《やま》にすむ鳥《とり》。❷本州《ほんしゅう》から南《みなみ》の山地《さんち》にすむ、キジに似《に》ている鳥《とり》。美《うつく》しい赤茶色《あかちゃいろ》で、背《せ》に黒《くろ》、腹《はら》に白《しろ》いまだらがある。尾《お》が長《なが》い。

**やまなしけん**〖山梨県〗地名 中部地方《ちゅうぶちほう》の東部《とうぶ》にある県《けん》。県庁《けんちょう》は甲府市《こうふし》にある。

**やまなみ**【山並み】名 連《つら》なっている山々《やまやま》。山脈《さんみゃく》。連山《れんざん》。例 遠《とお》くに山並みが青《あお》くかすむ。

**やまなり**【山鳴り】名 動する 噴火《ふんか》などで、山《やま》が鳴《な》りひびくこと。

**やまねこ**【山猫】名 山野《さんや》にすむ野生《やせい》のネコ。日本《にっぽん》では対馬《つしま》・西表島《いりおもてじま》に見《み》られる。

**やまのいも**【山の芋】名 山《やま》や野《の》に、自然《しぜん》に生《は》えるつる草《ぐさ》。根《ね》は太《ふと》くなり、すりおろして食《た》べる。ジネンジョ。ヤマイモ。

**やまのうえの おくら**〖山上憶良〗人名 (男)(六六〇～七三三ごろ)奈良時代《ならじだい》の歌人《かじん》。人生《じんせい》をうたった歌《うた》を、「万葉集《まんようしゅう》」にたくさん残《のこ》した。「銀《しろかね》も金《くがね》も玉《たま》も何《なに》せむ《ん》にまされる宝子《たからこ》にしかめやも」などの歌《うた》がある。

**やまのさち**【山の幸】名 鳥《とり》やけもの、木《き》の実《み》、山菜《さんさい》、きのこなど、山《やま》でとれる食《た》べ物《もの》。対 海《うみ》の幸《さち》。

**やまのて**【山の手】名 ❶山《やま》に近《ちか》いほう。山《やま》手《て》。❷都会《とかい》で、高台《たかだい》の住宅地《じゅうたくち》。対 下町《したまち》。

**やまのは**【山の端】名 山《やま》の、空《そら》との境《さかい》の所《ところ》。例 夕日《ゆうひ》が山の端にしずむ。➡やまぎわ❷ 1328ページ

**やまのひ**【山の日】名 国民《こくみん》の祝日《しゅくじつ》の一《ひと》つ。八月十一日《はちがつじゅういちにち》。山《やま》に親《した》しむ機会《きかい》を得《え》て、山《やま》の恩恵《おんけい》に感謝《かんしゃ》する日《ひ》。

**やまのぼり**【山登り】名 動する 山《やま》に登《のぼ》ること。登山《とざん》。例 山登りが趣味《しゅみ》だ。

**やまば**【山場】名 ものごとの、いちばん大《おお》きな盛《も》り上《あ》がり。クライマックス。例 物語《ものがたり》の山場。話《はな》し合《あ》いも山場をむかえた。

**やまはだ**【山肌】名 岩《いわ》や土《つち》がむき出《だ》しになった山《やま》の表面《ひょうめん》。例 赤茶《あかちゃ》けた山はだ。

**やまばと**【山鳩】名 野山《のやま》にすむ野生《やせい》のハト。

**やまびこ**【山びこ】名 山《やま》や谷《たに》などで、大声《おおごえ》を出《だ》すと、しばらくしてその声《こえ》がはね返《かえ》ってくること。こだま。エコー。

**やまびらき**【山開き】名 動する その年《とし》、初《はじ》めて登山《とざん》を許《ゆる》すこと。また、その日《ひ》。例 富《ふ》士《じ》山《さん》の山開き。関連 川開《かわびら》き。海開《うみびら》き。

**やまぶき**【山吹】名 山《やま》に生《は》え、庭《にわ》などにも植《う》える、バラの仲間《なかま》の小《ちい》さい木《き》。春《はる》、黄色《きいろ》い花《はな》が咲《さ》く。

**やまぶきいろ**【山吹色】名 山吹《やまぶき》の花《はな》のような、赤《あか》っぽい黄色《きいろ》。例 山吹色の小判《こばん》。

**やまぶし**【山伏】名 山《やま》にこもって、修行《しゅぎょう》しているお坊《ぼう》さん。修験者《しゅげんじゃ》。

〔やまぶし〕

**やまふところ**【山懐】名 山々《やまやま》に深《ふか》く囲《かこ》まれた所《ところ》。例 山懐の小《ちい》さな村《むら》。

**やまべの あかひと**〖山部赤人〗人名

四字熟語 誠心誠意《せいしんせいい》 ボランティアの若者《わかもの》たちが誠心誠意《せいしんせいい》、被災地《ひさいち》の救援《きゅうえん》に当《あ》たっている。

（男）奈良《なら》時代《じだい》初《はじ》めのころの歌人《かじん》。自然《しぜん》をよんだすぐれた歌《うた》を「万葉集《まんようしゅう》」に残《のこ》している。「田子《たご》の浦《うら》ゆうち出《い》でて見《み》れば真白《ましろ》にそ富士《ふじ》の高嶺《たかね》に雪《ゆき》は降《ふ》りける」などの歌《うた》がある。

**やまほど**【山ほど】副 山《やま》のようにたくさん。例 ほしいものは、山ほどある。

**やまみち**【山道】名 山《やま》の中《なか》の道《みち》。山路《やまじ》。

**やまめ**【山女△】名 きれいな川《かわ》にすむ魚《さかな》。体《からだ》の両側《りょうがわ》に黒《くろ》いまだらがある。食用《しょくよう》。

**やまもり**【山盛り】名 山《やま》のように高《たか》く盛《も》り上《あ》げること。例 山盛りのご飯《はん》。

**やまやき**【山焼き】名 動-する 草《くさ》がよく生《は》えるように、春《はる》の初《はじ》めに山《やま》のかれ草《くさ》を焼《や》くこと。

**やまやま**【山山】一 名 多《おお》くの山《やま》。例 遠《とお》くの山々。二 副 したいと思《おも》ってもできないので、残念《ざんねん》に思《おも》うようす。例 行《い》きたいのはやまやまだが、ひまがない。参考 ふつう二は、かな書《が》きにする。

**やまゆり** 名 本州《ほんしゅう》の中部《ちゅうぶ》から北《きた》の山《やま》に生《は》えるユリ。庭《にわ》にも植《う》え、夏《なつ》に大《おお》きな白《しろ》い花《はな》が咲《さ》き、よいかおりがする。

**やまわけ**【山分け】名 動-する みんな同《おな》じになるように大《おお》まかに分《わ》けること。例 拾《ひろ》ったどんぐりを山分けする。

**やまんば**【山姥◆】名 山《やま》のおくにすむという女《おんな》の鬼《おに》。やまうば。

**やみ**【闇】画数 17 部首 門（もんがまえ）
音 ―― 訓 やみ
真《ま》っ暗《くら》。くらがり。熟語 闇夜《やみよ》。暗闇《くらやみ》。

**やみ**【闇°】名 ❶真《ま》っ暗《くら》な状態《じょうたい》。例 夜《よる》の闇に包《つつ》まれる。❷望《のぞ》みがないこと。例 この世《よ》は闇だ。❸人目《ひとめ》が届《とど》かないこと。例 闇にほうむる。❹決《き》まりにそむいて行《おこな》うこと。例 闇の取《と》り引《ひ》き。

**やみあがり**【病△み上がり】名 病気《びょうき》が治《なお》ったばかりで、まだ体力《たいりょく》がついていないこと。また、そのような人《ひと》。例 病み上がりの体《からだ》。

**やみいち**【闇°市】名 正式《せいしき》の取《と》り引《ひ》きでない品《しな》を扱《あつか》う店《みせ》が集《あつ》まっている市場《いちば》。ブラックマーケット。例 戦後《せんご》に開《ひら》かれた闇市。

**やみうち**【闇°討△ち】名 動-する ❶暗《くら》やみにまぎれて、人《ひと》をおそうこと。❷相手《あいて》の不意《ふい》をつくこと。だまし討《う》ち。

**やみくもに**【闇°雲に】形動 よく考《かんが》えず、むやみにするようす。例 やみくもにシュートしてもだめだ。

**やみつき**【病△み付き】名 あることに夢中《むちゅう》になって、やめられなくなること。例 一度《いちど》やったら病みつきになる。

**やみよ**【闇°夜】名 月《つき》の出《で》ない、真《ま》っ暗《くら》な夜《よる》。対 月夜《つきよ》。

**やむ**【病△む】動 ❶病気《びょうき》にかかる。例 胸《むね》を病む。❷気《き》にかける。心配《しんぱい》する。例 失敗《しっぱい》したからといって、いつまでも気《き》に病むことはない。⇩びょう【病】1111ページ

◦**やむ** 動 続《つづ》いているものが、止《と》まる。例 雨《あめ》がやむ。風《かぜ》がやむ。さわぎがやむ。

**やむなく** 副 ⇩やむをえず 1330ページ

**やむにやまれず** そうしないではいられなくて。例 やむにやまれず電話《でんわ》した。

**やむにやまれぬ** どうしようもない。例 やむにやまれぬ事情《じじょう》で欠席《けっせき》した。

**やむをえず**【やむを得ず】副 しかたなく。やむなく。例 やむを得ず引《ひ》き返《かえ》した。

**やむをえない**【やむを得ない】しかたがない。例 この雨《あめ》では、中止《ちゅうし》もやむを得ない。

**やめる**【辞△める】動 勤《つと》めや役目《やくめ》から退《しりぞ》く。例 会社《かいしゃ》を辞める。⇩じ【辞】540ページ

◦**やめる** 動 ❶終《お》わりにする。よす。例 けんかはもうやめよう。❷中止《ちゅうし》する。例 旅行《りょこう》をやめる。

**やもり** 名 家《いえ》や家《いえ》の近《ちか》くにすんでいる、トカゲに似《に》た動物《どうぶつ》。足《あし》の裏《うら》で、壁《かべ》などに吸《す》いつく。夜《よる》、出《で》てきて虫《むし》を食《た》べる。

**やや** 副 少《すこ》し。いくらか。例 やや大《おお》きめのふくろ。そこより、やや左寄《ひだりよ》り。

**ややこしい** 形 こみ入《い》ってわかりにくい。複雑《ふくざつ》である。例 話《はなし》がややこしい。

**ややもすると** 副 どうかすると。ややもすれば。例 お正月《しょうがつ》は、ややもすると食《た》べすぎてしまう。

**ややもすれば** 副 ⇩ややもすると 1330ページ

**やゆ**【揶◆揄◆】名 動-する 皮肉《ひにく》などを言《い》って、相手《あい》をからかうこと。

四字熟語 正々堂々《せいせいどうどう》 私《わたし》たちは、フェアプレーの精神《せいしん》で、正々堂々《せいせいどうどう》とたたかいます。

**やよい**【〈弥生〉】名 昔《むかし》の暦《こよみ》で、三月《さんがつ》のこと。参考「弥生《やよい》」は、特別《とくべつ》に認《みと》められた読《よ》み方《かた》。

**やよいじだい**【〈弥生〉時代】名 弥生《やよい》土器《どき》が使《つか》われ、稲作《いなさく》が始《はじ》まった時代《じだい》。紀元前《きげんぜん》四世紀《せいき》ごろから紀元後《きげんご》三世紀《せいき》ごろまでの間《あいだ》。

**やよいどき**【〈弥生〉土器】名 弥生時代《やよいじだい》に日本《にっぽん》で作《つく》られた素焼《すや》きの土器《どき》。東京《とうきょう》の弥生町貝塚《やよいちょうかいづか》〔＝今《いま》の文京区本郷《ぶんきょうくほんごう》にある〕で発見《はっけん》された。縄文土器《じょうもんどき》よりもうすくてかたい。弥生式土器《やよいしきどき》。↓じょうもんどき 638ページ

**やら** 助 ❶〔疑問《ぎもん》を表《あらわ》す言葉《ことば》のあとにつけて〕不確《ふたし》かな気持《きも》ちを表《あらわ》す。例 何《なに》やら言《い》っている。どうなることやら。❷〔「…やら…やら」の形《かたち》で〕言葉《ことば》を並《なら》べて言《い》う。例 飲《の》むやら食《く》うやら、大《おお》さわぎだ。

**やらい**【夜来】名 前《まえ》の夜《よる》から続《つづ》いていること。例 夜来の雨《あめ》も、すっかりやんだ。

**やらせ** 名 偶然《ぐうぜん》に起《お》きたようで、実《じつ》は仕組《しく》まれたもの。特《とく》に、テレビのドキュメンタリー番組《ばんぐみ》などで、本当《ほんとう》らしく作《つく》り事《ごと》をすること。例 やらせ報道《ほうどう》。

**やり**【槍】名 ❶昔《むかし》の武器《ぶき》の一《ひと》つ。細長《ほそなが》い棒《ぼう》の先《さき》に、とがった刃《は》をつけ、敵《てき》をつく。❷陸上《りくじょう》競技《きょうぎ》のやり投《な》げに使《つか》う細長《ほそなが》い棒《ぼう》。

**やりあう**【やり合う】動 ❶両者《りょうしゃ》が同《おな》じようなことをする。例 張《は》り手《て》をやり合う。❷たがいに争《あらそ》う。例 二人《ふたり》は何度《なんど》もやり合ったライバルだ。

**やりがい** 名 苦労《くろう》や努力《どりょく》をするだけの値打《ねう》ち。例 この仕事《しごと》はやりがいがある。

**やりかえす**【やり返す】動 ❶し直《なお》す。やり直《なお》す。例 計算《けいさん》をもう一度《いちど》やり返す。❷反対《はんたい》にやりこめる。例 弟《おとうと》も負《ま》けていないでやり返してきた。

**やりかけ** 名 途中《とちゅう》までで、まだ全部《ぜんぶ》終《お》わっていないこと。例 やりかけの仕事《しごと》。

**やりかた**【やり方】名 しかた。する方法《ほうほう》。例 とてもいいやり方だ。

**やりがたけ**【槍ケ岳】地名 長野県《ながのけん》と岐阜県《ぎふけん》の境《さかい》にある、やりのようにとがった形《かたち》の山《やま》。高《たか》さは三一八〇メートル。

**やりきれない**【やり切れない】形 ❶ものごとを仕上《しあ》げることができない。例 一日《いちにち》ではやりきれない。❷がまんができない。例 寒《さむ》くてやりきれない。

**やりくち**【やり口】名 やり方《かた》。しかた。取《と》った手段《しゅだん》。例 ひどいやり口だ。参考 よくない意味《いみ》で使《つか》われることが多《おお》い。

**やりくり**【やり繰り】名 動-する 工夫《くふう》して、どうにか都合《つごう》をつけること。例 仕事《しごと》のやりくりをつける。

**やりこめる**【やり込める】動 言《い》い合《あ》いをして、相手《あいて》を負《ま》かす。例 理屈《りくつ》を言《い》って兄《あに》をやり込める。

**やりすごす**【やり過ごす】動 ❶あとから来《く》るものを、先《さき》に行《い》かせる。例 電車《でんしゃ》を一台《いちだい》やり過ごす。❷何《なに》もしないで、そのままにしてすごす。例 雨《あま》やどりをして夕立《ゆうだ》ちをやり過ごす。❸程度《ていど》をこす。例 父《ちち》はお酒《さけ》をやり過ごして、まだねている。

**やりそこなう**【やり損なう】動 失敗《しっぱい》する。しくじる。例 パスをやり損なった。

**やりだまにあげる**【槍玉に挙げる】ある人《ひと》やものごとを選《えら》び出《だ》して、非難《ひなん》や攻撃《こうげき》の目標《もくひょう》にする。例 失敗《しっぱい》の責任者《せきにんしゃ》をやり玉に挙げて批判《ひはん》する。

**やりっぱなし**【やりっ放し】名 何《なに》かしたまま、あとしまつをしないこと。例 仕事《しごと》をやりっぱなしにして家《いえ》を出《で》た。

**やりて**【やり手】名 ❶ものごとをする人《ひと》。例 仕事《しごと》のやり手がない。❷腕前《うでまえ》のある人《ひと》。例 彼《かれ》はなかなかのやり手だ。

**やりとおす**【やり通す】動 終《お》わりまでやる。やりとげる。例 仕事《しごと》をやり通した。

**やりとげる**【やり遂げる】動 終《お》わりまでやってしまう。最後《さいご》までして、目的《もくてき》を果《は》たす。例 難《むずか》しい仕事《しごと》をやり遂げた。

**やりとり**【やり取り】名 動-する ❶物《もの》をやったりもらったりすること。例 友達《ともだち》と手紙《てがみ》のやり取りをする。❷言葉《ことば》の受《う》け答《こた》え。例 電話《でんわ》でのやり取り。

**やりなおす**【やり直す】動 改《あらた》めてもう一度《いちど》やる。例 計算《けいさん》をやり直す。

**やりなげ**【槍投げ】名 陸上《りくじょう》競技《きょうぎ》の一《ひと》つ。「やり❷」を投《な》げて飛《と》んだ距離《きょり》をきそう。

**やりぬく**【やり抜く】動 一《ひと》つのことを終《お》わりまでやってしまう。やりとげる。例 仕事《しごと》を終《お》


四字熟語 絶体絶命《ぜったいぜつめい》 一点《いってん》取《と》られたら優勝《ゆうしょう》をのがすという、絶体絶命《ぜったいぜつめい》のピンチだ。

を最後《さいご》までやり抜《ぬ》く。

**やりば**【やり場】名 持《も》っていく場所《ばしょ》。例 目《め》のやり場に困《こま》る。やり場のない怒《いか》り。

**やりみず**【やり水】名 ❶庭《にわ》に水《みず》を引《ひ》き入《い》れて作《つく》った、水《みず》の流《なが》れ。❷草花《くさばな》などに水《みず》をやること。水《みず》やり。

°**やる** 動 ❶行《い》かせる。例 使《つか》いをやる。❷他《ほか》の所《ところ》に移《うつ》す。例 どこにやったか忘《わす》れた。❸向《む》ける。例 目《め》をやる。❹目下《めした》の人《ひと》や生《い》き物《もの》に与《あた》える。例 妹《いもうと》にノートをやる。犬《いぬ》にえさをやる。対 くれる。もらう。❺「する」のくだけた言《い》い方《かた》。みずからものごとを行《おこな》う。例 試合《しあい》をやる。やり直《なお》す。❻生活《せいかつ》する。例 どうにかやっていける。❼食《た》べる。飲《の》む。例 酒《さけ》を一杯《いっぱい》やる。❽〔「…てやる」の形《かたち》で〕目下《めした》の人《ひと》のために、あることをする。例 字《じ》を教《おし》えてやる。対 くれる。もらう。❾〔「…てやる」の形《かたち》で〕わざとする。例 思《おも》い知《し》らせてやる。❿〔ある言葉《ことば》のあとにつけて〕遠《とお》くまで…する。例 昔《むかし》のことを思《おも》いやる。敬語 ❹・❽の丁寧《ていねい》な言《い》い方《かた》は、「あげる」。

**やるき**【やる気】名 ものごとを成《な》しとげようとする気持《きも》ち。例 やる気満々《まんまん》だ。

**やるせない**【やる瀬無い】形 悲《かな》しさやさびしさなどを晴《は》らす方法《ほうほう》がなく、つらい。例 やるせない思《おも》い。

**やれやれ** 感 ほっとしたときや、がっかりしたときなどに出《で》る言葉《ことば》。例 やれやれ、よかった。やれやれ、また失敗《しっぱい》か。

**やわら**【柔】名 柔道《じゅうどう》。〔古《ふる》い言《い》い方《かた》。〕

**やわらか**【柔らか】形動 柔《やわ》らかいようす。例 柔らかな態度《たいど》。⇩じゅう【柔】594ページ

**やわらか**【軟らか】形動 軟《やわ》らかいようす。例 表情《ひょうじょう》が軟らかになる。⇩なん【軟】979ページ

°**やわらかい**【柔らかい】形 ❶ふっくらしている。例 柔らかいふとん。対 固《かた》い。堅《かた》い。❷楽《らく》に曲《ま》げたりのばしたりできる。しなやかである。例 体《からだ》が柔らかい。対 硬《かた》い。❸おだやかで静《しず》かである。例 柔らかい物腰《ものごし》の人《ひと》。⇩じゅう【柔】594ページ

°**やわらかい**【軟らかい】形 ❶力《ちから》を加《くわ》えると形《かたち》が変《か》わりやすい。例 ご飯《はん》が軟らかい。対 固《かた》い。硬《かた》い。❷かた苦《くる》しくない。例 文章《ぶんしょう》が軟らかい。対 硬《かた》い。⇩なん【軟】979ページ

**やわらぐ**【和らぐ】動 ❶おだやかになる。静《しず》まる。例 寒《さむ》さが和らいできた。❷なごやかになる。例 心《こころ》が和らぐ。⇩わ【和】1419ページ

**やわらげる**【和らげる】動 ❶おだやかにする。例 声《こえ》を和らげる。❷ゆるくする。わかりやすくする。例 表現《ひょうげん》を和らげる。⇩わ【和】1419ページ

**ヤング**〔英語 young〕名 若《わか》いこと。若者《わかもの》。例 ヤングに人気《にんき》の店《みせ》。

**やんごとない**【やん事無い】形 ❶身分《みぶん》が高《たか》い。例 やんごとないお生《う》まれ。❷やむを得《え》ない。よんどころない。例 やんごとない事情《じじょう》で欠席《けっせき》する。

**やんちゃ** 名 形動 〔おもに、子《こ》どもについて〕わがまま勝手《かって》であること。例 うちの子《こ》はやんちゃで困《こま》っています。

例解 ↔ 使い分け

**柔《やわ》らかい と 軟《やわ》らかい**

柔《やわ》らかい毛布《もうふ》。
柔《やわ》らかい春《はる》の日《ひ》ざし。
柔《やわ》らかい身《み》のこなし。
頭《あたま》が柔《やわ》らかい。

軟《やわ》らかいご飯《はん》。
軟《やわ》らかい土《つち》。
軟《やわ》らかい表現《ひょうげん》。
ぐにゃりと軟《やわ》らかいタコ。

**やんばるくいな** 名 沖縄県北部《おきなわけんほくぶ》の「ヤンバルの森《もり》」と呼《よ》ばれる森林《しんりん》にしかいない貴重《きちょう》な鳥《とり》。体長《たいちょう》三〇センチメートルほどで、ほとんど飛《と》ばない。天然記念物《てんねんきねんぶつ》。絶滅危惧種《ぜつめつきぐしゅ》。

**やんばるこくりつこうえん**〔やんばる国立公園〕地名 沖縄県北部《おきなわけんほくぶ》にある国立公園《こくりつこうえん》。亜熱帯照葉樹林《あねったいしょうようじゅりん》とヤンバルクイナなどの固有《こゆう》の動植物《どうしょくぶつ》で知《し》られる。⇩こくりつこうえん 457ページ

**やんま** 名 大《おお》きなトンボをまとめた呼《よ》び名《な》。ギンヤンマやオニヤンマなど。

四字熟語 千差万別《せんさばんべつ》 辞書《じしょ》といっても千差万別《せんさばんべつ》、種類《しゅるい》も大《おお》きさもいろいろある。

**やんや** 感 大勢《おおぜい》が、ほめたりはやし立《た》てたりするときの声《こえ》。例 やんやの喝采《かっさい》を浴《あ》びる。

**やんわり** 副(-と) やわらかに。おだやかに。例 やんわりと注意《ちゅうい》する。

# ゆ

ユ yu

**ゆ【由】** 画数 5 部首 田(た) 3年

音 ユ ユウ ユ△イ 訓 よ△し

筆順

❶わけ。いわれ。熟語 由来《ゆらい》。由緒《ゆいしょ》。理由《りゆう》。❷それによる。もとづく。熟語 経由《けいゆ》。自由《じゆう》。

**ゆ【油】** 画数 8 部首 氵(さんずい) 3年

音 ユ 訓 あぶら

筆順

あぶら。熟語 油田《ゆでん》。原油《げんゆ》。石油《せきゆ》。油絵《あぶらえ》。

**ゆ【輸】** 画数 16 部首 車(くるまへん) 5年

音 ユ 訓 ―

筆順

物《もの》を運《はこ》ぶ。移《うつ》す。熟語 輸血《ゆけつ》。輸出《ゆしゅつ》。運輸《うんゆ》。

**ゆ【喩】** 画数 12 部首 口(くちへん)

音 ユ 訓 ―

たとえる。熟語 比喩《ひゆ》。

**ゆ【愉】** 画数 12 部首 忄(りっしんべん)

音 ユ 訓 ―

たのしい。熟語 愉快《ゆかい》。

**ゆ【諭】** 画数 16 部首 言(ごんべん)

音 ユ 訓 さと-す

さとす。教《おし》え導《みちび》く。熟語 教諭《きょうゆ》。説諭《せつゆ》(=よく言《い》い聞《き》かせる)。例 人《ひと》の道《みち》を教《おし》え諭《さと》す。

**ゆ【癒】** 画数 18 部首 疒(やまいだれ)

音 ユ 訓 い-える い-やす

病《びょう》気《き》やけがが治《なお》る。いえる。いやす。熟語 治癒《ちゆ》(=病《びょう》気《き》が治《なお》る)。例 病《やまい》を癒《い》やす。

**ゆ【遊△】** 熟語 物見遊山《ものみゆさん》。⇩ゆう【遊】 1334ページ

**゜ゆ【湯】** 名 ❶水《みず》をわかしたもの。例 ぬるま湯。❷ふろ。例 湯かげん。❸温泉《おんせん》。例 湯の町《まち》。⇩とう【湯】 903ページ

**ゆあか【湯あか】** 名 風呂《ふろ》おけややかんの内《うち》側《がわ》に付《つ》く、かすのようなもの。

**ゆあがり【湯上がり】** 名 ふろから出《で》たばかりのこと。例 湯上がりタオル。

**ゆあたり【湯あたり】** 名 動-する 長《なが》い時間《じかん》入浴《にゅうよく》して、体《からだ》の調子《ちょうし》が悪《わる》くなること。例 長《なが》湯《ゆ》のせいで湯あたりした。

**ゆあみ【湯あみ】** 名 動-する ふろに入《はい》ること。入浴《にゅうよく》。〔古《ふる》い言《い》い方《かた》。〕

**ゆい【唯】** 画数 11 部首 口(くちへん)

音 ユイ イ 訓 ―

❶ただそれだけ。熟語 唯一《ゆいいつ》。❷「はい」と答《こた》える言葉《ことば》。熟語 唯《い》々《い》諾《だく》々《だく》(=何《なん》にでも言《い》うとおりになるようす)。

**ゆい【由△】** 熟語 由緒《ゆいしょ》。⇩ゆ【由】 1333ページ

**ゆい【遺△】** 熟語 遺言《ゆいごん》。⇩い【遺】 51ページ

**ゆいいつ【唯゜一】** 名 ただ一《ひと》つ。ゆいつ。例 唯一の宝物《たからもの》。

**ゆいいつむに【唯゜一無二】** 名 〔「唯一《ゆいいつ》」を強《つよ》めた言《い》い方《かた》。〕ただ一《ひと》つだけで、二《ふた》つとないこと。例 唯一無二の貴重品《きちょうひん》。

**ゆいごん【遺△言】** 名 動-する 死《し》ぬ時《とき》に、言《い》い残《のこ》すこと。また、その言葉《ことば》。例 祖《そ》父《ふ》の遺言にしたがう。

**ゆいごんじょう【遺△言状】** 名 遺言《ゆいごん》を書《か》いた書類《しょるい》。

**ゆいしょ【由△緒゜】** 名 ❶そのものごとが起《お》こり、続《つづ》いてきた筋道《すじみち》。いわれ。例 寺《てら》の由緒をたずねる。❷立派《りっぱ》な歴史《れきし》。例 由緒のある建《たて》物《もの》。

**ゆいのう【結△納】** 名 結婚《けっこん》の約束《やくそく》のしるしに、たがいにお金《かね》や品物《しなもの》を取《と》りかわすこと。また、そのお金《かね》や品物《しなもの》。例 結納を交《か》わす。

**ユー【U・u】** 名 「U」の形《かたち》。例 U磁石《じしゃく》。U字《じ》溝《こう》。

**ゆう【友】** 画数 4 部首 又(また) 2年



四字熟語 前人未到《ぜんじんみとう》 高校生《こうこうせい》で100メートルを9秒台《びょうだい》で走《はし》るとは、前人未到《ぜんじんみとう》の大記録《だいきろく》だよ。

音 ユウ 訓 とも

筆順

ともだち。熟語 友好《ゆうこう》。友情《ゆうじょう》。友人《ゆうじん》。交友《こうゆう》。親友《しんゆう》。友達《ともだち》。

## ゆう【有】画数 6 部首 月（つき） 3年

音 ユウ ウ△ 訓 あ-る

筆順

❶ある。熟語 有名《ゆうめい》。有害《ゆうがい》。有無《うむ》。対 無《む》。❷持《も》つ。熟語 所有《しょゆう》。国有《こくゆう》。特有《とくゆう》。⇩ゆうする 1337ページ

《訓の使い方》あ-る 例 才能《さいのう》が有る。

ゆう【有】名 あること。存在《そんざい》すること。例 無《む》から有を生《しょう》じる。対 無《む》。

## ゆう【勇】画数 9 部首 力（ちから） 4年

音 ユウ 訓 いさ-む

筆順

いさましい。熟語 勇敢《ゆうかん》。勇気《ゆうき》。勇者《ゆうしゃ》。勇壮《ゆうそう》。勇猛《ゆうもう》。武勇《ぶゆう》。

《訓の使い方》いさ-む 例 心《こころ》が勇む。

ゆう【勇】名 ものごとにおそれない強《つよ》い精《せい》神《しん》。勇気《ゆうき》。例 勇をふるって立《た》ち向《む》かう。

## ゆう【郵】画数 11 部首 阝（おおざと） 6年

音 ユウ 訓 ―

筆順

ゆうびん。熟語 郵送《ゆうそう》。郵便《ゆうびん》。

## ゆう【遊】画数 12 部首 辶（しんにょう） 3年

音 ユウ ユ△ 訓 あそ-ぶ

筆順

❶あそぶ。楽《たの》しむ。熟語 遊戯《ゆうぎ》。交遊《こうゆう》。遊園地《ゆうえんち》。物見遊山《ものみゆさん》。❷家《いえ》をはなれる。旅《たび》をする。熟語 遊覧《ゆうらん》。遊説《ゆうぜい》。周遊《しゅうゆう》。❸はなれたところにいる。ただよう。熟語 遊牧《ゆうぼく》。遊離《ゆうり》。

《訓の使い方》あそ-ぶ 例 公園《こうえん》で遊ぶ。

## ゆう【優】画数 17 部首 亻（にんべん） 6年

音 ユウ 訓 やさ-しい△ すぐ-れる△

筆順

❶やさしい。しとやか。熟語 優雅《ゆうが》。優美《ゆうび》。❷すぐれる。熟語 優秀《ゆうしゅう》。優勢《ゆうせい》。対 劣《れつ》。❸手厚《てあつ》い。熟語 優遇《ゆうぐう》。優待《ゆうたい》。❹役者《やくしゃ》。熟語 女優《じょゆう》。俳《はい》優《ゆう》。

《訓の使い方》やさ-しい 例 優しい心《こころ》。すぐ-れる 例 音楽《おんがく》に優れる。

ゆう【優】名 すぐれていること。例 審査《しんさ》の結《けっ》果《か》は優の部《ぶ》だった。関連 良《りょう》。可《か》。

## ゆう【幽】画数 9 部首 幺（いとがしら）

音 ユウ 訓 ―

❶おく深《ふか》い。熟語 幽玄《ゆうげん》（＝おく深《ふか》くて、計《はか》り知《し》れない）。❷あの世《よ》。熟語 幽霊《ゆうれい》。❸閉《と》じこめる。熟語 幽閉《ゆうへい》（＝閉《と》じこめる）。

## ゆう【悠】画数 11 部首 心（こころ）

音 ユウ 訓 ―

❶はるか。熟語 悠久《ゆうきゅう》（＝年月《ねんげつ》が久《ひさ》しいようす）。❷ゆったりしている。熟語 悠然《ゆうぜん》。

## ゆう【湧】画数 12 部首 氵（さんずい）

音 ユウ 訓 わ-く

わき出《で》る。熟語 湧水《ゆうすい》（＝わき出《で》る水《みず》）。湧出《ゆうしゅつ》（＝水《みず》などがわき出《で》ること）。例 温泉《おんせん》が湧《わ》く。

## ゆう【猶】画数 12 部首 犭（けものへん）

音 ユウ 訓 ―

ためらう。熟語 猶予《ゆうよ》。

## ゆう【裕】画数 12 部首 衤（ころもへん）

音 ユウ 訓 ―

ゆたか。ゆとりがある。熟語 裕福《ゆうふく》。富裕《ふゆう》。余《よ》裕《ゆう》。

## ゆう【雄】画数 12 部首 隹（ふるとり）

音 ユウ 訓 お おす

❶動物《どうぶつ》や植物《しょくぶつ》の、おす。熟語 雌雄《しゆう》。例 雄《お》しべ。対 雌《し》。❷力強《ちからづよ》い。また、すぐれた人《ひと》。熟語 雄姿《ゆうし》。英雄《えいゆう》。

ゆう【雄°】名 すぐれている人《ひと》。例 戦国《せんごく》の雄。

四字熟語 前代未聞《ぜんだいみもん》 氷河《ひょうが》が溶《と》けて流《なが》れ出《だ》すとは、前代未聞《ぜんだいみもん》の出来事《できごと》だ。

**ゆう【誘】** 画数 14 部首 言（ごんべん）
音 ユウ 訓 さそ-う
❶さそう。導《みちび》く。おびき出《だ》す。熟語 誘《ゆう》拐《かい》。誘《ゆう》導《どう》。❷引《ひ》き起《お》こす。熟語 誘《ゆう》発《はつ》。

**ゆう【憂】** 画数 15 部首 心（こころ）
音 ユウ 訓 うれ-える うれ-い う-い
うれえる。心《しん》配《ぱい》する。熟語 憂《ゆう》慮《りょ》。一《いっ》喜《き》一《いち》憂《ゆう》。例 将《しょう》来《らい》を憂《うれ》う。憂《う》さを晴《は》らす。

**ゆう【融】** 画数 16 部首 虫（むし）
音 ユウ 訓 ――
❶とける。固《こ》体《たい》が液《えき》体《たい》になる。熟語 融《ゆう》解《かい》。融《ゆう》合《ごう》。❷心《こころ》が打《う》ち解《と》ける。熟語 融《ゆう》和《わ》。❸とおる。とどこおりなく通《つう》じる。熟語 融《ゆう》通《ずう》。金《きん》融《ゆう》。

**ゆう【右】** 熟語 左《さ》右《ゆう》。座《ざ》右《ゆう》。対 左《さ》。⇩ **う【右】** 97ページ

**ゆう【由】** 熟語 自《じ》由《ゆう》。理《り》由《ゆう》。⇩ **ゆ【由】** 1333ページ

**ゆう【夕】** 名 夕《ゆう》方《がた》。日《ひ》暮《ぐ》れ。例 朝《あさ》に夕に無《ぶ》事《じ》をいのる。対 朝《あさ》。⇩ **せき【夕】** 712ページ

**ゆう【言う】** 動 ⇩ いう 55ページ

**◦ゆう【結う】** 動 結《むす》ぶ。しばる。特《とく》に、髪《かみ》の毛《け》をきれいにまとめる。例 まげを結う。⇩ **けつ【結】** 400ページ

**ユーアールエル【URL】** 名 〔「場《ば》所《しょ》を示《しめ》す書《しょ》式《しき》（＝きまった書《か》き方《かた》）」という意《い》味《み》の英《えい》語《ご》の頭《かしら》文《も》字《じ》。〕ウェブサイトがある場《ば》所《しょ》を示《しめ》すもの。⇩ アドレス❷ 31ページ

**ゆうあい【友愛】** 名 友《とも》達《だち》への愛《あい》情《じょう》。例 友愛の精《せい》神《しん》を持《も》つ。

**ゆうい【優位】** 名 形動 地《ち》位《い》や立《たち》場《ば》が他《ほか》よりすぐれていること。例 優位に立《た》つ。

**ゆういぎ【有意義】** 名 形動 値《ね》打《う》ちがあること。意《い》味《み》があること。例 有意義な話《はなし》。

**ゆううつ【憂鬱】** 名 形動 気《き》持《も》ちが晴《は》れ晴《ば》れしないこと。例 雨《あめ》降《ふ》りで憂鬱だ。

**ゆうえい【遊泳】** 名 動-する 海《うみ》や湖《みずうみ》などで泳《およ》ぐこと。例 遊泳禁《きん》止《し》。類 水《すい》泳《えい》。

**ゆうえき【有益】** 名 形動 ためになること。役《やく》に立《た》つこと。例 有益な話《はなし》。対 無《む》益《えき》。

**ユーエスエー【USA】** 地名 アメリカ合《がっ》衆《しゅう》国《こく》のこと。

**ユーエスビー【USB】** 名 〔「汎《はん》用《よう》インターフェース規《き》格《かく》」という意《い》味《み》の英《えい》語《ご》の頭《かしら》文《も》字《じ》。〕パソコンなどにマウスやプリンタなどの機《き》器《き》をつなげる型《かた》のひとつ。例 USB規《き》格《かく》のメモリー。

**ゆうえつかん【優越感】** 名 自《じ》分《ぶん》が、他《ほか》の人《ひと》よりもすぐれていると思《おも》う気《き》持《も》ち。例 優越感にひたる。対 劣《れっ》等《とう》感《かん》。

**ユーエイチエフ【UHF】** 名 〔「極《ご》超《ちょう》短《たん》波《ぱ》」という意《い》味《み》の英《えい》語《ご》の頭《かしら》文《も》字《じ》。〕周《しゅう》波《は》数《すう》三〇〇～三〇〇〇メガヘルツの電《でん》波《ぱ》。テレビ放《ほう》送《そう》や近《きん》距《きょ》離《り》通《つう》信《しん》などに利《り》用《よう》される。

**ユーエフオー【UFO】** 名 ⇩ ユーフォー 1338ページ

**ゆうえんち【遊園地】** 名 楽《たの》しく遊《あそ》べるように、遊《あそ》び道《どう》具《ぐ》や乗《の》り物《もの》などが備《そな》えてある所《ところ》。

**ゆうが【優雅】** 名 形動 やさしくゆったりしていて、品《ひん》があること。例 優雅な生《せい》活《かつ》。

**ゆうかい【誘拐】** 名 動-する 人《ひと》をだまして、連《つ》れて行《い》ってしまうこと。例 誘拐事《じ》件《けん》は解《かい》決《けつ》した。

**ゆうかい【融解】** 名 動-する 〔理《り》科《か》で〕固《こ》体《たい》がとけて、液《えき》体《たい》になること。対 凝《ぎょう》固《こ》。

**ゆうがい【有害】** 名 形動 害《がい》があること。害《がい》になること。例 有害な食《しょく》品《ひん》。対 無《む》害《がい》。

**■ゆうがいむえき【有害無益】** 名 形動 害《がい》があるばかりで、役《やく》に立《た》たないこと。例 たばこは有害無益だと言《い》う人《ひと》がいる。

**ゆうがお【夕顔】** 名 畑《はたけ》に作《つく》る作《さく》物《もつ》。夏《なつ》の夕《ゆう》方《がた》、アサガオに似《に》た白《しろ》い花《はな》が咲《さ》き、朝《あさ》にはしぼむ。丸《まる》い大《おお》きな実《み》がなり、かんぴょうにする。ふくべ。

**ゆうがく【遊学】** 名 動-する よその土《と》地《ち》、または外《がい》国《こく》へ行《い》って、勉《べん》強《きょう》すること。

**◦ゆうがた【夕方】** 名 日《ひ》の暮《く》れ方《がた》。夕《ゆう》暮《ぐ》れ。対 朝《あさ》方《がた》。例 夕方になって風《かぜ》がすずしくなった。

**ゆうがとう【誘蛾灯】** 名 夜《よる》、ガなどの害《がい》虫《ちゅう》を光《ひかり》でさそい寄《よ》せて退《たい》治《じ》する仕《し》かけ。

**ユーカラ** 名 アイヌ民《みん》族《ぞく》が語《かた》り伝《つた》えてきた話《はなし》を、物《もの》語《がたり》ふうに述《の》べた詩《し》。神《かみ》々《がみ》の物《もの》語《がたり》や英《えい》雄《ゆう》の物《もの》語《がたり》などがある。

**ユーカリ** 名 暖《あたた》かい地《ち》方《ほう》に生《は》える高《たか》い木《き》。葉《は》




四字熟語 千《せん》変《ぺん》万《ばん》化《か》 窓《まど》の外《そと》の千《せん》変《ぺん》万《ばん》化《か》する景《け》色《しき》を見《み》ていると、旅《たび》の疲《つか》れも忘《わす》れてしまう。

から薬《くすり》や香料《こうりょう》に使《つか》う油《あぶら》をとる。オーストラリアの原産《げんさん》で、葉《は》はコアラの好物《こうぶつ》。

**ゆうかん【夕刊】** 名 夕方《ゆうがた》に発行《はっこう》する新聞《しんぶん》。対 朝刊《ちょうかん》。

**ゆうかん【勇敢°】** 形動 何事《なにごと》もおそれないで、勇《いさ》ましいようす。例 勇敢に戦《たたか》う。類 果《か》敢《かん》。

**ゆうき【有機】** 名 生命《せいめい》をもっているもの。生《い》きているもの。例 有機体《たい》。

**○ゆうき【勇気】** 名 何事《なにごと》もおそれない強《つよ》い心《こころ》。例 勇気を出《だ》して意見《いけん》を言《い》う。

**○ゆうぎ【遊戯°】** 名 ❶遊《あそ》びごと。❷幼稚園《ようちえん》などで、音楽《おんがく》に合《あ》わせてするおどり。おゆうぎ。

**ゆうきさいばい【有機°栽培°】** 名 有《ゆう》機《き》農《のう》法《ほう》によって作物《さくもつ》を育《そだ》てること。↓ゆうきのうほう 1336ページ

**ゆうきのうぎょう【有機農業】** 名 ↓ゆうきのうほう 1336ページ

**ゆうきのうほう【有機農法】** 名 農薬《のうやく》や化学肥料《かがくひりょう》を使《つか》わずに、堆肥《たいひ》などの有機物《ゆうきぶつ》を肥料《ひりょう》として作物《さくもつ》を生産《せいさん》する農業《のうぎょう》のやり方《かた》。有機栽培《ゆうきさいばい》。有機農業《ゆうきのうぎょう》。

**ゆうきひりょう【有機肥料】** 名 動物《どうぶつ》や植物《しょくぶつ》から作《つく》った肥料《ひりょう》。堆肥《たいひ》・油《あぶら》かす・魚粉《ぎょふん》・家畜《かちく》の糞《ふん》など。参考 化学肥料《かがくひりょう》に対《たい》していう言葉《ことば》。

**ゆうきぶつ【有機物】** 名 生《い》き物《もの》の体《からだ》を作《つく》っている物質《ぶっしつ》。また、生《い》き物《もの》が体内《たいない》で作《つく》り出《だ》す物質《ぶっしつ》。対 無機物《むきぶつ》。

**ゆうきまい【有機米】** 名 農薬《のうやく》や化学肥料《かがくひりょう》を使《つか》わずに作《つく》った米《こめ》。

**ゆうきやさい【有機野菜】** 名 農薬《のうやく》や化学肥料《かがくひりょう》を使《つか》わずに作《つく》った野菜《やさい》。

**ゆうぎり【夕霧°】** 名 夕方《ゆうがた》に立《た》つ霧《きり》。例 夕霧が立《た》ちこめる。対 朝霧《あさぎり》。

**ゆうぐ【遊具】** 名 子《こ》どものための遊《あそ》び道具《どうぐ》や簡単《かんたん》な設備《せつび》。おもちゃ・ぶらんこ・すべり台《だい》など。

**ゆうぐう【優遇°】** 名 動-する 特別《とくべつ》によい扱《あつか》いをすること。例 お年寄《としよ》りを優遇する。対 冷《れい》遇《ぐう》。

**ゆうぐれ【夕暮れ】** 名 日《ひ》が暮《く》れるころ。たそがれ。類 日暮《ひぐ》れ。対 夜明《よあ》け。

**ゆうげ【夕げ】** 名 夕食《ゆうしょく》。晩《ばん》ご飯《はん》。〔古《ふる》い言《い》い方《かた》。〕関連 朝《あさ》げ。昼《ひる》げ。

**ゆうけい【有形】** 名 形《かたち》のあることやもの。例 有形無形《むけい》の厚意《こうい》を受《う》ける。対 無形《むけい》。

**ゆうげきしゅ【遊撃°手】** 名 ↓ショート 一 ❷ 640ページ

**ゆうげん【有限】** 名 形動 数量《すうりょう》や程度《ていど》などに、限《かぎ》りがあること。例 資源《しげん》は有限だ。対 無限《むげん》。

■**ゆうげんじっこう【有言実行】** 名 口《くち》に出《だ》したことは、責任《せきにん》を持《も》って実行《じっこう》すること。例 彼《かれ》は有言実行の人《ひと》だ。参考「不言実行《ふげんじっこう》」からできた言葉《ことば》。

**ゆうけんしゃ【有権者】** 名 権利《けんり》を持《も》っている人《ひと》。特《とく》に、選挙権《せんきょけん》を持《も》っている人《ひと》。例 有権者にうったえる。

**ゆうこう【友好】** 名 仲《なか》のよいつき合《あ》い。例 アジアの国々《くにぐに》と友好を深《ふか》める。

**○ゆうこう【有効】** 名 形動 効《き》き目《め》があるようす。役《やく》に立《た》つようす。例 有効期間《きかん》。対 無効《むこう》。

**ゆうごう【融°合】** 名 動-する とけ合《あ》って一《ひと》つになること。例 文化《ぶんか》が融合する。

**ゆうこうてき【友好的】** 形動 友達《ともだち》として仲《なか》よくするようす。例 友好的なつき合《あ》い。

**ゆうこく【夕刻】** 名 夕方《ゆうがた》。

**ユーザー**〔英語 user〕名 製品《せいひん》を利用《りよう》している人《ひと》。使用者《しようしゃ》。

**ゆうざい【有罪】** 名 裁判《さいばん》で、罪《つみ》があると認《みと》められること。例 有罪の判決《はんけつ》。対 無罪《むざい》。

**ゆうし【有志】** 名 あることをしようとする気持《きも》ちがあること。また、その人《ひと》。例 有志をつのる。

**ゆうし【勇士】** 名 勇気《ゆうき》のある人《ひと》。勇《いさ》ましい兵士《へいし》。例 国《くに》を守《まも》った勇士。類 勇者《ゆうしゃ》。

**ゆうし【雄°姿】** 名 堂々《どうどう》として、立派《りっぱ》な姿《すがた》。例 富士山《ふじさん》の雄姿。

**ゆうし【融°資】** 名 動-する 銀行《ぎんこう》などが、仕事《しごと》に必要《ひつよう》なお金《かね》を貸《か》し出《だ》すこと。例 町工場《まちこうば》に融資する。

**ゆうじ【有事】** 名 災害《さいがい》や戦争《せんそう》など、非常事態《ひじょうじたい》が起《お》こること。非常時《ひじょうじ》。

**ゆうしいらい【有史以来】** 文字《もじ》で書《か》かれた歴史《れきし》が始《はじ》まって以来《いらい》。例 有史以来初《はじ》め

四字熟語 **大器晩成《たいきばんせい》** 石田《いしだ》さんは大器晩成《たいきばんせい》で、40歳《さい》過《す》ぎてから有名《ゆうめい》になった。

てだ。

**ゆうしきしゃ【有識者】** [名] 学問《がくもん》や知識《ちしき》を身《み》につけ、すぐれた考《かんが》えを持《も》っている人《ひと》。

**ユーじこう【U字溝《こう》】** [名] 切《き》り口《くち》がU《ユー》の字《じ》の形《かたち》をしたコンクリート製《せい》のみぞ。排水路《はいすいろ》や用水路《ようすいろ》に使《つか》う。

**ユーじしゃく【U磁石】** [名] 永久磁石《えいきゅうじしゃく》を、U《ユー》の字《じ》の形《かたち》に作《つく》ったもの。両《りょう》はしが磁極《じきょく》になる。U字形磁石《ユーじけいじしゃく》。[⬇]じしゃく❶ 356ページ

**ゆうしゃ【勇者】** [名] 勇気《ゆうき》のある人《ひと》。[類] 勇《ゆう》士《し》。

**ゆうしゅう【優秀《しゅう》】** [形動] たいへんにすぐれているようす。[例] 優秀な成績《せいせき》を修《おさ》める。

**ゆうしゅうのびをかざる【有終の美を飾《かざ》る】** ものごとを最後《さいご》までやり通《とお》して、立派《りっぱ》に終《お》わらせる。[例] 最後《さいご》の大会《たいかい》で優《ゆう》勝《しょう》して、有終の美を飾った。[類] 花道《はなみち》を飾《かざ》る。

■**ゆうじゅうふだん【優柔《じゅう》不断】** [名] [形動] ものごとをきっぱり決《き》められないで、ぐずぐずすること。[例] 優柔不断な性格《せいかく》。

°**ゆうしょう【優勝】** [名] [動する] 競技《きょうぎ》などで、一位《いちい》で勝《か》つこと。[例] リーグ戦《せん》に優勝する。

°**ゆうじょう【友情】** [名] 友達《ともだち》どうしの思《おも》いやりや、まごころ。[例] 友情に厚《あつ》い人《ひと》。

**ゆうしょく【夕食】** [名] 夕方《ゆうがた》の食事《しょくじ》。夕飯《ゆうはん》。夕飯《ゆうめし》。晩《ばん》ご飯《はん》。[関連] 朝食《ちょうしょく》。昼食《ちゅうしょく》。

**ゆうしょくじんしゅ【有色人種】** [名] 皮膚《ひふ》の色《いろ》が黄色《おうしょく》や黒色《こくしょく》の人種《じんしゅ》。[対] 白色人《はくしょくじん》種《しゅ》。

°**ゆうじん【友人】** [名] 友達《ともだち》。[例] 気《き》の合《あ》う友人。

**ゆうすいち【遊水地・遊水池】** [名] 水害《すいがい》を防《ふせ》ぐために、川《かわ》の水《みず》が増《ふ》えたときに水《みず》を流《なが》しこんで、一時的《いちじてき》にためておく所《ところ》。

**ゆうすう【有数】** [名] 指《ゆび》で数《かぞ》えられるほど少《すく》なく、すぐれていること。指折《ゆびお》り。[例] 世界《せかい》でも有数の科学者《かがくしゃ》。

**ゆうずう【融通《ずう》】** [名] [動する] ❶お金《かね》などを、たがいの間《あいだ》で都合《つごう》し合《あ》うこと。[例] お金《かね》を融通する。❷その場《ば》に応《おう》じて、ものごとをうまくやること。[例] 融通がきく。

**ゆうすずみ【夕涼《すず》み】** [名] [動する] 夏《なつ》の夕方《ゆうがた》、外《そと》に出《で》て涼《すず》むこと。

**ユースホステル** 〔英語 youth hostel〕 [名] 旅《りょ》行《こう》をする青少年《せいしょうねん》のための、安《やす》くて安全《あんぜん》な宿《しゅく》泊所《はくじょ》。

**ゆうする【有する】** [動] 「持《も》っている」の改《あらた》まった言《い》い方《かた》。[例] 百万《ひゃくまん》の人口《じんこう》を有する大都《だいと》市《し》。

**ゆうせい【遊星】** [名] [⬇]わくせい 1423ページ

**ゆうせい【優勢】** [名] [形動] 勢《いきお》いが、他《ほか》よりもまさっていること。[例] 試合《しあい》はぼくらが優勢だ。[対] 劣勢《れっせい》。

**ゆうぜい【遊説《ぜい》】** [名] [動する] 政治家《せいじか》などが各《かく》地《ち》へ行《い》って、自分《じぶん》の意見《いけん》を述《の》べること。[例] 地《ち》方《ほう》に遊説に出《で》かける。

**ゆうせん【有線】** [名] ❶通信《つうしん》に電線《でんせん》を使《つか》うこと。[対] 無線《むせん》。❷「有線放送《ゆうせんほうそう》」のこと。電線《てんせん》でつながった所《ところ》だけに送《おく》る放送《ほうそう》。

**ゆうせん【優先】** [名] [動する] 他《ほか》のものより先《さき》に扱《あつか》うこと。[例] 歩行者《ほこうしゃ》優先。

**ゆうぜん【悠然】** [副と] ゆったりと落《お》ち着《つ》いているようす。[例] 悠然と歩《ある》いている。[参考] 「悠然《ゆうぜん》たる姿《すがた》」などと使《つか》うこともある。

**ゆうせんせき【優先席】** [名] 鉄道《てつどう》やバスなどで、体《からだ》が不自由《ふじゆう》な人《ひと》やお年寄《としよ》り、妊娠《にんしん》している人《ひと》などが優先的《ゆうせんてき》に座《すわ》ることができる席《せき》。[参考] 以前《いぜん》は「シルバーシート」と言《い》った。

**ゆうぜんぞめ【友禅染《ぞめ》】** [名] 染色《せんしょく》の一《ひと》つ。布《ぬの》に、動物《どうぶつ》や植物《しょくぶつ》、風景《ふうけい》などの模様《もよう》をはっきり染《そ》め出《だ》したもの。

**ゆうせんほうそう【有線放送】** [名] 電線《てんせん》を使《つか》った放送《ほうそう》。飲食店《いんしょくてん》などに音楽《おんがく》を流《なが》すものや、市町村《しちょうそん》などで連絡《れんらく》をするものがある。

**ゆうそう【勇壮《そう》】** [形動] 勇《いさ》ましくて、元気《げんき》があるようす。[例] 選手《せんしゅ》たちの勇壮な行進《こうしん》。

**ゆうそう【郵送】** [名] [動する] 郵便《ゆうびん》で送《おく》ること。[例] 書類《しょるい》を郵送する。

■**ゆうそくこじつ【有職▲故実】** [名] 朝廷《ちょうてい》や武家《ぶけ》に伝《つた》わる儀式《ぎしき》や法令《ほうれい》、服飾《ふくしょく》などに関《かん》する昔《むかし》からのきまり。また、それを研究《けんきゅう》する学《がく》問《もん》。

**ユーターン** 〔英語 U-turn〕 [名] [動する] ❶自動《じどう》車《しゃ》などがU《ユー》の字形《じがた》に回《まわ》って、来《き》た方向《ほうこう》に引《ひ》き返《かえ》すこと。❷元《もと》の場所《ばしょ》や状態《じょうたい》にもどること。[例] ふるさとにユーターンする。

**ゆうたい【勇退】** [名] [動する] あとの人《ひと》に地位《ちい》





四字熟語 大胆不敵《だいたんふてき》 大胆不敵《だいたんふてき》にも、たった一人《ひとり》で、反対勢力《はんたいせいりょく》に立《た》ち向《む》かった。

や役目《やくめ》をゆずるために、自分《じぶん》から進《すす》んで職《しょく》をやめること。例 社長《しゃちょう》が勇退した。

**ゆうたい**【優待】名 動する 手厚《てあつ》くもてなすこと。有利《ゆうり》になるように取《と》り扱《あつか》うこと。例 優待券《けん》。

**ゆうだい**【雄大】形動 大《おお》きくて、堂々《どうどう》としているようす。例 雄大ながめ。

**ゆうだち**【夕立】名 夏《なつ》の夕方《ゆうがた》、急《きゅう》に激《はげ》しく、短《みじか》い間《あいだ》に降《ふ》る雨《あめ》。例 夕立が上《あ》がる。

**ゆうだん**【勇断】名 動する 勇気《ゆうき》をもって決《けっ》断《だん》すること。例 改革《かいかく》を勇断する。

**ゆうち**【誘致】名 動する 工場《こうじょう》・学校《がっこう》などを、その土地《とち》に招《まね》き寄《よ》せること。例 うめ立《た》て地《ち》に工場《こうじょう》を誘致する。

**ゆうちょう**【悠長】形動 気《き》が長《なが》く、のんびりと落《お》ち着《つ》いているようす。例 悠長にかまえているひまはない。

**ゆうづき**【夕月】名 夕方《ゆうがた》に見《み》える月《つき》。

**ゆうづきよ**【夕月夜】名 月《つき》が出《で》ている夕《ゆう》暮《ぐ》れ。また、夕暮《ゆうぐ》れの月《つき》。ゆうづくよ。

**ゆうてん**【融点】名 固体《こたい》がとけ始《はじ》める温《おん》度《ど》。融解点《ゆうかいてん》。例《たと》えば氷《こおり》の融点《ゆうてん》は、セ氏《し》〇《れい》度《ど》。

**ゆうとう**【優等】名 他《ほか》のものより、特《とく》にすぐれていること。例 優等の成績《せいせき》を修《おさ》める。対 劣等《れっとう》。

**ゆうどう**【誘導】名 動する さそい導《みちび》くこと。例 会場《かいじょう》まで一年生《いちねんせい》を誘導する。

**ゆうどうえんぼく**【遊動円木】名 太《ふと》い丸太《まるた》の両《りょう》はしをくさりなどでつり下《さ》げて、ゆれ動《うご》くようにした遊《あそ》び道具《どうぐ》。

**ゆうどうじんもん**【誘導尋問】名 こちらの望《のぞ》む答《こた》えを相手《あいて》から誘《さそ》い出《だ》すようなたずね方《かた》。例 まんまと誘導尋問に引《ひ》っかかる。

**ゆうとうせい**【優等生】名 ❶成績《せいせき》や行動《こうどう》が特《とく》にすぐれている生徒《せいと》・学生《がくせい》。❷すぐれているが、面白《おもしろ》みに欠《か》ける人《ひと》。

**ゆうどく**【有毒】名 形動 毒《どく》のあること。例 有毒な気体《きたい》。

**ユートピア**〔英語 utopia〕名 実際《じっさい》にはない、夢《ゆめ》のような所《ところ》。理想郷《りそうきょう》。

**ゆうなぎ**【夕なぎ】名 夕方《ゆうがた》、風《かぜ》がやんで、海《うみ》がおだやかになること。対 朝《あさ》なぎ。

**ゆうに**【優に】副 十分《じゅうぶん》に。楽《らく》に。例 駅《えき》までは、ゆうに二〇分《ぶん》かかる。

**ユーネック**【Uネック】名 下着《したぎ》のシャツなどのえり首《くび》が、U《ユー》字形《じけい》になっているもの。

**ゆうのう**【有能】名 形動 能力《のうりょく》がすぐれていること。役《やく》に立《た》つこと。例 有能な秘書《ひしょ》。対 無能《むのう》。

**ゆうばえ**【夕映え】名 夕日《ゆうひ》を受《う》けて、美《うつく》しくかがやくこと。類 夕焼《ゆうや》け。

**ゆうはつ**【誘発】名 動する あることがきっかけで、他《た》のことが起《お》きること。例 ちょっとした油断《ゆだん》が、事故《じこ》を誘発する。

**ゆうはん**【夕飯】名 夕食《ゆうしょく》。夕飯《ゆうめし》。対 朝飯《あさはん》。

**ゆうひ**【夕日】名 夕方《ゆうがた》の太陽《たいよう》。また、その光《ひかり》。入《い》り日《ひ》。類 落日《らくじつ》。対 朝日《あさひ》。

**ゆうひ**【雄飛】名 動する 勢《いきお》いよく活躍《かつやく》すること。例 海外《かいがい》に雄飛する。

**ゆうび**【優美】形動 上品《じょうひん》で、美《うつく》しいようす。例 優美な晴《は》れ姿《すがた》。

**ゆうびん**【郵便】名 手紙《てがみ》などを届《とど》ける仕《し》事《ごと》。また、届《とど》けられる物《もの》。例 郵便配達《はいたつ》。

**ゆうびんきって**【郵便切手】名 ➡きって 313ページ

**ゆうびんきょく**【郵便局】名 郵便《ゆうびん》や、貯《ちょ》金《きん》・保険《ほけん》などの仕事《しごと》を扱《あつか》う所《ところ》。

**ゆうびんはがき**【郵便葉書】名 ➡はがき 1032ページ

**ゆうびんばんごう**【郵便番号】名 手紙《てがみ》などを早《はや》く届《とど》けるため、地区別《ちくべつ》につけた番号《ばんごう》。

**ユーブイ**【UV】名 ➡しがいせん 545ページ

**ユーフォー**【UFO】名 〔「未確認飛行物体《みかくにんひこうぶったい》」という意味《いみ》の英語《えいご》の頭文字《かしらもじ》。〕空飛《そらと》ぶ円盤《えんばん》など、空《そら》を飛《と》ぶ正体不明《しょうたいふめい》の物体《ぶったい》。

**ゆうふく**【裕福】形動 お金《かね》や財産《ざいさん》があって、暮《く》らしが豊《ゆた》かなようす。例 裕福な生活《せいかつ》を送《おく》る。対 貧乏《びんぼう》。

**ユーフラテスがわ**〘ユーフラテス川〙地名 アジア西部《せいぶ》、トルコからシリア・イラクを流《なが》れ、チグリス川《がわ》といっしょになり、ペルシャ湾《わん》に注《そそ》ぐ大《おお》きな川《かわ》。下流《かりゅう》で、古代《こだい》メソポタミア文明《ぶんめい》が栄《さか》えた。

**ゆうべ**【夕べ】名 ❶夕方《ゆうがた》。❷もよおし物《もの》がある夜《よる》。例 音楽《おんがく》の夕べ。

**ゆうべ** 名 昨日《きのう》の夜《よる》。昨夜《さくや》。

**ゆうべん**【雄弁】名 形動 話《はな》しぶりが、力強《ちからづよ》



四字熟語 大同小異《だいどうしょうい》 二《ふた》つの政党《せいとう》の主張《しゅちょう》は大同小異《だいどうしょうい》で、目立《めだ》ったちがいはない。

くうまいこと。例 雄弁をふるう。

**ゆうぼう【有望】** 名 形動 将来《しょうらい》に望《のぞ》みがあること。例 彼《かれ》は、将来《しょうらい》有望な少年《しょうねん》だ。

**ゆうぼく【遊牧】** 名 動-する 草《くさ》や水《みず》を求《もと》めて移《うつ》り住《す》みながら、牛《うし》や羊《ひつじ》などを飼《か》うこと。

**ゆうぼくみん【遊牧民】** 名 一《いっ》か所《しょ》に住《す》み続《つづ》けずに、遊牧《ゆうぼく》しながら生活《せいかつ》している人々《ひとびと》。遊牧民族《ゆうぼくみんぞく》。モンゴルや中央《ちゅうおう》アジア・北《きた》アフリカなどの乾燥《かんそう》地帯《ちたい》に多《おお》い。

**ゆうほどう【遊歩道】** 名 散歩《さんぽ》などのために作《つく》られた道《みち》。

**ゆうめい【有名】** 名 形動 世《よ》の中《なか》によく知《し》られていること。名高《なだか》いこと。例 有名な学者《がくしゃ》。類 高名《こうめい》。著名《ちょめい》。対 無名《むめい》。

**ゆうめいむじつ【有名無実】** 名 形動 名《な》前《まえ》ばかりで、中身《なかみ》がともなわないこと。例 有名無実な古《ふる》いきまり。

**ゆうめし【夕飯】** 名 ⇒ ゆうはん 1338ページ。 関連 朝飯《あさめし》。昼飯《ひるめし》。

**ユーモア** 〔英語 humor〕 名 人《ひと》が思《おも》わず笑《わら》いたくなるような、上品《じょうひん》で気《き》のきいたしゃれ。ほのぼのとしたおかしさ。例 ユーモアのあるスピーチ。

**ゆうもう【勇猛】** 名 形動 勇《いさ》ましくて、強《つよ》いこと。例 勇猛な兵士《へいし》。勇猛果敢《かかん》。

**ゆうもや【夕もや】** 名 夕方《ゆうがた》、立《た》ちこめるもや。対 朝《あさ》もや。

**ユーモラス** 〔英語 humorous〕 形動 ユーモアのあるようす。滑稽《こっけい》で愛嬌《あいきょう》があるようす。例 ユーモラスなしぐさ。

**ゆうやけ【夕焼け】** 名 太陽《たいよう》がしずむころ、西《にし》の空《そら》が赤《あか》く見《み》えること。例 夕焼け雲《ぐも》。類 夕映《ゆうば》え。対 朝焼《あさや》け。

**夕焼《ゆうや》けに鎌《かま》を研《と》げ** 夕焼《ゆうや》けは、次《つぎ》の日《ひ》が晴《は》れる前《まえ》ぶれだから、稲刈《いねか》りができるように、かまをといでおけ。

**ゆうやみ【夕闇】** 名 夕方《ゆうがた》、日《ひ》が暮《く》れてしまったあとの暗《くら》い状態《じょうたい》。例 夕闇がせまる。

**ゆうゆう【悠悠】** 副(-と) ❶ゆったりとして、落《お》ち着《つ》いているようす。例 悠々と歩《ある》く。❷時間《じかん》に余裕《よゆう》があるようす。例 悠々間《ま》に合《あ》う。参考「悠々《ゆうゆう》たる姿《すがた》」などと使《つか》うこともある。

**ゆうゆうじてき【悠悠自適】** 名 動-する 世間《せけん》にとらわれず、自分《じぶん》の思《おも》うままに、ゆったりと生《い》きること。例 悠々自適の生活《せいかつ》。

**ゆうよ【猶予】** 名 動-する ❶ぐずぐずしていて、決定《けってい》しないこと。例 一刻《いっこく》の猶予も許《ゆる》されない。❷決《き》められた日時《にちじ》を延《の》ばすこと。例 せめて、あと三日《みっか》の猶予がほしい。

**ゆうよう【有用】** 名 形動 役《やく》に立《た》つこと。例 有用な人物《じんぶつ》。対 無用《むよう》。

**ユーラシア** 地名 ヨーロッパとアジアとを合《あ》わせた呼《よ》び名《な》。また、その大陸《たいりく》。ユーラシア大陸《たいりく》。

**ゆうらん【遊覧】** 名 動-する あちらこちら見《けん》物《ぶつ》して回《まわ》ること。例 遊覧船《せん》。

**ゆうり【有利】** 名 形動 ❶得《とく》なこと。利益《りえき》があること。例 有利な取《と》り引《ひ》き。❷都合《つごう》がいいこと。例 試合《しあい》を有利に進《すす》める。対 不利《ふり》。

**ゆうり【遊離】** 名 動-する 他《ほか》のものとかけはなれていること。例 現実《げんじつ》から遊離した考《かんが》え。

**ゆうりょ【憂慮】** 名 動-する 心配《しんぱい》すること。気《き》づかうこと。例 将来《しょうらい》を憂慮する。

**ゆうりょう【有料】** 名 料金《りょうきん》がいること。例 有料道路《どうろ》。対 無料《むりょう》。

**ゆうりょう【優良】** 名 形動 すぐれていて、よいこと。例 健康《けんこう》優良児《じ》。

**ゆうりょく【有力】** 名 形動 ❶人《ひと》を従《したが》わせる力《ちから》や、勢《いきお》いがあること。例 有力な政治家《せいじか》。対 無力《むりょく》。❷確《たし》かな見《み》こみがあること。例 有力な優勝候補《ゆうしょうこうほ》。

**ゆうりょくしゃ【有力者】** 名 人《ひと》を従《したが》わせる力《ちから》のある人《ひと》。例 地元《じもと》の有力者。

**ゆうれい【幽霊】** 名 ❶死《し》んだ人《ひと》のたましいが仏《ほとけ》になれないで、この世《よ》に現《あらわ》れ出《で》ると思《おも》われているもの。❷あるように見《み》せかけるもの。例 幽霊会社《がいしゃ》。

**ゆうれつ【優劣】** 名 まさっているか、おと

例解 ! 表現の広場

**有名《ゆうめい》 と 著名《ちょめい》 のちがい**

| | 有名《ゆうめい》 | 著名《ちょめい》 |
|---|---|---|
| 世界的《せかいてき》に な作家《さっか》。 | ○ | ○ |
| 彼《かれ》は学者《がくしゃ》として だ。 | ○ | ○ |
| せっかちで な人《ひと》。 | ○ | × |
| 治安《ちあん》が悪《わる》くて な町《まち》。 | ○ | × |

四字熟語 **他力本願《たりきほんがん》** 努力《どりょく》もしないでおいていい結果《けっか》を期待《きたい》するなんて、他力本願《たりきほんがん》で、いつもの君《きみ》とは思《おも》えないね。

っているかということ。例 どちらの絵《え》もりっぱで、優劣がつけられない。

**ユーロ**【EURO】名 EU《イーユー》〔＝ヨーロッパ連《れん》合《ごう》〕の国々《くにぐに》で、共通《きょうつう》に使《つか》えるお金《かね》の単位《たんい》。

**ゆうわ**【融和】名 動する 打《う》ち解《と》けて仲《なか》よくすること。例 クラスの融和をはかる。

**ゆうわく**【誘惑】名 動する よくないことにさそいこむこと。例 誘惑に負《ま》ける。

**ゆえ**【故】一 名 わけ。理由《りゆう》。例 故あって、転職《てんしょく》した。〔少《すこ》し改《あらた》まった言《い》い方《かた》。〕二〔ある言葉《ことば》のあとにつけて〕原因《げんいん》・理由《りゆう》を表《あらわ》す。…だから。…のため。例「子《こ》どものことゆえ、お許《ゆる》しください。」↓こ【故】420ページ

**ゆえに**【故に】接〔前《まえ》に言《い》ったことを受《う》けて〕こういうわけで。だから。〔少《すこ》し改《あらた》まった言《い》い方《かた》。〕例 体《からだ》が弱《よわ》いがゆえに、健康《けんこう》には気《き》をつけております。

**ゆえん**【油煙】名 油《あぶら》が燃《も》えるときに出《で》る、黒《くろ》い細《こま》かな粉《こな》。

**ゆえん** 名 わけ。理由《りゆう》。例 彼《かれ》に人気《にんき》があるゆえんは、熱心《ねっしん》さにある。

**ゆか**【床】名 建物《たてもの》の中《なか》で、地面《じめん》より高《たか》く、板《いた》を平《たい》らに張《は》ったところ。↓しょう【床】622ページ

**ゆかい**【愉快】形動 楽《たの》しくて、気分《きぶん》がいいようす。例 愉快な仲間《なかま》。対 不快《ふかい》。不愉快《ふゆかい》。

**ゆかいた**【床板】名 床《ゆか》に張《は》る板《いた》。また、床《ゆか》に張《は》ってある板《いた》。

**ゆかうえ**【床上】名 床《ゆか》の上《うえ》。例 床上浸水《しんすい》。対 床下《ゆかした》。

**ゆかうんどう**【床運動】名 体操競技《たいそうきょうぎ》の一《ひと》つ。マットをしいた床《ゆか》の上《うえ》で、とんだり逆立《さかだ》ちしたり、回転《かいてん》したりする運動《うんどう》。

**ゆがく** 動 野菜《やさい》などのあくを取《と》るために、熱湯《ねっとう》に短時間《たんじかん》つける。

**ゆかしい** 形 ❶なんとなくなつかしい。例 古式《こしき》ゆかしい行事《ぎょうじ》。❷上品《じょうひん》で心《こころ》が引《ひ》かれる。例 ゆかしい人《ひと》。

**ゆかした**【床下】名 床《ゆか》の下《した》。例 床下浸水《しんすい》。対 床上《ゆかうえ》。

**ゆかた**【〈浴衣〉】名 もめんで作《つく》った、ひとえの着物《きもの》。湯上《ゆあ》がりや、夏《なつ》などに着《き》る。参考「浴衣《ゆかた》」は、特別《とくべつ》に認《みと》められた読《よ》み方《かた》。

**ゆがむ** 動 ❶形《かたち》が曲《ま》がったりねじれたりする。例 画面《がめん》がゆがんでいる。❷考《かんが》え方《かた》や性格《せいかく》が、まっすぐでなくなる。ひねくれる。例 ゆがんだ性格《せいかく》。

**ゆがめる** 動 ❶曲《ま》げたりねじったりして、形《かたち》をおかしくする。例 顔《かお》をゆがめる。❷正《ただ》しい状態《じょうたい》でなくする。例 事実《じじつ》をゆがめる。

**ゆかり** 名 つながりがあること。関係《かんけい》があること。例 えんもゆかりもない。

**ゆかわ ひでき**『湯川秀樹』人名（男）（一九〇七〜一九八一）物理学者《ぶつりがくしゃ》。原子《げんし》の研究《けんきゅう》が認《みと》められ、一九四九年《ねん》、日本人《にほんじん》で初《はじ》めてノーベル賞《しょう》を受《う》けた。

**ゆき**【雪】名 ❶空気中《くうきちゅう》の水蒸気《すいじょうき》が冷《ひ》えて、細《こま》かい氷《こおり》のつぶになって地上《ちじょう》に降《ふ》るもの。例 雪国《ぐに》。❷白《しろ》いもののたとえ。例 雪のようなはだ。↓せつ【雪】717ページ

**ゆき**【行き】名 ↓いき（行き）58ページ

**ゆきあう**【行き会う】動 ↓いきあう 58ページ

**ゆきあかり**【雪明かり】名 夜《よる》、積《つ》もった雪《ゆき》の白《しろ》さで、辺《あた》りがうす明《あか》るく見《み》えること。例 雪明かりの道《みち》を歩《ある》く。

**ゆきあそび**【雪遊び】名 雪《ゆき》で遊《あそ》ぶこと。

**ゆきあたりばったり**【行き当たりばったり】名 形動 ↓いきあたりばったり 58ページ

**ゆきあたる**【行き当たる】動 ↓いきあたる 59ページ

**ゆきおとこ**【雪男】名 ヒマラヤの山《やま》おくにすむといわれている、全身《ぜんしん》に毛《け》が生《は》えた、

例解 ことばの窓

**雪《ゆき》を表《あらわ》す言葉《ことば》**

今年《ことし》の冬《ふゆ》は初雪《はつゆき》が早《はや》い。
降《ふ》ったばかりの新雪《しんせつ》。
春《はる》になっても消《き》えない残雪《ざんせつ》。
解《と》けないで根雪《ねゆき》になる。
さらさらした粉雪《こなゆき》が降《ふ》る。
綿雪《わたゆき》がふわふわとまい落《お》ちる。
花《はな》びらのように大《おお》きなぼたん雪《ゆき》。
吹雪《ふぶき》の中《なか》で遭難《そうなん》する。
山間部《さんかんぶ》は大雪《おおゆき》にみまわれた。
春《はる》、淡雪《あわゆき》がうっすらと積《つ》もる。

人間《にんげん》に似《に》た生《い》き物《もの》。

**ゆきおれ**【雪折れ】[名] 降《ふ》り積《つ》もった雪《ゆき》の重《おも》みで、木《き》の枝《えだ》や幹《みき》が折《お》れること。また、折《お》れたもの。

**ゆきおろし**【雪下ろし】[名] ❶屋根《やね》などに積《つ》もった雪《ゆき》を、下《した》に落《お》とすこと。[例] 父《ちち》と屋根《ね》の雪下ろしをする。❷山《やま》から雪《ゆき》交《ま》じりでふき下《お》ろしてくる、冷《つめ》たい風《かぜ》。

**ゆきおんな**【雪女】[名]〔雪《ゆき》の多《おお》い地方《ちほう》の伝説《でんせつ》で〕雪《ゆき》の夜《よる》に白《しろ》い着物《きもの》を着《き》た女《おんな》の姿《すがた》で現《あらわ》れるといわれている、雪《ゆき》の精《せい》。

**ゆきかう**【行き交△う】[動]〔「いきかう」ともいう。〕たくさんの人《ひと》が、行《い》ったり来《き》たりする。[例] 町《まち》は行き交う人《ひと》でにぎやかだ。

**ゆきかえり**【行き帰り】[名] ⬇ いきかえり 59ページ

**ゆきがかり**【行きがかり】[名] ⬇ いきがかり 59ページ

**ゆきかき**【雪かき】[名] 積《つ》もった雪《ゆき》をかきのけること。除雪《じょせつ》。また、その道具《どうぐ》。[例] 道路《どうろ》の雪かきをする。

**ゆきがけ**【行きがけ】[名] ⬇ いきがけ 59ページ

**ゆきがっせん**【雪合戦】[名] 敵《てき》・味方《みかた》に分《わ》かれ、雪《ゆき》を丸《まる》めてぶつけ合《あ》う遊《あそ》び。

**ゆきき**【行き来】[名][動する]〔「いきき」ともいう。〕行《い》ったり来《き》たりすること。往来《おうらい》。[例] 車《くるま》が激《はげ》しく行き来する。

**ゆきぐつ**【雪ぐつ】[名] 雪《ゆき》の多《おお》い地方《ちほう》で、雪《ゆき》の上《うえ》を歩《ある》くときにはく、わらで作《つく》った深《ふか》いくつ。わらぐつ。

**ゆきぐに**【雪国】[名] 雪《ゆき》の多《おお》い地方《ちほう》。日本《にっぽん》では、北海道《ほっかいどう》・東北《とうほく》・北陸《ほくりく》地方《ちほう》など。

**ゆきぐも**【雪雲】[名] 雪《ゆき》を降《ふ》らせる雲《くも》。

**ゆきげしき**【雪〈景色〉】[名] 雪《ゆき》の降《ふ》る景色《けしき》。雪《ゆき》が積《つ》もった景色《けしき》。

**ゆきげしょう**【雪化△粧°】[名][動する] 辺《あた》りが雪《ゆき》におおわれ、まるでおしろいをぬったように、白《しろ》くきれいに見《み》えること。[例] 遠《とお》くの山《やま》がすっかり雪化粧した。

**ゆきげた**【雪下駄▲】[名] 雪《ゆき》の道《みち》を歩《ある》くために、歯《は》を高《たか》くし、すべり止《と》めの金具《かなぐ》をつけた、げた。

**ゆきけむり**【雪煙°】[名] 雪《ゆき》が煙《けむり》のようにまい上《あ》がったもの。[例] 雪煙を上《あ》げて、スキーヤーがすべって行《い》く。

**ゆきさき**【行き先】[名]〔「いきさき」ともいう。〕行《い》こうとしている所《ところ》。行《ゆ》く先《さき》。

**ゆきすぎ**【行き過ぎ】[名] ⬇ いきすぎ 59ページ

**ゆきすぎる**【行き過ぎる】[動] ⬇ いきすぎる 59ページ

**ゆきずり**【行きずり】[名] 道《みち》ですれちがうこと。通《とお》りがかり。[例] 行きずりの人《ひと》。

**ゆきぞら**【雪空】[名] 今《いま》にも雪《ゆき》が降《ふ》りそうな天気《てんき》。

**ゆきだおれ**【行き倒°れ】[名] ⬇ いきだおれ 59ページ

**ゆきだるま**【雪だるま】[名] 雪《ゆき》を固《かた》めて、だるまの形《かたち》にしたもの。

**ゆきだるましき**【雪だるま式】[名]〔雪《ゆき》のかたまりを転《ころ》がすと、雪《ゆき》が付《つ》いてどんどん大《おお》きくなるように〕次《つぎ》から次《つぎ》へと増《ふ》えていくこと。[例] 雪だるま式に借金《しゃっきん》が増《ふ》える。

**ゆきちがい**【行き違°い】[名] ⬇ いきちがい 60ページ

**ゆきちがう**【行き違°う】[動] ⬇ いきちがう 60ページ

**ゆきつく**【行き着く】[動] ⬇ いきつく 60ページ

**ゆきづまる**【行き詰°まる】[動]〔「いきづまる」ともいう。〕❶先《さき》へ進《すす》めなくなる。[例] 道《みち》が行き詰まる。❷この先《さき》、どうしたらよいか、わからなくなる。打《う》つ手《て》がなくなる。[例] 研究《けんきゅう》が行き詰まる。

**ゆきつもどりつ**【行きつ戻°りつ】[名][動する]〔「いきつもどりつ」ともいう。〕同《おな》じ所《ところ》を行《い》ったり来《き》たりすること。[例] 門《もん》の前《まえ》を行きつ戻りつする。

**ゆきどけ**【雪解け】[名] ❶積《つ》もっていた雪《ゆき》が解《と》けること。また、その時期《じき》。[例] 雪解けの水《みず》。❷いがみ合《あ》っていたものが、うち解《と》けてくること。[例] 両国《りょうこく》の雪解けも近《ちか》い。

**ゆきとどく**【行き届く】[動] ⬇ いきとどく 60ページ

**ゆきどまり**【行き止まり】[名] ⬇ いきどまり 60ページ




[四字熟語] 中《ちゅう》途《と》半《はん》端《ば》 何《なに》を習《なら》いに行《い》っても中《ちゅう》途《と》半《はん》端《ば》で、一《ひと》つも身《み》についていない。

**ゆきなやむ【行き悩む】**[動]〔「いきなやむ」ともいう。〕進《すす》むのに苦労《くろう》する。思《おも》うように進《すす》めない。[例]仕事《しごと》で行き悩む。

**ゆきのした【雪の下】**[名] 庭《にわ》のしめった所《ところ》に育《そだ》つ草《くさ》。全体《ぜんたい》に細《ほそ》い毛《け》が生《は》えている。葉《は》は円《まる》く、初夏《しょか》に白《しろ》い小《ちい》さな花《はな》が咲《さ》く。

**ゆきみ【雪見】**[名] 雪景色《ゆきげしき》をながめて、楽《たの》しむこと。[例]こたつで雪見をする。

**ゆきもよう【雪模様】**[名] 雪《ゆき》が降《ふ》りそうな空《そら》のようす。

**ゆきやけ【雪焼け】**[名][動-する] 雪《ゆき》がはね返《かえ》す太陽《たいよう》の強《つよ》い光《ひかり》で、皮膚《ひふ》が黒《くろ》くなること。[例]スキーで雪焼けした。

**ゆきやま【雪山】**[名]❶雪《ゆき》が積《つ》もった山《やま》。❷雪《ゆき》を集《あつ》めて山《やま》のように盛《も》り上《あ》げたもの。

**ゆきよけ【雪よけ】**[名]❶降《ふ》り積《つ》もった雪《ゆき》を取《と》りのけること。❷雪《ゆき》が降《ふ》っても困《こま》らないように作《つく》った設備《せつび》。

**ゆきわたる【行き渡る】**[動]↓いきわたる 61ページ

**ゆく【行く】**[動]↓いく(行く) 61ページ。[例]行く年《とし》来《く》る年《とし》。⇩こう【行】424ページ

**ゆく【逝く】**[動]〔「いく」ともいう。〕人《ひと》が死《し》ぬ。[例]身近《みぢか》な人《ひと》が逝く。⇩せい【逝】700ページ

**ゆくえ【行方】**[名]❶行《い》った所《ところ》。行《い》った先《さき》。[例]小犬《こいぬ》の行方がわからない。❷これから先《さき》。将来《しょうらい》。行《ゆ》く末《すえ》。[例]子《こ》どもの行方を見守《みまも》る。[参考]「行方《ゆくえ》」は、特別《とくべつ》に認《みと》められた読《よ》み方《かた》。

**ゆくえしれず【行方知れず】**[名]↓ゆくえふめい 1342ページ

**ゆくえふめい【行方不明】**[名] どこに行《い》ったのかわからないこと。行方《ゆくえ》知《し》れず。

**ゆくさき【行く先】**[名]〔「いくさき」ともいう。〕❶これから行《い》く所《ところ》。行《ゆ》き先《さき》。[例]遠足《えんそく》の行く先を決《き》める。❷これから先《さき》。将来《しょうらい》。行《ゆ》く末《すえ》。[例]体《からだ》が弱《よわ》くて行く先が心細《こころぼそ》い。

**ゆくすえ【行く末】**[名]〔「いくすえ」ともいう。〕これから先《さき》。将来《しょうらい》。行《ゆ》く先《さき》。[例]子《こ》どもの行く末を考《かんが》える。

**ゆくて【行く手】**[名]〔「いくて」ともいう。〕❶進《すす》んで行《い》く方向《ほうこう》。前方《ぜんぽう》。[例]行く手をはばむ〔=じゃまをする〕。❷これから先《さき》。将来《しょうらい》。

**ゆくとし【行く年】**[名]〔「いくとし」ともいう。〕過《す》ぎ去《さ》って行《い》く年《とし》。

**ゆくゆくは【行く行くは】**[副] 将来《しょうらい》は。やがては。[例]ゆくゆくは学者《がくしゃ》になりたい。

**ゆげ【湯気】**[名] お湯《ゆ》などから立《た》ち上《のぼ》る、白《しろ》い煙《けむり》のようなもの。水蒸気《すいじょうき》が冷《ひ》えて細《こま》かい水《みず》のつぶになったもの。

**ゆけつ【輸血】**[名][動-する] 病人《びょうにん》や出血《しゅっけつ》のひどいけが人《にん》などの血管《けっかん》に、健康《けんこう》な人《ひと》の血液《けつえき》を送《おく》りこむこと。

**ゆけむり【湯煙】**[名] 温泉《おんせん》やふろから、煙《けむり》のように立《た》ち上《のぼ》る湯気《ゆげ》。

**ゆさぶる【揺さぶる】**[動]〔「ゆすぶる」ともいう。〕❶ゆり動《うご》かす。[例]木《き》を揺さぶる。❷人《ひと》の心《こころ》を落《お》ち着《つ》かなくさせる。[例]敵《てき》を揺さぶる。⇩よう【揺】1349ページ

**ゆざまし【湯冷まし】**[名] わかした湯《ゆ》を冷《さ》ましたもの。

**ゆざめ【湯冷め】**[名][動-する] ふろから出《て》たあと、体《からだ》が冷《ひ》えて寒《さむ》くなること。[例]湯冷めするから着替《きが》えなさい。

**ゆさん【遊山】**[名] 山《やま》や野《の》に行《い》って遊《あそ》ぶこと。遊《あそ》びに出《で》かけること。[例]物見《ものみ》遊山。

**ゆし【油脂】**[名] 植物《しょくぶつ》や動物《どうぶつ》からとったあぶら。なたね油《あぶら》・ラードなど。

**ゆしゅつ【輸出】**[名][動-する] 外国《がいこく》に、品物《しなもの》・産物《さんぶつ》・技術《ぎじゅつ》などを売《う》り出《だ》すこと。[例]石油《せきゆ》の輸出国《こく》。[対]輸入《ゆにゅう》。

**ゆしゅつにゅう【輸出入】**[名] 輸出《ゆしゅつ》と輸入《ゆにゅう》。[例]輸出入を自由化《じゆうか》する。

**ゆず【柚子】**[名] 庭《にわ》などに植《う》える木《き》。夏《なつ》の初《はじ》めごろ白《しろ》い花《はな》が咲《さ》く。でこぼこした黄色《きいろ》の実《み》はかおりがよく、料理《りょうり》などに使《つか》う。

**ゆすぐ**[動]❶水《みず》の中《なか》でゆり動《うご》かして、よごれを洗《あら》い流《なが》す。ざっと洗《あら》う。すすぐ。[例]洗濯物《せんたくもの》をゆすぐ。❷水《みず》などを口《くち》に含《ふく》み、ゆり動《うご》かして口《くち》の中《なか》をきれいにする。すすぐ。[例]口《くち》をゆすぐ。

**ゆすぶる【揺すぶる】**[動]↓ゆさぶる 1342ページ／⇩よう【揺】1349ページ

**ゆずゆ【柚子湯】**[名] ゆずを浮《う》かべたふろ。[参考]冬至《とうじ》にゆず湯《ゆ》に入《はい》ると風邪《かぜ》をひかないとされる。

**ゆずりあう【譲り合う】**[動] たがいに、相手《あいて》を先《さき》にさせたり、相手《あいて》の気持《きも》ちに合《あ》わせた

四字熟語 津々浦々《つつうらうら》 全国《ぜんこく》津々浦々《つつうらうら》から、有力選手《ゆうりょくせんしゅ》が集《あつ》まった。

りする。例 席《せき》を譲り合う。

**ゆずりうける【譲り受ける】** 動 ゆずってもらう。例 祖《そ》父《ふ》から絵《え》を譲り受けた。

**ゆずりは【譲り葉】** 名 暖《あたた》かい山地《さんち》に生《は》える高木《こうぼく》。葉《は》は厚《あつ》くてやや細長《ほそなが》い。春《はる》、若《わか》い葉《は》が出《て》てから、入《い》れかわりに古《ふる》い葉《は》が落《お》ちるので、この名《な》がついた。正月《しょうがつ》のかざりに使《つか》う。

**ゆずりわたす【譲り渡す】** 動 自分《じぶん》のものを他人《たにん》にあたえる。譲渡《じょうと》する。

**◦ゆする【揺する】** 動 ゆらゆらと動《うご》かす。ゆり動《うご》かす。例 体《からだ》を揺する。↓よう【揺】1349ページ

**ゆする** 動 人《ひと》をおどかして、お金《かね》や品物《しなもの》などを取《と》り上《あ》げる。

**◦ゆずる【譲る】** 動 ❶自分《じぶん》の持《も》ち物《もの》を、人《ひと》にあげる。例 服《ふく》を弟《おとうと》に譲る。❷人《ひと》に、お金《かね》と引《ひ》きかえにわたす。例 チケットを人《ひと》に譲る。❸自分《じぶん》より相手《あいて》を先《さき》にする。例 お年寄《としよ》りに座席《ざせき》を譲る。❹日時《にちじ》を先《さき》に延《の》ばす。例 結論《けつろん》は次《つぎ》の会議《かいぎ》に譲る。↓じょう【譲】626ページ

**ゆせい【油性】** 名 油《あぶら》の性質《せいしつ》を持《も》っていること。例 油性ペン。対 水性《すいせい》。

**ゆせん【湯煎】** 名 動-する 物《もの》を、入《い》れ物《もの》ごと湯《ゆ》の中《なか》に入《い》れて温《あたた》めること。例 チョコレートを湯煎してとかす。

**ゆそう【輸送】** 名 動-する 汽《き》車《しゃ》・トラック・船《ふね》などで、人《ひと》や物《もの》を運《はこ》ぶこと。例 救援物資《きゅうえんぶっし》を大量《たいりょう》に輸送する。類 運輸《うんゆ》。

**ゆそうせん【油送船・油槽船】** 名 ↓タンカー 812ページ

**◦ゆたか【豊か】** 形動 ❶不足《ふそく》がなく、めぐまれているようす。例 暮《く》らしが豊かだ。❷おおらかで、ゆとりのあるようす。例 心《こころ》の豊かな人《ひと》。対(❶・❷)貧《まず》しい。↓ほう【豊】1190ページ

**ゆだねる【委ねる】** 動 ❶人《ひと》に任《まか》せる。例 決定《けってい》を委員《いいん》にゆだねる。❷なるままに任《まか》せる。例 運命《うんめい》に身《み》をゆだねる。↓い【委】51ページ

**ユダヤきょう【ユダヤ教】** 名 イスラエルで生《う》まれた、唯一《ゆいいつ》の神《かみ》ヤハウェを信《しん》じるユダヤ人《じん》の宗教《しゅうきょう》。

**ユダヤじん【ユダヤ人】** 名 昔《むかし》、地中海東《ちちゅうかいとう》岸《がん》にあったユダヤ王国《おうこく》をつくった民族《みんぞく》。王国《おうこく》が滅《ほろ》んだあと、世界各地《せかいかくち》に散《ち》らばったが、一九四八年《ねん》にイスラエル共和国《きょうわこく》をつくった。

**ゆだる** 動 湯《ゆ》の中《なか》で煮《に》られる。ゆで上《あ》がる。うだる。例 卵《たまご》がゆだる。

**◦ゆだん【油断】** 名 動-する 気《き》をゆるめること。注意《ちゅうい》しないこと。例 ちょっと油断したら、追《お》いつかれた。

**油断《ゆだん》もすきもない** 少《すこ》しも油断《ゆだん》できない。

**■ゆだんたいてき【油断大敵】** 名 気《き》をゆるめると失敗《しっぱい》するから、油断《ゆだん》してはならない、ということ。例 点差《てんさ》がついても油断大敵だ。

**ゆたんぽ【湯たんぽ】** 名 中《なか》にお湯《ゆ》を入《い》れ、ねどこで足《あし》などを温《あたた》めるもの。

**ゆちゃく【癒着】** 名 動-する ❶皮膚《ひふ》などがくっついてしまうこと。例 傷口《きずぐち》が癒着する。❷利益《りえき》になる者《もの》どうしが、深《ふか》く結《むす》びつくこと。例 企《き》業《ぎょう》と政《せい》治《じ》家《か》が癒着する。

**◦ゆっくり** 副(-と) 動-する ❶急《いそ》がないようす。例 ゆっくり歩《ある》く。❷のんびり。ゆったり。例 休日《きゅうじつ》はゆっくりと休《やす》む。

**◦ゆったり** 副(-と) 動-する ❶落《お》ち着《つ》いて、ゆとりのあるようす。例 ゆったりした気分《きぶん》。❷ゆるやかなようす。きつくないようす。例 ゆったりとした服《ふく》。

**ゆでたまご【ゆで卵】** 名 卵《たまご》を、殻《から》のままゆでたもの。

**◦ゆでる** 動 熱《あつ》い湯《ゆ》で煮《に》る。うでる。例 卵《たまご》をゆでる。

**ゆでん【油田】** 名 地下《ちか》から石油《せきゆ》が出《で》る所《ところ》。

**✤ゆとうよみ【湯桶読み】** 名 〔国語《こくご》で〕漢字《かんじ》の熟語《じゅくご》を、上《うえ》を訓《くん》、下《した》を音《おん》で読《よ》む読《よ》み方《かた》。「湯桶《ゆとう》〔=湯《ゆ》おけ〕」のほかに、「手本《てほん》」「夕食《ゆうしょく》」などがある。対 重箱読《じゅうばこよ》み。

**ゆどの【湯殿】** 名 風呂場《ふろば》。浴室《よくしつ》。〔古《ふる》い言《い》い方《かた》。〕

**ゆとり** 名 ものごとに、余裕《よゆう》のあること。例 生活《せいかつ》にゆとりがある。

**ユニーク** 〔英語 unique〕形動 同《おな》じようなものが他《ほか》にないようす。独特《どくとく》なようす。例 ユニークな作品《さくひん》。

**ユニセフ【UNICEF】** 名 〔「国連《こくれん》国《こく》際《さい》児《じ》童《どう》緊急《きんきゅう》基金《ききん》」という意味《いみ》の英語《えいご》の頭文字《かしらもじ》。〕国《こく》連《れん》の機関《きかん》の一《ひと》つ。世界中《せかいじゅう》の子《こ》どもたちの命《いのち》と健康《けんこう》を守《まも》る活動《かつどう》をする。参考 今《いま》は国連《こくれん》児《じ》



四字熟語 適材適所《てきざいてきしょ》 駅伝《えきでん》で、スタートはだれ、最終走者《さいしゅうそうしゃ》はだれと、適材適所《てきざいてきしょ》に走者《そうしゃ》を配置《はいち》する。

あいうえお かきくけこ さしすせそ たちつてと なにぬねの はひふへほ まみむめも や ゆ よ らりるれろ わ を ん

童《どう》基《き》金《きん》とよぶが、「ユニセフ」という略《りゃく》称《しょう》は変《か》わっていない。

**ユニバーサルデザイン**〔英語 universal design〕名 年齢《ねんれい》や体《からだ》の状態《じょうたい》などにかかわらず、だれもが使《つか》いやすいように、物《もの》を作《つく》ること。また、そのような作《つく》り方《かた》。

**ユニバーシアード**〔英語 Universiade〕名 国際的《こくさいてき》な学生《がくせい》のスポーツ大会《たいかい》。二年《にねん》ごとにひらかれる。

**ユニホーム**〔英語 uniform〕名 制服《せいふく》。特《とく》に、スポーツチームなどの、そろいの運動服《うんどうふく》。ユニフォーム。

°**ゆにゅう**【輸入】名 動-する 外国《がいこく》から、品物《しなもの》・産物《さんぶつ》を買《か》い入《い》れたり、技術《ぎじゅつ》を取《と》り入《い》れたりすること。例 輸入品《ひん》。対 輸出《ゆしゅつ》。

**ユネスコ**【UNESCO】名 〔「国連《こくれん》教《きょう》育《いく》科《か》学《がく》文《ぶん》化《か》機《き》関《かん》」という意味《いみ》の英語《えいご》の頭文字《かしらもじ》。〕国《こく》連《れん》の機関《きかん》の一《ひと》つで、教育《きょういく》や科学《かがく》、また文化《ぶんか》を通《つう》じて、たがいに理解《りかい》し合《あ》い、世界《せかい》の平和《へいわ》と安全《あんぜん》を守《まも》ることを目的《もくてき》としている。

**ゆのまち**【湯の町】名 温泉《おんせん》のある町《まち》。温泉《おんせん》町《まち》。

**ゆのみ**【湯飲み】名 お湯《ゆ》やお茶《ちゃ》を飲《の》むときに使《つか》う茶《ちゃ》わん。

**ゆば**【湯葉】名 豆乳《とうにゅう》を煮《に》て、表面《ひょうめん》にできた薄《うす》い皮《かわ》をすくって作《つく》った食《た》べ物《もの》。

°**ゆび**【指】名 手足《てあし》の先《さき》の、分《わ》かれている部分《ぶぶん》。例 五本《ごほん》の指に入《はい》る〔=上《うえ》から五位《ごい》までの中《なか》に入《はい》る〕。 ⇩し【指】537ページ

**指《ゆび》をくわえる** ほしいけれども手《て》が出《だ》せなくて、だまってながめる。

**ゆびおり**【指折り】名 ❶指《ゆび》を折《お》って数《かぞ》えること。屈《くっ》指《し》。例 指折りの作《さっ》家《か》。❷指《ゆび》を折《お》って数《かぞ》えられるほど少数《しょうすう》で、すぐれていること。例 指折り数《かぞ》えて待《ま》つ〔=その時《とき》がくるのをひたすら待《ま》っている〕。

**ユビキタス**〔英語 ubiquitous〕名 生活《せいかつ》のどこでもコンピューターのネットワークを使《つか》いこなすことができる環境《かんきょう》。

**ゆびきり**【指切り】名 動-する 約束《やくそく》を守《まも》るしるしに、たがいの小指《こゆび》をからませること。げんまん。例「指切りげんまん、うそついたら針千本《はりせんぼん》のます。」

**ゆびさす**【指差す】動 指《ゆび》でさし示《しめ》す。例 先生《せんせい》の指さすほうを見《み》た。

**ゆびずもう**【指〈相撲〉】名 二人《ふたり》がお互《たが》いに片手《かたて》の四本《よんほん》の指《ゆび》を組《く》み合《あ》わせて、親指《おやゆび》を押《お》さえ合《あ》う遊《あそ》び。

**ゆびづかい**【指使い】名 指《ゆび》の使《つか》い方《かた》。特《とく》に、楽器《がっき》を演奏《えんそう》するときの指《ゆび》の使《つか》い方《かた》。

**ゆびにんぎょう**【指人形】名 指《ゆび》を中《なか》に入《い》れて、いろいろな動作《どうさ》ができるように作《つく》った人形《にんぎょう》。人形劇《にんぎょうげき》に使《つか》う。

**ゆびぬき**【指ぬき】名 ぬい物《もの》の針《はり》の頭《あたま》をおすために、指《ゆび》にはめる道具《どうぐ》。

**ゆびぶえ**【指笛】名 合図《あいず》などのために、指《ゆび》を口《くち》に入《い》れ、強《つよ》く息《いき》をはいて高《たか》い音《おと》を出《だ》すこと。

✤**ゆびもじ**【指文字】名 手《て》と指《ゆび》で作《つく》る形《かたち》によって、文字《もじ》を表《あらわ》すもの。手話《しゅわ》と組《く》み合《あ》わせて、耳《みみ》や口《くち》の不自由《ふじゆう》な人《ひと》たちが使《つか》う。この辞《じ》典《てん》の「あ」「い」「う」などの各行《かくぎょう》や段《だん》の見出《みだ》しにえがかれた手《て》の形《かたち》が指文字《ゆびもじ》である。

**ゆびわ**【指輪】名 指《ゆび》にはめてかざりにする輪《わ》。リング。例 指輪をはめる。

**ゆぶね**【湯船】名 お湯《ゆ》を入《い》れて人《ひと》が中《なか》に入《はい》るおけ。ふろおけ。浴《よく》そう。

°**ゆみ**【弓】名 ❶昔《むかし》の武器《ぶき》の一《ひと》つ。つるを張《は》り、矢《や》をつがえて射《い》る物《もの》。❷バイオリンやチエロなどをひく道具《どうぐ》。 ⇩きゅう【弓】323ページ

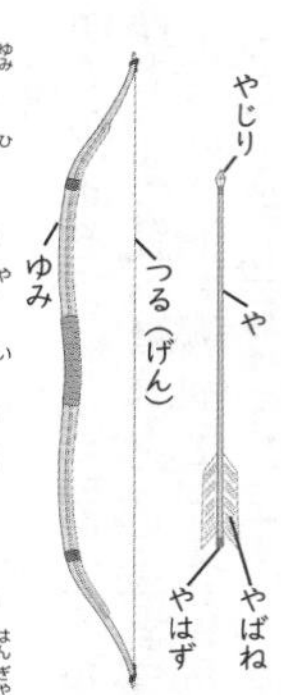

〔ゆみ❶〕

**弓《ゆみ》を引《ひ》く** ❶矢《や》を射《い》る。❷そむく。反逆《はんぎゃく》する。例 主君《しゅくん》に弓を引く。

**ゆみがた**【弓形】名 弦《つる》を張《は》った弓《ゆみ》のような形《かたち》。

**ゆみず**【湯水】名 お湯《ゆ》と水《みず》。

**湯水《ゆみず》のように使《つか》う** お湯《ゆ》や水《みず》を使《つか》うように、お金《かね》などをおしげもなく使《つか》う。例 相続《そうぞく》した遺産《いさん》を湯水のように使う。

**ゆみなり**【弓なり】名 つるを張《は》った弓《ゆみ》のように、曲《ま》がった形《かたち》。弓形《ゆみがた》。例 体《からだ》を弓なりに反《そ》らす。

**ゆみはりづき**【弓張り月】 弓《ゆみ》の形《かたち》をし

ている月《つき》。上弦《じょうげん》または下弦《かげん》の月《つき》。

**ゆみや**【弓矢】名 ❶弓《ゆみ》と矢《や》。❷いくさに使《つか》う道具《どうぐ》。武器《ぶき》。

°**ゆめ**【夢】名 ❶ねむっている時《とき》に、ほんとうの出来事《できごと》のように、頭《あたま》の中《なか》にえがかれるもの。❷望《のぞ》み。希望《きぼう》。例 夢は発明家《はつめいか》だ。❸たよりにならないこと。はかないこと。例 夢と消《き》える。❹できそうもない望《のぞ》み。例 夢のような話《はなし》。⇩む【夢】1270ページ

**夢《ゆめ》を抱《いだ》く** 望《のぞ》みを持《も》つ。例 画家《がか》になる夢を抱いて、外国《がいこく》へ旅立《たびだ》つ。

**夢《ゆめ》を見《み》る** ❶寝《ね》ている間《あいだ》に何《なに》かを見《み》る。❷(願《ねが》いが実現《じつげん》することを)想像《そうぞう》する。例 サッカー選手《せんしゅ》になる夢を見る。

**ゆめうつつ**【夢うつつ】名 夢《ゆめ》を見《み》ているのか目《め》が覚《さ》めているのか、はっきりしないこと。例 夢うつつに小鳥《ことり》の声《こえ》を聞《き》いた。

**ゆめごこち**【夢〈心地〉】名 夢《ゆめ》を見《み》ているような、うっとりした気分《きぶん》。夢見《ゆめみ》ごこち。例 合格《ごうかく》の知《し》らせを夢心地で聞《き》いた。

**ゆめじ**【夢路】名 夢《ゆめ》。例 夢路をたどる〔=夢《ゆめ》をみる〕。

**ゆめどの**【夢殿】名 法《ほう》隆寺《りゅうじ》にある八角堂《はっかくどう》〔=寺《じ》院《いん》の八角形《はっかっけい》の建物《たてもの》〕。奈《な》良《ら》時《じ》代《だい》の建《けん》築《ちく》様《よう》式《しき》を伝《つた》え、国宝《こくほう》になっている。

〔ゆめどの〕

**ゆめにも**【夢にも】副 少《すこ》しも。ほとんど。まったく。例 勝《か》てるなんて、夢にも思《おも》わなかった。注意 あとに「ない」などの打《う》ち消《け》しの言《こと》葉《ば》がくる。

**ゆめまくらにたつ**【夢枕に立つ】夢《ゆめ》の中《なか》に神《かみ》や仏《ほとけ》、亡《な》くなった人《ひと》が現《あらわ》れて、何《なに》かを告《つ》げる。

**ゆめみごこち**【夢見〈心地〉】名 ⇩ゆめごこち 1345ページ

**ゆめみる**【夢見る】動 ❶夢《ゆめ》を見《み》る。❷理《り》想《そう》としてあこがれる。空想《くうそう》する。例 音楽家《おんがくか》を夢見る。

**ゆめものがたり**【夢物語】名 ❶夢《ゆめ》で見《み》た話《はなし》。❷実現《じつげん》できそうもない話《はなし》。空想《くうそう》で作《つく》りあげた話《はなし》。例 月旅行《つきりょこう》も夢物語ではない。

**ゆめゆめ** 副 けっして。絶対《ぜったい》に。例 ゆめゆめ忘《わす》れてはいけない。注意 あとに「ない」などの打《う》ち消《け》しの言《こと》葉《ば》がくる。

**ゆゆしい**【由由しい】形 たいへんな。とんでもない。例 ゆゆしい問題《もんだい》だ。

**ゆらい**【由来】名 動する ものごとが起《お》こってきたわけ。いわれ。例 祭《まつ》りの由来。類 来《らい》歴《れき》。

**ゆらぐ**【揺らぐ】動 ❶ゆれる。ゆれ動《うご》く。ぐらぐらする。例 地《じ》震《しん》で家《いえ》が揺らぐ。❷気《き》持《も》ちが動《うご》く。例 友達《ともだち》にさそわれて、心《こころ》が揺らぐ。⇩よう【揺】1349ページ

°**ゆらす**【揺らす】動 ゆれるようにする。ゆり動《うご》かす。例 ぶらんこを揺らす。

**ゆらめく**【揺らめく】動 ゆらゆらとゆれ動《うご》く。例 ろうそくの火《ひ》が揺らめく。

**ゆらゆら** 副(-と) 動する ゆっくりゆれるようす。例 ゆらゆらとゆれるぶらんこ。

**ゆり**【〈百合〉】名 野山《のやま》に生《は》え、庭《にわ》にも植《う》える草花《くさばな》。ヤマユリ・テッポウユリ・オニユリなど、種類《しゅるい》が多《おお》い。夏《なつ》、白《しろ》・黄色《きいろ》・だいだい色《いろ》などの花《はな》をつける。ヤマユリなどの球根《きゅうこん》は食用《しょくよう》になる。

〔ゆり〕

**ゆりうごかす**【揺り動かす】動 ❶ゆすって動《うご》かす。例 ぶらんこを揺り動かす。❷心《こころ》をゆさぶる。例 人《ひと》の心《こころ》を揺り動かす。

**ゆりおこす**【揺り起こす】動 ゆすって目《め》を覚《さ》まさせる。例 子《こ》どもを揺り起こす。

**ゆりかえし**【揺り返し】名 ❶ゆれたあとに、またゆれること。❷地《じ》震《しん》の時《とき》、大《おお》きくゆれたあと、また小《ちい》さくゆれること。ゆりもどし。余《よ》震《しん》。例 揺り返しが何回《なんかい》もきた。

**ゆりかご**【揺り籠】名 赤《あか》ちゃんを入《い》れて、ゆり動《うご》かして寝《ね》かせる、かご。

**ゆりかもめ** 名 カモメより小《ちい》さくて、体《からだ》が白《しろ》く、くちばしと足《あし》が赤《あか》い海鳥《うみどり》。「みやこどり」ともいう。

**ゆりもどし**【揺り戻し】名 ⇩ゆりかえし❷ 1345ページ

°**ゆるい**【緩い】形 ❶ゆったりしている。すき間《ま》やゆとりがある。きつくない。例 やせたので服《ふく》が緩くなった。❷急《きゅう》でない。ゆるや


四字熟語 電光石火《でんこうせっか》 熟《じゅく》練工《れんこう》だけあって、電光石火《でんこうせっか》の早《はや》わざで、次々《つぎつぎ》と選《えら》び分《わ》けていく。

例解 ことばの窓

**許《ゆる》す の意味《いみ》で**

通行《つうこう》を許可《きょか》する。
五点差《ごてんさ》まで許容《きょよう》する。
建築《けんちく》の認可《にんか》が下《お》りる。
運転《うんてん》の免許《めんきょ》を取《と》る。

かだ。例緩い坂《さか》。❸厳《きび》しくない。例取《と》りしまりが緩くなった。対（❶〜❸）きつい。❹激《はげ》しくない。例流《なが》れの緩い川《かわ》。❺かたさが足《た》りない。例絵《え》の具《ぐ》を緩くときすぎた。⇩かん【緩】273ページ

**ゆるがす**【揺るがす】動 ぐらつかせる。ゆり動《うご》かす。例家《いえ》を揺るがすような音《おと》。

**ゆるがせ** 名 いいかげん。おろそか。なおざり。例小《ちい》さな事《こと》もゆるがせにしない。

**ゆるぎない**【揺るぎない】形 安定《あんてい》していて、ぐらつかない。例揺るぎない信念《しんねん》。

**ゆるぐ**【揺るぐ】動 ゆれ動《うご》く。ぐらつく。揺《ゆ》らぐ。例決心《けっしん》が揺るぐ。⇩よう【揺】1349ページ

**ゆるし**【許し】名 許《ゆる》すこと。許可《きょか》。例父《ちち》の許しをもらって、遊《あそ》びに行《い》く。

**ゆるす**【許す】動 ❶まちがいなどをとがめないで済《す》ませる。例罪《つみ》を許す。❷してもよいと認《みと》める。例外《そと》で遊《あそ》ぶことを許す。❸聞《き》き入《い》れる。受《う》け入《い》れる。例入学《にゅうがく》を許す。❹気《き》をゆるめる。打《う》ち解《と》ける。例心《こころ》を許す。⇩きょ【許】330ページ

**ゆるむ**【緩む】動 ❶ゆるくなる。たるむ。例ゴムひもが緩む。❷注意力《ちゅういりょく》がなくなる。油《ゆ》断《だん》する。例気《き》持《も》ちが緩んで失敗《しっぱい》した。対（❶・❷）締《し》まる。❸厳《きび》しかったものがやわらぐ。例寒《さむ》さが緩む。⇩かん【緩】273ページ

**ゆるめる**【緩める】動 ❶張《は》ったりしめたりしたものを、ゆるくする。例ベルトを緩める。さいふのひもを緩める〔＝お金《かね》をふだんよりもたくさん使《つか》う〕。❷緊張《きんちょう》を弱《よわ》める。例気《き》を緩める。❸きびしさを弱《よわ》める。例禁《きん》止《し》命令《めいれい》を緩める。対（❶〜❸）締《し》める。❹勢《いきお》いなどを弱《よわ》くする。例スピードを緩める。⇩かん【緩】273ページ

**ゆるやか**【緩やか】形動 ❶傾《かたむ》きや曲《ま》がり方《かた》などが急《きゅう》でないようす。なだらかなようす。例緩やかなカーブ。❷動《うご》きがはげしくないようす。例川《かわ》の流《なが》れが緩やかだ。❸ゆとりがあって、きつくないようす。例規《き》則《そく》が緩やかだ。⇩かん【緩】273ページ

**ゆるゆる** 副（-と） ゆっくりとしたようす。例車《くるま》がゆるゆると走《はし》っている。

**ゆるり** 副-と のんびりと。ゆっくりと。例ごゆるりとおくつろぎください。

**ゆれうごく**【揺れ動く】動 ❶揺《ゆ》れて、動《うご》く。❷気《き》持《も》ちや状況《じょうきょう》が定《さだ》まらない。例揺れ動く心《こころ》。

**ゆれる**【揺れる】動 ❶ゆらゆらと動《うご》く。例木《き》が揺れる。❷気《き》持《も》ちが定《さだ》まらない。例心《こころ》が揺れる。⇩よう【揺】1349ページ

例解 表現の広場

**緩《ゆる》む と たるむ のちがい**

| | 緩《ゆる》む | たるむ |
|---|---|---|
| 気《き》持《も》ちが | ○ | ○ |
| 機《き》械《かい》のねじが | ○ | × |
| 昨日《きのう》までの寒《さむ》さが | ○ | × |
| 物干《ものほ》しのロープが | × | ○ |

**ゆわえる**【結わえる】動 結《むす》ぶ。しばる。例ひもで結わえる。⇩けつ【結】400ページ

**ゆわかし**【湯沸かし】名 やかんなど、湯《ゆ》をわかす器《き》具《ぐ》。

**ゆわく**【結わく】動 結《むす》ぶ。ゆわえる。例髪《かみ》の毛《け》をリボンで結わく。

# よ

ヨ yo

**よ**【予】画数 4 部首 亅（はねぼう） 3年

音 ヨ 訓 ―

筆順

前々《まえまえ》から。前《まえ》もって。熟語 予《よ》定《てい》。予《よ》報《ほう》。

**よ**【予】代名 私《わたくし》。自《じ》分《ぶん》。〔古《ふる》い言《い》い方《かた》。〕

**よ**【余】画数 7 部首 𠆢（ひとがしら） 5年

音 ヨ 訓 あま-る あま-す

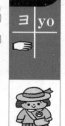

筆順 ノ 𠆢 亼 今 全 余 余

❶あまり。あます。熟語 余分《よぶん》。余裕《よゆう》。例 百人余《よ》の参加者《さんかしゃ》。❷そのほか。熟語 余談《よだん》。余病《よびょう》。

《訓の使い方》 **あま-る** 例 紙《かみ》が余る。 **あま-す** 例 お金《かね》を余す。

**よ【余】** 一 名 あまり。以上《いじょう》。例 百人《ひゃくにん》余も集《あつ》まった。 二 代名 私《わたくし》。自分《じぶん》。〔古《ふる》い言《い》い方《かた》。〕

**よ【預】** 画数 13 部首 頁(おおがい) 6年

音 ヨ 訓 あず-ける あず-かる

筆順 マ ヱ 予 予 預 預 預

あずける。熟語 預金《よきん》。預貯金《よちょきん》。

《訓の使い方》 **あず-ける** 例 お金《かね》を預ける。 **あず-かる** 例 荷物《にもつ》を預かる。

**よ【与】** 画数 3 部首 一(いち)

音 ヨ 訓 あた-える

❶あたえる。熟語 給与《きゅうよ》。貸与《たいよ》。❷仲間《なかま》になる。熟語 与党《よとう》。❸関係《かんけい》する。熟語 関与《かんよ》。

**よ【誉】** 画数 13 部首 言(げん)

音 ヨ 訓 ほま-れ

ほまれ。よい評判《ひょうばん》。ほめる。熟語 栄誉《えいよ》。名誉《めいよ》。例 郷土《きょうど》の誉《ほま》れ。

**°よ【世】** 名 ❶世《よ》の中《なか》。世間《せけん》。例 世わたり。❷時代《じだい》。例 令和《れいわ》の世。❸仏教《ぶっきょう》で、生《う》まれる前《まえ》や、生《い》きている間《あいだ》や、死《し》んでからの世界《せかい》のこと。例 この世。あの世。⬇せい【世】697ページ

**世《よ》が世《よ》なら** その人《ひと》にとってもっとよい時代《じだい》だったならば。例 世が世なら、彼《かれ》は有名《ゆうめい》な学者《がくしゃ》になっていただろう。

**世《よ》に聞《き》こえる** 世間《せけん》に知《し》られている。有名《ゆうめい》だ。例 世に聞こえた名人《めいじん》。

**世《よ》に出《で》る** 世《よ》の中《なか》に認《みと》められる。例 一人前《いちにんまえ》の力士《りきし》として世に出る。

**世《よ》に問《と》う** 作品《さくひん》や品物《しなもの》をつくって出《だ》し、世間《せけん》の評価《ひょうか》を求《もと》める。例 新製品《しんせいひん》を世に問う。

**世《よ》を去《さ》る** 死《し》ぬ。

**世《よ》を忍《しの》ぶ** 世間《せけん》からかくれて過《す》ごす。例 世を忍ぶ仮《かり》の姿《すがた》。

**世《よ》を捨《す》てる** ❶世間《せけん》から離《はな》れて暮《く》らす。❷出家《しゅっけ》する。

**世《よ》をはかなむ** 世《よ》の中《なか》をはかないものだと思《おも》い、生《い》きていく望《のぞ》みを失《うしな》う。

**世《よ》をはばかる** 世間《せけん》との交流《こうりゅう》をさける。例 世をはばかる事情《じじょう》がある。

**よ【四】** 名 よっつ。し。例 四すみ。四年生《ねんせい》。⬇し【四】535ページ

**よ【代】** 名 ある人《ひと》やある階級《かいきゅう》が国《くに》を治《おさ》めている時代《じだい》。例 徳川《とくがわ》の代。⬇だい【代】769ページ

**°よ【夜】** 名 よる。例 夜が明《あ》ける。⬇や【夜】1316ページ

**夜《よ》の目《め》も寝《ね》ずに** ひと晩《ばん》じゅう寝《ね》ないで。夜《よ》どおし。例 夜の目も寝ずに看病《かんびょう》する。

**夜《よ》を日《ひ》に継《つ》いで** 昼《ひる》も夜《よる》も続《つづ》けて。例 夜を日についで工事《こうじ》を急《いそ》ぐ。

**よ** 助 〔文《ぶん》の終《お》わりにつけて〕❶ものに感《かん》じた気持《きも》ちを表《あらわ》す。例「雪《ゆき》が降《ふ》ったよ。」❷呼《よ》びかけを表《あらわ》す。例「雨《あめ》よ、降《ふ》れ。」❸相手《あいて》に知《し》らせたり命令《めいれい》したりするときに使《つか》う。例「早《はや》く来《こ》いよ。」

**よあかし【夜明かし】** 名 動-する 夜通《よどお》し起《お》きていること。徹夜《てつや》。例 試験勉強《しけんべんきょう》で、夜明かしした。

**よあけ【夜明け】** 名 ❶夜《よ》が明《あ》けること。また、明《あ》けるころ。明《あ》け方《がた》。対 夕暮《ゆうぐ》れ。日暮《ひぐ》れ。❷新《あたら》しい時代《じだい》の始《はじ》まり。例 日本《にっぽん》の夜明け。

**よい【宵】** 名 日《ひ》が暮《く》れて、間《ま》もないころ。⬇しょう【宵】622ページ

**°よい【良い】** 形 ❶すぐれている。立派《りっぱ》だ。例 良い品《しな》。対 悪《わる》い。❷かまわない。よろしい。例 外《そと》で遊《あそ》んでもよい。❸適当《てきとう》である。例 ちょうどよい大《おお》きさの服《ふく》。❹親《した》しい。例 きょうだいの仲《なか》がよい。対 悪《わる》い。参考 くだけた

例解 ⟷ 使い分け

良《よ》いと善《よ》い

天気《てんき》が良《よ》い。
品質《ひんしつ》が良《よ》い。
成績《せいせき》が良《よ》い。

善《よ》い行《おこな》い。
世《よ》の中《なか》のために善《よ》いことをする。



四字熟語 天変地異《てんぺんちい》 いかなる天変地異《てんぺんちい》にも対応《たいおう》できる、ちゃんとした準備《じゅんび》が必要《ひつよう》だ。

言《い》い方《かた》は「いい」。話《はな》し言葉《ことば》では多《おお》く「いい」が使《つか》われる。

**よい**【酔《よ》い】名 ❶酒《さけ》に酔《よ》うこと。❷乗《の》り物《もの》に乗《の》っていて気分《きぶん》が悪《わる》くなること。例 車《くるま》酔い。⇩りょう【良】1391ページ

°**よい**【善い】形 立派《りっぱ》だ。正《ただ》しい。例 善い行《おこな》いをする。対 悪《わる》い。⇩ぜん【善】729ページ

**よいしれる**【酔《よ》いしれる】動 ❶ひどく酒《さけ》に酔《よ》う。❷うっとりする。例 美声《びせい》に酔いしれる。

**よいっぱり**【宵《よい》っ張り】名 夜《よる》おそくまで寝《ね》ないでいること。また、その人《ひと》。例 宵っ張りの朝寝坊《あさねぼう》。

**よいのくち**【宵《よい》の口】名 日《ひ》が暮《く》れて間《ま》もないころ。例 宵の口から寝《ね》てしまった。

**よいのみょうじょう**【宵《よい》の明星】名 日《ひ》が暮《く》れて間《ま》もないころ、西《にし》の空《そら》にかがやいている星《ほし》。金星《きんせい》のこと。対 明《あ》けの明星《みょうじょう》。

**よいまちぐさ**【宵《よい》待ち草】名 ⇩おおまつよいぐさ 152ページ

**よいやみ**【宵《よい》闇《やみ》】名 日《ひ》が暮《く》れて間《ま》もないころから、月《つき》が出《て》るまでの、辺《あた》りが暗《くら》い時《とき》。夕《ゆう》やみ。例 宵闇がせまる。

✤**よいん**【余韻《いん》】名 ❶あとまで残《のこ》るひびき。例 鐘《かね》の音《ね》の余韻が残《のこ》る。❷言葉《ことば》や文章《ぶんしょう》の、あとまで残《のこ》る味《あじ》わいやおもむき。余情《よじょう》。例 感動《かんどう》の余韻にひたる。

## よう【幼】

画数 5 部首 幺(いとがしら) 6年

音 ヨウ 訓 おさな-い

筆順 く 幺 幺 幻 幼

年《とし》が少《すく》ない。若《わか》い。熟語 幼児《ようじ》。幼少《ようしょう》。幼虫《ようちゅう》。幼稚園《ようちえん》。対 老《ろう》。

《訓の使い方》**おさな-い** 例 幼い妹《いもうと》。

## よう【用】

画数 5 部首 用(もちいる) 2年

音 ヨウ 訓 もち-いる

筆順 丿 月 月 月 用

❶使《つか》う。もちいる。熟語 用意《ようい》。使用《しよう》。利用《りよう》。❷はたらき。効《き》き目《め》。熟語 効用《こうよう》。作用《さよう》。❸必《ひつ》要《よう》なもの。熟語 用具《ようぐ》。費用《ひよう》。❹すべきこと。仕事《しごと》。熟語 用事《ようじ》。急用《きゅうよう》。❺大小便《だいしょうべん》。小用《しょうよう》。

《訓の使い方》**もち-いる** 例 筆《ふで》を用いる。

**よう**【用】名 ❶しなければならないこと。だいじな用がある。❷はたらき。役《やく》。例 子《こ》どもでも用が足《た》りる。

**用《よう》を足《た》す** ❶用事《ようじ》をすませる。❷大小便《だいしょうべん》をする。

## よう【羊】

画数 6 部首 羊(ひつじ) 3年

音 ヨウ 訓 ひつじ

筆順 丶 丷 䒑 兰 羊

ひつじ。熟語 羊毛《ようもう》。牧羊《ぼくよう》。

## よう【洋】

画数 9 部首 氵(さんずい) 3年

音 ヨウ 訓 —

筆順 丶 氵 氵 氵 汼 洋

❶大《おお》きな海《うみ》。熟語 洋上《ようじょう》。洋々《ようよう》。遠洋《えんよう》。海洋《かいよう》。大洋《たいよう》。❷世界《せかい》を東西《とうざい》に分《わ》けたもの。熟語 西《せい》洋《よう》。東洋《とうよう》。❸西洋《せいよう》のこと。熟語 洋食《ようしょく》。洋風《ようふう》。洋服《ようふく》。和洋《わよう》。関連 和《わ》。漢《かん》。

**よう**【洋】名 世界《せかい》を東《ひがし》と西《にし》に分《わ》けたもの。例 洋の東西《とうざい》を問《と》わない〔=東洋《とうよう》・西洋《せいよう》の区別《くべつ》をしない〕。

## よう【要】

画数 9 部首 襾(にし) 4年

音 ヨウ 訓 かなめ い-る

筆順 一 覀 覀 覀 要 要

❶だいじなところ。かなめ。熟語 要旨《ようし》。要《よう》点《てん》。要約《ようやく》。重要《じゅうよう》。❷望《のぞ》む。求《もと》める。熟語 要《よう》求《きゅう》。要請《ようせい》。要望《ようぼう》。必要《ひつよう》。⇩ようする(要する) 1353ページ

《訓の使い方》**い-る** 例 お金《かね》が要る。

**よう**【要】名 ❶だいじな点《てん》。例 要は君《きみ》のやる気《き》だ。❷必要《ひつよう》。例 検査《けんさ》の要なし。

**要《よう》を得《え》る** だいじな点《てん》をおさえている。例 要を得た、わかりやすい説明《せつめい》。

## よう【容】

画数 10 部首 宀(うかんむり) 5年

音 ヨウ 訓 —

筆順 丶 宀 宀 宊 容 容 容

四字熟語 独立独歩《どくりつどっぽ》 兄《あに》は大学卒業《だいがくそつぎょう》以来《いらい》、ずっと独立独歩《どくりつどっぽ》で人生《じんせい》を切《き》りひらいてきた。

❶中《なか》に入《い》れる。中身《なかみ》。熟語 容器《ようき》。収容《しゅうよう》。内容《ないよう》。❷許《ゆる》す。熟語 許容《きょよう》。受容《じゅよう》。包容力《ほうようりょく》。❸姿《すがた》。形《かたち》。熟語 容姿《ようし》。容体《ようだい》。美容《びよう》。❹たやすい。難《むずか》しくない。熟語 容易《ようい》。

## よう【葉】 画数 12 部首 艹（くさかんむり） 3年

音 ヨウ　訓 は

筆順

❶植物《しょくぶつ》の、は。熟語 葉脈《ようみゃく》。紅葉《こうよう》。葉緑素《ようりょくそ》。青葉《あおば》。❷うすい物《もの》を数《かぞ》える言葉《ことば》。例 一《いち》葉《よう》の写真《しゃしん》。

## よう【陽】 画数 12 部首 阝（こざとへん） 3年

音 ヨウ　訓 ―

筆順

❶ひ。おひさま。熟語 陽光《ようこう》。太陽《たいよう》。❷明《あか》るい。ほがらか。熟語 陽気《ようき》。陽性《ようせい》。❸電気《でんき》の、プラス。熟語 陽極《ようきょく》。対（❷・❸）陰《いん》。

よう【陽】名 目《め》につくところ。おもて。例 陰《いん》に陽に支援《しえん》をする。対 陰《いん》。

## よう【様】 画数 14 部首 木（きへん） 3年

音 ヨウ　訓 さま

筆順

❶ありさま。熟語 様子《ようす》。異様《いよう》。多様《たよう》。同様《どうよう》。❷かざりとなる絵《え》。熟語 模様《もよう》。文様《もんよう》。❸決《き》まった型《かた》。形式《けいしき》。熟語 様式《ようしき》。

## よう【養】 画数 15 部首 食（しょく） 4年

音 ヨウ　訓 やしな-う

筆順

❶やしない育《そだ》てる。熟語 養育《よういく》。養殖《ようしょく》。栄養《えいよう》。培養《ばいよう》。❷心《こころ》や体《からだ》を休《やす》ませる。熟語 養生《ようじょう》。休養《きゅうよう》。静養《せいよう》。保養《ほよう》。❸心《こころ》を豊《ゆた》かにする。熟語 教養《きょうよう》。修養《しゅうよう》。素養《そよう》。

《訓の使い方》やしな-う 例 子《こ》どもを養う。

## よう【曜】 画数 18 部首 日（ひへん） 2年

音 ヨウ　訓 ―

筆順

一週間《いっしゅうかん》のそれぞれの日《ひ》につける言葉《ことば》。熟語 曜日《ようび》。火曜《かよう》。

## よう【妖】 画数 7 部首 女（おんなへん）

音 ヨウ　訓 あや-しい

❶人《ひと》をまどわす。あやしい。熟語 妖怪《ようかい》。❷なまめかしい。あでやか。熟語 妖艶《ようえん》（＝あやしいまでに美《うつく》しい）。例 妖《あや》しい姿《すがた》。

## よう【庸】 画数 11 部首 广（まだれ）

音 ヨウ　訓 ―

ふつう。かたよらない。熟語 中庸《ちゅうよう》（＝かたよらないでほどよい）。

## よう【揚】 画数 12 部首 扌（てへん）

音 ヨウ　訓 あ-げる　あ-がる

❶あげる。あがる。熟語 揚力《ようりょく》。掲揚《けいよう》。高揚《こうよう》（＝気分《きぶん》が高《たか》まる）。例 旗《はた》を揚《あ》げる。意気《いき》が揚《あ》がる。❷言葉《ことば》や声《こえ》の調子《ちょうし》を高《たか》くする。熟語 抑揚《よくよう》。❸熱《あつ》い油《あぶら》の中《なか》に入《い》れて火《ひ》を通《とお》す。例 天《てん》ぷらを揚《あ》げる。

## よう【揺】 画数 12 部首 扌（てへん）

音 ヨウ　訓 ゆ-れる　ゆ-る　ゆ-らぐ　ゆ-るぐ　ゆ-する　ゆ-さぶる　ゆ-すぶる

ゆれる。ゆする。熟語 動揺《どうよう》。例 揺《ゆ》りかご。地面《じめん》が揺《ゆ》らぐ。自信《じしん》が揺《ゆ》るぐ。

## よう【溶】 画数 13 部首 氵（さんずい）

音 ヨウ　訓 と-ける　と-かす　と-く

とける。液体《えきたい》に混《ま》ざって形《かたち》がなくなる。固体《こたい》が液体《えきたい》になる。とかす。熟語 溶液《ようえき》。溶解《ようかい》。溶岩《ようがん》。例 砂糖《さとう》が溶《と》ける。絵《え》の具《ぐ》を溶《と》く。

## よう【腰】 画数 13 部首 月（にくづき）

音 ヨウ　訓 こし

❶こし。熟語 腰痛《ようつう》。例 逃《に》げ腰《ごし》。❷ものごとに対《たい》する態度《たいど》。熟語 物腰《ものごし》。例 腰《こし》のあるうどん。❸ねばり。

## よう【瘍】 画数 14 部首 疒（やまいだれ）

音 ヨウ　訓 ―

あいうえお かきくけこ さしすせそ たちつてと なにぬねの はひふへほ まみむめも やゆよ らりるれろ わをん



四字熟語 難行苦行《なんぎょうくぎょう》　この山道《やまみち》は、一人《ひとり》のお坊《ぼう》さんが難行苦行《なんぎょうくぎょう》をして、ようやく切《き》り開《ひら》いた道《みち》だ。

おでき。はれもの。熟語 潰瘍《かいよう》。腫瘍《しゅよう》。

**よう【踊】** 画数 14 部首 ⻊(あしへん)
音 ヨウ 訓 おど-る おど-り
おどる。音楽《おんがく》に合《あ》わせてまいおどる。おどり。熟語 舞踊《ぶよう》。例 盆踊《ぼんおど》り。ダンスを踊《おど》る。

**よう【窯】** 画数 15 部首 穴(あなかんむり)
音 ヨウ 訓 かま
陶器《とうき》などを焼《や》くかま。熟語 窯業《ようぎょう》。窯元《かまもと》〔=陶《とう》器《き》などを焼《や》く所《ところ》。また、焼《や》く人《ひと》〕。

**よう【擁】** 画数 16 部首 扌(てへん)
音 ヨウ 訓 —
❶だきかかえる。熟語 抱擁《ほうよう》。❷助《たす》ける。熟語 擁護《ようご》。⇩ようする(擁する) 1353ページ

**よう【謡】** 画数 16 部首 言(ごんべん)
音 ヨウ 訓 うたい うた-う
❶節《ふし》をつけてうたう。熟語 童謡《どうよう》。民謡《みんよう》。❷うたい。謡曲《ようきょく》。例 謡《うたい》を謡《うた》う。

**よう【八】** はち。や。例 八日《か》。⇩はち【八】1046ページ

○**よう【酔う】** 動 ❶酒《さけ》を飲《の》んで気分《きぶん》がぼうっとなる。❷乗《の》り物《もの》などにゆられて気分《きぶん》が悪《わる》くなる。例 バスに酔う。❸心《こころ》をうばわれてうっとりする。例 音楽《おんがく》に酔う。⇩すい【酔】670ページ

**よう** 助動 ❶そうしようという気持《きも》ちを表《あらわ》す。例 ちょっと見《み》てみよう。❷相手《あいて》をさそう気《き》持《も》ちを表《あらわ》す。例 いっしょにテレビを見《み》よう。❸たぶんそうなるだろうと推《お》し量《はか》る気《き》持《も》ちを表《あらわ》す。例 そろそろ夜《よ》も明《あ》けよう。

○**ようい【用意】** 名 動-する ❶前《まえ》もって支度《したく》をすること。準備《じゅんび》。例 出《で》かける用意ができた。❷動作《どうさ》を起《お》こさせるときのかけ声《ごえ》。例「用意、ドン。」

**ようい【容易】** 形動 たやすいようす。易《やさ》しいようす。簡単《かんたん》。例 その仕事《しごと》は子《こ》どもでも容易にできる。対 困難《こんなん》。

**よういく【養育】** 名 動-する 世話《せわ》をして育《そだ》てること。例 子《こ》どもたちを養育する。

■**よういしゅうとう【用意周到】** 名 形動 心《こころ》づかいが行《い》き届《とど》いて、準備《じゅんび》に手《て》ぬかりがないようす。例 用意周到な計画《けいかく》。

**よういん【要因】** 名 あるものごとを生《しょう》じさせるおもな原因《げんいん》や条件《じょうけん》。例 事故《じこ》の要因を解明《かいめい》する。

**よういん【要員】** 名 仕事《しごと》をするのに必要《ひつよう》な人《ひと》。例 作業《さぎょう》要員。

**ようえき【溶液】** 名 二種類《にしゅるい》以上《いじょう》の物質《ぶっしつ》がとけあっている液体《えきたい》。例 水《すい》溶液。

✤**ようおん【拗音】** 名 〔国語《こくご》で〕他《ほか》のかなの右《みぎ》下《した》に、「や」「ゆ」「よ」などの小《ちい》さなかなをつけて書《か》き表《あらわ》す音《おん》。「きゃ」「しゅ」「ちょ」など。関連 直音《ちょくおん》。促音《そくおん》。撥音《はつおん》。

**ようか【八日】** 名 ❶月《つき》の八番《はちばん》めの日《ひ》。例 今日《きょう》は七月《しちがつ》八日だ。❷八日間《はちにちかん》。

**ようが【洋画】** 名 ❶油絵《あぶらえ》など、西洋《せいよう》で発達《はったつ》した描《か》き方《かた》で描《か》いた絵《え》。西洋画《せいようが》。対 日本画《にほんが》。❷アメリカやヨーロッパで作《つく》られた映画《えいが》。対 邦画《ほうが》。

**ようかい【妖怪】** 名 お化《ば》け。化《ば》け物《もの》。かっぱ・やまんば・てんぐなど。

**ようかい【溶解】** 名 動-する ❶物質《ぶっしつ》が、液体《えきたい》にとけること。また、とかすこと。❷金属《きんぞく》が高《たか》い熱《ねつ》でとけてどろどろになること。また、とかすこと。

**ようがい【要害】** 名 土地《とち》が険《けわ》しく、敵《てき》から守《まも》りやすい場所《ばしょ》。とりで。例 自然《しぜん》の要害。

**ようがく【洋学】** 名 西洋《せいよう》の学問《がくもん》。参考 江戸《えど》時代《じだい》の終《お》わりから明治《めいじ》時代《じだい》の初《はじ》めにかけて使《つか》われた言葉《ことば》。関連 国学《こくがく》。漢学《かんがく》。

**ようがく【洋楽】** 名 西洋《せいよう》で発達《はったつ》した音楽《おんがく》。西洋音楽《せいようおんがく》。対 邦楽《ほうがく》。

**ようがし【洋菓子】** 名 クッキーやケーキなどの西洋風《せいようふう》の菓子《かし》。対 和菓子《わがし》。

**ようかん【洋館】** 名 西洋風《せいようふう》の建物《たてもの》。例 れんが造《づく》りの洋館。

**ようかん【羊羹】** 名 あんと寒天《かんてん》を混《ま》ぜて練《ね》ったりむしたりして、固《かた》めた和菓子《わがし》。

**ようがん【溶岩】** 名 地下《ちか》のとけた岩《いわ》が、火山《かざん》の噴火《ふんか》で地上《ちじょう》に流《なが》れ出《で》たもの。また、それが冷《ひ》えて固《かた》まった岩《いわ》。

**ようき【容器】** 名 物《もの》を入《い》れるための器《うつわ》。入《い》れ物《もの》。びん・つぼ・かん・はちなど。

**ようき【陽気】** 一 名 天気《てんき》。気候《きこう》。例 五月《ごがつ》下旬《げじゅん》の陽気。二 形動 明《あか》るくほがらかなようす。

四字熟語 日進月歩《にっしんげっぽ》 科学技術《かがくぎじゅつ》は文字通《もじどお》り日進月歩《にっしんげっぽ》で、次々《つぎつぎ》と新《あたら》しい製品《せいひん》が開発《かいはつ》されていく。

例 陽気な人《ひと》。対 陰気《いんき》。

**ようぎ【容疑】** 名 悪《わる》いことをしたのではないかという疑《うたが》い。例 容疑が晴《は》れる。

**ようぎしゃ【容疑者】** 名 罪《つみ》をおかした疑《うたが》いのある人《ひと》。例 容疑者が出頭《しゅっとう》する。

**ようきゅう【洋弓】** 名 ↓アーチェリー 1ページ

°**ようきゅう【要求】** 名 動-する こうしてほしいと強《つよ》く求《もと》めること。例 工事《こうじ》の中止《ちゅうし》を要求する。類 要望《ようぼう》。

**ようぎょ【幼魚】** 名 まだ十分《じゅうぶん》に育《そだ》っていない小《ちい》さな魚《さかな》。例 幼魚を放流《ほうりゅう》する。対 成魚《せいぎょ》。

**ようぎょ【養魚】** 名 大《おお》がかりに、魚《さかな》を飼《か》って育《そだ》てたり、ふやしたりすること。例 養魚場《じょう》。

**ようぎょう【窯業】** 名 陶磁器《とうじき》などの焼《や》き物《もの》を作《つく》る工業《こうぎょう》。

**ようきょく【陽極】** 名 電池《でんち》などで、電流《でんりゅう》が流《なが》れ出《で》るほうのはし。プラス極《きょく》。対 陰極《いんきょく》。参考「正極《せいきょく》」ともいう。

✤**ようきょく【謡曲】** 名 能楽《のうがく》で、節《ふし》をつけてうたう物語《ものがたり》。また、その曲《きょく》。うたい。↓のうがく 1011ページ

**ようぐ【用具】** 名 何《なに》かをするのに使《つか》う、いろいろな道具《どうぐ》。例 筆記《ひっき》用具。

**ようけい【養鶏】** 名 卵《たまご》や肉《にく》をとるために、ニワトリを飼《か》うこと。例 養鶏場《じょう》。

**ようけん【用件】** 名 やろうとすること。また、伝《つた》えようとすること。用向《ようむ》き。

**ようけん【要件】** 名 ❶大切《たいせつ》なことがら。例 要件をメモする。❷必要《ひつよう》な条件《じょうけん》。例 医者《いしゃ》になるための要件。

✤**ようげん【用言】** 名〔国語《こくご》で〕日本語《にほんご》の単語《たんご》のうち、意味《いみ》をもっていて、活用《かつよう》のある言葉《ことば》。動詞《どうし》・形容詞《けいようし》・形容動詞《けいようどうし》。これらは、それだけで、述語《じゅつご》になることができる。対 体言《たいげん》。

**ようご【用語】** 名 ❶話《はな》したり書《か》いたりするときに使《つか》う言葉《ことば》。例 この文章《ぶんしょう》の用語は適当《てきとう》でない。❷ある決《き》まった場所《ばしょ》や仕事《しごと》で多《おお》く使《つか》われる言葉《ことば》。例 医学《いがく》用語。

**ようご【養護】** 名 動-する 体《からだ》の弱《よわ》い子《こ》どもなどを、特別《とくべつ》に守《まも》って世話《せわ》をすること。

**ようご【擁護】** 名 動-する かばって、守《まも》ること。例 人権《じんけん》を擁護する。

**ようこう【洋行】** 名 動-する ヨーロッパやアメリカなどの国々《くにぐに》へ、勉強《べんきょう》に行《い》ったり旅行《りょこう》したりすること。〔少《すこ》し古《ふる》い言《い》い方《かた》。〕

°**ようこう【要項】** 名 必要《ひつよう》なことがら。また、それを書《か》き記《しる》したもの。例 入学試験《にゅうがくしけん》の要項をもらう。

**ようこう【要綱】** 名 基本《きほん》となる大切《たいせつ》なことがら。また、それをまとめたもの。例 文化会館《ぶんかかいかん》設立《せつりつ》の要綱。

**ようこう【陽光】** 名 太陽《たいよう》の光《ひかり》。日光《にっこう》。例 陽光がさんさんと降《ふ》り注《そそ》ぐ。

**ようこうろ【溶鉱炉】** 名 鉱石《こうせき》を高《たか》い温度《おんど》でとかして、鉄《てつ》や銅《どう》などを取《と》り出《だ》すための大《おお》きい炉《ろ》。

**ようごがっこう【養護学校】** 名 今《いま》の、特別支援学校《とくべつしえんがっこう》のこと。↓とくべつしえんがっこう 933ページ

**ようこそ** 副 感 客《きゃく》や友人《ゆうじん》が来《き》たことを喜《よろこ》ぶあいさつの言葉《ことば》。例「ようこそ、どうぞこちらへ。」

**ようさい【洋裁】** 名 洋服《ようふく》を仕立《した》てること。例 洋裁を教《おし》える。対 和裁《わさい》。

**ようさい【要塞】** 名 敵《てき》を防《ふせ》ぐための、大砲《たいほう》などを備《そな》えた頑丈《がんじょう》な陣地《じんち》。例 要塞を攻《せ》め落《お》とす。

**ようざい【用材】** 名 建物《たてもの》などを建《た》てるのに使《つか》われる材木《ざいもく》。例 建築《けんちく》用材。

**ようさん【養蚕】** 名 絹《きぬ》をとるために、たくさんのカイコを飼《か》ってまゆを作《つく》らせること。例 養蚕業《ぎょう》。

例解 ! ことばの勉強室

### 要旨《ようし》について

説明文《せつめいぶん》や意見文《いけんぶん》、感想文《かんそうぶん》の要旨《ようし》をとらえるには、次《つぎ》のように考《かんが》えるとよい。

❶その文章《ぶんしょう》が、どんな話題《わだい》や問題《もんだい》を取《と》り上《あ》げているかを考《かんが》える。―題名《だいめい》や問《と》いかけの文《ぶん》に目《め》をつけるとよい。

❷それについてどんな考《かんが》えを述《の》べているか、短《みじか》くまとめる。―文章《ぶんしょう》のはじめか終《お》わり、特《とく》に終《お》わりの部分《ぶぶん》に、まとめのあることが多《おお》い。



四字熟語 半信半疑《はんしんはんぎ》 そんなに都合《つごう》よくいくものかと、彼《かれ》の話《はなし》を半信半疑《はんしんはんぎ》で聞《き》いていた。

**例解 ことばの窓**

**用事《ようじ》を表《あらわ》す言葉《ことば》**

おたずねの用件《ようけん》は何《なん》ですか。
日《ひ》々《び》の雑用《ざつよう》に追《お》われる。
あれこれと雑務《ざつむ》が多《おお》い。
急用《きゅうよう》で家《いえ》に帰《かえ》る。
公用《こうよう》ではなく私用《しよう》で休《やす》む。

**ようし【用紙】** (名) あることのために使《つか》われる紙《かみ》。(例) 原稿《げんこう》用紙。

✤**ようし【要旨°】** (名) 〔国語《こくご》で〕話《はなし》や文章《ぶんしょう》の中心《ちゅうしん》となる内容《ないよう》。(例) 要旨をまとめる。⬇1351ページ

**ようし【洋紙】** (名) パルプから作《つく》った紙《かみ》。西洋《せいよう》紙《し》。(対) 和紙《わし》。

**ようし【容姿】** (名) 姿《すがた》や顔《かお》だち。(例) 容姿も心《こころ》も美《うつく》しい人《ひと》。

**ようし【養子】** (名) 他人《たにん》の子《こ》をもらって自分《じぶん》の子《こ》とすること。また、子《こ》となった人《ひと》。(対) 実子《じっし》。(参考) 女《おんな》の人《ひと》の場合《ばあい》は「養女《ようじょ》」ともいう。

✤**ようじ【用字】** (名) 文字《もじ》の使《つか》い方《かた》や使《つか》う文字《もじ》。(例) 用字法《ほう》。

○**ようじ【用事】** (名) しなければならないこと。用《よう》向《む》き。(例) 急《きゅう》な用事を思《おも》い出《だ》した。

**ようじ【幼児】** (名) おさない子《こ》。特《とく》に、六歳《ろくさい》ぐらいまでの子《こ》ども。(例) 幼児教育《きょういく》。

**ようじ【幼時】** (名) おさないころ。小《ちい》さい子《こ》どものころ。(例) 幼時の思《おも》い出《で》。

**ようじ** (名) 歯《は》の間《あいだ》にはさまった物《もの》を取《と》る、先《さき》のとがった小《ちい》さい棒《ぼう》。つまようじ。

**ようしき【洋式】** (名) 西洋風《せいようふう》の形《かたち》や、やり方《かた》。(例) 洋式のトイレ。(対) 和式《わしき》。

**ようしき【様式】** (名) ある決《き》まったやり方《かた》。形式《けいしき》。(例) 建築《けんちく》様式。

**ようしつ【洋室】** (名) 西洋風《せいようふう》の部屋《へや》。洋間《ようま》。(対) 和室《わしつ》。

**ようしゃ【容赦°】** (名)(動-する) ❶許《ゆる》すこと。(例) もう容赦できない。❷手《て》かげんすること。(例) 容赦なく責《せ》め立《た》てる。

**ようしゅ【洋酒】** (名) 西洋《せいよう》の酒《さけ》。ウイスキー・ブランデーなど。

**ようしゅん【陽春】** (名) 暖《あたた》かい春《はる》のこと。

**ようしょ【要所】** (名) だいじなところ。重要《じゅうよう》な場所《ばしょ》。(例) 交通《こうつう》の要所。

**ようしょ【洋書】** (名) 西洋《せいよう》の本《ほん》。西洋《せいよう》の言葉《ことば》で書《か》かれた本《ほん》。(対) 和書《わしょ》。

**ようじょ【幼女】** (名) おさない女《おんな》の子《こ》。

**ようじょ【養女】** (名) 養子《ようし》となった女《おんな》の人《ひと》。

**ようしょう【幼少】** (名) おさないこと。

**ようじょう【洋上】** (名) 海《うみ》の上《うえ》。海上《かいじょう》。

**ようじょう【養生】** (名)(動-する) ❶病気《びょうき》にかからないように、体《からだ》をだいじにすること。❷病気《びょうき》やけがが治《なお》るように、体《からだ》を休《やす》め、元気《げんき》を取《と》りもどすようにすること。保養《ほよう》。(例) 温泉《おんせん》に入《はい》って養生する。

**ようしょく【洋食】** (名) 西洋風《せいようふう》の食《た》べ物《もの》。西洋料理《せいようりょうり》。(対) 和食《わしょく》。

**ようしょく【要職】** (名) 責任《せきにん》の重《おも》い役目《やくめ》。(例) 要職につく。

**ようしょく【容色】** (名) 顔《かお》かたち。特《とく》に、女性《じょせい》の美《うつく》しい顔《かお》かたち。(例) 容色がおとろえる。

**ようしょく【養殖°】** (名)(動-する) 魚《さかな》・貝《かい》・海藻《かいそう》などを、人工的《じんこうてき》に育《そだ》ててふやすこと。(例) 養殖漁業《ぎょぎょう》。のりを養殖する。

○**ようじん【用心】** (名)(動-する) 悪《わる》いことが起《お》きないように、気《き》をつけること。注意《ちゅうい》すること。(例) 火《ひ》の用心。

**ようじんぶかい【用心深い】** (形) 十分《じゅうぶん》に気《き》をつけて、警戒《けいかい》している。(例) 用心深くあたりを見回《みまわ》す。

**ようじんぼう【用心棒】** (名) 身《み》を守《まも》るためにやとっておく、力《ちから》の強《つよ》い人《ひと》。

○**ようす【様子】** (名) ❶ものごとの、外《そと》から見《み》た状態《じょうたい》。ありさま。(例) そちらの様子をお知《し》らせください。❷姿《すがた》。身《み》なり。(例) 上品《じょうひん》な様子。❸そぶり。気配《けはい》。(例) 彼《かれ》の様子が気《き》になる。❹わけ。事情《じじょう》。(例) 何《なに》か様子がありそうだ。

**様子《ようす》をうかがう** 少《すこ》しはなれた所《ところ》や立場《たちば》から、状態《じょうたい》を知《し》ろうとする。(例) 戸《と》のかげから中《なか》の様子をうかがう。

**ようすい【用水】** (名) 飲《の》み水《みず》、または田《た》や畑《はたけ》、工場《こうじょう》、消火《しょうか》などで使《つか》うための水《みず》。(例) 防火《ぼうか》用水。愛知《あいち》用水。

**ようすい【羊水】** (名) 子宮《しきゅう》の中《なか》にあって、赤《あか》ちゃんを保護《ほご》している液体《えきたい》。

**ようすいいけ【用水池】** (名) 用水《ようすい》をためて

四字熟語 **美辞麗句《びじれいく》** 美辞麗句《びじれいく》を並《なら》べ立《た》ててほめられても、お世辞《せじ》にしか聞《き》こえない。

おく池《いけ》。

**ようすいろ【用水路】** 名 用水《ようすい》を通《とお》すための人工《じんこう》の川《かわ》。

**ようすこう〔揚子江〕** 地名 ⬇ちょうこう（長江）839ページ

**ようする【要する】** 動 必要《ひつよう》とする。例 この工事《こうじ》には、長《なが》い年月《ねんげつ》を要した。

**ようする【擁する】** 動 ❶たくさん持《も》つ。例 巨万《きょまん》の富《とみ》を擁する。❷率《ひき》いる。例 大軍《たいぐん》を擁して戦《たたか》う。

**ようするに【要するに】** 副接 前《まえ》にのべたことの中《なか》のだいじなことを簡単《かんたん》に言《い》うと。つまり。例「ウサギとカメ」の話《はなし》は、要するに油断《ゆだん》をするな、ということだ。

**ようせい【幼生】** 名 卵《たまご》からかえったばかりで、親《おや》とちがう形《かたち》をしているもの。たとえば、オタマジャクシはカエルの幼生《ようせい》。

**ようせい【妖精】** 名 西洋《せいよう》の伝説《でんせつ》に出《で》てくる、花《はな》の精《せい》や森《もり》の精《せい》など。女《おんな》の人《ひと》や小人《こびと》の姿《すがた》をしていて、魔法《まほう》を使《つか》う。フェアリー。

**ようせい【要請】** 名 動-する こうしてほしいとたのむこと。強《つよ》く願《ねが》い出《で》ること。例 パトロールカーの出動《しゅつどう》を要請する。

**ようせい【陽性】** 名 形動 ❶明《あか》るくほがらかなこと。また、その性質《せいしつ》。❷病気《びょうき》などの検査《けんさ》で、反応《はんのう》がはっきりと出《で》ること。例 ツベルクリン反応《はんのう》が陽性になる。対（❶・❷）陰性《いんせい》。

**ようせい【養成】** 名 動-する 一人前《いちにんまえ》に教《おし》え育《そだ》てること。例 選手《せんしゅ》を養成する。類 育成《いくせい》。

**ようせい【夭逝】** 名 動-する ⬇ようせつ1353ページ

**ようせき【容積】** 名 ❶入《い》れ物《もの》に入《はい》る分量《ぶんりょう》。かさ。容量《ようりょう》。❷立体《りったい》の大《おお》きさ。かさ。類 体積《たいせき》。

**ようせつ【溶接】** 名 動-する 金属《きんぞく》をつなぐとき、つなぎ目《め》を熱《ねつ》でとかしてつなぎ合《あ》わせること。例 鉄筋《てっきん》を溶接する。

**ようせつ【夭折】** 名 動-する 年《とし》が若《わか》くて死《し》ぬこと。夭逝《ようせい》。例 夭折した音楽家《おんがくか》。

**ようそ【要素】** 名 ものごとが成《な》り立《た》つために、なくてはならないだいじなもの。例 イネが育《そだ》つには、水《みず》が大切《たいせつ》な要素だ。

**ようそ【よう素】** 名 元素《げんそ》の一《ひと》つ。でんぷんと反応《はんのう》して、むらさき色《いろ》に変化《へんか》する〔=ヨウ素《そ》でんぷん反応《はんのう》〕。ヨード。

**ようそう【洋装】** 名 動-する 西洋風《せいようふう》の服装《ふくそう》。例 洋装で式《しき》にのぞむ。対 和装《わそう》。

**ようそう【様相】** 名 ものごとのようすや状態《じょうたい》。例 事件《じけん》は複雑《ふくざつ》な様相を見《み》せ始《はじ》めた。

**ようだ** 助動 ❶ものごとのようすを、他《ほか》のものにたとえて言《い》う意味《いみ》を表《あらわ》す。例 まるで花《はな》のようだ。❷はっきりしないが、そうらしいと推量《すいりょう》する意味《いみ》を表《あらわ》す。例 わかってくれたようだ。❸例《れい》をあげて言《い》う意味《いみ》を表《あらわ》す。例 富士山《ふじさん》のような形《かたち》の山《やま》。❹〔「ように」の形《かたち》で〕行動《こうどう》の目的《もくてき》や願《ねが》いなどを表《あらわ》す。例 バスに乗《の》りおくれないように家《いえ》を出《で》た。

**ようだい【容体・容態】** 名 病気《びょうき》のようす。病状《びょうじょう》。ようたい。例 容体が急《きゅう》に悪化《あっか》した。

**ようたし【用足し】** 名 動-する ❶用事《ようじ》を済《す》ませること。お使《つか》い。例 用足しに出《で》かける。❷大小便《だいしょうべん》をすること。

**ようだてる【用立てる】** 動 ❶役《やく》に立《た》てる。使《つか》う。例 救援物資《きゅうえんぶっし》を災害復興《さいがいふっこう》に用立ててください。❷お金《かね》を立《た》てかえる。貸《か》す。例 少《すこ》しなら用立てられる。

**ようだん【用談】** 名 動-する 用事《ようじ》についての話《はな》し合《あ》い。例 用談はさっき終《お》わった。

**ようち【用地】** 名 あることのために使《つか》う土地《とち》。例 工業《こうぎょう》用地。道路《どうろ》用地。

**ようち【幼稚】** 名 形動 ❶おさないこと。例 幼稚園《えん》。❷考《かんが》えなどが十分《じゅうぶん》でないこと。未熟《みじゅく》。例 幼稚な文章《ぶんしょう》。

**ようち【夜討ち】** 名 夜《よる》、不意《ふい》に敵《てき》を攻《せ》めること。夜襲《やしゅう》。

**ようちえん【幼稚園】** 名 小学校《しょうがっこう》に入《はい》る前《まえ》の子《こ》どもに、集団生活《しゅうだんせいかつ》に慣《な》れさせ、遊《あそ》びや運動《うんどう》、勉強《べんきょう》などを教《おし》える所《ところ》。

**ようちゅう【幼虫】** 名 卵《たまご》からかえったばかりで、まださなぎや成虫《せいちゅう》になっていない虫《むし》。対 成虫《せいちゅう》。⬇せみ724ページ

**ようちゅうい【要注意】** 名 注意《ちゅうい》して警戒《けいかい》する必要《ひつよう》があること。例 要注意人物《じんぶつ》を見張《みは》る。

**ようつう【腰痛】** 名 腰《こし》の痛《いた》み。例 父《ちち》は腰痛でなやんでいる。

**ようてん【要点】** 名 話《はなし》や文章《ぶんしょう》のだいじなと



四字熟語 百発百中《ひゃっぱつひゃくちゅう》 科学《かがく》が進《すす》んでも、天気予報《てんきよほう》は百発百中《ひゃっぱつひゃくちゅう》といかないところが、自然界《しぜんかい》のおもしろさだね。

例解 ! ことばの勉強室

## 要点《ようてん》について

話《はなし》を聞《き》くときも、文《ぶん》章《しょう》を読《よ》み取《と》るときも、段《だん》落《らく》のまとまりごとに、要《よう》点《てん》をとらえることがだいじである。

要《よう》点《てん》は、❶段《だん》落《らく》のはじめ、❷段《だん》落《らく》の終《お》わり、❸段《だん》落《らく》のはじめと終《お》わり、のどれかに書《か》いてあることが多《おお》い。特《とく》に、次《つぎ》のような言《こと》葉《ば》で始《はじ》まる文《ぶん》に気《き》をつけてみよう。

つまり　したがって　このように
だから　ですから　それで

ころ。ポイント。例 話《はなし》の要点をまとめる。

**ようてん【陽転】** 名 動-する ツベルクリン反《はん》応《のう》で、今《いま》まで陰《いん》性《せい》だった人《ひと》が陽《よう》性《せい》に変《か》わること。結《けっ》核《かく》菌《きん》が体《からだ》に入《はい》ったことを表《あらわ》す。

**ようと【用途】** 名 使《つか》いみち。例 鉄《てつ》は用途が広《ひろ》い。お金《かね》の用途を考《かん》える。

■**ようとうくにく【羊頭狗肉】** 名 見《み》かけだけよくて、中《なか》身《み》が一《いっ》致《ち》していないこと。見《み》かけ倒《だお》し。参考 中《ちゅう》国《ごく》の書《しょ》物《もつ》にある「羊《よう》頭《とう》を掲《かか》げて狗《く》肉《にく》を売《う》る〔＝羊《ひつじ》の頭《あたま》を看《かん》板《ばん》に出《だ》して、安《やす》い犬《いぬ》の肉《にく》を売《う》っている〕。」という言《こと》葉《ば》から。

**ようなし【洋梨】** 名 ヒョウタンに似《に》た形《かたち》をしていて、ねっとりとして香《かお》りのよい果《くだ》物《もの》。西《せい》洋《よう》梨《なし》。

**ようにん【容認】** 名 動-する それでよいとして、許《ゆる》し認《みと》めること。例 結《けっ》婚《こん》を容認する。

**ようねん【幼年】** 名 五《ご》、六《ろく》歳《さい》くらいまでのおさない年《とし》ごろ。例 幼年時《じ》代《だい》。

**ようび【曜日】** 名 日《にち》曜《よう》日《び》、月《げつ》曜《よう》日《び》のように、曜《よう》をつけていう一《いっ》週《しゅう》間《かん》の、それぞれの日《ひ》。

**ようひん【用品】** 名 そのことをするのに必《ひつ》要《よう》な品《しな》物《もの》。例 台《だい》所《どころ》用品。

**ようひん【洋品】** 名 西《せい》洋《よう》風《ふう》の、身《み》に着《つ》ける品《しな》物《もの》。特《とく》に、洋《よう》服《ふく》やシャツ・靴《くつ》下《した》・ベルト・ネクタイなど。例 洋品店《てん》。

**ようふ【養父】** 名 養《よう》子《し》にいった先《さき》の父《ちち》親《おや》。また、父《ちち》親《おや》代《が》わりになって育《そだ》ててくれた人《ひと》。対 実《じっ》父《ぷ》。

**ようふう【洋風】** 名 西《せい》洋《よう》風《ふう》。西《せい》洋《よう》式《しき》。例 洋風の食《た》べ物《もの》。対 和《わ》風《ふう》。

°**ようふく【洋服】** 名 西《せい》洋《よう》から伝《つた》わった衣《い》服《ふく》。例 洋服だんす。対 和《わ》服《ふく》。

°**ようぶん【養分】** 名 生《い》き物《もの》が育《そだ》つために必《ひつ》要《よう》な成《せい》分《ぶん》。例 植《しょく》物《ぶつ》は、根《ね》から養分をとり入《い》れる。

**ようへい【葉柄】** 名 葉《は》を、茎《くき》につけている部《ぶ》分《ぶん》。例 イチョウの葉柄は長《なが》い。

**ようぼ【養母】** 名 養《よう》子《し》にいった先《さき》の母《はは》親《おや》。また、母《はは》親《おや》代《が》わりになって育《そだ》ててくれた人《ひと》。対 実《じつ》母《ぼ》。

**ようほう【用法】** 名 使《つか》い方《かた》。使《し》用《よう》法《ほう》。例 薬《くすり》の用法を守《まも》る。

例解 ! ことばの勉強室

## 要約《ようやく》について

「あら筋《すじ》」は物《もの》語《がたり》の要《よう》約《やく》である。しかし要《よう》約《やく》は、物《もの》語《がたり》文《ぶん》に限《かぎ》らない。説《せつ》明《めい》文《ぶん》や意《い》見《けん》文《ぶん》などについてもいう。

要《よう》約《やく》するには、まず、段《だん》落《らく》のまとまりごとに要《よう》点《てん》をとらえる。次《つぎ》に、とらえた要《よう》点《てん》を盛《も》りこんで、できるだけ短《みじか》い文《ぶん》章《しょう》にまとめるのである。さらに短《みじか》くしたいときは、できあがった要《よう》約《やく》文《ぶん》を読《よ》み返《かえ》し、いらないところをけずっていくとよい。

箇《か》条《じょう》書《が》きにするのも、一《ひと》つの方《ほう》法《ほう》である。

**ようぼう【要望】** 名 動-する こうしてほしいと強《つよ》く望《のぞ》むこと。例 要望がかなう。類 要《よう》求《きゅう》。

**ようぼう【容貌】** 名 顔《かお》かたち。顔《かお》だち。例 容貌に恵《めぐ》まれる。

**ようま【洋間】** 名 西《せい》洋《よう》風《ふう》の部《へ》屋《や》。洋《よう》室《しつ》。対 日《に》本《ほん》間《ま》。

**ようみゃく【葉脈】** 名 葉《は》にある細《ほそ》い筋《すじ》。葉《は》を支《ささ》え、水《すい》分《ぶん》や養《よう》分《ぶん》の通《とお》り道《みち》となる。

**ようむ【用務】** 名 務《つと》め。仕《し》事《ごと》。

**ようむき【用向き】** 名 用《よう》事《じ》。また、その内《ない》容《よう》。例 用向きを聞《き》く。

四字熟語 風光明媚《ふうこうめいび》　日本《にっぽん》は四季《しき》折々《おりおり》の景色《けしき》が楽《たの》しめる、風光明媚《ふうこうめいび》な国《くに》だといわれている。

**ようめい【用命】** 名 命令《めいれい》すること。注文《ちゅうもん》すること。例 何《なん》なりとご用命ください。

**ようもう【羊毛】** 名 ヒツジの毛《け》。毛織物《けおりもの》や毛糸《けいと》の原料《げんりょう》にする。ウール。

✤**ようやく【要約】** 名 動-する 文章《ぶんしょう》や話《はなし》の大切《たいせつ》なことがらを短《みじか》くまとめること。また、まとめたもの。

°**ようやく** 副 ❶だんだん。しだいに。例 ようやく春《はる》めいてきた。❷やっとのことで。例 宿題《しゅくだい》がようやくかたづいた。

**ようよう【洋洋】** 副(-と) ❶水《みず》が満《み》ち満《み》ちて、限《かぎ》りなく広《ひろ》がっているようす。例 洋々とした大海原《おおうなばら》。❷希望《きぼう》にあふれているようす。例 未来《みらい》は洋々としている。前途《ぜんと》洋々。参考「洋々《ようよう》たる大海原《おおうなばら》」などと使《つか》うこともある。

**ようらん【要覧】** 名 統計《とうけい》資料《しりょう》などをまとめて、だいじなことがらをわかりやすく示《しめ》した文書《ぶんしょ》。例 学校《がっこう》要覧。

**ようりつ【擁立】** 名 動-する 周《まわ》りの人《ひと》が盛《も》り立《た》てて、ある地位《ちい》につかせること。例 候補者《こうほしゃ》として擁立する。

**ようりょう【用量】** 名 薬《くすり》などを使《つか》うときの、決《き》まった分量《ぶんりょう》。例 用量を守《まも》って使《つか》う。

**ようりょう【要領】** 名 ❶ものごとの大切《たいせつ》なところ。要点《ようてん》。例 要領を得《え》ない話《はなし》で、わかりにくい。❷ものごとをうまくやる方法《ほうほう》。こつ。例 要領をのみこむ。

**要領《ようりょう》がいい** ❶物事《ものごと》をうまく処理《しょり》する。例 仕事《しごと》の要領がいい。❷うまく動《うご》いて自分《じぶん》に有利《ゆうり》になるように進《すす》める。例 抜《ぬ》け目《め》がなくて要領がいいやつだ。

**ようりょう【容量】** 名 入《い》れ物《もの》の、中《なか》に入《はい》る分量《ぶんりょう》。容積《ようせき》。

**ようりょく【揚力】** 名 飛《と》んでいる飛行機《ひこうき》の翼《つばさ》などにはたらく、上《うえ》におし上《あ》げようとする力《ちから》。例 飛行機《ひこうき》は揚力でうき上《あ》がる。

**ようりょくそ【葉緑素】** 名 植物《しょくぶつ》の葉《は》などに含《ふく》まれている、緑《みどり》色《いろ》の色素《しきそ》。光《ひかり》を受《う》けてでんぷんを作《つく》るはたらきをする。

✤**ようれい【用例】** 名 実際《じっさい》に使《つか》われている例《れい》。使《つか》い方《かた》の例《れい》。例 用例をあげて説明《せつめい》する。

**ようれき【陽暦】** 名 ⬇たいようれき 783ページ。対 陰暦《いんれき》。

**ようろ【要路】** 名 重要《じゅうよう》な道路《どうろ》。例 交通《こうつう》の要路。

**ようろう【養老】** 名 お年寄《としよ》りをいたわり、大切《たいせつ》にすること。類 敬老《けいろう》。

**ヨーグルト**〔ドイツ語〕名 牛乳《ぎゅうにゅう》などに乳酸《にゅうさん》菌《きん》を加《くわ》えて発酵《はっこう》させた食《た》べ物《もの》。

**ヨード**〔ドイツ語〕名 ⬇ようそ(よう素) 1353ページ

**ヨードチンキ**〔ドイツ語〕名 ヨウ素《そ》をアルコールにとかした茶色《ちゃいろ》の液体《えきたい》。傷口《きずぐち》の消毒《しょうどく》などに使《つか》う。ヨーチン。

**ヨーヨー**〔英語 yo-yo〕名 ❶二《ふた》つの小《ちい》さい円《えん》盤形《ばんけい》のものをつないだじくに、長《なが》いひもを巻《ま》きつけたおもちゃ。ひものはしを持《も》ち、回転《かいてん》させながら上《あ》げ下《さ》げして遊《あそ》ぶ。❷水《みず》の入《はい》ったゴム風船《ふうせん》にゴムひもをつけたおもちゃ。

**ヨーロッパ** 地名 世界《せかい》の六大州《ろくだいしゅう》の一《ひと》つ。アジアの北西《ほくせい》、アフリカの北《きた》にある。産業《さんぎょう》や文《ぶん》化《か》が発達《はったつ》した国《くに》が多《おお》い。欧州《おうしゅう》。

**ヨーロッパれんごう【ヨーロッパ連合】** 名 ⬇イーユー 55ページ

**よか【余暇】** 名 仕事《しごと》の合間《あいま》や終《お》わったあとの自由《じゆう》な時間《じかん》。例 余暇の過《す》ごし方《かた》。

**ヨガ**〔サンスクリット語〕名 インドに伝《つた》わる、心《しん》身《しん》の鍛練《たんれん》をする修行《しゅぎょう》のしかた。独特《どくとく》な体操《たいそう》をし、現代《げんだい》では健康法《けんこうほう》の一《ひと》つにも使《つか》われる。ヨーガ。

**よかぜ【夜風】** 名 夜《よる》、吹《ふ》く風《かぜ》。

**よからぬ【良からぬ】** 連体 よくない。例 よからぬうわさ。

**よかれ【善かれ】** 名 よくあってほしいということ。例 よかれと願《ねが》う。

**よかれあしかれ【善かれ悪しかれ】** よいにしろ悪《わる》いにしろ、どちらにしても。例 よかれあしかれ、行《い》くしかない。

**よかん【予感】** 名 動-する 何《なに》かが起《お》きる前《まえ》に、なんとなくそうなりそうだと感《かん》じること。例 勝《か》てそうな予感がする。

**よかん【余寒】** 名 立春《りっしゅん》を過《す》ぎてからの寒《さむ》さ。例 余寒が厳《きび》しい。

**よき【予期】** 名 動-する 前《まえ》もって、当《あ》てにしたり覚悟《かくご》していたりすること。例 予期していたとおりの結果《けっか》になった。

**よぎ【余技】** 名 専門《せんもん》にしていることの他《ほか》に、楽《たの》しみでしていること。



四字熟語 不言実行《ふげんじっこう》 父《ちち》は不言実行《ふげんじっこう》の人《ひと》で、何《なに》も言《い》わないが、必要《ひつよう》なことは立派《りっぱ》にやりとげる。

**よぎ【夜着】** 名 寝《ね》るときに上《うえ》にかけるもの。かけぶとんなど。

**よぎない【余儀ない】** 形 しかたがない。他《ほか》にどうしようもない。例 急用《きゅうよう》で、余儀なく欠席《けっせき》する。

**よきょう【余興】** 名 会《かい》のときなどに、おもしろさを増《ま》すためにする歌《うた》やおどりなど。例 結婚式《けっこんしき》の余興。

**よぎり【夜霧】** 名 夜《よる》、立《た》ちこめる霧《きり》。例 夜霧にけむる町並《まちな》み。対 朝霧《あさぎり》。

**よぎる** 動 ふっと通《とお》り過《す》ぎていく。例 子《こ》どものころの思《おも》い出《で》が頭《あたま》をよぎる。

**よきん【預金】** 名 動する 銀行《ぎんこう》などに、お金《かね》を預《あず》けること。また、そのお金《かね》。例 定期預金《ていきよきん》を下《お》ろす。類 貯金《ちょきん》。

**よく【浴】** 画数 10 部首 氵(さんずい) 4年

音 ヨク 訓 あ-びる あ-びせる

筆順 氵 氵 氵 浴 浴 浴 浴 浴

水《みず》やお湯《ゆ》、光《ひかり》などをあびる。熟語 浴室《よくしつ》。入浴《にゅうよく》。日光浴《にっこうよく》。

《訓の使い方》**あ-びる** 例 水《みず》を浴びる。**あ-びせる** 例 質問《しつもん》を浴びせる。

**よく【欲】** 画数 11 部首 欠(あくび) 6年

音 ヨク 訓 ほっ-する ほ-しい

筆順 ハ 父 谷 谷 谷 欲 欲

ほしがる。そうしたいと思《おも》う。熟語 欲望《よくぼう》。欲求《よっきゅう》。意欲《いよく》。食欲《しょくよく》。知識欲《ちしきよく》。

《訓の使い方》**ほっ-する** 例 知識《ちしき》を欲する。**ほ-しい** 例 本《ほん》が欲しい。

**よく【欲】** 名 ねがい求める気持《きも》ち。例 欲が深《ふか》い。

**欲《よく》に目《め》がくらむ** 欲《よく》ばったために、正《ただ》しい判断《はんだん》ができなくなる。例 欲に目がくらんで、友達《ともだち》を裏切《うらぎ》ってしまった。

**欲《よく》の皮《かわ》が突《つ》っ張《ぱ》る** 欲《よく》がとても深《ふか》い。

**欲《よく》を言《い》えば** 今《いま》のままでもよいが、さらに望《のぞ》むとすれば。例 欲を言えば、あと少《すこ》し時間《じかん》がほしかった。

**欲《よく》をかく** 成果《せいか》が出《で》たあとに、さらに欲張《よくば》る。例 欲をかいたばかりに損《そん》をした。

**よく【翌】** 画数 11 部首 羽(はね) 6年

音 ヨク 訓 ——

筆順 ㇇ ㇇ ㇇ 羽 羽 翌 翌

〔時間《じかん》に関係《かんけい》のある言葉《ことば》につけて〕次《つぎ》の。次《つぎ》にくる。熟語 翌日《よくじつ》。翌週《よくしゅう》。翌年《よくねん》。例 翌十五日《よくじゅうごにち》の朝《あさ》。

**よく【抑】** 画数 7 部首 扌(てへん)

音 ヨク 訓 おさ-える

おさえる。おさえつける。熟語 抑制《よくせい》。抑揚《よくよう》。

**よく【沃】** 画数 7 部首 氵(さんずい)

音 ヨク 訓 ——

土地《とち》が肥《こ》えている。熟語 肥沃《ひよく》。

**よく【翼】** 画数 17 部首 羽(はね)

音 ヨク 訓 つばさ

❶つばさ。熟語 主翼《しゅよく》。❷左右両側《さゆうりょうがわ》にあるもの。熟語 左翼《さよく》。

°**よく** 副 ❶十分《じゅうぶん》に。例 よく学《まな》び、よく遊《あそ》べ。❷おどろきや、ほめる気持《きも》ちを表《あらわ》す言葉《ことば》。よくぞ。例「よくがんばったね。」❸たびたび。何度《なんど》も。例 以前《いぜん》は、よく山登《やまのぼ》りをしたものだ。❹ほんとうに。とても。例 よく似《に》た人《ひと》。❺うまく。上手《じょうず》に。例 これは、よくできたおもちゃだ。❻注意《ちゅうい》して。例 先生《せんせい》の話《はなし》をよく聞《き》く。

**よくあさ【翌朝】** 名 次《つぎ》の日《ひ》の朝《あさ》。あくる朝《あさ》。よくちょう。

**よくあつ【抑圧】** 名 動する 言葉《ことば》や行《おこな》いなどをおさえつけて、自由《じゆう》にさせないこと。例 自由《じゆう》な考《かんが》えを抑圧する。

**よくげつ【翌月】** 名 次《つぎ》の月《つき》。あくる月《つき》。

**よくし【抑止】** 名 動する おさえて、やめさせること。例 戦争《せんそう》を抑止する。類 抑制《よくせい》。

**よくしつ【浴室】** 名 ふろ場《ば》。バスルーム。

°**よくじつ【翌日】** 名 次《つぎ》の日《ひ》。あくる日《ひ》。関連 前日《ぜんじつ》。当日《とうじつ》。

**よくしゅう【翌週】** 名 次《つぎ》の週《しゅう》。あくる週《しゅう》。

**よくじょう【浴場】** 名 大《おお》きなふろ場《ば》。また、ふろ屋《や》。例 共同《きょうどう》の浴場に入《はい》る。公衆浴《こうしゅうよく》



四字熟語 不眠不休《ふみんふきゅう》　くずれた土砂《どしゃ》を取《と》り除《のぞ》き、道路《どうろ》を復旧《ふっきゅう》する作業《さぎょう》が、不眠不休《ふみんふきゅう》で続《つづ》けられた。

場。

**よくする**【浴する】〔動〕❶水《みず》やお湯《ゆ》を浴《あ》びる。❷光《ひかり》などを浴《あ》びる。❸恵《めぐ》みなどを受《う》ける。こうむる。〔例〕自然《しぜん》の恵《めぐ》みに浴する。

**よくせい**【抑制】〔名〕〔動-する〕気持《きも》ちや動《うご》きをおさえて、とどめること。〔例〕こみ上《あ》げてくるいかりを抑制する。物《もの》の値《ね》段《だん》が上《あ》がるのを抑制する。〔類〕抑止《よくし》。

**よくぞ**〔副〕「よく」を強《つよ》めた言《い》い方《かた》。本当《ほんとう》によく。〔例〕よくぞ言《い》ってくれた。

**よくそう**【浴槽】〔名〕湯《ゆ》ぶね。ふろおけ。

**よくちょう**【翌朝】〔名〕↓よくあさ 1356ページ

**よくとく**【欲得】〔名〕利益《りえき》をほしがる気持《きも》ち。〔例〕欲得なしに働《はたら》く。

**よくとくずく**【欲得ずく】〔名〕自分《じぶん》にとって得《とく》か損《そん》かだけを考《かんが》えて行《おこな》うこと。〔例〕欲得ずくで引《ひ》き受《う》ける。

**よくとし**【翌年】〔名〕次《つぎ》の年《とし》。あくる年《とし》。よくねん。

**よくねん**【翌年】〔名〕↓よくとし 1357ページ

**よくばり**【欲張り】〔名〕〔形動〕欲《よく》張《ば》ること。また、欲張《よくば》る人《ひと》。

○**よくばる**【欲張る】〔動〕欲《よく》が強《つよ》く、人《ひと》よりよけいにほしがる。〔例〕欲張ると、かえって損《そん》をする。

**よくばん**【翌晩】〔名〕次《つぎ》の日《ひ》の夜《よる》。あくる晩《ばん》。

**よくふか**【欲深】〔名〕〔形動〕欲《よく》が強《つよ》いこと。また、その人《ひと》。〔例〕欲深な人《ひと》。

**よくぶかい**【欲深い】〔形〕欲《よく》がふかい。

**よくぼう**【欲望】〔名〕何《なに》かをしたいとか、ほしいとか願《ねが》う気持《きも》ち。〔例〕欲望を満《み》たす。

**よくめ**【欲目】〔名〕自分《じぶん》に都合《つごう》のいいように、実際《じっさい》より、よく見《み》ること。ひいき目《め》。〔例〕親《おや》の欲目で、わが子《こ》はよく見《み》える。

**よくも**〔副〕「よく」を強《つよ》めた言《い》い方《かた》。おどろいたり、感心《かんしん》したりする気持《きも》ちを表《あらわ》す。〔例〕「よくも裏切《うらぎ》ったな。」

✤**よくよう**【抑揚】〔名〕声《こえ》・言葉《ことば》・音楽《おんがく》などの調子《ちょうし》を上《あ》げ下《さ》げすること。イントネーション。〔例〕抑揚をつけてせりふを言《い》う。

**よくよう**【浴用】〔名〕ふろなどで使《つか》うこと。また、使《つか》うもの。〔例〕浴用石《せっ》けん。

○**よくよく**〔副〕❶念《ねん》を入《い》れて、十分《じゅうぶん》に。〔例〕よくよく見《み》れば、そばにあった。〔類〕つらつら。❷たいへんに。きわめて。〔例〕よくよく運《うん》の悪《わる》い人《ひと》だ。❸どうにもしかたがないようす。〔例〕「よくよくのことがない限《かぎ》り出席《しゅっせき》します。」

**よくよくじつ**【翌翌日】〔名〕あくる日《ひ》の次《つぎ》の日《ひ》。翌日《よくじつ》の翌日《よくじつ》。あさって。

**よくりゅう**【抑留】〔名〕〔動-する〕外国《がいこく》の船《ふね》または人《ひと》を、無理《むり》に引《ひ》きとめておくこと。〔例〕漁船《ぎょせん》が抑留された。

○**よけい**【余計】〔一〕〔形動〕❶余分《よぶん》なようす。余《あま》り。〔例〕ノートが一冊《いっさつ》余計だ。❷むだなようす。〔例〕「よけいな口《くち》をきくな。」〔類〕(❶・❷)余分《よぶん》。〔二〕〔副〕もっと。いっそう。〔例〕止《と》められると、よけいやりたくなる。

○**よける**〔動〕❶わきへ寄《よ》る。さける。〔例〕車《くるま》をよける。❷防《ふせ》ぐ。のがれる。〔例〕のき下《した》で、雨《あめ》をよける。❸わきへ押《お》しやる。取《と》りのぞく。〔例〕不良品《ふりょうひん》をよける。

**よけん**【予見】〔名〕〔動-する〕ことが起《お》きる前《まえ》に、それを見通《みとお》すこと。〔例〕大地震《だいじしん》を予見する。

**よげん**【予言】〔名〕〔動-する〕これから起《お》こることを、前《まえ》もって言《い》い当《あ》てること。また、その言葉《ことば》。〔例〕未来《みらい》を予言する。

○**よこ**【横】〔名〕❶左右《さゆう》の方向《ほうこう》や長《なが》さ。〔対〕縦《たて》。❷物《もの》の側面《そくめん》。〔例〕箱《はこ》の横。❸そば。かたわら。〔例〕学校《がっこう》の横に池《いけ》がある。↓おう【横】143ページ

**横《よこ》になる** 寝《ね》る。〔例〕部屋《へや》で横になる。

**横《よこ》の物《もの》を縦《たて》にもしない** めんどうがって何《なに》もやろうとしない。縦《たて》のものを横《よこ》にもしない。

**横《よこ》を向《む》く** 相手《あいて》の言《い》うことが気《き》に入《い》らず、聞《き》こうとしない。そっぽを向《む》く。

**よこあい**【横合い】〔名〕❶横《よこ》のほう。わき。❷無関係《むかんけい》なほう。〔例〕横合いから列《れつ》に割《わ》りこむ。〔例〕横合いから口《くち》を出《だ》す。

**よこあな**【横穴】〔名〕横《よこ》にほった穴《あな》。〔対〕縦《たて》穴《あな》。

**よこいと**【横糸】〔名〕織物《おりもの》の、左右《さゆう》の方向《ほうこう》に通《とお》っている糸《いと》。〔対〕縦糸《たていと》。

**よこう**【予行】〔名〕〔動-する〕前《まえ》もって、本番《ほんばん》と同《おな》じようにやってみること。

**よこうえんしゅう**【予行演習】〔名〕前《まえ》も





四字熟語 付和雷同《ふわらいどう》 真剣《しんけん》に考《かんが》えもせず、すぐ付和雷同《ふわらいどう》する態度《たいど》は、いましめなければならない。

って、本番《ほんばん》と同《おな》じようにやってみる練習《れんしゅう》。例 運動会《うんどうかい》の予行演習。

**よこがお【横顔】** 名 ❶横《よこ》から見《み》た顔《かお》。例 横顔が似《に》ている。❷ある人《ひと》の、あまり知《し》られていない一面《いちめん》。例 先生《せんせい》の横顔を知《し》る。

✤**よこがき【横書き】** 名 文字《もじ》を横《よこ》に並《なら》べて書《か》くこと。また、書《か》いたもの。例 手紙《てがみ》を横書きで書《か》く。対 縦書《たてが》き。

✤**よこかく【横画】** 名 〔国語《こくご》で〕漢字《かんじ》を書《か》くときに横《よこ》に引《ひ》く線《せん》。対 縦画《たてかく》。

**よこがみやぶり【横紙破り】** 名 自分《じぶん》の言《い》い分《ぶん》を無理《むり》やり押《お》し通《とお》すこと。また、そのような人《ひと》。参考 和紙《わし》は、横《よこ》には破《やぶ》りにくいことから。

**よこぎる【横切る】** 動 道《みち》などをこちらから向《む》こう側《がわ》へ行《い》く。横断《おうだん》する。例 つばめが目《め》の前《まえ》を横切って行《い》った。

**よこく【予告】** 名 動-する 前《まえ》もって知《し》らせること。例 試験《しけん》の予告をする。

**よこぐるまをおす【横車を押°す】** 〔縦《たて》にしか動《うご》かない車《くるま》を横《よこ》に動《うご》かすように〕道理《どうり》に合《あ》わなくても、無理《むり》やり自分《じぶん》の考《かんが》えをおし通《とお》そうとする。

**よこじく【横軸°】** 名 〔算数《さんすう》で〕グラフのもとになる、縦軸《たてじく》と直角《ちょっかく》に交《まじ》わる横《よこ》の線《せん》。対 縦《たて》軸《じく》。

**よこしま** 名 形動 正《ただ》しくないこと。例 よこしまな考《かんが》え。

**よこじま【横じま】** 名 左右《さゆう》の方向《ほうこう》のしま模様《もよう》。対 縦《たて》じま。

◦**よこす** 動 ❶向《む》こうからこちらへ送《おく》ってくる。例 手紙《てがみ》をよこす。❷わたす。例「その本《ほん》をこっちへよこせ。」

◦**よごす【汚°す】** 動 きたなくする。けがす。例 本《ほん》を汚す。⇩お【汚】141ページ

**よこずき【横好き】** 名 うまくもないのに、たいへん好《す》きなこと。例 下手《へた》の横好き。

**よこすべり【横滑°り】** 名 動-する ❶横《よこ》にすべること。❷地位《ちい》などが変《か》わらないで、別《べつ》の役目《やくめ》や仕事《しごと》の受《う》け持《も》ちに移《うつ》ること。

**よこずわり【横座△り】** 名 動-する きちんとすわらないで、足《あし》をななめにずらしてすわること。例 足《あし》をくずして横ずわりする。

**よこたえる【横たえる】** 動 立《た》っている長《なが》いものを横《よこ》にする。例 体《からだ》を横たえる。

**よこだおし【横倒°し】** 名 横《よこ》にたおれること。横《よこ》にたおすこと。例 事故《じこ》でトラックが横倒しになった。

**よこたわる【横たわる】** 動 ❶長《なが》いものが横《よこ》になる。ねる。例 ベッドの上《うえ》に横たわる。❷前《まえ》をふさぐ。じゃまをする。例 行《ゆ》く手《て》には、困難《こんなん》が横たわっている。

**よこちょう【横町】** 名 表通《おもてどお》りから横《よこ》へ入《はい》った通《とお》り。また、その町並《まちな》み。

**よこづけ【横付け】** 名 動-する 船《ふね》や車《くるま》をぴたりと横《よこ》につけること。例 車《くるま》を、玄関《げんかん》に横付けにする。

**よこっとび【横っ飛び・横っ跳°び】** 名 動-する ❶横《よこ》のほうにとぶこと。例 横っ飛びになってボールをキャッチした。❷あわてて走《はし》って行《い》くこと。例 家《いえ》へ横っ飛びに駆《か》けて行《い》った。

**よこづな【横綱°】** 名 ❶すもうの番付《ばんづけ》で、いちばん上《うえ》の位《くらい》。また、その力士《りきし》。❷「❶」が土《ど》俵入《ひょうい》り〔＝力士《りきし》が土俵《どひょう》の上《うえ》で行《おこな》う儀式《ぎしき》〕のときに、腰《こし》にしめる太《ふと》いつな。❸仲間《なかま》の中《なか》でいちばんすぐれている物《もの》や人《ひと》。例 メロンは果物《くだもの》の横綱だ。

**よこつら【横面△】** 名 ❶顔《かお》の横《よこ》の面《めん》。よこっつら。例 横面をなぐる。❷〔建物《たてもの》などの〕横《よこ》がわ。

**よこて【横手】** 名 横《よこ》の方《ほう》。右《みぎ》か左《ひだり》にあたる方《ほう》。例 家《いえ》の横手に竹《たけ》やぶがある。

**よごと【夜毎▲】** 名 毎晩《まいばん》。夜《よ》な夜《よ》な。例 夜ごと同《おな》じ夢《ゆめ》を見《み》る。

**よこどり【横取り】** 名 動-する 人《ひと》の物《もの》を、わきからうばい取《と》ること。例 妹《いもうと》のおやつを横取りする。

**よこなが【横長】** 名 形動 横《よこ》に長《なが》いこと。例 横長の四角形《しかくけい》。対 縦長《たてなが》。

**よこながし【横流し】** 名 動-する 品物《しなもの》を、正《ただ》しくないやり方《かた》で、こっそり、よそへ売《う》ること。例 商品《しょうひん》を横流しする。

**よこなぐり【横殴°り】** 名 横《よこ》から強《つよ》く打《う》つこと。例 雨《あめ》が横なぐりにふきつける。

**よこなみ【横波】** 名 船《ふね》などが横《よこ》から受《う》ける波《なみ》。例 横波を受《う》けて大《おお》きくゆれる。

四字熟語 **粉骨砕身《ふんこつさいしん》** 倒産寸前《とうさんすんぜん》の会社《かいしゃ》を立《た》て直《なお》すために、粉骨砕身《ふんこつさいしん》の努力《どりょく》をした。

よこならび【横並《なら》び】［名］❶横《よこ》に列《れつ》をつくって並《なら》ぶこと。［例］いすを横並びにする。❷人《ひと》と同《おな》じようにすること。［例］横並び意識《いしき》。

よこばい【横ばい】［名］［動する］❶横《よこ》にはうこと。［例］カニの横ばい。❷物《もの》の値《ね》段《だん》や成績《せいせき》などが、あまり上《あ》がり下《さ》がりしないこと。［例］ここ何年《なんねん》か人口《じんこう》は横ばいだ。

よこはば【横幅】［名］横《よこ》の長《なが》さ。はば。

よこはまし〘横浜市〙［地名］神奈川県《かながわけん》の県《けん》庁《ちょう》がある市《し》。東京湾《とうきょうわん》に面《めん》した港町《みなとまち》として知《し》られる。

よこばら【横腹】［名］❶腹《はら》の横《よこ》の側《がわ》。脇腹《わきばら》。よこっぱら。❷〔乗《の》り物《もの》などの〕横《よこ》の面《めん》。［例］トラックの横腹にぶつかる。

よこぶえ【横笛】［名］横《よこ》に持《も》ってふく笛《ふえ》。フルートやピッコロなど。［対］縦笛《たてぶえ》。

よこみち【横道】［名］❶わき道《みち》。❷本筋《ほんすじ》からそれた方向《ほうこう》。［例］横道にそれる〔＝話《はなし》などが正《ただ》しい方向《ほうこう》から外《はず》れていく〕。

よこむき【横向き】［名］横《よこ》に向《む》くこと。

よこめ【横目】［名］顔《かお》を向《む》けないで、目《め》だけ横《よこ》に動《うご》かして見《み》ること。また、その目《め》つき。［例］横目でそっとぬすみ見《み》る。

よこもじ【横文字】［名］❶横書《よこが》きの文字《もじ》。❷〔横《よこ》書《が》きに書《か》かれることから〕英語《えいご》・フランス語《ご》・ドイツ語《ご》などの外国語《がいこくご》。［例］横文字は苦手《にがて》だ。

よこやま たいかん〘横山大観〙［人名］（男）（一八六八～一九五八）明治《めいじ》・大正《たいしょう》・昭和《しょうわ》時代《じだい》に活躍《かつやく》した日本画家《にほんがか》。近代《きんだい》日本画《にほんが》の発展《はってん》につくした。

よこやり【横やり】［名］〔横《よこ》からやりでせめるという意味《いみ》から〕わきから口《くち》を出《だ》して、じゃまをすること。［例］計画《けいかく》に横やりが入《はい》る。

よこゆれ【横揺れ】［名］［動する］❶地震《じしん》などで横《よこ》にゆれること。［例］激《はげ》しい横ゆれを感《かん》じる。❷船《ふね》などが左右《さゆう》にゆれること。［例］海《うみ》が荒《あ》れて、船《ふね》が横ゆれする。［対］（❶・❷）縦揺《たてゆ》れ。

よごれ【汚れ】［名］よごれていること。また、よごれている所《ところ》。［例］汚れが目立《めだ》つ。

◦よごれる【汚れる】［動］よけいなものがついて、いやな感《かん》じになる。きたなくなる。［例］服《ふく》が汚れる。⇩お【汚】141ページ

よさ【良さ】［名］良《よ》いこと。良《よ》い程度《ていど》。［例］頭《あたま》の良さ。［対］悪《わる》さ。

よさ【善さ】［名］善《よ》いこと。善《よ》い程度《ていど》。［例］行《おこな》いの善さ。［対］悪《わる》さ。

よざくら【夜桜】［名］夜《よる》に見《み》る桜《さくら》の花《はな》。［例］夜桜見物《けんぶつ》。

よさの あきこ〘与謝野晶子〙［人名］（女）（一八七八～一九四二）明治《めいじ》・大正《たいしょう》・昭和《しょうわ》時代《じだい》の歌人《かじん》。情熱的《じょうねつてき》でみずみずしい和歌《わか》を作《つく》って活躍《かつやく》した。「金色《こんじき》のちひさき鳥《とり》のかたちして銀杏《いちょう》ちるなり夕日《ゆうひ》の岡《おか》に」などの歌《うた》があり、歌集《かしゅう》「みだれ髪《がみ》」は有名《ゆうめい》。

〔よさのあきこ〕

よさ ぶそん〘与謝蕪村〙［人名］（男）（一七一六～一七八三）江戸《えど》時代《じだい》中《なか》ごろの俳人《はいじん》・画家《がか》。芭蕉《ばしょう》の死後《しご》、おとろえていた俳句《はいく》をさかんにした。絵画的《かいがてき》な句《く》が多《おお》く、「菜《な》の花《はな》や月《つき》は東《ひがし》に日《ひ》は西《にし》に」などの句《く》がある。

よさむ【夜寒】［名］夜《よる》の寒《さむ》さ。特《とく》に、秋《あき》の終《お》わりごろ、夜《よる》の寒《さむ》さがしみじみと感《かん》じられること。［例］夜寒が身《み》にしみる。

◦よさん【予算】［名］前《まえ》もって、必要《ひつよう》な費用《ひよう》を計算《けいさん》し、使《つか》い方《かた》の計画《けいかく》を立《た》てること。また、その金額《きんがく》。［例］予算が足《た》りない。［対］決算《けっさん》。

よし【由△】［名］❶わけ。理由《りゆう》。［例］由ありげなようす。❷手《て》がかり。方法《ほうほう》。［例］知《し》る由もない。❸おもむき。…ということ。［例］「お元気《げんき》の由、安心《あんしん》しました。」❹ものごとの内容《ないよう》。［例］「この由、お伝《つた》えください。」⇩ゆ【由】1333ページ

よし【葦◆】［名］⇩あし（芦・葦）19ページ

葦《よし》の髄《ずい》から天井《てんじょう》のぞく〔ヨシの細《ほそ》い管《くだ》を通《とお》して広《ひろ》い天井《てんじょう》をのぞくように〕ものの見《み》方《かた》や考《かんが》え方《かた》がせまくて、独《ひと》りよがりなこと。［参考］「よし」は「あし」とも言《い》うことがある。

よしあし【善し悪し▲】［名］❶よいか悪《わる》いかということ。善悪《ぜんあく》。［例］事《こと》のよしあしを見分《みわ》ける。❷よいか悪《わる》いか、簡単《かんたん》には決《き》められないこと。よしわるし。［例］まじめすぎるのもよしあしだ。

よじげん【四次元】［名］縦《たて》・横《よこ》・高《たか》さの三次《さんじ》元《げん》の空間《くうかん》に、時間《じかん》を加《くわ》えたもの。

✤よじじゅくご【四字熟語】［名］漢字《かんじ》四字《よじ》


［四字熟語］平身低頭《へいしんていとう》　なんとも申《もう》し訳《わけ》ないと、平身低頭《へいしんていとう》してお客《きゃく》さんにあやまった。

で組《く》み立《た》てられている熟語《じゅくご》。この辞典《じてん》では、四字《よじ》熟語《じゅくご》の見出《みだ》しの上《うえ》に■のマークを示《しめ》した。

**よしず【葦簀】** 名 アシの茎《くき》を、すだれと同《おな》じように糸《いと》で編《あ》んだもの。たてかけて、日《ひ》よけなどに使《つか》う。例 よしず張《ば》りの小屋《こや》。

**よしだ けんこう**〘吉田兼好〙 人名 ⇩けんこうほうし 412ページ

**よしだ しょういん**〘吉田松陰〙 人名 （男）（一八三〇～一八五九）江戸《えど》時代《じだい》終《お》わりごろの武士《ぶし》。山口県《やまぐちけん》に松下村塾《しょうかそんじゅく》を開《ひら》いて、多《おお》くのすぐれた弟子《でし》を育《そだ》てた。幕府《ばくふ》の政策《せいさく》に反対《はんたい》して死刑《しけい》にされた。

**よしのがりいせき**〘吉野ケ里遺跡〙 地名 佐賀県《さがけん》吉野《よしの》ケ里《がり》町《ちょう》にある遺跡《いせき》。弥生《やよい》時代《じだい》の遺跡《いせき》としては最大級《さいだいきゅう》のもので、外堀《そとぼり》や、住居《じゅうきょ》、やぐらのあとなどが発掘《はっくつ》されている。

**よしのがわ**〘吉野川〙 地名 ❶四国一《しこくいち》の大《おお》きな川《かわ》。長《なが》さ一九四キロメートル。高知県《こうちけん》・徳島県《とくしまけん》を通《とお》り、紀伊水道《きいすいどう》に注《そそ》ぐ。❷奈良県《ならけん》の吉野《よしの》付近《ふきん》を流《なが》れる川《かわ》。和歌山県《わかやまけん》に入《はい》って紀《き》ノ川《かわ》となる。

**よしのくまのこくりつこうえん**〘吉野熊野国立公園〙 地名 奈良《なら》・三重《みえ》・和歌山《わかやま》の三県《さんけん》に広《ひろ》がる国立公園《こくりつこうえん》。吉野《よしの》の桜《さくら》や那智滝《なちのたき》で有名《ゆうめい》。⇩こくりつこうえん 457ページ

**よじのぼる【よじ登る】** 動 手《て》と足《あし》を使《つか》って、しがみつくように登《のぼ》る。例 大《おお》きな木《き》によじ登る。

**よしみ** 名 親《した》しい関係《かんけい》。前《まえ》からの関係《かんけい》。例 友《ゆう》人《じん》のよしみで許《ゆる》してもらう。

**○よしゅう【予習】** 名 動-する 前《まえ》もって勉強《べんきょう》や練習《れんしゅう》をしておくこと。例 明日《あす》の予習をする。対 復習《ふくしゅう》。

**よじょう【余剰】** 名 余《あま》り。残《のこ》り。例 人員《じんいん》に余剰が出《で》る。

**よじょう【余情】** 名 すぐれた詩《し》・歌《うた》・文章《ぶんしょう》などを読《よ》んだあとに残《のこ》る、しみじみとした味《あじ》わい。余韻《よいん》。例 余情のある作品《さくひん》。

**よじる** 動 ねじ曲《ま》げる。例 体《からだ》をよじる。

**よじれる** 動 ねじ曲《ま》がる。ねじれる。例 電気《でんき》のコードがよじれる。

**よしわるし【善し悪し】** 名 ⇩よしあし❷ 1359ページ

**よしん【余震】** 名 大《おお》きな地震《じしん》のあとに、引《ひ》き続《つづ》いて起《お》こる小《ちい》さな地震《じしん》。ゆり返《かえ》し。

**よしんば** 副 たとえ。仮《かり》に。〔少《すこ》し古《ふる》い言《い》い方《かた》。〕例 よしんば失敗《しっぱい》したとしても、いい経《けい》験《けん》になるはずだ。

**○よす** 動 やめる。中止《ちゅうし》する。例 出《で》かけるのをよした。

**よせ【〈寄席〉】** 名 落語《らくご》・まんざい・手品《てじな》などの演芸《えんげい》をやって、人々《ひとびと》を楽《たの》しませる所《ところ》。参考 「寄席《よせ》」は、特別《とくべつ》に認《みと》められた読《よ》み方《かた》。

**よせあつめる【寄せ集める】** 動 散《ち》らばっているものを、一《いっ》か所《しょ》に集《あつ》める。例 落《お》ち葉《ば》を寄せ集めて、たき火《び》をする。

**よせい【余生】** 名 年《とし》をとってからの残《のこ》りの人生《じんせい》。例 余生を楽《たの》しむ。

**よせい【余勢】** 名 あり余《あま》っている勢《いきお》い。はずみ。例 余勢をかって〔＝勢《いきお》いにのって〕、一気《いっき》にせめたてる。

**よせがき【寄せ書き】** 名 動-する 何人《なんにん》かで一枚《いちまい》の紙《かみ》や布《ぬの》などに、言葉《ことば》や名前《なまえ》を書《か》いて記《き》念《ねん》にすること。また、書《か》いたもの。例 卒業《そつぎょう》生全員《せいぜんいん》の寄せ書き。

**よせぎざいく【寄せ木細工】** 名 色《いろ》や木《も》目《く》のちがう木切《きぎ》れを組《く》み合《あ》わせて、いろいろの模様《もよう》や形《かたち》を表《あらわ》した細工《さいく》。

**よせざん【寄せ算】** 名 ⇩たしざん 791ページ

**よせつける【寄せ付ける】** 動 近《ちか》づける。近寄《ちかよ》らせる。例 人《ひと》を寄せつけない。

**よせて【寄せ手】** 名 せめてくる軍勢《ぐんぜい》。

**よせむねづくり【寄せ棟造り】** 名 屋根《やね》の造《つく》り方《かた》の一《ひと》つ。中心《ちゅうしん》にあるむねから、四方《しほう》に斜面《しゃめん》が下《お》りている造《つく》り方《かた》。⇩やね❶ 1326ページ

**○よせる【寄せる】** 動 ❶近寄《ちかよ》る。おし寄《よ》せる。例 波《なみ》が寄せる。❷近《ちか》づける。例 いすを壁《かべ》に寄せる。❸心《こころ》をかたむける。例 同情《どうじょう》を寄せる。❹集《あつ》める。例 落《お》ち葉《ば》をはき寄せる。❺寄《よ》せ算《ざん》〔＝足《た》し算《ざん》〕をする。❻たよる。例 身《み》を寄せる。❼送《おく》る。例 「お便《たよ》りをお寄せください。」⇩き【寄】 293ページ

**よせん【予選】** 名 動-する ❶前《まえ》もって選《えら》ぶこと。❷競技《きょうぎ》で、本大会《ほんたいかい》に出《で》る人《ひと》やチームを決《き》めること。また、その試合《しあい》。例 予選で落《お》ちて残念《ざんねん》がる。

四字熟語 傍若無人《ぼうじゃくぶじん》 傍若無人《ぼうじゃくぶじん》のふるまいが多《おお》いので、まわりから相手《あいて》にされない。

例解！ことばの勉強室

# 四字熟語《よじじゅくご》

熟語《じゅくご》の中《なか》には、四字熟語《よじじゅくご》といって、漢字四字《かんじよじ》でできているものがたくさんある。四字熟語《よじじゅくご》をいろいろな見方《みかた》で分類《ぶんるい》してみよう。

## ●反対語《はんたいご》の組《く》み合《あ》わせ

右往左往《うおうさおう》
弱肉強食《じゃくにくきょうしょく》
大同小異《だいどうしょうい》
質疑応答《しつぎおうとう》
自問自答《じもんじとう》
異口同音《いくどうおん》

## ●類義語《るいぎご》の組《く》み合《あ》わせ

絶体絶命《ぜったいぜつめい》
公明正大《こうめいせいだい》
完全無欠《かんぜんむけつ》
自由自在《じゆうじざい》
大胆不敵《だいたんふてき》

## ●上《うえ》の二字《にじ》が下《した》の二字《にじ》にかかるもの

我田引水《がでんいんすい》
意味深長《いみしんちょう》
意気投合《いきとうごう》
意志薄弱《いしはくじゃく》
油断大敵《ゆだんたいてき》

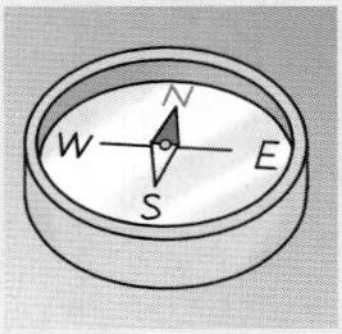

## ●四字《よじ》それぞれが関連語《かんれんご》になっている組《く》み合《あ》わせ

東西南北《とうざいなんぼく》
兄弟姉妹《けいていしまい》（兄弟姉妹《きょうだいしまい》）
上下左右《じょうげさゆう》
春夏秋冬《しゅんかしゅうとう》
花鳥風月《かちょうふうげつ》

## ●数字《すうじ》を使《つか》ったもの

三寒四温《さんかんしおん》
四苦八苦《しくはっく》
七転八倒《しちてんばっとう》
十人十色《じゅうにんといろ》

## ●動物《どうぶつ》を使《つか》ったもの

一石二鳥《いっせきにちょう》
馬耳東風《ばじとうふう》
牛飲馬食《ぎゅういんばしょく》
竜頭蛇尾《りゅうとうだび》

四字熟語 **抱腹絶倒《ほうふくぜっとう》** 受賞《じゅしょう》したコンビの傑作《けっさく》コントに、家族全員《かぞくぜんいん》、抱腹絶倒《ほうふくぜっとう》の大笑《おおわら》いをした。

**例解 ! 表現の広場**

**予想《よそう》と予測《よそく》のちがい**

| | どおりの結果《けっか》。 | が外《はず》れる。 | 外《がい》に難《むずか》しかった。 | を許《ゆる》さぬ事態《じたい》。 |
|---|---|---|---|---|
| 予想《よそう》 | ○ | ○ | ○ | × |
| 予測《よそく》 | ○ | ○ | × | ○ |

°**よそ** 名 ❶他《ほか》の所《ところ》。遠《とお》い所《ところ》。例 よその国《くに》。❷他人《たにん》。他人《たにん》の家《いえ》。例 よそのおじさんに挨拶《あいさつ》する。❸関係《かんけい》のないこと。例 勉強《べんきょう》をよそに遊《あそ》んでばかりいる。

**よそいき【よそ行き】** 名 〔「よそゆき」ともいう。〕❶よそへ行《い》くときに着《き》る、特別《とくべつ》の衣《い》服《ふく》。例 よそ行きに着《き》がえる。❷改《あらた》まった言《こと》葉《ば》遣《づか》いや動作《どうさ》。例 よそ行きの言葉《ことば》。

°**よそう【予想】** 名 動-する 前《まえ》もって、こうだろうと考《かんが》えること。また、その考《かんが》え。例 予想が外《はず》れる。類 予測《よそく》。

**よそう** 動 食《た》べものを皿《さら》などにもる。例 ごはんを茶《ちゃ》わんによそう。

**よそうがい【予想外】** 名 形動 考《かんが》えてもいなかったこと。意外《いがい》であること。例 予想外におもしろい本《ほん》だった。

**よそおい【装△い】** 名 ❶服装《ふくそう》。身《み》なり。例 装いをこらす。❷店《みせ》などのようすやかざり。例 装いも新《あら》たに開店《かいてん》する。

**よそおう【装△う】** 動 ❶身《み》なりを整《ととの》える。例 カジュアルに装う。❷ふりをする。例 平気《へいき》を装う。⇩そう【装】742ページ

**よそく【予測】** 名 動-する 前《まえ》もって、こうなるだろうと見当《けんとう》をつけること。例 いつ起《お》こるか、予測が難《むずか》しい。類 予想《よそう》。

**よそごと【よそ事】** 名 自分《じぶん》に関係《かんけい》のないこと。ひと事《ごと》。例 よそ事とは思《おも》えない。

**よそながら** 副 遠《とお》い所《ところ》から。それとなく。例 よそながら、ご成功《せいこう》をおいのりします。

**よそみ【よそ見】** 名 動-する 他《ほか》の方《ほう》を見《み》ること。わき見《み》。例 よそ見をするな。

**よそめ【よそ目】** 名 他《ほか》の人《ひと》の見《み》る目《め》。はた目《め》。例 よそ目にもうらやましい仲《なか》。

**よそもの【よそ者】** 名 ❶別《べつ》の場所《ばしょ》や土地《とち》から来《き》た人《ひと》。❷仲間《なかま》ではない人《ひと》。例 よそ者扱《あつか》いをされる。

**よそゆき【よそ行き】** 名 ⇩よそいき 1362ページ

**よそよそしい** 形 他人《たにん》に対《たい》するようで、親《した》しみがない。例 態度《たいど》が、よそよそしい。

**よぞら【夜空】** 名 夜《よる》の空《そら》。

**よたよた** 副(-と) 動-する 足《あし》もとがしっかりせず、ふらふらするようす。

**よだれ** 名 口《くち》の外《そと》に流《なが》れ出《で》るつば。

**よだれが出《で》る** ほしくてたまらないようすのたとえ。

**よだん【予断】** 名 動-する どうなるか、前《まえ》もって判断《はんだん》すること。例 選挙《せんきょ》の結果《けっか》は、予断を許《ゆる》さない〔=どうなるかわからない〕。

**よだん【余談】** 名 本筋《ほんすじ》からそれた話《はなし》。例 余談はこれくらいで、本題《ほんだい》に入《はい》ろう。

**よち【予知】** 名 動-する 前《まえ》もって知《し》ること。例 地震《じしん》を予知する。

**よち【余地】** 名 ❶空《あ》いている場所《ばしょ》。例 会場《かいじょう》は満員《まんいん》ですわる余地もなかった。❷余裕《よゆう》。ゆとり。例 話《はな》し合《あ》いの余地がない。

**よちょう【予兆】** 名 災害《さいがい》や事件《じけん》が起《お》きそうな前《まえ》ぶれ。例 噴火《ふんか》の予兆がある。

**よちよち** 副(-と) 小《ちい》さな子《こ》どもなどが小《ちい》さな歩幅《ほはば》で歩《ある》くようす。例 赤《あか》ちゃんがよちよち歩《ある》く。

**よつ【四つ】** 名 ❶し。よっつ。❷昔《むかし》の時刻《じこく》の名《な》。今《いま》の午前《ごぜん》と午後《ごご》の十時《じゅうじ》ごろ。❸すもうで、たがいに両手《りょうて》を差《さ》し入《い》れて組《く》むこと。例 がっぷりと四つに組《く》む。⇩し【四】535ページ

**よっか【四日】** 名 ❶月《つき》の四番《よんばん》めの日《ひ》。❷四《よん》日《にち》の間《あいだ》。四日間《よっかかん》。例 パリまで四日かかる。

**よつかど【四つ角】** 名 道《みち》が十文字《じゅうもんじ》になっている所《ところ》。四《よ》つつじ。十字路《じゅうじろ》。

**よつぎ【世継ぎ】** 名 家《いえ》をつぐこと。また、つぐ人《ひと》。あとつぎ。

**よっきゅう【欲求】** 名 動-する ものを強《つよ》くほしがること。願《ねが》い求《もと》めること。例 欲求を満《まん》足《ぞく》させる。

**よっきゅうふまん【欲求不満】** 名 求《もと》めていることが満《み》たされないために、心《こころ》が不安《ふあん》定《てい》になること。例 欲求不満におちいる。

四字熟語 **本末転倒《ほんまつてんとう》** お客様《きゃくさま》に片《かた》づけを手伝《てつだ》ってもらうなんて、本末転倒《ほんまつてんとう》で申《もう》し訳《わけ》ありません。

○よっつ【四つ】名 ❶〔数《かず》を表《あらわ》す言葉《ことば》。〕し。❷四歳《よんさい》。⇩し【四】535ページ

よつつじ【四つ辻】名 ⇩よつかど 1362ページ

よって ㊀接 そういうわけで。そこで。例 よって、これを賞《しょう》します。㊁〔「…によって」の形《かたち》で〕それがよりどころや原因《げんいん》であることを表《あらわ》す。例 人《ひと》によって考《かんが》えがちがう。台風《たいふう》によって橋《はし》がこわされた。

よってたかって【寄ってたかって】大勢《おおぜい》の人《ひと》が、取《と》り囲《かこ》むように集《あつ》まって。例 よってたかって悪口《わるくち》を言《い》う。

ヨット〔英語 yacht〕名 帆《ほ》を張《は》って、風《かぜ》を受《う》けて走《はし》る、西洋《せいよう》ふうの小型《こがた》の船《ふね》。例 ヨットで太平洋《たいへいよう》を横断《おうだん》する。⇩ふね❶1150ページ

よっぱらう【酔っ払う】動 ひどく酒《さけ》に酔《よ》う。

よっぽど 副 たいそう。かなり。〔「よほど」を強《つよ》めた言《い》い方《かた》。〕例 よっぽどうれしかったのだろう。

よつゆ【夜露】名 夜《よる》の間《あいだ》に降《お》りる露《つゆ》。例 夜露にぬれる。対 朝露《あさつゆ》。

よつんばい【四つんばい】名 両手《りょうて》と両《りょう》足《あし》を地面《じめん》につけてはうこと。また、その姿《し》勢《せい》。

○よてい【予定】名 動する 前《まえ》もって決《き》めること。また、決《き》めたことがら。例 旅行《りょこう》の予定を立《た》てる。

よとう【与党】名 内閣《ないかく》を作《つく》っている政党《せいとう》。対 野党《やとう》。

よどおし【夜通し】副 夜《よる》から朝《あさ》まで。ひと晩《ばん》じゅう。例 夜通し語《かた》り合《あ》う。

よどがわ〔淀川〕地名 琵琶湖《びわこ》から発《はっ》し、大《おお》阪平野《さかへいや》を北東《ほくとう》から流《なが》れて大阪湾《おおさかわん》に注《そそ》ぐ川《かわ》。ふつう上流《じょうりゅう》を瀬田川《せたがわ》、宇治川《うじがわ》といい、下流《かりゅう》を淀川《よどがわ》という。

よどみ 名 ❶川《かわ》などの水《みず》がたまって、よく流《なが》れない所《ところ》。❷つっかえて、すらすらと進《すす》まないこと。例 よどみなく話《はな》す。

よどむ 動 ❶空気《くうき》や川《かわ》の水《みず》などが動《うご》かないでたまる。❷すらすら進《すす》まない。例 言《い》いよどむ。❸水《みず》の底《そこ》にしずむ。沈殿《ちんでん》する。例 どろがよどんだ池《いけ》。

よなおし【世直し】名 動する 世《よ》の中《なか》を、よい状態《じょうたい》に改《あらた》めること。

○よなか【夜中】名 夜《よる》おそくなったころ。夜《よ》ふけ。夜半《やはん》。例 夜中に目《め》を覚《さ》ます。

よなが【夜長】名 夜《よる》が長《なが》いこと。特《とく》に秋《あき》の夜《よる》をいう。例 秋《あき》の夜長。対 日長《ひなが》・日永《ひなが》。

よなき【夜泣き】名 動する 赤《あか》ん坊《ぼう》が夜中《よなか》に泣《な》くこと。

よなぐにじま〔与那国島〕地名 沖縄県《おきなわけん》にある、日本《にっぽん》の最西端《さいせいたん》の島《しま》。

よなべ【夜なべ】名 動する 夜《よる》、仕事《しごと》をすること。また、その仕事《しごと》。例 夜なべしてスカートをぬってくれた。

よなよな【夜な夜な】副 毎夜《まいよ》。夜《よ》ごと。例 夜な夜なあやしい物音《ものおと》が聞《き》こえてくる。

よなれる【世慣れる】動 世間《せけん》のことがよくわかっている。例 世慣れた人《ひと》。

よにげ【夜逃げ】名 動する 夜中《よなか》に、こっそりと家《いえ》を捨《す》ててにげ出《だ》すこと。

よにも【世にも】副 たいへんに。とても。非常《ひじょう》に。例 世にもふしぎな物語《ものがたり》。

よねつ【余熱】名 冷《さ》めきらずに残《のこ》っている熱《ねつ》。例 余熱を利用《りよう》する。

よねんがない【余念がない】他《ほか》のことを考《かんが》えないで、そのことばかりしている。例 読書《どくしょ》に余念がない。

よのつね【世の常】名 世《よ》の中《なか》でよくあること。例 悪人《あくにん》が裁《さば》かれるのは世の常だ。

○よのなか【世の中】名 ❶人々《ひとびと》が集《あつ》まって暮《く》らしているところ。世間《せけん》。社会《しゃかい》。例 世の中に出《で》る。❷時代《じだい》。例 コンピューターの世の中。

よは【余波】名 ❶風《かぜ》がおさまったのに、まだ立《た》っている波《なみ》。❷ものごとの、済《す》んだあとまで残《のこ》る影響《えいきょう》。例 事件《じけん》の余波が残《のこ》っている。

よはく【余白】名 字《じ》や絵《え》がかいてある紙《かみ》の、白《しろ》いまま残《のこ》っている部分《ぶぶん》。例 余白に感想《かんそう》を書《か》きこむ。

よばわり【呼ばわり】名 動する 〔人《ひと》を表《あらわ》す言葉《ことば》のあとにつけて〕決《き》めつけて呼《よ》ぶこと。例 泥棒《どろぼう》呼ばわりは許《ゆる》せない。

ヨハン=シュトラウス 人名 ⇩シュトラウス 612ページ

よび【予備】名 足《た》りない場合《ばあい》やあとで必要《ひつよう》になった場合《ばあい》のために、前《まえ》もって用意《ようい》しておく


四字熟語 満場一致《まんじょういっち》 ずいぶんもめたが、最後《さいこ》は満場一致《まんじょういっち》で結論《けつろん》が出《で》たので、ほっとした。

こと。また、用意《ようい》してあるもの。例予備のお金《かね》。

**よびおこす【呼び起こす】**動 ❶声《こえ》をかけて、寝《ね》ている人《ひと》を起《お》こす。❷忘《わす》れかけていることを思《おも》い出《だ》させる。例子《こ》どものころの記憶《きおく》を呼び起こす。

**よびかけ【呼び掛け】**名 ❶声《こえ》をかけて人《ひと》を呼《よ》ぶこと。❷賛成《さんせい》や参加《さんか》を求《もと》めること。例募金《ぼきん》への呼びかけに応《おう》じる。

**°よびかける【呼び掛ける】**動 ❶声《こえ》をかけて人《ひと》を呼《よ》ぶ。❷自分《じぶん》の考《かんが》えに対《たい》して、賛成《さんせい》や行動《こうどう》を求《もと》める。例大会参加《たいかいさんか》を呼びかける。

**よびかわす【呼び交わす】**動 たがいに呼《よ》び合《あ》う。例大声《おおごえ》で呼び交わす。

**よびこ【呼び子】**名 人《ひと》を呼《よ》ぶ合図《あいず》にふく小《ちい》さな笛《ふえ》。よぶこ。

**よびこう【予備校】**名 おもに大学《だいがく》などに入《はい》るための勉強《べんきょう》を教《おし》える学校《がっこう》。

**よびごえ【呼び声】**名 ❶呼《よ》ぶ声《こえ》。呼《よ》び立《た》てる声《こえ》。❷よい評判《ひょうばん》。うわさ。

**呼《よ》び声《ごえ》が高《たか》い** みんなが、うわさしている。例優勝《ゆうしょう》の呼び声が高い。

**よびさます【呼び覚ます】**動 ❶ねむっている人《ひと》を起《お》こす。❷はっきりと意識《いしき》させる。例新《あら》たな感動《かんどう》を呼び覚ます。

**よびすて【呼び捨て】**名 人《ひと》の名前《なまえ》を呼《よ》ぶときに、さん・君《くん》・先生《せんせい》などの敬称《けいしょう》をつけないこと。例呼び捨てにするのは失礼《しつれい》だ。

**よびだし【呼び出し】**名 ❶呼《よ》び出《だ》すこと。例呼び出しの電話《でんわ》があった。❷すもうで、力士《りきし》の名《な》を呼《よ》んで、土俵《どひょう》に上《あ》がらせる役《やく》。

**よびだす【呼び出す】**動 ❶呼《よ》んで来《こ》させる。例弟《おとうと》を電話口《でんわぐち》に呼び出す。❷呼《よ》んで外《そと》へ出《だ》す。例友達《ともだち》を駅《えき》まで呼び出す。

**よびちしき【予備知識】**名 前《まえ》もって知《し》っておいたほうがよいことがら。例予備知識なしで行《い》くのは危険《きけん》だ。

**よびつける【呼び付ける】**動 ❶呼《よ》んで自分《じぶん》の所《ところ》に来《こ》させる。例先生《せんせい》に呼びつけられる。❷呼《よ》び慣《な》れる。口《くち》ぐせになっている。

**よびとめる【呼び止める】**動 歩《ある》いている人《ひと》などに声《こえ》をかけて、立《た》ち止《ど》まらせる。例人《ひと》を呼び止めて、道《みち》を聞《き》く。

**よびな【呼び名】**名 ❶ほんとうの名前《なまえ》ではなくて、ふだん、呼《よ》び慣《な》れている名《な》。通称《つうしょう》。❷その物《もの》の名前《なまえ》。

**よびみず【呼び水】**名 〔「誘《さそ》い水《みず》」ともいう。〕❶ポンプの水《みず》が出《で》ないとき、水《みず》が出《で》るように、水《みず》を少《すこ》しポンプに入《い》れること。また、その水《みず》。❷何《なに》かを引《ひ》き出《だ》すきっかけとなるもの。例その発言《はつげん》が呼び水となって、次々《つぎつぎ》に意見《いけん》が出《で》た。

**よびもどす【呼び戻す】**動 ❶声《こえ》をかけて、元《もと》の所《ところ》へ帰《かえ》らせる。例急用《きゅうよう》ができたので、兄《あに》を呼び戻す。❷元《もと》の状態《じょうたい》にする。例記憶《きおく》を呼び戻す。

**よびもの【呼び物】**名 もよおし物《もの》などの中《なか》で、人気《にんき》を集《あつ》めているもの。例この動物《どうぶつ》園《えん》の呼び物はパンダだ。

例解 ❗ 表現の広場

**呼《よ》ぶ と 招《まね》く のちがい**

| | 呼《よ》ぶ | 招《まね》く |
|---|---|---|
| 誕生会《たんじょうかい》に | ○ | ○ |
| 疑惑《ぎわく》を | ○ | ○ |
| 救急車《きゅうきゅうしゃ》を | ○ | × |
| 助《たす》けを | ○ | × |

**よびょう【余病】**名 ある病気《びょうき》にともなって起《お》こる別《べつ》の病気《びょうき》。

**よびよせる【呼び寄せる】**動 声《こえ》をかけて、そばへ来《こ》させる。例親《しん》せきを呼び寄せる。

**よびりん【呼び鈴】**名 人《ひと》の家《いえ》を訪《たず》ねたときや、人《ひと》を呼《よ》ぶときに鳴《な》らす、すず。ベル。

**°よぶ【呼ぶ】**動 ❶相手《あいて》に向《む》かって声《こえ》を出《だ》す。❷声《こえ》などをかけて、こちらに来《こ》させる。例医者《いしゃ》を呼ぶ。❸名《な》をつける。例名前《なまえ》を呼ぶ。❹招《まね》く。例家《いえ》に客《きゃく》を呼ぶ。❺引《ひ》き寄《よ》せる。引《ひ》き起《お》こす。例生《う》まれた子犬《こいぬ》をポチと呼ぶ。例人気《にんき》を呼ぶ。⬇こ【呼】419ページ

**よふかし【夜更かし】**名 動する 夜《よる》おそくまで起《お》きていること。例夜ふかしは健康《けんこう》によくない。類宵《よい》っ張《ば》り。

**よふけ【夜更け】**名 夜《よる》おそく。真夜中《まよなか》。深《しん》夜《や》。

**よぶん【余分】**名 形動 ❶ふつうより多《おお》いこ

四字熟語 無我夢中《むがむちゅう》 本番《ほんばん》を前《まえ》に、まだ不安《ふあん》が残《のこ》る部分《ぶぶん》があったので、無我夢中《むがむちゅう》で練習《れんしゅう》した。

と。例 人《ひと》より余分に働《はたら》く。例 余《あま》り。例 余分なことは言《い》うな。❷必要《ひつよう》でないもの。類 (❶・❷)余計《よけい》。

○よほう【予報】名 動-する 前《まえ》もって知《し》らせること。また、その知《し》らせ。例 天気《てんき》予報。

○よぼう【予防】名 動-する 前《まえ》もって、病《びょう》気《き》や災害《さいがい》などが起《お》こらないように防《ふせ》ぐこと。例 準《じゅん》備《び》運《うん》動《どう》をしてけがを予防する。

よぼうせっしゅ【予防接種】名 感染《かんせん》症《しょう》にかからないように、ワクチンを体《からだ》の中《なか》に入《い》れて、抵抗力《ていこうりょく》をつけること。

よぼうせん【予防線】名 失敗《しっぱい》したりせめられたりしないように、前《まえ》もって手《て》を打《う》っておくこと。例 予防線を張《は》っておく。

よぼうちゅうしゃ【予防注射】名 注《ちゅう》射《しゃ》で行《おこな》う予《よ》防《ぼう》接《せっ》種《しゅ》。

よほど 副 〔「よっぽど」ともいう。〕❶かなりの程《てい》度《ど》に。ずいぶん。例 あんなにおこるなんてよほどのことだ。❷思《おも》いきって。例 よほどやめてしまおうかと思《おも》った。

よまわり【夜回り】名 動-する 夜《よる》、火《か》事《じ》や、どろぼうなどの用《よう》心《じん》のために、見《み》回《まわ》ること。また、その人《ひと》。

✤○よみ【読み】名 ❶読《よ》むこと。例 読み書《か》き。❷文《ぶん》の意《い》味《み》を知《し》ること。例 読みの力《ちから》をのばす。❸漢《かん》字《じ》の読《よ》み方《かた》。例 漢《かん》字《じ》の読みを調《しら》べる。❹先《さき》のなりゆきなどを見《み》通《とお》すこと。例 あの人《ひと》は読みが深《ふか》い。

よみあげる【読み上げる】動 ❶大《おお》きな声《こえ》で読《よ》む。例 詩《し》を読み上げる。❷全《ぜん》部《ぶ》読《よ》む。例 厚《あつ》い本《ほん》をひと晩《ばん》で読み上げた。

よみあさる【読みあさる】動 手《て》当《あ》たり次《し》第《だい》にいろいろと読《よ》む。例 漫《まん》画《が》を読みあさる。

よみあわせ【読み合わせ】名 動-する ❶文《ぶん》章《しょう》などを写《うつ》したときに、まちがいがないかどうか、一人《ひとり》がその文《ぶん》章《しょう》を読《よ》み上《あ》げ、他《ほか》の人《ひと》が写《うつ》した文《ぶん》章《しょう》とつき合《あ》わせること。❷芝《しば》居《い》の稽《けい》古《こ》で、演《えん》技《ぎ》をつける前《まえ》に、俳《はい》優《ゆう》が、台《だい》本《ほん》を見《み》ながらめいめいのせりふを読《よ》み合《あ》うこと。

よみかえす【読み返す】動 一《いち》度《ど》読《よ》んだものを、もう一《いち》度《ど》読《よ》む。例 本《ほん》を何《なん》度《ど》も読み返す。

○よみがえる 動 ❶生《い》き返《かえ》る。❷元《げん》気《き》を取《と》りもどす。例 水《みず》をやったので、しおれていた花《はな》がよみがえった。❸再《ふたた》び取《と》りもどす。例 記《き》憶《おく》がよみがえる。

よみかき【読み書き】名 動-する 読《よ》むことと書《か》くこと。例 読み書きを習《なら》う。

よみかけ【読みかけ】名 途《と》中《ちゅう》まで読《よ》むこと。読《よ》みさし。例 読みかけの本《ほん》。

✤よみかた【読み方】名 ❶文《も》字《じ》や単《たん》語《ご》の発《はつ》音《おん》のしかた。例 漢《かん》字《じ》の読み方。❷文《ぶん》章《しょう》を声《こえ》に出《だ》して読《よ》む方《ほう》法《ほう》。例 アナウンサーの読み方をまねる。❸文《ぶん》章《しょう》などを読《よ》んで理《り》解《かい》する方《ほう》法《ほう》。例 ざっと読《よ》んであらすじをとらえる読み方。

✤よみがな【読み〈仮名〉】名 漢《かん》字《じ》の読《よ》み方《かた》を示《しめ》すかな。ふりがな。ルビ。

よみきかせ【読み聞かせ】名 動-する 子《こ》どもに絵《え》本《ほん》や物《もの》語《がたり》などを、読《よ》んで聞《き》かせること。

よみきり【読み切り】名 雑《ざっ》誌《し》などの読《よ》み物《もの》で、一《いっ》回《かい》で完《かん》結《けつ》するもの。例 読み切りの小《しょう》説《せつ》。対 続《つづ》き物《もの》。連《れん》載《さい》。

よみきる【読み切る】動 ❶終《お》わりまで全《ぜん》部《ぶ》読《よ》み通《とお》す。例 一《いっ》気《き》に読み切る。❷先《さき》の先《さき》まで見《み》通《とお》しをつける。例 敵《てき》の作《さく》戦《せん》を読み切る。

✤よみくだす【読み下す】動 ❶文《ぶん》章《しょう》を終《お》わりまで一《いっ》気《き》に読《よ》む。❷漢《かん》文《ぶん》を、日《に》本《ほん》語《ご》の文《ぶん》章《しょう》に直《なお》して読《よ》む。訓《くん》読《どく》する。

よみごたえ【読み応え】名 ❶読《よ》んで張《は》り合《あ》いが感《かん》じられること。例 なかなか読み応えのあるいい本《ほん》だ。❷読《よ》むのに骨《ほね》が折《お》れること。

よみこなす【読みこなす】動 読《よ》んで、中《なか》身《み》をよく理《り》解《かい》する。例 難《むずか》しい本《ほん》なのに、よく読みこなした。

よみさし【読みさし】名 ↓よみかけ 1365ページ

よみすてる【読み捨てる】動 一《いち》度《ど》読《よ》んだだけで、もう二《に》度《ど》と読《よ》もうとしない。例 雑《ざっ》誌《し》を読み捨てる。

よみせ【夜店】名 夜《よる》、道《みち》ばたで物《もの》を売《う》る店《みせ》。例 夜店で金《きん》魚《ぎょ》すくいをする。

よみち【夜道】名 夜《よる》の暗《くら》い道《みち》。



四字熟語 無《む》病《びょう》息《そく》災《さい》 家《か》族《ぞく》全《ぜん》員《いん》、無《む》病《びょう》息《そく》災《さい》で過《す》ごせることが、何《なに》よりの幸《しあわ》せです。

**よみて**【詠み手】名 詩《し》や、和歌《わか》を作《つく》った人《ひと》。

✤**よみて**【読み手】名 ❶読《よ》む人《ひと》。読者《どくしゃ》。対書《か》き手《て》。❷声《こえ》を出《だ》して読《よ》む役《やく》の人《ひと》。対聞《き》き手《て》。❸かるたで、読《よ》み上《あ》げる役目《やくめ》の人《ひと》。

**よみで**【読みで】名 分量《ぶんりょう》が多《おお》くて読《よ》みごたえがあること。例この本《ほん》は読みでがある。

**よみとおす**【読み通す】動 終《お》わりまで読《よ》む。読《よ》み切《き》る。例本《ほん》を一日《いちにち》で読み通す。

**よみとく**【読み解く】動 ❶作品《さくひん》をよく読《よ》んで、内容《ないよう》を理解《りかい》する。❷ものごとの意味《いみ》を明《あき》らかにする。例事件《じけん》を読み解く。

**よみとばす**【読み飛ばす】動 ❶ところどころをとばして読《よ》む。❷どんどん読《よ》む。例世界《せかい》の名作《めいさく》を片《かた》っ端《ぱし》から読み飛ばす。

✤**よみとる**【読み取る】動 ❶文章《ぶんしょう》を読《よ》んで、意味《いみ》をつかむ。例内容《ないよう》を読み取る。❷推《お》し量《はか》る。見《み》ぬく。例気持《きも》ちを読み取る。

**よみのくに**【〈黄泉〉の国】名 死《し》んだ人《ひと》の魂《たましい》が行《い》くとされる所《ところ》。あの世《よ》。冥土《めいど》。

✤**よみびとしらず**【詠み人知らず】〔国語《こご》で〕和歌《わか》の作者《さくしゃ》の名前《なまえ》がわからないこと。例この和歌《わか》はよみ人知らずだ。

**よみふける**【読みふける】動 夢中《むちゅう》になって読《よ》む。例漫画《まんが》を読みふける。

**よみふだ**【読み札】名 百人一首《ひゃくにんいっしゅ》などのかるたで、読《よ》み上《あ》げるほうの札《ふだ》。対取《と》り札《ふだ》。

✤°**よみもの**【読み物】名 小説《しょうせつ》・物語《ものがたり》など、楽《たの》しみに読《よ》む本《ほん》。例子《こ》ども向《む》けの読み物。

**よむ**【詠む】動 詩《し》や歌《うた》などを作《つく》る。例和歌《わか》を一首《いっしゅ》詠む。↓えい【詠】123ページ

✤°**よむ**【読む】動 ❶文字《もじ》や文章《ぶんしょう》を見《み》て、声《こえ》に出《だ》して言《い》う。例アナウンサーがニュースを読む。❷文字《もじ》や文章《ぶんしょう》、図表《ずひょう》などを見《み》て、その意《い》味《み》をつかむ。例童話《どうわ》を読む。グラフを読む。❸推《お》し量《はか》る。見《み》ぬく。例相手《あいて》の心《こころ》を読む。❹数《かぞ》える。例目盛《めも》りを読む。❺先《さき》のなりゆきなどを見通《みとお》す。例一手先《いってさき》を読む。↓どく【読】923ページ

°**よめ**【嫁】名 ❶息子《むすこ》の妻《つま》。❷結婚《けっこん》の相手《あいて》の女性《じょせい》。対(❶・❷)婿《むこ》。↓か【嫁】190ページ

**よめ**【夜目】名 夜《よる》、暗《くら》い中《なか》で見《み》ること。例夜目がきく〔=暗《くら》くてもよく見《み》える〕。

**よめい**【余命】名 これから先《さき》の生《い》きられる命《いのち》。残《のこ》された命《いのち》。例余命いくばくもない〔=あとわずかしか生《い》きられない〕。

**よめいり**【嫁入り】名 動-する 女《おんな》の人《ひと》が結婚《けっこん》すること。〔少《すこ》し古《ふる》い言《い》い方《かた》。〕

°**よめる**【読める】動 読《よ》むことができる。例むずかしい漢字《かんじ》が読めた。

**よもぎ** 名 野《の》や山《やま》に生《は》えるキクの仲間《なかま》の草《くさ》。葉《は》で薬《くすり》を作《つく》る。また、葉《は》を草《くさ》もちに入《い》れるので、「もちぐさ」ともいう。

**よもぎもち**【よもぎ餅】名 よもぎの葉《は》を入《い》れてつくったもち。草《くさ》もち。

**よもすがら**【夜もすがら】副 ひと晩《ばん》じゅう。夜通《よどお》し。〔古《ふる》い言《い》い方《かた》。〕例夜もすがらこがらしがふく。

**よもや** 副 まさか。いくらなんでも。例「よもや忘《わす》れてはいないだろうね。」注意あとに「ない」などの打《う》ち消《け》しの言葉《ことば》がくる。

**よもやまばなし**【よもやま話】名 世間《せけん》のいろいろな話《はなし》。

**よやく**【予約】名 動-する 前《まえ》もって約束《やくそく》すること。また、その約束《やくそく》。例旅館《りょかん》を予約する。

**よやとう**【与野党】名 与党《よとう》と野党《やとう》。例与野党がともに賛成《さんせい》する。

°**よゆう**【余裕】名 ❶必要《ひつよう》な量《りょう》より多《おお》いこと。余《あま》り。余分《よぶん》。例時間《じかん》に余裕がない。❷ゆったり落《お》ち着《つ》いていること。ゆとり。例心《こころ》に余裕がある。

■**よゆうしゃくしゃく**【余裕綽綽】副-と ゆったりとして、落《お》ち着《つ》いているようす。例騒《さわ》ぎをよそに、余裕綽々としている。参考「余裕綽々《よゆうしゃくしゃく》たる」のように使《つか》うこともある。

**よらばたいじゅのかげ**【寄らば大樹の陰】〔雨《あめ》をさけるには、大木《たいぼく》の下《した》がよいよ

例解 ↔ 使い分け

**読《よ》むと詠《よ》む**

本《ほん》を読《よ》む。
童話《どうわ》を読《よ》む。
人《ひと》の心《こころ》を読《よ》む。

和歌《わか》を詠《よ》む。
俳句《はいく》を詠《よ》む。
月《つき》を詠《よ》む。

四字熟語 名所旧跡《めいしょきゅうせき》 余裕《よゆう》をもってゆっくりと、名所旧跡《めいしょきゅうせき》をめぐる旅《たび》をしてみたい。

うに〕たよるなら、勢力《せいりょく》のある人《ひと》にたよったほうがよい。

**より【寄り】**名 ❶近《ちか》くへ寄《よ》ること。集《あつ》まること。例客《きゃく》の寄りが悪《わる》い。❷〔すもうで〕相手《あいて》をおして前《まえ》に進《すす》むこと。❸〔ある言葉《ことば》のあとにつけて〕…のほうに寄《よ》っていること。例西《にし》寄りの部屋《へや》。

**より【縒り】**名 ひもや糸《いと》などをねじって、一《ひと》つにからませること。例腕《うで》によりをかける〔＝持《も》っているわざを精《せい》いっぱい出《だ》す〕。

**よりを戻《もど》す**（人《ひと》との関係《かんけい》などを）もとどおりにする。

**より** 一助 ❶ものごとの始《はじ》まるところを表《あらわ》す。…から。例九時《くじ》より開始《かいし》する。❷比《くら》べるもとになるものを表《あらわ》す。…よりも。例勉強《べんきょう》より遊《あそ》びが好《す》きだ。❸範囲《はんい》を限定《げんてい》することを表《あらわ》す。…から。例学校《がっこう》より東《ひがし》。七時《しちじ》よりあと。❹他《ほか》のものを否定《ひてい》し、それに限定《げんてい》することを表《あらわ》す。…以外《いがい》には。…ほか。例歩《ある》くよりしかたがない。❺そこを通《とお》ることを表《あらわ》す。門《もん》より入《はい》る。❻〔「…により」の形《かたち》で〕原因《げんいん》・理由《りゆう》を表《あらわ》す。…によって。例命令《めいれい》により出頭《しゅっとう》する。二副 いっそう。もっと。例より多《おお》くの人《ひと》が集《あつ》まる。注意 一❹は、あとに「ない」などの打《う》ち消《け》しの言葉《ことば》がくる。

## 例解 ことばを広げよう!

### 読《よ》む いろいろな「読《よ》む」

読《よ》み通《とお》す　読《よ》み取《と》る　読《よ》み返《かえ》す　読《よ》みこなす　読《よ》み切《き》る　読《よ》みふける　読《よ》みあさる

比《くら》べ読《よ》み　調《しら》べ読《よ》み　走《はし》り読《よ》み　拾《ひろ》い読《よ》み　棒《ぼう》読《よ》み　下《した》読《よ》み　本《ほん》読《よ》み

読《よ》み合《あ》わせ　読《よ》み聞《き》かせ　読《よ》み切《き》り

読書《どくしょ》　解読《かいどく》　読解《どっかい》　解釈《かいしゃく》　熟読《じゅくどく》　味読《みどく》　鑑賞《かんしょう》

黙読《もくどく》　音読《おんどく》　朗読《ろうどく》　輪読《りんどく》　群読《ぐんどく》　拝読《はいどく》　乱読《らんどく》

一読《いちどく》　通読《つうどく》　読破《どくは》　愛読《あいどく》　購読《こうどく》

書《しょ》をひもとく　目《め》を通《とお》す　ページを繰《く》る　行間《ぎょうかん》を読《よ》む　文献《ぶんけん》にあたる　本《ほん》をあさる

灯火《とうか》親《した》しむころ　読書《どくしょ》の秋《あき》　晴耕雨読《せいこううどく》　門前《もんぜん》の小僧《こぞう》習《なら》わぬ経《きょう》を読《よ》む

じっくり　すらすら　さらさら　はきはき　朗々《ろうろう》と　たどたどしく

さっと　ざっと　さらっと　さらりと　ぱらぱらと

**よりあい【寄り合い・寄合】**名 話《はな》し合《あ》いなどのために、人々《ひとびと》が集《あつ》まること。集会《しゅうかい》。

**よりあつまる【寄り集まる】**動 多《おお》くの人《ひと》や物《もの》が、一《ひと》つの所《ところ》に集《あつ》まる。例クラス全員《ぜんいん》で寄り集まって話《はな》し合《あ》う。

**よりかかる【寄り掛かる】**動 ❶体《からだ》をもたせかける。例いすに寄りかかる。❷たよりにする。例親《おや》に寄りかかる。

**よりごのみ【より好み】**名 動-する 好《す》きな物《もの》だけを選《えら》んで取《と》ること。えり好《ごの》み。例食《た》べ物《もの》のより好みをする。

**よりすがる【寄りすがる】**動 ❶寄《よ》って行《い》って、すがりつく。例泣《な》いて、母《はは》に寄りすがる子《こ》。❷たよりにする。例神《かみ》に寄りすがる。

**よりすぐる** 動 たくさんの中《なか》から、いいものを選《えら》ぶ。えりすぐる。例優秀《ゆうしゅう》な作品《さくひん》をよりすぐる。

**よりそう【寄り添う】**動 ❶体《からだ》がくっつくほど、そばに寄《よ》る。例寄り添って歩《ある》く。❷そばにいて支《ささ》える。例気持《きも》ちに寄り添う。

**よりつく【寄り付く】**動 そばへやって来《く》





四字熟語 唯一無二《ゆいいつむに》 彼《かれ》はチームで唯一無二《ゆいいつむに》の存在《そんざい》だ。

例解 ことばの窓

**夜《よる》を表《あらわ》す言葉《ことば》**

明日《あす》の晩《ばん》は、音楽会《おんがくかい》に出《で》かける。
まだ宵《よい》のうちから、ねはじめる。
夜《よ》ふけまで算数《さんすう》の問題《もんだい》を考《かんが》えていた。
真夜中《まよなか》にかみなりが鳴《な》った。
昼《ひる》のように明《あか》るい月夜《つきよ》。
星《ほし》ひとつない真《ま》っ暗《くら》な闇夜《やみよ》。
星《ほし》がいっぱいの星月夜《ほしづきよ》。

る。例 子犬《こいぬ》が寄《よ》りついてはなれない。

**よりどころ** 名 ❶たよるところ。支《ささ》え。例 心《こころ》のよりどころ。❷ものごとの、根拠《こんきょ》。例 よりどころのない話《はなし》。

**よりどりみどり【より取り見取り】** 自由《じゆう》に見《み》て、自由《じゆう》に選《えら》び取《と》ること。例 料理《りょうり》はより取り見取りです。

**よりによって** 一生懸命《いっしょうけんめい》に選《えら》んだ末《すえ》に。わざわざ。例 よりによってこんな物《もの》を買《か》ってくるなんて。

**よりぬき【より抜き】** 名 特《とく》にすぐれたものを選《えら》び出《だ》すこと。また、選《えら》んだもの。えりぬき。例 より抜きの品物《しなもの》。

**よりみち【寄り道】** 名 動-する どこかへ行《い》く途中《とちゅう》で、他《ほか》の場所《ばしょ》へ立《た》ち寄《よ》ること。例 お使《つか》いの途中《とちゅう》で、友達《ともだち》の家《いえ》に寄り道した。

**よりょく【余力】** 名 何《なに》かをしたあとで、まだ余《あま》っている力《ちから》。余裕《よゆう》。ゆとり。例 明日《あす》のために、余力を残《のこ》しておく。

**よりわける【より分ける】** 動 〔「えりわける」ともいう。〕多《おお》くの物《もの》の中《なか》から、選《えら》んで区別《くべつ》する。よる。える。例 卵《たまご》をより分ける。

**°よる【夜】** 名 日《ひ》がしずんでから、日《ひ》がのぼるまでの間《あいだ》。よ。対 昼《ひる》。↓や【夜】1316ページ

**°よる【因る】** 動 ❶原因《げんいん》とする。例 台風《たいふう》による被害《ひがい》。❷もとづく。もとにする。例 アルバイトによる収入《しゅうにゅう》。❸関係《かんけい》がある。例 いいか悪《わる》いかは場合《ばあい》による。❹手《て》だてとする。例 絵《え》によって暮《く》らしを立《た》てる。参考 ふつう、かな書《が》きにする。↓いん【因】92ページ

**°よる【寄る】** 動 ❶近《ちか》づく。例 そばへ寄る。❷途中《とちゅう》で訪《おとず》れる。立《た》ち寄《よ》る。例 帰《かえ》りに寄ります。❸〔すもうで〕相手《あいて》をおして前《まえ》に進《すす》む。❹しわができる。例 上着《うわぎ》にしわが寄る。❺集《あつ》まる。例 魚《さかな》が寄ってくる。❻かたよる。例 西《にし》に寄った所《ところ》。❼もたれる。例 いすによって本《ほん》を読《よ》む。❽多《おお》くなる。例 年《とし》が寄る。↓き【寄】293ページ

**寄《よ》るとさわると** 会《あ》うたびに。いっしょになるたびに。例 彼《かれ》らは寄るとさわるとけんかをしている。

**よる【拠る】** 動 …を根拠《こんきょ》とする。手段《しゅだん》やよりどころにする。例 辞書《じしょ》によって調《しら》べる。

**よる【選る】** 動 選《えら》ぶ。より分《わ》ける。える。例 大《おお》きそうなクリをよる。

**よる【縒る】** 動 糸《いと》やひもなどをねじり合《あ》わせる。例 紙《かみ》をよって、こよりを作《つく》る。

**よるべ【寄る辺】** 名 たよりにする人《ひと》。たよって行《い》くところ。例 寄るべのない身《み》の上《うえ》。

**よれよれ** 形動 ❶衣服《いふく》・布《ぬの》・紙《かみ》などが古《ふる》くなってしわになっているようす。例 よれよれになった服《ふく》。❷つかれきったようす。例 よれよれになりながらも、たどり着《つ》いた。

**よれる** 動 ねじったようになる。よじれる。例 洋服《ようふく》のえりがよれている。

**よろい** 名 昔《むかし》、いくさのとき、刀《かたな》や矢《や》から身《み》を守《まも》るために着《き》たもの。

**よろいど【よろい戸】** 名 ❶はばのせまい板《いた》を、少《すこ》しななめにして何枚《なんまい》も横《よこ》に並《なら》べてつないだ戸《と》。すき間《ま》があるので風通《かぜとお》しがよい。❷↓シャッター❷587ページ

**よろける** 動 足《あし》もとがふらついて、転《ころ》びそうになる。よろめく。例 階段《かいだん》でよろける。

**よろこばしい【喜ばしい】** 形 うれしい。喜《よろこ》ぶ値打《ねう》ちがある。めでたい。例 喜ばしい結果《けっか》になった。

**°よろこび【喜び】** 名 ❶喜《よろこ》ぶこと。うれしい気持《きも》ち。例 喜びの声《こえ》をあげる。対 悲《かな》しみ。❷めでたいこと。祝《いわ》い。お祝《いわ》いの言葉《ことば》。例 卒業《そつぎょう》のお喜びを申《もう》し上《あ》げます。

**よろこびいさむ【喜び勇む】** 動 うれしくて心《こころ》が奮《ふる》い立《た》つ。例 喜び勇んで出《で》かける。

**°よろこぶ【喜ぶ】** 動 うれしく思《おも》う。楽《たの》しく思《おも》う。例 優勝《ゆうしょう》して喜ぶ。対 悲《かな》しむ。↓き【喜】294ページ

**°よろしい** 形 ❶「よい」の改《あらた》まった言《い》い方《かた》。例

四字熟語 有害無益《ゆうがいむえき》 たばこは有害無益《ゆうがいむえき》だから、できれば止《や》めたほうがいいと言《い》われている。



あいうえお かきくけこ さしすせそ たちつてと なにぬねの はひふへほ まみむめも やゆよ らりるれろ わをん

この味《あじ》は、たいへんよろしい。❷相手《あいて》の言《い》うことを聞《き》き入《い》れるときに使《つか》う言葉《ことば》。よし。［例］「よろしい、やってみましょう。」❸差《さ》しつかえない。［例］「まあ、よろしいでしょう。」

°**よろしく** ［副］❶うまく。適当《てきとう》に。［例］「君《きみ》の考《かんが》えで、よろしくやってくれ。」❷これからのことをたのむときなどに使《つか》う、挨拶《あいさつ》の言葉《ことば》。［例］「よろしくお願《ねが》いします。」

**よろず【万】** ［一］［名］数《かず》が多《おお》いこと。［例］よろずの人々《ひとびと》。［二］［副］なんでも。すべて。［例］よろずうけたまわります。

**よろずや【よろず屋】** ［名］❶いろいろな品《しな》物《もの》を売《う》っている店《みせ》。❷いろいろなことを知《し》っていたり、できたりする人《ひと》。

**よろめく** ［動］よろける。［例］バスがゆれてよろめいた。

**よろよろ** ［副（-と）］［動-する］足《あし》もとがふらふらしていて、頼《たよ》りないようす。［例］体調《たいちょう》が悪《わる》くて、よろよろ歩《ある》く。

**よろん【世論】** ［名］世《よ》の中《なか》の多《おお》くの人々《ひとびと》の考《かんが》え。世間《せけん》の人々《ひとびと》の意見《いけん》。せろん。［例］世論の動《うご》きをよく見《み》る。

**よろんちょうさ【世論調査】** ［名］世《よ》の中《なか》の人々《ひとびと》の考《かんが》えや意見《いけん》を集《あつ》めて、調《しら》べること。せろんちょうさ。

**よわ【夜半】** ［名］夜《よる》。夜中《よなか》。〔古《ふる》い言《い》い方《かた》。〕

°**よわい【弱い】** ［形］❶丈夫《じょうぶ》でない。健康《けんこう》でない。［例］体《からだ》が弱い。❷力《ちから》があまりない。得意《とくい》でない。［例］英語《えいご》に弱い。❸気《き》持《も》ちがしっかりしていない。強《つよ》い態度《たいど》がとれない。［例］意志《いし》が弱い。おばあさんは、孫《まご》に弱い。❹かすかだ。ぼんやりしている。［例］印象《いんしょう》が弱い。反応《はんのう》が弱い。［対］（❶～❹）強《つよ》い。⇩じゃく【弱】585ページ

**よわい【齢】** ［名］年齢《ねんれい》。〔古《ふる》い言《い》い方《かた》。〕

**よわき【弱気】** ［名］［形動］弱々《よわよわ》しい気《き》持《も》ち。［例］つい弱気になる。［対］強気《つよき》。

**よわごし【弱腰】** ［名］［形動］弱々《よわよわ》しい態度《たいど》。引《ひ》っこみがちなようす。［例］そんな弱腰では要求《ようきゅう》は通《とお》らない。［対］強腰《つよごし》。

**よわたり【世渡り】** ［名］［動-する］世《よ》の中《なか》で、暮《く》らしを立《た》てていくこと。生活《せいかつ》。［例］世渡りのうまい人《ひと》。

**よわね【弱音】** ［名］いくじのない言葉《ことば》。弱気《よわき》な言葉《ことば》。

**弱音《よわね》を吐《は》く** いくじのないことを言《い》う。［例］自信《じしん》がないから、つい弱音を吐いてしまう。

**よわび【弱火】** ［名］（煮《に》炊《た》きするときの）火力《かりょく》を弱《よわ》めた火《ひ》。［例］弱火で五分《ごふん》煮《に》る。［対］強火《つよび》。

**よわまる【弱まる】** ［動］弱《よわ》くなる。［例］雨足《あまあし》が弱まってきた。［対］強《つよ》まる。⇩じゃく【弱】585ページ

**よわみ【弱み】** ［名］弱《よわ》いところ。引《ひ》け目《め》を感《かん》じる点《てん》。弱点《じゃくてん》。［例］弱みにつけこむ。［対］強《つよ》み。

**よわむし【弱虫】** ［名］いくじのない人《ひと》。いくじなし。［例］弱虫で、すぐ泣《な》きだす。

**よわめる【弱める】** ［動］弱《よわ》くする。［例］火《ひ》を弱める。［対］強《つよ》める。⇩じゃく【弱】585ページ

**よわよわしい【弱弱しい】** ［形］いかにも弱《よわ》そうだ。［例］弱々しい声《こえ》で答《こた》える。

**よわりきる【弱り切る】** ［動］❶すっかり弱《よわ》る。［例］病気《びょうき》で体《からだ》が弱り切る。❷ひどく困《こま》る。［例］忘《わす》れ物《もの》をして弱り切る。

**よわりはてる【弱り果てる】** ［動］❶体《からだ》や心《こころ》がとても弱《よわ》くなる。［例］弱り果てた体《からだ》。❷どうすればよいかわからず、困《こま》ってしまう。困《こ》り果《は》てる。［例］言葉《ことば》がわからず弱り果てる。

**よわりめにたたりめ【弱り目にたたり目】** 困《こま》ったときに、さらに悪《わる》いことが重《かさ》なること。［例］台風《たいふう》が来《き》た上《うえ》に停電《ていでん》するとは、弱り目にたたり目だ。［類］泣《な》き面《つら》に蜂《はち》。

°**よわる【弱る】** ［動］❶弱《よわ》くなる。元気《げんき》がなくなる。［例］暑《あつ》さのせいか、体《からだ》が弱っている。❷困《こま》る。［例］弱ったことになった。⇩じゃく【弱】585ページ

**よん【四】** ［名］よっつ。し。［例］四歳《さい》。四階《かい》。⇩し【四】535ページ

**よんどころない【よんどころ無い】** ［形］どうにもしかたがない。やむをえない。［例］よんどころない用事《ようじ》で、遅刻《ちこく》した。［類］やんごとない。

**よんりんくどう【四輪駆動】** ［名］動力《どうりょく》が四《よっ》つの車輪《しゃりん》に伝《つた》わって動《うご》くこと。また、その仕組《しく》みを持《も》つ自動車《じどうしゃ》。四駆《よんく》。



［四字熟語］有言実行《ゆうげんじっこう》　不言実行《ふげんじっこう》は古《ふる》い。今《いま》は、言《い》ったことは実行《じっこう》する「有言実行《ゆうげんじっこう》」が大切《たいせつ》です。

# ら

ラ ra

**ら【拉】** 画数 8 部首 扌(てへん)
音ラ 訓―
ひっぱる。熟語 拉致《らち》。

**ら【裸】** 画数 13 部首 ネ(ころもへん)
音ラ 訓はだか
はだか。むきだし。熟語 裸体《らたい》。赤裸々《せきらら》。裸一貫《はだかいっかん》。

**ら【羅】** 画数 19 部首 罒(あみがしら)
音ラ 訓―
❶鳥《とり》などを捕《と》らえる、あみ。あみでとる。熟語 網羅《もうら》。❷並《なら》べる。熟語 羅列《られつ》。森羅万象《しんらばんしょう》〔=宇宙《うちゅう》にあるすべてのもの〕。

**ら**〔ある言葉《ことば》のあとにつけて〕❶複数《ふくすう》であることを表《あらわ》す。例 ぼくら。子《こ》どもら。これら。❷一人《ひとり》をあげて、他《ほか》を省《はぶ》くことを表《あらわ》す。例 山田《やまだ》さんら五人《ごにん》。❸およその見当《けんとう》を表《あらわ》す。例 ここらでひと休《やす》み。注意 ❶は、目上《めうえ》の人《ひと》には使《つか》わない。目上《めうえ》の人《ひと》には、「先生《せんせい》がた」「先輩《せんぱい》たち」のように、「がた」「たち」を使《つか》う。

**ラード**〔英語 lard〕名 ブタの脂身《あぶらみ》からとった、料理用《りょうりよう》の脂《あぶら》。

**ラーメン**〔中国語〕名 中国風《ちゅうごくふう》のめんをゆで、スープをかけた食《た》べ物《もの》。中華《ちゅうか》そば。

**ラーゆ【ラー油】**名 とうがらしを入《い》れたごま油《あぶら》。

**らい【来】** 画数 7 部首 木(き) 2年
音ライ 訓く-る きた-る△ きた-す△

❶くる。熟語 来客《らいきゃく》。来日《らいにち》。来訪《らいほう》。未来《みらい》。❷次《つぎ》の。熟語 来月《らいげつ》。来週《らいしゅう》。来春《らいしゅん》。来年《らいねん》。❸その時《とき》から今《いま》まで。熟語 以来《いらい》。元来《がんらい》。
《訓の使い方》く-る 例 春《はる》が来る。きた-る 例 来る五月十日《ごがつとおか》。きた-す 例 変化《へんか》を来す。

**らい【雷】** 画数 13 部首 雨(あめかんむり)
音ライ 訓かみなり
❶かみなり。熟語 雷雨《らいう》。雷鳴《らいめい》。❷爆発《ばくはつ》する仕《し》かけの兵器《へいき》。熟語 地雷《じらい》。

**らい【頼】** 画数 16 部首 頁(おおがい)
音ライ 訓たの-む たの-もしい たよ-る
❶たのむ。たよる。あてにする。熟語 依頼《いらい》。信頼《しんらい》。❷あてにできて心強《こころづよ》い。例 頼《たの》もしい友達《ともだち》。

**らい【礼△】** 熟語 礼賛《らいさん》。礼拝《らいはい》。↓れい【礼】1400ページ

**らいい【来意】**名 たずねてきた理由《りゆう》や目的《もくてき》。例 主人《しゅじん》に来意を告《つ》げる。

**らいう【雷雨】**名 かみなりやいなびかりとともに降《ふ》る、強《つよ》い雨《あめ》。例 局地的《きょくちてき》な雷雨で停電《ていでん》した。

**らいうん【雷雲】**名 雷雨《らいう》やかみなりを起《お》こす雲《くも》。多《おお》くは、積乱雲《せきらんうん》。かみなり雲《ぐも》。↓くも(雲)373ページ

**ライオン**〔英語 lion〕名 アフリカなどの草原《そうげん》にすむ、けもの。雄《おす》は、長《なが》いたてがみがある。「百獣《ひゃくじゅう》の王《おう》」といわれる。しし。

**らいかい【来会】**名 動-する 会《かい》に集《あつ》まること。会《かい》にやって来《く》ること。例 来会者《しゃ》に記帳《きちょう》してもらう。

**らいきゃく【来客】**名 客《きゃく》。訪《たず》ねて来《く》る客《きゃく》。例 昨日《きのう》は大勢《おおぜい》来客があった。

**らいげつ【来月】**名 今月《こんげつ》の次《つぎ》の月《つき》。関連↓きょう(今日)333ページ

**らいこう【来校】**名 動-する 学校《がっこう》に訪《たず》ねて来《く》ること。例 来校者《しゃ》を案内《あんない》する。

**らいこう【来航】**名 動-する 外国《がいこく》から船《ふね》に乗《の》って来《く》ること。例 ペリーが来航した。

**らいさん【礼△賛】**名 動-する 心《こころ》からほめること。例 絵《え》のすばらしさを礼賛する。

**らいしゅう【来週】**名 今週《こんしゅう》の次《つぎ》の週《しゅう》。例 来週また会《あ》おう。関連↓きょう(今日)333ページ

**らいしゅう【来襲】**名 動-する 襲《おそ》って来《く》ること。例 敵《てき》が来襲する。

**らいしゅん【来春】**名 来年《らいねん》の春《はる》。明春《みょうしゅん》。らいはる。例 来春三月《さんがつ》に卒業《そつぎょう》します。

**らいじょう【来場】**名 動-する 会場《かいじょう》に来《く》る

こと。その場所《ばしょ》に来《く》ること。例「ご来場《らいじょう》ありがとうございます。」

**らいしん【来信】**名 手紙《てがみ》が来《く》ること。また、その手紙《てがみ》。

**らいじん【雷神】**名 かみなりを起《お》こすと考《かんが》えられた神《かみ》。虎《とら》の皮《かわ》のふんどしをしめ、輪《わ》の形《かたち》につながった太鼓《たいこ》を背負《せお》った姿《すがた》でえがかれる。

**ライス**〔英語 rice〕名 ご飯《はん》。

**ライスカレー**名〔日本《にっぽん》でできた英語《えいご》ふうの言葉《ことば》。〕⇩カレーライス 266ページ

**らいせ【来世】**名 仏教《ぶっきょう》で、人間《にんげん》が死《し》んでからのちに生《う》まれ変《か》わるといわれている世《よ》。関連 前世《ぜんせ》。現世《げんせ》。

**ライセンス**〔英語 license〕名 許可《きょか》。免許《めんきょ》。また、それを証明《しょうめい》する文書《ぶんしょ》。例 ダイビングのライセンスを取《と》る。

**ライター**〔英語 lighter〕名 たばこなどに火《ひ》をつけるための道具《どうぐ》。

**ライター**〔英語 writer〕名 文章《ぶんしょう》を書《か》くことを仕事《しごと》にする人《ひと》。執筆者《しっぴつしゃ》。例 ルポライター。

**らいちょう【来朝】**名 動-する ⇩らいにち 1371ページ

**らいちょう【雷鳥】**名 本州中部《ほんしゅうちゅうぶ》、日本《にほん》アルプスなどの高《たか》い山《やま》にすむ、キジの仲間《なかま》の鳥《とり》。夏《なつ》は羽《はね》が黒《くろ》と茶《ちゃ》のまだら模様《もよう》、冬《ふゆ》は雪《ゆき》のように白《しろ》くなる。

〔らいちょう〕

る。特別天然記念物《とくべつてんねんきねんぶつ》。

**らいてん【来店】**名 動-する 客《きゃく》が店《みせ》に来《く》ること。例 ぜひ、ご来店ください。

**ライト**〔英語 light〕一名 光《ひかり》。照明《しょうめい》。例 ライトを消《け》す。二〔ある言葉《ことば》の前《まえ》につけて〕❶明《あか》るいこと。例 ライトブルー。❷軽《かる》いこと。例 ライト級《きゅう》。

**ライト**〔英語 right〕名 ❶右《みぎ》。右側《みぎがわ》。❷野球《やきゅう》・ソフトボールで、本塁《ほんるい》から見《み》て右側《みぎがわ》の外野《がいや》。また、そこを守《まも》る人《ひと》。右翼《うよく》。対（❶・❷）レフト。

**ライトアップ**〔英語 lightup〕名 動-する 建物《たてもの》や庭園《ていえん》・橋《はし》などに、明《あ》かりをつけたり照明《しょうめい》を当《あ》てたりして、夜間《やかん》の景色《けしき》を浮《う》き上《あ》がらせて見《み》せること。例 夜桜《よざくら》のライトアップ。

**ライトきょうだい**『ライト兄弟』人名（男）兄《あに》ウィルバー（一八六七～一九一二）、弟《おとうと》オービル（一八七一～一九四八）。アメリカの飛行機開発者《ひこうきかいはつしゃ》。一九〇三年《ねん》に、世界《せかい》で初《はじ》めて飛行機《ひこうき》で飛《と》ぶことに成功《せいこう》した。

**ライトバン**名〔日本《にっぽん》でできた英語《えいご》ふうの言葉《ことば》。〕座席《ざせき》の後《うし》ろに荷物《にもつ》を積《つ》めるようにした、箱型《はこがた》の自動車《じどうしゃ》。

**ライナー**〔英語 liner〕名（野球《やきゅう》などで）空中《くうちゅう》を低《ひく》く、まっすぐに飛《と》ぶ鋭《するど》い打球《だきゅう》。例 ピッチャーライナー。

**らいにち【来日】**名 動-する 外国人《がいこくじん》が日本《にっぽん》に来《く》ること。来朝《らいちょう》。訪日《ほうにち》。例 大統領《だいとうりょう》が来日した。対 離日《りにち》。

**○らいねん【来年】**名 今年《ことし》の次《つぎ》の年《とし》。明年《みょうねん》。関連 ⇩きょう（今日）333ページ

**来年《らいねん》のことを言《い》うと鬼《おに》が笑《わら》う** どうなるかわからない先《さき》のことを、今《いま》からあれこれ言《い》ってもしかたがない。

**らいはい【礼拝】**名 動-する 仏教《ぶっきょう》で、仏《ほとけ》を拝《おが》むこと。参考 キリスト教《きょう》などでは、「れいはい」という。

**らいはる【来春】**名 ⇩らいしゅん 1370ページ

**ライバル**〔英語 rival〕名 同《おな》じくらいの力《ちから》を持《も》っている競争相手《きょうそうあいて》。好敵手《こうてきしゅ》。例 ライバルには負《ま》けていられない。

**らいひん【来賓】**名 会《かい》や式《しき》などに招《まね》いた、大切《たいせつ》な客《きゃく》。例 来賓席《せき》。

**ライブ**〔英語 live〕名 録音《ろくおん》や録画《ろくが》でない、生《なま》の演奏《えんそう》や放送《ほうそう》。

**ライフサイクル**〔英語 life cycle〕名 ❶生《う》まれてから死《し》ぬまでの生活《せいかつ》。❷新《あたら》しい商品《しょうひん》が広《ひろ》まったあと売《う》れなくなっていくまで。例 最近《さいきん》は、商品《しょうひん》のライフサイクルが早《はや》い。

**ライフジャケット**〔英語 life jacket〕名 おぼれないように体《からだ》につける、ベストに似《に》た浮《う》き袋《ぶくろ》。救命胴衣《きゅうめいどうい》。

**ライフスタイル**〔英語 life style〕名 一人《ひとり》一人《ひとり》の生活《せいかつ》のしかた。暮《く》らし方《かた》。例 新《あたら》しいライフスタイルを提案《ていあん》する。

**ライフセービング**〔英語 lifesaving〕名 海《うみ》などで、人《ひと》の命《いのち》を救《すく》う活動《かつどう》。また、その技術《ぎじゅつ》を競《きそ》うスポーツ。



四字熟語 有名無実《ゆうめいむじつ》 全体会《ぜんたいかい》と言《い》っているのに参加者《さんかしゃ》はわずかで、これではまったく有名無実《ゆうめいむじつ》だ。

**ライフライン**〔英語 lifeline〕名 生活《せいかつ》に欠《か》かせない電気《でんき》・ガス・水道《すいどう》・通信《つうしん》・輸送《ゆそう》などを供給《きょうきゅう》する仕組《しく》み。例 地震《じしん》でライフラインが寸断《すんだん》した。参考「命綱《いのちづな》」の意味《いみ》から。

**ライブラリー**〔英語 library〕名 ❶図書館《としょかん》。図書室《としょしつ》。❷フィルム・ビデオなどを集《あつ》めて保管《ほかん》している施設《しせつ》。❸蔵書《ぞうしょ》。文庫《ぶんこ》。❹全集《ぜんしゅう》。

**ライフワーク**〔英語 lifework〕名 一生《いっしょう》をかけてする大《おお》きな仕事《しごと》や研究《けんきゅう》。例 彼《かれ》のライフワークは浮世絵《うきよえ》の研究《けんきゅう》だ。

**らいほう【来訪】**名 動-する 人《ひと》が訪《たず》ねて来《く》ること。例 一日《いちにち》に数千人《すうせんにん》の来訪者《しゃ》がある。

**ライム**〔英語 lime〕名 レモンのような形《かたち》をした緑色《みどりいろ》のくだもの。実《み》は小《ちい》さく、すっぱい味《あじ》がする。

**ライむぎ【ライ麦】**名 寒《さむ》い地方《ちほう》で育《そだ》てられるムギ。実《み》は黒《くろ》パンや酒《さけ》の原料《げんりょう》になる。

**らいめい【雷鳴】**名 かみなりの鳴《な》る音《おと》。例 雷鳴がとどろく。

**ライラック**名 庭《にわ》に植《う》える木《き》。春《はる》、かおりのよい赤《あか》むらさきや白《しろ》などの小《ちい》さな花《はな》が、集《あつ》まって咲《さ》く。リラ。

**らいれき【来歴】**名 そのものごとが、今《いま》までにたどってきた道筋《みちすじ》。例 この絵《え》の来歴を調《しら》べる。類 由来《ゆらい》。

**ライン**〔英語 line〕名 ❶線《せん》。例 運動場《うんどうじょう》にラインを引《ひ》く。❷水準《すいじゅん》。例 合格《ごうかく》ライン。❸路線《ろせん》。航路《こうろ》。また、航空路《こうくうろ》。❹つながり。系列《けいれつ》。例 生産《せいさん》ライン。

**ラインがわ【ライン川】**地名 ヨーロッパ西部《せいぶ》の大《おお》きな川《かわ》。アルプス山脈《さんみゃく》から北海《ほっかい》に流《なが》れる。

**ラインナップ**〔英語 lineup〕名 ❶（野球《やきゅう》で）打《う》つ順番《じゅんばん》。❷勢《せい》ぞろいしたもの。顔《かお》ぶれ。例 新製品《しんせいひん》のラインナップ。参考「ラインアップ」ともいう。

**ラウンジ**〔英語 lounge〕名 ホテルや空港《くうこう》などにある、休憩室《きゅうけいしつ》や待合室《まちあいしつ》。

**ラウンド**〔英語 round〕一名 ❶ボクシングなどの試合《しあい》の回《かい》。例 第三《だいさん》ラウンドが始《はじ》まる。❷ゴルフでホールを一周《いっしゅう》すること。❸（貿易《ぼうえき》などの）国《くに》どうしの交渉《こうしょう》。例 貿易自由化《ぼうえきじゆうか》のラウンドが始《はじ》まる。二〔ある言葉《ことば》の前《まえ》について〕丸《まる》いこと。例 ラウンドテーブル。

**ラオス** 地名 東南《とうなん》アジア、インドシナ半島《はんとう》の北東部《ほくとうぶ》にある国《くに》。首都《しゅと》はビエンチャン。

**らく【落】** 画数 12 部首 艹（くさかんむり） 3年

音 ラク 訓 お-ちる お-とす

筆順 落落落落落落落

❶おちる。おとす。熟語 落差《らくさ》。落第《らくだい》。下落《げらく》。脱落《だつらく》。❷決《き》まりがつく。熟語 落《らく》成《せい》。落着《らくちゃく》。落《お》ち着《つ》く。❸村里《むらざと》。熟語 集落《しゅうらく》。村落《そんらく》。

《訓の使い方》**お-ちる** 例 葉《は》が落ちる。**お-とす** 例 石《いし》を落とす。

**らく【絡】** 画数 12 部首 糸（いとへん）

音 ラク 訓 から-む から-まる から-める

❶つながる。つなぐ。熟語 連絡《れんらく》。❷からまる。例 糸《いと》が絡《から》む。

**らく【酪】** 画数 13 部首 酉（とりへん）

音 ラク 訓 ―

牛《うし》や羊《ひつじ》などの乳《ちち》から作《つく》った食品《しょくひん》。熟語 酪農《らくのう》。

**°らく【楽】**名 形動 ❶心《こころ》が安《やす》らかで、ゆったりしていること。例 親《おや》に楽をさせたい。❷たやすいこと。例 楽に一勝《いっしょう》した。対（❶・❷）苦《く》。↓がく【楽】219ページ

**楽《らく》あれば苦《く》あり** 楽《らく》をしたあとは苦《くる》しみがやってくる。世《よ》の中《なか》はいいことばかりではない。楽《らく》は苦《く》の種《たね》苦《く》は楽《らく》の種《たね》。

**らくいん【烙印】**名 鉄《てつ》などを火《ひ》で熱《ねつ》したものをおしつけてつけた印《しるし》。

**らく印《いん》を押《お》される** 消《け》せない悪《わる》い評判《ひょうばん》をたてられる。例 ひきょう者《もの》というらく印を押される。

**らくえん【楽園】**名 苦《くる》しみのない楽《たの》しい所《ところ》。天国《てんごく》。楽土《らくど》。パラダイス。例 ここは、地《ち》上《じょう》の楽園だ。

**らくがき【落書き】**名 動-する へいや壁《かべ》、また、本《ほん》やノートなどに、いたずら書《が》きをすること。また、その字《じ》や絵《え》。例 落書きするべからず。

**らくがん【落がん】**名 米《こめ》や豆《まめ》、麦《むぎ》などの粉《こな》に砂糖《さとう》などを混《ま》ぜ、型《かた》に入《い》れて固《かた》めた和菓《わが》子《し》。

**らくご【落後】** 名 動-する 仲間《なかま》からおくれること。ついて行《い》けないこと。例 マラソンの落後者《しゃ》。

✤**らくご【落語】** 名 演芸《えんげい》の一《ひと》つ。独《ひと》りで語《かた》って、終《お》わりに落《お》ちをつける、滑稽《こっけい》な話《はなし》。落《お》としばなし。

**らくさ【落差】** 名 ❶水《みず》が流《なが》れ落《お》ちるときの、上下《じょうげ》の水面《すいめん》の高《たか》さのちがい。例 落差の大《おお》きい滝《たき》。❷高低《こうてい》の差《さ》。二《ふた》つのものの差《さ》。例 二人《ふたり》の考《かんが》え方《かた》には落差がある。

**らくさつ【落札】** 名 動-する 入札《にゅうさつ》した結果《けっか》、目的《もくてき》の物《もの》や権利《けんり》を手《て》に入《い》れること。例 ねらっていた品物《しなもの》を落札する。

**らくじつ【落日】** 名 しずんでいく太陽《たいよう》。類 夕日《ゆうひ》。

**らくしょう【楽勝】** 名 動-する 楽々《らくらく》と勝《か》つこと。例 10対《たい》1で楽勝した。対 辛勝《しんしょう》。

**らくじょう【落城】** 名 動-する 敵《てき》に城《しろ》を攻《せ》め落《お》とされること。

**らくせい【落成】** 名 動-する 工事《こうじ》が完成《かんせい》すること。例 体育館《たいいくかん》の落成式《しき》。

**らくせき【落石】** 名 山《やま》やがけから石《いし》が落《お》ちてくること。また、その石《いし》。例 落石に注意《ちゅうい》。

**らくせん【落選】** 名 動-する ❶選挙《せんきょ》で、選《えら》ばれないこと。対 当選《とうせん》。❷展覧会《てんらんかい》などで、選《せん》に入《はい》らないこと。例 自信満々《じしんまんまん》の絵《え》がコンクールで落選した。対 入選《にゅうせん》。

**らくだ** 名 アフリカやアジアの砂漠《さばく》にすむけもの。首《くび》と足《あし》が長《なが》く、毛《け》はうす茶色《ちゃいろ》で、背中《せなか》に一《ひと》つか二《ふた》つの大《おお》きなこぶがある。人《ひと》が乗《の》ったり、荷物《にもつ》を運《はこ》んだりするのに使《つか》われる。

**らくだい【落第】** 名 動-する ❶試験《しけん》や検査《けんさ》に通《とお》らないこと。❷成績《せいせき》が悪《わる》くて、上《うえ》の学年《がくねん》に進《すす》めないこと。

**らくたん【落胆】** 名 動-する がっかりすること。例 期待《きたい》外《はず》れの結果《けっか》に終《お》わって落胆する。類 失望《しつぼう》。

**らくちゃく【落着】** 名 動-する もめごとなどが解決《かいけつ》して収《おさ》まること。例 やっと一件《いっけん》が落着した。類 決着《けっちゃく》。

**らくちょう【落丁】** 名 本《ほん》のページが、抜《ぬ》け落《お》ちていること。

**らくてんか【楽天家】** 名 ものごとを明《あか》るく考《かんが》えて、あまりくよくよしない人《ひと》。例 彼《かれ》は、根《ね》っからの楽天家だ。

**らくてんてき【楽天的】** 形動 ものごとを明《あか》るくいいほうにだけ考《かんが》えて、くよくよしないようす。例 楽天的な性格《せいかく》。

**らくど【楽土】** 名 楽《たの》しい土地《とち》。楽園《らくえん》。

**らくのう【酪農】** 名 牛《うし》や羊《ひつじ》を飼《か》って、その乳《ちち》をしぼったり、乳《ちち》からバターやチーズなどを作《つく》ったりする農業《のうぎょう》。

**らくば【落馬】** 名 動-する 乗《の》っていた馬《うま》から落《お》ちること。

**らくばん【落盤】** 名 鉱山《こうざん》やトンネルの中《なか》で、天井《てんじょう》や壁《かべ》の岩石《がんせき》がくずれ落《お》ちること。例 落盤事故《じこ》が発生《はっせい》した。

**ラグビー** 〔英語 rugby〕 名 一チーム一五人《にん》ずつの選手《せんしゅ》が、楕円形《だえんけい》のボールを持《も》って走《はし》ったりけったりして、相手側《あいてがわ》のゴールライン内《ない》に入《い》れ、得点《とくてん》を争《あらそ》う競技《きょうぎ》。参考 一チーム七人《にん》ずつで行《おこな》う競技《きょうぎ》もある。

**らくやき【楽焼き】** 名 ❶京都《きょうと》で焼《や》かれる「楽《らく》」の印《いん》のおされた陶器《とうき》。❷手作《てづく》りの素焼《すや》きの陶器《とうき》で、絵《え》や字《じ》を書《か》いて、簡単《かんたん》に焼《や》いたもの。

**らくよう【落葉】** 名 動-する 木《こ》の葉《は》が落《お》ちること。また、落《お》ちた葉《は》。落《お》ち葉《ば》。例 落葉した木々《きぎ》が並《なら》んでいる。

**らくようじゅ【落葉樹】** 名 秋《あき》から冬《ふゆ》にかけて葉《は》が全部《ぜんぶ》落《お》ちてしまう木《き》。桜《さくら》・イチョウなど。対 常緑樹《じょうりょくじゅ》。

**らくらい【落雷】** 名 動-する かみなりが落《お》ちること。例 落雷の音《おと》におどろかされる。

**らくらく【楽楽】** 副(-と) ❶非常《ひじょう》に簡単《かんたん》に。例 大《おお》きな石《いし》を楽々持《も》ち上《あ》げた。❷気楽《きらく》に。のんびりと。例 楽々と暮《く》らす。

**らくるい【落涙】** 名 動-する 涙《なみだ》をこぼすこと。例 思《おも》わずはらはらと落涙する。

**ラケット** 〔英語 racket〕 名 テニス・卓球《たっきゅう》・バドミントンなどで、ボールを打《う》つ道具《どうぐ》。

**らしい** 一 助動 推《お》し量《はか》る気持《きも》ちを表《あらわ》す。例 明《あ》日《す》は雨《あめ》らしい。もうすぐ始《はじ》まるらしい。二〔ある言葉《ことば》のあとにつけて〕❶…にふさわしい。例 学生《がくせい》らしい態度《たいど》をとる。❷…の感《かん》じがする。例 ばからしい話《はなし》だ。





四字熟語 用意周到《よういしゅうとう》 いざとなったときの代役《だいやく》が、ちゃんと決《き》めてあるとは、用意周到《よういしゅうとう》だ。

**ラジウム**〔英語 radium〕名 強《つよ》い放射線《ほうしゃせん》を出《だ》す金属《きんぞく》。病気《びょうき》の治療《ちりょう》や化学《かがく》の研究《けんきゅう》などに使《つか》われる。一八九八年《ねん》にキュリー夫妻《ふさい》が発見《はっけん》した。

**ラジエーター**〔英語 radiator〕名 自動車《じどうしゃ》のエンジンなどの熱《ねつ》を外《そと》に出《だ》す仕《し》かけ。

**°ラジオ**〔英語 radio〕名 ❶放送局《ほうそうきょく》が電波《でんぱ》で音声《おんせい》を送《おく》る放送《ほうそう》。例 ラジオ番組《ばんぐみ》。❷「❶」を受信《じゅしん》する装置《そうち》。例 ラジオを組《く》み立《た》てる。

**ラジオゾンデ**〔ドイツ語〕名 気球《ききゅう》につけて飛《と》ばして高《たか》い空《そら》の気圧《きあつ》や温度《おんど》などを測《はか》り、電波《でんぱ》を使《つか》って地上《ちじょう》に送《おく》る装置《そうち》。

**ラジオたいそう【ラジオ体操】**名 ラジオで放送《ほうそう》される音楽《おんがく》とかけ声《ごえ》に合《あ》わせて行《おこな》う体操《たいそう》。参考 一九二八年《ねん》にＮＨＫ《エヌエイチケー》が放送《ほうそう》を開始《かいし》した。

**ラジカセ**名〔英語《えいご》の「ラジオカセットテープレコーダー」の略《りゃく》。〕ラジオとカセット式《しき》テープレコーダーを一《ひと》つにしたもの。

**ラジコン**名〔英語《えいご》の「ラジオコントロール」の略《りゃく》。〕模型《もけい》の自動車《じどうしゃ》などを、無線《むせん》で操縦《そうじゅう》する装置《そうち》。商標名《しょうひょうめい》。

**らししょくぶつ【裸子植物】**名 種《たね》でふえる植物《しょくぶつ》の一《ひと》つ。種《たね》になっている部分《ぶぶん》がむき出《だ》しになっているもの。マツ・イチョウ・ソテツなど。対 被子植物《ひししょくぶつ》。

**ラシャ**〔ポルトガル語〕名 羊毛《ようもう》で作《つく》った生地《きじ》の厚《あつ》い織物《おりもの》。

**らしんばん【羅針盤】**名 磁石《じしゃく》の針《はり》が南《みなみ》と北《きた》を指《さ》す性質《せいしつ》を利用《りよう》した、方角《ほうがく》を測《はか》る器械《きかい》。コンパス。船《ふね》などで使《つか》われる。

**ラスト**〔英語 last〕名 いちばん終《お》わり。最後《さいご》。例 ラストシーン。対 トップ。

**ラストスパート**〔英語 last spurt〕名 ゴール間近《まぢか》になって、全速力《ぜんそくりょく》を出《だ》すこと。最後《さいご》のがんばり。例 ラストスパートをかける。

**らせん**名 巻《ま》き貝《がい》のからのように、ぐるぐる巻《ま》いているもの。うず巻《ま》き。

**らせんかいだん【らせん階段】**名 らせんのように、回《まわ》りながら上《のぼ》り下《お》りする階段《かいだん》。

**らたい【裸体】**名 はだかの体《からだ》。

**らち【拉致】**名 動する 人《ひと》を無理《むり》やり連《つ》れ去《さ》ること。らっち。例 敵《てき》に拉致される。

**らちがあかない【埒が明かない】** きまりがつかない。きりがない。例 議論《ぎろん》しているばかりで、らちがあかない。

**らつ【辣】** 画数 14 部首 辛（からい）

音 ラツ 訓 —

きびしい。はげしい。むごい。熟語 辣腕《らつわん》〔＝ものごとを次々《つぎつぎ》と処理《しょり》する能力《のうりょく》〕。辛辣《しんらつ》。

**らっか【落下】**名 動する 高《たか》い所《ところ》から落《お》ちること。例 棚《たな》から荷物《にもつ》が落下する。

**ラッカー**〔英語 lacquer〕名 塗料《とりょう》の一種《いっしゅ》。かわきが早《はや》く、熱《ねつ》や水《みず》に強《つよ》い。美《うつく》しいつやが出《で》るので、家具《かぐ》などにぬる。

**らっかさん【落下傘】**名 ➡パラシュート

1064ページ

**らっかせい【落花生】**名 畑《はたけ》に作《つく》る作物《さくもつ》。夏《なつ》に黄色《きいろ》の花《はな》が咲《さ》いたあと、柄《え》がのびて地中《ちちゅう》で実《み》を結《むす》ぶ。実《み》は食《た》べたり油《あぶら》をとったりする。なんきんまめ。ピーナツ。

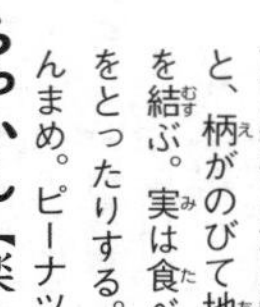

〔らっかせい〕

**らっかん【楽観】**名 動する ものごとがうまくいくと思《おも》って、心配《しんぱい》しないこと。明《あか》るい見通《みとお》しをもつこと。例 将来《しょうらい》を楽観する。対 悲観《ひかん》。

**らっかんてき【楽観的】**形動 ものごとは何《なん》でもうまくいくと思《おも》うようす。例 何事《なにごと》も楽観的に考《かんが》える人《ひと》。対 悲観的《ひかんてき》。

**ラッキー**〔英語 lucky〕名 形動 運《うん》がよいこと。例 くじに当《あ》たるなんて、ラッキーだ。

**ラッキーセブン**〔英語 lucky seventh〕名 (野球《やきゅう》で)得点《とくてん》のチャンスが多《おお》いと言《い》われる、七回目《ななかいめ》の攻撃《こうげき》。

**らっきょう**名 畑《はたけ》や砂地《すなじ》に作《つく》る作物《さくもつ》。地下《ちか》にできるりん茎《けい》〔＝養分《ようぶん》をためた茎《くき》〕を、つけ物《もの》にして食《た》べる。らっきょ。

**ラック**〔英語 rack〕名 物《もの》を置《お》いたり入《い》れたりして、整理《せいり》するための棚《たな》。例 マガジンラック。

**ラッコ**〔アイヌ語〕名 北太平洋《きたたいへいよう》の海岸《かいがん》にすむ、イタチに似《に》たけもの。おなかに石《いし》を乗《の》せ、貝《かい》を打《う》ちつけて割《わ》って食《た》べる。

**ラッシュ**〔英語 rush〕一 名 ❶ものごとが一時《いっとき》に集中《しゅうちゅう》して起《お》きること。例 帰省《きせい》ラッシ



四字熟語 流言飛語《りゅうげんひご》 大事件《だいじけん》があると、流言飛語《りゅうげんひご》が世間《せけん》を騒《さわ》がせたりするから、気《き》をつけたい。

ュ。❷「ラッシュアワー」の略《りゃく》。❸〔映画《えいが》などの〕編集《へんしゅう》する前《まえ》のフィルムやテープ。二名動する（ボクシングなどで）激《はげ》しい攻撃《こうげき》を続《つづ》けること。

**ラッシュアワー**〔英語 rush hour〕名 駅《えき》や乗《の》り物《もの》がこむ、朝夕《あさゆう》の時刻《じこく》。ラッシュ。例ラッシュアワーで、駅《えき》に人《ひと》があふれている。

**ラッセルしゃ【ラッセル車】**名 線路《せんろ》の雪《ゆき》をかき分《わ》けながら進《すす》む、雪《ゆき》かき専用《せんよう》の車《くるま》。

**らっぱ** 名 金管楽器《きんかんがっき》をまとめた呼《よ》び名《な》。先《さき》がアサガオの形《かたち》に広《ひろ》がっているトランペット・ホルンなど。

**らっぱのみ【らっぱ飲み】**名動する びんやボトルに入《はい》った飲《の》み物《もの》を、らっぱを吹《ふ》くように直接口《ちょくせつくち》をつけて飲《の》むこと。例サイダーをらっぱ飲みする。

**ラッピング**〔英語 wrapping〕名動する ❶贈《おく》り物《もの》などを美《うつく》しく包装《ほうそう》すること。❷広告《こうこく》を印刷《いんさつ》したフィルムを、バスや電車《でんしゃ》などの車体全体《しゃたいぜんたい》にはり付《つ》けること。例ラッピングバス。

**ラップ**〔英語 rap〕名 音楽《おんがく》のジャンルの一《ひと》つ。リズムに乗《の》せて、歌詞《かし》を語《かた》るように歌《うた》う音楽《おんがく》。

**ラップ**〔英語 wrap〕名動する ❶つつむこと。まくこと。例ラップサンド。❷食《た》べ物《もの》などをつつむ、うすくて透明《とうめい》なフィルム。また、それでつつむこと。例残《のこ》ったおかずをラップする。

**ラップタイム**〔英語 lap time〕名 競走《きょうそう》・競泳《きょうえい》などで、一定区間《いっていくかん》ごとにかかった時間《じかん》。ラップ。例ラップタイムを測《はか》る。

**ラテンアメリカ** 地名 メキシコより南《みなみ》のアメリカ大陸《たいりく》と、その周《まわ》りの島々《しまじま》をまとめていう呼《よ》び名《な》。

**ラテンご【ラテン語】**名 むかしローマ帝国《ていこく》で使《つか》われていたことば。今《いま》のフランス語《ご》やイタリア語《ご》などのもとになった。

**らぬきことば【ら抜き言葉】**名 「起《お》きる」「出《で》る」などの動詞《どうし》に可能《かのう》の意味《いみ》を表《あらわ》す「られる」をつけるとき、「起《お》きられる」「出《で》られる」としないで、「ら」を抜《ぬ》いて「起《お》きれる」「出《で》れる」とするような言《い》い方《かた》。

**らば【騾馬】**名 メスの馬《うま》とオスのろばとの間《あいだ》に生《う》まれた生《い》き物《もの》。馬《うま》よりも小《ちい》さいが、じょうぶな体《からだ》をしている。

**ラフ**〔英語 rough〕一形動 ❶大《おお》ざっぱであらいようす。例ラフな計画《けいかく》。❷（服装《ふくそう》で）くだけたようす。例ネクタイなしのラフなかっこう。二名 ゴルフコースで、整地《せいち》されていない雑草《ざっそう》の生《は》えている所《ところ》。

**ラブコール** 名〔日本《にっぽん》でできた英語《えいご》ふうの言葉《ことば》。〕❶好《す》きな相手《あいて》にかける電話《でんわ》。❷熱心《ねっしん》な誘《さそ》い。例有力選手《ゆうりょくせんしゅ》にラブコールを送《おく》る。

**ラブレター**〔英語 love letter〕名 恋《こい》しいと思《おも》う気持《きも》ちを伝《つた》えようとする手紙《てがみ》。

**ラベル**〔英語 label〕名 しるしとしてはり付《つ》ける、小《ちい》さな紙《かみ》。はり札《ふだ》。レッテル。

**ラベンダー** 名 うすむらさき色《いろ》の小《ちい》さな花《はな》が穂《ほ》のように咲《さ》く、背《せ》の低《ひく》い木《き》。花《はな》から香水《こうすい》などの原料《げんりょう》をとる。

**らむ** 助動〔文語文《ぶんごぶん》で〕❶…ているのだろう。例「吹《ふ》くからに秋《あき》の草木《くさき》のしをるれば むべ山風《やまかぜ》をあらしといふらむ《ん》〔=なるほどそれで、山風《やまかぜ》を嵐《あらし》と言《い》っているのだろう。〕」（文《ふん》屋康秀《やのやすひで》）❷なぜ…のだろうか。例「ひさかたの光《ひかり》のどけき春《はる》の日《ひ》にしづ心《ごころ》なく花《はな》の散《ち》るらむ《ん》〔=なぜあわただしく桜《さくら》の花《はな》は散《ち》るのだろうか。〕」（紀友則《きのとものり》）注意「ラン」と発音《はつおん》する。

**ラム**〔英語 lamb〕名（食《た》べたり、毛《け》をとったりするための）子羊《こひつじ》。

**ラムサールじょうやく【ラムサール条約】**名 水鳥《みずとり》の生息地《せいそくち》として大切《たいせつ》な湿地《しっち》を保護《ほご》するための国際的《こくさいてき》な条約《じょうやく》。一九七一年《ねん》にイランのラムサールという都市《とし》で開《ひら》かれた国際会議《こくさいかいぎ》で取《と》り決《き》められた。日本《にっぽん》では釧路湿原《くしろしつげん》・尾瀬《おぜ》・琵琶湖《びわこ》・宍道湖《しんじこ》などが登録《とうろく》されている。

**ラムネ** 名〔英語《えいご》の「レモネード」から。〕炭酸水《たんさんすい》に砂糖《さとう》などで味《あじ》をつけた飲《の》み物《もの》。びんにつめて、ガラス玉《だま》でせんがしてある。

**ラリー**〔英語 rally〕名 ❶テニスや卓球《たっきゅう》などで、ボールの打《う》ち合《あ》いが続《つづ》くこと。❷自動車《じどうしゃ》の長距離競走《ちょうきょりきょうそう》。

**られつ【羅列】**名動する ずらりと並《なら》べること。例知《し》っている漢字《かんじ》を羅列する。

**られる** 助動 ❶他《ほか》から、はたらきかけを受《う》け




四字熟語 竜頭蛇尾《りゅうとうだび》 大会《たいかい》は最初《さいしょ》は盛《も》り上《あ》がったが、竜頭蛇尾《りゅうとうだび》で、後半《こうはん》はつまらなかった。

ることを表《あらわ》す。例 先生《せんせい》にほめられる。❷…することができる。例 この服《ふく》はまだ着《き》られる。❸自然《しぜん》にそうなる。例 先《さき》のことが案《あん》じられる。❹敬《うやま》う気《き》持《も》ちを表《あらわ》す。例 先生《せんせい》が来《こ》られる。参考 上《うえ》につく言葉《ことば》によって「れる」となることがある。

**ラワン**〔タガログ語〕名 東南《とうなん》アジアにはえる高《たか》い木《き》。やわらかくて加工《かこう》しやすいので、家具《かぐ》や器具《きぐ》などに使《つか》われる。

**らん【乱】** 画数 7 部首 乙(おつ) 6年
音 ラン 訓 みだ-れる みだ-す
筆順
❶みだれる。熟語 乱闘《らんとう》。反乱《はんらん》。熟語 乱雑《らんざつ》。混乱《こんらん》。❷さわぎ。❸むやみに。熟語 乱読《らんどく》。
《訓の使い方》 みだ-れる 例 言葉《ことば》が乱れる。みだ-す 例 列《れつ》を乱す。

**らん【乱】** 名 国《くに》がみだれること。いくさ。例 応仁《おうにん》の乱。

**らん【卵】** 画数 7 部首 卩(ふしづくり) 6年
音 ラン 訓 たまご
筆順
❶たまご。熟語 卵生《らんせい》。鶏卵《けいらん》。産卵《さんらん》。❷卵子《らんし》。

**らん【覧】** 画数 17 部首 見(みる) 6年
音 ラン 訓 ―
筆順
ながめる。広《ひろ》く見《み》る。熟語 回覧《かいらん》。展覧会《てんらんかい》。

**らん【濫】** 画数 18 部首 氵(さんずい)
音 ラン 訓 ―
❶水《みず》があふれる。熟語 氾濫《はんらん》。❷むやみに。やたらに。熟語 濫造《らんぞう》。濫用《らんよう》。参考 意味《いみ》が似《に》ているので、今《いま》は❷は「乱」の字《じ》を使《つか》うことが多《おお》い。

**らん【藍】** 画数 18 部首 艹(くさかんむり)
音 ラン 訓 あい
❶こい青色《あおいろ》。あい。熟語 藍色《あいいろ》。❷葉《は》や茎《くき》から青《あお》い染料《せんりょう》を採《と》る草《くさ》。あい。例 藍染《あいぞ》め。

**らん【欄】** 画数 20 部首 木(きへん)
音 ラン 訓 ―
❶手《て》すり。熟語 欄干《らんかん》。❷わく。熟語 欄外《らんがい》。空欄《くうらん》。解答欄《かいとうらん》。

**らん【欄】** 名 ❶文書《ぶんしょ》や書物《しょもつ》などの、決《き》められたわく。例 名前《なまえ》を書《か》く欄。❷新聞《しんぶん》や雑誌《ざっし》などの記事《きじ》の区分《くわ》け。例 広告《こうこく》の欄ばかり目立《めだ》つ。

**らん【蘭】** 名 観賞用《かんしょうよう》に栽培《さいばい》される草花《くさばな》。種類《しゅるい》が多《おお》く、カトレア・シンビジューム・シュンランなどがある。

**ラン【LAN】** 名 〔「構内通信網《こうないつうしんもう》」という意味《いみ》の英語《えいご》の頭文字《かしらもじ》。〕会社内《かいしゃない》・家庭内《かていない》など、限《かぎ》られた範囲《はんい》で、コンピューターやプリンターをつないでデータをやりとりするネットワーク。

**らんうん【乱雲】** 名 ⬇らんそううん 1377ページ

**らんおう【卵黄】** 名 たまごの黄身《きみ》。対 卵白《らんぱく》。

**らんがい【欄外】** 名 本《ほん》や新聞《しんぶん》などで、わくで囲《かこ》まれた部分《ぶぶん》の外《そと》。また、印刷《いんさつ》した部分《ぶぶん》の外《そと》。例 欄外に気《き》づいたことを書《か》く。

**らんかく【乱獲】** 名 動-する 魚《さかな》や鳥《とり》、動物《どうぶつ》をむやみにとること。例 乱獲によって絶滅《ぜつめつ》するおそれがある。

**らんがく【蘭学】** 名 江戸時代《えどじだい》の中《なか》ごろから、オランダ語《ご》によって日本《にっぽん》に伝《つた》わった西洋《せいよう》の学問《がくもん》。医学《いがく》・数学《すうがく》・天文学《てんもんがく》など。

**らんがくことはじめ〖蘭学事始〗** 作品名 江戸時代後期《えどじだいこうき》、杉田玄白《すぎたげんぱく》が書《か》いた本《ほん》。日本《にっぽん》の蘭学《らんがく》の初期《しょき》のころのことや、同志《どうし》とともに苦心《くしん》して「解体新書《かいたいしんしょ》」を訳《やく》したいきさつがまとめてある。⬇すぎたげんぱく 679ページ

**らんかん【卵管】** 名 女《おんな》の人《ひと》や、動物《どうぶつ》の雌《めす》の体《からだ》の器官《きかん》で、卵巣《らんそう》の卵子《らんし》を、子宮《しきゅう》まで運《はこ》ぶ管《くだ》。輸卵管《ゆらんかん》。

**らんかん【欄干】** 名 橋《はし》などの手《て》すり。例 欄干にもたれて、川《かわ》をながめる。

〔らんかん〕

四字熟語 理路整然《りろせいぜん》 山田《やまだ》さんはいつも落《お》ち着《つ》いた口調《くちょう》で、理路整然《りろせいぜん》とお話《はなし》をされます。

**らんぎょう【乱行】**［名］乱《みだ》れた行《おこな》い。乱暴《らんぼう》な行《おこな》い。

**らんきりゅう【乱気流】**［名］気流《きりゅう》の大《おお》きな乱《みだ》れ。飛行機事故《ひこうきじこ》の原因《げんいん》になる。

**ランキング**〔英語 ranking〕［名］成績《せいせき》などの順《じゅん》位《い》。等級《とうきゅう》。［例］世界《せかい》ランキング一位《いちい》。

**ランク**〔英語 rank〕［名］［動-する］順位《じゅんい》や等級《とうきゅう》などをつけて並《なら》べること。また、その順《じゅん》位《い》や等《とう》級《きゅう》のこと。［例］第一位《だいいちい》にランクする。

**らんざつ【乱雑】**［名］［形動］ごたごたしていること。散《ち》らかっていること。［例］乱雑な部屋《へや》。

**らんし【卵△子】**［名］女《おんな》の人《ひと》や、動物《どうぶつ》の雌《めす》の卵《らん》巣《そう》で作《つく》られる、子《こ》ができるもとになる細胞《さいぼう》。精子《せいし》と結《むす》びついて子《こ》になる。卵《たまご》。

**らんし【乱視】**［名］物《もの》がずれたり、ゆがんだりして見《み》えること。また、その目《め》。眼鏡《めがね》で、はっきり見《み》えるようにできる。

**らんしゃ【乱射】**［名］［動-する］（銃《じゅう》などを）めちゃくちゃにうつこと。

**らんしん【乱心】**［名］［動-する］悲《かな》しみなどのために、心《こころ》が乱《みだ》れること。〔やや古《ふる》い言《い》い方《かた》。〕［例］殿様《とのさま》のご乱心。

**らんせ【乱世】**［名］➡らんせい（乱世）1377ページ

**らんせい【乱世】**［名］争《あらそ》いや戦《たたか》いの続《つづ》いている、乱《みだ》れた世《よ》の中《なか》。らんせ。［例］乱世の英雄《えいゆう》。

**らんせい【卵△生】**［名］子《こ》が親《おや》から卵《たまご》で生《う》まれること。卵《たまご》からかえって子《こ》どもになる。魚《さかな》・鳥《とり》・昆虫《こんちゅう》など。［対］胎生《たいせい》。

**らんせん【乱戦】**［名］敵《てき》と味方《みかた》が入《い》り乱《みだ》れて戦《たたか》うこと。どちらが勝《か》つか、わからない戦《たたか》い。［例］この試合《しあい》は、乱戦もようだ。

**らんそう【卵△巣△】**［名］女《おんな》の人《ひと》や、動物《どうぶつ》の雌《めす》の体《からだ》にある器官《きかん》で、卵子《らんし》や卵《たまご》を作《つく》るところ。

**らんぞう【乱造・濫造】**［名］［動-する］品物《しなもの》などを、むやみにたくさん造《つく》ること。［例］粗悪《そあく》な製品《せいひん》を乱造する。粗製《そせい》乱造。

**らんそううん【乱層雲】**［名］空一面《そらいちめん》に低《ひく》く垂《た》れこめる黒《くろ》い雲《くも》。乱雲《らんうん》。➡くも（雲）373ページ

**らんだ【乱打】**［名］［動-する］❶続《つづ》けて、やたらに打《う》つこと。［例］太鼓《たいこ》を乱打する。❷テニス・卓《たっ》球《きゅう》・バレーボールなどで、試合前《しあいまえ》にボールを打《う》ち合《あ》うこと。

**らんたいせい【卵△胎生】**［名］親《おや》の体《からだ》の中《なか》で卵《たまご》がかえり、親《おや》と似《に》た形《かたち》で生《う》まれること。マムシ・タニシ・グッピーなど。

**ランダム**〔英語 random〕［形動］思《おも》いつくまま。任意《にんい》に。手当《てあ》たり次第《しだい》。自分《じぶん》の考《かんが》えを入《い》れないで。［例］名簿《めいぼ》からランダムに選《えら》び出《だ》す。

**ランチ**〔英語 launch〕［名］エンジン付《つ》きの小型《こがた》の船《ふね》。

**ランチ**〔英語 lunch〕［名］［動-する］❶簡単《かんたん》な洋食《ようしょく》。軽食《けいしょく》。［例］お子様《こさま》ランチ。❷昼食《ちゅうしょく》。［例］明日《あす》いっしょにランチしよう。

**らんちょう【乱丁】**［名］本《ほん》のページの順序《じゅんじょ》が、ちがっていること。

**ランチョンマット**［名］〔日本《にっぽん》でできた英《えい》語《ご》ふうの言葉《ことば》。〕食事《しょくじ》のときに、一人分《ひとりぶん》の食《しょっ》器《き》をのせるためのしき物《もの》。

**らんとう【乱闘】**［名］［動-する］入《い》り乱《みだ》れてたたかうこと。［例］敵《てき》と味方《みかた》が乱闘した。

**らんどく【乱読・濫読】**［名］［動-する］手当《てあ》たりしだいにいろいろな本《ほん》を読《よ》むこと。［例］推理《すいり》小説《しょうせつ》を乱読した。

**ランドセル**〔オランダ語〕［名］小学生《しょうがくせい》などが背《せ》中《なか》に背負《せお》う、かばん。

**ランドマーク**〔英語 landmark〕［名］その地《ち》域《いき》の目印《めじるし》となるような山《やま》や建物《たてもの》など、特徴《とくちょう》をもつもの。［例］ランドマークタワー。

**ランドリー**〔英語 laundry〕［名］❶クリーニング店《てん》。［例］コインランドリー。❷洗濯《せんたく》などをする部屋《へや》。［例］ランドリーが狭《せま》い。

**ランナー**〔英語 runner〕［名］❶走《はし》る人《ひと》。特《とく》に、陸上競技《りくじょうきょうぎ》で、走《はし》る人《ひと》をいう。［例］リレーのランナー。❷野球《やきゅう》・ソフトボールで、塁《るい》に出《で》た人《ひと》。走者《そうしゃ》。［例］ピンチランナー。

**らんにゅう【乱入】**［名］［動-する］大勢《おおぜい》がどっとおし入《い》ること。［例］興奮《こうふん》した観客《かんきゃく》が場内《じょうない》に乱入する。

**ランニング**〔英語 running〕［名］❶走《はし》ること。また、競走《きょうそう》。［例］グラウンドまでランニングで行《い》く。❷「ランニングシャツ」の略《りゃく》。そでなしのシャツ。

**らんぱく【卵△白】**［名］たまごの白身《しろみ》。［対］卵黄《らんおう》。

**らんばつ【乱伐・濫伐】**［名］［動-する］山林《さんりん》の木《き》を、無計画《むけいかく》に、たくさん切《き》りたおすこと。［例］





四字熟語 臨機応変《りんきおうへん》 空模様《そらもよう》があやしいので、臨機応変《りんきおうへん》に対応《たいおう》し、運動会《うんどうかい》の進行《しんこう》を早《はや》めましょう。

森林《しんりん》の乱伐《らんばつ》が水害《すいがい》をまねく。

**らんぱつ【乱発・濫発】** 名 動-する お札《さつ》や証《しょう》券《けん》などを、むやみに多《おお》く発行《はっこう》すること。例 手《て》形《がた》を乱発する。

**らんはんしゃ【乱反射】** 名 動-する 表面《ひょうめん》がなめらかでない物《もの》に光《ひかり》が当《あ》たって、いろいろの方向《ほうこう》に反射《はんしゃ》すること。例 雪《ゆき》の乱反射で明《あか》るい。

**らんぴ【乱費・濫費】** 名 動-する お金《かね》などを、計画《けいかく》なしに使《つか》うこと。むだづかい。例 資金《しきん》を乱費する。

**らんぴつ【乱筆】** 名 ❶乱暴《らんぼう》に書《か》いた文字《もじ》。❷手紙《てがみ》の終《お》わりに書《か》く、自分《じぶん》の文字《もじ》をへりくだっていう言葉《ことば》。例 乱筆をお許《ゆる》しください。

**らんぶ【乱舞】** 名 動-する 入《い》り乱《みだ》れておどること。例 優勝《ゆうしょう》の喜《よろこ》びで乱舞する。

**ランプ** 〔英語 lamp〕 名 ❶石油《せきゆ》などをしみこませたしんに火《ひ》をつけて使《つか》う明《あ》かり。❷電《でん》灯《とう》。例 自動車《じどうしゃ》のテールランプ。

〔ランプ❶〕

**らんぶん【乱文】** 名 ❶乱《みだ》れていて、読《よ》みにくい文章《ぶんしょう》。❷手紙《てがみ》の終《お》わりに書《か》く、自分《じぶん》の文《ぶん》章《しょう》をへりくだっていう言葉《ことば》。例 乱筆《らんぴつ》乱文にて失礼《しつれい》いたします。

**◦らんぼう【乱暴】** 名 動-する 形動 ❶あらあらしい行《おこな》いをすること。例 人《ひと》に乱暴をはたらく。❷むちゃなこと。例 乱暴な考《かんが》え。❸丁《てい》寧《ねい》でないこと。例 乱暴な字《じ》。

**らんま【欄間】** 名 和室《わしつ》で、かもいと天井《てんじょう》との間《あいだ》に、すかしぼりの板《いた》や格子《こうし》をはめたもの。⇩にほんま 991ページ

**らんまん【爛漫】** 副（-と） 形動 ❶花《はな》が美《うつく》しく咲《さ》き乱《みだ》れるようす。例 桜《さくら》の花《はな》が爛漫と咲《さ》いている。❷明《あか》るくかがやくようす。例 あの子《こ》は天真《てんしん》爛漫だ。

**らんみゃく【乱脈】** 名 形動 秩《ちつ》序《じょ》がなく、乱《みだ》れていること。例 乱脈な経営《けいえい》。

**らんよう【乱用・濫用】** 名 動-する むやみに使《つか》うこと。例 薬《くすり》を乱用する。

**らんらん** 副（-と） 目《め》がぎらぎらとかがやくようす。例 目《め》がらんらんと光《ひか》る。

**らんりつ【乱立・濫立】** 名 動-する ❶統一《とういつ》がなく、むやみに立《た》っていること。例 看板《かんばん》が乱立している。❷選挙《せんきょ》などで、立候補《りっこうほ》者《しゃ》がたくさん立《た》つこと。

# り

リ ri

**り【利】** 画数 7 部首 刂（りっとう） 4年

音 リ 訓 き-く

筆順 利

❶もうけ。熟語 利益《りえき》。利息《りそく》。営利《えいり》。❷都合《つごう》がよい。役立《やくだ》つ。熟語 利害《りがい》。利用《りよう》。便利《べんり》。対 害《がい》。❸するどい。かしこい。熟語 利口《りこう》。鋭利《えいり》。⇩りする 1382ページ

《訓の使い方》き-く 例 目《め》が利《き》く。

**り【利】** 名 ❶もうけ。例 漁夫《ぎょふ》の利。❷都合《つごう》がよいこと。便利《べんり》。例 地《ち》の利に恵《めぐ》まれる。

**利にさとい** 自分《じぶん》の利益《りえき》によく気《き》がつく。例 彼《かれ》は利にさとい人《ひと》だ。

**利に走る** 利益《りえき》だけを求《もと》める。例 利に走って失敗《しっぱい》した。

**り【里】** 画数 7 部首 里（さと） 2年

音 リ 訓 さと

筆順 里

❶さと。いなか。熟語 郷里《きょうり》。里山《さとやま》。❷昔《むかし》の尺貫法《しゃっかんほう》で、距離《きょり》の単位《たんい》の一《ひと》つ。一里《り》は約《やく》三・九キロメートル。熟語 里程《りてい》。千里《せんり》。

**り【理】** 画数 11 部首 王（おうへん） 2年

音 リ 訓 ―

筆順 理

❶わけ。筋道《すじみち》。熟語 理解《りかい》。理屈《りくつ》。理由《りゆう》。一理《いちり》。心理《しんり》。❷整《ととの》える。治《おさ》める。熟語 理事《りじ》。管理《かんり》。修理《しゅうり》。処理《しょり》。❸ものごとに共通《きょうつう》した決まり。また、それを扱《あつか》う学問《がくもん》。熟語 理科《りか》。真理《しんり》。地《ち》理《り》。論理《ろんり》。

**り【理】** 名 ものごとの筋道《すじみち》。りくつ。例 相手《あいて》にもそれなりの理がある。

**理にかなう** りくつに合《あ》っている。例 温《あたた》め



四字熟語 **連日連夜《れんじつれんや》** 今年《ことし》の夏《なつ》は、連日連夜《れんじつれんや》うんざりする暑《あつ》さで、逃《に》げ出《だ》したくなるほどだった。

るより冷《ひ》やすほうが、理にかなっている。

**り【裏】** 画数 13 部首 衣（ころも） 6年
音 リ 訓 うら
筆順 裏 裏 裏 裏 裏 裏 裏
❶うら。熟語 裏面《りめん》。表裏《ひょうり》。裏道《うらみち》。対 表《おもて》。❷内《うち》側《がわ》。中《なか》。熟語 内裏《だいり》。脳裏《のうり》。

**り【吏】** 画数 6 部首 口（くち）
音 リ 訓 ―
役人《やくにん》。公務員《こうむいん》。熟語 官吏《かんり》。

**り【痢】** 画数 12 部首 疒（やまいだれ）
音 リ 訓 ―
おなかをこわすこと。熟語 下痢《げり》。赤痢《せきり》。

**り【履】** 画数 15 部首 尸（しかばね）
音 リ 訓 は-く
❶はく。はき物《もの》。熟語 草履《ぞうり》。❷ふむ。実際《じっさい》に行《おこな》う。熟語 履行《りこう》。履歴《りれき》。

**り【璃】** 画数 15 部首 王（おうへん）
音 リ 訓 ―
美《うつく》しい玉《たま》。熟語 瑠璃《るり》。浄瑠璃《じょうるり》。

**り【離】** 画数 19 部首 隹（ふるとり）
音 リ 訓 はな-れる はな-す
❶はなれる。はなす。熟語 離散《りさん》。離陸《りりく》。距離《きょり》。❷別《わか》れる。去《さ》る。熟語 離別《りべつ》。別離《べつり》。

**リアクション**〔英語 reaction〕名 （働《はたら》きかけに対《たい》する）反応《はんのう》。反応《はんのう》した行動《こうどう》。例 大《おお》きなリアクションをとる。類 レスポンス。

**リアスしきかいがん【リアス式海岸】**名 みさきと入《い》り江《え》が複雑《ふくざつ》に入《い》り組《く》んだ海岸《かいがん》。三陸海岸《さんりくかいがん》や三重県東部《みえけんとうぶ》の志摩半島《しまはんとう》に見《み》られる。

**リアリズム**〔英語 realism〕名 ❶思《おも》いえがく理想《りそう》よりも、現実的《げんじつてき》なことがらを重視《じゅうし》する態度《たいど》。現実主義《げんじつしゅぎ》。❷文学《ぶんがく》や芸術《げいじゅつ》で、現実《げんじつ》をありのままに描《えが》き出《だ》そうとする立場《たちば》。

**リアリティー**〔英語 reality〕名 現実《げんじつ》み。いかにも真実《しんじつ》だと感《かん》じさせること。例 リアリティーのある作品《さくひん》。

**リアル**〔英語 real〕形動 実際《じっさい》のとおりであるようす。ありのまま。例 戦《たたか》いのようすをリアルに描《えが》く。

**リアルタイム**〔英語 real time〕名 ❶同時《どうじ》であること。ただちにできること。例 アメリカの出来事《できごと》が、リアルタイムで映《うつ》し出《だ》される。❷（コンピューターで）すぐ処理《しょり》すること。

**リーグせん【リーグ戦】**名 参加《さんか》チームが他《た》のすべてのチームと対戦《たいせん》する、試合《しあい》のやり方《かた》。総当《そうあ》たり。例 予選《よせん》はリーグ戦で行《おこな》う。対 トーナメント。

**リース**〔英語 lease〕名 動-する 機械《きかい》・設備《せつび》・建物《たてもの》などを、やや長《なが》い間《あいだ》にわたって、有料《ゆうりょう》で貸《か》しつけること。

**リーズナブル**〔英語 reasonable〕形動 ❶理《り》屈《くつ》に合《あ》っているようす。❷（値段《ねだん》などが）手《て》ごろであるようす。例 リーズナブルな会費《かいひ》。

**リーダー**〔英語 leader〕名 教《おし》え導《みちび》く人《ひと》。指導《しどう》者《しゃ》。例 リーダーになる。

**リーダー**〔英語 reader〕名 教科書《きょうかしょ》として使《つか》われる本《ほん》。読本《とくほん》。

**リーダーシップ**〔英語 leadership〕名 リーダーとしての、地位《ちい》や力《ちから》。指導力《しどうりょく》。例 キャプテンがリーダーシップを発揮《はっき》する。

**リーチ**〔英語 reach〕名 腕《うで》を伸《の》ばした長《なが》さ。また、腕《うで》が届《とど》く範囲《はんい》。例 あの選手《せんしゅ》はリーチが長《なが》い。

✤**リード**〔英語 lead〕名 動-する ❶先《さき》に立《た》って、他《ほか》の者《もの》を引《ひ》っぱって行《い》くこと。例 若《わか》い人《ひと》をリードする。❷得点《とくてん》で相手《あいて》を上回《うわまわ》ること。例 一点《いってん》をリードする。❸新聞《しんぶん》などで、記事《きじ》の前《まえ》に、そのあらましを書《か》いた文《ぶん》。リード文《ぶん》。❹電気《でんき》を引《ひ》きこむ線《せん》。リード線《せん》。❺犬《いぬ》などの引《ひ》き綱《づな》。❻野球《やきゅう》で、走者《そうしゃ》が次《つぎ》の塁《るい》をねらって、塁《るい》をはなれること。例 リードが大《おお》きい。

**リード**〔英語 reed〕名 木管楽器《もっかんがっき》やハーモニカなどの音《おと》を出《だ》す仕《し》かけ。アシや竹《たけ》、金属《きんぞく》などでできた細《ほそ》くてうすい板《いた》。した。

**リーフレット**〔英語 leaflet〕名 一枚《いちまい》刷《ず》りの、または、折《お》りたたんだだけの印刷物《いんさつぶつ》。宣《せん》伝《でん》や案内《あんない》などに使《つか》う。

あいうえお かきくけこ さしすせそ たちつてと なにぬねの はひふへほ まみむめも や ゆ よ らりるれろ わ を ん



四字熟語 老若男女《ろうにゃくなんにょ》 この大会《たいかい》には、老若男女《ろうにゃくなんにょ》だれでも参加《さんか》できます。

**リール**〔英語 reel〕名 ❶つり糸《いと》を巻《ま》き取《と》る道具《どうぐ》。❷録音《ろくおん》テープやフィルムを巻《ま》き取《と》るわく。

**リウマチ**〔英語 rheumatism〕名 関節《かんせつ》や筋肉《きんにく》が痛《いた》む病気《びょうき》。リューマチ。

○**りえき**【利益】名 ❶ためになること。役《やく》に立《た》つこと。例 みんなの利益を考《かんが》える。❷もうけ。得《とく》。例 利益が上《あ》がる。対 損失《そんしつ》。

**りえん**【離゜縁゜】名 動-する （夫婦《ふうふ》や養子《ようし》の）縁《えん》を切《き》ること。

○**りか**【理科】名 ❶学校《がっこう》の教科《きょうか》の一《ひと》つ。自然《しぜん》にあるものや、自然《しぜん》の出来事《できごと》について学習《がくしゅう》する。❷動物《どうぶつ》・植物《しょくぶつ》・天文《てんもん》・物理《ぶつり》・化学《かがく》などの、自《し》然《ぜん》科学《かがく》に関《かん》する学問《がくもん》。また、大学《だいがく》などで、それを研究《けんきゅう》する部門《ぶもん》。例 理科系《けい》の学生《がくせい》。

○**りかい**【理解】名 動-する ❶ものごとの筋道《すじみち》や、理屈《りくつ》がわかること。例 文章《ぶんしょう》を正《ただ》しく理解する。❷人《ひと》の気持《きも》ちやようすをくみ取《と》ること。例 母《はは》は私《わたし》に理解がある。

**りがい**【利害】名 得《とく》をすることと、損《そん》をすること。損得《そんとく》。得失《とくしつ》。例 二《ふた》つの国《くに》の利害が一致《いっち》する。

**りがいかんけい**【利害関係】名 自分《じぶん》の損得《そんとく》が、相手《あいて》の損得《そんとく》につながる関係《かんけい》。例 利害関係で争《あらそ》いが起《お》こる。

**りかにかんむりをただださず**【李゜下に冠を正さず】人《ひと》から疑《うたが》われるような行《こう》動《どう》は、つつしんだほうがいい、ということ。参考 李《り》〔＝スモモ〕の木《き》の下《した》で、冠《かんむり》の具合《ぐあい》を直《なお》そうと手《て》を上《あ》げれば、遠《とお》くからは、スモモの実《み》を盗《ぬす》もうとしているようにも見《み》える、ということから。中国《ちゅうごく》の古《ふる》い詩《し》にある言葉《ことば》。「瓜《か》田《でん》に履《くつ》を納《い》れず〔＝ウリの畑《はたけ》では、くつをはき直《なお》そうとかがんだりしない〕。」と対《つい》にして言《い》うことがある。

**りき**【力】一名 ちから。体力《たいりょく》。例 力がある。二〔ある言葉《ことば》のあとにつけて〕大《おお》きな力《ちから》。例 百人力《ひゃくにんりき》。⬇りょく【力】1394ページ

**りき**【利器】名 ❶役《やく》に立《た》って、便利《べんり》な器械《きかい》や道具《どうぐ》。例 文明《ぶんめい》の利器。❷よく切《き》れる刃物《はもの》。

**りきえい**【力泳】名 動-する 力《ちから》いっぱい泳《およ》ぐこと。例 四〇〇メートルを力泳する。

**りきがく**【力学】名 物《もの》の動《うご》きと、そこにはたらく力《ちから》との関係《かんけい》を研究《けんきゅう》する学問《がくもん》。物理学《ぶつりがく》の中《なか》の一《ひと》つ。

**りきかん**【力感】名 力《ちから》がみなぎっている感《かん》じ。例 力感あふれる作品《さくひん》。

**りきさく**【力作】名 心《こころ》をこめて作《つく》った作《さく》品《ひん》。例 展覧会《てんらんかい》は、力作ぞろいだ。

**りきし**【力士】名 すもうをとることを職業《しょくぎょう》にしている人《ひと》。すもうとり。

**りきせつ**【力説】名 動-する 強《つよ》く言《い》い張《は》ること。例 自分《じぶん》の考《かんが》えを力説する。

**りきせん**【力戦】名 動-する 全力《ぜんりょく》を出《だ》して戦《たたか》うこと。例 強敵《きょうてき》を相手《あいて》に力戦する。

**りきそう**【力走】名 動-する 力《ちから》いっぱい走《はし》ること。例 ゴール目《め》ざして力走する。

**りきてん**【力点】名 ❶特《とく》に力《ちから》を入《い》れるところ。重点《じゅうてん》。例 シュートに力点をおいた練《れん》習《しゅう》。❷〔理科《りか》で〕てこで物《もの》を動《うご》かすとき、力《ちから》を加《くわ》えるところ。関連 支点《してん》。作用点《さようてん》。⬇てこ 881ページ

**りきとう**【力投】名 動-する 力《ちから》いっぱい投《な》げること。特《とく》に、野球《やきゅう》・ソフトボールで、ピッチャーが力《ちから》をふりしぼって投《な》げること。例 エースピッチャーが力投する。

**りきむ**【力む】動 ❶力《ちから》をこめる。がんばる。❷いかにも強《つよ》そうにする。例 顔《かお》を真《ま》っ赤《か》にして力む。例 負《ま》けまいと力んでみせる。

**りきゅう**【離゜宮】名 皇居《こうきょ》とは別《べつ》の、はなれた所《ところ》に造《つく》られた宮殿《きゅうでん》。例 桂《かつら》離宮。

**りきりょう**【力量】名 ものごとをやりとげる力《ちから》。腕前《うでまえ》。例 力量がためされる。

**りく**【陸】画数 11 部首 阝(こざとへん) 4年

音 リク 訓 ―

筆順

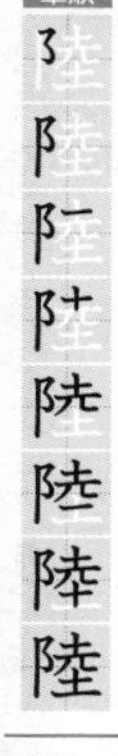

> **例解 ! 表現の広場**
>
> **理解《りかい》と了解《りょうかい》のちがい**
>
> | | 理解《りかい》 | 了解《りょうかい》 | |
> |---|---|---|---|
> | その意見《いけん》は | ○ | ○ | できる。 |
> | 父《ちち》の | ○ | ○ | を求《もと》める。 |
> | 弟《おとうと》の話《はなし》に | ○ | × | を示《しめ》す。 |
> | 子《こ》どもへの | ○ | × | が足《た》りない。 |

四字熟語 和洋折衷《わようせっちゅう》 見《み》かけは日本風《にほんふう》だが、中《なか》は洋間《ようま》だけという、和洋折衷《わようせっちゅう》の家《いえ》を建《た》てた。

りくち。 熟語 陸運《りくうん》。陸上《りくじょう》。着陸《ちゃくりく》。離陸《りりく》。 対 海《かい》。海《うみ》。

**りく【陸】** 名 広《ひろ》い、土《つち》のある所《ところ》。陸地《りくち》。 例 海《うみ》から陸に上《あ》がる。 対 海《かい》。海《うみ》。

**陸《りく》の孤島《ことう》** 交通《こうつう》の便《べん》がとても悪《わる》い場所《ばしょ》。 例 がけくずれで、この村《むら》は陸の孤島になった。

**りくあげ【陸揚げ】** 名 動-する 船《ふね》の荷物《にもつ》を陸《りく》に揚《あ》げること。荷揚《にあ》げ。 例 支援物資《しえんぶっし》を陸揚げする。

**りくうん【陸運】** 名 鉄道《てつどう》や自動車《じどうしゃ》を使《つか》って、人《ひと》や荷物《にもつ》を運《はこ》ぶこと。 対 海運《かいうん》。水運《すいうん》。

**リクエスト** 〔英語 request〕 名 動-する 望《のぞ》むこと。要求《ようきゅう》。特《とく》に、テレビやラジオを見《み》たり聞《き》いたりしている人《ひと》からの、注文《ちゅうもん》や希望《きぼう》。 例 曲《きょく》のリクエストにこたえる。

**りくぐん【陸軍】** 名 おもに、陸地《りくち》で戦《たたか》う軍隊《ぐんたい》。 関連 海軍《かいぐん》。空軍《くうぐん》。

**りくしょ【六書】** 名 漢字《かんじ》の成《な》り立《た》ちと使《つか》い方《かた》を六種類《ろくしゅるい》に分類《ぶんるい》したもの。象形《しょうけい》・指事《しじ》・会意《かいい》・形声《けいせい》・転注《てんちゅう》・仮借《かしゃ》の六《むっ》つ。 ↓ふろく(6)ページ

**りくじょう【陸上】** 名 ❶陸地《りくち》の上《うえ》。 対 水上《すいじょう》。海上《かいじょう》。❷「陸上競技《りくじょうきょうぎ》」の略《りゃく》。

**りくじょうきょうぎ【陸上競技】** 名 走《はし》る・投《な》げる・跳《と》ぶなど、地上《ちじょう》で行《おこな》われるスポーツ。トラックとフィールドの二種類《にしゅるい》がある。 陸上《りくじょう》。

**りくせい【陸生】** 名 動-する 陸地《りくち》にすむこと。また、陸地《りくち》にはえること。 例 陸生動物《どうぶつ》。 対 水生《すいせい》。

**りくぜん〘陸前〙** 地名 昔《むかし》の国《くに》の名《な》の一《ひと》つ。今《いま》の宮城県《みやぎけん》の大部分《だいぶぶん》と岩手県《いわてけん》の一部《いちぶ》にあたる。

**りくち【陸地】** 名 (海《うみ》に対《たい》する)陸《りく》。 例 陸地に上《あ》がる。

**りくちゅう〘陸中〙** 地名 昔《むかし》の国《くに》の名《な》の一《ひと》つ。今《いま》の岩手県《いわてけん》の大部分《だいぶぶん》と秋田県《あきたけん》の一部《いちぶ》にあたる。

**りくちゅうかいがんこくりつこうえん〘陸中海岸国立公園〙** 地名 ↓さんりくふっこうこくりつこうえん 135ページ

**りくつ【理屈・理窟】** 名 ❶ものごとの筋道《すじみち》。道理《どうり》。 例 理屈に合《あ》った話《はなし》。❷無理《むり》につけたわけ。こじつけ。 例 理屈をこねる。

**理屈《りくつ》に合《あ》わない** 考《かんが》え方《かた》に筋道《すじみち》が通《とお》っていない。 例 理屈に合わないことを言《い》う。

**りくつっぽい【理屈っぽい】** 形 むやみに理屈《りくつ》をつけて、考《かんが》えたり話《はな》したりするようす。 例 理屈っぽくて、つき合《あ》いにくい人《ひと》。

**りくとう【陸稲】** 名 畑《はたけ》に作《つく》るイネ。おかぼ。 対 水稲《すいとう》。

**りくふう【陸風】** 名 海岸地方《かいがんちほう》で夜《よる》に、陸《りく》から海《うみ》へ向《む》かってふく風《かぜ》。 対 海風《かいふう》。

**リクライニングシート** 〔英語 reclining seat〕 名 背《せ》もたれを後《うし》ろにたおすことができるように作《つく》られた座席《ざせき》。

**リクリエーション** 〔英語 recreation〕 名 ↓レクリエーション 1404ページ

**リクルート** 〔英語 recruit〕 名 動-する ❶働《はたら》き手《て》を募集《ぼしゅう》すること。 例 優秀《ゆうしゅう》な人材《じんざい》をリクルートする。❷学生《がくせい》の就職活動《しゅうしょくかつどう》。

**りくろ【陸路】** 名 ❶陸上《りくじょう》の道《みち》。❷陸《りく》の上《うえ》を通《とお》って行《い》くこと。 例 陸路で国境《こっきょう》を渡《わた》る。 関連 空路《くうろ》。海路《かいろ》。

**りけん【利権】** 名 利益《りえき》がともなっている権利《けんり》。 例 利権を手《て》に入《い》れる。

**りこ【利己】** 名 自分《じぶん》の利益《りえき》や楽《たの》しみだけを考《かんが》えること。

**りこう【利口】** 名 形動 ❶頭《あたま》がいいこと。かしこいこと。 例 利口な子《こ》ども。❷ものわかりがいいこと。聞《き》き分《わ》けがいいこと。❸ぬけ目《め》がないこと。 例 利口に立《た》ち回《まわ》る。

**りこう【履行】** 名 動-する 約束《やくそく》したことを実際《じっさい》に行《おこな》うこと。実行《じっこう》。 例 公約《こうやく》を履行する。

**りごうしゅうさん【離合集散】** 名 動-する (人《ひと》などが)はなれたり、集《あつ》まったりすること。 例 政党《せいとう》が離合集散をくりかえす。

**リコーダー** 〔英語 recorder〕 名 木《き》などで作《つく》った、縦笛《たてぶえ》。プラスチック製《せい》のものもある。レコーダー。

**リコール** 〔英語 recall〕 名 動-する ❶選挙《せんきょ》で選《えら》んだ人《ひと》を、ある決《き》まった数以上《かずいじょう》の住民《じゅうみん》の要求《ようきゅう》によって、やめさせること。また、その制度《せいど》。 例 市長《しちょう》のリコール運動《うんどう》が起《お》こる。❷商品《しょうひん》に欠陥《けっかん》のあることがわかったとき、それを公表《こうひょう》して回収《かいしゅう》し、無料《むりょう》で点検《てんけん》・修理《しゅうり》するこ

と。

**りこしゅぎ【利己主義】** (名) 自分《じぶん》さえよければ、他人《たにん》はどうでもいいという考《かんが》え方《かた》。

**りこしん【利己心】** (名) 自分《じぶん》の利益《りえき》だけを考《かんが》え、他人《たにん》のことを考《かんが》えない気持《きも》ち。

**りこてき【利己的】** (形動) 自分《じぶん》の利益《りえき》だけを考《かんが》えるようす。(例) 利己的な人《ひと》。

**りこん【離婚】** (名)(動‐する) 夫婦《ふうふ》であることをやめて、別《わか》れること。(例) 二《に》十年《じゅうねん》間《かん》連《つ》れそった夫婦《ふうふ》が離婚する。(対) 結婚《けっこん》。

**リサーチ** 〔英語 reserch〕(名)(動‐する) 調査《ちょうさ》すること。(例) 交通量《こうつうりょう》をリサーチする。

**りさい【罹災】** (名)(動‐する) 災害《さいがい》にあうこと。被《ひ》災《さい》。(例) 地震《じしん》のり災者《しゃ》。

**リサイクル** 〔英語 recycle〕(名)(動‐する) いらなくなった物《もの》や使《つか》えなくなった物《もの》を、もう一度《いちど》利用《りよう》できるようにすること。(例) ペットボトルのリサイクル。

**リサイクルショップ** (名) 〔日本《にっぽん》でできた英語《えいご》ふうの言葉《ことば》。〕いらなくなった服《ふく》や家具《かぐ》などを買《か》い取《と》って、売《う》る店《みせ》。(例) リサイクルショップがオープンする。

**リサイクルマーク** (名) 〔日本《にっぽん》でできた英《えい》語《ご》ふうの言葉《ことば》。〕いらなくなった物《もの》がリサイクルできるか、またどんな資源《しげん》ごみとして分別《ぶんべつ》するかを、すぐに見分《みわ》けられるようにつけてあるマーク。アルミ缶《かん》やスチール缶《かん》、ペットボトル、プラスチックや紙製《かみせい》の容器《ようき》・包装《ほうそう》などにつけられている。

**リサイタル** 〔英語 recital〕(名) 独唱会《どくしょうかい》や独奏《どくそう》会《かい》。(例) ピアノリサイタルを開《ひら》く。

**りさん【離散】** (名)(動‐する) はなればなれになること。(例) 戦争《せんそう》で一家《いっか》が離散した。

**りし【利子】** (名) 貸《か》したり、預《あず》けたりしたお金《かね》に対《たい》して、ある決《き》まった割合《わりあい》で受《う》け取《と》るお金《かね》。利息《りそく》。(例) 利子がつく。(対) 元金《がんきん》。

**りじ【理事】** (名) 会社《かいしゃ》や団体《だんたい》を代表《だいひょう》して、仕事《しごと》を進《すす》める役《やく》。また、その人《ひと》。

**りじゅん【利潤】** (名) 商売《しょうばい》のもうけ。利益《りえき》。(例) 利潤を上《あ》げる。

**りしりれぶんサロベツこくりつこうえん【利尻礼文サロベツ国立公園】** (地名) 北海道北部《ほっかいどうほくぶ》の利尻島《りしりとう》・礼文島《れぶんとう》とサロベツ原野《げんや》を含《ふく》む国立公園《こくりつこうえん》。火山《かざん》・高山植物《こうざんしょくぶつ》・湿原《しつげん》で知《し》られる。↓こくりつこうえん 457ページ

**りす** (名) 森林《しんりん》にすむ小形《こがた》の動物《どうぶつ》。毛《け》は、茶色《ちゃいろ》で、尾《お》が太《ふと》く長《なが》く、木《き》の上《うえ》を走《はし》り回《まわ》る。

**リスク** 〔英語 risk〕(名) 損害《そんがい》を受《う》けるかもしれないおそれ。予測《よそく》できない危険《きけん》。(例) リスクを考《かんが》えずに実行《じっこう》する。リスクを回避《かいひ》する。

**リスト** 〔英語 list〕(名) 一覧表《いちらんひょう》。目録《もくろく》。(例) おすすめの本《ほん》のリストを作《つく》る。

**リストアップ** (名)(動‐する) 〔日本《にっぽん》でできた英《えい》語《ご》ふうの言葉《ことば》。〕条件《じょうけん》に合《あ》うものを選《えら》び出《だ》すこと。また、選《えら》び出《だ》して表《ひょう》などにまとめること。(例) ほしい本《ほん》をリストアップする。

**リストラ** (名)(動‐する) 〔英語《えいご》の「リストラクチュアリング」の略《りゃく》。〕会社《かいしゃ》などの経営《けいえい》を建《た》て直《なお》すために、もうからない仕事《しごと》の中身《なかみ》を変《か》えたり、働《はたら》いている人《ひと》の数《かず》を減《へ》らしたりすること。(例) リストラされる〔=解雇《かいこ》される〕。

**リスニング** 〔英語 listening〕(名) ❶聞《き》き取《と》ること。特《とく》に、外国語《がいこくご》の会話《かいわ》などを聞《き》き取《と》ること。(例) リスニングテスト。❷音楽《おんがく》などを聴《き》くこと。(例) リスニングルーム。

**リズミカル** 〔英語 rhythmical〕(名)(形動) リズムがあって、調子《ちょうし》がいいようす。(例) リズミカルな動《うご》き。

✤**リズム** 〔英語 rhythm〕(名) ❶〔音楽《おんがく》で〕音《おと》の、強《つよ》い弱《よわ》いや長《なが》い短《みじか》いの、規則正《きそくただ》しいくり返《かえ》し。拍子《ひょうし》。(例) リズムに合《あ》わせておどる。❷ものごとの、規則正《きそくただ》しいくり返《かえ》し。(例) 生活《せいかつ》のリズムがくずれる。

**リズムかん【リズム感】** (名) リズムのある感《かん》じ。また、リズムを感《かん》じる心《こころ》のはたらき。(例) 音読《おんどく》して、詩《し》のリズム感を味《あじ》わう。

**りする【利する】** (動) 利益《りえき》を得《え》させる。(例) 敵《てき》を利する行動《こうどう》。

**りせい【理性】** (名) 冷静《れいせい》に、筋道《すじみち》を立《た》てて考《かんが》え、道理《どうり》に合《あ》った行《おこな》いをする能力《のうりょく》。(例) 理性を失《うしな》って感情的《かんじょうてき》になる。(対) 感情《かんじょう》。

**りせいてき【理性的】** (形動) 理性《りせい》に従《したが》って判断《はんだん》し、行動《こうどう》するようす。(例) 理性的に判断《はんだん》する。(対) 感情的《かんじょうてき》。

**リセット** 〔英語 reset〕(名)(動‐する) ❶機械《きかい》などを前《まえ》の状態《じょうたい》にもどすこと。やり直《なお》せる状態《じょうたい》にもどすこと。(例) パソコンをリセットする。

教《きょう》建築《けんちく》。法隆寺《ほうりゅうじ》と法起寺《ほっきじ》からなる。その後《ご》の仏教《ぶっきょう》寺院《じいん》の建築《けんちく》に大《おお》きな影響《えいきょう》を与《あた》えた。

❷やり直《なお》すこと。例 これまでの考《かんが》えをリセットする。

°**りそう【理想】** 名 考《かんが》えられる限《かぎ》りのいちばん望《のぞ》ましい状態《じょうたい》。例 理想の家庭《かてい》を思《おも》いえがく。対 現実《げんじつ》。

**りそうか【理想家】** 名 理想《りそう》を追《お》い求《もと》める人《ひと》。

**りそうきょう【理想郷】** 名 こうならいいなあと心《こころ》に思《おも》いえがく、すばらしい世界《せかい》。ユートピア。

**りそうてき【理想的】** 形動 望《のぞ》みどおりになっているようす。例 トレーニングには理想的な環境《かんきょう》だ。

**リゾート**〔英語 resort〕名 避暑《ひしょ》や保養《ほよう》のための土地《とち》。例 リゾートホテル。

**りそく【利息】** 名 ⇩りし 1382ページ。例 利息をつける。

**リタイア**〔英語 retire〕名 動する〔「リタイヤ」ともいう。〕❶自動車《じどうしゃ》レースなど、競技《きょうぎ》の途中《とちゅう》で棄権《きけん》すること。❷仕事《しごと》を続《つづ》けていた人《ひと》が引退《いんたい》すること。退職《たいしょく》すること。例 現役《げんえき》をリタイアする。

**りだつ【離脱】** 名 動する ぬけ出《で》て、はなれること。例 集団《しゅうだん》から離脱する。

**りち【律】** 熟語 律義《りちぎ》。⇩りつ【律】1383ページ

**りち【理知】** 名 ものごとの道理《どうり》を、見分《みわ》けることのできる力《ちから》。例 理知のはたらき。

**りちぎ【律義】** 名 形動 まじめで、義理《ぎり》がたいこと。例 律義者《もの》。

**りちてき【理知的】** 形動 ものごとの道理《どうり》を、冷静《れいせい》によく見分《みわ》けることができるようす。例 理知的な人《ひと》。

**りちゃくりく【離着陸】** 名 動する 離陸《りりく》と着陸《ちゃくりく》。例 多《おお》くの旅客機《りょかっき》が離着陸する。

**りつ【立】** 画数 5 部首 立(たつ) 1年

音 リツ リュウ 訓 た-つ た-てる

筆順

❶たつ。たてる。熟語 立腹《りっぷく》。起立《きりつ》。中立《ちゅうりつ》。建立《こんりゅう》。立場《たちば》。❷成《な》り立《た》たせる。決《き》まる。熟語 立案《りつあん》。立証《りっしょう》。成立《せいりつ》。独立《どくりつ》。❸始《はじ》まる。熟語 立秋《りっしゅう》。立春《りっしゅん》。

《訓の使い方》た-つ 例 席《せき》を立つ。た-てる 例 棒《ぼう》を立てる。

**りつ【律】** 画数 9 部首 彳(ぎょうにんべん) 6年

音 リツ リチ 訓 —

筆順

❶おきて。決《き》まり。熟語 律令《りつりょう》。律義《りちぎ》。法律《ほうりつ》。不文律《ふぶんりつ》。❷調子《ちょうし》。熟語 律動《りつどう》。一律《いちりつ》。旋律《せんりつ》。調律《ちょうりつ》。

**りつ【慄】** 画数 13 部首 忄(りっしんべん)

音 リツ 訓 —

恐《おそ》ろしさにふるえる。熟語 慄然《りつぜん》〔=ぞっとするようす〕。戦慄《せんりつ》。

**りつ【率】** 名 割合《わりあい》。例 合格率《ごうかくりつ》。⇩そつ【率】758ページ

**りつあん【立案】** 名 動する 計画《けいかく》を立《た》てること。例 遠足《えんそく》の計画《けいかく》を立案する。

**りっか【立夏】** 名 暦《こよみ》の上《うえ》で、夏《なつ》に入《はい》る日《ひ》。五月六日《ごがつむいか》ごろ。二十四節気《にじゅうしせっき》の一《ひと》つ。関連 立春《りっしゅん》。立秋《りっしゅう》。立冬《りっとう》。

**りっきゃく【立脚】** 名 動する 何《なに》かをよりどころにすること。例 事実《じじつ》に立脚した意見《いけん》を述《の》べる。

**りっきょう【陸橋】** 名 道路《どうろ》や鉄道線路《てつどうせんろ》の上《うえ》にかけた橋《はし》。

**りっけんせいじ【立憲政治】** 名 憲法《けんぽう》を定《さだ》め、それに基《もと》づいて行《おこな》う政治《せいじ》。参考 人権《じんけん》の保障《ほしょう》と、権力《けんりょく》の分立《ぶんりつ》を基本《きほん》とする政治《せいじ》のあり方《かた》を定《さだ》めた憲法《けんぽう》に基《もと》づくものをいう。

**りっこうほ【立候補】** 名 動する 選挙《せんきょ》のとき、候補者《こうほしゃ》として名《な》のり出《で》ること。例 会長《かいちょう》に立候補する。

✤**りっし【律詩】** 名〔国語《こくご》で〕漢詩《かんし》の形式《けいしき》の一《ひと》つ。一句《いっく》が五字《ごじ》または七字《しちじ》の八句《はっく》からなる詩《し》。五字《ごじ》の場合《ばあい》は五言律詩《ごごんりっし》、七字《しちじ》の場合《ばあい》は七《しち》言律詩《ごんりっし》という。

**りっしでん【立志伝】** 名 志《こころざし》を立《た》て、困難《こんなん》にも負《ま》けず、目的《もくてき》をなしとげた人《ひと》の伝記《でんき》。例 立志伝中《ちゅう》の人物《じんぶつ》〔=立志伝《りっしでん》に出《で》てくるような立派《りっぱ》な人《ひと》〕。

**りっしゅう【立秋】** 名 暦《こよみ》の上《うえ》で、秋《あき》に入《はい》る日《ひ》。八月八日《はちがつようか》ごろ。二十四節気《にじゅうしせっき》の一《ひと》つ。関連





日本の世界遺産 法隆寺地域《ほうりゅうじちいき》の仏教建造物《ぶっきょうけんぞうぶつ》(奈良県《ならけん》)平成《へいせい》5年《ねん》[文化《ぶんか》] 奈良県生駒郡斑鳩町《ならけんいこまぐんいかるがちょう》にある、世界最古《せかいさいこ》の木造仏《もくぞうぶつ》

立春《りっしゅん》。立夏《りっか》。立冬《りっとう》。

**りっしゅん【立春】** 名 暦《こよみ》の上《うえ》で、春《はる》に入《はい》る日《ひ》。二月四日《にがつよっか》ごろ。二十四節気《にじゅうしせっき》の一《ひと》つ。関連 立夏《りっか》。立秋《りっしゅう》。立冬《りっとう》。

**りっしょう【立証】** 名 動する 証拠《しょうこ》をもとにして、あることがらがそうであることを明《あき》らかにすること。例 無罪《むざい》を立証する。

**りっしょく【立食】** 名 動する 立《た》ったままで、テーブルの上《うえ》の飲食物《いんしょくぶつ》を自由《じゆう》に取《と》って食《た》べる形式《けいしき》の食事《しょくじ》。例 立食パーティー。

■**りっしんしゅっせ【立身出世】** 名 動する 成功《せいこう》して、世《よ》の中《なか》で有名《ゆうめい》になること。例 わが子《こ》の立身出世を願《ねが》う。

✤**りっしんべん** 名 漢字《かんじ》の部首《ぶしゅ》で、「へん」の一《ひと》つ。「快《かい》」「性《せい》」などの「忄」の部分《ぶぶん》。心《こころ》に関係《かんけい》がある字《じ》が多《おお》い。

**りっすいのよちもない【立錐の余地もない】** 人《ひと》がぎっしりつまってすき間《ま》がない。例 満員《まんいん》で立すいの余地もない電車《でんしゃ》。

**りっする【律する】** 動 きまりにしたがって行動《こうどう》したり考《かんが》えたりする。例 自分《じぶん》を厳《きび》しく律する。

**りつぞう【立像】** 名 立《た》っている姿《すがた》の像《ぞう》。例 西郷隆盛《さいごうたかもり》の立像。

**りったい【立体】** 名 箱《はこ》のように、長《なが》さ・はば・厚《あつ》みを持《も》ち、その周《まわ》りが面《めん》で囲《かこ》まれているもの。対 平面《へいめん》。

**りったいかん【立体感】** 名 厚《あつ》みやおくゆきのある感《かん》じ。例 この絵《え》は立体感がある。

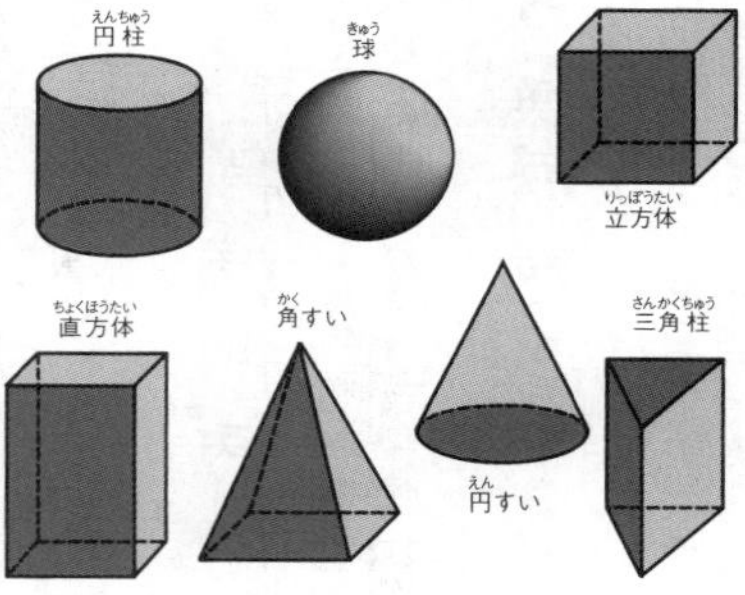

〔りったい〕

**りったいこうさ【立体交差】** 名 道路《どうろ》や線路《せんろ》の上《うえ》をまたいで、他《ほか》の道路《どうろ》や線路《せんろ》が通《とお》っていること。

**りったいてき【立体的】** 形動 ❶立体《りったい》を感《かん》じさせるようす。例 この絵《え》は立体的に見《み》える。❷ものごとを、一《ひと》つの面《めん》からだけでなく、いろいろな面《めん》から考《かんが》えるようす。例 立体的に考《かんが》える。対（❶・❷）平面的《へいめんてき》。

**リッチ**〔英語 rich〕形動 ❶お金《かね》や財産《ざいさん》があるようす。❷豊《ゆた》かで余裕《よゆう》があるようす。例 ホテルでリッチな気分《きぶん》を味《あじ》わう。

**りっちじょうけん【立地条件】** 名 工場《こうじょう》や店《みせ》などの建《た》つ土地《とち》の、地形《ちけい》・気候《きこう》・交通《こうつう》手段《しゅだん》などの条件《じょうけん》。例 立地条件のよい土地《とち》を手《て》に入《い》れる。

**りっとう【立冬】** 名 暦《こよみ》の上《うえ》で、冬《ふゆ》に入《はい》る日《ひ》。十一月八日《じゅういちがつようか》ごろ。二十四節気《にじゅうしせっき》の一《ひと》つ。関連 立春《りっしゅん》。立夏《りっか》。立秋《りっしゅう》。

✤**りっとう** 名 漢字《かんじ》の部首《ぶしゅ》で、「つくり」の一《ひと》つ。「別《べつ》」「利《り》」などの「刂」の部分《ぶぶん》。刃物《はもの》に関係《かんけい》する字《じ》が多《おお》い。

**りつどう【律動】** 名 動する ある動《うご》きが規則《きそく》正《ただ》しくくり返《かえ》されること。また、その動《うご》き。リズム。例 楽曲《がっきょく》の心地《ここち》よい律動。

°**リットル**〔フランス語〕名 メートル法《ほう》で、容積《ようせき》の基本《きほん》の単位《たんい》。一《いち》リットルは、一〇〇〇立方《りっぽう》センチメートル。一辺《いっぺん》が一〇センチメートルの立方体《りっぽうたい》の体積《たいせき》を一《いち》リットルとする。記号《きごう》は「ℓ」「L」。参考 一《いち》リットルの、千分《せんぶん》の一《いち》を「ミリリットル」、十分《じゅうぶん》の一《いち》を「デシリットル」、千倍《せんばい》を「キロリットル」という。

°**りっぱ【立派】** 形動 ❶堂々《どうどう》としているようす。すぐれているようす。例 立派な家《いえ》に住《す》む。立派な体格《たいかく》をした選手《せんしゅ》。❷完全《かんぜん》で十分《じゅうぶん》なようす。例 十八歳《じゅうはっさい》といえば、もう立派な大人《おとな》だ。

**りっぷく【立腹】** 名 動する 腹《はら》を立《た》てること。おこること。腹立《はらだ》ち。例 先生《せんせい》はご立腹のようすだ。

**リップクリーム** 名〔日本《にっぽん》でできた英語《えいご》ふうの言葉《ことば》。〕くちびるの荒《あ》れを防《ふせ》ぐためにぬるクリーム。

**りっぽう【立方】** 名 ❶〔算数《さんすう》で〕同《おな》じ数《かず》を三《みっ》つかけ合《あ》わせること。三乗《さんじょう》。例《たと》えば、3の立《りっ》

城《しろ》の一《ひと》つ。白壁《しらかべ》で統一《とういつ》された美《うつく》しい外観《がいかん》から、白鷺城《しらさぎじょう》ともよばれる。

方《ぽう》は、3×3×3=27となる。❷体積《たいせき》の単位《たんい》を表《あらわ》す言葉《ことば》。例 九《きゅう》立方《りっぽう》メートル。❸立方体《りっぽうたい》の体積《たいせき》を表《あらわ》す言葉《ことば》。「三《さん》メートル立方《りっぽう》」といえば、縦《たて》・横《よこ》・高《たか》さがそれぞれ三《さん》メートルの立方体《りっぽうたい》の体積《たいせき》のこと。

**りっぽう【立法】** 名 動する 法律《ほうりつ》を作《つく》って定《さだ》めること。例 立法府《りっぽうふ》〔＝国会《こっかい》のこと〕。関連 司法《しほう》。行政《ぎょうせい》。

**りっぽうけん【立法権】** 名 法律《ほうりつ》を定《さだ》めることのできる権利《けんり》。国会《こっかい》が持《も》っている。関連 司法権《しほうけん》。行政権《ぎょうせいけん》。

**りっぽうセンチメートル【立方センチメートル】** 名 メートル法《ほう》で、体積《たいせき》・容積《ようせき》の単位《たんい》の一《ひと》つ。一立方《いちりっぽう》センチメートルは、一辺《いっぺん》が一《いっ》センチメートルの立方体《りっぽうたい》の体積《たいせき》にあたる。記号《きごう》は「$cm^3$」。

**りっぽうたい【立方体】** 名 さいころのように、六《むっ》つの正方形《せいほうけい》の面《めん》で囲《かこ》まれた形《かたち》。↓りったい 1384ページ

**りっぽうメートル【立方メートル】** 名 メートル法《ほう》で、体積《たいせき》・容積《ようせき》の単位《たんい》の一《ひと》つ。一立方《いちりっぽう》メートルは、一辺《いっぺん》が一《いち》メートルの立方体《りっぽうたい》の体積《たいせき》にあたる。記号《きごう》は「$m^3$」。

**りづめ【理詰め】** 名 筋道《すじみち》を立《た》てて、考《かんが》えや話《はなし》を推《お》し進《すす》めること。例 兄《あに》に理詰《りづ》めで言《い》い負《ま》かされた。

**りつめんず【立面図】** 名 立体《りったい》を、少《すこ》しはなれて、真《ま》ん前《まえ》から見《み》た図《ず》。正面図《しょうめんず》。

**りつりょうせい【律令制】** 名 奈良時代《ならじだい》・平安時代《へいあんじだい》に、律令《りつりょう》と呼《よ》ばれる法律《ほうりつ》に従《したが》って行《おこな》われた政治《せいじ》の仕組《しく》み。中国《ちゅうごく》の隋《ずい》・唐《とう》の国《くに》の仕組《しく》みにならったもの。

**りつろん【立論】** 名 動する 議論《ぎろん》の筋道《すじみち》を組《く》み立《た》てること。また、組《く》み立《た》てた議論《ぎろん》。例 立論《ろん》の根拠《こんきょ》があいまいだ。

**リデュース** 〔英語 reduce〕名 動する 〔廃棄物《はいきぶつ》やごみを〕減《へ》らすこと。例 ものを長《なが》く使《つか》うこともリデュースにつながる。

✤**リテラシー** 〔英語 literacy〕名 読《よ》み書《か》きの能力《のうりょく》。また、〔コンピューターなどを〕活用《かつよう》する知識《ちしき》や能力《のうりょく》。例 メディアリテラシー。

**りてん【利点】** 名 便利《べんり》な点《てん》。得《とく》な点《てん》。例 どちらの案《あん》にもそれぞれ利点《りてん》がある。

**りとう【離島】** 一 名 本土《ほんど》から遠《とお》く離《はな》れた島《しま》。二 名 動する 住《す》んでいた島《しま》を去《さ》ること。例 進学《しんがく》のために離島《りとう》する。

**リトマスしけんし【リトマス試験紙】** 名 液体《えきたい》が酸性《さんせい》かアルカリ性《せい》かを調《しら》べる紙《かみ》。青《あお》と赤《あか》の二色《にしょく》があり、青《あお》い紙《かみ》は酸《さん》にあうと赤《あか》くなり、赤《あか》い紙《かみ》はアルカリにあうと青《あお》くなる。リトマス紙《し》。

〔リニアモーターカー〕

**リニアモーターカー** 〔英語 linear motor car〕名 磁石《じしゃく》の力《ちから》を利用《りよう》して、車体《しゃたい》をうき上《あ》がらせて走《はし》る電車《でんしゃ》。音《おと》が静《しず》かで、非常《ひじょう》に速《はや》く走《はし》ることができる。

**りにち【離日】** 名 動する 日本《にっぽん》に来《き》ていた外国人《がいこくじん》が、日本《にっぽん》を離《はな》れること。対 来日《らいにち》。

**りにゅう【離乳】** 名 動する まだ乳《ちち》を飲《の》んでいる赤《あか》んぼうに、それ以外《いがい》の食《た》べ物《もの》を少《すこ》しずつ与《あた》えて、だんだんふつうの食《た》べ物《もの》に慣《な》れさせていくこと。例 離乳食《りにゅうしょく》。

**リニューアル** 〔英語 renewal〕名 動する 元《もと》のものに手《て》を加《くわ》えて新《あたら》しくすること。また、店《みせ》などの模様《もよう》がえをすること。例 リニューアルしたレストラン。

**りにん【離任】** 名 動する 仕事《しごと》や、仕事《しごと》をしていた場所《ばしょ》からはなれること。対 着任《ちゃくにん》。

**りねん【理念】** 名 ものごとがどうあるべきかという、根本的《こんぽんてき》な考《かんが》え方《かた》。例 民主主義《みんしゅしゅぎ》の理念《りねん》。

**リハーサル** 〔英語 rehearsal〕名 動する 放送《ほうそう》・演劇《えんげき》・映画《えいが》・演奏《えんそう》などの本番前《ほんばんまえ》の練習《れんしゅう》。予行演習《よこうえんしゅう》。例 入念《にゅうねん》にリハーサルする。

**リバーシブル** 〔英語 reversible〕名 洋服《ようふく》や布《ぬの》で、表《おもて》も裏《うら》も使《つか》えること。例 リバーシブルのジャンパー。

**リバウンド** 〔英語 rebound〕名 動する ❶〔ボ



日本の世界遺産 姫路城《ひめじじょう》（兵庫県《ひょうごけん》）平成《へいせい》5年《ねん》［文化《ぶんか》］ 兵庫県姫路市《ひょうごけんひめじし》にある城《しろ》。17世紀初《せいきはじ》めにつくられた、日本《にっぽん》を代表《だいひょう》する

ールなどが)はね返《かえ》ること。[例]リバウンドしたボールを奪《うば》う。❷ダイエットをやめた後《あと》に、体重《たいじゅう》がもとに戻《もど》ったり、前《まえ》より増《ふ》えたりすること。[例]三《さん》キロリバウンドした。❸薬《くすり》や治療《ちりょう》をやめた後《あと》に、急《きゅう》に病気《びょうき》が悪《わる》くなること。[例]リバウンドを引《ひ》き起《お》こす。

**りはく**〖李白〗[人名](男)(七〇一～七六二)昔《むかし》の中国《ちゅうごく》、唐《とう》の詩人《しじん》。自由《じゆう》な生涯《しょうがい》を送《おく》り、のびのびとした詩《し》を多《おお》く残《のこ》した。

**りはつ【利発】**[名][形動]かしこいこと。[例]利発な子《こ》。

**りはつ【理髪】**[名][動-する]髪《かみ》の毛《け》を切《き》って、形《かたち》を整《ととの》えること。散髪《さんぱつ》。[例]理髪店《てん》。

**リハビリ**[名][動-する]〔英語《えいご》の「リハビリテーション」の略《りゃく》。〕けがや病気《びょうき》で歩《ある》けなくなったり、動《うご》かなくなったりした体《からだ》を、元《もと》にもどすための訓練《くんれん》。

**リハビリテーション**〔英語 rehabilitation〕[名]↓リハビリ 1386ページ

**リピーター**〔英語 repeater〕[名]気《き》に入《い》って、くり返《かえ》し同《おな》じ店《みせ》や場所《ばしょ》に行《い》ったり、同《おな》じ物《もの》を買《か》ったりする人《ひと》。[例]リピーターの多《おお》いラーメン店《てん》。

**リピート**〔英語 repeat〕[名][動-する]❶くり返《かえ》すこと。反復《はんぷく》。[例]先生《せんせい》の言葉《ことば》を何度《なんど》もリピートする。❷〔音楽《おんがく》で〕くり返《かえ》して演奏《えんそう》する部分《ぶぶん》を示《しめ》す記号《きごう》。❸動画《どうが》などを、くり返《かえ》して再生《さいせい》すること。[例]入学式《にゅうがくしき》のビデオをリピートする。

**リビング**〔英語 living〕[名]❶生活《せいかつ》。暮《く》らし。❷「リビングルーム」の略《りゃく》。居間《いま》。洋風《ようふう》の居《い》間《ま》。

**リファレンス**〔英語 reference〕[名]↓レファレンス 1406ページ

**リフォーム**〔英語 reform〕[名][動-する]❶衣服《いふく》などに手《て》を加《くわ》えて作《つく》り直《なお》すこと。[例]古《ふる》い着《き》物《もの》をシャツにリフォームする。❷古《ふる》い住宅《じゅうたく》などを改築《かいちく》、改装《かいそう》すること。[例]家《いえ》をバリアフリーにリフォームする。

**りふじん【理不尽】**[名][形動]道理《どうり》に合《あ》わないことを無理《むり》におしつけること。[例]理不尽な要求《ようきゅう》。

**リフト**〔英語 lift〕[名]❶荷物《にもつ》などの上《あ》げ下《お》ろしに使《つか》う、小《ちい》さなエレベーター。昇《しょう》降機《こうき》。❷スキー場《じょう》などで、人《ひと》を高《たか》い所《ところ》に運《はこ》ぶ装置《そうち》。

〔リフト❷〕

**リプライ**〔英語 reply〕[名][動-する]返信《へんしん》。特《とく》に、SNS《エスエヌエス》で、メッセージに対《たい》する返信《へんしん》。[例]コメントにリプライする。

**リフレッシュ**〔英語 refresh〕[名][動-する]気分《きぶん》をさわやかにし、元気《げんき》を取《と》りもどすこと。[例]散歩《さんぽ》して気分《きぶん》をリフレッシュする。

**リベート**〔英語 rebate〕[名]❶代金《だいきん》の一部《いちぶ》を、しはらった人《ひと》に戻《もど》すこと。また、そのお金《かね》。❷手数料《てすうりょう》。わいろ。

**りべつ【離別】**[名][動-する]❶人《ひと》と別《わか》れること。特《とく》に、親《した》しくしていた人《ひと》と別《わか》れること。[例]転《てん》校《こう》で親友《しんゆう》と離別する。[類]別離《べつり》。❷離婚《りこん》すること。[例]夫《おっと》と離別する。

**リベラル**〔英語 liberal〕▬[形動]ものの考《かん》え方《かた》が自由《じゆう》なようす。[例]リベラルな校風《こうふう》。▬[名]自由主義《じゆうしゅぎ》の考《かんが》えに立《た》つ人《ひと》。

**リベンジ**〔英語 revenge〕[名][動-する]仕返《しかえ》しをすること。雪辱《せつじょく》を果《は》たすこと。[例]今度《こんど》こそ勝《か》つぞとリベンジを誓《ちか》った。

**りべんせい【利便性】**[名]利用《りよう》する人《ひと》にとっての便利《べんり》さ。[例]使《つか》う人《ひと》の利便性を考《かんが》えた商品《しょうひん》。

**リポーター**〔英語 reporter〕[名]↓レポーター 1406ページ

**リポート**〔英語 report〕[名][動-する]↓レポート 1406ページ

**リボン**〔英語 ribbon〕[名]かざりのために使《つか》う、きれいな色《いろ》の、はばのせまい布《ぬの》。また、そのかざり。

**りまわり【利回り】**[名]利子《りし》などの、元手《もとで》に対《たい》する割合《わりあい》。[例]利回りがよい。

**リマンかいりゅう【リマン海流】**[名]日本海《にほんかい》の西側《にしがわ》を、大陸《たいりく》に沿《そ》って南《みなみ》に流《なが》れる寒《かん》流《りゅう》。↓かいりゅう 207ページ

**りめん【裏面】**[名]❶物《もの》の、裏側《うらがわ》。❷ものごとの外《そと》に現《あらわ》れないところ。[例]政治《せいじ》の裏面をかいま見《み》る。[対](❶・❷)表面《ひょうめん》。

**リモコン**[名]〔英語《えいご》の「リモートコントロール」の略《りゃく》。〕はなれた所《ところ》から機械《きかい》などを動《うご》かす

樹齢《じゅれい》数千年《すうせんねん》のヤクスギをはじめとした珍《めずら》しい植物《しょくぶつ》が自生《じせい》している。

こと。また、その仕《し》かけ。遠隔操作《えんかくそうさ》。電源《でんげん》を入《い》れる。例リモコンで

**リヤカー** 名〔日本《にっぽん》でできた英語《えいご》ふうの言葉《ことば》。〕荷物《にもつ》を運《はこ》ぶのに使《つか》う二輪車《にりんしゃ》。人《ひと》が引《ひ》いたり、自転車《じてんしゃ》などの後《うし》ろにつけたりして使《つか》う。

〔リヤカー〕

**りゃく【略】** 画数11 部首田（た） 5年

音リャク 訓——

筆順 略略略略略略略略略略略略

❶簡単《かんたん》にする。熟語略式《りゃくしき》。略称《りゃくしょう》。簡略《かんりゃく》。省略《しょうりゃく》。❷あらまし。だいたい。熟語略図《りゃくず》。略歴《りゃくれき》。大略《たいりゃく》。❸はかりごと。熟語計略《けいりゃく》。策略《さくりゃく》。❹うばい取《と》る。熟語略奪《りゃくだつ》。攻略《こうりゃく》。侵略《しんりゃく》。↓

りゃくす 1387ページ

**りゃく【略】** 名 省《はぶ》くこと。縮《ちぢ》めて簡単《かんたん》にすること。例「国連《こくれん》」は「国際連合《こくさいれんごう》」の略。

**りゃくが【略画】** 名 必要《ひつよう》な部分《ぶぶん》だけがわかるように、だいたいの形《かたち》を簡単《かんたん》にかいた絵《え》。

✤**りゃくご【略語】** 名 言葉《ことば》の一部《いちぶ》を省《はぶ》いて、短《みじか》くした言葉《ことば》。「マイクロホン」を「マイク」というような言葉《ことば》。

**りゃくごう【略号】** 名 ことがらを、簡単《かんたん》に表《あらわ》した、しるし。郵便《ゆうびん》を「〒」、駐車場《ちゅうしゃじょう》を「P」で表《あらわ》すなど。

✤**りゃくじ【略字】** 名〔国語《こくご》で〕点《てん》や画《かく》を省《はぶ》いて簡単《かんたん》にした漢字《かんじ》。

**りゃくしき【略式】** 名 ものごとの一部分《いちぶぶん》を省《はぶ》いたり、簡単《かんたん》にしたりすること。例略式の手続《てつづ》き。対正式《せいしき》。本式《ほんしき》。

**りゃくしょう【略称】** 名 動‐する 短《みじか》くした名前《なまえ》で言《い》うこと。また、その名前《なまえ》。例「国連《こくれん》」は「国際連合《こくさいれんごう》」の略称です。

○**りゃくす【略す】** 動〔「略《りゃく》する」ともいう。〕❶簡単《かんたん》にする。例字《じ》を略して書《か》く。❷省《はぶ》く。例説明《せつめい》を略す。

**りゃくず【略図】** 名 必要《ひつよう》なところだけをかいた図《ず》。例通学路《つうがくろ》の略図を示《しめ》す。

**りゃくする【略する】** 動↓りゃくす 1387ページ

**りゃくそう【略装】** 名 略式《りゃくしき》の服装《ふくそう》。例略装で会《かい》に出席《しゅっせき》する。対正装《せいそう》。

**りゃくだつ【略奪】** 名 動‐する 無理《むり》やりにうばい取《と》ること。例盗賊《とうぞく》に財宝《ざいほう》を略奪された。

**りゃくれき【略歴】** 名 その人《ひと》の今《いま》までの学業《がくぎょう》や仕事《しごと》の経歴《けいれき》などを簡単《かんたん》に書《か》いたもの。例ゲストの略歴を紹介《しょうかい》する。

○**りゆう【理由】** 名 ものごとがそのようになった、わけ。例遅刻《ちこく》の理由を説明《せつめい》する。↓

1389ページ

**りゅう【流】** 画数10 部首氵（さんずい） 3年

音リュウ ル△ 訓なが‐れる なが‐す

筆順 流

❶ながれる。ながす。熟語流出《りゅうしゅつ》。流転《るてん》。下流《かりゅう》。電流《でんりゅう》。❷行《い》きわたる。熟語流行《りゅうこう》。流通《りゅうつう》。流言飛語《りゅうげんひご》。流布《るふ》。❸位《くらい》。品《ひん》。熟語一流《いちりゅう》。上流階級《じょうりゅうかいきゅう》。❹あるやり方《かた》。熟語流儀《りゅうぎ》。流派《りゅうは》。自己流《じこりゅう》。

《訓の使い方》**なが‐れる** 例川《かわ》が流れる。**なが‐す** 例水《みず》に流す。

**りゅう【留】** 画数10 部首田（た） 5年

例解 ! ことばの勉強室

**略語《りゃくご》について**

略語《りゃくご》の作《つく》られ方《かた》には、次《つぎ》のような型《かた》がある。

❶上《うえ》を略《りゃく》すもの
アルバイト ↓ バイト
東京《とうきょう》・横浜《よこはま》 ↓ 京浜《けいひん》

❷下《した》を略《りゃく》すもの
テレビジョン ↓ テレビ
入学試験《にゅうがくしけん》 ↓入試《にゅうし》

❸上《うえ》を略《りゃく》したり下《した》を略《りゃく》したりするもの
天《てん》ぷらどんぶり ↓天《てん》どん
高等学校《こうとうがっこう》 ↓ 高校《こうこう》
大阪《おおさか》・神戸《こうべ》 ↓ 阪神《はんしん》

❹英語《えいご》やローマ字《じ》の頭文字《かしらもじ》を使《つか》うもの
ローマ字《じ》の「日本放送協会《にっぽんほうそうきょうかい》」の頭文字《かしらもじ》
↓ NHK《エヌエイチケー》
英語《えいご》の「国際連合教育科学文化機関《こくさいれんごうきょういくかがくぶんかきかん》」の頭文字《かしらもじ》↓ UNESCO《ユネスコ》





日本の世界遺産 屋久島《やくしま》（鹿児島県《かごしまけん》）平成《へいせい》５年《ねん》［自然《しぜん》］ 鹿児島県《かごしまけん》の南《みなみ》にある島《しま》。中心部《ちゅうしんぶ》に2000メートル近《ちか》い山々《やまやま》がそびえ、

音リュウ ル 訓と-める と-まる

筆順

とどまる。とめる。熟語 留意《りゅうい》。留学《りゅうがく》。留任《りゅうにん》。留守《るす》。残留《ざんりゅう》。保留《ほりゅう》。停留所《ていりゅうじょ》。
《訓の使い方》と-める 例 心《こころ》に留める。と-まる 例 目《め》に留まる。

**りゅう【柳】** 画数 9 部首 木（きへん）
音リュウ 訓やなぎ
やなぎ。熟語 柳眉《りゅうび》〔=ヤナギの葉《は》のように、細《ほそ》くて美《うつく》しいまゆ〕。

**りゅう【竜】** 画数 10 部首 竜（りゅう）
音リュウ 訓たつ
❶ヘビに似《に》た想像上《そうぞうじょう》の動物《どうぶつ》。熟語 竜頭蛇尾《りゅうとうだび》。❷大昔《おおむかし》の、大形《おおがた》の爬虫類《はちゅうるい》。例 恐竜《きょうりゅう》。

**りゅう【竜°】** 名 想像上《そうぞうじょう》の動物《どうぶつ》。体《からだ》はヘビに似《に》ているが、二本《ほん》の角《つの》と四《よん》本《ほん》の足《あし》を持《も》つ。空《そら》に上《のぼ》って雲《くも》を起《お》こし、雨《あめ》を降《ふ》らせるといわれる。たつ。ドラゴン。

〔りゅう〕

**りゅう【粒】** 画数 11 部首 米（こめへん）
音リュウ 訓つぶ
つぶ。また、つぶのように小《ちい》さいもの。熟語 粒子《りゅうし》。米粒《こめつぶ》。

**りゅう【隆】** 画数 11 部首 阝（こざとへん）
音リュウ 訓―
❶高《たか》く盛《も》り上《あ》がる。熟語 隆起《りゅうき》。❷勢《いきお》いがさかんになる。熟語 隆盛《りゅうせい》。

**りゅう【硫】** 画数 12 部首 石（いしへん）
音リュウ 訓―
黄色《きいろ》くてもろい鉱物《こうぶつ》。硫黄《いおう》。熟語 硫酸《りゅうさん》。

**りゅう【立△】** 熟語 建立《こんりゅう》。↓りつ【立】1383ページ

**りゅうい【留意】** 名 動-する 心《こころ》に留《と》めること。注意《ちゅうい》すること。例 健康《けんこう》に留意して毎日《まいにち》を過《す》ごす。

**りゅういき【流域】** 名 川《かわ》の流《なが》れに沿《そ》った地域《ちいき》。例 利根川《とねがわ》の流域。

**りゅういんがさがる【りゅう飲が下がる】** 不満《ふまん》が消《き》えて、気持《きも》ちがすっきりする。例 問題点《もんだいてん》がはっきりして、りゅう飲が下がった。参考「りゅう飲《いん》」は、のどに上《あ》がってくる、すっぱい液《えき》のこと。

**りゅうかい【流会】** 名 動-する 予定《よてい》していた会《かい》が、取《と》りやめになること。例 待《ま》ち望《のぞ》んでいた会《かい》が流会になった。

**りゅうがく【留学】** 名 動-する 外国《がいこく》に行《い》って、勉強《べんきょう》すること。例 ドイツに留学する。

**りゅうがくせい【留学生】** 名 外国《がいこく》に住《す》んで勉強《べんきょう》している学生《がくせい》。

**りゅうかん【流感】** 名「流行性感冒《りゅうこうせいかんぼう》」の略《りゃく》。↓インフルエンザ 97ページ

**りゅうき【隆起°】** 名 動-する 盛《も》り上《あ》がって高《たか》くなること。例 地震《じしん》で地面《じめん》が隆起した。対 沈下《ちんか》。

**りゅうぎ【流儀°】** 名 ❶やり方《かた》。しかた。例 自分《じぶん》の流儀でやる。❷おどり・生《い》け花《ばな》・お茶《ちゃ》などで、それぞれの人《ひと》や家《いえ》のやり方《かた》。

**りゅうきゅう『琉球』** 地名 沖縄《おきなわ》の、別《べつ》の呼《よ》び方《かた》。

**りゅうきゅうおうこく『琉球王国』** 地名 一四二九年《ねん》に沖縄諸島《おきなわしょとう》につくられた王国《おうこく》。明治時代《めいじじだい》の初《はじ》めに沖縄県《おきなわけん》となるまで、約《やく》四五〇年間続《ねんかんつづ》いた。その王宮《おうきゅう》だった首里城《しゅりじょう》跡《あと》は、二〇〇〇年《ねん》に世界遺産《せかいいさん》に登録《とうろく》された。

**りゅうきゅうしょとう『琉球諸島』** 地名 南西諸島《なんせいしょとう》のうち、南半分《みなみはんぶん》にあたる島々《しまじま》。沖縄県《おきなわけん》に属《ぞく》する地域《ちいき》。

**りゅうぐう【竜°宮△】** 名 浦島太郎《うらしまたろう》の伝説《でんせつ》に出《て》てくる、海《うみ》の底《そこ》にあって、乙姫《おとひめ》たちが住《す》むといわれる宮殿《きゅうでん》。竜宮城《りゅうぐうじょう》。

**りゅうけつ【流血】** 名 争《あらそ》いごとや事故《じこ》などで、血《ち》を流《なが》すこと。例 あわや流血の惨事《さんじ》になるところだった。

**りゅうげん【流言】** 名 いいかげんなうわさ。根《ね》も葉《は》もないうわさ。

■**りゅうげんひご【流言飛語】** 名 世《よ》の中《なか》に広《ひろ》がる、証拠《しょうこ》のない、いいかげんなうわさ。デマ。例 流言飛語にまどわされないようにしよう。

°**りゅうこう【流行】** 名 動-する 一時的《いちじてき》に、世《よ》

あいうえお かきくけこ さしすせそ たちつてと なにぬねの はひふへほ まみむめも やゆよ らりるれろ わをん

入《はい》っていないブナの原生林《げんせいりん》が世界最大級《せかいさいだいきゅう》の規模《きぼ》で広《ひろ》がっている。

の中《なか》に広《ひろ》くはやること。はやり。例 流行の服装《ふくそう》。

**りゅうこうか**【流行歌】名 ある時期《じき》に、はやっている歌《うた》。はやり歌《うた》。例 流行歌を口《くち》ずさむ。

**りゅうこうご**【流行語】名 一時的《いちじてき》によく使《つか》われる言葉《ことば》。はやり言葉《ことば》。

**りゅうこうせいかんぼう**【流行性感冒】名 ⇩インフルエンザ 97ページ

**りゅうこうせいじかせんえん**【流行性耳下腺炎】名 ⇩おたふくかぜ 166ページ

**りゅうさん**【硫酸】名 強《つよ》い酸性《さんせい》の液体《えきたい》。無《む》色《しょく》で、水《みず》に混《ま》ぜると、たくさんの熱《ねつ》を出《だ》す。工業用《こうぎょうよう》として広《ひろ》く使《つか》われる。

**りゅうし**【粒子】名 ❶非常《ひじょう》に細《こま》かいつぶ。例 粒子 ❷写真《しゃしん》や映像《えいぞう》などの画面《がめん》の細《こま》かさ。の粗《あら》い画像《がぞう》。

**りゅうしつ**【流失】名 動-する 大水《おおみず》などのために、物《もの》が流《なが》されてなくなること。例 洪水《こうずい》で橋《はし》が流失する。

**りゅうしゅつ**【流出】名 動-する ❶水《みず》が流《なが》れて外《そと》へ出《で》ること。例 汚水《おすい》が川《かわ》に流出する。❷貴重《きちょう》な物《もの》や人《ひと》が、国外《こくがい》などへ出《で》ていってしまうこと。例 美術品《びじゅつひん》が海外《かいがい》へ流出する。❸外《そと》に出《で》てはいけないものが出回《でまわ》ること。例 個人情報《こじんじょうほう》が流出する。
対(❶・❷)流入《りゅうにゅう》。

**リユース**〔英語 reuse〕名 動-する (びんなどを)使《つか》い捨《す》てにしないで再使用《さいしよう》すること。また、再使用《さいしよう》するもの。

**りゅうすい**【流水】名 流《なが》れている水《みず》。例 流水でよく洗《あら》う。

**りゅうせい**【流星】名 流《なが》れ星《ぼし》。星《ほし》が、地《ち》球《きゅう》の引力《いんりょく》に引《ひ》かれて落《お》ちるとき、空気《くうき》との摩擦《まさつ》で、燃《も》えて光《ひかり》を出《だ》すもの。たいていは、途中《とちゅう》で消《き》えてしまうが、地上《ちじょう》に落《お》ちたものは「隕石《いんせき》」という。

**りゅうせい**【隆盛】名 形動 勢《いきお》いがさかんなこと。栄《さか》えること。例 隆盛をきわめる。

**りゅうせんけい**【流線型】名 水《みず》や空気《くうき》のじゃまを少《すく》なくして、速《はや》く移動《いどう》させるために、乗《の》り物《もの》などの角《かど》をできるだけなくした形《かたち》。例 魚《さかな》の体《からだ》は、流線型をしている。

**りゅうち**【留置】名 動-する 用《よう》が済《す》むまで、人《ひと》や物《もの》を一時留《いちじと》めておくこと。例 容疑者《ようぎしゃ》を留置する。

**りゅうちょう**【留鳥】名 一年《いちねん》じゅう、同《おな》じ地域《ちいき》にすんでいる鳥《とり》。カラス・スズメ・ヒバ

例解 考えるためのことば

## 【理由《りゆう》】づけて考《かんが》えるときに使《つか》う言葉《ことば》

原因《げんいん》や根拠《こんきょ》をみつけること

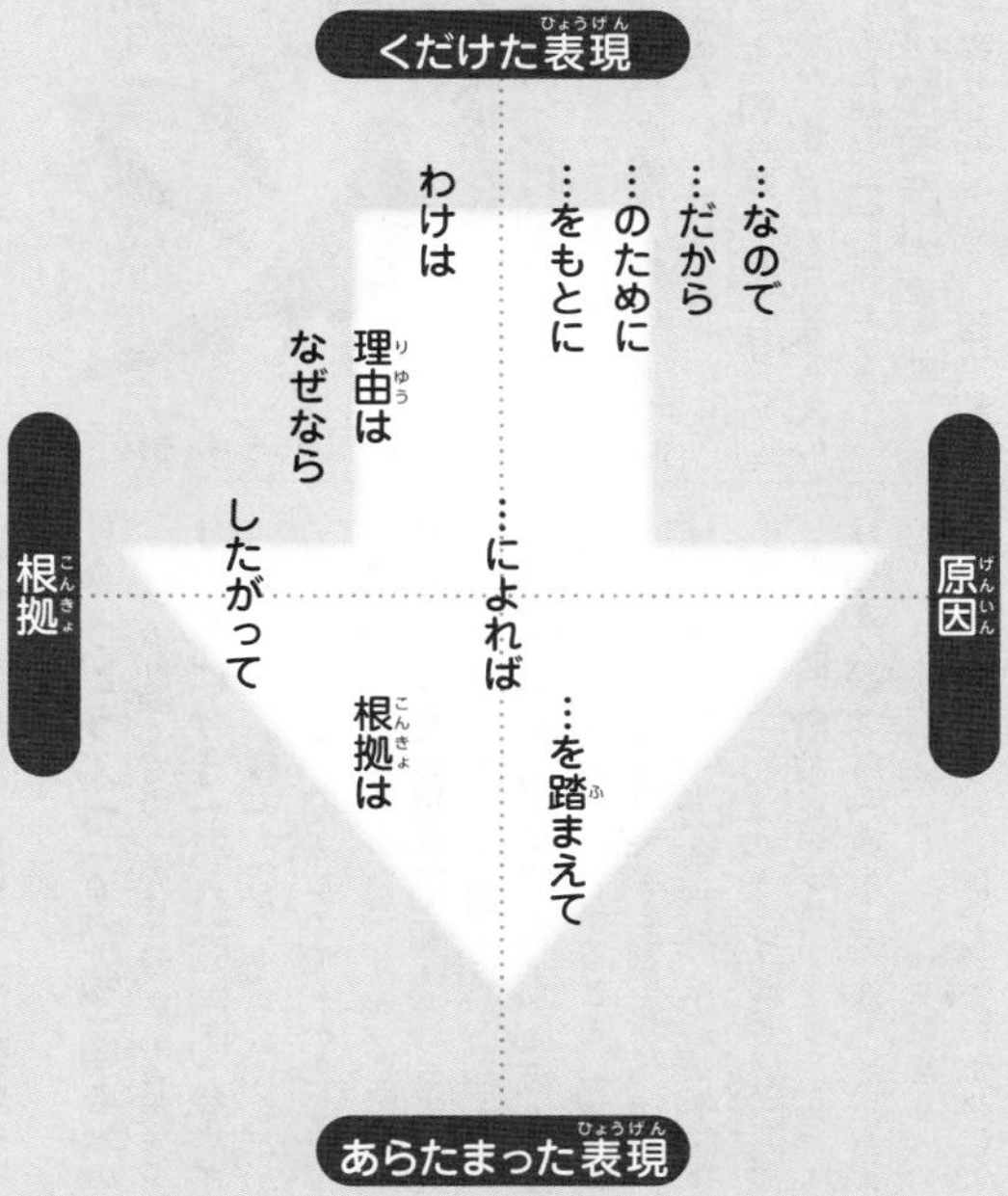




日本の世界遺産 白神山地《しらかみさんち》(青森県《あおもりけん》・秋田県《あきたけん》)平成《へいせい》5年《ねん》［自然《しぜん》］ 青森県南西部《あおもりけんなんせいぶ》から秋田県北西部《あきたけんほくせいぶ》にかけて広《ひろ》がる山地《さんち》。人《ひと》の手《て》の

リなど。対渡《わた》り鳥《どり》。

〔りゅうちょう〕

**りゅうちょう【流暢】** 形動 つかえないで、なめらかに話《はな》すようす。例 流ちょうな英語《えいご》でスピーチをする。

**りゅうつう【流通】** 名 動-する ❶流《なが》れ通《とお》ること。例 空気《くうき》の流通がいい部屋《へや》。❷世《よ》の中《なか》で広《ひろ》く使《つか》われること。例 今《いま》は百円札《ひゃくえんさつ》は流通していない。❸品物《しなもの》が、作《つく》った人《ひと》から使《つか》う人《ひと》の手《て》にわたるまでの仕組《しく》み。例 流通センター。

**りゅうどう【流動】** 名 動-する 流《なが》れ動《うご》くこと。ものごとが移《うつ》り変《か》わること。例 流動する社会《しゃかい》。

**りゅうどうしょく【流動食】** 名 重湯《おもゆ》〔＝水《みず》を多《おお》くして煮《に》たかゆの上澄《うわず》み〕・スープなど、どろどろした消化《しょうか》のよい食《た》べ物《もの》。

■**りゅうとうだび【竜頭蛇尾】** 名 初《はじ》めは勢《いきお》いがさかんだが、終《お》わりになるとその勢《いきお》いがなくなってしまうこと。例 計画《けいかく》が、竜頭蛇尾に終《お》わる。参考 頭《あたま》は竜《りゅう》のように立派《りっぱ》で、尾《お》はヘビのように貧弱《ひんじゃく》だということ。

**りゅうどうてき【流動的】** 形動 たえず変化《へんか》して、定《さだ》まらないようす。例 実施時期《じっしじき》は流動的だ。

**りゅうどうぶつ【流動物】** 名 ❶水《みず》のように流《なが》れ動《うご》くもの。液体《えきたい》。❷流動食《りゅうどうしょく》のこと。

**りゅうにゅう【流入】** 名 動-する ❶水《みず》が流《なが》れこむこと。❷よそから、人《ひと》やお金《かね》などが入《はい》ってくること。例 人口《じんこう》の流入が激《はげ》しい。対（❶・❷）流出《りゅうしゅつ》。

**りゅうにん【留任】** 名 動-する 今《いま》までと同《おな》じ役目《やくめ》にとどまること。例 大臣《だいじん》が留任する。

**りゅうねん【留年】** 名 動-する 進級《しんきゅう》・卒業《そつぎょう》せずに、同《おな》じ学年《がくねん》にとどまること。例 遊《あそ》んでばかりいた兄《あに》は、大学《だいがく》を留年した。

**りゅうは【流派】** 名 芸術《げいじゅつ》・武術《ぶじゅつ》・学問《がくもん》などで、それぞれの人《ひと》のやり方《かた》や考《かんが》え方《かた》。また、その仲間《なかま》。例 茶道《さどう》の流派。

**りゅうひょう【流氷】** 名 海上《かいじょう》をただよっている氷《こおり》のかたまり。北極《ほっきょく》や南極《なんきょく》などの寒《さむ》い海《うみ》にできた氷《こおり》が、風《かぜ》や海流《かいりゅう》のために流《なが》されたもの。

**りゅうぼく【流木】** 名 海《うみ》や川《かわ》に流《なが》れている木《き》。例 流木が川《かわ》の流《なが》れをふさぐ。

**リューマチ** 〔英語 rheumatism〕名 ↓リウマチ 1380ページ

**りゅうよう【流用】** 名 動-する 使《つか》いみちの決《き》まっているものを、他《ほか》の目的《もくてき》に回《まわ》して使《つか》うこと。例 旅費《りょひ》を本代《ほんだい》に流用する。

■**りゅうりゅうしんく【粒粒辛苦】** 名 動-する こつこつと苦労《くろう》や努力《どりょく》を重《かさ》ねること。例 粒粒辛苦して新《あたら》しい品種《ひんしゅ》を作《つく》り上《あ》げた。

**リュックサック** 〔ドイツ語〕名 山登《やまのぼ》りやハイキングなどのとき、食《た》べ物《もの》や着《き》る物《もの》などを入《い》れて背負《せお》うふくろ。リュック。

**りょ【旅】** 画数 10 部首 方（ほうへん） 3年

音 リョ 訓 たび

筆順 方 方 扩 扩 旅 旅

熟語 旅客《りょかく》・旅客《りょきゃく》。旅行《りょこう》。旅費《りょひ》。長旅《ながたび》。

**りょ【侶】** 画数 9 部首 亻（にんべん）

音 リョ 訓 ―

つれそう仲間《なかま》。とも。熟語 僧侶《そうりょ》。伴侶《はんりょ》〔＝つれあい〕。

**りょ【虜】** 画数 13 部首 虍（とらがしら）

音 リョ 訓 ―

とらえられた人《ひと》。熟語 捕虜《ほりょ》。

**りょ【慮】** 画数 15 部首 心（こころ）

音 リョ 訓 ―

よく考《かんが》える。思《おも》いめぐらす。熟語 遠慮《えんりょ》。考慮《こうりょ》。配慮《はいりょ》。

**◦りよう【利用】** 名 動-する ❶役《やく》に立《た》つように、うまく使《つか》うこと。活用《かつよう》。例 コンピューターを勉強《べんきょう》に利用する。❷自分《じぶん》が得《とく》をするように使《つか》うこと。例 地位《ちい》を利用する。

**りよう【理容】** 名 かみの毛《け》を切《き》ったり、顔《かお》

京都市外《きょうとしがい》に建《た》つ、平等院《びょうどういん》や比叡山延暦寺《ひえいざんえんりゃくじ》なども含《ふく》む。伝統的《でんとうてき》な町並《まちな》みなどが残《のこ》っている。

の毛《け》をそったりして、見《み》た目《め》を整《ととの》えること。例 理容室《りようしつ》。

**りょう【両】** 画数 6 部首 一（いち） 3年

音 リョウ 訓 ―

筆順

❶二《ふた》つ。熟語 両親《りょうしん》。両手《りょうて》。両方《りょうほう》。❷昔《むかし》のお金《かね》の単位《たんい》。例 小判《こばん》で一両《いちりょう》。❸鉄道《てつどう》で、車《くるま》を数《かぞ》える言葉《ことば》。例 六両連結《ろくりょうれんけつ》の列車《れっしゃ》。

**りょう【両】** 名 二《ふた》つでひと組《く》みになるもの。両方《りょうほう》。例 両の手《て》でにぎりしめる。

**りょう【良】** 画数 7 部首 艮（こんづくり） 4年

音 リョウ 訓 よ-い

筆順

よい。すぐれた。熟語 良好《りょうこう》。良質《りょうしつ》。良心《りょうしん》。改《かい》良《りょう》。参考「奈良県《ならけん》」のようにも読《よ》む。

《訓の使い方》 よ-い 例 仲《なか》が良い。

**りょう【良】** 名 よいこと。例 できばえは良の部類《ぶるい》だ。関連 優《ゆう》。可《か》。

**りょう【料】** 画数 10 部首 斗（と） 4年

音 リョウ 訓 ―

筆順

❶はらうお金《かね》。代金《だいきん》。熟語 料金《りょうきん》。送料《そうりょう》。有《ゆう》料《りょう》。❷物《もの》を作《つく》るもとになる物《もの》。熟語 料理《りょうり》。原《げん》料《りょう》。材料《ざいりょう》。

**りょう【量】** 画数 12 部首 里（さと） 4年

音 リョウ 訓 はか-る

筆順

❶かさ。ますめ。熟語 雨量《うりょう》。数量《すうりょう》。大量《たいりょう》。分《ぶん》量《りょう》。対 質《しつ》。❷物《もの》をはかる。熟語 計量《けいりょう》。測量《そくりょう》。❸心《こころ》や能力《のうりょく》の大《おお》きさ。熟語 器量《きりょう》。度量《どりょう》。力《りき》量《りょう》。

《訓の使い方》 はか-る 例 水《みず》かさを量る。

**りょう【量】** 名 かさ。分量《ぶんりょう》。例 量を増《ふ》やす。

**りょう【領】** 画数 14 部首 頁（おおがい） 5年

音 リョウ 訓 ―

筆順

❶自分《じぶん》のものにする。熟語 領収《りょうしゅう》。領土《りょうど》。占《せん》領《りょう》。❷だいじなこと。おおもと。熟語 本領《ほんりょう》。要領《ようりょう》。❸かしら。熟語 首領《しゅりょう》。大統領《だいとうりょう》。

**りょう【了】** 画数 2 部首 亅（はねぼう）

音 リョウ 訓 ―

❶終《お》わる。熟語 完了《かんりょう》。終了《しゅうりょう》。❷よくわかる。熟語 了解《りょうかい》。了承《りょうしょう》。

**りょう【涼】** 画数 11 部首 氵（さんずい）

音 リョウ 訓 すず-しい すず-む

❶すずしい。すずむ。熟語 涼風《りょうふう》。納涼《のうりょう》。例 夕涼《ゆうすず》み。❷ものさびしい。熟語 荒涼《こうりょう》。

**りょう【涼】** 名 すずしさ。例 涼を求《もと》める。

**りょう【猟】** 画数 11 部首 犭（けものへん）

音 リョウ 訓 ―

❶狩《か》りをする。熟語 猟期《りょうき》。猟師《りょうし》。禁猟《きんりょう》。狩《しゅ》猟《りょう》。❷広《ひろ》く探《さが》し回《まわ》る。熟語 渉猟《しょうりょう》（＝本《ほん》を読《よ》みあさる）。

**りょう【猟】** 名 けものや鳥《とり》をつかまえること。狩《か》り。例 山《やま》に分《わ》け入《い》って猟をする。

**りょう【陵】** 画数 11 部首 阝（こざとへん）

音 リョウ 訓 みささぎ

❶大《おお》きなおか。熟語 丘陵《きゅうりょう》。❷天皇《てんのう》や皇后《こうごう》の墓《はか》。みささぎ。熟語 御陵《ごりょう》。

**りょう【僚】** 画数 14 部首 亻（にんべん）

音 リョウ 訓 ―

❶同《おな》じ仕事《しごと》をしている仲間《なかま》。熟語 閣僚《かくりょう》。同《どう》僚《りょう》。❷役人《やくにん》。熟語 官僚《かんりょう》。

**りょう【寮】** 画数 15 部首 宀（うかんむり）

音 リョウ 訓 ―

寄宿舎《きしゅくしゃ》。熟語 寮生活《りょうせいかつ》。

**りょう【寮】** 名 学生《がくせい》や勤《つと》めている人《ひと》が、共《きょう》同《どう》で暮《く》らしている家《いえ》。寄宿舎《きしゅくしゃ》。例 大学《だいがく》の寮に入《はい》る。

**りょう【療】** 画数 17 部首 疒（やまいだれ）





日本の世界遺産 古都京都《こときょうと》の文化財《ぶんかざい》（京都府《きょうとふ》・滋賀県《しがけん》）平成《へいせい》６年《ねん》［文化《ぶんか》］ 平安京《へいあんきょう》と、その周辺《しゅうへん》に建《た》てられた寺院《じいん》や城《しろ》。

[音] リョウ [訓] ——
病《びょう》気《き》やけがを治《なお》す。[熟語] 療法《りょうほう》。療養《りょうよう》。医《い》療《りょう》。治療《ちりょう》。

**りょう【瞭】** [画数] 17 [部首] 目(めへん)
[音] リョウ [訓] ——
あきらか。[熟語] 明瞭《めいりょう》。一目瞭然《いちもくりょうぜん》。

**りょう【糧】** [画数] 18 [部首] 米(こめへん)
[音] リョウ ロウ [訓] かて
食《た》べ物《もの》。[熟語] 糧食《りょうしょく》。食糧《しょくりょう》。兵糧《ひょうろう》。[例] 生活《せいかつ》の糧《かて》。

**りょう【霊】°** [熟語] 悪霊《あくりょう》(悪霊《あくれい》)。↓れい【霊】 1401ページ

○**りょう【漁】** [名] 魚《さかな》などをとること。[例] 漁に出《で》る。↓ぎょ【漁】 331ページ

**りょういき【領域】** [名] ❶その国《くに》の力《ちから》がおよぶ区域《くいき》。領土《りょうど》・領海《りょうかい》・領空《りょうくう》など。[例] 他《ほか》の国《くに》の領域をおかす。❷学問《がくもん》などで、関係《かんけい》のある範囲《はんい》。[例] 自然科学《しぜんかがく》の領域。

**りょういん【両院】** [名] ❶国会《こっかい》の、衆議院《しゅうぎいん》と参議院《さんぎいん》。❷アメリカなどの議会《ぎかい》の、上院《じょういん》と下院《かいん》。

**りょうおもい【両思い】** [名] おたがいを恋《こい》しく思《おも》うこと。[例] 好《す》きな人《ひと》と両思いになる。[対] 片思《かたおも》い。

**りょうかい【了解】°** [名][動-する] わけがよくわかり、納得《なっとく》すること。[例] 父《ちち》の了解を得《え》る。

**りょうかい【領海】** [名] その国《くに》の力《ちから》のおよぶ範囲《はんい》の海《うみ》。[例] 領海に外国《がいこく》の船《ふね》が侵入《しんにゅう》する。[対] 公海《こうかい》。

**りょうがえ【両替】°** [名][動-する] 種類《しゅるい》のちがうお金《かね》に取《と》り替《か》えること。[例] 千円札《せんえんさつ》を、百円《ひゃくえん》玉《だま》に両替してもらう。

○**りょうがわ【両側】** [名] 両方《りょうほう》の側《がわ》。右側《みぎがわ》と左側《ひだりがわ》、表《おもて》と裏《うら》など。[例] 道《みち》の両側に店《みせ》が並《なら》んでいる。[対] 片側《かたがわ》。

**りょうかん【量感】** [名] 重《おも》みや厚《あつ》みのある感《かん》じ。[例] 量感のある油絵《あぶらえ》。

**りょうかん『良寛』** [人名] (男)(一七五八〜一八三一)江戸《えど》時代《じだい》のお坊《ぼう》さんで、歌人《かじん》。子《こ》どもが好《ず》きで、欲《よく》を捨《す》てた一生《いっしょう》を送《おく》り、漢詩《かんし》や短歌《たんか》、書道《しょどう》にすぐれていた。「かすみたつながきはるひにこどもらとてまりつきつつこのひくらしつ」などの歌《うた》がある。

**りょうがん【両岸】** [名] 川《かわ》などの、両方《りょうほう》の岸《きし》。[例] 両岸に続《つづ》く桜並木《さくらなみき》。

**りょうがん【両眼】** [名] 左右両方《さゆうりょうほう》の目《め》。双《そう》眼《がん》。

**りょうき【猟期】°** [名] ❶その鳥《とり》やけもののよくとれる時期《じき》。❷その鳥《とり》やけものをとってよいと決《き》められている時期《じき》。

**りょうき【漁期】** [名] ❶その魚《さかな》や貝《かい》のよくとれる時期《じき》。ぎょき。❷その魚《さかな》や貝《かい》をとってよいと決《き》められている時期《じき》。

**りょうきょく【両極】** [名] ❶両方《りょうほう》のはし。両端《りょうたん》。[例] 左右《さゆう》両極。❷南極《なんきょく》と北極《ほっきょく》。❸電池《でんち》の、陽極《ようきょく》と陰極《いんきょく》。プラスとマイナス。❹磁《じ》石《しゃく》のN極《エヌきょく》とS極《エスきょく》。

**りょうきょくたん【両極端】°** [名] 非常《ひじょう》にかけはなれた二《ふた》つのもの。[例] 意見《いけん》が両極端でまとまらない。

○**りょうきん【料金】** [名] 物《もの》を使用《しよう》したり利《り》用《よう》したりしたことに対《たい》してはらうお金《かね》。[例] 料金所《じょ》。水道《すいどう》料金。

**りょうくう【領空】** [名] その国《くに》の領土《りょうど》や領《りょう》海《かい》の上《うえ》の空《そら》。[例] 領空を侵犯《しんぱん》する。

**りょうぐん【両軍】** [名] ❶敵《てき》と味方《みかた》の両方《りょうほう》の軍隊《ぐんたい》。❷両方《りょうほう》のチーム。[例] 東西《とうざい》の両軍が入場《にゅうじょう》する。

**りょうけい【量刑】°** [名] 裁判所《さいばんしょ》が、刑罰《けいばつ》の程《てい》度《ど》を決《き》めること。[例] 重《おも》い量刑。

**りょうけん【了見・料簡▲】°** [名] こうしようという考《かんが》え。思案《しあん》。[例] 了見がせまい。

**りょうけん【猟犬】°** [名] 狩《か》りに使《つか》う犬《いぬ》。

**りょうこう【良好】** [名][形動] 成績《せいせき》や状態《じょうたい》などが、よいこと。[例] 体調《たいちょう》は良好だ。

**りょうこう【良港】** [名] 船《ふね》の安全《あんぜん》が守《まも》れて、出入《でい》りなどが便利《べんり》な港《みなと》。[例] 天然《てんねん》の良港に恵《めぐ》まれる。

**りょうさん【量産】** [名][動-する] 「大量生産《たいりょうせいさん》」の略《りゃく》。[例] 電気製品《でんきせいひん》を量産する。

**りょうし【猟師】°** [名] 鳥《とり》やけものをとることを仕事《しごと》としている人《ひと》。かりゅうど。

**りょうし【漁師】** [名] 魚《さかな》や貝《かい》などをとることを仕事《しごと》としている人《ひと》。漁夫《ぎょふ》。

**りょうじ【領事】** [名] 外交官《がいこうかん》の一《ひと》つ。外国《がいこく》に

らではの合掌造《がっしょうづく》り集落《しゅうらく》。経済《けいざい》が発展《はってん》し社会《しゃかい》が変《か》わっても、伝統的《てんとうてき》な暮《く》らしが続《つづ》けられている。

いて、貿易《ぼうえき》の世話《せわ》をしたり、自分《じぶん》の国《くに》の人《ひと》の世話《せわ》・保護《ほご》をしたりする役人《やくにん》。

**りょうじ【療治】** [名][動-する]（はりや灸《きゅう》、あんまなどで）病気《びょうき》やけがを治《なお》すこと。〔古《ふる》い言《い》い方《かた》。〕

**りょうじかん【領事館】** [名] 領事《りょうじ》が、外国《がいこく》で仕事《しごと》をする役所《やくしょ》。

**りょうしき【良識】** [名] ものごとを正《ただ》しく判断《はんだん》する力《ちから》。[例] 良識ある行動《こうどう》をとる。

**りょうしつ【良質】** [名][形動] 品物《しなもの》の性質《せいしつ》がすぐれていること。[例] 良質の紙《かみ》。[類] 上質《じょうしつ》。[対] 悪質《あくしつ》。

**りょうしゃ【両者】** [名] 両方《りょうほう》の人《ひと》。両方《りょうほう》のもの。[例] 両者が、自分《じぶん》の考《かんが》えを主張《しゅちょう》してゆずらない。

**りょうしゅ【領主】** [名] 領地《りょうち》の持《も》ち主《ぬし》。その土地《とち》の、大名《だいみょう》や殿様《とのさま》。

**りょうしゅう【領収】** [名][動-する] お金《かね》などを受《う》け取《と》ること。[例] 代金《だいきん》を領収する。

**りょうじゅう【猟銃】** [名] 鳥《とり》やけものをとるために使《つか》う鉄砲《てっぽう》。

**りょうしゅうしょ【領収書】** [名] お金《かね》を受《う》け取《と》ったしるしに出《だ》す証明書《しょうめいしょ》。受取《うけとり》。レシート。[対] 請求書《せいきゅうしょ》。

**りょうしょ【良書】** [名] よい本《ほん》。すぐれた本《ほん》。[例] 良書を推薦《すいせん》する。

**りょうしょう【了承】** [名][動-する] 納得《なっとく》して、承知《しょうち》すること。[例] 相手《あいて》のたのみを了承した。

**りょうしょく【糧食】** [名] 食料《しょくりょう》。[例] 糧食がつきる。

**りょうしん【両親】** [名] 父《ちち》と母《はは》。[例] 両親に感謝《かんしゃ》する。

**りょうしん【良心】** [名] 自分《じぶん》の行《おこな》いの、よい悪《わる》いが区別《くべつ》できて、よい行《おこな》いをしようとする心《こころ》。[例] 良心がとがめる。

**りょうしんてき【良心的】** [形動] 誠実《せいじつ》なようす。[例] 良心的な店《みせ》。

**りょうせい【両性】** [名] 男性《だんせい》と女性《じょせい》。雄《おす》と雌《めす》。二《ふた》つのちがった性《せい》。

**りょうせい【良性】** [名]（病気《びょうき》などの）たちがよいこと。悪《わる》くないこと。[例] 良性腫瘍《しゅよう》。[対] 悪性《あくせい》。

**りょうせいるい【両生類】** [名] 子《こ》どもの時《とき》は、えらで呼吸《こきゅう》して水中《すいちゅう》にすみ、大《おお》きくなると陸《りく》に上《あ》がって肺《はい》で呼吸《こきゅう》する動物《どうぶつ》の仲間《なかま》。カエル・イモリなど。

**りょうせん【稜線】** [名] 山《やま》のみねからみねへと続《つづ》く線《せん》。山《やま》の尾根《おね》。[例] 雪山《ゆきやま》の稜線が美《うつく》しい。

**りょうたん【両端】** [名] 両方《りょうほう》のはし。[例] ひもの両端を手《て》に持《も》つ。りょうはし。

**りょうち【領地】** [名] ❶その国《くに》が治《おさ》めている土地《とち》。領土《りょうど》。❷大名《だいみょう》などが治《おさ》めていた土地《とち》。

**りょうて【両手】** [名] 両方《りょうほう》の手《て》。

**両手《りょうて》に花《はな》** 二《ふた》つのすばらしいものを、自分《じぶん》ひとりのものにすること。特《とく》に、一人《ひとり》の男性《だんせい》が二人《ふたり》の女性《じょせい》といっしょにいること。

**りょうてき【量的】** [形動] 量《りょう》の面《めん》から見《み》たようす。[例] 量的にはこれで十分《じゅうぶん》だ。[対] 質的《しつてき》。

**りょうど【領土】** [名] その国《くに》が治《おさ》めている土地《とち》。領地《りょうち》。[例] 北方《ほっぽう》領土。

**りょうとう【両刀】** [名] 昔《むかし》、武士《ぶし》が腰《こし》に差《さ》した、大小二本《だいしょうにほん》の刀《かたな》。

**りょうどうたい【良導体】** [名] 熱《ねつ》または電気《でんき》をよく伝《つた》える物質《ぶっしつ》。銀《ぎん》や銅《どう》など。導体《どうたい》。

**りょうない【領内】** [名] 領地《りょうち》の中《なか》。

**りょうにん【両人】** [名] 両方《りょうほう》の人《ひと》。二人《ふたり》。[例] 両人の言《い》い分《ぶん》を聞《き》く。

**りょうば【両刃】** [名] 刃物《はもの》で、両側《りょうがわ》に刃《は》のあるもの。[例] 両刃のかみそり。

**りょうば【漁場】** [名] ⇩ぎょじょう 343ページ

**りょうはし【両端】** [名] ⇩りょうたん 1393ページ

**りょうばのつるぎ【両刃の剣】** [名] ⇩もろはのつるぎ 1313ページ

**りょうひ【良否】** [名] よいことと、よくないこと。よしあし。[例] 品物《しなもの》の良否を見《み》る。

**りょうふう【涼風】** [名] すずしい風《かぜ》。[例] さわやかな涼風が吹《ふ》きこむ。

**りょうぶん【領分】** [名] ❶持《も》っている土地《とち》。領地《りょうち》。❷力《ちから》のおよぶ範囲《はんい》。関係《かんけい》する範囲《はんい》。[例] 領分を守《まも》る。

**りょうほう【両方】** [名] ❶二《ふた》つの方面《ほうめん》。[例] 陸《りく》と空《そら》の両方から攻《せ》める。❷二《ふた》つの物《もの》。[例] リンゴもナシも両方とも好《す》きだ。[対]（❶・❷）片方《かたほう》。



日本の世界遺産 白川郷《しらかわごう》・五箇山《ごかやま》の合掌造《がっしょうづく》り集落《しゅうらく》（岐阜県《ぎふけん》・富山県《とやまけん》）平成《へいせい》7年《ねん》［文化《ぶんか》］ 岐阜県《ぎふけん》と富山県《とやまけん》にある、豪雪地帯《ごうせつちたい》な

**りょうほう【療法】** 名 病気《びょうき》の治《なお》し方《かた》。 例 昔《むかし》からの療法で治《なお》す。

**りょうめん【両面】** 名 ❶表《おもて》と裏《うら》の両方《りょうほう》。 例 紙《かみ》の両面。 対 片面《かためん》。 ❷二《ふた》つの方面《ほうめん》。 例 南《なん》北《ぼく》両面から敵《てき》を攻《せ》める。

**りょうやく【良薬】** 名 よく効《き》く薬《くすり》。

**良薬《りょうやく》は口《くち》に苦《にが》し** 〔よく効《き》く薬《くすり》は苦《にが》いという意味《いみ》から〕人《ひと》からの忠告《ちゅうこく》は聞《き》きづらいものだが、自分《じぶん》のためになるというたとえ。

**りょうゆう【良友】** 名 よい友達《ともだち》。つき合《あ》ってためになる友達《ともだち》。 対 悪友《あくゆう》。

**りょうゆう【領有】** 名 動-する （土《と》地《ち》などを）自分《じぶん》の物《もの》として持《も》つこと。 例 二《ふた》つの島《しま》を領有する。

**りょうよう【両用】** 名 両方《りょうほう》に使《つか》えること。 例 水陸《すいりく》両用の車《くるま》。

**りょうよう【療養】** 名 動-する 病気《びょうき》を治《なお》すために、体《からだ》を休《やす》めて手当《てあ》てをすること。 例 療養所《じょ》。

**りょうよく【両翼】** 名 ❶両方《りょうほう》の翼《つばさ》。 ❷横《よこ》に並《なら》んだ列《れつ》や、横《よこ》に広《ひろ》がった場所《ばしょ》の、両方《りょうほう》のはし。 例 スタンドの両翼で応援《おうえん》する。

°**りょうり【料理】** 名 動-する ❶煮《に》たり焼《や》いたりして、食《た》べ物《もの》をこしらえること。また、こしらえた食《た》べ物《もの》。 ❷ものごとを、うまくかたづけること。処理《しょり》すること。 例 難《むずか》しい問題《もんだい》をうまく料理する。

**りょうりつ【両立】** 名 動-する 二《ふた》つとも成《な》り立《た》つこと。 例 運動《うんどう》と勉強《べんきょう》を両立させる。

**りょうりん【両輪】** 名 車《くるま》の左右《さゆう》にある二《ふた》つの輪《わ》。二《ふた》つのものがたがいに補《おぎな》い合《あ》って役《やく》に立《た》つもののたとえにもいう。 例 二人《ふたり》は、チームを支《ささ》える両輪だ。

**りょうわき【両脇】** 名 左《さ》右《ゆう》両方《りょうほう》のわき。 例 荷物《にもつ》を両わきにかかえる。

**りょかく【旅客】** 名 旅行《りょこう》している人《ひと》。旅《たび》人《びと》。りょきゃく。 例 旅客を運《はこ》ぶ。

**りょかっき【旅客機】** 名 旅行《りょこう》する人《ひと》を乗《の》せるための飛行機《ひこうき》。りょかくき。

**りょかん【旅館】** 名 料金《りょうきん》を取《と》って、旅行《りょこう》する人《ひと》をとめる家《いえ》。ふつう、日本風《にほんふう》のものについていう。 類 宿屋《やどや》。ホテル。

**りょきゃく【旅客】** 名 ↓りょかく 1394ページ

**りょく【力】** 画数 2 部首 力（ちから） 1年

音 リョク リキ 訓 ちから

筆順

❶ちから。はたらき。 熟語 力量《りきりょう》。実力《じつりょく》。体《たい》力《りょく》。馬力《ばりき》。底力《そこぢから》。 ❷はげむ。努《つと》める。 熟語 力《りき》作《さく》。力走《りきそう》。努力《どりょく》。

**りょく【緑】** 画数 14 部首 糸（いとへん） 3年

音 リョク ロク 訓 みどり

筆順

みどり。 熟語 緑地《りょくち》。緑化《りょっか》。緑青《ろくしょう》。新緑《しんりょく》。

**りょくいん【緑陰】** 名 青葉《あおば》のしげった木《き》のかげ。 例 緑陰に憩《いこ》う。

**りょくおうしょくやさい【緑黄色野菜】** 名 緑《みどり》・赤《あか》・黄《き》などの、有色野菜《ゆうしょくやさい》。ブロッコリー・ホウレンソウ・ニンジン・カボチャなど。ビタミンなどの体《からだ》によい成分《せいぶん》をたくさん含《ふく》んでいる。

**りょくか【緑化】** 名 動-する ↓りょっか 1395ページ

**りょくち【緑地】** 名 草《くさ》や木《き》がよくしげっていて、緑《みどり》の多《おお》い土地《とち》。 例 川《かわ》ぞいに緑地が広《ひろ》がる。

**りょくちたい【緑地帯】** 名 ❶草《くさ》や木《き》のしげった区域《くいき》。 ❷大《おお》きな都市《とし》で、計画的《けいかくてき》に造《つく》られた、緑地《りょくち》の多《おお》い区域《くいき》。

**りょくちゃ【緑茶】** 名 つみ取《と》った茶葉《ちゃば》を発酵《はっこう》させずに、熱《ねつ》を加《くわ》えてつくった茶葉《ちゃば》。また、それに湯《ゆ》を注《そそ》いだ飲《の》み物《もの》。煎茶《せんちゃ》・玉露《ぎょくろ》・抹《まっ》茶《ちゃ》など。 参考 「紅茶《こうちゃ》」に対《たい》していう。

**りょけん【旅券】** 名 ↓パスポート 1043ページ

°**りょこう【旅行】** 名 動-する 旅《たび》をすること。旅《たび》。 例 修学《しゅうがく》旅行。

**りょこうあんない【旅行案内】** 名 旅行《りょこう》する人《ひと》のために、名所《めいしょ》や交通《こうつう》・宿泊所《しゅくはくじょ》などを書《か》いた本《ほん》。

**りょこうき【旅行記】** 名 旅行《りょこう》して見《み》たことや感《かん》じたことなどを書《か》いた文章《ぶんしょう》。 例 『ガリバー旅行記』。

**りょしゅう【旅愁】** 名 旅先《たびさき》で感《かん》じる、しみじみとしたさびしさ。 例 旅愁をなぐさめる。

地《ち》周辺《しゅうへん》にあった建物《たてもの》のうち、焼《や》け落《お》ちなかった数少《かずすく》ない建物《たてもの》の一《ひと》つであり、現在《げんざい》でも爆発直後《ばくはつちょくご》の状態《じょうたい》のまま残《のこ》って

**りょじょう【旅情】** 名 旅《たび》に出《で》たときに感《かん》じる気《き》持《も》ち。例 しみじみと旅情を楽《たの》しむ。類 旅情《りょじょう》。類 旅愁《りょしゅう》。

**りょっか【緑化】** 名 動-する 草《くさ》や木《き》を植《う》えて、緑《みどり》の多《おお》い土《と》地《ち》にすること。りょくか。例 緑化運《うん》動《どう》。

**りょっかかつどう【緑化活動】** 名 緑《りょっ》化《か》を押《お》しすすめる活《かつ》動《どう》。例 緑化活動に参《さん》加《か》する。

**りょてい【旅程】** 名 ❶旅《りょ》行《こう》の道《みち》のり。❷旅《りょ》行《こう》の毎《まい》日《にち》の予《よ》定《てい》。旅《たび》の日《にっ》程《てい》。例 旅程を組《く》む。

**りょひ【旅費】** 名 旅《りょ》行《こう》にかかるお金《かね》。例 目《もく》的《てき》地《ち》までの旅費を計《けい》算《さん》する。

**リラ** 名 ➡ライラック 1372ページ

**リライト** 〔英語 rewrite〕 名 動-する 書《か》き直《なお》すこと。書《か》き換《か》えること。

**リラックス** 〔英語 relax〕 名 動-する 緊《きん》張《ちょう》しないで、のんびりと楽《らく》にすること。例 リラックスして、試《し》合《あい》にのぞむ。

**リリース** 〔英語 release〕 名 動-する ❶釣《つ》った魚《さかな》を放《はな》してやること。例 キャッチアンドリリース〔=釣《つ》った魚《さかな》を、生《い》きたままその場《ば》所《しょ》で放《はな》すこと〕。❷〔楽《がっ》曲《きょく》やソフトウェアなどを〕発《はつ》売《ばい》すること。例 新《しん》曲《きょく》をリリースする。❸〔情《じょう》報《ほう》などを〕公《こう》開《かい》すること。例 プレスリリース〔=会《かい》社《しゃ》や役《やく》所《しょ》が、新《しん》商《しょう》品《ひん》や新《しん》サービスなどを報《ほう》道《どう》機《き》関《かん》に発《はっ》表《ぴょう》する資《し》料《りょう》〕。

**りりく【離陸】** 名 動-する 飛《ひ》行《こう》機《き》などが、地《じ》面《めん》から飛《と》び立《た》つこと。対 着《ちゃく》陸《りく》。

**りりしい** 形 姿《すがた》や態《たい》度《ど》が、きりりとして勇《いさ》ましい。例 わが子《こ》のりりしい姿《すがた》を見《み》つめる。

**りりつ【利率】** 名 利《り》子《し》が、元《がん》金《きん》に対《たい》してどれほどにあたるかという割《わり》合《あい》。年《ねん》利《り》・月《げつ》利《り》・日《ひ》歩《ぶ》など。

**◦リレー** 〔英語 relay〕 名 動-する ❶順《じゅん》々《じゅん》に伝《つた》えわたしていくこと。例 投《とう》手《しゅ》リレー。❷陸《りく》上《じょう》競《きょう》技《ぎ》・水《すい》泳《えい》競《きょう》技《ぎ》で、ひと組《く》みの選《せん》手《しゅ》が、次《つぎ》々《つぎ》に決《き》められた距《きょ》離《り》を受《う》けついで、速《はや》さを争《あらそ》うもの。例 メドレーリレー。

**りれき【履歴】** 名 ❶その人《ひと》が今《いま》までにたどってきた学《がっ》校《こう》や仕《し》事《ごと》など。類 経《けい》歴《れき》。❷〔コンピューターで〕それまでの利《り》用《よう》状《じょう》況《きょう》の記《き》録《ろく》。例 検《けん》索《さく》履歴を削《さく》除《じょ》する。

**りれきしょ【履歴書】** 名 その人《ひと》の履《り》歴《れき》を書《か》いた書《しょ》類《るい》。

**▪りろせいぜん【理路整然】** 副-と きちんと筋《すじ》道《みち》が通《とお》っているようす。例 理路整然と説《せつ》明《めい》する。参考 「理《り》路《ろ》整《せい》然《ぜん》たる話《はなし》」などと使《つか》うことがある。

**◦りろん【理論】** 名 筋《すじ》道《みち》の通《とお》った考《かんが》え。理《り》屈《くつ》。例 新《あたら》しい理論を打《う》ち出《だ》す。

**りろんてき【理論的】** 形動 筋《すじ》道《みち》の通《とお》った考《かんが》えに立《た》っているようす。例 それは空《くう》想《そう》で、理論的には不《ふ》可《か》能《のう》だ。

## りん【林】 画数 8 部首 木(きへん) 1年

音 リン 訓 はやし

筆順

はやし。熟語 林《りん》間《かん》。山《さん》林《りん》。植《しょく》林《りん》。森《しん》林《りん》。

## りん【輪】 画数 15 部首 車(くるまへん) 4年

音 リン 訓 わ

筆順

❶わ。わの形《かたち》をしたもの。熟語 五《ご》輪《りん》。年《ねん》輪《りん》。❷車《くるま》。また、車《くるま》のわを数《かぞ》える言《こと》葉《ば》。熟語 車《しゃ》輪《りん》。両《りょう》輪《りん》。三《さん》輪《りん》車《しゃ》。❸回《まわ》る。回《まわ》す。熟語 輪《りん》唱《しょう》。輪《りん》読《どく》。❹花《はな》などを数《かぞ》える言《こと》葉《ば》。例 一《いち》輪《りん》の花《はな》。

## りん【臨】 画数 18 部首 臣(しん) 6年

音 リン 訓 のぞ-む

筆順
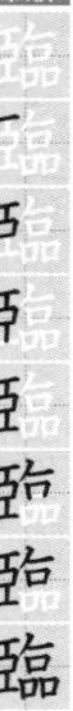

❶そばにある。面《めん》している。熟語 臨《りん》海《かい》。❷その時《とき》、その場《ば》にあたる。のぞむ。熟語 臨《りん》時《じ》。臨《りん》終《じゅう》。臨《りん》席《せき》。臨《りん》機《き》応《おう》変《へん》。❸治《おさ》める。熟語 君《くん》臨《りん》。

《訓の使い方》 **のぞ-む** 例 海《うみ》を臨む家《いえ》。試《し》験《けん》に臨む。

## りん【厘】 画数 9 部首 厂(がんだれ)

音 リン 訓 ―

❶昔《むかし》のお金《かね》の単《たん》位《い》。一《いち》円《えん》の千《せん》分《ぶん》の一《いち》。❷昔《むかし》の尺《しゃっ》貫《かん》法《ぽう》で、長《なが》さの単《たん》位《い》の一《ひと》つ。一《いち》分《ぶ》の十《じゅう》

あいうえお かきくけこ さしすせそ たちつてと なにぬねの はひふへほ まみむめも やゆよ らりるれろ わをん



日本の世界遺産 原《げん》爆《ばく》ドーム(広《ひろ》島《しま》県《けん》)平《へい》成《せい》8年《ねん》[文《ぶん》化《か》] 広《ひろ》島《しま》市《し》にある建《たて》物《もの》。1945年《ねん》8月《がつ》6日《か》に投《とう》下《か》された原《げん》子《し》爆《ばく》弾《だん》の爆《ばく》心《しん》いる。

分《ぶん》の一《いち》で、約《やく》〇・三ミリメートル。❸昔《むかし》の尺《しゃっ》貫法《かんぽう》で、重《おも》さの単位《たんい》の一《ひと》つ。一匁《いちもんめ》の百分《ひゃくぶん》の一《いち》で、三七・五ミリグラム。❹割合《わりあい》の単位《たんい》。一《いち》厘《りん》は、一《いち》分《ぶ》の十分《じゅうぶん》の一《いち》。例 打率《だりつ》は三割《さんわり》三《さん》分《ぶ》五厘《ごりん》。

**りん【倫】** 画数 10 部首 亻(にんべん)
音 リン 訓 ――
人間《にんげん》の守《まも》るべき筋道《すじみち》。道徳《どうとく》。熟語 倫理《りんり》。

**りん【隣】** 画数 16 部首 阝(こざとへん)
音 リン 訓 となーる となり
となり。となり合《あ》う。すぐ横《よこ》に並《なら》ぶ。熟語 隣家《りんか》。隣接《りんせつ》。例 隣《とな》り合《あ》わせ。

**りん【鈴】** 熟語 風鈴《ふうりん》。⬇れい【鈴】1401ページ

**りん【燐】** 名 元素《げんそ》の一《ひと》つ。やわらかく、火《ひ》がつきやすい。有毒《ゆうどく》。肥料《ひりょう》やマッチなどに使《つか》われる。

**りんか【隣家】** 名 となりの家《いえ》。

**りんかい【臨海】** 名 海《うみ》の近《ちか》くにあること。例 臨海工業地帯《こうぎょうちたい》。

**りんかいがっこう【臨海学校】** 名 夏《なつ》、児童《じどう》・生徒《せいと》を海辺《うみべ》に連《つ》れて行《い》き、集団《しゅうだん》で生活《せいかつ》を共《とも》にし、体《からだ》をきたえたり、野外《やがい》の勉強《べんきょう》をしたりする行事《ぎょうじ》。また、その場所《ばしょ》。類 林間学校《りんかんがっこう》。

**りんかく【輪郭】** 名 ❶物《もの》の形《かたち》を表《あらわ》す、周《まわ》りの線《せん》。例 顔《かお》の輪郭をとる。❷だいたい。あらまし。例 話《はなし》の輪郭をつかむ。

**りんかん【林間】** 名 林《はやし》の中《なか》。

**リンカン** 人名 (男)(一八〇九～一八六五)アメリカ合衆国《がっしゅうこく》第十《だいじゅう》六代《ろくだい》の大統領《だいとうりょう》。南北《なんぼく》戦争《せんそう》で北軍《ほくぐん》を勝利《しょうり》に導《みちび》き、奴隷制度《どれいせいど》をなくして、「人民《じんみん》の人民《じんみん》による人民《じんみん》のための政治《せいじ》」を唱《とな》えた。リンカーン。

〔リンカン〕

**りんかんがっこう【林間学校】** 名 夏《なつ》、児童《じどう》・生徒《せいと》を山《やま》や高原《こうげん》に連《つ》れて行《い》き、集団《しゅうだん》で生活《せいかつ》を共《とも》にし、体《からだ》をきたえたり、野外《やがい》の勉《べん》強《きょう》をしたりする行事《ぎょうじ》。また、その場所《ばしょ》。類 臨《りん》海学校《かいがっこう》。

■**りんきおうへん【臨機応変】** 名 その時《とき》その場《ば》に合《あ》った、うまいやり方《かた》をすること。例 臨機応変に受《う》け答《こた》えをする。

**りんぎょう【林業】** 名 木《き》を植《う》えて育《そだ》てたり、木《き》を切《き》り出《だ》して材木《ざいもく》にしたり、炭《すみ》を焼《や》いたりする産業《さんぎょう》。

**リンク** 〔英語 link〕 名 動-する ❶いくつかのものごとを結《むす》びつけること。❷インターネットで、ホームページなどから別《べつ》のページに移《うつ》ることができるようにすること。例 関係《かんけい》するウェブサイトのリンクをはる。

**リンク** 〔英語 rink〕 名 ⬇スケートリンク 682ページ

**リング** 〔英語 ring〕 名 ❶輪《わ》。輪《わ》の形《かたち》をしているもの。❷指輪《ゆびわ》。例 エンゲージリング〔=婚《こん》約指輪《やくゆびわ》〕。❸ボクシングやプロレスなどの試《し》合《あい》をする場所《ばしょ》。

**りんご** 名 寒《さむ》い地方《ちほう》で作《つく》られる果物《くだもの》。あまずっぱくて、かおりがよい。五月《ごがつ》ごろ白《しろ》い花《はな》が咲《さ》き、秋《あき》に実《みの》る。

**りんごく【隣国】** 名 となりの国《くに》。例 隣国と協定《きょうてい》を結《むす》ぶ。

**りんさく【輪作】** 名 動-する その畑《はたけ》に、毎年《まいとし》ちがった農作物《のうさくぶつ》を、順々《じゅんじゅん》に作《つく》ること。参考 毎年《まいとし》同《おな》じ農作物《のうさくぶつ》を作《つく》ることは「連作《れんさく》」という。

**°りんじ【臨時】** 名 ❶決《き》まった時《とき》でなく、必《ひつ》要《よう》な時《とき》に行《おこな》うこと。例 臨時ニュース。対 定《てい》期《き》。❷その時限《ときかぎ》りのこと。例 いそがしいので、臨時に人《ひと》をやとう。

**りんじく【輪軸】** 名 直径《ちょっけい》のちがう大小《だいしょう》の滑車《かっしゃ》を一本《いっぽん》の軸《じく》にしっかり取《と》り付《つ》け、それぞれに、綱《つな》やくさりなどを巻《ま》きつけた仕《し》かけ。小《ちい》さな力《ちから》で重《おも》い物《もの》を上《あ》げ下《お》ろしできる。

**りんじこっかい【臨時国会】** 名 必要《ひつよう》がある場合《ばあい》に臨時《りんじ》に召集《しょうしゅう》される国会《こっかい》。

**りんしつ【隣室】** 名 となりの部屋《へや》。例 隣室から音楽《おんがく》が聞《き》こえる。

**りんじゅう【臨終】** 名 死《し》ぬ間《ま》ぎわ。死《し》ぬ時《とき》。例 臨終に立《た》ち合《あ》う。

**りんしょう【輪唱】** 名 動-する 〔音《おん》楽《がく》で〕合《がっ》唱《しょう》の一《ひと》つ。同《おな》じ歌《うた》を、少《すこ》しずつ間《ま》をずらし、追《お》いかけるようにかぶせて歌《うた》う歌《うた》い方《かた》。

**りんしょう【臨床】** 名 医学《いがく》で、実際《じっさい》に病《びょう》人《にん》を診察《しんさつ》したり、治療《ちりょう》したりすること。例 臨床医学《いがく》。

**りんじょうかん【臨場感】** 名 実際《じっさい》にそ

大鳥居《おおとりい》や五重塔《ごじゅうのとう》、能舞台《のうぶたい》が有名《ゆうめい》。「安芸《あき》の宮島《みやじま》」ともいわれ、日本三景《にほんさんけい》の一《ひと》つ。


あいうえお かきくけこ さしすせそ たちつてと なにぬねの はひふへほ まみむめも やゆよ らりるれろ わをん

の場《ば》にいるような感《かん》じ。例 テレビが大《おお》きいと臨場感がある。

**りんじん【隣人】** 名 となりの人《ひと》。近所《きんじょ》の人《ひと》。

**リンス**〔英語 rinse〕名 動-する 髪《かみ》を洗《あら》ったあと、髪《かみ》をすすぐために使《つか》う液《えき》。また、その液《えき》ですすぐこと。

**りんせき【隣席】** 名 となりの席《せき》。

**りんせき【臨席】** 名 動-する 会《かい》に出《で》ること。その場《ば》に出席《しゅっせき》すること。例 開会式《かいかいしき》にご臨席の保護者《ほごしゃ》の皆《みな》さま。

**りんせつ【隣接】** 名 動-する となり合《あ》っていること。例 図書館《としょかん》は市役所《しやくしょ》に隣接している。

**リンチ**〔英語 lynch〕名 動-する 法律《ほうりつ》に基《もと》づかない、かってな制裁《せいさい》。暴力《ぼうりょく》をともなうことが多《おお》い。

**りんてんき【輪転機】** 名 印刷機械《いんさつきかい》の一《ひと》つ。まるい筒《つつ》のような印刷《いんさつ》の版《はん》を、非常《ひじょう》に速《はや》く回《まわ》して一度《いちど》にたくさん印刷《いんさつ》する。

**りんと【凛と】** 副 ❶きりっと、ひきしまったようす。例 母《はは》の、りんとした着物姿《きものすがた》。❷寒《さむ》さがきびしいようす。

**りんどう【林道】** 名 ❶林《はやし》の中《なか》の道《みち》。例 林道を抜《ぬ》ける近道《ちかみち》。❷山《やま》から切《き》り出《だ》した木《き》を運《はこ》ぶために作《つく》った道《みち》。

**りんどう** 名 山野《さんや》に生《は》える草《くさ》の一《ひと》つ。秋《あき》に、青《あお》むらさき色《いろ》でつりがね形《がた》の花《はな》を開《ひら》く。根《ね》は薬《くすり》に用《もち》いる。

✤**りんどく【輪読】** 名 動-する 一冊《いっさつ》の本《ほん》を、何人《なんにん》かで分担《ぶんたん》して順番《じゅんばん》に読《よ》むこと。例 輪読会《かい》。

**りんね【輪廻】** 名 動-する（仏教《ぶっきょう》で）迷《まよ》いの世界《せかい》で何度《なんど》も生《い》き死《し》にを繰《く》り返《かえ》すこと。

**リンパ**〔ラテン語〕名 ➡リンパえき 1397ページ

**リンパえき【リンパ液】** 名 体《からだ》の組織《そしき》の間《あいだ》を流《なが》れている無色《むしょく》の液体《えきたい》。組織《そしき》に栄養《えいよう》を与《あた》えたり、いらないものを運《はこ》び出《だ》したりする。また、病原菌《びょうげんきん》が体内《たいない》に入《はい》るのを防《ふせ》ぐ。リンパ。

**リンパかん【リンパ管】** 名 リンパ液《えき》を運《はこ》ぶ管《くだ》。

**リンパせん【リンパ腺】** 名 リンパ管《かん》のところどころにある、小《ちい》さなかたまり。首《くび》、わきの下《した》、もものつけねなどに多《おお》く、ここで病原菌《びょうげんきん》をくい止《と》める。リンパ節《せつ》。

**りんばん【輪番】** 名 何人《なんにん》かで順番《じゅんばん》に、代《か》わる代《が》わるすること。例 輪番で司会《しかい》をする。

**りんぶ【輪舞】** 名 動-する たくさんの人《ひと》が、輪《わ》になっておどること。

**りんぷん【鱗粉】** 名 チョウやガの、羽《はね》についている粉《こな》。

**りんり【倫理】** 名 人間《にんげん》として守《まも》るべき正《ただ》しい道《みち》。道徳《どうとく》。

**りんりつ【林立】** 名 動-する 細長《ほそなが》いものが林《はやし》のように、たくさん立《た》ち並《なら》んでいること。例 高層《こうそう》ビルが林立している。

**りんりん【凛凛】** 副-と ❶勇《いさ》ましくてりっぱなようす。例 りんりんと勇気《ゆうき》がわく。❷寒《さむ》さがきびしいようす。❸声《こえ》などが響《ひび》くようす。例 声《こえ》がりんりんとひびく。参考「凛々《りんりん》たる寒気《かんき》」などと使《つか》うこともある。

## る

ル ru

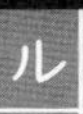

**る【瑠】** 画数 14 部首 王（おうへん）

音 ル 訓 —

美《うつく》しい宝玉《ほうぎょく》。熟語 瑠璃《るり》。浄瑠璃《じょうるり》。

**る【流】** 熟語 流転《るてん》。流布《るふ》。➡りゅう【流】1387ページ

**る【留】** 熟語 留守《るす》。➡りゅう【留】1387ページ

**るい【類】** 画数 18 部首 頁（おおがい） 4年

音 ルイ 訓 たぐ-い

筆順

❶仲間《なかま》。たぐい。熟語 類別《るいべつ》。種類《しゅるい》。人類《じんるい》。❷よく似《に》たもの。熟語 類型《るいけい》。類似《るいじ》。類推《るいすい》。類例《るいれい》。❸生物《せいぶつ》などの分《わ》け方《かた》の一《ひと》つ。熟語 魚類《ぎょるい》。哺《ほ》乳類《にゅうるい》。➡るいする 1398ページ

**るい【類】** 名 ❶同《おな》じ種類《しゅるい》のもの。例 イモの類。❷よく似《に》たもの。比《くら》べるもの。例 他《た》に類を見《み》ない作品《さくひん》。

**類《るい》がない** 比《くら》べるものがない。例 世界《せかい》でも類がないすぐれた技術《ぎじゅつ》。

**類《るい》は友《とも》を呼《よ》ぶ** 似《に》たものどうしは、自然《しぜん》に友達《ともだち》が集《あつ》まるものだ。例 類は友を呼ぶで、





日本の世界遺産 厳《いつく》 島《しま》神社《じんじゃ》（広島県《ひろしまけん》）平成《へいせい》８年《ねん》［文化《ぶんか》］ 瀬戸内海《せとないかい》の厳 島《いつくしま》にある神社《じんじゃ》。世界的《せかいてき》に珍《めずら》しい、海上《かいじょう》にある朱塗《しゅぬ》りの

例解 ! ことばの勉強室

**類義語《るいぎご》について**

「ケーキは」に続《つづ》ける言葉《ことば》は、「うまい」「おいしい」どちらも同《おな》じように使《つか》える。ところが、「とび箱《ばこ》が」だったら、「うまい」しか使《つか》えない。「とび箱《ばこ》がおいしい」ではたいへんである。

人《ひと》をとめる所《ところ》を、「宿屋《やどや》」「旅館《りょかん》」「ホテル」などという。が、この三《みっ》つは少《すこ》しずつちがう。宿屋《やどや》より旅館《りょかん》のほうがりっぱで、これがホテルとなると、西洋風《せいようふう》の感《かん》じになる。

このように類義語《るいぎご》は、たがいによく似《に》ていながら、少《すこ》しずつちがっている。このちがいに気《き》をつけて、ぴったりした言《こと》葉《ば》を選《えら》ぶことが大切《たいせつ》である。

この辞典《じてん》では、代表的《だいひょうてき》な類義語《るいぎご》を取《と》り上《あ》げ、表《ひょう》や例文《れいぶん》で使《つか》い方《かた》の説明《せつめい》をしている。

は鉄道《てつどう》好《ず》きが多《おお》い。

**るい【涙】** 画数 10 部首 氵（さんずい）
音 ルイ 訓 なみだ
なみだ。熟語 涙腺《るいせん》。感涙《かんるい》。

**るい【累】** 画数 11 部首 糸（いと）
音 ルイ 訓 —
❶重《かさ》ねる。熟語 累計《るいけい》。累積《るいせき》。❷つながり。熟語 係累《けいるい》〔＝面倒《めんどう》をみなければならない家《か》族《ぞく》〕。

**るい【累】** 名 迷惑《めいわく》。面倒《めんどう》。
**累《るい》を及《およ》ぼす** 自分《じぶん》のしたことが原因《げんいん》で、他《た》人《にん》に迷惑《めいわく》をかける。巻《ま》き添《ぞ》えにする。例 親《おや》にまで累をおよぼす。

**るい【塁】** 画数 12 部首 土（つち）
音 ルイ 訓 —
❶とりで。熟語 土塁《どるい》。❷野《や》球《きゅう》やソフトボールの、ベース。熟語 塁審《るいしん》。本塁《ほんるい》。

**るい【塁】** 名 野《や》球《きゅう》・ソフトボールで、点《てん》を入《い》れるために、走者《そうしゃ》が順《じゅん》にふまなければならない四《よっ》つの地点《ちてん》を示《しめ》したもの。ベース。一塁《いちるい》・二《に》塁《るい》・三塁《さんるい》と本塁《ほんるい》がある。例 ヒットで塁に出《で》る。

✤**るいぎご【類義語】** 名〔国語《こくご》で〕意味《いみ》の似《に》ている言葉《ことば》。例《たと》えば、「演劇《えんげき》」と「芝居《しばい》」、「かおる」と「におう」など。類語《るいご》。この辞典《じてん》では、類《るい》義《ぎ》語《ご》を 類 のしるしで示《しめ》してある。

**るいけい【累計】** 名 動-する 一《ひと》つ一《ひと》つ積《つ》み重《かさ》ねた数《かず》の合計《ごうけい》。例 一年間《いちねんかん》の売《う》り上《あ》げを累計する。

**るいけい【類型】** 名 似《に》かよった型《かた》。例 昔《むかし》話《ばなし》には、いくつかの類型がある。

**るいけいてき【類型的】** 形動 型《かた》にはまっていて、目立《めだ》ったところのないようす。例 類型的な絵《え》ばかりで新味《しんみ》がない。

✤**るいご【類語】** 名〔国語《こくご》で〕類義語《るいぎご》のこと。

**るいじ【類似】** 名 動-する 似《に》ていること。例 今《いま》の話《はなし》と類似した話《はなし》を前《まえ》に聞《き》いた。

**るいじてん【類似点】** 名 似《に》ているところ。例 ヒョウとネコには類似点がある。

**るいじひん【類似品】** 名 似《に》ている品《しな》。例 類似品が出回《でまわ》る。

**るいしょ【類書】** 名 中《なか》身《み》や形式《けいしき》が似《に》たような本《ほん》。例 類書が数多《かずおお》くある。

**るいしょう【類焼】** 名 動-する 他《ほか》からでた火《か》事《じ》が燃《も》え移《うつ》って、自分《じぶん》の家《いえ》が焼《や》けること。類 延焼《えんしょう》。

**るいしん【累進】** 名 動-する ❶次々《つぎつぎ》に上《うえ》の地《ち》位《い》に進《すす》むこと。❷数量《すうりょう》が増《ふ》えるにつれ、税金《ぜいきん》などの割合《わりあい》が増《ふ》えること。例 累進税《ぜい》。

**るいしん【塁審】** 名 野《や》球《きゅう》・ソフトボールで、一《いち》、二《に》、三塁《さんるい》のそばに立《た》って、ランナーや打《だ》球《きゅう》の審判《しんぱん》をする人《ひと》。

**るいじんえん【類人猿】** 名 猿《さる》の仲間《なかま》で、人《にん》間《げん》に近《ちか》い、いちばん進化《しんか》したものの呼《よ》び名《な》。ゴリラ・チンパンジー・オランウータンなど。

**るいすい【類推】** 名 動-する 似《に》かよった点《てん》をもとにして、見当《けんとう》をつけること。例 言《こと》葉《ば》の意《い》味《み》を類推する。

**るいする【類する】** 動 似《に》ている。似《に》かよ

唐招提寺《とうしょうだいじ》、春日大社《かすがたいしゃ》など。日本文化《にっぽんぶんか》の原型《げんけい》であり、宗教都市《しゅうきょうとし》として繁栄《はんえい》した。

う。例 これに類したまちがいが多《おお》い。

**るいせき【累積】** 名 動-する 次々《つぎつぎ》と積《つ》み重《かさ》なること。例 赤字《あかじ》が累積する。

**るいせん【涙腺】** 名 涙《なみだ》を出《だ》す器官《きかん》。

**るいべつ【類別】** 名 動-する 種類《しゅるい》によって分《わ》けること。分類《ぶんるい》。例 資料《しりょう》を作成者《さくせいしゃ》ごとに類別する。

**るいるい【累累】** 副(-と) 重《かさ》なり合《あ》ってあるようす。例 死屍《しし》累々《=たくさんの死体《したい》が、あたりに重《かさ》なり合《あ》ってあること》。参考「累々《るいるい》たる死体《したい》」のように使《つか》うこともある。

**るいれい【類例】** 名 よく似《に》た例《れい》。例 他《ほか》に類例がない。

**ルー** 〔フランス語〕名 小麦粉《こむぎこ》をバターでいためたものに牛乳《ぎゅうにゅう》などを加《くわ》えたソース。例 カレールー。

**ルーキー** 〔英語 rookie〕名 新人《しんじん》。特《とく》に、プロ野球《やきゅう》の新人選手《しんじんせんしゅ》。例 期待《きたい》のルーキー。

**ルーズ** 〔英語 loose〕一 形動 だらしがないようす。例 時間《じかん》にルーズな人《ひと》。二 名 (カメラで)情景全体《じょうけいぜんたい》が入《はい》るようにはなれて写《うつ》すこと。対 アップ。

**ルーズリーフ** 〔英語 loose-leaf〕名 用紙《ようし》を一枚《いちまい》ずつ加《くわ》えたり外《はず》したりできるようにしてあるノート。

**ルーツ** 〔英語 roots〕名 ❶ものごとの起《お》こり。起源《きげん》。例 日本語《にほんご》のルーツをさぐる。❷祖先《そせん》。

**ルート** 〔英語 route〕名 ❶道路《どうろ》。例 ルート5《=国道《こくどう》などの五号線《ごごうせん》》。❷道筋《みちすじ》。例 観光《かんこう》ルート。❸手《て》づる。例 輸入《ゆにゅう》ルート。

**ループせん【ループ線】** 名 列車《れっしゃ》などが、急《きゅう》な山《やま》などを登《のぼ》るとき、登《のぼ》りやすいように、うずまきの形《かたち》にしいた線路《せんろ》。

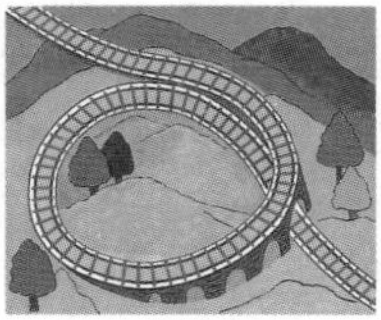

〔ループせん〕

**ルーブル** 〔ロシア語〕名 ロシアなどのお金《かね》の単位《たんい》。

**ルーペ** 〔ドイツ語〕名 拡大鏡《かくだいきょう》。虫眼鏡《むしめがね》。

**ルーム** 〔英語 room〕名 部屋《へや》。室《しつ》。例 ルームクーラー。バスルーム。

**°ルール** 〔英語 rule〕名 規則《きそく》。決《き》まり。例 会議《かいぎ》のルールを守《まも》る。

**ルーレット** 〔フランス語〕名 ❶すりばち形《がた》の円盤《えんばん》に玉《たま》を入《い》れて回《まわ》し、止《と》まった場所《ばしょ》によって勝負《しょうぶ》を決《き》める遊《あそ》び道具《どうぐ》。❷布《ぬの》や紙《かみ》に、点線《てんせん》のしるしをつける道具《どうぐ》。柄《え》の先《さき》につけた小《ち》さな歯車《はぐるま》を転《ころ》がして使《つか》う。ルレット。

**ルクス** 〔フランス語〕名 明《あか》るさを表《あらわ》す単位《たんい》。一《いち》メートルの距離《きょり》から、一平方《いちへいほう》メートルの面《めん》を照《て》らす明《あか》るさで測《はか》る。ルックス。

**るけい【流刑】** 名 ⬇るざい1399ページ

**るざい【流罪】** 名 罪人《ざいにん》を、遠《とお》く離《はな》れた土地《とち》や島《しま》へ送《おく》る刑罰《けいばつ》。島流《しまなが》し。流刑《るけい》。

**°るす【留守】** 名 ❶外《そと》に出《で》かけていて、家《いえ》にいないこと。不在《ふざい》。例 家《いえ》を留守にする。❷家《いえ》の人《ひと》が出《で》かけている間《あいだ》、その家《いえ》を守《まも》ること。例 留守をたのむ。❸注意《ちゅうい》が届《とど》かないこと。例 手《て》もとが留守になる。

**るすをあずかる【留守を預かる】** 留守番《るすばん》をする。

**るすい【留守居】** 名 ⬇るすばん1399ページ

**るすでん【留守電】** 名「留守番電話《るすばんでんわ》」の略《りゃく》。

**るすばん【留守番】** 名 動-する 家《いえ》の人《ひと》がいないとき、その家《いえ》を守《まも》ること。また、その人《ひと》。留守居《るすい》。例 留守番を頼《たの》まれる。

**るすばんでんわ【留守番電話】** 名 留守《るす》中《ちゅう》にかかってきた電話《でんわ》の用件《ようけん》を、録音《ろくおん》できるようにした電話《でんわ》。留守電《るすでん》。

**ルックス** 〔英語 looks〕名 顔《かお》かたちや姿《すがた》。見《み》た目《め》。例 ルックスのいい人《ひと》。

**るつぼ** 名 ❶金属《きんぞく》を入《い》れ、強《つよ》く熱《ねっ》して、とかす容器《ようき》。❷熱気《ねっき》にあふれるようす。例 接戦《せっせん》で、スタンドは興奮《こうふん》のるつぼと化《か》した。❸いろいろなものが混《ま》ざりあっていること。例 人種《じんしゅ》のるつぼ。

**るてん【流転】** 名 動-する ものごとが絶《た》えず変化《へんか》し続《つづ》けること。例 万物《ばんぶつ》は流転する。

**ルネサンス** 〔フランス語〕名 十四世紀《じゅうよんせいき》の末《すえ》から十六世紀《じゅうろくせいき》にかけてイタリアに起《お》こり、ヨーロッパに広《ひろ》がった運動《うんどう》。昔《むかし》のギリシャ・ローマの学問《がくもん》・芸術《げいじゅつ》のような、人間《にんげん》を中心《ちゅうしん》にした新《あたら》しい文化《ぶんか》を起《お》こそうとした。文芸復興《ぶんげいふっこう》。ルネッサンス。

**ルビ** 〔英語 ruby〕名 ふりがな。また、ふりがな用《よう》の小《ち》さい文字《もじ》。例 全文《ぜんぶん》ルビ付《つ》きの辞書《じしょ》。

**ルビー** 〔英語 ruby〕名 赤《あか》い色《いろ》をした美《うつく》しい宝石《ほうせき》。紅玉《こうぎょく》。




日本の世界遺産 古都奈良《ことなら》の文化財《ぶんかざい》(奈良県《ならけん》)平成《へいせい》10年《ねん》［文化《ぶんか》］ 奈良市《ならし》にあった平城京《へいじょうきょう》と、その周辺《しゅうへん》につくられた薬師寺《やくしじ》、

**るふ【流布】** 名 動する 世《よ》の中《なか》に広《ひろ》まること。また、広《ひろ》めること。例 よくないうわさが流布する。

**ルポ** 名 動する 「ルポルタージュ」の略《りゃく》。例 現《げん》地《ち》ルポ。

**ルポライター** 名 〔日本《にっぽん》でできた英語《えいご》ふうの言葉《ことば》。〕現《げん》地《ち》報《ほう》告《こく》を書《か》くことを仕事《しごと》としている人《ひと》。

**ルポルタージュ** 〔フランス語〕名 ❶新《しん》聞《ぶん》や放《ほう》送《そう》などで、現《げん》地《ち》のようすを報《ほう》告《こく》すること。また、その報《ほう》告《こく》。❷社《しゃ》会《かい》のできごとをありのままに記《き》録《ろく》し、まとめた文《ぶん》学《がく》。記《き》録《ろく》文《ぶん》学《がく》。

✤**るまた** 名 漢《かん》字《じ》の部《ぶ》首《しゅ》で、「つくり」の一《ひと》つ。「殺《さつ》」「段《だん》」などの「殳」の部《ぶ》分《ぶん》。ほこづくり。

**るり【瑠璃】** 名 こい青《あお》色《いろ》の宝《ほう》石《せき》。例 瑠璃色《いろ》。

**るりいろ【瑠璃色】** 名 こい青《あお》色《いろ》。

**るろう【流浪】** 名 動する あてもなく、さまよい歩《ある》くこと。例 流浪の旅《たび》に出《で》る。

**ルンバ** 〔スペイン語〕名 キューバで生《う》まれた、四《よん》分《ぶん》の二《に》拍《びょう》子《し》のリズムの音《おん》楽《がく》。また、それにあわせた踊《おど》り。

# れ
レ re

**レア** 〔英語 rare〕 一 名 ビーフステーキの焼《や》き方《かた》で、少《すこ》し火《ひ》を通《とお》したくらいのもの。参考 よく火《ひ》を通《とお》す順《じゅん》に、ウェルダン、ミディアム、レアという。二 名 形動 めずらしい。まれな。例 レアもの。レアケース。

**レアメタル** 〔英語 rare metal〕 地《ち》球《きゅう》上《じょう》にわずかしかなかったり、取《と》り出《だ》すのが難《むずか》しかったりする金《きん》属《ぞく》。ニッケル・コバルト・チタンなど。参考 テレビ・携《けい》帯《たい》電《でん》話《わ》・コンピューター・自《じ》動《どう》車《しゃ》などに欠《か》かせない材《ざい》料《りょう》。「希《き》少《しょう》金《きん》属《ぞく》」ともいう。

**れい【令】** 画数 5 部首 人(ひとがしら) 4年

音 レイ 訓 ―

筆順 ノ 人 𠆢 今 令

❶言《い》いつけ。指《さし》図《ず》。熟語 令《れい》状《じょう》。指《し》令《れい》。命《めい》令《れい》。❷決《き》まり。熟語 法《ほう》令《れい》。❸その人《ひと》を敬《うやま》って言《い》う言葉《ことば》。熟語 令《れい》嬢《じょう》。令《れい》息《そく》。

**れい【礼】** 画数 5 部首 ネ(しめすへん) 3年

音 レイ ライ 訓 ―

筆順 丶 ラ ネ ネ 礼

❶お礼《れい》。熟語 礼《れい》金《きん》。礼《れい》状《じょう》。謝《しゃ》礼《れい》。❷作《さ》法《ほう》。熟語 礼《れい》儀《ぎ》。失《しつ》礼《れい》。無《ぶ》礼《れい》。❸儀《ぎ》式《しき》。熟語 礼《れい》拝《はい》・目《もく》礼《れい》。婚《こん》礼《れい》。祭《さい》礼《れい》。❹おじぎ。熟語 敬《けい》礼《れい》。礼《らい》拝《はい》。

**れい【礼】** 名 ❶感《かん》謝《しゃ》の気《き》持《も》ちを表《あらわ》すための、言葉《ことば》やお金《かね》や品《しな》物《もの》。お礼《れい》。例 会《あ》って礼を言《い》う。❷(人《ひと》付《づ》き合《あ》いの上《うえ》での)作《さ》法《ほう》。例 礼をわきまえる。❸おじぎ。例 深々《ふかぶか》と礼をする。

**礼《れい》も過《す》ぎれば無《ぶ》礼《れい》になる** 礼《れい》儀《ぎ》正《ただ》しいのも、度《ど》が過《す》ぎるといやみになって、かえって相《あい》手《て》に失《しつ》礼《れい》になる。

**れい【冷】** 画数 7 部首 冫(にすい) 4年

音 レイ 訓 つめ-たい ひ-える ひ-や ひ-やす ひ-やかす さ-める さ-ます

筆順 丶 冫 冫 冷 冷 冷 冷

❶つめたい。熟語 冷《れい》気《き》。冷《れい》水《すい》。寒《かん》冷《れい》。❷ひやす。ひえる。熟語 冷《れい》却《きゃく》。冷《れい》凍《とう》。冷《れい》房《ぼう》。対(❶・❷)熱《ねつ》。温《おん》。暖《だん》。❸心《こころ》がさめている。熟語 冷《れい》静《せい》。❹思《おも》いやりがない。心《こころ》にあたたかみがない。熟語 冷《れい》酷《こく》。冷《れい》淡《たん》。

《訓の使い方》**つめ-たい** 例 水《みず》が冷たい。**ひ-える** 例 体《からだ》が冷える。**ひ-や** **ひ-やす** 例 頭《あたま》を冷やす。**ひ-やかす** 例 人《ひと》を冷やかす。**さ-める** 例 お湯《ゆ》が冷める。**さ-ます** 例 熱《ねつ》を冷ます。

**れい【例】** 画数 8 部首 亻(にんべん) 4年

音 レイ 訓 たと-える

筆順 ノ イ 亻 仞 伢 侀 例 例

❶習《なら》わし。しきたり。熟語 例《れい》年《ねん》。慣《かん》例《れい》。❷同《おな》じようなものごと。見《み》本《ほん》。熟語 例《れい》文《ぶん》。例《れい》外《がい》。例《れい》解《かい》。実《じつ》例《れい》。❸いつものこと。熟語 恒《こう》例《れい》。

《訓の使い方》**たと-える** 例 人《ひと》を花《はな》に例える。

**れい【例】** 名 ❶これまでに行《おこな》われていた、決《き》まったやり方《かた》。習《なら》わし。例 従《じゅう》来《らい》の例にならう。

う。❷判断《はんだん》のよりどころとして示《しめ》す、同《おな》じようなものごと。見本《みほん》。例 実際《じっさい》の例をもとに考《かんが》える。❸いつものこと。ふだん。例 今年《ことし》は例になく暑《あつ》い。

**例《れい》にとる** 例《れい》として取《と》り上《あ》げる。例 チョウを例にとって、昆虫《こんちゅう》の一生《いっしょう》を説明《せつめい》する。

**例《れい》に漏《も》れず** 例外《れいがい》でなく、他《ほか》と同《おな》じように。例 例に漏れず、今年《ことし》の祭《まつ》りもすごい人出《ひとで》だった。

**例《れい》によって** いつもと同様《どうよう》に。例 例によって、また小言《こごと》が始《はじ》まった。

**例《れい》をあげる** 具体的《ぐたいてき》なことがらを取《と》り上《あ》げる。例 例をあげて説明《せつめい》する。

## れい【励】
画数 7 部首 力(ちから)

音 レイ 訓 はげ-む はげ-ます

❶はげむ。一生懸命《いっしょうけんめい》に努《つと》める。熟語 励行《れいこう》。❷はげます。熟語 激励《げきれい》。奨励《しょうれい》。例 スポーツに励《はげ》む。

## れい【戻】
画数 7 部首 戸(と)

音 レイ 訓 もど-す もど-る

もどす。元《もと》の場所《ばしょ》や状態《じょうたい》に返《かえ》す。熟語 返戻《へんれい》〔=元《もと》にもどす〕。例 本《ほん》を棚《たな》に戻《もど》す。

## れい【鈴】
画数 13 部首 金(かねへん)

音 レイ リン 訓 すず

すず。また、ベル。熟語 予鈴《よれい》〔=予告《よこく》のために鳴《な》らすベル〕。風鈴《ふうりん》。

## れい【零】
画数 13 部首 雨(あめかんむり)

音 レイ 訓 ―

❶落《お》ちぶれる。熟語 零落《れいらく》。❷わずか。熟語 零細《れいさい》。❸数《かず》の名《な》。ゼロ。「〇」で表《あらわ》す。熟語 零下《れいか》。零時《れいじ》。

**れい【零】** 名 数《かず》が全然《ぜんぜん》ないこと。ゼロ。

## れい【霊】
画数 15 部首 雨(あめかんむり)

音 レイ リョウ 訓 たま

❶たましい。熟語 霊魂《れいこん》。亡霊《ぼうれい》。悪霊《あくりょう》・悪霊《あくれい》〔=たたりをすると言《い》われる、死《し》んだ人《ひと》のたましい〕。例 み霊《たま》をまつる。❷目《め》に見《み》えないふしぎな力《ちから》。熟語 霊感《れいかん》。

**れい【霊】** 名 死《し》んだ人《ひと》のたましい。例 先祖《せんぞ》の霊をまつる。

## れい【隷】
画数 16 部首 隶(れいづくり)

音 レイ 訓 ―

❶つき従《したが》う。熟語 奴隷《どれい》。❷漢字《かんじ》の書体《しょたい》の一《ひと》つ。隷書《れいしょ》。

## れい【齢】
画数 17 部首 歯(はへん)

音 レイ 訓 ―

とし。生《う》まれてからの年数《ねんすう》。熟語 年齢《ねんれい》。

## れい【麗】
画数 19 部首 鹿(しか)

音 レイ 訓 うるわ-しい

うるわしい。美《うつく》しい。熟語 華麗《かれい》〔=はなやかで美《うつく》しい〕。美辞麗句《びじれいく》。

**レイ** 〔ハワイ語〕 名 ハワイで、人《ひと》をむかえるときなどに、首《くび》にかける花輪《はなわ》。

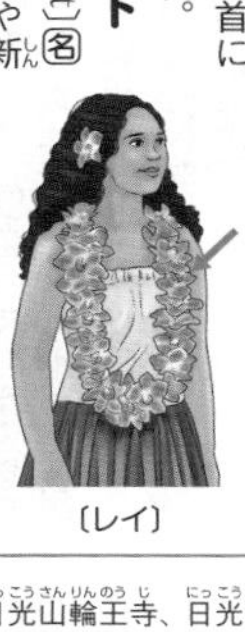
〔レイ〕

**レイアウト** 〔英語 layout〕 名 動-する ❶本《ほん》や新聞《しんぶん》やポスターなどの紙面《しめん》に、文字《もじ》や写真《しゃしん》などをうまく配置《はいち》すること。割《わ》り付《つ》け。❷部屋《へや》の中《なか》などに物《もの》を効果的《こうかてき》に配置《はいち》すること。例 家《か》具《ぐ》のレイアウト。

**れいえん【霊園】** 名 広《ひろ》い共同墓地《きょうどうぼち》。

**れいか【冷夏】** 名 いつもの年《とし》より気温《きおん》の低《ひく》い夏《なつ》。

**れいか【零下】** 名 温度《おんど》が〇度《れいど》よりも低《ひく》いこと。氷点下《ひょうてんか》。例 今朝《けさ》は零下五度《ごど》だった。

**れいかい【例会】** 名 日《ひ》を決《き》めて定期的《ていきてき》に開《ひら》く会《かい》。例 例会を開《ひら》く。

**れいかい【例解】** 名 動-する 例《れい》をあげて、解《かい》釈《しゃく》・説明《せつめい》すること。例 慣用句《かんようく》の用法《ようほう》を例解する。

**れいがい【冷害】** 名 夏《なつ》の気温《きおん》が低《ひく》いために農作物《のうさくぶつ》が受《う》ける被害《ひがい》。

**れいがい【例外】** 名 いつものやり方《かた》や決《き》まりから外《はず》れていること。また、外《はず》れているもの。例 例外を認《みと》める。

**れいかん【霊感】** 名 目《め》に見《み》えないふしぎなものによって与《あた》えられる力《ちから》。インスピレーション。例 霊感がはたらく。

あいうえお かきくけこ さしすせそ たちつてと なにぬねの はひふへほ まみむめも や ゆ よ らりる れ ろ わ を ん



日本の世界遺産 日光《にっこう》の社寺《しゃじ》(栃木県《とちぎけん》)平成《へいせい》11年《ねん》［文化《ぶんか》］ 栃木県日光市《とちぎけんにっこうし》にある、日光東照宮《にっこうとうしょうぐう》、日光山輪王寺《にっこうさんりんのうじ》、日光二荒山神《にっこうふたらさんじん》

**れいき**【冷気】［名］冷《つめ》たい空気《くうき》。［例］りんとした朝《あさ》の冷気。

°**れいぎ**【礼儀°】［名］生活《せいかつ》をする上《うえ》で、人《ひと》に対《たい》して失礼《しつれい》にならないようにする言葉《ことば》づかいや行動《こうどう》。［例］礼儀正《ただ》しい人《ひと》。

**れいぎさほう**【礼儀°作法】［名］礼儀《れいぎ》にかなった正《ただ》しいしかた。

**れいきゃく**【冷却°】［名］［動する］冷《つめ》たく冷《ひ》やすこと。また、冷《ひ》えること。［例］エンジンを冷却する。

**れいきゅうしゃ**【霊°柩◆車】［名］遺体《いたい》を入《い》れたひつぎを運《はこ》ぶ自動車《じどうしゃ》。

**れいきん**【礼金】［名］❶お礼《れい》として出《だ》す金《かね》。❷家《いえ》や部屋《へや》を借《か》りるときに、家主《やぬし》に払《はら》う金《かね》。［例］礼金と敷金《しききん》。

**れいぐう**【冷遇°】［名］［動する］人《ひと》を冷《つめ》たく扱《あつか》うこと。［例］実力《じつりょく》のわりに冷遇されている。［対］優遇《ゆうぐう》。

**れいけつ**【冷血】［名］［形動］温《あたた》かい気持《きも》ちのないこと。［例］冷血漢《かん》。

**れいけつどうぶつ**【冷血動物】［名］⬇へんおんどうぶつ 1184ページ

**れいげん**【霊°験△】［名］神《かみ》や仏《ほとけ》がさずけてくれる、ふしぎな力《ちから》。ごりやく。れいけん。［例］霊験あらたかだ〔=霊験《れいげん》がはっきりと現《あらわ》れる〕。

**れいこう**【励行°】［名］［動する］決《き》まったことをきちんとまじめに実行《じっこう》すること。［例］早《はや》寝《ね》早《はや》起《お》きを励行する。

**れいこく**【冷酷°】［形動］思《おも》いやりの気持《きも》ちがなく、冷《つめ》たくむごいようす。［例］冷酷な仕打《しう》ちを受《う》ける。［類］薄情《はくじょう》。非情《ひじょう》。

**れいこん**【霊魂°】［名］たましい。

**れいさい**【例祭】［名］神社《じんじゃ》で、毎年《まいとし》決《き》まった日《ひ》に行《おこな》われるお祭《まつ》り。

**れいさい**【零細°】［形動］規模《きぼ》が非常《ひじょう》に小《ちい》さいようす。［例］零細な町工場《まちこうば》。零細企業《きぎょう》。

**れいじ**【例示】［名］［動する］例《れい》を挙《あ》げて示《しめ》すこと。［例］記入《きにゅう》のしかたを例示する。

**れいじ**【零時°】［名］午前《ごぜん》または午後《ごご》の十二時《じゅうにじ》。午後《ごご》の零時《れいじ》〔=午前十二時《ごぜんじゅうにじ》〕は正午《しょうご》ともいう。

**れいしょう**【冷笑△】［名］［動する］ばかにして笑《わら》うこと。［例］人々《ひとびと》の冷笑をかう。

**れいじょう**【令状】［名］❶命令《めいれい》を書《か》いた書類《しょるい》。［例］召集《しょうしゅう》令状。❷裁判所《さいばんしょ》が出《だ》す、命令《めいれい》や許可《きょか》を書《か》いた書類《しょるい》。逮捕状《たいほじょう》など。

**れいじょう**【礼状】［名］お礼《れい》の手紙《てがみ》。［例］訪問《ほうもん》した会社《かいしゃ》にお礼状を出《だ》す。

**れいじょう**【令嬢°】［名］よその娘《むすめ》を敬《うやま》って言《い》う言葉《ことば》。［例］社長《しゃちょう》令嬢。［対］令息《れいそく》。

**れいじょう**【霊場°】［名］神仏《しんぶつ》をまつった神聖《しんせい》な土地《とち》。

**れいすい**【冷水】［名］冷《つめ》たい水《みず》。［例］ほてった体《からだ》に冷水を浴《あ》びる。

**れいせい**【冷静】［名］［形動］気持《きも》ちが静《しず》かで、落《お》ち着《つ》いているようす。［例］冷静に考《かんが》える。［類］沈着《ちんちゃく》。

**れいせつ**【礼節】［名］礼儀《れいぎ》と節度《せつど》。［例］礼節を重《おも》んじる。

**れいぜん**【冷然】［副］(-と) 感情《かんじょう》を表《あらわ》さずに、ものごとに対応《たいおう》するようす。［例］冷然と拒否《きょひ》する。［参考］「冷然《れいぜん》たる態度《たいど》」のように使《つか》うこともある。

**れいぜん**【霊前°】［名］死《し》んだ人《ひと》の霊《れい》をまつった所《ところ》の前《まえ》。［例］霊前に花《はな》を供《そな》える。

**れいそう**【礼装】［名］［動する］儀式《ぎしき》のときに着《き》る正式《せいしき》な服装《ふくそう》。また、そういう服装《ふくそう》をすること。［例］礼装して式《しき》に出《で》る。

**れいぞう**【冷蔵】［名］［動する］食物《しょくもつ》を、低《ひく》い温度《おんど》で保存《ほぞん》すること。［例］釣《つ》ってきた魚《さかな》を冷蔵する。

**れいぞうこ**【冷蔵庫】［名］食物《しょくもつ》を、冷《ひ》やしたり保存《ほぞん》したりするために、中《なか》を冷《つめ》たくしてある入《い》れ物《もの》。

**れいそく**【令息】［名］よその息子《むすこ》を敬《うやま》って言《い》う言葉《ことば》。［対］令嬢《れいじょう》。

**れいたい**【冷帯】［名］⬇あかんたい 11ページ

**れいだい**【例題】［名］練習《れんしゅう》のために例《れい》として出《だ》す問題《もんだい》。練習問題《れんしゅうもんだい》。［例］資格試験《しかくしけん》の例題を解《と》く。

**れいたん**【冷淡°】［形動］❶思《おも》いやりがなく、態度《たいど》が冷《つめ》たいようす。［例］困《こま》っている人《ひと》を見《み》捨《す》てるとは、冷淡な人《ひと》だ。❷興味《きょうみ》や関心《かんしん》がないようす。［例］子《こ》ども会活動《かいかつどう》に冷淡だ。

**れいだんぼう**【冷暖房°】［名］冷房《れいぼう》と暖房《だんぼう》。［例］冷暖房完備《かんび》の部屋《へや》。

**れいちょうるい**【霊長類°】［名］ヒトとサルの仲間《なかま》。生物《せいぶつ》の中《なか》で最《もっと》も進化《しんか》したものとい



南《なん》アジアと交易《こうえき》することで、当時《とうじ》の日本《にっぽん》の文化《ぶんか》とはちがう独特《どくとく》の文化《ぶんか》を生《う》み出《だ》した。それが今《いま》でも残《のこ》るグスク（城《しろ》）に

う意味《いみ》を持《も》つ。

**れいてつ【冷徹】** 名 形動 冷静《れいせい》にものごとを見通《みとお》すこと。また、そのような人《ひと》。例 冷徹な目《め》で判断《はんだん》する。

**れいてん【零点】** 名 試験《しけん》やスポーツなどで、点数《てんすう》がまったく取《と》れないこと。

**れいど【零度】** 名 温度《おんど》・角度《かくど》・緯度《いど》・経度《けいど》などで、度数《どすう》を測《はか》るときのもとになる点《てん》。特《とく》に、セ氏《し》〇度《れいど》のこと。

**れいとう【冷凍】** 名 動-する 食《た》べ物《もの》を長《なが》くもたせるために、凍《こお》らせること。例 冷凍庫《こ》。

**れいとうしょくひん【冷凍食品】** 名 凍《こお》らせて保存《ほぞん》した食《た》べ物《もの》。食《た》べるときに解《かい》凍《とう》、調理《ちょうり》する。

**れいねん【例年】** 名 いつもの年《とし》。毎年《まいとし》。例 この冬《ふゆ》は、例年になく暖《あたた》かい。

**れいの【例の】** 連体 話《はな》し手《て》と聞《き》き手《て》の間《あいだ》でわかっているものごとを指《さ》す。いつもの。あの。例「例の話《はなし》は進《すす》んでいるかい。」

**れいはい【礼拝】** 名 動-する キリスト教《きょう》などで、神《かみ》に祈《いの》りをささげること。参考 仏教《ぶっきょう》では「らいはい」という。

**れいはいどう【礼拝堂】** 名 キリスト教《きょう》などで、礼拝《れいはい》するための建物《たてもの》。チャペル。

**れいふく【礼服】** 名 儀式《ぎしき》などのときに着《き》る正式《せいしき》な服《ふく》。式服《しきふく》。対 平服《へいふく》。

**れいぶん【例文】** 名 説明《せつめい》がよくわかるように、例《れい》として出《だ》す文《ぶん》。

**れいぼう【冷房】** 名 動-する 部屋《へや》の温度《おんど》を外《そと》より下《さ》げて、すずしくすること。また、その装置《そうち》。例 暑《あつ》くなってきたので冷房を入《い》れる。対 暖房《だんぼう》。

**れいわ【令和】** 名 二〇一九年《ねん》五月《ごがつ》一日《ついたち》からあとの、日本《にっぽん》の年号《ねんごう》。

**レインコート** 〔英語 raincoat〕名 ⬇ レーンコート 1403ページ

**レインボー** 〔英語 rainbow〕名 虹《にじ》。

**レーサー** 〔英語 racer〕名 ❶ 競《きょう》走《そう》用《よう》の自《じ》動《どう》車《しゃ》・オートバイなど。❷（オートバイ・自動車《じどうしゃ》・スキーなどの）競走《きょうそう》に出《で》る選手《せんしゅ》。

**レーザー** 〔英語 laser〕名 人工《じんこう》のルビーなどを利用《りよう》して作《つく》り出《だ》す、広《ひろ》がらない細《ほそ》い光線《こうせん》。通信《つうしん》や医学《いがく》などに使《つか》う。レーザー光線《こうせん》。

**レーシングカー** 〔英語 racing car〕名 競《きょう》走用《そうよう》の自動車《じどうしゃ》。レーサー。⬇ じどうしゃ 571ページ

**レース** 〔英語 lace〕名 糸《いと》で、いろいろのすかし模様《もよう》を編《あ》んだもの。例 レース編《あ》み。

**レース** 〔英語 race〕名 ❶ 競走《きょうそう》・競泳《きょうえい》などの競《きょう》技《ぎ》。例 ヨットレース。❷ 競争《きょうそう》。例 ペナントレース。

**レーズン** 〔英語 raisin〕名 干《ほ》しぶどう。

**レーダー** 〔英語 radar〕名 特別《とくべつ》な電波《でんぱ》によって遠《とお》い所《ところ》にある物《もの》の位置《いち》や方向《ほうこう》をさぐる仕《し》かけ。電波探知機《でんぱたんちき》。

**レーヨン** 〔フランス語〕名 パルプなどから作《つく》る、絹《きぬ》に似《に》た糸《いと》。人造絹糸《じんぞうけんし》。人絹《じんけん》。

**レール** 〔英語 rail〕名 ❶ 線路《せんろ》。❷ 引《ひ》き戸《ど》やカーテンを、開《あ》けたり閉《し》めたりするために取《と》り付《つ》けた棒《ぼう》のようなもの。例 カーテンレール。

**レーン** 〔英語 lane〕名 ❶ 線《せん》。特《とく》に道路《どうろ》で、車《くるま》の通《とお》るところを示《しめ》した線《せん》。例 バスレーン。❷ ボウリングで、球《たま》を転《ころ》がすコース。

**レーンコート** 〔英語 raincoat〕名 雨《あめ》のときに、洋服《ようふく》の上《うえ》に着《き》るもの。レインコート。

**レオナルド=ダ=ビンチ** 人名（男）（一四五二～一五一九）ルネサンスを代表《だいひょう》するイタリアの画家《がか》・科学者《かがくしゃ》。「最後《さいご》の晩餐《ばんさん》」や「モナ=リザ」などの名画《めいが》を残《のこ》し、また近代科学《きんだいかがく》の先《せん》駆者《くしゃ》としてもすぐれていた。

**レオ=レオニ** 人名（男）（一九一〇～一九九九）アメリカの絵本作家《えほんさっか》。作品《さくひん》は「スイミー」「アレクサンダとぜんまいねずみ」など。

**れき【歴】** 画数 14 部首 止（とめる） 5年

音 レキ 訓 ―

筆順 一 厂 厤 厤 歴 歴 歴

❶ これまで通《とお》ってきたあと。熟語 歴《れき》史《し》。学《がく》歴《れき》。経歴《けいれき》。履歴《りれき》。故事来歴《こじらいれき》。❷ 次《つぎ》から次《つぎ》と。熟語 歴代《れきだい》。歴任《れきにん》。歴訪《れきほう》。❸ はっきり。熟語 歴《れき》然《ぜん》。

**れき【暦】** 画数 14 部首 日（ひ）

音 レキ 訓 こよみ

こよみ。時《とき》の流《なが》れを年《とし》・月《つき》・日《ひ》などに区切《くぎ》って表《あらわ》したもの。熟語 陰暦《いんれき》。旧暦《きゅうれき》。西暦《せいれき》。太陽《たいよう》

暦《れき》。花暦《はなごよみ》。

**例解！ことばの勉強室**

**歴史的仮名遣《れきしてきかなづか》い について**

次《つぎ》の文《ぶん》の――が、歴史的仮名遣《れきしてきかなづか》いである。

ちひさな　かはいらしい　もんしろてふが　とんでゐます。

（ちいさな　かわいらしい　もんしろちょうが　とんでいます。）

歴史的仮名遣《れきしてきかなづか》いには、他《ほか》にも次《つぎ》のようなものがある。

こゑ〔＝こえ〕　けふ〔＝きょう（今日）〕

せいくわつ〔＝せいかつ（生活）〕

…でせう〔＝…でしょう〕

…だらう〔＝…だろう〕

だうろ〔＝どうろ（道路）〕

ひやう〔＝ひょう（雹）〕

こほり〔＝こおり（氷）〕

**れきがん【礫◆岩】** 名 堆積岩《たいせきがん》の一《ひと》つ。小石《こいし》が土《つち》や砂《すな》などと水底《すいてい》に積《つ》もり、固《かた》まったもの。

°**れきし【歴史】** 名 ❶昔《むかし》から今《いま》までの、社会《しゃかい》の移《うつ》り変《か》わり。例日本《にっぽん》の歴史。❷そのものごとの、今《いま》までの移《うつ》り変《か》わりの記録《きろく》。例飛行《ひこう》機《き》の歴史を調《しら》べる。

**れきし【轢◆死】** 名 動-する 列車《れっしゃ》や自動車《じどうしゃ》にひかれて死《し》ぬこと。

**れきしか【歴史家】** 名 歴史《れきし》の研究者《けんきゅうしゃ》。

**れきしてき【歴史的】** 形動 ❶歴史《れきし》にかかわっていること。例歴史的事実《じじつ》。❷歴史《れきし》に残《のこ》るような、重要《じゅうよう》なものであるようす。例歴史的な発明《はつめい》。

✤**れきしてきかなづかい【歴史的〈△仮名〉遣°い】** 名 平安時代《へいあんじだい》の古《ふる》い書物《しょもつ》をもとにして決《き》められた仮名遣《かなづか》い。旧仮名遣《きゅうかなづか》い。

**れきせん【歴戦】** 名 何度《なんど》も戦《たたか》いや試合《しあい》に出《で》たことがあること。例歴戦の勇士《ゆうし》。

**れきぜん【歴然】** 副（-と） はっきりしているようす。例歴然と差《さ》がつく。参考「歴然《れきぜん》たる事実《じじつ》」などと使《つか》うこともある。

**れきだい【歴代】** 名 代々《だいだい》。それが始《はじ》まってから、ずっと今《いま》まで。例歴代の会長《かいちょう》。

**れきにん【歴任】** 名 動-する 次《つぎ》から次《つぎ》へと、いろいろな役《やく》につくこと。例会《かい》の役員《やくいん》を歴任する。

**れきほう【歴訪】** 名 動-する 多《おお》くの土地《とち》を次々《つぎつぎ》に訪問《ほうもん》すること。例各国《かっこく》を歴訪する。

**レギュラー**〔英語 regular〕名 ❶正式《せいしき》のものであること。❷〔「レギュラーメンバー」の略《りゃく》。〕試合《しあい》・放送《ほうそう》などの正規《せいき》の選手《せんしゅ》、また出演《しゅつえん》者《しゃ》。

**レギュラーメンバー**〔英語 regular member〕↓レギュラー❷ 1404ページ

**レクイエム**〔ラテン語〕（キリスト教《きょう》で）死《し》んだ人《ひと》にささげるミサ曲《きょく》。鎮魂曲《ちんこんきょく》。

**レクチャー**〔英語 lecture〕名 動-する ❶講義《こうぎ》や講演《こうえん》。例文学史《ぶんがくし》のレクチャー。❷解説《かいせつ》や説明《せつめい》。例担当者《たんとうしゃ》からレクチャーを受《う》ける。

**レクリエーション**〔英語 recreation〕名 仕事《しごと》や勉強《べんきょう》のつかれをとり、新《あたら》しい気分《きぶん》と力《ちから》を盛《も》り返《かえ》すためにする遊《あそ》びや運動《うんどう》。リクリエーション。

**レコーダー**〔英語 recorder〕❶記《き》録《ろく》や録《ろく》音《おん》などをする装置《そうち》。❷↓リコーダー 1381ページ

**レコーディング**〔英語 recording〕名 動-する 録音《ろくおん》すること。

**レコード**〔英語 record〕名 ❶記《き》録《ろく》。特《とく》に競《きょう》走《そう》などの、いちばんよい成績《せいせき》。例レコードを破《やぶ》る。❷プレーヤーにかけて聞《き》く、音楽《おんがく》を記録《きろく》したプラスチックの円《まる》い板《いた》。

**レザー**〔英語 leather〕名 ❶毛皮《けがわ》の、毛《け》やあぶらを取《と》って、やわらかくした皮《かわ》。なめし革《がわ》。❷布《ぬの》などに塗料《とりょう》をぬって、本物《ほんもの》の皮《かわ》のようにしたもの。

**レザー**〔英語 razor〕名 西洋風《せいようふう》のかみそり。

**レジ** 名〔英《えい》語《ご》の「レジスター」の略《りゃく》。〕❶商店《しょうてん》などで、代金《だいきん》やおつりを出《だ》し入《い》れする所《ところ》。例レジでお金《かね》をはらう。❷↓レジスター❶ 1405ページ

〔レジ〕

がる紀伊山地《きいさんち》にある、吉野《よしの》・大峯《おおみね》、熊野三山《くまのさんざん》、高野山《こうやさん》の三《みっ》つの霊場《れいじょう》と、それらを結《むす》ぶ参詣道《さんけいどう》。昔《むかし》から自然信仰《しぜんしんこう》の精神《せいしん》をっていた。



あいうえお かきくけこ さしすせそ たちつてと なにぬねの はひふへほ まみむめも や ゆ よ らりるれろ わ を ん

**レシート**〔英語 receipt〕名 レジスターで記《き》録《ろく》した、領収書《りょうしゅうしょ》。

**レシーバー**〔英語 receiver〕名 ❶耳《みみ》に当《あ》てて、相手《あいて》の声《こえ》や音《おと》を聞《き》く道具《どうぐ》。受話器《じゅわき》。受信《じゅしん》機《き》。❷テニス・卓球《たっきゅう》・バレーボールなどで、相《あい》手《て》のサーブを受《う》ける人《ひと》。

**レシーブ**〔英語 receive〕名 動-する テニス・卓《たっ》球《きゅう》・バレーボールなどで、相手《あいて》の打《う》ったサーブの球《たま》を受《う》けること。対 サーブ。

**レジェンド**〔英語 legend〕名 言《い》い伝《つた》え。伝《でん》説《せつ》。また、伝説《でんせつ》になるような人《ひと》。例 彼《かれ》はサッカー界《かい》のレジェンドだ。

**レジスター**〔英語 register〕名〔略《りゃく》して「レジ」ともいう。〕❶お金《かね》の出《だ》し入《い》れが記《き》録《ろく》される器械《きかい》。金銭登録器《きんせんとうろくき》。❷↓レジ❶ 1404ページ

**レジスタンス**〔フランス語〕名 無《む》理《り》やり従《したが》わせようとする政治《せいじ》や勢力《せいりょく》に抵抗《ていこう》する運動《うんどう》。

**レシピ**〔英語 recipe〕名 料理《りょうり》や菓子《かし》の作《つく》り方《かた》。また、それを書《か》いたもの。例 オリジナルのレシピ。

**レジャー**〔英語 leisure〕名 勉強《べんきょう》や仕事《しごと》のない、自由《じゆう》な時間《じかん》。余暇《よか》。また、その時間《じかん》を利《り》用《よう》した遊《あそ》びや楽《たの》しみ。例 レジャーを楽《たの》しむ。

**レジュメ**〔フランス語〕名 文章《ぶんしょう》や話《はなし》の内容《ないよう》をかんたんにまとめたもの。要約《ようやく》。レジメ。例 発表内容《はっぴょうないよう》をレジュメにまとめる。

**レスキュー**〔英語 rescue〕名 人《ひと》の命《いのち》を救助《きゅうじょ》すること。例 レスキュー隊《たい》。

**レストラン**〔英語 restaurant〕名 おもに西《せい》洋料理《ようりょうり》を食《た》べさせる店《みせ》。

**レスポンス**〔英語 response〕名 反応《はんのう》。対応《たいおう》。例 レスポンスが早《はや》い。類 リアクション。

**レスラー**〔英語 wrestler〕名 レスリングの選《せん》手《しゅ》。特《とく》に、プロレスの選手《せんしゅ》。

**レスリング**〔英語 wrestling〕名 マットの上《うえ》で二人《ふたり》が組《く》み合《あ》って、相手《あいて》の両方《りょうほう》の肩《かた》を、同《どう》時《じ》にマットにつけたほうが勝《か》ちになる競技《きょうぎ》。

**レセプション**〔英語 reception〕名 歓迎会《かんげいかい》。招待会《しょうたいかい》。例 国賓《こくひん》を招《まね》いたレセプションが開《ひら》かれる。

**レター**〔英語 letter〕名 手紙《てがみ》。

**レタス** 名 キャベツに似《に》た西洋野菜《せいようやさい》。サラダなどに使《つか》う。タマヂシャ。

**れつ【列】** 画数 6 部首 刂(りっとう) 3年

音 レツ 訓 ―

❶並《なら》ぶ。並《なら》んだもの。熟語 列記《れっき》。列車《れっしゃ》。列島《れっとう》。同《どう》行《ぎょう》列《れつ》。陳列《ちんれつ》。配列《はいれつ》。❷順序《じゅんじょ》。熟語 序列《じょれつ》。同《どう》列《れつ》。❸加《くわ》わる。熟語 列席《れっせき》。参列《さんれつ》。↓れっする 1406ページ

**れつ【列】** 名 ❶長《なが》く並《なら》んだもの。行列《ぎょうれつ》。例 入《い》り口《ぐち》に長《なが》い列ができる。❷仲間《なかま》。段階《だんかい》。例 代表選手《だいひょうせんしゅ》の列に加《くわ》わる。

**れつ【劣】** 画数 6 部首 力(ちから)

音 レツ 訓 おと-る

❶おとる。熟語 劣勢《れっせい》。優劣《ゆうれつ》。例 体力《たいりょく》が劣《おと》る。対 優《ゆう》。❷いやしい。熟語 下劣《げれつ》。卑劣《ひれつ》。

**れつ【烈】** 画数 10 部首 灬(れんが)

音 レツ 訓 ―

激《はげ》しい。厳《きび》しい。熟語 強烈《きょうれつ》。熱烈《ねつれつ》。猛烈《もうれつ》。

**れつ【裂】** 画数 12 部首 衣(ころも)

音 レツ 訓 さ-く さ-ける

さける。ばらばらになる。熟語 決裂《けつれつ》。分裂《ぶんれつ》。例 引《ひ》き裂《さ》く。

**れつあく【劣悪】** 形動 品質《ひんしつ》などが、おとっているようす。例 劣悪な環境《かんきょう》。類 粗悪《そあく》。

**れっか【劣化】** 名 動-する 年月《ねんげつ》がたって、品質《ひんしつ》や性能《せいのう》が悪《わる》くなること。老化《ろうか》。例 土《ど》台《だい》のコンクリートが劣化した。

**れっか** 名 ↓れんが 1407ページ

**レッカーしゃ【レッカー車】** 名 事《じ》故《こ》や故障《こしょう》で動《うご》けない自動車《じどうしゃ》や駐車《ちゅうしゃ》違反《いはん》をしている自動車《じどうしゃ》を運《はこ》ぶための、クレーンのついた車《くるま》。

**れっかのごとく【烈火のごとく】** はげしく燃《も》える火《ひ》のように。例 烈火のごとく怒《いか》る。

**れっき【列記】** 名 動-する 並《なら》べて書《か》くこと。例 名《な》前《まえ》を列記する。

**れっきとした** ❶世《よ》の中《なか》で、立派《りっぱ》だと認《みと》められている。例 れっきとした家《いえ》がら。❷ものごとが、はっきりしている。例 れっきと

あいうえお かきくけこ さしすせそ たちつてと なにぬねの はひふへほ まみむめも やゆよ らりるれろ わをん



日本の世界遺産 紀伊山地《きいさんち》の霊場《れいじょう》と参詣道《さんけいどう》(三重県《みえけん》・奈良県《ならけん》・和歌山県《わかやまけん》)平成《へいせい》16年《ねん》［文化《ぶんか》］ 三重県《みえけん》・奈良県《ならけん》・和歌山県《わかやまけん》にまたがる地で、… 育《はぐく》んだ地《ち》で、山岳修行《さんがくしゅぎょう》の場《ば》とな

した証拠《しょうこ》。

**れっきょ【列挙】**[名][動-する] 一《ひと》つ一《ひと》つ並《なら》べあげること。[例] 悪《わる》い点《てん》を列挙する。

**れっきょう【列強】**[名] 多《おお》くの強《つよ》い国々《くにぐに》。

**れっこく【列国】**[名] 多《おお》くの国々《くにぐに》。

**°れっしゃ【列車】**[名] 何台《なんだい》もつながっている、客車《きゃくしゃ》や貨車《かしゃ》。[例] 貨物《かもつ》列車。

**れっする【列する】**[動] ❶出席《しゅっせき》する。[例] 歓《かん》迎会《げいかい》に列する。❷仲間《なかま》に入《はい》る。[例] 文《ぶん》化《か》功労《こうろう》者《しゃ》に列せられる。

**レッスン**〔英語 lesson〕[名] ❶授業《じゅぎょう》。また、けいこ。練習《れんしゅう》。[例] ピアノのレッスン。❷学習《がくしゅう》すべき内容《ないよう》の一《ひと》まとまり。

**れっせい【劣勢】**[名][形動] 勢《いきお》いが相手《あいて》よりおとっていること。[例] 劣勢をばん回《かい》する。[対] 優勢《ゆうせい》。

**れっせき【列席】**[名][動-する] (他《ほか》の人《ひと》といっしょに)会《かい》や式《しき》などに出席《しゅっせき》すること。[例] 会議《かいぎ》に列席する委員《いいん》。[類] 参列《さんれつ》。

**レッテル**〔オランダ語〕[名] ❶商品《しょうひん》にはってある、品物《しなもの》や会社《かいしゃ》の名前《なまえ》を書《か》いた紙《かみ》。ラベル。❷人《ひと》や物《もの》に与《あた》えられた評価《ひょうか》。[例] あわてもののレッテルをはられる。[参考] ふつう❷は、よくない意味《いみ》で使《つか》われる。

**れつでん【列伝】**[名] 多《おお》くの人《ひと》の伝《でん》記《き》を書《か》き並《なら》べたもの。[例] 二十世紀《にじっせいき》英雄《えいゆう》列伝。

**レッド**〔英語 red〕[名] 赤《あか》。赤《あか》い色《いろ》。

**れっとう【列島】**[名] 並《なら》んで、続《つづ》いたようになっている島々《しまじま》。[例] 日本《にっぽん》列島。

**れっとう【劣等】**[名] ふつうより、おとっていること。[対] 優等《ゆうとう》。

**れっとうかん【劣等感】**[名] 人《ひと》よりも、おとっていると感《かん》じる気《き》持《も》ち。コンプレックス。[例] 劣等感が強《つよ》い。[対] 優越感《ゆうえつかん》。

**レッドカード**〔英語 red card〕[名] サッカーなどで、反則《はんそく》をした選手《せんしゅ》に退場《たいじょう》を命《めい》じるとき、審判《しんぱん》が示《しめ》す赤《あか》い色《いろ》のカード。

**レッドリスト**〔英語 Red List〕[名] 絶滅《ぜつめつ》のおそれのある野生動物《やせいどうぶつ》の一覧表《いちらんひょう》。

**れっぷう【烈風】**[名] 非常《ひじょう》に激《はげ》しくふく風《かぜ》。[例] 烈風が吹《ふ》きすさぶ。

**レディー**〔英語 lady〕[名] ❶貴婦人《きふじん》。淑女《しゅくじょ》。❷女《おんな》の人《ひと》。[例] レディーファースト〔=女性《じょせい》を優《ゆう》先《せん》する習慣《しゅうかん》〕。

**レディーメード**〔英語 ready-made〕[名] あつらえたのではなく、すでに作《つく》ってある品《しな》物《もの》。既製品《きせいひん》。[対] オーダーメード。

✤**レトリック**〔英語 rhetoric〕[名] 言葉《ことば》の表現《ひょうげん》効果《こうか》を高《たか》めるための技術《ぎじゅつ》。

**レトルトしょくひん【レトルト食品】**[名] 調理《ちょうり》済《ず》みの食品《しょくひん》を殺菌《さっきん》してふくろにつめたもの。ふくろごと温《あたた》めて食《た》べる。

**レトロ**〔フランス語〕[名][形動] 昔《むかし》をなつかしむこと。昔《むかし》ふう。[例] レトロな感《かん》じの時計《とけい》。

**レバー**〔英語 lever〕[名] 機《き》械《かい》を操《そう》作《さ》するために、手《て》でにぎる棒《ぼう》。

**レバー**〔英語 liver〕[名] 動物《どうぶつ》の肝臓《かんぞう》。焼《や》いたり、いためたりして食《た》べる。

**レパートリー**〔英語 repertory〕[名] その人《ひと》が歌《うた》ったり演《えん》じたりすることのできる曲《きょく》や芸《げい》など。また、うまくできる分野《ぶんや》や範囲《はんい》。[例] 曲《きょく》のレパートリーをふやす。

**レバノン** [地名] 地中海《ちちゅうかい》の東《ひがし》にある国《くに》。首都《しゅと》はベイルート。

**レビュー**〔英語 review〕[名] 評論《ひょうろん》。批評《ひひょう》。

**レファレンス**〔英語 reference〕[名] 〔「リファレンス」ともいう。〕❶参考《さんこう》。参考資料《さんこうしりょう》。❷図《と》書館《しょかん》などで、利用者《りようしゃ》の問《と》い合《あ》わせに応《おう》じること。レファレンスサービス。

**レフェリー**〔英語 referee〕[名] サッカー・レスリングなどの競技《きょうぎ》の審判員《しんぱんいん》。レフリー。

**レフト**〔英語 left〕[名] ❶左《ひだり》。左側《ひだりがわ》。❷野《や》球《きゅう》・ソフトボールで、本塁《ほんるい》から見《み》て左側《ひだりがわ》の外野《がいや》。また、そこを守《まも》る人《ひと》。左翼《さよく》。[対] (❶・❷)ライト(right)。

**レフリー**〔英語 referee〕[名] ⬇ レフェリー 1406ページ

**レプリカ**〔英語 replica〕[名] 元《もと》のものとそっくりに作《つく》ったもの。模造品《もぞうひん》。複製品《ふくせいひん》。

**レベル**〔英語 level〕[名] 評価《ひょうか》をするときの標《ひょう》準《じゅん》。水準《すいじゅん》。[例] レベルアップ〔=水準《すいじゅん》をあげる〕。

✤**レポーター**〔英語 reporter〕[名] 〔「リポーター」ともいう。〕❶調《しら》べたことを報告《ほうこく》する人《ひと》。❷テレビなどで、調《しら》べたことを報道《ほうどう》する記《き》者《しゃ》。

✤**レポート**〔英語 report〕[名][動-する] 〔「リポー

物連鎖《もつれんさ》が繰《く》り返《かえ》される、世界《せかい》でも珍《めずら》しい場所《ばしょ》になっている。

ト」ともいう。」❶報告《ほうこく》すること。また、報告《ほうこく》書《しょ》。❷研究《けんきゅう》や調《しら》べたことをまとめた小論文《しょうろんぶん》。

**レモネード**〔英語 lemonade〕名 レモンの果《か》汁《じゅう》に砂糖《さとう》や水《みず》を加《くわ》えた飲《の》み物《もの》。

**レモン**〔英語 lemon〕名 果物《くだもの》の一《ひと》つ。ミカンの仲間《なかま》。黄色《きいろ》い楕円形《だえんけい》の実《み》は、かおりがよく、すっぱい。

**レモンスカッシュ**〔英語 lemon squash〕名 レモンの果汁《かじゅう》に砂糖《さとう》を入《い》れ、炭酸水《たんさんすい》を加《くわ》えた飲《の》み物《もの》。

**レモンティー** 名〔日本《にっぽん》でできた英語《えいご》ふうの言葉《ことば》。〕輪切《わぎ》りのレモンを入《い》れた紅茶《こうちゃ》。

**レリーフ**〔英語 relief〕名 線《せん》や模様《もよう》がうき出《で》るように作《つく》った彫刻《ちょうこく》。うきぼり。リリーフ。

**れる** 助動 ❶他《ほか》から、はたらきかけを受《う》けることを表《あらわ》す。例 みんなから親《した》しまれる。❷…することができる。例 そこなら歩《ある》いて行《い》かれる。❸自然《しぜん》にそうなる。例 昔《むかし》のことが思《おも》い出《だ》される。❹敬《うやま》う気持《きも》ちを表《あらわ》す。例 先《せん》生《せい》が話《はな》される。参考 上《うえ》につく言葉《ことば》によって、「られる」となることがある。

**れん【連】** 画数 10 部首 辶(しんにょう) 4年
音 レン 訓 つら-なる つら-ねる つ-れる

筆順

❶つらなる。つながる。熟語 連結《れんけつ》。連合《れんごう》。連《れん》続《ぞく》。関連《かんれん》。❷仲間《なかま》。熟語 連中《れんちゅう》・連中《れんじゅう》。連盟《れんめい》。❸続《つづ》ける。熟語 連日《れんじつ》。連勝《れんしょう》。❹つらなったものを数《かぞ》える言葉《ことば》。

《訓の使い方》 **つら-なる** 例 山《やま》が連なる。**つら-ねる** 例 名《な》を連ねる。**つ-れる** 例 子《こ》どもを連れて行《い》く。

**れん【練】** 画数 14 部首 糸(いとへん) 3年
音 レン 訓 ね-る

筆順

❶なれる。きたえる。熟語 練習《れんしゅう》。訓練《くんれん》。熟《じゅく》練《れん》。洗練《せんれん》。❷どろどろにねる。熟語 練乳《れんにゅう》。

《訓の使い方》 **ね-る** 例 文《ぶん》を練る。

**れん【恋】** 画数 10 部首 心(こころ)
音 レン 訓 こ-う こい こい-しい

こう。こいしたう。熟語 恋愛《れんあい》。失恋《しつれん》。

**れん【廉】** 画数 13 部首 广(まだれ)
音 レン 訓 ―

❶いさぎよい。清《きよ》く正《ただ》しい。熟語 清廉《せいれん》〔=心《こころ》が清《きよ》らかで、利益《りえき》を求《もと》める気持《きも》ちがない〕。❷値段《ねだん》が安《やす》い。熟語 廉価《れんか》。

**れん【錬】** 画数 16 部首 金(かねへん)
音 レン 訓 ―

❶金属《きんぞく》をとかして、質《しつ》のよいものにする。ねりきたえる。熟語 精錬《せいれん》。❷心身《しんしん》や技《わざ》などをきたえみがく。熟語 錬磨《れんま》。修錬《しゅうれん》。鍛錬《たんれん》。参考 ❷は「練《れん》」を使《つか》うこともある。

**れんあい【恋愛】** 名 動-する たがいに相手《あいて》を恋《こい》しく思《おも》うこと。恋《こい》。例 両親《りょうしん》は恋愛結婚《けっこん》だ。

**れんか【廉価】** 名 形動 値段《ねだん》が安《やす》いこと。例 廉価で販売《はんばい》する。類 安価《あんか》。対 高価《こうか》。

✤**れんが【連歌】** 名 鎌倉時代《かまくらじだい》から江戸時代《えどじだい》にさかんに作《つく》られた、和歌《わか》の一《ひと》つ。何人《なんにん》かで、短歌《たんか》の上《かみ》の句《く》と下《しも》の句《く》を、代《か》わる代《が》わるよんでいく。

**れんが【煉瓦】** 名 粘土《ねんど》に砂《すな》や石灰《せっかい》などを混《ま》ぜて、水《みず》で練《ね》り固《かた》め、長四角《ながしかく》の形《かたち》に焼《や》いたもの。建築《けんちく》などに使《つか》う。例 れんが造《づく》りの家《いえ》。

✤**れんが** 名 漢字《かんじ》の部首《ぶしゅ》で、「あし」の一《ひと》つ。「然《ぜん》」「烈《れつ》」などの「灬」の部分《ぶぶん》。火《ひ》に関係《かんけい》する字《じ》が多《おお》い。れっか。

**れんかん【連関】** 名 動-する たがいにつながりのあること。例 この二《ふた》つは連関している。

**れんき【連記】** 名 動-する 名前《なまえ》などを、二《ふた》つ以《い》上《じょう》並《なら》べて書《か》くこと。例 三名《さんめい》連記で投票《とうひょう》する。

**れんきゅう【連休】** 名 休《やす》みの日《ひ》が続《つづ》くこと。また、続《つづ》いた休日《きゅうじつ》。

**れんきんじゅつ【錬金術】** 名 ❶昔《むかし》のヨーロッパの化学技術《かがくぎじゅつ》。鉛《なまり》や鉄《てつ》などを金《きん》に変《へん》化《か》させようとした。❷うまく立《た》ち回《まわ》って、短《みじか》い期間《きかん》でお金《かね》を増《ふ》やすことのたとえ。

✤**れんく【連句】** 名 「俳諧《はいかい》の連歌《れんが》」とも言《い》われ、連歌《れんが》と同《おな》じように、五《ご》・七《しち》・五《ご》の句《く》と七《しち》・七《しち》の句《く》を数人《すうにん》で代《か》わる代《か》わるよんでいくもの。最《さい》初《しょ》の五《ご》・七《しち》・五《ご》の一句《いっく》を「発句《ほっく》」といい、これがのちに独立《どくりつ》して俳句《はいく》となった。





日本の世界遺産 知床《しれとこ》(北海道《ほっかいどう》)平成《へいせい》17年《ねん》［自然《しぜん》］ 北海道東部《ほっかいどうとうぶ》にある半島《はんとう》。豊《ゆた》かな生態系《せいたいけい》が形作《かたちづく》られ、海《うみ》、川《かわ》、山《やま》にかけて食《しょく》

**れんげ【蓮華】** 名 ❶ハスの花《はな》。❷レンゲソウ。❸ハスの花《はな》びらの形《かたち》をしたさじ。中華《ちゅうか》料理《りょうり》などで使《つか》う。

**れんけい【連係】** 名 動-する つながり。つながりを持《も》つこと。例 地域《ちいき》の連係を保《たも》つ。

**れんけい【連携】** 名 動-する たがいに連絡《れんらく》し合《あ》いながら、いっしょにものごとをすること。例 隣《となり》の学校《がっこう》と連携して運動《うんどう》を進《すす》める。

**れんげそう【蓮華草】** 名 田《た》んぼや野《の》に生《は》える草《くさ》。春《はる》、赤《あか》むらさき色《いろ》の花《はな》が咲《さ》く。肥料《ひりょう》や家畜《かちく》のえさにする。れんげ。げんげ。

**れんけつ【連結】** 名 動-する 並《なら》べて、しっかりとつなぎ合《あ》わせること。例 列車《れっしゃ》と列車《れっしゃ》を連結する。

**れんけつき【連結器】** 名 列車《れっしゃ》などの、車両《しゃりょう》と車両《しゃりょう》をつなぐ仕《し》かけ。

**れんこ【連呼】** 名 動-する 同《おな》じ言葉《ことば》を何回《なんかい》も大《おお》きな声《こえ》で言《い》うこと。例 候補者《こうほしゃ》が名前《なまえ》を連呼している。

✤**れんご【連語】** 名〔国語《こくご》で〕二《ふた》つ以上《いじょう》の単語《たんご》が結《むす》びついて、一《ひと》つのことがらを表《あらわ》す言葉《ことば》。「まっ赤《か》なうそ」「食《た》べてみる」など。

**れんこう【連行】** 名 動-する 人《ひと》を無理《むり》に連《つ》れて行《い》くこと。特《とく》に、警察官《けいさつかん》が容疑者《ようぎしゃ》を連《つ》れていくこと。

**れんごう【連合】** 名 動-する 二《ふた》つ以上《いじょう》のものが、同《おな》じ目的《もくてき》のために、一《ひと》つになって協力《きょうりょく》し合《あ》うこと。例 国際《こくさい》連合。

**れんごうぐん【連合軍】** 名 ❶二《ふた》つ以上《いじょう》の国《くに》の軍隊《ぐんたい》が連合《れんごう》した軍《ぐん》。また、連合国《れんごうこく》の軍《ぐん》。❷二《ふた》つ以上《いじょう》のチームの人々《ひとびと》で作《つく》られた混成《こんせい》チーム。

**れんごうこく【連合国】** 名 同《おな》じ目的《もくてき》のために、一《ひと》つにまとまった国々《くにぐに》。

**れんこん【蓮根】** 名 ハスの地下茎《ちかけい》。筒《つつ》のような形《かたち》で、途中《とちゅう》がくびれながらつながっていて、中《なか》にいくつかの穴《あな》があいている。食用《しょくよう》になる。

**れんさ【連鎖】** 名 動-する (くさりのように)つながること。例 連鎖反応《はんのう》。

**れんさい【連載】** 名 動-する 小説《しょうせつ》や記事《きじ》などを、続《つづ》きものとして新聞《しんぶん》や雑誌《ざっし》に何回《なんかい》かに分《わ》けてのせること。対 読《よ》み切《き》り。

**れんさく【連作】** 名 動-する ❶毎年《まいとし》同《おな》じ土地《とち》に、同《おな》じ農作物《のうさくぶつ》を作《つく》ること。対 輪作《りんさく》。❷詩《し》や俳句《はいく》などを、同《おな》じ作者《さくしゃ》が同《おな》じテーマで、続《つづ》けて作《つく》ること。また、その作品《さくひん》。❸二人《ふたり》以上《いじょう》の作者《さくしゃ》が、手分《てわ》けして書《か》いた一《ひと》つの作品《さくひん》。

■**れんさはんのう【連鎖反応】** 名 ❶一《ひと》つの反応《はんのう》が、次々《つぎつぎ》に、次《つぎ》の反応《はんのう》をひき起《お》こすこと。❷あるきっかけで、同《おな》じようなことがらが次々《つぎつぎ》に起《お》こること。例 連鎖反応でエラーが続《つづ》いた。

**れんざん【連山】** 名 みねが続《つづ》いている山々《やまやま》。例 アルプスの連山。類 連峰《れんぽう》。

**レンジ**〔英語 range〕名 ❶食《た》べ物《もの》を煮《に》たり焼《や》いたりするためのガス台《だい》や、天火《てんぴ》が取《と》り付《つ》けられた金属製《きんぞくせい》の台《だい》。例 ガスレンジ。❷「電子《でんし》レンジ」の略《りゃく》。

**れんじつ【連日】** 名 続《つづ》けて毎日《まいにち》。

■**れんじつれんや【連日連夜】** 名 毎日《まいにち》毎晩《まいばん》。例 連日連夜、騒《さわ》ぎがくり返《かえ》される。

**レンジャー**〔英語 ranger〕名 ❶国《くに》の山《やま》・森《もり》などの管理《かんり》や警備《けいび》の仕事《しごと》をする人《ひと》。❷危険《きけん》を冒《おか》して働《はたら》くための特別《とくべつ》な訓練《くんれん》を受《う》けた隊員《たいいん》。

**れんしゅ【連取】** 名 動-する 競技《きょうぎ》で、続《つづ》けて点数《てんすう》やセットを取《と》ること。

°**れんしゅう【練習】** 名 動-する 技術《ぎじゅつ》・運動《うんどう》などを、何度《なんど》もくり返《かえ》し稽古《けいこ》すること。例 苦手《にがて》なドリブルを練習する。

**れんじゅう【連中】** 名 ➡れんちゅう 1409ページ

**れんしょう【連勝】** 名 動-する 続《つづ》けて勝《か》つこと。例 三《さん》連勝。対 連敗《れんぱい》。

**レンズ**〔英語 lens〕名 ガラスのような透明《とうめい》なものの、片面《かためん》または両面《りょうめん》を丸《まる》くして作《つく》ったもの。凸《とつ》レンズと凹《おう》レンズがある。凸《とつ》レンズは、真《ま》ん中《なか》が厚《あつ》くて、物《もの》を大《おお》きく見《み》せ、凹《おう》レンズは、真《ま》ん中《なか》がうすくて、物《もの》を小《ちい》さく見《み》せ

例解 ! 表現の広場

**練習《れんしゅう》と訓練《くんれん》のちがい**

| | 練習《れんしゅう》 | 訓練《くんれん》 | |
|---|---|---|---|
| たゆまぬ | ○ | ○ | を積《つ》む。 |
| バイオリンの | ○ | × | をする。 |
| 厳《きび》しい | × | ○ | を受《う》ける。 |
| 犬《いぬ》を | × | ○ | する。 |

パと中国《ちゅうごく》や日本《にっぽん》が交流《こうりゅう》していた証拠《しょうこ》であり、伝統的《でんとうてき》な技術《ぎじゅつ》で銀《ぎん》を生産《せいさん》していたことを証明《しょうめい》する遺跡《いせき》や、銀鉱山《ぎんこうざん》の総《そう》
いる。

る。眼鏡《めがね》・カメラ・顕微鏡《けんびきょう》などに使《つか》う。

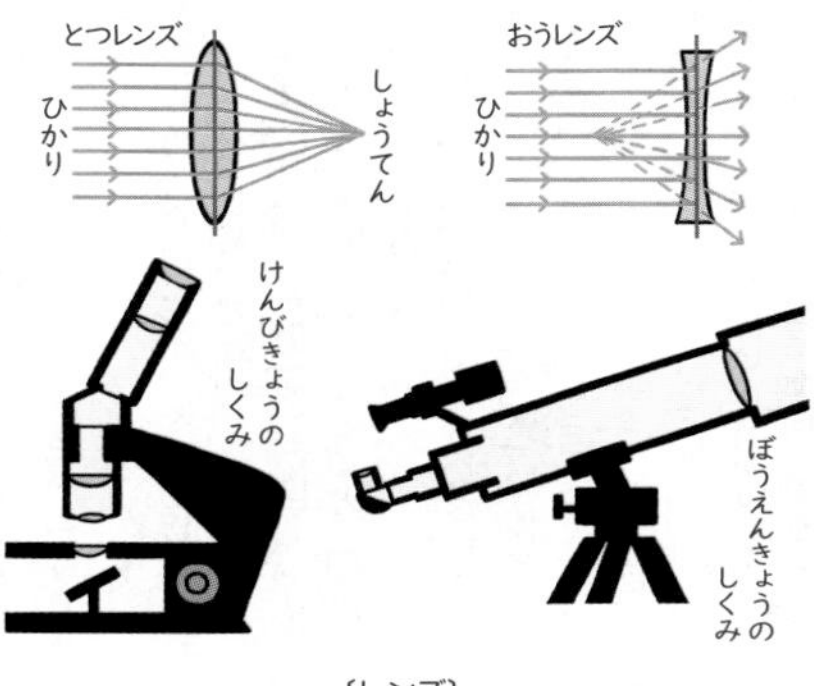

〔レンズ〕

**れんせん**【連戦】名 動-する 続《つづ》けて戦《たたか》うこと。例 連戦連勝《れんせんれんしょう》。

**れんそう**【連想】名 動-する あるものごとから、それに関係《かんけい》する他《ほか》のことがらを思《おも》いうかべること。例 夏《なつ》というと、海《うみ》を連想する。

°**れんぞく**【連続】名 動-する ものごとが、次《つぎ》から次《つぎ》へ続《つづ》くこと。例 連続ドラマ。

**れんだ**【連打】名 動-する 続《つづ》けざまに打《う》つこと。例 太鼓《たいこ》を連打する。

**れんたい**【連帯】名 動-する みんながしっかり結《むす》びついていること。また、共同《きょうどう》で責任《せきにん》を持《も》つこと。例 クラスの連帯を強《つよ》める。

**れんたいかん**【連帯感】名 みんながしっかり結《むす》びついた仲間《なかま》だという気持《きも》ち。

✤**れんたいし**【連体詞】名〔国語《こくご》で〕品詞《ひんし》の一《ひと》つ。名詞《めいし》や代名詞《だいめいし》の前《まえ》について、その言葉《ことば》をくわしく説明《せつめい》する言葉《ことば》。「この」「いわゆる」など。この辞典《じてん》では 連体 と示《しめ》してある。

**れんたいせきにん**【連帯責任】名 共同《きょうどう》で、同《おな》じように負《お》わなければならない責任《せきにん》。例 この失敗《しっぱい》は、三人《さんにん》の連帯責任だ。

**レンタカー**〔英語 rent-a-car〕名 貸《か》し自動車《じどうしゃ》。

✤**れんだく**【連濁】名〔国語《こくご》で〕二《ふた》つの語《ご》が結《むす》びつくときに、あとの語《ご》の初《はじ》めの音《おん》が、濁音《だくおん》になること。例《たと》えば、「くさ」と「はな」が結《むす》びつくと「くさばな」になる。

**れんたつ**【練達】名 動-する 形動 ものごとになれていて、上手《じょうず》なこと。例 練達の士《し》。

**レンタル**〔英語 rental〕名 自動車《じどうしゃ》・自転車《じてんしゃ》・スキー・DVD《ディーブイディー》などを、短《みじか》い間《あいだ》、有料《ゆうりょう》で貸《か》し出《だ》すこと。

**れんたん**【練炭】名 石炭《せきたん》やコークス・木炭《もくたん》などの粉《こな》をねり固《かた》めた燃料《ねんりょう》。円筒形《えんとうけい》で、たてにいくつかの円《まる》い穴《あな》が通《とお》っている。

**れんちゅう**【連中】名 仲間《なかま》たち。連《つ》れ。れんじゅう。例 運動部《うんどうぶ》の連中と出《で》かける。

**れんどう**【連動】名 動-する ある物《もの》が動《うご》くと、それにつれて別《べつ》の物《もの》が動《うご》くこと。例 ドアに連動して明《あ》かりがつく。

**レントゲンしゃしん**【レントゲン写真】名 エックス線《せん》の性質《せいしつ》を利用《りよう》して、体《からだ》の中《なか》のようすを写《うつ》し出《だ》したもの。病気《びょうき》の発見《はっけん》

### 例解 ことばの勉強室

**連体詞《れんたいし》 について**

❶棚《たな》にある本《ほん》を、下《お》ろす。
❷町《まち》で、ある人《ひと》に声《こえ》をかけられた。

この二《ふた》つの「ある」は、形《かたち》は同《おな》じでも、意味《いみ》やはたらきから見《み》ると、同《おな》じではない。

❶は「その場所《ばしょ》にある」ことを表《あらわ》す。そして、「棚《たな》にあった本《ほん》」のように形《かたち》を変《か》えることができる。

ところが❷は「はっきりだれとはいえない、ある人《ひと》」を表《あらわ》す。そしてこの意味《いみ》の「ある」は、形《かたち》を変《か》えることがない。

❶の「ある」は動詞《どうし》で、❷のほうの「ある」が連体詞《れんたいし》である。

連体詞《れんたいし》には、他《ほか》に次《つぎ》のようなものがある。

この
その
ある
あらゆる
いわゆる　┘人《ひと》

いわゆる　公害問題《こうがいもんだい》
来《きた》る　三月一日《さんがつついたち》に



日本の世界遺産　石見銀山遺跡《いわみぎんざんいせき》とその文化的景観《ぶんかてきけいかん》（島根県《しまねけん》）平成《へいせい》１９年《ねん》［文化《ぶんか》］
島根県大田市《しまねけんおおたし》にある銀鉱山《ぎんこうざん》の跡《あと》。ヨーロッ体《たい》を表《あらわ》す文化的景観《ぶんかてきけいかん》としての価値《かち》を持《も》って

に使《つか》う。参考「レントゲン」は、エックス線《せん》を発見《はっけん》したドイツの物理学者《ぶつりがくしゃ》の名《な》。

**れんにゅう【練乳】** 名 牛乳《ぎゅうにゅう》を煮《に》つめて、こくしたもの。コンデンスミルク。

**れんぱ【連破】** 名 動-する 続《つづ》けて相手《あいて》を負《ま》かすこと。例 今日《きょう》勝《か》てば三《さん》連破だ。

**れんぱ【連覇】** 名 動-する 続《つづ》けて優勝《ゆうしょう》すること。例 三《さん》シーズン連覇した。

**れんぱい【連敗】** 名 動-する 続《つづ》けて負《ま》けること。例 連敗は避《さ》けたい。対 連勝《れんしょう》。

**れんぱつ【連発】** 名 動-する ❶続《つづ》けて出《だ》すこと。例 質問《しつもん》を連発する。❷続《つづ》けて起《お》こること。例 事故《じこ》が連発する。

**れんぽう【連邦】** 名 二《ふた》つ以上《いじょう》の州《しゅう》や国《くに》が集《あつ》まって一《ひと》つになっている国家《こっか》。アメリカ合《がっ》衆国《しゅうこく》など。

**れんぽう【連峰】** 名 いくつも続《つづ》いている峰《みね》。例 立山《たてやま》連峰。類 連山《れんざん》。

**れんま【錬磨・練磨】** 名 動-する 体《からだ》や心《こころ》、腕《うで》前《まえ》などを、みがききたえること。例 心身《しんしん》を練磨する。百戦《ひゃくせん》錬磨。

**れんめい【連名】** 名 何人《なんにん》かの名前《なまえ》を並《なら》べて書《か》くこと。例 友達《ともだち》と連名でサインする。

**れんめい【連盟】** 名 同《おな》じ目的《もくてき》のために、力《ちから》を合《あ》わせることをちかい合《あ》った集団《しゅうだん》。例 野《や》球《きゅう》連盟。類 同盟《どうめい》。

**れんめん【連綿】** 副-と とぎれずに長《なが》く続《つづ》くようす。例 連綿と続《つづ》く血筋《ちすじ》。参考「連綿《れんめん》たる伝統《でんとう》」のように使《つか》うこともある。

**れんや【連夜】** 名 毎晩《まいばん》。毎夜《まいよ》。

**れんらく【連絡】** 名 動-する ❶つながりがあること。また、そのつながり。例 終点《しゅうてん》でバスに連絡する。❷通知《つうち》。知《し》らせ。例 連絡を待《ま》つ。

**れんらくせん【連絡船】** 名 海《うみ》や大《おお》きな川《かわ》などで、両岸《りょうがん》の間《あいだ》を結《むす》んで、客《きゃく》や荷物《にもつ》を運《はこ》ぶ船《ふね》。

**れんりつ【連立】** 名 動-する いくつかのものがいっしょになって、一《ひと》つにまとまること。例 連立内閣《ないかく》。

## ろ

ロ ro

**ろ【路】** 画数 13 部首 ⻊（あしへん） 3年

音 ロ 訓 じ

筆順

❶みち。熟語 路地《ろじ》。路上《ろじょう》。順路《じゅんろ》。道路《どうろ》。❷ものごとの筋道《すじみち》。熟語 経路《けいろ》。理路《りろ》整然《せいぜん》。

**ろ【呂】** 画数 7 部首 口（くち）

音 ロ 訓 ―

音楽《おんがく》の調子《ちょうし》。熟語 呂律《ろれつ》。当て字 風呂《ふろ》。

**ろ【炉】** 画数 8 部首 火（ひへん）

音 ロ 訓 ―

火《ひ》を燃《も》やし続《つづ》ける装置《そうち》。いろり。だんろ。熟語 炉端《ろばた》。懐炉《かいろ》。原子炉《げんしろ》。溶鉱炉《ようこうろ》。

**ろ【炉】** 名 ❶床《ゆか》を四角《しかく》に切《き》って灰《はい》を入《い》れ、火《ひ》を燃《も》やすところ。いろり。❷暖炉《だんろ》。❸金属《きんぞく》をとかしたり、化学《かがく》反応《はんのう》や核分裂《かくぶんれつ》などを起《お》こさせたりする装置《そうち》。例 原子《げんし》炉。

**ろ【賂】** 画数 13 部首 貝（かいへん）

音 ロ 訓 ―

自分《じぶん》だけ有利《ゆうり》にしてもらうために、贈《おく》り物《もの》などをすること。わいろ。熟語 賄賂《わいろ》。

**ろ【露】** 画数 21 部首 ⻗（あめかんむり）

音 ロ ロウ 訓 つゆ

❶つゆ。熟語 甘露《かんろ》。玉露《ぎょくろ》。❷屋根《やね》のない、つゆの降《お》りる所《ところ》。熟語 露営《ろえい》。露店《ろてん》。❸現《あらわ》れる。さらけ出《だ》す。熟語 露見《ろけん》。露骨《ろこつ》。披露《ひろう》。❹ロシアのこと。例 日《にち》露《ろ》戦争《せんそう》。参考 ❹は、漢字《かんじ》で「露西亜《ロシア》」と書《か》いたことから。

**ろ【櫓】** 名 和船《わせん》をこぐ道具《どうぐ》。船《ふね》の後《うし》ろやわきについていて、水《みず》をかいて船《ふね》を進《すす》める。類 かい。

**ろう【老】** 画数 6 部首 耂（おいかんむり） 4年

音 ロウ 訓 お-いる ふ-ける

筆順

❶年《とし》をとること。熟語 老眼《ろうがん》。老後《ろうご》。老人《ろうじん》。古《こ》老《ろう》。対 若《じゃく》。幼《よう》。❷経験《けいけん》が豊《ゆた》か。熟語 老練《ろうれん》。❸老人《ろうじん》を敬《うやま》って言《い》う言葉《ことば》。例 山《やま》田《だ》老《ろう》。❹手《て》柄《がら》

く離《はな》れていて、動植物《どうしょくぶつ》の分化《ぶんか》が進《すす》み、多《おお》くの固有種《こゆうしゅ》がいる。

のあった人《ひと》。高《たか》い地位《ちい》の人《ひと》。熟語 家老《かろう》。元《げん》老《ろう》。長老《ちょうろう》。❺昔《むかし》の中国《ちゅうごく》の思想家《しそうか》、老子《ろうし》のこと。

《訓の使い方》おーいる 例 父《ちち》も老いたものだ。ふーける 例 年《とし》よりも老けて見《み》える。

**ろう【労】** 画数 7 部首 力（ちから） 4年

筆順 労

音 ロウ 訓 ―

❶働《はたら》く。熟語 労働《ろうどう》。労力《ろうりょく》。勤労《きんろう》。❷つかれる。熟語 過労《かろう》。疲労《ひろう》。❸骨折《ほねお》り。熟語 労苦《ろうく》。労作《ろうさく》。苦労《くろう》。功労《こうろう》。⇩ろうする 695ページ

**ろう【労】** 名 骨折《ほねお》り。苦労《くろう》。例 長年《ながねん》の労に報《むく》いる。

**労多《ろうおお》くして功少《こうすく》なし** 苦労《くろう》したわりには、得《え》るものが少《すく》ない。骨折《ほねお》り損《ぞん》。

**労《ろう》に報《むく》いる** 他《ほか》の人《ひと》からしてもらったことに対《たい》して、お返《かえ》しをする。

**労《ろう》を惜《お》しむ** 努力《どりょく》しようとしない。例 労を惜しんで、楽《らく》ばかりしようとする。

**労《ろう》をねぎらう** 働《はたら》きや苦労《くろう》に対《たい》して礼《れい》を言《い》ったり、いたわったりする。例 世話《せわ》をしてくれた人《ひと》たちの労をねぎらう。

**ろう【朗】** 画数 10 部首 月（つき） 6年

筆順 朗

音 ロウ 訓 ほが-らか

❶晴《は》れ晴《ば》れとして明《あか》るい。ほがらか。熟語 朗報《ろうほう》。朗々《ろうろう》。明朗《めいろう》。❷声《こえ》がはっきりと、よく通《とお》る。熟語 朗読《ろうどく》。

《訓の使い方》ほが-らか 例 朗らかな人《ひと》。

**ろう【弄】** 画数 7 部首 廾（にじゅうあし）

音 ロウ 訓 もてあそ-ぶ

❶手《て》でいじって遊《あそ》ぶ。例 おもちゃを弄《もてあそ》ぶ。❷思《おも》うままにあつかう。熟語 愚弄《ぐろう》（＝ばかにして、からかうこと）。翻弄《ほんろう》。

**ろう【郎】** 画数 9 部首 阝（おおざと）

音 ロウ 訓 ―

❶男《おとこ》。特《とく》に、若《わか》い男性《だんせい》。熟語 新郎《しんろう》。❷家来《けらい》。熟語 郎党《ろうとう》（＝武士《ぶし》の家来《けらい》）。

**ろう【浪】** 画数 10 部首 氵（さんずい）

音 ロウ 訓 ―

❶大《おお》きな波《なみ》。熟語 波浪《はろう》（＝波《なみ》）。❷あてもなくさまよう。熟語 浪人《ろうにん》。放浪《ほうろう》。流浪《るろう》。❸むだに。熟語 浪費《ろうひ》。

**ろう【廊】** 画数 12 部首 广（まだれ）

音 ロウ 訓 ―

建物《たてもの》と建物《たてもの》、部屋《へや》と部屋《へや》をつなぐ、屋根《やね》のある通路《つうろ》。熟語 廊下《ろうか》。回廊《かいろう》。

**ろう【楼】** 画数 13 部首 木（きへん）

音 ロウ 訓 ―

❶高《たか》い建物《たてもの》。熟語 楼閣《ろうかく》。鐘楼《しょうろう》。❷やぐら。熟語 望楼《ぼうろう》（＝物見《ものみ》やぐら）。

**ろう【漏】** 画数 14 部首 氵（さんずい）

音 ロウ 訓 も-る も-れる も-らす

❶もれる。水《みず》や光《ひかり》などがもれる。熟語 漏水《ろうすい》。漏電《ろうでん》。例 雨漏《あまも》り。❷秘密《ひみつ》などがもれる。熟語 漏洩《ろうえい》。❸手《て》ぬかりがある。熟語 遺漏《いろう》（＝手《て》ぬかり）。

**ろう【籠】** 画数 22 部首 ⺮（たけかんむり）

音 ロウ 訓 かご こ-もる

外《そと》に出《で》ない。立《た》てこもる。熟語 籠城《ろうじょう》。例 家《いえ》に籠《こ》もって勉強《べんきょう》する。虫籠《むしかご》。

**ろう【糧】** 熟語 兵糧《ひょうろう》。⇩りょう【糧】1392ページ

**ろう【露】** 熟語 披露《ひろう》。⇩ろ【露】1410ページ

**ろう【牢】** 名 ⇩ろうや（牢屋）1413ページ

**ろう** 名 動物《どうぶつ》や植物《しょくぶつ》からとる、脂肪《しぼう》に似《に》たやわらかいもの。水《みず》にとけず、熱《ねっ》するとすぐとけたり燃《も》えたりする。ろうそくなどの材料《ざいりょう》にする。

**ろうあ【聾唖】** 名 耳《みみ》が聞《き》こえないことと、口《くち》がきけないこと。

**ろうえい【朗詠】** 名 動-する 詩歌《しいか》に節《ふし》をつけて高《たか》らかにうたうこと。例 長編《ちょうへん》の詩《し》を朗詠する。

**ろうえい【漏洩】** 名 動-する 秘密《ひみつ》がもれること。また、もらすこと。

**ろうえき【労役】** 名 骨《ほね》の折《お》れる仕事《しごと》。特《とく》

日本の世界遺産 小笠原諸島《おがさわらしょとう》（東京都《とうきょうと》）平成《へいせい》23年《ねん》［自然《しぜん》］東京《とうきょう》から約《やく》1,000キロ離《はな》れた太平洋上《たいへいようじょう》の島々《しまじま》。他《ほか》の土地《とち》から遠《とお》

に、命令《めいれい》によってさせられる力仕事《ちからしごと》。例 つらい労役に服《ふく》する。

**ろうか**【老化】名 動-する ❶年《とし》をとるにしたがって、体《からだ》のはたらきがおとろえること。例 血管《けっかん》が老化する。❷↓れっか(劣化) 1405ページ

**◦ろうか**【廊下】名 建物《たてもの》の中《なか》にある、細長《ほそなが》い通《とお》り道《みち》。例 わたり廊下。

**ろうかく**【楼閣】名 高《たか》くて立派《りっぱ》な建物《たてもの》。たかどの。例 砂上《さじょう》の楼閣。

**ろうがっこう**【聾学校】名 耳《みみ》の不自由《ふじゆう》な人《ひと》が学《まな》ぶ学校《がっこう》。聴覚障害特別支援学校《ちょうかくしょうがいとくべつしえんがっこう》。

**ろうがん**【老眼】名 年《とし》をとって、近《ちか》くのものが見《み》えにくくなった目《め》。

**ろうがんきょう**【老眼鏡】名 老眼用《ろうがんよう》の、凸《とつ》レンズの眼鏡《めがね》。

**ろうきゅう**【老朽】名 動-する 古《ふる》くなって、使《つか》いものにならないこと。例 校舎《こうしゃ》が、老朽化《か》してきた。

**ろうきょく**【浪曲】名 三味線《しゃみせん》の伴奏《ばんそう》で、物語《ものがたり》を節《ふし》をつけて独《ひと》りで語《かた》る芸《げい》。なにわぶし。

**ろうく**【労苦】名 骨折《ほねお》り。苦労《くろう》。例 長年《ながねん》の労苦がむくわれる。

**労苦《ろうく》をいとわず** 苦労《くろう》や努力《どりょく》をいやがらない。例 労苦をいとわず働《はたら》く。

**ろうけつぞめ**【ろうけつ染め】名 染《そ》め物《もの》の一《ひと》つ。白《しろ》くする部分《ぶぶん》にろうとパラフィンをとかしたものをぬり、布《ぬの》を染《そ》める。

**ろうご**【老後】名 年《とし》をとってからのち。例 祖父《そふ》は老後を楽《たの》しんでいる。老後の生活《せいかつ》。

**ろうごく**【牢獄】名 ↓ろうや(牢屋) 1413ページ

**ろうこつ**【老骨】名 年《とし》をとった体《からだ》。例 老骨にむち打《う》つ(=年《とし》をとっておとろえた体《からだ》を、はげましながら努力《どりょく》する)。

**ろうさく**【労作】名 苦心《くしん》して作《つく》った作品《さくひん》。例 この彫刻《ちょうこく》はかなりの労作だ。

**ろうし**【労使】名 労働者《ろうどうしゃ》と使用者《しようしゃ》。働《はたら》く人《ひと》とやとっている人《ひと》。例 労使の交渉《こうしょう》。

**ろうし**【労資】名 労働者《ろうどうしゃ》と資本家《しほんか》。働《はたら》く人《ひと》と、お金《かね》を出《だ》してやとっている人《ひと》。

**ろうし**〖老子〗人名 (男) 紀元前五世紀《きげんぜんごせいき》ごろの中国《ちゅうごく》の思想家《しそうか》。自然《しぜん》のまま、静《しず》かに生《い》きることを説《と》いた。その教《おし》えは「老子《ろうし》」という本《ほん》にまとめられている。

**ろうし**【浪士】名 浪人《ろうにん》。例 赤穂《あこう》浪士。

**ろうじゃくだんじょ**【老若男女】名 ↓ろうにゃくなんにょ 1413ページ

**ろうじゅう**【老中】名 江戸幕府《えどばくふ》のいちばん上《うえ》の役《やく》。将軍《しょうぐん》のすぐ下《した》で政治《せいじ》を行《おこな》った。ろうちゅう。

**ろうしょう**【朗唱・朗誦】名 動-する (詩歌《しいか》などを)声高《こえたか》くよみあげること。例 百人一首《ひゃくにんいっしゅ》を朗唱する。

**ろうじょう**【籠城】名 動-する 敵《てき》に囲《かこ》まれて、城《しろ》にたてこもること。また、部屋《へや》などに閉《と》じこもること。例 籠城にそなえて食糧《しょくりょう》をたくわえる。

**ろうじん**【老人】名 年《とし》をとった人《ひと》。年寄《としよ》り。高齢者《こうれいしゃ》。

**ろうじんホーム**【老人ホーム】名 年《とし》をとった人《ひと》たちがいっしょに生活《せいかつ》できるように、設備《せつび》をととのえてある施設《しせつ》。

**ろうすい**【老衰】名 動-する 年《とし》をとって、心《こころ》や体《からだ》がひどく弱《よわ》ること。例 祖父《そふ》は老衰でなくなった。

**ろうすい**【漏水】名 動-する 水《みず》もれ。また、もれた水《みず》。例 水道管《すいどうかん》から漏水する。

**ろうする**【労する】動 ❶働《はたら》かせる。わずらわす。例 人《ひと》の手《て》を労する。❷苦労《くろう》して働《はたら》く。例 労せずして手《て》に入《い》れる。

**ろうせき**【ろう石】名 ❶ろうのようなつやや、なめらかな感《かん》じのある石《いし》。陶磁器《とうじき》の原料《げんりょう》などに使《つか》う。❷筆記用具《ひっきようぐ》の一《ひと》つ。(ろう石《せき》を加工《かこう》したもので、「石筆《せきひつ》」とも言《い》う。)

**ろうそく**名 糸《いと》やこよりをしんにして、その周《まわ》りをろうで細長《ほそなが》く固《かた》めたもの。しんに火《ひ》をつけて明《あ》かりにする。キャンドル。

**ろうたい**【老体】名 年寄《としよ》り。また、年寄《としよ》りの体《からだ》。

**ろうでん**【漏電】名 動-する 電線《でんせん》や電気器具《でんききぐ》に電気《でんき》が正《ただ》しく流《なが》れないで、外《そと》へもれること。

**ろうと**【漏斗】名 口《くち》の小《ちい》さい入《い》れ物《もの》に、液体《えきたい》を注《そそ》ぐための道具《どうぐ》。じょうご。↓じっけんきぐ 565ページ

**◦ろうどう**【労働】名 動-する 働《はたら》くこと。例 肉体《にくたい》労働。労働時間《じかん》。

**ろうどうきじゅんほう**【労働基準

部《ぶ》の平泉《ひらいずみ》にある、中尊寺《ちゅうそんじ》や毛越寺《もうつうじ》などの寺院《じいん》と、理想《りそう》の世界《せかい》の実現《じつげん》を目指《めざ》してつくられた庭園《ていえん》。仏教《ぶっきょう》と昔《むかし》からの自然《しぜん》じりあい、浄土《じょうど》(あの世《よ》)を表現《ひょうげん》した。

法】名 働《はたら》く人《ひと》たちを守《まも》るための法律《ほうりつ》。賃金《ちんぎん》、働《はたら》く時間《じかん》、休日《きゅうじつ》、働《はたら》く環境《かんきょう》などについて定《さだ》めてある。

**ろうどうくみあい【労働組合】**名 労働《ろうどう》者《しゃ》が、自分《じぶん》たちの権利《けんり》を守《まも》り、生活《せいかつ》をよくするために作《つく》る団体《だんたい》。労組《ろうそ》。

**ろうどうしゃ【労働者】**名 働《はたら》いて、賃金《ちんぎん》をもらって生活《せいかつ》している人《ひと》。対 資本家《しほんか》。

**ろうどうりょく【労働力】**名 労働《ろうどう》するために必要《ひつよう》な、人間《にんげん》の力《ちから》。また、労働《ろうどう》に必要《ひつよう》な働《はたら》き手《て》。例 労働力が不足《ふそく》する。

### 例解！ことばの勉強室

## 朗読《ろうどく》について

その作品《さくひん》の内容《ないよう》や味《あじ》わいを、聞《き》き手《て》に伝《つた》わるように読《よ》み表《あらわ》すのが、朗読《ろうどく》である。朗《ろう》読《どく》してみると、自分《じぶん》自身《じしん》の理解《りかい》も深《ふか》まる。

朗読《ろうどく》するには、次《つぎ》の点《てん》に気《き》をつけるとよい。

❶はっきりした発音《はつおん》で読《よ》む。
❷間《ま》の取《と》り方《かた》を工夫《くふう》する。
❸速《はや》く読《よ》むところ、ゆっくり読《よ》むところを考《かんが》える。
❹強《つよ》く読《よ》むところ、弱《よわ》く読《よ》むところを考《かんが》える。

**ろうどく【朗読】**名 動-する 詩《し》や文章《ぶんしょう》などを声《こえ》に出《だ》して読《よ》むこと。

**■ろうにゃくなんにょ【老若男女】**名 老人《ろうじん》も若者《わかもの》も男《おとこ》も女《おんな》も。ろうじゃくだんじょ。例 初詣《はつもうで》の老若男女が参道《さんどう》をうめつくす。

**ろうにん【浪人】**名 動-する ❶藩《はん》をぬけ出《だ》したり、主人《しゅじん》を失《うしな》ったりした武士《ぶし》。浪士《ろうし》。❷勤《つと》め先《さき》のない人《ひと》。❸入学《にゅうがく》試験《しけん》に失敗《しっぱい》して、来《らい》年《ねん》の入学《にゅうがく》を目《め》ざしている人《ひと》。

**ろうねん【老年】**名 年《とし》をとっていること。老齢《ろうれい》。高齢《こうれい》。対 若年《じゃくねん》。

**ろうば【老婆】**名 年《とし》をとった女《おんな》の人《ひと》。おばあさん。対 老爺《ろうや》。

**ろうばい【狼狽】**名 動-する あわてふためくこと。うろたえること。例 思《おも》いがけない話《はなし》を聞《き》いて、ろうばいする。

**ろうはいぶつ【老廃物】**名 新陳代謝《しんちんたいしゃ》によってできた、体《からだ》にいらなくなったもの。はく息《いき》・あせ・にょう・便《べん》などに混《ま》じって、外《そと》に出《だ》される。

**ろうばしん【老婆心】**名 必要《ひつよう》以上《いじょう》に世話《せわ》をしようとしたり、親切《しんせつ》にしたがったりする気持《きも》ち。例「老婆心から言《い》うが…。」参考 相《あい》手《て》のために何《なに》かを言《い》ってあげるとき、自分《じぶん》のことをへりくだって言《い》う言葉《ことば》。

**ろうひ【浪費】**名 動-する（お金《かね》・時間《じかん》・力《ちから》などを）むだに使《つか》うこと。例 エネルギーを浪費する。対 節約《せつやく》。倹約《けんやく》。

**ろうふ【老父】**名 年《とし》をとった父親《ちちおや》。対 老母《ろうぼ》。

**ろうぼ【老母】**名 年《とし》をとった母親《ははおや》。対 老父《ろうふ》。

**ろうほう【朗報】**名 うれしい知《し》らせ。いいニュース。例 合格《ごうかく》の朗報が舞《ま》いこむ。類 吉《きっ》報《ぽう》。対 悲報《ひほう》。

**ろうぼく【老木】**名 長《なが》い年数《ねんすう》のたった木《き》。

**ろうもん【楼門】**名 寺《てら》などに多《おお》くある、二《に》階造《かいづく》りの門《もん》。

〔ろうもん〕

**ろうや【老爺】**名 年《とし》をとった男《おとこ》の人《ひと》。おじいさん。対 老《ろう》婆《ば》。

**ろうや【牢屋】**名 悪《わる》いことをした人《ひと》を、閉《と》じこめておく所《ところ》。牢《ろう》。牢獄《ろうごく》。

**ろうりょく【労力】**名 仕《し》事《ごと》をするのにいる力《ちから》。例 労力を惜《お》しまない。

**ろうれい【老齢】**名 年《とし》をとっていること。高齢《こうれい》。老年《ろうねん》。

**ろうれん【老練】**名 形動 経験《けいけん》を積《つ》み、慣《な》れていて、上手《じょうず》なようす。例 老練な技術《ぎじゅつ》者《しゃ》。老練な政治《せいじ》家《か》。

**ろうろう【朗朗】**副-と 声《こえ》が明《あか》るく、はっきりとしているようす。例 朗々と歌《うた》い上《あ》げる。参考「朗々《ろうろう》たる歌声《うたごえ》」などと使《つか》うこともある。

**ろえい【露営】**名 動-する ❶軍隊《ぐんたい》などが、屋外《おくがい》で陣《じん》を構《かま》えること。例 露営地《ち》。❷野《や》外《がい》でテントを張《は》って泊《と》まること。類（❶・❷）野営《やえい》。


日本の世界遺産 平泉《ひらいずみ》 - 仏国土《ぶっこくど》（浄土《じょうど》）を表《あらわ》す建築《けんちく》・庭園《ていえん》及《およ》び考古学的遺跡群《こうこがくてきいせきぐん》 -（岩手県《いわてけん》）平成《へいせい》23年《ねん》［文化《ぶんか》］ 岩手県南《いわてけんなん》 崇拝《すうはい》がま

**ローカル**〔英語 local〕名 形動 その地方《ちほう》のものであること。地方《ちほう》らしいようす。例 ローカル線《せん》。

**ロース**〔英語 roast〕名 牛《うし》や豚《ぶた》の肩《かた》から腰《こし》の部分《ぶぶん》についている、上等《じょうとう》の肉《にく》。

**ロースト**〔英語 roast〕名 動-する 肉《にく》などを、あぶったりむし焼《や》きにしたりすること。例 ローストチキン。

**ローストビーフ**〔英語 roast beef〕名 牛肉《ぎゅうにく》のかたまりをオーブンでむし焼《や》きにした料理《りょうり》。

**ロータリー**〔英語 rotary〕名 駅前《えきまえ》や町《まち》の四《よ》つ角《かど》の真《ま》ん中《なか》に、交通整理《こうつうせいり》のために作《つく》られた、円形《えんけい》の場所《ばしょ》。

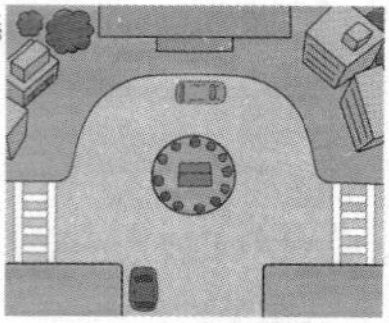
〔ロータリー〕

**ロータリーしゃ**【ロータリー車】名 線路《せんろ》などの雪《ゆき》を、大《おお》きな風車《ふうしゃ》のようなものを回《まわ》して、遠《とお》くにはね飛《と》ばしながら進《すす》む、雪《ゆき》かき専用《せんよう》の車《くるま》。

**ローティーン** 名〔日本《にっぽん》でできた英語《えいご》ふうの言葉《ことば》。〕十代前半《じゅうだいぜんはん》の年齢《ねんれい》。また、その年代《ねんだい》の少年少女《しょうねんしょうじょ》。

**ローテーション**〔英語 rotation〕名 ❶順番《じゅんばん》に役割《やくわり》を果《は》たすこと。例 当番《とうばん》のローテーションを組《く》む。❷野球《やきゅう》で、チームの先発投手《せんぱつとうしゅ》の登板順序《とうばんじゅんじょ》。❸バレーボールなどで、守《まも》る位置《いち》を順《じゅん》に変《か》えていくこと。

**ロードショー**〔英語 road show〕名 新《あたら》しい映画《えいが》を、ふつうの映画館《えいがかん》で見《み》せる前《まえ》に、特定《とくてい》の映画館《えいがかん》で見《み》せること。

**ロードマップ**〔英語 road map〕名 ❶ドライブ用《よう》の道路地図《どうろちず》。ドライブマップ。❷計画書《けいかくしょ》。例 製品開発《せいひんかいはつ》のロードマップ。

**ロードレース**〔英語 road race〕名 道路《どうろ》で行《おこな》う競走《きょうそう》。マラソン・駅伝《えきでん》・自転車競走《じてんしゃきょうそう》など。

**ロードローラー**〔英語 road roller〕名 道路工事《どうろこうじ》などで、大《おお》きなローラーを転《ころ》がして、地面《じめん》を平《たい》らにしたり固《かた》めたりする機械《きかい》。⇩じどうしゃ 571ページ

**ロープ**〔英語 rope〕名 あさ糸《いと》や針金《はりがね》などを太《ふと》くよった、丈夫《じょうぶ》なつな。

**ロープウエー**〔英語 ropeway〕名 空中《くうちゅう》にロープを張《は》って箱《はこ》をつるし、人《ひと》や物《もの》を運《はこ》ぶ乗《の》り物《もの》。

〔ロープウエー〕

**ローマ** 地名 イタリアの首都《しゅと》。古代《こだい》にローマ帝国《ていこく》が栄《さか》え、その遺跡《いせき》が数多《かずおお》く残《のこ》っている。

**ローマは一日《いちにち》にして成《な》らず**〔ローマ帝国《ていこく》が一日《いちにち》でできたのではないように〕大《おお》きな仕事《しごと》は、短期間《たんきかん》ではできない。長《なが》い間《あいだ》の努力《どりょく》があって、はじめてできあがるものだ。

✤**ローマじ**【ローマ字】名 ❶〔国語《こくご》で〕A《エー》・B《ビー》・C《シー》…Z《ゼット》までの二六の文字《もじ》。古代《こだい》ローマで作《つく》られた。ラテン文字《もじ》。❷「❶」を使《つか》って日本語《にほんご》を書《か》き表《あらわ》すつづり方《かた》。

**ローマすうじ**【ローマ数字】名 昔《むかし》、ローマ人《じん》が作《つく》り出《だ》した数字《すうじ》。Ⅰ1 Ⅱ2 Ⅲ3 Ⅳ4 Ⅴ5 Ⅵ6 Ⅶ7 Ⅷ8 Ⅸ9 Ⅹ10 Ⅺ11 Ⅻ12…など。今《いま》でも時計《とけい》の文字盤《もじばん》などに使《つか》う。関連 漢数字《かんすうじ》。アラビア数字《すうじ》。⇩すうじ 676ページ

**ローマほうおう**【ローマ法王】名 ローマカトリック教会《きょうかい》の最高《さいこう》の位《くらい》。「ローマ教皇《きょうこう》」ともいう。

**ローラー**〔英語 roller〕名 ❶まるい筒形《つつがた》で、回転《かいてん》させて、転《ころ》がすもの。❷転《ころ》がして地《じ》ならしをする、筒形《つつがた》のもの。

**ローラースケート**〔英語 roller skate〕名 底《そこ》に小《ちい》さな車輪《しゃりん》を付《つ》けた靴《くつ》をはいて、平《たい》らな地面《じめん》などをすべる遊《あそ》び。また、その靴《くつ》。

**ロールプレイング**〔英語 role-playing〕名 実際《じっさい》にありそうな場面《ばめん》を設定《せってい》し、そこで特定《とくてい》の役割《やくわり》を演《えん》じること。また、それをとおして、問題解決《もんだいかいけつ》の方法《ほうほう》を考《かんが》える学習法《がくしゅうほう》。役割演技法《やくわりえんぎほう》。

**ロールプレイングゲーム**〔英語 role-playing game〕名 ゲームソフトのジャンルの一《ひと》つ。ゲームにストーリー性《せい》があることと、プレーヤーが操作《そうさ》するキャラクターが成長《せいちょう》していくことが特徴《とくちょう》。RPG《アールピージー》。

**ローン**〔英語 loan〕名 貸《か》し付《つ》け。貸付金《かしつけきん》。例 住宅《じゅうたく》ローン。

れ、多《おお》くの和歌《わか》に詠《よ》まれるなど、日本《にっぽん》の文化《ぶんか》の根源《こんげん》であるとともに、信仰《しんこう》の対象《たいしょう》として大《おお》きな意義《いぎ》を持《も》つ。

**ろか【ろ過】** 名 動-する 水《みず》などをこして、混《ま》じり物《もの》を取《と》り去《さ》ること。例 ろ過器《き》。

**ろかた【路肩】** 名 道《どう》路《ろ》の両《りょう》わきの部《ぶ》分《ぶん》。特《とく》に、下《した》がけのようになっている、道《どう》路《ろ》のへり。「ろけん」ともいう。例 大《おお》雨《あめ》で路肩がくずれた。

**ろく【六】** 画数 4 部首 八（はち） 1年

音 ロク 訓 む む-つ むっ-つ むい

筆順
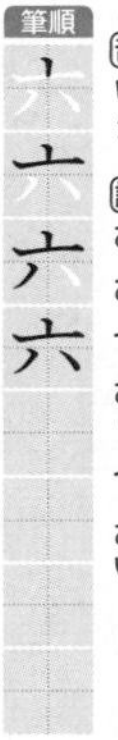

むっつ。むつ。熟語 六《ろっ》角《かく》形《けい》。六《ろく》大《だい》州《しゅう》。六《ろっ》法《ぽう》全《ぜん》書《しょ》。

**ろく【六】** 名〔数《かず》を表《あらわ》す言《こと》葉《ば》。〕むっつ。例 六頭《とう》。六本《ろっぽん》。

**ろく【録】** 画数 16 部首 金（かねへん） 4年

音 ロク 訓 —

筆順
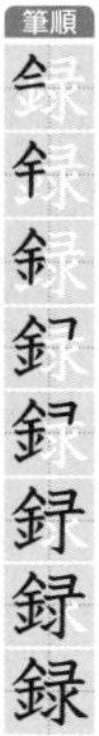

❶書《か》き記《しる》す。書《か》きつけたもの。熟語 記《き》録《ろく》。目《もく》録《ろく》。人《じん》名《めい》録《ろく》。❷あとでまた使《つか》えるように収《おさ》めておく。熟語 録《ろく》画《が》。録《ろく》音《おん》。

**ろく【麓】** 画数 19 部首 鹿（しか）

音 ロク 訓 ふもと

山《やま》すそ。ふもと。熟語 山《さん》麓《ろく》。例 富《ふ》士《じ》山《さん》の麓《ふもと》。

**ろく【緑】** 熟語 緑《ろく》青《しょう》。↓りょく【緑】 1394ページ

**ログアウト**〔英語 log out〕名 動-する コンピューターやネットワークなどへの接《せつ》続《ぞく》を終《しゅう》了《りょう》すること。ログオフ。

**ログイン**〔英語 log in〕名 動-する コンピューターやネットワークなどへ接《せつ》続《ぞく》すること。ログオン。

**ログオフ**〔英語 log off〕名 動-する ↓ログアウト 1415ページ

✤**ろくおん【録音】** 名 動-する メモリーなどの記《き》録《ろく》装《そう》置《ち》に声《こえ》や音《おと》を記《き》録《ろく》すること。また、その音《おと》。例 録音スタジオ。

**ログオン**〔英語 log on〕名 動-する ↓ログイン 93ページ

**ろくが【録画】** 名 動-する メモリーなどの記《き》録《ろく》装《そう》置《ち》に映《えい》像《ぞう》を記《き》録《ろく》すること。また、その画《が》面《めん》。

**ろくさんせい【六三制】** 名 小《しょう》学《がっ》校《こう》六《ろく》年《ねん》間《かん》、中《ちゅう》学《がっ》校《こう》三《さん》年《ねん》間《かん》、合《ごう》計《けい》九《きゅう》年《ねん》間《かん》の日《にっ》本《ぽん》の義《ぎ》務《む》教《きょう》育《いく》の制《せい》度《ど》。

**ろくじぞう【六地蔵】** 名 道《みち》ばたや墓《ぼ》地《ち》などに六《むっ》つ並《なら》んでまつられている地《じ》蔵《ぞう》。仏《ぶっ》教《きょう》でいう六《むっ》つの世《せ》界《かい》それぞれに分《わ》かれて、迷《まよ》い苦《くる》しむ人《ひと》々《びと》を救《すく》い、導《みちび》いているとされる。

**ろくしょう【緑青】** 名 銅《どう》の表《ひょう》面《めん》にできる、緑《みどり》色《いろ》のさび。例 緑青がわく。

**ろくすっぽ** 副 ろくに。満《まん》足《ぞく》に。ろくろく。例 ねぼうしてご飯《はん》もろくすっぽ食《た》べていない。注意 あとに「ない」などの打《う》ち消《け》しの言《こと》葉《ば》がくる。

**ろくだいしゅう【六大州】** 名 世《せ》界《かい》の陸《りく》地《ち》を大《おお》きく六《むっ》つに分《わ》けた区《く》分《ぶん》。アジア州《しゅう》・アフリカ州《しゅう》・北《きた》アメリカ州《しゅう》・南《みなみ》アメリカ州《しゅう》・ヨーロッパ州《しゅう》・オセアニア州《しゅう》。参考 北《きた》アメリカ州《しゅう》と南《みなみ》アメリカ州《しゅう》を一《ひと》つと数《かぞ》えて、「五《ご》大《だい》州《しゅう》」ともいう。

**ろくだか【禄高】** 名 昔《むかし》、武《ぶ》士《し》に与《あた》えられた給《きゅう》与《よ》の額《がく》。

**ろくでなし** 名 役《やく》に立《た》たない者《もの》。また、そのような人《ひと》をののしって言《い》う言《こと》葉《ば》。

**ろくでもない** なんの値《ね》打《う》ちもない。例 ろくでもない話《はなし》を聞《き》かされた。

**ろくな** 連体 たいした。まともな。例 朝《あさ》からろくなことはない。ろくなものは食《た》べていない。注意 あとに「ない」などの打《う》ち消《け》しの言《こと》葉《ば》がくる。

**ろくに** 副 十《じゅう》分《ぶん》に。よく。満《まん》足《ぞく》に。例 雨《あめ》の日《ひ》が続《つづ》いたので、ろくに練《れん》習《しゅう》もしていない。注意 あとに「ない」などの打《う》ち消《け》しの言《こと》葉《ば》がくる。

**ログハウス** 名〔日《にっ》本《ぽん》でできた英《えい》語《ご》ふうの言《こと》葉《ば》。〕丸《まる》太《た》を組《く》んで作《つく》った家《いえ》。

**ろくぼく【肋木】** 名 体《たい》操《そう》で使《つか》う道《どう》具《ぐ》。数《すう》本《ほん》の柱《はしら》の間《あいだ》に、たくさんのまるい横《よこ》木《ぎ》を取《と》りつけたもの。

**ろくまく【肋膜】** 名 胸《むね》の内《うち》側《がわ》にあって、肺《はい》の外《そと》側《がわ》を包《つつ》んでいるうすい膜《まく》。胸《きょう》膜《まく》。

**ろくろ** 名 ❶茶《ちゃ》わんのような、まるい形《かたち》をした焼《や》き物《もの》を作《つく》るときに使《つか》う道《どう》具《ぐ》。粘《ねん》土《ど》をのせた台《だい》を回《まわ》しながら、形《かたち》を作《つく》っていく。ろくろ



日本の世界遺産 富《ふ》士《じ》山《さん》 - 信《しん》仰《こう》の対象《たいしょう》と芸術《げいじゅつ》の源泉《げんせん》 -（山梨県《やまなしけん》・静岡県《しずおかけん》）平成《へいせい》25年《ねん》［文化《ぶんか》］ 富士山《ふじさん》は、多《おお》くの絵画《かいが》に描《えが》か

台《だい》。❷おわんなどのような、まるい形《かたち》をした木《き》の器《うつわ》を作《つく》るときに使《つか》う道具《どうぐ》。ろくろがんな。

〔ろくろ❶〕

**ろくろく** 副 十分《じゅうぶん》に。ろくに。例 ろくろく話《はなし》もできなかった。注意 あとに「ない」などの打《う》ち消《け》しの言葉《ことば》がくる。

**ロケ** 名 ⬇ロケーション❷ 1416ページ

**ロケーション** 〔英語 location〕名 ❶場《ば》所《しょ》。位《い》置《ち》。例 ロケーションがいいレストラン。❷映画《えいが》やテレビなどで、スタジオではなく、野外《やがい》で撮影《さつえい》すること。ロケ。

**ロケット** 〔英語 rocket〕名 筒《つつ》の中《なか》に入《い》れた火《か》薬《やく》などを爆発《ばくはつ》させ、後《うし》ろへふき出《だ》すガスの勢《いきお》いの反動《はんどう》で、飛《と》ぶ仕《し》かけ。また、それを装《そう》置《ち》した飛行物体《ひこうぶったい》。

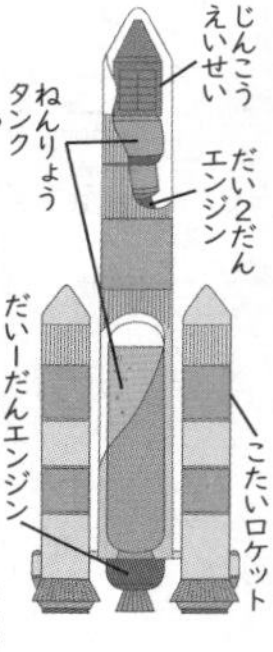

〔ロケット〕

**ろけん【露見】** 名 動-する 悪《わる》いことや秘《ひ》密《みつ》がばれること。例 悪事《あくじ》が露見する。

**ロゴ** 〔英語 logo〕名 会社名《かいしゃめい》やブランド名《めい》、組《そ》織《しき》名《めい》などを図案化《ずあんか》したマーク。ロゴマーク。

**ろこつ【露骨】** 形動 かくさず、感情《かんじょう》などをむき出《だ》しにするようす。例 露骨に人《ひと》の悪口《わるくち》を言《い》う。

**ロサンゼルス** 地名 アメリカ合衆国《がっしゅうこく》のカリフォルニア州《しゅう》南部《なんぶ》の都市《とし》。映画《えいが》で有名《ゆうめい》なハリウッドがある。ロスアンジェルス。

**ろし【ろ紙】** 名 〔理《り》科《か》で〕液体《えきたい》をこすための、きめのあらい紙《かみ》。

**ろじ【路地】** 名 大通《おおどお》りからわきに入《はい》った、家《いえ》と家《いえ》の間《あいだ》のせまい道《みち》。

**ろじ【露地】** 名 上《うえ》に屋《や》根《ね》などのおおいのない地面《じめん》。例 露地栽培《さいばい》のトマト。

**ロシアれんぽう【ロシア連邦】** 地名 ユーラシア大陸《たいりく》北部《ほくぶ》にある大《おお》きな国《くに》。首《しゅ》都《と》はモスクワ。一九九一年《ねん》にソビエト連《れん》邦《ぽう》が解《かい》体《たい》して独立《どくりつ》した。

**ろじうら【路地裏】** 名 路《ろ》地《じ》を入《はい》りこんだ所《ところ》。路地のおく。例 路地裏にひっそり住《す》む。

**ロジック** 〔英語 logic〕名 りくつ。論《ろん》理《り》。

**ろしゅつ【露出】** 名 動-する ❶物《もの》がむき出《だ》しになっていること。むき出《だ》しにすること。例 肌《はだ》を露出する。❷写《しゃ》真《しん》をとるとき、シャッターを開《ひら》いて、フィルムなどに光《ひかり》を当《あ》てること。例 この写《しゃ》真《しん》は露出不《ぶ》足《そく》だ。

**ろじょう【路上】** 名 道《みち》の上《うえ》。道《みち》ばた。例 路上駐《ちゅう》車《しゃ》。

**ロス** 〔英語 loss〕名 むだ。損《そん》。例 ロスが出《で》る。時《じ》間《かん》のロスだ。

**ロスタイム** 名 〔日本《にっぽん》でできた英語《えいご》ふうの言《こと》葉《ば》。〕むだに使《つか》った時《じ》間《かん》。特《とく》にラグビーなどの試《し》合《あい》で、競《きょう》技《ぎ》でないことに使《つか》った時《じ》間《かん》。この時《じ》間《かん》の分《ぶん》だけ、競《きょう》技《ぎ》時《じ》間《かん》を延《の》ばす。参考 サッカーでは、最《さい》近《きん》は「アディショナルタイム」とよぶ。

**ろせん【路線】** 名 ❶鉄《てつ》道《どう》やバスの通《とお》る道《どう》路《ろ》。例 路線バス。❷方《ほう》針《しん》。例 政《せい》党《とう》が路線を変《へん》更《こう》する。

**ロダン** 人名 (男)(一八四〇〜一九一七)フランスの彫《ちょう》刻《こく》家《か》。「考《かん》える人《ひと》」や「カレーの市《し》民《みん》」などの作《さく》品《ひん》を残《のこ》し、現《げん》代《だい》彫《ちょう》刻《こく》のもとをつくった。

**ロッカー** 〔英語 locker〕名 荷《に》物《もつ》や洋《よう》服《ふく》などを入《い》れておく、かぎのついた戸《と》棚《だな》。例 コインロッカー。

**ろっかくけい【六角形】** 名 六本《ろっぽん》の直《ちょく》線《せん》で囲《かこ》まれた形《かたち》。

**ろっかせん【六歌仙】** 名 平《へい》安《あん》時《じ》代《だい》初《はじ》めの、六人《ろくにん》の和《わ》歌《か》の名《めい》人《じん》。僧《そう》正《じょう》遍《へん》昭《じょう》・在《あり》原《わらの》業《なり》平《ひら》・文《ふん》屋《やの》康《やす》秀《ひで》・喜《き》撰《せん》法《ほう》師《し》・小《お》野《のの》小《こ》町《まち》・大《おお》友《ともの》黒《くろ》主《ぬし》。

**ロッキーさんみゃく【ロッキー山脈】** 地名 北《きた》アメリカ大《たい》陸《りく》の西《せい》部《ぶ》を南《なん》北《ぼく》に走《はし》る大《おお》きな山《さん》脈《みゃく》。多《おお》くの国《こく》立《りつ》公《こう》園《えん》がある。

**ロック** 〔英語 rock〕名 ❶岩《いわ》。岩《がん》石《せき》。❷「ロックンロール」の略《りゃく》。一九五〇年《ねん》ごろにアメリカで生《う》まれた音《おん》楽《がく》。リズムに乗《の》って叫《さけ》ぶように歌《うた》うのが特《とく》徴《ちょう》。

**ロッククライミング** 〔英語 rock-climbing〕名 登《と》山《ざん》で、岩《がん》壁《ぺき》をよじのぼること。また、その技《ぎ》術《じゅつ》。

半《はん》から20世《せい》紀《き》にかけて、質《しつ》のよい生《き》糸《いと》を大《たい》量《りょう》に生《せい》産《さん》し、世《せ》界《かい》の絹《きぬ》産《さん》業《ぎょう》の発《はっ》展《てん》と絹《きぬ》消《しょう》費《ひ》の大《たい》衆《しゅう》化《か》をもたらした。

**ろっこつ【肋骨】** 名 胸《むね》の内側《うちがわ》にあって、胸《むね》の形《かたち》を作《つく》っている左右《さゆう》一二本《ほん》ずつの骨《ほね》。あばら骨《ぼね》。

**ろっこんしょうじょう【六根清浄】** 名 体《からだ》も心《こころ》も清《きよ》らかになること。参考 山《やま》に参《まい》る人《ひと》などが、歩《ある》きながら唱《とな》える言葉《ことば》として知《し》られる。

**ロッジ** 〔英語 lodge〕名 山小屋《やまごや》。山小屋《やまごや》ふうの簡単《かんたん》な宿泊所《しゅくはくじょ》。

**ロッシーニ** 人名 (男)(一七九二〜一八六八)イタリアの作曲家《さっきょくか》。オペラ「セビリアの理髪師《りはつし》」や「ウイリアム=テル」などを作曲《さっきょく》した。

**ろっぽうぜんしょ【六法全書】** 名 憲法《けんぽう》・民法《みんぽう》・刑法《けいほう》・商法《しょうほう》・民事訴訟法《みんじそしょうほう》・刑事訴訟法《けいじそしょうほう》の六《むっ》つの代表的《だいひょうてき》な法律《ほうりつ》を中心《ちゅうしん》に、いろいろな法令《ほうれい》を収《おさ》めた本《ほん》。

**ろてん【露天】** 名 屋根《やね》のない所《ところ》。野天《のてん》。例 露天ぶろ。露天商《しょう》。

**ろてん【露店】** 名 道《みち》ばたで商売《しょうばい》をする店《みせ》。例 お祭《まつ》りで、露店が並《なら》ぶ。

**ろてんぼり【露天掘り】** 名 石炭《せきたん》や鉱石《こうせき》などを、地下《ちか》に横穴《よこあな》を掘《ほ》らないで、地表《ちひょう》からじかに掘《ほ》り出《だ》すこと。

**ろとう【路頭】** 名 道《みち》のほとり。道《みち》ばた。

**路頭《ろとう》に迷《まよ》う** 住《す》む家《いえ》やお金《かね》がなくて生活《せいかつ》に困《こま》る。例 失業《しつぎょう》して路頭に迷う。

**ろば** 名 畑《はたけ》を耕《たがや》したり、物《もの》を運《はこ》んだりするのに使《つか》われる、馬《うま》に似《に》た家畜《かちく》。馬《うま》より小《ちい》さく、耳《みみ》が長《なが》い。ウサギウマ。

〔ろば〕

**ろばた【炉端】** 名 いろりのそば。いろり端《ばた》。炉辺《ろへん》。例 炉端焼《や》き。

**ロビー** 〔英語 lobby〕名 ホテルや空港《くうこう》などで、入《い》り口《ぐち》に続《つづ》く広《ひろ》い部屋《へや》。一般《いっぱん》の人《ひと》が待《ま》ち合《あ》わせや休息《きゅうそく》などに使《つか》う。

**ロビンソン=クルーソー** 作品名 イギリスのデフォーが一七一九年《ねん》に発表《はっぴょう》した小説《しょうせつ》。船乗《ふなの》りのロビンソン=クルーソーが、無人島《むじんとう》に流《なが》れ着《つ》き、たった独《ひと》りで二八年間《ねんかん》も暮《く》らし、助《たす》けられて国《くに》に帰《かえ》るまでの話《はなし》。ロビンソン漂流記《ひょうりゅうき》。

**ロビン=フッド** 人名 (男) イギリスの伝説《でんせつ》上《じょう》の英雄《えいゆう》。仲間《なかま》と力《ちから》を合《あ》わせて、悪《わる》い役人《やくにん》と戦《たたか》った。

**ろぼう【路傍】** 名 道《みち》のかたわら。道《みち》ばた。例 路傍に咲《さ》いた花《はな》。

**ロボット** 〔英語 robot〕名 ❶電気《でんき》や磁気《じき》の力《ちから》で動《うご》く人形《にんぎょう》。人造人間《じんぞうにんげん》。❷工場《こうじょう》などで人間《にんげん》に代《か》わって、作業《さぎょう》する機械《きかい》。例 産業用《さんぎょうよう》ロボット。❸(いつも)人《ひと》の言《い》いなりになって動《うご》く人《ひと》。

**ロマン** 〔フランス語〕名 ❶物語《ものがたり》。小説《しょうせつ》。❷夢《ゆめ》やあこがれに満《み》ちたことがら。例 ロマンに満《み》ちた人生《じんせい》。

**ロマンス** 〔英語 romance〕名 愛《あい》についての出来事《できごと》。また、その話《はなし》。

**ロマンチシズム** 〔英語 romanticism〕名 ❶目《め》の前《まえ》の現実《げんじつ》よりも、夢《ゆめ》や理想《りそう》の世界《せかい》に強《つよ》くあこがれる傾向《けいこう》。❷文学《ぶんがく》や音楽《おんがく》・美術《びじゅつ》のうえで、自由《じゆう》な感情《かんじょう》と個性《こせい》を大切《たいせつ》にする考《かんが》え方《かた》。

**ロマンチック** 〔英語 romantic〕形動 現実《げんじつ》ばなれした、美《うつく》しくあまい夢《ゆめ》を見《み》ているようなようす。例 ロマンチックな物語《ものがたり》。

**ろめん【路面】** 名 道路《どうろ》の表面《ひょうめん》。例 路面電車《でんしゃ》〔=都市《とし》の道路《どうろ》にレールをしいて走《はし》らせる電車《でんしゃ》〕。

**ろれつ【呂律】** 名 言葉《ことば》の調子《ちょうし》。

**ろれつが回《まわ》らない** 舌《した》がよく回《まわ》らないで、言葉《ことば》がはっきり発音《はつおん》できない。例 よっぱらってろれつが回らない。

**ろん【論】** 画数 15 部首 言(ごんべん) 6年

音 ロン 訓 —

筆順 論

❶考《かんが》え。意見《いけん》。熟語 言論《げんろん》。世論《せろん》・世論《よろん》。評論《ひょうろん》。❷筋道《すじみち》を立《た》てて述《の》べる。また、言《い》い争《あらそ》う。熟語 論議《ろんぎ》。論争《ろんそう》。論文《ろんぶん》。論理《ろんり》。議論《ぎろん》。口論《こうろん》。討論《とうろん》。↓ろんじる 1418ページ

**ろん【論】** 名 ❶考《かんが》えや意見《いけん》。例 さまざまな論がある。❷議論《ぎろん》。例 論を戦《たたか》わせる。

**論《ろん》より証拠《しょうこ》** あれこれ議論《ぎろん》するよりも、証拠《しょうこ》を見《み》せるほうが、はっきりするというこ



日本の世界遺産 富岡製糸場《とみおかせいしじょう》と絹産業《きぬさんぎょう》遺産群《いさんぐん》(群馬県《ぐんまけん》)平成《へいせい》26年《ねん》［文化《ぶんか》］ 群馬県富岡市《ぐんまけんとみおかし》に作《つく》られた製糸工場《せいしこうじょう》。19世紀後《せいきこう》

と。例 論より証拠、このデータを見《み》てください。

**ろんがい【論外】** 名 形動 議論《ぎろん》をする値打《ねう》ちもないこと。問題外《もんだいがい》。例 あの人《ひと》の行動《こうどう》は論外だ。

**ろんぎ【論議】** 名 動-する たがいに自分《じぶん》の考《かんが》えを言《い》い合《あ》うこと。議論《ぎろん》。例 事件《じけん》は大《おお》きな論議を呼《よ》んだ。

**ろんきゃく【論客】** 名 どんなことにも自《じ》分《ぶん》の意見《いけん》を持《も》っていて、きちんと話《はな》したり書《か》いたりできる人《ひと》。ろんかく。

✤**ろんきょ【論拠】** 名 考《かんが》えのよりどころ。例 論拠のはっきりしない話《はなし》。

**ロング** 〔英語 long〕 名 （距離《きょり》や時間《じかん》が）長《なが》いこと。例 ロングヘア。対 ショート。

**ロングショット** 〔英語 long shot〕 名 映画《えいが》や写真《しゃしん》などで、全体《ぜんたい》が入《はい》るように遠《とお》くから撮《さつ》影《えい》すること。ロング。

**ロングセラー** 名 〔日本《にっぽん》でできた英語《えいご》ふうの言葉《ことば》。〕長《なが》い間《あいだ》売《う》れ続《つづ》けている商品《しょうひん》。参考 本《ほん》や楽曲《がっきょく》についていうことが多《おお》い。

**ロングラン** 〔英語 long run〕 名 映画《えいが》や演劇《えんげき》を、長《なが》い間《あいだ》続《つづ》けて興行《こうぎょう》すること。

**ろんご【論語】** 作品名 孔子《こうし》の弟子《でし》たちが、孔子《こうし》の教《おし》えや行《おこな》いを書《か》いた、中国《ちゅうごく》の古《ふる》い本《ほん》。

**論語《ろんご》読《よ》みの論語《ろんご》知《し》らず** 〔「論語《ろんご》」の文字《もじ》をただ読《よ》んでいるだけで、その中身《なかみ》を理解《りかい》し、その教《おし》えを生《い》かすことができないということから〕知識《ちしき》はあっても、それを生《い》かして使《つか》うことができないことのたとえ。

**ろんこう【論考】** 名 あることがらについてふかく考《かんが》え、筋道《すじみち》を立《た》てて考《かんが》えること。また、その考《かんが》えを説明《せつめい》した文章《ぶんしょう》。例 明治維新《めいじいしん》を論考する。

**ろんこく【論告】** 名 動-する 裁判《さいばん》で、検察官《けんさつかん》が最後《さいご》の意見《いけん》を述《の》べること。例 論告求刑《きゅうけい》。

✤**ろんし【論旨】** 名 議論《ぎろん》の中心《ちゅうしん》になることがら。例 論旨をはっきりさせる。

**ろんじゅつ【論述】** 名 動-する 筋道《すじみち》を立《た》てて考《かんが》えを述《の》べること。例 文学《ぶんがく》と自然《しぜん》との関係《かんけい》を論述する。

✤**ろんしょう【論証】** 名 動-する 確《たし》かな証拠《しょうこ》をあげ、論理《ろんり》に基《もと》づいて、正《ただ》しさを証明《しょうめい》すること。

**ろんじる【論じる】** 動 〔「論《ろん》ずる」ともいう。〕❶筋道《すじみち》を立《た》てて説明《せつめい》する。❷意見《いけん》を述《の》べる。意見《いけん》を言《い》い合《あ》う。例 よい悪《わる》いを論じる。❸問題《もんだい》にする。例 そんなことは論じるまでもない。

**ろんずる【論ずる】** 動 ➡ろんじる 1418ページ

✤**ろんせつ【論説】** 名 動-する 筋道《すじみち》を立《た》てて考《かんが》えを述《の》べること。また、その文章《ぶんしょう》。特《とく》に新聞《しんぶん》の社説《しゃせつ》。例 論説委員《いいん》。

✤**ろんせつぶん【論説文】** 名 あることがらについて、自分《じぶん》の考《かんが》えを筋道《すじみち》を立《た》てて述《の》べた文章《ぶんしょう》。類 意見文《いけんぶん》。

**ろんせん【論戦】** 名 動-する 議論《ぎろん》を戦《たたか》わせること。例 論戦をくり広《ひろ》げる。

**ろんそう【論争】** 名 動-する ちがった考《かんが》えを持《も》った人《ひと》が、たがいに意見《いけん》を述《の》べて議論《ぎろん》すること。また、その議論《ぎろん》。例 原子力《げんしりょく》の利用《りよう》について論争する。

**ろんだい【論題】** 名 論文《ろんぶん》や議論《ぎろん》の題目《だいもく》。

✤**ろんてん【論点】** 名 議論《ぎろん》の中心《ちゅうしん》となる点《てん》。例 論点をしぼって話《はな》し合《あ》う。議論《ぎろん》の論点がずれている。

**ロンドン** 地名 イギリスの首都《しゅと》。経度《けいど》の起《き》点《てん》になる地点《ちてん》がある。

**ろんぱ【論破】** 名 動-する 議論《ぎろん》をして、相手《あいて》を言《い》い負《ま》かすこと。例 彼《かれ》の考《かんが》えを論破するのはむずかしい。

**ろんばく【論駁】** 名 動-する 相手《あいて》の考《かんが》えの誤《あやま》りを論《ろん》じて攻撃《こうげき》すること。反論《はんろん》。

**ろんぴょう【論評】** 名 動-する 作品《さくひん》や事件《じけん》などについて、よい悪《わる》いを批評《ひひょう》すること。例 作品《さくひん》を論評する。

✤**ろんぶん【論文】** 名 ある問題《もんだい》についての考《かんが》えや、研究《けんきゅう》した結果《けっか》を、筋道《すじみち》を立《た》てて書《か》いた文章《ぶんしょう》。例 研究《けんきゅう》論文を発表《はっぴょう》する。

**ろんぽう【論法】** 名 議論《ぎろん》の方法《ほうほう》。論《ろん》の進《すす》め方《かた》。例 三段《さんだん》論法。

✤**ろんり【論理】** 名 ❶思考《しこう》のしかたや話《はなし》の進《すす》め方《かた》の正《ただ》しい筋道《すじみち》。例 論理の通《とお》った文章《ぶんしょう》。❷ものごとの間《あいだ》の、ある決《き》まったつながり。

**ろんりてき【論理的】** 形動 考《かんが》え方《かた》や述《の》べ方《かた》などの筋道《すじみち》が通《とお》っているようす。例 論理的な考《かんが》え方《かた》。

20世紀《せいき》の初《はじ》めにかけての短《みじか》い期間《きかん》で、日本《にっぽん》の近代化《きんだいか》が成功《せいこう》したことを示《しめ》す遺産《いさん》。その短《みじか》い期間《きかん》で西洋《せいよう》の技術《ぎじゅつ》を日本独《にっぽんどく》取《と》り入《い》れ、産業国家《さんぎょうこっか》となる過程《かてい》を示《しめ》した。

# わ

ワ wa

**わ【和】** 画数 8 部首 口(くち) 3年

音 ワ オ△ 訓 や△わ-らぐ や△わ-らげる な△ご-む なご-やか

筆順 和

❶仲《なか》よくする。気《き》が合《あ》う。熟語 和《わ》解《かい》。調《ちょう》和《わ》。平《へい》和《わ》。❷おだやか。熟語 和《わ》気《き》。温《おん》和《わ》。柔《にゅう》和《わ》。❸日本《にっぽん》のこと。熟語 和《わ》歌《か》。和《わ》語《ご》。和《わ》風《ふう》。漢《かん》和《わ》。関連 漢《かん》。洋《よう》。❹足《た》し算《ざん》の答《こた》え。熟語 総《そう》和《わ》〔=総《そう》計《けい》〕。対 差《さ》。❺お坊《ぼう》さん。熟語 和《お》尚《しょう》。↓わする 1425ページ

《訓の使い方》**やわ-らぐ** 例 日《ひ》ざしが和らぐ。**やわ-らげる** 例 声《こえ》を和らげる。**なご-む** 例 心《こころ》が和む。**なご-やか** 例 和やかな家《か》庭《てい》。

**わ【和】** 名 ❶仲《なか》よくすること。例 人《ひと》の和が第《だい》一《いち》だ。❷日本《にっぽん》のこと。例 和と洋《よう》を取《と》り合《あ》わせた料《りょう》理《り》。関連 漢《かん》。洋《よう》。❸〔算《さん》数《すう》で〕足《た》し算《ざん》の答《こた》え。例 3と5の和は8。対 差《さ》。

**和《わ》をもって貴《とうと》しとなす** 何《なに》をするにも、人々《ひとびと》が仲《なか》よくするのがよい。参考 聖《しょう》徳《とく》太《たい》子《し》が定《さだ》めた「十七条憲法《じゅうななじょうけんぽう》」にある言《こと》葉《ば》。

**わ【話】** 画数 13 部首 言(ごんべん) 2年

音 ワ 訓 はな-す はなし

筆順 話

❶はなす。はなし合《あ》う。熟語 話《わ》術《じゅつ》。話《わ》題《だい》。会《かい》話《わ》。対《たい》話《わ》。❷物《もの》語《がたり》。熟語 童《どう》話《わ》。民《みん》話《わ》。

《訓の使い方》**はな-す** 例 友《とも》達《だち》と話す。

**わ【把】** 例 一《いち》把。↓は【把】1022ページ

**わ【羽】** 〔数《すう》字《じ》のあとにつけて〕鳥《とり》やウサギを数《かぞ》える言《こと》葉《ば》。例 一《いち》羽。五《ご》羽。参考 前《まえ》につく数《かず》によって、「三《さん》羽《ば》」「六《ろっ》羽《ぱ》」と読《よ》み方《かた》が変《か》わる。

**わ【我】**△ 名 自《じ》分《ぶん》。例 我が身《み》。↓が【我】191ページ

**わ【輪】** 名 ❶円《まる》い形《かたち》。例 輪になってすわる。❷じくの周《まわ》りを回《まわ》って、車《くるま》を動《うご》かすもの。車《しゃ》輪《りん》。↓りん【輪】1395ページ

**輪《わ》をかける** 程《てい》度《ど》を大《おお》きくする。例 休《きゅう》日《じつ》は、ふだんに輪をかけてこみ合《あ》う。

**わ【倭】** 名 日本《にっぽん》のこと。昔《むかし》、中《ちゅう》国《ごく》や朝《ちょう》鮮《せん》で、日本《にっぽん》を呼《よ》んだ言《こと》葉《ば》。

**わ** 助 ❶調《ちょう》子《し》をやさしくする。例「うれしいわ。」❷おどろきを表《あらわ》す。例「とうとうやったわ。」❸くり返《かえ》しによって意《い》味《み》を強《つよ》める。例 宝《たから》物《もの》が、出《で》るわ、出《で》るわ。

**ワークシート** 〔英語 worksheet〕名 問《もん》題《だい》の答《こた》えなどが書《か》きこめる、作《さ》業《ぎょう》用《よう》紙《し》。

**ワークシェアリング** 〔英語 work sharing〕名 雇《こ》用《よう》を確《かく》保《ほ》するために、一人《ひとり》一人《ひとり》の仕《し》事《ごと》量《りょう》を減《へ》らして、より多《おお》くの人《ひと》に仕《し》事《ごと》を分《わ》け合《あ》うこと。

**ワークショップ** 〔英語 workshop〕名 研《けん》修《しゅう》会《かい》。研《けん》究《きゅう》集《しゅう》会《かい》。特《とく》に、参《さん》加《か》者《しゃ》が自《じ》主《しゅ》的《てき》に活《かつ》動《どう》して進《すす》める会《かい》。例 まちづくりのワークショップ。

**ワークブック** 〔英語 workbook〕名 学《がく》習《しゅう》の手《て》引《び》きや問《もん》題《だい》などが書《か》いてある本《ほん》。

**ワークライフバランス** 〔英語 work-life balance〕名 仕《し》事《ごと》と生《せい》活《かつ》を両《りょう》立《りつ》させること。仕《し》事《ごと》をしながら、家《か》族《ぞく》や趣《しゅ》味《み》などにもじゅうぶんな時《じ》間《かん》をとることで、心《こころ》と体《からだ》を健《けん》康《こう》に保《たも》つ生《い》き方《かた》。

**ワースト** 〔英語 worst〕〔ある言《こと》葉《ば》の前《まえ》につけて〕もっとも悪《わる》いこと。最《さい》悪《あく》。例 ワースト記《き》録《ろく》。対 ベスト。

**ワープロ** 名〔英《えい》語《ご》の「ワードプロセッサー」の略《りゃく》。〕コンピューターで文《ぶん》書《しょ》を作《つく》る機《き》械《かい》。また、同《おな》じはたらきを持《も》つソフトウェア。

**ワールド** 〔英語 world〕名 世《せ》界《かい》。例 ワールドニュース。

**ワールドカップ** 〔英語 World Cup〕名 スポーツ競《きょう》技《ぎ》の世《せ》界《かい》選《せん》手《しゅ》権《けん》大《たい》会《かい》の優《ゆう》勝《しょう》者《しゃ》に与《あた》えられるカップ。また、そのカップを争《あらそ》う大《たい》会《かい》。W《ダブリュー》杯《はい》。

**ワールドワイドウェブ** 〔英語 World Wide Web〕名 ↓ウェブ❶ 99ページ

**わい【賄】** 画数 13 部首 貝(かいへん)

音 ワイ 訓 まかな-う

❶人《ひと》に不《ふ》正《せい》なことをたのむためのおくり物《もの》。熟語 賄《わい》賂《ろ》。収《しゅう》賄《わい》。❷まかなう。うまくやりく



日本の世界遺産 明治《めいじ》日本《にほん》の産業《さんぎょう》革命《かくめい》遺産《いさん》 製鉄《せいてつ》・製鋼《せいこう》、造船《ぞうせん》、石炭産業《せきたんさんぎょう》
(福岡県《ふくおかけん》・佐賀県《さがけん》・長崎県《ながさきけん》・熊本県《くまもとけん》・鹿児島県《かごしまけん》・山口県《やまぐちけん》・岩手県《いわてけん》・静岡県《しずおかけん》)平成《へいせい》27年《ねん》[文化《ぶんか》]
19世紀後半《せいきこうはん》から自《じ》の技術《ぎじゅつ》として

りする。また、食事《しょくじ》の世話《せわ》をする。例 費用《ひよう》を賄《まかな》う。食事《しょくじ》の賄《まかな》い。

**わいきょく【歪曲】** 名 動-する わざと事実《じじつ》をゆがめて伝《つた》えること。例 史実《しじつ》をわい曲する。

**ワイシャツ** 名 〔英語《えいご》の「ホワイトシャツ（＝白《しろ》いシャツ）」が変化《へんか》してできた言葉《ことば》。〕背広《せびろ》などの上着《うわぎ》の下《した》に着《き》る、えりのついたシャツ。

**ワイド** 〔英語 wide〕名 形動 はばや範囲《はんい》などが広《ひろ》いこと。例 ワイドスクリーン。

**ワイドショー** 名 〔日本《にっぽん》でできた英語《えいご》ふうの言葉《ことば》。〕司会者《しかいしゃ》が出演者《しゅつえんしゃ》に意見《いけん》を聞《き》きながら、ニュースやさまざまな情報《じょうほう》を知《し》らせるテレビ番組《ばんぐみ》。

**ワイパー** 〔英語 wiper〕名 車《くるま》などのガラスについた雨《あめ》やよごれをぬぐう装置《そうち》。

**ワイファイ【Wi-Fi】** 名 パソコンやテレビなどの機器《きき》を、無線《むせん》でネットワークに接続《せつぞく》する技術《ぎじゅつ》のこと。無線《むせん》LAN《ラン》。商標名《しょうひょうめい》。

**ワイヤ** 〔英語 wire〕名 〔「ワイヤー」ともいう。〕❶針金《はりがね》。❷電線《でんせん》。❸「ワイヤロープ」のこと。鋼鉄製《こうてつせい》の太《ふと》いつな。

**ワイヤレス** 〔英語 wireless〕名 電線《でんせん》を使《つか》わないこと。無線《むせん》。無線通信《むせんつうしん》。例 ワイヤレスのヘッドホン。

**ワイヤレスマイク** 名 〔英語《えいご》の「ワイヤレスマイクロホン」の略《りゃく》。〕コードのいらない小型《こがた》のマイク。

**わいろ【賄賂】** 名 自分《じぶん》だけ特別《とくべつ》に有利《ゆうり》にしてもらおうと、力《ちから》のある人《ひと》にこっそりわたすおくり物《もの》やお金《かね》。

**ワイン** 〔英語 wine〕名 ブドウの実《み》の汁《しる》を発酵《はっこう》させて造《つく》った酒《さけ》。ぶどう酒《しゅ》。

**わえい【和英】** 名 ❶日本語《にほんご》と英語《えいご》。また、日本《にっぽん》とイギリス。❷「和英辞典《わえいじてん》」の略《りゃく》。

**わえいじてん【和英辞典】** 名 日本語《にほんご》から、それにあたる英語《えいご》を引《ひ》く辞典《じてん》。和英《わえい》。

**わおん【和音】** 名 〔音楽《おんがく》で〕高《たか》さのちがう二《ふた》つ以上《いじょう》の音《おと》が、同時《どうじ》にひびき合《あ》ったときの音《おと》。

✤**わか【和歌】** 名 日本《にっぽん》に昔《むかし》からある、長歌《ちょうか》や短《たん》歌《か》など。特《とく》に、短歌《たんか》のこと。

**わが【我が】** 連体 わたしの。自分《じぶん》の。わたしたちの。例 わが国《くに》。わが家《や》。わが校《こう》。

**わかい【和解】** 名 動-する 仲直《なかなお》りをすること。例 けんかをやめて和解する。

○**わかい【若い】** 形 ❶生《う》まれてからの年月《ねんげつ》が少《すく》ない。例 若い人《ひと》。❷年下《としした》である。例 年《とし》が三《みっ》つ若い。❸元気《げんき》がある。例 気《き》が若い。❹経験《けいけん》が少《すく》ない。例 考《かんが》えが若い。❺数《かず》などが少《すく》ない。例 若い数字《すうじ》。⇩じゃく【若】585ページ

**わがい【我が意】** 名 自分《じぶん》の考《かんが》え。

**我《わ》が意《い》を得《え》る** 自分《じぶん》が考《かんが》えたとおりだ。例 我が意を得たとばかりにうなずいた。

**わかがえる【若返る】** 動 若々《わかわか》しくなる。例 髪型《かみがた》を変《か》えて若返った。

**わかぎ【若木】** 名 生《は》えてから間《ま》もない木《き》。

**わかくさ【若草】** 名 春《はる》になって芽《め》を出《だ》したばかりの、みずみずしい草《くさ》。

**わかくさいろ【若草色】** 名 若草《わかくさ》のような明《あか》るい黄緑色《きみどりいろ》。

**わかげ【若気】** 名 若《わか》い人《ひと》の、元気《げんき》すぎて、よく考《かんが》えないでものごとを始《はじ》めようとする気持《きも》ち。例 若気のあやまち。

**若気《わかげ》の至《いた》り** 若《わか》さに任《まか》せて、よく考《かんが》えないために起《お》きた失敗《しっぱい》。例 若気の至りとはいえ、失礼《しつれい》なことをしてしまった。

**わかさ〖若狭〗** 地名 昔《むかし》の国《くに》の名《な》の一《ひと》つ。今《いま》の福井県《ふくいけん》西部《せいぶ》と京都府《きょうとふ》北部《ほくぶ》にあたる。

**わかさぎ** 名 湖《みずうみ》などにいる小《ちい》さな魚《さかな》。冬《ふゆ》は湖《みずうみ》に張《は》った氷《こおり》に穴《あな》を空《あ》けてつる。⇩たんすいぎょ 815ページ

**わかさわん〖若狭湾〗** 地名 福井県《ふくいけん》の越前《えちぜん》岬《みさき》と京都府《きょうとふ》の丹後半島《たんごはんとう》との間《あいだ》の、日本海《にほんかい》に面《めん》している湾《わん》。

**わがし【和菓子】** 名 日本風《にほんふう》の菓子《かし》。ようかん・まんじゅうなど。対 洋菓子《ようがし》。

**わかじに【若死に】** 名 動-する 若《わか》いうちに死《し》ぬこと。早死《はやじ》に。

○**わかす【沸かす】** 動 ❶水《みず》などを、煮《に》え立《た》たせる。例 お湯《ゆ》を沸かす。❷夢中《むちゅう》になって、さわぎ立《た》たせる。例 スタンドを沸かす大《だい》ホームラン。⇩ふつ【沸】1145ページ

**わかちあう【分かち合う】** 動 たがいに分《わ》け合《あ》う。例 クラス全員《ぜんいん》で喜《よろこ》びを分かち合う。

✤**わかちがき【分かち書き】** 名 ローマ字《じ》の文《ぶん》や、かなの多《おお》い文《ぶん》が読《よ》みやすいように、

リを拠点《きょてん》に活躍《かつやく》した建築家《けんちくか》、都市計画家《としけいかくか》ル・コルビュジエの作品《さくひん》のうち、日本《にっぽん》・フランス・ドイツなど7か国《こく》、17の建物《たてもの》
らなる。広《ひろ》い地域《ちいき》に重大《じゅうだい》な影響《えいきょう》を与《あた》えた。

言葉《ことば》と言葉《ことば》の間《あいだ》をあけて書《か》く書《か》き方《かた》。たとえば「きょう　わたしは　かいものに　いきます。」のように書《か》く。

**わかちがたい**【分かち難△い】形 一《ひと》つになっていて、別々《べつべつ》に分《わ》けることがむずかしい。例 政治《せいじ》と経済《けいざい》は分かち難く結《むす》びついている。

**わかつ**【分かつ】動 ❶別々《べつべつ》にする。はなす。例 たもとを分かつ。❷分《わ》ける。分《わ》けて配《くば》る。例 財産《ざいさん》を分かつ。↓ぶん【分】1165ページ

**わがっき**【和楽器】名 古《ふる》くからある日本《にっぽん》の楽器《がっき》。琴《こと》・琵琶《びわ》・笙《しょう》など。

**わかづくり**【若作り】名 動-する 実際《じっさい》の年齢《ねんれい》よりも若《わか》く見《み》えるような服装《ふくそう》や化粧《けしょう》をすること。

**わかて**【若手】名 ❶元気《げんき》のある若《わか》い人《ひと》。❷団体《だんたい》などの中《なか》の、年《とし》の若《わか》い人々《ひとびと》。例 若手ががんばっているチーム。

**わかな**【若菜】名 春《はる》の初《はじ》めに生《は》える、食《た》べられる草《くさ》。例 若菜つみ。

**わかば**【若葉】名 木《き》や草《くさ》の、生《は》えてから間《ま》もないみずみずしい葉《は》。例 若葉がもえ出《て》る。

**わがはい**【我が輩△】代名「自分《じぶん》」の古《ふる》い言《い》い方《かた》。おれ。わし。

°**わがまま** 名 形動 自分勝手《じぶんかって》。気《き》まま。例 わがままなことを言《い》うな。

**わがみ**【我△が身】名 自分《じぶん》の体《からだ》。自分《じぶん》。例 明日《あす》は我が身〔＝いつ自分《じぶん》自身《じしん》の問題《もんだい》になるかわからないということ〕。

**我《わ》が身《み》をつねって人《ひと》の痛《いた》さを知《し》れ** 自分《じぶん》をつねってみて、相手《あいて》がそうされたときの痛《いた》さを知《し》れ。人《ひと》の苦《くる》しみは、自分《じぶん》のこととして想像《そうぞう》し、思《おも》いやることが大切《たいせつ》だ。

**わかめ**【若芽】名 草《くさ》や木《き》の、生《は》えたばかりのみずみずしい芽《め》。新芽《しんめ》。

**わかめ** 名 浅《あさ》い海《うみ》の岩《いわ》に生《は》える海藻《かいそう》。食用《しょくよう》にする。↓かいそう(海藻)202ページ

**わかもの**【若者】名 若《わか》い人《ひと》。青年《せいねん》。若人《わこうど》。例 若者であふれる町《まち》。

**わがものがお**【我△が物顔】名 自分《じぶん》だけのもののように、ふるまうようす。いばって、ずうずうしいようす。例 学級《がっきゅう》のボールを、我が物顔に使《つか》っている。

**わがや**【我△が家】名 自分《じぶん》の家《いえ》。自分《じぶん》の家庭《かてい》。例 やっぱり我が家がいちばんだ。

**わかやまけん**〔和歌山県〕地名 近畿地《きんきち》方《ほう》の南部《なんぶ》にある県《けん》。県庁《けんちょう》は和歌山市《わかやまし》にある。

**わかやま ぼくすい**〔若山牧水〕人名 (男)(一八八五〜一九二八)明治《めいじ》・大正時代《たいしょうじだい》の歌人《かじん》。旅《たび》を愛《あい》し、自然《しぜん》をよんだ歌《うた》が多《おお》い。「白鳥《しらとり》は哀《かな》しからずや空《そら》の青海《あおうみ》のあをにも染《そ》まずただよふ《う》」などがある。

**わからずや**【分からず屋】名 ものごとの筋道《すじみち》が分《わ》からない人《ひと》。聞《き》き分《わ》けのない人《ひと》。例 あんなわからず屋だとは思《おも》わなかった。

**わかり**【分かり】名 分《わ》かること。もの分《わ》かり。のみこみ。例 分かりが早《はや》い。

**わかりかねる**【分かりかねる】動 なかなか分《わ》からない。分《わ》かりにくい。

**わかりきった**【分かり切った】初《はじ》めから分《わ》かっている。例 分かりきった話《はなし》だ。

°**わかる**【分かる】動 ❶ものごとの意味《いみ》がはっきりする。例 説明《せつめい》が分かる。❷明《あき》らかになる。いままではっきりしなかったものが明《あき》らかになる。例 試験《しけん》の結果《けっか》が分かる。❸世《よ》の中《なか》のことをよく知《し》っている。例 話の分かった人《ひと》に相談《そうだん》する。↓ぶん【分】1165ページ

°**わかれ**【別れ】名 ❶別《わか》れること。例 友達《ともだち》との別れがつらい。❷別《わか》れるときの挨拶《あいさつ》。例 別れを告《つ》げる。

**わかれ**【分かれ】名 一《ひと》つのものから、分《わ》かれて出《で》たもの。例 本校《ほんこう》からの分かれ。

**わかれめ**【分かれ目】名 分《わ》かれるところ。境目《さかいめ》。例 勝負《しょうぶ》の分かれ目。

°**わかれる**【別れる】動 ❶いっしょにいた人《ひと》からはなれて別《べつ》の方角《ほうがく》へ行《い》く。例 友達《ともだち》と別れて家《いえ》へ帰《かえ》る。対 会《あ》う。❷いっしょに暮《く》らしていた者《もの》が別々《べつべつ》になる。↓べつ【別】1179ページ

例解 ことばの窓

**分《わ》かる の意味《いみ》で**

話《はなし》の内容《ないよう》を理解《りかい》する。
原因《げんいん》が判明《はんめい》する。
彼《かれ》の真意《しんい》を了解《りょうかい》する。
説明《せつめい》を聞《き》いて納得《なっとく》する。




日本の世界遺産 ル・コルビュジエの建築作品《けんちくさくひん》 - 近代建築運動《きんだいけんちくうんどう》への顕著《けんちょ》な貢献《こうけん》 - (東京都《とうきょうと》ほか)平成《へいせい》28年《ねん》[文化《ぶんか》]

°**わかれる**【分かれる】動 ❶一《ひと》つだったものが、別々《べつべつ》になる。例白組《しろぐみ》と赤組《あかぐみ》に分かれる。❷一《ひと》つのものが、いくつかに区切《くぎ》られる。例座席《ざせき》は、学年《がくねん》ごとに分かれている。

↓ぶん【分】1165ページ

**例解 ↔ 使い分け**

**別《わか》れる と 分《わ》かれる**

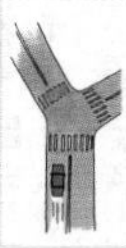

友達《ともだち》と別《わか》れる。
夫婦《ふうふ》が別《わか》れる。

道《みち》が二《ふた》つに分《わ》かれる。
赤《あか》と白《しろ》に分《わ》かれる。
枝《えだ》が分《わ》かれる。
意見《いけん》が分《わ》かれる。

**わかわかしい**【若若しい】形 たいへん若《わか》く見《み》える。生《い》き生《い》きとして元気《げんき》がある。例いくつになっても若々しい人《ひと》だ。

**わかん**【和漢】名 昔《むかし》の、日本《にっぽん》と中国《ちゅうごく》。例和漢の学《がく》。

✤**わかんこんこうぶん**【和漢混交文・和漢混淆文】名 文語文《ぶんごぶん》の文体《ぶんたい》の一《ひと》つ。和《わ》文《ぶん》と、漢文《かんぶん》を訓読《くんどく》した文《ぶん》とが、入《い》り交《ま》じっている文体《ぶんたい》。たとえば「祇園精舎《ぎおんしょうじゃ》の鐘《かね》の声《こえ》、諸《しょ》行《ぎょう》無常《むじょう》の響《ひび》きあり」(平家物語《へいけものがたり》)など。

✤**わかんむり** 名 漢字《かんじ》の部首《ぶしゅ》で、「かんむり」の一《ひと》つ。「写《しゃ》」「冠《かん》」などの「冖」の部分《ぶぶん》。

**わき【脇】** 画数 10 部首 月(にくづき)

音 ―― 訓 わき

❶胸《むね》や腹《はら》の両側《りょうがわ》のところ。熟語 脇腹《わきばら》。両脇《りょうわき》。❷そば。かたわら。横《よこ》。熟語 脇見《わきみ》。脇役《わきやく》。

°**わき**【脇】名 ❶胸《むね》や腹《はら》の両側《りょうがわ》で、腕《うで》の付《つ》け根《ね》の下《した》の部分《ぶぶん》。例本《ほん》を脇にかかえる。❷かたわら。横《よこ》。例脇から口《くち》を出《だ》す。❸〔能《のう》・狂言《きょうげん》で〕脇役《わきやく》。また、それを演《えん》じる人《ひと》。ふつう「ワキ」と書《か》く。対シテ。

**脇《わき》が甘《あま》い** ❶(すもうで)相手《あいて》に有利《ゆうり》な組《く》み手《て》になりやすい。❷注意《ちゅうい》が足《た》りなくて、相手《あいて》につけこまれやすい。

**わきあいあい**【和気あいあい】 なごやかな気分《きぶん》があふれているようす。例話《はな》し合《あ》いは和気あいあいのうちに進《すす》められた。

**わきあがる**【沸き上がる】動 ❶煮《に》え立《た》つ。例やかんの湯《ゆ》が沸き上がる。❷はげしく起《お》こる。例歓声《かんせい》が沸き上がる。

**わきあがる**【湧き上がる】動 ❶さかんに上《うえ》のほうへ出《で》てくる。例入道雲《にゅうどうぐも》が湧き上がる。水《みず》が湧き上がる。❷底《そこ》のほうから現《あらわ》れる。例疑《うたが》いが湧き上がる。

**わきおこる**【沸き起こる】動 さかんに起《お》こる。例歌声《うたごえ》が沸き起こる。

**わきおこる**【湧き起こる】動 ❶下《した》のほうからさかんに出《で》てくる。例霧《きり》が湧き起こる。❷強《つよ》い気持《きも》ちが生《しょう》じる。例勇気《ゆうき》が湧き起こる。

**わきかえる**【沸き返る】動 ❶激《はげ》しく煮《に》え立《た》つ。例湯《ゆ》が沸き返る。❷ひどく腹《はら》を立《た》てる。例腹《はら》の中《なか》が沸き返る。❸大《おお》さわぎになる。例優勝《ゆうしょう》に沸き返る。

**わきざし**【脇差し】名 武士《ぶし》が長《なが》い刀《かたな》にそえて、腰《こし》に差《さ》した短《みじか》い刀《かたな》。

**わきたつ**【沸き立つ】動 ❶煮《に》え立《た》つ。例湯《ゆ》が沸き立つ。❷さわぎ立《た》てる。例場内《じょうない》が沸き立つ。

**わきたつ**【湧き立つ】動 雲《くも》などが勢《いきお》いよく生《しょう》じる。例入道雲《にゅうどうぐも》がわき立つ。

**わきでる**【湧き出る】動 わいて出《で》る。例温泉《おんせん》がわき出る。

**わきばら**【脇腹】名 腹《はら》の右側《みぎがわ》と左側《ひだりがわ》。横《よこ》腹《ばら》。↓からだ❶262ページ

**わきまえる** 動 ❶よく知《し》っている。心得《こころえ》る。例礼儀《れいぎ》をわきまえる。❷見分《みわ》ける。区別《くべつ》する。例いい悪《わる》いをわきまえる。

**わきみ**【脇見】名 動する わきのほうを見《み》ること。よそ見《み》。例わき見運転《うんてん》。

**わきみず**【湧き水】名 地面《じめん》の中《なか》からわいて出《で》る水《みず》。泉《いずみ》。

**わきみち**【脇道】名 ❶本道《ほんどう》から横《よこ》に入《はい》った道《みち》。横道《よこみち》。❷本筋《ほんすじ》から、それた方向《ほうこう》。

**脇道《わきみち》にそれる** 本筋《ほんすじ》から外《はず》れる。例ついつい話《はなし》が脇道にそれる。

**わきめ**【脇目】名 ❶わきを見《み》ること。わき見《み》。❷他《ほか》の人《ひと》の見《み》る目《め》。よそ目《め》。

**脇目《わきめ》もふらず** 他《ほか》のことに気《き》を散《ち》らさず、

昔《むかし》から島《しま》そのものが信仰《しんこう》の対象《たいしょう》であり、1600年《ねん》ほどもの間《あいだ》、ほぼ手《て》つかずのまま現在《げんざい》まで守られてきた。

一生懸命《いっしょうけんめい》に。例 脇目もふらず研究《けんきゅう》する。

**わきやく【脇役】** 名 ❶映画《えいが》や劇《げき》で、主役《しゅやく》を盛《も》り立《た》てる役《やく》。また、それをする人《ひと》。❷何《なに》かをするとき、中心《ちゅうしん》となる人《ひと》を助《たす》ける立場《たちば》。また、その立場《たちば》の人《ひと》。例 脇役に徹《てっ》する。対（❶・❷）主役《しゅやく》。

**わぎゅう【和牛】** 名 日本《にっぽん》で昔《むかし》から飼《か》われている食用《しょくよう》のウシ。

**わぎり【輪切り】** 名 切《き》り口《くち》が輪《わ》の形《かたち》になるように切《き》ること。例 レモンの輪切り。

---

**わく【枠】** 画数 8 部首 木（きへん）

音 ―― 訓 わく

❶物《もの》のふち。囲《かこ》み。熟語 窓枠《まどわく》。❷一定《いってい》の範囲《はんい》。熟語 枠内《わくない》。参考 日本《にっぽん》で作《つく》った漢字《かんじ》〔＝国字《こくじ》〕。

**わく【枠】** 名 ❶細《ほそ》い木《き》や竹《たけ》などで作《つく》ったふち。例 障子《しょうじ》の枠。❷周《まわ》りを囲《かこ》む線《せん》。例 字《じ》が枠からはみ出《で》る。❸一定《いってい》の範囲《はんい》。例 予《よ》算《さん》の枠におさめる。

**例解 ! 表現の広場**

**訳《わけ》と理由《りゆう》のちがい**

| | 訳《わけ》 | 理由《りゆう》 |
|---|---|---|
| まちがえた を考《かんが》える。 | ○ | ○ |
| 昔《むかし》とは がちがう。 | ○ | × |
| 病気《びょうき》を に休《やす》む。 | × | ○ |

---

**わく【惑】** 画数 12 部首 心（こころ）

音 ワク 訓 まど-う

まどう。どうしたらいいかわからなくなる。まどわす。熟語 疑惑《ぎわく》。困惑《こんわく》。誘惑《ゆうわく》。

◦**わく【沸く】** 動 ❶水《みず》が熱《あつ》くなって、お湯《ゆ》になる。例 ふろが沸く。❷大勢《おおぜい》が夢中《むちゅう》になってさわぐ。例 場内《じょうない》が沸く。⇩ふつ【沸】 1145ページ

◦**わく【湧く】** 動 ❶水《みず》や湯《ゆ》が地上《ちじょう》にふき出《で》る。例 温泉《おんせん》がわく。❷あふれるように出《で》てくる。例 雲《くも》がわく。❸虫《むし》などが発生《はっせい》する。例 ウジがわく。❹気持《きも》ちに何《なに》かが起《お》こる。例 希望《きぼう》がわく。⇩ゆう【湧】 1334ページ

**わくぐみ【枠組み】** 名 ❶わくを組《く》むこと。組《く》んだわく。例 家《いえ》を建《た》てる土台《どだい》の枠組み。❷ものごとの大《おお》まかな組《く》み立《た》てやしくみ。例 発表内容《はっぴょうないよう》の枠組みを考《かんが》える。

**わくせい【惑星】** 名 太陽《たいよう》の周《まわ》りを、決《き》まった道筋《みちすじ》を通《とお》って回《まわ》っている八《やっ》つの星《ほし》。地球《ちきゅう》・水星《すいせい》・火星《かせい》・金星《きんせい》など。遊星《ゆうせい》。関連 恒星《こうせい》。準惑《じゅんわく》星《せい》。衛星《えいせい》。⇩たいようけい 783ページ

**ワクチン**〔ドイツ語〕名 感染症《かんせんしょう》のもとになるばい菌《きん》などから作《つく》った薬《くすり》。これを接種《せっしゅ》して、その感染症《かんせんしょう》にかからないようにする。

**わくわく** 副 動-する うれしくて心《こころ》が落《お》ち着《つ》かないようす。心《こころ》がはずむようす。例 胸《むね》がわくわくしてねむれない。

◦**わけ【訳】** 名 ❶ものごとの筋道《すじみち》。例 訳のわからない話《はなし》。❷事情《じじょう》。理由《りゆう》。例 休《やす》んだ訳を話《はな》す。❸意味《いみ》。例 訳のわからない言葉《ことば》。❹あたりまえ。はず。例 戸《と》が開《あ》いているから、寒《さむ》いわけだ。❺手数《てすう》。面倒《めんどう》。例 そんな仕事《しごと》は、わけはない。参考 ❹❺は、ふつうかな書《が》きにする。⇩やく【訳】 1318ページ

**わけあり【訳あり】** 名 形動 何《なに》か特別《とくべつ》な事情《じじょう》があること。例 訳ありの品物《しなもの》〔＝傷《きず》や汚《よご》れのために安《やす》く売《う》る品物《しなもの》〕。

✤**わけい【話型】** 名 話《はなし》の展開《てんかい》のしかた。

**例解 ! ことばの勉強室**

**話型《わけい》について**

みんなの前《まえ》で自分《じぶん》の意見《いけん》を述《の》べるときは、なぜそのように思《おも》うのかを言《い》うことが大事《だいじ》だ。

例《れい》：私《わたし》は、○○だと思《おも》います。そのわけは、□□だからです。

このように、自分《じぶん》の考《かんが》えを発表《はっぴょう》するときは、「意見《いけん》＋理由《りゆう》」の順序《じゅんじょ》で述《の》べるのが、基本的《きほんてき》な話型《わけい》の一《ひと》つである。

そのほか、友達《ともだち》の意見《いけん》を受《う》けて話《はな》すときの話型《わけい》には、次《つぎ》のようなものがある。

例《れい》・○○さんの意見《いけん》に賛成《さんせい》です。それは、私《わたし》も□□と考《かんが》えているからです。

・○○さんに質問《しつもん》します。□□とはどういうことですか。

・○○さんの意見《いけん》に付《つ》け足《た》します。



日本の世界遺産 「神宿《かみやど》る島《しま》」宗像《むなかた》・沖ノ島《おきのしま》と関連遺産群《かんれんいせきぐん》（福岡県《ふくおかけん》）平成《へいせい》29年《ねん》［文化《ぶんか》］ 福岡県《ふくおかけん》の玄界灘《げんかいなだ》に浮《う》かぶ沖ノ島《おきのしま》は、

**わげい【話芸】** 名 落語《らくご》・漫才《まんざい》など、たくみな話術《わじゅつ》で人《ひと》を楽《たの》しませる芸《げい》。

**わけいる【分け入る】** 動 かき分《わ》けて入《はい》る。

**わけても** 副 その中《なか》でも特《とく》に。とりわけ。例 一年《いちねん》の中《なか》で、わけても春《はる》が好《す》きだ。

**わけない【訳ない】** 形 なんでもない。たやすい。例 この問題《もんだい》はわけなくできる。

**わけへだて【分け隔て】** 名 動-する 相手《あいて》によってちがった扱《あつか》いをすること。例 だれとでも、分け隔てなく遊《あそ》ぶ。

**わけまえ【分け前】** 名 分《わ》けて一人《ひとり》一人《ひとり》が取《と》る分量《ぶんりょう》。例 分け前をもらう。

**わけめ【分け目】** 名 ❶分《わ》けた所《ところ》。例 髪《かみ》の毛《け》の分け目。❷ものごとの境目《さかいめ》。例 天下《てんか》分け目の戦《たたか》い。

**°わける【分ける】** 動 ❶別々《べつべつ》にする。はなす。例 組《くみ》を赤《あか》と白《しろ》に分ける。❷配《くば》る。分配《ぶんぱい》する。例 カードを分ける。❸両側《りょうがわ》に、おし開《ひら》く。例 草《くさ》むらを分けて進《すす》む。❹引《ひ》き分《わ》けにする。例 勝負《しょうぶ》を分ける。❺筋道《すじみち》を立《た》てる。例 ことを分けて話《はな》す。⇩ぶん【分】1165ページ

**✤わご【和語】** 名 〔国語《こくご》で〕漢語《かんご》や外来語《がいらいご》ではない、日本人《にほんじん》が昔《むかし》から使《つか》ってきた言葉《ことば》。やまとことば。「さくら」「うごく」「うつくしい」など。関連 漢語《かんご》。外来語《がいらいご》。⇩ふろく(4ページ)

**わこう【倭寇・和寇】** 名 鎌倉《かまくら》時代《じだい》から室町《むろまち》時代《じだい》にかけて、中国《ちゅうごく》や朝鮮《ちょうせん》の海岸《かいがん》地方《ちほう》をあらした、日本《にっぽん》の海賊《かいぞく》。

**わごう【和合】** 名 動-する 仲《なか》よくすること。親《した》しみ合《あ》うこと。

**わこうど【〈若人〉】** 名 若《わか》い人《ひと》。若者《わかもの》。青年《せいねん》。例 若人の祭典《さいてん》。参考「若人《わこうど》」は、特別《とくべつ》に認《みと》められた読《よ》み方《かた》。

**わゴム【輪ゴム】** 名 輪《わ》になった細《ほそ》いゴム。

**ワゴン** 〔英語 wagon〕名 ❶小型《こがた》の荷物台《にもつだい》の脚《あし》に車輪《しゃりん》をつけた手《て》おし車《ぐるま》。料理《りょうり》を運《はこ》んだり品物《しなもの》を並《なら》べたりする。❷後《うし》ろの部分《ぶぶん》に荷物《にもつ》を積《つ》めるようにした、箱形《はこがた》の乗用車《じょうようしゃ》。ワゴン車《しゃ》。

**°わざ【技】** 名 ❶技術《ぎじゅつ》。腕前《うでまえ》。例 技をみがく。❷すもうや柔道《じゅうどう》などで、相手《あいて》を負《ま》かすための動作《どうさ》。例 技をかける。⇩ぎ【技】296ページ

**°わざ【業】** 名 ❶行《おこな》い。しわざ。例 自然《しぜん》のなせる業。❷仕事《しごと》。⇩ぎょう【業】333ページ

**わさい【和裁】** 名 着物《きもの》・羽織《はおり》などの、和服《わふく》を作《つく》ること。また、その方法《ほうほう》。対 洋裁《ようさい》。

**わざくらべ【技比べ】** 名 技《わざ》を比《くら》べること。腕比《うでくら》べ。

**°わざと** 副 特《とく》にそうするようす。ことさらに。例 わざと負《ま》ける。

**わざとらしい** 形 わざとしたようである。不自然《ふしぜん》である。例 わざとらしい話《はな》し方《かた》。

**わさび** 名 水《みず》のきれいな谷川《たにがわ》などで栽培《さいばい》する作物《さくもつ》。根《ね》はからく、味《あじ》つけなどに使《つか》う。

**わざわい【災い】** 名 動-する 悪《わる》い結果《けっか》になること。不幸《ふこう》な出来事《できごと》。災難《さいなん》。例 災いを招《まね》く。⇩さい【災】495ページ

**災《わざわ》いを転《てん》じて福《ふく》となす** 不幸《ふこう》に出《で》あっても、それを逆《ぎゃく》に利用《りよう》して、幸《しあわ》せになるようにする。

**例解 ↔ 使い分け**

**技《わざ》と業《わざ》**

技《わざ》が決《き》まる。
技《わざ》を競《きそ》う。
技《わざ》をみがく。

至難《しなん》の業《わざ》。
離《はな》れ業《わざ》。

**°わざわざ** 副 ❶特別《とくべつ》に。例 わざわざ来《き》てくれた。❷わざと。例 せっかく作《つく》った物《もの》を、わざわざこわすことはない。

**わさん【和算】** 名 江戸《えど》時代《じだい》に発達《はったつ》した日本《にっぽん》独自《どくじ》の数学《すうがく》。参考 明治《めいじ》時代《じだい》に入《はい》ってきた西《せい》洋《よう》の数学《すうがく》を洋算《ようさん》とよんだことから。

**わし【和紙】** 名 日本《にっぽん》で昔《むかし》から作《つく》られてきた紙《かみ》。コウゾ・ミツマタなどの木《き》を原料《げんりょう》にして、手《て》すきで作《つく》る。日本紙《にほんし》。対 洋紙《ようし》。

**わし【鷲】** 名 森《もり》や山《やま》にすむ、くちばしとつめのするどい鳥《とり》。タカの種類《しゅるい》のうち、大《おお》きなものをいう。イヌワシ・オジロワシなどがいるが、しだいに数《かず》が少《すく》なくなっている。

〔わし〕

ていた江戸時代《えどじだい》の長崎《ながさき》と天草地方《あまくさちほう》で、信仰《しんこう》をひそかに続《つづ》けた「潜伏《せんぷく》キリシタン」の伝統《でんとう》を物語《ものがた》る、世界《せかい》でもめずらしい

**わし** 代名 自分《じぶん》を指《さ》す言葉《ことば》。おれ。わたし。参考 おもに男性《だんせい》が使《つか》う。

**わしき【和式】** 名 日本式《にほんしき》。日本風《にほんふう》。例 和式トイレ。対 洋式《ようしき》。

**わしざ【鷲座】** 名 夏《なつ》に見《み》える星座《せいざ》。ワシの形《かたち》に見立《みた》てる。一等星《いっとうせい》はアルタイル(=牽牛《けんぎゅう》星《せい》)。↓せいざ(星座)703ページ

**わしつ【和室】** 名 たたみのしいてある日本《にほん》風《ふう》の部屋《へや》。日本間《にほんま》。対 洋室《ようしつ》。↓にほんま991ページ

**わしづかみ** 名 (ワシが、えものをつかむように)あらあらしく物《もの》をつかむこと。例 二《に》の腕《うで》をわしづかみにする。

**わじゅう【輪中】** 名 周《まわ》りを堤防《ていぼう》で輪《わ》のように囲《かこ》んだ土地《とち》。村《むら》や田畑《たはた》を大水《おおみず》から守《まも》るためのもの。木曽川《きそがわ》・揖斐川《いびがわ》・長良川《ながらがわ》が海《うみ》に流《なが》れこむ地域《ちいき》などにある。

**わじゅつ【話術】** 名 話《はなし》のしかた。例 たくみな話術。

**わしょ【和書】** 名 ❶日本語《にほんご》で書《か》かれた本《ほん》。対 洋書《ようしょ》。❷和紙《わし》を糸《いと》でとじた本《ほん》。

**わしょく【和食】** 名 日本風《にほんふう》の食事《しょくじ》。日本《にほん》料理《りょうり》。対 洋食《ようしょく》。

**わしんじょうやく【和親条約】** 名 国《くに》と国《くに》とが仲《なか》よくするために取《と》りかわす約束《やくそく》。例 日米《にちべい》和親条約。

**ワシントン** 地名 ❶アメリカ合衆国《がっしゅうこく》の首《しゅ》都《と》。世界《せかい》の政治《せいじ》の中心地《ちゅうしんち》。❷アメリカ合衆《がっしゅう》国西部《こくせいぶ》、太平洋《たいへいよう》に面《めん》した州《しゅう》。

**ワシントン** 人名(男)(一七三二～一七九九)アメリカの政治家《せいじか》。アメリカがイギリスから独立《どくりつ》する時《とき》に、司令官《しれいかん》として働《はたら》き、アメリカの初代大統領《しょだいだいとうりょう》となった。

〔ワシントン〕

**ワシントンじょうやく【ワシントン条約】** 名 絶滅《ぜつめつ》しそうな動物《どうぶつ》や植物《しょくぶつ》を守《まも》るために、一九七三年《ねん》、ワシントンでの会議《かいぎ》で採《さい》択《たく》された条約《じょうやく》。

**°わずか【僅か】** 名 形動 ❶数量《すうりょう》・時間《じかん》などが少《すく》ないようす。ほんの少《すこ》し。例 わずかな金《きん》額《がく》。❷やっと。かすか。例 わずかに見《み》える島《しま》。↓きん【僅】351ページ

**わずらい【患い】** 名 病気《びょうき》。例 長患《ながわずら》い。

**わずらい【煩い】** 名 なやみ。心配《しんぱい》。

**°わずらう【患う】** 動 病気《びょうき》にかかる。例 長《なが》く患う。↓かん【患】272ページ

**わずらう【煩う】** 動 心《こころ》の中《なか》で苦《くる》しむ。例 思《おも》い煩う。↓はん【煩】1071ページ

**わずらわしい【煩わしい】** 形 ❶面倒《めんどう》で、気《き》が重《おも》い。例 煩わしいのはいやだ。❷こみ入《い》っている。例 手続《てつづ》きが煩わしい。

**わずらわす【煩わす】** 動 ❶苦《くる》しめる。心《しん》配《ぱい》させる。例 心《こころ》を煩わす。❷面倒《めんどう》をかける。例 先生《せんせい》の手《て》を煩わす。↓はん【煩】1071ページ

**わする【和する】** 動 ❶仲《なか》よくする。❷人《ひと》の声《こえ》や楽器《がっき》に合《あ》わせる。例 リーダーの声《こえ》に和して応援《おうえん》する。

**わすれがたい【忘れ難い】** 形 忘《わす》れることができない。例 忘れがたい思《おも》い出《で》。

**わすれがたみ【忘れ形見】** 名 ❶その人《ひと》を忘《わす》れないために持《も》っている記念《きねん》の品《しな》。❷親《おや》が死《し》んだあとに残《のこ》された子《こ》ども。遺児《いじ》。

**わすれさる【忘れ去る】** 動 すっかり忘《わす》れてしまう。例 事件《じけん》はすぐに忘れ去られた。

**わすれもの【忘れ物】** 名 うっかり置《お》き忘《わす》れてしまうこと。また、その物《もの》。例 体育館《たいいくかん》での忘れ物が多《おお》い。

**°わすれる【忘れる】** 動 ❶覚《おぼ》えがなくなる。例 言《い》われたことを忘れる。対 覚《おぼ》える。❷うっかりして気《き》がつかない。例 時《とき》のたつのを忘れる。↓ぼう【忘】1191ページ

**わせ** 名 ふつうより早《はや》くできるイネや野菜《やさい》・果物《くだもの》。対 おくて。

**わせい【和声】** 名 音楽《おんがく》で、ある決《き》まりに基《もと》づいた和音《わおん》のつながり。ハーモニー。

**わせい【和製】** 名 日本《にっぽん》で作《つく》った物《もの》。日本製《にほんせい》。国産《こくさん》。

**✤わせいえいご【和製英語】** 名 英語《えいご》に似《に》せて、日本《にっぽん》でつくられた言葉《ことば》。「ナイター」「ガムテープ」「ゴールデンウイーク」など。参考 この辞書《じしょ》では「日本《にっぽん》でできた英語《えいご》ふうの言葉《ことば》」と示《しめ》してある。↓ふろく(4ページ)

**ワセリン** 〔英語 Vaseline〕 名 石油《せきゆ》からできる、白《しろ》いゼリーのようなもの。薬《くすり》や化粧品《けしょうひん》などの材料《ざいりょう》になる。商標名《しょうひょうめい》。

**わせん【和船】** 名 日本《にっぽん》に昔《むかし》からあった造《つく》り


日本の世界遺産 長崎《ながさき》と天草地方《あまくさちほう》の潜伏《せんぷく》キリシタン関連遺産《かんれんいさん》(長崎県《ながさきけん》・熊本県《くまもとけん》)平成《へいせい》30年《ねん》[文化《ぶんか》] キリスト教《きょう》が禁止《きんし》され証拠《しょうこ》である。

方《かた》で造《つく》られた、木《き》の船《ふね》。

例解 ❗ ことばの勉強室

**話題《わだい》について**

友達《ともだち》との会話《かいわ》でも何《なに》かの「話題《わだい》」があるように、文章《ぶんしょう》も、必《かなら》ず何《なに》かについて書《か》いている。その「何《なに》か」が、文章《ぶんしょう》の話題《わだい》である。

説明文《せつめいぶん》や意見文《いけんぶん》では、題名《だいめい》に、その文《ぶん》章《しょう》の話題《わだい》が表《あらわ》れていることが多《おお》い。

文章《ぶんしょう》を読《よ》むときは、その文章《ぶんしょう》の話題《わだい》を頭《あたま》におき、「その話題《わだい》について書《か》き手《て》がどう書《か》いているのか」を、読《よ》み取《と》っていくようにしよう。

**わそう【和装】** 名 ❶和服《わふく》を着《き》ること。対 洋《よう》装《そう》。❷日本風《にほんふう》の本のとじ方《かた》。和《わ》とじ。

**わた【綿】** 名 ❶畑《はたけ》に作《つく》る作物《さくもつ》。秋《あき》に、うす黄《き》色《いろ》、または白《しろ》・赤《あか》などの花《はな》が咲《さ》く。実《み》は、熟《じゅく》すと割《わ》れて、中《なか》から白《しろ》いやわらかな毛《け》が現《あらわ》れる。❷熟《じゅく》した「❶」の実《み》の中《なか》の毛《け》からとる、繊《せん》維《い》のかたまり。綿花《めんか》。綿糸《めんし》・綿織物《めんおりもの》などの原《げん》料《りょう》となる。↓めん【綿】1296ページ

**綿《わた》のように疲《つか》れる** くたくたにつかれることのたとえ。例 一日中《いちにちじゅう》歩《ある》き続《つづ》けたので、綿のように疲れた。

**わたあめ【綿飴】** 名 ざらめをとかし、機《き》械《かい》の穴《あな》から綿《わた》のようにふき出《だ》させた菓子《かし》。わたがし。

**わだい【話題】** 名 話《はなし》の種《たね》。話《はなし》の中心《ちゅうしん》になることがら。トピック。例 なにかと話題が多《おお》い人《ひと》だ。

**わだいこ【和太鼓】** 名 日本《にっぽん》の太鼓《たいこ》をまとめた呼《よ》び方《かた》。

**わたいれ【綿入れ】** 名 冬用《ふゆよう》の和服《わふく》で、中《なか》にうすく綿《わた》を入《い》れたもの。

**わたがし【綿菓子】** 名 ↓わたあめ1426ページ

**わだかまり** 名 気持《きも》ちがすっきりしないこと。すっきりしない気分《きぶん》。例 わだかまりがとける。

**わだかまる** 動 気持《きも》ちがすっきりしない。心《こころ》の中《なか》にいやなことがたまる。例 心《こころ》に不満《ふまん》がわだかまっている。

**わたくし【私】** ━ 代名 自分《じぶん》を指《さ》す言葉《ことば》。「わたし」よりも改《あらた》まった言《い》い方《かた》。━ 名 自分《じぶん》だけに関係《かんけい》することがら。例 公《おおやけ》と私とを区《く》別《べつ》する。対 公《おおやけ》。↓し【私】536ページ

**わたくしごと【私事】** 名 自分《じぶん》だけに関係《かんけい》のあること。個人的《こじんてき》なこと。プライベート。例 私事で早退《そうたい》する。

**わたくしする【私する】** 動 公《おおやけ》の物《もの》を自分《じぶん》の物《もの》にしたり、勝手《かって》に使《つか》ったりする。例 財宝《ざいほう》を私する。

**わたくしりつ【私立】** 名 ↓しりつ(私立)651ページ

**わたぐも【綿雲】** 名 ふわふわとうかんでいる白《しろ》い綿《わた》のような雲《くも》。積雲《せきうん》。↓くも(雲)373ページ

**わたげ【綿毛】** 名 綿《わた》のような、白《しろ》くてやわらかい毛《け》。例 タンポポの綿毛。

**わたし【渡し】** 名 船《ふね》で人《ひと》や荷物《にもつ》を向《む》こう岸《ぎし》に渡《わた》すこと。また、その船《ふね》や場所《ばしょ》。

**わたし【私】** 代名 自分《じぶん》を指《さ》す言葉《ことば》。「わたくし」よりもくだけた言《い》い方《かた》。↓し【私】536ページ

**わたしば【渡し場】** 名 船《ふね》で人《ひと》や荷物《にもつ》を向《む》こう岸《ぎし》に渡《わた》す場所《ばしょ》。渡《わた》し。

**わたしぶね【渡し船・渡し舟】** 名 人《ひと》や荷物《にもつ》を乗《の》せて、向《む》こう岸《ぎし》に渡《わた》す船《ふね》。

**わたしもり【渡し守】** 名 渡《わた》し船《ぶね》の船頭《せんどう》。

**わたす【渡す】** 動 ❶船《ふね》で、向《む》こう岸《ぎし》へ運《はこ》ぶ。例 船《ふね》で人《ひと》を渡す。❷こちらから、向《む》こうへ移《うつ》す。例 友達《ともだち》に本《ほん》を渡す。❸はなれた所《ところ》をつなぐ。かける。例 橋《はし》を渡す。↓と【渡】901ページ

**わだち** 名 車《くるま》が通《とお》ったあとの道路《どうろ》に残《のこ》る車輪《しゃりん》のあと。例 わだちの跡《あと》が残《のこ》る。

**わたって** ある範囲《はんい》におよんで。…にかけて。例 二時間《にじかん》にわたって話《はな》し合《あ》った。

**わたゆき【綿雪】** 名 綿《わた》をちぎったような、大《おお》きくてふわふわした雪《ゆき》。ぼたん雪《ゆき》。例 綿雪が、ふわふわとまっている。

**わたり【渡り】** 名 ❶渡《わた》ること。例 つな渡り。❷渡《わた》し場《ば》。❸前《まえ》もって交渉《こうしょう》すること。❹渡《わた》り鳥《どり》が季節《きせつ》によって移動《いどう》すること。例 鳥《とり》の渡りが始《はじ》まった。

**渡《わた》りに船《ふね》** 都合《つごう》のいいことに、ちょうど出会《であ》

にある古墳群《こふんぐん》。世界《せかい》でも独特《どくとく》な、長《なが》さ500メートル近《ちか》くにもなる前方後円墳《ぜんぽうこうえんふん》から20メートル台《だい》の古墳《こふん》まで、さまざま墓《ぼ》で権力《けんりょく》を表《あらわ》した昔《むかし》の人々《ひとびと》の歴史《れきし》を物語《ものがた》る証拠《しょうこ》である。

うこと。例友達《ともだち》にさそわれて、渡りに船と飛《と》びついた。

**渡《わた》りを付《つ》ける** 相手《あいて》とつながりを作《つく》る。例有力者《ゆうりょくしゃ》に渡りをつける。

**わたりあう【渡り合う】** 動 ❶相手《あいて》になって戦《たたか》う。例相手《あいて》と棒《ぼう》で渡り合う。❷激《はげ》しく議論《ぎろん》し合《あ》う。例討論会《とうろんかい》で渡り合う。

**わたりあるく【渡り歩く】** 動 一《いっ》か所《しょ》に落《お》ち着《つ》かないで、仕事《しごと》などを求《もと》めてあちこち移《うつ》り歩《ある》く。例全国《ぜんこく》を渡り歩く。

**わたりどり【渡り鳥】** 名 季節《きせつ》によって、すむ所《ところ》を変《か》える鳥《とり》。毎年《まいとし》一回《いっかい》ある地方《ちほう》から他《ほか》の地方《ちほう》へと、春《はる》に日本《にっぽん》に来《き》て、秋《あき》に南《みなみ》のほうへ帰《かえ》る夏鳥《なつどり》〔=ツバメ・ホトトギス・カッコウ・コマドリなど〕と、冬《ふゆ》を日本《にっぽん》で過《す》ごし、春《はる》に北《きた》のほうへ帰《かえ》る冬鳥《ふゆどり》〔=カモ・ガン・ツグミ・ハクチョウなど〕と、渡《わた》る途中《とちゅう》で、春《はる》・秋《あき》の間《あいだ》、日本《にっぽん》にいる旅鳥《たびどり》〔=チドリ・シギなど〕がある。対留鳥《りゅうちょう》。

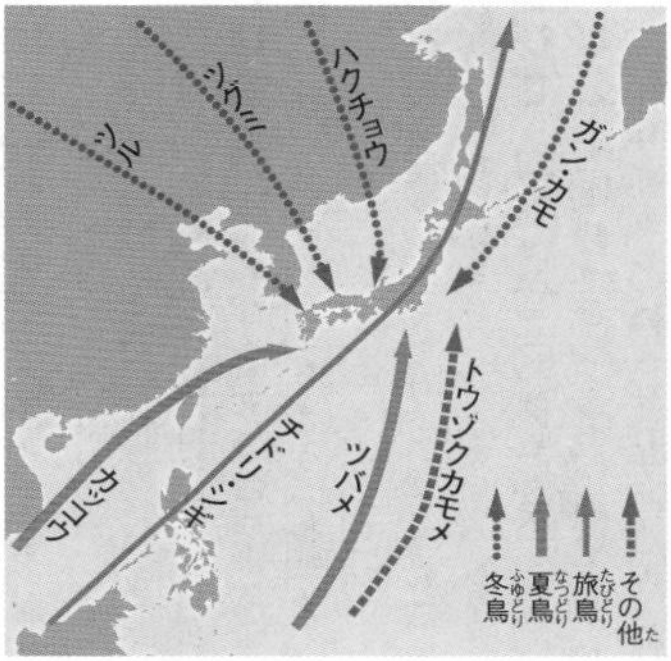

〔わたりどり〕

**わたりろうか【渡り廊下】** 名 建物《たてもの》と建《たて》物《もの》の間《あいだ》をつなぐ廊下《ろうか》。

**わたる【渡る】** 動 ❶こちらから向《む》こうへ移《うつ》る。例橋《はし》を渡る。ミカンが、みんなに渡る。❷暮《く》らしていく。例世《よ》の中《なか》を渡る。❸ある人《ひと》の手《て》もとから他《ほか》の人《ひと》の手《て》もとへ移《うつ》る。例人手《ひとで》に渡る。❹通《とお》り過《す》ぎて行《い》く。例木々《きぎ》を渡る風《かぜ》。❺すっかりそうなる。広《ひろ》い範囲《はんい》でそうなる。例晴《は》れ渡る。行《い》き渡る。↓と【渡】901ページ

**渡《わた》る世間《せけん》に鬼《おに》はない** 世《よ》の中《なか》には、鬼《おに》のような人《ひと》ばかりでなく、親切《しんせつ》にしてくれる人《ひと》も必《かなら》ずいるものだ。

**わたる** 動 ❶ある期間《きかん》続《つづ》く。例十日間《とおかかん》にわたる旅《たび》。❷ある広《ひろ》さにまでおよぶ。例多方面《たほうめん》にわたる活躍《かつやく》。

**ワックス**〔英語 wax〕名 ろう。また、ろうのような性質《せいしつ》のもの。床《ゆか》・スキー・自動車《じどうしゃ》などに、つやを出《だ》したりすべりをよくしたりするためにぬるもの。

**わっさわっさ** 副(-と) 多《おお》くの人《ひと》がいっせいに動《うご》いたり声《こえ》をあげたりするようす。例わっさわっさと人波《ひとなみ》が押《お》し寄《よ》せる。

**わってはいる【割って入る】** 動 強引《ごういん》に間《あいだ》に入《はい》る。例けんかしている二人《ふたり》の間《あいだ》に割って入る。

**ワット**〔英語 watt〕名 電力《でんりょく》の単位《たんい》。一《いち》ワットは、一《いち》ボルトの電圧《でんあつ》で一《いち》アンペアの電流《でんりゅう》が流《なが》れたときの、一秒間《いちびょうかん》の電力《でんりょく》。記号《きごう》は「W」。

**ワット** 人名(男)(一七三六〜一八一九)イギリスの発明家《はつめいか》。蒸気《じょうき》で動《うご》く機械《きかい》を考《かんが》え出《だ》し、産業《さんぎょう》の発展《はってん》のもとを作《つく》った。

**わっぱ【輪っぱ】** 名 ❶輪《わ》の形《かたち》のもの。わっか。❷うすい板《いた》を曲《ま》げて作《つく》った入《い》れ物《もの》。曲《ま》げわっぱ。

**ワッペン**〔ドイツ語〕名 洋服《ようふく》の胸《むね》や、腕《うで》に着《つ》ける、記章《きしょう》や紋章《もんしょう》に似《に》たかざり。

**わどうかいちん【和同開珎】** 名 〔「わどうかいほう」ともいう。〕七〇八年《ねん》〔=和銅元年《わどうがんねん》〕に日本《にっぽん》で初《はじ》めて造《つく》られたお金《かね》。

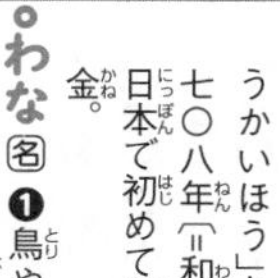
〔わどうかいちん〕

**わな** 名 ❶鳥《とり》やけものなどをおびき寄《よ》せて、つかまえる仕《し》かけ。例わなをかける。❷人《ひと》をおとしいれるたくらみ。計略《けいりゃく》。例わなに落《お》ちる。

**わなにはまる** わなにかかってしまう。例まんまと敵《てき》のわなにはまった。

**わなげ【輪投げ】** 名 輪《わ》を投《な》げて、立《た》てた棒《ぼう》にかける遊《あそ》び。また、その道具《どうぐ》。

**わななく** 動 おそろしさや寒《さむ》さのために、ぶるぶるふるえる。おののく。例おそろしさにわななく。

**わなわな** 副(-と) おそろしさや寒《さむ》さやいかりのために、体《からだ》がぶるぶるふるえるようす。例いかりにわなわなとふるえる。



日本の世界遺産 百舌鳥《もず》・古市古墳群《ふるいちこふんぐん》 - 古代日本《こだいにほん》の墳墓群《ふんぼぐん》 - (大阪府《おおさかふ》)令和元年《れいわがんねん》[文化《ぶんか》] 大阪府《おおさかふ》堺市《さかいし》・羽曳野市《はびきのし》・藤井寺市《ふじいてらし》な大《おお》きさと形《かたち》の古墳《こふん》がある。墳《ふん》

**わに【鰐】** 名 熱帯《ねったい》地方《ちほう》の水辺《みずべ》にすむ、トカゲに似《に》た大《おお》きな動物《どうぶつ》。アリゲーター・クロコダイルなどの種類《しゅるい》がある。体《からだ》はかたいうろこでおおわれ、するどい歯《は》を持《も》つ。

**わび【詫び】** 名 わびること。あやまること。例 わびに行《い》く。わびを言《い》う。わびを入《い》れる。

**わび** 名 質素《しっそ》で、ひっそりとして落《お》ち着《つ》いた感《かん》じ。例 わび住《ず》まい。

**わびごと【詫び言】** 名 謝《あやま》る言葉《ことば》。

**わびしい** 形 ❶さびしくて心細《こころぼそ》い。例 わびしい独《ひと》り暮《ぐ》らし。❷さびれて、ものさびしい。例 人家《じんか》もまばらな、わびしい村《むら》。❸貧《まず》しい。みすぼらしい。例 わびしい夕飯《ゆうはん》。

**わびじょう【詫び状】** 名 おわびの言葉《ことば》を書《か》いた手紙《てがみ》。

**°わびる【詫びる】** 動 許《ゆる》しを願《ねが》う。あやまる。例 おくれたことをわびる。

**わふう【和風】** 名 日本風《にほんふう》。日本式《にほんしき》。例 和風の家《いえ》。対 洋風《ようふう》。

**わふく【和服】** 名 日本《にっぽん》の着物《きもの》。対 洋服《ようふく》。

**わぶん【和文】** 名 日本語《にほんご》で書《か》いてある文章《ぶんしょう》。例 和文英訳《えいやく》。

**わへい【和平】** 名 仲直《なかなお》りして、平和《へいわ》になること。例 和平交《こう》渉《しょう》。

〔わふく〕

**✤わほう【話法】** 名 ❶話《はなし》のしかた。❷人《ひと》の言《い》った言葉《ことば》を、自分《じぶん》の話《はなし》や文章《ぶんしょう》の中《なか》に引用《いんよう》するときの表現方法《ひょうげんほうほう》。↓ちょくせつわほう 843ページ／かんせつわほう 282ページ

**わぼく【和睦】** 名 動-する 争《あらそ》いをやめて、仲直《なかなお》りすること。例 敵《てき》と和睦する。

**わめい【和名】** 名 動物《どうぶつ》や植物《しょくぶつ》につけた、日本語《にほんご》の名前《なまえ》。学名《がくめい》に対《たい》していう。例《たと》えば、「トキ」は和名《わめい》で、学名《がくめい》は「ニッポニア・ニッポン」。

**わめきたてる【わめき立てる】** 動 大声《おおごえ》でさわぎ立《た》てる。例 今《いま》さらわめき立ててもおそいよ。

**わめく** 動 大声《おおごえ》でさけぶ。どなる。例 わけのわからないことをわめいている。

**わやく【和訳】** 名 動-する 外国語《がいこくご》を、日本語《にほんご》に直《なお》すこと。例 英文《えいぶん》和訳。

**わやわや** 副-と 多《おお》くの人《ひと》がさわがしく声《こえ》を立《た》てるようす。例 わやわやと人《ひと》が集《あつ》まってきた。

**わよう【和洋】** 名 日本《にっぽん》と西洋《せいよう》。

**■わようせっちゅう【和洋折衷】** 名 日本《にほん》風《ふう》と西洋風《せいようふう》とを、うまく取《と》り合《あ》わせること。例 和洋折衷の料理《りょうり》。

**わら【藁】** 名 イネや麦《むぎ》の茎《くき》を干《ほ》したもの。例 麦《むぎ》わら。

**藁《わら》にもすがる** ↓わらをもつかむ 1428ページ

**藁《わら》をもつかむ** ほんとうに困《こま》って、たよりになりそうもないものにまで助《たす》けを求《もと》める。例 わらをもつかむ思《おも》いでたのんでみた。参考「溺《おぼ》れる者《もの》はわらをもつかむ」ということわざから。

**°わらい【笑い】** 名 ❶笑《わら》うこと。例 笑いが止《と》まらない。❷ばかにすること。例 もの笑いになる。

**わらいぐさ【笑いぐさ】** 名 笑《わら》う材料《ざいりょう》。笑《わら》いの種《たね》。例 人《ひと》の笑いぐさになる。

**わらいこける【笑いこける】** 動 体《からだ》をよじって、ひどく笑《わら》う。例 お笑《わら》い番組《ばんぐみ》を見《み》て笑いこける。

**わらいごと【笑い事】** 名 笑《わら》ってすませるような、小《ちい》さいことがら。例 このいたずらは、笑い事ではすまされない。

**わらいころげる【笑い転げる】** 動 大笑《おおわら》いする。笑《わら》いこける。

**わらいじょうご【笑い上戸】** 名 ❶酒《さけ》に酔《よ》うとすぐ笑《わら》うくせ。また、そのくせのある人《ひと》。❷小《ちい》さなことでもよく笑《わら》う人《ひと》。例 笑い上戸で明《あか》るい人《ひと》。

**わらいとばす【笑い飛ばす】** 動 たいした問題《もんだい》ではないと、笑《わら》って取《と》り合《あ》わない。例 うわさにすぎないと、笑い飛ばす。

**わらいばなし【笑い話】** 名 ❶滑稽《こっけい》な短《みじか》い話《はなし》。❷笑《わら》いながら話《はな》せるような、軽《かる》い話《はなし》。例 笑い話として聞《き》き流《なが》す。

**わらいもの【笑いもの】** 名 人《ひと》にばかにされて、笑《わら》いの種《たね》になる、物《もの》や人《ひと》。例 世《よ》の中《なか》の

徳之島《とくのしま》、沖縄県《おきなわけん》の沖縄島北部《おきなわじまほくぶ》と西表島《いりおもてじま》の島々《しまじま》。生物多様性《せいぶつたようせい》が突出《とっしゅつ》して高《たか》い地域《ちいき》であり、絶滅危惧種《ぜつめつきぐしゅ》や固有種《こゆうしゅ》が多《おお》く生《せい》

笑いものになる。

°**わらう【笑う】**動 ❶喜《よろこ》んだり、おもしろがったりして、声《こえ》を出《だ》す。また、喜《よろこ》びや、うれしさを顔《かお》に表《あらわ》して、目《め》を細《ほそ》めたり口《くち》もとをゆるめたりする。例おなかをかかえて笑う。❷ばかにする。例人《ひと》の失敗《しっぱい》を笑う。対泣《な》く。↓しょう【笑】620ページ

**笑《わら》う門《かど》には福《ふく》来《き》たる** いつもにこにこ暮《く》らしている人《ひと》のところには、ひとりでに幸《しあわ》せがやってくるものだ。例「笑《わら》うといつも元《げん》気《き》でいられるよ。笑う門には福来たるだ。」

**わらぐつ** 名 ↓ゆきぐつ 1341ページ

**わらじ** 名 わらで編《あ》んだ、ぞうりに似《に》たはき物《もの》。ひもで足首《あしくび》に結《むす》びつけてはく。

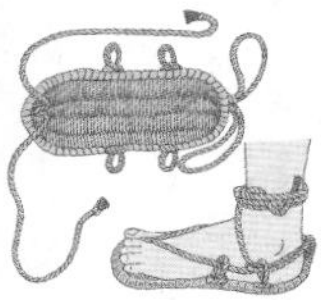
〔わらじ〕

**わらしべ** 名 イネのわらのじく。また、わらのくず。

**わらばんし【藁半紙】**名 わらの繊維《せんい》を混《ま》ぜて作《つく》った、きめのあらい半紙《はんし》。ざら紙《がみ》。参考現在《げんざい》では、わらはほとんど使《つか》われない。

**わらび** 名 春《はる》、日当《ひあ》たりのよい山地《さんち》に生《は》えるシダの一《ひと》つ。先《さき》が小《ちい》さなにぎりこぶしのような形《かたち》の若芽《わかめ》を食用《しょくよう》にする。

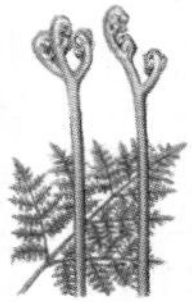
〔わらび〕

**ワラビー** 名 おもにオーストラリアにすむ、カンガルーの仲間《なかま》の動物《どうぶつ》。カンガルーと比《くら》べて体《からだ》が小《ちい》さく、後《うし》ろ足《あし》が短《みじか》い。

**わらびもち【わらび餅】**名 わらびの粉《こな》で作《つく》った餅《もち》。みつや、きな粉《こ》などをつけて食《た》べる。

**わらぶき【藁ぶき】**名 屋《や》根《ね》をわらでおおうこと。また、その屋《や》根《ね》。例わらぶき屋《や》根《ね》。

**わらべ【童】**名「子《こ》ども」の古《ふる》い言《い》い方《かた》。↓どう【童】906ページ

✤**わらべうた【童歌】**名 昔《むかし》から子《こ》どもたちが歌《うた》ってきた歌《うた》。絵《え》かき歌《うた》・数《かぞ》え歌《うた》など。類童謡《どうよう》。

°**わり** 一【割り】名 ❶割《わ》り当《あ》て。例時《じ》間《かん》割り。❷水《みず》などでうすめること。例ウイスキーの水《みず》割り。❸いくつかに割《わ》ること。例まき割り。二【割】名 ❶割《わり》合《あい》の単《たん》位《い》。一《いち》割《わり》は、十《じゅう》分《ぶん》の一《いち》。例打《だ》率《りつ》は三《さん》割をこえた。❷割《わり》合《あい》。例十《じゅう》人《にん》に一人《ひとり》の割でくじが当《あ》たる。❸損《そん》得《とく》。例割のいい仕《し》事《ごと》。↓かつ【割】243ページ

**割《わり》に合《あ》わない** 苦《く》労《ろう》したかいがない。得《とく》になることが少《すく》ない。割《わり》が合《あ》わない。例この作《さ》業《ぎょう》は時《じ》間《かん》ばかりかかって割に合わない。

**割《わり》を食《く》う** 自《じ》分《ぶん》が不《ふ》利《り》になる。損《そん》をする。例引《ひ》っ込《こ》み思《じ》案《あん》でいつも割を食っている。

°**わりあい【割合】**一名 物《もの》と物《もの》との関《かん》係《けい》を、数《かず》で表《あらわ》したもの。割《わり》。率《りつ》。歩《ぶ》合《あい》。例五《ご》本《ほん》に一《いっ》本《ぽん》の割合で当《あ》たる。三《さん》分《ぶん》の二《に》の割合。二副 思《おも》いのほか。比《ひ》較《かく》的《てき》。例妹《いもうと》の字《じ》はわりあいきれいだ。参考二は、「わりあいに」「わりあいと」の形《かたち》で使《つか》うこともある。

°**わりあて【割り当て】**名 めいめいに分《わ》けて、与《あた》えること。また、分《わ》けたもの。分《ぶん》担《たん》。例仕《し》事《ごと》の割り当てを決《き》める。

**わりあてる【割り当てる】**動 仕《し》事《ごと》などを分《わ》けて、めいめいに受《う》け持《も》たせる。割《わ》りふる。例六《ろく》人《にん》に、掃《そう》除《じ》を割り当てる。

**わりいん【割り印】**名 ひと続《つづ》きであることを示《しめ》すために、二《に》枚《まい》の書《しょ》類《るい》の両《りょう》方《ほう》にまたがらせて、一《ひと》つの判《はん》をおすこと。また、おした判《はん》。

**わりかん【割り勘】**名〔「割《わ》り前《まえ》勘《かん》定《じょう》」の略《りゃく》。〕かかったお金《かね》を、それぞれが同《おな》じだけ出《だ》し合《あ》うこと。例割り勘ではらう。

例解 ことばの窓

**笑《わら》うのいろいろ**

にっこりほほえむ。
かすかに微《び》笑《しょう》をうかべる。
思《おも》わずぷっとふき出《だ》す。
どっと爆《ばく》笑《しょう》する。
腹《はら》の底《そこ》から大《おお》笑《わら》いする。
身《み》をよじって笑《わら》いころげる。
しめたとほくそえむ。
しくじって苦《く》笑《しょう》する。
相《あい》手《て》を軽《けい》蔑《べつ》してあざ笑《わら》う。
敵《てき》をせせら笑《わら》う。
見《み》さげて嘲《ちょう》笑《しょう》する。

**わりきる**【割り切る】動 ❶どちらかにきまりをつける。例ものごとを割り切って考《かんが》える。❷余《あま》りが出《で》ないように割《わ》る。

**わりきれる**【割り切れる】動 ❶〔算《さん》数《すう》で〕割《わ》り算《ざん》の答《こた》えに、余《あま》りがでない。❷よくわかって、気《き》持《も》ちがすっきりする。例割り切れない気《き》持《も》ちが残《のこ》る。

**わりこむ**【割り込む】動 ❶人《ひと》と人《ひと》との間《あいだ》をおし分《わ》けて入《はい》る。例列《れつ》に割り込む。❷人《ひと》が話《はなし》をしているところに口《くち》をはさむ。例話《はなし》に割り込む。

°**わりざん**【割り算】名〔算《さん》数《すう》で〕ある数《かず》が、他《ほか》の数《かず》の何《なん》倍《ばい》であるかを調《しら》べる計《けい》算《さん》。計《けい》算《さん》して出《で》た答《こた》えを商《しょう》という。除《じょ》法《ほう》。対掛《か》け算《ざん》。関連足《た》し算《ざん》。引《ひ》き算《ざん》。掛《か》け算《ざん》。

**わりだか**【割高】名 形動 質《しつ》や量《りょう》のわりに、値《ね》段《だん》が高《たか》いこと。例一《ひと》つだけ買《か》うと割高になる。対割《わり》安《やす》。

**わりだす**【割り出す】動 ❶計《けい》算《さん》して、答《こた》えを出《だ》す。例もうけを割り出す。❷あることをもとにして、結《けつ》論《ろん》を引《ひ》き出《だ》す。例犯《はん》人《にん》を割り出す。

**わりつけ**【割り付け】名 動-する 新《しん》聞《ぶん》・雑《ざっ》誌《し》・文《ぶん》集《しゅう》などの紙《し》面《めん》に、仕《し》上《あ》がりを考《かんが》えて記《き》事《じ》の組《く》み方《かた》、文《も》字《じ》の大《おお》きさ、写《しゃ》真《しん》などの位《い》置《ち》を決《き》めること。レイアウト。

**わりと**【割と】副 思《おも》ったより。わりあい。わりに。例テストはわりとよくできた。

**わりに**【割に】副 ❶思《おも》ったより。わりあい。わりと。例この本《ほん》は、わりにおもしろい。❷…にしては。…に比《くら》べて。例いばっているわりに、臆《おく》病《びょう》だ。

**わりばし**【割り箸】名 二《に》本《ほん》に割《わ》って使《つか》うようになっている、木《き》や竹《たけ》のはし。

°**わりびき**【割引】名 動-する 決《き》まった値《ね》段《だん》よりいくらか安《やす》くすること。例子《こ》ども料《りょう》金《きん》は割引になる。対割《わ》り増《ま》し。割《わり》増《まし》。

**わりびく**【割り引く】動 ❶ねだんをいくらか安《やす》くする。例一〇パーセント割り引く。❷程《てい》度《ど》を低《ひく》めに見《み》積《つ》もる。例自《じ》慢《まん》話《ばなし》を割り引いて聞《き》く。

**わりふり**【割り振り】名 割《わ》り当《あ》て。例仕《し》事《ごと》の割りふりをする。

**わりふる**【割り振る】動 全《ぜん》体《たい》をいくつかに分《わ》けて、割《わ》り当《あ》てる。例運《うん》動《どう》会《かい》の係《かかり》を割りふる。

**わりまし**【割り増し・割増】名 動-する 決《き》まった値《ね》段《だん》に、いくらかを加《くわ》えること。例タクシーの割増料《りょう》金《きん》。対割《わり》引《びき》。

**わりもどす**【割り戻す】動 受《う》け取《と》ったお金《かね》のうちから、その一《いち》部《ぶ》を返《かえ》す。

**わりやす**【割安】名 形動 質《しつ》や量《りょう》のわりに、値《ね》段《だん》が安《やす》いこと。例まとめて買《か》うと割安だ。対割《わり》高《だか》。

**わる**【悪】名 ❶悪《わる》者《もの》。悪《あく》人《にん》。例あいつはわるだ。❷〔ある言《こと》葉《ば》の前《まえ》につけて〕悪《わる》いことや程《てい》度《ど》が過《す》ぎることを表《あらわ》す。例悪知《ぢ》恵《え》。悪ふざけ。

°**わる**【割る】動 ❶一《ひと》つのものをいくつかに分《わ》ける。例すいかを割る。❷こわす。くだく。例ガラスを割る。❸混《ま》ぜてうすめる。例水《みず》で割る。❹ありのままをかくさずに言《い》う。例腹《はら》を割って話《はな》す。❺外《そと》に出《で》る。例土《ど》俵《ひょう》を割る。❻ものごとがある数《すう》量《りょう》より下《した》になる。例平《へい》均《きん》を割る。❼〔算《さん》数《すう》で〕割《わ》り算《ざん》をする。記《き》号《ごう》は「÷」。対掛《か》ける。⇩かつ【割】243ページ

**わるあがき**【悪あがき】名 動-する もうどうにもならないのに、あせっていろいろやってみること。例最《さい》後《ご》の悪あがき。

°**わるい**【悪い】形 ❶よくない。正《ただ》しくない。例心《こころ》がけが悪い。対良《よ》い。いい。善《よ》い。❷好《この》ましくない。例天《てん》気《き》が悪い。❸おとっている。まずい。例テストの点《てん》が悪い。味《あじ》が悪い。❹相《あい》手《て》にすまない。例外《そと》で待《ま》たせては悪い。対(❷〜❹)良《よ》い。いい。⇩あく【悪】12ページ

**わるがしこい**【悪賢い】形 悪《わる》知《ぢ》恵《え》がよくはたらく。ずるがしこい。

**わるぎ**【悪気】名 悪《わる》い心《こころ》。悪《あく》意《い》。例悪気があってしたのではない。

**わるくすると**【悪くすると】悪《わる》い場《ば》合《あい》を考《かんが》えると。下《へ》手《た》をすると。例悪くすると、入《にゅう》院《いん》かもしれない。

**わるくち**【悪口】名 人《ひと》を悪《わる》く言《い》うこと。また、その言《こと》葉《ば》。わるぐち。悪《あっ》口《こう》。例人《ひと》の悪口はやめよう。

**わるさ**【悪さ】名 ❶悪《わる》いこと。悪《わる》い程《てい》度《ど》。対

良《よ》さ。善《よ》さ。❷いたずら。例悪さをする。

**わるだくみ【悪巧み】**名 悪《わる》い計画《けいかく》。よくないくわだて。例悪巧みを考《かんが》える。

**わるぢえ【悪知恵】**名 悪《わる》いことをするときにはたらく知恵《ちえ》。例悪知恵をつける。

**ワルツ**〔英語 waltz〕名〔音楽《おんがく》で〕四分《よんぶん》の三拍《さんびょう》子《し》の、ダンスの曲《きょく》。また、そのダンス。円舞《えんぶ》曲《きょく》。例カッコウワルツ。

**わるのり【悪乗り】**名 動-する 調子《ちょうし》に乗《の》って、度《ど》をこしてふざけたりすること。例悪乗りしてはしゃぎすぎた。

**わるびれる【悪びれる】**動 気持《きも》ちがすくんで、おどおどする。例悪びれずに、堂々《どうどう》とものを言《い》う。注意ふつうは、あとに「ない」などの打《う》ち消《け》しの言葉《ことば》がくる。

**わるふざけ【悪ふざけ】**名 動する 程度《ていど》をこしてふざけること。例悪ふざけにもほどがある。

**わるもの【悪者】**名 悪《わる》いことをする人《ひと》。悪《あく》人《にん》。例悪者どもをこらしめる。

**°われ【我】**一名 自分《じぶん》。例我を失《うしな》う。二代名 わたくし。〔少《すこ》し古《ふる》い言《い》い方《かた》。〕例我は海《うみ》の子《こ》。↓が【我】191ページ

**我《われ》に返《かえ》る** 意識《いしき》がもどる。はっと気《き》がつく。例ぼんやりしていたら、肩《かた》をたたかれて我に返った。

**我《われ》も我《われ》もと** 大勢《おおぜい》の人《ひと》が、自分《じぶん》こそはと、先《さき》を争《あらそ》うようす。例大売《おおう》り出《だ》しに、我も我もとつめかける。

**我《われ》を忘《わす》れる** ❶何《なに》かに気《き》を取《と》られて夢中《むちゅう》になる。例我を忘れて物語《ものがたり》を読《よ》む。❷ぼうぜんとなる。例あまりのショックに、我を忘れて立《た》ちつくす。

**われがちに【我勝ちに】**副 自分《じぶん》が真《ま》っ先《さき》になろうとして。我先《われさき》に。例われがちに海《うみ》に飛《と》びこむ。

**われがねのような【割れ鐘°のような】** ひびの入《はい》った鐘《かね》をついたときのような、にごった大《おお》きな音《おと》のようす。例割れ鐘のような声《こえ》でどなる。

**われかんせず【我関せず】** 自分《じぶん》には関《かん》係《けい》がないというようす。例何《なに》があっても我関せずだ。

**われさきに【我先に】**副 ↓われがちに 1431ページ

**われしらず【我知らず】**副 自分《じぶん》を忘《わす》れて。思《おも》わず。例我知らず手《て》をたたいていた。

**われながら【我ながら】**副 自分《じぶん》のしたことではあるが。自分《じぶん》ながら。例我ながらはずかしかった。

**われなべにとじぶた【割れ鍋°にとじ蓋】**(ひびの入《はい》った鍋《なべ》にも、それに合《あ》うふたがあるように)どんな人《ひと》にもふさわしい相手《あいて》があること。参考「とじ蓋《ぶた》」は、修理《しゅうり》した蓋《ふた》のこと。

**われめ【割れ目】**名 割《わ》れたところ。さけ目《め》。ひび。例ガラスの割れ目に紙《かみ》をはる。

**われもの【割れ物】**名 ❶割《わ》れた物《もの》。❷ガラスやせと物《もの》など、割《わ》れやすい物《もの》。こわれ物《もの》。例割れ物注意《ちゅうい》。

**われら【我ら】**代名 自分《じぶん》たち。わたしたち。我々《われわれ》。〔少《すこ》し改《あらた》まった言《い》い方《かた》。〕例我らの母校《ぼこう》。

**°われる【割れる】**動 ❶一《ひと》つのものがいくつかに分かれる。例意見《いけん》が二《ふた》つに割れる。❷こわれる。例皿《さら》が割れる。❸かくしていたことがわかる。例身《み》もとが割れる。❹割《わ》り算《ざん》で、割《わ》り切《き》れる。↓かつ【割】243ページ

**割《わ》れるような拍手《はくしゅ》** 大勢《おおぜい》の人《ひと》が大《おお》きな音《おと》を立《た》てて拍手するようす。

**°われわれ【我我】**代名 自分《じぶん》たち。例我々の学校《がっこう》。我々の考《かんが》えによれば…。

**わん【湾】** 画数 12 部首 氵(さんずい)

音 ワン 訓 ―

❶入《い》り海《うみ》。入《い》り江《え》。熟語 湾内《わんない》。港湾《こうわん》。❷弓《ゆみ》なりになっている。熟語 湾曲《わんきょく》。

**わん【湾】**名 入《い》り海《うみ》。海《うみ》が陸地《りくち》に大《おお》きく入《はい》りこんだ所《ところ》。入《い》り江《え》。例東京湾《とうきょうわん》。湾をまたぐ大橋《おおはし》。

**わん【腕】** 画数 12 部首 月(にくづき)

音 ワン 訓 うで

❶うで。熟語 腕力《わんりょく》。右腕《うわん》・右腕《みぎうで》。❷ものごとを上手《じょうず》にする力《ちから》。熟語 手腕《しゅわん》。敏腕《びんわん》。

**わん**名 ご飯《はん》や汁《しる》を盛《も》る器《うつわ》。

**わんがん【湾岸】**名 ❶湾《わん》にそった海岸《かいがん》。例湾岸道路《どうろ》。❷ペルシャ湾《わん》(=アラビア半島《はんとう》と





日本の世界遺産 北海道《ほっかいどう》・北東北《きたとうほく》の縄文遺跡群《じょうもんいせきぐん》(北海道《ほっかいどう》・青森県《あおもりけん》・岩手県《いわてけん》・秋田県《あきたけん》)令和《れいわ》3年《ねん》［文化《ぶんか》］ 北海道《ほっかいどう》・青森県《あおもりけん》・岩手県《いわてけん》・活《かつ》と文化《ぶんか》を今《いま》に伝《つた》える。

イランに囲《かこ》まれた湾《わん》」にそった陸地《りくち》。例 湾岸戦争《せんそう》。

**わんきょく【湾曲】** 名 動-する 弓《ゆみ》の形《かたち》のように曲《ま》がること。例 レールが湾曲する。

**ワンクッション** 名 〔日本《にっぽん》でできた英語《えい ご》ふうの言葉《ことば》。〕ショックをやわらげるために、間《あいだ》に入《い》れるひと呼吸《こきゅう》。例 ワンクッション置《お》いてから話《はな》す。

**ワンサイドゲーム** 〔英語 one-sided game〕 名 得点差《とくてんさ》が大《おお》きく開《ひら》いてしまった、一方的《いっぽうてき》な試合《しあい》。

**わんさと** 副 ❶物《もの》が、有《あ》り余《あま》るほどあるようす。例 本《ほん》がわんさとある。❷人《ひと》が大勢《おおぜい》おしかけるようす。例 わんさと集《あつ》まる。類（❶・❷）わんさか。

**わんしょう【腕章】** 名 係《かかり》などを示《しめ》すために洋服《ようふく》のそでにつけるしるし。

**ワンセット** 〔英語 one set〕 名 ひとそろい。一式《いっしき》。

**ワンタッチ** 名 〔日本《にっぽん》でできた英語《えいご》ふうの言葉《ことば》。〕一度《いちど》手《て》を触《ふ》れただけで、簡単《かんたん》に操作《そうさ》できること。例 ワンタッチで開《ひら》く傘《かさ》。

**ワンダフル** 〔英語 wonderful〕 形動 たいへんすばらしいようす。

**わんぱく【腕白】** 名 形動 いたずらで、手《て》に負《お》えないこと。また、そういう子《こ》ども。例 腕白坊主《ぼうず》。

**ワンパターン** 名 形動 〔日本《にっぽん》でできた英語《えいご》ふうの言葉《ことば》。〕型《かた》どおりで、代《か》わり映《ば》えしないようす。おもしろみがないこと。

**ワンピース** 〔英語 one-piece〕 名 上下《じょうげ》が続《つづ》いている服《ふく》。

**ワンポイント** 〔英語 one point〕 名 ❶〔点数《てんすう》で〕一点《いってん》。例 ワンポイントのリード。❷一《いっ》か所《しょ》。例 ワンポイントリリーフ〔＝野《や》球《きゅう》で、一人《ひとり》のバッターだけに投《な》げる救援投手《きゅうえんとうしゅ》〕。❸シャツなどの、一《いっ》か所《しょ》につけた飾《かざ》りやマーク。

**ワンマン** 〔英語 one-man〕 一 名 形動 〔日本《にっぽん》で〕できた使《つか》い方《かた》。〕自分《じぶん》の思《おも》うままにふるまうこと。また、ふるまう人《ひと》。例 彼《かれ》はワンマンだ。ワンマン社長《しゃちょう》。二〔ある言葉《ことば》の前《まえ》につけて〕ひとり。例 ワンマンショー〔＝一人《ひとり》の出演者《しゅつえんしゃ》を中心《ちゅうしん》に行《おこな》われるショー〕。

**ワンマンうんてん【ワンマン運転】** 名 運転手《うんてんしゅ》が一人《ひとり》でバスや電車《でんしゃ》を運転《うんてん》すること。

**ワンマンカー** 名 〔日本《にっぽん》でできた英語《えいご》ふうの言葉《ことば》。〕運転手《うんてんしゅ》が車掌《しゃしょう》の仕事《しごと》もかねて、一人《ひとり》で運行《うんこう》している、バスや電車《でんしゃ》。

**わんりょく【腕力】** 名 ❶腕《うで》の力《ちから》。腕《うで》っぷし。例 腕力が強《つよ》い。❷乱暴《らんぼう》な力《ちから》。暴力《ぼうりょく》。例 腕力をふるう。

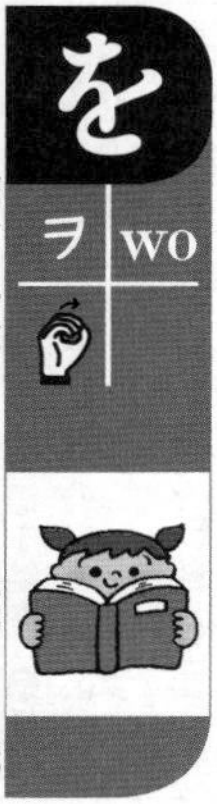


**を** 助 ❶動作《どうさ》の目的《もくてき》になるものを表《あらわ》す。例 本《ほん》を読《よ》む。木《き》を植《う》える。❷過《す》ぎて行《い》く場所《ばしょ》を表《あらわ》す。例 山道《やまみち》を歩《ある》く。❸動作《どうさ》の出発点《しゅっぱつてん》を表《あらわ》す。例 家《いえ》を出《で》る。❹時《とき》を表《あらわ》す。例 一年《いちねん》を過《す》ごす。❺方向《ほうこう》を表《あらわ》す。例 右《みぎ》を向《む》く。

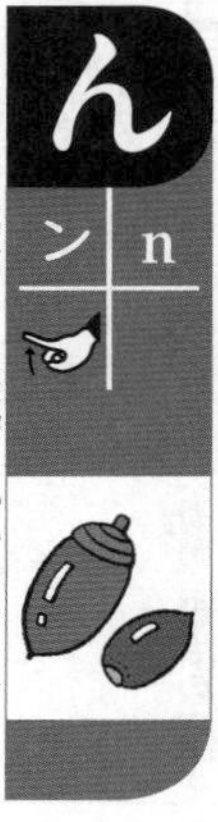


**ん** 一 助動 前《まえ》にある言葉《ことば》の意味《いみ》を打《う》ち消《け》すときに使《つか》う。例 私《わたし》はやりません。二 感 軽《かる》くうなずいたり、聞《き》き返《かえ》したりする気持《きも》ちを表《あらわ》す言葉《ことば》。うん。例「ん、そうそう。」「ん、なあに？」

あいうえお かきくけこ さしすせそ たちつてと なにぬねの はひふへほ まみむめも やゆよ らりるれろ わをん

ふ
ろ
く

# 1 漢字《かんじ》の組《く》み立《た》てと部首《ぶしゅ》

部首《ぶしゅ》とは、ある仲間《なかま》の漢字《かんじ》に共通《きょうつう》している部分《ぶぶん》のことです。例《たと》えば「林《りん》・校《こう》・材《ざい》・板《はん》・橋《きょう》」は「木《き》」の仲間《なかま》で、「木」の部分《ぶぶん》が部《ぶ》首《しゅ》となります。部首《ぶしゅ》は、辞典《じてん》を引《ひ》くときや、その漢字《かんじ》のおよその意《い》味《み》を知《し》るときに役立《やくだ》ちます。

部首《ぶしゅ》は、「へん・つくり・かんむり・あし・かまえ・たれ・にょう」の七種類《ななしゅるい》に分《わ》けられます。

## おもな部首《ぶしゅ》と漢字《かんじ》

| 部《ぶ》首《しゅ》 | | 意《い》味《み》 | 漢《かん》字《じ》の例《れい》 |
|---|---|---|---|
| **へん（偏）** | | 左《ひだり》と右《みぎ》に分《わ》けられる場合《ばあい》、左側《ひだりがわ》の部《ぶ》分《ぶん》を「へん」という。 | |
| 亻 | にんべん | 人《ひと》 | 作《さく》 休《きゅう》 住《じゅう》 仕《し》 使《し》 |
| 冫 | にすい | 氷《こおり》 | 冷《れい》 |
| 口 | くちへん | 口《くち》のはたらき | 味《み》 呼《こ》 吸《きゅう》 唱《しょう》 |
| 土 | つちへん | 土《と》地《ち》や地形《ちけい》 | 地《ち》 坂《はん》 場《じょう》 境《きょう》 |
| 女 | おんなへん | 女《おんな》 | 妹《まい》 姉《し》 始《し》 好《こう》 |
| 彳 | ぎょうにんべん | 道《みち》・交通《こうつう》 | 役《やく》 往《おう》 待《たい》 後《ご》 徒《と》 |
| 忄 | りっしんべん | 心《こころ》のはたらき | 快《かい》 性《せい》 情《じょう》 慣《かん》 |
| 扌 | てへん | 手《て》 | 打《だ》 投《とう》 拾《しゅう》 持《じ》 指《し》 |
| 日 | ひへん | 太陽《たいよう》や天体《てんたい》 | 明《めい》 昭《しょう》 時《じ》 晴《せい》 曜《よう》 |
| 月 | にくづき | 体《からだ》・肉《にく》 | 肥《ひ》 肺《はい》 胸《きょう》 脈《みゃく》 腹《ふく》 |
| 木 | きへん | 木《き》や木材《もくざい》 | 村《そん》 板《はん》 林《りん》 柱《ちゅう》 植《しょく》 |
| 氵 | さんずい | 水《みず》・液体《えきたい》 | 池《ち》 決《けつ》 汽《き》 油《ゆ》 泳《えい》 |
| 火 | ひへん | 熱《ねつ》・明《あか》るさ | 焼《しょう》 燃《ねん》 灯《とう》 |
| 牛 | うしへん | 牛《うし》や牧畜《ぼくちく》 | 牧《ぼく》 物《ぶつ》 特《とく》 |
| 犭 | けものへん | 動物《どうぶつ》 | 犯《はん》 独《どく》 |
| 王 | おうへん | 宝石《ほうせき》・美《うつく》しい物《もの》 | 現《げん》 球《きゅう》 理《り》 班《はん》 |
| 石 | いしへん | 石《いし》・鉱物《こうぶつ》 | 研《けん》 砂《さ》 破《は》 確《かく》 磁《じ》 |
| 礻 | しめすへん | 神様《かみさま》・お祭《まつ》り | 礼《れい》 社《しゃ》 祖《そ》 神《しん》 福《ふく》 |
| 禾 | のぎへん | 穀物《こくもつ》 | 秋《しゅう》 科《か》 種《しゅ》 積《せき》 秘《ひ》 |
| 米 | こめへん | 米《こめ》や穀物《こくもつ》 | 粉《ふん》 精《せい》 糖《とう》 |
| 糸 | いとへん | 糸《いと》・織物《おりもの》 | 紙《し》 細《さい》 終《しゅう》 線《せん》 結《けつ》 |
| 衤 | ころもへん | 着物《きもの》 | 補《ほ》 複《ふく》 |
| 言 | ごんべん | 言葉《ことば》・表現《ひょうげん》 | 計《けい》 記《き》 詩《し》 話《わ》 読《どく》 |
| 貝 | かいへん | お金《かね》・宝《たから》 | 財《ざい》 貯《ちょ》 |
| 車 | くるまへん | 車《くるま》・運《はこ》ぶ | 転《てん》 軽《けい》 輪《りん》 輸《ゆ》 |
| 金 | かねへん | 金属《きんぞく》 | 鉄《てつ》 銀《ぎん》 鏡《きょう》 針《しん》 鉱《こう》 |
| 阝 | こざとへん | 土《と》地《ち》・地《ち》形《けい》 | 陸《りく》 階《かい》 防《ぼう》 降《こう》 除《じょ》 |
| 食 | しょくへん | 食《た》べ物《もの》 | 飲《いん》 飯《はん》 館《かん》 |
| 馬 | うまへん | 馬《うま》 | 駅《えき》 験《けん》 |
| **つくり（旁）** | | 左《ひだり》と右《みぎ》に分《わ》けられる場合《ばあい》、右側《みぎがわ》の部《ぶ》分《ぶん》を「つくり」という。 | |
| 刂 | りっとう | 刀《かたな》・切《き》ること | 刊《かん》 列《れつ》 判《はん》 別《べつ》 利《り》 |

| | | | |
|---|---|---|---|
| 力 | ちから | はたらく・力《ちから》 | 助《じょ》 動《どう》 功《こう》 効《こう》 勤《きん》 |
| 彡 | さんづくり | かざり・色《いろ》どり | 形《けい》 |
| 攵 | ぼくづくり | 何《なに》かをさせる | 放《ほう》 教《きょう》 敗《はい》 散《さん》 数《すう》 |
| 欠 | あくび | 口《くち》を大《おお》きくあける | 次《じ》 欲《よく》 歌《か》 |
| 殳 | るまた | 相手《あいて》をうつ | 段《だん》 殺《さつ》 |
| 阝 | おおざと | 町《まち》や村《むら》 | 郡《ぐん》 部《ぶ》 都《と》 郷《きょう》 郵《ゆう》 |
| 隹 | ふるとり | 鳥《とり》 | 雑《ざつ》 難《なん》 |
| 頁 | おおがい | 人《ひと》の姿《すがた》・頭《あたま》 | 順《じゅん》 頭《とう》 顔《がん》 類《るい》 願《がん》 |

## かんむり（冠）

上《うえ》と下《した》に分《わ》けられる場合《ばあい》、上《うえ》の部分《ぶぶん》を「かんむり」という。

| | | | |
|---|---|---|---|
| 亠 | なべぶた | — | 亡《ぼう》 交《こう》 京《きょう》 |
| 冖 | わかんむり | 上《うえ》からおおう | 写《しゃ》 冠《かんむり》 |
| 宀 | うかんむり | 家《いえ》・置《お》く | 安《あん》 定《てい》 実《じつ》 室《しつ》 家《か》 |
| 癶 | はつがしら | 足《あし》ぶみ・進《すす》む | 発《はつ》 登《と》 |
| 穴 | あなかんむり | あな・空間《くうかん》 | 究《きゅう》 空《くう》 窓《そう》 |
| ⺮ | たけかんむり | 竹《たけ》 | 第《だい》 筆《ひつ》 答《とう》 節《せつ》 算《さん》 |
| 耂 | おいかんむり | 老人《ろうじん》 | 老《ろう》 考《こう》 者《しゃ》 |
| 艹 | くさかんむり | 草《くさ》・植物《しょくぶつ》 | 花《か》 芽《が》 茶《ちゃ》 草《そう》 葉《よう》 |
| ⻗ | あめかんむり | 雨《あめ》・天気《てんき》 | 雪《せつ》 雲《うん》 電《でん》 |

## あし（脚）

上《うえ》と下《した》に分《わ》けられる場合《ばあい》、下《した》の部分《ぶぶん》を「あし」という。

| | | | |
|---|---|---|---|
| 儿 | ひとあし | 人《ひと》の形《かたち》・歩《ある》く | 元《げん》 兄《けい》 先《せん》 光《こう》 児《じ》 |
| 心 | こころ | 心《こころ》のはたらき | 思《し》 急《きゅう》 悪《あく》 悲《ひ》 意《い》 |
| 灬 | れんが | 明《あか》るさ・熱《ねつ》 | 無《む》 然《ぜん》 照《しょう》 熱《ねつ》 |
| 皿 | さら | 皿《さら》などのうつわ | 益《えき》 盟《めい》 盛《せい》 |

## かまえ（構）

外側《そとがわ》を囲《かこ》むような形《かたち》の部分《ぶぶん》を「かまえ」という。

| | | | |
|---|---|---|---|
| 匸 | かくしがまえ | 囲《かこ》む・区切《くぎ》る | 区《く》 医《い》 |
| 囗 | くにがまえ | 周《まわ》り・囲《かこ》む | 図《ず》 国《こく》 園《えん》 回《かい》 囲《い》 |
| 行 | ぎょうがまえ | 行《い》く・交通《こうつう》 | 術《じゅつ》 街《がい》 衛《えい》 |
| 門 | もんがまえ | 門《もん》・出入《でい》り口《ぐち》 | 開《かい》 間《かん》 関《かん》 閉《へい》 閣《かく》 |

## たれ（垂）

上《うえ》から左下《ひだりした》に垂《た》れ下《さ》がっているものを「たれ」という。

| | | | |
|---|---|---|---|
| 厂 | がんだれ | がけ・地形《ちけい》 | 厚《こう》 原《げん》 |
| 尸 | しかばね | 人《ひと》の体《からだ》 | 局《きょく》 屋《おく》 居《きょ》 届《とどけ》 展《てん》 |
| 广 | まだれ | 屋根《やね》・建物《たてもの》 | 店《てん》 度《ど》 庫《こ》 庭《てい》 庁《ちょう》 |
| 疒 | やまいだれ | 病気《びょうき》 | 病《びょう》 痛《つう》 |

## にょう（繞）

左上《ひだりうえ》から下《した》を囲《かこ》むようについている部分《ぶぶん》を「にょう」という。

| | | | |
|---|---|---|---|
| 廴 | えんにょう | 道《みち》・歩《ある》く | 延《えん》 建《けん》 |
| 走 | そうにょう | 走《はし》る・進《すす》む | 起《き》 |
| 辶 | しんにょう（しんにゅう） | 道《みち》を行《い》く | 返《へん》 追《つい》 送《そう》 通《つう》 進《しん》 |

## 2 和語《わご》・漢語《かんご》・外来語《がいらいご》

日本《にっぽん》の言葉《ことば》の種類《しゅるい》には、「和語《わご》」「漢語《かんご》」と「外来語《がいらいご》」とがあります。

### ●和語《わご》

外国《がいこく》の言葉《ことば》が入《はい》ってくる前《まえ》から、日本《にっぽん》にもともとあった言葉《ことば》を「和語《わご》」という。

菜《な》の花《はな》や月《つき》は東《ひがし》に日《ひ》は西《にし》に　(与謝蕪村《よさぶそん》)

この俳句《はいく》は、すべて和語《わご》でできている。「菜《な》」「花《はな》」「月《つき》」「東《ひがし》」「日《ひ》」「西《にし》」と、六《むっ》つの漢字《かんじ》が使《つか》われているが、それは、和語《わご》に漢字《かんじ》をあてたもので、もともとの日本語《にほんご》である。和語《わご》は、漢字《かんじ》を訓読《くんよ》みしたときの言葉《ことば》である。

ふるさとの山《やま》に向《むか》ひて
言《い》ふことなし
ふるさとの山《やま》はありがたきかな　(石川啄木《いしかわたくぼく》)

右《みぎ》の短歌《たんか》も使《つか》われている言葉《ことば》はすべて和語《わご》である。そのため、静《しず》かでおだやかな感《かん》じがする。今《いま》ではあまり使《つか》われなくなった古《ふる》い言《こと》葉《ば》が使《つか》われていても、なんとなくやわらかくなつかしい感《かん》じがするのは、和語《わご》が使《つか》われているからである。

### ●漢語《かんご》

もともとは中国《ちゅうごく》から伝《つた》わってきたもので、漢字《かんじ》を音《おん》で読《よ》む言葉《ことば》を「漢語《かんご》」という。また、あとで述《の》べるように、日本《にっぽん》で作《つく》られた音《おん》で読《よ》む言葉《ことば》も、「漢語《かんご》」という。

1 漢字一字《かんじいちじ》の漢語《かんご》

例 愛《あい》 胃《い》 絵《え》 王《おう》 会《かい》 文《ぶん》 詩《し》 年《ねん》 門《もん》 天《てん》

2 漢字二字《かんじにじ》の漢語《かんご》(漢字《かんじ》の熟語《じゅくご》)

例 愛情《あいじょう》 絵画《かいが》 会合《かいごう》 文学《ぶんがく》 入門《にゅうもん》 年月《ねんげつ》 天地《てんち》

3 明治時代《めいじじだい》になって、西洋《せいよう》から入《はい》ってきた品物《しなもの》や思想《しそう》を言《い》い表《あらわ》すために、漢字《かんじ》を組《く》み合《あ》わせてたくさんの漢字《かんじ》の熟語《じゅくご》を作《つく》った。

例《たと》えば、「電気《でんき》」が入《はい》ってきたとき、それを言《い》い表《あらわ》す言葉《ことば》が日《にっ》本《ぽん》になかった。それで、「電光《でんこう》」「雷電《らいでん》」などの、「いなずま」を意味《いみ》する「電《でん》」という字《じ》を借《か》りて、「電車《でんしゃ》」「電話《でんわ》」「電池《でんち》」「電《でん》柱《ちゅう》」「電報《でんぽう》」などの漢語《かんご》を作《つく》った。

そのほか、次《つぎ》のような言葉《ことば》も、日本《にっぽん》で作《つく》られた(=和製《わせい》)漢語《かんご》である。

例 汽車《きしゃ》 自動車《じどうしゃ》 会社《かいしゃ》 科学《かがく》 野球《やきゅう》 百貨店《ひゃっかてん》 英語《えいご》 放送《ほうそう》
火事《かじ》 大根《だいこん》 自由《じゆう》 労働《ろうどう》 人権《じんけん》

### ●外来語《がいらいご》

外国《がいこく》から入《はい》ってきて、日本《にっぽん》の言葉《ことば》になった言葉《ことば》を「外来語《がいらいご》」という。漢語《かんご》ももともとは中国《ちゅうごく》の言葉《ことば》だが、今《いま》では日本語《にほんご》にとけこんでしまっているので、外来語《がいらいご》とはいわない。

いちばん古《ふる》い外来語《がいらいご》は、室町時代《むろまちじだい》の末《すえ》に入《はい》ってきたポルトガル語《ご》で、次《つぎ》が江戸時代《えどじだい》に入《はい》ってきたオランダ語《ご》である。明治時代以降《めいじじだいいこう》は、イギリス、ドイツ、フランスなどのヨーロッパの国々《くにぐに》から、新《あたら》しい文化《ぶんか》といっしょにたくさんの言葉《ことば》が入《はい》ってきた。外来語《がいらいご》は、ふつう、かたかなで書《か》かれる。

**ポルトガル語《ご》**(外来語《がいらいご》の中《なか》ではいちばん古《ふる》く、室町時代《むろまちじだい》から入《はい》ってきた。）

例 オルガン　カステラ　カッパ　カルタ　ジュバン　タバコ
パン　フラスコ　ボタン　ミイラ

**オランダ語《ご》**（日本《にっぽん》が鎖国《さこく》をしていた江戸《えど》時代《じだい》は、オランダ語《ご》だけが入《はい》ってきた。）

例 アルコール　オルゴール　ガス　ガラス　コーヒー
コップ　ゴム　コンパス　ソーダ　ビール　ペンキ
ポンプ　メス　モルモット　ランドセル

**英語《えいご》**（いろいろな分野《ぶんや》にわたって、もっとも多《おお》い。）

例 アイスクリーム　アイデア　アクセサリー　アナウンサー
イメージ　インタビュー　カード　カバー　グラス
コンサート　コンピューター　サイン　セーター　ドレス
ニュース　バター　ビルディング　ミルク　ラジオ

〈アメリカ英語《えいご》〉

例 エスカレーター　エレベーター　ガソリン　キャンデー
ジャズ　ソフトボール　バーベキュー　ハンバーガー
ビデオ　ホットドッグ

**フランス語《ご》**（美術《びじゅつ》、服飾《ふくしょく》、料理《りょうり》に関係《かんけい》するものが多《おお》い。）

例 アップリケ　アトリエ　アンケート　オムレツ　グラタン
クレヨン　コロッケ　シャンソン　ズボン　デッサン
マヨネーズ

**ドイツ語《ご》**（医学《いがく》、登山《とざん》に関係《かんけい》するものが多《おお》い。）

例 アルバイト　アレルギー　ガーゼ　カルテ　ザイル
テーマ　ノイローゼ　ピッケル　メルヘン　ワクチン

**イタリア語《ご》**（音楽《おんがく》、料理《りょうり》に関係《かんけい》するものが多《おお》い。）

例 アルト　オペラ　カルテット　スパゲッティ　ソナタ
ソプラノ　テンポ　パスタ　フィナーレ

**スペイン語《ご》**

例 ゲリラ　プラチナ　メリヤス

**ロシア語《ご》**

例 コンビナート　ツンドラ　トロイカ　ノルマ

**中国語《ちゅうごくご》**

例 ギョーザ　シューマイ　マージャン　メンツ　ラーメン

※和製英語《わせいえいご》（日本《にっぽん》で作《つく》られた英語《えいご》ふうの言葉《ことば》。）

例 オートバイ　ガソリンスタンド　ガムテープ
キーポイント　キーホルダー　キャッチボール
ゲートボール　ゲームセット　コインロッカー
ゴールイン　ゴールデンウイーク　コンセント
ジェットコースター　シャープペンシル　シルバーシート
テーマソング　テーマパーク　ナイター　メーンスタンド
ワンパターン

現代《げんだい》では、外国《がいこく》の言葉《ことば》がそのまま使《つか》われることも多《おお》い。例《たと》えば、次《つぎ》のような言葉《ことば》は、まだ外来語《がいらいご》とはいえない。

例 グローバル（＝地球《ちきゅう》規模《きぼ》）　スカイ（＝空《そら》）
ティーチャー（＝先生《せんせい》）　ブリッジ（＝橋《はし》）　ホリデー（＝休日《きゅうじつ》）
メモリー（＝思《おも》い出《で》）　リバー（＝川《かわ》）

## 3 漢字《かんじ》の成《な》り立《た》ち

漢字《かんじ》は、次《つぎ》の四《よっ》つの方法《ほうほう》（㋐〜㋓）で成《な》り立《た》っています。

### ㋐象形文字《しょうけいもじ》

物《もの》の形《かたち》を写《うつ》しとった絵文字《えもじ》を、簡単《かんたん》な形《かたち》に変《か》えていってできたのが、象形文字《しょうけいもじ》である。

❶自然《しぜん》
❷人間《にんげん》
❸動植物《どうしょくぶつ》

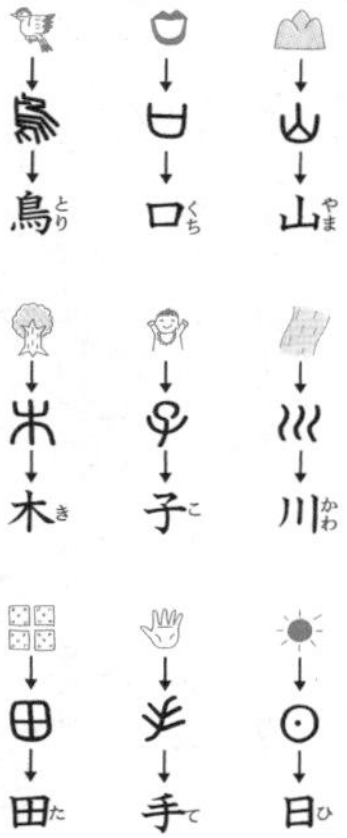


### ㋑指事文字《しじもじ》

形《かたち》がないために絵《え》にかくのが難《むずか》しいことがらを、点《てん》や線《せん》などの記《き》号《ごう》で表《あらわ》したのが、指事文字《しじもじ》である。

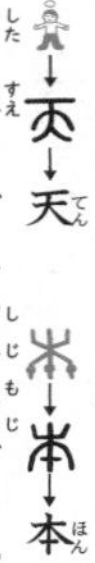


このほか、「一《いち》・三《さん》・下《した》・末《すえ》」なども、指事文字《しじもじ》である。

### ㋒会意文字《かいいもじ》

象形文字《しょうけいもじ》や指事文字《しじもじ》を組《く》み合《あ》わせて、新《あたら》しい意味《いみ》を表《あらわ》したのが、会意文字《かいいもじ》である。

**国字《こくじ》**
会意文字《かいいもじ》の方法《ほうほう》で、日本《にっぽん》で作《つく》った漢字《かんじ》を「国字《こくじ》」という。

「働」（ドウ。はたら-く）……人《ひと》が動《うご》いて仕事《しごと》をする
「畑」（はた。はたけ）……草木《くさき》を焼《や》いて作《つく》った田《た》

ほかに、「峠《とうげ》」「榊《さかき》」「畠《はたけ》」「辻《つじ》」なども国字《こくじ》である。

### ㋓形声文字《けいせいもじ》

意味《いみ》を表《あらわ》す部分《ぶぶん》と、音《おん》を表《あらわ》す部分《ぶぶん》とを組《く》み合《あ》わせて作《つく》ったのが、形声文字《けいせいもじ》である。漢字全体《かんじぜんたい》の九〇パーセント近《ちか》くが、形声文字《けいせいもじ》だといわれる。

| | | （意味《いみ》を表《あらわ》す部分《ぶぶん》） | ＋ | （音《おん》を表《あらわ》す部分《ぶぶん》） |
|---|---|---|---|---|
| 清《せい》 | ＝ | 氵（水《みず》） | ＋ | 青（セイ） |
| 招《しょう》 | ＝ | 扌（手《て》） | ＋ | 召（ショウ） |
| 飯《はん》 | ＝ | 飠（食《た》べる） | ＋ | 反（ハン） |
| 草《そう》 | ＝ | 艹（くさ） | ＋ | 早（ソウ） |
| 管《かん》 | ＝ | ⺮（たけ） | ＋ | 官（カン） |
| 想《そう》 | ＝ | 心（こころ） | ＋ | 相（ソウ） |
| 速《そく》 | ＝ | 辶（道《みち》を行《い》く） | ＋ | 束（ソク） |

**●転注《てんちゅう》**
これは漢字《かんじ》の成《な》り立《た》ちではなく、使《つか》い方《かた》の一《ひと》つである。その漢字《かんじ》のもとの意味《いみ》が変化《へんか》して、別《べつ》の意味《いみ》にも使《つか》われるようになったものを、転注《てんちゅう》という。

・楽《がく》―もとは「楽器《がっき》」の意味《いみ》だった。それが、「音楽《おんがく》」の意味《いみ》になり、「楽《たの》しむ」「楽《たの》しい」という意味《いみ》になった。

**●仮借《かしゃ》**
これも、漢字《かんじ》の使《つか》い方《かた》の一《ひと》つである。その漢字《かんじ》の意味《いみ》に関係《かんけい》なしに、発音《はつおん》だけを借《か》りて使《つか》ったものを仮借《かしゃ》という。

・来《らい》―「むぎ」の意味《いみ》だった「来《らい》」を、もとの発音《はつおん》「ライ」だけ借《か》りて、「くる」の意味《いみ》に使《つか》った。

# 4 つなぎ言葉《ことば》

つなぎ言葉《ことば》には、話《はなし》の展開《てんかい》をわかりやすく表《あらわ》す役割《やくわり》があります。

> 急《きゅう》に雨《あめ》が降《ふ》りだした。
> だから　びしょぬれになった。（原因《げんいん》→結果《けっか》）
> しかし　かまわずに出《で》かけた。（ことがら→くいちがうことがら）
> それに　かみなりまで鳴《な》りだした。（ことがら→つけ加《くわ》え）

つなぎ言葉《ことば》には、いろいろな役割《やくわり》をもつものがあります。

## ●説明《せつめい》するときに役立《やくだ》つつなぎ言葉《ことば》

前《まえ》の文《ぶん》と後《あと》の文《ぶん》がなんらかの条件《じょうけん》でつながっている。

1　原因《げんいん》ー**だから**ー結果《けっか》

例　昨日《きのう》はおそくまで起《お》きていた。だから、ねぼうしてしまった。

仲間《なかま》：したがって、ゆえに、よって、それで

2　前提《ぜんてい》ー**それなら**ー結果《けっか》

例　あと五分《ごふん》で着《つ》くらしい。それなら、もう少《すこ》し待《ま》ってみよう。

仲間《なかま》：すると、それでは

3　ことがらー**しかし**ー反対《はんたい》のことがらや意外《いがい》な気持《きも》ち

例　本番前《ほんばんまえ》は不安《ふあん》だった。しかし、結果《けっか》は大成功《だいせいこう》だった。

仲間《なかま》：だが、それでも、けれども、とはいえ、ところが

## ●話《はなし》を整理《せいり》するときに役立《やくだ》つつなぎ言葉《ことば》

二《ふた》つ以上《いじょう》のことがらをならべて表《あらわ》す。

1　ことがらー**そして**ーつけ加《くわ》え

例　日《ひ》がくれた。そして、月《つき》が出《で》た。

仲間《なかま》：それから、また

2　ことがらー**それに**ーだめ押《お》し

例　今日《きょう》は寒《さむ》い。それに、雨《あめ》も降《ふ》っている。

仲間《なかま》：そのうえ、ひいては、しかも

3　ことがらー**いっぽう**ー物事《ものごと》のちがい

例　賛成《さんせい》する人《ひと》は多《おお》い。いっぽう、反対《はんたい》する人《ひと》もいる。

4　ことがらー**または**ー選《えら》ぶ対象《たいしょう》

例　電話《でんわ》、またはメールで連絡《れんらく》する。

仲間《なかま》：もしくは、ないし、あるいは、それとも

## ●話《はなし》を理解《りかい》するときに役立《やくだ》つつなぎ言葉《ことば》

前《まえ》の文《ぶん》に何《なに》かを付《つ》け足《た》す。

1　ことがらー**つまり**ー言《い》いかえ

例　日《ひ》が長《なが》くなってきた。つまり、春《はる》が近《ちか》づいてきたのだ。

仲間《なかま》：すなわち、要《よう》するに、いわば

2　ことがらー**たとえば**ー例《れい》

例　果物《くだもの》が好《す》きだ。たとえば、リンゴ、イチゴ、ミカンなどだ。

仲間《なかま》：具体的《ぐたいてき》には、実際《じっさい》

3　ことがらー**とくに**ー特別《とくべつ》な例《れい》

例　今年《ことし》の冬《ふゆ》は寒《さむ》い。とくに今日《きょう》は寒《さむ》い。

仲間《なかま》：とりわけ、ことに

4　ことがらー**なぜなら**ー理由《りゆう》

例　電車《でんしゃ》がおくれている。なぜなら、事故《じこ》が起《お》きたからだ。

仲間《なかま》：なにしろ

## 5 ものを数《かぞ》えるときの言葉《ことば》

花《はな》を数《かぞ》えるときは、「一本《いっぽん》、二本《にほん》、三本《さんぼん》……」などといい、マラソン選手《せんしゅ》のゴールに着《つ》いた順序《じゅんじょ》を数《かぞ》えるときは、「一着《いっちゃく》、二着《にちゃく》、三《さん》着《ちゃく》……」などといいます。このような、「一本《いっぽん》」や「一着《いっちゃく》」など、ものを数《かぞ》えるときに使《つか》う言葉《ことば》を「数詞《すうし》」といいます。

また、「一、二、三……」などの数字《すうじ》のあとに付《つ》く、「本《ほん》」や「着《ちゃく》」のような言葉《ことば》を「助数詞《じょすうし》」といいます。

1 助数詞《じょすうし》は、何《なに》を数《かぞ》えるかによってちがう。
「匹《ひき》」は、魚《さかな》や虫《むし》、小《ちい》さい動物《どうぶつ》を数《かぞ》えるとき。
「枚《まい》」は、紙《かみ》や板《いた》・皿《さら》など、平《ひら》たいものを数《かぞ》えるとき。

2 助数詞《じょすうし》は、上《うえ》にくる数字《すうじ》によって音《おん》の変《か》わるものがある。
「軒《けん》」――一けん・三げん
「品《ひん》」――一ぴん・二ひん
「羽《わ》」――一わ・三ば
「票《ひょう》」――一ぴょう・二ひょう・三びょう
「本《ほん》」――一ぽん・二ほん・三ぼん
「杯《はい》」――一ぱい・二はい・三ばい

3 同《おな》じものでも、ちがう助数詞《じょすうし》をつけて数《かぞ》えることがある。
「花《はな》」――一本《いっぽん》・一輪《いちりん》
「人《ひと》」――一人《いちにん》(一人《ひとり》)・一名《いちめい》
「部屋《へや》」――一間《ひとま》・一室《いっしつ》・一部屋《ひとへや》

---

### ● 文房具《ぶんぼうぐ》

鉛筆《えんぴつ》……本《ほん》・ダース
消《け》しゴム……個《こ》
ノート……冊《さつ》
本《ほん》……冊《さつ》・部《ぶ》
紙《かみ》……枚《まい》
すずり……面《めん》
半紙《はんし》……枚《まい》・じょう

### ● 暮《く》らし

家《いえ》……戸《こ》・軒《けん》・棟《とう》・棟《むね》
いす・机《つくえ》……脚《きゃく》
写真《しゃしん》……枚《まい》・葉《よう》
部屋《へや》……間《ま》・室《しつ》・部屋《へや》
たたみ……畳《じょう》・枚《まい》
たんす……本《ほん》・さお
ふとん……枚《まい》・組《くみ》
ベッド……台《だい》
テーブル……卓《たく》・脚《きゃく》
鏡《かがみ》……面《めん》
人形《にんぎょう》……体《たい》
新聞《しんぶん》……部《ぶ》・枚《まい》
茶《ちゃ》わん……個《こ》
皿《さら》・ぼん……枚《まい》
はし……膳《ぜん》
タオル・手《て》ぬぐい……枚《まい》・本《ほん》・筋《すじ》
はさみ……丁《ちょう》
テレビ・ラジオ
……台《だい》
包丁《ほうちょう》……丁《ちょう》・本《ほん》
冷蔵庫《れいぞうこ》……台《だい》

### ● 食《た》べ物《もの》

ご飯《はん》……杯《はい》・膳《ぜん》
しる……わん・杯《はい》
食事《しょくじ》……食《しょく》
料理《りょうり》……皿《さら》・品《しな》・品《ひん》・
人前《にんまえ》
とうふ……丁《ちょう》
油《あぶら》あげ……枚《まい》
のり……枚《まい》・じょう
ざるそば……枚《まい》
だんご……串《くし》・本《ほん》
たくあん・切《き》り身《み》
……切《き》れ
バナナ……本《ほん》・房《ふさ》
ピザ……枚《まい》
ようかん……さお
薬《くすり》……錠《じょう》・粒《つぶ》・服《ふく》・

包《ほう》

## 身《み》につけるもの

洋服《ようふく》……着《ちゃく》
和服《わふく》……枚《まい》・重《かさ》ね
ズボン……本《ほん》・着《ちゃく》
スカート……着《ちゃく》
シャツ……枚《まい》・着《ちゃく》
靴《くつ》・げた……足《そく》
靴下《くつした》・ストッキング……足《そく》
手袋《てぶくろ》……組《くみ》
ネクタイ……本《ほん》

## 動物《どうぶつ》

大《おお》きい動物《どうぶつ》(ウマなど)……頭《とう》
小《ちい》さい動物《どうぶつ》(ネズミなど)……匹《ひき》
魚《さかな》……匹《ひき》・尾《び》
マグロ……本《ほん》・尾《び》
鳥《とり》……羽《わ》
クジラ・イルカ……頭《とう》
イカ・タコ……杯《はい》
昆虫《こんちゅう》……匹《ひき》
ウサギ……羽《わ》・匹《ひき》
ペンギン……頭《とう》・羽《わ》

## 植物《しょくぶつ》

木《き》・草《くさ》……本《ほん》・株《かぶ》
植木《うえき》……株《かぶ》
鉢植《はちう》え……鉢《はち》
花《はな》……輪《りん》・本《ほん》
枝《えだ》……枝《えだ》・本《ほん》
花《はな》びら……枚《まい》・ひら

## 交通《こうつう》・通信《つうしん》

自動車《じどうしゃ》……台《だい》・両《りょう》
自転車《じてんしゃ》……台《だい》
電車《でんしゃ》・列車《れっしゃ》……両《りょう》・台《だい》・本《ほん》
飛行機《ひこうき》……機《き》
船《ふね》・舟《ふね》……そう・隻《せき》
手紙《てがみ》……通《つう》・本《ほん》
はがき……枚《まい》・葉《よう》
電話機《でんわき》……台《だい》
電話《でんわ》……本《ほん》・通話《つうわ》
エレベーター……台《だい》・基《き》

## スポーツ・趣味《しゅみ》

あゆみ……歩《ほ》
グラウンド……面《めん》
テニスコート……面《めん》
弓《ゆみ》……張《は》り
テント……張《は》り
ボール……個《こ》・球《きゅう》
ラケット……本《ほん》
試合《しあい》(野球《やきゅう》など)……戦《せん》・試合《しあい》
太鼓《たいこ》……張《は》り
トランプ……枚《まい》・組《くみ》
パンフレット……部《ぶ》
レコード・CD……枚《まい》
歌《うた》……曲《きょく》
絵《え》……点《てん》・枚《まい》・作《さく》・幅《ふく》
詩《し》・小説《しょうせつ》・文章《ぶんしょう》……編《へん》
短歌《たんか》……首《しゅ》
俳句《はいく》……句《く》
落語《らくご》……席《せき》

## その他《た》

問題《もんだい》……問《もん》・題《だい》
投票《とうひょう》……票《ひょう》
寄付《きふ》……口《くち》
文字《もじ》……字《じ》
刀《かたな》……振《ふ》り・口《こう》・腰《こし》
弾《たま》……発《はつ》
年齢《ねんれい》……歳《さい》
川《かわ》・道《みち》……本《ほん》・筋《すじ》
度数《どすう》……度《ど》・回《かい》・遍《へん》
順序《じゅんじょ》……番《ばん》・位《い》・等《とう》・着《ちゃく》

## 日《ひ》にち

一日……ついたち
二日……ふつか
三日……みっか
四日……よっか
五日……いつか
六日……むいか
七日……なのか
八日……ようか
九日……ここのか
十日……とおか
二十日……はつか

# 6 特別《とくべつ》に認《みと》められた読《よ》み方《かた》

ある言葉全体《ことばぜんたい》にあてられた特別《とくべつ》な読《よ》み方《かた》があります。ここには、常用漢字表《じょうようかんじひょう》の付表《ふひょう》に示《しめ》された言葉《ことば》をあげました。この辞典《じてん》では、「特別《とくべつ》に認《みと》められた読《よ》み方《かた》」として示《しめ》してあります。

参考 「★」をつけた言葉《ことば》は、小学校《しょうがっこう》で習《なら》うものです。

★あす　明日
あずき　小豆
あま　海女・海士
いおう　硫黄
いくじ　意気地
いなか　田舎
いぶき　息吹
うなばら　海原
うば　乳母
うわき　浮気
うわつく　浮つく
えがお　笑顔
おじ　叔父・伯父
★おとな　大人
おとめ　乙女
おば　叔母・伯母
おまわりさん　お巡りさん
おみき　お神酒
おもや　母屋・母家
★かあさん　母さん
かぐら　神楽
かし　河岸
かじ　鍛冶
かぜ　風邪
かたず　固唾
かな　仮名
かや　蚊帳
かわせ　為替
★かわら　河原・川原
★きのう　昨日
★きょう　今日
★くだもの　果物
くろうと　玄人
★けさ　今朝
★けしき　景色
ここち　心地
こじ　居士
★ことし　今年
さおとめ　早乙女
ざこ　雑魚
さじき　桟敷
さしつかえる　差し支える
さつき　五月
さなえ　早苗
さみだれ　五月雨
しぐれ　時雨
しっぽ　尻尾
しない　竹刀
しにせ　老舗
しばふ　芝生
★しみず　清水
しゃみせん　三味線
じゃり　砂利
じゅず　数珠
★じょうず　上手
しらが　白髪
しろうと　素人
しわす　師走
（「しはす」ともいう。）
すきや　数寄屋・数奇屋
すもう　相撲
ぞうり　草履
だし　山車
たち　太刀
たちのく　立ち退く
★たなばた　七夕
たび　足袋
ちご　稚児
★ついたち　一日
つきやま　築山
つゆ　梅雨
でこぼこ　凸凹
★てつだう　手伝う
てんません　伝馬船
とあみ　投網
★とうさん　父さん
とえはたえ　十重二十重
どきょう　読経
★とけい　時計
★ともだち　友達
なこうど　仲人
なごり　名残
なだれ　雪崩
★にいさん　兄さん
★ねえさん　姉さん
のら　野良
のりと　祝詞
★はかせ　博士
はたち　二十・二十歳
★はつか　二十日
はとば　波止場
★ひとり　一人
ひより　日和
★ふたり　二人
★ふつか　二日
ふぶき　吹雪
★へた　下手
★へや　部屋
★まいご　迷子
★まじめ　真面目
★まっか　真っ赤
★まっさお　真っ青
みやげ　土産
むすこ　息子
★めがね　眼鏡
もさ　猛者
もみじ　紅葉
もめん　木綿
もより　最寄り
やおちょう　八百長
★やおや　八百屋
やまと　大和
やよい　弥生
ゆかた　浴衣
ゆくえ　行方
よせ　寄席
わこうど　若人

## 7 いろいろな符号《ふごう》

文章《ぶんしょう》には、文字《もじ》のほかに符号《ふごう》が使《つか》われています。いろいろな符《ふ》号《ごう》の名前《なまえ》と、その使《つか》い方《かた》の例《れい》をあげてみます。

1 。「句点《くてん》　まる」……文《ぶん》の終《お》わりに付《つ》ける。
例 チューリップの花《はな》が咲《さ》いている。

2 、「読点《とうてん》　てん」……文《ぶん》の途中《とちゅう》の区切《くぎ》りに付《つ》ける。

3 ・「中点《なかてん》　なかぐろ　なかポツ　くろまる」
(1) 言葉《ことば》を並《なら》べて書《か》くときに使《つか》う。
例 春《はる》・夏《なつ》・秋《あき》・冬《ふゆ》の季節《きせつ》の分《わ》かれ目《め》。
(2) 日付《ひづけ》や時刻《じこく》を省略《しょうりゃく》して書《か》くときに使《つか》う。
例 二〇一九・一・一　一二・四五(＝一二時《じ》四五分《ふん》)
(3) 小数点《しょうすうてん》として使《つか》う。
例 四二・一九五キロメートル　〇・五グラム

4 「」「かぎ　かぎかっこ」
(1) 会話《かいわ》や心《こころ》の中《なか》で思《おも》ったことを示《しめ》すときに使《つか》う。
例 父《ちち》が「もうねなさい。」と言《い》いました。
ぼくは「うれしいな。」と思《おも》いました。
(2) 言葉《ことば》を強《つよ》めたり、取《と》り上《あ》げたりするときに使《つか》う。
例 「とぶ」と「はねる」のちがいを考《かんが》えよう。

5 『』「二重《にじゅう》かぎ　ふたえかぎ」……「」の中《なか》に、さらに「」が入《はい》るときに使《つか》う。
例 母《はは》が「おじいちゃんが『またおいで』とおっしゃっていたよ。」と言《い》った。

6 -「ハイフン」……外来語《がいらいご》などのつなぎの部分《ぶぶん》に使《つか》う。
例 スペシャル-メニュー　モーニング-コール

7 ( )「かっこ　まるがっこ　パーレン」
(1) 言葉《ことば》などに、注《ちゅう》をつけるときに使《つか》う。
例 兄《あに》は、ワシントン(アメリカ合衆国《がっしゅうこく》の首都《しゅと》)にいる。
(2) 思《おも》ったことを表《あらわ》すときに、「」の代《か》わりに使《つか》う。
例 わたしは(おくれてしまいそうだ。)と思《おも》った。

8 ……「てんてん　点線《てんせん》　リーダー」
(1) 言葉《ことば》を途中《とちゅう》で止《と》めたり、省略《しょうりゃく》したりするときに使《つか》う。
例 「でも、わたしには……。」と言《い》ってだまってしまった。
(2) 会話文《かいわぶん》などで、無言《むごん》を表《あらわ》すときに使《つか》う。
例 「どうしたの。」「……。」

9 ――「中線《なかせん》　ダッシュ」
(1) 8の……(てんてん)と同《おな》じように使《つか》う。
(2) 4の「」(かぎ)の(1)の代《か》わりに使《つか》うことがある。

### そのほかの符号《ふごう》

1 ？「疑問符《ぎもんふ》」……疑問《ぎもん》のしるし。
例 「あれは何《なん》だろう？」

2 ！「感嘆符《かんたんふ》」……強《つよ》めのしるし。
例 「ああ！　もうおしまいだ。」

3 々「くり返《かえ》し符号《ふごう》」……漢字一字《かんじいちじ》をくり返《かえ》すときに使《つか》う。
例 人々《ひとびと》　日々《ひび》　山々《やまやま》　村々《むらむら》

# 8 季語《きご》

俳句《はいく》で、季節《きせつ》の感《かん》じを表《あらわ》す言葉《ことば》を「季語《きご》」といいます。いろいろな季語《きご》があり、それぞれ表《あらわ》す季節《きせつ》が決《き》まっています。代表的《だいひょうてき》な季語《きご》を季節《きせつ》ごとにまとめました。

## 春《はる》

### ●自然《しぜん》

うららか
かげろう
しんきろう
初《はつ》日《ひ》の出《で》
花《はな》の雨《あめ》
花《はな》冷《び》え
春《はる》の月《つき》
ゆきどけ

### ●暮《く》らし

遠足《えんそく》
おぞうに
お年玉《としだま》
書《か》き初《ぞ》め
こま
しおひがり
正月
卒業《そつぎょう》
七草《ななくさ》
入学《にゅうがく》
年賀状《ねんがじょう》
初《はつ》もうで
羽根《はね》つき
春場所《はるばしょ》
春休《はるやす》み
バレンタインデー
ひな祭《まつ》り
風車《ふうしゃ》
風船《ふうせん》
麦《むぎ》ふみ

### ●動物《どうぶつ》

うぐいす
かえる
すずめの子《こ》
ちょう
つばめ
はち
はまぐり
ひばり

### ●植物《しょくぶつ》

クローバー
こぶし
さくら
すみれ
たんぽぽ
チューリップ
つくし
つつじ
つばき
菜《な》の花《はな》
ねぎぼうず
パンジー
もくれん
桃《もも》の花《はな》
よもぎ

## 夏《なつ》

### ●自然《しぜん》

かみなり
雲《くも》の峰《みね》
五月雨《さみだれ》
滝《たき》
梅雨《つゆ》
虹《にじ》
熱帯夜《ねったいや》
短夜《みじかよ》
麦《むぎ》の秋《あき》
夕立《ゆうだち》
夕焼《ゆうや》け

### ●暮《く》らし

アイスクリーム
汗《あせ》
海《うみ》の家《いえ》
海水浴
キャンプ
草《くさ》ぶえ
こいのぼり
こどもの日《ひ》
シャワー
せんぷう機《き》
田植《たう》え
ナイター
夏休《なつやす》み
花火《はなび》
風鈴《ふうりん》
プール
ゆかた

### ●動物《どうぶつ》

雨《あま》がえる
あり
か
かたつむり
かぶと虫《むし》
毛虫
せみ
はえ
ほたる
めだか

### ●植物《しょくぶつ》

カーネーション
たけのこ
トマト
花《はな》しょうぶ
ばら
ぼたん
ひまわり
ゆり

## 秋《あき》

**●自然《しぜん》**

天《あま》の川《がわ》
いわし雲《ぐも》
霧《きり》
台風《たいふう》
露《つゆ》
流《なが》れ星《ぼし》
星月夜《ほしづきよ》
水澄《みずす》む
名月《めいげつ》

**●暮《く》らし**

稲刈《いねか》り
運動会《うんどうかい》
お盆《ぼん》
かかし
敬老《けいろう》の日《ひ》
すもう
七夕《たなばた》
月見《つきみ》
墓《はか》まいり
もみじがり

**●動物《どうぶつ》**

赤《あか》とんぼ
雁《かり》
きつつき
こおろぎ
さんま
鹿《しか》
すずむし
つくつくぼうし
ばった
ひぐらし
渡《わた》り鳥《どり》

**●植物《しょくぶつ》**

稲《いね》
かき
かぼちゃ
ききょう
菊《きく》
きのこ
ぎんなん
くり
けいとう
コスモス
木《こ》の実《み》
つゆくさ
とうもろこし
どんぐり
梨《なし》
はぎ
ぶどう
まつたけ
もみじ
りんご

## 冬《ふゆ》

**●自然《しぜん》**

北風《きたかぜ》
氷《こおり》
こがらし
小春《こはる》
しぐれ
霜《しも》
短日《たんじつ》
つらら
冬木立《ふゆこだち》
雪《ゆき》

**●暮《く》らし**

大《おお》みそか
風邪《かぜ》
クリスマス
こたつ
サッカー
七五三《しちごさん》
障子《しょうじ》
除夜《じょや》
師走《しわす》
スキー
ストーブ
セーター
せき
節分《せつぶん》
たき火《び》
手袋《てぶくろ》
ひなたぼこ
ふとん
冬休《ふゆやす》み
豆《まめ》まき
もちつき
やきいも
雪合戦《ゆきがっせん》
雪《ゆき》だるま

**●動物《どうぶつ》**

うさぎ
かも
つる
白鳥《はくちょう》

**●植物《しょくぶつ》**

さざんか
シクラメン
すいせん
大根《だいこん》
人参《にんじん》
ねぎ
白菜《はくさい》
みかん

昔《むかし》の暦《こよみ》では、一月《いちがつ》から三月《さんがつ》を春《はる》、四月《しがつ》から六月《ろくがつ》を夏《なつ》、七月《しちがつ》から九月《くがつ》を秋《あき》、十月《じゅうがつ》から十二月《じゅうにがつ》を冬《ふゆ》としていました。そのため、日《ひ》の決《き》まった年中《ねんじゅう》行事《ぎょうじ》の中《なか》には、今《いま》と合《あ》わないものもあります。

## 9 手話《しゅわ》

手話《しゅわ》は、耳《みみ》や口《くち》の不自由《ふじゆう》な人《ひと》にもわかるように、身《み》ぶりによって話《はなし》を伝《つた》える方法《ほうほう》です。

● 手話《しゅわ》の単語例《たんごれい》

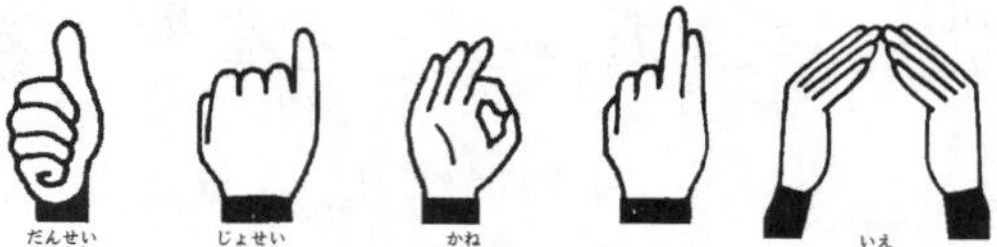

男性《だんせい》　女性《じょせい》　お金《かね》　いくつ　家《いえ》

わたし　わたし　あなた　だれ　あれ

これ　ここ(場所《ばしょ》)　見《み》る　考《かん》える　～です

どこ　(へ)　行《い》き　(ます)　か？

病院《びょういん》　です

わたしは　いつも　6時《じ》(に)　起《お》きる

# 1 コラムのさくいん

## 例解！ことばの勉強室

例解 ⇔ 使い分け

## 例解！表現の広場

## 例解 ことばの窓

## 例解 ことばを広げよう！



## 例解 考えるためのことば

## 2 ABC略語《りゃくご》

本文《ほんぶん》で取《と》り上《あ》げた略語《りゃくご》をまとめました。❶正式《せいしき》な表記《ひょうき》(英語《えいご》のみ・それ以外《いがい》はドイツ語《ご》など言語名《げんごめい》のみ) ❷日本語《にほんご》での意味《いみ》 ❸本文中《ほんもんちゅう》の語句《ごく》の掲載《けいさい》ページ

**AD** ❶ art director ／❷ アートディレクター。映画《えいが》などの美術責任者《びじゅつせきにんしゃ》。／❸ 126ページ

**AD** ❶ assistant director ／❷ アシスタントディレクター。テレビ番組《ばんぐみ》などを作《つく》るディレクターの助手《じょしゅ》。／❸ 126ページ

**A. D.** ❶ ラテン語／❷ 紀元後《きげんご》。／❸ 126ページ

**AED** ❶ automated external defibrillator ／❷ 自動体外式除細動器《じどうたいがいしきじょさいどうき》。心臓《しんぞう》が止《と》まったときなどに、自動的《じどうてき》に刺激《しげき》を与《あた》える機器《きき》。／❸ 126ページ

**AI** ❶ artificial intelligence ／❷ 人工知能《じんこうちのう》。人間《にんげん》の知能《ちのう》に近《ちか》いはたらきをするコンピューターシステム。／❸ 660ページ

**AIDS** ❶ acquired immunodeficiency syndrome ／❷ 後天性免疫不全症候群《こうてんせいめんえきふぜんしょうこうぐん》。ヒト免《めん》疫不全《えきふぜん》ウイルス〔=HIV〕が原因《げんいん》でかかる病《びょ》気《うき》。免疫《めんえき》の力《ちから》をこわす。／❸ 125ページ

**a. m. /A. M.** ❶ ラテン語／❷ 午前《ごぜん》。／❸ 126ページ

**AMeDAS** ❶ Automated Meteorological Data Acquisition System ／❷ 地域気象観測《ちいききしょうかんそく》システム。全国《ぜんこく》の観測所《かんそくじょ》から気象《きしょう》データを集《あつ》めるシステム。／❸ 38ページ

**APEC** ❶ Asia-Pacific Economic Cooperation ／❷ アジア太平洋経済協力会議《たいへいようけいざいきょうりょくかいぎ》。アジア太平洋地域《たいへいようちいき》の経済《けいざい》や貿易《ぼうえき》の発展《はってん》のため、各国《かっこく》が協力《きょうりょく》する枠組《わくぐ》み。／❸ 126ページ

**ASEAN** ❶ Association of Southeast Asian Nations ／❷ 東南《とうなん》アジア諸国連合《しょこくれんごう》。東南《とうなん》アジアの十《じっ》か国《こく》からなる地域協力《ちいききょうりょく》の仕組《しく》み。／❸ 22ページ

**ATM** ❶ automated teller machine ／❷ 銀行《ぎんこう》などの現金自動預《げんきんじどうあず》け払《ばら》い機《き》。／❸ 126ページ

**B級《きゅう》** ❷ 二級品《にきゅうひん》。／❸ 1082ページ

**B. C.** ❶ before Christ ／❷ 紀元前《きげんぜん》。／❸ 1082ページ

**BCG** ❶ フランス語／❷ 結核《けっかく》を予防《よぼう》するためのワクチン。／❸ 1082ページ

**BGM** ❶ background music ／❷ テレビなどの背景音楽《はいけいおんがく》や、工場《こうじょう》や店《みせ》で流《なが》れている、快《こころよ》い音楽《おんがく》。／❸ 1082ページ

**BS放送《ほうそう》** ❶ broadcasting satellite ／❷ 放送《ほうそう》衛星《えいせい》を利用《りよう》したテレビ放送《ほうそう》。／❸ 1082ページ

**CA** ❶ cabin attendant ／❷ キャビンアテンダント。旅客機《りょかくき》や船《ふね》で接客《せっきゃく》するスタッフ。／❸ 320ページ

**CATV** ❶ cable television/community antenna television ／❷ ケーブルテレビ。ケーブルでテレビの電波《でんぱ》を受信《じゅしん》し、流《なが》すシステム。有線放送《ゆうせんほうそう》の一《ひと》つ。／❸ 396ページ

**CD** ❶ compact disc ／❷ コンパクトディスク。音声《おんせい》などを記録《きろく》・再生《さいせい》する円盤《えんばん》。／❸

542ページ

**CD** ❶ cash dispenser／❷ キャッシュディスペンサー。現金自動支払機《げんきんじどうしはらいき》。／❸ 542ページ

**CG** ❶ computer graphics／❷ コンピューターグラフィックス。コンピューターで図形《ずけい》や画像《がぞう》を作《つく》り出《だ》す技術《ぎじゅつ》。また、その図形《ずけい》や画《が》像《ぞう》。／❸ 492ページ

**CM** ❶ commercial／❷ コマーシャル。テレビやラジオの番組《ばんぐみ》の間《あいだ》に流《なが》れる宣伝《せんでん》。／❸ 481ページ

**CO2** ❷ 二酸化炭素《にさんかたんそ》。炭素《たんそ》（C）と酸素《さんそ》（O）の化合物《かごうぶつ》。CとOは、それぞれの元素《げんそ》を表《あらわ》す記号《きごう》。／❸ 986ページ

**DH** ❶ designated hitter／❷ 野球《やきゅう》の指名《しめい》打者《だしゃ》。／❸ 873ページ

**DIY** ❶ Do It Yourself／❷ 日用品《にちようひん》などを自《じ》分《ぶん》で作《つく》ること。／❸ 873ページ

**DJ** ❶ disk jockey／❷ ラジオ番組《ばんぐみ》などの音《おん》楽《がく》の間《あいだ》に短《みじか》く話《はな》す人。また、その番組《ばんぐみ》。／❸ 875ページ

**DK** ❶ dining kitchen／❷ ダイニングキッチン。台所《だいどころ》と食堂《しょくどう》が一《ひと》つになった部屋《へや》。／❸ 779ページ

**DM** ❶ direct mail／❷ ダイレクトメール。郵便《ゆうびん》で一人一人《ひとりひとり》に送《おく》る広告《こうこく》。／❸ 784ページ

**DM** ❶ direct message ／❷ ダイレクトメッセージ。SNSで、決《き》めた人《ひと》とだけ送《おく》り合《あ》うメッセージ。／❸ 784ページ

**DNA** ❶ deoxyribonucleic acid／❷ デオキシリボ核酸《かくさん》。生物《せいぶつ》の遺伝子《いでんし》を構成《こうせい》する物質《ぶっしつ》。／❸ 873ページ

**DV** ❶ domestic violence／❷ 家庭内暴《かていないぼう》力《りょく》。いっしょに暮《く》らす恋人《こいびと》や配偶者《はいぐうしゃ》から受《う》ける精神的《せいしんてき》・肉体的暴力《にくたいてきぼうりょく》。／❸ 944ページ

**DVD** ❶ digital versatile disc／❷ 映像《えいぞう》や音声《おんせい》などを記録《きろく》・再生《さいせい》できる円盤《えんばん》。／❸ 873ページ

**ETC** ❶ Electronic Toll Collection／❷ 自動《じどう》料金徴収《りょうきんちょうしゅう》システム。高速道路《こうそくどうろ》の料金《りょうきん》を自《じ》動的《どうてき》に支払《しはら》うための仕《し》組《く》み。／❸ 54ページ

**EU** ❶ European Union／❷ ヨーロッパ連《れん》合《ごう》。ヨーロッパの国々《くにぐに》が協力《きょうりょく》して安全《あんぜん》を守《まも》るなどするための枠組《わくぐ》み。／❸ 55ページ

**EURO** ❷ ユーロ。EUの加盟国《かめいこく》で共通《きょうつう》して使《つか》えるお金《かね》の単位《たんい》。／❸ 1340ページ

**EV** ❶ electric vehicle／❷ 電気自動車《でんきじどうしゃ》。／❸ 54ページ

**EXPO** ❶ exposition／❷ 博覧会《はくらんかい》。特《とく》に、万《ばん》国博覧会《こくはくらんかい》のこと。／❸ 128ページ

**Eメール** ❶ E-mail／❷ 電子《でんし》メール。／❸ 55ページ

**F1** ❶ Formula One／❷ 競走用《きょうそうよう》の自動車《じどうしゃ》や、それを使《つか》ったレースのうち、最高《さいこう》のもの。／❸ 133ページ

**GATT** ❶ General Agreement on Tariffs and Trade／❷ 関税及《かんぜいおよ》び貿易《ぼうえき》に関《かん》する一般《いっぱん》協定《きょうてい》。各国間《かっこくかん》で自由《じゆう》な貿易《ぼうえき》をすすめるための枠組《わくぐ》み。現在《げんざい》は世界貿易機関《せかいぼうえききかん》（WTO）が

引《ひ》き継《つ》いでいる。／❸ 247ページ

**GDP** ❶ Gross Domestic Product／❷ 国内《こくない》総生産《そうせいさん》。国民総所得《こくみんそうしょとく》から、海外《かいがい》での所得《しょとく》を引《ひ》いたもの。／❸ 456ページ

**GNI** ❶ Gross National Income／❷ 国民総《こくみんそう》所得《しょとく》。国内総生産《こくないそうせいさん》に、海外《かいがい》から得《え》た利益《りえき》を加《くわ》えたもの。／❸ 457ページ

**GNP** ❶ Gross National Product／❷ 国民《こくみん》総生産《そうせいさん》。国《くに》の経済《けいざい》の中《なか》で、決《き》まった期間《きかん》に生産《せいさん》されたもの全体《ぜんたい》を、お金《かね》の価値《かち》に置《お》き換《か》えたもの。／❸ 457ページ

**GPS** ❶ global positioning system／❷ 全地球測位《ぜんちきゅうそくい》システム。人工衛星《じんこうえいせい》を使《つか》い、自分《じぶん》の正確《せいかく》な位置《いち》を測《はか》る仕組《しく》み。／❸ 542ページ

**Gマーク** ❶ good design／❷ よいデザインに選《えら》ばれた物《もの》に贈《おく》られるマーク。／❸ 542ページ

**Gマーク** ❶ "Good, Glory"／❷ 安全《あんぜん》に物《もの》を運《はこ》ぶ仕事《しごと》をしている会社《かいしゃ》に与《あた》えられるマーク。／❸ 542ページ

**Gメン** ❶ G-men/Government men／❷ Gメン。麻薬《まやく》などの取《と》りしまりにあたる捜査官《そうさかん》。／❸ 542ページ

**HD** ❶ hard disk／❷ ハードディスク。コンピューターのデータを記録《きろく》する機器《きき》。／❸ 1024ページ

**HIV** ❶ human immunodeficiency virus／❷ ヒト免疫不全《めんえきふぜん》ウイルス。エイズを引《ひ》き起《お》こす。／❸ 125ページ

**IAEA** ❶ International Atomic Energy Agency／❷ 国際原子力機関《こくさいげんしりょくきかん》。原子力《げんしりょく》の平和的利用《へいわてきりよう》をすすめる国際機関《こくさいきかん》。／❸ 2ページ

**IC** ❶ integrated circuit／❷ 集積回路《しゅうせきかいろ》。小《ちい》さなケースに、トランジスターやコンデンサーなどを組《く》み込《こ》んだもの。／❸ 3ページ

**ICカード** ❶ integrated circuit card／❷ ICカード。ICを組《く》み込《こ》んだカード。／❸ 3ページ

**ICT** ❶ information and communication technology／❷ 情報通信技術《じょうほうつうしんぎじゅつ》。コンピューターやインターネットで情報《じょうほう》の活用《かつよう》をすすめる仕組《しく》み。／❸ 3ページ

**ICU** ❶ intensive care unit／❷ 集中治療室《しゅうちゅうちりょうしつ》。症状《しょうじょう》が重《おも》い患者《かんじゃ》を治療《ちりょう》する、病院《びょういん》の部屋《へや》。／❸ 3ページ

**ID** ❶ identification／❷ ある人の身分《みぶん》を明《あき》らかにすること。また、そのための番号《ばんごう》。／❸ 4ページ

**IH** ❶ induction heating／❷ 誘導加熱《ゆうどうかねつ》。電気《でんき》の熱《ねつ》でなべなどを温《あたた》める仕組《しく》み。／❸ 2ページ

**ILO** ❶ International Labour Organization／❷ 国際労働機関《こくさいろうどうきかん》。働《はたら》く人《ひと》の権利《けんり》を守《まも》る国際機関《こくさいきかん》。／❸ 2ページ

**IMF** ❶ International Monetary Fund／❷ 国際通貨基金《こくさいつうかききん》。世界中《せかいじゅう》の国々《くにぐに》の経済《けいざい》を安定《あんてい》させる仕事《しごと》をする国際機関《こくさいきかん》。／❸ 2ページ

**IOC** ❶ International Olympic Committee／❷ 国際《こくさい》オリンピック委員会《いいんかい》。オリンピックの開催《かいさい》などを行《おこな》う。／❸ 2ページ

**iPS細胞《さいぼう》** ❶ induced pluripotent stem cell／❷人工多能性幹細胞《じんこうたのうせいかんさいぼう》。体《からだ》の色々《いろいろ》な細胞《さいぼう》に変化《へんか》することができる。／❸5ページ

**IQ** ❶ intelligence quotient／❷知能指数《ちのうしすう》。知能《ちのう》の程度《ていど》を示《しめ》す数字《すうじ》。／❸826ページ

**ISO** ❶ International Organization for Standardization／❷国際標準化機構《こくさいひょうじゅんかきこう》。工業《こうぎょう》・農業《のうぎょう》などの製品《せいひん》に関《かん》する、世界共通《せかいきょうつう》の基準《きじゅん》を作《つく》る国際機関《こくさいきかん》。／❸2ページ

**IT** ❶ information technology／❷情報技術《じょうほうぎじゅつ》。コンピューターなどで情報《じょうほう》をやりとりしたりするための技術《ぎじゅつ》。／❸4ページ

**IT機器《きき》** ❷パソコンなど、ITを使《つか》って情報《じょうほう》をやりとりするための機器《きき》。／❸5ページ

**JA** ❶ Japan Agricultural Cooperatives／❷農業協同組合《のうぎょうきょうどうくみあい》。農家同士《のうかどうし》で作《つく》る助《たす》け合《あ》いの仕組《しく》み。／❸1011ページ

**JASマーク** ❶ Japanese Agricultural Standards／❷農林水産物《のうりんすいさんぶつ》・畜産物《ちくさんぶつ》や、その加工品《かこうひん》で、国《くに》が決《き》めた基準《きじゅん》を満《み》たした、品質《ひんしつ》のよいものに与《あた》えられるしるし。JASは「日本農林規格《にほんのうりんきかく》」を意味《いみ》する英語《えいご》の略《りゃく》。／❸587ページ

**JAXA** ❶ Japan Aerospace Exploration Agency／❷宇宙航空研究開発機構《うちゅうこうくうけんきゅうかいはつきこう》。宇宙開発《うちゅうかいはつ》のための研究《けんきゅう》を行《おこな》う、日本《にほん》の組織《そしき》。／❸585ページ

**JISマーク** ❶ Japanese Industrial Standards／❷産業製品《さんぎょうせいひん》やデータなどが、国《くに》が決《き》めた基準《きじゅん》に沿《そ》って作《つく》られていると証明《しょうめい》するしるし。JISは「日本産業規格《にほんさんぎょうきかく》」を意味《いみ》する英語《えいご》の略《りゃく》。／❸557ページ

**JOC** ❶ Japanese Olympic Committee／❷日本《にほん》オリンピック委員会《いいんかい》。オリンピックを日本《にほん》で開《ひら》くための組織《そしき》。／❸543ページ

**JP** ❶ Japan Post／❷日本郵政《にほんゆうせい》グループ。／❸543ページ

**JR** ❶ Japan Railways／❷ジェイアール。／❸543ページ

**Jアラート** ❶ J-ALERT／❷全国瞬時警報《ぜんこくしゅんじけいほう》システム。緊急《きんきゅう》の避難情報《ひなんじょうほう》などを住民《じゅうみん》に伝《つた》える仕組《しく》み。／❸543ページ

**Jリーグ** ❶ J. LEAGUE／❷日本《にほん》のプロサッカーリーグ。／❸543ページ

**KO** ❶ knockout／❷ノックアウト。ボクシングで対戦相手《たいせんあいて》を倒《たお》し、十秒以内《じゅうびょういない》に立《た》ち上《あ》がれなくすること。また、徹底的《てっていてき》に打《う》ち負《ま》かすこと。／❸1016ページ

**LAN** ❶ local area network／❷構内通信網《こうないつうしんもう》。家庭《かてい》など限《かぎ》られた範囲内《はんいない》で使《つか》われる、コンピューターなどをつないでデータをやりとりするネットワーク。／❸1376ページ

**LED** ❶ light emitting diode／❷発光《はっこう》ダイオード。電流《でんりゅう》を流《なが》すと赤《あか》や青《あお》などの色《いろ》になる。白熱電球《はくねつでんきゅう》などよりも電力消費《でんりょくしょうひ》が少《すく》ない。／❸134ページ

**LNG** ❶ liquefied natural gas／❷液化天然《えきかてんねん》ガス。メタンを使《つか》う、エネルギー源《げん》の一つ。／❸127ページ

**LP** ❶ long-playing／❷長時間演奏《ちょうじかんえんそう》。レコードの種類《しゅるい》の一《ひと》つ。／❸134ページ

**M&A** ❶ merger and acquisition／❷会社《かいしゃ》

同士《どうし》が合併《がっぺい》・買収《ばいしゅう》すること。／❸ 133ページ

**MC** ❶ master of ceremonies／❷ 司会者《しかいしゃ》。また、コンサートなどの曲《きょく》と曲の合間《あいま》のおしゃべり。／❸ 133ページ

**MVP** ❶ most valuable player／❷ プロスポーツで、最高《さいこう》評価《ひょうか》の選手《せんしゅ》。／❸ 133ページ

**NASA** ❶ National Aeronautics and Space Administration／❷ アメリカ航空《こうくう》宇宙局《うちゅうきょく》。宇宙《うちゅう》開発《かいはつ》のための研究《けんきゅう》を行《おこな》う、アメリカ政府《せいふ》の組織《そしき》。／❸ 967ページ

**NEET** ❶ "not in employment, education or training"／❷ ニート。仕事《しごと》をしたり、学校《がっこう》に通《かよ》ったりしておらず、職業《しょくぎょう》訓練《くんれん》に取《と》り組《く》む意志《いし》も持《も》たない若者《わかもの》。／❸ 983ページ

**NG** ❶ no good／❷「よくない」「だめだ」を意味《いみ》する言葉《ことば》。また映画《えいが》やテレビの撮影《さつえい》や録音《ろくおん》に失敗《しっぱい》すること。／❸ 132ページ

**NGO** ❶ nongovernmental organization／❷ 非政府組織《ひせいふそしき》。／❸ 132ページ

**NHK** ❶ Nippon Hoso Kyokai（日本語）／❷ 日本放送協会《にっぽんほうそうきょうかい》。／❸ 132ページ

**NPO** ❶ nonprofit organization／❷ 非営《ひえい》利組織《りそしき》。／❸ 132ページ

**N極《きょく》** ❷ 自由《じゆう》に回転《かいてん》するようにした棒磁石《ぼうじしゃく》が地球《ちきゅう》の北《きた》の方《ほう》を指《さ》す、端《はし》の部分《ぶぶん》。／❸ 132ページ

**O157** ❷ オーいちごなな。強《つよ》い毒《どく》を持《も》つ、病原性大腸菌《びょうげんせいだいちょうきん》の一《ひと》つ。／❸ 147ページ

**OA** ❶ office automation／❷ オフィスオートメーション。コンピューターなどを使《つか》い、事務効率《じむこうりつ》を上《あ》げること。／❸ 147ページ

**OB** ❶ old boy／❷ 卒業生《そつぎょうせい》・先輩《せんぱい》。／❸ 151ページ

**ODA** ❶ Official Development Assistance／❷ 政府開発援助《せいふかいはつえんじょ》。発展途上国《はってんとじょうこく》に、先進国《せんしんこく》がお金《かね》を送《おく》るなどして、社会《しゃかい》の成長《せいちょう》を支《ささ》える活動《かつどう》。／❸ 150ページ

**OECD** ❶ Organisation for Economic Co-operation and Development／❷ 経済協《けいざいきょう》力開発機構《りょくかいはつきこう》。各国《かっこく》の経済発展《けいざいはってん》などに役立《やくだ》つ取《と》り組《く》みを行《おこな》う国際的《こくさいてき》な枠組《わくぐ》み。／❸ 147ページ

**OHP** ❶ overhead projector／❷ オーバーヘッドプロジェクター。透明《とうめい》なシートに書《か》いた文字《もじ》や図表《ずひょう》を、スクリーンに映《うつ》し出《だ》す装置《そうち》。／❸ 147ページ

**OK** ❷「わかった」「いい」「承知《しょうち》した」などを意味《いみ》する言葉《ことば》。／❸ 149ページ

**OL** ❶ office lady／❷ 企業《きぎょう》で働《はたら》く女性《じょせい》。／❸ 147ページ

**PCB** ❶ polychlorinated biphenyl／❷ ポリ塩化《えんか》ビフェニル。／❸ 1082ページ

**pH** ❶ ドイツ語／❷ ペーハー。液体《えきたい》の酸性《さんせい》・アルカリ性の度合《どあ》いを示《しめ》す数《かず》。ピーエイチ。／❸ 1176ページ

**PK** ❶ penalty kick／❷ サッカーなどのペナルティーキック。／❸ 1082ページ

**PKO** ❶ Peacekeeping Operations／❷ 国《こく》

連平和維持活動《れんへいわいじかつどう》。紛争地域《ふんそうちいき》の平和《へいわ》を守《まも》るため、国連《こくれん》が軍隊《ぐんたい》を送《おく》るなどして行《おこな》う活動《かつどう》。／❸1082ページ

**p.m./P.M.** ❶ラテン語／❷午後《ごご》。／❸1082ページ

**POP** ❶point of purchase／❷商品《しょうひん》の魅力《みりょく》などを紙《かみ》に手書《てが》きした広告《こうこく》。／❸1212ページ

**ppm** ❶parts per million／❷空気《くうき》や水《みず》に含《ふく》まれる、とてもわずかな物質《ぶっしつ》の量《りょう》を示《しめ》す単位《たんい》。／❸1083ページ

**PR** ❶public relations／❷商品《しょうひん》や仕事《しごと》の内容《ないよう》などにまつわる広報活動《こうほうかつどう》。／❸1082ページ

**PTA** ❶Parent-Teacher Association／❷子《こ》どもたちの健全《けんぜん》な発達《はったつ》のための教師《きょうし》と保護者《ほごしゃ》の会《かい》。／❸1083ページ

**QRコード** ❷小《ち》さな白《しろ》と黒《くろ》の四角形《しかくけい》により構成《こうせい》されるバーコードの一《ひと》つ。「QR」は英語《えいご》の「Quick Response」の略《りゃく》。商標名《しょうひょうめい》。／❸325ページ

**Q & A** ❶question and answer／❷問《と》いと答《こた》え。質疑応答《しつぎおうとう》。／❸325ページ

**SDGs** ❶Sustainable Development Goals／❷持続可能《じぞくかのう》な開発目標《かいはつもくひょう》。貧困《ひんこん》や環境破壊《かんきょうはかい》など、人類《じんるい》が直面《ちょくめん》する問題《もんだい》の解決《かいけつ》のため、国連《こくれん》が定《さだ》めている。／❸129ページ

**SF** ❶science fiction／❷科学技術《かがくぎじゅつ》からアイデアを得《え》て、未来《みらい》や宇宙《うちゅう》について書《か》いたフィクション。空想科学小説《くうそうかがくしょうせつ》。／❸129ページ

**SGマーク** ❶Safe Goods／❷色々《いろいろ》な日用《にちよう》品《ひん》について、基準《きじゅん》を満《み》たしていて、安全《あんぜん》だと認《みと》められていることを証明《しょうめい》するマーク。／❸129ページ

**SL** ❶steam locomotive／❷蒸気機関車《じょうききかんしゃ》。／❸129ページ

**SNS** ❶social networking service／❷ソーシャルネットワーキングサービス。インターネット上《じょう》で他《ほか》の人《ひと》と交流《こうりゅう》するための仕組《しく》み。／❸129ページ

**SOS** ❷すぐに助《たす》けてほしいと伝《つた》えること。／❸129ページ

**S極《きょく》** ❷自由《じゆう》に回転《かいてん》するようにした棒磁石《ぼうじしゃく》が地球《ちきゅう》の南《みなみ》の方《ほう》を指《さ》す、端《はし》の部分《ぶぶん》。／❸129ページ

**TPO** ❶time, place, occasion／❷時《とき》と場所《ばしょ》、場合《ばあい》。服装《ふくそう》や言葉《ことば》づかいを考《かんが》える上《うえ》で、わきまえるべき条件《じょうけん》。／❸873ページ

**Tシャツ** ❶T-shirt／❷Tの字《じ》の形《かたち》をした丸《まる》首《くび》のシャツ。／❸873ページ

**UFO** ❶unidentified flying object／❷未確認飛行物体《みかくにんひこうぶったい》。／❸1338ページ

**UHF** ❶ultrahigh frequency／❷極超短波《ごくちょうたんぱ》。テレビ放送《ほうそう》などに使《つか》われている。／❸1335ページ

**UNESCO** ❶United Nations Educational, Scientific and Cultural Organization／❷国連教育科学文化機関《こくれんきょういくかがくぶんかきかん》。教育《きょういく》や科学《かがく》、文化《ぶんか》を通《つう》じて、平和《へいわ》な世界《せかい》を作《つく》る活動《かつどう》をしている国連《こくれん》の組織《そしき》。／❸1344ページ

**UNICEF** ❶ United Nations Children's Fund／❷ 国連児童基金《こくれんじどうききん》。戦争《せんそう》や災害《さいがい》に苦《くる》しむ、世界《せかい》の子《こ》どもたちを助《たす》けるための国連《こくれん》の組織《そしき》。昔《むかし》の国際連合国際児童緊急基金《こくさいれんごうこくさいじどうきんきゅうききん》。／❸ 1343ページ

**URL** ❶ uniform resource locator／❷ ホームページなどの場所《ばしょ》を表《あらわ》す情報《じょうほう》。／❸ 1335ページ

**USA** ❶ United States of America／❷ アメリカ合衆国《がっしゅうこく》。／❸ 38ページ

**USB** ❶ universal serial bus／❷ 汎用《はんよう》インターフェース規格《きかく》。プリンタなどの機器《きき》を、パソコンにつなげて使《つか》えるようにする道具《どうぐ》。／❸ 1335ページ

**UV** ❶ ultraviolet／❷ 紫外線《しがいせん》。／❸ 545ページ

**U字溝《じこう》** ❷ Uの字《じ》の形《かたち》に加工《かこう》されているコンクリート製《せい》のみぞ。／❸ 1337ページ

**U磁石《じしゃく》** ❷ Uの字《じ》の形《かたち》になっていて、両端《りょうはじ》が磁極《じきょく》である永久磁石《えいきゅうじしゃく》。／❸ 1337ページ

**Uターン** ❶ U-turn／❷ 引《ひ》き返《かえ》したり、元《もと》の場所《ばしょ》などに戻《もど》ったりすること。／❸ 1337ページ

**Uネック** ❷ Uの字《じ》の形《かたち》をした、Tシャツなどのえりのこと。／❸ 1338ページ

**VHF** ❶ very high frequency／❷ 超短波《ちょうたんぱ》。ラジオのFM放送《ほうそう》などに使《つか》われる電波《でんぱ》。／❸ 841ページ

**VIP** ❶ very important person／❷ 最重要《さいじゅうよう》人物《じんぶつ》。ブイアイピー。／❸ 1098ページ

**VR** ❶ virtual reality／❷ 仮想現実《かそうげんじつ》。コンピューターなどで、三次元《さんじげん》の仮想空間《かそうくうかん》を作《つく》るための技術《ぎじゅつ》。／❸ 1024ページ

**VS** ❶ ラテン語／❷ バーサス。スポーツチーム同士《どうし》の対戦《たいせん》などの組《く》み合《あ》わせを表《あらわ》す。「対《たい》」という意味《いみ》。／❸ 1126ページ

**VTR** ❶ videotape recorder／❷ ビデオテープレコーダー。映像《えいぞう》を記録《きろく》するための装置《そうち》。また、それに記録《きろく》した映像《えいぞう》。／❸ 1126ページ

**Vサイン** ❷ 人差《ひとさ》し指《ゆび》と中指《なかゆび》で作《つく》る、「勝利《しょうり》」を表《あらわ》すしるし。／❸ 1126ページ

**Vネック** ❷ Vの字《じ》の形《かたち》になっている、シャツやセーターなどのえり。／❸ 1126ページ

**WHO** ❶ World Health Organization／❷ 世界保健機関《せかいほけんきかん》。世界中《せかいじゅう》の人々《ひとびと》の健康《けんこう》と安全《あんぜん》な暮《く》らしを守《まも》る、国連《こくれん》の組織《そしき》。／❸ 804ページ

**Wi-Fi** ❶ wireless fidelity／❷ ワイファイ。パソコンなどを、無線《むせん》でインターネットにつなぐためのシステム。商標名《しょうひょうめい》。／❸ 1420ページ

**WWW** ❶ world wide web／❷ ワールドワイドウェブ。インターネットを使《つか》い、世界中《せかいじゅう》の情報《じょうほう》にアクセスできる仕組《しく》み。ウェブ。／❸ 99ページ

**W杯《はい》** ❶ World Cup／❷ ワールドカップ。スポーツの世界大会《せかいたいかい》。また、その大会《たいかい》の優勝者《ゆうしょうしゃ》に贈《おく》られるカップ。／❸ 1419ページ

**X線《せん》** ❶X ray／❷レントゲン写真《しゃしん》を撮《と》るときなどに使《つか》われる、目《め》に見《み》えない放射線《ほうしゃせん》。／❸130ページ

**Xデー** ❶X day／❷何《なに》かが起《お》こると予想《よそう》されている日《ひ》。／❸130ページ

**3D** ❶3 Dimensions／❷たて、横《よこ》、高《たか》さの三方向《さんほうこう》への広《ひろ》がりをもっていること。また、立体的《りったいてき》な空間《くうかん》。／❸694ページ

**3R** ❶"Reduce, Reuse, Recycle"／❷環境《かんきょう》を守《まも》るための三《みっ》つの取《と》り組《く》み。Reduce（ごみの削減《さくげん》）、Reuse（再利用《さいりよう》）、Recycle（再資《さいし》源化《げんか》）の頭文字《かしらもじ》。／❸694ページ

**5W1H** ❶" When, Where, Who, What, Why, How"／❷ある出来事《できごと》を説明《せつめい》するときに大切《たいせつ》とされる、六《むっ》つの事柄《ことがら》の頭文字《かしらもじ》。When（いつ）、Where（どこで）、Who（誰《だれ》・何《なに》が）、What（何《なに》を）、Why（なぜ）、How（どのように）／❸468ページ

**無線《むせん》LAN** ❷電波《でんぱ》で通信《つうしん》を行《おこな》い、インターネットにつなぐ仕組《しく》み。／❸1278ページ

## 3 ICT 用語《ようご》

本文《ほんぶん》で取《と》り上《あ》げたICT(情報通信技術《じょうほうつうしんぎじゅつ》)関連《かんれん》の用語《ようご》をまとめました。
❶正式《せいしき》な英語表記《えいごひょうき》 ❷日本語《にほんご》での意味《いみ》 ❸本文中《ほんもんちゅう》の語句《ごく》の掲載《けいさい》ページ

**AI** ❶ artificial intelligence／❷ 人工知能《じんこうちのう》。人間《にんげん》の知能《ちのう》に近《ちか》いはたらきをするコンピューターシステム。／❸ 660ページ

**CG** ❶ computer graphics／❷ コンピューターグラフィックス。コンピューターで図形《ずけい》や画像《がぞう》を作《つく》り出《だ》す技術《ぎじゅつ》。また、その図形《ずけい》や画像《がぞう》。／❸ 492ページ

**DM** ❶ direct message／❷ ダイレクトメッセージ。SNSで、決《き》めた人《ひと》とだけ送《おく》り合《あ》うメッセージ。／❸ 784ページ

**Eメール** ❶ E-mail／❷ 電子《でんし》メール。／❸ 55ページ

**GPS** ❶ global positioning system／❷ 全地球測位《ぜんちきゅうそくい》システム。人工衛星《じんこうえいせい》を使《つか》い、自分《じぶん》の正確《せいかく》な位置《いち》を測《はか》る仕組《しく》み。／❸ 542ページ

**HD** ❶ hard disk／❷ ハードディスク。コンピューターのデータを記録《きろく》する機器《きき》。／❸ 1024ページ

**IC** ❶ integrated circuit／❷ 集積回路《しゅうせきかいろ》。小《ち》さなケースに、トランジスターやコンデンサーなどを組《く》み込《こ》んだもの。／❸ 3ページ

**ICカード** ❶ integrated circuit card／❷ ICカード。ICを組《く》み込《こ》んだカード。／❸ 3ページ

**ICT** ❶ information and communication technology／❷ 情報通信技術《じょうほうつうしんぎじゅつ》。コンピューターやインターネットで情報《じょうほう》の活用《かつよう》をすすめる仕組《しく》み。／❸ 3ページ

**IT** ❶ information technology／❷ 情報技《じょうほうぎ》術《じゅつ》。コンピューターなどで情報《じょうほう》をやりとりしたりするための技術《ぎじゅつ》。／❸ 4ページ

**IT機器《きき》** ❷ パソコンなど、ITを使《つか》って情報《じょうほう》をやりとりするための機器《きき》。／❸ 5ページ

**LAN** ❶ local area network／❷ 構内通信《こうないつうしん》網《もう》。家庭《かてい》など限《かぎ》られた範囲内《はんいない》で使《つか》われる、コンピューターなどをつないでデータをやり取《と》りするネットワーク。／❸ 1376ページ

**OA** ❶ office automation／❷ オフィスオートメーション。コンピューターなどを使《つか》い、事務効率《じむこうりつ》を上《あ》げること。／❸ 147ページ

**QRコード** ❷ 小《ちい》さな白《しろ》と黒《くろ》の四角形《しかくけい》により構成《こうせい》されるバーコードの一《ひと》つ。「QR」は英語《えいご》の「Quick Response」の略《りゃく》。商標名《しょうひょうめい》。／❸ 325ページ

**SNS** ❶ social networking service／❷ ソーシャルネットワーキングサービス。インターネット上《じょう》で他《ほか》の人《ひと》と交流《こうりゅう》するための仕組《しく》み。／❸ 129ページ

**URL** ❶ uniform resource locator／❷ ホームページなどの場所《ばしょ》を表《あらわ》す情報《じょうほう》。／❸ 1335ページ

**USB** ❶ universal serial bus／❷ 汎用《はんよう》インターフェース規格《きかく》。プリンタなどの機器《きき》を、パソコンにつなげて使《つか》えるようにする道具《どうぐ》。／❸ 1335ページ

**VR** ❶ virtual reality／❷ 仮想現実《かそうげんじつ》。コンピューターなどで、三次元《さんじげん》の仮想空間《かそうくうかん》を作《つく》るた

めの技術《ぎじゅつ》。／❸ 1024ページ

**Wi-Fi** ❶ wireless fidelity／❷ ワイファイ。パソコンなどを、無線《むせん》でインターネットにつなぐためのシステム。／❸ 1420ページ

**WWW** ❶ world wide web／❷ ワールドワイドウェブ。インターネットを使《つか》い、世界《せかい》中《じゅう》の情報《じょうほう》にアクセスできる仕組《しく》み。ウェブ。／❸ 99ページ

**3D** ❶ 3 Dimensions／❷ たて、横《よこ》、高《たか》さの三方向《さんほうこう》への広がりをもっていること。また、立体的《りったいてき》な空間《くうかん》。／❸ 694ページ

**アカウント** ❶ account／❷ コンピューターやインターネット、SNSなどを使《つか》える資格《しかく》。また、それを表《あらわ》す文字《もじ》や数字《すうじ》、記号《きごう》。／❸ 8ページ

**アップ** ❶ upload／❷ 自分《じぶん》のコンピューターの中《なか》にあるデータを、大《おお》もとのコンピューターに転送《てんそう》すること。アップロード。／❸ 28ページ

**アップデート** ❶ update／❷ コンピュータのソフトウェアなどを更新《こうしん》・修正《しゅうせい》すること。／❸ 28ページ

**アプリ** ❶ application software／❷ パソコンやスマートフォンで、ゲームや文章作成《ぶんしょうさくせい》など、様々《さまざま》な作業《さぎょう》ができるようにするためのソフトウェア。アプリケーションソフトウェア。／❸ 34ページ

**アルゴリズム** ❶ algorithm／❷ コンピュータを使って、計算《けいさん》や情報《じょうほう》を処理《しょり》するための手順《てじゅん》。／❸ 44ページ

**インターネット** ❶ internet／❷ 世界中《せかいじゅう》の情報《じょうほう》を、検索《けんさく》したり、他《ほか》の人《ひと》と送受信《そうじゅしん》したりできる、巨大《きょだい》なネットワーク。パソコンやスマートフォンを使《つか》って接続《せつぞく》する。／❸ 95ページ

**ウェブサイト** ❶ web site／❷ インターネット上《じょう》で、ひとまとまりの情報《じょうほう》が集《あつ》まっている場所《ばしょ》。／❸ 99ページ

**オフライン** ❶ offline／❷ コンピューターが、通信回線《つうしんかいせん》につながっていない状態《じょうたい》。／❸ 173ページ

**オンライン** ❶ online／❷ コンピューターが、通信回線《つうしんかいせん》につながっている状態《じょうたい》。／❸ 187ページ

**キーボード** ❶ keyboard／❷ コンピューターに、文字《もじ》や数字《すうじ》を入力《にゅうりょく》するためのキーが並《なら》んだ機器《きき》。／❸ 297ページ

**コンピューター** ❶ computer／❷ 電子《でんし》のはたらきにより、計算《けいさん》や情報通信《じょうほうつうしん》などをすばやく行《おこな》う機器《きき》。／❸ 492ページ

**コンピューターウイルス** ❶ computer virus／❷ コンピューター内に侵入《しんにゅう》し、プログラムやデータをこわしたり、正《ただ》しくはたらかなくさせたりするプログラム。／❸ 492ページ

**スマートフォン** ❶ smartphone／❷ パソコンのように、色々《いろいろ》なアプリを使《つか》ったり、インターネットに接続《せつぞく》したりできる携帯電話《けいたいでんわ》。スマホ。／❸ 692ページ

**ソフトウェア** ❶ software／❷ コンピュータを動《うご》かしたり、はたらかせたりするための、プログラムや技術《ぎじゅつ》。／❸ 761ページ

**ダウンロード** ❶ download／❷ 他《ほか》のコンピ

ューターから、自分《じぶん》のコンピューターなどに、必要《ひつよう》なデータを取《と》り入《い》れること。／❸784ページ

**タブレット** ❶tablet／❷手《て》に持《も》てるくらいの大《おお》きさで、薄《うす》い板《いた》のような形《かたち》をしたコンピューター。色々《いろいろ》なアプリを取《と》り入《い》れて使《つか》う。／❸805ページ

**データ** ❶data／❷資料《しりょう》を数字《すうじ》や記号《きごう》に置《お》き換《か》え、コンピューター上《じょう》で使《つか》えるようにしたもの。／❸877ページ

**データベース** ❶data base／❷関係《かんけい》するデータをまとめて、コンピューター上《じょう》ですぐに使《つか》えるようにした仕組《しく》み。／❸877ページ

**パソコン** ❶personal computer／❷個人《こじん》用《よう》の小型《こがた》コンピュータ。デスクトップ型《がた》やノート型《がた》などのものがある。パーソナルコンピューター。PC。／❸1044ページ

**ブラウザー** ❶browser／❷インターネット上《じょう》でウェブサイトなどを見《み》るためのソフトウェア。ブラウザ。／❸1155ページ

**プラットホーム** ❶platform／❷検索《けんさく》サイトなど、インターネット上《じょう》の情報《じょうほう》を集《あつ》めたり、調《しら》べたりするための拠点《きょてん》。／❸1156ページ

**プリンター** ❶printer／❷コンピューターのデータを印刷《いんさつ》するための機器《きき》。／❸1159ページ

**ブログ** ❶blog／❷インターネット上《じょう》で公開《こうかい》されている、日記風《にっきふう》のウェブサイト。／❸1163ページ

**プログラム** ❶program／❷コンピューターを動《うご》かしたり、はたらかせたりするための手順《てじゅん》などを、コンピュータ用《よう》の言語《げんご》で書《か》いたもの。／❸1163ページ

**プログラミング** ❶programming／❷コンピューターのプログラムを組《く》むこと。／❸1163ページ

**ホームページ** ❶home page／❷個人《こじん》や企《き》業《ぎょう》が、情報《じょうほう》を広《ひろ》く伝《つた》えるため、インターネット上《じょう》に用意《ようい》するウェブサイト。／❸1203ページ

**マウス** ❶mouse／❷手《て》でにぎって動《うご》かす、コンピューターの入力装置《にゅうりょくそうち》。／❸1224ページ

**無線《むせん》LAN** ❷電波《でんぱ》で通信《つうしん》を行《おこな》い、インターネットにつなぐ仕組《しく》み。／❸1278ページ

1999年10月1日　初版発行
2002年1月10日　第2版発行
2005年1月10日　第3版発行
2009年1月10日　第4版発行
2011年2月1日　第5版発行
2015年1月10日　第6版発行
2020年1月10日　第7版発行
2024年1月10日　第8版発行

三省堂　例解小学国語辞典　第八版
オンライン辞書つき　オールカラー

二〇二四年一月一〇日　第一刷発行

編者……田近洵一（たぢか・じゅんいち）
発行者……株式会社三省堂　代表者　瀧本多加志
印刷者……三省堂印刷株式会社
発行所……株式会社三省堂
〒一〇二―八三七一
東京都千代田区麴町五丁目七番地二
電話――（〇三）三二三〇―九四一一
https://www.sanseido.co.jp/

〔8版例解小国・1,472pp.〕
落丁本・乱丁本はお取り替えいたします。

ISBN978-4-385-13962-3



本書の内容に関するお問い合わせは、弊社ホームページの「お問い合わせ」フォーム（https://www.sanseido.co.jp/support/）にて承ります。

# 絵文字《えもじ》

絵文字《えもじ》は、外国《がいこく》の人《ひと》や年齢《ねんれい》のちがう人《ひと》にも、すぐに意味《いみ》のわかる文字《もじ》です。あなたもこんな絵文字《えもじ》を見《み》たことがあるでしょう。

## 絵文字《えもじ》の例《れい》

禁煙《きんえん》

タクシー

レストラン

電話《でんわ》

駐車場《ちゅうしゃじょう》

バス

コーヒーショップ

郵便《ゆうびん》

駐車禁止《ちゅうしゃきんし》

鉄道輸送機関《てつどうゆそうきかん》

飲料水《いんりょうすい》

救急《きゅうきゅう》

立入禁止《たちいりきんし》

航空機《こうくうき》

男子《だんし》トイレ

エレベーター

救護室《きゅうごしつ》

身障者施設《しんしょうしゃしせつ》

女子《じょし》トイレ

エスカレーター

## 道路標識《どうろひょうしき》の例《れい》

歩行者横断禁止《ほこうしゃおうだんきんし》

歩行者通行止《ほこうしゃつうこうど》め

横断歩道《おうだんほどう》

自転車《じてんしゃ》および歩行者専用《ほこうしゃせんよう》

歩行者専用《ほこうしゃせんよう》

自転車専用《じてんしゃせんよう》

# ことまな＋《プラス》を使《つか》ってみよう

「ことまな＋《プラス》」なら、この辞書《じしょ》をスマートフォンやタブレットで使《つか》うことができるよ！

例解小学国語辞典 第八版
あげる
ではじま
あげる
ではじまる
ことばをしらべる
あげる【上げる】動
❶上へやる。高くする。
例頭を上げる。
対下げる。
❷高い所に移す。
例本を棚に上げる。
対下げる。下ろす。
じょう【上】
上げると挙げると揚げる
たなに上げる。
値段を上げる。
スピードを上げる。
手を挙げる。
例を挙げる。
全力を挙げる。
式を挙げる。
たこを揚げる。
旗を揚げる。
てんぷらを揚げる。

画像はイメージです。実際の画面とは異なる場合があります。

## ❶ それぞれの良《よ》いところを確認《かくにん》しよう

紙《かみ》の辞書《じしょ》と、オンライン辞書《じしょ》には、それぞれ良《よ》いところがあるよ。
良《よ》いところがわかると、自分《じぶん》なりの使《つか》い分《わ》けができるよ。

- どんなときに使《つか》う？
- どこで使《つか》う？
- どんなふうに使《つか》う？

## ❷ 紙《かみ》の辞書《じしょ》の使《つか》い方《かた》を覚《おぼ》えよう

この辞書《じしょ》の〈2〉～〈6〉ページに、辞書《じしょ》の使《つか》い方《かた》が書《か》いてあるよ。
辞書《じしょ》の決《き》まりがわかると、オンライン辞書《じしょ》もしっかり活用《かつよう》できるよ。